国家出版基金项目
NATIONAL PUBLICATION FOUNDATION

海上絲綢之路文獻集成

總主編　陳支平　陳春聲

歷代史籍編

30

主編　范金民

海峽出版發行集團
THE STRAITS PUBLISHING & DISTRIBUTING GROUP
福建人民出版社

「十三五」國家重點圖書出版規劃重大出版工程規劃項目

國家新聞出版改革發展項目庫入庫項目

國家出版基金資助項目

本册目次

使琉球録二卷

〔明〕蕭崇業　謝杰撰

《使琉球録》二卷，明蕭崇業、謝杰撰。崇業字允修，號乾養，雲南建水人。隆慶五年（一五七一）進士，官至南京右僉都御史。杰字漢甫，福建長樂人，萬曆二年（一五七四）進士，歷官行人、順天府尹、右副都御史、南京刑部右侍郎、户部尚書。萬曆七年敕封中山王尚永，蕭崇業以户科左給事中充欽差正使，與副使行人謝杰奉使琉球，凡四閲月，因撰是書。首冠詔敕、諭祭文、諭祭祈海神文、諭祭報海神文及琉球過海圖。卷上載請留詔敕、歷代使事及此行禮儀、造舟、用人、敬神諸事。卷下分群書質異、題奏、藝文等類，廣稽舊籍以詳考琉球國山川、風俗、物産等，末附夷語一門，記琉球語言文字。又附《皇華唱和詩》，載蕭、謝之詩，皆與使事相關。據明萬曆間刻本影印。

使琉球録序

萬曆癸酉冬中山王世子尚永以繼立請故事遣給事中一人行人一人之其國封焉有司者故他歷遷徙從勘嚴選延迨丙子秋余以次當忝信使大行則謝君副之或惴余曰蹈海至危機也從航者食不能提匕爾柰何獨嘗以無貲之軀耶其去知命也者識遠矣余曰否否夫人起家續食則通塞分出世馳年則脩短異要之命也有理焉而以乘船危葬我是黔死而後已至於成敗利鈍非臣之明所能逆睹也烈哉忠言與全軀保妻子者蓋異日談矣夫學者始居約時氣勃勃籠霄好稱引冀喆以高自標置即古之尊行嵬伐卓犖軼絕者儗可伯仲之而不慙㢠如翕訿逋蕩饕誕負詬之夫輒腐心切齒恨借尚方之劍壹何偉也茲幸離䟽釋蹻而仕已大率值取爭受贏臨務爭就佚有非常則蜷縮龜跧不敢信寸趾爭後及益危詞詭故緣飾枝蔓以文其奸

是遵何德我蓋由碌碌小
徒見利害重見綱常輕耳夫
先聖思義授命之訓章徹並
麗典謨學士大夫童而習之
無入我如此而漢臣出師矢
志之辭抗邁明勁昭昭乎揭
日月而行於世又如此儻口

其文廼行賒之比於枘鑿則
昔所標置之謂何第已論人
臣致身之義本植諸天性而
君恩隆右即覆載何能名狀藉令
得其當而捐糜以報萬分一
尤理所不休也矧區區蹈海
頤欲以難爲而避之則頃所

稱爭羸爭佚爭後者愆會遵
可將君子之無所醜也固若
此乎於是余與謝君遂以
皇上頒
制詔之日薰沐
陛辭同拜文綺酒飯之
賜秉傳而往凡居閩居中山總之

四稔近已其間跋涉之艱風
濤之虞雖勢或不無然莫非
臣子職分所宜任者以彼其
念尚怫可萌之於心若復喋
喋然恣險說以駴聽閒是猶
未免矜孤勤於
君父前曰今日我上也無亦重有

大略矣則余詎敢弍使琉球舊有録紀勝國流規舟秩則較前録稍益增茲不具述余特著人臣奉使之役在理當勇以赴之且海上無甚險以傳信於後之忠義者云

萬曆七年十一月

欽差户科左給事中臨安蕭崇業謹序

雞籠嶼

釣魚嶼

赤嶼

馬齒山
那霸港

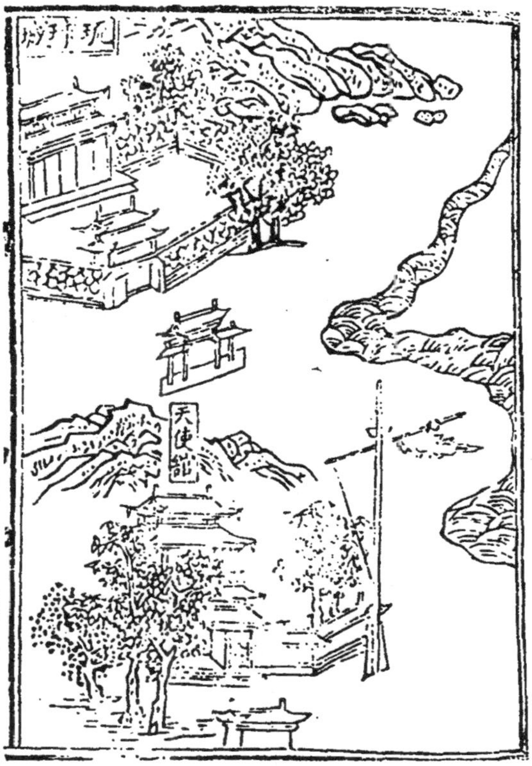

蕭崇業曰圖海猶之繪天也豈易得其肖哉即善丹青者鮮不龜手矣第水路必用針亦古人指南之法此圖似不可少云

於戲觀於海者難為水遊於聖人之門者難為言昔聞其語今睹其然矣夫惟水善下故能成其海人善虛故能成其聖海何所不有聖人何所不容知海則知聖人矣昔者河伯聞若說而適適然驚規規然自失也豈非以出崖涘而後可以語大理乎是故明此以養德則恢廓靈明藏納徽懿不可極也明此以酬物則變化潤廣淵涵權妙不可闚也明此以禔身則離世超凡崇襃粹表不可滓也明此以遅逆則威武無懾禍患無恐動作當務與時周旋不可縛也信乎聖人之道所以其大如海而溝澮無本之學惡足以究滄溟之量哉余嘗臆為之說曰孔子乘桴浮於海蓋欲審察道體考驗學術祖述憲章之志不遂而思以上律下襲也者意義誠深遠焉故詢于路無所取裁良有以耳此殆可與馳域外之議者道耶

奉
天承運
皇帝詔曰朕受
天明命君臨萬方薄海内外罔不來
享延賞錫慶恩禮攸同惟爾琉
球國遠處海濵恪遵聲教世脩
職貢足稱守禮之邦國王尚元
紹序膺封臣節罙謹玆焉薨逝
悼切朕衷念其侯度有常王封
當繼其世子永德惟象賢惠能
得衆宜承國統永建外藩特遣
正使户科左給事中蕭崇業副
使行人司行人謝杰齎詔往封
爲琉球國中山王仍賜以皮弁
冠服等物凡國中官僚耆舊尚
其協心翼賛畢力匡扶懋猷勿
替于承先執禮益虔于事上綏
玆有衆同我太平則亦惟爾海
邦無疆之休故玆詔示咸宜知
悉

皇帝
萬曆四年九月初九日
之寶

皇帝勑諭琉球國故中山王尚元世子尚永惟爾先世守此海邦代受王封克承忠順迨于爾父元畏天事大益用小心誠節懋彰寵恩浹被遽焉薨逝良用悼傷爾爲冢嗣克濟厥美群情旣附宜紹爵封茲特遣正使戶科左給事中蕭崇業副使行人司行人謝杰齎勑諭封爾爲琉球國中山王并賜爾及妃冠服綵幣等物爾宜恪守王章遵述先志秉禮循義奠境安民庶幾彰朕無外之仁以永保爾有終之譽欽哉故諭

頒賜

國王

紗帽一頂 展角全

金廂犀束帶一條

常服羅一套

大紅織金胷背麒麟圓領一件

青褡䕶一件

綠貼裏一件

皮弁冠服一副

七旒皂縐紗皮弁冠一頂 旒珠金事件全

玉圭一枝 袋全

五章絹地紗皮弁服一套

大紅素皮弁服一件

素白中單一件

纁色素前後裳一件
纁色素蔽膝一件 玉鈎全
纁色粧花錦綬一件 金鈎玉玎璫全
紅白素大帶一條
大紅素紵絲舄一雙 襪全
丹礬紅平羅銷金夾包袱四條
紵絲二疋

敕諭　五

黑綠花一疋
深青素一疋
羅二疋
黑綠一疋
青素一疋
白氁絲布十疋
妃

紵絲二疋
黑綠花一疋
深青素一疋
羅二疋
黑綠一疋
青素一疋
白氁絲布十疋

敕諭　六

廣運
萬曆四年九月初九日
之寶

按甲午辛酉年并該國歷世所藏
諸勅其詞首大畧與今相同故不重出

論祭文

維萬曆七年歲次己卯　月

朔　日

皇帝遣正使戶科左給事中蕭崇業

副使行人司行人謝杰

諭祭琉球國中山王尚元文曰惟王

早膺封爵嗣守海邦順

天事上誠敬不渝宜臻壽年以享富

貴胡爲一疾遽爾告終訃音來

聞良為悼惜特茲遣祭爾克歆承

祭品

牛一隻　猪一口

羊一羫　饅頭五分

粉湯五分　蜂糖糕一盤

象眼糕一盤　高頂茶食一

響糖五箇　酥餅酥飣各四箇

纏碗五箇　降真香一炷

燭一對重一斤　焚祝紙一百張

酒二瓶

蕭崇業曰大哉

王言世之所共宗也九圍之內冠帶之倫得

天子一字之褒則必緹緗十重謹藏諸篋笥以貽子

孫世珍亡論細民即搢紳士大夫亦難榮顯其

親使無以韋布老

王言之及益殊尤矣矧影未波餘如外服者乎琉球

僻居海嶠之中與鼈結群醜正等耳然繼世而

王者率馳請

闕下以為常典于是

主上並遣侍從之臣往封之其禮數可埒於重藩生

榮死哀備極寵渥而

宸章滲漉世世有加焉豈不偉哉豈不偉哉

諭祭祈海神文

皇帝遣正使戸科左給事中蕭崇業

副使行人司行人謝杰

諭祭于石廟海神曰茲者遣使海邦

遠頒封詔舟航利涉寔賴神庥

爰命使臣虔祈靈貺神其歆佑

俾克安寧謹

告

諭祭報海神文

皇帝遣正使戸科左給事中蕭崇業

副使行人司行人謝杰

諭祭于石廟海神曰曩者遣使海邦

遠頒封詔賴神之貺來往無虞

爰命使臣虔修報

謝惟神鑒歆謹

告

使琉球録卷上

户科左給事中臨安蕭崇業編
行人司行人長樂謝杰同編

請留

詔勅

業按出使外國彼國中必留
詔勅以為社稷重此故事也自
祖宗以來九十數葉未之有改矣業受
命封琉球國中山王竊睹故記其間體要頗宜與備
者不一歟不揣擯陋裁今條列四事以
聞語具題奏中其一曰請留
詔勅夫遠夷向慕
王化所恃以為鎮國之寶者惟此
詔勅而已前使臣陳侃等比照弘治正德年間備撰
倫文叙編脩沈燾等差往安南國留
勅事例曾經題奉
欽依聽其請留案在禮部可據但臣等係齎捧之官
應否聽留必須出自
上裁義不敢以前例而自專者合無
勅下禮部查議容臣等臨時斟酌如其意果誠懇亦
亦俯順夷情聽其請留庶臣等有所遵守而可
以慰遠人敬奉之心矣等因奉
聖旨禮部知道欽此欽遵該禮部覆題前得户科左給
事中等官蕭崇業等題稱請留
詔勅一節為照琉球脩貢効順閱世已久毎遇襲繼

例

遣使臣齎捧
詔勅賜封蓋示小國無敢擅專必待
天朝之
寵命也見是須去
詔勅彼國毎欲請留是亦遠人知所欽崇之意在
天朝亦何所靳往年使臣陳侃等奏
請及此本部覆奉
欽依准其請留去後今本官仍為申明合候
命下行令到彼臨時酌處如其請留之意委係誠切
亦宜照例與留以順夷情伏乞
聖裁等因奉
聖旨依議行欽此業等伏睹
明命敢不祗若
[illegible]崇業曰於戲世非赫胥人爭繩治防執萬壑

情諸叢生糾蕭墻輦轂亦有藏慝韞姦參立乃
曩古者於沔琉球以而內寧
主列爵為王秉忠不貳
朝廷世有
譽介貽之無窮環觀四夷之君含生于故國其保
佐持寵靈若此邦之根柢寧固者哉彼靦為肯
肉彌土千里不務遵德捻押頑湛溺盈溢之欲
以自取隕斁梲鈇戮及先人為天下笑者夫亦
藏慝韞姦之流耳宜沒沒也其賦中山王可赧
然汗矣

使事紀

蕭崇業曰古者列國傾仄搶攘之際彼此各以
使重大抵出一言平解糾紛之難足以春秋內
外傳所稱予者所謂壯士名家非乎今漢叔孫
如奴婁長卿一予猶以持論當否稱德於世
流史冊乃今承平之時七董董守常鮮聞奕
可自未見其名又甚不然故不數拱間竟同斤
腐即姓與氏皆泯滅無聞已於戲人之辯施相
越豈不殊哉余因參覈舊錄所載自宣德迄茲
凡奉使者得若干人具列之篇中備考鏡焉

宣德二年
欽差內監柴山
勅封國王尚巴志（請封自巴志始父思紹係追封）
正統八年
欽差正使給事中俞忭副使行人劉遜
勅封國王尚忠
正統十三年
欽差正使給事中陳傅副使行人萬祥
勅封國王尚思達
景泰三年

欽差正使給事中陳謨副使行人董守宏
敕封國王尚金福
景泰七年
欽差正使給事中李秉彝副使行人劉儉
敕封國王尚泰久
天順七年
欽差正使給事中潘榮漳州府龍溪縣人副使行人蔡哲
敕封國王尚德
成化八年
欽差正使給事中官榮副使行人韓文
敕封國王尚圓長子尚宣威傳位一年遜未及請封
成化十五年
欽差正使給事中董旻副使行人司副張祥
敕封國王尚真
嘉靖十三年
欽差正使給事中陳侃浙江鄞縣人副使行人高澄順天固安縣人
敕封國王尚清以前俱無所考得之自陳高始陳具載如左
嘉靖丙戌冬琉球國中山王尚真薨戊子世
子尚清表

請襲封下禮部議禮部恐其以奚齊奪申生也又恐
其以牛易馬也令琉球長史司復覈其實戒毋
誑越辛卯長史蔡瀚等致諸輿民結狀同然一
辭僉曰尚清乃先王真之冢嗣立為世子有年
矣具以申部宗伯夏公言乃上其議
請遣二使往封給事中為正行人為副侃與澄適承
命焉
命下之日時夏五月望也六月各
賜一品服一襲侃以麒麟澄以白澤俱大紅織金
羅為表絹為裏綠羅褡護青羅褶子裹亦用絹
帶以玉則自備又各
賜家人口糧四名八月侃等始治裝戒行越癸巳
五月侃至三山澄亦以六月至閩三司諸君承
禮部咨文已將過海事宜會裁已定七月二日
定總僱船十一月琉球國進貢船至余等喜閩
人不諳海道喜來得詢其詳翼日又報琉球國
船至乃世子遣長史蔡廷美來迓則又喜其不
必詢諸貢者而有為之前驅者矣長史進見道
世子遣問外又道世子亦慮閩人不善操舟遣
看針通事一員率夷梢善駕舟者三十人代為

之役則又喜其不必藉諸前驅而有同舟共濟者矣越甲午二月舟始舉工四月十八日舟先發於南臺二十六日余等啟行三司諸君送至南臺酒三行余等起謝曰曩時海國之役必數年始克竣事聞之舟不易成也今未及期月而有航海之期誰之功也敢不再拜諸君皆歎羨民之謠以贈亦再拜遂別是晚宿于舟中翼日至長樂長史舟亦隨行五月朔余等至廣石大舟亦始至二日祭海登舟守巡諸君設宴為餞是日遂別諸君慨然登舟連日風逆五日始發舟不越數舍而止海角尚淺至八日出海口方一望汪洋矣風順而微波濤亦不洶湧舟不動而移與夷舟相為先後出船觀之四顧廓然茫無山際惟天光與水光相接耳雲物變幻無窮日月出沒可駭誠一奇觀也九日隱隱見一小山乃小琉球也十日南風甚迅舟行如飛然順流而下亦不甚動過平嘉山釣魚嶼過黃毛嶼過赤嶼目不暇接一晝夜兼三日之程夷舟帆小不能及相失在後十一日夕見古米山乃屬琉球者夷人鼓舞喜達于家夜行徹曉風轉而

東進寸退尺失其故處又竟一日始至其山十三日風又轉而北逆不可行欲泊於山麓險石亂伏於下謹避之長年執舵甚堅與風為敵遂上下於此山之側相持至十四日夕舟刺刺有聲若有分崩之勢大桅原非一木以五小木攢之束以鐵環孤高衝風搖撼不可當環斷其一衆恐其遂折也驚駭叫囂亟以釘鉗之聲少息原舟用釘不足艌麻不密板聯不固罅縫皆開以數十人轆轤引水水不能止是時惟長年數人色不少動但云風不足懼速求罅縫而塞之可保無虞於是有倡議者曰風逆則蕩順則安曷回以從順有一人執舵而云海以山為路守此尚可以生失此恐無以救但衆股慄啼號不止姑從衆以紓其懼旋轉之後舟果不蕩執燭尋罅塞之水不能入衆心遂定計十六日旦當見古米山至期杳無所見執舵者曰今將何歸余等亦憂之忽遠見一山巔微露若有小山伏於其旁詢之夷人乃曰此葉壁山也亦本國所屬若返從西北即日本矣申刻果至其地泊焉十八日世子遣法司官一員具牛羊酒米瓜菜

之物爲從者犒通事致詞曰
天使遠臨世子不勝忻踴聞風伯爲從者驚世子益
不自安欲躬行遠迓國事不能暫離謹遣小臣
具菜米將問安之敬余等愛其詞雅受之時余
之舟已過正所之東欲得西風爲順夏月殊不
易得也世子復遣夷衆四千人駕小舟四十艘欲
以大纜引余之舟通事乃曰海中變出不測豈
宜久淹從者世子不遑寢食謹遣衆役挽舟以
行就去船分左右各維一纜迤邐而行若常山
蛇勢亦一奇觀也一晝夜亦行百餘里十九日

風逆甚不可以人力勝遂泊於移山之奥法司
官率夷衆環舟而宿未嘗敢離左右泊至五日
余衆苦之在舟日久鬱隆成疾求登岸以避之
而不可得二十四日世子復遣長史來曰世子
聞至移山刻期拱俟六日不瞻中心孔棘恐爲
從者憂謹遣小臣奉慰余等謝之二十五日方
達泊舟之所名曰哪霸港計廣石登舟至此幾
一月矣越既望行祭王禮十月二日封王九月
十二日登舟而回泊舟之港出海僅一里中有
九山夾岸皆石惟巽風而後可行坐守六日王

日使人侍於側至十八日風少息挽舟而出[illegible]
斜倚於岸衆恐其傷于石大驚幸前月新[illegible]塗
艌不爲所傷復止二十日始克開洋夷舟同行
二十一日颶風陡作舟蕩不息桅舵俱折二十
三日黑雲蔽天風又將作卜珓易舵二十六日
風大作相與叩神風若少緩舟行如飛徹曉已
見閩之山矣二十八日至定海所十月初二日
入城痛定思痛不覺傷感凡接士大夫敘其所
以無不爲之慶幸陳侃記
嘉靖四十年

欽差正使吏科左給事中郭汝霖江西吉永豐人副使行人
李際春河南杞縣人
勑封國王尚元
嘉靖三十四年六月琉球國中山王尚清薨三
十七年正月世子尚元差正議大夫長史等官
到京
請乞襲封王爵禮部以請勘俱係彼國官民乃不復
行勘奏
請如故事差正副使二員齎
詔勅皮弁冠服等往時科中應行者吳君時來行人

司則李君際春也
命下二月十六日兵部咨翰林院撰文各衙門造辦
用儀物延之三月終未行而吳君有成事汝霖
乃同李君承乏焉四月初二日也部中懸前畏
避之嫌從臾起程霖等亦以
重命不可再瀆遂請
詔書易名改
賜品服物八日慨然解舟南下七月初抵江西地
方衆喧海警連年事須巧速因一面差人至福
建布政司公作速委官伐木造船九月中親至

閩坐督刻次年春汛必行柰地方多事賊報交
馳當事者已疑不能必徃晉工官亦泄泄於是
船自十一月起工至次年四月僅完其半賊報
緊急不俟工完四月初四日出塢尹叅將令百
戶嚴繼先等接至鎮篤守十一日午刻方至鎮
未刻賊已接踵相望數里不為所奪倖也是年
倭奴輳集福州城外稱數萬城門閉者三月余
等亦日日上城同有司巡守先是戊午冬琉球
世子差來迎接長史梁炫等住柔遠驛蓋為所
掠聲息轉聞琉球三十九年正月蔡廷會等來

俻
貢傳其國有領
封之情呈文該司該司以時事艱難
國體所係遂為轉奏本下部議以舊典難遽變俟
海警稍寧必期渡海終事時勘合到遲將屆六
月倭寇伺候海口者又比比予召漳州火長舵
工等役中途又為賊阻各役依山緣逕而來動
經月餘至則又七月矣前船既有傷損久住內
港烏鵌叢生烏鵌者生於淡水則墜於鹹水生
於鹹水則墜於淡水內港淡水也一至海則盡

盡而墜船板精華俱為所蝕油灰不能復住水
從罅隙而入何可止也余時與諸司議但挾數
十人從夷舟往夷舟頗小舉動敏捷既不為賊
覬覦又可藉以濟事有司固執以堂堂
天朝為此舉動何以威臨四夷若事不易濟寧俻
船俟時欲從權濟事亦須
上聞不然他日誰任其咎李君亦曰既不能行毋徒
躁動不若專意俻船事大非一手可措他日當
有人議也余然之火長舵工等因並乞有司攺
造前船八月再定艌至十一月畢工出塢越嘉

靖四十年四月忽值内地班兵之變五月初六則有賊二百餘至閩安鎮之下江府各役告諸行糧余亦慨有司漸次散給兵道楊君米言曰今事急且不論行即船將如何守既賊乃從下江口由長樂入福清而船始報安焉五月十九日船至長樂取水予與李君二十五日起行撫按三司餞於南臺府縣別於新港二十六日辰刻至長樂時自二十三日起連有南風遂决而行二十七日至广石二十八日祭海登舟別三司諸君二十九日至梅花開洋幸值西南風大

旺瞬目千里長史梁炫舟在後不能及過東湧小琉球三十日過黄茅閏五月初一日過釣魚嶼初三日至赤嶼焉赤嶼者界琉球地方山也再一日之風即可望古米山矣柰何屏翳絶驅纖塵不動潮平浪静海洋大觀真奇絶也番不能行住三日初六日午刻得風乃行見土納巳山時東南風旺用舵者欲力駕而東至申刻乃見小古米山夷人望見船来即駕小艀来迎有二頭目熟知水路且曰既不能從大古米山入何可傍土納巳山而入其中多礁余等聞之駭

二頭目一面令夷船入報渠遂躬在余船道駕從小古米山而入且云得一日一夜之力即未遽登岸可保不下葉壁山矣余等厚賞勞之晝夜趕行初七日未刻望見王城那霸港焉然東風為多相隔僅五十里不能輙近世子遣法司官来巡夾船几五十餘艘集封舟前後欲用先年挽入故事然竟弗能行至初八日午刻有衝風暴雨予曰可整舟挽而行初九日辰刻遂達岸焉既抵岸三日後有傳賊船從其境上過者盖蓬力小大洋中自不相及擇六月初九日祭

王二十九日封王禮畢守候風汛回國往者九月終交初冬則東北風旺是年九月内風氣不定日東日南守之至十月初颶風大作夥長等皆以颶風既過可以遂行十月初九日登舟及登舟之後方圖舉帆而風雨驟至阻於那霸港口盖港口險隘僅容一舟稍有偏側船輒不保船之泊港口也兩旁繫以大纜至十五夜右纜忽斷喉孔成忙吹號舉砲夷人二千餘来牽挽再加新纜至十八夜天忽朗霽月光如晝四更許諸人與夷官夷衛乃導而出出港後東北風

旺舟行如飛二十日午後忽有黑雲接日突發
四塞舟人懼曰此颶徵也頃刻果颶旋至舟
人守之益慎至夜二鼓霹烈一聲舵已去矣余
一家人跑入窓傳報舉舟哭聲振天時陳孔成
傳語各艙所載重者一面丟拋一面令吳宗達
等尚言舵雖折尚有邊舵决保無虞余諗之曰
静以禦變極是但舵何時可換達等曰天明可
換吾不擧大蓬但張　蓬三蓬任其漂流至後
可補鍼也陳大韶曾宏俱從陳高過洋者亦來
大言曰往年亦如此然往年船不固今此船固
往年船發漏今不發漏往年無邊舵今有邊舵
往年折舵併折桅今舵雖折而桅尚存余聞其
言心亦頗定然播蕩反側無頃刻寧風濤之勢
與天上下舟亦觥觥如裂屋響呼吸存亡茫然
不知何所在也至次日風又不息余乃口爲文
令吏陳佩床前書之以檄天妃適一晨刻風稍
定始得換舵舵既定諸人頗有生望但牵舵大
纜兜之自尾至船首者又忽中斷則海水鹹磨
繩纜不能久舵工等又懼舵不能穩稍擺動至
口船分兩片矣此尤危也乃用銀重賞一夷人
係其腰令下海接之竟不能接吳宗達來禀欲
穿二艙三艙透繩繫舵而不能决余聞即慨然
是之乃鑿而度繩舵始得安行之至二十六許
嚴等來報曰漸有清水中國山將可望乎二十
七日果見寧波山歷温歷合閩人未能盡曉浙
中山嶼疑迷莫測仍懷憂思至二十九日忽至
福寧見定海臺山心始安焉從五虎門入十一
月初二日入省城追想前迹爲之惻然凡士夫
相會真同再世郭汝霖記

萬曆七作

欽差正使户科左給事中蕭崇業雲南臨安衛籍應天府上元縣人
副使行人謝杰福建長樂縣人
勅封國王尚永
今上萬曆改元之冬十二月琉球國中山王世子尚
永奏
請襲封者曰先臣故中山王尚元於臣也實遵先朝
露臣不穀嗣守外藩謹遣陪臣伏闕下冀
制詔遠賁爲封藩重於是以行司行查勘處文亦恐
規避者緣此得成其計故帳進封乃是年復行
查蓋緩之也禮部議副使爲大行然衛差遣無常

名而省中則坐次戶垣八人知必令無疑矣咸
恐之延至丙子秋國大夫長史等報曰世子永
免衣縗絰而菑於嫡嗣乂諸臣曷敢以不類奸
天王之大典乎於是不佞業遂叨正使
命而副則大行謝君杰爲如故事各
賜一品服即以九月十一日齎
詔勅出潞河傳遽入閩閩中比年求鉅木造戰舟餘
後斬為高名之麗美材畧盡而閩有中綿斧者
往往産於崎巖邃壑之側致之甚艱一時閩撫
按又新故相代未視事督無其人以故採木經

年迄丁丑秋七月始定艘乃艦匠弗恪適壞裂
之於是馳介四出取復於十月再興工得艘者
把總林天贈也至於桅之取尤難桅必杉木而
後如式第杉之材故可為樺傍者以是民間率
隱不以聞余先遣李應龍往壽寧伐三木一最
鉅巠豪利其可材遂於梢半潜鋸五六寸欲短
之然嫌有小傷故置乃紛紛林藪中旁搜遐括
務遂其全而冀大德報出閩清者又道路岌嶪
力不可徐致畢竟皇皇需成之時仍取壽寧之
桅而用之採督之使良亦苦矣而撫中丞麗惺

菴氏代到故擅風栽乃矯矯好約縮出數不欲
私役其民凡木之伐自山者浹以水者艤爲舟
者絲忽皆公帑云費已不貲而絲忽又公帑出
余心内弗自安時時與謝君商之所從減其什
一軍器損其什五交際儉其什七先其所具物
率治之以官令平買而精然奸戶故求多於
有司諸具物往往以隱惡相欺售謝君為閩中
人素曉暢其事乃一一欒條其大小詔余不然
者輒奉三尺隨其後於是舟之庀也大都多謝
君指畫焉舟完例趣治行而彼國夷船以汛期

宜候於境上乃戊寅年獨爽不至長年三老僉
謂海洋風濤叵測與陸路不同須俟嚮導行之
便余與謝君又念事關
國體重萬一取輕致僨爲患非細於是輙具疏以
改期請奏可乂之正議大夫梁燦等奎自琉球
詢其故乃知船因風逆打入別港遂坐失汛非
敢遷玩有他意也於是卜以己卯年五月初六
日封舟先發旺崎余等初十日啓行撫按三司
祖道南臺重
王命也次日抵長樂十五日广石廟行

諭祭禮守巡亦在焉忽傳封舟出閩安鎮引港氏船有司弗夙戒乃迷道閣淺禁瀨人言嘖嘖然舵撫按風聞輙夜走使留督造官爭出長䇿為處已而裂者復合稍稍備葺無大損毀故又欣然有行志二十二日從梅花所開洋海似鏡面漁舟數點可黑且大自此眺望江汪蔚頃矣余於是而知江河之惡沱也二十三日風少東舟折而南下二十四日東風益劇水與舟相吞噂有噌吰鏜鞳之聲而欹側簸揚舟中飛甍門樹皆仆人人惴恐於是有食而嘔者步而蹶者暈而卧者問之舌舉而不下者吞之口呿而不合者顧獨潭人則夷夷弗為動耳風既相左針路遂舛誤倀倀莫知所之連行七餘日而獸淵窅無山嶼但唯孤燕飛繞於前後一細蜻蜓入神舍不去衆咸異焉陳孔成等遽然怳然乃令艦匠作彩船以禳又聽習於巫者謂余鼓降焉已又俯伏神求珓窮祈祝事一無所吝當是時舟人望山之切真不啻朝饑之得粱穀又如弱孺思慈媼而弗得覩也三十日余令夷稍上桅以覘輙欣然白曰雲間隆隆起者非古米即葉壁山

也去此可五六百里許當無慮已於是舟中人無不拍手大歡各排愁破慮舉觴相慰労稱見山酒云余二人望之亦舞於眉端萬水中高嶺獨出何止中流砥柱耶躊躇四顧輙見三龍並起於海其起處水乃轉湧旋騰滚滚上天有聲聽如獅吼如千乘車過又如敲雷軒鼓轔轔微也碧氣三道礫入雲霧内長百丈有餘峙猶點足然舟中人畏慄不敢迫仰率揚諸鞭燒毛羽穢物以厭勝之須臾雨四面至美傳云玄龍迎夏則湧雲而奮鱗樂時也豈有擬耶即是觀之則海上兇怪可駭之事固人世所未諳者六月初一日過葉壁山前有小舠駕八九人破巨浪来遠覘封舟婆娑胡盧笑至則持二螺獻少賞之於是隨舟夷總管附去薄山下先將報世子由此陸路入國猶兩日程也余二人倚艕而觀一篙工謂有魚數頭逐舟遊夷稍熟海者往来常具鈎餌行於是番六物取之輙獲鮮鱗二領下中數創尚跳躍不即僵頳其色青綠閃爍有光耀較中國恒魚異余欲生之選間僵不可放矣庖人強烹之味果佳第終詫不欲多食也初

三日世子始遣法司官具牛酒以犒從者亦如
例分左右維一纜以挽舟送巡至初五日而後
泊那霸港口詢之國人梁燦等尚未寧家然彼
十八月先余舟開洋今故何後耶居有頃報舟
漂北山又十二日得抵國隔封舟決一旬矣越
二十九日行祭王禮七月十九日行封王禮余
嘗念世子雖於流斥必一切綵蔺不可入余觀
其貌雖不盈五尺而言儀恂雅大與庸俗人相
萬盖庶幾鞠躬君子耳豈凡統攝群元者其體
具固自不偶然哉余二人寓此久王子饋問贐

餞每每不失禮而禮有過腆者輒却去不受語
在儀注中旋國時卜以十月十三日因旬内雨
頻風又東西忽易無可準守候至念四日始出
港口頃刻數里回眄琉球若有若無而葉璧馬
齒等山眇猶覆盂時雖冬乎然氣候朗肅都無
纖翳望之齊平澄徹塊噫潛噓天吳遁跡陽侯
屏怡彼一時也歗暑溽蒸情悰甚惡此一時也
凉飈颯瑟景况頗佳上下巨浸宛如爾蓋中人
弟媿無河朔量少酬之耳且四闉俱碧水天一
色瞰欲綮所指顧亦復渾浩荒邈渙無津涯蒔

時出樓舫外肆目奇詭瑰異之覽應接不暇
平平者突突者鷗狎波者鱗鼓鬣者鰍呼風者
蜃作霧者隆若嶺者纖若縠者縈洑若沸羹者
綿邈若匹練者蹲若伏虎者奔若飛騶者步驟
而來若喜者驚號而至若怒者恢張點綴即神
工鬼筆無可名狀然寧惟是哉乃至闌夕淒清
之際月含參井川空明虛白可別淄素露下天
高尤非塵境星漢流光雲霞隱曜微風細浪交
激成聲其鳴乍急乍徐乍大乍小居然有笙簧
金石之韻正昔人所謂如天上坐也俛而游之

曠襟爽骨飄飄便欲僊去更不知人世復有婚
心極意之事矣海之壯觀一至是乎二十六日
風益助順令梢師五帆並張揺颺披拂獵獵不
可禦盖與歸心飛相送也但抵暮陰雲四塞乃
大雨於是西風爲梗終食弗進尋夾辛一日夜
輒轉而北矣然北又多暴舟迅而蕩甚欹側簸
揚時時戛軋爲裂帛響頹然若屋宇將傾之狀人
如磨上行四方易位頭目眩迷顛躓嘔暈避匿
艙内不出咄咄自嗟者爾十人而五今十人而
九已此皆屬夫不習水且漫不知降伏其心故

稍涉驚危可愕之事神竟爲所奪耳漳州長年極力扳柁堅與風爲敵棍牙數數折傷柁葉亦爲巨濤擊去領柁以鐵力木得存更再易之人人愈益惴恐二十九日晚見台州山於是無不讙呼舞蹈鬨然色㗇焉當是時即臞儒之取一第窶子之拾千金猶未踰其喜也三十日由台歷温甌官澳望晴與十一月朔日經葦登二山福寧在其北夜無風舟不能行初二日午薄黄崎進定海所顧其地漸近其境漸逼而洋中奇詭瑰異之覽無復陳於前矣譬之適都邑者一旦返乎故廬雖其桑梓在念時時欣悦而轉悵聲名文物之盛又未始不縈結於懷也初五日入閩城撫按三司俱出勞於郊譚往道艱辛夢中凡鄉之縱險嘗艱歡奇適勝指星測水較兩量風者允矣木榮之飄塵好音之過聽浮雲之點空翔鳥之馳隙殆驀然倏然忘其然而然耳又何以知蹈海之足以定至危之倪又何以知宇宙之足以窮至大之域乎於戲海哉海哉此固孔子之所欲桴而未能季路之所欲從而未許也彼有賦爲畏途乃僅僅取足於几席襟帶間而不復以上下四方爲度内者誠漆園吏所謂井蛙不可語於海耳若夫保生重己之説尤淺之乎其爲丈夫者哉

蕭崇業曰仲尼云君子素其位而行不願乎其外蓋有味乎其言之也人惟徼倖之心勝乃先以利害横於其中是故懷居登壠所弗至殊不知孰平孰險孰禍孰福雖機變之士智如炙輠亦安從而逆睹之昔者漢北牧羝麟閣顯浪泊居瘴銅柱標潮陽入阻昌黎重嶺州歷七元城還何險非平乎詭謀求售鄙生困遺危擇逸免錯誅全軀苟活李陵族怙寵競榮霍禹亡何福非禍乎推之至於巧而媚竊奸而倚冰嗟畢而弔汨飲鬱而書空瘍燠涼以動門牀傳遽而投閣抵疑釋讖情藻以明衷閑居拍張托詞而志蹇用之則譁衆矜矜而爲虎不用則戢體縮縮而爲鼠是皆未明夫素位之義耳此義晦而趨避之徒紛然出也何足恠矣噫嘻惑哉風波傾覆即世路亦時時有之寧獨畏於海上耶然此非余言也余聞之釣鼇異人其説如此

禮儀

六月初五日抵哪霸港登岸岸上有亭扁
恩世子遣衆官大小百餘員隨
龍亭候於亭下余等捧
詔勅安
龍亭中衆官行五拜三叩頭禮前導引至
天使館
龍亭設正堂衆官復行禮如初余等呼長史問曰
世子不迎
詔勅得非慢乎對曰宣德以來禮制凡

詔勅至國世子祗候國門外數代相襲如此豈敢慢
故不出耶然人臣以守制為良耳聽之世子繼
不至館館中皆官正蒞事諸於承奉使命之儀
往往詳備每五日遣大臣一員問安陳内醸二
壺菓盒二架酌酒于斗跽而言曰世子念陋邦
不足以辱
天使遠辛來況丙夜廢寝自媿我且何以給待之乃
朝夕令小臣恪共芹菲敢訊無恙於下執事余
受其酒欲畢復獻牛羊菓菜却之不已間亦或
受每餽遍及從人無弗均然故事猶三日小問

安禮少殺今皆爭去即隨來各官所有鋪陳器
給等項余稍稍裁其過豊者大都省什之二三
矣於是夷人無不舉手悦服云越六月二十九
日行祭王禮墓不知所在即寝廟祭焉祭品皆
欽定之數然亦有紙馬姜柳之類紛列錯陳夷人擁
觀者如織迎入廟中設定後用
龍亭迎諭祭文余等隨行將至廟世子素衣黑帶
候於門率衆官行五拜三叩頭禮畢弟旁立不
拜似屬未協此余等以義起者進至寝廟神主
居東西向余等居西東向

龍亭居中南向世子居南北向宣
諭祭文畢世子出露臺北面謝
恩復與余等交拜揖至中堂余等南向坐世子令長
史告之情曰頃蒙弭蓋蝸鄉理當匍匐宗纛
下忝東故制不敢輙違尺寸今又辱禮於先人
感深九原矣清酤二卣敬獻之從者願少須臾
接慇懃之歡余等以玄堂敘飲恐非所宜耳辭
世子又曰禮燕燕賓必有琴瑟筐篚以昭敬也
敢者陳樂而不作正此故耳幸毋辭酒數行皆
親斟獻禮儀卒度周帀恭少頃别椒遣法司官

同長史至館道世子悃曰小國不自意敢勞從
者為先王寵光謹令長史奉不腆之金為大人
壽余等訝曰世子知道而乃賈豎我乎令持去
不從作書謝其意曰承嘉惠若宜祗受第慮金
固珍錫耳其何既如之語云君子愛人以德而
獨不聞耶矧余二人奉
天子命於殊域豈有覬也義必不敢以苞苴為累萬
惟留意幸啓毋頻往來世子得書輒止祀事畢
越七月十九日封王是日黎明世子令眾官候
於館外導迎

詔勅之國國里許有牌坊一座榜曰中山又一座榜
曰首里今易曰守禮之邦導
制詞也路平坦可容九軌世子候
龍亭至行五拜三叩頭禮導之國門門曰歡會門
內逶迤數步即王之宮宮門三層層數級高至
正殿巍然在山之巔設
龍亭於正中行大
封拜禮國王升降進退舞蹈祝呼肅然如式禮畢揖
余等至北宮復行相見禮王暫退出臨群臣是
日受人

天子新命與一國更始群臣具冠服四拜賀臣之尊
且親者捧觴為壽觀樂設宴金鼓笙簫之樂翕
然齊鳴王奉酒勸酒洌云自逖遐來者著歎
紛旨方丈錯華享之有加邈然不能自製也皆
假聞厨人為之及饋之畢余等令儀從迎
詔勅返王再拜曰
天子總統海寓四面風德臣弟蕞爾一小夷耳茲厚
辛辱
制詔遠賁臣臣敢不留鎮國中為子孫世世寶乃數
稽首請於是余等先奉有

命首猶令啟其金匱之藏長史數臣各捧一道來奉
翰絢一堂矣遂許之留王喜甚別後隨遣王親
長史致禮物長史再讓姑取刀扇土布少許其
金不之受復為書曰嘗聞伊尹致慎於一介孟
子堅辭乎萬鍾非苟為異而已蓋以義之所不
敢出者與其傷廉無寧過隘耳古聖賢持己欲
嚴大率類是余等濫竽
侍從之列即弗宜皦皦謂與庸衆殊然內外瞻仰
在此一舉獨柰何負生平而廢頑夫下邪伏冀
賢王少聽其志也盛儀附璧王見書令長史還

報曰永僻居萬水之中猶蛙跧井底耳乃
聖朝不置之化外至勤從者賜以弁服即六穀之師
也極知盾藐不足以責闇人第區區一念誠莫
得其酬烏肝擥荣示悚汗流踵矣敢不知責乎
襄事畢瀕行然後王芷一訪非禮也余等諷以
大義王輒慨然從謂
天使遠為大典過臨何宜傲惰如此遂灼吉親至館
謝於是余等亦具殽核以娛客坐移時去八月
請賞中秋節酒酣命夷童歌夷曲更為夷舞伛
僂曲折亦足以觀諸從人皆令通事使之嚼晏

浮白歡醉向夕回館月明可數毫髮海光瑩玉
松影篩藍令與人緩步行縱目極眺意爽神飛
殆忘其身之在海外也二十四日張飲水亭觀
龍舟之戲法效華人運舟俱大臣子弟各簪金
花具彩服和歌以示矜誇兩岸犬牙差互碧派
環繞亭突出其間四面翳林叢樹蒙絡搖颺此
中幽麗奇境恐無踰之者由水亭斗折蛇行東
至勝亭三間旁砌石池畜金魚百許頭水清淺
澈底魚皆空遊無所依時正午亭中備一膳潔
異尋常第止數品蕙蒸蘭藉味甚殊珍此則宮

中器械精巧不苟以悉草具進耳左有寺曰圓
覺又由崎磴紆出正殿西有寺曰天界二寺弘
壯亞於王宮各藏梵經數千卷殿外雜植棕竹
鳳尾蕉綠蔭蔽然欣然會心比澄潭閒寀尤與
偕人相宜迨日小還復邀坐宴不在酒而情義
則欵篤矣越九月初十日餞行席設如初將命
徹法司二員各器持酒二盃奉余等辭以不勝
杯酌止二十二日復請餞辭十月初五日請又
辭初八日辭弗獲已乃竟往王城一別是預
令不必盛供具至則祗成禮而凡隨行長史捧

黃金四十兩以為贐余諭之曰累數致餽素不
任肝脇之切頃復腆遺所既意者其等德未信
耶不則胡不以情相歸也昔馬援也者可謂賢
豪人矣顧薏苡猶然見點矧重之以陸生金余
二人其何之辭且也
主上明聖諸臣工曷敢不勵素絲之節頓王媿跡前
燃仰使人得遂其高則所以厚微大患者豈在
區區物哉王愕然命長史致詞曰畢畢小國厚
天使至止于斯適不幸歲比凶故儉奉焉良以自慙
及家不加譴斥過從節約況薄賜寔我祖宗從

來故典也乃又見拒永即有朐無心敢忘大德
耶於是持泥金倭扇二柄意謂此會難又拂之
或可繫浸漫之期耳余等隨答以手扇少意不
自勝再拜而別廿二日登舟官民送者蝟集於
道是歲立冬遲風未定壯行之稍緩職此由也
王仍遣者封通事一員夷稍數人護送又遣王
親馬良弼長史使者等官駕舟進　表謝
恩
附錄陳侃與世子書曰君子交際之間有禮焉有義焉禮以將敬義以揆物賓主各欲自
盡而已今日之舉
君命是將役共

王事乃其職也欽我以華從事矣而又東[illegible]以菓滿不已過乎衹貲[illegible]于行之罔為書[illegible]保[illegible]受
之則為非義辭受之間天理人欲判焉從之明而守之罔敢有欺乎辭不更贊惠毋再貽又與
王書曰士君子立身大節不過禮義二者而書備布想已知之賢王亦知
朝廷之大法乎今聖天子御極議禮制度萬物維新群工濟濟求盖平之節[illegible]如飽厭者然如推如而已余等叨居
近侍[illegible]里衙
郊正欲搖君德於然弼守[illegible]節於不事焉
天朝增重乃敢自貽非義以貽滿棗之譏耶與者[illegible]矣一也欲舉清議則背不恭
[illegible]辭實與王書[illegible]開而以成禮不經以[illegible]也責[illegible]獻來
上命[illegible]禁乎致此以辭[illegible]祭則之[illegible]承[illegible]之無[illegible]以解[illegible]而[illegible]以[illegible]又使人素
[illegible]而不敢失者[illegible]敢[illegible]今[illegible]以德相

受以酒相屬共守
天朝之大閑安臣子之大義而不同[illegible]於儀物之末幸甚又與王書曰封舟瀕行頒賞[illegible]錦已嘗面辭矣茲承法司大夫長史等復來夫
承[illegible]是將錦貴王厚我之誠而不受為貪賞使人自守之矩且
天朝清議光昭非僭授受具有明辟余與敘於三如
朝廷之大法何惟王知所以愛而免其所以愛可也傳有之敎惠不歸德君子不有焉王其念之
蕭崇業曰夫琉球夷而化者也入其國不無交
際之儀自
國初遣使以來所由長遠矣然余每至於享獻餽
問之間又未嘗不三致檢焉豈其忍性矯情將

矜名以衒跡耶抑亦高心潔行乃儒者之芳軌
耳聖人不云乎行已有恥使於四方不辱君命
可以為士矣余何以知自守之必然哉以此

造舟

蕭崇業曰於戲聖人制舟之義深哉夫水之有
舟猶陸之有車馬也舟車所至人力所通日
月所照霜露所墜凡有血氣者莫不尊親吁聖
人作舟車以臣屬天下其功德蕩蕩然而不可及
也一至是乎何以明其然耶盖山非梯不陟其
阻即舟無御風無自也惟車騤馬馳則地盡封
域矣海非航不測其廣即鮫人慕義無由也惟
舟便颿利則源窮洲島矣是故蓬壺之境焯約
長生久視之夫茀患海中無此耳藉令有之亦
可望而至其地尋而訪其人告之以黃虞中正
之道而發其僻不難已又何論稱臣入貢之國
如琉球者乎中庸贊至誠曰配天盖言聖人之
功德徧覆博載與天地無紀極而山谿之險果
不足以限之也於戲言有據矣志造舟

按舟制與江湖座船不同座船前後調停出入
甚便中間窗户玲瓏開明爽朗不異安宅也此
則艙口低凹上覆平板為戰棚列軍器焉即官
艙亦僅高四五尺俛僂深入下上以梯面雖敞
豁若穴隙然盖恐太高則衝風故稍卑之耳桅
竪五大者長八丈根圍九尺餘以次而短舵長
三丈一尺闊三尺七寸艫長五丈二尺圍九尺
桅用杉木取其理直而輕舵用鐵力木取其堅
勁艫用松木取其沉實能久漬也架龍棚之外
有兜艫鞘鎖梁釘之外有米鈔鞘河口匠欲以
鐵漳泉匠欲以木乃參用之舟後故作黃屋二
層中安
詔勅上設香火奉海神天妃尊之且從俗也舵備三
用其一副其二櫓置三十六枝大鐵猫四約重
五千斤大棕纜八每條圍尺許長百丈小艀二
不用則縛附兩旁用則往來藉登岸或輸行李
水具大櫃二可載五六百石小如甕者十數以
海泉鹹不可食也舟最緊要者三曰艫曰桅曰
舵把總林天贈得艫於延平李應龍得桅於壽
寧經歷羅克念得舵於廣東諸木既精好當於
用而三者又殊材中繩度以故終焉允臧得安
流無恙為舟人幸孰非一時事事者之恪哉定
艫日三司諸君率府縣官俱往南臺陪祭外若
竪桅治纜浮水出塢亦靡神不舉者凡以
王事所在謹重之耳甲午年一舟計費二千五百兩

有奇今上一千八百云

高澄操舟記曰甲午歲四月朔海舟造完將行有日鄉宦謝浯水黃青崖高文溪李南竹林榕江龔雲岡諸公餞余烏石山詢及從行人幾何余曰聞前使人各一舟舟各三百人計料值三千兩有奇募值亦三千兩有奇茲行欲共一舟不惟省費抑亦可以共濟也何如諸公以為善但曰二公以千金之軀奉九重之命百凡慎重庶可無虞盍審諸役熟至琉球備知海道充之以司一舟之命可也余曰諾次日至舟徧詢無有應之者初意此輩必通番恐律有禁故諱之不言也孰知皆河口無賴徒取募值而不知操舟之法者乎復問諸公諸公咸笑曰知之久矣第未為二公告宜速差人至漳州訪知海道者二三人迺可遂持檄至府時南風已便通番者俱開洋矣惟一舟姑待明日迺獲其持舵者三人咸驚惶無措持檄者曰適天使琉球封王募汝輩駕舟至則有賞無罰不必懼也遂來見余問其姓名曰謝敦齊曰張保曰李全曾至琉球否曰未余曰亦不濟事敦齊對

曰僕雖未至其地然海外之國所到者不下數十操舟之法亦頗諳之海船在吾掌中針路在吾目中較之河口全不知者逕庭矣但不知所造之舟善否盍往觀之至則見舟且陋且感曰幾敗迺公事求其所以曰此舟不善者有三蓋海船之底板不貴厚而層必用雙每層計木三寸五分各錮以鐵釘艌以麻灰不幸而遇礁石庶乎一層敝而一層存也今板雖七寸而釘止尺餘恐不能鈎連而巨濤復衝撼之則釘豁板裂雖班師弗能救矣此一不善也聞前使二舟則艙濶人稀可免疫痢之患今共一舟則艙止二十有四除官府飲食器用所占計三十人共處一艙恐炎蒸抑鬱則疫痢者多雖盧醫弗能療矣此二不善也海濤巨而有力舵桿雖勁木為之然未免不壞亦不免不換也今舵孔狹隘移易必難倉卒之際誰能下海開鑿以易之舵不得易則舟不得行雖神人亦弗能支矣此三不善也三者未善何以利涉大川乎聞者悚之於是思齊忿詈不已若曰是孰阿諛權奸殘我輩性命也一時藩臬府縣董舟諸君心咸弗安

先是巡按方公以封王重事也正月歲首即以
五月舟完使臣過海行措之事題
知至此雖欲別造一舟恐踰時遲
制亦弗敢也思齊然諸公相顧無可柰何致齊廼
號而言曰僕愚民也今陟來此敢不盡心願公
息怒待僕處之衆人憂少釋廼取藤竹各五千
斤製作巨縆舟首至尾凡七處束之艌之縫隙
復釘以鐵鍋闌其舵孔旁各寸餘又於船面搭
矮凉棚使舵居者更番上坐以乘風與夫應用
器物治之靡不精好五月八日遂開洋十三日

至古米山夜半颶風作遮波板架及櫃所不到
處盡飄蕩無遺唯船身及艙底屹然不動使非
謝謀則此船朽解久矣踰旬不至天氣頗炎船
面雖可乘風艙口亦多受濕染疫癘者十之三
四竟不起者七人使非謝謀則此輩物故必多
矣海水颶風勁不可敵鐵力木之舵葉果蕩而
不存矣遂以榛木者易之亦幸其孔之有容也
使非謝謀則舊者不能出新者不能入未免覆
厭哉矣謝非天授而何哉然其功之可取者不
特此耳知觀海物而知風暴之來辨波紋而識

島嶼之近按羅經而定趨向之方持舵柄而無
遜避之意處同役而存愛敬之心其所可取者
亦多矣及舟回桅折之夕衆方驚仆彼獨餐飯
自如問之曰無恙也余等憫甚慰之曰無恙也
嗚呼微斯人則微斯四五百人矣謝非天授而
何哉至閩泊岸月反痛哭流涕向余等曰公之
不死者天幸也僕之慰公者勉強也詎知琉球
之行若是其險哉蓋西南諸國行不二三日即
有小港以避風豈若琉球去閩萬里殊無止宿
之地惡能保其行不遇風風不為害也哉一舟

之人不死者真天幸也真公庇也言訖若有苦
楚狀詢之廼持舵時身為鹹水所拍壯風裂之
故痛不可忍也遂命醫人吳念三療之用蜜半
斤淡酒三十斤防風當歸等藥末半斤煎湯浴
之一夕而愈矣察院三司諸公以渠有勞厚賞
之得金十餘兩語人曰我每歲為人募而通番
可獲千金今所得幾何緣諸國皆富而琉球獨
貧故也盡出所有與同役者飲酒唯求一冠帶
倩閩人以鼓樂送之自誓再不通番以延殘喘
比汝濟約年三十有餘膂力驍勇識見超絕彼

二人則庸瑣無足道也嗚呼天下之事唯在得人而已苟得其人則危可使安險可使平苟非其人則安亦危也平亦險也余於操舟之術而悟任賢之理故備爲之記

嘉靖三十八年製造封船照依舊式長帶扁稍一十五丈濶帶櫓部二丈九尺七寸深一丈四尺分爲二十四艙自官廳至二桅兩旁並無遮浪艙板工成過倭亂阻行港内延住至三十九年鍬歪蛀壞方議改造陳孔成馬魁道思見船長艙濶梁稀不免軟弱乃請益爲二十八艙以應二十八宿各艙通用樟木貼梁大抵艙狹梁多尤見硬固時福匠不知琉球水路多横風浪外設老鼠橋爲美觀及返棹過風浪湧入船傾艀折舵幾至悮事今造封船計長帶扁稍一十四丈五尺濶二丈九尺深一丈四尺艙數貼梁龍骨照舊仍鑒前謝敦齊之説製大鐵條二十座自艙底搭之兩舷則外勢束縛益嚴勝藤箍矣福匠何細二又執老鼠橋式説孔成等親歷艱險懲戒往轍執造滰入過洋船式兩旁加以鈸柱釘板等料綢密平壯小艀繫於艘外朴素渾堅及增置艤頭極交拴等十二件以故船得風浪不侵往来無虞

過海防船器械舊規佛郎機銃二十門鳥銃一百門碗口銃十門袖銃六十門藤牌二百面長鎗六十枝鏢鎗一千枝鐵甲一百副盔一百頂腰刀三百把今酌用佛郎機銃十門鳥銃六十門碗口銃四門袖銃三十門藤牌一百面長鎗六十枝鏢鎗八百枝鐵甲四十副盔四十頂腰刀一百五十把至於弓箭火藥鉛彈等項各取三分之一大約省銀三百餘兩然皆備而不用耳事完仍歸有司

封舟剩材往時每爲宵人乾沒今查所造占溪高洋樟松等項合估價銀壹百三十四兩還官荒生剛鐵原派八萬九百一十二斤今除打造鐵猫家火共用過五萬九千四百零三斤隨船備用荒鐵一萬零五百斤減去一萬一千零九斤還官黄藤原派六千五百斤今減去一千七百零五斤桐油原派二萬斤今減去一千四百七十三斤蠣灰原派四萬斤今減去四千四百五十六斤青麻原派一萬八百斤今減去七百

三十八斤各還官以上諸料無非舟中所必須者大都恒患市井之黠預領官銀納不以時人往往叢奸售敝倒智衆於錙銖之間所貴督工良有司清出而嚴入之余等數數稽于其上然後物不苦窳而船得實用云

蕭崇業曰封舟之制大抵什九式舊而或變通於篙師者僅什一耳余覽前録每詳於其舒而麻油灰鐵瑣屑之物皆略而靡紀夫是數者船所賴以爲固也一有弗慎悔無及已余始亦謂有司之事稍稍句覈各行強半以濫惡相罔乃輙叩核而程督之因挾其不勉者於是狡戶少不敢呈其贋而封舟廢藉之以完於戲是可槩爲瑣屑之物而不加之意耶

用人

蕭崇業曰相之用人與將之用人不同相用人則録端慤繩檢之士將用人則收雄俊猜悍之夫而險情贊行弗計焉兩者參錯互營以成其用而大要則固各有攸屬也舟中之用人殆猶之將而已矣取其能不責其素備其長不較其短是故閩淛壯士校石拔距夫豈不勇然以之操舟則必從矣惟漳人以水則習以舟則閑以力則便健而機警渡海舍漳人譬之詢道於瞽辨色於聾吾誰此舉者也傳所謂耕當問奴織當問婢其是之類乎漳人陳孔成馬輕道乃前部李一石所用者夫亦識途之馬耳所揀長年三老多出其手云

按造船以用人爲要故必擇有司之賢能者而以指揮二員副之此

題准新例也余至閩時諸司業已遴委海防同知而指揮則漳州衛帶照宗陳震以漳故習於海耳然餘多更凡勢難翫狃衛復考寓秦之等威嚴中廢務視爲兒戲乃又白撫按委閩縣丞陳邦楨分綜其事而以福州衛指揮邢楊代陳

震庶彼此相恊戚令並行船務之所由以集也
若夫督採諸木則延劒節推姚一新建寧指揮
仲世臣黃河原把揔陳孔成馬𨒪道趣運則吏
目危民懐主簿蒙希順典史鄭金士總理經始
慎出納則先周鐸以遷秩行各行户有去思後
改通判張霆鄭敦復監廠庀具兼過海竣後則
覃邢二指揮徃徃有幹局而天文生蔡錦亦機
警能贊襄於耳目之所不周此皆著勞績於
使事者法得不泯云
省祭三名一陳子章舊管蓬纜椋藤竹木過海
則提調飲食器皿椅卓旗幔一林一鸞舊管麻
油硬木棍舵牙過海則提調籠櫃紙劄布絹一
金庭楷舊管炭鐵釘椇櫓猫過海則提調鉦鼓
火藥弩鎗軍器至岸仍分職充讀讚官引禮通
事一名馮璽譯語通事三名陳朝用陳邦秀馮
炳則各司國中交際廩餼之儀醫生一名何繼
熈所以備藥物防疾疫又數百人軀命之所關
也此之為責豈不重哉
匠人亦有二其在河口者經造封船頗存尺寸
出塢浮水俱有成規然篤於守舊而不能斟酌

時宜又苟且用料而不必求其當此其失也漳
泉之匠善擇木料雖舵牙櫓棍之類必務強壯
厚實然粗枝大葉自信必勝而不能委曲細膩
以求精此其失也余棄短取長而兩用之因革
損益倘有可商使互相參較而無得齟齬以除
壞其制至於扶艕做工以幇助艦匠又廠中之
最要者徃時率用舖夫以其衆易集而緒易就
也今有司革去而代以機兵第機兵出自市井
每多儇佻之徒不諳土木匠不稱能而人力掣
肘又無以助之故今年定艤成功之期較之前
次獨緩然其舟則堅緻牢固思過半矣
篙工舵師余信舊録用漳人頗多而言者稍稍
摇之夫取士必於鄒魯談兵必於燕趙豈謂兩
地皆文武材哉譬之福人雖亦有習於水者但
求若漳人之精耳博訪而公擇之顧何嫌於私
耶余乃令陳孔成等各舉其尤復檄海澄縣覈
實以應壯徤便捷者留之脆弱頹闒者汰之如
夥長何國清周時鳳李國傳魏通又皆採之於
輿論者後洋中風濤急遽之際信有主張可倚
仗云

八月二十六日國中颶風拔木尾片終夜不息
亭午不息人皆洶洶為歎行封舟四艘大如釭
忽斷去漂下港口三四十丈許幾溺沒者咫尺
矣兼之暴雨傾盆昏塞不辨牛馬即王遣數千
人來第束手無救也守船夷稍亦惶懼跳入水
逃獨漳州舵工林余宗王懷林世梃手莫三陳
走三班手林八九五六人孤危於上余等具冠
服告
天俄頃風寧舟為二夷船所抵墊得不沒向微五六
人之勤勞有矣可復蹤邪叶此淵
天心警戒意也敬之哉敬之哉
查照嘉靖三十九年封舟隨行近五百人時又
遇警自興工造船守船水稍各日支糧銀二分
至四十年六月開舟動費幾千兩今各裁省及
革三衛并萬安所等軍士隨行僅四百人大約
各役給食每稱事為差除指揮天文生係新增
外把總省祭通事等官如舊餘惟夥長舵工大
繚班手稍優其二梳頭舵二舵護針總甲水稍
行匠及衙門服役人等俱人給銀五兩三錢無
從殊矣案具存行司茲不贅

過海人數皆任有職役如無事而空行者概汰
除之取于福州者自醫書書辦門皂行匠以下
九六十餘人聽用民稍又四十人外總甲四名
繚手十一名車手十四名椗頭十七名俱鎮東
定海梅花所軍夥長七名舵工十六名頭舵八
名班手十四名管水火旗幟總甲十七名繚手
十四名椗頭十八名車手二十九名帶小艕四
名聽用民稍二十名以上俱漳州人大率福人
居什三漳人居什七矣蓋其浮歷已多風濤見
慣綱紀其事者能嚴慎勤勞而趨役者亦復奔
走敏捷彼近城水稍則一籌莫展帶之多適礙
手腳耳舊錄所謂主張行船之人斷非漳人不
可者豈虛也哉
蕭崇業曰漳人老於舟者以余往迴海上藉其
力誠足多焉第前錄不列名數後莫可考余故
著而志之

敬神

蕭崇業曰嗟乎鬼神之理亦微矣談何易哉談何易哉須航海試言水事昔若河出圖八卦呈洛出書九疇列聖王以龍白魚之兵谷是乘槎犯斗之奇赤光浮土而為稟若滹沱冰合以符帝業是數者謂非有神物以主之不可也然此猶其顯者耳若夫神經惟牒所紀幽冒詭幻驚疑譩叱之事蓋難以更僕數矣矧天妃故海神之正又載在祀典者其靈應豈不尤為赫耶古靡得而考已余聞之後說云渡海者無論

天子使臣即通洋貿易之夫有叩必應捷於影響誠所謂體物而不遺者也其為德不亦甚盛矣乎余故摭往跡著事驗以為敬神篇

嘉靖十三年使臣陳侃高澄行至古米山舟刺剌發漏群譟呼天妃風定塞漏得免於溺歸國時又值桅舵俱折舟人哭聲震天無不剪髮設誓求救於神已而紅光燭舟舟果少寧翼日風劇不能易舵乃請珓得吉衆遂躍然起舵舵柄甚重約二千餘斤平時百人舉之而不足是時數十人舉之而有餘舵既易衆始有喜色忽一蝶飛繞於舟疑者曰蝶質甚微在樊圃中飛不越百步安能遠涉滄溟此殆非蝶也神也復一黃雀立於桅上令以米飼之馴馴啄盡而去是夕疾風迅發白浪拍天巨艦漂蕩如常風聲雷吼而水聲助之真不忍聞舟一欹側流汗淫淫至暝矣二人乃遂冠服默禱矣以立碑奏聞於

上言訖風若少緩徹曉已見閩之山矣神明之助詎偶然哉

嘉靖四十年使臣郭汝霖李際春行至赤嶼無風舟不能行當晝有大魚出躍形如鉅舟旁有數小魚夾之至暮舟蕩甚皆謂無風而船如此寔誠可怪乃亦從俗施金光明佛經一部弁作緣舟舁之艙口而風忽南來得保無虞居無何開洋回國中見麻雀一雙究究來泊艙蓬須臾巨颶大發舵忽折去郭乃為文告曰霖等欽奉

上命冊封琉球仰荷神祐公事既完茲當歸國洋中折舵無任驚惶惟爾天妃海若皆

國家廟祀正神今朝使危急華夷五百生靈所係豈可不施拯救若霖有貶心之行請即殛之於亦無為五百人之累若尚可改過而自新也神

其大顯威靈俾風恬浪靜更置前舵庶幾可以
圖全神其念之祭後風稍息遂易新舵嗟乎思
神宜邈談者未有不疑然此四無邊岸之中究
弱雙雀何從而來易舵之後又一鳥常據於桅
尾孰謂世間事可盡以恒理臆决哉

天妃靈應記

陳侃

神怪之事聖賢不語非忽之也懼民之惑於神
而遺人道也侃自登歲承父師之傳佩敬而遠
之之戒凡禱祠齋醮飛符噀水誦經禮佛之類
門黨有從事者禁之不可則出避之或過其宫
則致恭效程子焉廼者琉球國請封
上命侃暨行人高君澄往將事飛航萬里風濤叵測
聖書隆重一行數百人之生厥繫匪輕爰順輿情用
閩人故事禱於
天妃之神且官舫上方爲祠事之舟中人朝夕
拜禮必恭真若懸命於神者靈既果昭將至其
國逆風蕩舟漏不可禦群譟乞神風定塞漏乃
得達及成禮還解纜越一日中夜風大作檣折
舵毀群譟如初須臾紅光若燭籠自空來舟皆
喜曰神降矣無恐顧風未已又明日黑雲四起
議易舵未決卜珓於神許之易之時風恬浪靜
若在沼沚舵舉甚便若栖翔然人心遂安允荷
神助俄有蝶戲舟及黄雀止檣或曰山近矣或
曰蝶與雀飛不百步山何在其神使報我以風
乎予以其近於載鳴鳶之義領之曰謹備諸已
而颶夜作人力罔攸施衆謂胥及溺矣予二人
朝服正冠坐祝曰我等貞臣恪共
朝命神亦聰明正直而一者庶幾顯其靈語畢風漸
柔黎明達閩神之精英烜赫能捍大患如此詎
非
皇上懷柔百神致茲效職哉然非身遇之安敢誣也
按之祭法廟而事之允宜在宋元時已有封號
廟額
國朝洪武永樂中屢加崇焉予二人縮廩附造舟
餘貲新之广石尾崎行祠則從行者斂錢以修
行當聞之
朝用彰神貺因紀其槩髙君讓侃援筆聚以告巡
按侍御方君涯避之又命福郡倅姚一和視勒
諸石

臨水夫人記

高澄

甲午仲夏八日西南風便舟始開洋巨舶穩流屹然不動儼然樓船之泛裏河也余竊喜曰人言誤矣何險之有陳公曰此天幸也勿言行纔五日忽望見古米山巔其去琉球止二三日路矣余復喜曰人言誤矣何遠之有陳公曰此緊關也勿喜夜半忽逆風作焉山近多礁亦甚險以逆順可以徐行避之柰東壯勢猛舟難與角震蕩之久遂致大桅櫓折遮波板崩反側靡寧若不可一息存者衆心驚懼廼焚香設拜求救於天妃之神時管軍葉千戶平日善扶鸞衆人促其為之符呪方事天妃降箕廼題詩於灰上曰香風驚動海中仙鑒爾陳高意思專誰遣巽神驅海舶我施陰騭救官船鵬程遠大方馳步麟閣勳名待汝還四百人中多善類好將忠孝答皇天詩畢復判曰吾已遣臨水夫人為君管舟矣勿懼勿懼達旦風果轉南舟亦無恙然不知臨水夫人何神也祠何在也及歸閩感神貺既彰念報賽當畢廼訪於水部門外勑賜天妃廟中立石以紀異設祭以旌誠行香二忽見左廡有祠頗題曰臨水夫人祠詢之道士曰神廼天妃之妹也生有神異不婚而證果水仙故祠於此又曰神面上若有汗珠即知其從海上救人還也今歲自夏至秋汗珠不絕或者勞於海船為余等護之廼再拜謝之始知箕判驗矣

天妃顯異記

前人

天妃顯異之跡同差給舍陳公於靈應記中已祀典甄中已備陳之矣唯余素感神祐始終詳細則未之及也嘉靖乙酉季夏余以府庠弟子員同友周應龍王仲錦高進小試於通州試畢暇日相與游戲於天妃廟見有籤而祈籤者周曰吾將決吾儕中否倖其籤出桶中遂給壯籤而奪之觀廼第十六籤也籤詩曰久困鷄窗下于今始一鳴不過三月內虎榜看聯名是秋余等四人果僥倖九月往謝之又祈籤以卜來春之事其詩曰開花雖共日結果自殊時寄語乘桴客危當為汝持然不知所謂歲巳丑余三人

俱登進士仲錦除知州進除知縣余除行人獨應龍不第廼以舉人選太原通判結果似殊矣然後二句之意猶不可曉踰年余被使琉球之
命朝縉紳以此地險不可行往不可返爲余憂懼余則坦然付命於天知素定也廼以癸巳歲夏六月至閩一應事宜其難其愼有司請余禱於天妃曰神司大川可以呵禁不祥也余從之凡脩祀行香必誠必敬罔敢怠忽故自始而造舟迄終而成禮神之陰相默助者可勝言哉如甫至閩臺而妖狐之就戮既定船艕而瑞鶴之来翔繞越廟限而梁板之忽墜方折桅舵而異香之即聞與夫雀蝶之報風燈光之示救臨水之守護巫女之遊趋卒之轉災爲祥易危爲安者何往而非神之相助哉箴詩後意似乎爲余發也然余陋劣豈能致此良由
聖明在上百神效靈故
皇恩得以覃下國而微軀得以返中原也敢不仗忠義而爲上爲德爲下爲民以荅神貺於萬一哉嘗考天妃之説蓋妃者配也神於海運之往来商販之出沒危無不持顛無不扶其所全活者不知幾千萬人矣功德可以配天故曰天妃猶言天能生人神能救人也世俗但知靈異之蹟而不辨名義之理故併及之

广石廟碑文

郭汝霖

广石廟廟海神天妃者也天妃生自五代含真藴化放爲明神歷宋歷元迄我明顯蕓巨海禦災捍患拯溺扶危每風濤緊急間現光明身著斡旋力濟所謂有功於民報崇祀典而广石屬長樂濱海地登舟開洋必此始廟之宜舊傳自永樂内監下西洋時創焉成化七年給事中董旻行人張祥使琉球新之嘉靖十三年給事中陳侃行人高澄感墜板異復新之板上所書即董張新廟日月也
皇帝三十七年琉球世子尚元乞封
上命汝霖充使往而副以行人李君際春余承命南下長老多敎余致敬天妃之神排節閩臺造舟百凡按照前使録行惟广石廟遭倭寇焚乃耆老劉仲堅等聞余至亦求言廟事余攝署篆孫通判大慶考其遺址并材料工價值百金往陳

高捐俸二十四金助余與李君知之從役行者各斂銀一星得三十兩餘足則役行於海未完名往長樂民力饒可以鳩工令逮年有兵務往劉知縣尹邑久今孫乃署篆具來久也於是七十余金無從得余因言於代巡樊公斗山樊遂標罰贖餘成其事即命通判速工請記於余不兩越月廟貌一新巍然煥然驚趨有所人心起敬仰日飛航順便重荷神貺者樊之功哉或因是以鬼神事質於余余曰是說也薦紳先生難之矣考孔子曰敬而遠之夫謂之敬必有以也謂之遠特不專是以徼媚云耳故其祭神如神在鄉人儺朝服立阼階孔子豈無見耶而初學小生稍談鬼神則冐然稱茫昧避諂瀆譏及遇毫髮事輒俛首叩禱不暇果能知事人事鬼者乎今夫航海之行尊

皇命也一舟而五百餘人在焉彼溟洋浩蕩中無神司之人力曷能張主學者知是說則知予非惑樊非徇而是廟之祀可以勸諸將來其名獻科字文叔浙緜雲人其巡閩也酌時撥務省約而事之關體要者獨無所惜云

重修广石廟碑記

蕭崇業

萬曆戊寅春余以使事客閩近二載已[illegible]將有祀於广石天妃之神里中長老走省會具呈廟當治狀以廟故天使過臨一脩茲夫郭李將十八年所矣垣序剝落恐不雅觀公儻有意於維新乎野人竊願有請也於是余與謝君慨焉為念乃遂檄長樂孫縣尹捐少貲助之大略堊故塗陳易蠹立圮而已無更改作也己卯夏四月縣尹使使告成請記頃余又辦嚴未暇也頃竣事還可不謂神貺哉義不敢以不文辭記曰天妃蓋海神之最靈異者世傳生自五代姓林氏豈亦有足徵者相參驗乎異余考攬故記見多援軼事璅闒以神明其說駭怪愧者則曰形如燭籠訝肖似者則曰現體於物或號召道流按紉弛壇禹步作隱語不可了或令巫師舞婆祖降箕書篆模影牽情卒又潤誕無所信職由一時昏劇危皇不知求神於此心之虛靈而假倚張於幻妄之跡亦其平日所為弗類反之愧遊惝怳終不能質之而無疑是故寧為人非而深

怖鬼責重罹貨禍而輕犯王章此其勢有固然
已足諭者夫神而以天妃名蓋其聰明正直克
配兩間猶曰俔天之妹焉耳使頌天者徒以其
一草一木一生一成為足以贊天之功而天遂
執之以為德將巍巍者得無邈乎其小耶今世
之崇奉天妃者穹宮邃宇華於閭俗金身碧骨
儼於海瀕而聞最著則其神殆無感而無乎不
感無應而無乎不應也所為拯溺濟危陰相默
佑之功誠有與天合德民無能名者矣而區區
軼事謬謂如紅光現體云云者惡足以睹神之
大哉雖然庸人之性不激之未形則弗興不懼
之已往則弗勸茲者
國家弛通番之禁凡浙閩廣粵艨艛艦橫金洋外
者所在而是其於驚濤怒浪覆却萬方陳乎前
不一入其舍顧獨畏天妃而神又靈為能消歛
其桀悍恣睢之心使之僕僕然蟻伏羅拜於下
居常操籌鈎萬貨毫數而塵較之斯即半嘗脩
供弗為恡而貪鄙愛利之慾稍不至潰決而不
可收拾未必非紅光現體之異有以先入之也
譬之一草一木一生一成天雖不以為功而電
灼霆擊閃亦振碟其不測之威焉要皆助宣夫
造化之所不及耳繇斯以談則天妃之所以自
赫其靈異者其功豈不尤為閎鉅哉余航海時
與謝君過广石行
諭祭禮於是里中長老僂揩齊來謝余乃諗於衆曰
天妃之神載在祀典其已久矣然廟貌往往視
使臣以為輿操我
明天子萬年無疆則中山之請
命益篤年無替广石之廟雖謂與
國咸休可也今弟葺補其耳其何能加一力耶
於是里老唯唯而退縣尹名濂南海人政識先務
此特其微者故程期功費皆得畧之記成還閩
之冬十一月
蕭崇業曰余讀魯論至子不語怪力亂神未嘗
不掩卷三嘆也嗟乎聖人之用意何其微乎夫
怪不經而亂力非道以此不形於言良是也然
神雖見於詩書墳記者不尠乃亦諄諄焉何以故
蓋神理正直懼人以邪佞諂瀆反失其指要在
以吾心之誠凝吾心之神而後能與之為徒合
其吉凶而不悖故聖人或稱體物或言敬遠即

原缺

咨問所及亦止開末而抑其端曲辭以闢其眩
所云未能事人焉能事鬼大抵明二者同條而
共貫有不必求鬼於人之外耳其與義端未易
窺也至若鉅海灝溔冥濆與人區迥異夫豈無
神曩余計偕過蜀江毋論瞿唐灧澦即中流無
恙之所一遇風至榜人輙檥舟鵠立莫敢下上
矧汪汪萬頃灘勢張天當是時維無所於引舵
無所於維也詎安得不求援於造化耶故謂海
之神尤顯赫較尊信非虛耳余自開洋以來往
外遇波濤譬湧而復恬舟航震蕩而復宗[illegible]賜

使琉球錄卷下

戶科左給事中臨安蕭崇業編
行人司行人長樂謝　杰同編

群書質異

大明一統志

琉球國在福建泉州之東海島中其
朝貢由福建以達于
京師國之沿革未詳漢魏以來不通中華隋大業
中令羽騎尉朱寬訪求異俗始至其國語言不
通掠一人以返後遣武賁郎將陳稜率兵至其
國虜男女五百人還唐宋時未嘗朝貢元遣使
招諭之不從
本朝洪武中其國分為三曰中山王山南山北
王皆遣使
朝貢嗣是惟中山王來朝其二山蓋為所併矣
風俗男子去髭鬚婦人以墨黥手為龍虎文皆
紵繩纏髮從頂後盤至額男以鳥羽為冠裝以
珠玉赤毛婦以羅紋白布為帽織鬭鏤皮并雜
毛為衣以螺為飾而下垂小貝其聲如珮無君
臣上下之節拜伏之禮父子同床而寢婦人產

乳必食子衣食用手無匙筯得異物先進尊者
死者浴其屍以布帛纏之裹以葦草土不起墳
無他奇貨尤好擄掠故商賈不通不駕舟楫惟
縛竹為筏急則羣舁之泅水而逃俗事山海之
神祭以殽酒戰鬬殺人即以所殺人祭其神王
所居壁下多聚髑髏以為佳所居曰波羅檀洞
塹柵三重環以流水樹棘為藩殿宇多刻禽獸
無賦斂有事則均稅無文字不知節朔視月盈
虧以知時視草榮枯以計歲
山川黿鼊嶼在國西水行一日高華嶼在國西
水行三日彭湖島在國西水行五日落漈水至
彭湖漸低近琉球謂之落漈漈者水趨下不回
也凡西岸漁舟至彭湖遇颶風作漂流落漈回
者百無一二
土產鬭鏤樹硫黄胡椒熊羆豺狼
按琉球在泉州東自福州視之少在東北覩去
必孟夏以西南風來必季秋以東北風不可知
予國無典籍年千世百其詳靡得而徵已然隋
兵曾刼之不服元使亦招之不從我
皇祖統馭區宇無動衆遣使之勞首効歸順故特
賜閩人三十六姓令與俱焉其意遠矣豈將所謂用
夏變夷者耶國昔三分今中山併而為一其人
深目多鬚須鬘接背老陪臣皆眉宇皓然可愛而
禮也去髭羽冠之誚近安但有職事者以金銀
簪為差等而厮賤輒不敢具秖空髮束之耳土
人結髻於右漢裔結髻於中俱用色布纏首紫
黄為貴紅綠次之以青為下衣則寬博廣袖製
如道士服腰束大帶亦以色布稍貴者纏文錦
價可三五金凡屋地多鋪板簟潔不容塵故無
貴賤皆着草履入室則脫古人有屨滿戶者殆
此也唯謁見使臣始具冠履往往若束縛之甚
苦然頃年讀書號秀才者亦帶中國方素巾足
不草履而以鞋韈整乎入華風矣婦人真以墨
黥手外指為花草鳥獸形髻肖童子總角首不
飾簪珥顏任質無粉黛足弛矯揉大與男子同
故不知足而為屨皆可用也第富室以蘇蒂羈
屨底畧加皮緣上衣之外更用幅如帷周蒙背
上見人以手升之為便面下裳褶細而制長乃
欲覆足不令顯耳名族大姓之妻出入戴箬笠
坐馬上女僕三四從之無羅紋布帽織開鏤皮

毛衣螺貝之飾訪其俗産乳未嘗食子衣也然彼亦人母耳豈謂不慈至是乎君臣上下之分各有節級王親雖尊不預政理武職則設法司官察度官以司刑名巡闌官哪羅港官以司錢穀耳目官以司訪問文職則設大夫長史都通事等官以專司朝貢之事王則并日視朝自朝至日中昃凡三次群臣以搓手蹲拜為敬尊者親者則延之殿内賜酒餅卑踈則移時跪階下不敢起遇
聖節長至元旦日王統衆官蕭冠服嵩呼祝
壽蓋文教之四訖也豈不盛哉父子幼雖同寢長必異處食用匙筯削素木為之得異味先進尊者子居親喪數月不肉食彼華人而厭粱豢者可媿矣化者中元前後日以溪水浴其屍去腐收骨纏布裹草襯土而殯上不起墳此其習稍不美云若王及陪臣之家則以骸匣藏山穴中裁木板為牖户歲時祭掃啟鑰視之或慮木朽而暴露也地無貨殖商買鮮通反時時資潤於鄰之富者邇來哪霸首里貳處俱設馬市販鬻率以儈男子不得爭鬻常尤重犯法有盜竊者執

加開腹剔腓之刑夷人即蠢悍無知亦不懼而好標掠耶盖船魚艇制與中國小異而陪臣歲入貢者莫不航巨艦横海而来謂縛竹為筏不駕舟楫意者草昧之初乎俗敬神神以婦人不二夫者為尸降則數著靈異能使愚民竦然畏憚之雖王及世子陪臣無不頓首拜故國有不良神輒告王指其人擒之聞昔倭寇謀犯王離困者殆矣神輒易而水為盐化而米為沙尋即弃解去其有功力于國類如此尸婦名女君首從動至三二百人各項草圈携樹枝入王宮中唱遊闘人為王倩作宴者親目睹之藉弟令殺人以祭神難以在上矣君子是以信其必無也王宮建於山巔國門榜曰歡會府門榜曰漏刻殿門榜曰奉神並不名其居曰波羅檀洞而圍堞亦弗聚髏儼然石壁矗矗略倣京城外墻園之制第縫無灰坊耳門前百武許砌石梯數重左下甃小池水自石龍口噴出上榜曰瑞泉王府汲之以供飲食路雖高卑傍岩谷然坦夷可容軌而設塹樹棘在窮鄉陋巷容或有之殿宇雖廣濶侈於民屋然制尚渾素不雕禽刻獸以

為奇要亦習於用拙故之以也山則南有太平
出禾紵男女頗耕織西有古米出土絲又有馬
齒地藪曠饒樵牧求北有硫磺亦壁灰堆由奴
野新普吉佳七島雜出紫菜魚蔡海貝之物蓋
不止黿鼉等嶼彭湖等島而已落漈不知所在
豈別島耶土産無鬪鏤樹有鳳尾蕉以葉翛然
似鳳欲飛故名之四時不凋此諸夏所無者野
鮮熊羆豺虎狼豹猛獸而獨出鹿且富馬牛羊
豕雞形多瘦削其價極廉家不畜犬愛養異色
猫有奇蛇可備藥鳥常往来者烏鴉麻雀鷗鷺

而鶖鴨鶯燕鸕鷀之族生育不甚蕃穀則稻秫
黍稷麥菽蔬則瓜茄薑蒜葱韮萊芋果則芭蕉
甘蔗楊梅石榴葡萄橘柿柚甆棗而圓眼荔枝
近所移也木有松柏棕櫸竹箭列植岩㕏蕭寺
中葱蒨蓊鬱頗有一丘一壑之意花則褋色不
可種名惟茉莉木槿王蒸最盛乃顧不宜於茶
即藝之亦弗萌云垂有壁閧蜴虎聲大噪如禽
雀聞之令人恐而海錯龍蝦蟳螺則味加閩越
矣至於賦歛稍寓古人井田之遺法上下各食
其土絕無暴横之㥿即祭封所用布帛粟米力

役之征則第一時暫取諸民而非常也於戲琉
球自春正朔以来其漸濡風軌歷年滋多如乙
視月盈虧以知時視草榮枯以計歲則陋亦甚
矣大抵水経輿諧得之流聞為多故其所載逹
逹非翔實也史稱放哉謂此耳

蕭崇業曰余睹曩說盛稱琉俗尚鬼封王日有
女君夜降于庭中庖丁及閩譯語人俱聞其聲
嗚嗚焉余每經怪此事迨入其境訪之人人無
兩詞云夫幻迹詭誕則理絕人區感驗著章則
事出天外豈其蹤迹之地性道罕聞覡妖鬼祟

之惑拘虐日久而弗神明之弗已耶不然何誣
異之甚也吁哉

琉球録

琉球當建安之東水行五百里土多山峒峒有
小王各為部隊而不相救援
國朝進貢不時王子及陪臣之子皆入太學讀書
禮待甚厚

按福州往琉球須自梅花所開洋風順可七晝
夜至不則淹滯旬日外未必也以水程計之大
抵斯亦國將萬里矣外惟福寧温台頗近然非

正途況建安則建寧備邑也又在福州所比原與海不相通而云水行五百里何乃謬妄如是王子弟雖分出各山迨有事如祭封之日則各率所部戎服列伍以防衛未嘗不相救援也為此說者豈異時曾有負固山峒者耶

國初朝貢無定期今二年一舉尋以為常若夫令子姪入太學僅創見於洪武二十二年嗣後惟遣陪臣之子進監授業大司成處以觀光之館教以誦詩學禮衆萬廩餼加儒生一等其禮待不亦厚乎通如大夫長史都通事等官皆出閩人梁蔡林鄭諸裔無不覩言雍餙傍繩隳槼無敢踰所謂翩翩之秀當于華士求之耳異域難得比也嗟乎教化之所及誠盛矣哉誠盛矣哉

蕭崇業曰余過琉球閭里中部夷子弟聚觀如堵然質賦好醜相半不盡類脊貌蕞陋之夷問其人告曰祖以上閩産也洪武初稍遷於此乃其後綿綿蕃衍矣今所為習書誦南學胄監有秩於國者無非三十六姓云人傳琉球俗好華自矜言不虛矣

星槎勝覽

琉球國山形抱合而生一曰翠麗一曰大崎一曰斧頭一曰重曼高聳叢林田沃穀盛氣候常熱酋長遵理不科民下釀甘蔗為酒煮海為鹽能習讀中國書好古畫銅器作詩効唐體地産沙金黄蠟

按琉球諸山綿南北迤邐相望而形勢不甚抱合翠麗等四山之名殊無紀載可考訓之國人不識也叢林峻谷間亦有之厥田沙礫瘠薄不宜樹藝穫亦薄介精頗能約於口體衣止土素紵布無綺華而食日不過飯一二碗取充饑耳大抵其俗偷懶而少勤也海地卑濕瘴蒸故氣候常熱然抵暮微涼而隆冬沍寒亦時時有焉又云酋長遵理不科民下稍為篤論以國中令甲本簡而操柄者復不責小文耳百姓造酒則以水漬米越宿令婦人口嚼手搓以取汁名曰米奇非甘蔗所釀也日來會宿燕享往往亦設中國金酒矣陪臣子弟與凡民之俊秀則請致仕大夫教之俾誦讀孔氏書以儲他日長史通事之用過十六七歲該貢之年仍過閩河口地方從師習禮入詞館訓蒙不慧者弟宗僕道

學書楷字而已至於作詩譬洛落辰星僅知弄
文墨嘵聲律爾矣而許以效唐體吾誠不知其
可也古畫銅器貴家大族近頗相尚然所同好
者惟鐵器綿布焉蓋地不産鐵炊爨多用螺殼
土不植綿織紝惟事麻縷如欲以釜甑爨以鐵
耕者必易自王府而後敢匪是則罪以犯禁沸
貧也其國未諳産金與否往見王府亦有金瓶
甁臺盞之類即匙筯亦然驟睹乎路藪出於土
鼓葬滋甚矣海貝大率産於此顧又不用乃獨
用日本所鑄銅錢輕小如宋季鵞眼綖環千不
盈掬每十折一每貫折百與其無當於用也孰
若海貝之尤便且易哉
蕭崇業曰余聞之長史鄭迵云國有僧容安者
素諳文義且能詩曾與日本人彈射不相下輒
欣然索所爲作讀三四過語雖不甚精工然意
固飄飄物外其於徒羡吟如也所謂泉石膏肓
煙霞錮疾者非乎而此輩是已

集事淵海

琉球與泉州之島曰彭湖者煙火相望其人驍
徤以刀稍矢劍鼓爲兵器労有毗舍那國語言
不通袒裸盱睢殆非人類
按琉球去彭湖不下數千里海槎作霧之[illegible]
晦冥矣此云煙火相望將無以神視乎又嘗記
憶閩中士夫常言霽日登鼓山可望琉球然余
自梅花所開洋行二晝夜謂可望小琉球矣然
竟不見又行十餘日而後見葉壁山自葉壁山
又三日而後至琉球計鼓山望此其與去彭湖
又不下數萬里矣叩謝離朱亦安能獨見於乳
沕無涯之外乎國人産於萬水一山之中得氣
必勁稱以驍徤誠然哉且性耐饑渴任勞苦觀
挽舟之時終日夜忘寢食而用力益勤勤焉不
稱倦也匪直賤者上之大夫酋長可謂嶠然一
翁春秋高矣猶然同庸衆衝矍叟立舟中往来巡
督無懈惰狀而訪之土民亦鮮夭閼疲殘之患
是豈稟賦獨與人盡殊哉蓋由平日厭薄色味
故腥膿羡麗舉不足以伐性而戕生亦徒有以
焉耳第人尚忿爭有不平好以目皮相恐大怒
袁輒持刃剸人腹中度不免亦剌死自斃否則
即下於理夫抵償而無繫獄雖法司及貴手巾
等此中號貴倨矣倘有犯輙斬首止令坐地而

不綁縛輕則流徙太平山錮之終身其必罰而不滯蓋如此民間所用刀劍弓矢之類往往嚴利削直射則樹於地而兩手彎之矢可至二百步詐巧甲用皮革周衆進退以鉦鼓為節是故隣國目為勍敵焉其國西南則暹羅東北則日本閒東隔有人鳥語鬼形不相往來豈即所謂毗舍那國耶

蕭崇業曰彭湖煙火相望譬昔人千載旦暮之說也焉足與乎何者天下之事得其神即六合猶一家也泥其迹即肝膽猶楚越也彭湖雖遠均之盈盈一水中耳初非有崑崙恒岱為之間絕也千載且旦暮之而矧數百里不可望哉余前所云以神視者蓋有為乎其言之也是故君子必識大觀之義而後智度宏智度宏而後四海之廣不出吾目睫間矣然則謂鼓山可望琉球也亦宜

杜氏通典

琉球國王姓歡斯氏名渴刺兜土人呼之為可老羊妻曰多拔茶居舍大十有六間王乘木獸令左右輿之凡宴會執酒者必得呼名而後飲上王酒者亦呼王名然後銜杯共酌歌呼蹋蹄音頗哀怨扶女子上膊搖手而舞又曰民間門戶必安獸頭

按琉球國王姓尚氏歷世以漢字命名祖有尚忠尚德尚真皆取義之佳者不知何時曾姓歡斯氏不耶妃選自民間土人稱王曰敖那稱妃曰札喇乃云可老羊多拔茶豈方言或與世更異也至於陪臣如王親法司等官但以先世及己所轄之地為姓名若大夫長史都通事則出有三十六姓之後矣王之居舍入門向北者七間以堪輿家不利乃稍折而東深數十丈許又向西者七間以此為正殿閣二層上為寢室中為朝堂臣下傳侍立簷柱前凡閣門以五色燒土珠為簾櫳卓圍如之中三間畧加金碧承塵下覆以采繒地鋪重蓆厚寸餘行之綿軟無聲殿傍有側樓有平屋有北宮向南亦七間延袤於此其廣闊弘爽可擬寺觀之制而比侯伯宅較高大云然梁木質理渾堅光細如膩又足稱海外殊材矣王出入乘肩輿非木獸扛具十六人傘色用土亦有青碧土珠傘從者數百鼓吹

前導戈矛後擁左右列武士面蒙鬼貌𩑶似中國門神之象頗類異刊駭仍以土珠小團扇并大鳥羽扇各四柄貼金葫蘆一對為儀衛義何所取耶宴會不時禮最簡朴陪臣遇吉每稱觴以壽王王亦與之坐而共飲夷俗啞咻不峻絕則有之豈敢遽至於呼名𢦤樂用絃歌酒間度新聲哀怨凄切譜令夷大夫譯其曲有海不揚波舟航利涉之句若為余二人而頌者餘雖侏儒無可與辯然嘆老嗟貧悲聯歡聚之意大約人情不甚相遠如此更以童子四人手擊柝而足婆娑以舞焉所謂蹋蹄歌呼扶女子上膊為戲則目所未擷也大抵琉俗樸茂其民不譚智於尺寸之間故僉多貧而性乃好潔舂於治室曩時富家貴族始得覆瓦屋邇來營窟漸易棟宇斯與周遭疊石為墻以衛不然望之宛一胖睨堡也但其居不聯比往往星散於岩谷中跡若寥落而生聚宴繁翦茅列簟者秖什之五六矣人復稍習於陶如瓴甓鉤頭滴水筒版瓦之類大與中土無異而巧者且亦精細不踈鹵惟無獸頭耳雖王宮梵宇其屋脊角不過覆瓦封灰或繩之以板而止然今日之島迹囙他日之篆籀所由生也又安知非其漸亦茲傳民間門户皆安獸頭此殆以耳視者爭誤矣

蕭崇業曰余聞之傳曰章甫不可以適越蓋言斷髮文身無所用之故適者必見困耳乃自勾踐以後策臣霸主接踵而與非惟章甫不之越且聲名彬彬為方內雄矣夫越之地與古等耳何質文懸絕如此耶蓋其所以漸而靡之者要非一齊一傳與一昕夕之繫也較然矣琉球顧獨居一海之中去華人言服乖闊遠甚其呼名蝶主歌舞蹋蹄陋故之以又安知不如杜氏所云頗今稱臣入貢回面請吏其已久矣中間文約之所沾漬境俗頗更風教之所周流情形默奪習與化移容或異焉追感桑滄之論意者不誣乎於戲

皇仁施及之遠幾將日所出入處也異時華人必資章甫而適中山矣猗與休哉

使職要務

洪武永樂時出使琉球等國者給事中行人各一員假以玉帶蟒衣極品服色預於臨海之處

經年造二鉅舟中有艙數區貯以器用若干又
殮棺二副棺前刻天朝使臣之柩上釘銀牌若
干兩倘有風波之惡知其不免則請使臣仰卧
其中以鐵釘錮之舟覆而任其漂泊也庶人見
之取其銀物而棄其柩于山崖俟後使者因便
載歸遇者鑒泊沒之禍奏
唯待藩王繼立遣陪臣入貢乞封乃
命使臣齎
詔勑駐海濱以賜之此得華夷安危之道雖萬世守
之可也

按領封之說肇自前使占城者正副畏難不肯
航海以舉事曠日持久渠國不獲已而領自海
濱非
俞旨也
蕭崇業曰余攬舊録內稱
國朝賜使臣以極品之章恩寵渥矣是以感激圖
報之下往往有人余竊以為不然夫人臣之事
君要在無所為而為之斯可以語忠者其事在
公其心乃在私焉非忠也曷不觀古人以明其
特乎昔者蘇武齧雪窮窖當是時肅然華艷皆

望外也武之不屈豈有愛恥獨以此忠此義天
地鬼神寔鑒臨之必將以憂愁顛沛而遂失其
節耳故凡身苟可致者無非人臣職分之常不
謂有龍而故任之失利而故逃之也夫海上之
風波與窖中之旃雪孰異第彼猶然宵草野耳
茲奉不貲之軀僥倖於陽侯之險其為危道何
俟於言乃至設桴翼造水帶又欲藏棺懸牌令
見者瘞之崖谷此正猶愚夫援入井者之衣其
祇雖絕頑其人無救已柱下之言曰吾所以有
大患者為吾有身夫身且不欲有也况多方庠

慮覬萬一於既溺之餘委曲求全設厚利以收
已亡之骨則亦何益之有哉此固奉公忘私者
當自信於拘拘謭謭之外可也否則得無嗤余
為迂譚乎
大明會典
琉球自洪武年間其中山王山南王山北王皆
遣使奉表箋貢馬及方物洪武十六年
賜國王鍍金銀印并文綺等物山南王山北王亦如
之永樂以來國王嗣立皆請
命册封自是惟中山王來每二年朝貢一次每船一

百人多不過百五十人其貢馬硫黄蘇木胡椒
螺殻海巴生紅銅牛皮權子扇刀錫瑪瑙磨刀
石烏木降香木香
蕭崇業曰昔在神禹班賦九州徵其名物以供
邦用孟言服以内耳未及乎荒遐之濱也厥後
窮方外域羈縻華風爭各出其土之所有而珍
奇瑰詭往往布濩上邑焜煌下陳殆不止於纖
綺錦華琛琳寳萃而已也然肇天之聖承紀之
主傾獨不以此重焉是故捐金沉璧却駿焚裘
悍史贊之輓世頌之矣夫琉球遐居海嶠又與
中國不相聞無惟其名寖以不章已迨我
朝統一之初乃首效服從稟印受訓以故
皇祖嘉其義輙以王禮禮之而後琉球稱臣秉度之
名獨冠海以外今觀其入貢也惟録其悃誠不
第其良窳即輕鮮薊樸之産亦得以苞匭而驛
至眎彼回而藏心懷琛褪瓔徒眩眩於纖綺錦
華琛琳瓌翠之間者大遅庭矣此其所以歷異
代而忠愈固愈篤也書曰不寶遠物則遠人
格可不謂然乎

題奏

禮部為俯竭愚忠條陳過海事宜以光大典以
重
差遣事該本部題儀制清吏司案呈奉本部送禮科
抄出戶科等衙門左給事中等官蕭崇業等題
照得琉球國
請乞襲封王爵該禮部題奉
欽依差臣崇臣杰充正副使齎捧
詔勅前往彼國行禮臣等竊聞遣人使於四方古人
所慎擇也故仲尼曰使乎使乎言其職未易稱
有如此因是嘗覽觀漢唐之際其有事于遠人
也必廣求可使絶域之才無非欲其出慮發謀
殫忠畢力能取重於外夷以明中國之有人耳
此豈漫然而嘗試之者哉洪惟我
國家日域仰澤月窟向風輶軒之使通驛萬國然
其一遇
差遣也率以該衙門輪定資次為准不屑區區與小
邦絜長較短爭寸取尺以求勝於彼我之間故
如臣等蚉負蠡測之資皆得濫叨梯山航海之
役日夜循省感愧交并惴惴焉深懼無以對揚

休命是恐臣等又思忠信可行於蠻貊而不足以有
恥為先臣等自幼誦習斯語頗知向往止在
今日尤當益勵所脩而不敢二心詖避以為
盛明玷也仍臣等各相警勉外所有過海事宜輒
敢條為此事上
請伏乞
勑下該部詳議可否令臣等遵照施行則事不遲悞
而於使職為少盡矣等因奉
聖旨禮部知道欽此欽遵抄出到部送司案呈到部
看得戶科等衙門左給事中等官蕭崇業等奏
使琉球條議過海事宜款開請留
詔勑祈報海神責成有司議處人從俱於使事有裨
相應開列前件酌議上
請伏候
聖明裁定
勑下本部通行各該衙門一體遵奉施行
計開
一請留
詔勑　語在前卷
一祈報海神臣等查得先給事中陳侃等奏為乞

祠典以報神功事奉
世宗皇帝聖旨禮部看了來說欽此該禮部覆看得
給事中陳侃等奏使海外屢遭風濤之險幸獲
保全海神效職不可謂無
賜之以祭禮亦有據隨移翰林院撰祭文一道行令
福建布政司備辦祭物香帛仍委本司堂上官
致祭以答神休已經遵行外臣等竊惟河瀆海
岳載在
國典而崇奉皆原非不經且鬼神本體物而不
遺君子當無時而可射與其有急而激捍禦之
福孰若先事而脩秩祀之儀合無
勑下禮部行令福建布政司于廣石海神廟備祭二
壇一舉于啟行之時而為之祈一舉于回還之
日而為之報使後來繼今者永著為例免致臨
時惑亂事後張皇而神之聽之亦必有和平之
慶矣
前件臣等看得戶科左給事中等官蕭崇業等
題稱祈報海神一節為照捍災禦患載在祀典
祈報之禮自昔有之今使臣奉詔
天命遠涉海濤艱仰仗

皇上威靈百神自為之効職然而
賜之以祭是亦所謂禦災捍患則祀之之意也先年
已有回還報祭事例惟欲行之祈尚屬缺典相
應俯從所請除報祭文先已撰去外合候
命下移文翰林院再撰述祈祭文一道行令該布政
司備辦牲醴祭二壇候本官啟行及回還之日即
於海神廟親自同本司堂上官舉行仍永著為
例後來一體遵行伏乞
聖裁
一責成有司夫濟險以船督工以人二者相因而
並重者也往年委官造船其品秩稍崇者則每
厭為瑣細之務而不屑於經理若夫卑官下吏
則又視為奇貨可居而專以侵欺為事以故用
失其人而器多弗精往往有中流折柁者臣等
竊惟宮室輪輿之類壞而復脩猶甚無害至於
船不如法輒有仳虞即使公輸在左巧倕在右
亦無濟於緩急矣此造船所以不可不慎也合
無
勅下該部轉行彼處撫按衙門遴選所屬佐貳之中
或同知或推官必有才畧而無負志節者然後

委之以造船之務而又副之以廉幹指揮
俟船完之日凡有司工匠一併隨行夫彼知其
異日將不免于同舟也則必加意督脩而不敢
苟且塘塞以飾目前之觀此固先年執事者之
所議行而非臣等敢為此拘牽之說以厚責於
人也
前件臣等看得戶科左給事中等官蕭崇業等
題稱責成有司一節為照督理造船關係委重
先年任使非人不行加意督脩以致造不如法
輒有中流折柁之虞本官具題前因相應申飭
合候
命下行福建撫按衙門選委廉幹府佐官一員督造
船隻仍以廉幹指揮二員副之務要責令各官
不宜圖節省之虛名惟當嚴脩理之實費不貴
速完以邀敏捷之譽而務期堅久以為萬全之
謀事竣之日撫按官詳加查覈如有草畧完事
及任意侵剋者即行指實參奏以憑重加降黜
至謂欲令有司工匠隨行先年使臣亦曾議及
但臣等竊謂有司各有官守似難擅離職役查
得該省都司例撥指揮監軍護送合無將前項

選委廉幹官理指揮二員即以監軍及與
工匠一併隨行彼知利害相同自不敢苟且塞
責而造作可必其如法矣伏乞
聖裁
一議處人從夫遠涉異國必閱歷時日而後竣事
其間飲食物用弓矢器械之類以及觀星占風
聽水察土醫卜技藝之流皆得備具蓋王命所
關故不得不重其事如此也夫前項供給之需
既出官府則必有所遵奉而後可以勤支若分
外多帶一人則不惟過煩公費而抑且嫌私
交均足以累使臣而損
國體臣等查得福建都司例撥指揮等官三員軍
四百名護送見今海防已靖似宜減去其半非
熟于海道者不用至于天文生照舊取之南京
其醫生二名亦各擇其善者以行與夫駕柁執
帆船中應用之役并今題
請所不及但係前時所必用者容臣等在福建布政
司酌量取用大約貴精而不貴多毋徒濫帶冗
雜無用之人以滋勞費開船之日仍令布政司
將帶過人員用過錢糧造過器械逐一造
冊臣等會同巡按御史題
知此亦防閑節用之一端也
前件臣等看得户科左給事中等官蕭崇業等
題稱議處人從一節為照遠涉海外並借閱歷
時日亦且風土異宜凡一應合用飲食器械之
類及觀星占風聽水察土醫卜技藝之流委不
可缺但謂見今海防已靖所有舊例護送指揮
官軍似應減半及稱不欲分外多帶一人以滋
公費且嫌私交蓋深知使臣之體者相應依擬
合候
命下本部移咨南京禮部行令欽天監選取精曉天
文生一名共醫生二名聽本官自便各擇其善
者隨行凡合用供給之物與夫應該隨行之人
供聽于福建布政司酌量取用大隨帶既無有
冗濫則廩餼自不至虛糜外國亦無所驚擾其
于臣節
國體有裨多矣本官啟行之日該布政司將帶過
人員用過錢糧造過器械一面申呈撫按官會
同本官題
知仍一面類具造冊送部以憑查考伏乞

聖裁
萬曆四年八月二十二日本部尚書燕翰林院
學士馬自強等具題二十四日奉
聖旨依議行欽此

禮部一本為周咨訪以備採擇事該吏科等衙
門右給事中等官陳侃等題切念臣等奉
命往琉球國封王行禮既畢因待風坐三閱月而後
行無所事事因得訪其山川風俗人物起居之
詳杜撰數言遂成一錄錄之意大畧有二臣等
初被
命時禮部查封琉球國舊案因曾遭回祿之變燒毀
無存其
頒賜儀物等項請查於
內府各監局而後明福建布政司亦有年久卷案
為風雨毀傷其造船并過海事宜皆訪於耆民
之家得之至於往來之海道交際之禮儀皆無
從詢問特令人至前使臣家詢其所以亦各凋
喪而不之知而海道往來皆賴夷人為之用其
禮儀曲折臣等臨事斟酌期於不辱而已因恐
后之奉使者亦如今日著為此錄使之有所徵
而無懼此紀畧所以作也又嘗念
國家大一統之治必有信史以載內外之事如
大明一統誌者是已誌中所載琉球之事所云落漈
者水趨下不回也舟漂落漈百無一回臣等嘗

懼乎此經過不遇是險自以為大幸至其國而
詢之皆不知有其水則是無落漈可知矣又云
王所居壁下多聚髑髏以為佳臣等嘗疑乎此
意其國王亮悍而不可與言也至王宮時遍觀
壁下亦皆累石國王則循循雅飭若儒生然在
彼數月雖國人亦不見其相殺又何嘗以髑髏
為佳哉是誌之所載者皆訛也不特誌書為然
杜氏通典集事淵海嬴虫録星槎勝覽等書凡
載琉球事者詢之百無一實若此者何也蓋琉
球不習漢字原無誌書華人未嘗親至其地胡
自而得其真也以訛傳訛遂以為誌何以信今
而傳後故集群書而訂正之此質異之所以作
也兼以夷語夷字恐人不知并附于後臣等學
問麤踈言詞鄙俚勉成此録實不足以上塵
睿覽但念海外之事知之者寡一得之愚或可以備
史館之採擇是以不避譏責陡膽
進呈伏惟
陛下恕其狂僭下之禮部詳議施行等因奉
聖旨禮部看了來說欽此欽遵抄出到部看得吏科
左給事中陳侃等題稱奉
命往琉球國封王禮畢訪其山川風俗人物起居撰
使琉球録一冊上
進乞要詳議備行史館採擇一節為照琉球國遠
在海濱華人鮮至其地是故國俗風土知之者
寡今按一統誌等書所記事本傳聞殊有該載
未盡者據左給事中等官陳侃等親歷其地目
擊其事山川風俗之殊往來聞見悉出實録因
採擇事蹟撰述成書既以正載籍之所未盡且
俾後之奉使者有所考足見各官留心使職誠
可嘉尚似應
俯從合候
命下之日本部將所進使琉球録付之史館以備他
日史館採集伏乞
聖裁等因奉
聖旨是

欽差吏科等衙門左給事中等官臣郭汝霖等謹

題為渡海

冊封復

命事切照嘉靖三十七年正月内琉球國世子尚元

上

表請乞襲封王爵蒙差臣汝霖為正使臣㴱春為

副使各

賜一品服齎捧

詔

勅併

陛辭先至福建造船船大而費亦巨經始於嘉靖十

二年五月至嘉靖十三年四月始克造完船完

之日遂至長樂縣广石地方登船先期尚清已

遣長史蔡廷美等過海迎接令通事林盛帶夷

稍三十人為臣等駕船在五月初八日解纜開

洋洋中偶值逆風船不可往放回數百里後遇

順風復往因失針路漂過琉球國交界地方名

曰葉壁山停泊于此尚清聞之差大臣一員帶

夫役千餘名駕小船四十餘隻至葉壁將船挽

回五月二十五日方到彼國尚清即遣儀從及

文武陪臣隨

龍亭迎

詔勅諭祭文至

天使館奉安擇日行禮六月十六日行祭王禮七

月初二日行封王禮是日尚清皆迎至國門外

一見

龍亭先行五拜三叩頭禮步行前導迎至正殿一

如儀注行禮

開讀已畢設宴欵留禮意懇至臣等令儀從迎

詔勅回館尚清令通事致詞欲留為鎮國之寶臣等

猶未允復令長史捧

先朝詔勅來看臣等始知留

詔勅為

先朝故事况已奉有

明旨始許其留行禮既畢似應即回因海中風浪不

測惟順風而後可行非可以人力勝者琉球在

福建之北去以南風回以北風故至九月二十

日方可開船計在彼國停泊一百十五日日有

廩餼之供旬有問安之禮月有筵宴之設隨行

人役皆給口糧使之安飽行時復具黃金四十

两為贓臣等在福建府例有金帶銀器等物送
用尚不敢妄受況外國之物乎故責以大義陳
以
國法彼亦知敬而不敢强仍遣通事林盛帶夷稍
十人爲臣等駕船又遣王親鄭古長史蔡瀚通
事梁梓等另駕一船進
表謝
恩開船之後二十一日晚颶風陡作將臣等船中大
桅吹折舵亦損壞舟人皆震恐無措荷
皇上威福以致神明默佑得保生還在十月初二日
入福建省城同行夷船今尚不到或未免漂溺
之患矣除彼自行補謝外臣等切思三代以降
聖王不作治化陵夷以文德被海内者尚不多
見況單敷海外者乎若越裳氏之重譯而來以
中國之有聖人耳琉球國在海外無慮數千里
漢唐宋時皆未嘗内附至元時遣將伐之而亦
不從至我
太祖登極首先臣附率子弟來
朝此豈區區勢力所能服哉要必有所以感之者
耳我

太祖悦其至誠待亦甚厚
賜以符印寵以章服遣閩人三十六姓爲彼之役
又許其遣子弟入
國學讀書習禮彼亦感激久而匪懈迨今
皇上御極以來
制禮作樂聲教四敷彼知中國之
聖人從出故欲竊餘光以誇耀他國是以不避風濤
之險貢獻益勤
請封益篤今日之舉尤出誠懇聞
欽命奔迎於海曲見
龍亭俯伏於道周非但不敢如緬甸之倨傲無禮
而亦不敢如尉佗之較量勝負也臣等忝與使
事亦竊尊榮無任感荷慶幸之至緣係出使海
外事理備將使事顛末謹具題
知

欽差吏科等衙門左給事中等官臣陳侃等謹
題為出使海外事切照嘉靖十一年五月内琉球
國世子尚清上
表請封欽蒙差臣侃為正使臣澄為副使各
賜一品服一襲齎捧
詔書一道
勅書一道
諭祭文一道并
頒賜儀物等項前往琉球國祭中山王尚真封尚
真子尚清為中山王臣等隨即

頒賜冠服儀物等件前往琉球國封世子尚元為
中山王仍
諭祭中山王尚清臣隨即辭
朝至福建省城督有司造船渡海行事適值連年
倭患阻遲海口未得開洋至今年五月内海口
頗靖臣等乘隙而出五月二十八日在於長樂
縣梅花地方開洋閏五月初五日行至赤嶼山
阻風二日漂過琉球山一日幸彼處夷人在山
哨望知為封船乃發舺牽引回其境内至初九
日登岸到於彼國尚元即遣儀從及舉國臣民

迎導
詔
勅至天使館安奉擇六月初九日行祭王禮六月二
十九日行封王禮世子皆躬率臣民迎導跪拜
踴躍嵩呼歡聲洋溢儼恪懇至
開讀既完世子仍乞留
詔
勅以為國寶臣等令其摹前者來者因如
制許之大禮既成臣等在天使館守候風汛回
國十月初九日登舟緣風阻那霸港口至十九日

始得開洋二十一日在於洋中折舵荷賴
聖靈得保生全十一月初二日歸至福建省城其琉
球國王尚元遣王親原德長史蔡朝器等另駕
一舟隨同臣等上
表謝
恩亦以初十日到於福建海口除彼自行具
謝外臣惟唐虞三代之盛四夷來王漢唐以下雖
有屬國叛服不常琉球在海島中乃能永堅一
心歸化無渝臣等到彼供應廩餼趨走承順如
郡縣然非

聖朝文德漸被之極何以致此我
皇上十三年既冊其父焱者又封其子
聖壽萬齡
聖威萬里視
祖宗有光而軼唐虞三代不二矣臣等雖嘗海蠡風
波之險猶得周旋使事之榮臣無任感荷欣忭
之至緣係渡海
冊封事理謹具本題
知

户科等衙門左給事中等官臣蕭崇業等謹
題為出使海邦竣役復
命以紓
宸慮事照得琉球國世子尚永於萬曆四年七月內
請乞襲封王爵欽蒙
皇上命臣業臣杰充正副使往封世子尚永為中山
王俟蒙
賜臣業麒麟衣一襲臣杰白澤衣一襲
詔勅二道并王妃衣服表裏等物隨即
陛辭赴福建督造封舟業於萬曆六年已完須緣該

國接封夷船未至臣等曾具疏以改期
請今陪臣正議大夫梁燦等率通事史稍諸人來迎
臣等謹以本年五月初十日由福建南臺解纜
十六日薄大石二十二日梅花所開洋次日東
風剽作舟折而之南因是遂迷針路逆行數日
茫無一山周覽徬徨深切兢悚掣掣洩洩片片
波之中汎汎悠悠於狂瀾之上猶賴
神明默佑漂流不遠三十日望見葉壁山自此去國
可五六百里許乃挽舟而上進寸退尺為力甚
難至六月初五日始儀舟哪霸港口世子尚永

武陪臣導引如儀越二十九日行祭王禮七月
十九日行封王禮在世子登降揖讓之間固能
恪遵成度而不敢失在使臣辭受取與之際亦
知謹守大閑而不敢逾鉅典已脩若可遄歸矣
又以壯風未爲故爾遲遲於是以十月二十四
日自那灞港出洋比日風愈順舟疾如飛二十
八日颶發輒止三十日即抵台温地方至十一
月初五日僅十一晝夜仰藉
國家威靈凡四百餘人俱無恙旋於閩之三山矣
計臣往還海上之期歷年將半寒暑備更雖微
有波濤小警然以井蛙曲士獲縱大觀所謂塵
宇壯遊諒無喻此要之皆
聖明之間寵儒弁之奇遭也臣等竊惟寰海之外封
界寥濶以國稱者萬數琉球固上仁之所不綏
而彊武之所不讋者迺獨於
皇祖統馭之初襄誠奔附被服榮纓繼今敬畏秉忠
不隳臣節陳書奏表有華士之風發紹蹈規爲
夷王之冠冕巽然恭而有禮郁郁乎文而不慙
膺朱芾之章
三錫有光於殊俗棒

綜綸之重一字何止於百朋驚擬漢官儀逢
周典允矣海國中千載一時也臣等又惟昔使
臣波海屢罹艱危譚及往事令人不寒而慄今
二臣無折檣損柁之虞而安流利涉得以竟使
事之榮豈非
中國有
聖人使海若効靈馮夷助順則亦何能徼厚幸如是
耶此尤見
帝德之顯宜真足以軼越前徽馳騁哲躅而陋軌近
世於不吝矣臣等曷勝驩欣仰戴之至緣係出
使海邦竣役復
命以紓
宸慮並理備將使事本末謹具題
知

琉球國中山王尚清謹
奏為謝勞事伏念臣清僻處海邦荷蒙
聖育封臣為中山王不勝感戴除具
表謝
恩外今有差來使臣二員正使吏科左給事中陳侃
副使行人司行人高澄自五月之交著銜萬里
之波濤涉險驚惶莫勞於此臣等小國荒野無
以為禮薄具黃金四十兩奉將謝意此敬
主及使乃分之宜酬德報功亦理之常二使懼
聖明在上堅不敢受微臣情不能盡無以自安今陪
臣順齎
貢奉伏乞
天語叮嚀
賜彼二使庶下情盡而遠敬伸無任激切感仰之
至等因奉
聖旨覽奏謝足見敬慎金着陳侃等收了禮部知道

光祿寺等衙門少卿等官臣陳侃等謹
題為謝勞事侃原任吏科左給事中高澄原任行
人司行人於嘉靖十一年蒙
欽命充往琉球國封世子尚清為中山王往返三年
已於今年五月二十四日復
命訖近中山王尚清差陪臣謝
恩順齎臣等所卻黃金四十兩具本
進呈欲
天語叮嚀賜臣等節奉
聖旨金着陳侃等收了欽此欽遵切念臣等奉
皇上之命遠使琉球琉球乃素知禮義之國臣等至
彼正欲數揚
聖德恪守臣節為中華增重安敢受彼非禮之餽故
筵宴之設必陳方物具書固卻至再至三著備
於使琉球錄中已塵
御覽矣臨行以金四十兩為贐堅不肯受彼心不自
安冒瀆
天聽蒙
皇上鑒彼敬慎之心特下旨受之
命臣等聞

命自六捐紹無地敢不拜受以爲家寶但奉使命未
乃臣等職分之常自揣無功曷敢受兼金之惠
尖夕
呈上將此金收儲
內帑或
命彼帶回庶遂臣等之初心而於
君命蘄不辱矣無任感激敬懇之至等因奉
聖旨已有旨了不准辭該衙門知道
蕭崇業曰夫人臣委質於君唯其所使而不可
存一毫計利之念不直理當如此要亦職分然
也琉球雖居海之外然被服華法舊矣彼以使
臣遠臨其國廼遂持數金勞苦之於禮常當
天朝而顧以是爲恥耶其去市道交若無幾耳茅復疏進
闕廷得請之
命而後敢授受禀禀禮法之内而德意藹爲我
國家之待使臣厚矣雖然充類至義我之盡孰若不
受之尤爲正且大哉

光祿寺衙門少卿等官臣蕭崇業等謹
題爲謝勞事兼原任戶科左給事中謝杰原任行
人司行人於萬曆四年蒙
欽命差往琉球國封世子尚永爲中山王往返四載
已於本年五月十九日復
命訖近中山王尚永差陪臣馬良弼謝
恩順齎二臣所卻黃金四十兩具本
進呈欲賜臣等奉
聖旨禮部知道欽此竊念臣等奉
皇上之命遠使琉球正欲喻
德意擬爲
天朝增重故凡一切燕饗餽問之儀必斟酌裁省期
於不辱臨行復以黃金四十兩爲贐此雖彼國
酬勞之典但揆之大義寔所未安故臣等堅卻
不受原非矯飾況彼國素稱守禮臣等即有微
勞要不過率循常職奉行故事而已初非有昔
人排難解紛之功歸疆叛之烈也曷敢受非
分之物傷不取之廉以貽外夷口實哉伏乞
皇上勑下該部議將此金收儲別用或仍
命彼帶回庶使節以明

君命不辱而於風厲臣工之道未必無小補矣臣等
不勝激切敢懇之至奉
聖旨准辭付該國使臣帶回禮部知道欽此

藝文

大安禪寺碑記

宣德五年正使柴山奉
命遠造東夷東夷之地離閩南數萬餘里舟行累日山岸無分茫茫之際蛟龍湧萬丈之波巨鱗張馮夷之水風濤上下捲雪翻藍際涯不可勝紀天風一作烟霧忽蒙潮瀾澎湃波濤之聲振于宇宙三軍心駭呼佛號天頃之忽有神光大如星斗高掛危檣之上耿煥昭明如有所慰然後衆心皆喜相率而言曰此乃龍天之庇神佛之光矣何以至是哉是咸賴我公崇佛好善忠孝仁德之所致也迨夫波濤一息河漢昭明則見南北之峯遠相迎衛迅風順渡不崇朝而抵岸焉既而奉公之暇上擇岡陵下相崖谷顧得龍盤虎據之地以為安奉佛光之所庶幾以答扶危之恩於是掬水聞香得其地於海岸之南小環水深路轉林密四顧清芬頗類雙林之景遂闢山為地引水為池揉之傾隳築之殘缺成百堵之室闢四達之衢中建九蓮座金容于上供南方丙丁火德丁前果石引泉

鑒井于後命有道之僧董臨其事内列花卉外
貨梅松遠吞山光平挹灘瀨使巢居穴處者皆
得以覩其光焉此酬功報德者之所爲也東
夷與佛國爲隣其聖跡海靈鍾秀有素矣此寺
宇之建相傳萬世無窮良有以夫建寺者誰
天朝欽命正使柴公也
千佛靈閣碑記
粤自大明開基混一大合東浙于海西被于流
沙聲教迄于四海九夷遠方之國莫不捧琛執
帛而來貢焉時東夷遠處東海之東阻中華數
萬餘里水有蛟龍之居風濤之惡陸有丘陵之
險崖谷之危無縣郭之立無民尉之官汙樽抔
飲蓋其俗也雖然亦累貢所產于
朝永樂之間亦常納其貢焉宣德紀元之初遣正
使柴山暨給事中行人等齎奉
勑褒封于爵頒賜冠冕仍遣祭前王使其知尊君親
上之道篤仁義禮樂之本
天朝之恩無以加矣當今
聖人繼登龍馭率由舊章宣德二年復遣正使獨掌
其事爰臨以訓之則見其王欽化於上王相布
政於下其俗皆循禮法熙熙如也宣德三年本
國進使歸貢下
朝迨五年正使山復承
勑崇敬其前聖化灘海往返滄波萬頃舟楫之虞風
濤之恐朝夕戰兢惟天是賴恩無以表良心遂
俗二[illegible]貲營基建立佛寺名之曰大安一以
資恩有之勤一以化諸夷之善寺宇既成六年
辛事後
命追宣德八年歲在癸丑
天朝甚嘉忠孝特
勑福建方伯大臣重造寶船頒賜衣服文物以勞之
日夜棲跡海洋之間三年有安全之歡四際息
風濤之患或夜見神光或朝臨瑞氣此
天地龍神護佑之功何其至歟於是重修弘仁普濟
之宫引泉鑿井於宫之南鼎造大安千佛靈閣
凡在諸夷莫不向化寶閣既成佛光嚴整八月
秋分又有白龍高掛以應其祥此嘉祥之兆良
有自也遂立碑記以紀其事使萬世之下聞而
知者咸仰
天朝德化之盛而同[illegible]矣前人因書爲記建寺

者故柴山云

中山八景記

潘榮

大明統一萬方
天子文武聖神以仁義禮樂君師億兆故凡華夏蠻
貊罔不尊親際天極地舉脩職貢自生民以來
未有如
今日之盛者也天順壬午春琉球國遣使請立世
子為嗣君
上命臣榮臣哲往封之癸未夏六月由閩藩發舟天
風自南不數日而抵其國奉宣
德意封爵與禮既行自國王以下皆拜手稽首俯伏
頌
上大恩不已越仲秋八月國大夫程均文達執卷謁
使館請曰文達敝居之東新刱有寺山水頗清
奇命工圖為八景願請登臨留題詠以記盛美
予念去
君親冒海外萬里方怏怏于中奚暇及他事大夫均
請之不置因與皇華蔡君克智同往觀焉既至
是日白雲初收天氣清明山色秀麗有松萬樹

所謂萬松山也登山觀松蒼然鬱然堅貞可愛
因誦孔子歲寒後凋之語凡與遊者皆興起勤
心山之東行一里許至軒曰潮月軒軒中四面
蕭爽當天空夜靜之際開軒獨坐水月交潔心
體明净有志於當時者得不起高山景仰之思
乎軒之左鑿地為井井上植橘數株泉甘足以
活人橘葉可以愈病程大夫取井之義是蓋古
人之用心也右則有徑徑石奇形怪狀旁列皆
佳木異卉可憩可遊大夫長史諸君各酌酒奉
勸慇懃禮意至再至三因飲數杯上馬至送客
橋士大夫愛重過橋須下馬於是各相攜手顧
謂大夫曰昔子産聽鄭國之政以其乘輿濟人
於溱洧孟子謂其惠而不知為政今均為國大
夫此橋之作豈特為送客耶將以濟病涉之民
也過橋行數里許至綠江之路時天色漸暮漁
舟唱晚但見羽毛之呈祥鱗介之獻瑞極目海
天胸次如洗曾不知宇寰間復有所謂蓬萊也
由是而過樵歌之谷樵人且歌且樵熙熙乎皡
皡乎我
國家仁恩遍及海隅太平之象其可忘所自乎此

谷但聽瀏亮之音洋洋在耳大夫進而謂曰此
即鄰寺鐘也因而至寺老僧率衆十餘人迎拜
于道予既往其山水之奇勝且喜夷僧之知禮
因令人扣之曰大夫以鄰寺鐘列于八景者僧
知此義乎因告之曰此鐘晨焉而敬惕人聽鐘
而起俾之孜孜為善無爭爭凌犯之作暮焉聽
鐘而入俾之警省身心閉門而思過咎國大夫
命景之義其有益於人如此僧唯唯謝曰謹當
佩服斯訓他若山川之勝景物之善俱未及暇
尋雖然程大夫中華人也用夏變夷均之職也
果能以諸夏之道而施之蠻貊漸染之薰陶之
提撕而警覺之將見風俗淳美中山之民物皆
易而為衣冠禮義之鄉予忝言官當為陳之于
上俾史臣書之將以為天下後世道豈但今日山川
景物之勝而已哉姑書之以記歲月

息思亭說

郭汝霖

琉球天使館自門而入正堂三間自正堂引至
書房三間余處於東李君處於西房之後再三
間官舍輩處之兩旁翼以廊房各六間門書典
皂寓焉暑月藴隆促促數步內琉之人為余鼎
安也卜後垣空地砌土瓦茅豎柱而亭之余因
扁曰息思夫人情久相離則思余馳驅
上命何敢言思然舍桑梓涉波濤遠
君親旅外國而鴻賓鴈弟玉樹芝蘭數月各天參寥
音問余安能不用情哉昔謝太傅江海人豪中
年與親知別數日作惡余嘗寤歎其懷陽明子
曰七情之發過處為多余又惡夫情之過而惡
也斯亭之登頗少息焉圖書在前琴瑟在御以
吟以咏以絃以歌庶幾造化者游而忘其身之
在異鄉矣

灑露堂說

蕭崇業

余奉
命中山入天使館堂故有扁弗稱居無何余集夷諸
大夫長史問曰而學詩乎唐人云海東萬里灑
扶桑此意在懷遠誠足風也余欲堂以灑露名
可乎諸大夫長史請曰願聞其指余譬之曰夫
雨露者天澤之潤者也
……資化以子民何所不澤以是知

君與天也其皆宰生物之機者乎頎物有不同而篤
材因焉大爲豫章女貞並椿王蕤小爲椒蘭桂
文繁荐弱卉之偶靡不渥而露欣欣向榮也殆
猶之四極八埏九綺獷窮黑星羅棊布之邦亦
靡不承澤仰流喁喁然日待命於
君也然各有幸不幸焉物或不幸而醬蠹枯槁小之
為好事者剝落其英大遴斤斧斬刈於樵人師
匠之手又或産於陰崖幽谷之中蔽曦曜而亡
睹於是天之澤有時乎窮其幸而不醬蠹不枯
槁又不為樵師好事者所傷即雖産於陰崖幽
谷之中而枝幹扶疏稍稍滋暢長以窺闕夫
曦曜則天亦不爲之靳今夫琉球僻居斥鹵外
一旦延頸舉踵稱臣受約束我
皇祖嘉其冊款制以間一載貢乃愈益虔而嘔喻喣
育之惟恐其醬蠹枯槁而弗茂是以大字小者
也命之曰培植之露然遵
王道必由海而海最險萬一長於水而不安於水如
魚龍牙吻何
皇祖念之勅從閩人善操舟者數家籍子孫與俱往
來令無若樵師好事之手所傷是扶顛持危者
也命之曰長養之露君故樸以野不知有聲名
文物舊矣乃世及之請
朝廷代
遣使臣奉
制詔冕服王之非龍融爛焉振於殊俗則雖産於陰
崖幽谷之中而與近
日月之末光者無異是用夏變夷者也命之曰覆冒
之露夫琉球最爾彈丸國耳其才地無所比數
孫能奮擢智奕以自耀於熹明小足以增華益
艷俾觀者奪目而眩心大足以被廣陵隱結駟
而一國耆老臣庶往往獲有所芘藾而不至於
不可以陰莫非我
列聖
皇上湛湛湑湑之澤也取灑露以名堂豈不宜哉於
是諸大夫長史拜稽首曰走也悉草鄙之人第
日濡
聖化而不知耳唯公繹其說而辱名之其自王以下
敢忘
天子之大德

灑露堂記

謝杰

灑露堂者何夷天使舘之堂也灑露者何諫議
蕭使公所以名斯堂也堂何以灑露名雨露扶
桑繹唐人之風也自夷之有是堂故弗扁即扁
弗稱其名比使公至始得名名又稱邦人恍以
爲不佞不佞曰偉哉諫議公之名斯堂也
君道猶天然乃天之澤莫大於雨露雨露一濡稿者
甦仆者起勾者萌者達何神奇也顧蓼蕭露湑
杞棘露湛菅茅露微露陵則猗露草則瀼露灕
則睎若彼殊者何以故因材而篤視所為地者
也然皆非其至也惟南有木其名曰桑樛枝扶
蘇隱芘其所賴者三百里根蟠輪菌餘億萬石
大椿冥靈商丘之木莫敢望焉露零其上者槁
若練滑若脂津津乎若河赤烏天雞待其膏以
餐者八百斛嘻異哉有神木者有天漿彼固有
以受之也琉球爲國僻界爲濤中汗史不前者
帝弗臣王弗賓歷代弗能馴格所爲地亦微乎
微者迨入
皇朝慓然內屬其言曰風不鳴條雨不破塊海不
揚波意者中國有
聖人乎包茅竹箭碩齒東藩爲
聖人浜貢既入一再歲又輒至不號不數如是以爲
常即越裳之雉弗奇於此矣
高皇帝嘉其誠析圭儋爵王之中山與之盟曰東海
爲帶南山若礪國以永存爰及苗裔嗣後值大
封拜則組練禎船絡繹海上後給操舟之士三十
餘家即日南之中州勿於此矣迨于
今皇
聖德明懋宸丁古始會夷有世及之請乃
命余一臣循故事以行太史掖辭秩宗典祀袍則麟
錦賜三公鞋則犀金賜四岳寶則圭玉賜
宗藩杼軸之章分于內帑貢篚之毳來自殊方即
朝鮮之胙弗崇於此矣荷斯三者澤厥邦家爲
露也不既多乎乃若迓續天休莫之夭閼培厥
輪菌宏厥芘藾俾與扶南之桑並芳不爲葭茅
所竊笑則惟王之休諸大夫之力也余何知焉
諫議公以名進士起家讀中秘書擢居諫省嘶
命而來展采錯事不
辱逆於咫尺無色變於風濤正禮郤金變夷之夏推
其意不沆瀣濁而清明之不已將雨露者誰得

似君哉不佞幸在事敢爲贅一喙若此

使琉球錄序

陳侃

皇明德化誕敷際天所覆率教咸暨琉球越在海表世奉正朔惟謹每易代航章乞封則遣近臣將事嘉靖壬辰世子尚清以嗣國請皇上仁覆無外準循舊章時侃待罪左省俾充正使往而以行人高君副之銜命南下歷詢往迹則自成化己亥清父真襲封時距今五十餘禩獻亡文逸倀倀莫知所之攷一統志星槎勝覽等書登載互異罔可據依廼甲午仲夏解纜閩江賴天子威靈海若效順再旬達其國宣詔勑錫章服如儀尚清率國人稽首踴躍歡呼稱職貢匪懈已事還返十月朔還閩可以卜日齋沐而見上矣惟前使外國率有紀錄或賦咏非以炫詞華也窮荒絕裔亦造物者之所陶鎔而風俗嫺邈品藻弗及若道途之險易山川之流峙風俗之媺惡人物之醜好以至昆蟲草木之變安居和味宜服利用備器之不齊非特採奇好事者所欲知而使事之周爰咨諏自不可少也因與高君日紀聞見凡道途山川風俗人物之實起居日用飲食之細皆得諸耳目之所親究乃知舊存紀載殆郢書燕說之類志其畧辨其異此錄之所以不容已也君子之飽道腴者或寓目焉其大亮之筏薦以海錯庶幾一下筋乎不然言之無文行之不遠覆瓿之具爾若繼今使者取以爲擿埴索塗之助容可乎

重刻使琉球錄叙

郭汝霖

使琉球錄者錄自陳高二公始也琉球歸化聖朝前此嘗有使矣而弗錄焉遺也遺則後將何述滄溟萬里不無望洋之歎焉此錄之所以作也二公之心仁哉嘉靖戊午世子尚元乞封於是上命汝霖與李君際春往首訪是錄如獲梯航鮮舛

潞河漳人鄭教授者来語余渡海事余出録詢
之曰得矣而未盡也既入福城造船用人惟録
是據閒詢舊行故老一二弗協豈時變不相沿
乎將作之竣事之餘二公前所行者或未逮也
且宇翁渾淪要實未覈余是年值海警淹遲船
更訪造人亦數新視之前役頗詳然其發端則
前録貲孔多而又懼其久且漫或遂遺也後
之使者將傷今而罪我矣舟旋之日因類編之
首以
詔
勅尊
君命也次以使事禮儀述宏綱也次以造船用人敬
神見緊要也次以群書質異山川風俗
貢物併藝文
題奏而夷字終焉具始末備稽考也嗚呼後之使
者一舉目而星槎海濤燦然如指諸掌矣若夫
登之
天府備史苑稽查則二公先之愚何敢再瀆

航海賦

蕭崇業

句町嶽人奉
命中山之役戒艘於閩有鏡機子儼然造曰蓋聞審
俞竭力事主艱險不避人謂之愚汲黯數好直
諫難惑以非史稱其戇吾觀若貌愉而和行通
而戇匪愚匪戇何故名癡豈有說耶癡人良久
不言乃莞爾而笑曰僕鄙野之人僻陋無心胡
敢當二賢也顧即之時事驗乎物情名亦有自
来矣且夫乘人鬬捷智者相傾而任理直前則
愚之所以優於械也隨俗脂韋諛者相和而柔
德持閑則戇之所以不為佞也玆者徼
寵靈以航異域其孰敢違彼佌佌者遁循桎梏萌萌
者但若康莊詭蔓飾險遠脫冥翔見幾之作我
則未遑是以觀者訝其辨之不早衆故譏其癡
而無量耳鏡機子奭然自失曰若可謂安義命
而篤於自守者也癡蓋尼病哉書云若濟巨川
用汝作舟楫又獨不聞犯斗之奇耶第今特世
日益澆巳頗安所得槎也者而乘之若惟畢精
畢力以造萬斛之舟意者其有濟乎於是癡人

唯唯遂命工師求大木程之以有司督之以當
路闢彼開山礫佹斲鑿劙鬖輪菌連抱後直蓋天
蟜問珂蔚若鄧林彌皋櫸阜蔭谷蟠夸猗欎蔥
騈朗豈肝職尊磊磊其上覆森落落而刺雲蘭
其考制掄材凌巒超壑移兵走擻滌泛推樹松
梓揉於剡之津鐵力貿于嶺之表鉅不厭脩細
罔遺小是斷是遷載堅載好九既備矣大工斯
肇於是覽易爻思象訔儀工倕法虞姁考日力
之程較肯務之紀問軼軍於故游鳩黎人以經
始雕朱曾繼班輸削嵩殊裁潤之時宜槩度稽

於往牒定豈約以執中酌文質以立則雕土豈
効之務相竅木用攢手古哲為㮇遠陋夫絳禮
涉川無取於瑤檝杠艐參柂交箍合罘穴鏞梯
艙副柁重底飛廬翟室望之如宇其上則有彤
宮鏤像藻櫨華欀斑函綺櫝
康製瓔章錫衣命服皮弁纁裳玄冠鞶綬玉佩鞞琫
犀金麟紫芾舄斯皋繁總冰紈緯羅束帛遼烟
之文獨洲之色九夫取朅天庭發輸人迹焉九
賦之所斂九式之所節者是用傳宣乎
會極之門遂頒乎來王之國其次則有文璣翠翡

毛旃氍毹鉦七匙壽光水器蒲膏朱火貢燭
金羊炊釜筐緘奩卣屏面甌瓯陶素良綢編連
鹽酪鼓新嗢壺獸子綢杠絳縿組帷流蘇旒旆
颷悠以容商羽旌騷綬其紛如材官畜用利械
糺儲脩鍛延鏦銛戈剌殳佛郎鳥嘴勝夷勃盧
大砮之方綦衛之矢谿子之弩越女之劍龜蛇
之旐鳥隼之旟軍容翼翼豫戒不虞若乃弘舸
巨艦非常可模抗指南之障嘽崇五樓之崢嶸
運貨秋共鼓之巧使盡變化乎其中是故外潤
內虛大人度也陽行陰翕方壺境也畫鷁琢雲

等威異也亂鐘鏡鐃撓檀擊也腾瞬剩聊力士
從也嶠岸峯積祭戟列也鳶翔鶻逸摩孟張也
蔽天翳日帆揚而緩移也流霞掣電銀黄飾而
赭漆光也震霆轟轟鉦音華響也舞鸞律鶯韻
鳥部蛙鈎天角抵纈紛錯集者殊倆薄伎散樸
期也若乃推驗天文審測風日星躔卜莽羽祝
庖丁匠氏縫工調人司救象胥掌訝篆鏤冊青
與夫吳歈蔡謳阮嗣孫嘯曹詩劉飲秋奕嵇琴
陶泓毛穎陳玄楮生儼然敘述古冊今以至
解雖之丸杯捫之射棘猴之術雕龍之英靡不

廣詢博取競奕摭能爾其大雄謝於馳馬制定
邁於采菱厥幾御長風以利往貴千里於寸陰
乃若梁麗晉舶越艑蜀艅沙棠木蘭之稱青翰
三翼之名方斯蔑矣於是遴老年稱三老命先
期以諏辰輒開舟而出焉上庶佇眙觀者如堵
祉衆龍遝紛餞於祖導魚酒百矣契會供亭循
舊矩割鮆鱻羞燔膴酌醴酬觴鳴金伐鼓揮絲
競肉移宮換羽歡逌斯洽禮殷客主僕馬輻湊
譬風行雨散衆繆於南臺之滸爾乃揖謝辭筵
慷慨升車祀天妃於广石祈縈帶於梅花臨萬
頃之澎湃杳莫窺其津涯覘五兩以為表指六
合而為家使
皇威之遠旅涼靈胥而自誇遂竦節而結旅忽輕舉
以征遐高宇澹乎其若寂大塊恬然其不譁眣
流光以霽色照落景而俱燕翁區浚渚而不見
萬里藏岸其何遮泓溴信難測之于蠡渤茫無
足語之於蓋爾乃順颸鼓帆凌波縣舳不行而
罔不至不疾而靡不速罔然若翔雲絕嶺之翼
倏乎如駛御遺風之足陋登仙以矜榮儗乘槎
而彷彿此非海外之壯遊人世之奇矚也耶若
乃陽侯磅礚以駹沫天吳激礴而鼓濤飛澇湇
洄以相豗洪瀾匌匒而互淆轉天輪而頹厥廻
地軸而爭撓駭駭乎嵩衡抗挺礫鍇乎雷霆叫
號浥浥泧泧則星河似覆激激漻漻則日月如
搖篙工於是手謹舵楫師於是手挽繂當此之
際未可如何雖馮虛以御風兮境非赤壁縱遺
世而獨立兮心異東坡有時乎竦惕戰怖無日
乎娛曠婆娑況千態以萬狀休談笑而起戈須
臾之頃歲瞬息慮乎風波有車馬行公無渡
河懸斯以譚則知郭景純之所賦者特泊酒之
見未習夫江漢之委輸也木玄虛之所云者乃
想像之言猶未覩夫灝溔之實際也故嘗嗟徐
衍之負石嘆精衛之塞溟壯荊飛擒蛟而成氣
賢夏禹睨龍其弗驚若乃陳茂拔劍事偶然耳
海童邀路其誰忘情夫是以仰舟中主敬之程
子悟遇風思過之晉寧坐而待旦動與懼并行
無轍迹止無所憑鬱鬱墨墨兮衆心惙惙搖搖
悝悝兮我頸岑岑逡巡數日乃始達於其境於
是世子遣文武之臣駕彤輅驂驌驦坐組甲建
旗常隼鳥號翹干將羽騎飛龍金戈耀鉞雕結

左言之渠鏤膺鑽髮之行虎騰鳳騖捷舞蹈趨蹌
前驅驍駱盱睢自旁覩漢官之上儀咸驩咍以
振蕩悉千載之嘉會愈色澤而神竦亦有雕閭
不米無見而拱周環羅列盤碎衆運於是盛禮
興樂供帳設乎皇華之庭風戒具而贄典紛呼
嵩以祝齡傑侏兜離於焉俱集四夷迭奏昭德
之聲爾其尚之以金章加之以元服戴纚垂纓
拖綬鳴王鑾左衽之陋風襲中華之芳躅御纂
組於公庭告先公於祠屏追養之禮殫受終之
儀肅齊虔拜於部夷稱霞觴於宗族然後捧
綸章留琳牘金翰輝煌
寶書雲煜爾乃稽首頓首颺言曰
明明天子萬壽無疆者也於是命膳夫以大饗爰致
敬於使臣滌濯孔嘉禮儀振振載之以醪酤設
之以豆登豐之以饔餼介之以芳芬館舍之所
問候緝御之所頻仍佳勝之所賞玩筵席之所
錯陳滄藻景於二時篤隣好而常新郤褒號之
厚餽堅不辱於遠人爾其卹典既畢涉冬始歸
瀕泥淬空旋亦如之傷心極目裹望儃拘風帷
兮寒閉月帳兮淩嚴霜寒玄英兮換節迅金素兮

迎年狂瀾迴兮漸以遠駕飛舫兮俄還安危值
於所遇變幻殊乎目前而出坎履順殆有鼓歡
聲而振天者矣緬惟鄉之所謂神藥形茹股弁
背芒惴惴然而莫知所營者果虛邪實邪抑虛
者舟邪實者我邪誰虛誰實誰我誰舟蓋譬猶
空中之態夢中之境物物皆遊物物皆覩耳彼
有認水為海認陸為岸乃至認我為我卒相角
遂而不已者得無障乎于是聞之耆老士大夫
縉紳先生之徒罔不掀顔慰勞深喜其獲終
王命以為邦國重也是時鏡機子亦在賀中碩獨出
席盱衡而詰曰猗歟偉哉癡人固能蹈海哉昔
者子路喜桴海之從聖人抑其好勇廣德執乘
船之諫賢主嘉其直言禍福所倚幾希之間此
招賀之文誦者悚焉若幸免於風波之危而克
如期以竣事也詎非有相之道歟弟嘗聞之識
治體者在脩文德以服遠尊中國者不割齊民
以附夷狄緣岳爾之小邦而乃奉先人遺體冀
倖魚龍之牙吻徒取彼重蒙竊惑焉癡人憮然
有間曰客故習夫談議乎儻若所諭適足以明
其闇於全而撥乎瑣膠拘譾之忌而未諳其恢

炳著矣何則忘九隩之藩屏而不以遐陬爲襟
帶者乃曲士之非憫也偷持禄之苟安而齷齪
以避險峭者非達人之所壯觀也古之帝王陋
偏擾而規小恒宅中而閎大撫畧八極廓囿弗
嘗既尊居乎神州之卓犖尤勤鶩於鳥獸之外
張北出名師南馳信使輶車朱軒絡繹不絶樓
船戈舫紛沓旁午然皆弗克遂顯號於後世傳
土地於子孫方今
聖明宥成德旁皇九域容如四封不從遼絶之黨
冠帶之倫樂貢効贄者蓋以億計琉球霑濡浸
潤歷年滋多其舊濯泥滓比埒箕子之邦豈與
夫烏滸狼𥈭屠婁縛婦奇肱反膝之酋交脛長
臂之種可同年而語哉客倘頗聞若説請爲左
右揚榷而陳之夫琉球者上古所不能化秦漢
所不能從考之四隈則大荒之外測其封畛則
閩粤之東遠望蓬萊則曜靈晰逸蜃霧駭冢
高影響而化幻犢配綽約以呂容旁睇島夷則
朝鮮網絡越裳蒡引勃泥迤邐以乖闍蘇禄宰
羅以至亙其死圄則僊峰幽嶼秀起特出嶕峨
降居中州所恭其草木則石帆鳳尾紫絳綸組

梳莖數萬布濩阜丘其魚則有吞舟吐浪攤劍
琵琶蝦目豹口狸斑雉雕背形殊類湖可勝圖
其重獸則桄蝸蝜鼊玉珧海月縹螺綺貝土肉
石華詭異出錄瓌異無害其禽鳥則爰居避風
大鵬垂天英眸縹翠瀑濺灑珠往來喧聒集若
霞鋪其宮室則木無彫鏤土僅白盛重闌連闥
去泰去甚歡會作門漏刻聽政殿曰奉神名義
斯正廼設官僚接之以柄察度司刑耳目司問
王親是崇亦有賜姓通事長史爰以將命范范
辟醲此烏則勝海濱之風茲亦等競是故賦傚
井田曆遵正朔横豎無斬關之條臺吏免椎膚
之虐攬雖何有於輀書捕蛇不聞於柳説則閭
閻樂業有餘嬉也醇醲馴致憲度漸陳教亦崇
乎釋氏詩頗效乎唐人柔聲名而遣學精英數
而絶倫歲時無須乎視草髑髏豈聚於王城則
傳誌綿邈自罷訛也物貢所産器貢刀錫胡椒
蘇木硫黄惟丁降香榷子豐苞重驛望日而趨
閩嶠而至則尉佗倨傲不足云也通者東鯷卽
布面頓額[illegible]化漢北歧指織路駢衢[illegible]
[illegible]琉球於寘望黃精漢

洪爵赴丞舉而稱臣入侍之輩相與充斥于
衛之邸
天子於是弘王者之無外撫胡越之一家命粧裝以
掌奇踈萊任之犀拍以娛五戎之君以睢八荒
之狄駕長策於絕奥廣搏範於踈逖常式羈
縻之旅小戍埋轄轅之跡三五為之跨躒八九
為之韜軼禎符之所儒兆鴻鉅之所綜奕合在
於此矣然則琉球雖遠豈其得而棄之四壯雖
勞又烏可以已之且夫兼容并包者英辟之宏
畧也布德宣譽者臣子之急務也故漢皇馳域
外之議博望不辭勤於月氏隋帝探殊方之俗
朱寬久銜使于海國值斯之動襄夫艘艤紅女
殺戮七馬創吮嬰而縱者老弱傷嚴鏃而蹂踐
退氓為之震悚黔首蒙被其難而邪行橫作侵
犯邊境者猶不可彈紀矧
朝廷紘茂夷夏熙恬於原於避陋沭沫於迴澗寰
海之外有不喁喁嚮慕中國者則鮫人竊嗤之
為士而不稱引
帝德如之何其不叫呼於芸夫且僕以汎剽之弱幹
行邪途之傳執方謂無與蟀蟀之附客奈何備

以宋元之招賢者懼懼然相恐也已事而無等
無淺虎式於是銳機于素氣汗馘而謝曰斯非
微大因俯淺所不能備也降階揖手欲衰而行
凝人曰彼但僕授而以航海之事其辭曰於皇
帝德暨四方兮中山請
命服惟常兮
天子曰俞爾宜王兮錫以弁冕黼及裳兮赫赫
詔勅使臣將兮布帆無恙神所襄兮
一人有慶率土康兮本支百世熾而昌兮
蕭六業因余慨中原文獻之盛志郡國者非緒
章縟采弗克列於詞藝之林矣抑何難也琉球
逖陋寡文原鮮屬綴求其掞辞飛芳欲幾曩代
之佳筆不可得也間有摭藻緒於參鄰者乃一
時伎臣攬物會心窮奇摽贊有所感而文生於
情云耳然又落落弗多見見輒收之以備參考
故余鄙俚謝彫之作亦濫得以夾木焉於戲篇
翰鈞玄即名家必須予作又用否則遺而往漸珠
米之除急然肩者每無擇於鶴荊勢使然也又
烏有過不過哉

夷語附

天文門

天 甸尼　日 飛陸　月 都[illegible]
風 嗑濟　雲 枯木　雷 [illegible]
雨 嗑乜　雪 由[illegible]　星 波世
霜 [illegible]毋　雹 科立　霧 氣力
露 [illegible]木　電 [illegible]科那　霞 [illegible]噠尼
起風 嗑[illegible]濟福　天陰 甸尼奴熱木的　天晴 甸尼奴[illegible]的
下雨 [illegible]乜福祿　下雪 由[illegible]福祿　明日 阿者
昨日 乞奴　颶風 [illegible]科立

地理門

地 只尼　土 尼止　江 密乃度
河 [illegible]哇　海 吾巳　山 牙馬奴
水 民尼　冰 谷亦里　路 容集
石 依石　井 依嗑喇　墻 拿別
城 [illegible]　泥 [illegible]　沙 [illegible]那
灰 活各力　橋 扒只　磚 [illegible]
屋 [illegible]咔喇　岸 依[illegible]　遠 [illegible]加撒
近 [illegible]加撒　長 拿[illegible]失　短 密失拿失
前 馬也　後 吾失祿　左 亦達里

右 民吉里　上 吾巳　下 乜
東 加失　西 尼失　南 [illegible]南木
北 乞大

時令門

春 法祿　夏 拿[illegible]　秋 阿及
冬 [illegible]　冷 [illegible]撒　熱 [illegible]撒
寒 [illegible]撒　暑 [illegible]撒　暖 [illegible]木的
[illegible]立的　晝 皮祿　夜 [illegible]祿
早 [illegible]　晚 阿姑[illegible]的　時 [illegible]
[illegible]　年 多失　節 [illegible]谷尼即

正月 [illegible]哇的　二月 [illegible]哇的　三月 [illegible]哇的
四月 升哇的　五月 [illegible]哇的　六月 [illegible]哇的
七月 式的哇的　八月 [illegible]哇的　九月 [illegible]的
十月 [illegible]的　十一月 失木都及　十二月 [illegible]

花木門

茶 札　花 法拿　米 谷[illegible]
樹 拿急　果 吾也　松 馬[illegible]
栢 馬尼拿急　竹 達急　笋 [illegible]急
[illegible] 那都也　草 谷撒　瓜 吾利
菜 [illegible]　梅 [illegible]　葉 尼

香楷　蓮花 花孫法拿　龍眼 [illegible]
荔枝 利[illegible]　甘蔗 [illegible]　椒 撒[illegible]
棗 [illegible]
鳥獸門
龍 [illegible]　虎 [illegible]　鹿 [illegible]
馬 [illegible]　獅 失失　牛 [illegible]
羊 [illegible]撒[illegible]　猴 [illegible]馬　象 [illegible]
雞 [illegible]比　鵝 [illegible]　豬 哇
驢 [illegible]　騾 [illegible]　狗 亦奴
皮 嗑哇　鼠 [illegible]　鶯 打各[illegible]

魚 [illegible]　[illegible]　蝦 [illegible]
猿 [illegible]　[illegible]　[illegible]田明都[illegible]
鳳 [illegible]　麒麟 [illegible]　[illegible]
鮮 [illegible]　仙鶴 司[illegible]　[illegible]
玳瑁 嗑[illegible]　[illegible]失枝[illegible]加[illegible]
鸚鵡 [illegible]立奴谷[illegible]
宮室門
門 [illegible]　窗 [illegible]　房 亦棄
樓 [illegible]　御路 [illegible]集　丹墀 [illegible]
御橋 [illegible]　皇城 [illegible]　館驛 [illegible]香

虎房 嗑[illegible]亦棄牙
器用門
[illegible]　甲 [illegible]羅衣　刀 [illegible]
[illegible]　弓 由也　弦 [illegible]
[illegible]　桌 代　盤 [illegible]
[illegible]　[illegible] 胡[illegible]　床 [illegible]
[illegible]　[illegible]　[illegible]
[illegible]　[illegible]　[illegible]
帶 [illegible]　畫 [illegible]　書 佐詩
[illegible]　字 [illegible]　墨 [illegible]

紙 [illegible]　硯 [illegible]　鎖 [illegible]
[illegible]　[illegible]　香爐 [illegible]
花瓶 [illegible]　香盒 [illegible]　倭扇 [illegible]
箱子 [illegible]　酒鍾 [illegible]　茶[illegible]
棋子 [illegible]　玉帶 [illegible]　金鍾 [illegible]
人物門
皇帝 [illegible]　皇妃 [illegible]　國王 [illegible]
王子 [illegible]　朝廷 [illegible]　大夫 [illegible]
長史 [illegible]　使者 [illegible]　通事 [illegible]
正使 [illegible]　副使 [illegible]　[illegible]人 [illegible]

使琉球録　附

原缺

師父失罷窩　和尚滚子　父親烏一史加
母親倭男姑　兄先扎　弟烏都
妻同之　子拈吐　女烏男姑
琉球人倭急个　日本人亞馬吐　朝貢使臣使者
大明人下大倭　琉球國王倭急个教那

人事門

賭錢合衣　說謊雪谷里　拜揖失之
與達大思　走兩站一其　行遠立其
去亦急　來姑之　你哥嘛
找瓦奴　有阿力　無奴

不好吐打撒　放下由六了　作揖利十六
給賞谷沒　方物木那吐　多少亦加撒
講話谷奴　曉得識達吐　不曉得失藍
聖旨由奴奴失　御前謝恩惡牙密沽卜姑里
且慢走侵的　緊走　上緊惡牙密約里
再叩頭

衣服門

段尚哀里　紗撒　羅羅
紬柔　絹活見　布木綿
綿布奴奴木綿　夏布拿都木綿　紵布迷急木綿
葛布葛布　彩段　改機蓋乞
官絹活見　倭絹活見　西洋布木綿尼失
靴匹藍加　韈乎韈子　鞋皮夜
帽帽　紗帽沙帽　帶文必
網巾周巾　員領員領　衣服豈奴
衫谷个　裙甲　褲甲馬

飲食門

酒撒其　茶札　飯
菜菜　菓刻納里　粉諾沽
麵皿其諾沽　肉失失　魚游

酒飯撒其汪班尼 喫茶扯[illegible]
喫肉失失安急令 喫[illegible]

身體門

頭盧藍子 耳米米 眉馬由
日乜 口寤之 牙諾其
鼻撫傘 手剩 脚阝傘
心此模 身度 髮[illegible]
[illegible]品其 鬍子胡品其 齒扒

珍寶門

金孔加尼 銀南者 銅抑里嚧尼
鐵窟碌嚧尼 錫石碌嚧尼 錢惹尼
鈔克尼 玉依石 珠撻馬
石一貫 瑪瑙吾馬那 珊瑚牙馬那
珍珠撻馬 水晶血子撻馬 玉石[illegible]一貫
琥珀尘剌 犀角吾失祖奴 硫黃油咋

數目門

一的子 二吾子 三賦子
四内子 五一子致 六亂子
七令納子 八鴉子 九酷骨碌个
十吐 十一吐的子 十二吐吾了
十三吐密子 十四吐由子 十五吐一子致
十六吐亂子 十七吐傘納子 十八吐鴉子
十九吐酷骨碌子 二十吾子吐
一錢一止買每 二錢尼買每 三錢山買每
四錢申買每 五錢吾買每 六錢六谷買每
七錢式止買每 八錢法止買每 九錢估買每
一兩就買每 十兩撒姑每 一百兩撒牙姑
一萬箇麻就吐失 千歲森那 萬萬歲森由吐少

通用門

看密只 求討答毛里 說話[illegible]
知道識之 不知道失藍子 不敢揚密撒
東西加尼尼失 閑漫禹押里 不閑[illegible]
說謊由沽辣傘 實話馬訟沽夷 不見述閑
快活括其 辛苦禹及之 笑尾喇的
啼那其 叫院的 痛一借沙
瘥課沙 明早起身阿者述禹諦挨攝支

夷字附

い 以	ろ 洛	は 罷	に 尼	ほ 布
へ 比	と 度	ち 知	り 利	ぬ 奴
る 而	を 倭	わ 哇	か 加	よ 有
た 他	れ 呂	そ 甦	つ 子	ね 尼
な 那	ら 剌	む 武	う 烏	ゐ 倚
の 怒	お 窩	く 古	や 牙	ま 末
け 去	ふ 不	こ 孤	え 依	て 的
あ 惡	さ 沙	き 其	ゆ 又	め 未
み 美	し 實	ゑ 惠	ひ 庇	も 毋
せ 世	す 是	京 敵		

夷國上下文移往來書札止寫此數字凡音韻畧相類者即通用也

蕭崇業曰上古結繩而治物無文字可考迨蒼頡創為六書史籀復作大篆其蟲文鳥迹之類遞遞主於象形而字聲轉借率由以出原其意義殆非苟作者惜自分隷行草八體紛紛日改月易世俗樂趨簡便而古文不幾丁廢乎茲觀本國流傳字法大抵紆曲縈斜與篆體畧相放悉科耶斗耶奧形者耶至如謂魚為游土為足止王為依不知道為識之不見為迷悶蓋亦有意義可明矣其悉符以嗅體蓋非之

皇華唱和詩附

余二人居中山四閱月輙有屬綴皆與
使事相關非徒流連光景者比也詩以時次不論
格云

梅花開洋　蕭崇業

目注青山倚艦樓為馳
王事渡仙舟搓隨博望從今日雨罷扶桑定曉秋艙
外雲飛星欲動洋中濤起地俱浮遥知天路行應
遠記得君平説斗牛

謝杰

仙崎渡口水飛樓十丈青蓮太乙舟風笛數聲江
閣暮梅花五月海門秋天高北極星辰轉地坼南
溟日夜浮此去若過烏鵲渚好將消息問牽牛

過東沙山　蕭崇業

出使殊方水國遥東沙入望翠如髻欲從日域開
金詔非為天台訪石橋海色晴疑雲外雨濤聲聽似
樂中韶丈夫意氣籠霄漢何必區區戒弄潮

謝杰

一線峨眉入望嬌芙蓉雙黛削岧嶢看從日際晴
如畫失却風前翠轉遥碧落無根波接漢滄浪有
信月隨潮探奇不用燃犀照海怪作來已盡銷

迎薫歌　蕭崇業

琉球入海針為路孤舟去去南風渡驀然東折不
可行石尤之風反南征波濤洶湧高百丈湍流橫
蹙噴舟上陽侯激怒勢欲傾銀屋飛來與舟又
如千駟介蹀躞萬斛樵舸遊一葉四圍冥昧渺無
邊晝夜茫茫混太圓征涝喧豗紛不止雷吼震碧空
差可擬轉天搖日蛟螭藏三峽迴川那足方舟人
股弁靡所立孱兒群呼抱相泣使君危險總忘情

重賦

王命此身輕忠義二字良獨守泰山鴻毛我何有丈
夫所貴意氣多慷慨翻為浩浩歌封姨一夜薫風
正大家拍手篙師競使君至此開心顏航海難於
上青天腸斷征帆幾半月何時得到中山國

謝杰

琉球東望海為路乘風七日即得渡石尤作祟未
可行翩翩彩鷁翻南征樓船去水高尋丈水花飛

濤樓船上突然下湧船底平船高直與牙檣并堅
穩如山勁如鐵簸弄中流如一葉瀑布飛來萬縷
鮮玻瓈碾碎亂珠圓銀山雪屋紛紛起錢塘之潮
那𠇍擬鯤鵬飛躍蛟龍翔廣陵之濤何敢方天吳
九首作人立舟中弱質駭欲泣使君持節了不驚
君命爲重身爲輕平生忠信知無負風波頗危我何
有憑誰爲語海波羅臨流一賦迎薰歌歌聲夜徹
群靈聽明朝一箬華風競

見山謡

蕭崇業

水闊迢迢幾萬里天涯浩浩無窮已封舟一去淼
何之更憶島中山可指少女倏忽反東風四方易
位晦朦朧柁工迷路随波逐海客無謀任轉蓬平
嘉嶺已踰鷄籠嶼安在花瓶隱不浮釣魚沉翠黛
洪濤白浪如夢中長年三老慮相待武夷盤九曲
八閩峯巒連鐵障與鰲頂巉巖不可攀青山盈睫
不用一錢買滄海之山何太艱魂飛思山處目斷
望山時猜猜賀术否安得愚公移舟人日日頻指
點謂雲是山還復疑驀看波前鴨頭緑邈然太倉
一粒粟須臾突起喜欲狂驚若遷喬出空谷有山
海可渡見山舟可行開醅使君飲操觚使君吟如
此風波俱度外秪有蒼蒼鮮我心

謝杰

船中指水勝指漿洋中見山如見娘指問汲水不
盈尺七日看山迷黛色長年三老陰有憐使君不
語心悄然今朝隱隱波前起萬碧叢中着黒子舟
人指點信復疑稍看如髮又如眉風帆去去迅於
箭蒼翠須臾應可辨滿船色喜渾欲狂娘爾何来
天一方七閩連山千百里處處和看不知喜

三龍吟

蕭崇業

我駕樓船壯心目海洋白浪如銀屋手持灑露紫
泥書赫赫威靈清水族七日泛長流三龍突出遊
伏蹕俛景天地晴噴沫湧珠煙霧幽三行氣噓白
萬丈虹森列呼吸風雷不可當篙工舟子面無血
豎兒勿惴慴使君且從容紛紛航海者聽我掀髯
歌三龍暴躪㩳陂茂潜蛟汶周處丈夫視龍猶蝘
蜓王節在船何敢阻我寶變龍劍一雄還一雌結
佩上長安意氣誰與媲提携白日横四海無乃神
物會有特

天王御九有綠波息已久況後金函
詔百神咸護守三龍接翼巧相期得非来朝惟恐後
世間詭異難盡知海中變幻何太奇泥蟠天飛固
其理
聖作物覩遡如此使君解龍意紛拏米書字龍悉使
君示須臾形漸遯麾除群怪如驅羊呵禁不祥走
無地豈閭俄興霖雨機三老始成舟楫事舟楫霖
雨總一時
詔指牛山望不迷龍行雨散雲霞止人人都在光天
裏

謝杰

九五龍飛利見時雙星行部臨東夷手持黃紙盤
龍字照入滄波光陸離波底蛟龍驚欲奮扶搖何
獨鯢鵬運重譯未知天使来波靈已識
龍顏近一龍突起巽之東欲起未起雲宜濛蒼涎湧
作一天搭白氣頃成千丈虹二龍接翼臨卑卯濟
頭欲現黃金爪回首三龍在艮隅水族相期何太
巧霧瀰漫掀勢轉殊怒濤如失頷下珠匿伏景光
成變幻混沌天地入虛無舟師面面無人色此物
何来勢何壽一吸能空萬斛舟孤槎詎抗三龍力
使君有苦還自疑靈物何應嫁禍奇
金函開詔龍来集此意就中知者誰倉卒傳呼走衙
史牌上朱書兩行字知龍来費龍朝深藏毋令
舟人憚牌發斯須龍漸消似来欲往勞可招如虹
白氣隨風散帶雪蒼涎逐浪飄滿船更生驚復喜
群来問我何能爾
君王神聖萬靈馴来為斯来止為止来時欲朝咫尺
威止處尤占威不違煩君更作葛陂杖護我天涯
星使歸

余王漫賦 有引

蕭崇業

故事迎
諭祭龍亭在世子第出廟立候於義未安因
議之乃拜在前此所無者忘為例
二使逞臨草色涉晴雲繞繞閣兮蒼殊方召對聞
天語絲服新被接
御前蠟灑扶桑情漫切槎登瀛海路偏長控津四望
源千頃環郡群峯水一方壓渚樓臺高欲墮夾堤
松竹影交行千旗逐日衆東土鼓角凌空入大荒
忠賦名

恩自淮愷先有典禮宜莊片言感悟從輿論五拜趍
容伏道旁鵷鷺鳴珂迎鳳輦貔貅拂劍護龍章牲
牢奠處悲風起情縈焚時白晝黃祠廟陰深人已
去兮來業紹世猶昌鴻業遠鎮鯨波國麟彩光搖

薛旂墻

闕望北辰儀爾爾嵩呼三壽舞蹌蹌小部笙鏞陳不
作外庭賓主酌初筵飛花落席錦題暗晚照當軒
羽騎從中下祥烏棲瓊樹左言夷譯擬歸經
皇仁浩蕩包藩服獨此延崇擬漢唐

謝杰

誰灑扶桑露相將到薜蘿西原分氣色東海沐
恩波鶴又乘雲去
龍初捧
日過玉堂太史筆金馬使臣珂典出
尚方異儀同藩邸遵二牟崇漢祀三爵酹周醴楮幣
方相燎鉦鐃鼓吹歌鄣詞非聚訟故事定傳訛咫
尺瞻
天近尋常如禮何一言能轉悟五拜不須訶義可因
心起詩奚徒誦多
主威與臣節九鼎重峩峩

封王篇有引

蕭崇業

天使館離王城十餘里襲封之日始得入
焉因以周覽邑里咨訪民風非漫遊也感

賦

設險環山海巍峩百二城王居何壯麗水國邈無
垠王居水國夥濱渤榜洞三山奠荒服洪瀾窋影
出鮫宮白浪拂空橫地軸板殿陰岑瑤翡林茅簷
窈窕雄民屋崎途石砌向城隈蓽戶蓬門野徑開
旁實斜通漁父浦交衢直指梵王臺閭里詩書南
肯入傳家禮樂自天來矯首不違
顏咫尺
御詔及今褒太史我
朝貢賦國千餘未必承
恩皆如此大姓
賜閩人陪臣盡戚里閩人戚里世咸休輔較犬牙相
角犄銅雀春深無二喬綺帳樓空謝家後冠棠秩
秩稱大宗炊甑餅鴞待鳴鐘䅷蓋雕鞍珠絡馬銀
題璺開錦艦龍笙簫鼓吹夷歌競犀鞮麟彩介圭
褶一時文物振殊方錦袍玉王侯盛疏爵王侯

多近臣樓船照耀海之濱
鸞飾經過時燕喜天涯傾盖每留賓飛箎捋悃愫投
轄爭酬酤暝入朱城白日暮霞飛絳旆紅塵度百
味馮芳罇九微燈欲陳王門非復張公子灞陵誰
禁李將軍斷岩十里松風勁野岸孤村蘿月靜褆
成大典使星回負弩呼嘹喧似雷髫兒携手紛馳
鶩蠻婦倉皇采薪路君不見漢官威儀驚野老中
國聲名外國慕

進王城　冊封周覽國俗感成二十二韻　謝杰

叢岡蜿蜒逐波洄別是乾坤一刼灰桑土我從滄
海變藩封仍寄白雲隈市無寶藏三家聚城不金
湯百雉開登望四周皆渤澥幅幀十舍半崔嵬王
居板代琉球瓦梵刹山爲般若臺文獻未能徵杷
宋聲華詎得似鄒枚涅槃僅解波羅蜜曲譜惟吹
鷓鴣堆月近扶南偏易煖天高薊北若爲梯越裳
朝貢千年在
當宁恩光一道來象緯早占滄水使樓船高駕豫章
材撓飛五月鯤鵬運
昭特三秋鸞鳳懸恩褒綵綸將雨露階前干羽净氛
埃赤旂升緻星文爛白玉圭傳雪色皚犀東帶國
覲海旋麟圖袍錦學宮裁虞廷獸舞瞻
京闕周陛鑾聲徹上台小隊笙歌蠻部樂大庭宴會
內家醅花飛杏苑靈鼉急梅落梨園玉笛催河朔
未開十日飲主賓先酢萬年杯風飄葆蓋龍蛇動
暝入罘罳鳥雀棲夷旅翳鈴鐃劍戟漢官儀羽象
雲雷禮成人散黃昏後椎髻爭看天使回

王致詞清辯雖其臣素通漢語者不能過口

占一絶　蕭崇業

鸞詔新頒世襲芳卿雲團蓋護穹蒼夾下不作侏離
語萬歲聲聲祝
聖唐　謝杰

殿中旗影動魚須珮玉鏘鏘向陛趨自是
堯天多壽祉侏離猶解作嵩呼

王至使館有引　蕭崇業

故事二使凡數赴王城王至須行一吞余
謂祭封禮畢王不拜即燕不往褫知余二

人有習過意輒先枉謝躬致請啟蓋憭典

叱喜述

憐轔車馬出郊闉十里風塵訪使人為谷朱轄臨
緋識先勞月轂駐江濆腰圍犀玉驚龍怍袍鏤麟
金誼為民折節下賢冤感事不同南越傲王臣

謝杰

七星冠珮五雲旛投轄風期傾蓋交駟馬欲來姝
者子雙旌先枉浚之郊壺觴薄采中山薮帶礪長
分　上國茅宴罷高堂歸去晚月華初照刺桐稍

述志兼諭夷中君長

蕭崇業

一時舉動萬年規暮夜辭金適所宜欲吐經綸酬
主顧豈將溫飽負心期明經私淑三千教壯志輕驅
十萬師義利欲嚴儒者事清風何必使人知

謝杰

岐路何須嘆嶮巇齊門竽瑟未深悲天如有意生
山甫世豈無人是予期鯤鬣自應晞碣石鳳毛終
不飲塘陂尉陀莫致燕金贈暮夜猶當畏四知

卻金行

蕭崇業

宴罷中山贈數金居夷那變四知心義利源頭須
慎獨豈緣故事擲相尋金函開
詔使殊方辭皇華來所望意竟恐招犀玉謗賂金
媿入陸生裝帝子重色貯金屋我易辭趾買書諂
但願明經勝滿籯可憐豪富悲金谷白晝攫金何
太迷貴金絡馬適傾擲金丸最惡韓嫣侈婦賢且
辭遺金學君不見燕士好客築金臺高士掉首去
不回天生李材必有用期散千金還復來又不見
鮑叔讓金交誼篤仲翁問金樂宗族不疑償金同
舍子幼安擲金如草木枇榮一錢猶為多清獻琴
鶴良自足趙軌飲水范甑塵羊續縣魚苗留犢余
誠不能比德於數者區區竊慕古人之芳躅

謝杰

夷中一宴一酬金使君不改初來心還君酬金盡
君爵為君翻作卻金吟丈夫書中金為屋少小貴
金買皆讀一朝通籍入金閨姓名時附泥金牘金
函捧
詔來扶桑旅趁　金錢辭
君王腰間白玉金魚佩佩上蒼麟金縷光歸裝何用
金為賂有金不售長門賦隨身自許雙南金懷金

探奇同諫史挈榼過東禪潮近花皆雨苔空草盡
玄慧光圓佛日梵樂山人天興盡且歸去留題與
記年

東光寺待月不至冒雨歸　蕭崇業

待月僧敲户臨流影射堂雲横燈易暗雨過席生
凉綠野通佳氣青山濟曙光高情留晚興取醉亦
何妨

謝杰

攜觴聊待月邂逅遠公堂坐對海門近吟憐山雨
凉空華輪桂魄法藏放蟾光即此嬋娟在沾衣故
不妨

中秋讌集　蕭崇業

王孫開宴護飛紗一部歌鍾助故家酒注金罇光
透綠詩成繡口筆生花輝輝野月明雕節瑟瑟江
風送晚槎自是清秋堪遠矚樓烏半下斗横斜

謝杰

海國杓回秋氣嘉雙輅同過左賢家空門土净金
為地桂闕天高玉作花引白鶴分靈兎藥飛紅標

奪木龍艇汀皐十里歸來晚譙漏遲將月未斜

海月咏　蕭崇業

桂魄明如水寒香夜更飄鷩飛霜護羽光逆雪侵
毫蓋迴光先滿窓低影乍逃露沉天宇静外户柝
聲高

最愛嬋娟好呼童酒數沽僧歸看解徑鳥宿辨高
株静欠迎風瘦仙姬對景娛時時太清内不欲一
塵汚

夜色横空霽珠胎蕩露光浄暉凝綺席漏彩上宮
粧豪士逢知己愁人堪斷腸舉頭頻睇望猶自在
他鄉

渾净明逾冷秋深夜望舒螢流窺紋小鴈過入林
踈魄皎窓生白輪盈鏡不如良宵三五盛萬國借
光餘

謝杰

何處疑霜雪秋濵顥氣高蓬山鰲矯首桂窟兎驚
宅晴射脊蛟運明翻水怍逃仙瀛知不遠長照燭
龍宵

靈鼓俄入望海色轉堪娱物魄魚驚鉤圓華鮫玉

珠光攢金琥珀影挂碧珊瑚今夜水晶殿龍湫貯
王壺
王姊秋来媚盈盈水一方嬌傾江國色淡倚海門
粧肙嬌安明鏡重滇濯素棠波光涵夜碧疑是搗
玄霜
三島煙波靜雲間跂望舒空華澄覺水圓景注歸
蹉騰翀澮棄外升沉潮汐餘流光誰解賦希逸木
玄虛

水亭觀龍舟

蕭崇業

叢林搖翳山森綠一鑑陂塘瀲寒玉官家清俊衆
兒郎簪花縛錦盛粧東刳木為舟酷似龍三舟百
八還不足口吐菱歌手擊鼓衝行馳縱争相勗矮
矮茅亭綺燕開烱烱雙星結駟来波影拂霞明石
砌江光如練瀉珠胎冏鶚鄉雲棲斷樹霏暉慧日
照仙舫龍從忽出參差竝撐頭角池中觸桂楫
蘭橈迷往来宛然鷁項蛟螭浴嵐煙颶霞遥蔽斷
沙岸微茫細雨隨即兮欲渡呵那畏意氣昂昂真
可以羨歌聲斷續羯鼓頻催促落葉舞凉颸對盃
試令俗詩成酒酣夷部曝僸佅不減梨園曲君不
見福城王都督廣筵留大賓嶼尉引上餘五月五
日榕江邊滿地龍舟飛雲熀銀牌一面重一錢紅
布半疋尺四六銀牌紅布紛紛標髙綰彩竿人競
逐健兒覓利起貪心解衣沒水不顧身荷亭亭下
足如蟻西湖湖上頭如齒尺布絲銀能幾何丈夫
落魄不如此往事隔年華光陰詎太速感今追昔
情惘然海角天涯同習俗人心有機關白水有波
瀾人比波瀾尤反覆勸君且進尊前醁

謝杰

古堤蒼蒼柢樹綠十畝横塘破寒玉梨崇小檝迴
清風官舍兒郎巧妝束鮫綃細綰羅衣輕風纖斜
飛宮綠侶茅亭小集雙星来盡日驩娛驩未足般
師運斤刳靈木五色祥煙駕初旭就中突出三金
龍瑞光烱烱臨溪洛濵更日昏山雨微頭角嵯峨
紛鬪觸標錦飛紅羯鼓催二十五郎歌斷續爾登
頭氣過流雲依稀譜部梨園曲去年五月行未行
西湖開記王都督菱歌挂楫如在耳天涯處處同
風俗為君憐戀翻自憐青草磯頭幾迴矚世事千
个多焉龍相逢且進盃中醁

膳亭口占 六言

蕭崇業

一種煙霞勝地滿堂香火空王月色沙邊漁浦鍾
聲夜半僧房

雉羹麟脯未遇侯鯖雕飯得嘗平原督郵退舍青
州從事傳觴

謝杰

綵管一番樂府丹青幾幅空王流水飛花石竇竹
籬茅舍山房

廣厦八珍未列內家一箸先嘗衎衎古來簋實纖
纖宮樣豆觴

九日遊東壽寺

蕭崇業

重陽登古刹路入野人家萬里故園迴窮秋幽嶼
嘉僧衣裁短薜夷醖酌黄花咲語同爲樂誰知海
一涯

謝杰

登高重九日同過象王家門對碧山小林餘芳樹
嘉茄青莫園貝葉黄菊逗曇花取醉知何意鄉園海
一涯

謾興

蕭崇業

種種繁霜點鬢毛二山踪跡付風騷日憑衡文呈
官傳時有夷王過濁醪炷罷不停天外宇晴霞空
映海中濤學非聞道徒慷慨作賦羞稱紙價高

即事

謝杰

碧海青山白石磯天涯生事未應微愁邊題味數
行草夢裏家山幾度歸入饌江魚聊得得忘機海
鶴故依依閒來聽上高春日徙倚東窗鬢自晞

重編使琉球録二卷

〔明〕郭世霖撰

《重編使琉球録》二卷，明郭世霖撰。世霖（一五一〇—一五八〇）字時望，號一厓，江西永豐人，嘉靖三十三年（一五五三）進士，官至南京太僕寺卿。嘉靖三十七年以吏科左給事中，與行人司行人李際春奉使琉球册封中山王尚元，因取嘉靖十三年陳侃所撰舊録，以所述未盡，綴續成編。卷首冠序、敕諭、諭祭文。卷上乞留詔敕，次使事紀、禮儀、造舟、用人、敬神諸事。卷下群書質異，考琉球山川、風俗、夷語、貢物等，並使職要務、詩文。全書體例，皆先列陳氏原録於前，附益所續於後，鋪敘新事，而以「霖按」二字冠之。據明抄本影印。

使琉球錄敘

使琉球錄者陳高二公使琉球錄也琉球歸化
聖朝前此嘗有使矣而弗錄焉遺也遺則後將何
述滄溟萬里不無望洋之歎焉此錄之所以作
也二公之心仁哉嘉靖戊午世子尚元乞
封
上命汝霖與李君際春往首訪是錄如獲梯航解舟
潞河漳人鄭教授者來語余渡海事余出錄詢
之曰得矣而未盡也暨入福城造船用人惟錄
是據間詢舊行故老一二弗協豈時變不相沿
乎將作之役事之餘二公前所行者或未逮也
且事屬渾淪要實未覈余是年值海警淹遲船
更再造人亦數新視之前役頗詳然其發端則
前錄資益弘多而又懼其久且湮或遂遺也後
之使者將傷今而罪我矣舟旋之日因類編之
首以
詔勑尊
君命也次以使事禮儀述宏綱也次以造船用人敬
神見緊要也次以群書質異則山川風俗夷語
貢物併前使姓名詩文而

題奏終焉具始末備稽考也原錄云云者列于前
而是歲所行者附于後嗚呼後之使者一舉目
而星槎海濤燦然指諸掌矣若夫登之
天府備史館稽查則二公之愚何敢再瀆
嘉靖辛酉十月　日
欽差吏科左給事中吉郡永豐郭汝霖書

使琉球錄序

皇明德化誕敷際天所覆聲教咸暨琉球越在海表
世奉正朔唯謹每易代航章乞封則遣近臣將
事嘉靖壬辰世子尚清以嗣國請
皇上仁覆無外聿修舊章時侃待罪左省俾充正使
往而以行人高君副之銜
命南下歷詢往迹則自成化己亥清父真襲封時距
今五十餘禩詠亡文逸倀倀矣知所之攷一統
志星槎勝覽等書登載互異罔可據依廼甲午
仲夏解纜閩江楨
天子威靈海若效順再旬達其國宣
詔敕錫章服如儀尚清率
稱職貢匪懈已
卜日齋沐而見
上矣惟前輩使外國率有紀録或賦詠非以炫詞華
也窮荒絕島亦造物者之所陶鎔而風聲曠邈
品藻弗及若道途之險易山川之怪奇風俗之
媺惡人物之醜好以至昆蟲草木之變安居和
味宜服利用備器之不齊非特探奇好事者所
欲知而使事之問焉咨諏自不可少也因與高
君日紀聞見凡道途山川風俗人物之實起居
日用飲食之細皆得諸耳目之所親究乃知舊
存紀載殆還書燕説之類志其略辨其異此録
之所以不容已也君子之能遠映者或寓目焉
其大意之從廣以海錯庶幾一下助乎不然言
之無文行之不遠覽視之具前若繼今使者敢
以為摘埴索塗之助容可乎
嘉靖甲午陽月望日四明陳侃書于閩之長春堂

奉
天承運
皇帝詔曰朕恭膺
天命為天下君凡推行乎庶政必斟酌夫古禮其於
錫爵之典未嘗以海內外而有間焉爾琉球國遠
在海濱久被聲教故國王尚真凡紹纘封已踰四
紀茲聞薨逝嗣國請封世子清德惟克類衆心所
歸宜承國統朕篤念懷柔之義用嘉敬順之誠特
遣正使吏科左給事中陳侃副使行人司行人高
澄賫詔往封爾為琉球國中山王仍賜以皮弁冠
服等物王宜慎乃初服益篤忠勤有光前烈凡國
中耆俊臣僚其同寅翼贊協力匡扶尚殫事上之
心恪盡臣藩之節保守海邦永底寧謐用弘我同
仁之化共享太平之休故茲詔示俾咸知悉

皇帝之寶

嘉靖十一年八月　日

皇帝勅諭琉球國故中山王尚真世子尚清惟爾世
守海邦繼膺王爵欽順
天道臣事
皇明爾父尚真自襲封以來恭勤匪懈比者薨逝良
用悼傷爾以冢嗣國人歸心理宜承襲茲特遣正
使吏科左給事中陳侃副使行人司行人高澄賫
詔封爾為琉球國中山王并賜爾及妃冠服綵幣
等物爾宜祗承君命克紹先業修職承化保境安
土以稱朕柔遠之意欽哉故諭

頒賜

國王

紗帽一頂　展角全
金廂犀束帶一條
常服羅一套
大紅織金胷背麒麟圓領一件
青褡䕶一件
綠貼裏一件
皮弁冠服一副
七旒皁縐紗皮弁冠一頂　旒珠金事件全
玉圭一枝　袋全

五章絹地紗皮弁服一套
大紅素皮弁服一件
素白中單一件
纁色素前後裳一件
纁色粧花錦綬一件
紅白素大帶一條
大紅素紵絲舄一雙　襪全
丹礬紅平羅銷金夾包袱四條
紵絲二疋
黑綠花一疋
深青素一疋
羅二疋
黑綠一疋
青素一疋
白氁絲布十疋

妃

紵絲二疋
黑綠花一疋
深青素一疋
羅二疋
黑綠一疋
青素一疋
白氁絲布十疋

廣運
嘉靖十一年八月十七日
之寶

諭祭文

維嘉靖十一年歲次壬辰　月　朔　日

皇帝遣正使吏科左給事中陳侃副使行人司行人

高澄

諭制琉球國中山王尚真曰惟王嗣守海邦四十餘

載敬

天事上誠恪不渝宜永壽年為朕藩屏胡為遘疾遽

爾告終訃音來聞良用悼惜遣官

諭祭特示殊恩靈其有知尚克歆服

祭品

牛一隻　猪一口

羊一羫　饅頭五分

粉湯五分　蜂糖糕一盤

象眼糕一盤　高頂茶食一盤

響糖五箇　酥餅酥餃各四箇

纏碗五箇　降真香一炷

燭一對重一斤　焚祝紙一百張

酒二瓶

奉

天承運

皇帝詔曰朕受

天明命主宰寰宇凡政令之宣布惟成憲之是循其

於錫封之典遐邇均焉爾琉球國遠處海陬聲教

漸被修職效義歷世已久故國王尚清嗣爵封

粤踰二紀茲者薨逝遺國請封世子元朕念其衆

賢衆心歸附是宜承繼國統特遣正使刑科右給

事中郭汝霖副使行人司行人李際春齎詔往封

為琉球國中山王仍賜以皮弁冠服等物王宜謹

守禮度益篤忠勤凡國中官僚耆舊尚當同心翼

贊以佐王飭躬勵行用保藩邦庶幾無疆惟休故

茲詔示咸俾悉知

皇帝勅諭琉球國故中山王尚清世子尚元惟爾先
世享有爵封恪守海邦職貢因缺爾父尚清事上
益恭茲者乾進訃聞良用嗟悼爾為冢嗣國人歸
心宜令輩乃國土特遣正使刑科右給事中郭汝
霖副使行人司行人李際春齎詔封爾為琉球國
中山王并賜爾及妃冠服綵幣等物爾宜服膺君
命闡紹先業秉禮循義興境保民以副朕懷柔之
意欽哉故諭
頒賜開前

廣運之寶
嘉靖三十七年　月　日

諭祭文祭品開前

重編使琉球錄卷上

吏科左給事中吉郡郭汝霖編
行人司行人杞邑李際春同編

乞留

詔勑

原錄云越癸亥五月偕等至三山七月二日興
工修船十一日遣承差齎本赴京謹
題為求封事切照嘉靖十一年琉球國世子尚清
奏
表請封
欽蒙差臣等充正副使齎捧
詔勑前往琉球封尚清為中山王臣等隨即辭
朝前來福建造船船完之日過海行禮所有齎去
詔勑閱弘治正德年間修撰倫文叙編修沈燾等曾
差往安南國因彼國欲留
詔勑為鎮國之寶俱曾題奉
欽依聽其請留臣等恐得琉球國襲封事例遠年無
從查考萬一尚清亦如彼國請留
詔勑臣等堅執不從恐拂彼欽奉之心聽其請留又
非臣等所敢專擅如蒙乞

劄禮部查議應否聽其請留庶臣等有所遵守而臨
期不至錯誤矣為此具本專差承差鄭珂齎捧
謹題請
旨九月承差至京赴通政司投進奉
聖旨禮部看了來說欽此隨該禮部覆題云看得
欽差吏科等衙門右給事中等官陳侃等題稱齎捧
詔勅前往琉球國封世子尚清為中山王惟恐請留
詔勅乞要查議一節所查自有禮文紀等事例合無准
其所奏本部行令各官臨時斟酌如彼國王請
留之意果出誠懇亦宜俯順夷情聽其請留等
因奉
聖旨是欽此十一月承差齎儀制司手本至閩侃等
伏覩
睿旨馭夷以誠敢不祇若
明命
霖按嘉靖三十七年　冊封
命下時科中條陳請留
詔勅一節禮部覆議
旨意與前同

使事紀
原録云嘉靖丙戌冬琉球國中山王尚真薨越
戊子世子尚清表
請襲封下禮部議禮部恐其以奚齊奪申生也又恐
其以牛易馬也令琉球長史司復覈其實戒毋
誑越辛卯長史蔡瀚等覈諸輿民達于勳戚同
然一辭僉曰尚清乃先王真之冢嗣立為世子
有年昔先王尋徼福於
天朝願終惠於義嗣者具文申部宗伯題之越壬
辰春禮部肇上其議
請差二使往封給事中為正行人為副侃與澄適承
乏焉
今下之日時夏五望也有為予等不平者曰海外之
行險可知也智者計免而愚者罹之如公論何
不然同寅以序而差一言可決自春徂夏何其
久也曷辯諸予等曰
君父之命無所逃況我生各有命在天豈必海外能
死人哉寅家有兄弟之義弱者當代其勞何以
辯為亦聽諸天而已矣不平者唯唯而退六月
各

使事紀
原録云嘉靖丙戌冬琉球國中山王尚真薨越
戊子世子尚清表
請
襲封下禮部議禮部恐其以異齊奪申生也又恐
其以牛易馬也令琉球長史司復覈其實戒毋
詎越辛卯長史蔡瀚等覈諸輿民達于勳戚同
然一辭僉曰尚清乃先王真之冢嗣立為世子
有年昔先王嘗徼福於
天朝願終惠於義嗣者具文申部宗伯題之越壬
辰春禮部肇上其議
請差二使往封給事中為正行人為副侃與澄適承
之焉
今下之日時夏五望也有為予等不平者曰海外之
行險可知也智者計免而愚者羅之如公論何
不然同寅以序而差一言可決自春徂夏何其
久也曷辯諸予等曰
君父之命無所逃況我生各有命在天豈必海外能
死人哉寅寀有兄弟之義弱者當代其勞何以
辯為亦聽諸天而已矣不平者唯唯而退六月
各

有同舟共濟者矣大宴別來處周以憚即此而
覲世子其賢矣斗欲使所以敬
君也歟
君所以保國也懷德畏威邦其永孚于休
越甲午三月舟始畢工四月十八日舟先發於
南臺二十六日予等啓行三司諸君送至南臺
包肉于几醴酒于尊爵三行予等起謝曰覲時
海國之役必數年而始克竣事聞之舟不易成
也今未及朞月而有航海之期誰之功也敢不
再拜諸君皆歌烝民之詩以贈亦再拜遂別是
五
晚宿于舟中翼日至長樂長史舟亦隨行中途
為淺所傷具疏載其狀伏於堦下求為之援予
等欲藉其為前驅即日將行事已亟不可辭判
詞於提舉司令中海道假環海衛所禦寇之舟
暫遣其歸此固為趙亦為楚也適分守海道都
閫諸君繼至海道亦以
王事為亟遂還之五月朔予等至广石大舟亦始至
二日祭海登舟守巡諸君設宴為餞是日北風
大作晝昏如夕舟人皆疑予等亦有懼心有愛
之者勸遲遲其行遂而得已於行始少待焉可

也終不能已還之河盍今人既集矣渙之恐難卒萃舟不速行器具易窳有司費已侈幾則更倍之遂別諸君慨然登舟達日風逆五日始發舟不越數舍而止海角尚淺至八日出海口方一望汪洋矣風順而微波濤亦不洶湧舟不動而移與夷舟相爲先後出艙觀之四顧郭然茫無山際惟天光與水光相接耳雲物變幻無窮日月出沒可駭誠一奇觀也雖若可樂終不能釋然於懷九日隱隱見一小山乃小琉球也十日南風甚迅舟行如飛然順流而下亦不甚動過平嘉山釣魚嶼過黃毛嶼過赤嶼目不暇接一晝夜兼三日之程夷舟帆小不能及相失在後十一日夕見古米山乃屬琉球者夷人鼓舞于舟喜達于家夜行徹曉風轉而東進寸退尺失其故處又竟一日始至其山有夷人駕小舠來問夷通事與之語而去十三日風少助順即抵其國奈何又轉而北逆不可行欲泊於山麓險石亂伏於下謹避之遠不敢近舟蕩不寧長年執舵甚堅與風爲敵不能進不能退上下於此山之側然風不甚厲浪亦未及於舟人尚未懼相持至十四日夕舟剌剌有聲若有分崩之勢大桅原非一木以五小木攢之束以鐵環孤高衝風搖撼不可當環斷其一衆恐其遂折也驚駭叫囂亟以釘鉗之聲少息原舟用釘不足艙麻不密板縫不固罅縫皆開以數十人轆轤引水水不能止衆曰不可支矣

是時惟長年數人色不少動但云風不足懼速求罅縫而塞之可保無虞衆亦知其然舟蕩甚足不能立心悸目眩何罅之求於是有倡議者曰風逆則蕩順則安盍回以從順人心少寧衣袽有備尚可圖也有一人執舵而云海以山爲路一失此山將無所歸漂於他國未可知也漂於落漈未可知也守此尚可以生失此恐無以救夷通事從旁贊之予等亦知其言有據但衆股慄啼號不止始從衆以紓其懼彼亦勉強從之旋轉之后舟果不蕩執燭尋罅皆塞之固水不能入衆心遂定巽午風自南來舟不可往又從而北始悔不少待也計十六日旦當見古米山至期四望惟水杳無所見執舵者曰今將何歸衆始服其先見徬徨躑躅無如之何予等亦

變之亟令人上桅以觀云遠見一山巔微露若
有小山伏於其旁詢之夷人乃曰此熱壁山也
亦本國所屬但過本國三百里至此可以無憂
若更從而東即日本矣中刻果至其地泊焉十
八日世子遣法司官一員來具牛羊酒米瓜菜
之物為從者犒亦有酒果奉予等通事致詞曰
天使
遠臨世子不勝訢躍聞颶風為從者驚世子益
不自安欲躬自遠迓國事不能暫離謹遣小臣
具菜果將問安之敬予等愛其詞雅受之時予
之舟已過王所之東欲得西風為順夏月誠不
易得世子復遣夷眾四十人駕小舟四十艘欲
以大纜引余之舟通事乃曰海中變出不測豈
宜久淹從者世子不遑寢食謹遣眾役挽舟以
行敢告船分左右各維一纜迤邐而行若常山
蛇勢亦一奇觀也一晝夜亦行百餘里十九日風
逆甚不可以人力勝遂泊於移山之奧法司
官率夷眾環舟而宿未嘗敢離左右泊至五日
予眾苦之在舟日久鬱隆成疾求登岸以避之
而不可得泣訴於予予曰乘桴浮海子路喜之
未知浮海之險若此也人至四十日亦眾矣不

能挽一舟以行虎有三千猶足以成武功孰謂
浮海為易耶二十三日世子復遣王親一員益
以數舟而來風亦微息始克行法司官左右巡
督鼓以作氣自夕達旦夷眾亦勇於用力無少
懈至二十四日猶未克到世子復遣長史來曰
世子聞至移山刻期拱俟於日不啻中心孔棘
恐為從者憂謹遣小臣奉慰予等謝之二十五
日方達泊舟之所名曰那霸港計廣石登舟至
此幾一月矣予二人局於一艙不便出入暑氣
薰蒸脾胃受疾寢食弗安兼以風濤之險日驚

九

于心得保殘喘以終
王事嗚呼殆哉是日登岸六月哉生明報長史舟至
北山又越五日始抵國較之予舟淡旬之間詢
之乃知桅折帆傾非夷眾熟於操舟幾何而不
飫魚腹也越既望行祭王禮
七月二日封王九月十二日登舟而回泊舟之
港出海僅一里中有九曲夾岸皆石堆滅風而
後可行坐守六日王日使人侍於側至十八日
風少息挽舟而出亦斜倚於岸眾恐其傷于石
大驚幸前月親督修艙不為所傷復止二十日

始克開洋爽舟同行二十一日夜颶風陡作舟
蕩不息梳舵俱折具禱具戒敬神祠中
二十三日黑雲蔽天風又將作卜珓見舵二十
六日風大作相與叩神風若少緩舟行如飛徹
曉已見閩之山矣二十八日至定海所十月初
二日入城痛定思痛不覺傷感凡我士大夫叙
其所以無不為之慶幸
霖按嘉靖三十四年六月琉球國中山王尚清
薨三十七年正月世子尚元差正議大夫長史
等官到京
請乞襲封王爵禮部以請勘俱係彼國官民乃不復
行勘奏
請如故事差正副使二員齎
詔勅皮弁冠服等往時科中應行者吳君時來行人
司則李君際春也
命下二月十六日吳部咨翰林院撰文各衙門造該
用儀物延之三月終未行而吳君有戍事汝霖
乃同李君承之焉四月初二日也部中監前畏
避之嫌促日起程霖等亦以
重命不可再緩遂請

十

詔書易名改
賜品服初八日縣然解舟南下七月初抵江西地
方霖意海警此年事須巧速因一面差人至福
建布政司令作速委官伐木造船九月中親至
閩坐督刻次年春汛必行奈地方多事賊報交
馳當事者已恐不能必往又皇皇剝膚之災而
視外攸為揣綏管工官亦泄泄於是船自十一
月起工至次年四月僅完其半賊報緊急不俟
工完四月初四日出塢尹參將令百户嚴繼先
等接至鎮賀守十一日午刻方至鎮未刻賊已
接踵相望數里不為所奪倖也亦尹之力也是
年倭奴輳集福州城外稱數萬城門閉者三月
余等亦日日上城同有司巡守先是戊午冬琉
球世子差來迎送長史梁炫等住柔遠驛盡為
所掠六月始得脫逃七月終各役奔命者漸復
欲名之行而風汛過矣聲息稍開琉球三十九
年正月蔡廷會等來修
貢傳其國有領
封之請呈文該司該司以時事艱難國體所係遂
為轉奏本下部議以舊典難遽變俟海警稍寧

十一

必期渡海終事時勘合到進將届六月倭寇伺候海口者又比比予召漳州大長舵工等役中途又為賊阻各役依山緣徑而來動經月餘至則又七月矣前船既有傷損久住內港爲蛀蟲生焉蛀者生於淡水則墜於鹹水生於鹹水則墜於淡水內港淡水也一至海則垂垂而墜船板精華俱為所蝕油灰不能復住水從罅隙而入何可止也余時與諸司議但換數十人從夷舟往夷舟頗小舉動敏捷既不為賊覬覦又可藉以濟事有司回執以堂堂

十三

天朝為此舉動何以威臨四夷若事不易濟寧修船俟時無得而論欲從權濟事亦須

上聞不然他日誰任其咎余時聆諸君正論亦不能奪且念事體重大人役頗多又非可一人微服行者於是內愈熱而情益苦李君亦曰既不能行毋徒躁動不若專意修船靜俟地方事大非一手可掩他日當有人諒也余然之大長舵工等因呈乞有司改造前船八月再定艌至十一月畢工出塢越嘉靖四十年春二月予遂召集漳州等處各役亦先期來余欲挾之先出海口

而守各役謀以海口風濤難泊公若住內各兵船亦住各兵船住而內港虛矣不若探聽消息有急而行可也三司諸君亦曰既不能出內港豈能出外洋乎今歲傳聞賊或不至內地姑俟之蓋大船出內港水淺必潮平而後行日不數里自南臺而旺崎而閩安鎮而广石須十數日而後至定海梅花開洋之處滯重遲延謀犯之者其力易及封舟之不能速行此也若大洋中汪洋浩蕩予固知他舟不易犯即犯之封舟之威可施夫萬里之外洋猶可無慮而數日之內

十五

港乃能阻人間者豈能知之守至四月忽值內地廣兵之變既平定長樂又報福清之賊既又傳福寧之報余於是朝而側目夜而側耳盼盼然日守一日惟恐報警之聲也五月初六則有賊二百餘至閩安鎮之下江時各役告請行粮余亦牒有司漸次散給兵道楊君衆言曰今事急且不論行即船將如何守欲發之閩安鎮駕守又已近賊欲行張漢入守閩安鎮又曠無人予曰各役已散行糧行期旦夕若復動搖人心解散豈能再集百姓官銀到手寧不支用不行

而後追之敲扑日緊矣楊君曰事果難如是予
因曰君來自部中矣謂予等有畏避之嫌今可
目覩之且今乃一小艘前兩年遲遲時刻緊急
不同何如也蓋船既重大不惟行之難而造之
亦難不惟造之難而守之亦難三者惟地方無
事時可也若如乙未年賊旗既到上下紛擾難
委造官皆奔走守城之役獻有用料誰復查理
當其時非予亟於收拾纖毫豈可望耶後來敢
造諸猶得應用其亦必有自矣至於守之難者
謂一於用不行者則踐踏震撼視舟全無愛惜

十四

之心一於用同行者則水木鬱蒸行時必多暴
露之疾余不得已乃叅而用之令其輪班更迭
將就全事閱安鎮初六之艘令許嚴等牽船前
十餘里又行張漢與嚴繼先陳孔成馬魁道等
嚴密偵賊向往又請於軍門劉公牌張漢若有
急即自座守既賊乃從下江口由長樂松下灣
入福清而船始艘安焉五月十九日船至長樂
取水予與李君二十五日起行撫按三司餞於
南臺府縣別於新港二十六日辰刻至長樂時
自二十三日起連有南風各從以二十九日夏

至恐風尚未定三司諸君送者仍欲守候余曰
天時難測今已南風又疑其未定而欲俟其定
何時乃定且彩長輩皆余所需以決事者今臨
事率不敢擔當事在一人信矣遂決而行二十
七日至广石二十八日祭海登舟別三司諸君
二十九日至海花開洋幸值西南風大旺瞬目
千里長史梁炫舟在後不能及過東湧小琉球
三十日過黃茅閏五月初一日過釣嶼初三日
至赤嶼焉赤嶼者界琉球地方山也再一日之
風即可望姑米山矣奈何屏翳絕馳纖塵不動

十五

潮平浪靜海洋大觀自奇絕也舟不能行住三
日初六日午刻得風乃行見土納己山土納己
山琉球之案山洋路從姑米山而入正也時東
南風旺用舵者欲力駕而東勢既未挽至中刻
乃見小姑米山小姑米山在琉球之西稍過即
熱壁山幸而小姑米山夷人望見船來即駕小
艤來迎有二頭目熟知水路且曰既不能從大
姑米山入何可傍土納己山而入其中多礁予
等聞之駭二頭目一面令夷船入報渠遂躬在
余船道駕從小姑米山而入且云得一日一夜

之力即未遂登岸可保不下熱壁山矣予等厚賞賜之晝夜趕行初七日未刻望見王城哪霸港焉然東風為多相隔僅五十里不能輒近世子遣法司官來迓夷船凡五十餘艘集封舟前後欲用先年挽入故事予謂風浪方旺豈能力勝諸人欲急傍岸余莫能止然竟未能行至初八日午刻有衝風暴雨予曰可整舟挽而行諸人疑之既而果得行初九日辰刻遂達岸焉蓋風旺三日而復發急予憶其必將止若發先發則旺勢未衰此理之常何足疑哉既抵岸三日

十六

後有傳賊船從其境上過者蓋逢力小大洋中自不相及擇日行封祭禮畢守候風汛回國往者封船既至琉人亦招集各島夷船以觀天使為名實亦因之滋貿易也是年則琉人務嚴防護之名時雖有商船一隻亦逐出之而各役所帶纖毫行李俱不能售於是盡舉而歸之琉人琉人故蹬而賤之而各役之情若矣往者九月終交初冬則東北風旺是年九月內風氣不定日東日南守之至十月初颶風大作彩長等皆以颶風既過可以遂行十月初九日登舟及登

舟之後方議舉帆而風雨驟至阻於哪霸港口各役皆集心勞忠不得出港蓋港口險隘僅容一舟稍有偏側船輒不保船之泊港口也兩旁繫以大纜至十五夜右纜忽斷陳孔成見之忙吹號舉砲夷人二千餘來加索牽轉再加新纜船乃得安不然是夜船已碎於礁石五百人了矣即幸存將何渡海也至十八夜天忽朗霽月光如晝四更時諸人與夷官夷稍乃導而出出港後東北風旺舟行如飛二十日午後忽有黑雲接日冥霧四塞舟人皆懼曰此颶徵也頃刻

十七

果颶風旋至舟人守之益慎至夜二鼓劈烈一聲舵已去矣舟遂大顛吳宗達等遂落大蓬余一家人跪入密傳報舉舟哭聲震天時既黑夜何從措手余乃遽止諸人曰即如此命也哭何所濟且勿亂我心時陳孔成傳令各役不能動手及暈船者俱入艙擇其漳人僅五十將各艙所載重者一面丟拋一面令李子顯許嚴吳宗達等倡言舵雖折尚有邊舵決保無虞凡過洋未嘗不遭此只要老爺心穩舟事容某等漸處余諗之曰靜以禦變極是但舵何時可換達等

曰天明可換吾不眾大篷但張二篷三篷任其漂流至後可補綴也陳大齡嘗宦俱上界從陳高過洋者亦來大言曰往年亦如此然往年船不漏今此船漏往年船發漏今不發漏往年無邊舵今有邊舵往年折舵併折繚今舵雖折而繚尚存余聞其言心亦頗定然搖蕩之性無頃刻寧風濤之勢與天上下舟亦撼撼如裂屋響呼吸存亡茫然不知何所在也幸而天明促之換舵而風勢愈烈何能舉事余召孔成來曰事將奈何孔成曰海中行船此事亦所有但持之

十七

觀明日如何至次日風又不息余乃口為文令史陳珮床前書之以檄天妃適一晨刻風稍定始得換舵舵既定諸人頗有生望但舉舵大纜兜之自尾至船首者又忽中斷則海水鹹屬纜纜不能久舵工等又懼舵不能穩稍擺動全口開船分兩片矣此尤危也乃用銀重賞一黃人係其腰令之下海接之竟不能接吳宗達來禀欲穿二艙三艙遶纜繫舵而不能決余聞即槩然從之乃鑿而度纜舵始得安蓋艙近繫纜比之兜肚遠者其力尤大行之至二十六許嚴等

來報曰漸有清水中國山將可望乎二十七日果見寧波山歷溫歷台閩人未能盡曉浙中山嶼疑遠莫測仍懷憂思至二十九日忽至福寧見定海臺山心始安焉從五虎門入十一月初二日入省城追想前迹為之惘然凡士夫相會順再世往請陳高使錄說者皆謂其過於亦疑之至是覩歷知其字字不虛且中間除若尚有筆構不能盡者嗚呼痛哉

禮儀
原錄云五月二十五日始抵哪嚪港登岸岸上
有亭扁曰迎恩世子遣衆官大小百餘員隨
龍亭候於亭丁余等捧
詔勅安於
龍亭衆官行五拜三叩頭禮前行導引至
天使館館距港約五里不移時而至
龍亭安於中堂衆官復行禮如初進見余等亦行
禮而退余等呼長史問曰世子不迎
詔勅何也對曰洪武禮制凡
詔勅至國世子候於國門之外數代相承不敢違制
以行子等曰守制國之經也臣之良也大以字
小推信之懷敢推一己是使而裂信毀制乎聽
之然世子雖不至館館中皆官正涖事禮無不
肅用無不周下逮從人各有寢舍時給廩餼每
三日遣大臣一員問安具酒二壺菜盒二架酌
酒于斗跪而言曰世子念
天使舍崇麗而卑陋是就恐不能安朝夕令小臣問
候起居子受其酒乃曰賓至如歸不惟其物惟
其誠世子誠矣胡弗安之有飲畢復獻牛羊菜
菜初皆麾之後見其意勤懇間亦或受每一餽
予等亦遍及從人無弗均
越六月望行祭王禮王墓不知所在有寢廟一
所在國門外即於廟祭焉封其生者而又祭其
歿者厚也所以勸天下之忠也祭先於封者尊
也所以勸天下之孝也忠孝之道行於四夷胡
越其一家矣祭品皆
欽定之數牲牷維肥酒醴維馨罔敢弗潔先迎至廟
候設定後用
龍亭迎諭祭文余等隨行將至廟世子素衣黑帶
候於門戚乎其容儼然若在憂服之中余等拱
而入至寢廟神主居東西向余等居西東向
龍亭居中南向世子居南北向宣
諭祭文畢世子出露臺北面謝
恩進與余等交拜揖至中堂余等南向坐定世子令
長史致詞曰清蜩處海角辱玉趾遠臨當匍匐
奔迓有制不敢違越徒懷慚悚今又辱貢及先
人幽明倍感敬具清酤二卣以獻左右聊用合
歡其敢曰休享余等曰
朝廷之制臣子所當其守而弗數者也人欲為義誰

不如我敢奪人之守乎賓主初覿良用合歡
玄堂在邇恐非其時敢辭世子又曰我有嘉賓
鼓瑟吹笙吹笙鼓簧承筐是將禮也斯可以燕
樂嘉賓之心今皆無之正以此耳幸毋辭予等
受其言敬不喻制忠也樂不忘親孝也忠孝之
人可以言禮諾之酒數行皆親獻禮儀孚度罔
弗恭坐少頃別遣法司官同長史至館致世子
詞曰今日勞飲者為先人寵光小國無以為獻
謹具黄金十兩為壽余等辭曰世子知道而亦
以此浼我乎今持去不從作書與之曰君子交
際之間有禮焉有義焉禮以將敬義以揆物賓
主各欲自盡而已今日之舉
君命是將敬於
王事乃其職也款我以華筵厚矣而又惠我以襄蹄
不已過乎在賢世子行之固為盡禮在侃等受
之則為非義授受之間天理人欲判焉辨之明
而守之固敢自欺乎辭不更贅惠毋再貽世子
果知禮義者得是書不復再饋
祀事畢越七月二日封王是日黎明世子令衆
官候於館門外導迎

三三

詔勅之國國門距館路三十里介在山海之間險側
高卑不齊將至國五里外有牌坊一座扁曰中
山自此以往路皆平坦可容九軌旁壘石牆亦
若百雉之制世子候於此
龍亭至行五拜二叩頭禮導之國門門曰歡會門
內遠迎數步即王之宮宮門三層層有數級之
階至正殿巍然在山之巔設
龍亭于正中行大
封拜禮國王升降進退舞蹈祝呼肅然如式先期五
日長史已請儀注習之熟矣禮畢揖余等至別
殿復行見禮衆官亦拜見如初王暫退出臨群
臣是日維良受

三四

天子新命與一國正始群臣俱四拜為賀臣之尊者
親者捧觴為壽蓋欲以此為敬君臣之間亦行
之朝罷別殿設宴金鼓笙簫之樂翕然齊鳴王
奉酒勸坐酒清而烈來自暹邏者比之麯米春
醲人更不須一盞余等但嘗之而已籩豆之實
備水陸之珍臠胾燒炙之膳既旨且多然不能
自製也皆假余等所帶廚人為之蓋彼俗席地
而坐無燕享酬酢之事不知烹調和劑之味故

假以文其陋耳獻酬交錯至晡而止予等令儀
從迎
詔勑至舘王再拜曰小國無以為寶璽書以為寶
先朝詔勑藏之金匱已八葉于茲矣今辱甫臨幸
留鎮國不爾予小子自底不類為先人羞予等
見其詞意雖諓諓猶未信也今欲其金匱之藏以
驗其留否之實長史數臣各捧一道而來奎璧
輝映絢綵一堂遂許留之王喜甚重拜而別余
等至舘王親一員長史來餽禮物屬色魔之長
跪不起不得已姑取扇布二物以荅其誠餘不
之受復與一書曰士君子立身大節不過禮義
二者前書備布想已知之賢王亦知
朝廷之大法乎今
聖天子御極議禮制度萬物維新群工濟濟皆秉羔
羊之節發如飄風者愁如摧如而已余等叨居
近侍萬里銜
命正欲播
君德於無疆守臣節於不辱為
天朝增重乃敢自冒非義以貽滿橐之譏耶與者
受者其戾一也欲緊清議甘罪不恭王見書令

長史來言曰
聖天子威德被海外清閒之常兢兢不自安唯恐不
道為
聖朝彙況
天使之陟降左右者乎敬君之心華夷無二昨聞高
論款犯
朝箴二十二日復設宴名曰拂塵使琉球與使他
國不同安南朝鮮之使閒讀
詔勑之後使事畢矣陸路可行已事端返不過信宿
琉球在海外候北風而後可歸非可以人力勝
者日久不免會多會多不無情褻勢所必至也
踽踽涼涼豈能一日安耶是宴之設籩豆尚楚
而方物不復陳矣但今四夷童歌夷曲為夷舞
以侑其觴傴僂曲折亦足以觀舞罷令世子介
子執弟子禮奉酒䇲將行復躬捧玉盃乃
武宗所賜者引滿勸白辭以不善飲一酌而止
八月中秋節夷俗亦知為美請賞之因得徧遊
諸寺寺在王宮左右不得輕易往來有曰天界
寺有曰圓覺寺此最鉅者餘小寺不暇記二寺
山門殿宇弘敞壯麗亞於王宮正殿五間中供

佛像一座左右皆藏經數千卷是俗尚佛故致
之多上覆以板繪以五彩下用席數重清潔不
可容履殿外亦鑿小池甃以詭石池上雜植花
卉有鳳尾蕉一本樹似棕而葉似鳳尾四時不
改柯易葉此諸夏所無者徜徉良久塵慮豁然
但僧皆鄙俗不可與語亦不能見然亦知烹茶
之法設古鼎於几上煎水將沸開茶末一匙於
鍾以湯沃之以竹刷瀹之少頃奉飲其味甚清
是日王因神降送迎無暇遣王親侍遊至未刻
邀坐宴不甚豐而情意則款洽矣諸從人皆召

二六

至階下令通事諭飲旅進旅退各以班序至醉
而止向夕回館月明如畫海光映白松影篩青
令與人緩步徐行縱目所適心曠神怡樂茲良
遇忘其身之在海外也二十三日王始至館相
訪令長史致詞曰清欲竭左右久矣國日本人
寓茲狡焉不可測其衷俟其出境而後行非敢
慢也予等但應曰已知之矣海外之國唯彼獨
尊深居簡出乃其習也井底之蛙豈可與語天
日之高明哉亦具殽核留坐移時別去二十九
日請餞行陳席於水亭中觀龍舟之戲舟之制

與運舟之法皆效華人亦知奪標以為樂但運
舟者俱小吏與大臣子弟也各簪金花具彩服
雖濡於水而不顧以示誇耀之意越九月七日
復請餞予等訝其煩也深拒之懇之再三而後
行至則見其席之所列皆非昔比山蔬海錯糗
餌粉酏雜陳於前者製造精潔味甚芳旨但止
數品不能如昔之豐詢之左右乃知前此之設
皆假諸閩人此則宮中妃嬪親製以表獻芹之
敬耳臨行長史捧黃金四十兩王乃言曰送贐
之禮振古有之非清敢自褻其毋辭予等曰於

二七

義可受軻氏受薛之餽不以為嫌但予等以
君命來受此而歸是以
君命貨之也惡乎敢王惕然曰
天使言必稱
君動必比義清知過矣遂不敢強纔手持泥金倭扇
二柄乃曰
天使遠來賜清以弁服即清之師也此別不復再會
揮此或可以繫一念耳予等憫其情受之各答
以所持川扇彼喜不自勝再拜而別十二日登
舟官民送者如蟻皆以漢官威儀不可復覩至

有江下而不然去者亦足以見夷人天性之良
莫不羨衣冠文物之美拘于法而不得入是可
哀也泊舟之港水海僅一里中有九曲夾岸皆
石雖減風而從可行坐守六日王日使人侍於
其側且致慰詞仍遣看鍼通事一員兒稍數人
護送又遣王判長史等官駕昔日所做之舟進
表謝。
照
霽按是年閏五月初七日自小姑米山循而入
波上山邊望見王城哪霸港相去將三十里世　卅八
子遣王親問勞致牲菜酒米詞恭禮肅法司官
領夷舟五十餘每舟一老人鬚眉皓然見封船
皆踴躍呼拜即欲牽船入港而風勢方旺至次
日法司官督眾益嚴警以不即挽船登岸倘有
疎虞必先開肚余慶使人慰之曰船已至此不
勞再急稍定即刻至也夷人皆讙呼叩天祈神
初九日巳時登岸觀者如堵各官設
龍亭迎拜，
詔勑至天使館安頓世子日遣長史大夫等官參謁
導從巡警俱如中國之儀三日遣王親一員同

長史大夫問安廩餼俱仍舊章稍行匯人日米
升半乾魚四兩略有海菜外給錢五文買蔬菜
問候之日俱有豬牛羊等各官廩給口糧者又
差盛始單稍疑錢太少乃查之舊案無增也夷
人篤於守舊而吝者不無奢望且嚴之不問時
下民豈能盡豐至世子各官之意則恭而有禮
矣世子又嘗問其臣曰今者
天使勞浩比之往益不同吾欲先一快覩以遂仰瞻
之心何如法司等力以舊章止之六月初九日
祭至世子敬戚之容宛乎可掬王既俾　卅九
諭祭之後世子仍令其國僧修佛事以伸追慕至二
十九日乃行
封王禮厥明世子遣各官候於館門自先王廟列儀
衛巡警導引至國門外世子拜謁影導
詔
勑至王殿嵩呼拜舞皆先期習熟世子見
詔
勑儀恪益加禮儀卒度亦如原錄所云群臣將事無
不肅是日陞王位該國臣民行朝賀禮余等退
居西堂王率群臣謁叩設宴饌盛樂燦事竣乞留

詔
勅余等令其捧前此
聖製來驗因如
旨賜之王與群臣謹呼拜謝至七月十九等日設拂
塵諸宴八月中秋設觀渡宴作書辭之曰蓋聞
酒以成禮不繼以淫義也霖等欽奉
上命前來往禮既行華筵亦既洽矣茲又辱過拍撫
乃大繁乎敬此以辭向祭封之日兼承褒歸之
惠雖王中心致敬之誠而辭受以義又使人素
有成規而不敢失者也敢併全璧伏惟以德相
愛以道相處共守
天朝之大閑安臣子之大義而不區區於儀物之
末幸甚十八日王乃躬至使館相訪亦如舊略
備筵款之併及群臣從者九月十九日王請餞
行亦具黃金四十兩為贐余等嚴却之次日復
使法司大夫長史等官持來辭甚懇惻復作一
書令齋隨各官往還之曰封舟瀕行領宴餞兼
惠褒歸已嘗面辭矣茲齋法司大夫長史等復
來夫承筐是將雖賢王好我之誠而不受為寶
寶使人自守之短且

天朝清議尤略非禮授受具有明辟余雖欲於王
如
朝廷之大法何惟王知所以愛而執其非所以愛
可也倘有之私惠不歸君子不自留焉王其念
之王得書不復令人毀強是年九月十九日立
冬艄工等擬必北風盛發然數日竟未有至十
月初五日巨風發復乃以初九日登舟剔回其
過洋事狀具前使事條中茲不重述

造舟

航海莫要於造船原錄云造船之制訪於耆民得之大小廣狹惟其制價計二千五百兩有奇予等初欲各具一艘見其費之廣也而遂不敢無益於國而侈其費財之蠹也惟舊制以鐵梨木為舵桿取其堅固厚重今以輕價索之而艱於得易以他木予等必欲倍價以購后果得之財固當惜舵乃一船司命其輕重有不難辨者七月二日定艘艘即船之底木福州府備祭豕二羊二予等主祭三司諸君率府縣官亦與陪焉重王事也定艘之後方鳩舟人僝功矣侃等與衆官時巡督之

越甲午三月舟始畢工其舟之形制與江河間座船不同座船上下適均出入甚便坐其中者八窗玲瓏開爽明霽真若浮屋然不覺其為舟也此則艙口與船面平官艙亦止高二尺深入其中上下以梯艱於出入面雖敞艙亦若穴之隙所以然者海中風濤甚巨高則衝低則避也故前後艙外猶護以遮波板高四尺許雖不雅於觀美而實可以濟險因地異制造作之巧也長一十五丈闊二丈六尺深一丈三尺分為二十三艙前後豎以五桅大桅長七丈二尺圍六尺五寸餘者以次而短舟後作黃屋二層上安詔勅尊君命也中供天妃順民心也舟之器具舵用四副用其一置其三防不虞也櫓用三十六枝風微逆或求以人力勝備急用也大鐵猫四約重五千斤大棕纜八每條圍尺許長百丈惟舟大故運舟者不可得而小也小艣舡二不用則載以行用則藉以登岸也水十四櫃海中惟甘泉為難得勺水不以惠人多備以防久泊也通船以黃布為圍幔五色旗大小三十餘面刀鎗弓箭之類多多益辦佛郎機亦設二架凡可以資戎事者靡不周具所以壯國威而寒外醜之膽也二十五日出塢塢即造舟之所亦設祭如定艘之時其間若豎桅若浮水若治繚皆有祭行祭禮皆如初靡神不舉靡愛斯牲者王事孔艱利涉大川祈也

錄中又有漳人操舟記云嘗得舵工謝敦齊者善於航海者也至則排櫊審視曰此舟之不

善者三海中常防礁石船底板須二層備有不虞庶刮去一層而一層尚存也今板雖厚止於一層船之不善一也板之泊楔以釘為力板厚七寸釘貫串不及即及亦無力海濤衝撼軟弱不支船之不善二也從行人幾四百炎暑聚處艙中不免鬱蒸之病船之不善三也二公聞之惶然始悉有司者曰其誰乎悮我敦齋乃取藤麻自艙底遮沿板戰棚扳舖之數座以防崩潰又於船舷札虛棚使衆役晝則散處棚上夜則入卧艙中

霖按録言封船之製備矣乃敦齋析之如是余名舊匠併從行者數人詢之皆云無篷船事余曰無其事而有其理也盍倣其意為之河口匠止守舊尺寸大長陳學曰熟於海舟惟漳泉匠遂名其役用皆以海寇鎦艍宜如兵舡兵船戰棚宜爲海船則艙皆低平時木料未得齊備匠皆停手以待至次年四月未得完賊已滿城外軍門王公令參將尹鳳急牽船出關安鎮駕守船之桅舵未齊倉卒而行既值衝風吹之岸上舵口傷損風汛既過而不能行船久住港中蠔叢積凡四五寸二十九年春適轉奏處情勘合到乃六月各役奔馳賊報一時召集不及仍未能行則漸汚漫各役懇請改造前船余意船一舉動費用不貲改造而即行可也今警報日未當息萬一改造而復不行將若之何又意事在必行而不能已今野無所掠賊亦未盡刹船若完吾先出泊海口乘隙而行可也遂一意修改前船經歷潘棠蒞其事余因謂曰船雖兩造不出上界一次費用雖節省而船又極其堅牢此今日意也汝惟體而行之時時親在廠督用無不善物料新舊出入汝之所司至於匠人合河口漳泉者並用規制異同吾亦日衆巡督可共商確卜以八月　日定總興工於是議船之尺寸一以官尺為定蓋閩人以官尺為民氏尺一尺乃官尺八寸故舊録長短廣狹雖有定數而論者莫知所準船身自頭尾虛梢凡一十四丈五尺除虛梢一十二丈二尺船面除兩傍櫓部闊二丈五尺五寸艙內帶兩旁櫓部闊二丈九尺七寸船艙深一丈四尺除井眉脊深一丈二尺七寸官艙比

之舊高二尺闊一丈六尺大桅高七丈八尺自
桅夾以上量之圍七尺舵長三丈二尺比舊多
五尺圍三尺五寸船之龍骨用松木取其重且能
久浸也橫梁用樟木取其能翕釘也板用杉木
取其能浮水也架龍棚之外有兜艙鞠河口匠
欲以鐵潼泉者欲以木余兩用之鎖梁釘之外
有米鎚鞠河口匠亦欲以鐵潼泉匠亦欲以木
余亦兩用之蓋用鐵者取其堅劉用木者取其
數大皆協於用也船之中作為龍骨以韋縶前
後船之舷懸掛漁網以預防矢石椎梁之合板
書
處雖有米鎚鞠等余尚疑其聯合未壯也令馬
鞍道等思之乃創為貼梁勢如犁鏵　兩書
夾之則渾厚堅重內無復分崩之患船用藤箍
事式未有而意實可師余乃製為大鐵條二十
座自艙底搭之兩舷則船之外勢束縛益嚴視
藤箍勝矣上界船皆謂其軟弱余思其乃身長
而艙闊所致也於是艙之益為二十八艙則艙
狹而梁多又何軟弱之患哉大率海舟之緊要
者三曰桅曰舵曰碇艙定之於下舵主之於後
桅運之於中三者用相倚而勢相當一不備未

可也備而不相當未可也造舟之時三者齊備
而興工長短廣狹庶可度量閩中雖云木料頗
多而近年兵船搜抉無餘故書疑舊以五木合
桅未善求得一巨搗用之而所得僅僅如此若
張通判所求之艙甚短小不合再造乃余徽推
官施寀所覓者始中制也鐵梨舵桿比之前者
尤長二尺余未抵閩已行布政司差官往廣時
胡知事者齎銀而行漳州賊方在境胡憚遠涉
止於龍溪縣求之何能中用又八月而往除夕
乃回責其再行亦幾不及遲誤可勝言耶次年
正月余募人往廣有吏吳姓者請行得一根焉
五月終乃及小埕澳等處又為兵賊所阻七月
初始入敵余查鐵梨舵桿舊備正副吳吏謂行
期尚奢請再往適楊方伯轉廣左聘知余求之
切而聞得之難乃為購之復得二根余喜甚以
為可勝任矣然追憶未得之時徬徨搜索竟無
可意而地方多事求者又莫能專即得之猶惴
惴其未能至也若中之苦言寧可盡後之使者
慎毋若予之遲云
原錄云七月二十五日之夕颶風暴雨倏忽而

至茅舍皆席捲予館亦兀兀不安蘇起坐中堂門牖四壁蕩然無存因念港口之舟恐不及繫遣人視之僉曰皆黑不辨牛馬而岐路安可分蓋待之亂雨界恐亦不可强質明而往王已差法司官率夷人數百守於舟側詢之舟人乃夜半時至法司亦夷官之尊者路且遥不避而來予因歎曰華夏之人風雨晦冥之夕塞門閉户而避之猶恐太竣衝風冒雨而行者必其骨肉顛沛而不容已孰能視他事如家事而艱險不辭者乎夷之君臣其亦可感也夫　叓

霖按是年六月初三日颶風驟發王即差法司官統數百人看守封船頃刻不離凡四日風止而後已海上多風每風暴王即差官巡視用心誠可謂不苟矣

霖再按是年船之造可謂善矣然歸帆之時猶折舵者以其制尚有一二分非余意也余初憶海風沖高官艙戰棚俱宜低矮低矮則舵不必高短小尤易得力今船艙高則舵不得不長而深長而深則其力不牢壯矣且是年所求三舵雖云鐵梨皆其似者而非真也余嘗謂即再十金購之必不能得其真何者長至於三丈四尺奚從而得哉諸人初欲船之高大亦以所帶各役既多海洋之賊必戰無疑故欲高張其勢余後觀之洋中播揺浩蕩彼何能指手風浪山摧眼昏目眩不獨在吾意彼必同之即使吾船矮小例之彼終必高且大矣此諸人之過疑而余之不能强者以往未之歷也且方往之時水俱東流勢猶不難至回歸之時則横截而過波浪揺撼山岳一船之力盡歸之舵故往往折舵之危多在歸帆之際後之使者慎毋務船之高大　㐫

而在乎粗壯堅固毋務人之多而在乎慣習耐勞其庶幾得渡海之中策云

用人

原錄云四月十八日舟先發於南臺南臺距海
百餘里大舟畏淺必潮平而後行日行數里故
先之駕舟民梢用一百四十八有奇工選軍用
一百人通事引禮醫生識字各色匠役亦一百
餘人官三員千戶一員百戶二員官各給官十
二兩為衣裝費餘各給工食銀五兩三錢五分

卌

舊時用四百餘人今革其十分之一從約也
予因是而有所感洋海以舟駕舟以人二者濟
險之要務也今官府造作什器官之尊者視為
末務而不屑於查理官之卑者視為奇貨而惟
巧於侵欺以故種種皆不如法不久即壞房舍
器用之物壞則可修猶未甚害惟舟之壞即有
覆溺之患雖有般師在舟亦無及矣前之所云
姑米山之險其明效也后之使海外者革官不
必三員隨行先擇有司賢者二員委其造舟舟
完令其同行彼驅命所關督造必不苟且萬一

藩臬不從以之請於
上命可也從予駕舟者閩縣河口之民約十之八因
夷人駐泊於其地相與情熟欲往為貿易耳然
皆不知操舟之術上文所云長年數人乃漳州
人也漳人以海為生童而習之至老不休風濤
之驚見慣渾閑事耳其次如福清如長樂如鎮
東如定海如梅花所者亦皆可用人各有能有
不能唯用人者擇之果得其人猶可少省一二
此首精不費多之意也一則可以節
國之費一則可以衛衆之生故不指辭之煩為后

卌一

使者忠告

竊按是役用人者二一則在於造船一則在於
行船予初至時諸司委管造者張通判也其人
若不用心始聞題
請督造者一同過海猶悄趨事至禮部復云候臨時
與有司議處則日請于司院等解行而載采之
意湯然初次領銀但查舊案分佈買料不復酌
量揀擇如所委河泊黃蚪鐘者往建江等處八
月領銀十二月猶未給發何以責伐木者之解
即解至俱短而小何以應用船雖工程浩大苟

料作齊備三月可了乃本年十一月興工至次年四月完者乃十之五六而其未具者仍三四也予時欲即参究議者謂地方多事船完亦未能行已而其人亦逝矣後改造得經歷潘棠頗體激勵之意船之所藉者不小也

匠人亦有二其在河口者經造封船頗存尺寸出塢浮水俱有成規然一於守舊而不能斟酌時宜又苟且將料而不必求其當此其失也漳泉之匠善擇木料雖舵牙檣梲之類必求強壯堅厚然粗枝大葉自信必勝而不能委曲細膩此其失也用者去其貳短而取其二長船其全矣至於主張行船之人斷非漳人不可蓋其浮歷已多風濤見慣其主事者能嚴能慎其趨事者能勞能苦予是歲所采用者馬魁道等凡八九人余令各舉其所知者凡五十餘人議者頗疑之余於其主事者每厚之以恩後在舟目其早晚用力實有不同

萬安梅花鎮東定海軍士及長樂水稍近處海濱俱可取用從余行者近八十人但不能如漳州長年有主張耳

再總記是年各役略稱事而給食馬提調軍士百戶一名嚴繼先舊守船者也行糧銀十兩再軍伴一名行糧銀五兩三錢五分提調彩長舵工水梢義民馬魁道久造船者也行糧銀八兩再家人一名銀五兩三錢五分提調軍器義民陳孔成亦始守船者也行糧銀八兩家人一名提調蓬纜工匠及過海油鐵省祭施中卿提調收支公用器物及各役行李省祭張應魁提調發水火巡視及火藥省祭李伯齡省祭三名先俱分職修船至岸時充引禮官與提調夷梢通事林壐各行糧銀陸兩三錢五分譯語通事曾宗等捧辰

詔勅書辦陳珮等四名各行糧銀五兩三錢五分彩長陳大韶許嚴等六名每名行糧銀六兩三錢五分舵工吳宗達等一十六名每名銀六兩零五分大繚班手四名每名行糧銀五兩六錢其餘二繚班手等頭舵二舵等護鐵總中水梢軍民行匠道士戲子等及二衛門門書皂隸防馬夫廚館夫等俱每名銀五兩三錢五分無復差矣總計散銀若干視之上界僅多五十兩焉雖

時方多警宜廣用人而
國用所關亦不敢過益以滋費也從來洋中所用
用事之時實在半得人而不在乎多
余又聞二公所用班手十人而當時八人不能
其事至岸而辦之逃矣畧若慎擇之於初二公
所用者聞多由府縣取具吏書欲行者或期
而行欲免者或求而免如是而曰得人難矣後
之使者具尚精采用事者頭目數人而其餘令
各自舉又參之訪諭其庶幾乎
再是年至琉球時夥長許嚴陳大韶李子顯等
四四
皆余與李君推己廉食之舵公吳宗達馬祿
等則推二衛家人口糧給之
是役余用漳人頗多蓋亦信舊錄所云而言者
頗譏之予執定不移後洋中折舵非陳孔成之
提綱非吳宗達之諳歷勤勞非許嚴等之鎮定
非散班之奔走敏捷則五百人何有哉且漳人
至彼守法不苟其梅花定海外衛軍士亦間有
可用終不若彼之慣習若近城水梢三衛軍士
則一籌莫展帶之多適礙手腳從之用人者審
之

祓神

原錄云五月十一日夕望見姑米山十三日風
轉而北逆不可行十四夕舟剌剌有聲若有分
崩之勢罅隙皆開以數十人轆轤引水水不能
止衆曰不可支矣齊呼天妃而號剪髮以設誓
予等不能禁徹夜不寐坐以待旦忽一家人匍
匐入艙抱予足口喋不能言良久方云欲求神
佑船已壞矣予等聞此心戰神怖無可奈何嘆
曰各抱
詔勅以終吾事餘非所計也於此將為求之而又將
四五
為迸之十八日風少息挽舟而出亦斜倚於岸
衆恐其傷于石大懼幸前月親督修艌不為所
傷復止二十日始克開洋夷舟同行二十一日
夜颶風陡作舟蕩不息大桅原以五木攢者竟
折去須臾舵葉亦壞幸以鐵梨木為柄得獨存
舟之所恃以為命者桅與舵也當此時舟人哭
聲震天予輩亦自知決無生理相顧嘆曰天命
果如此以計免者得之矣狐死尚正首丘為呼
狐之不能若也舟人無所庸力但大呼天妃求
救予等為軍民請命亦叩首無已果有紅光燭

舟舟人相報曰天妃至矣吾輩可以生矣舟畢
少寧翼日風如故尚不敢易舵衆皆廢寢食以
待斃不復有入艙上水間行夷舟遂相失不知
所往二十三日黑雲蔽天風又將作有欲易舵
者曰舵無尾不能運舟風稍猶可以持烈則不
可救有不欲易者曰當此風濤去其舊而不得
安其新將奈何衆不能決請命於予等予等曰
風濤中易舵靜則可以生動則可以死也心惶
惑亦不能決令其請珓於天妃乃得吉兆衆遂
踴然起舵舵柄甚重約有二十餘斤平時百人

四六

舉之而不足是時數十人舉之而有餘兼之風
恬浪止倏忽而定定後風浪復厲神明之助不
可誣也舵既易衆始有喜色二十六日忽有一
蝶飛繞於舟僉曰山將近矣有疑者曰蝶質甚
微在樊圃中飛不過百步安能遠涉滄溟此殆
非蝶也神也或將有變速令舟人備之復有一
黄雀立於桅上雀亦蝶之類也令以米飼之馴
馴啄盡而去是夕果疾風迅發白浪拍天巨艦
如山漂蕩僅如一葦稍後距水不下數丈而水
竟過之長年持舵者衣盡濕則船中受水又可

知也風聲如雷而水聲助之真不忍聞舟一斜
側流汗如雨予等懼甚衣服冠而坐欲求速溺
以紓其懼又相與嘆曰
聖天子威德被海內外百神皆為之效職天妃獨不
我救乎當此風濤中而能保我數百民命真為
奇功矣當為之立碑當為之奏聞于
上言訖風若少緩舟行如飛徹曉已見閩之山矣舟
人皆踴躍鼓舞以為再生稽首於天妃之前者
若崩厥角也十月初二日入城區區二人何德
獲此實荷

四七

聖天子威福以致神明之佑不偶然也今越旬日同
行之舟尚未至或不免漂溺之患焉嗚呼危哉
嗚呼危哉
霖按是年閏五月初四日至赤嶼無風舟不能
行當晝有大魚出躍從者謂如一舟然旁有數
小魚夾之至暮舟震搖衝擊莫知其故自艙上
觀之則風平浪靜而舟之顛危次日愈甚余與
李君目眩心悸白長年問之皆謂無風而船如
此事誠可怪所喜者船力勝壯堅固決保無虞
慰安余二人既退余使人偵之則皆稽首天妃

之前禱矣中夜颶危益甚李君曰事將何如余
曰造船用人乃人事之可盡者此以外豈復能
與且余二人所捧者
朝命也
皇上德被幽明海神必且效若時余二人既不能安
枕中夜見忽有明光燭舟舟稍安嚴百户舵工
等俱得異夢六日辰刻影長舵工請余二人拜
風且謂有所發之物可施之余思出京時曾有
人惠金光明佛經又舵工陳姓者能作綵舟以
獻余曰事無害於義從之可也余二人官服以
拜口為文以告道人等用經與綵舟畀之艙口
祈之而風忽南來諸從者尚未回謝天妃之前
咸仰呼曰風到風到遂滿蓬而行至初九日登
岸神明之既顯矣
十月十九日開洋回國東北風旺至二十日午
刻忽有麻雀一双宛宛來泊艙蓬陳大韶等見
之即心動曰此神雀報信又往年陳高二爺回
時之兆倏忽間黑雲接日冥霧四塞冷雨颶風
號呼大發余令吳宗達等謹備之行至夜二鼓
舵忽折去舉舟哭天而叩天妃余亦呼天妃告

四十六

曰此華夷五百人性命豈可易易至天明風連
旺不止舵不能換二十二日辰時余眩暝甚矣
蓋五日不一粒生死余亦已決肚外惟是五百
人尚不能忘念乃召書吏陳珮具筆札床前余
口為文授之令書以徼天妃前舟中鷄鴨牲口
之類尚多余問之庖人曰不知何時靡孑遺矣
惟一鵞尚存余令宰之告曰霖等欽奉
上命冊封琉球仰荷神祐公事既完茲當歸國洋中
折舵無任驚惶惟爾天妃海岳偕
國家廟祀正神茲朝使危急華夷五百生靈所係
豈可不施拯救若霖有昧心之行即請殛之於
床無為五百人之累若尚可改過而自新也神
其大顯靈威俾風恬浪靜更置前舵庶幾可以
圖全神其念之毋作神羞既祭後風稍息諸人
亦求珓於天妃許之遂易新舵諸人大發願心
祈修醮與余亦許諾
朝奏請如例遣祭舵工陳興珙又善降箕乃同李
君一家僮僕不能字者扶之字皆倒書曰有命
之人可施拯救欽差心好娘媽保船都平安也
嗟乎鬼神冥邈談者未有不疑然此四無邊岸

四十七

之中宛若雙雀何從而來易舵之後又一鳥當檣於桅尾何從而來孰謂世間事可盡以常理臆決哉到岸日凡諸人祈許余今一一修還所謂毋使行負神明何敢以險既平而遽忽諸

卆

天妃靈應記

神怪之事聖賢不語非忽之也懼民之惑於神而遺人道也侃自蚤歲承父師之傳佩敬而遠之之戒凡禱祠齋醮飛符噀水誦經禮佛之類闔黨有從事者禁之不可則出避之或過其宮則致恭敬程子焉迺者琉球國請封

上命侃暨行人高君澄往將事飛航萬里風濤叵測

璽書鄭重一行數百人之生厥繫匪輕爰順輿情用閩人故事禱於

天妃之神且官舫士方為祠事之舟中人朝夕

圭

拜禮必虔真若懸命於神者靈貺果昭將至其國逆風蕩舟漏不可禦群譟乞神風定塞枷乃得達及成禮還解纜越一日中夜風大作檣折舵毀群譟如初須臾紅光若燭籠自空來舟皆喜曰神降矣無恐顧風未已又明日黑雲四起議易舵未決卜珓於神許之易之時風恬浪靜若在沼沚舵舉甚便若插籌然人心舉安允荷神助俄有蝶戲舟及黃雀止檣或曰山近矣或曰蝶與雀飛不百步山何在其神使報我以風乎子以其近於載鳴鳶之義頌之曰謹備諸己

而飄夜作八夕罔攸施衆謂胥及溺矣予二人
朝服正冠坐祝曰我等自臣恪共
朝命神亦聰明正直而一者庶幾顯其靈諳畢風漸
柔黎明達闕神之精英烜赫能捍大患如此謂
非
皇上懷柔百神殆欲職哉然非身遇之安敢誣也
按之祭法廟而事之允宜在宋元時已有封號
廟額
國朝洪武永樂中屢加崇焉予二人稿廪附造舟
餘值新之广石望崎行祠則從行者歛錢以修
圭
行當聞之
朝用彰神貺因紀其槩高君讓侃援筆舉以告巡
按侍御方君涯題之又命福郡倅姚一和視勒
諸石

广石廟碑文　　　　一厓郭汝霖撰

广石廟廟海神天妃者也天妃生自五代含真
蕰化殁為明神歷宋歷元迄我明顯靈巨海禦
災捍患拯溺扶危每風濤緊急間現光明身着
斡旋力禮所謂有功於民報崇祀典而广石屬
長樂濱海地登舟開洋必此始廟之宜舊傳自
永樂内監下西洋時創焉成化七年給事中董
旻行人張祥使琉球新之嘉靖十三年給事中
陳侃行人高澄感墜板異復新之板上所書即
董張新廟月日也
圭
皇帝三十七年琉球世子尚元乞封
上命汝霖充使往而副以行人李君際春余承命南
下長老多教余致敬天妃之神揖節閩臺造舟
百凡擬陳高使録行惟广石廟遺倭寇毀乃耆
老劉仲堅等聞余至亦來言廟事余檄署篆孫
通判大慶考其遺趾并材料工價值百金往陳
高捐俸二十四金助余與李君如之往從行者
各歛銀一星得三十兩餘是則從行者尚未定
名往長樂民力饒可以鳩工今連年有兵務往
劉知縣尹邑久今孫署篆且未久也於是七

十余金無從得余因言於代巡樊公斗山樊遂檄對贖餘成其事且命通判速工請記於余不而越月廟貌鼎新巍然煥然瞻趨有所人心起敬他日飛航順便重荷神貺者樊之功哉或問是以鬼神事質於余余曰是說也薦紳先生難之矣考孔子曰敬而遠夫謂之敬必有以也謂之遠特不要是以徼媚云耳故其祭神如神在鄉人儺朝服立阼階孔子豈無見耶而初學小生稍談鬼神則冒然稱詫昧避謟瀆讖及遇毫髮事輒俛首叩禱不暇果能如事人事鬼者乎

書

重編使琉球錄下

吉郡水豐郭汝霖編
河南杞邑李際春同編

群書質異

大明一統志

琉球國在福建泉州之東海島中其
朝貢由福建以達于
京師國之沿革未詳漢魏以來不通中華隋大業中令羽騎尉朱寬訪求異俗始至其國語言不通掠一人以返後遣武賁郎將陳稜率兵至其國虜男女五百人還唐宋時未嘗朝貢元遣使招諭之不從
本朝洪武中其國分為三曰中山王山南王山北王皆遣使
朝貢嗣是惟中山王來朝其二山蓋為所併矣
風俗男子去髭鬚婦人以墨黥手為龍虎文皆紵繩纏髮從頂後盤至額男以鳥羽為冠裝以珠玉赤毛婦以羅紋白布為帽織鬭鏤皮并雜毛為衣以螺為飾而下垂小貝其聲如珮無君臣上下之節拜伏之禮父子同床而寢婦人產

乳必食子衣食用手無匙筯得異物先進尊者
死者浴其屍以布帛纏之裹以葦草上不起墳
無他奇貨尤好摽掠故商賈不通不駕舟楫惟
縛竹為筏急則群舁之泅水而逃俗事山海之
神祭以殽酒戰鬭殺人即以所殺人祭其神王
所居壁下多聚髑髏以為佳所居曰波羅檀洞
塹柵三重環以流水樹棘為藩殿宇多刻禽獸
無賦斂有事則均税無文字不知節朔視月盈
虧以知時視草榮枯以計歲
山川黿鼊嶼在國西水行一日高華嶼在國西
水行三日彭湖島在國西水行五日落漈水至
彭湖漸低近琉球謂之落漈漈者水趨下不回
也凡西岸漁舟至彭湖遇颶風作漂流落漈回
者百無一二
土產闌鏤樹梳黄胡椒熊羆豺狼
原録云琉球國在泉州之東自福州視之則在
東北是以去必孟夏而來必季秋乘風便也國
無典籍其沿革不能詳然隋兵刼之而不服元
使招之而不從我
太祖之有天下也不加兵不遣使首効歸附其忠順

之心無以異於越裳氏故特
賜以閩人之善操舟者三十有六姓焉使之便往
來時朝貢亦作指南車之意焉耳在昔其國三
分今中山併而為一者得非決強晉弱之故歟
風俗男子不去髭亦不羽冠但結髻於首之右
凡有職者簪一金簪漢人之裔髻則結於首之
中俱以色布纏其首黄者貴紅者次之青緑者
又次之白斯下矣王首亦纏錦帕衣則大袖寬
博製如道服然腰束大帶亦各如纏首之布之
色辨貴賤也足則無貴賤皆着草履入室宇則
脱之一則席地而坐恐塵污一則以跣足為敬
故王見神佳見王及賓主相見皆若是也唯提
見余等則加冠具服履揖遜之間每見其疾首
戴纇蓋帽勝其束縛之勞矣婦人真以墨黥手
為花草鳥獸之形而首足反無飾髻如童子之
角總於後而簪珥不加不知足而為之纏男女
皆可用也第富室則以蘇蓆藉纏底少加皮緣
即為美觀上衣之外更用幅如帷蒙之背上見
人則以手下之而斂其面下裳如裙而倍其幅
摺細而制長覆其足也其首家大族之婦出入

則戴笠坐於馬上女僕三四從之俱無布帽毛衣紫佩之飾亦無產乳必食子衣之事也其君臣之分雖非華夏之嚴而上下之節亦有等級之辨王之下則王親尊而不與政也次法司官次察度官司刑名也次那霸港官司錢穀也次耳目之官司訪問也此皆土官而為武職者也若大夫長史通事等官則專司朝貢之事設有定員而為文職者也王擇日而視朝自朝至於日中昃凡三次陪臣見之皆搓手膜拜尊者親者則延至殿內賜坐賜酒其卑疏者則移時長跪于階下焉凡遇元旦

聖節以至日王率眾官具冠服設

龍亭行拜

祝禮蓋久漸文教非復曩者之陋矣父之於子少雖同寢及長而有室則異居食亦用匙箸俾異味先進尊者及子為親喪數月不肉食亦其俗之可嘉死者以中元前後日溪水浴其屍去其腐肉收其骸骨以布帛纏之裹以葦草襯土而殯上不起墳若王及陪臣之家則以骸匣藏於山穴中仍以木板為小牖戶歲時祭掃則啟鑰視之蓋恐木朽而骨暴露也地無貨殖是以商賈不通若以為防禦擄掠則其國小法嚴凡有竊物者即加以剕刵之刑人誰敢犯朝貢往來俱乘大航海邊漁鹽亦泛小艇未嘗不駕舟楫而縛竹為筏也俗畏神神皆以婦人為尸凡經二夫者則不之尸矣王府有事則哨聚而來王率世子及陪臣皆頓首百拜所以然者以國人凡欲謀為不善神即夜以告王王就擒之聞昔倭寇有欲謀害中山王者神即禁錮其舟易而水為鹽易而米為沙尋就戮矣惟其守護斯土是以國王敬之而國人畏之也尸婦名女君首從動經三五百人各戴草圈攜樹枝有乘騎者有徒行者入王宮中以遊戲一唱百和聲音哀慘來去不時唯那霸港等處不至以此多不良者家兼有唐人故也閩人為王倩作宣者尊親見之且傳聞封王日必見天使是日不來此則真有而殺人祭神則非也王之宮室建於山巔國門扁曰歡會府門扁曰漏刻殿門扁曰奉神四圍皆石壁無有波羅壇洞之名亦無聚觀為佳之說也門外有石砌砌下有小池泉自石龍口

中噴出名曰瑞泉王府汲之供飲食取其甘潔也道路坦夷曾不設塹樹棘以為險殿宇朴素亦不雕翁刻獸以為奇至於賦斂則寓古人井田之遺法但名義未詳備王及臣民各分土以為祿食上下不交征有事如昨封王所用布帛粟米力役之征則暫取諸民而不常也雖無經生卜士之流然亦諳漢字奉正朔甚至視月盈虧以知時視草榮枯以計歲成

霖按是年封王日四更時女君果降將五更即散矣提綱通事及庖人俱聞其聲嗚嗚焉人善泅水有剖木為舟者如豬食兜而三人處之橫海中顛風巨浪不懼也水泛則覆出之而復掉焉剽掠之事間不能無所謂法之嚴者重則剖肚次則閉守別方無笞撻之類雖設梏夾之刑而多不用俗以中元節為重自七月十三日起至廿六日俱晝夜男女喧雜往來不禁人甚重財帛即夫婦亦各私其財或相忤則各挾所有而別處數日乃復其家

蠃虫錄

琉球當建安之東水行五百里土多山峒峒有小王各為部隊而不相救援

國朝進貢不時王子及陪臣之子皆入太學讀書禮待甚厚

按福州梅花所開洋順風七晝夜始可至琉球以水程計之殆將萬里矣若夫建安則建寧屬邑也又在福州之西北而云水行五百里不知自何洋以發舟而若是乎其近也耶琉球國多山而崆峒則少王之子弟雖出分各山而未嘗不撫馭訓如祭王封王等日則各率所部戎服而列伍以防衛則其有事而相為救援可知矣歸附國家之初朝貢固無定期今每二年而一舉至於令子姪入太學僅於洪武二十二年而創見之嗣是唯遣陪臣之子進監讀書大司成教以誦詩學禮處以觀光之館夏葛而冬裘朝饔而夕飧禮待不亦厚乎邇如蔡廷美鄭賦梁梓蔡瀚等皆俊秀可教嘗北學中國授業名儒今皆補為長史都通事等官進見之時儀不忒而言有章表必不有有也

星槎勝覽

琉球國山形抱合而生一曰翠麗一曰大崎一曰斧頭一曰重曼高聳叢林田沃穀盛氣候常熱酋長遵理不科民下釀甘蔗為酒煮海為鹽能習讀中國書好古畫銅器作詩效唐體地產沙金黃蠟

按琉球國之山形雖南北一帶而生不甚抱合亦無翠麗等四山之名且形勢卑小不島聳林木樸樕不茂密厥田沙礫不肥饒是以五穀雖生而不見其繁碩也氣候不常熱雨過即涼秋冬亦雨霜雪其地近北故也政令簡便各食分土故曰酋長遵理不科民下造酒則以木漬米越宿令婦人口嚼手搓取汁為之名曰米奇非甘蔗所釀亦非美姬含米所製其南番酒則出自暹羅釀如中國之露酒也陪臣子弟與凡民之俊秀者則令習讀中國書以儲他日長史通事之用其餘但從倭僧學書番字而已古畫銅器非其所好其所好者唯鐵器綿布焉蓋其地不產鐵上不植綿故民間炊爨多用螺殼紅女織紝惟事苧縷如欲以釜甑爨以鐵件者必易自王府而後敢用之否則犯禁而有罪焉至於作詩則弄文墨叅禪衆者間亦能之而未必唐體之効矣地不產金亦無黃蠟及玻璃等物通國貿易惟用日本所鑄銅錢薄小無文每十折一每貫折百殆如宋季之鵝眼綖貫錢也嘗聞其國用海巴今弗用矣然據其用是錢則若用海巴之猶淺於貝哉

案按地方多沙石山亦磽确土薄瘠物產牛羊雞豚之類多瘦削而不堪用民間耕種亦鹵莽未見真多而力勤者男婦唯齒於衣食日食不過飯一二碗暑充飢而已魚肉之類絕少用故賤而無售者大抵其俗儉而不勤也鳥則鶻鷹鵪鶉之類亦間有之

集事淵海

琉球與泉州之島曰彭湖者煙火相望其人驍健以刀稍矢劍鼓為兵器旁有毗舍那國語言不通袒裸盱睢殆非人類

按地之相去近則可望遠則視之而常見也琉球去彭湖不下數千里山川出雲蒸氣作霧則光景且伏者煙火可得而相望乎閩中士夫嘗

曰霽日登鼓山可望琉球蓋所望者小琉球也
若大琉球則雖離婁之目亦豈能明見萬里之
遠哉若曰其人驍健則誠是也蓋生有膂力耐
饑渴勞苦熱望挽舟之時雖終日不食終夜不
寢而亦未嘗告病匪直賤者若是雖酋長之貴
亦慣勤動大風暴雨雖夜必興相與偕行露立
於港邊以防舟之漂蕩而寒濕不能使疾也
國無醫藥民亦不夭折或壯或老始生瘡癬地
雖卑濕而不見有疲癃殘疾之人是豈盡出於
稟賦哉亦由其薄滋味寡嗜慾元氣固而腠理
密也第人尚忿爭有不平即以刃殺人度不免
亦剖腹自斃所用兵器如刀劍弓矢之類亦嚴
利勁直弓稍長如搖櫓射則樹於地而兩手彎
之矢可至二百步許盔甲製以皮革進退節以
金鼓鄰國目為勍敵焉其國西南則暹羅東北
則日本閩東隅有人鳥語鬼形不相往來豈即
所謂毗舍那國耶

杜氏通典
琉球國王姓歡斯氏名渴剌兜土人呼之為可
老羊妻曰多拔茶居舍大十有六間王乘木獸
今左右輿之凡宴會執酒者必得呼名而後飲
上王酒者亦呼王名然後啣杯共酌歌呼蹋蹄
音頗哀怨扶女子上膊揺手而舞又曰民間門
戶必安獸頭
按琉球國嗣王姓尚氏名清父名真祖名圓自
上世以來皆命名以漢字妃皆選自民間女子
充之土人稱王曰敖那稱妃曰札剌無可老羊
并多拔茶之稱也至於陪臣則無姓氏但以先
世及已所轄之地為姓名如王親孔如述益器
法司官翁沾安丹也皆地名也若大夫金良長
史蔡瀚蔡廷美都通事鄭賦梁梓林盛等凡有
姓者皆出自
欽賜三十六姓者之後裔焉王之居舍向南者七間
向西者七間以南者舊制不利於風水反以西
者為正殿閣二層上為寢室中為朝堂末與臣
下坐立凡間門俱五色土珠為簾櫳中三間略
加金碧傍有側樓亦有平屋皆以版代瓦康不

遠地而階亦近除僅如中國公侯之宅無越制也王出入乘肩輿非木欹以十六人扛之傘蓋用五色從者數百人鼓吹導前戈矛擁後仍以土球小劍扇四柄貼金簡盖一對為儀衛不知何所取義焉筵會不特禮亦簡朴陪臣遇吉輒觴以壽王王亦與之坐而共飲但不至於呼名也樂則絃歌音頗哀怨當掉其曲有人老不少年之句亦及時為樂之意如唐風之山有樞也更以童子四人手擊柝而足蹙蹙以為舞焉所謂踊躍之歌女子之戲皆非也大抵琉球俗朴而忠民貧而儉富室貴家僅有瓦屋二三間其餘則茅茨土堦不勝風雨飄搖之患人不善陶雖王屋亦無獸頭況民間乎傳者訛矣

寮使宮室惟王府者頗高大如中國侯伯之屋餘皆矮小而頗潔淨民間房止二三間聚族為住刹獸爲奇之說妄無之國多僧王府待僧亦甚寬諳漢字者王輒加禮欽奉正朔國中亦有能編曆者余遊諸寺見其所記嘉靖某年月日誦某經若干卷雖風雨剝蝕處亦有之王嗣自嫡而下各養於大臣王親家長則分家財之半

出住別山頭看事焉

使職要務

洪武永樂時出使琉球等國者給事中行人各
一員假以玉帶蟒衣極品服色預於臨海之處
經年造二鉅舟中有艙數區貯以器用若干又
藏棺二副棺前刻天朝使臣之柩上釘銀牌若
干兩倘有風波之恐知其不免則請使臣仰卧
其中以鐵釘錮之舟覆而任其漂泊也庶人見
之取其銀物而棄其柩于山崖俟後使者因便
載歸遇者鑿泊沒之禍奏
准待藩王繼立遣陪臣入貢丐封乃
命使臣齋
詔勅駐海濱以賜之此得華夷安危之道雖萬世守
之可也
按我
朝封錫藩王之制如安南朝鮮則遣編修給事中
等官為使占城琉球則遣給事中行人等官為
使各給以麒麟白澤公侯伯駙馬之服
恩榮極矣故感激圖報之下往往有人且安南朝鮮
國陸路可通矣若占城及琉球則海邦也必於
廣東福建臨海之處經年造二鉅舟以涉大川

余等以一舟所費已及二十五百兩有奇若人
各一舟非唯倍其費抑亦不克共濟矣故止造
一舟至於藏棺釘牌之事原無此例縱有之亦
無益也故今有司不設備焉大抵航海之行亦
危矣凡親愛者為之慮靡不周有教之以舟傍
設桴如羽翼者有教之以造水帶者有教之以
多備小舠者殊不知滄溟萬里風波莫測凡此
舉不足恃也所恃者唯
朝廷之威福與鬼神之陰隲焉耳乃若領封之說
則肇自前使占城者正副畏難不肯航海以畢
事曠日持久渠國不獲已而領自海濱非
欽旨也嘗稽古諸侯凡嗣立俱以士服入見
天子而後受封今之四夷即古荒服諸侯也雖不克
入覲
天王俾其於海濱領封亦無不可蓋中國尊而當安
外夷賤而當危也豈直省不貲之費而已哉經
國者為之建白可也
案按琉球歸化
大明
聖祖命閩人善操舟者送之歸國自是朝貢

命使絡繹不絶然詢其洪武永樂年間使者姓名莫
知矣宣德三年而下始有名有而字號邑里無
從質訪始列之左以俟考云
宣德三年
欽差正使柴山副使阮忠其名及給事中行人
冊封國王尚巴志
正統八年
欽差正使給事中俞忭副使行人劉遜
冊封國王尚忠
正統十三年
欽差正使給事中陳傳副使行人萬祥
冊封國王尚思達
景泰三年
欽差正使給事中陳謨副使行人董守宏
冊封國王尚金福
景泰七年
欽差正使給事中李秉彝副使行人劉儉
冊封國王尚泰久
天順七年
欽差正使給事中潘榮漳州府龍溪縣人副使行人
蔡哲
冊封國王尚德
成化八年
欽差正使給事中官榮副使行人韓文
冊封國王尚圓
成化十五年
欽差正使給事中董旻副使行人司副張祥
冊封國王尚真
嘉靖十三年
欽差正使給事中陳侃浙江鄞縣人副使行人高澄
順天府固安縣人
冊封國王尚清
嘉靖四十年
欽差正使吏科左給事中郭汝霖江西吉永豐人副
使行人李際春河南杞縣人
冊封國王尚元

詩文

霖擬君子之夷夷者謂夫言語文字之不通也
琉球歸化
聖朝縉紳時使其國及考其辨蹟僅寺碑二篇而中
山八景記則余過延平有林生者示余潘公渡
海事併以其實録求觀而因得之若詩歌之類
絶無一字焉豈明珠成暗投而越不知章甫之
重也然余竊恡日本人識漢字有詩僧唐人亦
有送僧歸日本詩此又何也余姑存此以俟他
日奇遊者覽焉而陪臣子弟入監誦讀之舉益
知不可已已

大安禪寺碑記

宣德五年正使柴山奉
命遠造東夷東夷之地離閩南數萬餘里舟行累日
山岸無分茫茫之際蛟龍潑萬丈之波巨鱗漲
馮夷之水風濤上下捲雪翻藍險巇不可勝紀
天風一作烟霧然蒙溯門淬砰波濤之聲振于
宇宙三軍心駭呼佛號天顒之怱有神光大如
星斗高掛危檣之上耿煥昭明如有所懸然後
衆心皆喜相絜而言曰此行
龍天之庇神佛之光矣何以至是哉是咸賴吾
將軍崇佛好善忠孝仁德之所致也迨夫波濤
一息河漢昭明則見南北之峯遠相迎衛迅風
順送不崇朝而抵岸焉既而奉公之暇上擇岡
陵下相崖谷顯得龍盤虎據之地以為安奉佛
光之所庶幾以答洪庇之恩於是掬水聞香得
其地於海岸之南山環水深路轉林鬱四顧清
谷幽類覺林之景遂鑿山為地引水為池拔之
陝陝築之登登成百堵之室闢四達之衢中建
九蓮座金容于上供南方丙丁火德于前累石
引泉鑿井于後命有道之僧董臨其事內列花
卉外廣椿松遠吞山光平挹灘瀨使衆居穴處
者皆得以覩其光焉此酬功報德者之所為也
且東夷與佛國為隣其聖跡海靈鍾秀有素矣
此寺宇之建相傳萬世無窮良有以也後人有
原其事者必指而言曰此大安寺也建寺者誰
天朝欽命正使柴公也遂書以為記

千佛靈閣碑記

粵自大明開基混一六合東漸于海西被于流
沙聲教迄于四海凡在遠方之國莫不捧琛執

帛而來貢馬時氷夷逈居東海之東阻中華數
萬餘里水有蛟龍之虞風濤之惲陸有丘陵之
險崖谷之危無縣郭之立無丞尉之官汙樽杯
飲盡其俗也雖然亦累貢所產于
朝永樂之間亦常納其貢馬洪熙紀元之初遣正
使柴山暨給事中行人等官奉
勅褒封王爵頒賜冠冕仍遣祭前王使其知尊君親
上之道篤仁義禮樂之本
天朝之恩無以加矣當今
聖人繼登龍馭率由舊章宣德二年復遣正使獨掌
其事涖臨以詢之則見其王欽己於上王相布
政於下其俗皆循禮法熙熙如也宣德三年本
國遣使歸貢于
朝追夫五年正使復承
勅來茲重宣聖化淮海往返滄波萬頃舟檝之虞風
濤之患朝夕艱辛惟天是賴恩無以表良心遂
偕三軍墾地營基建立佛寺名之曰大安一以
資恩有之勤一以化諸夷之善寺宇既成六年
卒事復
追宣德八年歲在癸丑

朝甚嘉忠孝特
福建方伯大臣重造寶船頒賜衣冠文物以勞之
日夜樓跡海洋之間三軍有安全之歡四際息
風濤之患或夜見神光或朝臨瑞氣此
天地龍神護佐之功何其至歟於是重修弘仁普濟
之宮引泉鑿井於宮之南鼎造大安十佛靈閣
凡在諸夷莫不向化寶閣既成佛光嚴整八月
秋分又有白龍高掛以應其祥此嘉祥之兆良
有自也遂立碑記以紀其事使萬世之下聞而
知者咸仰
天朝德化之盛而同趾美於前人因書之以為記
大明宣德八年歲在癸丑仲冬初二日辛巳
天朝欽差正使柴山副使阮　鼎立

中山八景記

大明統一萬方
天子文武聖神以仁義禮樂君師億兆故凡華夏蠻
貊罔不尊親際天極地舉修職貢自生民以來
未有如
今日之盛者也天順壬午年春琉球國遣使請立世
子為嗣君

上命臣崇臣楷 往封之癸未夏六月由閩淄發舟天
風自南不數日而抵其國奉宣
德意封爵典禮既行自嗣王以下皆拜手稽首俯伏
頌
上大恩不已越仲秋八月國大夫程均文達執卷謁
使館請曰文達敝居之東新叛有寺山水頗清
奇命工圖爲八景輙請登臨留題詠以記盛美
予念去
君親客海外萬里方怏怏于中奚暇及他事大夫均
請之不置因與皇華蔡均克智同往觀焉既至
是日白雲初收天氣清明山色秀麗有松萬樹
所謂萬松山也登山觀松蒼然鬱然堅貞可愛
因誦孔子歲然後凋之語凡與遊者皆興起動
心山之東行一里許至軒曰潮月軒軒中四面
蕭爽當天空夜靜之際開軒獨坐水月交潔心
體明淨有志於當時者得不起高山景仰之思
乎軒之左鑿地爲井井上植橘數株泉甘足以
活人橘葉可以愈病程大夫取井之義是蓋古
人之用心也　則有徑徑石奇形　狀旁列皆
佳木異卉可憩可遊大夫長史諸君各酌酒奉

勸懇懃禮意至再至三因飲數杯上馬至送客
橋士大夫受重過橋須下馬於是各相攜手顧
謂大夫曰昔子産聽鄭國之政以其乘輿濟人
於溱洧孟子謂其惠而不知爲政今均爲國大
夫此橋之作豈特爲送客耶將以濟病涉之民
也過橋行數里許至綠江之路時天色漸暮漁
舟唱晚但見羽毛之呈祥鱗介之獻瑞極目海
天胸次如洗曾不知穹壤間復有所謂蓬萊也
由是而過樵歌之谷樵人且歌且樵熙熙乎皡
皡乎哉
國家仁恩遍及海隅太平之象其可忘所自乎出
谷但聽瀏亮之音洋洋在耳大夫進而謂曰此
即鄰寺鐘也因而至寺老僧率衆十餘人迎拜
于道予既佳其山水之奇勝且喜夷僧之知禮
因令人扣之曰大夫以隣寺鐘列于八景者僧
知此義乎因告之曰此鐘晨焉而敲夷人聽鐘
而起俾之孜孜爲善無非爭凌犯之作暮焉聽
鐘而入俾之警省身心閉門而思過咎國大夫
命景之義其有益於人如此僧唯唯謝曰謹當
佩服斯訓他若山川之勝景物之善俱未及暇

尋雖然程大夫中華人也用夏變夷均之職也
果能以諸夏之道而施之蠻貊漸染之薰陶之
提撕而警覺之將見風俗淳美中山之民物皆
易而為衣冠禮義之鄉矣余言官當為陳之于
上俾史臣為書之將以為天下後世道豈但今日山
川景物之勝而已哉姑書之以記歲月
天順壬午八月　日
欽差吏科左給事中潘　榮撰

息思亭說　　郭汝霖 吏科左給事中

天使館自門而入正堂三間自正堂引至
主
書房三間余處於東李君處於西房之後再三
間官舍草廠之兩旁翼以廊房各六間門書與
皂寓焉暑月蘊隆促促數步內琉之人為余弗
安也卜從垣空地砌土瓦茅竪柱而亭之余因
扁曰息思夫人情久相離則思余馳驅
上命何敢言思然否桑梓涉濤遠
君親旅外國而鴻賓鴈弟玉樹芝蘭數月各天寥寥
音問余安能不用情哉昔謝大傅江海人豪中
年與親知別數日作惡余竊歎其懷陽明子
曰七情之發過處為多余又惡夫情之過而惡
也斯亭之登聊少息焉圖書在前琴瑟在御以
吟以咏以絃以歌庶幾造化者游而忘其身之
在異鄉矣

大明會典

琉球自洪武年間其中山王山南王山北王皆

遣使奉

表箋貢馬及方物洪武十六年

賜國王鍍金銀印并文綺等物山南王亦如之後

賜中山王山南王山北王紵絲紗羅冠服王妃紵

絲紗羅王姪王相寨官絹公服永樂以來國王

嗣立皆請

命册封自是惟中山王來每二年

朝貢一次每船一百人多不過百五十人

物

馬　硫黄　蘇木　胡椒　螺殻

海巴　生黄銅　牛皮　擢子扇　刀

錫　瑪瑙　磨刀石　烏木　降香

木香

按琉球貢物唯馬及硫黄螺殻海巴牛皮磨刀

石乃其土產至於蘇木胡椒等物皆經歲易自

暹羅日本者所謂擢子扇即倭扇也蓋任土作

貢宜其惟正之供而遠取諸物亦其獻琛之敬

則夫

符璽之

賜章服之

須得非關忠嘉善之典歟

夷語附

天文門

天 甸尼
風 嗑濟
雨 嗑乜
霜 失世
露 秃有
起風 嗑濟福祿沽
雨 嗑乜福祿 奴
日 非祿
雲 姑木
雪 由具
雹 科立
電 波得那
天陰 甸尼奴姑木的
下雪 由具福祿
風雹 嗑濟科立
月 都急
雷 刊角
星 波世
霧 氣力
霞 嘗嗑尼
天晴 甸尼奴法立的
明日 阿倚

十八

地理門

地 只尼
河 嗑哇
水 民足
石 依石
城 遠
灰 沽各力
瓦 嗑哇剌
近 即加撒
前 馬乜
土 足止
海 吾乜
冰 谷亦里
井 依嗑剌
泥 乜祿
橋 扒只
岸 倭嗑
長 拿嗑失
後 吾失祿
江 密乃度
山 牙馬奴
路 密集
墻 拿別
沙 是那
磚 牙及亦石
遠 它加撒
短 密失拿失
左 分達里

石 民急思
東 加失
北 乞大
上 吾乜
西 尼失
下 世莫
南 米南米

時令門

春 法祿
冬 由福
寒 辟角倭撒
陽 法立的
早 速多
夏 拿部
冷 碎牛撒
暑 奴祿撒
晝 皮祿
晚 約姑里的
年 多失
秋 阿及
熱 嗑子撒
陰 姑木的
夜 由祿
時 吐急
節 些谷尼即

十九

正月 哇的
四月 升哇的
七月 式的哇的
十月 柔哇的
二月 寧哇的
五月 悉哇的
八月 法只哇的
十一月 失木都及
三月 撒哇的
六月 祿谷哇的
九月 谷哇的
十二月 失哇思

花木門

茶 札
樹 拿急
栢 馬足拿急
棗 那都乜
菜 菜
花 法拿
果 吾七
竹 達急
草 谷撒
梅 烏乜
米 谷米
松 馬足
筍 達急
瓜 吾利
葉 尼

香 偈　蓮花 花祿法拿　龍眼 龍時

荔枝 利宅　甘蔗 前急　胡椒 箇灸

蘇木 司哇

鳥獸門

龍 達都　虎 它些　鹿 加目

馬 吾馬　獅 失失　牛 吾夫

兔 吾撒急　熊 谷馬　象 噎

雞 土地　豹 背那　猪 烏哇

驢 公　騾 公　狗 亦奴

鼠 乖　鶯 打茶鶯

猴 撒祿　羊 匹北嗟　蛇 密密

鳳凰 呼窩　龜 噎乜　雀 山門都里

獬豸 害宅　麒麟 其并　孔雀 枯雀枯

玳瑁 噎乜那各　仙鶴 司祿　象牙 噎冷其

鶴頂 它立奴谷只　牛角 吾夫祖奴　喜雀 孔加查思

宮室門

門 卯　窗 牙　房 亦棄

樓 嗒噎牙　御路 密集　丹墀 密集

御橋 扒只　皇城 筌宿枯　館驛 館牙

瓦房 噎利亦棄牙

器用門

盔 噎揭吐　甲 妙羅衣　刀 噎吞拿

箭 牙　弓 由乜　弦 子奴

鎗 牙立　卓 代　盤 扒執一名桶盤

盆 大莉　瓶 匹胡平　床 墊吞

船 蒲尼　樟 花時　舵 肖夫

櫓 羅　蓬 賀　筋 衰恐

帶 文筆　畫 棄　書 佐詩

字 間第　墨 司默

碗 麻佳里　硯 隙司利　鎖 坤息

花瓶 拋拿　屏峯 飄布　香爐 揭炉

箱 觀　香盒 福法吞　倭扇 枉其

棊子 箴具　酒鍾 撒盞子急　茶鍾 茶麻佳里

玉帶 衣右乜各以　金鍾 孔加尼麻佳里

人物門

皇帝 倭的每　王妃 倭写扒粥　國王 倭王嗑吶尸

王子 倭奴鬆彩人彩　朝廷 倭每奴　大夫 大福

長史 丈司　使者 伏侯　通事 通貢

正使 中司　副使 什司　唐人 大刀卯以周

師父 失署僖
母親 伎男姑 吾是
妻 同之
琉球人 倭急會 恐是
大明皇帝 大苗 每

人事門

會負 之
此里
亦急

和尚 東子
兄 凡扎
子 竹哇
日本人 立馬吐 恐周
琉球國王 倭部
說 噎苓里
走 油姑一其
來 吟之
有 阿力

父親 馬一更加 手
弟 星都
女 烏男姑
朝貢使臣 嗑得那 使者
倭急拿 從部
拜 排失之
行 立立其
似 台制
無 欲

賣 屋的
見朝 大立業 亦急
磕頭 嗑蘭自之
謝恩 江卜姑里
慶賀 密由烏牙
起來 揭知
報名 之名
早起 速都密的
勅書 倭眉脚 那司里

歹 哇祿撒
睡 眠不里
入朝 大立業 密達
立住 苓止圭立
朝貢 密加姝 吸之
表章 龍烏
進貢 嗑得那
辭朝 衣之速歸
下程 司眉曰尸
拿來 嗑子密 的姑

買 料的
請來 子蓋失之
鞠躬 曲尸麻 平的
叩頭 嗑藍自之
平身 度浸思吾
賞賜 吾一如 每奴
進表 漂那阿 保的
回去 烟都里 其
筵宴 扎半失
好看 丘達撒

不好 哇祿撒
給賞 烏鶏沒 谷古里
言語 麽奴嗑 吾里
聖旨 山奴奴失
且慢走 慢的
持叩頭 麻達嗑 藍子其

門
段 花受里
采

放下 由六尸
方物 木那哇
晚的 失之
御前謝恩 無牙密溢吾谷里
上緊走 亦排 急沾
紗 撒
絹 沾見
木綿
夏布 拿部木那

作揖 利十之
多少 亦加撒
不晚的 失蓋
上御路 即恐約牙里密
羅 羅
布 大綿
紵布 達急木綿

葛布
官絹 沾見
靴 匹藍加
帽 冒
網巾 圍巾
衫 冷今

飲食門

酒 撕其
菜 菜
麵 四其諧沾

彩段 拋拿蒀 受里
倭絹 沾見
襪 乎襪子
紗帽 沙冒
圓領 圓領
裙 嗑甲每
茶 扎
菓 刻納里
肉 失失

改機 蓋乞
西洋布 尼夫 木綿
鞋 皮夜
帶 文必
衣服 空奴
褲 嗑甲馬
飯 汪班尼
粉 由諾沾
魚 游

酒飲撒急汪班尼　喫茶扎安急弟　喫飯汪班尼安急弟
喫肉夫失安急弟

身體門

頭嗑藍子　耳米米　眉馬由
目乜　口窟之　牙諸其
鼻拋拿　手利　脚巴奮
心起撲　身虔　髮嗑十藍其
品其　鬍子胡品其　蓋扒
銀南者　銅押甲嗑尼
錫石綠嗑尼　錢蔥尼
人　玉衣石　珠撻馬
珍珠撻馬　瑪瑙吾馬耶達馬　珊瑚牙馬耶達馬
琥珀它判　水晶四子撻馬　玉石撻馬一簣
犀角吾夫祖奴　硫黃油哇

數目門

壹的子　貳恭子　叁賊子
肆山子　伍一子玫　陸缺子
柒拿納子　捌鵝子　玖皓骨碌子
拾吐　拾壹吐的子　拾貳吐恭子

拾叁吐芯子　拾肆吐山子　拾伍吐赤子玫
拾陸吐缺子　拾柒吐拿納子　拾捌吐鵝子
拾玖吐皓骨柒子　貳拾恭子吐
壹錢一止百每　貳錢尼百每　叁錢山百每
肆錢中百每　伍錢吾買每　陸錢六谷百每
柒錢武止百每　捌錢法止百每　玖錢杉百每
壹兩執百每　拾兩撒姑每　壹百兩撒于姑
壹萬箇麻執吐夫　千歲系耶　萬萬歲麻由吐夫

通用門

求討恭毛里　說話里厥奴嗑達
知道識　不知道夫藍子　不敢揚密撒
東西加尼尼失　不開漫畵押里　不關漫畵奈
說謊由沾辣金　實話馮松沾矣　不見達關
快活括其　辛苦南及之　笑瓦判的
啼耶其　呼阢的　痛一譜沙
癢探沙　明早起身門有達畵拖枚個丈

夷字附

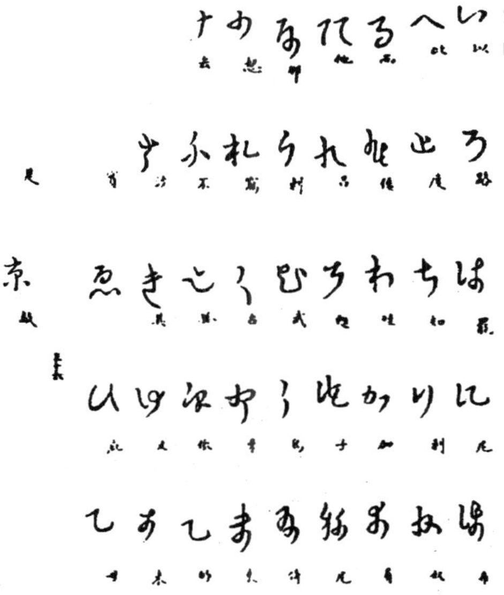

下文移往來書札止寫此數字凡音韻類者即通用也

題奏

欽差吏科等衙門左給事中等官臣陳侃等謹
題為出使海外事切照嘉靖十一年五月內琉球
國世子尚清上
表請封欽蒙差臣侃為正使臣澄為副使各
賜一品服一襲欽捧
詔書一道
勅書一道
諭祭文一道并
頒賜儀物等項前往琉球國祭中山王尚真封尚
真子尚清為中山王臣等隨即
陛辭先至福建造船船大而費亦巨經始於嘉靖十
二年五月至嘉靖十三年四月始克造完船完
之日遂至長樂縣广石地方登船先則尚清已
遣長史蔡廷美等過海迎接今通事林盛帶夷
梢三十人為臣等駕船在五月初八日解纜開
洋洋中偶值逆風船不可往放回數百里后遇
順風復往因失針路漂過琉球國交界地方名
曰熱壁山遂泊于此尚清聞之差大臣一員帶
夫四千餘名駕小船四十餘隻至熱壁將船挽

回五月二十五日方到彼國尚清即遣儀從及
文武陪臣隨
龍亭迎
詔勅諭祭文至
天使館奉安擇日行禮六月十六日行祭王禮七
月初二日行封王禮是日尚清皆迎至關門外
一見
龍亭先行五拜三叩頭禮步行前導迎至正殿一
行禮
欽留禮意懇至臣等令儀從迎
三八
詔勅回館　令通事致詞欲留為鎮國之寶臣等
猶未允復令長史捧
先朝詔勅來看臣等始知留
詔勅為
先朝故事況已奉有
明旨始許其留行禮既畢似應即回因海中風浪不
測惟順風而后可行非可以人力勝者琉球在
福建之北去以南風回以北風故至九月二十
日方可開船計在彼國停泊一百十五日日有
廩餼之供旬有問安之禮月有筵宴之設隨行
人役皆給口糧使之安飽行時復具黃金四十
兩為贐臣等在福建時例有金帶銀器等物送
用尚不敢妄受況外國之物乎故責以大義陳
以
國法彼亦知敬而不敢強仍遣通事林盛帶夷梢
十人為臣等駕船又遣王親寧古長史蔡瀚通
事梁梓等另駕一船進
表謝
恩開船之後二十一日晚颶風陡作將臣等船中大
亦損壞舟人震恐無措倚
三九
神明默佑得保生還在十月初二日
入福建省城同行夷船今尚不到或未免漂溺
之患矣除彼自行補謝外臣等切思三代以降
聖王不作治化陵夷以文德被海內者尚不多
見況覃敷海外者乎若越裳氏之重譯而來以
中國之有聖人耳琉球國在海外無慮數千里
漢唐宋時皆未嘗內附至元時遣將伐之而亦
不從至我
太祖登極首先臣附率子弟來
朝此豈區區勢力所能服哉要必有所以感之者

耳我
太祖悦其至誠待亦甚厚
賜以符印寵以章服遣閩人三十六姓為彼之役
又許其遣子弟入
國學讀書習禮彼亦感激久而匪懈迨今
皇上御極以來
制禮作樂聲教四訖彼知中國之
聖人復生故欲竊餘光以誇耀他國是以不避風濤
之險貢獻益勤
請封益篤今　出誠懇間
欽命奔迎　曲見
龍亭匍匐於道周非但不敢如緬甸之倨傲無禮
而亦不敢如尉佗之較量勝負也臣等忝與使
事亦竊尊榮無任感荷慶幸之至緣係出使海
外事理備將使事顛末謹具題
知

琉球國中山尚清謹
奏為謝勞事伏念臣清僻居海邦荷蒙
聖育封臣為中山王不勝感戴除具
表謝
恩外今有差來使臣二員正使吏科左給事中陳侃
副使行人司行人高澄冒五月之炎暑衝萬里
之波濤艱險驚惶莫勞於此臣等小國荒野無
以為禮薄具黄金四十兩奉將謝意此敬
主及使乃分之宜酬德報功亦理之常二使懼
聖明在上堅不敢受微臣情不能盡無以自安令陪
臣順齋
貢奉伏乞
天語叮嚀
賜彼二使庶下情盡而遠敬伸無任激切感仰之
至等因奉
聖旨覽奏謝足見敬慎金着陳侃等收了禮部知道

光祿寺等衙門少卿等官臣陳侃等謹
題為謝勞事侃原任吏科左給事中高澄原任行
人司行人於嘉靖十一年蒙
欽命差往琉球國封世子尚清為中山王往返三年
已於今年　月二十四日復
命訖近中山王尚清差陪臣謝
恩順齎臣等所卻黄金四十兩具本
進呈欲
天語叮嚀下賜臣等節奉
聖旨金着陳侃等收了欽此欽遵切念臣等奉
皇上之命遠使琉球琉球乃素知禮義之國臣等至
彼正欲敷揚
聖德恪守臣節為中華增重安敢受彼非禮之餽故
筵宴之設必陳方物具書固卻至再至三書備
於使琉球録中已塵
御覽矣臨行以金四十兩為贐堅不肯受彼心不自
安冒瀆
天聽蒙
皇上鑒彼敬慎之心特下收受之
命臣等聞

四十二

命自天措躬無地敢不拜受以為家寶但奉使奔走
乃臣等職分之常自揣無功豈敢受兼金之惠
伏乞
皇上將此金收儲
內帑或
命彼帶回庶遂臣等之初心而於
君命斯不辱矣無任感激敬懇之至等因奏
聖旨已有旨了不准辯該衙門知道

四十三

吏科等衙門左給事中等官臣陳侃等謹
奏為乞祠典以報神功事竊念臣等奉
命往琉球國封王琉球遠在海外無路可通往來皆
由於海海中四望惟水茫無畔岸深無底極大
風一來即白浪如山舟雖忽震蕩人無以盾其
力斯時也非神明為之默祐幾何而不顛覆也
耶臣等往來于海甚險數次皆藉神明之助得
保生還是豈臣等菲德致此皆由
皇上一念精誠感格
天地以致百神呵護非偶然者臣等不敢隱其功謹
歷數為
陛下陳之嘉靖十三年臣等初去時五月初八日開
洋至十二日將底其國忽逆風大作舟搖撼不
可當遂爾發漏數十人以轆轤引水不能止舟
蕩甚足不能立衆欲塞漏而不可得於是群呼
求救於神剪髮以設誓俄而風漸息舟少寧執
燭尋罅皆塞之固水不能入得保無虞使是風
更移時不息舟之沉必矣此其功一也回時九
月二十日在彼開洋二十一日夜即遇颶風將
大桅吹折須臾舵葉又壞舟之所恃以為命者
桅與舵也當此時舟人哭聲震天大呼神明求
救臣等亦知決無生理為軍民請命叩首無已
忽有紅光若燭籠然者自空來舟舟人驚報曰
神已降矣吾輩可以生矣舟得無事當風雨晦
冥之時紅光何自而發謂非神之精靈不可也
此其功二也二十三日黑雲蔽天風又將作衆
皆知舵當易而不敢法蓋風濤中易舵一動即
覆矣於是請命於神得吉兆衆遂躍然起易舵
柄其重約有二千餘斤平時百人舉之而不足
是時數十人舉之而有餘兼之風恬浪止倏忽
而定定後風浪復厲神明之助不可誣也此其
功三也二十六日忽有一蝶飛繞於舟僉曰蝶
質甚微在樊籠中飛不百步安能遠涉滄溟此
殆非蝶也神也或將有變故令舟人備之復有
一雀立於桅上雀亦蝶之類也令以米飼之馴
馴啄盡而去是夜果疾風迅發白浪拍天巨艦
如山飄蕩僅如一葉風聲如雷而水聲助之真
不忍聞舟一斜側流汗如雨臣等懼甚衣服冠
而坐相與嘆曰
聖天子威德被海內外百神皆為之效職海神獨不

救我輩平當此風濤中而能保我數百民命真
為奇功矣當為之立碑當為之奏
聞于
上言龍風若步繞舟行如飛儼晚已見閩之山矣此
其功四也有晁舟旗
表謝
恩者與臣等同行遇二十一日之風漂回本國至今
年三月方到福建臣等之舟止行八日真底閩
江不至漂流失所者皆神之功也臣等感其功
不敢不厚其報在福建時已嘗致齋設醮修廟

四六

立碑矣但奏
聞之言既出于口不敢有負于心謹攄願末上瀆
聖聽詞若涉于荒唐心實本于誠懇伏望
聖慈憫念下之禮部詳議可否萬一其功當報令福
建布政司與祭一壇庶
天恩浩蕩而幽冥有光矣臣等切思名山大川之神
在舜時已有望秩之祭我
太宗文皇帝時遣太監鄭和下海嘗立祠於海濱時
加致祭況禮云能禦大災則祀之能捍大患則
祀之今一救援之功遂保數百人之命其為大

災大患莫此是過伏惟
聖明詳察臣等無任戰慄恐懼之至為此具本親齎
謹具奏
聞伏候
勅旨

四七

禮部為乞祠典以報神功事祠祭清吏司案呈
奉本部送禮科抄出吏科等衙門左給事中等
官陳侃等題云云等因奉
聖旨禮部看了來說欽此欽遵抄出送司案呈到部
看得左給事中陳侃等奏稱奉
命琉球往來海中時遭風險幾致顛覆多賴神功救
援乞要
賜祭以報其應一節為照
國家嶽鎮海瀆類皆有祭祀法云能捍大患則祀
之在典禮則固然矣今左給事中陳侃等奏使
海外屢遭風濤之險卒獲保全實乃　四十八
皇上聖德默祐所致海神效職不可謂無是亦捍災
禦患之意也
賜之以祭禮亦有據合無候
命下之日本部行移翰林院撰祭文一通行令福建
布政司備辦祭物香帛仍委本布政司堂上官
致祭一次以荅神休不為常例緣係乞祠典以
報神功及奉
：：
禮部看了來說事理未敢擅便謹題請　旨奉
聖旨是欽此

吏科等衙門左給事中等官臣陳侃等謹
題為周咨訪以備採擇事切念臣等奉
命往琉球國封王行禮既畢因待風坐三閱月而後
行無所事事因得訪其山川風俗人物起居之
詳杜撰數言遂成一錄錄之意大略有二臣等
初被
命時禮部查封琉球國舊案因曾遭回祿之變燒毀
無存其
頒賜儀物等項請查於
內府各監局　明福建布政司亦有年久卷案　四十九
為風雨毀傷其造船并過海事宜皆訪於耆民
之家得之至於往來之海道交祭之禮儀皆無
從詢問特令人至前使臣家詢其所以亦各凋
喪而不之知后海道往來皆賴夷人為之用其
禮儀出折臣等臨事斟酌期於不辱而已因恐
后之奉使者亦如今日著為此錄使之有所徵
而無懼此紀略所以作也又嘗念
國家大一統之治必有信史以載內外之事如
大明一統誌者是已誌中所載琉球之事所云落漈
者水趨下不回也舟漂落漈百無一回臣等嘗

丁此經過不遠是險自以為大幸至其國而
詢之皆不知有其水則是無落漈可知矣又云
王所居壁下多聚髑髏以為佳臣等嘗疑乎此
意其國王兇悍而不可與言也至王宮時遍觀
壁下亦皆累石國王則循循雅飭若儒生然在
彼數月雖國人亦不見其相殺又何嘗以髑髏
為佳哉是誌之所載者皆訛也不特誌書為然
杜氏通典集事淵海嬴虫錄星槎勝覽等書凡
載琉球事者詢之百無一實若此者何也蓋琉
球不習漢　原無誌書華人未嘗親至其地胡

十二

自而得其真也以訛傳訛遂以為誌何以信今
而傳後故集群書而訂正之此質異之所以作
也兼以夷語夷字恐人不知并附于後臣等學
問麤疎言詞鄙俚勉成此錄實不足以上塵
睿覽但念海外之事知之者寡一得之愚或可以備
史館之採擇是以不避譴責陡瀆
進呈伏惟
陛下恕其狂僭下之禮部詳議施行臣等不勝幸甚
緣係周咨訪以備採擇事理謹以使琉球錄繕
寫一冊隨

進以
聞伏候
勅旨

十三

禮部一本為周咨訪以備採擇事該吏科等衙
門左給事中等官陳侃等題前事等因奉
聖旨禮部看了來說欽此欽遵抄出到部看得吏科
左給事中陳侃行人司行人高澄等題稱奉
命往琉球國封王禮畢訪其山川風俗人物起居撰
使琉球録一冊上
詳議備行史館採擇一節為照琉球國遠
濱華人鮮至其地是故國俗風土知之者
今按一統誌等書所記事本傳聞殊有該載
未盡者據左給事中等官陳侃等親歴其地目
之殊往來聞見悉出實録因
擇事蹟才之成書既以正載籍之所未盡且
之奉使者有所考足見各官留心使職誠
尚似應
俯從合候
命下之日本部將所進使琉球録付之史館以備他
日史館採集伏乞
聖裁等因奉
聖旨是

五十二

欽差吏科等衙門左給事中等官臣郭汝霖等謹
題為渡海
冊封復
命事切照嘉靖三十七年正月内琉球國世子尚元
上
表請乞襲封王爵蒙差臣汝霖為正使臣際春為
副使各
賚
詔
敕併

五十三

件前往琉球國封世子尚元為
[illegible]備請臣隨即辭
建省城督有司造船渡海行事遣值連年
倭患阻遏海口未得開洋至今年五月内海口
頗靖臣等乘隙而出五月二十八日在於長樂
縣梅花地方開洋閏五月初五日行至赤嶼山
阻風三日漂過琉球山一日辛彼處夷人在山
哨望知為封船乃發䑸牽引回其境内至初九
日登岸到於彼國尚元即遣儀從及舉國臣民

迎導
詔
勅至天使舘安奉擇六月初九日行祭王禮六月二
十九日行封王禮世子皆躬率臣民迎導跪拜
踴躍嵩呼歡聲洋溢徹于懸至
請既完世子仍乞留
詔
以〻
國寶臣等令具俸前者來看周如
大禮既成臣等在天使舘守候風汛回
緣風阻那霸港口至十九日
書
以得開洋二十　日在於洋中折舵荷賴
以保生全十一月初二日歸至福建省城其琉
球國王尚元遣王親原德長史蔡朝器等另駕
一舟隨同臣等上
表謝
恩亦以初十日到於福建海口除彼自行具
謝外臣惟唐虞三代之盛四夷來王漢唐以下雖
有屬國叛服不常琉球在海島中乃能永堅一
心歸化無渝臣等到彼供應廩餼趨走承順如
郡縣然非

聖朝文德漸被之材何以致此哉
皇上十三年既冊其父茲者又封其子
聖壽萬齡
聖威萬里視
祖宗有光而軼唐虞三代不二矣臣等雖當海警風
波之險猶得周旋使事之榮臣無任感荷欣忭
之至緣係渡海
冊封事理謹具本題
書

使琉球録後序

天下事履之而後知及之而後喻未有不身試之而知其然者壬辰歲思齋暨余被使琉球命人皆曰航海之役危哉盍訪諸前使而稽其所録耶越旬獲覩
詔勅琉球舊草始知前為給舍董君旻司副張君祥
時二君已不祿矣而鋟諸梓者復遺失而莫可稽良用　懼乃取載琉球諸書而參考之

書

其為說頗異意純夷或有是也及今夏五月至其國立冬風便始歸其間得於見聞之久詢訪之真者似與諸所載少不同是非獨疑訛之故或者風以化移俗因時易月異而歲不同耳故因紀使事而復質之諸書以見今日聲教之大同而蠻夷之丕變也雖不足續王會之圖成風土之記然於後之奉使者則未必無小補云

嘉靖甲午　月乙亥古燕高澄序

使琉球雜録五卷

〔清〕汪楫撰

《使琉球雜録》五卷，清汪楫撰。楫（一六二六—一六九九）字舟次，江南儀徵人。康熙十八年（一六七九）舉博學鴻詞，授檢討，官至福建布政使。康熙二十二年六月，以翰林院檢討充正使，往琉球册封中山王尚貞，歸撰此書。卷一使事，記琉球國訃告請封、膺選使職、准備封舟、諭祭儀注、册封儀注等。卷二疆域，涉及中琉航路、琉球山川、地理風物等。卷三俗尚，述琉球國服飾、風俗等。卷四物産，記動植物、海産等。卷五神異，敘使團册封期間，賴海神護佑，得以不辱使命之事迹。書中有關赤尾嶼之記載，爲釣魚島歸屬中國之歷史證明。據清康熙間刻本影印。

使琉球雜錄序

琉球自明洪武初通中國歷今三百餘年奉使至其地姓名可紀者凡三十餘人考其譔著惟嘉靖中陳侃作使琉球錄上之於朝於是中山風土間爲學士大夫所稱說然其言弗質也萬曆中蕭崇業因之少有增益又附紀前此奉使者爵里姓氏紕漏實多嗣後夏子陽又因之至崇禎中杜三策從客胡靖所刻琉球圖記則荒誕謬妄百無一實

矣　國朝康熙三年使臣張學禮歸自中山有紀事一書質實無支語已鏤板行後爲所知諸讓謂海外歸來稍夸誕以新耳目誰相證者而寂寥如是學禮乃毀所鏤板而他客輒以意爲之今刻遂與原本大異　臣受

命後即遍購諸書以行按籍核之合者殊少爰即聞見所及雜錄成編編分五卷曰使事曰疆域曰俗尚曰物產曰神異皆据事質書期不失實而已周禮職方氏掌天下之圖以周知其利害而小行人之職使適四方其禮俗政事教治刑禁之屬各各條錄別爲一書用反命於王以周知天下之故是知適四方者必有錄自古然矣若比於搜神括異志怪之書則　臣不敢以所未見侈詭異之談也康熙二十三年六月十日翰林院檢討　臣　汪楫謹序

使琉球雜錄卷一

翰林院檢討臣汪楫纂

使事

康熙二十一年中山王世子尚貞遣耳目官毛見龍正議大夫梁邦翰奉表貢方物以其父中山王質之喪來告貞以嫡嗣當襲請授封禮臣議航海道遠應如暹羅例不遣官齎封儀物勅貢使齎回便見龍等搏顙固請禮臣持不可

上念貞父子世守臣節如所請命九卿詹事科道官會推可使者以聞於是翰林院檢討臣楫內閣中書舍人臣麟焻謬膺是選既拜

命咨訪舊例得未盡者七事條上之

旨下禮臣議格不行

上復命戶兵工三部集議乃允行三事而許帶修船匠役則

特旨也

賜一品麟蟒服謝

恩陛辭恭承

天語體恤小邦臣等不勝悚惕先是臣懲前使逗留之失疏請亟行而部議必待貢使偕往至是閩督報琉球接封陪臣至可充鄉導於是定期出洋時總督姚啓聖方視師廈門巡撫董國興已移疾旋京布政使馬斯良入覲知府張懷德病廢不事事閩縣令缺官攝篆者鄰邑佐貳也省會之地上無督撫藩司下無府縣官而冊封外國爲數十年一

舉之大典事如亂絲無有理其緒者舊例凡百器用無弗備即犁鋤耕穫之具亦備以行慮飄流絕島不可復還則墾作以苟活也使職要務云舟中有艙數區貯諸器用又造棺二具題曰天朝使臣之柩上釘銀牌重若干兩遇颶風知不免則錮使臣其中隨波飄蕩與見者取牌而收瘞之陳侃使琉球錄載舊例有金銀九十餘器金帶四條備使

臣過海之用佩自以素清約無事華侈省免金器壺盞諸物止用銀者且筆之於書上之於朝請宣付史館明其廉介如此也而前使臣駐閩一切皆取辦於藩司即留滯不行每歲亦支用公費銀五千餘兩藩司奏銷不盡得請則派之八府取驛站綱銀津貼焉今各項皆無所出而海疆軍需方亟豈可復以此費公帑爰取舊案盡汰之除銅盆錫壺鍋甑碗盞床桌諸器在所必需稍非所急者悉

罷去出入皆有司主之合計所費較曩時僅百一焉凡二十有五日竣事登舟遂行及海外成命歸不入會城泊南臺七日行

諭祭海神禮竟即兼程復

命城中耆老坊店人戶各具鼓樂彩幟趨送十五里外臣笑謂曰七日欽差與地方何預而勞苦父老為對曰冊封一役自明苦之欽差駐閩動輒數年造船則有採木購柁之擾深山窮谷無得免者今一到即行不少留滯逮于驛騷一也有欽差必有公費公費一則私派必倍今事畢而民不知二也往者百物皆取辦於行戶官一而役三之今一物不取即公署鋪設之一氈一燈必歸原主使來者盡然閩其世世如新受賜乎言未已淚涔涔下臣亦為太息久之故知諸父老非止為臣揖頌德而已

海行恃船為命而之琉球又與他國不同高澄操

舟記曰西南諸國行不二三日即有小港避風若琉球則去閩萬里中道無止宿地故舊制使臣必親督造船擇日定㠮船底也務與使臣之年庚合非是則不利時閩疆治兵戰艦方集臣議即取戰艦以渡既可省費且免濡滯爰移文閩督就見在者選用之閩督謂惟大帥六艘船庶堪涉險卒不可得僅以二烏船來船視諸艦無他異而柁皆鐵力木為之號曰鹽柁蓋他木浸海水中久則柔惟鹽

柁無虞也往制柁與櫓必置副以防不虞問之所司不應柁必有大纜繫之由船底兜至船頭謂之勒肚勒肚非桄籐不可所司以籐價昂易以竹篾不踰時敗矣爰與副使臣麟焻出俸金自購之久之乃得歸舟遇颶風三晝四夜船如礟擊如梭擲而卒不致覆裂者籐勒之力也

兩船使臣共乘其一而以稍大者載兵役益少從衆多非是不能安也船長十五丈有奇濶二丈六

尺桅高十丈餘頭桅踰其半自艙底至面凡六層艙面爲戰臺由面下艙有如縋井也梯兩折乃入官艙艙高可八尺中一間寬六尺許兩使臣會食地也左右分居居復分兩層名曰麻力上下畧均主樓其上僕處其下也上層又劃爲兩間一置臥具一置衣囊也下層則劃爲六間間臥一人不使轉側防顛仆也麻力舊有小窓踰尺隙光入則艙藉以明出海復錮之以避浪於是出入皆捫壁行儼如穴處也艙底盡塡巨石名曰壓鈔務下實也前艙貯火藥又前以居胥役艙面載小船一泊舟時下之以通往來傍有水門由此登降出海亦錮之非惟自衛亦以防奸也又前則桅艙接封陪臣及從者居此又前則領兵守備及水手雜處之轆轤二參差設兩桅之間藉以舉篷篷非人力可勝也船頭架大碇一形如个字代鐵錨也前後共設水艙三以貯淡水謂之水井每井可受二百石將

出海道經羅星塔先期設醮投銀錠中流名曰買水井受水滿則封之命親丁司啓閉人置名籤驗籤給水日二次涓滴不妄費也後有尾樓亦名將臺立幟列籐牌爲使臣聽事其下卽柁樓柁前有小艙艙實以米布針盤其中晝夜然燭夥長二人輪視之目不轉瞬與舵工相依爲命也戰臺各翼以扶欄列砲十二他軍器稱是備洋冦也舵工夥長之外有繚手有碇手有車手有鴉班各職厥事

而鴉班尤矯捷履蓬升桅足無停晷稱之曰鴉紀實也總船務者有千總理軍務者有百總司甲仗者有捕盜而悉統於守備蓋任人尤要云

出使例有部頒儀注奉命後即問所司曰此儀制司職掌也而儀制又諉之主客蓋順治間張學禮等奉使時朝貢遣使諸事皆隸儀制嗣因儀制事繁主客事簡始以貢事歸主客案卷雖存儀注無有也入閩後博訪之十得六七而中多未安　臣不

揣固陋酌古準今定爲諭祭冊封儀注二篇應國君之請其有未曉復繪圖示之莫不奉行惟謹登降進反揖讓拜跪威儀肅然國之老成以爲從前未睹云

諭祭儀注　先期諭長史灑掃王廟中堂以便迎請

龍亭設香案於廟中設司香二人設開讀臺於滴水西首設開讀位東南向設中山先王神主位於露臺東首西向設世子俯伏位於先王神主位之下北向設世子拜位於露臺中北向設衆官拜位於世子拜位後左右層列設奏樂位於衆官拜位之下北向祭日黎明法司官率衆官及金鼓儀仗畢集天使館前天使啓門叅謁畢迎請

龍亭進公館中堂捧軸官捧

諭祭文奉安

龍亭內衆官排班行三跪九叩頭禮畢前導至眞玉橋世子素衣黑帶率衆官迎伏於橋頭道左向茀立候

於廟門外非禮也今更定

龍亭暫駐世子衆官平身天使趨前分立

龍亭左右通事官唱排班世子率衆官行三跪九叩頭禮畢衆官世子前導至廟門外

龍亭由中門進至廟內中堂天使隨入左右立捧軸官由東角門進至廟東邊門外西向立宣讀官展軸官由西角門進至開讀臺下東向立司香二人舉香案置

龍亭前添香世子率衆官由東角門入上露臺各就拜位行三跪九叩頭禮畢退立於先王神位之下西向捧軸官由廟東邊門進廟中堂天使取
諭祭文授捧軸官捧軸官高舉出廟中門上開讀臺宣讀官次之展軸官又次之捧軸官上臺立案右宣讀官就開讀位展軸官立案左與捧軸官對展通事官唱開讀世子衆官皆俯伏於先王神位之下北向候宣讀官從容讀畢通事官唱焚帛世子衆官皆平身世子至焚帛所候焚畢回露臺同衆官再行三跪九叩頭禮謝恩畢退班世子捧先王神主由廟東邊門進廟內安於東偏神座天使與世子行相見禮天使居東世子居西各再拜畢世子請天使就前堂拜謝天使左行世子右行至前堂天使居東世子居西皆四拜畢安坐正使居東副使居西俱面南坐世子面東北坐茶酒皆親獻天使辭天使酬獻亦辭席終請天使輿至滴水前

世子下階揖別衆官出門跪送世子是日不及詣館謝先遣官至館謝勞天使次日亦遣官入王城謝宴

冊封儀注　先一日所司張幄結綵於天使館國中經過處所皆結綵設
闕庭於王殿之前（王殿中楹之右樓梯峙焉妨于行禮特造板閣一楹爲　闕庭中置殿陛　龍亭所由升也左右層階便國王及引禮者登降也）設香案於
闕庭前設司香二人於香案左右設世子受賜予位於香案之前設宣讀臺於殿前滴水之左（王殿西向故注中止分左右不分東西）設世子拜位於露臺正中設衆官拜位於世子後左右層列世子左右立引禮官二員衆官左右立贊禮官二員陳儀仗於王殿左右設奏樂位於衆官拜位之下

冊封日黎明法司官衆官皆吉服（國無所謂吉服也但不衣白即是）率金鼓儀仗畢集天使公館前天使啓門參謁畢迎請

龍亭進公館中堂捧詔官捧勅官各捧
詔勅奉安
龍亭中捧幣官捧緞疋等分置左右綵亭中王與妃
各一也衆官排班行三跪九叩頭禮畢前導世子
率衆官迎伏於守禮坊外（向在坊下今更定）
龍亭暫駐世子衆官平身天使趨前分立
龍亭左右通事官唱排班世子率衆官行三跪九叩
頭接詔禮畢衆官世子前導立殿下

龍亭進至
闕庭中綵亭分列左右天使分立
龍亭左右捧詔官捧勅官立殿陛下宣讀官立開讀
臺下司香者舉香案於
龍亭前添香奏樂引禮官引世子由東階升詣香案
前樂止引禮官唱跪衆官各就拜位皆跪引禮官
唱上香案右司香者捧香跪進於世子之左三上
香訖俯伏興平身奏樂引禮官引世子出露臺就

拜位率衆官行三跪九叩頭拜詔禮畢平身樂止
天使詣前正中立稱有制奏樂捧詔官捧勅官由
東階升天使取
詔授捧詔官取
勅授捧勅官高舉下殿陛同宣讀官上開讀臺
詔勅并置案上通事官唱開讀樂止引禮官唱跪世
子衆官皆跪捧詔勅官以次對展宣讀官次第讀
畢引禮官唱平身世子衆官皆平身奏樂捧詔勅

官各捧詔勅升殿陛交天使奉安
龍亭中捧詔勅官下東階國王及衆官行三跪九叩
頭謝封禮畢平身樂止天使宣制曰
皇帝勅使賜爾國王御書奏樂國王率衆官行三跪
九叩頭謝賜禮畢樂止天使宣制曰
皇帝勅使賜爾國王及妃緞疋彩幣引禮官引國王
由東階升法司官隨行國王至受賜予位跪奏樂
天使取緞疋等一一親授國王國王高舉法司官

跪接傳置案上畢俯伏興平身引禮官引國王復位率衆官行三跪九叩頭謝賜禮畢平身樂止引禮官引國王升東階至

龍亭前跪問

聖躬萬福天使答曰

聖躬萬福國王俯伏興平身奏樂引禮官引國王復位率衆官行三跪九叩頭問安禮畢平身樂止引禮官引國王升東階至香案前跪請留

詔勅爲傳國之寶法司官捧前代詔勅呈驗舊錄於此使臣故欲收回待懇請至再而後索閲舊軸趨走天使往復幾同兒戲故令其預捧呈驗庶不失體驗明允所請捧

詔勅親授國王國王平身親奉安於

龍亭中奏樂引禮官引國王復位率衆官行三跪九叩頭謝恩禮畢平身禮畢國王請天使同入北宮對拜安坐獻茶一如前儀

登岸入館之次日例當行香通事以天妃宮至聖廟告攷之前錄未聞國中祀孔子處別有所謂至

聖者將出前導者請曰宮與廟孰先答曰先廟入

廟升堂搴帷審視然後下階肅拜如禮時有竊笑其迂者臣曰外國淫祀最多名稱不一若入境謁拜倭鬼辱莫大焉如俟徐訪而後恭謁則是奉神慢聖豈可以訓遠人是故詣廟不可緩下拜不可驟也

天使日有供應米麪葷蔬之屬雜陳於庭隨行兵

役例有廩給五日一給粟肉甚腆臣等於供應裁十之五廩給裁十之二柔遠恤下期於兩盡也王五日一遣官賫牛酒問安辭之不可因理論之謂牛以力耕不得擅殺使臣非爲國惜物命律不可也卒不受已而聞國中遂禁宰牛改問安之期爲十日至期王遣法司一人大夫一人更番迭至即以所饋酒肴宴之仍賚以帋扇之類

天使館設棹椅一如中國制聞國俗皆席地布几

待客王官亦然王宴天使之先一日試召長史問之對曰固然陪臣入貢宴禮部亦如是也今以爲不可頋迫不及備奈何 臣 曰曷不就公館取用之語塞而去明日陳設畢具賓主皆高坐揖讓如禮卒未取諸公館也蓋王官几妆有足增之即高不必喈嗟而辦耶以覘天使易與否耳

舊制往必夏至乘西南風信也還必冬至乘東北風信也是年六月逢閏則冬至節氣必早入國後

知一切皆長史主之即諭以亟修貢表九月必歸唯唯而已及趣行則曰例宴未竣也已又曰修船未完也已又曰貢物未全也久之始曰小邦固陋惟知先制是遵今冬節未届風汛未定舟出大洋誰職其咎百諭之不能奪及冬至則東風寂然舟不能出港口一步於是召長史譙讓之始稍稍引過請俟來春復

命語甚緩 臣 麾之去即日登舟堅坐候風禁從人不復登岸越數日兵役紛紛以糧盡告怪問其故答備日國中舊給行糧二十日防外洋濡滯之用今風阻且不得出港口而下役無賴習見來時迅速以爲無事多備不免蕩費且所謂行糧者開船以後之糧也今泊此未行則國中應供給如例 臣 曰小邦供億苦矣頋嗷嗷者又不足深責爰與副使 臣 麟焻出百金買米給之長史以爲餌也靳不售不得已聞之國王王譴長史饋米而返其值通事

請收值 臣 曰堂堂天使可以此餌小國乎卒與值

凡國人役於公者皆有犒

陪臣進謁天使命法司官王舅紫金大夫紫巾官爲一班跪三叩頭天使立受揖答之耳目官正議大夫中議大夫爲一班跪三叩頭天使立受拱手答之那霸官長史遏闥理官都通事爲一班跪三叩頭天使坐受抗手答之白事必長跪命坐賜茶法司官等則設氊堂內耳目官等坐廊下那霸官

等坐露臺下

使琉球雜錄卷二

翰林院檢討臣汪楫纂

疆域

琉球國在福建省之東以大勢論之當在東南然自福州府登舟必乘夏至西南風而行則儼在東北矣去中國不可以里計浮大海中平衍如江洲絶無高峰峻嶺相爲起伏故海舟遠望不易見多有飄過山北已復引回者稽諸使錄十人而九也

長史云幅員周廻可五六千里然無輿圖可攷大約東西長而南北狹康熙癸卯前使臣張學禮等舟飄琉球之北曰伊蘭埠埠人飛騎報王三日乃達王所此南北道里之大較矣

舊制封舟出海皆由梅花所開洋今因巨舶不行沙壅水淺遂從五虎門出口海道難以里計不曰行若干里而曰行幾更船舊以更定里云更之說不一或曰百里爲一更或曰六十里爲一更或曰

一晝夜爲十更問何以爲更之驗曰從船頭投木柹海中人由船面疾行至梢人至而柹俱至是合更也柹後至是不及更也人行後於柹是過更也問過不及何以損益之皆不能對在昔番舶時通各國皆有程圖轉相傳寫獨琉球無定本以國貧乏無土產商賈不往故也按蕭承業使琉球錄載有過海圖云梅花頭正南風東沙山用單辰針六更船又用辰巽針二更船小琉球頭乙卯針四更

船彭佳山单卯針十更船取釣魚嶼又用乙卯針四更船取黃尾嶼又用单卯針五更船取赤嶼用单卯針五更船取枯米山又乙卯針六更船取馬齒山直到琉球夏子陽過海圖則云梅花頭開洋過白犬嶼又取東沙嶼丁上風用辰巽針八更船取小琉球山未上風乙卯針二更船取鷄籠申酉上風用甲卯針四更船取彭佳山亥上風用乙卯針三更船未上風用乙卯針三更船取花瓶嶼丁未上風用乙卯針四更船取釣魚嶼丙午上風用乙卯針四更船取黃尾嶼丙上風用乙卯針七更船丁上風用辰巽針一更取枯米山又辰巽針六更船取土那奇翁居里山又辰巽針一更取馬齒山直到琉球那霸港而崑山鄭若曾日本圖纂則云自梅花東外山開船用单辰針乙辰針或用辰巽針十更船取小琉球小琉球套北過船見雞籠嶼及花瓶嶼彭嘉山彭嘉山北邊過船遇正南風

用乙卯針或用单卯針或用单乙針西南風用单卯針東南風用乙卯針十更船取釣魚嶼釣魚嶼北邊過十更船南風用单卯針東南風用单卯針或用乙卯針四更船至黃麻嶼黃麻嶼北邊過船便是赤嶼五更船南風用甲卯針東南風用单卯針西南風用单甲針或用单乙針十更船至赤坎嶼赤坎嶼北邊過船南風用单卯及甲寅針西南風用艮寅針東南風用甲卯針十五更船至古米

山古米山北邊過船有礁宜知畏避南風用单卯針及甲寅針五更船至馬岳山馬岳山南風用甲卯針或甲寅針五更船至大琉球那霸港據蕭錄則四十二更夏圖不載東沙嶼以前針路及馬齒山以後更數亦四十三更而鄭圖則七十四更此皆鏤板行世之書其不同如此傳寫者又可知已

臣歷稽往籍皆言西南風大利七晝夜可到從未有三日飛渡者此千古僅事不可爲道里準故取

蕭錄夏圖與鄭圖並存之以俟後來者攷訂云

國之南有山曰南山亦名太平山亦名八重山島國人呼爲爺馬國之北曰北山亦名二大島皆與中山相望順風三日可達洪武初中山王察度山南王承察度山北王帕尼芝皆遣使入貢後惟中山貢使時至二王之後無聞焉臣至中山輙問二王興廢故事及國都所在絕無知者長史曰國俗類以所轄地名爲人名敢問二王何名或可揣而得耳因舉二名告之則承察度即在中山之南帕尼芝即在中山之北同一山而分據之非太平山二大島之謂也臣常以九日由那霸涉水而南策騎東行亂山中見廢城一址規模甚隘而基址宛然通事曰故王城也而不知所自豈即山南王之遺跡耶

相傳琉球去日本不遠時通有無而國人甚諱之若絕不知有是國者惟云與七島人相往來七島者口島中島諏訪瀨島惡石島臥蛇島平島寶島

是也口島去中島五十里中島去諏訪瀨島七十里諏訪瀨島去惡石島七十里惡石島去寶島百八十里寶島去平島二百三十里平島去臥蛇島五十里平島去中島百三十里自琉球至寶島千四百三十里諸島頭目來謁所述道里如此大率海外一里當中國十里云人不滿萬惟寶島較强國人皆以土噶喇呼之

七島頭目皆以右爲名曰甚右曰清右曰三良右曰木工右曰次良右曰甚七右曰貞右通事曰重德書手版曰琉球國屬地然其狀獰劣絕不類中山人髡其頂髮際僅留一線約之腦後剪存寸許夏日着棉短衣赤足腰插短刃或曰卽倭也入謁時諭以
朝廷威德以天無不覆日無不照衍說開導之皆合掌膜拜叩頭至再嗢咿作語譯者云共戴光天化

日也各以土物爲獻不受而人給以布扇犒及從者臣等歸舟將發風微不能出港口島人各駕小舟近百隻裸而蕩槳牽船出港纜既解猶依依不遽去
聖化之遠被如此

琉球所屬惟姑米山最大在中山西南形勢雄拔視中山若過之產米及土綿人皆粗給馬齒山介姑米中山之間螺殼所聚其後山尤墝瘠犂人多流此硫黃山惟產硫黃生齒不蕃極盛百二三十人而止是皆國之疆土設官涖事賦役惟命者也太平山雖去國甚近而別有島長僅奉職貢而已北山寂無人來或云倭常執王割地乃得返卽北山云

那霸地迴迴不過七八里居民不過數百家遂號爲球陽重鎮地名有曰渡地曰若狹町曰中潟曰辻山曰泉崎橋口皆一望可盡

那霸港當大海之衝港口石峰崿立緣石築臺臺上環以埤堄方廣不盈畝名曰砲臺其中無一人一物也土人曰國無險可守惟港口數里皆鐵板沙非生長斯土者不能引舟入港大海中既不得泊近山又慮觸礁且遙望雉堞翼如也有望洋返耳以故恒不設備然萬曆間薩州島倭猝至王被執去則所謂鐵板沙者亦不足恃已

緣砲臺而下爲長隄隄長三里其盡處爲迎恩亭

封舟近港必數百小舟牽引而入防觸嶕也亭不知建自何代然嘉靖中陳侃使錄已載而傳者乃謂因侃却金故建亭以識之甚又傳為夏言辭金之所按言生平歷官無奉使琉球事而明實錄遣使外國必大書亦無言名不知紀者何所據

臨海寺距砲臺可半里踞隄之中南北皆港寺草創於順治十二年至康熙二十年始以瓦易板寺僧有文紀事文多不可句讀其可識者首視渡唐

官船（國人呼中國為唐山）次及上下貢船又次及諸國出入之船安穩便利次祝國王王子康寧獲福其文書於木板長三尺餘闊五寸藏之神座等於碑碣云

青芝山與臨海寺隔港相望平岡里許為演武場專為天使所率官兵演武而設走馬較射遠近聚觀國中馬雖多皆蹀躞磴道無絕塵而奔者而較蹴之制又大與中國異故善騎者少射則能挽弓者亦少矣陳侃錄有云弓矢利勁弓稍長卓地而射矢可至二百步者未之見

久米村去那霸港二里孔子廟建此國人書作粂村而讀作枯米所二字三音問之博雅者則粂字故久米二字而讀久為枯讀村為所則方言也故知往籍所載類多鹵莽非詳攷莫辨

附　臣楫纂琉球國新建至聖廟記

自州縣皆得建學而吾孔子之廟祀始遍天下然學以外無所謂廟也郡州守邑令博士弟子奔走

對越以為之禮鐘鼓管絃鞉磬柷敔以為之樂牛羊鹿豕酒脯俎豆爵帛以為之獻享不如是則與浮屠道士之事佛老者無異故孔子之祀行於廟而備於學嗚呼至矣

今天子重道崇儒常以興教化勸學校考吏之殿最於是職方版圖莫不以修學新孔子廟為務而琉球國遠在海東萬里外亦建至聖廟於國門之久米村蓋創始於康熙之十二年立國以來所未有

也夫琉球自隋唐以後國名始見於史又千餘年
至明初始修職貢通中國
皇清受命首列藩封歷三十年而祀聖人於
今天子踐祚十年之後謂非
皇帝盛德大業度越千古有以漸被之而然歟廟爲屋二重其外臨水爲屏牆翼以短柵如櫺星門中倣戟門之意半樹塞以止行者堂外爲露臺東西拾級以登皆與浮屠道士家異制堂內制後楹爲

神座塑王者像垂旒搢圭而署其主曰至聖先師孔子神位座左右四人雁行立各手一卷則詩書易春秋四經也余惟孔子以道德爲百世師顏曾思孟配享載於祀典不可謂其專治何經海外之誦法者惟孔子而所以尊吾孔子者實惟此詩書易春秋之故若知此四經者非弟子之徒之所能爲而又見夫聖廟之有四配與詩書易春秋之數適相當也遂人予以一經而祀之若曰吾以祀吾

經云爾總之皆以祀吾孔子云爾嗚呼琉球之君若臣其可不謂信經之篤而尊聖之至者歟雖然君子之舉事也始定其規模繼必求其美善今日者廟既成矣因廟而擴之爲學則費不繁而制大備吾聞琉球之取士也舉秀才於童子中而不以文藝試於有司此意最爲近古然當其始董戒必稟於父師而其人亦莫不自厲以待舉迨其後德業消長一聽其人之自爲吾不知果皆率循强勉

而勿怠否也夫秀才者將以備異日長史大夫之用則教之不可無專師試之不可無成法誠因廟而擴爲學擇國中敦行誼工文章者爲之長俾以時訓督其子弟修舉釋菜釋奠之禮國之中或難其選則直疏其事而請於
朝乞如往昔教育故事
聖天子聲教誕敷方將登四海於文明之治吾知其必得當也如此則琉球之經學日明因所及而益

廣其未備於以表率友邦凡有志於聖人之學者無不奉琉球爲指歸嗚呼豈不盛哉豈不盛哉

靈嶽亦名城嶽在那霸港之東南山不甚高樹木蓊翳山椒有屋一區扁曰城嶽爲貢舶舟子所立壁間悉記建屋助工人姓名畧倣中國屋中一無所祀屋後地上錯置瓦爐以數十計或祀一石或祀一樹曰神所憑依也屋前高松數百株坐此令人忘暑松外地稍窪有泉頗甘冽國人推爲瑞泉之亞嶽之左曰那合深麻不知何義

天妃宮有二下天妃宮與天使館隣並門外即館垣之左地寛平可數十畝前有大石池那霸居民向以此爲市易之所今徙馬市街宫亦就圯國之案牘多儲於此上天妃宮在孔子廟之右深行曲巷夾巷壘惡石爲墻石面皆如髑髏因悟一統志所云王居壁下多聚髑髏殆緣此訛傳耳宮外石埠矗起墻壁巍然內有榕樹垂蔭數畝使臣朔望必肅謁香火視下宮較盛

天尊廟祀雷聲普化天尊去波上不遠國無道士奉香火者亦僧也相傳永樂中貢使自京師塑像以歸有禱必應崇禎末年中國多故貢使久阻不還王尚質特命新之祈通渡唐之船與遂懋遷之願語見上棟文中舊錄紀此地爲三清殿殿中無三清像國人亦無此稱又云殿前二大松大數圍高二十餘丈今亦童然殿廊懸大鐘鐘上鐫字曰

王大世主庚寅慶生茲量大慈願海新鑄巨鐘寄捨天尊殿以上祝萬歲之寶位下濟三界之衆生辱命相國（缺）爲銘銘曰華鐘鑄就掛着珠林撞破昏夢正禱天心君臣道合蠻夷不侵彰𡰥氏德起追蠢吟萬古皇澤流妙法音景泰七年丙子九月二十三日住持榿律師艮舜證之大工國吉奉行智賢并與那福中西按世纘圖云國中向無大鐘王尚德始鑄之其即此耶而紀年景泰當是尚泰

久在位時事德嗣位在天順五年或別有鑄未得見也

波上俗呼海山寺舊錄作石筍崖詢之國人止稱波上其巔爲小板閣三楹離立不相屬閣門皆牖扃云中祀阿彌陀佛左藥師右觀音强啓視之無所謂三像者惟香一握及銅片旛一掛而已旛鑿奉寄御幣四字餘皆畨字背鑿元和二年壬戌六字不解何義閣外環以石垣垣外餘地不數武下

瞰石壁拔起洪濤中足縮縮不能舉微風徐來輕波觸石輒廻捲如亂絮風稍勁則垣外不可佇立矣嘗以八月十八夜候潮於此坐閣下自亥逹寅匉訇蕩激從人皆屏息懾伏迄不能出垣外一步須臾潮平惟見白雪萬堆凝不可掃亦奇觀也下坂爲護國寺亦名三光院供神像手劍而立名曰不動不辨何神堂中高架火盆僧面神坐架前握小木柴一束次第焚之前置銅盞十廻環瀉水着盞中喃喃作語是謂佛事屋右偏種鳳尾蕉數十本參差高下極有致

天使館後有善興寺深藏曲巷中斗室丈階而鑿池叠石種花樹不可勝數中山僧亦分兩宗居首里者曰臨濟宗居那霸者曰眞言教每寺必有童子數十人列坐受業大約讀書時少作字時多字皆草書無楷法也國人就學多以僧爲師僧舍郎其鄉塾云

天使館一倣中朝官廨制度有照墻有東西轅門左右有鼓亭有班房類半閤國之小吏執事者坐此有大門署曰天使館門內有廊房左右各四間以居隸役有儀門署曰天澤門萬曆中使臣夏子陽題也門內又有廊房左右各十一間以居從人

有大堂　臣　揖顏其堂曰敷命聯於堂曰

帝德著懷柔正朔萬年頒上國臣心守忠信南風三日到中山堂後爲穿堂遂達寢室兩使臣共處其

中室後左右各一小樓榍題其左曰長風閣麟焆
題其右曰停雲樓樓前爲厨周廻石垣望同百雉
王城而外此其鉅麗者矣
那霸置庫二區一曰米倖庫儲米麪柴炭酒燭蔬
菜之屬一曰朘喇庫儲豬羊鷄魚之屬庫各數十
人隸事供應廩給各有專司也使客所需一切儲
之於庫惟泉水汲自王宮王日以瑞泉二筩遺天
使扃其蓋命秀才二人護之早行十五里至公館
啟鑰驗視然後返命朔望有吉果米肌之餽皆製

自宮中吉果以米粉爲之如中國薄餅米肌者婦
人嚼米爲釀與京師窩兒白酒相似南方呼爲酒
釀者是也米肌舊錄作米奇
那霸市易之所曰馬市街首里亦有馬市街皆婦
女爲市午後各戴市物畢集席地列坐所市皆油
鹽醃菜之屬豆腐番薯尤多此外則紙扇木梳絲
烟草載而已稻米無售者以百姓皆食薯不得食

米也
那霸距王宮十五里中隔海港二里許洪武中嘗
賜以閩人三十六戸不令居內地悉置此若有深
慮焉後相習既久始跨海築堤以通出入所謂長
虹橋是也隄盡爲眞玉橋
過眞玉橋百步爲先王廟廟貌渾樸叠巨石爲圜
門三左右立二石碑國人至此皆下馬廟前老樹
森列地開廣可容九軌過此則爲松嶺古榦虬枝
盡松之變林立錯出與嶺路相爲起伏嶺長十餘

里蜿蜒跌蕩直達王宮往來如龍脊上行
去王宮二里許嶺路突起如龍頂建坊其上榜曰
中山又里許爲首里今作守禮萬曆四年封尚永
嗣王制詞有云世修職貢足稱守禮之邦故卽以
四字易額今或稱守禮村或稱守禮坊然土人多
稱首里不盡同也
過守禮坊約半里爲歡會門卽國門也累石爲垣

遂名王城甚堅樸門內百步稍折而北泉從石龍口出浙瀝不絶泉之右高建一門榜曰瑞泉入門東行十數步經小樓下榜曰漏刻過此爲廣福門遂入王宮宮門曰奉神門與正殿相向皆七間殿西向殿上有樓王妃宮嬪聚處樓中上奉

御賜榜書中山世土四大字下設一榻王位也中懸

孔子像絹色蒼黝非近代物此地王臣皆不得登

臣以

御筆所在必恭瞻安榜處於是國王親導以前樓梯當檻立去王座稍右右廂高大與正殿埒無樓較有爽氣名曰北宮國王宴天使於此左廂制如半閣窗盡垂簾潔無纖塵屋梁舉手可接其中多作曲折令人行不易盡屋角隙地不半畝一松蟠地遂據其半怒石與鳳尾蕉錯立間以烏木一二株名曰花園國王請臣楫題額爲書曰聽濤謂松濤與海濤相響答也殿後僅屋一重後門曰繼世門世子嗣位由此門入

崎山在繼世門之東其最高處曰望仙閣板屋一楹不蔽風雨倚山爲梯因樹爲欄極疎簡之致閣下有土一丘形如覆盂是爲雩壇壇側新建茶亭爲國王游觀之所屋三楹軒窻洞開了無塵翳壁有箋曰粗茶淡飯飽卽休王命都通事蔡其所書亭之東培土爲小山架石盆蓄金魚百數陶瓦爲小龍發機引水從龍口噴出迴迴不竭亭西雜植

花樹南下百步有石巖巖上書梵字一大盈丈巖下可容數十人茗竈畢具鑿石爲虎伏巖側下臨大壑挹山望海應接不窮國王乞臣楫榜其門曰東苑出苑循竹徑行逶迤可十數里植細竹成墻密葉細枝高不踰丈平直如削雖徑廻路轉曾無參差錯出者是爲中山第一勝境

龍潭在王宮之西北長里許濶十數丈水渟泓終歲不竭疑卽瑞泉所匯也南岸皆種芭蕉密不容

芭蕉陰蔽天空潭盡碧北岸皆世臣所居跨東西隄爲小橋水溢則注橋下潛通小渠以溉田東岸有土埠橫亘潭中老樹環之三面臨水

首里有三大寺一曰天界一曰圓覺一曰天王天界寺去守禮坊不百步王墓在焉封而不樹殿宇弘敞亞於王宮後殿皆祀先王主殿之右盡撤戶屏布席爲客座諸寺盡爾亦尚右之意云座外短松如蓋是數百年物寺僧石峰戴冠如丱角覆額

前以肅客云王賜也東行百餘步折而北爲天德山圓覺寺較天界尤莊嚴僧喝三則國師也額爲靈濟法嗣徑山和尚所書三寺僧云皆嗣靈濟法卬以禪宗笵如也而天王寺僧瘦梅則工詩詩奉白雲集爲宗白雲集者元僧英所作英俗姓屬字實存集有牟巘趙孟頫胡汲序國人鏤板譯字以行然中國人購之殊不易讀之則多屬明初張羽詩而牟序又與陵陽集所載不同殊不可解

出天王寺右行入荒徑中門廡蕭然是爲仙江院院就圮而僧宗實能詩左行南折夾路皆短垣竹木怒生垣上窄徑垂陰儼同幽谷不半里豁然天開則萬松院也院踞高阜室小而畢多爽致主僧種菊成行以時灌溉不啻江南老圃階下二松去地僅數寸縱橫二丈許奔逸儼如游龍僧名不羈耄矣好苦吟與瘦梅宗實相倡和

隋書載琉球國土多山洞所居曰波羅檀洞塹柵

三重環以流水樹棘爲藩王所居舍其大一十六間琱刻禽獸殿下多聚髑髏人家門戶必安獸頭骨角宋史因之大明一統志諸書復因之星槎勝覽又載琉球國山形抱合而生曰翠麗曰大崎曰斧頭曰重曼高聳叢林田沃穀盛總無一實不知當時何以筆之於書 臣 竊謂他制或可漸更而山川不能驟變乃往籍謬妄如此甚矣不如無書也

使琉球雜錄卷三

翰林院檢討臣汪楫箋

俗尚

國人初以帕纏首後遂糊紙爲骨而以帕蒙其外形類僧帽而無頂鱗次七層不覺煩重亦呼爲紗帽云紫最貴黃次之紅又次之青白斯下矣國王見天使仍明時衣冠閒居常亦褁五色帕未睹厥狀而攝政王則首褁花帕也服無貴賤男女皆大

袖寬博無衣帶男子另以大帶束腰貴臣則以錦爲之人不得僭男子婚始薙髮去中存外結髻於頂貴臣簪金簪次則金頭銀脚又次則純銀百姓皆簪銅骨無敢紊者履無貴賤男女皆草鞁名曰三板編草爲底大不及足上横草梁一中界寸繩着時舉足入梁納繩於大二指之間往來如風不慮脫落其親方親官等近亦着襪及踝而止縫襪必別爲一竇棲將指便着三板也國王衣[illegible]似亦若束縛緣前此奉有各從其便之諭遂沿明制以見今不可復更受封後欲着皮弁以朝祭之服謁天使意實恭謹而通事以爲倨令易前服故皮弁未得見

國王詣天使館初乘十六人肩輿出首里過長虹橋小憩某大夫家減輿夫之半乃行儀衛不滿百二十人前列鼓吹八人鳴金四人方棍二人紅牖路二人旗十二人鎗又二人狼牙鎗二人狼牙鈎

又二人長鈎四人鉞四人鎗十六人月牙叉四人雞毛長箒十二人馬尾長杆二人大刀二人張蓋四人看馬四人提爐二人硃葫蘆二人鵝毛扇二人硃掛扇二人綠掛絡二人紅漆杖二人龍鳳掌扇二人黑漆圓鞘刀二人腰刀六人硃掌扇二人小硃掌扇二人毛掌扇四人金漆拜匣二人小掌扇一人其臣自法司以下皆從行紫帕者近二十人黃帕者百餘人

長虹橋以西王所經之地不半里輒小作結構或昇土爲小山聚花樹其上高松大竹靡不斧致或壅水爲池剪紙作鸛鷺錯立池中水匯處則浮大黿鼉水上驟見之不辨其僞也或空際布網網懸蜘蛛如斗大周行作吐絲狀或作巨俑空亭中戴假面衣絳衣爲壽星天官之屬王歸則撤之他日王出復設第小有改易不能盡變也

國俗九月九日於龍潭觀競渡此地重陽節猶中

朝端午節也時以九日陰雨改十三日爲重陽宴侵晨設棚列幃具榼酒王迎兩使臣小酌棚下傾國士女聚觀皆趺坐水次潭有小舟三首尾畧作龍形舟列童子二十餘人皆朝臣子弟披紅簪花兩人擊鼓爲蕩槳之節餘皆唱歌歌曰三龍舟池中游彩童歌唱報重恩鳳皇臺上鳳皇游天朝仁如海深球國歌唱報重恩忠敬兩字萬世心一朝表奏九重天雙鳳啣書渡碧淵風送王音知帝德

雲捲旌旗五色懸炎海巍然隔遠洲南屏北壓枕中流福星臨照雙呈彩草木含輝露下稠氣吞雲夢壓飛塵恭承聖澤寵賚新自慚海岳恩難報忠誠兩字長書紳天池挺出雙瑞蓮炎帝贈君荷蓋錢金尊未盡莫辭醉又看秋鴻促水仙太乙星移下泰階長安日麗擁三台歸帆自有風神佑萬里長途一瞬哉錦舸言旋入帝京車書萬里慶昇平大清日月當天照常有餘光到海城歌聲斷續自

成節奏其詞初不能辨而童子習讀皆錄着便面故得傳寫寓目焉亭午請觀劇於圓覺寺之右殿演劇用七十餘人年長者十餘人皆戴假面吹笛擊鼓鳴鉦爲前導餘皆小童年八九歲至十四五悉朝臣子弟常人不得與各以金扇面爲首飾周圍插紙剪菊花短襖長裙上以五色蕉布半臂胥之人手二木管圍徑寸長不及尺空其中投以石子兩手交擊作聲歌用按節已又易小鈸管細如

箸繩貫數十枚握掌中爲拍板已又易紙拂子左右揮之最後乃各出一扇招搖翻反云爲使臣助順風也問其曲曰囉踊歌强使書之十不能辨一二其大指畧與龍舟歌同而詞則加詳耳晩復於北宫開宴觀烟火立竿放花置爆竹草馬中騎而馳迴環竿下遇火而震以爲笑樂漏再下始罷宴執炬夾道自王宫達那霸不啻火城

官制惟法司最尊事無鉅細必啓法司而後行法

司三人輪直王宫有事必集議議定告之攝政王國王受成而已故國人最畏法司多世卿王舅爲之下此則紫巾官如散秩大臣之類下此則耳目官名類言官而無所建白下此則那霸官司錢穀下此則遏闥理官爲侍從凡此皆用國人三十六姓之裔不得與也三十六姓者洪武中因中山王朝貢惟謹特賜閩人善操舟者三十六戸便其往來其子孫皆習讀中國書久之漸爲國臣然國人皆目之爲唐人唐人官止紫金大夫位在法司王舅下止一人正議大夫三人中議大夫三人位在耳目官下長史二人位在那霸官下都通事四人位在遏闥理官下皆專司朝貢諸事機密不得與聞今所存止蔡鄭梁金等七姓亦甚不振矣

國人無姓或以所生之地爲名或以上世所官之地爲名至奉使天朝或出謁天使則旋乞姓名書手版上與本名夐異如法司官毛泰永本名伊野

波親方伊野波地名也官大者稱親方次則稱親雲上至攝政王臣則曰攝政下大親官世子臣則曰世子下大親官獨無所謂察度官者舊録皆云察度官司刑名不知何據刑名皆法司主之權肯旁落乎訛以傳訛如此類甚多也

國中不設官廨無聽訟之所民有犯罪當死者輒自殺重者刳其腹輕則徙置馬齒硫黃諸山又輕則令自閉室中不得出戸或三年或二年乃縱之

近亦設搒掠之具然不甚施用

國有大慶則赦凡遠徙者皆放還職官或遷秩或增祿米

土田皆王所有國人無恒產也官必授田遷官則改授王四分取一臣取一民二之國有大事則均稅事已輒止故國人雖多貧乏而不事事農習於惰力作者絶少紝婦較耕男爲勤家織蕉布非是則無以爲衣也土人云今以天使遠臨皆令男子

趨事過此則僕僕者皆女職矣即伐木負擔亦婦人爲之

婦人無首飾耳不穿環蟠髮作髻與二十內男子無別惟衣不束帶耳衣視男子較長行則以手提襟曳着右腋下貴官婦女出亦乘馬橫坐馬上提衣領覆額赤足無所翳搡着三板一如男子土妓道遇官長必脫三板執手中立俟馬過乃行簪不得用銀若中國人所遺則弗禁民家婦行市上必持尺布否則無以自別也男婦皆無中衣婦人裳踰三尺疊其下爲兩層俾風不得開髮垢輒以黃泥洗之盛暑晞髮籬落間比屋皆然婦女不甚避人天使出聚觀墻頭多舉手障半面手背雜黥黛青如大黑子而舊錄云婦人黥手指作梅花又云作花卉龍虎之形皆緣飾語也行經首里則夾道多施簾幙以窺客皆世家大族所爲風俗亦漸變矣

簥高不踰三尺廣近二尺長三尺許啓其右以入貴者亦編葦爲簾蔽之輿丁以巨竹貫簥項舁時去地不及五寸遠望之不知其中有人也

嫁女不治奩具父母走送之壻家衣仍白國俗不諱也送葬者亦剪紙垂布爲旛前導棺制高三尺長僅及身之半屈死者足殮之

傳聞國祀六臂女神手執日月名曰辨戈天靈異特著以婦人不二夫者爲尸尸名女君王及世子

陪臣莫不稽首致敬國有不良神輙告王擒之鄰冦來侵神能易水爲鹽化米爲沙尋卽解去故國人事神甚謹明有某使臣至國與王談讌頗洽因問王曰國無城郭少兵甲何以禦外侮王備言女神之靈曰可恃以無恐也使臣曰脫神偶不靈則將何恃其後倭忽大至殺掠甚慘執王及王相以去久之始釋王曰神之靈遂爲天使一言敗之乎嗣是不復以辦戈天爲言所過寺院亦未見有祀之者

屋內必布細蓆內裹草薦以布爲緣名曰脚踏棉客無長幼貴賤必脫履入戶無拱揖之煩席地就坐主人則以烟架置客前聽客自取架列小鑪一貯火小盒一貯烟虛其一以當唾壺烟管橫着架上一室常置數架烹茶頗類撮泡水沸瀉甌中以茶末投之用小筅箒攪勻敬客燕會人各一器不共食刳木爲椀椀小亦無多設而召中國人飲則亦如中國之制磁盌羅列亦設調羹通事云數年前尚未有此日趨華侈矣

錢大不及鵝眼無輪廓文字虛其中以受貫大約四千文當中國百文亦復有公私之別中國人不能辨或誤以私鑄入市市人不受也

國人皆無所事事士大夫恒好奕僧院無不設棋局者設恒三四局客羣坐久則舉局置客前棋子皆磨黑白石爲之較滇南子殊有紋理客有倦意

則人授以枕枕如小文具微規其面內藏抽箱三四層莫知何用

士大夫無事輙聚飲好以拇戰行酒酒半曼聲而歌撥三絃和之其音哀怨抑而不揚嘗于中秋夜升館垣遠望于時淡月蒙雲水天黯慘悲吟四起絲肉斷續悽然盈耳恨不得鄒衍吹律以煖之也

國人無貴賤老幼遇中國人稍相浹洽必出紙乞書不問其能書與否也國中紙有類高麗者寛不

踰尺日事宜紙亦有絶隹似宣德紙鏡面箋之類皆不以屬客必購中朝毛邊紙以求名曰唐紙乞使臣書尤恭謹得之輙俯身搓手高舉加額焚香而後展覷其見重如此

國中不見有兵冊封日自王廟至首里約十數步即對立二人執長竿如鎗其末加短鞘廹覷之中無寸鐵也亦無弓箭火器近王城有鎗刀十數對即王之儀衛云

使琉球雜錄卷四

翰林院檢討臣汪楫簒

物產

中山地廣人稀山多田少耕穫亦與中土異十月行萬松嶺上見稻秧滿池閩役有習於國俗者曰此中耕穫皆無定時有歲三四熟者及問之長史則云種以今秋收以來夏未知孰是

稻田殊少米惟國君及諸臣族常得食小民則皆食番薯番薯亦名朱薯莖葉蔓生瘠土砂岡皆可長蒔之則加大天雨根益奮滿即旱亦不失徑寸圍如山藥山蕷之屬可熟食亦可生食熟食如芋如蹲鴟生食如萊菔如何首烏味不一也今閩省多種之相傳萬曆間閩人有賈於呂宋國者食而甘之乞種慳不與因潛截其蔓尺許藏盎中歸初種於漳郡漸及泉州莆田今則長樂福清皆遍矣種初入閩時值閩饑得是而人足一歲常見閩小

紀中有朱薯頌曰不需天澤不費人工能守困者也不爭肥壤能守讓者也無根而生久不枯萎能守氣者也五穀不登民食草木之實無厭今用代五穀能助仁者也可以粉可以爲酒可祭可賓能助禮者也莖葉皆無可棄其値甚輕易爲飽能助儉者也耄耋食之不患噎能養老者也止童孺啼能慈幼者也下逮鷄犬能及物者也而粱肉之家顧藐之不肯食食之則謂同於窶與賤於是慨然

爲之歌曰令珠而如沙人以之彈雀令金而如泥人以之塗牕令朱薯而如玉山之禾瑶池之桃人以之爲不死之大藥按此頌表彰番薯已極閩人皆謂其種傳自呂宋不知中山葢須此以生也臣等以供應不設常令家人出買之國人驚持相告後偶舉以問其大夫曰大夫輩頗復食此否其人面發赤數數搖首曰彼窶與賤者乃食此耳其文飾如此

芭蕉結實名甘露形如藕梢國人常以此相餉煮食甚甘畧同番薯蕉葉則織以爲布五色具備其民間常服及售之唐人者惟本色一種間有花紋工細者則皆自出機杼製成以爲巳服不相交易也然遠望非不可觀而着體經旬輒敗故不足貴

甘蔗間亦有之味淡於水西瓜則與中國等

國以醬蔥供天使初不知爲何物按廣雅名冬瓜爲蔬疑其筆誤問之果冬瓜也製出首里味絶佳

然設客不過二三片大不逮小指或設氷糖橘餅多寡稱是貴官勸客常以筯蘸醬少許納着客唇以爲敬

紅菜類石花而稍扁色微紅國人常於海灘拾之聚而售之中國茹素者等於海錯也雞脚菜麒麟菜大率相類然皆非中山所産

海帶菜一名昆布今酒筵間多用之國人與中朝人相餽問輒書昆布一束不知者以爲布也展之

則片顆箏乾束止數片而已

鳳尾蕉土名鐵樹與棕櫚同根異葉葉如鳳尾灼灼有光四時不改

闘鏤樹名絶佳而中山無此按隋書云似橘而葉密條纖然如髮下垂歷舉以問土人問通事皆不知也常過孔子廟見牆頭樹葉大類橘横紋細如刻絲蒼黝有光意以爲是然絶無纖條下垂後由王城茚崎山見道傍叢樹蔽日垂條可丈餘留連

諦視顧其葉又絶不似橘役人曰是榕也闘處處有之

黃楊烏木時一見之不甚大烏木中多白不盡烏也

扶桑花一名照殿紅鮮紅非羣芳可比第不耐久或曰即朱槿之別種也冬十月觸目盛開如火如錦按東海日出處有扶桑樹其花光燄照日其葉似桑役人訛爲佛桑殆即此耶

海松生海水中大者可二三尺根蟠石上久之與石爲一矣漁人泅水鑿出之枝與栢葉無小異扶疎有致乍出水色鮮紅如火足稱火樹然腥氣不可嚮邇浸淡水中數日氣稍息而色亦枯淡不堪復把玩葢性與鹹習也出水久則枝多脫落不能致遠

中山馬大蕃息故耕地皆用馬終歲食青不費芻豆貧民亦常蓄之有事則役於公家天使入國從人無不乘馬者馬較川馬稍大而遠不及邊馬洪

永間例以充貢且常令人渡海市之

螺肉大類鰒魚國人多以其殼爲戶樞近亦學製螺鈿餙器具然粗疎甚殊不足觀

海螺種類不一頗有文采璨然足供文房之玩者而國人志在螺肉第取其口大易鉤致者以爲佳餘非所重

龍蝦頭目皆作龍形絳甲朱鬚血睛火鬣見之悚

然庖人製爲鮓不敢下箸也或云空其肉可爲燈而出水逾日輒腐敗甲亦脫落不可收拾

海蟳蟹族也螯長於身嚙堅立斷味最鮮美中山海錯推此爲冠

海蛆如蛤醬之屬而加腥

小魚長不半寸外視腐矣云中有佳致貢使入中國多携之

佳蘇魚長者可半尺方體銳末形類梭色如朽木

國人食時用溫水畧浸沸以肉湯薄削如紙以供客矜爲上品

國王按期問使臣安必具海蛇長可一二尺僵直如朽索獰猙可憎國人以爲珍不易致也問其用曰可以爲饌性熱能療痼疾

壁間蟲與蜥蜴無小異時作大聲如雀初甚訝之久始相習蛇常緣壁登樓牀榻間亦復蟠入然不聞嚙人

舉國皆飲火酒閩人呼爲氣酒烈甚隋書謂釀米麴爲酒味甚薄者未得嘗也間有土噶喇酒醇釀不可多飲亦不易購王宴天使必以此勸客必舉盞相向先自斟酌揚觶而後敬客

海邊產石芝絕奇有根有葉大者如盆小者如盎陰森碧水中參差疊出不啻千葉青芙蓉也茀出水則脆裂無復舊觀其他如菌如菊如荷葉者不可勝數靈璧羊肚不足道矣

使琉球雜錄卷五

翰林院檢討臣汪楫纂

神異

康熙二十年九月十四日黎明夢與同官臣喬萊登一山入小廟仰視懸簷末有碧霞元君四字疑爲泰山之神爰下拜有女官搴帷出延入後宮宮甚隘神趺坐炕上衣飾如妃后命臣坐辭不敢神曰公操爵人之柄坐宜也因就坐案側神語甚多

不能悉記已復賜食一器略似薏米玉色天香不同人間味覺以告萊不解何故二十一年元旦謁
關帝廟得籤曰一紙官書火急催扁舟速下浪如雷云云益不解入
朝見高麗土魯番諸國朝賀中有黃首帕者數人問知爲琉球貢使三月始奉有選擇出使之
命與中書臣林麟焻同膺選麟焻字石來夢中與偕之喬萊則字石林昔官中書始悟與偕者故中書林石來也乃知夢語籤詩莫非預定而夢尤巧幻獨未明此何與泰山神事而先期示告如此後行經杭州登吳山致祭唐越國公祖廟廟之左有天妃宮天妃爲海道正神臣方疏請
諭祭因肅謁見懸旛纍纍皆大書碧霞元君驚呼道士問之未得其詳越日過孩兒巷天妃宮得天妃經一函其後詳書歷朝封號始知碧霞元君爲崇禎十三年加封天妃之號示夢者即天妃也

二十二年六月十六日由福建南臺登海船船大水淺必乘潮乃可行日行數十里或十數里而止十九日至怡山院先是檄所司備祭物於登舟處所行
諭祭海神禮至期漠然臣等深以褻神辱
命爲懼蠲吉於怡山院設醮別於近院高阜處建厰望海以祭是時東風日盛群言夏汛已過不可開洋於是官兵從役皆無去志接封陪臣亦以往例

不妨改歲爲請臣不聽恭行
諭祭禮畢語院僧以事竣歸當建寶文閣於院後奉
諭祭文以垂不朽俄而舟人趨報曰風自東而南矣出院視之則衣袂羣飛聲如潮湧柁樓旌旗盡背北向亟諭兵役戒行守備林五鄉進白曰行有期矣顧風勢猶未定盍稍俟之因遣小舟至口外偵視則外洋故東風未轉也還報羣疑復起臣曰曷疑乎某以

天子命禱神神許我矣故假此尺寸之地以示異今勢在必行姑俟三日三日後卽風不競亦必出洋已而風漸息二十一日風如故明日東風更大又明日風息遂令起碇出口三船往復商確辰刻始行初擬出五虎門徐爲計及張帆則南風大作瞬息已過東沙山一望茫茫不可收泊矣非
聖德感神何以效靈若此
海行以針爲路針盤則夥長主之臣懼其偶忽也亦手一盤針少移則呼而警之出洋後夥長主用辰針攷之圖說亦然而琉球人爲嚮導者謂歷年歸國皆用乙針爭之甚力不得已叅用辰乙針顧接封之船倏已瞠乎其後因悟乙針之鈍仍用辰針占上風也廿四日五鼓倦而假寐忽一人捫臣背曰起起船行太上再上則臺灣矣驚寤急呼守備林五鄉問域外方向語以夢五鄉曰頃固疑之今當挽柁耳柁轉風疾如駛天明遂見彭佳山向

非神覺得不有毫釐千里之誤乎
過東沙山有兩大魚傳舟左右行或前或後時見首尾魚長畧與船等舟人初忽視之及夾舟不去始覺其有異入夜星光爛然船行水天中疑日疑月白鳥不可數計環檣而飛竊怪海心去山萬里鳥於何來飛繞終夜天明復安往迎棹之神殆不足異矣
按海圖過東沙山後應過小琉球鷄籠嶼花瓶嶼

諸山及二十四日天明見山則彭佳山也不知諸山何時飛越辰刻過彭佳山酉刻遂過釣魚嶼船如凌空而行時復欹側守備請循例掛免朝牌許之浪竟平二十五日見山應先黃尾後赤嶼無何遂至赤嶼未見黃尾嶼也薄暮過郊（或作溝）風濤大作投生猪羊各一潑五斗米粥焚紙船鳴鉦擊鼓諸軍皆甲露刃俯舷作禦敵狀久之始息問郊之義何取曰中外之界也界於何辨曰懸揣耳然頃

者恰當其處非臆度也食之復兵之恩威並濟之義也過赤嶼後按圖應過赤坎嶼始至姑米山乃二十六日倏忽已至馬齒山回望姑米橫亘來路而舟中人皆過之不覺是時琉球接封大夫鄭永安駭嘆之餘繼以惶懼謂天使乃從天降國中無由前知突入其境無一備則陪臣且重得罪欲求暫泊番中容其馳報情詞哀切於是亟令泊船無如篷落不得下碇拋不可留瞬息已入琉球之那霸港直抵迎恩亭前矣時方辰刻距五虎門出洋時僅三晝夜耳嚮導曰無論其他即舟入港口尋常亦須數日安有神速至此者

國以番薯為命最苦颶風而稻田又久苦旱

冊封後甘雨時降風不鳴條臣庶相看欣欣色喜

天朝寵命關係如此傾心向化有以夫

十一月十五日歸舟泊迎恩亭前西風不能移尺寸十七日虹見西北午後見東北舟人曰午後見

者名曰破篷主怪風一曰颶母謂颶風之母也一曰海暈十九日又見西北其色青紅如霞光尋丈不似長虹之亘天也二十一日早見西北午後又見直北占驗一無所據廿三日虔禱於天妃曰固知風汛已過但

君命不可久稽而兩親垂白日望返命設有他虞則辱命以遺親憂生不如死惟神昭鑒廿四日決令放舟風微船滯賴七島人力牽出港是晚泊馬

齒山見後船不至舉號火待之三鼓始來云非望火振柁則船幾東下矣東下者隨水趨下百無一返元史謂之落漈而陳侃辨其誣詢之舟子則誠有之但非落漈兩字耳廿七日早過姑米山南風甚利海中魚不可數計皆長四五尺擁舟疾馳春尾盡露水上舉船方共嘆奇絶且以爲前此之徵舵工曰是神遣護行也恐有風暴謹備之二十八日一鼓颶風大作雲垂水立一帆如夾雪壁中雖

預爲之防而四夜三晝不止舟行忽上忽下上則九天下則九地跳擲奔騰不可名狀掀簸既久時聞格磔作聲如轉水車如鋸濕木有頃船身又如病瘧顫不已而一浪蓋船艙中如瀑布四垂數人汲之不給勢危且急萬不可支於是匍匐登戰臺撫循水手勉爲激勸而合舟强起者僅十六人餘皆在反逆眩亂之中僅存一息前後二十餘竈盡委逝波爨烟久斷矣禱天妃許爲請春秋祀典風

稍定船中大桅高可十丈桅心勁直處其力不勝篷也傅以四木製巨鐵箍束之俄聞劃然有聲一箍飛墮不踰時墮至十三項之頂繩又斷篷失所繫相顧盡無人色乃箍斷而桅不散頂繩斷而篷不落與波上下竟保無虞十二月二日見溫州之南杞山三日小泊青嶴守備始告曰桅前金拴搖裂踰尺以爲斷無生理不意尚得至此視之果然往者兩舟還閩相去常數日或十數日獨此行中

流遭險而收港同時亦一奇也第二舟主吏云方風濤震撼時舉舟眩臥惟餘持舵者三人雪浪壓天前路咫尺不辨一水手呻吟艙底忽復少甦自語曰不知漂流何地且起視之甫出艙見紅光前墮如垂絳燈以爲與前船舳尾相及也大呼柁工看柁柁工方瞑坐懜然舉手則船已逼山適循山礁而轉踰尺寸糜爛矣船稍觸損二處大如甕幸去水遠無害

初四日泊定海所聞廿八日有溫台賊二十餘艘集于此若有所待已而西望杳然遂大掠居民去赴閩投誠討陽侯爲難正耽耽虎視之時旣遠竟鋒又出駭浪不可謂非天佑矣

使臣登舟必先迎請天妃奉船尾樓上而以拏公從祀拏公者福建拏戶人常行賈臥舟中夜聞神語曰某日某時將行毒於某處公謹伺之至期果見一人抛毒物水中公投水收取竟食之遂卒以

是面作靛色後爲土神明兵攻閩不即下出牌誓曰入閩不留一人公化爲耆老進說曰若改留字爲殺字當獻城迎王師耳從之請以水燈爲號時荻蘆門水深不設備而居民以神誕日於此放燈明師望燈入公壅沙助之遂克城果不殺一人後封宣封護國天下兵馬司協佑尊王海船必奉之以行者以海港多礁專藉神力導引云

天妃莆田林氏女也父名愿宋初官都巡檢妃生而神靈少與群女照影於井有神捧銅符出井中群女駭奔神以符授妃自是屢著神異常乘蓆渡海驅舊前鎮馬涉江人咸稱爲神姑一日方織忽據機瞑坐手持梭足踏機軸顏色變異母蹴起問之啼而泣曰父幸無恙兄沒矣有頃使至則父與兄方渡海舟幾覆若有挾之者父得不溺兄以舵摧遂墮海中雍熙四年昇化於湄洲嶼時顯靈應或示夢或示神燈海舟獲庇無數土人相率祀之

宋徽宗宣和間給事中路允廸使高麗八舟溺其七見妃朱衣坐桅上舟藉以安歸聞於朝賜額名順濟高宗朝屢封崇福靈惠昭應夫人孝宗朝以助勦溫台寇封靈慈昭應崇善福利夫人光宗朝以救旱封靈惠妃寧宗朝以救潦加封助順又以淮甸退敵擒賊屢加顯衛護國助順嘉應英烈妃父母兄姊皆錫封理宗朝以濟興泉饑加封協正又封靈惠助順嘉應慈濟妃尋以錢塘隄成加封

善慶既又以顯靈熒冠進顯濟妃元世祖封護國明著天妃進顯佑成宗加封輔聖庇民仁宗加封廣濟文宗加封靈感助順福惠徽烈賜額靈慈皆以漕運危險屢見顯應故也明太祖封昭孝純正孚濟感應聖妃成祖封護國庇民妙靈昭應弘仁普濟天妃莊烈帝封天仙聖母青靈普化碧霞元君已又加青賢普化慈應碧霞元君

皇清仍如永樂時封號歷朝遣官進香致祭不可勝數蓋禦災捍患允稱正祀而

聖德所感尤捷於影響云

中山沿革志二卷中山詩文一卷

〔清〕汪楫撰

《中山沿革志》二卷《中山詩文》一卷，清汪楫撰。康熙二十二年（一六八三）遣使團至琉球國封尚貞爲中山王，以汪楫充任册封琉球正使。入琉球，汪楫以中山王世系爲問，皆被謝絶。遂預勅從吏具筆札，俟入中山王祖廟諭祭時，陰録其神主名位。又購得《琉球世纘圖》一卷。使歸乃據使團所記及《琉球世纘圖》「委曲探索」當地文字，參以《實録》，約略詮次，撰爲此書。正文據琉球國先王廟神主序次諸中山王名，每一名下，皆書其統治緣由及在位期間大事，並附以按語。末附《中山詩文》，爲琉球各界人士贈答汪楫之作品。據清康熙間刻本影印。

敘

使琉球錄若干卷中山沿革志又若干卷吾舟次奉使時作也舟次在翰林既以特簡出持使者節聲名播於屬國踰年返命於朝天子徵其沿道撰錄諸書遂繕此進御亦既藏諸金匱石室矣及其請急歸里四方士大夫索觀者甚夥舟次乃鋟之於梓而屬余序之余觀成周之制行人使適四方則必述其山川形勢之要禮俗政治與其語言風土物產之宜凡爲五書以獻以俾天子周知天下之故諸如小史外史之所掌土訓誦訓之所道皆是物也然考職方輿地自王畿訖於若鎮若藩其服惟九則行人所記亦當不越九服之內未嘗有遠及海外爲象胥所不及知鞮鞻氏所不及與而能加意撰錄如此書者也琉球自明初以來始奉正朔守職貢歲時往返不絕既入本朝不懈益虔顧後先爲王人者往往跋涉狂波颶浪之中魄悸神駭延歷旬時甫至其國神魄未定率皆苟且從事不暇從容爲書間有作者又多樂道怪奇承襲譌謬直等於郢書燕說耳與時議禮之家載筆之臣猝然有所尋訪而訖無以徵信雖道里土風猶不得附見簡牘之末況其世次之大者乎舟次丰度之俊偉才識之敏决文章議論之壯麗方爲屬國所愛畏故有言必以誠告有事必以實應宜其爲此書也其援輯也備其据依也詳上之可作輶軒之指南次之可備史家之筆削最下亦可爲四方士大夫攷異聞述荒怪之一助惜乎周禮五書湮沒不傳於後世以余度之殆未能遽勝舟次之作也抑余聞皇皇者華之遣使臣也其詞雖繁而大約命之諏謀詢度以上報天子今舟次之諏詢者可謂至矣此書成而不愧王人之職矣康熙丙寅仲秋十有二日宗弟琬謹敘

中山沿革志序

琉球隋書宋史皆曰流求元史則曰瑠求時皆未與中國通故紀名各異隋煬帝大業三年令羽騎尉朱寬入海訪求異俗海師何蠻言之遂與俱往抵其國語言不通掠一人而返明年寬復受命往撫之不服武賁將陳稜率崑崙軍人通語言者往終不服逆戰爲稜所敗掠男女千人歸是遂絕元世祖至元二十八年海船副萬戶楊祥請以六千

軍往降之給金符賓詔以行出海洋遽掠一山軍小挫未至瑠求引還成宗元貞三年福建省平章政事高興上言瑠求可圖狀遣省都鎮撫張浩等襲之禽生口百三十人抗命如故明洪武五年命行人楊載詔諭而中山王察度遂遣使入貢明太祖待之恩禮有加於是山南王承察度山北王帕尼芝亦相繼臣服俱受封于朝其後二王使不復至云爲中山所併然年時皆不可攷終明之世亦

無有疑而致問者臣楫備員史官常思搜羅放軼補舊乘之闕會有
冊封之役入國首以此爲問皆謝不知世系沿革亦秘不以告葢國有厲禁一切不得輕洩也嗣以
諭祭故王入其祖廟預勅從吏具筆札俟行禮時密錄其神主以歸已又購得琉球世纘圖一卷卷中番字多不可辨委曲探索始知其國南宋始稱王明初始通中國元延祐間國剖爲三明宣德時復

合爲一自宋至今代已四易所謂姓歡斯者無據謂皆尚姓亦非也爰就圖中所載可識者書之疑者闕之參以實錄約畧詮次爲中山沿革志二卷用備稽考云康熙二十三年七月望翰林院檢討

臣汪楫謹序

琉球國先王廟神主序次圖

歷代有功王叔

大成

尚巴志

尚思達

尚金福

尚泰久

尚德

宣威

尚圓

尚清

尚永

尚寧　康翁

尚豐　宗盛

英祖

舜天

察度

尚質　直高

尚賢　秀英

尚元

尚眞

尚忠

英慈

西威

玉城

思紹

武寧

義本

舜馬順熙

歷代王妃

右神主所書皆漢字舜天居中左英祖右察度似是不祧之位制皆甚朴寧豐賢質四主制漸華矣即列于中三主之左右豈高曾祖考之義耶諸皆稱神主獨此四主稱尊靈曰未葬故也寧爲康翁豐爲宗盛賢爲秀英質爲直高或曰諡或曰生時之別字也其餘序次多淆未詳其義歷代多王叔攝政故祀之今王之弟亦稱攝政王云

中山沿革志卷上

翰林院檢討臣汪楫簒

世纘圖原本前列盤古至夏商周秦西漢東漢後漢西晉宋齊梁陳隋唐後梁後唐後晉後漢後周北宋南宋大元大明

大淸歷代年號越一幅乃書大琉球國中山王舜天以來世纘圖今創之斷自舜天始

舜天

南宋淳熙十四年丁未世纘圖誤作二十四年舜天卽王位

世纘圖曰舜天爲朝公之男子不知何許人按宋史流求傳有云淳熙間常率數百輩猝至泉之水澚圍頭等村肆行殺掠殆卽舜天稱王時耶在位五十一年

舜馬順熙

嘉熙二年戊戌舜天長子舜馬順熙嗣位在位十一年

義本

淳祐九年己酉世纘圖遺己酉二字舜馬順熙長子義本嗣位在位十一年

英祖

景定元年庚申英祖卽王位英祖者不知所出世纘圖曰天孫氏之後義本時民苦疾疫多依英祖義本遂遜位時二大島來貢二大島者卽今所謂北山也是爲琉球闢地之始在位四十年

大城先王廟神主作大成

元大德四年庚子英祖子大城嗣位在位九年

英慈

至大二年己酉大城次子英慈嗣位在位五年

王城

延祐元年甲寅英慈第四子王城嗣位于時山南山北割據稱王琉球國始分爲三在位二十三年

西威

至元三年丁丑王城長子西威嗣位在位十四年

察度

至正十年庚寅察度卽王位察度者不知所自始世纘圖云其父爲浦添按司浦添地名按司國人讀作安知如中國官長之稱明洪武五年行人楊載賫詔至國詔曰昔帝王之治天下凡日月所照無有遠邇一視同仁自元政不綱天下兵爭者十有七年朕起布衣開基江左命將四征不庭西平

漢主陳友諒東縛吳王張士誠南平閩越北清幽燕朕爲臣民推戴卽皇帝位定有天下之號曰大明建元洪武是用遣使外邦播告朕意使者所至稱臣入貢惟爾琉球在中國東南遠處海外未及報知兹特遣使往諭爾其知之于是王遣弟泰期奉表貢方物太祖賜王大統曆及金織文綺紗羅各五疋賜泰期衣幣有差是爲琉球通中國之始七年王又遣泰期等入貢幷上皇太子箋貢物如之太祖賜王曆及幣帛有加賜泰期衣幣靴襪副使悳阨燕之及通事從人皆有賜八年太祖命附祭琉球山川于福建先是天下山川太祖皆躬祀太常以琉球已入朝貢亦請祀祀兩年矣禮部尚書牛諒言躬祀非禮始命附祭九年太祖命刑部侍郎李浩至國市馬及硫黃王遣泰期從之入貢浩因言國俗市易不貴紈綺惟磁器鐵釜是尚自是賜予市馬多用是物十年王又遣泰期等表賀

元旦貢馬及硫黃十一年十三年貢方物賜賚悉如例十五年王又遣泰期及陪臣亞蘭匏等貢馬及硫黃太祖賜幣帛有加命尚佩監奉御路謙送泰期等返國路謙歸言琉球三王爭雄長時相攻也十六年王遣亞蘭匏表賀元旦貢方物而山南王承察度亦遣其臣師悳等奉表入貢太祖賜王鍍金銀印及幣帛七十二疋山南王賜幣帛如之而遣中使梁民勑王曰王居滄溟之中崇山環海

爲國事大之禮不行亦何患哉王能體天育民行事大之禮自朕即位十有六年歲遣人朝貢朕嘉王至誠命尚佩監路謙報王誠禮何期王復遣使來謝今令內使監丞粱民同前奉御路謙賚符賜王鍍金銀印一近使者歸言琉球三王互爭廢農傷民朕甚憫焉詩曰畏天之威于時保之王其罷戰息民務修爾德則國用永安矣諭山南王承察度山北王帕尼芝曰上帝好生寰宇之內生民衆

矣天恐生民互相殘害特生聰明者主之邇者琉球國王察度堅事大之誠遣使來報而山南王承察度亦遣人隨使者入覲鑒其至誠深可嘉尚近使者自海中歸言琉球三王互爭廢棄農業傷殘人命朕聞之不勝憫憐今遣使諭二王知之二王能體朕意息兵養民以緜國祚則天必祐之不然悔無及矣于是王及山南王山北王皆遣使入謝各賜衣幣十七年王遣阿不耶等入貢賜鈔幣十八年表賀元旦貢方物太祖賜王海舟一山南王如之又補給山南王山北王駝紐鍍金銀印各一十九年王遣亞蘭匏等貢馬百二十匹硫黃萬二千斤賜宴及鈔二十年王遣亞蘭匏等貢方物進皇太子箋獻馬而山南王承察度及其叔汪英紫氏山北王帕尼芝亦各遣使入貢二十一年王遣使甚模結致等貢馬賀天壽聖節二十三年表賀元旦貢方物世子武寧亦貢馬五匹硫黃二千斤

胡椒二百斤蘇木三百斤所遣通事屋之結者私攜胡椒三百斤乳香十斤閽者驗得以聞諭沒入其貲詔還之仍賜屋之結等六十人鈔各十錠是時宮古八重山島來貢于中山宮古國人讀作迷姑島名也八重山島讀作爺馬今所謂太平山也于是中山始强二十四年王及世子武寧遣亞蘭匏嵬谷致等貢馬及方物而山南王叔汪英紫氏亦遣使表賀天壽聖節二十五年王及世子武寧

各進表箋貢馬并遣從子日孜毎濶八馬寨官子仁悦慈入國子監讀書國人就學自茲始太祖各賜衣巾靴襪并夏衣一襲鈔五錠秋又賜羅衣各一襲及靴襪衾褥王具疏言通事程復葉希尹二人以寨官兼通事往來進貢服勞居多乞賜職加冠帶使本國臣民有所仰止以變番俗報可先是國人才孤那等二十八人採硫黄于河蘭埠遇風飄惠州海豐爲邏卒所獲語言不通以爲倭人送

至京至是貢使爲白其事太祖皆遣歸賜閩人善操舟者三十六姓以便往來時山南王承察度亦遣從子三五郞尾及寨官子實他盧尾賀段志等入國子監讀書賚如中山例二十六年王遣使麻州等貢方物已又遣使壽禮結致等貢馬偕寨官子段志每入國子監讀書太祖命賜夏衣靴襪秋又賜羅絹衣各一襲傔從各給布衣嗣是歲必有賜二十七年王遣亞蘭匏等貢方物賜宴于會同

館王疏言亞蘭匏掌國重事乞陞授品秩給賜冠帶又乞以通事葉希尹等二人充千戶太祖皆從其請俾其王相秩同中國王府長史稱王相如故二十八年王遣王相亞蘭匏貢方物而山北王珉山南王叔汪英紫氏亦各遣使入貢太祖賜鈔有差二十九年王兩遣使貢方物而山北王攀安知山南王承察度及山南王叔汪英紫氏亦入貢詔遣三五郞亹（實錄前作三五郞尾今作三五郞亹）等歸省賜三五郞

亹白金七兩綵緞六表裏鈔五十錠寨官子實那盧亹（實錄前作實他盧尾今作實那盧亹）鈔二十錠綵緞一表裏歸未數月會世子武寧遣使貢偕寨官子麻奢理誠志魯二人入國子監就學三五郞亹復與俱來請卒業太祖許之仍賜衣巾靴襪三十年王兩遣使貢馬及硫黄山北王攀安知山南王叔汪英紫氏亦入貢三十一年王遣亞蘭匏等貢馬及硫黄世子武寧貢如之女官生姑魯妹偕入謝恩以昔常

在京讀書也太祖賜鈔有差三月太祖命以冠帶賜王先是王嘗請中國冠帶太祖命禮部圖冠帶之制示之至是匏等復以爲請賜如制并賜臣下冠服永樂改元遣使以即位詔諭王王遣從子三吾良亹奉表賀且貢方物成祖賜鈔幣襲衣宴于會同館遣行人邊信劉亢齎萊錦綺幣賜王還奏稱旨成祖擢信爲湖廣道監察御史亢爲工料給事中未幾王卒在位四十六年

武寧

察度既卒其子武寧遣三吾良亹訃告于朝永樂二年正月成祖遣行人時中往祭賻以布帛詔武寧襲爵詔曰聖王之治協和萬邦繼承之道率由常典故琉球國中山王察度受命皇考太祖高皇帝作屏東藩克修臣節暨朕即位率先歸誠今既歿爾武寧乃其世子特封爾爲琉球國中山王以承厥世惟儉以修身敬以養德忠以事上仁以撫下克循茲道作鎮海邦永延世祚欽哉四月山南王弟汪應祖亦受封于朝應祖故山南王承察度從弟承察度無子遺命應祖攝國事元年常遣長史王茂朝貢會山北王攀安知遣使善住古耶貢方物丐賜冠帶衣服以變國俗成祖許之至是應祖遣使隗谷結致來朝貢方物且奏乞如山北王例賜冠服成祖謂吏部尚書蹇義曰國必有統衆必有屬既能事大又能撫衆且舊王所屬意也宜

從所言以安遠人遂遣使齎詔封之賜如所請偕其使俱還已而禮部尚書李至剛奏其使擅請處州市磁器當逮問成祖曰遠人知求利而已朝廷於遠人當懷之不足罪暹羅船往琉球遭風漂至福建布政司籍記所有請命成祖諭至剛曰暹羅與琉球通好自是番邦美事豈可乘其危而利之鄉有善人猶能濟困況朝廷統御天下哉其令所司舟壞爲之修理人乏食給之粟或歸或往琉球

俟風便導之去三年行人時中使琉球還命復職中初爲四川布政司右叅議坐罪當戍上書願改過遂命爲行人使琉球至是還復其職王遣三吾良亹奉表貢方物謝襲封恩賜衣幣宴于會同館巳又遣養埠結制等賀萬壽聖節時山北王攀安知山南王汪應祖亦遣貢而應祖又遣寨官子李傑赴國子監受學賜衣如例四年王及山南王山北王皆表賀元旦王遣寨官子石達魯等六人就

學賜衣鈔有差王進閹者數人成祖曰彼亦人子無罪而刑之何忍命禮部還之禮部言恐阻遠人歸化之心請但賜勅止其再進成祖曰諭之以空言不若示之以實事今不遣還彼欲媚朕必有繼踵而來者天地以生物爲德帝王乃可絶人類乎卒不受

世纘圖云洪武二十九年王卽位凡在位二十六年臣按其國繼世嗣位類先自立而後請於朝故所紀嗣位之年與中朝遣封之時多不合而其後憚於供應甚有遲至十餘年乃上請者然明初貢使時通歲或二三至幾與域中郡縣無異封卒年歲不應參差如是卽云洪武二十九年嗣位中更靖難赴告踰期顧在位二十六年則永樂之末尚宜無恙何五年遂有祭賻之典耶或云武寧爲尚巴志所滅然其詳亦不可考謹闕疑以俟來者

尚思紹 先王廟神主作思紹無尚字

永樂五年世子尚思紹遣三吾良亹貢馬及方物別遣使以其父武寧訃告成祖命禮部賜祭賻詔思紹嗣王爵六年王遣使阿勃吾斯奉表貢方物謝襲封恩時山南王汪應祖亦貢馬各賜鈔幣七年王遣使賀萬壽聖節山南王汪應祖亦貢馬各賜衣幣八年王遣三吾良亹朝貢山南王汪應祖亦遣使賀萬壽聖節皇太子皆賜之鈔幣王遣官

生模都古等三人入國子監受學皇太子各賜巾衣靴絛衾褥帳具通事林佑本中國人啓請賜冠帶從之是年冬成祖又賜琉球生李傑等冬衣靴襪禮部尚書呂震曰昔唐太宗興學校新羅百濟皆遣子入學當時僅聞給廪膳未若今日賚予周備也成祖曰遠方慕中國禮義故遣子入學必足於衣食然後樂學太祖高皇帝命資給之著於令典所謂曲成萬物而不遺者安得違之九年王遣

三吾良亹賀元旦偕王相之子懷得寨官之子祖魯古入國子監受學又遣使坤宜堪彌貢馬及方物疏言長史王茂輔翼有年請陞茂爲國相兼長史事又言長史程復饒州人輔臣祖察度四十餘年勤誠不懈今年八十有一請命致仕還其鄉悉報可時使人有匿其方物不盡貢者監察御史廉得其實以聞成祖曰此非國王意也宥之王遣使謝貢方物勅賜王鈔及綵幣十年王遣使賀元旦

山南王汪應祖亦入貢已又遣使賀萬壽聖節成祖賜鈔幣又賜琉球生夏布襴衫條靴十一年王兩遣使貢馬偕寨官子鄔同志久等三人入國子監受學已又與山南王汪應祖各貢馬賜鈔及永樂錢琉球生模都古等三人奏乞歸省成祖曰遠人來學誠美事思親而歸亦人情宜厚賜以榮之賜衣幣及鈔爲道里費仍命兵部給驛傳留學者皆賜冬夏衣十二年王遣使賀元旦遣三吾良亹

貢馬及方物賜鈔幣皇太子賜琉球生益智每等二人羅布衣各一襲及襴衫靴襪衾褥帷帳從人皆有賜成祖賜鄔同志久等三人衣鈔十三年成祖遣行人陳季芳等齎詔封山南王汪應祖世子他魯每爲琉球國山南王時應祖爲其兄達勃期所弑各寨官合兵誅達勃期推他魯每攝國事他魯每表請襲封故遣使往并賜誥命冠服及鈔萬五千錠王及山北王攀安知俱各遣使貢方物王

世子尚巴志亦遣使宜是結制貢馬及方物賜文綺三十表裏十四年王遣三吾良亹貢馬及方物謝遣使不謹之罪先是王所遣使直佳魯犯法坐誅成祖勅諭王曰比王所遣直佳魯等來京朕優待之及還至福建乃肆狂悖擅奪海船殺死官軍毆傷中官奪其衣物直佳魯首罪當寘大辟已命法司如律其阿勃馬結制等六十七人與之同惡罪亦當死眷王忠誠特遣歸俾王自治自今遣使

宜戒約之毋犯朝憲已又遣使貢馬而山南王他魯每亦遣使來貢謝襲封恩成祖賜琉球生夏衣十五年王及山南王他魯每俱遣使貢賜賚甚厚已又與世子尚巴志各遣使貢馬十六年王兩遣使貢方物成祖賜使者冠帶鈔幣有差十七年王三遣使貢馬及方物二十年王遣使賀元旦已又遣貢方物二十一年世子尚巴志遣使奉表貢方物皇太子令禮部宴勞之二十二年二月王訃聞

於朝命禮部遣官賜祭賻以布帛九月遣行人周彝齎勅以行

按山南王承察度遣從子三五郎尾（尾又作亹）入學中山王察度遣從子三吾良亹入謝自是兩人無疑第良亹既為察度從子則是武寧兄弟行矣而武寧遣三吾良亹赴告表稱良亹曰姪再遣入謝亦然至思紹遣三吾良亹入貢凡四皆以姪名豈數人者名稱皆同抑臣主不以世系

為序國俗固爾耶今去姪字止書其名識之以待參考

尚巴志

洪熙元年仁宗遣中官柴山齎勅至國封世子尚巴志嗣中山王勅曰昔我皇考太宗文皇帝躬膺天命統御萬方恩施均一遠邇歸仁爾父琉球國中山王思紹聰明賢達茂篤忠誠敬天事大益久弗懈我皇考良用褒嘉今朕纘承大統念爾父没

巳久爾其嫡子宜俾承續特遣內官柴山齎勅命爾嗣琉球國中山王爾尚立孝立忠恪守藩服修德務善以福國人斯爵祿之榮延于無窮尚其祗承無怠無忽仍賜冠帶襲衣文綺方仁宗遣山時貢使巳兩至表稱世子賀成祖萬壽聖節至是始知改元是年凡四遣使貢馬及方物云宣德元年王遣使貢方物謝襲封恩附奏曰臣祖父昔蒙朝廷大恩封王爵賜皮弁冠服洪熙元年臣奉詔襲

爵而冠服未蒙頒賜宣宗命行在禮部稽定制製以賜之先是仁宗遣封巳賜冠帶而王復以爲請以皮弁故宣宗謂禮部尚書胡濙曰遠人歸誠固是美事特賜冠服亦表異恩古人言招携以禮懷遠以德朕與卿等尤當念之王遣使鄭義才進香長陵義才言海風壞舟附內官柴山舟得達乞賜一舟歸國且便朝貢宣宗命行在工部與之巳又兩遣使貢馬及硫黃賜襲衣靴襪有差二年王兩

遣使貢方物使者同行異舟遇風相失巳而皆至時山南王他魯每亦遣使進香長陵三年王遣使鄭義才等貢馬及方物謝賜皮弁海舟宣宗賜義才等冠帶及金織紵絲襲衣餘皆素紵襲衣宣宗以王朝貢彌謹遣使齎勅勞之并賜王紵絲紗羅錦綺巳又遣內官柴山齎勅賜王金織紵絲紗羅絨錦四年王遣使表貢賀萬壽聖節巳又兩遣使貢馬及方物而山南王他魯每亦兩遣使入貢俱賜宴及鈔幣又命山南王使齎勅及鈔絹歸賜其

王自是山南王不復遣使蓋併於中山矣五年王四遣使入貢宴賚如例仍賜王鈔二萬一千七百六十錠六年王兩遣使入貢又表貢馬及金銀器皿謝賜錦幣七年宣宗以外國朝貢獨日本未至命內官柴山齎勅至國令王遣人齎往日本諭之明年日本遂來朝宣宗命行在工部給中山貢使漫泰來結制海舟一以貢使言來舟損壞故是年

王遣使入貢者凡四宴賚如例八年王遣使入貢者凡二宴賚如例九年王遣使貢馬及方物中道遇風先後至已又遣使謝賜衣服海舟宣宗賜幣有差仍命齎勅及幣歸賜王十年王遣使謝禮部尚書胡濙奏曰比奉旨節一切冗費以安軍民今四裔使臣動以百數沿途疲于供給宜勅諸路總兵官并都布按三司繼今審其來者量遣正副使從人一二十人赴京餘悉留彼處給待從之正統

元年英宗頒賜大統曆適王遣貢使伍是堅至令是堅齎回勅諭王及日本國王源義教曰我國家統有天下薄海內外罔不臣服列聖相承無間遠近一視同仁爾爲國東藩世修職貢益承益虔王遣使來朝貢馬及方物禮意勤至朕嗣承祖宗大寶期與四海群生同樂雍熙矧王篤於事大良可嘉尚使者還特賜王及王妃白金彩幣以答遠意王其欽崇天道仁卹有民永保藩邦以副朕望王

再遣使貢馬及方物使者至福建如例止具貢物以聞其自携螺殼九十海巴五萬八千失於自陳有司以漏報沒入使者籲請給值英宗命行在禮部如例給之後浙江市舶提舉司王聰復以爲言英宗謂禮部曰海巴螺殼遠人資以貨殖取之奚用命悉還之仍著爲令二年王遣陪臣義魯結制等貢馬及方物奏稱本國各官冠服皆國初所賜年久朽敝乞更賜又言本國遵奉正朔而海道險

阻受曆之使或半載一載方返事下禮部覆奏命冠服本國可依原降造用大統曆福建布政司給與之禮部又言琉球國貢馬矮小宜令選高大者充貢英宗曰遠人慕義入貢不必計物優劣三年王遣使義魯結制等貢馬及方物賜幣有差四年王遣使梁求保入貢已又遣阿普禮是等入貢賜宴幣如例巡按福建監察御史成規疏言琉球國往來使臣俱於福建停憩館穀之需所費不貲比

者通事林惠鄭長所帶番稍人從二百餘人除日給廪米外其茶鹽醯醬等物出於里甲相沿有例乃故行刁蹬勒折銅錢今未半年已用銅錢七十九萬六千九百有餘按數取足稍緩輒肆詈毆雖遠人不足與較而憑陵之風漸不可長已行福州等府縣止將例應供給之物按日支與不許私以銅錢支當但類瑣多端終非久計乞令該部定議於人支日廪之外量加少許聽其自辦其林惠等

不能禁戢坐覩紛紜請執治事下行在禮部以爲於例止日給廪米一切費宜悉罷之其通事人員不行禁戢請治罪英宗以遠人姑示優容令移文戒諭之五年王遣步馬結制等貢馬及方物宴賚如例先是朝貢者朝叅出入皆給馬至是令止給正副使著爲令六年巡按福建監察御史鄭顒疏言琉球國通事沈志良使者阿普斯吉駕船載瓷器等物往爪哇國市胡椒蘇木至東影山遭風桅折進港修理妄稱進貢今已拘收人船收頓貨物并護船器械候旨英宗曰遠人宜加撫綏况遇險失所尤當矜憐其悉以原器物給之聽自備工料修船促還本國

按世纘圖載巴志永樂二十年壬寅即位在位十八年與實錄不甚相遠又云初爲佐鋪小按司舉兵討南山王又攻落北山王併爲一國或云并滅武寧王奉其父思紹爲王按永樂十三

年山南王汪應祖爲其兄達勃期所弑各寨官合兵誅達勃期此或即巴志所爲而復推其子他魯每主國事至宣德四年歷十四年而後國除不應擁虛器如此之久而永樂十三年以後山北王攀安知不復遣使入貢則山北王先山南而亡者十四年矣思紹永樂五年嗣位二十三年卒在位凡十八年則巴志奉思紹爲王之時年甚少豈蕞爾海邦有如太原公子故事者

耶惜無他書可正存以俟考

尚忠

正統七年巴志第二子尚忠遣長史梁求保入貢以巴志訃告乞嗣位英宗遣給事中余忭行人劉遜齎詔至國詔曰昔我祖宗恭天明命君主天下無間遠邇一視同仁海外諸國咸建君長以統其衆朕承大寶祗奉成憲用圖永寧故琉球國中山王尚巴志爰自先朝恭事朝廷勤修職貢始終如

一茲既云亾其世子尚忠敦厚恭慎克類前人上能事大下能保民今遣正使給事中余忭副使行人劉遜齎勅封爲琉球國中山王以主國事爾大小頭目人等其欽承朕命盡心輔翼惇行善道俾國人咸樂太平副朕仁覆蒼生之意并勅王曰爾遣長史梁求保奏爾父王尚巴志亾歿良深悼念特遣使命爾爲琉球國中山王以主國事爾宜篤紹爾父之志益堅事上之誠敬守臣節恭修職貢善撫國人和睦鄰境庶幾永享太平之福仍賜王及妃皮弁冠服金織襲衣幣布等物當忭等未至忠巳兩遣使貢馬及賀明年元旦猶稱世子云九年王遣使入貢者四使臣梁回奏乞一海船以便歲時朝貢從之十年王遣使入貢者二宴賚如例十一年王遣使入貢者二宴賚如例十二年王卒

世纘圖云王正統五年庚申即位在位五年按實錄正統七年遣封十二年卒則在位亦五年

但紀年參差耳

尚思達

正統十二年世子尚思達遣長史梁球入貢以其父尚忠訃告請襲爵三月英宗遣給事中陳傅行人萬祥諭祭故王尚忠封世子思達嗣王勅曰爾比遣長史梁球等奏爾父王尚忠亾歿良深悼念特封爾爲琉球國中山王繼承爾父主理國事爾宜篤紹先志敬守臣節恪修職貢簡任賢良善撫

國人和睦隣境以保國土仍以皮弁冠服常服及織金紵絲羅縠等物賜王復詔諭其國臣庶盡心輔翼各循理分毋或僭踰俾凡國人同樂雍熙副朕一視同仁之意王遣通事蔡讓等貢馬及方物宴賚如例十三年王遣使入貢使伴與四川長河西番人相毆會同館門外有重傷者事聞英宗命毆至死者抵死十四年王遣使梁同等貢馬及方物時福建尤溪沙縣方有寇警所司請緩期三月

始達已又遣使馬權度等入貢賜衣幣冠帶仍命權度齎勅并綵幣歸賜王及妃禮部上言貢使欲以所賜絹匹往蘇州府易紗羅紵絲歸國服用從之景泰元年王遣使百佳尼朝貢景帝命齎勅并文綺彩幣歸賜王及妃通事程鴻言船壞不能返國願以賜幣造船禮部請移文福建三司聽其自造不得擾民從之已又遣使梁回貢馬及方物宴賚如例二年王遣使察都等入貢亦以自備工料造船爲請禮部言今福建地方被賊人民艱窘宜令其候本國進貢通事李敬等回日附載歸國從之已又遣使亞間美等入貢使未達而王卒

按世纘圖云正統十年乙丑即位在位五年薨十二年誤作十年也

尚金福

景泰二年景帝遣左給事中喬毅（殊域周咨作陳謨）行人童守宏諭祭故王思達封其叔尚金福爲中山王

三年金福兩遣使入貢猶稱王叔蓋命猶未達也四年王四遣使入貢宴賚悉如例未幾卒在位四年

世纘圖作景泰元年即王位

尚泰久

金福既卒其弟布里與其子志魯爭立焚燒府庫兩傷俱絕所賜鍍金銀印亦鎔壞國人推尚泰久權國事景泰五年泰久以聞并請鑄印須賜命所

司給之巳又遣使入貢表稱琉球國掌國事王弟尚泰久云云景帝命齎勑及綵幣歸賜王弟六年王弟兩遣使入貢云王姪尚伯禮等欲於蘇州收買綵幣及釘麻等物修葺海船禮部恐其擾民不從景帝以琉球素遵王化與他國不同特許之遣給事中嚴誠（殊域周咨作李秉彝）爲正使行人劉儉爲副使齎詔封王弟尚泰久嗣王詔曰帝王主宰天下恒一視而同仁藩屏表率國中式同氣以相嗣朕躬

膺天命撫馭諸侯琉球國王尚金福既薨其弟尚泰久性資英厚國衆歸心茲特遣使齎勑封爲琉球國中山王凡彼國中遠近臣庶宜悉心輔翼同式垂遼長堅忠順之心永享太平之福故茲詔示咸使聞知又勑王曰爾自先世恪守藩維傳及爾兄益隆繼述敬天事上久而愈虔屬茲薨逝軫於朕懷爾乃王弟宜紹國封特遣使齎詔封爾爲琉球國中山王并賜爾及妃冠服綵幣等物爾尚祗礪臣節懷撫國人欽哉七年遣使入貢猶稱王弟及冊封後遣使入謝又別遣使入貢則英宗復辟改元天順矣天順二年王遣使朝貢者三三年王遣使李敬貢馬及金銀器皿疏言本國王府失火延燒倉庫銅錢請炤永樂宣德間例所帶貨物以銅錢給賜禮部以銅錢係中國所用難以准給宜將估計鈔貫照舊六分京庫折支生絹其四分移文福建布政司收貯紵絲紗羅絹布等物依時值

關給從之王遣使亞羅佳其等入貢宴賚如例四年王遣使入貢五年王遣使王察等貢馬及方物六年王遣使程鵬等貢方物宴賚悉如例

按世纘圖云泰久係尚志達之弟而實錄則云金福之弟蓋實錄止以請封之疏爲據他無可攷也又云景泰五年甲戌王即位在位七年則王卒於天順五年而六年始聞於朝觀尚德紀天順五年即位益信

尚德

天順五年泰久第三子尚德嗣位六年遣使入貢以泰久訃告英宗命吏科右給事中潘榮行人司行人蔡哲充正副使往祭故王泰久封世子尚德爲王詔曰朕紹帝王之統纘祖宗之緒主宰天下一視同仁撫馭華夷靡間遐邇惟爾琉球國僻居海島密邇閩中慕義來庭受封傳業葢有年矣故國王尚泰久克篤勤誠敬天事人甫餘六載條爾

告終先業攸存可無承繼其世子尚德性資仁厚國衆歸心茲特遣正使吏科右給事中潘榮副使行人司行人蔡哲齎詔往封爲琉球國中山王仍賜以皮弁冠服等件凡國中官僚士庶宜同心輔翼作我外藩嗚呼循理謹度永堅率俾之忠親族睦鄰丕冒咸寧之化故茲詔示悉使聞知七年王遣使崇嘉山等入貢宴賚如例成化二年王遣使程鵬等貢馬及方物賜宴及衣幣三年王遣長史蔡璟入貢賜幣四年王遣使程鵬已又遣使讀詩貢馬及方物俱賜衣幣五年王遣長史蔡璟入貢璟言其祖本福建南安縣人洪武初奉命於琉球國導引進貢授通事傳至璟陞長史乞賜誥封贈其父母吏部覆以無例不許廣東市舶司奏有番船遭風吹至九星洋審知是琉球貢船欲貿易土貨往福建造船回國禮部覆奏宜令廣東巡撫嚴加譯審果無虛詐方許貿易仍諭今後進貢務由

福建故道并勅地方官禁約下人不得因而侵損失向化之心從之王遣使查農是等入貢宴賚如例六年福建按察司奏琉球貢使程鵬至福州與委官指揮劉玉私通貨賄俱應究治詔逮治玉而宥鵬王遣鵬貢馬及方物宴賚如例

中山沿革志卷下

翰林院檢討臣汪楫纂

尚圓

成化六年尚德卒尚圓自稱世子世纘圖曰圓伊平人伊平國人讀作葉壁即今所謂葉壁山也父爲里主即今所謂遏闥理官也圓爲御鎖之側即今所謂耳目官也尚德多行不義國人胥怨德既卒欲奉圓爲王圓曰世子在孰敢奸此位乎國人

遂共殺世子七年圓遣使蔡璟等入貢以父尚德薨來赴請襲爵憲宗遣戶科都給事中丘弘爲正使行人司行人韓文爲副使齎儀物行慶弔禮封世子尚圓爲中山王弘福建上杭人乞便道展祭不許後行至山東病卒改命兵科給事中管榮偕文往貢使蔡璟以織金蟒羅製衣爲錦衣衛校尉所訶指爲市人私售刑部鞫之璟固稱是國王受賜於先朝者事聞憲宗命禮部稽舊籍有無禮部

日無遂没入內庫仍勅諭國王知之八年王遣長史梁應貢馬及方物宴賚如例福建三司官奏稱琉球國人先因進貢潛居內地遂成家業年久不還應盡遣之禮部議其人若承戶部勘合許入籍者仍舊餘如請九年王遣王舅武實入貢謝襲封恩武實奏稱國王常遣人往滿剌加國收買貢物遭風壞船漂至廣東有司轉送福建願自備工料修船同回許之十年王遣使沈滿志等貢馬及方

物宴賚如例仍以鈔絹酬其自貢物値滿志等乞如舊制折給銅錢不許十一年王遣使程鵬入貢附奏乞如常例歲一朝貢禮部覆稱去年福建守臣言琉球使臣登岸焚劫訪察不獲宜令鵬等齎勅省諭並定貢期憲宗勅王曰王使朝貢已如例賞賜遣還近福建鎮守官奏通事蔡璋等還次福州殺人劫財非法殊甚今因使臣還特降勅省諭勅至王宜問璋等故縱其下之罪追究惡徒依法

懲洽自後定例二年一貢止許百人多不過加五人除正貢外不得私附貨物并途次騷擾有累國王忠順之意其省之十二年王遣使梁應等入謝會憲宗立皇太子應因奏乞如朝鮮安南例賜詔齎回禮部以琉球日本占城皆海外國例不頒詔憲宗特命降勅并以錦幣歸賜其王及妃先是福建特設市舶提舉司內官一員專理琉球一國貢物事務至是內官施鼒卒巡按御史葉穪請勿更差而兼屬之鎮守太監盧勝庶民不擾憲宗不從勅內官帑查往視事十三年王遣使李榮奉表謝恩已又遣使程鵬貢馬及方物復請歲一遣使朝貢不許命如前勅

世纘圖曰王成化六年庚寅卽位在位七年成化十二年巳未七月二十八日卒按六年爲庚寅則十二年當是丙申非巳未也

尙宣威

成化十三年丁酉尙宣威卽王位在位僅六月丙申八月四日卒

按尙圓有子而宣威嗣位並其所出俱未詳攷丙申干支又不合弟據世纘圖書之

尙眞

成化十三年尙圓世子尙眞嗣位十四年遣長史梁應等請襲封憲宗命兵科給事中董旻爲正使行人司右司副張祥爲副使賫詔之國封世子尙眞爲中山王賜皮弁冠服金鑲犀帶并以綵幣賜王及妃應等具奏仍欲一年一貢部覆不許十五年王遣使李榮朝貢迎封冊賜宴及衣幣十六年王遣使馬怡世入謝附奏曰臣伏讀祖訓條章許臣國不時朝貢故自臣祖父以來皆一年一貢邇年舊撫福建大臣以臣國使有違法規利者令臣二年一貢此誠臣之罪也然臣祖宗所以殷勤効貢者實欲依中華眷顧之恩杜他國窺伺之患乞

如舊制憲宗不許勑王曰曩因爾國使臣入貢往往假饋送爲名汚我中國臣工其實以爲已利又不能鈐束傔從以致殺人縱火强劫民財又私造違禁衣服俱有顯跡故定爲二年一貢之例朝廷富有萬方豈爲爾一小國而裁省冗費哉此例既定難再紛更特兹省論王其審之十八年王遣使貢馬及方物乞以陪臣子蔡賓等五人於南京國子監讀書憲宗曰海南遠人嚮慕文教朕甚嘉之

令有司如舊制歲給衣服廪餼毋令失所俾通知中國禮儀永遵王化王又以不時進貢爲請疏言以小事大如子事父禮部言其意實假進貢以規市販之利宜勿聽仍勑王曰朝廷定爾國二年一貢已具前勑臣之事君遵君之勑可也屢違勑奏擾可乎所以固拒者非爲惜費葢二年一貢正合中制朕恤小之意實在此王其欽遵毋事紛更禮部又言琉球國進貢舊例到京少則四五十人多

則六七十人俱給賞有差邇因各國進貢率多奸弊每國止許五七人不過十五人到京餘俱留邊以俟今福建以例止咨正議大夫梁應等十五人赴京既已給賞餘六七十人俱留布政司宜發官帑以次均給庶不減削太甚失柔遠之意從之二十年王遣使程鵬貢馬及方物奏永樂年間所賜船破壞已盡止存其三乞自備物料於福建補造部議許造其一二十二年王遣使蔡曦貢馬及方

物時官生蔡賓等在監肄業已五年王咨部請假省親憲宗曰昔陽城在太學諸生三年不歸省者斥之矧遠人豈可長留不遣其卽放歸以遂定省之私二十三年王遣陪臣馬審禮等貢方物謝恩至則孝宗嗣位登極四月矣賜冠帶衣幣仍命領詔賜王及妃錦幣弘治元年王遣使皮揚那等從浙江入貢孝宗命却之以貢道當由福建且貢非其時也皮揚那等具以國王咨禮部文言成化二

十一年本國正議大夫程鵬等進貢回國報知皇太子冊妃乃遣使表賀並貢方物禮部言琉球入貢雖與例限不合然遠人之情可念況箋文方物已至京難於終却請暫賜容納後仍以舊例裁之或因福建風水不便取路浙江亦令審實奏請方許起送今次所給正副使綵緞等物宜如舊例其伴從人減半以示裁抑之意從之時蔡賓亦隨貢使至言成化中讀書南京國子監今吏部侍郎劉

宣時為祭酒特加撫恤乞容執贄於宣所致謝許之三年王遣使馬仁等為大行皇帝進香別遣王舅麻勃都入貢奏稱本國來貢人員近止許二十五人赴京物多人少恐致疎失又謂本國貢船抵岸所在有司止給口糧百五十名其餘多未得給孝宗命來京許增五人增口糧二十名五年七年皆遣正議大夫梁德入貢賜王錦緞宴賚德等如例九年十三年皆遣正議大夫鄭玖入貢賜王錦緞宴賚玖等如例十五年王遣使入貢請于福建補造海船以便往回從之十六年王遣使吳詩等往滿剌加國收買貢物遇風舟覆詩等百五十二人漂至海南登岸為邏卒所獲廣東守臣以聞孝宗命送詩等於福建守臣處給糧贍養候本國貢使歸之十七年王遣使具言前使遭風未回致失二年一貢之期至是補貢納之武宗登極命行人左輔頒詔至國正德二年王遣王舅亞嘉尼施等

貢馬及方物奏乞每歲一貢禮部議琉球在昔朝貢不時至成化十一年因使臣不法勅令二年一貢今彼因入貢違期故為此奏以飾非宜勿聽武宗特許之長史蔡賓奏乞自備工料修造貢船二隻禮部議行鎮巡官驗實量修不必改造賓復奏武宗曰賓善人也令二船折卸補造第勿過式四年王遣正議大夫程璉入貢五年請以官生蔡進等五人入國子監讀書許送南監仍給衣廩等物

如例六年王遣正議大夫梁能七年遣正議大夫梁寬等入貢宴賚如例十年王遣長史陳義十一年遣正議大夫梁龍貢馬及方物宴賚如例十二年王遣正議大夫陳義入貢十三年遣長史蔡遷十五年遣長史金良貢馬及方物宴賚悉如例嘉靖改元王遣王舅達魯加尼進香貢方物慶賀詔賜王及妃錦幣勅王仍遵先朝舊例二年一朝貢每船不得過百五十人仍命福建巡按御史查勘

驗放三年王遣長史金良等二十人入貢良言其國先有正議大夫鄭繩領謝恩方物渡海風漂未至而表文在此請得先進許之明年繩至言方物以舟敗至是復進福建守臣以聞世宗命就彼中宴賚遣還方物令所司轉運仍令繩賚勅轉諭日本國王令捕繫倡亂者以獻五年官生蔡廷美等請就國子監讀書令禮部照例給廩米薪炭及冬夏衣服是年十二月十日王卒在位五十年

尚清

嘉靖七年天續王卜稱第五子尚清自稱世子遣正議大夫鄭繩等進貢請襲封繩等回至海中溺死九年又遣蔡瀚入貢申前請禮部以襲封重典命福建鎮巡官查訪申報瀚請遣讀書官生蔡廷美等四人還本國婚娶給賞幣布有差瀚又言來經日本日本國王源義晴托齎表文乞赦其使臣宋素卿之罪併乞新勘合金印復修常貢禮部驗

其文俱無印篆言倭情譎詐不可遽信勅琉球國王遣人傳諭日本令擒獻首惡送回擄去指揮奏請裁奪十一年正議大夫金良賚國中人民結狀請冊封世宗遣吏科左給事中陳侃為正使行人司行人高澄為副使齎詔之國詔曰朕恭膺天命為天下君凡推行乎庶政必斟酌夫古禮其於錫爵之典未嘗以海內外而有間焉爾琉球國遠在海濱久被聲教故國王尚真夙紹顯封已踰四紀

茲聞甍逝屬國請封世子尚清德惟克類衆心所歸宜承國統朕篤念懷柔之義用嘉敬順之誠特遣使賚詔封爾爲琉球國中山王仍賜以皮弁冠服等物王宜慎乃初服益篤忠勤有光前烈國中耆俊臣僚其同寅翼贊協力匡扶尚殫事上之心恪盡臣藩之節保守海邦永底寧謐又勅王曰惟爾世守海邦繼膺王爵敬順天道世事皇明爾父尚眞自襲封以來恭勤匪懈比者甍逝良用悼傷

爾以冢嗣國人歸心理宜承襲茲特遣使封爾爲琉球國中山王幷賜爾及妃冠服綵幣等物爾宜祗承君命克紹先業修職承化保境安民以稱朕柔遠之意十三年遣正議大夫梁椿入貢表稱世子時詔命猶未達也舊制外國貢使至京師皆有防禁五日一出館令得游觀貿易居常皆閉館不出惟朝鮮琉球防之頗寬已而亦令五日一出至是朝鮮國王李懌以已爲冠裳國恥與他國同因

禮部以請詔弛其禁十四年吏科給事中陳侃等奉使琉球還陞侃爲光祿寺少卿澄爲尚寶司丞侃言海中値風濤之險多藉神庥不致顛覆乞賜祭以答神貺禮部議令布政司設祭一壇報可王遣王舅毛實等入貢謝恩宴賚如例仍以錦幣雜物賜王先是王以金四十兩饋侃等不受實等幷以金奏進世宗命侃等受之十七年王遣使陳賦入貢宴賚如例十九年王遣長史梁梓貢馬及方

物奏請補造海船四以便續貢許之禁不得違式二十年王遣使殷達魯等入貢宴賚如例二十一年長史蔡廷美招引漳州人陳貴等駕船之國適與潮陽船爭利互相殺傷廷美乃安置貴等于舊王城盡沒其貲貴等夜奔爲守者所掩捕多見殺於是誣貴等爲賊械繫送福建廷美賚表將赴京陳奏巡按御史徐宗魯會同三司官譯審列狀以聞留廷美等待命得旨貴等違法通番着遵國典

重治琉球既屢與交通今乃敢擴奪貨利擅殺我
民且誣以賊詭逆不恭莫此為甚蔡廷美本宜拘
留重處念素係朝貢之國姑且放回後若不悛即
絕其朝貢令福建守臣備行彼國知之二十二年
王遣正議大夫陳賦等貢馬及方物宴賚如例并
以禮幣報王王請遣官生梁炫等歸娶時炫等就
學南監已踰七年詔給賚糧驛騎遣人護歸二十
四年王遣長史梁顯入貢送還朝鮮漂流人口宴

賚如例二十六年王遣陳賦入貢賦與蔡廷會偕
來廷會祖蔡璟閩人永樂中撥往琉球充水手而
產籍在閩與給事中黃宗槼上世有親至是廷會
來宗槼與交通償謁事覺逮下詔獄禮部請並罪
賦革其賞世宗曰陳賦無罪賞如例蔡廷會交結
朝臣法當重治念屬貢使姑革賞示罰蔡璟既永
樂中撥出何得於中國置產立籍行撫按官勘明
處分二十八年王遣正議大夫梁顯入貢宴賚如

例二十九年王遣官生蔡朝用等五人詣京請入
監讀書許之三十二年王遣長史梁炫入貢宴賚
如例三十四年王遣正議大夫梁碩入貢具言貢
舟至港其勢必壞請令使臣買海上民船駕還詔
福建守臣覆狀聽買不得過大又請放官生蔡朝
用等歸國省親許之遣使送歸未幾王卒在位二
十九年

尚元

嘉靖三十六年尚清第二子尚元遣正議大夫蔡
廷會等入貢請襲封先是三十五年倭寇自浙敗
還入海至琉球境中山王世子尚元遣兵邀擊盡
殲之得中國被掠人金坤等六名至是廷會等入
貢獻還因言窮島遠人須乘夏令遇南風汎始得
歸國乞如三十四年例每歲自行修買歸舟不候
題請世宗嘉其忠順許之仍賜勑奬諭賞銀五十
兩綵幣四表裏有功人馬必度及廷會等俱厚賜

三十七年遣給事中吳時來行人李際春爲正副使奉詔之國封世子尙元嗣王無何時來疏論大學士嚴嵩奸邪狀嵩言其畏航海之役故生事妄言世宗怒杖時來遣戍改命刑科給事中郭汝霖爲正使偕際春以行三十九年汝霖等尙未行而正議大夫蔡廷會入貢奉表謝恩稱受其世子命以海中風濤叵測倭人出没不時恐使者有他虞獲罪上國請如正德中封占城故事遣人代進表

文方物而身同本國長史梁炫等賫回詔冊不煩遣使廵按御史樊獻科以聞下禮部議言琉球在海中諸國頗稱守禮故累朝以來待之優異每國王嗣立必遣侍從之臣奉命服節冊以往今使者未至乃欲遥受冊命則是委君貺於草莽其不可一也廷會奉表入貢乃求遣官代進賝以小事大之禮棄世子專遣之命其不可二也昔正德中流賊爲梗使臣至淮安撫按官暫爲留住俟事寧卽

遣貢闕下占城國王爲安南所侵竄居他所故令使者賫回勅命乃一時權宜且此失國之君也造無稽之詞以欺天朝援失國之君以擬其主其不可三也梯航通道柔服之常彼所藉口者特倭人之警風濤之險耳不知琛賮之輸納貢使之往來果何由而得無患也其不可四也當時占城雖領回詔勅然其王沙古卜洛猶懇請遣使爲蠻邦光重且廷會非世子面命又無印信文移若遽輕信

其言萬一世子以遣使爲至榮謂遥拜爲非禮不肯受封復上書請使如占城將誰任其咎哉其不可五也乞令福建守臣以前詔從事便至於未受封而先謝恩亦非故典宜止許入貢方物俟受封後方進謝恩表文世宗從之四十一年汝霖等始奉詔至國詔曰朕受天命主宰寰宇凡政令之宣布惟成憲之是循其於錫封之典遐邇均焉爾琉球國遠處海阨聲敎漸被修職效義閱世已久故

國王尚淸顯荷爵封粤踰二紀茲者薨逝屬國請封世子元朕念厥象賢衆心歸附是宜承紹國統特遣正使刑科右給事中郭汝霖副使行人司行人李際春齎詔往封爲琉球國中山王仍賜以皮弁冠服等物王宜謹守禮度益篤忠勤凡國中官僚耆舊尚其同心翼贊以佐王飭躬勵行用保藩邦故茲詔示咸俾悉知王遣其舅源德偕汝霖等入謝詔陞汝霖爲光祿寺少卿際春爲尚寶司丞

初王以金四十兩餽汝霖等爲謝却之至是源德等齎所餽金請命世宗謂朝廷命使無受謝之義詔聽汝霖等辭尋以二臣遠行著勞各賜銀幣四十二年王遣正議大夫鄭憲入貢送還中國漂流人口世宗降勅褒諭賜鏹幣憲因奏本國亦有漂入中國者乞命守臣恤遣下其疏於瀕海所司四十四年王遣長史梁灼貢馬及方物送還本國北山守備鄭都所獲中國被掠人口世宗嘉王忠順再勅奬諭仍賜銀五十兩綵幣四表裏灼都各二十兩一表裏隆慶改元王遣使入貢宴賚如例二年王遣使入賀宴賚如例三年王遣守備由必都等歸日本掠去人口守臣以聞穆宗以王屢效忠誠賞銀幣同前仍賜勅奬勵由必都等給銀幣有差五年王遣正議大夫鄭憲入謝又歸被掠人口再勅奬勵賜銀幣給賞如前遣南監受學官生梁炤等三人歸國從王請也時二大島弄兵屢至那

霸王因自往撫之得疾危甚有國頭者籲天祈代王死竟死王返中山官其子厚卹之未幾王卒在位十七年

尚永

萬曆元年尚元世子尚永遣使入貢請襲封禮部行福建鎮廵官查勘又送還被掠人民奬賚如例二年世子遣王舅馬中叟長史鄭佑等十八人入貢賀登極宴賚如例三年世子兩遣使入貢四年

世子遣正議大夫蔡朝器等貢方物如例給賞外
神宗命每五日另給雞鵝米麪酒果以示優異以
戶科左給事中蕭崇業爲正使行人謝杰爲副使
齎皮弁玉圭往封尚永嗣王崇業等疏言四事一
須去詔勅如彼國懇留宜如例俯循其請一秩祀
海神合舉祈報二祭一造船宜專責府佐副以指
揮二員造完一併隨行一飲食物用弓矢器械以
及觀星占風聽水察土醫卜技藝之流畢備許酌
量取用悉如所請五年正議大夫梁灼入貢表稱

世子府崇業等尚未行也八年齎詔至國詔曰朕
受天明命君臨萬方薄海內外罔不來享延賞錫
慶恩禮攸同惟爾琉球國遠處海濱恪遵聲教世
修職貢足稱守禮之邦國王尚元紹序膺封臣節
采謹茲焉薨逝悼切朕衷念其侯度有常王封當
繼其世子永德惟象賢惠能得衆宜承國統永建
外藩特遣正使戶科左給事中蕭崇業副使行人

司行人謝杰齎詔往封爲琉球國中山王仍賜以
皮弁冠服等物凡國中官僚耆舊尚其協心翼贊
畢力臣扶懋猷勿替於承先執禮益虔於事上綏
茲有衆同我太平則亦爾海邦無疆之休勅王曰
惟爾先世守此海邦代受王封克承忠順迨於爾
父元畏天事大益用小心誠節懋彰寵恩洊被遽
焉薨逝良用悼傷爾爲冢嗣克修厥美群情既附
宜紹爵封茲特遣使封爾爲琉球國中山王并賜
爾及妃冠服彩幣等物爾宜恪守王章遵述先志

秉禮守義奠境安民庶幾彰朕無外之仁以永保
爾有終之譽王遣王舅馬良弼入謝偕陪臣子鄭
周等三人就學命送南京國子監如例給衣糧九
年王遣正議大夫梁燦入貢十一年王遣使梁約
入貢十五年王遣正議大夫鄭禮謝恩別遣使貢
方物宴賞悉如例是年王卒在位十六年

尚寧

萬曆十九年尚圓嫡孫尚寧遣使鄭禮入貢言國方多事未暇請封部咨該國世子宜速請襲爵鎮壓國人毋以地方多事爲辭二十三年國人哈那等船飄溫州浙江巡撫劉元霖以聞神宗命優恤遣還二十七年寧遣使鄭道等入謝請冊封部議不必遣官但取具該國王舅法司等官印結與世子奏本到即頒封神宗曰既來請着選廉勇武臣一員同往行禮二十九年禮部右侍郎署尚書事

朱國祚言琉球國僻處東南世修職貢時當承襲屢遣倭警延遲至今既經世子尚寧奏請相應准封其該用皮弁冠服紵絲等項宜照例應付遣官已奉明旨但據其陳乞情詞援引會典必以文臣爲請惟聖明裁定得旨如請命兵科給事中洪瞻祖行人王士禎爲正副使往時浙江巡撫劉元霖報獲海船係琉球差探封貢聲息其中類倭數八衣笠刀仗皆倭物會同館譯問長史蔡奎奎不能

辨神宗命待該國質審回奏再遣瞻祖等往已而瞻祖以憂去以兵科右給事中夏子陽代之三十二年世子遣王舅毛繼祖等入賀冊立東宮并謝賜還本國漂流人口各賜衣服帽襪三十三年神宗命冊封使臣夏子陽等作速渡海以彰大信仍傳諭彼國以後領封海上著爲定規先是萬曆二十三年琉球使臣於霸等爲世子尚寧請封撫臣許孚遠以倭氛未息議遣使齎勅至福建聽來使

面領或遣慣海武臣同彼國使臣往得旨待世子表請然後如議頒封迨二十八年請封表至則有用武臣之旨二十九年世子再疏乞差文臣始改後命於時子陽等方齎勅入閩而巡按方元彥以濱海多事警報頻仍偕撫臣徐學聚請仍遣武臣前往子陽等具言屬國言不可爽使臣義當有終乞堅成命以慰遠人俱未報而禮部侍郎李廷機言宜斷行領封初旨并武臣之遣而罷之於是御

史錢桓給事中蕭道高各具疏力言其不可且云此議當在欽命未遣之先不當在冊使既行之後宜行該撫速造海船勿悞今年渡海之期俟事竣復命然後定爲畫一之規先之以文告令其領封海上永爲遵守從之於是子陽等齎詔之國詔曰朕恭膺天命誕受多方爰曁海隅罔不率俾聲教所訖慶賚惟同爾琉球國僻處東南世修職貢自我皇祖稱爲禮義之邦國王尚永祗襲王封恪遵

侯度倏焉薨逝良惻朕心其世子寧賢足長人才能馭衆間關請命恭順有加念其國統攸歸人心胥屬宜膺寵渥固我籓籬特遣正使兵科右給事中夏子陽副使行人司行人王士禎齎詔往封爲琉球國中山王仍賜以皮弁冠服等物凡國中官僚耆舊尚其殫忠輔導協力匡襄堅事上之小心鞏承先之大業永綏海國共享昇平惟爾君臣亦世世永孚於休又勅王曰惟爾上世以來建邦海

外代膺封爵長固籓維爾父永恪守王章小心祗畏忠誠茂著稱我優嘉遽至長終良深悼惻爾爲家嗣無忝象賢既允羣情宜崇位號特茲遣正使兵科右給事中夏子陽副使行人司行人王士禎齎勅諭封爾爲琉球國中山王并賜爾及妃冠服綵幣等物爾宜益虔侯度克紹先猷保乂人民奠安境土庶幾恢朕有截之化抑亦貽爾無疆之休三十四年夏子陽等事竣復命陞子陽爲太常寺

少卿王士禎爲光祿寺丞王遣王舅毛鳳儀及正議大夫阮國入謝并以二使所却鑛金上於朝神宗命來使齎回王附奏洪永間賜閩人三十六姓知書者授大夫長史以爲朝貢之司習海者授通事總爲指南之備今世久人湮文字音語海路更針常至違錯乞依往例更賜事下禮部寢之三十六年王遣使鄭子孝等十三人入貢宴賚如例三十八年王遣王舅毛鳳儀長史金應魁急報倭警

致緩貢期福建巡撫陳子貞以聞四十年浙江總
兵官楊崇業奏報倭情言探得日本以三千人入
琉球執中山王遷其宗器宜勅海上嚴加訓練而
兵部疏言倭入琉球獲中山王則三十七年三月
事也於時福建巡撫丁繼嗣奏琉球國使栢壽陳
華等執本國咨文言王已歸國特遣修貢臣竊見
琉球列在藩屬固已有年但爾來奄奄不振被拘
日本卽令縱歸其不足爲國明矣況在人股掌之

上保無陰陽其間且今來船方抵海壇突然登陸
又聞已入泉境忽爾揚帆出海去來倏忽迹大可
疑今又非入貢年分據云以歸國報聞海外遼絶
歸與不歸誰則知之使此情果眞而貢之入境有
常體何以不服盤驗不先報知而突入會城貢之
尚方有常物何以突增日本物於硫黃馬布之外
貢之齎進有常額何以人伴多至百餘名此其情
態已非平日恭順之意況又有倭爲之驅哉但彼

所執有詞不應驟阻以啓疑貳之心宜留正使及
人伴數名候題請處分餘衆量給廩食遣還本國
非常貢之物一并給付帶回始足以壯天朝之威
正天朝之體章下禮部覆如撫臣言四十四年王
遣通事蔡廛來言邇聞倭寇造戰船五百餘隻欲
協取鷄籠山恐其馳突中國爲害閩海故特移咨
奏報福建巡撫黃承立以聞據世纘圖云浦添孫
慶長卽察度之孫不知何以與於日本自薩州島

舉兵入中山執王及羣臣以歸留二年相傳法司
鄭某不屈被殺而王危坐不爲動慶長曰有此氣
象無惑乎受天朝封號也卒放回或云割地與之
卽北山也在位三十二年

按世纘圖云尚清爲天纘王子則非尚眞之子
明矣乃傳元及永已歷三世何以又及圓之孫
尚寧而寧又及於元之孫尚豐其詳不可攷

尚豐

天啓改元頒登極詔於福建布政司轉命衛指揮蕭崇基齎詔之國三年尚豐遣使蔡堅等貢硫黄馬匹請襲封尚豐者尚元第三子尚久之子元之孫也先是定期二年一貢萬曆間國被倭難詔停貢已十年至是以爲言部議本國休養未久暫擬五年一貢待冊封後另議五年豐遣使入謝并乞封典六年兩遣使入貢七年遣正議大夫蔡延等入貢宴賚悉如例崇禎改元豐遣使入貢再申前

請命戸科左給事中杜三策爲正使行人司司正楊掄爲副使齎詔及儀物往封尚豐爲琉球國中山王六年三策等始至國王遣使入謝九年遣使入貢宴賚悉如例在位二十年

尚賢

崇禎十二年尚豐第三子尚賢遣使蔡堅等入貢宴賚如例十七年遣使金應元入貢兼請襲封會中朝道阻不得歸在位七年

尚質

大清順治三年福建平先是尚賢請封未報使者留滯閩中至是與通事謝必振等至江寧投經畧臣洪承疇轉送入京禮部言前朝勅印未繳未便授封遣通事諭旨六年賢之弟尚質自稱世子遣本國通事周國盛齎表歸誠隨通事入朝七年遣王舅何榜琨正議大夫蔡錦等奉貢入賀船漂没未達八年

世祖章皇帝令來使周國盛齎勅歸諭世子九年始抵國十年世子遣王舅馬宗毅正議大夫蔡祚隆等貢方物繳前朝勅印請封備言其國王殁勅印隨葬惟尚寧未葬故即以寧勅齎繳十一年世祖遣兵科愛惜喇庫哈番張學禮爲正使行人司行人王垓爲副使齎勅印并彩幣往學禮等以往例無可稽考疏請十事部議賜一品麟蟒服於欽天監選取天文生一人南方自擇醫生二人賜儀

仗給驛護送外給從人口糧至福建修造渡海船
選將弁二兵二百人隨行十五年因海氛未靖還
京待命
今上御極念遠人延佇日久譴責學禮等卒遣行康
熙二年春
詔勅至國
詔仍順治十一年所頒
勅則康熙元年也

勅曰皇帝勅諭琉球國世子尚質爾國慕恩向化遣
使入貢
世祖章皇帝嘉乃抒誠特頒恩賚命使兵科副理官
張學禮等齎捧勅印封爾爲琉球國中山王乃海
道未通滯閩多年致爾使人物故甚多及學禮等
奉掣回京又不將前情奏明該地方督撫諸臣亦
不行奏請迨朕屢旨詰問方悉此情朕念爾國傾
心修貢宜加優卹乃使臣及地方各官逗留遲悞

豈朕柔遠之意今已將正副使督撫等官分別處
治特頒恩賚仍遣正使張學禮副使王垓令其自
贖前罪暫還原職速送使人歸國一應勅封事宜
仍照
世祖章皇帝前旨行朕恐爾國未悉朕意故再降勅
諭俾爾聞知
詔曰帝王祗德應治協於上下靈承於天時則薄海
通道罔不率俾爲藩屏臣朕懋纘鴻緒奄有中夏

聲教所綏無間遐邇雖炎方荒略亦不忍遺故遣
使招徠欲俾仁風暨於海澨爾琉球國粤在南徼
乃世子尚質達時識勢祗奉明綸即令王舅馬宗
毅等獻方物禀正朔抒誠進表繳上舊詔勅印朕
甚嘉之故特遣正使兵科副理官張學禮副使行
人司行人王垓齎捧詔印往封爲琉球國中山王
仍錫以文幣等物爾國官僚及爾氓庶尚其輔乃
王飭乃侯度協攄乃藎守乃忠誠愼乂厥職以凝

休祉綿於奕世故茲詔示咸使聞知賜王印一紐
幣三十疋妃緞幣二十疋三年王遣陪臣吳國用
金正春入謝疏言捧讀勅諭因臣使物故甚多滯
閩日久將正副使併督撫諸臣處治但中外均屬
臣子臣躬承天庥不能少爲諸臣之報而反重爲
諸臣之累臣何人斯豈能宴然清夜
上命還學禮等原職七年十一月十七日王卒
按世纘圖日王在位二十年則嗣位當在順治

六年
尚貞
康熙十九年尚質世子尚貞遣使入貢
上以貞恪共藩職當耿精忠叛亂之際屢獻方物恭
順可嘉賜勅褒諭仍賜錦幣五十疋又于常貢內
免其貢馬著爲例二十一年世子遣耳目官毛見
龍正議大夫梁邦翰上言先王尚質於康熙七年
告薨貞嫡嗣應襲爵具通國結狀請封禮部議航

海道遠應令貢使領封見龍等固請部議兟不可
上特允之集廷臣會推堪使者命翰林院檢討臣汪
楫爲正使內閣中書舍人臣林麟焻爲副使楫等
疏奏冊封事關大典奉使理宜詳慎等事言本朝
成例及明季會典皆遣科員行人爲正副使
皇上以關係出使外國特命九卿詹事科道會推臣
等欽承特簡不敢畏難除應行舊典悉如順治十
一年例謹陳未盡事宜七條一請頒
御筆現今各省皆蒙頒賜琉球向化既久夙稱守禮
之邦似應頒賜俾海外臣民群瞻

睿藻一請照例
諭祭海神一渡海之期部議偕貢使同往但貢使方
去未必即來臣請但有彼國鄉導便可出洋不必
專偕貢使庶公事得以早竣廩給不致虛糜一請
帶修船官匠一同渡海庶任事經心一請給關防
以稽詐冒一請增兵護行以壯國威一請預支俸

銀爲辦裝賚禮部盡格不行
上命會同戶兵工三部再議奏上
御筆大書中山世土四字賜王特許帶修船匠役隨
行製祭文二道祈報海神并給俸二年以往二十
二年臣楫等至閩時總督臣姚啓聖等方治兵攻
臺灣遂不傒造船徑取戰艦渡海先行諭祭故王
禮
諭祭文曰朕受天景命君臨萬邦殊方海澨罔不賓

服凡有恪共藩職累世輸誠則必生加錫命之榮
歿隆賻䘏之典所以旌揚歸附柔懷荒遠垂爲國
憲昭示億年爾琉球國中山王尚質式廓前徽誕
膺世祚作藩屏於南海輯圭瑞於中邦浮航貢賮
凛遵王享之規踰險求章虔秉朝宗之志方謂河
山永固帶礪之胙常存何期霜雪遽零松栢之姿
忽謝眷言藩服朕實傷焉爰沛褒綸優加祭䘏賜
䘏銀一百兩濶絹五十疋

冊封詔曰朕躬膺天眷統御萬邦聲教誕敷遐邇率
俾粤在荒服悉溥仁恩奕葉承祧并加寵錫爾琉
球國地居炎徼職列藩封中山王世子尚貞屢使
來朝貢獻不懈當閩疆反側海寇陸梁之際篤守
臣節恭順彌昭克殫忠誠深可嘉尚茲以序當纉
服奏請嗣封朕惟世繼爲家國之常經爵命乃朝
廷之鉅典特遣正使翰林院檢討汪楫副使內閣
中書舍人加一級林麟焻齎詔往封爲琉球國中

山王爾國臣僚以及士庶尚其輔乃王愼修德政
益勵悃誠翼戴天家慶延宗祀實惟爾海邦無疆
之休故茲詔示咸使聞知又勑王曰惟爾遠處海
隅虔修職貢屬在冢嗣序應承祧以朝命未膺罔
敢專擅恪遵典制奉表請封朕念爾世守臣節忠
誠可嘉特遣正使翰林院檢討汪楫副使內閣中
書舍人加一級林麟焻齎勑封爾爲琉球國中山
王并賜爾及妃文幣等物爾祗承寵眷懋紹先猷

輯和臣民愼固封守用安宗社於苞桑永作天家
之屏翰欽哉毋替朕命賜王蟒緞錦幣三十疋妃
二十疋臣楫等至國宣布
朝廷文德武功舉國傾心風被七島莫不慕化且減
免供應約束兵弁毋犯秋毫國人胥悅先是國久
不雨冊封後大雨如注國中向不知祀孔子
皇上文教覃敷無遠弗屆康熙十二年始建至聖廟
於那霸臣楫等將旋王親詣館舍令陪臣致詞曰

海隅下國遠被
皇仁宸翰褒嘉綸音寵錫惟期忠誠世守仰荅天心
但僻處彈丸常慚鄙陋執經無地向學有心今
皇上聖學高深超邁萬古願令陪臣子弟四人赴京
受業敢祈天使轉奏臣楫等歸具疏以請
上許之舊制王宴使臣每宴必以金爲餽臣楫等皆
固辭不受積七宴金共百九十有二兩至是王遣
謝恩官法司王舅毛國珍紫金大夫王明佐等疏

聞請勅使臣收受部議不可
上特允所請王又疏恭謝
天恩兼陳封舟瑞應疏言歷查前代請封雖蒙恩准
遣使而奉命以後每遲至三四年而後臨臣國甚
有十餘年而後臨臣國者如前封順治十一年遣
使直至康熙二年始臨臣國若使臣汪楫等之朝
拜命而夕就道且當海疆多事之時衝風冒險而
來從前所未有也更有非常之瑞應爲

皇上陳之臣國僻在海東去中國不可以道里計往
者封舟開駕惟恃西南風而行中道絕無停泊處
故數旬而後至者有之月餘而後至者有之甚至
水米俱盡更有不可言者從未有自五虎門開洋
三晝夜而達小國者也臣差有大夫通事舵工伙
長迎護封舟渡海親見舟行之際萬鳥繞篷而飛
兩魚夾舟而送經過之處恍如夢寐不知已抵琉
球內地矣通國耆老臣民無不以爲此開闢以來

所未有不啻從天而降此皆
皇上之文德功烈格天感神且有
御筆在船所以有如此之瑞應也臣自受封以後颶
風不作雨澤應期臣身亦加安泰此皆
皇上之賜也而兩使臣之克副任使眞不愧
皇上之特簡矣臣以爲宜宣付史館記載其事以彰
聖朝之瑞應以紀
皇上之實政章下所司

奉送
翰林汪先生還
朝兼祝
誥封檢討公八十大壽序
康熙二十二年六月
翰林汪先生奉
皇帝命來中山三日而涉大海國之遺老舊臣傳說
上世天佑神庥之盛迄未有神速若此者
中國聖人之使不問而知爲非常人矣卽思覩其狀
貌聆其謦欬溯洄從之所司以舊制告不獲卽
見惟日聞先生馭衆之嚴明持巳之正大以及
恤我窮黎靡有遺照顧見之心益切而起居偶
一不戒幾爲參苓所悞　先生膈垣如鏡指授
醫來不旬日而霍然起余於是益歎　先生之
不可測而深惜執綏之不早也廹
帝命既宣我心可寫　先生信處信宿遽治歸帆余

以舊制候風多在冬仲而　先生言歸愈急詢之左右乃知　先生尊人
封檢討公以甲子壬正壽登八十　先生旣懷
帝闕又念親闈不遑啟處良有以也余辱　先生臨存下國幸托通家不獲修登堂之禮爰命群臣粗知文藝者各占數語爲壽　先生備非常之
德爲
聖人之使

封檢討公有
聖人爲之君有　先生爲之子其福壽殆不可量奚取於不文之言然余思一見
封檢討公而不可得旣見　先生而又不肯羁則惟托於不文之言以見志　先生其肯爲我登堂誦之乎
康熙癸亥秋月
敕封琉球國中山王尚貞頓首拜撰

題畫奉祝
誥封翰林院檢討汪太公壽
咏松竹　通家晚生尚弘毅
何以祝華封山川隔萬重堂前千畝竹堂上兩株松
咏雙松　通家晚生尚　純
鬱鬱雙松樹蒼蒼百歲姿要知强與健偏在歲寒時

法司官　毛國珍
滿頭白髮老南華九九春光日未斜東海壽杯斟不盡何須洞口問胡麻
咏松　法司官　毛泰永
植體宜千仞垂陰動百尋李膺真烈烈和嶠自森森桃李何堪較雪霜安得侵萬年身不老種子又成林
咏松　法司官　翁自儀

山有喬松枝如游龍何以擬之天祿萬鐘
山有喬松蒼蒼其色云誰照之老人南極

咏松竹　王舅　毛自義

水光山色年年碧竹葉松枝處處同八十老翁
顏色好一觴遥落海雲東

咏菊　紫巾官　夏德宣

中山十月菊初黃但見陽和不傲霜滿把摘來
香在手還家高捧萬年觴

咏松　紫巾官　毛允麗

虬根鐵幹走蛟螭但見龍挺不記時借問盤桓
有何好伏生終日嘆松脂

紫金大夫王明佐

渡海纔三日還家祝萬年姓名香案吏文采玉
堂仙蜀嶺梅方蕚緩山桃最鮮遥知獻觴處歌
頌滿華筵

咏松　耳目官　吴世俊

泰華山松高接天帡幪宇宙作雲煙海隅有望
清光者遥拜龍鱗慶大年

耳目官　章受祜

金門上客御風來應有神仙進壽杯持向高堂
勸雲液分明紫氣得蓬萊

咏松菊　正議大夫鄭宗善

八十家居樂太平悠然把酒似淵明人間花柳
知無數不及庭前松菊情

正議大夫梁邦翰

星使迢遥萬里遊一天雨露溥荒陬君歸喜見
雙松茂不減舊容千度秋

正議大夫鄭永安

八十方初度風雲千載開佳辰逢岳降和氣擁
春臺長見雙松茂喜看青鳥來錦旋遑啓處歡
進九霞杯

中議大夫鄭宗德

人間何處有丹丘紫氣常盈帝子樓此日群仙
望南極一齊騎鶴上揚州
中議大夫陳初源
亘天紫氣浩無邊白髮飄飄望錦旋春色爭光
年未老名聞海外祝椿年
咏菊　中議大夫孫自昌
景雲縹緲擁瓊臺千載奇花從此開欣值高堂
初度日臨風遠寄紫霞杯

咏竹　遏闥理官楊有猥
寄葉呈新綠疎枝拂舊寒遠人無以獻持此當
琅玕
遏闥理官文克繼
錦衣將紫誥百拜祝封君下有五色花上有五
色雲
遏闥理官毛知傳
聲名蓋代是汪倫無價文章動海濱遙望江南

秀色好龍葱古栢一堂春
咏松菊　長史　蔡應瑞
撫松種其子採菊餐其英得華復得實豈爲一
時榮種松枝葉茂餐菊顏色好蒼翠滿華堂堂
中人不老
咏竹　長史　鄭弘良
蓬山有浮筠青鸞相盤旋天風偶一吹聲如鐘
磬傳昔有離婁公餌之成神仙汪公居竹西服

食應共然
咏松竹　那霸官　栢　茂
竹箭之筠松栢心四時不改常森森我公對此
酌大斗芝蘭玉樹共長吟
咏竹　那霸官　吳　彬
瞻彼青青竹群居獨不群無心自承露有幹直
凌雲

維
大清康熙二十三年歲次甲子孟夏月丙申朔越二
十有二日丁巳之辰
勅封琉球國中山王謝
恩使臣法司官王舅毛國珍紫金大夫王明佐使者
昌威都通事曾益等謹致祭於
大清勅封徵仕郎翰林院檢討鄉飲大賓汪太公暨
勅封孺人汪母閔太君之靈嗚呼太公太君何遂

相繼逝耶昨歲之夏
天使奉
皇帝命臨存下國入秋即整歸帆以今年王正太公
壽登八十用是宜命既畢不遑安處爰摯陪臣
國珍等並航中土叩
闕謝恩國珍等自幸道經惟揚得覲
天朝人瑞歸報國君喜可知也何國珍等乘傳渡
江遽覲凶問欲一泥首堦前而不可得嗚呼自

天使至中山爵我長君奠我社稷拊循我臣民恤
小之義靡不周國之中自王后以迄士庶戴我
天使如怙如恃益念
皇帝之愼簡天使以懷我冠帶之邦萬里外服如在
几案間今
大使以馳驅靡盬自失怙恃國珍等拜瞻靈几又
重悲孝子之勞王事而不獲依依於苫塊也雖
然禮七十曰傳八十曰耋公迄母已登壽考又

有
天使爲之子服命旣膺
帝心簡在正未有艾太公太君亦可以含笑九京矣
有酒盈樽有肴盈豆靈其格止尚
饗

册封疏钞不分卷

〔清〕汪楫撰

《册封疏鈔》不分卷，清汪楫撰。康熙二十二年（一六八三）第二次册封琉球，汪楫以翰林院檢討充正使，歸後除撰《使琉球雜録》、《中山沿革志》外，復彙輯此行前後詔書、敕諭、奏文等而成此書。所載詔書、敕諭、諭祭文、祭海神文、琉球國請封文書、禮部題本、汪楫奏本及琉球國王謝封文書等篇，備記出使始末、海道往返情形及册封體制。

據清康熙間刻本影印。

奉
天承運
皇帝詔曰朕恭膺
天眷統御萬邦聲教誕敷遐邇率俾粤在荒服悉溥
仁恩奕葉承祧並加寵錫爾琉球國地居炎徼職
列藩封中山王世子尚貞屢使來朝貢獻不懈當
閩疆反側海寇陸梁之際篤守臣節恭順彌昭克
殫忠誠洊可嘉尚茲以序當纘服奏請嗣封朕惟

世繼爲家國之常經爵命乃朝廷之鉅典特遣正
使翰林院檢討汪楫副使內閣中書舍人加一級
林麟焻齎詔往封爲琉球國中山王爾國臣僚以
暨士庶尚其輔乃王愼修德政益勵悃忱翼戴天
家慶延宗祀實惟爾海邦無彊之休故茲詔示咸
使聞知

（皇帝之寶）
康熙二十一年六月十一日

皇帝勅諭琉球國中山王世子尚貞惟爾遠處海隅
虔修職貢屬在冢嗣序應承祧以朝命未膺罔敢
專擅恪遵典制奉表請封朕念爾世守臣節忠誠
可嘉特遣正使翰林院檢討汪楫副使內閣中書
舍人加一級林麟焻齎勅封爾爲琉球國中山王
并賜爾及妃文幣等物爾祗承寵眷懋紹先猷輯
和臣民愼固封守用安宗社于苞桑永作天家之
屏翰欽哉毋替朕命故諭

頒賜國王
蟒緞二疋　青彩緞三疋
藍綵緞三疋　藍素緞三疋
閃緞二疋　衣素二疋
錦三疋　紗四疋
羅四疋　綢四疋
頒賜妃
青綵緞二疋　藍綵緞二疋

粧緞一疋　藍素緞二疋
閃緞一疋　衣素二疋
錦二疋　紗四疋
羅四疋

廣　運
康熙二十一年六月十一日
之　寶

維康熙二十二年歲次癸亥八月庚子朔越六日
乙巳
皇帝遣正使翰林院檢討汪楫副使中書舍人林麟
焻
諭祭於故琉球國王尚質之靈曰朕受景命君臨萬
邦殊方海澨罔不賓服凡有恪共藩職累世輸誠
則必生加錫命之榮歿隆賻卹之典所以旌揚歸
附柔懷荒遠垂爲國憲昭示億年爾琉球國中山

王尚質式廓前徽誕膺世祚作藩屏于南海綏島
服以咸寧輯圭瑞于中邦莅民人而胥靖浮航貢
費凛遵王享之規踰險求章虔秉朝宗之志方謂
河山永固帶礪之祚常存何期霜雪遄零松柏之
姿忽謝眷言藩服朕實傷焉爰沛褒綸優加祭卹
嗚呼爾敦以下奉上之節忠誠克勵于遐方朕弘
視遠如邇之仁錫賚宜崇夫典數肆陳芬苾尚其
來歆

維康熙二十二年歲次癸亥六月壬申朔越二十
日辛卯
皇帝遣冊封琉球國正使翰林院檢討汪楫副使中
書舍人林麟焻致祭于
海神曰惟神顯異風濤效靈瀛海扶危脫險每著
神功捍患禦災允符祀典茲因冊封殊域取道重
溟爰命使臣絜將禋祀尚其默佑津途安流利涉
克將成命惟神之休謹
告

維康熙二十二年歲次癸亥十二月戊戌朔越八
日乙巳
皇帝遣冊封琉球國正使翰林院檢討汪楫副使中
書舍人林麟焻致祭于
海神曰惟神誕昭靈貺陰翊昌圖引使節以遄征
越洪波而利濟殊邦往復成事無愆克暢國威實
惟神佑聿申昭報重薦苾芬神其鑒歆永有光烈
謹
告

禮部謹　題爲恭請
大朝恩賜封爵以昭盛典以守藩服事禮科抄出琉
球國中山王世子尚貞奏前事內開切臣父先臣
尚質於康熙七年十一月十七日以疾告薨臣貞
泒由嫡嗣例應承祧但賜命必從
君恩微臣焉敢擅擬謹遵舊典請封仰望　綸恩賜
襲茲敬遣貢使陪臣毛見龍梁邦翰等賫馳伏奏
冒瀆

聖聰伏懇
皇上垂念臣祖父久循恭順之微忠大造彈丸之澤
國　賜降恩封俾効職守庶　寵命得以重承緒
業無虞隕墜矣臣貞謹奉表請外合具奏明無任
激切翹首待命之至謹具奏以聞康熙十九年九
月三十日奏二十年十一月十四日奉
旨該部議奏欽此欽遵於十一月十五日到部查康
熙八年臣部題覆福建廵撫劉秉政爲稟報事一

疏內開琉球國中山王尚質於康熙七年十一月
十七日病故因海國不可一日無君權爲執政未
敢稱王容後貢之日題請冊封王爵等語應俟其
進貢請封具題之日封王并故王賜䘏一併再議
等因具題奉
旨依議欽遵在案又查順治十一年臣部題覆琉球
國中山王世子尚質爲請封王賜給勅印事一疏
內開琉球國係初歸遠國相應特遣官員賫捧勅

印前往冊封以示
皇上柔遠之意等因具題奉
聖旨琉球遠國歸化忠誠可嘉著照例特遣官員賫
捧勅印前往冊封昭朕柔遠之意餘依議行欽此
欽遵特遣官員賫勅印前往將琉球國王世子尚
質封王在案該臣等議得琉球國中山王世子尚
貞奏稱臣父尚質于康熙七年十一月十七日以
疾告薨謹遵舊典請封　綸恩賜襲等語今琉球

國中山王世子尚貞照伊父尚質封王之例賜勅
封爲琉球國中山王其給與勅諭內閣撰擬俟命
下臣部之日將遣官并賜卹故王尚質之處再議
具題可也等因康熙二十年十二月初一日題本
月初四日奉
旨依議

禮部謹　題爲恭請
天朝恩賜封爵以昭盛典以守藩服事禮科抄出該
本部題覆琉球國中山王世子尚貞奏前事等因
康熙二十年十二月初一日題本月初四日奉
旨依議欽此欽遵于本月初五日到部該臣等議得
查順治十一年封琉球國世子尚質爲王時因初
歸之國特遣官給勅印授封康熙十三年安南國
王黎維禧病故臣部具題賜卹給銀一百兩絹五

十疋遣官讀文致祭康熙十二年封暹羅國王時
因航海道遠隨去官兵甚多又需時日暹羅迎送
勞苦停其遣官將誥印令來使帶去等因具題已
令帶去今與琉球國故王尚質賜卹及世子尚貞
襲封王爵若遣官航海道遠隨去官兵甚多所需
錢糧甚廣相應停其遣官將給與尚貞承襲伊父
中山王之勅及給與故王尚質賜卹銀一百兩絹
五十疋祭文謄黃令來使捧去俟　命下之日祭

文由翰林院撰擬銀絹由戶部支取又查順治十
一年具題因初封尚質爲中山王賞賜王各色緞
三十疋賞賜妃緞二十疋其賞賜禮物數目仍照
例由內閣撰勅一道帶去與王後不爲例等因奉
聖旨依議欽此遵行在案今琉球國中山王世子尚
貞係承襲王爵所賞給王併妃之處無容議可也
等因康熙二十年十二月十八日題本月二十二
日奉

旨依議琉球國世子尚貞父子世守臣節忠誠可嘉
王併妃著照例賞賜

禮部謹　題爲懇查封典成例以彰
皇恩以全使臣歸國事據琉球國貢使毛見龍等呈
稱切龍等奉本國世子差來進貢及請封事宜臨
行吩咐凡事務求前例以盡琉球世世臣事中國
之道此番敝國照封先王之例所有接待　天使
衙門諸物舉國臣民盡心竭力皆已齊備唯望
天使賁臨同沾雨露近龍等元旦入賀聞知
俞旨允襲王爵其勅書賜卹等物令龍等帶回龍等

晝夜驚惶切思琉球歸順多年朝貢不絕歷代受
封俱有遣官與別國不同且今日
皇威遠播一統昇平凡屬赤子莫不謳吟卽龍等海
外末員聞知亦自歡呼起舞若此勅書令龍等帶
回何以昭
帝治于海域布　神武于遐方冊封重典彝員難任
不已合情冐叩　大部哀憐屬國末員奉世子吩
咐倘有難已事情必須哀求轉奏今　大部已爲

題准襲封唯遣官一事未行無以為報世子使臣
難以歸國不得不冒死哀求乞為原情轉奏俯察
遣官舊例以廣
皇恩而　大部柔遠洪慈與天地等矣等因具呈到
部查先封琉球國世子尚質為王時因初歸之國
特遣官給勅印授封封暹羅國王時因航海道遠
隨去官兵甚多又需時日暹羅迎送勞苦停其遣
官將誥印令來使帶去今琉球國歸順年久非初

歸之國其琉球國貢使毛見龍等具呈懇請之處
無容議仍照前
旨遣行可也等因康熙二十一年正月二十二日題
本月二十五日奉
旨冊封琉球國王應遣官前往着再議具奏

禮部等衙門謹　題為懇查封典成例以彰
皇恩以全使臣歸國事禮科抄出該臣部議前事內
開禮科抄出臣部將琉球國貢使毛見龍等呈前
事題覆賜卹琉球國故王併封世子尚貞為王將
內閣翰林院臣部六科行人司漢官為正副使前
去應俟　命下之日將應遣官員職名開列具題
等因具題奉
旨依議欽此該臣等議得賜卹琉球國故王并封世

子尚貞為王將內閣翰林院臣部六科行人司應
遣漢官職銜開送已經行文咨覆前來今准內閣
開送漢典籍一員撰文中書舍人四員辦事中書
舍人二十員翰林院漢編修二十三員檢討二十
四員修撰一員臣部漢主事三員吏科等六科漢
給事中三員行人司行人三員咨送前來其內應
遣正副使官二員等因康熙二十一年二月十九
日題本月二十二日奉

旨並本內各衙門官員有全行開列者有開列甚少
者且應差官員自何品級開起有無定例著再一
併察明具奏欽此欽遵于本月二十三日到部該
臣等再議得查康熙十二年題定嗣後凡外國進
貢請封應遣官員具題請
旨將內閣翰林院禮部六科行人司漢官爲正副使
等語並無定有差何品級官員又查順治十一年
差往封琉球國世子尚質爲王臣部將科衙門漢

給事中官員行人司衙門官員職名開列具題奉
旨着給事中張學禮行人王垓前往在案故臣部郎
中職名未曾開列其六科行人司未曾開送官員
有何事故查明開送移文去後今准六科手本內
開查舊例順治十一年封琉球國王六科開送散
給事中六員相應照例開送等語又准行人司手
本內開司正司副行人共十四員內有出差四員
其餘官員因染病未曾開送今據開送等語臣部
郎中四員員外二員主事四員員外郎一員闕差
一員缺未補主事一員降級調用主事二員因有
會試提調事宜未曾開列臣部先將郎中及會試
同考官員並出差官員俱未開列今因會試事畢
將翰林院編修六員檢討三員臣部郎中四員主
事二員戶禮刑三科給事中三員行人司衙門官
七員一併增加開列應遣正副使官二員臣等未
敢擅便謹題請

旨康熙二十一年三月初二日題本月十九日奉
旨關係出使外國着九卿詹事科道會推具奏

禮部謹　題爲懇查封典成例以彰
皇恩以全使臣歸國事禮科抄出該臣部題前事內
開禮科抄出臣部將琉球國貢使毛見龍等呈前
事等因開列職名于康熙二十一年三月初二日
題本月十九日奉
旨關係出使外國着九卿詹事科道會推具奏欽此
欽遵于本月二十日到部該臣等公同會推得琉
球國應差部院衙門官員內翰林院檢討汪楫爲

正使內閣辦事中書舍人加一級林麟焻爲副使
前去可也等因康熙二十一年三月二十六日題
四月十四日奉
旨遣汪楫爲正使林麟焻爲副使

冊封琉球國正使翰林院檢討臣汪楫等謹　題
爲冊封事關大典奉使理宜詳愼謹陳管見仰冀
睿裁事我
皇上文德武功無遠弗屆域中既已大定海外莫不
歸誠近者琉球請封
恩命遣使切炤本朝成例及故明會典皆遣科員行
人爲正副使
皇上以關係出使外國特命九卿詹事科道會推臣

等樗櫟散材濫叨衆舉欽承
特簡不敢畏難祇愧專對之無能敢謂涓埃之可効
除應行舊典已經部題請
旨俱照順治十一年之例欽遵在案臣等不揣愚昧
謹將未盡事宜臚列七條爲我
皇上陳之
一請頒
御筆

皇上聖學開天超絕萬古現今遣官恭賫
御筆頒賜各省臣愚以爲琉球國嚮化既久夙稱守
禮之邦似應沛恩頒賜俾海外臣民羣瞻
睿藻亦亘古未有之盛事也伏候
上裁
一請
諭祭海神海神天妃靈感最著已蒙
皇上勅封臣見萬曆四年使臣蕭崇業所刻使琉球

一書詔勅之外即載有諭祭祈海神文報海神文
二道確然可考
皇上懷柔百神萬靈効順似當照例祈報以迓神庥
伏候
上裁
一渡海之期部議臣等至福建等候琉球進貢來
使至京事畢一同前往但貢使今春方去未必今
冬即來臣等既奉

欽命不敢覩望遷延查順治七年琉球進貢船隻飄
沒無踪而現今又見部覆琉球阻風未返之難彛
請給口糧豢養可見海波最險風信難憑彼國貢
使難望其尅期必到臣請惟候渡海船隻及器用
各事備齊但有彼國鄉導便可按期出洋似不必
專候貢使同往庶公事得以早竣廩給不致虛糜
伏候
上裁

一請帶修船官匠一同渡海大海茫茫人惟以船
爲命若監造不力修艌不固萬一中流失事則諉
其過於風濤而已無與非所以重大典也臣請
勅下福建督撫第一以選船爲急務無論造新修舊
務委廉幹官員誠實工匠料理堅好臣等渡海即
帶所委官匠一同前往庶任事時各各經心不敢
以他人之性命爲輕試而臣等仗
皇上洪福庶幾無意外之虞矣伏候

上裁
一請給關防奉使海邦遠涉異域恐有章奏文移
若無關防何以爲信查部文開載如有奏請許從
該撫代奏臣思卽屬撫臣代奏亦必據臣之咨文
而後可以具題若空白文移從何稽查詐冒況遠
方或有見聞詎當自行封奏則關防實不可無似
宜鑄給以爲符驗者也伏候
上裁

一請酌定護送渡海官兵臣謹按宋史元史及廣
輿圖攷諸書琉球與彭湖島相望不遠今爲海逆
竊據閩督臣姚啓聖等正在統兵進勦仰藉
皇上天威知不日可以奏捷但風帆瞬息千里遊魂
出沒難防臣等賚捧
詔勅理宜加慎查故明承平之日例撥官兵四百名
護送今止議撥二百名應否酌增以壯
國威伏候

上裁
一請預支俸銀舊例京官出差其俸銀仍在京支
給但臣等遠使海外與各差實實不同目前旣無
以辦裝而行後又難於領寄查前此曾有籲借俸
銀之例臣等不揣亦冒懇預支俸銀二年應否照
特賜品服頒給悉出
皇上隆恩非臣等所敢擅必也伏候
上裁

以上諸條上關
國體下盡臣職臣等旣蒙任使不敢不竭其愚緣係
條陳事宜字多逾額貼黃難盡伏乞
睿慈電鑒勅部速議施行爲此具本謹題請
旨奉
旨該部議奏

禮部題爲
册封事關大典奉使理宜詳愼謹陳管見仰冀
睿裁事禮科抄出翰林汪　等題前事奉
旨該部議奏欽此該臣等查得册封琉球國王正使
汪　等條奏內開一請須
御筆一欵查得會典
御筆無賜給使臣帶往頒賜外國之例今汪　等所
請之處伏候

上裁一請　諭祭海神查得會典凡往封外國無
諭祭海神之例又查琉球國尚質封王時張學禮
等　册封前去亦並無　諭祭海神其汪　所請
諭祭海神之處應無庸議一請渡海之期查得先經
臣部具題等俟琉球國貢使來使至京事畢一
同前往等因具題奉
旨依議欽此遵行在案查得水路與旱路不同今汪
等如遇進貢來使在閩一同前往來使倘已起
身仍炤前議俟進貢來使一同前往一請給關防
查得會典册封官員無頒給關防之例又查往封
琉球國尚質爲王張學禮等請須印信臣部具題
如有奏請許從該撫代奏並無須賜印信今汪
等現無別項理議事宜雖有奏請交與該撫代奏
未爲不便其請給關防之處無庸議一請帶修船
官匠一同渡海查得監修船隻官匠應否一同遣
發之處事隷工部應交與工部議奏一請酌定護

送渡海官兵查得所請增添官兵事隷兵部其應
否增添之處應交與兵部議奏一請炤現賜品服
預支二年俸銀查得職掌內無炤所賜品服頒給
俸銀之例其汪　等所請預支二年俸銀事隷戶
部應否照原品預支俸銀之處應交與戶部議奏
可也奉
旨這本內事情爾部會同戶兵工三部一併再議具
奏

禮部題為
冊封事關大典奉使理宜詳慎謹陳管見仰冀
睿裁事禮科抄出臣部覆翰林院汪　等題前事奉
旨這本內事情爾部會同戶兵工三部一并再議具
奏欽此該臣等會同再議得一請頒
御筆查
御筆頒賜外國會典雖未開載且
皇上御書原以垂訓萬世理應頒賜俾海外臣民共

沾
聖教至於
御書頒賜何字之處伏候
上裁俟
命下給與汪　等頒賜琉球國世子尚貞一請
諭祭海神查得會典凡往封外國並無　諭神之例
但航海往封琉球不比尋常差使其所請
諭祭海神之處應行致祭俟

命下之日祭文內閣撰擬祭品交與該地方官員備
辦汪　等至閩致祭起身一請渡海之期仍照前
議如遇來使在閩一同前往倘已起身應俟進貢
來使一同前往一請照現賜品級預支二年俸銀
之處查並無照所賜品服給與俸銀之例汪　等
航海往封外國非比尋常差使官員應照伊原品
級汪　等給與二年俸銀後將伊等俸銀扣除二
年可也一請頒給關防之處仍照前議無庸議一

請酌定增添護送渡海官兵之處查順治十一年
六月內戶禮兵工四部會議具題往封琉球國王
張學禮等遣發官二員兵二百名護送在案今所
請應添官兵之處無庸議一請帶修船官匠一同
渡海之處查會典內前往外國封王官員並無帶
修船官匠之例即順治十一年間科臣張學禮等
差往封琉球國之時亦無帶修船官匠所請修船
官匠帶往之處無庸議奉

旨依議修船匠役准令酌量帶往

差回冊封琉球國王正使翰林院檢討臣汪楫等
謹　題爲
聖德與神庥交應謹陳海道往返情形仰祈
慈鑒事臣等一介小儒遭逢
聖主特允會推遣使海外　臨軒天語如典如謨臣
等凜遵　訓誨恭捧
御筆　詔勑及　諭祭文三道星馳赴閩於二十二
年六月二十日　諭祭海神天妃於怡山院是時

東風正猛羣言夏汛已過未易開洋乃行禮甫畢
風聲忽轉桅樓旌旗盡皆北向臣等知屬天妃示
異決計放舟二十三日辰刻遂出五虎門過東沙
山一望茫茫更無山影日則雙魚導引夜則萬鳥
迴翔助順效靈不可殫述以海道攷之二十四日
當過小琉球花瓶嶼雞籠淡水諸山而是日辰刻
已過彭佳山酉刻已過釣魚嶼不知諸山何時飛
越二十五日應見黃尾嶼不知何以遂踰赤嶼二

十六日應見姑米山又不知何以遂至馬齒山此
時琉球接封之陪臣惟恐突如入境國中無所措
手再拜懇求暫泊嶴中容其馳報乃落篷而篷不
得下拋碇而碇不可留瞬息已入琉球之那霸港
直達迎恩亭前矣時方辰刻距開洋僅三晝夜耳
臣等未經蹈險覩等尋常而彼國臣民莫不相看
咋舌羣言自古迄今未有神速如此者昔稱聖人
在上海不揚波今則

聖人在上海可飛渡遠人駭嘆如此臣不敢不據實
奏
聞至於貧瘠小邦常苦風旱乃者典禮旣竣甘雨如
傾颶風不作羣忻足食凡此天澤之應何非
聖德之感洵足流光史冊焜燿千秋者也臣等潔己
勵衆幸免愆尤冬汛歸舟還思利涉而其時
御筆詔勅盡留海邦百神呵護不可復冀風濤震
撼浪與天高掀簸無已人皆顛覆臣等當萬死一

生之際惟有忠誠自信必無他虞而烟灶盡委逝
波無由得窺彼岸於是肅將
簡命共籲天妃謂神旣受封
聖朝自應佑臣返節如其獲濟當爲神乞春秋祀典
永戴
皇恩虔禱方終神應如響於時柬桅之鐵箍已斷十
三而桅不散繫篷之項繩一斷不可復續而篷不
墮桅前之金拴搖裂踰尺而船不壞有此三異可
驗神功伏乞

勅下禮臣議舉春秋二祭着令地方官敬肅奉行則
海疆盡沐神庥履坦無非
聖澤矣緣述海道往返情形字多逾額貼黃難盡伏
乞
睿覽施行爲此具本謹題請
旨奉
旨該部議奏

差回冊封琉球國王正使翰林院檢討臣汪楫等
謹　題爲恭述遠人向化之誠請
賜就學以廣文教事臣等蒙
皇上特簡遠使琉球海若效靈三日飛渡於是先行
諭祭再舉冊封儀注則更定加詳國王亦奉行惟謹
至於拜贈
御筆懽忭靡涯祇問
聖躬雍容中節邦名守禮似屬非誣臣等宣布

德意加惠小邦不獨舉國傾心卽七島亦莫不慕化
國中舊無孔子廟自康熙三年受封後貢使時通
聲教漸被十二年始建至聖廟於那霸之久米村
雖制多荒畧而意實可取但苦地無明師以故譽
髦終鮮臣等事竣將旋中山王尚貞親詣館舍酌
酒祖道令陪臣通事向臣等致詞曰海隅下國遠
被
皇仁

宸翰褒嘉
綸音寵錫惟期忠誠世守仰答
天心但僻處彈丸常慚鄙陋執經無地向學有心稽
之明代洪武永樂年間常遣本國生徒入國子監
讀書今
皇上聖學高深超邁萬古願令陪臣子弟四人赴京
受業敢祈天使轉奏不勝悚企臣等居常披覽前
史見有外國就學成均者常嘆爲千秋盛事今
皇上文德覃敷無遠弗屆是以聲教四訖薄海同風

伏乞　俯鑒遠人向化之誠用廣
盛代文明之治
勅部確議則辟雍鐘鼓之地又增獻奇納質之徒行
見日月出入之鄉無不朝宗恐後矣伏乞
睿覽施行爲此具本謹題請
旨奉
旨該部議奏

禮部謹　題爲
聖德與神庥交應謹陳海道往返情形仰祈
慈鑒事該臣等議得翰林院檢討汪　等疏稱
諭祭海神時東風正猛未易開洋行禮甫畢風聲忽
轉及冬汛歸舟風濤震撼浪與天高於是肅將
簡命共籲天妃如其獲濟當爲神乞春秋祀典虔禱
方終神應如響伏乞
勅下禮臣議舉春秋二祭等語查得康熙十九年據

福建提督萬正色奏請封祀天妃臣部題覆照永
樂年間封爲護國庇民妙靈昭應弘仁普濟天妃
遣官獻香帛讀文致祭在案查祀典嶽瀆諸神載有
春秋二祭又康熙十二年二月內雞公山廟神奉
特旨着該地方官每年春秋二次致祭此外如
勅封黃河運河洞庭湖等神俱無春秋二祭之例今
檢討汪　等奏請海神天妃春秋祀典之處應無
庸議可也康熙二十三年六月初六日

題奉
旨依議

禮部謹　題爲恭述遠人向化之誠請
賜就學以廣文教事　欽惟
皇上聖德誕敷仁風翔洽
宸章御藻光被遐陬薄海内外罔不嚮化輸誠欣承
文教茲　冊封琉球國王使臣翰林院檢討汪
等疏稱事竣將旋中山王尚貞親詣館舍令陪臣
致詞言下國僻處彈丸常慚鄙陋執經無地嚮學
有心稽明洪武永樂年間常遣本國生徒入國子
監讀書今願令陪臣子弟四人赴京受業等語攷
之史冊唐貞觀中興學校新羅百濟俱遣子入學
琉球自明初始内附會典載大琉球國朝貢不時
王子及陪臣之子皆入太學讀書禮待甚厚又載
洪武永樂宣德成化間琉球官生俱入監讀書今
該國王尚貞以本國遠被
皇仁傾心向學懇祈使臣汪　等轉奏願令陪臣子
弟四人赴京受業應准所請聽其陪臣子弟入監
讀書應行事宜俟到日再議題請可也康熙二十
三年六月初六日
題奉
旨依議

琉球國中山王臣尚貞謹　奏爲恭謝
天恩兼陳封舟瑞應以慰
睿懷以彰使節事臣貞彈丸小國僻處海隅感沐
皇仁已經再世蒙
天恩特遣正使翰林院檢討汪楫副使内閣中書舍
人加一級林麟焻賫捧
詔勅幣帛封臣貞爲琉球國中山王臣與通國臣民
恭設香案叩頭跪聽宣讀畢又蒙

皇上特恩賜臣
御筆煌煌天翰遥頒小邦榮光燭天不特臣守籓之
爲榮即奕世之爲光矣臣歷查前代請封雖蒙恩
准遣使而奉命以後每遲至三四年而後臨臣國
甚有十餘年而後臨臣國者如前封順治十一年
遣使直至康熙二年始臨臣國若使臣汪楫林麟
焻之朝拜命而夕就道且當海疆多事之時衝風
冒險而來從前所未有也更有未見之瑞應不敢

不爲我
皇上陳之臣國僻在海東去中國不可以道里計往
者封舟開駕惟恃西南風而行中道絶無停泊之
處故二三十日而至者有之月餘而後至者有之
甚至水米俱盡更有不可言者從未有自五虎門
開洋三晝夜而達小國者也臣差有大夫通事舵
工伙長迎護封舟渡海親見舟行之際萬鳥繞篷
而飛兩魚夾舟而送經過之處恍若夢寐不知巳

抵琉球内地矣通國耆老臣民無不以爲此開闢
以來所未有不啻從天而降也此皆
皇上之文德功烈格天感神且有
御筆在船所以有如此之瑞應也臣自受封以後颶
風不作雨澤應期五穀有收窮民得食臣身亦加
安泰此皆
皇上之恩賜也而兩使臣之克副任使眞不愧
皇上之特簡矣臣以爲宜宣付史館記載其事以彰

盛朝之瑞應以紀
皇上之實政也至兩使臣成勞議叙知
皇上自有鑒裁非 臣 所敢妄奏但查前封使臣張學
禮等以數年渡海經 臣 奏請蒙加復職之恩則今
日之兩使臣勤勞茂著似不可不從優議叙以勵
臣工者也至於
皇上所頒詔勅 臣 懇留爲傳國之寶已經兩使臣查
驗前封卷軸付 臣 一併珍藏理合題明

皇上所頒御筆 臣 舉國瞻仰惟有舞蹈懽忻不能仰
酬萬一奉上土產物件少佈涓滴微忱統祈
慈鑒爲此具本特差法司王舅毛國珍紫金大夫王
明佐使者昌威都通事曾益等官賫
奏謝
恩 臣 無任激切屏營之至謹上
奏
聞奉

旨覽王奏謝知道了餘着議奏

琉球國中山王臣尚貞　奏爲須封事竣懇存舊
禮以勞使臣事康熙二十二年蒙
欽差正使翰林院檢討汪楫副使內閣中書舍人加
一級林麟焻捧頒
詔勅允臣　嗣封又蒙
御筆輝煌山川烜耀物色更新覽令從兹伊始此誠
天朝之殊恩而臣貞　曠世之奇遇也切惟
皇上覆載無外覃恩於弱小之邦使臣冲風破浪艱

險驚虞莫此爲甚使臣入國以來緘免供應約束
兵役舉國無不感仰所愧臣　國荒野無以將敬故
於宴欵之際代物以金雖自知乎非薄實世緣以
爲例乃辱二使臣屢辭往返再三堅持大義冏郤
不受在二使臣氷競自矢允矣有耻不辱爲
聖朝使節之光矣但念二使臣間關勞瘁遠涉萬里
風濤實爲臣　躬之故藉物表敬禮不將儀心切難
安臣　臨行復將屢宴前金特遣法司大夫長史等
官專送懇受不意二使臣復遣送還清白之操可
謂終始靡間獨是微臣酬德報功莫展萬一殊慚
舊禮有缺微敬莫伸謹將送還屢次宴金二封共
計一百九十二兩具本特遣謝
恩官法司王舅毛國珍紫金大夫王明佐等順賫
奏
聞懇乞
聖恩

勑賜二使臣收受臣貞　不勝惶恐激切之至奉
旨該部議奏

禮部　爲恭謝
天恩兼陳封舟瑞應以慰
睿懷以彰使節事該　臣　等議得琉球國中山王尚貞
奏稱使臣汪楫林麟焻自五虎門開洋三晝夜而
達小國臣差有大夫通事舵工伙長迎護封舟渡
海親見舟行之際萬鳥繞篷而飛兩魚夾舟而送
此皆
皇上之文德功烈格天感神且有

御筆在船所以有如此之瑞應也而兩使臣之克副
任使眞不愧
皇上之特簡矣臣以爲宜宜付史館記載其事以彰
盛朝之瑞應以紀
皇上之實政前封使張學禮等以數年渡海經臣奏
請蒙加復職之恩則今日之使臣勤勞茂著似不
可不從優議叙等語查使臣汪楫等自五虎門開
洋三晝夜即抵琉球實荷
皇上德澤遠敷恩翔殊域
御書頒發光被海邦故神祇庇佑著有徵應允宜載
之史冊垂示無窮又查前使臣張學禮等原係革
職之官曾交吏部議復原任今汪楫林麟焻非張
學禮等可比其奏請議叙之處無容議又奏稱
皇上所頒
詔勅臣懇留爲傳國之寶已經兩使臣查驗前封卷
軸付臣一併珍藏理合　題明等語查康熙三年

冊封琉球國王尚質該國王請將所頒
勅諭留爲傳國之寶　臣　部具題准留今該國王尚貞
奏請
皇上所頒　詔勅留爲傳國之寶前來相應如其所
請可也謹題請
旨康熙二十三年七月二十六日題八月初七日奉
旨汪楫等奉使琉球往回甚速黽勉盡職可嘉着吏
部議叙具奏餘依議

禮部為頒封事竣懇存舊禮以勞使臣事該臣等
議得琉球國王尚貞疏稱
冊封使臣汪楫林麟焻間關勞瘁遠涉萬里風濤實
為臣躬之故藉物表敬禮不將儀心竊難安至臨
行時復將屢宴前金特差法司大夫長史等官專
送懇受不意二使臣復遣送還清白之操可謂始
終靡間謹將送還屢次宴金二封共計一百九十
二兩具本附遣謝

恩官法司王舅毛國珍紫金大夫王明佐等賫奏
聞懇乞
聖恩勅賜二使臣收受等語查康熙三年張學禮王
垓為冊封琉球國王該王送與布各五十疋扇各
五十把烟各五十匣小刀各十把俱係小物已經
收受其金退回臣部因布疋等物既經收受其金
不便議准收受等因具題奉
旨這琉球國所與宴金仍着使臣收受等因欽遵在

案臣部隨問汪楫林麟焻除宴金外別有餽物否
據稱送蕉布各五十疋小刀各十把扇各五十把
烟各五十匣因係小物俱經收受其宴金退回等
語布疋等物既經收訖其金仍不便議准收受臣
等未敢擅便謹題請
旨奉
旨這琉球國所與宴金仍着使臣收受

福撫金　題爲

冊封事關大典等事該臣看得　冊封琉球國王使

臣汪楫等抵閩備辦供應隨船各物據藩司詳稱

此番一切動用奉行部減較前省約甚多製造船

上旗幟

御筆扁額隨船帶往過海物料祭品廩給工食等項

核實用銀九百二十三兩米三十三石價銀三十

二兩通共用銀九百五十五兩五錢零造冊詳銷

臣覆核無異除冊送部外謹題請

旨奉

旨着察核該部知道

戶部　題爲

冊封事關大典奉使理宜詳愼謹陳管見仰冀

睿裁事禮科抄出福撫金　題前事奉

旨着察核該部知道欽此該臣等查得福撫金　將

冊封琉球國王正使汪　等到閩支過廩給口糧

併製造船上旗幟

御筆扁額帶往過海物料等項價值共銀九百五十

五兩五錢零造冊具題前來查冊開供應過廩給

口糧銀六百八十八兩七分零咨查兵部去後今

准回稱與勘合牌內所塡數目相符等語又浦城

甌寧南平侯官閩縣供應過行糧粟米三十三石

九斗一升零每石價銀六錢一分至一兩五分零

比單璧等查回價值低賤應准開銷又製造旗幟

扁額修船釘油并帶去藥味等項共用銀二百三

十五兩一錢二分零查奉

旨准帶醫生木匠該撫既稱此帶往藥料節省供應

無庸議者也奉
旨依議

翰林院檢討臣汪楫等奏爲遵
旨進書瀝陳下情仰祈
慈鑒事臣等奉使琉球仰賴
聖德𠦑天往返得無濡滯一應節省錢糧有福建巡
撫金　題報在案宜
恩海外有琉球國王尚貞奏聞在案臣等不敢瑣陳
昨復
命陛見慶
天顏之再覩幸
清問之重聆
温旨賜茶恩榮無旣嗣蒙内閣傳
諭命臣等繕進沿革志及雜錄二書臣楫備員史職
分所當爲但草創有稿而詮次未就况
聖學之高深已極而臣愚之紀載多疎非徐加修飾
曷敢率呈
睿覽已經面瀆

宸聰乃今復蒙
宣諭拜
命之際實切悚惶伏念 臣楫 歸舟遭險失血盈餘病
骨支離未敢暫息旋卽兼程踰嶺行次浙江 臣 本
生母閔氏遣家人來迎始知 臣 本生父汪汝蕃已
于去年八月在籍身故 臣 哭聞此信五內寸裂搥
心迸血不知所爲緣 臣 母急望 臣 歸不得不强勉
視息及匍匐抵家而 臣 母厄羸已極抱 臣 一慟不

十餘日又復長逝 臣 于斯時實無生理當經具呈
原任江南巡撫余 懇乞代題治喪撫臣以復
命爲重敦廹就道
陛見之時旣不敢驟及私情奉
命而後又不敢不勉完公務俟另具呈吏部代題懇
恩治喪外今力疾詮次繕就中山沿革志二卷使琉
球雜錄五卷恭賫
進呈其中山沿革或用補故府之遺琉球雜錄聊

以正往籍之悞但愧潦草淺陋不足當
聖明覩覽惟冀
皇上憐其荒迷恕其朴畧則
天度包容 臣 等感戴
皇仁于永永矣爲此具本謹具奏
聞奉
旨該部知道書留覽

中山傳信録六卷富建道中詩一卷舶中集一卷遊泰山詩一卷

〔清〕徐葆光撰

《中山傳信録》六卷《富建道中詩》一卷《船中集》一卷《遊泰山詩》一卷，清徐葆光撰。葆光（一六七一—一七二三）字直亮，號澄齋，江蘇長洲（今蘇州）人。康熙五十一年（一七一二）進士，授翰林院編修。康熙五十七年奉命出使琉球，凡八閲月。期間搜集琉球史籍資料，編爲此書。所記視明清兩朝出使諸録，最稱詳盡該備。凡六卷，卷一記封舟製作及人員配備、渡海兵役、航海設備、針路、航海日記、歷次封舟渡海日期、風信、天妃靈應記、諭祭海神文及春秋祀典疏等。卷二封宴禮儀，記使臣抵琉後諭祭先王、册封新王典禮及琉球國王接待册封使團等。卷三中山世系圖，記琉球王國起源及世系，琉球國與中國歷年封貢關係等。卷四記琉球星野、潮汐、琉球三十六島概貌、琉球地圖、紀遊等。卷五記琉球官制、冠服、儀從、氏族、取士、采地、土田、曆法、禮儀、先王廟神主昭穆圖、圓覺寺本宗昭穆圖等。卷六記風俗、屋舍、米廩、器具、女集、舟、轎、馬、弓箭、月令、土産、字母、琉球語等。末附《富建道中詩》、《船中集》、《遊泰山詩》，蓋皆出使前後所作，《船中集》述出使海上情形甚切。外邦人士素重此書，乾隆間已見日本翻刻本。據中國國家圖書館藏清康熙間刻本影印。

康熙庚子七月十一日熱河進
呈冊封琉球圖本副墨

中山傳信録

康熙六十年辛丑刊
二友齋藏板

中山傳信録

古者輶軒之使必紀土風誌物宜所以重其俗也況於萬里之外蠻夷海島之中乎編修澄齋徐館丈之使琉球也以文章華國以政事經邦而且儀容端偉言辭敏妙真可謂使於四方不辱君命者矣歸而作中山傳信

録凡若干卷中列中山王圖紀其宴享以志其崇奉中國之誠又為之表其世系度其封疆與其官秩之崇卑廩禄之厚薄又為之定其針路無過用卯針則無流至葉辟山之患終為之圖寫土產卉木動植之物必肖其狀而首則著其揚帆奉使為封

舟圖以見
聖天子威靈呵護出入於千波萬水之中經涉魚龍窟穴雖掀風鼓浪如履平地猗歟壯哉徃者族父舟次先生奉使時排日赴宴宴畢即上舩候風令徐君
公事畢間與其陪臣搜巖剔壑揮筆賦詩非以是侈其遊眺蓋將歸而著述以為得之傳聞不如目見者之為真也其國官之尊者曰紫金大夫時為之者即舟次先生前使時所請陪臣子弟入學讀書者也其文辭可觀與之言娓娓有致今之所述皆得之其口與其諸臣所言證之史牒信而有徵稽含之南方草

木狀范成大之桂海虞衡志豈足羨哉賦皇華者所宜人置一編者也康熙六十年左春坊左中允南書房舊直汪士鋐序

中山傳信錄序

琉球見自隋書其傳甚畧北史唐書宋元諸史因之正史而外如杜氏通典集事淵海星槎勝覽嬴蟲錄等書所載山川風俗物產皆多舛漏前明洪武五年中山王察度始通中朝而明一統志成於天順初百年中爲時未久故所載皆仍昔悞幾無一實焉嘉靖甲午陳給事侃奉使始有錄歸上於朝其疏云訪其山川風俗人物之詳且駁羣書之謬以成紀畧質異二卷末載國語國字而今鈔本什存二三矣萬曆中

再遣使蕭崇業夏子陽皆有錄而前後相襲崇禎六年杜三策從客胡靖記尤俚誕 本朝康熙二年兵科張學禮使畧雜錄二卷頗詳於昔二十二年檢討汪楫譔中山沿革志二卷雜錄五卷典實遠非前比然於山川轄屬仍有闕畧風俗制度物產等亦俱未備葢使期促迫搜討倉猝語言文字彼此訛謬是以所聞異詞傳焉寡信今臣 奉

命爲檢討臣 海寶副以往自巳亥六月朔至國俟汎踰年至庚子二月十六日始行計在中山凡八閱月封宴之暇先致語國王求示中山世鑑及山川圖籍又時與其大夫之通文字譯詞者遍遊山海間遠近形勢皆在目中考其制度禮儀觀風問俗下至一物異狀必詢名以得其實見聞互証與之往復去疑存信因并海行針道封宴諸儀圖狀并列編爲六卷雖未敢自謂一無舛漏以云傳信或庶幾焉且諸史於外邦載記大率荒畧今琉球雖隔大海新測晷景與福州東西相値僅一千七百里世世受封歲歲來貢與內地無異伏覩

禁廷新刊輿圖朝鮮哈密拉藏屬國等圖皆在焉海外藩封例得附於其次若仍前誕妄不爲釐正亦何以見

聖朝風化之遠與外邦內嚮之久以附職方稱甚盛哉故於載筆時尤兢兢致愼云康熙六十年歲在辛丑秋八月翰林院編修臣 徐葆光謹序

中山傳信錄卷第一

封舟圖

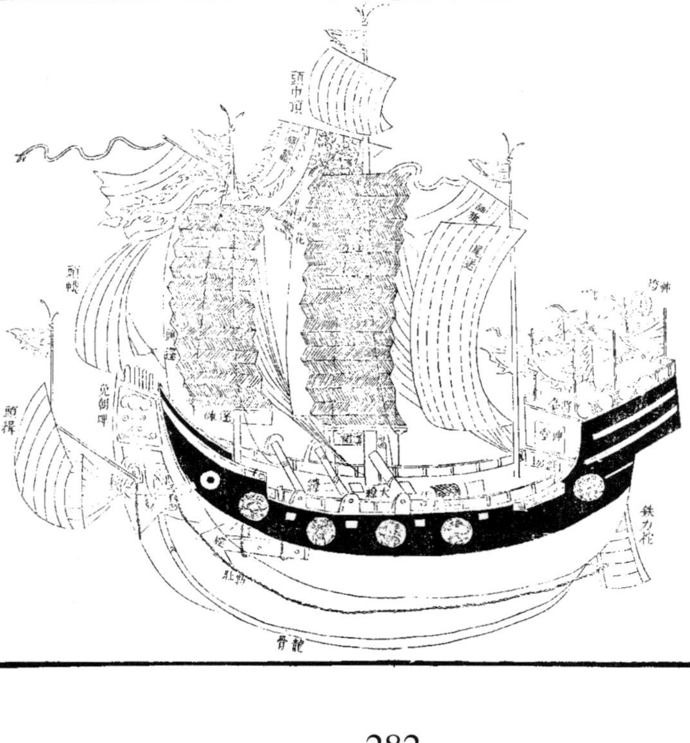

中山傳信錄卷第一

冊封琉球國王副使　賜正一品麟蟒服翰林院編修加二級臣徐葆光纂

封舟

從前冊封以造舟爲重事歷考前冊採木各路騷動夫役開廠監造糜費官帑奸吏假手爲獘無窮經時累歲其事始舉自前明以至

本朝冊封之始其煩費遲久前後一轍也康熙二十一年使臣汪楫林麟焻即取現有二戰艦充之前獘始絕至今三十餘年區宇昇平海濱利涉沿海縣鎮巨

舶多有

冊封命下臣等未到閩前督臣滿保移檄各鎮選大船充用豫爲修葺諸具咸備二船取自浙江寧波府屬皆民間商舶較往時封舟大小相埒而費輕辦速前此未有也（按宋徐兢奉使高麗神舟二皆勅賜名字客舟六共八舟明封舟或一或二今二舟）

一號船使臣共居之二號船載兵役一號船前後四艙每艙上下三層下一層塡壓載巨石安頓什物中一層使臣居之兩旁名曰麻力截爲兩層左右八間以居從役艙口梯兩折始下艙中寬六尺許可橫一床高八九尺上穴艙面爲天窗井方三尺許以通明雨即掩之晝黑如夜艙面空其右以行船左邊置爐竈數具板閣跨舷外一二尺許前後圈篷作小屋一二所日番居以避艙中暑熱水艙水櫃設人主之置籤給水人日一瓢船尾虛梢爲將臺立旗纛設藤牌弓箭兵役吹手居其上將臺下爲神堂供天妃諸水神下爲柁樓樓前小艙布針盤夥長柁工及接封使臣主針者居之船兩旁大小炮門十二分列左右軍器稱是蓆篷布篷九道艙面橫大木三道設軸轉繚

以上下之船戸以下共二十二人各有專掌其中最趫捷者名鴉班正副二人登檣瞭望上下如飛兵丁皆習行船事每船百人爲之佐一號船千總督之二號船守備督之

一號船長十丈寬二丈八尺深一丈五尺（前明封舟連尾虛梢長十七丈寬三丈一尺六寸深一丈三尺三寸嘉靖中正使陳侃副使高澄等題請定式　嘉靖三十八年封舟依舊式造長帶虛梢一十五丈寬二丈九尺七寸深一丈四尺　萬曆七年造封舟帶虛稍一十四丈寬二丈九尺深一丈四尺　崇禎六年冊使杜三策從客胡靖記錄封舟長二十丈廣六丈　本朝康熙二年張學禮記形如梭子長十八丈寬二丈二尺深二丈三尺　康熙二十二年汪楫記還二鳥

船充用船長一十五丈有奇寬二丈六尺按海防冊云烽火營鳥船一隻長一十二丈三尺寬二丈五尺閩安中營鳥船一隻長一十二丈二尺寬二丈六尺五寸前後四艙水艙四水櫃四水桶十二共受水七百石

舵長二丈五尺五寸寬七尺九寸西洋造法名夾板舵不用勒肚舵以鐵力木爲之名曰鹽舵漬海水中愈堅前明封舟定製鐵力木舵三門每門長三丈五尺有大纜繫之由船底兜至船頭謂之勒肚以欀藤爲之今二封舟皆取商船充用二號製如鳥船式用勒肚二條一號船係西洋夾板舵不用勒肚又不置副舵將出海時與閩中有司爭置副舵本船夥長林某云船舵西洋造法最堅穩可無用副且舵重萬觔船中亦無處置之竟不置副舵與前小異云

大桅長九丈二尺圍九尺

頭桅長七丈二尺圍七尺

櫓二長四丈寬二尺三寸

椗大小各二大者長二丈七尺小者長二丈四尺皆寬八寸及七寸形如个字皆以鐵力木爲之椗上椶索二條長一百托圍一尺五寸按字書碇錘舟石也與矴同無椗字今以木爲之故俗字從木

大桅蓆篷寬五丈二尺長五丈三尺轆轤索三條長三十五托圍一尺二寸

繚母索二條長一十五托圍一尺五寸

頭桅蓆篷寬二丈二尺長二丈八尺

大桅頂篷名頭巾頂惟官舶始用之商船不得用長五丈四尺寬五丈徐兢錄云大檣之巔加小帆十幅謂之野狐帆殆即頭巾頂也

大桅下布篷名篷裙長六尺寬一丈五尺

頭桅上布篷名頭幞上尖下方三角形長三丈下濶二丈八尺

插花布篷長四丈八尺寬三丈四尺

插花下布篷名插花褌長六尺寬一丈五尺

頭緝布篷長四丈五尺寬二丈五尺

尾送布篷長四丈寬二丈七尺

共篷九道

二號船長十一丈八尺寬二丈五尺深一丈二尺

前後共二十三艙水艙二水櫃四水桶十二受水六百石

舵長三丈四尺寬七尺制同烏船舵用勒肚二條長十五丈從尾左右夾水兜至頭上

大桅長八丈五尺圍八尺五寸

頭桅長六丈五尺圍六尺
櫓四長四丈寬二尺二寸
椗大小三具
大桅蓆篷長五丈七尺寬五丈六尺
頭桅蓆篷長五丈七尺寬五丈六尺
大桅頭巾頂布篷長五丈寬四丈八尺
大桅下布篷裙長六尺寬一丈六尺
插花布篷長四丈八尺寬三丈二尺
插花褲布篷長五丈寬一丈三尺

頭緝布篷長四丈寬二丈四尺
尾送布篷長三丈六尺寬二丈五尺
共篷八道少頭幞布篷一道
每船船戸以下二十二人
正夥長主針盤羅經事副夥長經理針房兼主水鉫
長綆三條候水淺深
正副舵工二人主柁二號船上兼管勒肚二條
正副椗二人主椗四門行船時主頭緝布篷
正副鴉班二人主頭巾頂帆大桅上一條龍旗及大
旗
正副杉板工二人主杉板小船行船時主清風大旗
及頭帆
正副繚手二人主大帆及尾送布帆繚母棕繚木索
等物
正副値庫二人主大帆插花天妃大神旗又主裝載
押工一人主修理槓椇及行船時大桅千觔墜一條
香公一人主天妃諸水神座前油燈早晩洋中獻紙
及大帆尾繚

頭阡一人主大桅繂索大椗索盤絞索大櫓車繩
二阡二人主大桅繂索副椗索盤絞索大櫓車繩
三阡一人主大桅繂索三椗索盤絞索車子數根
正副總鋪二人主鍋飯柴米事

渡海兵役

正使家人二十名副使家人十五名外海防廳送使
副共書辦二名廵捕二名長班四名門子二名皂隷
八名健步四名轎傘夫二十名引禮通事二員（鄭任譯馮）
（西熊）護送守備一員（海壇鎮左營守備蔡添畧）千總一員（蔡勇）官兵二

百名閩安鎮烽火營海壇鎮左右中三營各四十名內科醫生一人外科醫生一人道士三名老排一名吹鼓手八名廚子四名艦匠二名艌匠四名風帆匠二名索匠二名鐵匠二名裁縫二名糊紙匠二名裱褙匠一名糕餅匠一名待詔一名凡兵役隨身行李貨物每人限帶百觔按歷來封舟過海兵役等皆有壓鈔貨物帶往市易舊例萬曆七年巳卯冊使長樂謝行人杰有日東交市記後有恤役一條言自洪武間許過海五百人行李各百觔與琉人貿易著爲條令甲午之役得萬金五百人各二十金多者三四十金少者亦得十金八金辛酉之役僅六千金五百人各得十二金多者二十金少者五六金稍失所望是以巳卯招募僅得中材應役不能如前之精工也所獲僅三千餘金人各八金多者十五六金少者三四金大失所望至捐廩助之始得全禮而歸蓋甲午之役番舶轉販者無慮十餘國其利既多故我衆所獲亦豐辛酉之役番舶轉販者僅三四國其利既少故我衆所獲亦減巳卯之役通番禁弛番舶不至其利頓絕故我衆所獲至少勢使然也今康熙二十二年癸亥之役是時海禁方嚴中國貨物外邦爭欲購致琉球相近諸島如薩摩洲土噶喇七島等處皆聞風來集其貨易售閩人沿說至今故充役者衆昇平日久琉球歲來貿易中國貨物外邦多有此番封舟到後土噶喇等番舶無一至者本國素貧之貨多不售人役並困法當禁絕商賈利徒之營求充役者損從減裝一可以紓小邦物力之艱一可以絕衆役覬覦之想庶幾兩利俱全矣乎

玻璃漏

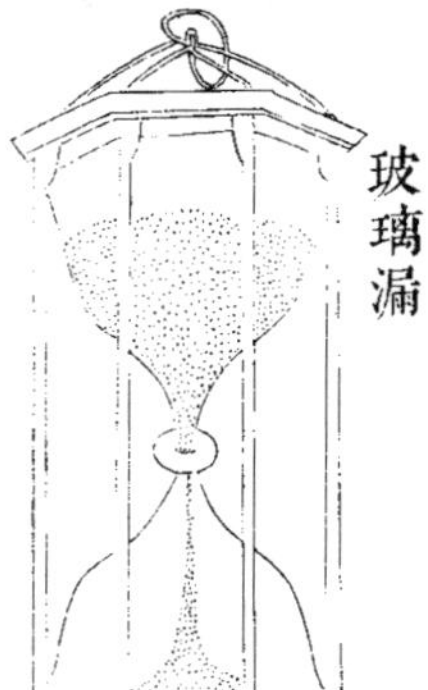

針盤

更定更法

海中船行里數皆以更計或云百里爲一更或云六十里爲一更或云分晝夜爲十更今問海船夥長皆云六十里之說爲近

舊錄云以木柹從船頭投海中人疾趨至梢人柹同至謂之合更人行先於柹爲不及更人行後於柹爲過更今西洋舶用玻璃漏定更簡而易曉細口大腹玻璃瓶兩枚一枚盛沙滿之兩口上下對合通一線以過沙懸針盤上沙過盡爲一漏即倒轉懸之計一晝一夜約二十四漏每更船六十里約二漏半有零人行先木柹爲不及更者風慢船行緩雖及漏刻尚無六十里爲不及更也人行後於柹爲過更者風疾船行速當及漏刻已踰六十里爲過更也

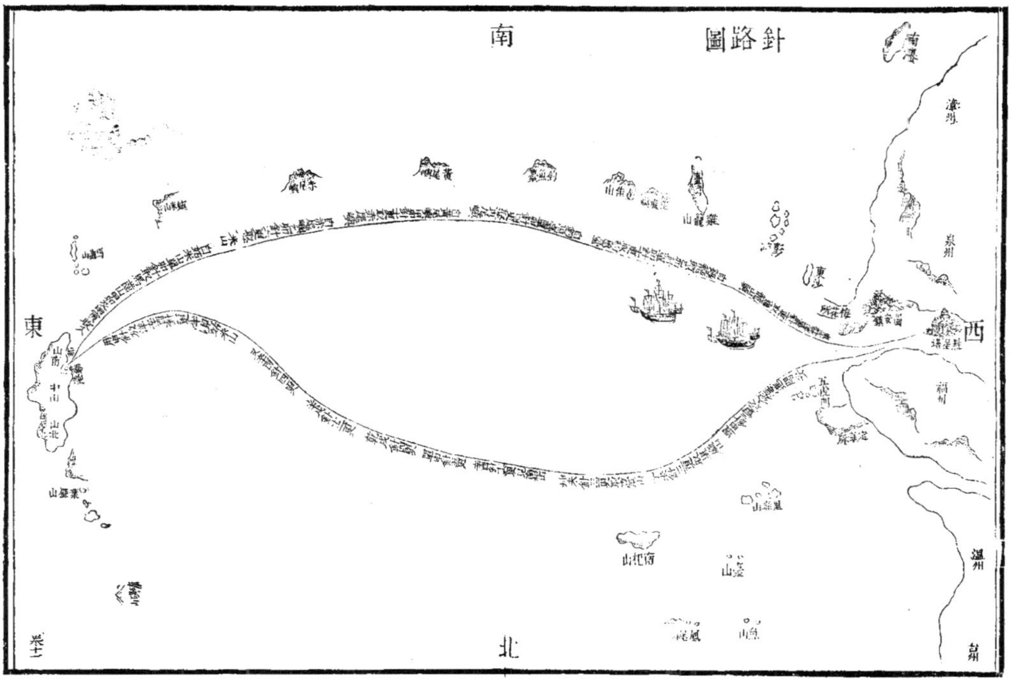

針路

琉球在海中本與浙閩地勢東西相值但其中平衍無山船行海中全以山爲準福州往琉球出五虎門必取雞籠彭家等山諸山皆偏在南故夏至乘西南風叅用辰巽等針袤繞南行以漸折而正東琉球歸福州出姑米山必取溫州南杞山山偏在西北故冬至乘東北風叅用乾戌等針袤繞北行以漸折而正西雖彼此地勢東西相值不能純用卯酉針徑直相往來者皆以山爲準且行船必貴占上風故也

指南廣義云福州往琉球由閩安鎮出五虎門東沙外開洋用單(或作乙)辰針十更取雞籠頭(見山即從山北邊過船以下諸山皆同)花瓶嶼彭家山用乙卯並單卯針十更取釣魚臺用單卯針四更取黃尾嶼用甲寅(或作卯)針十(或作一)更取赤尾嶼用乙卯針六更取姑米山(琉球西南方界上鎮山)用單卯針取馬齒甲卯及甲寅針收入琉球那霸港

福州五虎門至琉球姑米山共四十更船

琉球歸福州由那霸港用申針放洋辛酉針一更半

見姑米山並姑巴甚麻山辛酉針四更辛戌針十二更乾戌針四更單申針五更辛酉針十六更見南杞山屬浙江溫州坤未針三更取臺山丁未針三更取里麻山一名霜山單申針三更收入福州定海所進閩安鎮

琉球姑米山至福州定海所共五十更船

前海行日記

閩有司既治封舟畢工泊于太平港羅星塔五月十日壬午賚

詔勅至南臺以小舟至泊船所十五日祭江取水蠲吉

于二十日壬辰奉

詔勅升舟連日夜風皆從東北來是日轉西南遂于未初起椗至怡山院

諭祭於海神

二十一日癸巳日出西南風日中至管頭出金牌門日入未過黃蝦鼻下椗

二十二日甲午日出丁未風過梅花頭日中丁風帶午乘潮出五虎門放洋過官塘尾日入至進士門夜至九漏轉丁未風接封陪臣正議大夫陳其湘幸其

國夥長主針用乙辰針三更半

二十三日乙未日出見東湧在船後約離一更半許丁未風用乙卯針二更約離官塘八更半許

二十四日丙申日出丁午風仍用乙卯針日未中過米糠洋海水碧黴如靛細黃沙如涎沫連亘水面如米糠見羣魚拜水日將入有大鳥二來集于檣是夜風益利用乙卯針四更共計十三更半當見雞籠山花瓶棉花等嶼及彭家山皆不見夜用乙卯針四更半共十七更船東北下一更半許

二十五日丁酉日出丁未風輕用單乙針二更乙卯針一更半夜至四漏轉正南風用單乙針一更半共計二十一更

二十六日戊戌日出正南風日未中轉丁午逾時丁未風微起用單乙針一更日中風靜縋水無底晚晡轉丙午風用乙卯針風靜船停不上更日入風微起至四漏轉丁午風用乙卯一更至八漏又用單卯二更至天明

二十七日己亥日出丁午風日未中風靜船停有大

沙魚二見于船左右日入丁午風起至二漏轉丁風用乙辰針二更半天將明應見釣魚臺黃尾赤尾等嶼皆不見共用卯針二十七更半船東北下六更許

二十八日庚子不用接封陪臣主張卯針本船夥長林某改用乙辰針日未中丁未風行二更半鴉班上檣見山一點在乙位約去四更餘水面小黑魚點點接封陪臣云此出姑米山所見或是姑米而未能定日入風轉丁午用辰巽針二更

二十九日辛丑日出見東北小山六點陪臣云此非姑米乃葉壁山也在國西北始悟用卯針太多船東北下若非西北風不能提舟上行至那覇收港也日中禱于神忽轉坤申庚風一時又轉子癸陪臣大喜乃迴針東南行指一小山云此名讀谷山由此迤轉卽入港日入轉丑艮風大熾用丙巳針又用丙午單卯針先是四五日前未見山舟浮不動水艙將竭衆頗惑禱于神珓示曰二十八日見山初一日到港至是六月朔壬寅日未出遂入港行海中凡七晝八夜云（二號船先到海口候一號船至相次入港針簿別錄亦落北見葉壁山始回也）

臣葆光按琉球針路其大夫所主者皆本于指南廣義其失在用卯針太多每有落北之患前使汪楫記云封舟多有飄過山北已復引回稽諸使錄十人而九（明嘉靖十一年陳侃記舟至葉壁山小舟四十牽挽八日始至那覇　嘉靖三十七年郭汝霖記巳至姑米山頭目云得一日夜之力卽不遽登岸可保不下葉壁卽琉人亦以爲戒　萬曆四年蕭崇業記六月初一日過葉壁山薄山下由此陸路至國兩日程挽舟初五日始泊那覇　康熙二年張學禮記舟抵琉球北山與日本交界北風引舟南行始達那覇）封舟不至落北者惟前明冊使夏子陽及本朝汪楫二人考夏錄則云梅花所開洋過白犬嶼

又取東沙嶼丁上風用辰巽針八更船取小琉球山未上風乙卯針二更取雞籠申酉上風用甲卯針四更船取彭家山亥上風用乙卯針三更船未上風用乙卯針三更船取花瓶嶼丁未上風用乙卯針四更船取釣魚嶼丙午上風用乙卯針四更船取黃尾嶼丙上風用乙卯針七更船丁上風用辰巽針一更取姑米山又辰巽針六更船取土那奇翁居里二山（今譯爲度那奇安根呢山二山在馬齒山之西）又辰巽一更取馬齒山到港汪錄則云（本錄不載見洋舶針簿內）乙辰八

更取雞籠頭用辰巽三更取梅花嶼單卯十更取釣魚臺北邊過乙辰四更取黃尾嶼得力在此四更船身提上巳見黃尾嶼下用甲卯針取姑米定是正西風利故也甲卯十更取姑米山乙卯七更取馬齒山甲寅并甲卯取那霸港蓋自雞籠山東行釣魚嶼赤尾嶼以至姑米山諸山皆在南借爲標準俱從山北邊過船見山則針正應見不見則針已下漸東北行必至見葉壁山矣要其病皆由于用卯針太多又不能相風用針夫西南風固皆爲順而或自午或自丁或自未與坤者方位又各不同今指南廣義所錄則專言針混言風又多用卯針故往往落北不見姑米而見葉壁也後人或不見山不可信接封者主張卯針當深鑒夏汪二錄酌風叅用辰巽等針將船身提上則保不下葉壁矣

後海行日記

二月十六日癸丑巳刻封舟自琉球那霸開洋用小船百餘引出港口琉球官民夾岸送者數千人小船竪旗夾船左右送者數百槳是日晴明南風送驅用乾亥針一更半單乾針四更過馬齒安根呢度那奇等山海水滄黑色日入見姑米山二點離二更半許夜轉丁未西南風十三漏轉坤未風用乾戌三更半風有力頭巾項索連斷三次

十七日甲寅日出龍二見于船左右水沸立二三丈轉西北風用單子針一更日入至十四漏轉坤未風用乾戌一更夜見月至明

十八日乙卯日出用單乾乾戌四更日入至十四漏西南風有力用乾戌四更半夜見月至明

十九日丙辰日出轉辛酉西風帶南風不定用單庚一更日中轉壬子癸風用單酉針至日入轉子癸又轉丑癸用單戌三更半夜見月至明

二十日丁巳日出轉艮寅東北順風日中轉甲卯用辛戌四更日入轉乙辰風大雨船共行二十六更半是日海水見綠色夜過溝祭海神轉巽巳風用辛酉三更半至明

二十一日戊午日出大霧正南風轉西南又轉西北風不定船行緩不上更縋水四十八托有鳥來集于

檣轉子癸風至十三漏轉東北大順風用庚申二更
至明
二十二日巳未日出東北風晴大寒用庚酉申四更
半日入有燕二來集檣上至十一漏轉乙卯風縋水
四十托用庚酉一更夜雨大霧
二十三日庚申日出霧大雨無風縋水三十二托日
晡壬亥風起日入轉壬子風夜雨大寒用庚酉二更
未明見山離一更遠許
二十四日辛酉日出用單申一更至魚山及鳳尾山

二山皆屬台州封舟回閩針路本取溫州南杞山此
二山又在南杞北五百里船身太開北行離南杞八
更遠許日晡轉北風用丁未針三更日入舟至鳳尾
山風止下椗
二十五日壬戌無風舟泊鳳尾山夜雨有數小船來
伺警至明
二十六日癸亥日出東北風起椗行大雷雨有旋風
轉篷日晡轉壬亥風用單未坤未三更日入風微用
單未一更見南杞離一更許

二十七日甲子日出晴見盤山至溫州東北順風用
坤申庚四更縋水十四托離北關一更許日入用坤
申庚一更至臺山下椗夜十八漏又起椗至明見南
北關二號船先一日過南關
二十八日乙丑東北風無力船泊七星山縋水九托
夜至五漏颶作椗走用乙辰針行七漏加副椗泊船
二十九日丙寅日出至霜山東北風用申庚酉針日
晡與二號船齊至定海所琉球尉
恩船先一日到相次泊

三十日丁卯東北風乘潮三船厯次進五虎門日中
至怡山院
諭祭于海神行海中凡十四晝夜云
臣葆光按冊封之役有記錄者自前明嘉靖中陳
侃始至康熙二十一年汪楫等凡七次封舟回閩
折桅漂柁危險備至披閱之次每爲動心今奉
皇上威靈海神效順踰年行役幸避冬汛之危半月漂
浮絕少過船之浪桅柁無副竟免摧傷偶有風暴
隨禱立止上下數百人安行而回遠勝疇昔額手

慶幸胥戴

皇恩至于顛仆傴逆小小困頓海舶之常何足云也

歷次封舟渡海日期

嘉靖十三年甲午陳侃使錄海行十八日至琉球（五月初八日出海二十五日至那霸港）七日回福州（九月二十日出那霸二十八日至定海所）

嘉靖四十一年壬戌郭汝霖使錄海行十一日至琉球（五月二十二日出海閏五月初九日至那霸港）十一日回福州（十月十八日出那霸二十九日至五虎門）

萬曆八年庚辰蕭崇業使錄海行十四日至琉球（五月二十二日出海六月初五日至那霸）九日回福州（十月二十四日出海十一月初二日到定海所）

萬曆三十三年乙巳夏子陽使錄八日至琉球（五月二十四日出海六月初一日至那霸）十一日回福州（十月二十一日出海十一月初一日到五虎門）

崇禎六年癸酉杜三策（從客胡靖錄）九日至琉球（六月初四日出海八日過姑米山）十一日回福州（十一月初九日出海十九日到五虎門）

康熙二年癸卯張學禮使錄十九日至琉球（六月初七日出海二十五日到那霸）十一日回福州（十一月十四出海二十四日至五虎門）

康熙二十二年癸亥汪楫使錄三日至琉球（六月二十三日出海二十六日到那霸）十一日回福州（十一月二十四日出海十二月初四日至定海所）

臣葆光按封舟以夏至後乘西南風往琉球以冬至後乘東北風回福州此言其槪也南風和緩北風凛冽故歸程尤難非但內外水勢有順逆也嘉萬封舟回閩率先冬至在九十月中朔風猶未勁歸帆最宜十一月十二月冬至前後則風勢日勁浪必從船上過矣若正月則風颶最多且應期不爽萬無行舟之理二月中則多霧龍出海矣然春風和緩茲役親驗之浪無從船上過者殆遠勝於冬至前後也海船老夥長言十月二十日後東風送順爲吉葆光在琉球無日不占風所向歷考數月內風自東來不間斷者惟十月二十日後十一月初五日前半月中爲然因考陳侃以來惟蕭崇業之歸閩較爲安吉其出海日期乃十月二十四日爲不誣也附此以告後來者

風吉

清明後地氣自南而北則南風爲常霜降後地氣自北而南則北風爲常若反其常則颱颶將作　風大而烈者爲颶又甚者爲颱颶常驟發颱則有漸颶或瞬發倏止颱則連日夜或數日不止大約正二三四月爲颶五六七八月爲颱九月則北風初烈或至連月俗稱九降風間或有颱則驟至如春颱船在洋中遇颶猶可爲遇颱不可當矣　十月以後北風常作然颱颶無定期舟人視風隙以往來五六七八月應屬南風颱將發則北風先至轉而東南又轉而南又

轉而西南　颱颶始至多帶雨九降風則無雨　五六七月間風雨俱至舟人視天色有點黑則收帆嚴舵以待之瞬息間風雨驟至隨刻即止若豫備少遲則收帆不及或至傾覆　天邊有斷虹亦颱將至雲片如帆者曰破帆稍及半天如鸒尾者曰屈鸒出北方者甚於他方　海水驟變水面多穢如米糠海蛇浮遊水面亦颱將至

風暴日期

正月初四日接神颶　初九日玉皇颶此日有颶後颶皆驗否則後亦多不驗者　十三日關帝颶　二十九日烏颶又龍神會

又正月初三日初八日十一日二十五日月晦日皆龍會日主風

二月初二日白鬚颶　初七日春明暴　二十一日觀音暴　二十九日龍神朝上帝

又二月初三日初九日十二日皆龍神朝上帝之日

三月初三日上帝颶又名眞武暴　初七日閻王暴　十五日眞人颶又名眞君暴　二十三日天妃誕媽祖颶眞人颶多風媽祖颶多雨　二十八日諸神朝上帝

又三月初三日初七日二十七日皆龍神朝星辰之日

四月初一日白龍暴　初八日佛子颶又名太子暴　二十三日大保暴　二十五日龍神大白暴

又四月初八日十二日十七日皆龍會太白之日

五月初五日係大颶名屈原颶　十三日關帝颶　二十一日龍母暴

又五月初五日十一日二十九日皆天帝龍王朝玉皇之日

六月十二日彭祖颶　十八日彭祖婆颶　二十四日雷公誕此暴最准名

為洗炊籠颶自十二日起至二十四日止皆係大颶之旬

又六月初九日二十七日皆地神龍王朝玉皇之

日

又七月初七日初九日十五日二十七日皆神煞

交會之日

七月初八日神煞交會十五日鬼颶

八月初一日竈君颶初五日係大颶旬十四日伽藍暴十五日魁星颶二十一日龍神大會

又八月初三日初八日二十七日皆龍王大會之

日

九月初九日重陽暴十六日張良颶十九日觀音颶二十七

日冷風暴

又九月十一日十五日十九日皆龍神朝玉帝之

日

十月初五日風信暴初十日水仙王颶二十日東嶽朝天二十六

日翁爹颶

又十月初八日十五日二十七日皆東府君朝玉

皇之日

十一月十四日水仙暴二十七日普安颶二十九日西嶽朝天

十二月二十四日送神颶又名掃塵風

凡遇風暴日期不在本日則在前後三日之中又箕

壁翼軫四宿亦主起風皆當謹避之

風信考以下至此皆指南廣義所載或採禁忌方

書或出海師柁工所記其語不盡雅馴而參攷多

驗今附此以告後來者

天妃靈應記

天妃莆田湄洲嶼林氏女也（張學禮記云天妃蔡氏女倏嶼人非是）父名愿（字曰惟慤母王氏一云林孚第六女）宋初官都巡檢妃生而神靈少與群女照井有神捧銅符出以授妃群女奔駭自是屢著神異常乘片蓆渡海人咸稱爲通賢靈女一日方織忽據機瞑坐顔色變異母蹴起問之寤而泣曰父無恙兄歿矣有頃信至父與兄渡海舟覆若有挾之者父得不溺兄以柁摧遂墮海死雍熙四年昇化于湄州嶼（張學禮記云救父兄海身亡非是一云妃生于建隆元年庚申三月二十三日

一云妃生於哲宗元祐八年一云生于甲申之歲按妃于宋太宗雍熙四年九月初九日昇化室處二十八歲則當以建隆元年一說爲是生彌月不啼名曰默）時顯靈應或示夢或示神燈海舟獲庇無數土人相率祀之宋徽宗宣和五年給事中路允廸使高麗八舟溺其七獨允廸舟見神朱衣坐桅上遂安歸聞于朝賜廟額曰順濟高宗紹興二十六年始封靈惠夫人賜廟額曰靈應三十年海寇至江口神見風濤中寇潰就獲泉州上其事封靈惠昭應夫人孝宗乾道二年興化疫神降于白湖去潮丈許得甘泉飲者立愈又海寇至霧迷其道

至廟前就擒封靈惠昭應崇福夫人淳熙十一年助
廵檢姜特立捕溫台寇封靈惠昭應崇福善利夫人
汪錄作靈慈昭應崇善福利夫人靈慈乃廟號凡封皆原靈惠始封之號當作靈惠崇福先封後加善利二字乃言爲善人利之意以上封夫人凡四封　光宗紹熙三年以救疫旱功
特封靈惠妃寧宗慶元四年以救潦封靈惠助順妃
嘉定元年平大奚寇以霧助擒賊金人犯淮甸戰花
曆鎮神助戰及戰紫金山又見神像再捷三戰遂解
合肥之圍封靈惠助順顯衛妃嘉定十年救旱獲海
寇加靈惠助順顯衛英烈妃嘉熙三年錢塘潮決至

艮山祠若有限而退封靈惠助順嘉應英烈妃寶祐
二年救旱封助順嘉應英烈協正妃三年又封靈惠
助順嘉應慈濟妃四年封靈惠協正嘉應慈濟妃是
歲浙江隄成封靈惠協正嘉應善慶妃五年教授王
里請于朝封妃父積慶侯母顯慶夫人女兄以及神
佐皆有錫命景定三年反風膠海寇舟就擒封靈惠
顯濟嘉應善慶妃宋封夫人四加封妃十凡十四封　元世祖至元十
八年以海運得神佑封護國明著天妃封天妃之始　又進
顯佑成宗大德三年以漕運效靈封輔聖庇民明著

天妃仁宗加封護國庇民廣濟明著天妃文宗天曆
二年加封靈感助順福惠徽烈共二十字　廟額靈慈元晉封天妃凡五加封　皆以海運危險屢見顯應故也明太祖封昭
孝純正孚濟感應聖妃成祖永樂七年封護國庇民
妙靈昭應弘仁普濟天妃至今皆仍此封號　自後遣官致祭
歲以爲常莊烈帝封天仙聖母青靈普化碧霞元君
已又加青賢普化慈應碧霞元君明封聖妃一仍改封天妃一改封元君二凡四封
本朝仍永樂七年封號康熙十九年收復臺灣神靈顯
應福提萬正色上
聞加號致祭神靈昭著于今轉赫凡渡海者必載主舟

中往年冊封琉球
諭祭兩行夏祈冬報皆預撰文使臣昭告皆獲安全蓋
聖德所感神應尤顯云
封舟捄濟靈蹟惟洪熙元年捄濟柴山靈蹟并勅聖錄以下無攷今斷自陳侃始
嘉靖十三年冊使陳給事侃陳侃始有記故自侃始　高行人澄
舟至姑米山發漏呼禱得塞而濟歸值颶桅檣俱折
忽有紅光燭舟乃請筊起柁又有蝶雀示象是夕風

虔冠服禱請立碑風乃弛還請春秋祀典
嘉靖四十年冊使郭汝霖李際春行至赤嶼無風有大魚蕩舟乃施金光明佛幷彩舟昇之遂得南風而濟及回閩日颶將發豫有二雀集舟之異須臾颶發失柁郭等爲文以告風乃息更置柁又有一鳥集桅上不去
萬曆七年冊使蕭給事崇業謝行人杰針路舛錯莫知所之且柁葉失去虔禱之次俄有一燕一蜻蜓飛繞船左右遂得易柁舟乃平安

萬曆三十年冊使夏給事子陽王行人士禎舟過花瓶嶼無風而浪禱于神得風順濟歸舟柁索四斷失柁者三大桅亦折水面忽現神燈異雀來集東風助順
崇禎元年冊使杜給事三策楊行人掄歸舟颶作折柁牙數次勒索皆斷舟中三人共購一奇楠高三尺值千金捐刻聖像俄有奇鳥集檣端舟行若飛一夜抵閩云
本朝康熙二年冊使張兵科學禮王行人垓歸船過姑米颶作暴雨船傾側危甚桅左右欹側龍骨半折忽有火光熒熒霹靂起風雨中截斷仆桅舵旋不止勒索皆斷禱神起柁三禱三應易繩下柁時有一鳥綠觜紅足若雁鶩集戰臺舟人曰天妃遣來引導也遂達定海
康熙二十二年冊使汪檢討楫林舍人麟焻歸舟颶風三晝夜舟上下傾仄水滿艙中合舟能起者僅十六人厨竈漂沒人盡餓涑虔禱天妃許爲請春秋祀典桅箍斷而桅不散頂繩斷而篷不落與波上下竟保無虞

今封舟開洋風少偏東禱立正多用卯針船身太下幾至落漈遂虔禱得改用乙辰針又筊許二十八日見山果見葉壁船下六百餘里欲收那霸非西北風不能達禱之立轉一夜抵港　舟回至鳳尾山旋風轉船篷柁俱仄呼神始正至七星山夾山下椗五更颶作走椗將抵礁呼神船如少緩始得下椗人皆額手曰此皆天妃賜也
諭祭文 新報二道

維康熙五十八年歲次已亥五月癸酉朔越祭日癸
巳
皇帝遣冊封琉球國正使翰林院檢討海寶副使翰林
院編修徐葆光致祭于
神曰惟神顯異風濤效靈瀛海扶危脫險每著神功
捍患禦災允符祀典茲因冊封殊域取道重溟爰命
使臣絜將禋祀尚其默佑津途安流利涉克將成命
惟神之休謹告

維康熙五十九年歲次庚子二月戊戌朔越祭日丁
卯
皇帝遣冊封琉球國正使翰林院檢討海寶副使翰林
院編修徐葆光致祭于
海神曰惟神誕昭靈貺陰翊昌圖引使節以遄征越洪
波而利濟殊邦往復成事無愆克暢國威實惟神佑
聿申昭報重薦苾芬神其鑒歆永有光烈謹告

春秋祀典疏

差回琉球國翰林院檢討臣海寶編修臣徐葆光等
謹
奏爲奏
聞事臣等於康熙五十七年六月初一日奉
旨冊封琉球國王十四日於熱河面請
聖訓出都至閩於五十八年五月二十日登舟次日至
怡山院
諭祭天妃二十二日從五虎門放洋西南順風行八日
六月初一日登岸二十七日行
諭祭禮七月二十六日行
冊封禮諸宴禮以次舉行十二月二十六日登舟候汛

本年二月十六日乘東北順風行半月三十日始抵
福州五虎門臣等往返海道畧無危險皆
皇上德邁千古
福與天齊臣等奉
命經行絕遠之處神靈效順臣等闔船官兵以及從役
數百人無一虧損皆得安歸臣等不勝欣幸即琉球
國屬併福省官民人等俱稱奇致頌以爲皆我
皇上德遍海隅之所致也其中往返之時風少不順臣
等祈禱天妃即獲安吉自前平定臺灣之時天妃顯

靈效順巳彰
皇上加封致祭今默佑封舟種種靈異如此仰祈
特恩許着該地方官春秋致祭以報神庥伏候
聖裁謹奏
聞
禮部謹題爲奏
聞事該臣等議得差囘琉球國翰林院檢討臣海寳編
修臣徐葆光等奏稱臣等奉
旨册封琉球國王往返海道闔船官兵以及從役數百

人無一虧損皆得安歸共中往返之時風少不順臣
等祈禱天妃即獲安吉自前平定臺灣之時天妃顯
靈效順巳彰
皇上加封致祭今默佑封舟種種靈異仰祈
特恩許着地方官春秋致祭以報神庥等語欽惟
皇上德周寰宇化洽海隅
詔命所經神靈協應茲以
册封琉球國王
特遣使臣舉行典禮往返大海絶險之區官兵從役數

百人皆獲安吉固由天妃顯靈實皆我
皇上懷柔百神海若效順所致也査康熙十九年臣部
議得將天妃封爲護國庇民妙靈昭應弘仁普濟天
妃遣官致祭等因具題奉
旨依議欽遵在案今天妃黙佑封舟種種靈異應令該
地方官春秋致祭編入祀典俟
命下之日行令該督撫遵行可也臣等未敢擅便
謹題請
旨等因康熙五十九年八月初三日題本月初六日奉

旨依議
臣葆光按元史志云至元中以護海運有奇應加
封天妃神號積至十字廟曰靈慈直沽平江周涇
泉福興化等處皆有廟皇慶以來歲遣使賫香遍
祭金幡一合銀一錠付平江官漕司及本府官用
柔毛酒醴便服行事祝文云維年月日皇帝特遣
某官等致祭於護國庇民廣濟福惠明著天妃則
歲時之祭自元已有之矣前明嘉靖中册使陳侃
使還乞賜祭以荅神貺禮部議令布政司設祭一

壇報可此又特祭一舉行者也萬曆三年冊使蕭
崇業始請秩祀海神合舉祈報二祭至今封舟出
海因之康熙二十二年冊使臣汪楫還具疏請照
嶽瀆諸神着地方官行春秋二祭禮部議未准行
今臣等在海中祈神佑庇竊計封號尊崇已極惟
祀典有缺故專舉爲詞神應昭格今果蒙
恩特賜允行典禮烜赫以答神庥超越千古矣

中山傳信錄卷第二

中山傳信錄卷第二

冊封琉球國王副使　賜正一品麟蟒服翰林院編修加二級臣徐葆光纂

封舟到港

封舟六月朔旦至那霸港泊海口迎舟數十獨木船雙使一帆者又數百槳世曾孫尚敬守次先遣法司以下諸陪臣來迎
詔隨來隨遣前後數輩致牲禮迎勞如儀午潮上島民艤船數百或在船或入水施百緶引舟至迎恩亭下（亭建自洪武中武寧王時修葺如新）陪臣班列儀仗金鼓皆集亭左右迎請
龍亭未刻以次登岸衆官前導至館奉安
詔勅行禮訖以次入謁法司王舅紫金大夫紫巾官爲一班三叩頭天使立受揖答之耳目官正議大夫中議大夫爲一班三叩頭天使立受拱手答之那霸官長史察侍紀官遏闥理官都通事爲一班三叩頭天使坐受抗手答之嗣後朔望及逢五十日王遣法司王舅以下至館一起居見天使皆下坐應對皆起立每月初二日十六日天使亦遣使至王府荅問云

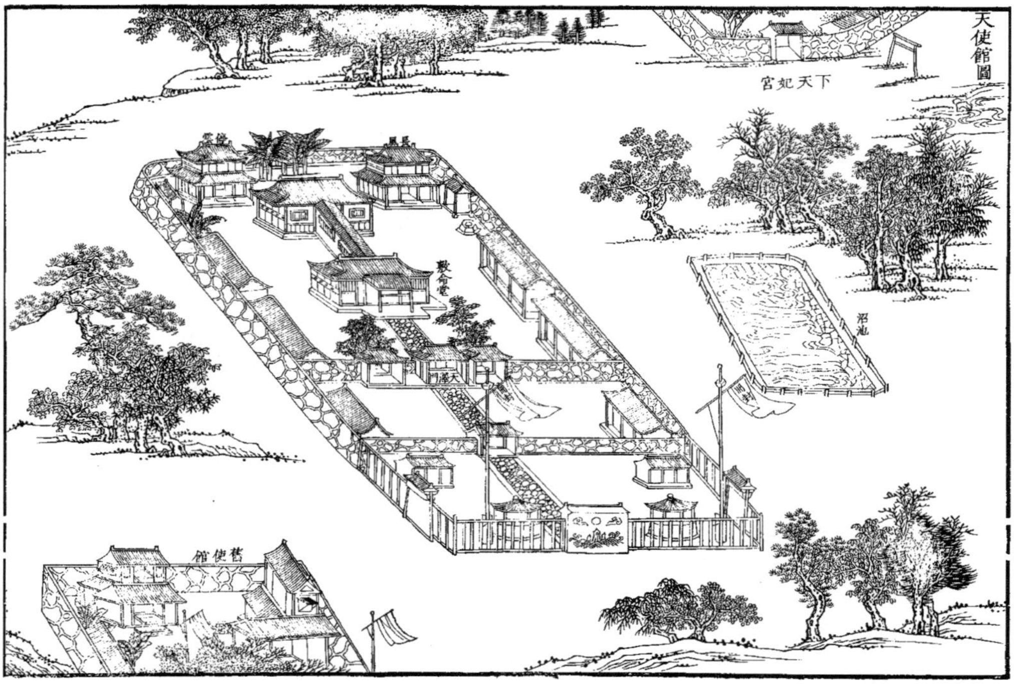

天使館

天使館去迎恩亭一里許面南屋宇皆如中國衙署外栅四周栅内東西門房各四楹竿上施冊封黄旗二八角鼓棚左右二所大門内東西役房各六楹儀門上有天澤門三字匾前明萬曆中使臣夏子陽題今失去臣等補書其上大堂前庭方廣數畝陪臣行禮于此甬道左右臣等植大榕樹四株堂上前楹前使張學禮王垓題天威遠布隸書四字汪楫林麟焻題敷命堂三字皆在臣等又書

皇綸三錫四字懸正梁上蓋自康熙二年封王尚質今王之高祖也康熙二十二年封王尚貞今王之曾祖也王之祖尚純未及立王之父尚益未及請封至今

國王尚敬已閱五世皆受我

皇上璽封六十年中大典三行澤及五世實爲千古僅事故特書之以示遠人明我

皇上與天無極之治海隅日出覆育無窮也左右楹間特書二牓一載前明冊使姓名一載

本朝三遣使臣姓名

傍記附錄

前明洪武中中山王察度始通於朝武寧嗣位始來告喪請襲終明之代傳十六世世世請封封使三十餘人具列正史而稗載多舛儻中外異書非一統同文之義

皇清受命王尚質始來請封於今五世冊禮三行皆奉我

皇上寶璽以來允為千古盛事幷書於次所以昭曠典愼使職也遣使踰年始達嘉靖以後有遲至二四年者今按史書之一以遣使之年為定洪武以來使事不以冊封行者姓名不能備考故不幷列云冊使例以行人充明正統中始用給事中為之正副仍之後遂不變用翰林與中書舍人自前使始兩使皆史臣唯茲役

明洪武五年詔中山王察度使
楊載 行人

永樂二年封武寧使
時中 行人

永樂五年封思紹如典禮洪熙元年封尚巴志使

不遣使
柴山 中官

正統七年封尚忠使
俞忭 給事中
劉遜 行人

正統十三年封尚思達使
陳傅 給事中
萬祥 行人

景泰二年封尚金福使
喬毅 給事中 殊域周咨錄作陳謨
童守宏 行人

景泰六年封尚泰久使
嚴誠 給事中 中山世鑑作李秉彝
劉儉 行人

天順六年封尚德使
潘榮 吏科給事中福建龍溪人
蔡哲 行人

成化六年封尚圓使
官榮 兵科給事中
韓文 行人

尚宣威　未請封

成化十三年封尚眞使
董旻 兵科給事中
張祥 行人司司副

嘉靖七年封尚清使
陳侃 吏科給事中浙江鄞縣人
高澄 行人順天固安人

嘉靖四十一年封尚元使
郭汝霖 吏科左給事中江西永豐人
李際春 行人河南杞縣人

萬曆四年封尚永使

萬曆二十九年封尚寧使

蕭崇業戶科左給事中雲南籍應天上元人　夏子陽兵科右給事中江西玉山人
謝杰行人福建長樂人　王士禎行人山東泗水人
崇禎元年封尚豐使　尚賢請封未獲卒福王時來請封遣禮科給事陳燕翼行人韓元勳未行國亡
杜三策戶部左給事中山東東平州人
楊掄行人司司正雲南籍上元人
本朝順治六年尚賢弟尚質奉表十年來請封
世祖遣使康熙二年行
康熙二年封尚質使　康熙二十一年封尚貞使
張學禮兵科副理官遼陽人　汪楫翰林院檢討江南儀真人
王垓行人山東膠州人　林麟焻內閣中書舍人福建莆田人

尚益未請封父尚純未立先卒子尚敬今封

堂後穿堂六楹內堂三楹左右兩使臣房後院東西二板閣東曰長風前使臣汪楫書西曰停雲使臣林麟焻書匾已廢樓亦重葺臣等重題其上兩行役房各九楹東西相向東院有水井一礪石甃四週如城高一丈三四尺許極堅緻堂屋內地皆用方磚上施瓴瓦惟壁皆用夾板役舍則以蘆箔塿土其上

附舊使館

使館西南有舊使館址相連前亦有轅門大門上有小板閣入門大堂三楹以板鋪地去地二尺許外有駐節二字前使王垓所書又前明崇禎中使臣杜三策書每懷靡及四字西有樓今無存胡靖記云楊行人掄居西偏小樓名曰聽海今新葺板閣惟東板閣係舊建樫木梁柱皆極堅固前使張學禮記云樓上有杜三策題梅花詩百首今已堙滅無存測量平豐二臣居之扃前轅門鑿後垣共門出入

舊使館向有息思亭嘉靖三十七年冊使郭汝霖有

息思亭說云琉球天使館自門而入正堂三間自正堂引至書房三間余處於東李君際春處於西房之後再三間官舍輩處之兩旁翼以廊房各六間門書輿皂寓焉暑月蘊隆琉之人爲余卜後垣空地砌土瓦茅竪柱而亭之余因扁曰息思以咏以歌庶忘其身之在異鄉已

天使館堂舊名灑露萬曆四年冊使蕭崇業有灑露堂說云使館故有匾弗稱唐人云海東萬里灑扶桑意在懷遠也余以灑露名之副使謝杰記云灑露堂

者天使館之堂也諫議蕭使公所以名斯堂也云云

臣葆光按此二條當在舊使館中今匾廢亭圮皆不可考就郭記云自門而入正堂三間今舊院大門內卽大堂無儀門居然可知已

天使館日有都通事一員紅帕秀才二十人輪番值門聽候指使

天使館旁支應分設七司一館務司掌館中大小應行事件一承應所掌館中修葺物件家伙等事一掌牲所掌羊豕鷄鴨支送等事一供應所掌館中酒米

小菜支送等事一理宴司掌七宴事一書簡司掌書帖往來等事一評價司掌評定物價上下分買支給等事每司遣大夫一員紅帕三人餘雜差等二十人主一司其朝夕供應奔走别有庫官等爲之

國王日以宮前瑞泉供客每日清晨汲入綠木筩二石餘以鎖鎖之走十里送至館中紅帕秀才九人分日押送

每日供應米五升麪四觔醬醬油醋鹽菜油各四盞豆腐三斤燒酒一瓶魚肉各三斤羊肉二斤乾魚四斤鷄二蛋十枚海蟳二西瓜二冬瓜十斤菜一斤燭四枝炭十斤柴四束

起居日餽生猪羊各一雞二蛋魚海蛇海蟳石鉅車螯麪條麪粉醬蔥醋蒜胡椒甘蔗蕉果冬易以橘燒餅佳蘇魚各一盤燒酒一埕炭一包燭一束朔望加吉果米肌銀酒黃酒之餽　吉果以米粉爲之形如薄餅米肌如白酒而稍淡銀酒卽燒酒黃酒國中所醞煮酒色黑釀少有油氣

守備千總日米四升醬油醋鹽菜油米醬各一盞猪

肉三觔羊肉一觔生魚二觔乾魚三觔雞一蛋十枚蔬菜一觔豆腐一觔燒酒六盞小燭二枝炭五觔柴二束　全廩給日米三升醋鹽菜油豆醬各一盞猪肉二觔生魚二觔乾魚二觔雞一蛋五枚蔬菜一觔豆腐一觔燒酒三盞小燭二枝柴二束　半廩給日米二升醋鹽菜油豆醬各一盞猪肉一觔乾魚一觔雞一蔬菜一觔豆腐一觔燒酒二盞柴二束　口糧月糧日米一升五合醋鹽菜油豆醬各半盞猪肉一觔鹽魚一觔蔬菜一觔豆腐半觔燒酒一盞柴一束

天妃宫行香

入館後涓吉鼓樂儀從奉迎船上
天妃及挐公挐公水神詳汪使錄中諸海神之位供於上天妃宫
内朔望日行香琉球天妃宫有二一在那霸曰下天
妃宫天使館之東門南向前廣數十畝有方沼池宫
門前石神二入門甬道至神堂三十步許堂内有崇
禎六年冊使杜三策楊掄慈航普度匾順治六年招
撫司謝必振普濟萬靈匾康熙二年癸卯冊使張學
禮王垓普濟羣生匾大門上書靈應普濟神祠則萬

曆三十四年冊使夏子陽王士禎所立也兩旁皆民
房國中案牘多儲于此有鐘一架刻云琉球國王大
世主庚寅慶生茲現法王身量大慈願海而新鑄洪
鐘以寄捨本州下天妃宫上祝萬歲之寶位下濟三
界之羣生辱命相國安潛爲其銘銘曰華鐘鑄就挂
着珠林撞破昏夢誠汪錄悞作正字禱天心君臣道合蠻夸
不侵彰鳬氏德起追蠡吟萬古皇澤流妙法音景泰
丁丑年月朔旦施
上天妃宫在久米村夏給諫子陽使錄云此爲嘉靖
中冊使郭給事汝霖所建他無碑記可証宫在曲巷
中門南向神堂東向門旁亦有石神二進門上甬道
左右寬數畝繚垣周環正中爲天妃神堂右一楹爲
關帝神堂左爲僧寮堦下鐘一所大門左有神堂上
嚮供龍神
天妃堂内有崇禎六年冊使杜三策楊掄立德配玄穹
康熙三年癸卯冊使張學禮王垓生天福靈二十二
年冊使汪楫朝宗永賴三匾副使林麟焻二十三字
長聯後稱裔侄孫麟焻敬題蓋

天妃爲莆田林氏閩中林姓多作此稱梁上有靈應普
濟神祠之額乃萬曆中冊使夏子陽王士禎所立也
始至館第二日先詣孔廟行香次至天妃宫冬至
則設
萬歲龍亭於廟左明倫堂使臣以次行禮訖亦載謁夫
子像朔望則否　天尊廟祀雷聲普化天尊汪錄
永樂中貢使自京師塑像歸禱必應故第二日亦
往行香朔望則不再至云

諭祭先王廟圖

中山先王廟

自天使館至先王廟二里許天使館東有天妃宮宮前有方沼池過池東北沿隄行不半里有泉崎橋橋旁有孔廟由廟東行數百步北折爲長虹隄隄長亘二里許下作水門七以通潮（隄旁有小石山名七星山七石離立沙田中）隄盡北折爲安里橋（此處地名安里故名汪錄作眞玉橋誤另有眞玉橋在豐見城北玉湖之上）過橋東折即中山先王廟廟前松岡數重左右流澗寬丈許環注安里橋下入海廟前石路方廣左右立木坊及下馬石碑左右各一廟垣四周皆礪

石磊成正中作圈門三左右角門二門內前堂三楹匾肅容二字即祭畢設宴待客之所更進甬道東西廳各三楹階下兩叢鐵樹攢鬱正廟七楹堂楹之上前使臣張學禮題河山帶礪汪楫題永觀厥成二匾俱在（臣等亦書世篤忠貞四字懸其次）堂西神厨二楹東爲佛堂前後六楹旁三楹爲僧厨

儀注（俱從前使臣汪楫更定）

六月二十六日丁卯行

諭祭禮先期灑掃王廟中堂屏蔽神主以便迎請

龍亭設香案於廟中設司香二人設開讀臺於滴水西首設開讀位東南向設中山先王神主位於露臺東首西向設世曾孫俯伏位於先王神主位之下北向設世曾孫拜位於露臺中北向設衆官拜位於世曾孫拜位後左右層列設奏樂位於衆官拜位之下北向

祭日黎明法司官率衆官及金鼓儀仗畢集天使館前天使啓門衆謁畢迎請

龍亭進公館中堂捧軸官捧

諭祭文二道奉安

龍亭內又捧齋賜絹帛二百端白銀二百兩奉安彩亭內衆官排班行三跪九叩頭禮畢前導至安里橋世曾孫皂袍角帶率衆官迎伏於橋頭道左

龍亭暫駐世子衆官平身天使趨前分立

龍亭左右通事官唱排班世曾孫率衆官行三跪九叩頭禮畢世曾孫率衆官前導至廟門外

龍亭由中門入至廟內中堂彩亭內銀絹分列於先王位前案上天使隨入左右立捧軸官由東角門入至廟東邊門外西向立宣讀官展軸官由西角門入至開讀臺下東向立司香二人舉香案置

龍亭前添香世曾孫率衆官由東角門入上露臺各就拜位行三跪九叩頭禮畢退立於先王神位之下西向捧軸官由廟東邊門入廟中堂天使先取

諭祭先王尚貞文授捧軸官高舉出廟中上開讀臺宣讀官次之展軸官又次之捧軸官上臺立案右宣讀官就開讀位展軸官立案左與捧軸官對展通事官唱開讀世曾孫衆官皆俯伏於先王神位之下北向

候宣讀官從容讀畢通事官唱焚帛世曾孫率衆官皆平身至焚帛所候焚畢回露臺同衆官謝

恩三跪九叩頭禮畢退班世曾孫捧先王尚貞神主由廟東邊門入廟內安於東偏神座世曾孫又捧先王尚益神主就位天使又取

諭祭先王尚益文授捧軸官如前儀

諭祭文二道皆另謄錄焚黃原

勅俱請留供廟中

諭祭禮畢天使易服世曾孫揖至東廳行相見禮世曾孫未

受封猶守幕次至此始與使臣相見七宴自此始張學禮記始至有迎風宴非也天使居東
世曾孫居西各三拜送坐奉茶畢請就前堂宴天使
左行世曾孫右行至前堂天使居東世曾孫居西安
坐正使居東副使居西俱南面坐世曾孫面東北坐
不設樂茶酒皆親獻天使辭天使酬獻亦辭席終請
天使輿至滴水前世曾孫下階揖別衆官出門跪送
世曾孫是日不及詣館謝先遣官至館謝勞天使次
日亦遣官入王城謝宴爲第一宴

諭祭先王文 二道

維
康熙五十八年歲次己亥六月壬寅朔越祭日丁卯
皇帝遣冊封琉球國正使翰林院檢討海寶副使翰林
院編修徐葆光
諭祭於故琉球國中山王尚貞之靈曰朕撫綏萬邦中
外一體越在荒服咸畀湛恩矧效忠既篤於生前斯
賜䘏彌隆於身後眷言鴻伐宜賁龍光爾琉球國中
山王尚貞肅凛朝章丕揚世緒秉聲靈於天府水靜
鯨波奉正朔於大庭風清島服靖共匪懈恩早錫於
九重貞順爾加時將歷乎三紀方謂期頤未艾何圖
徂謝遄聞深用愴懷特頒祭䘏嗚呼作屏翰於遐方
始終臣節被優崇於幽窆炳煥綸褒用薦苾芳尚其
歆格

維
康熙五十八年歲次己亥六月壬寅朔越祭日丁卯
皇帝遣冊封琉球國正使翰林院檢討海寶副使翰林
院編修徐葆光
諭祭於故琉球國王尚益之靈曰朕承天庥撫馭區寓

罔有內外並予輯綏凡所賓貢不忘存䘏有庸必報
雖遠弗遺所以示懷柔昭鉅典也爾琉球國王嗣尚
益承先受祚繼志輸忠世著勳勞奉共球而內嚮代
修朝請航溟渤以歸誠乃涖職止於三年嗣封闕於
再世眷言藩服方期多福之是膺勉樹嘉猷詎意修
齡之難得訃音遠告褒䘏特申雖錫命未逮於生前
而榮施實隆於身後爰頒祭醊用遣專官嗚呼玉冊
遙傳庶慰來王之志綸函覃被聿昭撫遠之忱載設
牲犧庶其歆格

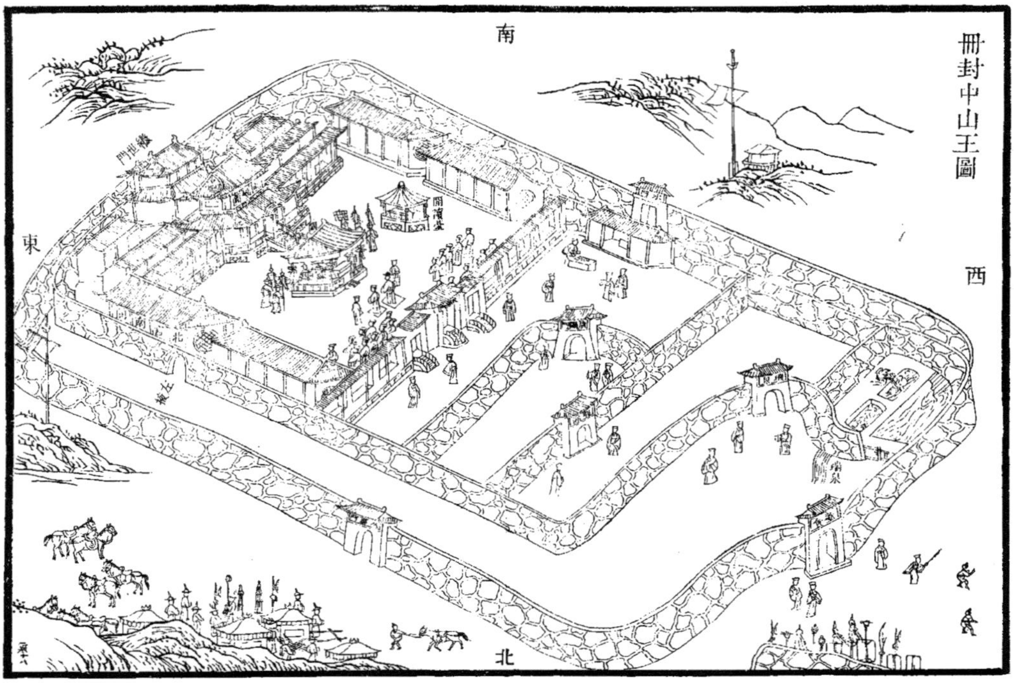

中山王府

自天使館至中山王府十里

冊封日自先王廟以東紅帽吏排仗夾道列至王宮先王廟南折爲八幡橋更東過岡二里許爲差囘橋亦名茶崎上岡東行爲萬松嶺石路修整岡巒起伏松皆數圍夾道森立更進爲萬歲嶺更進半里許有坊牓曰中山道南有安國寺寺對街累牆如削爲世子第夾路皆礪石短牆高三四尺中路有鳳蕉一叢累石環之又進半里許有坊牓曰守禮之邦中山王伏迎

詔於此坊下道旁石牆漸高八九尺坊外道左有天界寺寺門北向佛殿西向寺前西南爲王塋對街繚垣內爲大美殿更進半里許爲歡會門即中山王府城也在山頂礪石城垣四週三四里遠望如聚髑髏自古紀之蓋言其形似也山形殿址本南北向由那霸至中山從西岡上故門皆西向城外石崖上左刻龍岡石刻虎峯城四面各一門（前歡會門西向後繼世門東向左水門南向右久慶門北向）更進歡會門至石崖下爲瑞泉上崖門西北

向牓曰瑞泉（左右皆甬道有左掖右掖二門通入王宮）更進樓牓曰刻漏
西向更進爲廣福門西北向更進爲奉神門左右三
門並峙西向王殿九間皆西向殿樓上供
御書中山世土四字大牓即王宮也前殿庭方廣數十
畝左爲南樓北向右爲北宮南向匾曰忠順可嘉凡
宴天使皆于此殿屋皆固樸多柱礎屋一間施二十
柱無華采之飾亦不甚巍峻以在山頂多海風故也

儀注（俱從前使臣汪楫更定）

冊封先一日所司張幄結綵於天使館國中經行處所

皆結綵造板閣一楹爲
闕庭設於王殿庭中中置殿陛左右層階設香案於
闕庭前設司香二人於香案左右設世子受賜予位於
香案之前設宣讀臺於殿前滴水之左設世子拜位
於露臺正中設衆官拜位於世子後左右層列世子
左右立引禮官二員衆官左右立贊禮官二員陳儀
仗於王殿左右設奏樂位於衆官拜位之後
七月二十六日丁酉黎明法司官衆官率金鼓儀仗
畢集天使公館前天使啓門祭謁畢迎請
龍亭入公館中堂捧詔官捧勅官各捧
詔勅奉安
龍亭中捧幣官捧緞疋等分置左右綵亭中王與妃各
一亭衆官排班行三跪九叩頭禮畢前導世子率衆
官伏迎於守禮坊外
龍亭暫駐世子衆官平身天使趨前分立
龍亭左右通事官唱排班世子衆官行三跪九叩頭接
詔禮畢衆官世子前導立殿下
龍亭入至

闕庭中綵亭分列左右天使分立
龍亭左右捧詔官捧勅官立殿陛下宣讀官立開讀臺
下司香者舉香案於
龍亭前添香奏樂引禮官引世子由東階升詣香案前
樂止引禮官唱跪衆官各就拜位皆跪引禮官唱上
香案右司香者捧香跪進於世子之左三上香訖俯
伏興平身奏樂引禮官引世子出露臺就拜位率衆
官行三跪九叩頭拜
詔禮畢平身樂止天使詣前正中立捧詔官捧勅官由

東階升天使取
詔授捧詔官取
勅授捧勅官高舉下殿陛同宣讀官上開讀臺
詔勅并置案上通事官唱開讀樂止引禮官唱跪世子
衆官皆跪捧詔勅官以次對展宣讀官次第讀畢引
禮官唱平身世子衆官皆平身奏樂捧詔勅官各捧
詔勅升殿陛天使仍奉安
龍亭中捧詔勅官下東階國王及衆官行三跪九叩頭
謝封禮畢平身樂止天使宣制曰

皇帝勅使賜爾國王及妃緞疋綵帛引禮官引國王由
東階升法司官隨行國王至受賜予位跪奏樂天使
取賜王及賜王妃緞疋一一親授國王國王高舉法
司官跪接傳置案上畢俯伏興平身引禮官引國王
復位率衆官行三跪九叩頭謝賜禮畢平身樂止引
禮官引國王升東階至
龍亭前跪問
聖躬萬福天使答曰
聖躬萬福國王俯伏興平身奏樂引禮官引國王復位

率衆官行三跪九叩頭問安禮畢平身樂止引禮官
引國王升東階至香案前跪請留
詔勅爲傳國之寶法司官捧前代詔勅呈驗天使驗明
允所請捧亭中
詔勅親授國王國王平身仍奉安亭中奏樂引禮官引
國王復位率衆官行三跪九叩頭謝
恩禮畢國王請天使更衣俱肄北宮對拜安坐獻茶一
如前儀用樂人聲居上鐘鼓列下陛迭奏爲第二宴
册封詔

奉
天承運
皇帝詔曰朕恭膺
天眷統御萬邦聲教誕敷遐邇率俾粤在荒服悉溥仁恩
奕葉承祧並加寵錫爾琉球國地居炎徼職列藩封
中山王世子曾孫尚敬屢使來朝貢獻不懈當閩疆
反側海寇陸梁之際篤守臣節恭順彌昭克殫忠誠
深可嘉尚茲以序當纘服奏請嗣封朕惟世繼爲家
國之常經爵命乃朝廷之鉅典特遣正使翰林院檢

討海寶副使翰林院編修徐葆光齎詔往封爲琉球
國中山王爾國臣寮以暨士庶尚其輔乃王愼修德
政益勵悃忱翼戴天家慶延宗祀實惟爾海邦無疆
之休故茲詔示咸使聞知
康熙五十七年八月　日
賜勅
皇帝勅諭琉球國中山王世子曾孫尚敬惟爾遠處海
隅虔修職貢屬在冢嗣序應承祧以朝命未膺罔敢
專擅恪遵典制奉表請封朕念爾世守臣節忠誠可

嘉特遣正使翰林院檢討海寶副使翰林院編修徐
葆光齎勅封爾爲琉球國中山王并賜爾及妃文幣
等物爾祗承寵眷懋紹先猷輯和臣民愼固封守用
安宗社于苞桑永作天家之屏翰欽哉毋替朕命故
諭
頒賜國王
蟒緞貳疋　青綵緞叄疋
藍綵緞叄疋　藍素緞叄疋
閃緞貳疋　衣素貳疋

錦叄疋　紗肆疋
羅肆疋　紬肆疋
頒賜妃
青綵緞貳疋　藍綵緞貳疋
粧緞壹疋　藍素緞貳疋
閃緞壹疋　衣素貳疋
錦貳疋　紗肆疋
羅肆疋
康熙五十七年八月　日

臣葆光按前明賜賚幣物隨時有異附誌於後以
備參考中山世鑑載正統十四年賜國王尚思達
錦四粧花連毬花紅一粧花連勝寶相花紅一十字綾花黄一百花絨錦黄一紵
綵六織金胷背麒麟紅一獅子青一暗八寶天花雲紅一雲綠一素青一綠一
紗八織金胷背白澤紅一麒麟青一暗花藍一暗花骨朶雲八寶紅一素紅一青
一綠一藍一羅六織金胷背麒麟紅一青一素紅一青一綠一藍一賜
王妃錦二粧花雲鳳青一百花絨錦黄一紵綵四織金胷背白澤紅一暗花骨
朶雲青一暗天花八寶雲綠一素青一紗四織金胷背白澤紅一暗花骨朶雲綠一
素紅一青一羅四織金胷背彪一素青一綠一藍一又賜王叔錦

一連勝寶相花黃一紵絲四織金白澤大紅一暗花骨朶雲青一暗八寶天花雲綵一素紅一景泰二年賜國王尚金福及妃錦紵等數同王叔無賜爲異嘉靖十三年冊使陳侃錄賜國王尚清紗帽一展角全金廂犀束帶一常服羅一大紅織金胷背麒麟圓領一青褡護一綠貼裏一皮弁冠服一副柒旒皂皺紗皮冠一旒珠金事全玉圭一袋全五章絹地紗皮弁服一套大紅素皮弁服一纁色素前後裳一纁色素蔽膝一玉鉤全纁色粧花錦綬一金鉤玉玎璫紅白素大帶二大紅素紵絲舄一雙襪全丹礬紅平羅銷金夾包袱四素白中單一紵絲二黑綠花一深青素一羅二黑綠一青素一白氁絲布一賜王妃紵絲二黑綠花一深青素一羅二黑綠一青素一白氁絲布十與正統景泰中所賜已各不同

琉球國王印

順治十年國王尚質來繳前朝故印請封重給康熙元年冊使始至國賜王此印印文六字琉球國王之印左滿右篆不稱中山

臣葆光按康熙元年冊封詔曰遣官捧詔印封爲琉球國中山王則印文似當云琉球國中山王之印始與詔文相應然考前明洪武十六年始賜王察度鍍金銀印十八年又賜山南王山北王駝紐鍍金銀印各一是時國分爲三察度止有中山則當稱中山王今琉球旣幷山南山北爲一已三百餘年矣而本國尚仍中山一隅之號蓋承前襲封舊文疑乎自示不廣以義揆之當如賜印止稱琉球國王爲正

中山王圖
年二十歲康熙三十九年庚辰六月十九日生

中山王儀仗圖
路供

中山王肄館儀仗

七月二十六日

冊封禮成中山世曾孫尚敬始稱中山王擇吉告祖廟

八月二日受國中各島臣民賀訖初九日中山王躬

詣天使館謝

封盛儀仗備官僚成禮而還其初出府門也乘十六人肩輿及過長虹隄至孔廟南小駐別館易衣減輿夫之半始至天使館還至別館仍易衣儀從如前歸府第今所見者與前使臣汪楫所記少異略載于後

鳴金四人　鼓吹三隊隊八人　方棍六人　紅隔路二人　旗十六人　鐵叉二人　曲鎗二人　留家住四人　狼牙鈎二人　長鈎四人　鉞斧四人　長桿鎗三十二人　月牙四人　鷄毛帚十二人　馬尾帚二人　大刀二人　黃繖二人　花繖二人　引馬二人　提爐二人　黃緞團扇二人　綠珠團扇二人　印箱二人　衣箱二人　轎前紅桿鎗四人　紅鞘長腰刀四人　黑腰刀二人　長砍刀四人（蕭崇業錄云有武士戴銅假面衣添甲帶刀者數十輩今則以常服執之）　大掌扇一人　紅絡金爐二人　金葫蘆二人　珠兆扇二人　小鵝毛扇二人　蠅拂二人（金爐以下俱小童執近侍小童名察度奴示）　黃帽對馬三十人（耳目官大夫以下等員）　紫帽對馬十二人（紫巾官紫金大夫等員）　綠地五花織金帽對馬二人（王舅法司等員）

附錄賀封路供

是日國王經行之處道旁皆設各種花供泉崎橋隄上道旁盆盎中羅花卉數十種排列數層朱欄繞之中刻木作一獸繪畫如麟狀後立一木版書云非龍

非彪非熊非羆王者之瑞獸更無對句此久米人所設

使館東下天妃宮前沿池內作假山剪紙作白鶴一池上斧大松一株立地中上亦作一白鶴如飛鳴相向狀四圍以紙皮作假山羅花草數十種圍之中作一老人二鹿如山呼祝壽狀此那霸人所設

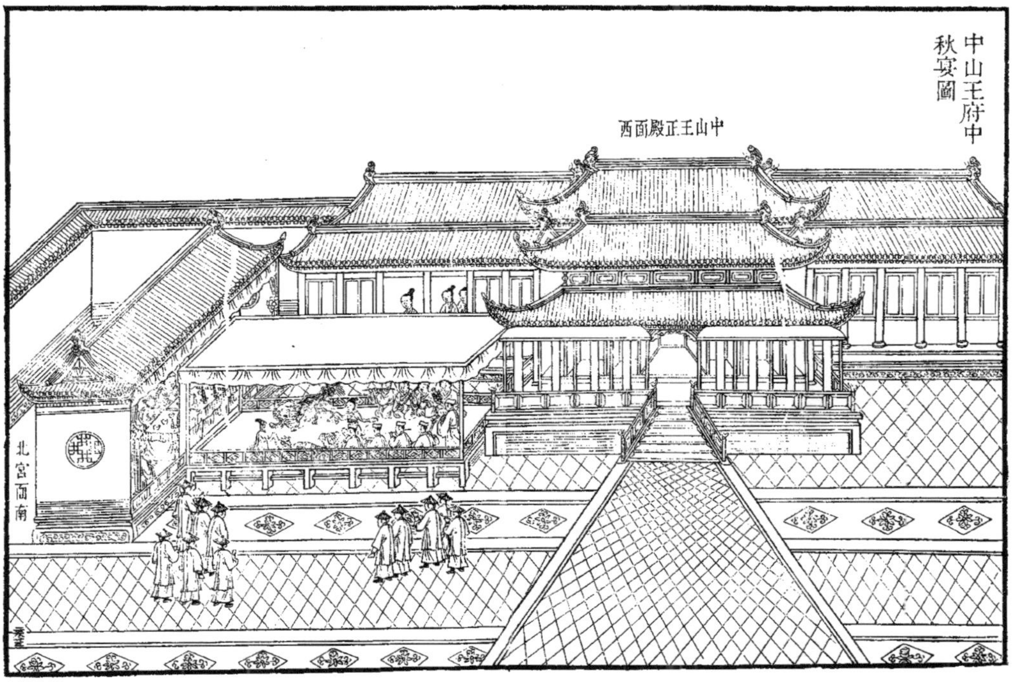

中秋宴

王府庭中于北宮滴水前造木臺方五六丈帷幕四週王延客入席坐定先呈神歌祝頌說帖云本國混沌之初首出御世者爲天孫氏如中國羲皇濳泊爲治嗣後國君登位神每出示靈祐乃製迎神歌以歡樂之迨後神不屢出神歌遺曲至今猶存每當國王卽位及行慶諸事必皆舉行從前先王受

冊封後宴天使例首演之作一老人登塲不作樂惟唱神歌拜祝

皇上萬歲中外昇平次頌國王共蒙福祉今當中秋佳節天使降臨眞神人共喜之日也謹遵例首唱起神歌黃髮老人百拜稽首恭頌

皇上恩德如天國王帶礪百世老人歌罷拜退次令戚臣子弟俊秀者數十人衣彩衣隊隊相續歌太平曲以供宴樂云

先有樂工六人引聲如梵唄音無樂次有戴壽星假面一人登塲和之三拜搓手起舞舞畢又三拜止

次有樂工十四人著雜色紅綠衣帽簷六稜低壓頭

頂或戴燕尾綵頭巾持樂器三弦二提琴一即用三弦着引弓于上三弦槽柄比中國短半尺許笛一小鑼一鼓二登場前後二行曲跽上向引吭曼聲歌褭慢處有小童可十三四歲四人着朱色襪五色長衣無帶開襟搖曳頭戴黑皮笠朱纓索曼長垂胸前迴旋而上時作顧盼坐起之態登場一行面樂工小坐樂工代為解笠捲朱纓盤着笠上仍授之小童起立執笠頓足按節而舞樂工曼聲歌與相應為第一遍笠舞　又有四小童宮粧剪金扇面作花朶朱帕紫額上有金

飾五色衣項上帶五色花索一圍長垂膝下登場樂工歌脫花索交手頓足按節如前為第二遍花索舞　次有小童三人可十餘歲戴珠翠花滿頭着宮裙五色錦半臂肩小花籃各一提登場鼎立樂工歌頓按如前為第三遍籃舞　次幼童四人短朱綵五色宮衣長裙間綵曳地搖曳登場向樂工小坐樂工各授小竹拍四片起舞按節手拍應之為第四遍拍舞　次有武士六人着黑白相間綦紋大袖短衣金箍束額作平頂僧帽式挺白杖交擊應節為第五遍武

舞　又有小童二人五色衣執金毬毬上四面著小金鈴長朱索曼纓左右舞引二青獅登場旋撲為第六遍毬舞　席終換席又有小童三人宮粧登場向樂工小坐工授以小花金桿二枝長不及尺許兩頭著紅花交擊應節為第七遍桿舞　次有小童四人易宮衣登場手執花竿長三尺許各一枝舞應節為第八遍竿舞時已向昏徹帷幕庭中設烟火數十架又令數人頭戴火笠騎假馬頭尾烟爆齊發奔走庭中以為戲樂宴畢出城火炬長二丈許者數千夾道

送歸使館為第三宴

重陽宴

龍潭在王宮之北圓覺寺西長不半里寬數十畝水渟瀠與圓覺寺前荷池相通瑞泉下流所匯也南岸爲神嶽蕉樹攢密不見曦月掩映碧潭岸無餘址北岸長隄上蠣牆連墉皆巨族居之跨東西有小橋潛渠入田東岸突出尖埠跨潭之中花樹森立三面臨水重陽宴爲龍舟戲設坐於此埠之上

先設木閣於埠上結綵數重氍席四周王揖客坐定龍舟三式與福州所見畧同梭長三丈餘槳二十八

人皆一色衣一紅一白一黑每舟中央設鼓綵衣小童擊以爲節前後二綵衣童執五色長旗船首一人擊鑼與鼓相應齊唱龍舟太平詞以歌

聖德及遠永享治平海國蒙恩竭忠仰報之意問其詞大畧與前使所錄同左右旋繞四岸士女匝觀者數百人龍舟戲畢國王先辭客回府第仍開宴于北宮演劇六折畧記如後

第一爲老人祝

聖事老夫婦二人率子孫五六人登場跪國語致詞曰

當今
聖天子德高堯舜道邁湯文八埏昭日月之輝一統著
車書之盛國王夙沐
聖恩新受
冊封天使賁臨舉國歡忭小臣老夫婦生長本國年一
百二十歲皆康健子孫三百三十餘人多有登仕籍
爲官者舉家蒙福子孫內有能歌唱彩舞者率領獻
壽老夫婦再拜先舞其歌詞曰王德如海民之父母
受封於天帶礪永固舞罷群綵衣童隊隊相續一團

扇曲六章舞一掌節曲三章舞一笠舞曲四章舞一籃花曲
二章舞　以上皆名太平歌
第二爲鶴龜二兒復父仇古事中城按司毛國鼎忠
勇爲國時勝連按司阿公少爲郡馬驕貴蓄異志忌
中城讒之於王誣以反王令阿公率師族滅之毛公
自刺死二子一名鶴年十三次名龜方十二既俊秀
又居常以寶劍二教之擊刺事時隨母在外家山南
杳國吉所聞變泣請於母欲以間殺阿公復父仇求
寶劍各佩之步肆勝連伺阿公春遊即懷劍而前阿
公喜且醉解衣帶分賜二童攜一劍并賜鶴鶴乘其
醉拔劍刺之大呼曰我毛公子今殺汝爲我父復仇
阿公驚起頭隨劍落矣群從皆醉盡爲二童所殺云
第三爲鐘魔事中城縣姑場村農家陶姓有兒名松
壽年十五歲白晳端麗至首里從師一日行至浦添
山徑中向昏黑持一竹竿點地行見燈求宿乃一獵
家父出夜獵止一女年十六頗妖麗留宿挑之松壽
坐聽不許強擁之松壽拂衣起女羞且怒持獵具欲
殺松壽松壽走女逐之山曲有萬壽寺主持僧普德

頗有行松壽奔入號救四顧無隱處僧伏之大鐘內
令三徒守鐘旁女至三僧戲嬲逐之女不得松壽仰
哭如癲出門去僧啓鐘有聲女還奔入方欲爲惡忽
披髮改形入鐘內普德與諸僧繞鐘咒之女自鐘倒
垂首出見鬼面手一叉下擊諸僧僧咒不已寺外大
雷電女化魔走出不知所在　二事皆百年前國中
事
第四折爲天孫太平歌共五十餘人先有一披髮頭
陀執白木桿引五色衣小童花抹額各色蕉比甲腰

中各插菊花一枝金輪轉竿一枝共十九人上場左旋作一圍立爲第一層次有各色紅綠雜衣郎二十人上場右旋作第二層立次有彩衣小童二執小點鼓雜衣郎二人執銅點八人執腰鼓上場左旋作第三層立次有彩衣小童四人三人執紙帚一行中立每唱此四小童引調唱第一句起下雜衣郎和之小童後二層立樂工二十人居中外三層左右交轉外一層小童第一轉五色扇舞爲節第二轉金交桿爲節第三轉舞菊爲節第四轉舞輪竿爲節畢轉入第二層雜衣郎轉出外一層手舞頓足回旋爲節四五番以次旋轉而下爲第四宴

餞別宴爲第五宴儀禮如前又增國中故事一二齣爲樂

拜辭宴爲第六宴儀禮增戲樂如前宴畢國王送客出府至守禮坊外更設小座於世子第中手奉三爵爲別

望舟宴爲第七宴國王至天使館設宴禮如前儀面致金扇一握爲別臣等宴禮既畢涓吉登封舟候風歸朝復

命中山王尚敬遣陪臣法司王舅紫金大夫等齎表謝

恩并貢物自附常年貢船一號隨封舟同發

中山王謝恩表

琉球國中山王臣尚敬誠懽誠忭稽首頓首謹奉

表上言伏以

聖武弘昭特重内屏之任

皇文丕振復膺外翰之權

隆體統於藩臣安内而兼攘外

煥規模於舊制緯武即是經文拜

命增虔撫躬益勵恭惟

皇帝陛下

道隆堯舜

德邁湯文

統六合而垂衣教仁必先教孝

開九重以典禮作君又兼作師臣敬世守藩疆代供

貢職荷

龍章之遠錫鮫島生輝沐

鳳詔之追揚丹楹增色對
天使而九叩望
象闕以三呼謹遣陪臣向龍翼程順則等虔齎土物聊
表芹私伏願
乾行不息
澤沛彌崇
統王會以開圖合車書者千八百國
占天時而應律驗禎祥於三十六風將見文麟獻瑞彩
鳳來儀矣臣敬無任瞻

天仰
聖激切屏營之至謹奉
表稱
謝以
聞
康熙五十八年十一月　日琉球國中山王臣尚敬
謹上表
又疏
琉球國中山王臣尚敬謹奏爲恭謝
天恩事臣敬彈丸小國僻處海隅深沐
皇恩允臣嗣封康熙五十八年蒙
欽差正使翰林院檢討海寶副使翰林院編修徐葆光
等齎捧
詔勅幣帛隨帶員役坐駕海船貳隻於本年六月初一
日按臨敝國臣依舊例令通國百官臣庶奉迎
詔勅安於天使館中揀吉於六月二十六日先蒙
諭祭臣曾祖琉球國中山王尚貞復蒙
諭祭臣父琉球國王尚益續於七月二十六日宣讀

詔勅封臣敬爲中山王荷蒙
欽賜蟒緞等項並妃綵緞等物臣敬率領百官拜舞叩
頭謝
恩外隨請於
天使懇留
詔勅爲傳國之寶蒙
天使查驗前封卷軸依聽許留付臣一併珍藏竊惟
聖朝加意撫柔有同覆載臣敬等曷勝感激爲此特遣
陪臣法司王舅向龍翼紫金大夫程順則使者楊天

祐通事蔡文河副通事鄭元良蔡墉等齎捧
表章土儀赴
京恭謝
天恩仰冀
睿慈俯鑒下悃臣敬無任激切屏營之至謹上
奏以
聞
貢物
金鶴二銀座全　盔甲一副護手護臁全　金靶鞘腰刀二

銀靶鞘腰刀二　黑漆靶鞘鍍金銅結束腰刀二
十　黑漆靶鞘鍍金銅結束鎗十　黑漆靶鞘鍍金
銅結束衮刀十　黑漆洒金馬鞍一轡鐙全　金彩畫
圍屏四　扇五百　土綿二百　紋蕉布二百　土
苧布一百　白鋼錫五百觔　紅銅五百觔
金鶴以下乃其謝封貢物舊例有胡椒今缺以白
鋼錫代之其常年貢物止于白錫一千觔　紅銅三千觔
硫磺一萬二千八百觔　琉璜納藩庫貢使賫銅錫至京前
明于福州特設市舶提舉一員專理琉球貢事以

內官領之　本朝省并其事于海防同知今貢使
猶稱之曰提舉云
又請存舊禮以勞使臣疏
琉球國中山王臣尚敬謹
奏爲須封事竣懇存舊禮以勞使臣事康熙五十八
年蒙
欽差正使翰林院檢討海寶副使翰林院編修徐葆光
恭奉
詔勅幣帛于本年六月初一日按臨敝國二十六日先

蒙
諭祭臣曾祖琉球國中山王尚貞復蒙
諭祭臣父琉球國王尚益續于七月二十六日宣讀
詔勅封臣敬爲中山王荷授
欽賜蟒緞等項並妃綵緞等物此誠
天朝之殊恩而臣敬永代之榮光也竊惟
皇上覆載無外
覃恩於弱小之邦使臣銜風破浪艱險驚虞莫此爲甚
使臣入國以來撫綏海邦約束兵役舉國臣民無不

感仰惟臣敬所深愧者臣國邊海荒野無以將敬故於宴欵之際代物以金雖自知乎菲薄實是緣以爲例乃辱使臣屢辭往還再三堅持大義固却不受在使臣氷兢自矢允矣有耻不辱爲

聖朝使節之光矣但念使臣間關勞瘁遠涉萬里風濤實爲臣躬之故藉物表敬禮不將儀心竊難安至臨行時復將屢宴前金特差法司大夫長史等官專送懇受使臣復遣送還清白之操可謂始終靡間獨是微臣酬德報功莫展萬一殊慚舊禮有闕寸志莫伸

謹將送還屢次宴金四封共計一百九十二兩具本附遣陪臣法司王舅向龍翼紫金大夫程順則等齎

進懇乞

欽賜使臣收受不勝惶恐激切之至謹上

奏以

聞

禮部謹　題爲

頒封大典已竣懇存舊例以勞使臣事該臣等議得琉球國王尚敬奏稱

欽差正使翰林院檢討海寶副使翰林院編修徐葆光等按臨敝國封臣敬爲王宴欵之際代物以金使臣屢辭往還再三堅持大義固卻不受但微臣酬德報功莫展萬一謹將宴金二封共計一百九十二兩具本附陪臣法司王舅向龍翼等進呈懇乞

敕賜收受等語查康熙二十三年使臣翰林院檢討汪楫等

冊封琉球國王所與宴金伊等未受該國王奏請臣部議覆仍不准其收受具題奉

旨這琉球國所與宴金仍着使臣收受欽遵在案今該

國王尚敬雖稱謹將宴金具本附陪臣等進呈懇乞

敕賜收受等語但海寶徐葆光等仰體

皇上特簡至意旣未經收受應將該國王所請收受之處毋庸議九月初一日奉

旨宴金仍着使臣照舊例收受

臣葆光按前明使臣却金不受始於陳侃世宗仍

命侃等收受嗣後例辭亦有准辭令賫使帶回者

本朝康熙二年癸卯二十二年癸亥及今三役皆蒙

恩仍着收受所以奬厲使臣者至矣癸亥之役琉球國
王疏引張學禮伏還原職舊例爲汪楫林麟焻等
題請議叙優升是時海氛雖靖海禁猶嚴行役艱
險議叙爲宜今則昇平日久中外一家加以海靈
效順履險如夷區區往來臣子常分何勞可言虚
詞求敘實不敢踵爲故事也

中山傳信録卷第三

中山世系　封貢事蹟附

中山世系圖

○舜天—舜馬順熙—義本

○英祖—大成—英慈—玉城—西威

○察度—武寧

○思紹—尚巴志—尚忠—尚思達—尚金福

尚泰久—尚德

○尚圓（宣威）—尚眞—尚清—尚元—尚永—尚寧

尚豐—尚賢

尚質—尚貞—尚純—尚益—尚敬

中山傳信錄卷第三

册封琉球國王副使　賜正一品麟蟒服翰林院編修加二級臣徐葆光纂

中山世系

臣按前使汪楫譔中山沿革志皆採前明實錄時汪與修明史採錄頗稱詳備然皆就其封貢往來中朝者言之故一一明悉至本國承襲先後之間或多昧焉時據所稱世纘圖所載互訂一二而已臣今至國遍訪所謂世纘圖者不獨民間無其書即國庫中亦無其圖惟抄撮尚宣威以前事名中山世鑑事與中山沿革志所載頗有不合者後細詢本國此書乃尚質從弟尚象賢字文英者爲之汪使封尚貞王時此書尚未成也中山開闢以來至舜天始有國字至尚象賢始窮搜博采集成此書本國稱其聰明才俊佐其姪尚貞有功於國其書必詳盡事理惜未及見其全書今但考正其歷代世系而以汪楫所採明史實錄中封貢往來之事附於其次以備考云

中山世鑑云琉球始祖爲天孫氏其初有一男一女

生於大荒自成夫婦曰阿摩美久及後人物漸繁又有君曰天帝子天帝子生三男二女長男爲天孫氏國主始也二男爲諸侯始三男爲百姓始長女曰君君二女曰祝祝爲國守護神一爲天神一爲海神也天孫氏二十五紀姓氏今不可考故畧之起乙丑終丙午凡一萬七千八百二年今斷自舜天始

舜天

宋淳熙十四年丁未舜天即位

舜天日本人皇後裔大里按司朝公男子也淳熙七

年庚子年十五屢有奇徵長爲浦添按司人奉其政斷獄不違天孫二十五世政衰逆臣利勇恃寵執權鴆其君而自立舜天討之利勇死諸按司推奉即位賞功罰罪民安國豐在位五十一年壽七十二嘉熙元年丁酉薨

舜馬順熙

宋嘉熙二年戊戌舜馬順熙嗣位

舜馬順熙舜天第一子淳熙十二年乙巳生五十四歲嗣位在位十一年壽六十四淳祐八年薨

義本

宋淳祐九年己酉義本嗣位

義本舜馬順熙第一子開禧二年丙寅生四十四歲嗣位其明年國中大饑次年疾疫人民半失君歎息名群臣曰饑疫并行不德誰讓群臣舉惠祖世嫡英祖君大悅名試國政舉賢退不肖疾疫止遂攝政七年義本讓位隱於北山在位凡十一年壽五十四歲

舜天至義本凡三傳共七十三年

英祖

宋景定元年庚申英祖即位

英祖天孫氏後裔惠祖世主孫紹定二年己丑生有瑞徵十二歲名聞國家二十通經傳國人思事爲伊祖按司寶祐元年癸丑攝政及即位年三十二明年巡行國中效周徹法正經界均井地然後穀祿平百度舉矣景定五年西北諸島始來貢咸淳二年丙寅北夷大島來朝厚給賜遣歸是爲大島朝貢之始自後每年入貢英祖在位四十年壽七十一大德三年薨

大成

元大德四年庚子大成嗣位

大成英祖世子宋淳祐七年丁未生五十四歲即位以仁義措事以禮讓接物國治民安在位九年壽六十二至大元年薨

英慈

元至大二年己酉英慈嗣位

英慈大成第二子宋咸淳四年戊辰生四十二歲即位在位五年治遵舊章深而有謀疏通知事壽四十

六皇慶二年薨

玉城

元延祐元年甲寅玉城嗣位

玉城英慈第四子元貞二年丙申生十九歲即位世衰政廢內爲色荒外爲禽荒諸按司不朝國分爲三中山王山南王山北王山南王大里按司也佐敷知念玉城具志頭東風平嶋尻喜屋武摩文仁眞壁兼城豐見城以上十一國從山南王山北王今歸仁按司也羽地名護國頭金武伊江大宜味今歸仁恩納數國從山北王中山惟有首里王城那霸泊浦添北溪中城越來讀谷山具志川勝連首里三平（首里有西平南平眞地平等謂之三平）等數國中山山南山北時時兵發角戰數十年玉城在位二十三年壽四十一

西威

元至元三年丁丑西威嗣位

西威玉城第一子至和元年戊辰生十歲即位政歸母后牝雞亂政時察度爲浦添按司有德國人歸服西威在位十四年壽二十三國人廢世子奉浦添□

按司察度爲王

英祖至西威凡五傳共九十九年

察度

元至正十年庚寅察度即位

察度浦添間切謝那村奧間大親之子奧間大親業農質純厚天女來格而生察度始爲浦添按司西威薨世子五歲母后亂政國人廢世子奉之即位德厚民歸災變日銷國家豐饒（明史實錄）洪武五年行人楊載賫詔至國詔曰昔帝王之治天下凡日月所

照無有遠邇一視同仁此句之下中山世鑑有故中國尊安四夷得所非有意臣服之也三句自元政不作失綱天下兵爭者十有七年下有四方遐裔信好不通二句朕起布衣開基江左命將四征不庭西平漢主陳友諒東縛吳王張士誠南平閩越北清幽燕朕爲臣民推戴即皇帝位定有天下之號曰大明建元洪武以上一段中山世鑑作朕肇基江左掃群雄定華夏臣民推戴已主中國號曰大明建元洪武是用遣使外邦播告朕意使者所至稱臣入貢惟爾琉球在中國東南遠處海外未及報知茲特遣使往諭爾其知之此段中山世鑑作頊者克平元都疆宇大同已承正統方與遠邇相安于無事以共享太平之福惟爾四裔君長酋帥等遐邇未聞故茲詔示想宜知悉於是王遣弟泰期奉表貢方物中山世鑑云其貢物馬刀金銀酒海金銀粉匣瑪瑙象牙螺殼海巴擢子扇泥金扇生紅銅錫生熟夏布牛皮降香木香速香檀香黃熟香蘇木烏木胡椒硫磺磨刀石是爲琉球通中國之始　七年王又遣泰期等入貢并上皇太子箋貢物如之太祖賜大統曆及文綺紗羅賜泰期衣幣靴襪副使惹爬燕之及通事從人皆有賜泰期復來貢并上皇太子箋命刑部侍郎李浩齎賜文綺陶鐵器且以陶器七萬鐵器千就其國市馬及硫磺　九年夏王遣泰期從浩入貢馬四十匹浩

言其國不貴紈綺惟貴磁器鐵釜自是賞賚多用諸物　十年王又遣泰期等表賀元旦貢馬十六匹硫黃千斤　十一年十三年貢方物賜賚悉如例　十五年王又遣泰期及陪臣亞蘭匏等貢馬及硫黃太祖賜幣帛有加命尚佩監奉御路謙送泰期等返國　十六年王遣亞蘭匏表賀元旦貢方物山南王承察度亦遣其臣師惹等奉表入貢太祖賜王鍍金銀印及幣帛七十二疋山南王賜幣帛如之時二王與山北王互相攻伐遣中使梁民勅王曰王居滄海之中崇山環海爲國事大之禮不行亦何患哉王能體天育民行事大之禮自朕即位十有六年歲遣人朝貢朕嘉王至誠命尚佩監路謙報王誠禮何期復遣使來謝今令內使監丞梁民同前奉御路謙賫符賜王鍍金銀印一近使者歸言琉球三王互爭廢農傷民朕甚憫焉詩曰畏天之威於時保之王其罷戰息民務修爾德則國用永安矣諭山南王承察度山北王帕尼芝曰上帝好生寰宇之內生民衆矣天恐生民互相殘害特生聰明者主之邇者琉球國王察度

堅事大之誠遣使來報而山南承察度亦遣人隨使者入覲鑒其至誠深可嘉尚近使者自海中歸言琉球三王互爭廢棄農業傷殘人命朕聞之不勝憫憐今遣使諭二王能體朕意息兵養民以綿國祚則天祐之不然悔無及矣于是王及山南王山北王皆遣使入謝各賜衣幣　十七年王遣阿不耶等入貢賜鈔幣　十八年表賀元旦貢方物太祖賜王海舟一山南王如之又補給山南王山北王駝紐鍍金銀印各一　十九年王遣亞蘭匏等貢馬百二十匹硫磺

萬二千斤賜宴及鈔　二十年王遣亞蘭匏等貢方物進皇太子箋獻馬山南王承察度叔汪英紫氏山北王帕尼芝亦各遣使入貢　二十一年王遣使甚模結致等貢馬賀天壽聖節　二十三年表賀元旦貢方物世子武寧亦貢馬五匹硫磺二千斤胡椒二百斤蘇木三百斤通事屋之結者携胡椒三百斤乳香十斤爲門者所獲當入官詔還之仍賜屋之結等六十人鈔各十錠（中山世鑑云洪武二十三年庚午南夷宮古島八重山島始來貢其後每年來貢）　二十四年王及世子武寧遣亞蘭匏嵬谷致等貢馬及方物山南王叔汪英紫氏亦遣使表賀天壽聖節　二十五年王及世子武寧各進表箋貢馬并遣從子日孜每濶八馬寨官子仁悅慈入國子監讀書國人就學自茲始太祖各賜衣巾靴襪并夏衣一襲鈔五錠秋又賜羅衣各一襲及靴襪衾褥山南王承察度亦遣從子三五郎尾及寨官子實他盧尾賀段志等入國子監讀書賚如中山例先是國人才孤那等二十八人採硫磺于河蘭埠遇風飄惠州海豐爲邏卒所獲語言不通以爲倭人送至京至是

貢使爲白其事太祖皆遣歸賜閩人善操舟者三十六姓以便往來（萬曆中副使謝杰記云洪永二次各遣十八姓多閩之河口人合之凡三十六姓今所存者僅七姓中山世鑑云今存者僅蔡鄭林梁金五家）　二十六年王遣使麻州等貢方物已又遣使壽禮結致等貢馬偕寨官子段志每入國子監讀書太祖命賜夏衣靴襪秋又賜羅絹衣各一襲傔從各給布衣　二十七年王遣亞蘭匏等貢方物賜宴于會同館　二十八年王遣王相亞蘭匏貢方物山北王珉山南王叔汪英紫氏亦各遣使入貢太祖賜鈔有差　二十九年王

兩遣使貢方物山北王攀安知山南王承察度山南王叔汪英紫氏亦入貢詔遣三五郎亹等歸省賜三五郎亹白金七兩綵緞六表裏鈔五十錠寨官子實那盧亹鈔二十錠綵緞一表裏歸未數月會世子武寧遣使貢偕寨官子麻奢理誠志魯二人入國子監就學三五郎亹復與俱來請卒業太祖許之仍賜衣冠靴襪　三十年王兩遣使貢馬及硫礦山北王攀安知山南王叔汪英紫氏亦入貢　三十一年王遣亞蘭匏等貢馬及硫礦世子武寧貢如之女官生姑

魯妹偕入謝恩以昔常在京讀書也太祖賜鈔有差三月太祖命以冠帶賜王先是王嘗請中國冠帶太祖命禮部圖冠帶之制示之至是匏等復以爲請賜如制并賜臣下冠服　永樂改元遣使以即位詔諭王王遣從子三五良亹奉表賀且貢方物成祖賜鈔幣襲衣宴於會同館遣行人邊信劉亢齎絨錦綺紗羅賜王

臣按中山世鑑云王在位四十六年洪武二十八年十月五日薨今實錄二十九年後尚書王貢如常豈未訃於朝耶

武寧

明洪武二十九年丙子武寧嗣位

中山世鑑云武寧察度世子元至正十六年生四十一歲嗣位違父遺命荒於禽色日夜逸遊諸侯多背尚巴志討滅之在位二十六年

明史實錄云察度卒子武寧遣三五良亹訃告於朝永樂二年正月成祖遣行人時中往祭賻以布帛詔武寧襲爵詔曰聖王之治協和萬邦繼承之道率由

常典故琉球國中山王察度受命皇考太祖高皇帝作屏東藩克修臣節暨朕即位率先歸誠今既殁爾武寧乃其世子特封爾爲琉球國中山王以承厥世惟儉以修身敬以養德忠以事上仁以撫下克術兹道作鎮海邦永延世祚欽哉四月山南王弟汪應祖亦受封於朝應祖故山南王承察度從弟承察度無子遺命應祖攝國事元年常遣長史王茂朝貢會山北王攀安知遣使善佳古耶貢方物丐賜冠帶衣服以變國俗成祖許之至是應祖遣使隗谷結致來朝

貢方物且奏乞如山北王例賜冠服成祖遂遣使齎
詔封之賜如所請偕其使俱還三年行人時中使琉
球還王遣三五良亹奉表貢方物謝襲封恩賜衣幣
宴於會同館已又遣養埠結制等賀萬壽聖節時山
北王攀安知山南王汪應祖亦遣貢應祖又遣寨官
子李傑赴國子監受學賜衣如例　四年王及山南
王山北王皆表賀元旦王遣寨官子石達魯等六人
就學賜衣鈔有差王進閹者數人成祖不受

臣按前使汪楫記云世纘圖云洪武二十九年王

即位凡在位二十六年其國繼世嗣位類先自立
而後請於朝故所紀嗣位之年與中朝遣封之時
多不合然明初貢使時通封卒年歲不應參差如
是即云洪武二十九年嗣位中更靖難赴告踰期
顧在位二十六年則永樂之末尚宜無恙何五年
遂有祭賻之典耶按中山世鑑云武寧在位二十
六年卒於永樂十九年辛丑尚巴志於永樂二十
年立與世纘圖所記同皆非是遍問國中老成云
武寧永樂四年受封薨於永樂三年在位十年尚
巴志旣滅山南山北遂幷滅中山王合三國爲一
而奉其父思紹爲王明史實錄永樂五年世子思
紹告其父武寧之喪來請嗣爵若合符節爲不謬
云

察度至武寧凡二傳共五十六年

思紹

明永樂四年丙戌思紹卽位

明史實錄云永樂五年四月世子思紹遣三吾良亹
貢馬及方物別遣使以其父武寧訃告成祖命禮部

賜祭賻詔思紹嗣王爵按中山世鑑云宣德三年封尚巴志爲中山王乃追封其父思紹爲王非也追封之王主不入廟今先王廟中有思紹神主其及身爲王明矣況實錄又鑿然可據無疑也　六年王遣使阿勃吾斯奉表貢方物謝襲封
恩時山南王汪應祖亦貢馬各賜鈔幣　七年王遣
使賀萬壽聖節山南王汪應祖亦貢馬各賜衣幣
八年王遣三吾良亹朝貢山南王汪應祖亦遣使賀
萬壽聖節皇太子皆賜之鈔幣王遣官生模都古等
三人入國子監受學皇太子各賜巾衣靴絛衾褥帳
具通事林佑本中國人啓請賜冠帶從之　九年王

遣三吾良亹賀元旦偕王相之子懷德寨官之子祖魯古入國子監受學又遣使坤宜堪彌貢馬及方物疏言長史王茂輔翼有年請陞茂爲國相兼長史事又言長史程復（一作朱復）饒州人輔臣祖察度四十餘年勤誠不懈今年八十有一請命致仕還其鄉悉報可

十年王遣使賀元旦山南王汪應祖亦入貢已又遣使賀萬壽聖節成祖賜鈔幣又賜琉球生夏布襴衫條靴　十一年王兩遣使貢馬偕寨官子鄔同志久等三人（一作三十八人）入國子監受學已又與山南王汪

應祖各貢馬賜鈔及永樂錢　十二年王遣使賀元旦遣三吾良亹貢馬及方物賜鈔幣皇太子賜琉球生益智每等二人羅布衣各一襲及襴衫靴襪衾褥帷帳從人皆有賜成祖賜鄔同志久等三人衣鈔

十三年成祖遣行人陳季芳（一作若）等齎詔封山南王汪應祖世子他魯每爲琉球國山南王時應祖爲其兄達勃期所弑各寨官合兵誅達勃期推他魯每攝國事他魯每表請襲封故遣使往幷賜誥命冠服及鈔萬五千錠王及山北王攀安知俱各遣使貢方物

王世子尚巴志亦遣使宜是結制貢馬及方物賜文綺三十表裏　十四年王遣三吾良亹貢馬及方物已又遣使貢馬山南王他魯每亦遣使來貢謝襲封恩　十五年王及山南王他魯每俱遣使貢賜賚甚厚已又與世子尚巴志各遣使貢馬　十六年王兩遣使貢方物成祖賜使者冠帶鈔幣有差　十七年王三遣使貢馬及方物　二十年王遣使賀元旦已又遣貢方物　二十一年世子尚巴志遣使奉表貢方物皇太子命禮部宴勞之　二十二年二月王訃

聞於朝命禮部遣官賜祭賻以布帛九月遣行人周彝齎勅以行（一作仁宗嗣位命行人方彝詔告其國）

臣按中山沿革志云思紹永樂五年嗣位二十三年卒在位十八年非也王在位十六年永樂十九年薨今明史實錄二十年以後尚書王貢如常至二十二年始訃於朝未詳其故

尚巴志

明永樂二十年壬寅尚巴志嗣位

中山世鑑云尚巴志佐鋪按司思紹嫡子也洪武五

年壬子生洪武二十五年壬申年二十一嗣父思紹爲佐鋪按司賞罰不違視民饑如己饑民寒如己寒先起兵攻滅東大里按司諸按司歸之者甚衆遂進兵攻落中山奉其父思紹爲中山王復滅山北王攀安知及思紹卒尚巴志嗣位又親率兵攻滅山南王永樂十四年丙申山北亡宣德四年己酉山南亡　當元延祐中琉球國分爲三其後百有餘年交攻七十餘戰尚巴志嗣位而後琉球國又合爲一統永樂二十一年癸卯秋遣使奏日我琉球國分爲三者百有餘年戰無止時臣民塗

炭臣巴志不堪悲歎爲此發兵山南山北今歸太平伏願陛下聖鑒不違舊規給臣襲封謹貢土產馬及方物大明皇帝賜詔云爾琉球國分人民塗炭百有餘年比爾義兵復致太平是朕素意自今以後愼終如始永綏海邦子孫保之欽哉故諭尚巴志之奏及成祖之諭明史實錄皆不載姑存以備考

明史實錄云洪熙元年仁宗遣中官柴山齎勑至國封世子尚巴志嗣中山王勑曰昔我皇考太宗文皇帝躬膺天命統御萬方恩施均一遠邇歸仁爾父琉球國中山王思紹聰明賢達茂篤忠誠敬天事大益久弗懈我皇考良用褒嘉今朕纘承大統念爾父沒已久爾其嫡子宜俾承續特遣內官柴山齎勑命爾嗣琉球國中山王爾尚立孝立忠恪守藩服修德務善以福國人斯爵祿之榮延於無窮尚其祗承無怠無忽仍賜冠帶襲衣文綺方仁宗遣山時貢使已兩至表稱世子賀成祖萬壽聖節至是始知改元是年凡四遣使貢馬及方物云　宣德元年王遣使貢方物謝襲封恩附奏曰臣祖父昔蒙朝廷大恩封王爵

賜皮弁冠服洪熙元年臣奉詔襲爵而冠服未蒙頒賜宣宗命行在禮部稽定制製以賜之先是仁宗遣封巳賜冠帶而王復以爲請故宣宗特賜以皮弁冠服王遣使鄭義才進香長陵義才言海風壞舟附內官柴山舟得達乞賜一舟歸國且便朝貢宣宗命行在工部與之已又兩遣使貢馬及硫磺賜襲衣靴襪有差　二年王兩遣使貢方物時山南王他魯每亦遣使進香長陵　三年王遣使鄭義才貢馬及方物謝賜皮弁海舟宣宗賜義才等冠帶及金織紵絲襲

衣餘皆素紵襲衣宣宗以朝貢彌謹遣使齎勑勞之并賜王紵絲紗羅錦綬已又遣內官柴山副使阮漸齎勑賜王金織紵絲紗羅絨錦　四年王遣使表貢賀萬壽聖節已又兩遣使貢馬及方物山南王他魯每亦兩遣使入貢俱賜宴及鈔幣又命山南王使齎勑及鈔絹歸賜王汪記云自是山南王不復遣使蓋併於中山矣永樂十三年以後山北王攀安知不復入貢則山北先山南而亡者十四年矣　五年王四遣使入貢宴賚如例仍賜王鈔二萬一千七百六十錠　六年王兩遣使入貢又表貢馬及金銀器皿謝賜錦幣

七年宣宗以外國朝貢獨日本未至命內官柴山齎勑至國令王遣人往日本諭之明年來朝宣宗命行在工部給中山貢使漫泰來結制海舟一以貢使言來舟損壞故是年王遣使入貢者凡四宴賚如例八年王遣使入貢者凡二宴賚如例　九年王遣使貢馬及方物已又遣使謝賜衣服海舟宣宗賜幣有差仍命齎勑及幣歸賜王　十年王遣使謝禮部尚書胡濙奏量遣正副使從人一二十人赴京餘悉留彼處給待從之　正統元年英宗頒賜大統曆適王

遣貢使伍是堅至令是堅齎回勑諭王及日本國王源義王再遣使貢馬及方物使者至福建如例上具貢物以聞其自攜螺殼九十海巴五萬八千失於自陳有司以漏報沒入使者籲請給值英宗命行在禮部如例給之後浙江市舶提舉司王聰復以為言英宗謂禮部曰海巴螺殼遠人資以貨殖取之奚用命悉還之仍著為令　二年王遣陪臣義魯結制等貢馬及方物奏稱本國各官冠服皆國初所賜年久朽敝乞更賜又言本國遵奉正朔而海道險阻受曆之

使或半載一載方返事下禮部覆奏命冠服本國可依原降造用大統曆福建布政司給與之　三年遣使義魯結制等貢馬及方物賜幣有差　四年遣使梁求保入貢已又遣阿普禮是等入貢賜宴幣如例巡按福建監察御史成規疏言琉球使臣俱於福建停憩通事林惠鄭長所帶番稍人從二百餘人除日給廩米外其茶鹽醯醬等物勑折銅錢按數取足稍緩輒肆詈毆漸不可長事下禮部以為於例止日給廩米一切費宜悉罷之其通事人員不行禁戢請治

罪英宗以遠人姑示優容令移文戒諭之　五年王遣步馬結制等貢馬及方物宴賚如例先是朝貢者朝參出入皆給馬至是令止給正副使著爲令中山世鑑云賜尚姓自茲始自是定例二年一貢巴志在位十八年壽六十八正統四年己未薨

尚忠

明正統五年庚申尚忠嗣位

尚忠尚巴志第二子洪武二十四年辛未生五十歲嗣位正統七年遣長史梁求保入貢以巴志訃告乞

嗣位英宗遣給事中俞忭行人劉遜齎詔至國詔曰昔我祖宗恭天明命君主天下無間遠邇一視同仁海外諸國咸建君長以統其衆朕承大寶祇奉成憲用圖永寧故琉球國中山王尚巴志爰自先朝恭事朝廷勤修職貢始終如一茲既云亡其世子尚忠敦厚恭慎克類前人上能事大下能保民今遣正使給事中俞忭副使行人劉遜齎勅封爲琉球國中山王以主國事爾大小頭目人等其欽承朕命盡心輔翼惇行善道俾國人咸樂太平副朕仁覆蒼生之意并勅王曰爾遣長史梁求保奏爾父王尚巴志亡歿良深悼念特遣使命爾爲琉球國中山王以主國事爾宜篤紹爾父之志益堅事上之誠敬守臣節恭修職貢善撫國人和睦鄰境庶幾永享太平之福仍賜王及妃皮弁冠服金織襲衣幣布等物當忭等未至忠已兩遣使貢馬及賀明年元旦猶稱世子云　九年王遣使入貢者四使臣梁回奏乞一海船以便歲時朝貢從之　十年王遣使入貢者二宴賚如例　十一年王遣使入貢者二宴賚如例

臣按中山世鑑云王在位五年壽五十四正統九年薨而實錄十年十一年尚書王貢紀年參差有誤

尚思達

明正統十年乙丑尚思達嗣位

尚思達尚忠子永樂六年戊子生三十八歲嗣位正統十二年遣長史梁求入貢以其父尚忠訃告請襲爵三月英宗遣給事中陳傅行人萬祥諭祭故王尚忠封世子思達嗣王勅曰爾比遣長使梁求等奏爾

父王尚忠亡歿良深悼念特封爾爲琉球國中山王繼承爾父主理國事爾宜篤紹先志敬守臣節恪修職貢簡任賢良善撫國人和睦鄰境以保國土仍以皮弁冠服常服及織金紵絲羅綵等物賜王復詔諭其國臣庶盡心輔翼各循理分毋或僭踰俾凡國人同樂雍熙副朕一視同仁之意王遣通事蔡讓等貢馬及方物宴賚如例　十三年王遣使入貢　十四年王遣使梁同等貢馬及方物時福建尤溪沙縣方有寇警所司請緩期三月始達已又遣使馬權度等

入貢王叔尚金福亦貢馬及方物賜衣幣冠帶命權度齎勅并綵幣歸賜王及王妃王叔　景泰元年遣使百佳尼朝貢景帝命齎勅并文綺彩幣歸賜王及妃通事程鴻言船壞不能返國願以賜幣造船禮部請移文福建三司聽其自造不得擾民從之已又遣使梁回貢馬及方物宴賚如例　二年王遣使察都等入貢亦以自備工料造船爲請禮部言今福建地方被賊人民艱窘宜令其候本國進貢通事李敬等回日附載歸國從之已又遣使亞間美等入貢王在位五年壽四十二正統十四年己巳薨無子乃立王叔尚金福爲王

尚金福

明景泰元年庚午尚金福即位

尚金福巴志第六子洪武三十一年生五十三歲即位景泰二年景帝遣左給事中喬毅（殊域周咨錄作陳謨）行人童（一作董）守宏諭祭故王思達封其叔尚金福爲中山王金福兩遣使入貢猶稱王叔蓋命未達也四年王四遣使入貢宴賚悉如例在位四年壽五十六景泰

四年癸酉薨

尚泰久

明景泰五年甲戌尚泰久即位

中山世鑑云泰久尚金福第一子永樂十三年乙未生四十歲即位

明史實錄云金福既卒其弟布里與其子志魯爭立焚燒府庫兩傷俱絕所賜鍍金銀印亦鎔壞國人推尚泰久權國事景泰五年泰久以聞并請鑄印頒賜命所司給之已又遣使入貢表稱琉球國掌國事王

弟尚泰久景帝命齎勅及綵幣歸賜王弟六年王弟爾遣使入貢遣給事中嚴誠（殊域周咨錄作李秉彝）爲正使行人劉儉爲副使齎詔封王弟尚泰久嗣王詔曰帝王主宰天下恒一視而同仁藩屏表率國中或同氣以相嗣朕躬膺天命撫馭諸侯琉球國王尚金福既薨其弟尚泰久性資英厚國衆歸心兹特遣使齎勅封爲琉球國中山王凡彼國中遠近臣庶宜悉心輔翼罔或乖違長堅忠順之心永享太平之福故兹詔示咸使聞知又勅王曰爾自先世恪守藩維傳及爾兄

益隆繼述敬天事上久而愈虔屬兹甍逝軫於朕懷爾乃王弟宜紹國封特遣使齎詔封爾爲琉球國中山王并賜爾及妃冠服綵幣等物爾尚砥礪臣節懷撫國人欽哉　七年遣使入貢猶稱王弟及冊封後遣使入謝又遣使入貢　天順二年王遣使朝貢者三　三年王遣使李敬貢馬及金銀器皿疏言本國王府失火延燒倉庫銅錢請照永樂宣德間例所帶貨物以銅錢給賜禮部以銅錢係中國所用難以准給宜將估計鈔貫照舊六分京庫折支生絹其四分移文福建布政司收貯紵絲紗羅絹布等物依時值關給從之王遣使亞羅佳其等入貢宴賚如例　四年王遣使入貢　五年王遣使王察等貢馬及方物六年王遣使程鵬等貢方物宴賚悉如例

中山世鑑云諸寺諸山建立大鐘皆王所鑄在位七年壽四十六天順四年庚辰薨

臣按思達非金福子也中山世鑑悞注記引世纘圖云泰久係尚思達之弟而實錄則云金福之弟蓋實錄止以請封之疏爲據他無可攷也

尚德

明天順五年辛巳尚德嗣位

尚德尚泰久第三子正統六年辛酉生二十一歲嗣位天順六年遣使入貢以泰久訃告英宗命吏科右給事中潘榮行人司行人蔡哲充正副使往祭故王泰久封世子尚德爲王詔曰朕紹帝王之統纘祖宗之緒主宰天下一視同仁撫馭華夷靡間遐邇惟爾琉球國僻居海島密爾閩中慕義來庭受封傳業蓋有年矣故國王尚泰久克篤勤誠敬天事人甫餘六

載條爾告終先業攸存可無承繼其世子尚德性資仁厚國衆歸心茲特遣正使吏科右給事中潘榮副使行人司行人蔡哲齋詔往封爲琉球國中山王仍賜以皮弁冠服等件凡國中官僚士庶宜同心輔翼作我外藩嗚呼循理謹度永堅事上之忠親族睦隣丕冒咸寧之化故茲詔示悉使聞知　七年王遣使崇嘉山等入貢宴賚如例　成化二年王遣使程鵬等貢馬及方物賜宴及衣幣　三年王遣長史蔡璟入貢賜幣　四年王遣使程鵬已又遣使讀詩貢馬

及方物俱賜衣幣　五年王遣長史蔡璟入貢又遣使查農是等入貢宴賚如例

中山世鑑云尚德君德不修朝暮漁獵暴虐無道鬼界島叛不朝貢數年王自將攻伐之歸彌自滿以致敗亡在位九年年未三十成化五年己丑薨壽二十九歲世子幼稚國人廢之奉内間里主御鎖側是爲中山王尚圓

思紹尚巴志至尚德凡七傳共六十四年

尚圓

明成化六年庚寅尚圓卽位

中山世鑑云尚圓北夷伊平人卽葉壁山也永樂十三年乙未生字思德金其先不可知或曰義本讓位隱北山疑卽其後也一云葉壁有古嶽名天孫嶽尚圓卽天孫氏之裔也父尚稷爲里主尚圓生有異瑞年二十四始渡國頭來仕中山尚金福時始給黃帽尚泰久時領主内間内間之民皆親愛之時久旱田苗皆槁獨其田不雨而潤民驚傳爲異王懼載妻子隱避一十四年德日懋尚金福聞其賢召爲黃帽官

轉御鎖側卽今耳目官也誾誾侃侃萬事當理德著民懷尚德嗣位多行不義尚圓極諫云君用財若無窮殺人若不勝尚德怒不聽再避隱於内間尚德卒世子幼稚群臣殺之於眞玉城請御鎖側立爲王以安國家尚圓固讓不獲乃至首里卽位除其虐政順民所喜山林隱逸隨材器使遠近蠻夷皆歸心焉

明史實錄云成化七年尚圓遣使蔡璟等入貢以父尚德薨來赴請襲爵憲宗遣戶科都給事中丘弘爲正使行人司行人韓文爲副使齎儀物行慶弔禮封

世子尚圓爲中山王弘行至山東病卒改命兵科給事中官一作管榮偕文往　八年王遣長史梁應貢馬及方物宴賚如例　九年王遣王舅武實入貢謝襲封恩　十年王遣使沈滿志等貢馬及方物宴賚如例仍以鈔絹酬其自貢物值滿志等乞如舊制折給銅錢不許　十一年王遣使程鵬入貢附奏乞如常例歲一朝貢憲宗勑王曰王使朝貢已如例賞賜遣還迒福建鎭守官奏通事蔡璋等還次福州殺人劫財非法殊甚今因使臣還特降勑省諭勑至王宜問

璋等故縱其下之罪追究惡徒依法懲治自後定例二年一貢止許百人多不過加五人除正員外不得私附貨物并途次騷擾有累國王忠順之意其省之　十二年王遣使梁應等入謝會憲宗立皇太子應因奏乞如朝鮮安南例賜詔齎回禮部以琉球日本占城皆海外國例不頒詔憲宗特命降勑并以錦幣歸賜其王及妃　十三年王遣使李榮奉表謝恩已又遣程鵬貢馬及方物復請歲一遣使朝貢不許命如前勑王在位七年壽六十二成化十二年薨

尚宣威

明成化十三年丁酉尚宣威攝位

中山世鑑云尚宣威尚圓之弟宣德五年庚辰生少育於兄九歲從兄渡國頭至中山爲黃帽官尚圓卒世子尚眞年十三宣威攝國事六閱月國人樂附後引尚眞掖就王位已東嚮立退隱於越來其年卒汪錄世纘圖云丙申八月四日卒　壽四十八謚義忠今其子孫尚存

尚眞

明成化十三年丁酉尚眞嗣位

尚眞尚圓世子成化元年乙酉生年十三嗣位成化十四年遣長史梁應等請襲封憲宗命兵科給事中董旻爲正使行人司右司副張祥爲副使賚詔之國封世子尚眞爲中山王賜皮冠服金鑲犀帶并以綵幣賜王及妃應等具奏仍欲一年一貢不許　十五年王遣使李榮朝貢迎封冊賜宴及衣幣　十六年王遣使馬怡世入謝附奏乞如舊制不許　十八年王遣使貢馬及方物乞以陪臣子蔡賓等五人於南京國子監讀書令有司如舊制歲給衣服廩餼王又

以不時進貢爲請禮部言其意實假進貢以規市販之利宜勿聽禮部又言琉球國進貢舊例到京少則四五十人多則六七十人俱給賞有差邇因各國進貢率多奸弊每國止許五七人不過十五人到京餘俱留邊以俟今福建以例止容正議大夫梁應等十五人赴京既已給賞餘六七十人俱留布政司宜發官帑以次均給庶不減削太甚失柔遠之意從之

二十年王遣使程鵬貢馬及方物奏永樂年間所賜船破壞已盡止存其三乞自備物料於福建補造部議許造其一　二十二年王遣使蔡曦貢馬及方物

二十三年遣陪臣馬審禮等貢方物謝恩至則孝宗嗣位登極四月賜冠帶衣幣仍命領詔賜王及妃錦幣　弘治元年王遣使皮揚那等從浙江入貢孝宗命却之以貢道當由福建且貢非其時也皮揚那等具以國王咨禮部文言成化二十一年本國正議大夫程鵬等進貢回國報知皇太子冊妃乃遣使表賀並貢方物禮部言琉球入貢雖與例限不合然遠人之情可念况箋文方物已至京難於終却請暫賜容納後仍以舊例裁之或因福建風水不便取路浙江亦令審實奏請方許起送今次所給正副使綵段等物宜如舊例沓伴從人減半以示裁抑之意從之時蔡賓亦隨貢使至言成化中讀書南京國子監今吏部侍郎劉宣時爲祭酒特加撫恤乞容執贄於宣所致謝許之　三年王遣使馬仁等進香別遣王舅麻勃都入貢奏稱本國來貢人員近止許二十五人赴京物多人少恐致疎失又謂本國貢船抵岸所在有司止給口糧百五十名其餘多未得給孝宗命來

京許增五人增口糧二十名　五年七年皆遣正議大夫梁德入貢賜王錦緞宴賚德等如例　九年十三年皆遣正議大夫鄭玖入貢賜王錦緞宴賚玖等如例　十五年王遣使入貢請於福建補造海船以便往回從之　十六年王遣使吳詩等往滿剌加國收買貢物遇風舟覆詩等百五十二人漂至海南登岸爲邏卒所獲廣東守臣以聞孝宗命送詩等於福建守臣處給糧贍養俟本國貢使歸之　十七年王遣使具言前使遭風未回致失二年一貢之期至是

補貢納之　武宗登極命行人左輔頒詔至國正德二年王遣王舅亞嘉尼施等貢馬及方物奏乞每歲一貢禮部議琉球在昔朝貢不時至成化十一年因使臣不法勅令二年一貢今彼因入貢違期故爲此奏以飾非宜勿聽武宗特許之長史蔡賓奏乞自備工料修造貢船二隻禮部議行鎮巡官驗實量修不必改造賓復奏武宗曰令二船拆卸補造第勿過式

四年王遣正議大夫程璉入貢　五年請以官生蔡進等五人入國子監讀書許送南監仍給衣廩等

物如例　六年王遣正議大夫梁能七年又遣正議大夫梁寬等貢宴賚如例　十年王遣長史陳義十一年遣正議大夫梁龍貢馬及方物宴賚如例　十二年王遣正議大夫陳義入貢　十三年遣長史蔡遷十五年遣長史金良貢馬及方物宴賚悉如例

嘉靖改元王遣王舅達魯加尼進香貢方物慶賀詔賜王及妃錦幣勅王仍遵先朝舊例越二年一朝貢每年不過百五十人仍命福建巡按御史查勘驗放

三年王遣長史金良等二十人入貢良言其國先有正議大夫鄭繩領謝恩方物渡海風漂未至而表文在此請得先進許之明年繩至言方物以舟敗至是復進福建守臣以聞世宗命就彼中宴賚遣還方物令所司轉運仍令繩賚勅轉諭日本國王令捕繫倡亂者以獻　五年官生蔡廷美等請就國子監讀書令禮部照例給廩米薪炭及冬夏衣服

中山世鑑云王在位五十年天姿明敏又能謙巳受益纘述父業治道大明政刑咸備年六十二歲以嘉靖五年薨

尚清

明嘉靖六年丁亥尚清嗣位

尚清尚真第五子（汪錄云天纘王子非是中山王無稱天纘王者）弘治十年丁巳生年三十一歲嗣位　嘉靖七年遣正議大夫鄭繩等進貢請襲封繩等回至海中溺死　九年又遣蔡瀚入貢申前請禮部以襲封重典命福建鎮巡官查訪申報瀚請遣讀書官生蔡廷美等四人還本國婚姻給賞幣布有差瀚又言來經日本日本國王源義晴托齋表文乞赦其使臣宋素卿之罪併乞新

勘合金印復修常貢禮部驗其文俱無印篆言倭情譎詐不可遽信勑琉球國王遣人傳諭日本令擒獻首惡送回擄去指揮奏請裁奪　十一年正議大夫金良賫國中人民結狀請冊封世宗遣吏科左給事中陳侃爲正使行人司行人高澄爲副使齎詔之國詔曰朕恭膺天命爲天下君凡推行乎庶政必斟酌夫古禮其於錫爵之典未嘗以海内外而有間焉爾琉球國遠在海濱久被聲教故國王尚眞夙紹顯封已踰四紀茲聞薨逝屬國請封世子尚清德惟克類

衆心所歸宜承國統朕篤念懷柔之義用嘉敬順之誠特遣使賫詔封爾爲琉球國中山王仍賜以皮弁冠服等物王宜愼乃初服益篤忠勤有光前烈國中耆俊臣僚其同寅翼贊協力匡扶尚殫事上之心恪盡臣藩之節保守海邦永底寧謐又勑王曰惟爾世守海邦繼膺王爵敬順天道世事皇明爾父尚眞自襲封以來恭勤匪懈比者薨逝良用悼傷爾以冢嗣國人歸心理宜承襲兹特遣使封爾爲琉球國中山王并賜爾及妃冠服綵幣等物爾宜祗承君命克紹

先業修職承化保境安民以稱朕柔遠之意　十三年遣正議大夫梁椿入貢表稱世子時詔命猶未達也　十四年陳侃等還言海中風濤之險多藉神庥不致顚覆乞賜祭以答神貺禮部議令布政司設祭一壇報可王遣王舅毛實等入貢謝恩宴賚如例仍以錦幣雜物賜王先是王以金四十兩饋侃等不受實等并以金奏進世宗命侃等受之　十七年王遣使陳賦入貢宴賚如例　十九年王遣長史梁梓貢馬及方物奏請補造海船四以便續貢許之禁不得

違式　二十年王遣使殷達魯等入貢宴賚如例二十一年長史蔡廷美招引漳州人陳貴等駕船之國適與潮陽船爭利互相殺傷廷美乃安置貴等於舊王城盡沒其貲貴等夜奔爲守者所掩捕多見殺於是誣貴等爲賊械繫送福建廷美賫表將赴京陳奏巡按御史徐宗魯會同三司官譯審別狀以聞留廷美等待命得旨貴等違法通番着遵國典重治琉球既屢與交通今乃敢擅奪貨利擅殺我民且誣以賊詭逆不恭莫此爲甚蔡廷美本宜拘留重處念素

係朝貢之國姑且放回後若不悛卽絕其朝貢令福
建守臣備行彼國知之　二十二年王遣正議大夫
陳賦等貢馬及方物宴賚如例并以禮幣報王王請
遣官生梁炫等歸娶時炫等就學南監已踰七年詔
給資糧驛騎遣人護歸　二十四年王遣長史梁顯
入貢送還朝鮮漂流人口宴賚如例　二十六年王
遣陳賦入貢賦與蔡廷會偕來廷會祖蔡璟閩人永
樂中撥往琉球充水手而產籍在閩與給事中黃宗
槩上世有親至是廷會來宗槩與交通饋謁事覺逮

下詔獄禮部請並罪賦革其賞世宗曰陳賦無罪賞
如例蔡廷會交結朝臣法當重治念屬貢使姑革賞
示罰蔡璟旣永樂中撥出何得於中國置產立籍行
撫按官勘明處分　二十八年王遣正議大夫梁顯
入貢宴賚如例　二十九年王遣官生蔡朝用等五
人詣京請入監讀書許之　三十二年王遣長史梁
炫入貢宴賚如例　三十四年王遣正議大夫梁碩
入貢且言貢舟至港其勢必壞請令使臣買海上民
船駕還詔福建守臣覆狀聽買不得過大又請放官

生蔡朝用等歸國省親許之遣使送歸
中山世鑑云王聰明智斷剛強英毅能振其祖尚圓
父尚眞遺緒國中事多所興革至今法守東北屬國
大島嘉靖十六年恃遠絕貢不朝王遣將往征之復
守朝貢如常王在位二十九年壽五十九歲嘉靖三
十四年卒

尚元

明嘉靖三十五年丙辰尚元嗣位
尚元尚清第二子嘉靖七年戊子生年二十九歲嗣

位嘉靖三十六年尚元遣正議大夫蔡廷會等入貢
請襲封先是三十五年倭寇自浙敗還入海至琉球
境中山王世子尚元遣兵邀擊盡殲之得中國被掠
人金坤等六名至是廷會等入貢獻還因言窮島遠
人須乘夏令過南風汛始得歸國乞如三十四年例
每歲自行修買歸舟不俟題請世宗嘉其忠順許之
仍賜勅奬諭賞銀五十兩綵幣四表裏有功人馬必
度及廷會等俱厚賜　三十七年遣給事中吳時來
行人李際春爲正副使無何時來疏論大學士嚴嵩

奸邪狀萬言其畏航海之役故生事妄言世宗怒杖時來遣戍改命刑科給事中郭汝霖爲正使偕際春以行　三十九年汝霖等尚未行而正議大夫蔡廷會入貢奏表謝恩稱受其世子命以海中風濤叵測倭人出沒不時恐使者有他虞獲罪上國請如正德中封占城故事遣人代進表文方物而身同本國長史梁炫等賫回詔冊不煩遣使巡按御史樊獻科以聞下禮部議言琉球在海中諸國頗稱守禮故累朝以來待之優異每國王嗣立必遣侍從之臣奉命服

節冊以往今使者未至乃欲遙受冊命則是委君貺於草莽其不可一也廷會奉表入貢乃求遣官代進眛以小事大之禮棄世子專遣之命其不可二也昔正德中流賊爲梗使臣至淮安撫按官暫爲留住候事寧即遣賫詔下占城國王爲安南所侵竄居他所故令使者賫回勑命乃一時權宜且此失國之君也造無稽之詞以欺天朝援失國之君以擬其主其不可三也梯船通道柔服之常彼所藉口者特倭人之驚風濤之險耳不知琛賨之輸納貢使之往來果何

由而得無患也其不可四也當時占城雖領回詔勑然其王沙古卜洛猶懇請遣使爲蠻邦光重且廷會非世子面命又無印信文移若遽輕信其言萬一世子以遣使爲至榮謂遙拜爲非禮不肯受封復上請使如占城將誰任其咎哉其不可五也乞令福建守臣以前詔從事使至於未受封而先謝恩亦非故典宜止許入貢方物候受封後方進謝恩表文世宗從之　四十一年汝霖等始奉詔至國詔曰朕受天命主宰寰宇凡政令之宣布惟成憲之是循其於錫封

之典遐邇均焉爾琉球國遠處海陬聲教漸被修職效義閱世已久故國王尚清顯荷爵封粤踰二紀茲者薨逝屬國請封世子元朕念厥象賢衆心歸附是宜承紹國統特遣正使刑科右給事中郭汝霖副使行人司行人李際春齎詔往封爲琉球國中山王仍賜以皮弁冠服等物王宜謹守禮度益篤忠勤凡國中官僚耆舊尚其同心翼贊以佐王鈞躬勵行用保藩邦故茲詔示咸俾悉知王遣其舅源德偕汝霖等入謝初王以金四十兩餽汝霖爲謝却之至是源德

等齎所餽金請命世宗謂朝廷命使無受謝之義詔聽汝霖等辭壽以二臣遠行著勞各賜銀幣　四十二年王遣正議大夫鄭憲入貢送還中國漂流人口世宗降勑褒諭賜鏹幣憲因奏本國亦有流入中國者乞命守臣恤遣下其疏於瀕海所司　四十四年王遣長史梁灼貢馬及方物送還本國北山守備鄭都所獲中國被掠人口世宗嘉王忠順再勑奬諭仍賜銀五十兩綵幣四表裏灼都各二十兩一表裏

隆慶改元王遣使入貢宴賚如例　二年王遣使入賀宴賚如例　三年王遣守備由必都等歸日本掠去人口守臣以聞穆宗以王屢效忠誠賞銀幣同前仍賜勑奬勵由必都等給銀幣有差　五年王遣正議大夫鄭憲入謝又歸被掠人口再勑奬勵賜銀幣給賞如前遣南監受學官生梁照等三人歸國從王請也王在位十七年壽四十五歲隆慶六年薨

尚永

明萬曆元年癸巳尚永嗣位

尚永尚元之第二子嘉靖三十一年生年二十一歲嗣位　萬曆元年遣使入貢請襲封禮部行福建鎮廵官查勘又送還被掠人民奬賚如例　二年世子遣王舅馬中叟長史鄭佑等十八人入貢賀登極宴賚如例　三年世子兩遣使入貢　四年世子遣正議大夫蔡朝器等貢方物如例給賞外神宗命每五日另給雞鵞米麪酒菓以示優異以戸科左給事中蕭崇業為正使行人謝杰為副使齎皮弁玉圭往封尚永嗣王崇業等疏言四事一頒去詔勑如彼國懇留宜加例俯循其請一秩祀海神合舉祈報二祭一造船宜專責府佐副以指揮二員造完一併隨行一飲食物用弓矢器械以及觀星占風聽水祭土醫卜技藝之流畢備許酌量取用悉如所請　五年正議大夫梁灼入貢表稱世子時崇業等尚未行也　八年慶詔至國詔曰朕受天明命君臨萬方溥海内外罔不來享延賞錫慶恩禮攸同惟爾琉球國遠處海濱恪遵聖教世修職貢足稱守禮之邦國王尚元紹序㢘封臣節冞謹兹焉薨逝悼切朕衷念其侯度有常王封當繼其世子永德惟象賢惠能得衆宜承國

統永建外藩特遣正使戸科左給事中蕭崇業副使行人司行人謝杰齎詔往封爲琉球國中山王仍賜以皮弁冠服等物凡國中官僚耆舊尚其協心翼贊畢力匡扶懋猷勿替於承先執禮益虔於事上綏茲有衆同我太平則亦爾海邦無疆之休勅王曰惟爾先世守此海邦代受王封克承忠順迨於爾父元畏天事大益用小心誠節懋彰寵恩洊被遽焉薨逝良用悼傷爾爲冢嗣克修厥美群情既附宜紹爵封茲特遣使封爾爲琉球國中山王并賜爾及妃冠服彩

幣等物爾宜恪守王章遵述先志秉禮守義奠境安民庶幾彰朕無外之仁以永保爾有終之譽王遣王舅馬良弼入謝偕陪臣子鄭迵等三人就學命送南京國子監如例給衣糧　九年王遣正議大夫梁燦入貢　十一年王遣使梁灼入貢　十五年王遣正議大夫鄭禮謝恩別遣使貢方物宴賞悉如例明年王卒在位十六年年三十五歲

尚寧

明萬曆十七年己丑尚寧卽位

尚寧尚眞王之孫尚懿之子尚永無世子國人立尚寧年二十六歲卽位遣使鄭禮入貢言國方多事未暇請封（萬曆十四年日本平秀吉僭稱關白威脅琉球等諸國皆使奉貢又慮琉球洩其情使毋入貢）　二十七年寧遣使鄭道等請封部議不必遣官但取具該國王舅法司等官印結與世子奏本到卽頒封神宗曰今既請封可着選廉勇武臣一員同往行禮　二十九年禮部右侍郎署尚書事朱國祚言琉球國僻處東南世修職貢時當承襲屢遭倭警延逭至今既經世子尚寧奏請相應准封其該用皮弁

冠服紵絲等項宜照例應付遣官已奉明旨但據其陳乞情詞援引會典必以文臣爲請惟聖明裁定乃命兵科給事中洪瞻祖行人王士禎爲正副使往瞻祖以憂去以兵科右給事中夏子陽代之　三十三年神宗命夏子陽等作速渡海以彰大信仍傳諭彼國以後領封海上著爲定規先是萬曆二十三年琉球使臣於霸等爲世子尚寧請封撫臣許孚遠以倭氛未息議遣使齎勅至福建聽來使面領或遣慣海武臣同彼國使臣往得旨待世子表請然後如議頒

封迨二十八年請封表至則有用武臣之旨二十九年世子再疏乞差文臣始改後命於時子陽等方齋勅入閩而廵按方元彥以濱海多事偕撫臣徐學聚請仍遣武臣前往子陽等具言屬國言不可爽使臣義當有終乞堅成命以慰遠人俱未報而禮部侍郎李廷機言宜斷行領封初旨并武臣之遣而罷之於是御史錢桓給事中蕭道高各具疏力言其不可且云此議當在欽命未遣之先不當在冊使既行之後宜行該撫速造海船勿悞今年渡海之期候事竣復

命然後定爲晝一之規先之以文告令其領封海上永爲遵守從之於是子陽等齎詔之國詔曰朕恭膺天命誕受多方爰暨海隅罔不率俾聲教所訖慶賚惟同爾琉球國僻處東南世修職貢自我皇祖稱爲禮義之邦國王尚永祇襲王封恪遵侯度倏焉薨逝良惻朕心其世子寧賢足長人才能馭衆間關請命恭順有加念其國統攸歸人心胥屬宜膺寵渥固我藩籬特遣正使兵科右給事中夏子陽副使行人司行人王士禎齎詔封爲琉球國中山王仍賜以皮弁冠服等物凡國中官僚耆舊尚其殫忠輔導協力匡襄堅事上之小心鞏承先之大業永綏海國共享昇平惟爾君臣亦世世永孚於休又勅王曰惟爾上世以來建邦海外代膺封爵長固藩維爾父永恪守王章小心祇畏忠誠茂著稱我優嘉遽至長終良深悼惻爾爲冢嗣無忝象賢旣允羣情宜崇位號特玆遣正使兵科右給事中夏子陽副使行人司行人王士禎齎勅諭封爾爲琉球國中山王并賜爾及妃冠服綵幣等物爾宜益虔侯度克紹先猷保乂人民奠安

境土庶幾恢朕有截之化抑亦貽爾無疆之休　三十四年夏子陽等事竣復命王遣王舅毛鳳儀及正議大夫阮國入謝并以二使所却贐金上於朝神宗命來使齎回王附奏洪永間賜閩人三十六姓知書者授大夫長史以爲朝貢之司習海者授通事總爲指南之備今世久人湮文字音語海路更針常至違錯乞依往例更賜事下禮部寢之　三十六年王遣使鄭子孝等十三人入貢宴賚如例　三十八年王遣王舅毛鳳儀長史金應魁急報倭警致緩貢期福

建巡撫陳子貞以聞　四十年浙江總兵官楊崇業
奏報倭情言探得日本以三千人入琉球執中山王
遷其宗噐宜勅海上嚴加訓練而兵部疏言倭入琉
球獲中山王則三十七年三月事也世纘圖云浦添
孫慶長即察度王之孫輿於日本自薩摩洲舉兵
入中山執王及群臣以歸留二年法司鄭迵法司鄭迵字利山嘉靖四十四年入太學夏子陽使錄云法司不用三十六姓今用之自鄭迵始按迵字格橋萬曆七年入太學與迵爲兄弟但鄭迵官至長史爲法司者則迵也今傳寫作鄭廻則尤悞矣迵乃都通事鄭祿第二子迵第三子其長曰達無名迵者不屈被殺王危坐不爲動慶長異

之卒放囘王在位三十二年壽五十七歲泰昌元年
薨
尚豐
明天啓元辛酉尚豐即位
尚豐尚永弟尚久之第四子也尚寧卒無世子國人
立尚豐萬曆十八年生年三十二歲於天啓元年即
位是年改元頒登極詔福建布政司轉命偏指揮蕭崇基齎詔至國　三年遣使蔡堅
等貢硫磺馬匹請襲封先是定期二年一貢萬曆間
國被倭難詔停貢已十年至是以爲言部議本國休

養未久暫擬五年一貢待冊封後另議　五年豐遣
使入謝并乞封典　六年再遣使入貢　七年遣正
議大夫蔡延等入貢宴賚悉如例　崇禎二年豐遣
使入貢再申前請命禮官何如寵復以履險糜費請
令陪臣領封帝不從乃命戶科左給事中杜三策爲
正使行人司司正楊掄爲副使齎詔及儀物往封尚
豐爲琉球國中山王　六年三策等始至國王遣使
人謝　九年遣使入貢宴賚悉如例
中山世鑑云王通諸藝始製陶器以贍國用在位二

十年壽五十一歲崇禎十三年薨
尚賢
明崇禎十四年庚辰尚賢嗣位
尚賢尚豐王第三子天啓五年生十七歲嗣位十七
年遣使金應元入貢請襲會中朝道阻不得歸王在
位七年壽二十三歲順治四年薨
尚質
大清順治五年戊子尚質嗣位
尚質尚賢之弟崇禎二年生年二十一歲嗣位先是

尚賢請封未報使者留閩中至是與通事謝必振等
至江寧投經略臣洪承疇轉送入京禮部言前朝勅
印未繳未便授封遣通事諭旨　六年賢弟尚質稱
世子遣本國通事周國盛齎表歸誠隨通事入朝
七年遣王舅阿榜琨正議大夫蔡錦等奉貢入賀船
漂沒未達八年
世祖章皇帝令來使周國盛齎勅歸諭世子　十年世
子遣王舅馬宗毅正議大夫蔡祚隆等貢方物繳前
朝勅印請封備言其國王殁勅印隨葬惟尚寧未葬
故印以寧勅齎繳　十一年又遣官進貢請封賜國

王蟒緞二綵緞六藍緞二素緞二閃緞二錦三紬四
羅四紗四賜王妃綵緞四閃緞一藍緞二素緞二錦
二羅四紗四賞王舅綵緞表裏各四正議大夫綵緞
表裏各三藍緞一紬二羅二使者綵緞表裏各二藍
緞一紬一羅一紗一通事從人紗緞紬布銀兩各有
差遣兵科愛惜喇庫哈番張學禮為正使行人司行
人王垓為副使賜詔書一道鍍金銀印一顆令二年
一貢進貢人數不得過一百五十人許正副使二員

從人十五名入京餘俱留邊聽賞學禮等疏請十事
部議賜一品麟蟒服於欽天監選取天文生一人南
方自擇醫生二人賜儀仗給驛護送外給從人口粮
至福建修造渡海船選將弁二兵二百人隨行因海
氛未靖還京待命未行
今上御極念遠人延佇日久譴責學禮等卒遣行康熙
二年奉
詔勅至國詔仍順治十一年所頒
勅則康熙元年也

勅曰皇帝勅諭琉球國世子尚質爾國慕恩向化遣使
入貢
世祖章皇帝嘉乃抒誠特頒恩賚命使兵科副理官張
學禮等齎捧勅印封爾為琉球國中山王乃海道未
通滯閩多年致爾使人物故甚多及學禮等奉掣回
京又不將前情奏明該地方督撫諸臣亦不行奏請
迨朕屢旨詰問方悉此情朕念爾國傾心修貢宜加
優卹乃使臣及地方各官逗留遲悞豈朕柔遠之意
今已將正副使督撫等官分別處治特頒恩賚仍遣

正使張學禮副使王垓令其自贖前罪暫還原職速
送使入歸國一應勅封事宜仍照
世祖章皇帝前旨行朕恐爾國未悉朕意故再降勅諭
俾爾聞知
詔曰帝王祇德應治協於上下靈承於天時則薄海通
道罔不率俾爲藩屏臣朕懋纘鴻緒奄有中夏聲教
所綏無間遐邇雖炎方荒畧亦不忍遺故遣使招徠
欲俾仁風暨於海澨爾琉球國粤在南徼乃世子尚
質達時識勢祇奉明綸卽令王舅馬宗毅等獻方物

禀正朔抒誠進表繳上舊詔勅印朕甚嘉之故特遣
正使兵科副理官張學禮副使行人司行人王垓齎
捧詔印往封爲琉球國中山王仍賜以文幣等物爾
國官僚及爾氓庶尚其輔乃王飭乃侯度協攄乃藎
守乃忠誠慎乂厥職以凝休祉綿於奕世故茲詔示
咸使聞知賜王印一緞幣三十妃緞幣二十　三年
王遣陪臣吳國用金正春奉表謝恩進貢且疏言捧
讀勅諭因臣使物故甚多滯閩日久將正副使併督
撫諸臣處治但中外均屬臣子臣躬承天庥不能少
爲諸臣之報而反重爲諸臣之累臣何人斯豈能宴
然清夜
上命還學禮等原職賜國王蟒緞二綵緞四藍緞二素
緞二閃緞二錦二紬二羅二紗二賞王舅綵緞表裏
各四羅四靴一雙綵緞三紫金大夫綵緞表裏各四
羅三靴一雙使者綵緞表裏各二折鈔布四通事從
人緞布有差　四年中山王遣使進香并賀
登極進貢其貢物有在梅花港口遭風漂溺者奉
旨免其補進　五年補進貢物奉

旨發回又令應進瑪瑙烏木降香木香象牙錫速香丁
香檀香黃熟香等十件不係土產免其進貢其硫磺
留福建督撫收貯餘所貢方物令督撫差人解送其
來使不必齎送到京卽給賞遣回　六年令貢使仍
令齎表入覲七年王卒在位二十一年壽四十歲
尚貞
大清康熙八年己酉尚貞嗣位
尚貞尚質子順治二年生年二十五歲嗣位康熙八
年進貢耳日官到京於常貢外加進紅銅及黑漆嵌

螺茶碗照例給賜惟正使不係王舅與副使正議大
夫賞同　十年進貢於常貢外加進鬃煙番紙蕉布
共被風飄失貢物免其査議　十三年進貢於常貢
外加進紅銅及火爐絲煙　十八年補進十七年貢
物除赴京存留官伴外其餘員役令先乘原船歸國
　十九年遣使進貢奉
諭琉球國進貢方物以後止令貢硫磺海螺殼紅銅其
餘不必進貢貢物舊有金銀罐金銀粉匣金銀酒海
泥金彩畫屏風泥金扇泥銀扇畫扇蕉布苧布紅花

胡椒蘇木腰刀大刀鎗盔甲馬鞍絲綿螺盤後俱免
進外有加貢物無定額熟硫磺一萬二千六百觔海
螺殼三千個紅銅三千觔　二十年遣使入貢
上以貞恪共藩職當耿精忠叛亂之際屢獻方物恭順
可嘉賜勑褒諭仍賜錦幣五十又於常貢內免其貢
馬著爲例　二十一年世子遣耳目官毛見龍正議
大夫梁邦翰上言先王尚質於康熙七年告薨貞嫡
嗣應襲爵具通國結狀請封禮部議航海道遠應令
貢使領封見龍等固請部議執不可

上特允之命翰林院檢討汪楫爲正使內閣中書舍人
林麟焻爲副使楫等疏陳七事一請頒
御筆一請照例
諭祭海神一渡海之期不必專候貢使一請帶修船官
一同渡海一請給關防一請增兵護行一請預支俸
銀奏上
御筆大書中山世土四字賜王特許帶修船匠役隨行
製祭文二道祈報海神并給俸二年以往　二十二
年楫等渡海先行諭祭故王禮

諭祭文曰朕受天景命君臨萬邦殊方海澨罔不賓服
凡有恪共藩職累世輸誠則必生加錫命之榮歿隆
賻䘏之典所以旌揚歸附柔懷荒遠垂爲國憲昭示
億年爾琉球國中山王尚質式廓前徽誕膺世祚作
藩屏於南海輯圭瑞於中邦浮航貢賮凜遵王享之
規踰險求章虔秉朝宗之志方謂河山永固帶礪之
胙常存何期霜露遽零松栢之姿忽謝眷言藩服朕
實傷焉爰沛褒綸優加祭䘏賜䘏銀一百兩濶絹五
十疋爰行

冊封禮詔曰朕躬膺天眷統御萬邦聲教誕敷遐邇率俾粤在荒服悉溥仁恩奕葉承祧并加寵錫爾琉球國地居炎徼職列藩封中山王世子尚貞屢使來朝貢獻不懈當閩疆反側海寇陸梁之際篤守臣節恭順彌昭克殫忠誠深可嘉尚兹以序當纘服奏請嗣封朕惟世繼爲家國之常經爵命乃朝廷之鉅典特遣正使翰林院檢討汪楫副使內閣中書舍人加一級林麟焻齎詔往封爲琉球國中山王爾國臣僚以及士庶尚其輔乃王愼修德政益勵悃誠翼戴天家

慶延宗祀實惟爾海邦無疆之休故兹詔示咸使聞知又勅王曰惟爾遠處海隅虔修職貢屬在冡嗣序應承祧以朝命未膺罔敢專擅恪遵典制奉表請封朕念爾世守臣節忠誠可嘉特遣正使翰林院檢討汪楫副使內閣中書舍人加一級林麟焻齎勅封爾爲琉球國中山王并賜爾及妃文幣等物爾祇承寵眷懋紹先猷輯和臣民愼固封守用安宗社於苞桑永作天家之翰屏欽哉毋替朕命賜王蟒緞錦幣三十疋妃二十疋　二十二年遣法司王舅毛國珍紫金大夫王明佐等謝封汪楫等回京復爲題請遠人向化請賜就學奉

旨准令就學　二十五年王遣官生梁成楫蔡文溥阮維新鄭秉鈞四人入大學附貢使耳目官魏應伯正議大夫曾夔船桅折傷秉鈞飄至太平山修船　二十七年始到京

上令照都通事例三人日廩甚優春秋四季賜袍掛衫褲靴帽被褥俱備從人皆有賜又月給紙筆墨硃銀乙兩五錢特設教習一人又令博士一員督課　三

十年貢使耳目官溫允傑正議大夫金元達到京國王請官生歸國賜宴各給賞雲緞紬布等乘傳厚給遣歸　三十二年王遣耳目官馬廷器正議大夫王可法等入貢方物宴賚有差　三十四年遣耳目官翁敬德正議大夫蔡應瑞入貢　三十六年遣耳目官毛天相正議大夫鄭弘良入貢　三十八年遣耳目官毛龍圖正議大夫梁邦基入貢　四十年遣耳目官毛得範正議大夫鄭職良入貢毛得範行至杭州病卒　四十二年遣耳目官毛興龍正議大夫蔡

應祥入貢　四十四年遣耳目官溫開榮正議大夫蔡肇功入貢　四十六年遣耳目官馬元勳正議大夫程順則入貢　四十八年國中多災宮殿盡焚颶颶頻作人畜多死草木皆枯　遣耳目官向英正議大夫毛文哲入貢是年七月十三日王卒在位四十一年壽六十五歲

尚益

大清康熙四十九年庚寅尚益嗣位

尚益尚貞王世子尚純之子尚純爲世子時先卒尚

益以嫡孫嗣位年三十三歲立　康熙五十年遣耳目官孟命時正議大夫阮維新入貢　五十一年七月十五日王卒立三年未及請封

尚敬

大清康熙五十二年癸巳尚敬嗣位

尚敬尚益第一子年十四歲康熙五十二年立是年遣耳目官毛九經正議大夫蔡灼入貢灼卒至福州卒　五十四年遣耳目官馬獻功正議大夫阮璋入貢　五十六年遣耳目官夏執中正議大夫蔡溫入

貢且告曾祖尚貞與其父尚益之喪請襲疏云琉球

國中山王世曾孫尚敬謹奏爲請

封襲爵以效愚忠以昭盛典事臣曾祖尚貞於康熙四十八年七月十三日薨逝臣祖尚純爲世子時早已棄世臣父尚益未及請封已於康熙五十一年七月十五日薨逝念臣小子曾孫承祧然侯服有度不敢僭稱王業未存循例請襲俾臣拜

綸音於海島砥柱中流膺

誥命於波區雄藩外甸謹遣陪臣耳目官夏執中正議大夫蔡溫等虔齎奏請伏望

聖恩體循臣曾祖事例乞差天使封襲王爵上光

寵渥之盛典下効恭順之微忱庶藩業得以代代相傳

頂祝

皇恩世世不朽矣　五十七年六月朔遣翰林院檢討海寶編修徐葆光充正副使往封　五十八年又遣耳目官向秉乾正議大夫楊聯桂入貢聯桂行至通州病卒海寶等於五十八年六月朔至國諭祭冊封諸宴禮皆畢五十九年二月海寶等自琉球還代請

官生入太學讀書并請給海神天妃春秋祀典皆蒙
准行王遣王舅向龍翼紫金大夫程順則入貢并謝封
貢金鶴盔甲馬鞍等物賜宴賚有差詳載第二卷内

中山傳信録卷第三

中山傳信録卷第四

中山傳信錄卷第四

冊封琉球國王副使 賜正一品麟蟒服翰林院編修加二級臣徐葆光纂

星野

琉球分野與揚州吳越同屬女牛星紀之次俱在丑宮臣海寶臣徐葆光奉冊將行

上特遣內廷八品官平安監生豐盛額同往測量舊測北京北極出地四十度福建北極出地二十六度三分今測琉球北極出地二十六度二分三釐地勢在福州正東偏南三里許舊測福建偏度去北極中線偏東四十六度三十分今測琉球偏度去北極中線偏東五十四度與福州東西相去八度三十分每度二百里推筭徑直海面一千七百里凡船行六十里為一更自福州至琉球姑米山四十更計二千四百里自琉球姑米回福州五十更計三千里乃繞南北行里數故少為紆遠耳向來紀載動稱數萬里皆屬懸揣今逢

皇上天縱推日晷遠近高下以定里數與圖幅員瞭如指掌海外彈丸今見準的智能量海功媲指南矣

潮

琉球潮候與福建不同率後三辰東西地勢往復自然之理也各洋潮候海舶柁工言之皆不同西洋一日一潮率以申漲以寅退是又以一晝夜為消息矣潮生潮漲潮退率三辰為準今略列表如後

⊙潮生　●潮漲　○潮退

	初一 初二 十六 十七		初三 初四 十八 十九		初五 初六 二十 二十一		初七 初八 二十二 二十三		初九 初十 二十四 二十五		十一 十二 二十六 二十七		十三 十四 二十八 二十九		十五 三十	
	福建	琉球	福建	琉球	福建	琉球	福建	琉球	福建	琉球	福建	琉球	福建	琉球	福建	琉球
子			⊙							⊙						
丑			●		⊙					●		⊙				
寅			○		●		⊙			○		●		⊙		
卯		⊙			○		●		⊙			○		●		⊙
辰		●		⊙		⊙	○		●		⊙		⊙	○		●
巳	⊙	○		●		●		⊙	○		●		●		⊙	○
午	●		⊙	○		○		●		⊙	○		○		●	
未	○		●		⊙			○		●		⊙			○	
申			○		●		⊙			○		●		⊙		
酉		⊙			○		●		⊙			○		●		⊙
戌		●		⊙		⊙	○		●		⊙		⊙	○		●
亥	⊙	○		●		●		⊙	○		●		●		⊙	○
子	●			○		○		●			○		○		●	
丑	○							○							○	

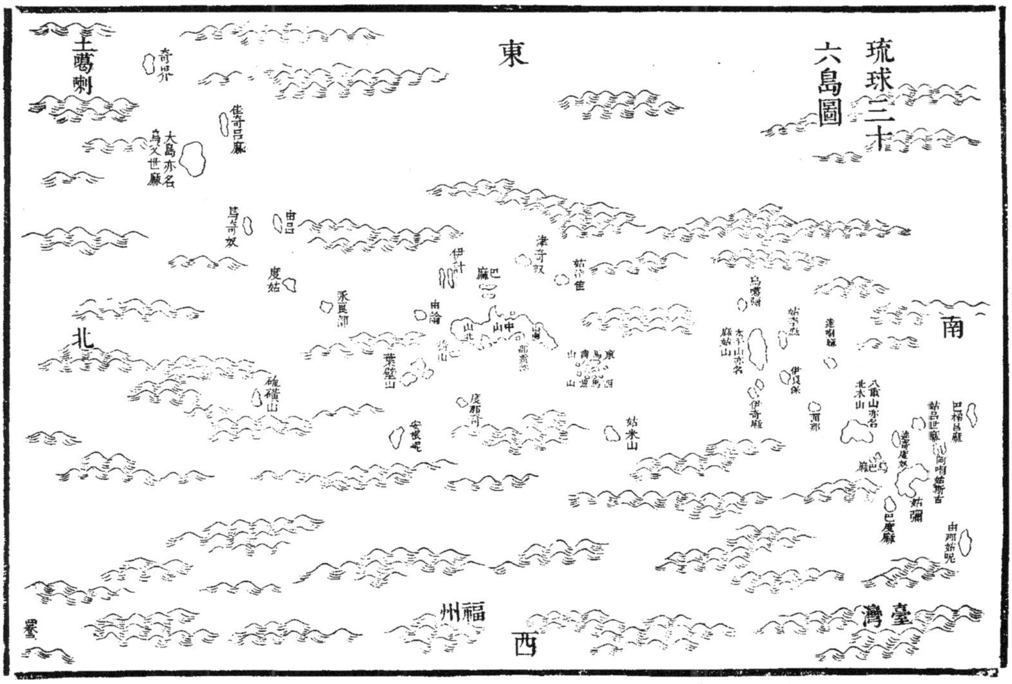
琉球三十六島圖
東
南
西
北
福州
臺灣
土噶喇
奇界
佳奇呂麻
大島亦名烏父世麻
由呂
烏奇奴
度姑
伊計
巴麻
津奇奴
永良部
由論
中山
葉壁山
硫磺山
度那奇
安根呢
姑米山
太平山亦名麻姑山
伊良保
伊奇麻
八重山亦名北木山
姑彌
巴度麻

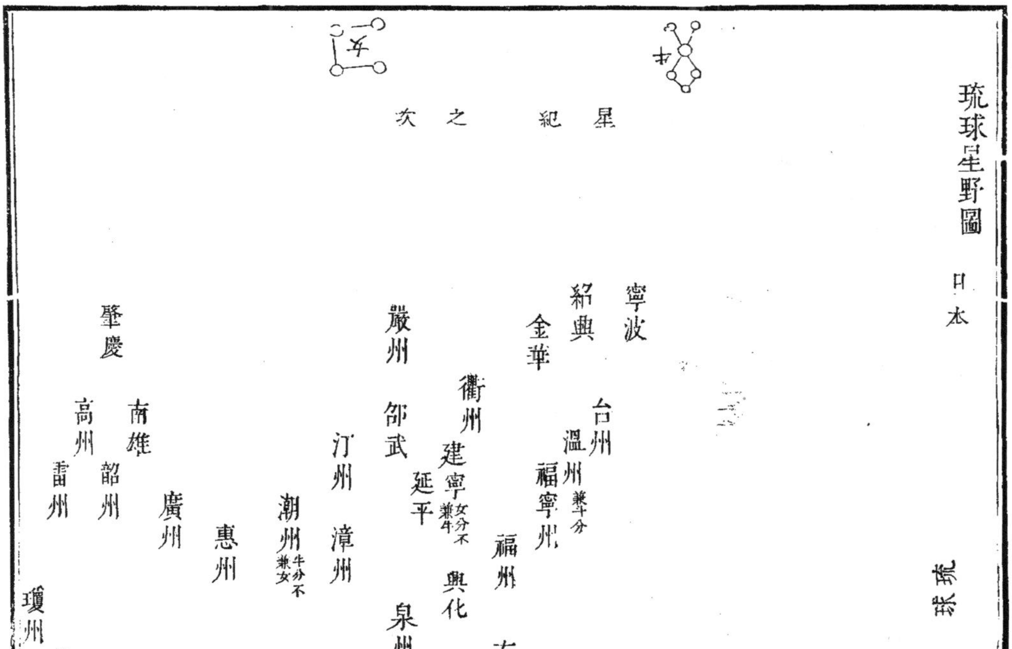
琉球星野圖
星紀之次
女
牛
日本
琉球
寧波
紹興
金華
嚴州
衢州
台州
溫州 兼牛分
福寧州
建寧 女分不兼牛
邵武
延平
福州
興化
泉州
南
汀州
漳州
潮州 牛分不兼女
惠州
廣州
韶州
南雄
高州
雷州
肇慶
瓊州

琉球三十六島

琉球屬島三十六，水程南北三千里，東西六百里，遠近環列，各島語言惟姑米、葉壁與中山爲近，餘皆不相通。擇其島能中山語者，給黃帽，令爲酋長，又遣黃帽官涖治之，名奉行官，亦名監撫使，歲易人。土人稱之曰親雲上，聽其獄訟，徵其賦稅。小島各一員，馬齒山二員，太平山、八重山大島各三員，惟巴麻（中山讀同麻，華言山也，下倣此）、伊計、椅山、硫磺山四島不設員。諸島無文字，皆奉中山國書。我

皇上聲教遠布，各島漸通中國字，購畜中國書籍，有能讀

上諭十六條及能詩者矣。

東四島

姑達佳，譯爲久高，在中山東一百四十五里，產赤秔米、黃小米、海帶菜、龍蝦、五色魚、佳蘓魚（佳蘓魚，本名鰹饅魚，大者長八九尺，圍尺許，割其肉爲腊），各島多有產此者，艮山多蝝石。

津奇奴，譯爲津堅，在中山東三十五里。

巴麻，譯爲濱島，南北二島，在中山東三十五里。

伊計，在中山三十五里。以上三島共所產同姑達佳，皆多魚。此四島語言頗相近。

正西三島

馬齒二山，在中山正西一百三十里，東馬齒山大小五島，產牛、馬、粟、布、文貝、螺、怪石；西馬齒山大小四島，有座間味、渡嘉敷等間切。西山尤磽瘠，罪人多流此。人多黑色，善漁，能泅水，深沒，久久乃出。山下海中產海松，山人能泅水取之。姑達佳、津奇奴亦有海松。馬

齒產者色久不退，爲艮。產魚、螺。山多鹿，近姑米山，有姑巴汎麻山，亦多鹿，無人居。

姑米山，在馬齒山西，去中山四百八十里，有安河、具志川、仲里三間切，由閩中至國，必針取此山爲準。封舟行海中第七日，有小黑魚點點浮水面，接封使臣云：此出姑米山下，名墨魚。山形勢雄拔，產五穀及土綿繭紬、白紙、蠟燭、螺魚等物，山多雞、豚、牛、馬。

西北五島

度那奇山，譯曰渡名喜島，近姑米山，山多牛

安根岯山譯曰粟國島又爲安護仁與度那奇俱近姑米語言亦與姑米不相類山產鐵樹比他處生者良山多豕

椅山亦曰椅世麻亦曰伊江島中山北山之間一小石山四圍黃沙潮漲隔半里許水退可徒涉至山上有稻田產黍稷豆麥民頗富饒

葉壁山土名伊平屋島在中山西北三百里產米最佳亦有麥稷粱豆棉花蕉絲海膽毛魚等物中有一山宛轉如龍尚圓王祖塋所在

硫黃山又名黑島山多鳥亦名鳥島在中山西北三百五十里與姑米山南北相峙山無草木置採硫磺戶四十餘家歲遺米廩食之統二酋長泊府官遙領之其人爲硫磺氣薰灼目皆如羊不精明相近有灰堆山尤家埠移山奥

東北八島

由論在中山東北五百里產芭蕉結蕉寔多樫木

永良部訛爲伊闌埠在中山東北五百五十里屬有溫鎮

度姑譯曰德島在中山東北六百里

由呂在度姑東北二十八里

烏奇奴在度姑東北四十里

佳奇呂麻在中山東北七百七十一里

大島土名烏父世麻在度姑東北去中山八百里水行三日可達其島長一百三十里分七間切有西間切東間切及笠利名瀨屋喜佳用古見等間切分屬二百餘村縣其島無孔廟有四書五經唐詩等書自稱小琉球大酋長十二員小酋一百六十餘員產米

粟麥豆薯木棉芭蕉紅樱黑樱櫨子可榨油羅漢松木即樫桑竹畜有牛馬羊犬豬雞無鵝野獸有山豬兎鳥有鴛鴦雁鷺鷹野鴨鷺青鳩雀鴉無鵲海鮮有草鱸魚海爪蟶類菓有橘子燒酒米肌黑糖蕉鐵等物皆有之有清水山菊花山永明山島北一里許有大石如圓柱廣一里名赤瀨純紫色無人居

奇界亦名鬼界去中山九百里爲琉球東北最遠之界人以手食多黑色產樫木爲良

以上八島國人稱之皆曰烏父世麻此外即爲土

噶喇（亦作度加喇）七島矣（七島諸島水程遠近見汪記錄以非琉球屬島故不載）

南七島

太平山一名麻姑山（始爲宫古後爲迷姑今爲麻姑）在中山南二千里有筑山甚高土名七姑山上有砦於亭用艮寅針至中山那覇港福建至太平山自東湧開洋至釣魚臺北風用單卯並乙辰針可達山周圍五六十里頗富饒產畜五穀牛馬甚多出棉布麻布草蓆紅酒名太平酒每年五月歸貢稅于中山

伊奇麻譯曰伊喜間在太平山東南

伊艮保在太平山西南

姑李麻譯曰古裏間在太平山正西

達喇麻在太平山正西

面那在太平山西南

烏噶彌在太平山西北

以上皆屬太平山國人稱之皆曰太平山

西南九島

八重山一名北木山土名彝師加紀又名爺馬在太平山西南四十里去中山二千四百里由福建臺灣彭家山用乙辰針至八重山明洪武中中山王察度始通中朝時二大島來貢于中山即八重山太平山也山較太平尤饒給多樫木黑木黃木赤木草蓆產牛馬螺石出麻布棉布海參紅酒名密林酒五穀琿渠璘瑁珊瑚羊肚松紋海芝海松栢等石每年五六月與太平山來貢于中山

烏巴麻二島譯曰宇波間在八重山西南

巴度麻譯曰波渡間在八重山西南

由那姑呢在八重山西南（以上四島皆近臺灣）

姑彌在八重山西較他島爲大

達奇度奴譯爲富武在八重山西姑彌東

姑吕世麻譯爲久里島在八重山西少北

阿喇姑斯古譯曰新城在八重山西

巴梯吕麻譯曰波照間在八重山極西北

以上八島俱屬八重山國人稱之皆曰八重山此琉球極西南屬界也

三十六島前錄未見惟張學禮記云賜三十六姓教化三十六島其島名物產則未之及也今從國

王所請示地圖王命紫金大夫程順則爲圖徑丈有奇東西南北方位畧定然但注三十六島土名而已其水程之遠近土產之磽瘠有司受事之定制則俱未詳焉葆光周諮博采繇聯叅合又與中山人士反覆互定今雖畧見眉準恐舛漏尚多加詳審定請俟後之君子

臣葆光按舊傳島嶼悞謬甚多前人使錄巳多辨之前明一統志云黿鼊嶼在國西水行一日高華（一作英）嶼在國西水行三日今考二嶼則皆無有又

云彭湖島在國西水行五日按彭湖與臺灣泉州相近非琉球屬島也崑山鄭子若曾所著琉球圖一仍其悞且以針路所取彭家山釣魚嶼花瓶嶼雞籠小琉球等山去琉球二三千里者俱位置在姑米山那霸港左近舛謬尤甚太平山遠在國南二千里鄭圖乃移在中山之巔歡會門之前作一小山尤非是

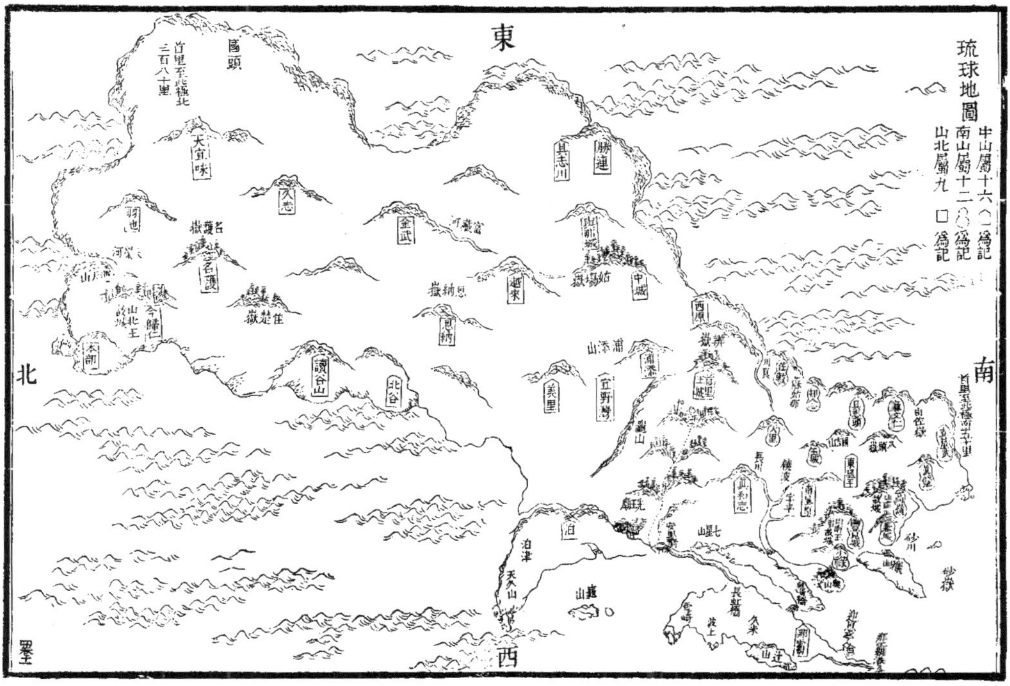

琉球地圖

琉球始名流虬(中山世鑑云隋使羽騎尉朱寬至國于萬濤間見地形如虬龍浮水中故名)隋書始見則書流求宋史因之元史曰瑠求明洪武中改琉球國在閩福州正東一千七百里偏南三里其地形東西狹寬處數十里南北長四百四十里自中山首里南至喜屋武邊海緊行一日半北至國頭邊海緊行三日半明永樂以前國分爲三曰中山曰山南曰山北宣德時并爲一分爲三省中山爲中頭省屬府十四山南爲島窟(一作尻)省屬府十二山北爲國頭省屬府九府土名間切所屬皆稱村頭土名毋喇國中亦有五嶽辨嶽在中山八頭嶽在山南佳楚嶽名護嶽恩納嶽在山北比他山爲高佳楚嶽尤峻爲琉球第一峯云

首里王宮所在不稱間切屬村縣二十一　崎山(在王宮東南有崎山山左行爲東苑)　金城(在王宮西南有金城橋翠巖夌霄亭國丈毛氏家園有泉名奇泉)

内金城　新橋(在王宮東北有升簥山佐數殿前王尚益爲世子采地封佐數故其第稱佐數殿今爲故宮人所居)　赤平(在王宮北有石虎山)　儀保(在朱平村北)　西儀保

末吉(在王宮北有社壇有龜山有吉泉)　山川　新川　殿川　寒川

大中　鳥堀　汀白次　赤田　姑場川　桃原(有笠泉)　當藏　眞和志　立岸(有萬松嶺茶崎橋觀音亭下有慈眼院)

(中山省)泊(在首里西五里有泊山有泊橋跨海亦名高橋村前有泊津西流入海)　屬村縣二

東境　西境

那霸(在首里西十里　那霸江港口有南北砲臺並峙海門旁有巨石當中流名馬加四圍皆鐵板沙沙堅如鐵其平如板板面嵌空槎牙沿海皆是潮長沙沒舟誤觸無完者故國人恃爲金湯　南北砲臺皆從江口跨入海中蠣石築成長堤蜿蜒半里許北砲臺隄中作橋門三以通潮南砲臺隄中有番字石碑一額題曰丫攬新森城碑文嘉靖三十三年國王尚清時立餘皆番字石頗剝蝕又有一石上題一梵字下小字云書法華經一石一字二砲臺石工甚整皆于康熙五十五年新修大夫蔡溫有碑文記其修築始末立北隄上其畧云霸江百川所會與海相通貢船暨西北諸艘往來中山之咽喉也南距鐃波北抵泉崎東逹宇平板敷近人規小利或聚泥土築田陌川若其狹變爲溷溝其尤甚者至塞川以爲田爛土泥水流入霸江江將塞矣明君賢相特命向文思等疏濬斯江或播田地以廣其川或除爛泥以深其水宇平板敷等處復通長川順流臨海寺西築石橋三座迎恩亭北構石橋一座渡地村臨江築塘架木橋二座計橋五座垣花村加二橋共木橋三座泉崎橋改修牧志南泒之水央以西注自康熙丁酉五月初五日起至明年閏八月二十日告成或日臨海寺南石何爲不除文思曰斯石係乎風水且江海颶不時若非斯石船隻難泊也康熙五十七年戊戌十二月記　北砲臺堤中臨海寺門外有重修臨海橋舊碑文康熙三十五年丙子立大夫程順則撰文言國王尚貞時補葺舊堤架石爲橋碑陰又云原有四橋一在寺西三在寺東其東西二橋明萬曆間廢塞惟中二橋今修之又云康熙四十八年巳丑十月大風

塡堤十餘丈癸巳二月失火燒碑今國王命官修堤立碑用舊文爲記不敢沒先造也并記國相向祐以
下姓名及工錢數目末云俱用鳩字錢康熙五十二年癸巳五月程順則再識 屬村縣六
東縣 西縣 泉崎 若狹町 辻山 渡地
久米在那霸 有東門村 西門村 北門村 南門村亦名
大門村舊有普門寺故又名普門地皆洪武中賜閩人三十六姓居之不他徙故名唐營亦稱營中後改
爲唐榮
眞和志在首里西五里 屬村縣十二 識名山下有神應寺 國場 牧
志有日泉相傳見紅日墜地生泉泉上有古松長虹橋七星山皆屬此
天久 松川 與儀 龜田 安里有安里橋先王廟八幡橋八幡

宮
湊川 古波藏有城嶽 仲井間 上間
南風原在首里南七里 屬村縣七 宮平 津嘉山舊有玉那霸今并入
內嶺 本部 喜屋武 神里 平川
東風平在首里南廿五里屬中山省地在山南界中 屬村縣九 東風平
富盛 志多伯 世名城 友寄 高良 山川
宜壽次 當銘
西原在首里東七里 屬村縣十六 幸地 小橋川 安室
桃原 我謝 翁長 平郎 小那霸 棚原 末
吉 石嶺 嘉手刈 小波津 與那城 內間

吳屋
浦添在首里東三十里 屬村縣十一 浦添在浦添山 伊祖 牧港
安波茶 澤岻 屋富祖 城間 西原 內
間有尚圓王舊宅王始爲內間里主後避位居于此 勢理客 前田
宜野灣在首里東三十里 屬村縣十二 宜野灣沿海皆曬鹽場 謝名
有金宮崇奉祀察度王母天女也行其地見石物皆黃金銀父勝連按司遣大夫取此金銀曰此地靈所
也作樓閣金宮 普天間有寺名普間山神宮寺松壽院皆眞言教有天眞泉 新城 具
志川 城田 嘉數 安仁屋 伊佐 喜友名
野嵩 我如古

中城在首里東四十里有姑場嶽此處人物俊秀能詩善書常爲王孫采地 屬村縣十九
中城有世子殿國王時往遊 姑場在姑場山下 熱田 當間 島
袋 奧間 和宇慶 屋宜 津霸 安谷屋 伊
集 渡口 喜舍場 添石 瑞慶覧 新垣 安
里 中順 比嘉
北谷亦稱北溪在首里北四十里此府多稻田 屬村縣十二 北谷有無漏溪義本
王當宋淳祐中溪中惡蛟興暴風雨爲患募童女爲犧祭之宜野灣章氏女眞鶴應募捨身養母孝感天
神滅蛟除害王大喜以配王子 濱川 砂邊 野國 野里 玉代
勢 屋良 桑江 嘉手納 平安山 伊禮 前

城
讀谷山在首里東六十里　屬村縣十二　讀谷山亦稱座喜味　高志
保　喜名　宜間　渡具知　大灣　伊良皆　渡
慶次　波平　長濱　瀨名霸　根波
勝連在首里東北六十里　屬村縣十　勝連　神谷　比嘉　平
敷屋　平安名　內間　新垣　龜島　濱村　南
原
與那城在首里東北五十里　屬村縣六　仲田　平安座　安勢
理　上原　池宮城　伊計

越來在首里北五十里　屬村縣十　越來尚圓王弟宣威采地越來代尚圓立六月
讓位於尚圓子尚眞退老於越來今其子孫世爲越來領主　𤏶屋　安慶田　湖
屋　上地　諸見里　山內　宇慶田　大古迴
中宗根
美里在首里北六十里　屬村縣十八　嵩原　高原　恩納亦稱
東恩納以別北山之恩納　石川　古謝　伊波　野原　松本
田里　楚南　比屋根　與儀　宮里　知花　池
原　嘉手苅　登川　山城
具志川在首里東六十里　屬村縣十五　安里　上江洲　宇
堅　祝嶺　中嶺　天願　高江洲　田場　田崎
安慶名　江洲　□　大田　榮野比　川崎
兼嘉段
以上中山省間切十四久米在那霸不入間切自泊以下至具志川爲十四
山南省
大里在首里南二十里　屬村縣十七　與那原　與古田
湧稻國　板良敷　仲程　與那霸　稻福　上
與那原　大城　宮城　古堅　目取眞　島袋
南風原　高宮城　眞境名　當眞
玉城在首里南四十里　屬村縣十一　玉城此地有雲城每歲國王祈雨處有玉

泉
中村渠　富里　糸數　垣花　富名腰　前川
當山　和名　奧武　志堅原
豐見城在首里南十五里山南王弟汪應祖故城國中祈雨例在豐見城　屬村縣十七
豐見城　饒波有石火山山下有石火橋水東北流爲饒波　長堂　翁
長　眞玉橋橋有水門五下爲玉湖　盛島　奧平　高嶺　儀
保亦稱宜保　我那霸　渡嘉敷　高安　伊良波　名嘉
地　田頭　保榮茂　嘉數
小祿在首里南二十里　屬村縣十一　小祿在小祿山下　上原　當
問　翠宮城　大嶺在海邊村無他樹皆種呀咀呢成林村南嶺石佳有泉南流入

海南去爲砂川有砂嶽在海中一里許石奇無人居儀間儀間山在那霸迎恩亭對岸天使館正南
山下有垣花村村中多米廩東有樂平泉湖城　具志　多加良　安次
嶺　赤嶺
兼城亦曰金城在首里西南三十里屬村縣十　兼城　座波　照屋
嘉數　波平　武富　安波根　絲滿在海邊村石甚奇有
日金叢潮平在海邊志茂田
高嶺土名多嘉嶺在首里西南卅里山南王故城名大里城城下有惠泉又有芳泉有大里橋舊石橋水
門三今架木爲之山南子孫那姓高嶺東北有八頭嶽屬村縣五　大城　眞
榮里　國吉有國吉山在高嶺東南與座　屋姑

佐敷亦稱佐鋪在首里南二十里有蘵姑那嶽屬村縣八　佐敷　新里
屋比久　手登根　外間　津波古　與那嶺　小
谷
知念在首里南三十里屬村縣十　知念　敷名　久手堅
山口　鉢嶺　久高　外間　知名　安座眞　下
敷屋
具志頭在首里南三十里屬村縣六　具志頭　波名城　中
座　喜納　新城　與座
麻亦作摩文仁在首里南四十里屬村縣五　麻文仁有山名櫻島米

次　石原　松嶺　小渡
眞壁在首里南四十里屬村縣八　眞壁　田島　眞榮平
絲洲　宇榮城　古波藏　新垣　名城
喜屋武在首里南四十里爲國中極南沿海邊土屬村縣五　喜屋武　上
里　福地　山城　東邊名
以上山南省間切十二
山北省金武在首里東北九十里屬村縣五　金武在金武山山上爲金峯山下有
洞有千手院有富藏河二百年前有日秀上人泛海到此時年大豐民謠云神人來兮富藏水清神人遊
兮白沙化米日秀上人住波上三年後回北山宜野座　奧松　漢那　祖

慶
恩納在首里北一百里屬村縣九　恩納在恩納山亦稱佐渡山安富祖
名嘉眞　山田　眞榮田　仲泊　古良波　谷
茶　富津喜
名護在首里北一百五十里屬村縣九　名護在名護嶽山上有萬松院出蘭葉如
桂抽箭如蕙攢花如蘭香更烈稱名護蘭有諸喜泉懸瀑崖上屋部　世富慶　安
和　喜瀨　幸喜　松堂有轟泉許田有手水旁有手水觀傳昔有客
遇一女求水女手水進客飲之故名有許田湖宮里
久志在首里東北百五十里屬村縣十一　久志　松田　邊野

古　嘉陽　宜作次　瀨嵩　汀間　松濱　田榮

艮　川田　宇富艮

羽地在首里北一百七十里　屬村縣六　池城　屋嘉　伊指川

眞喜屋　源河　謝敷

今歸仁在首里北二百里有佳楚山一名宇勝嶽最高為中山第一峯山下有水西南流為大榮川　屬村縣十一　今歸仁山北王故城城内有受劍石山北王素尊一石為神戰敗以石不佑己砍分為四　親泊有親川泉戲馬臺村東山北王系絕出山豬有獲劍溪山北王有寶劍名重金丸敗欲自刎劍鈍不入王擲于志慶眞河百年後流至水漲溪光揷天伊平屋人得之獻中山王今為王府第一寶劍　謝名　中城　運天亦稱上運天有山北王墓土人呼為

百按司墓有運天山在名護山北山下有運天江名運天津西流北山舟舶泊此津山下多稻田　崎山　玉城　平敷　仲宗根　吳我有我部鹽屋昔于此地作鹽

天底林木最茂不見日月　我部

本部在首里北三百里　屬村縣七　伊野波　浦崎　渡久知

崎濱　瀨底　伊豆味　謝花

大宜味在首里東北三百里　屬村縣五　屋嘉比　喜如嘉

田湊　根路銘　津波

國頭在首里東北三百十里尚元王病國頭按司馬順德祈代死果死王疾有瘳至今其子孫世蔭為國頭領主　屬村縣四　國頭　邊土名　伊地　宇郎

以上山北省間切九

琉球舊無地圖前使錄云周圍可五六千里東西長南北狹皆意揣也葆光咨訪五六月又與大夫蔡溫遍遊中山山南諸勝登高四眺東西皆見海本國里數皆以中國十里為一里今皆以中國里數定之乃南北長四百四十里東西狹無過數十里而已再三討論始定此圖備錄三十七間切下諸縣村名如右或更有悞以俟再考云

紀遊

中山山嶽寺院及遊者惟首里那霸數處畧記

如後

臨海寺在北砲臺長隄之中為國王祈報所門東向佛堂面南三楹面東板閣一間石垣四周潮至牆下僧名盛滿寺舊名定海前使汪有臨海寺隸書匾有鐘天順三年鑄

奥山龍渡寺在砲臺西水中小土山潮至瀰漫數十里潮退則平沙淺水不勝舟楫山舊為蛇窟僧心海始闢之蛇相率渡水避去築堤截潮引泉種松搆屋

五六楹前方沼中小亭二所遍地植佛桑鳳尾蕉等頗可憩玩山東有小尖阜名鶴頭山潮至板敷宇平等湖漁舟夕照爲那霸近所第一勝處

辻山在臨海寺西對港相望辻字一字兩音國人讀爲失汁山汪記譌爲靑芝山小石阜沿海下皆塋墓

波上在辻山東北一名石笥崖山下海中生石芝沿海多浮石嵌空玲瓏白色山頭石垣四周垣後可望海垣內板閣離立三楹扃鑰無僧下有平堂三楹波上東北沿海中有山名雪崎下有洞雪崎東北有小

石山空洞名龜山海灘拳石二非末吉之龜山也

護國寺在波上山坡之中國王祈禱所僧名賴盛汪使有匾曰護國寺舊名安禪寺亦名海山寺亦名三光院佛龕中有神手劍而坐名曰不動或曰火神也殿下有鐘景泰七年丙子鑄銘文與天妃宮同西面庭中蕉石扶疎頗有致

天尊廟在護國寺下供玉皇有鐘爲景泰七年丙子九月二十三日鑄銘文與天妃宮同

廣嚴寺在天尊廟下左右皆村居佛宇數椽庭中剪檜及黃楊爲玩係新建

西福寺在泉崎橋之東曲徑中門前黃楊夾路作屏兩行剪剔使平而方數十步許僧舍一區屋後有松岡甚茂松根出土蜿蜒如龍相近有東壽寺門前亦以黃楊作屏

東禪寺在久米東北圓覺寺下院也相近有淸泰寺皆止三四楹小寺也那霸惟此二寺及廣嚴寺係禪僧餘俱眞言敎

善興寺在使館曲巷中倚山崇基汪錄云斗室丈階

花木頗淸幽今已廢有屋一椽而已宣德中冊使柴山三到琉球嘗建大安禪寺千佛閣明夏子陽錄中載其記二篇今皆莫知其處護國寺舊名安禪寺或即所建問國人皆不知

以上在那霸

天久山在泊村西北沿海與波上雪崎相望下有聖現寺石牆四圍方十餘畝中屋一區牆外老松十餘株有天久洞洞前觀音閣一座扃鑰無僧沿海東行大石離立或方或圓側倚層巖之上下作崖洞頗奇更里許有水西流入海名泊津

神德寺在崇元寺東由八幡橋石橋西北行有八幡宮南向尚德王所建供八幡菩薩卽大士也下爲神德寺寺門東向中供不動神與護國寺同

以上在泊村

城嶽一名靈嶽汪使舊錄云有板屋一區今已盡廢惟叢灌一林密篠攢蕉以石爲神澆酒祈福渡海報賽處前古松數百株亭立前地少窪四山皆松東三十餘步有泉名旺泉從石溜出注潭中涓涓不絕泉上老松三株偃挺尤奇東望有壺家山瓦屋數區爲

國中陶處

以上在眞和志

東苑在崎山王宮以南一帶石山皆名崎山石狀甚奇苑門西向入門茵草遍地板亭南面二間更進有屋三間面南屋上有潮音應世匾額爲天啓五年詔使指揮同知蕭崇基所書亭東土阜一丘形如覆盂頗高竦汪錄云是雩壇更進少屈南下西轉山巖下有石獅石虎尚存激溜養魚處皆已廢撤南面皆山南平田東行登小板閣卽望仙閣也匾已失去葆光爲重書之閣中有小龕以香木爲柱氣如桂皮作薄板刻窓作字大小參差閣後有小佛堂匾名能仁堂南面出佛堂東過小竹橋登阜正東見林木叢茂爲佐敷中隔海港少西見小山林木鬱然卽辨嶽也南北望皆見海中山之東屬島姑達佳譯爲久高前使汪楫爲國王題東苑匾今已失去題東苑八景有久高朝旭識名積翠等八景此爲國苑制甚簡朴云

龜山在末吉村土稱末吉山山在中山之北重岡環繞山半有木亭前後二楹南望見海林木鬱然爲第

一勝處山下有萬壽寺寺中有察度王舊影萬曆三十八年燬今再燬末吉有社壇

圓覺寺在王宮之北久慶門外國王本宗香火所在規模宏敞爲諸寺之冠寺門西向門前方沼數畝四圍林木攢鬱沼中種蓮中有一亭有觀蓮橋供辨才天女名天女堂池名圓鑑池亦名辨才天池辨才天女云卽中國斗姥也架橋通之名天女橋更西有龍潭橋亦名龍淵橋入寺佛殿七間極高麗殿右廣庭中有古松云已二百餘年高不四五尺青葱正茂名

古松嶺亦名神木香積厨後有井泉名石泠泉方丈
前名蓬萊庭鐘樓南有雜華園國人稱圓覺寺中有
八景寺係尚眞王時始建寺前土阜上有碑弘治十
一年立三山許天錫撰其文曰大琉球東南海島之
國自昔不通中華勝國初嘗
招諭不至洪惟我太祖高皇帝應天啓運混一區宇
薄海內外罔不臣服於時率先入貢顯被優寵別於
他邦永樂初始受冊封王爵百餘年來修貢彌愼弘
治丁巳秋國大夫程璉長史梁能通事陳義奉今尚
眞王命朝貢於京師竣事道三山謁翰林庶吉士許
天錫曰球陽有邦歷世遠矣惟今王大有令德思輯
用光常遵舊典請以陪臣之子入太學得一聞天朝
仁義禮樂之化以壯國體試言其槩國尅擇舊有書
王以正朔請尊之因叅用大統曆法先世深居固衛
以貳其下王惟推誠□□躬巡境內跋履窮僻恒省

其稅賦遇孤寒輒貸出給之民咸戴忭王寬仁不嗜
殺亦未嘗曲法以輕貸人猶能謹於□士伏創圓覺
禪寺規模宏敞儀物備至以爲祝禱之場王每遊豫
必與民同寶國之瓌觀也茲欲勒石於寺是以彰王
德賜之以言某曰如子之說則王之賢誠可謂奮遠
特立於百世之上者矣乃爲之歌辭俾昭示於後裔
詞曰球陽有國繫於禪海弗庭於華奚啻千載惟我
皇祖仁厚萬方率先慕義來享來王聖教漸加十有
餘世風清氣回儲祥發祉崛生賢王道號尚眞離羣
絕類令舊圖新簡刑省罰恤孤振阨春行秋巡厚下
安宅上熙下怡二十有餘祀崇德厚澤川流岡峙有
美大人薄言孔昭我作詩章賡代歌謠大明弘治十
一年歲次戊午八月十二日臣
程璉鄭玖梁能陳義稽首謹立
〔天王寺〕在圓覺寺東北門前臨溪有古松四株寺東
有天王橋堂上佛龕供佛手持七星輪及刃曰金剛

也堂西老松最奇一鐘爲景泰七年丙子鑄上刻天
龍寺鐘寺在浦添寺鐘有二移其一于此僧名得䠖
〔天界寺〕在歡會門外道南寺門北向入寺西南石室
高丈許方廣中山王塋也尚圓以來諸王皆塟于此
寺有鐘成化巳丑年鑄考銘文本相國寺鐘也銘曰琉球
國君世高王乘大願力新鑄巨鐘寄捨相國寺說偈
以銘是祝王基之萬歲安國利民聖天子繼唐虞之
化全文偃武賢宰相霈霖雨之秋茲有巨鐘新鑄就
高樓掛肅萬機心無端扣起羣生夢天上人間妙法
音告成化巳丑十
月七日住持溪隱　寺西又有安國寺國中案牘皆
儲此寺中

〔仙江院〕在天王寺之右前使汪錄云行茫榛中門戸
蕭然僧宗實能詩頗學元僧白雲集體今宗實尚存
年六十九改字際外稱球陽大和尚
〔萬松院〕今改名蓮華院在天王寺之南剪黃楊作徑
兩旁籬屏頗整寺中方庭中有小土山剪松樹數株
蟠屈有致汪使舊錄稱萬松院僧不羈與天王寺僧
瘦梅及宗實相倡和今瘦梅不羈皆化去不羈徒二
人一曰德叟今在蓮華院一曰元仁字東峯別開院
于北山名護嶽上仍名萬松院年五十餘亦能詩

興禪寺在圓覺寺北小徑中寺甚小庭中黄楊松桂甚多僧了道舊時圓覺寺國師喝三之徒能詩

廣德寺在蓮華院之南寺亦甚小花木頗麗東望山椒林麓鬱然如深山僧名靈源弟子名笑岩相近有建善寺有僧蘭田能詩

石虎山天慶院僧梁天名智津亦能詩山在赤平村

萬歲嶺在萬松嶺東大道之北石碑立阜上其文畧曰茲嶺以萬歲爲名蓋取嵩呼之義以作中山都會尚真君上命於天俾爲斯記大明弘治丁巳仲秋吉旦奉詔扶桑散人樗不材謹記

以上在首里

中山傳信錄卷第五

官表

秩　正一品　從一品　正二品　從二品　正三品　從三品　正四品　從四品　正五品　從五品

爵　元侯　郡侯　邑侯　郡伯　邑伯

勳　柱國　正卿　亞卿　總尹　庶尹　協尹

官　特進光祿大夫　光祿大夫　榮祿大夫　承祿大夫　資德大夫　秉憲大夫　嘉議大夫　親奉大夫　宣翊大夫　正議大夫　進顯大夫　精[illegible]大夫　中議大夫　官侯大夫　奉宣大夫　供直大夫

職　王相　總宗正　總觀察　天曹法司　左宗正　人曹法司　地曹法司　大裴殿總理　左虞衡　度支正　右宗正　右虞衡　副觀察　儲傳亞卿　書院供奉　法宮侍直　官殿副理　紫金大夫　三平等右尹　司賓長官　典賓長官　刑耳目官　加銜謁者　度支贊議　謁者贊議　曹酒長官　各司同正　各所祭正　臨撫使　宮尹　殿尹　端尹　家令　長史司　遊關理贊　土翰侍史　典客內史　寓翰遊關理　長醫師　贊善

總虞衡　三平等奉　儲傳正卿　內殿總理　理梵正　各司督正　元侯家傳　同知度支正　那霸官堂　那霸官堂　三平等少尹　供奉遊關理　經歷

秩　正六品　從六品　正七品　從七品　正八品　從八品　正九品　從九品　未入流

官　承直郎　從務郎　敘德郎　承事郎　從職郎　敘功郎　內使郎　內使佐郎　登仕郎　登仕佐郎

職　儀衛使　使者　都通事　才府使　審理大使　上事　圉師　正稱外史　耆老廳舊帖　東苑監　和美犮令　寓人館守　寓器監　倉庚使　鷹把式　雜長加銜　總器內司　帖名內司　掌翰侍史　官舍使　副通事　筆帖式　侯府家贊　司府通事　灑掃內司　掌翰史　貼苑監　拮醫師　法司家贊　承應官　各倉大使　和美犮丞　雜長　贊司大使　耆舊贊度使　耆舊贊度從　備府贊度從使　貼翰侍史　議政堂筆帖　宗正府筆帖　點班使　大筆帖　通事　使贊　理間　業續　各筆帖　小筆帖　膳夫　首里大使　司花內使　內使官生　秀才　若秀才　若筆帖　小筆帖

凡上朝照品立不論職　凡在任照職坐不論品　凡職官上下兼攝相通不拘品級如有功績者陞授上銜無一定之格

中山傳信錄卷第五

冊封琉球國王副使　賜正一品麟蟒服翰林院編修加二級臣徐葆光纂

官制

官制品級畧彷中國分為正從九等大僚重職亦有加官協理大小官皆領地方為采地王弟王叔國相皆稱某地王子領一府者稱某地按司舊制每府一按司按司灌治之權重兵爭尚眞王改制令聚居首里遙領其地歲遣察侍紀官一員知其府事歲終上其成於按司王舅法司及紫巾官稱某地親方三品以下黃帽官皆稱某地親雲上未有地方者稱某里之子親雲上或稱某筑登之親雲上從六品敘德郎從七品敘功郎皆稱某掟親雲上八品紅帽官稱某里之子領地方者稱某地里主九品紅帽官稱筑登之未入流稱某子皆不稱姓名也具列如左

國相一員正一品王叔有才畧者任之

元矦正一品毛子弟膺此封

郡矦邑矦從一品元矦子孫膺此封　有功者加晉

爵元矦品同

法司三員正二品王舅勳戚任之天曹司禮地曹司

農人曹司元輪值王宮大事集議上之國相　加
銜法司品同
紫巾官從二品或郡伯或邑伯散秩大臣爲亞卿無
定員亦有加法司銜者
耳目官四員正三品司賓耳目官 土名御鎖側 一員典賓
耳目官 土名御雙紙庫理 一員司刑耳目官 土名平等側 一員
管泊耳目官 土名泊地頭 一員皆預議政事皆稱謁者
土名申口衆 加銜謁者 土名申口座 從三品無定員職掌
贊議官正四品佐謁者度支官議諸政事

那霸官二員從四品左堂首里人右堂那霸人爲之
分掌錢穀
察侍紀官 國人讀爲座敷讀察侍紀三字音如座敷也下倣此 從四品無定員
侍直王宮分理諸職
遏闥理官 國人讀爲當職 十二員國書院遏闥理官三員皆
正五品入直王宮加銜遏闥理官從五品無定員
承直郎儀衛使 土名勢頭 九員正六品掌王儀仗及扈從
徒屬　又有叙德郎 土名勢頭 加從六品吏員授此銜
承務郎從六品　承事郎 土名脾金 里之子親雲上正

七品　又有從職郎從七品儒士授此銜
敘功郎 土名捉脾金 吏員授此銜　筑登之親雲上從七
品
內使郎 土名察度奴示譯爲里之子 正八品亦稱贊度內使輪班
供王宮內役　內使佐郎 土名里之子座 從八品
登仕郎 土名筑登之 點班使九員掌朝儀行列正九品
登仕佐郎 土名筑登之座 從九品
首里泊村那霸三府人出身名筑登之如久米之
秀才也其管錢穀米薪雜職之人皆稱庫官大者

察侍紀官下至筆者若笮名俱爲之
以上皆首里泊那霸本國之人任其職
久米協理府官凡六等
紫金大夫一員從二品加協理法司銜名總理唐榮
司轄久米村事爲最尊主朝貢禮儀往復文移諸
事
正議大夫正三品　加謁者亦名申口座從三品
中議大夫正四品皆無定員
長史二員正五品 或從四品 隨紫金大夫同知諸事

都通事從四品　加遏闥理副通事從五品　副通事正七品皆無定員專司朝貢有留福建福州琉球館者名存留通事

以上皆久米府秀才出身者任其職

職官員額

國相府　家傳紫巾亞卿一員以下稱曰攝政下大視官　家令察侍紀官三員　家贊三員　掌翰史一員

法司　三司家贊各三員

謁者耳目官　司賓一員屬官贊司大使一員　典賓一員　司刑一員　晉泊一員　屬晉泊筆帖一員　贊議官五員　議政堂主稿外史一員　掌筆帖六員　貼筆帖三員

度支官　度支正紫巾亞卿一員　同知度支正二員　贊議官三員　典簿廳主簿一員　核省廳核減二員　羨餘所大使二員　掌筆帖十員

王法宮　侍直紫巾亞卿無定員　侍直察侍紀官無定員　宣納遏闥理官十二員　贊度內使十二員　司花內司十二員　內使官生十二員

九引官　奉引儀衛使九員　奉引點班使九員

內宮　總理宮事法司正卿一員　副理宮事紫巾亞卿三員　宮尹察侍紀三員

近習　中涓舍人三員不拘品級

內廚　烹調膳夫一員

國書院　供奉紫巾亞卿三員　遏闥理官三員　遏闥理贊二員　主翰侍史一員　掌翰侍史三員　貼翰侍史三員以上三項侍史土稱右筆有正副貼三項　典茗內司三員　貼茗內司三員　綜器內司二員

灑掃內司三員　贊度內使十二員　司花內司六員　內使官生六員

典膳所　和羹令三員　和羹丞三員　大使二員　大筆帖一員　小筆帖一員

調祿所　大使二員　大筆帖一員　小筆帖一員

烹調膳夫三員

宴器局　大使一員　掌筆帖一員

良醫所　良醫師六員　貼醫師二員

貯藥局　大筆帖二員　小筆帖二員

宗正府　總宗正元矦一員　左宗正郡侯一員　右宗正紫巾亞卿一員　經歷三員　掌筆帖三員

賦稅司　督正賦稅紫巾亞卿一員　同正賦稅勸農使三員　大使三員　掌筆帖六員

覈實司　覈實督正紫巾亞卿一員　覈實同正察侍紀二員　大使六員　掌筆帖九員

典樂所　典樂正察侍紀一員　掌筆帖一員

造金局　督工察侍紀一員　掌筆帖一員

承運左庫　大使二員　掌筆帖二員　驗金法馬使一員

承運右庫　大使二員　掌筆帖一員

廣豐倉　大使二員　掌筆帖二員

典廄署　圉師一員　掌筆帖一員

大美殿　總理殿事法司正卿一員　副理殿事紫巾亞卿二員　殿尹察侍紀一員

內懿宮　總理宮事法司正卿一員　副理宮事紫巾亞卿三員　宮尹察侍紀三員

世子府　儲傳法司正卿一員（以下稱為世子下大親官）　儲傳紫巾亞卿三員　端尹察侍紀四員　贊善六員　掌翰侍史二員　贊度內使三員　內使官生三員　鷹把式一員

世孫府　儲傳法司正卿一員　儲傳紫巾亞卿三員　端尹察侍紀四員　贊善六員　掌翰侍史二員　贊度內使三員　內使官生三員　圉師一員

元矦府　家傳紫巾亞卿一員　家令察侍紀三員

家贊三員　掌翰史一員

進爵元矦府　家令察侍紀一員　家贊二員

東苑監　監令一員　貼監一員

寅賓館　館守一員

虞衡司　總虞衡元矦一員　左虞衡郡矦一員　右虞衡紫巾亞卿一員　副虞衡察侍紀三員　掌筆帖三員

觀察司　總觀察郡矦一員　副觀察紫巾亞卿一員　掌筆帖一員

首里三平等各鄉分巡察官　眞平等左大尹郡矦一員　右大尹紫巾亞卿一員　少尹察侍紀四員　南平等左大尹郡矦一員　右大尹紫巾亞卿一員　少尹察侍紀四員　西平等左大尹郡矦一員　右大尹紫巾亞卿一員　少尹察侍紀四員

理梵司　理梵正紫巾亞卿一員　理梵副察侍紀二員　掌筆帖二員

綜石局　督工察侍紀一員　掌筆帖一員

鐵冶局　督工察侍紀一員　掌筆帖一員

司窑局　督工察侍紀一員　掌筆帖三員

嵌螺局　督工察侍紀一員　掌筆帖二員

貯材局　督工察侍紀一員　掌筆帖二員

工正所　督工察侍紀一員　大使一員　掌筆帖二員

審理所　大使三員　掌筆帖三員

中山徵課使　主事一員　掌筆帖五員　山南山北古米山徵課使員同

協理府　紫金大夫一員　正議大夫中議大夫皆無定員　長史二員　屬官大筆帖一員　都通事副通事皆無定員　司曆通事一員　筆帖式一員　講解師一員　訓詁師一員皆不拘品級

通事　秀才　若秀才等皆無定員

那霸官　左堂贊議官一員　右堂察侍紀一員

大筆帖一員　小筆帖一員　理問所理問四員

承應所承應一員　業轡所業轡一員

武備司　軍器監一員　掌筆帖一員

彌世公館　大使三員　掌筆帖三員　若筆帖六員　烹調膳夫一員

董舟所　大使二員　大筆帖一員　小筆帖一員

那霸庫　大使一員　大筆帖一員　小筆帖一員

麻姑倉　大使二員　掌筆帖二員

轉運所　大使二員　掌筆帖三員

糖團　主事一員　大使二員　掌筆帖二員

奉監司　麻姑山監撫使一員　監撫掌筆帖二員

八重山監撫使一員　監撫掌筆帖二員　各府

各島監撫不拘品級

祝長　七社神樂祝七員　神歌長一員　神歌協長三員　巫覡長二員

各郡土官　協尹治土泰一員　首里大使一員

麻姑山土官　頭目比郎權一員　芝茂治一員　烏路嘉一員　首里大使五員

八重山土官　頭目彝師加紀一員　烏巴麻一員　彌椰權一員　首里大使四員

臣葆光案舊錄官制外畧汪錄頗正其訛而未備今從蔡大夫温得其品秩大概程大夫順則示以官制其進啓云中山設官分職已非一日恭逢

聖天子聲教誕敷本國官爵敢不仰遵翻正因照原銜首定秩勛次列官職大小臣工盡由資格冠簪服色晝一不刋論名則同而異列品則異而同總以符舊制諧正音雖班爵實尊王也其書表列條晰彬彬可觀但立國建官文武並重今按儀衛使武備司外武職太略軍制兵仗亦未詳載當俟後續攷備列云

冠服

國王側翅烏紗帽盤金朱纓龍頭金簪蟒袍帶用犀角白玉皆如前明賜衣制王妃鳳頭金簪宮人亦分爲五等約百人命婦頭簪皆視其夫品秩

正一品以下帽八等簪四等帶四等具列如左

正從一品　金簪　彩織緞帽　錦帶　綠色袍

正從二品　正二品金簪從二品金花銀簪　紫綾帽有功者賜紫織緞帽　龍蟠黃帶有功者賜錦帶　深青色袍下至八九品朝服皆同

正從三品　銀簪　黃綾帽　龍蟠黃帶

正從四品　簪帽袍同三品　龍蟠紅帶

正從五品　簪帽袍三品同　雜色花帶

正從六七品　簪袍同三品　黃縐帽　帶同五品

正從八九品　簪袍同三品　大紅縐紗帽　帶同五品

雜職　簪袍同三品　紅縐帽　帶同五品

里保長　銅簪　藍袍　紅布帽或綠布帽

外有青布帽白姓頭目戴之

陰官生　簪帽服帶俱同八品

凡官員外衣長過身大帶束之腰間提起三四寸令寬博以便懷納諸物紙夾烟袋皆自貯胸次以時取用大僚幼童無不皆爾賤役執事則反結其袖于脊上幼童衣袖脅下令穿露三四寸許年長剃頂中髮即縫屬之僧衣兩脅下皆穿其他皆連衽無隙漏處

首里人衣年小者皆用大紅爲裏外五色紬錦亦反覆兩面着之官員紬緞作衣諸色不禁每製一衣須大緞三丈五六尺其費殆倍于中國云

女人外衣與男無別襟皆無帶名之曰衾披身上左右手曳襟以行前使錄云男婦皆無裏衣今貴官裏衣亦有如中國者　女衣貴家衣襟上即本色紬紗作鱗比五層狀男衣無是　女比甲背後下垂處或作燕尾形

寢衣比身加長其半有袖及領厚絮擁之國人呼衣曰衾此則衾又如衣也

各色錦帽錦帶本國皆無之閩中店戸另織市與之

本國惟蕉布則家家有機無女不能織者出首里者文采尤佳自用不以交易也

王帽

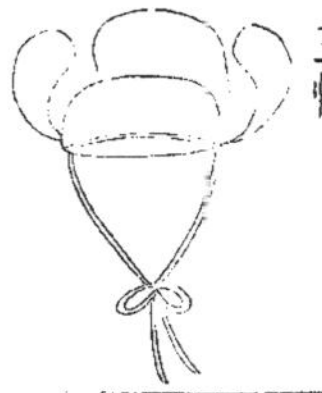

官民帽

國王烏紗帽雙翅側衝上向盤金朱纓結垂頷下三四寸許蓋前所賜舊制也云有皮弁爲朝祭之服而未之見

帽糊紙爲骨帕蒙之式如僧毘盧帽中空無頂綢方幅覆髻之半口互交前簷着額處鱗次七層後簷十二層彩織帽以下紫最貴黃次之紅又次之中又以花素爲等別青綠帽爲下

片帽

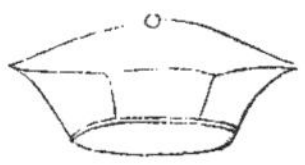

笠

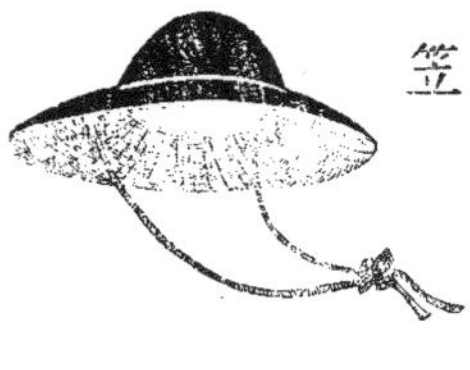

片帽皆以黑色絹爲之漫頂下簷作六稜寒時家居帽醫官樂工及執王宮茶灌之役剃髮如僧者皆戴之

笠多以麥莖爲之亦有皮笠外加黑漆而朱其裏

短簪

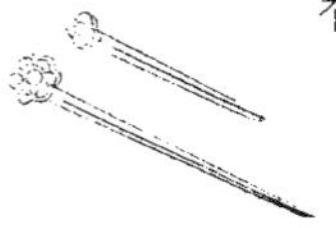

長簪

短髻簪長三四寸許已冠去頂中髮者簪之花頭圓柱亦有方柱六稜柱金最貴金頭銀柱次之銀又次之銅爲下

長簪長尺餘婦人幼童大髻者簪之亦以金銀三品分貴賤民家女簪皆以玳瑁

衣

衣皆寬博無後交衽袖大二三尺長不過手指右襟末作缺勢無衣帶多以蕉布蕉葛爲之綮文間采男女衣皆同呼之曰衾

帶

大帶長一丈四五尺寬六七寸蟠腰間三四圍雜花錦地爲貴大花錦帶次之龍蟠黃地紅地者又次之下者皆雜色花帶

襪

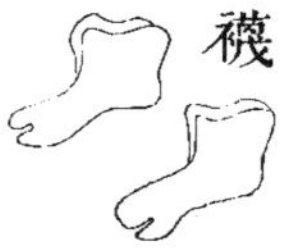

靸

或布或革襪短及踝以上向外中線開口交繫之近足指處別作一竇栖將指以着草靸中

靸以細席草編成前有一繩界大指之間躧曳以行男女皆着之

儀從

國相開棍二人刀二人鎗二人旗二人共五十人絲紬傘板輿二人肩外用倭緞銅釘內加彩繪轎式與竹轎皆同

法司王舅紅開棍二人紅板二人眞倭刀二人眞倭鎗二人鎗上有大紅呢旗長一尺寬二寸許竹輿二人肩下同

紫金大夫紅開棍二人紅板二人假長倭鎗二人眞倭刀二人

正議中議大夫紅開棍二人紅板二人假長倭鎗二人以木爲之上方下圓

法司以下平日皆用綠地印花布傘今見每人皆用有花雨傘各一人前踏鳴金一人

坐褥

一品紅褐心青褐邊襯紅氊

二品青布心紅布邊襯紅氊

三品青布面襯紅氊

四品五品俱藍布面襯白氊

六品以下不用坐褥惟用氊條

氏族

首里四大姓向翁毛馬向氏卽國王尚姓之別族少遠則稱向以別之故世世不與王家通婚姻其本國人與王家婚姻者惟翁毛馬三家世爲王舅法司今現爲法司者三人馬獻圖翁自道向聖廣國丈毛邦秀今王尚敬之外祖王妃則馬氏也世系俱未詳俟續考列譜

久米三十六姓皆洪永兩朝所賜閩人至萬曆中存者止蔡鄭梁金林五姓萬曆三十五年續賜者阮毛兩姓每姓子孫皆不甚繁衍餘寄籍起家貴顯者多有然非賜姓之舊也今閱九姓世譜中多讀書國學

及充歷年貢使之人故并列其字爵以備考焉

蔡氏原福建泉州府晉江縣人按明史實錄成化五年長史蔡璟入貢自言其祖南安縣人宋端明學士襄之後十二世共八十一人

一世　二世　三世　四世　五世

始祖崇　升亭　端明六世孫

譽　馨亭　長史
讓　盛亭　通事
瀼　考亭　通事
清　鏡亭　通事

璇　樞亭　都通事
璟　輝亭　長史成化三年貢使
璋　黌亭　長史

賓　玉亭　成化十七年入太學長史
寶　簫亭　都通事
實　共亭　都通事

進　益亭　通事正德五年入太學
遷　喬亭　長史正德十三年貢使
遂　淵亭　通事

五世　六世　七世　八世　九世

四世寶長子 遷

澄 意亭通事

瀚 文亭正議大夫嘉靖九年貢使

浩 乾亭嘉靖二年入太學

朝俊 彥亭通事

朝用 擢亭嘉靖二十九年入太學長使

朝慶 兆亭都通事

朝器 鼎亭正議大夫萬曆四年貢使

朝輔 堯亭秀才

朝傑 華亭通事

朝信 任亭長史

烜 肖亭都通事

堅 念亭天啓年貢使紫金大夫

九世　十世　十一世　十二世

八世烜長子 堅

邦俊 道亭通事

彬 適亭正議大夫

灼 子章正議大夫康熙五十二年貢使

炳 子星通事

燿 子南秀才

壎 都通事

垣 通事

十一世　十二世

十世彬第二子 灼

培 通事

十世彬第三子 燿

墉 通事

坦 通事

二世　三世　四世　五世　六世

始祖崇第二子 瀼

齊 思亭都通事

崇第三子 譽

曦 曉亭長史嘉靖二十二年貢使

崇第四子 淸

回保 厚亭通事

明 想亭都通事

模 仰亭通事

栢 勁亭長史

權 平亭通事

樟 賓亭都通事

廸 吉亭都通事

五世　六世　七世

四世寶第三子 遂

廷會 禮亭正議大夫嘉靖三十六年貢使

廷美 璞亭嘉靖二年入太學長使

廷貴 親亭通事

爔 耀亭嘉靖四十年入太學都通事

煥 彝亭通事

常 心亭萬曆七年入太學

七世　八世　九世　十世　十一世

六世瀚第三子 朝用

延 思江正議大夫 天啟七年貢使

國材 嘶廷都通事

國器 泗濱紫金大夫

應瑞 獻臣正議大夫 康熙三十四年貢使

文河 天津都通事

文漢 天水都通事

文溥 天章康熙戊辰入太學 正議大夫

文湘 天方秀才

文海 天振通事

應祥 崇臣正議大夫 康熙四十二年貢使

泓 有秋秀才

瀛 有登秀才

績 成熙通事

十一世　十二世　十三世

十世應瑞長子 文溥

其棟 邦用通事

功熙 法亮

十世應瑞第二子 文漢

宏楨 克定秀才

宏訓 維祿秀才

光祖 繼德

十世應瑞第四子 文河

光宗 惟勳

光榮 儁

七世　八世　九世　十世　十一世

六世瀚第四子 朝輔

奎 耀亭長史

錦 榮亭正議大夫 順治七年貢使

鐸 天將紫金大夫

淵 濬菴中議大夫

溫 文若康熙五十六年貢使紫金大夫

六世瀚第五子 朝俊

善

十一世　十二世

十一世鐸長子 淵

桐 子鳳秀才

楷 濟川秀才

十一世　十二世

十世應祥第二子 績

元鳳 君儀秀才

元龍 君雲秀才

元麟 君瑞秀才

鄭氏原福建福州府長樂縣八十三世共五十七人

一世　二世　三世　四世　五世

始祖義才 元橋 長史
- 長 升橋 通事
  - 傑 峻橋 通事
    - 玖 光橋正議大夫弘治九年十三年貢使
      - 準 光橋 秀才
      - 規 圓橋 秀才
      - 矩 方橋 通事
      - 繩 直橋正議大夫嘉靖四年七年貢使
- 智 明橋 通事
  - 彬 適橋 通事
    - 文生 約橋 通事
    - 文質 均橋 通事

五世　六世　七世　八世　九世

四世玖長子 規
- 昊 週橋都通事
  - 榮 光橋 通事
    - 禮 東橋正議大夫萬曆十九年貢使
    - 祐 次橋長史萬曆年貢使
    - 祿 戊橋都通事
      - 達 景橋都 霸官
      - 迵 利山嘉靖四十四年入太學久米人爲法司者惟迵
      - 週 格橋萬曆七年入太學長史
    - 禧 信橋都通事

玖第三子 準
- 富 貴橋嘉靖二年入太學

九世　十世　十一世　十二世　十三世

八世祿第二子 達
- 子孝 肇橋正議大夫萬曆三十六年貢使
  - 宗善 及橋正議大夫
    - 明良 庸橋正議大夫康熙四十年貢使
      - 秉哲 秀才
      - 秉德 秀才
    - 弘良 共橋康熙三十六年貢使紫金大夫
      - 秉均 師橋康熙戊辰入太學折桅死
    - 世良 恭橋 秀才
      - 秉彝 都通事
      - 秉鐸 秀才
  - 繼善 述橋都通事

五世　六世　七世　八世　九世

玖第四子 繩
- 元 心圃 通事
  - 憲 心春正議大夫嘉靖四十二年貢使
    - 俊 眞德正議大夫
      - 藝 心湖 通事
  - 宋 伯寮 通事

九世　十世　十一世　十二世　十三世

八世俊長子 藝
- 大器 心阜 秀才
  - 永昌 心徹 秀才
  - 永安 長鎮紫金大夫
    - 天麟 世瑞 通事
      - 廷極 君立都通事
      - 廷楨 廷楨 秀才

八世　九世　十世

- 榮第三子 禮
  - 逅 行橋正議大夫
    - 宗 尊橋都通事
  - 廸 懋橋萬曆七年入太學都通事
  - 道 敬橋正議大夫
    - 子樂 纘橋都通事
- 榮第四子 禧
  - 儀男 威橋通事
    - 德 崇橋通事
  - 思存 誠橋通事
    - 賢 希橋通事

十二世　十三世

- 宗善第二子 明良
  - 國柱 廷材通事
  - 國棟 任木通事
  - 國楨 廷幹通事

十二世　十三世

- 宗善第三子 世良
  - 秉和 秀才

梁氏原福建福州府長樂縣人十世共六十九人

一世　二世　三世　四世　五世

- 始祖嵩 子江長史
  - 仁 字克
    - 傑 字江都通事
      - 顯 環峯正議大夫嘉靖二十四年二十八年貢使
        - 基 崇江都通事
        - 賢 貴江通事

五世　六世　七世　八世　九世

- 四世顯長子 基
  - 濟民 深江通事
  - 惠民 清江秀才
  - 澤民 忠江長史
    - 應材 紹江正議大夫
      - 邦翰 艷江正議大夫康熙二十一年貢使
      - 邦基 本寧正議大夫康熙二十八年貢使
        - 堅 通事
        - 成楫 得遠康熙戊辰入太學都通事
        - 鏞 得聲都通事
        - 津 得濟通事
        - 烱 得照通事
        - 曾

八世　九世

邦基（七世應材第三子）— 鼎（廷器　秀才）

九世　十世

鏞（八世邦翰長子）— 琮、珍、琴

九世　十世

成楫（八世邦翰第三子）— 煌、烈

九世　十世

熌（八世邦翰第四子）— 經（通事）、綸

梁氏世系未考者四十五人

通事湘　通事復

通事抿　長史回景泰元年貢使

通事密祀　長史求保

通事振　通事德仲

通事袖　通事琦

長史賓　正議大夫應成化十八年貢使

正議大夫德弘治五年七年貢使　通事信

通事正　正議大夫能正德六年貢使

通事澤順　秀才淵

正議大夫寬　都通事裕

秀才珀　通事敏

秀才洪　通事廣

通事俊　正議大夫椿嘉靖十三年貢使

秀才貴　秀才實

通事瓚　通事瀚

秀才瑞　通事仕

秀才敬　長史梓嘉靖二年入太學十九年貢使

正議大夫炫嘉靖十五年入太學三十二年貢使

秀才明　秀才棟

正議大夫碩嘉靖三十四年貢使　正議大夫灼嘉靖四十四年貢使萬曆十一年貢使

官生焌嘉靖四十四年入大學　官生炤嘉靖四十四年入太學

通事璧　通事煥

正議大夫燦萬曆九年貢使　通事順

金氏原福建口口人十一世共三十三人

一世　二世　三世　四世　五世

始祖瑛 度光 通事

鏘 常清 通事

壁 益基都 通事

章 弘基 舍人　良 翠江正議大夫嘉靖三年正德十五年貢使　鼎 調美 通事

昇 一箓都 通事

五世　六世　七世　八世　九世

四世良長子 昇

仕歷 龍江正 議大夫

應魁 文江 長史　應斗 明江正 議大夫　應元 耀江正議大夫 崇禎十二年貢使

正華 麗江都 通事

如華 紹江 秀才　世琠 隆江 通事

九世　十世

八世正華第二子 世琠

璋 伯書 秀才

七世　八世　九世　十世　十一世

八世仕歷長子 應斗

庭輝 長江正 議大夫

守約 玉江中 議大夫

溥 浩然都 通事

聯 廷蟬 秀才　職 廷述 通事　聲 廷宣 通事　聰 廷達 秀才　聘 廷晉 秀才

七世　八世　九世　十世

六世仕歷第二子 應魁

思敬 瑞江 秀才　正春 錦江康熙二年謝封使紫金大夫

元達 德江正 議大夫　元邁 萬江都 通事　元遂 承生 通事　元逵 穆升 通事

秉忠 惠江 秀才　震 承華都 通事

九世　十世　十二世

八世正春第四子 元邃

簡 承符 秀才

鼐 秀才

林氏原福建福州府閩縣林浦人十二世共二十一人

一世　二世　三世　四世　五世

始祖喜 祖上 通事

昌 蕊圃 通事　茂 永春 通事　英 仙芝都 通事

榮 時芬 通事　喬 國宜都 通事

盛 成柱正 議大夫　華 可章 秀才　椿 木春 通事　逵 從政 通事

世昌 順慶 通事　世泰 長芸 秀才　世茂 日芳 通事

五世　六世　七世　八世　九世

四世盛第二子 世昌

璋 耀宸都 通事　璉 玉璉 通事

國用 振亭正 議大夫

喬棟 瑞亭 通事

茂盛 錦菴正 議大夫

九世　十世　十一世　十二世

八世喬棟長子 茂盛 — 謙 自牧 通事 — 天材 秀豐 秀才 — 永隆 天寵 通事

阮氏原福建漳州府龍溪縣人五世共十七人

一世　二世　三世　四世　五世

始祖國 我鼇 正議大夫 萬曆三十四年謝封使
士元 德一 都通事
起鳳 鳴岡 都通事
廷嘉 孚吉 都通事
璋 章玉 正議大夫 康熙五十四年貢使
玠 介玉 都通事
廷章 聖哉 都通事
起龍 從雲 正議大夫
維華 允協 通事
維德 台先 都通事
維新 天受 康熙戊辰入太學 康熙五十三年貢使 紫金大夫
則北 子岳 秀才

五世　六世

四世廷嘉長子 璋 — 阜道 黎懷 秀才

四世　五世

三世起鳳第二子 廷章 — 繼南 小成 秀才

四世　五世

為模 繡 秀才

三世起龍第二子 維華 — 為標 蒼錫 通事；為棟 蒼鳞 秀才

毛氏原福建漳州府龍溪縣人五世共十八人

一世　二世　三世　四世　五世

始祖國鼎 擎臣 議大夫
世顯 文光 都通事
文英 在茲 都通事
文彩 周輿 秀才
文善 體仁 正議大夫
士達 子明 都通事
士豐 子翀 都通事
如茂 松亭 秀才
如德 峻亭 通事
如苞 筠亭 秀才
士弘 子毅 秀才
士順 子孝 秀才
文哲 翔卿 正議大夫 康熙四十八年貢使

三世　四世

二世世顯第五子 文英 — 日章 闇菴 通事；日新 銘菴 通事；日盛 誠菴 秀才

三世　四世

二世世顯第七子 文哲 — 世安 山公 通事；世定 秀才

取士

國中人入仕宦者惟首里泊那霸久米四村之人餘皆村戸其畧識國字者爲酋長曰掟（土名山巴歸）奉文檄調遣村民任徭役其次爲保長曰作事者（土名山劈姑）皆任下役戴青緑帽終身爲之不升遷也

首里泊那霸三村民曰仁也仕宦子弟未仕呼爲子子剃頂髮陞筑登之即登仕郎次名筑登之座爲登仕佐郎又有名大筆者副筆者大官筆者如中國之筆貼式又有名若筆者如中國之官生佐理村縣大

小諸事未入仕其入仕者授地爲筑登之親雲上以漸升遷至察侍紀官

此爲平民子弟入仕之始

世官子弟呼爲里之子蓋言公子也土名察度奴示（土音讀察度二字如里字奴字如之字示字如子字）年小者爲內使[redacted]郎名里之子口供內役親侍從年過十五至十八剃頂中髮易小髻即不復入授地爲里之子親雲上以漸升至親方

此爲宦家子弟入仕之始

久米村皆三十六姓閩中賜籍之家其子弟之秀者年十五六歲取三四人爲秀才其十三四不及選者名若秀才讀書識字其秀才每年於十二月試之出四書題令作詩一首或八句或四句能者籍名升爲副通事由此漸升至紫金大夫（紫金大夫亦稱曰親方）

此爲久米子弟入仕之始

采地（祿）

王叔王孫勲舊大臣皆授一府或二府爲采地大夫以下有功者三十六姓世襲者皆授一縣爲采地初

賜者世其祿長子承受其自致爵位所授采地官已即除歲收其地所出三分之二如田一頃出米一百石耕夫收五十石祿主收五十石祿主五十石內有公費雜泒等一十餘石除此外實收三十餘石約當三分之二也雜豕薪樵之數以米石多少爲準以時取之其采地之人來受役者視官秩爲多寡國相法司十六人紫金大夫十一人紫巾官十人黃帽官四人紅帽官二人皆月更

國相采地一府（或二府）祿六百石有功者加七八九百

至千石止世襲嗣子及孫賜祿三百石采地一府至曾孫量功爲差

法司采地一府祿四百石例世祿嗣子及孫賜祿八十石采地一府至曾孫量功爲差

國舅采地一府（或一縣）祿八十石或百石二百石皆量功賜之世祿視功之大小賜祿采地及子孫

紫巾官采地一府（或一縣）祿三十石或四十五十至八十石止皆視功之大小賜之世祿量功爲差

司賓耳目官采地亦一府祿八十石典寶司刑管泊耳目官並度支正度支同知皆四十石贊議官皆俸

支給一十六石

那霸官采地一縣祿八十石

遏闥理官俸支給十石

以上首里泊那霸本國職官采地祿俸之數

紫金大夫采地一邑祿五十石或八十石或百二十石皆視功之大小賜之世祿賜嗣子采地祿五十石或四十石至孫量功爲差（明季有紫金大夫蔡堅者祿三百石賜嗣子一百石康熙癸卯年以後減爲五十石孫四十石今曾孫三十石）

正議大夫采地一縣祿二十石或三十石量功爲差

未賜祿者歲俸支給一十二石

中議大夫采地一縣歲俸支給一十石

長史采地一縣祿二十石

都通事俸支給八石或有采地或無采地

副通事俸支給五石

通事俸支給四石

秀才俸支給二石（原有三石康熙癸亥年以後裁減爲一石）

若秀才一石（原有二石癸亥年以後裁減爲一石久米子弟自七歲爲若秀才即有俸首里

那霸子弟仕至庫官始有俸下此皆無俸也）

以上久米村唐營職官俸祿之數

耳目官以下大小官員有功者世祿采地傳及子孫皆量功爲差

土田

土田皆於九月十月耕種五月收穫畢各官分賜采地皆親至其地視耕視穫有職官或子弟督之十月十一月綠秧皆出水科秧分藝大雨時行雷震發生蚯蚓鳴氣候如春北風間作亦不甚凜冽十一月下

甸遣加謁者一員察侍紀官二員分廵各村勸農月餘始歸六月中大颶屢作海雨横飛果實皆落歲以爲常非收穫早畢必多抜禾之患故其國秋耕冬種春耘夏收者一就雨澤之利一避颱颶之害經年温燠理宜兩熟而六月後皆曠田不事者以此

曆

曆奉正朔貢使至京必候十月朔頒曆賫回及至國已踰半年故國人設司曆通事官秩七品豫推算造曆應用曆面書云琉球國司曆官謹奉敎令印造選

日通書權行國中以俟天朝頒賜官曆共得凜遵一王正朔是千萬億年尊王歸化之義也

禮儀

冬至元旦國王皮弁執珪先拜歲德（隨歲德所在之方向之拜）乃北向遥賀皇上萬萬歲三跪九叩禮畢始登殿受百官賀禮如明制就班一揖跪三拜與一揖跪又三拜與又一揖禮畢皆用樂　明夏子陽使錄云元旦行禮後各官易常服王亦衣寬博錦衣戴五色錦帽坐閣二層衆官跪階下唱太平曲卑者按拍和歌尊者捧觴爲壽王亦等級賜之酒餚　每月十五日久米大夫以下朝王賜茶酒本國諸臣則止賜茶

上元國王登殿受賀禮同元旦

皇上萬壽聖誕王率陪臣北向祝如元旦禮

國王誕日登殿受賀禮如上元各官升遷俱于此日計功定爵

辨嶽行香國王登位受封皆親祭每年正月五月九

月國王齋戒舉行祭山海及護國神或遣官行禮辨嶽之神名祝祝乃天孫氏第二女也神牆四周叢木尤攢簇小門內拒南向門外木亭二所左傍有小石塔及石燈案左右各五入門內石磴北屈而東數十階級至頂無所有石爐上炷香數十枝而已此爲祭本山神處　木亭前平地方廣南向見海東南方有一石爐炷香爲祭海神處　國中凡叢木蒙密短垣四周有小門內拒者皆名嶽如中國土地之神村村皆有之

崇元寺先王廟春秋二祭或親祭或遣官三日齋樂俱用天孫太平歌歌祖宗功德神靈歷世綿遠之意

圓覺寺本宗香火有時祭有月祭名蘭盆祭三日齋忌辰有特祭朔望獻茶　天王寺天界寺禮同

先王廟神主昭穆圖

歷代有功王叔

十五昭　尚益
十四昭　尚貞
十三昭　尚豐
十二昭　尚永

十一昭　尚清
十昭　宣威
九昭　尚圓
八昭　尚泰久
七昭　尚思達
六昭　尚巴志
五昭　武寧
四昭　西威
三昭　英慈

二昭　英祖
一昭　舜馬順熙
○舜天
一穆　義本
二穆　大成
三穆　玉城
四穆　察度
五穆　思紹
六穆　尚忠

七穆　尚金福
八穆　尚德
九穆　尚真
十穆　尚元
十一穆　尚寧
十二穆　尚賢
十三穆　尚質
十四穆　尚純

先代王妃

前使汪楫中山沿革志前圖序次少紊今考正之諸皆稱神主惟寧豐賢質四主稱尊靈又加稱其字寧曰康翁豐曰宗盛賢曰秀英質曰直高

圓覺寺右廡神主圖

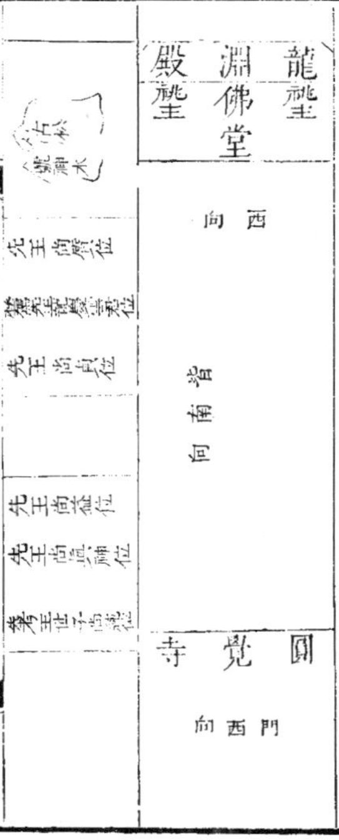

佛殿中一間供佛左右如夾室藏已祧先王神主佛殿前右廡爲神殿並列二堂堂各三間皆南向上一堂三龕中爲尚圓龍慶雲君蓋其諡也是爲國王始祖左龕尚質今王之高祖也右龕尚貞今王之曾祖也下一堂三龕爲尚眞乃尚圓子是爲國王太宗與始祖尚圓皆爲不祧之主故皆居正中一龕左龕尚益今王之父也右龕尚純今王之祖也父反居左祖反居右者昭穆位定不嫌同尊也　天王寺內亦有神主佛殿南向三間中供佛左一間神主二一書歸眞尚稷神位乃始祖尚圓之父也一書歸眞尚久神位尚久乃尚豐王之父尚元第三子也二人皆王父未爲王故另奉于此旁二主爲王妃右一間四主俱王妃也　天界寺內有尚懿神主乃尚寧王之父寺中皆女主供王妃及王姊妹出嫁有家祠者亦得祔世子尚益卒始葬後神主在世子府男女各官孝服每日哭臨百日後移主天界寺男女亦每日燒香帛迨除服三年遷祔後內人不得與祭列矣以前先王禮皆如此

聖廟春秋二祭康熙五十八年正月紫金大夫程順則啓請祭孔子用大牢祭啓聖公用少牢共爵帛粢盛籩豆之數具圖載之共祭品本國所無者皆以土產代之祭期前三日與祭者皆齋戒前一日演禮省牲丁日王遣紫金大夫丑時祭啓聖祠遣法司官寅時祭聖廟皆行三跪九叩首飲福受胙禮是年二月始行此禮自此以前以紫金大夫或長史官爲主祭行八拜禮不行飲福受胙禮惟焚楮不用帛又無齋戒省牲禮似太簡故啓請今禮如儀

聖廟祭品圖

至聖先師位

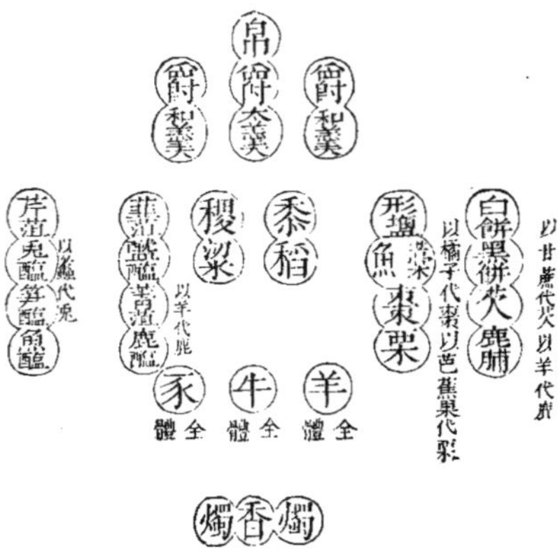

四配每位

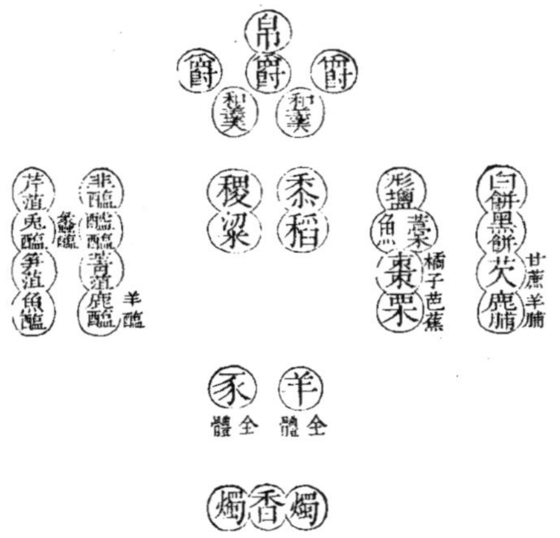

啓聖祠祭品圖

啓聖公位

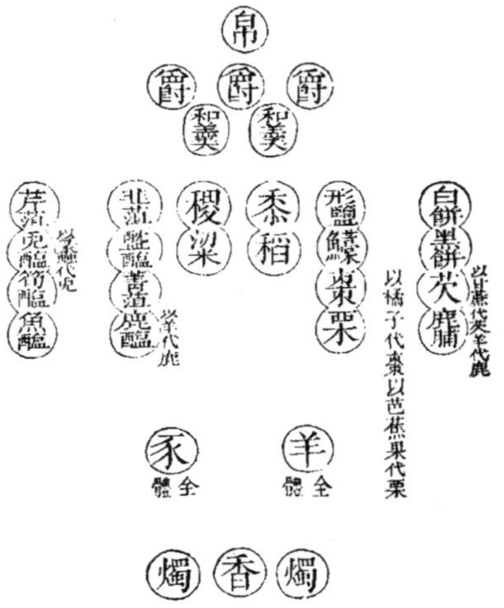

配饗每位

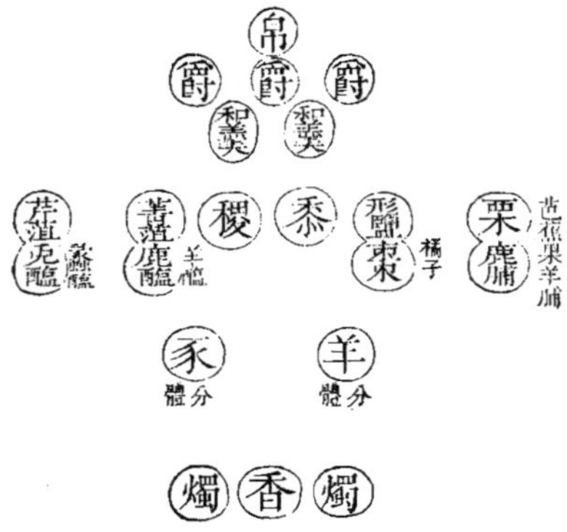

蜡祭每年五月六月各地方收穫後舉行報賽田神諸禮　中山世鑑云古初未知稼穡阿摩美久初分種粟菽于久高島（姑達佳）知念大川玉城諸處春稻夏熟至今在所春夏四度祭神二月久高四月知念玉城是爲報本返始之大祭也

請雨每於十月墾種後先三日齋各官皆詣龍王殿及天尊廟拜請又請龍王神像升龍舟至豐見城設雨壇拜請旱甚國王親詣崎山雩壇躬禱或詣雨城（在玉城村內）躬禱首里圓覺寺及波上護國寺皆令僧衆

入祈禱

凡跪拜皆合掌膜拜伏地久之乃起搓手爲敬婦女拜先雙手左右三拂膜拜叩首與男禮同見舅姑尊長始行之平行無交拜等禮儀也

凡拜佛先膜拜一叩頭四拜手九拂再叩一首起立又三十三拂父兄代病者許愿求神者共三百三十三拂

學

聖廟在久米村泉崎橋北門南向進大門庭方廣十餘畝上設拜臺正堂三間夫子像前又設木主四配各手一經正中梁上亦摹

御書萬世師表四大字榜書前使汪林各有記書木牌上立左右（文多不錄）康熙十三年立廟尚未有學康熙五十六年紫金大夫程順則因學宮未備取汪林二公廟記之意啓請建明倫堂又於堂中近北壁分小三間奉祀啓聖并四配神主五十七年秋七月起工冬十月告成明倫堂左右兩廡蓄經書籍文畧備國王又命紫金大夫程順則刊刻

聖諭十六條演義數節月吉講之舊例以紫金大夫一員司教每旬三六九日詣講堂稽察諸生勤惰兼理中國往來貢典并叅贊大禮又於久米內大夫都通事秀才諸人中擇文理精通者一人爲講解師又擇句讀詳明者一人爲訓詁師講解師歲廩十二石設學於啓聖祠內以教通事秀才之成業者訓詁師歲廩八石設學於上天妃宮以教七歲以上之初學者（首里亦有鄉塾三所其外村小吏百姓之子弟則以僧爲師皆學國字有草書無楷字）

櫺星門內庭中有石碑大夫程順則記其畧曰琉球遠在海

外去中國萬里自明初通中國膺王爵洪武二十五年王子洎陪臣子弟始入大學復遣閩人三十六姓往鐸焉萬曆間紫金大夫蔡堅始繪聖像奉鄉中縉紳祀於家康熙十一年前紫金大夫金正春啓請立廟王允其議廼卜地久米村令匠氏庀材運以斧斤施以丹雘迄康熙十三年告竣越明年塑聖像於廟中左右立四配王命儒臣於春秋二仲上丁日行釋奠禮既新輪奐復肅俎豆猗歟稱甚盛焉臣順則恭奉教令摛筆述興造始末并勒之石以垂不朽云康

熙五十五年丙申立程順則又有廟學紀畧記建廟興學顛末并講解訓詁師姓名甚備大夫蔡文溥中山學校序云中山自通貢典文教三百餘年今子弟遊觀通經甚少是由父兄之訓不嚴遂至子弟之業不修也今我嗣君勤修學問自王都以及鄉邑各建學堂選士之通經善行者爲師以教子弟又遣近使巡宣諭勸諸生曰爾曹潛心肄業孤甚嘉之但學必以不倦爲功積久而後有成不可以旦夕效也且學不但誦讀章句而已小而灑掃應對進退之節大而修身齊家治國之道以至敦人倫篤家族和鄉黨美風俗無非學也爲師者當以此教爲弟者當以此習即國之取士亦不外此可不勉歟嗚呼吾君之所以振興文教者至矣大矣由是師之所教弟子之所習皆以實而不以文凡所以致知力行之事致君澤民之道莫不盡心講求以養成德器躋中山於一道同風之治矣又云方今新嗣君聰明性成爰開講席用進儒臣日講詩書以求治國之道化及於下首里那霸皆立學校以教子弟文風大振豈非盛事歟我唐

榮之人自幼而冠賜俸養育立師教子深蒙國恩更當倍蓰其功上不負教養之恩斯無媿矣蔡文溥康熙二十五年入太學讀書生之一也故其言有次序如此

官生入國學讀書

本朝康熙二十三年使臣汪楫林麟焻代題遠人嚮化求遣子弟入學讀書二十五年尚貞王遣官生梁成楫蔡文溥阮維新入國學讀書二十七年九月入監

上爲特設教習一人福建鄭某教習一年寧波貢生徐

振教習三年徐振議敘以州同即用官生三人皆照
都通事例日給雞一肉二觔茶五錢腐一觔椒醬油
菜等俱備每年春秋賜綿緞袍掛紡絲紬褲各一京
帽一靴襪各一雙夏賜紗袍掛羅衫褲各一冬緞面
羊皮袍掛綿襖褲各一皮帽皮靴絨襪被褥俱備從
人皆有賜每月紙墨硃筆銀一兩五錢皆鴻臚寺關
給二十九年貢使耳目官溫允傑正議大夫金元達
到京國王請遣官生歸國賜宴各給賞雲緞紬布等
物乘傳遣歸

代請官生入學讀書疏

差回琉球國翰林院檢討臣海寶編修臣徐葆光等
謹
奏爲奏請事臣等奉
旨冊封琉球禮畢宴語王令通事致詞云本國僻處海
外荒陋成風於康熙二十五年奏
旨許遣官生阮維新蔡文溥等三人入學讀書今得畧
知文教皆
皇上之賜也自此三十年來無從上請今幸
天遣使臣至國求照前使汪楫代請入學讀書舊例陳
明遠人向化之意倘蒙
諭允得照前例再遣官生入學讀書則
皇上文教益廣矣

禮部謹題爲奏
聞事禮科抄出差回琉球冊封正使翰林院檢討海寶
副使翰林院編修徐葆光等奏於康熙五十九年七
月十五日到部該臣等議得
冊封琉球國王使臣翰林院檢討海寶編修徐葆光等

奏稱臣等
冊封琉球國王禮畢宴語王令通事致詞云本國僻處
海外荒陋成風於康熙二十五年奏
旨遣官生阮維新等三人入學讀書今得畧知文教自
三十年來無從上請幸
天遣使臣至國求照前使汪楫代請入學讀書舊例陳
明遠人向化之意倘蒙再遣官生入學讀書則
皇上文教益廣矣等因具奏到部查康熙二十三年差
往

冊封琉球國王使臣翰林院檢討汪楫等將該國王尚貞所請令陪臣子弟赴京入監讀書等語轉奏到部臣部照其所請議覆具題奉
旨依議欽遵在案今琉球國王尚敬傾心向化旣稱再
請將官生入學讀書則
皇上文教益廣等語應如所請准其官生等赴京入監讀書應行事宜到日再議具題可也於康熙五十九年八月初三日題本月初五日奉
旨依議

禪宗

國無道士釋有臨濟宗眞言教二種臨濟宗爲禪門禮誦外多學爲詩眞言教爲人祈禱書符咒正五九月尤多祈福俱戒葷酒居首里諸寺者皆臨濟宗在那霸者惟東禪寺淸泰寺及廣嚴寺三處爲禪宗餘俱眞言教也

國自唐時有佛智圓融國師渡海叅學始有臨濟宗藏經所有者惟法華經維摩經楞嚴經法寶檀經梁皇懺臨濟錄中峯錄碧巖錄等又有三籟集石屋中峯侑堂三僧所著三僧皆元時人又有高泉禪師
本朝初閩人後居日本黃蘗山著有洗雲詩集佛國詩偈藏林集其弟天池閩僧能書

國禁僧不得渡海入中國惟至日本叅學者有之僧衣多用朱黃色等紬絹爲之袈裟外更有一衣如背心狀名斷俗帽多用氊如中國笠帽然

僧祿

僧披剃後有名著籍上之理梵司皆有廩米圓覺寺僧爲國王本宗香火所在僧祿特重歲八十石天王

寺天界寺崇元寺即先王廟歲二十四石臨海寺亦二十四石護國寺四十石二寺在海濱爲國王許愿獻佛之所故祿石次之其他有萬壽寺神德寺聖現寺龍福寺安國寺不論僧衆多少每年支米八石一云支口糧四名每名一石三斗五升共五石四斗云

中山傳信錄卷第五

中山傳信錄卷第六

中山傳信錄卷第六

冊封琉球國王副使　賜正一品麟蟒服翰林院編修加二級臣徐葆光纂

風俗

中山風俗已見前錄茲役久淹見聞尤夥畧爲詮次以備採風

正月十六日男婦俱拜墓　女子於歲初皆擊毬爲戲又有板舞戲橫巨板於木樁上兩頭下空二三尺許二女對立板上一起一落就勢躍起五六尺許不傾跌欹側也

板舞圖

二月麥穗祭國中同日祭麥神此日婦女不作女紅男不事田野（麥穀四祭皆同）

二月十二日花朝前二日各家俱浚井女汲取井水洗額云可免疾病

三月三日上巳家作艾糕相餉遺官民皆海濱禊飲又拜節相往來　此月中同日又祭麥神謂之大祭

五月五日競渡龍舟三（泊一那霸一久米一）一日至五日角黍蒲酒同中國亦拜節　此月稻穗祭選吉同日祭稻神此祭未行稻雖登場不敢入家明夏冊使子陽使錄云國中神有女王者王宗姊妹之屬世由神選以相代五穀成時女王渡海至姑達佳山採其穀穗成熟者嚼之各處乃敢穫若未嘗先穫者食之卽斃故田間絕無盜採者

六月稻大祭選吉同日祭稻神　又有六月節國中蒸糯米爲飯家家相餉此日亦不作女紅不事田野同上四祭日　此月有月之夜士民皆拔河爭勝

七月十五日盆祭祀先預於十三日夜家家列火炬二於大門外以迎祖神十五日盆祭後送神

八月家家拜月明夏子陽使錄云俗有待月之願凡月初三十八二十三夜皆修吉菓拜待初三夜焚香對月拜十八夜焚香立待待升明而拜拜畢乃敢坐二十三日焚香坐待待月出則拜謂可益壽延禧

白露爲八月節先後三日男女皆閉戶不事事名守天孫此數日內如有角口等諸事故必犯蛇傷國中蛇九月出傷人立斃　同日蒸糯米交赤小豆爲飯相餉

十二月逢庚子庚午日通國皆作糯米糕櫻葉包裹三四層和葉蒸食相餉名曰鬼餅俗傳古有鬼出作此祭之亦驅儺禳疫之意　二十四日送竈次年正月初五日始迎竈

每月朔望家家婦女取瓶罍至砲臺汲新潮水歸獻竈神或獻天妃前石神

正三五九此四月國人名爲吉月婦女相率至沿海雪崎洞中拜水神祈福

官吏家有人渡海者斲木爲小舟長尺許檣帆俱備着竿首立庭中候風以卜歸信歸卽撤之（名風旗亦名五兩旗）

凡許愿皆以石爲神凡神嶽叢祠之所皆有巨石數處離立設香爐炷香燭於前燒酒設牲奠酬愿皆就石獻供不設神像也舊錄有女王女君辨才天六臂神之類蓋即君君祝祝開國諸神傳久異辭不盡覈也女巫爲人祈疾者曼聲唄誦徹夜無鼓樂

通國平民死葬皆用棺槨（土名日龕）官宦有力之家儀物仿家禮有詳畧會葬者皆衣白蕉衫久米村大夫中近有從家禮葬不用浮屠者

棺製比中國棺畧小板厚不過一寸長四尺五寸

墓皆穴山爲之既窆壘以石貴家則磨石方整亦建拜臺墓門遠望如橋門更有穴山葬在層崖之上者

女墓前挂棕葉片扇白巾男墓前白布笠立杖草履木屐插花筒設香爐則男女墓皆同

男女食皆不同器各設具別食食餘棄之與客會飲不各設具一桮傳飲筯一雙着盃間同用今其貴官對客亦效中國同器分筯飲食或其居常尚仍舊俗耳夏子陽錄云居官言事必具酒二壺至其家跪而酌之酌畢告以所事云

剃頂髮

前明琉球人皆不剃髮惟不用網巾萬曆中册使謝行人杰閩之長樂人毋舅某從行攜網巾數百事至無可售謝使遝册封禮久不行云本國既服中華冠帶册封日如陪臣有一不網巾者册事不舉琉人競市一空福建至今相謔强市者則云琉球人戴網巾也至　本朝始剃頂髮自國王以下皆遵時制留外髮一圍綰小髻於頂之正中首里與久米人皆無異夏子陽錄云首里人髻居偏久米人髻居中今不然也剪脣上髭令齊者間有之

五官正

國中惟三種人皆剃髮如僧一爲醫官名曰五官正一爲王宮執茶役者名曰宗叟又名御茶湯六人又有司灌園六人皆全剃髮戴黑巴六稜幔頂寬簷帽名曰片帽衣外多着短掛一領比大衣畧短二三尺許黑巴　二種人皆趨役無時櫛髮恐稽時事故皆使從徑省云

屋舍

作屋皆不甚高以避海風去地必三四尺許以避地濕民間作屋每一間瓦脊四出如亭子樣瓦如中國甋瓦極堅厚非此不能禦颶故也　無磚牆每屋四旁皆夾設板爲壁庭院中闥牆及外圍牆則用蠣石壘成首里大家外圍牆磨削一面如切成極堅整

無磚地多用板閣高三四尺許

門窻皆無戶樞上下限皆刻雙溝道設門扇其中左右推移以爲啓閉　室中以席裹草厚寸許緣以青

布布滿室中入室必脫三板故名脚踏緜自王宮以至民間皆然

屋宇在那霸所見者皆村中民居首里所見官戚大家牆垣棟宇皆極華整然亦一行作屋分內外無層構複室也

惟官署始連楹八九作大屋每屋一間柱礎多至二十餘所　屋用樫木作梁柱堅潤細理千年不蠹一名羅漢杉大島奇界所出尤良價亦甚貴作屋一間費至五百金故久米大夫家從宦有年尚多結茅者

首里大家皆以此造屋鋪地久之光潤可鑑
壁旣用板無粉墁牆多用砑花重粉箋或白色或白地綠花者糊之
竹簾極麤以細竹全幹編之挂屋簷四周
屋中畫軸皆短小不過四五尺屋小故也若首里貴家長與中國畫軸無異
屏幅字或用四扇例先書一大字於首如春夏秋冬仁義禮智之類下綴詩語三四行亦不必與大字相應

屋中開軒多旁向或東或西庭院中設小山石樹黃楊烏木檜松之類必剪束整齊或方或圓層層有致茸草如茵極細軟柔結寸許連土不散布滿山上下或置小石池畜魚其中中立小石石上植鐵蕉等小木爲玩
村逕皆極寬潔多編細葉小竹作屏籬剪葉令齊方整緻密村落皆是寺院前或列植黃楊剪束就方葉密如牆數十步許又有樹葉如冬青六七月生小白花香如梔子極芬烈土名十里香亦截作籬屏將至王宮夾道數里

米廩

藏米廩亦懸地四五尺遠望如草亭下施十六柱柱間空處可通人行上爲版閣官倉皆如此村民或數家共爲一亭藏米其中分日守望

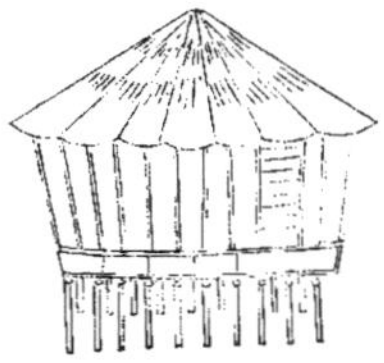

器皿

室中皆席地坐無椅桌之用飲食諸具皆低小以便用其與中土異製者圖之如左

槃

凡飲食置碗之具如古俎豆槃器或方或圓皆著脚高五六寸許食羅數具於前

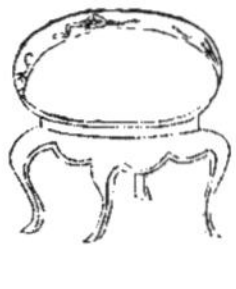

烟架

烟架一奩中火爐一唾壺一烟盆一室中置數具人前各置一具王宮製用甚精飭

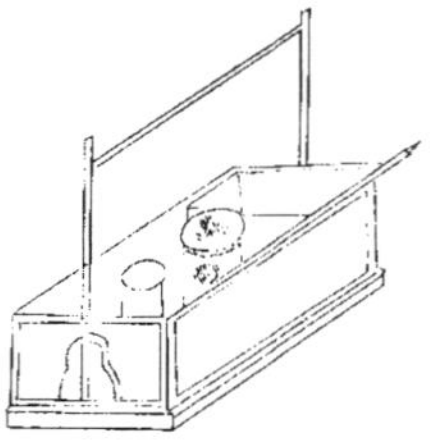

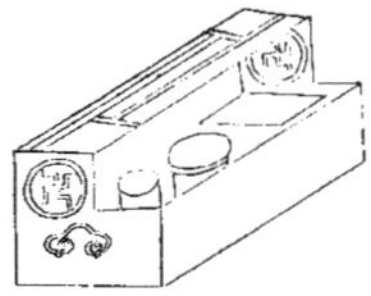

棋枰

棋局高尺許脚二三寸面厚七八寸極堅重使不傾側黑子磨黳石為之白子磨螺蛤頂骨為之人皆善奕謂之悟棋下時不用四角黑白勢子局終數空眼多少以定虧贏不數實子也亦有象棋

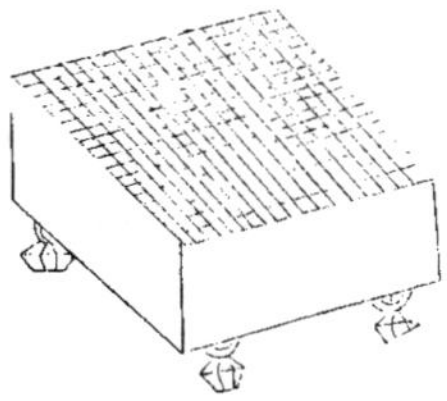

榼

士夫家有一榼或朱或黑滲金間采製作甚精郊飲各携一具中四器置食物旁置酒壺一盞一筯二諸具略備民家食榼或方或圓皆作三四層刳木為之

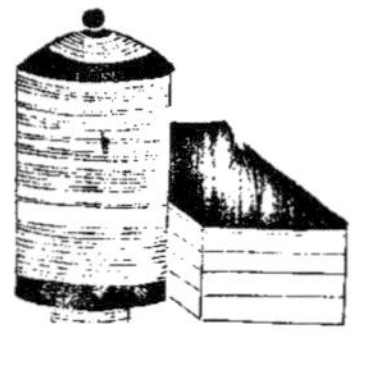

鑪

水火鑪製用輕簡銅面錫裏一置火一置水外作一小木架盛之下二層黑漆奩三四事中藏茗具入茶擔中國王令秀才二人値之客出遊則携以隨

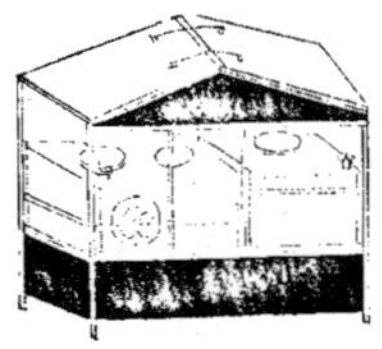

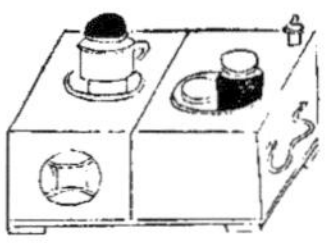

几　書架

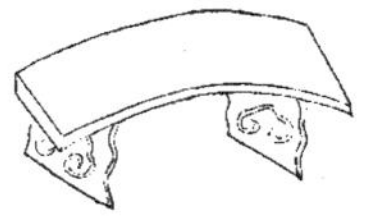

曲隱几仿古式繞身如扇形高一尺許加褥其上隱之

書架如鏡架着小座高半尺許席地坐用之

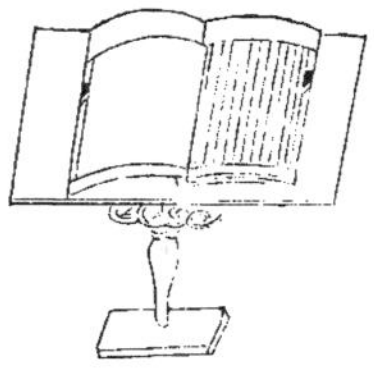

枕

大小套枕中藏數具客至則人授一枕

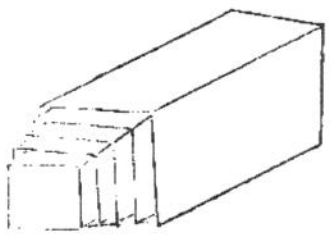

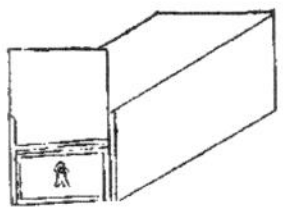

茶甌　茶托　茶帚

茶甌色黃無白地者描青綠花草云出土噶喇其質少麤無花但作氷紋者出大島甌上造一小木蓋朱黑漆之下作空心托子製作頗工茶甌頗大斟茶止二三分用菓一小塊貯匙內此學中國獻茶法也若國中京茶法以茶末雜細粉少許入碗沸水半甌用小竹帚攪數十次起沫滿甌面爲度以敬客

燈　燭

燭燈木底四方格上寬下窄白紙糊之而空其上施木柄釘柱上雖大風不致滅燭也王宮內所用皆然民間燈多不用燭以木作燈四方糊紙高木座籠油碟其中置地席上

燭如黃蠟而色黑國中有油樹取其子榨油爲之

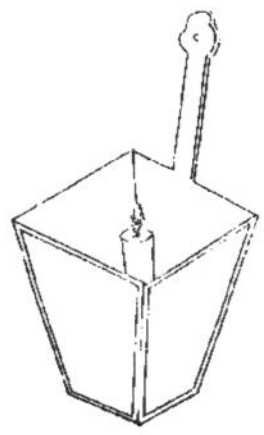

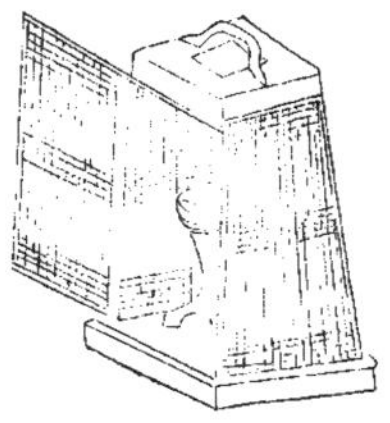

扇

蕉扇圓者爲日扇男子用之婦人用者缺其傍如缺月狀名月扇

摺疊扇名權子扇卽倭扇也皆單邊無寬邊者麤細不等有絕佳者本國官民冬夏用之橫插大帶間以爲飾又有折腰扇扇骨兩截下合上開僧人所用

團扇以竹爲骨繭紙糊之或青或白灑金作畫有泥金五華者名玉團扇惟王宮中有之命婦或受賜始得用之

匠具

斧鑿皆類中國惟鋸用純鐵爲之形如刀下着柄列齒口端爲用

陶器

甁罌多類中國其小異者茶具火鑪一二種圖之

釜

炊爨鍋器皆有鐵者製亦頗與中國異或有柄有提處夏使舊錄云多用螺殼炊爨今不爾間以大螺殼烹茶者有之

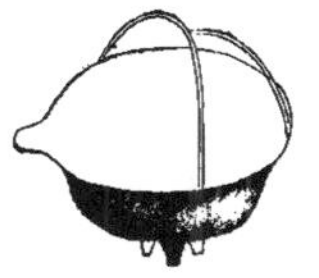

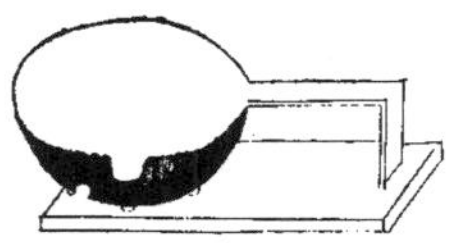

筆

筆用鹿毛爲之短管比中國筆較短僅長四寸餘竹管似蘆取其輕細管之末有畨字小帖筆帽皆有小開處國人作書皆不倚桌或立或坐倒卷紙尾左手箝頓掌中懸腕書之以筆蘸墨則横筆臥捲之

紙

紙以繭爲之有理堅白者極佳其黄色質鬆者名事宜紙皆切方幅爲用與高麗繭紙正同其質厚者染紫色可爲衣名內用紙有印花者如錦極可愛

耕器

耜犂皆彷中國但減從輕小高田惟仰雨澤下田層列引泉下漑其江湖通潮者皆鹵不可漑故無桔皐戽斗諸具

織具

機形坐處窄外寛高一尺五六寸低着脚僅三四寸許機前立竹竿一下垂引扣下上梭長四寸餘如皂角形器用輕小席地爲便家家有之縷蕉絲雜紵織之

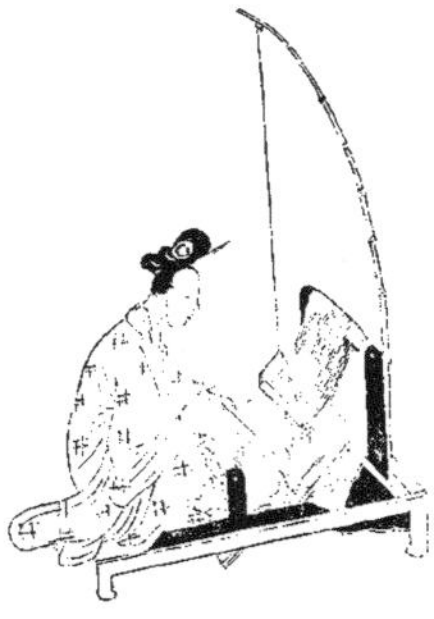

漁具

沿海近港所見皆用獨木小舟或釣或施繳網以取小魚螺蛤蟹蝦石鮔海膽隨潮下上者夜候潮落篝火取之

樂器

樂器與中國無異箏笛等俱備無笙三絃柄比中國短三寸餘彈撥惟用食指　笛曲有青山曲即中國銀絞絲五更轉也落雁曲樂平曲　太平歌乃神曲每擊小銅點起調一人先唱下乃齊聲和之

前使張學禮記云國王遣子壻於從客某所學琴今已失傳國中無琴但有琴譜國王遣那霸官毛光弼於從客福州陳利州處學琴三四月習數曲并請留琴一具從之

女集　錢　女飾

市易之所舊錄云向在天使館東天妃宮前平地上後徙馬市街今市集移在辻山沿海坡上早晚兩集市集無男人俱女爲市所市物惟魚蝦番薯豆腐木器磁碟陶器木梳草鞁等麤下之物仕宦家多不入市

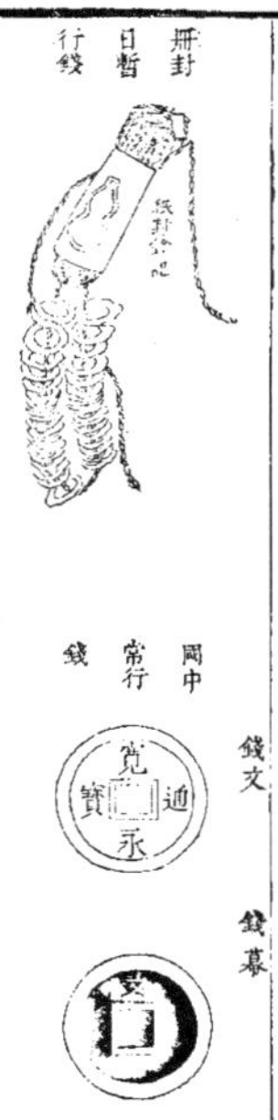

市中交易用錢無銀錢無輪廓間有舊錢如鵞眼大磨漫處或有洪武字已絕少今用者如細鐵絲圈一貫不及三四寸許重不逾兩許貫用封一紙扣鈴記之散即不可用每千值國銀二分二釐明萬曆中蕭崇業夏子陽等錄即云國中用黑銅錢極輕小千不盈掬凡五貫折銀一錢則其來已久本國稱爲鳩字錢云其平日皆行寬永通寶錢錢背無字或有一文字按日本寬永元年爲前明天啓二年歲在壬戌此日本舊錢也錢模大小亦與前明萬曆錢相埒錢質皆赤銅每百值國銀一錢二分國朝與稟云琉球市用日本錢以十當一爲近是臨時易之使還則復其舊國中舊有洪武錢永樂十一年又賜永樂錢天順二年王請照永樂宣德間例所帶貨物以銅錢給賜禮部寢之　本朝又無賜錢之例故其國少中國錢

婦女小民家簪用玳瑁長尺許倒插髻中翹額上髻甚鬆前後偏墮疑即所謂倭墮髻也不穿耳聞國中大家女亦然無脂粉無首飾珠翠俱廢不用足無所矯揉或穿半襪或着三板或赤足行沙土中手背皆有青點五指脊上黑道直貫至甲邊腕上下或方或圓或髻爲形不等不盡如梅花也女子年十五即針刺以墨塗之歲歲增加宮戶皆然聞先國王曾欲變

革集衆議以爲古初如此或深意有所禁忌驟改前制不便遂至今仍之過市所見無不盡然

入市貨物無肩擔者大小累重皆戴於首即大甕束薪皆然登坡下嶺矯首曳袖而行無偏墮者

土妓行市中暑月衣襟上亦用紅絹緣於領按間以此識別舊錄云良家入市手持尺布以自別今亦間有之

婦人抱小兒者惟一手操小兒腰臂令騎坐左右腰叉上所見皆然

太平山船

獨木船

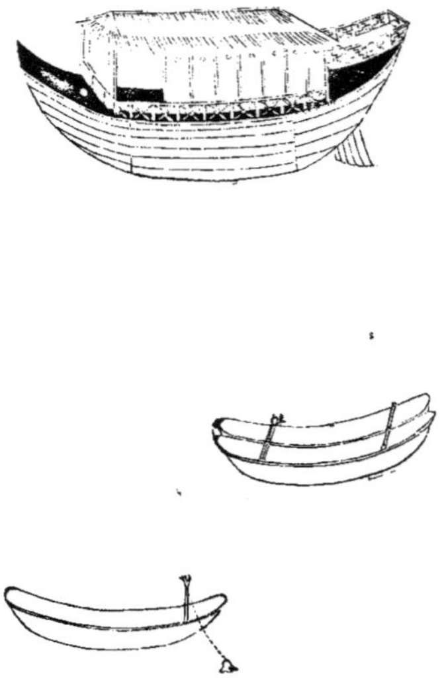

舟

貢船式畧如福州烏船船掖施櫓左右各二船長八丈餘寛二丈五六尺前明洪永中皆賜海舟後使臣請自備工料於福州改造今本國舟工亦能自造如式其各島往來通載之船大小皆尖底底板鱗次太平山船加飾欄檻爲異故圖之小船皆刳獨木爲之極輕捷村民漁戸皆用之一舟不勝載則雙使爲用

轎圖

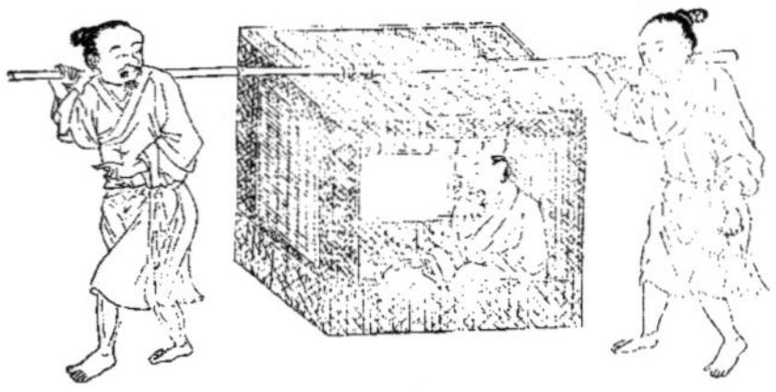

轎

通國惟國王肩輿彷中國式或十六人或八人轎上亭蓋帷幔悉如中國國相法司以下皆兩人肩輿式皆矮小着扛木於轎頂二人前後舁之轎高不踰三尺許席底趺坐遠望如籠榼然前使汪錄云不知其中有人信然也貴族亦有造作精緻者用羅漢杉木雕鏤銅飾錦邊繪裏紗縠爲蔽而其高下大小則一也

國中無車山谷非所宜也

馬飾圖

馬

馬與中國無異高七八尺者絕少蹀躞善行山路崎嶮上下沙礫中不見顛蹶此則其所習也上山涉水則馳　地既多暖冬草不枯馬終歲食青不識棧豆故雖村戶下貧亦皆畜馬有事則歛用之事過散還村家亦有以馬耕者

鞍制同中國黑漆紅漆不同有極精者　鞍前後加紅帕四條分垂左右以為馬飾

鞦與障泥皆從簡畧仕宦者或用紅氈一條

勒口索貴家多用五色相間蕉布全幅入手兩盤垂之尚及馬脇也

鐙以木為之式如曲杓形一邊着繩繫鞍下空其口以便亦足穿踏或鞴皮為之朱黑漆有極精者

國人騎馬皆不用鞭能騎者縱控令速行否則折樹梢用之下馬即擲去

宦家女人騎馬擁領蔽面多側坐鞍上兩足共一鐙人控徐行前使汪錄有記今偶見亦有之

長弓短箭

弓長七尺餘卓地高齊屋簷箭比中國箭乃較短一握許射必卓地執靶時不在正中乃就下窄處扣絃發矢皆用決拾如古制　發不甚遠舊錄云射二百步外則未之見

月令

正月　桃夭碧桃絳桃櫻桃俱於是月開　長春始榮四季開此月尤盛　蠶豆食新　鶯舌有簧　蛇出於穴　始電　雷乃發聲　枇杷熟與中國無異形畧長如棗元旦食新爲百果先

二月　木筆書空　海棠紅　棠棣華　春菊有芳百合麗春花俱於此月開　月橘子紅月桔一名十里香花六月開子紅纍纍至此月滿樹　萍始生　田豆收　蟋蟀鳴　蟄龍出於海

三月　粟蘭香　石竹花玫瑰薔薇藤蘿罌粟俱於此月開　紫藕生　諸豆畢種　王瓜登於市　麥乃秋　虹始見

四月　梯沽紅樹高十餘丈花如木筆攢生榴葵萱花金錢花杜若鳳仙皆於此月開　鐵錢花開　甘露見於蕉芭蕉此月始結實名甘露　山丹吐豔　蔗田熟楊梅亦於此月熟　青瓜出　竹筍抽林　螳螂生蜻蜓亦生此月　蜩鳴　鵝養羞　蚯蚓出　螻蟈鳴　鳥鳳來小鳥名又有鳥名古哈魯亦於此月來

五月　刺牡丹開　右納花花與秋葵無異木本高三四丈　月橘花色白如雪香聞十里　夏菊開茉莉梔子木蘭俱於此月開　蓮有華　莧菜秀　桃有實榴亦於此月實　蕻菜生　豇豆出　草不腐爲螢　颶母時怒

六月　佛桑燒空二月開至冬此月尤盛　掛蘭香蕙亦於此月花　桔梗花　決明開　禾畢登於場　綠豆收　鹿入水爲魚沙魚躍岸化爲鹿鹿畏熱以舌咂水亦化爲沙魚

七月　木蘭再芳海棠玉簪俱於此月開　棉花收　龍眼圓　玄鳥來燕至此月始來　寒蟬鳴　刀豆出絲瓜亦於此月出　野菊秀如中國青蘘生滿田中　毛魚陣於水此月朔前後五日八月朔前後五日毛魚排隊來陣他月不然

八月　木芙蓉華桂亦於此月花　容蒞至鳥名又有鳥名恨煞亦於此月來　赤小豆收

九月　梅始華　戊土實菓名古把梯斯形如青菓而扁閩中亦有之名戊土　柿紫　霜乃降　海鷹來國中無鷹此月東北風起自日本飄來　大豆收　麥種下　雷始收聲或至冬不收聲時有之　田野畢墾　麻石求子來鳥名綠翅白羽　蛇爲暴此月蛇出傷人立斃

十月　綠秧出於水　橘實　田豆下種　鐵樹有花　蛇乃蟄　虹藏不見　松露入土化爲菌松下土中此月有土菌形如芋松露滴入土中所化色白出牛糞中者灰色不可食　紙鳶升　石求讀來鳥名又有鳥名莫讀史與伊石求子皆於此月來

十一月　水仙開　寒菊花　枸杞紅　蚯蚓鳴

美人蕉紅　野有黃華（如中國蒲公英開遍山罅中）　大雨時行

十二月　佛手指空　綠鳩至　蟄蟲不俯　蚊不收聲　無氷

物產

中山氣候多暖少寒無氷霜雪希降草木常青土產所有同中國者祇標其名異產則詳其形狀花卉并記其開時如後

穀則六穀咸備米六種麥三種菽有綠豆赤豆黑豆白豆大豆小豆大豆即中國黃豆毛莢七八月生田

中所見比中國產者特小僅如細黑豆　異產有番薯在處皆有之挈種沙土中蔓生蔽野人以為糧功並粒食家種芭蕉數十本縷絲織為蕉布男女冬夏皆衣之利匹蠶桑明冊使蕭崇業夏子陽舊錄云土不植棉地不宜茶今亦間有之但不甚繁植云

蔬有白菜芥菜菠菜蘿蔔香菜絲瓜冬瓜茄子刀豆蠶豆芋葱蒜韭蕺胡椒薤芹薺蕨瓠菱茭茴菜茼蒿香菰紫菜菘木耳石花菜　異產有海帶菜女旁辣蕎茯苓菜蘘菜又有松露土音稱為萵蘿九十月中生大松樹下土中實圓白色菌類味鮮美產具志頭者尤良灰色者生牛糞中不可食（海菜有海帶一名昆布又有紅菜類石花菜而少圓出海灘中又有雞脚菜麒麟菜）

木有松栢檜杉榕樟梔柳槐棕櫚黃楊梧桐甚少異產有樫木等

樫木一名羅漢杉葉短厚三稜與中國羅漢松同木理堅膩國中造屋樑柱皆用之諸島皆有出奇界者尤良

福木葉如冬青特大對節生長二寸許如腰子形厚

而光澤一名常盤木樹直上長丈餘四時不凋葉可染綠色開小黃花結實如橘可食又有一木土名呀喇菩葉皆似福木亦對節生白花似梅十一二月實俱號君子樹（葉紋對縷如織中邊映日通明作金黃色舊傳闢縷樹葉如橘當即此也）

鐵樹即鳳尾蕉一名海椶櫚身蕉葉葉勁挺對出穠縱如鳳尾映日中心一線虛明無影四時不凋處處植之

烏木葉如桂直上外與常木不異中心木質黑色然亦有白理者又有紅木

油樹葉似橘實如橘大不可食用以榨油又有福滿木樹高數尺葉似木槿差小花如橘子纍纍紅色可食又有樹葉似冬青高丈餘花如棗子纍纍生如中國女貞子甘酸可食亦可染物作青蓮色名山米又名野麻姑當即青精也

古巴梯斯樹高二三丈餘葉大如柿葉花五椏八九月實如青果而少匾味香甘閩中有之名戊土

右納樹高三四丈餘葉似白桐夏季開花如中國秋葵黃瓣檀心

地分木高五六丈葉如穀樹小白花叢生冬月開有毒可藥魚

月橘樹高丈餘細葉如棗五六月開小白花甚芬烈名十里香結實如天竺子稍大二月中紅纍纍滿樹

梯姑樹高七八丈大者合數圍葉大如柿每葉抽作品字形對節生四月初花朱紅色長尺二三寸每幹直抽攢花數十朵花葉如紫木筆吐燄高麗種出太平山

悉達慈姑樹高丈許葉類桃子如葡萄穗纍纍深藍色名慈姑奶不可食

花有梅桃杏桂木蘭木蓮水芙蓉紅櫻雪毬山茶安石榴杜鵑（杜鵑十月開花至三月止花絕大四倍於中國所產者）佛桑（千葉者有大紅及淺紅二色單葉者惟大紅一種中心藥高出花瓣外一寸許如燭承盤狀故一名照殿紅四時皆花六月爲盛）山丹（比中國特大有成樹長丈餘者紅花四出數十朵攢生如火有千葉者重臺甚艷五雅統注云山丹扶桑同出日本始入中國）蘭（四時皆開）菊茉莉海棠長春水仙（十月花）剪秋羅月季薔薇千日紅銀臺金盞（即水仙）杜若菖蒲百合葵雞冠萱石竹仙人掌雁來紅藤　異產有名護蘭等

名護蘭葉短而厚與桂葉同大僅如指三四月開花與蘭無異一箭八九朵攢開香清越勝蘭出名護嶽巖石間不假水土或寄樹椏上或以棕皮裹懸之又有風蘭葉比蘭較長香如山柰茴香蔑竹爲盆懸挂風前極易蕃衍俗皆尚蘭號爲孔子花

粟蘭一名芷蘭葉如鳳尾花如珍珠蘭又有松蘭竹蘭棒蘭（狀如珊瑚樹綠色無葉花從椏間出似蘭較小）

野牡丹土名苻花葉與牡丹無異二三月花開作叢纍纍如鈴鐸素瓣紫暈檀心如碗大極芳烈其葉嚼

之以爲口香種出大平山又有野海棠仙人竿箒桃
野蘭即中國青蘘
文萱花一名歡冬花花如萱花特小葉有青白相間
紋
山蕉花一名猿蓮花無花無幹出土長不及尺葉如
蕉而小堅厚有紋
雷山花土名吉茄葉如鐵梗海棠花如牽牛花差小
鴉翠色四五月開至十一月結子如豆莢如榴房藏
子數十粒可種

吉姑羅一名火鳳人家牆上多植之以辟火幹似霸
王鞭草葉似愼火草花似黄菊亦有紅者名福祿木
果有藕蔗西瓜青瓜木瓜橘數品香橙金柑佛手荔枝
龍眼葡萄櫻桃楊梅覆盆子形如楊梅栗柿核桃枇杷梅小如龍眼
異產有蕉實等
蕉實芭蕉所結實名甘露花紫紅色大如瓢日開一
瓣結實如手五六指並垂採久之膚理似藕之最嫩
者可成熟之如薯而甘
阿且呢葉長旁有刺久成林連蔓堅利可爲藩牆葉

可造薦根可造索開花者爲男木花白若蓮瓣合尖
左右迸疊十餘朶直上五椏蘂露如杖長數寸芳烈
如橘花女木無花結實大如瓜膚紋起釘皆六稜可
食云即波羅蜜別種粤東亦有之名鳳梨
橘子一名芝子如橡栗而小山中處處有之一名椎
子
竹有苦竹猫竹虎斑竹鳳竹竿竹箒竹烏竹大竿竹
矢竹笏竹異產有觀音竹
觀音竹着地叢生葉長尺許寬三四寸紫色

獸有牛馬羊豕犬猫鹿猿山豬無虎兎獐明一統志言其土產有熊羆豺狼今考皆無之
畜有雞鴨鵝異畜有太和雞比常雞特小短足長尾
種出七島
禽有雀烏鴿鷺鷗晃鴨班鳩緑鳩十二月來野鳩鶉鴳俗呼神鳥田鳥雉鶺鴒杜鵑鴛鴦燕七月來不巢人屋鷹九
月中東北風從外島飄來雁偶有之不恒至鶴或一
有亦希見之異鳥有古哈魯等
古哈魯金黄毛羽長觜短尾四月鳴

麻石翅羽綠色白眉九月來又伊石求子似麻石
烏鳳一名王母鳥四月來
恨煞毛羽似鷹而差小八月來
容甚翅灰褐色黑頭八月來
石求讀毛羽似雀十月來春乃鳴
莫讀吏綠毛十月來
蟲有鼠蝙蝠蝎虎能作聲如雀冬夏皆然蜥蜴生水池中紅腹背有金光又有四脚小青蛇常見之國中蛇最毒九月中每出傷人人立斃（前使錄云其蛇不傷人未然）蚊蠅皆冬冬生蟻與中國同但腹亮如晶甃之有點水

鱗族有鮫鯉鮒鰻鰍蝦金魚銀縷魚異產有毛魚針魚燕魚等其綠色紅色綠鱗紅章五彩相間或圓或長者不可勝數士人就其色其形呼之皆無名海魚生切片夜中黑處視之皆明透有綠火光色如熱河夜光木
毛魚細小外視似腐吐臍有味閩人皆重之爲珍品七月朔前後五日八月朔前後五日於海中排陣出他月則否

針魚頭戴針形亦名鱵　靴魚頭長如靴
燕魚如燕有翼能飛古名鯅俗呼飛魚
介族有龜黿鼈異者有玳瑁等
玳瑁甲如龜鼈首尾形少尖頭帶淡紅色
海馬馬首魚身無鱗肉如豕頗難得得者先以進王
石鮔首圓下生八手無脚土人皆以入饌
蟳肉最佳味如蟹而大性溫蟹大小種族各異有小蟹五色兩螯左大右小小以取食大以外禦惟大螯朱紅色名曰照火小蟹居螺殼中名寄生
海膽背生刺如蝟蝟能運徐行味如蝦蟳

螺族尤異五色璀璨形狀詭出蚌螯大如盤國人以爲盎爲戶樞爲釜皆是異者有壁虎魚等
壁虎魚螺殼上生五六爪形如壁虎名壁虎魚
梔螺殼尖出如梔生刺滿之名梔魚
貝有數種一種外白色內朱紺色一種玳瑁斑內紫白色
龍頭蝦名鰝大者一二尺形絕似龍時以供饌蛤蚶之族不可勝紀

〔佳蘇魚〕削黑鰻魚肉乾之爲腊長五六寸梭形出久
高者良食法以温水洗一過包芭蕉葉中入火畧煨
再洗淨以利刃切之三四切皆勿令斷第五六七始
斷每一片形如蘭花漬以清醬更可口

海松

海松生海水中大者二三尺根蟠海底石上久之與
石爲一矣國人亦名曰礒松似言松本木類附生石
上如義甲義髻之義此字甚切按字書礒石貌別是
一意其枝葉纖細與側栢無少異鮮燄如火疑以栢
枝葉成朱色有腥氣不可近翫其根木色輪囷屈曲
如老樹根以刀刻之拒不可入儼然石也生馬齒山
者較他處尤良紅色不即褪落又有一種無枝葉拳
石股紅上作蜂窠細眼攢蹙徧滿如雞冠花頭皆生
海底惟馬齒山漁人能泅水深没取之中山漁戸能
入水者亦不能及也

石芝

石芝生沿海海底石罅中天使館西北海上有小石
山名石筍崖土人亦稱爲波上此崖之下石芝所聚

前使舊錄云有根有葉大者如盆小者如盎其他如
菌如菊如荷葉者不可勝數靈壁羊肚俱不足道亦
惟馬齒山人能深没取之鹽水久漬而成腥氣尤不
可近出水久之腥氣漸退然脆折亦難致遠故不貴
重云

凡石大小皆極嵌空大者如樓如屋玲瓏明透古藤
縈結盤鬱即拳石亦有奇致山崖海邊遍地多有但
質甚鬆利易脆折惟磨刀石甚堅而膩以爲礪勝中
國者故世以充貢

字母

真	草	注
イ	い	八讀如依
ロ	ろ	類讀如魯
ハ	は	波讀如花
ニ	に	仁讀如義
ホ	ほ	保讀如夫
ヘ	へ	飛讀如揮
ト	と	登讀如都
チ	ち	知讀如癡
リ	り	里讀如利
ヌ	ぬ	奴
ル	る	留讀如祿
ヲ	を	遠讀如烏
ワ	わ	和讀如哇
カ	か	加讀如喀
ヨ	よ	有讀如夭
タ	た	太讀如達
レ	れ	礼讀如力
ソ	そ	卒讀如蘓
ツ	つ	律讀如卽
ネ	ね	你
ナ	な	奈讀如那
ラ	ら	羅讀如喇
ム	む	無讀如某
ウ	う	宇讀如務

真	草	注
ヰ	ゐ	而讀如依
ノ	の	乃讀如奴
オ	お	於讀如烏
ク	く	可讀如姑
ヤ	や	也讀如耶
マ	ま	末讀如馬
ケ	け	計讀如其
フ	ふ	不讀如夫
コ	こ	科讀如庫
エ	え	江讀如而
テ	て	天讀如梯
ア	あ	安讀如牙
サ	さ	世讀如沙
キ	き	其讀如基
ユ	ゆ	由讀如夭
メ	め	女讀如霉
ミ	み	弁讀如米
シ	し	之讀如志
ヱ	ゑ	忌讀如意
ヒ	ひ	北讀如蜚
モ	も	毛
セ	せ	世
ス	す	大讀如使
[illegible]	[illegible]	嫣

琉球字母四十有七名伊魯花白舜天爲王時始制或云卽日本字母或云中國人就省筆易曉者教之爲切音色記本非字也古今字繁而音簡今中國切音字母舊有三十六後漸簡爲二十八自喉齶齒唇張翕輕重疾徐淸濁之間隨舉一韻皆有二十八母天下古今有字無字之音包括盡矣今實畧彷此意有一字可作二三字讀者有二三字可作一字讀者或借以反切或取以連書如春色二字琉人呼春爲花魯二音則合書ハロ二字卽爲春字也色爲伊魯

二音則合書イロ二字卽爲色字也若有音無字則合書二字反切行之如村名泊與泊舟之泊並讀作土馬伊則一字三音矣村名喜屋武讀作腔字則又三字一音矣國語多類此國人語言亦多以五六字讀作一二字者甚多得中國書多用鈎挑旁記逐句倒讀實字居上虛字倒下逆讀語言亦然本國文移中亦參用中國一二字上下皆國字也四十七字之末有一字作二點音嫣此另是一字以聯屬諸音爲記者共四十八字云

元陶宗儀云琉球國職貢中華所上表用木爲簡高八寸許厚三分濶五分飾以髹釦以錫貫以革而横行刻字於其上其字體科斗書又云日本國中自有國字字母四十有七能通識之便可解其音義其聯輳成字處髣髴蒙古字法以彼中字體寫中國詩文雖不可讀而筆勢縱横龍蛇飛動儼有顛素之遺今琉球國表疏文皆用中國書陶所云横行刻字科斗書或其未通中國以前字體如此今不可考但今琉球國字母亦四十有七其以國書寫中國詩文筆勢果與顛素無異葢其國僧皆游學日本歸教其本國子弟習書汪錄所云皆草書無隸字今見果然其爲日本國書無疑也

琉球語

臣按前明嘉靖中冊使陳侃記云稱有夷語夷字附錄卷末所傳鈔本闕而未見萬曆中冊使夏子陽給諫使錄刻有琉語

本朝張學禮冊使亦畧載雜記中今就其本少加訂正對音參差輕重清濁之間終不能無訛也

天文

天（町）日（飛）月（子急）星（夫矢）風（喀買子）雨（阿梅）雷（喀呃渺一）雲（枯木）雪（又急）

電（賀的）霜（什嘸）下雨（阿梅福的）下雪（又急福的）霧（氣力）露（禿有）霞（喝喀泥）雹（科立）

明日（阿着）起風（喀買福的沽）天陰（町奴姑木的）天晴（町奴法力的）後日（阿煞的）大後日（郁加）

地理

地（池）土（足池）江（密乃度）河（喀哇）海（烏米）山（呀麻間字亦讀同麻音）水（閔子）氷（谷亦里）路（密之）岸（倭喀）石（一是）井（依喀喇）泥（巴羅）沙（是挪）灰（活各力）磚（呀一及什）瓦（喀哇喇）遠（土煞迷）近（土古尼迷）長（拿火煞）短（陰夾煞）前（媽也）後（嘸什的）

左（分搭里）右（名急里）上（威）下（昔着）東（窗之）西（尼失）南（灰）北（屋金尼失）

府（間切）村（肦喇）

時令

春哈羅夏約之秋阿紀冬灰哨冷嗨煞熱阿子煞寒碎角羅煞暑奴羅煞陰
姑木的陽法力的晝皮羅夜唷羅朝阿噶子吉晚有煞嘸的時吐吉氣亦吉年
多式節些谷尼卽正月夏括子二月膩括子三月三括子四月式括子
五月吾括子六月六姑括子七月失之括子八月牿之括子九月空括子
十月蠲括子十一月蠲一之括子十二月蠲膩括子初一之搭之初
二福子介初三之搭之密介初四之搭之唷介初五之搭之一子介初六
之搭之美介初七之搭之挪介初八之搭之鴉介初九之搭之哭古魯初十
之搭之土介十一之一子泥子十二之泥泥子十三之三泥子十四之唷泥子
十五坐古泥子十六坐六古泥子十七坐十七泥子十八坐賭之泥子十

九坐苦泥子二十賭子介二十一賭子介疵二十二賭子介泥泥子二
十三膩徂三泥子二十四膩徂唷介二十五膩徂姑泥子二十六膩徂
六姑泥子二十七膩徂失之泥子二十八膩徂賭之泥子二十九膩徂苦苦泥子
三十三徂泥子

花木

茶札花豁那葉豁枝又打樹那吉果吾乜松貿子栢貿子那吉竹托儿笋
打吉棗那多乜木雞草谷煞梅花吥梅蓮花臨龍眼客梗木頭梅吥
梅拿乃杉木思雞榆木招雞烏木哭羅雞桃莫莫拿乃杏色莫莫柳現其
芭蕉巴拉石榴花石古魯藕菱公扶桑花菩薩豁那榕茄子埋大梧桐

谷多桂花雞花雞冠雞朶茉莉木一乖鳳尾蕉靴底子荔枝利市甘蔗
翁吉胡椒窟受蘇木司哇

鳥獸

龍達都虎土拉鹿呵吥失失馬嘸馬獅施失牛兀失兔兀煞吉熊谷馬象喳
雞推鵝烏孤欲士猪呀媽失失狗因皮喀哇鼠聶鶯打苔噶羊皮着蛇
密密猴煞陸龜喀也雀由門多里鳳凰呼窩麒麟其鄰孔雀枯雀姑獬豸
賭宅仙鶴司祿象牙喳冷其玳瑁喀也那各牛角元失左奴喜鵲孔加喳司
鶴頂拖立奴谷之

宮室

宮迷耶屋耶門濁戶耶獨可之窗馬都牆招儿垣全止亭堤園膩滑堦
乞齋空書又喀吥條書瓦房喀喇亦棄牙

器用

弓憂米箭一牙担桶吥格木杓你波脚踏棉波着子棹琫浴桶克搭
里椅子倭里那風爐魯牙刷沓吥脚雞母魯畚箕失式戥子法介依
天平飃馬苔白刀和着刀鞘絲古禮耶轎子夾介子木套阿書着傘夾煞
竹片兀閑執古床札燈禿羅面桶他古又他里鍋那脾鍋蓋福大瓦礶
之吥瓢彌吥掃箒火氣船胡你算盤山姆盤油盞雞之既木梳沙八巳
甕客挽索爭拿斧頭霞爽湯盆他阿喇竹籠古衣八古筋賣生又皮爬失鎖

紫心叉沙四內古烟筒啓力荷包荷作茶鐘茶碗飯碗麥介衣銅礶紗慣

爋簽式執直圍棋古香爐科爐箱子科阿里阿哥面盆汗你及里盤

他喇古匣哥八水注閔子磁之鏡子喀敢泥酒壺廚奴燭簽亂思古苔短

簪喀你煞失長簪彌誇酒盃失六加泥象棋冲棋盔噶塢吐甲衣幼羅弦

子牙奴立鎗盆大莉瓶匹胡平船莆泥桅花時舵看失櫓羅蓬賀帶文筆

書什麼子畫夷夷喀之字阿三那筆夫的墨細米紙瞎皮硯思里子扇子

了古屏風飄布花瓶抛拿香盒福名法倭扇杠其玉帶衣石乞各必金

杯孔加泥麻佳里圍棋右

人物

皇帝倭每的國王哭泥華王妃倭男禮喇王子倭奴鬱勃人誇朝廷倭每

奴大夫大福長史丈史使者使臣通事通賫正使申司副使付司大

老爺阿几噶那什老爺安主大臣沈噶女婿母姑祖五之五虎孫子姆馬

噶父會几噶烏耶子括女兒會南姑括大五煞嗎小枯煞弟婦啨美妻

拖戶多廚夫弟屋多兄洗之朋友獨需你呀我乞呸妓俗里母會南姑烏耶

男會几噶女會南姑了頭土母僕濃煞親戚喂街公子三堤波客人

客姑主人堤就唐人叨周濃姊洗之烏乃妹屋多烏乃貧平素奴周富喂旣奴周

和尚巴一了着醫生伯洗之渾局叔屋多渾局姑娘喂媽爹靴買羅娘阿姆

買阿姪威小孩子歪培拉丈人色多師父失褒農琉球人倭急

拿必周日本人亞馬吐必周朝貢使臣噶得那使者琉球國王倭急

拿敖那

人事

作揖禮及洗浴阿的美上人洗面烏木阿采的下人洗面思答阿來

來拳頭打跡子烘打烏几脫衣輕化子榮殺枯起必大醉威帝聽殷帝

上人吃三衣小利米疼呀的痛阿着格洗東西阿的約採花抬奴吉之

行路阿之等待末之病牙的生一之吉死失直傷風哈那失几興屋堅起

走廹姑一甚行亞其立好優煞答不好乞煞買科的賣屋的打更柯音北

言語麽奴答里喀上緊走排姑亦急上御路惡牙密卽約里夢一梅瘦捱的

肥滑的再叩頭廂達喀籃子其入朝大立密達葉鞠躬曲尸平的麻底頭

喀蘭自之立住苔止歪立叩頭嗑籃自之謝恩溫卜姑里朝貢密加吸之奶平

身度漫思吾慶賀密由烏牙表章彪烏賞賜吾加每奴一起來揭之進貢

喀得那進表漂那傑的阿報名包名辭朝畏之謾歸回去閣都一其里早

起速都密的下程司眉日尸筵宴札失半勅書倭眉都司脚墨曉得識哇達

不曉得失籃聖旨由奴奴失御前謝恩惡牙卜姑密溫里且慢走慢的

拿來一姑得放下由六尸給賞烏鵲谷古沒里方物木哇那多少亦加

煞請來子失之

身體

髮哈那子又喀拉齊頭他喇子眉賣由眼美耳你米鼻豁納舌失着口潤生
齒夸鬚非几手蹄腳爍身指韃心氣麼頭頸科必胸匝尼奶齊牙
諾其額失腳衣臍哭素指頭威彼臂非之腿膜膜

衣服

衣裳衾帽搯煞衣服密子滿吉又豈奴褲子哈加馬帶烏必手巾梯煞
几又皮沙之被烏獨帳子喀着氊單木心枕媽括褥子福冬襪搭獮衫子
哈加笠由沙纓毛疝靴阿牙鞋煞巴汗衫阿米琴冬短衣木綿景夏短
衣百索景紬亦周緞動子紗撒羅羅絹活見布奴奴綿衣奴奴木綿紗
帽紗帽網巾網巾圓領員領裙喀甲眉

飲食

飯匝班酒煞几煙搭八孤油阿匝打醬彌沙醬油沙由米可木鹽麻蝦豆
腐托福茶札肉失失菜綏索麪錯閔菜瓜喂蒜非徒西瓜烏貽冬
瓜失布衣生薑那沒燒介黑豆枯羅馬馬蕉寔巴煞那番薯番子母豆
牙菜馬米那餅木之芋羹坤軋姑菓刻納里粉由諾姑魚一由蝦一必
蛤蜊克培螺甸阿古喝蟹灰煞眉硨磲阿札喝海獅子菩拉

珍寶

金枯軋膩銀喀膩錢一屑銅阿里喀膩鐵窟碌喀膩錫石碌喀膩鈔支膩玉依石
珠提馬石一石瑪瑙吾馬那達馬珊瑚牙馬那達馬水晶血了達馬玉石

提馬一石琥珀它喇犀角吾失祖奴硫黃油唑

數目

一抵子二打子三乜子四天子五一子子六姆子七納納子八呀子九科過
碌子十拖子十一拖抵子二十膩徂三十摻徂四十細徂五
十古徂六十六古徂七十錫汁徂八十河汁徂九十苦徂一百夏古
千先一千一貫萬漫兩聊茶切錢層分風一半納加那一樣
一奴摩奴輕喀羅煞重匝卜煞多屋火煞少一莘拉煞又速都長那夾煞短
陰夾煞濶非羅煞狹一伯煞中屋之上威下昔着滿抵子密淺阿煞之
里利一錢一止買每二錢尼買每三錢山買每四錢申買每五錢
吾買每六錢六姑買每七錢式之買每八錢法之買每九錢枯買每一兩
執買每十兩撒姑每一百兩撒牙姑一萬個麻執吐失千歲森那萬
歲麻由吐失

通用

甜的阿媽煞酸的闘夾煞辣的喀喇煞鹹的什布喀煞淡的阿法煞
黃綺羅紅阿夾煞青啞煞白稀羅煞念書西米那那容看妙毋聽得乞介
楞不聽得乞介藍有阿美無你嬾臭哭煞煞求討答里說話毛麼奴
喀逵里知道識之不知道失藍子不敢揚密撒東西加尼尼失閒設圖
押里說謊由沽辣舍實話馬訟沽皮不見迷闞快活括其辛苦南及之笑

乜喇的啼那叶院課其叫的癢沙明早起身阿着速圖拖枚榻支抛球馬一捉

七子一深虐古下碁古烏吐歌屋韃韃

琉球土人居下鄉者不自稱琉球國自呼其地曰屋其惹蓋其舊土名也

中山傳信錄卷第六

中山傳信録後序

自古聲教四訖未有如我

國朝之盛而遠奉簡書採風異域亦未有如徐太史之慎以周者也余獲附星槎抵中山遍探鮫俗見聞殊異盖其國禁素嚴事無鉅細皆噤不語客自有明通貢三百餘年嘉靖以後奉使者人人有録而皆不免于略且誤者職是故也副使徐太史奉

册命于康熙己亥六月朔至其國明年二月始還在彼八閱月使事之暇孜孜採訪凡其貴官士庶求書問字謁請者槩與延接尋繹舊聞質疑削妄又致語國王求其山川圖籍于是其屬三十六島之名與其國三省轄屬之制今始大顯置棊聚米繪以為圖太史日居小樓手自題署因并海舟針路封宴禮儀世系官制冠服風俗物產之詳一一備其形狀右圖左録凡二十餘目分為上下兩冊縹裝錦裹以為使歸之獻庚子秋七月十一日至熱河

行宮復

命既陳

乙覽藏之秘府矣茲以副墨排纂分為六卷而少加詳
焉命曰中山傳信錄今年秋鋟板始成余遊京師
適與校讐之末獲覩其全先後銓次不支不漏有
典有則以云傳信誠哉其無媿斯目已余隨封逾
年太史採風幸附搜討今三省五嶽太史圖錄已
標其大以余所聞又有四森焉森猶云府也其地
有名山森森然如首里有辨嶽龜山泊府則有天
久久米有雲巒那覇有辻山此四府皆王公冠蓋
里居故得稱為森其他民廬聚落但稱間切而已

中山世鑑世系備矣竊聞天孫氏開闢此土如中
國之盤古氏二十五傳至舜天當南宋時誅逆臣
定國三傳至義本求賢于野而禪以位如中國之
堯舜尚巴志雄武能一其國尚圓崛起北山臣庶
推戴如中國之湯武尚圓弟宣威既立六月能掖
植幼主而退居臣位諡為義忠如中國之伊周此
國中故老所傳可補史贊太史載筆謹嚴先其大
者余竊掇拾之以附于次又聞國中有三國志載
中山山南山北王時事甚悉而未見其書則闕以

俟考皆太史志也至其採訪之勤蒙也不才屢獲
遊從披殘碑于荒艸問故壘于空山涉海探奇停
驂吮墨詳慎苦心實所親見故忘其固陋為志數
言于後以見採風之使誠未有如茲役者日出海
隅彬彬文物昔之稱斯邦者云何今之稱斯邦者
云何覽是編者于
聖朝風教之遠不已略見其一斑矣乎康熙六十年辛
丑秋八月海槎從客建安翁長祚謹述於京師之
梁氏園

富建道中詩

已亥三月于役自富春江溯瀧上灘至三衢踰嶺下建溪古體詩十二首

海東役人　徐葆光

錢塘江口雨後進船富春渚

久讀大謝詩今到富春渚川途浩如昨定山渺何許潮上風雨來瀧流下奔注迴薄怒兩平演漾入漁浦瑟瑟半江波寥寥廓天宇濕帆帶霧收逸棹凌空舉擊汰雖少艱揚舲轉容與遠遊踰昔賢發軔此行旅龍蠖豈豫期微弱嗟一羽將命貴專對吾行有徒侶緬懷古達人所慎在出處尚友得心期將就嚴陵語

自桐廬經釣臺宿七里瀧寄同館諸子用劉隨州韻

夢想桐廬江未到已滿望逆流拒進艇將到轉惆悵錢塘借我潮輕舟始息漾青翠兩厓來沐雨更千狀偃卧拓窓舷左右皆列向漢鼎一絲風遙遙古臺上（臺上匾曰漢鼎一絲用山谷詩語）老樹媚春姿危磯屹奔浪百代宋孤臣擊石戛悲唱（謝皋羽西臺慟哭遺蹟皆在）何似聖明初披裘就閑曠我役方未已空言非所尙會當及時還三舟醉陶釀不釣千載名羞雁將安訪

瀧口曉發日照西巖百卉麗鬱順風挂席未至蘭溪二十里泊灘下

一宿釣臺下超然遺世情役夫事牽挽南榜復孤征陰翳豁澄霽百卉敷朝榮初陽耀西嶺若屏列采橫候禽悅巖曉下上相嚶鳴時物非不適浮悰感易生昨夜鼓點雨蓬背聲敲鏗四山草木晦竟夕雷電驚詎謂反覆間遘此春景明逆溜船頭風輭許挂席行上瀧力已盡上灘始發程此身委輕檝息慮勝百營

溯蘭谿灘過龍游未至衢州十五里泊雞鳴山

東風轉蓬脚輕舸漾蘭谿淺灘層溜急逆上如登梯千篙戰石根尺浪不肯伍一拳偶當阸寸步皆見擠去郭未亭午及暮猶聞雞上流木有栰迅下如浮鷖擁楫嘯中流顧我殊雲泥三衢負峻嶺建瓴水東西來去順逆均勞逸理亦齊春溪若卷畫花濃鳥亂啼文石甃清瀨雜采紛朱紫王命非急宣一灘我一稽

曉發衢州至江山清湖鎮却寄靳衢州（樹德）

漲落露城郭三版留溪痕浮梁已緶斷急溜猶箭奔水鳥宿高樹田蛙占荒村祈晴及上巳我來見桑暾柏林積雨晦麥壠連溪渾迴磅與突岸沿泝迷朝昏雙塔迎復送（過雙塔山）孤嶼吐又吞行役雖淹滯居者尤煩冤帶溪受衆潦一瀉到海門蓄洩兩難施自古殊泉源雨晴三日事水旱已弁存所以災荒牘年年告　帝閽惜非過賓事聊與使君論

清湖鎮步遊仙人洞度谿嶺至泉家壠山家小憩一首

山淺不拒客偶到無前期獨往欣有獲稍深覺漸奇激碓水活活被坂花離離仙踪杳莫攀石洞留殘棋回步矚來術褰裳涉荒陂雲遮半嶺樹徑沒三春荑雞鳴空谷午烟起隔峯炊耕夫指路迷爲我停其犁攀蘿入窔寮低頭欵茅茨山家喜客至兒當茶筍時男女競有獻清甘滿浮甆言笑漸歡洽童稚相娛嬉咫尺清湖渡武陵復在茲家國去日遠海島行栖遲勞人此少憩轉忘岐路悲但媿鷔客踪幾成漁父疑不敢道名姓恐被此中嗤

清湖輿行至峽口過溪度仙霞嶺

灘盡捨輕筏踰嶺始清湖早見江郎山招我卽修塗砥平鑿山嶮壁立穿雲衢已躡大姚磴還乘峽口桴竹樹漸蒙密前行聞鷓鴣關門扼霞表巍闕封仙都盤山梯層翠屢歇我馬瘏聳身塵壒外流目盡海隅招提得小憇花雨何紛敷前賢有題句版刻亭之隅（雨花庵小亭上有周櫟園先生詩牓）善道日前景若我意中圖微吟更周覽日下前山晡

楓嶺山行至黎嶺

風泉聒旅枕壁鐙照客起雲木滉初陽旌影照溪水虹橋接楓嶺閩程從此始仰見黎山巔霧行猶十里陰崖竹梢空寒碧光蕤蕤（山北向）山僧延客坐孤亭翠微裏亭邊方竹叢乍見心尤喜稜稜節目勻端正比君子我行旣在嶮所恃匪圓美從僧乞杖材扶我歷濛汜中矩皆坦途行行步邇爾

宿漁梁驛曉遊萬葉寺

踏盡衢州山始就漁梁宿入閩破初程山山見修竹何來雲外鐘有寺在深谷是時日斜春牛羊半歸牧發輿

拂征衫彎環入山腹岩芳雜燒枯仄徑蒙蘢曲㟏石疑虎蹲夜瀨驚雷扑纖纖新月鈎爲我挂林麓遥見七松門濤聲和飛瀑門有古松七株山衲過谿迎難脂當炳燭名剎坐休糧久絕人間躅夜闌聞足音茲遊果成獨

輿行自石陂至塔嶺沿亂石大磜等灘至營頭司驛

輿轎入嶺谷一折仍溪灣舍楫傍灘行縱目多奇觀連峯兩崖走千里蛇屈蟠怪石矗波面急流更巑岏巨脊黿鼉蹇銛鋒劍槊攢分陣踞水隘奔雷出其間片石梗尺水漩洑猶迴瀾況當趨嶮處萬馬爭一鬬猛下忽更立勇往俄成還噴薄久乃決餘怒猶潺潺嗟彼擁橈子注目隨迴湍不言搖手時安坐心神寒

延平舟中守漲

水行本無程況此灘溪惡延平三日雨暴漲及城郞左右會交流奔湍劍雙躍長年篷底眠束手氣何索我行期已愆復此孤舟泊悄然念同役有事將安度渾渾溪中流所趨在一壑我蹤豈爾殊涓涓浩難託誓言守成命將事貴不怍海天一笠歸扁舟返初約

水口晨棹過竹碕

水宿不聞雞朝來渚禽聒連山白雲流翳翳迓晨谿榜人徐理楫昨嶮欣已脫喧豗大瀧雷到此不留沫攔頭撤大艪柔槳事輕撥渟瀠漾晴曦川光淨如潑兩岸少石碕遠山何鬱鬱我役無津涯連朝困顛蹶逼仄清流船前軒後已跋守漲更阻風書空但咄咄廓焉就夷曠形神坐超越此生本寡求心眼亦少濶所遇尚難齊取適在微末緬懷楊朱泣何似莊周達天地一茅蓬外境何能奪

一

二友齋詩稿

船中集

海東役人長洲徐葆光　亮直

帆海一百韻

物於天地間惟海最云巨其中包衆有一賦豈勝敘今來萬象虛空碧混穹宇靜涵圜蒼浮動合大塊噏時清波不揚輸委勢莫禦島夷富環瀛琉球乃稱宴萬里來獻琛青雲歲千呂　本朝三請封康熙二年封王尚質二十二年封王尚貞今封王尚敬重譯表　當宁賚冊遣行人遴選及鄙曾康熙五十七年戊戌六月朔　命臣葆光副檢討臣海寶賚冊往封半載抵閩疆冬行已及暑占律中蕤賓夏至值重五例以夏至後乘西南風往戒期月下弦乘潮出五虎康熙五十八年乙亥五月二十三日出五虎門　皇靈暢八荒舟徒成一旅軍吹聒笳簫戈船備干櫓九帆鵬翼張片葉龍驤舞噴濤頭乍仰跋浪尾更俯杌如踰嶺撟疾若激箭弩舵樓浩吟風四顧曠無侶回首指中原舵後青一縷遊空絕纖塵洞下無尺土蔚藍徹天澄涓滴舍地鹵過溝忽擲金投以兩豨羚船至海中央名過溝投豬一羊一鯨吞寧易饜得此若我與風止帆偶停二十六七兩日午後無風衆伎莫進艕蕩

颸息微瀾粼粼如曲渚夾舟兩神魚船左右見兩沙魚長數丈出水雙文羽文鰩出水飛數丈又沒水飛躍相娛嬉浮沉共延佇眼明若射犀纖悉皆在睹蛟螭蚯蚓蟠鱗鬣可毛數龍涎歕細沙橫亙彌天浦蹴浪散之而迴淪動牙距細黃沙橫亙海面如疋練雲物夏本奇霞綺晚尤聚四圍合錦襴雲裳繡天黼晚霞五色四周海面日入衆星爛躔次各參伍水鏡寫垂象海童覆碁譜火宿最晚出夜半耀神滸初疑魚眼明或曰蚌珠吐徐行入牽牛五緯數始補熒惑夜半出海如燈殘夜海東明潛然隔重釜跋趾浴桑津羲車駕玄圃冉冉紅旭升忽發鴻蒙聾萬道燭龍迸駭避東皇主金鏡遠誰擎銅盤近可撫蕩蕩汎朝華溶溶漾天乳日出景尤奇麗兩舶指東行海邦渺何處首取雞籠山臺灣一名雞籠目斷釣魚嶼湯池灌沃焦不見山如黍用正卯針太落東北四五日行不見一山三日鷽尾風幾點龍腥雨弱柁強自捩危檣梟相拄不顧坎蛙驚頻發天吳怒海程眩東西日景總亭午來往斷舟航問途絕商賈逐景乃東騖倒行學夸父精白昭大川　玉冊龍所扈沉璧抵淵宮投緶繫鰲柱布策得吉兆共喜邀神祜禱于天妃卜許二十九日見山陰霾破砰訇颶母劈雷斧雷發聲颶散訇訇

盡起立倏若頭風愈重購望山賞雙鴉意爭睹見山者懸賞鴉
班二人踏檣上下如飛緣索上桅巔輕捷鼯鼠朝來果見山一
抹修眉嫵國北葉壁山海國鯤溟東溟疆水分部姑米作南
屏葉壁稱北户門開六百里遙遙兀相距封舟貴圖南
姑米針是取落北見葉壁垂戒指南簿其諺曰寧遲三日勿見葉壁
云何六日行迷惑衆心蠱既見國北山鄉道色皆沮接封
陪臣三人在舩爲鄉導安得廣莫風六月來助汝五月無北風性命毫
毛輕漂泊無處所坐成七聖迷出此三物詛舟師舞婆
娑喃喃告媽祖海舩呼天妃曰媽祖祝版雖繁詞莫竿已無酤肹

鬯寧有聞示象若垂許忽見雀翩翩何來蝶栩栩天妃示應
每見雀蝶霓裳颭檣端天妃救使高丽舩紅裳坐于檣頂回颿若振組禱畢倏轉
北風鐃吹競嘲轟旌纛盡飄舉斜指讀谷巔左轉椅山股
改用東南針取此二山而行萬點應船烽徹夜照山炬沿海山上列炬舩上亦舉
火應之飛踔程六百利涉行無阻一夜抵那霸六月朔至國我生寄若
浮　王事尚靡盬此行本忘身將到意轉憮男子志四
方桑弧早自努疇昔出疆使不越秦齊楚猶爾歎不遑
陟彼屺與岵浮槎始何人足跡過神禹鑿空犯斗杓支
機探河鼓闖此梯航塗卉貢集篚筥蕞爾滄波臣阻絕

自前古有明始來賓洪武中始朝中國至今無閒遂作東藩輔歲使
走星軺大貢舟二小貢舟二間歲迭來上珍賜　天府賜帛獨取諸內庫承我
清晏休叶此風雨序五世再缺封今王尚敬之父尚益祖尚純皆未封早卒
一綫留遺緒敢惜此身微致綏　皇恩溥況我江東民
力耕守桑苧分同丘園老均隨草木腐濫忝章服榮寧
辭行役苦願言典禮成殊域風聲樹中外合一家蠻夷
通肺腑日出共太平來王頌殷武爾雅云東至日出爲太平

遊泰山詩

海東役人　徐葆光

紅門

窅窅白雲封谷口高高土壤積空虛氣含西顥秋容肅日上東皇曉色舒一統登封漢唐宋三州表鎮兖青徐寰中第一名山句徑向紅門兩版書

歇馬崖

龍馭猶凴首輦過崖邊駿骨幾銷磨五車石勒塵中轡三闕門連天上珂白石漸移人過樹黃流細遠帶爲河書生平地無艱阻乍到羊腸喚奈何

御帳坪 祥符遺蹟

行殿經宵帳柱痕祥符鑾處儼猶存升崖暫駐通天蹕捧牒親酬賜策恩芝草駢生如有種帛書載降豈無言冀公夜夜虛前席共此巖阿造膝論

處士松

風雨無功偃蓋松當年豈盡汚秦封大夫竟與斯高伍處士寧爲鄒魯從日暖脂融潛養珀濤翻鬣動細吟龍青青夾峙垂天幙數到厓巔幾萬重

天門

行蟻回旋五十盤梯空矗矗上雲端扆開南面垂天正盂覆東垂鎮地安九點煙分青漠漠千層夢聳碧攢攢不知已到重霄頂那用增高幾尺壇

碧霞元君祠

何代山巔祀碧霞檽門雲鎖虹音絳帷遮流星光景中宵麗翠羽明璫上界花匝地金錢官掃殿一春香火稅連車喜看旛脚元君字萬里應同護客槎 海神天妃亦有元君封號

無字碑 在玉皇廟前

倉頡前頭豈有碑若非政徹更誰爲空磨巨碣燒書後盡黜煩文聚訟時功德可刊寧掣肘神仙能致肯傳疑李斯小篆相如札千古虛摹絕妙辭

磨崖銘 開元十四年御製御書

不須螭首與龜趺萬仞磨崕御寶麤 五十三行行廿三字 大手無煩借燕許高辭自欲媲黃虞國同天久鐫如礪筆抉雲開入寸膚巨蹟千秋誰並峙中興片石隔蒼梧

孔子廟

聖域階天寸步分大觀一一証遺聞仰來自喜今方止

登處誠如古所云峨峨衆山初覆簣茫茫百代總浮雲
雞鳴日觀無長夜獨立何愁近夕曛

日觀峯

超然身已到東瀛俯矙湯池浴日生谷底勞驂方息駕
竿頭霜旭謾搖旌崇朝雲自岩頭宿子夜雞從天上鳴
白晝微生同在照悔來絕嶮暗中行

使琉球紀一卷

〔清〕張學禮撰

《使琉球紀》一卷，清張學禮撰。學禮字立庵，鑲藍旗漢軍，官至廣西道監察御史。康熙二年（一六六三）以兵科副理事官充册封正使，往琉球國封尚質王，歸後據行程日記而撰成此書。詳述清廷首次册封琉球之請封、遣使始末及往來海陸之險。據《說鈴》本影印。

序

古者使臣不越何服侯服之内而皇華四牡歌咏慰
勞無窮焉今立菴張公遠使絕域海若𧶽侯皆識御
史驄矣其爲歌咏慰勞宜何如哉迺甫登陸解装輒
書其道里風濤之險述其奉揚
休命下國輸誠委順之情美哉一何其實而不華文
而有體也耶立菴歸
朝公卿故人勞苦問訊當把玩是編感其忠摯誠悃
可格神明而又無乘槎鑿空之語即以此當成周齋

時郊勞賜谷可也與日相天子成郅隆之治重譯來
者報曰海不揚波已三年矣則今日所記波濤風雨
之鄉安知非異日鏡水石帆安流呼嘯之地也哉其
可以志立菴矣謹弁鄙書其首時
康熙甲辰端月
欽差總督浙江等處地方軍務兼理糧餉太子少師
兵部尚書兼都察院右副都御史趙廷臣頓首拜題

使琉球紀

琉球東海小國也唐宋以來世奉正朔王姓尚名質
自明季請封未果使者留滯閩中順治三年福建平
通事謝必振至江寧具投經略洪承疇轉送進
京禮部 題勅印未繳不便遣封必振取繳勅印飄
流日本十一年七月始來部請册封循舊典應差科
員行人學禮與今副使王垓實膺是選
召對太和殿正副使俱 賜一品麒麟服玉帶東珠
頂 賜御酒勅印差官護送前往辭 朝蒙

世祖召詢家世學禮奏臣弟學聖忝任福建巡撫臣
有子六人長子思明見任江南分巡道次子思恭見
任參領管佐領事三子思齊廣平知縣四子思行吏
部筆帖式五子思信廕生六子思任廕生候補筆帖
式嫡孫景方世職阿達哈哈番
世祖閱奏大悅卿乃巨族老臣福祿來崇子孫繩繩
此去無妨 賜茶畢辭行十月抵江寧因遴選隨行
醫官趙政之熊耀陵次年正月至武林天文生朱廷
樞病故移咨督撫請補三月入閩造船藩司詳稱舊

例舵木用鐵力其木產於廣西由海道運今遊氛未
靖未可計程至也敢請緩期因留閩四載新補天文
生黄道隆又故仍請補奏
旨海氛未靖欽差官暫行掣回俟平定之日另行差
遣十五年進京繳勅印
世祖宣至殿上賜茶謝恩仍入兵垣辦事是年裁左
右科員改授江南道御史掌河南道奉差河東巡鹽
事竣假
鼎湖昇遐

今上即位繼新出治考核臣工奉
旨張學禮已差冊封琉球為何不去禮部回奏奉
世祖掣回
上念遐方盼待日久員役物故多人遲延或有隱情
再發部駁竟議查職所以勸遠略也元年十月忽奉
上傳張學禮王垓仍差冊封琉球事竣之日以原官
用竣啟閩新所以勵臣勞也補差天文生李光宏太
醫吳燕時聘請從客陳翼等於十一月就道二年四
月抵閩督撫設席於南臺閱視船隻其船形如樓子

上下三層濶二丈二尺長十八丈高二丈三尺桅艙
左右二門中官廳次房艙後立天妃堂船尾設戰臺
桅杆眾木湊合高十八丈俱用鐵裹杆頭有斗可容
數人觀風瞭望艙內有水井二口設官司啟閉不妄
用消淌船底用石鋪壓上層列中砲十六位中層列
大砲八位是日設祭封桅砲詢舵之所來云有紅
毛國進貢請兵船數隻已回留二隻現泊江上因購
得鐵力木舵隨往泊所視之有侍郎總兵二員從役
三四十人其人面白髮黃眼綠鼻高戴黑圓帽執紅

棍者為尊官穿紅哆囉呢從員穿青絲高底木屐前
高後低其船底用鐵包縫以鉛灌桅杆三節如風大
用一節風小用二節再微用三節每節有盤無斗盤
容數人其船堅而且穩左右前後俱有大砲過海最
善所造二舟雖堅固不及而寬廣過之督撥水師守
備王祚昌魏文耀千總陳蘭施恩兵丁二百五十餘
名長隨五十餘名傳宣一員聽用四員管水井二員
通事一員管舵管羅鏡一員書吏門皂轎傘役百餘
名吹手十六名舵工二十餘名水手六十餘名擇吉

於五月初四日登舟初八日迎供天妃像十一日靖
藩設宴次日督撫藩臬出餞於南臺從官以下逵豆
有加以光使臣
閩疆也十七日泊林浦十八日過鼓山十九日過羅
星塔二十日過閩安鎮鎮將李遣遊擊鄭洪以烏船
十餘兵三千護送出海次猴嶼祭天妃二十二日候
風廣石風汛不定復回猴嶼再過閩安避風羅星塔
下閏十日風汛定再過猴嶼見梅花所故城荒榛荒
磯滿目凄然通官謝必振稟云天妃姓蔡此地人爲

父投海身亡後封天妃
本朝定鼎尚未封於是上廟行香許事竣請封初七
日丙南風微起向
闕叩辭時長子恩酌已解任送至海口不忍分離必
欲隨侍再四拒之乃止出海口中流風作護舟遊傲
左右磯流旋掣甯閃虹飛砲聲轟動空海如沸坐戳
臺額而喜曰馬之磐作在人舟之旋折亦復如是有
命如此何煩
朝廷南顧憂爲是日至白洋大風息雲霧散忽見賊

船一隻隨令遊擊領兵發砲擊碎賊船殺賊百餘遂
開舉帆長徃鄭之舟師亦辭歸矣初九日浪急風猛
水飛如立舟中人顛覆嘔逆呻吟不絕水色有甚深
青相雜舟子曰入大洋矣頃之有白水一線橫亘南
北舟子曰過分水洋矣此天之所以界中外者隨見
群魚簇簇有人立者有飛躍水面者有作相撲狀者
魚之脊翅豎如大桅周圍旋繞舟子曰水族聞封舟
過海歡忭來朝此祥徵也海洋之水綠白紅藍歷歷
如繪汲起視之其清如一不能解也十一日早忽見

一山橫於舟前首尾約長千丈隨將洋鏡照之非山
非島乃巨魚耳於是令僧道誦經施食其魚漸沉與
水相平猶如沙嶼鷹隼至晚潛消十二日過糠洋風
恬浪靜天水若一日出則海水皆紅月現則碧天皎
潔時有大沙魚二尾長二丈餘隨舟左右每一尾有
小魚二尾隨之亦不離左右形如河豚花綠可愛又
見一魚長丈餘身黑尾紅腦上方白如玉即是夜飲
於戰臺宵深無風忽聽船傍唧水聲其船動搖纜噴
水滿船舟子曰此乃大魚戲水勿驚連日無風船浮

水面膠滯不前通宮謝必振禀巳離梅花所七日不
見一山舟中水米且盡枵腹三日矣惟有順流七島
葉活爾舟子聞七島去中山遠有覊
王命不可令舵工上斗瞭望見東北一山形圓界如
覆盂四面無址諒無居民心甚疑十五日有風自北
來又見一山如長蛇蜿蜒水中至晚抵山下見柴薪
堆積知有居民恐有礁石不敢近遶山行以待天明
居民驚疑遁入深山差王大夫鄭道使上山探問云
是琉球北山與日本交界舉舟歡忭隨有地方官進

水新菜見亦宥問所見小山云乃花家山琉璜山也
北去日本東去弱水洋矣過此當驟遂漂扶桑不知
何日西還矣倘神不假北風引舟南行過此將安之
乎痛定追思真迴望外消一縮差琉人破浪先往十
八日南風起風逆不能起椗地方官撥小船百餘牽
挽出口十九日將近伊藍埠有一龍懸掛尾氣但見
風雲四起影搖蕩颺搖曳大桅決鐵箍巳失一三舟
中人痛絕恍惚聞冥似有天吳海童來往左右者守
備工兩三魏文耀告曰

皇靈遠隆絕域百神來集速出免朝牌示之牌懸如
故也頃之乃悟易墨以硃一縣鵠首一投海中天漸
開雲漸散風仍大作土人稱此是龍潭不可泊轉至
山南予因連日受驚而病登岸調養三日方愈廿五
日次溫鎮抵那壩港法司等官來迎士民歡闐金鼓
不絕國人先年請封到閩有六十人故者四十餘家
屬來問詢知人在者喜逾重生巳故者哀慟欲絕不
覺傷感是日中山王備龍亭恭迎
勅印稱舊館毀敗巳備民房現在修理因在船守候

六日七月初一日進館王差法司呈供應舊册云向
來供應俱照此册因三年不雨五穀不登不能如前
予念其困窮一應供應十減八九擇十七日行册封
禮鼓樂導引傾國聚觀不啻數萬懽聲若雷王出城
三里至守禮坊下具朝服行九叩禮乘轎進城至中
山殿前將
勅印供奉行九叩禮付官張宿耀上左臺宣讀王跪
聽宣畢將
勅印并

恩賜蟒緞粧花綾綢四十八疋付王收受行九叩禮
王妃勅諭付官孟道脉上右臺宣讀王妃跪聽宣畢
將蟒緞粧花綾紬四十八疋付王轉付妃收受又行
九叩禮事畢與王交拜更衣赴宴舊例器用金銀折
席予仰體
朝廷柔遠之意概行除免使臣例有七宴重陽有龍
舟國無優伶笙簫擊鼓而歌者大夫以下等官舞則
十齡幼童皆各官子弟爲之歌章大義首祝
天子萬壽繼頌使臣有光海邦此大較也次日大雨

三日通國加額云
聖天子恩澤霑沛奠我海邦世世戴之大典既竣戒
員役宿館中候風回舟舊例過海以夏至前後兩三
日歸以冬至前後兩三日是月十一日冬至十二日
登舟王率屬詣署餞送不忍別至晚方回十四日東
北風起出那壩港暮抵馬齒過孤米十六日颶風大
作暴雨如注船傾側將危與副使王公登戰臺衝
風雨中亟禱天妃風愈大桅搖撼將倒桅右欹則龍
骨現於左桅左欹則龍骨現於右（龍骨船底定艙木也）忽折半

截相連不斷船愈側哭聲震天余曰兩人奉使無狀
應死爾等葬於魚腹何辜衆應曰大數已定同死無
怨桅出入波濤蓬半浮水面半罥戰臺相牽帶舟
人曰桅不速斷舟必中裂於是再禱以請風勢如故
余仰天大呼曰
皇帝懷柔百神天妃血食中土不在祀典內耶使臣
願投海中桅可速去龔浩餘人歸報
天子神之賜也隨有火光熒熒自風雨中起霹靂斷
截其桅即令守備魏文耀千總陳蘭割去蓬索蓬桅

逝而船始平但風浪搏擊舵不能定舵左轉舵右者
隨而仆舵右轉舵左者隨而仆浪由船尾進從鷁首
出嚴冬凜冽舟皆裂冰榜人凍冱不能施力齒相擊
衣初以布次以綢緞裘袄凡一晝夜十七日雨雖止
風仍大作通官曰昨險不死或有可生須再禱各許
願設醮登記時黑雲密布上下晦冥心寒膽裂問必
振曰汝言可生者何云大桅雖去頭桅尚存可生者
一舵乃二繩沒於水底夾於龍骨一繩斷舵即浮今
勒索無恙可生者二十八日舟子忽報曰勒索斷舵

浮于水危在頃刻矣予令曰如能下水者賞銀五十兩有一人出應令飲酒而下入水即起予又曰能換纜者賞銀百兩有一二少壯者出應皆隨下隨起入水不能起舵不可船從風順流隨波上下又一晝夜不知幾千里也十九日風息禱神起舵三禱三從易纜下舵風乃止設使易舵時風起則船必覆今禱而隨心人舟無恙神之佑也二十日東北風起修整蓬桅東風大作拆帳房為帆纜以被皆可禦風舟行如飛二十一日有一鳥綠嘴紅足形若雁鶩集戰臺舟

人曰天妃遣來引導也相狎如馴鳥二十二日海水漸淡中國相近但恐過閩或抵粵耳行至申刻望見一山浮於天際二十三日舟子曰是浙江之定海北是普陀西是九山也喜甚隨犒勞舟人午後忽見賊船四隻揚帆從東北來不遠數里矣通官謝必振守備王祚昌告曰我船蓬桅俱無若調風對敵萬不能矣奈何余曰豈可束手待之急令各官督內司長隨各備弓箭銃砲于艙其餘舟人取壓船石貯備對仗忽天際雲霧昏翳遮蔽我舟有頃復睹賊帆滅迹矣晚

至福寧舟人曰恐是賊窩不可近此去閩安只有兩潮再出大洋可以直進又恐西北風起傍九山下迤邐而進日晡遠望山上隱隱有火光山下船桅如林不敢近二十四日舟子報曰船已到五虎門矣正遇落潮隨放砲守口兵丁驚疑亦開砲迎敵急令鼓吹揚旗示之然後官役出迎直達閩安李總兵慰問曰舟中人口無恙乎余曰前朝舊例封舟過海恐飄流別島不能復回隨帶耕種之具又慮員役損失後事俱備今隨行數百餘人無一損失皆

朝廷之福也詢二號船隨風飄至江南崇明之鳳尾山南行一晝夜將至廣東始得順風而轉已至閩安二月矣謝恩船遲半月到因風壞船復回修艌故來遲耳大船進口先用小船剝進南臺請藩督撫司道出郭迎情禮懽洽倍於去時二十五日進城至天妃廟行香余與副使王公各出貲酬愿如所許數員役亦然督撫委王守備修葺廟宇余仍置金冠懸匾答神惠也季冬二十二日起行督撫餞送至延平度歲正月至衢州長子思明來迎六年引見不敢辭也書

于浙耳抵杭州督撫司道設席西湖與表弟王大哉盤桓數日三月過姑蘇至京口五月過山東河水淺船不能進日行不數里七月抵通州初十日同副使王公率琉球陪臣并隨封官謝

恩復

命琉球進貢土物綿盔甲一副鍍金鞍轡一副琉鈴刀琉黃磨刀石蕉布琉扇琉紙胡椒赴禮部交畢奉

旨宴犒并隨分官員臨行中山王贈金百兩副使九十兩兩臣固辭王另疏

上聞奉

旨着張學禮王垓收領又與副使赴繳一品服色部云此係

恩賜不必繳是役也去程三月歸僅一旬其間涉險至再皆獲安全

皇靈遐暢感格幽顯甘雨隨車百神效職溟渤奇觀山川風俗筆不能載聊紀一二傳示後人至

熙朝盛典曠世遭逢余兩臣亦忝竊焉云爾

欽命

冊封琉球正使

賜一品服兵科副理事前

欽差巡鹽河東監察御史臣張學禮恭紀

中山紀略

琉球海中小國也所出土產惟蕉布硫磺其烟刀紙張摺扇漆器之類皆來自日本國有米麥祇可供應王府民皆食番茹狀如薯蕷宴賓客席甚簡薄餚肉樽酒可享數人叙歘洽而已一席不過一二器即大夫兒女從不同坐食之所餘皆棄之客來相訪不分上下東西任隨客意自坐盤膝于地坐下方開一首烟酒茶湯接踵而至如客返亦開一首烟出入不送迎若無聞也官宦之家俱有書室客軒庭花樹木

說鈴　使琉球紀　十四

四時羅列架列四書唐詩通鑑等集板翻刻旁譯土言本國之書亦廣但不知所載何典所言何事耳設官之法自唐宋至元王之長子照例往至中國入國子監讀書習禮其父薨始歸國受封于洪熙時憫其來往風波驚險不測特免之賜三十六姓人教化三十六島子孫世襲通使之職習中國之語言文字至今請封謝恩朝貢皆諸姓之後俱有姓名若土官有名無姓也取士之法不尚文不考試擧賢良方正由秀才歷法司設官長無衙門從役惟會姓輪直

其執法甚嚴不徇情面即官長父子兄弟犯法輕則徒流重則處死不曲庇絲毫也百姓見官長經過男女皆去簪脫履俯伏道傍俟過而后敢行小心畏法若是道不拾遺夜不閉戶甚有太古之風有犯罪者大夫聞之法司法司察其因由曲直令當者死亦不敢遲留也有犯法重者竟自刎頸投繯不敢妄辨求生男女不剃胎髮男至二十成立娶妻之後將頂髮削去惟留四餘挽一髻于前額右傍簪小如意如意亦分貴賤品級國王用金而起花者王之伯叔兄弟

說鈴　使琉球紀　十五

用光金三法司紫金大夫用銀起花皆大夫通使等職用光銀百姓用玳瑁明角竹簪而已婦女亦然衣服敞袖長袍腰繫全幅錦緞長丈餘兩傍插扇子烟袋小刀之類足穿無根皮鞋冠以紙爲胎綢布裹之分貴賤長七寸濶二分週迴三轉共爲一圈王用五色花綾王之伯叔兄弟子姪用黃花綾宗族用黃光綾法司紫金用紫光綾大夫通使等官用紅綢初進士應者爲秀才用紅光絹王府役人及雜職用紅布百姓皆用青綠布此定制也彼國人雖與中國同而

語言大別金曰額膩銀曰客雞爺曰安知大曰倭怖煞小曰彌煞紅曰呀嘛煞白曰十六煞男曰會拼嗎女曰會南宮幼小曰蛙篩孿父母曰倭牙吃曰米小利飯曰安班酒曰薩几好曰優噠煞不好曰撓煞嘛曰威帝騰覽曰般帝入名俱有四五字者如馬爛皺達魏如喀難顧司姑之類惟有阿爾多夜弗蘇二名呼喚者甚多國中有迎恩亭即天使登岸之所離海口三里許在那壩港地方其間里巷相連入居稠密過此則天使館向來册封員役俱駐於內館中有廳

堂廊房樓閣亭園臺榭書室小軒週圍寬廣與燕中報國寺相類館內鋪設桌椅牀帳及碗碟什物俱照中國制度設專司收貯在庫俟天使至日方敢動用今館雖傾頹後樓上尚有故明使臣杜三策題梅花詩百首於壁間其餘吟咏甚多外有匾額字畫皆故明歷代名公之遺跡也館前有空地百畝每日午後婦女或老或少攜筐挈筥聚集於此爲貿易買遊玩也傍晚方歸其間亦有姝色搖曳而來風俗女子自幼即刺黑點於指上年年加刺至十二三歲出嫁時

竟成梅花至衰老手背皆黑矣髮長四五尺頭梳一髻光如油黑如墨不修眉鬢不帶釵鐶首飾不施脂粉穿大領衣色尚白有時以手扯裳有時以衣覆腦若兜衣之狀如有夫之婦犯奸淫男女俱死亦有女子不嫁人者竟離父母自居專接外島貿易之客女之親戚兄弟毋論貴賤仍與外客親戚往來不以爲恥若遇本處有室者亦不苟合也那壩港至中山王城約二十餘里殿在山頂其殿康熙元年冬天火焚至今尚未建殿後有一小峰名虎峯下有小廟無像

但設香供於地殿前有石壁高數丈濶二十餘丈平如斧削中間有一穴穴口嵌一鐵龍頭龍口內有泉水噴出從空注下即大旱之年水亦不竭王城西北里許有一大池池內有鯉鯽魚又一山松柏參天名花四循王城之西南有中山王之祖塋塋中無塚惟石碑上刻琉球中山王祖塋塋前五峰相對左右有情後有靠山沙水相映明堂廣濶可容萬馬遠山圍抱中山王家廟離那壩港數里官民經過下馬步行廟前有海水來朝金碧相映前後殿中所供牌位自

唐宋以來子孫不替守廟是俗那壩之東北三里有三清殿殿前一松六數圍高二十餘丈枝葉茂盛勢若飛舞三清殿東有天妃廟廟雖窄隘幽邃可觀廟東有演武場場南有長虹橋濶有丈餘長五里橋下大水名曰曼湖通海週橋有松羅列長二十里許松楸滿目蓊翠鬱然亦琉球之一景也舊例使臣有七宴迎風宴事竣宴中秋宴重陽宴冬至宴餞別宴登舟宴器用金銀折席琉刀小刀蕉布琉烟苧布琉扇琉紙琉鎗并折席已上俱免祇領席從員役亦然守

備千總通官等三十餘員每員廩給免去九分每日支米麵各一斗牛羊猪肉各十觔鮮乾魚各十觔雞鴨各十隻燒酒油鹽醬醋各十觔柴十束長隨內司聽用各官五十餘員俱半廩給每日支米麵各五升牛羊猪肉各五斤鮮乾魚各五斤雞鴨各五隻燒酒油鹽醬醋各五斤柴五束僧道及各項匠作吏書門皂等役百餘名口糧每日支米麵各三升牛羊猪肉各三斤鮮乾魚各三斤雞鴨各三隻燒酒油鹽醬醋各三斤柴三束兵丁及各官隨役二百餘名俱月糧

每日支米麵各二升牛羊猪肉各二斤鮮乾魚各二斤雞鴨各二隻燒酒油鹽醬醋各二斤柴二束封舟過海例有從客偕行姑蘇陳翼字友石多才藝王持帖請授世子等三人琴世子名曰爾多羅王之婿名曰蘇搨蘇三法司子名曰喀難敏達羅寓天界寺習一月移至中山王府又月餘授世子思賢操平沙落雁關雎三曲授王婿秋鴻漁樵高山三曲授法司子流水洞天塗山三曲求詣無虛日皆稱曰友石先生西湖吳燕時字羽嘉業岐黃切脉知生死國中求治

者無不立愈亦有數人受其傳八月中秋節王設宴是日席設正殿兩傍上座從客向西中山王向東北陪其欽天監太醫院守備千總各官設席別院俱三法司紫金大夫陪內司長隨中軍聽用各官設席別院俱大夫陪將封吏書僧道各役俱長使通使陪其兵丁跟役俱秀才雜職陪其通官二員時在左右傳遞問答不預席設鼓樂有走馬弄刀刺鎗舞劍踘毬走索諸戲至晚方散重陽節王又設宴如前早至王府小飯次看龍舟中國午日競渡琉球在重陽於城

西之龍潭潭中二山並峙一名石筍一名龍崗崗上設小席湖水澄清微波不動舟有五各分五方旗幟每船用水手四十八人往來飛轉金鼓震天午後上宴幼童百餘人皆貴戚子弟又一少年僧生成頭長尺五眉髮雪白頷綴霜髯佇立庭中一童子挽雙髻杖掛葫蘆次於壽星之右一童子生成背駝眼細戴箬冠穿錦服手擎蟠桃如東方朔於壽星之左有黑鹿一隻排於壽星之前鳴鐃擊鼓衆童子環繞歌舞內穿錦衣外白綾半臂繡菊花以應佳節瀕行王請

留匾額正殿東南屏藩永廟河山帶礪三清殿壽星河命天妃廟中外慈母王公亦有贈匾其請封各官王念其遠出多年各加俸米不等惟紫金大夫蔡國器年老加俸米以原官致仕其國南北約三千餘里四面濱海無盜賊爲治簡朴頗有華風敦尚禮教宗族親睦余留日無多見聞有限略存其槪以俟後賢廣爲考訂以備采風之功云爾時

康熙三年歲次甲辰書於閩之公署三韓張學禮識

紀琉球入太學始末一卷

〔清〕王士禛撰

《紀琉球入太學始末》一卷，清王士禛撰。士禛（一六三四—一七一一）字子真、貽上，號阮亭，又號漁洋山人，山東新城（今桓臺）人。順治十五年（一六五八）進士。康熙二十三年（一六八四）汪楫、林麟焻册封琉球，歸奏中山王尚貞請以陪臣子入國學。康熙從所請，士禛因紀其始末，撰爲此書。全書追敘明洪武二十五年（一三九二）以來琉球國歷次遣子弟入國子監讀書事，然亦有失載者，四庫館臣已爲指陳，並云其蓋沿舊本《太學志》之誤。據《昭代叢書》本影印。

琉球入太學始末題辭

國家聲教覃敷無遠弗屆而琉球嚮慕文教尤爲最篤蓋其時奉使琉球者爲吾郡悔齋汪先生先生親
賁
宸翰遠涉瀛海未浹旬而至誠古今所僅見是以其國益懾伏于
聖天子之威靈而思沐夫教育及其入太學讀經書僅歷四載遽以省親歸雖于
聖朝禮樂文章之盛身心性命之微未必遽能窺見

而忠孝仁義之大端必能得其梗概吾知此數人者一抵其國必有向之受業而請益者是此數人于
本朝爲弟子而于彼國未必不爲師方且擁皐比御函丈其尊榮爲何如也然吾竊爲彼國惜者則以讀書未久遽即請歸假使其更歷年所學爲制舉文字簡練揣摩與國子諸生同與于賓興之典或得叨科第之殊榮然後歸國于以照耀鄰封翱翔島嶼其所得不更多乎而惜乎其智之未出乎此也新安張潮題

昭代叢書乙集卷十二

新安 張潮山來 輯

紀琉球入太學始末

濟南王士正貽上紀

海陵黃雲仙裳校

康熙二十三年冊封琉球翰林院檢討汪楫中書舍人林麟焻等疏言中山王尚貞親詣館舍云下國僻處彈丸常慚鄙陋執經無地嚮學有心稽明洪武永樂年間常遣本國生徒入國子監讀書今願令陪臣

子弟四人赴京受業云云事下禮部部覆史載唐貞觀中興學校新羅百濟俱遣子入學琉球自明初始內附會典載大琉球國朝貢不時王子及陪臣之子皆入太學讀書禮待甚厚又載洪武永樂宣德成化間琉球官生俱入監讀書今該國王尚貞以本國遠被
皇仁傾心嚮學懇祈使臣汪楫等轉奏願令陪臣子弟四人赴京受業應准所請聽其遣陪臣子弟入監讀書云云時予爲祭酒咨覆禮部略云查太學志載

洪武二十五年秋琉球國遣其子及陪臣之子日孜等入監命工部給羅絹爲秋衣冬琉球中山王遣其舅仁悅慈等至永樂二年琉球中山王從子三五良亹等九人以謝恩至奏請入監給賜一如洪武中故事命工部建王子書房于監前以處之三年琉球山南王遣寨官子李傑至四年中山王遣寨官子石達魯等六人至其後李傑石達魯等毎在監三年得乞歸省九年中山王遣王相之子懷得寨官子祖魯古至十一年遣寨官子周魯等三人至是年有奏歸省

者命禮部厚賜以榮其歸是後乞歸省或命候其使者還國以行永樂以後至于正德常三四遣至嘉靖五年中山王遣官生蔡廷美等四人至十一年歸國十七年遣梁炫等四人至二十三年歸國尋又遣蔡朝用等五人至今在南雍處以光哲堂歲時給衣物如例向慕文教琉球于諸國爲最篤國家待之亦爲最優云康熙二十七年琉球國王遣耳目官魏應伯等恭進朝貢方物又遣陪臣子弟梁成楫鄭秉均阮維新蔡文溥等四人同貢使赴京入監讀書于正貢方物外敬加屏風紙三千張嫩蕉布五十疋三十一年中山王貞上言康熙二十三年蒙冊封天使汪楫題准臣國陪臣子弟入監讀書臣貞遵奉

俞旨業於康熙二十五年遣官生梁成楫等三人同貢使魏應伯進京仰荷

皇上命其入監讀書月廩廩餼季給衣服正梁成楫等感泣　高厚殫心誦讀之時也但伊父前經節次入貢萬里桴航罔辭勞瘁今皆年老奉養需人臣貞亦當念之矣且梁成楫等三人俱未有室父母之願

人皆有之況臣國人皆愚昧自成楫等進監之後臣貞望其返國與臣言忠與子言孝以宣布

皇上一道同風之化更爲不淺今據梁成楫等乞題請歸養等情應否准其歸養臣貞未敢擅便伏乞

睿鑒云　詔梁成楫等三人照部通事例賞賜

賜宴禮部遣歸國

跋

琉球于中國當在東南方東南爲文明之地今且近

天子之光吾知其國聲名文物必且月異而歲不同

矣心齋張潮

琉球入學見聞録四卷

〔清〕潘相撰

《琉球入學見聞録》四卷，清潘相撰。相（一七一三—一七九〇）字潤章，號經峰，湖南安鄉人。乾隆二十八年（一七六三）進士，官至昆陽知州。是書參稽前人所撰琉球各書，又嚴證於琉球官學留學生鄭孝德、蔡世昌等撰成，記述琉球封爵、錫賚、星土、爵禄、田賦、制度、風俗、書籍、字母、土音、誦聲、奏疏、廩給、師生及藝文等。關於琉球語與漢語對音之記述，價值尤高。據中國國家圖書館藏清道光二十年（一八四〇）刻本影印。

乾隆戊子年鐫

琉球入學見聞錄

曫文書屋藏板

吾師安鄉潘經峰先生蚤歲貢成均以終養還家教授壹心竆經古者二十年已而捧檄入都門受知觀補亭陸皀川奏薦教琉球國入學官生舉順天闈成進士文名燥蓺林涖民齊魯三預分校氣類感召所得士盡老宿擬墨全稿無知不知皆傳誦奉爲楷模嘗語學人讀書惟以小學近思録爲四子六經階梯史則篤好史記漢書古文惟韓柳顧自慚未能卒業民事餘閒孜孜披吟不稍輟所著周易尊翼周禮撮要春秋尊孟禮記纂編等書皆寢饋

欽定諸經務於深造自得琉球入學見聞録曲阜縣志本史法編載一國一邑事實恭紀

聖天子治教德威傳示無極其文不在諸史後用功深者收名遠讀先生制義其亦知所從來也夫戊戌春日受業濟寧李光時既始聞吾師刋制義倣馮夔颺稿例懼列師友於旁行爲不敬因不書評閱姓字茲慮外人弗知也乃命鍾泰倣古人師友記跋其尾定師文者國子監則有總憲吉林觀公（保補亭）今司農三韓全公（魁穆齋）大司馬仁和陸公（宗楷皀川）司成桐城張公（裕犖樊川）鄉試則有武進閣部劉文定公（綸繩菴）宗伯鉄嶺介公（福受茲）今少宰嘉善謝公（墉金圃）會試則有金匱大司寇秦文恭公（蕙田味經）今大宗伯吉林德公（保定圃）大司徒錢塘王文莊公（際華白齋）今太常卿大庾戴公（第元簣圃）而陸公王公尤嚴去取愼評隲與秦公皆有序文一時朝

夂論辨最密抃者永嘉張顒齋（元觀）桐城張函暉（若霆）江陰金志遠（鑑）沭江戴桐峯（望嶸）侯官林心芝（人槐）善化張漱渠（汝潤）辰陽李麓堂（衡一）湘潭張度西（九鉞）視家居時陽湖黃芝圃（宮）湘鄉黃揆一（宜中）澧州黃伯稅（棠）同里熊南湖（腆）切磋琢磨更專且久以是數百篇止存九十餘首一首或再四改竄者蓋三十餘年矣甲申以後歷官齊魯殫心民事不復事時文而分校三科偕寅僚事主司學使接本房士及諸州縣歲科童試十餘次之執贄請業者輒意興勃勃不自禁又得若干首時則今湖北撫軍揭陽鄭公（大進謙基）今司空奉天徐公（績樹峯）今山東撫軍長白國公（泰拙齋）清苑朱公（岐克齋）桐城姚公（鼐姬傳）丹陽吉公（[illegible]渭崖）烏程費公（南英道峯）新安汪

序　二

公（永錫曉園）休寧黃公（軒小華）蕪湖韋公（謙恒約軒）任邱李公（中簡文園）仁和孫公（廷槐芥圃）蔡公（應彪崧霞）歸安潘榕堂（汝誠）錢塘周衢尊（嘉猷）俱交口稱譽文中總評旁批皆諸老手書若金壇閣部于文襄公（敏中耐圃）江夏總憲崔公（應階吉升）制府訥殷富公（明安）方伯吳江陸公（耀朗甫）及孔止堂（繼汾）孔紅谷（繼涵）民部皆止以經學相往復援貢師錢唐倪公（國璉穟疇）及受業師以蚤世未及見門弟子名較多均未載其題跋惟琉球官生鄭孝德（紹衣）蔡世昌（汝顯）以曾捐留梓費因命附之甲子秋日受業福山王鍾泰識

琉球入學見聞錄序

嘗聞越裳之馴雉北飛外傳備徵其事肅慎則風牛南偃家語詳列其文終古所藏珍於九鼎充國之學通乎四裔是以航海梯山著山海之經於域外何異觀風問俗登風俗之書於寰中非矜一家之言皆洽同文之治也仰惟

盛朝之德化遠被無垠

聖主之懷柔誕敷有截伊琉球之蕞爾霑雨露之湛斯覘出日以來賓望碧雲而入貢峰飛成怪無事於

琉球入學見聞錄　序　一

五丁波靜不揚更平於九版請遣陪隸受業成均非如典屬國之在秦土其侍子大鴻臚之於漢典厥朝儀而已潘子潤章珪璧其躬珠璣在抱慎簡教鐸荷俞允於

九重時切提撕歷晦明者四載請益請業弟子既日異月新載筆載言先生亦膏焚晷繼惟茲數學之半已觀記載之全殫厥編摩彙爲卷帙然使馳思六合逞辭八荒極奇士之才情肆文人之筆墨魍魎魑魅蒐剔禹圖驪騄驊騮鋪排穆傳洞胷穿背何

闕舞羽兩階竜龜䝞羊奚當獻琛重譯則齊諧誌怪既荒渺而無稽郇鄒衍談天亦空虛而不用今觀制作具有體裁首重恩施先登錫爵寵褒鸞冕輯圭荒服而遙鳳翥鸞翔煥彩海隅而外貢獒西旅之國任土亦憫艱辛賜楮南越之邦厚往頻施德意星躔所指歷歷都拱北辰地軸無多在在胥歸王會於是仿洪疇之衍八政次於五行師周室所須六等施於庶位從宜從俗漸染中華爲兵爲刑申明小邑凡斯巨典備載宏編若夫考土訓誦

訓於地官合圖與書而畢錄列大行小行於司寇驗形與聲之攸分蟲篆鳥章如見虢阮之迹齊登楚穀皆因封域而殊詎必倉頡之所遺不待象胥而後諭然後備陳教欵詳列學規試驗婆心但觀苦口一隅可反儼見其負牆三瀆何妨彌殷於養正前此談經座北泮林揚芹藻之休今茲吾道行南海嶠有絃歌之化固作書之宗旨極記事之周詳至其終以詞章不遺吟咏來王來享氐羌至而頌聲盈如霆如雷淮徐集而雅詩作雖採風十五

國外亦繼響三百篇中洵可謂綱則有綱物從其類者矣或謂見聞之義不可無疑必涉歷之所經庶著述之非妄不知賦天門於閶闔詎必身親記帝執於羲軒匪關目擊考言詢事但使聞其所聞按部就班何異見所未見是以時當奏績入對

殿廷近咫尺之

天顏邀再三之

清問受也如響語爲必詳得自心稽非同耳食乃知五岳可以卧遊豈其天台不能遙賦劉歆若遇應登七略

之書郭璞如逢定有重申之註矣年家眷友生仁和陸宗楷皀川氏序時乾隆甲申八月之朔

琉球入學見聞錄總目

凡例

臣謹按隋大業元年海師何蠻上言海上有烟霧狀不知幾千里乃流求也流求之名始見於此由隋以後招之不服伐之亦不服其事實之見於歷代史者薦紳先生蓋難言矣自明初始通朝貢遣子入學漸染華風稍變舊習至於
聖淸受命威靈震疊文教誕敷
皇綸二錫
宸翰叠頒定兩年一貢之令沛三次入監之恩百有二十餘年其國之政俗沐浴
聖化烝烝然日進於雅視朝鮮國殆弗讓焉臣嘗歷考冊封使臣於還朝之日皆有使錄進呈顧以嚴程匆卒語言難通見聞既少諮詢亦畧率多踵舊因訛之患惟
國朝編修臣徐葆光之中山傳信錄侍講臣周煌之琉球國志畧留心考証頗稱詳明臣茲與入學陪臣鄭孝德蔡世昌同居四年逐條覈問又參閱其國人程順則等所編諸本頗多同異用是類加考訂

别爲義例其文較簡其事亦該燊以志
昭代聲教無外之盛俾來學之士不昧於其自也至於
入學事例則廣蒐博輯錄其奏牘記其廪賜志其
族姓凡教學矩規進　呈詩賦及各藝文之係乎
其地其事其人者亦以類附入令遠國君臣感
九天之雨露聽六館之鼓鐘悅周孔而化夷蠻永永年
代共被文明而後之北學者亦有所考信毋病於
闕遺焉總四卷凡千萬言皆就所見所聞而類次
之者故名之曰琉球入學見聞錄

紀實之編必有圖繪玆謹繪星野圖國都圖島嶼
圖封舟圖針路圖傳經圖所以定分度辨疆域記
安瀾志同風也其他名勝多屬鋪張器具亦爲瑣
屑見聞未確毋寧闕如
諸錄序次義例不一臣以爲琉球王爵由
天朝遣使冊封故首封爵厚往薄來我
國家柔懷之典近古未有故次以錫賚而土貢附焉
九州內外皆吾保章氏掌其星土故括分野輿地
等目曰星土冊封使臣由閩省開洋至琉球非盡
球地也故名之曰星槎而島蹟附之奉正朔受封
典該國王禮儀最肅故謹度次之佐其王守土者
有官吏故爵祿次之其君與臣治之養之教之因
其地而風俗以成故田賦食貨制度祀法兵刑風
俗次之紀風俗之同故次以書籍記風俗之異故
次以土音字母誦聲而教條附之自舜天以後世
多令辟故次以賢王而良吏民附之自此以後皆
入學事矣凡入學必請於
朝議於部故奏疏重焉學有食用故次以廪給學有

祭酒有司業有博士等官理其事有教習專其教
子弟自明及今有姓氏可考故次之曰師生在學
四年嚴其規解其疑故次之曰教規曰答問至於
進
呈詩賦及一切唱酬紀序之篇皆足志盛典廣和聲
故以藝文終焉
諸錄所載舉我
列聖及我
皇上盛典列於隋唐元明之後甚非體制茲一以

本朝爲主大書特書至前代事實則帶叙於逐目小
引之中亦無掛漏
琉球土音上承
咨問傳信錄所載甚多謬誤琉球國志並刪之不錄兹
令官生逐條辨析正其訛舛至其字母四十有七
亦詳細審問備列於篇葢亦諭言語協辭命之意
也
琉球書籍諸錄不載誦讀之聲則適其國者皆未
之聞見今就官生所攜之書從入所誦之聲分别

記錄用見言語不通心理自同其法司所著教條
亦附載一則以廣異聞
入學事例諸錄既略檔案亦多遺今特詳加蒐輯
以志
皇仁並欲請將此書存貯國子監典籍廳造入交代冊
內庶後來有所遵守易於辦理

採用書目

欽定明史
大清會典
淵鑑類函
大清一統志
隋書　南史　唐書　宋史　元史　明實錄
明一統志　明會典　韓文考異　柳子厚集
杜佑通典　資治通鑑　朱子綱目　朱子文集
朱子遺書　鄭樵通志　馬端臨通考　歷代

儒先語錄　太學志　國學禮樂錄　福建通志
寰宇記　廣輿記　廿一史約編　池北偶談
朱竹垞集　明陳侃使錄　高澄操舟記　郭
汝霖使錄　蕭崇使錄　夏子陽使錄　胡靖記
錄　張學禮使錄　中山紀畧　汪冊使琉鈔
中山沿革志　使琉球雜錄　海東吟稿　林冊
使竹枝詞　海冊使使琉球詩　徐冊使中山傳
信錄　使琉球詩　周冊使琉球國志畧　集事
淵海　瀛壖錄　星槎勝覽　職方外紀　殊域

周諮　天經或問　天文大成　朝野僉戰　四
譯館考　鄭若曾日本圖纂　高麗史　高麗通
鑑　高麗史畧　海東諸國記　日本東鑑（即吾妻鏡）
越嶠書　安南志畧　琉球各經書刻本（以後皆琉球書）
中山世纘圖　中山世鑑　閩遊草　官制
考　指南廣義　執圭堂草　觀光堂草　澹園
集　要務彙編　四本堂集　五雲堂集　何文
聲集　鄭利賓集　翠雲樓集　中山詩彙集
鄭孝德太學課藝　蔡世昌太學課藝

圖繪

琉球星野圖

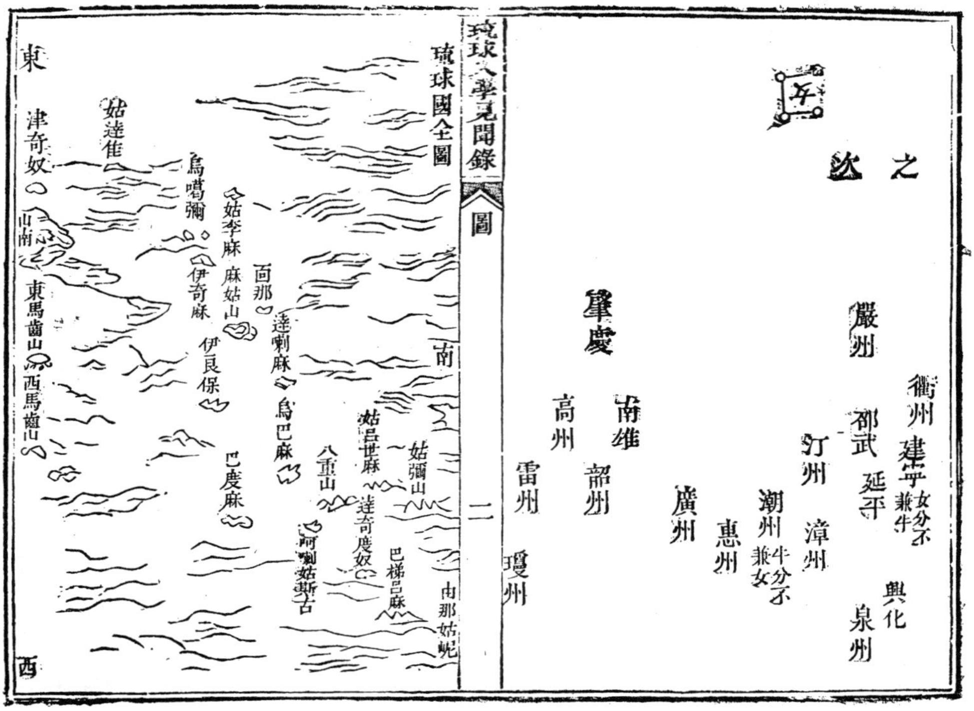
琉球入學見聞錄
圖
二
琉球國全圖
東
南
西
姑達佳
津奇奴
烏噶彌
姑李麻
麻姑山
伊奇麻
面那
達喇麻
伊良保
烏巴麻
巴度麻
姑呂世麻
姑彌山
八重山
達奇度奴
巴梯呂麻
由那姑妮
山南
東馬齒山
西馬齒山
之
汶
嚴州
衢州
建寧
邵武
延平
汀州
漳州
潮州
惠州
廣州
興化
泉州
肇慶
南雄
韶州
高州
雷州
瓊州

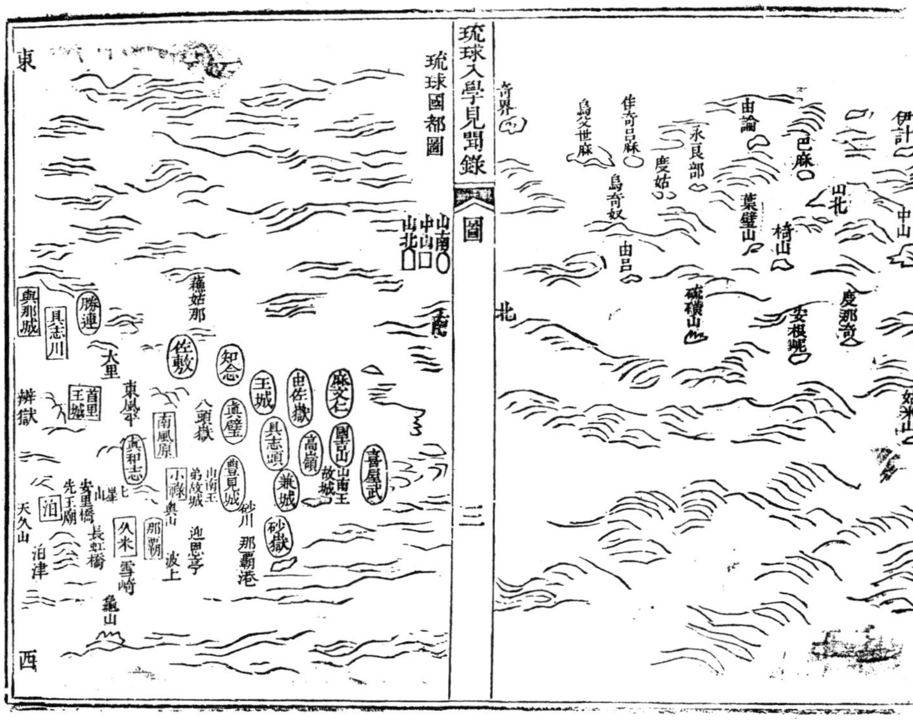
琉球入學見聞錄
圖
三
琉球國都圖
東
西
北
山南
中山
山北
與那城
勝連
具志川
大里
首里
王城
辨嶽
東風平
南風原
真和志
佐敷
知念
玉城
具志頭
高嶺
喜屋武
兼城
豐見城
砂嶽
那霸港
迎恩亭
波上
小祿
久米
泊
泊津
天久山
長虹橋
先王廟
安里橋
奇界
烏父世麻
佳奇呂麻
永良部
由論
巴麻
伊計
度姑
烏奇奴
葉壁山
椅山
由呂
硫磺山
安根妮
度那奇
姑米山

琉球入學見聞錄　圖　四

封舟圖

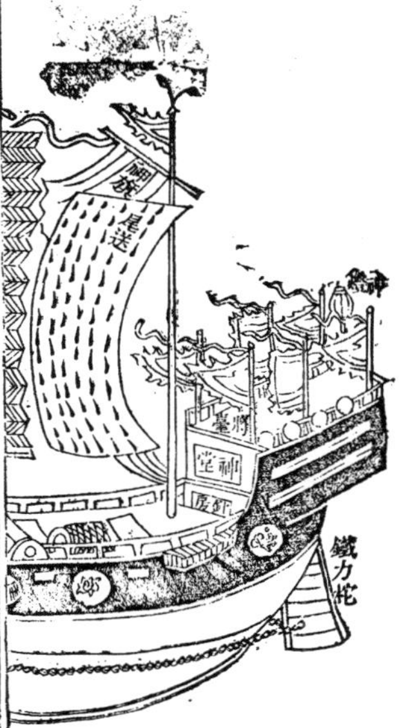

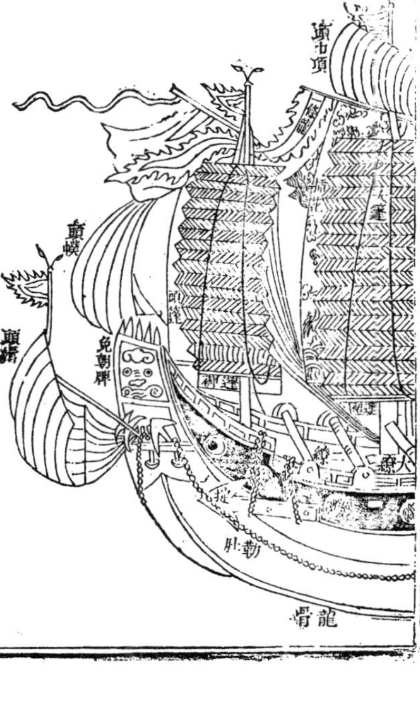

琉球入學見聞錄　圖　五

玻璃漏圖

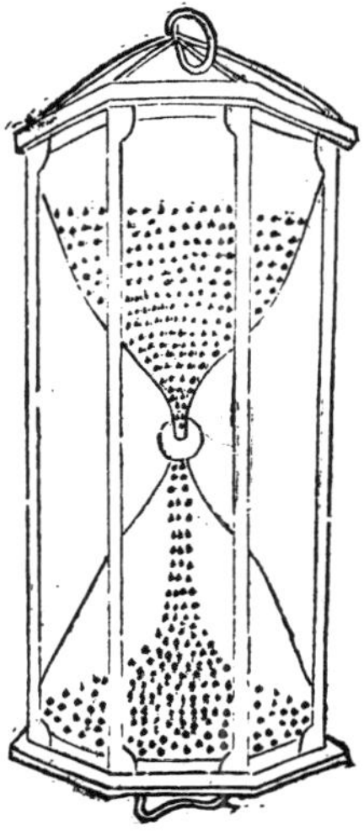

羅星圖

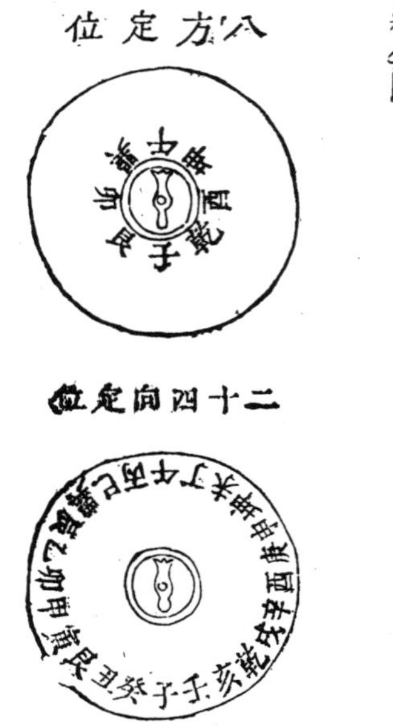

針路圖

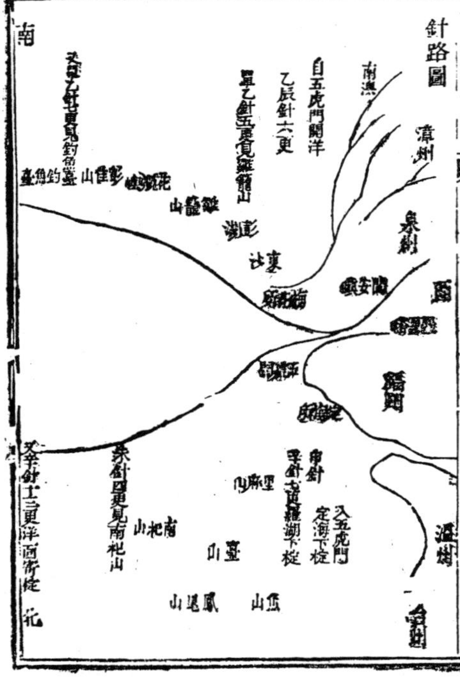

琉球入學見聞錄　圖　六

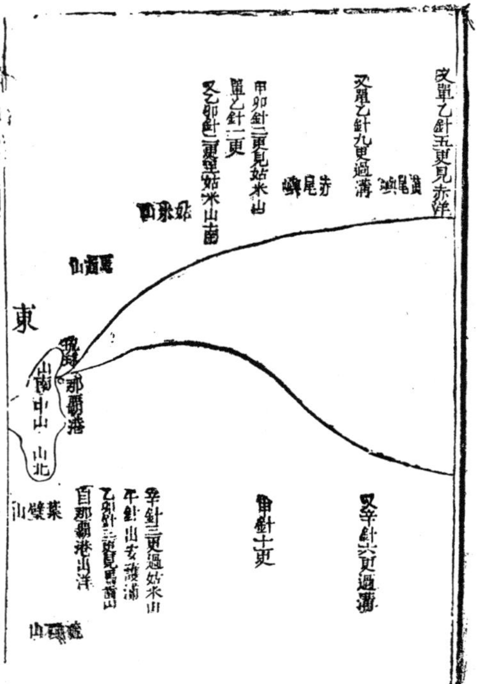

琉球入學見聞錄　圖　七

琉球入學見聞錄卷之一

琉球官學教習臣潘相恭輯

封爵

西旅貢獒越裳獻雉皆令各守爾宇永作屏藩琉球僻處海南僅如彈丸黑子自宋元以後始有統系可譜禪革互乘姓氏迭更獨思德金王（即尚圓王又神土稱龍慶雲君）有國傳世十餘歷年二百至於尚貞王以後益有令聞蓋由我

列聖之寵靈我

皇上之威德柔懷撫綏俾其與國咸休永世無窮也抑聞茲國素稱守禮之邦其亦篤於仁義奉上法自全以為蕃衛者歟臣嘗按其圖記考其世次其國初名流虬（中山世鑑云隋使羽騎尉朱寬至國於萬濤間見地形如虬龍浮水中名曰流虬）隋唐及宋曰流求（隋書云流求居海島中王姓歡斯名渴剌兜國人呼王為可老羊王妻曰多拔茶唐書云流鬼韓柳集皆稱流求）元曰瑠求（元史瑠求在漳泉福州界與澎湖諸島相對）明定為琉球國（洪武五年詔稱爾琉球）厥初一

[illegible]太荒自成夫婦曰阿摩美久生三男二女長男曰天孫氏為國主始次為諸侯始三為百姓始天孫氏傳二十五代歷一萬七千八百有二年荒遠不可信今斷自舜天始舜天者日本人皇後裔大里按司朝公子也為浦添按司宋淳熙十四年天孫氏世衰逆臣利勇弒其君而自立舜天討之諸按司奉舜天即王位五十一年卒子舜馬順熙嗣十一年卒子義本嗣十一年讓位隱北山國人立天孫氏裔英祖為王四十年卒子大成嗣九年卒子英慈嗣五年卒子玉城嗣玉城無道諸按司不朝國分為三玉城號中山王大理按司稱山南王今歸仁按司稱山北王玉城二十三年卒子西威嗣十四年卒國人廢其世子奉浦添按司察度為中山王察度者浦添間切謝那村奧間大親子也明洪武五年遣行人楊載齎詔諭之王遣弟泰期奉表貢方物中山始通於上國已而山南王承察度山北王帕尼芝亦各來貢中山山南皆各遣子入學洪武三十一年始賜中山王及臣

下冠服中山王察度在位四十六年卒子武寧遣使訃告永樂二年遣行人時中諭祭察度王詔武寧襲爵是後易世請封中朝皆遣正副使封之武寧無道有山南王佐鋪按司思紹之子尚巴志者興義兵攻山南山北并滅武寧遂奉其父思紹爲王遣使以武寧之喪來告稱爲其父成祖賜祭武寧詔思紹襲爵仍稱中山王到今因之思紹在位十六年卒子巴志嗣初賜尚姓尚巴志十八年卒子忠嗣五年卒子思達嗣五年卒子金福嗣四年

卒子泰久嗣七年卒子德嗣九年卒子世子幼國人廢之奉尚圓爲王圓字思德金生於北夷伊平即葉壁山其先莫可譜或曰義本隱北山圓其後也或曰葉壁有古嶽名天孫嶽圓故天孫氏裔也圓生有異瑞長爲内間里主累轉御瑣側德盛民歸擁而立之圓立七年卒弟宣威攝位一年奉圓之子眞爲王五十年卒子清嗣二十九年卒子元嗣十七年卒子永嗣十六年卒無世子國人立尚眞王孫懿之子寧爲王寧神主曰康翁嘉靖四十年倭入琉球執王及羣臣以歸留二年不屈歸復位前後在位三十二年卒無世子國人立尚豐豐神主曰宗盛豐爲尚永弟尚久之子立二十年卒子賢嗣賢神主曰秀英七年卒弟質嗣質神主曰直高時爲我

皇清受命順治五年戊子歲

聖人出而逆亂平四海内外悉主悉臣琉球尤先諸屬國歸順於是恭承

册命斥堠南荒歲事恪修永膺爵服矣兹攷謹錄

列聖及我

皇上錫封之典如左

順治六年琉球國王世子尚質差官奉表納欵十一年遣

勅諭繳前明勅印請册封

命兵科愛惜喇庫哈番張學禮行人司行人王垓充正副使賜一品麟蟒服給儀仗馳驛許隨天文生一人南方醫生二人齋

詔書一道鍍金銀印一顆往至福建造海船以將弁二千兵二百從因海氛未靖不至而復

聖祖仁皇帝御極謹賫學禮等復道行康熙二年至國宣
詔勅封質為琉球國中山王
詔仍順治十一年
勅則康熙元年也康熙七年王質在位二十一年卒世子
尚貞嗣康熙二十一年貞請封
命翰林院檢討汪楫中書舍人林麟焻充正副使允楫等
請
頒御書許帶修船匠役隨行製祭文二道祈報海神並給
俸二年二十二年六月至國

諭祭故王尚質宣
詔勅封貞為琉球國中山王康熙四十八年王貞在位四
十一年卒嫡孫尚益嗣三年卒世子尚敬嗣康熙
五十六年敬始告其曾祖與其父之喪並請封五
十七年六月
命翰林院檢討海寶編修徐葆光充正副使往五十八年
六月至國
諭祭故王尚貞尚益宣
詔勅封敬為琉球國中山王乾隆十六年王敬在位三十
九年卒世子尚穆嗣遣使告哀越三年遣使請襲
封二十年五月初七日
命翰林院侍讀全魁編修周煌充正副使往二十一年
七月初八日至國
諭祭故王尚敬宣
詔勅封穆為琉球國中山王

錫賚 土貢附

采菽之詩天子錫諸侯以路車乘馬元袞及黼猶
曰雖無予之又何予之而厥貢厥篚歲有常制古

先哲王柔懷羣辟率以厚往薄來為常經若乃四
夷底貢惟服食器用不貴異物不寶遠物誥誡尤
諄諄焉顧其錫予之數獻納之文書缺有間矣琉
球自明初來王朝元旦慶天壽謝勅諭賀登極進
香有儀冊東宮有賀請封謝封有禮遣子入學有
例一歲之內再至四至後乃定其年限（成化十一年定為二年一貢）簡其傔從（宣德元年定正副使來京許從二十人餘悉留閩給待成化十一年令來人止許一百多不過加五人正貢外不得私附貢物并途次騷擾）其錫予之典
有常賜有特賜臣考之洪武七年賜琉球王大統

歷及文綺紗羅正副使通事從人皆有賜九年命
刑部侍郎李浩齎賜文綺陶鐵器且以陶器七萬
鐵器千就其國市馬旋因該國不貴紈綺賞賚多
用磁鐵自洪武十年至崇禎十二年凡遣使入貢
入謝一百八十餘次燕賜胥如常例其特賜者若
十五年賜幣帛有加命尚佩監御路謙送來使十
六年賜王鍍金銀印幣帛七十二疋賜山南王亦如之二
十五年賜閩人善操舟者三十六姓以便往來今止存金梁鄭林蔡五姓又萬歷間賜毛阮二姓萬歷時王曾附奏云洪武間賜閩人三十六姓知書者

授大夫長史以爲朝貢之司習海者授通事總爲指南之備三十一年賜王冠
帶及臣下冠服永樂元年遣使賜絨錦綺幣又賜
冠帶衣服二年遣行人時中祭察度王賻布帛又
賜新王冠服宣德元年王遣使進香長陵賜海舟
一三年加賜王金織紵絲紗羅絨錦七年命行在
工部給王使漫泰來結制海舟一正統元年賜大
統歷並王及妃白金彩幣六年命遣還東影山往
他國市貢物遭風之通事沈志良等景泰五年賜
鍍金銀印天順元年賜鈔貫王遣貢言本國王府失火延燒倉庫銅錢

請照永樂宣德間例所帶貨物以銅錢給賜禮部言銅錢係中國所用難以准給宜將估計鈔貫照
舊六分京庫折支生絹其四分行文福建布政司收貯紵絲紗羅絹布等物依時值關給從之成化
十年仍以紗絹酬其自貢物值貢使沈滿志等乞如舊制折給銅錢不許成化十一年
賜立皇太子詔王及妃錦幣十四年遣使冊封王
尚真賜冠服金鑲犀帶王及妃綵幣弘治三年令
增來京人員五名增口糧二十名十六年命福建
守臣收養廣東所送該國收買貢物遭風漂泊之
吳詩等一百五十二人嘉靖十三年弛貢使在京
五日一出之禁從朝鮮國王李懌請也四十二年勅褒王送

還內地漂流人口賜鏹幣隆慶三年五年再賜勅
褒王送歸日本掠去內地人口賜銀幣自後送還被掠人口
皆獎賞如例萬歷四年命如例給賞貢使外毋五日另
給雞鵞米麪酒果二十三年命優恤遣還該國飄
風之哈那等典亦遲矣然而航海獻馬貢物多非
土產察度王入貢之物據中山世鑑云貢物有馬刀金銀酒海金銀粉匣瑪瑙象牙螺殼海巴
櫂子扇泥金扇生紅銅錫生熟夏布牛皮降香速香檀香黃熟香木香蘇木烏木胡椒硫黃磨刀石
至乃令收買於滿剌加國瓜哇國出入萬里颶颷
之中頻遭飄溺力亦稍紐焉恭逢我

列聖及我
皇上受天景命君臨萬邦一視同仁恩綸頻錫賚予稠
叠令勿貢馬勿貢非其所產謝恩之貢准作正貢
屢輟貢期弗令僕僕而官生入學於廩給外又有
遣歸之賞有加恩之賞有錫類之賞湛恩汪濊度
越萬古炎徼君臣益深感激恪共典禮歷久彌虔
臣故
恭紀於篇用昭
皇仁浩蕩穹天博地凡有血氣莫不涵濡也

順治六年尚賢弟尚質遣使入朝賜緞錦紬紗羅
三十妃二十賞正副使紬緞表裏及通事從人緞
紬表裏各有差進貢人數毋過一百五十人許正副使從人十五名入京餘俱留閩
聽賞十一年封王尚質
賜王印一緞幣三十疋妃緞幣二十疋康熙四年令琉球
貢物之飄溺海花港口者免其補進五年令貢非
土產勿進瑪瑙烏木降香木香象牙錫速丁香檀香黃熟香皆免貢貯硫黃於
閩庫二十年令琉球止貢硫黃紅銅海螺殼餘貢
免進金銀罐金銀粉匣金銀酒海泥金彩畫屏風泥金扇泥銀扇畫扇蕉布苧布紅花胡椒蘇木腰刀大刀鎗盔甲鞍絲綿螺盤俱免進二十一年賜王及妃文幣共
五十疋錫故王銀絹並
賜諭祭
御書中山世土四字賜之二十四年加賜王緞二十共表
裏五十二十八年允進貢兩號船人數可二百名
免接貢船稅合三隻之例三十一年
賜入學官生梁成楫等歸國禮部奏准賞給筵宴一次各
賞雲緞紬布等物乘傳厚給遣歸三十二年免貢
海螺殼是後定常貢熟硫黃一萬二千六百斤紅銅三千斤白剛錫一千斤外有加貢無定額
四十一年颶風壞回貢船漂人撈救柯那什庫

多馬二人令官贍養附二次貢舟回國并飭督撫
艙船令堅固以副矜恤遠人至意四十六年該國
進貢船附送內地飄風商民一十八名回籍五十
二年令養該國飄風難夷三十名於閩省之柔遠
驛附貢舟回國後沿為例五十八年封王尚敬
賜王文幣三十匹妃文幣二十匹五十九年王遣王舅向
龍翼紫金大夫程順則入貢謝封加貢金鶴等物
徐鎏金鶴二銀座全盔甲一副護手護臁全金靶鞘腰刀二銀靶鞘腰刀二黑漆靶鞘腰刀二十黑

漆靶鞘袞刀十黑漆酒金馬鞍一轡鐙全金彩畫圍屏四扇五百土綿二百紋蕉布二百土苧布一百白剛錫五百斤紅銅五百斤舊例有胡椒今缺以剛錫代之六十年加

賜王緞疋正副使以下各加賞有差雍正元年貢船頭號人員衝礁覆没奏

旨二號船貢物令來使帶回准作進貢京師仍令督撫即賞給起程二年

召見王舅翁國柱於

乾清宮

御書匾額輯瑞球陽四字賜王玉緞等物法瑯爐餅盒一分白玉盒一對

漢玉玦一件白玉鎮紙二件三喜玉盃一件青玉爐一件白玉提梁罐一件漢玉螭虎筆洗一件青玉三喜砲插一件白玻璃大碗四白玻璃蓋碗六磁胎燒金法瑯有蓋靶碗六青花白地龍鳳蓋碗十二青花白地龍鳳蓋鍾十藍磁碟十二霽紅碟十二霽紅碗十填白八寸盤十二綠龍六寸盤二十青花如意五寸盤二十青團龍大碗十二五彩宮碗十四綠地紫雲茶碗十紫檀木盒綠端硯一方粽根盒綠端硯一方上用緞二十疋又賞翁國柱銀一百兩上用緞八疋又卹病故官生蔡宏訓銀三百兩四年

召見紫巾官向得功於

乾清宮賜王玉緞等物內造緞二十疋玉方鼎一件玉雙龍水注一件漢玉方壺一件玉五老雙壽杯一件玉異獸花插一件玉荷葉盤一件玉龍鳳方盒一件玉螭虎雙壽碗一件玉雲喜巵一件玉磬一架白玻璃碗四藍玻璃蓋碗六青龍紅水七寸盤十二霽紅白魚七寸盤二十青花如意五寸盤二十綠地紫雲茶碗十青龍暗水大宮碗十二五彩蟠桃宮碗十四霽紅盤十二霽紅蓋碗十霽藍盤十二紅龍高足有蓋茶碗六青花龍鳳蓋碗十二青花龍鳳蓋鍾十法瑯爐瓶盒一分紫檀木盒綠端硯一方杏木盒綠端硯一方又賞得功內造緞八疋銀一百兩通事官緞四疋銀三十兩令沿途加賞供給准以王謝

恩加貢之物作六年正貢六年入學官生鄭秉哲等呈請歸養禮部奏准遣歸照都通事之例賞給大彩緞各二疋裏各二疋毛青布各四疋跟伴二名亦照例賞毛青布各四疋禮部賞給筵宴一次兵部給

勘合驛馬奏

旨官生等每名加賞內庫緞二疋裏二疋從人等每人著加賞緞各一疋八年奏

旨將該國是年貢物准作十年正貢十年貢物准作十二年正貢十一年不必遣使前來十年賞王舅向克濟玉磁器物黃玻璃瓶一對紅玻璃瓶一件綠玻璃瓶一件白玉筆擱一件白玉雙龍觥一件漢玉雙喜杯一件紅瑪瑙水盛一件牛油石福壽盒一件銅法瑯花瓶一件銅法瑯茶盤一件瓊石荷葉觥一件青綠鼎一件綠漆小圓盤八件哥窰四繫花囊一件藍磁瓶一件霽紅瓶二件壽青膽瓶二件哥窰瓶一件官窰雙管瓶一件填白雙圓瓶一件彩紅磁小瓶一件青花磁桃式盒

一件五彩套盃一副五彩酒鍾四件洋紅酒鍾四件乾隆四年
勑奬王遣使慶賀之忠藎
御書永祚瀛壖匾額賜之并賜王及妃文綺等物六年
以王謝
恩禮物准作七年正貢七年以進貢禮物准作九年正
貢十五年王遣官送回內地飄風人民奏
旨褒嘉賜王緞十四疋并著督撫優賞其官吏十六年
貢船附送內地飄風民三十九人奏
旨於常例外加賜王緞十四疋并優賞其官伴十九年

封王尚穆
賜詔勑文幣如往例二十二年王遣使謝封加貢金鶴
等物如前例准作下次正貢二十四年王遣官生
入學附貢圍屏紙三千張細嫩蕉布五十疋二十
六年官生恭慶
皇太后萬壽門迎
安輿奏
旨賞每人緞四疋貂四張二十九年官生等還國奏
旨著照雍正六年之例加恩賞給

星土
臣按周禮保章氏掌其星土疏云蠻貊島夷皆係
於揚州分野琉球固島夷也隋書云國居海島之
中當建安郡東水行五日而至土多山洞元史云
國在漳泉福州界與澎湖諸島相對西南北岸皆
水中山世鑑云宋景定五年西北諸島始貢於中
山咸淳二年丙寅北夷大島亦來朝元延祐元年
國王玉城嗣位世衰政廢內爲色荒外爲禽荒諸
按司不朝國分爲三大理按司據佐敷知念玉城

具志頭東風平島尻喜屋武摩文仁真壁兼城豐
見城十一國據此該國於其村縣亦稱國稱山南王今歸仁
按司據羽地名護國頭金武依江大宜味恩納七
國稱山北王中山惟有首里玉城那霸泊浦添北
谷中城越來讀谷山具志川勝連首里三平西平南平
真平地等數國明洪武庚午南夷宮古島八重山島
始入貢中山永樂癸卯尚巴志始平山南山北國
合爲一仍稱中山王顧其星野之度地輿之圖無
傳焉康熙五十八年

聖祖仁皇帝初遣精習理數之內廷八品官平安監生豐
盛額偕冊使海寶徐葆光同往測量定其分度次
舍葆光更留心記覽考其疆域覩其形勝去疑存
信繪圖以獻附於
禁廷新刊朝鮮哈密拉藏屬國等圖之後三十九府荼
列於中三十六島星羅於外北恃葉壁尾閭控其
後敵虞落漈（落漈卽尾閭也臺灣淡水外亦然）南憑那霸馬加鎮其
前冊懼衝礁（詳見後）洵海表之鉅藩也恭讀
列聖詔書

皇上勅諭皆屢諄命國王祇承寵眷永延宗社長作屏
藩乾坤覆載之恩河山有誓方茲徧矣從茲扶桑
守土益勵忠純北拱星垣南綏島嶼世世享王恭
承我
聖天子之丕顯休命
琉球分野與揚州吳越同屬女牛星紀之次俱在
丑宮舊測北京北極出地四十度福建北極出地
二十六度三分今測琉球北極出地二十六度二
分三釐地勢在福州正東偏南三里許舊測福建

偏度去北極中線偏東四十六度三十分今測琉
球偏度去北極中線偏東五十四度與福州東西
相去八度三十分每度二百里推算徑直海面一
千七百里凡船行六十里爲一更自福州至琉球
姑米山四十更計二千四百里自琉球姑米回福
州五十更計三千里乃繞南北行里數故稍爲紆
遠耳始知從前動稱萬里者皆臆度也
按夏子陽錄云以一統輿圖視之則在東南以閩
省視之則在閩之東北故去必仲夏乘西南風來
必孟冬乘東南風然冊使多用乙針直指姑米過

度中山又似實居艮方謹俟知者
國分三省中山爲中頭省山南爲島尻省山北爲
國頭省三省共分三十五府府土名間切府各有
所屬村縣曰村頭土名母喇首里及附近之府曰
泊曰那霸曰久米皆官民所居無土田俱不入間
切之數首里屬村縣二十一　崎山　金城　內
金城　新橋　赤平　儀保　西儀保　末吉
山川　新川　殿山　寒川　大中　鳥堀　汀

白次　赤田　姑場川　桃原　當藏　眞和地
立岸　泊（土音土馬爺一字三音）屬村縣二　東境　西
境　那霸屬村縣六　東縣　西縣　泉崎　若
狹町　辻山（辻音失汁一字兩音）　渡地　久米（粂字土音若念搭一
字三音今訛爲久米）屬村縣四　東門村　西門村　北
門村　南門村亦名大門村（西村皆洪武中所賜閩人三十六姓之居
不他徙故名唐營亦稱營中後改名唐榮）久米而外三十五府一曰眞
和志屬村縣十二　識名　國場　牧志　天久
松川　與儀　龜田　安里　湊川　古波藏

仲井間　上間　一曰南風原屬村縣七　宮
平　津嘉山　內嶺　本部　喜屋武（讀如腕三字一音）
神里　平川　一曰東風平屬村縣九　東風
平　富盛　志多伯　世名城　友寄　高良
山川（名同首里）　宜壽次　當銘　一曰西原屬村縣
十六　幸地　小橋川　安室　桃原（名同首里）　我
謝　翁長　平郎　小那霸　棚原　末吉（名同首里）
石嶺　嘉斗刈　小波津　與那城（與與那城府同名）
喚屋　一曰浦添屬村縣十一　浦添　伊祖

牧港　安波茶　澤岻　屋富祖　城間　西
原（與西原府同名）　內間（名同西原）　勢理客　前田　一曰
宜野灣屬村縣十二　宜野灣　謝名　普天間
新城　具志川（與府同名）　城田　嘉數　安仁屋
伊佐　喜友名　野嵩　我如古　一曰中城
屬村縣十九　中城　姑場　熱田　當間　島
袋　粤間　和宇慶　屋宜　津灞　安谷屋
伊集　渡口　喜舍場　添石　瑞慶覽　新垣
安里（名同眞和志）　中順　比嘉　一曰北谷屬村

縣十二　北谷　濱川　砂邊　野國　野里
玉代勢　屋良　桑江　嘉手納　平安山　伊
禮　前城　一曰讀谷山屬村縣十二　讀谷山
高志保　喜名　宜間　渡具知　大灣　伊
良皆　渡慶次　波平　長濱　瀨名霸　根波
一曰勝連屬村縣十　勝連　神谷　比嘉（名同
中城）　平敷屋　平安名　內間（名同浦添）　新垣（名同中城）
龜島　濱村　南原　一曰與那城屬村縣六
仲田　平安座　安勢理　上原　池宮城

伊計　一曰越來屬村縣十　越來　照屋　安
慶田　湖屋　上地　諸見里　山內　宇慶田
大古廻　中宗根　一曰美里屬村縣十八
嵩原　高原　恩納　石川　古謝　伊波　野
原　松本　田里　楚南　比屋根　與儀名同真和
志　宮里　知花　池原　嘉手苅　登川　山
城　一曰具志川屬村縣十五　安里名同真和志
上江洲　宇堅　祝嶺　中嶺　天願　高江洲
田場　田嵜　安慶名　江洲　大田　榮野

比　川嵜　兼嘉段以上屬中山省　其隸山南省者一
曰大里屬村縣十七　與那原　與古田　湧稻
國　板良敷　仲程　與那覇　稻福　上與那
原　大城　宮城　古堅　目取真　島袋名同中城
南風原名同南風原府　高宮城　真境名　當真　一
曰玉城屬村縣十一　玉城　中村渠　富里
絲數　垣花　富名腰　前川　當山　和名
與武　志堅原　一曰豐見城屬村縣十七　豐
見城　饒波　長堂　翁長名同西原　真玉橋　盛

島　與平　高嶺　儀保名同首里　我那覇　渡嘉
敷　高安　伊良波　名嘉地　田頭　保榮茂
嘉數名同宜野灣　一曰小祿屬村縣十一　小祿
上原　當間名同中城　卒宮城土音卒爲五十宮爲諕城爲五十姑
三字六音　大嶺　儀間　湖城　具志　多加良
安次嶺　赤嶺　一曰兼城屬村縣十　兼城
座波　照屋名同越來　嘉數名同宜野灣豐見城　波平　武
富　安波根　絲滿　潮平　志茂田　一曰高
嶺屬村縣五　大城名同大里　真榮里　國吉　與

座　屋姑　一曰佐敷屬村縣八　佐敷　新里
屋比久　手登根　外間　津波古　與那嶺
小谷　一曰知念屬村縣十　知念　敷名
久手堅　山口　鉢嶺　久高　外間名同佐敷　知
名　安座真　下敷屋　一曰具志頭屬村縣六
具志頭　波名城　中座　喜納　新城名同宜野
灣　與座名同高嶺　一曰麻文仁屬村縣五麻一作摩
麻文仁　米次　石原　松嶺　小渡　一曰真
壁屬村縣八　真壁　田島　真榮平　絲洲

宇榮城　古波藏 名同真和志　新垣 名同中城　名城
一曰喜屋武 國極南邊海 屬村縣五　喜屋武 名同南風原
上里　福地　山城 名同美里　東邊名　其隷山北
省者曰金武屬村縣五、金武　宜野座　與松
漢那　祖慶　一曰恩納屬村縣九　恩納
安富祖　名嘉真　山田　真榮田　仲泊　古
良波　谷茶　富津喜　一曰名護屬村縣九
名護　屋部　世富慶　安和　喜瀬　幸喜
松堂　許田　宮里 名同美里　一曰久志屬村縣十

一　久志　松田　邊野古　嘉陽　宜作次
瀬嵩　汀間　松濱　田榮良　川田　宇富良
一曰羽地屬村縣六　池城　屋嘉　伊指川
真喜武　源河　謝敷　一曰今歸仁屬村縣
十一　今歸仁　親泊　謝名 名同宜野灣　中城 名同
中城府　運天　崎山 名同首里　玉城 名同玉城府　平敷
仲宗根　吳我　天底　我部　一曰本部屬
村縣七　伊野波　浦崎　波久知　崎濱　瀬
底　伊豆味　謝花　一曰大宜味屬村縣五

屋嘉比　喜如嘉　田湊　根路銘　津渡　一
曰國頭屬村縣四　國頭　邊土名　伊地　宇
郎　三省之外有屬島三十六東四島曰姑達佳
譯爲久高　津奇奴 譯爲津堅　巴麻 譯爲濱島　伊計 譯爲池島
西三島一曰東馬齒山屬間切一　渡嘉敷 名同豐見
城　一曰西馬齒山屬間切一　座間味　別有姑
巴汎麻山　一曰姑米山 譯曰久米島在國西四百八十里產五穀土綿
繭紬白紙蠟燭螺魚雞豚牛馬由福州至國必針取此山爲準　屬間切二　安河
具志川　仲里　西北五島曰度那奇 譯曰度名喜島

安根呢 譯曰粟國島　椅山 譯曰伊江島　葉壁山 土名伊平屋島
硫磺山 一名黑島置採硫磺數十家其人曰爲硫氣薰灼皆如羊不精明　相近有
灰堆山　尤家埠　移山輿　東北八島 國人皆曰烏父世麻過此
爲土噶喇七島土噶喇亦作度加喇　由論　永良部　度姑 譯曰德島
由呂　烏奇奴　佳奇呂麻　大島 即小琉球之地屬二
百餘村縣物產最多有四書五經唐詩等書　奇吤 亦名鬼界此外又有厂島中島諏訪瀨島
惡石島臥蛇島平島寶島共七島國人統呼之曰土噶喇或曰即倭也以非琉球屬島故不載　南
七島曰太平山　伊奇麻 譯曰伊喜間　伊良保　姑
李麻 譯曰古裏間　達喇麻　面那　烏噶彌　西南

九島曰八重山　烏巴麻譯曰守波間　巴度麻譯曰波渡
間　由姑那呢譯曰與那國　姑彌　達奇度奴譯曰富武
姑呂世麻譯爲久里島　阿喇姑斯古譯爲新城　巴梯呂麻
譯曰波照間
臣按汪楫錄云琉球國三省幅員可五六千里東西長南北狹徐葆光謂其國里數以中國十里爲一里今以中國里數定之乃南北長四百四十里東西皆見海周煌琉球志從之兩官生弗是也至屬島則徐錄謂水程南北三千里東西六百里前史所載高華黿鼊諸嶼今皆無其名澎湖島與臺灣相近并非球之屬島彭家山釣魚臺花瓶嶼雞籠山小琉球太平山等皆去中山省二三千里而見山鄭子若著琉球圖乃圖於那霸港及歡會門之左近外謬甚矣

星槎島蹟附

周官小行人之職使適四方必錄爲一書反命於王以周知天下之故漢唐而後尋源泛槎始及於海外諸國矣琉球自隋大業三年令羽騎尉朱寬入海求異俗海師何蠻與俱往抵其國語言不通掠一人而返明年寬復受命往撫之不服武賁將陳稜率昆崙軍人通語言者往終不服逆戰爲稜所敗掠男女千人歸是遂絕元世祖至元二十八年海船副萬戶楊祥請以六千軍往降之給金符齎詔以行出海洋遇掠一山軍小挫未至瑠求引還成宗元貞三年福建省平章政事高興上言瑠求可圖狀遣省都鎮撫張浩等往襲之禽生口百三十人抗命如故明洪武五年遣行人楊載齎詔至國中山王察度及山南山北王始皆遣使入貢九年遣刑部侍郎李浩就其國市馬十五年遣尚佩監奉御路謙送來使返國永樂元年遣行人邊信劉亢齎賜絨錦綺幣二年遣行人時中立武寧十三年遣行人陳季芳封山南王二十二年遣行

人周彝祭尚思紹洪熙元年遣中官柴山封尚巴志宣德七年復命柴山齎勅令王遣人齎往日本諭其朝貢明年日本遂來朝正統七年遣給事中俞忭行人劉遜封尚忠十二年遣給事中陳傳行人萬祥封思達景泰二年遣左給事中喬毅殊域周咨作陳誠行人童守宏童一作董封尚金福六年遣給事中嚴城殊域周咨作李秉彝行人劉儉封尚泰久天順六年遣吏科右給事中潘榮行人蔡哲封尚德成化七年遣兵科給事中管一作官榮行人司行人韓

文封尚圓弘治十七年武宗登極遣行人左輔頒
詔至國嘉靖十一年遣吏科左給事中陳侃行人
司行人高澄封尚清澄始有操舟記侃始有使録
録云十三年五月初八日自广以冉切石放洋共十
八日至那霸自九月二十日開洋共九日至定海
及還朝奏言海中颶風濤之險多藉神休乞賜諭
祭從之已而國王遣謝且言侃等却餽金四十兩
上特命侃等收受三十七年遣給事中郭汝霖行
人李際春封尚元汝霖使録云四十年五月二十

九日自梅花開洋共十一日至那霸十月十八日
開洋共十一日入五虎門及還朝諭聽汝霖等辭
餽金四十兩旌嘉其遠行著勞各賜銀幣萬曆四
年遣戶科左給事中蕭崇業行人司行人謝杰封
尚永崇業使録云七年五月二十二日自梅花開
洋共十四日泊那霸港十月二十四日開洋共九
日進定海二十九年遣兵科右給事中夏子陽行
人司行人王士禎封尚寧子陽使録云三十四年
五月二十四日自梅花開洋共八日至那霸港十

月二十一日開洋共十一日到五虎門崇禎二年
遣戶科左給事中杜三策行人司司正楊掄封尚
豐三策從客胡靖録云六年六月初四日自梅花
開洋共六日到那霸港十一月初九日開洋共十
二日到五虎門封舟例以夏至後乘西南風至琉
球以冬至後乘東北風回福州然北風凛烈不比
南風和緩故歸程尤難其回閩之最安吉者惟蕭
崇業乃以十月二十四日放洋海船三老皆言無
論冬至遲早總以十月二十後東風順送爲吉若

冬至前後則風勢日勁浪從船上過矣正月颱颶
最多應期不爽萬無行舟之理二月則多霧恐風
順而遇山不見反至逼山且龍蟄時多出海復有
龍起船傍水沸立二三丈之患清明以後地氣自
南而北則南風爲常霜降以後地氣自北而南則
北風爲常反是颶颱將作矣正二三四月多颶五
六七八月多颱颶驟發而倏止颱漸作而多日九
月則北風或至連月俗稱九降風間有颱起亦驟
至如颶遇颶已危遇颱難當十月以後多北風颱

颶無定期舟人視風隙以來往凡颶將至天色有黒點急收帆嚴柁以待之稍遲則殆矣凡颱之將至天邊斷虹見若片帆者曰破帆稍及半天如鱟尾者曰屈鱟若見北方者比他方尤虐又海面驟變多穢如米糠及海蛇浮游皆颱颶之徵十二月二十一日起風一日應來年正月一月多風二日應二月後皆以次遞應或一日風作一次二次則來年所應之月颱亦一次二次多亦如之無不驗者俗傳暴期不在本日則前後三日又日值箕畢

翼軫四宿亦主起風皆宜避不得謂誣也渡海船二座自五虎門至姑米山四十更自姑米至定海所五十更一更六十里以沙漏定之漏用玻璃瓶兩枚細口大腹一枚盛沙滿之兩口對合中通一線以過沙倒懸針盤上沙盡為一漏復轉懸之計一晝夜約二十四漏每二漏半有零為一更風緩船遲雖及漏刻尚不及更風疾船速未及漏刻已逾六十里為過更也又以木柹即木柴從船頭投海中人疾趨至梢人柹同至謂之合更人行先於柹為不及更人行後於柹為過更船尾安用針盤羅星以山為準自福州往琉球出五虎門取雞籠山花瓶嶼彭家山一作平佳山釣魚臺黃尾嶼赤尾嶼姑米山馬齒山諸山皆偏在南夏至取山北過乘西南風參用辰巽等針袤繞南行以漸折而正東收入那灞港自琉球回福州出姑米山取溫州南杞山臺山里麻山一名霜山諸山偏在西北冬至取山南過乘東北風參用乾戌等針袤繞北行以漸折而正西收入定海所進五虎門達福州琉球雖地勢

東西正對然船身宜上不宜下故前明封舟不至落北者惟夏子陽餘皆多用卯針以致飄過北山故指南廣義主用卯針之說不可信也徐錄周志言之詳矣欽惟我

朝

聖德天威震疊寰海神靈效順凡四次乘槎之使無不

憑藉

詔勅履險若夷從容成禮無辱冊命且各訪其山川形勝錄為一編恭呈

乙覽臣故類輯於左以見東風應律海波安恬洵非虛誣云爾

順治十一年命張學禮王垓封王尚質康熙元年始行二年四月內登舟（舟長十八丈寬二丈二尺深二丈三尺）六月初七日梅花開洋初九日過分水洋十一日見巨魚如山十二日過糠洋自梅花七日不見山十五日見北山十九日泊伊蘭埠地近龍潭二龍見大桅決鐵箍失二三轉至山南二十五日次溫鎮抵那霸港（共十九日）十一月十一日冬至十二日登舟十

四日開洋過姑米山十六日颶大作桅半折霹靂斷桅十八日勒索斷柁浮十九日風止起柁二十一日興鳥集戰臺二十三日見浙江山二十四日到五虎門（共十一日）

康熙二十二年命汪楫林麟焻封王尚貞用二鳥船（長十五丈寬二丈六尺）六月二十三日開洋雙魚導引萬鳥回翔二十四日酉刻過釣魚臺二十五日過赤嶼薄暮祭溝二十六日過馬齒山至那霸港（計四日）十一月二十四日開洋二十七日過姑米山二十八日夜初颶大作大桅鐵箍斷十三項繩斷金拴裂尺餘十二月初二日見南杞山初四日泊定海（共十一日）

康熙五十八年徐葆光海寶封王尚敬用商舶二（長十丈寬二丈八尺深一丈五尺）五月二十二日出五虎門開洋出五虎門自此始二十四日過米糠洋二大鳥集桅二十九日見葉壁山回針東南取讀谷山收那霸港六月初一日登岸（共十日）五十九年二月十六日開洋日入見姑米山十七日二龍見水沸立二

十日過溝二十一日大霧有鳥集桅二十二日雙燕集桅二十四日至魚山口入至鳳尾山二十七日見盤山日入一更至臺山二十八日夜颶作椗走二十九日至霜山日晡至定海所（共十五日）

乾隆二十一年全魁周煌封王尚穆用民船二座（長十一丈五尺寬二丈七尺五寸深一丈四尺加上棚六尺前九艙中八艙後七艙水櫃二水桶二共受水六百二十石）六月初十日出五虎門過官塘進士門開洋夜見雞籠山十一日日入後見釣魚臺連日俱有大魚夾舟左右或三或四又宿洋鳥繞檣而

飛十二日見赤洋是夜過溝祭海十三日見姑米山姑米人登山舉火爲號舟中以火應之十四日姑米頭目率小舟數十牽挽至山西下椗十五日又挽至山北下椗距岸約三四里許二十二日大風二十四日風愈暴夜四鼓大雷雨椗索十餘一時皆斷椗走龍骨觸礁而折底穿入水倏見神火飛向桅末焚招風旗而墜又海面一鐙浮來若烟霧籠罩狀衆悉呼曰天妃遣救至矣須臾船身直趨向岸一礁石透入船腹不動亦不沉乃得登岸

二十二年正月三十日開洋至馬齒山安護浦下椗初四日出澳過姑米山初五日夜過溝祭海初七八九日大霧不見山寄椗初十日早白虹見霧開見台州石盤山午復大霧白虹再見東北風起椗見溫州南杞山十一日至羅湖下椗十二日收入定海所下椗十三日進五虎門

環島皆海也海面西距黑水溝與閩海吩由福建開洋至琉球必經滄水過黑水古稱滄溟溟與冥通幽元之義又曰東溟琉地固巽方實符其號而黑水溝爲中外吩水過溝必先祭之東臨日本薩摩洲（指南廣義作耍是麻）常與交市一葦可航北望野古可直逼高麗南逼臺澎淡水後之溜山與葉壁後之潊水同屬尾閭沃焦之壤而三十六島水中復有沙舟隱現斷續若草蛇灰線馬跡蛛絲海潮之進退有度朝而至者爲潮夕而至者爲汐山海經以爲海鰌出入浮屠氏謂爲神龍變化抱朴子以爲兩水相合相盪而成然必疾風暴雨始足以張其勢盧肇以爲日出於海衝激而成高麗圖經謂天

包水水承地地沉則水溢地浮則水縮之數說者皆未足深信獨邵子以爲海潮者應月之喘息余襄公以水之應月各從其度二說爲是故月臨卯酉則水漲於東西月臨子午則水平於南北福州與各省之潮皆然獨琉球較福州每潮率後三辰望日福州午時潮滿琉球則滿以戌時餘日因以遞遲

三省之山曰崎山（上有望仙閣下爲雩壇壇側有茶亭亭旁有石巖又有堂曰東苑汪楫書額）　升鰲山　石虎山　龜山　勒馬巖

萬松嶺一名萬歲嶺取嵩呼之義泊山　天久山　輿山　鶴
頭山　辻山舊演武場女集在焉波上八月十八夜候潮於此爲中山八景之一
雪崎山有洞可憩正三五九月男女同至拜禱龜山在雪崎東北與前同名識
名山東苑八景之一七星山　壺家山　中島多蕉樹爲中山八景
之一浦添山　姑場山卽姑場嶽○以上中山省石火山　小祿
山　儀間山有瓦花村多米廩大嶺　高嶺山南王故城國吉
山　櫻島山以上山南省金武山　恩納山　名護山
一稱名護嶽佳楚山一名宇勝嶽爲一國最高之峯運天山多稻田以上俱山
北省屬島之山凡島皆山茲特於島中之小山著名者揭書其一二清水山

菊花山　永名山俱在大島筑山在太平島土名七姑山上有碧于亭金
城山在姑米山松杉蔽天下有甘泉瀉布崖直下如瀑布○以上外島水泉之利
有瑞泉在王城歡會門內鄭孝德等有記龍潭　奇泉　吉泉
笠泉　泊津西流入海那霸港首里西十里直達大洋港中流有巨石名曰馬
加四圍皆鐵板沙沙堅踰鐵嵌空嵯岈長沿乎海潮長則沒舟誤觸輒碎國人恃爲金湯南北跨海
築長堤建兩砲臺漫湖卽那霸港所停潴處水中一石甚奇聳正對久米村口泉
冊泉　天眞泉　無漏溪宋淳祐中有惡蛟爲害義本王欲以宜野灣妻
章氏祭之其女眞鶴捨身代母感神滅蛟王以女配王子玉泉祈雨處饒波　玉
湖　砂川　樂平泉　惠泉　芳泉　富藏河

諸喜泉　轟泉　手水　許田湖　大榮川　親
川泉　獲劍溪　運天江亦名運天津舟多泊此○以上國中白川
上行瀑姑米山之瀑自下而上盤踰山脊乃旁溢四注面那水　赤瀨
溫泉
橋梁之著者龍淵橋　天女橋　觀蓮橋　臨海
橋　泉崎橋雙門拱月皓魄澄虛一碧萬頃如玻璃世界爲中山八景之一金城
橋　泊橋　眞玉橋　石火橋　大里橋
名勝之蹟
天使題爲八景曰崎泉夜月臨海潮聲唐榮竹籬龍洞

松濤筍崖夕照長虹秋霽城嶽靈泉中島蕉園又
有迎恩亭明洪武時武寧王建爲迎詔之所却金亭爲明嘉靖冊使陳侃建
息思亭明嘉靖冊使郭汝霖有息思亭說灑露堂在舊天使館內東苑在崎
山汪楫有記茶亭　同樂苑　觀旭峯　神木　全宮
戲馬台　翠巖　白金巖　龍洞八景之一金峯洞
嶮石　受釖山　山南故城山南王子孫那姓居之山北
故城　山南王弟故城　佐敷殿　尙圓王舊宅
麻氏隱居　毛家園　澹園蔡溫別墅碧放亭　山
北王塋在今歸仁運天村上人呼百按司墓尙圓王祖塋在葉壁山中有一

宛轉如中山王祖塋在王城西南張錄云塋中無
游龍……塚石圻鐫中山王祖塋前五
峯相對左右有情沙
水相映前山開壙
謹度
小國之保邦在畏天畏天則制節謹度而不敢縱
逸琉球臣事中朝世修職貢前明制詞已稱爲守
禮之邦池北偶談云冊使奉命恭請俯賜
御書該國得守禮之邦四大字誤矣
忠順可嘉王城坊榜厥額爛焉況逢我
國家文治遐敷
皇恩覃被百數十年寰九有八紘而甄陶之一時壘區

蛟穴儼類錦城花嶼星棋共環芳甸君若臣之所
以虔奉
天朝者幾於志敬而節具志和而音雅謹爾侯度庶無
愧云
正朔遵奉時憲書貢使來齋回之先特設通事官
豫依萬年書推算應用書面有五十九字云琉球
國司憲書官謹奉教令印
造選日通書權
行國中以俟
天朝頒賜憲書頒到日通國皆用憲書共得稟遵
一王之正朔是千億萬年尊王嚮化之義也冬至
元旦王皮弁執珪率陪臣北向遙賀

皇上萬萬歲行三跪九叩頭禮
皇上萬壽聖誕王率陪臣北向祝如元旦禮
二十一年冊封禮先是王世子承襲之三年取具
通國臣民結狀遣貴臣齎表請封禮部上其議
特命正副使二員賜東珠頂帽一品麒麟服初賜副使
白澤康熙
五十九年均
賜麒麟服齎
詔勅往馳驛至閩登舟行至那霸港王世子遣貴臣來
迎舟數百引至邽金亭下搭浮橋直接亭階陪臣
班列儀仗鼓吹皆集亭左右迎請

龍亭登岸衆官前導王世子吉服跪迎道左復至迎恩
亭中香案前行三跪九叩頭禮恭請
皇上聖躬萬安使臣謹對
聖躬萬安禮畢復導迎至天使館奉安
詔勅節印王世子旋至館候問使臣對拜待茶畢送出
諭祭先一日長史等官灑掃廟堂設香案於廟中司香
二人設開讀臺於滴水西首設開讀位東南向設
故王神主位於露臺東首西向設世子俯伏位於
神主位之下北向設世子拜位於露臺中北向設

衆官拜位於世子後之左右設奏樂位於衆官拜
位之下北向次日黎明法司以下官金鼓儀仗齊
集天使館叅見畢請
龍亭進公館中堂捧軸官捧
諭祭文奉安
龍亭内（彩亭二載祭帛祭銀）奏樂引禮通官唱排班各官行三跪
九叩首禮畢前導至安里橋世子素衣角帶率衆
官跪於橋頭道左
龍亭暫駐世子衆官平身天使趨前分立龍亭左右引

禮通官唱排班世子率衆官行三跪九叩頭禮畢
世子前導由廟東角門進立故王神主側
龍亭進中門至廟内中堂天使左右立宣讀官展軸官
由西角門入至開讀臺下東向立司香者舉案置
龍亭前添香世子上露臺率衆官行三跪九叩首禮畢
復立神位下捧軸官由廟東邊門進天使授
諭祭文由中門出上開讀臺立案右展軸官立案左宣
讀官就開讀位世子率衆官俯伏於故王神位下
西北向引禮通官唱主祭官就位天使詣故王位

前上香獻爵不行禮引禮官唱開讀讀畢引禮官
唱焚帛世子平身至焚帛所捧軸官捧謄黄加帛
焚之焚畢捧軸官捧
諭祭文由正中門入奉安
龍亭内世子率衆官回露臺行三跪九叩頭禮謝
恩禮畢天使詣故王神位前行一跪三叩頭禮世子率
衆官俯伏神位側禮畢退班世子捧神主由廟東
邊門進廟内安於東偏神座出謝天使行一跪三
叩首禮天使答拜世子出更衣天使易服世子揖

至前堂天使居東世子居西皆四拜安坐正使東
首副使西首南向世子西首東北向不設樂世子
親獻茶酒天使辭紫金大夫代獻天使酬獻世子
亦辭引禮通官代獻席終天使至滴水前升輿世
子下階揖别衆官門外跪送是日世子遣官詣館
謝天使次日遣官入城答謝
冊封先一日所司張幄結彩於天使館備
龍亭三座綵亭二座經過處皆結彩造板閣一極爲
闕庭設於王殿庭中中置殿陛左右層階設

御案五於闕庭中中案奉
節左案奉
詔勅右案置印邊左置
賜王幣邊右置
賜王妃幣設香案於
闕庭前設司香二人於香案左右設世子受賜宁位
於香案之前設宣讀臺於殿前滴水之左設世子
拜位於露臺之正中設陪臣拜位於世子後左右
層列世子左右並引禮官二員衆官左右立贊禮

官二員陳儀仗於王殿左右設奏樂位於衆官拜
位之下次日黎明法司以下官皆吉服候於館外
金鼓儀仗畢備天使啓門參見畢迎請
龍亭入公館中堂正使捧
節副使捧
詔勅捧印官隨行各安奉
龍亭中捧幣官捧緞疋置於左右彩亭中奏樂排班衆
官行三跪九叩頭禮畢前導世子率衆官伏迎於
守禮坊外

龍亭暫駐世子衆官平身天使趨前分立
龍亭左右引禮官唱排班世子率衆官行三跪九叩頭
禮接
詔禮畢世子前導入國門立殿下
龍亭進至奉神門執事者脫節衣奉
節授正使奉
詔勅授副使奉印授捧印官捧幣官分捧緞幣隨行至
闕庭正中各安奉
御案上天使分立左右捧

詔官捧
勅官立殿陛下宣讀官立開讀臺下司香者舉香案於
御案前添香奏樂引禮官引世子由東階升衆官各就
拜位世子詣香案前樂止引禮官唱跪世子衆官
皆跪引禮官唱上香案右司香者捧香跪進於世
子之左世子三上香訖平身奏樂引禮官引世子
出露臺就拜位率衆官行三跪九叩頭拜
詔禮畢平身樂止副使詣前正中立捧詔官捧勅官由
東階升奏樂副使取

詔授捧詔官取
勅授捧勅官高舉下殿階同宣讀官上宣讀臺奉
詔勅並置案上引禮官唱跪世子衆官皆跪引禮官唱
開讀樂止捧詔勅官以次對展宣讀官讀畢引禮
官唱平身世子衆官皆平身奏樂捧詔勅官各捧
詔勅升殿陛副使仍安奉
御案上捧詔勅官下東階國王率衆臣行三跪九叩頭
謝封禮畢平身樂止
天使宣制曰

皇帝勅使賜爾國王及妃緞幣引禮官引國王由東階
升法司官隨行至受賜子位跪奏樂正使取國王
緞疋副使取王妃緞疋一一傳授國王國王高舉
法司官跪接傳置案上畢平身引禮官引國王復
位率衆官行三跪九叩頭謝賜禮畢平身樂止天
使宣制曰淸字篆文告成另鑄新印
皇帝勅使賜爾國王頒受引禮官引國王由東階升法
司官隨行至受賜子位跪奏樂天使取印親授國
王高舉法司官跪接仍傳置案上畢平身引禮官

引國王復位率陪臣行三跪九叩頭謝賜印禮畢
平身樂止引禮官引國王由東階升至香案前跪
請留
詔勅爲傳國之寶法司官捧前代
詔勅一一呈驗天使驗明允所請副使捧
詔勅親授國王國王平身仍安奉
御案上法司官捧舊印授國王國王跪授天使仍併置
御案上奏樂引禮官引國王復位率衆官行三跪九叩
頭謝

恩禮畢平身正使取
節執事者加節衣仍置
御案上詔勅印幣法司官等捧入內殿
節案舊印案仍設
闕庭中各派官員敬謹守護國王請天使拜
御書引上殿閣天使瞻拜禮畢國王請天使更衣同往
北宮奏樂並四拜禮畢安坐獻茶一如前儀席終
王前導至
御案前正使奉節副使奉印各安奉

龍亭內天使隨出奉神門與國王揖别各乘輿王先行
率衆官出歡會門外俟
龍亭回過跪送天使至出輿國王揖别衆官皆跪送是
日王遣官詣舘謝次日天使遣官入王城答謝越
數日王率羣臣於府中北面謝
恩越二日詣天使舘拜謝王戴皮弁常服黑紗帽旁斜展兩翅服蟒
衣玉帶垂裳結佩乘十六人肩輿鼓吹八人鳴金
四人方棍二人紅隔路二人旗十二人鐵乂二人
曲鎗二人佷牙鈎二人長鈎四人鉞斧四人長桿

鎗三十二人月牙乂四人雞毛帚十二人馬尾帚
二人大刀二人黃繖二人花繖二人看馬四人提
爐二人黃緞團扇二人綠珠團扇二人印箱二人
衣箱二人紅桿槍四人長腰刀四人黑腰刀二人
長砍刀四人舊有武士戴銅假面衣漆甲帶刀者數十人今無大掌扇一
人金爐二人以下俱近侍小童手執名察度奴示金葫蘆二人綠珠
兜扇二人小鵝毛扇四人蠅拂二人金漆匣二人
法司以下皆從行紫帕二十人黃帕百餘人王經
行之處久米人列盆花數十種於泉崎橋堤上經

以朱欄刻木作麒麟形題云非龍非彪非熊非羆
王者之瑞獸那霸人於下天妃宫前植大松數株
疊假山數堆作白鶴二子母鹿三四池上結一大
葡萄棚池中浮水刻鯉魚數箇竹欄環之旁豎木
坊扁曰偕樂坊柱懸一長板題曰麀濯濯鳥翯翯
物魚躍王歸則撤之王復出則復設如故王先至
更衣處差長史來稟王轎至頭門巡捕官跪請轎
進至儀門王欲下轎巡捕官跪請如前國王至滴
水前下轎天使進前迎接一揖拱上大堂交拜一

跪三叩首禮畢天使請國王更衣揖讓登席一如
前儀席終王辭回一揖天使送至滴水同一揖國
王上轎一揖天使亦一揖王轎至儀門巡捕官跪
送
宴使臣有七諭祭冊封中秋重陽餞别拜辭登舟諭祭不奏樂不簪
花天使世子肅容堂上各一席隨弁左廡國相陪
之從客右廡紫金大夫陪之俱各一席皆高座兩
廂及堂左右全半廩給口月糧等分坐以長史大
夫等官陪之通事時在天使左右傳譯不預席冊

封奏樂簪花中秋演劇重陽觀龍舟競渡餞別如前拜辭宴畢王先至世子第中更設小座手奉三爵爲別望舟宴畢王面致金扇一握爲別登舟後

王率陪臣詣迎恩亭恭送

節印跪請

聖安俱如前禮隨遣法司王舅齎表謝

恩於常貢外加貢物又將屢次宴金二封共一百九十二兩具本請

欽賜使臣收受（前兩次俱着收受此一次不着收受）

天使初進館陪臣分三班進謁皆一跪三叩頭白事必長跪命坐賜茶天使每日有供應極豐王又遣紅帕察度奴示押送瑞泉水各二石朔望及五十兩日遣陪臣起居餽食進謁如儀隨弁二員有每日供應又有全廩給半廩給口糧月糧各皆豐備以待隨行員役（以上記封爵典例）

卷之一終

琉球入學見聞錄卷之二

琉球官學教習臣潘相恭輯

爵祿

王臣公公臣大夫大夫臣士天子經畧諸侯正封古之制也顧古爵莫貴於公侯今王亦爵也琉球王爵錫自中朝臣下之秩惟洪武間賜閩人三十六姓知書者授大夫長史以爲朝貢之司習海者

授通事官爲指南之備今可考者若程復葉希尹從國王之請命以寀官兼通事職右長史王茂左長史朱復（江西人）從王請命爲國相他皆聽其自置待屬國宜然也臣就其官制考之官雖有品不必品有其人官雖分職不必職專其事而班列不同祿糈各別蓋亦凜然名器之不假焉

國王初嗣位稱權國事請封見冊使稱中山王世子受封後始稱王

王國之官有王子（總理一郡或二郡或世領一郡稱某間切按司）按司（爲一

王子及貴臣遙領之按司一爲各土著世業之按司或授以朝列或充王壻皆令常居首里王子按司不係品有才德者授國相職國相左右二員正一品法司官三員從一品紫巾官紫金大夫加法司銜正二品紫巾官紫金大夫從二品耳目官四員正三品正議大夫加耳目官銜從三品吟味官徐錄作贊議正議大夫俱正四品御瑣側那覇官中議大夫長史都通事察侍紀官俱從四品正殿遏闥理官正五品副通事從五品正殿勢頭官正六品加勢頭官從六品里之子親雲上正七品筑登之親雲上從七品正殿里之子土名察度奴示正八品里之子座從八品正殿筑

登之正九品筑登之座從九品久米府設紫金大夫四員正議大夫中議大夫都通事官又於紫金內選一人總理唐榮司於正中議都通內選二人爲長史專主朝貢禮儀文移兼治其府事有大事則總理司集諸大夫會議裁決皆久米秀才習漢文者任其職而遞陞之各府舊制遣按司涖治之權重兵爭後改令聚居首里遙領其地歲遣察侍紀一員知其府事屬島有世襲頭目王給黃帽爲酋長又遣中山黃帽官涖治之名監撫使三歲一易土人

稱之曰在番役徐錄有元侯郡侯郡伯邑伯等官今皆無之祿糈三等有俸米按時給領官罷則已有采地或一郡兩郡或一邑數邑或計畝子孫以次遞減至曾孫則不減永爲世祿有功米俗訛稱切米視功爲額於俸米采地之外加數百石或數十石有終其身者有限其年世者有永爲世業者

田賦食貨附

凡居民財必因天地寒煖燥濕廣谷大川異制琉球地居炎徼常煖而少寒隆冬無冰霜雪希降草

木常青蚊至冬不收聲歲以十月布秧五六月熟七八月後多大風拔苗故田止一種米惟王族官家食之小民止食番薯厥田厥賦均曰下下自入貢中朝藉以貿遷有無供其國用欣逢我

列聖軫念窮藩屢免方貢馬匹弛海舶市貨之禁物力更紓焉至其土產之充貢獻供投贈者舉無足羅列浙閩人遇何樓所市至舉以相訾謷曰琉球貨其土性然也然而曝日獻芹情餘於物又況猥瑣荒惟出於山經海志之外飛車砮矢豹鼠鯷魚固與

昆刀火浣均非可遺觀月令辨土宜定田制別賦
役考農功察民用凡鳥獸草木蔬果之爲食貨者
悉附焉
田有公田有私田王府公田民耕之輸米於倉歲
有常額各官采地公田亦民耕之官民均分應派
公費出於官分之半不派民也二項田俱不得賣
買私田則民所應募開墾者每畝量納官米聽爲
世業仍許賣買價值甚昂畝約二三百金平時上
下各食其土無他誅求易世請封則豫派取各府

暨屬島穀米苧布積數年以供宴犒諸用事畢乃
止力役之法每歲各地頭比戶派定人數有事按
名受役每人役二日大事則盡役之官廨胥徒卽
種采地之人視官秩爲多寡月一更之至雞豕薪
米亦計米石之數而以時供之
穀之屬　稻　赤秔米　黃小米　黍　粱　麥
有三種　菽　麻　芝麻　番薯莖葉蔓生瘠地可種生熟可食民以爲糧
○按此物內地多有徐錄不知乃以爲異產
貨之屬　絲粗黑○乾隆二十八年國王奏求於內地照舊配買絲觔禮部援例駁奏

奉旨特加恩許其買絲棉極貴少出價　綢土綢繭綢　棉布　絲布絲經麻緯
一名羅布　蕉布縷芭蕉皮爲絲織之　麻布各布皆花紋相間綦組斕斒亦用五色染之
草蓆　茶間有出者　鹽　酒國中出燒酒味甚烈太平山出紅酒名太平酒八重山出
者名蜜林酒土噶喇出醇酒以米肌從女子口中嚼汁而成形如乳酪而味淡甘埋之土中經年取
作燒酒味醇無比　油　蠟　燭　椶　糖　煙　扇　金
偶出　銀作長條或彈子大多自日本來閩人謂之球餅舊餅一兩抵紋銀八錢新餅一兩抵七錢
錢自鑄小錢鉛鐵銅雜用大不及鵝眼無輪廓一文字每貫一百長寸許或三十或五十或一百
十皆各成貫以紙封固鈐之以印亦有私鑄者中國錢甚少或曰常用日本寬永等錢　珠螺蚌
中間有之圓而無光　蘸鐵　刀　漆器　石　珊瑚　松紋

硫磺充貢物　紙棉紙清紙護壽紙又有花紙可裱圍屏　筆鹿毛爲之管最短
鳥獸草木蔬果往往與中國同但獸無驢騾兎獐
與虎豹豺狼熊羆耳其異產則蔬之屬有紅菜
雞腳菜　麒麟菜　松露　辣蕎　果之屬有蕉
實芭蕉花開一穗數尺紫紅色瓣落結實如手指擡開色綠揉而覆之以草糠則黃味如薯而甘
名甘露　草之屬有雷山花　山蕉花　吉姑羅植墻上可
辟火呼爲福祿木　木之屬有樫木一名羅漢杉木理堅膩用之爲樑柱　福木
四時不凋實如橘可食　呀喇菩葉紋對縷如織中邊映日通明作金黃色花似梅實可搾
油與福木俱號君子樹　鐵樹一名鳳尾蕉又名海椶櫚葉勁挺對出如鐵離褷如鳳尾根可

爲粉糧　福滿木　地分木　梯沽樹極高大葉如柹每葉抽作品字形
對節生四月初開花朱紅色長尺餘每幹直抽阿攢花數十朵花葉如紫木筆吐燄出太平山
吧呢連蔓堅利可爲籓墻葉可造蓆根可絞索　竹之屬有觀音竹叢生長尺
許寬三四寸紫色　禽之屬有古哈魯　麻石　烏鳳　恨
煞　容蔬　石求讀　莫讀史　魚之屬有佳蘸
魚以馬乂魚脊爲脂泡以濕水包蕉葉中煨之薄切成片漬以清醬頗可口　海馬魚身馬首
介之屬有綠螺大如盆如常以充貢銅　寄生螺小蟹生螺殼中見火則走
出冷復入　海膽背生刺如蝟蠕運行可醃食　蟲之屬有四腳小青蛇
凡蛇皆毒傷人立斃　按諸錄異産最多今僅錄
其最異者如右

制度

先王之制荒服者王其國之制度胥聽其便不強
使同也隋書稱琉球王所居曰波羅檀洞塹柵三
重環以流水樹棘爲藩其時棟宇之制葢猶未備
今則閈閎輪奐階戺軒崇於安奉
詔勅館舍使臣之所尤加謹焉至其衣冠簪纓亦逈異
卉服之舊我
朝朝會大典諸屬國許各服其服故王會有圖服裝

各別懿乎鑠哉易比之五曰顯比吉其象曰不寧
方來稱是占矣

王城在中山省之首里周回三四里有馬道無雉
堞由萬松嶺東上數里許衢道修廣有坊牓曰中
山道南有安國寺對街爲世子第中路砌石爲大
墩內植鳳蕉一叢更進又一坊牓曰守禮之邦用萬
歷中制詞語　道左有天界寺寺西南爲王塋對街爲大
美殿更進爲歡會門即王府城也高踞山巔礪石
砌成削磨如壁砦嶅歷遠望如聚髑髏隋書因其形似
誤謂王所居多聚髑髏其下　城外石崖上左刻龍岡右刻虎崒

城四門前西向即歡會門後東向曰繼世門汪錄世子
嗣位由此門入　左南向曰水門右北向曰久慶門歡會上
崖有門西北向牓曰瑞泉徐葆光鐫中山第一四字於碑　左右前
道有左掖右掖二門逼入王宮更進有樓西向牓
曰刻漏上設銅壺滴水　更進有門西北向爲廣福門即王
府門也王殿在山頂前爲奉神門左右三門並峙
門與殿皆西向取一時西拜盡傾心之意也殿九
間左右夾室各一間殿前月臺建穹亭覆之中階

七級石欄周護雕刻花鳥頗工整殿上有樓為
御書樓高敞壯麗鉅梯當楹立中奉
聖祖仁皇帝御書左奉
世宗憲皇帝御書右奉
皇上御書下為王聽政之位中壁懸上古伏羲畫卦像
龍馬負圖立其前（汪錄作孔子像）絹色著古微有剝蝕非
近代物殿庭方廣數十畝分砌三道方磚鋪之左
廂北向為南樓牕盡垂簾樓隅隙地畝許錯植蟠
松鳳蕉于奇石之間汪楫題曰聽濤右廂南向為

北宮匾曰忠順可嘉（亦用前制詞語）殿屋皆固樸柱礎一
間至用二十餘屋梁甚低以處山岡防海颶也世
子府第在安國寺南別有世子殿在中城
天使新館在那霸去迎恩亭里許面南一倣中朝
公廨舊館在其西南或云彌世公館那霸又有公
館二為管理那霸錢穀訟獄二官之公所姑米島
亦有公館二
冬至元旦王皮弁執珪拜歲德遥賀
萬歲禮畢登殿受羣臣朝賀如明制就班一揖跪三拜

興一揖跪又三拜興又一揖禮畢各官易常服王
亦易寬博錦衣戴五色錦帽坐閣二層衆官跪堦
下唱太平曲卑者拍手和歌尊者捧觴為壽王以
等級賜酒肴每月之望賜諸臣茶賜久米大夫以
下茶酒上元及王誕日皆如之各官俱於王誕日
計功升遷有大慶增秩祿有差凡王視朝羣臣皆
具國服搓手膜拜過先王廟必令下馬行百姓見
官長過男女皆脫屐伏道旁俟過而後去若官長
坐過之則兩手據地如蟻行男子十五剃頂髮惟

留四餘為小髻（前明時不剃頂髮亦不戴網巾）插短簪一耳挖一
簪王及妃皆以金王龍頭妃鳳頭貴官起花金簪
次以金頭銀柱又次銀簪視其夫民以銅民婦以
玳瑁皆倒插髻中翹額上王冠烏紗帽雙翅倒衝
上向盤金朱纓垂頷又有皮弁燕居亦裹五色錦
帽臣下之帽以薄楻木為骨蒙之以帕前七層或
九層後十一二層紅錦花最貴紫次之黃與紅又
次之綠為下醫官樂工及官役着片帽以黑絹為
之漫頂下簷作六稜雨笠以麥莖及藤為之又有

皮笠黑漆其外而朱其裏衣服王著蟒袍犀角白玉帶官民衣服男女皆寬博交袵袖廣二尺許長不掩指缺其右襟之末男女皆豎領項上一鈕胸右一帶夾衣可兩面著無鈕帶名曰衾子裏衣短小古無襦袴今皆有之外衣男子束之以帶别有大帶長一丈四五尺寬五六寸圍於腰以錦花爲最貴次黃地龍蟠次赤地龍蟠次雜色花七品至九品冠帶俱同六品女人不設帶兩手曳襟行國維王著靴貢使至中國始著歸卽去之臣民無男

女皆着草靸名曰三板編細蔗草爲底上横平梁中嵌寸繩擧足入梁納於拇指二指之間襪最短及踝而止别爲一寶樓將指着草靸中王肩輿倣中國國相以下轎高不踰三尺席地趺坐四圍以席遠望如籠楂或用羅漢杉木雕鏤金漆錦邊繪裏紗縠爲蔽皆用兩人以木杠貫其頂而擡之

祀法

明洪武八年附祭琉球山川於福建我
朝
天威震疊海嶽效靈遣封
諭祭崇報彌隆該國漸染文教俎豆尼山宫牆炳煥前古未聞而春秋祭享龐亂不經臣故列其祀法欲俾式我儀章正其紕謬庶知祭法祭統毋僭毋瀆云

王祭國中山川於社壇十月下種迎龍神像升龍舟設壇祭祈雨於豐見城之雨壇又令官祈雨於首里崎山東苑内之雩壇旱甚各寺令僧祈禱王親詣躬禱又有天尊廟卽雷神廟亦祈雨之所五六月

收穫後令各地方蜡祭春秋祭始教樹藝之阿摩美久正五九月祭山海及護國神于辨嶽王嗣位受封皆親祭辨嶽又八頭嶽佳楚嶽名護嶽恩納嶽皆有祠宇與辨嶽稱爲五岳又有城嶽有泉名玉泉爲中山八景之一姑場嶽蕪姑那嶽砂嶽各有祠祀關帝廟水母廟皆歲致祭文廟建於康熙十三年在久米村泉崎橋之北南向紅墻朱扉左右立下馬牌内櫺星門三進庭方廣十餘畝上設拜臺大殿三間中奉聖像又設木主兩旁二龕設四配像及主像

各手一經詩書易春秋中櫟摹
御書萬世師表匾一五十六年復建明倫堂又建祠祀啟
聖並四配爻但啟聖神主尙仍公號殿上未祀十
二哲亦未建兩廡祀先賢先儒乾隆二十二年經
冊使舉直省諸郡邑廟祀典制移咨國王王乃命
其臣以次祟祀如典禮祭倣內地其本國所無之
祭品以上品土產代之三日齋前一日演禮省牲
至期遣法司官祭
文廟紫金大夫祭啟聖祠皆行三跪九叩頭飲福受胙

禮
天妃封號肇自宋元考會典四海龍神各有封號
東海稱顯仁龍王之神西海稱正恒龍王之神南
海稱昭明龍王之神北海稱崇禮龍王之神有司
歲時秩祀而天妃亦稱海神康熙十九年
勅封海神天妃為護國庇民妙靈昭應弘仁普濟天妃
二十年允福建提臣萬正色之請
詔封昭靈顯應仁慈天后五十九年允冊使海寶等之
請奉

旨冊封琉球於怡山院祭天妃並准地方官春秋致祭
編入祀典乾隆二年允閩督郝玉麟之請
欽定加封福佑羣生四字二十二年四月內允冊使
魁等之請嗣後
諭祭天后祈報文二道書明天后封號仍於怡山院天
后宮致祭加封護國庇民妙靈昭應弘仁普濟福
佑羣生誠感咸孚天后別
頒諭祭南海神祈報文二道於江岸望祭該國尤尊信
廟宇輝煌一在那霸天使館東曰下天妃宮一在

久米村曰上天妃宮一在姑米山歲時致祭甚虔
歷封冊使各有匾聯
天孫氏長女曰君君次女曰祝祝為國守護神一
為天神一為海神今寺院有三首六臂女神手執
日月名曰天滿大自在天神汪錄云名辨戈天祟
祀特隆
春秋祭先王廟或親祭或遣官三日齋樂用天孫
太平歌圓覺寺天王寺天界寺內本宗香火有時
祭有月祭名蘭盆祭三日齋忌辰有特祭朔望獻

茶先王廟舜天以下及本宗王位皆在焉舜天居中南向餘分左右東西向共三十位圓覺寺內奉祀本宗尚圓居中一龕正中中左祀尚貞尚益中右祀尚能尚敬左一龕正中祀尚稷左祀尚清尚豐右祀尚永尚質右一龕正中祀尚眞左祀尚元尚賢右祀尚寧天王寺內亦於佛堂之左一龕奉祀尚稷尚久旁二主爲王妃右一間四主皆王妃天界寺內奉尚懿神主餘皆女神主爲王妃及王姊妹之出嫁者諸廟寺皆以僧守之

兵刑

琉球負重洋之險恃鐵板沙之堅凴三首六臂易水爲鹽化米爲沙之天神往往諱言師兵顧其先世三王爭强日尋干戈尚德王時奇界島叛尚眞王時八重山叛尚清王時烏父島叛皆發兵攻討逆尚寧王之世見辱倭人久乃釋歸則知兵固未可廢也至於刑章視內地尤嚴葢亦有明罰勑法之意焉

城池惟首里礪石爲垣高四五丈廣四五里做內地麗譙爲內城皆無雉堞外間切及各島之以城名者實無城郭也那霸港口中流有巨石名馬加四圍皆鐵板沙沙堅踰鐵嵌空嵯岈沿海皆然潮長則沒舟誤觸無不碎者南北沿海築長堤兩砲臺並峙聚兵守之（姑米山馬齒山亦有砲臺名那烟臺爲往來舟楫舉號火處）霸見世館（土名親見世）每年犒屬島頭目酋長於館中有罪者即於此決之亦設兵防守

國少鐵盔甲與刀猶堅利（隋書云刀薄小多以骨角助之編紵爲甲或用熊豹皮）諸矛戟皆脆弱弓長七尺餘卓地高齊屋簷

射可百餘步箭較內地稍短射必卓地矢必扣於下方狹處扣弦發矢皆用決拾如古制火藥砲位多用銅鑄備舟艦水戰之用迓山旁有演武場武職有儀衛使武備司餘皆文官兼之兵制倣古制五家爲伍五伍又各相統親雲上筑登之以下皆習弓箭家有刀甲有事則各領其民如百夫長千夫長之屬（隋書國有四五帥統諸洞洞有小王往諸村村有鳥了帥並以善戰者爲之有刀矟弓箭劍鈹之器王乘木獸左右舉之而行導從不過數十人小王乘機鏤爲獸形國人好攻擊驍健善走難死而耐創諸洞各爲部隊不相救助兩陣相當勇者三五人出前跳譟相詈辱因相擊）

射不勝則一軍皆走遣人致謝即共和解取鬬死者共衆而食之仍以髑髏陳王所王賜之以冠使爲隊師周錄云諸洞疑即今之間切小王疑即按司鳥了師疑即庇郡之屬

國中不設官廨無聽訟之所執法甚嚴即貴倨如法司紫巾官有犯亦抵法止令坐地不綁縛輕則流徙太平山錮之終身長官之父子兄弟犯法者不絲毫曲庇民有罪者大夫鬮之法司法司察其重輕重者或刳其腹輕者徙皆不繫獄遲留又輕則令自閉室中不得出戶或三年或二年乃縱之近亦設搒掠之具然不甚施用（犯法重者多自刎投環不敢妄辨求生）犯淫者有夫之婦有妻之夫皆死鰥曠末減

死刑三一凌遲一斬首一鎗刺（用木椿作十字架縛手足以鎗刺其心死仍梟於椿椿倒乃止）輕刑五一流（有流至某島不准放還者有限年令其改過不悛仍徙遠島者有縛重罪手足置於獨木小舟配遣西馬齒山轉遞外島聽其漂沒者）一曝日一夾一枷（輕者數十斤重者至數百斤）一笞（竊盜最嚴初犯笞若干夾一次曝日一次再三犯遞加或立斬或立配流外島）

風俗

象寄鞮譯皆有安居和味宜服利用備器聖王修其教不易其俗齊其政不易其宜蓋於因之之中寓化之之權焉故曰一道德以同俗

琉球人形多短小似崑崙今亦有魁梧俊偉者首里久米泊那霸四村尤多姑米山亦有豐頤修髯之民民質驍健耐饑寒任勞苦儉而能勤（舊錄作不勤誤）貧而少盜（舊錄作不盜亦過昔年道不拾遺夜不閉戶誠如張錄今不然）渾朴而有等職官之家或彌旬茹蔬女力織作較耕男爲勤女年十五即針刺手指背以墨黥之歲歲增加至中年纍然矣或方或圓如蟲蛇花卉之文嫁娶以酒肴珠貝爲聘或男女相悅便成匹偶不治奩

具父母走送之壻家衣仍白國俗不諱也男尚血氣小不平則露齦裂眦久不能釋或相爭即持刀剸之旋引刀自剖其腹屋卑矮無粉墁多用砑粉花箋及書畫表之中間作神龕立主設香爐貴家乃立祠堂室內布細席內裹草薦以布爲緣名曰脚踏棉客至脫屐以進坐皆席地無椅桌平等皆危坐（古之跪坐今高麗亦然）或盤膝卑幼跪伏於前命之坐然後安坐盤盂倣古俎豆席不過六器八器每人一小桌即妻子不同食（今亦不必然）器有水火鑪銅表

錫莫一道水一罐火盛之以架下二層黑漆奩三四事中藏茗具出遊則攜以隨茶甌色黃描青綠花草烹茶之法以茶末雜細米粉少許入碗沸水半甌用小竹帚攪之起沫滿甌面爲度以敬客有吉慶事親知具酒二壺相賀有喪亦鄰里聚送人死則浴之纏以布帛裹以葦草棺制四尺許屈尸足斂之士家題木主近多依倣家禮民家木主以僧題男曰圓寂大禪定女曰禪定尼無考妣之稱墓皆穴山亦或築以三和泥既窆壘以石墓前女

挂櫻葉片扇白巾男掛白布笠立杖草履木屐皆各揷花筒置香爐舊俗常開函啟視近亦革之元旦數日拜賀十六拜墓是月女子爲擊毬及板舞之戲二月十二日浚井汲新水洗額云可免病三月三日作艾糕相餉二三兩月皆擇吉日祭麥神五月五日競渡六月擇吉蒸糯米飯相餉兩月皆各擇吉祭稻神祭未舉稻不敢入家七月十三日夜列火炬門外迎祖神十五盆祭畢送之八月初十士五蒸糯米飯交赤小豆相餉白露先後三日守

孫九月放紙鳶臘八日作糯米糕裹以櫻葉相餉遺名曰鬼餅亦驅儺之意二十四日送竈正月初五迎竈正三五九月名吉月婦女皆至沿海雪崎洞拜水神祈福朔望婦女汲新潮獻竈及天后宮前石神渡海者家立長竿置小木舟其上桅柁帆檣皆備另作薄木片風輪五葉安舡首以候風歸即撤之蓋古五兩旗遺意也

國人平時不稱姓稱地名祖父子孫兄弟皆同名或充貢使謁使者旋乞姓名書手版上或國中集

事則書其名於上旁別注某子幾男至有功王賜以姓始敢稱姓實則各有私姓其圖譜藏於王城以紫巾官入國史院者掌之不僅首里久米有姓也然即二府人間以其親鄰之名氏皆懵如問以地名則隨口而對言姓名則曰唐名稱中國曰唐人猶曰漢人百姓有功王賜之姓則爲士

國無道士尼姑惟有僧僧亦有秩自房頭歷升法印至座師而上人爲最尊寺院若圓覺寺天王寺天界寺爲首里三大寺此外有安國寺仙江院蓮

華院興禪寺廣德寺建善寺慈眼院天慶院萬壽
寺手水觀萬松院大日寺神宮寺松壽院臨海寺
護國寺波上寺廣嚴寺海藏寺法音軒龍翔寺善
興寺龍渡寺普門寺西福寺東壽寺東禪寺淸泰
寺聖現寺神德寺崇元寺神應寺松山軒和光寺
或供辨才天女（即斗姥）或供佛及金剛等神或以石
爲神無神像許愿皆奉一石禱之僧識番字亦識
四書作詩句又有男巫女巫
土妓多衣紅衫俗呼紅衣人又曰侏儒（如華言傾城）其

親戚兄弟仍與外客序親往來良家婦行路上手
持尺布以自別騎馬男女皆不用鞭官家女人騎
馬擁領蔽面多側坐鞍上兩足共一鐙人控徐行
市集無男人俱女爲市市物惟魚鹽米菜及粗窳
陶木器間有土織蕉棉布亦極薄惡價復不賤道
中無肩擔背負凡柴薪米豆累百觔者女人悉以
首襯草圈頂之垂手曳袖無偏墮者

土音

臣欽惟我
皇上建極考文
御纂同文韻統及西域同文志凡遐方異域重數譯而
來者莫不審音知義令譯館諸生譯其字達其志
琉球獨不與焉　臣　於乾隆庚辰奉
旨教習該國入學官生癸未成進士引
見
皇上垂詢該國語音　臣　未敢冒奏仰體
聖衷益加考訂及官生歸國事竣引
見

皇上復垂詢再三　臣　一一陳奏
天顏和霽荷蒙錄用謹分門別類編爲一冊以俟諭言
語之象胥亦以誌
顧問之恩榮也
稱
皇上
朝廷皆同內地稱冊使曰阿几噶加那子稱國王曰
倭急拿敖那又曰哭泥華妃曰倭男札喇又稱王
曰御主加那志妃曰御妃女人稱妃曰倭男札喇

加那子琉球曰烏吉逆呀又稱王曰兄嘉那貿王
妃曰翁那嘉辣王子曰阿樓瓜公子曰呀吉哩

天文類

天聽日盧月此吉星弗失風哈子雨阿霧雷堪理雲窟木雪欲吉電
福禮霜失木下雨阿霧福的下雪欲吉福的霧哈綵蜜露七欲霞嗎喀泥
雹阿那禮明日阿雜起風嗎子弗吉天陰聽窟木的天晴聽花力的天
河聽哈阿拉後日阿撒的大後日欲哈阿撒的

地理類

地齒土齒至山牙嗎川哈哇江哈哇辣河哈哇海匆蜜水媚吉冰庫兀

琉球入學見聞錄　卷之二　主

利路蜜至岸倭喀石伊石井喀泥毒霧沙息拉灰懷磚十吉哈拉瓦
喀辣遠徒撒近恥喀撒長那喀撒短因夾撒前麥後窟使左虛答歷
右蜜吉歷上哈蜜下使木東熏喀失西逆失南閩那蜜北及答府麻吉
歷村母拉州收里撒毒橋花失過水蜜子哇答已行船混利酷兀已
渡混利哇搭已琉球地屋其惹巴麻讀間泊土馬爺过失汁久米
古念搭喜屋武腔

時令類

春花魯夏那節秋阿吉冬弗欲冷灰撒熱阿子撒陰因陽藥晝虛魯
夜攸陸朝阿撒晚邦時土吉氣其年土失節失子正月芍倭刮止二

月賦刮止三月三刮止四月失刮止五月共刮止六月六骨刮止
七月失止刮止八月瞎卯刮止九月空刮止十月蓐刮止十一月
蓐亦止刮止十二月蓐賦刮止初一之搭之初二福子戞初三之搭
之密戞初四之搭之晴喀初五之搭之一子戞初六之搭之美戞初七
之搭之南喀初八之搭之約喀初九之搭之酷古盧喀初十之搭之奚喀
十一蓐亦之泥止十二蓐賦泥止十三蓐三泥止十四蓐肓喀十五
蓐古泥止十六蓐魯古泥止十七蓐十之泥止十八蓐滑之泥止十九
蓐酷泥止二十瞎子喀二十一瞎子喀止二十二泥肉泥泥止二十
三泥蓐三泥止二十四泥蓐蓐喀二十五泥蓐古泥止二十六泥蓐

琉球入學見聞錄　卷之二　圭

魯古泥止二十七賦蓐失止泥止二十八賦蓐滑止泥止二十九賦蓐酷泥
止三十三蓐泥止

人物類

人盧毒唐人駄樓周盧毒大夫帖夫長史察姑事通事吐子正使
芍匙副使呼匙臣子聲喀祖烏弗首父烏吉喀奴屋牙母烏那姑奴烏呀兄
西察弟屋毒子寡女兒烏那姑寡夫烏毒妻吐止婦肯美孫烏麻喀朋
友盧失你呀我花男烏吉喀女烏那姑親戚喂衔姊姑西寮烏乃
妹屋毒烏乃伯洗察渾局叔屋多渾局姪威小孩子吐辣比丈人思壽
壻慕穀師父食芍亦云夫子徒弟波子人侍醫生亦煞僕塗末了頭烏那

姑哇菝倍客人恰谷主人梯述日本人亞馬吐盧壽高麗人柯列盧壽

犬烏灰撒小枯撒貧薰述富喂格親雲上牌金

人事類

作揖禮及洗浴阿的美上人洗面烏阿木來的下人洗面此詠

阿來拳頭蹄拱子打架業羅脫衣輕子的花殺枯止曾醉威蒂雎寧蒂

起來烏的機疼呀的行路阿之等待麻之病呀的生亦之吉死失直

傷風哈失那機好来煞喇不好挖煞買科的賣屋的言語枯八壽上

緊走准亦姑急夢亦梅瘦挨豹肥快的早起阿烏撒機曉得失之不曉

得失藍回去木利壽坐識吉

琉球入學見聞録　卷之二　五十四

宮室類

宮密牙屋牙門渴戶花失利窗齒聰麻喀壽墻哈吉亭提園逆哇

堦奇栽瓦房哈吉喇牙弗

器用類

弓欲密箭依牙担箭搭谷阿木杓你不脚踏尊子棉棹列浴桶

阿阿美谷搭椅子依風爐哈魯子戥子依花喀天平麗平刀和竹

刀鞘縧撒古耶轎子喀谷木套阿雜失傘哈撒床捫臧燈吐盧面桶

此阿喇來搭鍋那倍鍋蓋那弗倍答瓦礶哈美阿掃箒和吉缸弗你簸

盤述班奴油盞思吉子梳撒吉八索此那斧頭由吉湯盆阿美搭阿

美竹籠飽依吉盧踢筋花失鎖喺洗烟筒奇禮失荷包吁作茶鍾

茶碗飯碗翁喀班倚麼銅礶壁光爛錢羅低搭圍棋古香爐柯盧

筯子滑谷磁盤花止木盤烏吉失匣滑谷水注枋利子鏡子哈哈

密酒壺撒並吉女短簪因饑渣花女長簪那饑喀花酒杯煞子喀吉

象棋充機甲欲依魯盔哈毒不弦子魯鎗挨盆人莿瓶炳梔花失

辣梳哈滞樽爐紘三济篷呼帶烏北書失子木畫椅字日筆

弗的墨思密紙哈比硯息利子扇子窩吉屏風妙不花瓶花炳那香

盒柯禮以玉帶塔烏麻比金杯子輕撒吉喀

琉球入學見聞録　卷之二　五十五

身體類

頭髮哈子喇眉麻由眼美耳密密鼻花納舌失渣口止窩齒滑鬚

虛及手蹄脚虛煞身體魯心氣木頭科倍奶耻額虛衣渣臍呼述

指頭威倍腿木木

衣服類

衣服衾帽膜子帶烏必褲子花馬喀手巾之梯煞被烏獨帳子

喀着褶木身枕嫣寡褥子稲冬襪搭必靴子寬古鞋煞色笠喀煞汗衫

壽巾綢亦周緞子動紗煞羅羅布奴奴綿衣哇利答衾一裙喀密喀

飲食類

飯翁班酒煞機煙搭狐八油麾答醬彌述醬油芍由米窩美鹽麻叔豆

腐(拖福)茶(茶)肉(失失)菜(亞色)索麵(索閔)蒜(灰魯)西瓜(西刮)冬瓜(失布)

衣蕓(芍喀)黑豆(枯魯馬閔)蕉實(巴熬那衣)番薯(番子母)豆芽菜(馬米)

那餅(木之)魚(亦由)蝦(色)吃飯(喀熬美)

珍寶類

金(枯喀泥)銀(南夾)錢(井)銅(阿蔴喀泥)鐵(窩祿喀泥)錫(息子)玉(撻馬)石(亦石)

硫磺(由哇)琥珀(枯花古)

通用類

甜(阿媽熬)酸(西熬)鹹(什布喀喇熬)淡(阿花熬)黃(奇魯)紅(阿喀熬)青(窩熬)

白(失魯熬)紫(木喇熬吉)黑(窩魯熬)念書(西米那喇的)香(哈巴熬)臭(窩熬)

熬說話(木奴喀達里)不敢(揚窩撒)喜歡(福古喇熬)笑(瓦喇的)啼(那及)

歌(屋達)以上皆入學官生等所逐日口說而手書之者與徐錄多異

字母

臣按元陶宗儀云琉球進貢表文用木爲簡高八寸許厚三分濶五分飾以髹釦以錫貫以革而橫行刻字於其上字體科斗書今無是也又云日本國中有字母四十七能通之便可解其音義其聯輳成字處彷彿蒙古字法以彼字寫中國詩文雖不可讀而筆勢縱橫龍蛇飛動恍有顛素之遺此則琉球亦有然者即汪錄所謂皆草字無隸書也其字肇自舜天時依日本國書制字母四十有七名依魯花略似中國切音三十六字母之意或以二字爲一音或以一字爲三音或以三字爲一音或以五六字爲一音如春色二字呼春爲花魯二音則合書ハ口二字即爲春字呼色爲依魯二音則合書イ口二字即爲色字是二字爲一音也如村名泊與泊舟之泊並讀作土馬伊則一字三音矣村名喜屋武讀作竝字則又三字一音矣又如君字之合工ソ二字爲工ソ而讀爲空或於字之上隅加兩點ゝ如サ加二點爲ザ而讀爲渣ス加二點爲ズ而讀爲凄有似平上去入圈破讀法故四十七字可衍爲千百字是此二點固可聯屬諸字要非以此ゝ爲字音嫣如徐錄所云也至字母之音乃中國人所爲與入學官生等所讀多不相符如八本花之入聲或置於一句之中而讀爲花猶不甚差至一句之尾則讀作入聲矣外若日讀塿

而音者以爲魯又讀樓而音者以爲奴ヨ讀攸エ讀欲而但音爲天川讀自而音卽ム讀某而音木ソ讀實而音志七讀須而音蚩七讀莫而音毛則大差矣今故存其原本而附辨焉

イ依　ロ本音婁誤作魯　八花　二義　ホ夫　人耶　卜都　千癡　川
利　又本音樓誤作奴　ル祿　ヲ烏　以哇　カ喀　ヨ本讀攸誤作天　タ達
レ　カ　リ蘓　川本音自誤作卽　子你　十那　ラ喇　ム本音某誤作木
井沂　ノ奴　才烏　夕姑　乜耶　乙馬　ケ基　一呼　エ而
テ梯　ロ　牙　廾沙　戈基　エ本音欲誤作天　メ審　三米　ソ本音實誤作志
卫意　七本音須誤作蚩　七本音莫誤作毛　乜世　ス使

書籍

臣聞琉球文廟之兩廡皆藏經書例取久米村子弟之秀者十五歲爲秀才十二歲爲若秀才於久米大夫通事中擇一人爲講解師教子學月吉讀
聖諭衍義三六九日紫金大夫詣講堂理中國往來貢典察諸生勤惰月課其藝籍其能者備保舉徐錄謂秀才每年於十二月試之四書題作詩一首或八句或四句能者以次遞升實無此例八歲入學者於通事中擇一人爲訓詁師教之天妃宮首

里設鄉塾三亦久米人爲之師外村人皆讀其國書卽法司教條學國字以寺爲塾以僧爲師近日那霸等村亦多立家塾讀經書書多購於內地但例不令攜廿二史等書故史書罕少國王先後刊有四書五經小學近思錄集解便蒙詳說古文眞寶千家詩板藏王府陳請卽得臣所見者有四書詩經書經近思錄古文眞寶白文小註之旁皆有鈎挑旁記本係鐫刻非讀時用筆添註如諸錄所云亦未見有日本諸僭號也又考四譯館館考云日本

有四書五經及佛書白樂天集皆得自中國未聞有宋儒之書而球板近思錄屢引明一統志邱瓊山家禮梅誕生字彙乃似刻於明季者蓋其三十六姓本係閩人朝貢往還止閩動閱三歲閩又有存留館留館通事之從人多秀才假名入閩以詩師者或寓閩數年而後歸日與閩人爲友故能知儒先之書攜歸另刊旁附球字以便習球人讀法非日本人所能且遵用前明宏治萬歷年號正朔屢見於序文亦必非倭人之書也今故就所見之

譜錄其小異者如左而該國人所著之書亦以類
附焉
書之傳注皆遵功令字畫悉依監本板大而紙堅
以梭讐不精時多訛字亦或微有不同如書經分
爲十卷虞二卷夏一卷商二卷周五卷取其篇幅
之相稱也以集傳爲集注經文之下去音注傳中
之字有音注如堯典傳內說文則雙行注云後漢
許慎叔重作今文之下注云伏生所授馬鄭等所
注古文之下注云孔壁所藏安國所傳後皆倣此

又一本其刻最早正文之傍有球字講義
詩經無異文但亦以集傳爲集注
四書外簽有文字訓點四字論語爲政卷之末有
聖像上横額云萬古儒宗下贊云上律下襲祖述
憲章高堅前後日月宮牆金聲玉振江漢秋陽今
古一人春秋素王前題至聖孔子像後題後學余
象珍贊下繪聖像居中旁繪四像有室有几案又
有麒麟上鬬有劉氏刻像四字旁聯云天地大日
月明煥乎六經事業宗廟美百官富巍然萬仞宮

牆雍也卷之後有曾子像上横額云一貫傳心下
贊云戰兢成性宏毅任仁道發忠恕學衍明新一
貫神悟三省功深杏壇木鐸衣鉢傳眞前題宗聖
公曾子像後題後學余象珍贊下繪賢像案上有
大學二字旁聯云大學宏綱明德新民止至善孝
經要道天經地義秉民彝下論之末有子思像上
横額云家傳道脉下贊云大哉聖道至矣中庸位
育參贊不顯篤恭川流敦化費隱誠明無聲無臭
君子中庸前題衍聖公子思像後題後學余象珍

贊下繪賢像案上有中庸二字旁聯云大道現前
作述中庸新事業聖祖在望傳聞詩禮舊箕裘大
學之末有朱子像上横額云誠意正心下贊云義
理精微蠶絲牛毛心胸恢廓海潤天高豪傑之才
聖賢之學景星慶雲太山喬嶽前題徽國文公朱
熹像後題後學吳澄贊下繪賢像旁聯云大道直
乾坤闘南鄒魯一脉聖德同日月海內傳宗四家
孟子公孫丑卷之末有孟子像上横額云命世亞
聖下贊云學宗孔聖名世自任黜伯崇王闢邪衞

正養氣知言焰仁山義太山巖巖壁立萬似前題
亞聖公孟子像後題後學余象珍贊下繪賢像旁
聯云闢異端功利之談獨陳王道發性善仁義之
旨有功聖門至離婁卷之末又有文昌君像上額
云文章司命贊云大道之宗斯文之主翼然煥然
炳矣蔚矣黼黻帝王經緯天地烜烜精華增光六
籍後題後學余象珍贊下繪神像旁聯云冰鑑無
私三千禮樂皆翹首文章有用五百英雄待點顋疑當作頭
萬章卷之末又有一像上橫額云余明臺刻

行下云四經六籍承學宜知字詳音反書辨差池
文場無誤黨塾不迷大魁天下從此楷梯下繪人
馬之像几案上有大魁四書字旁聯云芸館校讐
五夜藜光輝北極儒林矜式四方文教振中天按臣
官生等皆云四書刻於尚真王在明正德之時其
來亦久矣但球無科目兼係海外一隅之刻乃有
大魁天下及英雄待點頭等語球人不祀文昌乃
有文昌像其古文真寶亦云大魁似內地有此本
而球人依倣刻之特旁添球字者但其末一像即
余明臺自述其刻書之功明臺疑即象珍別號四
書繪像已爲不恭又無復聖顏子像稱子思爲衍
聖公且附文昌像而至以己像殿之贊及聯亦近
鄙率明時內地亦不應有此書疑刻書時余明臺
適爲冊使從客私妄以己意教之而爾時球人不

稱校讐又因之而加舛耳
近思錄集解便蒙詳說共二十四卷上格雜引諸
書解釋下文甚爲博雅即跋語所謂貝原氏備考
字遯叟鼇頭也下格刻葉采集解之後又刻球人
解語所謂便蒙詳說也首一冊據陪臣稱爲毛通
事懊携以歸故無由考其姓氏其末卷有跋題云
書便蒙詳說後其文云近思錄集解行於海內也
久矣顧其爲羽翼者二貝原氏備考字遯叟鼇頭
考索精竅當作覈甚有益於讀書人矣頃歲余亦妄

以埜語解爲斯編嗚乎淺才薄識訛舛固多不敢
曰並肩於二名公聊以便童蒙耳乙亥冬十月朔
簗當作梁田忠謹識其後有武陵書林四小字疑亦
倣內地剞劂氏之爲而誤林爲陵耳下格所刻如
第二卷誠無爲白文朱注旁既附刻球字後又有
便蒙解云エ字球庫レ字球力通書二字球義於テ字球梯
誠幾德ノ字球奴章ト字球都云几リ字球蕉通書八球花
字圖說ト字球都表裏ヌ字球務ナ字球那氵志讀實球志字テ
球梯字言川字球利誠八天命ノ奴性真實無妄ノ理

ナ無爲ト八寂然トメ字球寡動カ字球喀ズツ字球ス加二使
點爲日字蓋球字母四十七又於字母不能盡之音則加二ゝ於上隅以讀之徐錄所謂聯屬諸音
者也ト云カ與喀字相似而音微高如ゝ故加八於隅以讀之志一念モ
球毛字讀爲莫心ノ奴發ラ梯ポ球沙字又有與沙字相似之音而微異者則
加ゝ於廿字之隅以別之ル字球祿時八夕字球達夕而與達字相似而微異讀爲
答天性ノ奴實理ノ三字球米二字球義テ梯ス使エ
庫シ志モ毛讀莫營三米爲ス使エ庫ト都ナ那文
基ナ那リ利其本八花眞二義メ寡靜ナ那リ利
ト都言ル祿モ毛亦エ庫ノ奴意ナ那リ利註朱

子曰實理　性ノ奴本體眞實ノ奴理八花是天
命ノ奴自然ノ奴三米何ノ奴人カ务以テ梯
作爲ス使ル祿エ庫ト都了字球你ラ梯ン字球力也
此カ球耶喀聲平郎千字球癡八二義在リ利テ梯太字
極ノ理ナ那リ利　後皆倣此

古文眞寶輯於永陽黃堅重定於三山林以正序於至正丙午孟夏郎江鄭本士𤣥重刊於弘治十五年孟冬青藜齋寓雲中有斐堂前後集二十卷凡二十七體三百十有二篇前集二百四十五篇

後集六十七篇所見者後集上卷分辭賦說解序記六類連序七十四頁下卷分箴銘文頌傳碑辨表原論書十一類共七十六頁其目錄如秋風辭下一行注前漢武帝四字二行注七丁目三字漁父詞下一行注屈平二字二行注八丁目三字丁目者頁也後倣此辭凡三秋風漁父歸去來賦凡六弔屈原阿房宮秋聲前後赤壁憎蒼蠅說凡五師說雜說各二子說稼說愛蓮說解二獲麟進學序六春夜宴桃李園序漢李送孟東野送李愿送薛

存義滕王閣記十二蘭亭獨樂園司馬君實醉翁亭晝錦堂喜雨亭岳陽樓子陵祠堂黃岡竹樓待漏院諫院題名袁州州學思誠記陳師道箴五大寶程子四箴銘五陋室克巳呂與叔西銘東銘古硯銘唐子西文二北山移文弔古戰場頌三得賢臣頌大唐中興頌元次山酒德頌傳五五柳先生郭橐駝讀孟嘗君傳按以讀傳爲傳體大誤碑一韓文公廟辨二桐葉封弟諱辨表三出師陳情原二原人原道論二仲長統樂志論過秦論書五上張僕射爲人求薦答陳商

與韓荊州答張籍
國人所著有世纘圖記中山歷傳世系編輯姓名系傳王
弟尙象賢著中山世鑑久米人程順則著中山集
閩遊草燕遊草中山官制考指南廣義曾益著執
圭堂草蔡鐸著觀光堂遊草鐸子溫著澹園集要
務彙編蔡文溥著四本堂集蔡應瑞著五雲堂集
何文聲亦有詩集徐葆光序之金堅鄭國觀有詩
集首里人周新命有翠雪樓集
指南廣義皆漢文不附球字鐫於康熙四十七年

有自序閩人陳元輔昌其序載海島圖針路條記
傳授針法本末考天妃靈應記請天妃安享祝文
登舟祝文入廟祝文天妃誕辰及節序祝文祭天
妃儀注周公指南地羅二十四位圖定更數之法
開洋下針祝疏風信考逐月暴風日期許眞君傳
授龍神行日出行通用吉忌日論用往亡日百事
吉日大吉時行船通用吉忌日逐月行船吉日四
時占候風雲准備緩急物件潮汐論月華出時訣
定寅時歌太陽出沒歌太陰出沒歌定四正四隅

之法正隅對念法二十四位順念法觀星圖四時
調攝飲食雜忌養心窮理謹戒戲謔戒湏飲食禁
作無益河口象遠驛記重建天妃樓記土地祠記
祭祠文崇報祠記共五十九頁皆誌入貢來去航
海諸法以志
天朝福澤海不揚波之盛
澹園集七卷鐫於乾隆丁卯等年有自跋紫金大
夫曾恂德侯跋閩人劉敬輿兩序其目曰客問錄
家言錄圖治要傳俗習要論一言錄蓑翁片言醒

夢要論內有一心靈應圖以心制氣圖心氣爭鬬
圖以氣制心圖祭俗要訣圖左壁銘右壁銘總數
千萬言皆依傍儒先引述經史諄諄教人去客氣
存本心其自跋有云若非攻氣操心工夫則聖經
賢傳日致講論實非我有念後生墜於阱中因著
澹園全集皆以攻氣操心爲本以爲修治者登高
之階其人其書信海外之傑出者但理多偏滯詞
亦淺率虛字語助尤不知所用葢由學無師承而
文法之不講也要務彙編中有重修南北砲臺記

言語有序見藝文

誦聲教條附

臣按琉球讀書惟官生專學漢人誦習其從入仍
用其國之法或依文順序或顛倒錯雜或二字相
連或逐字頓斷或以其字母之字一爲正文一爲
餘腔或又以數字爲正文數字爲餘腔且一虛字
而有讀有不讀一實字而於此於彼其讀不同所
刻之書或於白文小注之旁附鐫球字正文或止
刻勾挑及餘腔之字即購得中國書亦照球刻添

注如讀大學二字爲夂夂本讀達加八字讀爲裂亻依川牙力
咯之道二字爲ノ奴三米川自卽讀八八本讀花此用四聲讀法
花入聲音轢此依文而兩字連讀法八其餘腔也先讀
明德爲メ霧卜都夕姑彡烏次讀上明字爲卩牙
千凝ラ喇力咯二義ス使卩魯二義末讀在字爲
卩牙刂利此倒讀及逐字頓斷法彡烏與二義ス
使卩魯二義皆餘腔也在止於之於不讀他處於
乎等字又有讀者能靜之靜讀爲力咯ラ喇刂利
下靜字又讀爲力咯二義云志音實テ梯此又一字

而讀不同也今載其刻本大學節於左並其聖傳
全文上論首章讀法詳錄之而以教條一段附
大學之道在明明德在親民在止於至善
大學之中一直之字一撇一點明德至善之中各
一直教連讀也三在字及親字各一勾教後讀也
明德及於至善之上左右兩點教先讀也右傍附
鐫二十一字惟親傍上三字卩ヲ夂爲正文此外
皆餘腔也

大學之道　大學夕亻卩カ之道ノ三川八總讀

云夕裂亻依卩牙力咯ノ奴三米川自八轢在明
明德　明德メト夕明卩千ラカニスルニ在卩
刂總讀云メ霧卜都夕姑卩牙千凝ラ喇力咯二
義ス使ル祿二義卩牙刂利在親民　民夂三彡
親卩ラ夕ニスルニ在卩刂總讀云夂達三米彡
烏卩牙ラ喇夕達二義ス使ル祿二義卩牙刂利
在止於至善　至善云芸ニ止トロヌロニルニ
在卩刂總讀云云志音實芸神二義卜都卩魯ヌ馬
卩魯二義ル祿二義卩牙刂利知止而後有定

止トルヱルヱトヌ知シイテ而ㇾシカ三テ后リ有
キ定サ夂ヱルヱト有ロリ總讀云ト都ル祿ヱ
馬ル祿ユ庫ト都乡烏之志音イ依テ梯ノ奴千
癡廾沙夂達ヱ馬ル祿ユ庫ト都リ牙リ利定而
后能靜　定サ夂ヱテ而シカル后リ千能エク
靜シ川カラリ總讀云廾沙夂達ヱ馬テ梯シ志
カ喀ル祿ノ奴千癡エ欲天音ク姑シ志川郎カ喀
ラ喇リ利靜而后能安、靜シ川カ二三テ而シ
カル后ノ千能ユタ安セツシ總讀云シ志川郎

カ喀二義シ志テ梯シ志力喀ル祿ノ奴千癡ユ
天ク姑也耶リ蕪シ志安而后能慮　安セリシ
テ而シカ三テ后ノ千能ユク慮リ兵八カリ總
讀云也耶リ蕪シ志テ梯シ志力喀シ志テ梯ノ
奴千癡ユ天ク姑シ烏兵孟○合二八花力喀リ
利慮而后能得　慮リ兵八カテ而シカル后ノ
千能ユク得イ夂リ總讀云リ烏兵孟八花力喀
テ梯シ志力喀ル祿ノ奴千癡ユ天ク姑イ依夂
達リ利物有本末　物川本末木ヱ川有リリ總

讀云川哇木夫ヱ馬川郎ロ牙リ利事有終始
事川廾終始ヱリシ有ロリ總讀云川哇廾沙ユ
意リ烏シ志ロ牙リ利知所先後　先後芸クス
ル所トクリ知シルト千八總讀云芸神ク姑ス
使ル祿ト都ク姑リ烏シ志ル祿ト都千癡八䊮
則近道矣　則スラ川千道三川二近ケカ三總
讀云ス使テ喇川哇千癡三米川郎二義ケ其力
喀シ志矣字不讀古之欲明明德於天下者　古
イニシ之ノ明德メ一ク天下三カ明ロ千ラカ

二欲木スル者八總讀云イ依二義シ志ノ奴メ
𡙇ト都ク姑三廳力喀ロ牙千癡ラ喇力喀二義
木夫ス使ル祿八䊮先治其國　先廾川其リノ
國ク二治リ廾メ總讀云廾沙川郎リ蕪ノ奴ク
姑二義リ烏廾沙メ𡙇欲治其國者　其リリ國
ク三治リ廾メラ欲木スリ者八總讀云リ蕪ノ
奴ク姑二義リ烏廾沙メ𡙇ラ梯木夫ス使リ利
八䊮先齊其家　先廾川其リノ家イ齊トトノ
總讀云廾沙川郎リ蕪ノ奴イ依ト都ト都ト奴

欲齊其家者　其リノ家イ齊トトノ欲木スル
者八總讀云リ蕪ノ奴イ依ト都ト都ノ奴木夫
ス使ル祿八㦸先脩其身　先廾川其リノ身三
リ脩リ卄メム總讀云廾沙川卽リ蕪ノ奴三米
リ烏リ烏廾沙メ㝅ム某欲脩其身者　其リノ
身三リ脩リ廾メ二ト欲木スル者八總讀云リ
蕪ノ奴三米リ烏リ烏廾沙メ㝅二義ト都木夫
ス使ル祿八㦸先正其心　先廾川其リノ心夕
クルリ夂夂ス總讀云廾沙川卽リ蕪ノ奴ク姑

ク姑ル祿夂達夂達ス使欲正其心者　其リノ
心ククル正夂夂ス欲木スル者八總讀云リ蕪
ノ奴ク姑ク姑ル祿夕達夕達ス使木夫ス使ル
祿八㦸先誠其意　先廾川其リノ意イカ夂ノ
リ誠マクト二ス總讀云廾沙川卽リ蕪ノ奴イ
依カ喀ク姑ノ奴リ烏マ馬ク姑ト都二義ス使
欲誠其意者　其リノ意イカクノリ誠スクト
二廿ラ欲木スル者八總讀云リ蕪ノ奴イ依カ
喀ク姑ノ奴リ烏マ馬ク姑ト都二義廿世ラ梯

木夫ス使ル祿八㦸先致其知　先廾川其リリ
知千リ致千八ムノ總讀云廾沙川卽リ蕪ノ奴
千癡リ烏千癡八㦸ム某ノ奴致知在格物　知
千リ致ム川八物ムノユト二格イ夂ル二在卩
川總讀云千癡リ烏ム某川利八㦸ム某ノ奴ユ
庫ト都二義イ依夂達ル祿二義卩牙川利物格
而後知至　物ムノユト格イ夂ルラ而三カル
リリ后ノ千知千至イ夂ル總讀云ム某ノ奴ユ
庫ト都イ依夕達ル祿テ梯シ志カ喀ル祿リ烏

リ烏ノ奴千癡千癡イ依夕達ル祿知至而后意
誠　知千至イ夂テ而シカルリ后ノ千意イカ
夕ノ誠マクト卩川總讀云千癡イ依夕達テ梯
シ志カ喀ル祿ノ奴千癡イ依カ喀ク姑ノ奴マ
馬夕姑ト都卩牙川利意誠而后心正　意イカ
夂ノ誠マクト卩川而シカノリ后ノ千心ク夕
ル正夂夂ス總讀云イ依カ喀ク姑ノ奴マ馬夕
姑ト都卩牙川利シ志カ喀ル祿リ烏ノ奴千癡
ク姑ク姑ル祿夂達夂達ス使心正而後身脩二

心ククル正タタシテ而シカル后ソ千身三脩
ヲオスル總讀云ク姑ク姑ル祿タ達タ達シ志
テ梯シ志カ喀ル祿ヲ烏ノ奴千癡三米ヲ烏廾
沙乙馬ル祿身脩而后家齊　身三脩ヲ廾ヱテ
而シカルヲ后ノ千家イ齊トトノテ總讀云三
米ヲ烏廾沙乙馬テ梯シ志カ喀ル祿ヲ烏ノ奴
千癡イ依ト都ト都ノ奴テ梯家齊而后國治
家イ齊トトノテ而シカルヲ后ノ千國クニ治
ヲ廾ヱル總讀云イ依ト都ト都ノ奴テ梯シ志

カ喀ル祿ヲ烏ノ奴千癡ク姑二義ヲ烏廾沙乙
馬ル祿國治而后天下平　國クニ治ヲ廾乙テ
而シカルヲ后ノ千天下云カ平タイラカ總讀
云ク姑二義ヲ烏廾沙乙馬テ梯シ志カ喀ル祿
ヲ烏ノ奴千癡云廳カ喀タ達イ依ラ喇カ喀自
天子以至於庶人　天子云シ自ユリ以ムテ庶
人シヲ二於二至イタル總讀云云廳シ志ユ天
リ利ム某テ梯シ志ヲ烏二義二義イ依久達ル
祿壹是皆以脩身爲本　壹イ是シ皆三十身三

脩ヲ廾ヱムルヲ以ムヲ本ム[illegible]爲トス總讀云
イ依シ志三米十那三米ヲ烏廾沙乙馬ム某ル
祿ヲ烏ム某ヲ烏ム某ト都ト都ス使其本亂而
末治者否矣　其リノ本ムト亂三タ乙テ而シ
カシテ末ス治ヲ廾ユル者ノ八否卩ラ乙矣字
不讀總讀云リ蕪ノ奴ム某ト都三米タ達乙カ
テ梯シ志カ喀シ志テ梯ス使ヲ烏廾沙乙馬ル
祿ノ奴八戳卩牙ラ喇乙カ其所厚者薄　其リ
ノ厚卩州ヲスル所トカノ者于ノ薄ヲスヲシ

ラ總讀云リ蕪ノ奴卩牙州郎ヲ烏ス使ル祿ト
都カ喀ノ奴ム某ノ奴ヲ烏ス使ヲ烏シ志テ梯
而其所薄者厚　而シカシテ其リ薄ヲスヲ
スル所トカノ者ムノ厚卩戈八總讀云シ志カ
喀シ志テ梯リ蕪ノ奴ヲ烏ス使ヲ烏ス使ル祿
ト都カ喀ノ奴ム某ノ奴卩牙戈基八戳未之有
也　之ク乙有卩ラ未乙タ也字不讀總讀云ク
姑乙カ卩牙ラ喇乙カタ達
子曰　子サ曰ソ冬八ク總讀云廿世ノ奴ノ奴

坐王八蕺ク姑學而時習之　學ㄙ十ンテ而ゞ
カシテ時ッ戈之クリゞ習十ラフ總讀云乙馬
十那ン聲恩去テ梯シ志力喀シ志テ梯ッ吐戈基
ク姑リ利ゞ烏十那ラ喇フ窩不亦說乎　亦ㄋ
夊說ヨ冂ユ八シカゞ不ザラン也總讀云乙馬
夕達ヨ攸口魯ユ庫八蕺シ志力喀ゞ烏ホ渣ラ
喇ン聲恩去也耶有朋自遠方來　有卩リ朋ッモ
遠ㄔ方杪自ヨリ來戈夊口總讀云卩牙リ利ッ
吐モ聲磨去丛因杪波ヨ攸リ利戈基夊達口聲摟上

不亦樂乎　亦ㄡ夊樂夊リユ不ホラン也總讀
云乙馬夕達夕達ノ奴乙馬ホ渣ラ喇ン聲恩去也
耶人不知　人ヒト知シラ不ズ總讀云七旇ト
兜シ實ラ喇ズ婁而不慍ㄜ而シカルゞ慍イカ
ラ不ズ總讀云シ賓力喀ル祿ゞ烏イ依力喀ラ
喇ズゾ妻不亦君子乎　亦ㄡ夊君ㄜ子セ不ホ
ラン也總讀云乙馬夕達ㄜ空世世ホ渣ラ喇ン
恩去也耶聲

法司教條一段云人間之道與申者孝行題目候

孝行與申者諸士百姓共其身之行迹題目候而家中人數其外親類緣者至迄睦敷取合尤御奉公人者國家之爲何篇入精亦百姓等者家業無油斷相勤各父母爲致安心候儀孝行與申事候若行跡不宜或家中親族緣者之取合不睦敷或過奉公付而忠義之心立無之或家業之勤致油斷此樣之不届有之候而者何分父母江衣食之類結構相備候共父母安心無之候以此心得諸生百姓孝行之勤可致執行事

官生注云與申猶也者題目緊要也候矣字之意候而而字起下緣者朋友之類也至迄至於也宜在句首而在句尾者所謂虛字倒讀也敷語助也取合交接之意御奉公做官也國家之爲即爲國家也何篇不論何事也入精要盡心也油斷怠惰也候儀者字之意孝行與申事候上所謂孝行之事也付而猶居於也如云居於御奉公也不届猶病也候而者如云矣焉者何分如云何等樣江猶於也宜在父母上結構極好也相備奉上之意父母安心無之父母不安心也積料度之意宜在父母安心何上以此心得如云把這樣心腸也可致執行事要衆人依此而行

賢王、良吏民附、

海外要荒亦有異於其地之才起而君長之治其爭奪遂其生養明其倫理雖不必聞道而撫我則

后莫之或殊蓋由頻受
天恩疊承
聖訓勅諭奬勵感荷奮勉故能恪修職貢殫力撫綏也而奉使入朝輔君定國其臣亦與有勞焉至於良士貞女不迹而古信乎人外無道道外無人矣而輯之皆足資勸懲云

舜天日本人皇後裔父朝公爲大里按司宋淳熙七年庚子舜天年十五屢有奇徵後爲浦添按司人奉其政斷獄不違值天孫氏世衰逆臣利勇鴆

其君而自立舜天誅之諸按司推奉即位賞功罰罪民安國樂肇制文字

英祖天孫氏裔惠祖世主孫生有瑞徵年二十通經傳國人師事焉長爲伊祖按司宋寶祐初義本王以羣臣僉舉命攝政越七年義本遜北山國人立英祖重農貴粟庶政修舉西北諸島及北夷大島相繼朝貢國寖以强

大成英祖世子元大德四年嗣位能以禮讓接物以仁義措事國治民安

英慈大成第二子元至大初嗣位爲治遵用舊章疏通知事深而有謀

察度父業農質性純厚天女來格生察度始爲浦添按司有德惠國人歸服元至正中西威薨世子幼母妃亂政衆廢世子奉以爲王災變日銷國用豐饒明洪武初遣行人楊載頒詔至國奉貢歸誠遠夷震慴南夷宮古島八重山島相率朝貢太祖授以鍍金銀印封爲中山王王向慕文教時遣子弟及國秀入監讀書太祖賜閩人三十六姓以充

朝貢譯使文明日啟倭人不敢覬覦

尚巴志思紹子初嗣父爲佐鋪按司賞罰不違親民若傷南方諸島多歸之山南王恃勝而驕窮欲於人朝暮遊宴巴志合諸按司攻之並攻山北中山山北王自殺遂滅中山王武寧而奉思紹爲王已復滅山南王自元延祐中國土三分至是百餘載爲明永樂之二十一年復合爲一猶號稱中山王到今未改賜尚姓自茲始

尚圓字思德金伊平人父尚稷爲里主圓生有異

瑞年二十四渡國頭來仕中山尚金福時始給黃
帽尚泰久時領主內間民親愛之時久旱苗槁獨
其田不雨而潤民驚傳爲異圓懼載妻子隱避一
十四年德日懋中山王聞其賢召爲黃帽官轉御
瑣側即今耳目官也誾誾侃侃萬事當理德著民
懷尚德嗣位多行不義圓諫云君用財若無窮殺
人若不勝尚德怒不聽再避隱於內間德卒世子
幼衆欲立圓圓曰世子在孰敢奸此位乎衆殺世
子於真玉城迎圓固讓不獲乃至首里嗣王位除

其虐政順民所喜山林隱遁隨材器使遠近蠻夷
皆歸心焉
尚真尚圓世子天姿明敏謙巳受益繼述父業政
刑咸備治道大明享國永年
尚清尚真王子聰明智果剛强英毅能振其祖父
遺緒國中事多所興革至今法守東北屬國大島
恃其險遠朝貢屢絕王遣將往征守度如常
尚寧尚真孫萬歷四十年倭入中山襲執王以歸
留一年不屈倭酋慶長異之曰有此氣節無惑乎

受天朝封號也卒放回
尚質尚賢弟順治五年聞我
世祖章皇帝定鼎燕京喜中原有
聖人出即遣使歸誠繳前明勅印請冊封
帝命冊使至其國封之
尚敬字允中恤農愛士尤尊禮老成國中政務皆
親謀獨斷歷久弗懈濱海鹹鹵王飭撥庫儲修砌
隄岸及那覇等處溝洫民弗苦旱潦山原高阪悉
募民墾闢栽種薯麥松杉聽爲世業尊事

天朝職貢彌謹護恤難商絡繹相望屢蒙
勅諭獎勵其奉母太妃克盡孝道性習冲淡不邇聲色
旁無姬媵宜其民物安阜膺爵最久云
馬順德官國頭按司尚元王時二大島弄兵屢至
那覇王自往撫之得疾危甚順德籲天願以身代
果死王疾瘳官其子世廕國頭領主
鄭迵字利山嘉靖中入太學歸累官至法司三十
六姓爲法司自迵始萬歷間浦添孫慶長蔡度王後興
於日本自薩摩洲舉兵入中山執王及迵等歸留

二年迴不屈死之

蔡堅久米人官紫金大夫始繪聖像率鄉之紳士祀之

尚象賢尚質王從弟聰明才俊佐其侄尚貞王甚有功著中山世鑑

金正春久米人官紫金大夫康熙間請王立文廟卜地久米村中鳩工庇材越二年竣塑聖像廟中立四配請令儒臣行釋奠禮

程順則字寵文久米人官紫金大夫屢奉朝貢歷

著勤勞請建啟聖祠設學塾立關帝廟國中典制多其擬立著述甚富詳書籍條

蔡溫字文若久米人讀書知信程朱行必蹈矩規殫心啟沃裁定典制王甚尊信之擢任法司連姻王府入居首里食數縣采地世世襲球之學人咸宗焉著述甚多詳書籍條

蔡文溥字天章康熙間入學歸以其所學教久米村及國人人多化之著四本堂集久米又有曾益字虞臣蔡鐸字聲之（溫之父）蔡應瑞字　鄭國觀字利賓首里有周新命字熙臣何文聲皆以文行名

長田富盛按司侍士富盛廉潔慈愛爲絲數按司所併夫人投岩死其子小按司年十五長田携至與座村匿於從兄慶留庇槨所絲數偵知令侍士志堅原率兵捜捕慶留有子名慶路子生女乙鶴年十五願易小按司服代其死後長田復與慶留伺絲數上己出郊戲馬爲樂奉小按司同慶路子伏兵道側要絲數殺之復立小按司爲主小按司

以夫人禮祀乙鶴

鶴壽平良按司長子聘保榮茂按司女乙達呂鶴壽三歲母亡未幾保榮茂亦卒無子鶴壽爲繼母所毒瞽其雙目平良又信繼妻言欲離乙達呂婚且放鶴壽於八頭山石穴中斷其食乙達呂感夢告其母尋鶴壽歸醫治之雙目復明因送還平良告之故平良悟逐其繼妻鶴壽泣請留其母平良感其意不加譴迎乙達呂而使鶴壽繼保榮茂之後爲按司

謝納大謝名庇椰長子大謝名爲高平良所鴆納與其弟爲僧名慶運者密謀報仇殺高平良有司憐其孝特原之

毛鶴壬龜中城按司父國鼎爲勝連按司阿公所譖王命令阿公率兵殺鼎鶴龜時年十二三適隨其生母往外家聞變乃泣請於母欲復仇母以二劍授之二子步至勝連伺阿公醉遊刺殺之列女自乙鶴乙達呂外又有眞鶴之捨身應募養母感神滅蛟大里按司妻之棄巳子以救前室所生前室

子亦爭死豐姐之日懷夫骨誓不再嫁許氏之矢志守節剪笄辭聘蔡氏之孀婦勤力積金助修祖祠皆有足傳者

卷之二終

琉球入學見聞録卷之三

琉球官學教習臣潘相恭輯

奏疏

臣按琉球入學始自明洪武二十五年疏數不常原無定例世遠事久亦無奏疏可考至我
朝康熙二十三年遣使册封旣畢國王面求使者附
奏祈許子弟入學使者還奏
天子允之自後每遇册封遂沿爲例凡册使之奏部臣監

臣議准一切保舉教習事竣保題之奏國王遣送入學及請歸之奏歸後謝恩之奏此次請許官生一例迎
駕之奏皆録焉

康熙二十三年禮部謹奏爲奏聞事據差遣琉球國翰林院檢討臣汪楫中書舍人臣林麟焻疏言中山王尚貞親詣館舍云下國僻處彈丸常慚鄙陋執經無地向學有心稽明洪武永樂年間常遣

本國生徒入國子監讀書令願令陪臣子弟四人
赴京受業事下臣部臣部咨國子監據國子監臣
咨覆查太學志載洪武二十五年秋琉球國王遣
其子日孜等及陪臣之子入監自是以後至於隆
萬之際凡十四五次求學向慕文教琉球於諸國
爲最篤國家待之亦爲最優臣等覆查史載唐貞
觀中興學校新羅百濟俱遣子入學琉球自明初
始內封會典載大琉球國朝貢不時王子及陪臣
之子皆入太學讀書禮待甚厚又載洪武永樂宣

德成化以後琉球官生俱入監讀書今該國王尚
貞以本國遠被
皇仁傾心向學懇祈使臣汪楫等轉奏願令陪臣子弟四
人赴京受業應准所請聽其遣陪臣子弟入監讀
書俟
命下之日知會該國王可也奉
旨依議欽此
二十九年琉球國中山王臣尚貞遣使入貢並以
求遣官生歸國奏請奏爲籲

恩請許歸養以廣
皇仁事據臣國入監官生梁成楫等啓稱楫等於康熙二
十五年遵
旨同貢使進京入監讀書抵今四載感荷
皇上優恤之恩給以廩餼衣服楫等雖頂踵俱捐
天恩莫報況學海之淵源深邃
聖朝之法制昭明雖終身寢食其中亦楫等所深願但緣
貢使毛起龍等入京得接家信知父母衰老倚閭
望切楫等雖三冬之講究宜深而一本之瞻依倍

摯此陳情表所以有報劉日短之語也叩祈恩賜
具疏題請歸國等情據此該臣貞案查康熙二十
三年蒙冊封天使汪楫等題准臣國陪臣子弟入
監讀書臣貞遵奉
諭旨業於康熙二十五年遣官生梁成楫等三人同貢使
魏應伯進京仰荷
皇上令其入監讀書月縻廩餼季給衣服正梁成楫等感
荷高厚殫心誦讀之時也但伊父前經節次入貢
萬里梯杭罔辭勞瘁今皆年老奉養需人臣貞亦

當念之矣且梁成楫等三人俱未有室父母之願
人皆有之況臣國人皆愚昧自成楫等入監之後
臣貞望其返國與臣言忠與孝以宣布
皇上一道同風之化更爲不淺今據梁成楫等祈題請歸
養等情應否准其歸養臣貞未敢擅便伏祈
睿鑒施行
梁成楫等歸國之後王又上謝表表云琉球國中
山王尚貞謹奉表上言伏以布教溢中華設庠閫
洙泗之秘覲光來異域執經分泮水之光棫樸篇

中時展縹緗歌夜月杏花壇上長垂衣帶拂春風
喜動儒林歡騰海國恭惟
皇帝陛下允文允武乃聖乃神王澤廣敷措一代於利樂
親賢之內文風遙播範四方於詩書禮樂之中臣
貞觀海有懷望洋徒歎眷中山而傾印綬蟻封久
叨帶紡之榮入國學而奉典章虎觀不遺駑駘之
選一之以聲音點畫口誦心惟教之以節義文章
耳提面命況乎冬裘夏葛授衣盡內府之藏兼之
朝饔夕飧賜食悉天厨之饌恩深似海難忘推解

之隆澤沛如天莫報栽成之大雖三年國子敢云
得九邱八索之微言而一介豎儒猶幸聞四書五
經之大旨祇爲養親念切
君門上重譯之章何意逮下恩殊
天闕賜遠鄉之詔歸而言忠言孝咸知君父之尊固當獻
藻獻芹聊表臣子之敬伏願車書一統玉帛萬方
有分土而無分民到處珠璣生腕下得大才乃得
大用何人錦繡不貯中行見耳目股肱不出圖書
之府亦使東西南北無非翰墨之林矣臣貞無任

瞻
天仰
聖激切屏營之至謹奉表稱謝以
聞
康熙五十九年七月內差回琉球國翰林院檢討
臣海寶編修臣徐葆光謹奏爲奏
聞事臣等奉
旨冊封琉球禮畢宴語王令通事致詞云本國僻處海外
荒陋成風於康熙二十五年奉

旨許遣官生阮維新蔡文溥等三人入學讀書今得畧知
文教皆
皇上之賜也自此三十年來無從上請今幸
天遣使臣至國求照前使汪楫代請入學讀書舊例陳明
遠人向化之意倘蒙諭允得照前例再遣官生入
學讀書則
皇上文教益廣矣臣等理合據辭繕摺代奏伏候
睿鑒施行奏
旨該部議奏欽此禮部請題爲奏

聞事禮科抄出差回琉球冊封正使翰林院檢討海寶副
使翰林院編修徐葆光等奏前事等因到部臣等
查康熙二十三年差往
冊封琉球國王使臣翰林院檢討汪楫等將該國王尚貞
所請令陪臣子弟赴京入監讀書等語轉奏到部
臣部照其所請議覆具題奏
旨依議欽遵在案今琉球國王敬傾心向化旣稱再請將
官生入學讀書則
皇上文教益廣等語應如所請准其官生等赴京入監讀
書應行事宜到日再議具題可也於康熙五十九
年八月初三日題本月初五日奏
旨依議
雍正元年十月初九日琉球國中山王尚敬謹奏
爲
聖朝文教廣被萬方奏
旨遣官生入太學讀書事康熙六十年六月十三日准禮
部咨開爲奏
聞事主客清吏司案呈奉本部送禮科抄出該本部題前

事內開議得
冊封琉球國王使臣翰林院檢討海寶編修徐葆光等代
臣奏稱本國云云等因於康熙五十九年八月初
三日題本月初五日奏
旨依議欽此欽遵抄出到部相應移咨琉球國王可也等
因奉此欽遵隨於康熙六十一年十一月遣官生
蔡用佐蔡元龍鄭師崇三人同貢使毛弘健等赴
京入監讀書不幸在海沉沒伏思臣敬業奏
聖祖仁皇帝恩允未應俞旨今不敢違

先皇遺旨再遣官生鄭秉哲蔡宏訓等三人偕慶賀正使
王舅翁國柱等赴京入監讀書誠俾海外愚陋子
弟得以觀光上國執經問字踴躍之私不啻臣身
躬聆
聖訓舉國共沐
天朝雅化於無窮而我
皇上文教被萬方益廣矣外肅貢土產細嫩土蕉布五十
疋圍屏紙三千張少佈涓滴微忱為此合具奏明
伏祈

皇上睿鑒勅部施行臣敬無任戰慄惶恐之至謹具奏以
聞
雍正二年十二月十五日禮部臣謹奏為請
旨事該臣等議得國子監祭酒宗室伊爾登等疏稱禮部
劄送到琉球國陪臣子弟鄭秉哲鄭謙等到監臣
等詢其聲音粗通漢語問其欲習何業皆欲願學
八股文字臣等謹遵舊例選取貢生李著偉之朝
夕講解學習文藝臣監現今博士員缺未補令派
學正一員暫行董率俟博士到任仍照例令博士

專管臣等不時稽察至教習廩糧咨部考職等項
應仍照官學教習之例等因具題前來查康熙二
十七年琉球國陪臣子弟梁成楫阮維新蔡文溥
等入監讀書臣部議覆選取貢生一名令其教習
派博士一員專管董率該監堂官不時稽察至教
習廩糧咨部考職等項俱照官學教習之例行等
因具題奉
旨依議欽遵在案今琉球國遣到陪臣子弟鄭秉哲等入
監讀書應照二十七年之例遴選貢生內文行兼

優者一名盡心訓廸派博士一員專管董率該監
堂官不時稽察其教習廩糧咨部考職等項仍照
官學教習之例遵行其陪臣子弟鄭秉哲等居住
房屋四季衣服及食用等項亦令該監堂官不時
稽查務令得所不致短少遲悞以仰體
皇上加惠遠人之至意為此具奏伏祈
睿鑒施行謹奏本月十七日奉
旨依議欽此
雍正八年十一月二十一日琉球國中山王臣敬

謹奏為恭謝
天恩肄業官生奉
旨歸國事竊照雍正七年四月初四日准禮部咨為
天恩之高厚靡涯親年之衰邁日甚乞請歸養以遂烏私
事主客清吏司案呈本部奏前事內開准國子監
咨稱據琉球國肄業官生鄭秉哲鄭謙呈稱秉哲
等雍正元年奉
旨入監讀書於二年到京就館四載以來荷蒙
聖澤優渥賞給飯食衣服器用虛糜無數秉哲等向化敬

業需被日深當
聖天子文教覃敷愚蒙漸啓從事經書固欲窮其奧旨傾
心制義畧已學為成篇（臣按琉球不設科目故不學制義所欲講者四書五經小學近思錄所欲學者詩與四六及論序記而四六尤要鄭秉哲等初入學時不能聲明至今舍其所學而學制義三年歸國一切惘惘甚拂國王造學之願此次鄭孝德等到監即將此告知故專令讀正書學古律駢散各體四年歸國頗成章可觀）所願驅策駑駘獲識昭
明法度近緣貢使毛汝龍等來京接有家信知雙
親益衰倚閭迫切秉哲等葵誠就日方瞻聖學之
精微鄉思隨雲還仰

皇仁之浩蕩伏惟
皇上孝治丕顯錫類多方垂念遊子戀親定許遠人反掉
叩祈太宗師恩准題請歸養俾得奉侍晨昏乞採
將父將母之意以宏教忠教孝之化訓迪彝倫無
非至誨秉哲等抵家惟焚香頂祝
天子萬年且將
天朝威儀廣宣雅化為此伏祈具題據此相應呈送貴部應
否題請之處聽候貴部照例施行等因呈送到部
查康熙二十七年琉球官生梁成楫等進京入監

讀書至三十年入貢時該國王題請歸養臣部議
覆照都通事之例賞賜筵宴馳驛歸國在案今鄭
秉哲等雖未經國王題請但懇祈歸養乃人子之
孝思且情詞懇切甚屬可憐應如所請令其歸國
其歸時亦照都通事之例賞給大緞各二疋裏
各二疋毛青布各四疋跟班二名亦照例賞毛青
布各四疋其賞賜之物於該部移取在臣部賞給
仍筵宴一次給驛令隨貢使毛汝龍等一同返國
俟

命下之日知會琉球國王可也等因於雍正六年三月初
二日交與奏事員外郎張文斌等轉奏本日奉
旨官生等每人加賞緞庫緞二疋裏二疋從人等每人著
加賞官緞各一疋欽此欽遵到部相應移咨琉球
國王可也爲此合咨前去查照施行等因准此臣
敬接讀部咨仰知
皇上以仁孝之性宏錫類之風令鄭秉哲等歸養不獨二
人闔門頂祝即舉國臣庶感
天朝曲成不遺之化靡不歡聲載道矣臣敬夙荷覆載莫

報
高深謹於常貢外另具嫩熟蕉布一百疋圍屏紙五千張
順附貢使向克濟蔡文河等齎捧表章叩謝
天恩外理合具疏奏明伏祈
皇上睿鑒勅部施行臣敬無任戰慄惶恐之至謹具奏以
聞　按同日國王又具表謝恩仍用康熙二十九年梁成楫等歸國國王尚貞表文不贅錄
乾隆二十二年四月二十一日翰林院侍講臣全
魁編修臣周煌謹奏爲據詞代請事臣等蒙
恩簡用遣使琉球事竣將旋中山王臣尚穆詣館宴送

命陪臣通事向臣等致詞云海隅下國音被
皇上
宸翰榮褒
綸音寵錫但僻處彈丸荒陋成俗向學有心執經無地
先於康熙二十二年經懇前使汪楫等代請陪臣
子弟四人入學讀書奉部議准遣官生阮維新等
入學在案嗣於五十九年懇前使海寶等援例代
奏復蒙許遣令幸
天遣使臣至國敢祈陳明遠人向化之誠俾得再遣入
學讀書下國不勝悚企等語臣等理合據詞繕摺

代奏伏候
聖鑒勅部議覆施行謹奏即日奉
旨該部議奏欽此
五月初一日禮部謹奏爲遵
旨議奏事乾隆二十二年四月二十三日內閣抄出翰
林院侍講全魁編修周煌奏前事等因具奏到部
查康熙二十三年
冊封使臣翰林院檢討汪楫等五十九年使臣翰林院檢

討海寶等事竣回京具奏稱該國王懇求轉奏令
陪臣子弟入監讀書經臣部覆准具奏奉
旨依議欽此隨據該國王前後遣令官生到京臣部並劄
國子監讀書三年遣令歸國各在案今翰林院侍
講全魁等既稱該國王尚穆向化輸誠懇請許陪
臣子弟入監讀書應如所請准其於應貢之年遣
令來京臣部劄行國子監肄業俟
命下之日行文福建巡撫轉行該國王遵照可也謹奏
本日奉

旨依議欽此
乾隆二十三年十月十二日琉球國中山王臣尚
穆謹奏爲奉
旨遣官生入太學讀書事乾隆二十三年正月初一日
准福建等處承宣布政使司開前事等因咨院行
司奉此茲貢船回國合就移知爲此備咨貴國王
請煩欽遵查照施行等因准此臣穆蟻垤藩封蝸
居荒服恭逢
天朝文教廣敷德澤遠施今蒙

隆恩俞允俾陪臣子弟得入學執經備聆
聖訓不特臣穆感戴無窮舉國人民亦懽躍忭舞矣謹
遣官生梁允治鄭孝德蔡世昌金型四人同貢使
毛世俊等赴京入監讀書外肅貢土產圍屏紙三
千張細嫩蕉布五十疋少佈涓滴微忱爲此合具
奏明伏祈
皇上睿鑒勅部施行臣穆無任戰慄惶恐之至謹具奏
以
聞

乾隆二十五年正月二十三日國子監臣觀保全
魁陸宗楷博卿額吉泰盧燅謹奏爲請
旨事乾隆二十五年正月初十日禮部劄送到琉球國
陪臣子弟梁允治鄭孝德蔡世昌金型四人到監
讀書臣等謹查雍正二年琉球國陪臣子弟鄭秉
哲鄭謙蔡宏訓等入監讀書經禮部議准照康熙
二十七年之例選取貢生一名令其教習派博士
等員管理臣監堂官不時稽察至教習貢生一切
等項俱照官學教習之例等因遵行在案今該國

王送到官生梁允治等四人入監讀書相應仍照
舊例臣等公同選得拔貢生潘相湖南安鄉縣人
為人老成學業優長俾之朝夕講解教習文藝又
派得博士張鳳書助教林人櫆俾之管理臣等不
時加謹稽察至教習貢生一切等項俱照官學教
習之例俟
命下後臣等移咨吏禮二部存案為此繕摺具奏伏候
皇上睿鑒施行臣等謹奏本日奉
旨知道了欽此

乾隆二十六年十一月初一日國子監臣觀保全
魁陸宗楷博卿額張裕舉謹奏為請
旨事據琉球國肄業官生陪臣鄭孝德等呈稱竊孝德
等籍隷球藩觀光
帝里蒙
皇上教育生成俾令肄業太學孝德等親師取友獲隨
兩庠衣冠給館授餐日聽大昕鐘鼓百生榮幸感
勒五中茲恭遇
聖母皇太后七十萬壽普天同慶伏查舊例太學肄業諸
生俱得恭迎
慈駕今孝德等身依
輦下情切呼嵩敬請一體行禮等語臣等查該陪臣以
外藩陪隷現在肄業太學
皇太后萬壽慶典臣等應率領諸生迎叩
安輿伊等懇請一體行禮情詞肫切理合奏
聞請
旨如蒙
俞允請照朝賀之禮令其用該國服色合併聲明為此

謹奏奉
旨知道了鄭孝德等著賞賜欽此
乾隆二十八年十一月二十六日琉球國中山王
臣尚穆謹奏為請遣入學官生歸國以宣文教事
竊臣穆僻處彈丸荒陋成俗幸於乾隆二十一年
叩蒙
天恩冊封事竣天使將旋臣詣館宴送兼援舊例懇求
天使全魁周煌代奏陳明臣愚人向化之誠俾得再
遣陪臣子弟入學讀書不勝稱企已經天使回京

代奏荷蒙許遣遵於乾隆二十三年遣官生鄭孝
德入監讀書於二十五年入監在案查康熙二十
三年雍正二年前後官生在監讀書各三年而歸
亦在案伏念官生鄭孝德等在監讀書已經四年
理應奏請歸國爲此肅具疏章特附貢使馬國器
梁煌等敬謹奏聞請將官生鄭孝德等賜歸下國
則益廣宣
皇上之文教以成雅俗矣伏祈
睿鑒勅部施行臣穆無任惶恐屏營之至謹具奏以

聞
乾隆二十九年二月初四日國子監臣觀保富廷
陸宗楷張裕犖謹奏爲琉球肄業陪臣回國帶領
教習引
見事乾隆二十五年正月初十日禮部劄送琉球國陪
臣子弟入監肄業臣等查雍正二年禮部議准照
康熙二十七年舊例選取貢生一名令其教習一
切照官學教習之例遵行隨公同選得湖南拔貢
生潘相爲人老成學業優長請以充補教習移咨
吏禮二部存案備查於乾隆二十五年正月二十
三日具奏奉
旨知道了欽此欽遵在案今准禮部文稱琉球國肄業
陪臣已奉
旨准其回國等因到監查該教習中式乾隆二十五年
舉人中式乾隆二十八年進士實心訓課造就有
方在學四年始終如一相應照八旗教習之例恭
繕綠頭牌將潘相帶領引
見或用爲知縣或用爲教職之處伏候

欽定奏
旨後臣等行文吏部請歸進士教習班銓選爲此謹奏
本日帶領引
見奉
旨潘相著以知縣用欽此

廩給

漢唐外藩遣子入學不過粗給廩餼洎乎明代琉
球子弟來雍始厚其賚予臣嘗考前明會典洪武
二十五年賜中山國入學王子日孜每闊八馬寨

官子仁悅慈衣巾靴襪並夏衣一襲鈔五錠秋又
賜羅衣各一襲及靴襪衾褥賜山南王承察度入
學從子三五郎尾及寨官子實他盧尾段賀志等
如中山例二十六年賜中山國入學寨官子段志
每夏衣靴襪秋衣各一襲傔從各給布衣二十九
年賜山南王歸省官生三五郎亹實他盧尾白金
綵緞表裏鈔錠又賜山南王入學寨官子麻奢理
誠志魯三八并復來卒業之三五郎尾衣冠靴襪
三十一年賜中山國來謝昔年入學舊恩之官生

姑魯妹鈔錠有差永樂三年賜山南國入學官生
李傑衣服四年賜中山國入學官生石達魯等衣
鈔有差八年皇太子賜入學官生模都古等巾衣
靴條衾褥帳具冬帝賜李傑等冬衣靴襪十年賜
中山官生懷德祖魯古夏布襴衫條靴十一年賜
中山官生鄔同久等三八錢鈔遣模都古等三八
歸省賜衣幣鈔錠給驛傳留學者皆賜冬夏衣十
二年皇太子賜琉球生益智毎等羅布衣各一襲
及襴衫靴襪衾褥帷帳從人皆有賜帝賜鄔同久

等三八衣鈔十四年賜琉球生夏衣成化廿八年
令肄業南京國子監之琉球生蔡賓等有司歲給
衣服廩餼如舊制正德五年賜南雍琉球生等衣
廩等物如例嘉靖五年賜琉球官生蔡廷美等廩
米薪炭及冬夏衣服九年給歸娶之蔡廷美等幣
布有差二十二年給琉球歸娶官生梁炫等資糧
驛騎二十九年處琉球生蔡朝用等於南雍光哲
堂歲時給衣物如例萬歷八年給南雍琉球生鄭
迵等衣糧如例顧猶未周備也惟我

聖主湛恩汪濊特命琉球官生光祿寺給食物工部給衣
服器用戶部給口糧紙筆日有餼月有賜季有賚
下逮傔從纖悉曲盡我
皇上格外體恤特命行文工部應給物件俱著交內務
府辦給由是各衙門應給等項至豐且備
天恩浩蕩難罄名言詳志於篇庶來者有以考焉
康熙二十七年琉球官生梁成楫等入學禮部議
准官生照都通事之例每名日給雞一隻肉二斤

茶五錢腐一斤椒醬油菜等俱備每年春秋賜綿
緞袍褂紡絲紬褲各一涼帽各一靴襪各一雙夏
賜紗袍褂羅衫褲各一冬緞面羊皮袍褂綿襖褲
各一貂帽皮靴絨襪被褥席枕俱備從人皆有賜
每月硃墨紙筆銀各一兩五錢
雍正二年十一月琉球官生鄭秉哲等入學禮部
題准官生從人一切衣服食用俱照康熙二十七
年題定賜梁成楫等之例
乾隆二十四年官生梁允治等十二月入京二十

五年正月初二日禮部劄知國子監二十三日本
監選取教習奏聞二月初八日禮部儀制司送官
生入學博士等官帶領謁
廟謁　後殿及文公祠入講堂拜師
一官生食用等項俱照康熙二十七年題准之例
每官生一名俱照進貢都通事之例每日各給白
米二升跟役每人每日各給白米一升國子監每
季核算人數小建總計若干石移咨戶部關領大
倉白米

一官生食物每人每日給雞一隻肉二斤茶葉五
錢豆腐一斤花椒五分清醬四兩香油四錢醬四
兩黃酒一瓶菜一斤鹽一兩燈油二兩跟役每人
每日給肉一斤鹽一兩菜十兩此次於乾隆二十
五年二月初六日准光祿寺知照內開大官珍羞
兩署案呈准國子監咨取官生食物等因前來查
乾隆二十一年七月內經忠勇公傅奏准將本寺
交送　內庭所用豬口肉斤雞鴨鵝隻等項交饍
房辦理所有　公主格格分例景山咸安宮太醫

院等處外用差務仍係光祿寺辦理當經本寺行
文各該處將所用雞隻肉斤數目按月咨行本寺
核算折價各該處持領付寺給發錢糧悉遵原奏
辦理在案今琉球官生梁允治等入監讀書所有
應食雞隻肉斤自應遵照奏准折給之例畫一辦
理相應行文貴監查照辦理除將算開茶葉黃酒
油鹽醬菜等項本寺按依每月來文辦給外至應
給雞隻肉斤每月將伊等用過零總數目扣除小
建禁屠一併行文過寺核算給發錢糧於每月三

九之期出具印領赴寺支領仍將本寺題定雞隻肉斤價值並應扣帶銷銀兩開單知照貴監查辦可也准此每月監領銀交官生等自用至厨役火夫每月寺另給銀四兩五錢聽其自雇

一官生住房撥西廂居之後一進五間官生四人各住一間中一間爲講堂正廳三間中一間設公座爲堂官稽查之所東一間教習居之西一間貯食用之物西耳房二間爲厨房住厨役火夫各一名東耳房住各從人下至湢浴溷廁莫不修備每歲四月之朔國子監行文内務府遣官役高搭

前後京棚二座八月底自行撤回

一官生等用物内務府廣儲司遵

旨辦送照雍正二年之例加增應用錫燭臺四箇錫燈臺四箇錫茶壺二把錫酒壺二把黃銅面盆四箇磁大碗二十箇小碗二十箇小盤十箇碟子十六箇茶鍾十六箇酒鍾十箇蓆子十領白氈八條高棹六張滿棹四張板櫈六條椅子八張綿布門簾六箇竹門簾六箇盛書大豎櫃四箇火盆四箇廣

鐵鍋二口小磁盆六箇水缸四口連鈎扁擔水桶一副其筷子木杓柳罐笤帚竹掃帚鐵通條鍋蓋砂鍋木瓢等物皆各備具木器磁器如有損壞監咨内務府府仍隨時添補每日應用煤炭照例内務府煤炭局每日應送煤三十斤白炭三斤每月總扣若干斤遣役送給冬月至正月每人每日各加送烤炭白炭五斤十月底總計三月若干斤遣役送給

一官生衣帽等項内務府廣儲司遵

旨辦給官生每人冬季各給貂皮領袖官用緞面細羊皮袍褂紡絲綿襖中衣各一件染貂帽各一頂鹿皮靴連氈襪各一雙（此次鹿皮靴改給緞靴）春秋二季各給官用緞面杭紬裏綿袍官用緞面紡絲紬裏綿褂紡絲衫中衣各一件緯涼帽各一頂官用緞靴各一雙馬皮靴各一雙（此次馬皮靴亦改給緞靴）夏季各給硬紗袍褂羅衫中衣各一件每年春季各給紡絲面布裏棉被棉褥紡絲頭枕各一分跟伴四人每年冬季各給布面老羊皮袍布棉襖中衣各一件氁

皮帽各一頂馬皮幇牛皮靴布棉襪各一雙春秋二季各給布棉袍褂各一件夏季給單布袍布衫中衣各一件雨纓凉帽各一頂每年春季給布棉被褥頭枕各一分此項物件內除庫貯者領取成做給發外其庫無之染貂帽貉皮帽絨纓凉帽雨纓凉帽交該辦買催總等每季按時買給此項應給衣帽俱於每年二月五月十月內國子監按季出具印領內務府照數遣官送給

師生

周官掌教㔶人有韎師旄人鞮鞻氏之職皆大司樂總其成明時琉球入學不設教習其教法甚畧至我

朝康熙二十七年梁成楫等入學

上特命司成於肄業正途貢生中遴學行之優者奏舉一人爲教習專司講解派博士等官經理之堂官不時加謹稽察其猶周制之舊與至於入學官生明初皆王子弟寨官子弟成化以後始遣三十六姓之人今多不可考謹就所見錄之尚冀後之人有以補其闕畧云

祭酒

常錫布滿洲正紅旗人康熙二十五年任時琉球梁成楫等入學

德白色滿洲正紅旗人二十六年任

圖納哈滿洲鑲白旗人二十七年任

王士禛山東新城人戊戌進士十九年任

李元振河南柘城人甲辰進士二十二年任

翁叔元直隸永平衛籍江南常熟人丙辰進士二十四年任

曹禾江南江陰人甲辰進士二十六年任

汪霦浙江錢塘人丙辰進士二十八年任臣按國學禮樂錄王士禛十九年任二十二年以後已爲李元振而池北偶談載梁成楫等於二十三年經使臣奏請入學時士禛爲祭酒咨覆禮部不解何謂謹闕之

伊爾登滿洲正白旗宗室雍正元年任時琉球鄭秉哲等入學

塞楞額滿洲正白旗人己丑進士二年任

鄂宗奇滿洲鑲藍旗人壬辰進士四年任

王圖炳江南婁縣人壬辰進士元年任

王　傳江西饒州人辛未進士元年任
張廷璐江南桐城人戊戌進士三年任
蔡　嵩江南南滙人壬辰進士五年任
觀　保滿洲正白旗人乾隆丁巳進士十四年任
陞任後仍管監務（時琉球鄭孝德等入學）
全　魁滿洲鑲白旗人辛未進士二十四年任
富　廷滿洲鑲藍旗人丙午舉人二十七年任
陞宗楷浙江仁和人雍正癸卯進士十一年任

司業

宋古弘奉天鑲白旗人康熙二十五年任（時琉球梁成楫等入學）
彭定求江南長洲縣人丙辰進士二十四年任
董　誾江南吳江縣人癸丑進士二十四年任
吳　涵浙江石門縣人壬戌進士二十八年任
明　圖　六十一年任（時琉球鄭秉哲等入學）
馬　泰奉天正白旗人　雍正元年任
黃鴻中山東即墨縣人戊戌進士元年任

孫嘉淦山西興縣人癸巳進士元年任
彭維新湖南茶陵州人丙戌進士三年任
王蘭生直隸交河縣人辛丑進士四年任
莊　楷江南武進縣人癸巳進士五年任
博卿額滿洲鑲紅旗人戊辰進士乾隆二十四年任（時琉球鄭孝德等入學）
盧　穀貴州　人　進士二十四年任
吉　泰蒙古正白旗人　任
張裕犖江南桐城縣人戊辰進士二十六年任

派董率官
張鳳書雲南建水州人壬戌進士任博士
林人櫆福建侯官縣人修道堂助教
張若霍江南桐城縣人正義堂助教
鄔鳳翊廣西陽朔縣人壬申進士由教授陞博士

教習

鄭名闕　福建　人康熙二十七年補教習一年去
徐　振浙江寧波縣人拔貢生二十八年補教習

三年咨部議敘以州同即用

李　著湖北公安縣人拔貢生雍正二年補教習

數月去

趙奮翼陝西潼關縣人拔貢生三年補教習事竣

咨部議敘以知縣即用

潘　相湖南安鄉縣人乾隆六年拔貢生二十三

年考充

武英殿校書二十五年琉球官生鄭孝德等入學經國

子監

奏充教習本年應順天鄉試中式四十一名二十八

年會試中式三十五名二十九年鄭孝德等還國

教習事竣二月初四日本監帶領引

見奉

旨潘相著以知縣用四月選授山東登州府福山縣知

縣

官生病故官生附

日孜每闊八馬中山王察度之子或云從子明洪武二

十五年初遣入學詔令工部建王子書房於監前

以處之歸之年闕

三五郎尾山南王承察度之從子與日孜每闊八

馬同年入學二十九年歸旋復來請卒業

仁悅慈中山王察度之舅諸書作寨官子或其隨從為寨官也并存之

中山王子入學

實他盧尾段賀志山南國寨官之子隨山南王子

入學

段志每中山國寨官子二十六年入學

麻奢理誠志魯三人中山國寨官子二十九年入

學

姑魯妹中山國人入學之年闕諸錄誤以姑魯妹為女官生荒誕殊甚

李傑山南國寨官子永樂三年入學踰三年歸後

倣此各書又載永樂八年冬賜李傑等冬衣等項是六年猶未歸也未詳孰是

石達魯中山寨官子永樂四年入學凡六人其五

人闕

模都古中山官生永樂八年入學共三人帝及太

子厚共賜禮部尚書呂震曰昔唐太宗興學校新

羅百濟皆遣子入學當時僅聞給廩膳未若今日

賚予周備也帝曰遠方慕中國禮義故遣子入學必足於衣食然後樂學太祖高皇帝命資給之著於會典所謂曲成萬物而不遺者安得遂之十一年模都古乞歸省帝曰遠人來學誠美事思親而歸亦人情宜厚賜以榮之因賜衣幣及鈔爲道里費給驛傳共二人闕

鄔同志久中山國寨官子永樂十一年入學共三人（亦作三十人）餘人闕

周魯中山寨官子（據池北偶談載之）永樂十一年入學共

三人共二人闕

益智每琉球官生入學之年闕

蔡賓琉球國中山省久米村人久米屬村縣四曰東門村西門村北門村南門村亦名大門村舊有普門寺又名普門地明洪武中以閩人三十六姓賜琉球王命居此地至萬曆時存而昌者止梁鄭蔡金林五姓又續賜阮毛兩姓皆居久米不他徙故名唐營亦稱營中後改唐榮代以村中最貴者爲總理唐榮司專主朝貢事賓之上世居閩省泉州府晉江縣一曰南安縣宋端明殿學士蔡襄之後襄之裔孫崇奉命入琉球傳四世至賓賓字三亭成化十七年入學二十二年國王請遣歸國帝曰昔陽城在太學諸生三年不歸國者斥之矧遠人豈可長留不遣其令即歸以遂定省之私賓歸後官長史弘治元年賓隨貢使皮揚那等來京上言成化中讀書南京國子監今吏部侍郎劉宣時爲祭酒特加撫卹乞容赴宣所執贄謝詔許之武宗登極賓又隨王舅亞嘉尼施等貢馬及方物奏

乞每歲一貢禮部議琉球在昔朝貢不時至成化十一年因使臣不法勑令二年一貢今因彼入貢違期故爲此奏以飾非宜勿聽武宗特允之賓奏乞自備工料修造貢船二隻禮部議行鎮巡官驗實量修不必改造賓復奏武宗曰令二船拆卸補造勿過式也賓子進字益亭正德五年同五人入太學歸國之年闕官通事共四人闕

蔡浩字乾亭賓從兄寶之孫嘉靖五年同蔡廷美鄭富梁梓四人入學（徐錄作二年疑誤）九年同歸國

蔡廷美字璞亭浩從兄官長史嘉靖二十年王遣使殷達魯等入貢廷美與偕來二十一年廷美招引漳州人陳貴等駕船之國適與潮陽船爭利互相殺傷廷美乃安置貴等於舊王城盡沒其貲貴等夜奔爲守者所掩捕多見殺於是誣貴等爲賊械送福建廷美齎表將赴京陳奏巡按御史徐宗魯會同三司官譯審別狀以聞留廷美等待命奉旨貴等違法通番著遵國典重治琉球既屢與交通今乃敢擄奪貨利擅殺我民且誣以賊詭逆不

恭莫此爲甚蔡廷美本宜拘留重處念素係朝貢之國姑且放回後若不悛即絕其朝貢令福建守臣備行彼國知之

鄭富字貴橋其先福建福州府長樂縣人明洪武中有鄭義才者奉命居琉球官長史義才字元橋子孫世以橋爲字十三世後始易之猶蔡崇字升亭子字盛亭孫字輝亭世世以亭爲字十世後始易也富爲義才六世孫官爵無考

梁梓之先福建福州府長樂縣人明洪武中梁嵩字子江奉命居琉球官長史梓其孫也世次不可考歸國後官長史十九年中山王遣梓貢馬及方物奏請造海舟四隻許之

梁炫嘉靖十五年同四人入學二十二年歸國時炫等來學已踰七年炫官正議大夫充三十二年貢使其三人無考

鄭迵字利山義才九世孫富從曾孫都通事祿式橋次子也嘉靖四十四年同梁炤等入學歸國後累官至法司以身殉難其詳見良臣傳

蔡燫字耀亭廷美長子同鄭迵等入學官都通事

鄭週字格橋祿季子迵懷弟萬歷七年同鄭迪蔡常入學歸國之年闕官長史

鄭迪字憲橋祿弟禮長子官都通事

蔡常字心亭廷美弟廷貴子官無考

梁成楫字得遠嵩九世孫祖應材字紹江正議大夫父邦翰字艷江正議大夫充康熙二十一年貢使生六子成楫其三也康熙二十七年同蔡文溥阮維新入學三十一年歸官都通事子二人煌剡

蔡文溥字天章朝用四世孫朝用子延延子國器器子應瑞應祥累世紫金正議大夫充貢使應瑞有子五人文溥爲長篤志問學著四本堂集畧見第二卷累官紫金大夫子其棟孫功熙俱正議大夫

阮維新字天受其先福建漳州府龍溪縣人明萬歷時有阮國字我萃者與毛國鼎同奉命居琉球官正議大夫充萬歷三十四年謝封使傳四世至維新同梁成楫蔡文溥入學累官紫金大夫充康

熙五十三年貢使

鄭秉哲字　迥弟達元孫達子子孝子孝子宗善繼善宗善子宏艮累世正議紫金大夫宏艮有子五人長秉均康熙戊辰入學折桅卒秉哲其第四弟也雍正二年同鄭謙蔡宏訓入學六年歸累官紫金大夫充乾隆十三年貢使又充二十二年謝封使

鄭謙字　父廷極正議大夫充雍正四年貢使謙入學歸官存留都通事卒於福建館

鄭孝德字紹衣祖士絢正議大夫充雍正四年貢使父國觀少有志趣歲壬寅北學於閩從江共遊六年始歸乾隆九年充朝京都通官沒於館葬張家灣乾隆十九年孝德年二十隨婦翁紫金大夫蔡宏謨入請封乞省墓二十五年入學傷父志未就晝夜刻厲孜孜問學不怠手抄四書五經儒先語一衷於子朱子尤玩味小學近思錄等書善書法詩文皆有規矩臣題其座右曰欲爲海國無雙士來讀天都未見書所以望其成者固未有涯云

其弟孝思隨孝德來學二十九年二月卒於譯館

蔡世昌字汝顯文溥弟紫金大夫文河之孫都通官文海之嗣孫正議大夫光君之長子也世昌入學時年二十四與孝德相劘切不欲專爲詞章學臣有聯云人在海邦推俊傑學從京國問淵源蓋記實也其詞章亦稟承矩度多可觀者

蔡宏訓文溥弟文漢次子同秉哲等入學數日病卒禮部請

戶工二部發好棺木一口圖棺紅紬一疋並擡夫

損綑等物送至張家灣利禪菴塋地埋葬又
特賜白金三百兩以一百兩修墳以二百兩附貢使帶回交宏訓母爲養贍之費

梁允治字永安官外間親雲上祖曰得宗正議大夫允康熙五十九年貢使父錫光官都通事允治知讀書即喜從蔡澹園問津家故多書出夜披吟忘寢食遂以其意繪身心性命圖又倣朱子或問法著服制辨義乾隆二十二年王遴士入學共大夫首舉允治允治年二十九於四人最長初入謁

即雍容有儀執經諮孜孜請問日五七次不休一句一字必求其至是字義偏傍聲音清濁不毫毛放過詩文亦可觀居無何金型卒鄭孝德暨傔從皆染疫允治偕蔡世昌日營喪務料理諸醫藥深夜猶奔事諸患者不寢臥旬餘忽一夜來請曰鄭孝德始知其妹夫金型之喪將出視其棺請呼工人再勘之旦日令允治董工事遽臥答云生病甚懼不起也驚視之已脫形急召院醫診視百方救之竟以四月十九日卒於館

金型字友聖遠祖瑛洪武中自福建奉命入琉球累世昌熾至型始入太學年十九資甚清喜讀書在閩購
頒發諸經晝夜閱之忘寢餐因積癆瘵到監月餘咨太醫院發數醫診治不效泣曰生甫入學遽若茲無以報
天朝及我王之德貽老母憂不忠不孝語已復泣不及他遂卒時庚辰歲三月十六日也一切
恩賜與梁允治並照蔡宏訓舊例奏准施行

教規

昔在先民教學有規蒙以養正炳若著龜譯館三箴於遠國諸生尤諄諄焉

朱子白鹿洞教條云父子有親君臣有義夫婦有別長幼有序朋友有信〔右五教之目〕博學之審問之愼思之明辨之篤行之〔右爲學之序〕言忠信行篤敬懲忿窒慾遷善改過〔右修身之要〕正其誼不謀其利明其道不計其功〔右處事之要〕己所不欲勿施於人行有不得反求諸己〔右接物之要〕

程董二先生學則云凡學於此者必嚴朔望之儀謹晨昏之令居處必恭步立必正視聽必端言語必謹容貌必莊衣冠必整飲食必節出入必省讀書必專一寫字必楷敬几案必整齊堂室必潔淨相呼必以齒接見必有定修業有餘功游藝以適性使人莊以恕而必專所聽

眞西山教子規云一曰學禮恭敬順從遵依教誨與之言則應教之事則行毋得怠慢任意二曰學坐定身端坐齊脚斂手毋得伏盤靠背偃仰傾側三曰學行籠袖徐行毋得掉臂跳足四曰學立拱手正身毋得跛踦欹斜五曰學言樸實語事毋得妄誕低細出聲毋得叫喚六曰學揖低頭屈腰出身收手毋得輕率慢易七曰學誦專心看字斷句慢讀須要字字分明毋得目視東西手弄他物八曰學書專心把筆字要齊整圓淨毋得輕易糊塗

朱子小學題辭云元亨利貞天道之常仁義禮智人性之綱凡此厥初無有不善藹然四端隨感而見愛親敬兄忠君弟長是曰秉彝有順無強惟聖性者浩浩其天不加毫末萬善足焉衆人蚩蚩物欲交蔽乃頽其綱安此暴棄惟聖斯惻建學立師以培其根以達其支小學之方洒掃應對入孝出恭動罔或悖行有餘力誦詩讀書詠歌舞蹈思罔或逾窮理修身斯學之大明命赫然罔有內外德崇業廣乃復其初昔非不足今豈有餘世遠人亡經殘教弛蒙養弗端長益浮靡鄉無善俗世無良材利欲紛拏異言喧豗幸茲秉彝極天罔墜爰輯舊聞庶覺來裔嗟嗟小子敬受此書匪我言耄惟聖之謨

程子視箴云心兮本虛應物無迹操之有要視爲之則蔽交於前其中則遷制之於外以安其內克己復禮久而誠矣聽箴云人有秉彝本乎天性知誘物化遂亡其正卓彼先覺知止有定閑邪存誠非禮勿聽言箴云人心之動因言以宣發禁躁妄內斯靜專矧是樞機興戎出好吉凶榮辱惟其所召傷易則誕傷煩則支己肆物忤出悖來違非法不道欽哉訓辭動箴云哲人知幾誠之於思志士厲行守之於爲順理則裕從欲惟危造次克念戰兢自持習與性成聖賢同歸

朱子敬齋箴云正其衣冠尊其瞻視潛心以居對

越上帝足容必重手容必恭擇地而蹈折旋蟻封出門如賓承事如祭戰戰兢兢罔敢或易守口如瓶防意如城洞洞屬屬罔敢或輕不東以西不南以北當事而存靡他其適勿二以二勿叄以三惟精惟一萬變是監從事於斯是曰持敬動靜弗違表裏交正須臾有間私欲萬端不火而熱不氷而寒毫釐有差天壤易處三綱旣淪九法亦斁於乎小子念哉敬哉墨卿司戒敢告靈臺

朱子學古齋銘云相古先民學以爲己今也不然

爲人而已爲己之學先誠其身君臣之義父子之仁聚辨居行無怠無忽至足之餘澤及萬物爲人之學爛然春華誦數是力纂組是誇結駟懷金煌煌煒煒世俗之榮君子之鄙維是二者其端則微眇綿不察胡越其歸卓哉周侯克承先志日新此齋以迪來裔此齋何有有圖有書厥裔伊何衣冠進趨夜思晝行諮詢謀度絕今不爲惟古是學先難後獲匪亟匪徐我則銘之以警厥初

朱子求放心齋銘云天地變化其心孔仁成之在

我則主於身其主伊何神明不測發揮萬變立此人極晷刻放之千里其奔非誠曷有非敬曷存孰放孰求孰無孰有屈伸在臂反復維手防微慎獨茲守之常切問近思曰惟以相之

呂維祺介孺四譯舘訓士三箴其言行總箴云心官則思言行分職謂士樞機於斯樹極匪樞胡運匪機曷發戶弩猶然士軌廼識口則興戎動或罔益惟聖達時退藏於密知語知默知動知息其次克己主敬宅一非禮勿言惠迪趨吉閑邪存誠爻

象斯立言滿寡尤淑儀弗忒六宇之內弗易厥質思之思之有物有則思則得之不思曷得其言箴云思言胡慎曰忠與信匪口是緘惟心斯印人心之靈稟於至誠物欲蔽之欺僞叢生厥口則言厥心未然信旣遠義易諾屢遷言巧色令是名爲佞不信不忠曷存厥性厥性旣非衆惡斯歸多言數窮食言貌肥我思動物寧在鼓舌所以至誠豚魚可格此非襲取忠信是主易訓進德三復斯語其行箴云何以思行蓋云篤敬篤敬維何主一而靜

一則不雜靜則不競天君守舍百司從令胡爲憧憧朋從靡定以二以三乃縱乃橫浮薄長傲失其性命既潰厥堤靡知所竟我思古人精義入神天之明命以物共身上帝臨汝如見大賓靜一無欲乃敬乃篤夫然後行百行維穀是故君子必慎其獨

朱子曰讀經要反復精詳方能漸見旨趣誦之宜舒緩不廹令字字分明更須端莊正坐如對聖賢則心定而義理易究不可貪多務廣涉獵鹵莽纔

看過了便謂已通小有疑處即便思索思索不通即置小冊子逐一抄記以時省閱切不可含糊護短恥於質問而終身受此黯暗以自欺也起居坐立務要端莊不可傾倚恐至昏怠出入步趨務要凝重不可剽輕以害德性以謙遜自牧以和敬待人凡事切須謹飭無故不須出入少說閒話恐廢光陰勿觀雜書恐分精力早晚頻自點檢所習之業每旬休日將一旬內書溫習數過毋令心少有放佚則自然漸近道理講習易明矣

又示長子受之曰早晚受業請益隨衆例不得怠慢日間思索有疑用冊子隨手劄記候見質問不得放過所聞誨語歸安下處思省要切之言逐日劄記不得擅自出入人來相見啓禀然後往報之此外不得出入一步居處須要恭敬不得倨肆惰慢言語須要諦當不得戲笑諠譁凡事謙恭不得尚氣凌人自取恥辱不得飲酒荒思廢業亦恐言語差錯失己忤人尤當深戒不可言人過惡及說人家短長是非有來告者亦勿酬答交遊之間尤

當審擇雖是同學亦不可無親疎之辨皆當請於先生聽其所教大凡敦厚忠信能攻吾過者益友也其諂諛輕薄傲慢褻狎導人爲惡者損友也但恐志趣卑凡不能克己進修則益者不期疎而日遠損者不期近而日親雖有賢師長亦無救拔處矣

右先儒教學遺規不能詳錄然得此而玩心焉固終身用之不能盡也竊念諸生地居炎徼人慕華風緣國典以陳言邀

[illegible]愚而入學儒途遠大經義淵深問學宜勤率由匪易其各仰遵前軌恪聽師言有物有恒毋蕩閑而踰檢自卑自邇庶行遠而登高今將學中規條開列於後

一每月朔望早起沐浴正衣冠候

大人拜

廟後隨班拜

廟三跪九叩首次拜

後殿三跪九叩首次謁　文公祠一跪三叩首已隨詣

彝倫堂上堂打三躬退詣講堂打三躬

一未領衣冠時服該國冠服已領之後即服所

賜冠服

一每日早起沐浴正衣冠詣講堂聽講小學數條小學完講近思錄飯後講經數條臨帖燈下講四六古文各一篇詩一首次日背誦

一講書之時諸生以齒序立專心聽講或有語言不通意義未曉者須再三問明

一聽講之後各歸本位肄習衣冠必整肅出入必恭敬行步必端莊不得笑語喧譁

一逢三日作詩一首不拘古律逢八日作四六一篇或論序等類一篇

一跟伴須各自約束不得恣其出入聽其傲慢有乖禮法

答問

數年答問積成卷帙於初入學數條亦足以見其大凡錄之於篇以示心同理同罔殊遐邇也

問學生之學以何者爲先臣以爲學莫先於定趨向故即其所明者而告之曰邦畿爲萬國攸止之

區故中山僻處海南萬有餘里而北拱神京必自姑米開洋柹更沙漏經颶翻飈吼之險晝夜一針或兼旬或十數日始收帆乎榕城已而由瓊河過錢塘越金陵歷山左水陸之程四三月方抵畿輔入廣寧門止四譯館乃欣視

天子聖德神功仰觀

宮闕之壯城池苑囿之大人物衣冠禮儀之盛親賢士大夫之光耀然後歎爲天下之大觀而私心自

慰曰向之所志者今乃得止於斯也維諸生之於學也亦然夫道之在天下雖有明晦絕續之不同而道外無人人外無道極乎天覆地載之遥苟有血氣無不同此心而同此理又況琉球近屬牛女星紀之次與揚州吳越同一分野哉我

皇上以堯舜之君兼孔孟之師肫

諭太學士子務以聖賢爲志不溺於俗學異學與夫權謀術數一切就功名之說而聲教暨訖一視同仁弗忍窮徼絕島一處一人之嚮育否塞

特允諸生遵例入學

深恩厚澤視前代之所以待乎新羅百濟子弟者不啻什伯諸生恭承

天詔負笈來學學固在於先立其志也程子曰言學便以道爲志言人便以聖爲志故大學之道端重知止惶惶

聖諭

諸大人師長之宣揚之者提命諄切六館數百人無不遵也諸生豈能自外且夫學者之病大半在於以取利祿爲急務今諸生世祿世官富貴本所自有奔競之習得喪之念既不庸縈於懷來其於學也甚易誠能志於正學先取小學立教明倫敬身稽古內外之篇講習而服行之得其培根達支之教有以收其放心而養其德性然後取近思錄一書而誦讀之而踐體之凡夫求端用力修已治人辨異端觀聖賢之道皆能見其梗槩由是可以進究乎四子六經而求聖賢之大全蓋修身大法備於小學義理精微詳於近思錄近思錄者四子之階梯四子者六經之階梯也仰模範之甚近念教

規之至詳竊不自知其庸陋而願與諸生共勉之

右端趨向

問下國習尚各有所宜所俯而教之何如曰夫人函五常之性乘五土之氣故其材不一而其習各殊幽燕之沉鷙吳楚之剽疾固於墟也唐魏之勤儉鄭衛之淫泆染於俗也古之聖人明於此莫不以變習尚爲先務故直寬剛簡化以詩樂沉潛高明歸於正直而南北强勇必進之君子以和其血

氣心知而約之於仁義中正故曰司徒修六禮以
節性明七教以興德齊八政以防淫一道德以同
風俗方今
堯文炳煥萬國同書象寄狄鞮靡不一其心志而新其
見聞蓋聲教之漸被暨訖涵煦於百數十年之深
者不問海內外無大小咸風移而俗易也諸生萬
里來學固將以去故而卽新也何習尚之独爲且
夫古之所謂豪傑必有轉風氣而不爲風氣轉之
心昔在勾吳不齒上國而言氏北來獨傳禮教遂

使南方之學得其精華江左風流於斯爲盛亦越
陳良荆蠻所産而北學中國丕變頽風其流至於
濂溪生長衡嶷不由師傳默契道體肇開伊洛淵
源若夫洛陽舊俗理學無聞而二程繼起獨肩斯
文及乎龜山還里稱曰道南數傳而徽國篤生大
成用集到今八閩問學猶傳正派安溪漳浦遺徽
址仰他如文翁好學而川蜀崇文趙德爲師而潮
陽知學一國之風一方之俗莫不變於一人而傳
於千載故習尚非一成也其所以漸之者然也且

卽琉球論之隋唐以前不通中土史書所載薦紳
難言近自明初入貢漸染華風繼之以國主好文
遣子入學又繼之以三十六姓之往鐸而士知禮
義然猶未曠然一變其俗也自金大夫請祀
先聖程大夫請興學校蔡法司傑然篤志正學而國王
尊之國人信之諸生亦因以知有宋明及
本朝儒先講學之書視從前之習尚不啻秦越人之不
可共語此豈有異故哉理義同然而導之者善也
顧有書而不讀猶書肆也讀之而不得其趣猶買

櫝而還珠也故欲求其新先去其故欲新一國之
人先新一已之心而新乎人非一時一世之事新
乎已非一朝一夕之功蓋變習尚者非强有力弗
能也而力因乎識識因乎學學之道非可兩是而
並存之也誠能屏除舊見靜坐終日使此方寸之
中凝然湛然如山斯靜如泉斯清而後徐徐以正
書植之以新義灌之篤信力踐弗怠數年勿揀擇
難事泛問如定夫勿一日三次檢點如和叔將優
游漸漬忽不覺其學識之大異於從前而權度在

心雖賁育弗之奪也有力如此於以歸國而移易
習尙弗難矣昔康崑崙自服其琵琶之術世莫已
敵及遇段師善本而斥其邪雜語之以十年不近
樂器忘其本領而後可與學入神之曲故蒙今亦
願諸生之忘其本領也

右變習尙

問古今之書充棟汗牛學生輩苦不能多讀何如
曰夫讀書有要非必徧觀而盡識也不得其要則
雖識如安世覽若正平祇以誇多而鬬靡苟得其

要則雖難熟如于嵩善忘若陳烈亦可漸積而有
得慨自秦火方炎簡編爲燼漢至孝惠始除挾書
之律孝文以後書出屋壁詩始萌芽至於建元然
後鄒魯梁趙頗有詩禮春秋先師當此之時一人
不能獨盡其經此雅彼頌相合成編洎魯共壞宅
古文初見有逸禮三十九書十六篇及春秋左氏
猶復共相排擯杜塞不學故西漢諸儒自匡衡劉
向揚雄而外皆罷老專究一藝學詩者不知書學
書者不知易學易者不知春秋雖其專已守殘有

謝子駿而余竊觀其行事讀其文章類皆稟經斷
獄酌雅修詞由漢以後書籍日富五車四庫詳志
蓺文及乎後唐明宗初令印賣九經得書甚易藏
書愈多而士或束閣不觀游談無根即曰擁書萬
卷不假南面百城而其人之言行亦或往往不及
乎古誠有如蘇文忠之所誚者此其故何哉不知
讀之之法而多反爲累也夫専務博記非聖賢之
所貴也昔者上蔡謝子舉史成誦明道以爲玩物
喪志謝子面赤耳熱汗流浹背明道又以爲此即

惻隱之心然謝子猶未心服也一日見明道看史
亦復逐字逐句無所遺漏然後恍然有悟以爲爲
己爲人之別自後遂將此事接引博學之士即朱
子之論格物雖有一書不讀便闕一書理道之言
而究以窮天理明人倫講聖言通世故爲先務故
誦詩而脒乎從政雖三百亦徒多窮論語而明於
爲治即半部不爲少且夫讀書而精於別擇者其
書亦本不多也韓昌黎自序所以用功惟在辨古
書之正僞與雖正而不至焉者昭昭然若白黑者

分故其生平於禮樂名物陰陽土地星辰方藥之書未嘗聞而不求而要必曰非三代兩漢之書不敢觀誠辨乎僞也辨乎僞則不但百家小說之爲僞也即歷代名儒之集亦多僞焉不但非聖賢之書之爲僞也即四子六經之箋注亦多僞焉不但異學雜學所傳之爲僞也即如二程語錄游楊侯尹之所記亦各純駁參半且雖朱子之書而語類或問文集與大注所定前後殊解彼此異說後之人且復倒顛歲月以爲晩年定論是極正之書亦

或有萬一之僞也若夫詩文一途其僞者常十之七其正者常十之三而中郎枕秘惟有論衡明允篋中專抵孟子廬陵半生酷摹韓文考亭末歲愛誦杜詩古之人莫不博覽而約取明辨而篤志故曰專精之至神奇自生養叔治射庖丁治牛師曠治音聲僚之於丸秋之於奕皆終身不厭而無暇外慕然後造其堂嚌其胾也君子多乎哉請以爲諸生規

一右辨正僞

問書之正僞既聞命矣其讀之也當奈何曰凡讀書有本原有次序有綱領有要法何謂本原朱子曰讀書之法莫貴於循序而致精致精之本則在於居敬而持志蓋心之虛靈神明不測一有不存則視聽貌言不能自檢未有不爲仰面貪看鳥回頭錯應人者安能反復聖言參考事物以求義理至當之歸故曰心要在腔子裏心存則終日儼然不爲物欲所侵讀書窮理夫安往而不通也何謂次序大學者羣經之總會規模廣大而本末不遺

節目詳明而始終不紊其學之也宜最先次論語二十篇爲聖師言行之要次孟子七篇皆王道仁義之談學之則有以識乎操存涵養之實與夫體驗擴充之端且知其章其句之爲格致誠正其章其句之爲修齊治平凡大學所總言者二書皆分見之而有以信其確不可易至於中庸則聖門傳授之心法也上達之意多下學之意少必大學論孟之既通然後可以讀之而見其爲實學故不先之大學則無以提挈綱領而盡論孟之精微不參

諸論孟則無以發揮縕奧而極中庸之歸趣若不會其極於中庸則亦無以窮神知化而建立天下之大本經綸天下之大經凡此皆朱子師弟之言而後人所當服行者也四書卒業乃讀五經五經如五常詩屬仁禮屬禮書屬智春秋屬義易屬信而貫乎四德夫五行首木四時首春於人則性情之勃發而不能自已如春如木故詩之爲教常使人諷誦爲而惻然悚然有以動其自具之天良於仁之功居多而爲學人所宜先三千三百無不切

於日用橫渠教人莫急於此書者古帝王治天下之大經大法也學焉而盡其蘊則可以明理可以處事由是而習春秋乃得見聖心裁制之義故曰諸經之有春秋猶法律之有斷例也又曰諸經如藥方春秋如用藥治病至於易爲五經之源仁義禮智皆統兼焉故曰乾元亨利貞其讀之也必並乎諸經其通之也倍後乎諸經通經者又必通史二十二史浩繁難記涑水之通鑑紫陽之綱目先正課程皆計日而兼讀之力有不能無寧舍焉而

從朱若夫讀書之綱領

頒發諸書各卷首詳言之矣要在博考乎諸儒折衷於考亭卽考亭之說四書如語類或問文集小注爲說不一又必以大註之說爲定但大註未易言也朱子嘗云某字字如秤停又云不用聖賢許多工夫看聖賢的不出不用某許多工夫亦看某的不出如舉一二條言之如同一仁字或云愛之理心之德或云心之德愛之理或云當理而無私心或云無私心而當於理或云人心或云本心之德或云心之全德移步換形不可執一又所引之說皆

經更定虛字語助各有妙義今試取程張范謝游楊侯尹本書與之校對始見其增減改換文理密察直如神禹之鑄鼎周公之定禮沉潛反復久之有得然後可以明聖傳之統成衆說之長折流俗之謬易之書經乎四聖而斷以夫子之易卽文周之易文周之易卽伏羲之易言易之書約有百家而總以十翼爲主以費直合傳解經爲有功卒以學易可以無大過是易爲人事切要之書也和[illegible]

於道德而理於義窮理盡性以至於命是易爲言性與天道之書也以言者尚其辭以動者尚其變以制器者尚其象以卜筮者尚其占是聖人之用易其道有四也居則觀其象而玩其辭動則觀其變而玩其占是君子之學易其道有四也初爲本上爲末中四爻爲雜物撰德要之觀其彖辭則思已過半是學者之解易其大指惟一致也不可離象數不可脈事理不可專說卜筮一卦一爻之詞不可分其句爲象某句爲占讀卦辭不可於彖傳

之外生一解讀爻詞不可於象傳之外添一義由是以考河洛先後天之圖莫不皆然則中有主而不惑於聚訟矣讀堯典便須知堯之爲君之所以大其則乎天而民無能名者如何其巍乎成功而煥乎文章者如何舜禹之有天下而不與者如何舜自受終以後其所以創制者如何（舊人但知言以攝位告攝位二字亦非是）卽位以後其所以無爲者如何又若讀堯典便須知天文讀禹貢便須察地理舉一反三是在善讀者讀詩亦然如讀關雎便須眞見其哀樂

眞見其不淫不傷然後可與說詩春秋傳爲按經爲斷以傳考經之事迹以經别傳之眞僞大抵無隱語無凡例不以日月爲褒貶不以官爵名氏爲貴賤未嘗許五霸未嘗貴盟會未嘗與齊晉未嘗黜秦楚吳越但不主諸儒先入之言平心觀理而聖人之情漸可意逆朱子所謂據事直書其義自見也古禮之亡久矣周官一書固爲禮之綱領至其儀法度數則儀禮乃其本經而禮記郊特牲冠昏等篇乃其義疏朱子以儀禮爲經取禮記及諸

書之言禮皆附於本經之下名曰儀禮經傳通解喪祭二禮勉齋續之洵禮學第一書也然學者仍以難讀置之竊謂禮記雖傳先聖遺言亦多附會之疵其篇第失次每篇之中又錯雜不倫間倣朱子之法用王氏以言冠者入冠義言昏者入昏義之說别爲凡例篇以義序文以類從圖繪文左使讀者便覽並取禮制之大者附之以補本記所不備注則兼取漢唐宋元明之說務從簡要仍以曲禮爲第一由小學而大學故少儀樂記射義投壺

學記經解大學中庸儒行坊表記次之二十以後冠昏而有家室故冠義深衣昏義哀公問次之內則大傳又次之家禮莫重於冠昏喪祭故喪大記檀弓問喪間傳小記服問三年問喪服四制奔喪雜記曾子問次之祭法郊特牲祭統祭義又次之由家而鄉故鄉飲酒次之由鄉而邦國朝廷故王制玉藻明堂位月令文王世子燕義聘義次之然後終之以閒居燕居禮運禮器緇衣等篇以統論禮之大凡而各篇之中又各有次序條理如珠聯而綱貫周禮儀禮亦做此爲經傳撮要禮之綱領其庶幾乎至於讀之之法以二書言通一書然後及一書以一書言通一篇然後及一篇字求其訓句索其解未得乎前則不敢求乎後未明乎此則不敢志乎彼先以熟讀使其言若出於吾之口繼以精思使其意若出於吾之心又必以心體之以身驗之從容默會於幽閒靜一之中超然自得於書言象意之表凡儒先之所以教人者千言萬語大指實不外此謹約記其所聞者以爲諸生勖焉

右巖課程

卷之三終

琉球入學見聞錄卷之四

琉球官學教習臣潘相恭輯

藝文

紀實之餘附諸撰述非徒曰以文也華祝嵩呼臣民同願而外藩子弟肄業陳詩則億萬斯年惟茲爲盛揚
聖皇之孝理頌

文母之慈暉故錄
萬壽稱慶之篇乘槎泛斗隨事詠歌既可考其禮儀觀其名勝而蛙聲皷浪時倣龍吟片羽吉光亦徵文藻故錄遊覽題咏之作高麗悶中立之起居新羅重樂天之詩律而鄉樹扶桑浮杯萬里共奉晁監美智藏者多見於諸集投贈之篇無分區域亦勤宣
聖德之意也故錄官師規誨之句贈别之言萬里來遊四年授讀簡其絫句存彼好音人各一集集各有引戴德述懷差可誦也故復節錄其月課之藝凡律賦一今古詩一百八十有三序三記四表箋題詞六彙爲一卷用志
聲教之盛中外同文庶後之覽者有以采焉

賦

恭慶
聖母皇太后七十萬壽賦以聖人之德無加於孝爲韻謹序　呈進

潘相

皇上御宇之二十有六年歲在辛巳十一月二十五日恭逢

聖母皇太后七十萬壽純禧天錫蘩祉日升喜氣騰霄歡聲動地邃古以來未之有也臣謹按孝經援神契曰天子之孝曰就就之爲言成也天子德被天下澤及萬物隨處成就則其親獲安故曰就也又按嘉樂之詩曰保佑命之自天申之言君子之令德日新則天之命之亦反覆眷顧之而不厭也欽惟
皇太后毓昊胎軒包天育地自詩書所載太姒太任世嗣徽音莫能比竝而
天慈廣被坤道長寧穆處

瑤宫祉福隆備邇歳我
皇上天威遠播文德覃敷奏五載之膚功開八荒之壽
域既臣伊里旋服大宛月竁以西天方之壤莫不
歸吾版籍化我
聲明適逢我
皇上五十松齡祝鴻庥於永錫旋欣
皇太后七旬椿算慶
聖壽以無疆天開黄鳥之旗千百國不漏河源海委神捧
元狐之籙億萬歳長同華祝嵩呼於是北變氷天

南諸僕地扶桑出日高柳生風靡不覲鳳城瞻
螭陛揚景爍頌楨符將則五老負圖四靈咸畜雨風
從律珠璧呈輝甘露如飴曉垂珍木卿雲似蓋朝
映
彤墀諸福之物畢臻可致之祥環集蓋由
聖人之孝合九有以尊
親而令聞不已
聖母之仁載羣生以博厚而純嘏有常故
天之佑

聖人亦孔之固而
天之福
聖母以莫不增也謹抒蕪製以展葵忱其辭曰惟
聖承
天惟天佑
聖輝麗珠囊祥開金鏡欽
聖母之壽康仰
神功之隆盛欣
闓澤之旁流慶

璿暉之遠映道隆媊婺著配天不息之休徵徽邁胥登綿
應地無疆之景命春回
鳳闕扶
輦承歡書永
龍樓捧觴志慶同萬國之車書集羣仙之歌詠孚惟
近古之所稀抑亦皇初其莫並猗思齊之
聖母毓睿哲之
聖人溥無方之達孝敦不匱之深仁纘
世德以作求覲光揚烈奉

安輿而問俗過化存神德有親而可久教靡遠而不遵
燕然勒石瀚海無塵水記方流之玉苑來朱汗之
驊彌天區而奉朔統日域以稱臣廓二萬餘里之
疆索撫三十六國之人民皆奉
慈寧之懿訓疊上
尊號以恭伸爾乃民之質矣天貫相之重光閏歲長至紀
時晷漸添乎繡線風乍解乎流澌當嚴冬之凛冽
儼麗景之暄遲復得乾初函乾坤萬有一千五百
二十之策律維天統肇律呂十有七萬七千一百

之基七秩遐齡七政之運行獻瑞三元首月三才
之寶道呈奇光復旦兮比升恒於二曜熾而昌也
符悠久於兩儀我
皇上舜孝同心堯仁比德萬年受祜衣
龍袞以娛
顏五十慕
親侍
金根而愉色鸞笙象板起十部於簫韶鳳臘龍羹陳萬方
之王食延齡天酒仙人之掌上常清益壽神芝王

女之腮前紛植幔城魚貫紛繞
瑶堦繡仗鴛排共環
紫極謳歌謠於綺陌智戴陳詩效拜舞於清班可汗述
職於是因歡心之攸洽愜曩牒之所無上錫光於
百辟下徧德於康衢鈔給尚方不遺野老材羅蓺
榜尤抜耆儒育泮林之棫樸收滄海之遺珠禮無
廢而不舉需雲宴樂情有微而必察解雨涵濡此
其
恩覃乎靡外

澤沛於無加以垓埏臣附為悅娛以兆庶時雍為尊養
以歡舞鳳儀進稱觥之頌以天章雲漢摛介福之
華育物誠民洵不外乎要道則天因地乃寶集乎
休嘉萃泰運之景釐鏞璆難紀極乾符之上瑞鏤
玉非誇叢以誠無不格理本相於德臻乎極盛福
積而有餘被練
中安騰東華之瑞牒含飴
長樂擁金母之瓊書輝
寶冊於山河如川方至播

稽首於南朔比日初符中命用休承無窮之
帝眷既多受祉歌難老於
皇輿乃知率土同歡
一人教考
至仁必壽允膺上壽之符
大德曰生難罄長生之效此固桃熟蓬萊五百年花實未
堪盡厥鋪揚籌添瀛海八千歲春秋不足與茲比
較者也微臣叨沐
恩榮觀光學校識愧管蠡辭慚體要賡六館之謳吟惟

九如是則傚用以頌颺
萱陛之鴻禧而欽仰
紫宸之至教

詩

聽海樓二首　前冊使杜三策從客　胡　靖

夜聽魚龍出水吟一尊對月酒頻斟寒濤噴灑連
天雪殘菊飄零滿地金敲曲歌縈孤客思幾回夢
繞故園心平生浪跡知多少此處夷猶可再尋
支離遊況此來豪萬頃波光入彩毫潑墨烟雲瀟
出海臨池朗月鶴鳴皐浮槎欲泛天河斗乘興猶
疑雪夜舠小飲中山渾是夢不知身寄海天高又杜
三策句云一帆多藉乘風力萬里長懸捧日心與
來欲泛張騫斗歸去羞言陸賈金惜不見其全

臨海寺聽潮二首　胡　靖

蕭蕭蘭若海門懸物古音奇漫紀年時與濤聲相
節奏一天秋水月孤圓
海邊寥廓白雲高嶼色蒼茫映碧滔忽送金聲風
上下如龍吼月和寒濤

輔國寺觀海四首　胡　靖

幾年觀海志此日始登臨浪湧千山雪潮來一片
霖胸中吞地濶眼底挿天深頓覺乾坤裏波濤自
古今
數頃看無際徘徊望莫從微茫但一水蕩漾是千
峯遂爾煩襟滌逌然豪興濃臨崖思大道萬派總
朝宗
寺古依松竹巉巖石筍懸洪濤銜岸畔乳燕巢峰
巔下上天成兩東西太逈圓平臨增悵望每歎說
桑田

蕩跡似何極探奇絶險中鼉鰲翻雪浪海馬御天
風輿與雲飛逸情同鶴唳空置身聊不邇已比扶
桑東

圓覺寺古松　胡靖

知是天工巧自栽遥增海色逈蓬萊孤根勁挺亭
三尺古幹横斜蓊二臺夜靜龍鱗明月照天空鶴
影倚雲來菁葱已濕千年露曾見三花幾度開

諭祭中山王卽事　冊使汪楫

海風激激馬蕭蕭龍旆徐過眞玉橋國主望塵遥

下拜
聖朝肯使尉陀驕
三尺黃麻下閟宮密雲靉靆日曈曨陰膏著物無
由見盡在絪緼一氣中

冊封禮成卽事　汪楫

夜雨廉纖快曉晴相看攜手賀昇平海風不動秋
風勁吹作嵩呼萬歲聲
龍跳天門下碧虛光芒萬丈掩璠璵强鄰一任誇
多寶敢把珍奇鬬

[illegible]書
紫巾黃帕繞丹墀鼉響鯨鳴羽扇欹獨壯
龍亭呼萬福錦衣紗帽好威儀
石城百尺擁王宮渾樸規模自不同巖壑迴環松
影外樓臺隱見海光中

馬耕田歌　汪楫

中山山多稻田寡耕不見牛時見馬曳犂負軛當
町畦編草絡頭泥没髁噴沫徒憐氣凋喪踢踏安
知材盡下王良伯樂無時無不待悲鳴淚先灑側

聞洪武開國時曾來此地求騧驪連檣累船動千
匹購買不惜傾高貲陟險衝波有底急爭繙舊史
常懷疑維時布衣起江左漁號止及東南陲壯士
健兒悉騰踔步卒敢向中原窺圉人太僕但充位
登床厩穀皆虛詞誰歟忽建鑿空計外廐祗藉長
風吹颷颷遠致列雲錦騎出奚奮熊與羆永辭絶
域騁皇路寸長一技皆得施不走沙場禁畎畝吁
嗟爾馬生何遲今制三年兩入貢使者執鞭大天
控　一

天子垂裳顧曰嘻此物何煩跨海送異域從教寶驌驦天
家絕不求麟鳳終老邱園何足惜竟辱泥塗亦堪
痛吁嗟爾馬無自傷不逢湯武逢虞唐縱有龍媒
四十萬中山只作華山陽

八月十七夜過波上候潮　汪楫

中山忽過中秋節連宵對月鄉心切客言十八潮
生辰萬里波翻定奇絕我聞此語神爲王隔夜傳
呼啟門鼎海濱大都無障礙望遠還須登嶕嶢夷
官遥指波上好勝地佳名夙所悦半夜騎馬到山

脚皎月繁星一時滅天欹地側風怒號列炬如林
不得爇欹鞍徒行杖馬箠或作蹣跚或躄躠小憩
争依石臺穩冥坐只覺山根裂神女擲沙羣目閉
水怪搏風萬夫咽擬凭絕壁窺蛟宮轉類乘車入
鼠穴不分空濛都晦昧真慚勝遊成殆鯢昌黎默
禱衡雲開東坡密詠廬峰列顧我胡能匹二公正
直感通同一轍摩空誰將銀燭晃掠波恍見金蛇
掣須臾天地還舊觀放眼依然對寥泬剪餘十丈
五丈雲掃剩千堆萬堆雪石衜崖下浪如礮匉訇
乍定偏清澈波底石片能作花朵朵蕊簪手擷
惜哉可望不可親鐵網徒令青玉缺泗水巧鑿煩
老漁孽出蒼皮等蟬蛻意中得失渾錯料宇外遊
觀殊小別歸來作歌紀所見天淡雲收笑才竭

中山竹枝詞　汪楫

道是佳人亦復佳一生赤脚守荆釵宵來忽作商
人婦竟戴銀簪不脫鞋（土妓不得簪銀道遇官長必脫草鞁跣足據地候馬過乃起若中國人主其家則超然禁令之外矣）
兩耳無環髻不殊孰爲夫壻孰羅敷譯人笑說公

無惑驗取腰間帶有無（國俗男子二十始薙頂髮爲小髻服與婦人無別惟男子必以大帕束腰女則曳襟而邊皆無衣帶）

中山竹枝詞　冊使　林麟焻

手持龍節渡滄溟璀璨
袞章護百靈淸比胡威臣所切觀風先到却金亭
徐福當年採藥餘傳聞島上子孫居每逢卉服蘭
閭問欲乞嬴秦未火書
日斜沙市趁墟多村婦靑筐藉綠莎莫惜籌花無
酒盞人歸買得小紅螺

疋練明河牛斗橫鼕鼕衙鼓欲三更思鄉坐擁黃
紬被靜聽盤牕蜥蜴聲
三十六峯瀛海環怒潮日夜响潺湲樓西一抹青
林裏露出烟蘿馬齒山
射獵山頭望海雲割鮮挏酒醉斜曛紙錢挂道松
楸老知是歡斯部落墳
心齋生白室能虛棐几焚香把道書讀罷憑欄笑
幽獨藤牆西角對棕櫚
廟門斜映虹橋路海鳥高巢古栢枝自是島夷知

向學三間茅屋祀宣尼
王居山第兎園開松櫪棕花倚石栽多少從官思
授簡不知若箇是鄒枚
奉神門內列鵷行乞把
天書鎮大荒輿取金縢開舊詔侏㒧感泣說
先皇
閟宮甍角壓山原將享今看幾葉孫二十七王歷
祀在藎圭錫邑見
君恩

譯章曾記花都夷槃木白狼歸漢時何似島王懷
聖德工歌三拜鹿鳴詩
宗臣清俊好兒郎學書宮眉十樣粧翹袖招要小
垂手簪花砑帽舞山香
望仙樓閣倚崔嵬日看銀山十二回笙鶴綵雲飛
咫尺不教弱水隔蓬萊
纖腰馬上側乘騎草圈銀釵折柳枝連臂哀歌上
靈曲月明齊賽女君祠
久稽異域歲將徂自笑流連似賈胡三老亦知歸

意速時時風色相銅烏

諭祭中山王尚貞尚益禮成恭紀廿四韻

冊使　徐葆光

海島無遺澤
天王歸賵遙吉辰儀具舉幽壤禮咸昭專介求
恩䘏貤
綸走使軺經年遲節
命十日降雲霄
仙詔諸靈護龍光奕葉邀戒期開正寢列陛設行朝鐃吹

單儀肅氍毹馬步驕海沉香爇路火浣帛擱橋
仗雲霞麗侵晨風雨銷巖松飛翠蓋鐵樹引雲
抃舞肩相屬啁嘈語絕囂望塵迎
玉案謁闕備工寮緇素猶冠首銜牙未佩腰拜庭祈祀
號宣祭遣巫招悱惻
天心露鏗鏘玉韻飄屏藩勳最茂枝幹俍漣凋海服喪頻
告曾孫齒尙齠十年今
賜恤三世幸承祧體薦犧牢潔登歌簫管調兩楹設銀
綺三爵奠蘭椒聆穆欣同祔恩光被一朝刻銘留

鼎彝頂
冊秘璵瑤寵渥鮻人泣恩濃鯷戶謠伏鯨長守窟怒颶不
驚條獻雉趨王會浮航指斗杓萬年同壽域世世
戴唐堯

冊封禮成恭紀四章　徐葆光

海邦萬里歲朝宗奉
冊天朝禮最恭中外一家同壽域祖孫五世共
皇封國泉瑞應天邊詔翠蓋陰成嶺上松六十年來三遣
使日邊偏荷
恩濃
十里連岡走翠虬雲璈夾路引珠斿仗前爭擁夷
民拜域外如親帝里遊
玉檢輝煌天上冊朝儀照耀海中洲蓬萊仙館環相望
只恐爐烟障遠眸
中山宮殿壓山椒設闕王庭儼內朝乍啓瑤函瞻
麗高宣
天語入雲飄龍章五色從中賜
御璽三封奕世邀九列親方隨拜舞紫羅帕首錦纏腰

大典重光歡會門玉函帶礪誓長存十年攝事猶
稱子此日膺封始拜恩舞蹈庭中藩禮肅起居
闕下譯詞溫使臣將命無餘事載筆歸來獻
至尊

中秋宴小樂府十章　徐葆光

丹桂飄雲落金風拂殿來仙洲娛上客徧舞袖紛
裁
當筵呈帖子第一起神歌海國羲皇代天孫隆
爹

皇恩如海深海深不盈掬隊隊綠衣童聲聲太平曲

朱笠垂曼纓珊珊搖雜貝繫綖何滔滔和雅與心會

髽頭空篌郎曲項琵琶部後行引吭歌前行蹋節舞

宮漏秋來永方諸月正中燕開長不夜樂奏迭無終

魚龍動夜瀾戢戢仰雲端似聽霓裳曲天風落廣寒

國酺傾池飲王人徧作賓譯詞郵勸酬語隔意偏親

星流湯谷沸火迸燭龍旋涼夜浩如水當杯月正圓

皓皓流華采清蹕開九行重輪瞻

聖德中外共寰瀛

重陽宴龍潭曲　集長吉錦囊句　徐葆光

搖搖錦旗夾城暖蛇子蛇孫鱗蜿蜿松豁黑水新龍卵寫有八子二十餘鬭乘巨浪騎鯨魚黑幡三點銅鼓鳴銀浦雲流學水聲烟底驀波乘一葉綃紅文香淺清壽蚪相視振金環舞霞垂尾長蹙蹁亂捲黃河向身瀉秋肌稍覺玉衣寒秋寒掃雲留碧空涼夜波閒吟古龍玉宮桂樹花未落燭龍兩行照飛閣方花古礎排九楹銀雲櫛櫛瑤殿明玉壺銀箭稍難傾搗鐘高飲千日酒主人稱觴客長壽山頭老桂吹古香玉喉篠篠排空光亂袖交竿管兒舞午夜銅槃膩燭黃挐舟海上尋神仙折桂燒金待曉筵天河落處長洲路遙望齊州九點烟

琉球三十六島圖歌　徐葆光

琉球屬島三十六畫海為界如分疆羅列衆星皆內拱中山大宅居中央往來稅賦有期會冬夏候汛輸舟航其北大島號爺馬境隣倭國分東洋太平諸山作南鎮臺灣直北遙相望前王察度通朝貢島酋始附中山強星槎舊錄缺地紀其國有禁多周防封舟此來落國北葉壁六點斜相當勒柁向針取那霸船頭但見椅山黃姑米馬齒渺倘許

直有極望空青蒼今來三月遍諮訪海濱踏盡猶
徬徨洲嶼雖能舉一二更船遠近猶迷方主人輸
誠出圖籍題寫六六何周詳恭置尺幅三千里對
音繹字標其旁其中各島語言別譯詞受事中山
王顓顓獨居乃恭順無一自大如夜郎
聖人聲教彌六合河源佛國歸堂皇天下全圖成一覽朱
書墨界窮毫芒琉球彈丸綴閩海得此可補東南
荒朝來張挂向東壁紅旭冉冉升扶桑

中山竹枝詞　徐葆光

小船矗起半天中一尺檣懸五寸篷渡海歸人當
有信竿頭昨夜是南風渡海之家例造小木船桅帆畢具置竿頭立庭中候
風以卜歸期白鬪歸國皆以南風為候

衾子垂垂不繫腰招風長袖學芭蕉不知螺髻東
西墮玳瑁簪長尾倒翹女衣名衾子腰無帶被身上頭髻甚鬆東西偏墮盜
古倭墮髻也女簪玳瑁長尺許倒插髻中尾翹額上

纖纖指細玉抽芽三五初交點點瑕墻上窓櫺小
垂手迴風如捲落梅花女十五黥手指背墨點如梅花

海濱魚市早潮還細徑斜通尖汁山頭帶荷筐趁
墟去歸來歷區犁雲鬟汁山一名尖汁山女集所

海光晴漾碧天雲三五龍姑自作羣石筍崖邊朝
不動雪崎洞裏拜龍君波上山一名石筍崖寺中有神手劍而立名不動波上山東有小山名雪崎下有洞正三五九月謂之吉月女子相約拜洞以為常

中秋滿月照空村雞犬無聲晝掩門八月靈辰惟
白露家家三日守天孫白露節國中為大節前後三日閉門不語靜坐守天
孫天孫氏國中開世祖也

小廳傍晚向西開忽見纖纖落鏡臺豫算初三拜
新月隔墻先約小姑來俗有待月之期初三夜焚香對月拜十八夜焚香立
待月升拜畢乃坐廿三夜焚香坐待月上乃拜

海波日出靜無垠子午靈期又一新銀蟾今日團
圞夜汲取新潮獻竈神每月十五女至砲臺取潮水獻竈

城嶽靈泉　徐葆光

瑞泉托王居巨榜標金闕玉乳瀉巖溜泠泠白幽
絕

迎恩亭　徐葆光

一片仙颿下九天海東屬島喜駢闐迎恩亭下潮
初漲百綆爭牽萬斛舡

東苑　徐葆光

一曲崎山路峰迴啟苑扉繚垣藤絡石菴地毯爲衣岩瀑當門落林禽背客飛置身瀛海上寥廓坐忘機

極目浩無界超然入景空雲開識名翠日上久高紅宮闕仙山近樓臺蜃氣通望來高閣上坐御列仙風

昔搆原從簡今來未改觀依山徵鑿礎倚樹借爲欄景色圍空翠烟雲洗碧丹亭中祖訓在澹泊素

能安

叠叠南山秀都歸東苑偏海濤晴帶雨嶽色午浮烟儉德存遺搆清游繼昔賢璧紗籠句處猶寶鳳池篇

白金巖在兼城絲滿村巨石圓立前通一門中可坐數百人榕樹蔽之葆光遊山南與大夫蔡溫等賦詩　徐葆光

邊土行將盡搖鞭絲滿村溪深查度馬廬合樹爲門村女窺崖隙山農列酒罇白金聯句就書破翠巖痕

冬耕　徐葆光

寒風颯颯却爲霖高下連山耕事深十月芋田葉未老隔稜已透綠秧針

菊含英處已尋梅六月收田十月栽有稻莫開雨番熟無花不是一年開

唐榮竹籬　徐葆光

村村編竹牆筠綠滿秋徑客伴迷東西隔籬忽相應

中島蕉園　徐葆光

蕉影牆頭合人家住綠雲機聲織明月幅幅冰綃

紋

長虹秋霽　徐葆光

跨海卧長堤秋來宜曉望脚底彩雲生月在虹霓上

東苑八景詩　琉球貢使程順則

宿霧新開敞海東扶桑萬壑渺飛鴻打魚小艇初移棹搖得波光幾點紅　東海朝曦

海色晴明嶼色丹流霞早晚漲西巒若教描寫詩

人見定作箋頭錦繡看　西嶼流霞
錦阡繡陌麗南塘天氣清和長麥秧一自東風吹
浪起綠紋千頃映溪光　南塘麥浪
北來山勢獨嵯峨葱鬱層層翠較多始識三春風
雨後奇峰如黛擁青螺　北峯積翠
仙洞花發洞門開猛獸成羣安在哉將石琢爲新
白澤四山虎豹敢前來　石洞獅蹲
凌雲亭子有龍眠吐出珠璣滾滾圓今日東封文
筆秀好題新賦續甘泉　雲亭龍涎

行到徂徠萬籟清銀河天半早潮生細聽又在高
松上葉葉迎風作水聲　松徑濤聲
東方初月上山堂萬木玲瓏帶晚霜照見皇華新
鐵筆千秋東苑有輝光　仁堂月色

題使院種蕉圖　中山大夫　蔡文溥

數株蕉扇半遮窓仙客栽培興不窮虛檻籠陰消
暑氣幽牕伴月引涼風飄搖影出高牆外掩映綠
浮一院中擬似輞川當日景好將圖獻未央宮

呈冊封天使四韻　蔡文溥

熙朝恩寵航溟海萬里鮫宮紫氣臨五色彩雲
天子詔一泓秋水使臣心東藩恪守共球職
北闕須封雨露深爲咏皇華光遠地高懸遠望想商
霖

徐太史枉過四本堂誌喜　蔡文溥

陋巷蕭蕭一草堂翹翹旌旆下寒鄉山村也識來
輪客咸道文星載路光

同樂苑八景詩　蔡文溥

江芷汀蘭映水清風飄香氣到前庭曾傳東閣招

賢地可勝圜橋聚德星　延賢橋
明王軫念草萊民時上農壇望畝頻省歛省耕行
補助海邦無島不生春　恤農壇
一曲銀塘供洗筆光浮星斗自成文金鱗列隊爭
吞墨彷彿龍宮獻彩雲　洗硯塘
臺上新晴宿霧披鸞旗掩映日遲遲春和淑氣催
黃鳥正是農工播種時　望春臺
峯高路轉欲凌雲亭上風光自不羣縱目遠觀滄
海外登臨何異讀奇文　觀海亭

人間似隔紅塵外錯認桃源有路通陰鎖洞門開
寂寂惟餘鵲夢月明中　翠陰洞

香出瓊樓閬苑種長承雨露葉蒼蒼春來每向
頭摘先製龍團獻我王　摘茶巖

聞道仙家延壽草移栽堤上自成叢莫教劉阮長
來採留與君王佐藥籠　種藥堤

贈潤章年兄之福山任　都御史觀　保

成均常晤對性量喜淵深化洽中山雨名傾曾國
必幾年甘蘉屈百里見棠陰單父思前哲鳴琴繼

古音

題贈紹衣賢友回琉球　觀　保

辟雍四載誦經勤花嶼春帆溯白雲海上遠成如
可待焦桐清響異時聞

題贈汝顯賢友回琉球　觀　保

一帆東去坐春風縹隱波恬海日紅從識觀光文
治蔚無私膏露仰天功

贈潤章年兄之福山任　闈學　謝　墉

自喜平生取友端五年翹首見鵬摶經帷道術原

推董花縣文章舊姓潘化雨早徵霑海外仁風
卜詠河干循良遺績今猶昔好寄清音慰古歡

前題　司業　張裕犖

萬里華風被島夷對揚
天語慰疇咨槐陰結綬諸生喜蕊榜題名異域知手種
縣花思世業澤流海國稱人師表東門外行春日
鞭起魚龍一賦詩

送經畬兄之官　知縣　羅德霖

安鄉人品玉無瑕少小讀書破五車海外親臣爲

弟子中原名士讓聲華盈箱風雨重陽句唾手功
名滿縣花循吏儒林看合傳故人翹首在天涯

感舊詠十二東潘潤章有序　原任助教改授知縣　戴望嶧

天臨
雙闕邦畿爲首善之區地建三雍鐘鼓有於論之盛
官清似水濫竽而謬托分曹士集如雲秉鐸而忝
司助教計素餐以八載廩粟空縻泊釋褐於三春
恩榮叨竊辭六堂之絳帳綰百里之銅章釆杜若於湘

南煙波滿目萎萱花於堂北風木驚心返梓里以
端憂企燕臺而慨想年光荏苒不無易逝之悲意
緒紛綸盡是難忘之處嗟乎桑陰一宿猶認前因
圓澤三生都成昨夢望長安於
日下迢迢路隔三千䟽短詠於燈前纍纍詩成十二綠
槐猶在願與君追石鼓之歡青鳥能來幸爲我報
蓬山之信

最難忘處古槐堦手植猶傳許魯齋一自
奎章嘉瑞應太和元氣驗根荄

最難忘處過橋門獵碣蒼著十鼓存幾度摩挲趣
遷字埸歸燈下細評論

最難忘處
御碑亭讀烈
三朝海甸寧新闢西陲二萬里太平
天子自書銘

最難忘處放朝衙日照東廂絢綵霞坐擁臯比人
似玉暖風吹上紫藤花（東廂前有紫藤一架）

最難忘處是西廂賓館新開教士堂
聖代車書通萬國琉球子弟許觀光

最難忘處講堂西晨入冠裳取次齊午帳談餘人
未散笑看日影候棠梨（成均故事候日影過棠梨始散）

最難忘處是南雍九域英才萃此中廨舍結隣無
俗客六堂燈火夜牕紅（余于戊寅春移居南學公署六堂環繞諸生晨夕過談至夜分不倦）

最難忘處是宜臺小築呼童荷鍤來今日不知誰
是主可曾着意買花栽（余于公署之東偏築小臺巨尺許名曰宜臺著有宜臺記一首）

最難忘處盍朋簪酒地詩天慨素心餘興偶然思
對奕一枰花底晝愔愔

最難忘處訂交遊亭號陶然得小休勝侶無端雲
散後白蘋紅蓼爲誰秋

最難忘處上丁期
玉殿凝禧此習儀肆祀春秋叨與祭曾經十度捧尊彞

最難忘處點朝班也逐鵷行覲
聖顔一鑒風塵追西夢葵心猶向五雲間

辛巳秋九月同琉球學潘掌教携鄭蔡兩生遊城

南陶然亭次題齋元韻二首　助教張若霍
川原雲物杳何窮秋色茫茫滿眼空曲檻遠浮松
嶂翠野塘低漾荻花風天邊高翥看孤鶴庭際長
鳴有砌蟲異域客來偕勝地昇平宴樂萬方同
傑閣登臨入望窮置身疑是陟虛空九霄日麗雲
中樹兩袖寒生海上風楚澤濤才真繡虎燕山麗
句愧雕蟲良辰載酒成高會觴詠幽情自昔同
秋日憶桂用文和公載賡集中舊韻率成四首示
鄭蔡兩生索和　張若霍
一院晴雲滿樹黃仲秋時節壓羣芳家山此日花

連屋夜夜庭階繞蔓香
謝庭良讌客來遲曾向方壺見一枝瑤島鶴歸花
事寂相思寧獨惜芳時
翁家山畔蕊初黃嘉植亭前自吐芳二十年來空
悵望高秋何處覓天香
欲暮花開未覺遲廣寒宮近最高枝分明一樹皆
仙種要到人間露冷時
訪桂於花市中見有數盆初作花喜而賦此仍叠
韻索和　張若霍
蔓想仙葩淺淡黃驅車乘興獨尋芳不辭十里城
西路領取幽叢片刻香
節序今秋偶較遲半含嫩蕊半垂枝花神亦愛南
天好水榭風廊夕照時
馬首塵飛撲面黃何來金粟作芬芳小山一別三
千里輸與阿郎自在香
花師灌溉漫嫌遲幾許辛勤保故枝莫道我來相
覓晚吐葩競秀正當時
辛巳九月初三日偕潘掌教率琉球二生赴家函

暉丈陶然亭之約率成二律索和　助教張元觀
秋容開爽霽送目得晴空烟抹遠山翠波吹幽澗
風每來偕勝友又是聽陰蟲此地自千古高懷孰
與同
孤亭俯南郭獨立倚長空水色澄寒日草香送晚
風回廊檐響馬古樹葉書蟲更得球陽客清吟臭
味同

贈中山大夫　張元觀

久知渤海不揚波海外風神自協和七島羽儀推鷟鸑三山威令壓黿鼉好文能數中朝典考古還知土俗訛何幸乘潮天上使扶桑寳樹得攀柯

書潘雲逵掌教文稿後　張元觀

擁爐秉燭想揮毫百叠雲霞楚岫高自佩白珩珍國寳愛尋香草讀離騷盤螭古器推三代鳴鶴清聲出九臯我懶故人傷物化與君桑梓並文豪故人謂郭昆甫煥

嚮謁聖廟遇洞庭潘掌教與之款洽後數日枉顧南館惠以華藻盥手吟諷牙頰生香聊此强拙續貂以博一粲　朝鮮國正使吏曹判書洪啓禧澹窩

鴻漸天逵佇用儀菁莪泮水老經師許衛槐下班荆語荀令香中縱筆詞行逐遝雲懷子百好將郢雪沁人脾可能再枉論今古别後心期夜月知

潘少年隨其尊大人來枉如荀氏故事芳蘭玉樹令人不能忘用其尊府韻書寄詞案

洪啓禧

芳年彝象見丰儀始信盡均稱可師冀北良蹄千里步荆南歸夢幾篇詞須從周廥觀金口時閲黄庭鍊土脾何限雲霄男子事莫孤東海老夫知

日昨左顧兼惠華什達宵耿耿鄙詩病裏信筆且甚凌劇有一二未照檢處兹又别寫呈似更聯一編原本還擲幸甚　朝鮮國副使完山後人李眭

揖讓橋門敬有儀江南士子識殷師百年春過槐壇影刼後苔深石鼓詞擲地更聆空外響咀眞剩洗病餘脾自私眉睫看猶遠達去敷天似舊知

籩豆曾聞享聖儀七年棲屑作人師嵬峩自是三庠秀糠粃猶堪八股詞偶到頖宫成禮數笑班庭草露心脾城南不負花前約袖落清詩意可知

大螺歌爲張䟹齋賦　潘相

球陽異産有文鸁拔出凡介匹蛟鼉土人名之舒札喀或云綠螺充貢艭大者如盤小如斗左旋盧中呑海波佛髻收來月影細仙房吐出日華多欸如白蘋穿翡翠嬌如紅豆舞鸚哥怪如文貝喀達哈怒牙厲齒相切劘往往朝遊拋皮殼羣蛶守護

煩搞訶有若大廈憑寄寓千間萬間遍遮羅卷懷
閉戶性奇巧般倕伺之揮斧柯磨以合香鈿飾鏡
吹之爲角剖爲犧涪江學士承
簡命冊封歸來駕海舸邦金（球有邦金亭爲前使建）空餘風兩袖
一螺竟作陸裝馱持贈先生列書案八輪九曲狀
差峩古之斛也觚稜角觚哉觚哉不差訛又如周
廟觀欹器中正妥帖無偏頗山石犖确恣容納咫
尺滄溟龍騰梭我友陳君（名文豹字蔚三）才雙妙揮毫製
律酣吟哦命我長歌貂續尾才薄將奈茲嬴何我

觀說卦離之象爲蠏爲蚪莫能過內實外剛文明
聚神完質厚貌逶迤不知經歷幾年歲待時浮出
蓬山阿一朝得遇眞知已寶於盤盂愛於蚪由來
先生奇心眼睥睨千古弗媕娿地負海涵富生畜
廉隅砥礪介且和愛客每忘夜過半縱酒高談若
懸河天下英奇多在席惓惓誨育長菁莪嗟余門
外遙瞻望枯朽屢蒙大氣呵感激誓將傳模範測
量無術謬持蠡何如茲蠡立座側先生朝夕勤摩
挲嬴兮嬴兮眞得地庶同石鼓不消磨

送林心芝之官浙江　　潘相

韓公重望如山斗一麾作令綰黃綬政事由來屬
老儒於今河南聲不朽先生有道學昌黎窮年好
古摩蚪蚪四海英奇半在門經義兩齋眞善誘老
更顧之屢咨嗟諸務必經先生手端坐指揮肅範
模力所有餘心更厚
國家聲教遍炎荒鮫人亦采三雍茆王正
詔遴教讀師謬辱剡章附馬走作覩儀型喜且驚鸞停
鵠峙知非偶從此誨言日相親小鳴大鳴無弗有

禮闈春榜盡名賢先生鴻文更壓紐神仙意氣凌
雲霄染翰螭坳寧當後胡爲百里揮牛刀嚴程催
晉青門酒十年魏闕心依依欲行且止重回首當
今上理躋唐虞官重親民令牧守宣化承流屢
廑懷賢聲此去肩重負況復治縣譜世傳吾鄉謳思碑
在口（公尊人歷任湖南縣）當年公子贊神君此日儒官爲慈
母湖天佳景日正秋白公堤外掇新藕香吏輕舟
試仙才詠吟應似鯨鐘吼政成計日賦遄歸褒德
封侯看大受獨念微才尙滯留何時重得親座右

送戴桐峯之官湖南　　潘　相

儒臣銜命赴星沙道學循良總一家六館人長思雨露三湘地舊富桑麻承顏喜奉迎舡笋問俗應栽徧野花料得心依宣室席時臨岳麓望京華

吾鄉共喜得吾師獨有駑駘悵別離久恨生涯同泛梗幾叨庇廕暫棲枝春風席上談經日雪夜門前問禮時多少殘編須是正欲憑雁字析羣疑

同張函暉張頣齋携二生遊陶然亭依韻　　潘　相

先生秋日興無窮携我城南眺遠空背郭千重蘆葉雨抱樓四面菊花風淩霄健翮看鵬鶚懷古高談薄草蟲况許雞林陪座末一亭佳話鮮人同

乾坤浩浩意何窮此日登臨眼界空天放新晴饒勝趣地餘曠野足清風會心先醉重陽酒得句誰驚四壁蟲千古亭臺留我輩陶然襟抱幾人同

送鄭紹衣蔡汝顯歸國　　潘　相

承

恩萬里盍朋簪中外師生與倍酣備歷艱虞親似漆幾年漸染碧於藍客程此日辭天北吾道從今度海南分手無爲兒女別來朝時遣鴿奴函

恭慶

聖母皇太后七十萬壽詩　進呈　官生　鄭孝德

球藩奕葉荷

絲綸累譯來王拱

紫宸萬里風恬波靜海三山日暖草回春惠覃遠塞休

聲徧

恩覆炎荒壽宇新喜值

慈寧綿

聖筭叨隨屬國頌

皇仁

華府琉球王殿名門前膺

冊封一方阜壽沐

恩隆三平村琉球村名酒千家碧萬歲山取望闕嵩呼之義花四野紅地應離明長捧日天瞻乾極遠呼嵩今朝恭慶

璇宮福躬沐春暉虎拜同

文教遥敷島嶼邊辟雍

詔許沐陶甄手摩鼓裼春光煖身託槐陰舊簷姸豢養
恩波深似海栽培德化博如天幸逢
聖母長庚日同效華封祝
萬年
炎徼常懸向日心喜將姓字附靑衿履長共慶
徽音遠稱壽同雲
聖澤深玉宇祥雲浮
鳳闕瑤池瑞靄徧雞林從知海屋添籌永難老
松齡邁古今

律轉初陽繡線長九霄慶靄正無疆
聖皇孝理高千古
壽母慈暉照萬方日下尊親同覆載春臺頌祝徧梯航自
欣陪隸隨多士恭上南山壽一觴
聖壽綿綿慶九圍
純祺稠疊錫
慈幃珠連五緯明
丹陛璧合雙輪擁紫微閶苑書緗瓊玉檢
瑤堦緑試

袞龍衣共歡天意同人意於萬斯年佩
懿徽
禹拜皐颺頌
母儀許陳任韎奏侏僸兩階羽雜翟褕舞六律鐘調韶濩
詩歡洽敷天長燕喜慶流薄海普
鴻慈謳歌此日同中外歲歲年年祝
介禧
萬國車書拱
帝京普天齊唱九如聲春明露掌開瑤席酉麗

彤墀捧兕觥錫類無窮綿景福推
恩有永洽
皇衢虎闈幸聽康衢頌山阜歌吟喜載賡
辛巳十一月十五日
皇上恭迎
皇太后自圓明苑還宮恭慶
萬壽
詔許陪臣孝德等用本國衣冠隨班接
駕恭紀一首　鄭孝德

溫綸特許附鵷班綴陌恭迎
慈駕還自喜頻年叨
聖澤旋欣此際仰
天顏春明
紫闕暉光遠日麗金鞭
指顧間夾道虞絃歌復旦陪臣拜舞效呼山

二十四日承
恩賞賜緞三疋貂四張恭紀　鄭孝德

霄漢歡輪就日心蚤欣
釀澤沛儒林篚頒
鳳闕恩波暖珍
錫斂人雨露深文綺輝煌流瑞靄豐貂燦爛映璆琳捧
將歸國懸堂上光拂柴門價萬金

遊陶然亭有序　鄭孝德

辛巳重陽前六日堂師張函暉邀同張韶齋及我經峯師遊城南陶然亭命德等隨行此地清幽絕塵為天都名勝之區賢士大夫之遊覩者常絡繹不絕是日也久雨新晴金風清爽蘆葉彌川菊花鋪徑俯仰左右眞足以游目騁懷矧兩堂師及吾師吟詩飛觴談古今論人物無非至教生等侍列座末其樂何極旣而斜陽在山告歸西序餘興勃然爰賦詩以志之

携我探奇九月秋陶然亭上喜從遊放懷別具千年眼望遠欣登百尺樓菊近重陽香滿地風清佳日酒盈甌座間談笑皆明訓歡豁心茅益進修

承久米府王成績蔡玉臺寄問賦此答之　鄭孝德

萬里燕京學步趨每依北斗望枌榆天邊過雁傳瑤簡日下烹魚得寶珠王粲奇才人似玉蔡邕博記腹如廚慚余六館霑槐露幾載婆娑一字無依然海畔舊頭顱別後空餘面有鬚秋曉長聞砧響急夜深遙看月輝蘸雙龍跳躍蟠蛛網羣鳳離喈起碧梧反旆鄉園猶計歲可能重遣北飛奴

酬高麗李伯祥　鄭孝德

延平衍派重王門器宇崢嶸卜鳳騫泛海雙蓬逢華下灑毫三峽倒詞源春喧驛邸談今古夜靜儒

壓引夢魂訂日西膠親掃榻細將文史與君論

春望　　鄭孝德

帝畿無地不春光萬里風恬化日長到處江山輝錦繡望中雲物煥文章青歸柳線高低色紅入桃腮遠近香俯仰乾坤雙眼豁一時新景拂詩囊

賦得秋色正清華　　鄭孝德

早秋城郭雨初晴極目江山景色清千里陌頭金作繪萬家籬外菊含英攤書細對梧桐月隱几常通玉笛聲此日樓臺多逸興誰家砧杵送離情

賦得既雨晴亦佳　　鄭孝德

應時霖霈洒畿封倏見晴輝照遠峯萬片歸雲初擁樹一川餘點不妨農暑清繡陌風聲細日晒名園草色濃雨後炎曦恩倍渥歡歌處處慶時雍

秋雨歎　　鄭孝德

秋雨滂沱久未晴陌頭水漲斷人行九衢珠桂騰金市萬戶桑麻落玉英凭几常驚頹屋響隔牕厭聽滴堦聲夜深剪燭攤書坐四壁淒其動客情

冬夜書懷　　鄭孝德

寒冬冷月照書帷夜半擁爐有所思學步常憂中道廢潛修寧願外人知心從靜後能忘我文到神來自得師傾覆須先防未滿悔尤毎自小瑕滋

成均望家信　　鄭孝德

人事猶浮萍海南羈天北去國已三秋駐足橋門側秋深冷露繁籬菊誇逸色孤檠亮復幽寒壁蟲唧唧遊子倍思親遠夢翔弗息山長水且遙家書難可得出城問閩郵憂心日已極毎聞風簾聲驚喜令人惑雁飛曾不到何日舒胸臆

接家信志喜　　鄭孝德

海外一飄渡重洋舌耨筆耕傍六堂廻憶離家經四載思親何嘗一日忘年年空作登樓賦雁飛曾不到炎荒有客忽從榕城至遺我平安書一囊開緘驚視眶旋淚捧誦一過喜欲狂天相蓬廬常廸吉慈母康寧晚景昌從知萬金何足寶置書懷袖樂無疆孤身遠道雖未返懽心何異到家鄉

秋日郊遊書懷　　鄭孝德

久雨新晴北郭秋閑遊川上思悠悠臨流席草舒

清典何處吹笳未肯休
遠辟輕埃傍水遊晴川一色荻花秋盤旋最是忘
無極逝者如斯晝夜流
携手河干賦勝遊一泓秋水向東流風吹葦岸舒
鳬翼日暮楊林樹色幽
有感口占　鄭孝德
風滿橋門月映川一飛一躍見魚鳶宮牆萬仞雲
梯在翹首於今已數年
恭慶

聖母皇太后七十萬壽　進呈　官生蔡世昌
天朝教化覆垓埏小國尤叨
寵錫頻累葉衣冠遨盛典三洲草樹戴
皇仁望雲久祝
慈闈遠觀海長歌
孝理純此日
璇霄稱
萬壽歡呼島嶼共尊親
瀼瀼濃露洒扶桑三錫

溫綸鎮海荒廣福門前歡不盡萬松嶺上慶無疆鯨波
恬作卿雲色蜃氣銷為瑞日光今値
中安春筭永一時齊祝
壽而昌
萬里梯航載好音藝文
詔許共窺尋喜當
聖世風雲會叨列賢關雨露深幾載囊飧縻玉粒三時
裘葛賚兼金幸逢
慈壽天同久歌效華封表藿心

玉琯春回暢月天太平
聖主扆
金軿
蘐庭日永斟堯酒
蘭殿風和鼓舜絃籙捧瑤池仙侶會輝明寶婺壽星懸檐
門共沐菁莪化忭舞康衢頌大年
慈寧慶靄遍寰瀛
聖孝承歡典禮明律轉洪鈞綿景福祥迎亞歲祝長庚
千官虎拜層霄日四海山呼

萬歲聲最喜陪臣逢盛軌叨隨六館共稱觥
七曜同躔燦璧珠天申
聖壽集禎符鳳啣玉檢千秋鑑龍負金泥五老圖戩穀
徽音開
睿畧含章厚德啟
訏謨從知
尊養綏繁祉如日初升載海隅
風光曉拂萬年枝正值
星軒上壽期爛縵東華騰瑞牒輝煌南極燦祥曦

武功文德宣
徽訓錫類推
恩溥
介禧拜獻九如賡未盡穹天億載樂
清時
億春壽幄八荒開中外聲名漸被該官宅南交寵
雉至道通西旅貢獒來
一人燕喜陳瓊液
三殿鵷行捧玉杯譯館何因隨拜舞作詩慚乏頌揚

才
辛巳十一月十五日
皇上恭迎
皇太后自圓明苑還宮慶賀
萬壽
詔許陪臣世昌等用本國衣冠隨班接
駕恭紀一首　蔡世昌
鴻鈞律轉一陽天萬國嵩呼
慈駕前瀛海琪花暄日影蓬山寶樹極春妍填衢士鼓堯

三祝夾道僊音舜五絃自喜今朝隨拜舞親覩
聖主扈
金輈
二十四日承
恩賞賜緞三疋貂四張恭紀　蔡世昌
錫類推恩及遠人雲霞一篚
龍頒新九重飛下雞林暖
三殿擎來虎觀春文綺光華輝藻火豐貂絢爛晉
紳他年

詔許還家日世世傳觀耀海濱

芙蓉　　蔡世昌

芙蓉不與衆芳同蟬蛻淤泥出水中玉柄凌波標潔白艷幢洩渚弄輕紅全無雕飾擎朝露獨綻綠紋映午風小立銀塘頻駐目天然淨植鬱瓏璁

晴望　　蔡世昌

川原霧歛雨初晴翠黛鮮新霽色清潤草還霑餘潤濕野林尙映早霞明山分宿靄無雲跡樹散踈烟有鳥聲畫景環城供客望凴高送目愜詩情

遊陶然亭有序　　蔡世昌

歲在辛巳節近重陽函嘩先生邀吾師及順齋先生携予兩人南遊陶然亭茲亭也賢士大夫之所以遊目騁懷者是日天朗氣清金風徐來倚欄縱目眞可樂也飫聆明訓之餘忘其固陋賦詩一章以誌勝遊

高臺一上思悠悠且喜黃花插滿頭碧水晴光搖草樹名山畫景擁城樓一時詩酒同清賞百代風流紀勝遊况有雄談驚四座更教遠客豁雙眸

入學呈經峯師　　官生梁允治

奇文

詔許共窺探萬里從遊意與酬海外長瞻星聚北帷前眞喜派分南藏書有庫常兼四淑世餘肱已折三遙聽同門原濟濟春風春雨楚山嵐

入學呈經峯師　　官生金型

綸綍特降海門東王命從遊國學中聖域乘時霑化雨賢關到處坐春風鯨鐘遠響開也否石鼓奇文發困蒙獨愧淺才多未達不知何日奏微功

贈潘二仲焜　　鄭孝德

久聞芳訊望雲霓此日纔欣接駿蹄寶樹頻懷三楚北琪花驚拂六堂西風吹馬帳同溫煖雪滿程門共品題海國入歡隨驥尾相期文學步昌黎

送鄭大紹衣蔡大汝顯還國　　潘瓚

炎陬萬里到燕臺爲悅宣尼航海來四載親師傳北學一時將母賦南陔歸程應有詩千首別緒重斟酒幾杯料得還鄉同薦擢可能懷舊望三台

寄贈鄭大紹衣蔡大汝顯還國　　潘承熾

炎天姓字重扶桑入學翹瞻日月光寄弟欣聞庠鯉對不才漫喜接瑤章到來奔走京畿士歸去殷肱海國王衣錦從知稽古力莫忘辛苦客虞庠

送鄭大紹衣還國　潘承煒

橋門兩載共燈檠客舍難為送別情策馬心猶依北極望塵人已賦南征風和綺陌郵程遠日照鯨波海帕平遙計扶桑同忭舞道東果有鄭康成

送蔡大汝顯還國　潘承煒

九峯氣宇信崢嶸金比堅凝玉比瑩海國人原推

異等天都士共識才名皇華驛路榮歸日南浦春風送客情樽酒勸君須盡醉何時重得會燕京

寄贈鄭大紹衣蔡大汝顯還國　潘承炳

累世簪纓壓海邦連翩東序照銀釭揮毫霞起姑塲嶺潑墨龍翻那覇江舊學遙聞循軌轍新輝遡聽擁旌幢通家獨愧慳謀面徒寄魚鴻送遠艭

送鄭大紹衣還國　潘承焯

捧書萬里到長安鯉對叨陪共仰鑽六館風流人似玉四年唱和氣如蘭盧溝橋上天邊月姑米山頭海外鸞想見還家承寵後時時翹首五雲端

送蔡大汝顯還國　潘承焯

西膠四載共磨研長夜書聲人未眠七島文章誰與並三山豪傑莫之先春風萬里還鄉轡曉月連宵渡海船此別何時重握手相期奉使到天邊。

序

中山鄭紹衣太學課藝序　潘相

一方之風氣必其人之精神志意與天地山川之光輝相感發而後草昧以啟而文運以開琉球於天文其次星紀其宿牽牛辨嶽峙其南鉅海盪其北清淑之氣蜿蟺扶輿磅礴而鬱積固必有鴻裁健筆希蹤上國之士生其間若鄭生紹衣其一也庚辰春紹衣奉

天子命入成均學於余因其舊習率滕言講學而視文若可緩余語之曰四科殿以文學而文顧先學蓋

學𠚥於中而襮之以文文非學無本學非文不著彼昧昧於文者猶昧昧於學也自古有道所生之文有因文見道之文經傳尙矣秦漢而後種學之士未嘗不績文昌黎遠紹旁搜必曰文從字順各識職吾楚濂溪先生初不欲以文見而太極通書上宗易繫其論文必蘄於美而愛愛而傳程子亦言吾無子厚筆力不能爲西銘若乃朱子全集雄視百代其文理密察片語隻詞莫不各有妙道精義即今所讀集註章句字字秤停尤爲千古至文而學者童而習之老而不知又奚足與論學也紹衣以爲然予廼授之小學近思錄俾知窮經階梯繼之四書六經指示乎朱註之學之粹文之密嘗於之乎也者等字增減同異處辨之生始知有文法然後與之讀漢唐以來之古文磨礱乎句讀而含咀乎英華反復乎篇章而沉潛乎意義如是者有年生又知文有膚有肉有氣骨有神韻要視乎締構段落宅句措字之不可苟起伏呼應之末或詭於是以其學之所至焉者發而爲文則每出益奇其法律謹嚴若梓人搆室千門萬戶一衷於繩墨其採取宏富若海涵地負萬物生蓄無不畢具而又長於設色若萬紫千紅之攢簇而迷離要其迎之距之敲之推之務求其是而後已其信之甚篤而好之甚摯至盛暑隆寒疾病呻吟窮日夜而爲之不厭偉哉懿乎是其精神志意固足以開球陽之風氣者乎他日者陳於王廷萃其國之人舉曩之所以爲文者倍精而加詳焉中原之文其信渡海而南矣抑余所言者文也文之境視乎學之功學之既深而充乎其中而見乎其外庶幾由因文見道之文以漸窺乎道所生之之文然而難矣是豈易與輕談文學者言哉既書其集以勗之亦因以自警焉時乾隆癸未孟冬之吉友生楚安鄉潘相經峯氏書於太學之西廂

琉球入學見聞錄　卷之四　[illegible]

中山蔡汝顯太學課藝序　　潘相

處中土者利用因居邊方者利用變言子之於吳陳良之於楚皆以北學鄒魯而變其舊俗使南戒雄風方駕上國然自漢唐以來匈奴及新羅百濟

皆嘗遣子入學彪炳史書乃其來學者既弗聞有所表見而其國之風亦未見蒸蒸然日進於雅者何也豈非務於虛文而誠心少耶抑又考周官大司樂韎師教韎樂旄人教夷舞鞮鞻氏又掌夷樂與其聲夫東昧南任固徵來王之盛而使彼之入學者仍服其服舞其舞因此而推則漢唐之學之所以教之者亦庸有未盡也琉球雖遠處海南然與揚州吳越同分野於外藩若東高麗國於內郡若廣之瓊州福之臺灣又地當南位南為火房於

人文最宜故自明初中山王子日孜每濶八馬入成均及今凡十九次漸染華風祀先聖興學校家購儒書人崇問學信哉乎其易變也顧此十九次之士其立功德於國者類班班可譜惟天章蔡君有四本堂集見稱徐太史而余竊觀其所載猶以為變之而有大力焉者仍有俟乎後之人若蔡生汝顯二三子固不得不共肩其任矣蔡生為天章從孫其先世自宋端明殿學士君謨以文章政事顯厥後六世孫奉明太祖命入琉球傳十數世子

孫著錄者數十人入太學者强半蔡氏子弟蔡生祖父伯叔皆官上大夫嫻禮法澹園法司尤窺異向上篤志洛閩學蔡生既貽前光目濡耳染早錚錚有才聲會中山王選士入學諸大夫僉舉生歲庚辰偕鄭生紹衣學於余余不欲以古司樂之所教者教之也作答問四條一曰端趨向二曰變習尚生篤信之與鄭生稟承指授刻苦力學無間旦夕著凡四年裒其課藝若干首將以獻於廷師於家模範於國美哉洋洋乎其誠必於學者耶其亦

所謂有大力而善變者耶生好讀韓文言必舉為宗顧其傳傑廉悍峭刻雄厲往往似柳州半山余嘗論唐宋八家惟柳王足亞韓豪而韓公於柳王之長無不有生學焉而得其性之所近故常相似也韓公起八代之衰生歸而舉公之所以為文者教其國之人其弗變矣乎抑聞昌黎居潮州命進士趙德為之師而潮人知學衡湘以南經子厚講解指畫為文詞者皆有法度可觀到今兩地尸祝之蔡生勉乎哉球陽之人千百世後其猶如楚越

之尸祝兩公也哉時乾隆癸未孟冬之吉友生楚南平潘相雲逵氏書於敬一亭之右屋

中山鄭紹言太學課藝序　　潘　相

今天子之二十有四年中山王選士入太學鄭生紹言以唐榮茂才限於額不得與即負笈隨兄紹衣蔡生汝顯航鉅海水陸萬里以其私請從予遊予教之比兩官生自敎品讀正書外亟與言爲文顧諄諄然惟篇章段落虛字語助是辨尤禁其爲語錄講章之派舉世之所謂高且遠者若概置焉不講

凡以云救也然昌黎全集大振頹風其通解擇言鄠人對諸篇陳齊之謂其之乎也者不倫揹爲少作與晚年筆法若兩手即其自序用力惟曰陳言務去以剽賊爲聖神徂伏以詞必巳出爲古以苦澁若樊紹述爲躅究其要歸則曰文從字順各識職而巳故朱子考異秉其權衡正於片字隻語文勢義理定厥從違若是乎篇章段落虛字語助之辨固徹乎上下而非遺高遠而專言卑邇者比也且夫上古之爲文以舌秦漢而後之爲文以腕六

經四子豈嘗秉筆爲詞章而道足而文生若天地之有日月星辰山川河岳後之人才分懸殊即操管營度猶往往不及古人何況語錄故近思錄一書自所引太極通書西銘外往往多諸公口授門弟子之語雜以方言學之者以爲作聖之筏窮經之階行文之根柢則得矣而一襲其貌用其句以入於文則迂腐陳俗而不可行遠故曰人聲之精者爲言文詞之於言又其精者語錄固非文詞也其他則又何說紹言敦孝友厲廉隅一如其兄而

兀兀窮年耕鋤經畬用工更苦盇其質較魯而竟以魯得力篤信五子書若性命肌膚不可離其行文因好用之而於古文法亦未深既稟乎繩尺者三年而後乃曠然一變其舊論篤實而雄暢表流麗以端莊尤長於碑記奇崛之概每得古人三昧都計課藝若干首其於兩官生殆伯仲之間矣回憶紹言始來時何似而乃今至此吾嘗論爲學如涉海海於天地物最巨氣怯者望洋反耳有強力者問於長年慎厥舟手一針柹更沙漏經颱翻颸

吼不震驚不數日蹻彼岸志定而神王也絕言渡海而來觀海而歸者也題其集卽與之論海記

瑞泉記　　鄭孝德

王城之中有泉曰瑞泉嵌鐵龍於泉眼水從龍口噴出故一名龍泉泉側有石巖峭屹丈餘巖上多鐵樹鬱葱而叢茂其勢彷彿蒼龍隱於青雲之中蚴蟉而欲騰是泉也碧澄而甘醴雖旱弗竭烹茗而茗清香釀酒而酒清列宗廟朝廷莫不需焉前後

冊封天使飲而嘉之勒碣二一曰中山第一一曰雲根石髓志瑞也凡官吏登朝道必由乎斯泉之旁遠而聞之其聲琤琮然如鼓瑟弄絃聞於城郭之外近而觀之其脈瀺灂然若跳珠飛雪灌於金溝之中誠足以清塵耳沁詩脾也若乃徑圓覺寺觀蓮橋直滙於龍潭民間賴以灌田圃屢亨歲豐之樂其又瑞之所由溥歟是維我王德隆道茂政通人誠措國家於辨嶽之寧邇自三山遐及三十六洲靡不沐浴鴻澤敬宣盛化錄是其泉滃然而清永表瑞於億千萬葉耳微臣欣覩斯泉之溥博無窮而竊歎乎至誠之不息也爰綴文以記之

那霸港記　　鄭孝德

王城之西有江焉潮汐震蕩浩浩湯湯源遠派別厥利無疆在那霸南數十步之近故名那霸港其東北徑唐榮泉崎橋泊江以通城北山川村其東南過豐城真玉橋國場極新城下津嘉山之前吞溟海達諸江凡入貢

天朝與外島入貢之船貿貨之艘靡不會茲洵中山之咽喉也港之左曰屋良座其後有閣曰住吉亭右曰見城其旁搆院曰臨海寺登見城而西望則遙岑聳翠出沒於雲霞之間者馬齒山也其偏東平地數百畝沙光耀銀浮於滄瀛之中者奇洲也登屋良座而東眺則層巒嶐峩有亭飛聳隣雲霄而枕綠波者波上山也其偏北青嶼十餘里橫流於碧瀾之內者讀谷山崎也港後一二里古松鬱葱峙於中流者奧山也其南筆架峯麓遙聞水聲琤

然出松林直灌江流者落平泉也朝嵐暮靄一碧萬頃天高水濶氣象萬千此固覇港之奇觀也至若港腹中流有暗礁碍舟砌石爲表謂之馬喀牙夾江皆鐵板沙嵌空嵯峨自馬喀牙直達大瀛波濤衝激怒號澎湃如萬馬之騰空潮長則没舟誤觸無不立碎者港崖左右築長堤建兩炮臺雉堞翼如有龍蟠虎踞之勢其天之所以付以金湯俾我王德威溥博萬萬世奠國祚於磐石之固乎德不敏竊有感於大易設險之文遂書以爲記

重修泉崎橋記

鄭孝德

先王搆橋於泉崎之北發仁政濟羣黎也代遠年湮厥橋頹壞我新王重修之以仍舊制命臣爲文記其事臣觀是橋在學宮之前玉崠爲腰金鰲作背壘石砌成仙工贊就高聳如磴雙門拱月直跨唐榮東南東極泊江西通灞港吞噴二水仍歸溟海泉崎湧田之官吏藉以達朝山南諸島貢於都買於市者罔弗由焉洵要津也且夫大嶼小嶼屹於中河每當海潮甫進半浮水上半潛波底猶鼇馬負圖而游泳逮夫海潮既止烟水悠悠一碧萬頃沙鷗翔集於晴渚錦鱗瀺灂於澄淵凡山北馬齒之艘維於船藏與中洲者或臨風而吹笛或把酒以弄絃信宿漁火歌謠互答登斯橋也固有塵慮頓消詩思清遠其樂無極者矣前

冊封天使徐先生遊而奇之題詩曰明月送潮來橋上不知暮遥見渡頭人紛紛厥西去蓋志實也臣德識淺才踈固不足以述之感吾君德盛化遠有即一橋可見者因綴蕪篇以拜揚休命云

久米村記

蔡世昌

久米村一名唐榮即古之普門地也明太祖賜唐人三十六姓聚族於此故曰唐營又以顯榮者多故改曰唐榮國王厚其裔世其糈故取世祿之義曰久米村之中有長道紆回數里蜿蜒蜒其南口港堤突出圖廣如磨泉崎水縈帶其間中島石卓立如印洵所謂天馬行空鬼樂相生者故是村有文明之象而俊髦輩出嶄然見頭角也村之東有文廟紫金大夫金正春請王建之厥宇背林嚴

位面陽殿堂墻扉欵堊丹漆皆如法殿外為露臺殿內割後楹為神座塑王者像垂旒搢圭而署其主曰至聖先師孔子神位左右二龕四配各手一卷則詩書易春秋四經也廟之左有明倫堂紫金大夫程順則啟建之堂中北壁分三小龕奉啟聖王及四氏神主兩廡設學選立二師一曰講解師一曰訓詁師村中通事秀才及童幼皆從業於焉師生有舍庖廩有次人知嚮學爭自濯磨改粗鄙之俗為儒雅之風皆廟學之賜而吾村之盛跡也

自村口而入行數十步有神廟曰上天妃宮嘉靖中冊使郭汝霖所建寬不過數畝周圍繚垣殿宇宏敞其正中為天妃神堂其右為關帝位座其左為久米公議地凡中朝冊使及一切渡海官民莫不賴天妃靈佑故累朝天使皆謁廟行香豎匾掛聯以酬之廟東門之內有小院曰龍神廟徐太史有聯云受朝宗而宅海敷雨露以行天左小扉外東北半里許有松林焉為吾蔡氏祖祠廣數十畝堂之作不用華飾不列牆垣以萬松為藩籬小山為屏風其始浮屠居之名曰清泰寺其後澹園公與我伯祖價而售之毀其舊寺潔其園圃漢松福木之植周於四隅嘉葩美石又經緯之乃作門堂寢室顏曰忠藎堂每歲春秋時享長幼咸集移孝作忠藎世世罔替也至於首對奥山尾注大瀛出大門(村名)別望山翠登波上觀海瀾則遊人之適情者多吟詠焉其天鍾秀於茲以俟唐人之居而開百世之盛者歟不書所由使勝跡湮埋是貽唐榮之愧故記之

駢體

擬賀

萬壽表　鄭孝德

伏以

聖德日新兼三才而立極

皇仁天覆合萬國以長春

樂動南薰歌重華於舜日

尊傾北斗祝多壽於堯年慶洽氷天歡騰燠地欽惟

皇帝陛下

聰明睿智
文武聖神
繼百代之心傳惟精惟一
綜千秋之治鑑丕顯丕承戩穀頌九如正日月升恆
之始捧觴稱
萬壽符乾坤策數之全純嘏緝熙至誠無息臣某備封
屬國叨列東藩碧海波恬遙仰
聖人有道青雲彩煥恭稱
天子萬年伏願

受祜益隆
綏猷彌篤
高明博厚允符悠遠之徵
易簡確隤常表貞觀之象將見宏開壽宇永占運會
之盛隆敬答
天休長溢聲名於中外矣臣某無任瞻
天仰
聖踴躍懽忭之至謹奉
表稱
賀以
聞

擬恭謝　　　鄭孝德
天恩賞賜緞三疋貂四張表
伏以
聖澤旁流喜推恩於有永
皇仁廣被慶錫類以無疆
頒文綺於九天雞林彩煥
錫豐貂於三殿虎觀春回喜氣騰霄歡聲動地欽惟

皇帝陛下
德孚窮昊
誠貫神明
集符瑞於四方歌頌徧堯民之衢壤
平妖氛於萬里祥和揮舜陛之薰絃景運日中昌期
天保茲蕃恭逢
皇太后陛下
坤道長寧
天慈覃被億年受祜著不息之休徵萬國來王頌無垠

之景命則天因地大澤既沛於無加育物誠民
鴻恩更覃乎塵外　陪臣孝德　遠從島嶼近側辟雍久被
榮光欣逢盛會叨隨虎拜祝
紫闕之鴻禧欽迓
鑾輿仰
天顏之燕喜千秋罕覯萬古希聞矧
厚德之自天荷
深恩以如海珍頒內府篚錫外藩絣鶴圖雲宀孚同挾纊
堆金珥玉奚但披裘眞教負用銅仙難勝覭重雖

使量來玉尺莫罄恩長望
鳳闕以山呼敬伸葵悃隨鴛班而獸舞恭謝
天恩伏願純嘏緝熙
至誠無息
車書一統彌恢九有之文明
玉帛萬方常鎮八紘之清晏則從三光而不老長享
太平與萬物以皆春永躋壽域矣　陪臣孝德無任
瞻
天仰

聖激切屏營之至謹奉
表稱
謝以
聞
擬賀
萬壽表　蔡世昌
伏以
鼎業靈長隆運占乾坤交泰
璇圖永茂瑞符比天地貞觀慶

聖德之日新山稱萬歲歌
皇仁之天覆水建千年喜溢人區歡騰海表欽惟
皇帝陛下
綏猷咸五
建極登三
文德覃敷啟前代難通之土宇
武功赫濯綏累朝未服之耆黎悠久無疆令聞不已
臣穆新承
寵命世受

隆恩欣值西戎即叙之年恭逢
萬壽無期之會遥瞻舜日惟賡復旦之歌遠望堯天竊
效三多之頌伏願
鴻庥益懋
純嘏彌崇
如日初升永集億年之祜
似川方至長昭恒月之輝將見壽宇宏開乎八荒不
數羲黃紀蕆聲名洋溢乎萬國直同覆載長春矣
臣某無任瞻

天仰
聖躡躍懽忭之至謹奉
表稱
賀以
聞
擬恭謝
天恩賞賜緞三疋貂四張表　　蔡世昌
伏以
聖孝格天啟無疆之運會

皇仁遍地洽有截之臣民萬國仰
慈暉溥
介禧以錫類八荒開壽宇宣
徽訓以推恩歡洽寰區慶流中外欽惟
皇帝陛下
心同虞舜
道邁周文
合九有以來王彌廣照臨之德
奉三無而出治益宏亭育之仁故教化浹於海隅而

聲靈震於月窟欣逢
聖母届七旬之萬壽恭惟
聖人合萬國之歡心如日之升詩進南山之頌以天下
養晏開北斗之樽率土霑恩舉欣欣而有喜穹天
載德實蕩蕩以難名　陪臣
從學虎闈仰瞻
金闕欣逢昌會喜厠末班仰
鳳輦之璿暉山呼以拜瞻
鑾輿之仙仗魚貫而前旣叨就日之榮更荷自天之寵
賜豐貂於內府春煖鮫人頒文綺於尚方月輝蜃

島洵萬古難逢之曠典實千秋未有之榮光望
闕三呼拜
恩九叩伏願鴻庥天保景運日新福如海而無涯永綏
繁祉
壽齊天而不老長享太平將見周致文麟復覩軒皇
之嘉瑞階生神莢重開唐帝之休祥矣

恩賜衣帽謝表　蔡世昌

伏蒙
聖恩特賜貂帽羔裘等項者章服飾容仰儒冠之炳煥

毳裘被體欣法服之光華自顧何人亦逢盛典瞻
天俯僂望
闕拜颺伏念　階臣　絕徼愚氓荒陬寒士原思露肘俄
成綺旭之輝季路緼袍忽現彤霞之彩茲蓋伏遇
皇帝陛下裁成中外覆被華夷念南島之梼材入北都
之槐市施之以霈澤教之以鴻文因憐鶴髮之寒
特賜貂狐之煖服之無斁深知衣錦之榮文而得
中更覺被恩之重

大學課藝題辭　蔡世昌

恭承王命敬執聖經遙偕海國之朋侶聽
天都之誨九衢來往增雲日之光輝三載步趨仰斗山
之模範喜霑化雨歡坐春風況夫夏葛冬裘錫玄
黃於
內府朝饔夕飧頒米粟於
天倉
聖德宏深難紀栽培之徧
皇恩浩蕩詎忘樂育之隆爰乃採徐庾之詞華常慚綆
短尋洛閩之流派屢恨途迷然而遠自邇高自卑

惟循階而布武長其善救其失漸去故以生新是
以聊比雕蟲强同鳴缶石經追而成玉功在先生
砂由揀以得金感深弟子偶有咏而必錄期積久
以無忘

卷之四終

国家出版基金項目
NATIONAL PUBLICATION FOUNDATION

海上絲綢之路文獻集成

總主編　陳支平　陳春聲

歷代史籍編 31

主編　范金民

海峽出版發行集團
THE STRAITS PUBLISHING & DISTRIBUTING GROUP
福建人民出版社

本册目次

琉球國志略十六卷首一卷

〔清〕周煌撰

《琉球國志略》十六卷首一卷，清周煌撰。煌（一七一四—一七八五）字景垣，號緒楚，重慶涪州（今涪陵區）人。乾隆二年（一七三七）進士，選庶吉士。乾隆二十年任國史館纂修官，同年奉使册封琉球，居其地三年。歸後參稽前代著述，撰爲此書。首卷有琉球星野圖、琉球國全圖、琉球國都圖、諭祭先王廟圖、册封中山王圖、中山王圖。天使館圖、球陽八景圖、封舟圖、玻璃漏圖、羅星圖、針路圖等。記琉球官志、賦税、兵制、物産及中琉關係甚詳，亦多親身所歷之見聞。據中國國家圖書館藏清同治間刻本影印。

翰林院侍講臣周煌謹

奏爲恭

進琉球志略仰求

聖鑒事竊臣西蜀單寒毫無學識由進士蒙

恩拔置史館進就多年幸窺中秘之書粗習編摩之役

伏念臣自奉使之初親承

聖訓以前此使臣類有紀錄意存潤飾傳聞異辭茲當

命戰兢每懷靡及遵即於往返途次及使館餘閒隨時

就耳目所及加以訂正務求徵信無事鋪張臣銜

採輯略具草稿續自回京數月以來分門比類以

次告竣臣愚竊謂前疑盡釋識神護之非誣近事

有徵較陳編而略備謹齋心薰沐恭錄成書上呈

睿覽外具該國地圖二幅並錄臣銜

恩紀事頌語二冊隨書恭

進統祈

皇上垂慈訓示臣不勝惶悚屏營之至謹

奏乾隆二十二年十二月十八日奉

旨留覽欽此

琉球國志略總目

凡例

一琉球國於元延祐間曾分爲三遂以中山自别於
山南山北前明洪武初三王並封至永樂中尚巴
志復合爲一宜改稱矣而相沿不察且私謂中山
能併山南北有矜艷之意故仍其舊大抵中山世
號忠順本不敢若倭人僭立元和寬永等名號而
但以琉球爲國名中山爲王號而已
國朝康熙元年頒賜王印印文止琉球國王之印六
字不稱中山今

上以清篆告成另鑄新印頒給印文仍前而先後使臣
汪楫徐葆光所錄尚以中山冠其書名何耶臣愚
以爲
詔書不沒其中山舊號者
詔必宣示令衆共聞故俯從其王與國人之意而印則
視內地諸道關防祗應以琉球括之今臣所續纂
務從其實恪遵印文惟稱琉球國志略云
一前代詔敕凡前錄所收者隨事存錄至
國朝歷

賜御書詔敕諭祭諸文並恭錄卷首以昭
聖代典謨
一圖書自昔並稱圖繪之設本以摹狀形勢令彈丸
黑子可按圖而得耳今所繪祗擇其有關天文地
理及中華聲教者衍爲數則若島夷日用瑣屑如
舊錄器玩之屬槩從略焉
一使之有錄自明陳侃始侃直曰使錄郭汝霖蕭崇
業皆曰使錄俱止一篇謝杰使事補遺始分八款
曰原委使禮冊封用人啓行敬神國俗禦倭外集

有日東交市記又瑣言二條曰事權曰恤役至夏
子陽使錄則海圖之外亦列八款曰題奏使事禮
儀造舟用人敬神質異使務
國朝張學禮則紀略雜錄各自成卷汪楫則疏抄外
中山沿革志爲二卷雜錄五卷曰使事疆域俗尚
物產神異至徐葆光中山傳信錄較爲賅備然條
類繁多不相統系稽考難於檢閱今臣所纂擬薈
萃前使諸錄互相考證訂其譌舛併參前史旁及
百家紀載有關琉球事實者兼收彙輯質以親所

見聞爰成琉球志略一書書似較前錄稍詳而云
略者以得自嚴程匆遽之餘實不敢自信無誤且
冀竊比於古使臣每懷靡及之意焉卷首於凡例
書目圖繪外首列
御書詔敕諭祭文次則星野國統封貢輿地山川府署
祠廟勝蹟爵秩賦役典禮兵刑人物物產藝文志
餘爲目十有六而各目中有須條析者别列小目
附之分爲十六卷
一琉球之有新志猶是使錄之舊例爾但錄係使臣

一人之事而志則關一國故實所存方今中外一
統琉球被化尤深且久似宜從中國諸道郡縣之
例故以志體擬錄庶益堅其向化悃忱抑或可
宣付史局採臣所纂俾附職方則出自
聖明鑒裁非臣所敢擅請也

採用書目
欽定明史
大清會典
淵鑑類函
大清一統志
福建通志
太學錄
隋書
南史

唐書
宋史
元史
明實錄
明一統志
明會典
明陳侃嘉靖甲午使錄
高澄甲午操舟記
郭汝霖嘉靖辛酉使錄

蕭崇業萬歷巳卯使錄
謝杰巳卯使錄　撮要補遺　日東交市記
夏子陽萬歷丙午使錄
胡靖崇禎癸酉記錄
國朝張學禮使琉球紀　中山紀略
汪楫冊封疏抄　中山沿革志　使琉球雜錄
海東吟稿
林麟焻竹枝詞
海寶使琉球詩

徐葆光中山傳信錄　使琉球詩
中山世纘圖
中山世鑑
中山詩彙集
指南廣義
杜氏通典
瀛蟲錄
星槎勝覽
集事淵海

使職要務
廣輿記
鄭若曾日本圖纂
朝野僉載
寰宇記
池北偶談
職方外紀
殊域周咨
渡海輿記

琉球國志略首卷

翰林院侍讀臣周煌恭輯

御書

聖祖仁皇帝御筆

中山世土　康熙二十一年　賜王尚貞

世宗憲皇帝御筆

輯瑞球陽　雍正二年　賜王尚敬

皇上御筆

永祚瀛壖　乾隆四年　賜王尚敬

詔敕

順治十一年封王尚質詔

奉

天承運

皇帝詔曰帝王祇德應治協於上下靈承於天時則薄海通道罔不率俾爲藩屏臣朕懋纘鴻緒奄有中夏聲教所綏無間遐邇雖炎方荒略亦不忍遺故遣使招徠欲俾仁風暨於海澨爾琉球國粤在南徼乃世子尚質達時識勢祇奉明綸既令王舅馬宗毅等獻

方物稟正朔抒誠進表繳上舊詔敕印朕甚嘉之故特遣正使兵科副理官張學禮副使行人司行人王垓齎捧詔印往封爲琉球國中山王仍錫以文幣等物爾國官僚及爾氓庶尚其輔乃王飭乃侯度協攄乃蓋守乃忠誠愼乂厥職以綏休祉綿於奕世故茲詔示咸使聞知賜王印一緞幣三十四疋緞幣二十四

臣按前使臣張學禮記將

敕印付官張宿耀上左臺宣讀王跪聽宣畢將

敕印幷
恩賜蟒緞裝花綾綢四十八疋付王收受王妃
敕諭付官孟道脈上右臺宣讀王妃跪聽宣畢將蟒緞
裝花綾綢四十八疋付王轉付妃收受則似有兩
敕設兩臺而疋數亦與詔文不符謹錄之以俟參
攷

康熙元年封王尚質敕
皇帝敕諭琉球國世子尚質爾國慕恩向化遣使入貢
世祖章皇帝嘉乃抒誠特頒恩賚命使兵科副理官張學

禮等賫捧敕印封爾為琉球國中山王乃海道未通
滯閣多年致爾使人物故甚多及學禮等奉掣回京
又不將前情奏明該地方督撫諸臣亦不行奏請追
朕屢旨詰問方悉此情朕念爾國傾心修貢宜加優
恤乃使臣及地方各官逗遛遲悞豈朕柔遠之意今
已將正副使督撫等官分别處治特頒恩賚仍遣正
使張學禮副使王垓令其自贖前罪暫還原職速送
使人歸國一應敕封事宜仍照
世祖章皇帝前旨行朕恐爾國未悉朕意故再降敕諭俾
爾聞知

康熙二十二年封王尚貞詔

奉

天承運

皇帝詔曰朕躬膺

天眷統御萬邦聲教誕敷遐邇率俾粤在荒服悉溥仁恩奕葉承祧并加寵錫爾琉球國地居炎徼職列藩封中山王世子尚貞屢使來朝貢獻不懈當閩疆反側海寇陸梁之際篤守臣節恭順彌昭克殫忠誠深可嘉尚茲以序當纘服奏請嗣封朕惟世繼爲家國之

常經爵命乃朝廷之鉅典特遣正使翰林院檢討汪楫副使內閣中書舍人加一級林麟焻賫詔往封爲琉球國中山王爾國臣僚以及士庶尚其輔乃王愼修德政益勵悃忱翼戴天家慶延宗祀實惟爾海邦無疆之休故茲詔示咸使聞知

康熙二十一年六月十一日

康熙二十二年封王尚貞敕

皇帝敕諭琉球國中山王世子尚貞惟爾遠處海隅虔修職貢屬在家嗣序應承祧以朝命未膺罔敢專擅恪遵典制奉表請封朕念爾世守臣節忠誠可嘉特遣正使翰林院檢討汪楫副使內閣中書舍人加一級林麟焻賫敕封爾爲琉球國中山王并賜爾及妃文幣等物爾祗承寵眷懋紹先猷輯和臣民愼固封守用安宗社於苞桑永作天家之屏翰欽哉毋替朕命故諭

頒賜國王

蟒緞二匹　青綵緞三匹　藍綵緞三匹　藍素緞三匹　閃緞二匹　衣素緞二匹　錦三匹　紗四匹　羅四匹　綢四匹

頒賜王妃

青綵緞二匹　藍綵緞二匹　粧緞一匹　藍素緞二匹　閃緞一匹　衣素緞二匹　錦二匹　紗四匹　羅四匹

康熙二十一年六月十一日

康熙五十八年封王尚敬詔

奉

天承運

皇帝詔曰朕恭膺

天眷統御萬邦聲教誕敷遐邇率俾粵在荒服悉溥仁恩奕葉承祧並加寵錫爾琉球國地居炎徼職列藩封中山王世子曾孫尚敬屢使來朝貢獻不懈當閩疆反側海寇陸梁之際篤守臣節恭順彌昭克殫忠誠深可嘉尚茲以序當纘服奏請嗣封朕惟世繼爲家

國之常經爵命乃朝廷之鉅典特遣正使翰林院檢討海寶副使翰林院編修徐葆光賫詔往封爲琉球國中山王爾國臣僚以暨士庶尚其輔乃王愼修德政益勵悃忱翼戴天家慶延宗祀實惟爾海邦無疆之休故茲詔示咸使聞知

康熙五十七年八月　日

康熙五十八年敕諭王世子尚敬

皇帝敕諭琉球國中山王世子曾孫尚敬惟爾遠處海隅虔修職貢屬在冢嗣序應承祧以朝命未膺罔敢專擅恪遵典制奉表請封朕念爾世守臣節忠誠可嘉特遣正使翰林院檢討海寶副使翰林院編修徐葆光賫敕封爾爲琉球國中山王幷賜爾及妃文幣等物爾祗承寵眷懋紹先猷輯和臣民愼固封守用安宗祉於苞桑永作天家之屏翰欽哉毋替朕命故

諭

頒賜國王

蟒緞二匹　青綵緞三匹　藍綵緞三匹　藍素緞二匹　閃緞二匹　衣素緞二匹　錦三匹

紗四匹　羅四匹　紬四匹

頒賜王妃

青綵緞二匹　藍綵緞二匹　粧緞一匹　藍素緞二匹　閃緞一匹　衣素緞二匹　錦二匹

紗四匹　羅四匹

康熙五十七年八月　日

乾隆二十一年封王尚穆詔

奉
天承運
皇帝詔曰朕恭膺
天眷統御萬方聲教誕敷遐邇率俾粵在荒服悉溥仁恩
奕葉承祧並加寵錫爾琉球國地居炎徼遠隔重洋
世列藩封屢膺朝命代修職貢恭順彌昭茲以中山
王世子尚穆序當纘服奏請嗣封朕惟世繼爲家國
之常經爵命乃朝廷之鉅典特遣正使翰林院侍講
全魁副使翰林院編修周煌賫詔往封爲琉球國中
山王爾國臣僚以曁士庶尚其輔乃王愼修德政益
勵悃忱翼戴天家慶延宗祀實惟爾海邦無疆之休
故茲詔示咸使聞知

乾隆二十年十二月　日

乾隆二十一年敕諭王世子尚穆

皇帝敕諭琉球國中山王世子尚穆惟爾遠處海隅虔
修職貢屬在冡嗣序應承祧恪遵典制奉表請封朕
念爾世守藩服恭順可嘉特遣正使翰林院侍講全

魁副使翰林院編修周煌賫敕封爾爲琉球國中山
王并賜爾及妃文幣等物爾其祗承寵眷克懋先猷
和輯臣民增修德政永延宗社之嘉庥長作天家之
屏翰欽哉毋替朕命故諭

頒賜國王
蟒緞二匹　青綵緞三匹　藍綵緞三匹　藍素
緞三匹　閃緞二匹　衣素緞二匹　錦三匹
紗四匹　羅四匹　紬四匹

頒賜王妃
粧緞一匹　青綵緞二匹　藍綵緞二匹　藍素
緞二匹　閃緞一匹　衣素緞二匹　錦二匹
紗四匹　羅四匹

乾隆二十年十二月　日

諭祭文

康熙二十二年諭祭故王尚質文
維康熙二十二年歲次癸亥八月庚子朔越六日
乙巳
皇帝遣正使翰林院檢討汪楫副使中書舍人林麟焻
諭祭於故琉球國王尚質之靈曰朕受天景命君臨萬
邦殊方海澨罔不賓服凡有恪共藩職累世輸誠則
必生加錫命之榮歿隆賻卹之典所以旌揚歸附柔
懷荒遠垂爲國憲昭示億年爾琉球國中山王尚質

式廓前徽誕膺世祚作藩屏於南海綏島服以咸寧
輯圭瑞於中邦莅民人而胥靖浮航貢賮凜遵王享
之規踰險求章虔秉朝宗之志方謂河山永固帶礪
之祚常存何期霜雪遽零松柏之姿忽謝眷言藩服
朕實傷焉爰沛褒綸優加祭卹嗚呼爾敦以下奉上
之節忠誠克勵於遐方朕弘視遠如邇之仁錫賚宜
崇乎異數肆陳芬苾尚其來歆

康熙五十八年諭祭故王尚貞文
維康熙五十八年歲次己亥六月壬寅朔越祭日
丁卯
皇帝遣册封琉球國正使翰林院檢討海寶副使翰林
院編修徐葆光
諭祭於故琉球國中山王尚貞之靈曰朕撫綏萬邦中
外一體越在荒服咸畀湛恩矧效忠既篤於生前斯
賜卹彌隆於身後眷言鴻代宜賁龍光爾琉球國中
山王尚貞肅凜朝章丕揚世緒秉聲靈於天府水靜

鯨波奉正朔於大庭風清島服靖共匪懈恩早錫於
九重貞順彌加時將歷乎三紀方謂期頤未艾何圖
徂謝遙聞深用愴懷特頒祭卹嗚呼作屏翰於遐方
始終臣節被優崇於幽穸炳煥綸褒用薦苾芬尚其
歆格

康熙五十八年諭祭故王尚益文
維康熙五十八年歲次己亥六月壬寅朔越祭日
丁卯
皇帝遣册封琉球國正使翰林院檢討海寶副使翰林

院編修徐葆光

諭祭於故琉球國王尚益之靈曰朕承天庥撫馭區宇罔有內外並予幬綏凡所賓貢不忘存恤有庸必報雖遠弗遺所以示懷柔昭鉅典也爾琉球國王嗣尚益承先受祚繼志輸忠世著勲勞奉共球而內嚮代修朝請航溟渤以歸誠乃莅職止於三年嗣封闕於再世眷言藩服方期多福之是膺勉樹嘉猷詎意修齡之難得訃音遠告褒卹特申雖錫命未逮於生前而榮施實隆於身後爰須祭醊用遣專官嗚呼玉冊

遙傳庶慰來王之志綸函覃被聿昭撫遠之忱載設牲犧庶其歆格

乾隆二十一年諭祭故王尚敬文

維乾隆二十一年歲次丙子七月丁卯朔越二十有七日癸巳

皇帝遣翰林院侍講全魁詹事府右春坊右中允周煌

諭祭於故琉球國中山王尚敬之靈曰朕惟恩昭柔遠眷藩服於東瀛典著飭終煥綸褒於北闕奕世之効忠既篤中朝之賜卹彌殷爾琉球國中山王尚敬纘緒球陽作屏華嶼納賮琛乎萬里曰求厥章奉珪瑞者卅年予嘉乃德方期保艾膺帶礪以延休何意奄

徂感春秋之屢易茲以覃恩於嗣服益深追軫於重泉式薦苾芬用昭優渥嗚呼衍嘉聲於世土業永河山賁顯寵於天朝光增窀穸歆茲奠醊庶克欽承

康熙二十二年諭祭海神文二道

維康熙二十二年歲次癸亥六月壬申朔越二十日辛卯

皇帝遣冊封琉球國正使翰林院檢討汪楫副使中書舍人林麟焻致祭於

海神曰惟神顯異風濤效靈瀛海扶危脫險每著神功捍患禦災允符祀典茲因冊封殊域取道重溟爰命使臣潔將禋祀尚其默佑津途安流利涉克將成命惟神之休謹告

維康熙二十二年歲次癸亥十二月戊戌朔越八日乙巳

皇帝遣冊封琉球國正使翰林院檢討汪楫副使中書舍人林麟焻致祭於

海神曰惟神誕昭靈貺陰翊昌圖引使節以遄征越洪波而利濟殊邦往復成事無愆克暢國威實惟神佑聿申昭報重薦苾芬神其鑒歆永有光烈謹告

康熙五十八年諭祭海神文二道

維康熙五十八年歲次己亥五月癸酉朔越祭日癸巳

皇帝遣冊封琉球國正使翰林院檢討海寶副使翰林院編修徐葆光致祭於

海神曰惟神顯異風濤效靈瀛海扶危脫險每著神功捍患禦災允符祀典茲因冊封殊域取道重溟爰命使臣潔將禋祀尚其默佑津途安流利涉克將成命惟神之休謹告

維康熙五十九年歲次庚子二月戊戌朔越祭日丁卯

皇帝遣冊封琉球國正使翰林院檢討海寶副使翰林院編修徐葆光致祭於

海神曰惟神誕昭靈貺陰翊昌圖引使節以遄征越洪波而利濟殊邦往復成事無愆克暢國威實惟神佑聿申昭報重薦苾芬神其鑒歆永有光烈謹告

乾隆二十一年諭祭海神文二道

維乾隆二十一年歲次丙子六月丁酉朔越六日
壬寅
皇帝遣冊封琉球國正使翰林院侍講全魁副使詹事
府右春坊右中允周煌致祭於
海神曰惟神顯異風濤效靈瀛海扶危脫險每著神
功捍患禦災允符祀典茲因冊封殊域取道重溟
爰命使臣潔將禋祀尚其默佑津途安流利涉克
將成命惟神之休謹告

維乾隆二十二年歲次丁丑二月癸亥朔越十三
日乙亥
皇帝遣冊封琉球國正使翰林院侍講全魁副使詹事
府右春坊右中允周煌致祭於
海神曰惟神誕昭靈貺陰翊昌圖引使節以遄征越
洪波而利濟殊邦往復成事無愆克暢國威實惟
神佑事申昭報重薦苾芬神其鑒歆永有光烈謹
告

圖繪

琉球星野圖

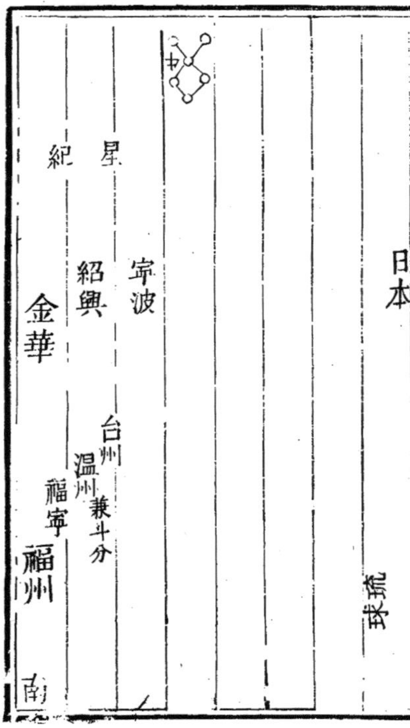

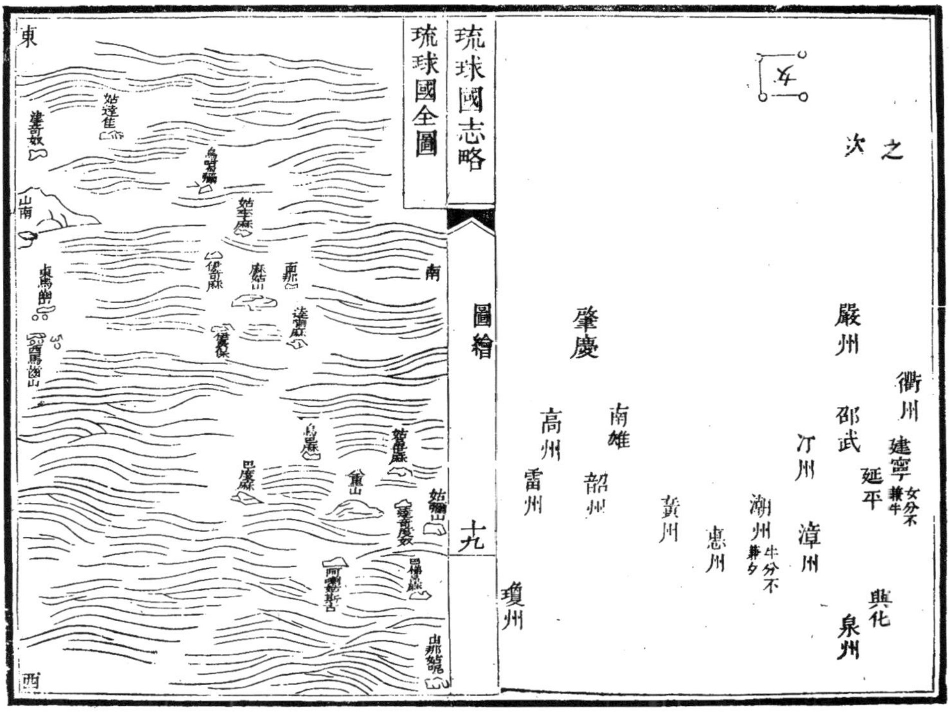
琉球國志略
琉球國全圖
圖繪
十九
東
南
西
之次
嚴州
衢州
邵武
建寧
延平
汀州
漳州
潮州
惠州
興化
泉州
肇慶
南雄
高州
韶州
雷州
瓊州

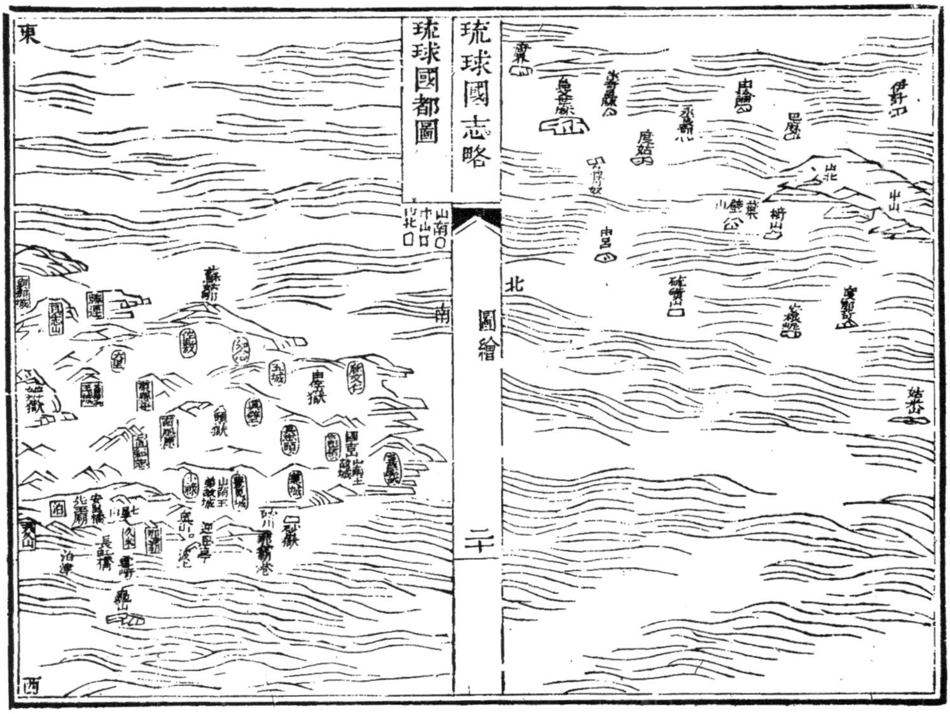
琉球國志略
琉球國都圖
圖繪
二十
東
北
南
西

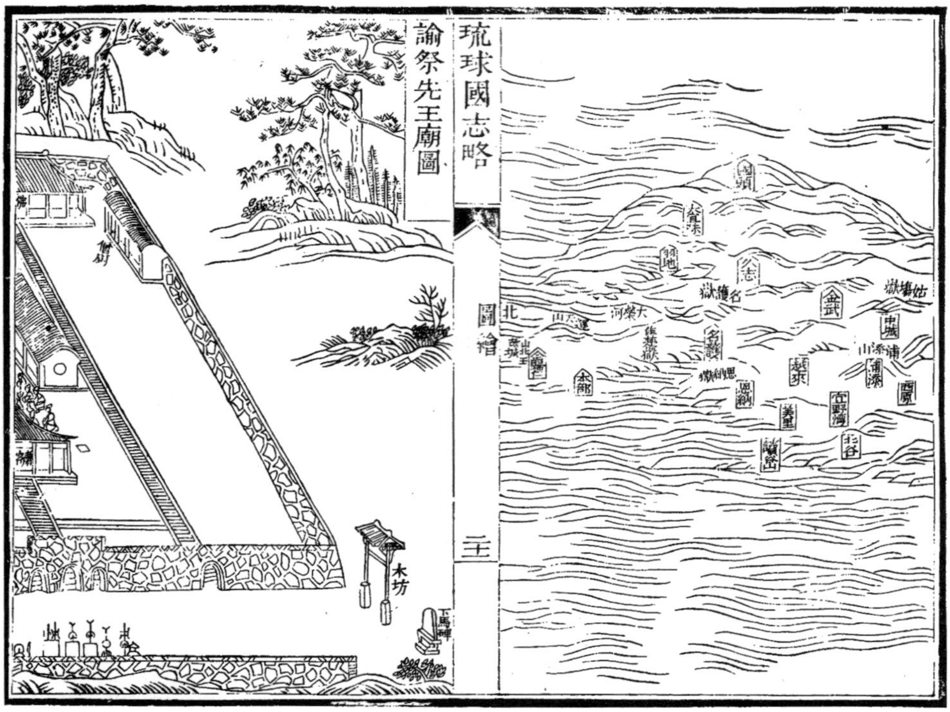
琉球國志略
圖繪
三
諭祭先王廟圖
木坊
北

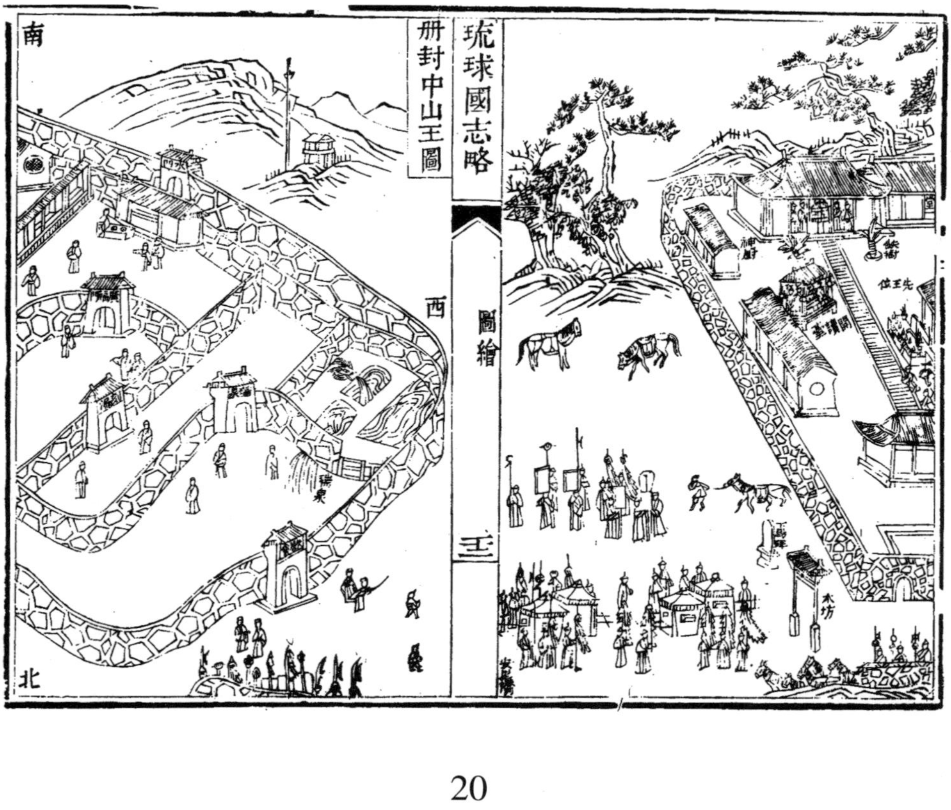
琉球國志略
圖繪
三
冊封中山王圖
南
西
北
木坊

琉球國志略

中山王圖

年十八歲乾隆四年己未月日生

圖繪　二十三

琉球國志略

天使館圖

圖繪　二十四

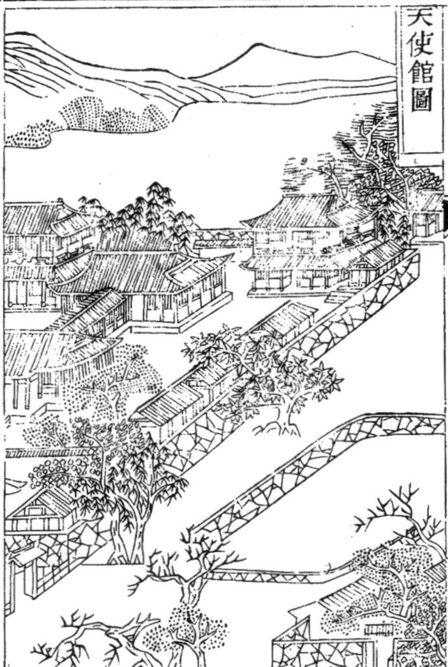

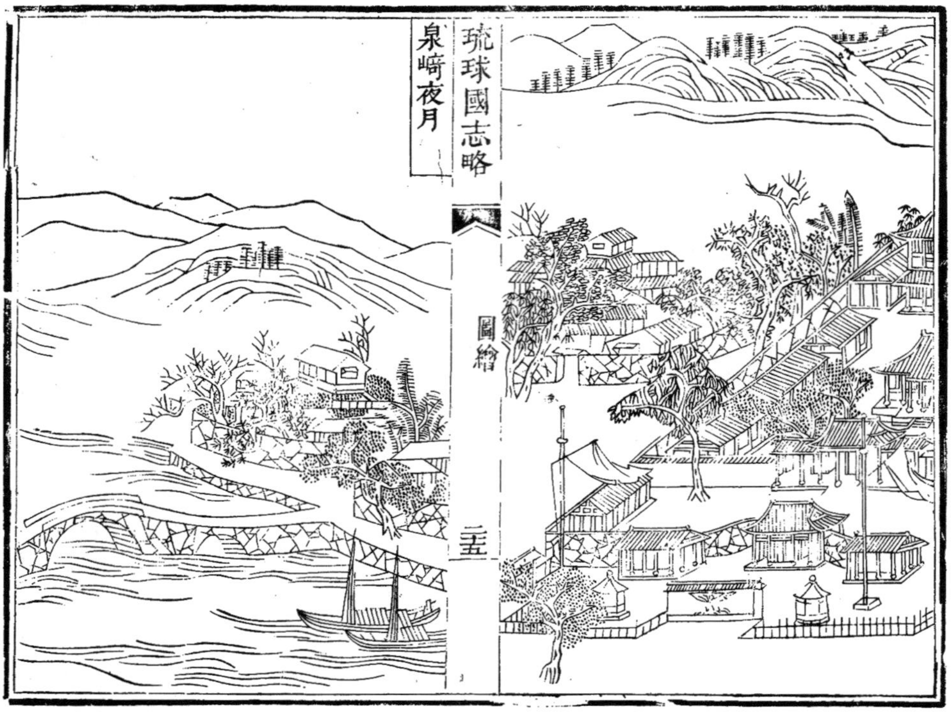
琉球國志略
圖繪
二五
泉崎夜月

琉球國志略
圖繪
二六
臨海潮聲

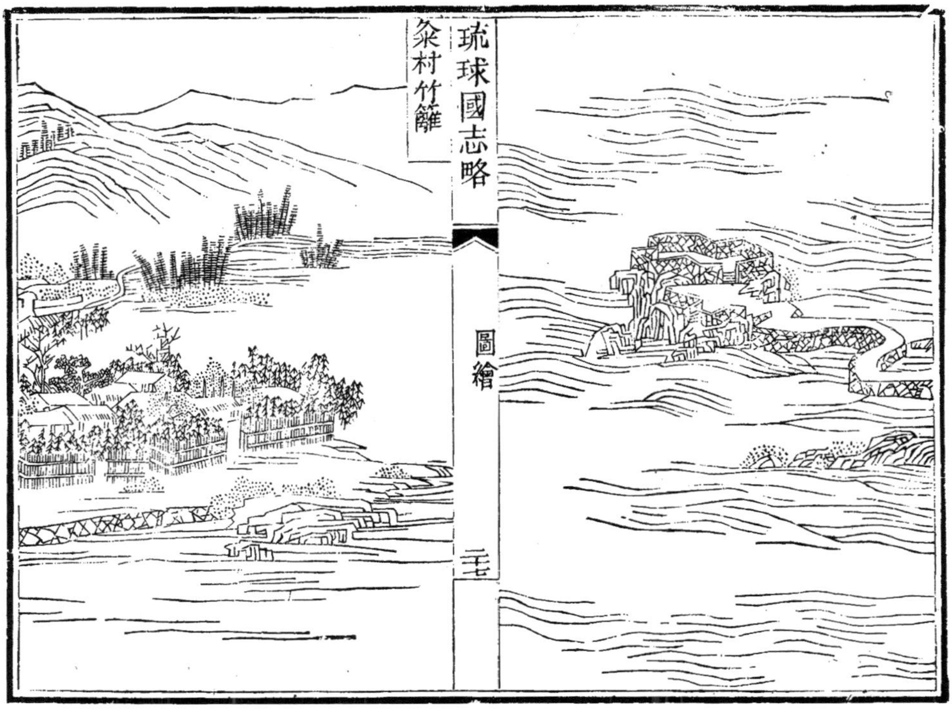
粂村竹籬
琉球國志略
圖繪
三十七

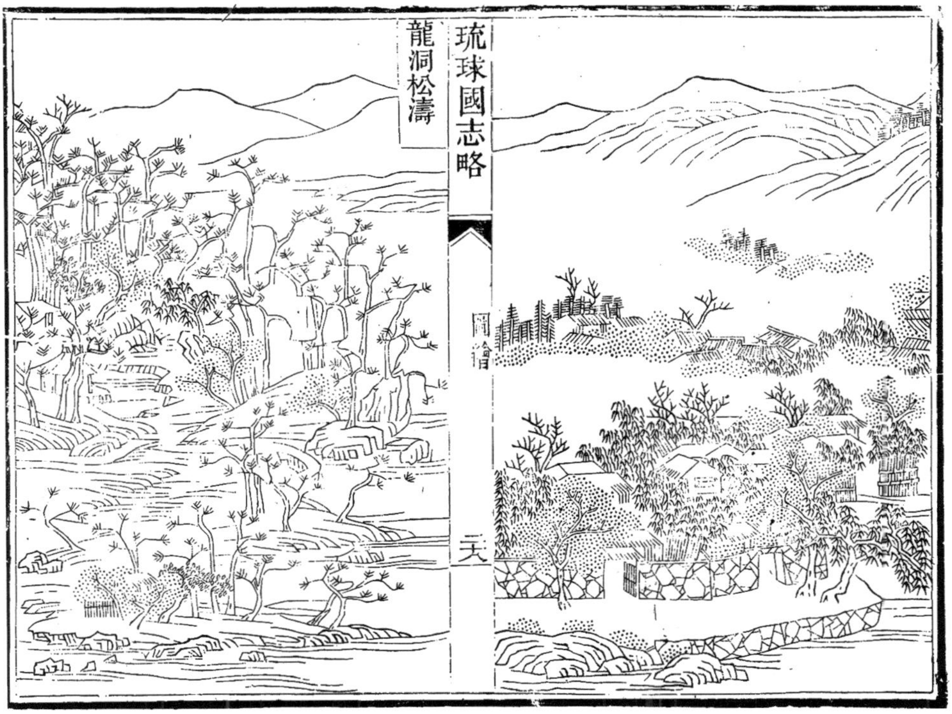
龍洞松濤
琉球國志略
圖繪
三十八

筍崖夕照
琉球國志略
圖繪
二九

長虹秋霽
琉球國志略
圖繪
三十

城嶽靈泉
琉球國志略
圖繪
三十

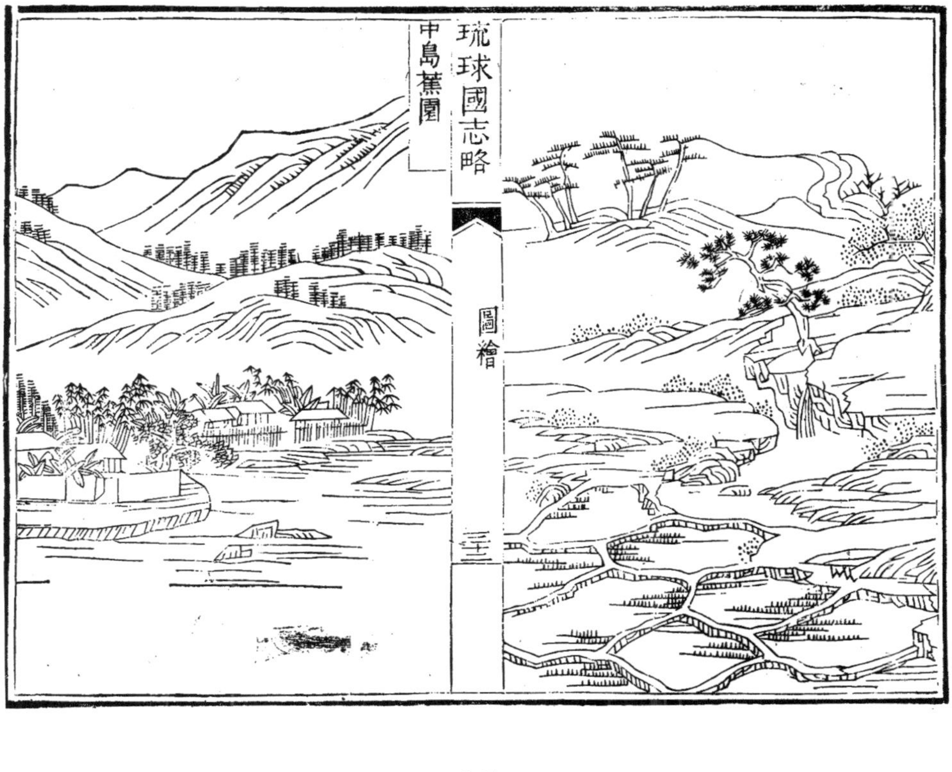
中島蕉園
琉球國志略
圖繪
三十一

琉球國志略

圖繪

三三

封舟圖

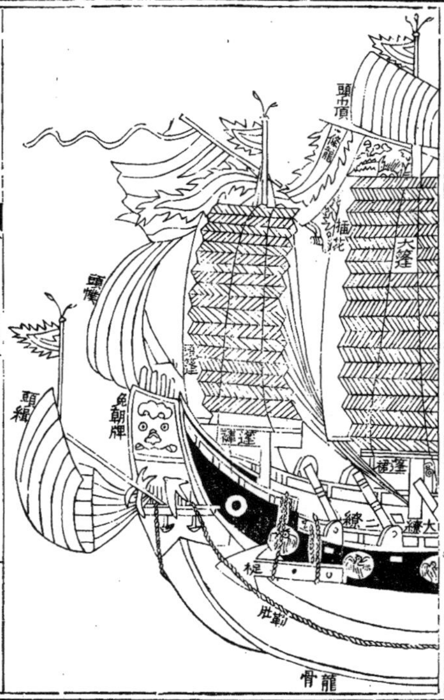

琉球國志略

圖繪

三四

玻璃漏圖

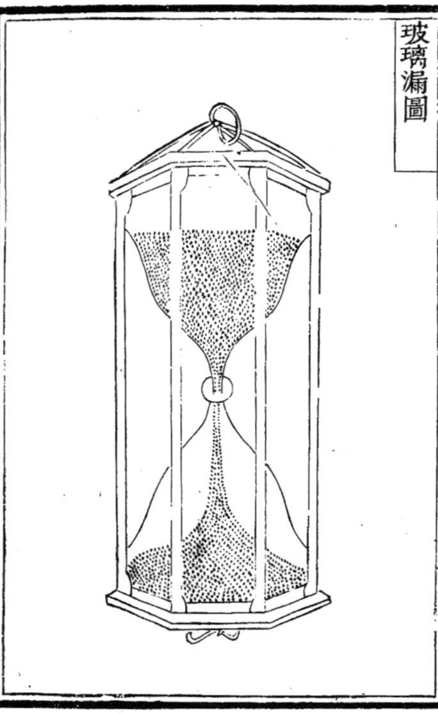

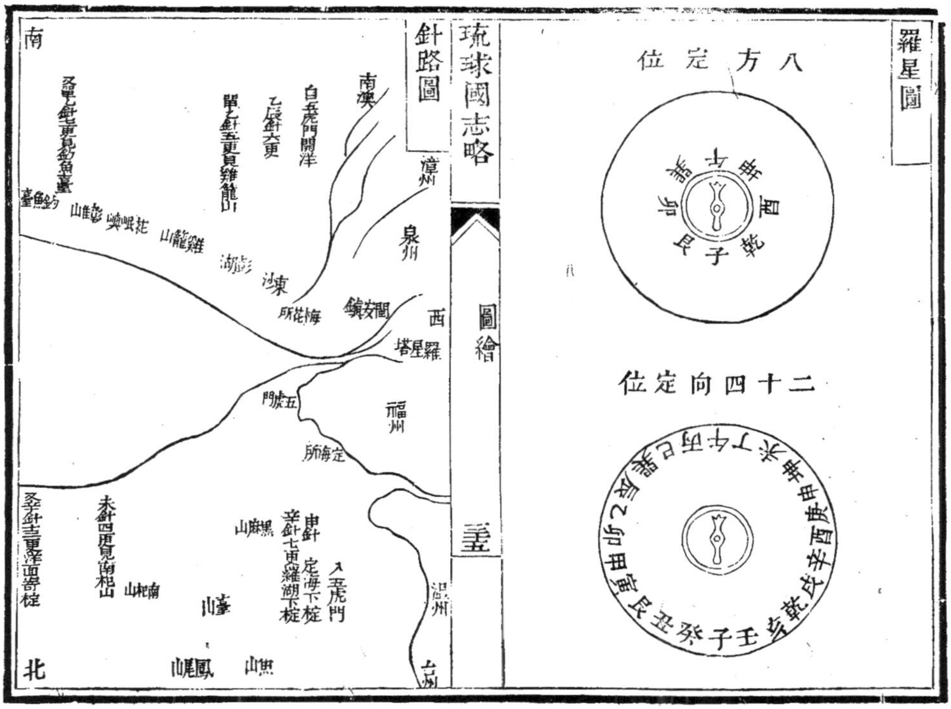
琉球國志略
圖繪
針路圖
羅星圖
八方定位
二十四向定位
南
北
西
漳州
泉州
福州
五虎門
定海所
梅花所
閩安鎮
羅星塔
東沙
澎湖
雞籠山
花瓶嶼
彭佳山
釣魚臺
南杞山
鳳尾山
溫州

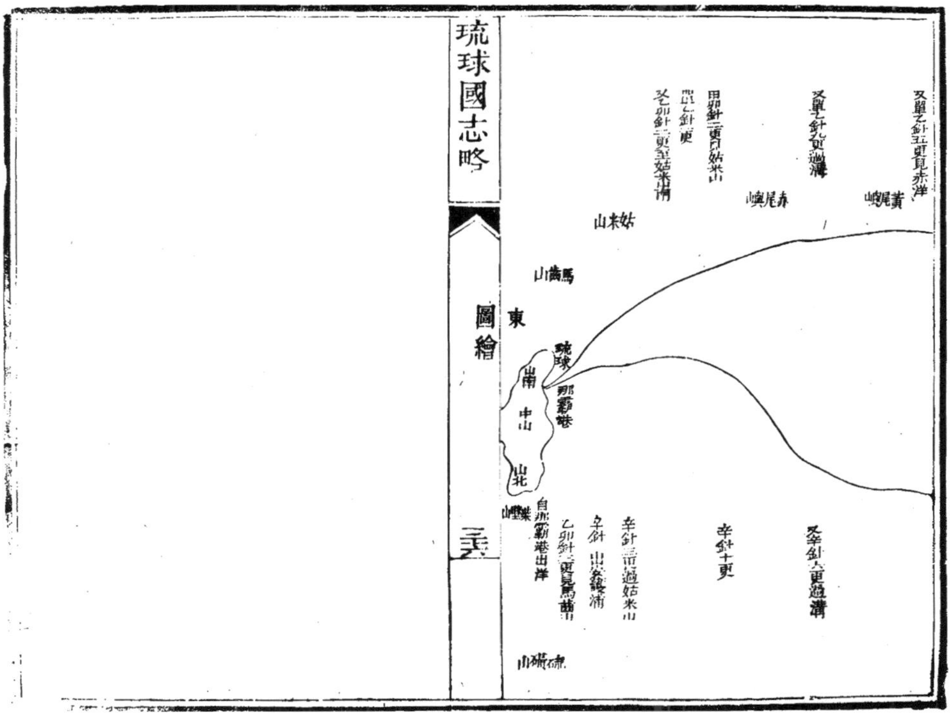
琉球國志略
圖繪
東
琉球
那霸港
南山
中山
北山
姑米山
馬齒山
赤尾嶼
黃尾嶼
葉壁山
硫磺山

琉球國志略卷一

星野　翰林院侍講臣周煌恭輯

王者體國經野仰觀俯察以施其裁成參贊之方尚已是以周禮大司徒設土訓以周知九道之廣輪大易通卦驗立圭表以審視五星之經緯欽惟
聖祖仁皇帝北辰星共乾坤合德念琉球僻處東南海外思有以定其分度次舍之象與正其陰陽寒暑之宜
特遣精習理數內臣聯颿飛渡測晷占辰務本夫張衡裴秀之規以準其遠近紆直之實洵海邦萬世之指南也我
皇上繼天立極幬覆羣生溥海內外龍虎景從箕畢攸好近以西定伊犂仍
命大臣前往相度蓋豎亥所不能步大章所未及測者又先後有同揆已臣管蠡之微莫窺萬一謹錄成章以著無外之盛志星野

康熙五十八年

聖祖仁皇帝特遣內廷八品官平安監生豐盛額偕冊使海寶徐葆光同往琉球國測量按琉球分野與揚州吳越同屬女牛星紀之次俱在丑宮舊測北京北極出地四十度福建北極出地二十六度三分今測琉球北極出地二十六度二分三釐地勢在福州正東偏南三里許舊測福建偏度去北極中線偏東四十六度三十分今測琉球偏度去北極中線偏東五十四度與福州東西相去八度三十分每度二百里推算徑直海面一千七百里凡船行六十里爲一更自福州至琉球姑米山四十更計二千四百里自琉球姑米回福州五十更計三千里乃繞南北行里數故稍爲紆遠耳始知從前動稱萬里者皆屬懸揣云

臣按夏子陽錄云以一統輿圖視之則在東南以閩省視之則在閩之東北故去必仲夏乘西南風來必孟冬乘東北風茲役多用乙針直指姑米遙度中山又似實居艮方姑據所見罔敢臆斷

琉球國志略卷一

琉球國志略卷二

翰林院侍講臣周煌恭輯

國統

天生民立之君自堯舜以來正朔相承尊無二上國統歷歷可紀至若四陲荒眇彈丸黑子之地莫不各君其國而聲教之所未通卽皆甲子無稽世次湮滅理有固然其列於圖經如內地郡國志者惟朝鮮最詳而琉球卽次之則唯其向面內向沐浴雅化之已久也我

朝定鼎燕京琉球率先歸附不敢自王敦請襲封嗣後貢職恪共世守藩臣之分憑藉寵靈鎭撫荒徼享祚綿遠長作東南屛蔽有由來矣臣使役甫竣諏詢往迹知中山一區禪革互乘匪特隋書歡斯莽無可據卽如洪永初封亦非姓尚爰按前錄博採歷史幷其國中撰述亦必詳譯嚴審上自天孫逮至今爵原流悉著年世胥陳務期信者有傳疑者備考且以告守茲土者毋恃險隘毋敢驕淫毋作威福毋忘鑒戒云志國統

天孫氏 琉球始祖其初有一男一女生於大荒自成夫婦曰阿摩美久生三男二女長男卽天孫氏開國始主也次男爲諸侯始三男爲百姓始長女曰君君次女曰祝祝爲國守護神一爲天神一爲海神今寺院有三首六臂女神手執日月名日天滿大自在天神汪錄云名辨戈天祟祀特隆甚卽此也隋書云王姓歡斯名渴利兜國人呼王爲可老羊王妻曰多拔荼其卽天孫氏之世歟天滿歡斯國語音皆相混故訛耳傳二十五代姓氏俱無攷起洪荒乙丑至宋淳熙十三年丙午逆臣利勇鴆而弑之遂自立浦添按司舜天討之利勇死諸按司羣奉爲王天孫氏遂亡凡一萬七千八百零二年

舜天 日本人皇後裔大里按司朝公子爲浦添按司宋淳熙間天孫氏逆臣利勇弑君自立舜天討之衆推爲王年二十一嘉熙元年薨在位五十一年壽七十二子舜馬順熙嗣有傳

舜馬順熙 舜天長子淳熙十二年生嘉熙二年立年五十四淳祐八年薨在位十一年壽六十四子義本嗣

義本 舜馬順熙長子開禧二年生淳祐九年立年四十四景定元年國中大饑三年疾疫人民半失君歎息謂羣臣曰饑疫并行不德誰讓羣臣舉天孫氏後惠祖嫡孫英祖義本悅召試國政舉賢退不肖疾疫遂止攝政七年義本讓位退隱北山在位十一年壽五十四

舜天至義本凡三傳共七十三年

英祖 天孫氏裔惠祖世主孫宋紹定二年生長爲伊祖按司寶祐元年攝政景定元年受義本讓位年三十二元大德三年薨在位四十年壽七十一子大成嗣有傳

大成 英祖世子淳祐七年生大德四年立年五十四至大元年薨在位九年壽六十二子英慈嗣有傳

英慈 大成次子咸淳四年生至大二年立年四十二皇慶二年薨在位五年壽四十六子玉城嗣有傳

玉

城英慈第四子元貞二年生延祐元年立年十九世衰政廢內色外禽諸按司不朝大里按司稱山南王今歸仁按司稱山北王玉城惟有首里等數國自稱中山王國分爲三時發兵相攻戰至元二年薨在位二十三年壽四十一子西威嗣

西威王城長子至和元年生至元三年立年十歲政歸母妃兆難亂政至正十年薨在位十四年壽二十三時浦添按司察度有德人心悅服國人廢世子奉察度爲王

英祖至西威凡五傳共九十九年

察度浦添間切謝那村奧間大親之子始爲浦添按司西威薨世子五歲母妃亂政元至正十年國人廢世子而立之明洪武二十八年薨在位四十六年年壽無考子武寧嗣有傳

武寧察度世子至正十六年生洪武二十九年立年四十一違父遺命荒於禽色晝夜逸遊諸侯背叛永

樂三年薨在位十年

臣按洪武二十八年察度卒武寧以二十九年立

明實錄永樂改元武寧始訃告于朝二年遣行人

時中往祭賻幷詔武寧襲爵三年時中使琉球還

當是時尚巴志旣滅山南山北並滅中山武寧遂

以三年薨巴志又奉其父思紹爲王故五年思紹

以父武寧之喪來告也若世纘圖及中山世鑑俱

云武寧在位二十六年以永樂十九年卒巴志以

二十年立則是誤謂巴志滅武寧而自立追封其

父思紹爲王故紀年不合耳至明實錄間存故王

巴薨尚書王貢者則以未及赴喪故也徐錄云武

寧永樂四年受封薨於永樂三年亦非是

察度至武寧凡二傳共五十六年

思紹初爲山南王佐鋪按司其子尚巴志嗣職山南王無道糾合義兵攻之幷攻山北王中山王次第滅之奉思紹爲王永樂四年立五年以父武寧之喪來告實非父子也成祖賜祭武寧詔思紹嗣爵永樂十九年薨在位十六年壽無考子尚巴志嗣

臣按中山世鑑謂宣德初封尚巴志爲中山王乃

追封其父思紹爲王非也追封之王主不入廟今

先王廟中有思紹神主況實錄又鑿然可據也

尚巴志思紹嫡子洪武五年生三十五年年三十一嗣佐鋪按司後奉思紹爲王永樂二十年立年五十一正統四年薨在位十八年壽六十八子尚忠嗣有傳

尚忠巴志次子洪武二十四年生正統五年立年五十九年薨在位五年壽五十四子尚思達嗣

尚思達尚忠子永樂六年生正統十年立年三十八十四年薨在位五年壽四十二無子叔尚金福嗣

尚金福巴志第六子洪武三十一年生景泰元年立年五十三四年薨在位四年壽五十六子尚泰久嗣

尚泰久金福長子永樂十三年生景泰五年立年四十天順四年薨在位七年壽四十六子尚德嗣

尚德泰久第三子正統六年生天順五年立年二十一君德不修朝暮漁獵暴虐無道鬼界島叛不朝貢數年自將伐之歸彌自滿成化五年薨在位九年壽二十九世子幼國人廢之

奉內間里主御鎖側爲王
思紹至尚德凡七傳共六十四年
臣按明史實錄云金福卒其弟布里與其子志魯
爭立則爭者必應立之世子耳而中山世鑑乃云
泰久尚金福第一子志魯又果金福之第幾子耶
景泰六年詔書則曰金福既薨其弟尚泰久敕書
亦曰傳及爾兄益隆繼述爾乃王弟宜紹國封汪
錄引世纘圖則云泰久係尚志達之弟志疑當作
思思達乃尚忠之子而金福爲思達之叔假泰久

果係思達之弟則泰久亦爲尚忠子而非金福子
尤非金福弟明甚蓋實錄據請封疏原無舛謬而
世纘世鑑二記亦不勝矛盾矣
尚圓字思德金伊平人其先不可知父尚稷爲伊平里主圓生有異瑞長爲內間里主累轉御鎖側德盛民歸尚德卒子幼國人廢而弑之迎圓爲王成化十二年薨在位七年壽六十二世子尚眞年十二王弟尚宣威攝位有傳
臣按中山世鑑云尚圓當尚金福時始給黃帽泰
久時領內間里主即今遏闥理官又云久旱獨其
田不雨而潤民驚傳爲異圓懼載妻子隱避十四
年尚金福聞其賢召爲黃帽官轉御鎖側即今耳
目官云云自尚忠至金福三世共止十四年泰久
僅七年何以云隱避一十四年耶且金福在泰久
之前何以金福時始給黃帽泰久時旋領內間而
十四年隱避之後金福復召爲黃帽官此金福又
果何屬耶以臆考之始給黃帽當是尚忠前事領
內間當是尚思達前事後所云尚金福聞其賢當
是尚泰久聞其賢耳
臣又按世纘圖云尚圓王成化六年庚寅即位在

位七年成化十二年巳未七月二十八日卒夫六
年爲庚寅則十二年當是丙申汪錄固辨之矣今
據圓覺寺西序諱辰牌所錄實作丙申當是字訛
無疑觀下書成化十三年丁酉益信
臣又按世纘圖云成化十三年丁酉尚宣威即王
位在位僅六月丙申八月四日卒既於丁酉即王
位而先以丙申卒耶此丙申不知何指且圓以丙
申七月二十八日卒宣威以丙申八月四日卒則
相距僅六月耳何以云在位六月乎世鑑云尚圓

卒世子尚眞年十三宣威攝國事六閱月國人樂附後引尚眞掖就王位巳東嚮立退隱於越來其年卒據此則是退隱後之年耳若卽謂是攝位之年則圓以丙申七月卒至年終僅五閱月丁酉攝位六閱月之說俱不符矣又云宣威尚圓之弟宣德五年庚辰生壽四十八尤謬宣德五年爲庚戌若以丙申八月卒則壽止四十七矣

尚宣威 尚圓弟少育於兄夏子陽錄作圓長子立一年未請封卒諛九歲從渡國頭至中山爲黃帽官圓卒宣威立成化十三年引眞掖就王位巳東嚮立退隱越來是年八月薨壽四十八國中私諡義忠今其子孫尚存立凡六閱月

尚眞 尚圓世子成化元年生十三年立年十三嘉靖五年薨在位五十年壽六十二子尚清嗣有傳

尚清 尚眞子汪錄據世圖作天纘王子疑纘爲眞之他號弘治十年生嘉靖六年立年三十一三十四年薨在位二十九年壽五十九子尚元嗣有傳

尚元 尚清次子嘉靖七年生三十五年立年二十九隆慶六年薨在位十七年壽四十五子尚永嗣

尚永 尚元次子嘉靖三十一年生萬歷元年立年二十一十六年薨在位十六年壽三十五無子尚寧嗣

尚寧 尚眞孫尚懿子尚永無子萬歷十七年立年二十六四十年倭入中山襲執王不屈倭酋慶長異之曰有此氣象無惑乎受天朝封號也卒放回泰昌元年薨在位三十二年壽五十七無子尚豐嗣

尚豐 尚永弟尚久第四子萬歷十八年生天啓元年立年三十二崇禎十三年薨在位二十年壽五十一子尚賢嗣

尚賢 尚豐第三子天啓五年生崇禎十四年立年十七國朝順治四年薨在位七年壽二十三第尚質嗣

尚質 尚賢弟崇禎二年生順治五年立年二十一康熙七年薨在位二十一年壽四十一子尚貞嗣

尚貞 尚質子順治二年生康熙八年立年二十五四十八年薨在位四十一年壽六十五子尚益嗣

尚益 尚貞世子尚純之子康熙十七年生純爲世子先卒四十九年以嫡孫立年三十三五十一年薨在位三年壽三十五未及請封子尚敬嗣

尚敬 尚益世子康熙三十九年生五十二年立年十四乾隆十六年薨在位三十九年壽五十二子尚穆嗣有傳

尚穆 尚敬世子乾隆四年生十七年立年十四

臣按汪楫錄據世纘圖尚清王謂爲天纘王卜稱第五子徐葆光錄則云中山王無稱天纘王者直

謂爲尚眞第五子然中山王亦多有他號者如尚圓稱思德金而尚寧稱康翁尚豐稱宗盛尚賢稱秀英尚質稱直高之類天纘得無亦係尚眞之別稱歟不然何以傳元及永已歷三世忽又及圓之孫寧寧又及元之孫豐耶但有疑當闕斷以爲非尚眞子不可卽以爲尚眞子亦未見其可也

琉球國志略卷二

琉球國志略卷三

翰林院侍講臣周煌恭輯

封貢 招撫 恩賜 褒䘏 入監 諸事附

書云不寶異物則遠人格故越雉旅獒徵風聲之遠而古先哲王輒因以日懋厥德焉

國家文治郅隆超唐軼虞凡天之所覆地之所載莫不如衆星拱極悉主悉臣百餘年來賚琛獻異筐篚包匭絡繹來庭有塗山所未及輯王會所難盡圖者猗歟盛已琉球東南蕞爾隋招之不至元讐之不服迄明初始入貢稱臣世為屬國然亦由明祖遣使慰諭而後致之我

世祖章皇帝應天受命甫及三年琉球則不需徵會吅閩守臣輸誠入貢非夫赫聲濯靈遠邇懷畏何以得此而其率先效順世修侯度唯謹亦足多也

聖祖仁皇帝六十餘年以來三錫恩綸賚予稠疊且免其貢馬及常貢內非其國所產槩予捐除

世宗憲皇帝嘉其恭順屢輟貢期該國君臣益深感激恪共典禮歷久彌虔恭逢

皇上御極揆文奮武萬國梯航東撫暹羅南懷緬甸西掃伊犁大宛罔不率俾矧琉球世守藩封者哉今茲臣忝膺介選遠賁

簡書開讀之日拜瞻

三朝宸翰鸞翥龍翔後先輝映洵為海邦世寶榮寵莫踰爰集封貢事宜并以前代招撫諸事附見於篇重

昭

聖朝綏來雅化度越前古亦以徵東風入律海不揚波良非虛語云爾志封貢

明洪武五年太祖遣行人楊載賚詔至國詔曰昔

帝王之治天下凡日月所照無有遠邇一視同仁自元政不綱天下兵爭者十有七年朕起布衣開基江左命將四征不庭西平漢主陳友諒東縛吳王張士誠南平閩越北清幽燕朕為臣民推戴即

皇帝位定有天下之號曰大明建元洪武是用遣使外邦播告朕意使者所至稱臣入貢惟爾琉球在中國東南遠處海外未及報知茲特遣使往諭爾其知之中山王察度遣弟泰期奉表貢方物 中山

世鑑云貢物馬刀金銀酒海金銀粉匣瑪瑙象牙螺殼海巴擢子扇泥金扇生紅銅錫生熟夏布牛皮降香速香檀香木香黃熟香蘇木烏木胡椒硫磺磨刀石

臣按隋大業元年海師何蠻上言海上有烟霧狀不知有幾千里乃流求也流求之名始見於此三年四年屢遣使招之不服元世祖至元中曾命將往伐無功而還成宗元貞初亦以師征卒不聽命至明太祖洪武初遣行人賫詔往諭而方貢乃來此琉球通中國之始也

七年王又遣泰期等入貢并上皇太子箋太祖賜大統歷及文綺紗羅賜泰期衣幣靴襪副使惹爬燕之及通事從人皆有賜是年泰期復來貢并上皇太子箋

八年太祖命附祭琉球山川於福建先是天下山川太祖皆躬祀太常以琉球入朝亦請祀已兩年矣至是禮部尚書牛諒言躬祀非禮始改命

九年太祖命刑部侍郎李浩齎賜文綺陶鐵器且以陶器七萬鐵器千就其國市馬及硫磺王遣泰期從浩入貢馬四十匹浩言其國不貴紈綺惟貴磁器鐵釜自是賞賚多用是物

十年王又遣泰期等表賀元旦貢馬及硫磺

十一年十三年貢方物賜賚悉如例

十五年王又遣泰期及亞蘭匏等貢馬及硫磺太祖賜幣帛有加命尚佩監奉御路謙送泰期等返國

十六年王遣亞蘭匏等表賀元旦貢方物山南王承察度亦遣其臣師惹等奉表入貢太祖賜王鍍金銀印及幣帛七十二匹賜山南王幣帛如之時二王與山北王互相攻伐遣中使梁民敕王敕曰王居滄海之中崇山環海爲國事大之禮不行亦何患哉王能體天育民行事大之禮自朕即位十有六年歲遣人朝貢朕嘉王至誠命尚佩監路謙報王誠禮何期復遣使來謝今令內使監丞梁民同前奉御路謙賫符賜王鍍金銀印一近使者歸言琉球三王互爭廢農傷民朕甚憫焉詩曰畏天之威于時保之王其罷戰息民務修爾德則國用永安矣并敕諭山南王承察度福建通志作承宗誤山北王帕通志作怕尼芝敕曰上帝好生寰宇之內生民衆矣

天恐生民互相殘害特生聰明者主之邇者琉球國王察度堅事大之誠遣使來報而山南王承察度亦遣人隨使者入覲鑒其至誠深可嘉尚近使者自海中歸言琉球三王互爭廢棄農業傷殘人命朕聞之不勝憫憐今遣使諭二王能體朕意息兵養民以綿國祚則天祐之不然悔無及矣山南王山北王皆遣使入謝各賜衣幣

十七年王遣阿不耶等入貢賜鈔幣

十八年表賀元旦貢方物太祖賜王海舟一山南

王如之補給山南王山北王駝紐鍍金銀印各一

十九年王遣亞蘭匏等貢馬百二十匹硫磺萬二千斤賜宴及鈔

二十年王遣亞蘭匏等貢方物進皇太子箋獻馬山南王承察度叔汪英紫氏山北王帕尼芝亦各遣使入貢

二十一年王遣使甚模結致等貢馬賀天壽聖節

二十三年表賀元旦貢方物世子武寧亦貢馬五匹硫磺二千斤胡椒二百斤蘇木三百斤通事屋之結等私攜胡椒三百斤乳香十斤為門者所獲當入官詔還之仍賜屋之結等六十人鈔各十錠

二十四年王及世子武寧遣亞蘭匏嵬谷致等貢馬及方物山南王叔汪英紫氏亦遣使表賀天壽聖節

二十五年王及世子武寧各進表箋貢馬并遣從子日孜每濶八馬寨官子仁悅慈入國子監讀書太祖各賜衣巾靴襪并夏衣一襲鈔五錠秋又賜羅衣各一襲及靴襪衾褥（此國人就學之始）山南王亦遣

從子三五郎尾及寨官子實他盧尾賀段志等入監讀書賚如中山側遣歸惠州海豐所送至京採硫磺遭風人才孤那等二十八人賜閩人善操舟者三十六姓以便往來（今所存者七姓然毛阮二姓又萬歷間再賜者實僅金梁鄭林蔡五家）賞通事程復葉希尹以寨官兼通事職加冠帶從王請也

二十六年王遣使麻州等貢方物已又遣使壽禮結致等貢馬偕寨官子段志每入監讀書太祖命賜夏衣靴襪秋又賜羅絹衣各一襲傔從各給布

衣
二十七年王遣亞蘭匏等貢方物賜宴於會同館賞亞蘭匏品秩冠帶以通事程復葉希尹充千戶從王請也賜王相秩同中國王府長史稱王相如故
二十八年王遣王相亞蘭匏貢方物山北王岷山南王叔汪英紫氏亦遣使入貢賜鈔有差
二十九年王兩遣使貢方物山北王攀安知山南王承察度山南王叔汪英紫氏亦入貢詔遣三五

郎亹（實錄前作尾今作亹）等歸省賜銀鈔緞匹有差會世子武寧遣使入貢偕寨官子麻奢理誠志魯二人入監三五郎亹復與俱來請卒業太祖許之仍賜衣巾靴襪
三十年王兩遣使貢馬及硫磺山北王山南王叔汪英紫氏亦入貢
三十一年王遣亞蘭匏等貢馬及硫磺世子武寧貢如之女官生姑魯妹偕入謝恩以昔常在京讀書也三月太祖命以冠帶賜王幷賜臣下冠服

永樂元年太宗遣使以即位詔諭王王遣從子三吾良亹奉表賀且貢方物太宗遣行人邊信劉亢齎絨綿綺幣賜王還奏稱旨擢信爲湖廣道監察御史亢爲工科給事中未幾王卒子武寧遣三吾良亹訃告於朝山南王弟汪應祖遣長史王茂入貢山北王攀安知遣使善住古耶貢方物丐賜冠帶衣服太宗許之
二年正月太宗遣行人時中往祭賻以布帛詔武寧襲爵詔曰聖王之治協和萬邦繼承之道率由

常典故琉球國中山王察度受命皇考太祖高皇帝作屏東藩克修臣節暨朕即位率先歸誠今既殁爾武寧乃其世子特封爾爲琉球國中山王以承厥世惟儉以修身敬以養德忠以事上仁以撫下克循兹道作鎮海邦永延世祚欽哉四月山南王承察度無子遺命王弟汪應祖攝國事遣隗谷結致貢方物且奏乞如山北王例賜冠服（太宗謂吏部尚書蹇義曰國必有統衆必有屬既能事大又能撫衆且舊王所屬意也宜從所言以安遠人遂遣使齎詔封之賜如所請已而禮部尚書李至剛奏其使擅詣處州市磁器當逮問成祖曰遠人知求利

而巳朝廷于遠人當懷之不足罪暹羅船往琉球遭風漂至福建布政司籍紀所有請命成祖諭至剛曰暹羅與琉球通好自是番邦美事豈可乘其危而利之鄉有善人猶能濟困况朝廷統御天下哉其令所司舟壞爲之修理人乏食給之粟或歸或往琉球俟風便導之去

三年行人時中使琉球還命復職中初爲四川布政司右參議罪當戍上書願改過遂命使至是還職王遣三吾良亹奉表貢方物謝恩巳又遣義埠結制等賀萬壽聖節山北王入貢山南王亦入貢又遣寨官子李傑赴國子監受學賜衣如例

四年王及山南王山北王皆表賀元旦王遣寨官子石達魯等六人入監王進閹者數人大宗曰彼亦人子無罪而刑之何忍命禮部還之禮部言恐阻遠人歸化之心請但賜敕止其再進太宗曰諭之以空言不若示之以實事今不遣還彼欲媚朕必有繼踵而來者天地以生物爲德帝王乃可絕人類乎卒不受

臣按汪楫志云世纘圖云洪武二十九年王即位凡在位二十六年按其國繼世類先自立而後請于朝故所紀嗣位之年與中朝遣封之時多不合

而其後憚于供應甚有遲至十餘年乃上請者然明初貢使時通封卒年歲不應參差如是即云洪武二十九年嗣位中更靖難赴告踰期顧在位二十六年則永樂之末宜尚無恙何五年遂有祭賻之典耶臣謹稽前史及其國纂記詳考始末務求至當疑者仍闕參之國統可以互見

五年世子尚思紹遣三吾良亹貢馬及方物別遣使以其父武寧訃告太宗命禮部賜祭賻詔思紹嗣王爵

六年王遣使阿勃吾斯奉表貢方物謝恩山南王亦貢馬各賜鈔幣

七年王遣使賀萬壽聖節山南王亦貢馬各賜衣幣

八年王遣三吾良亹入貢山南王亦遣使賀萬壽聖節皇太子皆賜之鈔幣王遣官生模都古等三人入監皇太子各賜巾服等物冬太宗賜琉球生李傑等冬衣靴襪禮部尚書呂震曰昔唐太宗興學校新羅百濟皆遣子入學當時僅聞給稟膳未

若今日賚予周備也太宗曰遠方慕中國禮義故遣子入學必足於衣食然後樂學太祖高皇帝命資給之著于令典所謂曲成萬物而不遺者安得遂之賜通事林佑冠帶佑本閩人

九年王遣三吾良亹賀元旦偕王相子懷德寨官子祖魯古入監又遣使坤宜堪彌貢馬及方物使人有匿不盡貢者監察御史廉得其實以聞太宗曰此非國王意也宥之王遣使謝貢方物敕賜王鈔及綵幣陞長史王茂爲國相兼長史事命長史程復致仕還鄉皆從王請也復本江西饒州人一作朱復

十年王遣使賀元旦山南王亦入貢已又遣使賀萬壽聖節太宗賜鈔幣又賜琉球生夏布襴衫條靴

十一年王兩遣使貢馬偕寨官子鄔同志久等三人入監（三人一作三十人）已又與山南王各貢馬賜鈔及永樂錢模都古等三人奏乞歸省太宗曰遠人來學誠美事思親而歸亦人情宜厚賜以榮之賜衣

幣及鈔爲道里費仍命兵部給驛傳留學者皆賜冬夏衣

十二年王遣使賀元旦遣三吾良亹貢馬及方物皇太子賜琉球生益智每等二人羅布衣等物從人皆有賜太宗賜鄔同志久等三人衣鈔

十三年太宗遣行人陳季芳（一作若）等齎詔封山南王汪應祖世子他魯每爲琉球國山南王時應祖爲其兄達勃期所弑各寨官合兵誅達勃期推他魯每攝國事表請襲封故遣使往并賜誥命冠服及鈔萬五千錠王及山北王俱遣使貢方物世子尚巴志亦遣使宜是結制貢馬及方物賜文綺三十表裏

十四年王遣三吾良亹貢馬及方物謝遣使不謹之罪（先是貢使直佳魯犯法坐誅太宗敕諭王曰比王所遣直佳魯等來京朕優待之及還至福建乃肆狂悖擅奪海船殺死官軍毆傷中官奪其衣物直佳魯首罪當寘大辟已命法司如律其阿勃馬結制等六十七人與之同惡罪亦當死眷王忠誠特遣歸俾王自治自今遣使宜戒約之毋犯朝憲）已又遣使貢馬山南王遣使入貢謝恩賜琉球生夏衣

十五年王及山南王俱遣使入貢巳又與世子尚
巴志各遣使貢馬
十六年王兩遣使貢方物賜使者冠帶鈔幣有差
十七年王三遣使貢馬及方物
二十年王遣使賀元旦巳又遣貢方物
二十一年世子尚巴志遣使奉表貢方物皇太子
令禮部宴勞之世鑑云二十一年癸卯秋遣使奏曰我琉球國分爲三者百有餘年
戰無止時臣民塗炭臣巴志不堪悲歎爲此發兵
山南山北今歸太平伏願陛下不違舊規給臣襲
封謹貢土產馬及方物大明皇帝賜詔云爾琉球
國分人民塗炭百有餘年比爾義兵復致太平是

朕素意自今以後愼終如始永綏海邦子孫保之
欽哉故諭尚巴志之奏及成祖之諭明史實錄皆
不載姑存
以備考
二十二年二月王訃聞於朝遣官賜祭賻九月遣
行人周彛齋敕以行
臣按徐葆光錄稱思紹永樂五年嗣位十九年卒
以沿革志稱二十三年卒爲非又以明實錄二十
年以後尚書王貢如常至二十二年始訃於朝未
詳其故臣竊以實錄止據本國疏文比事屬辭沿
革志雖採世纘圖實以實錄爲主也詳見國統

臣又按汪楫志稱山南王承察度遣從子三五郎
尾又作亹入學中山王察度遣從子三吾良亹入謝
自是兩人無疑第良亹旣爲察度從子則是武寧
兄弟行矣而武寧遣訃告哀及入謝皆曰姪至思
紹凡四遣入貢亦皆曰姪豈數人名稱皆同抑臣
主不以世系爲序耶臣因詳考其故蓋國人名字
皆王所賜子孫不改多係采地間有以官爲名者
重後人有能亢宗者又別賜采地則更他名矣且
名字係有定製大抵所名不過三四十數比戶多

彼此同名者問之曰此琉球名也亦別有姓名備
而不用如按司國音呼爲安知山北王有攀安知
者必其上世有爲按司者故以官名也若斯之類
不一而足豈僅鶖座之陳遵小冠之子夏哉惟久
米村唐人三十六姓及本國常充貢使選者有姓
字名號做效中華閩亦各别有琉球名與衆同其
姓名止爲朝貢設國中不用也想明初國俗猶樸
故爾
洪熙元年仁宗遣中官柴山齎敕至國封世子尚

巴志嗣中山王敕曰昔我皇考太宗文皇帝躬膺
天命統御萬方恩施均一遠邇歸仁爾父琉球國
中山王思紹聰明賢達茂篤忠誠敬天事大益久
弗懈我皇考良用褒嘉今朕纘承大統念爾父沒
已久爾其嫡子宜俾承續特遣內官柴山齎敕命
爾嗣琉球國中山王爾尚立孝立忠恪守藩服脩
德務善以福國人斯爵祿之榮延於無窮尚其祗
承無怠無忽仍賜冠帶襲衣文綺方仁宗遣山崎貢使巳爾王表
稱世子貢成祖萬壽聖節至是始知改元是年凡四遣使貢馬及方物

臣按夏子陽錄作宣德三年事有副使阮姓闕其
名且謂請封自巴志始父思紹係追封但抄舊錄
未見實錄故爾
宣德元年王遣使貢方物謝恩附奏曰臣祖父昔蒙朝廷大恩封王
爵賜皮弁冠服洪熙元年臣奉詔襲爵而冠服未蒙頒賜宣宗命行在禮部稽定制製以賜之先是
仁宗遣封巳賜冠帶而王復以爲請以皮弁故宣宗謂禮部尚書胡濙曰遠人歸誠固是美事特賜
冠服亦表異恩古人言招攜以禮懷遠以德朕與卿等尤當念之又遣鄭義才進
香長陵賜海舟一巳又兩遣使貢馬及硫磺賜襲
衣靴襪有差

二年王兩遣使貢方物山南王他魯每亦遣使進
香長陵
三年王遣鄭義才貢馬及方物謝賜皮弁海舟宣
宗遣使齎敕勞王幷賜王紵絲紗羅錦緞巳又遣
內官柴山副使阮漸齎敕賜王金織紵絲紗羅絨
錦
四年王遣使表貢賀萬壽聖節巳又兩遣使貢馬
及方物山南王亦兩遣使入貢賜宴及鈔幣又命
山南王使齎敕及鈔絹歸賜王汗志云自是山南王不復遣使蓋并

于中山矣永樂十三年以後山北王不復入貢則山北先山南而亡者十四年矣
五年王四遣使入貢宴賚如例仍賜王鈔
六年王兩遣使入貢又表貢馬及金銀器皿謝賜
錦幣
七年宣宗命內官柴山齎敕至國令王遣人齎往
日本諭其朝貢明年日本遂來朝命行在工部給
王使漫泰來結制海舟一是年王四遣使入貢宴
賚如例
八年王兩遣使入貢宴賚如例

九年王遣使貢馬及方物已又遣使謝賜衣服海舟命貢使齎敕及幣歸賜王

十年王遣使謝禮部尚書胡濙奏曰比奉旨節一切冗費以安軍民今四裔使臣動以百數沿途疲於供給宜敕諸路總兵官并都布按三司繼今審其來者量遣正副使從人一二十人赴京餘悉留彼處給待從之

正統元年英宗頒賜大統歷適王遣貢使伍是堅至令齎回敕諭王及日本國王源義教敕曰我國家統有天下薄海內外罔不臣服列聖相承無間遠近一視同仁爾爲國東藩世修職貢益永益虔

王遣使來朝貢馬及方物禮意勤至朕嗣承祖宗大寶期與四海羣生同樂雍熙矧王篤於事大良可嘉尚使者還特賜王及王妃白金彩幣以答遠意王其欽崇天道仁卹有民永保藩邦以副朕意

王再遣使貢馬及方物使者至福建如例止具貢物以聞其自攜螺殼九十海巴五萬八千失於自陳有司以漏報沒入使者懇請給價英宗命行在禮部如例給之後浙江市舶提舉司上懇復以爲言英宗謂禮部曰海巴螺殼遠人資以貨殖取之奚用命悉還之仍著爲令

二年王遣使義曾結制等貢馬及方物附奏本國各官冠服皆國初所賜年久朽敝乞更賜又言本國遵奉正朔而海道險阻受歷之使或半載一載方返事下禮部覆奏命冠服本國可依原降造用大統歷福建布政司給與之

三年王遣使義曾結制等貢馬及方物賜幣有差

四年王遣使梁求保入貢已又遣阿普禮是等入貢宴賚如例巡按福建監察御史成規疏言琉球國往來使臣俱於福建停憩館穀之需所費不貲比者通事林惠鄭長所帶番稍人從二百餘人除日給廩米外其茶鹽醯醬等物出於里甲相沿有例乃故行刁蹬勒折銅錢今未半年已用銅錢七十九萬六千九百有餘按數取足稍緩輒肆詈毆雖遠人不足與較而恣陵之風漸不可長已行福州等府縣止將例應供給之物按日支與不許私以銅錢支當但煩瑣多端終非久計乞令該部定議于人支日廩之外量加少許聽其自辦其林惠等不行禁戢坐視紛紜請執治事下行在禮部以爲于例止日給廩米一切費宜悉罷

之其通事人員不行禁戢請治罪英宗以遠人姑示優容令移文戒諭之

五年王遣使步馬結制等貢馬及方物宴賚如例先是朝貢者朝參出入皆給馬至是令止給正副使著爲令

六年英宗遣還東影山遭風往爪哇國市貢物通事沈志良等福建巡按鄭顒疏言琉球國通事沈志良使者阿普斯吉載磁器等物並護船器械往爪哇國遭風進港妄稱進貢今已拘收候旨英宗曰遠人宜加撫綏況遇險失所尤當矜憐其悉以原物還之聽自備工料修船從還本國

七年世子尚忠遣長史梁求保入貢以巴志訃告請封遣給事中余忭行人劉遜齎詔敕至國封世

子尚忠爲王詔曰昔我祖宗恭天明命君主天下無間遠邇一視同仁海外諸國咸建君長以統其衆朕承大寶祇奉成憲用圖永寧故琉球國中山王尚巴志爰自先朝恭事朝廷勤修職貢始終如一茲既云亡其世子尚忠敦厚恭愼克類前人上能事大下能保民今遣正使給事中俞忭副使行人劉遜齎敕封爲琉球國中山王以主國事爾大小頭目人等其欽承朕命盡心輔翼惇行善道俾國人咸樂太平副朕仁覆蒼生之意并敕王曰爾

遣長史梁求保奏爾父王尚巴志亡沒良深悼念特遣使命爾爲琉球國中山王以主國事爾宜篤紹爾父之志益堅事上之誠敬守臣節恭修職貢善撫國人和睦鄰境庶幾永享太平之福仍賜王及妃皮弁冠服金織襲衣幣布等物忭等未至忠已兩遣使貢馬及賀明年元旦猶稱世子

九年王四遣使入貢賜使臣梁同海舟一

十年王兩遣使入貢宴賚如例

十一年王兩遣使入貢宴賚如例

十二年世子尚思達遣長史梁球求一作以其父尚忠訃告請封三月命給事中陳傅行人萬祥諭祭故王尚忠封世子思達爲王敕曰爾比遣長史梁球等奏爾父王尚忠亡沒良深悼念特封爾爲琉球國中山王繼承爾父主理國事爾宜篤紹先志敬守臣節恪修職貢簡任賢良善撫國人和睦鄰境以保國土仍以皮弁冠服常服及織金紵絲羅緞等物賜王復詔諭其國臣庶盡心輔翼各循理分毋或僭踰俾凡國人同樂雍熙副朕一視同仁

之意王遣通事蔡讓等貢馬及方物宴賚如例

十三年王遣使入貢

十四年王遣梁同等貢馬及方物已又遣馬權度等入貢王叔尚金福亦貢馬及方物賜衣幣冠帶仍命齎敕幷綵幣歸賜王及王妃王叔

景泰元年王遣使百佳尼入貢景帝命齎敕并文綺綵幣歸賜王及妃已又遣梁回貢馬及方物宴賚如例通事程鴻言船壞願以賜幣造船禮部請移文福建三司聽其自造不得擾民

二年王遣使察都等入貢已又遣亞間美等入貢

察都請自備工料造船禮部言宜令候本國進貢通事李敬等回日附載歸國景帝命左給事中喬毅殊域周咨作陳謨行人童守宏童一作董諭祭故王思達封王叔尚金福為王

三年金福兩遣使入貢猶稱王叔蓋命未達也

四年王四遣使入貢未幾王卒王弟布里與其子志魯爭立焚燒府庫兩傷俱絕所賜鍍金銀印亦鎔壞國人推尚泰久主國事

五年泰久以國難告并請鑄印頒賜命所司給之巳又遣使入貢命齎敕及綵幣歸賜王弟

六年王弟兩遣使入貢命給事中嚴誠殊域周咨作李秉彝行人劉儉充正副使齎詔敕封王弟尚泰久為王詔曰帝王主宰天下恒一視而同仁藩屏表率國中或同氣以相嗣朕躬膺天命撫馭諸侯琉球國王尚金福既薨其弟尚泰久性資英厚國衆歸心茲特遣使齎敕封為琉球國中山王凡彼國中遠近臣庶宜悉心輔翼罔或乖違長堅忠順之心永享太平之福故茲詔示咸使聞知又敕王曰爾自先世恪守藩維傳及爾兄益隆繼述敬天事上久而愈虔屬茲薨逝軫于朕懷爾乃王弟宜紹國封特遣使齎詔封爾為琉球國中山王賜爾及妃冠服綵幣等物爾尚砥礪臣節懷撫國人欽哉

七年遣使入貢猶稱王弟及冊封後遣使入謝又別遣使入貢

天順二年王三遣使入貢

三年王遣使李敬貢馬及金銀器皿琉言本國王府失火延燒倉庫銅錢請照永樂宣德間例所帶貨物以銅錢給賜禮部以銅錢係中國所用難以准給宜將估計鈔貫照舊六分京庫折支生絹其四分移文福建布政司收貯紵絲紗羅絹布等物依時值關給

從之巳又遣使亞羅佳其等入貢宴賚如例

四年王遣使入貢

五年王遣使王察等貢馬及方物

六年王遣使程鵬等貢方物宴賚如例巳又遣使入貢以泰久訃告英宗命吏科右給事中潘榮行人司行人蔡哲充正副使往祭故王泰久齎詔封世子尚德為王詔曰朕紹帝王之統纘祖宗之緒主宰天下一視同仁撫馭華夷靡間遐邇惟爾琉球國僻居海島密邇閩中慕義來庭受封傳業蓋

有年矣故國王尚泰久克篤勤誠敬天事大甫餘六載倏爾告終先業攸存可無承繼其世子尚德性資仁厚國衆歸心今特遣正使吏科右給事中潘榮副使行人司行人蔡哲齎詔往封爲琉球國中山王仍賜以皮弁冠服等件凡國中官僚士庶宜同心輔翼作我外藩嗚呼循理謹度永堅率俾之忠親族睦鄰丕冒咸寧之化故兹詔示咸使聞知

七年王遣使崇嘉山等入貢宴賚如例

成化二年王遣使程鵬等貢馬及方物賜宴及衣幣

三年王遣長史蔡璟入貢賜幣

四年王遣使程鵬巳又遣使讀詩貢馬及方物俱賜衣幣

五年王遣長史蔡璟入貢巳又遣使査農是等入貢宴賚如例王卒世子幼國人廢之共立御鎖側尚圓爲王廣東市舶司奏九星洋有遭風番船審知是琉球貢船欲貿貨往閩造船同國部覆令廣東巡撫嚴加譯審果無虞詐方許貿易仍諭今後進貢務由福建故道并勅地方官禁約下人不得因而侵損失向化之心

六年王遣使程鵬貢馬及方物宴賚如例福建按察司奏琉球貢使程鵬至福州與委官指揮劉玉私通貨賄俱應究治詔逮治玉而宥鵬

七年尚圓遣使蔡璟等入貢以父尚德薨來告請封憲宗命戶部都給事中邱弘行人司行人韓文充正副使齎儀物行慶弔禮封世子尚圓爲王弘至山東病卒改命兵科給事中管官一作榮偕文往貢使蔡璟以織金蟒羅製衣爲錦衣衛校尉所訐刑部鞫之璟固稱是國王受賜于先朝者稽舊籍無有没入內庫仍敕諭王知之

八年王遣長史梁應貢馬及方物宴賚如例福建三司官奏琉球國先因進貢潛居內地遂成家業應遣還禮部議其人若承戶部勘合許入籍者留餘如請

九年王遣王舅武實入貢謝恩奏稱王常遣人往滿剌加國收買貢物遭風飄至廣東有司轉送福建願自備工料修船同回許之

十年王遣沈滿志等貢馬及方物宴賚如例仍以鈔絹酬其自貢物值滿志等乞如舊制折給銅錢不許

十一年王遣使程鵬入貢附奏乞如常例歲一朝貢禮部覆稱去年福建守臣言琉球使臣登岸焚劫訪察不獲宜令鵬等齎敕省諭並定貢期憲宗敕王曰王使朝貢巳如

例賞賜遣還近福建鎮守官奏通事蔡璋等還次
福州殺人劫財非法殊甚今因使臣還特降敕省
諭勅至王宜問璋等故縱其下之罪追究惡徒依
法懲治自後定例二年一貢只許百人多不過加
五人除正貢外不得私附貨物并途
次騷擾有累國王忠順之意其省之

十二年王遣使梁應等入謝會憲宗立皇太子應
因奏乞如朝鮮安南例賜詔齎回禮部以海外國
例不須詔憲宗特命降敕并以錦幣歸賜其王及
妃是年王卒

十三年王遣使李榮奉表謝恩已又遣使程鵬貢
馬及方物復請歲一遣使朝貢不許

十四年世子尚眞遣長史梁應等請襲封命兵科
給事中董旻行人司右司副張祥充正副使齎詔
封世子尚眞為王賜皮弁冠服金鑲犀帶并以綵
幣賜王及妃應等具奏乞仍一年一貢不許

十五年王遣使李榮朝貢迎封冊賜宴及衣幣

十六年王遣使馬怡世入謝附奏臣伏讀祖訓條
章許臣國不時朝貢
故自臣祖父以來皆一年一貢邇年舊撫福建大
臣以臣國使有違法規利者令臣二年一貢此誠
臣之罪也然臣祖宗所以殷勤効貢者實欲依中
華眷顧之恩杜他國窺伺之患乞如舊制憲宗不
許敕王曰曩因爾國使臣入貢往往假饋送為名
汚我中國臣工其實以為已利又不能箝束傔從
以致殺人縱火強劫民財又私造違禁衣服俱有
顯跡故定為二年一貢之例朝廷富有萬方豈為
爾一小國而裁省冗費哉此例既
定難再紛更特茲省諭王其審之

十八年王遣使貢馬及方物乞以陪臣子蔡賓五
人於南京國子監讀書令有司歲給衣服廩餼如
例
王又以不時進貢為請疏言以小事大如子事
父禮部言其意實假進貢以規市販之利宜勿
聽仍敕王曰朝廷定爾國二年一貢已具前敕臣
之事君遵君之敕可也屢違敕奏擾可乎所以固
拒者非為惜費蓋二年一貢正合中制朕恤小之
意實在此王其欽遵毋事紛更禮部又言琉球國
進貢舊例到京少則四五十人多則六七十人俱
給賞有差邇因各國進貢率多奸弊每國只許五
七人不過十五人到京餘俱留邊以俟令福建以
例止容正議大夫梁應等十五人赴京既已給賞

餘六七十人俱留布政司宜發官帑以次
均給庶不減削太甚失柔遠之意從之

二十年王遣使程鵬貢馬及方物奏永樂間所賜
船破壞止存其
三乞自備工料於福建
補造部議許造其一

二十二年王遣使蔡曦貢馬及方物王咨部請遣
官生蔡賓等
五人歸國省親帝曰昔陽城在太學諸生三年不
歸省者斥之矧遠人豈可長留不遣其即放歸以
遂定省
之私

二十三年王遣使馬審禮等貢方物謝恩孝宗賜
冠帶衣幣仍命領詔賜王及妃錦幣

弘治元年王遣使皮揚那等入貢時從浙江入貢
帝命却之以貢

道當山福建且貢非其時禮部言遠人之情可念
減賞從人稍示裁抑從之時蔡賓亦隨貢使至言
成化中讀書南京國子監今吏部侍郎劉宣時
爲祭酒特加撫恤乞容執贄於宣所致謝許之
三年王遣使馬仁等進香別遣王舅麻勃都入貢
奏稱本國來貢人員近只許二十五人赴京物多
人少恐致疎失又謂貢船抵岸所在有司只給口
糧百五十名其餘多未得給命來
京人員許增五人增口糧二十名
五年七年王皆遣正議大夫梁德入貢賜王錦緞
宴賚如例
九年十三年王皆遣正議大夫鄭玖入貢賜王錦
緞宴賚如例

十五年王遣使入貢
十六年命廣東守臣送所獲國王遣使往滿剌加
國收買貢物遇風舟覆漂至海南登岸之吳詩等
百五十二人於福建守臣處給糧養贍候本國貢
使歸之
十七年王遣使補貢子具言前使遭風未回致失
二年一貢之期至是補貢納
之武宗登極命行人左輔頒詔至國
正德二年王遣王舅亞嘉尼施等貢馬及方物奏乞
每歲一貢禮部議彼因入貢違期故爲此奏以飾
非宜勿聽武宗特許之長史蔡賓奏乞自備工料

修造貢船二隻部議驗實量修不必改造賓復奏
武宗曰賓善人也令二船拆卸補造第勿過式
四年王遣正議大夫程璉入貢
五年王請遣官生蔡進等五人入國子監讀書許
送南監給衣廩如例
六年王遣正議大夫梁能七年遣正議大夫梁寬
等入貢宴賚如例
十年王遣長史陳義十一年遣正議大夫梁龍貢
馬及方物宴賚如例
十二年王遣正議大夫陳義入貢

十三年王遣長史蔡遷十五年遣長史金良貢馬
及方物宴賚如例
嘉靖元年王遣王舅達魯加尼進香貢方物慶賀
詔賜王及妃錦幣敕王仍遵先朝舊例二年一朝
貢每年不得過百五十人仍命福建巡撫御史查
勘驗放
三年王遣長史金良等二十人入貢良言先有正
議大夫鄭繩
領謝恩方物風漂未至表文在此請得先進許之
明年繩至言方物以舟敗至是復進福建守臣以
聞世宗命就彼中宴賚遣還方物令所司輔運仍
令繩賫敕轉敕本國王令捕繫倡亂者以獻

五年官生蔡廷美等請就國子監讀書令禮部給衣廩如例是年王卒

七年第五子尚清（汪志作天續王卜稱第五子徐錄云尚眞第五子）遣正議大夫鄭繩等入貢請封繩等回至海中溺死

九年又遣蔡瀚入貢申前請禮部以襲封重典命福建鎮巡官查訪申報瀚請遣蔡廷美等四人歸娶給賞有差（大學錄作十一年事 瀚又言來經日本國正源義晴托齎表文乞赦其使臣宋素卿之罪非乞新勘合金印復修常貢禮部驗無印篆僞情譎詐不可遽信敕琉球國王遣人傳諭日本令擒獻首惡送回擄去指揮奏請裁奪）

十一年正議大夫金良賚國中人民結狀請封世宗命吏科左給事中陳侃行人司行人高澄充正副使齎詔勅封世子尚清爲王詔曰朕躬膺天命爲天下君凡推行乎庶政必斟酌乎古禮其於錫爵之典未嘗以海内外而有間焉爾琉球國遠在海濱久被聲教故國王尚眞夙紹顯封已踰四紀茲聞薨逝屬國請封世子尚清德惟克類衆心所歸宜承國統朕篤念懷柔之義用嘉敬順之誠特遣使賚詔封爾爲琉球國中山王仍賜以皮弁冠服等物王宜愼乃初服益篤忠勤有光前烈國中耆俊臣僚其同寅翼贊協力匡扶尚殫事上之心恪盡臣藩之節保守海邦永底寧謐又敕王曰惟爾世守海邦繼膺王爵敬順天道世事皇明爾父尚眞自襲封以來恭勤匪懈比者薨逝良用悼傷爾以家嗣國人歸心理宜承襲茲特遣使封爾爲琉球國中山王并賜爾及妃冠服綵幣等物爾宜祗承君命克紹先業修職承化保境安民以稱朕柔遠之意

十三年遣正議大夫梁椿入貢表稱世子時詔命猶未達也（詔馳朝鮮琉球貢使在京五日出之禁從朝鮮國王李懌請也）

十四年陳侃等使還言海中値風濤之險多藉神庥不致顚覆乞賜祭以答神貺禮部議令福建布政司設祭一壇陞侃爲光祿寺少卿澄爲尚寶司丞王遣王舅毛實等入貢謝恩仍以錦幣雜物賜王（先是王以金四十兩饋侃等不受實等并以金奏世宗命侃等受之）

十七年王遣使陳賦入貢宴賚如例

十九年王遣長史梁梓貢馬及方物（奏請造海舟四許之）

二十年王遣使殷達魯等入貢宴賚如例

二十一年長史蔡廷美招漳州人陳貴等駕船之國因與潮陽船爭利互殺遂安置貴等於舊王城盡沒其貲貴等夜奔爲守者多所掩殺於是誣貴等爲賊械送福建廷美齎表將赴京陳奏巡按徐宗魯會三司官譯審以聞留廷美等待命得旨貴等違法通番着重治琉球既屢與交通今乃敢擅奪貨利擅殺我民且誣以賊詭逆不恭莫此爲甚蔡廷美本宜拘留重處念素係朝貢之國姑且放

回後若不悛即絕其朝貢令福建守臣備行彼國知之

二十二年王遣正議大夫陳賦等貢馬及方物宴賚如例并以禮幣報王王請遣官生梁炫等歸娶時炫等就學南監已踰七年詔給資糧驛騎遣人護歸

二十四年王遣長史梁顯入貢送還朝鮮漂流人口宴賚如例

二十六年王遣使陳賦入貢賦與蔡廷會偕來廷會祖璟本閩人永樂中撥往琉球充水手而產籍在閩會來與給事中黃宗槩上世有親遂與交通餽謁事覺逮問禮部請并罪賦世宗日陳賦無罪賞如例廷會交結朝臣法當重治念屬貢使姑革賞示罰仍行撫按官將廷會在閩產籍勘明處分

二十八年王遣正議大夫梁顯入貢宴賚如例

二十九年王遣官生蔡朝用等五人詣京請入監讀書許之

三十二年王遣長史梁炫入貢宴賚如例

三十四年王遣正議大夫梁碩入貢又請放官生蔡朝用等歸國省親許之遣使送歸是年王卒

三十六年尙淸第二子尙元遣正議大夫蔡廷會等入貢請封先是三十五年倭寇自浙敗還入海至琉求境世子尙元邀擊盡殲之得中國被掠人金坤等六名至是獻還因乞每歲自行修買歸舟不候題請世宗嘉其忠順許之仍賜勅獎諭賞銀五十兩綵幣四表裏有功人馬必度及廷會等俱厚賜

三十七年命給事中吳時來行人李際春充正副使齎詔封世子尙元爲王時來尋疏論大學士嚴嵩奸邪狀嵩言其畏航海之險故生事妄言世宗怒杖戍時來改命刑科給事中郭汝霖偕際春以行

三十九年汝霖等尙未行正議大夫蔡廷會入貢
奉表謝恩時稱受世子命以海中風濤叵測倭人出没不時恐使者有他虞獲罪上國請
如正德中封古城故事遣人代進表文方物而身
同本國長史梁炫等賫回詔冊不煩遣使巡按御
史樊獻科以聞下禮部議言琉球在海中諸國頗
稱守禮故累朝以來待之優異每國王嗣立必遣
侍從之臣奉命服節冊以往今使者未至乃欲遙
受冊命則是委君貺於草莽其不可一也廷會奉
表入貢乃求遣官代進昧以小事大之禮棄世子
事遣之命其不可二也昔正德中流賊爲梗使臣
至淮安撫按官奢爲留住俟事寧郎遣貢闕下占
城國王爲安南所侵竄居他所故令使者賫回敕
命乃一時權宜且此失國之君也造無稽之詞以
欺天朝援失國之君以擬其主其不可三也梯航
通道柔服之常彼所藉口者特倭人之警風濤之
險耳不知琛賓之輸納貢使之往來果何由而得

無患也其不可四也當時占城雖領回詔敕然其
王沙古卜洛猶懇請遣使爲蠻邦光重且廷會非
世子面命又無印信文移若遽輕信其言萬一世
子以遣使爲至榮謂遙拜爲非禮不肯受封復上
書請使如占城將誰任其咎哉其不可五也令福
建守臣以前詔從事便至於未受封而先謝恩亦
非故典宜止許入貢方物俟受封後方進謝恩表文世宗從之
四十一年汝霖等始奉詔至國詔曰朕受天命主
宰寰宇凡政令之宣布惟成憲之是循其於錫封
之典遐邇均焉爾琉球國遠處海陬聲教漸被修
職效義閱世已久故國王尙清顯荷爵封粤踰二
紀茲者甍逝屬國請封世子元朕念厥象賢衆心

歸附是宜承紹國統特遣正使刑科右給事中郭
汝霖副使行人司行人李際春齎詔往封爲琉球
國中山王仍賜以皮弁冠服等物王宜謹守禮度
益篤忠勤凡國中官僚耆舊尙其同心翼贊以佐
王飭躬勵行用保藩邦故茲詔示咸俾悉知王遣
王舅源德偕汝霖等入謝詔陞汝霖爲光祿寺少
卿際春爲尙寶司丞初王以金四十兩餽汝霖等爲謝却之源德賫所餽金請命世宗謂朝廷命使無受謝之義詔聽汝霖等辭尋以二臣遠行著勞各賜銀幣
四十二年王遣正議大夫鄭憲入貢送還中國漂

流人口世宗降敕褒諭賜鏹幣憲因奏本國亦有
流入中國者乞命守臣恤遣下其疏於瀕海所司
四十四年王遣長史梁灼貢馬及方物送回本國
北山守備鄭都所獲中國被掠人口世宗嘉王忠
順再敕獎諭仍賜銀五十兩綵幣四表裏灼都各
二十兩一表裏
隆慶元年王遣使入貢宴賚如例
二年王遣使入賀宴賚如例
三年王遣守備由必都等歸日本掠去人口守臣

以聞穆宗以王屢效忠誠賞銀幣同前仍賜敕獎
勵由必都等給銀幣有差
五年王遣正議大夫鄭憲入謝又歸被掠人口再
敕獎勵賜銀幣給賞如前遣官生梁炤等三人歸
國從王請也明年王卒
萬歷元年尚元世子尚永遣使入貢請封禮部行
福建鎮巡官查勘又送還被掠人民獎賚如例
二年遣王舅馬中叟長史鄭佑等十八人入貢賀
登極宴賚如例

三年世子兩遣使入貢
四年世子遣正議大夫蔡朝器等貢方物如例給
賞外神宗命每五日另給鷄鵝米麪酒果以示優
異命戶科左給事中蕭崇業行人司行人謝杰充
正副使賚皮弁玉圭往封尚永爲王崇業等疏言四事一須去
詔敕如彼國懇留宜如例俯循其請一秋祀海神合舉所報二祭一造船宜專責府佐副以指揮二員造完一併隨行一飲食物用弓矢器械以及觀星占風聽水察士醫卜技藝之流畢備許酌量取用悉如
所請
五年遣正議大夫梁灼入貢表稱世子時崇業等
尚未行也
八年崇業等始賚詔敕至國詔曰朕受天明命君
臨萬方薄海內外罔不來享延賞錫慶恩禮攸同
惟爾琉球國遠處海濱恪遵聲教世守職貢足稱
守禮之邦國王尚元紹序膺封臣節罔謹玆焉薨
逝悼切朕衷念其侯度有常王封當繼其世子永
德惟象賢惠能得衆宜承國統永建外藩特遣正
使戶科左給事中蕭崇業副使行人司行人謝杰
賚詔往封爲琉球國中山王仍賜以皮弁冠服等

物凡國中官僚耆舊尚其協心翼贊畢力匡扶懋
猷勿替於承先執禮益虔於事上綏茲有衆同我
太平則亦爾海邦無疆之休又敕王曰惟爾先世
守此海邦代受王封克承忠順迨於爾父元畏天
事大益用小心誠節懋彰寵恩洊被遽焉薨逝良
用悼傷爾爲冢嗣克修厥美羣情既附宜紹爵封
茲特遣使封爾爲琉球國中山王并賜爾及妃冠
服綵幣等物爾宜恪守王章遵述先志秉禮守義
奠境安民庶幾彰朕無外之仁以永保爾有終之

譽王遣王舅馬良弼入謝偕陪臣子鄭迵等三人就學命送南監給衣糧如例

九年王遣正議大夫梁燦入貢

十一年王遣使梁灼入貢

十五年王遣正議大夫鄭禮謝恩別遣使貢方物

明年王卒

十九年尚圓嫡孫尚寧遣使鄭禮入貢言國方多事未暇請封部咨該國世子宜速請襲爵鎮壓國人毋以地方多事爲辭

二十三年國人哈那等船飄温州浙江巡撫劉元霖以聞神宗命優恤遣還

二十七年寧遣使鄭道等入謝請封部議不必遣官但取具該國王舅法司等官印結與世子奏本到郎頒封神宗命選廉勇武臣一員同往

二十九年命兵科給事中洪瞻祖行人司行人王士禎充正副使往禮部右侍郎署尚書事朱國祚言琉球國僻處東南世修職貢時當承襲屢遣倭警延道至今既經世子尚寧奏請相應准封其該用皮弁冠服紵絲等項宜照例應付遣官已奉明旨但據其陳乞情詞援引會典必以文臣爲請惟聖明裁定得旨如請時浙江巡撫劉元霖報獲海船係琉球國差探封貢聲息其中類倭數人衣笠刀仗皆倭物會同館譯問長史蔡奎奎不能辨神宗命待該國質審同奏再遣瞻祖等往已而瞻祖以憂去以兵科右給事中夏子陽代之

三十二年寧遣王舅毛繼祖等入賀冊立東宮并謝賜還本國漂流人口各賜衣服帽襪

三十三年神宗命夏子陽等作速渡海以彰大信仍傳諭彼國以後領封海上著爲定規先是二十三年琉球使臣於霸等爲世子請封撫臣許孚遠以倭氛未息議遣使齎勅至福建聽來使面領或遣慣海武

臣同彼國使臣往得旨待世子表請然後如議頒封迨二十八年請封表至則有用武臣之旨二十九年世子再疏乞差文臣始改後命於是夏子陽等方賫勅入閩而巡按方元彥以濱海多事警報頻仍借撫臣徐學聚請仍遣武臣前往子陽等具言屬國言不可爽使臣義當有終乞堅成命以慰遠人俱未報而禮部侍郎李廷機言宜斷行領封初旨并武臣之遣而罷之於是御史錢桓給事中蕭道高各具疏力言其不可且云此議當在欽命未遣之先不當在冊使既行之後宜行該撫速造海船勿悞今年渡海之期俟事竣復命然後定爲畫一之規先之以文告令其領封海上永爲遵守從之子陽等齎詔敕至國詔曰朕躬膺天命誕受多方爰暨海隅罔不率俾聲教所訖慶賚惟同爾琉球國僻處東南世修職貢自我皇祖稱爲禮義之

邦國王尚永祗襲王封恪遵侯度倏焉薨逝良惻朕心其世子寧賢足長人才能馭衆間關請命恭順有加念其國統攸歸人心胥屬宜膺寵渥用我籓籬特遣正使兵科右給事中夏子陽副使行人司行人王士禎齎詔往封爲琉球國中山王仍賜以皮弁冠服等物凡國中官僚耆舊尚其殫忠輔導協力匡襄堅事上之小心肇承先之大業永綏海國共享昇平惟爾君臣亦世世永孚于休又敕王曰惟爾上世以來建邦海外代膺封爵長固藩

維爾父永恪守王章小心祗畏忠誠茂著稱我優嘉遽至長終良深悼惻爾爲冢嗣無忝象賢旣允羣情宜崇位號玆特遣正使兵科右給事中夏子陽副使行人司行人王士禎齎敕諭封爾爲琉球國中山王幷賜爾及妃冠服綵幣等物爾宜益虔侯度克紹先猷保乂人民奠安境土庶幾恢朕有截之化抑亦貽爾無疆之休

三十四年子陽等事竣復命陞子陽爲太常寺少卿士禎爲光祿寺丞王遣王舅毛鳳儀正議大夫阮國入謝鳳儀等齎子陽等所辭金上於朝神宗命來使齎回王附奏洪永間賜閩人三十六姓知書者授大夫長史以爲朝貢之司習海者授通事總爲指南之備今世久人湮文字音語海路更針常至違錯乞依往例更賜禮部覆之

三十六年王遣使鄭子孝等十三人入貢宴賚如例

三十八年王遣王舅毛鳳儀長史金應魁急報倭警致緩貢期巡撫陳子貞以聞

四十年浙江總兵官楊崇業奏報倭情言探得日本以三千人入琉球國執中山王遷其宗器宜敕

海上嚴加訓練而兵部疏言倭入琉球獲中山王則三十七年三月事也時福建巡撫丁繼嗣奏琉球國使柏壽陳華等執本國咨本言王已歸國特遣修貢臣竊見琉球列在藩屬固已有年但爾來奄奄不振被拘日本卽令縱歸其不足爲國明矣況在人股掌之上保無陰陽其間且今來船方抵海壇突然登陸又聞已入泉境忽爾揚帆出海去來倏忽迹大可疑今又非入貢年分據云以歸國報聞海外遼絕歸與不歸誰則知之使此情果眞而貢之入境有常體何以不服盤驗不先報知而突入會城貢之尚方有常物何以突增日本物於硫磺馬布之外貢之齎進有常額何以人伴多至百餘名此其情態已非平日恭順之意況又有倭爲之驅哉但彼所執有辭不應驟阻以啓疑貳之心宜留正使及人伴數名候題請處分餘衆量給廩食遣還本國非常貢之物一併給付帶回始足以壯天朝之威正天朝之

體章下禮部覆如撫臣言

四十四年王遣通事蔡廛來言邇聞倭寇造戰船五百餘隻欲協取鷄籠山恐其馳突中國爲害閩海故特移咨奏報福建巡撫黃承立以聞

天啟元年頒登極詔於福建布政司轉命衛指揮蕭崇基齎詔之國

三年尚豐遣使蔡堅等貢硫磺馬匹請封尚豐尚元第三子尚久之子元之孫也先是定期二年一貢萬歷間國被倭難詔停貢已十年王是以爲言部議本國休養未久暫擬五年一貢待冊封後另議

五年豐遣使入謝并乞封典

六年豐遣使入貢

七年豐遣正議大夫蔡延等入貢宴賚如例

崇禎二年豐遣使入貢再申前請禮官何如寵以履險糜費請令陪臣領封不從命戶科左給事中杜三策行人司司正楊掄充正副使齎詔及儀物往封尚豐爲王

六年三策等始至國王遣使入謝

九年王遣使入貢宴賚如例

十二年王遣使蔡堅等入貢明年王卒

十七年尚豐第三子尚賢遣使金應元入貢請封會中朝道阻不得歸

大清順治三年福建平尚賢請封使者與通事謝必振等至江寧投經略臣洪承疇轉送入京禮部言前朝敕印未繳未便授封遣通事往諭

六年尚賢弟尚質自稱世子遣本國通事周國盛齎表歸誠隨通事入朝

七年質遣王舅阿榜琨正議大夫蔡錦等奉貢入

賀船漂沒未達

八年

世祖章皇帝命來使周國盛齎

敕歸諭世子

十年世子遣王舅馬宗毅正議大夫蔡祚隆等貢方物繳前朝敕印請封備言其國王沒敕印隨葬惟尚寧未葬故印以寧敕繳

十一年又遣官進貢請封賜國王蟒緞二綵緞六藍緞二素緞二閃緞二錦三綢四羅四紗四賜王

妃綵緞四閃緞一藍緞二素緞三錦二羅四紗四
賞王舅綵緞表裏各四正議大夫綵緞表裏各三
藍緞一綢二羅二使者綵緞表裏各二藍緞一綢
一紗一羅一通事從人紗緞綢布銀兩各有差遣
兵科愛惜喇庫哈番張學禮爲正使行人司行人
王垓爲副使賫詔書一道鍍金銀印一顆令二年
一貢進貢人數不得過一百五十人許正副使二
員從人十五名入京餘俱留邊聽賞學禮等疏請
十事部議賜一品麒麟服於欽天監選取天文生

一人南方自擇醫生二人賜儀仗給驛護送外給
從人口糧至福建修造海船選將弁二兵二百人
隨往因海氛未靖還京未行
聖祖仁皇帝御極念遠人延佇日久譴責學禮等卒遣行
康熙二年至國
詔仍順治十一年所頒
敕則康熙元年也
三年王遣陪臣吳國用金正春奉表謝封進貢且
疏言捧讀

敕諭因臣使物故甚多滯閩日久將正副使幷督撫諸臣
處治但中外均屬臣子臣躬承天庥不能少爲諸
臣之報而反重爲諸臣之累臣何人斯豈能宴然
清夜
聖祖命還學禮等原職賜國王蟒緞二綵緞四藍緞二素
緞二閃緞二錦二綢二羅二紗二賞王舅綵緞表
裏各四羅四綵緞三靴一雙紫金大夫綵緞表裏
各四羅三靴一雙使者綵緞表裏各二折鈔布四
通事從人緞布有差

王又另疏進學禮等所辭宴金正使一百兩副使
九十兩請令二臣收受部議不可奉
旨這琉球國所與宴金仍著使臣收受
四年王遣使進香幷賀
登極進貢其貢物有在梅花港口遭風漂溺者奉
旨免其補進
五年補進貢物
聖祖命發回又令應進瑪瑙烏木降香木香象牙錫速香
丁香檀香黃熟香等十件不係土產免其進貢其

硫磺留福建督撫收貯餘所貢方物令督撫差人
解送其來使不必齎送到京卽給賞遣回
六年令貢使仍賫表入覲明年王卒
八年尚質世子尚貞遣使入貢於常貢外加進紅
銅及黑漆嵌螺茶碗照例給賜惟正使不係王舅
與副使正議大夫賞同
十年進貢於常貢外加進鬃烟番紙蕉布其被風
飄失貢物免其查議
十三年進貢於常貢外加進紅銅及火爐絲烟

十八年補進十七年貢除赴京存留官伴外其餘
員役令先乘原船歸國
十九年世子遣使進貢
聖祖諭琉球國進貢方物止令貢硫磺海螺殼紅銅其餘
不必進貢貢物舊有金銀罐金銀粉匣金銀酒海泥金綵畫圍屏泥金扇泥銀扇畫扇蕉布苧布紅花胡椒蘇木腰刀大刀鎗盔甲馬鞍絲綿螺盤後俱免進外有加貢物無定額熟硫磺一萬二千六百觔海螺殼三千箇紅銅三千觔
二十年世子遣使入貢
聖祖以貞恪共藩職當耿精忠叛亂之際屢獻方物恭順
可嘉
賜敕褒諭仍賜錦幣五十又於常貢內免其貢馬著爲例
二十一年世子遣耳目官毛見龍正議大夫梁邦
翰上言先王尚質於康熙七年告薨貞嫡嗣使襲
爵具通國結狀請封禮部議航海道遠應令貢使
領封見龍等固請部議執不可
聖祖特允之遣翰林院檢討汪楫內閣中書舍人林麟焻
爲正副使楫等疏陳七事一請頒
御筆一請照例

諭祭海神一渡海之期不必專候貢使一請帶修船官匠
一同渡海一請給關防以稽詐冒一請增兵護行
以壯國威一請預支俸銀爲辦裝貲禮部盡議不
行仍令會同戶兵工三部再議奏上
聖祖大書中山世土四字賜王特許帶修船匠役隨行製
祭文二道祈報海神幷給俸二年以往
二十二年楫等至閩時方治兵攻臺灣遂不候造
船徑取戰艦渡海六月楫等至國
諭祭故王尚質

冊封尚貞爲王王遣法司王舅毛國珍紫金大夫王明佐
等謝封楫等回京復爲題請遠人向化請賜就學
禮部議覆准行王又另疏進楫等所辭宴金一百
九十二兩請令二臣收受部議不可奉
旨這琉球國所與宴金仍著使臣收受
二十三年八月奉
聖祖諭汪楫等奉使琉球往回甚速黽勉盡職可嘉著吏
部議敘具奏
二十五年王遣官生梁成楫蔡文溥阮維新鄭秉

均等四人入太學附貢使耳目官魏應伯正議大
夫曾蘷船桅折傷秉均飄至太平山修船
二十七年貢使到京於正貢外加屏風紙二千張
嫩蕉布五十匹
聖祖令成楫等三人照都通事例日廩甚優四季賜袍褂
衫褲靴帽被褥俱備從人皆有賜又月給紙筆墨
硃銀一兩五錢特設教習一人又令博士一員督
課
三十年王遣貢使耳目官溫允傑正議大夫金元

達到京請官生歸國賜宴各給賞雲緞綢布等乘
傳厚給遣歸（以後貢使例遣耳目官一員爲正議大夫一員爲副後不具書官名他官則書）
三十二年王遣馬廷器王可發等入貢宴賚有差
三十四年王遣翁敬德蔡應瑞入貢
三十六年王遣毛天相鄭弘良入貢
三十八年王遣毛龍圖梁邦基入貢
四十年王遣毛得範鄭職良入貢得範至杭州病
卒

四十二年王遣毛興龍蔡應祥入貢
四十四年王遣溫開榮蔡肇功入貢
四十六年王遣馬元勳程順則入貢
四十八年王遣向英毛文哲入貢國中多災宮殿
盡燬颶頻作人畜多死草木皆枯是年王卒
四十九年尚貞世子尚純子尚益以嫡孫嗣立
五十年益遣孟命時阮維新入貢
五十一年尚益卒未及請封
五十二年尚益世子尚敬嗣立遣毛九經蔡灼入

貢灼至福州病卒
五十四年敬遣馬獻功阮璋入貢
五十六年敬遣夏執中蔡温入貢且告曾祖尚貞
與其父尚益之喪請封
五十七年遣翰林院檢討海寶編修徐葆光充正
副使往
五十八年又遣向秉乾楊聯桂入貢聯桂至通州
病卒六月海寶等至國
諭祭故王尚貞尚益

冊封尚敬爲王
五十九年海寶等自琉球回代請官生入學并請
給天妃春秋祀典禮部議俱准行王遣王舅向龍
翼紫金大夫程順則入貢并謝封貢金鶴盔甲馬
鞍等物宴賚有差徐錄金鶴二鍍座全盔甲一副護手護臁全金靶鞘腰刀二銀靶鞘腰刀二黑漆靶鞘鍍金銅結束腰刀二十黑膝靶鞘鍍金銅結束衮刀十黑漆灑金馬鞍一轡鑑全金絲畫圍屏四扇五百土綿二百紋蕉布二百土苧布一百白銅錫五百觔紅銅五百觔以上皆謝封貢物舊例有胡椒今缺以鋼錫代之其常年貢物止白錫一千斤紅銅三千斤硫磺一萬二千八百斤硫磺納藩庫貢使賚銅錫至京前明於福州特設市舶提舉一員專理琉球貢事以內官

領之本朝省并其事於本府海防同知今貢使猶稱之曰提舉云
王又另疏進海寶等所辭宴金一百九十二
兩請令二臣收受部議不可奉
旨宴金仍著使臣照舊例收受
六十年王遣毛廷輔梁得宗入貢
聖祖諭將琉球國王照安南國王於常賞緞匹數目外增
添緞匹加賞交來使賚回賜王其正副使通事人
等各加賞緞匹有差
六十一年王遣毛弘健陳其湘入貢附遣官生四

人入監至閩洋觸礁俱溺死
雍正元年王遣王舅翁國柱及曾信入貢復遣官
生鄭秉哲等四人入監路卒一人
二年
世宗憲皇帝召見王舅翁國柱於
乾清宮
御書匾額輯瑞球陽四字賜王及玉緞等物交與翁國柱
齎回仍賞國柱銀幣法瑯爐鉼盒一分白玉盒一對漢玉玦一件白玉鎮紙二件三喜玉盃一件青玉爐一件白玉提梁罐一件漢玉螭虎筆洗一件青玉三喜花插一件白玻璃

大碗四白玻璃盖碗六磁胎燒金法瑯有蓋靶碗六青花白地龍鳳蓋碗十二青花白地龍鳳蓋鍾十藍磁碟十二霽紅碟十二霽紅碗十填白八寸盤十二綠龍六寸盤二十青花如意五寸盤二十青團龍大碗十二五彩宮碗十四綠地紫雲茶碗十紫檀木盒綠端硯一方棕根盒綠端硯一方上用緞二十匹賞王舅翁國柱銀一百兩上用緞八匹鄭病故官生蔡宏訓銀三百兩留一百兩修理墳塋其二百兩著翁國柱帶回交宏訓之母養贍王遣毛

健元蔡淵入貢

三年王遣紫巾官向得功及鄭士絢入貢

四年

召見紫巾官向得功於

乾清宮賜王玉緞等物交得功賫回仍賞得功銀幣內造緞二十四玉方鼎一件玉夔龍水注一件漢玉方壺一件玉五老雙壽杯一件玉異獸花插一件玉荷葉盤一件玉龍鳳方盒一件玉蟠虎雙壽碗一件玉雲喜卮一件玉磬一架白玻璃碗四藍玻璃盖碗六青龍紅水七寸盤十二霽紅白魚七寸盤二十青花如意五寸盤二十綠地紫雲茶碗十青龍暗水大宮碗十二五綵蟠桃宮碗十四霽紅盤十二霽紅盖碗十霽藍盤十二紅龍高足有盖茶碗六青花龍鳳盖碗十二青花龍鳳盖鍾十法瑯爐餅盒一分紫檀木盒綠端硯一方杏木盒綠端硯一方賞紫巾官向得功內造緞八匹銀一百兩王遣毛汝龍鄭廷極入貢并進謝

恩禮物

世宗命將進到四年貢物存留准作六年正貢其六年應進表文仍令照例遣使赴京恭進嗣因汝龍等呈請表文方物一併來京部議不許仍令將六年表文俟八年正貢時一併恭進遣官生鄭秉哲鄭謙等歸國

六年王遣毛鴻基鄭秉彝入貢

八年王遣王舅向克濟及蔡文河入貢

九年禮部議琉球國王奏進貢方物請遵依舊典二年一貢不敢愆斯應如所請奉

諭旨朕因琉球地處重洋之外奉表修貢遠涉風濤深爲軫念曾經降旨將雍正八年貢物准作十年正貢今該國王奏請按期入貢情詞懇切具見誠悃知道了著仍遵前旨若十年貢物已經遣使起程即准作十二年正貢十一年不必遣使前來將此行文該國王知之

十年賞王舅向克濟玉磁器物黃玻璃餅一對紅玻璃餅一件綠玻璃餅一件白玉筆擱一件白玉雙龍觥一件漢玉雙喜杯一件紅瑪瑙水盛一件牛油石福壽盒一件銅法瑯花餅一件銅法瑯茶盤一件瓊石荷葉觥一件青綠鼎一件綵漆小圓盤八件哥窯四繫

花囊一件藍磁瓶一件霽紅瓶二件霽青膽瓶一件哥窯瓶一件官窯雙管瓶一件塡白雙圓瓶二件粉紅磁小餅一件青花磁桃式盒一件五彩套盃一副正彩酒鍾四件洋紅酒鍾四件王遣

溫思明鄭儀入貢

乾隆元年王遣毛光潤鄭國柱入貢光潤至福建

病卒

二年王遣王舅向啟猷及金震入貢

三年王遣向維豪蔡墉入貢

四年

皇上以王遣使慶賀忠藎可嘉降敕獎諭并

御書匾額永祚瀛壖四字賜王及文綺等物

五年王遣王舅翁鴻業及蔡其棟入貢幷進謝

恩禮物其棟至福州病卒

六年禮部議琉球國謝

恩禮物照雍正四年之例存留准作二年一次正貢奉

旨依議

七年王遣毛文和蔡用弼入貢

九年禮部議將琉球國進到禮物存留准作九年

正貢其九年應進表文仍令照例遣使赴京恭進

奉

旨依議

十一年王遣毛允仁梁珍入貢

十三年王遣向永成鄭秉哲入貢

十五年王遣毛元烈阮爲標入貢元烈至福建病

卒又遣都通事阮超羣等送回十四年內地被風

失舟吳永盛等四船九十二名其林士興等六船

一百三十名因船身堅固先巳撥給桅木篷餼資

送回籍閩浙總督喀爾吉善巡撫潘思榘以聞奉

旨賜國王蟒緞二匹閃緞二匹錦二匹綵緞四匹素緞

四匹以示嘉獎其伴送之都通事阮超羣東觀旭

等亦著該督撫優加獎賚有差

十六年福撫潘思榘奏琉球國使臣毛如苞等二

號貢船一隻在洋遭風飄回本島修葺補進并將

閩縣遭風船戶蔣長興等常熟縣商民瞿長順等

三十九人留養兩年隨船護送來閩奏

旨於常例外賜國王蟒緞二匹閃緞二匹錦二匹綵緞

四匹素緞四匹以示優獎其在船官伴人等亦著

該撫分別賞賚有差是年王卒世子尚穆遣陪臣
鄭國貞告哀署福建巡撫新柱以聞
十七年世子穆遣向邦鼎楊大壯入貢
十九年世子穆遣毛元翼蔡宏謨入貢兼請襲封
疏云琉球國中山王世子臣尚穆謹
奏爲瀝懇循例
封襲以光世土以效忠勤事竊以僻國蕞爾彈丸眇茲
尺土沐
天朝深仁厚澤有加無已臣元祖尚質於順治十一年

荷蒙
天恩頒給王爵印篆爲中山王永奠海邦臣高祖尚貞於
康熙二十一年恭沐
詔敕冊封臣曾祖純祖益未及請封早巳辭世臣父敬於
康熙五十七年叨蒙
冊封爲中山王嗣爵以來夙夜惟寅矢勤矢慎虔輸忠誠
恪恭匪懈於乾隆十六年正月二十九日薨逝念
臣小子穆恭循典例以嫡繼統謹遣陪臣耳目官
毛元翼正議大夫蔡宏謨等虔齎奏請伏乞

聖恩體循臣父事例差選天使按臨蛟島俾臣穆拜
綸音於海表永守藩疆膺
詔命於波匯代供貢職則頂祝
皇恩浩蕩世世不朽矣伏祈
睿鑒敕部施行臣穆不勝惶悚待命之至謹具
奏以
聞
球琉國中山王世子臣尚穆誠惶誠恐稽首頓首
謹奏

表上言伏以
玉版恢圖煥規模於舊制
寶綸沛澤隆體統於藩臣
率土莫不尊親衆星拱北
普天咸稱神聖諸水朝宗歡洽臣民慶騰宇宙恭惟
皇帝陛下
覆育同天
光華匝地
躬桓蒲穀悉歸王會之圖

侯甸要荒盡入職方之府臣穆世沐
帝澤代守海藩胙土分茅自古之帝王大典請
封襲爵今日之臣子微忱謹遣陪臣毛元翼蔡宏謨等
仰請
綸音望
龍墀而悚慄叩希
天眷瞻
鳳詔以逵頒伏願
至德彌崇

覃恩愈廣
制儀制禮因舊典以廣新恩
教孝教忠由內臣而及外吏將見川岳效靈九有覲
昭光之盛江河獻瑞萬方沾熙皞之隆矣臣穆無
任瞻
天仰
聖激切屏營之至謹奉
表恭
進以
聞
乾隆十九年十月二十二日琉球國中山王世子
臣尚穆謹上表
二十年五月初七日遣翰林院侍講全魁編修周
煌充正副使往封
二十一年七月初八日臣魁臣煌至國先行
諭祭故國王尚敬以八月二十一日宣讀
詔敕冊封尚穆爲琉球國中山王是年王遣向全才阮
超羣入貢

二十二年正月臣魁臣煌自琉球還代請官生入
國子監讀書并陳
天威遠播神應彌昭請加天后封號別頒諭祭文二道
事下禮部部議俱准行王遣王舅法司官馬宣哲
紫金大夫鄭秉哲入貢奉表恭謝
天恩貢金鶴盔甲馬鞍等物宴賚有差

琉球國志略卷三

琉球國志略卷四上

翰林院侍講臣周煌恭輯

輿地 建置 疆域 形勝 城池 砲臺附

淮南子謂八埏之外有八極裨海之外復有大瀛海環之其言廓落不足徵信固然矣顧乾坤定位覆載難名指實固屬臆說據理則甚尋常昔人多謂琉球北有落漈之患漈卽尾閭臺灣淡水外亦然據此則琉球以東別無地矣何以尚有鳥語鬼形之毘舍那國蠕蠕於琉球東隅烟霧間耶是弱

水之外更有洲嶠扶桑以後猶多島嶼誠不容以蛙蠡之見槩之也

國家膺圖御宇聲教暨訖幅幀周廣列在職方者不勝億計琉球最處萬里外視版圖所繪僅如毛髮比獨能尊事

天朝世世滋益恭因是以仰賴

皇威永保厥土鄰境讋伏一視中華蒲穀之班瀕海安恬無復曩時鴟蛘之擾臣於使竣輒按方輿得其道里遠近之數與其村縣統轄之詳而形勢要害以次附錄務期異同有考今古殊觀庶蜃穴鮫區燦然如指上螺紋爰以備

史宬採輯之萬一志輿地

建置

流虬隋使羽騎尉朱寬至國於萬濤間見地形如虬龍浮水中始曰流虬 中山世鑑

流求國居海島之中當建安郡東水行五日而至土多山洞其王姓歡斯名渴剌兜不知其由來有國代數也 隋書

流鬼 見新唐書

宋景定五年西北諸島始來貢咸淳二年丙寅北夷大島來朝自後每年來貢 中山世鑑

瑠求在漳泉福州界與澎湖諸島相對西南北岸皆水 元史 粵志亦作瑠求

元延祐元年國王玉城嗣位世衰政廢內爲色荒外爲禽荒諸按司不朝國分爲三大里按司據佐敷知念玉城具志頭東風平島尻喜屋武摩文仁眞壁兼城豐見城十一國稱山南王今歸仁按司

據羽地名護國頭金武伊江大宜味恩納七國稱山北王中山惟有首里王城那霸泊浦添北谷中城越來讀谷山具志川勝連首里三平（西平南平眞地平）等數國（中山世鑑）

明洪武十六年命內使監丞梁民同奉御路謙賫符賜王鍍金銀印一十八年補給山南王山北王駝紐鍍金銀印各一（明史實錄）

洪武二十三年庚午南夷宮古島八重山島始來貢其後每年來貢（中山世鑑）

永樂二十一年癸卯秋尚巴志遣使奏曰我琉球國分爲三者百有餘年臣巴志爲此發兵山南山北今歸太平伏願陛下聖鑒不違舊規給臣襲封（中山世鑑）自後國雖合一仍稱中山王

國朝順治八年

世祖章皇帝遣使封尚質爲中山王賜印一顆印文止稱琉球國王詔勅文稱琉球國中山王如故

疆域

琉球國國都元延祐間分爲三宣德時并爲一國分爲三省中山爲中頭省屬府十四山南爲島尻（一作尻）省屬府十二山北爲國頭省屬府九（府土名間切）府所屬曰村頭（土名母剌）地形東西狹其寬處可有數十里南北長四百四十里自中山首里南至喜屋武邊海緊行一日半北至國頭邊海緊行三日半

臣按汪楫錄云幅員周迴可五六千里東西長南北劣非惟國都失實卽以屬島準之亦非是

進貢由福建海道來以冬至自姑米山起五十更（六十里爲一更計三千里）間以夏至至姑米山止四十更（二千四百里）姑米至國都四百八十里徑直海面西距福建

布政司一千七百里距京師七千八百三十二里

國人至今自呼琉球地曰屋其惹

臣按屋其惹徐葆光錄謂其舊土名非也細考之乃土音如此令之作書則仍是琉球兩字耳

轄三十六島東四島西三島西北五島東北八島南七島西南九島水程南北三千里東西六百里遠近環列語言惟姑米葉壁與中山爲近餘皆不相通擇能中山語者給黃帽爲酋長又遣黃帽官

涖治之主聽訟徵賦名奉行官亦名監撫使歲易

人土人稱之曰親雲上（讀如牌金蓋三字兩音也）太平山大島

八重山各三員馬齒山二員小島各一員惟巴麻

（國音讀間字同麻華言山也）伊計椅山硫磺山四島不設

中山省（首里泊久米那霸不入間切眞和志以下共十四間切）

首里王宮所在不稱間切屬村縣二十一　崎山

（在王宮東）金城（在王宮西南）　內金城　新橋（在王宮東北）　赤平（在王

宮北）儀保（在朱平村北）　西儀保　末吉（在王宮北）　山川　新川

殿川　寒川　大中　鳥堀　汀白次　赤田

姑場川　桃原　當藏　眞和地　立岸

泊（土音土馬爺一字三音在首里西五里）屬村縣二　東境　西境

那霸（在首里西十里）屬村縣六　東縣　西縣　泉崎

若狹町　辻山（辻音失汁一字兩音）渡地

久米（粂字土音苦念搭一字三音今訛為久米在那霸東）屬村縣四　東門

村　西門村　北門村　南門村（亦名大門村舊有普門寺又名

普門地皆洪武中賜閩人三十六姓居之不他徙故名唐營亦稱營中後改唐榮以村中貴者爲總

理唐榮司）

眞和志（在首里西五里）屬村縣十二　識名　國場　牧

志　天久　松川　與儀　龜田　安里　湊川

古波藏　仲井間　上間

南風原（在首里南七里）屬村縣七　宮平　津嘉山（舊有玉那

霸今并入）內嶺　本部　喜屋武（讀如腔三字一音）神里　平

川

東風平（在首里南二十五里地在山南省界中）屬村縣九　東風平

富盛　志多伯　世名城　友寄　高良　山

川（首里同名）宜壽次　當銘

西原（在首里東七里）屬村縣十六　幸地　小橋川　安

室　桃原（首里同名）我謝　翁長　平郞　小那霸

棚原　末吉（首里同名）石嶺　嘉手刈　小波津　與

那城（與那城府同名）內間　吳屋

浦添（在首里東三十里）屬村縣十一　浦添　伊祖　牧

港　安波茶　澤岻　屋富祖　城間　西原（西原

府同名）內間（西原同名）勢理客　前田

宜野灣（在首里東三十里）屬村縣十二　宜野灣　謝名

普天間　新城　具志川（具志川府同名）城田　嘉數

安仁屋　伊佐　喜友名　野嵩　我如古

中城（在首里東四十里）屬村縣十九　中城　姑場　熱田　當間　島袋　粤間　和宇慶　屋宜　津灞　安谷屋　伊集　渡口　喜舍場　添石　瑞慶覽　新垣　安里（眞和志同名）中順　比嘉

北谷（亦稱北溪在首里北四十里此府多稻田）屬村縣十二　北谷　濱川　砂邊　野國　野里　玉代勢　屋良　桑江　嘉手納　平安山　伊禮　前城

讀谷山（在首里東六十里）屬村縣十二　讀谷山（亦稱喜味）座　高志保　喜名　宜間　渡具知　大灣　伊良

皆　渡慶次　波平　長濱　瀨名覇　根波

勝連（在首里東北六十里）屬村縣十　勝連　神谷　比嘉（中城同名）平敷屋　平安名　內間（浦添同名）新垣（中城同名）龜島　濱村　南原

與那城（在首里東北五十里）屬村縣六　仲田　平安座　安勢里　上原　池宮城　伊計

越來（在首里北五十里）屬村縣十　越來（尚圓王弟宣威采地代尚圓立六月讓位圓子尚眞退老於此今其子孫世爲此村領主）照屋　安慶田　湖屋　上地　諸見里　山內　宇慶田　大古廻

中宗根

美里（在首里北六十里）屬村縣十八　嵩原　高原　恩納（亦稱東恩納以別北山之恩納）石川　古謝　伊波　野原　松本　田里　楚南　比屋根　與儀（眞和志同名）宮里　知花　池原　嘉手苅　登川　山城

具志川（在首里東六十里）屬村縣十五　安里（眞和志同名）上江洲　宇堅　祝嶺　中嶺　天願　高江洲　田場　田崎　安慶名　江洲　大田　榮野比　川崎　兼嘉段

山南省（屬間切十二）

大里（在首里南二十里）屬村縣十七　與那原　與古田　湧稻國　板良敷　仲程　與那霸　稻福　上與那原　大城　宮城　古堅　目取眞　島袋（中城同名）南風原（南風原府同名）高宮城　眞境名　當眞

玉城（在首里南四十里）屬村縣十一　玉城　中村渠　富里　絲數　垣花　富名腰　前川　當山　和名　奧武　志堅原

豐見城（在首里南十五里有山南王弟故城國中祈雨例在此）屬村縣十七

豐見城　饒波　長堂　翁長西原同名　眞玉橋
盛島　與平　高嶺　儀保首里同名亦稱宜保　我那覇
波嘉敷　高安　伊良波　名嘉地　田頭　保
榮茂　嘉數宜野灣同名
小祿在首里南二十里　屬村縣十一　小祿　上原　當
間中城同名　琞宮城土音琞爲五十宮爲誠城爲五十姑三字六音　大嶺　儀
間　湖城　具志　多加良　安次嶺　赤嶺
兼城亦曰金城在首里西南三十里　屬村縣十　兼城　座波
照屋越來同名　嘉數宜野灣豐見城同名　波平　武富　安波根

絲滿在海邊石甚奇　村　湖平　志茂田
高嶺土名多嘉嶺在首里西南三十里　屬村縣五　大城大里同名　眞
榮里　國吉　與座　屋姑
佐敷亦稱佐鋪在首里南二十里　屬村縣八　佐敷　新里
屋比久　手登根　外間　津波古　與那嶺
小谷
知念在首里南三十里　屬村縣十　知念　敷名　久手
堅　山口　鉢嶺　久高　外間佐敷同名　知名　安
座眞　下敷屋

具志頭在首里南三十里　屬村縣六　具志頭　波名城
中座　喜納　新城宜野灣同名　與座高嶺同名
麻文仁麻亦作摩在首里南四十里　屬村縣五　麻文仁　米
次　石原　松嶺　小渡
眞壁在首里南四十里　屬村縣八　眞壁　田島　眞榮
平　絲洲　宇榮城　古波藏眞和志同名　新垣中城勝連
同名　名城
喜屋武在首里南四十里爲國中極南沿海邊上　屬村縣五　喜屋武
南風原同名　上里　福地　山城美里同名　東邊名

山北省屬間切九
金武在首里東北九十里　屬村縣五　金武　宜野座　與
松　漢那　祖慶
恩納在首里北一百里　屬村縣九　恩納　安富祖　名
喜眞　山田　眞榮田　仲泊　古良波　谷茶
富津喜
名護在首里北一百五十里　屬村縣九　名護　屋部　世
富慶　安和　喜瀨　幸喜　松堂　許田　宮
里美里同名

久志在首里東北一百五十里屬村縣十一　久志　松田
邊野古　嘉陽　宜作次　瀨嵩　汀間　松濱
田榮良　川田　宇富良
羽地在首里北一百七十里屬村縣六　池城　屋嘉　伊
指川　眞喜屋　源河　謝敷
今歸仁在首里北二百里屬村縣十二　今歸仁　親泊
謝名宜野灣同名　中城中城府同名　運天亦稱運天　上崎山首里
同名　玉城玉城府同名　平敷　仲宗根　與我　天底林木
最茂不見天日　我部

本部在首里北三百里南風原同名屬村縣七　伊野波　浦崎
渡久知　崎濱　瀨底　伊豆味　謝花
大宜味在首里東北三百里屬村縣五　屋嘉比　喜如嘉
田湊　根路銘　津波
國頭在首里東北三百十里屬村縣四　國頭　邊士名
伊地　宇郎
東四島
姑達佳譯爲久高在國東一百四十五里夏錄作孔達佳山多螺石海松產赤秔米黃小米
海帶龍蝦佳蘇魚五魯魚

津奇奴譯爲津堅在國東三十五里產海松
巴麻譯爲濱島南北二島在國東三十五里
伊計譯爲池島在國東三十五里四島語言頗相近
西三島
東馬齒山在國西一百三十里大小五島夏錄云俗呼溪頼米產牛馬粟布文貝螺怪石
屬間切一　渡嘉敷豐見城同名
西馬齒山大小四島屬間切一　座間味地極磽瘠人多黑色善泅
水久久乃出產海松魚螺鹿　別有姑巴汎麻山近姑米山無人居產鹿
姑米山譯曰久米島在國西四百八十里產五穀土綿繭紬白紙蠟燭螺魚雞豚牛馬出福

州至國必針取此山爲準　屬間切二　安河　具志川　仲里或作
金城名地二間切
西北五島
度那奇譯曰渡名喜島近姑米山多牛
安根呢一作阿姑尼譯曰粟國島又爲安護仁與度那奇俱近姑米山語言亦相類產鐵樹
比他處良多豕
椅山亦曰椅世麻亦曰伊江島在中山北山之間四面黃沙潮漲隔半里許水退可徒涉至山
上有稻田民頗富饒
葉壁山土名伊平屋島在國西北三百里夏錄云俗呼雨臣馬產米五穀棉花蕉絲海蔘毛

魚

硫磺山一名黑鳥多鳥又名鳥島在國西北三百五十里與姑米山相對不生草木置採硫磺戸數十家歲運米廩食之統以二酋長泊府官遙領之其人目爲硫氣薰灼皆如羊不精明相

近有灰堆山尤家埠移山與

東北八島國人皆曰烏父世麻過此爲土噶喇七島土噶喇亦作度加剌

由論在國東北五百里產芭蕉果木

永良部訛爲伊闌埠在國東北五百五十里有溫鎮

度姑譯曰德島土音讀德字爲度姑二音在國東北六百里

由呂一作由路在度姑東北三十八里

烏奇奴又曰浮野在度姑東北四十里

佳奇呂麻呂一作路又作加喜呂麻在國東北七百七十一里

大島土名烏父世麻在國東北八百里水行三日可達其島長一百三十里自稱小琉球分七間切有西間切東間切笠利名瀨屋喜住用古見等分屬二百餘村大酋長十二員小酋長一百六十餘員領之有四書五經唐詩等書產米粟麥豆薯木棉芭蕉㯶桑竹櫨羅漢松雜畜禽鳥多有海鮮有草鱣魚海爪蠳類小似爪子果有楮子燒酒米肌黑糖蘇鐵皆有之

奇界亦名鬼界在國東北九百里人多黑產櫻木

臣按汪楫錄七島者口島中島諏訪瀨島惡石島

臥蛇島平島寶島也人不滿萬惟寶島較大國人

統呼之曰土噶喇或曰卽倭也然國人甚諱之殊

不知有日本者臣閒覽其國所置經書悉係日本

所刻仍用漢文旁印鈎挑字母且有寶歷永祿元

和寬永天和貞亨元祿諸名色又皆日本僭號則

與日本素相往來明矣一說七島本國屬尚寧王

被襲割地與之王乃歸卽七島也今非所屬故不

詳前使臣汪楫至時適七島人在其國欲仰覲天

朝使者因得一見至問之則書手版曰琉球國屬

地是未免國人誑之耳汪又云北山寂無人來或

云倭常執王割地乃得返卽北山實則非也

南七島國人皆曰太平山

太平山始爲宮古後爲迷姑今爲麻姑在國南二千里夏錄云俗呼苗恭用艮寅針至中山福州自東湧開洋至釣魚臺北風用單卯並乙辰針可達周圍五六十里頗富饒每年五月歸貢稅於中山

臣按汪楫錄云太平山去國甚近豈二千里可云

近耶殆未之詳考也

伊奇麻譯曰伊喜間一作伊計間在太平山東南

伊良保一作惠良部在太平山西南

姑李麻譯曰古裏閩一作來麻土名來曰姑李在太平山正西

達喇麻一作太良末在太平山正西

面那一作水名土音水曰而子名曰那在太平山西南

烏鴉彌一作宇間味在太平山西北

西南九島國人皆曰八重山

八重山一名北木山土名彝師加紀在太平山西南四百里去中山二千四百里由臺灣彭家山用乙辰針可達察度王當洪武時二大島來貢即八重山太平山也較太平尤饒給多櫻木黑木黃木赤木草蓆產牛馬螺石出麻布棉布海參紅酒名蜜林酒五穀琿栗瑇瑁珊瑚羊肚松紋海芝海松海柏等石每年五六月與太平山來貢中山

烏巴麻二島譯曰宇波間一作小濱在八重山西南

巴度麻譯曰波渡間一作鳩間在八重山西南

由那姑呢譯曰與那國在八重山西南以上四島皆近臺灣

姑彌一作西表產異蘭名西表蘭在八重山西較諸島為大

達奇度奴譯為富武一作武富在八重山西姑彌東

姑呂世麻譯為久里島一作黑島在八重山西少北

阿喇姑斯古譯曰新城在八重山西

巴梯呂麻譯曰波照間在八重山極西北

臣按隋書大業四年煬帝遣武賁郎將陳稜浮海至高華嶼又東行二日至黿鼊嶼又一日至流求明一統志亦云黿鼊嶼在國西水行一日高華一作英嶼在國西水行三日今皆無其名又元史瑠求境與澎湖諸島相對明一統志亦云澎湖島在國西水行五日然考澎湖與臺灣相近實非國之屬島也至鄭若曾所著琉球圖以針路所取去國都二三千里之彭家山釣魚臺花瓶嶼雞籠小琉球等山錯列在那霸港左近去國都二千里之太平山悞置於中山歡會門之前前人則旣詳辨之巳

形勝

中山雄踞東溟土磽地險三十九府碁列於中三十六島星羅於外洵海表之鉅藩也北恃葉壁尾閭控其後敵虞落漈南憑那霸馬加鎮其前舟檣衝礁處則以逸待勞如長蛇之陣擊首則尾應出則因臂使指若捕鹿之形扼吭而角掎宜乎倭酋不敢侵大島不復貳長為

天家之屏翰世守瀛嶠之金甌歟

地形狹長海水環注井極深多鹹苦然在處山隈

實巖有甘泉湧出

王城高峙中山絕俯視南北遥矚羣島四海面項洋皆在眉睫中左聳龍岡右蹲虎岑當諸間切孔道有居重馭輕由巾制外之勢自萬歲嶺東至王府衢路太直特結圓墩一所琢礪石砌成上植鳳尾蕉十餘叢籍之以上培國脉下阜民生亦堪輿家羅星水口補湊之法所不可缺者

久米村舊爲晋門寺地明洪永間賜閩人三十六姓因以居之奥山作案辻阜爲屏泉崎水縈帶其

閭中島石卓立如印眞所謂天馬行空鬼樂相生但帷幛重疊氈毯未備乃港堤突出圜廣如脣加以本石分植宛似龍形有文明之象允宜簪纓甲諸材而俊髦輩出嶄然見頭角也

臣按汪楫錄稱那覇港口礁石帷崿左右築砲臺實無一人一物土人謂無險可守惟港口數里皆鐵板沙非生長斯土者不能引舟入港大海中既不得泊近山又慮觸礁且遥望雉堞翼如也有望而返耳以故恒不設備然萬曆間薩洲島倭猝至王被執去所謂鐃板沙者亦不足恃據此則與莒入城小而惡又不設備卒無救渠邱之潰古今同譏書所以云有備無患也倘恃險而驕虐用其民雖金城湯池無所用之是知保邦之勝算又在德不在險矣

城池 砲臺附

王城在首里中山絕頂累礪石爲垣高四五丈廣四五里四門前歡會門西向卽國門也後繼世門東向左水門南向右久慶門北向進歡會門爲瑞泉門左右二掖門有刻漏樓倣中國譙樓爲内城皆無雉堞

臣按外間切及各島以城名者甚衆要皆不立城郭徒有其名故不錄

砲臺有三俱在那霸港口中流有巨石名馬加四圍皆鐵板沙沙堅踰鐵嵌空巇𡾰沿海皆是潮長則没舟誤觸輒碎國人恃爲金湯南北跨海築長堤兩砲臺並峙皆琢礪石砌成極堅整方廣畝許環以埤垸北堤中作橋門三以通潮橋西有臨海寺門外有重修臨海橋碑一康熙三十五年程順則立五十二年再刻碑陰橋東迎恩亭前有修堤碑一康熙五十五年蔡温立南砲臺堤中有番字石碑一額曰了攬新森城碑文嘉靖三十三年國王尚清時立餘皆番字石剥蝕不可讀又一石題一梵字名下有小字云書法華經一石一字漫湖中別有小砲臺突起小嶼四面臨水上狹下廣方長可畝許無雉堞近奥山屬島姑米山馬齒山俱有砲臺亦曰烟臺爲往來舟楫舉號火處

琉球國志略卷四上

琉球國志略卷四下

翰林院侍講臣周煌恭輯

風俗形質　氣候　習尚　儀節　節令　服飾　舍宇附

琉球國俗臣至日所見如席地危坐盤盂依倣俎豆行酒必主人先飲而後酌客之類皆爲近古聞曩時世家大族始剏瓦屋邇乃棟宇漸興頗知營造要之初猶儉嗇朴野幾與雕題鑿齒反踵貫胸裸袒涅顔者埒今歷染華風頓除蠻習誠有如夏子陽所云蹋蹄嫦主之陋浸爲王化所移不可盡誣杜氏之謬也志風俗

隋書深目長鼻亦有小慧

朝野僉載人形短小似崑崙今亦有魁梧俊偉者首里久米泊那霸四村秀美尤多姑米山所見間有豐頤修髯殊異常夷

胡靖錄國中無名利榮心之累民間無有餘不足之憂人無所事事亦不羣然嬉聚或一二靜對淸言茹烟而已是以人無勞心多致天年夏錄云邇來漸有機械渾沌日雕琢矣

集事淵海其人驍健夏錄云但能耐饑寒任勞苦
尚血氣不平則露齦裂眦相忿爭或持刀剸之旋
自引刀自剖腹死以上形貿
謝杰使錄補遺地無木棉隆冬亦衣苧較閩加密
用以禦寒富貴者或衣絲棉貧子衣苧五六觔重
卽過一冬我衆十月西歸身猶衣葛由氣候之煖
也
夏子陽錄氣候常熱以海島卑濕而近於東隆冬
時間有霜雪

又云田多瘠磽穀亦豐歉不齊俗傳受封之後必
大有年頃駐節日驗之果歲豐時和雨露之澤良
不偶耳
徐葆光錄多煖少寒無氷霜雪希降草木常青蚊
至冬不收聲十一月秧田插蒔徐葆光冬耕詩寒風颯颯却爲寨高下連山耕事深十月芋田菓未老隔稜已透綠秧針菊含英處已尋梅六月收田十月栽有稻常聞兩番熟無花不是一年開以上氣候
隋史無文字徐錄稱舜天時依日本國書制字母
四十七名依磨花イ依ロ魯八花二義水夫人揮

ト都チ痴リ利ヌ奴ル祿ヲ烏ワ哇カ喀ヨ夭タ
達乙力フ蘇ツ郎子你十那ラム某宀務井依
ノ奴オ烏ク姑セ耶マ馬ケ其ノ夫コ庫ユ而テ
梯ア牙サ沙キ基コ天メ霉ミ米シ志ヱ意ヒ蜚
モ毛セ世ス使二音媽此另是一字以聯屬諸音者合之共四十八字有一
字可作二三字讀者有二三字可作一字讀者略
倣中國切音三十六字母意或借以反切或取以
連書如春色二字琉人呼春爲花磨二音則合書
ハロ二字卽爲春字色爲依磨二音則合書イロ

二字卽爲色字若有音無字則合書二字反切行
之如村名泊與泊舟之泊並讀作土馬伊則一字
三音矣村名喜屋武讀作腔字則又三字一音矣
語言亦多以五六字讀作一二字者得中國書多
用鈎挑旁記逐句倒讀實字居上虛字倒下逆讀
語言亦然文移中亦參用中國一二字上下皆國
字也據元陶宗儀云琉球國進貢中華表文用木
爲簡高八寸許厚三分濶五分飾以髹釦以錫貫
以革而横行刻字於其上字體科斗書又云日本

國中自有國字字母四十有七能通識之便可解其音義其聯轉成字處彷彿蒙古字法以彼中字體寫中國詩文雖不可讀而筆勢縱橫龍蛇飛動怳有顛素之遺今表疏皆中國書如陶所云或其未通中國以前字體如此但今國中字母亦四十有七以國書寫中國詩文果與顛素無異汪錄云皆草書無隸字信然國僧多游學日本歸教其國中子弟則其為日本國書無疑臣嘗見其國中四書悉照中國官板印刷裝釘兩旁字母鈎挑疎密

分明細如絲髮詢之云自福州購同福州殊無是也偶見有寶歷寬永日本諸僧號始信徐錄不謬

夏子陽錄僧識番字亦識孔氏書以其少時嘗往倭國習於倭僧陪臣子弟十三四歲皆從之習字讀書若三十六姓復從舊時通事習華語以備他日長史通事之用作詩惟僧能之然頗曉音韻而已許以效唐則過也

杜氏通典婦人產必食子衣以火自炙令汗出食皆用手偶得異味先進尊者今俱不然

謝杰補遺食而不勤貧而不盜渾樸而有等職官之家有彌旬茹蔬者女力織作男反坐而食之

夏子陽錄男子多仰給於婦人司牝雞之晨者十室而九

汪楫錄農習于惰紝婦較耕男為勤家織蕉布非是則無以為衣也負薪運水亦婦人為之

張學禮錄小心畏法道不拾遺夜不閉戶臣茲役見道旁有以竹枝夾物件插置墻隙者問之云係見遺失者拾而插之以俟本人來取即他人亦無

目取之也後又聞有竊盜者則黥夷乘隨封人衆番官難於稽察故間有之

汪楫錄國人無姓或以所生之地為名或以上世所官之地為名至充貢使或謂使者旋乞姓名書手版上與本名迥異臣履其國細詢之乃知其名祖父子孫兄弟皆同或國中集事則書其名於上旁別注某子幾男之類以故事多延緩至有功王賜以姓始敢稱姓實則各有私姓家藏圖譜王城以紫巾官入國史院者專掌之若古者獻民數之

遺不僅首里久米有姓也然即二府人平居極親昵相比隣間以所識者之名氏懵如也問以田名則隨口而對矣若姓名則曰唐名

張學禮錄士大夫恒好奕僧院輒以奕供客有倦意則授以枕枕如小文具中藏三四層人各枕其一

徐葆光錄棋局高尺許脚三四寸面厚七八寸極堅重黑子磨黧石爲之白子磨螺蛤頂骨爲之人皆善奕謂之悟棋下時不用四角黑白勢子局終

數空眼多少不數實子也亦有象棋

汪楫錄士大夫無事輒聚飲好以拇戰行酒曼聲而謳搊三弦和之其音哀怨抑而不揚秋夜四望絲肉盈耳近亦有唱中國弦索歌曲者云係飄風華人所授

又云無貴賤老幼遇中國人必出紙乞書不問其工拙也得使臣書尤恭謹俯身搓手高舉加額而後啟視臣見其國俗凡有所受必高舉爲禮一菜一烟皆然即尊長受之卑幼亦然不獨得使臣書始然也

張學禮錄女子有不嫁人者離父母自居專接外島貿易之客女之親戚兄弟毋論貴賤仍與外客序親往來不以爲恥臣茲役甫至風聞土妓甚衆謂之侏𠌯實則傾城二字之音也外島且更繼至因移書唐榮總理司諭其善爲驅逐毋令蠱我華人以上習尚

隋書土人呼王爲可老羊妻曰多拔茶夏錄云今稱王曰敖那稱妃曰札喇豈方言或以世異乎徐

錄琉球國王曰倭急拿敖那國王曰哭泥華王妃曰倭男禮喇臣細訪之國語多有音無字即國字譯者第就漢文之音同者代之究非的字也今稱曰御主加那志御主二字音如屈詩又如勿棘稱妃曰御妃音爲屈非國之女人則稱妃曰倭男札喇加那子國人讀可字音如加老字音如那蓋隋書係其國人姑以漢字與國語同音者譯加那兩字初未嘗知華音爲可老也敖與加國音相近故夏錄因作敖字徐錄則只據其音書之不知御音

如屈主音如詩因以相近哭泥之音代之若解御
音爲屈則屈非正御妃正字耳至國人呼男曰會
几噶女曰會南姑亦只男女二字其音若是故呼
冊使曰阿几噶加那子呼妃曰倭男札喇加那子
倭男卽會南音也想徐錄必誤謂夏錄札字係礼
字省文故特書正文禮字遂大逕庭矣大抵夷語
音多字少與華人酬接今俱用漢文可不深究也
若可老音如加那則抜茶音正與札喇不遠又不
得槩謂舊史之不足信也故夏錄張錄徐錄末皆

以國語附之實多影響傅會間有一二合者率皆
淺俚無適於用今俱略之又彼國以御字作尊字
用如御用御座平等書札皆用之對華人則不敢
用

夏子陽錄王視朝羣臣具夷服搓手膜拜跪移時
不起

又云過先王廟前輒下馬搓手而行居官言事必
具酒二壺至其家跽而酌之酌畢告以所事

張學禮錄百姓見官長經過男女皆去簪脫屐俯
伏道旁俟過而後行今不去簪若坐則兩手據地
蟻行而過

汪楫錄屋內必布細席內裹草薦以布爲緣名曰
脚踏棉

徐葆光錄室中皆席地坐無椅桌之用飲食諸具
皆低小

胡靖錄客至脫屨以進始知坐字兩人從土禮云
戶外二屨其謂是歟

汪楫錄客入無拱揖之煩坐定主人則以烟架置

客前聽客自取架列火爐一唾壺一烟匣一（今俗呼烟爲淡巴菰總呼曰淡巴菰盆）烟管橫其上一室中常置數架人
各授一具

徐葆光錄飲食置碗之具如古俎豆槃器或方或
員皆著脚高廣各尺許水火爐製用輕簡銅表錫
裹一置水一置火外作一木架盛之下二層黑漆
奩三四事中藏茗具國王令秀才二人值之客出
遊則攜以隨茶甌色黃描青綠花草出土噶喇其
質少粗無花但作水紋者出大島甌上有朱黑漆

木蓋下有空心托子甌頗大斟茶止二三分用菓一小塊貯匙內此學中國獻茶法若彼國烹茶法以茶末雜細米粉少許入碗沸水半甌用小竹帚攪之起沫滿甌面為度以敬客士夫家有一榼滲金問采製作甚精郊飲各攜一具中四器置食物旁置酒壺二盞餚略備民家食榼或方或員皆作三四層剜木為之曲隱几仿古式繞身如扇形高尺許書架如鏡架着小座高半尺許席地坐用之燈製四方木格上寬下窄白紙糊之空其頂施木

柄釘柱上民間燈多不用燭以木作燈四方糊紙籠油盞其中置地席上

隋書凡有宴會執酒者必待呼名而後飲上王酒者亦呼王名銜盃共飲夏子陽云今不然胡靖錄餚饌盡乾製無調羹各盤貯而不相共飲酒止以一杯相傳有我合彼分我分彼合之别

張學禮錄宴賓席甚簡薄觴肉樽酒可當數八敘款洽而已一席不過一二器即妻子從不同食客來不分坐次隨客意自坐今賓主平等皆危坐或皆盤膝若卑幼則跪伏于前然後危坐尊者令安坐始敢盤坐或主人係卑幼賓至則改危坐坐下烟茗酒饌接踵而至客退竟出主人絕不迎送

隋書嫁娶以酒餚珠貝為聘或男女相悅便相匹偶

明一統志浴死者之屍以布帛纏之裹以葦草亦知造墳

夏子陽錄今官民之家遇有吉慶之辰親知具酒一壺相賀有喪則鄰里聚送親者護柩而泣送至墓掩畢而歸木主屬僧題之男書圓寂大禪定女

書禪定尼絕無考妣之稱

汪楫錄嫁女不治奩具父母走送之壻家衣仍白國俗不諱也送葬者亦剪紙垂布為旛前導棺制三尺長僅及身之半屈死者足殮之

徐葆光錄墓皆穴山為之既窆壘以石貴家則磨石方整亦建拜臺墓門遠望如橋門更有在層崖之上者女墓前掛樱葉片扇白巾男墓前白布笠立杖草履木屐若插花筒置香爐則男女墓皆同

臣聞舊俗每三年開函一視復封之今則不爾亦

有以三和泥築成者國中無道士尼姑惟有僧亦
有男巫女巫
渡海者家立長竿置小木舟其上長尺許桅柁帆
檣皆備另作薄木片風輪五葉安船首尾以候風
之有無順逆歸乃撤之卽古五兩旗遺意也
凡許愿皆以石爲神神嶽叢祠皆無神像設香爐
炷香澆酒搓手膜拜若渡海則凡在船人等同日
齊往數十處神祠遍禱奉一石置船上歸國又遍
酬之

夏子陽錄國中有女王者王宗姊妹之屬世由神
選以相代五穀成時女王渡海至姑達佳山採其
穀穗嚼之各山乃敢穫若未嘗先穫者食之立斃
又云凡月初三十八二十三夜皆修吉果拜待初
三夜焚香對月拜十八夜焚香立待待升明而拜
拜畢乃敢坐二十三日焚香坐待待月出則拜謂
可延齡益壽今皆無之吉果糯米粉爲餅火焙熟
之白淨如雪國王每朔望餽天使食物有之圓大
如盤聞此惟王府得爲之民間只三指寬三四寸

長而已姑米山人呼曰雪米烏喇以上儀節
隋書云望月盈虧以紀時節候草榮枯以爲年歲
臣按此皆未通中國之初然爾今歷世凛奉正朔
貢使至京必候
賜時憲書賫回而國中特設通事官豫依萬年書推算
應用書而云琉球國司憲書官謹奉敎令印造選日通書權行國中以俟
天朝頒賜憲書須到日通國皆用憲書共得稟遵一王之正朔是千億萬年尊王嚮化之義也琉球
雖窮島荒陬固長在光天化日之下矣因併錄其
俗之節令以備採風

徐葆光錄正月十六日男女俱拜墓是月女子皆
擊毬板舞爲戲板舞者橫巨板於木橙上兩頭對
立一起一落就勢躍起四五尺許不傾跌欹側也
徐葆光鵲踏花翻詞一板橫蹻兩頭起落雙雙彎見飛仙駕翩反如燕身輕借勢低昂春風擲袖爭高下一邊乍踏鵲翻枝一邊已打烏飛柘那霸正月彩虹齊跨驚鴻不着鞦韆架掀動六尺輕槎縱然平地歸客猶驚詫羨他纖趾會騰空凌波可學應無價
二月國中同定吉日祭麥神十二日各家俱浚井
汲取新水洗額云可免病

三月三日作艾糕相餉遺同定吉日又祭麥神謂之大祭

五月五日競渡泊一那霸一久米一共龍舟三角黍蒲酒拜節同中國定吉日祭稻神此祭未行稻雖登場不敢入家

六月同選吉日又祭稻神亦謂之大祭又同選吉日作六月節國中蒸糯米爲飯相餉

七月十五日盆祭祀先預于十三日夜列火炬二於大門外以迎祖神十五日盆祭畢送之臣至國

適上旬出經道旁民舍小童各手一紙幡對立招展問之爲中元迎送祖神也亦有延僧作盂蘭盆醮祀者

八月初十十五兩日各家蒸糯米交赤小豆爲飯相餉徐錄有白露先後三日守天孫今無其俗

九月放紙鳶

十二月初八日通國作糯米糕欅葉包裹三四層和葉烝食相餉名曰鬼餅亦驅儺之意徐錄作庚子庚午日

二十四日送竈次年正月初五日迎竈正三五九

此四月名爲吉月婦女相率至沿海雪崎洞中拜水神祈福每月朔望婦女取鉄罌至砲臺汲新潮水歸獻竈神及獻天后宮前石神以上節令

隋書男女皆以白紵繩纏髮從項後盤繞至額男子冠裝以珠貝飾以赤毛形製不同婦人以羅紋白布爲帽其形方織鬬鏤皮幷雜色紵雜毛爲衣綴毛垂螺爲飾下垂小貝其聲如佩綴鐺施釧懸珠於頸織藤爲笠飾以毛今俱無之

張學禮錄男女不剃胎髮男二十成立完姻之後

將頂髮削去惟留四餘今則孩童至五六歲皆髡然如僧削十三四便有薙髮者未薙前則呼小名名之類約有四十餘隨其所用惟父子不得同孫則同祖之名既薙後則改呼田名如某地筑登之座至二十以上有職事者謂之某地筑登之惟久米人七歲後稱若秀才給米二石薙髮後先拜孔聖次拜國王王籍其名謂之秀才給米三石康熙癸亥年各裁一石首里泊那霸子弟仕至庫官始有俸也未剃頂時髻上插長簪八九寸許如婦人

簪冠則易短簪一梅花頭一耳挖形夏錄云首里人髻偏右久米人髻居中今悉居中隋書云男子剪去髭鬚夏錄云今剪唇上髭令齊者間有之徐錄云惟三種人髮盡剃如僧一醫官一王府茶役曰宗叟一司灌園人今醫官亦不剃簪制王用龍頭金簪妃鳳頭金簪官爵最貴者起花金簪次者金頭銀柱餘皆用銀百姓則用銅命婦士妻視其夫民間則以玳瑁皆倒插髻中翹額上士妓若中國人遺以釵簪則弗禁別無首飾珠翠皆不用凡

花有香有色者俱不戴惟木蘭則鼎鼎髻畔不穿耳年十五卽針刺手指背以墨黥之歲歲增加至中年黧然矣或方或員形狀不倫南史云作蟲蛇之文夏錄云作花卉文張錄云作梅花文皆不實衣服男女寬博交袵袖廣二尺許長不掩指右襟末缺五六寸袖口不緝夾衣則兩面可反覆穿之皆無鈕無帶總名曰衾以織成綦紋細布爲之亦有素質染繪成文者裏衣短小男女皆作豎領如中國女衣項上一鈕腋右一帶外衣惟男子以帶

束之別有大帶長一丈四五尺寬六七寸圍於腰帶錦細花最貴錦大花次之龍蟠紅黃緞又次之雜花色者不拘胸前將前襟搊起凸然烟包紙袋小刀梳篦之屬皆懷之幼童及僧衣兩袴下皆不縫帽則初以帕纏首後易薄檻木片爲骨以帕蒙之前七層或九層後十一二層紫最貴黃次之紅又次之青綠斯下矣中又以綢之花素爲別國王見天使仍明時衣冠烏紗帽雙翅側衝上向盤金朱纓垂領下更有皮弁受封後詣館謝及望舟宴

時皆着之閒居常亦裹五色帽而攝政者則花錦帽遠望如屋漏痕又有片帽以黑色絹爲之漫頂下簷作六稜寒時皆戴之雨笠以麥莖及藤爲之皮笠則黑漆其外而朱其裏係官役所戴女人衣不設帶左右手曳襟以行襟袖視男子較長士妓多衣紅衫俗呼紅衣人汪錄云良家婦行路上手持尺布以自別徐錄云妓襟用紅絹爲緣今俱無之男婦皆無中衣今閒有之婦裳至短疊其下爲兩層風不得開髻垢輒洗之散髮行走不以爲異

也拖兒惟一手乂置腰間履無貴賤男女皆草靸名曰三板編草爲底上横平梁中界寸繩着時挐足入梁納繩于拇指二指之間貴官近亦着韈或布或革及踝而止别爲一寶棲將指貴家女衣襟上即本色或異色細紗作鱗比五層狀亦有比甲背後下垂處或作燕尾形

明一統志地不産奇貨人無剽掠商賈不通時駕舟楫縛竹爲筏急則羣舁之泅水而遁夏錄云舟船之制與中國略同如小艇則刳木爲之陪臣入

貢航海必别以巨舟縛竹爲筏未之見也徐錄云前明洪永中賜海舟後每請自備工料於福州改造今本國亦能自造如式各島之船大小皆尖底太平山船加飾欄檻小船皆刳獨木爲之或不勝載則並兩爲用

王肩輿照中國式或八人或十六人轎上亭蓋帷幔緣木爲之國相以下轎高不踰三尺席底趺坐四圍以席遮望如籠榼貴族亦有用羅漢杉木雕鏤金漆錦邊繪裏紗縠爲蔽皆用兩人以木杠貫其頂而擡之

馬高者絶少善山行上下沙礫中不見顛蹶終歲食青不識棧豆故雖村戶下貧亦多畜馬鞍制略同中國朱黑漆描金前後加紅帕四條以爲飾韉黑漆皮描金龍簡略者只用紅氈一條勒索用五色相間蕉布全幅入手兩盤垂之尚及馬脇鐙以木或銅鐵爲之式如曲杓形一邊着繩繫鞍下空其口以便赤足穿踏騎馬皆不用鞭官家女人騎馬擁領蔽面多側坐鞍上兩足共一鐙人控徐行

以上服飾

屋宇不甚高以近海多風去地必二三尺以避地濕每一間瓦脊四出如亭子様瓦皆甋瓦粘蓋極厚非此不能禦颶颶也門牕皆無戶樞上下限俱刻雙溝道設門扇其中爲方格以紙糊之左右推移以爲啟閉外限復設板門重疊一處閉時遞次至末扇内有暗拴自落限竅屋用樫木紋理細潤堅重千年不蠹出奇界島尤良然價貴難購故久米有從仕多年尚處茅屋者壁無粉墁多用砑粉

花箋及名書畫表之室內地板上無貴賤悉鋪脚踏畫軸皆短小屋矮故也中間多作神龕以香爐置靑石其中白沙實之爲玩或云卽祖神也蓋家不設神主貴家始有祠堂又多以天地君親師五字供奉者竹簾以全莖細竹爲之挂四周內可見外外不見內然皆一行作屋無重構複室也居無磚墻惟叠海崖礪石砌成貴家有削磨極平者屋上門前多安瓦獅及立片石刻石敢當者脩書謂門戶必安獸頭骨角殆以此歟屋中開軒多旁向

或東或西庭院中設小山石樹烏木榕檜樫木福木及佛桑紫薇山丹榴㰎蘭竹之類更地多茸草極細軟如茵或置小石池畜金魚螺螄其中石上植鐵蕉墻上密栽慎火草庭隅必立石椿置石盆貯水椿前用瓯砌如小池塡以石筍池前鋪一石或方或員以備盥洗手足之用蓋國人晨起卽盥滌其中不用熱水故也村逕皆極寬潔多編細葉小竹或列植十里香作屏籬時時剪剔令整齊方平久米最盛爲中山八景之一徐葆光粂村竹籬詩村村編竹墻筠綠滿秋徑客伴迷東西隔籬忽相應米廩亦懸地四五尺遠望如草亭下施十六柱柱間空處可通人行上爲板閣村民有數家共一亭者

女集向在天使館東天后宮前後徙馬市街今移在辻山沿海坡上早晚兩集無男人俱女爲市市物惟魚鹽米菜及粗磁陶木器間有土織蕉棉布亦極薄惡價復不賤道中無肩擔背負凡柴薪米豆累百餘觔者女人悉以首襯草圈頂之垂手曳袖無偏墮者聞首里市集亦女人爲之店肆惟使

館前略有數間近皆移空以居從役以上舍宇

琉球國志略卷四下

琉球國志略卷五

翰林院侍講臣周煌恭輯

山川（國中山 屬島山 海 潮候 風信 針路附 水泉 橋梁）

臣竊聞前代洪武時嘗躬祀琉球山川之神于南京尋改附祀于福建典綦隆已茲秋奉

命到國輒訪其境內之名山川而番官以三山五嶽對徐流覽其都邑祇中國一大培塿耳嶽云乎哉按星槎勝覽謂球山抱合而生有翠麓（一作麗）大崎兮頭重曼等名今俱無有而前明陳侃胡靖暨

本朝使臣張學禮等圖錄又皆繪山南山北離立海中與中山隔別不知山南北固與中山聯在一島也臣詳考圖經細分原委於山則先國中之顯著者次及屬島之有聞者於海則風潮與封貢暨常所往來諸地之針路尤晰而水利橋梁相因而見雖不敢擬諸山經水注而以覘異域流峙之大較則與侈談蓬島誕說瑤池者業有間矣志山川

國中山

崎山（在王府繼世門之東為中山龍脈上有望仙閣下為雩壇壇側建茶亭去亭百步有石壽鐫梵書壽字一大盈丈下瞰大壑雲濤蜃彩曠幻杳忽不可名狀古松偃蹇怪石蒼痛有堂曰東苑前使汪楫書額苑外十數里竹徑紆迴密篠成墻高不踰尋平直如削洵第一勝處也東望林木叢茂為佐敷隔海港少西見一山鬱然青翠即辨嶽也汪楫崎山道中詩竹屏十里若為栽細葉繁枝費剪裁記取崎山山下路夢遊時向此中來）

升篛山（在王府東北有故宮人宇）

石虎山（在王城北赤平村下有天慶院）

黿山（在王城北末吉村亦稱末吉山重岡環繞山半有亭南望見海山下有萬壽寺中有察度王舊影後燬于火）

勒馬岩（在王城西下瞰龍潭蒼瑩可愛）

萬松嶺（在首里立岸村一名萬歲嶺山北大道上下石碑略曰茲嶺以萬歲為名蓋取嵩呼之義以作中山都會倘真君上命於天俾為斯記大明弘治丁巳仲秋吉日奉詔扶桑散人樗不材謹記）

泊山（在首里西五里有橋跨海前有泊津西流入海）

天久山（在泊村西北沿海與波上雪崎相望下有聖現寺東行大石離立或方或圓崖洞頗奇）

奥山（在那霸砲臺西水中潮至則瀰漫數十里潮退則沙平可涉舊為蛇窟僧云海始闢之蛇相率渡水去築堤截潮引泉種松建龍渡寺 徐葆光詩水遠平如鏡山圍翠作准分明洞庭渚不見雁飛來客去山更寂回首俄成昨明月櫂歌聲又向泉崎落）

鶴頭山（在奥山東萬松森立西望有泉從岩底噴流供諸村茗飲每潮至板敷宇平等湖漁舟夕照為那霸近所第一勝處）

辻山（國人讀為失汁山一字兩音汪錄作青芝山小石阜沿海下皆東塚亦多僧塔女集在焉下為舊演武場）

波上（在辻山東北一名石筍崖山下海中生石芝石松多白色嵌空玲瓏仍具扶疎之態山頭石坦四周有板閣三楹旁為護國寺右崖左小神舍八月十八夜多候潮于此為中山八景之一 汪楫波上詩海之水灕灕刻屈勞天風萬里赴峭壁一激凌蒼穹洄頭發長嘯紛紛成白虹海之水冷冷吞天一色）

青觸石石不受砉若奔繁星歷落掃何處浮光入杳冥徐葆光筍崖夕照詩日日晚來遊殘霞水
外潛鄉心隨日下不覺海東流雪崎山在辻山東北近海磧有洞可供玩憇國人多以正三
五九月男女拳至拜禱龜山在雪崎東北崎海灘上拳石嶙峋非末吉之龜山也識名
山在真和志有神應寺東苑八景識名積翠即指此七星山在牧志村長虹隄南墩阜
錯峙若斷若聯故名西里許為城嶽叢灌成林密篠攢蕉雲日屏翳四山皆松壺家山城嶽
東為國中淘處中島在泉崎南與奧山隔湖遙對昔多蕉樹今廢為中山八景之一徐葆光
中島蕉園詩蕉影墻頭合人家住綠雲機聲織明月幅濕冰綃紋浦添山在首里東三十
里山水明秀土田肥沃中山龍氣小蟠結處姑場山在姑場村有姑場嶽常為王孫采地
以上俱中山省
石火山在豐見城饒波村山下有水東北流為饒波小祿山在首里南二十里
儀間山在那霸對岸山下有垣花村多米廩徐葆光垣花村詩欲問山南路垣花第一程
橫橈弄清淺振策上崢嶸冬雨秧田綠寒陂水岸平勸農初遣使應向此間行大嶺在海邊村
無他樹滿望皆呀咀呢泉石頗佳徐葆光大嶺詩孤村背嶺住一徑野人家叢棘種成樹畬用耕
帶沙岡寒牛臥日潮去岸留槎同首山南石崚嶒疊海霞高嶺土名多嘉嶺在首里西南三十
里有山南王故城東北有八頭嶽國吉山在高嶺東南櫻島山在麻文仁村山
形如櫻丹崖碧嶂故名以上俱山南省
金武山在首里東北九十里上為金峰下有洞有千手院有富藏河恩納山在首
里北一百里一名佐渡山名護山在名護間切去首里北一百五十里上有萬松院產異蘭

有嶽祠稱名護嶽佳楚山在今歸仁府一名宇勝嶽最高為中山第一峰運天山
一名上運天在名護山北下有運天江多稻田以上俱山北省
屬島山凡島皆山也既以島名不復列茲特就其島中之小山著名者揭書一二不能詳也
清水山菊花山示明山俱在大島筑山在太平島山甚高土
名七姑山上有碧於亭金城山在姑米山松杉蔽天下有甘泉瀉石崖直下如瀑布以
上俱外島

海　潮候　風信　針路附

環島皆海也海面西距黑水溝與閩海界福建開
洋至琉球必經滄水過黑水古稱滄溟溟與冥通
幽元之義又曰東溟琉地固巽方實符其號東鄰
日本薩摩洲指南廣義作要是麻常所交市國一葦可航北
望野古可直達高麗南逼臺澎淡水後之溜山恰
與葉壁後之滐水同屬尾閭沃焦之壤而三十六
島唇齒相依臂指互用水中復有沙洲隱現斷續
于各島間直若草蛇灰線馬跡蛛絲以故氣脉牽
聯地土物候大同小異是海固不可以道里計而
球陽之海則實有無形之區限在焉若其舟航之
便利鱗介之蕃滋又足以聚其人民而遂其生長

建邦斯土者其亦覩海波之不揚而長祝中國萬
年有道之
聖人恪共爾職慎固吾圉我
皇上覆載同仁中外一體自必深嘉樂予加惠無窮而
不忍膜外視之者矣
水之進退有度朝而至者爲潮夕而至者爲汐然
世之論者不一山海經以爲海鰌出入之故夫鰌
特一徵物耳顧能横四海之大而鼓之以盈縮耶
浮屠氏謂爲神龍變化之迹殊不知龍見于春夏
蟄于秋冬則秋冬之潮汐又何物變化而致其往
來乎抱朴子則云兩水相合相盪而成然必疾風
暴雨始足以張其勢乃雨霽水枯未聞其或輟也
要皆支離誕妄不足爲典要及觀盧肇之賦以日
出於海衝激而成而高麗圖經謂天包水水承地
地沉則水溢地浮則水縮余襄公之論獨以爲水
之應月各從其處月臨卯酉則水漲于東西月臨
子午則水平于南北綜是數說應月之論爲最與
邵康節經世書所云海潮者月之喘息相胞合臣

竊覩陰燧水精皆可映月而取明水於八月望夜
尤速且多可驗應月之說爲不誣矣福州與各直
省潮水率皆與月爲進退琉球獨較福州每潮率
後三辰望日福州午時潮滿琉球則滿以戌時餘
日因以遞遲似不與月運同行然據望日晝潮以
戌時滿而望前夜潮則實于望日辰時滿雖謂之
早于福州兩辰亦可況凡物必有所自始而其來
也有漸琉球地偏東極而尾閭在其後安知非月
始離海之精琉球受光獨近得氣尤盛初出之光
華與內地方中之精彩略等且水生于西而歸于
東而物從其朔潮之生也恒自東則琉地之潮逐
月始生而即漲又何足異乎故八卦先天之坎位
月象也而後天之坎位乃一六生成之所疇謂潮
汐非應月而生者哉雖然覆載之大非可以常見
拘據各洋船往來所見潮候又各不同西洋一日
一潮定以申漲以寅退是有汐而無潮馬尋諸國
則一日兩潮計晝夜各兩潮兩汐即錢塘潮古亦
有偶三日不至者臣所以不能不復參之理氣之

說也華鑰謂潮汐者天地嘘吸之氣陰陽消長之理自然而成似屬通論足括羣言潮候

封舟例以夏至後乘西南風至琉球以冬至後乘東北風回福州然北風稟烈不比南風和緩故歸程尤難考嘉萬封舟回閩最稱安吉者惟蕭崇業其放洋日期乃十月二十四日故海船老夥長皆言無論冬至遲早總以十月二十後東風順送爲吉若冬至前後則風勢日勁浪從船上過矣正月風颶最多應期不爽萬無行舟之理二月則多霧

恐風順遇山不見反致逼山且龍蟄甫驚常多出海復有龍風之患前使海寶等回閩於二月十六日放洋十七日即見二龍起于船之左右水沸立二三丈益信十月二十後之說爲不刊也

清明以後地氣自南而北則南風爲常霜降以後地氣自北而南則北風爲常反是颶颱將作矣正二三四月多颶五六七八月多颱颶驟發而倏止颱漸作而多日九月則北風或至連月俗稱九降風間有颱起亦驟如颶船在洋中遇颶猶可遇颱

雖當十月以後多北風颱颶無定期舟人視風隙以來往凡颶將至天色有黑點急收帆嚴柁以待之稍遲則收帆不及或至傾覆颱將至天邊斷虹見若片帆者曰破帆稍及半天如鶩尾者曰屈鶩若見北方者比他方尤虐又海面驟變多穢如米糠及海蛇浮游皆颱颶徵

十二月二十一日起一日應來年一月或一日風作一次二次則來年所應之月颱亦一兩作多次亦如之記而驗之無不應者

暴期正月初三日龍神會初四日接神颶初八日龍神會初九日玉皇颶此日有颶各颶皆驗此日無颶則各颶多不驗十一日龍神會十三日關帝颶二十五日龍神會二十九日烏颶又二龍神會月初二日白鬚颶初三日龍神朝帝初七日春明暴初九日龍神朝帝十二日龍神朝帝二十一日觀音暴二十九日龍神朝帝三月初三日眞武暴又龍神朝星辰初七日閻王暴又龍神朝星辰十五日眞君暴多風二十三日天妃誕媽祖暴多雨二十七日龍神朝星辰二十八日諸神朝帝四月初一日白龍暴初八日佛子颶又龍會太白十二日十七日眞龍會太白二十三日太保暴二十

五日龍神太白暴五月初五日屈原颶又天帝龍王朝玉皇十一日天帝龍王朝玉皇十三日關帝颶二十一日龍母暴二十九日天帝龍王朝玉皇六月初九日地神龍王朝玉皇十二日彭祖暴此日至念四皆係大颶旬十八日彭祖婆暴二十四日雷公誕此暴最准名為洗炊籠颶二十七日地神龍王朝玉皇七月初七日初八日初九日皆神煞交會十五日鬼颶又神煞交會二十七日神煞交會八月初一日竈君颶初三日龍王大會初五日係大颶旬初八日龍王大會十四日伽藍暴十五日魁星暴二十一日二十七日皆龍神大會九月初九日重陽暴十一日十五日皆龍神朝帝

十六日張良暴十九日觀音暴又龍神朝帝二十七日冷風暴十月初五日風信暴初八日東府君朝玉皇初十日水仙王暴十五日東府君朝二十日東嶽朝天二十六日翁爹暴二十七日東府君朝十一月十四日水仙凵暴二十七日普安颶二十九日西嶽朝天十二月二十四日送神颶又名掃塵風自此日至年終每遇大風名送年風二十九日火盆颶

凡遇暴期不在本日則前後三日又日值箕壁翼軫四宿亦主起風皆宜謹避以上風信

琉球在海中與浙閩地勢東西相值但平衍無山船行海中以山為準福州往琉球出五虎門取雞籠山花瓶嶼彭家山或作平佳釣魚臺黃尾嶼赤尾嶼姑米山馬齒山以上山皆取北邊收入那霸港回福州出那霸港由姑米山取溫州南杞山臺山里麻山一名霜山收入定海所進五虎門指南廣義云自五虎至姑米四十更自姑米至定海五十更一更六十里以沙漏定之漏用玻璃瓶兩枚細口大腹一枚盛沙滿之兩口對合中通一線以過沙倒懸針盤上沙盡為一漏復轉懸之計一晝夜約二十四漏每

二漏半有零為一更風緩船遲雖及漏刻尚不及更風疾船速未及漏刻已逾六十里為過更也

高澄操舟記漳人謝敦齊曰西南諸國行不二三日即有小港避風若琉球則去閩萬里中道無止宿地

陳侃使錄嘉靖十二年癸巳封王尚清五月侃至閩七月初二日與副使高澄照題准定式定艍造船長十七丈寬三丈一尺六寸深一丈三尺三寸擇日務與使臣之年庚合非是弗利十三年三月船竣五月初八日自广以冉切石放洋初九

日小琉球初十日過赤嶼一晝夜兼三日程十一日夕見古米山十二日至山下十三日北風十四日夕舟裂十五日塞罅十六日見葉壁山申刻泊山十八日小舟四十牽挽十九日風逆甚泊移山之灣二十五日至那霸（共十八日）九月十二日登舟風逆二十日開洋二十一日颶作桅柁折二十三日易柁二十六日舟行如飛二十七日黎明見福建山二十八日至定海（共七日）十月初二日入城（針路無考）

郭汝霖使錄嘉靖三十四年乙卯封王尚元九月

至福州十一月起工造船倭警三十九年八月再定艙十一月畢工（舟長十五丈寬二丈九尺七寸深一丈四尺）四十年五月二十九日梅花開洋過東湧小琉球三十日過黃茅閏五月初一日過釣魚臺初三日赤嶼無風初七日午風見土納奇申刻見古米山幾下葉壁初七日未刻見那霸港初八日暴雨初九日辰刻到那霸（共十一日）十月十八日開洋二十日夜二鼓柁失拋貨二十一日換柁肚繩斷鑿二艙繫柁二十六日至清水二十七日見寧波山二十九日至福寧入五虎門（共十一日）十一月初二日入城（針路不載）

蕭崇業使錄萬曆四年丙子封王尚永七月至閩五年七月定艙旋壞十月再定艙（舟長十四丈寬二丈九尺深二丈四尺）七年五月二十二日梅花開洋直至三十日不見山孤燕繞桅飛青蜓入神舍不去三龍起於海六月初一日過葉壁山初五日泊那霸港（共十四日）十月二十四日開洋二十七日北風暴柁牙折柁葉失二十九日晚見台州山三十日次溫州十一月初一日經臺山初二日進定海（共九日）初五日入

城

蕭崇業過海圖梅花頭正南風單辰針六更辰巽針二更取小琉球乙卯針四更彭佳山單卯針十更釣魚嶼乙卯針四更黃尾嶼單卯針五更赤尾嶼單卯針五更姑米山乙卯針六更馬齒山

夏子陽使錄萬歷三十年癸卯封王尚寧十月入閩甲辰八月二十二日定艙丙午三月告竣（船度未載）五月二十四日自梅花所開洋過白犬嶼又取東沙丁風用辰巽針八更取小琉球山未風乙卯針

二更二十五日過雞籠山申酉風甲卯針四更二十六日過平佳山亥風乙卯針三更未風乙卯針三更取花瓶嶼二十七日丁未風乙卯針四更取釣魚臺丙午風乙卯針四更二十八日過黃尾嶼柁牙數折丙風乙卯針七更丁風辰巽針一更二十九日過古米山三十日又辰巽針六更過度那奇山又辰巽針一更至馬齒山六月初一日至那霸港（共八日）十月十五日登舟二十一日開洋二十二日過古米山二十三日一麻雀入船斷虹見西北北風大發柁繩斷夥長鉤取續之二十四日巳刻柁折易副柁柁牙連折二桅損裂夜初副柁又折二十五日酉刻又易柁二十六日麻雀羣飛船上二十七日柁葉失去起柁幹二十八日舟裂入水集棉布數百疋絞之二十九日離黑水入滄水風大幾逼山神火示現見礁急轉柁免三十日入鱉嶼十一月初一日到五虎門（共十六日）舟閣淺損裂水入各覓小船扶救僅以身免初三日入城

杜三策從客胡靖錄崇禎元年封王尚豐六年五月二十三日登舟（舟長二十丈廣六丈深五丈載五百八）六月初四日梅花開洋初八日暮過姑米山初九日到那霸港（共六日徐錄九日誤）十一月初八日登舟初九日開洋十一日颶風大作斃一柁工柁牙日折幾十次十九日巽鳥集檣杪二十日到五虎門（共十二日徐錄十一日誤）

國朝張學禮使錄順治十一年封王尚質十二年三月入閩造船十五年以海氛未靖掣回康熙元年復遣行二年四月入閩五月初四日登舟（舟長十八丈寬二丈二尺深二丈三尺）候風至六月初七日梅花開洋初九日過分水洋十一日見巨魚如山十二日過糠洋自梅花七日不見山十五日見北山十九日泊伊蘭埠地近龍潭二龍見大桅決鐵箍失二三轉至山南二十五日次溫鎮抵那霸港（共十九日）十一月十一日冬至十二日登舟十四日開洋過姑米山十六日颶大作桅半折霹靂斷桅十八日勒索斷柁浮十九日風止起柁二十一日巽鳥集戰臺二十三日見浙江山二十四日到五虎門（共十一日）

汪楫疏抄康熙二十二年封王尚貞移文閩督選

二鳥船長十五丈寬二丈六尺海防冊烽火營鳥船一長十二丈三尺寬二丈五尺閩安中營鳥船一長十二丈二尺寬二丈六尺五寸六月二十三日開洋雙魚導引萬鳥迴翔二十四日酉刻過釣魚臺二十五日過赤與薄暮祭溝二十六日過馬齒山至那霸港計四日洋船針簿載汪楫海行云乙辰八更取雞籠頭用辰多辰巽三更取梅花嶼單卯十更取釣魚臺北邊過乙辰四更過黃尾嶼甲卯十更取姑米山乙卯七更取馬齒山甲寅并甲卯取那霸港十一月二十四日開洋二十七日過姑米山二十八日夜初颶大作大桅鐵箍斷十三頁繩斷金栓裂尺餘十二月初二日見南杞山初四日泊定

海共十一日

徐葆光傳信錄康熙五十八年封王尚敬閩督頁取寧波商船二號備用船長十丈寬二丈八尺深一丈五尺五月二十二日出五虎門開洋前此皆由梅花所由五虎自己亥始夜丁未風乙辰針三更半二十三日丁未風乙卯針二更二十四日丁午風乙卯針過米糠洋二大鳥集桅夜四更當見雞籠山不見復四更二十五日丁未風單乙針二更乙卯針一更半夜正南風單乙針一更半二十六日正南風轉丁午復丁未單乙針一更晚丙午風乙卯針夜丁午風乙卯針一更單卯針二更二十七日丁午風夜丁風乙辰針二更半湳日用卯針二十七更半船身東北下六更許諸山皆不見二十八日改用乙辰針丁未風二更半日入丁午風辰巽針二更二十九日見葉壁山日中坤申庚風又子癸風迴針東南行取讀谷山日入丑艮風丙巳針又用丙午單卯針取那霸港六月初一日登岸共十一日五十九年二月十六日開洋南風乾亥針一更半單乾針四更日入見姑米

山夜丁未風轉坤未風乾戌針三更半頭巾頂繩連斷三次十七日二龍見水沸立西北風單子針一更夜坤未風乾戌針一更十八日用單乾乾戌針四更日入西南風乾戌針四更半十九日辛酉風單庚針一更午轉壬子癸風單酉針日入子癸風又丑癸風單戌針三更半二十日東北艮寅順風午轉甲卯風辛戌針四更日入乙辰風夜過溝巽巳風辛酉針三更半二十一日大霧有鳥集桅夜東北大順風庚申針二更二十二日東北風庚

酉申針四更半日入雙燕集桅乙卯風庚酉針一
更二十三日日入壬子風庚酉針二更未明見山
二十四日單申針一更至魚山日晡轉北風丁未
針三更日入至鳳尾山二十五日無風舟停二十
六日壬亥風用單未坤未針三更日入單未針一
更二十七日見盤山東北風用坤申庚針四更離
北關一更許日入一更至臺山二十八日夜颶作
椗走乙辰針二更半二十九日至霜山東北風用
申庚酉針日晡與二號船齊至定海所謝恩船先

一日到三十日進五虎門共十五日

臣謹按琉球海道雖與福州東西徑直然船身宜
上不宜太下歷考前使自陳侃有錄以來封舟不
至落北者惟前明冊使夏子陽及
本朝使臣汪楫餘皆多用卯針以致飄過北山臣茲
役深鑒前車獨删指南廣義主用卯針之說折衷
於夏汪二錄時飭本舟夥長敬謹遵用以故由五
虎開洋三日之間直至姑米方謂媲美前封迺臣
等奉使無狀陡遭巨颶閣礁壞舶幾至顛覆幸以

詔敕在舟神靈顯應保護
天章紅光示見俾臣等獲登彼岸使事有終莫非深荷
皇上生成之德覆載之仁謹述茲役往琉回閩針路附
載於篇

乾隆十九年琉球國中山王世子尚穆遣其陪臣
毛元翼蔡宏謨等賫表恭請襲
封二十年五月初七日大學士會同翰林院掌院等揀
選帶領引
見奉

旨侍講全魁充正使編修周煌充副使欽此禮部條列
封例上
聞蒙
恩賜正一品麟蟒服臣等於二十一年二月初四日恭
請
聖訓次日赴禮部祇領
節詔敕諭祭文新鑄清篆駝紐印銀幣等物初九日馳
傳出都門以四月二十四日抵閩而督臣喀爾吉
善撫臣鐘音已先選備福州民船二座充用船長十一

丈五尺寬二丈七尺五寸深一丈四尺加上棚六尺前九艙中八艙後七艙水櫃二水桶二共受水六百二十石擇六月初二日恭捧
詔勅奉安官艙正中由南臺江登舟初五日至太平港
初六日祭江取水申刻到怡山院
諭祭海神天后宮行香初七日至金牌門上道初九日
巳刻到五虎門未時祭海初十日早潮出五虎門
過官塘進士門開洋單午風乙辰針至日入行船
六更夜單午風單乙針行船五更見雞籠山頭十
一日上午坤未風單乙針二更下午單酉風單乙

針至日入行船四更見釣魚臺連日俱有大魚夾舟左右或三或四又宿洋鳥繞檣而飛夜單丙風單乙針行船四更十二日單
午風單乙針一更見赤洋轉單丁風單乙針至日
入行船五更夜單午風單乙針四更是夜過溝祭
海十三日丁午風甲卯針行船二更見姑米山風
輕轉單午單乙針日入行船一更夜丁午風乙卯
針二更姑米人登山舉火爲號舟中以火應之十
四日單甲風姑米頭目率小舟數十牽挽至山西
下椗十五日單卯風小舟又挽至山北下椗距岸

約三四里許自開洋至姑米北岸計五日礁石獰猙鐵沙蕩激
舟未得近十六日風止舟膠十七十八日俱東北
逆風十九日寅刻雷雨風暴二十日卯刻虹見東
北風辰刻雨二十一日卯刻微雨東北風二十二
日東北大風接封大夫鄭秉和請易小舟登岸暫
避臣等懼其驚衆不許是夜風轉暴二十三日暴
甚船身播蕩嘔伏者相枕鄭秉和再請登岸臣等
諭以
詔敕在舟豈容暫離若奉以行衆將何恃不如勿動以
安人心有議以繩繫腰而縋入小舟者其說愈陋
復力止之二十四日風愈暴椗索屢下屢斷衆議
以地多礁石欲起帆隨風漂流臣等以利害婉示
之問筊于神神許以專泊此地可保終吉因謂之
曰風勢如此不致逼山者帆未起也脫一起帆瞬
息虀粉矣且柴蔬水米俱盡開將何往乃止是夜
四鼓椗索十餘一時皆斷柁走龍骨觸礁而拆底
穿入水時既昏黑兼大雷雨帆葉廚棚吹沒殆盡
倏見神火飛向桅末焚招風旗而墜又海面一燈

浮來若烟霧籠罩狀于是衆悉呼曰天妃遣救至矣須臾船身直趨向岸一礁石透入船腹不動亦不沉因令解放杉板（本舟小船）下水臣等乃獲捧

詔敕節印陸續登岸同舟二百餘人舉慶更生僉謂仰賴我

皇上如天之福阽危獲安且羣頌

天后廣庇之德隨感而孚云是日起島人日送蔬米公館中供應彌謹二十九日王世子遣耳目官等來候七月初四初五日王世子連撥國中海船迎

載初七日臣等謹捧

詔敕節印賜物奉安船上仍迎請天后神像登舟遂乘西南風開駕夜過馬齒山初八日至那霸港（自遣風登岸易海船至那霸計二十三日）十月中旬琉球國更造新船配用原船桅柁報竣臣等卽于本月二十六日恭奉

節印登舟中山王尚穆先詣迎恩亭候送跪請

聖安十一月初一日冬至初七日東風微起封舟同謝

恩進貢兩舟乘潮出港午遇颶仍同收回潮落風狂幾復觸礁嗣因風信已過波浪日惡至二十日中山王遣陪臣敦請進館須候春信始可開洋臣等謹奉

節印再入館中十二月十二日二號船到臣等飭將原船修補擇乾隆二十二年正月二十八日登舟三十日卯時東北風遂率三舟一同開洋用乙卯針行三更午時至馬齒山安護浦下椗二月初一日西南風初二日未刻轉西風初三日北風甚壯初四日寅時單癸風用午針出灣巳刻轉丑風單辛

針三更午時過姑米山單申針五更初五日早乙辰風單辛針五更夜辰巽風單辛針六更過溝祭海初六日單艮風辛針六更轉辰巽風單辛針四更初七日風同辛針三更申刻大霧不見山寄椗初八初九日俱大霧西南風初十日早白虹見霧暫開見台州石盤山午復大霧白虹再見轉午風戌時東北風起椗用未針見溫州南杞山亥時雷電風雨交作船欹急落帆葉只用半篷十一日東北風單辛針七更晚至羅湖下椗十二日風同用

中針收入定海所下椗十三日巳刻進五虎門午時至亭頭二號船巳於初六日先至　臣等至怡山院行
諭祭海神禮進貢船同日至謝恩船是日至定海共十四日
十六日入城以上針路

水泉

瑞泉在首里王城歡會門內城建山巔而泉脉上湧極甘烈大旱不竭石壁峭立高廣數十丈於泉眼以鐵龍嵌之泉從龍口噴流跳珠飛雪淙入肌骨下承以小方池旁通小溝伏流直灌龍潭分溉田圃民苦斥鹵甚利賴焉外樹柵扃之設司守之日供王府茗飲冊封時則日遣紅帕筑登之

押送兩石到館以漆筩盛之加封鐍焉徐葆光報謝國王日餽瑞泉二斛詩數斛清甘應客須碧筒金鎖傒泉隅頳肩得得馳山驛絳帕朝朝送水符乍出靈源無點濁向來渴疾已全蘇何當一勺遙相報空說中泠在我吳

龍潭王城北瑞泉下流滙處廣可兩畝長數里隄岸堅甃與圓覺寺前圓鑑池通上跨觀蓮橋清漣澄澈雜植芰荷遊魚可數國中競渡多在于此重陽日王宴天使亦設棚隄北作龍舟之戲焉

奇泉在王府西南毛氏園內

吉泉在末吉村龜山下

笠泉在桃原村

泊津在泊村西流入海

那霸港首里西十里直達大洋馬加石對峙如門底皆鐵板沙左右建砲臺二凡封舟貢船及往來諸舟悉灣泊焉設渡船二以通山南行旅

漫湖通海即那霸港所停瀦處港狹束水而入經漫湖四溢各間切遠近紆迴可數十里而疑聚豐見山下環奧山紫中島溝塍聯注脉絡一貫通潮盡則坦然可徒步潮漲則一望瀰漫故名一作縵湖傍水中一石甚奇聳正對久米村

日泉在眞和志牧志村相傳見紅日墜地生泉泉上有古松

旺泉在眞和志城嶽內

天眞泉在宜野灣普天間村松壽院傍

無漏溪在北谷村宋淳祐中溪有惡蛟爲害義本王募生男女以祭宜野灣章氏女捨身養母感神滅蛟

玉泉在王城國王每歲祈雨處

饒波在豐見城石火山下東北流

玉湖在眞玉橋村

砂川在大嶺村下有砂嶽在海中一里許正南爲麻姑山徐葆光砂川詩一沙淨潮初上鄰鄰散馬蹄蹴波飛作雨破浪踏成蹊石立雲根漏川横嶽勢低麻姑如可望幾點沒鳧鷖

樂平泉在儀間山垣花村東

惠泉在高嶺村山南王故城下徐葆光惠泉詩勺水無興廢泠泠傍故城猶堪資谷汲只守在山清石罅通泉脉松間作溜聲夕陂還歇馬一掬漱餘酲

芳泉與惠泉相近

富藏河在金武山下千手院傍

諸喜泉在名護山懸瀑

崖上

轟泉在名護松堂村

手水在許田村昔有客遇一女求水女手水進之故名

許田湖在許田村下

大桀川在宇勝嶽下西南流

親川泉

獲劍溪倶在今歸仁親泊村

運天江在今歸仁運天村亦名運天津西流北山舟多泊此以上國中

白川在姑米山

上行瀑在姑米山安嘉村凡瀑皆懸流順瀉惟此瀑自下而上盤踰山脊乃旁溢四注甃兩山相距不遠本山陡峭泉脉直衝地底伏流湧見而對山稍低勢亦邪衍不似本山之峻絶兩旁沙土高突中見石骨微凹山趾適當泉眼擁激有力不暇旁溢迎距互乘擊蕩萬狀恍如醉漢爭鬬前者勢孤後者勢盛羣而擠之前者雖不迴顧業已却步而退尺矣激而行之可使在山其勢使然也

面那水近伊良保西南

赤瀨在大島有大石如圓柱廣一里

純紫色北山硫磺無人居溫泉山俱有之

橋梁

龍淵橋在龍潭上天女橋觀蓮橋俱圓覺寺前蓮池上臨海橋那霸港北砲臺隄上作三門以通潮旁有臨海寺程順則有記見藝文泉崎橋在漫湖滸雙門拱月每當皓魄澄虛一碧萬頃如玻瓈世界中不復有凡俗想為中山八景之一徐葆光泉崎夜月詩明月送潮來橋上不知暮逆見渡頭人紛紛厰西去地近陶厰故云金城橋在首里王城西南茶崎橋在立岸村長虹橋在眞和志牧志村長虹隄上旁多鹽埠爲中山八景之一徐葆光長虹秋霽詩跨海臥長隄秋來宜曉望腳底彩雲生月在虹霓上安里橋在眞和志安里村先王廟右八幡橋在八幡嶺上旁有八幡宮供八幡大士

泊橋在泊村亦名高橋眞玉橋在豐見城北玉湖之上爲往山南要路汪錄誤以安里橋當之石火橋在豐見城石火嶺下徐葆光石火橋詩涉海不知遠盤山覺路遙暮烟迷絕磴驚瀑撼危橋前嶺火相接隔溪人互招山山名字別譯語問歸樵大里橋在高嶺村山南王故城下舊爲石橋水門三今架木爲之

琉球國志略卷五

琉球國志略卷六

翰林院侍講臣周煌恭輯

府署 王府　世子府附　使館　學校

古稱島夷卉服則穴居土處可知按隋書稱國王所居曰波羅檀洞塹柵三重環以流水樹棘爲藩蓋其時棟宇之制未備而亦寖異乎巢窟之舊矣今則閈閎輪奐階戺軒崇大改前模至于安奉

詔敕供頓使臣公所則多倣中國矩度縱未足云壯麗亦既爍濶不虞無憂從者不直此也方當

聖朝重熙累洽百有餘年舉萬類而甄陶之凡在域外波臣咸知向學文教浸興則又且俎豆尼山置師儒弟子膠黌之設無異華風前此未有也志府署

王府

王城在首里田萬松嶺東上數里許衢道修廣有坊牓曰中山道南有安國寺對街爲世子第中路砌石爲大墩內植鳳蕉一叢更進又一坊牓曰守禮之邦汪錄云萬歷初封王尚永制詞有足稱守禮之邦故以爲額道左有天界寺寺西南爲王塋對街爲大美殿更進爲歡會

門卽王府城也高踞山巔礪石砌成削磨如壁蒼
黝礧歴遠望如聚髑髏故隋書因其形似誤謂王
所居多聚髑髏其下耳城外石崖上左刻龍岡右
刻虎崒城四面門各一前西向卽歡會門後東向
爲繼世門汪錄世子嗣位由此門入左南向爲水門右北向爲
久慶門進歡會上崖有門西北向牓曰瑞泉門左有碑
前使徐葆光鐫中山第一四字左右甬道有左掖右掖二門通入
王宮更進有樓西向牓曰刻漏上設銅壺漏水更進有門
西北向爲廣福門卽王府門也城周廻三四里有

馬道無雉堞
王殿在山頂康熙元年燬五十一年重建前使臣張學禮
時殿尙未建預題曰東南屏藩受封在世子殿前爲奉神門左右三門並
峙在廣福門內與殿皆西向山形本南北向以中
國在海西表忠順面內之意故也殿九間左右夾
室一殿前月臺建穹亭覆之中階七級石欄周護
雕刻花鳥頗工整殿上有樓爲
御書樓極高敞壯麗鉅梯當檻立正中懸奉
聖祖仁皇帝御書中山世土匾額左奉
世宗憲皇帝御書輯瑞球陽匾額右奉
皇上御書永祚瀛壖匾額臣等於閣讀日拜瞻
宸翰天章炳煥日月光華誠海邦世寶也下爲王聽政位
中壁懸上古伏羲畫卦像龍馬負圖立其前汪錄作孔子像絹色蒼古微有剝蝕非近代物前使臣海寶題中山王府詩中
皇綸來山祖德見詒謀世纘圖成貢典修三錫漢使萬年臣節戴宗周星旗花嶼環芳甸竝管烟村帶畫樓敷命采風皆我職史編爲紀海東頭前使臣徐葆光拜瞻
御書華匾恭紀二章
錫祚煌煌語有神帡幪五世
命三申垂封已許天同久拜賜時瞻墨尚新玉札半綸爲普券滄波一渡作通津桑田可變

恩常在不怕重揚東海塵
龍章卅載賁山陬拜舞樓頭五色開始信天文垂象遠直從海角覲光來河山舊誓留千葉鸞鳳餘輝照八埏眞箇乘槎到雲漢擧頭咫尺見卽同殿庭
方廣數十畝分砌三道方磚鋪之左廂北向爲南
樓窻盡垂簾樓隅隙地畝許蟠松與鳳蕉錯植奇
石間前使汪楫題曰聽濤右廂南向爲北宮匾曰
忠順可嘉亦用制詞中語凡宴天使皆於此以其地面南
故殿屋皆固樸多柱礎一間至用二十餘柱屋梁
舉手可接以處山岡且防海颶
世子府第在安國寺南別有世子殿在中城徐錄云國

王時往遊

天使新館

館在那霸，去迎恩亭里許，面南，一倣中朝官廨制度。前築照墻，東西轅門外柵四周，柵內東西門房各四楹，以居國之執事人員。左右鼓角亭各一，旗竿二，上施冊封黃旗各一。大門署曰天使館。門內東西班房各六楹，以處書吏隷役。儀門署曰天澤門，前明冊使夏子陽題，年久失去，前使徐葆光隷書補題。門內甬道至月臺前，徐葆光種榕樹左右各兩株。庭中廣可數畝，陪臣行禮於此。正中爲大堂，前楹前使張學禮、王垓隷書「天威遠播」匾；屏門上，前使汪楫、林麟焻題「敷命堂」匾，汪楫又聯于門曰：

帝德著懷柔，正朔萬年頒上國；臣心表忠信，南風三日到中山。中楹前使海寶、徐葆光題

皇綸三錫匾，臣魁題其左曰「露灑扶桑」。左右楹間，徐葆光復書二牓：一載前明冊使姓名。洪武五年，詔中山王察度，使行人楊載；永樂二年，封武寧，使行人時中；五年，封思紹，不遣使；洪熙元年，封尚巴志，使中官柴山；

正統十年，封尚忠，使給事中俞忭、行人劉遜；十三年，封尚思達，使給事中陳傳、行人萬祥；景泰二年，封尚金福，使給事中喬毅一作陳謨、行人童守宏；六年，封尚泰久，使給事中嚴誠一作李秉彝、行人劉儉；天順六年，封尚德，使吏科給事中潘榮、行人蔡哲；成化六年，封尚圓，使兵科給事中官榮、行人韓文；尚宣威未請封；成化十三年，封尚眞，使兵科給事中董旻、行人司司副張祥；嘉靖七年，封尚清，使吏科給事中陳侃浙江鄞縣人、行人高澄順天固安人；四十一年，封尚元，使吏科左給事中郭汝霖江西永豐人、行人李際春河南杞縣人；萬曆四年，封尚永，使戶科左給事中蕭崇業雲南籍應天上元人、行人謝杰福建長樂人；二十九年，封尚寧，使兵科右給事中夏子陽江西玉山人、行人王士禎山東泗水人；崇禎元年，封尚豐，使戶科左給事中杜三策山東東平州人、行人司司正楊掄雲南籍上元人；尚賢請封未獲，卒。一載

本朝歷遣使臣姓名。康熙二年，封尚質，使兵科副理官張學禮遼陽人、行人王垓山東膠州人；二十一年，封尚貞，使翰林院檢討汪楫江南儀徵人、內閣中書舍人林麟焻福建莆田人；尚純未立先卒，子尚益未請封；五十八年，封尚敬，使翰林院檢討海寶滿洲鑲白旗人、翰林院編修徐葆光江南吳江人；

今上乾隆二十一年，封尚穆，使臣魁、臣煌忝任斯役，謹續題其後。後爲中堂，安奉

詔敕所，臣煌恭題曰「聲教東漸」，復敬書一聯曰：

聖化浹扶桑，萬里而遙瞻日近；皇華臨辨嶽，九州之外仰天高。左右爲兩使臣房。堂後左右板閣各一，汪楫題其左曰「長風閣」，林麟焻題其右曰「停雲樓」。尋

廢徐葆光重書之且系以詩左右廊房各九楹以
居從人東院有水井一礪墻周圍如城高丈餘堂
屋皆上用瓪瓦下用方磚壁悉用厚板役舍則以
蘆箔漫土其上樓上鋪腳踏棉餘舍鋪設桌椅牀
帳及諸什物悉照中國製造設專司掌之堂後徐
葆光構小東軒疊石種蕉以供燕適今廢臣煌重
植鳳蕉一叢徐葆光敕命堂前種榕詩使館邀綸世一開
聖皇冊命已三來天無稽澤隨時降樹有餘陰爲手栽門合海隅迦日月根蟠龍爪壓風雷諸卿好與勤封
殖若木光中拱上台○汪楫長風閣宮雨詩三年荒徼望甘霖一夜輕雷送好音有腳春來

天子惠隨車兩足使臣心薰花穿戶紅全濕橘葉遮垣綠更深見說途人歌且舞老夫高眺亦長吟徐葆
光停雲樓詩身似孤雲復此停樓頭舉目海天青行人舊蹟今何在鴻爪從來偶一經停雲靄靄覺
身孤盡日流觀山海圖一出隨風棲絕島無心也戀故山無又小東軒詩半庭花藥好鑿牖小樓偏
臥席看雲變規窻學月圓一琴消院漏薄醉作秋眠燈影麥虛泛吳江舴艋船又使院種芭蕉詩踰
海莫逃暑況茲日出隅人徒既充院而復畫地居土八夙敬客莽灌咸掃除庭宇固疎曠炎鬱乃不
舒朝斛盼夕蔭十年計何迂芭蕉葉飛雲草木無一如分列植百本取諸纖紺餘微雨众卷坼一夕
俄紛敷礪墻影交碧灰野光斂晡炎風應序來颭然秋與俱人事戒欲速濟變亦艮圖置物苟得所
安往非吾廬

天使舊館支應司附

舊館在使館西南大門上有小板閣入門大堂三
楹萬歷中冊使蕭崇業取唐人海東萬里灑扶桑
句以灑露名之前使王垓書駐節扁堂中楹明使
臣杜三策書每懷靡及匾後有樓樓西隙地數畝
前封測量平安豐盛頡居之胡靖記云楊行人掄居西偏小樓名曰聽
海杜三策題四律有一帆多藉乘風力萬里長懸捧日心興來欲泛張騫斗歸去羞言陸賈金諸譽
句樓今廢張學禮記云樓上有明杜三策梅花詩百首今已堙滅幷詩亦不傳胡靖聽海樓詩二
首夜聽魚龍出水吟一尊對月酒頻斟寒濤噴灑連天雪殘菊飄零滿地金數曲歌縈孤客思幾回
夢繞故園心平生浪跡知多少此處東猶可再尋支離遊況此來豪萬頃波光入彩毫潑墨煙雲龍
出海臨池朗月鶴鳴皐浮槎欲泛天河斗乘興猶疑雪夜舠千飲中山渾是夢不知身寄海天高

或云彌世公館即其地
天使館旁支應分設七司一館務司掌館中應行
事件一承應所掌館中修葺物件一掌牲所掌羊
豕雞鴨支送等事一供應所掌酒米小菜支送等
事一理宴司掌七宴事一書簡司掌書帖往來等
事一評價司掌評定物價等事每司遣大夫一員
紅帕三人雜差等二十人主其事七司外又有總
理司亦名長史所設紫金大夫一人長史四人筆

一者十二人總理七司大小事及上下文移其朝夕

供應奔走別有庫官等爲之

附那霸公館有二一在舊使院前一在天使館東下天妃宮左皆極深邃宏敞爲差辦

管理那霸錢穀獄訟二官公所

附姑米島公館亦有二一在金城間切一在內間切在內間者臣等茲役過颶登岸時同居之臣煌顏其堂曰寶典流輝復系一聯云鼇首駕山來擁衛不違天咫尺蛩民迎節拜懽呼創見漢威儀

學校

學校在久米村泉崎橋北聖廟東偏康熙十三年立廟廟制詳見祠廟典禮尚未立學五十六年紫金大夫程順則啟請建明倫堂又於堂北祀啟聖併四配神主五十七年冬堂成蓄經書略備國王又敬刊

聖諭十六條命程順則演其文義月吉讀之官師則紫金大夫一員司之每三六九日詣講堂稽察諸生勤惰兼理中國往來貢典講解師則擇久米內文理精通者一人爲之不拘大夫都通事秀才皆可歲廩十二石訓詁師則擇句讀詳明者一人爲之歲廩八石程順則有廟學紀略蔡文溥有中山學校序頗詳悉俱見藝文久米七歲以上初學者則設塾於上天妃宮以教之首里亦設鄉塾三所外村小吏百姓之子弟則以寺爲塾以僧爲師皆學國字有草書無楷字近那霸等村亦多家塾讀書之聲有中宵朗朗弗輟者殊可嘉也

乾隆二十二年四月二十一日代請官生入學讀書疏

翰林院侍講臣全魁臣周煌謹

奏爲據詞代請事臣等蒙

恩簡用遠使琉球事竣將旋中山王臣尚穆詣館宴送令陪臣通事向臣等致詞云海隅下國疊被

皇仁

宸翰榮褒

綸音寵錫但僻處彈丸荒陋成俗向學有心執經無地先于康熙二十二年經懇前使汪楫等代請陪臣子弟四人入學讀書奉部議准遣官生阮維新等入學在案嗣于五十九年懇前使海寶等援例代

奏復蒙許遣今幸

天遣使臣至國敢祈陳明遠人向化之誠俾得再遣入
學讀書下國不勝悚企等語臣等理合據詞繕摺
代奏伏候
聖鑒敕部議覆施行謹
奏即日奉
旨該部議奏欽此
禮部謹
奏爲遵
旨議奏事乾隆二十二年四月二十三日內閣抄出翰

林院侍講全魁周煌奏稱臣等使竣將旋中山王
令陪臣通事致詞云海隅下國荒陋成俗向學有
心執經無地先于康熙二十二年經懇前使汪楫
等代請陪臣子弟四人入學讀書奉部議准遣官
生阮維新等入學在案嗣于五十九年懇前使海
寶等援例代奏復蒙許遣今幸
天遣使臣至國敢祈陳明遠人向化之誠俾得再遣入
學讀書下國不勝悚企等因具奏到部查康熙二
十三年
冊封使臣翰林院檢討汪楫等五十九年使臣翰林院檢
討海寶等事竣回京俱奏稱該國王懇求轉奏令
陪臣子弟入監讀書經臣部覆准具奏奉
旨依議欽此隨據該國王前後遣令官生到京臣部並飭
國子監讀書三年遣令歸國各在案今翰林院侍
講全魁等既稱該國王尚穆向化輸誠懇請陪臣
子弟入學讀書應如所請准其于應貢之年遣令
來京臣部飭行國子監肄業俟
命下之日行文福建巡撫轉行該國王遵照可也謹

奏于乾隆二十二年五月初一日奏本日奉
旨依議欽此

琉球國志略卷六

琉球國志略卷七

翰林院侍講臣周煌恭輯

祠廟寺院附

周官宗伯禋祈宜報之典最繁所以昭誠敬廣仁孝也

國家歲事有常百神効靈山海寧謐琉球仰遵

聖教頗知淫祀無福諸不在祀典者罔敢僭黷是以舉行蜡臘崇飾宮牆而寢廟城叢亦皆式禮莫愆允合生三事一之義若乃像教之設雖儒者所不道要其大旨足以警醒貪嗔撥之神道設教遺意初無大忤且點綴名山邃谷上以備祝釐淨地下亦供登覽勝遊未爲不善也因復略表其尤著者焉

志祠廟

社壇在首里未吉村祭國中山川處

雨壇有二一在豐見城十月下種時迎龍神像設壇祈雨處爲國相采地一在玉城村又曰雲城國王每歲祈雨處

雩壇在首里崎山東苑內旱甚國王詣壇躬禱

雷神廟在那霸護國寺前祀雷聲普化天尊故俗呼天尊廟汪錄云永樂中貢使自京師塑像歸崇禎末王尚質新之其上樑文有新通渡唐之船冀遂懋遷之願舊錄作三清殿今無此稱徐錄云供玉皇誤左右懸絹旛二賓書雷神號也張錄云殿前二松大數圍高二十餘丈今無殿前百步有方池畝許池下新栽松近一百餘株中樞張學禮題蒼生司命匾殿廊懸大鐘一鐫字曰玉大世主庚寅慶生茲現法王身量大慈願海新鑄巨鐘寄捨天尊殿以上祝萬歲之寶位下濟三界之衆生辱命相國缺爲銘銘曰華鐘鑄就挂着珠林撞破昏夢正覺天心君臣道合蠻夷不侵彰鳧氏德超追羲吟萬古皇澤流妙法音景泰七年丙子九月二十三日住持權律師良舜證之大工國吉奉行智賢并與那福中西

臣按景泰七年爲王尚泰久時中山世鑑云泰久以永樂十三年乙未生距庚寅差五年尚圓亦以是年生泰久於景泰五年甲戌嗣位四十歲至天順四年庚辰薨壽四十六則非庚寅生矣而世鑑又云諸山寺大鐘皆王所鑄故銘文或書丙子或書丁丑皆署景泰年號若尚圓則以成化六年庚寅即位至十二年丙申薨壽六十二更無涉矣世纘圖則謂尚德王始鑄大鐘考尚德以正統六年辛酉生亦與庚寅不合也豈世鑑所云泰久以乙未生或考之未審耶

文廟在久米泉崎橋北南向紅牆朱屏左右立下馬碑內欞星門三進門廣庭甬道上設拜

臺大殿三間奉先師孔子神位聖像兩旁二龕設
四配位像各手一經中樑摹監
聖祖御書萬世師表區一康熙十三年建前使汪楫林麟
焻各有記見藝文五十六年紫金大夫程順則復
啓建明倫堂又於堂中近北壁分三小間祀啓聖
并四配位兩廡蓄經書畧備國王命順則敬刊
聖諭十六條演義於月吉讀之久米之子弟就學其中順
則立碑記之又有廟學紀畧前使徐葆光爲書啓
聖祠明倫堂儒學三大牓立碑一俱見藝文臣煌
至館循例展謁拜瞻之下進諸秀才悉加獎勉諄
宣我
皇上右文德意令通事官傳示衆皆忻忻拱聽似有會
心者其規制未備則如啓聖公主尚仍公號殿上
未增祀十二哲亦未建兩廡祀配食諸賢臣因舉
內地諸郡邑條規移咨國王
知之其春秋祀典詳見典禮

天妃宮

有三一在那霸天使館東曰下天妃宮門
南向明夏子陽王士禎立靈應普濟神祠

額前廣數十畝有方沼池門左右石神二甬道寬
廣殿宇宏敞堂內有崇禎六年冊使杜三策楊掄
慈航普度區順治六年招撫司謝必振普濟萬靈
區康熙二年冊使張學禮王垓普濟羣生區張錄
別有中外慈母區五十八年冊使徐葆光書聯云
那霸唐營並峙兩官分上下夏來冬往安流二至
合華彝有鐘一銘文與天尊廟同唯相國鈌名處
作辱命相國安潛爲其銘未作景泰丁丑年一在
久米村日上天妃宮夏錄云嘉靖中冊使郭汝霖
所建門南向亦爲石神二甬道左右寬數畝周闓
繚垣正中爲天妃神堂右一楹祀關帝左爲久米
幼童誦讀地門額舊夏子陽王士禎書靈應普濟
神祠年久區失康熙中徐葆光取宋宣和及元天
歷兩賜額合書之曰順濟靈慈之宮堂內有杜三
策楊掄德配元穹區康熙中張學禮王垓生而神
靈區徐錄作生天福區汪楫朝宗永賴區林麟焻
聯一累朝璽誥表神功嶽降自鯀江翊運凝庥頻
現紅燈宜聖化重譯獻琛逢盛世皇華臨馬鹵摳

衣展拜永清碧海耀吾宗麟焻莆田人天妃族故
末稱裔姪孫徐葆光聯一統全海之洪波俯順人
情應念東西南北綜歷朝之寶冊仰覘聖德一心
忠孝慈仁臣等姑米遇颶仰藉
皇上威靈神光護佑全船二百餘人無一虧損易舟到
港謁廟行香臣煌謹表願大能成區一神爲德其
盛乎呼吸迴天登彼岸臣何力之有也忠誠若水
鑒平生聯一敬抒微忱稽首神既有鐘一鐫文與
下天妃宮同一在姑米山係新建茲役觸礁神燈
示見且姑米爲全琉門戶封貢海道往來標準臣
煌謹同臣魁公啓國王代建新宮崇報靈蹟中山
王尚灝現在遴員卜地鳩工臣煌使旋有日恭製
區聯各一區曰玉山仙姥聯曰鳳舸燦神光一片
婆心扶泰運龍津標聖蹟萬年福曜鎮安嘉琛地姑
更爲立碑
以紀其事

臣謹按天后氏族里居存沒之蹟錯出前紀街談

巷說傳聞異辭據徐葆光錄天妃靈應記云天妃
姓林氏莆田湄洲人（張記云蔡氏猴嶼人非是）宋都巡檢愿（一作孚）
第六女以建隆元年庚申三月二十三日生彌
月不啼名曰默生而神靈少與羣女照井有神捧
銅符出以授妃羣女奔駭自是屢顯靈異常乘片
蓆往來海上或驅篤前鐵馬渡江人咸稱爲通賢
靈女或稱神姑一日方織忽據機瞑坐顏色變異
母蹴問之寤而泣曰父無恙兄歿矣頃之信至父
與兄渡海舟覆父若有挾之者得不死兄以柁摧

救不獲雍熙四年九月初九日昇化室處二十八歲（張記云救父投海身亡誤）時顯靈應或示夢或示神鐙海舟獲庇無數土人相率祀之

天后封號

宋崇宗宣和五年給事中路允廸使高麗八舟溺其七獨允廸見神朱衣坐桅上遂安歸聞於朝賜廟額順濟高宗紹興二十六年始封靈惠夫人賜廟額靈應三十年海寇至江口神見風濤中寇潰就獲泉州上其事加封昭應孝宗乾道二年興化

疫神降於白湖去湖丈許得甘泉飲者立愈又海寇至霧迷其道至廟前就擒加封崇福淳熙十一年助巡檢姜特立捕溫台寇加封善利（汪錄作靈慈昭應崇福善利大人靈慈乃廟號凡加封皆原靈惠始封之號當作靈惠以上夫人凡四封）光宗紹熙三年以救疫旱功特封靈惠妃寧宗慶元四年以救潦功加封助順嘉定元年平大奚寇以霧助擒賊金兵至淮甸戰花靨鎮及紫金山神見像再捷三戰遂解合肥圍加封顯衛十年救旱獲海寇加封英烈嘉熙三年錢塘潮決至艮山祠若有限而退加封嘉應寶祐二年救旱加封協正三年加封慈濟四年以浙江隄成加封善慶五年教授王里請於朝封妃父積慶侯母顯慶夫人女兄以及神佐皆有錫命景定三年反風膠海寇舟就擒加封顯濟（以上封妃凡十宋共十四封）

元世祖至元十八年以海運得神佑封護國明著天妃又進顯佑成宗大德三年以漕運効靈加封輔聖庇民仁宗延祐元年加封廣濟文宗天歷二年加封靈感助順福惠徽烈（共二十字）廟額靈慈（元晉封天

妃凡五加封）

明太祖洪武五年封昭孝純正孚濟感應聖妃成祖永樂七年封護國庇民妙靈昭應弘仁普濟天妃自後遣官致祭歲以為常莊烈帝封天仙聖母青靈普化碧霞元君又加青賢普化慈應碧霞元君（明封聖妃一改封天妃一改封元君二凡四封）

本朝康熙十九年收復臺灣神靈顯應提督萬正色以

聞加封護國庇民妙靈昭應弘仁普濟天妃（仍永樂七年號）遣

官諭祭

臣謹按天妃廟祀自元至元中於直沽平江周涇泉福興化等處皆有廟皇慶以來歲遣使賫香遍祭明嘉靖中冊使陳侃使還乞賜祭以答神貺禮部議令布政司設祭一壇報可萬曆三年冊使蕭崇業始請秩祀海神合舉祈報二祭至今封舟出海因之康熙二十二年冊使汪楫等還疏請照嶽瀆諸神著地方官行春秋二祭部議未准五十八年冊使海寶等具疏再請得

旨著地方官春秋致祭編入祀典臣等茲役自閩海往還祈神獲佑竊疑封號尚襲前明即諭祭文內但云海神不言天妃敬瀝微忱乞加封號並請明頒諭祭俱蒙

聖慈俞允崇報益隆名實悉稱典禮周詳超軼千古矣

乾隆二十二年四月二十一日請加封號諭祭疏

翰林院侍講臣全魁臣周煌謹

奏為

天威遠播神應彌昭敢瀝微忱仰祈

睿鑒事臣等蒙

皇上天恩簡使海外

陛辭之日

訓誨周詳賫

命以來惟冀克竣典禮無貽隕越顧往返輒有滯留風波不無驚阻今得趨赴

行在瞻仰

天顏皆由我

皇上再造之鴻恩故能使天妃效靈更生有慶所有微

臣等感激之私有不得不陳請於

聖主之前者伏查天妃於康熙十九年收復臺灣神靈顯應福建提督臣萬正色奏請加封經禮部議准封為護國庇民妙靈昭應弘仁普濟天妃則是仍明永樂間封號也又查前明冊封琉球有祈報海神文二道康熙二十一年前使臣汪楫等奏請諭祭海神其略云海神天妃靈感最著是以海神為天妃矣臣等茲役遵例於怡山院致祭按其地有天妃宮僅一拈香而

諭祭之典則又設位於江岸實望祭也伏讀祭文內所
引事實似指天妃然但云致祭於海神未明著天
妃之號臣等竊疑海自有神嶽瀆載於祀典似不
得即以天妃爲海神明矣伏念臣等始渡海時以
六月初十日出五虎門十三日巳見琉球之姑米
山十四日近山下椗守風之次適當暴期波浪兼
天舟身震撼嘔逆顛仆者無數臣等屢禱於神神
出籤示謂寧泊此毋捨去也於是肅將
簡命虔告天妃神若默佑生靈當爲神乞加封號並請

於冊封之年明頒諭祭奈臣等忠信未孚延至二
十四日夜颶風大作椗索十餘一時皆斷舟走觸
礁龍骨中折底穿入水時既昏黑兼值雷雨距岸
約六七百步許自分此時百不一生呼籲之頃忽
神火見於桅頂又海面燈光浮來若烟霧籠罩狀
舉舟之人皆所共見乃齊呼曰天妃救至矣須臾
舟稍向岸賴一礁石透入舟腹得不沉溺復不漂
流以故解放本舟小船次第救免臣等於萬疊驚
濤之中實奉

節詔賜物登岸實皆荷我
皇上洪福恩同覆載履險終平而天妃阿護之靈尤其
彰明較著者是用殫竭愚忱仰懇
皇上天恩敕部議加封號更請於冊封之年別
頒諭祭文二道與海神並舉抑或於諭祭海神文內明
著天妃之號庶崇報益隆名實允稱爲此繕摺恭
奏伏候
聖裁臣等無任激切屏營之至謹
奏即日奉

旨該部議奏欽此
禮部謹
題爲遵
旨議奏事乾隆二十二年四月二十四日內閣抄出翰
林院侍講全魁周煌奏稱天妃於康熙十九年收
復臺灣神靈顯應福建提督臣萬正色奏請加封
經禮部議准封爲護國庇民妙靈昭應弘仁普濟
天妃則是仍明永樂間封號也又查前明冊封琉
球有祈報海神文二道康熙二十一年前使臣汪

稱等奏請諭祭海神其略云海神天妃靈感最著
是以海神爲天妃矣臣等茲役遵例於怡山院致
祭按其地有天妃宮僅一拈香而
諭祭之典則又設位於江岸實望祭也伏讀祭文內所
引事實似指天妃然但云致祭於海神未明著天
妃之號臣等竊疑海自有神嶽瀆載於祀典似不
得即以天妃爲海神明矣伏念臣等始渡海時以
六月初十日出五虎門十三日巳見琉球之姑米
山十四日近山下椗守風之次適當暴期波浪彙

天舟身震撼嘔逆顛仆者無數臣等屢禱於神神
出發示謂寧泊此毋捨去也於是肅將
簡命虔告天妃神若默佑生靈當爲神乞加封號並請
於冊封之年明須諭祭奈臣等忠信未孚延至二
十四日夜颶風大作椗索十餘一時皆斷舟走觸
礁龍骨中折底穿入水時既昏黑兼值雷雨距岸
約六七百步許自分此時百不一生呼籲之頃忽
神火見於桅頂又海面燈光浮來若烟霧籠罩狀
舉舟之人皆所共見乃胥呼曰天妃救至矣須臾
舟稍向岸賴一礁石透入舟腹得不沉溺復不漂
流以故解放本舟小船次第救免臣等於萬登驚
濤之中賫奉
節詔賜物登岸實皆荷我
皇上洪福恩同覆載履險終平而天妃呵護之靈尤其
彰明較著者是用殫竭愚忱仰懇
皇上天恩敕部議加封號更請於冊封之年別
須諭祭文二道與海神並舉抑或於諭祭海神文內明
著天妃之號庶崇報益隆名實允稱等因具奏到

部該臣等謹按會典四海龍神各有封號東海稱
顯仁龍王之神西海稱正恒龍王之神南海稱昭
明龍王之神北海稱崇禮龍王之神有司以歲時
秩祀會典內開載天后亦稱海神康熙十九年
敕封海神天妃爲護國庇民妙靈昭應弘仁普濟天妃二
十年福建提臣萬正色以天后著靈奏聞於朝
詔封昭靈顯應仁慈天后五十九年翰林院檢討海寶等
奏稱奉
旨冊封琉球於怡山院祭天妃往返海道略無危險經臣

部議准該地方官春秋致祭編入祀典乾隆二年
福建總督郝玉麟疏稱臺灣守備陳元美等在洋
遇風虔禱天后俱獲安全褒封宜加亦經臣部議
准加封其字樣交內閣撰擬進呈
欽定福佑羣生四字欽遵各在案是向來冊封琉球使
臣所祭實係天后而非南海昭明龍王之神已確
有可據今該侍講全魁等奏稱萬疊驚濤之中賫
奉
節詔賜物登岸實皆荷我

皇上洪福恩同覆載履險終平而天妃呵護之靈尤其
彰明較著者仰懇
天恩敕部議加封號更請於冊封之年別
頒諭祭文二道與海神並舉抑或於祭文內明著天妃
之號等語應如所奏恭請
加封其封號字樣應照例交內閣撰擬進
呈恭候
欽定嗣後
諭祭天后祈報文二道書明天后封號即於怡山院天
后宮舉行祭事於禮乃為允協並請別
頒諭祭南海龍神祈報文二道於江岸望祭庶禮儀咸
備而祀典逾隆矣恭候
命下之日行文該處欽遵辦理臣等未敢擅便謹
題請
旨乾隆二十二年五月十四日奉
旨依議欽此
內閣謹
奏為請

旨事據禮部來文內稱本部議覆翰林院侍講全魁周
煌題請
加封護國庇民妙靈昭應弘仁普濟福佑羣生天后以
酬神貺其加封字樣交內閣撰擬等因移咨前來
臣等謹擬加封字樣進
呈
御覽伏候
欽定乾隆二十二年六月十八日奉
旨用誠感咸孚欽此

天后靈蹟

臣謹按天后救濟靈蹟不勝枚舉茲但就歷使封舟顯應係錄於左洪熙元年冊使中官柴山遇險獲濟事詳顯聖錄以後無攷今斷自陳侃始

嘉靖十三年冊使陳侃高澄舟至姑米山發漏呼禱得塞而濟歸值颶風桅檣俱折忽有紅光燭舟乃請䆁起柁又有蝶雀示象冠服禱請立碑風乃弛還請春秋祀典詳甲午使錄

嘉靖四十年冊使郭汝霖李際春回閩日颶將發有二雀集舟之異及颶發失柁汝霖等爲文以告風乃息更置柁一異鳥集桅不去詳癸亥使錄

萬歷七年冊使蕭崇業謝杰針路舛錯且柁葉失去虔禱之次俄有一燕一蜻蜓飛繞船左右遂得易柁詳己卯使錄

萬歷三十年冊使夏子陽王士禎舟過花瓶嶼無風而浪禱於神得風順濟歸舟柁索四斷失柁者三大桅亦折水面忽見神燈異雀來集東風助順詳丙午使錄

崇禎元年冊使杜三策楊掄歸舟颶作折柁牙數次勒索皆斷舟中有奇楠木高三尺三策等捐千金購刻神像俄有奇鳥集檣端舟行若飛一夜抵閩詳癸酉使錄

本朝康熙二年冊使張學禮王垓歸舶過姑米颶作桅左右欹龍骨半折忽有火光熒熒霹靂起風雨中截斷仆桅柁旋不止勒索皆斷禱神起柁三禱三應易繩下椗有一鳥若雁綠嘴紅足集戰臺上舟人喜曰天妃遣來引導也遂達定海詳記錄

康熙二十二年冊使汪楫林麟焻歸舟颶三晝夜舟上下傾仄水滿艙中虔禱天妃許請春秋祀典桅箍斷而桅不散頂繩斷而篷不落與波上下竟保無虞詳使錄

康熙五十八年冊使海寶徐葆光多用卯針幾至落漈虔禱得改用乙辰針又發許二十八日見山果見葉壁復禱得西北風一夜抵溫歸舟至鳳尾山旋風轉船篷柁俱側呼神復正至七星山颶作椗走幾觸礁呼神獲免詳傳信錄

臣等茲役舟泊姑米候風忽颶颷作連三晝夜六月二十四日夜半椗繩盡斷龍骨觸礁而折底穿入水呼籲之頃衆見神火起於桅頂焚招風旗而落又海面燈光浮來若烟霧籠罩狀船遂牢擱礁上得不沉溺以次獲濟登岸歸舟至石盤阻霧不進禱得見山旣起椗霧復合風雨雷電交作落帆葉不下舟欹甚再禱再霽賴以安行臣又聞護封二號船去時亦於六月二十四日夜在洋被浪擊損右舷杉板漂失神前燈已滅踰時復燃舟以漸駛得抵温州云

關帝廟在上天妃宮神堂之右冊使汪楫匾曰莫不尊親徐葆光聯云赤心常掛扶桑日正氣時通大海風程順則有記見藝文

龍神廟在上天妃宮大門內左廂北向徐葆光聯云受朝宗而宅海敷雨露以行天國王禱雨以舟載像至豐見城設壇祈之

水母廟張學禮圖錄近輿山今未詳其處

先王廟在眞和志安里村廟前松岡數重左右溪澗環注安里橋下入海復有海水來朝廟貌犀樸疊石爲牆左右立木坊及下馬碑石路修廣老樹森列正中作圈門三左右角門二前堂三楹匾肅容二字祭畢設宴之所更進甬道東西廳各三楹堦畔鐵樹兩叢正廟七楹正中向外通爲

一龕安奉諸王神位舜天居正中左昭舜馬順熙英祖英慈西威武寧尚巴志尚思達尚泰久尚圓尚宣威尚清尚永尚豐尚貞尚益共十五位右穆義本大成玉成察度思紹尚忠尚金福尚德尚真尚元尚寧尚賢尚質尚純尚敬共十五位諸皆稱神主惟寧豐質賢四主稱尊靈又加稱寧曰康翁豐曰宗盛賢曰秀英質曰直高左壁向右木主一書歷代有功王叔神位右壁向左木主一書先代王妃神位盈上前使臣張學禮王垓題河山帶礪匾汪楫林麟焻題永觀厥成匾海寶徐葆光題世篤忠貞匾臣等亦書源遠流長四字懸其次堂西神廚二楹東爲佛堂前後六楹旁三楹爲僧廚即崇元寺

圓覺寺內亦有先王神位中一龕五主正中祀尚圓稱龍慶雲君蓋其私諡也爲不祧之祖中左第一主祀尚貞爲高祖中右第一主祀尚純爲曾祖中左第二主祀尚益爲祖中右第二主祀尚敬爲禰左一龕正中尚稷左第一主尚清右第一主尚永左第二主尚豐右第二主尚質右一龕正中尚真左第一主尚元右第一主尚寧左第二主尚賢皆祿主也與傳信錄所記大異

臣按先王廟乃歷代統祀非一姓也圓覺寺自尚圓始爲本宗

天王寺內亦有神主佛堂左一龕神主二一爲尚稷乃始祖尚圓之父也一爲尚久乃尚豐王之父尚元第三子也二人皆王父未爲王故別奉於此旁二主爲王妃右一間四主皆王妃

天界寺內有尚懿神主乃尚寧王之父寺中皆女主供王妃及王姊妹出嫁者雖有家祠亦得祔

嶽祠

國中皆以石爲神凡神嶽叢祠之所繚垣四周灌

木密鬱巨石離立數處置香爐於前澆酒設牲果
渡海祈福酬恩報賽惟就石膜拜獻供不立神像
也在處有之今略記其有名可指者
城嶽在真和志古波藏村古松森立可數百株東三十餘步有泉名旺泉從石溜出甚甘潔爲中山八景之一徐葆光城嶽靈泉詩瑞泉托王居巨榜標金闕玉乳瀉巖溜泠泠自幽絕又城嶽詩一邱古廟只荒榛叢灌無人敢作薪渡海人歸還賽祉祠旁澆酒石爲神
辨嶽在崎山西南牆四周叢木尤密小門內拒南向門外木亭二所左傍有小石塔及石甃案左右各五入門石磴北屈而東數十級至頂有石香爐爲祭山神處木亭前平地方廣南向見海東南方有石爐灶香爲祭海神處嶽神名祇祇天孫氏第二女也國王登位受封皆齋戒親祭每年正五九月祭山海及護國神皆於此或遣官行禮
八頭嶽在高嶺東北
佳楚嶽在今歸仁村一名宇勝嶽最高爲中山第一峰
名護嶽在名護村山出異蘭
恩納嶽在恩納村以上國人稱爲五嶽
姑場嶽在中城村
蘇姑那嶽在佐敷
砂嶽在小祿大嶺村海中一里許巨石甚奇愕然如屋石根穿漏垂若鍾乳下可容百餘人
徐葆光砂嶽詩激海無頑石山根鐵板沙映波橫
嶽而洄泳吐鯨牙郿底舒雲葉潮頭結浪花醉來

平處坐一一似尊窐

寺院附

圓覺寺在王宮北久慶門外爲天德山國王本宗香火所在規制頗倣中國叢林山門高敞有樓翼然左右金剛神額爲靈濟法嗣徑山所書寺門外方池數畝名圓鑑池淸泉澄碧荇藻交橫水通入龍潭芰荷遍滿林木欑圍有觀蓮橋製甚整緻中砌一臺建亭其上供辨才天女即斗姥也名天女堂架橋達之名天女橋更西有龍潭橋亦名龍淵橋入寺佛殿七間極鉅麗更進大殿亦七間名龍淵殿中爲佛堂左右奉本宗先王主左序爲方丈右序爲客座皆鋪席滿室纖塵不染前檻板閣雕欄護之方丈左爲香積廚廚側有井泉名石冷泉方丈前爲蓬萊庭客座右廣庭中有小山名古松嶺相傳有神木數百年物今無別有數小松及諸花樹奇石錯立蟠屈飛舞兩廊左僧寮右獅子窟僧寮南有鐘樓樓南有雜花園奇花繁艷簇錦鋪霞國人沿稱圓覺八景寺係明弘治時王尚眞所建池前土阜上有三山許天錫碑記見藝文林麟焻圓覺寺贈喝三和尚詩蘭若因王造焚香印土時虛廊雙不借靜案一軍持笑契三三語來尋默默師徑山宗派在休唱嗣阿誰徐葆光圓覺八景示僧了道詩圓覺寺在中山嶺山闊橋轉稱龍淵鑑圓池中水空碧天女亭外環青蓮蓬萊庭中古松嶺香積廚下淸冷泉園裏雜華四時好朱幡朝夕飄香烟中山世祀三百載八景自昔名僧傳我來欲訪喝三徑白頭弟子移與禪衆茸遇仄入蕭寺本師塔號猶高懸咫尺珠林是遺蹟重題舊景容潸然

天王寺在圓覺寺東北門前臨溪有古松四株寺東有天王橋堂上額亦名龍淵殿巍麗與圓覺彷彿板閣光滑如鑑古色斑駁盤樫木年久刮磨漸積黑質白章如貝如錦縱可人意中奉金

剛手七星輪及刀左右龕祀先王之父及諸妃一鐘爲景泰七年丙子鑄上刻天龍寺鐘寺在浦橋有二鐘移其一於此

天界寺 去守禮坊不數武門北向寺西南石室高丈許方廣封而不樹中山王塋也尚以來皆葬於此殿宇兩進亞於圓覺山門石神二佛殿正中設

當今

皇帝萬歲龍牌及旁供火神皆如圓覺內殿祀先王之父及王妃王女左僧室右客座庭中松樹鐵蕉皆盤鬱有奇態桄榔數株榔樹一株極高大左階架鐘一尚德王時鑄考銘文本相國寺鐘銘曰琉球國君世高王乘大願力新鑄巨鐘寄捨相國寺說偈以銘是祝王基之萬歲安國利民聖天子繼唐虞之化全文偃武賢宰相需霖雨之秋茲有巨鐘新鑄就高樓掛肅萬機心無端扣起羣生夢天上八聞妙法音皆成化已丑十月七日住持溪隱寺有僧名湛元能詩　以上稱首里三大寺

安國寺 世子府對國中案牘多儲此寺中

仙江院 天王寺有汪錄云行荒榛中門戶蕭然僧宗實能詩學元僧白雲集體

蓮華院 原爲萬松院天界之支寺也在天王寺之南不羈徒元仁別開院于北山名護嶽仍名萬松院徐葆光詩不羈遺躅杳難尋石徑盤紆古院深手種小松今偃蓋層層能作老龍吟

興禪寺 在圓覺寺北庭中花藥甚多磴道曲折爲圓覺退隱之所客座寬廣松檜蟠地作虬龍形僧律嚴整經案靜潔林麟焻詩曾扣招提白板扉霜寒松老葉初飛祇今弟子成行腳猶想參禪上翠微　徐葆光詩一聲清磬定同時有客相從問本師老衲不曾通世語壁間爭指舍人詩

廣德寺 在蓮華院南花木幽麗僧宇亦高廣院後杜鵑山茶梅皆數十株以類分立不相闘雜光爲諸寺花藥之冠

建善寺 或稱建慈在廣德寺南諸寺客座皆居右巖此獨居中正對廣庭院後高巖陡峭環衛如屏巖左石隙迸泉飆爲雙流注壑及雨小池種蓮養魚諸寺中所僅有者

慈眼院 在首里立岸村上有觀音堂

天慶院 在赤平村石虎山

萬壽寺 在末吉村龜山下寺中有察度王舊影堂萬歷中毀

手水觀 在名護許田村

萬松院 在名護嶽爲上天授山蓮華院僧元仁字東峰誅茅新建仍用蓮華院舊名徐葆光天授山萬松院歌爲東峰上人賦我聞中山萬松境舊有名僧號不羈同伴苦吟三老衲瘦梅宗實供工詩元僧實存有遺集流傳海外皆宗之仙島同遊自倡和滄溟萬象搜無遺至今忽逾三十載我來已晚徒增慨萬松舊院改蓮華老僧滅度今無在臺下悲濤帷古松聳肩松下人難再躑躅遍訪覓遺篇色相俱空舍利碎白頭法嗣有東峰開院北山仍萬松自言身住最靈境天花雲石相慈龍山名一天授不可到但求詩句標幽蹤數言楚楚字畫勁一斑直已窺宗風我役萬里窮水陸山海之觀未盈謝蓬瀛咫尺漏芒鞋聞誦心神已飛逐白雲舊集貯瓠蘆後錫開山志重續煩師更作畫圖看萬壑松風捲空瀑

大日寺 在金城村尚質王時建供大日龍智如來僧名彌雪

神宮寺

松壽院 俱在宜野灣普天間村

臨海寺 在那霸北砲臺隄上舊名定海汪楫隸書臨海寺額爲國王祈報所門東向佛堂面

南三楹面東板閣一石垣四周潮至墻下為中山
八景之一有鐘明天順三年鑄 明靖臨海寺聽
潮詩二首蕭蕭蘭若海門懸物古音奇漫紀年時
與濤聲相節奏一天秋水月孤圓海邊寥廓白雲
高嶼色蒼茫映碧滔忽迸金聲風上下如龍吼月
和寒濤 徐葆光臨海潮聲詩晨鐘應潮生夕唄
應潮止老僧無我
間常定潮聲裏

護國寺 在辻山上護一作輔舊名安禪寺亦名海山
寺亦名三光院有神手劍而立名曰不動
王前置銅盞十迴環瀉水着蕊中喃喃作語是為
佛事庭中鳳尾蕉數十本與奇石錯植參差高下
殊有意致殿下有鐘大小各一景泰七年丙子鑄
與天妃宮文同亦國王祈報處僧名石雲有徒石
然覺保皆能詩石然現為善興監寺今移主萬壽
寺 胡靖輔國寺觀海四首幾年觀海志此日始
登臨浪湧千重雪潮來一片霧胸中吞地濶眼底
插天深頓覺乾坤裏波濤自古今數頃看無際徘

徊望眼從微茫但一水蕩漾是千峰遂爾煩襟滌
逌然豪興濃臨崖思大道萬派總歸宗寺古依松
竹巉巖石筍懸洪濤衝岸畔乳燕巢峰巔下上天
成兩東西水並圓平臨增悵望每歎說桑田蕩跡
似何極深奇絕險中霾蒸翻雪浪海馬御天風興
與雲飛逸情同鵠喉空置身聯不邇已比扶桑東

波上寺 在護國寺後石筍崖上即護國之佛堂也
國中寺多於近寺中另建板閣如神德之
八幡宮善興之天滿堂皆此類礪墻四周板閣二
所離立不相屬閣外隙地數畝下瞰石壁拔起國
人常以八月十八夜候潮於此寺前茵草芊茸如
行絲氈碧毯中汪錄云閣中皆扃固云中祀阿彌
陀佛左藥師右觀音強啓視之皆無帷香一握及
銅片幡一掛而已鑿奉寄御幣四字餘皆番書背
鑿元和二年壬戌
六字不解何義

臣按汪楫或疑元和為李唐年號以唐時琉球未
通中國不知乃係倭人僭號也 臣 曾見日本馬場
信武所撰八卦通變指南內列三元指掌一條云
上元起永祿七年甲子元和九年癸亥止中元起
寬永元年甲子天和三年癸亥止下元起貞享元
年甲子今元祿十六年癸未據此則壬戌適為元
和八年恐二年字汪錄偶誤記耳

臣 又按徐葆光錄謂其國平日皆行寬永錢詩云
日本寬永元年當前明天啓二年壬戌亦非寬永
元年屬甲子宜當天啓四年

廣嚴寺 在天尊廟南小巷中名萬年山 徐葆光
詩茸草烟濃栢翠浮行樽小占一庭秋高
人避客穿林去石
上殘枰子未收

海藏寺 在廣嚴寺後門前一石佛趺坐佛
宇卑隘簷前懸鐵鐸一風至自響

法音軒 在海藏院前小屋數椽園池甚廣庭
前有草樹極似芍藥云生海崖上

龍翔寺 在天尊廟東頗
宏曠亦多花竹

善興寺 在天使館後依山崇基花木清幽係重建
為護國寺下院舊有池今塞疊石培鳳蕉
其上佛堂供不動王并三首六臂天孫神有井泉
甚甘美庭中福木森列榴薇交映磬聲作響鳴鳥
不驚時往遊焉頓息塵勞墻外周垣可五六畝中
建一板閣祀天滿大自在天神扃錮不開祈報者
門外膜拜放瓣香不焚撒米數撮而去 汪楫詩
曲巷叢陰合尋常屐滿門架簾分樹影鑿水護雲

根碁局當庭設茶鐺近客喧
蘭闍僧不解相對總忘言

龍渡寺在砲臺西水中奧山上舊爲蛇窟僧心海始闢之蛇相率渡水去因築堤截潮引泉灌花擣屋五六楹階前方沼小亭二所遍植佛桑取蕉蘊可玩憩寺旁躡級而上繞出山後松陰交蔭湧湖流光草野方廣如堂被蘭佩荑之勝境也

徐葆光遊奧山次韻四首有寺藏山腹輕橈隔
敵通一筇穿窈窕雙屐踏玲瓏山遠浮空碧花繁
滿徑紅登臨同客賞觴詠播華風開山結禪宇截
港疊泉聲花典眞言授奇花番字名巖風吹袖舉
人影落波明碧海爲空界塵心何處生松林無雁
樹一碧並孤岑當午露猶滴先秋暑不侵石秤經
落子詩席間分陰花外輕濤响琴聲向夕沉小舟
膠斷渚儵爾到山灣潮上鷺頻起月來人欲還摺
星銀漢底流吹白雲間使職無餘事清遊盡日縈

普門寺在久米村今廢

西福寺今廢

東壽寺徐錄云在泉崎橋之東今考其地在東禪寺後僧貧寺售別結草菴以居

東禪寺重建在久米東北圓覺寺下院也規造宏廓大異前時 徐葆光詩絕島寡塵事晒
言必緇衣空門混疎親禪話晴依依寂寞東禪寺
經聲出翠微榕門掩清晝苔徑行蹤稀揭來當秋
霽向夕敲岩扉茶烟正輕颺馴鴿彎環飛僧徒兩
三輩瑞席披清機梵語少通俗默焉離是非松陰
霜月落脫屢坐忘歸

清泰寺在東禪寺北今廢爲蔡氏家祠

聖現寺在泊村天久山石墻四圍方十數畝中唐一區老松盤鬱

神德寺在眞和志安里村八幡橋西北寺門東向供不動神上有八幡宮南向尚德王所建供八幡大士

崇元寺卽先王廟左開監司香火

神應寺在眞和志識名山下

松山軒在東禪寺後僧名覺林

和光寺在久米村

琉球國志略卷八

翰林院侍講臣周煌恭輯

勝蹟

勝蹟者地以人傳人以事傳窮海之濱足跡罕至雖有奇巖幽壑極瑰尤詭異之觀孰從而傳之琉球之有勝蹟則自得通中國始也其地環山縈海波濤之所盪激清淑之所鍾毓自宜高高下下時出勝槩譬猶披沙揀金豈曰無得而況皇華數臨鶴書遙降循習於舞蹈拜揚之節浸潤乎詩書禮樂之容山為增輝水為增媚而況於人乎臣職忝清班文慚華國誠不敢望如白詩見珍於高麗柳書取貴於新羅而夙夜兢兢捧盈是惕竊幸心神無越典禮告成因得流覽蟻封緬思賢達徵文考獻頗非一端蓋所以著天地之大而聖朝聲教之遠被亦於是見焉志勝蹟

迎恩亭在那霸港堤上明洪武時武寧王建凡封舟到港陪臣班列皆集亭下迎詔至館國王至亭前迎詔徒步至亭中恭請聖安則自茲役始　徐葆光詩一片仙颿下九天海東屬島喜騈闐迎恩亭下潮初漲百艘爭牽萬斛船

却金亭在那霸港封舟登岸處為前明嘉靖七年冊使陳給事侃建侃浙江鄞縣人胡靖錄為夏言建誤言實未嘗至中山也侃字汝言嘉靖五年進士訛或以此亦未可知

息思亭在舊天使館內嘉靖三十七年冊使郭汝霖有息思亭說云琉球天使館自門而入正堂三間自正堂引至書房三間余處于東李君際春處于西房之後再三間官舍輩處之兩旁翼以廊房各六間門書與皂寓焉暑月蘊隆琉之人為予卜後垣空地砌土甃茅豎柱而亭之予因匾曰息思以詠以歌庶忘其身之在異鄉已

灑露堂在舊天使館內萬曆四年冊使蕭崇業有灑露堂說云使館故有匾弗稱唐人云海東萬里灑扶桑意在懷遠也余以灑露名之副使謝杰記云灑露堂者天使館之堂也諫議蕭使公所以名斯堂也

東苑在崎山上前使臣汪楫書匾有記門西向入門茵草遍地板亭南面二間更進而南三間天啓五年詔使指揮同知蕭崇基書潮音應世額今失亭東土阜一邱形如覆盂汪錄云是雩壇南下西轉山巖上鐫梵字一狀如霧字石獅一蹲岩旁下有小方池激泉從石龍脣吐出養金魚其中前植竹萬竿後古松數十株皆盤根石上極蟠屈有致東行為望仙閣前使臣林麟焻題匾跋云昔荀中郎在京口登北固望海云雖未覩三山已使人有凌雲意中山雄踞島嶼三十六峰羅列環抱亦海外之京口也山既擅一方之勝閣復據登臨之美額曰望仙蓋以供賢王休暇登眺讌遊延郭召枚耳豈真有黃金白銀闕可見諸仙人長生之藥皆在耶彼褰裳濡足之主冀倖一遇終非仙才良可歎也閣後小板閣為能仁堂南面出堂東過可望佐敷少西見林木鬱然即辨嶽也相傳苑內有八景東海朝曦舊為久高朝旭中山之東屬島姑達佳譯為久高故云西嶼流霞南郊麥浪北峰

積翠舊爲識名積翠以識名村在首里之北也石洞獅蹲雲亭龍蜒松徑濤聲仁堂月色林麟焻望仙閣詩崎山少住秋事殘衙齋寂寂長閑閣有時命駕輒徑出山南山北恒躋攀客言望仙樓閣勝登之可以開心顏來穿蘿逕尋絕頂插籬修竹紛檀欒憑高徙覺海雲盪豈惟聊散腰腳頑虬松怪鐵蹙鱗甲石嶙吐水聽淙潺問誰所築極幽雅島王休暇修遊觀茅茨約椽存朴素不丹不雘琢塵寰吾

皇聖德同禹儉遂使此意風百蠻雙眸下瞰九萬里歸墟積水何漫漫伊藍古米尻首接蒼茫七島相彎環是時新秋木葉脫破山巨浪排風寒方壺員嶠不可辨但覺隱見青雲端月明廣宴長樂夜定有笙鶴來瑤壇惜哉秦漢覓仙輩未到此地成虛還神芝百本產崖谷玉脉節簇光斑斕安得服之鍊金骨一任日月雙跳丸興酣發狂浮大白番吏羅勸冠黃冠京風蓬勃拂衫袖連鑣欲下仍盤桓歸來閉月想清景頓令重遊心飛翻　徐葆光詩一曲

崎山路峰迴啟苑扉縹垣藤絡石甃地毯爲衣岩瀑當門落林禽背客飛置身瀛海上寥廓坐忘機極目浩無界超然八景空雲開識名翠日上久高紅宮闕仙山近樓臺蜃氣通望來高閣上坐御列仙風昔擕原從簡今來未改觀依山微鑿磴倚樹借爲欄景色圍空翠烟雲洗碧丹亭中祖訓在濟泊素能安壹發南山秀都歸東苑偏海濤晴帶雨嶽色午浮烟儉德存遺構清遊繼昔賢壁紗籠句處猶寶鳳池篇

茶亭 亦在東苑內汪錄云國王遊觀之所屋三楹壁有箋曰粗茶淡飯飽即休王命都通事蔡某所書今亦失去其臣眞常有記見藝文

同樂苑 在姑場川亦有八景延賢橋恤農壇洗筆塘望春臺觀海亭翠陰洞摘茶巖種藥堤

觀旭峰 一名望日亭張學禮圖錄近圓覺寺後

神木 在圓覺寺內一名古松嶺胡靖圓覺寺古松詩知是天工巧自栽遥瞻海色迴蓬萊孤根劲挺亭三尺古榦橫斜蓋二臺夜靜龍鱗明月照天空鶴影倚雲來菁葱已濕千年露曾見三花幾度開　徐葆光神木詩圓覺古松號神木廣庭深護朱欄曲三尺蟠根二百年虬枝拳翠漬苔絲佛座長明無盡燈珠幡上頌無疆龕右廡重簷廟南向國王家祠神龕肅始祖尚圓宗尚貞高曾四代分昭穆至今廟食儼如新山龍藻火施章服崇元寺裏受

恩綸歸向靈前申號祝廟中僧祿比貴臣歲廩王田八十斛中山之始本三分山北山南鼎足自昔巴志好弄兵左右齒邦盡强肉豈知未及五六傳天道好還反乎覆尚圓修德起伊平歸仁一綫如延續綿綿禋祀比松年號日中山實山北國祚長休木不朽濯濯靈柯似初沐

金宮 在宜野灣謝名村察度王母天女也行其地見石物皆金銀父勝連按司遣大夫取之曰

此地靈所孕也作樓閣金宮

戲馬臺 在今歸仁親泊村

翠巖 在首里金城村

白金巖 在兼城絲滿村巨石圍立前通一門中可坐數百人榕樹蔽之徐葆光遊山南與大夫蔡温等聯句於此徐葆光絲滿村白金巖詩邊土行將盡攜鞭絲滿村溪深查渡馬廬合樹爲門村女窺崖隙山農列酒罇白金聯句就書破翠巖痕

龍洞 在奧山萬松蒼茂每清風徐來輒與潮聲答響爲中山八景之一　徐葆光龍洞松濤詩中山松最奇臨水更增勝虛濤應暮潮颯然滿秋聽

金峰洞 在金武村山下

嶮石在那霸港口土名馬加徐葆光詩巨石亘港口天設海門壯鰲戴儼若浮虎蹲屹相向靜鎮諳湜沙怒擘迎風浪狂瀾却倒迴安流使徐漲馬崀送潮來低頭聽收放中山形勢雄碧海流虬樣右翼葉壁張左脣馬齒傍外島三十六遶遶若連障腹地抱重岡那霸實其吭鐵板沙四周雙臺勢相仗得此砥中流長隄更新創宛宛如遊龍到海回頭望當關似一夫外禦抵千峰所以此邦八雍容自無抗封貢共升平萬古

皇風暢

受劍石在今歸仁故城內山北王素尊一石爲神戰敗以石不佑砍分爲四今石痕猶在

山南王故城在高嶺村今山南王子孫那姓居之徐葆光高嶺城詩高嶺餘空壘瓦松生繚墻披圖尋往蹟策馬踏荒岡文砌支孫椐宮溝瀉羼梁中原人一到徙倚立斜陽

山南王弟故城在豐見城山徐葆光詩豐見山頭虎豹蹲霸圖銷歇氣猶存頹垣宮闕無全瓦荒草牛羊似破村蜂割一房曾並立蝸室半角是誰吞故城高嶺遙相望鏡裏西風暮色昏

山北王故城在今歸仁村

佐敷殿在首里新橋村尚益王爲世子釆地封佐敷故名後以居舊宮人

尚圓王舊宅在浦添內間村王始爲內間里主後避位居於此

麻氏隱居在陶厰西徐葆光詩尋幽小步厰西村一曲池塘未掩門種樹陰成雲滿徑灌園人老竹生孫隔墻翠袖翻蕉影繞砌文螺疊石根半醉歸來絃管闋泉崎橋外落潮痕

毛家園在金城村王府西南國丈毛氏居此園內有凌霄亭甚宏麗

澹園爲法司蔡温別墅在首里王府北徐葆光詩澹園一曲倚王城賜第依然舉室清松嶺乍通粗闢徑草亭未葢已題名烹茶共品家泉味剪韭同嘗釆地羹海外荒經與誰續赤平村裏有端明

碧於亭在太平島筑山上

塋兆附

山北王墓在今歸仁運天村土人呼百按司墓

尚圓王祖塋在葉壁山中有一山宛轉如游龍

中山王祖塋在王城西南張鍒云塋中無塚石碑鐫中山王祖塋前五峰相對左右有情沙水相映前山開曠

琉球國志略卷九

翰林院侍講臣周煌恭輯

爵秩

自古屬國封號祇及其王而其臣之品秩不與聞焉琉球越在重洋

聖天子授之王印以示尊寵亦政不欲遙制之爾前使臣徐葆光傳信錄有官制一篇云從其臣紫金大夫蔡温得其大槩紫金大夫程順則又以所輯官制進臣觀其體制亦頗典重乃徐察其實十不符二三始知蔡程二書係奉其王令新定品秩尚未舉行嗣以三法司恥居正二品班寢之閱十餘年更定大攺前規臣叩之日所晉接諸人率多不諳故典無一能言之郯子最後於餞別之次前所稱蔡温者尚在通謁求見臣亟問其略奈已龍鍾昏眊語焉不詳今亦惟就所見聞少爲臚列大抵官雖有品不必品有其人官雖分職不必職專其事而君臣之通義無逃天地之間要亦較然可覩也

志爵秩

國王世子嗣位稱權國事奉表請封及見冊使皆稱中山王世子明夏子陽錄洪武初賜駝紐鍍金銀印封爲琉球國中山王以其時山南山北並受封故別之秩正二品降皇子視王一等皮弁犀帶國中攝政亦許其弁上加覆綴前後各七旒腰玉常服側翅烏紗帽

國朝不設品印文只稱琉球國王敕文仍加中山二字冠服悉從其便

臣按徐葆光錄有元侯郡侯邑侯郡伯邑伯等爵今皆未見

王子總理一郡或二郡赤地五色金花帕龍花錦帶其長子世領一郡稱某間切按司

按司赤地五色花帕大花錦帶王子按司不係品有才德者授國相職

臣按國中按司有三等一爲王子及貴臣遙領之按司一爲王所領之郡不設按司一爲各土著世業之按司或授以朝列或選充王壻皆令常居首里徐錄云舊制每府一按司涖治之權重兵爭尚眞王攺令聚居首里遙領其地歲遣察侍紀官一員知其府事歲終上其成於按司

國相二員左相紫地五色花冠錦花帶右相青地五色花冠錦花帶俱正一品

法司官三員從一品一司除授刑法一司錢穀出人一司禮儀圖籍然事雖分掌每事必三人集議議定上之國相王受成而已徐錄分天地人三曹今亦無此稱遇請封及謝恩慶賀大典則遣一員充正使紫金大夫一員副之例以首里尚向兩家毛翁馬夏七姓爲之故法司多王叔王舅

由紫巾官入國史院加法司銜及耳目官有功者升授久米那霸泊三府八不得爲倘有爲者則入居首里子孫遂爲首里人紫綾冠錦帶有功紫地織花冠錦帶

紫巾官紫金大夫加法司銜 俱正二品紫綾帕黃地龍蟠帶以上皆金簪

耳目官 四員正三品一司賓土名御鎖側一典寶一作司賞土名御雙紙庫理一司刑土名平等側一司禮一作管泊土名泊地頭皆稱謁者土名申口衆黃綾帕黃地龍蟠帶以下皆銀簪遇貢期則遣一員充正使正議大夫副之

正議大夫加耳目官銜 土名申口座從三品冠帶同

吟味官 徐錄作贊議 正議大夫 俱正四品黃綾帕赤地龍蟠帶

那霸官察侍紀官中議大夫長史 中議大夫都通事皆爲之都

通事 俱從四品冠帶同

正殿過閣理官 正五品黃綾帕雜色花帶

副通事加過閣理官銜 從五品冠帶同

正殿勢頭官 正六品黃絹帕雜色花帶

加勢頭官 從六品冠帶同

里之子親雲上副通事 正七品

筑登之親雲上 從七品俱冠帶同六品

正殿里之子 土名察度奴示正八品紅縐帕雜色花帶

里之子座 從八品冠帶同

正殿筑登之 正九品

筑登之座 從九品俱冠帶同八品

臣按自里之子親雲上至筑登之座及國中或呼副通事通事筆者若筆者秀才若秀才臣所謂品不必有其人職不必專其事者此類是也

久米府官紫金大夫四員總理唐榮司一員 即於四員中以一員統轄一村事爲最尊主朝貢禮儀文移

正議大夫中議大夫長史都通事加過閣理銜副通事副通事通事 皆久米人秀才習漢文者任其職

臣按三十六姓皆洪永兩朝所賜至萬歷中存者止蔡鄭梁金林五姓續賜者阮毛兩姓每姓子孫亦不甚繁衍餘寄籍起家貴顯者有之自大夫長史以下由秀才升授今取士之法惟憑總理司及諸長史學中教習僉詞薦舉即許出身徐錄謂秀才每年於十二月試之出四書題令作詩一首或八句或四句能者籍名升爲副通事由此漸升至

紫金大夫臣細訪之從無此例

琉球三省中山十四府山南十二府山北九府每府除酋長外遣察侍紀一員掌筆帖一員治之每逢

冊封之期領郡按司率察侍紀親理府事屬島如八重山麻姑山姑彌島度姑島烏父島奇界島每島除頭目酋長外遣監撫使一員掌筆帖二員治之餘三十島則監撫使一員掌筆帖一員三省及各島頭目總名保長有地頭土音之渡弟俗呼首里大屋子夫即姑土音奴最尊次大掟土音無暇之又次南掟上音符恒之又次西掟土音升之日又次掟土音沒勿之又次手文士土音提姑姑遮相統轄惟地頭銀簪餘俱銅簪帽用青綵布不一

臣士之家有上中下三等上等自里之子始入流品中等自筑登之始入品下等略同未入品者許紅絹帕若農工商中有勤勞者令戴青絹紅絹黃絹等帽以旌異之

俸米有三等有俸米不論品職尊卑各有應得之米王府按時給領官罷則已有釆地官尊者或一郡或兩郡或一邑或數邑或計畝予孫以次遞減至曾孫則不減永為世祿有功光俗呼切米功字之訛也官尊而有功者量功者俸米采地之外加切米或數百石或數十石無定制臨府視功為額其切米亦有三等有終其身者雖罷官亦給有定限數年或數世者限滿則止有永為世業者

僧亦有秩自房頭歷升法印至座師而上人為最尊

琉球國志略卷九

琉球國志略卷十

賦役 錢法附

翰林院侍講臣周煌恭輯

東瀛之島如暹羅蘇門滿喇加高句麗瓜哇日本交趾占城等國凡十數而琉球最貧明初始受封入貢亦因以貿遷有無以供國用

本朝

列聖軫恤窮蕃度越前代屢免方貢馬匹且加意懷柔弛海舶市貨之禁國中物力藉是稍紓故能仰體

皇上深仁子惠黎庶輕徭薄稅以治其邦但地小土磽山多人少其度支贏縮輸納條款求之聞見未悉其詳臣謹錄其有據者以存屬國穗秸蠶民趨事之梗槩云志賦役

夏子陽錄中山田賦稍寓古人遺法上下各食其土無他誅求惟過世及請封則從其始日即派取穀米苧布於各屬島預為積貯數年以供宴犒事畢乃止

臣按其田有公私之別公田有二一為王府公田每畝收穀歲有定額農民代耕碾米入倉王家儲供及各官俸祿功米支給悉資於是一為各官采地公田分給各官與農民均分凡田土應派公費雜項則出於官所應分數內二項田皆不得售買私田則係民間應募墾闢及自行開墾者除每畝量納官米外聽為世業仍許售買然價值甚昂畝約二三百金受役之法各地頭每歲比戶派定人數有事按名受役每人役二日大事則盡役之官府無役隸輿皂係其采地之人來受役視官秩為多寡皆月更其雜豕薪樵之數以米石多少為準

以時供送

錢法國中常用寬永錢每遇

冊封則另鑄小錢開局兌換非鉛非鐵大不及鵝眼無輪廓文字虛其中以受貫一百可長寸許或三十為一貫或五十或一百以至一千皆自成貫以草繩穿定繩頭緊札以紙封固用黑硃小印鈐記之或貫繩散斷印文擦損則不堪用事畢則按數繳還兌回銀錢然亦有私鑄中國人不能辨時有受

其欺者誤攜以入市市人不受也五十五貫當球
銀一兩
徐錄稱洪武永樂皆賜錢天順二年請照永樂宜
德間例以銅錢給賜禮部議寢之
本朝無賜錢例故國中少中國錢

琉球國志略卷十

琉球國志略卷十一

翰林院侍講臣周煌恭輯

典禮

臣聞天地之氣吹萬不同而喁喁于于罔不與天
地相應是故風之所及遠矣琉球荷
國家招懷柔撫百有餘年其恪共職貢傾爲志敬而
節具自不可與一切羈縻者同論先後使臣每樂
于此觀禮焉故事封舟到港世子以攝行國事守
次不出祇遣陪臣迎迓于義未協今茲之役世子

親率諸陪臣預詣海隄竚候臣等恭捧
詔敕登岸時跪迎道左復趨至迎恩亭恭請
聖安雝雝肅肅似服習有素者嗣是臣等遞舉
諭祭
冊封諸大典悉復寅畏有加禮儀卒度至與臣等酬接
一一謹率舊章雖事涉瑣細無足紀錄然臣竊念
該國王以臣等忝膺
簡命備致情文敬使臣正所以尊
天朝也因併節錄其槩附見正禮之末抑臣又聞風聲

之樹自近而遠聲教之訖遠如其近詩云皇皇者華志美盛也蓋萬國之觀瞻視此矣故以該國請

封

朝廷遣使之典先爲志典禮

先一歲該國世子敬具通國臣民結狀遣其國貴臣耳目官等齎表請

封福建撫臣以

聞禮部上其議

特命選正副使二員

廷見遣之前明夏子陽錄賜一品服給事中以麒麟行人以白澤俱大紅織金羅爲表絹爲裏綠羅搭護青羅褶子裏亦用絹帶以玉則自備

本朝仍之帽用東珠頂賜服俱麒麟則自前封使臣海寶徐葆光始以同官翰林故也葆光紀恩詩云前事兵垣主出疆行人白澤副麟章（自注前例琉球封以兵科爲正使賜麒麟服行人副之賜白澤）茲行並選瀛洲侶極品均須

御府藏（此役二人皆用翰林皆賜正一品麟服）節重假威臨絕域官卑加秩敵蕃王儒臣捧

冊邀榮遠壓帽嵌珠照海光 臣 茲之役忝備介員實從其例殊榮異數後先輝映云

迎

詔禮

封舟七月初八日午刻至那霸港潮水正滿迎舟十數皆其國陪臣之貴近者奉世子命來接又獨木舟數百槳水中島民無數悉施長絙引舟至迎恩亭下搭浮橋直接亭階陪臣班列儀仗鼓吹皆集亭左右迎請

龍亭登岸衆官前導王世子吉服跪迎道左復至迎恩亭中香案前行三跪九叩頭禮恭請

皇上聖躬萬安 臣 等謹對

聖躬萬安禮畢復導迎至館奉安

詔敕節印王世子旋至館候問 臣 等對拜待茶畢送歸

府

諭祭禮

七月二十七日行

諭祭禮 臣 等參酌前使臣汪楫徐葆光二錄更定

諭祭儀注

先一日長史等官灑掃廟中堂以便迎請

龍亭設香案於廟中司香二人設開讀臺於滴水西首設開讀位東南向設先王神主位於露臺東首西向設世子俯伏位於先王神主位之下北向設世子拜位於露臺中北向衆官拜位設在世子後左右列設奏樂位於衆官拜位之下亦北向

諭祭日黎明法司官率衆官金鼓儀仗齊集天使館啟門參見畢請

龍亭進公館中堂捧軸官捧

諭祭文奉安

龍亭內彩亭二載祭綢祭銀奏樂引禮通官唱排班各官行三跪九叩頭禮畢前導至安里橋世子素衣角帶率衆官跪於橋頭道左

龍亭暫駐世子衆官平身天使趨前分立

龍亭左右引禮通官唱排班世子率衆官行三跪九叩頭禮畢世子前導至廟門外由東角門進立於先王神主側

龍亭由中門進至廟內中堂天使隨入左右立宣讀官展軸官由西角門入至開讀臺下東向立司香者舉案置

龍亭前添香世子上露臺率衆官行三跪九叩頭禮畢復立於先王神位下捧軸官由廟東邊門進天使授

諭祭文於捧軸官捧軸官由中門出上開讀臺宣讀官展軸官次之捧軸官立案右展軸官立案左對展宣讀官就開讀位世子率衆官俯伏於先王神位

下西北向引禮通官唱主祭官就位天使詣先王位前上香獻爵不行禮引禮官唱開讀讀畢引禮官唱焚帛世子平身至焚帛所捧軸官捧謄黃加帛焚之焚畢捧軸官捧

諭祭文由正中門入奉安

龍亭內世子率衆官回露臺再行三跪九叩頭謝

恩禮畢天使詣先王神位前行一跪三叩頭禮世子率衆官俯伏於先王位側禮畢退班世子捧先王神主由廟東邊門進廟內安於東偏神座世子謝天

使行一跪三叩頭禮天使答拜世子出更衣天使
易服世子揖至前堂天使居東世子居西皆四拜
拜畢安坐正使東首副使西首俱面南坐世子西
首面東北坐不設樂茶酒皆親獻天使辭紫金大
夫代獻天使酬獻世子亦辭引禮通官代獻席終
天使與至滴水前世子下階揖別衆官出門跪送
是日世子遣官詣館謝天使次日遣官入王城答
謝

冊封禮

八月二十一日行
冊封禮臣等參酌前使臣汪楫徐葆光二錄更定

冊封儀注

先一日所司張幄結綵於天使館備
龍亭三座綵亭二座國中經過處所皆結綵造板閣一
楹爲
闕庭設於王殿庭中中置殿陛左右層階設
御案五於
闕庭中中案奉
節左案奉
詔勅右案置印邊左置
賜王幣邊右置
賜王妃幣設香案於
闕庭前設司香二人於香案左右設世子受賜予位
於香案之前設宣讀臺於殿前滴水之左設世子
拜位於露臺正中設衆官拜位於世子後左右層
列世子左右立引禮官二員衆官左右立贊禮官
二員陳儀仗於王殿左右設奏樂位於衆官拜位
之下

冊封日黎明法司官衆官皆吉服候於館外金鼓儀仗
畢備天使啟關參見畢迎請
龍亭入公館中堂正使捧
節副使捧
詔勅捧印官隨行各安奉
龍亭中捧幣官捧緞匹置於左右彩亭中奏樂排班衆
官行三跪九叩頭禮畢前導世子率衆官伏迎於
守禮坊外

龍亭暫駐世子衆官平身天使趨前分立
龍亭左右引禮官唱排班世子率衆官行三跪九叩頭
接 [illegible]
詔禮畢世子前導入國門立殿下
龍亭進至奉神門執事者脫節衣奉
節授正使奉
詔敕授副使奉印授捧印官捧幣官分捧緞幣隨行至
闕庭正中各安奉
御案上天使分立左右捧詔官捧敕官立殿陛下宣讀

官立開讀臺下司香者舉香案於
御案前添香奏樂引禮官引世子由東階升衆官各就
拜位世子詣香案前樂止引禮官唱跪世子衆官
皆跪引禮官唱上香案右司香者捧香跪進於世
子之左世子三上香訖平身奏樂引禮官引世子
出露臺就拜位率衆官行三跪九叩頭拜
詔禮畢平身樂止副使詣前正中立捧詔官捧敕官由
東階升奏樂副使取
詔授捧詔官取

敕授捧敕官高舉下殿陛同宣讀官上宣讀臺奉
詔敕並置案上引禮官唱跪世子衆官皆跪引禮官唱
開讀樂止捧詔敕官以次對展宣讀官讀畢引禮
官唱平身世子衆官皆平身奏樂捧詔敕官各捧
詔敕升殿陛副使仍安奉
御案上捧詔敕官下東階國王率衆官行三跪九叩頭
謝封禮畢平身樂止天使宣制曰
皇帝敕使賜爾國王及妃緞幣引禮官引國王由東階
升法司官隨行至受賜予位跪奏樂正使取國王
緞匹副使取王妃緞匹一一傳授國王國王高舉

法司官跪接傳置案上畢平身引禮官引國王復
位率衆官行三跪九叩頭謝賜禮畢平身樂止天
使宣制曰清字篆文告成另鑄新印
皇帝敕使賜爾國王領受引禮官引國王由東階升法
司官隨行至受賜予位跪奏樂天使取印親授國
王高舉法司官跪接仍傳置案上畢平身引禮官
引國王復位率衆官行三跪九叩頭謝賜印禮畢
平身樂止引禮官引國王由東階升至香案前跪

請留
詔敕為傳國之寳法司官捧前代
詔敕一一呈驗天使驗明允所請副使捧
詔敕親授國王國王平身仍安奉
御案上法司官捧舊印授國王國王跪授天使仍併置
御案上奏樂引禮官引國王復位率衆官行三跪九叩
頭謝
恩禮畢平身正使取
節執事者加節衣仍置

御案上
詔敕印幣法司官等捧入內殿
節案舊印案仍設
闕庭中各派官員敬謹守護國王請天使拜
御書引上殿閣天使瞻拜禮畢國王請天使更衣同往
北宫奏樂並四拜禮畢安坐獻茶一如前儀席終
國王前導仍至
御案前正使奉節副使奉印各安奉
龍亭內天使隨出奉神門與國王揖別各乘輿國王先
行率衆官出俟歡會門外
龍亭回過國王以下跪送天使至出輿國王揖別衆官
皆跪送是日國王遣官詣館謝天使次日遣官入
王城答謝
謝冊使禮
國王旣受
冊封大典擇八月二十四日率百官于王府庭中行北
面謝
恩之禮二十六日詣天使館拜謝是日鼓吹儀仗照例

全備國王先至更衣處差長史一員來稟國王轎
至頭門巡捕官跪請轎進至儀門王欲下轎巡捕
官跪請如前國王至滴水前下轎天使進前迎接
一揖拱上大堂交拜一跪三叩首禮畢天使請國
王更衣揖讓登席一如前儀席終國王辭回一揖
天使送至滴水同一揖國王上轎一揖天使亦一
揖國王轎至儀門巡捕官跪送
國王冠服儀仗路供附
國王戴皮弁常服黑紗帽旁斜展兩翅汪錄云王欲着皮弁以朝祭之服謁天使意實

恭謹而通事以爲倨令易前服今從其舊服蟒衣玉帶垂裳結佩謝杰補遺
王受封後服玉帶以出詰之曰帶賜犀而腰玉何也長史稟曰相沿已久國相大夫東花金長史束
光金王若腰犀恐國人驟見駭以王之服飾反出國相大夫下顯稍存國體以釋衆惑乃仍之乘
十六人肩輿鼓吹八人鳴金四人方棍二人紅隔
路二人旗十二人鐵叉二人曲鎗二人狼牙鉤二
人長鈎四人鉞斧四人長桿鎗三十二人月牙叉
四人雞毛帚十二人馬尾帚二人大刀二人黃繖
二人花繖二人看馬四人提爐二人黃緞團扇二
人綠珠團扇二人印箱二人衣箱二人紅桿鎗四

人長腰刀四人黑腰刀二人長砍刀四人蕭崇業錄有武
士戴銅假面衣漆甲帶刀者數十人今無大掌扇一人金爐二人以下俱近
侍小童執名察度奴示金葫蘆二人綠珠羢扇二人小鵝毛
扇四人蠅拂二人金漆匣二人自法司以下皆從
行紫帕者近二十人黃帕百餘人是日國王經行
之處久米人于泉崎橋堤上道旁列盆花數十種
朱欄繞之中刻木作麒麟形題云非龍非彪非熊
非羆王者之瑞獸那覇人於下天妃宮前植大松
數株疊假山數堆作白鶴二子毋鹿三四池上結

一大葡萄棚池中浮水刻鯉魚數箇竹欄環之旁
豎木坊匾曰偕樂坊柱懸一長版題曰鹿濯濯鳥
鶴鶴物魚躍王歸則撤之他日王出復設如故

宴禮

張學禮錄舊例使臣有七宴迎風宴事竣宴中秋
宴重陽宴冬至宴餞別宴登舟宴徐葆光錄諭祭
第一宴冊封第二宴中秋第三宴重陽第四宴餞
別第五宴拜辭第六宴望舟第七宴今與徐同
諭祭宴似不宜宴然與飲胙之意略近是日不奏

樂不簪花天使世子肅容堂上各一席隨弁左廡
國相陪之從客右廡紫金大夫陪之俱各一席皆
高座兩廂及堂左右全半廩給口月糧等分坐以
長史或正議大夫中議大夫陪之通事時在天使
左右傳譯不預席
冊封宴天使于王殿右廂正中設席隨弁左問皆
面南從客于王殿左廂設席面北全半廩給口月
糧等設于奉神門左右房及廣福門內是日奏樂
簪花

中秋宴王府庭中于右廂滴水前造戲臺一所帷幕四週天使及隨封員役皆坐位如前惟從客坐位移王殿右序向西以便觀演夷劇樂工十餘人俱著紅帕佮童數十八皆戚臣子弟俊秀者習之衣彩衣著紅綾襪先演舞隊作一老人登場唱起神歌歌罷退小童齊唱太平歌樂工引聲和之皆侏㒧不可解譯者稱黃髮老人百拜稽首恭頌

皇上

恩德如天國王帶礪百世中外昇平共蒙福祉今當中秋佳節天使遥臨正神人共喜之日也次笠舞次花索舞次花籃舞次竹拍舞次武舞次獅毬舞次桿舞後演雜劇悉其國中故事凡舞劇皆以提琴三絃短笛小鑼鼓和之小童只演科白唱則樂工昏時撤帷幕庭中設烟火數架又有數人騎紙馬頭尾烟爆齊發奔走戲樂宴畢出城火炬夾道送歸使館所有歌曲關白大略與前錄相同然

皆淫生鄙陋不足備鞮鞻氏之採張錄有走馬弄刀刺鎗擊劍踘毬走索諸戲今悉無之

重陽宴是日先設坐於龍潭之北觀競渡龍舟三朱一白一黑一衣飾槳幟各如其色久米那霸泊村人各辦一舟舟中執楫則皆首里貴戚子弟唱習者汪錄云國中競渡以重陽猶中朝端午也實亦端午各戲于本村至宴天使則因現在龍舟姑演之以供遊燕金鼓震蕩歌聲應節汪錄有歌詞云三龍舟池中游彩童歌唱報重恩鳳凰臺上鳳凰遊天朝仁如海深球國歌唱報重恩忠敬兩字萬世心一朝表奏九重天雙鳳銜書渡碧淵風送玉音知帝德雲捲旌旗五色懸炎海巍然隔遠洲南昇北座枕中流福星臨照雙呈彩草木含膗露下稠氣吞雲夢壓飛塵恭承聖澤寵賚新自慚海嶠恩難報忠誠兩字長書紳天池挺出雙瑞蓮炎帝贈君荷盞錢金尊未盡莫辭醉又看秋鴻蹴水仙太乙星移下泰階長安日麗擁三台歸帆自有風神佑萬里長途一瞬哉錦帆言旋入帝京車書萬里慶昇平

大清日月當天照常有餘光到海城今所歌略同龍舟戲畢仍開宴於王府座次演劇與中秋宴同不設烟火

餞別宴座次演劇如前

拜辭宴如前儀宴畢國王揖送先至世子第中更設小座手奉三爵為別

望舟宴國王至天使館設宴禮如前儀面致金扇一握為別

臣等宴禮既畢涓吉登舟候風中山王臣尚穆親率陪臣以下詣迎恩亭恭送

節印跪請

聖安俱如前禮王遣法司王舅紫金大夫等賫表謝

恩并貢物自附常年貢船一號隨封舟同發

中山王謝恩表

琉球國中山王臣尚穆誠懽誠忭稽首頓首謹奉

表上言伏以

帝澤旁流九邊盡播史臣之冊

皇仁廣被四海悉歸王會之圖
恩沛九重之膏湛露時降
瑞兆五雲之彩醴泉常生歡溢臣民慶騰宇宙欽惟
皇帝陛下
慮周萬物
治冠百王
乃聖乃神煥規模于典禮
允文允武隆體統于海陬 臣穆嗣守藩封代供貢職
拜荷

鳳詔褒封之典社稷生輝仰沐
龍墀錫予之章蝸居增色對
天使而九叩望
象闕以三呼拜命增虔撫躬益勵謹遣陪臣馬宣哲鄭
秉哲等賫捧
表章恭陳
帝座伏願
德合坤乾
恩同川嶽感

覆冒者萬國莫不尊親沾
雨露者四方盡皆頂祝將見文麟獻瑞調玉燭以無疆
彩鳳來儀鞏金甌于有永矣 臣穆無任瞻
天仰
聖踴躍懽忭之至謹奉
表稱
謝以
聞
乾隆二十一年十月十二日琉球國中山王 臣尚

穆謹上表奉
硃批覽王奏謝知道了該部知道
又謝恩兼陳封舟情形疏
琉球國中山王 臣尚穆謹
奏爲恭謝
天恩兼陳封舟情形仰祈
睿鑒事 臣穆彈丸小國僻處海隅荷沐
皇上鴻慈允 臣嗣封乾隆二十一年
欽差正使翰林院侍講全魁副使翰林院侍講周煌等

持
節齎捧
詔勅幣帛
欽頒新印于本年七月初八日按臨臣國臣穆卽率百
官臣庶于迎恩亭恭請
皇上聖躬萬安奉
詔勅安于天使館擇吉于七月二十七日先蒙
諭祭臣父王臣尚敬隨于八月二十一日荷蒙宣讀
詔勅封臣穆爲中山王

欽賜臣並妃蟒緞綵緞等物臣穆率領百官拜舞叩頭
謝
恩外隨請于
天使懇留
詔勅爲傳國之寶蒙
天使查驗前封卷軸依聽許留付臣一併珍藏復蒙
頒賜清篆鍍金銀印一顆臣穆恭設香案拜受訖其順
治十一年所領鍍金銀印一顆臣謹親交
天使代送繳銷竊惟
聖朝加意撫柔有同覆載臣穆忝膺
寵命曷勝感激惟是臣夙夜欸仄不能自安者六月十
七日據姑米地方報稱
冊封頭號寶船于十四日以風不順暫在姑米港口拋
下碇索候風臣隨卽差遣官問候
天使起居詎意二十四日夜風暴大作碇索巳斷封舟
觸礁致壞幸賴
皇上之洪福
聖朝之庥恩

天使親奉
詔勅登岸隨封二百餘人皆獲安全臣得報之下恐懼
靡寧星夜趲備海船差法司官馬宣哲等迎接七
月初八日轉到那霸得見
天使詢無恙大喜且驚但護封二號船被風飄回十二
月十二日巳抵臣國始知洋面遭颶經危之事臣
心惴惴既乃安然爲此特遣陪臣法司王舅馬宣
哲紫金大夫鄭秉哲使者向廷瑛都通事毛如苞
通事鄭鴻勲金宿等齎捧

表章土儀赴
京叩謝
天恩仰冀
睿慈俯鑒下悃臣穆無任激切屏營之至謹上
奏以
聞
乾隆二十一年十二月二十四日琉球國中山王
臣尚穆謹奏奉
硃批覽王奏謝具見悃忱知道了其進貢方物念中國
加惠外藩不欲頻煩貢獻但航海遠來又不便令其
攜帶回國著將所進方物留作下次正貢該部知道

貢物
金鶴二鶴踏銀岩座全　盔甲一副護手護臁全　金靶鞘腰刀二
銀靶鞘腰刀二　黑漆靶鞘鍍金銅結束腰刀
二十　黑漆靶鞘鍍金銅結束鎗十　黑漆靶鞘
鍍金銅結束衮刀十　黑漆灑金馬鞍一鞦轡全　金
彩畫圍屏四　扇五百　土棉二百　練蕉布二
百　紋蕉布一百　土苧布一百　白鋼錫五百
觔　紅銅五百觔

又請存舊禮以勞使臣疏
琉球國中山王臣尚穆謹
奏爲
頒封事竣懇存舊禮以勞使臣事乾隆二十一年蒙
欽差正使翰林院侍講全魁副使翰林院侍講周煌等
持
節恭奉
詔敕幣帛篆印于本年七月初八日按臨臣國二十七

日先蒙
諭祭臣父王臣尚敬續于八月二十一日荷蒙宣讀
詔敕封臣穆爲中山王
欽賜臣並妃蟒緞綵緞等物此誠
皇上天高地厚之殊恩而臣穆永代之榮光也竊惟
天使入國以來撫綏海邦臣民無不感仰惟臣穆所深
愧者臣國邊海無以將敬故于宴款之際代物以
金雖自知乎非薄實是緣以爲例乃辱使臣屢辭
往還再三固卻不受在使臣冰兢自矢允矣有恥

不辱爲
天朝使節之光矣但念使臣間關勞瘁遠涉風濤實爲
臣穆之故藉物表敬禮不將儀心巳難安況重以
姑米之險行李損失辛苦倍常尤臣所慊惕靡寧
者也臣于臨行時復將屢宴前金特差法司大夫
長史等官專送懇受使臣仍復送還淸白之操可
謂始終無間獨是微臣酬德報功莫展萬一殊慚
舊禮有闕寸志莫伸謹將送還屢次宴金二封共
計一百九十二兩具本附遣陪臣法司王舅馬宣

哲紫金大夫鄭秉哲等齎進懇乞
欽賜使臣收受臣穆不勝惶恐激切之至謹上
奏以
聞
乾隆二十一年十月十二日琉球國中山王臣尚
穆謹奏奉
硃批覽王奏知道了使臣奉命冊封自應仰體朕意不
欲滋擾外藩所送宴金不必收受著仍令該國使臣
帶回該部知道

參謁供應
天使初進館陪臣進謁天使法司王舅紫金大夫
紫巾官爲一班一跪三叩頭天使立受揖答之耳
目官正議大夫中議大夫爲一班一跪三叩頭天
使立受拱手答之那霸官長史遏闥理官都通事
爲一班一跪三叩頭天使坐受抗手答之白事必
長跪命坐賜茶法司官等設氈堂內耳目官等坐
廊下那霸官等坐露臺下朔望及每五十兩日王
俱遣陪臣起居餽食進謁如儀天使各郎以餽物

款酌之別賚以扇筆字畫香墨等物徐錄云起居日餽生猪羊各一雞二蛋魚海蛇海蟳石鮔車螯麪條麪粉醬蔥醋蒜胡椒甘蔗蕉果燒餅佳蘇魚各一盤燒酒一埕炭一包燭四枝朔望加吉果米飢銀酒黃酒之餽今同
天使日有供應米一斗麪粉四觔猪肉五觔羊肉
三觔雞二隻蛋十枚生乾魚各四觔蟳二枚西瓜
二圓蔬菜十一觔米醬醬油醋鹽菜油各四盞豆
腐三觔醬菜半觔燭四枝燒酒二瓶炭十觔柴四
束
每日國王以瑞泉水供客綠水筩貯之加封鎖其

上派紅帕察度奴示輪值押送兩使各二石
隨弁二員每日供應米四升猪肉三觔羊肉一觔生魚二觔乾魚三觔雞一隻蛋十枚菜五觔豆腐一觔米醬醬油菜油鹽醋各一盞燒酒六盞燭二枝炭五觔柴二束
全廩給每日米四升肉二觔生魚一觔乾魚二觔雞一隻蛋五枚蔬菜一觔豆腐一觔豆醬菜油醋鹽各一盞燒酒三盞小燭二枝柴二束
半廩給每日米三升肉一觔乾魚一觔雞一隻蔬

菜一觔豆腐一觔豆醬菜油醋鹽各一盞燒酒二盞柴二束
口糧每日米三升肉一觔乾魚一觔蔬菜一觔豆腐半觔豆醬菜油醋鹽各半盞燒酒一盞柴一束
月糧每日仝

國中諸禮

冬至元旦國王皮弁執珪先拜歲德（隨歲德所向方設位拜之）

北向遥賀

皇上萬萬歲三跪九叩頭禮畢登殿受國中諸臣賀禮如明制就班一揖跪三拜興一揖跪又三拜興又一揖（夏子陽錄云元旦行禮後各官易常服王亦衣寬博錦衣戴五色錦帽坐閣二層衆官跪階下唱太平曲卑者按拍和歌尊者捧觴爲壽王亦等級賜之酒餚）每月十五日久米大夫以下朝王賜茶酒本國諸臣則止賜茶上元國王受賀如元旦禮

皇上萬壽聖誕王率陪臣北向祝如元旦禮

國王誕日受賀如元旦禮各官升遷俱於此日計功定爵

國有大慶則赦凡遷徙者皆放還職官或遷秩或

增祿米

聖廟春秋二祭遵用二仲上丁孔子用太牢啓聖用少牢餠帛粢盛籩豆之類悉遵會典其祭品本國所無者以上品土產代之前期三日與祭者皆齋戒前一日演禮省牲丁日王遣紫金大夫祭啓聖祠遣法司官祭聖廟皆行三跪九叩頭飲福受胙禮

辨嶽國王嗣位及受封皆親祭每年正五九月國王齋戒舉行祭山海及護國神禮或遣官致祭

蜡祭每年五六月收穫後各地方舉行報賽田神
諸禮世鑑云古初未知稼穡阿摩美久初分種粟菽于久高島知念大川玉城諸處春稻夏熟至今所在春夏四祭久高以二月知念等以四月
請雨每于十月墾種後先三日齋各官詣龍王殿
及天尊廟拜請又請龍王神像升龍舟至豐見城
設雨壇拜祭旱甚國王親詣崎山雩壇躬禱或詣
雨城躬禱圓覺寺護國寺皆令衆僧祈禱
先王廟春秋二祭或親祭或遣官三日齋樂用天
孫太平歌圓覺天王天界三寺內本宗香火有時

祭有月祭名蘭盆祭三日齋忌辰有特祭朔望獻茶

琉球國志略卷十一

琉球國志略卷十二

翰林院侍講臣周煌恭輯

兵刑

小國之大勢弱則久存強則速敗琉球之俗頗諱
言兵而刑章亦甚簡略豈所稱畏天保國者歟當
其先世三王爭强尋戈未已後卒并爲中山迨尚
寧王之世恃其險阻傲睨强鄰倭人入執其王久
乃釋歸則知鐵板爲門不足深恃況區區三首六
臂之神所稱鄰寇來侵能易水爲鹽化米爲沙者
尤荒忽而略無據乎今自洪永建封尚姓享祚垂

四百年而奉事
聖朝尤爲恭順其旁近島夷皆知琉球之于中國如滇
王之見寵于漢世不敢少萌覬覦其君臣亦遂得
宴然高枕與內地臣民分樂利之萬一蓋幾幾乎
刑可措而兵不用矣茲特搜討古今存其崖略不
賅不備則具如向所云爲志兵刑
隋書國有四五帥統諸洞洞有小王往往有村村
有鳥了帥並以善戰者爲之自相樹立理一村之

事有刀矟弓箭劒鈹之屬其處少鐵刀皆薄小多以骨角助之編紵爲甲或用熊豹皮王乘木獸令左右轝之而行導從不過數十人小王乘機鏤爲獸形國人好相攻擊人皆驍健善走難死而耐創諸洞各爲部隊不相救助兩陣相當勇者三五人出前跳譟交言相詈因相擊射如其不勝一軍皆走遣人致謝即共和解取鬬死者共聚而食之仍以髑髏將向王所王則賜之以冠使爲隊帥大業間將軍陳稜招之不服獲其布甲而還

臣按隋書所稱諸洞疑即今之間切小王疑即按司島了帥疑即庇椰之屬

夏子陽錄兵器惟盔甲與刀頗稱堅利餘諸矛戟皆脆弱徒具文耳弓長如屋簷射則樹於地以兩手彎之發矢甚遠

徐葆光錄弓長七尺餘卓地高齊屋簷箭比中國箭較短一握許射必卓地執靶時不在正中乃就下窄處扣弦發矢皆用決拾如古制舊錄云射二百步外則未之見

臣按國中軍器略具亦解製火藥砲位多用銅鑄要皆備舟艦水戰之用故弓必卓于船上始發而矢必扣于下方狹處實可百餘步

汪楫錄國中不見有兵冊封日自王廟至首里約十數步即對立二人執長竿如鎗其末加短鞘追視之中無寸鐵也近王城有鎗刀十數對即王之儀衛云

臣按明初三王爭衡兵革不息至中山尚巴志併山南山北二王爲一漸獲安居尚德王時奇界島叛尚眞王時八重山叛尚清王時烏父島叛皆時發兵攻討尚眞王因於那霸江口築左右砲臺聚兵守之那霸見世館（俗呼親見世）屬島頭目酋長等每年來聚則於館中犒之中有可賞可罰者則召入見世館正之決之其罪重者屬戚咸來恐有騷動則聚兵卒爲防譟亂之患

演武場在辻山旁

臣又按其國兵制略倣寓兵於農之意五家爲伍五伍又各相統其稱親雲上筑登之者皆習弓箭

家有刀甲有事則皆領平時泒定農民如百夫長千夫長之屬徐錄云陪儀衛使武備司而外武職太畧不知皆文官兼之也以上兵制

謝杰補遺民患剽掠無輕重輒加開腹之刑

夏子陽錄忿爭持刀刺人者輒引刀自剖腹而死否則下於理決抵償而無繫獄法司紫巾官極稱貴倨有犯亦抵法止令坐地不綁縛輕則流徙太平山錮之終身

張學禮錄執法甚嚴不徇情面即官長父子兄弟

犯法輕則徒流重則處死不曲庇絲毫也民有犯罪者大夫聞之法司法司察其曲直令曲者死亦不敢遲留也有犯法重者竟自刎投繯不敢妄辨求生如有夫之婦有妻之夫犯淫男女俱死鰥曠未減

汪楫錄國中不設官廨無聽訟之所民有犯罪當死者輒自殺重者刳其腹輕者徙置馬齒硫磺諸山又輕則令自閉室中不得出戶或三年二年乃縱之近亦設搒掠之具然不甚施用國有大慶則赦凡遠徒者皆放還

臣按其國刑法有死刑三一淩遲一斬首一鎗刺用木樁作十字架綳丁足以鎗刺其心令死即梟干其處樁倒乃止輕刑五一流有流三等有配定流至某島妥置不准放還有爲惡不悛族人共稟法司請再流罪者則限以年數配遣所流之島頭目等申其改過許遣還否則至期復流遠島仍前法申遣有不悛頓轉流於三十六島外之別島矣有犯罪重者則縛其手足以獨木小舟配遣西馬齒山顛菁遞至外島然多有漂沒者一曝日一夾一枷枷有輕重二等輕者數十斤重者數百斤一笞竊盜最嚴初犯笞若干夾一次曝日一次再犯三犯以次遞加亦有時竟立斬者立配流外島者

以上刑法

琉球國志略卷十二

琉球國志略卷十三

翰林院侍講臣周煌恭輯

人物　賢王　忠節　忠義　孝義　列女　文苑　方外

臣聞醴泉無源芝草不根五行之精原不擇地而産矧大島反哺羊跪乳蜂蟻知有君臣雁鴻以況夫婦故人而自外於爲人之道卽飛走之不若以此而推則琉球之有人物固其所矣

國家彰善癉惡樹之風聲凡在內地之忠孝節義上自薦紳下逮蔀屋莫不闡揚幽隱給帑建坊以垂

奕禩臣幸得採風海外輒復撮所見聞從寬節錄陳之

黼座以爲諸藩有志者勸而其近

天子之光涵濡於百年之澤者抑愈知所自勵也夫

人物

賢王

舜天日本人皇後裔父朝公大里按司宋淳熙七年庚子年十五屢有奇徵及長爲浦添按司人奉其政斷獄不違値天孫氏二十五世政衰逆臣利勇恃寵執權鴆其君而自立舜天討之利勇死諸按司推奉卽位賞功罰罪民安國樂始立文字

英祖天孫氏裔惠祖世主孫生有瑞徵十二歲名聞國中二十通經傳國人師事焉長爲伊祖按司宋寶祐初義本德讓以羣臣僉舉命攝政歷七年義本遜位隱於北山遂自立重農貴粟庶政修舉時西北諸島及北夷大島相繼朝貢國寖以強

大成英祖世子元大德四年嗣位能以禮讓接物以仁義措事國治民安

英慈大成第二子元至大初嗣位爲治遵用舊章疏通知事深而有謀

察度父爲浦添間切謝那村奧間大親業農質性純厚天女來格而生察度始爲浦添按司有德國人歸服元至正中西威薨世子幼母妃亂政衆廢世子奉以爲王卽位後災變日銷國家豐饒明洪武初遣行人楊載頒詔至國奉貢歸誠樂天事大遠夷震懾南夷宮古島八重山島相率朝貢太祖授以鍍金銀印封爲中山王復向慕文教時遣子

弟及國秀入監讀書太祖賜閩人三十六姓以充
朝貢譯使文明日啓漸染華風倭人不敢覬覦
尚巴志思紹子初嗣父爲佐鋪按司賞罰不違視民如傷南方諸侯歸之者衆山南王恃勝而驕窮欲于人朝暮遊宴巴志合諸按司攻落之并攻山北中山皆次第降山北王自殺遂滅武寧而奉思紹爲王及嗣位復滅山南王自元延祐中國土三分至是又合爲一賜尚姓自兹始
尚圓字思德金伊平人或云義本讓位隱北山圓

即其後或云葉壁有天孫嶽圓即天孫氏之裔父尚稷爲里主圓生有異瑞年二十四始渡國頭來仕中山尚金福時始給黃帽尚泰久時領主內間內間民皆親愛之時久旱苗槁獨其田不雨而潤民驚傳爲異圓懼載妻子隱避一十四年德日懋中山王聞其賢召爲黃帽官轉御鎖側即今耳目官也誾誾侃侃萬事當理德著民懷尚德嗣位多行不義圓諫云君用財若無窮殺人若不勝尚德怒不聽再避隱於內間德卒世子幼衆欲立圓圓

曰世子在孰敢奸此位乎衆弑世子於眞玉城迎圓固讓不獲乃至首里嗣王位除其虐政順民所喜山林隱遯隨材器使遠近蠻夷皆歸心焉
尚眞尚圓世子天姿明敏謙巳受益繼述父業治道大明政刑咸備享國年長矣
尚淸尚眞王子聰明智果剛强英毅能振其祖父遺緒國中事多所興革至今法守東北屬國大島恃其險遠朝貢屢絶王遣將往征守度如常
尚敬字允中恤農愛士尤尊禮老成國中政務皆

親謀獨斷歷久弗懈濱海鹹鹵王飭撥庫儲修砌隄岸及那霸等處溝洫民弗苦旱潦山原高阪悉募民墾闢栽種薯麥松杉聽爲世業尊事
天朝職貢彌謹護恤難商絡繹相望屢蒙
敕諭獎勵其奉母太妃克盡孝道性習冲淡不邇聲色旁無姬媵宜其民物安阜膺爵最久云

忠節

馬順德官國頭按司尚元王時二大島弄兵屢至那霸王自往撫之得疾危甚順德籲天祈代王死

果死王疾瘳官其子令世膺爲國頭領主

鄭迵字利山祖本閩人賜籍中山都通事祿次子嘉靖中入太學讀書歸累官至法司球例法司無用三十六姓者有之自迵始夏子陽使錄作迵迵字格橋官長史未嘗爲法司也祿三子其長曰達次曰迴季曰迵萬歷間浦添孫慶長即察度王後與於日本自薩摩洲舉兵入中山執王及羣臣以歸留二年迵不屈被殺王危坐不爲動慶長異之卒送王歸國

忠義

長田富盛按司侍士富盛廉潔慈愛爲絲數按司所併夫人投岩死其子小按司年十五長田攜至與座村匿於從兄慶留庇椰所尋爲絲數偵知令侍士志堅原率兵搜捕慶留有子名慶路子其女乙鶴請與小按司易服代死後長田復與慶留謀復主仇知絲數上巳出郊戲馬爲樂奉小按司仚慶路子伏兵道側要絲數歸而殺之復立小按司爲主乙鶴別見列女

孝義

鶴壽平良按司長子娉保榮茂按司女乙達呂鶴壽三歲母亡未幾保榮茂亦卒無子鶴壽長將贅焉繼母愛其子壽鶴壽瞽其雙目令平良離乙達呂婚女不從繼母復蠱平良放之八頭山石穴中欲餓斃之乙達呂感夢告其母尋歸醫治目復明保榮茂夫人送還平良且語之故平良悟大怒逐其繼妻鶴壽泣請曰兒自幼稱賴母以生母前所爲乃偶誤耳豈可以一旦之誤而忘罔極之德哉且母去弟幼將誰倚耶泣下如雨平良感其意不

加譴迎乙達呂而使鶴壽繼保榮茂之後爲按司乙達呂別見列女

謝納大謝名庇椰長子次子入神宮寺爲僧名慶運大謝名有駿馬鎖側官高平良求之不得鴆之納衛恨往尋其弟弟曰慶運僧也僧戒殺生況殺人乎納叱曰父仇不共戴天汝雖僧身自空桑來耶因與密謀托爲戲技藏劍於竹內即以竹負戲具偵高平良在小灣遂爲獅舞象闘之戲以侑酒

納忽把平良神大呼曰我大謝名之子也今日得報汝矣拔劍斬之有司憐其孝特原焉

毛鶴毛龜中城按司國鼎子鼎爲勝連按司阿公所譖王卽令阿公率兵討之鼎伏劍殲其族鶴龜適隨其生母歸山南查國吉外家時鶴年十三龜年十二生而英俊父居常教之擊刺聞變乃泣請於母欲以閒殺阿公母以二劍授之曰此汝兄弟生時爾父以賜我者今以付汝汝能報仇吾之願也然汝兄弟勢無生歸之理吾聽汝死亦卽縊矣

二子步至勝連伺阿公春遊卽懷劍而前阿公喜且醉解衣帶賜二子併賜鶴劍鶴因而刺之阿公及其羣從無一生者

列女

眞鶴宜野灣民章氏女宋淳祐中義本王當國北谷村無漏溪有惡蛟常興暴風雨爲患王議捐萬金募童男女爲犧祭之眞鶴父亡母寡貧甚時年十四弟思德年十二聞募爭欲捨身得金養母眞鶴爭之力乃密囑其弟事母而獨往北谷自投孝感天神雷電交作滅蛟除害王大喜以配王子思德亦尚主焉

乙鶴慶路子女祖慶留庇郴匿富盛按司子爲緜數按司所覺令侍士志堅原追捕乙鶴年十五謂其父慶路子曰事急矣請以兒服衣小按司兒仍衣小按司服敵可紿也已及捜捕乙鶴復曰祖與父均盡心於小按司者爲報仇地也如被獲事不諧矣願乞捨身代小按司死慶路子初不忍乙鶴詞益迫切乃斬首出示志堅原圍遂解後小按司

復有富盛以夫人禮追祀乙鶴焉

大里按司妻不知其名氏爲大里按司繼室夫人大里貪黷吞併大城按司大城有臣普嘉眞藏其夫人長子於儀間村數年糾衆與鮫川按司合兵誅大里仍奉長子爲大城按司大里夫人攜二子匿於荻堂村長子乳母之家時長子度羅壽九歲次子嘉寧松六歲被普嘉眞察獲將殺之夫人奔至按司所反覆哀懇乃議殺長子流次子於津堅島夫人曰若然願流長子殺次子按司問故曰長

子乃妾前夫人之子次子妾所生也按司與普嘉眞曰俗皆愛所生而嫉前妻子今反棄己子以救前室所生誠賢婦也可如其言度羅壽復乞先嘉寧松而死按司與普嘉眞深感其義旨宥之

豐姐悌陀喜瀨女初嫁爲眞壁按司夫人未幾眞壁爲國吉按司所併無子夫人遁歸父家高嶺按司聞其美欲娶之召侍士由査諭意悌陀喜瀨瀨許之婚有日矣夫人聞之仰天哭曰吾自城亡覓按司白骨函之而不即從死者豈有他哉爲存祭

祀耳父母不諒欲奪吾志吾豈忍偷生以失節耶乃闔戶自縊父母覺而救之適由査至歸告高嶺高嶺怒親強委禽焉夫人取懷中骨出示之曰眞壁雖白骨妾暫時不離肯從爾耶遂欲自刎高嶺急止之因謂悌陀喜瀨曰爾有貞烈之女顯名後世吾得聞烈女之言亦改前非請宥吾罪

乙達呂鶴壽妻保榮茂按司女初茂與平良按司友善一日相與結男女未生緣後平良生男鶴壽保榮茂生女即乙達呂鶴壽三歲母亡後母愛己子而忌之稍長陰以藥瞽其雙目無何女亦孤鮮兄弟母夫人將贅鶴壽而襲其業平良遣其弟饒波庇椰告鶴壽不幸爲廢人謹辭前約願別婚他族夫人以語女女曰先按司婚約於前奈何死按司而變前約爲鶴壽雖瞽兒未生前定約之夫也背父棄夫眞禽獸已饒波復婉諭之女曰煩吾子從九泉下親告吾父若見許諾詞無費矣饒波回語平良平良曰愚女不顧家門執拗乃至是耶繼室復譖曰若鶴壽不在女自別嫁矣殺之不可暫

放之於外俟女婚更議召回未晚也饒波慫恿之遂放於八頭山石穴中是夕女夢一神女備告以故且指示其放所藉以告母乃遣人如夢中所示向覓之偕來夫人召醫治目復明因送歸平良成禮如約

許氏美里嵩原村酋長許田女有殊色二十而寡矢志守節豪右爭求娶之父母欲奪焉強逼再三氏乃剪笄而辭之節操彌勵

蔡氏名亞佳度久米村人蔡禧女年十七嫁陳氏

子十八而寡陳氏門衰祚絶無孤可立氏不得已大歸母家守節不嫁紡績窮晝夜壽六十八臨訣時出所積紡績餘金囑其族人曰我孀守父家賴爾曹膳養今願付所遺爲蔡氏建一宗祠令子姪誦讀其中吾目瞑矣適得清泰寺廢地遂購而建祠焉族姪孫溫有碑記其事

文苑

程順則字寵文久米村人勤學勵志言行交修位紫金大夫愛民潔已不營寵利年七十餘卒之日

書籍外無餘貲國人至今猶爭道之所著有燕遊草中山官制考其一時先後蜚聲藝苑者久米則有曾益字虞臣著執圭堂草蔡鐸字聲亭著觀光堂遊草鐸子溫字文若著澹園集鐸族子文溥字天章著四本堂集首里則有周新命字熙臣著翠雲樓集何文聲亦有詩名徐葆光嘗題其集

方外

日秀不知所自明時泛海至金武山住富藏河千手院年歲屢豐民爲之謠曰神人來兮富藏水清神人遊兮白沙化米後住波上三年復回北山

際外仙江院僧蓄名宗實能詩學元僧白雲集體與萬松院不羈天王寺瘦梅相倡和前使汪楫稱球陽三詩僧徐葆光使中山時猶在贈詩有云海外三僧海內傳瘦梅化去不羈仙山中禪老惟師在數臘春來七十年蓋道其實云

琉球國志略卷十四

翰林院侍講臣周煌恭輯

物產

穀　貨　蔬　果　草　木　禽　獸　鱗　介　蟲

天地之風氣日開王者之長育無外故知玉帛萬國尚在中原會稽羣神未盡分野向使統而有之則禹貢之包匭篚筐當不僅在蠙魚絲枲之屬矣

國家中外一統百貨來同奇琛異寶何所不有琉球孤懸絕島素稱磽瘠初免其馬貢繼紓其歲獻固

列祖之所包荒

聖上之所矜惜何有於昆刀火浣而煩職方之羅列耶然而地不愛寶人不愛情不惟其物惟其情芹曝之喻所由來矣又況其猥瑣荒怪而不在常貢之數者正復不少恒人怪所未見聖人亦有不知飛車砮矢爰有自來豹鼠鯷魚均無可棄志物產

穀之屬稻中山地廣人稀山多田少十月布秧五六月熟地氣常煖本宜兩種因八月後多大風拔苗故止一熟姑米山八重山產米最多米惟國王及諸貴族官家得食小民皆食番薯

赤杭米　黃小米俱出姑達佳島　黍　粱　麻　芝麻

菽俗曰豆有綠赤白黑蠶豆大刀匾諸種大豆即黃豆　小麥有三種　異產有番

薯在處有之有數種莖葉蔓生瘠地皆可種生熟皆可食土人以為糧

貨之屬絲土人不知養蠶姑米山多植桑養蠶絲粗黑不如中國　棉夏錄云土不宜棉今間有之姑米葉壁八重太平諸島出價極貴　紬有土紬以中國絲織成有繭紬出姑米山

布有棉布以土棉織成有絲布以絲經麻緯成一名羅布有蕉布縷芭蕉皮內絲織成有麻布治麻織成皆花紋相間綦組爛徧亦有用五色染成者皆以自服若餽遺交易槩用本色　草蓆治藺草編成有極細密者人家坐臥及鋪地腳踏棉皆用之出姑米太平八重諸山　茶夏錄云土不宜茶今亦間有之自閩中來者多　鹽曬海滷成者色極白宜野灣今歸仁有鹽場　酒燒酒國中自釀味甚烈致遠及供應多以水滲入紅酒太平山出者名太平酒八重山出者名密林酒醇酒出土噶喇米肌嚼米汁而成如乳酪而甘淡鬭日則酸國王朔望餽天使有此或曰以此埋土中

經年取作燒酒味醇無比中國人聞其從女子口中嚼成多不敢飲琉人競取以為絕佳

臣按隋書謂釀米麴為酒味甚薄或亦其加水者歟

紙有數種皆穀樹皮為之俗呼棉紙清紙護壽紙尤佳大護壽寬可四尺直可二尺許中護壽寬可二尺直可尺五小護壽視中者寬直略減一二寸而紙料亦遠不及有花紙俗呼圍屏紙出土噶喇有綠紋相間者尤佳然方幅僅如中護壽不宜書褉窗壁間亦殊可愛有高麗紙云自高麗來七幅可作一帳極耐久　徐葆光球紙詩流求繭紙扶桑蠶十華搗就藏龍龕一縑一紙購不得島客求書致滿函冷金入手白於練側理海濤凝一片昆刀裁截徑尺方疊雪千層無羃面我毫弱似病凍蠅寒光耀腕愁凌冰捲疊空箱加什襲攜歸到劇誇溪藤十載京師了書債屛壖寺壁都遭汙

高麗藏紙稱最精年年貢自朝鮮一界方幅略[illegible]貢此同兩邦職貢皆海東邛竹蒟醬一水通望洋沾
皇風浩歌
筆徐錄云用鹿毛爲之短管䈙長四寸餘今所用多福州來者**油**有魚油熬魚脂爲之燈油樫油樹子爲之桐油絕少呀喲苦子樫成尤佳亦可作蠟然不易得**蠟**出姑米山**燭**如中國柏油爲者色如蠟而微黑鉻滴衣紙上俟凝剔去之絕無油迹**櫻**有紅黑二種出大島**糖**碾小蔗汁熬成亦有冰糖白霜聞大使館閒時國人設廠造糖其中**烟**土音淡巴菰**扇**有團扇或青或白灑金作畫有泥金五華者名玉圍扇惟王宮中有之有摺扇名權子扇單面不復今亦有雙面又一種名倭扇外兩骨中拘向外惟僧人得用土音曰倭几又有蕉扇圓爲日扇男子用之婦人用者缺其旁如玦月狀名月扇**金**星槎勝覽云地有砂金曰神物也人不得擅取夏錄云未驗有無**銀**多自日本來作長條或彈子大閩人謂之球餅舊餅一兩抵中國八錢新餅一兩抵中國七錢**珠**螺蛳中間有之圓而無色夏錄云地薄小而大寶不成也**蘇鐵**出人島**刀**有腰刀長桿者爲袞刀　徐葆光球刀歌我本書生弄弱毫恭承
天命駕海濤介事勉將授
玉冊禮成宴列嘉賓拔主人貽我雙珮刀鮫魚皮室象鼻條蛟身拔鞘作尺許晶英射目寒生毛燈前轉側鋩光幻折鐵圓紋細相間採得扶桑十日華更著鬼工千日鍊薄相何緣應此祥腰間玉欄愁難絡我聞日本鐵最精刃踰一尺神威成挾之出境厲禁死此邦何以供吹笙中外一家通王帛三十餘世皆銷兵旄頭寸鐵不加飾槍槊木具存其名鑄就名刀贈華客歸與上國爲干城方今西寇正跋扈嘉峪頓刃勞經營與妄諸君盡材武決拾命中力如虎得此輸君意氣雄早爲
廟書收邊功
漆器多白日本來**石**硯材嫩而椏似將樂石礪石出葉壁山石芝沿海沙磧上多有之有根有葉大如盆小如盌陰森碧水中

參差疊出潮落拾之海松海栢有紅白二種大者可三四尺根蟠海底取之易脆裂色久輒變難以致遠**珊瑚**　**松紋**舊錄云俱出八重山國中未嘗有**硫磺**出鳥島世以充貢亦出土噶喇

蔬之屬菜有白菜芥菜菠菜蘿蔔香芭絲瓜茄子瓠子芋葱蒜韭薑薤芹蕣蕨茴萎荽茼萵香菰紫菜木耳**防風**根如小蘿葡可醃食**菰**俗呼冬瓜醬醃之味佳**石花菜**生海灘上如苔煮之去渣其汁凝成塊亦可蜜食**異產有紅菜**細如亂髮類石花菜而少扁**鷄脚菜**　**麒麟菜**俱生海灘上頗相似有黃白二種一名鹿角紫**海帶菜**一名昆布生海中可治癭疾出姑達佳島**松露**土音蕈蕈九十月中生大松樹下土中實圓白色類菌產具志頭者尤良灰色者生牛糞中不可食**辣薵**樹生有數種開花白色結子有大如指而赤者有略小微黃者俱長寸餘有小如蠶豆而圓赤者**女蒡**　**蕹菜**生水田中**茯苓菜**

果之屬藕　**蔗**色紅節短一年皆有小者用以造糖**西瓜**　**木瓜**

橘五六月色青綠便採食味酢至冬紅乃甘有數種**香橙**　**金柑**　**佛手**

柑　**杏**　**梅**小如龍眼**荔枝**　**龍眼**二種皆自閩來不甚繁植**葡萄**

桃　**栗**　**柿**　**核桃**　**櫻桃**　**楊梅**別有一種極小土人醃以充饌或云卽覆盆子**枇杷**小而微長元旦食新爲百果之首**異產有蕉實**芭蕉花開一穗數尺色紅每花一瓣中有心五六條瓣落則結實如手指揸開熟時色綠以草棣覆之則黃如薯而甘名甘露**櫧子**實如橡栗而小出大島一名芝子

草之屬花不別見凡草木者入草類木本者入木類　萱有單瓣有重葉異產有文萱一名歡冬花特小葉有青白相間紋　茸草極纖柔波上及東苑尤多　藺可席又有一種心可點燈　天門冬　麥門冬　紫蘇　天芋　獨腳蓮　芸香叢生花一穗數十朵結子如青荚石珠　觀音蘭　豆蔻花　砂仁草三種葉相似皆供蒸炊用　烏木毒葉闊如曇花長尺餘每葉沿邊有白線亦有無白邊者　一葉似烏木毒叢生出土只一葉無枝榦無花者　鬱金　桔梗　牛蒡　牽牛　葵　玉簪　金錢　書帶草　車前　蒲　艾　鳳仙　鷄冠　水仙　百合　剪秋羅　秋海棠　曇花　聚八仙葉如蘭而柔八月葉敗土中挺莖三尺餘花如萱簇生莖頂有黃紅色數種　胭脂花有紅白黃三種結子中如粉可食　藤有紫藤蔓生花如葡萄又一種叢生葉極小花紫色尤艷天界寺內有　薜荔　蘋　馬齒莧　仙人掌　雁來紅　燈籠草開小白花結子如燈毬膚始青後黃外皮漸褪內膚如紅紗罩中一子圓赤如燭餘閩人呼為九聯燈　午時花略似燈籠草開花以正午色紅大如錢　午時蓮產圓鑑池及八幡嶺下池多有　蘭四時皆有俗尚蘭呼為孔子花異產有西表蘭出八重山姑彌島西表地有風蘭葉比蘭較長香如山柰尚香蔑竹為盆懸掛風前極易蕃衍有名護蘭葉短而厚與桂葉同大僅如指三四月開花與蘭無異一箭八九朵香味清越出名護嶽巖石間不假水土或寄樹椏上或以棕皮裹懸之梁蘭一名芷蘭葉如鳳尾花如珍珠蘭棒蘭狀如珊瑚樹綠色無葉花從椏間出似蘭較小亦寄樹椏

上可活花味最易引蝨又有松蘭竹蘭　金菊種不一有太白仙影群星清曙秋山霓裳山紅曉錦黃霞朝霞晚霞等目　異產有野牡丹土名井花葉與牡丹無異二三月花開纍纍如鈴鐸素馨紫暈檀心如碗大極芳烈其葉嚼之以為口香種出太平島沿海沙土中又有一種葉如芍藥　野蘭花小如菊葉似蒲公英疑即中國青蘘　禪菊色不一花如中國萬壽菊葉粗厚似野茼　雷山花土名古茄葉如鐵梗海棠花如牽牛差小鴉翠色四五月開十一月結子如豆莢　山蘇花一名猿蕨無花無榦出土長不及尺葉如蕉而小　吉姑羅一名火鳳人家墻上多植之以辟火無花榦似霸王鞭草葉似慎火草土人呼福祿木徐錄云花似黃菊紅者為福祿木誤

木之屬松最多一種出土便開枝散蟠數畝夭矯不假人力　柏　檜亦多蟠地作態　榕　樟　楓　柳　杉自閩分種　槐　樸　椶櫚　黃楊　桐刺桐葉似桐而圓朱桐中心抽莖簇花數十朵白桐葉花略似朱桐梧桐特少　桄榔　椰俱略似棕櫚特高大天界諸寺多有　榴有單層能結實千層者有大紅淡紅白數種　桂八月開花尚少十月後大放不結實　木蘭　木蓮　雪毬　山茶　杜鵑　山丹　茉莉　長春　紫薇　海棠　天竺子一名南天竺　夾竹桃　扶桑一名佛桑千葉者有大紅淡紅黃諸色單葉者惟大紅一種中心蘂高出花瓣外一寸許如燭承盤狀故一名照殿紅四時皆花六月尤盛　相思木　邪聬疑即素馨　庭梅土音什喇子吾花樹略似郁李　異產有樫木一名羅漢杉似中國羅漢松木理堅膩國中造屋樑柱皆用之出奇界島

九良福木葉如冬青特大對節生形如腰子厚而光澤一名常盤木樹身直上數丈四時不凋葉可染綠色開小黃花結實如橘可食　呀喇菩葉皆似福木亦對節生白花似梅實圓可榨油與福木俱號若子樹徐錄云葉紋對縷如織中邊映日通明作金黃色舊傳闘鏤樹葉如橘疑郎此也　鐵樹一名鳳尾蕉一名海椶櫚葉勁挺對出如鳳尾好鐵凡大院落及衢路旁皆植之鳥人碓其根爲粉以充糧棕櫚身樹汁鎔精鐵纏裓鳳尾徐葆光詩蕉葉張向日中心獻　櫨一名油樹子可榨油　黑木一名烏木　黃木　赤木一名紅木　福滿木高數尺葉似木槿花如橘子纍纍紅色可食又一種如女貞子甘酸可食亦可染物作青蓮色名山米又名野麻姑疑即青精　古巴梯斯土音潤利子高數丈葉大如柹葉花五椏八九月實似青果大而少匾香甘中有仁如欖仁徐錄云閩中有之名戊土閩人殊未嘗見　右納樹高數丈葉如白桐夏季開花如中國秋葵黃瓣檀心　地分木葉如穀樹小白花叢生冬月開有毒可藥魚　月橘葉細如棗開小白花甚芬烈一名十里香結實如天竺子稍大二月中紅纍纍滿樹人家多植以代垣屏　梯沽樹極高大葉如柹每葉抽作品字形對節生四月初花紅色長尺許每榦直抽攢花數十朵花葉如紫木筆出太平山　悉達慈姑樹高丈許葉類桃子如蒨蒳穗纍纍深藍色名慈姑奶不可食　菽枝條纖弱如椰小葉如榆亦作品字九月開花葉間遍滿紫艷如匾豆花形　柴木理粗重葉厚無花只可供爨故名曰柴　喫力土音吃利字形作方樹高數丈葉如枇杷夏月結子成叢如火樹姑米山尤多　阿旦呢葉長旁有刺久成林連蔓堅利可爲藩墻葉可造蓆根可絞索開花者爲男木花白若蓮瓣合尖左右迸疊十餘朵直上五椏蘂露如杖長數寸芳烈如橘女木無花結實大如瓜膚紋起釘皆六稜可食云郎波羅蜜

加種一名鳳梨

竹之屬　苦竹　猫竹　虎斑竹　鳳竹　竿竹　箬竹　烏竹　大竿竹　矢竹　笏竹　異產有　觀音竹著地叢生長尺許寬三四寸紫色

禽之屬　雀　鴿　烏　鷲　鶉　鶺鴒　鳩　鷗　鳧　鴛鴦　燕七月來不巢人屋徐葆光秋燕詩春社中原秋社歸天邊見客故依依來遲不肯巢人屋斜日空山獨自飛　鷹九月中東北風外島飄來然必以白露日至驗之信然徐葆光鷹來詩九月黃花背容開西風摵摵獨登臺海南數點横秋望錯認鷹來是雁來　雁不恒有　鷄產多一種特小短足長尾出七島名應潮鷄徐葆光詩潮鷄喔喔忽連村側枕先驚是客魂日裏金鷄那知夜扶桑枝上叫黃昏自閩中購至不多有　鴨亦不甚蕃　異產有古哈魯金黃毛羽長觜短尾四月鳴　麻石翅羽綠色白眉九月來　伊石求子似麻石　烏鳳一名王母鳥四月來　恨煞毛羽似鷹而差小八月來　容藍翅灰褐色黑頭徐錄云八月來非　石求讀毛羽似雀春乃鳴　莫讀史綠毛二禽俱十月來

獸之屬　牛　馬最蕃息終歲食青不食棧豆故貧民皆畜以代耕有事則役於公家洪永間例以充貢且常令人渡海市之　豕　山豬出今歸仁村及大島　羊　鹿姑達佳西馬齒山姑巴汎麻山皆有之盛夏鯊魚羅岸化爲鹿鹿畏熱以舌咂水亦化爲鯊魚　犬大者傷人有禁多私畜之　猫　猿今亦少

臣按隋書及明一統志稱有豹狼熊羆今按其地皆無之又云無牛羊驢馬驢則絕無而馬最多皆無足據徐錄云無虎兕獐則誠然

鱗之屬魚有鮫魚鯉魚鮒魚鰻魚鰍蝦金魚銀鏤魚草鱸魚鮻魚鯊魚異產有鯨鰩如白鳥飛丈餘入水即燕魚徐葆光有文鰩賦是匍句五彩魚有綠色紅色翠藍色黃色綠鱗紅章五采相間土人就其色其形呼之皆無名墨魚出姑米山石鮔似墨魚而大首圓下生八手無足毛魚細小外視似腐咀嚼有味七月朔八月朔各前後五日於海中成陣出他月則否佳蘇魚馬又魚脊為之徐錄云削黑鰻魚肉乾之非長及尺梭形色如朽木出久高者良以溫水泡之包蕉葉中入火略煨洗淨漬以肉汁薄切成片頗可口

一石眉巴魚色紅阿鰻姑魚他麻魚勿詩眉巴魚阿甲拏魚海馬馬首魚身得者先以進國王一拉不知魚即綠魚海蛇國王問安天使必具海蛇一束長二三尺僵直如朽索黑色猙獰可憎國人以爲饌云性熱能療痼疾并治癧針魚脣長如針亦名鱵靴魚頭長如靴

介之屬龜黿鼈蟹螺蛤蚌蚶

異者有龍頭蝦一名鰝大者一二尺形絕似龍玳瑁甲如龜鼈首尾形尖頭帶淡紅色國人以爲長簪蟳味最佳如蟹而大螯嚙堅立斷五色蟹多穴海岸中兩螯左大右小大以外禦小以取食惟大螯特赤名曰照火昔喇喀大螺可吹亦名吹螺綠螺大如盆可爲酒杯杓匙飾螺鈿器物常以充貢及呀低媽昔周圍生爪五長三四寸亦名壁虎魚寄生螺小蟹生螺殼中以火逼輒走出半身如螺殼冷復自入徐葆光後庭冥詞小小螺房寄居介族一螯拒戶身蜷局橫行無著借空廬雖稱擁劍非蠻觸看他堅閉深藏郭索晳時詮代火攻幸免又羨金爲屋莫道客無腸躁心常不足左旋螺徐葆光詩貢篚文螺異虛中獨左旋瓜輪斜掩月九曲小週天佛髻學偏皇仙房應側眼新從東海獻能吐日華鮮桅螺殼尖出如桅刺亦名桅魚有車鰲似蚶大者可作浴盆小者可作盆爲戶樞爲釜鍋之如牙作諸器物文貝小者如指頭外白背有紅線兩道大者紫赤玳瑁斑陰地納喀似蚶又殼圓如小荷葉喀達哈螺似貝白色貝上凸下平平處兩邊如鋸齒茲螺只一邊有海膽背生刺如蝟蠕蠕能運行可醃食

蟲之屬鼠最虐猫皆供玩不能捕鼠故也蝎虎尤多作聲如麻雀冬夏皆然蜥

蜴如蛇四足背有金色綠階砌皆是也蛇九月出傷人立斃姑米山尤多晨起甲痕如織鼅蛆有長尺餘者不甚傷人蚊徹年有聲晝夜飛暴風時少減蒼蠅亦多如蚊終歲不蟄金翅蟲背上兩翼及足皆金色中國常以供花勝酷好棒蘭香不去因被獲

琉球國志略卷十四

琉球國志略卷十五

藝文　　翰林院侍講臣周煌恭輯

嗚春嗚夏皆吹息之自然一葉一花由化工之締
造我
皇上文思天縱睿藻日新猶復博覽旁搜稽古典學重
鐫金石載輯風歌天山敕勒之謠爰與卷阿流火
之什交誦迭賡金聲而玉振之豈球陽沐浴清化
百有餘年聲華所暎獨無吉光片羽足備采風者

之取擇乎臣用是聽睹所及極意蒐羅凡中國人
士有事東洋記載吟詠悉加甄錄即未至其地而
文切彼事者亦間爲拾取以資博聞至其國中撰
著雖不多見跡所流傳亦時有雅訓者存焉輒復
寬其吹索存其二三以比於墜露輕塵罔非海嶽
之所樂受云爾志藝文

謝恩疏 康熙三年　　中山王尚質

琉球國中山王臣尚質謹
奏臣質海隅庸劣遭際
聖朝荷
先帝柔遠之仁撫字優恤十餘年來雖海道未通所
賜臣敕印滯閩多日然島嶼之歸悃臣民之向化未嘗一
日有遐邇之間也恭逢
皇上踐阼景命維新臣僻處一隅遠隔萬里不能匍匐梯
航躋蹈階墀在
天王聖明量逾覆載不庭之誅臣實凜凜乃臣不揣冒昧
敢有披瀝
君父之前者

皇上仁孝天成不改父道仍遣正使兵科副理官張學禮
副使行人司行人王垓賚捧
先帝敕印幣帛於本年七月十七日臣恭設香案望
闕叩頭跪聽宣讀愈知
皇上軫念微臣倍加恩賚臣彈丸荒陋即捐糜頂踵不知
何以報
天恩於萬一也但臣捧讀
先上敕諭爲臣使人物故甚多滯閩日久將正副使併督
撫諸臣分別處分臣撫躬捫心感悚無地伏念物

故多人各有命數已蒙我
皇上格外殊恩死有餘榮至庀材鳩工繕兵選將破浪衝
風艱險萬里以竣
大典臣不敢謂非諸臣仰遵
皇上恩寵臣至意以至此也臣已躬承
天庥竊幸億萬斯年世守藩屏不能少爲諸臣之報而反
重爲諸臣之累中外均屬臣子臣何人斯豈能宴
然清夜乎伏祈
皇上推繼述先意之誠廣錫類羣工之惠憫念臣懇切愚

衷
敕下吏部悉加優敘庶雷霆雨露無非
天恩臣踧踖愚忱得以稍舒矣臣再有請者
先帝詔書
皇上敕諭臣已懇留奉爲傳國之寶且使臣子子孫孫永
戴
恩於無已也理合
題明臣曷勝激切悚息待
命之至爲此具本令陪臣吳國用金正春抱賫謹具

奏
聞

謝恩疏康熙二十二年　中山王尚貞

琉球國中山王臣尚貞謹
奏爲恭謝
天恩兼陳封舟瑞應以慰
睿懷以彰使節事臣貞彈丸小國僻處海隅感沐
皇仁已經再世蒙
天恩特遣正使翰林院檢討汪楫副使內閣中書舍人加

一級林麟焻賫捧
詔敕幣帛封臣貞爲琉球國中山王臣與通國臣民恭設
香案叩頭跪聽宣讀畢又蒙
皇上特恩賜臣
御筆煌煌天翰遙頒小邦榮光燭天不特臣守藩之爲榮
即奕世之爲光矣臣歷查前代請封雖蒙恩准遣
使而奉命以後每遲至三四年而後臨臣國甚有
十餘年而後臨臣國者如前封順治十一年遣使
直至康熙二年始臨臣國若使臣汪楫林麟焻之

朝拜命而夕就道且當海疆多事之時衝風冒險
而來從前所未有也更有未見之瑞應不敢不爲
我
皇上陳之臣國僻在海東去中國不可以道里計往者封
舟開駕惟恃西南風而行中道絕無停泊之處故
二三十日而至者有之月餘而後至者有之甚至
水米俱盡更有不可言者從未有自五虎門開洋
三晝夜而達小國者也臣差有大夫通事舵工伙
長迎護封舟渡海親見舟行之際萬鳥遶篷而飛

兩魚夾舟而送經過之處恍若蓬萊不知已抵琉
球內地矣通國耆老臣民無不以爲此開闢以來
所未有不啻從天而降此皆
皇上之文德功烈格天感神且有
御筆在船所以有如此之瑞應也臣自受封以後颶風不
作雨澤應期五穀有收窮民得食臣身亦加安泰
此皆
皇上之恩賜也而兩使臣之克副任使眞不愧
皇上之特簡矣臣以爲宜宣付史館記載其事以彰
盛朝之瑞應以紀
皇上之實政至兩使臣成勞議敘知
皇上自有鑒裁非臣所敢妄奏但查前封使臣張學禮等
以數年渡海經先臣奏請蒙加復職之恩則今日
之兩使臣勤勞茂著似不可不從優議敘以勵臣
工者也至於
皇上所頒詔敕臣懇留爲傳國之寶已經兩使臣查驗前
封卷軸付臣一併珍藏理合題明
皇上所頒御筆臣舉國瞻仰惟有舞蹈懽忻不能仰酬萬

一奉上土產物件少佈涓滴微忱統祈
慈鑒爲此具本特差法司官王舅毛國珍紫金大夫王明
佐等賫
奏謝
恩臣無任激切屛營之至謹上
奏
聞

謝恩表 康熙五十八年 中山王尚敬

琉球國中山王臣尚敬誠懽誠忭稽首頓首謹奉

表上言伏以
聖武弘昭特重內屏之任
皇文丕振復隆外翰之權
隆體統於藩臣安內而兼攘外
煥規模於舊制緯武即是經文拜
命增虔撫躬益勵恭惟
皇帝陛下
道隆堯舜
德邁湯文

統六合而垂衣教仁必先敎孝
開九重以典禮作君又兼作師臣敬世守藩疆代供貢
職荷
龍章之遠錫鮫島生輝沐
鳳詔之追揚丹楹增色對
天使而九叩望
象闕以三呼謹遣陪臣向龍翼程順則等虔賚土物聊
表芹私伏願
乾行不息
澤沛彌崇
統王會以開圖合車書者千八百國
占天時而應律驗禎祥於三十六風將見文麟獻瑞彩
鳳來儀矣臣敬無任瞻
天仰
聖激切屏營之至謹奉
表稱
謝以
聞

使琉球錄序　明冊使　夏子陽

皇上之御極二十八年琉球中山王世子尚寧奏
請襲封時蓋嗣位一紀矣初以關酋侵擾海上戒
嚴故乞封稍緩而會前撫臣代稱世子奉正朔守
封疆關酋不能脅天子嘉其恭順戮下禮臣議所
使題覆至再最後從世子請仍遣文臣二人往如
令甲於是子陽以兵科給事中充正使而行人司
則王君士禎副之癸卯三月入閩治舟以行凡三
年工始告竣遂以丙午仲夏泛海抵中山詣吉冊

封畢事而旋報命且有日適採逞使所紀綜以時變質以周咨稍修飾之以爲錄錄成余宜有序蓋余于役而益仰我皇上之明聖也先時余等在閩使舟尚不獲就適有訛倭將爲使事伺者閩中二臺臣慮損國威欲請更成命余謂奉命而出海外具瞻余何以不信示之而使妄窺吾怯其損國威更甚疏上天子主余議趣守臣速爲治舟毋淹朝命已復飭歨內地不得陰通鳴夷啓生戎心比使事往還卒恃無恐嗟乎向非廟謨雄斷明見萬里

則海上之舟幾爲道旁谷余等躑躅進退且貽秦越者嗤矣余又追憶疇昔關酋犯順蹂躪我朝鮮一時掖垣典戎之臣率馳驅視師倥偬無寧晷琉球距日本咫尺耳朝鮮既失則琉球亦難獨存我東南之地且與夷逼前所訛言或亦可爲隱憂賴國家赫聲濯靈倭奴遁跡平壤枚寧以故中山一彈九區戴天所覆世世奉冠帶稱爲東海波臣即余承乏兵垣亦憑藉寵靈萬里作使不以武飭而以文綏大異疇昔馳驅倥偬狀遭際明盛何幸如之頃余駐中山時倭舶卒至余爲約束從役謹持天朝大體倭卒斂戢不敢肆至有避道竊觀嘖嘖漢官威儀已復從使館願謁稽首而去余甚異焉夫琉球不大於朝鮮也中山世子未變於曩日也嗣位之初倭爲擾受封之後倭爲釁此其故不在倭不在琉球而在我國家耳夫惟天子恩威並暢制馭得宜即犬馬猶然怗服安知海外殊域漸被聲教而嚮慕文明不以中山爲前矛而余列交戟下隨且終藉國家無事之福以佇觀重譯來王之

盛則斯役也以昭明主以表清時以徵從化亦載筆之一快也故諸具錄中者不敘而敘余所快覩歷歷如此語有之天子有道守在四夷是惟今日哉

中山沿革志序

國朝冊使　汪楫

琉球隋書宋史皆曰流求元史則曰瑠求時皆未與中國通故紀名各異隋煬帝大業三年令羽騎尉朱寬入海訪求異俗海帥何蠻言之遂與俱往抵其國語言不通掠一人而返明年寬復受命往

撫之不服武賁將陳稜率崑崙軍人通語言者往
終不服逆戰爲稜所敗掠男女千人嗣是遂絶元
世祖至元二十八年海船副萬戸楊祥請以六千
軍往降之給金符賫詔以行出海洋遽掠一山軍
小挫未至瑠求引還成宗元貞三年福建省平章
政事高興上言瑠求可圖狀遣省都鎮撫張浩等
襲之禽生口百三十人抗命如故明洪武五年命
行人楊載詔諭而中山王察度遂遣使入貢明太
祖待之恩禮有加於是山南王承察度山北王帕

尼芝亦相繼臣服俱受封於朝其後二王使不復
至云爲中山所併然年時皆不可攷終明之世亦
無有疑而致問者臣楫備員史官常思搜羅放軼
補舊乘之闕會有
冊封之役入國首以此爲問皆謝不知世系沿革亦秘不
以告蓋國有厲禁一切不得輕洩也嗣以
諭祭故王入其祖廟預敕從吏具筆札俟行禮時密錄其
神主以歸已又購得琉球世纘圖一卷卷中番字
多不可辨委曲探索始知其國南宋始稱王明初

始通中國元延祐間國剖爲三明宣德時復合爲
一自宋至今代已四易所謂姓歡斯者無據謂皆
尙姓亦非也爰就圖中所載可識者書之疑者闕
之參以實錄約略詮次爲中山沿革志二卷用備
稽考云

使琉球雜錄序　汪楫

琉球自明洪武初通中國歷今三百餘年奉使至
其地姓名可紀者凡三十餘人考其譔著惟嘉靖
中陳侃作使琉球錄上之於朝于是中山風土間

爲學士大夫所稱說然其言弗質也萬歷中蕭崇
業因之少有增益又附紀前此奉使者爵里姓氏
紕漏實多嗣後夏子陽又因之至崇禎中杜三策
從客胡靖所刻琉球圖記則荒誕謬妄百無一實
矣
國朝康熙三年使臣張學禮歸自中山有紀事一書
質實無文語已鏤板行後爲所知誚讓謂海外歸
來稍夸誕以新耳目誰相證者而寂寥如是學禮
乃毀所鏤板而他客輒以意爲之今刻遂與原本

大異臣受
命後即遍購諸書以行按籍核之合者殊少爰即聞見所及雜錄成編編分五卷曰使事曰疆域曰俗尚曰物產曰神異皆据事質書期不失實而已周禮職方氏掌天下之圖以周知其利害而小行人之職使適四方其禮俗政事教治刑禁之屬各各條錄別爲一書用反命於王以周知天下之故是知適四方者必有錄自古然矣若比於搜神括異志怪之書則臣不敢以所未見從詭異之談也

中山傳信錄序

冊使徐葆光

琉球見自隋書其傳甚略北史唐書宋元諸史因之正史而外如杜氏通典集事淵海星槎勝覽羸蟲錄等書所載山川風俗物產皆多舛漏前明洪武五年中山王察度始通中朝而明一統志成於天順初百年中爲時未久故所載皆仍昔悞幾無一實焉嘉靖甲午陳給事侃奉使始有錄歸上於
朝其疏云訪其山川風俗人物之詳且駁羣書之謬以成紀略質異二卷末載國語國字而今鈔本什存二三矣萬曆中再遣使蕭崇業夏子陽皆有錄而前後相襲崇禎六年杜三策從客胡靖記尤俚誕
本朝康熙二年兵科張學禮使略雜錄二卷頗詳於昔二十二年檢討汪楫謨中山沿革志二卷雜錄五卷典實遠非前比然於山川輿屬仍有闕略風俗制度物產等亦俱未備蓋使期促迫搜討倉卒語言文字彼此訛謬是以所聞異詞傳焉寡信今臣奉

命爲檢討臣海寶副以往自巳亥六月朔至國候汛踰年至庚子二月十六日始行計在中山凡八閱月封宴之暇先致語國王求示中山世鑑及山川圖籍又時與其大夫之通文字譯詞者遍遊山海間遠近形勢皆在目中考其制度禮儀觀風問俗下至一物異狀必詢名以得其實見聞互証與之往復去疑存信因幷海行針道封宴諸儀圖狀幷列編爲六卷雖未敢自謂一無舛漏以云傳信或庶幾焉且諸史於外邦載記大率荒畧今琉球雖隔大

洋新測晷景與福州東西相值僅一千七百里世
世受封歲歲來貢與內地無異伏覩
禁廷新刊輿圖朝鮮哈密拉藏屬國等圖皆在蕩海外
藩封例得附於其次若仍前誕妄不為釐正亦何
以見
聖朝風化之遠與海邦內嚮之久以附職方稱甚盛哉
故於載筆時尤兢兢致慎云

圓覺寺碑　明　許天錫

大琉球東南海島之國自昔不通中華勝國初嘗

招諭不至洪惟我太祖高皇帝應天啓運混一區
宇薄海內外罔不臣服於時率先入貢顯被優寵
別於他邦永樂初始受冊封王爵百餘年來修貢
彌慎弘治丁巳秋國大夫程璉長史梁能通事陳
義奉今尚真王命朝貢於京師竣事道三山謁翰
林庶吉士許天錫曰球陽有邦歷世遠矣惟今王
大有令德思輯用光常遵舊典請以陪臣之子入
太學得一聞天朝仁義禮樂之化以壯國體試言
其槩國尅擇舊有書王以正朔請尊之因參用大

統曆法先世深居固衛以貳其下王惟推誠布德
躬巡境內跋履窮僻恒省其秕賦遇孤寒輒貸出
給之民咸戴忭王寬仁不嗜殺亦未嘗曲法以輕
貸人猶能謹於國陽伏剏圓覺禪寺規模宏敞儀
物備至以為祝禱之場王每遊豫必與民同實國
之壞觀也茲欲勒石於寺是以彰王德賜之以言
某曰如子之說則王之賢誠可謂裔遠特立於百
世之上者矣乃為之歌辭俾昭示於後裔詞曰球
陽有國繫於裨海弗庭於華奚啻千載惟我皇祖

仁厚萬方率先慕義來享來王聖教漸加十有餘
世風清氣回儲祥發祉幅生賢王適號尚真離羣
絕類舍舊圖新簡刑省罰恤孤振阨春行秋巡厚
下安宅上熙下怡廿有餘祀崇德厚澤川流岡峙
有美大人薄言孔昭我作詩章庸代歌謠

琉球國新建至聖廟記　汪楫

自州縣皆得建學而吾孔子之廟祀始遍天下然
學以外無所謂廟也泰州守邑令博士弟子奔走
對越以為之禮鐘鼓管絃軌磬柷敔以為之樂牛

羊鹿豕酒脯俎豆以為之獻享不如是則與浮屠道士之事佛老者無以異故孔子之祀行於廟而備於學嗚呼至矣

今天子重道崇儒常以興教化勸學校考吏之殿最於是職方版圖莫不以修學新孔子廟為務而琉球國遠在海東萬里外亦建至聖廟於國門之久米村蓋創始於康熙之十二年立國以來所未有也夫琉球自隋唐以後國名始見於史書又千餘年至明初始修職貢通中國

皇清受命首列藩封歷三十年而祀聖人於

今天子踐阼十年之後謂非

皇帝盛德大業度越千古有以漸被之而然歟廟為屋二重其外臨水為屏墻翼以短柵如櫺星門中倣戟門之意半樹塞以止行者堂外為露臺東西拾級以登皆與浮屠道士家異制堂內割後楹為神座塑王者像垂旒搢圭而署其主曰至聖先師孔子神位座左右四人雁行立各手一卷則詩書易春秋四經也余惟孔子以道德為百世師顏曾思孟配享載於祀典不可謂其專治何經海外之誦法者惟孔子而所以尊吾孔子者實惟此詩書易春秋之故若知此四經者非弟子之徒之所能為而又見夫聖廟之有四配與詩書易春秋之數適相當也遂人予以一經而祀之若曰吾以祀吾經云爾總之皆以祀吾孔子云爾嗚呼琉球之君若臣其可不謂信經之篤而尊聖之至者歟雖然君子之舉事也始定其規模繼必求其美善今日者廟既成矣因廟而擴之為學則費不繁而制大備吾聞琉球之取士也舉秀才於童子中而不以文藝

試於有司此意最為近古然當其始董戒必稟於父師而其人亦莫不自勵以待舉迨其後德業之消長一聽其人之自為吾不知果皆率循強勉而勿怠否也夫秀才者將以儲異日長史大夫之用則教之不可無專師試之不可無成法誠因廟而擴之為學擇國中敦行誼工文章者為之長俾以時訓督其子弟修舉釋菜釋奠之禮國之中或雖其選則直疏其事而請於

朝乞如往昔教育故事

聖天子聲教誕敷方將登四海於文明之治吾知其必得當也如此則琉球之經學日明因所及而益廣其未備於以表率友邦凡有志於聖人之學者無不奉琉球爲指歸嗚呼豈不盛哉豈不盛哉

琉球國新建至聖廟記　　冊使林麟焻

康熙二十有二年夏六月予同太史維揚汪公奉

命封琉球由广石揚帆天風自南不三日而抵其國甫駐節通事官循故事以謁孔子廟天妃宮爲請予思

天妃司海道歷著靈異琉球祀之舊矣若吾夫子之廟稽諸往載琉球未聞有祀者於是進諸大夫而詢之咸謊而言曰聖廟之建肇自康熙八年陪臣入貢中國見夫學宮巍峨布滿天下瞻慕感動歸而陳諸王前度材命工厥廟斯興予聞其言肅然起敬爰潔齋祇謁至則覩輪奐具美丹雘黼黻恍登堂而親申如天如之容繚以周垣堅以甓甃笥業在列如入室而聞金石絲竹之音雖講經肄業之舍稍未有備而規制弘闊其與中國亦幾無以異焉夫自吾夫子春秋後中國崇祀聖人垂三千年而外夷無聞今琉球一旦先之嗚呼偉矣謹按星槎勝覽諸書及前代輩公使錄所記盛稱琉球雖僻處一隅在瀛海中最爲守禮之邦歲奉職貢恭順謹畏得尊君親上之義官制巾服有別鄉舉里選由俊秀而升試以文藝然後服官國中搓手膜拜道遇尊者輒伏地不敢仰視風俗淳厚路不拾遺人重犯法無剽掠爭鬬之事賦稅則王及臣民分土以爲祿食上下不交征庶幾古井田遺

法焉獨惜其未有祀孔氏以爲遺憾今

聖天子在上重道右文加意學校以仁義禮樂懷柔萬方中山賢王果能觀感淬礪建立聖廟儀型其國此邦風俗之美教化之行豈不視昔有加哉吾夫子常欲居九夷矣或曰陋子曰君子居之何陋之有又其告子張也言忠信行篤敬雖蠻貊之邦行矣然則聖廟既建人知嚮學爭自濯磨俾紱衣兜帽之俗咸彬彬然有儒雅之風是又忠信篤敬行於蠻貊之明驗也九州之外島嶼雜國貫胸雕題介

於琉球者動以萬計誠見聖道至大極天際地靡不覆幬吾知窮髮之鄉日月出没之所必有聞風而俎豆者矣秉彝好德人心攸同中山賢王之宰先倡化與其諸大夫之導君以善皆可書也抑予更有進焉廟之崇祀聖人非徒設輪奐具美丹雘黼黻已也凡釋菜釋奠合舞合聲以至鄉射讀法諸大典必一一倣中國而行之庶幾不爲具文王與諸大夫其勗之哉予故樂記其盛而爲之援筆以告

琉球國學碑銘　徐葆光

中國無孔子廟皆學也自京都至於十四直省府州縣無慮數千百靡不設學學之中闢堂寢以釋奠於先師歲再舉著不忘其自正所以爲學也若徒廟祀孔子與浮屠氏之宮何以異且聖德侔天地荄荄牲豆曷克報稱而以廟爲中山之祀孔子也四十餘年矣其未立廟也人之謂中山云何及廟既立人之稱中山者又云何賢王之世世嚮化與賢公卿都人士之遵王路而道日新也皆於是可覘已余方奉使時檢前使刻錄讀汪林兩使臣中山孔廟記知其興起也有端及來是邦封禮未行先拜廟廷緇廡秩如堂序皇如俛仰之間又肅焉而生敬矣大夫程君順則有碑記建廟顛末實成於康熙之十三年甲寅之歲時尚未有明倫堂也今觀其廟之左方有室新建堂構維傑上室奉啟聖公及四配神主兩廡設學教授歲立講解訓詁師二員惟其人豐廩餼尊體貌而以通事秀才之雋者若而人皆從業焉月有講歲有考六經之

文與

上諭十六條等書凡有裨於行誼者皆箋刻而講明之斌斌乎其日懋則斯堂之爲之也八月上丁釋奠之辰公卿人士咸執帛爵舉國欣欣以就典禮齋宿維三鼎俎有實品列上下有度有文遠人環觀者皆翕然稱之大夫又以啓聖公祠明倫堂儒學三大牓來乞書余矍然知中山之能尊我夫子也閟宮之詩云新廟奕奕奚斯所作孔曼且碩萬民是若大夫啓請踵廟成學以教其民其自今日進於

洎歟夫中國皆由學而有廟今中山則由廟而有
學登闕里之堂而觀其車服禮器之惟一又何先
而何後歟海隅出日罔不率俾堂哉皇哉殆不越
乎學之一言而已爰拜手而為之銘曰水東流兮
歸大荒中有國兮鄰扶桑歲職貢兮戴我
皇就日月兮聖道大光廟貌兮有赫有奕拜祀兮祝辭重
譯魚為牲兮蠡為脯物從土兮禮則古絃誦兮兩
廡顒顒海中兮鄒魯六學昌兮毋忘厥祖士由世
選兮爾藩爾輔其永永獻琛於
詩考兮來賓旅

琉球國新建至聖廟記　中山陪臣
程順則

天以聖人而君天下不如以聖人而師天下也君
天下者澤及於一時師天下者舉凡古今來天之
所覆地之所載舟車所至日月所照之處靡不被
教化焉噫豈偶然哉蓋嘗稽古危微之旨堯以是
傳之舜舜以是傳之禹禹以是傳之湯湯以是傳
之文武周公至我孔子而集其大成所以刪詩書
定禮樂贊周易作春秋使天下後世之君臣父子

夫婦昆弟朋友無不相安於名分靡有亂者較之
君天下者何如也琉球遠在海外去中國萬里宜
若不聞聖道者然自明初通貢獻膺王爵至洪武
二十五年王子泊陪臣子弟始入太學復遣閩人
三十六姓往鐸焉萬曆間紫金大夫蔡堅始繪聖
像率鄉中縉紳祀於其家望之儼然令人興仰止
之思不可謂非聖教之流於海外也至
皇清定鼎聲教誕敷斯文丕振較前尤盛時有紫金大
夫金正春於康熙十一年議請立廟王允其議迺

卜地久米村命匠氏庀材運以斧斤施以丹雘至
康熙十三年告竣越明年塑像於廟中左右列四
配如中國制王乃命儒臣行春秋二丁釋奠禮既
新輪奐復肅俎豆猗歟盛哉從此覩車服禮器恍
如登闕里之堂躬逢其盛也師天下之功不於此
而見其無外哉臣順則奉王命紀建廟顛末謹摛
筆而記以勒諸石永垂不朽云

新建啟聖公祠記　程順則

稽古帝王之興必以祖考配郊社重厥本也況集

羣聖之大成而爲萬世師者而可不尊其所自出
耶
皇帝握符御宇聲教誕敷文命之化遍及遐陬故琉球雖
僻處東溟人頗知學已鼎建文廟春秋行釋奠禮
矣唯是尼山振響實發源於郰邑今孔子既有廟
而啟聖公弗祀則所云尊其所自出者之謂何乎
乃同長史等官議援中國例啟請建祠王允其請
既發帑金命匠氏庀材立祠於廟左於康熙五十
七年秋七月起工隨至季冬報竣中設啟聖公神

主祀之左右以四氏配饗悉遵
天朝舊制非創也維茲之舉而水源木本寓焉是亦可
以教孝矣乎而吾王之尊聖必遡其所從生者而
祀之亦足千古矣

廟學紀略　程順則

琉球國僻處海外風俗質朴自明初通中朝膺王
爵時王子洎陪臣子弟始入太學至洪武二十五
年復遣閩人三十六姓往譯焉雖東魯之教澤漸
濡而尼山之儀容未覩及萬厤間紫金大夫蔡堅

始繪聖像祀於家望之儼然令人興仰止之思嗣
紫金大夫金正春恐家祀近褻非尊聖重道意於
康熙十一年請立廟王允其議迺卜地久米村至
康熙十三年令匠氏庀材不日成之越明年塑像
於廟又明年行春秋釋菜禮既新輪奐復肅俎豆
恍如登闕里之堂躬逢其盛也創始之功洵不祧
矣續於康熙二十二年蒙
冊封正使翰林院檢討汪公楫副使內閣中書舍人林
公麟焻賫到

書中山世土四大字
賜王復奏允陪臣子弟入國子監讀書均異數也然皆立
廟以後事可知崇聖教即邀
帝眷其理微矣從此
睿藻輝皇如睹龍文鳳彩監生歸國與人言孝言忠孰非
聖澤之所及者遠且大耶順則仰瞻曠典感激懽忭載筆
特書以誌一時之盛云

中山學校序　中山陪臣蔡文溥

粤稽古帝王之撫天下也未有不廣立學宮而能

昌明世道淳厚民風者也蓋學校之設原以養人才人才之生實以備國用三代之時自國都至於州閭以及鄉黨皆有學校以廣教化凡禮樂刑政之事盡出於學而士之所見所聞無非先王之前言往行故士習日以醇而人才日以盛豈非由上之人化之教之得其道耶迨其後去先王之世久學校之教衰為治者不以禮教而以法令是以科條愈煩民風愈澆豈今人之不古若歟亦無以化導之使然耳中山雖在海外自大明以來通中國

貢典不絕沐聖天子文教者蓋三百餘年矣今世家子弟徒嗜膏粱日好遊觀者常多而篤志芸牕精通經史者甚少是亦由父兄之教不嚴遂致子弟之業不修也今我新嗣君勤修學問講論治平凡所設施皆憲章古聖賢之道上行下效捷如影響故自王都以及鄉邑莫不奮然感發興起康熙乙未歲會議於各鄉中隨分捐資公建學堂而選士之通經善行者為師以教子弟誠一時之盛事萬世之良模也於是從遊者皆爭先恐後就師肄業而知言忠信行篤敬有彬彬鄒魯之餘風焉賢君嘉文教大行特遣近使巡宣鈞諭勸勉諸生曰爾曹潛心肄業孤甚嘉之但學必以不倦為功積久而成不可以旦夕求其效也且所謂學者不但誦讀章句而已蓋小而進退應對之節大而修身齊家治國之道其敦人倫篤宗族和鄉黨美風俗之事無不出於學也故為師者當以此施教為弟子者當以此講習為國取士亦不外此可不勉歟嗚呼吾君之所以振興文教化導士人者至矣大

矣由是師之所教學者所習皆以實學而不以虛文凡所以致知力行之事忠君澤民之道莫不盡心講求處期無愧於聖賢出期有用於邦國養成德器他日登庸廊廟皆可以為菁莪棫樸之選也佇見都邑之間風醇俗美戶誦家絃臣與臣言忠子與子言孝躋中山於一道同風之盛矣予才慚製錦學愧操刀未獲刺股之勤徒切生花之夢莫能頌揚休風於萬一不揣固陋以敘其事云爾

琉球國創建關帝廟記

程順則

予至中華見所在神祠血食鄉土者甚多獨關帝廟貌清肅莊嚴上自公卿大夫下至健兒牧豎莫不凜然起敬瞻禮恐後也帝果何以得此於人哉蓋吾嘗聞英雄之生也其氣足以凌霄漢其節足以激怒濤夫當漢獻孱弱羣雄割據有一才一技者孰不思有所依附以成功名而帝獨識昭烈爲帝室之胄委心事之間關勞苦百折不回且其時江東有權許都有操亦足稱一代人傑乃顛倒賢豪駕馭一世而獨有帝在其眼中蓋其雖得地利

而不知輔漢魏則挾天子令諸侯均非光明磊落之所爲視帝之忠義奚啻天壤也其心折於帝也宜哉且熟讀春秋手不釋卷舉凡二百四十二年之事瞭然於胸所以一舉一動皆本麟經而出之予嘗讀帝廟聯有云後文宣而聖山東一人山西一人由此觀之中朝以帝爲聖其尊帝可謂至矣茲琉球國已建孔子廟而獨於帝缺其祀典豈帝之聲名止洋溢於中夏而不能遠播於海外歟予謂不然歲癸亥爲

今上御極之二十有二年

冊封正使翰林院檢討汪公楫副使內閣中書舍人林公麟焻知吾國有欲爲帝立廟意乃捐俸五十金以爲之倡我王喜爲立像祀之從此俎豆馨香帝之靈爽實式憑焉然或則疑之謂琉球王位世及相傳弗替小心恭順兵革不與祀帝之意果何爲也者不知帝之正氣可以塞天地帝之大義可以貫古今能使後之爲臣子者靡不知有君父焉豈獨廉頑立懦寬鄙敦薄已哉若止論其武功則古

今戰勝攻取號稱萬人敵者夫豈無人而何以獨帝之聲名至今存也然則立廟之意固在此而不在彼

書手摹石臺孝經後贈中山王　徐葆光

孝爲百行之原孝經爲六經之要無貴賤古今一也自古帝王由此則治反此則亂列於典籍者班班具在也子曰我行在孝經於弟子中詔參加詳蓋道統係之矣秦火虐燄不及簡壁發之曾共藏之河間孔安國以隸古定寫之迨至漢武之世其

文則著由茲以降韋昭王肅諸家皆有訓詁至唐
明皇乃集定諸注手書八分建碑石臺至今巍如
也我
皇上以身盡孝由此以治天下者垂六十年於茲古今經
籍靡不窺究而於孝經尤三致意焉既
命集爲衍義朝夕觀覽又
御書於石以示臣下四海萬姓仰如日星葢未嘗不一日
心在此經也中山世封無間內外聖道日東六籍
咸備矣而於孝經尤重王化之遠布海邦之圖治
皆於是可覘巳及奉

命來冊封例先蠲吉
諭祭於先王旣及境王猶稱世子守次不郊勞其循禮也
如此迨祭曰世子素服戚容升降俯仰威儀卒度
遠人來觀可謂曰孝旣受封後詢其土俗觀其政
令條理井然有駸駸日向內治之勢王年雖少知
其能纘承先服推此於國心甚嘉之古人出使賦
詩贈言以相親厚禮也同使之臣旣斐乎其有作
矣余忝介列詞又無文伏思我
皇考治此邦共守百家與說義總在經筵中適有石臺八
分墨搨遂摹一通爲屛幛以奉王左右朝夕觀覽
以守至治此使臣之志也抑尤有進者經文著於
孝武其享國也五十餘年經義備於明皇其享國
也亦五十餘年三代以下國祚久長無踰此兩君
者今我
皇上萬年永定古今莫並六十年來化日初長四海仁壽
上下安樂者亦此經之助居多王富於春秋尙其
寶此仰法
皇帝懋勤典學躬行以暨百姓海隅日出罔不率俾國祚

其有涯乎

遊山南記　徐葆光

那霸江以南皆故時山南王地也自迎恩亭渡沿
江有村曰垣花左帶南砲臺抵海右翼小祿迤連
豐見城村中米廩數區屋茅蔭樹一徑南出道儀
見山高不數仞可騎而越也巳亥十一月二十一
日偕紫金大夫蔡温都通事紅士顯從客翁長祚
黃士龍吳份弟篔光等上下騎從百餘人渡江截

山而南微風從西北來吹衣不冽取道田畔其溝渟處水陷馬足綠秧初蒔氣候如中國二月時南踰坡嶺三四牧牛鼎岡上徑渟田循海南爲大嶺邨灘棘環繞漁戶數十家村盡有泉西流入海山石岌嶪怪特佇馬久之是時午潮漸起瀰漫遙見海中橫嶺鬱然大夫指曰此砂嶽也其下砂川三十里皆細沙潮至成川水石粼粼螺蛤可數沒馬足半尺許馬性狎水爭馳飛流濺瀑前後相蹴如行細雨中遙見嶽下數馬蹀躞踏潮往來如海面

上行乃主人遣爲置頓張幄吏也既至嶽下山頂蕉樹攢翠無間罅下皆巨石撐牙石根穿漏如可動搖時日正午乍昏雨驟至人騎百餘避石下無沾濡者飯畢復騎而南潮益深馬行益疾過潮平志茂田等邨又二十里至一邨曰絲滿墟前數十家面海石益奇以槎渡馬譙白金巖下巖高十餘丈一面砥平如削古樹蔭翳石洞葳蕤邨男女皆隱身石罅中戢戢窺客大夫請聯句題石厓上日下春復騎至高嶺山南王故城也曰大里城故壘如叠甑中空荒蔓無殿宇道旁民家豕牢石多文城或刻螭虎形折而西行譯者曰此國吉山也下嶺有泉渟瀠曰惠泉歇亭掬飲清甘俄至大里橋此山南外城濠也大夫曰尚巴志襲山南時燬之今以木梁之硼聲淙淙時已昏大夫預檄諸邨民遞爇巨葦數十導行谿谷中崎嶮下上不辨厓衖由眞玉橋和久田泉崎橋歸館夜漏三鼓矣是遊也去涉海歸度嶺往來六十里譯者曰中國人嚮無問塗者玆行殆鑿空云

茶亭記　中山陪臣　眞常

蓋聞茶之珍於天下雖起於神農氏惜未見遺書至李唐時有陸鴻漸者論茶之風味辨水之美惡著茶經三篇以傳於後世便於口餐或用祭祀或通神仙皆是物也今上自

天朝下逮士庶暨海外蕃國未嘗一日可以去茶茶之爲用大矣哉若無陸羽則不能顯茶之德無茶則羽亦不能得其芳譽陸羽可謂最得茶之妙而受益於茶者也伏惟我中山王上沐

皇恩矢忠矢敬慕上古之風師中華之俗爰意風雅淑躬素絢於是一日令紫巾官夏德宣相地擇吉築茶亭一座於見朝之暇汲水烹茗爲休息之所經之營之不丹不雘毋傷民力毋勞百工斯誠吾王慈之深仁之至也夏氏爰奉教令壬戌之秋律中夷則謹卜靈地於崎山之陽築茶亭於雩壇之下不日厥功告成矣其爲地東南開園囿或封土塊者春秋咏花賞月之標致也西北鑿小池或移松樹者冬夏乘涼禦寒之名區也中架小座臨南嶽者

茶亭也峰回路轉飛流噴薄於巖中者芳泉也縱目瀛海賈舶漁舟隨潮下上汪洋欵靡涯矣此澤粱無禁之美利也回觀原野農夫耒耜麥隴稻畦民產樂有恒矣此農時不奪之流風也至若月影昭欄松風響徑太平氣象豐歲休徵又何莫非茲亭之佳勝視聽之美觀哉竊以我王之德體天地之心夏氏之量佐栽培之功所以斯亭雖夏氏之所營實我王之所就古之所謂元首明哉股肱良哉庶事康哉此之謂歟是爲之記

重修南北砲臺記

中山陪臣　蔡温

霸江百川所會與海相通貢船暨西北諸艘往來中山之咽喉也南距饒波北抵泉崎東達宇平板敷近人規小利或聚泥土築田陌川苦其狹變爲涸溝其尤甚者至塞川以爲田爛土泥水流入霸江江將塞矣明君賢相特命向文思等疏濬斯江或播田地以廣其川或除爛泥以深其水宇平板敷等處復通長川順流臨海寺西築石橋三座迎恩亭北構石橋一座渡地村臨江築塘架木橋二

座計橋五座垣花村加二橋共木橋三座泉崎橋改修牧志南派之水決以西注自康熙丁酉五月初五日起至明年閏八月二十日告成或曰臨海寺南石何爲不除文思曰斯石係乎風水且江海颶颱不時若非斯石船隻難泊也康熙五十七年戊戌十二月記

諭祭中山王卽事

汪楫

海風激激馬蕭蕭龍旆徐過眞玉橋國主望塵遥下拜

聖朝肯使尉陀驕

三尺黃麻下闕宮密雲靉靆日曈曨陰膏著物無由見盡在絪縕一氣中

冊封禮成即事

夜雨廉纖快曉晴相看搓手賀昇平海風不動秋風動吹作嵩呼萬歲聲

龍跳天門下碧虛光芒萬丈掩璠璵强鄰一任誇多寶敢把珍奇鬬

御書

紫巾黃帕繞丹墀鼉響鯨鳴羽扇欹獨上

龍亭呼萬福錦衣紗帽好威儀

石城百尺擁王宮渾樸規模自不同巖磴迴環松影外樓臺隱見海光中

馬耕田歌　汪楫

中山山多稻田寡耕不見牛時見馬曳犂負軛當町畦編草絡頭泥没髁噴沫徒憐氣凋喪踢跼安知材盡下王良伯樂無時無不待悲鳴淚先灑側聞洪武開國時曾來此地求騏驪連檣累舶動千匹購買不惜傾高貲陟險衝波有底急每繙舊史常懷疑維時布衣起江左渙號止及東南陲壯士健兒騰踔步卒敢向中原窺閩入太僕但充位登牀厭穀皆虛詞誰歟忽建鑿空計外廐祗籍長風吹飂颸遠致列雲錦騎出奚啻熊與羆永辭絕域騁皇路寸長一技皆得施不走沙場壽畎畝吁嗟爾馬生何遲今制三年兩入貢使者執鞭大夫控

天子垂裳顧曰嘻此物何煩跨海送異域從教寶驌驦天

家絕不求麟鳳終老邱園何足惜竟辱泥塗亦堪痛吁嗟爾馬無自傷不逢湯武逢虞唐縱有龍媒四十萬中山只作華山陽

八月十七夜過波上候潮　汪楫

中山忽過中秋節連宵對月鄉心切客言十八潮生辰萬里波翻定奇絕我聞此語神爲王隔夜傳呼啟門臬海濱大都無障礙望遠還須登巉嶂更官遣指波上好勝地佳名夙所悅半夜騎馬到山脚皎月繫星一時滅天欹地側風怒號列炬如林

不得爇歇鞍徒行杖馬箠或作蹣跚或斃蹩小憩
爭依石臺穩冥坐只覺山根裂神女擲砂羣目閒
水怪搏風萬夫咽擬凭絕壁窺鮫宮轉類乘車入
鼠穴不分空濛都晦昧眞慚勝游成尫駝昌黎默
禱衡雲開東坡密詠盧峰列顧我胡能匹二公正
直感通同一轍摩空誰將銀燭晃掠波恍見金蛇
掣須臾天地還舊觀放眼依然對滲泬剪餘十丈
五丈雲掃剩千堆萬堆雪石笋崖下浪如礟匉訇
乍定偏清澈波底石片能作花朶朶芙蓉手堪掇

惜哉可望不可親鐵網徒令青玉缺泗水巧鑿煩
老漁擘出蒼皮等蟬蛻意中得失渾錯料宇外游
觀殊小別歸來作歌紀所見天淡雲收笑才竭

中山竹枝詞　　汪楫

道是佳人亦復佳一生赤脚守荆釵宵來忽作商
人婦竟戴銀簪不脫鞋土妓不得簪銀道遇官長必脫草鞍跣足據地候馬過乃起若中國人主其家則超然禁令之外矣
兩耳無環髻不殊孰爲夫壻孰羅敷譯人笑說公
毋惑驗取腰間帶有無國俗男子二十始薙頂髮爲小髻服與婦人無別唯男子必以大帕束腰女則曳襟而趨皆無衣帶

中山竹枝詞　　林麟焻

手持龍節渡滄溟璀璨
宸章護百靈清比胡威臣所切觀風先到却金亭
徐福當年採藥餘傳聞島上子孫居每逢卉服蘭
閣問欲乞嬴秦未火書
日斜沙市趁墟多村婦青筐籍綠莎莫惜籌花無
酒盞人歸買得小紅螺
匹練明河牛斗橫鼕鼕衙鼓欲三更思鄉坐擁黃

綢被靜聽盤窗蟖蜴聲
三十六峰瀛海環怒潮日夜響潺湲樓西一抹青
林裏露出烟蘿馬齒山
射獵山頭望海雲割鮮挏酒醉斜曛紙錢挂道松
楸老知是歡斯部落墳
心齋生白室能虛棐几焚香把道書讀罷憑闌笑
幽獨藤墻西角對棕櫚
廟門斜映虹橋路海鳥高巢古栢枝自是島夷知
向學三間瓦屋祀宣尼

王居山第兎園開松徑椶花倚石栽多少從官思
授簡不知若箇是鄒枚
奉神門内列鵷行乞把
天書鎮大荒喚取金縢開舊詔佚僞感泣說
先皇
閟宫蘢蓯歷山原將享今看幾葉孫二十七王禋
祀在鼇圭錫皇見
君恩
譯章曾記莋都夷槃木白狼歸漢時何似島王懷
聖德工歌三拜鹿鳴詩

宗臣淸俊好兒郎學畫宮眉十樣粧翹袖招要小
垂手簪花斫帽舞山香
望仙樓閣倚崔嵬日看銀山十二迴笙鶴綵雲飛
咫尺不教弱水隔蓬萊
纖腰馬上側乘騎草圈銀釵折柳枝連臂哀歌上
靈曲月明齊賽女君祠
久稽異域歲將徂自笑流連似賈胡三老亦知歸
意速時時風色相銅烏

諭祭中山王尚貞尚益禮成恭紀廿四韻　徐葆光
海島無遺澤
天王歸賵遙吉辰儀具舉幽壤禮咸昭專介求
恩郵馳
綸走使軺經年運節
命十日降雲霄
仙詔諸靈護龍光奕葉邀戒期開正寢列陛設行朝鐃吹
軍儀肅氍毹馬步驕海沉香爇路火浣帛攔橋排
仗雲霞麗侵晨風雨銷巖松飛翠蓋鐵樹引雲韶
抃舞肩相屬啁嘈語絕囂望塵迎

玉案謁闕備工寮緇素猶冠首衡牙未珮腰拜庭祈祝
號宣祭遣巫招悱惻
天心露鏗鏘玉韻飄屛藩勳最茂枝榦恨連凋海服喪頻
告曾孫齒尚齠十年今
賜恤三世幸承祧體薦牲牢潔登歌籥管調兩楹設銀綺
三爵奠蘭椒昭穆欣同祔恩光被一朝刻銘留鼎
彝頂
冊秘瓊瑤寵渥鮫人泣恩濃鱷戸謠伏鯨長守窟怒颶不

鶖條獻雉趨王會浮航指斗杓萬年同壽域世世

戴唐堯

冊封禮成恭紀四章　徐葆光

海邦萬里歲朝宗奉

冊天朝禮最恭中外一家同壽域祖孫五世共

皇封國泉瑞應天邊詔翠蓋陰成嶺上松六十年來三遣

使日邊偏荷

聖恩濃

卜里連岡走翠虬雲擁夾路引珠斿仗前爭擁夷

民拜域外如親帝里遊

玉檢輝煌天上冊朝儀照耀海中洲蓬萊仙館環相望

只恐爐烟障遠眸

中山宮殿壓山椒設闕王庭儼內朝乍啟瑤函瞻

日麗高宣

天語入雲飄龍章五色從中賜

御璽三封奕世邀九列親方隨拜舞紫綬帕首錦纏腰

大典重光歡會門玉函帶礪誓長存十年攝事猶

稱子此日膺封始拜恩舞蹈庭中藩禮肅起居

闕下譯詞涵使臣將命無餘事載筆歸來獻

至尊

中秋宴小樂府十章　徐葆光

丹桂飄雲落金風拂殿來仙洲娛上客偏舞袖新

裁

當筵呈帖子第一起神歌海國羲皇代天孫降福

多

皇恩如海深海深不盈掬隊隊綵衣童聲聲太平曲

朱笠垂曼纓珊珊搖雜貝繁絃何滔滔和雅與心

會

竪頭竿筷即曲項琵琶部後行引吭歌前行蹋節

舞

宮漏秋來永方諸月正中燕開長不夜樂奏迭無

終

魚龍動夜瀾戢戢仰雲端似聽霓裳曲天風落廣

寒

國醑傾池飲王人徧作賓譯詞郵勸醻語隔意偏

親

星流湯谷沸火迸燭龍旋凉夜浩如水當杯月正
圓
皓魄流華釆凊暉間九行重輪瞻
聖德中外共環瀛

重陽宴龍潭曲 集長吉錦囊句　徐葆光

搖搖錦旗夾城暖蛇子蛇孫鱗蜿蜿松鉻黑水新
龍卵鷰肩公子二十餘鬪乘巨浪騎鯨魚黑幡三
點銅鼓鳴銀浦雲流學水聲烟底驀波乘一葉海
綃紅文香淺淸毒蚪相視振金環舞霞垂尾長槃

跚亂捲黃河向身鴻秋肌稍覺玉衣寒秋寒掃雲
留碧空凉夜波間吟古龍玉宮桂樹花未落燭龍
兩行照飛閣方花古礎排九楹銀雲櫛櫛瑤殿明
玉壺銀箭稍難傾攪鐘高飲千日酒主人稱觴客
長壽山頭老桂吹古香玉喉㗽㗽排空光亂袖交
竿管兒舞午夜銅槃膩燭黃挐舟海上尋神仙斫
桂燒金待曉筵天河落處長洲路遙望齊州九點
烟

琉球三十六島圖歌　徐葆光

琉球屬島三十六畫海爲界如分疆羅列象星皆
內拱中山大宅居中央往來稅賦有期會冬夏候
汎輸舟航其北太島號爺馬境鄰倭國分東洋太
平諸山作南鎮臺灣直北遙相望前王察度通朝
貢島酋始附中山強星槎舊錄缺地紀其國有禁
多周防封舟此來落國北葉壁六點斜相當勒柁
回針取那霸船頭但見椅山黃姑米馬齒渺何許
面南極望空青蒼今來三月遍諮訪海濱踏盡猶
徬徨洲嶼雖能舉一二更船遠近猶迷方主人輸

誠出圖籍題寫六六何周詳碁置尺幅三千里對
音繹字標其旁其中各島語言別譯詞受事中山
王顓顓獨居乃恭順無一自大如夜郎
聖人聲敎彌六合河源佛國歸堂皇天下全圖成一覽朱
書墨界窮毫芒琉球彈丸綴閩海得此可補東南
荒朝來張挂向東壁紅旭冉冉升扶桑

中山竹枝詞　徐葆光

小船轟起半天中一尺檣懸五寸蓬渡海歸人當
有信竿頭昨夜是南風 渡海之家例造小木船桅帆畢具置竿頭立庭中候

風以卜歸期自閩歸國皆以南風爲候

衾子垂垂不繫腰招風長袖學芭蕉不知螺髻東西墮玳瑁簪長尾倒翹女衣名衾子腰無帶被身上頭髻甚鬆東西偏墮蓋古倭墮髻也女簪玳瑁長尺許倒插髻中尾翹額上

纖纖指細玉抽芽三五初交點點瑕墻上空憐小垂手廻風如捲落梅花女十五黥手指背墨點如梅花

海濱魚市早潮還細徑斜通失汁山頭戴荷筐趁墟去歸來壓匾翠雲鬟辻山一名失汁山女集所

海光晴漾碧天雲三五龍姑自作羣石筍崖邊朝

不動雪崎洞裏拜龍君波上山一名石筍崖寺中有神手劔而立名不動波上山東有小山名雪崎下有洞正三五九月謂之吉月女子相約拜洞以爲常

中秋滿月照空村鷄犬無聲晝掩門八月靈辰惟白露家家三日守天孫白露節國中爲太節前後三日閉門不語靜坐守天孫天孫氏國中開世祖也

小窻傍晚向西開忽見纖纖落鏡臺豫算初三拜新月隔墻先約小姑來俗有待月之期初三夜焚香對月拜十八夜焚香立待月升拜畢乃坐廿三夜焚香坐待月上乃拜

海波日出靜無垠子午靈期又一新銀蟾今日圓

圖夜汲取新潮獻竈神每月十五女至炮臺取潮水獻竈

題使院種蕉圖　蔡文溥

數株蕉扇半遮空仙客栽培與不窮虛檻籠陰消暑氣幽窻伴月引凉風飄搖影出高墻外掩映綠浮一院中擬似輞川當日景好將圖獻未央宮

呈冊封天使四韻　蔡文溥

熙朝恩寵航溟海萬里鮫宮紫氣臨五色彩雲
天子詔一泓秋水使臣心東藩恪守共球職北闕須封雨露深爲咏皇華光遠地高懸遠望想商

霖

徐太史枉過四本堂誌喜　蔡文溥

陋巷蕭蕭一草堂翹翹旌旆下寒鄉村僮也識朱輪客咸道文星載路光

同樂苑八景　蔡文溥

延賢橋

江芷汀蘭映水清風飄香氣到前庭曾傳東閣招賢地可勝圜橋聚德星

恤農壇

明王軫念草萊民時上農壇望畝頻省斂省耕行
補助海邦無島不生春

洗硯塘

一曲銀塘供洗筆光浮星斗自成文金鱗列隊爭
吞墨彷彿龍宮獻彩雲

望春臺

臺上新晴宿霧披鸞旗掩映日遲遲春和淑氣催
黃鳥正是農工播種時

觀海亭

峰高路轉欲凌雲亭上風光自不羣縱目遠觀滄
海外登臨何異讀奇文

翠陰洞

人間似隔紅塵外錯認桃源有路通陰鎖洞門開
寂寂惟餘鶴夢月明中

摘茶巖

香出瓊樓閬苑種長承雨露葉菁菁春來每向巖
頭摘先製龍團獻我王

種藥堤

聞道仙家延壽草移栽堤上自成叢莫教劉阮長
來採留與君王佐藥籠

東苑八景　程順則

東海朝曦

宿霧新開敞海東扶桑萬里渺飛鴻打魚小艇初
移棹搖得波光幾點紅

西嶼流霞

海角晴明嶼色丹流霞早晚漲西巒若教擲筆詩
人見定作箋頭錦繡看

南郊麥浪

錦阡繡陌麗南塘天氣清和長麥秧一自東風吹
浪起綠紋千頃映溪光

北峰積翠

北來山勢獨嵯峨葱鬱層層翠較多始識三春風
雨後奇峰如黛擁青螺

石洞獅蹲

仙桃花發洞門開猛獸成羣安在哉將石琢爲新
白澤四山虎豹敢前來

雲亭龍涎

凌雲亭子有龍眠吐出珠璣滚滚圓今日東封文
筆秀好題新賦續甘泉

松徑濤聲

行到徂徠萬籟清銀河天半早潮生細聽又在高
松上葉葉迎風作水聲

仁堂月色

東方初月上山堂萬木玲瓏帶晚霜照見皇華新
鐵筆千秋東苑有輝光

琉球國志略卷十五

琉球國志略卷十六

翰林院侍講臣周煌恭輯

志餘

志之有餘所以收遺散補軼事也故雜記叢談類多節錄以備參考臣因擇其事之無條可附者别次篇末雖其言不足爲典要然以資談苑之搜採存後起之徵據或亦少有裨益志志餘

張學禮紀略封舟過海例有從客偕行蘇州陳翼字友石多才藝王請授世子彌多羅王壻亞弗蘇

三法司子喀難敏達羅三人琴寓天界寺習一月移至中山王府又月餘授世子思賢操平沙落雁關雎三曲授王壻秋鴻漁樵高山三曲法司子流水洞天塗山三曲西湖吳燕時字羽嘉精岐黄術國中求治者立愈亦有數人受其傳

徐葆光錄國中無琴但有琴譜國王遣那霸官毛光弼於從客福州陳利州處學琴三四月習數曲并請留琴一具從之

汪楫錄有神異一條康熙二十年九月十四日黎

明夢與同官齋萊登一山仰瞻有碧霞元君廟疑爲泰山神下拜神衣飾如妃后命坐辭神曰公操爵人之柄坐宜也因坐已復賜食一器覺以告萊二十一年元旦謁關帝得籤詩有一紙官書火速催扁舟東下浪如雷句三月與中書林麟焻同充冊封琉球國使林蓋字石來齋則字石林乃知夢與籤詩莫非預定獨疑於泰山神無涉行次杭州樨時方疏請諭祭天妃及登吳山謁天妃宮見旛書碧霞元君越日於孩兒巷得天妃經一函詳書歷朝封號始知崇禎十三年加封碧霞元君示夢

者益卽天妃也

又云使臣登舟必先迎請天妃奉祀樓上而以挐公從祀挐公者福建挐口人常行賈臥舟中聞神語曰某日將行毒於某處公謹伺之至期果見一人拋毒物水中公投水收取盡食之遂卒以是面作靛色後爲土神明兵攻閩不卽下出牌誓曰入城不留一人公化爲耆老進曰若改留爲殺當獻城從之請以水燈爲號時荻蘆門水深不設備而居民以神誕日放燈於此明兵望燈入公擁沙助之遂克城果不殺一人後封宜封護國天下兵馬司協佑尊王海船必奉之者以海上多礁霧專藉神力導引云臣兹役亦循例奉迎香火上船姑米之險石塘之霧神實有靈焉因詳訪閩人云公實卜姓以業挐舟爲神故稱挐公今各省藩司庫神皆明時命以公主之故人亦多奉爲財神

又云封舟過東沙山有兩大魚傅舟左右行或前或後首尾時見長略與船等入夜星光爛然白鳥不可數計環檣而飛迎櫂之神鵶不足異矣臣兹

役到閩相傳封舟渡海必有大魚導引不特汪使時有之但他時不覺耳臣出洋後留心察之果見大鯊魚或二或四夾舟而行將至姑米萬鳥亦復廻翔及近山反無一雀舟人云是宿洋鳥止則浮窠水面飛則啣窠而起又有紅蜻蜓繞桅而飛舊錄云颱颶將起之兆也後果驗

又云過溝風濤大作投生豬羊各一潑五斗米粥焚紙船鳴鉦擊鼓諸軍皆甲露刃俯船作禦敵狀

問溝之義曰中外之界也食之復兵之恩威並濟之義也

夏子陽錄洪永時出使琉球等國者給事中行人各一員假以玉帶蟒衣極品服色預於臨海之際經年作舟藏明器二具前刻天朝使臣上釘大銀牌一面有急知不免則請使臣仰臥其中以鐵釘之任其漂泊庶有人見取其銀而置之于山俟後使得載歸耳夏子陽曰琉球之役杳渺汪洋茫無際涯或見絕島孤山一點空青半落天外幸而濟

則幸矣不然我躬不閱遑恤我後是以前使久已去之要之只在造舟用人處喫緊其所足恃惟式憑國家寵靈與仗平生忠信兩者而已如曰設桴翼造水帶則愈淺矣

張學禮紀略請封各官王念其遠出多年各加俸米不等

徐葆光錄前明琉球人不剃頂髮亦不用網巾萬歷中冊使謝杰長樂人有母舅其從行攜網巾數百事至無售者謝使遲冊封禮久不行云本國既服中華冠帶如陪臣有一不網巾者冊事不舉琉人競市一空閩人至今相謔強市者則云琉球人戴網巾也

又云親泊村戲馬臺東有獲劍溪山北王有寶劍名重金丸兵敗擲于志慶眞河百年後流至水漲溪光插天伊平屋人得之獻中山王今爲王府第一寶劍

汪楫錄傳聞國祀六臂女神手執日月名曰辨戈天靈異特著以婦人不二夫者爲尸尸名女君王

及世子陪臣莫不稽首致敬國有不良神輒告王擒之鄰寇來侵神能易水爲鹽化米爲沙尋卽解去故國人事神甚謹明有使臣某至國詰王國無城郭兵甲何以禦外侮王備言女神之靈使臣曰脫神偶不靈奈何其後倭忽大至王被執久之始釋王曰神之靈遂爲天使一言敗之乎嗣是不復以辨戈天爲言　臣按使館後善興寺右有天滿神云卽祀天孫氏女處圓鑑池天女堂稱辨才天女戈字疑才字之誤天字下當加女字於義爲順姑

闕之

徐葆光錄中山僧有臨濟宗眞言教二種臨濟宗爲禪門禮誦外多學爲詩眞言教爲人祈禱書符咒丐五九月尤多祈福俱戒葷酒居首里諸寺皆臨濟宗在那霸者惟東禪寺清泰寺及廣嚴寺三處爲禪宗餘皆眞言教也國禁僧不得渡海入中國惟至日本參學者有之僧衣多用朱黃色等紬絹爲之袈裟外更有一衣如背心狀名斷俗僧披剃後有名皆籍上之理梵司皆有廩米圓覺寺爲

國王本宗香火所在僧祿特重歲八十石天王寺天界寺崇元寺歲二十四石臨海寺亦二十四石護國寺四十石二寺在海濱爲國王許愿獻佛之所故祿石次之他則不論僧衆多少每年支米八石一云支口糧四名每名一石三斗五升共五石四斗云

琉球國志略卷十六

使琉球記六卷

〔清〕李鼎元撰

《使琉球記》六卷，清李鼎元撰。鼎元（一七五〇—一八一二）字味堂，號墨莊，四川綿州（今綿陽）人。乾隆四十三年（一七七八）進士，改庶吉士，授翰林院檢討。嘉慶五年（一八〇〇）以内閣中書舍人充册封琉球副使，沿途見聞俱載於日記，即爲是書。紀事起乾隆五十九年（一七九四）四月八日琉球國中山王尚穆薨，世孫尚温表請襲封，繼以朝廷遴選使臣，鼎元以副使承命受詔，詢訪前輩，習禮備裝等，迄完旨回閩，其間所歷均逐日敘録。卷三有過釣魚島酬神祭海之記載。據中國國家圖書館藏清嘉慶間刻本影印。

使琉球記

師竹齋藏板

士君子之志爲無窮而職則各有所守唯能盡職者其志之無窮乃愈見世以銘鍾鼎書旂常謂足震動一時而傳播後世吾謂不可知者遇也有可憑者時也隨其時而能盡其職則志之所在不必藉功業而傳也翰林前輩和叔先生前在史局克盡職業改官中書厥志不衰使琉球歸以所纂日記俾余校訂於是嘆和叔爲能不負其職與其志也琉球僻處海隅財賦歉薄典制簡陋顧其人多畏葸而知慕禮義詩書雖非素嫻一二秀穎之士頗有志於討論辨斷我

朝德澤涵濡奉使之臣又皆有以化導而撫綏之和叔廉於取而勤於學嚴以持己和以接物人樂與之遊有所詢必以實告故其著爲此書也於凡歲時山川習俗之詳莫不有所根據事以日繫言以人稽視宋趙汝适諸蕃志元汪大淵島夷志畧爲尤核覈與邵詹事遠平元史類編記琉球事有可參觀者此書之傳不獨爲士君子洽聞之助抑可以徵我

聖朝聲教洋溢雖僻夷小國不啻在甸服之內也而和叔才之偉識之真亦於是乎在上欲不負其志與職如和叔者可以法矣嘉慶七年仲春館後學栢山法式善

使琉球記者
賜一品服中書舍人副使李和叔先生所輯也洪惟
聖神御寓遐邇來王熙皥之化旣成醇醲之德斯布嬰
瓖璗琫執壤奠者四方鯷鰸彗濤慶晏靜者八極標若
華於東道踶戴勝於西門委炎火於南垂棲燭陰於北
陸提封無外振古罕聞琉球者維常之附枝鱗洲之小
水歲貢方物世爲藩臣嘉慶四年歲在已未故國王尚
穆世孫尚温表請襲封
聖主懷柔遠藩
錫以恩命

臨軒召對特簡儒臣於是趙介山先生充正使先生副
焉
賜麟蟒服奉
典册以行禮也先生學該衆流識洞九變乘風破浪遂
其壯懷浮槎貫月符其吉夢茲廼握英簜之節被織成
之衣鵠首乘雲蜺旌耀日精誠自矢寧同虛誓懇祈忠
信可憑何慮持衰不謹
天威所被靈貺聿昭祥飈送颿神魚扶舳鮫濤歸渚清
瀾鏡澄伏鱗昇鼢采色錦絢無蛟鱷之患颶颶之災凡
六晝夜徑達所居前驅負弩夾道焚香國主稱娓以迎

陪臣黎收而拜先生廼宣揚
恩意砥厲清操俾海邦懷德知中國之有
聖人荒服覲型識大朝之多君子衔
命而出成禮而還往來利涉重險如夷前此所未有也
爰自始事及遵歸途新天曲日衔之法比年經月緯之
例凡所目擊咸登筆錄旣晉星館暫靜風簾晝清黃車
使者博採方聞紐帶備生能獻舊典詢軼事於是監寫
遺經於脩然偶搜與義如獲珠船廣集散材待攜雲屋
遂廼表士女之風節載官司之典章志山水之麗崎記
物產之瓌惟油素四尺鉛槧千言文不矜奇事皆紀實

昔騫英鑿空未聞著撰之工鄺桑好奇徒囿方隅之見
若夫出宙合之外覽溟渤之勝以今方古殆過之矣是
記也王會有篇職貢有志彰
國家之盛美歸義有表樂德有歌嘉遠人之賓服輶軒
有采皇華有述勤使臣之職業三善旣備九能其推公
之藝林示以傳信不揣檮昧敬爲序引自知淺見甘貽
測海之嗤徒罄禰詞終媿懸河之目嘉慶七年季春金
匱楊芳燦序

使琉球記卷一

欽命冊封琉球副使賜正一品麒麟服內閣中書前翰林院檢討綿州李鼎元撰

乾隆五十有九年甲寅四月八日琉球國中山王尚穆薨世子尚哲先七年卒世孫尚温取具通國臣民結狀於嘉慶三年戊午八月遣正使耳目官向國垣副使王議大夫曾謨進例貢表請襲封四年二月福建巡撫臣汪志伊以

聞禮部上其議

天子特命內閣大學士翰林院掌院都察院禮部堂官選舉學問優長儀度修偉者為正副使時選得內閣中

書四員翰林院編修三員都察院給事中四員禮部主事三員於八月十有九日黎明引見

乾清宮奉

旨遣趙文楷為正使臣李鼎元為副使先是甲辰之歲鼎元假遊浙江秋九月四日泊舟温州城下其夜夢乘舟出洋舟極大旗幟飛揚人役甚夥海天不辨夢中一無所悸逕見數山浮來水面幽秀奇特作五律一首醒時記一句云雲養淡螺深并記舟牌有免朝字急捉筆登載常舉以問人無知者以為夢也而置之

恩命既下即覓同鄉周海山先生前使琉球時所著志畧意得有所遵循開卷首見封舟圖龍口有牌曰免朝始悟玆役數定於十七年前古人謂夢生於想恐非定論溯自乾隆二十年封尚穆後距今四十餘年舊典雖載禮部尚須緩稽而志畧又未載受命後一切事宜因思海內博通掌故者無如大宗伯紀曉嵐先生因與正使趙介山偕謁介山者安慶府之太湖人嘉慶元年狀元也先生一見笑謂曰二君來意吾知之然事隔數十載老夫何能盡識猶幸及見全周二前輩出使時有瑣細不登志畧者二君願聞之乎皆曰唯唯先生曰琉球世居炎徼明初始入貢其人深目而長鼻其衣大袖寬

博男女皆以帕蒙首貴者戴冠式如僧帽兩淺封使之服明則給事中以麒麟行人以白澤

本朝自康熙五十有八年海徐二公出使始用東珠帽頂正副使皆賜正一品麒麟服服由工部製造禮部頒給頂帶則自備跟役正使二十人其副十五人例有頂帶者仍許聘帶從客出都門肩輿八人例持節

詔敕前有黄蓋龍旗等儀皆由工部咨取辦以壯

天威也鼎元曰跟役頂帶有例乎八座有說乎先生曰有麒麟為將軍提督之服制軍兼提督者亦服之前驅例有頂帶者今既

賜麟蟒則因品服而波及前驅矣既服此服例宜八座
京師從無八座出都者惟琉球安南冊使為然全閒二
先生已行之矣鼎元曰應具摺謝
恩乎先生曰非三品以上凡出使例不具摺鼎元曰然
則
賜服之後應具摺謝乎先生曰此服為使而設係
朝廷體統非有私於君等也何謝焉惟臨行當請
訓耳鼎元曰冊使既遣文臣而服麟蟒何也先生曰示
武也亦文武兼資之意也鼎元曰試學差皆有路費此
獨無何也先生曰此差由兵部發先行牌沿途供給又

何路費之有吾聞之前輩曰凡翰林得此差同館及同
年友皆有厚贐不減數千金世情日薄今固異於古所
云矣君等勉為之
國體攸關不得以縕袍不恥為高也語既畢先生有惓
容與介山請出邀入師竹齋私詰之曰聞起行在來春
二月今即有此
命毋太早乎介山曰此正
皇上體恤使臣之意也此差既無路費安家製裝種種
須財今所恃者惟汪舟次先生請支二年俸例在前輩
僅百八十金耳若非寬以時日安能驟辦楷且欲備此

餘日告假省親便籌一切余聞此悵然羨介山家鄉遊
轉念故園之遠十月朔日介山出都余於九月二十有
二日新遭胞弟皐塘中允喪不及送自後遂無可商者
十一月十有六日禮部題為請
旨事先經臣部議准
敕封琉球國世孫尚溫為琉球國中山王并
賜卹故國王尚穆應遣正副使臣前往續經臣部遵將
各衙門保送人員及臣部司員帶領引
見奉
旨正使著趙文楷去副使著李鼎元去欽此臣等業經

行文福建督撫遵照在案該臣等議得此次往封琉球
一應事宜除
賜卹故國王尚穆另行繕本具題外謹將
敕封應行賞賚并各項預備之處按照乾隆二十年往
封事例開列條欵恭呈
御覽伏候
欽定一查向例
敕封琉球國王頒給
詔書一道
敕諭一道此次應照例頒給

詔敕由內閣撰擬封送臣部交正副使敬謹賫往宣付
該國王祇受一向例
賜該國王蟒緞二疋青藍綵緞各三疋藍素緞三疋閃
緞二疋衣素緞二疋錦二疋紗四疋羅四疋紬四疋共
三十疋
賜王妃粧緞二疋青藍綵緞各二疋藍素緞二疋閃緞
二疋衣素緞二疋錦二疋紗四疋羅四疋共二十疋交
封使帶往仍將數目撰入
敕內此次應請照例
賞賜該國王王妃所需緞疋均於內務府移取臣部交

封使帶往須給該國王祇領一正副使銜
命出使應照例持節所有節及節衣由工部移送臣部
轉授封使回日繳還工部一向例
詔敕前用黃蓋一柄龍旗一對御仗一對欽差牌一對
肅靜牌一對迴避牌一對均由工部咨取回時交納工
部并取前行牌一面於封使起行前期交兵部飭發沿
途飛遞琉球國俾知預備此次應照例辦理一向例正
副使
賜正一品蟒緞披領袍各一件麒麟補褂各一件行文
工部辦給仍許其自備正一品頂帶事畢回京仍用本

任品服此次封使亦應照例給予一向例正副使遠涉
海洋
賜給諭祭海神文二道賫往福建致祭此次應請須一
諭祭海神祈報文各一道由內閣撰擬交封使賫往致
祭其香帛祭品該地方官備辦照例核銷一查須外國
詔敕例應繳送內閣向來琉球每請為傳國之寶經正
副使驗明允留彼國仍令其於謝表內聲明此次亦應
照例辦理一向例正副使恭賫
詔敕郵賞等項自京起程沿途撥護官兵其過海登舟
行令該督撫遴委幹弁二員幹兵二百名護送并酌撥

修船匠役帶往此次亦應照例辦理一向例正副使許
自帶諳曉醫術醫士二名隨往至家人跟役正使許帶
二十名副使許帶十五名兵部給與勘合沿途支取夫
馬船隻廩給口糧此次亦應照例帶往支給一向例正
副使俱照伊品級預支二年俸銀回日扣還在案此次
亦應照伊品級支給回日扣還以上各條臣等按照舊
章敬行開列進呈恭候
命下之日臣部行文各該處遵奉施行臣等未敢擅便
謹題請
旨奉

旨依議欽此臣鼎元聞
命後即自備正一品頂帶製辦行裝候正使假滿回京
恭請
聖訓擇日起行十二月望日琉球使臣向國垣等入京
先是
賜服命下有誡余且無換頂帶者余曰不換是慢
君命也烏乎敢客唯唯而退嘉慶五年庚申正月戊寅
元旦日甲寅五更恭詣
乾清宮門朝賀旋詣東四牌樓馬大人衚衕天后宮進
香祠為故大學士貝子福公康安建貝子破擒臺匪林

爽文歸舟時將抵岸而風息舟人下碇待風貝子喝令
起之否且行誅碇起舟走忽觸礁舟人驚惶分無生理
忽見紅燈自遠飛來觸舟舟旋瞥眼間已入厦門口祠
之建以報恩也正殿為天后塑像後殿為三官神像西
為關帝神像余進香心為之動竊謂貝子建此祠未盡
善也凡天下受
敕封為正神者寧褒及其父母況天后由孝女成神後
殿不祀其父母而祀三官失其本矣毋亦以天后父母
未經受
本朝封典故不祀耶果爾何不籲請褒封乎是貝子之

疏也此行仗神默祐歸定籲請褒封崇祀後殿以妥神
爰酬靈貺按傳信錄天后莆田湄洲嶼林氏第六女母
王氏生於宋建隆元年庚申三月二十有三日昇化於
雍熙四年九月初九日室處二十有八歲徽宗宣和五
年始賜廟紹興二十有六年始封靈惠夫人歷代加封
至天妃
國初提督萬正色請於
朝加封天后父名愿字惟慤宋時官都巡撿渡海舟覆
賴后救免寶祐五年教授王里請於朝封父積慶侯母
顯慶夫人女兄以及神佐皆有錫命則是當宋時已崇

祀矣十二日介山至京銷假二十一日甲戌琉球使臣
向國垣等回國二十九日壬午浙閩總督玉德奏琉球
遣正議大夫梁煥來迎冊使已到閩奉
上諭冊使遠涉重洋其乘坐船隻自應妥為預備且現
在洋面未能一律寧靜著傳諭玉德飭令地方官將趙
文楷等所需船隻預備穩妥并派撥弁兵小心護送俾
其遄行無阻欽此同日奉
上諭沿海地方崇奉天后仰承靈佑昭著歷徵顯應溯
查乾隆二年加增神號四字嗣於二十二年五十三年
兩次各加增四字現在各洋面巡緝兵船及商船往來

均賴神力庇佑著該衙門再議加增四字并著翰林院
衙門撰擬祭文即交此次冊封琉球正使趙文楷賫往
福建敬謹致祭欽此於是內閣擬進
欽定四字曰垂慈篤祜翰林院擬撰祭文其詞曰惟神
德冠川靈功參昊緯誕英奇於宋代貞稟坤元資保障
於閩疆信孚坎習欽兹神力翊我皇圖涌澳泉而歡噪
三軍長島水而提騰七日靖逆殄鯨鮫之暴功順徠魚
鳥之祥屢佐鴻勳叠彰偉績
皇考高宗純皇帝三加懿號載賁
御詩湄洲展故里之祠淮甸踵時禋之典用以答嘉貺

顯明威懷柔之義昭然佑相之符爍矣朕睠綏南服篤
念洪庥報能禦能捍之功匪禮臣疊臣之請特修馨祀
肆晉崇褒衆人之母曰慈來蘇其后萬年所受者祜合
德於天飭冊使以告虔異淵祇之効職雲旗黙導哨巡
迅掃鯨鯢星炬朗懸鼉渡穩移鶖鶴至於南海聰明正
直之謂神康我兆民享祀妥侑以介福於戲迓颷車於
瀛澨薦黃蕉丹荔以敞詞恬波鏡於滄流佇翠羽金支
之來格懋申豐潔溥籍靈長二十四日丁未五更具摺
恭請
聖訓巳初蒙
召見乾清宮西暖閣敬承
天語體恤小邦不勝悚惕二十六日偕介山赴禮部祗
領
詔敕卹賜龍節儀仗等件逐一驗看謹送正使寓奉安
中堂惟
御書未經用寶移知兵部驛遞閩省是日兵部發下勘
合照尋常一品例填寫與禮部所題跟役名數不合遂
中恐致累而兵部憚於檢舉且恐誤行期累自此始矣
二月己卯二十有八日辛亥黎明設香案望
闕謝

恩畢午刻拜辭老母由米市衚衕起程轉橫街出轎子
衚衕不由菜市口者俗有所忌也介山寓彰儀門大街
亦於是時起程先奉
詔敕付武弁負之前行罩以黃蓋儀仗後之節後之
賞卹諸物又後之正副使又後之坐軟輿舁者八人前
負弩者一人帶刀者一人後執坐槍者二人步行扶輿
者四人餘人管理官私物各有耑責出彰儀門五里至
普濟堂同鄉檢討楊萃中祖純户部楊松崖彥青周梧
庭維垣吏部崔君永福刑部張安亭學潮工部劉芳皋
濹廣東增城營守備唐君文才候選縣令孫君光先韓

君海寧波太守姪平山岊餞於堂之正庭同年給事中邵楚帆自昌編修吳衣園裕德餞於堂之門內禮部謝薌泉振定率其同館門人餞於堂之西廂各進三觥未初別酉正宿良鄉縣同節驛設香案奉安
詔敕畢以後日常為例縣令趙君宜霖來謁江西南豐人介山別居一館相去不數武飯後過談是日惟午時晴出門選吉時或其驗也

二十九日壬子陰大風介山從客三人王君文誥秦君元鈞繆君頌余從客一人楊君華才俱於昨夜至早起同行過竇店不憩申刻宿涿州涿鹿驛

三月朔日癸丑晴過張桓侯祠不入六十里新城縣分水驛食經白溝水酈道元水經注督亢水又南之白溝是也宋遼以此分界下為酈亭溝水經所謂東逕涿縣酈亭是也俗傳涿州酈亭因道元故居得名不知水經云巨馬水又東酈亭溝水注之水上承督亢溝水於遒縣東東南流歷紫淵東則已為溝名矣又云余六世祖樂浪府君自涿之先賢鄉爰宅其陰其水東南流又名之為酈亭溝是道元故居紫淵亦名酈亭矣沿堤行七十里宿雄縣歸義驛明雲間陸應陽廣輿記載雄縣有大雄山余往來數次未之見縣令馮君瑛來謁問之對曰不惟縣治無山即附郭亦無山則陸記未足信疑金人併歸義入歸信非復周顯德時故州矣是日午後大風入傳舍迎送始聞砲

初二日甲寅大風晴卯刻行瀰望皆水道通一線曲折如盤蛇十里達趙北口橋十二洞舟俱泊橋東俗謂之燕南趙北疑即瓦橋關沈括夢溪筆談關北與遼人為隣素無關河為阻仁宗時何承矩守瓦關始議因陂澤之地瀦水為塞欲自相視恐謀泄乃日會僚佐汎船置酒賞蓼花作蓼花遊數十篇令客屬和畫圖傳至京師人莫喻其意自此始壅諸淀古人謀事用心縝密如此

三十里至鄚州俗傳明成祖自燕起兵此城堅固攻旬日不下遶道進既承大統屠州破其城今城基尚在成祖性輕殺戮理或然矣又四十里宿任邱縣鄚城驛本漢鄚縣地平帝元始二年使中郎將任邱築城於此後高齊置縣即因人得名今城北三里有大邱碣曰任將軍墓碣小而新殆近人附會為之未必真任墓未刻介山過談同寄第一封家書

初三日乙卯陰大風行七十里宿河間瀛海驛府為京師之南府天下之津途陂澤沃衍宜耕植濱海鹽運軍府所資燕南重地也太守姚芝佃梁學附人品海内欽

慕有古大臣風先為廣西廉訪使為巡撫孫公永清所
劾改部郎轉侍御今年正月
皇上特簡為河間大守詢以風土人情了如指掌要地
可謂得人矣途中見麥三寸許望雨甚切
初四日丙辰陰大風行六十里獻縣樂城驛食縣治唐
始移此不惟非河間獻王舊封并非漢樂城縣故地故
縣在今縣東南十六里獻王封邑在今縣東南九十里
所謂景城廢縣也天下邑治歷代屢移執舊名而求之
百不得一矣又十里交河縣富莊驛宿是夜雪麥苗得
此不啻膏雨

初五日丁巳大雪行四十里阜城驛食縣當南北衝非
漢故城縣令張綠溪文旐來謁河南靈寶人己酉進士
途中遇同鄉鄧尉以伊護餉至保陽立談片刻又五十
里宿景州東光驛本蓨縣故治地形四通古齊趙界五
代梁乾化二年晉爭河北地梁人合兵攻蓨晉將李存
審時屯德州謂諸將曰蓨縣方急若坐視使賊得蓨必
西侵深冀患益深乃出奇兵破走之自是梁不能復有
河北州之所繫亦重矣與介山約遊董江都祠日暮不
果
初六日戊午晴寒甚行三十五里劉智廟食廟名不知
所起按明正德中馬申錫駐桑兒園招流賊劉六等劉
應招而至或即以此得名而土人訛為劉智耶又二十
五里宿德州安德驛本漢平原郡安德縣故治運河出
城北浮舟為梁聞山東糧艘將次出境是夜寄二封家
書
初七日己未晴行四十里曲路食沿途雪消麥茂麥秋
有望矣又四十里平原縣桃園驛宿是夜經行有所謂
黃河沿者按唐志德州有張公故關孔頴達曰平原縣
六十里有張公故城城東有津俗名張公渡即平原津
戰國時齊之西境以河為界此即黃河津濟之所今河

久失故道津已堙而名尚在父老相傳有可以徵古者
此類是也縣令劉東堂懷清來謁陝西華陰人丁酉舉
人與晃塘鄉試同年詢以風土人情地方利弊答云平
原素不產棉而男女多貿自他郡以織為業到任後訪
知縣中有鹵地數頃不能種五穀試令種棉乃大獲民
皆仿行近出棉不僅供一縣之用山東素多鹵地得此
法通行一省可無曠土矣又云乾隆五十七年歲大饑
民之流亡未歸者甚衆所遺田地二百餘頃民不敢種
因為代募佃戶耕種既不欠糧亦不棄地亦善政縣有
顏魯公及先主祠益以魯公常守平原先主曾為平原

相也魯公祠内有文文山弔魯公詩碣前明人補書從容強記其韻以歸因和之惜未得錄全文

初八日庚申晴行五十里禹城縣劉普驛食縣為唐之還善鎮乾元二年移置以縣西有禹息城故名縣令潘君漢來謁大興人庚子進士又五十里宿齊河縣晏城驛店陋甚濟南太守德垕圃生遣使持扎起居漢軍人余戊戌同年聞其廉靜寡欲有守有為重其人即為書答之

初九日辛酉晴驟熱行三十里齊河縣食縣令柳世珍來謁又二十里杜家廟小憩熱甚又十里潘村從此步

步入山路多滑石又三十里宿長清縣崮山驛山多栢層植而上頗可觀縣令徐竹亭紹薪來謁乙卯歲皃塘典試山左竹亭為分校闈中有唱和詩直隸永平府人學者也申刻家人董祥患中風移時卒余此行祥頗得力中道而逝為詩哭之星家言奴僕星有得力不得力之數余前有二僕曹玉紀陞頗勤慎皆早死今祥又如此豈真命耶以五十千錢購一棺殮之寄殯蕭寺差回當令歸葬

初十日壬戌陰介山來言先行余視董祥殯出乃發山行頗難肩輿始加縴五十里長清縣長城驛食俗名萬德店路傍栁青矣午刻雨不能望岱又四十里新店小憩又十四里宿泰安府泰安驛大守李松雲堯棟公出泰安令舒君幹來謁與商岱頂進香事是日齋約介山來早登岱

十一日癸亥辰刻微雨決意登岱恭謁碧霞元君祠以天后於明末時曾封碧霞元君故出館先於岱廟進香雨轉大狂風倒人客皆中道返限於王程不能待晴於遥參亭元君像前禮拜時進香者日常數萬人廟中排列肆市百物粗備萊石為尤多廟東炳靈宮前漢栢五本西北隅一本二株臨西一株為火所焚焦中而枯外

異於甲辰甲寅兩度所見乃嘆松栢亦有刼入午風雨轉盛仍宿故館夜寒甚

十二日甲子清明陰大風山行四十里崔家莊食見徂徠山盡白頭始知昨夜之雨在山已成雪而所謂徂徠之松杳不復得矣又四十七里宿新泰縣羊流驛晉羊叔子故里也是日五渡汶水水環山流人截山行民夫捧轎以渡諺云蛾子抬青蟲頗類此景蓋民夫皆有僱錢也壁間見北平何琴立題壁詩云路轉平岡一帶斜短籬鷄犬見人家青帘店裏黃粱飯紫石墻頭白枳花同向天涯連草榻誰於秋水悟南華今宵各有還鄉夢

士新建連日逐沂水傍蒙山行頗有山水趣又二十里宿青駝寺土人云佛刹有青石駝踞腹陷於土惟頭及鞍尚可辨或係大家墓道物然駝之設於墓道制亦未為久遠

十五日丁卯陰微風山行五十里過沂州徐公店馹至伴城食山於此盡平郊麥苗較茂又五十里宿沂州府沂州馹州南連淮泗北走青齊勾吳道末口以侵齊伐魯越既滅吳亦出瑯琊以覬覦山東晉宋劉裕越沂水而復青州後魏尉元亦沿沂泗而争淮北形勢使然最為兵衝誠南北之咽喉也首縣為蘭山地無此山即艾

山而別名左傳隱公六年公會齊侯於艾是也太守洪桐生梧蘭令初君恕士皆余故友在京時常相過從桐生又係同館即日招飲依依如骨肉桐生以詩畫扇并詩刻香墨見惠詩四首皆佳末首云送君亭館似勞勞已約歸程候節旄意尤可感

十六日戊辰大風行二十八里沂州李家莊馹食有山亘於東陂陀平遠勢如長隄若馬首之低昂土人指曰馬陵山也或曰即古瑯琊山又六十五里宿郯城縣郯城馹去縣尚十里本為臨沂故地非春秋郯國治故治在縣西南百里為大梁要隘縣令周君履端來謁託寄

明發離愁恐又加饒有風致走筆和之傍又有悟真題其後云半醉拈毫思逸然偶將文字結因緣悟時獨把南華笑雞犬人家盡是仙亦有致惜未知其姓氏

十三日乙丑晴山行五十二里新泰縣新泰馹食本春秋魯平陽地漢初灌嬰下下邳擊破楚騎於平陽是也縣令狄君芬來謁又二十里過嶅陽嶅山在馬左傳申繻曰先君獻武廢二山武公名敖也前過小村問新甫山不得有一秀才東指曰即此山俗名蓮華其西則龜山蒙山聯絡而南蒙陰縣在其麓又四十里宿蒙陰馹亦名保德馹縣令范君晉來謁沿途見道路修理溝渠

浚治其良吏乎晚食餅粥甚甘

十四日丙寅晴山行六十里沂水縣垜庄馹食見題壁有嶅陽曉發詩云長隄隱隱柳鬖鬖月落烏啼送曉驂涼氣侵衣天欲曙馬蹄聲裏夢江南款曰秀峰不知何姓氏又有古越陸耐菴已未冬月十九日題壁云衝寒夜渡白沙溪霜染征衣月未西野寺寂寥羣吠犬荒村迢遞數聲雞當頭雪浄千山黑背面風驅萬樹啼遊子滿腔懷古意半緣捧檄誤青齊頗能道眼前景又見何琴立題壁五律一首中云殘陽人影瘦亂石馬蹄忙亦佳句再行二十里有坊曰瑯琊古郡後題蘭山令初懃

三封家書是夜雨

十七日己巳陰大風巳刻雨麥益暢茂路滑甚舍輿而騎郯城紅花埠馹食馹為山左江南界街長三里許盡茅店瓦屋絕少恐賞耗為雨所濕遂宿焉是日見道傍密種皂角樹樹既多刺實又不可食可避人馬之擾道傍有田園者可取以為法

十八日庚午陰路濘甚騎行六十里宿遷縣峒峿馹食食後登馬陵山見落馬湖水勢浩蕩不辯涯際又六十里宿遷縣鍾吾馹宿地為春秋鍾吾子國治故名縣治

在運河西馹臨河東時糧船過江南淮安衛二幫領運蘇州屬元和縣吳縣正米三萬三千六百七十一石六升五合九勺船四十隻領運者衛守備范燦押空者守備孫必名也是夜介山於亥初始到行李車陷於泥去驛四十里野宿俗謂之打野盤

十九日辛未陰候車不至騎行五十里桃源縣古城馹食俗名新安集堤行又六十里宿桃源縣桃園馹俗名重興集縣治在運河西本宿遷之桃園鎮金始置淮濱縣元易名桃園今訛為桃源縣令曹君公萱來謁丙辰進士鄉試乙卯與大兒朝塏同年有器局才具詢知地

方情形地瘠民貧多受水害余從紅花埠至此見瓦屋絕少所言良不誣是日介山未至因不慣騎馬為泥濘阻滯矣

二十日壬申晴欲候介山至恐留住多擾遂留札先行約行二十里不見魚溝詢知順隄行乃直至王家營道為引道者所誤又行四十里宿清河縣清江馹俗名王家營日暮始得食隄上望洪澤湖水勢甚濶館舍新造宏敞可容百人館後有餘地植樨栁八株成傘大可納涼

二十一日癸酉晴留住候介山以紀

恩留別詩刻寄漕督鐵冶亭保余庚寅同年也燈時鐵公和詩至并寄其紀

恩詩諸刻慕其速亦即依韻和交來使有句云能飽軍民是此官蓋規之也戌刻介山行李及從客至聞介山宿魚溝

二十二日甲戌晴介山至因同過黃河至清江浦縣令備船甚多僅用大舟二小舟一餘令遣去奉安

詔敕畢遂登舟浦舊為沙河一名烏沙河宋志楚州北有山陽灣淮流迅急每致沉溺雍熙中漕臣劉蟠臣議開沙河避淮水之險其後旋淤明永樂中平江伯陳瑄

極力經營大鑿清江浦築隄設閘築高家堰運道乃無阻然隄堰每易潰決修防在人天妃閘上下清黄交會處為漕運要地河督吳菘圃璥來恭請
聖安余戌戌同館同年敘舊言歡隨答拜言治河通運事極有條理合龍定有日矣留余飲余以戒酒固辭歸舟後承惠蟒衣紗紬酒脯等物入暮檢討韓君鼎晉自川來過訪言故鄉宅為賊焚奉太夫人并眷口入都供職因即邀介山過舟同食平山太守姪亦於是日登舟夜深不得晤

二十三日乙亥晴介山從客不戒於盜停舟訪緝余先

解纜過關沿江糧船絡繹盡江南帮申刻介山至同泊山陽縣淮陰驛淮安阻淮憑海控制山東自古倚為重鎮荀羨曰淮陰地形阨要水陸交通易以觀豐沃野有開殖之資方舟有運漕之利是也本古山陽郡治以境內有山陽津得名漕督鐵公來恭請
聖安旋招飲署中戌刻歸舟

二十四日丙子晴午刻東南風大恃犁以行犁木身鐵觜繫纜於鼻以殺風力隨耕隨移二人耑主之八十里泊寶應縣安平驛漏三下矣地於前漢為平安縣後漢為安宜縣驛名以此舟中登倉以望白馬湖漾其西北

廣洋湖蕩其東南水光接天樹影浮沉景最清遠暮景尤可愛署縣令方君觀鯉來謁

二十五日丁丑晴風如故感風畏寒閉束窻又不敢立船頭遠望殊悶悶行四十里已昏黑風轉大去高郵四十里泊

二十六日戊寅陰東南風仍大午刻至高郵州界首驛以州北有界首鎮也沿隄多斗門為宋轉運使吳遵路遺制州介揚楚閒岸峻而水深狹藪澤環聚易於控扼過州不泊行三十里泊露筋祠前盂城驛宋州人秦觀詩曰吾鄉如覆盂高據隄楚脊環以萬頃湖粘天無四

壁故高郵亦曰盂城

二十七日乙卯穀雨雨風轉順過邵伯湖湖為晉謝安築民思其德比於邵伯故名州境湖汊最多樊梁新開甓社號三湖益以平阿珠湖又號五湖蔣之奇詩又云一十六湖水所豬而揚州境又有艾陵雷塘等湖陂蓋其上有七十二澗至此盡豬為湖經官河入於江午刻泊揚州江都縣廣陵驛計行百有十里鹽政書公魯來恭請
聖安都轉曾公燠遣人起居江都甘泉二令來謁未見山長馮鷺亭編修集梧過訪詢知謝公㮚生尚健年八

十七矣壬戌進士與石亭伯同年飯後登岸答拜皆未見惟謁見謝公以其為父執年老家居於公事無嫌避也是夜東風大

二十八日庚辰晴東風仍大不能渡江鷺亭邀介山同遊平山堂同年吳杜村郎中紹浣偕行減從人屛官隸駕一葉舟蕩三尺槳搜奇選勝窮僻探幽目極園亭花木之妙耳飽松竹禽鳥之聲芍葯初開海棠將謝或坐茂林而飲或蕩蘭槳而歌優焉游焉樂難名狀少頃至平山堂舍舟而登其巔俯瞰揚州枕江帶淮為轉輸之咽喉湖海之襟要誠東南一大都會也桐與品第五泉盡七碗登舟容與且行且酌林間燈出岸上炬來乃不得不歸而坐客皆陶然矣

二十九日辛巳晴東風仍大杜村招出所藏黃山谷書太白詩墨跡龍蛇飛舞迥非石刻可比又觀趙子昂墨跡十札真跡可愛又宋搨李北海書雲麾將軍碑精神滿足所謂減真跡一等者六一先生云物常聚於所好而常得於有力者之強信然酉刻歸舟

二十日壬午陰東風如故渡江之心甚急而舟人阻之觀察李公奕疇以督糧過維揚詢以糧艘得數日東風盡過江是大可慶余小住有名矣移時江寧孫方伯曰秉因驗工過訪談利弊了然於心能見之躬行真有為者竊惟察吏之法不在察察為明亦不在毛舉細事大吏果廉而有為屬吏廉能者舉之貪酷者去之人心勉為良吏自能調劑得宜方伯殆其人也方伯為雨村同年觀察為舊日同館誼不容辭故見之且彼皆過客無干謁事也

使琉球記卷一終

使琉球記卷二

欽命冊封琉球副使　賜正一品麟蟒服内閣中書前翰林院檢討綿州李鼎元撰

四月朔日癸未日食孫方伯邀遊平山堂固辭乃已時東風稍息遂解纜四十里至瓜洲風逆不能渡洲爲揚子江沙磧狀如瓜字謂之瓜埠洲亦曰瓜步洲南有城宋乾道四年築今謂之瓜步城由西以望有山綿亘四十餘里曰蜀岡即平山堂所踞也相傳地脉通蜀故名按爾雅釋山蜀獨也凡山之獨立無依者似皆可名蜀不必盡通蜀也然揚州自邵伯埭以南岡阜連亘幾數百里山又非獨立或謂之廣陵岡亦曰西山爲得其實

入夜江聲甚沸不能寐

初二日甲申晴卯刻渡江披衣起細審北固山勢上接鍾山下臨海口東南保障是稱天塹金山焦山如螺浮江面以東海潮之勢眞形勝地也辰刻入京口因山爲壘控扼大江三吳襟帶最爲險要巳刻泊京口馹副都統阿公玉什來恭請

聖安隨解纜過丹徒鎭鎭即漢縣治土人猶謂之丹徒舊縣行五十里去丹陽二十里泊

初三日乙酉晴辰刻抵丹陽縣雲陽馹風順不泊六十五里奔牛鎭古名奔牛堰亦曰奔牛塘宋書會稽太守隨王誕遣將劉季之等向建康討劭劭遣燕欽等拒之相遇於曲阿奔牛塘是也未刻雨申刻泊武進縣毘陵馹舊毘陵郡舊治也縣令周石雲宗泰與余至交十年不見隨招飲丑刻歸舟

初四日丙戌晴行九十里泊無錫縣錫山馹約介山同遊慧山山在縣西五里亦名九龍山又曰華山又曰西神山又曰鬥龍山陸羽云山陽有九隴若龍偃卧其東一峯即錫山周秦間產錫鉛諺云有錫爭無錫寧縣所以得名也泉曰慧山泉陸羽所謂第二泉也邱壑大好有石曰美人亦有天致薄暮遊秦園園以石勝引泉流

遶石瀧瀧有聲惜黃昏未能得其要領列炬映匡瑩深黑可怖乃棄之而去

初五日丁亥陰行四十五里風逆暫泊五台山山有道觀頗清淨午後强行三十里泊蘇州府姑蘇馹春秋吳姬光使子齊築闔閭城即此非泰伯建國地泰伯城在無錫縣東南三十里今謂之梅李鄉有泰伯廟所謂勾吳也織造全公德來恭請

聖安聞王夢樓先生在號船因訪之以夢樓曾從全公至琉球可資考問又係雨村房師禮宜進謁號船者乃備運銅鉛兵糧之船閒泊時人即賃爲旅舍便於旅店

夜大雨是日謁見少詹錢竹汀前輩大昕承贈金石文跋十九卷

初六日戊子大雨藩臬各官不辭不見江蘇自岳公起為撫軍後政尚清静非復前此繁華氣習岳公真能勤儉率下為封疆大吏中不多得惜有目疾未得晤心竊敬之是日五柳居印得六書故百部送至板為余乾隆四十九年舊刻寄藏五柳書肆者

初七日己丑大雨舟不得行悶甚

初八日庚寅晴五更解纜行五十里小泊吳江縣松陵驛唐松陵鎮舊地驛去縣城尚十里又二十里黎里鎮俗名八尺湖烏鎮同知龍君度昭運餉至京都過舟相訪談往事為之慨然又二十里平望驛泊

初九日辛卯晴風行五十五里泊嘉興府西水驛介山約遊烟雨樓樓在城南八里鴛鴦湖中一名南湖宋闓人滋云檇李澤國南湖尤大計百有二十頃時菱葉尚小居民界以竹竿頗敗湖景樓後有小園亦有奇石異卉蹕路便訪馮孟亭前輩浩并其子星實方伯應榴皆致仕家居富有著作孟亭有李玉溪詩集補注星實有東坡詩集補注極典核并承見惠西刻歸舟

初十日壬辰陰風逆行五十五里泊石門縣皂林驛舊

名皂林鎮亦名皂林市市南有寨元將路成營壘尚在明史張士誠遣兵救湖州常遇春擊之於皂林俘其兵六萬即此縣故名崇德

本朝易以今名以地有石門鎮也

十一日癸巳晴行七十里至塘西即官塘河宋乾道十四年臣僚言奉口河至北新橋三十六里皆為斷港絕潢宜急開濬淳祐七年安撫趙與𥲅又募民濬廣之河西岸有西塘長十八里今訛為塘西也浙江阮芸臺中丞元并司道皆遣人起居中丞具有啟意甚厚亦以啟答之又二十五里泊横塘去北新關五里

十二日甲午晴平山來舟話別將之海寧任辰刻過關泊武林門外將軍范寄菴建中織造延儉宜豐撫軍阮公署方伯秦小峴瀛署廉訪張穆菴映璣觀察達衷二公俱於武林門内官廨恭請

聖安龍亭儀衛皆修整過營門軍伍排隊跪迎頗嚴肅

適武林巷公館奉安

詔敕畢中丞以下畢集各寒温而去

十三日乙未立夏晴中丞邀遊西湖巳刻偕介山出錢塘門先趨聖因寺敬謹叩拜

聖祖仁皇帝

高宗純皇帝牌位畢隨遊六一泉步行至花神廟[illegible]
金沙港因訪寶林上人上人善畫以墨梅二聯見[illegible]
遊湖心亭早食由漪園至淨慈寺沐浴便訪小顚上人
於萬松山房芸臺新題額曰七代詩僧精舍趙生西垣
昔舊受詩於余今在精舍肄業因與同遊小有天園湖
上諸勝皆余舊遊已詳載南遊記申刻入城將軍織造
中丞公餞於中丞署
十四日丙申晴往拜敷文書院山長王蘭泉先生昶先
生學有淵源為海内聞人致仕十餘年精神尚健惟耳
聾是亦老人壽徵從客楊生病痢已兩日昨夜家人來

告因以驗方與之一服而愈方用梹榔二錢二分厚朴
白芍各二錢草果仁知母各一錢八分生甘草一錢藥
甚平淡治瀉痢特神效午後司道公餞於藩司署以齋
戒辭
十五日丁酉晴卯刻偕介山恭詣天后宮致祭中丞陪
祭祭畢同出錢塘門泛舟至金沙港登輿趨上天竺進
香遂觀夢泉歸遊下天竺觀三生石復遊飛來峰石如
懸磬圓峰倒墜九天雲垂小憇冷泉亭便遊靈隱齋食
於僧舍食後遊龍井西湖之山石以飛來峰為最木石
以龍井三生石為最竹以雲棲韜光為最邱壑以小有

天園為最余已八度來遊矣是日蘭泉先生招飲至則
馮玉圃給諫培潘蘭垞侍御庭筠先在坐皆余戊戌同
年歸田不出教授為業具有高致酉刻入城祝杏南茂
才志箕來余庚寅座主止堂先生之子將附舟至衢
十六日戊戌晴招飲湖上舊遊於萬松山房食後出湧
金門訪玉圃於崇文書院不遇放舟至馬頭登獨秀峯
介山亦隨至同飲者處士朱青湖彭何春樹珙沈理堂
本義張秋江濬上人小顚際祥道士滄烟茂才趙西坦
祝杏南皆文士高人逃於詩酒者惟山右宋芝山孝廉
偶客游此亦余舊好酒酣各以詩贈芝山復以宋張即

之墨蹟見貽云即之歿為水神持以渡海可靖風濤厚
意良可感酉刻入城是日寄第四封家書
十七日己亥晴奉
詔敕至錢塘江登舟中丞諸公送於鳳山門外江名錢
塘者相傳三國時吳功曹華信以江濤為患議立塘以
捍之募有能致土石一斛者予千錢旬月間應者雲集
因曰錢塘然屢潰於風潮常為民患五代梁開平四年
錢氏欲築候潮通江二門潮衝擊不就乃集强弩數百
以射潮頭潮水漸向西陵遂積石植木為塘而城基始
定歷宋至元明歲有修治至我

本朝於海鹽建立石塘仍固以柴塘潮入江不得騁其勢已殺故杭州永無潮患誠萬年鞏固之業也巳刻解纜風逆行五十里泊渡船埠

十八日庚子微雨風順乘早潮行四十里卯刻至富陽縣會江驛不泊又乘風行百里過桐廬縣桐江驛桐江西岸有桐溪唐眞觀中築桐廬城以溪得名去縣西二十五里今縣治乃開元二十六年移鍾山者非漢富春縣之桐溪鄉矣又十五里泊

十九日辛丑微雨風順二十里富春山一名嚴陵山有二石高數百丈土人號為子陵釣臺其下曰嚴陵瀨瀨

上有子陵廟泊舟與介山同登廟前碑碣十餘半苔蝕不能卒讀有明莊一俊范徠詩碣尚可辨正復不佳自桐君山而西兩峯山勢蜿蜒如蛇對走於平原之上一水中流秀璧雙峙不減重慶三峽其下有泉則陸羽所品為第十九泉也釣臺對岸曰白雲原相傳下有蘆茨溪為唐方干隱居幽地合配高人也過七里灘風順七十里過建德縣富春驛署太守方公應選偕縣令來辭又行十里泊

二十日壬寅微雨行新安江上清澈可愛太白所謂新江清若空者是也十五里至胥口溪俗名大洋灘水急

恃縴以行人肩一繩異於他所又三十五里白沙渡新安江渡口也又二十里泊許埠去蘭溪二十里

二十一日癸卯微雨過榖水驛不泊穀水即蘭溪一曰大溪源有二自府東北流至縣者曰衢港上游為衢州自府西流入縣者曰婺港上游為婺源二水合而滙於蘭陰山下類羅穀文故曰穀水合嚴州之徽港是為浙江三源又四十五里大雨袁家堰泊

二十二日甲辰雨行四十里過龍游縣停步驛十里泊

二十三日乙巳雨風順行八十里泊衢州府西安縣上杭埠驛程例於此陸行總兵英公海來恭請

聖安蔣培元觀察繼暉朱靜齋太守理縣令許君執中來與商登岸事皆言水大舟可至清湖便於陸路因乘原舟再行即解纜行二十里泊連日舟無停時不暇登覽然雨中看山清境獨絶

二十四日丙午風順水急灘多舟行沙石上輾如雷絶類潼江舟景而險過之去江山縣三十里塔溪泊

二十五日丁未陰巳刻微雨過江山縣不泊縣令黃君天益來謁蜀人余庚寅鄉試同年也人誠實儉樸亦有守者又行十五里泊清湖鎮

二十六日戊申晴介山以前途山路崎嶇館舍甚狹因

讓介山先行寄第五封家書

二十七日己酉陰與杏南別行三十五里過江郎山一名金純山一名須郎山石峯三片高插雲表適雲覆其頂未見全面然山態轉奇食後步步入山過蘇嶺道義上人來迎遂小憩見壁間多名人題詠前使海山先生有五絶一首走筆和之此外如莊公培因德公保褚公廷璋慶公霖皆海內詩人也登窰嶺路轉峰腰與縉雲桃花嶺谿壑無異又四十里宿保安驛

二十八日庚戌小滿晴上仙霞嶺山頂有關無戍卒或曰即古泉山周圍百里皆高山深谷凡登三百六十級

歷二十四曲長十里兩浙之襟束八閩之咽喉也杜祐曰泉嶺山在衢州信安縣西南二百里漢朱買臣云南越王居保泉山一人守險千人不能上劍閣而外此其匹也惟石逕平鋪無梯級異於棧道半嶺先有關帝廟可小憩壁上多題詠恒浴上人亦不俗題詩三首贈之廟側有泉置亭於其唇曰雨花庵上有周櫟園先生亮工木刻詩牓句極生新復凝思和之三里茶嶺又五里小竿嶺險不及仙霞亦有關帝廟僧寧遠俚甚一茶而去至廿八都食地勢平曠居民甚衆歧徑可達衢處諸郡輿程記謂浙閩分疆處地名南樓問土人不知或即此名廿八都者以歧路所達之都計算而名之耶食後再登楓嶺即大竿嶺異名迤邐而陡絶舍輿而騎登梨嶺地宜梨俗名五顯嶺以上有五顯廟也廟北有小天池取徑甚幽而亭勢甚敞僧俗惡頗敗人意日常扃其外户非余强啟之則此境不得入目矣盡日仰看山俯聽泉騎而忘苦計行七十里九牧宿

二十九日辛亥晴三十五里漁梁食舊志天下十大名山漁梁其一水南流為建溪北流為信溪建江所發源也土人多堰水捕魚故曰魚梁山以此得名道側有山如船曰船山又四十五里宿浦城縣小關驛本漢漢興

縣屬會稽郡吳永安三年改名吳興乃屬建安郡唐初又名唐興天寶初改名浦城城環越王山上俯瞰大江有形勝縣令王君宗嶽來謁得介山書知分家人由水路進余仿而分之僅帶跟役四人餘悉遣上船奉
詔敕由陸路進計與介山減從陸行所省夫價不少問知祖舫齋撫軍之望已抵新任太夫人留家余以年家子有登堂拜母之誼請見辭

三十日壬子晴行三十五里過西陽嶺嶺北多竹嶺南多松晝暝晦暑氣全消又四十里宿人和館驛觀察戴公求仁趙公三元以公事之汀山因過訪趙為昆塘甲

辰同年土人以鐵網燃松脂代燭頗能照

閏四月朔日癸丑晴行五十五里馬嵐食傳舍臨江軒豁而清幽地屬甌寧縣與建陽縣地方犬牙相錯又四十五里過石陂玉塔嶺沿亂石大溪等灘至營頭驛宿舊名水吉鎮正統四年設巡司於營頭街是也驛屬甌寧食供建陽大有東家食西家宿意館後有小軒近墻植鳳尾竹有魚盎二階前茉莉二盆香樹兩株點綴俱幽鳥語蝶情啾啾栩栩心神為之一清

初二日甲寅晴行四十里七姑店食館介兩山間亭依樹蔭杯中時有雲影往來亦大佳境又四十里宿建陽

縣建溪驛驛舍俯臨清溪平眺遠岫極軒敞上游造舟為梁度人歷歷如畫所經傳舍此景為最縣令趙君庭翰來謁蒐塘丁酉同年問知朱文公祠在城西五十里未得謁

初三日乙卯晴行四十里震前食疑即葢竹鎮石晉開運元年南唐將查文徽擊王延政自建陽進屯葢竹是也名震前者縣南有鄭灘或傳寫誤耳又四十里過葉坊驛小憩本前明舊驛有吉陽溪自驛口流入西溪矣水較大又四十里宿建寧府之甌寧縣城西驛[illegible]入夜半先至驛在建溪南岸艤船山下府治在[illegible]

水襟山為全閩藩屏亦東南勝地也附郭為建安甌寧二縣建令劉君為蒐塘甲辰同年甌令歐陽君為余庚寅同年與商舟行事皆以險辭

初四日丙辰晴行四十里太平驛食驛因太平山得名然去山實遠又四十里過大橫驛不宿再行四十里戌刻至延平府追及介山同宿劍浦驛余欲舟行而介山難之然余慣歷三峽今且渡海何畏於溪乃決意登舟介山仍陸行少頃延平守廣公善副將李公慶雲偕南平令完君智來謁語以來日登舟事完令欣然

初五日丁巳雨午刻登舟即解纜從者船稍後遂不相

及江面甚平特多石凡急湍處土人皆謂之灘亦有梨灘箭孔梅花諸名實不甚險惟兩岸亂石參差水觸石作漩有似三峽平處行四十里從人尚未追及乃買船戶米一升就鹽虀一碟與二僕同食終日肥甘忽得蔬食大適口申刻大風雨泊尤溪口計行八十里

初六日戊午晴細玩閩江山水粗類巴江然山平而無奇拔氣水緩而無建瓴勢而土人已為險不可測亦猶度仙霞者不知雲棧之高登漁梁者欲傲峩眉之峻也行百里泊古田縣水口驛介山猶未至琉球迎封使梁煥來謁黃帽濶帶衣寬博稱通華語問知曾充通事入

京已四次省城將軍中丞以下各遣官持扎起居制軍
王公德由泉州寄扎并以奏稿夾片見示始知前大學
士福公康安進勦台匪林爽文時
高宗純皇帝賜以右旋白螺往來順利靈助非常蕆事
後留貯督臣署中備渡海用臣等此行又蒙
恩准督臣所請
賞臣等奉以渡海仰見我
皇上體恤使臣無微不至謹按
高宗純皇帝御製文三集有右旋白螺贊注云每年藏
中喇嘛於新正及萬壽節進丹書所陳供器時有獻右

旋法螺者以為奇寶而不多見涉海者攜帶於舟則吉
祥安穩最為靈異臣等何人荷蒙
異數感激涕零
初七日己未晴介山亦至遂同登舟解纜與介山各乘
一紅船水順無風行百二十里過侯官縣白沙驛不泊
又行六十里孚遠驛是日舟中飲食皆取給閩與侯官
二縣奉安
詔敕又別具一紅船焉泊處去省會三山驛二十里
初八日庚申晴辰刻抵洪山橋閩令譚君掄侯官令畢
君所讜海防同知張君采五來謁午刻奉

詔敕賞卹登岸舁以龍亭綵亭送館安奉慶晴村將軍
霖汪稼門中丞志伊李石渠方伯殿圖蟫雲亭廉訪杜
陳琴溪觀察觀副都統扎公拉芬俱來館驛恭請
聖安申刻適館汪公遣官咨送白螺與介山啟櫝敬謹
驗收其螺長五寸六分得天地中和之數腹圓象太極
首尾各出二寸由漸而削象兩儀凡四旋而及口象四
象螺皆左旋此獨右旋者以陰承陽迎天行也膚嵌寶
石八位按八卦外裹雲錦五重重一色取五行相生之
義皆所以養之也統藏以金匱而無極之理備焉宜渡
海可以息風靜浪靈攝海族真異寶也前蔓雲養淡螺

深之句得此奇驗字字著落異哉少頃汪公來素有清
廉聲與之語事事求合人情人或謂其深刻非知汪公
者坐間議及封舟事云此次修理之費皆令船戶自辦
故准船戶帶貨余曰此固人情然封舟例不載貨歷來
冊使至琉球不能按十月風信回者俱由貨多且貴琉
球窮國盡買則財不足不買又恐得罪百計設措躭延
時日今貨雖准帶貴貨宜禁須令船戶造冊具結呈驗
庶前弊可杜汪公以為然其後省會諸公絡繹皆至隨
與介山答拜日[illegible]極詳美江瑤
柱之次也

初九日辛酉晴至温泉浴泉在城南演武廳側從地涌出甃而蓄之作暗穴以通於浴池温如驪山泉將軍慶公親為修理額曰不因人熱語趣甚饒與介山至撫軍署商調兵事撫軍意在水陸兩營各挑一百余與介山語之曰

皇上以海上未能一律寧靖著認真挑兵似宜盡挑水師庶緩急有濟撫軍亦以為然遂去緑營之兵行文各路水師剋期挑撥即於是日具摺恭報到閩日期面求撫軍拜發并寄第六封家書定期於十三日恭詣馮港

天后宮致祭敬凛

聖諭齋戒閉門謝客

初十日壬戌晴齋

十一日癸亥晴齋

十二日甲子晴齋

十三日乙丑晴黎明恭奉

諭祭加封天后文出城至南臺之馮港主祭者正使陪祭者余與將軍巡撫都統司道等官皆朝衣獨玉制軍未與禮畢往驗封舟舟身長七丈首尾虛艄三丈深一丈三尺寬二丈二尺較歷來封舟幾小一半介山詰其故撫軍以閩縣海船但有此等余曰

皇上諭令造舟封舟自有式非限以閩縣船也且厦門六顏船大與封舟等曷不取於彼而必將就用此船耶撫軍無以應余曰風信已近必欲易舟恐延時日但恐兵役人數過多舟不能容奈何撫軍以臨期設法為辭二號船大亦如之無龍骨余又力争衆口以為可用余不能强但令加捆藤勒肚是日將軍撫軍都統公餞於撫軍署薄暮乃就席

十四日丙寅芒種微雨午刻晴通事鄭煌來謁年六十前度冊封伊已為通事因問琉球一切事宜據云撫夷無他法惟在積忠信以感之因其勢而利導之否則有

戴網巾之誚予請畢其辭煌曰前明謝杰充冊使時從客有舅某攜網巾數百事至則球人冬夏一冠無所用之謀於杰杰乃下教曰中國以戴網巾為敬如冊封日有不戴網巾者以不敬論於是球人强售而戴之故父老相傳遇事有以聲勢强派者謂之球人戴網巾甚矣一事拂人情千秋成話柄可不慎歟

十五日丁卯晴琉球耳目官向國垣來謁向曾於京師進謁例不必見今則渡海有期宜博訪以就安適談次間亦以二號船無龍骨為慮然已無可奈何亦惟曰過海仗天后不盡在船問知伊舟倒貨已齊惟兵丁未集

且俟之是日登同年故太史何君西泰之宅拜其母家甚貧少為助薪水焉

十六日戊辰晴黎明至馮港恭請天后行像並挐公登舟祭用三跪九叩首禮命道士舉醮祭桅行一跪三叩首禮道士取旗祝之噀以酒合口同言順風吉利余與介山默禱於天后以筊卜兩舟吉凶頭號船得第一筊為陽陽聖斷曰牧手此地已經秋今日還鄉嘆白頭忠道已成名已遂會看麟閣姓名留解曰蘇武還鄉之象預告歸期可謂吉矣二號船得筊為陰陽聖斷曰運行坎坷免施為猶是荆山抱璞悲璞本有成云是詐時來不必淚雙垂解曰卞和獻玉之象時皆憂二號船無龍骨據筊亦正無慮海船以鴉班為重每舟三人人管一桅各披紅執旗緣一繩而上疾如飛不負鴉班之目余時與介山登後艄觀之天空日朗風波不興鴉班甫登桅末西南風驟至并帶微雨神其示以順風矣惜時兵未調齊未得解纜挐公者閩之挐口人常行賈舟卧聞神語某日當行毒某地公謹伺之至期果見一人拋毒水中公投水收取盡食之遂卒以故面作靛色土人感其德祀之以為挐口人故曰挐公或曰公卜姓以業挐舟得名申刻入城司道公餞於藩司署夜大雷雨、

十七日己巳雨陪臣梁煥以迎

詔儀注求訂注云天使船未至先期遣探得信即遣獨木船數十隻以長絙引舟王世孫遣官郊迎首接用中議大夫副通事各一員駕小舟樹赤旗書恭接字接官立船頭請安送酒席二接王舅正議大夫副通事各一員駕舟送席如前儀稟見呈上儀注三接法司紫金大夫都通事各一員如前儀稟見不送席封舟入港近臨海寺本國備龍亭五

詔敕御書諭祭文節五者各奉安一亭綵亭四貯賜幣焚帛鼓吹儀衛均排列卻金亭造舟為梁聯接亭階砲三響遣官上封舟稟知天使遣從官分捧

詔敕幣帛上岸奉安龍綵亭中行一跪一叩禮畢天使登岸仍響砲三即以鼓吹儀衛排列導行王世孫率百官恭迎道左望見龍亭世孫跪百官皆跪龍亭至前皆俯伏候過即平身見天使轎來差官持帖跪迎世孫拱迎道左百官跪迎天使至下輿與世孫各一揖世孫仍候升輿揖送天使轎內答揖百官跪送世孫率百官先趨迎恩亭奉龍亭於亭內綵亭置亭外天使至下輿入亭分立龍亭左右引禮通事官唱排班作樂設世孫拜位於前百官拜位於後世孫跪奏云琉球國中山王世

孫臣尚溫恭請
皇上聖躬萬安天使荅以
聖躬萬安世孫起立率百官行三跪九叩首禮畢儀衛
先行世孫率百官騎馬導迎至天使館世孫先下馬立
道左望龍亭至仍跪迎如初候天使轎至差官請勿下
轎百官仍導引至東轅門下馬排班跪迎候龍綵亭大
轎過平身奉安龍綵亭於大堂天使左右立作樂引禮
官引法司等官入行三跪九叩首禮畢各官引退閉門
天使將
詔敕等件敬謹安貯天使乃坐大堂開門引禮官引法

司各官以次叅見皆行一跪三叩禮畢引禮官引出世
孫乃遣長史投帖親至請安天使請見世孫轎至頭門
欲下轎巡捕官跪請進轎由中門至二門內露臺下轎
天使趨迎揖至會客堂上行相見禮世孫居東天使居
西對拜一跪三叩首天使安世孫坐行拂座禮揖世孫
荅揖世孫回敬亦如之茶至一揖遣通事寒溫茶三獻
世孫告辭揖天使送至轎前世孫辭一揖升轎天使揖
送世孫轎內荅揖巡捕官跪送於頭門　一每月每五
日問安差法司王舅紫巾官紫金大夫耳目官正議大
夫中議大夫長史那覇官都通事庫官等至天使館引

禮通事將各官手板并供應手板遞上厨官對單點收
天使坐堂各官叅見行一跪三叩禮侍立請示無事則
退　一每月朔望除問安常禮外世孫用名帖遣過關
理官長史各一員送羊豕酒果叅見如前法司等官常
見行一跪一叩禮垂手侍立賜坐則跪謝賜茶則揖謝
有問則立而對告辭三揖趨而出耳目官以下常見俱
行一跪三叩禮垂手侍立無坐有問則跪而對告辭則
一跪一叩趨出禮數周詳亦無可更惟時當四海遏密
因諭梁煥一一切率由舊章凡樂皆設而不作是日守備
王得祿來謁云兵尚未調齊

十八日庚午雨汪撫軍贈送行詩二首有句云拊循早
識辭金事酬唱難忘陟岵詩得古人贈言之旨午後至
將軍署見壁間有寄塵字畫詩僧大名耳熟已久問知
其人現挂錫烏石山將軍三度訪之乃肯見其品亦可
謂高矣
十九日辛未雨將軍贈送行詩四首有句云時維占五
月令恰鼓南風自然名貴并扎云寄塵有航海之興願
與同行高人自有高致此亦從前舊例應有之人但尚
未覿面容再訪之是日石渠方伯亦以詩見贈午後至
瞻康訪署問所謂樂圃荔支樓者已杳不知所在署基

雖淵荒落不治矣
二十日壬申陰往遊越王山山在郡城北半蟠城外東聯冶山閩越王無諸之所都也便訪唐馮審毬場紀畧所謂二十九景者半為民居不復能辨午刻登頂雨驟至乃歸
二十一日癸酉雨午刻汪撫軍招飲署基甚高踞嵩山之麓宋王尚書祖道故宅也閩時為五諸侯館至今猶稱館前入門夾道皆荔支堂側有精舍軒豁可遠眺層級而下有園曰牧荔即歲牧荔支以供
御用者餘地盡為圃饒瓜菜撫軍躬行節儉於此見一

班矣維時芭蕉尚花間有甘露荔支猶未大熟因向撫軍乞得盆植二本已結實意欲攜之過海栽於中山非敢希召伯甘棠亦聊以自勵耳
二十二日甲戌陰玉制軍寄到和詩時方欲遊鼓山匆匆扎謝減從出東門約行一程其山延袤數十里頂有巨石如鼓遇大風雨輒振擊有聲郡之鎮山也前明冊使陳給事侃題名猶存最高為屴崱峯人言天晴可望琉球實不爾也海氣終日如霧安能極目數千里亦猶泰山有孔子厓謂孔子望吳見閶門理不可信論衡辨之詳矣下山至湧泉寺寶泉尚在傳唐建中四年龍見於此或與龍見於井同不得謂為祥瑞
二十三日乙亥晴再至溫泉浴便訪寄塵於烏石山寄公衡山人名衡麓別號八九山人寄塵其字也姓范氏五歲度為僧畧窺內典好吟詠工書善畫有奇術人莫測也喜作方丈書新於烏石南厓刻壽山福海字結密無間余卒至其室圖書滿案邀之遍遊各峯欣然同行山於唐天寶間敕名閩山宋程師孟謂閩之三山比於道家之蓬萊方丈瀛洲遂改名道山曾子固為之記山有三十六奇最奇者為隣霄臺之不危亭傳工師創時四面材瓦土堊銖兩悉稱戒曰損勿修修必壞後人不

悟而修之果圮世之妄逞聰明者大都類是華嚴頂上李陽冰篆刻尚存太半苔蝕不能卒讀劉克莊詩云城中楚楚銀袍子能讀曾碑有幾人余性好遊山此山石刻題名甚夥而不能細為洗榻與銀袍子何異踞峯頂以望海環其東衆峯三面羅列城恰置亂山凹處萬瓦浮青三山滃翠亦極宇宙大觀矣午後微雨因與寄塵坐文昌閣叩其所蘊淵然以深元遠而清雅偕行之約遂定酉刻雨霽歸館
二十四日丙子晴寄塵來以詩畫扇見貽并薦畫士施生為余圖航海行樂試令貌之頗得八九留與寄塵同

食何實齋長子來問知其弟有舉茂才者留之食苦求去亦介士也

二十五日丁丑晴寄塵遣其徒李香厓來蘇州人亦善畫將侍寄塵渡海午刻方伯招飲署極寬荔支甚夥堂踞大阜阜北為客庭左高而右卑世傳嚴高卜勝處方伯善書以所刻碑記數種見貽余與介山於方伯為後輩情義有加焉

二十六日戊寅陰海防廳移送渡海人役清冊并執事等至余見人數過多恐封舟不能容以為或可裁減而吏以例對姑受之查上次封舟過海兵役滋事故與撫

軍商去千總而添都司又特派能醫之巡檢顏家選庶兵役有專管雖稍變舊例益加周詳

二十七日己卯陰查渡海雖有舊章尚多靡費余初適館即與當道約一切務崇節儉飲食毋豐供應毋華絲毫毋取於行戶恐尚有派累因傳渡海人役按冊細加諮訪期杜混冒之弊絕科派之源衆口一詞皆云寔無科派行戶俱深感激午刻陳觀察招飲見署後有桑寄生一叢老母藥餌常須此味因乞為剪藏之陳為梟塘同年故有是請此外即一草一木不敢擅受

二十八日庚辰晴都司陳瑞芳來謁云渡海兵已集即同介山至撫軍署簡閱兵擇其精壯者鎧甲亦尚鮮明當為嚴立章程三令五申之陳瑞芳領百名護頭號船王得祿領百名護二號船并傳同渡海人役於五月朔日在南臺縣驗登舟船戶以所帶貨單進視其單內如肉桂黃蓮麝香等藥皆貴盡裁去東海所需藥材為最而尤以大黃大楓子茶葉兒茶為要藥補品不甚需是日撫軍遵例加陳瑞芳三品頂帶加王得祿四品頂帶加顏家選五品頂帶武官轄兵文官管役體統肅然

二十九日辛巳晴撫軍以兩舟貨價并船戶甘結移至細閱兩船貨價不及四萬較前度少三分之二私心竊

喜船貨無累可望剋期早歸隨令跟役先將行李上船聞介山家人有私帶貨物者介山逐之此役能行余志者端賴良友同心共濟耳

使琉球記卷二終

使琉球記卷三

欽命冊封琉球副使　賜正一品麟蟒服內閣中書前翰林院檢討綿州李鼎元撰

五月朔日壬午夏至晴向來封中山王去以夏至乘西南風歸以冬至乘東北風風有信也早起命僕襆被登舟午刻具龍綵亭奉

詔敕節幣安放中倉同介山先至南臺館點驗兵役盡令登舟舟二余與介山共乘其一前後各一桅長六丈有奇圍三尺中艙前一桅長十丈有奇圍六尺以番木為之通計二十四艙艙底貯石曰壓鈔載貨十一萬斤有奇列龍旗

御仗於船頭執事分列兩舷龍口置大砲一左右各置大砲二兵器貯艙內桅上有

欽差旗蜈蚣旗五采旗黃認風旗大桅下橫大木為轆轤二移砲升蓬皆仗之輩以數十人頭纜圍尺有八寸次尺有二寸次尺定三皆以鐵力木為之形如个字以代鐵錨艙面為戰臺尾樓為將臺立幟列藤牌為使臣廳事下即柁樓柁前有小艙實以沙布針盤其中鴉班之外有繚手定手車手各目中艙梯而下高可六尺為使臣會食地左右分居居復分兩層名曰麻力上層又劃為三間下層則劃為六間主樓其上僕處其下下層間臥二人前艙貯火藥貯米又前以居胥役稍後以居兵稍後為水艙凡四井再後則都司居之柁前艙則接封陪臣及從者居之二號船稱是每船約二百六十餘人船小人多無立錐處余與介山不得已遣人扎商撫軍日暮不得入城

初二日癸未晴遣陳都司王守備入城籌住人法撫軍遣副將福州太守海防同知等官來相度苦無良策咨嗟而去是日烏石山僧遣人餽寄壓荔支一簍乃得飽啗

初三日甲申晴撫軍仍遣前三人來以勢撥兵丁四十

人令過二號船余立止之曰公等此舉是欲激變人心而令我等受累也何者渡海苦役也酷暑苦時也此輩亦人子彼二號船已不能容而復益以數十人將安置之且選兵所以護船遣去太多尤非慎重義不得已人役尚可減耳因呼兵至前諭之曰汝輩過船亦無處住令欲酌減胥役汝輩過海能代彼執役乎皆感泣曰如命因僝船減役二十餘人人心始定

初四日乙酉晴午刻泊鼇頭申刻慶雲見於西方五色輪囷適與樓船旗幟上下輝映舟中及兩岸之人莫不嘆為奇瑞因作頌以紀之亥刻起定乘潮至羅星塔投

銀龍潭祭取淡水滿四井止井各受二百石封錮之以
鑰交陳都司司啟閉
怡山院奉
初五日丙戌晴連日皆南風以水淺待潮乃行辰刻至
諭祭文致祭於天后海神分胙於兩船兵役問船戶知
祭黑溝羊豕官未之備因與介山捐貲購之潮至仍行
初六日丁亥晴無風巳刻過管頭金牌門領兵總兵許
廷敬來謁諭令嚴申紀律以待風信是夜總兵探得五
虎門外有艇船
初七日戊子晴無風同介山禱於天后禱畢風微至時
總兵札陳都司云艇匪尚在海口不宜開船余細視報
單乃係浙江來信語皆懸揣無實據因飭都司如果有
艇匪許總兵帶兵千餘配船四十隻便宜出海驅逐何
尚觀望無西南風則已有風即開洋巳刻西南風大至
潮亦盛令都司傳諭許總兵排定船隻各執器械分三
起出口先鋒船十二隻為一起若遇賊視賊船揚帆來
即落帆讓之如賊船落帆我船即揚帆直過不必打仗
俟二起接著打仗聞連珠砲即將船轉回前後夾攻二
起為封舟配戰船二十隻三起配船八隻左右接應令
船戶車杉板置於舟右杉板者舟之小船洎時渡人者

也佈置已定令張帆午刻開洋舊例洗砲應在五虎門
內因聞有賊故令出口再洗藉以壯聲勢懾賊膽丁未
風來潮出五虎門日入過官塘尾越進士門水淺起柁
尺許乃過亦竟不見賊隨遣護送船回封舟無玻璃漏
前經屢飭海防同知備辦亦置不理至是舟人以香代
具文而已入夜接封大夫梁煥率其國夥長二人主針
目不轉瞬與柁工相依為命午風單辰針計行船五更
初八日己丑晴午風大日出無甚異所謂不識廬山真
面目只緣身在此山中也黎明有二白鳥繞船而飛午
刻丁風仍用辰針計行四更申刻過米糠洋璇皆圓波
浪密而細如初篩之米點點零落米糠字極有形容日
落計又行三更船夥長云雞籠山花瓶嶼去船遠不應
見是夜用乙辰針行船六更舟中吐者甚多余日坐將
臺初不覺險飲食如常
初九日庚寅晴卯刻見彭家山山列三峯東高而西下
計自開洋行船十六更矣由山北過船辰刻轉丁未風
用單乙針行十更船申正見釣魚臺三峯離立如筆架
皆石骨惟時水天一色舟平而駛有白鳥無數繞船而
送不知所自來入夜星影橫斜月光破碎海面盡作火
焰浮沉出沒木華海賦所謂陰火潛然者也舟人稟祭

黑水溝按汪舟次雜錄過黑水溝投生羊豕以祭且威以兵今開洋已三日莫知溝所琉球夥長云伊等往來不知有黑溝但望見釣魚臺即酬神以祭海隨令投生羊豕焚帛奠酒以祭無所用兵連日見二號船在前約去數十里

初十日辛卯晴丁未風仍用單乙針東方黑雲蔽日水面白鳥無數計彭家至此行船十四更辰正見赤尾嶼嶼方而赤東西凸而中凹凹中又有小峯二船從山北過有大魚二夾舟行不見首尾脊黑而微綠如十圍枯木附於舟側舟人舉酒相慶巳刻微雨從南來雷一發

雨倏止午刻大雨雷以震風轉東北柁無主舟轉側甚危接封大夫梁煥請曰水井漏淡水將竭如此風不止當乘風回五虎門再圖風利余聞大魚夾舟若有神助行海最吉因令人視大魚尚附舟未去意者風暴將起魚先來護舟因與介山虔焚藏香跪禱於天后曰使者聞命有進無退家貧親老志在藏事速歸神能轉風當籲請於

皇上加封神之父母鼎元自元旦發愿時刻不忘想蒙

神鑒禱畢不半刻霹靂一聲風雨頓止申刻風轉西南且大合舟之人舉手加額共嘆神力感應如響是夜行六更船仍用單乙針

十一日壬辰陰丁未風仍用單乙針計赤尾嶼至此行十四更船午刻見姑米山山共八嶺嶺各一二峯或斷或續舟中人歡聲沸海未刻大風暴雨如注俗傳十一日為天帝龍王朝玉皇之期又十三為關帝颶發於前後三日殆其驗也然雨雖暴而風順酉刻舟已近山計又行五更船球人以姑米多礁黑夜不敢進待明而行亦不下定但將蓬收回順風而立則舟蕩漾而不能進退初使風時各蓬皆加插花褲大蓬更加頭巾頂皆以布為之插花附於蓬側頭巾附於桅梢至此盡落之惟

大蓬不落海舟所恃惟柁與蓬落蓬下定舟行最忌戌刻舟中舉號火姑米山有火應之問知為球人暗令日則放炮夜則舉火儀注所謂得信者此也丑刻有小船來引導乃放舟由山南行始用乙卯針

十二日癸巳晴辰刻過馬齒山山如犬牙相錯四峯離立若馬行空計又行七更船再用甲寅針取那霸港回望見迎封船在後共相慶幸考歷來針路所見尚有小琉球雞籠山黄麻嶼此行俱未見問知琉球夥長年已六十往來海面八次每度細審得其準的以為不出辰卯二位而乙卯位單乙針尤多故此次最為簡捷而所

見亦僅三山即至姑米針則開洋用單辰行七更後風乙辰自後盡用乙過姑米乃用乙卯惟紀更以香殊難為據念五虎門至官塘里有定數因就時辰表按時記里每時約行百有十里自初七日未時開洋訖十二日辰時計共五十八時初十日暴風停兩時十一日夜畏觸礁停三時實行五十三時計程應得五千八百三十里計到那霸港實洋面六千里有奇據琉球夥長云海上行舟風小固不能駛風過大亦不能駛風大則浪大浪大力能壅船進尺仍退二寸惟風七分浪五分最宜駕駛此次是也從來渡海未有平穩而駛如此者於時

球人駕獨木船數十以縴挽舟而行迎封三接如儀辰刻進那霸港先是二號船於初十日望不見至是乃先至迎封船亦隨後至齊泊臨海寺前夥長云從未有三舟齊到者衆復驚喜午刻登岸傾國人士聚觀於路世孫率百官迎

詔如儀啟門後各官以次進謁法司王舅紫巾官紫金大夫為一班皆紫帽立而揖答之耳目官正議大夫中議大夫遏闥理官為一班皆黃綾帽立而拱手答之那霸官都通事長史為一班皆黃紬帽坐而抗手答之少頃世孫來年十七厚重簡默儀度雍容白皙而豐頤有

福相寒温仰於通事茶罷辭去天使館西向仿中華縣署有旗竿二上懸冊封黃旗有照墻有東西轅門左右有鼓亭有班房類半間國之小吏執事者坐焉大門署曰天使館門內廊房各四楹以居吏役儀門署曰天澤門萬曆中使臣夏子陽題年久失去前使徐葆光補書門內廊房左右各十一間以居從人中有甬道道西榕樹一株大可十圍徐公手植本四株今存其一最西者為廚房大堂五楹署曰敷命堂前使汪楫題稍北葆光額曰皇綸三錫堂後有穿堂直達二堂堂五楹中為正副使會食之地前使周公署曰聲教東漸左右即寢室

堂後南北各一樓敞其中有後門樹塞焉南樓為正使所居汪楫額曰長風閣北樓為副使所居前使林麟焻額曰停雲樓額北有詩牌乃海山先生所題也周礪礁石為垣望同百雉垣上悉植火鳳幹方無花有刺似霸王鞭葉似慎火草俗謂能避火名吉姑羅南院有水井堂樓皆上覆瓴瓦下砌方磚板壁席地院平以砂桌椅床帳悉仿中國式飲食日用之物無不畢備樓前後有窗海風徐來頗無暑氣賓至如歸焉

十三日甲午晴恭謁先師孔子廟廟在久米村創始於康熙十二年堂三楹中為神座像如王者垂旒搢圭兩

署其主曰至聖先師孔子神位左右兩龕龕二人立侍各手一經標曰易書詩春秋所謂四配也堂外為露臺東西拾級以登柵如櫺星門中仿戟門半樹塞以止行者其外臨水為屏墻堂之東為明倫堂康熙五十六年程順則請建堂北祀啟聖久米士之秀者皆肄業其中擇文理精通者為之師歲有廩給廟中有前使汪林二公碑記次謁天后關帝廟廟在久米村三楹中祀天后西祀關帝空其東以居人是日即恭請天后挈公行像登岸安奉廟內

十四日乙未晴飭從者各安執事無妄出入諭閽者嚴

啟閉差遣則付以籤閽者驗放無籤而擅放責閽者聞球俗有紅衣土妓諭令驅逐無附近使館蠱我從人諭長史一切供應宜從節儉毋過豐凡館中瑣事皆長史領之也

十五日丙申晴早起於文廟天后宮行香世孫遣法司等官來饋食有加有紫金大夫鄭得功能漢語通事無能及者長史耳目官呈進供應事例天使日米一斗麵粉四觔猪肉五觔羊肉三觔雞二隻乾鮮魚各四觔蛋十枚蟳二枚蔬菜十一觔西瓜二圓米醬醬油醋鹽各四盞豆腐三觔醬菜半觔燭四枝燒酒二瓶炭十觔柴

四束瑞泉淡水二石隨弁三員減十分之四全稟給減十分之五無羊肉半稟給減十分之六口糧月糧減十分之七世孫五日一遣官賚牛酒問安供周詳不惜費然物多亦正無用乃於供應裁十之四稟給裁十之二問牛能耕何以殺長史云有大祀則殺牛無故不殺也乃令去牛用羊此行不宴會法司等官來即以羊酒與之仍於朔望日各賚以筆墨幣扇之類以是日為例午後雨虹見於東

十六日丁酉小暑晴遣内丁外丁通事各一人至世孫處看拜世孫留食隨遣長史謝余意欲親身往拜長史

云大禮未成不敢勞駕余考向例果然世孫來簡云中山王世孫某余與介山簡云冊封正副使某皆遵例行也是日斷虹見於北按指南廣義斷虹見則有颶連日見之必有航海遭風者余等真儌倖矣

十七日戊戌晴閱案頭食單有所謂龍頭蝦者蓋水族雖多隔日輪供取視之長尺餘絳甲朱鬚血睛火鬛類世所畫龍頭見之悚然徐葆光傳信錄云一名鰝按爾雅注鰝大蝦也無龍頭之說取其殼以為燈可供兩日玩三日而色變矣

十八日己亥雨栽荔支於使院庭後南北分列南者一

本二幹北者一本三幹長四尺以上移自牧茘園種口陳家紫既為詩以祝之并序其由來刻碑立於北樓之側球陽地氣温暖或可望其榮實也是日供食有毛魚以細小得名外視似腐而味耐咀嚼率以七八月朔前後五日排陣出土人取而鹽之風味不減糟鱭閩人以為逸品汪徐二公頗垂涎焉

十九日庚子微雨寄塵得詩四首有句云相看樓閣雲中出即是蓬萊島上居又一舟剪徑憑風信五日飛帆駐月楂皆真境真情是日食品有石距似墨魚而大腹圓如蜘蛛雙鬚八手攢生兩肩有刺類海參無足無鱗

介味如鮑魚徐錄作石鮔考字書無鮔字余前遊登萊見有所謂八帶魚者以形考之當是石距異魚圖贊注章舉石距烏鰂之別種見日華子

二十日辛丑晴世孫遣官問起居禮答之前渡海時汪撫軍送紹興酒二埕此日開試味益香因與介山痛飲所謂聞足音跫然而喜者也席間食品有海膽色如伏後卵黄味如蝦蟳乃取其肉而醢之者正不知生作何狀行當取驗之是日國中祭稻神此祭未行稻雖登場不敢入家

二十一日壬寅陰連日食海味腹漸作瀉飭庖人但供時蔬淡粥庖人乃以佳蘇魚進問之曰此非魚名也係鮒黑鰻脊肉乾而為之長五六寸許形如梭質如枯木土人謂出久高島者良食法先以温水淡洗裹蕉葉煨之切片如鉋花連五七片不斷又如蘭花宜清醬頗有異味清醬甘美十倍於閩惟求佳蘇之義不得適有長史至問亦不解因呼至前細核之據云此品在敝國既多且美自王官以及貧民皆得食意殆謂如家常蔬菜人人得食也球人字皆對音輒為易以家蔬以紀其實是日為龍母暴期

二十二日癸卯晴午後偕介山寄塵策騎遊波上山一

名石筍厓以形似名之也石垣四周垣内板閣離立三楹下有平堂三楹垣後可望海沿海多浮石嵌空玲瓏潮水擊之聲作鐘磬東北有山曰雪崎又東北有小石山曰龜山稍下為護國寺國王禱雨之所龕内有神黑而倮手劍立狀甚獰名曰不動或曰火神庭中有景泰七年鑄鐘一廡下又有乾隆五十七年新鑄鐘一寺後多鳳尾蕉一名鐵樹西有石高五尺黑而潤狀如騈佛手為書仙人掌三字於上佛桑葉正與桑無異世以木槿為佛桑未得實也

二十三日甲辰晴法司等官呈進

諭祭儀注云先期灑掃王廟設香案司香二人設開讀臺於滴水西設開讀位東南向設先王神位於露臺東西向設世孫俯伏位於神主下設拜位於露臺中皆北向設衆官拜位於世孫後左右列設奏樂位於衆官拜位後設而不作祭日黎明法司率衆官及金鼓儀衛集天使館俟啟門進恭迎請龍亭綵亭入中堂捧軸官捧諭祭文安奉龍亭捧帛官捧焚帛安置綵亭衆官排班行三跪九叩首禮畢前導至真玉橋世孫素衣黑帶率衆官迎伏於橋東道左龍亭暫駐世孫衆官平身天使分立龍亭左右通事官唱排班世孫率衆官行三跪九

叩首禮畢前導至廟門外龍綵亭由中門進置廟內中堂天使隨入左右立捧軸捧帛官由東角門進至廟東堦西向立宣讀官展軸官由西角門進至開讀臺下東向立司香二人舉香案置龍亭前添香世孫率衆官由東角門入上露臺各就拜位行三跪九叩首禮畢退立於先王神主下西向捧軸官由東堦進天使取諭祭文授捧軸官捧軸官高舉出廟中門上開讀臺宣讀官次之展軸官又次之捧軸官立案右展軸官立案左與捧軸官對展宣讀官就開讀位通事官唱開讀世孫率衆官俯伏於先王神位之下北向候宣讀畢通事官唱焚黃捧軸官捧軸下臺捧帛官捧帛由廟中門出俱至焚黃所世孫衆官皆平身至焚黃所候焚畢回露臺率衆官行三跪九叩首禮畢退班天使詣先王神主前祭行一跪三叩禮世孫俯伏謝隨捧先王神主由東階進安於東龕天使與世孫行相見禮再拜畢茶三行天使告辭世孫送如前天使送世孫禮琉球七宴此宴居首以不宴會故茶罷即歸也

二十四日乙巳晴閒居無可消遣與介山奕用琉球碁子白者磨螺之封口石為之內地小螺拒戶有圓殼海螺大者其拒戶之殼厚五六分徑二寸許圓白如硨磲

土人名曰封口石黑者磨蒼石為之子徑六分許圍二寸許中凸而四圍削無正背面不類雲南子式棋盤以木為之厚八寸四足足高四寸面刻棋路其俗好奕舉棋無不定之說頗亦有國手局終數空眼多少不數實子數正同相傳國中供奉棋神畫女相如仙子不令人見乃國中雅尚也

二十五日丙午晴世孫遣官起居食單內有海蛇長三尺以來僵直如朽索色黑狀猙獰起居日供一束束五具土人云性熱能去瘋殺虫療痼已癘殆永州異蛇類余性無所忌試令如法烹治但有皮而無肉味亦無他

異然土俗甚重之以為貴品

二十六日丁未晴食後偕介山遊奧山由却金亭登舟徐錄載前明冊使陳給事侃歸時却金故國人造亭以表之舟東行二里至看見城高丈許周圍不十丈荒廢無亭舍志畧謂之砲臺徐錄謂之看見城問之從官莫知建由折而西步行小土山時潮退平沙泥淖畧可步舟不能及岸過小橋至龍渡寺寺在奧山麓舊為蛇窟僧心海始闢之蛇避去因築堤截湖引泉種松而建寺焉寺兩楹徐澄齋為題曰龍渡寺今寺側又新建屋二楹沿路多種美人蕉寺前有小亭亭前有小沼水涸小魚多熱死有鯉長尺餘奔若求救因命取之養以水而放之海沼側有小廟亦供不動有大番字如世所傳奎星圖對山為鶴頭山時雲黑欲雨遂急歸寺後有貝多羅樹一株多烏木葉如棗黑質而白章性頗堅國人用以作屏以其有文理也

二十七日戊申晴偶閱志畧屢見颱颶字余不識颱字遍查字書無之然琉人每言大風必曰颱颶閩人亦習言之按韓昌黎詩雷霆逼颶䬍是與颶同稱者為䬍玉篇䬍大風也於筆切唐書百官志有颶海道或係球人誤書歷來使者不深考遂沿其誤然亦未敢自執俟歸

質之博學者

二十八日己酉晴偕介山遊善興寺寺在使院東北周垣可五六畝樹多福木榴薇中建板閣一祀天滿大自在天神戶常扃祈報者皆膜拜於門外土俗敬神用辦香而不爇最尊敬者輒撒米數撮而去佛堂亦供不動更有神三首六臂黑如桼從官云此開國天孫氏神也僧供茶甚甘問之即本寺井泉寺側有石池疊石山玲瓏可愛百層拳屈色如初燒瓦上以花草點綴問知為石芝結自海邊然質脆不能攜遠

二十九日庚戌晴連日細訪琉球山川風俗志畧畧備惟琉球寄語尚未搜採徐錄偶及之亦挂一漏萬因語法司官擇有文理通暢多知掌故者常來館中以資採訪是日世孫遣楊文鳳來長史言其文理甚通能詩善書與之語不解因以筆代舌逐字詢其音義并訪其方言文鳳果能通達字意是日為天帝龍王朝玉皇暴不應

三十日辛亥晴首里公子向循師向世德向善榮毛長芳來以所作詩文進質皆有思致詢其來意乃知世孫知余欲輯球雅特遣四人來助楊文鳳叅稽一切三向為世孫本支毛則王妃之姪通漢文能漢語年皆二十

以上與之語文理皆不及文鳳而聰明善悟世孫即令五人館於使院之西里許因就詩韻字令每人日注數十字來疑者面議後率以為常

六月朔日壬子晴連日球陽少雨農家望雨甚切因與介山至文廟天后宮行香遂默禱於天后關帝求賜甘霖以救一方是日世孫遣官起居有加禮食單始見米肌狀如酪味少酸徐錄謂釀米經婦人口嚼而成名曰米肌酒球人甚重之細詢作法實不用麴糵而味亦不類酒殆酪類也食單又有福壽酒名頗吉祥細考之仍是燒酒著黃糖則名福著白糖則名壽中朝亦有此食

法特未錫以佳名耳琉球土產惟有燒酒一種純以米釀之未刻陰雲密布飛雨數點而止

初二日癸丑大暑陰遣從官入首里看拜從客寄塵等往遊泊村歸以新稻穗見示云稻已盡收乃知球陽地氣温暖稻常早熟種以十一月收以五六月薯則四時皆種三熟為豐四熟則為大豐稻田少薯田多國人以薯為命米則王宮始得食亦有麥豆所產不多薯一名地瓜沿閩人土語午後微雨

初三日甲寅陰未刻大雨蕃薯得此不啻甘露是日食單有蚶取視之徑二尺以上圍五尺許古人所謂瓦屋子以殼形凹凸象瓦屋也徐錄謂國人以為洗具又以為戶樞洗具前於善興寺見長五尺許然肉味不及小蚶水族除鱘鰉外愈大愈無風味不特蚶也即如此邪海螺有圍數尺者遠不及京師小青螺矣

初四日乙卯晴食後偕介山遊七星山俗名富盛山出館東行至文廟折而南度泉崎橋橋下為漫湖滸每當晴夜雙門拱月萬頃澄清如玻璃世界為中山八景之一過橋而南為牧志村有隄曰長虹山多松無亭舍陵阜錯峙如七星之蟬聯多墳墓墓皆依山而封截其前由山北折而東里許至城嶽圓峯突起灌木成林山麓

板屋一區石大小橫列國俗以石為神也旁有小浮屠立於乾隆二十七年後署親雲上某渡海歸來造前有古松數百株東有泉曰旺泉味甘為中山八景之一旁有老松三株奇崛可玩東望見壺家山瓦屋十數楹東西對列從官指為國中陶處未刻大雨歸

初五日丙辰陰巳後大雨長史送佛桑四株一種千層如榴有深紅粉紅二色一種單層花如蹬盤蕊單出如燭長二寸許有紅白二色朝開暮落落則瓣卷如燭花而不實四季有花深冬葉始凋謝此地花開四季者甚多氣暖故也余感長史意囑從客酬以酒意有花再相

致耳
初六日丁巳晴是日國中作六月節家家蒸糯米為飯相餉即中朝嘗新之意迎封大夫梁煥以一盤見餽因命庖人為糕和糖食之食後遣通事從客等至琉球先王廟習禮蓋凡大典禮皆從行之通事從客等執役世孫亦先期遣官致請謂土人不甚習禮先遣至廟者視其出入進退之路也
初七日戊午晴辰刻微雨旋止長史復以花二盆見貽標曰水翁花視之乃馬蘭花也中山草木多與中朝異稱蓋因國中少書多不識古來草木之名如羅漢松謂

之櫏木冬青謂之福木萬壽菊謂之禪菊其初以意名之後遂相沿不改惜未攜羣芳譜來一一證辨之耳
初八日己未晴辰刻恭奉
諭祭文及祭銀爇帛安放龍綵亭内出天使館東行過久米村泊村至安里橋即真玉橋世孫跪接如儀即導引入廟按儀注行樂皆設而不作爇黄時有黄氣直上二十餘丈結為黄蓋四垂瓔珞莫不嘆為奇祥禮畢世孫引觀先王廟正廟七楹正中向外通為一龕安奉諸王神位左昭自舜馬至尚穆共十六位右穆自義本至尚敬共十五位諸皆稱神主惟寧豐賢質四王稱尊靈又加稱寧曰康翁豐曰宗盛賢曰秀英質曰亶高琉球俗質諸王神主皆稱名四王獨加稱者殆以王有功德仿中朝加謚之義而稱之耳左壁向右木主一書歷代有功王叔神位右壁向左木主一書先代王妃神位楹上有四額前四次使臣所題廟前西為神厨東為佛堂堂之側為僧厨即崇元寺中有甬道道東西廳各三楹前堂三楹臨街正中洞門三左右角門二門前石路下敞左右有木坊及下馬碑周礪石為墻前臨溪澗對岸松岡數重村曰安里屬真和志茶罷即歸臨行紫金大夫鄭得功前跪致詞述世孫感激之忱通國臣民歡躍

狀仰見我
皇上孝德旁孚無遠弗屆球雖僻陋在夷罔不銜感榮幸思念先王是日球人觀者彌山匝地男子跪於道左女子聚立遠觀亦有施帷挂竹簾者土人云係貴官眷屬女皆黥手背指節為飾甚者全黑少者間作梅花斑按諸番志黎母俗女及笄即黥頰為細花紋謂之繡面集親客相慶俗與雕題鑿齒同初見紅衣人頭面較良家修飾衣亦鮮潔蓋國俗不穿耳不施脂粉無珠翠首飾此輩誨淫或私為冶容偷施脂粉耳人家門前多樹石敢當碣墻上多植吉姑羅或椽樹横卧墻頭剪剔極

齊整婦女趁集者或戴筐而立或置筐於地男女老幼不下數萬人知生齒日繁矣午刻歸館申刻世孫遣通閩理官餽胙外送看席一桌即賞來使令與同官分食之

初九日庚申陰辰刻世孫遣耳目官長史以簡來謝并致晏金十二兩余與介山坐二堂呼長史語之曰旣不晏會安得晏金歸謝世孫以後無容致送徒勞君等往返寄塵以不服水土得河魚腹疾傳頗巡捕診視入夜大雨驟涼覓夾被不得以衣代之是日為地神龍王朝玉皇暴驗

初十日辛酉雨邀楊文鳳首里四公子為竟日談得奇語百數十條庭中寄生螺冒雨夥出大小不一長圓各異皆負殼而行螺中蟹兩螯八跪跪四大四小以大跪行螯一大一小小者常隱大螯以取食觸之則大跪盡縮以一大螯拒戶蟹也而有螺性海賦所云璅蛣腹蟹豈其類歟太平廣記謂蟹入螺中似先有蟹然從人有取置碗中以觀其求脫之勢者力猛殼脫頃刻死則又與殼相依為命造物不測難以意度也

十一日壬戌晴食後偕介山騎至㘸金亭馬較朝鮮果下馬稍高耳特長性馴行沙礫中不見顛蹶前初八日騎數百匹皆牡馬不用牝者恐亂羣也登舟渡過山南稍上有板屋三間名土地廠有石無神像西接長隄直至南砲臺徑荒不能直達折而南度大嶺遊海邊村無他樹滿望皆阿呾呢連蔓堅利可為藩籬葉長可造蓆刺生其旁幹層裂如裏麻根可為索開花者為男木花白瓣若蓮合尖左右叠十餘朶直上五拯蕊露如杖長三寸許頗芳烈不實女木則無花而實大如瓜膚紋起釘皆六稜可食或云即波羅蜜別種一名鳳梨村中泉石頗佳

十二日癸亥晴長史送鐵樹四盆來質枯如鐵一本或

數幹無旁枝叢葉蓋頭對出而勁挺如蜈蚣一名鳳尾蕉以葉對出形似也一名海椶櫚以葉蓋頭形似也其根碓為粉可充糧島人以御荒歲處處皆植之亦有攜至中華以為盆玩者則謂之萬年椶云午刻大雨申刻晴自此日以至二十四日皆大颶之期

十三日甲子晴球地皆沙土雨過即可行無泥濘食後偕介山騎過迎恩亭沿堤行堤長三里左右石砟磚立隄盡處為砲臺南北對峙踞霸港口環以埤堄方廣不盈畝無一人一物臺西中流有巨礁曰馬加為琉球險隘門戶入港皆鐵板沙堅如鐵平如板而利如劍舟路

曲折避沙而行誤觸之立碎惟土人能知其道故恃以為險歸路遊臨海寺寺創於順治十二年為渡唐官船祈報之所國人呼中國為唐山呼華人為唐人也石垣四周佛堂三楹面東板閣一無佛像而有香爐供石舊名定海寺有鐘為前明天順三年鑄此邦觀海波上為最砲臺其次矣入夜雨

十四日乙丑陰荔支裁近一月新葉茂發有生機矣早起偶步其側見新葉有蝕者薄視之有蟲黃體而蒼文兩角八足身方而毛世所謂毛蟲類附葉為巢蒙如小蛛網卵生如蠶子而速大者二寸以來命僕捉而阬之

盡掃其巢嘉樹生蟲修士來謗固其所也介山偶得一蟹濶而薄兩螯大於身甲小而缺其前縮兩螯以補之若無縫八跪特短臍無甲尖團莫辨見人則凸雙睛噀水高寸許似善怒養以沙水經十餘日不食亦不死土人不知其名以其得於沙也名之曰沙蟹為詩以記焉午後雨

十五日丙寅大雨各廟行香世孫遣官起居食品有海馬肉薄片廻屈如鮑花色如片茯苓品之最貴者常不易得得則先以獻王其狀魚身馬首無毛而有足皮如江豚惜未得見生者適楊文鳳四公子來即以海馬分韻詩亦有理致而不能繪其形狀非余命題之旨亦恐未見其生也

十六日丁卯晴遣官看拜偕介山遊鶴頭山陟其巔避日而坐草色黏天松陰匝地東望辨岳秀出天半王宮歷歷如畫其南則近水如湖遠山如岸豐見城巍然特出山南王之舊迹猶有存者西望馬齒姑米出沒隱見若近若遠封舟之來路也北俯那覇久米人烟輻輳舉凡山川靈異草木陰翳魚鳥沉浮雲烟變滅莫不爭奇獻巧畢集目前乃知前日之遊殊為鹵莽梁大夫小具盤樽席地而飲余亦趣僕以酒肴至未中之交涼風乍

生微雨將洒乃移樽登舟時海潮正漲沙岸瀰漫遂由奧山南麓折而東北山石嵌空欲落海燕如鷗漁舟似織俄而返照入山氷輪出水文鰩無數飛射潮頭與介山舉觴弄月擊楫而歌樽不空客皆醉越渡里村漏已三下却金亭前列炬如晝迎者倦矣乃相與步月而歸為中山第一遊焉

十七日戊辰大雨竟日長史覓得法司蔡溫紫金大夫程順則蔡文溥三人集詩皆有作者氣順則別著航海指南言渡海事甚悉蔡溫尤肆力於古文有蓑翁語錄至言等目語根經籍有道學氣間出入二氏之學益學

亦子而未純者
十八日己巳立秋晴寄塵病初愈欲遊波上而力弱不能騎長史為之備轎轎如中國擡榼長三尺許廣二尺高三尺啟其右以入周圍以草簾聞亦有用竹簾紗布者人坐轎底頂有二環貫以獨木二人前後舁之去地不及五寸遠望如籠不知中有人也王叔以下皆乘之薄暮寄塵歸以布數疋見示云購自市中時昏黑不及細視
十九日庚午晴寄塵以出遊受風病復發視之面赤甚勸令服藥因取視昨所購布一米色曰蕉布寬一尺乃

漚芭蕉抽其絲織成輕密如羅一白而細者曰苧布寬尺二寸可敵棉布一曰而綿軟者曰絲布乃苧經而絲緯品之最上者漢書所謂蕉筒荃葛即此類也一米色而粗者曰麻布品最下矣國人善印花花樣不一皆剪紙為範加範於布塗灰焉灰乾去範乃著色乾而浣之灰去而花出愈浣愈鮮衣敝而色不退此必別有製法秘不語人故東洋花布特重於閩
二十日辛未晴食後遊辻山國人讀為失汁山志畧謂一字兩音汪錄亦作青芝山石阜臨海上多冢亦有僧塔山下為女集時尚早墟無人然遠不及波上因仍至波上坐而觀海有船自山北來者從官云柴船也山下漁船甚夥有撒網者有釣者午刻歸過考辻字不得因悟琉球字皆對音十失無別疑迭之誤說文迭更迭也辻山左有波上右有天久山實有更迭之意訛失為十遂成辻而不知無其字也即朱汁二字亦是更迭之義與十折同非二音余方輯球雅乃知一字作二三字讀二三字作一字讀者皆義而非音即所謂寄語國人盡知之音則合百餘字或十餘字為一音與中國音迥異國中惟讀書通文理者乃知對音庶民皆不知也
二十一日壬申微雨供應所送得生海膽一具形渾沌

通體刺如蝟無頭尾面目蠕蠕能運旁有小穴赤而方或其口也球人以形似名曰海膽剝皮取肉搗成泥盛以小瓶供饌前已嘗之矣若易名曰海蝟尤為得實是日寄塵病小愈夜與介山小酌
二十二日癸酉雨東北風大自十二日至於今日皆大風世傳颶期信而可徵二十四日為雷公誕名為洗炊籠颶或預發於今日時樓皆振動窗紙盡裂入夜不寐聞壁間啾啾作雀聲燭而視之見蝟虎無數火至俱避入隙徐錄謂不傷人既目擊之又慴以風聲益不能寐因呼寄公起與談元理頗有入悟處遂與唱和成詩未

及數首而東方已白矣

使琉球記卷三終

使琉球記卷四

欽命冊封琉球副使　賜正一品麟蟒服內閣中書前翰林院檢討綿州李鼎元撰

六月二十三日甲戌晴風轉南偕介山遊泉崎登中島島對奧山隔漫湖村西有園曰蕉園中山八景所謂中島蕉園也徐澄齋亟稱之全周二公時已廢今歸馬氏蕉蓋荒落然境自清幽具林泉氣出門折而西有礁孤立高二丈圍可五丈重疊而上小樹攢石頂土人云係久米風水所謂文筆峯也歸路久米毛倪氏宅宅前有臺宜遠眺內魚池二各圍丈餘疊石峯其中如芙蓉髚奇花異卉

二十四日乙亥晴是日為雷公誕食後遊東禪寺寺在久米東北前臨下天后宮後倚平山六松盤若虬西有茂林可半畝階前檡桂數株國中僅見木槿二與中國同佛堂有徐澄齋王夢樓詩軸僧岩桂年七十二貌甚古類有德者籬邊香櫞一華發紫繞若凌霄子赤形如偃蠶味類胡椒鄭得功云邦人呼為辣薥花白子赤種三更有小而黃圓而赤者食之可已冷氣

二十五日丙子晴是日國中祭稻神謂之大祭家以糯飯饋客稻既收報田祖也有梁長史邦弼饋糯飯來鬚髮盡白問其年方五十詰其故自稱小底因云國人固

多不壽小底尤早衰而胡靖錄云人無勞心多致夭年語不實小底者陪臣對天使之詞若對從客則曰弟亦成例也通文墨者自稱夷官

二十六日丁丑雨楊文鳳來問以國中官制士習對曰敝國皆世爵世祿官至大夫乃食采亦論功陞賞如渡海為一功充朝貢使為一大功無文字之試士農工商皆各世其業首里七大姓世為王室婚姻法司紫巾官大都不出七姓其子弟年十四以上入王宮應差漸以資授職由庫司官積功至昌闔理官耳目官而至法司官大者曰親方食俸自庫官始世官惟蔭適長子孫久

使琉球記　卷四　二

米人官始於通事止於紫金大夫從未有至法司者惟蔡溫學優功著王特用為法司子尚翁主亦即移居首里與七姓同貴溫之前有鄭迥積功至法司後為日本所執不屈死久米官之子弟能言教以漢語能書教以漢文十歲稱若秀才王給米一石十五薙髮先謁孔聖次謁國王王籍其名謂之秀才給米三石長則選為通事積功至都通事通議大夫中議大夫而至紫金大夫為國中文物聲名最即明三十六姓後裔也那霸人以商為業多富室由縣長積功至那霸官能漢語者用為長史無至大夫者其他外島不過酋長有按司遙領之

按司皆王之親屬此國中官制之大畧也聽其言源文了然筆談翻勝口談當推為中山第一學者

二十七日戊寅晴無風世傳是日為地神龍王朝玉皇暴不應偕介山由渡里村泛舟越中島渡饒波至豐見山麓策騎而登頂有山南王弟故城徐葆光詩所謂頹垣宮闕無全瓦荒草牛羊似破村者是也稍東為高嶺村故壘圍里許長史曰此山南王故城名大里者也王之子孫今為那姓猶聚居於此城下有泉曰惠泉惠泉之西曰芳泉再折而西有泉從石底噴流味極甘供諸村茗飯取水者以船載甕盎絡繹不絕仍呼舟泛漫湖而歸

使琉球記　卷四　二

二十八日己卯晴鄭得功來問以國俗有僧而無尼僧道士則通國但知禮佛比郎仙人俱所不敬歟對曰國中雖無道士却敬神仙問何以故對曰昔有銘列子家貧業農性誠篤無妻室近宅有井泉甘且清一日汲遙見井間有奇光逼視之見一女子且汲且浴衣挂松枝銘列子惡其無恥且污泉陰取衣衣不類國服有雲霞氣心異之潛以觀其變女浴畢呼其名而詬曰某何白晝為賊速歸我銘列子聞呼名心益異不應女窘以浴布被體見銘列子遽伏地有國色不類國人銘列子

責之曰此松我松井我井胡汚我泉女趺坐正色曰汝言謬矣夫松與泉造化所生非人得私汝據為已物乎銘列子初見心已動又聞其言甚慧乘機調之曰萬物受陰陽之氣而生人亦得夫婦之道而生陰陽有常夫婦有別汝女也我男也亦身對我無理太甚不自愧而反責我乎女陽怒曰實告汝我非塵世人仙女也偶愛此泉故浴豈識人間夫婦我非此衣不能去無辱我銘列子復曰天雨降世即為世間水汝既降世即為世間人誠仙也自去衣不可得女曰聊戲君耳神明鑒君誠篤欲昌君家君貧不能娶以妾與君有夙緣來為君立子女無去理銘列子喜又恐女紿衣去因脫已衣衣之遂為夫婦人初不之異後稍異之居十載生女一男一女名真鶴男名龜年時女九歲男五歲女緣滿將去乘兒午睡衣故衣出門兒覺啼索母女懼為情牽不得脫飛上樹梢兒追及泣願同去女諭之曰汝等皆具夙根無憂不貴好事汝父毋念我乘雲冉冉而沒姊弟啼覓數日野宿不歸初國王聞其事數遣耳目官密訪莫知其家是日見二兒啼泣甚哀詰之兒具以告官因攜兒同行方仙女之去也銘列子探親於首里三日歸與兒遇於路驚問其故悲喜交集官引兒見王王養真鶴於

宮中令龜年就學待長貴之並賜其父銘列田地為貴官號曰銘列子余因其事可傳遂援筆記之即為銘列子傳也可

二十九日庚辰晴是日初見五采魚有紅綠翠黃諸色綠鱗紅章五采相間土人就形色呼之無定名又有一石眉巴魚色紅如金魚余俱不敢食養盎中以為玩品又有鰩如白鳥云飛丈餘始入水疑即燕魚也

七月朔日辛巳行香余至天后宮數次見大門內有左廂北向屋甚小遂不經意至是啟視之中供龍神行像云國王禱雨則載像至豐見城設壇以祀前六月朔禱雨得雨龍神與有力亦宜致禮因命王守備自後朔望分獻焉前陪臣請先王廟中匾并天后關帝對額隨書付之是日巳刻成挂壁間矣世孫遣官起居如例

初二日壬午晴遣丁看拜同來都司陳瑞芳泉州人由武進士現官閩安鎮都司年四十三於五月廿四日病痢痢痊而病轉深自恃壯盛不服藥屢勸不聽至是見有鬼入室冠服皆球裝黃帽者一紅帽者四近床牽其衣不去守備王得祿以告急取篋中人參一枝遣顏家選診視配藥家選為立方仍告余曰病入膏肓恐不起夜雨

初三日癸未晴陳病劇至酉刻逝與介山往哭備衣衾棺木殮之如禮集句輓之云其生也榮死且不朽維子之故我始欲愁并作五律二首敘兵丁愛戴之情申同舟之誼以寄余哀嗚呼為將官能使其兵哀慟思慕其誠信有過人者天不永年歿於異域痛哉

初四日甲申處暑晴酉刻陳都司盍棺偕介山往憑之停柩於室守以兵義當載歸使其子以禮葬世孫遣耳目官致祭并餽安家銀五百兩欲交介山帶付其子余從旁曉之曰都司歿於使事世孫宜具奏即以此銀敘入渡海後移交督撫轉付其子使者禮無私受官歸以

告世孫如余所議焉

初五日乙酉晴大風偕介山致祭於都司哭之慟鄭得功奉世孫命來祭極歎都司忠誠余問之曰貴國亦有國爾忘家可傳不朽之人乎對曰有昔諸按司割據時有八重瀨按司者强暴好色窺玉村按司之妻美舉兵襲殺之其妻遣長子小按司雜亂軍以逃即自縊八重既失望又恐子長圖報密為蹤跡聞在勝連縣平安名大主家潛選兵五百約期進取先是玉村之臣里川庇栁長子龜壽聞變即變姓名潛逃八重將乘間行刺聞此訃誓以死報先歸別其母母憐其忠不忍留遂走報小按司趣平安速為備意在死戰平安急召吉田森川系數問計吉田謂衆寡不敵徒死無益聞昔有代君任患者今誠得一人肯以死代君庶可緩禍徐圖龜壽厲聲請以身代吉田乃縛龜壽詐獻於八重八重怒命速斬龜壽大詈無懼色八重益怒轉欲生苦之令苦盡而後殺乃下之獄以吉田為忠日益親近玉村有大臣波平大主者日厲兵欲報仇而未集也聞吉田縛獻事大怒親至勝連探問欲誘殺平安而後舉兵既至平安告以故引令見小按司乃大喜遂密告吉田為內應布兵復仇時八重新舉子日為淫宴兵既至八重醉不起遂斬於床上出龜壽獄嗚呼此真忠臣孝子矣是不可以

不傳因記其畧於此而別為立傳焉

初六日丙戌大風是日食品有蕉實狀如手指不相屬色黃味甘鄉如柚亦名甘露聞初熟色青以糠覆之則黃與中國製柿無異其花紅一穗數尺瓣鬚五六出歲實為常實如其鬚之數中國亦有蕉不聞歲結實亦無有抽其絲作布者或其性殊歟

初七日丁亥大風自此至九日皆神煞交會暴是日庖人進生玳瑁一具首尾皆尖削腹特大首淡紅色甲如龜國人取其甲以為長簪沿海皆有之傳至中國者率

由閩粵商販球人不知貴以為賤品崑山之旁以玉抵鵲地使然也俗不諳七夕無乞巧者

初八日戊子雨先是使院中有螺殼頭大而尾削形如船口如卷書背骨三峯如筆架土人以狀類海舟三桅名曰桅螺余屬取生者視之至是以一具進藏身於背無拒戶殼行如蝸牛殆蚌類凡介蟲無拒戶之具者皆非螺類

初九日己丑雨是日始見燕狀無他異惟不巢人屋中國燕以八月歸此燕疑未入中國者其來以七月巢必有地問之土人皆不知別有所謂海燕較紫燕稍大而

白其羽有全白似鷗者多巢島中間有至中國人皆以為瑞

初十日庚寅晴是日偶見一鳥黑頭灰翅大如烏問其名陪臣對曰客蓝按傳信錄此鳥以八月來又見一鳥毛羽似雁而差小土人名曰恨煞余觀其狀酷類秦吉了志畧亦云八月來或今歲逢閏節候稍早鳥固應候耶

十一日辛卯晴偕寄塵重遊波上攜酒行倦即飲於護國寺介山偶疾不偕飲殊無興陪臣視余有倦容以枕進人各授一有方如圭者有圓如輪而連以細軸者有如文具藏數層者製特精皆以木為之率寬三寸高五寸漆其外或黑或朱立而枕之反側則仆按禮記少儀註頴警枕也謂之頴者頴然警悟也又司馬文正公以圓木為警枕少睡則轉而覺乃起讀書此殆警枕之遺

十二日壬辰微雨楊文鳳首里四公子來篡得寄語五百餘條偶憶杜氏通典云婦人產必食子衣以火自炙令汗出問文鳳然乎對曰火炙誠有之食衣則否即今中山已無火炙俗惟北山猶未盡改入夜月上開窗見人家門外皆列火炬二遣問長史云國俗於十五日盆祭預期迎神祭後乃去之盆祭者中國所謂盂蘭會也

十三日癸巳晴偕寄塵沿迤山東北步行海灘上見雪崎山厓洞深敞如龕礁石玲瓏撲人頂憇片刻仍循東北步至龜山拳石嶙峋峙灘上潮至不能上南岸有窰國人取車鰲大蚶之殼以煅灰堊壁白不及石灰而粘過之再東北有池為國人煮鹽處遂自龜山東策騎越久米而歸

十四日甲午雨是日為先大夫生辰齋不下樓

十五日乙未晴行香歸世孫遣官起居果有龍眼種自閩來味甚薄閩植亦不繁因念荔支他日即實未必如閩然果實亦固難得志畧載物產有荔虛也是日為鬼

颶暴不應連日見市上小兒各手一紙幡對立招展作迎神狀知國俗盆祭祀先亦大祭矣

十六日丙申晴偕介山遊壺家山山脊瓦屋對列甌而黃燒器皆粗惡余每出遊茶吏攜茶甌隨色黃作裂文描淺綠花草其少粗者無花甌蓋木質而朱漆承以空心盤托式如豆斟茶二三分止匙貯小糖塊效中國果茶法磁細而具雅今觀陶處無之問知細者出土噶喇粗者出大島中山土產無一適觀者真貧國也

十七日丁酉微雨鄭得功來問以嫁娶禮對曰小民禮固陋世家亦有以酒肴珠貝爲聘者婚時即用本國轎

結綵鼓樂而迎不計妝奩父母送至夫家即返不宴客至親具酒賀不過數人問隋書云貴國風俗男女相悅便相匹偶其舊俗歟曰然聞我三十六姓初來時俗尚未改後漸知婚禮此俗遂革今國中法有夫之婦犯姦即殺豈尚容苟合余始悟琉球所以號守禮之國者亦由三十六姓教化之力國重久米人有以也

十八日戊戌雨向循師來問以國中喪禮對曰小民有喪則鄰里聚送親者護喪泣送掩埋即歸官家則同官相知者亦來送柩出即歸大者不宴客穩主官葬皆用僧男書圓寂大禪定女書禪定尼無考妣稱近日官家亦有書官爵者問汪錄云棺制三尺屈身而殮之信乎對曰近官家亦有長五六尺者民則仍舊蓋禮教漸敷舊俗漸革樸陋誠不免焉

十九日己亥晴法司等官送冊封儀注來隨與介山酌定云先一日所司張幄結綵於館前備龍亭三綵亭二凡經過處皆結綵造版閣一楹爲

闕庭設殿庭中中置殿陛左右列層階設

御案五於

闕庭中中案奉節左案奉

詔敕右案奉

御書邊左置

賜王幣邊右置

賜王妃幣設香案設司香二人於香案左右設世孫受賜予位於香案前設宣讀臺於殿前滴水左設世孫拜位於露臺中設衆官拜位於世孫後左右列世孫左右立引禮官二員衆官左右立贊禮官二員陳儀衛於殿左右設奏樂位於衆官拜位後設而不作至期黎明法司等官吉服候館外金鼓儀衛畢備俟啟門參見畢請

龍綵亭入館置中堂正使捧節副使捧

詔敕御書各安奉龍亭中捧幣官捧幣置左右綵亭中
排班衆官行三跪九叩首禮畢前導世孫率衆官伏迎
於守禮坊外龍亭暫駐世孫率衆官平身天使詣立龍
亭左右引禮官唱排班世孫率衆官行三跪九叩首禮
畢世孫前導入國門立殿下龍亭進至奉神門執事者
脱節衣奉節授正使奉
詔敕御書授副使捧幣官分捧緞幣隨行升
闕庭各安奉於
御案天使分立左右捧詔敕官立陛下宣讀官立開讀
臺下司香者添香畢引禮官引世孫由東階升衆官各

就拜位世孫詣香案前引禮官唱跪世孫衆官皆跪引
禮官唱上香案右司香者捧香跪進於世孫三上訖平
身引禮官引世孫出就拜位率衆官行三跪九叩首禮
畢平身副使詣前正中立捧詔敕官由東階升副使取
詔敕授捧詔敕官高舉下殿同宣讀官上宣讀臺奉詔
詔敕於案引禮官唱跪世孫衆官皆跪引禮官唱開讀
捧詔敕官以次對展宣讀畢引禮官唱平身世孫衆官
皆平身捧詔敕官仍捧
詔敕升殿授副使如前安奉捧詔敕官下東階國王率
衆官行三跪九叩首禮畢天使宣制曰

皇帝敕使賜爾國王王妃緞幣引禮官引國王由東階
升法司官隨行至受賜予位跪正使以國王緞幣副使
以王妃緞幣一一傳授國王國王高舉法司官跪接傳
至案上畢平身引禮官引國王出就拜位率衆官行三
跪九叩首禮畢天使宣制曰
皇帝敕使賜爾國王
御書匾額引禮官引國王由東階升至受賜予位跪副
使取
御書親授國王國王高舉平身仍安奉案上引禮官引
國王就拜位率衆官行三跪九叩首禮畢平身引禮官

引國王詣香案前跪請留
詔敕為傳國之寶法司官捧前代
詔敕一一呈驗天使驗明允所請副使捧
詔敕親授國王國王高舉平身仍安奉案上引禮官引
國王就拜位率衆官行三跪九叩首禮畢平身正使取
節執事者加節衣仍置案上法司等官捧
詔敕御書緞幣入內殿派官守護節案國王請天使拜
御書引上殿閣天使瞻拜畢國王請天使更衣同往北
宮行對拜一跪三叩首禮畢茶三獻天使告辭國王前
導仍至

御案前正使奉節安奉龍亭内天使隨出奉神門與國王揖別各乘輿國王先行率衆官出候歡會門外龍亭回過國王以下跪送天使至出輿國王揖別衆官皆跪送是日國王遣官請館謝天使次日遣官入王城答謝觀其儀率遵舊典亦守禮之明驗也

二十日庚子白露播寄塵云此邦之人肘率較華人稍短朝野僉載亦謂人形短小似崑崙余來兩月餘所閱士大夫短小者固多亦有修髯豐頤者頎而長者胖而腰腹十圍者前言似未足信遍恭東馬秀來長八尺以上因令出肘與香厓較實短寸許而香厓長不及七尺乃知氣類所限短小其常且人體多狐臭古所謂愠羝也其理尤不可解

二十一日辛丑雨向世德來問以國中兵刑對曰小邦人不知兵刑惟三章殺人者死傷人及重罪徒輕罪罰日中晒之計罪而定其日國中數年無斬犯間有犯斬罪者又率引刀自剖腹死故國俗幾於刑措

二十二日壬寅晴王遣法司長史來敬請先觀御書雙鈎上刻以便懸奉樓中因與介山敬請御書出平鋪於案視雙鈎頗得法似善書者鈎畢余出七律詩一首令以本國書書之筆力遒勁龍蛇飛舞草法不類中國試令讀之率二十餘字乃成一句重譯難通矣

二十三日癸卯晴楊文鳳來問以國俗舊無姓然歟對曰然國中惟久米村梁蔡毛鄭陳曾阮金等姓乃三十六姓之裔此外世祿之家皆賜姓士庶率以田地為姓更無名其後裔則云某氏之子孫幾男所謂田名私姓也余嘗舉向循師之名問法司向天廸對以不知始信國中皆別有通呼之名其書手板者特具文官名耳余又問國王親支四世後輒改姓向昨閱中山世譜王妃有向姓豈同姓為婚歟對曰否首里有二向一為前王尚圓之後今國王始祖也一為前代尚巴志之後今所與通婚姻者也余始釋然世譜即世鑑前王尚穆改今名昨從世孫借觀乃中山第一書籍也本國文籍固少即購自中國者亦不多故文風不及朝鮮

二十四日甲辰雨與介山奕以勝負賭酒午刻小飲入暮聞拇戰聲又聞歌聲多作梵音亦有如中國弦索歌曲者率撥三弦和之余疑附館有紅衣人恐從者為所蠱傳長史詰之知為那霸士大夫聚飲某家酒酣起舞歌以行樂蓋國中習俗也

二十五日乙巳晴是日行

冊封禮方啟門法司等官入一切如前儀途中觀者益衆過中山先王廟下山坦途里許有水田上萬松嶺迤邐而東數里許衢道修廣有坊牓曰中山道南為安國寺對寺為世子第中路砌石為墩中植鳳蕉一叢佛桑二株更進又一坊牓曰守禮之邦道左有天界寺寺西南為王塋對塋為大美殿道旁有紅帽皂衣者執長竿排班立數武一人意即武士世孫戴皮弁服蟒衣腰玉帶垂裳結佩率百官跪迎道左如前儀更進為歡會門踞山顛疊礁石為城削磨如壁有馬道無雉堞高五尺以來遠望如聚髑髏始悟隋書所謂王居多聚髑髏其

下者乃遠望誤於形似實未至城下也城外石厓左鐫龍岡字右鐫虎崒字城四門前西向即歡會門王宮西向者以中國在海西表忠順面内之意後東向為繼世門左南向為水門右北向為久慶門再進層厓有門西北向曰瑞泉即每日秀才送館之泉也左右甬道有左掖右掖二門通入王宮更進有漏西向牓曰刻漏上設銅壺漏水更進有門西北向為奉神門即王府門也殿庭方廣十數畝分砌三道由甬道進至

闕庭如前儀行禮畢乃瞻王殿殿九楹左右夾室一月臺覆以穹亭中階七級石欄周護雕刻花鳥殿上為

御書樓高敞壯麗鉅梯當楹立正中懸奉

聖祖仁皇帝御書中山世土匾額左奉

世宗憲皇帝御書輯瑞球陽匾額右奉

高宗純皇帝御書永祚瀛壖匾額偕正使敬謹拜瞻畢

覽

天章炳煥日月光華誠海邦世寶也下為王聽政位中壁懸伏羲畫卦象龍馬負圖立其前絹色蒼古微有剝蝕汪錄謂非近代物今又經百年畫亦無恙知其保護愛惜者至矣更衣後國王揖入北宮殿屋固樸多柱礎屋梁舉手可接以處山岡且防海颶王宮如此他屋可

知對面為南宮有樓窗盡垂簾簾以細竹為之隙地多蟠松鳳蕉奇石錯列舊例此日宴於北宮為第二宴此行不宴會茶三行辭歸國王隨遣官來謝

二十六日丙午晴遣巡捕官入王城答謝且致賀國王遣法司官來致詞云國王擇八月初二日率百官於王府庭中行北面謝

恩禮初四日詣天使館拜謝并呈拜謝儀注如適館初見禮大禮既成幸無隕越通國臣民無不欣喜余與介山亦如釋重負因與歡飲三更乃就寢

二十七日丁未晴是日為神煞交會暴不應食後楊文

鳳送寄語二百餘條并書本國字母以來余以傳信錄較之無異問以徐錄謂一字可作二三字讀者畧彷中國對音何以說對曰此乃字義非音也小邦但知對音不知切音如平上去入四聲夷官初學為詩乃知之其實讀書仍用本國語義故必須鈎挑令實字居上虛字居下讀之凡民則但知寄語亦並不知對音即如徐錄所云泊讀作土馬依為一字三音小邦以船靠岸為土馬依泊亦靠船之義故曰土馬依非三音之謂也乃知歷來冊使俱就通事口授以意解釋未令通人筆之於紙故音義不分余作球雅皆令文鳳等逐字注其音復

注其義并將通俗等語彙成冊令注本國語於各句下就所注而輯之字異而語同者合併之無令重出務在得實以備一邦繙譯名曰球雅者仿爾雅體例以漢文貫首而釋其寄語於下葢欲以漢文通夷文使不雅者亦歸於雅此命名之義也

二十八日戊申晴向善榮來先是途中見衣之兩脇有縫不縫之別因問衣制對曰小邦衣制皆寬博交衽袖廣二尺口皆不緝特短袂以便作事襟率無鈕帶總名衾男束大帶長丈六尺寬四寸以為度圍腰四五轉而收其垂於兩脇間烟包紙袋小刀梳篦之屬皆懷之故胸前襟常揭起凸然其脇下不縫者惟幼童及僧衣為然僧别有短衣如背心謂之斷俗比其槩也余屢見僧家服背心今乃知其名殆即袈裟之遺制稍異焉是日集兵於演武場校射

二十九日己酉雨是日食品有蔗與柑柑味甚佳蔗淡如水日供有西瓜味亦淡以冬瓜合西瓜為醬瓠大不逮小指味乃大佳土人甚珍之設客不過二三片館中日供此品問之乃製自首里專以供天使他無得設俗尤重醬品貴官勸客常以筯蘸醬少許納客唇以為敬

三十日庚戌晴是日食品有紅菜類石花而稍扁色微

紅國人拾於海灘每聚而售之中國不啻海錯又有海帶菜一名昆布深綠不類常色山海經所謂綸組也問之則云售自寶島非本國所產

八月朔日辛亥晴向世德來問其家世言及其父早世有悽然之色余甚敬其孝思因曰貴國孝治如何亦有孝子之名否對曰羊跪乳烏反哺況人乎昔宜野灣縣有伊佐大主者前妻生龜壽而死娶繼妻生松壽愚甚龜壽事繼母孝國人莫不聞母既恨所生子愚又聞龜壽有令名妒之常短龜壽於伊佐前且不食以激其怒伊佐惑後妻欲死龜壽以悅將令深夜汲北谷要而殺

之守僕謝名堂聞之匿龜壽於家往諫伊佐伊佐怒其異已也縛而放之入重山波照間且謂事已露不可殺乃遣平安座下庫里就名堂家逐龜壽毋令得歸龜壽既被放日夜號泣飢寒并逼欲自盡又恐張母惡值天雨罨病不支殭卧於路時潮平御鎖奉王命為巡見官見之以為靈也近而撫其體猶溫知未死覆以已衣漸甦徐詰其故龜壽不欲揚父母之名飾詞告初御鎖聞孝子龜壽被放意不平至是見言語支吾形色變異疑即龜壽賜衣食令去密遣僕訪得其狀遂邀伊佐來陽謂已子不孝以誘之伊佐謂與已同病告以情御鎖乃

傳集村人繫伊佐妻至數其罪而監之將告於王龜壽聞奔求御鎖願以身代御鎖不忍傷孝子心召伊佐夫婦面諭之婦感悟卒為母子如初御鎖歸以告王王嘉其孝特賜官此可謂孝子乎余曰孝子哉遂樂為記之以為事繼母而不能盡孝者勸并以醒世之惑於後妻者是日為竈君暴不應

初二日壬子晴寄塵出訪楊文鳳歸語余曰國陋矣余曰何寄塵曰國自王以下士以上乃著草靸貴者乃著襪余曰襪歟靸奈何寄塵曰靸名三板上橫平梁中界寸繩著時舉足入靸納繩於拇指二指間襪布素而單及踝而止別為一竇棲將指余曰此固見之所疑者國王耳寄塵曰王著靴不得已也為天使為大典也其平居亦著靸製以竹皮但不用草無所謂布履也余曰誠陋矣然此貧國非儉何以久余諸費為之裁減猶恨不得盡即如草靸不應著而著者已費數百靸矣東風不來欲歸無計為嗟歎者久之

初三日癸丑雨大風應龍王大會暴午後毛長芳以寄語百餘條來見其揮汗不止令脫帽取而審視乃以薄木片為骨疊帕而蒙之前七層後十一層因問以冠品對曰花錦帽遠望如屋漏痕者品最貴惟攝政王叔國

相得冠之次品花紫帽法司冠之其次則純紫大畧紫為貴黃次之紅又次之青綠斯下各色又以綾為貴絹為次是日從客聞國王經行處悉有綵飾羣出往觀歸述其狀云泉崎道旁列盆花異卉繞以朱欄中刻木作麒麟形題曰非龍非彪非熊非羆王者之瑞獸下天妃宮前植大松六疊假山四作白鶴二生子母鹿三池上結棚覆以松枝松子垂垂如葡萄池中刻木鯉大小五令浮水面環池以竹欄旁有坊曰偕樂坊柱懸一版題曰鹿濯濯鳥翯翯牣魚躍余聞而笑客問故余曰此皆志畧所載事隔數十年一字不易可謂印版文字矣從

客皆笑
初四日甲寅晴國王來謝先遣長史以東來因煮茗以
佚預遣僕出館記儀衛以告亭午國王至相見如儀并
餽刀布等物再辭不得乃受之通事致詞述國王感戴
之誠余亦述
皇上體恤外藩至意以答之茶罷辭歸先國王未受封
時戴烏紗帽雙翅側衝上向盤金朱纓垂頷下束五色
絛至是冠皮弁狀如中國梨園演王者便帽前直列花
瓣七衣蟒腰玉肩輿如中國顯轎中置大椅上施亭蓋
無帷幔轅粗而長無絆無横木以八人左右肩之而行

問僕儀衛若何對云鼓吹八鳴金四方棍紅隔路各二
旗十二鐵叉曲槍狼牙鉤各二長鉤鉞斧各四長桿槍
三十二月牙叉四雞毛帚十二馬尾帚大刀黃纖花纖
各二看馬四提爐黃緞團扇綠珠團扇各二印箱衣箱
各一紅桿槍長腰刀長斫刀各四黑腰刀二大掌扇一
金爐金葫蘆綠珠兜扇各二小雞毛扇四蠅拂金柰兜
各二法司以下皆從行紫帽近二十人黃帽百餘人
初五日乙卯秋分晴大颶仍不應采長史來問以年歲
豐歉對曰大豐薯可四收余閲志畧知琉球田多瘠磽
獨宜薯又知受封之歲必有豐年今歲五月稍旱心滋

愧因於六月朔默禱甘霖雖自後雨不愆期猶恐前旱
或損禾薯聞其言竊自徼幸是皆
皇上雨露之恩沛不擇地海邦臣民倍覺歡欣恭順矣

使琉球記卷四終

使琉球記卷五

欽命册封琉球副使　賜正一品麟蟒服內閣中書前翰林院檢討綿州李鼎元撰

八月初六日丙辰雨四公子以奇語四百餘條來余昨囑長史訪薯可四收未敢信復質之四人皆云誠然非受封歲無此豐年也余曰國以薯為命亦知有朱薯頌乎皆曰不知請余書其詞曰不需天澤不費人工能守困者也不爭肥壤能守讓者也無根而生久不枯萎能守氣者也五穀不登民食草木之實無厭食用代五穀能助仁者也可以粉可以為酒可祭可賓能助禮者也莖葉皆無可棄其直甚輕易為飽能助儉者也耄耋食之不患噎能養老者也止童孺啼能慈幼者也下逮雞犬能及物者也而粱肉之家顧藐之不肯食食則謂同於窶與賤於是慨然為之歌曰令珠而如沙人以之彈雀令金而如泥人以之塗牆令朱薯而如玉山之禾瑤池之桃人以之為不死之大藥書畢付之曰薯之用如此慎毋賤視四人共讀一過矍然曰吾今而知薯之德與薯之所以貴也行當傳之邦人此作余薯

初七日丁巳晴先是朔日諭法司等官以丁祭之期開示儀注令習禮并開單令備牛羊豕各色祭品是日五更詣文廟致祭一如中國儀陪祭者琉球紫帽官八黃帽官十有六紅帽生二十有四隨弁二員國王舊例於王府門外設壇致祭故不與祭畢偕介山遊和光寺荒廢無可述途間見久米村竹籬剪剔可入畫梁大夫邀至其家小憩庭前檉木三株剪剔如繖余罷大夫出紙索額為題曰三樹堂庭有聚八仙葉如蘭而柔八月紫敗從土中挺莖三尺餘花族莖頭如萱有紅黃二種

初八日戊午晴致祭於關聖帝君廟歸經過山墟方集因步行集中觀所市物薯為多亦有魚鹽酒菜陶木器蕉苧土布粗惡無足觀者國無肆店率業於其家問長史何以市未見錢對曰市貨以有易無率不用銀錢余聞國中率用日本寬永錢此來亦不見昨杳厓攜示串錢環如鵝眼無輪郭貫以繩積長三寸許連四貫而合之封以紙上有鈐記語余曰此球人新製錢每封當大錢十封舟回日即毀之蓋國中錢少寬永錢銅質又美恐中國人買去故收藏之特製此錢應用市中無錢以此其用心亦良苦矣

初九日己未陰余每出見道傍聚觀夷婦衣服勤作多有異夫悉其俗昨歸自集中以問長史始知國中男逸女勞無肩擔背負者趁集織紉及採薪運水皆婦人主之凡物皆戴之頂女衣既無鈕無帶又不束腰而國俗

男女皆無袴勢須以手曳襟襟較男衣長疊襟下為兩層風不得開因悟髻必偏墮者以手既曳襟須空其頂以戴物童而習之雖重百觔登山涉澗無傾側是國中第一絶技也其勤作時常捲兩袖至背貫繩而東之髮鬆亂洗洗用泥脫衣結於腰赤身低頭見人亦不避抱兒惟一手义置腰間即藉以曳襟問以不作帶鈕故無能知其義者

初十日庚申晴偕介山往拜國王先遣通事投簡午初至王府茶罷將辭國王遣通事致詞云此行不宴會無聊語時甚缺主人禮心不安有東苑在崎山去此不二

里敢屈駕往遊具便酌作半日談與介山固辭國王意益誠懇不得已同出歡會門留侍僕六人餘悉遣歸毋令縻費折而北逐瑞泉下流至龍淵橋滙而為池廣可十丈長可數十丈猂以隄曰龍潭水清魚可數荷葉半倒再折而東有小村篠屏修整松蓋陰翳薄雲補林微風嘯竹園外已極幽趣入門板亭二南向更進而南屋三楹亭東有阜如覆盂折而南有巖西向上鐫梵字一畫如靄下蹲石獅一飾以五采再下有小方池鑿石為龍首泉從口出有金魚池前竹萬竿後松百挺再東為望仙閣閣前有東苑額前使汪楫趣并跋閣後為能仁堂東北望海西南望山國中形勝此為第一且遊且記走筆和壁間徐澄齋韻四首國王請入座食品畧仿中國器皆景德磁設高席如京師半桌椅曰交椅席三天使國王各坐其一紫帽司酒黃帽司餚皆跪進金壺高尺許形如鳩金盞圓而微鼓凹其中以受杯金爵圓凋上而稍削其下可容五合兩耳高出爵面唾壺漱盂菸架畢具座側酒三行國王遣官致寒溫又三行遣官致謝於國王辭以既醉國王再三勸又三行餚已九進酒止飽飯一甌撤席通事致詞云國王備有舞樂舊供七宴今既不宴會可令裝束見以表誠敬隨令舞童排立

階下人二十有四年率十五以上皆高梳雲髻戴花滿頭著采衣衣長曳地袖長等身兩脇不縫朱襪不履人物美秀盡宦家子弟余與介山贊嘆稱謝先是巡捕密禀已遣人歸館取賞物至是各賞一扇一巾遣令去國王尚欲具酒時已黃昏固辭乃告別歸路列炬數里炬長二丈餘林烏盡驚詹雀暗[illegible]蓋國王欲誇耀於客未免過費然七宴既捐所省已不少矣

十一日辛酉晴遣官入王府致謝國王以磁薰爐二枚見餽受之食後鄭得功來問以外島何實對曰分之為三十六合之惟十二如東四島姑達佳津奇奴巴麻伊

許其實也西惟姑米馬齒分馬齒而東西之則為二島南有太平山伊奇麻伊良保姑李麻達喇麻面那烏嵒彌七島而總謂之太平山西北惟葉壁硫磺椅山為大截姑米遠支而北之又有度那奇安根岻為五島東北有由論永良部度姑由呂烏奇奴佳奇呂麻大島奇界八島而總謂之烏父世麻西南惟八重山支而分之又有烏巴麻巴度麻由那姑彌達奇度奴姑呂世麻阿喇姑斯古巴梯呂麻為九島問何以治之對曰擇本島能中山語者給黃帽為酋長歲遣親雲上監撫之名奉行官主其賦訟各賦其土之宜以貢於王問間切有無何

別對曰間切者外府之謂首里泊久米那霸四府為王畿故不設此外皆設職在親民察其村之利弊而報於親雲上問間切畧如中國知府乎對曰然中山屬府十四間切十山南省屬府十二山北省屬府九間切如其府數此外有勢頭官里之子親雲上筑登之親雲上里之子座筑登之座皆親民之官也

十二日壬戌雨梁長史來問以國俗重僧上人名尤貴有道德知識可述者否對曰昔中城縣姑塲村有閑姓先世簪纓中落業農有子松瑞性穎悟美秀而文五歲讀書過目輒成誦父母愛之仍令業儒就師於首里年十五丰姿益俊婉如處子一日歸至浦添暮雨驟至見燈光出林間逐火行得人家剥啄借宿有少女啓而應門室更無人兒遠嫌即欲他投女以虎豹嚇之兒進退維谷徘徊門外女曳之入欲具酒兒辭伏案假寐女潛假就薦枕席兒以男女大倫風化攸關婉謝之女求愈急兒拒益力女佯羞入户將有謀兒乘間逸覺追者有虎氣適至萬壽寺大呼求救寺僧普德入而坐之方丈遣其徒置鐘於門女追至不敢入繞鐘號鐘忽躍起覆之天明兒辭謝僧送之門啟鐘則死貍在焉松瑞後官至紫巾官嗚呼僧乃術家流非有大知識也然能救正

士於危不煩力而妖滅術亦奇哉

十三日癸亥晴王叔尚周尚容來謁行初見一跪三叩禮命之坐茶罷通事致詞云小邦諸寺圓覺為大國王欲屈駕往遊特遣王叔請示余與介山曰間居候風得勝地遊覽固佳但不宜過費費則同於宴會即不敢往矣為定期於十六日尚周者國相而攝政者也

十四日甲子晴伽藍暴不應潮至長史請觀漁偕介山里渡登舟漁舟數十隻漫湖背潮雁排提綱立截湖而撒之徐逐網進舉約以金聲潑刺不絕置船頭層撿至盡理而張之肘再撒再進且漁且行近中島聚獲而驗

之大近百尾小餘千頭大側留充供應陪臣請其小者命委地作數十堆策而分之漁人國不知策筴其公而傳其法焉

十五日乙丑晴行香國王遣人賀節並餽餚酒嫌中秋側宴會却之再長史以賀節為辭乃受之國俗自初十至此並蒸米拌赤小豆為飯相餉以祭月風同中國是夜與介山邀從客露飲月光澄水天色施藍風寂動息潮聲雜絲肉聲自遠而至恍置身三山聽子晉吹笙麻姑度曲萬緣俱淨矣

十六日丙寅晴遣人入王府謝食後偕介山遊圓覺寺

渡觀蓮橋橋亭供辨才天女云即斗姥將入門有池曰圓鑑荇藻交橫芰荷半倒國王迎於山門外王叔以下跪迎門高敞有樓翼然左右金剛四規模畧倣中國佛殿七楹更進太殿亦七楹名龍淵殿中為佛堂左右奉木主亦祀先王神位兼祀祧主與志畧所載同左序為方丈右序為客座皆設席周緣以布下襯草極平而淨名曰踏腳綿使院日踐之而未得其名也前楹板閣護雕欄方丈前為蓬萊庭左為香積厨厨側有井名石泠泉客座右為古松嶺奇花異石錯列松間左廂為僧寮右廂為獅子窟僧寮南有樂樓樓南有園鐃花木寺僧

無知識頗愧唱三經山宗派遊畢食蓬萊庭國王頗勸酒暮歸列炬如前

十七日丁卯雨世傳十八為潮生辰國俗於是夜候潮波上按潮說不一山海經以為海鰌出入吐納異魚圖贊主之浮屠氏以為神龍變化義仿海經抱朴子以為兩水相合相蕩吳越春秋以為伍員之靈是皆鑿空無足深辨盧肇賦以日氣出入衝激而成高麗圖經謂天包水水承地地沉則水溢地浮則水縮余襄公獨以為水之應月各從其處月臨卯酉則水漲於東西臨子午則水平於南北邵康節亦以為潮者月之喘息數說皆

有理解而應月之論尤精方諸見月津而為水其明驗也然要不離乎陰陽呼吸之氣余住此三月日記潮候較內地率後三辰如福州望日以午滿球陽滿以戌則又水生於西而歸於東地氣不同如候日出者地有高卑則時有先後日月出時不易則潮生亦不易故曰潮信

十八日戊辰晴子刻偕寄塵至波上草如碧毯霑露愈滑扶僕行憑垣倚石而坐丑刻潮始至若雲峰萬疊捲海飛來須臾腥氣大盛水怪搏風金蛇掣電天柱欲折地軸暗摇鼉浪濺衣直高百尺未敢遽窺鮫宮已若有

推而起之者迭離循光千態萬狀覺枚乘七發形容未盡潮既退始聞嘈𠻗之聲出礁石間徐步至護國寺尚似有雷霆震耳潮至此觀止矣

十九日己巳雨向世德以寄語二百餘條來問之曰聞國盡戒僧犯戒奈何對曰國俗男欲為僧者聽既受戒有靡給有犯戒者飭令還俗放之別島又問聞女子願為土妓者亦聽接交外客女之兄弟仍與外客敘親往來信乎對曰誠有之然率皆貧民故不以為恥若已嫁夫而復犯姦者許女之父兄自殺之不以告王即告王王亦不赦此國中良賤之防所以重廉恥也

二十日庚午寒露晴國王遣法司來請遊南苑香厓邀長史趁集購布過長史家遂留飲歸問以所聞對曰國人率恭謹有所受必高舉為禮有所敬則俯身搓手而後膜拜勸尊者酒酌而置杯於指尖以為敬平等則置手心因長史命其子進酒故得聞之余始悟國王進酒之禮悉仿中國行非國俗也

二十一日辛未晴自此至二十七皆龍神大會暴期楊文鳳以寄語二百餘條來問以歲時慶忌對曰元旦至六日賀節初五日迎竈二月祭麥神十二日浚井汲新水浴謂之洗百病三月三日作艾糕相餽五月五日競渡余曰五月後我已目擊歸舟當在十月請述十月後者文鳳曰十二月八日作糯米糕層裹椶葉蒸以相餉名曰鬼餅二十四日送竈正三五九為吉月婦女率遊海畔拜水神祈福逢朔望羣至砲臺汲新水獻神此其畧也余獨疑國俗敬佛而不知四月八日為佛誕辰臘八鬼餅如角黍而不知七寶粥

二十二日壬申晴食後偕介山遊南苑越中島富盛折而東循行阡陌間水田漠漠番薯油油絕無秋景薯有新種者問知已三收矣再入山松陰夾道茅屋參差田家之景可畫計十餘里始入苑村名姑場川即志畧所

載同樂苑也國王新易今名苑踞山脊軒五楹夾室為複閣頗曲折軒前有池新鑿狹而東西長疊礁為橋橋南新阜壘壘即鑿池棄土也因壘以為亭僅容三人宜遠眺亭東植奇花異卉有花絕類蝴蝶絳紅色葉如嫩槐曰蝴蝶花有松葉如白毛曰白髮松池東舊有亭圮以布代之池西有閣方丈餘頗軒敞山下多薯田四面風來宜納涼國王請額介山題其閣曰迎暉余亦為題其亭曰一覽軒北有松有鳳蕉有桃有柳飯後黃昏將辭去國王命舉烟火畧與中國同

二十三日癸酉晴長史來言北山前夜出蛟幸去島遠

未傷人余曰蛟入海尚為患乎對曰間亦有之聞昔義本之世有惡蛟入海潛北谷縣無渦溪歲為民害陰陽家言須童男女為犧祭患可已王曰我何忍以赤子為犧哉如不得已請犧我衆官進曰犧用童以一童而救萬民王其許之乃下教曰有童男女為國棄身者予家萬金時宜野灣縣有童氏兒名思德者年十二姊名真鶴長思德二歲幼失父家甚貧事母至孝日出採蒔果拾桑椹以供食一日思德行縣前聞上教歸語其姊願以身為犧得金養母姊曰汝承宗祧任甚重我女也生無益於母不如死思德固爭之姊急欲自刎思德從之

將告母姊曰不可告也告必不行因紿母曰來日將往海汲水煮鹽母曰我夜夢乘龍升天至今猶悸可毋往真鶴曰夢虛也何信焉況夢無凶詰旦潛與弟出門哭別於野遂投縣自訴縣乃授女於巫擇吉往祭祭之日雲霧四塞有蛟眼如星口吐火巫祝方畢將投矣忽霹靂一聲風雨交至有老人如壽星者左執旗右握劍且趨且叱衆驚莫敢仰視及霽遂失蛟縣馳以告王王既感雷雨之變又念姊若弟忠且孝天且憐之萬金不足酬乃取真鶴為子婦而以女妻思德嗚呼舍生成孝烈士猶難況弱女稚兒哉乃一念感格事濟而身不必死且致富貴天之報施孝子豈不厚哉

二十四日甲戌晴馬法司邀遊天王寺寺在圓覺寺東北規模畧類圓覺宏敞不如亦有木主祀王父世子之未冊立者兼祀王妃有鐘為景泰七年丙子鑄中奉金剛手七星輪及刄有草葉潤如蘭中綠而白緣其邊如線花長尺餘名烏木毒又一葉叢生無花無枝幹名一葉又有葉如貼梗海棠子如豆莢者問知為雷山花土名吉茄以四五月花類牽牛而小作鴉翠色皆異種也

二十五日乙亥晴寄塵遊波上歸為余言板閣無他神惟掛銅片幡上鑿奉寄御幣字後署云元和二年壬戌

其唐時物乎余曰志畧已辨之矣云日本馬場信武撰八卦通變指南內列三元指掌云上元起永祿七年甲子止元和三年癸亥中元起寬永元年甲子止天和三年癸亥下元起貞享元年甲子今元祿十六年癸未國中既行寬永錢證以元和日本僭號知琉球舊曾臣屬日本今諱言之矣

二十六日丙子晴有秀才璩榮餽鮑魚一斤菊八盆標名於竹片曰太白仙影曉錦朝霞秋山清曙祥星黃霞花半開葉自根而上無一損者問來意對曰小底性嗜菊又嗜書願以菊求書袖出紙一卷噫生亦雅矣因留

紙於案收其菊而還其鮑問以姓所自出茫無以應始知為璩姓之誤字書已載璩字無足怪惟以鮑魚為鮑則無其字矣

二十七日丁丑晴紫金大夫陳天寵餽花二盆一禪菊即中國萬壽菊俗名江西辣也一野牡丹花纍纍如鈴鐸素瓣紫暈檀心圓而大頗芳烈志畧云二三月花令八月復花知凡花常開四季矣坐頃出紙一束索詩以書并出所作詩求政詩亦有清思邦人但解律詩無能古體者楊文鳳亦然

二十八日戊寅雨從僕購得應潮雞雄純黑雌純白皆

短足長尾馴不避人先香厓購一犬小而毛豹斑性靈警與飯不食與薯乃食知人皆食薯矣球地鼠雀最多而鼠尤虐亦有猫不知捕鼠邦人以為玩乃知物性亦隨地而變汪録謂有大犬能傷人問國人曰無之亦未見有鵝鴨鳥獸之屬不產於海其少也固宜

二十九日己卯晴食品有異螺大如盆而色綠寄塵云粵產有勺白身而綠柄即此殼邦人但食其肉不解為器亦間飾螺鈿粗惡不足貴又有魚周圍五爪長三四寸名曰壁虎魚方言謂之呀紙嗎菩余皆不能食

九月朔日庚辰晴行香後往驗封舟知二號船以無龍骨為浪擊損不堪再渡重洋速命購材補修并令艙頭號船是日初見紙鳶製無精巧者兒童多立屋上放之按中國多放於清明前義取張口仰視宣導陽氣令兒少疾今放於九月失其旨矣然地非九月紙鳶不能上則風力與中國異即此可驗球陽氣暖故能十月種稻聞日本臺灣亦然東洋氣候同矣國王起居如例

初二日辛巳晴遣官入王城是日初見鷹此邦少禽匪獨無雁鷹為東北風飄至至亦不多猝痴不能擊兒童獲之繩繫以為玩至死乃已又有鳥綠羽白眉狀如鶯亦於是日至名曰麻石人多籠養之是日集兵於演武場試鎗

初三日壬午雨香厓歸自集中謂余曰此邦屋俱不高瓦必壓何也曰以避颶也地板必去地二三尺者何也曰以避濕也屋脊四出如八角亭四面接修更無重構複室何也曰以省材也屋無門戶上下限刻雙溝設方格棚以紙左右推移更不設牖櫺何也曰利省便恃無盜也臨街則設矣神龕置青石於鑪實以沙何也曰祀祖神也國以石為神無傳真也屋上瓦獅何名曰隋書所謂獸頭骨角也壁無粉墁何也曰示樸也貴家間有糊附粉花箋者習華風俗漸奢也香厓曰國地不加增

而生齒日繁人滿奈何余笑而不答
初四日癸未雨先是國王以
御書游表恭藩額業經鐫飾懸奉請往瞻拜已為定期此日雖雨亦往食後偕介山入王宮升樓及前楹
御書懸焉金碧輝煌永為鎮國之寶敬謹瞻拜畢國王邀入南宮指示園中花木異種有地分木葉如穀樹小白花叢生云蘗荔可藥魚又有梯沽高數丈葉如柹作品字形對節生直幹少枝云花開四月附幹攢朶色紅如紫木筆葱長尺餘由園折而西上王城有亭依城立望極遠因與國王小憩亭中品瑞泉縱觀中山八景八

景者泉崎夜月臨海潮聲粂村竹籬龍洞松濤筍厓夕照長虹秋霽城嶽靈泉中島蕉園也亭下多椶櫚紫竹竹叢生高三尺餘葉如椶狹而長即所謂觀音竹也亭南有蚶殼長八尺許貯水以供盥知大蚶亦不易得遊畢將辭歸國王留飲命王弟出見年十四翩翩濯濯是日見案上有墨長五寸寬二寸有老坑端硯長一尺寬六寸餘為舊物命通事取視墨有永樂四年字硯背有元豐七年四月東坡居士留贈潞邠老字問知為前明受賜物國中有東坡詩集知王不但寶其硯矣
初五日甲申晴國王遣官送菊二十餘盆花葉並茂根

際皆以竹籤標名內三種尤異一名金錦朶兼紅黃白三色小而繁燦如列星一名重寶瓣如蓮而小色淡紅絕類通草相生一名素毬瓣寬不類菊重叠千層白如雪皆所未見者
初六日乙酉霜降晴向循師邀寄塵食歸言初見獅子舞余曰奈何寄塵曰布為身皮為頭絲為尾剪綵相毛飾其外頭尾口眼皆活鍍睛貼齒兩人居其中俯仰跳躍相馴狎歡騰狀余曰此近古樂矣按舊唐書音樂志後周武帝時造太平樂亦謂之五方獅子舞白樂天西凉伎云假面東人弄獅子刻木為頭絲作尾金鍍眼睛

銀貼齒奮迅毛衣擺雙耳即此舞也
初七日丙戌雨楊文鳳四公子來各送寄語三百餘條飲之酒問之曰聞此邦產馬亦有駿乎文鳳曰駿不易得癖亦生禍余曰有說乎對曰昔首里有高平良者官鎖側性驕侈閩大謝庇椰有駿曰飛兔欲奪之庇椰有馬癖固不與平良密賂其僕鴆庇椰而奪其馬庇椰有二子長曰謝納次為僧曰慶運陰謀復仇託獅象戲藝以乘其間會平良家有異鳥入神龕心惡之避居小灣家人不之從也而妻時往省焉謝納聞之藏劍於竹以挑戲具與弟慶運往遇平良之妻於路妻固躭戲且欲

悅其夫呼而觀之日暮妻欲歸平良送之門謝納急從後拔劍刺殺平良僕驚散慶運追及其妻亦殺之嗟乎以弄馬之故禍及其身豈獨唐成公哉書之以戒癖馬者

初八日丁亥晴王叔尚周邀遊辨岳岳在王宮東南三里許過圓覺寺從山脊行水分左右堪輿家謂之過峽中山來脉也山大小五峯最高者謂之辨岳灌木密覆前有石柱二中置柵柵外板閣二楹少左有小石塔左右列石案五入門石磴折而東數十級至頂有石罏二西祭山東祭海岳之神曰祝祝天孫氏第二女也國王

受封必齋戒親祭正五九月祭山海及護國神皆於此國之鎮山也王叔尚容法司紫金官皆從遊遊畢各以食榼供茶點榼製精巧或滲金朱桼或滲銀黑桼率刳木為之中疊方器四置食物旁置酒壺二盞筯畧備未刻將歸尚周邀至家屋宇堅樸庭饒石山花木月橘尤多葉細如棗小白花甚芳烈一名十里香實如天竹子稍大閏二月中紅纍纍滿樹若火齊屏惜未及見有石池方廣數尺養龍眼魚十餘尾尚周求額為題曰樂魚精舍

初九日戊子風雨重陽暴應國王遣法司餽水火鑪二鑪通盛以木廂下二層黑桼奩三四事藏茗具上置鑵銅表錫裏一置水一置爐空其周以煎水余每出遊茶吏攜一具以隨愛其輕簡國王餽有因以其為土物也受之

初十日己丑微雨梁煥來問以迎賓禮對曰國無揖讓之煩客至不迎隨意坐主人即具菸架內火爐竹筒木匣各一橫菸管其上匣以貯菸筒以棄灰也遇所敬客乃烹茶以細米粉少許雜茶末入沸水半甌攪以小竹帚以沫滿甌面為度客去亦不送噫此固真率無乃太簡乎

十一日庚寅雨舊例重陽為第四宴具龍舟競渡於龍潭已辭之矣是日長史來言龍舟具備雖不晏會曷觀競渡乎余曰競渡宴會之實也烏乎可按荆楚歲時記謂五月五日屈原投汨羅死後人傷之故於是日競渡以弔而梅聖俞譏原好競渡歲不為輒降殃致民溺死失愛民之道諒有感而言也元典章云糶賓節摔掉龍船江淮閩廣皆有合移各路禁治而順帝又特好之史載帝於內苑造龍船自製其樣是也武林舊事云西湖探春禁烟為盛龍舟十餘旗鼓曼衍則又不定五月琉球亦於五月競渡重陽之戲專為宴天使設更不可不

辭白此至十五為龍神朝帝暴

十二日辛卯雨風法司向天廸請遊家園辭時無雷花草不煞蚊雷不收荻花盛開條弱如柳葉似榆作品字形花綴葉間如緣紫艷類扁豆花古巴梯斯實又名瀾利子高數丈葉如柿花五極實紅大於諫果而少匾仁亦類之味甘香小兒爭食不以餽客試取嘗之微有腥氣

十三日壬辰雨王叔尚容邀遊末吉以雨辭供應所送海松石芝各一盆海松色如火枝榦大小勻通至杪葉酷肖側柏根盤石上石黑如枯椿每本榦三四出高三

五尺不等石芝或肖荷葉荷花或肖芝或肖鹿角或肖羊肚色或青或黃或白高二三尺不等皆玲瓏緲透可玩然氣極腥細砂積結而成質又極脆不能致遠惟馬齒人能泅水深入斵石取之出水不二十日色漸退枝葉花片漸凋意其初生亦必有氣類相感故能胎結生氣自小而大問之土人莫明其故統名曰砂

十四日癸巳晴偕從客等策騎由泉崎渡過豐見城越南山度絲滿村人家皆面海奇石林立遵海而西有山翠色攢空石骨穿海曰砂嶽時午潮初退白石鄰鄰羣馬爭馳飛濺如雨再西度大嶺村叢棘為籬漁網數百晒其上村外水田漠漠泥淖陷馬有牛放於囿汪錄謂馬耕無牛今不盡然截山而北渡過封金亭返照已入港矣

十五日甲午晴行香起居如例令船戶速理封舟以俟風信食後楊文鳳偕四公子各以寄語百餘條來余每疑球俗恭謹而儒何更有按司割據事因問文鳳曰余來已五月見風俗謙謹當無機械變詐者對曰人心難測豈盡謙謹昔有中城按司毛國鼎者性忠毅有智謀才畧誠格上下國倚為重鎮有勝連按司阿庸者貴為郡馬性貪狡亦有文武才陰謀不軌憚國鼎未敢發謬

為敬慕賓欲害之忽日暮倉皇語國鼎曰適聞海東有警欲速圖之恐力弱按司如以兵濟我則無慮矣國鼎曰此國事也何敢委問期庸曰事不可遲遲則變請公來日密陳兵於末吉以待我國鼎許之庸偵其兵已出奔告王曰國鼎將為亂王曰無之庸曰臣不敢欺兵陳末吉矣需悔無及王乃遣信臣登高望之歸報曰信遂急以兵付庸庸得兵乃遣人以王教示國鼎且趣之曰不早自裁兵且至國鼎知為所賣無以自明乃自刎庸遂以兵圍其家無老幼盡殺之國鼎有妾曰查山南查國吉之女也生二子長曰鶴次曰龜年十二三英偉過

人時隨母歸寧未及難聞其父遇害日夜圖報變姓名往伺於勝連與母泣別母各賜以劍且囑曰仇不復無相見也阿庸既殺國鼎心無所忌志益高謀益肆日攜俊童美女遨遊山水間歌以行樂鶴龜聞之乃藏劍豔裝而往至則阿庸已半醉見之疑為仙也呼而問曰若能歌舞乎龜急欲拔劍鶴止以目齊伏地對曰能命起舞二子極意承歡鶴並勸從者酒阿庸大喜以劍賜鶴以衣賜龜二子又提壺急勸之皆大醉鶴目龜伏庸後自以劍刺其腹庸傷退立未定龜從後急斬之并殺從者此非貪狡之報乎余獨愛鶴龜二子皆髫年甘心仇

人竟遂其願孰謂童子可欺哉

十六日乙未晴張良暴不應遣人至王城并送交中山世鑑按世鑑載隋使羽騎尉朱寬至國於萬濤間見地形如虬龍浮水始曰流虬而隋書又作流求謂水行五日而至土多山洞王姓斯歡名渴剌兜與所見又不甚合殆未親至其地親見其人也新唐書作流鬼似見其人形矣而元史又作瑠求明復作琉球好事者遂加辨證不知虬俗字皆對音無足辨也世鑑又載元延祐元年國分為三大里按司據佐敷知念玉城具志頭東風平島尻喜屋武摩文仁真壁兼城豐見城十一國稱山南王今歸仁按司據羽地名護國頭金武伊江大宜味恩納七國稱山北王中山惟首里王城那霸泊浦添北溪中城越來讀谷山具志川勝連三平等國余於中山南山遊歷幾遍大村不及二里而即謂之國未免誇大至於敘述國王功德臣子之分宜然然有昏虐之主亦固不諱猶有直筆之遺風焉

十七日丙申晴尚容邀遊末吉山過守禮坊折而北越赤平儀保二村折而東度新橋再折而北萬松排列皆合抱過萬壽寺不入再折而東槿籬夾道有峯獨出曰龜山與衆山絕前附小峯離約二丈許邦人駕石為洞

連二山高十丈餘結布幔於洞東不憇拾級而登行洞上又十餘級乃陟巔巔恰容一樓樓無名四面軒豁無戶牖後有石壇祀神處也予顧長史曰茲樓俯中山之全勢不可無名因名之曰蜀樓并為之跋曰蜀者何獨也樓何以蜀名以其踞獨山也不曰獨而曰蜀者以余為蜀人樓構已百年而余始名之若有待也樓左瞰青疇右扶蒼石後臨大海前揖中山坐其中以望若建瓴焉長史請曰額不可無聯因書前四語付之下山遊萬壽寺今名徧照國王遣人餽柑味極美分食從者歸路循海而西厓洞谽谺皆奇峭又一勝遊矣

十八日丁酉陰寄塵歸自圓覺寺語余曰今日見踏板戲矣余曰此戲載之徐錄正月戲也今曷由見寄塵曰正月戲非正月始學也時習之矣余曰奈何寄塵曰橫木以為梁高四尺餘復置板而橫之長丈有二尺虛其兩端均力焉夷女二結束衣緣赤雙足各手一巾對立相視而歌歌未竟躍立兩端稍作低昂勢若水碓之起伏漸起漸高東者陡落而激之則西者飛起三丈餘翩翩若輕燕之舞於空也西者落而陡激之則東者復起又如鷙鳥之直上穿雲也疊相起伏愈激愈疾幾若山雞舞鏡不復辨其孰為影孰為形焉俄而勢漸衰機漸

緩板末及安齊躍而下整衣而立終戲無虛蹈分寸者使至此絕矣惜公等限於禮勢不得同觀余曰何必目擊聞師言如目擊矣

十九日戊戌晴觀音暴不應法司向天廸邀遊其家有園三畝山石空靈小池金魚數百尾福木脩整異常葉對節生形如豕腎厚澤可染裂之漿出實如橘味腥花小而黃又與冬青異天廸請題為顏其額曰漱石山房聯曰明月松間清泉石上落花水面好鳥枝頭

使琉球記卷五終

使琉球記卷六

欽命冊封琉球副使　賜正一品麟蟒服內閣中書前翰林院檢討綿州李鼎元撰

九月二十日己亥晴時與介山定期於十月望日登舟食後入王宮拜辭不以必行便預備表茶罷國王先行候於東宮所謂世子府也具果食手奉三爵飲畢復行一跪三叩對拜禮辭出王依依如不舍者便道訪楊文鳳及首里四公子留詩為別向循師家有呀喇菩一株葉紋對縷如織中邊映日通明作金黃色徐錄謂之鬥鏤樹余疑即貝多羅樹東禪龍渡兩寺皆有之寺僧常出數片求書葢葉經漚後縷紋具在薄如蟬翼無異貝

葉但其大不及耳實如橘國人用以榨油與福木同號君子樹

二十一日庚子立冬換戴冬帽改行裝球陽地暖所攜長襟長褂皮衣皆無用即過冬中毛羊皮已足悔此行不知枉費周章跟役如例而止多則無用惟從客善書者不可少球人重書請者甚衆兩手不能給也至備賞扇對筆墨香帕等物亦宜多備體統所關也琴棋與畫不備亦可是行初檢行裝書此後有來者幸毋再誤如余

二十二日辛丑晴馬法司邀遊天界寺寺在首里坊廟

向西南有石室高丈許封而不樹中山之塋也尚圓以來皆葬此規模似圓覺而小內殿木主獨尚懿為王父餘皆祀王妃王女樹有松有桄榔有椰有福濕木性稻滿最小高數尺葉似槿子赤纍纍可食

二十三日壬寅晴往別王叔法司諸人尚容有烏癖籠養數種有麻石有恨煞有客蔬別有古哈魯長嘴短尾毛色金黃烏鳳如秦吉了石求讀似雀而黃莫讀史似雀而綠有樹曰喫力高數丈葉如枇杷子叢生如火齊花有杜鵑天竺夾竹桃屋宇極淨其性殆好潔者因為額之曰石瘦松清之室

二十四日癸卯雨聞程順則曾於津門購得宋朱文公墨蹟十四字徐葆光為之跋今其後裔猶寶之借觀不得因與介山至其家開卷見筆勢森嚴如奇峯怪石有巖巖不可犯之色想見當日道學氣象字徑八寸以上文曰香飛翰院圍川野春報南橋疊翠新後有名款無歲月文公在宋不以書名然墨刻流傳世間者莫不寶而藏之蓋其所就者大筆墨乃其餘事頗能自成一家如此知古人學力無所不至為跋數語以誌景仰焉

二十五日甲辰陰遊都通事蔡清派家祠祠初為清泰寺故址蔡氏買得之以祀其先內供蔡君謨畫像並出君謨墨蹟見示知為君謨的派由明初至琉球為三十六姓之一清派奉其王命護送封舟能漢語人亦倜儻由祠至其家花木俱有清致池圓如月為額其室曰月波書屋大抵球人工剪剔樹木疊砌假山故士大夫家率有邱壑以供遊覽庭中豎長竿上置小木舟長二尺桅柁帆櫓皆備首尾列風輪五葉挂色旗以候風渡海之家率預計歸期南風至則合家歡喜謂行人當歸歸則撤之即古五兩旗遺意

二十六日乙巳國王來館送行面餽金骨扇一柄仍手奉三爵將行遣紫金大夫致詞請照例仍遣陪臣子弟

入太學讀書懇回京代奏許之是日國王經行處土人具各戲如前飭船戶備船具飭兵役理行裝仍往驗二號船工已竣至陳宅觀蘭球俗嗜蘭謂之孔子花陳宅尤多異産有風蘭葉較蘭稍長味如茴香筏竹為盆掛風前即蕃衍有名護蘭葉類桂而厚稍長如指花一箭八九出以四月開香勝於蘭出名護嶽巖石間不假水土或寄樹椏或裹以椶而懸之無不茂有粟蘭一名芷蘭葉如鳳尾花作珍珠狀有棒蘭綠色莖如珊瑚無葉花出椏間如蘭而小亦寄樹活又有西表松蘭竹蘭之目或致自外島或取之巖間香皆不減蘭也

二十七日丙午陰風應冷風暴國俗浣漱不用湯家豐石椿置石盂或蚶殼其上貯水旁置一柄筒晨起以筒盛水澆而盥漱之客至亦然地多草細軟如毯有事則取新沙覆之是日長史送文萱芸香二盆萱重葉小花葉如蘭而潤有青白相間文芸叢生子如碧珠開花時一穗數十朵

二十八日丁未晴連日以紙索書者甚夥有棉紙清紙皆以穀木皮為之惡不中書有護書紙大者佳高可三尺許濶二尺白如玉版小者減其半亦有印花詩箋可作札別有圍屏紙則糊壁用矣積既多因與寄塵分寫

之仍標以原名惡其混也徐葆光球紙詩云冷金入手白於練側理海濤凝一片昆刀裁截徑尺方疊雪千層無羃面形容殆盡筆則鹿毛短管不適用球之學書者亦多購自福州云

二十九日戊申雨往遊辨才廟廟荒落供辨才天女通事云神昔靈異特著號辨戈天能易水為鹽化米為沙以禦外患經某天使一言敗之遂不靈後改稱辨才天女然國人至今猶崇祀惟謹或曰即天孫女又曰即君君天孫氏之長女也予熟聞寶島即志畧所謂土噶喇而未知其命名之義舉以問通事對曰國中金銀珠玉絲貨銅磁以及鮑魚海參諸寶皆從彼島來因以得名可謂貧而守禮矣

三十日己酉微雨毛法司國棟邀遊儀間山食後渡至南山里許折而西入垣花村村多米廩如草亭懸地四五尺下施十六柱空可通人上裝以木版率為官家采地米或數家共一亭再折而北而南為南砲臺隄間有碑二一正書剝蝕甚微辨奉書造三字一其國草書前明嘉靖二十一年建雖不能盡識其筆力正自遒勁飛舞因令從者解鞍坐堤上鞍畧同中國朱漆描金惟前後加紅帕四條以為飾韉或皮或氊勒索用五色全疋

蕉布入手兩盤垂尚及馬腸鐙如曲杓刳木為之首繫繩結鞍空其口以容足土俗騎皆不用鞭又聞女亦騎多側坐鞍上兩足共一鐙擁領蔽面人控徐行未之見有木類福滿木曰山米又名野麻姑葉可染子如女貞味酸土人榨以為醋球醋純白不甚酸供者以為米醋味不類或即此果所榨歟又有樹曰悉達慈姑高丈許葉類桃子纍纍如葡萄色青名慈姑奶食之毒人大要國以樫木為上品貴家造屋皆用之次用松次用雜木絕少十圍者地狹人稠不能待其大矣

十月朔日庚戌晴行香國王遣法司官起居送盡儀名

五千兩隨與介山坐堂集兵役呼法司諭之曰承國王厚意雖屬成例然使者百事仰給於官無所用金况我
皇上體恤外藩無微不至使者尤當仰體住近五月已靡費矣又復多餽是使者德薄才庸忠信之心不能見諒於國人而上負
聖天子柔遠之恩也心竊自愧今故集兵役並汝等同官明告以不受之故非有所嫌疑歸謝國王無勞往返隨諭兵役速具裝登舟期不改矣國俗歲定於是日換苧衣其換蕉布衣則定於四月朔日令從者摒擋一切

初二日辛亥晴紫金大夫毛廷桂邀遊波上留詩以別

歸過其宅留便飯席地坐以東為上設氈食皆小盤方盈尺著兩板為腳高八寸許餚凡四進各盤貯而不相共三進皆附以飯至四餚乃進酒酒不過三巡每進餚止一盤必徹前餚而後進其次初餚飯用油煎麵果次餚飯用炒米花三餚用飯每供餚酒主人必親手高舉置客前俯身搓手而退終席主人不陪以為至敬此球人宴尊客之禮平等乃對飲大要球俗席皆坐地無椅桌之用食具如古俎豆餚盞乾製無所用勺雖貴官家食不過一餚一飯一箸箸多削新柳為之即妻子不同食猶有古人之遺風焉

初三日壬子雨鄭得功來問以寶劍漢寶劍猶在乎對曰在昔山北王有寶劍名重金兵敗擲於志慶真河百年後有伊平屋人漁於河見寶光燭天網而得之獻於王漢所由名也劍未擲時山北王屢敗以石無神劍砍之石分為四受劍石遺跡猶存然卒至敗亡小邦之興以德不以劍嗚呼不有君子其能國乎余為之肅然起敬

初四日癸丑晴楊文鳳四公子各以寄語二百餘條來曰盡之矣此外無能解者余曰非以多文為富也務實耳因命庖人備餚酒邀文鳳等往別豐山越中島猶聚

崎而歸竊疑隋書稱有虎狼熊羆今實無之又云無牛羊驢馬驢誠無而六畜無不備乃知書不可盡信是日初見金翅蟲兩翼及足皆金色性嗜棒蘭嗅不去遂被獲土人籠養之以為玩連日國王遣人款留婉辭之

初五日甲寅晴恭請天后暨公登舟按歷來使錄皆云十月二十後東風順送為吉而從無十月歸舟者半緣貨多價未全結亦由歸志不決遂為從人所誤此行令船戶出結貨既少以貨易貨外補價無多早令辦結今復預請天后登舟從人亦無敢覬望者是日陳瑞芳靈柩送舟安放

初六日乙卯小雪晴恭逢我
皇上萬壽聖節五更率從官於彝倫堂行慶賀禮球官從者二十餘人國王於宮門外望北慶賀黎明祭於天后關帝告歸期黙祝焉是日與介山具餚酒招從客飲酒酣有客曰聞海面西距黑水溝與閩海界古稱滄溟亦曰東溟球人不知此行亦未之過何也余曰渡海者多著書者少登舟不嘔日坐將臺親書其所見者尤少卒一人倡之衆人和之耳食之談何可盡信球人歲一渡海而不知黑溝則即謂無黑溝也可客又曰琉球何得謂巽方乎抑聞東鄰日本薩摩洲者何地也余曰洲

即今之寶島也球處艮方云巽方者誤也針路由辰而卯近寅而止是其驗也客又曰此行無玻璃漏其制可得聞歟余曰志畧圖之美瓶兩枚大腹細口滿沙一枚對口而覆其上通一線以過沙沙盡為一漏再倒懸之凡二漏有奇為一更晝夜約二十四漏得十二更以應十二時理猶時辰表也每更或云百里或云六十里余此行就有定之里對以表而側其餘每時約行百有十里雖風有大小行有遲疾以此行七分風證之則百里之説為長至記以香益無憑矣
初七日丙辰晴使院敷命堂後舊有二牓一書前明冊

使姓名洪武五年封中山王察度使行人楊載永樂二年封武寧使行人時中洪熙元年封尚巴志使中官柴山正統七年封尚忠使給事中俞忭行人劉遜十三年封尚思達使給事中陳傅行人萬祥景泰二年封尚金福使給事中喬毅行人童守宏六年封尚泰久使給事中嚴誠行人劉儉天順六年封尚德使吏科給事中福建龍溪潘榮行人蔡哲成化六年封尚圓使兵科給事中官榮行人韓文十三年封尚真使兵科給事中董旻行人司司副張祥嘉靖七年封尚清使吏科給事中浙江鄞縣陳侃行人順天固安高澄四十一年封尚元使

吏科左給事中江西永豐郭汝霖行人河南杞縣李際春萬歷四年封尚永使戶科左給事中雲南籍應天上元人蕭崇業行人福建長樂謝杰二十九年封尚寧使兵科右給事中江西玉山夏子陽行人山東泗水王士正崇正元年封尚豐使戶科左給事中山東東平州杜三策行人司司正雲南籍上元人楊倫凡十五次二十七人柴山以前無副也一載
本朝冊使姓名康熙二年封尚質使兵科副理官遼陽張學禮行人山東膠州王垓二十一年封尚貞使翰林院檢討江南儀徵汪楫內閣中書舍人福建莆田林麟

焻五十八年封尚敬使翰林院檢討滿洲鑲白旗海寶翰林院編修江南吳江徐葆光乾隆二十一年封尚穆使翰林院侍講滿洲鑲白旗全魁翰林院編修四川涪州周煌凡四次共八人因與介山題名其後偶憶舊天使館有前明蕭崇業題灑露堂謝杰為之記因與介山往觀額尚在記已亡陪臣處其中為供應全局按舊例國中供應設七司一館務司掌承發一承應所掌脩葺一掌牲所供六畜一供應所掌酒米蔬菜一書簡司掌翰墨一評價司掌交易一理宴司掌宴會司設黃帽官一紅帽官三雜役二十人七司之外更設總理司紫黃

紅帽官二十餘人日伺使院前天使出入排班跪迎送有事則以告七司此行惟理宴司虛設既問知其故因即傳示六司具行糧十日為度毋糜費

初八日丁巳晴楊文鳳來語之曰君見聞甚博尚有忠烈之士廣異聞乎對曰無之有故事載於志畧者不甚得實公欲聞之乎余曰可文鳳曰昔有平良按司某與保紫茂按司善誓為婚姻未幾平良舉一子曰鶴壽保紫舉一女曰乙達呂二人喜如約鶴壽三歲喪其母平良取繼妻生一子遂惡鶴壽會保紫卒其妻欲贅鶴壽母利其家富欲以已子贅之陰毒鶴壽瞽雙目使告保紫之妻曰鶴壽不幸為廢人恐誤女兒弟一也曷以其弟代之母以告女女曰背父棄夫而亂其倫禽獸行也能起吾父於九泉告而諾之詞無費矣使歸以告平母欲絕其意譖鶴壽於平良放之八頭山石穴中欲死之女日夜泣思往救而無所夢神示之且告以治目方寤告其母如神言迹之得鶴壽攜歸如方以治目復明保母往見平良告之故平良大怒欲逐其妻返鶴壽鶴壽泣曰兒自幼稺賴母以生敢忘罔極之恩哉且母去弟將誰倚叩頭流血平良感其意遂不譴仍以鶴壽贅歸乙達呂使繼保紫之後為按司嗟乎愛已子而嫉前妻

子婦人之愚至貪人富而欲殺其子忍矣甚焉託非鶴壽至孝悔何及矣烈女如乙達呂者又豈多哉

初九日戊午陰客有問風信者予述志畧答曰清明後地氣自南而北南風為常霜降後地氣自北而南北風為常反是颶颶將作正二三四月多颶五六七八月多颶颶驟發而倏止颶漸作而多日九月北風或連月俗稱九降風間有颶起亦驟如颶遇颶猶可遇颶難當十月後多北風颶颶無定期舟人視風隙以來往凡颶將至天色有黑點急收帆嚴柁以待遲則不及或至傾覆颶將至天邊斷虹若片帆曰破帆稍及半天如鸒尾曰

屈亹若見北方尤虐又海面驟變多穢如米糠及海蛇浮遊或紅蜻蜓飛繞皆颶颶徵汪錄謂海魚無數長四五尺脊尾盡露蓋誤以蛇為魚翌日颶風大作經四晝夜不息其驗也

初十日己未晴恭逢

皇后千秋節五更率從官於彝倫堂行慶賀禮球官從者二十餘人國王仍於宮門外慶賀歸視封舟船戸及兵役等皆備具有已登舟者

十一日庚申晴是日為老母孟太宜人誕辰惟恐人知故不舉祝禮方啟門國王遣王叔尚周送團扇五柄磁

香鑪一對親書大紅緞壽屏序文十二幅予驚曰國王何以知之即知曷不早告長史跪禀曰國王感激兩位

天使諸物不受故密遣小底輩問於内使得知壽期又密問家世得其詳國王因令楊文鳳撰文親筆楷書以致誠敬知告必不行故不告正使大人亦如之予初猶不懌然既已書之於屏勢無却禮因再拜受之余素聞國王善書展讀之書法得松雪筆意可謂此行一寶惟文多過譽心轉不安於是館之人莫不欣然來祝隨購羊豕各二隻酒四大瓮分賞從者及球官令熟食之飲介山及從客於館酒酣思母歸心愈切

十二日辛酉雨先是楊文鳳四公子屢招飲俱却之至是請益摯不得已抵其書齋各以送行詩見質觸余髭緒各依韻答之文鳳以行樂圖歸我展視則國人和余之詩悉書於上已滿幅是亦此行所得之寶也

十三日壬戌晴楊文鳳來問尚有異聞可誦乎對曰昔有富盛按司侍士長田者因富盛為絲數按司所害匿小按司於從兄慶留庇椰所將圖復仇絲數偵知以兵圍其宅慶留欲救無計子慶路有女曰乙鶴願以身代小按司死即自刎慶留以頭給絲數乃解圍後慶路聞絲數出遊伏兵要於路而殺之小按司復得立以夫人

禮葬乙鶴焉又有大里按司某為仇家所害繼妻攜已生及前妻子匿於荻堂村長子乳母家仇知之乘其不備獲二子去母哀懇於仇乃許殺長而留其少母曰誠若此願殺少而留長仇問故母曰長者前妻子少者妾所生也仇感其義并宥之余曰此皆志畧所已載然君言較簡練存君文事亦傳矣

十四日癸亥晴飭兵役來早各執事登舟毋復上岸悉出庖餘分賞球人之役於館者外各賞銀一兩篋中巾扇有未盡者賞球官案頭積紙有未書者書與之飭從者將行李登舟頃刻盡以無長物也長史來告封舟告

行糧半月余曰費矣然海行無定期多備無患使者亦未敢以來時迅速輒邀天之幸也是夜與介山一燈相對若有感者

十五日甲子微雨巳刻晴北風厲午刻奉節登舟國人遮道跪送有泣者楊文鳳及四公子長史通事哽咽不能出聲緩行至迎恩亭節駐國王率百官送節行三跪九叩禮畢再跪云臣温寄請

聖躬萬安謹對曰回京代奏節將行國王袖出一札不知何謂通事致詞曰此國王代言柬也余與介山曰使者無私可令通事誦之詞曰温敬竊温僻處海隅企無

知識荷蒙

皇上天恩准襲世職感激難名又蒙天使遠來禱逆風而順之險陟重洋惟温之故每恨國小民貧禮陳供薄乃承初入館即裁減舊例諸費及船戶呈上貨單又蒙厚愛於福州登舟時即將貴貨裁減并令出結定價惟恐累及貧國并承捐除七宴温屬臣子固以為禮在則然惟是小邦別無可敬端賴七宴稍盡微情今既捐除更無盡情之處屢具宴金又皆却還心益滋愧乃承教訓國中士子每遇進見必策以忠孝副使大人更為小邦廣聲教輯球雅國之畧曉文字者皆得就教尊前執經問業父師之恩尤深感戴欣幸久住親炙多人不謂屢次屈留歸心愈急隨遣法司按例每位贐金五千兩及區區刀布土儀又再四却金不受在天使潔忠自矢不愧名臣而温身為主人毫情未盡心實難安況每次冊封從無十月歸舟此固天使敬事而信急於恭復

恩命不知已為小邦省費無算凡此皆天使仰體

皇上之心為心事事先為體恤不特温感入肺腑即通國臣民亦謂天使體恤下情從未有如兩位大人者無奈語言不通通事傳詞又不能備述故特具柬代言稍舒積悃幸恕不恭讀畢國王依依若欲下淚因遣通事

諭曰凡所言皆使者分內事過蒙獎譽轉滋愧悚惟願國王勵精圖治福祚綿長復行一跪三叩對拜禮國王率百官跪送節再與國王揖別登輿由浮梁登舟國王跪於却金亭前候安節畢余與介山拱而揖岸曰節安公歸矣國王起率衆官惆悵而去是日為東府君朝玉

皇暴應

十六日乙丑晴南風不能開帆晨起禱於天后并求筊仍得第一合舟皆喜因與介山究歷來針路汪公來針尚不及全公來針盡善汪錄云自五虎開洋乙辰八更取雞籠頭辰巽三更取梅花嶼單卯十更取釣魚臺乙

辰四更過黃尾嶼甲卯十更取姑米山乙卯七更取馬齒山甲寅并甲卯取那霸港切閉帆辰針得矣兼用巽則太高不得不用卯針取釣魚臺葢以乙針為鈍幾至臺灣矣志畧云詰旦自五虎門開洋單午風乙辰針日入行船六更夜單午風單乙針行船五更見雞籠山頭十一日上午坤未風單乙針三更下午單酉風單乙針日入行船四更見釣魚臺夜單丙風單乙針行船四更十二日單午風單乙針一更見赤洋轉單丁風單乙針至日入行船五更夜單午風單乙針四更過溝十三日丁午風甲卯針行船二更見姑米山風輕轉單午單乙

針日入行船一更夜丁午風乙卯針二更針路最為真確惟雞籠山後不見彭家山而即見釣魚臺又不可解葢彭家山為來針第一準則汪用巽針不見彭家山宜矣用乙針必見彭家山且自雞籠嶼至釣魚臺應得十五更而七更即至記載有誤知所謂雞籠山頭者虛擬之詞未得實也此行針路實依之其小有參差者開洋用單辰過赤尾仍用單乙不用甲卯參而用之來針盡於此矣介山曰今將歸歸路尤要因與細閱志畧歸舟無不與暴者而針又各不同自乾而坤皆有用者汪徐二公歸路甚危倉皇中針路無定全周二公歸路平善

且多用辛針來以乙去宜辛理尤可信因預為錄書粘之於壁畧云正月三十率三舟開洋乙卯針行三更午時至馬齒山安護浦下定初四日單癸風用午針出澳巳刻轉丑風單辛針三更午時過姑米山單申針五更初五日早乙辰風單辛針五更夜辰巽風單辛針六更過溝祭海初六日單艮風辛針三更申刻大霧不見山寄定初十日霧開見台州石盤山用未針見溫州南杞山十一日東北風單辛針七更下羅湖下定十二日中針收入定海針路且徐葆光云乙卯針出霸港豈有入以甲寅出以乙卯者恐誤風為針矣

十七日丙寅晴風東南不能出口頭眩腹泄通體發熱終日不食寢不安是日上淡水滿四井而止

十八日丁卯晴風仍東南身熱頭眩漸愈惟泄未止因以常服驗方製藥一劑服之午刻長史來告是日辰刻國王初舉子封事始竣又添一喜國福家慶樂事可知使者既得與聞不可無賀而篋中別無一物詩以賀之

十九日戊辰晴自服藥後泄一次即止病已豁然巳刻風轉東北催船戶出口琉球通事報長并謝使俱至首里稱賀不得開頭

二十日己巳晴東嶽朝天暴不應東北風利促解纜卯

刻揚帆出那覇港岸上舟中送者如雲舉手辭謝之午
刻雨入暮不止槃長恐有暴收馬齒山安護浦下定山
勢橫亘二十里犬牙相錯出沒海中若斷若續分東西
二島為中山第一外障泊處青山圍繞無出路有鹿見
於山間疑亦海魚所化雨景大佳

二十一日庚午大雪暴期應午後雨

二十二日辛未雨風仍西北午刻晴偕介山駕小舟登
岸王舅紫金大夫從沿沙洲行至山麓有石高丈餘玲
瓏可愛坐石上觀漁皆赤身入水無寒色馬齒人善泅
習使然也移時土人以二鹿進毛淺而小眼似魚魚所

化也始悟鷹化為鳩識者猶憎其眼以眼不能化也舟
中齋時多無所用仍令攜去循山麓而東槿籬不剪非
復久米景村中徑路曲折人家即以籬為墻瓦屋絕少
有板閣供石曰廟廟前有泉深不及二尺味甚甘泉南
有一區有黃帽跪迎大夫曰此可小憩屋制與中山同
親雲上之居也大夫命於舟中取酒余與介山亦遣僕
就舟取飯坐間問鄭得功曰夏錄云此地產牛馬粟布
文貝螺怪石產於海者不可知產於陸者何未之見得
功曰陸產惟鹿豈惟無粟並無薯余曰居人安食得功
曰食鐵樹根先取根三煮而三浴之去毒盡碎為末雜
石粉以為餅不過充飢度命罪人率流此者以地苦也
酋長間以鹿或石松易薯於中山貧民不得也

二十三日壬申大雨北風甚暴偶閱志畧中山昔有僧
曰日秀所居歲豐人以為神又有宗實不羈渡海游三
詩侶汪徐皆紀以詩此行遍訪無一能詩者亦未聞有
通僧能以文字教人者今大異於古所云矣

二十四日癸酉晴北風少平促槃長出洋對以風信未
定余曰風信定寧無變乎可行則行介山曰姑俟之遂
止

二十五日甲戌晴北風如故決令開帆介山亦以為然

遂於巳刻解纜子丑風用辛針酉刻過姑米山終日晴
帆舟轉駛微側而震有吐者余仍日坐將臺飲食如故
志畧云洋鳥止則浮寘水面飛則銜寘而起來時見白
鳥飛未見銜寘至是舟行竟日無一鳥豈歸路無山遂
無鳥耶視海面深黑天水遙接豈即所謂黑溝耶抑來
者皆耳食未敢親視遂妄生奇異耶是皆未可知以余
目擊固無他異

二十六日乙亥晴風與針如故巳刻轉寅卯風仍用辛
針翁爹暴不應

二十七日丙子晴辰刻轉巳卯風午刻轉辰卯風針皆

如故戌刻風止余已卧聞譁聲披衣起禱於天后漸復辰卯風針仍如故是日為東府君朝玉皇暴不應遙望二號船在北相去數十里琉球兩船未知前後令鴉班登桅望之亦不見

二十八日丁丑晴寅刻風轉辰巳舟不能行急起焚藏香禱於天后辰刻風轉子丑而微仍用辛針未刻霧大起夥長云宜一見山恐夜暴舟逼山心甚憂之自二十六至此日有大魚挾舟

二十九日戊寅辰卯風微大霧針如故巳刻稍霽見溫州南杞山舟人大喜少頃見北杞山有船數十隻泊焉

舟人皆喜曰此必迎護船也霧漸消山漸近守備登後艄以望驚報曰泊者賊船也余以舟已至此戒兵無譁速食備器械余亦飽食守備又報賊船皆揚帆矣與介山衣冠出先禱於天后飭吐者病者怯者悉歸倉登戰臺誓衆曰賊衆我寡爾等未免膽怯然賊船小我船大彼絡繹開帆縱善駕駛不能並集猶一與一之勢也且既已遇之懼亦無益惟有以死相拚可望死中求活此我與汝致命之秋也生死共之衆兵勇氣頓振皆曰惟命乃下令曰賊船未及三百步不得放子母砲未及八十步不得放鎗未及四十步不得放箭如果近始用長

槍相拚有能斃賊者重賞違者按以軍法隨令守備牽一羊至斬以徇各整暇以俟未幾賊船十六隻吆喝而來第一隻已入三百步余舉旗麾之吳得進從柁門放子母砲立斃四人擊喝者墮海賊退不及八百步鎗并發又斃六人一隻乃退二隻又入三百步復以砲擊之斃五人稍進又擊之復斃四人乃退去其時三隻賊船已占上風嚮移子母砲至柁右舷邊連斃賊十二人焚其頭蓬皆轉柁而退中二船較大復鼓噪由上風飛至余曰此必賊首也密令柁工將船稍橫俟大砲準對賊船即施放一發中之砲響後烟迷里許既散則賊船已

盡退是役也王得禄首先士卒兵丁吳得進陳成德林安順張大良王名標甘耀等鎗砲俱無虛發幸免於危惟時日將暮風甚微恐賊乘夜來襲默禱於天后求風不一時北風大至浪飛過船余倦極思卧念前險假遇害豈復能慮此險況求風得風可無憂即憂亦無著力處遂解衣熟睡盡付之不見不聞

十一月朔日己卯陰夢中聞舟人譁曰到官塘矣驚起介山從客皆一夜不眠語余曰險至此服汝能睡設葬魚腹亦為糊塗鬼矣余曰險奈何介山曰上則九天下則九地聲如轉水車鋸濕木時復癱顛每側則蓬皆卧

水一浪盖船則船身入水惟聞瀑布聲垂流不息其不覆者幸耳余曰脫覆君等能免乎余樂捨得一覺又忘其險余幸矣介山乃大笑盥後登戰臺視之前後十餘竈皆汲船面無一物爨火斷矣舟人指曰前即定海可無慮食申刻乃得泊總兵何定江來云奉制軍命迎護余笑謝之因語以北杷之戰定江惶悚失措余曰餒矣他事且緩商遂令船戶登岸購米薪乃得食是日二號船先至琉球頭號船三更亦至

初二日庚辰晴總兵倪定德來始知七月閩神風暴起擊碎艇船百餘隻并沒海賊蔡謙船四十餘隻

皇上遣發藏香恭祭天后并有

廷寄令致祭官默祝臣等封舟早得回閩

天恩優渥天后效靈十月回舟六日抵閩去來如出一轍實從來封舟所未有是皆我

皇上福大如天恩深似海故能海若效順風暴不驚聞

命自天感激無地巳刻入五虎門至怡山院特購羊一豕一致祭於天后海神宣讀

諭祭報文畢鄉之耆老夙儒拄杖來觀咸曰神速哉封舟自祖父以來未聞有此并出前度

諭祭文請曰此鎮山之寶也請留示後別具謄黃余與介山曰謹藏之歸舟潮退不能行聞琉球二號船亦至是夜繕摺稿脩家書

初三日辛巳雨微風卯刻乘潮行去南臺十里潮退制軍遣人以小舟來迎當道皆坐候舍人廟遂令小舟奉節登岸奉安天后行像挈公於故所同致祭畢即於舍人廟飲胙因語制軍以天后靈威助風擊賊欲具摺奏聞請加封天后父母并恭報回閩日期玉公曰加封事公歸自奏未晚惟恭報回閩一摺不可遲

皇上懸望久矣因出

廷寄見示跪讀畢淚涔涔下余與介山約住不出兩日

擬即從封舟移入紅船以免應酬之苦制軍再三迎入城不得已奉節登岸適館後始知介山太夫人潘於三月二十日在籍仙遊隨往唁相抱痛哭斯役也往來順利風帆迅速夷人歡喜兵役無過可謂至幸惟都司陳瑞芳前歿於夷介山登岸即聞訃是為美中不足況同舟共濟相處日久未免痛心申刻陳觀察送到家書知老母康健九月十四日又舉一子母名曰海稍慰烏私又以介山故緩至初七日登舟寄塵於舟已病上岸就醫擬於初六日叩別天后再往視隨於各當道致謝告辭并告以同使有喪不宴會因念余與介山同居夷館

半載無日不感念
天恩繫懷老母常謂介山母尚少余母七十歲不謂有此
變念及此歸心益急矣

使琉球記卷六終

續琉球國志略五卷首一卷

〔清〕齊鯤　費錫章輯

《續琉球國志略》五卷首一卷，清齊鯤、費錫章輯。鯤（一七七六—一八二〇）字鵬霄，又字北瀛，福建侯官人。嘉慶六年（一八〇一）進士，官至河南府知府。錫章（一七五二—一八一七）字焕槎，又字西墉，浙江歸安（今湖州）人。乾隆四十九年（一七八四）舉人，官至順天府知府。嘉慶十三年，以齊鯤爲正使、費錫章爲副使册封琉球。是書首卷列嘉慶五年册封詔敕、追封詔敕、諭祭文。卷一載表奏、國統。表奏存録請封表疏、謝恩表疏、請存舊禮以勞使臣疏。國統承周煌《琉球國志略》，增補自尚穆至尚灝諸王世系。卷二載封貢、典禮、學校、政刑、官制、府署。封貢上承《琉球國志略》，所記時事起乾隆二十二年，訖嘉慶十四年。典禮詳記嘉慶十三年追封尚成所舉大典。學校記琉球國學、鄉學概況。卷三載祠廟、風俗、人物、物産、鍼路、靈蹟。人物專記琉球先代人物。鍼路記嘉慶十三年往返鍼路，附列前代多條鍼路，而於鍼路取向亦有考證。卷四、卷五爲藝文，多載使臣唱和之作。最末志餘，記嘉慶十三年使琉人員概况。據中國國家圖書館藏清嘉慶間武英殿活字本影印。

續琉球國志畧總目

續琉球國志畧首卷

翰林院編修臣齊鯤
工科給事中臣費錫章 恭輯

御書

海表恭藩

嘉慶五年

賜王尚溫

詔勅

嘉慶五年封王尚溫詔

奉

天承運

皇帝詔曰朕惟撫辰凝績宅中恢柔遠之經繼世象賢裕後重承祧之選隸藩識于屬國緹窒同風恢圖域于遐陬鴻臚獻款眷懷雁列律乃有民誕賁龍光昭哉嗣服爾琉球國壤分瀛嶋職奉溟疆中山王世孫尚溫率乃祖攸行篤前人成烈圖闈克堅于申畫世守封陲齋心夙拱于宸居遙通象譯重洋候律輪年循奉贄之期百宿趨朝葉幣効來庭之悃兹以序當纘服奏懇嗣封騰章循覽夫疊臣秉節遄馳于海嶼特遣正使翰林院修撰趙文楷副使內閣中書李鼎

元齎詔往封爾為琉球國中山王爾國臣工以
暨士庶尚其輔乃王綏寧茅土殫竭葵忱踐修
厥猷厥邦厥民越時叙毋替朕命朕心朕德惟
乃知於戲踰鯷水以褒封恩垂帶礪錫龍綸而
式典慶洽屏藩益勵忠誠祇承詔示

嘉慶五年七月十九日

嘉慶五年封王尚溫勅

皇帝勅諭琉球國中山王世孫尚温惟爾遠界瀛
壖虔修琛貢嘉象賢于世守克篤忠貞綿燕譽
於藩維夙昭恭順兹以序膺圭冕表懇承祧賚
壤奠以來庭攸畫臣而猶惆念箕裘之立纔詒
厥孫謀脊帶礪之凝禧纘其祖武景風式典俾
綏磐石之宗湛露覃熙允叶包桑之繫特遣正
使翰林院修撰趙文楷副使內閣中書李鼎元
勅封爾為琉球國中山王并賜爾及妃文幣等
物爾其敬承渥眷懋紹先猷益堅肫忱彌勤翼
戴康乃心而績乃德率由典常視爾師而寧爾
邦愼固封守嚮風慕義聿膺褒渥于新綸守典
承休遙奉聲靈于奕葉欽哉特諭

頒賜國王

蟒緞二疋　青綵緞三疋　藍綵緞三疋
藍素緞三疋　閃緞二疋　衣素緞二疋
錦三疋　紗四疋　羅四疋　綢四疋
頒賜王妃
青綵緞二疋　藍綵緞二疋　粧緞一疋
藍緞素二疋　閃緞一疋　衣素緞二疋
錦二疋　紗四疋　羅四疋

嘉慶五年七月十九日

嘉慶十三年封王尚灝詔

奉

天承運

皇帝詔曰朕惟聲教覃敷綏遠懋懷柔之典藩維永固褒庸勵翼戴之忱昭燕翼以凝禧箕裘載纘詣鴻臚而獻款綸綍宜頒爾琉球國受職中華符分瀛島承庥奕葉壤聳瀛壖中山王世孫尚灝迪惟前光用承家以開國緬其祖武能移

孝以作忠嚴申畫而拱紫宸金鼇奠海矢寅恭而將丹悃石鉅趨風共球勿懈於朝宗帶礪允膺夫疆服茲以序當主鬯表懇嗣封特遣正使翰林院編修齊鯤副使工科給事中費錫章齎詔往封爾為琉球國中山王爾國臣工以暨士庶其咸輔乃王益勵恪恭永延祉祚綏爰有衆

望協乎宜民宜人欽乃攸司勳懋乎維屏維翰
翊皇圖於清晏式孚三錫之崇褒保世守以敉
寧長荷九重之渥眷故茲誥示咸使聞知
嘉慶十三年八月初一日

嘉慶十三年封王尚灝勅

皇帝勅諭琉球國中山王世孫尚灝惟爾世隸藩
維職修方貢象賢貞度迪儀矩于觴辰燕譽延
光振英聲于寶胄茲以系膺紹序誠籲求章攸
闕遙迓于鴻臣夐書遄伸夫鰈水雲礪宅宇虔
賚葵表以臚忱水驛宣綸俾紹茅封而衍緒眷
忠猷之世篤詒厥孫謀鼎寵命以時忱昭哉嗣
服特遣正使翰林院編修齊鯤副使工科給事
中費錫章勅封爾爲琉球國中山王并賜爾及
妃文幣等物爾其祗承恩賚敬率典常聿膺錫
節之新榮允副楓廷之篤眷修其禮物攄夙悃
於共球賚爾人民迪前光於帶礪繩武稟箕裘
之訓亮采有邦承祧綏磐石之宗增修厥德欽
哉特諭

頒賜國王
蟒緞二疋　青綵緞三疋　藍綵緞三疋
藍素緞三疋　閃緞二疋　衣素緞二疋
錦三疋　紗四疋　羅四疋　綢四疋
頒賜王妃
青綵緞二疋　藍綵緞二疋　粧緞一疋
藍素緞二疋　閃緞一疋　衣素緞二疋
錦二疋　紗四疋　羅四疋
嘉慶十三年八月初一日

追封故世子尚成制
奉
天承運
皇帝制曰景風式典絡封兼闡夫幽光湛露覃禧錫類不忘於繼序永孝思而請命載鑒葵忱眷忠順以推恩允稽茅胙爾琉球國權署國事故世子尚成夙孚民望攝守藩疆以稟命之不融致恩綸之未被燕翼衍瀛壖之澤曰篤不忘象賢綿帶礪之休毋替厥服兹特追封爾為琉球國中山王錫之誥命於戲龍光寵賁本支慰肯構之思鴻藻榮膺奕葉奉來庭之職克膺茂典永賁遺徽
嘉慶十三年六月十五日

諭祭文

嘉慶五年諭祭故王尚穆文

維嘉慶五年歲次庚申六月壬子朔越八日

己未

皇帝遣正使翰林院修撰趙文楷副使內閣中書

李鼎元

諭祭於故琉球國王尚穆之靈曰朕惟鳳綸錫祚

聿昭柔遠之經龍節推恩彌茂飾終之禮分金

符於櫻島世土增昌賜玉巵於球陽天漿沛渥

列爵既申之礪冊憫逝應賚以龍章爾琉球國

中山王尚穆纘序惟麻效忠勿替境環溟渤誠

每切于占風地近扶桑心常殷乎捧日闕四十

三年之久篤矢臣忱擇三十六姓之材恭同王

會久荷中朝之寵應臻上壽之期何遽悼乎逝

波宜優崇乎享醴茲加延賞追念前勳特舉隆

文用昭卹典於戲式嘉乃德在遠不遺瑞泉徵

衍澤之長新潮倍潔安里見御香之降古柏皆

春庶享苾芬式光楹桷

嘉慶十三年諭祭故王尚溫文

維嘉慶十三年歲次戊辰六月乙未朔越十
有五日己酉
皇帝遣正使翰林院編修齊鯤副使工科給事中
費錫章
諭祭故琉球國中山王尚溫之靈曰璆冊膺符薦
壤錫景風之胙圭卣賜醪椒馨排湛露之恩緬
履海以疏封象胥典屬暁拱垣以捋悃燕譽承
庥守祧勿替乎雲礽制帛用頒夫芬苾爾琉球
國中山王尚溫備藩溟澨稟朔天朝撰律序以
占風爻尚列蓍效崇朝之順軌臚句來庭咨槎
使於庚郵曾馳龍節覽匭章之申達奄戢駒陰
睇影槫桑指滄波而偕逝封題英鴒賚丹詔以
遐宣維嗣服之顯榮宜飾終之稠疊聿崇妥侑

愍舉彝章於戲華嶼分邦疆索聿寰瀛之福瑞
泉衍派淵渟延奕禩之祥梃栴云遥瑲瑩如接
式昭嘉薦冀克欽承

諭祭故世子追封國王尚成文

維嘉慶十三年歲次戊辰六月乙未朔越十

有五日己酉

皇帝遣正使翰林院編修齊鯤副使工科給事中

費錫章

諭祭琉球國故世子追封國王尚成之靈曰藩條

衍緒銀題碧鏤之封瀛嶠推恩玉策金符之命

緬瑞泉之世澤秀蔚波羅溯安里之宗支哲推

家嗣丕念繩承之義特加軫卹之文爾琉球國

故世子尚成令德象賢流光裕後身荷守祧之

寄待命於朝序符當璧之名宜享而國紀象胥

於鞮譯久切來庭乖燕譽於邦家是稱肯構龍

章寵賁佇承湛露之華鶴馭長徂奠返逝川之

駛屬嗣孫之祇服將使節之榮頒聿新誕誥之

儀益懋追封之典晉階王號允協國常於戲帶

礪長延用慰依光之願箕裘有自無忘育德之

庥式顧几筵庶歆芬苾

加封天后神號諭祭文

嘉慶五年正月二十九日奉

上諭沿海地方崇奉天后仰承靈佑昭垂歷徵顯

應溯查乾隆二年加增神號四字嗣於二十二

年五十三年兩次各加增四字現在各洋面巡

緝兵船及商船往來均賴神力庇佑著該衙門

再議加增四字幷著翰林院衙門撰擬祭文郎

交此次冊封琉球正使趙文楷齎往福建敬謹

致祭欽此

內閣擬進

欽定四字曰垂慈篤祜

維嘉慶五年歲次庚申閏四月癸丑朔越祭

日乙丑

皇帝遣冊封琉球國正使翰林院修撰趙文楷致

祭於

護國庇民妙靈昭應宏仁普濟福佑羣生誠感

咸孚顯神贊順

天后之神曰惟

神德冠川靈功參昊緯誕英奇於宋代貞稟坤

元資保障於閩疆信孚坎習欽茲神力翊我

皇圖涌湧泉而歡噪三軍長島水而捷騰七

日靖逆殄鱷鮫之暴助順徠魚鳥之祥屢佐

鴻勳疊彰偉績

皇考高宗純皇帝三加懿號載賁

御詩湄洲展故里之祠淮甸蓮時禋之典用以答嘉

貺顯明威懷柔之義昭然佑相之符爍矣朕

瞻綏南服篤念洪庥報能禦能捍之功匪禮

臣疊臣之請特修禋祀肆晉崇褒衆八之毋

曰慈來蘇其后萬年所受者祜合德於天飭
冊使以告虔蕆淵祇之效職雲旗默導帆巡
迅掃鯨鯢星炬朗懸配渡穩移鶂鷁至於南
海聰明正直之謂神康我兆民享祀爰侑以
介福於戲迓颷車於瀛澨薦黃蕉丹荔以獻
詞怙波鏡於滄流佇翠羽金支之來格懋申
豐潔溥藉靈長

諭祭天后文
維嘉慶五年歲次庚申五月壬午朔越祭日
丙戌
皇帝遣冊封琉球國正使翰林院修撰趙文楷副
使內閣中書李鼎元致祭於
護國庇民妙靈昭應宏仁普濟福佑羣生誠感
咸孚顯神贊順垂慈篤祜
天后之神曰惟
神超蹟湄洲儲靈閩嶠肇禎圖而表貺稽祀典
以升禋溯賜額於宣和延光象宇洊加封於
永樂覃恩瀛壖惟我朝遠撫鵬溟懷柔徧德
每冊使遄臨鰈國衛翊安行揚帆利涉之庥
神所勞矣崇德報功之祀禮亦宜之馭勁旋於
臺灣夙賓

祥佑奉專祠於淸口並晉褒稱茲以齎詔球陽
汎程溟漲特修昭薦冀溥靈徵鯷壑不瀾引
星槎而遠居鱗洲候館衛鴿節以遙須式是
馨聞尚其歆格

維嘉慶五年歲次庚申十一月巳卯朔越祭
日庚辰
皇帝遣冊封琉球國正使翰林院修撰趙文楷副
使內閣中書李鼎元致祭於
護國庇民妙靈昭應宏仁普濟福佑羣生誠感
咸孚顯神贊順垂慈篤祜
天后之神曰惟

神升靈上宙助順洪濤疏鯷壑以安流導螺舟
而奉賮每征途之率籲咸荷聰聞惟冊使之
遄行允資燃翊宵程辨斗波區循向若之程
晷候占風沙漏準登潮之信恩宜鴿節齎特
詔以頒榮典式茅封引歸帆而復命允賴
神明之佑贊懋昭赫濯之聲靈安瀾瀛壖虔稽
祭式載憶臺員勦逆揚兵迅助歟威允欣淮

浦安波轉漕咸資
惠濟溯元功於岐海旣表清恬崇懿號於怡山
誠申孚侑用陳饗報尚鑒馨香

維嘉慶十三年歲次戊辰閏五月丙寅朔越
祭日辛未
皇帝遣冊封琉球國正使翰林院編修齊鯤副使
工科給事中費錫章致祭於
護國庇民妙靈昭應宏仁普濟福佑羣生誠感
咸孚顯神贊順垂慈篤祜
天后之神曰惟

神秉籙協坤垠德符坎位緬升靈於蓬島恒表貺
於瀛壖禮重懷柔秩祀徵宣和之典惠覃利
濟晉封昭永樂之儀惟我朝佑啟鴻圖崇加
懿號凡冊使承宣鰈國護賴慈雲昔贊武於
臺灣合凱繹止戈之義嗣報功於閩嶠追褒
思飲水之源茲以詔齎中山程紆南徼默祈
神明之福佑懋昭赫濯之聲靈載泛星槎覲朝

宗於潮汐試瞻華嶼涉忠信之波濤佇揚帆
而綸綍遥頒爰望海而迻芬特薦用陳肸蠁
尚鑒馨香

維嘉慶十三年歲次戊辰十月癸巳朔越祭
日戊申
皇帝遣冊封琉球國正使翰林院編修齊鯤副使
工科給事中費錫章致祭於
護國庇民妙靈昭應宏仁普濟福佑羣生誠感
孚顯神贊順垂慈篤祜
天后之神曰惟

神功徵既濟惠普咸孚疏鯤壑而波恬導鷁枡
而風順惟川途之遠屆莫測汪洋而冊使之
遄歸尤資翊衛亘鯨雲以萬里宣綸鑾韜戴
之忱援龍節而雙蟠順軌紀鼉鳴之候乘浪
過瀛洲之島國守茅封歸槎辨鰈水之星舟
浮葉穩茲旆旌之迅返皆
靈爽之式憑爰報豐功聿修祭式載憶閩疆氛

靖臺臣資助順之威由來雲嶠瀾平海貫頌
安流之慶卽此重洋利涉獲往復以綏寧允
宜上宙延光升馨香以妥侑式陳蠲潔精答
神明

諭祭海神文

維嘉慶五年歲次庚申五月壬午朔越祭日
丙戌
皇帝遣冊封琉球國正使翰林院修撰趙文楷內
閣中書李鼎元致祭於
南海之神曰惟
神滋源坎德正位離維津途環衛乎閩疆貢道
旁通於島服川宗宣澤靈孚崇廣利之封祀
事恭禋秩望晉昭明之號功恢海望爵次冠
於三神樂奏瀛安儀典尊於四瀆茲以頒封
殊域遠涉重溟式薦馨香虔祈
翌佑澂波東注納川涵經緯之流化宇南諧會
極示朝宗之義引雲帆而遠汎道指泉崎衛
星使以遄臻瀾平那霸風檣露舶計迅節之

兼程線路沙更屿歸航之報命畢修祭式尚
賴
神庥

維嘉慶五年歲次庚申十一月己卯朔越祭
日庚辰
皇帝遣冊封琉球國正使翰林院修撰趙文楷副
使內閣中書李鼎元致祭於
南海之神曰惟
神肓源南徼通道中山滙鰈水以朝宗靖鱗洲
之瀾汐輪年奉費憬琛申葵向之忱特使宣
綸迅節紹茅封之典賚靈習吉嚐赤嶼以開
洋蔵事依程渡滄溟而順軌星槎往復雲嶠
綏寧垂庥黙佑乎津途賽德虔修乎祭式鯨
波琗順平瀾昭垂潤之祥鴻瀨恭禋望秩肅
升馨之薦有祈有報酬
貺以遄臻是享是宜荷元符而允賴功徵利
濟夙綏佑於瀛疆典重懷柔彌昀禧於海舶

式歆陳潔藉報靈貺

維嘉慶十三年歲次戊辰閏五月丙寅朔越
祭日辛未
皇帝遣冊封琉球國正使翰林院編修齊鯤副使
工科給事中費錫章致祭於
南海之神曰惟
神德符乎坎位正乎離滙江漢以朝宗聯瓊瑶
爲島嶼鯨波日麗遠覃南服之恩膏蛟窟雲

蟠近接中山之貢道孚稽天寶曾加廣利之
封亦越元和迺重祝融之祀茲以分茅殊域
擁節重洋潔治苾芬虔祈翊佑芝洲蓬島衝
鴻瀨以遄臻露舶風檣敷駿猷而廣被厚往
循敬關之路水面魚飛遄歸據達岸之舟船
頭鷁導佇賚靈而蔵事爰甄睨而迓庥用薦
馨聞尚其

欽格

維嘉慶十三年歲次戊辰十月癸巳朔越祭日戊申

皇帝遣冊封琉球國正使翰林院編修齊鯤副使工科給事中費錫章致祭於

南海之神曰惟

神育源閩嶠環衛瀛壖繄島服之旁通與球陽而遥接鑒朱鳥之狃悃螺旋引萬里之舟繪

鷁首以揚帆龍抃奠十洲之路候風辨斗循雲嶠以遄征蹴浪廻瀾紀星郵而倍速惟津途之默佑宜報享以明禋望秩恒修順軌昭重淵之潤隆儀特舉酬庸崇四瀆之尊樹旗纛以飛揚瞻月星之明朗酬滅波之東注瑞起祥飆通線路於南交虔甄景貺爰明祭式

仰答

神麻

續琉球國志畧卷之一

翰林院編修臣齊　鯤
工科給事中臣費錫章　恭輯

表奏

臣等謹按志畧以請封謝封表疏附於封貢之後以前封謝恩各表疏載入藝文茲特另列表奏一門具載如左

嘉慶五年請封表
琉球國中山王世孫臣尚温誠惶誠恐稽首
頓首謹奏
表上言伏以
玉版恢圖煥規模於舊制
寶綸沛澤隆體統於藩臣
率土莫不尊親衆星拱北

普天咸稱神聖諸水朝宗歡洽臣民慶騰宇宙
恭惟
皇帝陛下光華匝地
覆育同天
侯甸要荒盡入職方之府
躬桓蒲穀悉歸王會之圖八埏徧沐仁風四海
皆瞻化日臣温世叨

聖澤代守海藩胙土分茅自古帝王之大典請
封襲爵於今臣子之微忱謹遣陪臣向國垣曾謨
等仰請
綸音望
龍墀而悚慄叩希
天眷瞻
鳳詔以遙頒伏願

至德彌崇
覃恩愈廣
建官分職由內臣以及外臣
合軌同文因舊典以開新典將見江河獻瑞萬
方沾熙皥之隆川嶽效靈九有覩昭光之盛
矣臣温無任瞻
天仰

聖激切屛營之至謹奉
表恭進以
聞
嘉慶三年八月十九日

請封疏

琉球國中山王世孫臣尚溫謹
奏為瀝懇循例
封襲以光世土以效忠勤事竊以敝國蕞爾彈丸
渺茲尺土世沐
天朝深仁厚澤有加無已臣先祖尚質於順治十
一年荷蒙

天恩頒給王爵印篆為中山王世奠海邦臣先祖尚
貞於康熙二十一年荷蒙
詔敕冊封臣元祖純高祖益未及請封早已辭世臣
曾祖尚敬康熙五十七年恭沐
詔敕冊封臣祖尚穆於乾隆二十一年叨蒙
冊封為中山王嗣爵以來夙夜惟寅矢勤矢慎虔輸
忠誠恪恭匪懈於乾隆五十九年四月初八

日薨逝臣父哲爲世子時早已辭世念臣外
子溫以嫡孫承祧恭循典例虔請
封襲謹遣陪臣耳目官向國垣正議大夫曾謨等
邀叩
丹墀虔齎
奏請伏乞
聖恩體循臣先祖事例差遣

天使按臨蛟島俾臣溫拜
綸音於海表世守藩疆膺
詔命於波區代供貢職則頂祝
皇恩浩蕩世世不朽矣伏祈
睿鑒勅部施行臣溫不勝惶悚待
命之至謹具
奏以

聞
嘉慶三年八月十九日

嘉慶五年謝恩表

琉球國中山王臣尚温誠懽誠忭稽首頓首

謹奏

表上言伏以

紫閣錫龍章海嶠之山河煥彩

黃扉頒鳳詔滄溟之草木生春

五色燦朝霞共球偕鼎圖而並峙

十行麗曉日玉帛共帶礪而長新歡溢臣民慶

騰宇宙欽惟

皇帝陛下剛健中正

文武聖神

道貫百王遠不忘而邇不泄

慮周萬物正以義而育以仁臣温嗣守藩封代

供貢職拜荷

芝誥褒封之典蛟島生輝仰求

御書錫予之榮蝸居增色對

天使而九叩望

象闕而三呼拜命增虔撫躬益勵謹遣陪臣毛國

棟鄭得功等虔齎土物聊表芹私伏願

德以日升

政由人舉

惟精惟一彌勤乾惕於宵衣

來享來王益廣柔能於王會將見金甌永固川

方至而日方升玉燭調輝天同長而地同久

矣臣温無任瞻

天仰

聖激切屏營之至謹奏

表稱

謝以

聞

嘉慶五年十一月初一日

謝恩疏

琉球國中山王臣尚温謹

奏爲恭謝

天恩事臣温彈丸小國僻處海陬荷沐

皇上鴻慈允臣嗣封嘉慶五年

欽差正使翰林院修撰趙文楷副使內閣中書李

鼎元等持

節齎捧

詔敕

御書幣帛於本年五月十二日按臨敝國臣温即

率百官臣庶於迎恩亭恭請

皇上聖躬萬安奉

詔敕

御書安於天使館擇吉於六月初八日先蒙

諭祭臣祖王臣尚穆隨於七月二十五日荷蒙宣
讀
詔勅封臣温爲中山王
欽賜蟒緞等項並賜妃綵緞等物臣温率領百官
拜舞叩頭謝
恩外隨請於
天使懇留

詔勅爲傳國之寶蒙
天使査驗前封卷軸依聽許留付臣一併珍藏復
蒙
頒賜
御書匾額海表恭藩臣温恭設香案拜受竊惟
聖朝加意撫柔有同覆載臣温曷勝感激爲此特
遣陪臣法司王舅毛國棟紫金大夫鄭得功

使者向天禧都通事鄭國鼎通事魏崇仁鄭
朝選等賫捧
表章率領官伴梢役坐駕頭號船隻裝載土儀
金鶴形壹對鶴踏銀岩座各全盔甲壹領護
手護臁各全金靶鞘腰刀貳把銀靶鞘腰刀
貳把黑漆靶鞘鍍金銅結束腰刀貳拾把黑
漆靶鞘鍍金銅結束鎗拾把黑漆靶鞘鍍金

銅結束袞刀拾把黑漆洒金馬鞍一座轡銜
絡頭前後鞦鞧屧脊障泥鐙俱全金彩畫圍
屛貳對精製雅扇伍百把土絲棉貳百束鍊
蕉布叁百疋土苧布壹百疋白鋼錫伍百觔
紅銅伍百觔外緞蒙
頒賜
御書特加金鶴形壹對鶴踏銀岩座各全前來赴

京叩謝
天恩仰冀
睿慈俯鑒下悃臣温無任激切屏營之至謹上
奏以
聞
嘉慶五年十一月初一日

嘉慶十三年請封表
琉球國中山王世孫臣尚灝誠惶誠恐稽首
頓首謹奉
表上言伏以
丹詔十行頒恩綸於北闕
星槎萬里傳寵命於南瀛
隆體統於藩臣内屏外翰
煥規模於舊制緯武經文慶洽蠟封歡騰蜃島

欽惟
皇帝陛下慮周萬物
道貫百王
制禮制儀推千古聖賢之精義
教忠敎孝立萬年君父之至言
侯甸要荒盡入職方之府

躬桓蒲穀恐歸王會之圖八埏徧沐仁風四海
皆瞻化日臣顯世切
聖澤代守海藩胙土分茅自古帝王之大典請
封襲爵於今臣子之微忱謹遣陪臣楊克敦梁邦
弼等遠叩
龍墀乞降
綸音以准襲遥登

象闕請差
冊使前錫封伏願
至德彌崇
皇恩愈廣
建官分職由內臣而及外臣
合軌同文因舊典以開新典將見陽和布地醴
泉與芝草偕生瑞氣麗天祥靄同慶雲並見

矣臣顯無任瞻
天仰
聖激切屏營之至謹奉
表恭進以
聞
嘉慶十一年八月初七日

請封疏

琉球國中山王世孫臣尚灝謹

奏爲請

封襲爵以効愚忠以昭

盛典事竊以敝國渺兹尺土建邦海外代膺封

爵世守藩疆仰荷

皇仁浩蕩難名感戴無已臣先祖尚質於順治十

一年荷蒙

天恩頒給王爵印篆爲中山王永奠海邦臣先祖尚

貞於康熙二十一年叨荷

詔勅册封臣先祖尚純爲世子時辭世尚益未及請

封襲世臣元祖尚敬於康熙五十七年恭沐

皇恩封襲王爵及追王尚益臣高祖尚穆於乾隆二

十一年祗受

封王臣曾祖尚哲爲世子時早已辭世臣祖尚温於

嘉慶五年仰蒙

册封爲中山王嗣爵以來恭勤匪懈一旦嬰病醫

藥無效於嘉慶七年七月十一日薨逝臣父

尚成未及請

封遽焉棄世念臣小子世孫承祧繼統然侯服有

度不敢僭稱王業永存循例請

封俾臣拜

綸音於海表世守藩疆膺

詔命於波區代供貢職謹遣陪臣耳目官楊克敦

正議大夫梁邦弼趨叩

丹墀虔齋

奏請伏望

聖恩體循臣元祖事例差遣

天使
封襲王爵上光
寵渥之盛典下効恭順之微忱庶藩業得以代代
相傳頂祝
皇恩世世不朽矣伏祈
睿鑒勅部施行臣灝不勝惶悚待
命之至謹具

奏以
聞
嘉慶十一年八月初七日

嘉慶十三年謝恩表
琉球國中山王臣尚灝誠歡誠忭稽首頓首
謹奏
表上言伏以
皇恩丕振遙頒外國之榮
帝德廣敷特切中華之仰
煥規模於海宇錫爵而得正名

隆禮統於藩臣分茅而兼胙土慶騰宇宙歡洽
臣民欽惟
皇帝陛下道冠古今
功侔天地
開九重以應籙聰明仁義作君師
統六合而垂衣禮樂聲靈宣教化穹天載
德薄海澨

恩臣灝嗣守藩封代供貢職荷
龍章之遠錫社稷生輝蒙
鳳詔之追封廟廊增色凛
天威而九拜望
象闕以三呼謹遣陪臣毛光國鄭章觀等虔奉溪
毛恭陳謝悃伏願
乾行不息

睿算无疆
如日初升永集億年之祜
似川方至長昭亘古之輝則玉燭常調同乾坤
以交泰金甌鞏固比天地之貞觀矣臣灝無
任瞻
天仰
聖踴躍歡忭之至謹奉
表稱謝以
聞
嘉慶十三年十月初二日

謝恩疏

琉球國中山王臣尚灝謹

奏爲恭謝

天恩事竊臣灝彈丸小國僻處海隅荷沐

皇上鴻慈允臣嗣封嘉慶十三年

欽差正使翰林院編修齊鯤副使工科給事中費

錫章等持

節齎捧

詔勅幣帛隨帶員役坐駕海船二隻於本年閏五

月十七日按臨敝國臣灝即率百官臣庶於

迎恩亭恭請

皇上聖躬萬安奉

詔勅安於天使館擇吉於六月十五日先蒙賜

誥命追封王爵於臣父尚成復蒙

諭祭臣祖王尚温臣父王尚成嗣於八月初一日

特蒙宣讀

詔勅封臣灝爲中山王

欽賜蟒緞等項並賜妃綵緞等物臣灝率領百官

拜舞叩頭謝

恩外隨請於

天使懇留

詔勅爲傳國之寶蒙

天使查驗前封卷軸照例准留付臣一併珍藏竊

惟

聖朝加意撫柔有同覆載臣灝曷勝感激特遣陪

臣法司王舅毛光國紫金大夫鄭章觀使者

毛維新都通事鄭嘉訓通事金文和蔡世豪

等齎捧

表章牵領官伴梢役坐駕海船貳隻裝載土儀
金鶴形壹對鶴踏銀岩座各全盔甲壹領護
手護腰各全金靶鞘腰刀貳把銀靶鞘腰刀
貳把黑漆靶鞘鍍金銅結束腰刀貳拾把黑
漆靶鞘鍍金銅結束鎗壹拾把黑漆靶鞘鍍
金銅結束袞刀壹拾把黑漆洒金馬鞍壹座
轡銜絡頭前後牽鞦韆脊障泥鐙具全金彩

畫圍屏貳對精製雅扇伍百把土絲棉貳百
束鍊蕉布叁百疋土苧布壹百疋白鋼錫伍
百觔紅銅伍百觔前來赴
京叩謝
天恩仰冀
睿慈俯鑒下悃臣灝無任激切屏營之至謹上
奏以

聞
嘉慶十三年十月初二日

又請存舊禮以勞使臣疏
琉球國中山王臣尚灝謹
奏爲
頒封大典已竣懇存舊禮以勞使臣事竊臣灝分
藩蟻垤守壤蝸居世蒙
皇恩允臣嗣封於嘉慶十三年
欽差正使翰林院編修齊鯤副使工科給事中費

錫章等持
節恭奉
詔勅幣帛於本年閏五月十七日按臨敝國六月
十五日先蒙錫
誥命追封王爵於臣父尚成又蒙
諭祭臣祖王臣尚温臣父王臣尚成嗣於八月初
一日荷蒙宣讀

詔勅封臣灝爲中山王
欽賜蟒緞等項並賜妃綵緞等物此誠
皇上天高地厚之殊恩而臣灝萬世無窮之榮光
也竊惟
天使入國以來撫綏海邦約束兵役舉國臣民無
不感仰惟所深愧者臣國邊海無以將敬故
於宴款之際代物以金雖自知乎菲薄實是

緣以爲例乃使臣屢辭卻還不受辭嚴義正
不敢復強在使臣冰兢自矢允矣有恥不辱
爲
天朝使節之光矣但念使臣間關勢瘁遠涉風濤
實爲臣灝之故酬德報功莫展萬一殊慙舊
禮有缺寸志莫伸謹將卻還宴金貳封共計
壹百玖拾貳兩具本附遣陪臣法司王舅毛

光國紫金大夫鄭章觀等遞呈懇乞
聖恩
勅賜使臣收受庶臣灝藉物表敬益堅向化之心
矣理合上疏
奏明伏乞
皇上睿鑒勅部施行臣灝無任戰慄惶恐之至謹
具
奏以
聞
嘉慶十三年十月初二日

國統
臣等謹按琉球自天孫開國至宋淳熙間凡
二十五代姓氏不傳舜天氏起而代之三傳
而仍歸天孫之後英祖英祖四傳而察度代
之時當明洪武之世始通中國察度五傳而
尚巴志代之尚氏賜姓之始是時國分爲三故有中
山之號巴志七傳而尚圓起而代之琉球世統云即
舜天之後是爲今琉球王之祖自尚圓至尚穆凡
十四傳其譜系前志已詳茲謹錄尚穆以來
如左
臣等又按中山世鑑係番字編於順治庚寅
中山世譜係漢字編於康熙辛巳修於雍正
乙巳自尚德以前則系以中山自尚圓以後
則云大琉球世統以山北山南合併已久也

世統之例載子而不及孫凡庶孫皆從向姓云

尚穆尚敬長子乾隆四年生十七年立二十一年受封五十九年薨孫尚溫嗣　**尚哲**尚穆長子乾隆二十四年生五十三年卒未及立

尚溫尚哲二子乾隆四十九年生六十年立嘉慶五年受封八年薨子尚成嗣　**尚成**尚溫長子嘉慶五年生八年秋立冬薨十三年追封

尚灝尚哲四子乾隆五十二年生嘉慶八年立十三年受封

續琉球國志畧卷之二

翰林院編修臣齊鯤
工科給事中臣費錫章恭輯

封貢

臣等謹按琉球入貢自察度始明洪武五年受封自武寧始永樂二年前明貢無定期或一歲兩進或五歲一進

冊本朝定例二年一貢該國王遵行世不失職

封自康熙二年至今凡六次其在乾隆二十一年以前者已詳前志茲謹錄乾隆二十二年尚穆受封以來如左

乾隆二十二年丁丑春王尚穆遣陪臣向全才阮超羣表貢方物

臣等謹按此係丙子年正貢例以上歲冬進據琉球世統云以海風不順是以踰年

臣等又按琉球貢使俱用耳目官一員正議大夫副之謝封則遣王舅法司紫金大夫等官

二十三年戊寅冬王尚穆遣陪臣毛世俊鄭士綽表貢方物並遣官生梁允治蔡世昌鄭孝德金型四人入監讀書金型梁允治未幾病故

恩賞銀各三百兩交毛世俊帶回養贍其家仍將貢物留作庚辰年正貢其庚辰年應進表文行令於壬午年慇貢之期一同恭進以丁丑春王尚穆遣馬秉哲鄭宣哲隨使臣全魁等恭謝

冊封並貢方物奏

旨以進到貢物准作戊寅年正貢也

二十七年壬午冬王尙穆遣陪臣馬國器梁煌表貢方物官生鄭孝德蔡世昌隨同歸國

臣等謹按向例禁蠶絲出洋至是尙穆附請以本國仰賴內地絲絹爲冠服之用陳請購買經部議准歲買土絲五千觔湖絲三千觔嗣尙穆又以准買絲觔未有綢緞字樣於次年再行陳請復經部議准於原定絲觔八千

觔之內量買綢緞於是該國織紝有資國用足備衣裳冠帶等威秩如一洗從前之儉陋矣

二十九年甲申冬王尙穆遣陪臣向廷器鄭秉和表貢方物並謝官生讀書歸國加進蕉布一百疋圍屏紙五千張

三十一年丙戌冬王尙穆遣陪臣何必振阮大鼎表貢方物阮大鼎至山東德州病卒

三十三年戊子冬王尙穆遣陪臣毛德儀毛維基表貢方物

三十五年庚寅冬王尙穆遣陪臣毛自煥魏獻蘭表貢方物

三十七年壬辰冬王尙穆遣陪臣向宣藹毛景晟表貢方物

三十九年甲午冬王尙穆遣陪臣向崇猷蔡懿表貢方物蔡懿至閩病卒

四十一年丙申冬王尙穆遣陪臣翁崇基鄭鴻勛表貢方物

四十三年戊戌冬王尙穆遣陪臣金有華蔡煥表貢方物蔡煥至福建浦城縣病卒

四十五年庚子冬王尙穆遣陪臣向翼毛景

昌表貢方物常例外
加賞緞二十疋硯二方玉器五件玻璃器十件瓷器
一百件
四十七年壬寅冬王尚穆遣陪臣毛廷棟蔡
世昌表貢方物
四十九年甲辰冬王尚穆遣陪臣向猷毛景
裕表貢方物常例外

加賞
御書匾額如意一柄玻璃器四件瓷器四件絹箋四
卷硯二方筆二匣墨二匣洋磁琺瑯盒四件
雕漆盤四件玉器二件
五十一年丙午冬王尚穆遣陪臣翁秉議阮
廷寶表貢方物
五十三年戊申冬王尚穆遣陪臣向處中鄭

永功表貢方物並謝賜
御書匾額常例外
特賜平定金川圖五十張
加賞
御筆福字一幅玉如意一柄玉器二件磁器四件玻
璃器四件硯二方筆三匣墨三匣絹箋四卷
福字方一百幅雕漆盤四件

五十五年庚戌冬王尚穆遣陪臣馬繼謨陳
天龍表貢方物常例外
加賞大緞二疋福字方一百幅絹箋四卷雕漆盤四
件筆四匣墨四匣硯二方
五十七年壬子冬王尚穆遣陪臣毛國棟毛
廷柱表貢方物常例外
加賞大緞二疋福字方一百幅雕漆器四件絹箋四

卷墨四匣筆四匣硯二方
五十九年甲寅四月王尚穆卒王世孫尚溫
權國事遣陪臣向文鳳鄭作霖表貢方物並
遣鄭國樞告哀福建巡撫浦霖以聞
嘉慶元年丙辰冬王世孫尚溫遣陪臣東邦
鼎毛廷柱表貢方物常例外
特賞王世孫各色八絲緞十疋硯二方玉器十件

玻璃爐瓶盒一副琺瑯盌六件磁器一百四
十件玻璃器十件又
加賞蟒緞二疋福字方一百幅雕漆器四件絹箋
四卷筆四匣墨四匣硯二方玻璃器四件以陪臣賦詩故
三年戊午冬王世孫尚溫遣陪臣向國垣曾
謨表貢方物兼請襲封

四年己未秋遣翰林院修撰趙文楷內閣中
書李鼎元充正副使往封王世孫尚溫遣陪
臣梁煥至閩接封
五年庚申夏趙文楷等至國
諭祭故王尚穆
冊封尚溫為王
六年辛酉春李鼎元回京代請官生入學趙文

楷至閩聞訃丁憂回籍守制王尚溫遣陪臣王舅毛國棟
紫金大夫鄭得功隨同謝
封表進方物並遣向必顯阮翼表進庚申年正貢
七年壬戌冬王尚溫遣陪臣向銓梁煥表貢
方物並遣官生向善思向世德鄭邦孝周崇
鐈四人入監讀書副官生向善榮毛長芳蔡
戴金蔡思恭

臣等謹按琉球官生向祇四人尚溫欲加增人數又恐與例不符因先咨請禮部准另選四人作伴由是始有八人肄業太學亦可見雅慕文教樂育情殷矣

八年癸亥七月王尚溫卒世子尚成權國事遣陪臣梁允功告哀福建巡撫李殿圖以聞是年十二月世子尚成卒年甫四歲尚溫弟

尚灝權國事

九年甲子冬王世孫尚灝遣陪臣毛廷勷鄭國鼎表貢方物並遣蔡邦錦告尚成訃又以壬戌年所遣官生未知下落再遣官生向邦正毛邦俊梁文翼楊德昌入監讀書副官生伯懷緒榮景祉孫國棟紅泰熙

十一年丙寅冬王世孫尚灝遣陪臣楊克敦梁邦弼表貢方物兼請襲封楊克敦至浙江杭州府病卒

十二年丁卯秋遣翰林院編修齊鯤工科給事中費錫章充正副使往封王世孫尚灝遣陪臣蔡邦錦接封至閩海壇鎮遇風觸礁舟破漂沒數十人事聞優卹蔡邦錦呈請福建巡撫懇借銀兩購辦物件以備迎

詔大典經巡撫張師誠代奏奉
旨賞給銀五千兩

十三年戊辰夏閏五月十七日臣鯤臣錫章至國
追封故世子尚成爲王
諭祭故王尚溫追封王尚成
冊封尚灝爲王

十四年已巳春二月十二日臣鯤臣錫章同
京代請官生入學王尚灝遣陪臣法司王舅
毛光國紫金大夫鄭章觀隨同謝
封表進方物
臣等又按中山世譜云嘉靖三十九年尚元
遣長史梁炫使者馬加等迎接封舟是為接
封之始康熙十七年尚貞遣耳目官陸承恩

等入京表貢奏乞增船一隻迎接
勅書及貢使是為接貢之始

典禮
臣等謹按
諭祭
冊封各典禮經前使臣汪楫更定以來皆有成例
惟此次
追封一節向未舉行臣等載入前志酌定儀文先
期諭令演習皆能將事無誤又該國款待使

臣向例有宴七次茲因
追封國王請冊一次臣等諭令與
諭祭同日舉行俾從減省謹將儀注備載於左
追封諭祭儀注
先期諭所司備龍亭四綵亭五灑掃廟堂設
御案三中案奉節左案奉
誥命右案奉

諭祭文設香案於廟中司香二人設開讀臺於滴
水西首設開讀位東向設中山先王及故世
子神位於露臺東首西向設世孫俯伏位於
神主位之下北向設世孫拜位於露臺中北
向設衆官拜位於世孫拜位之後設奏樂位
於衆官拜位之後本日黎明法司官率衆官
及金鼓儀仗畢集天使館前俟啓門叅謁畢
迎請龍亭綵亭入中堂正使捧節授捧節官

副使捧
誥命授捧誥官捧軸官捧
諭祭文二道各奉安龍亭中捧幣官捧祭絹祭銀
各奉安綵亭中奏樂引禮通事官唱排班衆
官行三跪九叩頭禮畢前導至安里橋世孫
吉服率衆官伏迎於橋頭道左龍亭暫駐天

使降輿趨前分立龍亭左右世孫率衆官行
三跪九叩頭接
誥禮畢世孫及衆官前導至廟門外龍亭由中門
進廟中捧節官脫節衣捧節授正使捧誥官
捧
誥命授副使捧軸官捧
諭祭文隨行至廟內中堂各奉安

御案上捧幣官捧銀絹分列於先王故世子神位
之前天使分立
御案左右捧節官捧誥官等退立東邊門外西向
宣讀官立開讀臺下東向司香二人舉香案
置
御案前添香奏樂引禮官引世孫由東階升詣香
案前樂止引禮官唱跪世孫及衆官皆跪司

香者捧香跪進三上香訖奏樂引禮官引世
孫就拜位率衆官行三跪九叩頭拜
誥禮畢樂止世孫退立世子尚成神位之下西向
副使詣前正中立捧誥官由東階升奏樂副
使取
誥命授捧誥官高舉下階同展軸官（即捧軸官）宣讀官
上開讀臺

誥命置案上宣讀官就開讀位樂止引禮官唱跪
世孫衆官皆跪俯伏於世子尚成神位之下
北向引禮官唱開讀捧誥官捧
誥命與展軸官對展宣讀官讀畢引禮官唱焚誥
世孫及衆官皆平身至焚誥所捧誥官捧謄
黃加帛焚之焚畢奏樂捧誥官捧
誥命由中門入交副使仍奉安

御案上引禮官引世孫率衆官就拜位行三跪九
叩頭謝
封禮畢樂止正使取節授捧節官加節衣仍奉安
御案上引禮官唱退班世孫入廟中請天使暫憩
更衣（追封禮畢）
少頃行
諭祭禮世孫易皂袍角帶出至先王尚溫神位之

下天使分立
御案左右捧軸官立東邊門外宣讀官立開讀臺
下司香二人舉香案置
御案前添香引禮官引世孫就拜位率衆官行三
跪九叩頭禮畢退立於先王神位之下捧軸
官由東階升天使先取
諭祭先王尚溫文授捧軸官捧軸官高舉下階同

展軸官宣讀官上開讀臺

諭祭文置案上捧軸官分立案左右宣讀官就開讀位引禮官唱跪世孫及衆官皆跪俯伏於

先王神位之下西北向引禮官唱主祭官就位天使詣先王神位前從官跪進香上香從官跪進爵獻爵不行禮引禮官唱開讀捧軸官捧

諭祭文對展宣讀官讀畢引禮官唱焚帛世孫衆官皆平身至焚帛所捧軸官捧謄黃加帛焚之焚畢捧軸官捧

諭祭文由中門入奉安

御案上世孫率衆官就拜位行三跪九叩頭謝

恩禮畢引禮官唱退班天使又取

諭祭先王尚成文授捧軸官如前儀禮畢世孫遣

法司官跪請

誥命一道

諭祭文二道留供廟中天使詣先王神位前行一跪三叩頭禮世孫率衆官俯伏於位側禮畢退班世孫謝天使亦一跪三叩頭天使答拜

諭祭禮畢世孫出易服天使更衣世孫揖至前堂行相見禮天使居東世孫居西行一跪三叩

頭禮畢安坐正使居東副使居西俱南面坐世孫居西面東北坐不設樂茶酒皆親獻天使辭紫金大夫代獻天使酬獻世孫亦辭引禮通事官代獻席終世孫前導仍至

御案前正使捧節授捧節官安龍亭內天使隨出至滴水前與世孫揖別乘輿世孫先行率衆官至廟門外候龍亭過跪送天使至出輿揖

遣官跪送是日世孫遣官詣館謝勞天使次日亦遣官至府中謝宴是爲第一宴

迎送儀注

臣等謹按封舟到港向例世孫以守次不出遣官恭接乾隆二十一年始行更定封舟已抵那霸世孫先至迎恩亭恭請

皇上聖安拜迎

詔勅事竣舟旋仍至迎恩亭拜送啓請代奏自後遂以爲例

學校 入監讀書附

臣等謹按琉球當前明之世雖通中國未知有學也逮至

本朝漸被文教始於康熙十三年啓建

聖廟五十六年添設明倫堂及尚温傾慕華風思廣文治建國學於王城北建鄉學於三平等處設考試之司置講課之法文學蒸蒸居

然有彬雅之風焉

嘉慶三年尚温諭國相法司曰國家之治教化爲先立教之本學校爲重今欲建國學設鄉學以興教化而育人才其亟圖之於是擇地於王城之北鳩工庀材以次興建於嘉慶六年告成先因五年有冊封大典暫於舊官署舉行尚温躬自臨視凡學中員役講解師及肄業諸生俱照

酒食以獎勵焉（尚溫有訓士子諭詳載藝文）
國學在首里王城之北地名龍潭講堂曰彝
倫堂學舍四楹東二楹爲國王臨視休息之
所官生無定數（現有五十五名）設講解師一人（由總理司紫司考取）按司親方各一員奉行中取筆者各二
員首里縉紳子弟年十六以上得入焉外府
布衣子弟則由法司考取俊秀始得入學肄

業每月御鎖側（即耳目官又曰帳主）考試一次或四書
文或五言四韻六韻詩國相法司官四時稽
察勤惰其勤學而詩文佳者升爲學長以次
入仕籍
鄉學有三一在眞和志平（國人呼爲鄉學）堂曰敷典
堂（官生有三十五名）一在南風平（國人呼爲講舍）堂曰敦倫
堂（官生有三十一名）一在西平（國人呼爲虎館）堂額曰崇儒

重道（官生有三十六名）各設講解師一人奉行中取
筆者各二員凡國之子弟皆造焉（國學生遇行典禮在
王左右趨侍鄉學生等支應雜項差使）
臣等謹按前錄云取士之法惟憑總理司及
諸長史僉辭薦舉即許出身無考試詩文之
例今則按月會課詩文並試艮由該國沐浴
聖澤涵濡雅化所津逮者匪淺云

附入監讀書
琉球國入監官生向例祇有四人嘉慶七年
以王尚溫陳請部議准增副官生四人舊例
凡入監者俱於唐榮（係閩中七姓所居）選取王尚溫
以首里（係王親族所居）子弟亦須造就成材特更定
唐榮二人首里二人副官生亦如之
臣等又按琉球不設科目不學制義所欲講

明者四書五經小學近思錄等書及學爲詩賦論序而已雍正八年遣鄭秉哲等入監教習官但教以制義歸國不副所願至乾隆二十二年又遣鄭孝德等入監始聲明情由自是令讀書學古律詩駢散文諸體頗有成章可觀者

政刑

琉球自舜天以武定國始著武事至今先王廟中舜天位前有箭一枚相傳是其遺意迨自山南山北併於中山尚氏一姓相傳爭端絶少至臣事我
朝以來重熙累洽共樂太平且數百年不見兵革武備久闕而不講故志畧莫可詳焉惟生齒日繁地利漸出學畫漸多亦賢王仰體
列聖生息休養之恩勵精勤治其意不可沒云爾

雍正四年王尚敬命法司向和聲至山南察視地形鑿溝引泉（泉出山南與座村）於是東風平間切不憂旱焉

雍正十三年王尚敬命法司蔡温至羽地畋修川隄又至北谷讀谷越來名護今歸仁等

處教民培植山林之法以該處民人向未嘗知樹藝故也

乾隆元年王尚敬命法司向汝楫巡視國中改正田地先是有均田之法立制未詳經界屢混至是法司蔡溫重修舊法命向汝楫行諸郡邑釐定疆界均分田畝山林原隰之沃始盡出焉

乾隆五十一年王尚穆命國相尚和法司馬宣化等編成褒獎例一本科律一十八本以爲賞罰蓋即中朝部頒則例中之明白易曉者摘取數十條錄以球字而用之前此固未有也

乾隆五十八年王尚穆命法司巡視中頭及國頭杣山飭令曲水焦枯盡行芟除依法栽

植培養以成大木以棟梁之材不足於用故也

官制

臣等謹按琉球官制定於尚眞之世簪別金銀冠分黃紫秩爲九等前錄詳之其掌政柄而位尊者爲王相緣明洪武時察度之相亞蘭匏奉表入貢奏請乞授品秩太祖允之令稱王相秩視中國王府長史後遂因之近則以法司官三員舊稱阿司多部明季改稱法司官當國位雖在

王相之右而權過之國相一員冠赤地五色花錦前錄作二員誤凡錢穀兵刑之事皆聽決焉國王間日一理事覽奏而受其成其稱總理唐榮司者專主文移禮儀及考試事

臣等又按乾隆十三年王尚敬於玉陵門外在王城西南宏治十四年尚眞建建屋宇置黃帽二員每年交代是爲守陵官五十二年王尚穆於淑順門外王府大門始建未詳造屋一楹分下庫里筑登之一人輪班值守是爲門官皆前此所未設也

臣等又按中山世譜云尚巴志以山北一帶地係險阻令第二子尚忠監守之設有府署稱之曰今歸仁自是歷世因之至尚圓時一仍其制而專令世子監之康熙年間以晏寧巳久始移居首里而遙領其地凡世子未嗣

位以前總稱今歸仁王世子云

府署

臣等謹案隋書稱國王所居曰波羅檀洞其初固未有屋宇也逮後風氣漸開遞經締構上通中國規橅體制始有堂殿門宇之名今則垣墉樸斲堅好精良亦既大擴前模不安簡陋特地處重洋颶颱間作府居不宜高大故無飛甍峻宇之觀耳以云攸芋或庶幾焉

茲謹述剏建之由前錄所未詳者以備叅攷

明宣德三年尚巴志始建國門榜曰中山

正德十年尚眞始建西御殿以為待天使之所

嘉靖二十三年尚淸於王城美福門外加門一重題曰繼世二十六年又建大美殿於首里卽在歡會門外凡子女誕生及居喪事於此舉行

萬歷十七年尚永於首里門榜曰守禮之邦取制詞內語遇冊使來則易之平日仍用首里二字

國朝康熙二年封使張學禮王垓至國首里門外始定榜用守禮之邦四字

康熙十年王尚貞脩國殿先是蓋屋皆用木板至是始易以瓦

臣等謹按球地屋宇礪石為垣內無磚墻門

壁皆以木板帷屋頂多用甋瓦王府民居皆然

雍正七年王尚敬重修國殿仍西向設王座於正中

乾隆四年王尚敬建漏刻門命法司蔡溫至辛地邑帽子峰立表以測日影考節候改正刻分設於門樓

乾隆十九年王尚穆改奉神為左右三門

附礮臺隄工

嘉靖三十二年尚清以屋良座森（即那霸港）係江口緊要之所創築雉堞（即兩礮臺）

景泰二年尚金福命國相懷機築長虹隄自安里橋至伊嘉麻橋（即長虹秋霽中山八景之一）

續琉球國志畧卷之三

翰林院編修臣齊鯤
工科給事中臣費錫章　恭輯

祠廟（寺院附）

臣等謹按琉球祠廟創建於有宋之時今舊址皆已不存明初上通中國漸知禮教猶以寺為廟也成化時尚真改造國廟家廟別置佛寺其制始畧備爰及

國朝代有修建然其址狹隘久米聖廟首里三大寺外每處不過室三四楹而已所供神佛像多奉自閩中先師關帝天后之外有辨才（亦作戈）天女（即中國斗姥在圓覺寺國人云神昔著靈異號辨戈天女能易水為鹽化沙為米以禦外患某天使至改稱辨才天女遂不驗）大士（各寺多有）天滿大自在天神（天神供奉板閣一楹常閉不開神像未詳）三首六臂天孫不動王寺（善興）雷聲普化天尊（護國寺）手劍

而立不動尊安禪寺龍神天后宮內金剛寺天王諸像至於祈禱禳災則皆以石爲之神嶽叢祠之所多有陰崖灌莽巨石離立供獻牲醴膜拜其下今將祠廟之大者詳考其興建之由具載於左其已見前志者不復及焉

至聖廟在久米村泉崎橋北康熙十三年建乾隆二十四年增修向稱夫子廟乾隆二十一年從使臣周煌言改今稱旁有啓聖祠康熙五十七年建改稱崇聖祠臣等每月朔望於是廟行禮仲秋上丁恭祭俎豆禮器咸備惟琴瑟鼓鏞羽籥尚未肆焉

天后宮向稱天妃宮乾隆二十二年始改今稱一在久米村曰上天妃宮明嘉靖中冊使郭汝霖建石楹爲關帝神堂大門之左供龍王臣等朔望於是廟行禮一在那覇曰下天妃宮明宣德間尚巴志建一在姑米山乾隆二十二年使臣周煌致國王代建先王廟在泊村安里橋東臣等

謹按

諭祭之禮始於察度其初無廟臨期陳設於萬壽天界等寺後又專以慈恩寺爲之成化時尚圓始創先王廟於泊村自舜天而下凡即王位者奉安此廟春秋二祭遇諭祭時於此行禮自後因之是爲國廟此外圓覺寺供諸王主自尚圓而下爲本宗香火天王寺供諸王妃主係雍正年間尚敬改建是爲家廟並仿中國制每遇朔望佳節及先王王妃忌日國王於此二廟行香焉

風俗

臣等謹按古者輶軒之使必采風以備金匱石室之藏琉球雖處海外而職貢賦奉正朔猶吾郡國地也徐錄最爲詳悉翁長祚謂三省四嶽之外尚有四森可見按討所及不無挂漏之患况風俗今昔不同球地涵濡

聖化必有蒸而日上者前志所載已非蹋蹄媟主

之舊矣茲更就闕者補之以見海隅日出漸成於變時雍之美焉前志云國中人十三四歲皆以僧爲師習字讀書近則久米人多開館授徒首里人亦有家自延師者書籍則有

十三經註疏

欽定詩書傳說彙纂及唐宋詩文每逢二八月丁祭

至聖座前必有數種官書陳設士大夫家頗有購藏者讀經書寫漢字作五言詩那霸十之二三久米首里十之七八

球人名帽曰八卷向無纓紼乾隆五十六年尚穆仿中國制以纓繫帽王用黃絲組王子按司青絲組自法司以下至諸士秀才俱黑絲組座敷以下用黑棉座

衣名曰衾制詳前錄近以內地綢緞許其購

買士大夫頗有以各色紬綾作襯衣者惟外袍則夏秋以葛冬春以紬皆純紺色履則自國王以下皆著草鞁國王惟行禮時著鞾以中國之屨不適於足故也

男女皆作髻或正或欹中山世譜云舜天氏右髩有瘤如角常結髻於右以掩其瘤故國人皆效之夏錄云首里人髻偏右久米髻居

中徐錄云綰小髻於頂之正中首里與久米
人無異以今驗之殊不盡然
生日以十二年爲紀自始生至十二歲爲一
紀自是二十四三十六以至六十爲大慶國
王是年受各屬島慶賀民間亦然與中國以
十紀者不同故平居不知有生日也
臣等謹按遼史有再生儀以歲星一周舉行

正與此同
嫁娶必以五更不用樂猶存古意不以十月
俗謂是月爲无神月
正月節王府中有烟火戲始於宏治年間松
氏比屋勢頭人名
五月五日競渡始於閩中賜姓九月朔日始
放風箏亦與閩同

徐錄謂正月有板舞戲李記中謂從容裝亦
曾見之前之球人則云其法不傳已有百餘
年近時老人亦無見是戲者今昔不同固不
可以槩論如七宴中演劇向來止有桿舞菊
舞扇舞等戲近則有舞獅跳猴諸技視昔爲
較精矣
久米竹籬爲中山八景之一前使臣多有題

咏近則竹籬之外多圍以礪石短垣盡久米
人深以爲陋而諱之且有閭閻而辨者若中
島蕉園亦日就湮廢矣
前錄謂渡海者家立長竿置小木舟作風輪
五葉安艄首尾以候風歸乃撤之近則球人
多有求畫虎而旁加柳一枝者云虎取其風
從行速柳取其平安早歸凡家中有出外之

入則懸之歸而卷之習俗相沿固已久矣國中通行錢名鳩目二十為一貫順治十三年尚質所鑄然以銅少用寬永錢者居多（來自東洋）銀亦以目計一兩則曰十目

國中有堪輿而無星卜有僧而無道士尼姑中元節有盂蘭祀家有喪事延僧誦經禮懺

臣等謹按中山世譜云宋咸淳年間有僧名

禪鑑不知何處人駕舟至那霸建極樂寺於浦添城西（寺今無攷）球之有僧自此始前錄云唐時有佛智圓融等渡海叅學未詳何據

王族皆向姓臣等閱中山世譜王妃亦有向姓者疑其同姓為婚問之通事對曰首里有二向其一為前王尚圓之後今國王始祖也一為前代尚巴志之後今所與通婚姻者也然總同非姓不婚之義

人物

琉球素稱守禮之邦自明初通中國沐浴涵濡數百年矣周煌志畧輯人物爲一卷發潛闡幽不以異域而遺之迄於今

聲教覃敷益喁喁向化臣等留心採擇勿尚新奇凡所爲有合乎倫紀之常所學有本於詩書之澤者謹識於篇以見小國之醇風皆

天朝之雅化焉

尚質尚賢弟順治五年聞

世祖章皇帝定鼎燕京臺中國有

聖人出即遣使歸誠繳前明勅印兼請

冊封

帝命冊使至其國封之在尚敬前以上賢王

尚象賢尚質從弟聰明才俊佐其姪王尚貞夙夜匪懈甚著勞績作中山世鑑後尚穆王冊世譜

蔡堅久米人官紫金大夫始繪聖像率鄉之紳士祀之

金正春久米人官紫金大夫康熙間請王立文廟卜地久米村鳩工庀材塑聖像及四配二年工竣請命儒臣行釋奠禮

蔡溫字文若久米人讀書篤信程朱之學一言一動必蹈規矩彌心啟沃裁定國制王甚尊信之擢法司入居首里食采數縣著有澹園集要務類編等書按蔡溫附見前志文苑以上賢臣

龜壽玉村里川庇柳長子玉村按司妻有美色八重瀨按司欲奪其妻襲殺之妻遣子外按司逃入平安名大主家乃自縊龜壽既

聞變復聞八重償小按司所在欲潛師往剿遂走報平安速爲備平安召其下吉田問計吉田曰事急矣誠得一人肯以死代君可徐圖也龜壽請以身代吉田乃縛龜壽獻八重八重怒命速斬龜壽大詈八重益大怒乃下之獄欲徐苦而後殺之日親近吉田會玉村大臣波平大主亦起兵復仇聞縛獻事不信

至平安見小按司乃大喜因密約吉田爲內應時八重銜擧子日爲淫宴兵既至八重醉不起就床上斬之出龜壽於獄（以上忠義）

貴壽伊佐大主長子伊佐妻生貴壽死繼妻生嵩壽愚甚貴壽善事父母有令名繼母妬之日短貴壽於伊佐伊佐惑焉欲死貴壽以悅其意守僕謝名堂聞之匿貴壽於家往諫伊佐不聽伊佐知謀已洩乃逐貴壽貴壽日夜號泣欲自盡又恐彰母惡値天雨遘病殭於道有湖平御鎖者巡行見之覆以衣甦詰其故不答予之食而去初御鎖微聞貴壽事至是見言語支吾遣人訪得其狀乃集村人縶伊佐繼妻至數之且將告諸王貴壽奔求御鎖乃釋而勸諭之婦感悟遂爲母子如初

（以上孝義）

蔡文溥字天章康熙間入監讀書歸以其所學教久米村及國人人多化之著有四本堂集又有蔡應瑞著五雲堂集金堅鄭國觀皆有詩集（文溥附見前志文苑溥作浦）

梁允治字永安官外間親雲上少從蔡鐸學日夜忘寢食遂以其意繪身心性命圖又倣

朱子或問法著服制辨義乾隆二十二年來入學一字一句必求至是詩文亦可觀又有鄭孝德蔡世昌皆能詩文前後來入學以上文苑

普德萬壽寺僧有戒行姑場村有陶姓子名松瑞者穎悟喜讀書年十五父母遺就傳首里道出浦添暮雨驟至遠望燈火出林間遂冥行借宿至則少女獨而應門室內閴然兒徘徊不入女延之欲具酒食兒伏案假寐女輒來相迫兒力拒之乘間逸覺後有追者奔至寺前大呼求救普德納而坐諸方丈中遣其徒撞鐘門外女躑躅不敢進鐘忽躍起覆女天明啟鐘則死貍在焉以上方外

物產

臣等謹按琉球地瘠民貧未通中國以前惟恃與朝鮮日本諸國相貿易以資國用據中山世譜云自尚寧以後諸國不相通僅有日本屬島度佳喇商民來球互市一切器用皆自彼來故稱度佳喇爲寶島本國自五穀六畜蔬菜魚蝦蕉苧之外別無殊產今即志略中所未詳者參攷之具補於左

海松海柏　志畧仍前錄系於石下按海松色如糙米有枝無葉枝上出短而尖或三四或五六爲一叢如松花之含苞未坼細孔纍纍質硬如石叩之有聲是爲海松海柏純赤色枝葉扶疎與側柏無異極軟脆折之有滋液迸出是爲海栢石二種其根皆蟠結石上

久遂合而爲一別有形如蜂窠色如雞冠花或純白附著根旁是爲海石（疑即石芝）又有純黑色枝細長作秋柳形是又於松栢之外別出一種球人概以海松名之殊未深究也傳信錄云海松海栢有紅白二種（臣等所見海松有白有綠有藍而無紅海栢有紅而無白初出水時腥不可近既而腥漸消色亦漸褪枝又脆而易折誠如前志所云不能致遠故不貴也

阿咀呢　一名鳳梨葉似棕櫚實如瓜色黄膚紋作釘稜一稜至八九稜不等舊志云皆六稜細數之亦不盡然

萬壽樂　葉似秋葵本如梧桐莖中通有雌雄二種雄者開花似蓮瓣合尖色白雌者結子如瓜色綠其實與根皆可食球人云出自呂宋嘉慶六年有飄風船帶回非向時土產也

福木　樹身直上數丈四時不凋球人云可以禦風必令與觀方向所宜而後植之亭亭在目比戶皆然實如橘可食

國中多畜馬小如蜀駒球人翦其鬉削其尾遠望之如驘然

螺貝大小百有餘種土人亦不能指名特就其形色而別之其大者或以爲盆或以爲釜其小者或磨之令光潔以爲酒器

毛魚　海中成陣舊志云惟七月朔八月朔爲然球人云六月朔先有成陣者每歲不爽

鷹以寒露乘東北風來舊志云白露誤

球地梳盒多以獨木爲之亦不甚堅緻陶器極麤劣自萬歷年間以高麗人爲師始有陶甑數百年來未有踵而增美者凡宴會所用皆購自閩中也

球地豆腐出山北各島作法不以豆而用芋連皮和肉搗之成泥置大盆中浸以雪水（雪惟山北隆冬有之）過冬融化以石壓之令其堅實然後

刀切成塊風之使乾可以致遠其不日所市者與內地同

綠菜細如髮宴會中與紅菜並用（前志止載紅菜）

針路

琉球處大瀛之東自閩出五虎門至彼國姑米始有山可寄椗其中歷溝過洋水天萬頃非可以臆計度也前明惟夏子陽封舟不落北深餘皆多用卯針至

本朝使臣汪楫深鑒前轍著錄折衷使臣周煌復參定舊規敬謹將事故針路比前愈加精

密臣等茲役歷考汪周二臣所用而酌行之往返皆不越旬日良由

天語貢臨陽侯效職同舟供役咸能踴躍奉行不致隕越

皇上覆載之恩臣等實深受其賜用謹詳針路顛末以附於後

前海行針路記攷

明夏子陽錄云梅花所開洋過白犬嶼又取東沙嶼丁上風用辰巽針八更取小琉球山未上風乙卯針二更取雞籠山申酉上風用甲卯針四更取彭家山亥上風用乙卯針三更未上風用乙卯針三更取花瓶嶼丁未上風用乙卯針四更取黃尾嶼丙上風用乙卯針七更丁上風用辰巽針一更取姑米山又

辰巽針六更取土那奇翁居里二山（在馬齒之西）又辰巽針一更取馬齒山到那霸港

國朝汪楫使錄云乙辰八更取雞籠山用辰辰巽三更取梅花嶼單卯十更取釣魚臺北邊過乙辰四更取黃尾嶼甲卯十更取姑米山乙卯七更取馬齒山甲寅并甲卯針取那霸港徐葆光錄云二十二日自五虎門放洋

丁風帶午日入至進士門夜至九漏轉丁未風用乙辰針三更半二十三日日出丁未風用乙卯針二更二十四日日出丁午風仍乙卯針是夜風益利用乙卯針八更半二十五日日出丁未風輕用單乙針二更乙卯針一更半夜至四漏轉正南風用單乙針一更二十六日日出正南風日未中轉丁午逾時丁

未風微起用單乙針一更晚晡轉丙午風用乙卯針風靜船停不上更日入風微起至四漏轉丁午風用乙卯一更至八漏又用單卯二更二十七日日出丁午風日中風靜船停日入丁午風起至二漏轉丁風用乙辰針二更半共用卯針二十七更半應見釣魚臺黃尾赤尾等嶼皆不見二十八日改用乙辰針

日未中丁未風行二更半見山一點在乙位日入風轉丁午用辰巽針二更二十九日日出見東北小山六點始悟用卯針太多船東北下葉壁乃順風迴針東南行

周煌志畧六月初十日早潮出五虎門過官塘進士門開洋單午風乙辰針至日入行船六更夜單午風單乙針行船五更見雞籠山十一日上午坤未風單乙針三更下午單酉風單乙針至日入行船四更見釣魚臺夜單丙風單乙針行船四更十二日單午風單乙針一更見赤洋轉單丁風單乙針至日入行船五更夜單午風單乙針四更是夜過溝十三日丁午風甲卯針行船二更見姑米山風輕單午風單乙針日入行船一更夜丁午風

乙卯針二更十四日單甲風姑米山下椗以下過暴

李鼎元記五月初七日五虎門放洋午風單辰針初八日午刻丁風仍辰針入夜用乙辰針初九日丁未風單乙針初十日丁未風單乙針午刻東北風船不進申刻仍轉西南風單乙針十一日丁未風單乙針見姑米山由山南行用乙卯針十二日過馬齒山用甲寅針入港

今次封舟閏五月十一日早潮出五虎門過官塘開洋正南風單辰針行船三更三見東沙日入又行船一更夜西南風單辰針行船四更五見半架島十二日天明西南風卯辰針一更五見二林山又二更見花瓶嶼從山

南過午刻午未風用辰卯針至下午行船一更半入夜行船二更見梅花嶼十三日天明見釣魚臺從山南過仍辰卯針行船二更午刻見赤尾嶼又行船四更五過溝祭海申刻轉西北風夜半轉東北風船欹側危甚十四日下午轉東南風仍不能進十五日雞鳴回西南風仍辰卯針十五日黎明見姑米山行

船九更五從山南過仍辰卯針行船三更五至馬齒山下椗纔水四十托不到底日入風微起椗收篷順風蕩漾十六日行一更三至那霸港外下椗十七日進港共七日實行船四日以風暴停一日以兩處下椗耽遲二日

臣等謹按歷來五虎開洋其用針皆以乙爲主而兼用辰卯今封舟則專用辰卯自五虎抵馬齒四日徑到極爲穩捷竟不用乙針與前諸錄不同大要總在相風用針詳加斟酌不可拘泥成說初出洋時用辰多須防太上汪錄云幾近臺灣今木舟夥長亦慮之以風甚和而免過釣魚臺後用卯多須防落漈徐錄詳載後之行者尚其審之今次封舟已抵那霸不能進口致停兩日亦因船行太落北之故

後海行針路記

臣等謹按封舟夏至乘西南風自福州五虎門放洋以冬至乘東北風自琉球回閩南風和北風猛兼之水勢又有順逆之異故歸程尤難載稽前志遇颶居多針路殊無準的惟前使臣全魁等歸舟安吉針路詳明庚申之役遵而行之亦甚穩速今次前事可師針路一一符合至於鸌鳥來翔大魚雙挾雖有過

船之泿了無飄泊之虞是則
皇威之赫濯
神力之保持固非可專言人事矣具載如左
志畧正月三十日率三舟開洋乙卯針行三
更至馬齒山安護浦下椗二月初四日單癸
風用午針出灣巳刻轉丑風單辛針三更午
時過姑米山單申針五更初五日早乙辰風

單辛針五更夜辰巽風單辛針六更過溝祭
海初六日單艮風辛針三更申刻大霧不見
山寄椗初十日霧開見台州石盤山用未針
見溫州南杞山十一日東北風單辛針七更
下羅湖下椗十二日申針收入定海
李記十月十五日登舟二十日東北風利自
那霸放洋至馬齒山安護浦下椗二十五日

由馬齒放洋子丑風用辛針酉刻過姑米山
二十六日早風與針如故巳刻轉寅卯風仍
用辛針二十七日辰刻轉巳卯風午刻轉辰
卯風針皆如故二十八日寅刻轉辰巳風舟
不能行辰刻風轉子丑而微仍用辛針未刻
霧大起二十九日風微大霧針如故巳刻霧
開見溫州南杞山入暮北風大至十一月初

一日早到官塘申刻泊定海
今次十月初二日登舟初五日駛至馬齒因
北風甚緊恐有暴於安護浦下椗初九日由
馬齒開洋東北風用辛針戌刻過姑米山行
船三更半初十日早東南風用辛針行船三
更午刻東南風盛用辰針至十一日天明行
船四更十一日東風微仍辛針行船一更入

暮過溝祭海夜東北風盛仍辛針至十二日
早行船五更十二日狂風大作浪從船上過
針不能定入夜稍平仍辛針至十三早行船
十更十三日早東北風和仍辛針至十四日
早行船八更見南杞山十四日風針如故行
船八更夜至定海下椗十五日辰刻乘潮進
五虎門自初十至十二日二號船相離不過數十里十二日以風猛不可復見十四日夜至定海會齊

靈蹟

臣等謹按琉球自通貢以來冊封之使遠涉
重洋者或以紅光示現或以魚鳥告祥靡不
仰藉
神庥用資佑迄
本朝德威遠播靈貺益臻輶軒所届履險如平
舊錄所載詳哉其言之矣我
皇上如天之福海波不揚而冊遣微臣輒蒙
溫旨體䘏俾得往來無滯至於
褒崇祀典無不
俯徇所請錫以
恩綸故綏應之徵視昔有加焉臣幸膺斯役實筏
慈航身受
生成之德謹增輯前志所未備者著之於編以誌

不忘

臣等謹按

高宗純皇帝御製文三集有右旋白螺贊註云每年藏中喇嘛於新正及萬壽節進丹書所陳供器時有獻右旋法螺者以爲奇寶而不多見涉海者攜帶於舟則吉祥安穩最爲靈異前大學士貝子福康安進剿臺匪林爽文時首蒙

頒賜往來順利靈助非常蕆事後留貯福建督臣署

中前次趙文楷等奉

命冊封尚溫爲王

恩准督臣所請奉以渡海臣等此次又蒙

恩賞敬謹安奉舟中果復往來順濟仰見

我

皇上體恤使臣無微不至云

前使李鼎元使琉球記云天后父名愿字維慤宋時官都巡檢母王氏宋寶祐五年封父積慶侯母顯慶夫人嘉慶五年五月初十日封舟過赤尾嶼大雨雷以震風轉東北柁無主舟轉側危甚使臣焚香跪禱默祈靈祐博風回日當籲請

加封神之父母不半刻風雨頓止仍轉西南風差

旋恭摺奏

聞奉

旨加封父爲積慶公母爲積慶公夫人

臣等封舟閏五月十一日放洋十四日將至姑米山北風暴起船身欹側撼船惶恐臣等

焚香叩禱

天后暨　拏公像前默祝平安回日當據實奏

聞恭請
御書匾額以答神庥瞬息間仍轉東南風次日即
過姑米聞同日二號船遇暴亦然文武員弁
虔叩　尚書神像前乃免於厄按尚書陳姓
名文龍福建興化人宋咸淳四年廷對第一
官參知政事知興化軍為賊所執不屈死明
時顯靈護救封舟封水部尚書立廟閩省南
關外

國朝
冊封琉球向例請
天后　挈公神像供奉頭號船請　尚書神像
供奉二號船此次猝遇風暴化險為平二號
船來往俱早到半日臣等恭摺奏
聞與
天后　挈公並請
賜御書匾額得
旨允行
十月初一日同舟泊馬齒山候風初九日放
洋時二號船已循山而西頭號船離山僅數
尺尚未折回羣呼船已迫山立成虀粉臣等
危急之際默祈
神佑倏忽間船至山邊若有引之而西者咸謂

海船重逾二十萬觔非
神力不能然也
十月初十日為水仙暴老舵工云最准遲早
必在三天前後初九日放洋時天日晴霽十
二日過黑水洋是夜颶風大作一晝夜不止
白浪如山飛壓船面鍋竈皆沒舵動搖不定

針盤亦屢移臣等在風濤鼓蕩中虔心求禱
合船誦佛號不絕十三日黎明風稍息考之
針路已斜走數百里矣幸蒙
神佑挽舵仍用原針十四日卽望見温州山
前錄及志略俱載放舟後魚鳥之異兹役自
五虎門開船次早卽見白鳥似燕而大五六
爲羣飛繞前後若導引然過赤尾嶼有二大

魚傍舟行黑溝遇風舟後有大鳥黄色踏一
朽木相隨風靜卽不見
詔書所在百靈擁護皆
聖德懷柔之感云

續琉球國志略卷之四

翰林院編修臣齊　鯤
工科給事中臣費錫章　恭輯

藝文上

春鶊秋蟀各效歌唫火浣冰蠶皆充職貢凡
兹天籟不隔海隅惟
聖朝宏無外之規斯溥海普同文之治況扶桑
日域奉節經年牛女星壚浮槎萬里緣情之

作投贈之章宜其各出體裁無分畦畛者也
臣等謹按前志謂國中撰著閒存甄錄而凡
中國人士有事東洋記載吟咏悉加採取所
以網羅故實以資博聞兹故更循舊例詳加
採擇備載於編以繼其後

國學訓士子諭　中山王尚温

稽古之學校天子曰辟雍諸侯曰泮宮皆所

以興行教化作育人材典至渥也今予國都
自古以來未建泮宮典尚闕如應建國學興
教化育人才以臻美備然現今國財未裕不
遂興建之志故於舊官署權爲國學著派按
司向國瀚紫巾官向元佐充爲國學奉行並
令當座官金世裕麻克昌偕爲中取役督理
學務旣又簡派紫巾大夫蔡世昌以爲學師

公同議立學規董勸諸生務期風教修明賢
才蔚起庶幾棫樸作人之意今蔡世昌不幸
病故乃命中議大夫林家槐充補學師特製
訓言警飭諸生其各諦聽蓋古之學者先立
品行次及諸藝爾諸生幼聞庭訓長列鄉學
朝夕誦讀寧無講究必也躬脩實踐砥礪廉
隅敦孝順以事親秉忠貞以立志窮經考業

勿雜荒誕之談取友親師務化驕盈之氣常
防蕩軼毋事逸遊苟行止有虧雖讀書何益
若夫宅心弗淑行己多愆或蜚語流言惑聽
官長或營私獻媚出入權門或依附勢豪欺
孤凌弱或招呼朋類樹黨爲援又以當悲當
恨之行反爲得計而不公不道之事罔顧害
人乃若此人名教不容鄉黨勿齒縱幸脫漏

革濫竊章縫返之於衷寧無愧乎種種弊端
深可痛恨故反復惓惓特宣訓言使爾等共
體予心恪遵明訓一切痛加改省爭自濯磨
勤學積行逢時得志不特爾身有榮即爾祖
先亦增光寵矣若乃玩惕勿儆暴棄自甘則
是爾等冥頑無知終不能率教也致負栽培
復干咎戾國法具在予亦不能爲爾等寬矣

自兹以往無論名門與寒陋如有積行勤學
爲國宣猷者則雖布衣子弟我將舉而用之
如或敗檢踰閑不遵明訓者則雖貴族子孫
我將退而去焉凡各學奉行師長並宜傳集
諸生多方董勸以副予懷否則職業勿修咎
亦難逭勿謂予言之不預也爾多士尚敬聽
之哉

尚溫於國學講堂内題額曰海邦養秀聯曰教育英才人龍國瑞琢成德器豐劍驪
珠

大安禪寺碑記 寺已廢

明冊使内監　柴山

宣德五年柴山奉使遠造東夷東夷之地離
閩南數萬餘里舟行累日山岸無分茫茫之
際蛟龍洶湧萬丈之波巨鱗漲馮夷之水屏濤
上下捲雪翻藍險釁不可勝紀天風一作烟
霧忽蒙潮瀾澎湃波濤之聲振於宇宙三軍
心駭呼佛號天頃之忽有神光大如星斗高
掛危檣之上耿煥昭明如有所慰然後衆心
皆喜相率而言曰此乃龍天之庇神佛之光
矣何以至是哉是咸賴我心崇佛好善忠孝
仁德之所致也迨夫波濤一息河漢昭明則

見南北之峰遠相迎衛迅風順渡不崇朝而
抵岸焉既而奉公之暇上擇岡陵下相崖谷
願得龍盤虎踞之地以爲安奉佛光之所庶
幾以答扶危之惠於是掬水焚香得其地於
海岸之南山環水深路轉林密四顧濤芬顛
類雙林之景遂闢山爲地引水爲池捄之陾
陾築之登登成百堵之室闢四達之衢中建

九蓮座金容於上供南方丙丁火德於前累石引泉鑿井於後命有道之僧董臨其事內列花卉外廣椿松遠吞山光平挹灘瀨使巢居穴處者得以觀其光焉此酬功報德者之所爲也且東夷與佛國爲鄰其聖跡海靈鍾秀者有素矣此寺宇之建相傳萬世無窮亘有以夫

瑞泉記

中山陪臣　鄭孝德

王城之中有泉曰瑞泉嵌鐵龍於泉眼水從龍口噴出故一名龍泉泉側有石巖峭屹丈餘巖上多鐵樹鬱葱而叢茂其勢彷彿蒼龍隱於青雲之中蚴蟉而欲騰是泉也碧澄而甘醴雖旱弗竭烹茗而茗清香釀酒而酒清冽宗廟朝廷莫不需焉前後

冊封天使飲而嘉之勒碣二曰中山第一又曰雲根石髓志瑞也凡官吏登朝道必由乎斯泉之旁遠而聞之其聲琤琮然如鼓瑟弄絃聞於城郭之外近而觀之其脈瀺灂然若跳珠飛雪灌於金溝之中誠足以清塵耳沁詩脾也若乃徑圓覺寺觀蓮橋直滙於龍潭民間賴以灌田圃屢享歲豐之樂其又瑞之所由溥

歟是惟我王至誠不貳敬事

天朝故能措國家於磐石之安迺自三山暨及三十六洲靡不沐浴膏澤敬宣教化繇是其泉瀚然而清永表瑞於億千萬葉耳微臣欣覩斯泉之溥博無窮而竊歎至誠之無息也爰綴文以記之

那覇港記

鄭孝德

王城之西有江焉潮汐震蕩浩浩湯湯源遠派別厥利無疆在那霸南數十步之近故名那覇港其東北徑唐榮泉崎橋泊江以通城北山川村其東南過豐城眞玉橋國場極漸城下津嘉山之前吞溟海達諸江凡入貢

天朝貢外島入貢之舶賈貨之船靡不會茲洵中山之咽喉也港之左曰屋良座其後有閣曰

住吉亭右曰見城其旁搆院曰臨海寺登見城而西望則遙岑聳翠出没於雲霞之間者馬齒山也其偏東平地數百畝沙光耀銀浮於滄瀛之中者奇洲也登屋良座而東眺則層巒嵯峨有亭飛聳隣雲霄而枕綠波者波上山也其偏北青嶼十餘里橫流於碧瀾之內者讀谷山崎也港後一二里古松鬱葱時於中流者奧山也其南筆架峯麓逍閘水聲琤然出松林直灌江流者落平泉也朝嵐暮靄一碧萬頃天高水闊氣象萬千此固覇港之奇觀也至若港腹中流有暗礁礙舟砌石爲表謂之馬嗒牙夾江皆鐵板沙嵌空嵯岈自馬嗒牙直達大瀛波濤衝激怒號澎湃如萬馬之騰空潮長則没舟誤觸無不立碎者

港崖左右築長堤建兩礮臺雉堞翼如有龍蟠虎踞之勢其天之所以付以金湯俾奠國作於無疆也予德不敏竊有感於大易設險之文遂書以爲記

久米村記　中山陪臣　蔡世昌

久米村一名唐榮即古之普門地也明洪武賜唐人三十六姓聚族於此故曰唐營又以

顯榮者多故皆曰唐榮國王厚其裔世其糈故取世祿之義曰久米村之中有長道紆回數里其南口港堤突出圓廣如唇泉崎水縈帶其間島石卓立如印洵所謂天馬行空者故是村有文明之象而俊髦輩出嶄然見頭角也村之中有文廟紫金大夫金正春請王建之厥宇背林厥位面陽殿堂墻屏黝堊丹

漆皆如法殿外為露臺後楹為神座塑王者像垂旒搢圭而署其主曰至聖先師孔子神位左右二龕四配各手一卷則詩書易春秋四經也廟之左有明倫堂紫金大夫程順則啟建之堂中北壁分三小龕奉啟聖王及四氏神主兩廡設學選立二師一曰講解師一曰訓詁師村中通事秀才及童幼皆從業於

焉師生有舍庖廩有資人知嚮學爭自濯磨改粗鄙之俗為儒雅之風皆廟學之賜而吾村之盛跡也自村口而入行數十步有神廟曰上天妃宮嘉靖中冊使郭汝霖所建寬不過數畝周圍繚垣殿宇宏敞其正中為天妃神堂其右為關帝位座其左為久米公議地凡中朝使者及一切渡海官民莫不賴天妃

靈佑故使者皆謁廟行香立匾聯以酬之廟東門之內有小院為龍神廟香火亦盛至於首對奧山岸汪大瀛出大門名村門望山翠登波上觀海瀾則遊人之適情者多吟咏焉其天鍾秀於茲以俟唐人之居而開百世之盛者歟不書所由使勝跡鬱堙是貽唐榮之愧故記之

中山賦有序　國朝冊使周煌

臣煌言臣聞古者王人使於下國所以獎善
忠宣上德也然若周秦八月常奏方言春秋
五善兼稱俗事入國而問俗陳詩以觀風先
王採焉以辨八方有由然矣臣昧道曹學忝
職史館謬荷選擇銜
命球琉廬貢

明恩夙夜祇懼臣謹案琉球介在海表自隋以來始
見簡策歷世而降史官咨列名號而前明始
通職貢至我
朝恭順有加前此奉使者多訪攬殊俗筆之於
書以識遐異而譜以聲韻播之詞章闕有間
也臣汎剽單慧不自揣量輶軒所莅博考廣
搜或聽覩所閱或諏詢所及凡山川形勢都

邑宮室與夫典禮制度物產人風各附其俗
攝其體統以成斯賦非敢務釆色夸音聲而
已抑將庶幾古詩之流合乎採風之意雖辭
理野質不足以承高天之垂聽宣冊府以永
留要惟慺慺之誠靳以宣讚盛化光闡幽末
故敢陳聞
闕廷冒顏奏

御伏惟
萬幾閑燕賜觀覽焉臣煌無任惶悚屏營之至其辭
曰惟
大清百有十三載累盛光乎烈駿冠三五而登
閎被萬億以赫震有飛車以稟朔或測水而
納贄散景耀以矚幽胥砥礪而率順于時百
越之表大壑之東國曰琉球實惟海邦易世

繼祚稟於王朝以丙庸封我
聖皇鑒之乃
稽舊章
渙大號
頒鵠纓
降鳳詔
選使星於鷺坡截龍節於海嶠肅奉

皇靈遙臨虎戸韎韐成圍舳艫按部挂帆百尺之梢
覘風五兩之羽晷漏定辰南針指道馬銜避
旗陽侯應禱望雞籠之巔（自閩五虎門放洋十一更見雞籠山）
歷花瓶之島（花瓶嶼近雞籠）罔皂翼以霞征掣鯨波
而電掃釣魚之臺（自花瓶十更見釣魚臺）渺若玦環黃
尾赤尾（釣魚臺四更見黃尾嶼十更見赤尾嶼）泱漭其間姑米
點壘（自赤尾六更見姑米山）馬齒浮纍（馬齒有東西二島爲入琉門戸）

廼溯截洞暨乎中山夫中山者兆基太古萌
柢大荒洪濛絪縕天孫啟竇闢寵闠之居踞
蛟龍之磧三男二女神人是宅歷萬七千八
百餘年世更代易至於舜天乃卓犖而光赫（中山世鑑始有一男一女生于大荒自爲夫婦生三男伯爲王稱天孫氏叔爲官二爲民二女皆三首六臂姊名君君爲天神妹名祝祝爲海神傳二十五代歷萬七千八百二年後因其臣利勇篡立日本人舜天爲浦添按司舉兵討之）廼疆廼理旣庶

旣繁勝國初建奉詔稱藩（明洪武五年遣行人楊載齎詔至國於是中山王察度遣其第表貢方物）巴志中起（中山自元延祐中國分爲三洪武中三王並封山南佐鋪按司巴志滅二王奉其父爲王永樂二十年嗣位賜姓尚及冠服）推亡固存隨風乘流內附中原洎逢
盛世歸命一尊通冠冕於上國傳帶礪於外垣
爾其地勢則散渙夷陸崐嵬巖磈上當牛女
分野斯在（琉球分野與揚州吳越同屬女牛星紀之次）洲渚沇溶

巖峻堀礐南北廣斥袤延數倍施靡曼衍四百餘里狀如長虬浮乎積水（隋使羽騎尉朱寬望其地形如虬浮水中故始曰流虬）所以取類錫名職方附紀也芒芒縣縣呀呷相吞臨崖周流四屬無垠洪潮廻復澎濞雷犇修鯢妖蜃嘘噏雲昏環以崇島三十六所監撫鎮之（各島酋長外歲遣監撫官莅之太平八里大島各三員馬齒二員餘小島各一員）無有齟齬星羅棊布縈

衛周禦於是層淵為池巉險為阻鐵沙限其門（將至那霸港皆鐵板沙）金城崇其堵跨三省（中山分山南山北為三省）以帶垌指五嶽（國中辨嶽八頭嶽佳楚嶽名護嶽恩納嶽為五嶽）以鎮宇茂區域之眅章按經遂而郎敘其山南則有兼城大里豐見小祿眞壁佐敷振溪通谷曰具志頭曰麻文仁曰喜屋武南隅之瀕汨雲城之玉泉（在玉城村國王每歲祈雨於此）蓊鬱石

而雲吐遵常雩於龍見應皇舞而興雨（山南省間切十二大里玉城豐見城小祿兼城高嶺佐敷知念具志頭麻文仁真壁喜屋武）其山北則歸仁都會治始金武久志羽地旁帶本部歷大宜味以暨國頭維邊陲之險棘極湫湄於隂陬（山北省間切有九金武恩納名護久志羽地今歸仁本部大宜味國頭）若乃首里居中長世守器那霸泊津晃綏攸萃西原中城環列後蔽前倚久米唐榮

之地三十六姓中朝之賜世舉茂才敷納明試乃有閟宮在眞和志原廟衣冠守祧是寄於左則南風之原東風之平澶漫靡迤拱向作屛於右則枕輢北谷結湊勝連與那有城具志有川越來美里綴屬纚聯（中山省首里泊那霸久米西村不入間切眞和志南風原東風平西原浦添宜野灣中城北谷讀谷山勝連與那城越來美里具志川共間切十四）間切（間切球音麻吃乃譯言府也）之號

三十有五綺繡相錯脣齒相輔采地是頒世
祿是取獻穗納秸以奉其主號爲村頭者蓋
以百數雖伍保而一屬等神州之小部要統
轄之有定亦蜂屯而蟻聚其山則南起高嶺
隱嶙巒律表以八頭鍔鍔列列漚岡乎國吉
山名中蟾辨嶽巒乎漸漸踞士中以偃蹇俯而
觀乎浦添眺恩納之崛錡巘雲雨而北起名

護鞿其峩峩又林岑以嶚嵯佳楚巍巍以造
天日月經於岩寫歷倒景而絕神燄厥高慶
而不可乎彌度與夫儀間姑場七里萬松鑴
山櫻島石火金峯昔山名運天屹巉在今歸仁亦名運天
砂岳辨華在大嶺砂川海中一里許千青霄以飛翠吐丹
氣而爲霞比方壺與崑閬恍松喬之所家其
陂澤則有霸江爲中山咽喉兩徼臺夾峙玉湖即玉泉許田

有湖在許田山下饒波在石火山下水東北流大榮通津在宇勝山
下富藏長河在金武山下宛潭膠盭泬漻盤渦控
淸引濁灌注陂陀滈滈乎若星畢之下澤渭
布濩而滂沱於是毛魚布陣極小七八月朔前後五日出海
餘月則亡文鰩戾空有翼能飛俗呼飛魚海膽似蝟背生刺如蝟蝸
蠕能運行鰝蝦如龍大可一二尺形極似龍石鉅叉手首圓下生
八手針魚淬鋒頭戴針亦名鱵文螺紫貝蛼螯珧瑁詭

類殊質彩錯錦繢振鬐奮甲拜浪揚風噞喁
鼂鼉聱耴乎其中鳥則太和異雞王母烏鳳
鳥名一名王母鳥元鳥秋來燕常以七月至不巢人屋海鷹颷送
自露日從日本隨風飄至應期不爽容蕊雀名黑首麻石雀名白眉
綠毛辨莫讀史雀名亦呼莫讀吏之異金羽翩古哈
鸙雀名之儀翻翩頡頏隨波刷盪濯翩珠灑鼓
翅雲颸沸卉軿訇來往於其上其獸則牛羊

犬豕野猿山猪馬不齧豆馬終歲食青不識稜豆鹿乃
化魚六月沙魚躍岸化爲鹿鹿長熟亦化爲沙魚其蟲豸則蚯蚓
寒唱蟋蟀春鳴毒虵添足蝎虎作聲聲洪如雀元
螘腹水蟻腹有水花豹冬雷蚊四時皆有蜥蜴朱丹厥
耀螘螘豩延榛莽趯踔逵隈爾乃皐澤块圠
林藪䟃蔓巺荂灌叢榮色晃炫煌煌扈扈更
盛迭構醞酵四時肸蠁萬變花則佛桑山丹

石竹錢錢吉茄土名雷山花火鳳人家屋上多植之以辟火帚
桃蒂桃似郁李而九小猿蓮一名山蘇花青陽菊芳白露梅
姸歡冬之花仙人之竿美人紅蕉名護香蘭
名護嶽出蘭吐芬揚烈宗生族茂抑若沉麝競蘂
而馥郁緺䙈貝錦散彩而繁豔錯繡其嘉卉
則油樹實不可食用以榨油鐵樹即鳳尾蕉烏木紅木鬭鏤
舒黃土名呀喇菩常盤染綠一名福木可染綠色梯姑吐蘂

葉大如柿每葉抽作品字形花葉如紫木筆地分含毒地分有毒可藥魚
古巴梯斯一名戊土恐達慈姑葉類桃子如葡萄深藍色不可食
福滿卑結木高數尺葉似木槿而差小右納高株樹高三四丈花
如黃石葵攢柯拏莖蔚若鄧林輪囷蚪蟠橚矗蕭
蔘或從風而鳴條或映日而垂陰連卷巖碕
之岀嶇巖潭淵之潯其果則枇杷迎春枇杷熟最
早常以元日食新芭蕉結夏蕉實如手揸指一名甘露鳳梨津潤

阿叫叱葉長旁刺其實一名鳳梨云即波羅密別種芝子圓寫如橡栗而小一
名櫧子名椎子又甘至滿房實落被野陸獻桃梅隰
儲蔗耨任土所靡亦莫不有其蔬則女蓼辛
薵茯苓松露松根所產蕈麒麟雞脚石花昆布四種
俱海中苔藻之類各就其形似名之瓜疇菜畦縝紛軋芴陽蘆
陰皴隨時代茁若其原野則畛畷鱗接壝衍
瓜分百穀條暢蔭翳鋪棻山種豆而卒歲隴

刈麥而方春黃粱當暑以登圃織秧負霜而懷新（土冬煖常以十月插秧）其賄貨則麻姑草覃大島木棉（麻姑即太平山大島土名烏父世麻）供蕉布於刀尺（土人織蕉爲布）流日本之鐶鋋（市用倭國寛永錢）太平甘醽密林紅黏稟栖北谷（北谷多稻田）之稻國權宜野之鹽（宜野灣鹽竈處）其寶利珍怪則硫磺（鳥島所出）紅銅海螺石松有紅白二種（馬齒山沒水取之）珊瑚交柯產自八重隱

賑葳蕤精曜陸離誠節愼以經理良賈貿而咸宜若乃荒陬詭譎倜儻罔已紅日墜而生泉（牧志村有泉相傳昇紅日入地而生）白沙化而爲米（金武村有千手院一僧泛海至久著神異民歌曰神人遊子白沙化米）石變金以築宮（謝名村有金宮察度王母行其地見石物皆黃金銀其父取作金宮樓閣）斂鷹光而甘水（親泊村有獲劍溪）是其幽遐極異旁魄衆態禹鼎之所不圖山經之所不載倘神農之未

知雖伯益其猶昧鳥可以毀甍其形仿像其概若乃觀其內奧浮游中區豐蔚所[illegible]惟王之都亘崇墉之巘巘越岑嶺而特建標龍岡與虎岑（近王宮左右石壁鐫龍岡虎岑字）託喬其之漫漫繚垣縣聯崢嶸鍒嶄霞駮電烻鷗曜絶歘通門四闢增崖臨磴左啟水門右顧久慶（俱王城門名）宏璉廓落縣蠻黝糾東極繼世（王府後爲繼世門）跨

躡于後其前則歡會西向（歡會王府前門名）義取朝宗中華日仰忠順恪共瑞泉刻漏（二門名俱歡會門內）廣福奉神（俱近王殿內門名）重闕洞出爌烷嶙峋霦寥窱以中處九閒（王殿九間俱西向）環句而連櫨累層構以庨豁赫珋珋以宏敷駢密石與雕碣互磊砢而相扶瓌材攢羅以叢倚佗戠磯而枝柱刊層平堂颱颸是防木無綈錦土無壁

璚廣庭砥平連闥對廊用覲陪貳布教頒常
於是波臣助理毗代作楨上自國相法司權
衡大夫謁者庶務經營下逮百司登仕有程
莪紫巾曳錦帶戴華簪飛翠蓋蹡蹡濟濟直
事聽理以出入高門者衆矣徒觀夫王城之
外比屋連甍里巷四達街衢相經閈閌茅簷
竹簾籬屏亦有甲第當道橫陌柱列樫木牆

壘礪石戶設重版室布層席粉箋木壁漆綠
界白匠斲之費動鏹千百向翁毛馬此之是
宅班列肆於辻山辻山在那霸女集地會日中而競走
集魚蝦而駢坒委懋遷於女手并所任之重
輕咸有戴而無負若巨鼇之冠山時疾趨而
矯首濟有無以常偏侈化居之充阜雜喧嘩
以皇呷渾袖幕而紛蹂若其舊俗艮辰吉日

始春終冬炫奇闘巧以樂熙雍擊毬場歲初女子
皆擊毬板舞爲戲而珠颺鷩雹響於月杖橫亘板以
對舞若飛仙之上舉飫飲海濱士女繽紛麗
服葱蒨照水暎雲撫華舟而競渡犯巖淵以
拔河舊錄六月有月之夜士民皆拔河爭勝鏦金鼓以揚旌旄
憚夔龍而感蛟鼉乃迎祖師火炬炘炘秋而
盆祭七月十三日夜家列火炬二以迎祖神十五日盆祭熛訛頓麟引

大年以久在待廣廷而拜月八月家家拜月謂可益壽羅
賚賓於華邊焚椒蘭之澄勃守天孫以鍵戶
舊錄白露先夜三日守天孫懼弄盤之難逃奉粢餅而餉
鬼臘日鬼餅餉謂獝狂之不可遭汲新溯探雪崎
正三五九月婦女相率雪崎洞拜水神祈福饗巨石拜叢祠徘徊
降靈君祝祝天神颸颸厥臂有六宿袞旣
秀新穀旣嘗一日之蜡御彼女王舊錄國中有女王者

王之宗屬世由神選以相代五穀成時女王渡海至姑達佳山採其熟者嚼之各處乃敢
穫
鉦鼓響箏笛和太平唱落鴈歌（落鴈笛曲）梵唄
激般嘍囉巫覡舞翩婆娑神迟迡福嵯峩膜
拜具鬟顏酡所以希錫羨樂嘉祐者汾沄沸
渭於前故荒俗之繆訛也然其君子溫恭明
懿恪共典憲附麗
皇極緣督自勸望

帝紘而北面嚴庶翼於等威隔歸墟之渤澥澳
天顏之不違爾乃乾元
聖節履端始辰清臺授時之日職方貢篚之晨服其
荒服蹈舞揚塵儼璇樞之遙燭爰端拜而稱
臣然後坐層臺班士揖鞮鞻嘈吁嚱喁翕習
酌清醥以獻壽齊曲跽而擎拳授饔餼以大
饗亦命爵而割鮮尊卑歡樂軌物昭宣已事

而竣徧爲德焉及將春禮祀獻精誠豐融瘖
藹介爾昭明揖守圭璧皮弁拂石鼎以炷香
詣木亭而罄薦望於山海徧隅所瞻貍沉疈
辜徠祇碁嶽大川玉城知念久高率有攸報
取血啟毛（中山世鑑久高島知念大川玉城諸處春稻夏熟至今在彼春夏四）
度蜡（祭）慨霜露之既濡聿感物而增思省崇元
之梵宇（崇元寺即先王廟左聞監司香火）妥先靈而罔匱致

敬恭於明神合羣祀以咸秩爇顧德而允懷
祚多福以元吉若夫泉崎之宮俎豆莘莘命
教後學釋菜是遵庠序既設典籍紛紜惇誨
師傅於茲爲孳啟發舊章校理同文於是生
徒祁祁陶化染學習華音而訓詁漸立志於
禮樂苟不安於蠕蠢克興道而慕義更漸摩
而就將徵茂德之廣被是以

絲綸下賁赫濯遐荒懷德奉恩雍肅祗莊上舞下歌

頌斌咸戻躋踵接肩掎裳連襟稽顙樹領扶

服蛾伏者莫不蒸

聖風而草靡欽德音而麗奕世頌玉之儀既備幣餘

之錫既逮登降宴飫式禮毋廢乃復增修貢

職仰答

皇賚衮珍來享傾城面內于斯之時疏俗同熙含和

吐詞頌

聖人之在上慶滄嶼之安流景昭光之振耀羌風翔

兮雲游環大瀛以為家奄窮髮與重舌裁員

嶠之文錦佩瑶池之玉玦頻伽鳴於元墀紕

厨陳於紫闥焉獨蠻陬外隅仰辰光之末哉

續琉球國志畧卷之五

翰林院編修臣齊鯤
工科給事中臣費錫章　恭輯

藝文下　志餘

冊封禮成恭紀

國朝冊使　全魁

聖澤涵濡四海同

紫泥親捧大瀛東天連辨嶽春雲繞地近扶桑海日

紅島服屏藩歸輦同

朝廷典禮識優崇花冠錦帶迎

恩早願得千年漢節通

灑露堂開瑞靄晴

御書樓殿倚崢嶸九霄鳳舞龍飛字

萬歲嵩呼華祝聲祝章臣原香案吏皇華歌到化人

城衣冠後日圖王會舊使還應認姓名

五虎門放洋次副使周煌韻　全魁

使節承
天寵
封舟出海門風帆波浩渺雲樹隔川原荒島龍更靜
層樓蜃氣昏萬靈齊擁衛方識
聖朝尊
閏九月同副使周煌從客王文治徐傳舟游
湧田崎不果雨中望城嶽因過察侍紀官

馮續宅次韻二首　全魁
山寺溪橋一徑幽肯因微雨阻清游爭誇客
有鍾王筆（文治工書）敢說仙同李郭舟絕域風光
仍澹宕佳時海國暫淹留登高未羨龍山會
親到金鼇最上頭
蓬山花草自清新臨水園亭愛絕塵乘興更
裁尋菊序移情先對抱琴人（傳舟善彈琴）箋分護
詩吟初就酒釀林禽味劇真薄醉不辭歸路
晚濛濛烟翠欲沾巾
封舟到那霸港王世子親率陪臣出迎恩亭祇迓紀
事　周煌
詔書東下大瀛州祇
命十儲禮數修五色仗開雙雉尾三呼聲動六鼇頭
翹瞻漢節依香案恍識

天顏拜
玉旒往日拘牽傳守次如今亭共
聖恩留
先師廟行香恭紀　周煌
三山霑
聖澤萬世仰人師（萬世師表額今摹懸其上）俎豆猶循魯
宮墻詎陋夷升天階莫及觀海水難為不是

遭明盛桴浮若爲隨

冊封禮成恭紀四首　周煌

扶桑初旭放新晴佳氣葱龍入島城遠捧
天書金錯落高擎內帛玉縱橫
龍亭乍過羣神伏
鳳蓋旋臨列騎縈
盛典幾人親再見華顛呼似作嵩聲

八幡橋接萬松岡嗣服趨迎守禮坊坊距歡會門半里世子例跪迎於此虎士隊中森棨戟鵷官聲裏簇旍
常四家向翁毛馬爲大族勳舊承
新澤七姓蔡鄭梁金林毛阮皆明初賜籍班聯近末光故國會從何
處見樹人樹木歲年長
錦幨連雲奐仗齊傳宣
朝命上丹梯諸侯自不用夷禮

天子元來輯介圭
賜有拜登嚴咫尺容無俯仰謹端倪朗看震兌宮開
處知是葵心總向西王宮殿皆西向中國在海西也
御書樓出殿高層奉使儒臣此一登銀牓久懸
天露渥金泥常惹海雲蒸
聲靈已自隆三錫典禮寧惟重百朋歡宴北宮歸路
晚蓬瀛山色碧崚嶒

諭祭禮成恭紀　周煌

醲露灑扶桑
覃恩卹故王作屏雄震位輯瑞翊
乾綱廣樂聞何所遮須夢未央爰因予纘服特用沛
旌良哲嗣初繩武
皇仁重錫光承盲推不匱曠典出非常明幣頒
天府朱提降

尚方苾芬凝酒醴琱瑚燦圭璋彩旭暄宗祏松
雲護古岡衣冠增僾愾階戺盛趨蹌儐爾馳
工祝休哉肆享嘗
龍文欽寶籙執事蔵焚黃

中秋宴卽事　周煌

北宮秩秩啟賓筵卜晝還兼卜夜便桂向小
山寧借月（時九月四日）燈開秋節不須年（是夜放烟火）

一時蘭麝香煙上百尺樓臺蜃氣連猶有堪
誇三五夕醉人扶路火城邊

重陽宴卽事　周煌

恍椰樹葉暗龍潭烏榜紅舷倒影涵蜃氣正
收山翳碧蛟涎未斷水揜藍乍催鼉鼓橫流
發旋拂霓旌取道探芳荇自開蘭桂入浴凫
分散綺羅參在田見處又占二燒尾成時浪
躍三嚴旭漸低光不夜領珠頻奪睡猶酣騎
鯨客路如相導乘鯉仙人本素諳忽憶一槎
天海闊長風何日馭西南

九日粵山登高用杜牧之齊山詩韻

周煌

久見煙林一葉飛登臨磴道尙依微海門翻
雪鶴初到洞口沉雲龍不歸（舊爲蛇窟僧心海來住蛇相率

遠去故名龍渡寺）藉草還來尋勝地（寺東北松下前使憩飲之所）
挂帆直擬送斜暉蓬山暑氣何當歇九日高
頭未授衣

馬齒山看日出　周煌

泰山日觀何孱顏欲往從之修且艱昨者乘
軺出其下但聞鷄鳴欲出千里一瀉同米般
蝎來海上浮槎去云何亦苦天緣慳初如坐

井與窺驪心目眩晃難爲狀遽從扶持出艙
外望望已復高三竿頗疑此願竟不遂僮僕
爲我司溫源連剛走報東方啟天水一色如
流丹以雲爲車雨爲馬倏忽轍掩收金光我
聞神龍見尾不見首變態出沒虛無間蘇公
守登看海市見由所感不見亦偶然晨發姑
米夕馬齒輕風送我生微瀾仙人脚踏雖與

紈促渡烏鵲鞭文鸞時正七夕海中有雲更無數
獅象一一朝天門須臾赤霞開左右下照魑
魅如犀煙扶桑頂上陰火燃格格不吐猶將
吞遼巡斗大出萍實非珠非彈流晶盤執規
乘矩亦何有體其方也用其圓日初出望若方體光滿後
始圓六螭就御騑而驂羲和率職無尸官世八
之論日長如年烏知夫其終無既始無端我

初讀書天保篇獲福義取朝光瞰乃知古今
貞明者惟用其晦明斯懸今朝喜得天地全
平昔守管安足存吁嗟乎平昔守管安足存

遊善興寺　周煌

當年支許有前因我亦人間不住身展卷廢
興憐古寺寺叛建見汪徐二錄聞鐘早暮結比鄰得從
晴日扶藜暇且取花光飫眼新後者祠今今

視昔三生石上坐傷神

冬至月霸港候風遊臨海寺示太演上人　周煌

我昔閱圖經末吉稱最勝道遠未遑遊徒思
佛火瑩鬱鬱萬松中演師演上乘積翠薄南
樓郵詩抒清興臨海偃波心曾試金瓏鐙晶
滴盪吟襟萬頃恣高瞪浮天休心目石欄隨

意遡門外聳草深策馬下回磴爾時師未來
搬柴龜嶺磴閱日報信調來
節臨津庭司奈船竣遲潮定風無定躅悶上霸
岸古寺紆沙徑山花笑欲迎林鳥遙相認頓
息鄉國愁微風酒力醒演也新住此前詩出
印證三衣淨塵块冷冷數聲磬重參話莫墮
醉筆輕持贈

留別中山士大夫二首有序

冊使　趙文楷

東風昨夜黯然旅客之魂秋雨連朝淒絕離
人之緒僕也乘槎東至持
節西歸挂海上之孤帆望刀頭之明月然而浮
屠桑下欲別殊難那霸江邊重來未必諸大
夫惠而好我舉國人皆不棄爭衔長亭折柳
之情值大海迴瀾之候經年爲客慨搦筆以
增愁七子從君請賦詩而見志倘能報玖定
擬贈珠
七星山上望中原瘴雨蠻烟氣吐吞甲帳未
應留夢住弓衣見說有詩存路經馬齒看山
色天入龍沙落漲痕十丈蒲帆風力健去來
安穩載
君恩

相逢傾蓋忍言歸後會重期是也非雪渚鴻
泥遲我跡海天龍雨濕人衣一尊酒盡寒潮
急九月霜清落木稀珍重漫湖隄下水垂楊
垂柳最依依

圓覺寺古松

明隨封從客　胡靖

如是天工巧自栽遙瞻海色迴蓬萊孤根勁

挺亭三尺古幹橫斜蓋二臺夜靜龍鱗明月
照天空鶴影片雲來菁葱已濕千年露曾見
山花幾度開

冊封禮成兼贈紫金大夫鄭秉哲

國朝隨封從客　王文治

大瀛三島外小界九州東合沓山蟠踞潏淪
氣鬱葱有王稱守禮奉職最輸忠正朔滄波

遠名藩辨岳雄獒曾重譯獻琛已百年通纘
緒修侯服封章達
帝總聖書儀部發使命侍臣充秉節將
天語揚帆駕海風迎
恩冠蓋肅適館豆籩隆燭吉開
丹詔凌晨啟雪宮前驅黃繡纖後騎紫花驄周道平
如砥連橋曲似虹街臨柳子碧牖出佛桑紅

處處垂朱箔家家結綺櫳拜瞻來父老喧笑
聚兒童次第穿雲磴迴翔轉錦幪建邦良已
古喬木盡成叢聳閣開銀漏刻漏門蛟涎滴石
拱瑞泉門大廷宣
聖訓香案表臣衷黃紙題緘鳳彤墀序列鴻趨蹌如
對
闕舞蹈聽呼嵩內殿開筵敞官廚辦膳豐錯惟

酋長貢三十六島之長歲貢方物悉以宴賓鮮得獸人量奔走
俱膚敏盤飧逮僕僮是日使臣僕從俱有宴歌徵茲聽
聽樂奏鼓逢逢簾捲山光秀窗延海色融杯
行歡已接火繼讌方終小相邀章甫儒臣倚
鄭崇詩書鄒魯士鬚鬢綺黃翁石鼓曾披蘚
金臺舊剪菘秉哲曾入國子監讀書翩翩鸞入掖巇巇
烏鳴桐君意勞傾蓋予懷類轉蓬鷄居厭鐘

鼓鸐䳺避樊籠汗漫身何託風塵而久蒙星
槎隨幕府蠻語學忝戎雪嶠孤鴻過天高一
鶴翀乾坤青眼在山海碧雲空冷露馨巖桂
清霜變岸楓相期攜酒榼還興遞詩筒一笑
人間世交親氣概中

渡海吟　王文治

海門一揚帆浩蕩不能止地維天軸乍低昂

老魚屈曲潛蚪起元氣頃刻風雨驚天外罔
兩陰陽爭眼中誰辨路遐邇耳邊但聽擊鼉
轟雷聲羲和騰御於朝潮之內顧盼委照於
夕汐之外大千世界若浮空一影中原定安
在川后陽侯儵往忽來金支翠旗靈光洞開
赤鱗白鳥前導而後送天神欲降心徘徊忽
將蠙慘變瑤碧黑水之清深似鼎沸沌如遊
遂古初元黄不辨乾坤色那須燃犀更照耀
颯颯陰風戰毛骨方知中外有分疆設險惟
天界殊域我聞百川萬派清濁殊於廓靈海
常委輸奔騰日夜不肯歇機關進轉如轆轤
偷閒我欲問眞宰問渠東去將何如

圓覺寺題壁三首　王文治

野梅枯盡白蓮荒天女橋邊海色涼片片辭

柯巖際葉被風都捲過迴廊
王家宮殿鎖雲深寺有龍淵殿奉歷代先王木主日暮輕烟
罩薄陰松檜乍疑雷雨響鐘魚齊作水龍吟
不借軍持逸興孤舍人詩句半模糊壁間有前冊使林舍人虛廊雙不借靜案一逕持之句行藏老衲休相問萬里
中原一釣徒

筍崖月夜聽徐傅舟彈琴　王文治

大海無人處月明生暗潮孤琴時一奏薄霧
暖層霄夜靜水逾澹秋涼天更遠鮫人如解
聽清露濕冰綃

恭慶
聖母皇太后七十萬壽詩　中山官生　鄭孝德
球藩奕葉荷
絲綸累譯來王拱
紫宸萬里風恬波靜海三山日暖草同春惠覃遠塞
休聲徧
恩覆炎荒壽宇新喜值
慈學綿
聖算叨隨屬國頌
皇仁
華琉球王府殿名門前膺

冊封一方阜壽沐
恩隆三平村琉球村名酒千家碧萬歲山取望闕嵩呼之義花四
野紅地應離明長捧日天瞻乾極遠呼嵩今
朝恭慶
璇宮福躬沐春暉虎拜同
文教遙敷島嶼邊辟雍
詔許沐陶甄手摩鼓碣春光暖身託槐陰舊廕妍豢
養
恩波深似海栽培德化博如天幸邀
聖母長庚日同效華封祝
萬年
炎徼常懸向日心喜將姓字附青衿履長共
慶
徽音遠稱壽同霑

聖澤深玉宇祥雲浮
鳳闕瑤池瑞靄徧雞林從知海屋添籌永難老
松齡邁古今
律轉初陽繡線長九霄慶靄正無疆
聖皇孝德高千古
壽母慈暉照萬方日下尊親同覆載春臺頌祝徧梯
航自欣陪隸隨多士恭上南山壽一觴

聖壽緜緜慶九圍
純嘏稠疊錫
慈幃珠連五緯明
丹陛璧合雙輪擁紫微閬苑書繙瓊玉檢
瑤階綵試
袞龍衣共歡天意同人意於萬斯年仰
懿徽

禹拜皇颺頌
母儀許陳任姒奏侏僸兩階羽籥蹡蹌舞六律鐘調
韶頀詩歌洽敷天長樂喜慶流溥海普
鴻慈謳歌此日同中外歲歲年年祝
介禧
萬國車書拱
帝京曾大齊唱九如聲春明露掌開瑤席日麗

彤墀捧兕觥錫類無窮緜景福推
恩有永洽
皇情虎闈幸聽康衢頌山呼歌吟喜載賡

入學呈教習　中山官生　梁允治

奇文
詔許共窺探萬里從遊意興酣海外長瞻星聚北帷
前眞喜派分南藏書有庫常兼四淑世餘肱

已折三更羨同門入濟濟春風春雨灑青藍

遊趙殿撰所題巢雲園 冊使趙文楷題額

中山陪臣鄭秉泰

芳園多勝景更羨署巢雲地接蓬瀛近書從閬苑分爲邀滄海使重寫擘窠文雅望詞林重高懷漱石羣山房遶徑轉谷響隔巖聞此日逢才子棲遲日欲曛

遊善興寺

中山秀才馬執宏

尋幽來古寺旭日照松門石髮翠踰頂山丹紅到根偶聞清磬落已遠俗塵喧四壁琳琅滿都成不朽言

久米竹籬

馬執宏

久米籬編竹當年藉作垣北南山所界卅六姓之村海氣侵茅舍文光拱聖門及肩墻叠石漫說聚廬蕃

長虹秋霽

馬執宏

雨過塵初歛晴暉浸碧流撥開千仞霧洗出一天秋翠滴橋頭樹霞烘水面樓漸看新月上隔岸夕陽收

志餘

臣等謹按前志畧志餘一册節錄舊聞旁搜軼事雖以資談苑之助而於使事亦間有裨益我

國家體恤外藩厚往薄來凡供億一切節次裁省視前朝最爲詳盡故

天章所臨莫不讋慓琛贄之忱世世罔懈今時之者錄即後起之徵信取次見聞以存參攷

正副使奉

命冊封例許隨帶從客醫士等正使跟丁二十名副使跟丁十五名經禮部奏定有案臣等查前使張學禮從客陳翼授王世子王婿譜琴操醫士吳燕授國人醫理徐葆光從客陳利川授那霸官毛光弼琴法但球人質樸不文使臣將

命後求詩求字日不暇給從客長於筆墨者自不可少其他不必求備至僕從人等不過以壯觀瞻而已臣等此次各帶跟丁十名已可敷用緣彼國供應頗繁從客有廩給跟丁有口糧宜酌減以省糜費

前明冊封琉球渡海每帶兵數百不等

國初始定水師兵二百名此次又添礮手二十名向來帶武弁二員用守備千總等官嘉慶五年用都司一員守備一員此次用遊擊一員都司一員隨帶千把總四員愈昭愼重究之前此琉球初通中國恐有叵測之慮今則臣服已久恭順之極所帶弁兵祇以壯國威而已

國朝初次
冊封時先期造舟必合使臣年庚動帑督修大需
時日嗣改用戰船近又改用商船准船戶帶
貨壓艙以為水腳之資商船甚堅固可用但
貨物定例每船只一千一百石不許私帶多
貨到球後交該國評價館公平交易不得擡
價勒銷至該國所用寬永錢文例禁私帶回
閩返棹日先出示嚴禁球人皆深以為便

向例
封舟隨帶匠役與文武弁管束嘉慶五年添從九
品一員令武弁管兵文員管匠役較為周密
但匠役從前為數甚多節次裁汰此次又減
鼓手八名艌匠艌匠等十名蓋邇來球人頗
習工技除成衣匠刻字匠剃頭匠必須中國
帶往此外皆非必需所各項書役轎班人等
尚可再減舟中既無擁擠之患海外更省騷
擾之虞誠為妥便至閩省向設柔遠驛俗名琉球館
接待陪臣入貢其附近鋪戶與球人交易
間有被其賒欠回國者每逢
封舟蒞球此輩輒來應募匠役到彼索逋紛紛滋
擾殊失體統此次嚴行示禁嗣經督撫奏明
禁止此後可絕其弊亦體恤之一端也

臣等謹按前使錄所載
封舟以夏至往以冬至歸有遲至次年二月者此
次查兩船人數不下四百餘名少住一日省
彼國一日之費故自八月朔日恭行
冊封大典後即飭兵役船戶料理歸棹之事立冬
後東北風大盛遂定於十月初二日開船中

山王遣陪臣再四敦留臣等宣諭
皇上德意體卹小邦並告以吉祥白螺在舟必無
他虞決計登舟候風放洋七日夜即抵五虎
門閩省臣民咸謂
天威
神力感應如響從來歸舟無此神速琉球謝
恩貢使隨同開行至姑米山停泊觀望於十月二

十四日始到已離冬至不遠矣

續琉球國志略二卷首一卷

〔清〕趙新輯

《續琉球國志略》二卷首一卷，清趙新輯，新（一八〇九—一八七六）字又銘，福建侯官人。咸豐二年（一八五二）進士，改庶吉士，授翰林院檢討，官至陝西督糧道。趙氏爲末任册封琉球正使，同治五年（一八六六）以詹事府右贊善奉使琉球，歸撰此書，以續嘉慶間齊、費二氏所撰《續琉球國志略》。首卷列御書、詔敕、諭祭文等，正文則載表奏、國統、封貢、學校、官制、冠帶簪衣制、府署、風俗、人物、鍼路、靈蹟等。其卷二典禮、政刑、祠廟、物産各條發明無多，俱注明齊、費前《續志》已詳，見總目後。據中國國家圖書館藏清光緒八年（一八八二）刻本影印。

續琉球國志略

光緒壬午桂月鐫于黄樓

續琉球國志略序

同治五年

天子以琉球於中國最恭順今其嗣尙泰立不怠益虔宜錫以

王封

詔公卿擇可使者於是詹事府右贊善趙新持節銜

命以行既莅其國宜揚

天子神聖威武覆載無外之意咸拱聽慴伏抃悅歸出其所著

續志略二卷記山川道路制度風俗甚具以示同列其友

郭柏蔭受而讀之曰周禮行人之職掌辨異五物以反命

於王以周知天下之故又聞九能能說可以[illegible]君之

所爲其近是乎昔江舍人楫奉

命冊立以詩歌賡詠

聖朝懷柔盛德當時朝士咸黯稱之然而簡而不能賅也是略

以史書之義例爲記載之文章

宸章炳煥典禮裔燈俾後之至東瀛者有所遵循而考覈焉而

君之敬愼之忱亦藉以稍見也夫是爲序

光緒八年壬午秋八月侯官郭柏蔭序

續琉球國志略總目

詹事府右贊善臣趙　新恭輯

卷二子目除少數外絕無內容既稱詳前續志則何必例入目次蓋於其第一卷偷巧抄錄舊檔成書而已 氓

續琉球國志略首卷

詹事府右贊善臣趙　新恭輯

御書

彌服海隅

道光十八年

賜王尚育

同文式化

咸豐四年

賜王尚泰

瀛嶠屏藩

同治四年

賜王尚泰

詔勅

道光十八年封王尙育詔

奉

天承運

皇帝詔曰朕惟共球向化藎忱膺丹綍之褒屏翰銘勛世守席黃圖之舊嘉象來之致福久備藩封紹燕翼以承休式頒策命爾琉球國啟疆溟島率職海邦懋奕禩之經綸奉中朝之正朔中山王世子尙育克承先業丕茂嘉猷繼堂構以維勤奉幣琛而罔懈效朝宗於碧澥風靜鯨波肅拱衞於紫宸道通魚貫茲以序當嗣位表請錫封特遣正使翰林院修撰林鴻年副使翰林院編修高人鑑齎詔往封爾爲琉球國中山王爾國臣民以暨士庶其咸弼乃王益勵恪恭長延福祚思其艱以圖其易日修庶政以誠和勤於邦復儉於家永矢一心而翼戴纘箕裘於勿替千秋垂駿烈之光鞏帶礪以久安百世荷龍章之眷故茲詔示咸使聞知

道光十八年封王尙育勅

皇帝勅諭琉球國中山王世子尙育惟爾世宅瀛壖蔚爲國胄承華綺歲不愆視膳之儀主器藩方聿著維城之望茲以茅封嗣守葵向臚忱嘉越雉之遄飛驗東鯷之卽序雲帆轉海羅琛賮於十洲星使來王拱宸樞於萬里無忝箕裘之紹爵壤宜膺仍邀英蕩之頒絲綸載錫特遣正使翰林院修撰林鴻年副使翰林院編修高人鑑勅封爾爲琉球國中山王並賜爾及妃文幣等物爾祗承寵命益懋忠猷助宣醲化於鯤溟允答稠恩於鳳陛扶桑日麗被袞繡以揚輝析木波平奠藩維而遄職勿墜高曾之矩俾爾熾昌永惟帶礪之傳延於苗裔欽哉特諭

同治五年封王尚泰詔

奉

天承運

皇帝詔曰朕惟典隆圭組千秋垂帶礪之盟瑞集共球百世屹屏藩之衞紹箕裘而勿替舊德克承賁綸綍而崇褒新恩宜沛爾琉球國拓疆東海稟朔中朝慶土宇之久安荷帡幪之廣冐中山王世子尚泰夙禀令譽善繼先型虔述職於重溟早攄忱於九陛波恬碧澥頻輸琛賮以效珍星拱紫垣遠涉梯航以請命兹以序當嗣爵表顯錫封特遣正使詹事府右春坊右贊善趙新副使內閣中書舍人于光甲齎詔往封爾爲琉球國中山王爾國臣民以暨士庶其咸輔乃王益殫忠悃懋著豐規緜世澤以孔長鞏邦基於丕固思裕後光前之匪易勉啟乃心念宣猷贊化之宜勤無忘汝翼鴻庥滋至繼繩延茅壤之榮龍節載頒申錫拜楓廷之賜故兹誥示咸使聞知

同治五年封王尚泰勅

皇帝勅諭琉球國中山王世子尚泰惟爾毓秀海邦蜚音國冑肇隆肯構早踐望之丕昭德著維城果象賢之無忝兹以承祧衍慶纘業揚庥踰鼇島以來王航鯷溟而命使贍雲願切夙勤修貢於東瀛捧日心長彌冀近光於北闕嘉前徽之克紹久靜鯨波念崇爵之宜頒載宣鳳綍特遣正使詹事府右春坊右贊善趙新副使內閣中書舍人于光甲勅封爾爲琉球國中山王並賜爾及妃文幣等物爾祇膺寵命益勵葵忱式宏翼戴之勳大啟熾昌之緒祚延茅土環紫澥以承流榮被芝泥翊丹宸而布化萬里效星辰之拱用揚鴻烈於方來九天錫雨露之恩允荷龍光於靡極欽哉特諭

頒賜國王

蟒緞二疋　粧緞二疋　青緞二疋

字緞六疋　藍緞三疋　錦三疋

紗四疋　羅四疋　紡絲四疋

頒賜王妃

粧緞二疋　字緞四疋　藍緞二疋

青緞二疋　錦二疋　紗四疋

羅四疋

諭祭文

道光十八年諭祭故王尚灝文

維道光十有八年歲次戊戌六月庚午朔越二十四日癸巳

皇帝遣正使翰林院修撰林鴻年副使翰林院編修高人鑑致祭於琉球國中山王尚灝之靈曰共球奉職山河膺帶礪之封圭瓚陳卣筵几沛綸綍之澤念梯航之恭恪昭爵諡之哀榮特用賁章以揚豫薦爾琉球國中山王尚灝渤澥開疆橐苴分社璆琳啟檢永綏賜履之區冠帶來庭長效越裳之貢從鴻臚以典屬琛獻爻閭恬鼇極以朝宗鏡清寰海載徂奄告撫逝景於桑洲賜醊遙頒降恩光於椒醑誥宣銜鳳傳龍節以合符世守流蚪嘉象胥以纘服於戲作溟瀛之屏藩車書承化發聲香於俎豆楹桷增華惟寅恭懷星共之忱斯申錫普雲礽之慶褒茲靈爽尚克歆承

同治五年諭祭故王尚育文

維同治五年丙寅七月丁巳朔越二十日丙子

皇帝遣正使詹事府右贊善趙新副使內閣中書于光甲致祭於已故琉球國中山王尚育之靈曰車書承化東瀛之聲教常通俎豆升香北闕之恩施遠播念共球之效順設爵弁以飭終載考彝章用陳嘉薦爾琉球國中山王尚育拓疆碧海稟朔丹宸常殷就日之心梯航修貢夙仰同風之治琛賮來庭燕譽稱賢槎使屢馳乎龍節象胥典屬璽章無阻於鯤溟嗟逝景之難回淪徂忽告宜軫懷之倍切奠醱遙頒鳳詔傳宣諭祭而彤廷寵渥鷁舟利涉啟行而紫澥波恬於戲祚延茅土之封永盟帶礪榮荷椒筵之錫爰沛綸綍徽溯生前望宸居而拱極典隆身後膺申命而貽庥告爾潛靈尚其歆格

道光十八年諭祭天后文 二道

維道光十有八年歲次戊戌五月辛丑朔越一日壬寅

皇帝遣册封琉球國王正使翰林院修撰林鴻年副使翰林院編修高人鑑致祭

護國庇民妙靈昭應宏仁普濟福佑羣生誠感咸孚顯神贊順垂慈篤祜天后之神曰唯

神坤德含章坎孚普惠升靈澥島疏鯤窒以波恬表貺瀛壖導鷁帆而風順應臺灣之贊武曾著豐猷驗閩嶠之安瀾聿贍顯應茲以錫封殊域取道重溟爰命使臣祗將祀典尚其護茲綸綍佑彼津途波浪無驚飛鷁度高華之嶼苾芬特薦碩牲祈利濟之符蠲絜式陳

神明來格

諭祭天后文

維道光十有八年歲次戊戌　月　朔越

日

皇帝遣册封琉球國王正使翰林院修撰林鴻年副使翰林院編修高人鑑致祀

護國庇民妙靈昭應宏仁普濟福佑羣生誠感咸孚顯神贊順垂慈篤祐天后之神曰惟

神誕昭靈應隆翊昌圖導龍節以南來絲綸日煥護鷁帆而北返旌旆風和仰

神貺之無疆島嶼胥呈其五色俾使星之有耀波濤遠涉乎重洋聿答嘉祥宜申秩祀六鼇浪謐用宣威德於茅封雙鷁雲歸式薦苾芬於禾聿敬酬

靈爽尚鑒馨香

同治五年諭祭天后文 二道

維同治五年歲次丙寅　月　朔越　日

皇帝遣册封琉球國王正使詹事府右贊善趙新副使內閣中書舍人于光甲致祀

護國庇民妙靈昭應宏仁普濟福佑羣生誠感咸孚顯神贊順垂慈篤祐安瀾利運澤覃海宇恬波宣惠導流衍慶靖洋錫祉恩周德溥衛漕保泰振武綏疆

天后之神曰唯

神功贊乾元德符坤厚雲軿顯異八閩叨呵護之庥霧節敷仁四海切馨香之報濟舳艫之轉運靈偃鯨波導斧鉞以專征威揚鼇極巍號疊崇於紫階明徵久播於滄瀛茲以頒詔藩封渡航渤澥默冀

鴻慈之庇用脩牲薦之儀尚其佑彼津塗利茲舟檝錦帆霞燦捧芝檢以宣勤瑤聿星羅奠椒漿而告潔

神其來格鑒此苾芬

諭祭天后文

維同治五年歲次丙寅　月　朔越　日

皇帝遣册封琉球國王正使詹事府右贊善趙新副使內閣中書舍人于光甲致祀

護國庇民妙靈昭應宏仁普濟福佑羣生誠感咸孚顯神贊順垂慈篤祜安瀾利運澤覃海宇恬波宣惠導流衍慶靖洋錫祉恩周德溥衛漕保泰振武綏疆

天后之神曰惟

神隆翊昌圖誕敷闓澤波恬析木導龍節以遄歸日麗扶桑護鷁舟而徑渡煥綸綍於萬里殊方叨湛露之施揚旌旆於十洲巨瀚驗長風之順俾使星之有耀

信

靈貺之無涯爰舉明禮用申寅感回帆珠島允占利涉於南溟獻帛瑤祠彌切報功於北闕恪脩祀典冀答

神庥

道光十八年諭祭海神文二道

維道光十有八年歲次戊戌　月　朔越

日

皇帝遣册封琉球國王正使翰林院修撰林鴻年副使翰林院編修高人鑑致祭

南海之神曰惟

神惠孚兌澤位正離明表覞鱗洲接日星而滉瀁徵祥龍極滙江漢以朝宗遙覃南服之恩波青雲干呂近接中山之貢道錦浪乘槎茲以詔賚藩封道經巨瀚

用祈

庇佑特薦苾芬尚其靜攝波濤穩浮檣楫煥綸綍於華輿使節霞輝登罍俎於瑤壇靈旗風細恪將秩祀敬

迓

神庥

諭祭海神文

維道光十有八年歲次戊戌　月　朔越

日

皇帝遣册封琉球國王正使翰林院修撰林鴻年副使翰

林院編修高人鑑致祀

南海之神曰惟

神澤普無涯功昭旣濟瑶光交彩導龍節以遄征錦纜

澄輝泛鯨波而利涉鸞章捧至丸封羣懾乎德威隼

旆歸來珠島益徵夫

靈貺聿修牲薦敬報鴻猷露舶風檣效順紀鳴鼉之候

芬枝觽構酬庸隆肹蠁之儀式侑馨香

神其歆格

同治五年諭祭海神文二道

維同治五年歲次丙寅　月　朔越　日

皇帝遣册封琉球國王正使詹事府右贊善趙新副使內

閣中書舍人于光甲致祀

南海之神曰惟

神堅超四瀆量納百川布閶朱崖允正離明之位揚庥

碧澥式符兌澤之占翔瑞靄於鼇峯永綏南服靜洪

濤於鯷壑遠達中山顯應丕昭羣情共戴茲以錫封

海嶠取道瀛壖脩秩祀以抒忱冀

神聰之默鑒佑其護茲綸綍導以津梁鷁帆宜奉使之

勤輝騰霓旆龍勺肅薦馨之典靈集雲旗潔侑豐禋

祇祈

嘉貺

諭祭海神文

維同治五年歲次丙寅　月　朔越　日

皇帝遣冊封琉球國王正使詹事府右贊善趙新副使內

閣中書舍人于光甲致祀

南海之神曰惟

神德懋含宏惠敷利濟揚舲魚巽導星使以宣猷返旆

鵬溟率波臣而效職雲護十行之丹綍瓊島巡經風

迴萬頃之紫瀾牙檣穩渡遠播天威於殊域實叨

神佑於重洋默念豐功宜隆昭報鸞函恩錫茅封深翊

戴之忱隼旆吉旋芝輦肅苾芬之薦敬酬

靈爽尚冀來歆

續琉球國志略卷之一

詹事府右贊善臣趙　新恭輯

表奏

道光十六年請封表

琉球國中山王世子臣尚育誠惶誠恐稽首頓首謹

奏

表上言伏以

丹詔輝煌布恩綸於北闕

星槎迢遞傳寵命於南瀛

樹屏翰而懷柔隆茲體統

錫封章以寵賁煥厥規模慶洽蟻封歡騰蜃島欽惟

皇帝陛下

知周萬物

治協三王

赫濯聲靈式九圍而型于百辟

惇庸典禮斂五福以錫及萬邦

侯甸要荒盡入職方之府

躬桓蒲穀悉歸王會之圖八埏徧沐仁風四海皆瞻化

日臣育世叨

聖澤代守瀛壖胙土分茅自昔長依禹甸請

封襲爵於今欣戴
堯天謹遣陪臣向大烋孫光裕等遠叩
龍墀乞降
綸音以准襲遙覲
象闕恭求
册使而錫封伏願
至德彌崇
覃恩愈廣
建官分職由內臣而及外臣
合軌同文因舊典以開新典將見陽和布地醴泉與芝

草偕生瑞氣麗天甘露同景星並見矣臣育無任瞻
天仰
聖激切屏營之至謹奉
表恭
進以
聞
道光十六年八月初三日

道光十六年請封疏
琉球國中山王世子臣尚育謹
奏爲瀝懇循例
封襲以光世土以效忠勤事竊以敝國蕞爾彈丸渺茲尺
土世沐
天朝深仁厚澤有加無已臣先祖尚質於順治十一年荷
蒙
天恩頒給王爵印篆爲中山王永奠海邦臣先祖尚貞於
康熙二十一年叨荷
詔勅册封臣先祖尚敬於康熙五十七年祗受

封王臣太高祖尚穆於乾隆二十一年恭沐
皇恩封襲王爵臣高祖尚哲爲世子時棄世臣曾祖尚溫
於嘉慶五年叨蒙
册封臣祖尚成未及請
封早已棄世臣父尚灝於嘉慶十三年仰蒙
册封爲中山王臣祖於是年恭荷
誥命追封王爵臣父嗣爵以來恭勤匪懈一旦嬰病醫藥
無效於道光十四年五月二十九日薨逝臣小子以
嫡繼統恭循典例應請
封襲謹遣陪臣耳目官向大烋正議大夫孫光裕等齎叩

丹墀晨齊

奏請伏乞

聖恩體循臣先世事例差選

天使按臨蚊島俾臣育拜

綸音於海表世守藩軀膺

詔命於波區代供貢職則頂祝

皇恩浩蕩世世不朽矣伏祈

聖鑒勅部施行臣育不勝惶悚待

命之至謹具

奏以

聞

道光十六年八月初三日

同治三年請封表

琉球國中山王世子臣尚泰誠惶誠恐稽首頓首謹

奉

表上言伏以

天子當陽礪山帶河以建國

聖人御宇苴茅胙土以分藩

頒正朔於赤縣神州咸仰玉册金書之錫

圖王會於梟旌陰羽共瞻寶函鐵券之榮龕極冀安蟻

封忭頌欽惟

皇帝陛下

恩覃九有

道契三無

乃聖乃神乃武乃文億萬世光垂黼黻

自西自東自南自北千百國瑞輯冠裳海淺

仁深獄卑

德峻

春臺有慶

壽域同登臣泰躬叨

聖澤世守海邦服備外藩夙有請

封舊典統承先緒仍循嗣爵常經謹遣陪臣東國興毛發

榮邀叩
龍墀乞降
綸音以遂葵忱俾虎拜恭迓
册使之遥臨伏願
丹詔頒雲
黃圖輝日
榮膺冠帶廣玉帛之會於塗山
寵列屏藩大封建之模於澗水則沐日浴月八荒輸琛
贄之忱十雨五風六宇受雍熙之福矣臣泰無任瞻
天仰

望激切屏營之至謹奉
表恭
進以
聞
同治三年八月初四日

同治三年請封疏
琉球國中山王世子臣尚泰謹
奏爲援例陳情懇請
封襲以光疆宇以效忠勤事竊維敝國緜亙外藩蝸居荒
服世沐
天朝厚澤深仁有加無已臣先祖尚質於順治十一年荷
蒙
天恩頒給王爵印篆爲中山王永奠海邦先祖尚貞尚敬
尚穆均於康熙二十一年及五十七年並乾隆二十
一年先後

恩准封襲太高祖尚哲爲世子時卽世弗祿高祖尚溫於
嘉慶五年叨蒙
封襲王爵曾祖尚成雖未及請
封早已棄世而祖尚灝於嘉慶十三年叨蒙
封襲王爵曾祖亦於是年恭荷
誥命特許追封父尚育復於道光十八年祗受
册封爲中山王歲
列聖之遺逢勵兒孫以職守嗣爵以來夙夜兢兢承忠貞匪
懈詎意偶嬰微疾醫藥無靈遂於道光二十七年九
月十七日薨逝臣以嫡長孫繼統恭循典例虔請

封襲冀藉
皇威之遠被庶幾
壽域之同登謹遣陪臣耳目官東國興正議大夫毛發榮
趨叩
彤墀攄陳丹悃伏乞
聖恩體循臣先世事例
欽選天使按臨海疆俾臣泰迓
綸音於
北闕世守藩封膺
璽命於東瀛代修職貢則頂祝
皇仁長承
恩眷仰八紘之在宥願萬葉以為基矣伏祈
聖鑒飭部施行臣泰不勝惶悚待
命之至謹
奏
同治三年八月初四日

道光十八年謝　恩表
琉球國中山王臣尚育誠懽誠忭稽首頓首謹奉
表上言伏以
文命覃敷綸綍煥黃封之彩
仁恩廣被滄溟騰紫誥之輝
布渙號於三山鴻鈞亭育
頒乾符於萬里鑠版軒歌慶溢寰瀛歡增薄海欽惟
皇帝陛下
聰明天亶
恭讓性成
黼座垂裳照堯天之麗日
彤廷揮軫調舜陛之薰風臣育嗣守藩封代供貢職拜
荷
鳳詔褒封之典島嶼熔煋仰承
鸞書錫予之榮星雲糺縵瞻
神京而九叩望
帝闕以三呼拜命增虔撫躬益勵謹遣陪臣向寬楊德昌
等肅齎土物叩謝
天恩伏願
大造無私

孚誠不息
德政如辰居有所天涯之箕畢輸忱
聲靈窮亥步而遙域外之梯航接踵將見金甌永固河
山呈帶礪之休玉燭常調川嶽隷懷柔之化矣臣育
無任瞻
天仰
聖激切屏營之至謹奉
表稱
謝以
聞

道光十八年謝　恩疏
琉球國中山王臣尚育謹
奏為恭謝
天恩事竊臣育彈丸小國僻處海隅仰沐
皇上鴻慈允臣嗣封藩服於道光十八年
欽差正使翰林院修撰林鴻年副使翰林院編修高人鑑
持
節齎捧
詔勑
御書幣帛隨帶員役人等駕船一隻於本年五月初九日

按臨敝國臣育率領臣庶於迎恩亭恭請
皇上聖躬萬安卽敬迓
詔勑
御書幣帛奉安天使館內擇吉於六月二十四日先蒙
諭祭臣父王尚灝續於八月初三日荷蒙宣讀
詔勑封臣育為中山王
優賚臣及臣妃蟒緞綵緞等物臣育恭設香案望
闕叩頭謝
恩訖隨援照成例請於
天使懇留

詔勅爲傳國之寶蒙
天使查驗前封卷軸特允所請付臣一併珍藏復蒙
頒賜
御書弼服海陽匾額臣育及臣庶瞻仰歡忭叩頭祗領伏
念臣育世居島嶼夙隸
栟幪茲當嗣位之初仰邀
特簡詔臣遠來異域
眷舊臣而
賜醊
褒世胄而

錫封
宸翰騰輝奇縉耀彩誠寵榮之已極洵存沒之同欣臣育
曷勝感激特遣陪臣法司王舅翁寬紫金大夫楊德
昌使者馬繼興都通事魏學源通事鄭恩恭梁大章
等齎奉
表章率領官伴梢役坐駕船隻裝載土儀金鶴形一對
鶴踏銀岩座各全盛甲一領護手護臁各全金靶鞘
腰刀二把銀靶鞘腰刀二把黑漆靶鞘鍍金銅結束
腰刀二十把黑漆靶鞘鍍金銅結束鎗一十把黑漆
靶鞘鍍金銅結束袞刀一十把黑漆洒金馬鞍一座

轡銜絡頭前後牽鞘屧脊障泥鐙俱全金彩畫圍屏
二對精製摺扇五百把土絲綿二百束練蕉布三百
疋土苧布一百疋白剛錫五百觔紅銅五百觔再蒙
頒賜
御書另具金鶴形一對鶴踏銀岩座各全前來赴
京叩謝
天恩伏冀
聖慈俯鑒下悃臣育無任激切屏營之至謹
奏

同治五年謝　恩表

琉球國中山王臣尚泰誠懽誠忭稽首頓首謹奉

表上言伏以

皇仁同覆幬車書集一統之河山

帝德徧乾坤侯甸霈累朝之雨露

來王來享屏藩寵錫銀章

丕顯丕承帶礪榮分鐵券外邦溢慶環海騰懽欽惟

皇帝陛下

道軼羲軒

業高堯舜

安內攘外河清偕海晏揚休

緯武經文雨澍共風祥呈瑞咸頌

太平天子羣歌

有道聖人臣泰鮫島微員蠻宮荒服代沐

聖朝培植躬膺王爵襲封星使遙臨如覲

龍光而華祝

綸音遠賁爰伸虎拜以嵩呼五色煥

黃麻祖廟之蘋蘩映彩十行頒

丹詔球陽之嶽瀆增輝册立

覃恩蟻私莫報纘承舊業蚊負懷慚祗緣蝸處南隅匪遂

鳧趨

北闕謹遣陪臣馬朝棟阮宣詔等齎方物聊效葵傾叩

謝

天恩徒殷縣獻伏願

箕疇備福

姬籙凝庥

披王會之圖執玉帛者八百國

覽職方之掌奠金甌於億萬年將見璧合珠聯永慶雍

熙之治鳳儀獸舞咸游浩蕩之天矣臣泰無任瞻

天仰

聖激切屏營之至謹奉

表稱

謝以

聞

同治五年謝　恩疏

琉球國中山王臣尚泰謹

奏爲恭謝

天恩事竊臣泰彈丸小國僻處海隅仰沐

皇上鴻慈允臣嗣封藩服於同治五年

欽差正使詹事府右贊善趙新副使內閣中書舍人于光

甲持

節齎捧

詔勅幣帛隨帶員役人等駕船二隻於本年六月二十二

日按臨敝國臣泰率領臣庶於迎恩亭恭請

皇太后

皇上聖躬萬安即敬迓

詔勅幣帛奉安天使館內擇吉於七月二十日先蒙

諭祭臣父王臣尚育續於　月　日荷蒙宣讀

詔勅封臣泰爲中山王

優賚臣及臣妃蟒袍綵緞等物臣泰恭設香案望

闕叩頭謝

恩訖隨援照成例請於

天使懇留

詔勅爲傳國之寶蒙

天使查驗前封卷軸特允所請付臣一併珍藏臣泰及臣

庶瞻仰歡忭叩頭祇領伏念臣泰世居島嶼夙隸

屛幪茲當嗣位之初仰邀

特簡詞臣遠來異域

眷舊臣而

賜醊

襃世胄而

錫封

龍章鷹輝鳳穀耀彩誠寵榮之已極洵存歿之同欣臣泰

曷勝感激特遣陪臣法司王舅馬朝棟紫金大夫阮

宣詔使者向承儀都通事蔡呈禎通事金良弼阮成

勳等齎捧

表章率領官伴梢役坐駕船隻裝載土儀金鶴形一對

鶴踏銀岳座各全盔甲一領護手護臁各全金靶鞘

腰刀二把銀靶鞘腰刀二把黑漆靶鞘鍍金銅結束

腰刀二十把黑漆靶鞘鍍金銅結束鎗一十把黑漆

靶鞘鍍金銅結束袞刀一十把黑漆洒金馬鞍一座

轡銜絡頭前後牽鞧屧脊障泥鐙俱全金彩畫圍屛

二對精製摺扇五百把土絲綿二百束蕉布三百疋

土布一百疋白剛錫五百觔紅銅五百觔前來赴

京叩謝
天恩伏冀
聖慈俯鑒下悃臣泰無任激切屏營之至謹
奏

中山王尚育請存舊禮以勞使臣疏

琉球國中山王臣尚育謹
奏爲懇存舊禮以酬使臣仰祈
聖鑒事竊臣育海外藩垣邊隅澤國叨蒙
恩命允臣嗣封於道光十八年
欽差正使翰林院修撰林鴻年副使翰林院編修高人鑑
持
節恭奉
詔勅
御書幣帛於本年五月初九日按臨敝國六月二十四日

先行
諭祭臣父王尚灝續於八月初三日宣讀
詔勅封臣育爲中山王
欽賜臣及臣妃蟒緞綵緞等物復賞
頒賜
御書匾額此誠
皇上天高地厚之殊恩而臣育萬世無窮之光寵也竊惟
天使入境以來裁省供億約束丁胥上體
聖主懷柔至意嚴禁從前滋擾舊規舉國臣民同聲感頌
臣育僻處海隅無能隆禮故於宴款之際代物以金

雖自知乎菲薄實欲藉以將敬乃使臣屢辭不受義
正詞嚴允矣有恥不辱足爲
天朝慎簡得人慶矣但念使臣開關勞瘁遠涉風濤實爲
臣育之故酬德報功未展萬一殊慙舊禮之有缺愈
覺寸志之莫伸謹將御還宴金二封共計一百九十
二兩附遣陪臣法司王舅翁寬紫金大夫楊德昌等
進呈籲叩
聖恩
勑賜使臣收受庶臣育微忱得遂益堅愛戴之誠矣理合
上疏

奏明伏乞
皇上聖鑒臣育無任戰慄惶恐之至謹
奏
道光十八年八月十五日

中山王尚泰請存舊禮以勞使臣疏
琉球國中山王臣尚泰謹
奏爲懇存舊禮以酬使臣仰祈
聖鑒事竊臣泰海外藩垣邊陬澤國叨蒙
恩命允臣嗣封於同治五年
欽差正使詹事府右贊善趙新副使內閣中書于光甲持
節恭奉
詔勅幣帛於本年六月二十二日按臨敝國七月二十日
先行
諭祭臣父王臣尚育續於八月二十七日宣讀

詔勅封臣泰爲中山王
欽賜臣及臣妃蟒緞綵緞等物此誠
皇上天高地厚之殊恩而臣泰萬世無窮之光寵也竊惟
天使入境以來裁省供億約束丁胥上體
聖主懷柔至意嚴禁從前滋擾舊規舉國臣民同聲感頌
臣泰僻處海濱無能隆禮故於宴款之際伐物以金
雖自知乎菲薄實欲藉以將敬乃使臣屢辭不受義
正詞嚴允矣有恥不辱足爲
天朝慎簡得人慶矣但念使臣開關勞瘁遠涉風濤實爲
臣泰之故酬德報功未展萬一殊慙舊禮之有缺愈

覽寸志之莫伸謹將御還宴金二封共計一百九十
二兩附進陪臣法司王舅馬朝棟紫金大夫阮宣詔
等進呈御前
聖恩
勅賜使臣收受庶臣泰微忱得遂益堅愛戴之誠矣理合
上疏
奏明伏乞
皇上聖鑒臣泰無任戰慄惶恐之至謹
奏

國統

臣謹案琉球自尚穆以前其譜系已詳前志茲從前
續志略錄尚穆以來世系於左

尚穆　尚敬長子乾隆四年生十七年立二十一年受封五十九年薨孫尚温嗣

尚哲　尚穆長子乾隆二十四年生五十三年卒未及立

尚温　尚哲二子乾隆四十九年生六十年立嘉慶五年受封八年薨子尚成嗣

尚成　尚温長子嘉慶五年生八年秋立冬薨十三年追封

尚灝　尚哲四子乾隆五十二年生嘉慶八年立十三年受封道光十四年薨

尚育　尚灝長子嘉慶十八年生道光十四年立十八年受封二十七年薨

尚泰　尚育二子道光二十三年生二十七年立同治五年受封

續琉球國志略卷之二

詹事府右贊善臣趙　新恭輯

封貢

臣謹案琉球入貢始於明洪武五年受封始於永樂二年前明貢無常期本朝始定爲二年一貢該國王遵行世不失職封自康熙二年至今凡八次其在嘉慶十四年以前者已詳前續志茲謹錄嘉慶十五年尚灝受封以來如左

嘉慶十五年庚午秋尚灝遣耳目官向國柱正議大夫蔡肇業表貢方物併遣官生陳善繼馬執宏毛世輝梁元樞四人入監讀書

十七年壬申秋遣耳目官向謹正議大夫毛廷器表貢方物

十九年甲戌秋遣耳目官向斌正議大夫鄭嘉訓表貢方物常例外加賞蟒緞福字方大小絹箋筆墨硯雕漆器玻璃器等件

二十一年丙子秋遣耳目官毛維憲正議大夫蔡次九表貢方物

二十三年戊寅秋遣耳目官毛維新正議大夫鄭克新表貢方物常例外

加賞蟒緞福字方絹箋筆墨硯雕漆器玻璃器等件
二十五年庚辰秋遣耳目官向邦正正議大夫蔡肇
基表貢方物
道光元年辛巳秋遣王舅向廷謀正議大夫鄭文洙
慶賀
宣宗成皇帝登極表貢方物並進
香貢常例外
加賞各色八絲緞硯玉器琺瑯爐瓶盒琺瑯椀磁器玻璃
器等件
二年壬午秋遣耳目官毛樹德正議大夫王士惇表

貢方物常例外
加賞御書匾額蟒緞福字方絹箋筆墨硯雕漆器玻璃器
等件
四年甲申秋遣耳目官向廷楷正議大夫梁光地表
貢方物常例外
加賞蟒緞福字方絹箋筆墨硯雕漆器玻璃器等件
六年丙戌秋遣紫巾官馬開基正議大夫梁文翼表
貢方物常例外
加賞蟒緞福字方絹箋筆墨硯雕漆器玻璃器等件
八年戊子秋遣耳目官毛世輝正議大夫楊德昌表

貢方物常例外
加賞蟒緞福字方絹箋筆墨硯雕漆器玻璃器等件
十年庚寅秋遣耳目官向國壁正議大夫王丕烈表
貢方物常例外
加賞蟒緞福字方絹箋筆墨硯雕漆器玻璃器等件
十二年壬辰秋遣耳目官向永昌正議大夫鄭擇中表
貢方物常例外
加賞蟒緞福字方絹箋筆墨硯雕漆器玻璃器等件
十四年甲午秋尙育遣耳目官向如山正議大夫紅
泰熙表貢方物

十六年丙申秋遣耳目官向大烋正議大夫孫光裕
表貢方物兼請襲封
十七年丁酉秋遣翰林院修撰林鴻年編修高人鑑
充正副使往封王世子尙育遣陪臣鄭良弼至閩接
封
十八年戊戌夏林鴻年等至國
諭祭故王尙灝
册封尙育爲王秋尙育遣王舅翁寬紫金大夫楊德昌隨
同謝
封表進方物並遣耳目官章[illegible]勳正議大夫林奕海表貢

方物常例外
加賞蟒緞福字方絹箋筆墨硯雕漆器玻璃器等件
十九年己亥春臣鴻年臣人鑑回京代奏請官生入
學
二十年庚子秋遣耳目官向國鼎正議大夫林常裕
表貢方物本年欽奉上諭琉球改爲四年一貢特遣王舅向邦正正議大夫鄭元偉奏請
照舊間年進貢隨蒙允准並遣官生阮宣詔鄭學楷向克秀東
國興四人入監讀書向克秀回至閩病故
二十二年壬寅秋遣耳目官向紹元正議大夫魏恭
儉表貢方物常例外

加賞蟒緞福字方絹箋筆墨硯雕漆器玻璃器等件
二十四年甲辰秋遣耳目官毛嘉榮正議大夫鄭元
偉表貢方物
二十六年丙午秋遣耳目官向元模正議大夫梁必
達表貢方物常例外
加賞蟒緞福字方絹箋筆墨硯雕漆器玻璃器等件
二十八年戊申秋尚泰遣耳目官向統績正議大夫
鄭元觀表貢方物常例外
加賞蟒緞絹箋筆墨硯雕漆器玻璃器等件
三十年庚戌秋遣王舅夏超羣正議大夫毛有增慶

賀
文宗顯皇帝登極表貢方物並進
香貢常例外
加賞各色八絲緞硯玉器琺瑯爐瓶盒琺瑯盌磁器玻璃
器等件又
加賞蟒緞絹箋筆墨硯雕漆器玻璃器等件
咸豐二年壬子秋遣耳目官毛種美正議大夫蔡士
俊表貢方物常例外
加賞御書匾額蟒緞福字方絹箋筆墨硯雕漆器玻璃器
等件

四年甲寅秋遣紫巾官向邦棟正議大夫毛克進表
貢方物常例外
加賞蟒緞福字方絹箋筆墨硯雕漆器玻璃器等件
六年丙辰秋遣耳目官向有恆正議大夫阮宣詔表
貢方物常例外
加賞蟒緞福字方絹箋筆墨硯雕漆器玻璃器等件
八年戊午秋遣耳目官翁俊正議大夫阮孝銓表貢
方物常例外
加賞蟒緞福字方絹箋筆墨硯雕漆器玻璃器等件
十年庚申秋遣耳目官向志道正議大夫鄭德潤表

貢方物

同治元年壬戌秋遣耳目官向啟元正議大夫林長

隆表貢方物

同治二年癸亥秋遣王舅馬文英正議大夫毛克述

慶賀

皇上登極表貢方物並進

香貢常例外

加賞御書匾額各色八絲緞硯珐瑯爐瓶盒玉器珐瑯盌

玻璃器瓷器等件

三年甲子秋遣耳目官東國興正議大夫毛發榮表

貢方物兼請襲封

四年乙丑秋遣詹事府右贊善趙新內閣中書舍人

于光甲充正副使往封王世子尚泰遣陪臣　至

閩接封

五年丙寅夏趙新等至國

諭祭故王尚育

冊封尚泰爲王秋尚泰遣王舅馬朝棟紫金大夫阮宣詔

隨同謝

封表進方物並遣紫巾官毛文彩正議大夫魏掌治表貢

方物兼謝

賞賜

御書匾額

六年丁卯春臣新臣光甲回京代奏請官學生入學

典禮

臣等謹案

諭祭

冊封各典禮經前使臣汪楫更定此後並無增改其

追封一節亦經前使臣齊鯤酌定舉行備載前續志茲概

不錄

學校

自嘉慶十七年至道光四年那霸四邨（若狹町邨西東兩邨泉崎邨）唐榮二邨（大門邨久茂地邨）久島中人等（凡那霸人氏寓居唐榮邨中者號島中）各建學校置講課之法四時那霸官親臨各學稽察勤惰總理司長史等亦於四時按臨島中鄉學稽察

勸勵

學校有六一在若狹町邨曰學館一在西邨曰講館一在東邨曰學舍一在泉崎邨曰學道館一在大門邨曰教館一在久茂地邨曰敎舍各設講解師一員（唐榮人充之）主取官一員中取筆者各二員凡邨中冠童皆入學講習四書小學等書

政刑

詳前續志無增革

官制

臣等謹案前續志於球國官制未及詳載今從該國官職錄備載如左

王府北宮

國相一員其府有紫巾大親官一員座敷大親官三員與力役三名右筆一名

法官司三員各府有與力役各三名

紫巾御物奉行官三員各有吟味官一員

御鎖側官一員即司賓耳目官　御雙紙庫理官一員即典寶耳目官

平等側官一員即司刑耳目官　泊地頭官一員即管泊耳目官

吟味官五員即贊議官　評定所筆帖主取官一員

筆帖式九名考試用之　帳當主取官一員

筆帖式十名

王府下庫理殿

番之紫巾官無額數　番之座敷官無額數即察侍紀官

當官十二員即遏闕理官　勢頭官九員

里之子官十二員　筑登之官九員

王府內宮

總大親官一員法司兼任　紫巾大親官三員

座敷大親官三員

御近習座

御近習頭一員不拘品級　御近習官九員
筆帖式六名
御內原臺所又云內廚
膳夫庖丁一名
王府南宮書院
紫巾御書院奉行官三員　侍講官一員不拘品級選學優者充之
御書院當官三員即遏闥理官　侍讀生員不限人數
御右筆主取官一員　御右筆官六員考試任之
御茶道六名又云茗吏　御物當役二名
里之子官十二員

御料理座又云典膳所
大屋子二名　筆帖式二名
膳夫庖丁六名
大臺所又云供應所
大屋子二名　筆帖式二名
膳夫庖丁三名
御道具庫又云宴理器局
大屋子一名　筆帖式一名
醫師所
太醫師六員又云御醫者　候補醫師二員

王府貯藏所又云納殿
大筆帖式二名　小筆帖式二名
王府世系圖座又云御系圖座
王子奉行官一員　紫巾奉行官一員
中取官三員　筆帖式三名
高所又云賦稅司
紫巾奉行官一員　中取官三員
大屋子三名　筆帖式六名
勘定座又云覈實司
紫巾奉行官一員　中取官二員

大屋子六名　筆帖式九名
米藏
大屋子二名　筆帖式二名
御馬屋
圉師一員又云御別當　筆帖式一名
大美御殿國王副宮
總大親官一員法司兼任　紫宮大親官二員
座敷大親官一員
中城御殿即世子府
總大親官一員法司兼任　紫巾大親官三員

侍講官一員（不拘品級選學優者充之）　座敷大親官四員
侍讀生員（不限人數）　與力官六員
右筆官二員　里之子官三名
御小姓三名　圍師一員（又云御別當）
國學
紫巾奉行官一員
講解師一員（總理唐榮司選薦或入監官生爲之）
訓詁師一員（總理唐榮司考薦或入監官生爲之）
中取官二員　筆帖式二員
三平等鄉學

講解師各一員（總理司考薦之或入監官生爲之）
奉行官中取官筆帖式各二員
總横目（即觀察司）
紫巾總横目官一員　座敷總横目官二員
筆帖式二名
三平等小横目（即巡察官）
紫巾小横目官各一員　座敷小横目官各四員
筆帖式各十名
大與座
紫巾奉行官一員　中取官二員

筆帖式二名
寺社座（又云理梵司）
紫巾奉行官一員　中取官二員
筆帖式二名
鍛冶奉行所（又云鐵冶局）
鍛冶奉行官一員　筆帖式一名
瓦奉行所（又云司窑局）
瓦奉行一員　筆帖式三名
貝摺奉行所（又云嵌螺局）
貝摺奉行一員　筆帖式二名

普請奉行所（兼掌木石）
普請奉行一員　大屋子一名
筆帖式二名
山奉行所
紫巾奉行官一員　中取官二員
筆帖式三名
平等所（即審理所）
總奉行官一員（法司輪流掌之有審理則會議取決國相而後奏行）
平等側官一員（即前錄耳目官四員內一員）
吟味官一員（即前錄吟味官五員內一員）　大屋子三名（即跑那官）

筆帖式三名
取納座即徵課使
中南北三府
取納奉行各一員　筆帖式各五名
久米府一云唐榮
紫金大夫總理唐榮司一員
紫金大夫數無額　正議大夫數無額
中議大夫數無額　長史二員遇冊封添設二員
屬役筆帖式二名遇冊封添設二名　都通事數無額
副通事數無額　通事數無額

秀才數無額　若秀才數無額
講解師一員主考試或入監官生爲之　訓詁師一員主考試或入監官生爲之
副訓詁師一員主考試或入監官生爲之
著作文章總師一員主考試或入監官生爲之
著作文章師二員主考試　著作文章副師一員主考試
漢字主取官一員　漢字右筆官一員
漢字相附官二員主考試　漢字加勢官一名主考試
通書主取官一員主考試　通書相附官一員主考試
通書加勢官一名主考試
那霸府

那霸官二員　筆帖式二名
親見世
大屋子三名　筆帖式三名
船手即董冊所
大屋子二名　筆帖式二名
那霸藏三座
大屋子各二名　筆帖式各二名
冊封添設官員
館務司　承應所　掌牲所
供應所　理宴司　書簡司

評價司　管贄司　理座司
掌錄司　掌儀司　把門官
管馬司
奉使官
謝封法司王舅一員　謝封紫金大夫一員
進貢謝恩紫巾官一員　進貢副使正議大夫一員
謝封使者一員　朝京都通事二員
在船都通事二員　才府二員
官舍二員　存留通事一員
脇通事一員　王舅通事一員

紫金大夫通事一員　大筆者四名（又云大文）

脇筆者二名（又云小文）　與力七名

儀者一名　總官二名（又云少長）

船頭二名（又云直庫）

屬島在番

太平山在番一員　筆帖式二名

八重山在番一員　筆帖式二名

各郡在番（品級不拘）　各島在番（品級不拘）

各屬府土官

地頭代各一名　首里大屋子各一名

大掟各一名　南掟各一名

西掟各一名

各縣土官

掟各一名

太平山土官（即麻姑山）

平良頭目一名　下地頭目一名

砂川頭目一名　首里大屋子五名

八重山土官（一名北木山）

石垣頭目一名　大濱頭目一名

宮良頭目一名　首里大屋子四名

冠帶簪衣制

（正從）一品　彩織緞帽　錦帶　金簪　端青袍

（正從）二品　紫綾帽　龍蟠黃帶　正二品金簪　從二品金花銀柱簪　端青袍

（正從）三品　黃綾帽　龍蟠黃帶　銀簪　端青袍

（正從）四品　黃綾帽　龍蟠紅帶　銀簪　端青袍

（正從）五品　黃綾帽　雜色花帶　銀簪　端青袍

（正從）六七品　黃紬帽　雜色花帶　銀簪　端青袍

（正從）八九品　大紅縐紗帽　雜色衣帶　銀簪　端青袍

百姓　紅布帽　綠布帽　青花布帶　銅簪　藍袍　有功者銀簪　黃紬帽　端青袍

府署

臣等謹案該國但有王宮無官廨國有大政則自國相法司以下咸集議於王宮退則歸私宅王宮外有世子府第有天使館有天使舊館舊館分設七司以待封使此外則有二那霸公館一在舊使院前一在天使館東下天妃宮左皆深邃宏敞爲差辦管理那霸錢穀獄訟二官公所均詳載前志略

祠廟

均詳載前續志後無增建

風俗

臣謹案該國自久濡

聖化漸有華風前續志所載國俗有昔有今無者悉爲更正入辨誤條中

既經例歸藝文但本志並無藝文一目

人物

臣等謹案琉球自尙巴志合三山爲一至今國中制度臣民均恪守前規無卓卓可紀者卽間有一二穆行經該國王照例旌奬亦無實在事蹟可稽其或以著作名者亦祇古近體詩例歸藝文茲不複載

物產

備載前續志茲不錄

針路

臣等謹案封舟自五虎山開洋歷來皆用乙針或參
用辰卯今則專用辰卯自五虎至馬齒三四日可到
極爲穩便

國朝使臣汪楫周煌李鼎元齊鯤等各有紀錄備載前
續志略茲不具列謹載道光十八年並此次前後針
路如左

道光十八年五月初四日五虎門放洋午未風用辰
針申刻過竿塘二更酉見東砂三更未風用卯辰針
初五日未刻南見半架山初六日酉戌風用卯針未
刻取釣魚山申刻取久塲島酉刻巳風用卯辰針近
晡轉辰巳風初更轉午方用卯辰針初七日黎明取
久米赤島酉刻申酉風仍用卯辰針初八日黎明西
見姑米島申刻見馬齒山酉刻灣泊那霸洋面初九
日辰刻進那霸港

道光十八年十月十二日那霸港開洋寅卯風用酉
針未刻風轉丑方仍用酉針酉刻過馬齒山十三日
子風用酉戌針辰刻取姑米島四更丑風仍用酉戌
針十四日風止舟停四更亥子風起仍用酉針十六
日辰刻子丑風用酉戌針三更寅風用戌針十七日

二更辰巳風用酉戌針十八日子丑風仍用酉戌針辰刻見中華外山未刻見南杞山用未申針十九日午刻過定海未刻進五虎門

同治五年六月初九日卯刻放洋未風兼酉用辰針船由上向駕駛故用辰針午刻轉正南風用辰針過笮塘申刻過東湧東沙洋面初十日轉西南風用辰針申刻過半架山十一日轉午風用卯辰針酉刻過釣魚山戌刻過久場島亥刻用寅卯針十二日卯刻轉午未風用卯辰針午刻轉巳午風用寅卯針未刻過久米赤島申刻風停是夜轉巳午微風十三日風停船順流而行是夜亥刻起丑風用卯辰針十四日丑風用卯辰針夜同十五日轉卯風用辰巳針辰刻見姑米山十六日轉寅卯風用巳午針申刻駛近姑米山酉刻該島有小船數十隻來引三更進姑米山前寄椗十七日卯刻起椗巳刻進兼城港口下椗申刻起未申風正西南起椗開行戌刻風停船流不定至十八日辰刻開放大炮該島又有小船前來挽帶因海潮沖進不能近山小船亦難前駛十九日隨流二百餘里申刻起午未風船向姑米山駕駛此時向山而行未用針二十日午未風加巾頂駛近姑米山因見午未風色順利即向馬齒山駕駛二

十一日辰刻到馬齒山酉刻抵那霸港收泊

同治五年十一月初十日登舟巳刻自那霸港開洋丑寅風針向酉申刻過馬齒山酉刻丑風針向辛戌夜子刻風暴十一日未刻丑風針向辛戌十二日丑風針向戌夜子刻丑風針向辛戌十三日丑風針向辛酉未刻丑風針向辛酉十四日丑風針向辛酉夜子刻丑風針向坤申十五日子丑風針向坤申夜子刻至四嶼寄椗

靈蹟
臣等謹案琉球自通貢以來封使遠涉重洋者靡不
仰藉
神庥歷蒙
佑助得以往來無滯前續志略所載紅光魚鳥諸瑞使
臣於復
命日據實陳奏輒邀
温旨
褒錫
恩綸臣新等幸膺斯役於到閩日遵照舊章迎請

天后
尙書
拿公各行像在船保護
詔勅於五年六月十九日舟抵球界之姑米外洋連日因
風帆未順水深不能下椗是日適值暴期斷虹現於
東北午後黑雲陡起海色如墨一舟皆驚臣等謹焚
香默禱
天后
尙書
拿公並本船所供　蘇神各神前入夜墨雲四散仰見

星光闔舟額慶又於十一月初十日自球返棹放洋
是夕復遇暴風巨浪山立越過船頂船身幾沒復觸
礁沙勢極危險臣等復於神前虔禱化險爲平此皆
仰賴
聖主洪福而來往保護
詔書龍節亦資神力臣等溯查歷屆
册封事竣例得爲
天后
尙書
拿公請加封號或賜匾額此次仍請照舊頒發惟本船

所供蘇神未列
祀典臣等查詢閩省士民據云神蘇姓名碧雲係福建同
安縣人生於明季天啟年間讀書樂道不求仕進晚
年移居海島洞悉海道情形海船均蒙指引平安殁
後於海面屢著靈異兵商各船均祀香火每歲閩省
巡洋偶遭危險一經籲禱俱獲安全此次復屢叨護
佑可否援照海神之例一併頒給匾額用荅
神庥尋得
旨允行

福州吳玉田鐫字

右續琉球國志略上下二卷　先君子於同治五年
奉
命爲正使歸舟餘暇纂錄成書緣乾隆間有翰林院侍讀
周煌所纂志略齊北瀛太守有東瀛百詠而林勿邨
中丞所著錄者未見恐鉅典煌煌散佚無考故定著
續琉球國志略其義例悉仍前志云不肖男濂慶崧
慶椿孫詒書謹識

續琉球國志略　下　跋　一

一芙千
珊鞭斷折
襆被單車出
風濤險惡間
何似春

中山見聞辨異二卷

〔清〕黄景福撰

《中山見聞辨異》二卷，清黄景福撰。景福字玉堂，浙江錢塘（今杭州）人，副貢生，嘉慶時任琉球官學教習。序稱自任教習以來，較覈國中册使、教習所著琉球諸書，知其間頗有異同，因思向來册使琉球，多止於那霸，限於體統、持地、言語等，所記難免轇轕，琉球諸生既有來自那霸以外者，故於授課之餘，逐條咨詢釐正，遂成此書。書前凡例稱其書專爲辨同異、明是非而作，其諸書所載無異辭且不訛者則不録。其辨諸書之出入，周煌《琉球國志略》以外，遍及明清以來夏子陽、胡靖、張學禮、汪楫、徐葆光、李鼎元諸人出使琉球所録。所作辨正，殆多據琉球生實證，如汪録、夏録、李録並云琉球男逸女勞，詢之諸生，則云男女均勞，游手好閒者有之，然不可以爲通國病也；夏録稱隆冬間有霜雪，諸生則云有霜而無冰雪。凡此皆允稱實事求是，而諸録之不可盡信，於此亦可略見一斑。據中國國家圖書館藏清嘉慶間刻本影印。

中山見聞辨異

序　一

按史唐太宗時高麗百濟新羅高昌吐蕃皆遣子弟入學明高祖時高麗亦與試選然[illegible]周事[illegible]我朝文教誕敷重熙累洽朝貢之國無遠勿届較之[illegible]玉帛殆有過焉而琉球踵高麗之後航海輸誠旋蒙聖祖仁皇帝特恩定例兩年一貢并准令隨封後遣陪臣子弟入監肄業至今已五次矣其仰邀列聖之恩施我皇上之寵錫至優極渥榮甲諸藩前冊使臣汪楫臣徐葆光臣周煌臣李鼎元教習臣潘相俱有記錄而臣周煌琉球志略參彙羣書最爲賅洽嘉慶辛未孟冬臣奉旨教習該國肄業官生入學以來參閱國中所著中山世系等書詳加較覈頗有異同雖百十年來世變風移先後不無易轍而其間譌悞相仍之處亦復不少因思該國天使館在那覇府向來冊使見聞多那覇事况時日有限兼以體統攸關未便瑣瑣搜訪而該國官吏率多不諳華語其得之隨從人等者輾轉傳聞難免轇轕今該官生馬執宏毛世輝係首里府人陳善繼梁元樞係久米村人跟伴豐紹芳又那覇府人且師生情誼之親在

學三年之久因得于督課之餘從容諮詢隨時逐條細加甄正務期簡切詳明以備
史宬採輯之用名之曰中山見聞辨異雖不敢謂一無遺悞而與鄒衍談天齊諧誌怪率皆荒誕無稽者庶有間焉
嘉慶閼逢閹茂臘月朔琉球官學教習臣黃景福謹序

凡例

一朝賀進貢謝恩等奏表及一切圖繪碑記文前人畧備茲不具載

一山川城郭祠廟名勝屬島羣書誌之詳矣間有彼此互異之處難以偏信概付闕如

一該國物產等與中國有同有異有名同物異有名異物同參之諸書頗多疑竇今臣除一二經見土產并諸官生所言實堪質信者分條辨正外餘皆未經目覩不敢臆斷

一諸書所載有前後一轍且無訛傳疑義者悉勿錄

一入學事宜及一切頒領衣服廩餼月給之類照成例辦理外其有因時而小變者亦爲拈出以備稽查

一是編專爲辨同異明是非蓋記載之文貴乎考信也琉球自隋以來歷世久遠凡制度文爲民風土俗因時異尚隨地換形今臣祇據現在見聞之可信者并合諸書之可疑者逐條細詢諸官生務得覈實以揚

皇風倘疑信叅半則寧缺毋濫不敢蹈一悞再悞之病
一前教習臣潘相著有琉球入學見聞錄抄本存貯
御書樓今臣是編亦呈明本監堂師鑒存收貯移交典籍廳
入冊俾後之專是職者得以資考鑑焉

中山見聞辨異卷一

琉球官學教習臣黃景福恭輯

臣按琉球隋以前無考隋大業元年海帥何蠻上言海上有烟霧氣不知幾千里乃流求也此流求著名之始（中山世鑑隋使羽騎尉朱寬至國于萬壽間見地形如虬龍浮水中始曰流虬新唐書作流鬼粵志作瑠求中山諸系宋景定五年改流求曰瑠求明洪武五年改瑠求曰琉球）後招之不服伐之不服元又伐之不服明洪武五年遣行人楊載賫詔往諭中山王察度遣弟泰期奉表貢方物此通中國之始七年又遣泰期入貢太祖賜文綺紗羅等此受賜之始永樂二年太宗遣行人時中往詔武寧襲中山王爵此受封之始我

祖章皇帝膺

天受命琉球入貢輸誠百餘年來世修侯度恪凛

王章故能屢邀

聖世之恩綸永作

天朝之屏藩云

國自元延祐間分爲三中山爲中頭屬間切（所屬球名間切不名府也土名抹極列志畧作府土名間切俱悞）十四山南爲島尾（志作島窟悞）屬間

切十二山北爲國頭屬間切九府所屬曰村土名母喇志作村頭撰李鼎元記別開切于屬府之外似更撰明宣德時合爲一臣按中山譜系明永樂二十年尚巴志王即位勤政愛民後滅山北遂平山南則合而爲一不在宣德時似爲可據

國在海東滇明冊使夏子陽錄以一統輿圖視之則在東南以閩省視之則在閩東北然冊使多用乙針又似居艮方後用卯針則封舟又飄過北山知指南廣義主用卯針之說不足憑近去用乙針參以辰卯來用辛針參以甲午較爲諦當

國都中轄三十九間切首里那覇久米爲三省皆在外首里爲王城泊附首里與那覇皆名府不名間切久米名村又與間切所屬曰村之村異志載首里泊久米那覇爲四府非外環三十六島外島也屬琉球統轄治之法擇本島能中山語者給黃帽爲酋長遣親雲上監撫之名奉行官主其獄訟賦其土宜于王其星野與楊州吳越同屬女牛之次俱在丑宮康熙五十八年遣員豐盛額偕冊使海寶徐葆光同往測量地形南北長東西狹冊使汪楫錄幅員可五六千里東西長南北狹志略非之臣詢之官生云國中以中國十里爲一里與冊使徐葆光錄相符又云大不踰中國千里之數與志略東西可數十里南北四百四十里之說亦合汪錄失實無疑

凡船行來以孟冬後東北風自姑米山至福州凡五十更六十里爲一更計三千里去以孟夏後西南風自福州至姑米山止四十更計二千四百里姑米距國都四百八十里來時繞南北行故里數較遠前人動稱萬里特懸揣耳

志略洪武間因該國人遭風後賜閩人善操舟者三十六姓以便往來臣歷考諸書僅有永樂中撥閩人蔡璟往充水手一事並無賜姓操舟明文及觀球人程順則聖廟記遺三十六姓徃鐸一語則知前明賜姓廣文教

也居久米村今存七姓又萬歷三十四年王奏稱洪永間賜閩人三十六姓知書者授大夫長史爲朝貢之司習海者授通事爲指南之備今皆知書者鮮之國中重久米人以此

先王之制凡屬國止封其君而其臣之爵秩不與聞焉琉球爵秩亦分九品如中國例志略較徐錄所載爲詳然其間正多舛錯爲分條釐正之

國王初嗣位稱權國事請封見冊使稱中山王世子受封後始稱王徐錄有元侯郡侯邑侯郡伯邑伯等爵皆無考

王子按司俱出品今并無按司

國相正一品（舊作左右二員今止一員）法司官三員從一品（以上皆首里缺）

（前間有久米人爲之者即入籍首里）

紫金官（首里缺）紫金大夫（久米缺）加法司銜正二品紫金官

紫金大夫從二品（以下員數惟耳目官定例四員餘則俱無定額舊作久米紫金大夫四員悞）

耳目官（首里缺）正三品正議大夫（久米缺）加耳目官銜從三品

吟味官（首里缺徐錄作贊議）正議大夫正四品那覇官（首里缺）中議

大夫長史（久米缺）俱從四品（舊增載察侍紀官按察侍紀乃土語非銜名也）

正殿當官（首里缺舊作遏闥理官按遏闥理亦土語非銜名也）都通事（久米缺）正五品副通事加當官（久米缺）從五品

正殿勢頭官（首里缺）正六品加勢頭官（公缺）從六品

里之子親雲上（公缺）副通事（久米缺）正七品筑登之親雲上（首里那覇缺）從七品

正殿里之子（首里缺）正八品里之子座（公缺）從八品

正殿筑登之（首里缺）正九品筑登之座（首里那覇缺）從九品

又久米村選紫金大夫內一員爲總理唐營司（久米一名唐營）

正中議都通內二員爲長史專主朝貢禮儀文移那覇府選那覇之親雲上等爲總理司專司府事外久米村另有筆者副（志作若悞）筆者即書吏是皆那覇人充之久米人十二歲拜孔聖國王後爲若秀才無米（志作七歲給米二石又十二歲始拜孔聖國王均悞）十五歲薙頂髮又拜孔聖國王後爲秀才給米二石康熙年間各裁一石皆未入品志略此即官不必有其人職不必專其事之類非是

祿精三等一俸米一采地一功米俸米按時給領官罷則已采地王子總理一郡或一代或數代視其功之大

小爲率未有一王子而領二郡者（舊錄或二郡悞）國相領二郡法司各領一郡其餘或一郡或一村（郡即間切村即間切屬地）亦以功之大小爲率並無計畝遞減之例前教習潘相見聞錄或一郡兩郡或一邑數邑或計畝子孫以次遞減至曾孫則不減永爲世祿亦非功米（土名知行）視功定額加于俸米采地之外數十百石不等舊訛稱切米按切米乃計人口賑貧之名非功米也志疑切乃功字之訛亦非是

冠制國王烏紗帽雙翅側衡上向盤金朱纓垂頷更有

皮弁五色帽王子弟青地花帽正一品花紫錦從一正二從二素紫錦正三至正七黃綾從七黃絹（志作正六至從七俱黃絹非）正八至從九紅絹王府各役青綠絹民間不戴帽也（志畧）又有片帽以黑絹爲之漫頂下簷作六棱按此因隨從人隨貢使入中國特製此冠非平居之冠也

衣服王著蟒袍犀角白玉帶官民皆寬博交衽袖長不掩指右襟缺末三品上例用緞五品上例用綢餘皆以布帶以黃地錦花爲貴次青地龍蟠次赤地龍蟠七品下雜色花帶（志畧以紫地爲貴按帶無紫地者）國惟王著靴臣民無男女皆草鞁

簪制王龍頭妃鳳頭皆金簪一品至正二素金簪從二金頭銀柱三品下俱銀簪民皆銅命婦士妻視其夫民婦（志作民間僕）多以玳瑁

貢使多三品官加金簪官生多八品官特易紅綾帽國人至中國始著靴

隋史無文字徐錄稱舜天時依日本國書制字母四十七名依祿花祿舊作魯按此以漢字譯球音與本音不合卽所譯四十七字與所書字樣多有未恊潘錄因之今爲辨正如左

イ（依）ロ（祿舊譯作魯）ハ（花）ニ（宜舊譯作義）ホ（夫舊書作木）ヘ（揮舊書作人）ト（都）チ（欺舊譯作痴）リ（利）ヌ（奴）ル（魯舊譯作祿）ヲ（烏）ワ（哇舊書作ツ）カ（喀）ヨ（由舊譯作夭）タ（達）レ（禮舊書作レ譯作力）ソ（蘇舊書作リ）ツ（即）ネ（你）ナ（那）ラ（喇去聲）ム（某）ウ（務）ヰ（兮舊譯作依）ノ（奴）オ（烏）ク（姑）ヤ（耶舊書作ヤ）マ（馬）ケ（其）フ（夫舊書作ノ）コ（庫舊書作エ）エ（涯舊書作エ譯作而）テ（梯）ア（阿舊書作卩譯作邪）サ（沙）キ（基）ユ（由舊書作夭）メ（每）ミ（米）シ（失舊書作乙譯作志）ヱ（意）ヒ（蜚）モ（毛）セ（失舊書作世譯作世）ス（洗舊譯作使）ン（媽此另是一字以聯屬諸音者）（舊書作二）有一字作二三字讀者有二三字作一字讀者有五六字作一字讀者略做中國切音潘錄已詳辨之

元陶宗儀云琉球進貢表文用木爲簡橫行刊字于其上類蝌蚪書今表奏皆中國書

又云以彼國書寫中國詩文雖不可讀而筆勢縱橫龍蛇飛舞恍有顛素之遺志略亦云（臣）見其抄本書籍略似草書可識者十之三四筆力健挺許以顛素則未也

（臣）又見其國中四書古文照中國官板而旁字母鈎挑細如髮讀法實字在上虛字倒下語言亦然悉如中國所載試令讀之無斷續節奏且多鼻音夷語難通矣

前教習潘相兩蒙

高宗純皇帝垂詢該國語音一一陳奏後復于見聞錄內詳列語言誦聲數條臣復與官生逐一稽對率多不合語言則該國人本有同異即中國人以漢字譯之者亦難免四聲舛錯可無庸辨誦聲如潘錄列大學首條照球書兩旁字母鈎挑間有小異此由字母舊書錯悞所致前條已明辨之至讀法大學二字連讀之道二字亦連讀讀法實字在上虛字倒下如之道二字文意連屬則文不倒虛字矣讀大學云代渴古之道云奴密吉次讀明德字明字在字讀明德云迷篤古聲明字云迷在字云阿列次讀親民字在字讀親民云聲名在字仍云阿列次讀至善字止字於字在字讀至善云希人止字云希於字云烏在字仍云阿列而潘錄讀大學之道句云裂依牙喀奴米自驥在明明德句云蕃都姑牙痴喇喀義使祿義牙利在親民句云達米烏牙喇達乂使祿義牙利在止於至善句云祿義都魯馬魯義祿義牙利判然各別餘亦類然復詢之諸生云國中並無兩樣讀法潘錄所載諸生亦不能曉不知當日何所見而云然也

隋書土人呼王爲可老羊妻曰多拔茶夏錄今稱王曰敖那稱妃曰扎喇徐錄王曰倭急拿敖那又曰哭泥華王妃曰倭男禮喇諸錄互相駁詰志略國語多有音無字即國字譯者第就漢文之音同者代之究非的字也此爲不易之論大抵夷語本屬難通兼以時地變易不定摘舉數則足廣異聞可不必深究也

球語多有音無字且不可解向來以漢字譯球音者務于文義通順殊失本音如草鞋名煞拔今譯作三板屋內舖細蓆內裹草以布爲緣名搨搨密今譯作脚踏棉之類不可枚指不知內地土音如齊人謂荀爲蒙謂鮮爲斯楚人謂牢爲霤謂多爲夥亦多不可解必欲強爲之解殊失之鑿不如以不解解之之爲得也

國中有兵器刀鎗劍戟皆備火炮多用銅鑄夏錄矛戟皆脆弱弓長如屋檐射則樹于地兩手持之發矢甚遠徐錄因之皆不確無兵卒志略寓兵于農也有文員無武職徐錄文官兼之也如儀衛使武備司皆文官兼之該國自平定山南山北後久臻寧謐倭人不侵島人不叛尚德王時奇界島叛尚貞王時八重山叛尚清王時烏父烏叛是以兵甲不起非恃險不設備者比蓋書謂恃鐵板沙之險又國中有三首六臂神隣寇來侵

能易水爲鹽化米爲沙誕妄不經志略駁之極允

志略家皆有刀甲有事則領國中親雲上筑登之皆習弓箭按此間有之事並非定例

國有死刑三一凌遲一斬央一鎗刺輕刑五一流一曝日一夾一枷一笞志略所載已無遺悞謝錄開腹之刑汪錄民犯罪當死者輒自殺皆無考（近新增刑律十八條）

汪錄國中不設官廨誠然至云無聽訟之所民犯罪至輕者令自閉室中不得出戶或三年二年乃縱之今考首里府有平等所專司聽訟民間輕罪即拘禁其中限

滿乃釋之非自室也

志略田有公私之別公田有二一爲王府公田民耕之輸粟有定額一爲各官采地公田亦民耕之官民均分應派費用出于官分之半不派民也二項均不得賣買私田則民所應募墾闢者除量納官米外聽爲世業仍許賣買夏錄田賦寓古遺意上下各食其土無他誅求誠信

國常用日本寬永鈔錢質甚美近與日本不通故國人珍之市多以貨易貨也志略李錄俱有選

用封另鑄小錢之說小錢大不及鵝眼無字無輪郭每百長寸許五十五貫當球銀一兩徐錄明洪武永樂皆賜錢天順二年請照永樂宣德間例賜錢禮部議寢之

本朝無賜錢例

聖廟在久米村泉崎橋北創始于康熙十二年（潘錄作十三年）明年廟成又明年行丁祭禮每月朔望日行釋菜禮又建祠祀啓聖並四配父（潘錄皆塑像又設木主四配各手一經詩書易春秋）其一切廟制俎豆禮儀悉遵會典志略久米子弟就學其中按其時未立學故也

康熙五十八年復建明倫堂于文廟南謂之府學國中舊制擇久米大夫通事一人爲講解師月吉讀

聖諭衍義三六九日紫金大夫詣講堂理中國往來貢典察諸生勤惰藉其能者備保舉八歲入學者擇通事中一人爲訓詁師教之潘錄載之甚詳

嘉慶三年尚溫王始建國學于王府北肄業者無定額皆首里人王之子弟暨陪臣三品上之子弟皆與焉外又建鄉學三（舊日所無潘錄首里設鄉學三擇久米人爲之師非是）共四品下之子弟及國中子弟例由鄉學選入國學定制擇紫金官

二員總理當官二員專司督課肄業內五人爲學長凡首里人皆由此進升其有未入國學者即登仕版亦難擢升高位也

嘉慶三年尚温王復與陪臣議建文廟于新建國學之南牆垣已備今尚未落成

嘉慶七年那霸官民斂資具請于王建鄉學四每學由總理等官公舉久米人仍請于王王擇一人爲之師董其事者即那霸耆舊紳士爲之歲給廩餼焉

國無科目考試率皆鄉舉里選以次遞升首里由紫金等官久米那霸則皆由總理等官公同選舉惟久米補官向有試表奏之例近增以試詩例前此未有也徐錄秀才每年十二月試以四書題作詩或一首或八句四句能者以次遞升向無其例

文廟兩廡皆蓄經書多自福州購回盡內地書至國人所著如世纘圖記中山歷傳世系中山世鑑中山集閩遊草燕遊草中山官制考指南廣義執圭堂草觀光堂遊草濟園集要務彙編四本堂集五雲堂集等不與焉

汪錄國中皆日本國書潘錄考四譯館館考云日本有四書五經及佛書白樂天集皆得自中國未聞有宋儒之書而球板近思錄屢引明一統志邱瓊山家禮梅誕生字彙似刻于明李者葢其三十六姓本係閩人閩又有存留館球人往還存寓故能知宋儒之書携歸另刋旁附球字以便誦習非日本人所能且遵用前明宏治萬歷年號正朔屢見于序亦非必倭人之書也

潘錄據官生云四書刻于尚貞王在明正德時由來已久但球無科目兼係海外一隅之刻乃有大魁天下及英雄待點頭之語球人不祀文昌乃有文昌像其古文眞寶亦云大魁（國中四書刊本離婁卷末有文昌像旁辨云氷鑑無私三千禮樂皆翘首文章有用五百英雄待點頭萬章卷末又有大魁天下從此楷梯賛）似內地有此本而球人依倣刻之者

汪錄國僧多遊學日本歸教其國中子弟潘錄外村人皆讀其國書註云即法司教條後并載法司教條一段臣細譯之亦只是中國學官一條例不過易漢文爲球語耳不得謂之書潘又云以寺爲塾以僧爲師近日多立家塾以意揣之想讀書僧寺不特在未立塾以前且當在未賜閩人三十六姓之前也

夏錄僧識番字亦識孔氏書以其少時曾往倭國習之故能歸教其國中子弟又云作詩惟僧能之志略仙江院僧宗實與萬松院不羈天王寺瘦梅為三詩僧李錄此行遍訪無一能詩者且未聞有通僧能以文字教人者今大異于古所云矣

中山見聞辨異卷二

琉球官學教習臣黃景福恭輯

徐錄多暖少寒無冰霜雪希降夏錄氣候常熱隆冬間有霜雪今詢知國中並無冰雪間有霜與雹耳

朝野僉載人形短小似崑崙隋書深目長鼻李錄曾辨之今臣除見官生跟役外又接見兩次貢使隨從人等頗有魁梧奇偉美秀而文者且聞久米人俊髦甲于諸村姑米山人更有豐頤修髯迥異常夷者蓋海隅漸被
皇風者深故誕育亦多秀良大不似往昔矣

汪錄農習于惰夏錄男子多仰給于婦人謝杰補遺儉而不勤（夏錄作能勤）女力耕作男坐而食之李錄男逸女勞無肩擔背負者諸生云男力耕女力織擔負則男女皆有貧民負薪運米婦人兼為之據此非男子皆荒于嬉也大抵游手好閒者有之不得以此為通國病

汪錄國人無姓或以所生之地為名或以上世所官之地為名志略國人名字皆王所賜李錄據球人楊文鳳云世祿之家皆賜姓士庶率以田地為姓更無名臣細詢諸生云國自前明賜閩人後俱有姓名如中國例謂

之唐名不僅三十六姓爲然也外生時各有小名貴賤皆然又別有土名卽上世所官之地名乃采地名也（汪錄作田名）采地由王論功之大小定數之多寡年之遠近年滿則地削而名亦易矣後人有能亢宗者別賜采地則更他名王賜采地非賜姓名也未聞有世祿之家始賜姓者亦未有以所生之地爲名者至庶人本無采地何由以田地爲姓名再土名一傳而後祖孫父子兄弟多有相同小名惟孫偶同祖之名父子兄弟不相同語甚明晰羣書不免訛以傳訛又汪錄祖孫父子兄弟同名

張錄父子不相同孫則同祖之名又未能專指小名均屬朦混

胡靖錄國無名利縈心之累民無有餘不足之憂李錄球人向世德云土妓率皆貧民豈非不足而縈利者胡又云人無勞心多致天年李錄長史梁邦弼云國人多不壽小底（李錄陪臣對天使之稱冊使費公詩註夷官自稱小底古契丹語）尤早衰以知胡語不實

明一統志人無摽掠謝錄貧而不盜（潘錄作少盜）張錄道不拾遺詢之果信近聞間有鼠竊之輩惟無盜耳至不閉戶惟鄉間（山南山北故此皆名鄉間）爲然餘則啟閉如常

國中有土妓無官妓土妓祇那覇有之首里久米無是也張錄女子有不嫁人者離父母自居專接外島貿易之客女之親戚兄弟仍與外客敘親往來不以爲耻臣竊疑琉球久邀

聖世之薰陶爲海邦之善國豈猶有此鄭衛淫靡之習李錄問球人向世德云聞女子願爲土妓者聽其接交外客女之兄弟仍與外客敘親往來信乎對曰誠有之然率皆貧民故不以爲耻夫土妓貧不爲耻猶可言也若女

子不嫁人離父母而接外客亦不以爲耻此陰蹈妓之行而明逃妓之名且非必由貧之故則是稍知廉節者所不爲况琉球爲守禮之邦乎向又云已嫁而犯姦者許女之父兄自殺之不以告王卽告王王亦不赦豈有未嫁而犯姦者女之父兄轉聽之而反與外客敘親往來之理隋書男女相悅便相匹耦或前古有之然已荒遠難稽矣

志略凡許愿皆以石爲神神嶽叢祠皆無神像諸生云聞山北恩納（地名）有石一方周圍三尺許高尺許渡海人

先期禱石焚香澆酒膜拜後以繩曳而卜之動則吉否則不敢渡也頗著靈驗然亦未嘗目擊此外無禱石之事且國中護國寺有不動神像天后宮有龍神像波上寺有藥師如來觀音像不可枚指神祠焉得無像至云渡海人禱神後奉一石置船上更無其事或帶土則有之懼水土不服也

市集舊在天使館東徙馬市街今久移在失迂山傍沿海一帶早晚兩集男女皆有志略作女集已悞又云無男人俱女爲市更非至云凡柴薪米豆累百餘觔者女人悉以首襯草圈頂之垂手曳袖無偏墜者誠有之特無柴薪耳

徐錄正月女子皆擊毬板舞爲戲板舞者橫巨板于木櫈上兩頭對立一起一落就勢躍起四五尺不傾跌欹側也今詢知擊毬則通國皆然然四時俱有特正月爲盛耳板舞惟那覇間有之亦非正月俗例李錄寄塵言時習以備正月戲者恐亦傳聞之悞

志略載節令如正月六日前賀節十六日男女拜墓二月十二浚井汲新水洗額云可免病三月三日作艾糕相餉遺此兩月皆定吉日祭麥神爲大祭五月五日競渡角黍蒲酒拜節定吉日祭稻神六月選吉日又祭稻神爲大祭又選吉日作六月節蒸糯米飯相餉七月十五盆祭十二夜預列火炬二于門外迎祖神十五盆祭畢送之八月初十十五蒸糯米飯相餉十二月八日作糯米糕層裹欆葉相餉名鬼餅之類均無悞至九月放紙鳶十二月二十四送灶次年正月初五迎灶正三五九此四月爲吉月婦女沿海拜水神祈福每月朔望婦女至炮臺汲新潮水獻灶諸條據官生云紙鳶四時俱

有不獨正月今以冊使費公六月炎天放紙鳶之句證之益信（李錄紙鳶非九月不能上悞）諸生又云迎灶在二十九非次年正月初五也正五九爲吉月三月非吉月也婦女朔望汲水獻灶惟那覇爲然以近海有此風俗也

志略載節令尙多未備按元旦至人日祭祖先十五又祭清明及忌辰亦如之四月八日寺僧皆齋供誦經爲洗佛辰（李錄謂球俗不知佛誕辰悞）重九飲菊花酒除夕亦多有守歲者

李錄國俗敬佛而不知四月八日爲佛誕辰臘八鬼餅

如角黍而不知七寶粥今爲增數語云知迎灶而不知迎春知人日而不知社日二月十二汲新水免病而不知除夕飲屠蘇酒七月十五盂祭而不知七夕乞巧八月十五月夕蒸糯米飯而不知二月十五花朝六月選吉日作六月節而不知六月六日爲天貺節

諸生云國中孩童三四歲即留髮十五歲始將頂髮削去惟留四餘（未剃時髻上插長簪八九寸許如婦人狀冠則易梅花短簪一耳挖一）張錄男子二十成立完姻後將頂髮削去今跟役中現有未娶而早薙頂髮者以知諸生之言不謬張又云孩童至五六歲皆髡然如僧即十三四便有薙髮者豈今古殊俗歟

女子嫁時用針刺指背如指長細如髮以墨點之取指戒之意嗣是不再刺也志略作年十五又云歲歲增加中年黧黑方圓形狀不倫南史作虫蛇文夏錄作花卉文張錄作梅花文皆不實

張錄宴客席甚簡觔肉樽酒可當數人徐錄室中皆席地坐食具如古俎豆語皆實而不詳按球俗飲食置一小桌四圍隆起皆著脚一人一桌即妻子不同食（近有父子同食者惟夫婦自合卺後無同食之禮）宴賓亦然肴饌多寡無常例器具多木爲之

張錄主客不分坐次來去絕不迎送李錄亦疑其太簡臣習見諸生有所授受必搓手俯身高舉加額誠如志略載凡有所受輙高舉爲禮一茶一烟皆然即尊長受之卑幼亦然以此推之豈賓主坐次迎送間反簡率至此復詢諸生云國中室制多左右門客至主人出迎客脫屐由左門入主脫屐由右門入客東坐主西坐客將退主人先趨出門着屐以俟有大事宴賓賓主對面危坐如長跽然主先敬客三爵肴亦三獻皆乾製客拜受飲畢復酬主人禮亦如之嗣後設席客主始皆安坐（即盤膝坐）肴不盡乾（徐錄肴饌盡乾製非）宴畢拜送門外尋常宴會無獻三爵禮餘悉如前蓋球人歷染華風未嘗無揖讓周旋之節也

俗以一星終爲生辰蓋十二年一慶非十年一慶也此則諸書均未編入惟費詩偶及之

屋內多作神龕另有接賓處多作木盆或方或圓鋪以白沙上置奇石以爲玩志略或云即祖神也蓋因屋小

者神龕與接賓處不分而致悞耳實則兩事也又云家不設神主多以天地君親師五字供奉者實未之聞汪錄嫁女不治奩其父母走送之婿家衣仍白按近亦治奩走送婿家祗兄弟親戚父母不往也衣白之義詢之諸生亦不可解

夏錄居官言事必具酒二壺至其家跽而酌之酌畢告以所事臣疑言事豈有必先飲酒之理脫不飲者又將奚若遍詢此風皆云不確

明一統志裹死者之屍加以葦艸汪錄棺制三尺長屈身殮之今無是俗夏錄木主男書圓寂大禪定女書禪定尼李錄今亦有書姓名者詢之果信

徐錄女墓挂櫻葉片扇白巾男墓挂白布笠立杖艸屨木屐若插花筒置香爐則男女墓皆同今聞男女墓前俱祗有花筒香爐而已

志略馬高者絕少今亦甚多又官家女子騎馬擁領蔽面側坐鞍上兩足共一鐙人控徐行今無是俗

國有草書無隸書楷書有巫有僧無道士比邱尼有土妓無優童有牛羊馬豕雞犬而無駱駝騾驢虎豹之屬

隋書婦人産必食子衣以火自炙令汗出諸生云火炙或前古有之食子衣則前古亦無是俗李錄火炙今北山猶未盡改未知所據

舊錄男女無袴志略已云男婦皆無中衣今聞有之潘錄亦云古無襦袴今皆有之則無袴非近日風俗可知乃李鼎元于嘉慶四年使琉球而記載男女皆無袴女衣又無鈕無帶且不束腰勢須以手曳襟而行豈第仍舊說而未之深考耶

又云女力作時常捲兩袖至背貫繩而束之髮垢輒洗洗用泥解衣結于腰赤身低頭人亦不避按此前古未聞諸書不載且此等事度李公必不能目擊率皆隨從人妄言之而李公悞錄之耳

謝錄地無木棉夏錄土不宜棉今間有之姑米葉壁八重太平諸島出按今該國鄉閒皆有此産非必盡由外島出也

穀屬有番藷莖葉蔓生瘠地可種生熟可食貧民多食之潘錄此物內地多有徐錄不知以爲異産又云米惟王族官家食之民止食藷志略球地米少士人以爲糧

李鋘民以薯爲命閩官生云薯味甘美國人皆喜食之臣又見諸生皆喜食豆醬佳蘇魚之類則知食薯同嗜或土性使然非必盡由米少之故而以是爲命也諸鋘殊踈體會近更有嘗球人皆以薯爲命者尤堪捧腹

蘭四時俱有其類不一志略俗呼爲孔子花李鋘因之官生云國中僅有稱觀音蘭按觀音蘭志略已載之而無孔子花之目又水菖蒲大如荷黑色亦有荷而無黑色者費詩集有黑荷花題咏殆即指水菖蒲言之耶

臣按明洪武二十五年中山王遣從子日孜每濶八馬寨官子仁悅慈入國子監讀書山南王亦遣從子三五郎尾及實官子實他盧尾賀段志等入監讀書太祖各賜衣鈔廪餼等嗣是疏數無常原無定例我
朝康熙二十三年遣使册封禮成該國王面求使者附奏懇許子弟入監使者還奏
天子允之後每遇册封遂沿爲例

康熙二十二年册使檢討汪楫中書林麟焻封尚貞王二十七年官生梁成楫等入監肄業教習鄭名闕福建

人補一年去二十八年復補教習徐振浙江寧波縣人拔貢期滿引
見以州同即用

五十七年册使檢討海寶編修徐葆光封尚敬王雍正二年官生阮維新等入監肄業教習李著湖北公安縣人拔貢補數月去三年復補教習趙奮翼陜西潼關縣人拔貢期滿引
見以知縣即用

乾隆二十二年册使侍講全魁編修周煌封尚穆王二

十五年官生梁允治等入監肄業教習潘相湖南安鄉縣人拔貢本年中式北闈二十八年成進士明年期滿引見以知縣用四月選授山東登州府福山縣知縣

嘉慶五年册使修撰趙文楷中書李鼎元封尚温王十一年官生毛邦俊等入監肄業教習陳夔蓮福建永定縣人優貢期滿引見以知縣用

十三年册使編修齊鯤給事中費錫章封尚灝王十六年十月官生陳善繼等入監肄業教習黃景福浙江錢塘縣人副貢期滿引見以

總理

玉麟滿州正黃旗人乙卯進士

鐵保滿州正黃旗人壬辰進士十八年四月任

宗室果齊斯歡滿州鑲藍旗人壬戌進士十九年二月任

祭酒

多山蒙古正藍旗人乙卯進士

善慶滿州正藍旗人壬戌進士十九年十一月任

蔣祥墀湖北天門縣人庚戌進士

蔣予蒲河南睢州人辛丑進士十七年八月任

姚文田浙江歸安縣人己未狀元十八年二月任

湯金釗浙江蕭山縣人己未進士十八年十二月任

李宗昉江蘇山陽縣人壬戌榜眼

司業

普保滿州正黃旗人辛酉進士十九年二月任

德亮蒙古正藍旗人

朱方增浙江海鹽縣人辛酉進士

何淩漢湖南道州人乙丑探花十九年三月任

史致儼江蘇江都縣人己未進士十九年十一月任

值日經理官

博士慶齡滿州鑲紅旗人

博士國樂滿州鑲白旗人

博士陳世昌湖南武陵縣人

助教金特赫滿州正白旗人

助教瑞慶滿州正白旗人
助教福奎滿州鑲黃旗人
助教五寧滿州正藍旗人
助教額魯禮蒙古正紅旗人
典籍朱楫江南吳縣人
館設于成均內西廂其堂額云文敷四海聯云梯山航海知中國有聖人矢其文德春誦夏絃惟京師稱首善懷我好音（曹額云海藩受學聯云所見異所聞異此心同此理同）始入學禮部儀制司引中山使臣帶領官生入監博士等官帶領謁

聖廟　後殿　文公祠　本監大人入講堂拜師一切禮儀俱照成例其官生食用廩給等悉照康熙二十七年題准之例辦理外如西廂公堂中三間設公座為堂官稽查之所東一間教習居之西一間貯食用之物今則西一間教習居之東一間為值日官輪班住宿之所西耳房二間為廚房住廚役火夫東耳房住各從人今則東耳房兼貯食用之物值班皂役八名今則十二名

臣按琉球不設科目故不學制藝所欲講者四書五經所欲學者詩表奏論前鄭秉哲初入學時不能聲明至令學制藝三年歸國甚拂國王遣學之願嗣後鄭孝德等到監稟知始行改正今仍之

臣又聞往次官生初入學語言不通踰月方可通授受此次官生陳善繼等略明華語入學即授以四書五經及詩律聲韻跟伴梁文思陳善述二人亦同學焉與之講解俱能曉悟繼及古體并奏表論文三年以來卓然可觀誌此以明諸生好學之勤

官生入學後遇有正事出門例准稟明教習并值日官派皂役跟隨今臣思外藩子弟萬里來遊潛心力學出

門未免玩物喪志且除拜送貢使外別無正事因于入學時預行禁止俾得專心致志庶無負

聖天子柔遠敷文之至意云爾

宣和奉使高麗圖經四十卷

〔宋〕徐兢撰

《宣和奉使高麗圖經》四十卷，宋徐兢撰。兢（一〇九一—一一五三）字明叔，號自信居士，祖籍建州甌寧（今福建建甌），生於鄂州江夏，擅書畫。宣和五年（一一二三）奉使高麗，次年就其見聞所及，撰成此書。分建國、世次、城邑、門闕、宫殿、冠服、人物、儀物、仗衛、兵器、旗幟、車馬、官府、祠宇、道釋、民庶、婦人、皂隸、雜俗、節仗、受詔、燕禮、館舍、供帳、器皿、舟楫、海道、同文等二十八門，詳載高麗之典章、制度、山川、風俗等情形。其中海道六卷，記宋與高麗間往來之海路，尤爲詳盡。原有圖二卷，佚於南宋之初。據《知不足齋叢書》本影印。

宣和奉使高麗圖經

宣和奉使高麗圖經序

臣聞天子元正大朝會畢列四海圖籍於庭而王公侯伯萬國輻輳此皆有以揆之故有司所藏嚴毖特甚而使者之職尤以是爲急在昔成周職方氏掌天下之圖以掌天下之地辨其邦國都鄙四夷八蠻七閩九貉五戎六狄之人民周知其利害而行人之官絡驛道路若慶賀犒禬之類凡五物之故莫不有治若康樂厄貧之類凡五物之辨莫不有書用以復命於王俾得以周知天下之故外史書之以爲四方之志司徒集之以爲土地之圖誦訓道之以詔觀事土訓道之以詔地事此所以一人之尊深居高拱於九重而察四方萬里之遠如指諸掌當沛公初入關蕭何獨收秦圖書及天下已定而漢盡得知其阨塞戶口者繄何之功隋長孫晟之至突厥每游獵輒記其國土委曲歸表聞於文帝口陳形勢手畫山川卒以展異日之效然則乘輶軒而使邦國者其於圖籍固所先務矧惟高麗在遼東非若侯甸近服可以朝下令而夕來上故圖籍之作尤爲難也皇帝天德地業畢朝萬國乃眷高麗被遇神考益加懷徠遴

擇在廷將命撫賜恩隆禮厚前未之有時給事中臣允迪以通經之才超世之文取甲科著宿望中書舍人臣墨卿學問高明見於踐履恪守忠孝臨事不回竝命而行非獨其執節專對不減古人之膚使而風采聞望自足以壯朝廷之威靈聳外夷之觀聽拜命未行會聞王俁薨遂以奠慰之禮兼往臣愚猥承人乏獲聯使屬之末事之大者固從其長而區區得以專達者又不足以補報朝廷器使之萬一退而自訟曰周爰咨詢歌於皇華之詩則徧問以事正使者之職謹因耳目所及博采衆說簡汰其同於中國者而取其異焉凡三百餘條釐爲四十卷物圖其形事爲之說名曰宣和奉使高麗圖經臣嘗觀崇寧中王雲所撰鷄林志始疏其說而未圖其形比者使行取以稽考爲補已多今臣所著圖經手披目覽而遐陬異域舉萃於前蓋倣聚米之遺制也雖然昔漢張騫出使月氏十有三年而後歸僅能言其所歷之國地形物產而已臣愚雖才不逮前人然在高麗纔及月餘授館之後則守以兵衞凡出館不過五六而驅馳車馬之間獻酬尊俎之上耳目所及非若十三載之久亦粗能得其建國立政之體風俗事物之宜使不逃乎繪畫紀次之列非敢矜博洽飾浮剽以塵冕旒之聽蓋摭其事實以復於朝庶少塞將命之責也有詔上之御府謹掇其大槩爲之序云

宣和六年八月六日奉議郎充奉使高麗國信所提轄人船禮物賜緋魚袋臣徐兢謹序

仲父既以書上御府其副藏家靖康丁未春里人徐周賓借觀未歸而寇至失書所在後十年家君漕江西強節於洪仲父來省或謂郡有北醫上宜生實獲此書亟訪之其無恙者特海道二卷耳仲父嘗爲蔵言世傳子書往往圖亡而經存余追畫之無難也然不果就嘻蓋棺事乃已矣姑刻是留澂江郡齋來者尚有考焉乾道三年夏至日左朝奉郎權發遣江陰軍主管學事徐蔵書

宣和奉使高麗圖經序　三　知不足齋叢書

宣和奉使高麗圖經目錄

知不足齋叢書

宣和奉使高麗圖經目錄

宣和奉使高麗圖經卷第一

建國

臣聞蠻夷君長類以詐力自尊殊名詭號單于可汗無足稱者獨高麗自箕子之封以德取侯後世稍衰他姓亦用漢爵代居其位上有常尊下有等衰故襲國傳世頗可紀錄今謹稽諸史敘其歷代之王作建國記云

始封

高麗之先蓋周武王封箕子胥餘於朝鮮實子姓也歷周秦至漢高祖十二年燕人衛滿亡命聚黨椎結服役蠻夷浸有朝鮮之地而王之自子姓有國八百餘年而爲衛氏衛氏有國八十餘年先是夫餘王得河神之女爲日所照感孕而卵生既長善射俗稱善射爲朱蒙因以名之夫餘人以其生異謂之不祥請除之朱蒙懼逃焉遇大水無梁勢不能渡因持弓擊水而咒之魚鱉竝浮因乘以濟至紇升骨城而居自號曰高句驪因以高爲氏而以高驪（鄭刻驪作麗）爲國凡有五部曰消奴部（鄭刻下四部各有曰字）絶奴部順奴部灌奴部桂婁部漢武帝滅朝鮮以高麗爲縣屬元菟郡其君長賜之鼓吹伎人常從郡受

朝服衣幘縣令主其名籍後稍驕不復詣郡於東界築小城歲時受之因名幘溝漊溝漊者高麗名城也於是始稱爲鄭刻無爲字王焉王莽發其兵以誅匈奴不至降王爲侯而麗人益寇邊光武中興麗遣邊吏建始八年遣使來朝因復王號列爲外藩安帝以後部衆滋熾雖少鈔暴旋即賓服初消奴爲王既衰而桂婁代之至王宮生而開目能視國人惡之及長壯勇和帝時頻掠遼東傳至王伯固伯固死有二子長曰拔奇鄭刻有者字不肖次曰伊夷模國人立焉漢末公孫康擊破伊夷模於其國

九都山下國人共立其子位宮位宮亦有勇力好鞍馬以其祖宮生而能視今王亦然句驪謂相似爲位故名鄭刻有曰字位宮魏將毋丘儉屠之追至肅今上御名孝宗諱昚○刻石紀功而還位宮五世孫劉晉永嘉中與遼西鮮卑慕容廆鄰廆不能制康帝建元初廆子皝帥師伐之大敗後爲百濟所滅其後慕容寶以其王高安爲平州牧安孫璉義熙中遣長史孫翼獻赭白馬以爲營州牧高麗王樂浪郡公璉七世孫元脩文帝時率靺鞨寇遼東唐太宗時其東部大人蓋蘇文賊虐不道帝親征之威震

遼海高宗又命李勣討平之俘其王高藏裂地而爲郡縣建安東都護府於平壤城以兵鎮守後武后遣將擊殺其主乞昆羽而立其主乞仲象亦病死仲象子祚榮立因有其衆四十萬據於桂婁臣於唐中宗時乃置忽汗州以祚榮爲都督渤海郡王其後遂號渤海初藏之俘也其酋長有劍牟岑者立藏外孫舜爲王又命高偘討平之都護府既屢遷舊城頗入新羅遺民散奔突厥靺鞨高氏既絶久而稍復至唐末遂王其國後唐同光元年遣使來朝國王姓氏史失不載長興二年王建權知國事遣使入貢遂受爵以有國云

宣和奉使高麗圖經卷第一

宣和奉使高麗圖經卷第二

世次

臣

臣聞史家之法傳遠者略而近者詳高麗歷世之王旣以槩敘之於前矣若乃王氏建國累世尊事本朝至王俁與今王楷又享禮加厚不可不條著之謹因其世次宗系而嗣以楷之行事云

王氏

王氏之先蓋高麗大族也當高氏政衰國人以建賢遂共立為君長後唐長興三年遂自稱權知國事請命於明宗乃拜建元菟州都督充大義軍使封高麗王晉開運二年建卒子武立漢乾祐末武卒子昭立至皇朝建隆三年太祖皇帝御極奄有萬國昭遣使來朝賜以功臣之號仍加食邑開寶九年昭卒子伷立遣使請命封高麗國王太宗皇帝卽位改封大順軍使太平興國七年伷卒弟治上章乞襲封詔從之淳化六年契丹攻之治畏懦無守臣事北境遂闕朝貢治卒弟誦立咸平三年其臣朱仁紹入朝具言國人思慕皇化逼於强鄰未能如願朝廷嘉之賜詔褒諭大中祥符七年誦卒弟詢權知國事大破契丹復謹脩貢且乞降尊號頒正朔又求封冊眞宗皇帝初欲俯從議者難之遂寢止從班詔而已天聖中使人屢與女眞偕來貢方物天子加恩報禮優異後詢卒子隆立優柔不斷政荒力屈憚於北境遂復臣事之而貢使又絕隆卒私謚曰正子德王欽欽弟穆王亨皆朝貢不通而朝廷亦罷遣使亨弟徽熙寧四年以權知國事復脩方貢七年九年使人荐至神宗皇帝嘉其忠藎元豐元年命左諫議大夫安燾為國信使起居舍人陳睦副之自明州定海絕洋而往時徽病風痺僅能拜命且乞醫藥上覽其奏從之三年四年遣使來朝六年徽卒立凡三十八年謚曰文世子勳立百日卒弟國原公運立命左諫議大夫楊景略為祭奠使禮賓使王舜封副之右諫議大夫錢勰為弔慰使西上閤門副使宋球副之七年七月自密之板橋航海而往八年哲宗皇帝踐祚使來奉慰又遣使來賀運立四年卒謚曰宣子堯立未閱歲而以病廢國人乃請其叔熙攝政未幾而堯卒謚曰懷熙乃襲位自元祐五年至元符元年貢使再至三年遣使綏撫遵元豐故事也皇帝

嗣位適追來孝丕承先烈薄海內外無不臣妾德被蕃服恩行海隅廼者崇寧元年命戶部侍郎劉逵給事中吳拭持節往使禮物豐腆恩綸昭回所以加惠麗國而褒寵鎮撫之以繼神考之志益大而隆二年五月由明州道梅岑絕洋而往時熙避契丹嫌名改熙曰顒然自神考有作務來遠人天相睿謨王徽襲爵以承其旨始非偶然徽忠順循理知尊中國館待使華禮意勤厚至遇賈人亦有體貌治尚仁恕享國久長宜矣崇寧二年顒卒年五十世子俁立自長興三年壬辰迨今宣和六年甲辰王氏有國九世凡十七八合一百九十三年云

世系

建—武—昭

昭—伷、治、誦、詢

詢—隆

隆—欽、亨、徽

徽—勳、運、顒

運—堯

顒—俁—楷

高麗國王王楷

楷王俁之世子也壬寅春三月俁病革召李資謙入議嗣事夏四月俁薨資謙等乃立楷爲王楷眉宇疎秀形短而貌豐肉勝於骨性慧多學亦甚嚴明在春宮時官屬有過必遭譴辱旣立雖幼沖國官頗畏憚之廼者信使至彼受詔拜表行燕饗禮升降進退綽有成人之風亦當爲東夷之賢王也

宣和奉使高麗圖經卷第二

宣和奉使高麗圖經卷第三

城邑

臣聞四夷之君類多依山谷就水草隨時遷徙以爲便適固未嘗知有國邑之制西域車師鄯善僅能築墻垣作居城史家即指爲城郭諸國盍誌其異也若高麗則不然立宗廟社稷治邑屋州閭高堞周屏模範中華抑箕子舊封而中華遺風餘習尚有存者朝廷間遣使存撫其國入其境城郭巋然實未易鄙夷之也今盡得其建國之形勢而圖之云

封境

高麗南隔遼海西距遼水北接契丹舊地東距大金又與日本琉球聃羅黑水毛人等國犬牙相制惟新羅百濟不能自固其圉爲麗人所幷今羅州廣州道是也其國在京師之東北自燕山道陸走渡遼而東之其境凡三千七百九十里若海道則河北京東淮南兩浙廣南福建皆可往今所建國正與登萊濱棣（鄭刻作濵棣）相望自元豐以後每朝廷遣使皆由明州定海放洋絕海而北舟行皆乘夏至後南風風便不過五日即抵岸焉舊封境東西二千餘里南北一千五百餘里今既幷新羅百濟東北稍廣其西北與契丹相接（鄭刻云與契丹接連）昔以大遼爲界後爲所侵迫乃築來遠城以爲阻固然亦恃鴨綠以爲險也鴨綠之水源出靺鞨其色如鴨頭故以名之去遼東五百里經國內城又西與一水合即鹽難水也二水合流西南至安平城入海高麗之中此水最大波瀾清澈所經津濟皆艤巨艦其國恃此以爲天塹水闊三百步在平壤城西北四百五十里（鄭刻有遼水東西四百八十里句）自遼已東即舊屬契丹今虜衆已亡大金以其地不毛

不復城守徒爲往來之道而已鴨綠之西又有白浪黃嵒二水自頗利城行數里合流而南是爲遼水唐貞觀間李勣大破高麗於南蘇既渡怪其水淺狹問之云是遼源以此知前古未嘗恃此水以爲固此高麗所以退保鴨綠之東歟

形勢

高麗素知書明道理拘忌陰陽之說故其建國必相其形勢可爲長久計者然後宅之自漢末徙九都山下後魏至唐皆居平壤至李勣平其地建都護府則嘗遁寄

稍東不詳其所唐末復國當是今所都地葢嘗爲開州今尚置開成鄭刻城府其城北據崧山其勢自乾亥來至山之脊稍分爲兩岐更相環抱陰陽家謂之龍虎臂以五音論之王氏商姓也西位欲高則興乾西北之卦也來崗亥落其右一山屈折自西而北轉至正南一峯特起狀如覆盂因以爲案外復有一案其山高倍坐向相應實鄭刻賓主丙壬其水發源自崧山之後北直子位轉至艮方委蛇鄭刻曲入城由廣化門稍折向北復從丙鄭刻南地流出巳上葢乾爲金金長生在巳是爲吉卜自崧山之半下瞰城中左溪右山後崗前嶺鄭刻前崗後嶺林木叢茂形勢若飮澗蒼虬宜其保有東土歷年之久而常爲

聖朝臣屬之國也

國城

高麗自唐以前葢居平壤本漢武帝所置樂浪郡而唐高宗所建都護府也以唐志考之平壤城乃在鴨綠水東南唐末高麗君長懲累世兵革之難稍徙而東今王城在鴨綠水之東南千餘里非平壤之舊矣其城周圍六十里山形繚繞雜以沙礫隨其地形而築之外無壕塹不施女牆列太上御名高宗諱構。延屋如廊廡狀頗類敵樓雖施兵仗以備不虞而因山之勢非盡堅高至其低處則不能受敵萬一有警信知其不足守也外門十二鄭刻誤十一各有標名舊志纔知其七今盡得之正東曰宣仁舊不見名止曰東大門曰崇仁舊曰東門鄭刻求門。曰安定舊曰須恤乃麗人方言也。鄭刻須恤作須知東南曰長霸鄭刻誤長朔正南曰宣華舊不見門曰會賓曰泰安舊曰貞觀今易此名西南曰光德舊曰正州亦通其路耳州郡非門名所宜正西曰宣義曰狻猊正北曰北昌舊曰崧山特登山之路非本名也東北曰宣祺舊曰金郊今易此名西南隅王府宮室居之其東北隅卽順天館極加完葺西門亦壯麗葢爲中朝人使設也自京市司至興國寺橋由廣化門以迄奉先庫爲長廊數百間以其民居隘陋參差不齊用以遮蔽不欲使人洞見其醜東南之門葢溪流至巳方衆水所會之地其餘諸門官府宮祠道觀僧寺別宮客館皆因地勢星布諸處民居十數家共一聚落井邑街市無足取者總其建國大槩而圖之其餘則互見於別篇

樓觀

王城昔無樓觀自通使以來觀光上國得其規模稍能

太上御名○構治初惟王城宮寺有之今官道兩旁與國相富人稍稍僭侈入宣義門每數十家則建一樓俯近興國寺二樓相望左曰博(鄭刻溥)濟右曰益平王府之東二樓臨衢不見標牓簾幙華煥聞皆王族遊觀之所入使經由則有婦女窺覘於其間衣服之飾不異民庶或云王每出遊則其族始易錦繡也

民居

王城雖大磽确山壟地不平曠故其民居形勢高下如蜂房蟻穴誅茅爲蓋僅庇風雨其大不過兩椽比富家稍置瓦屋然十纔一二耳舊傳惟娼優所居揭長竿以別良家今聞不然蓋其俗淫祠鬼神亦厭勝祈禳(鄭刻禱)之具耳

坊市

王城本無坊市惟自廣化門至府及館皆爲長廊以蔽民居時於廊閒榜其坊門曰永通曰廣德曰興善曰通商曰存信曰資養曰孝義曰行遜其中實無街衢市井至有斷崖絕壁蓁莽繁蕪荒墟不治之地特外示觀美云耳

貿易

高麗故事每人使至則聚爲大市羅列百貨丹漆繒帛皆務華好而金銀器用悉王府之物及時鋪陳蓋非其俗然也崇寧大觀使者猶及見之今則不然蓋其俗無居肆惟以日中爲墟男女老幼官吏工伎各以其所有用以交易無泉貨之法惟紵布銀瓶以準其直至日用微物不及匹兩者則以米計錙銖而償之然民久安其俗自以爲便也中閒朝廷賜予錢寶(中閒下鄭刻注云闕六字案文義似無闕文)今皆藏之府庫時出以示官屬傳玩焉

郡邑

州縣之建實不副名特聚落之繁處自國之西北與契丹大金接境粗有壘塹其東南濱海亦有建於島嶼者惟西京最盛城市略如王城又有三京四府八牧又爲防禦郡一百一十八爲縣鎮三百九十爲洲島三千七百皆設守令監官治民惟牧守都護公廨數楹令長則隨所在舍於居民夷政租賦之外無健訟在官者公田不足以資用則亦仰給於富民云

宣和奉使高麗圖經卷第三

宣和奉使高麗圖經卷第四

門闕

臣聞黃帝堯舜尚象於豫乃設重門擊柝以待暴客後世聖人又差尊卑而爲之等故天子之門曰皐曰庫曰雉曰應曰路凡五諸侯則去其二焉曰庫曰雉曰路而已魯爲周公後而新作雉門兩觀且不逃春秋之譏況其他侯乎高麗門闕之制亦頗遵古侯禮雖其屢聘上國亦頗效顰學步然材之工拙終以朴陋云

宣義門

宣義門即王城之正西門也西爲金方於五帝屬義故以名之其正門二重上有樓觀合爲瓮城南北兩偏別開門相對各有武夫守衞其中門不常開惟王與使者出入餘悉由偏門也自碧瀾亭以至西郊乃過此門而後入館王城之門唯此最大且華葢爲國朝人使設也

外門

王城諸門大率草創唯宣義門以使者出入之所北昌門爲使者回程祠廟之路故極加嚴飾他不逮也自會賓長霸等門其制略同惟當其中爲兩户無尊卑皆得出入其城皆無夾柱護以鐵筩上爲小廊隨山形高下而築之自下而望崧山之脊城垣繚繞若蛇虺蜿蜒之形長霸門通安東府光德門通正州宣仁門通揚全羅三州崇仁門通日本安定門通慶廣清三州宣祺門通大金國北昌門通三角山薪炭松子布帛所出之道也

廣化門

廣化門王府之偏門也其方面東而形制略如宣義獨無瓮城藻飾之工過之亦開三門南偏門牓儀制令四字北門牓周易乾卦繇辭五字仍有春帖子云雪痕尚在三雲陛日脚初升五鳳樓百辟稱觴千萬壽袞龍衣上瑞光浮

昇平門

昇平門即王宮之正南門也上爲重樓旁起兩觀三門竝列制益宏大四阿各有銅火珠爲飾自門之內左右分爲兩亭皆曰同樂矮牆幾百堵相屬以至神鳳門而門之制又壯大於昇平矣東曰春德通世子宮西曰太初通王居備坐又十餘步即閶闔門乃王奉迎詔書之所也左右兩掖有承天門自是而上山勢稍逼中庭隘

狹去會慶殿門鄭刻有外字不過數丈耳昇平神鳳閶闔三門制度文采大抵相類而神鳳爲冠題牓之字金書朱地有歐率更之體大抵麗人多法古不敢以臆説已見而妄爲俗體也

同德門

同德左右二門相對其中卽昇平門也形制略似殿門而極高惟無臺觀昌德會賓春宮承休其制與同德不異特閤門與承天二門差褊爾

殿門

會慶殿門在山之半石梯磴道高可五丈蓋正殿之門也竝列三門中門惟詔書得入王與人使分左右而行門外列戟二十四枝甲冑之士執其儀衞守衞甚衆特嚴於他門爾

宣和奉使高麗圖經卷第四

宣和奉使高麗圖經卷第五

宮殿一

臣仰惟神宗皇帝誕敷文教覃被遐方賨琛面內者梯航沓至惟高麗尤加禮遇因遣近侍衘命綏撫嘗頒睿旨凡相見處殿名鴟吻更不同避以是知聖謨宏遠不責蠻夷以小節而嘉其忠順之大義也夏童北虜氈城穹廬四時隨水草溫涼遷徙初無定都若高麗自前史已載其依山谷而居少田業力作不足以自贅其俗節於飲食而好脩宮室故至今王之所居堂太上御名○構○鄭刻下有仍在二字圓櫨方頂飛翬連甍丹碧藻飾望之潭潭然依崧山之脊蹭道突兀古木交陰殆若嶽祠山寺而已今繪其形制仍不廢其名也

王府

王府內城環列十三門各揭名額隨方見義惟廣化門正東通長衢殿門十五惟神鳳爲最華內府十六尙書省爲冠九殿參差會慶爲正寢三閣鄭刻閤鼎峙淸燕爲壯麗復有小殿以爲燕居之所日視事於便座惟施茵褥於榻上國官親侍跪列其側聽受王旨次第傳出大

臣五日一見每見直至大堂（案鄭刻無每見直至大堂句有別有議政之堂句）餘官則朔望之外四見於王聽旨受令（鄭刻事）凡有事當上（案鄭刻無凡有事當上五字有則立於門外惟執七字）奏官當門授之升階復位皆脫屨膝行而進退往來廷趨必面王磬折其謹如此至餘屋宇則皆草創名浮於實不足詳紀析而圖之或互見於諸篇也

會慶殿

會慶殿在閶闔門內別有殿門規模甚壯基址高五丈餘東西兩階丹漆欄檻飾以銅花文彩雄麗冠於諸殿兩廊通三十間中庭甃石地虛不堅行則有聲常禮不敢居惟人使至則受詔拜表於庭下燕會則設使副之席於殿之西楹東向上節位於東序中節位於西序下節位於門之兩廈而北向餘禮則別殿以別之

乾德殿

乾德殿在會慶殿之西北別有殿門其制五間視會慶殿差小故事人使至彼第三會王禮加勤特出姬侍則燕於其中被使者至楷以拘衣制不講惟同會慶酬酢而止若朝廷非專遣使雖郡吏使臣持牒傳命亦燕於此殿特禮文有隆殺耳

長和殿

長和殿在會慶之後直北一崗地勢高峻形制益隘不逮乾德兩廡皆帑藏其東貯聖朝所錫內府之珍其西以儲其國金帛之類警備之卒視他所加嚴焉

元德殿

元德殿在長和殿之後也地勢益高營治草率聞其王不常居惟鄰國侵逼邊陲有警則即之發兵命將若刑殺樞要之事則與近臣親密者一二人議決於此

萬齡殿

萬齡殿在乾德之後基（太上御名口構）差小而藻飾華麗蓋寢室也姬嬪侍女於兩廡列室而環居自松山之半下視其室奧亦不甚寬敞諒其姬侍之數亦稱其居耳

宣和奉使高麗圖經卷第五

宣和奉使高麗圖經卷第六

宮殿二

長齡殿

長齡殿在乾德之東紫門內其制三閒雖華煥不逮萬齡而規模過之每中朝使者欲行前期必有先書介紹至則於此受之賈人之至境遣官迎勞舍館定然後於長齡受其獻計所直以方物數倍償之

長慶殿

長慶重光宣政三殿舊記雖載其名今聞更脩重光長慶易爲便（鄭刻別）殿恐是今建閣（鄭刻閣）之地宣政郎外朝也歲時與其臣屬會飲王誕日亦有節名王俁以八月十七日生謂之咸寧其日大會公族貴臣近侍於長慶中國賈人之在館者亦遣官爲筵伴用華夷二部樂亦有致語嘗記其口號曰當時瑞色照宮林和氣濃濃破積陰香火千家祈國壽笙歌二部樂賓心興酣日影移珠箔舞罷花枝倒玉簪須盡清歡酬美景從容莫訴酒杯深

延英殿閣

延英殿閣在長齡之北制度大小略如乾德王於此親試進士又其北曰慈和亦爲燕集之處前建三閣（案下祇敘寶文清讌不及臨川三字似當作二）曰寶文以奉累聖所錫詔書西曰清燕以藏諸史子集嘗（太上御名○搆）得其燕記文曰開府儀同三司守太保兼門下侍郎監（鄭刻兼）脩國史上柱國江陵郡開國侯食邑一千三百戶食實封三百戶臣金緣奉敎撰通奉大夫寶文閣學士左散騎常侍上護軍唐城郡開國男食邑三百戶賜紫金魚袋臣洪灌奉敎書幷篆額王以聰明淵懿篤實輝光之德崇尚儒術樂慕華風故於大內之側延英書殿之北慈和之南別創寶文清燕二閣以奉聖宋皇帝御製詔敕書畫揭爲訓則必拜稽肅容然後仰觀之一以集周孔軻雄以來古今文書日與老師宿儒討論敷暢先王之道藏焉脩焉息焉游焉不出一堂之上而三綱五常之敎性命道德之理充溢乎四履之閒越今年丁酉夏四月甲戌有二（鄭刻三）日特召守太傅尚書令帶方公臣俌守太傅尚書公太原公臣侾守太保齊安侯臣偦守太保通義侯臣僑守太保樂浪侯臣景庸門下侍郎臣偉門下侍郎臣資謙

臣縁中書侍郎臣仲璋參知政事臣綬守司空臣至和樞密院使臣軌知樞密院事臣字之同知樞密院事臣安仁等置高會於清燕閣乃從容謂曰予顧德不（鄭刻無不字）類賴天降康廟社儲祉金革偃於三邊文軌同乎中夏凡立政造事大小云爲罔不資稟崇寧大觀以來施設注措之方其於文閣經筵求訪儒雅遵宣和之制也深堂密席延見輔臣法太清之宴也雖禮有隆殺而優賢尚能之意則其致一也今入朝進貢使資諒齎桂香御酒龍鳳茗團珍果寶皿來歸嘉與卿等樂斯盛美臣

僚皆惶駭恐懼退伏階陛辭以固陋不敢干盛禮王趣令就座溫顏以待之備物以享之其供張之設器皿之列觴豆之實果核之品則六尚之名珍四方之美味無一不具復有上國玻梨馬瑙翡翠犀兕瑰奇玩用之物交錯於桉上塤篪椌楬琴瑟鍾磬安樂雅正之聲合奏於堂下王執爵命近臣監勸曰君臣交際惟以至誠其各盡量不辭而飲左右再拜告旨而卒爵或獻或酬和樂孔偕及觴酒九行且令退息續有中貴人押賜襲衣寶帶以將其厚意焉既而復召促席而坐使飲食擧措

各自便或開懷以言笑或縱目以觀覽欄楯之外壘石成山庭除之際引水爲沼嵒峯萬狀清渟四徹洞庭吳會幽勝之趣生而終宴無憚暑之意盡醉劇飲夜艾而罷於是縉紳士大夫擧欣欣然有喜色而相告曰吾王以慈儉爲寶而無肆溢之行衣不御文繡器不用雕鏤猶慮一夫之不得所一事之不合度每日焦勞惻怛於宵旰之中至於燕羣臣嘉賓則發（鄭刻登）内府之寶藏傾上國之異恩而窮日之力以火繼之猶不以爲侈其尊賢重禮好善忘勢之心實可謂高出百王之上矣臣嘗

聞昔魯公用天子禮樂以化成風俗故於泮宮則先生君子與之爲樂其詩曰魯侯戾止在泮飲酒既飲旨酒永錫難老燕於路寢則大夫庶士與之相宴其詩曰魯侯燕喜宜大夫庶士邦國是有既多受祉今吾君奉天子恩意以寵待臣鄰故公卿大夫懷天保報上之意言語法從賦我有嘉賓之詩瞽史歌工作君臣相悅之樂懽忻交通禮儀率（鄭刻卒）度當斯時也人靈之和氣天地之休應上下之施報風俗之化源皆出於飲食衎衎載色載笑之閒豈止永錫難老既多受祉而已耶必當億

萬斯年享太平之福而對揚天子永永無疆之休臣愚且拙遭逢萬幸代匱宰（鄭刻率）府不以臣之不材特有書命之事辭不獲已謹拜手稽首而強爲之記

臨川閣

臨川閣在會慶殿西會同門內爲屋四楹窗戶洞達外無重簷頗類臺門非燕集之地其中藏書數萬卷而已

長慶宮

長慶宮在王府之西南由嵩山麓有二小徑北通王府東通宣義門長衢老屋數十楹王顒諸妹居其中後出適人遂虛其地荒蕪益甚俁疾革又卽之醫治已而不起因以爲祠奉之所俁之侍姬與其舊僚屬十數人守之比使者銜睿眷之隆遵元豐舊制祭奠前王弔慰其嗣皆於長慶拜而受之

左春宮

左春宮在會慶殿之東春德門內王之嫡長子初立曰世子既冠而後居之屋宇制度殺於王宮其大門榜曰太和次曰元仁次曰育德聽事之堂無榜梁棟脩偉屏上書文王世子篇亦建官屬十數人右春宮在昇平門外御史臺之西王之姊妹諸女居之（案此條末二行鄭刻闕十二字）

別宮

王之別宮與其子弟所居皆謂之宮王母妃姊妹別居者給宮受田以奉湯沐或空不居許民射其利而供租賦鷄林宮在王府之西扶餘宮在由巖山之東（鄭刻阜）又有辰韓（鄭刻鼓）朝鮮長（鄭刻常）安樂浿下韓金冠六宮分置城內皆王伯叔昆弟之居也王繼母之宮（鄭刻宅）號積慶今公族不見顯位而別宮十室九空其田土昔領於壽昌（鄭刻土昔二字誤作上等）今皆屬之王府又置官以掌之（案此條鄭刻共闕四十四字）

宣和奉使高麗圖經卷第六

宣和奉使高麗圖經卷第七

冠服

臣聞東夷之俗斷髮文身雕題交趾高麗自箕子封時已教以田蠶之利則當有衣冠矣漢史稱其公會衣服皆錦繡金銀首飾而太加主簿著幘如冠小加著折風如弁豈依倣商周冠弁之制而然乎唐初稍服五采以白羅爲冠革帶金玶（鄭刻云革帶皆金飾）逮我中朝歲通信使屢賜襲衣則漸漬華風被服寵休翕然丕變一遵我宋之制度焉非徒解辮削衽而已也然而官名參差朝衣燕服時有同異者謹列之作冠服圖云

王服

王常服（鄭刻王上有高麗字）烏紗高帽窄袖緗袍紫羅勒巾間繡金碧其會國官士民則加幞頭束帶祭則冕圭惟中朝人使至則紫羅公服象笏玉帶拜舞忭蹈極稱（鄭刻謹）臣節或（鄭刻有闕字）平居燕息之時則皁巾白紵袍與民庶無別也

令官服

高麗建官唐武德間有九等一曰大對（鄭本此下凡闕二百八十一字以國相條末樞密使副同知院事等官通許服之句誤接於下）奏靈總知國事次曰太大兄次曰鬱折次曰大大夫八使者次曰衣頭大兄掌機密謀政事遣發兵馬選授官爵次曰大使者次曰大兄次曰位使者次曰上位使者次曰小兄次曰諸過節次曰先人又有掌賓客鴻臚卿以大兄使者爲之又有國子博士通事舍人典書客皆小兄以上爲之又諸大城置傉薩比諸督諸城置處問近支比刺史亦謂之道使其武官曰大模達比衛將軍皁衣頭大兄以上爲之次曰末客比中郎將以大兄以上爲之其次領千人以下各有等差今其官稱勳秩往往竊倣中朝或詰其由則曰遵用開元故事至其衣冠亦或似之前世臣服以青羅爲冠絳羅爲珥飾以羽毛比年國官悉以紫文羅袍紗製幞頭其玉帶佩金魚惟官至太史太尉中書令尚書令者則服之

國相服

國相之服紫文羅袍毬文金帶仍佩金魚侍中太尉司徒中書門下侍郎平章事參知政事左右僕射政堂文學判尚吏部（鄭刻以上皆闕事字以下誤接上條一曰大對句下。又案鄭刻事上有盧字蓋郎）

上條大對下靈字之誤也事樞密使副同知院奏事等官通許服之

近侍服

近侍之服紫文羅袍御仙金帶仍佩金魚自左右常侍御史大夫左右丞六尚書翰林學士承旨學士以上及祗待國朝使命接伴館伴官悉服之

從官服

從官之服紫文羅袍御仙金帶御史中丞諫官給事侍郎州牧留守使副閤門執贊六尚直官（鄭刻宮）都知兵馬四部護使等與其非泛恩數悉服之王之世子及王之

兄弟亦然

卿監服

卿監之服紫（鄭刻緋）文羅袍紅鞓犀帶仍佩銀魚六寺卿貳省部丞郎國子儒官祕書典職以上悉服之

朝官服

朝官之服緋文羅袍黑鞓角帶仍佩銀魚司業博士史館校書太醫司天兩省錄事以上悉服之其（鄭刻於字）有階官亦限年數必待遷升而後改易也館伴見中朝入使於館中則各置二人服緋前導惟不佩魚當是倣本朝朱衣雙引之制也

庶官服

庶官之服綠衣木笏幞頭烏鞓（鄭刻韡）自進士入官省曹補吏州縣令尉主簿司宰等悉服之

宣和奉使高麗圖經卷第七

宣和奉使高麗圖經卷第八

人物

臣聞東南之夷高麗人材最盛仕於國者唯貴臣以族望相高餘則或由進士選或納貲爲之與夫世祿吏職莫不有等故有職有階有勳有使（鄭刻賜）有檢校有功臣有諸衞仰稽本朝官制而以開元禮參之然而名實不稱淸濁混淆徒爲虛文耳今使者入境皆擇臣屬通敏者付以將迎之禮以州牧則有若刑部侍部知全州吳俊和禮部侍郎知淸（鄭刻青）州洪若伊戶部侍郎知廣州陳淑以迎勞餞送則有若銀青光祿大夫吏部侍郎朴昇中開府儀同三司守太保中書侍郎中書門下平章事金若溫開府儀同三司守太保門下侍郎同中書門下平章事崔洪宰開府儀同三司守太保門下侍郎兼中書門下平章事林文友同知樞密院事拓俊京李資德凡此皆王之近臣也除王府四會之外與之燕飲酬酢衎衎如也以私覿送遺則有若戶部侍郎梁鱗金惟楝刑部侍郎林景淸工部侍郎盧令琚中侍大夫黃君裳工部郎中鄭俊左司郎中李之甫殿前承旨林寵臣朝散郎祕書丞金端（鄭刻誤瑞）閤門使金輔臣閤門通事舍人李穎之曹祺內殿崇班胡仁穎引進使王儀閤門祗候高唐愈敏仲衞通事舍人李漸梁文矩中衞郎劉及中亮郎彭京忠訓郎王承成忠郎李俊琦金世安保義郎李俊異承節郎許宏何景陳彥卿以傳命贊導則有若正議大夫禮部尚書金富佾通議大夫殿中監鄭覃尚書李璹中亮大夫知閤門事沈安之中亮大夫閤門副使劉文志閤門引進使金義元閤門通事舍人沈起王洙金澤李鋭材金純正黃觀李淑陳迪閤門祗候尹仁勇朴承鄭擇陳偁通事舍人李德升吳子嶼卓安皆以才能辯博乃膺是選爰自相見以迄言旋其相與燕樂游觀揖遜之儀文采雍容有足觀者今姑自李資謙而下圖其形者五人并其族望而爲之說

守太師尚書令李資謙

高麗素尚族望而國相多任勳戚自王運娶李氏之後而俁爲世子時亦納李女爲妃由是門戶始光顯資謙之兄資義在前代時已爲國相坐事流竄故資謙視覆車之戒每自修飭俁深信重之使爲春宮傅友時楷尚

沖幼資謙擇博學多聞之士八人以導翊之如金端輩頃自本朝賜第歸國正預選掄壬寅夏四月俁薨諸弟爭立先是顒有五子而俁居長資謙已立楷仲父帶方公俌意欲奪其位遂與門下侍郎韓皦如樞密使文公美謀爲不軌而禮部尚書李永吏部侍郎鄭克永兵部侍郎林存等十餘人爲內應未及舉而謀泄卽擒捕下吏資謙乃誣王放俌於海島而誅羣惡連逮支黨數百人故以定亂之功進封太師益加食邑采地位尚書令資謙風姿貌鄭刻凝靜儀矩雍容好賢樂善雖秉國政頗知推尊王氏在夷狄中能扶奬王室亦可謂賢臣矣然而信讒嗜利治田疇第宅阡陌相連制度侈靡四方饋遺腐肉常數萬斤他皆稱是國人以此鄙之惜哉

彥植

接伴正奉大夫刑部尚書柱國賜紫金魚袋尹

尹氏素以儒學知名瓘在王俁時爲樞府嘗朝貢至中國而彥植乃其子也世與李氏通昏又與資謙厚善楷在春宮而彥植亦預引翼之列故楷立而進官崇貴彥植美風姿人質脩偉宛然有儒者之風不可以蠻夷接之也

同接伴通奉大夫尚書禮部侍郎上護軍賜紫金魚袋金富軾

金氏世爲高麗大族自前史已載其與朴氏族望相埒故其子孫多以文學進富軾豐貌碩體面黑目露然博學強識善屬文知古今爲其學士所信服無能出其右者其弟富轍亦有時譽嘗密訪其兄弟命名之意葢有所慕云

館伴金紫光祿大夫守司空同知樞密院事上柱國金仁揆

金景融王顒世太傅守中書令仁揆卽其子也顒父嶽嘗娶金氏女顒於仁揆有元舅之尊韓皦如等叛李資謙挾王楷以誅羣惡而仁揆與有力焉故進位司空使居樞府仁揆頎而美髯貌魁秀進止端重　爲所擇以接使華也

同館伴正議大夫守尚書兵部侍郎上護軍賜紫金魚袋李之美

高麗每中朝人使至必遴擇人材或經朝貢者以爲館

伴之美卽資謙之子風貌美秀往嘗入覲天闕住館累月其國事無巨細悉稟之之美處決無不中禮進趨詳雅綽有華風每言及朝廷必惓惓有傾葵之意其忠誠亦可嘉尚云

宣和奉使高麗圖經卷第八

宣和奉使高麗圖經卷第九

儀物一

臣聞諸蠻之國雖有君長其出入則不過以旌旛十數自隨與其臣屬略無分辨惟高麗素通朝聘久被漸摩故其君臣上下動有禮文王之巡行各有儀物神旗前驅甲士塞途六衛之軍各執其物雖不盡合典禮然而比之諸蠻粲然可觀此孔子所以欲居而不以爲陋也況箕子之國而爲聖朝眷懷之厚者乎今併繪其儀物於後

盤螭扇

盤螭扇二製以絳（鄭刻綠）羅朱柄金飾中繡單螭蜿蜒屈曲一角無鱗形實類龍蓋蛟虬之屬也王行則在前衣錦袍拒風親衛軍執之燕則立（鄭刻止）於庭中禮畢乃退（鄭刻徹）

雙螭扇

雙螭扇四采色裝飾略同單螭但繡形並列行禮則亦以親衛軍執之

繡花扇

繡花扇二製以絳羅朱柄金飾中繡牡丹雙花扇之形制比之螭文其上微窪行禮排立於螭扇之次亦以親衛軍執之三色之扇各廣二尺高四尺其笴各長一丈云

羽扇

羽扇四其製掇拾翠羽編次爲之下以銀飾狀如文禽塗以黃金頗覺華采但難於保（鄭刻愛）護歲（鄭刻有月既二字）久則羽毛脫落其形上方今當圖其完形如初制而未久者庶可考也其制笴長一丈扇廣一尺五寸高二尺行禮則以金花曲幞脚頭錦衣親衛軍將執之（鄭刻此條闕十三字）

曲蓋

曲蓋二其形六角各有流蘇絳羅被飾上爲明珠金銀間錯其柄微曲王之出入不覆其下惟以衛軍執之前驅數十步以爲儀式其制高一丈二（鄭刻一）尺廣六尺

青蓋

其制（鄭刻云青蓋之制）略同中國絳羅爲裹廣幅垂下復加黃絲組綬以爲采飾閭常用以紅惟人使至則以青羅皁之蓋麗人以紅爲最貴非國王不得用今以（鄭刻此）覆蓋亦恭順聖朝謙避使節之一端耳

宣和奉使高麗圖經卷第九

宣和奉使高麗圖經卷第十

儀物二

華蓋

華蓋之制文羅繪繡間錯爲之上有六角各出流蘇狀如珮環五朵垂帶相比仍有鸞聲其蓋縱三尺橫六尺長二丈五尺大禮則以金吾仗衛軍執之立於閶闔門外

黃幡

黃幡之制以文羅爲之上繡祥雲其形上銳兩角設流蘇動搖有聲幡之首尾通長九尺闊一尺五寸鄭刻一丈五尺似誤竿長一丈五尺大禮則以與華蓋並列而所執之軍服飾一等也

豹尾

豹尾之制建於矛上大小不一當是隨其獸之形而取之迎詔則以千牛衛軍執之在前及門則立於同德昇平兩閒也

金鉞

金鉞之制略同柱斧於竿之杪立一翔鸞行則動搖有騫騰之勢王行則龍虎親衛軍將一人執之從於後

毬杖

毬杖之制以木刻成裹以白金中有小好貫朵綏而垂之大禮則以散員校尉十人執之立於會慶殿兩階下

旂旆

旂旆之制以絳羅爲之次第相屬繫於竿上又於其杪以白羽爲之飾自羣山島已見之惟領軍執事者各給焉蓋藉以指麾之物此衞軍所以旂頭爲高品也

宣和奉使高麗圖經卷第十

宣和奉使高麗圖經卷第十一

仗衛一

臣聞高麗王城仗衛比他郡最盛蓋驍勇萃於此當中朝使至盡出之以示榮觀焉其制民十六以上充軍役其六軍上衛常留官府餘軍皆給田受業有警則執兵赴敵任事則執役赴勞事已則復歸田畝偶合前古鄉民之制初高麗在魏世(鄭刻晉)戶不過三萬至唐高宗下平壤收其兵乃三十萬今視前世又倍增矣其留衛王城常三萬人迭分番以守制兵之略軍有將將有領隊伍有正步列有等列爲六軍曰龍虎神虎興威金吾千牛控鶴分爲兩衛曰左衛右衛別以三等曰超軍海軍猛軍(鄭刻猛軍在海軍前)無黥墨之制無營屯之居惟給使於公以衣服爲別而已鎧甲上下連屬制如逢掖形狀詭異金花高帽幾及二(鄭刻三)尺錦衣青袍綬帶垂胯(鄭刻袴)蓋其國人質侏儒特加高帽錦衣(鄭刻采)以壯其容耳今繪圖各以名色列於后(鄭刻此條脱三十二字)

龍虎左右親衛旗頭

龍虎左右親衛旗頭服毬文錦袍塗金束帶展脚幞頭略類中朝服度持小旗旆以令六軍蓋軍衛之隊長也惟王府之內衛者二人使者至則置一人於(鄭刻有兵字)仗內乘馬前導蓋所以待(鄭刻侍)使人而供給皆輟侍王之人禮至於此可謂至矣

龍虎左右親衛軍將

龍虎左右親衛軍將亦服毬文錦袍塗金束帶帽頭兩脚折而上右勢微屈飾以金花王出入則十餘人執羽扇金鉞以從

神虎左右親衛軍

神虎左右親衛軍服毬文錦袍塗金束帶金花大帽仍加紫帶繫於頷下如紘纓之屬形製極高望之巍然昔齊永寧中高麗使至服窮袴冠折風中書郎王融戲之曰服之不衷身之災也頭上定是何物答曰此(鄭刻有則字)古弁之遺像也今觀高帽之制其折風之俗今猶然也

興威左右親衛軍

興威左右親衛軍服紅文羅袍以五采團花點襭爲飾金花大帽黑犀束帶王之左右二十餘人出則執螭文繡花大扇曲蓋匾從前後常服自龍虎神威以下皆以

紫帽無金飾諸衛中惟此一等人質差偉焉

上六軍左右衛將軍

上六軍左右衛將軍被介冑烏革間鐵爲之文錦絡縫使相連屬自腰以下垂十餘帶飾以五采繡花左佩弓劍拱手鞠躬立於殿門之上惟受詔拜表日會慶殿中門六人兩偏門各四人屹然山立如土木偶恭肅之容亦可尚也

上六軍衛中檢郎將

上六軍衛中檢郎將蓋有功於宮禁者以次遷補王所親信賴以保捍內外常服皆紫衣幞頭惟大禮齋祭受詔拜表則介冑而出兜鍪不加於首而負於背裹紫文羅巾飾以珠貝左佩弓劍手執彈弓王行則在前有喧嘩（鄭刻嚻）則控弦不發而爲之警人皆肅然飛鳥過則以丸擊之夜則秉炬而行巡視不惰嘗疑執彈之義問之云取御史彈劾之義耳

龍虎中猛軍

龍虎中猛軍服青布窄衣白紵窮袴復加鎧甲惟無襆膊首不施冑背負而行各執小矛上繫白旗大不盈尺繪雲爲飾迎詔入城受詔拜表則在衆仗之後夾道而進府會遊觀惟不施甲冑兵仗中獨此軍最衆約三萬人

金吾仗衛軍

金吾仗衛軍服紫寬袖彩（疑衫字）圈著（鄭刻者）幞頭以采上束各隨其方之色方爲一隊隊爲一色間繡團花爲飾執持幡蓋儀物立於閶闔門外

控鶴軍

控鶴軍服紫文羅袍五采間繡大團花爲飾上折脚幞頭凡數十人以奉詔輿王與人使私覿往來則奉箱篚

宣和奉使高麗圖經卷第十一

宣和奉使高麗圖經卷第十二

仗衛二

千牛左右仗衛軍

千牛左右仗衛軍服緋窄衣首加皮弁黑角束帶腰有二襜飾以獸文手執小戈上貫一鼓其制如鞉亦有執畫戟鐙杖豹尾之屬與此服飾皆一等也

神旗軍

神旗軍以皮蒙首上為木鼻狀獸額示服猛也朱衣短後復加兩襜飾以獸文唯迎詔受禮則陳於前張五方大神旗載以車軸隨所向安立每車十餘人山路閒關突兀時方大暑汗流浹背比之他儀最為勞耳

龍虎上超軍

龍虎上超軍服青布窄衣文羅頭巾前襟與背皆有團號其制不一王宮使令咸以龍文餘以盤花悉皆蹙金雜作閒繡制作精巧館中三節位側布列三二人名曰巡邏實察非常也人使出入則亦給使上節十（鄭刻千）餘人以等殺之

龍虎下海軍

龍虎下海軍服青布窄衣黃繡盤鵰紅革銅帶執朱柄檛順天門守衛二十餘人每至館會則列於庭中酒行則聲喏而退東西兩序交互卷行復出門外

官府門衛校尉

官府門衛校尉服紫文羅窄衣展脚幞頭右佩長劍拱手而立考其所任之職總轄兵階戰陣獲敵首不願賜銀者次第遷補以留王府守衛諸門自會慶門置左右親衛將軍外其餘內則廣化外則宣義諸門皆有之至於寺觀官府時亦用焉然服與人材皆所不逮當是一時旋置以他色人充代非一等品秩也

六軍散員旗頭

六軍散員旗頭自紫燕島方見之亦軍中之總領者展脚幞頭紫文羅窄衣束帶革履手執旗旆仗衛儀物領軍執事每隊各一人行列進退視以為準正中華人員之類也

左右衛牽攏軍

左右衛牽攏軍服紫窄衣練鵲文錦絡縫烏紗軟絹（鄭刻）帶布襪革履以馭泉馬唯使副上節官有之餘皆以龍

虎超軍代之

領軍郎將騎兵

領軍郎將騎兵服飾其等不一凡紫羅戰袍白袴皁履文羅爲巾飾以珠貝者皆麗人也至服青絲緊絲大花戰袍其袴或以紫或以黄或以皁髡髮而巾制不褒切附於頂聞是契丹降卒使副會於王府還至奉先庫前岡阜之上見前驅數十騎鳴鑾馳驟跳梁鞍韂閑輕鋭驍捷意欲耀武島夷僻遠偶有勁卒而急於人知亦可笑也

領兵上騎將軍

領兵上騎將軍服紫羅窄衣展脚幞頭右帶虎韔左持弓矢兵仗內列凡百餘人分爲兩隊每人使出在前至廣化門則下馬止而不入歸館則止於順天外門（疑是門外）行列則極齊肅非此郎騎也

宣和奉使高麗圖經卷第十二

宣和奉使高麗圖經卷第十三

兵器

臣聞范曄書云夷者抵也言仁而好生萬物抵地而生出故天性柔順所以不若西戎之喜兵也高麗固箕子八條所教之地然其兵器甚簡而疎豈原其性然耶兵法曰兵不犀利與徒搏同惟麗人之兵疎簡此所以屢爲匈奴所扼而不能與之校雖然異俗器械各有所施不可以不知今具其名物圖之於左

行鼓

行鼓之狀稍類雅樂之搏拊也中腔差長而以銅環飾之貫以紫帶繫於腰下軍行則在前與金鐃閒擊其節頗緩金鐃之形與中華制度不異故略而不圖

弓矢

弓箭之制形狀簡略如彈弓其身通長五尺而矢不用竹多以柳條而復短小發矢（鄭刻射）不候引滿舉身送之雖矢去甚遠而無力殿門守衛仗內騎兵及中檢郎將皆以虎韔而挾之備不虞也

貫革

貫革之狀略如鞉鼓兩邊皆有皮耳動搖有聲貫於矛上每隊約二十餘人大禮則以千牛左右仗衛軍執之

鐙杖

鐙杖之設國王受詔則有之上鄭刻止爲馬鐙其竿丹漆使者前驅千牛衛軍數十人執之王行則在前而鐙以塗金爲飾餘制悉以鐵爲之

儀戟

戟有二等會慶門中各列十二枚上下以金銅爲飾形制極大迎詔設燕則兵仗中所列者才及六尺許大抵略同中華而制作大小不等耳

胡笳

胡笳之制上銳下豐其形差短使者初至羣山島巡尉將迎舟卒服青衣而吹之其聲嗚咽不成曲調惟覺羣噪如蚊虻之音迎詔則在前行每數十步輒稍却回面詔輿而吹聲止乃行然後擊鐃鼓爲節也

獸牌

獸牌之制木體革鞔繪狻猊狀上施五兩而以雉尾蔽之欲以自障且能刺人而不使之洞見其犀利也然徒似百戲小兒所執恐不足以禦矢石今高麗兵仗中二等皆有之特小大之異耳

佩劍

劍佩之飾形長而刃利白金烏犀間錯海沙魚皮以爲鞘旁爲環紐貫以朵組或以革帶以象玉璏琫珌之屬亦古之遺制也門衛校尉中檢郎騎皆佩之

宣和奉使高麗圖經卷第十三

宣和奉使高麗圖經卷第十四

旗幟

臣聞高麗儀制每齋祭祀天則建大旗十面各隨其方之色錯繪神物號曰神旗其制極廣每旗當用帛數匹下以車軸遂車以緋衣仗軍十餘人駕之隨王所在次第安立四面各施大繩以備風勢高十餘丈國人望神旗所植則不敢向唯詔書初入城以至受禮皆特用之蓋尊上命也餘有五方中旗自上鼇山鳥已見之唯紅旗有飾龍虎猛軍甲士所執又有小白旗大不盈掌繫於矛上略同兒戲今並列於圖云

象旗

象旗二其制身與旒皆黑法水數也中繪一象前一胡兒持一金戈復以大繩牽挈其首有左顧之意行則舉其後轅隨地勢扶持而前至行禮之時則依方向建立衆旗之位以縣爲先考之禮經武車綏旌德車結旌則知建旗於車自古已然不特東夷也

鷹隼旗

鷹隼旗二其制身與旒皆赤法火數也中繪鷹隼鶩騰而上有疾而速之意周官鳥隼爲旟今此赤旗用鷹亦偶合古制也其行在象旗之次

海馬旗

馬旗二其制身與旒皆青法木數也中繪一馬前脾有鬣狀如火熾蓋馬火畜也繪於青旗以象木火相生位應青龍朱雀二神其行在鷹旗之次

鳳旗

鳳旗二其制身與旒皆黃法土數也中繪飛鳳鳳之爲物身被五綵位應中宮蓋五行非土不生故五方之色備於羽毛所宜取象其行在太白旗之次

太白旗

太白旗二其制身與旒皆白法金水數也中繪一人金冠玉圭黃衣綠帔以象太白下乘一龜龜有蛇首取其合形蓋金爲水母水能生金位應白虎眞武二神禮經載國君之行前朱雀而後眞武左青龍而右白虎於二旗互見頗合古制其行在馬旗之次

五方旗

北方之旗黑色一旒其廣二幅無繪繡之文人使初至

境以迓入城與諸旗爲前導其行無次其建無數以青衣軍執之初國信使副依舊例給錦繡閒錯轉光旗四十面詔書初入城令舟人執而前導輝映郊野麗人駭觀頌目愧其陋焉

南方之旗赤色一旒中繪神人手執木檛差異他者五方之旗獨赤旗爲多耳

東方之旗青色一旒中無繪繡廣狹多少與諸旗相對

西方之旗白色一旒亦無繪繡比之諸旗數目差少

中央之旗黃色一旒亦無繪繡唯羣山島紫燕島祗迓信使列於海岸則有之又有一等雜采閒錯中有轉光四角繪雲氣諸州巡尉戰船邏兵執之

小旗

小旗之制紅旒白身上繪綠雲人使入城國王迎詔則龍虎軍數萬人被甲執之夾道而行

宣和奉使高麗圖經卷第十四

宣和奉使高麗圖經卷第十五

車馬

臣聞有國必有兵而兵以車運車以馬行故古者制國必視車乘之數差其小大而詩頌稱魯衛之富率以馬爲言高麗雖海國而引重致遠不廢車馬然其土地湫隘道途磽确非中華比故輴輪之制轡馭之法亦異云

采輿

采輿三一以奉詔又其一以奉御書前一輿貯大金香毬其制用五色文羅閒結錯以錦繡上爲飛鳳四角出蓮花行則動搖下承以丹漆座四竿各施龍首以控鶴軍四十八人捧之前有二人執仗迎引喝起止甚肅王世子與國官迎詔望輿於當道拜之

肩輿

肩輿之制略類胡牀藤穹翔鸞花文丹漆閒錯塗金爲飾上施錦茵四竿各施綵絲結綬自羣山島以迓入城每出館必以肩輿奉使副以其禮縟不敢乘唯於前仗中行以爲儀式耳

牛車

牛車之設制作率略殊無法度下有二轅輪前轅以牛駕之每載物於其上必以草繩貫繫方免傾覆況其國率皆山路行則嵲屼動摇特爲禮具而已

王馬

王之所乘馬鞍韉甚華或金或玉皆朝廷所賜也常馭不施甲唯八關齋并受詔大禮則於馬甲之上復加鞍轡蒙以繡帊革帶與繁纓皆有鸞聲相應亦甚華煥但比中國於鞍後復加繡茵亦猶侍從官之有猋坐也

使節馬

高麗去大金不遠故其國多駿馬然國人不善控馭其步驟皆自天然不假人力也鞍韉之制惟王所乘以絳羅繡韉益以金玉飾國官大臣以紫羅繡韉以銀爲飾餘如契丹之俗亦無等差初使人既到館卜日受詔而所奉鞍馬略如王制使者以其僭侈固辭再四乃易別馬如國官所乘者上節所乘降使副禮一等中節又隨等第而殺之

騎兵馬

騎兵所乘鞍韉極精巧螺鈿爲鞍韉鞦轡以栢枝馬瑙石閒錯黃金烏銀爲飾兩韉畫鶖頸與身倍麗人謂之天鵞偉革鳴鸞亦有古意

雜載

麗國多山道路坎壈車運不利又無橐駝可以引重而人所負戴甚輕故雜載多用馬其制以二器夾裝橫跨於背應用之物悉置器中絡首鞅胸如乘騎之度前引後驅其行頗駛云

宣和奉使高麗圖經卷第十五

宣和奉使高麗圖經卷第十六

官府

臣聞唐虞建官惟百夏商官倍亦克用乂至周而詳天地四時仰觀俯察以道運之而政事舉矣豈復有文具而實不應之弊哉高麗之初建官十有二級襲夷語以爲之名不事馴雅自漸皇化設官置府依倣稱謂而泚職治事尚沿夷風往往文具而實不應然而慕義之志亦可尚云

省監

官府之設大抵皆竊取朝廷美名至其任職授官則實不稱名徒爲文具觀美而已尚書省在承休門內前有大門兩廊十餘間中爲堂三間卽令官治事之所政事之所自出也自尚書省之西春宮之南前開一門中列三位中爲中書省左曰門下省右曰樞密院卽國相平章知院治事之所禮賓省在乾德殿前之側所以掌四鄰之賓客八關司在昇平門之東所以掌齋祭之事御史臺在左同德門內所以張風憲之任翰林院在乾德殿之西所以處詞學之臣尚乘局以貯車馬軍器監以藏甲仗以至賓省之典禮儀閤門之職贊導大盈倉實寶貨之帑右倉卽積粟之地凡此皆在王居內城也自廣化門外言之官道之北則尚書戶部又其東曰工部曰考功曰大樂局曰良醞局四門竝北列而南向各有標名道之南則兵刑吏三司其門南列而北向又東南數十步卽鑄錢監稍北卽將作監也監門千牛金吾三衛在北門內而金吾稍近東所以典兵衛之禁大市京市二司在南大街而東西相望所以平闤市之政以至管弦有坊弓箭有司幞頭有所占天有臺凡此皆在外

城之內也又有開成（鄭刻城）府拒城四十里凡民庶婚田鬬訟之事悉總之

國子監

國子監舊在南會賓門內前有大門榜曰國子監中建宣聖殿兩廡闢齋舍以處諸生舊制極隘今移在禮賢坊以學徒滋多所以侈其制耳

倉廩

倉廩之制不施關鑰外爲墻垣唯開一門以防盜竊內城之內舊有三倉今所見者特右倉耳宣義門之外有

倉曰龍門洪州山中有倉曰富用俗傳曰芙蓉非也大義倉舊在西門內（鈔本作西南門今依鄭刻）積米三百萬經回祿悉爲煨燼遂移於長霸門麗人以衆水所會之地可以厭火災耳又有海鹽常平二倉相去數百步唯富用與右倉不常發以儲兵革水旱之備其積之狀如圓屋正詩所謂亦有高廩也下築土基其高數尺織草爲苫中積米穀一石積而致之其高數丈出於墉外上復以草蓋之以蔽風雨蓋米氣不泄則陳腐今高麗倉廩中雖數歲而米亦新者以積苫之法略通其氣耳國相每歲給米四百二十苫致仕半之尚書侍郎而下二百五十苫卿監郎官一百五十苫南班官四十五苫諸軍衛錄事一十九苫其武臣視此等而上之與文官相埒內外見任受祿官三千餘員散官同正無祿給田者又一萬四千餘員其田皆在外州佃軍耕蒔及時輸納而均給之

府庫

奉先庫在廣化門之東去順天館官道之北前門二閒稍東開門左有一堂其制極高出於牆外右有一樓東面不施窗牖唯於其柱榜云貯水防火蓋其中所藏乃奉先王祭器牲牢及國忌給齋料於此以施諸寺焉

藥局

高麗舊俗民病不服藥唯知事鬼神咒詛厭勝爲事自王徽遣使入貢求醫之後人稍知習學而不精通其術宣和戊戌歲人使至上章乞降醫職以爲訓導上可其奏遂令藍茁等往其國越二年乃還自後通醫者衆乃於普濟寺之東起藥局建官三等一曰太醫二曰醫學三曰局生綠衣木笏日涖其職高麗他貨皆以物交易惟市藥則閒以錢貿焉

囹圄

囹圄之設其墉高峻形如環堵中亦有屋蓋古圜土之意也今在官道之南與刑部相對輕罪則付刑部盜及重罪則付獄繫以縲紲無一人得逸者亦有枷杻之法然淹延不決有至閱時經歲唯贖金可免凡決杖以一大木橫縛二手於上使之著地而後鞭之笞杖極輕自百至十隨其輕重而加損唯大逆不孝乃斬次則反縛髀骨相摩至胷次皮膚拆裂乃已亦車裂之類也外郡不行刑殺悉械送王城每歲八月慮囚夷性本仁死辠

多貲而流於山島累赦則以歲月久近量輕重原之

宣和奉使高麗圖經卷第十六

宣和奉使高麗圖經卷第十七

祠宇

臣聞高麗素畏信鬼神拘忌陰陽病不服藥雖父子至親不相視唯知咒詛厭勝而已前史以謂其俗淫暮夜輒男女羣聚爲倡樂好祠鬼神社稷靈星以十月祭天大會名曰東盟其國東有穴號襚神亦以十月迎而祭之自王氏有國以來依山築城於國之南以建子月率官屬具儀物祠天後受契丹冊與其立世子亦於（鄭刻如）此行禮焉其十月東盟之會今則以其月望日具素饌

謂之八關齋禮儀極盛其祖廟在國東門之外唯王初襲封與三歲一大祭則具專服冕圭親祠之其餘則分遣官屬歲旦月朔春秋重午皆享祖禰繪其像於府中率僧徒歌唄晝夜不絕又俗喜浮屠二月望日諸僧寺然燭極繁侈王與妃嬪皆往觀之國人喧闐道路其神祠在百里內者四時遣官祠以太牢又三歲一大祭徧其境內然及期以祀神爲名率斂民財聚白金千兩餘物稱是與其臣屬分之此爲可哂也自王居宮室之外唯祠宇制作頗華諸觀寺唯安和爲冠以尊奉宸翰故

耳今取其入使道路所歷與夫齋祠游覽耳目所及者圖之其餘不見制度則略而不載

福源觀

福源觀在王府之北大和門內建於政和間前榜曰敷錫之門次榜曰福源之觀嘗聞殿內繪三清像而混元皇帝鬚髮皆紺色偶合聖朝圖繪真聖貌像之意亦可嘉也前此國俗未聞虛靜之教今則人人咸知歸仰云

靖國安和寺

安和寺由王府之東北山行三四里漸見林樾清茂藪麗崎嶇自官道南玉輪寺過數十步曲徑縈紆脩松夾道森然如萬戟清流湍激驚奔漱石如鳴琴碎玉橫溪爲梁隔岸建二亭半蘸灘磧曰　曰漣漪相去各數百步復入深谷中過山門關（校或作閣）傍溪行數里入安和之門次入靖國安和寺寺之額即今太師蔡（鄭刻京）書也門之西有亭榜曰冷泉又少北入紫翠門次入神護門門東廡有像曰帝釋西廡堂曰香積中建無量壽殿殿之側有二閣東曰陽和西曰重華自是之後列三門東曰神翰其後有殿曰能仁殿二額實今上皇帝所賜御書也中門曰善法後有善法堂西門曰孝思院後有殿曰彌陀堂殿之間有兩廈其一以奉觀音又其一以奉藥師東廡繪祖師像西廡繪地藏王餘以爲僧徒居室其西有齋宮王至其寺則自尋芳門過其位前門曰凝祥北門曰嚮福中爲仁壽殿後爲齊雲閣有泉出山之半甘潔可愛建亭其上亦榜曰安和泉植花卉竹木怪石以爲游息之玩非特土木粉飾之功竊窺中國制度而景物清麗如在屏障中麗人以奎章睿藻在焉奉之尤嚴也今使者至彼率三節官屬從吏拜於御書殿

下飯僧祈福日暮歸館實宣和五年七月二日癸丑也

廣通普濟寺

廣通普濟寺在王府之南泰安門內直北百餘步寺額揭於官道南向中門榜曰神通之門正殿極雄壯過於王居榜曰羅漢寶殿中置金仙文殊普賢三像旁列羅漢五百軀儀相高古又圖其像於兩廡焉殿之西爲浮屠五級高逾二百尺後爲法堂旁爲僧居可容百人相對有巨鐘聲抑而不揚故事以禮物之餘馬及高麗所遣使副者凡二匹益以白金二斤爲香花果蔌之供以

作佛事飯僧徒使副不躬往唯遣都轄提以下三節行禮焉

興國寺

興國寺在廣化門之東南道旁前直一溪爲梁橫跨大門東面榜曰興國之寺後有堂殿亦甚雄壯庭中立銅鑄幡竿下徑二尺高十餘丈其形上銳逐節相承以黃金塗之上爲鳳首銜錦幡餘寺或有之唯安和者書云大宋皇帝聖壽萬　之意出於誠心宜其被遇聖朝眷寵懷徠之厚也（此條鄭刻脫四十餘字）

國淸寺

國淸寺在西郊亭之西相去三里許長廊廣廈喬松怪石互相映帶（鄭刻掩）景物淸秀側有石觀音峭立崖下頃人使所過道經國淸寺門其褐衣僧徒百十輩羣出觀之

王城內外諸寺

興王寺在國城之東南維出長霸門二里許前臨溪流規模極大其中有元豐閒所賜夾紵佛像元符中所賜藏經兩壁有畫王顒嘗語崇寧使者劉逵等云此文王翊德山（謂嶽也）遣使告神宗皇帝模得相國寺本國人得以瞻仰上感皇恩故至今寶惜也稍西卽洪圓寺又長霸門溪北爲崇化寺南爲龍華寺後隔一小山有彌陀慈氏二寺然亦不甚完葺崇教院在會賓門內普濟道日金善三寺在太安門內鼎足而峙隔官道之北由嵓山又有奉先彌勒二寺竝列稍西卽大佛寺也王府之東北與春宮相距不遠有二寺一曰法王次曰印（鄭刻卽）經由太和北門入則有龜山玉輪二寺乃適安和寺所由之途也廣眞寺在將作監之東普雲寺在長慶宮之

南自崇仁門出正東卽洪護寺又東北出安定門則有歸法靈通二寺唯順天館之北有小屋數十閒榜曰順天寺自人使至館一月僧徒晝夜歌唄不絕榜云以祈國信使副一行平善蓋由衷之信非一時矯僞也又紫燕島有濟物寺羣山島有資福寺殿與門廡之外亦無堂室其徒三二人而止爾凡此者以其屋宇隘陋且多故略其圖而載其名焉

崧山廟

崧山神祠在王府之北自順天館出至兵部直北沿溪

行過龜山寺福源觀出北昌門行五里許山路崎嶇喬松森蔭俯視城中如指諸掌其神本曰高山國人相傳祥符中契丹侵逼王城神乃夜化松數萬作人語虜疑有援卽引去後封其山爲崧以祠奉其神也民有災病施衣獻良馬以禱之比者使至六月二十六日丁未遣官致祭祠宇尙遠唯至半山設酒饌望而拜之遵舊典也

東神祠

東神祠在宣仁門內地稍平廣殿宇卑陋廊廡三十間荒涼不葺正殿榜曰東神聖母之堂以帟幕蔽之不令人見神像蓋刻木作女人狀或云乃夫餘妻河神女也以其生朱蒙爲高麗始祖故祠之舊例使者至則遣官設奠其牲牢酌獻如禮崧山神式

蛤窟龍祠

蛤窟龍祠在急水門上隙小屋數閒中有神像舟行水淺不可近唯舟師輩以小艇迎而祭之頃者使至彼設祭之明日有一小蛇青色咸謂神化亦猶彭蠡順濟之顯異也乃知神物無乎不在朝廷威靈所格雖蠻貊之邦行矣

五龍廟

五龍廟在羣山島客館之西一峯上舊有小屋在其後數步今新制獨有兩楹一室而止正面立壁繪五神像舟人祠之甚嚴又其西南大林中有小祠人謂崧山神別廟云

宣和奉使高麗圖經卷第十七

宣和奉使高麗圖經卷第十八

道教

臣聞高麗地濱東海當與道山仙島相距不遠其民非不知向慕長生久視之教第中原前此多事征討無以清淨無爲之道化之者唐祚之興尊事混元始祖故武德間高麗遣使匄請道士至彼講五千文開釋玄微高祖神堯奇之悉從其請自是之後始崇道教踰於釋典矣大觀庚寅天子眷彼遐方願聞妙道因遣信使以羽流二人從行遴擇通達教法者以訓導之王俁篤於信仰政和中始立福源觀以奉高眞道士十餘人然晝處齋宮夜歸私室後因言官論列稍加法禁或聞俁享國日常有意授道家之籙期以易胡教其志未遂若有所待然

道士

道士之服不以羽衣用白布爲裘皁巾四帶比之民俗特其袖少褒裕而已

釋氏

浮圖之教始出天竺遂傳四夷其法崇盛高麗雖在海東聞自清涼法眼一枝東渡之後僧徒頗知性理嘗於普濟寺僧堂見其揭榜示衆大略云言不足以載道久矣大千經卷皆藥病之說正法眼藏無所付囑世尊於是舉花而示有微笑者至於子孫言辯相示謂之談禪無乃妄乎靈山之會唯一迦葉其可容易期於衆人昔人猶愛羊存而禮之大意不忘又況言說之筌足以得其意哉抑聞之說詩者貴在以意逆志吾宗亦然蓋言以索意意之所隨不可以言傳則亦在乎默而識之尚何數數於文言之末乎觀此數百言深契宗旨佛像供具皆悉脩潔幡華繒蓋行列有序大經則有華嚴般若小者不可悉數亦有本繙自中國能爲華言者嘗令誦之歷歷可聽至其梵唄則又鴃舌不復可辨矣其鐃鈸形制小而聲悲至其螺聲則洪大如號焉先是元豐間上節使臣宋密歿於紫燕島自後使至必於濟物寺飯僧致祭上節以次羅拜墓下比者銜命至彼亦襲前例雖存歿恩義理固宜爾然人心初到異邦遠懷鄉國遽覩客殯無不霑灑蓋出使絕域唯遼東爲難海洋阻隔危險萬態得獲全濟復命於朝豈不幸歟自非倚仗王

靈則其不葬於蛟蜃之腹者幾希豈釋氏專能持護哉令圖其衣服制度以考同異云

國師

國師之稱蓋如中國之有僧職綱維也其上一等謂之王師王見則拜之皆服出水衲袈裟長袖偏衫金跋遮下有紫裳烏革鈴履人物衣服雖略與中華同但麗人大抵首無枕骨以僧祝髮乃見之頗可駭訝晉史謂三韓之人初生子便以石壓其頭令扁非也蓋由種類資稟而然未必因石而扁

三重和尚大師

三重和尚長老（鄭刻光）律師之類也服紫黃貼相（鄭刻廂）福田袈裟長袖偏衫下亦紫裳位在國師之下講說經論傳習性宗擇聰慧辯博者爲之

阿闍黎大德

阿闍黎大德位降三重和尚一等分隸教門職事其服短袖偏衫壞色挂衣五條下有黃裳國師三重不過數人而阿闍黎一等人數極衆未究厥旨

沙彌比丘

沙彌比丘自幼出家未經受具壞色布衣亦無貼相（鄭刻廂）戒律既高方易紫服以第遷升乃有衲衣蓋高麗僧衣唯以磨衲爲最重耳

在家和尚

在家和尚不服袈裟不持戒律白紵窄衣束腰皁帛徒跣以行間有穿履者自爲居室娶婦鞠子其於公上負載器用掃除道路開治溝洫脩築城室悉以從事邊陲有警則團結而出雖不閑於馳逐然頗壯勇其趨軍旅之事則人自褁糧故國用不費而能戰也聞中間契丹爲麗人所敗正賴此輩其實刑餘之役人夷人以其髡削鬚髮而名和尚耳

宣和奉使高麗圖經卷第十八

宣和奉使高麗圖經卷第十九

民庶

臣聞高麗地封未廣生齒已衆四民之業以儒爲貴故其國以不知書爲恥山林居（鄭刻衆）多地鮮平曠故耕作之農不迨工技州郡土產悉歸公上商賈不遠行唯日中則赴都市各以其所有易其所無熙熙如也然其爲人寡恩好色泛愛重財男女婚娶輕合易離不法典禮良可哂也今繪其國民庶而以進士冠於篇

進士

進士之名不一王城之內曰土貢郡邑曰鄉貢萃於國子監合試幾四百人然後王親試之以詩賦論三題中格者官之自政和閒遣學生金端等入朝蒙恩賜科第自是取士閒以經術時務策較其程試優劣以爲高下故今業儒者尤多蓋有所向慕而然耳其服四帶文羅巾皁紬爲裘黑帶革履預貢則加帽登第則給青蓋僕馬遨遊城中以爲榮觀也

農商

農商之民農無貧富商無遠近其服皆以白紵爲袍烏巾四帶唯以布之精粗爲別國官貴人退食私家則亦服之唯頭巾以兩帶爲辨閒亦徒行通衢吏民見者避之

工技

高麗工技至巧其絕藝悉歸於公如幞頭所將作監乃其所也常服白紵袍皁巾唯執役趨事則官給紫袍亦聞契丹降虜數萬人其工技十有一擇其精巧者留於王府比年器服益工第浮僞頗多不復前日純質耳

民長

民長之稱如鄉兵保伍之長也卽民中選富足者爲之其聚落大事則赴官府小事則屬之故隨所在細民頗尊事焉其服文羅爲巾皁紬爲裘黑角束帶烏革句履亦與未預貢進士服飾相似也

舟人

高麗頭巾唯是重文羅一巾之價準米一石細民無貲可得復恥露頭與罪囚無別故作竹冠以冠之或方或圓初無定制短褐被體下無袴襦每舟十餘人夜則鳴櫓鼓枻謳歌互答嘵嘵如鵞鶩羣鳴略無聲律情義蓋

其俗然也

宣和奉使高麗圖經卷第十九

宣和奉使高麗圖經卷第二十

婦人

臣聞三韓衣服之制不聞染色唯以花文爲禁故有御史稽察民服文羅花綾者斷罪罰物民庶遵守不敢慢令舊俗女子之服白紵黃裳上自公族貴家下及民庶妻妾一槩無辨頃歲貢使趨闕獲朝廷賜予十等冠服遂以從化今王府與國相家頗有華風更遲以歲月當如草偃矣今姑摭其異於中國者圖之

貴婦

婦人之飾不喜鄭刻善塗澤施粉無朱柳眉半額皁羅蒙首製以三幅幅長八尺自項垂下唯露面目餘悉委地白紵爲袍略如男子製文綾寬袴裏以生絹鄭刻綃欲其襃裕不使著體橄欖勒巾加以采絛金鐸佩錦香囊以多爲貴富家籍以大席侍婢旁列各執巾瓶雖盛暑不以爲苦也秋冬之裳閒用黃絹或深或淺公卿大夫之妻士民游女其服無別或云王妃夫人以紅爲尚益加繪繡國官庶民不敢用也

婢妾

宮府有媵國官有妾民庶之妻雜役之婢服飾相類以其執事服勤故蒙首不下垂疊於其頂揠衣而行手雖執扇羞見手爪多以絳囊蔽之

賤使

婦人之髻貴賤一等垂於右肩餘髮被下束以絳羅貫（鄭刻監）以小簪細民之家特無蒙首之物蓋其直準白金一斤力所不及非有禁也亦服旋裙製以八幅插腋高繫重疊無數以多爲尚其富貴家妻妾製裙有累至七八匹者尤可笑也崇寧間從臣劉逵吳栻等奉使至彼值七夕會館伴使柳伸顧作樂女倡謂使副曰本國梳得頭髮慢必是古來墜馬髻逵等答云墜馬髻乃東漢梁冀妻孫壽所爲似不足法伸等唯唯然至今仍貫不改豈自其舊俗椎結而然耶

貴女（鄭刻缺此標目玩文義第一行之前尚有闕文）

蠻夷之服雖略相類亦無定制人使初入城夾道樓觀閒時見凭欄有此一等女子纔十餘歲當是未嫁之人亦不披髮而黃衣又非謩服所宜嘗試詰之終不審諦或云是王府小兒之服耳

女子

民庶之家女子未嫁紅羅束髮其餘被下男子亦然特易紅爲黑繩耳

負

高麗法置官婢世代相承故自王府國官觀寺皆給之其於執役肩不勝任負於背上其行甚駛雖男子不如也

戴

負戴之役其勞一等水米飯（鄭刻未飲）歠竝貯銅罌不以肩舁加於頂上罌有二耳一手扶持揠衣而行背負其子考之於經班白者不負戴於道路以其用力艮勞非筋骨有加益不能也其子附之所謂襁負其子而至歟

宣和奉使高麗圖經卷第二十

宣和奉使高麗圖經卷第二十一

皁隸

臣聞諸蠻之國雕題交趾被髮文身豺狼與居麋鹿與游豈復知張官置吏之法哉唯高麗則不然衣冠禮儀（鄭刻義）君臣上下燦然有文法以相接也內置臺省院監外置州府郡邑設官分職選吏任事在上則舉其綱目在下則任其繁劇雖一國之事簡而當理追胥呼索但片紙數字民不敢失其期會也故自中書給事中樞堂官以至夫民長無敢怠豫其國官吏遇諸塗必跪拜鞠恭言事則膝行而前上手低面以聽奉之自非久陶聖化能若是乎今自吏職以迄騶使竝列圖於左

吏職

吏職之服與庶官服色不異但綠衣時有深淺舊傳高麗倣唐制衣碧今詢之非也蓋其國民貧俗儉一袍之費動準白金一斤每經澣濯再染色深如碧非是別一等服也然省府補吏不限流品貴家之子弟時亦爲之今此青服當是吏之世襲者耳

散員

散員之服紫羅窄衣幞頭革履如中華班直殿侍之類也武臣子弟兵衛出職皆補之每人使至則捧盤授爵執衣侍巾皆用之

人吏

人吏之稱非比省府之職也蓋倉廩司屬州縣出納金穀布帛之流皁衣幞頭烏革句履時於街市稠人中見之或云趨官府則閒有易色衣者

丁吏

丁吏蓋丁壯之人初置吏者也舊說轉爲頂禮蓋是語音訛謬自此升補爲吏由吏而後授官自令官而下各給丁吏以備使令視官品而爲多寡之差其常執事則文羅頭巾人使至則加幘每貴臣從者一二人惟伴官屈使從者與使副所給一等服飾耳

房子

房子使館之給役者也每房自使副而下以官品高下而爲之多寡其服文羅頭巾紫衣角帶皁屨蓋擇善供應者爲之觀其守法謹甚又善筆札高麗俸祿至薄唯給生菜蔬茹而已常時亦罕食肉每人使至正當大暑

飲食臭惡必推其餘與之飲啗自如而又以其餘歸遺於家至禮畢出館泣數行下大抵麗人之於中國其情加厚故雖房子亦懷惓惓焉

小親侍

小親侍紫衣頭巾復被其髮蓋宮帷中所使小童也王之貴戚與從臣時亦給之麗人大率未娶者皆褁巾而被髮於後既娶而後束髮其爲小親侍皆纔十餘歲稍長則出宮焉

驅使

驅使與仙郎相類大抵皆未娶之人在貴家子弟則稱仙郎故其衣或紗或羅皆皁也又有一等緣袖烏巾郎庶官小吏之奴名驅使者也

宣和奉使高麗圖經卷第二十一

宣和奉使高麗圖經卷第二十二

雜俗一

臣聞王制曰廣谷大川異制民生其閒異俗夫所謂廣谷大川固未必遐方絕域蓋特其中國之地川俗或殊則習俗各異有不可得而同者又況蠻夷之限在海外其習俗豈一端哉高麗於諸夷中號爲文物禮義之邦其飲食用俎豆文字合楷隸授受拜跪恭肅謹愿有足尚者然其實污僻澆薄厖雜夷風終未可革也冠婚喪祭鮮克由禮若男子巾幘雖稍倣唐制而婦人鬌髻下垂尚宛然鬘首辮髮之態貴人仕族婚嫁略用聘幣至民庶惟以酒米通好而已又富家娶妻至三四人小不相合輒離去產子居別室其疾病雖至親不視藥至死殮不拊棺雖王與貴冑亦然若貧人無葬具則露置中野不封不植委螻蟻烏鳶食之衆不以爲非淫祀諂祭好浮屠宗廟之祠參以桑門歌唄其閒加以言語不通貪饕行賂行喜奔走立則多拱手於背婦人僧尼皆作男子拜此則大可駭者至於瑣碎不經又未易以一二數今姑總其耳目所聞見者圖之併以土產資養之物

附於后

庭燎

麗俗尚夜飲而祗待使人尤謹每宴罷常侵夜分自山島州縣郡郊亭館（鄭刻云自山島州郡郊亭館舍）皆於庭中束葦明燎以散員執之使者歸館則羅列在前相比而行

秉燭

王府公會舊不燃燭比稍稍能造大者如椽小者亦長及二尺然終不甚明快會慶乾德之燕庭（鄭刻筵）中設紅紗燭籠用綠衣人搢笏執之問之云是新入仕之人舊記謂初登第者今知未必皆一等流品也

挈壺

挈壺之職名實近古逐刻以擊鼓爲節中庭立表以揭牌每時正則一紫衣吏捧牌立於左一綠衣人致躬報曰某時然後搢笏詣表易牌而退

鄉飲（鄭刻脫此條）

麗俗重酒醴公會惟王府與國官有牀桌盤饌餘官吏士民惟坐榻而已東漢惟豫章太守陳蕃特爲徐稚設一榻則知前古亦有此禮今麗人於榻上復加小俎器皿用銅鏽腊魚菜雖雜然前進而不豐腆酒行亦無節以多爲勤每榻只可容二人若會賓客多則隨數增榻各相向而坐國中少麥皆國人販自京東道來故麪價頗貴非盛禮不用在食品中亦有禁絶者此尤可哂也

治事（鄭刻脫此條）

麗政尚簡訟牒略而不文官府治事坐不據桉但登榻指呼而已吏捧案牘跪陳於前上手聽奉卽時批決了無稽留已事則棄不設架閣惟國朝詔命信使書則王府有庫寶藏以爲備檢之具其饋食奉盤則俯首膝行高拱手而奉之威儀甚恭夫夷狄而能然是可嘉也（其饋食云云與上文氣不屬似別一條之尾誤接於此否則遙接前吏捧案牘跪陳於前二句斷續書之耳姑仍其舊以俟考定）

答禮（鄭刻脫此條）

麗俗官吏兵卒分守雖嚴而起居之禮閒有不事邊幅凡國相從官與其所轄往來相値必肅容起立餘官無統轄者吏卒久不相見雖通衢宫廷中必拜之而在官者亦俛而後與如答拜蓋禮人不答反其敬禮失則求諸野略可見矣

給使鄭刻脫此條

給使之賤視官品而爲多寡之數國相丁吏四人驅使三十人令官倍之前有青蓋持之在數十步外乘馬許二人控馭自是而降前不張蓋控馬不許用二人民庶乘馬惟自執鞭馭而已丁吏多前驅給使執巾瓶從物後隨列卿而上丁吏三人驅使二十人正郎丁吏二人驅使十五人員外以上丁吏一人驅使十人初品共給三人皆官奴隸也世代相承爲之

女騎

婦人出入亦給僕馬蓋亦公卿貴人之妻也從馭不過三數人皁羅蒙首餘被馬上復加笠焉王妃夫人惟以紅爲飾亦無車輿也昔唐武德正觀中宮人騎馬多著羃䍦而全身蔽障今觀麗俗蒙首之制豈羃䍦之遺法歟

宣和奉使高麗圖經卷第二十二

宣和奉使高麗圖經卷第二十三

雜俗二

澣濯

舊史載高麗其俗皆潔淨至今猶然每笑中國人多垢膩故晨起必先沐浴而後出戶夏月日再浴多在溪流中男女無別悉委衣冠於岸而沿流褻露不以爲怪浣濯衣服湅涚絲麻皆婦女從事雖晝夜服勤不敢告勞鑿井汲水多近川爲之上作鹿盧輸水於槽槽形頗如舟云

種藝

國封地瀕東海多大山深谷崎嶇嶜崒而少平地故治田多於山閒因其高下耕墾甚力遠望如梯磴然其俗不敢有私田略如丘井之制隨官吏民兵秩序高下而授之國母王妃世子王女而下皆有湯沐田每一百五十步爲一結民年八歲投狀射田結數有差而國官以下兵吏驅使進士工技無事則服田惟戍邊則給米其地宜黃粱黑黍寒粟胡麻二麥其米有秔而無稬粒特大而味甘牛工農具大同小異略而不載

漁

國俗有羊豕非王公貴人不食細民多食海品故有鰌鰒蚌珠母蝦王文蛤紫蟹蠣房龜脚以至海藻昆布貴賤通嗜多勝食氣然而臭腥味醎久亦可厭也海人每至潮落矴舟島嶼而捕魚然不善結網但以疏布漉之用力多而見功寡唯蠣蛤之屬潮落不能去人掇拾盡力取之不竭也

樵

樵人初無專業惟事隙則隨少長之力於城外山取之蓋旁城之山於陰陽有忌不許采斫故其中多巨木合抱青蔭可愛使者舍於館以至登舟皆有司供給以備炊煮不善用肩惟以背負而行

刻記

麗俗無籌算官吏出納金帛計吏以片木持刃而刻之每記一物則刻一痕已事則弃而不用不復留以待稽考其政甚簡亦古結繩之遺意也

屠宰

夷政甚仁好佛戒殺故非國王相臣不食羊豕亦不善屠宰唯使者至則前期蓄之及期將用縛四足投烈火中候其命絕毛落以水灌之若復活則以杖擊死然後剖腹腸胃盡斷糞穢流注雖作羹胾而臭惡不絕其拙有如此者

施水

王城長廊每十間張帟幕設佛像置大甕貯白米漿復有杯杓之屬恣往來之人飲之無間貴賤而以僧徒主其事

土產

高麗依山瞰海地瘠而磽然而有稼穡之種麻枲之利牛羊畜產之宜海物唯錯之美廣揚永三州多大松松有二種唯五葉者乃結實羅州道亦有之不若三州之富方其始生謂之松房狀如木瓜青潤緻密至得霜乃拆其實始成而房乃作紫色國俗雖果肴羹胾亦用之不可多食令人嘔吐不已人參之榦特生在在有之春州者最良亦有生熟二等生者色白而虛入藥則味全然而涉夏則損蠹不若經湯釜而熟者可久留舊傳形匾者謂麗人以石壓去汁作煎今詢之非也乃參之熟

者積垛而致爾其作煎當自有法也館中日供食菜亦謂之沙參形大而肥美非藥中所宜用又其地宜松而有茯苓山深而產硫黃羅州道出白附子黃漆皆土貢也其國自種紵麻人多衣布絶品者謂之絶（疑絁字之譌鄭刻同）潔白如玉而窘邊幅王與貴臣皆衣之不善蠶桑其絲綫織紝皆仰賈人自山東閩浙來頗善織文羅花綾緊絲錦罽邇來北虜降卒工技甚衆故益奇巧染色又（鄭刻大）勝於前日地少金銀而多銅器用漆作不甚工而螺鈿之子（疑工字之訛鄭刻同）細密可貴松煙墨貴猛州者然色昏而膠少仍多沙石黃毫筆軟弱不可書舊傳爲猩猩毛未必然也紙不全用楮閒以藤造槌搗皆滑膩高下數等其果實栗大如桃甘美可愛舊記謂夏月亦有之嘗問其故乃盛以陶器埋土中故經歲不損六月亦有含桃味酸如酢榛榧極（鄭刻最）多云倭國者亦有來禽青李瓜桃梨棗味薄而形小至於蓮根花房皆不敢擷國人謂其爲佛足所乘云

宣和奉使高麗圖經卷第二十三

宣和奉使高麗圖經卷第二十四

節仗

臣聞春秋之法王人雖微序在諸侯之上蓋尊王命也然當是時周室紀綱圮壞諸侯強大有輕之之心孔子託空言以爲天下後世臣子法尚諄諄如此矧太平盛際親遣王人遠使外國則彼之尊奉之禮豈敢少懈哉恭惟宋有天下垂二百年干戈寢偃夷裔君長不待詔告而信順之誠堅若金石蓋自容成氏以來未有太平如此之盛宜乎諸侯推尊王人而禮文繁縟也比年使命每至麗國聞其備竭儀物之華兵衛之衆以迓詔書以導旄節禮甚勤至然是行也適在王俁衣制未終其鼓吹之類皆執而不作亦可謂知禮也已

初神旗隊

神舟旣抵禮成港下碇訖麗人具采舟來迎使者奉詔書登岸三節步從入碧瀾亭奉安詔書訖退休於所舍明日質明都轄提轄官對捧詔書入采輿兵仗前導諸仗之中神旗爲先自西郊亭預建於館前俟詔書至與餘仗相接導衛入城旗列十面車載而行每乘十餘人

自是之後受詔拜表則皆設於兵仗前也青衣龍虎軍鎧甲戈矛幾及萬卒分爲兩序夾道而行

次騎兵

神旗之次有錦衣龍虎親衛旗頭一名騎而前驅執小紅旆旗（闕刻）其次則領兵上將軍其次則領軍郎將皆騎兵也持弓矢佩劍飾馬之具皆有鑾聲馳驟甚亟頗自矜耀

次鐃鼓

騎兵之次鳴笳之軍次之鐃鼓之軍又次之每百餘步鳴笳軍必却行面詔輿而合吹聲止則擊鐃鼓爲之節

次千牛衛

鼓角之次卽有儀物貫革鐙杖千牛軍衞執之相比而行

次金吾衛

千牛衛之後金吾仗衛軍次之執黃幡豹尾儀戟華蓋差閒而行

次百戲

金吾仗衛之後百戲小兒次之服飾之類略同華風

次樂部

歌工樂色亦有三等之服而所持之器閒有小異其行在小兒隊之後比使者至彼會俟衣制未除故樂部皆執其器而不作特以奉詔命不敢不設也

次禮物

禮物之匣大小不一其面標題所賜之物名件而皇帝信寶封之麗人尊奉寵眷乃盛以要舁而羃以黃帕每乘用控鶴軍四人服紫繡花袍上折脚襆頭其行在樂部之次

次詔輿

采輿之設績繡錦綺五色閒錯制作華巧前一輿安大金爐次奉詔書幷祭王俁文次奉御書亦以控鶴軍捧之拜表歸館則不用其中一輿耳

次充代下節

國朝故事奉使高麗下節皆卒伍比歲稍許命官士人藝術工技以代其選今使者之行也人人仰體聖上懷徠之意願爲執鞭以觀異域之俗又況陛辭之日面奉聖語丁寧宣諭人皆感泣而不以海洋之生死爲憂也

故有若成忠郎周通承信郎趙漑登仕郎熊樗年尹京文學江大亨李訓唐浚翰林醫學楊寅進士有若晁正之徐亨黃大本葉彥資石(鄭刻王)懌陳興祖陶挺孟嶽高伯益李銳崔世美顧大範金安止王居仁劉絪熙副尉則有李暉王澤呂漸徐珙徐可言施祐鍾禹功省府寺監胥吏則有若董琪牛敏年郯(鄭刻鄭)恭陳佐楊大同楊渙劉宗武孫洵王祐尹公立孫琬曹裕王伯全陳惟漑王道深楊革張雩桂林范敏求舒障鄒琮志張若朴范寧之朱彥康劉袞胡允升周郁郯伯成其服紫羅窄衫烏紗帽塗金雙鹿帶分爲兩序從詔輿而行

次宣武下節

宣武下軍明州士兵共五十人服飾與充代不異但褰裳而行使錦繡彰施耳使者初出都門降賜塗金器皿從物再出節卽供給之人各執於前粲采奪目以示榮耀於外國焉

次使副

國信使副從詔書入城副　公會皆二馬齊驅其服紫衣御仙花金帶仍佩金魚高麗伴使騎馬在副使之右數步相比而行居使(鄭刻闕使案居使凡再見未知孰是)又次之

次上節

上節都轄武翊(鄭刻翼)大夫忠州刺史兼閤門宣贊舍人吳德休其服紫衣金帶行馬在正使之後提轄朝奉大夫徐兢緋衣佩魚行馬在副使(鄭刻闕使)之後法籙道官太虛大夫藥珠殿校籍黃大中碧虛郎凝神殿校籍陳應常紫衣青襈佩金方符書狀官宣教郎滕茂實崔嗣道如提轄官之服隨船都巡檢吳敞指使兼巡檢路允升路逵傅叔承許興文管勾舟船王覺民黃處仁葛成仲舒紹弼賈垣語錄指使劉昭慶武悅楊明醫官李安仁郝洙書狀使臣馬俊明李公亮其服紫衣塗金御仙花帶引接荆珣孫嗣興服綠各以官序行馬從詔書入城其侍使副行則戴席帽而執鞭專遣行禮則亦張青蓋彼國自有伴官相陪多以引進官爲之

次中節

中節管勾禮物官承直郎朱明發承信郎婁澤范皎迪功郎崔嗣仁劉璹將仕郎吳(太上御名○構)行遣迪功郎汪忱進士王處仁占候風雲官承信郎董之邵王元書符禁

兇張洵仁技術郭範司馬璀使副親隨徐閎張晧李機許興古親從官王瑾魯蹲宣武十將充代趙祐正名程政都轄親隨入吏王嘉賓王仔其服幞頭紫窄衣塗金寶瓶帶其行馬在上節之次

宣和奉使高麗圖經卷第二十四

宣和奉使高麗圖經卷第二十五

受詔

臣聞周使宰孔賜齊侯胙將下拜孔曰且有後命天子以伯舅耋老加勞賜一級無下拜對曰天威不違顏咫尺小白余敢貪天子之命恐隕越於下以遺天子羞敢不下拜下拜登受夫周室之衰禮去其籍僅有存者齊侯雖伯不敢廢禮今天子威靈所被震疊海表而綏懷之意情文腆縟是宜麗人恪恭明命如瞻天表不敢少怠以虞隕越今圖其趨事執禮之勤以備觀考

迎詔

使副奉詔入順天館十日內卜吉王乃受詔前期一日先遣說儀官與使副相見次日遣屈（鄭刻闕）使一員至館都轄提轄官對捧詔入采輿內儀仗兵甲迎導前行使副館伴屈（鄭刻闕）使同上馬下節在其前步行上中節騎馬後隨國官先於館門外排立俟詔書出館當道再拜訖乘馬前導至王府入廣化門次入左同德門至昇平門外上中節下馬引接指使等馬前步行上節後從入神鳳門至閶闔門外使副下馬國王與國官以次迎詔

再拜訖采輿入止會慶殿門外

導詔

采輿既入止會慶殿門外都轄提轄官自輿中捧詔出奉安於幕位使副少憩國王復降門下西嚮立使副與國王竝行導入中門上節禮物等分兩序入會慶殿下以俟國王受詔

拜詔

國王導詔入會慶殿廷下設香案面西立使副位北上面南立上節官以次序立於使副之後國官立班於王之後王再拜躬問聖體乃復位舞蹈再拜已國官舞拜如王之儀國信使稱有敕國王再拜起躬聽口宣乃搢笏跪副使以詔授使使以詔授王詔曰高麗國王王楷遜聞嗣國甫謹脩方諒惟善繼之初克懋統承之望遽經變故深劇傷摧肆遣命使之華往諭象賢之寵載蕃賚予併示哀榮宜祗服於王靈用永遵於侯度今差通議大夫守尚書禮部侍郎元城縣開國男食邑三百戶路允迪太中大夫中書舍人清河縣開國伯食邑九百戶傅墨卿充國信使副賜卿國信禮物等具如別錄至可領也故茲詔示想宜知悉春暄卿比平安好遣書指不多及王受詔乃授國官出笏舞蹈如初之儀國官亦如之

起居

使副既導詔至於廷王再拜與避席躬問聖體使亦避席躬答曰近離闕下皇帝聖躬萬福各復位拜舞如受詔之儀先是自全抵廣凡三州牧問聖體如王之儀至其接送館伴官相見亦如之

祭奠

壬寅春二月使副被旨以國信使事行夏四月聞俁薨兼以祭奠弔慰遵元豐制也癸卯六月十三日甲午使副到館王既受詔越二日王先遣人告辦都轄吳德休往啟建佛事次日提轄官徐兢押所賜祭奠禮物陳列於前至日質明使副與三節官吏奉詔輿至長慶宮三節休於次使副易帶以烏犀仍去式候時至入祭室王楷素服立於東楹使副再拜與使跪宣御製祭文曰維宣和五年歲次癸卯三月甲寅朔十四日丁卯皇帝遣使通議大夫守尚書禮部侍郎元城縣開國男食邑三

百戸路允迪太中大夫中書舍人清河縣開國伯食邑九百戸傳墨卿致祭於高麗國王之靈惟王躬有一德嗣茲東土孝友肅恭惠迪神民克紹於前文人四國是式而忠誠夙著義篤勤王旅貢在廷服命惟謹朕惟王外介海隅而能知役志於享乃心罔不在王室嘉乃丕績眷顧不忘方將洊飭使人往諭朕志示鎮撫於爾邦孰謂天不憖遺遽聞大故邦國殄瘁震悼於懷今錫爾恤典用哀乃顯德以輯寧爾邦尚其來止歆我寵靈永垂佑於爾後人服休無斁尚饗

弔慰

是日祭奠禮畢少退乃行弔慰禮先於廷中設香案西望天闕王楷素服面西立使位南面西上副使又次之副使以詔授使使以詔授王王磬折鞠躬再拜跪受之

詔曰高麗國王王楷惟爾先王祗（今上御名○慎）明德宜綏厥位毗予一人天命難諶遽以訃諗緬惟永嘉諒劇傷摧纂嗣之初踐脩是屬勉思抑割用副眷懷今差國信使通議大夫守尚書禮部侍郎元城縣開國男食邑三百戸路允迪副使太中大夫中書舍人清河縣開國伯食邑九百戸傳墨卿兼祭奠弔慰幷賜祭奠弔慰禮物等具如別錄至可領也故茲詔示想宜知悉春暄卿比平安好遣書指不多及

宣和奉使高麗圖經卷第二十五

宣和奉使高麗圖經卷第二十六

燕禮

臣聞先王燕饗之禮以其爵等而爲隆殺之節其酌獻有數其酬酢有儀本朝講之詳矣師古便令不失先王之意而高麗之制執爵酌醴郗行而前所以薦賓客乃有古人之遺風諒其加厚於使華以尊王人施於其國者未必槩如此也具載於圖以志其向慕中國之意

私覿

王既受詔已王與使副少休於次王位東使副位西贊者以使副起居狀告於王王遣介復命引接官分左右引王與使副出立於會慶廷中對揖訖升殿王立於東楹使副立於西楹各設褥位王與使相向再拜訖各致躬稍前通問訖復再拜使少退副使立於使位與王對拜如初禮各復位然後分立於所占之席立於其側上答之退立於東廊次引中節庭下參四拜王稍躬還揖節官通榜子參都轄提轄以下不拜止躬揖王王亦躬訖退立於西廊王與使副就席坐上中節亦然次引下節并舟人亦庭下六拜坐於門之東西分兩序北面東上然後酒行其獻酬之禮則見於別篇云

燕飲

燕飲之禮供張帟幕之屬悉皆光麗堂上施錦茵兩（鄭刻西）廊籍以緣（鄭刻綠）席其酒味甘色重不能醉人果蔬豐腆多去皮核肴饌雖有羊豕而海錯勝之卓面覆以紙取其潔也器皿多以塗金或以銀而以青陶器爲貴獻酬之儀賓主百拜不敢廢禮自令官國相尙書以上立於殿之東榮在王之後餘官以文武分東西兩序立於庭中中立一表以著時刻旁列綠衣人搢笏執絳燭籠立於百官之前復令衛軍各執儀物立於其後麗人奉王甚嚴每燕樂（鄭刻飲）行禮所列官吏兵衞雖烈日驟雨山立不動亦未嘗改容其恭肅亦可尙云

獻酬

王與使副既就席坐王遣介告使副曰欲親起酌酒爲勸使者固（鄭刻同）辭至於再三乃從之各避席起立對揖訖執事者以使爵至王前王跪執尊以酌使者郗行而前使亦跪受爵訖復以爵授執事者各復位坐既定飲訖起躬身對揖略敘謝意王又親酌副使酒如使之禮

使副既受王獻畢復親酌酒以酢王如初禮酒三行乃如常儀酒十五行乃中休於次少頃再就坐自使副而下送襲衣金銀帶各有差酒再十餘行夜分乃罷王送使副出於殿門外三節人以序行馬歸館

上節席

上節之席西面北上器用塗金禮如使副差殺而王不親酌唯遣尚書郎或卿監代之先以其禮告於王王可其言再拜而退乃言於使人曰主遣某官勸上節酒都轄提轄而下躬身答之初坐再勸晚燕再就位至於三勸皆易巨觥酒盡乃退所遣官復再拜王於殿庭而退

中節席

中節之席東面北上與上節相向其果肴器皿又降上節一等其遣官勸酒略如上節之儀

下節席

下節之席在殿門之内北面東上其席不施牀卓唯以小俎籍地而坐器用白金果肴簡略而酒行之數差疎視中節又降殺數倍耳

館會

使者既入館王遣官辦燕謂之拂塵會自是之後五日一會遇節序稍加禮焉使副居其中自分左右位國官伴筵與館伴分東西居客位都轄提轄以下分坐於東西序中下節以次坐於兩廊酒止十五行夜分而罷庭中不施燭籠唯設明燎而已又有過位之禮館伴以書延使副於其位如燕之禮三節不偕往唯從行引接指使之屬以備使令其後數日使副延館伴官於所館之樂賓亭用行庖之人而果肴器皿皆御府所給四筵列寶玩古器法書名畫異香奇茗瑰瑋萬狀精采奪目麗人莫不驚嘆酒闌隨所好恣其所欲取而予之

拜表

使者宣命禮畢乃以書告行欲赴天寧節上壽之意王遣介致書懇留使者固辭王卜日持書告以拜附表章至日使副率三節人至王府王迎揖至會慶殿庭中設案列褥位如受詔之儀王望闕再拜訖搢笏跪執事以表授王王捧表跽行奉於使使跪授訖以表授副使置表於引接官然後就席至會罷乃以表匣置采輿中兵仗迎導前行歸館

門餞

拜表宴罷乃於神鳳門張帟幕設賓主之位王與使副酌別訖立於席之側先引上節立於前王親酌別酒巨觥致辭而退次引中節立於阼階下節立於階下勸酒如上節之禮退出門外候使副上馬三節以次從行歸館

西郊送行

使副同程是日早發順天館未開抵西郊亭王遣國相具酒饌於其中上中節位於東西廊下節位於門外酒十五行乃罷使副與館伴立馬於門外敘別館伴就馬上親酌以勸使者飲畢各分袂先是與接送伴官到館即相別及同程於此復與之相陪以迄羣山島放洋也

宣和奉使高麗圖經卷第二十六

宣和奉使高麗圖經卷第二十七

館舍

臣聞子產相鄭伯如晉晉以魯喪未之見也子產使盡壞其館之垣納車馬焉晉人誚之對曰文公之為盟主也宮室卑庳無觀臺榭以崇大諸侯之館館如公寢庫廄繕修車馬有取賓僕有待賓至如歸晉有愧辭謝不敏焉然則諸侯之國所以待四方賓客者尚以授館為先況外夷蕃服之於王人乎惟麗人恭順有素而朝廷綏撫有體故其建立使館制度華侈有逾王居臣嘉之作館舍圖（鄭刻脫此條）

順天館

使副既奉詔入城之宣義門直北行三里許至京市司又轉北行五里許至廣化門復轉西行二里過一崗甚峻稍向北行一里即至順天館也外門有榜中門青繡衣龍虎軍守之惟作上中節上下馬之處正廳九楹規模壯偉工制過於王居外廊三十間不置他物唯館會則列中下節飲席焉庭中有二小亭當其中作幕屋三間昔為作樂之地今以王俁衣制未除不復見廳之後

有過道中建樂賓亭左右翼兩位以爲使副居室內廊各十二位上節分處之西位之南爲館伴官仁其北以奉詔書兩序以居道官東位有堂爲都轄提轄位又東爲書狀官位亦有廊屋甚廣中下節以次舟人居之以北爲上使副而下各給房子以備使令東位之南當其中爲清風閣西位之北依山勢爲香林亭皆開軒對山清流環遶喬松名卉丹碧交陰供張器皿無一不備先是王嶽建此以爲別宮自元豐朝貢之後無以待中朝人使故改爲館而以順天名之鄭刻脫此條

館廳鄭刻脫標題

正廳五間兩廈各二間不設窗戶通爲九楹鄭刻脫以上十七字榜曰順天之館東西兩堦皆施欄楯上張錦繡簾幕其文多爲翔鸞團花四面盡張繡花圖障左右置八角冰壺惟與國官相見館中飲會則升廳焉使副居其中自餘賓主國官分東西侍坐而已

詔位

詔書位在樂賓之西館伴位之北小殿五間繪飾華煥兩廊昔爲押伴醫官之室今以爲二道官位各以官序分居之使副入館先奉安詔書於殿俟王卜吉日受詔其日率三節官拜於庭都轄提轄對捧上節前導出館置采輿中使副以次從行

清風閣

清風閣在館廳之東都轄提轄位之南其制五間下不施柱唯以拱斗架疊而成不張幄幕然而刻鏤繪飾丹艧華侈冠於他處唯以貯所錫禮物崇觀中揭名涼風今易此名耳

香林亭

香林亭在詔書殿之北自樂賓亭後有路鄭刻有路下誤接碧瀾亭一條內詔書入於亭至覩於此耳句止凡八十五字登山去館可百步當半山之脊而名太上御。構之其制四稜上爲火珠之頂八面施欄楯可以據坐偃松怪石女蘿葛蔓互相映帶風至蕭然不覺有暑氣使副暇日每與上節官屬烹茶枰棋於其上笑談終日所以快心目而却炎蒸也鄭刻登山云云至此誤入第二頁內竝失標題

使副位

使副位在正廳之後中建大亭其制四稜上爲火珠榜

曰樂賓使位在東副使位在西各占三間中列塗金器皿陳錦繡帷幄甚盛庭中廣植花卉正北一門可以登山郎過香林亭路也

都轄提轄位

都轄提轄共處一堂其制三間對闢二室各以官序分居之當其中以爲會食見客之所前垂青幃狀類酒帘室中各施文羅紅幕舊不用帳今亦有之榻上施錦裀復加大席以錦爲緣室中器皿如香奩酒榼唾盂食匳悉（鄭刻脫以下五十七字）以白金貯水之具皆用銅物物悉備堂之後甃石爲池溪流自山而下入於其池滿乃引出於書狀官位活活有聲供給之人下使副一等餘物稱是

書狀官位

書狀官位在都轄提轄之東其堂三間其制差殺亦分官序居之後有一池與西相通餘流自東出於館外與溪流相合室中簾幕之屬與都轄提轄位略同特易銀以銅耳（鄭刻脫此條標題亦缺）

西郊亭

西郊亭在宣義門外五里許庭廡雖高而營治草

到以迄

同程而迎勞飲餞於此下節舟人不能盡容對門起大幕列坐而飲之云（鄭刻脫此條標題亦缺）

碧瀾亭

碧瀾亭在禮成港岸次距王城三十里神舟既抵岸兵衞金鼓迎導（鄭刻脫以上二十五字標題亦缺）詔書入於亭亭有二位西曰右碧瀾亭以奉詔書東曰左碧瀾亭以待使副兩序有室以處二節人往來各一宿而去直東西有道通王城之路左右居民十數家蓋使節既入城衆舟皆泊於港中舟人分番以守視於此耳（鄭刻自詔書入於亭至末誤入香林亭條）

（自樂賓後有路句下）

客館

客館之設不一順天之後有小館十數間以待遣使報信之人迎恩館在南大街興國寺之南仁恩館與迎恩相竝昔曰仙賓今易此名皆前此所以待契丹使也迎仙館在順天寺北靈隱館在長慶宮之西以待狄人女眞興威館在奉先庫之北昔嘗以待醫官之所自南門之外及兩廊有館凡四曰清州曰忠州曰四店曰利賓

皆所以待中國之商旅然而卑陋草創非比順天也

宣和奉使高麗圖經卷第二十七

宣和奉使高麗圖經卷第二十八

供張一

臣聞周官掌次掌王次之法以待張事諸侯朝覲會同則張大次小次師田則張幕設案夫王者之待諸侯疑若其禮可簡然當朝覲會同師田之時尚且供張次舍如此勤至又況海外小侯尊奉王人則鋪張辦設豈可苟哉高麗自王氏以來世爲本朝藩屏而主上所以鎮撫之者恩德厚甚故每使節適彼而供張之具極華煥也蓼蕭澤及四海之詩曰鞗革沖沖和鸞雝雝蓋卽其儀物之中禮可以見其享上之心今謹敘麗人所以祗待使華者作供張圖

纈幕

纈幕非古也先儒謂繫繒染爲文者謂之纈麗俗今治纈尤工其質本文羅花色卽黃白相間爛然可觀其花上爲火珠四垂寶網下有蓮臺花座如釋氏所謂浮屠狀然猶非貴人所用惟江亭客館於屬官位設之

繡幕

繡幕之飾五采間錯而成不爲橫縫逐幅自上垂下亦

有鸂鶒翔鸞花團等樣而紅黃爲勝其質本文紅羅唯順天館詔殿正廳使副位會慶乾德殿公會則設之

繡圖

繡圖紅身綠襈五采間錯山花戲獸工巧過於繡幕亦有花竹翎毛果實之類各有生意國俗張帟幕每十餘幅則挂一圖間之不以當堂奧之中也

坐榻

坐榻之制四稜無飾其上鋪大席青襈而設於館中過道閒蓋官屬從吏憩息之具也

燕臺

燕臺之狀如中國之有几桉也四角殺其銳白藤穿花面分四隔而以丹漆爲飾益以塗金裝釘復增紅羅繡幃四面垂帶相比如羽惟王楷以俁未終制易紅爲紫耳坐牀之制與中國同而高大多三分之一

光明臺

光明臺擎燈燭之具也下有三足中立一榦形狀如竹逐節相承上有一盤中置一甌甌中有　可以燃燭若燃燈則易以銅缸貯油立炷鎮以小白石而絳紗籠之高四尺五寸盤面闊一尺五寸罩高六寸闊五寸

丹漆俎

丹漆俎蓋王官平日所用也坐於榻上而以器皿登俎對食故飲食以俎數多寡分尊卑使副入館日饋三食食以五俎其器皿悉皆黃金塗之凡俎縱廣三尺橫二尺高二尺五寸

黑漆俎

食俎之制大小一等特紅黑之異都轄提轄及上節館中日饋三食食以三俎中節二俎下節則以連牀每五人並一席而食之

臥榻

臥榻之前更施矮榻三面立欄楯各施錦綺茵褥復加大席莞簟之安殊不覺有夷風然此特國王貴臣之禮兼以待華使也若民庶則多爲土榻穴地爲火坑臥之蓋其國冬月極寒復少纊絮之屬爾

文席

文席精粗不等精巧者施於牀榻粗者用以籍地織草性柔摺屈不損黑白二色間錯成文青紫爲襈初無定

制

門帷

門帷之制青絹三幅上有提襻而横木貫之狀如酒旆

蓋宫室之中婦人用以映蔽之具也

宣和奉使高麗圖經卷第二十八

宣和奉使高麗圖經卷第二十九

供張二

繡枕

繡枕之形白紵爲囊中實以香草兩頭蹙金盤綫花文極巧復以絳羅裝飾如蓮荷之狀三節供給其制一等

寢衣

寢衣之制紅黄爲表而以白紵裏之裏大於表四邊各餘一尺

紵裳

紵裳之制表裏六幅腰不用横帛而繫二帶三節每位各與紵衣同設以待沐浴之用

紵衣

紵衣卽中單也夷俗不用純領自王至於民庶無男女悉服之

畫摺扇

畫摺扇金銀塗飾復繪其國山林人馬女子之形麗人不能之云是日本所作觀其所饋衣物信然

杉扇

杉扇不甚工惟以日本白杉木劈削如紙貫以綵組相比如羽亦可招風

白摺扇

白摺扇編竹爲骨而裁藤紙鞔之閒用銀銅釘飾以竹數多者爲貴供給趨事之人藏於懷袖之閒其用甚便

松扇

松扇取松之柔條細削成縷槌壓成綫而後織成上有花文不減穿藤之巧唯王府所遺使者最工

草履

草履之形前低後昂形狀詭異國中無男女少長悉履之

宣和奉使高麗圖經卷第二十九

宣和奉使高麗圖經卷第三十

器皿一

臣聞前史稱東夷器用俎今高麗土俗猶然觀其制作古樸頗可愛尚至於他飲食器亦往往有尊彝簠簋之狀而燕飲陳設又多類於莞簟几席蓋染箕子美化而彷彿三代遺風也謹掇其槩圖之

獸爐

子母獸爐以銀爲之刻鏤制度精巧大獸蹲踞小獸作搏攫之形返視張口用以出香惟會慶乾德公會則置於兩楹之閒迎詔焚麝香公會則爇篤耨龍腦旃檀沈水之屬皆御府所賜香也每隻用銀三十鄭刻千斤獸形連座高四尺闊二尺二寸

水瓶

水瓶之形略如中國之酒注也其制用銀三斤使副與都轄提轄官位設之高一尺二寸腹徑七寸量容六升

盤琖

盤琖之制皆似中國惟琖深而釦斂舟小而足高以銀爲之閒以金塗鏤花工巧每至勸酒則易別杯第量容

差多耳

博山爐

博山爐本漢器也海中有山名博山形如蓮花故香爐取象下有一盤作山海波濤魚龍出沒之狀以備貯湯薫衣之用蓋欲其濕氣相著煙不散耳今麗人所作其上頂雖象形其下爲三足殊失元制但工巧可取

酒榼

酒榼蓋提挈之器也上爲覆荷兩耳有流連環提紐以金閈塗之唯勸酒則特用而酒色味皆勝其制高一尺闊八寸提環長一尺二寸量容七升

烏花洗

銀花不常用唯使副私覿有之點藥鏤花烏文白質輕重不等面闊一尺五寸量容一斗二升

面藥壺

面藥壺惟使副都轄提轄位用銀餘以銅爲之圓腹脩頸蓋形稍銳高五寸腹徑三寸五分量容一升

芙蓉尊

酒尊之形上有蓋如芙蓉花之方苞也閈金塗飾長頸廣腹高二尺量容一斗二升

提瓶

提瓶之狀頭長而上銳腹大而底平其制八稜閈用塗金中貯米漿熟水國官貴人每令親侍挈以自隨大小不等大者容二升

宣和奉使高麗圖經卷第三十

宣和奉使高麗圖經卷第三十一

器皿二

油盎

油盎之狀略如酒鐏白銅爲之其上無蓋恐其傾覆而以木楔窒之高八寸腹徑三寸量容一升五勺

淨瓶

淨瓶之狀長頸脩腹旁有一流中爲兩節仍有轆轤蓋頸中間有隔隔之上復有小頸象簪筆形貴人國官觀寺民舍皆用之惟可貯水高一尺二寸腹徑四寸量容三升

花壺

花壺之制上銳下圓略如垂膽仍有方座四時貯水簪花舊年不甚作邇來頗能之通高八寸腹徑三寸量容一升

水釜

水釜之制狀如鬲鼎以銅鑄成有二（鄭刻三）獸環貫木可以負持麗人方言無大小皆謂之伆僕射館中諸房皆給之高一尺五寸闊三尺量容一石二斗

水罌

水罌如水釜之形而差小仍有銅蓋用以汲水以象中國之水桶也上有二耳可以攀挈麗俗便於負戴故此器最多高一尺腹徑一尺二寸量容一斗二升

湯壺

湯壺之形如花壺而差匾上蓋下座不使泄氣亦古溫器之屬也麗人烹茶多設此壺通高一尺八寸腹徑一尺量容二（鄭刻一）斗

白銅洗

白銅洗之形與烏銀者相似特無文采而麗人謂之冰盆又有一等亦銅者制作差劣

鼎爐

鼎爐之制略如博山上無花蓋下有三足惟觀寺神祠用之高一（鄭刻二）尺頂闊六寸下盤闊八寸

溫爐

溫爐之形如鼎而有偃脣腹下三足爲獸銜之狀用以貯水置之几桉蓋冬月溫手之器也面闊一尺二寸高八寸

巨鐘

大鐘在普濟寺形大而聲不揚上有蟠紐中有雙飛仙刻銘曰甲戌年鑄用白銅一萬五千斤麗人云昔者置之重樓聲聞契丹單于惡之今移於此亮其誇大之言未必然也

宣和奉使高麗圖經卷第三十一

宣和奉使高麗圖經卷第三十二

器皿三

茶俎

土產茶味苦澀不可入口惟貴中國臘茶幷龍鳳賜團自錫賚之外商賈亦通販故邇來頗喜飲茶益治茶具金花烏盞翡色小甌銀爐湯鼎皆竊效中國制度凡宴則烹於廷中覆以銀荷徐步而進候贊者云茶徧乃得飲未嘗不飲冷茶矣館中以紅俎布列茶具於其中而以紅紗巾冪之日嘗三供茶而繼之以湯麗人謂湯爲藥每見使人飲盡必喜或不能盡以爲慢己必怏怏而去故常勉強爲之啜也

瓦尊

國無糯米而以秔合麴而成酒色重味烈易醉而速醒王之所飲曰良醞左庫清法酒亦有二品貯以瓦尊而以黃絹封之大抵麗人嗜酒而難得佳釀民庶之家所飲味薄而色濃飲歠自如咸以爲美也

藤尊

藤尊乃山島州郡所饋也中亦瓦尊外以藤周纏之舟

中嵲屼相擊不損上有封緘各以州郡印文記之

陶尊

陶器色之青者麗人謂之翡色近年已來制作工巧色澤尤佳酒尊之狀如瓜上有小蓋而爲荷花伏鴨之形復能作盌楪桮甌花瓶湯琖皆竊倣定器制度故略而不圖以酒尊異於他器特著之

陶爐

狻猊出香亦翡色也上有蹲獸下有仰蓮以承之諸器惟此物最精絶其餘則越州古祕色汝州新窰器大槩相類

食罩

公會供饌下承以盤上施青罩唯王與使副加紅黃之飾所以別精麤也

藤篚

古者幣帛用箱篚今麗俗不廢其篚白藤織成上有錯文爲花木鳥獸之狀裏用紅黃文綾拓之大小相合謂之一副其直準白金一斤惟王府所用最佳蓋郡邑土貢餘官民庶者制作草草備禮適用而已

鬵釜

鬵釜蓋烹飪器也以鐵爲之其上有蓋腹下三足周旋之文細如毛髮高八寸闊一尺二寸量容二升五勺

水瓮

水瓮陶器也廣腹歛頸其口差敞高六尺闊四尺五寸容三石二升館中用銅瓮唯山島海道以舟載水相遺則用之

草苫

草苫之用猶中國之有布囊也其形如絡結草爲之凡米麪（鄭刻麫）薪炭之屬悉用以盛山行不利車多以騾馬裝載而行

刀筆

刀筆之鞘刻木爲之其制三隔其一藏筆其二藏刀刀形犀利一刀差短散員而下官吏祗應房子親侍皆佩之

宣和奉使高麗圖經卷第三十二

宣和奉使高麗圖經卷第三十三

舟楫

臣聞風行水上在卦爲渙而舟楫之利以濟不通取象於此後世聖知代作百工加飾故龍文鷁首駕風截浪一日千里必使橫絶江河如履平地非特刳剡之簡而已也乃若麗人生長海外動涉鯨波固宜以舟楫爲先今觀其制度簡略不甚工緻豈其素安於水而狃狎之耶抑因陋就簡習拙而莫之革耶今謹即所見列於圖

巡船

高麗地瀕東海而舟楫之工簡略特甚中安一檣上無棚屋惟設艣柁而已使者入羣山門有此等巡船十（鄭作千）餘隻皆插旗旐舟人邏卒皆著青衣鳴角擊鐃而來各於檣之杪建一小旆書曰洪州都巡曰永新都巡曰公州巡檢曰保寧曰懷仁曰安興曰暨川曰陽城曰慶源皆有尉司字實捕盜官吏也自入境以迄回程迎至餞行於羣山島望神舟入洋乃還其國

官船

官船之制上爲茅蓋下施戶牖周圍欄檻以橫木相貫挑出爲棚面闊於底通身不用板簀唯以矯揉全木使曲相比釘之前有矴輪上施大檣布帆二十餘幅（鄭刻一十五幅）垂下五分之一則散開而不合縫恐與風勢相拒耳使者入境自東而來曰接伴曰先排曰管勾曰公厨凡十（鄭刻千）餘舟大小相若惟接伴船有陳設幄幕焉

松舫

松舫羣山島船也首尾皆直中爲舫屋五間上以茅覆前後設二小室安榻垂簾中敞二間施錦茵褥最爲華煥唯使副與上節乘之

幕船

幕船之設三島皆有之以待中下節使人也上以青布爲屋下以長竿代柱四阿各以朱繩係之

饋食

使者入境而羣山島紫燕州（鄭刻測）三州皆遣人饋食持書之吏紫衣幞頭又其次則烏帽食味十餘品而麪食爲先海錯尤　器皿多用金銀而雜以青陶盤榼皆木爲之而黑漆神舟泊不近島必遣介乘舟饋獻於使者故事送三日若過期風阻未行則饋食不復至也

供水

海水味劇鹹苦不可口凡舟船將過洋必設水櫃廣蓄甘泉以備食飲蓋洋中不甚憂風而以水之有無為生死耳華人自西絶洋而來既已累日麗人料其甘泉必盡故以大瓮載水鼓舟來迎各以茶米酬之

宣和奉使高麗圖經卷第三十三

宣和奉使高麗圖經卷第三十四

海道一

臣聞海母衆水而與天地同為無極故其量猶天地之不可測度若潮汐往來應期不爽為天地之至信古人嘗論之在山海經以為海鰌出入穴之度浮屠書以為神龍寶之變化竇叔蒙海嶠志以謂水隨月之盈虧盧肇海潮賦以謂日出入於海衝擊而成王充論衡以水者地之血脈隨氣之進退率皆持臆說執偏見評料近似而未之盡大抵天包水水承地而一元之氣升降於

太空之中地承水力以自持且與元氣升降互為抑揚而人不覺亦猶坐於船中者不知船之自運也方其氣升而地沈則海水溢上而為潮及其氣降而地浮則海水縮下而為汐計日十二辰由子至巳其氣為陽而陽之氣又自有升降以運乎晝由午至亥其氣為陰而陰之氣又自有升降以運乎夜一晝一夜合陰陽之氣凡再升再降故一日之閒潮汐皆再焉然晝夜之晷係乎日升降之數應乎月月臨於子則陽氣始升月臨於午則陰氣始升故夜潮之期月皆臨子晝潮之期月皆臨

午焉又日之行遲月之行速以速應遲每二十九度過半而月行及之日月之會謂之合朔故月朔之夜潮日亦臨子月朔之晝潮日亦臨午焉且晝卽天上而言之天體西轉日月東行自朔而往月速漸東至午漸遲而潮亦應之以遲於晝故晝潮自朔後迭差而入於夜故所以一日午時二日午末三日未時四日未末五日申時六日申末七日酉時八日酉末也夜卽海下而言之天體東轉日月西行自朔而往月速漸西至子漸遲而潮亦應之以遲於夜故夜潮自朔後迭差而入於晝此

所以一日子時二日子末三日丑時四日丑末五日寅時六日寅末七日卯時八日卯末也加以時有交變氣有盛衰而潮之所至亦因之爲大小當卯酉之月則陰陽之交也氣以交而盛出故潮之大也獨異於餘月當朔望之後則天地之變也氣以變而盛出故潮之大也獨異於餘日今海中有魚獸殺取皮而乾之至潮時則毛皆起豈非氣感而類應本於理之自然也至若波流而漩伏沙土之所凝山石之所峙則又各有其形勢如海中之地可以合聚落者則曰洲十洲之類是也小於

洲而亦可居者則曰島三島之類是也小於島則曰嶼小於嶼而有草木則曰苫如苫嶼而其質純石則曰焦凡舫船之行既出於海門則天地相涵上下一碧旁無雲埃遇天地晴霽時皓日中天游雲四斂恍然如游六虛之表既不可以言喻及風濤開發雷雨晦冥蛟螭出沒神物變化而心悸膽落莫知所說故其可紀錄者特山形潮候而已且高麗海道古猶今也考古之所傳今或不覩而今之所載或昔人所未談非固爲異也盖航船之所通每視風雨之向背而爲之節方其風之牽乎西則洲島之在東者不可得而見唯南與北亦然今既論潮候之大槩詳於前謹列夫神舟所經島洲苫嶼而爲之圖

神舟

臣側聞神宗皇帝遣使高麗嘗詔有司造巨艦二一曰淩虛致遠安濟神舟二曰靈飛順濟神舟規模甚雄皇帝嗣服羙繼孝思其所以加惠麗人實推廣熙豐之績爰自崇寧以迄於今荐使綏撫恩隆禮厚仍詔有司更造二舟大其制而增其名一曰鼎新利涉懷遠康濟神

舟二曰循流安逸通濟神舟巍如山嶽浮動波上錦帆鷁首屈服蛟螭所以暉赫皇華震懾夷狄超冠今古是宜麗人迎詔之日傾國聳觀而歡呼嘉嘆也

客舟

舊例每因朝廷遣使先期委福建兩浙監司顧募客舟復令明州裝飾略如神舟具體而微其長十餘丈深三丈闊二丈五尺可載二千斛粟其制皆以全木巨枋攙疊而成上平如衡下側如刃貴其可以破浪而行也其中分為三處前一倉不安艎板唯於底安竈與水櫃正當兩檣之間也其下即兵甲宿棚其次一倉裝作四室又其後一倉謂之㢒屋高及丈餘四壁施窗戶如房屋之制上施欄楯采繪華煥而用帟幕增飾使者官屬各以階序分居之上有竹篷平時積疊遇雨則鋪蓋周密然舟人極畏㢒高以其拒風不若仍舊為便也船首兩頰柱中有車輪上綰藤索其大如椽長五百尺下垂矴石石兩旁夾以二木鉤船未入洋近山拋泊則放矴著水底如維纜之屬舟乃不行若風濤緊急則加遊矴其用如大矴而在其兩旁遇行則卷其輪而收之後有正柂大小二等隨水淺深更易當㢒之後從上插下二棹謂之三副柂唯入洋則用之又於舟腹兩旁縛大竹為橐以拒浪裝載之法水不得過橐以　輕重之度水棚在竹橐之上每舟十艣開山入港隨潮過門皆鳴艣而行篙師跳躑號叫用力甚至而舟行終不若駕風之快也大檣高十丈頭檣高八丈風正則張布颿五十幅稍偏則用利篷左右翼張以便風勢大檣之巔更加小颿十幅謂之野狐颿風息則用之然風有八面唯當頭不可行其立竿以鳥羽候風所向謂之五兩大抵難得正風故布帆之用不若利篷翕張之能順人意也海行不畏深惟懼淺閣以舟底不平若潮落則傾覆不可救故常以繩垂鉛硾以試之每舟篙師水手可六十人惟恃首領熟識海道善料天時人事而得衆情故一有倉卒之虞首尾相應如一人則能濟矣若夫神舟之長闊高大什物器用人數皆三倍於客舟也

招寶山

宣和四年壬寅春三月詔遣給事中路允迪中書舍人傅墨卿充國信使副往高麗秋九月以國王俁薨被旨

兼祭奠弔慰而行遵元豐故事也五年癸卯春二月十八日壬寅促裝治舟二十四日戊申詔赴睿謨殿宣示禮物三月十一日甲子赴同文館聽誡諭十三日丙寅皇帝御崇政殿臨軒親遣傳旨宣諭十四日丁卯錫宴於永寧寺是日解舟出汴夏五月三日乙卯舟次四明先是得旨以二神舟六客舟兼行十三日乙丑奉禮物入八舟十四日丙寅遣供衛大夫相州觀察使直睿思殿關弼口宣詔旨錫宴於明州之廳事十六日戊辰神舟發明州十九日辛未達定海縣先期遣中使武功大夫容彭年建道場於總持院七晝夜仍降御香宣祝於顯仁助順淵聖廣德王祠神物出現狀如蜥蜴實東海龍君也廟前十餘步當鄞江窮處一山巍然出於海中上有小浮屠舊傳海舶望是山則知其爲定海也故以招寶名之自此方謂之出海口二十四日丙子八舟鳴金鼓張旗幟以次解發中使關弼登招寶山焚御香望洋再拜是日天氣晴快巳刻乘東南風張篷鳴艣水勢湍急委蛇而行過虎頭山水淺港口七里山虎頭山以其形似名之度其地已距定海二十里矣水色與鄞江不異但味差鹹耳蓋百川所會至此尤未澄澈也

虎頭山

過虎頭山行數十里即至蛟門大抵海中有山對峙其間有水道可以通舟者皆謂之門蛟門云蛟蜃所宅亦謂之三交門其日申未刻遠望大小二謝山歷松栢灣抵蘆浦拋矴八舟同泊

沈家門

二十五日丁丑辰刻四山霧合西風作張篷委蛇曲折隨風之勢其行甚遲舟人謂之拒風巳刻霧散出浮稀頭白峯窄額門石師顔而後至沈家門拋泊其門山與蛟門相類而四山環擁對開兩門其勢連亘尚屬昌國縣其上漁人樵客叢居十數家就其中以大姓名之申刻風雨晦冥雷電雨雹欻至移時乃止是夜就山張幕掃地而祭舟人謂之祠沙實岳瀆主治之神而配食之位甚多每舟各刻木爲小舟載佛經糗糧書所載人名氏納於其中而投諸海蓋禳厭之術一端耳

梅岑

二十六日戊寅西北風勁甚使者率三節人以小舟登

岸入梅岑舊云梅子眞棲隱之地故得此名有履迹瓢痕在石橋上其深麓中有蕭梁所建寶陁院殿有靈感觀音昔新羅賈人往五臺刻其像欲載歸其國暨出海遇焦舟膠不進乃還置像於焦上院僧宗岳者迎奉於殿自後海舶往來必詣祈福無不感應吳越錢氏移其像於城中開元寺今梅岑所尊奉卽後來所作也崇寧使者聞於朝賜寺新額歲度緇衣而增飾之舊制使者於此請禱是夜僧徒焚誦歌唄甚嚴而三節官吏兵卒莫不虔恪作禮至中宵星斗煥然風幡搖動人皆歡躍云風已回正南矣二十七日己卯舟人以風勢未定尚候其孰海上以風轉至次日不改者謂之孰不爾至洋中卒爾風回則茫然不知所向矣自此卽出洋故審視風雲天時而後進也申刻使副與三節人俱還入舟至是水色稍澂而波面微蕩舟中已覺臲卼矣

海驢焦

二十八日庚辰天日清晏卯刻八舟同發使副具朝服與二道官望闕再拜投御前所降神霄玉淸九陽總眞符籙并風師龍王牒天曹直符引五嶽眞形與止風雨等十三符訖張篷而行出赤門食頃水色漸碧四望山島稍稀或如斷雲或如偃月已後過海驢焦狀如伏驢崇寧間舟人有見海獸出沒波間狀如驢形當别是一物未必因焦石而有驢也

蓬萊山

蓬萊山望之甚遠前高後下峭拔可愛其島尙屬昌國封境其上極廣可以種蒔島人居之仙家三山中有蓬萊越弱水三萬里乃得到今不應指顧閒見當是今人指以爲名耳過此則不復有山惟見連波起伏噴豗洶涌舟楫振撼舟中之人吐眩顚仆不能自持十八九矣

半洋焦

舟行過蓬萊山之後水深碧色如玻璃浪勢益大洋中有石曰半洋焦舟觸焦則覆溺故篙師最畏之是日午後南風益急加野狐驅制驅之意以浪來迎舟恐不能勝其勢故加小驅於大驅之上使之提挈而行是夜洋中不可住維視星斗前邁若晦冥則用指南浮針以揆南北入夜舉火八舟皆應夜分風轉西北其勢甚亟雖已落篷而風動颶搖瓶盎皆傾一舟之人震恐膽落黎

明稍緩人心向寧依前張颿而進

白水洋

十九日辛巳天色陰翳風勢未定辰刻風微且順復加野狐颿舟行甚鈍申行風轉酉刻雲合雨作入夜乃止復作南風入白水洋其源出靺鞨故作白色是夜舉火三舟相應矣

黃水洋

黃水洋即沙尾也其水渾濁且淺舟人云其沙自西南而來橫於洋中千餘里即黃河入海之處舟行至此則

以雞黍祀沙蓋前後行舟過沙多有被害者故祭其溺死之魂云自中國適句驪唯明州道則經此若自登州版橋以濟則可以避之比使者回程至此第一舟幾遇淺第二舟午後三柂併折賴宗社威靈得以生還故舟人每以過沙尾爲難當數用鉛硾時其深淺不可不謹也

黑水洋

黑水洋即北海洋也其色黯湛淵淪正黑如墨猝然視之心膽俱喪怒濤噴薄屹如萬山遇夜則波閒熠熠其明如火方其舟之升在波上也不覺有海唯見天日明快及降在窪中仰望前後水勢其高蔽空腸胃騰倒喘息僅存顛仆吐嘔粒食不下咽其困臥於茵褥上者必使四維隆起當中如槽不爾則傾側輥轉傷敗形體當是時求脫身於萬死之中可謂危矣

宣和奉使高麗圖經卷第三十四

宣和奉使高麗圖經卷第三十五

海道二

夾界山

六月一日壬午黎明霧昏乘東南風巳刻稍霽風轉西南益張野狐䭾午正風厲第一舟大檣𦓡然有聲勢曲欲折亟以大木附之獲全未後東北望天際隱隱如雲人指以為半托伽山不甚可辨入夜風微舟行甚緩二日癸未早霧昏曀西南風作未後澂霽正東望一山如屛即夾界山也華夷以此為界限初望隱然酉後逼近前有二峯謂之雙髻山後有小焦數十如奔馬狀雪浪噴激遇山濺瀑尤高丙夜風急雨作落帆徹篷以緩其勢

五嶼

五嶼在處有之而以近夾界者為正定海之東北蘇州洋內蘽山馬島皆有五嶼大抵篙工指海山上小山為嶼所以數處五山相近皆謂之五嶼矣三日甲申宿雨未霽東南風作午後過是嶼風濤噴激久之皆萃嵳巖亦甚可愛

排島

是日巳刻雲散雨止四顧澂霽遠望三山並列中一山如堵舟人指以為排島亦曰排垜山以其如射垜之形耳

白山

是日午後東北望一山極大連亘如城日色射處其白如玉未後風作舟行甚快

黑山

黑山在白山之東南相望甚邇初望極高峻逼近見山勢重複前一小峯中空如洞兩閒有澳可以藏舟昔海程云是使舟頓宿之地館舍猶存今取道更不抛泊上有民居聚落國中大罪得貸死者多流竄於此每中國人使舟至遇夜於山巔明火於熢燧諸山次第相應以迄王城自此山始也申後舟過

月嶼

月嶼二距黑山甚遠前曰大月嶼回抱如月舊傳上有養源寺後曰小月嶼對峙如門可以通小舟行

闌山島

闌山島又曰天仙島其山高峻遠望壁立前二小焦如龜鱉之狀

白衣島

白衣島三山相連前有小焦附之偃檜積蘇蒼潤可愛亦曰白甲苫

跪苫

跪苫在白衣島之東北其山特大於衆苫數山相連碎焦環遶不可勝數夜潮衝激雪濤奔薄月落夜昏而濺沫之明如火熾也

宣和奉使高麗圖經卷第三十五

宣和奉使高麗圖經卷第三十六

海道三

春草苫

春草苫又在跪苫之外舟人呼爲外嶼其上皆松檜之屬望之鬱然夜分風靜舟行益鈍

檳榔焦

檳榔焦以形似得名大抵海中之焦遠望多作此狀唯春草苫相近者舟人謂之檳榔焦夜深潮落舟隨水退幾復入洋舉舟恐懼亟鳴櫓以助其勢黎明尚在春草苫四日乙酉天日晴霽風靜浪平俯視水色澄碧如鑑可以見底復有海魚數百其大數丈隨舟往來夷猶鼓鬣洋洋自適殊不顧有舟楫過也

菩薩苫

是日午後過菩薩苫麗人謂其上曾有顯異因以名之申後風靜隨潮而進

竹島

是日酉後舟至竹島拋泊其山數重林木翠茂其上亦有居民民亦有長山前有白石焦數百塊大小不等宛

如堆玉使者同程至此適値中秋月出夜靜水平明霞映帶斜光千丈山島林巒舟楫器物盡作金色人人起舞弄影酌酒吹笛心目欣快不知前有海洋之隔也

苦苫苫（鄭刻作苦苫按三十九卷禮成港條亦作苦苫苫）

五日丙戌晴明過苦苫苫距竹島不遠其山相類亦有居民麗俗謂刺蝟毛爲苦苫苫此（鄭刻此苫）山林木茂盛而不大正如蝟毛故以名之是日抛泊此苫麗人挐舟載水來獻以米謝之東風大作不能前進遂宿焉

羣山島

六日丁亥乘早潮行辰刻至羣山島抛泊其山十二峰相連環遶如城六舟來迓載戈甲鳴鐃歛角爲衞別有小舟載緑袍吏端笏揖於舟中不通姓字而退云羣山島注事也繼有譯語官閤門通事舍人沈起來參同接伴金富軾知全州吳俊和遣使來投遠迎狀使副以禮受之揖而不拜遣掌儀官相接而已繼遣答書舟既入島沿岸乘旗幟列植者百餘人同接伴以書送使副及三節早食使副牒接伴送國王先狀接伴遣采舫請使副上羣山亭相見其亭瀕海後倚兩峯相竝特高壁立數百仞（鄭刻有數仞）門外有公廨十餘閒近西小山上有五龍廟資福寺又西有崧山行宮左右前後居民十數家午後使副乘松舫至岸三節導從入館接伴郡守趨廷設香案拜舞望闕拜舞恭問聖體畢分兩阼升堂使副居上以次對再拜訖少前敘致復再拜就位上中節堂上序立與接伴揖國俗皆雅揖都轄前致辭再拜次揖郡守如前禮退就席其位使副俱南向接伴郡守東西相向下節舟人聲喏於庭上節分坐堂上中節分兩廊下節坐門之兩廂舟人坐於門外供張極齊肅飲食且豐腆禮貌恭謹地皆設席蓋其俗如此亦近古也酒十行中節下節第降殺之初坐接伴親斟以奉使者復醻之酒半遣人致勸三節皆易大觥禮畢上中節趨揖如初禮使副登松舫歸所乘大舟

横嶼

横嶼在羣山島之南一山特大亦謂之案苫前後有小焦數十繞之石脚一洞深可數丈高闊稱之潮至拍水聲如雷車

宣和奉使高麗圖經卷第三十六

宣和奉使高麗圖經卷第三十七

海道四

紫雲苫

七日戊子天日晴快早全州守臣致書備酒禮曲畱使者使者以書固辭乃已惟受所饋蔬茹魚蛤等因以方物酬之午刻解舟宿橫嶼八日己丑早發南望一山謂之紫雲苫橫巘差疊其後二山尤遠宛如雙眉凝翠焉

富用山

是日午後過富用倉山卽舟人所謂芙蓉山也其山在洪州境內上有倉廩積穀且多云以備邊鄙非常之用故以富用名之

洪州山

洪州山又在紫雲苫之東南數百里州建其下又東一山產金盤踞如虎謂之東源小山數十環拱如城其山上有一潭淵澄可鑑不可測是日申刻舟過

鵶子苫

鵶子苫亦名軋子苫麗人謂笠爲軋其山形似之因以得名是日酉刻舟過

馬島

是日酉後風勢極大舟行如飛自軋子苫一瞬之閒卽泊馬島蓋清州境也泉甘草茂國中官馬無事則羣牧於此因以爲名其主峯渾厚左臂環抱前一石觜入海激水回波驚湍洶涌千奇萬怪不可名狀故舟過其下多不敢近慮觸暗焦也有客館曰安興亭知清州洪若伊遣介紹與譯語官陳懿同來如全州禮岸次逈卒旗幟與羣山島不異入夜然大火炬熒煌照空時風政作惡舟中搖蕩幾不可坐使者扶持以小舟登岸相見如羣山亭之禮惟不受酒禮夜分還使舟

九頭山

九日庚寅天氣清明南風甚勁辰發馬島巳刻過九頭山其山云有九峯遠望不甚詳然而林木叢茂清潤可喜

宣和奉使高麗圖經卷第三十七

宣和奉使高麗圖經卷第三十八

海道五

唐人島

唐人島未詳其名山與九頭山相近是日午刻舟過島下

雙女焦鄭刻雙文焦

雙女焦其山甚大不異島嶼前一山雖有草木但不甚深密後一山頗小中斷爲門下有暗焦不可通舟是日巳刻舟自唐人島纔過此焦風勢愈亟舟行益速

大青嶼

大青嶼以其遠望鬱然如凝黛故麗人作此名是日午刻舟過

和尚島

和尚島山勢重疊林壑深茂山中多虎狼昔常有學佛者居之獸不敢近今葉老寺乃其遺迹也故麗人謂之和尚島是日未刻舟過其下

牛心嶼

牛心嶼在小洋中一峯特起狀類覆盂而中稍銳麗人謂之牛心它處皆見之形肖此山而差小者亦謂之鷄心嶼是日未正舟過此嶼南風小雨

聶公嶼

聶公嶼以姓得名遠視甚銳逼近如堵蓋其形匾縱橫所見各異是日未末舟過其下

宣和奉使高麗圖經卷第三十八

宣和奉使高麗圖經卷第三十九

海道六

小青嶼

小青嶼如大青嶼之形但其山差小而周圍多焦石申初舟過雨勢稍密

紫燕島

是日申正舟次紫燕島卽廣州也倚山爲館榜曰慶源亭亭之側爲幕屋數十閒居民草舍亦衆其山之東一嶼多飛燕故以名之接伴尹彥植知廣州陳淑遣介紹與譯官卓安持書來迎兵仗儀禮加厚申後雨止使副與三節登岸到館其飲食相見如全州禮夜漏下二刻歸舟十日辛卯辰刻西北風入舟不動都轄吳德休提轄徐兢同上節復以采舟詣館過濟物寺爲元豐使人故左班殿直宋密飯僧畢歸舟巳刻隨潮而進

急水門

是日未刻到急水門其門不類海島宛如巫峽江路山圍屈曲前後交鎖兩間卽水道也水勢爲山峽所束驚濤拍岸轉石穿崖喧豗如雷雖千鈞之弩追風之馬不足喻其湍急也至此已不可張篷惟以櫓棹隨潮而進

蛤窟

申後抵蛤窟抛泊其山不甚高大民居亦衆山之脊有龍祠舟人往還必祀之海水至此比之急水門變黃白色矣

分水嶺

分水嶺卽二山相對小海自此分流之地水色復渾如梅岑時十一日壬辰早雨作午刻潮落雨益甚國王遣劉文志持先書使者以禮受之酉刻前進至龍骨抛泊

禮成港

十二日癸巳早雨止隨潮至禮成港使副遷入神舟午刻使副率都轄提轄官奉詔書於采舟麗人以兵仗甲馬旂幟儀物共萬計列於岸次觀者如堵牆采舟及岸都轄提轄奉詔書入於采輿下節前導使副後從上中節以次隨之入於碧瀾亭奉安詔書訖分位少憩次日遵陸入於王城臣竊惟海道之難甚矣以一葉之舟泛重溟之險惟恃宗社之福當使波神效順以濟不然則豈人力所能至哉方其在洋也以風颿爲適從若或暴

橫轉至他國生死瞬息又惡三種險曰癡風曰黑風曰海動凝風之作連日怒號不已四方莫辨黑風則飄怒不時天色晦冥不分晝夜海動則徹底沸騰如烈火煮湯洋中遇此鮮有免者且一浪送舟輒數十餘里而以數丈之舟浮波濤閒不啻豪末之在馬體故涉海者不以舟之大小爲急而以操心履行爲先若遇危險則發於至誠虔祈哀懇無不感應者比者使事之行第二舟至黃水洋中三柂併折而臣適在其中與同舟之人斷髮哀懇祥光示現然福州演嶼神亦前期顯異故是日舟雖危猶能易他柂既易復傾搖如故又五晝夜方達明州定海比至登岸舉舟臞顇幾無人色其憂懼可料而知也若以謂海道非難則還朝復命不應受重賞以爲必死則自祖宗以來累遣使命未嘗有飄溺不還者惟恃國威靈憑仗忠信可以必其無虞耳今敘此以爲後來者之勸比者使人之行去日以南風歸日以北風初發明州以其年五月二十八日放洋得順風至六月六日即達羣山島及回程以七月十三日甲子發順天館十五日丙寅復登大舟十六日丁卯至蛤窟十七日戊辰至紫燕島二十二日癸酉過小青嶼和尚島大青嶼雙女焦唐人島九頭山是日泊馬島二十三日甲戌發馬島過軋子苫望洪州山二十四日乙亥過橫嶼入羣山門泊島下至八月八日戊子凡十四日風阻不行申後東北風作乘潮出洋過苦苫苫入夜不住九日己丑早過竹島辰巳望見黑山忽東南風暴復遇海動舟側欲傾人大恐懼即鳴鼓招衆舟復還十日庚寅風勢益猛午刻復還羣山島至十六日丙申又六日矣申後風正即發洋夜泊竹島又二日風阻不行至十九日己亥午後發竹島夜過月嶼二十日庚子早過黑山次過白山次過五嶼夾界山北風大作低篷以殺其勢二十一日辛丑過沙尾午閒第二舟三副柂折夜漏下四刻正柂亦折而使舟與他舟皆遇險不一二十三日壬寅望見中華秀州山二十四日癸卯過東西胥山二十五日甲辰入浪港山過潭頭二十六日乙巳早過蘇州洋夜泊栗港二十七日丙午過蛟門望招寶山午刻到定海縣自離高麗到明州界凡海道四十二日云

宣和奉使高麗圖經卷第三十九

宣和奉使高麗圖經卷第四十

同文

臣聞正朔所以統天下之治也儒學所以美天下之化也樂律所以導天下之和也度量權衡所以示天下之公也四者雖殊然必參合乎天子之節然後太平之應備焉聖人之興必建歲正定國是新一代之樂而同律度量衡蓋以至一而正羣動其道當如此仰惟國家大一統以臨萬邦華夏蠻貊罔不率俾雖高句麗域居海島鯨波限之不在九服之內然稟受正朔遵奉儒學樂律同和度量同制雖虞舜之時日東協伯禹之聲教南暨不足云也古人所謂書同文車同軌者於今見之且圖志之作所以紀異國之殊制若其制或同則丹青之作何事乎贅疣謹條其正朔儒學樂律度量之同乎中國者作同文記而省其繪畫云

正朔

唐劉仁軌爲方州刺史乃請所頒歷及宗廟諱曰當削平遼海班示本朝正朔及戰勝以兵經略高麗帥其酋長赴登封之會卒如初言史臣壯之然仁軌特服其力耳未必其本心也何以言之臣觀麗人之事中國其請降聲號班正朔勤勤懇懇不絕於口及爲強虜所迫革面從之而乃心朝廷葵傾蟻慕終不解於胸次豈用兵之與用德固自有次第哉雖然近則易服遠則難懷若麗境之望帝封邈在大海之外當其來也泛巨航駕便風晝夜兼行十數日始達四明風或稍戾驚濤山涌竈釜傾蕩涓滴之水不留且不可爨舟人往往絕粒甚則柁折檣摧傾覆之變生於瞬息亦已危矣然自建隆開寶閒願效臣節不敢少懈以迄於今至與北虜則封境之相距纔一水耳虜人朝發馬夕已飲水於鴨綠矣嘗大敗衂始臣事之用其年號終統和開泰凡二十一年至王詢大破北虜復通中國乃於眞宗皇帝大中祥符七年遣使請班正朔朝廷從之後遂用大中祥符之號易去北虜開泰之名至天禧中北虜復破高麗殺戮其民幾盡王詢至棄國而逃於蛤窟虜留城中八月會西北山萬松皆作人聲始駭懼引去仍強班正朔於詢詢以力屈不得已而用之自太平二年終十七年至重熙終二十二年清寧終十年咸雍終十年太康終十年大

安終十年壽昌終六年乾統終十年天慶至八年凡一百年而耶律爲大金所困高麗遂去北虜之號又以未請命於朝不敢輒用正朔故但以歲次紀年而將有請焉耳本朝之於高麗如彼之遠北虜之於高麗如此其近然而附北虜者常以困於兵力伺其稍弛則輒拒之至於尊事聖朝則終始如一拳拳傾戴雖或時有牽制不能如願而誠意所向堅如金石有以見累聖綏之以仁懷之以德內有以得其心固異乎北虜之強暴徒以力制其外也書曰協時月正日今北虜已滅佇見高麗之使以正朔爲請而萬邦之時月日可協而正矣

儒學

東夷性仁而其地有君子不死之國又箕子所封朝鮮之境習俗素稔八條之敎其男子出於禮義婦人由於正信飲食以豆籩行路者相遜固異乎蠻貊雜類押頭胼趾辮髮橫幅父子同寢親族同槨僻怪也自漢武帝列置四郡臣妾內屬而中華政化所嘗漸被雖更魏歷晉視時汙隆乍離乍合然義理之根諸中者未嘗泯也唐正觀初太宗用魏鄭公之一言以仁義爲治恢廣學校崇尚師儒當是時與議大臣猶有疑而未知其爲益者彼國乃遽遣其英秀子弟請敎京師後長慶中白居易善作歌行鷄林之人引領嘆慕至以（鄭刻云下闕一百字案抄本亦空白五行）風從勃然雨化闔闢秩秩服膺儒學雖居燕韓之左僻而有齊魯之氣韻矣比者使人到彼詢知臨川閣藏書至數萬卷又有清燕閣亦實以經史子集四部之書立國子監而選擇儒官甚備新敞黌舍頗遵太學月書季考之制次第諸生上而朝列官吏閑威儀而足辭采下而閭閻陋巷閒經館書社三兩相望其民之子弟未昏者則羣居而從師授經既稍長則擇友各以其類講習於寺觀下逮卒伍童稚亦從鄉先生學於虖盛哉且諸侯之就功實假天子之威靈諸侯之作德實循天子之風化麗人之於中國海隅侯伯之邦爾今也文物之富如此葢自漸摩所致不亦偉乎譬猶日月三辰假元氣以成列而其照耀著見乃所以爲天之明草木百寶資元化以敷華而其葳蕤藿靡乃所以爲地之文也若夫其國取士之制雖規範本朝而承聞循舊不能無小異其在學生每歲試於文宣王廟合格者視貢士其

舉進士間歲一試於所屬合格偕貢者合三百五十餘人既貢又命學士總試於迎恩館取三四十人分甲乙丙丁戊五等賜第略如本朝省闈之制至王親試官之乃用詩賦論三題而不策問時政此其可嗤也自外又有制科宏辭之目雖文具而不常置大抵以聲律為尚而於經學未甚工視其文章髣髴唐之餘弊云

樂律

大樂與天地同和而五聲之發原於五行八音之辨生於八風清濁高下皆出於一氣而手舞足蹈有不期然而然者則蕢桴土鼓皆足以寓其聲而吐其和故自葛天氏之時牛尾之歌已見於載籍後世聖人作樂崇德而以金石土革匏木絲竹之物制為鍾磬鞉鼓塤篪笙竽柷敔琴瑟管簫之器以作以止以詠以間以合天地之和而致神祇祖考之格至於夷蠻戎狄之音亦用合奏有韎師以掌其樂有旄人以陳其舞有鞮屨氏以合其歌歙凡以與衆樂樂而樂以天下初無間於夷夏則兼收博采所以示吾德之廣運也詩云以雅以南以籥不僭說者謂雅為夏樂南為夷樂二者合奏以成和而協天地之中聲然後為備樂然四方異域飲食異和衣服異制器用異宜則樂亦不得而同故東方曰韎南方曰任西方曰侏離北方曰禁各有其義而不可以混淆若麗人則東夷之國樂其本於韎乎且三代之制商曰大濩周曰大武箕子以商之裔而受周封於朝鮮則革其韎樂之陋者當有濩武之遺音賡襲制作經今千載調聲應律宜有可采者熙寧中王徽嘗奏請樂工詔往其國數年乃還後人使來必齎貨奉工技為師每遣就館教之比年入貢又請賜大晟雅樂及請賜燕樂詔皆從之故樂舞益盛可以觀聽今其樂有兩部左曰唐樂中國之音右曰鄉樂蓋夷音也其中國之音樂器皆中國之制惟其鄉樂有鼓板笙竽觱篥空侯五絃琴琵琶箏笛而形制差異琴柱膠而不移又有簫管長二尺餘謂之胡琴俯身先吹之以起衆聲若女伎則謂之下樂凡三等大樂司二百六十人王所常用次管絃坊一百七十人次京市司三百餘人亦有柘枝抛毬之藝其百戲數百人聞皆敏捷特甚然以時王俁衣制未終工人執其器而不作聲律之度不可得而考也

權量

戴記曰制禮樂須度量而天下大服魯語曰謹權量審法度四方之政行焉葢王者之統御諸侯雖本乎德化刑威而所以一其政者尤以權量爲先三代盛時必自王府出嘉量等器須於邦國掌之以其官平之以其時至於巡狩又協而同之使無内外遠近之殊制然後爲天子之政舉苟四方諸侯於此三者一有小易則黜削誅廢在法無赦孰謂其器用之末而可忽耶夫五度之制别於分忖於寸蒦於尺張於丈信於伸於以度庶物之短長五量之制躍於龠合於合登於升聚於斗角於斛於以量庶物之多寡五權之制始於銖兩於兩明於斤均於鈞終於石於以權庶物之重輕然皆必以銅範之者乃取其同而不異所以同天下而齊風俗耳惜乎周道東轍政失其柄晉之協律者作長尺考鍾而失樂之中聲齊之相國者以大斗給民而市己之私恩唐之考歷者失玉衡璇璣之制則無以參天道三辰之行是其於耳目之近猶不能審其同於法度之中又況遠在海外之國隔鯨波而涉蜃島欲冀其一而同之豈不猶推舟於陸耶高麗爲國去中華三千餘里自帝王極治亦在羈縻之域未聞有須度量權衡而協其同者我宋龍興德符高厚而際天所覆極地所載罔不臣妾以故麗人稽首面内願爲藩屏取正中國度量權衡用爲標的斯所謂仁恩横流能懷帝者之未懷武誼遐鶩能制王者之不制也乃者使人銜命適彼燕饗獲其賂遺之禮舟人適市售其貿易之貨默識其長短之式多寡之數輕重之等隂以較中國之法無或少若毫髮之差者益賞其誠至也夫謹於耳目之所及者或慢於耳目之所不及畏於刑威之所制者或侮於刑威之所不制今高麗道途适鶩國都跨遠既非耳目所可及而主上含洪光大待夷狄以寛典又非規規然尚刑威以制之彼乃能遵用度量權衡若此其謹葢其心悦誠服非勉强而爲然書不云乎關石和鈞王府則有夫以關石和鈞惟王府之有則其在私不敢改作而惟我法度之同亦宜矣

宣和奉使高麗圖經卷第四十

宋故尚書刑部員外郎徐公行狀

曾祖爽皇任祕書省校書郎贈金紫光祿大夫

曾祖母葉氏贈建安郡太夫人

祖師回皇任朝議大夫贈光祿大夫

祖母林氏贈咸寧郡太夫人

父閎中皇任朝請大夫直祕閣贈少保

母葛氏贈衛國夫人

公名兢字明叔姓徐氏上世建州甌寧縣人自光祿始徙居和州之歷陽祕閣爲郢州法曹夜夢與黃冠師遊大澤中探懷出小削以授祕閣而去讀之蓋丁令威華表所留語也後五日大水冒城郭官府悉遷避祕閣寓居黃鶴樓上是夜實生公公生數月見字畫輒色喜踊躍至十餘歲穎異不羣作舉子業詞源浩然識者器之年十八入太學較藝數占高等試大比輒挫政和甲午歲以父任補將仕郎授通州司刑曹事尚書郎徐禋被旨措置東南九路坑冶寶貨辟公爲幹辦公事靜江有黃鱗者引大理國入貢朝廷疑之詔禋覈實鱗交通中貴人權傾五嶺靜江帥周穜憂懼失措禋以屬公公曰是固易辦耳呼其部曲來前以立國歲月山川風俗雜詰之皆喑不能對詐狀遂白雍丘闕宰以朝命攝事邑有兄弟交訟者久繫不決公至飭守者設一席俾偕坐臥食必共器閱旬日乃感悟相持以泣曰令君教我至矣願自新安敢計曲直其後更以友愛稱里閭化之獄訟衰止京西部使者以佞倖進遣逃卒二百輩築室邑中肆爲暴盜一邑大擾公捕治之使者託上冢得旨抵邑縱其徒鼓譟入獄盡解所縛以出公曰位無高卑遵三尺法奉天子均也否則吾欺君矣欺君媚人吾不忍爲於是密掩其室復得凶黨聞所屬寘之法無一人得逸者治聲著聞移攝鄭州原武縣事單車造官時提舉茇事者挾其弟貴勢要功肆虐建委汴流造舟威震郡邑械繫滿道徼公治後至者與慢令者公歎曰令不賢不能庇民其忍至此極刑乃疏其害聞諸朝願以身贖無辜害因訖息舊令貪虐病民公摩拊備至邑人詣闕冀公卽眞爭具車馬迎公家屬祕閣不欲懇白相國乃已燕國鄭公謂同列曰使縣令皆如徐兢天下其有不治者乎調濟州司士曹事未書考丁丙艱服除監元豐

庫宣和六年高麗入貢請於上願得能書者至國中繼遣給事中路允迪報聘卽以公爲國信所提轄人船禮物官因譔高麗圖經四十卷詔給札上之其所自敘曰漢張騫使月氏十有三年而後歸僅能言其所歷之國地形物產而已臣在高麗月餘館有兵衞出才五六至於馳驅車馬之閒獻酬尊俎之上耳目所及非若十三歲之久而其建國立政之體風俗事物之宜繪畫紀次殆無遺者非敢矜博洽飾浮剽以塵上聽葢摭其實庶幾報器使之萬一徽宗皇帝覽其書大悅召對便殿賜同進士出身擢知大宗正丞事兼掌書學遷尚書刑部員外郎時相冊免坐親嫌謫監池州永豐監丁外艱服除授沿江制置司參謀官句奉祠主管南京鴻慶宮自是三領台州崇道觀公資明銳遇事立悟撥煩濟劇出於譚笑機張鍵閉人莫得而窺測孝悌自天性自敵犯淮甸徙家信之弋陽自以先隴隔絶不勝悲思而光祿嘗佐饒祕閣又嘗漕江東有祠在德興縣青雲佛宇公歲時造祠下蒸嘗不少怠母兄今敷文閣直學士林至忤時宰南遷莆陽公不遠千里走省之久之不忍去曰傷在手足何暇顧妻孥哉公俶儻好施視貨財如糞土周人之難急於謀身河南少尹許滂偕公渡彭蠡滂舟覆公拯之全其家二百指且厚致饋滂後遣謝公一無所取故人宋浦以事下大理當償錢四十六萬行匄於市公楮中有茶券適及其數捐以與之浦獲免凡疏戚遠近孤獨困窮公脫之於憂患助之以婚姻葬斂者葢不可以一二計也公鄙章句學而漁獵古今探賾提要下至釋老孫吳盧扁之書山經地誌方言小說靡不貫通在貴人前抵掌論事常傾一坐文詞雋敏立就下筆衮衮不能自休尤長於歌詩過西楚霸王廟留二十八字中書舍人韓駒見之曰後人殆不可措筆矣畫入神品山水人物二俱冠絶嘗戲爲平遠題長句其側以遺駒駒每出以示人曰明叔詩爲畫邪畫爲詩邪雖濡毫漱墨成於須臾而張絹素或經歲不顧世人所藏多出他手或公所指授云公處事無大小皆妙有思致他人窮智慮莫能及洞曉音律且善嘯閒命倚笛和之聲嘹然猶出其上塵飛幕動殆若鸞鳳羣集飲酒至二斗不亂與客對必引滿先釂酒半譚辯風生或遊戲翰墨吹

簫拊瑟超然疑其爲神仙中人也天下士聞公名率願納交微賤小夫及門遇之亦必盡禮有所求無細大嚮應人之有善喜若已有故所至人翕然親愛之雖蠻貊行焉治圃數十畝名洗硯池幽勝聞江南自號自信居士奉祠者二十年安於閒退若無足動其心者惟眷戀墳墓不置紹興辛未歲還歷陽焚黃告歸及吳門被病卒嗚呼以公抱負如此而自壯歲去國拓落無所施雖公處之裕然而有志之士蓋爲時嗟惜者或至於涕泣也公生以元祐六年五月八日終以紹興二十三年五月二十一日享年六十有三累官至朝散大夫賜三品服娶陳氏封宜人後公五年卒子男三人曰集早卒曰藏右承直郎江南西路轉運司幹辦公事繼從兄朝奉郎喆之後後公十三年卒曰葳右廸功郎監淮西江東總領所戶部大軍庫女二人長適右奉議郎知臨江軍新淦縣事次師文次適右宣教郎知福州懷安縣事李棐孫男六人曰元老右修職郎曰同老曰明老曰洋老曰籍將仕郎其一未名孫女八人長適左迪功郎鄂州州學教授劉璧次適進士朱綰卿次適將仕郎俞　餘未行諸孤奉公之柩以是年閏十二月初一日乙酉葬於弋陽玉亭鄉龜峯之吉原公家舊多騎省遺物世父贈光祿大夫時中寶一硯旁著鼎臣二字嘗謂羣兒曰有能紹素業者當以是與之時公始結髮能知憤激刻意篆籀世父舉以授公而公之生有十歲來歸之兆故人謂公爲騎省後身初少保命公題咸寧墓碑不能成禱於佛取般若心經習書之至實字偶見風幡飛動因悟體勢自此擅天下重名徽宗尤所愛賞嘗召至禁中書進德脩業四字袤丈許至業字公特出奇變行筆之敘留中晝最後落脩勁端直如圓石墜千仞上駭異稱善左右皆失聲其運筆精熟周旋曲折雖夜屏鐙滅無毫釐差眞行遒麗超逸褚薛顏柳衆體兼備晚好作草尤逼懷素夭矯馳騁其用無窮天下言書者以公爲宗小學家之論曰自李斯變小篆而秦漢閒無能繼者碑碣所傳非特筆法無取而偏旁亦復舛誤由魏晉迄唐惟李陽冰號獨步豈以此學中絕故陽冰得以冒此名邪元次山之峿李康叔靜書浯溪峿臺二銘頗得秦法其視陽冰霄攘矣而名不大顯事固有幸不幸哉騎省

兄弟祖述李斯小學與雅克配叔重而公又繼之其原深矣斯之遺迹火於嶧山自唐已不存歐陽文忠公集天下金石刻甚備而泰山之詔僅有數十字大觀閒河閒劉跂登山顛周視刻石始得其全然距靖康之亂才十餘歲墨本之在人閒者固無幾學者謬謂法斯果嘗多見也哉公獲是刻寶蓄而諦玩之既盡得斯法而又考按三代鏄鍾鼎彝之器訓釋款識悉有依據至於大篆筆力奇古其沈著處不異鑽刻若非豪楮所能成且復陶鎔醞釀變入小篆離析偏旁胳合制字本意嗚呼前古名筆固屈指可數矣九原不作後來尚有繼之者邪公歿迨今十五年其葬也遽未及銘孝伯世家歷陽且託姻公門散迹公行事大略以竢作者紀而誌之鑱石寘墓上謹狀

乾道三年四月初十日左迪功郎寧國府宣城縣主簿主管學事張孝伯狀

宋徐兢撰宣和奉使高麗圖經遭靖康之變已亾其圖乾道三年從子蒧始刻於澂江郡齋仁和趙氏小山堂又有高麗本不知刻於何時今俱不可得見矣近世流傳惟明末海鹽鄭休仲重刊本其閒脫字凡數千第二十七卷又錯簡不可讀同里胡夏客曾以鈔錄宋本讎對亦僅正十數字而已予家所藏雖繕寫不工較為完善因參合鄭本刊以行世中有與鄭本互異及小有脫漏處仍俟博古家藏有宋刻者訂正焉乾隆癸丑端陽歙鮑廷博書於知不足齋

朝鮮雜志一卷

〔明〕董越撰

《朝鮮雜志》一卷，明董越撰。越（一四三〇—一五〇二）字尚矩，號圭峰，贛州府寧都人。成化五年（一四六九）進士，授翰林院編修，官至南京工部尚書。弘治元年（一四八八）奉使朝鮮頒詔，居匝月，爰據親身見聞及咨詢所得，旁參風俗帖、志書，紀此行道路交通、沿途山川及朝鮮國之地理、禮儀、風俗等，撰爲《朝鮮賦》。《朝鮮雜志》舊題董越撰，《四庫存目》著録，謂皆好事者抄撮《朝鮮賦》中自註，僞立名目而成。據《玄覽堂叢書》景明抄本影印。

朝鮮雜志

朝鮮雜志壹部

朝鮮[illegible]　[illegible]越尚[illegible]

其國東南皆際海西北為建州正北為毛[illegible]其東西二千里南北四千里分京畿忠清慶尚黃海江原永安平安全羅凡八道平安即古弁韓地慶尚即古辰韓地全羅即古馬韓地新羅百濟耽羅三國今皆為所有

本朝洪武二年高麗國王王顓表賀即位詔許自為聲教賜以龜紐金印

其國奉朝廷正朔官制多倣古体則給田鄉試以子午卯酉年會試殿試以辰戌丑未年

閹宦皆非宮刑惟取幼時傷疾者為之所以甚少刑罰惟盜賊則不貸

民間不許儲分文金銀其貿遷交易皆以粟布以積之多者為富室故其國貪官少者亦如此

成均館常養五百人每三歲以明經取者謂之生員以詩賦取者謂之進士又自南中東西四學升者謂之升學四學避北不敢名者尊朝廷也生員進士居上齋升學居下齋生員進士須殿試中者乃謂之式

年乃入官否則仍養於成均館式年每三歲止取三
十三人
官非三品不得服綺繡小官皆服紬布其布之染青
色者亦不當服燕會時乃用之
每歲季秋王燕八十之老人於殿妃燕八十之婦人
於宮
國俗喪必三年且尚廬墓奴僕例許行百日之喪有
頗行三年者亦聽棺槨多用松然中材者少故王都
設署使之
鄉飲最揚觶之文文與華同惟改朝廷二字為國家
俗恥再嫁所生及失行婦女之子皆不許入士流登
仕版
門第最重簪纓以先世曾無文武官者謂之兩班兩
班子弟止許讀書不習技藝或所行不善則國人皆
非之
碁局雙陸之類民閭皆不許習
祭先皆立家廟大夫乃祭三代士庶則止祖考
禾麻皆穿窖以藏盡一年之力耕四日之地為一結

弘治元年春予以右春坊右庶子兼翰林院侍講奉
詔為正使刑科給事中王敞為副使使朝鮮國
初渡鴨綠江江即華夷界限江東岸為義順館為義
州其東為宣州郡
龍虎山為龍川郡鎮山
熊骨山為鐵山郡鎮山
郭山郡城在山巔一名凌漢城
新安館在定州有樓
大定江在博川郡即古朱蒙南奔至此魚鱉成橋處
即博川江
天馬山為定州鎮山
鳳頭山為嘉州山郡鎮山自鴨綠江東行惟嘉山嶺
最高其巔有曰曉星曰望海皆使節所經之處
安州城下瞰薩水上有百祥樓即隋代高麗敗績處
又名清川江城內有安興館
肅寧館前有樓
安定館屬川安縣
其西京地最爽塏名曰平壤城箕子初封時已有之

至高句麗又病其城不據嶮復就此成北增築一城
東瞰大同江北接錦繡山其餘諸州壤多燥亦間有
黃壤亦惟沙石惟此近郭則粘埴舊城內箕子所畫
井田形制尚有存者如直路之類是也至此乃有高
梆如中國者
箕子後傳至漢有名准者為燕人所逐徙都馬韓之
地今無後焉
九龍山一名九龍山一名魯陽山在錦繡山北二十
里山頂有九十九池
大同江即古之淇水
麒麟石在浮碧樓下世傳東明王乘麟馬入此窟從
地中出朝天上昇今石上馬跡尚存舊時石馬銅駝
皆在荆棘
孔廟像皆冕服生徒皆戴軟羅巾垂一帶青襴衫足
穿尖頭方底皮鞋有襪
廟東有箕子祠設木主題曰朝鮮后代始祖蓋以尊
檀君為建邦啓土以箕子為繼世傳緒也
檀君廟在箕子祠東有木主題曰朝鮮始祖檀君位

檀君者帝堯甲辰年開國于此後入九月山不知所
終國人以其初開國也世立廟祀之
箕子墓在城西北隅之兔山去城不半里山勢甚高
有兩翁仲如唐巾裾前有圓亭設拜位
渡大同江至生陽館路有古塚相傳為唐征高麗時
營壘大小參差無序絕類蘇州者予初道薊時嘗疑
焉詢一老卒云是唐王征東時謊糧堆謂其下皆蓄
土上以木覆之如檀道濟囊沙唱籌之類意此地之
營壘亦此類也地屬黃沙道其北皆山其南際海成
佛嶺北枕山南枕海山嶺睥睨高出雲表一關口有
牽下舊時所伐甃城方石數堆詢之一通事乃云其
址即慈悲嶺元時畫出為界此即其關口若然則自
鴨綠江東抵平壤皆為內地而朝鮮所統之八道已
去其一道餘矣我
聖祖則盡以界之宜其恭順秉禮視古有間也嶺屬
黃州
劍水館屬延津江
龍泉館屬鳳山州內有環翠樓山壁立臨水舊名聰

秀才爲易今名韋爲作記

寶山金巖二館屬平山府松岳即其鎮山

聖居天魔二山來自東北有五峯皆插碧其中三峯

如人竝坐而中一峯尤高左右二峯稍却而低如侍

者狀常護烟雲殊爲可愛北有威鳳樓遺基東有陵

墓即今國王李氏先隴

山頂有龍湫瀑布相傳王氏都此時遇旱王自往禱

不應有道術者瞰龍出水向啓王杖之去其數鱗今

鱗仍收其國庫中通事李義開城人韋爲予道此且

欲啓王出鱗予觀予以爲無益遂止之

本朝洪武二十五年高麗國王王瑶昏迷多殺失衆

心國人乃共推門下侍郎李成桂權知國事遣其國

知樞密事趙胖來請命後成桂更名旦且以易國號

上請

上曰東夷之號惟朝鮮最美且最久詔改曰朝鮮既

得命遂還都今漢城府以此爲留都云

其官署亦分堂屬學舉郡學即王氏時成均館

其館使即王氏時太平館所以視他館獨軒敞雄偉

臨津江屬長湍府

弘濟樓近碧蹄館

三角山即王京之鎮山勢最高王宫在其山腰山嶺

睥睨望之巢業如鋸齒

自弘濟樓東行不半里天造一關北接三角山南接

南山中通一騎險莫加焉東望諸山勢皆環拱

自三角山至南山山色皆白而微赬望之如雪

慕華館去城八里中爲殿前爲門凡

詔至王則出迎道左由崇禮門入王服袞冕其臣皆

簪裾鵠侍巷陌人家皆如頒降禮制設綵掛畫老倪

觀者擁塞於道道間皆陳百戲迎接至光化門外東

西列鼇山二座高與門等極其工巧平壤黄州迎詔

皆然而惟王京爲勝

太平館在崇禮門内中爲殿前爲重門後有樓東西

有廊廡所以待天使者

鍾鼓樓在城内四達之衢甚高大

國俗少掛畫凡公館四壁皆列以屏幛上畫山水竹

石或草書則搨亦然每歲王遣其國一宰相一承旨

來問安
國無銀硃以丹代之桐油亦無
門廡便殿皆用甋瓦如華公署所覆者
前門曰光化二門曰弘禮三門曰勤政環釘皆用金
正殿曰勤政皆用綠琉璃餘皆不用
堂所凡七級皆麄麻石甃階上以席覆之
殿東西壁皆設暖隔子升詔時皆以鉤懸掛之
勤政仁政二殿皆各為門以入以山所限隔故也
詔至殿庭上以世子陪臣皆在偏僕禮一準於華加
三上香叩頭山呼時則侍衛皆拱手應
殿前及堦內皆設白布幕以色尚白故也
宣詔畢引禮官引天使降自中階東至幕次候王易
服乃引天使由中階東陞殿引王由中階西陞殿
天使居東西向王居西東向再拜序坐王之位對副
使稍下半席
勤政殿序坐既徹人參湯一盞畢王起身向前傾躬
者張有誠令承旨傳言云小國之臣尊事朝廷禮當
而象物皆獎予如此洪恩難報予二人乃答云

朝廷以東國素秉忠敬故恩典視他國不同又舉手
加額連稱難報語畢送予二人出弘禮門來轎乃退
予二人歸至太平館諸陪臣以次見畢王隨來設燕
候於館門外立東向不入報事者報予二人出迎乃
揖讓入至庭交揖序坐舉酒獻酬將卒爵乃顧二譯
者使言曰詩經有云隰桑有阿其葉有那既見君子
其樂如何我得見二位大人心中歡喜不盡予二人
亦稱其賢且叙謝其延次燕接之厚將卒席復與之
禮讓乃云春秋之禮王人雖微列於諸侯之上矧二
位大人是何等地位皆
天子近臣今日遠臨小邦豈敢不讓人微笑謂二譯
者曰汝不曉近臣謂何乃是
皇帝跟前行走的予二人亦笑答譯者云素聞王讀
書好禮今得見果然又拱手連稱惶恐惶恐
三席執事恆卷以交拜時各設之
器列五重皆不用果實以蜜和麪為方員餅餌油煎
之頂棕周遭玲瓏盤累高至尺許衛以白銀或白間
八角闌干綴以綵珠之網其上剪綵雖為四花葉又

剪紅羅為四花瓣每瓣周遭以白銅小釘綴之如葉
之珎珠花樣其頂上乃以銅線纏五綵絲為飛鳳孔
雀或飛仙禽其尾長其翅首皆俯而向賓至送折組
則除之
其案一字橫列每案皆然惟中一案以紅綃覆之加
油紙於上
釀酒以秔不用秫米酒味絕類山東之秋露白香亦
同亦能為菓之卜糕蒸之類
饌有牛羊豕鵞四品皆熟之最後一案乃置大饅頭
一盤上以銀為盂蓋之一大臣操刀入割牲畢剖其
大饅頭之皮中皆貯小饅頭如胡桃大殊可口
初郎席見所設坐倚離案三尺餘莫曉所以及見上
自舉一案扣來乃知其自欲申敬故然
羊背肉之上貫羊腸三中實以炙及諸果
獻時上必出席獻者非除上皆隨之
湯一進必以五碗上不自進惟此禮與華不同
其食案甚小播炙之進既多則累而疊之有羹與湯
再進則無容處以几案上者撤置席間之地此則其
國俗然也
執事者進出皆叩頭
閹者皆烏紗帽黑角帶俯伏捧上坐椅之足通事承
旨則左右俯伏以俟傳言予二人坐後通事亦俯伏
但無閹者
其同宗之賢者皆封君總謂之上臣其群臣有武功
者亦封君文職有功者封亦然
太平館例燕為下馬燕再燕為正燕三燕為上馬燕
仁政殿之燕則名私燕初疑此禮似未當欲與議更
張比至乃知太平慕華二館其制皆殿專為奉迎
天詔而設無事時上則不造及觀其每來設燕必先
於館門外小殿俟候乃入乃知不必更張
是日上以予二人屢却其饋乃假譯者道意云自我
祖宗來凡天使遠臨皆有微物將意今二位大人如
此我惶恐再不敢言矣但我聞古人云仁者贈人以
言不仁者贈人以金我即不能為言徒以微物褻瀆
心中甚惶恐我又曾記得孟子有云古之人修其天
爵而人爵從之二位大人真修天爵者此回必蒙

殊恩此便是我贈言予二人亦以荷王愛我以德答
之予飲未釂乃領譯者語盡此一杯明日豈有天淵
人隔矣譯者乃誤以天淵為天遠予二人解其語音
而為之申說王乃笑而送出門又出酒勸後有送別
千里之言譯者又誤傳送別為永訣益張有誠意乖
語而少讀書李承旨讀書而不熟華語每覩其傳言
至汗發而猶未達殊可笑也是夜宿碧蹄館潤許丈
曹談王意作詩始快其意蓋將贈予以詩而自據其
才之不逮云

成均國學負山枕涯先聖殿在前明倫堂在後四學
分東西官有大司成小司成生員進士居者曰上齋
升學居者曰下齋生員即三歲以明經取者進士即
以詩賦取者升學即民間俊秀也又謂之寄齋
其通衢兩邊皆官廊覆以瓦分授居民其外莫辨
其孰為貧富至其內室屋乃有不同者
凡百家則出高墻以隔風火其壁取荊榛之類直竪
而下編以草繩約之繩約處如網罟之目每一日以
一泥丸塞之王都小巷如此若途間所見者則但用
泥塗之
每室皆穿北牖以避炎燠
堂簷皆一間廡序乃又三間
其門雖皆南向然不自中開皆就東廡之東南向以
開以其多高故須攀升其面東西者亦然
俗皆席地而坐人設一四方蒲團以布帛為一大阬
中塞以草為坐者所依凭官府則以蒲花坐為蒲團
其側亦方以綵色紵絲象草枕行則人負以隨
引重用馬馱者為多用牛者少

官府乃有午象鄉飲時或用之
自平安黃海一路望山巔如脾睨列者皆墳也貴者
乃擇形勢有華表石羊之類然亦不見樹碑
其國總髮之網巾皆結以馬尾以環定品級一品玉
二品金三品以下銀庶人則骨角銅蚌之類而已
童皆編髮有甬孩從而已乘肩輿者至六七歲則總
角非然矣
色銀四葉之衫惟平安黃海二道者如此京畿則不
然也扶之人皆選其長身者亦戴大帽穿黃色土布

貞領繫絛但不插羽其俗男子皆任任皆
凡見人以蹲踞為敬有召命亦蹲踞趨進而答之
有位者許乘輿出入無位者雖富止許乘馬
一輿前後通用二十四人扶舁者又在外其輿如華
之交椅而足短左右夾二長杠亦與華制同軌床下
設一横木長與座下横木同欲舉時以紅綿布就横
木兩端繞之人但以布着肩以手舉扶而行人於輿
中間從後至前亦施長綿布二幅分着人之兩肩如
馬之駕轅狀取其不偏出其餘令十數人前曳之
其衣袖闊而不長上衣則過膝下裳則皆當
甲見尊亦以蹲踞為禮賤有事則以首戴焉　有頂
斗水而手不扶正者有戴斛斗而步者
富貴家女婦首戴一匠如大帽簷垂黑縐以蔽其面
雖蔽面亦避人上京乃有之
像賤者牛皮貴者虎皮緣多用布
子卞使其國時皆傳其俗以孀婦供事館驛甚悉其
貴凡至則見凡承供事者皆州縣官吏娘人則執輿
於驛外之別室相傳此俗自常本中其國王珠藥封

以後變之遂東歸副總兵祇所談也
爲多雉鳩雀鵝獸多麋鹿麞麂麂如麞一角肉甚美
山不產虎
花則薔薇躑躅牡丹芍藥荼蘼丁香山礬二月方中
櫻桃甚效
魚有錦文似鱖而身同鮎項如鯰但見乾者王逍人
送牢禮及途間設燕者有之重唇如華之赤眼鯽唇
如馬鼻肉甚美其子如石首魚子且而且多八稍即
江浙之望潮味頗不佳長大者四五尺鯉鯽則清川
大定臨津漢江諸水皆有之鯽有長尺餘者海錯則
昆布如椶葉綠色海衣如紫菜而大石决明即入藥
者其肉外附殼內附石一名鰒魚殼沿邊有孔
蕨有青紫二色與華之所出者同土人不甚採凡採
時必以錐掘地去土乾根劏之予按許史曾採去許
高甚年後食苗味滑而甘未識其實或云即黃精苗
酸漿葉大莖或青或紅甘酸
焦松樹去粗皮取其中之白者和秔米搗之為米糕
山參非入藥者其長如指狀如蘿蔔亦和秔米搗之

煎爲餅餌又三月三日取嫩艾葉雜杭米粉蒸爲糕
謂之艾糕其杭米色白而味香
梨棗榛最多在在有之柑橘則全羅所出
于三月十八日其國啓行時棠梨花落殆盡入行數
日過鴨綠江始見有初開者蓋其國漸近東南其地
漸暖故也
其松材理最堅黃色如栢少脂在在有之其種有二
結子者皮不甚皴皺枝葉上聳其子之結必隔年乃
可取至京畿道始有之

凡一路有水處皆旋取松架橋削其枝爲闌干取其
葉左右障土近寶山館一溪名曰猪灘闊二十餘丈
亦以是架之其爲梁棟亦竿待直者若接拄上下二
段各爲之
地產銅最堅而赤食器匙箸皆以此爲之即華所謂
高麗銅也
五色各隨用惟朱紅以上服御皆紅故也
其國音有二作讀書則平聲似去聲如以星以爲醒
以烟爲燕之類常語則多類女真甚至以一字作三

四字呼者如以八爲地得理不之類是也以一字作
二字呼者尤多如以父爲阿必母爲額婺之類是也
一統志載所產有狼尾之筆其管小如箭簳長寸餘
鋒穎而圓詢之乃黃鼠毫所製非狼尾也
今此筆制稍短然甚鋒銳
舊傳其國所出紙皆以爲繭造至所知以楮爲之但
製造工耳予嘗以火試之而知其然
布之精者細密如縠紙貴者捲束如筒俾油可禦雨
其厚紙有以四幅爲一張者有以八幅爲一張者通

謂之油幕其白視亦不輕
隨處皆以白布爲障幕陸行則以馬馱之以隨
五葉葠即本草所謂新羅人葠也蒲花席之草色黃
而朶雖摺不斷比蘇州者硬佳歲時致貢焉
文獻通考謂其國人戴折風之巾幘如唐今男女皆
戴大帽惟王都爲上舉興皆戴六角包絹軟巾六角
皆緞白綿綵等紫絹員領足躡尖頭皮靴如所畫騎
唐馬之象官吏當時所服皆如此故云如唐也
又一統志謂百濟國出果下馬其高三尺果下可乘

今百濟國之境正在揚花渡之南岸去王京不過二三十里詢之云久無之矣但其國中道路所見馱物之馬雖不止三尺然比中國之馬差小意者其種類也姑書以俟

朝鮮雜志

朝鮮國紀一卷

〔明〕黄洪憲撰

《朝鮮國紀》一卷，明黄洪憲撰。洪憲（一五四一—一六〇〇）字懋中，别署碧山學士，浙江秀水（今嘉興）人。隆慶五年（一五七一）進士，改庶吉士，授翰林院編修，官至詹事府少詹事。萬曆十年（一五八二）奉使朝鮮。此書爲朝鮮國之簡史，記事起周封箕子於朝鮮，訖明萬曆三年李朝宣宗爲宗系辯誣遣使陳情。據《學海類編》本影印。

朝鮮國紀

明　檇李黃洪憲懋中著

朝鮮周封箕子國箕氏世居東土周末燕攻其西取地二千餘里秦滅燕屬遼東外徼漢初燕以衛滿亡命聚黨千餘人東渡浿水居西界後襲朝鮮朝鮮王箕準浮海南奔率其衆居韓地金馬郡號馬韓王後百濟溫祚王并其國漢武帝取爲眞番臨屯樂浪元菟四郡漢末爲公孫氏所據魏滅公孫晉并於高麗高麗本扶餘別種王高璉居平壤即漢樂浪郡地已而東徙鴨綠江東南千餘里後唐時王建代高氏并有新羅百濟又徙東松岳以平壤爲西京子孫遣使朝貢宋遼金歷四百餘年元至元中西京內屬置東甯總管府洪武元年以即位遣符寶郎偰斯奉璽書諭國王顓二年顓遣使奉表賀即位請封爵且貢方物詔封爲高麗國王賜龜紐金印誥命及大統歷金綺并賜王母妃相國諸陪臣文幣因使還復以書諭顓令濬城隍足兵食修祀典毋崇尚釋氏又賜六經四書通鑑漢書十二月顓遣陪臣張子溫等上表謝封爵并賀明年正旦貢方物中宮東宮皆有獻三

年春遣使頒科舉詔于高麗國八月高麗遣三司使姜德贊上表謝賜冕服貢方物并納元所授金印九月顓遣臣偰長壽奉箋獻方物賀皇太子千秋節四年中書省奏高麗國郎將李英因入朝貢多闌出貨物請加禁止詔勿禁五年安置歸德侯陳禮歸義侯明昇於高麗仍賜王顓紗羅文綺令善待之顓請遣子弟入太學上謂中書省曰高麗欲子弟入學甚善但恐其遠離父母彼此懷思令國王與臣下熟議以聞七月顓遣禮曹判書吳季南等奉表貢方物表言暹羅國恃其險遠不奉朝貢且多蒙古人留居其國宜徙之蘭秀山爲逋逃藪恐貽寇患乞發兵討之上賜璽書言暹羅隸爾國蒙古亦人類蘭秀山逋寇示以朕詔一呼可至勿用兵六年諭中書省曰曩因高麗貢獻煩數遣延安答里往諭朕意令一歲迭至困罷其民涉海險遠如渠往使洪師範歸國覆溺幸有脫歸者言其故不且致疑古諸侯事天子比年一小聘三年一大聘若九州外遠番世一見而已貢物亦無過侈高麗去中國稍近人知文物禮樂非他邦比宜令三年一聘或比年一聘貢物惟產布十匹

足矣中書省其以朕意諭之七年顓遣臣周誼等奉表貢方物中稱白苧布三百送大府監中書省奏元時有貴府監主進方物本朝無有上命還其貢降璽書切責之十年高麗遣使爲故王之請謚號上曰王顓被弑已久今始來請謚將假朝命以鎮服其民且揜其弑逆之迹耳勿與因降勑切責顓十二年勑遼東守將潘敬葉旺勿受高麗降人以生邊釁十三年遼東都指揮使潘敬業遣人送高麗禮曹判書周誼至京賜夏衣一襲勑曰東夷巧詐叛服靡常今逆賊既弑其君又殺朝使未

幾乃遣使飾非前者不令來朝彼顧堅請入貢與之約又不如約自今毋令擅入我境貢獻止與邊不許入京十六年高麗遣使張伯崔泊貢方物以違命卻之令禮部諭其國十七年諭遼東守臣絕高麗貢獻十八年國人立王禑爲王禑貢布萬疋馬千匹謝是秋封禑爲高麗國王賜其故王顓謚恭愍先是恭愍王無子養寵臣辛肫之子禑爲子恭愍王爲嬖臣洪倫內豎崔萬生等所弑李仁人擅國誅倫等立禑已而禑遣將寇遼東李成桂爲副將至鴨綠江與諸將議不宜得罪上國乃還

兵禑懼傳位于其子昌時恭愍妃安氏以國人黜昌立王氏孫定昌君瑤誅禑昌逐李仁人二十年指揮僉事高家人等市馬高麗還言國王表請不受馬直上諭延安侯唐勝宗擇可者償以直不堪者量減仍報其王知之先是遼陽瀋陽兵亂民轉徙高麗及高家奴等往市馬而故元降將咬住等以爲言上令索之至是高麗因送市馬并遼瀋流民二百八十餘口來歸二十一年高麗千戶陳景來降言舊爲元帥崔亮部曲因國王禑牽都軍相崔瑩李成桂欲寇遼東成桂使景屯文州以糧

餉不繼退師王怒殺成桂之子成桂乃以兵攻王城囚王及崔瑩景懼禍不敢歸時景妻子已爲遼東白帖木兒招諭入境故與其屬韓成李帖木兒來降上勑遼東嚴守備仍遣人偵之二十四年瑤遣使朝貢又令其子奭朝明年正旦詔位尚書下是年令市高麗馬萬匹索閹人二百瑤昏迷信讒妄殺戮國人不附共推李成桂主國事李成桂者全州人也遠祖翰仕新羅爲司空六代孫兢休入高麗十三代孫安社生行里行里生椿椿生子春是爲成桂父成桂既爲衆所推二十五年知密

直司事趙胖等以其國都評議司奏至言瑤不道其子奭亦癡騃縱酒色與禑黨元禹實等謀復禑位守門下侍中鄭夢周嘗以前欲攻遼東爲成桂所阻致令朝廷索取馬匹從臾瑤誅成桂及趙俊鄭道傳南誾等國中臣民以安妃命退瑤私第擇宗親無可立者衆推門下侍郎李成桂主國事上曰朕中國綱常所在高麗限隔山海僻處東夷非我中國所治且事多隱曲難據信禮部移文從其自爲聲教成桂更名旦徙居漢城遣使請更國號詔仍號朝鮮旦復遣使請印誥卻方物索道傳

旦懼送鄭總等三人至言道傳病不能行表實總等所撰上詰三人不遣仍諭旦勿用小人以保三韓二十六年遼東指揮使司奏朝鮮國近遣守邊千戶招誘女直人潛渡鴨綠江欲寇遼東上遣勑切責仍勑遼東守臣謹守邊防絕朝鮮貢使二十九年請印誥不許三十一年府部奏朝鮮雖奉貢不絕而累生釁端請招之上慮興師殃民第令禮部移文責之旦老請芳遠爲嗣旦卒賜諡康獻永樂元年芳遠遣陪臣奏世系非李仁人後請改正初祖訓載朝鮮國李仁人及子成桂先後弒四王而永樂初祭海嶽祝文又稱成桂爲仁人嗣故芳遠有是請詔許之朝鮮使臣言洪武中賜金印龜紐建文時更之請復舊制上遣使賜以金印誥命復因其請賜九章冕服及五經四書大學衍義諸書六年芳遠遣世子禔奉表貢馬金銀器及方物賜織金文綺紗羅衣五襲幷賜其陪臣鈔幣有差七年遣中官黃儼賜芳遠綵幣五十表裏諭令進馬助國用至則酬直芳遠獻馬萬匹助征北虜上賜勑獎諭仍賜白金千兩紗羅千匹綵絹五百四十五年上嘉朝鮮國勤修職貢遣使賚勑賜

芳遠白金二千兩文綺表裏二百匹紗羅絨錦五十匹馬二十四匹仍賜其妃文綺表裏八十四十六年芳遠自陳年老請以嗣子裪理國事命光祿少卿韓確等賚誥封裪爲王幷賜爲善陰騭書一帙洪熙元年宣宗卽位頒詔于朝鮮國諭禮部尚書呂震曰遠國朝貢固有常分然我祖宗以來待下素厚今朕卽位之初凡事必循舊典勿失遠人之心自後凡朝廷大事如大行登極皇子生冊立中宮東宮上徽號等皆遣使頒詔其國國王請封亦遣使行禮凡聖節元旦冬至皇太子千秋節

國王皆遣使奉表朝賀貢方物其餘慶慰謝恩無常期凡使臣至俱賜宴幷賜衣服綵段等物有差每年十一月賜大明一統歷宣德元年以綯貢獻之勤遣中官尹鳳齎勑往勞賜王及妃紗羅錦綺綵帛又賜五經四書性理大全通鑑綱目上謂禮部尚書胡濙曰聖人之道與前代得失俱在此書綯勤學朕故賜之使小國之民得蒙其惠亦朕心所樂也二年遣中書昌盛等齎勑往賜綯白金千兩紵絲紗羅錦帛二百四十四別勑綯進馬五千匹資邊用至則酬直先是永樂二十一年勑朝鮮送馬二萬匹令遼東都司以官貯布絹十萬酬之向因缺數未給至是戶部以請上曰遠夷不可失信敢復稽緩者罪之三年賜朝鮮國世子六梁冠綯奏洪武中賜國王冕服九章陪臣冠服一等者比朝臣第三等得五梁令世子冠服乃同陪臣一等請更制故有是命四年遣使齎勑賜綯白金三百兩紵絲紗羅五十四絲幣三十四上因謂侍臣曰高麗遠在海外修貢益勤厚往薄來古之道也綯遣使獻海青鷹犬上賜綯瓷器因諭曰國中多珍禽奇獸然朕所欲不在此後勿獻上聞

中官使朝鮮多需求無厭因勑綯臣使臣至國待以飲食足矣毋遺以物王父子敬事朝廷逾久逾篤朕所深知非左右近習所能間也王無慮焉先是朝鮮貢物有金銀龍頭盞之屬上勑綯曰金玉非爾國所產措辦必艱自今貢獻惟以土物效誠而已綯感悅遣孟畇等奉表謝七年遼東都司言諸衞屯種缺耕牛詔朝鮮選牛一萬送遼東給軍仍遣員外郎李顯運絹布五萬匹償其直八年遼東總兵官巫凱奏朝鮮國擅攻建州衞請詰問之先是朝鮮國奏毛憐建州人許爲忽刺溫野人糾衆犯其邊境而建州毛憐二衞亦奏忽刺溫野人頭目荅兀等掠朝鮮人口朝鮮乃疑建州所爲故加以兵上遣人各齎勑諭之至是凱復奏其事上曰遠夷爭競是非未明豈可偏聽但謹邊備而已綯奏欲遣弟子詣國學或遼東學校讀書上賜五經四書大全諸書令就本國務學九年上初開木蘭河等衞指揮兀苦里等言黑龍江七姓野人議侵朝鮮因其使還勑綯令守將嚴爲之備正統二年建州左衞都督猛可帖木兒爲七姓野人所殺其子童倉與叔凡察等五百餘家潛住朝鮮

後得罪欲歸建州恐爲朝鮮拘畱以聞于朝上勑綯將凡察等家送至毛憐衛復勑毛憐衛都指揮同知郎卜兒罕令人護送出境毋致侵害三年賜王遠遊冠絳紗袍翼善冠龍衮玉佩赤舄及常時視事冠服四年建州等衛都指揮李滿住等奏都督凡察指揮童倉等聽朝鮮招引叛去綯上奏自明并陳述累朝安邊詔勑上賜勑諭曰李滿住虛捏奏情朕已具悉王父子世守禮法永篤忠貞凡察等既在彼安生樂業不必遷移第戒其安分守法勿作非爲以累王之令德五年勑諭綯曰比

者爾奏凡察誘姪童倉逃往建州慮其與李滿住同謀生釁侵擾本國朕遣勑諭令仍還境城王宜解釋舊怨寬以撫之復諭凡察等仍還境城不則聽與李滿住同處毋妄生釁端以自取罪六年勑諭綯曰凡察棄其本土逃居境城後得罪于王而復逃回朝廷憐其播遷困苦赦宥前過加之撫綏不至失所王近奏其同李滿住謀引野人刦王貢使今又聞其糾衆欲以夏秋開掠王境王不可忘備如彼革心自止王亦棄其前過勿與校先是凡察等言率衆徙建州綯遣軍馬追殺其部落及

阻畱一百七十餘家上勑綯遣去令彼完聚至是綯復奏曰小邦遭遇聖朝累世蒙恩凡察舊居境城阿木河即高皇帝賜復之地其兄猛哥帖木兒等被深處于狄哈攻刦不能自存臣祖憫之授以萬戸職事爲創公廨給婢僕衣糧鞍馬撫綏備至臣父又陞以上將軍職事後被七姓野人等攻殺之并殺其子阿古焚其房屋財物凡察等仳離失所臣撫恤之一如先臣撫恤其兄近歲忽以耕農打獵爲由徙居本國東陲後潛逃依李滿住此時臣未及知誰爲追殺其畱此者或以婚姻懷土

或被同類開諭而還非臣阻之也李滿住昔居豬婆江在臣國邊方隨其所索皆給與之恩惠非淺後屢引忽剌溫殺掠臣邊今凡察與同惡又謀引忽剌溫乃胯等侵掠臣邊約日同發乃復誣臣瀆奏其背恩稔惡甚矣乞諒臣荷寵于聖代憫臣受侮于小人特令凡察等遄還舊居庶小國邊民獲免寇患上覽奏勑復綯王國累世恭謹朝廷禮待加優彼凡察李滿住輩不過異類畜之其饑窮來歸則矜憫而芻豢之所不絕者亦冀彼得所止或不鼠竊王之境耳彼負王德朕既勑屢諭之然

其志已離勢難復合强之終不爲用不若姑聽之便十二月綯奏本國僻在邊鄙語音與中國異凡聖諭及使臣至國必資通譯乃知通者遼東鐵嶺衛軍李相被虜至國頗識文墨語音純正乞留本國訓習華音以通上國之情許之七年上以建州朝鮮爭訟不已搆怨日深命錦衣衛指揮僉事吳良等齎勑諭朝鮮拘境城人口會衆面審願還者即付領回願留者聽於是良等同建州頭目款赤及朝鮮委官審得童阿哈里等八十五名皆世居朝鮮父母墳塋在焉又受本國報事不願回還

其餘有已故者有他徙者實非朝鮮拘留上因戒凡察安分守法毋得復索仍諭綯飭邊臣備之又勑綯曰近聞鴨綠江一帶東甯等衛有過犯之徒逃至王國或被國人誘脅去者不問漢人女直皆擒解來京毋貽爾國中之累初凡刺密令女直諸部誘脅朝鮮綯拒之而白其事于朝上嘉其忠誠以勑奬諭幷賜之綵幣八年遼東軍旗戴弗名等八人爲達賊所虜轉鬻兀良哈得脫至朝鮮綯給路費衣糧送至京上賜綯綵幣仍遣勑奬諭十年倭犯朝鮮綯先後遣將擒失刺沙也門及沙彌

反刺等械送至京上勑諭綯曰王忠誠衛國屢獻海俘朕用嘉悅顧倭奴鼠竊狗偷罔有悛心王宜嚴爲守備若其寇邊朝廷命官軍勦滅之或復侵軼王境當遣將擣巢盡俘其類以息邊患仍賜白金綵幣有加時北虜犯邊詔朝鮮備馬三萬赴京景泰元年二月綯遣李含等貢馬五百匹奏曰北因鄰寇搆釁邊警不絕馬之耗損者十六七未能依數充辦詔已至者受之償其直未至者止勿貢綯卒命太監尹鳳等諭祭幷持節冊封綯子珦爲王五月勑珦曰近得遼東奏報開原瀋陽等處

達賊入境虜掠人畜及攻圍撫順所城池審知各賊乃建州海西野人女直頭目李滿住凡察董山刺塔爲北虜迫脅入寇已勑遼東總兵官設法擒勦念彼素與王國有仇恐乘機來寇王宜飭邊將整軍馬愼烽堠遇賊出入潛遁即便截殺以除邊患十一月封珦嫡長子宏暐爲世子三年珦卒賜諡恭順封宏暐爲王五年賜宏暐宋史從其請也六年宏暐病請以其叔瑈權署國事詔可七年請讓位于瑈上遣内臣冊封瑈爲王天順二年瑈奏世子璋病故請立次子晄從之三年登州衛海

船遭風漂至朝鮮所載賞賜遼東官軍布花等物賴國人撈救得之十七瑈遣人送至鴨綠江仍給旗軍衣糧遣回上嘉王敬事朝廷賜勅奬諭先是瑈私納建酋董山授中樞密使諜聞上遣勅諭之瑈辭以勅旨許其往來于是復勅瑈曰宣德正統間以王國與彼交侵勅令釋怨息兵各保境土未嘗許其交通往來且彼既受朝廷官職王又加之是與朝廷抗衡也事在已往朕不深咎今後宜謹守法度以絕私交全令謇瑈惶恐貢馬謝罪四年夏四月朝鮮誘殺毛憐衛都督郎卜兒哈幷執

其妻已沙哥等其子阿比車聚衆復仇事聞上勅瑈曰王言郎卜兒哈通謀扇亂故依法置罪然王之法止可行于王國不得行于鄰境是宜奏聞朝廷暴白其罪今王輒害伊父子九人其族類聞之能不忿然思報乎朕爲王慮亟將已沙哥等送至遼東都司朝廷令阿比車收領完住庶可見以解仇不然王雖恃富强難免其非時擾害也又勅毛憐衛都指揮尚冬哈令諭阿比車撒回人馬毋相仇殺冬十月瑈奏本國幹朶理等世居會甯鎭北與阿比車通謀犯邊挈其親黨依李滿住恐締

謀搆釁兵禍不息上命遼東守鎭官戒諭滿住等五年建州衛野人乘夜至義州掠人畜幷殺並江收禾民瑈奏聞于朝兵部議朝鮮嘗誘殺郎卜兒哈繼又誘致都指揮厄克因縱兵給其家屬自取仇恨宜諭之安分守法毋自作弗靖庶使邊夷釋怨從之成化三年諭朝鮮國毋獻珍奇以其屢貢海青白鵲等物故也瑈遣陪臣高台弼來奏所獲建州賊屬上厚賜之且勅瑈曰董山等世受國恩以爲藩衛近者陽爲朝貢陰肆盜邊不得已用兵致討惟王世守禮義忠于國家宜閉絕關隘以

杜其奔迸之路更能遣兵相應伺便而殲之則王之功愈茂而忠愈彰矣勉樹勳名時不可失四年瑈遣中樞府知事康純等統衆萬餘渡鴨綠潑豬二江攻破兀彌府諸寨斬賊酋李滿住及其子古哈等三百八十六級生擒二十三人獲牛馬等畜二百餘焚其積聚二百一十七所至是仍遣台弼獻俘上命禮部從厚賞賚加賜王金綺及西洋布幷賜康純等金幣有差仍遣官齎勅奬諭是年瑈卒賜諡惠莊遣太監鄭同持冊封世子晄爲王巡按遼東御史侯英奏遼東連年被寇瘡痍未起

令歲復不稔軍無見糧內臣沿途騷擾勞費百端且朝鮮雖稱外國其人多讀書知禮使匪其人必爲所輕乞追寢成命選廷臣有學行者往上是之詔今後賫賞遣內臣其冊封等禮仍選廷臣有學行者充正副使往六年晄病革其子幼且病以其兄故世子璋之子娎權署國事晄卒賜謚襄悼封娎爲王復從其請追贈娎生父璋爲王謚懷簡七年娎奏往年天兵討建州本國效順擒斬野人李滿住其子索而哈反今欲報仇聚衆肆毒乞勑邊臣應援詔可十一年娎復奏建州野人糾聚毛

憐等衛夷人侵擾不已乞朝廷戒勑從之十三年娎奏朝廷禁外國互市銅錢弓角等物然小邦北連野人南鄰島倭五兵之用俱不可缺高皇帝嘗賜火藥火砲禮遇異于諸藩今乞弛禁市弓角詔令每歲市五十不得過多十四年朝鮮貢使還有盜張政等盡掠其賞賚諸物射傷使臣錦衣官校捕獲之都御史王越曰朝鮮世効臣節今被盜刼其財傷其人有失夷情且虧國體宜先令通事曉諭來朝使臣候會審處決梟示以彰國法仍交還原刼財物以慰遠人之心從之十五年建州酋

伏當加等復糾衆盜邊詔朝鮮出兵夾擊娎遣右議政尹弼商節度使金嶠等引兵渡江進擣賊巢斬首十六級生擒男婦十五人幷獲遼東被虜婦女七人及驅其驢馬燬其廬舍十六年春二月娎遣陪臣漁世謙來獻捷賜宴禮部初太監鄭同使朝鮮娎遣陪臣許熙伴送熙還道遼東建州虜騎掠其從卒三十餘人馬二百三十餘匹他所賫什物稱是報擣巢也至是娎奏至願勑諭夷虜追還所掠人畜且欲令邊將乘便攻之兵部議朝鮮奉藩惟謹宜降勑嘉娎忠敬及諭以遼東連年用

兵未可出師之故幷勑守臣整飭邊防及遣譯者多方索還所掠報可十九年奉娎長子㦕爲世子上諭部臣曰娎敬事朝廷與他國不同宜厚與之其世子賜金織紵絲紗羅各四表裏仍降勑諭娎娎遣陪臣金纁謝恩賜金幣有差宏治初娎累歲貢獻如例七年卒賜謚康靖八年封世子㦕爲王十二年㦕奏國人屢有違禁下海者因潛往海島復私誘軍民漸至滋蔓乞許本國自行搜還其係上國地方者請勑官司發遣於是遼東守臣亦奏近海軍民有逃聚海島者請及時逐散從之十

五年冊立懌嫡長子顒爲世子賜織金紗羅紵絲衣各一襲逾年顒卒懌病風請以國事付其弟懌詔令權署國事以俟後命正德十三年懌遣陪臣南袞貢方物馬匹請改正會典所載宗系許之嘉靖八年朝鮮使臣柳溥復陳建國始末以請詔付使館十二年上以朝鮮朝貢如期自宴賞常例外特加一宴以示褒奬十八年懌遣戶曹參判柳仍淑等奉表貢方物賀上廟號尊謚及睿宗獻皇帝祔太廟配享明堂禮成上特御奉天門引見其使臣賜宴禮部二十三年漳州民李王乞等載貨

通番値颶風漂至朝鮮懌遣人捕獲械送遼東都司上加懌忠順賜白金綵幣二十四年正月權國事王世弟李峼遣刑曹判書閔齊仍以其王李懌訃來告上命內使及行人往賻二十五年峼卒弟峘立峘遣臣解送通海番人至邊咨稱福建人民故無泛海至本國者頃自李王乞等始往日本市易爲風所漂今又獲馮淑等前後共千人以上皆挾帶軍器貨物及火器奸闌出市恐起兵端遼東都司以聞上命巡按御史查參海道官員仍賜峘金幣以旌忠順二十一年峘以洪武永樂間所

賜樂器敝壞奏求律管仍乞遣樂官赴京肄習以遵聖朝禮樂之制許之三十六年封長子顒淸爲世子三十八年倭犯朝鮮峘遣官兵李鐸等擊之盡殪遣禮曹參判尹毅中等賀冬至因以爲奏并歸倭所掠我民三百餘人上降勅奬諭賜金幣仍賜鐸毅中等銀幣有差三十九年峘遣陪臣柳榮等入賀聖節至遼東被虜傷從官一人詔自今朝鮮貢使俱遣官兵送迎仍賜綵幣卹死者家隆慶元年七月峘遣陪臣李榮賢等上表貢方物賀肅皇帝尊謚禮部議尊謚廟號故無稱賀禮然不

嘗槩以律遠夷特受之仍賜綵幣有差其冬峘卒賜諡恭憲遣官弔祭封其姪署國事李昖爲王萬歷三年重修大明會典昖復遣陪臣請明世系乃得改正如今文云朝鮮東西濱海北鄰女直西北至鴨綠江東西相距二千里南北四千里分八道京畿忠淸慶尙全羅黃海江原平安咸鏡各統府州郡縣俗柔謹重禮讓喜讀書爲詩文婚娶必通媒納采不娶同姓士大夫喪葬祭悉依文公家禮科舉定于子午卯酉年崇釋尙鬼惡殺戴折風巾女人被髮屈紒居茅茨衣多麻苧色尙白飮食

用俎豆官吏閑威儀燕享鄉射皆如禮以蹲踞爲恭因
田制俸釀用秔四時節日及季夏土旺日鑽木改火法
無苛條其敢常犯贓及婦人再嫁者書名三司其子孫
不齒士類山川丸都神嵩北嶽海鴨綠江爲大產金銀
銅鐵水晶鹽細苧布細花布龍文簾席白硾紙狼尾筆
紫花硯果下馬長尾雞貂豽海豹皮八稍魚昆布秔黍
麻榛松人參茯苓薏苡其餘不能殫載云

海上絲綢之路文獻集成

國家出版基金項目
NATIONAL PUBLICATION FOUNDATION

總主編 陳支平 陳春聲

歷代史籍編 32

主編 范金民

海峽出版發行集團
THE STRAITS PUBLISHING & DISTRIBUTING GROUP
福建人民出版社

本册目次

朝鮮志二卷附箕田考一卷

〔明〕佚名撰　〔朝鮮〕韓百謙撰

《朝鮮志》二卷，撰者不詳。卷首略述疆域沿革，正文以京都、風俗、古都、古蹟、山川、樓臺六目爲經，以所屬京畿、忠清、慶尚、全羅、黄海、江原、平安、咸鏡八道爲緯，備載朝鮮歷史沿革、宫室、壇廟、風俗等，並記古都漢城、平壤、稷山等二十六都，古蹟三十七種及漢江、金剛山、清川江等情況。全書記事簡要，惟書中風俗多載該國典制，與故事混而爲一，古蹟多雜以神怪，頗同小説，真僞難辨。然遺聞瑣事多爲中國史書所不及，山川所記亦較宋徐兢《高麗圖經》爲詳。書後附《箕田考》，朝鮮韓百謙（一五五二—一六一五）撰。以朝鮮平壤城外有田分四區，區皆七十畝，爲田字形，謂是箕子遺法，合乎殷人井田七十而助之制。據中國國家圖書館藏清劉氏嘉蔭軒抄本影印。

朝鮮志卷上

不著撰人名

檀君肇國箕子受封皆都平壤漢置四郡二府自是三韓瓜分馬韓統五十四國辰卞韓各統十二國厥後新羅高句麗百濟三國鼎峙新羅之地東南至海西至智異山北至漢水高句麗東至海南至漢西北踰遼河百濟西南至海東至智異山北至漢新羅滅高句麗百濟及其衰也弓裔據鐵原稱後高句麗甄萱據完山稱後百濟高麗始祖統合三韓西北以鴨綠為限東北以先春嶺為界至我康獻王建都漢陽定為八道中曰京畿

西南曰忠清其西抵大海皆古馬韓之域高句麗百濟分據其地東南曰慶尚其東南抵大海本辰韓之地南曰全羅其南抵大海本卞韓之地後為百濟所有西曰黃海其西抵大海古朝鮮馬韓舊地後為高句麗所有唐高宗滅高句麗不能守其地新羅遂并之及季世為弓裔所據高麗始祖盡有其地東曰江源其東抵大海本濊貊之地後為高句麗所有西北曰平安西抵鴨綠江北接靺鞨本朝鮮故地後為高句麗所有新羅文武王與唐將李勣攻滅之東北曰咸鏡東抵豆滿江北接靺鞨本高句麗之地八道之中忠清慶尚全羅三道地廣物衆州郡雄

巨最為富庶俗尚詩書人才之出比諸道倍多平安咸鏡二道境接靺鞨俗尚弓馬兵卒精強

京都

北鎮華山有龍蟠虎踞之勢南以漢江為襟帶左控關嶺右環渤海

景福宮

即王宮

勤政殿

受朝正殿

思政殿
在勤政殿北接引士大夫講論治道之所
康寧殿
在思政殿北
交泰殿
在康寧殿北
含元殿
在康寧殿西北
養心殿

在康寧殿西

丕顯閣

在思政殿東偏夜引講官論難經史之所

麟趾堂

在交泰殿東

紫微堂

在交泰殿東

清讌樓

在交泰殿東

忠順堂

在後苑王常不忘朝廷揭此名堂以寓敬順之誠

隆文樓

在勤政殿東

隆武樓

在勤政殿西

慶會樓

在思政殿西環樓為池池深廣種芙渠中有二島

欽敬閣

在康寧殿西鑄銅為山高七尺許置閣中內設巧機用玉漏水激之使自輪轉五雲繞日朝夕出没又設司辰武士玉女及十二神之儀每時至武士擊鐘玉女奉時牌而出十二神各于方所輙自起立時盡則玉女還入神亦還伏其運若神莫測其妙山之四面陳豳風四時之景以為候象授時敬天之所

報漏閣

在慶會樓南設座二層三神在上司時者撞鐘司更者擊鼓司點者扣鉦十二神在下各執辰牌時至自出時盡還入皆

刻木為像激水為機不假人力隨時自報不差毫釐為術最妙街中鐘鼓晨昏之節皆以此傳擊

簡儀臺

在宮城內西北隅築石為臺繚以石欄置簡儀其巔臺西植銅表斵青石為圭圭面刻丈尺寸分乃用影符取日中之影推得二氣盈縮之端又於昌德宮西麓起瞻星臺置小簡儀觀天象察氛祲候雲物通衢之側築臺置仰釜內刻周天度數畫十二神外列方位設衡南北衡腰穿小竅以測日晷使民知時早晚

資善堂
世子引僚屬講讀之所在東宮
昌德宮
在景福宮東王之別宮
仁政殿
受朝正殿
宣政殿
在仁政殿東亦講論治道之所
匪躬堂

在延英門南

昌慶宮

在昌德宮東

明政殿

受朝正殿

文政殿

在明政殿南

仁陽殿

在明政殿西

景春殿

在明政殿北

通明殿

在景春殿北

環翠亭

在通明殿北

倫序亭

在後苑常接王親兄弟諸君之所

社稷壇

在京城内西
先農壇
在東郊
先蠶壇
在東郊
厲壇
在北郊
宗廟
在京城内東

文廟

在成均館明倫堂之南

慕華館

在城西郊外館前立迎詔門以寓尊敬朝廷之意

各司

宗親府

宗室諸君之府

議政府

總百官平庶政理陰陽經邦國

忠勳府
諸功臣之府
儀賓府
尚王女者之府
敦寧府
王親外戚之府
義禁府
掌奉教推鞫之事
吏曹

掌文選勲封考課之政
戸曹
掌戸口貢賦田糧食貨之政
禮曹
掌禮樂祭祀宴享朝聘學校科舉之政
兵曹
掌武選軍務儀衛郵驛兵甲器仗門戸管鑰之政
刑曹
掌法律詳讞詞訟奴隷之政

工曹

掌山澤工匠營繕陶冶之政

漢城府

掌京都口帳市廛家舍田土回山道路橋梁溝渠逋欠負債

鬭毆晝巡檢屍車輛等事

司憲府

掌論執時政糾察百官正風俗申寃抑禁濫僞等事

開城府

掌治舊都

忠翊府
原從功臣之所
承政院
掌出納王命爲任甚重必選堪爲宰相者爲之由是而陞爲
六曹參判及二品諸職
掌隸院
掌奴隸簿籍及決訟之事
司諫院
掌諫諍論駁之事

宏文館

掌內府經籍及書筵文翰之任其選最重議政府館閣吏曹共議掄揀然後方許除授更日值宿講劘治道分御膳賜宮醞以寵之

藝文館

掌制撰辭命

成均館

掌儒學教誨作成人才之任

尚瑞院

掌印章符牌節鉞

春秋館

掌在王左右書言動記時政

承文院

掌事大咨表文書

通禮院

掌朝儀排班引接

奉常寺

掌祭祀議謚等事

宗簿寺
糾察宗室愆違之任
校書館
掌印頒經籍及香祝印篆之任
司饔院
掌供御膳及内府供餉等事
内醫院
掌和劑御藥
尚衣院

掌供御衣襨及内府財貨等物
司僕寺
掌輿馬廐牧之任
軍器寺
掌造兵器火炮等事
内資寺
掌内供米麵酒醬油蜜
内贍寺
掌諸宮殿供進酒醪

司稟寺

掌御廩米穀

禮賓寺

掌賓客宴享宗宰供饋常監視議政府官飯食進案時親自

助舉

司贍寺

掌造楮貨及貢布等事

軍資監

凡四所掌軍需儲積都中有二倉漕運所會江上有二倉

濟用監

掌進獻紬布人參毛皮及緣染織造等事

繕工監

掌土木營繕

司宰監

掌魚鹽燒木杻炬

掌樂院

掌教閱聲律

觀象監

掌天文地理測候刻漏等事

典醫監

掌醫藥

司譯院

掌譯諸方言語

世子侍講院

掌侍講經史規諷道義

宗學

掌宗室教誨

脩城禁火司
掌宮都城脩築宮殿公廨坊里救火
典設司
掌帳幕排設等事
豐儲司
掌米豆草芚紙地等物
廣興司
掌百官祿俸工匠軍兵雜務廪給
典艦司

掌京外舟艦
典涓司
掌治宫庭
社稷署
掌灑掃壇壝
宗廟署
掌守衛寢廟
平市署
掌勾檢市廛平斗斛丈尺低昂物貨

司醞署

掌酒醞

義盈庫

掌油蜜黃蠟素物

長興庫

掌席子油芚紙地

冰庫

掌藏冰

掌苑署

掌苑囿花果

司圃署

掌園圃蔬菜

養賢庫

掌成均儒生供餉米豆

典牲署

掌養犧供祭祀

司畜署

掌飼雜畜供宴享

造紙署

掌造表箋咨文紙及諸般紙

惠民署

掌醫藥療民庶疾病

圖畫署

掌繪畫之事

典獄署

掌獄囚

活人署

掌救活都城病人凡病人無歸者官給粥料藥物冬給燎炭夏給冰

瓦署

掌造瓦磚

歸厚署

掌棺槨供卿相禮葬者及士大夫賜與民庶貧乏者亦給

中學

掌教誨小學之士他學同

南學

東學

西學

中部

掌管内檢察非法及橋梁道路里門警守家代打量人屍檢驗等事他部同

東部

南部

西部

北部

中樞府

凡宰相或因病事故解務者授之以示優待

五衛都總府

掌治五衛軍務

訓練院

掌科試武才習讀武經練閱軍陣

世子翊衛司

掌陪衛東宮

讀書堂

在東湖幽靜處妙選年少文學有重望者除本職任仕務輪番而往内府書籍隨意探討使之温習涵養以為後日大用地凡鋪設什器紙地筆墨饌飯酒醴燈燭諸具無一不備每遣中使賜御醞珍膳以示寵異膺此選者時人擬之登蓮瀛

風俗

崇尚信義篤好儒術禮讓成俗柔謹為風　士大夫喪葬祭禮一依朱文公家禮父母之喪率皆廬墓三年有不謹者不齒士列其間或有啜粥終喪不食鹽菜或手自炊爨以供奠事　婚娶必通媒納采不娶同姓　士大夫皆立家廟四時必享忌日

則子孫不食肉祭其主於寢堂六品以上祭三代七品以下祭二代庶人只祭考妣若嫡長子無後則衆子衆子無後則妾子奉祀旁親無後者祔祭嫡妾俱無子者告官立同宗支子為後士族婦女夫死則守節終身士大夫妻亡者三年後改娶若因父母之命或年過四十無子者許期年後改娶　每歲王祀先農躬耕籍田以供粢盛　王妃享先蠶養蠶于後苑以率女工　每歲季秋王行養老宴參宴者皆除一級孝子順孫義夫拜餉之王妃宴婦人於內殿拜餉節婦皆有賜物年百歲以上者歲賜米堂上官以上年滿七十者功臣父母妻堂上官妻並

月致酒饌　二品以上年尊德邵者春秋賜宴謂之老英會
孝友節義烈女隨其行跡或賞職賞物或旌門復戶清白吏見
存者褒獎身歿者子孫亦皆録用戰亡人子孫亦存恤録用
宗親大臣之卒舉哀輟朝遣官弔祭官庀喪事因公在外身死
者亦致賻祭宗室雖秩卑期親以上亦皆弔賻營葬侍講官及
臺諫勿論品秩高卑一皆賻給遭親喪者亦如之　設歸厚署
備棺槨以周民間倉卒之需　敗常犯贓者婦人再嫁者書名
三司其子孫不齒士類　五子登科者之親歲賜米歿則致祭
贈爵　中文武科者賜恩榮宴　官給酒樂

以榮之名曰榮親宴歿則設祭謂之榮墳中第一名者賜米
凡民因貧乏過期未葬者昏嫁失時者皆給資財飢寒孤獨者
與老而無托者亦給衣料　宏文館官員更日直宿王日開講
筵宰相臺臣亦令輪參又有夜對以盡羣下之情　官至一品
年七十而係國家輕重者不許致仕賜教書几杖以優之　堂
上官實行二品以上職者視其秩追贈三代　士大夫及軍卒
父母年七十則一子歸養八十則二子歸養九十則諸子歸養
每歲夏月頒冰于宗親及文武堂上官堂上官年老在散者
活人署病刑獄囚人並給　歷代及本國忠臣孝子烈女所行

卓異者裒撰成書名曰三綱行實譯以方言廣頒中外使婦人小子無不曉解　國中設成均館及設養賢庫常養生員進士五百人景年居館力學篤行而屢舉不中年滿五十者敘職雖非生員進士通小學四書一經者亦升補于館東西四坊各有學舍教卿大夫子弟及凡民俊秀年八歲以上閭巷小童不得肄學者設童蒙教誨　州郡亦設鄉校皆倣成均四學之制觀察使巡到其邑師長儒生皆試講製課勤惰以勸懲春秋釋菜觀察使守令親行之又大饗儒生　成均館儒生每歲春秋議政府六曹諸館閣堂上官命題製述科次置簿優等者三人直

赴文科覆試　成均館升補儒生及四學諸生每年六月定考官逐日製述或講論通考優等者五十人許赴生員進士覆試諸道亦然　世子逐日問安視膳與師傅賓客僚屬日三講論凡接師傅時下階迎送每月十五日會講必設大餉一書講畢則大設宴餉又有賜物　新除授京外堂下官職者參謁于議政府吏曹屬曹毋過十日　立崇義殿以前朝王氏之後主之給廩祿祭田以奉其祀　前代新羅百濟高句麗王陵官禁田柴　歷代始祖及有功德及民者皆立廟降香祝令所在官春秋致祭　設厲壇于北郊漢城府官每春秋徧祀無主孤魂州

郡亦如之　囚人冬月則給鋪席夏月則淨脩獄中洗灑枷杻使無寒凍熏蒸之患又定醫官備藥物救之貧不能養獄者官給廩料　京外置常平倉穀貴則增價以貿布穀賤則減價以賣布以濟窮民又置別倉當春貸民以贍耕種秋償其數以備來歲每年以為常若值水旱凶歉則在在設賑濟場以救之郡縣每歲春秋行鄉飲酒禮又京外小民每里立鄉長家出米布使鄉長掌之春秋設酒共會以申其好謂之講信凡有疾病患難交相救護若有死喪備棺槨葬需以庇之　曾經三品職及臺諫侍讀官者子孫承蔭每歲正月試才補官無蔭者之子

孫擇其俊秀許三品以上官保舉吏曹更試經書隨才補闕若不稱職并罪舉主　科舉每于子午卯酉年為之設三場初場試論義二篇中場賦表二篇終場策問會試則初場講四書五經能通者許赴中場試賦表記中二篇終場策問通考取之殿試則策時務以第高下若遇大慶及王親幸學宮則有別舉王時時親行釋奠或不時幸學與師儒講論或橫經問難或行大射禮或親策儒生　凡中科者殿庭唱榜御前賜酒賜花與蓋優人呈戲鼓吹前導三日遊街以榮之若幸學試取即日唱榜者拜賜鞍馬袍笏尤以為榮聖節及正至王率世子百官行

望　闕禮每遣使上表時王率世子百官行焚香四拜禮王親
捧　表跪授使者仍下庭鞠躬具黃屋儀仗以出祇送郊外
我國赴　京使臣或賫奉
勑書回還之時結綵棚迎郊外一如
華使凡進
獻禮物王親自檢視　宗親年滿十五入宗學受業每日抽籤
講習讀以為課勸　禮曹每月考講四學諸生所讀書　京外
儒生逐日所讀及其師職姓名簿録藏于禮曹每科舉後所訓
儒生中及第三人或生員進士十人以上者加階　祭服朝服

公服一依華制　每四時八節日及季夏土旺日鑽木改火
遺失小兒漢城府本邑保授顧育人官給衣料

古都

開城府本高句麗東北忽高麗始祖自鐵原徙都廣州本百濟
始祖温祚王右都

右今皆屬京畿

稷山

本慰禮城百濟始祖温祚王高句麗東明王第三子東明王
薨避琉璃王自卒本扶餘南奔開國建都于此

公州

本百濟熊川郡文周王自北漢山城徙都至聖王移南扶餘

扶餘縣

本百濟聖王自熊川來都號南扶餘義慈王時新羅金庾信與蘇定方攻滅之唐師既去新羅盡得其地

右今皆屬忠清道

全州

甄萱建都於此稱後百濟

益山

本馬韓國後朝鮮王箕準箕子四十一代孫也避衛滿之亂浮海而南至韓地開國仍號馬韓百濟始祖温祚王并之

濟州

本耽羅國或稱毛羅在全羅南海中

右今皆屬全羅道

慶州

新羅古都始祖赫居世開國建都

高靈縣

本大伽倻國自始祖伊珍阿豉王至道說智王凡十六世五

百二十年新羅滅之

金海府

本駕洛國或稱伽倻後改金官國自始祖首露王至仇亥王凡十世四百九十一年仇亥降于新羅

東萊縣

古萇山國

義城縣

古召文國

清道郡

本伊西國
慶山縣
本　梁國
尚州
本沙伐國
本甘文國
開寧縣
咸昌縣
本古寧伽倻國

咸安縣
本阿尸良國
固城縣
本伽倻國并為新羅所取
右今皆屬慶尚道
江陵府
本穢國漢武帝元封二年遣將討之定為臨屯郡
三陟府
本女直國降于新羅

春川府

本貊國

鐵原府

本高句麗鐵圓郡弓裔起兵取之自松岳郡來都國號泰封

右今皆屬江原道

平壤府

本三朝鮮高句麗之故都唐堯戊辰歲有神人降太伯山檀木下國人立為君都平壤號檀君是為前朝鮮周武王克商封箕子于此是為後朝鮮傳至四十一代孫準燕人衛滿奪

其地都王險城即平壤是為衛滿朝鮮其孫右渠時漢武帝
遣將討之以王險為樂浪郡
龍岡縣
本古黄龍國為高句麗所并
成川府
本沸流王松讓故都高句麗始祖東明王自北扶餘來都卒
本川松讓以其國降
右今皆屬平安道
古跡

面嶽

右京都中高麗肅宗六年命崔思諏尹瓘等相南京之地思諏還言臣等就盧原驛海邨龍山等處審視山水不合建都唯三角山面岳之南山形水勢符合古文請于主幹中心壬坐丙向隨形建都從形勢東至大峯南至沙里西至岐峯北至面嶽為界面岳即白岳

馬巖影殿

在開城府成均館前高麗恭愍王為魯公主大營影殿于此窮極奢麗今有遺址

九齋學堂

古基在府北松岳山紫霞洞高麗顯宗以後干戈纔息未遑文教文憲公崔冲收召後進教誨不倦學徒坌集遂分九齋曰樂聖大中誠明敬業造道率性進德大和待聘謂之侍中崔公徒凡應舉者必詣徒中學焉及冲歿後凡赴舉者亦皆隸名九齋籍中謂之文憲公徒東方學校之興蓋由冲始

滿月臺

在松岳山下高麗延慶宮正殿前階也遺基尚存

延福亭

古基在府東大門外山臺巖下高麗毅宗聞城東沙川龍淵寺南有石壁數仞削立龍川曰虎巖流水渟滀樹木蓊蔚命内侍李唐柱等構亭其側名曰延福竒花異草列植四隅以水淺不可舟築堤為湖日泛舟酣宴徹夜不止羣臣皆大醉棹花倒載而還或沉醉忘歸衛士甚怨卒致難

歸法寺

古基在府炭峴門外崔冲每歲暑月借此寺之僧房為夏課擇徒中及第學優未官者為教導授以九經三史間或先進來過刻燭賦詩牓其次第唱名以入設小酌童冠列左右奉

樽俎進退有儀長幼有序相與酬唱及日暮皆作洛生詠以罷誤者莫不嘉歎

右畿内

弓樹

在光州南門外枝幹輪囷大數十圍高七十餘尺邑人以發葉早晚占年之豐歉今枯

崔氏園

在靈巖郡西諺傳新羅人崔氏園中有瓜長尺餘一家頗異之崔氏女潛摘食之歆然有娠彌月生子其父母惡其無人

道而生置之竹林居數七日女往視之鳩鷲來覆翼之還告于父母父母往見異之取而養之及長祝髮為僧名道詵入唐傳一行禪師地理之法而還踏山觀水多有神驗後名其地曰鳩林

毛興穴

在濟州南二里高麗史古記云厥初無人物三神人從地湧出長曰良乙那次曰高乙那三曰夫乙那三人遊獵荒僻皮衣肉食一日見紫泥封木函浮至東海濱就而開之內有青衣處女三及諸駒犢五穀種三人以歲次分娶之始播五穀

且牧駒犢子孫蕃盛今州鎮山北麓有穴是其地也

右全羅道

泡母臺

在忠州風流山高數十丈諺傳昔有仙女名薔薇自號泡母常遊其上香滿一洞唐明皇聞之遣道士迎入宮號真完夫人

天政臺

在扶餘縣北十里許江北絶巘有巖如臺下臨江水諺云百濟時欲拜宰相則書當選者名函封置巖上須臾取看名上

有印迹者為相故名或稱政事巖

釣龍臺

縣北扶蘇山下有一怪石跨于江渚石上有龍攫之跡諺傳蘇定方伐百濟臨江欲渡忽風雨大作以白馬為餌而釣得一龍須臾開霽遂渡師伐之故江曰白馬巖曰釣龍臺

落花巖

釣龍臺西有巨巖諺傳百濟義慈王為唐兵所敗宮女奔迸登是巖自墮于江故名

蘇定方碑

在縣西二里唐高宗遣定方與新羅金庾信伐百濟滅之立
石紀功
右忠清道
始林
在慶州府南新羅脫解王夜聞始林樹間有鷄鳴聲遣人視
之有金色小櫝掛樹枝白鷄鳴于其下王取櫝開之有小男
兒在王喜曰此豈非天遺我令胤乎乃收養之名曰閼智以
其出於金櫝故姓金氏因名其林曰鷄林因以爲國號
琴松臺

在府金鼇山頂新羅人玉寶高遊樂之處寶高入智異山學琴五十年自製新調三十四曲彈之有玄鶴來舞遂名玄鶴琴又云玄琴世傳寶高得仙道

鮑石亭

在金鼇山西麓錬石作鮑魚形故名焉流觴曲水遺跡宛然後百濟甄萱攻燒高鬱府逼至郊畿時新羅景哀王與妃嬪宗戚出遊鮑石亭置酒娛樂忽聞兵至倉卒不知所爲王與夫人走匿城南離宮從臣伶官宮女皆被陷没萱縱兵大掠入處王宮令左右索王逼令自盡強辱王妃縱其下亂其嬪

妾立王表弟金傅為王

瞻星臺

在府東南新羅善德王時錬石築臺上方下圓高十九尺通其中人由中而上下以候天文

月明巷

在府金城南新羅憲康王遊鶴城至開雲浦忽有一人奇形詭服詣王前歌舞讚德從王入京自號處容每月夜歌舞于市境不知所在時以為神其歌舞處後人名為月明巷因作處容歌處容舞假面以戲

萬波息笛

新羅神文王時東海中有小山浮來隨波往來王異之泛海入其山上有一竿竹命作笛吹此笛則兵退病愈旱雨雨晴風定波平號萬波息笛歷代傳寶之至孝昭王加號萬萬波息笛今亡

玉笛

長尺有九寸其聲清亮俗云東海龍所獻歷代寶之傳至於今

玉帶

新羅眞平王元年有神人降於殿庭謂王曰上帝命我傳賜
玉帶王跪受凡郊廟大祀皆服之

井田

在府地新羅時遺基尚存

上書莊

在金鼇山北高麗始祖之興新羅崔致遠知必受命上書有
雞林黄葉鵠嶺青松之語羅王聞而惡之致遠即帶家隱居
伽倻山海印寺終焉其鑑識之明羅人服之乃以其所居名
上書莊

黄龍寺

在府月城東新羅真平王命所司築新宫於月城東黄龍現其地王疑之改為佛寺號曰黄龍有率居者於寺壁畫老松根幹鱗皴枝葉盤屈烏雀往往望之飛入及到蹭蹬而落歲久色暗寺僧以丹青補之烏雀不復至

題詩石

在陜川郡海印寺洞俗云紅流洞洞口有武陵橋渡橋向寺而行五六里許有崔致遠題詩石其詩曰狂噴疊石吼重巒人語難分咫尺間常恐是非聲到耳故教流水盡籠山後人

因名其石曰致遠堂

讀書堂

在郡伽倻山世傳崔致遠隱伽倻山一朝早起出石遺冠履於林間莫知所歸海印寺僧以其日薦冥禧寫真留讀書堂堂之遺址在寺西

瓜亭

在東萊縣南高麗鄭敘被譖歸田里乃築亭種瓜撫琴作歌以寓戀君之意詞極悽惋自號瓜亭其歌詞至今傳於樂譜

右慶尚道

棘城

在黄州南二十五里高麗人防紅巾於此盡為賊所殲累經兵燹白骨暴野天陰雨濕鬼物煩寃薰為厲氣轉相侵染民多夭札國家春秋降香祝致祭其患遂絶

弓多窟

在海州東三十里其窟圓徑二丈餘穴暗人持火乃入至五里許其穴窟曲幽深且有水不能窮源諺傳弓多將軍入此穴達於九月山頂之穴相距百餘里窟内燃火至十餘日則燃氣出於九月山穴

右黃海道

石竈

石池

石井

俱在江陵寒松亭旁四仙游憩之時茶具也

酒泉石

在原州酒泉縣南道旁有石狀如半破酒槽者世傳石槽舊

在西川邊就而飲者無不足焉邑吏憚於往來欲轉置於縣

衆共移之忽大雷震石碎爲三一沉於淵一不知所在一即

此石也

右江原道

麒麟窟

在平壤府浮碧樓下東明王養麒麟馬於此後人立石誌之

世傳王乘麒麟馬入此窟從地中出朝天石升天其馬蹟至

今在石上

井田

在府外城内箕子區畫井田遺蹟宛然

青雲橋

白雲橋

俱在府九梯宮基内東明王時梯也

右平安道

朝鮮志卷下

山川

三角山

在京畿楊州之境一名華山一名負兒岳自江原道平康縣之分水嶺連峯疊嶂起伏迤邐西至楊州西南為道峯山又為三角山實京城之鎮山也

白岳

在京都宮城北

仁王山

在白岳西
白雲洞
在仁山麓
木覔山
即都城南山一名引慶山　唐脩撰臯易覔以蜜
蠶頭峯
又名龍頭峯大明一統志稱龍山在楊花渡東岸即此孤立
不甚高然入江心斗斷四望曠濶無礙為勝最絶故著稱焉
漢江

在木覔山南古稱漢山河新羅時為北瀆載中祀高麗稱沙平渡其源出江陵五臺山至忠州西北與達川合至原州西與安昌水合至楊根西與龍津合至廣州界為渡迷津為廣津為三田津為豆毛浦至京城南為漢江渡自此而西流為露梁為龍山江又西為西江至衿川北為楊花渡楊川北為孔巖津至交河西與臨津合通津北為祖江入於海

龍山江

在都城西南十里慶尚江原忠清京畿上流漕轉皆集於此商船賈舶往來不絕

西江

在都城西十五里黄海全羅忠清京畿下流漕轉所集之地

楊花渡

即西江下流

楮子島

在三田渡西江水歧為二派環島洄伏而出島上松林葱鬱其中寬平可居石泉湧出最為幽絶

栗島

在麻酒南蒔藥種栗

箭郊

在都城東七八里許三面圍山一面帶水平蕪極目水草肥饒官馬放牧之地有亭曰華陽取歸馬華山之義

右都城近處

冠嶽山

在果川西五里鎮山

青溪山

在廣州西五十里

松岳山

開城府鎮山又稱鵠嶺在府北五里

紫霞洞

在松岳山下洞府幽阻漢水清漣殊為蕭洒

進鳳山

在府東南内外杜鵑花盛開世稱進鳳山躑躅

天磨山

在府北諸峯嶒崒插天望之凝翠謂之天磨

聖居山

在府西北黄海道牛峯縣境與天磨山相連一名九龍山又

名平那山有五峯其峯名有小菴稱五聖昔聖骨將軍居扶蘇山右谷一日與同里九人捕鷹會日暮就宿岩竇有虎當竇口大吼十人相謂曰虎欲啗我輩試投冠使見攬者當之遂投之虎攬聖骨冠聖骨出欲與虎鬬虎忽不見而竇崩九人皆不得出聖骨還報平那郡郡人來葬九人先祀山神其神見曰予以寡婦主此山幸遇聖骨將軍欲與爲夫婦共理神政請封爲此山大王言訖與聖骨俱隱不現郡人因封聖骨爲大王立祠祭之以九人同亡改山名曰九龍聖骨之孫實育出家入智異山脩道還居此山之北岬

大興洞

在天磨聖居兩山之間樹木蓊鬱泉石光潔夏則綠陰蓋地木蓮花開清香滿洞秋則赤楓黃葉倒映水底真佳境也

朴淵

在天磨聖居兩山之間狀若石甕窺之正黑有盤石湧出中心曰島巖水赴絕壁怒瀑下垂可十餘丈宛如白虹映空飛雪洒矼庭奔雹激聲震天地諺傳昔有朴進士者吹笛淵上龍女感之引以為夫故名朴淵其母來哭墜死下潭遂名姑姆潭淵上有神祠遇旱禱雨輒應高麗文宗嘗遊此登島嵒

上忽風雨暴作石震動文宗驚怖時李靈幹扈從作書數龍之罪投於淵龍即出其脊乃杖之淵水為之盡赤

五鳳峯

在開城府峯下有寺名曰甘露高麗李子淵入元朝登潤州甘露寺愛湖山勝致謂從行三老約曰肅宜審視形勢載胸臆間及還與三老約曰天地間凡有形者無不相似況我國山川清秀其形勢豈無與京口相近者乎汝宜以扁舟短棹無遠不尋當以十年為期三老曰唯凡六涉寒暑始得之於府城西湖潤州甘露寺雖美但營構繪飾之工特勝耳至於

天作地生自然之勢殆未及此凡樓閣池臺之制度一之

禮成江

在府西三十里高麗朝宋皆於此發船故謂之禮成

碧瀾渡

在府西三十六里宋史自急水門又三日抵岸有館曰碧瀾亭由此登陸崎嶇四十餘里乃其國都者是也今稱息波亭

天寶山

在楊州東二十五里山有檜若寺高麗時西域僧指至到此

云山水之形宛同天竺阿蘭陁之寺後僧懶翁始建寺未畢而死其徒覺田等訖工爲屋凡二百六十二間棟宇像設宏狀美麗甲於東方

驪江

即漢江上流在驪州客館北臨江有樓曰清心沿江有長林曰八大藪周十餘里登樓望之如在畫圖中

龍門山

在楊根郡東三十三里一名彌智山

月溪遷

在郡西三十里縈紆山腹下臨江水俗稱棧道為遷

五冠山

在長湍府西三十里山頂有五峯團圓如冠故名高麗人事母至孝居山下去京三十里為養禄仕朝出暮返告面定省不少衰歎其母老作木雞歌名曰五冠山曲傳于樂譜山下有靈通寺洞府深邃山勢周遭流水漫迴樹木蓊鬱其西樓勝槩為松都第一

遮日巖

在五冠山下綿紬洞口有巖石平廣可坐鑿石為窠臼人言

古人張幕立柱處爲云仙人所遊或云君王所幸有泉盤回其駛如箭其下爲泓泓底皆石羣魚潑剌歷歷可數

花巖

在五冠山下靈通洞口一名花潭左有翠壁峭立如展畫屏岩隙有躑躅當春亂發紅映水底潭右有小嵓四面如削其上四隅亦有張幕窠臼

湧巖山

在五冠山東北山與天磨聖居諸山相連絶壁削立三面如削岩嶽之間有寺名曰洛山惟南面獨開恍如天造寺東有

一獨峯高插霄漢上戴盤石曰正瓶臺寺南又有一峯曰香爐峯成化乙酉春夜有聲如雷寺僧皆震怖明日視之則寺後石囷自折移立東門外屹然與兩峯鼎峙

寶鳳山

在府西二十里檜嶺東山勢如鳳騫翥故名

石壁

府東三十里有長湍渡一名頭耆津即臨津上流兩岸青石壁立周遭十里清江瀉其中瑩徹可鑑春花秋楓紅綠倒影乘舟望之宛如仙境

臨津渡
在府南三十七里其源出咸鏡道安邊府界
扶蘇山
在豐德郡十五里山有敬天寺有石塔十三層刻十二會相人物聳動形容森爽其制作精巧天下無雙諺傳元脫脫丞相以為願刹晉寧君姜融募元朝工匠造此塔至今有脫脫姜融畫像又寺之東岡彥怪石俗謂之沉香石
孔巖津
一名北浦在陽川有巖立水中有竇因以為名高麗恭愍王

時有民兄弟偕行弟得黃金二錠以其一與兄至津同舟而濟弟忽投金於水兄怪而問之荅曰吾平日愛兄篤今而分金忽萌忌兄之心此乃不祥之物不若投諸水而忘之兄曰汝之言誠是矣亦投金於水

右京畿

屏風山

在清風北一里蒼壁削立如屏周遭五六里大川縈迴其下山腰有風穴

城山

在永春縣南三里山下有石窟高丈餘廣可十餘尺許深入無際涯有水混混而出深可沒膝清冷如冰邑人持炬十柄而入穴猶未竟炬盡而返

椒水

在清州東其味如椒而冷似冰落則已疾

俗離山

在報恩縣東九峯突起亦名九峯山新羅時稱俗離岳躋中祀山頂有文藏臺疊石天成贔屭聳空其高不知其幾丈其廣可坐三千人臺上有坎如鑊其中有水混混旱不縮雨不

分為三派流沂半空一派東流為洛東江一派南流為錦江
一派西流而北為達川入于金遷山下有八橋九遥之號山
之南岸紆餘開豁自此至彼望之遥遥疑其地盡而至則又
望遥遥如此九轉而乃抵于法住寺故名九遥九遥之中一
水回環曲轉每曲有橋總八故名八橋第一橋曰水精橋橋
上有飛閣人從閣中行

黄山

一云天護在連山縣東新羅金庚信將兵與唐蘇定方攻百
濟百濟將軍階伯禦羅兵于黄山之野設三營四戰皆勝兵

寡力屈而死甄萱從高麗太祖討其子神劒神劒兵敗而降
萱憂懣發疽數日卒於黃山佛舍

白馬江

在扶餘縣西良丹浦及金剡川與公州之錦江合流為此江
入林川郡界為古多津

藏軍洞

在石城縣北洞門曲狹行人見之疑若無洞深入其内極廣
濶可藏萬餘兵世傳唐將蘇定方代百濟時藏兵於此故因
以為號

元帥山

在燕岐縣南高麗忠烈王十七年哈丹侵軼王請兵于元世祖遣平章薛闍干領兵來助王以韓希愈金忻等將三軍偕元兵與丹戰于縣北清川之界正左山下大捷追至公州熊津伏尸三十餘里斬獲不可勝計俗至今呼駐軍之地為元帥山

温泉

在温陽郡西水熱如沸湯療病有效

右忠清道

開雲浦

在蔚山郡南新羅憲康王遊崔城至海浦忽雲霧晦冥迷失道禱于海神開霽因名焉

七點山

在三叉水之間山有七峯如點故名世傳駕洛時旵始仙人所遊之地

金井山

在東萊縣北山頂有石高可三丈上有井圓十餘尺深七寸許有水常滿旱不竭色如黃金世傳有一金色魚乘五色雲

從天而下游泳其中以此名其山

温井

在縣北其熱可熟雞子帶病者浴之輒愈新羅時王屢幸於此甃石四隅立銅柱其穴猶存

内迎山

在清河縣北山有大中小三石鼎列于岩上人稱三動石以手指觸之則微動兩手據撼則不新羅真平王避甄萱亂于此山

龍頭山

在寧海府西二十里其頂有井水旱無增減俗傳初山頂有一葦長至天乃鑿井其地水甚清澈邪人照之則變為泥也

冰山

在義城縣東南四十里大巖下有石穴穴口高三尺廣四尺八寸横入五尺一寸是為穴又有穴在岩底直下廣一尺深可量處方一尺其下回曲深淺難量立夏後冰始凝極熱則冰堅霪雨則冰釋春秋不寒不熱冬則温氣如春是為冰穴

鼇山

在清道郡南二里鎮山東有一谷名曰高沙洞天將風雨先

期而鳴噴出雲氣雲入洞内則雨雲出洞外則風大鳴則即日有驗小鳴則二三日乃驗

華山

在義興縣東三十里山麓有風穴廣三尺二寸長二尺八寸風自穴出甚寒夏初必冰

洛東江

在尚州東三十六里聞慶龍淵及軍威并川諸水至州之東北合于龍宫河豐津南流為洛東江入善山府界自此至入海雖隨地異名而總稱洛東江又稱伽倻津

恭儉池

在州北二十七里高麗時司錄崔正份因舊址築之堤長八百六十步周一萬六千六百四十七尺民賴灌漑之利池中蓮花盛開香風聞數里菱芡被洲渚縣之士人環池置亭榭以遊焉

鯉埋淵

在善山府東十二里東岸有奇岩岩下有龍穴天旱先燔柴於冷山之項繼沉虎頭於此或祭龍以禱輒應

鳥嶺

在閩慶縣西二十七里俗號草岵與豐基竹嶺俱爲南道雄

關

龍湫

在烏嶺下桐華院西北一里有瀑布四面及底皆石其深不

測俗傳龍騰處

曦陽山

在縣南十五里有古城三面皆石壁古右軍倉洞府深邃泉

石絶勝

串岬遷

在縣南二十二里即龍淵之東崖一名兎遷鑿石爲棧道縈紆屈曲幾六七里俗傳高麗始祖南征至此不得路有兎緣崖而走遂開路以行因稱兎遷其北斷峯有石城遺址古之防戍處

伽倻山

一名牛頭山在陜川郡北高麗始祖將興崔致遠上書有雞林黄葉鵠嶺青松之語新羅王惡之致遠即帶家隱于伽倻山之海印寺

吟風瀨

泚筆巖

俱在海印寺洞是地攢峯四時怒浪噴風聲如陣馬巨石臨溪苔蘚不蝕滑如磨礱可施鉛毫故名皆致遠所遊處致遠即入唐爲高駢幕下作檄黄巢書者也

水落巖

在龍川縣東千三里栗川峴山南溪水入山腰岩石間作瀑布數十丈分三派直下垂土人以爲全羅道將旱則西派竭慶尚道將旱則東派竭忠清道則中派絶流以此占來歲水旱

右慶尚道

萬景臺

在全州府東南十里高德山北麓有石峯奇秀狀如層雲其上可坐數十人四面林木森鬱石壁如畫西望郡山島北通箕準城東南負大山氣象千萬

羣山島

在萬頃縣西海中周六十里迴逶可以藏船凡漕運往來者皆候風於此島中有大塚如君王陵者大明一統志十二峯連絡如城舊有客館曰郡山亭及五龍山廟

邊山

在扶安縣西二十五里一名瀛洲山峯巒盤曲百餘里重疊高峻岩谷深邃宫室舟船之材自高麗皆取于此俗傳虎豹見人即避夜行無阻

無等山

在光州東十五里鎮海一云武珍岳一云瑞石山穹窿高大雄盤五十餘里濟州漢拏山慶尚道南海巨濟等島皆在眼底山西陽崖有石條數十櫛立高可百尺山名瑞石以是也天旱欲雨與久雨欲晴山輒鳴聲聞數十里

月出山
在靈巖郡南五里諺稱小金剛山
九井峯
月出山最高頂有岩屹立高二丈旁有一穴僅容一人從其穴而上其巔可坐二十人其平處有凹而貯水如盆者九號九井峰雖旱不竭諺傳九龍所在
動石
九井峯下有三石特立層岩之上高可丈餘周可十圍西負山巔東臨絕壁其重雖用千百人不能動搖而一人搖之則

欲隆而不隆故亦稱靈石郡之得名以此

漢拏山

在濟州南二十里鎮山其曰漢拏者以雲漢可拏引也其巔有大池人喧則雲霧咫尺不辨五月雪猶在八月乃襲裘

明月浦

在州西六十里海口可泊船

財巖

在明月浦西五里其形如屋穹窿其上鋪白沙其下有大穴人以炬入其中寬廣可八十步許產石鍾乳其西北有二岩

名小夾財俱産石鍾乳其中寬廣亦五十步許

智異山

在南原府東六十里山勢高大雄據數千里女真白頭山之脉迤延至此故又名頭流一名方丈杜詩方丈三韓外註及通鑑皆云方丈在帶方郡卽南原之南者是也新羅爲南岳躋中祀環山而居者凡十數州其北則咸陽其東南則晋州其西則南原奇峯削壁不可勝算天王峯般若峯最高山腰或有雲雨雷雹其上則晴朗諺傳太乙居其上羣仙之所會龍象之所居也東南之山智異金剛最雄大山東有斷俗寺

崔致遠讀書處

青鶴洞

在智異山中路甚隘狹纔通一線人乃曲躬而行經數里許乃得虛曠之境四隅皆良田沃壤宜播植唯青鶴棲息其中故以名焉蓋古之遁世者所居頽垣壞塹猶在諺傳崔致遠所遊處

馬耳山

在鎮安縣南七里有一石山雙峯聳立名曰湧出峯東曰父西曰母相對如削成高可千仞其頂樹木森鬱四面峻絶人

不能升惟毋峯北崖可升諺傳東峯上有小池西峯頂平濶有泉可避寇天旱禱雨有應新羅稱西多山載小祀我恭定王南幸次山下遣官致祭以形似賜名馬耳山

右全羅道

急水門

在黄州西三十里海口州及龍鬪安岳之水相激處

葱秀山

在平山府北三十里董侍講越奉使到此作記立碑以刻

慈悲嶺

在瑞興府西六十里一名岊嶺自平壤通京都舊路也多虎害路遂廢今由棘城路以行

吾助川

在牛峯縣興義驛南源出聖居山源入楮灘岸上有石迤邐如屏高丈餘甚奇偉

龍渾

在遂安郡有巖如口噴出清泉淙淙而流淵淪成深淵冬不冰旱不竭雨亦不溢崖石高起可坐五六人毫髮皆鑑穴轉而阨狀若咽喉莫敢窺其源

九月山

在文化縣西十里即阿斯達山一名弓忽一名甑山一名三危世傳檀君初都平壤又移白岳即此山也周武王封箕子于朝鮮檀君乃移於唐藏京後還隱此山化為神

白沙汀

在長淵縣西五十八里長七八里廣三四里南有蓮池北有勝仙峯峯頭有莎草三面濱海白沙平鋪隨風流轉堆積成岸稚於海棠紅翠相映遊賞者相屬

右黃海道

五臺山

在江陵府西一百四十里東滿月南麒麟西長嶺北象王中智爐五峯環列大小均敵故名之

于筒水

在五臺山西臺之下有泉湧出即漢水之源

仙遊潭

在杵城郡南十一里許山麓周遭成谷谷中有潭曰仙遊有小峯斗起半入湖心上有長松數株舊有亭今廢春則躑躅挾巖亂發夏則蓴菜滿潭

永郎湖

在郡南五十五里周三十餘里汀回渚曲巖石奇怪湖東小峯半入湖心有古亭基是永郎仙徒遊賞之地

烈山湖

在郡烈山縣東二里有大湖周數十里包跨陵谷北諸湖最大諺傳昔大水包烈山之谷新羅構山麓而舊縣沉在水底天晴波靜則牆壁依然可見

鳴沙

在郡南十八里沿海沙平皓若雪色人馬行則觸之有聲錚

錚如金磬響大抵嶺東皆然而杵杵高城之間最多海棠間發紅白相映

浦口山

在高城郡東九里高城浦有岩斗起層疊如階其上可坐百餘人岩北又有一峯皆石東望海中五里許有石拳如列屏峯下有石龍拏虎攫奇怪異常又有二石相對如人偶語石皆白色輝映碧海望之如畫

三日浦

在郡北七八里外有重峯疊嶂合包而內有三十六峯洞壑

清渊松石奇古水中有小岛苍石盘陁其上虬松铺阴梨花乱开湖水明莹可鉴非烟火食者所堪至昔四仙游此而三日不返故得是名水南又有小峯峯有石龛峯之北崖石面有丹书六字曰永郎徒南石行书画入石风磨雨洗宛然如新

昭阳江

在春川府北六里源出麒麟之瑞和县与府之麒麟县水合流至杨口县南为草沙里滩又至府东北为青渊为舟渊为狄岩滩为昭阳江

寒溪山

在麒麟縣東五十里山下有城有川自城中流出即成瀑布而下懸流數百尺望之如白虹垂天自圓通驛而東左右皆大山洞府深邃溪水縱横而渡者三十六樹木如簀上𢮿雲霄旁無横枝松栢尤高不見其巔又其南峯作絕壁其高千仞奇恠莫狀禽鳥不能飛度其下清泉觸巖成潭盤石平行可坐又東數里洞口甚狹細徑緣崖寂穴啥呀峯巒峭拔如龍拏虎攫如累層臺者無數其形勢甲於嶺西

金剛山

在淮陽府東一百六十七里山名有五一曰金剛二曰皆骨三曰涅槃四曰楓岳五曰怾怛白頭山南條也自會寧府之亐羅漢峴至甲山東為頭里山永興西北為劍山府之西南為分水嶺西北為鐵嶺通川西南為楸池嶺至長楊之東高城此山自分水嶺至此凡八百三十餘里山凡一萬二千峯巖嶽骨立東臨滄海杉檜參天望如畫圖有日出月出二峯可見日月之出内外山共有百八寺表訓正陽長安摩訶衍普德窟揄岾最為名刹云

萬瀑洞

在金剛山中百道流泉湧出谷中其狀非一故名谷口有峯曰玉人峯人言青鶴棲其限有一泓曰觀音潭潭畔石崖蒼苔滑足人皆挽籐蔓乃得過其名曰手巾崖石心有凹如杵曰謗傳觀音浣帨處至普德窟前飛湍縈石來觸崖竅飛雪噴激晴晝欲暝石底水蔚如翠藍尺數步怒瀑飛珠散雪噴薄而下其大者凡十二層其小者不可勝計故曰萬瀑洞其下曰珠淵又有一石形如黿伏潭中曰黿潭又有一潭深不可測曰火龍潭其上有峯曰獅子岩洞有普德窟鑿絶壁架枝立銅柱于外以構小屋三楹于其上名曰觀音門抱以鐵

鎖釘于巖石浮在空中人登則搖中置佛龕飾以珠玉外施
鐵網以防手模

右江原道

龍興江

在永興府東北二里古名橫江其源有四一沸流水一出馬踰嶺一出艾田峴一出陽德縣境居次嶺至庫岩與松魚灘合名橫川過龍神堂至鎮靜寺西絶壁下名鶬鶊淵下有廣灘中有白石形如白馬以石隱見知水深淺經邑城東北為此南流入海

國島

在安邊府東六十里島去岸十里許入自西南隅水際白沙如練其下平地五六畝形若半壁中有屋基人言浮圖者所居也其上山圍若映勢不甚高蔓草覆之又無樹木視之一土坡也舟而沙西崖岸稍異其崖石則皆方直櫛比而壁立其岸石則皆平圓排列一面可坐一人然不整齊也行數百步其屋高可數百尺其石白滑方直長短若一皆井井離立每一條其顛各戴一小石若華表柱頭者仰面而視可竦可愕有一小窟撐舟而入漸窄不能容舟視其窟深不可測其

左右東立之石如外面更整齊其上石脚下垂者皆平正如覆棋局若一一鋸而斷之又有一面如圍屏者石與窟無異而崖不甚高其下稍平易其圓石排列者可坐千人遊觀者必憩息於此東南又行數百步厓石稍異作方鐵網盛水磨小圓石長五六十尺人謂鐵網石造物奇怪難以言殫

磨雲嶺

磨天嶺

俱在端川郡以其高峻勢入雲天故東北雄關

白山

在鏡城府西一百十里山勢甚峻至五月雪始消七月復有雪山頂樹木矮小土人亦謂之長白

白頭山

在會寧府西七八日程山凡三層高二百里横亘千里其巔有潭周八百里南流爲鴨綠江北流爲松花江爲混同江東北流爲蘇下江爲速平江東流爲豆滿江大明一統志東流爲阿也若河疑指速平江也

右咸鏡道

錦繡山

在平壤府五里鎮山山下有高麗長樂宮基

牡丹峯

在錦繡山

德巖

在大同門下屹然能捍水故府人德之而名

酒巖

在府東北十里諺傳酒流出巖間遺痕尚在因而得名

大同江

在府東一里一名浿江又名玉城江其源有二一出寧遠郡

加幕洞南流至孟山縣北又折而西流至德川郡界與三灘合而南流至价川郡界為順川江至順川郡界為城岩津至慈山郡界為禹家淵自北而東流至江東郡界為雜派灘一出陽德縣北文音山西南流至城川府界為沸流江又折而南流至江東縣界與雜派灘合流為西津江至府城東北為馬灘至府城東為銀灘又為大同江自此而西流為九津溺水下與平壤江合流至中和縣西為梨津江至龍岡縣東出急水門入海

白銀灘

在府東北四里

綾羅島

周十二里在白銀灘北

鳳德山

在安州東二十里山頂有九層鐵浮屠

清川江

一名薩水源出妙香山經安州北城下西流三十里與傳川江入海隋宇文述等伐高句麗師渡薩水去平壤城三十里因山為營因乙支文德詐降還軍至清川江軍半渡文德追

擊其後軍殺右屯衛將軍辛世雄隋軍俱没所謂隋兵百萬化為魚者此也

堂於嶺

在定州西十五里郭山郡界

西門嶺

在嘉山郡西二里俗名石門嶺

鳳頭山

在郡北一里鎮山

白馬山

在義州南三十里諺傳白龍馬出遊故名

鴨緑江

在州西北一名馬訾一云清河一曰龍灣西去遼東都司五百六十里其源出胡地白頭山至州北於赤島東分三派一南流滙為九龍淵名曰鴨緑江水色似鴨頭故名之一西流為西江一從中流名曰小西江至黔同島復合為一至水青梁又分二派一西流與秋江合一南流為大江繞威化島至暗林串西流至彌勒堂復與伏江合為大摠江入于西海朱子曰女真起處有鴨緑江傳云天下有三處大水曰黃河長

江鴨綠是也高皇帝詩鴨綠江清界古封強無詐息樂時雍
逋逃不納千年祚禮義咸脩百世功漢代可稽明載冊遼征
須考照遺蹤清懐造到天心處水勢無波戍不攻

龍骨山

一名龍虎山在平安道龍川郡東八里鎮山西臨大海北望
鴨綠江江外松骨諸山如在几案之下最為絶勝

龍岩

在龍川郡西四十五里潮水往來岩上有龍爪痕

劍山

在宣川郡西二十里峯巒嵳峩如劍鋩故名

淩漢山

在郭山郡東北七里鎮山大明一統志作熊花山

妙香山

在寧邊府東一百三十里一名太伯山山之大莫之與比地多書木冬青仙人舊迹存焉

博川江

古稱太寧江大明一統志作大定江在博川郡西十五里源出昌城府浮雲山過泰川縣合于安州之老江入于海

劍鶴山
在成川府東八里鎮山左右絶壁如劍如鶴故名
檜山
在成川北七十里石壁周三十里中有赤墳平衍巨川横流其下諺稱天作之城可容千兵
絶骨山
在府西北二里有攢峯十二世謂之巫山十二峯
沸流江
即卒本川俗稱遊車衣津在成川客館西三十步其源二一

出陽德縣吳江山一出孟山縣大母院洞至府北三十里合流歷絶骨山下山底有四石穴水入穴中通流沸騰西出故名沸流江又與慈山郡禹家淵合入于大同江

狄踰嶺

在江界府南二百六十九里熙川郡界即咸鏡道鏡城府白山西麓西北雄關

右平安道

樓臺

濟川亭

在都城南十里許前臨漢江後據木覓南對青溪冠岳諸山

望遠亭

在楊花渡北岸每歲省農及觀水戰處

樂天亭

在都城東十餘里乃春秋省農閲武之所

七德亭

在漢江西白沙汀春秋講武處

狎鷗亭

在豆毛浦南岸上黨府院君韓明澮别墅明澮常奉使入中

朝請名於翰林學士倪謙謙扁以狎鷗而為之記後復奉使入中朝求詩於縉紳武靖侯趙輔等數十人亭名遂聞於中朝

淡浚亭

在麻布東岸安平君别墅今廢

右都城近處

雲錦樓

在水原郡客館東樓前有池深廣夏月芙蕖盛開故名

清心樓

在驪州客館北俯臨驪江北有八丈數西有笠岩高可二十餘丈上有松亭樓之東北五里許有神勤寺晨昏鐘磬常聞于樓中

迎賓館

在驪州客館東岸高爽開豁與清心樓相對俱為絕勝

臨津亭

在坡州臨津南岸

右京畿

雲錦樓

在江寧府客館北巋然傑特制度奇偉樓南可池深廣蒔以
芙蕖池中有島島上種竹
勵節堂
在府館西北府使趙云佗有惠政邑人立祠祭之俗呼生祠
堂
寒松亭
在府東十五里東臨大海蒼松鬱然亭畔有茶泉石竈石臼
即述郎仙徒所遊處
鏡浦臺

在府東北十五里浦之周二十餘里水淨如鏡不淺不深纔没人肩四涯中央如一西岸有峯峯上有臺臺畔有煉藥石臼浦之東口有板橋曰江門橋橋外有竹島島北有白沙河周五六里許河外蒼海萬里直望日出最為奇勝亦曰鏡湖

海雲亭

在府鏡湖之南東臨蒼海

竹西樓

在三陟府客館西絕壁千仞奇岩叢列其上架樓曰竹西下臨五十川川滙為潭水清徹底日光下透遊魚歷歷可數為

嶺東絶景

凌波臺

在府東十里海崖上有石數條立水中高可八九丈其上可坐數十人

召公臺

在府瓦峴山上觀察使黃喜值歲荒專心賑活民無捐瘠既還京民慕其德而相與就所憩之地累石為臺以寓甘棠之思故名

秘仙臺

在襄陽府北雙成湖東有峯峭拔上有虬松數株望之如畫
上可坐數十人傍有細徑如線
祥雲亭
在府南傍海有長松連十里蒼翠成陰仰不見白日松間無
雜卉惟躑躅盛開爛如紅錦
月松亭
在平海郡東蒼松萬株白沙如雪松間禽鳥不棲諺傳新羅
仙人述郎等遊憩于此
望洋亭

在郡北東臨大海

萬景樓

在杆城郡清澗驛東有石峯突起其高數十仞上有虬松數株東購小樓臺下亂石巉岩水清徹底風至驚濤濺石

茂松臺

在郡明波驛南有峯聳立海濵松林蔽日望之鬱然昔有茂松府院君尹子雲奉使來遊因名焉

四仙亭

在高城郡北三日浦諺傳四仙來遊故名

叢石亭

在通州郡北有數十石柱高可八九丈離立海中石皆六稜如削玉方直平正如中繩墨者凡四處亭在海岸臨叢石故名諺傳新羅述郎南郎永郎安詳遊賞於此號稱四仙

凌虛樓

在蔚珍縣館東

七寶臺

在歙谷北有脩岡迤邐東蟠三面皆大湖湖水瀰漫外有大海小島森列海中者七故名

孤石亭
在淮陽府岩石竦立東臨淵水新羅真平王高麗忠肅王嘗遊此亭
錦江亭
在寧越郡錦障江岸繞壁之上東臨錦江南望金鳳淵虹之外有尚德村茅屋疎籬隱映桑柘間南有窑積浦樹木葱鬱村烟水氣掩靄霏微望若圖畫
倚風亭
在旌善郡風穴之旁穴在大陰山岩石間寒氣颼颾其下置

氷則經夏不消

二樂樓

在春川府招陽江岸景致清絶

清虚樓

在府西石壁削立下有澄潭

右江原道

倚風樓

在慶州府西北壯麗軒豁

燕子樓

在金海府客館東北跨虎溪結構宏麗南有七點山三义河
一望可了
涵虛亭
在燕子樓北引虎溪為蓮池亭在池中極其清洒
將星樓
在昌原府兵馬節度使之營
撫夷樓
在巨濟縣在絕島中樓在縣西三十許海岸上
萬景樓

海晏亭

皆在縣西南水軍節度使之營後據峻嶺前臨大海

風詠樓

在尚州客館東北壯麗開豁

大和樓

在蔚山郡西數里有大川南流東折而入海到樓前水尤廣

潤翠岩陡斷岩隙有冬栢樹橫生側垂花間爛然東望海口

雲水接天淼茫無際

掣鼇亭

在郡東南水軍節度使營俯臨大海

雙碧亭

在梁山郡西城上城下有水水西有竹林水竹交映故名中

朝人張清有詩

澄心亭

在雙碧樓之北下鑑湖水神爽氣清故名

明遠樓

在永川郡客館東南三面敞豁下有大川南流樓東西皆有

堂東曰清涼西曰雙清

東水樓

在郡西清通驛東南石崖上一水合流於其南境最清幽

海雲臺

在東萊縣東有山陡入海中若蠶頭挾路數里有冬柏杜椿松杉蔥籠蓊翠四時如一春冬之交冬柏花落深没馬蹄東南臨大海新羅崔致遠嘗築臺遊賞遺蹟尚存

暎潮樓

在安東府南五里江岸上高麗恭愍王南幸至府登此樓遂乘舟上下仍書額賜之額至今猶在樓上

觀魚臺
在寧海府東海岸上俯臨大海極目無際風定波恬臺下遊魚歷歷可數故名

嶺南樓
在密陽府館東山腰倚郭而構三面敞豁登覽曠然下有長江江外有大野野有栗林蒼翠極目江流屈曲蜿蜒而走隱見長林間虹明繡錯殆非人境其勝覽為嶺南第一故名樓東有望湖堂西有臨鏡軒皆極洒落

秋月軒

在昌寧縣館西地勢高爽三面敞豁軒北有池池中有島

矗石樓

在晉州客館二里許宏敞軒豁長江在其下衆峯攢于外翠壁邐迤長洲聯亘江之南涯有巨竹千挺形勝景致與寄之嶺南相甲乙樓東西皆有堂東曰凌虛西曰臨鏡其西又有雙清堂凌虛之東又有清心軒皆極清洒

學士樓

在咸陽郡客館西偏新羅崔致遠為太守時所建故名

觀水樓

在三嘉縣客館南十餘步許樓前有水樓之西偏有淨襟堂

光風樓

在安陰縣客館北樓前有　江外有林藪西偏有霽月堂連構景最清絶

换鵝亭

在山陰縣客館西俯瞰江流連構道士觀縣客山陰故取生右軍事名之

新安樓

在丹城縣東五里東臨大江江之東偏石崖如懸巉巉可觀

右慶尚道

快心亭

在全州府城東南數里許沿流而上山斷水洄築石為基作

亭其上

民樂亭

在右阜郡客館西峯上大野微茫一望無際西有海口潮水

往來

培風軒

在興德縣客館西峯上西臨海口東望大野西勝與民樂亭

相埒

憑虛亭

在羅州東峯上倚郭而構眺望曠遠南望月出東望無等西有錦城山又大江橫帶於前

右犀亭

在光州城南二里許二川合流盛夏霖雨恒有水患故用李冰守蜀時故事作石犀以鎮之二水之傍有山稍高如鼇頭構亭其上以石犀名之亭頗高爽開豁

冬栢亭

在茂長縣北三十里有山陡入海中三面皆水其上冬栢樹
葱蘢連五六里為湖南勝地

碧波亭

在珍島郡東三十里郡在海島中亭當渡口俯臨大洋

聽潮樓

在康津縣客館南南臨大海潮聲常在樓中故名

廣寒樓

在南原府城南二里許地勢高平敞豁樓前有長川景致清
絕

龍潭臺

在平昌縣南二里許山麓有奇岩高可百尺南望無等下壓澄潭號曰龍潭臺旁有僧舍

右全羅道

慶迎樓

右忠州客館東樓下有池深廣夏月芙蕖盛開

寒碧樓

在清風郡客館東俯臨大江山水之勝最為清迴東有明月亭

聚遠樓
在公州客館東樓西有池周五六畝種以芙蕖池心有島島
上有茅亭
錦江樓
在州北五里錦江南岸當南北往來渡口景致清爽
宣化樓
在天安郡客館東地勢穹窿眺望曠濶中朝浙東人李明昇
有詩
馭風亭

在保寧縣客館北北據高山南控大野登者如馭泠風故名

右忠清道

芙蓉堂

在海州客館西有大池芙蓉盛開堂在池中極有清致

聚遠樓

在延安府客館東據飛鳳山俯卧龍池青草湖金蓮浦在其左右樹林隱暎雲烟變態最為勝處

廣遠樓

在黄州客館東　詔使閏有記前後　詔使皆有詩

右黃海道

七寶亭

在咸興府東軒南池中景致蕭洒

浩浩亭

在利城縣客館東東望大海前臨平野

右咸鏡道

乙䆗臺

在平壤府錦繡山頂平坦敞豁號乙䆗臺又稱四虛亭

浮碧樓

在乙密臺永明寺東中朝人張浦諸公皆有詩

風月樓

在府城中樓下有池深廣種芙蕖董侍講越有記

望遠樓

在大同江東岸

詠歸樓

在南浦距府城十里挾途左右垂楊拂地

練光亭

在府東城德岩上唐内翰臯有記

快哉亭

在大同館北

百祥樓

在安州北城内

迎薰樓

在定州客館南舊名定遠董侍講越改以迎薰

納清亭

在州東四十里唐内翰皐名之史給事道記之

敵愾亭

在嘉山定大寧江上

觀德亭

在龍川郡東二里

運籌樓

在寧邊府城内

決勝亭

在府夫伊塔津上

偃武亭

在獐項津上

降仙樓

在成川府客館西俯臨沸流江江之西岸有十二奇峯削立如屏人謂之巫山十二峯景致清迴

仁風樓

在江界府城西

右平安道

讓高句麗琉璃明王書（新莽始建國元年）扶餘王帶素

我先王與先君東明王相好而誘我臣逃至此欲完聚以成國家夫國有大小人有長幼以小事大者禮也以幼事長者順也今王若能以禮順事我則天必佑之國祚永終不然則欲保其社稷難矣

貽漢將書（後漢光武建武四年）　高句麗大武神王

寡人愚昧獲罪於上國致令將軍師百萬之軍暴露弊境無以將厚意輒用薄物致供於左右

報書

我皇帝不以臣駑下令出師問大王之罪及境踰旬未得要領今聞來旨言順且恭敢不藉口以報皇帝

新羅婆娑王下令後漢章帝建初七年

今倉廪空匱戎器頑鈍儻有水旱之災邊鄙之警其何以禦之宜令有司勸農桑練兵革以備不虞

新羅婆娑王下令後漢章帝章和元年

朕以不德有此國家西鄰百濟南接加耶德不能綏威不足畏宜繕葺城壘以待侵軼

高句麗新大王下令後漢桓帝延嘉九年

寡人生忝王親本非君德向屬友于之政頗乖貽厥之謨畏害難安離羣遠遯洎聞凶訃但極哀摧豈謂百姓樂推羣公勸進謬以眇末據于崇高不敢遑寧如涉淵海宜推恩而及遠遂與衆而自新可大赦國內

下令後漢獻帝初平二年

近者官以寵授位非德進毒流百姓動我王家此寡人不明所致也令汝四部各舉賢良在下者

遣使朝魏上表魏孝文延興二年　百濟蓋鹵王

臣立國東極豺狼隔路雖世承靈化莫由奉藩瞻望雲闕馳情罔極涼風微應伏惟皇帝陛下協和天休不勝係仰之情謹遣私署冠軍將軍駙馬都尉弗斯侯長史餘禮龍驤將軍帶方太守司馬張茂等投舫波阻搜徑玄津託命自然之運遣進萬一之誠冀神祇垂感皇靈洪覆克達天庭宣暢臣志雖旦聞夕沒永無餘恨臣與高句麗源出扶餘先世之時篤崇舊款其祖釗輕廢鄰好親率士衆陵踐臣境臣祖須整

旅電邁應機馳擊矢石暫交梟斬刳首自爾已來莫敢
南顧自馮氏數終餘燼奔竄醜類漸盛遂見淩逼構
怨連禍三十餘載財殫力盡轉自孱踧若天慈曲矜
遠及無外速遣一將來救臣國當奉送鄙女執箒後
宮并送子弟收圉外廄尺壤匹夫不敢自有今璉有
罪國自魚肉大臣彊族戮殺無已罪盈惡積民庶崩
離是滅之期假手之秋也且馮族士馬有鳥畜之戀
樂浪諸郡懷首丘之心天威一舉有征無戰臣雖不
敏志効畢力當率所統承風響應且高句麗不義逆

詐非一外慕隗囂藩甲之辭内懷凶禍豕突之行或南通劉氏或北約蠕蠕共相脣齒謀凌王略昔唐堯至聖致罰丹水益嘗稱仁不捨塗置淆流之水宜早壅塞今若不取將貽後悔去庚辰年後臣西界小石山北國海中見屍十餘幷得衣器鞍勒視之非高句麗之物後聞乃是王人來降臣國長虵隔路以沉於渠雖未委當深懷憤恚昔宋戮申舟楚莊徒跣鷂撮放鳩信陵不食克敵立名美隆無已夫以區區偏鄙猶慕萬代之信況陛下合氣天地勢傾山海豈令小

竪跨塞天達今上所得鞍一以實驗

答詔

得表聞之無恙甚善卿在東隅處五服之外不遠山海歸誠魏闕欣嘉至意用戢於懷朕承萬世之業君臨四海統御羣生今宇內清一八表歸義襁負而至者不可稱數風俗之和士馬之盛皆餘禮等親所聞見卿與高句麗不穆屢致凌犯苟能順義守之以仁亦何憂於寇讎也前所遣使浮海以撫荒外之國從來積年往而不返存亡達否未能審悉卿所送鞍比

校舊乘非中國之物不可以疑似之事以生必然之過經略權要以具別旨

又諭

知高句麗阻疆侵軼卿上修先君之舊怨棄息民之大德兵交累載難結荒邊使兼申胥之誠國有楚越之急乃應展義扶微乘機電舉但以高句麗稱藩先朝供職日久於彼雖有自昔之釁於國未有犯令之愆卿使命始通便求致伐尋討事會理亦未周故往年遣禮等至平壤欲驗其由狀然高句麗奏請頻煩

辭理俱詣行人不能抑其請司法無以成其責故聽其所啟詣禮等還若令復違旨則過咎益露後雖自陳無所逃罪然後興師討之於義為得九夷之國世居海外道暢則奉藩惠戢則保境故羈縻著於前典楛貢曠於歲時卿備陳疆埸之形具列往代之迹俗殊事異擬況乖衷洪規大略其致猶在今中夏平一宇內無虞每欲陵威東極懸旌域表拯荒黎於偏方舒皇風於遠服良由高句麗即敘未及卜征今若不從詔旨則卿之來謀載協朕意元戎啟行將不云遠

便可豫率同興具以待事時遣報命使速究彼情師舉之日卿爲鄉導之首大捷之後又受元功之賞不亦善乎所獻錦布海物雖不悉達明卿至心今賜雜物如別

羣臣上言（梁高祖天監二年）　新羅智證王時

始祖創業已來國名未定或稱斯羅或稱斯盧或言新羅臣等以為新者德業日新羅者網羅四方之義則其為國號宜矣又觀自古有國家者皆稱帝稱王自我始祖立國至今二十二世但稱方言未正尊號今羣臣一意謹上尊號新羅國王

冊百濟武寧王詔梁高祖普通二年　梁高祖

行都督百濟諸軍事鎮東大将軍百濟王餘隆守藩海外遠修貢職迺誠款到朕有嘉焉宜率舊章授茲榮命可使持節都督百濟諸軍事寧東大将軍

諫獵書　隋文帝新羅真平王時　金后稷

古之王者必一日萬機深思遠慮左右正士容受直諫孳孳矻矻不敢逸豫然後德政醇美國家可保今殿下日與狂夫獵士放鷹犬逐雉兔奔馳山野不能自止老子曰馳騁田獵令人心狂書曰内作色荒外作禽荒有一于此未或不亡由是觀之内則蕩心外則亡國不可不省也殿下其念之

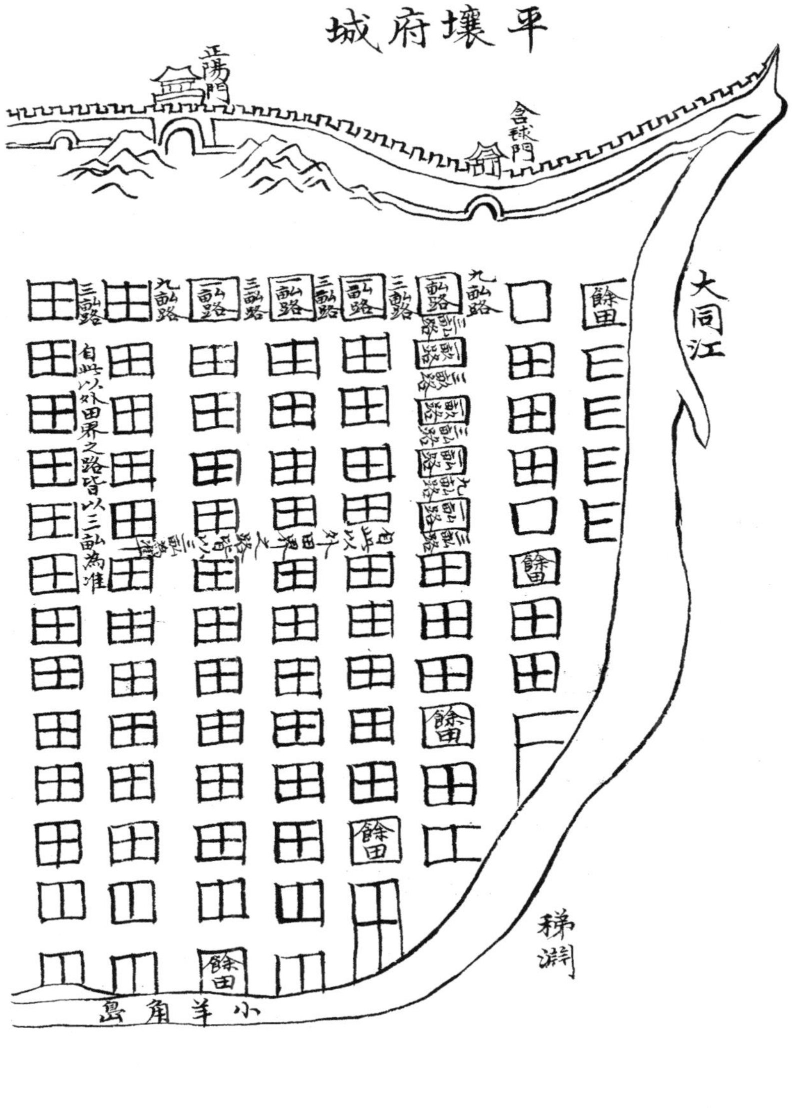
平壤府城
正陽門
含毬門
大同江
九畝路
一畝路
三畝路
餘田
自此以外田界之路皆以三畝為准
小羊角島

院門
餘田
長興寺故基
池
池
餘田
九畝路
詠歸亭
餘田

箕田之制詳見圖說玆不具論按朝鮮諸國史略漢建武十九年百濟始種稻則三韓之初井田遺法久已失傳徐兢高麗圖經云國少平地治田於山間高下耕墾如梯磴然其俗不敢有私田略如井田之制隨官吏民兵秩序而授之每百五十步為一結只載種植之宜而箕田遺趾獨缺焉朝鮮志井田在府外城內殷人區畫新羅時遺蹟宛然又按鄭麟趾高麗史卷五十八志第十二地理門載有古城基二一箕子時所築城內區畫用井田制其一則高麗成宗時所築府城北兎山上有箕子墓云攷其食貨田

制大抵倣唐制自文武官屬至府兵莫不科授定量田步之數一結方三十三步二結方四十七步三結方五十七步三分四結方六十六步五結方七十三步八分六結方八十步八分七結方八十七步四分八結方九十步七分九結方九十九步十結方百四步三分此高麗田制之定矩而與徐兢圖經所載百五十步一結之説又有互异者蓋由生齒日繁田結因時損益而殷人舊制尚存也厥後量定土田作十八品文班丹衫以上作十品緋衫作八品緑衫以上作十品雜吏支給不同又有先聖油香田五十

結先聖即箕子亦不忘本之義也索隱箕國子爵司馬彪注云箕子名胥餘封於朝鮮東表日出之地以有山水故名此書前後圖說於東國典籍多未及詳載附識於此以待博雅之採輯云尔

大清嘉慶十有九年歲次甲戌仲冬大興翁樹崑書於石墨書樓

明王敞字漢英成化辛丑進士歷官太子少保曾偕董内翰使朝鮮過箕子故宫有感一首柳暗荒城水滿渠幾家門巷帶邱墟井田已廢千年後故壘曾經百戰餘果下更無尺三馬盤中時有八梢魚遺封舊墓知何在試一停車問象胥魏時亮字敬吾嘉靖己未進士以兵科左給事使朝鮮曾經平壤拜箕子墓并訪井田遺跡一道禹範留西土先生獨向東道無浮海嘆義與採薇同舊井存殷畫尋冠尚古風荒邱平壤外麥秀想遺宫兩賢皆無詩集賴此二詩以傳　静夫大兄過余齋見案頭朝鮮所刻箕田攷

借抄裝冊囑余跋識於後因憶十餘年前在紀文達岸舟書架上見朝鮮柳惠風所著廿一都懷古詩有詠箕子朝鮮一首麑眠蘺斜井字阡一村桑柘望芊芊誰知遼海蒼茫外耕種殷人七十田注云箕子井田在正陽含毬二門外區畫宛然見平壤府志附記於此以紀海東墨緣倘得他日心力稍暇以此攷與廿一都懷古詩重為編輯付棗梨以公同好亦一大快意事也甲戌長至後一日星原又識

箕田攷

久菴韓百謙著
驪江李家煥
完山李義駿輯

箕田説

久菴韓百謙

井田之制先儒論之詳矣然其說皆以孟子為宗故特詳於周室之制而於夏殷則有未徵焉朱子之論助法亦出於推測臆料而未有參互考證之說則其果悉合於當時制作之意有不可得以知者好古之士蓋竊病焉丁未秋余到平壤始見箕田遺制阡陌皆存整然不亂古聖人經理區畫之意猶可想見於千載之下就其地諦審之其田形畝法與孟子所論井字之制大有不同者焉其中含毬正陽兩門之間區畫最為分明其制皆為田字形田有四

區區皆七十畝大路之内橫計之有四田八區竪計之亦有四田八區八八六十四井井方方此蓋殷制也孟子曰殷人七十而助七十畝本殷人分田之制也箕子殷人其畫野分田宜倣宗國其與周制不同蓋無疑矣惟茲阡陌數千年來凡幾經變易雖難保其不差尺寸其大略界區以一畝之路界田以三畝之路也其三旁九畝大路由城門達之詠歸亭下似是往來通衢非專以為田間阡陌而設然其必以十六田六十四區畫為一甸則亦不無界限之意自此以外田界之路或有侵耕失古處則後人未知制

作夲意必以三畞為准而正之頗失經界之舊若其以七十畝為一區四區為一田兩兩相幷則盡一野皆同矣按班史刑法志曰四井為邑四邑為邱四邱為甸甸有六十四井其井邑邱甸之名雖用周制而以四起數四四成方與此脗合是必有所沿襲而惜其典籍不完未能盡得其制也其尖斜欹側不能成方處或一二田或二三區隨其地勢而為之此則鄉人傳為餘田雖周家井田之制其地難得如繩直準平而其不成井處又不可棄而不用恐其制不得不如此也其公田廬舍之制雖不可考制田既非

井字之形則與孟子所謂中有公田八家皆私百畝之制已逕庭矣意者殷之時雖受田於野而其廬舍未必在田傍或皆聚居城邑之中其公田亦都在一隅未必介於私田之中糞壅耘耔之際遠近不同民有病者且人文漸備吉凶禮縟七十畝有不足於養生送死之資故姬周之有天下也順天應人增為百畝且制井田之法八家同井中置公田春則出在田廬冬則入聚邑宅其制始大備自質而文其因革損益勢有不容已也或以朱子改治溝洫多費人力之說有疑於孟子之言此則恐未然孟子曰佚道

使民雖勞不怨朱子亦嘗論革命易代大而建正用數小而書文車軌并皆改作以新一代耳目云則況此制民常產實發政施仁之大者豈可計其少費不與俱變乎以此推之吾知朱子此說或出於一時門人問答而非平生之定論也嗚呼關閩諸賢俱以王佐之才生丁叔季之時慨然以挽回三代為己任收拾殘經討論遺制殆無所不用其至而猶有懸空之歎未得歸一之論倘使當時足此地目此制則其說先王制作之意想必如指諸掌矣而惜乎其未見也因記其所見以求正於知者云

箕田圖說後語

西垌柳　根

箕田在於含毬正陽兩門之外者區畫最分明其為制皆田字形分為四區區皆七十畝界區之路其廣一畝界田之路其廣三畝凡十六田總六十四區六十四區之三旁又有九畝之路由城門達之江上其尖斜欹側不能成方處或一二田或二三區隨其地勢而為之鄉人至今傳之為餘田亦皆七十畝噫古今人歷茲地見斯田者何限獨公生晚好古欲求古聖人分田制産之意於千百載後作為圖說使人人曉然知箕田一區為

七十畝即與孟子所稱殷人七十之説若合符節豈非幸歟孟子曰方里而井井九百畝其中為公田蓋井字為形便成九區八家皆私八區之百畝就公田百畝之區以二十畝為廬舍八夫居之其所耕公田皆十畝此周制然也孟子曰殷人七十而助周人百畝而徹其實皆什一也徹者徹也助者藉也孟子論周人百畝之制固為纖悉至於殷人但稱七十而助當時諸侯皆去周室之籍況殷制安保其猶有存者乎朱夫子之生去孟子又遠矣不得不因周制而推明之釋之曰商人始為

井田之制以六百三十畝之地畫爲九區區七十畒中爲公田其外八家各受一區但借其力以助耕公田而不復税其私田又曰竊料商制亦當似此而以十四畝爲廬舍一夫實耕公田七畝是亦不過十一也朱夫子既未得考殷制則以此度彼其爲制自當如此昔韓退之賦石鼓蓋嘆孔子不到秦不得見其文若使朱夫子見此圖當復以爲何如以今觀之公田廬舍之制未敢臆度即此田形而見之四區四夫所受之田也或以爲箕城之田稱之以井蓋久矣井即九區也今不可輕言

為四區是則不然若論殷周田制之同則八區八家所受之田也推此以往雖千百區皆然就七十畝之中以七畝為公田如朱夫子之説則亦不失為什一也至於廬舍則周時制度大備猶就公田二十畝為八夫廬舍是一夫之居不過二畝半也若就一夫所受之區以七畝為公田而出力助耕之不復税其六十三畝則雖以一二畝為廬舍而居之恐亦不害於什一之制也其一夫所居在於七十畝之内耶或宅於邑而受田於野來往耕治耶皆不可得而知也若論殷周田制之不同則

七十畝百畝已不同矣何必置疑於四區九區之同異哉所貴乎同者什一之制耳孔子曰周因於殷禮所損益可知也其或繼周而王者雖百世可知也百世可知者其不在於什一之制耶去年曾隨詔使朱學士梁給事中共觀箕田恨未及知一區為七十畝未得求正遂書此以待後之覽者

書箕田圖說後

岳麓許筬

西京之南有田相傳為箕子井田丁未秋西原韓久菴周覽故國形勝遂及於所謂井田者仍其經界遂其阡

陌以畝法槩之乃七十畝之田也夫七十而助殷人之遺法也是時周法未遽遍及於天下箕子以殷人行殷法乃其所以也然則七十畝之田豈非箕子之親傳法於我東者耶其田之制韓公作圖以記之但其所謂公私田者必有其制而未有文字可考就圖而推之蓋九畝大路之内為七十畝者六十有四區而方列焉如易之先天方圖八區為一行者八就其一行八區之中出其一區為公田其餘七區七家各受一區而私之其公田之中七家各受三畝為廬舍計除三七二十一則所

餘公田四十九畝七家分之則所助耕亦各七畝通私田七十畆為什之一雖無明文其制豈不然乎且以周制言之公田百畝計除廬舍二十畆其餘八十畝八家分之則各得十畝通私田百畝亦為什之一雖有多寡之不同其為什一若合符節噫今之去箕子凡幾千年遺制之相傳不泯已幸矣而其發明為殷之制則得吾友而始焉亦一幸也

箕田續說

星湖李瀷

井地之法朱子亦有未盡究者故嘗言田制既定溝涂

畛域一定而不可易今乃易代更制則其勞民擾衆廢壞成法煩擾甚矣孟子未親見只是傳聞恐難信此實夫子灼見王政之大體而推知溝洫之必不可改也若以孟子集註言之徹法不除廬舍二十畝而通計則為九而取一除廬舍二十畝則為十一而取一助法亦然若然則孟子何以謂其實皆什一也朱子什一之解僅合於未有井之時自有井以來皆不成此數今若不悖於皆什一之制而又無廢壞成法之疑則斯足信矣即平壤府箕子井田是也竊疑田字象形古田必似之今

其田四區同溝皆如田字様是必古制而惜乎朱子未之見也蓋九百畝畫為一井井有九田田方百步一田為四區區方五十步夏時一夫受此一區以十一為貢乃四夫同田而井為三十六夫也殷時田寖多用寖廣則不可不加授故不易経界而以一田為二夫之受一夫所受乃長百步廣五十步雖或長廣不齊古人皆折補為方未嘗言長幾廣幾王制亦曰斷長補短滕之五十里湯之七十里文王之百里亦其例也今以長百步廣五十步開方則得七十步零若干尺大約不過七十

畞而以十一為公田乃二夫同田為十八夫也周時田又寖多用又寖廣則又不可不加授故又不易經界而以一田為一夫之受是則所謂百畝而井為九夫也然則何以謂三代皆什一蓋一井九百畮而九十畞入于公家則三代未嘗不同夏時一夫五十畞畞長五十步乃周人之二十五畮以五畮為貢乃周人之二畝半是合四夫之貢當周人之十畞也殷人一夫七十畞有奇畞長七十步乃周人之五十畞以七畮有奇為公田乃周人之五畝是合二夫之公田當周人之十畮也周人

一夫百畝畝長百步以十畝入於公家則未嘗易故曰其實皆什一也或謂六尺為步步百為畝三代同然而所不同者只在畝數耳不可以長百廣五十為七十此大不然孟子於夏之五十殷之七十皆不下畝字至周始曰百畞者畝之長短不同故恐人以夏殷之田錯認以百步故但以五十七十言其方而已不加畝字以別之且五十七十云者未必夏殷時成文或者孟子推言其數而以周制比類為說故只道其方為幾何也上焉夏后氏五十而貢下焉周人方百而徹獨殷其將曰廣

五十長百而助乎宜亦只下七十字而其義自明矣殷人欲以七十之數為授則因夏之制合二夫為一夫正合七十之數如是則經界無不定矣井地無不均矣而聖人乃反嫌其不方不計勞民傷財必欲改溝洫而方其田無或近於膠柱而不通耶余故曰平壤之田乃箕子因殷之舊而特略變其制焉耳

使朝鮮録二卷

〔明〕龔用卿撰

《使朝鮮録》二卷，明龔用卿撰。用卿字鳴治，號雲岡，福建懷安（今福州）人。嘉靖五年（一五二六）進士。嘉靖十五年明世宗次子載壡生，視爲儲君，例須詔告天下，迤及諸藩。用卿以翰林院修撰充正使，偕副使户部主事吴希孟（字子醇）於十一月出使朝鮮，次年九月還京，是書乃使行記録。書前有龔用卿序，次乃吴希孟後語。上卷記出使之禮、邦交之禮、使職之務，並及沿途山川形勝。下卷則編集途中即景詩作，及與朝鮮官員唱和詩文。據上海圖書館藏民國二十六年（一九三七）陶風樓景明嘉靖間刻本影印。

使朝鲜録

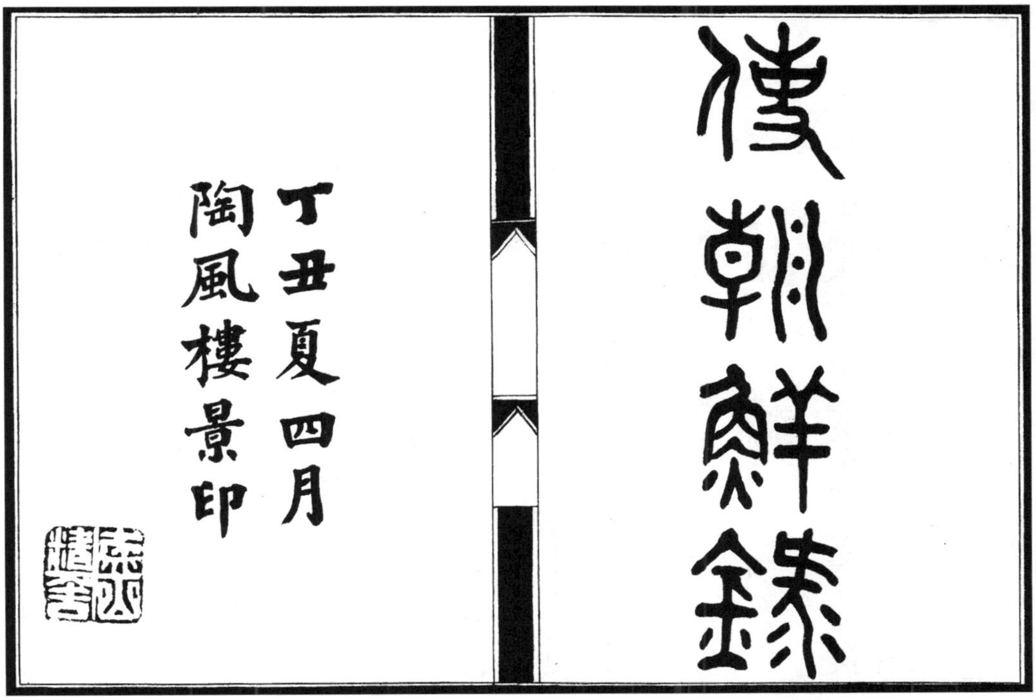

使朝鮮錄序

用卿不佞承
朝廷簡命同給事中吳君子醇使于朝鮮
詔諭皇子生初得是
命詢朝鮮之故事于在廷諸君子在廷諸君子皆曰
無有也東來至遼陽考昔日之典故于有司
有司莫以告皆曰無有也相顧漠漠然無所
於考也況夫人不常往禮不常行故儀不常
得欲考其故不亦難乎是無異擿埴索塗倀
倀乎莫知其所之矣渡江而東於其國之境
土山川橋梁館舍每詢訪輒記憶之至於奉迎
詔勑之禮往返迎送之儀宴饗酬酢之節文物禮教
之度皆得於目擊之真輒不自揆乃類次之
為三其一曰出使之禮所謂出使之禮有四
一曰迎
詔之儀二曰
開讀之儀三曰沿途迎
詔之儀四曰謁廟之儀此皆出使禮節之大者也故
居首其二曰邦交之儀所謂邦交之儀有八
一曰國王茶禮之節二曰國王接見之節三
曰國王宴饗之節四曰王世子宴饗之節五
曰陪臣參見之節六曰國王送行之節七曰
沿途迎慰之節八曰沿途設宴之節此皆使
事交際之儀故次之其三曰使職之務所謂
使職之務有五一曰道里之距二曰山川之
限三曰各道州府郡縣之屬四曰沿途各官
迎送之禮五曰軍夫遞送之節此皆於使事
有關為使者之所當知者也故又次之編集
既成與吳君訂之吳君曰茲集既成後來者
將有所考矣可以傳矣余曰余安敢必其傳
哉息肩之暇時取而一覽焉東藩山川人物
俱在吾目中知吾華曾跋涉焉者也余何人
也敢必其傳哉孔子曰使於四方不辱君命
可謂士矣又曰誦詩三百授之以政不達使
於四方不能專對雖多亦奚以為用卿謭陋
方以忝
天子之明命是懼求不辱可也敢必其傳哉然使後
之來者得有所考而不謬於所從則不能無
一助也於是乎書
嘉靖丁酉夏四月望日

賜進士及第翰林院脩撰
經筵國史官
欽差朝鮮正使龔用卿識

使朝鮮錄後語

吾讀皇華而曰每懷靡及也繼之曰周爰諮諏也吾讀四牡而曰王事靡盬也繼之曰不遑啓處也夫四牡之不遑固皇華之靡及也使之不敢自安以盬王事不獨貴于勤而已也然必諮諏延盡職焉故曰不辱命也能專對也子產有辭鄭國頼之季札之聘尚陳風焉使之道也嘉靖丙申我

皇上燕天昌后前星耀光播慶天下于是延

大溥同仁用示無外令華夷一體朝鮮雖荒服然素秉禮尊上不夷之也而中國之

皇太子誕生有自今始也于時太史氏雲岡龔君鄙人孟奉

命往季冬載途孟春載遼春三月達其國故上下之禮儀道路之履歷迎送之次第皆備書之昭釆風也其于國王出郊五拜叩首迎

詔弟子員執事正王世子侍坐待宴公宴東西以

闕位方徹私宴則其席上下之茲行之初見也故凡身之所過目之所接耳之所聞不可紀不必紀不當紀故畧之若夫儀度駸駸暮傚中華

者咸具焉于是徵我
皇上聖化之遠人文之廣雖海隅日出無不迪德率
教而八荒一統之盛振古未有也予華初聞
命訪之在朝知之者或寡矣既而問于前使予師史
鹿野先生僅得儀注著述散失且被徵于都
冗集未暇悉言及至遼有司卷案漫無可考
詢于故老雖路程亦狼籍莫據然則是錄也
此太史雲岡先生之所以作也筆削自在孟
何與焉先生德望才學是行也尊
中國正禮度甚得遠人歡心豈徒述作而已哉

五

賜同進士出身從仕郎户科給事中
欽差朝鮮副使武進吳希孟識

使朝鮮錄

一曰出使之禮（迎○詔之儀　開讀之儀　沿途迎○詔之儀　謁廟之儀）

一迎○詔儀

前三日禮曹宣攝內外各供其職前一日典
設司設帳殿於慕華館（距崇禮門五里）西北南向結彩
攸司立迎
詔門於帳殿之北結彩又於崇禮門（距王府八里）城內街巷
及景福宮門結彩典設司設國王幄次於慕
華館兵曹正郎設黃屋龍亭一（有○勑則用二龍亭）於帳
殿正中南向香亭在其南攸司設國王拜位

六

於帳殿之南北向（以下舊無此儀嘉靖十六年新增）引儀設王世
子拜位於帳殿之南北向文武百官儒生位
於王世子之南北向其日兵曹正郎備黃儀
仗金鼓典樂備鼓樂皆陳列於帳殿前伺候
迎引
詔使將至國王具冕服王世子具冕服文武百官各
具朝服儒生常服俱就拜位
詔使捧
詔書置龍亭中（有○勑亦然有○賜物則○賜物扛擡者立於帳殿前）贊儀唱鞠躬五
拜三叩頭興平身國王鞠躬五拜三叩頭興平

身王世子及文武百官儒生同以上俱新增龍亭出
上路司香二人公服夾侍香亭續上香龍亭少
駐金鼓在前次騎隊次儒生次文武百官乘
馬行次王世子乘馬行次國王乘輦行次黄
儀仗鼓樂次香亭次
詔書龍亭有○賜物則○賜物次之次
詔使行
一○開讀儀
其日攸司設
闕庭於勤政殿正中南向

詔案有○勑則設○勑案於
闕庭之前有○賜物則○詔勑案在東○賜物案在西香案於
詔案之南
詔使位於香案之東西向設
開讀位於殿階上近東西向又設國王立位於殿庭
道西近北北向待○詔勑書陞殿設拜位於中道北向典設司設
詔使次於殿庭之東國王次於殿庭之西掌樂院展
軒懸於殿庭近南北向設協律郎舉麾位於
西階上近西東向典儀設王世子位有王世子則設無則否
於殿庭道東北向文武百官位於殿庭東西

文東武西儒生位舊儒生不接○詔無此儀嘉靖十六年正使龔用卿副使吴希孟令其國儒生皆迎○詔新增此儀
於勤政門外東西階上典儀位於東階上近
東西向階下典儀捧
詔官宣
詔官展
詔官位於東階下近東西向贊儀引儀在南差退又
贊儀引儀位於西階下近西東向俱北上捧
詔官位於
開讀位之北宣
詔官位於捧

詔官之南展
詔官位於宣
詔官之南俱西向候
詔迎至景福宫王世子由東偏門入文武百官儒生由
東西偏門入俱就位軍士入陳如常儀國王
由東門入就立位黄儀仗入陳於
闕庭前繖居中扇分左右餘皆列於殿階上及正階左右
詔書龍亭由正門入有○賜物則○賜物亦由正門
詔使從入協律郎跪俯伏舉麾興工鼓柷樂作國王
東向鞠躬過則平身北向立王世子及文武

百官儒生同龍亭陞殿國王入小次
詔使捧
詔書置於案協律郎跪偃麾俯伏興工戛敔樂止引
禮引
詔使就位國王就拜位
詔使少前南向立稱有
制贊儀唱鞠躬四拜興平身
王世子及文武百官儒生同樂止國王由西
階陞詣香案前北向跪王世子及文武百官
儒生同司香（近侍）捧香跪進於國王之左國王

三上香俯伏興平身王世子及文武百官儒
生同國王降復位捧
詔官宣
詔官展
詔官由東偏階陞捧
詔官入詣殿內北向立宣
詔官展
詔官就位
詔使詣
詔案前捧

詔書授捧
詔官跪受由正門出至
開讀位授宣
詔官宣
詔官跪受以授展
詔官展
詔官跪受立對展贊儀唱跪國王跪王世子及文武
百官儒生同宣
詔官宣訖捧

詔官捧
詔書還置於案俱降復位贊儀唱俯伏興平身國王
俯伏興平身王世子及文武百官儒生同贊
儀唱鞠躬四拜興平身國王鞠躬樂作四拜
興平身王世子及文武百官儒生同樂止贊
儀唱搢圭鞠躬三舞蹈跪三叩頭國王搢圭鞠
躬三舞蹈跪三叩頭王世子及文武百官儒生同
贊儀唱山呼國王拱手加額曰萬歲唱山呼曰
萬歲唱再山呼曰萬萬歲王世子及文武百
官儒生同（凡呼萬歲樂工軍校齊聲應之）贊儀唱出圭俯伏興四拜

興平身國王出圭俯伏興樂作四拜興平身王
世子及文武百官儒生同樂止贊儀唱禮畢
國王就幄次引禮引
詔使出就次奉禮引王世子引儀引文武百官儒生
以次出攸司撤
闕庭及案　是日國王屢遣議政等官請留○詔余等令其國王自來請留方許之及○開讀畢國王懇請余等諾之令國王跪受余等立授之國王受○詔三叩頭閱畢又俯伏三叩頭請曰送至後殿焚香行拜禮感○朝廷天地之恩當盡敬也余喜之遂許留出就余等各二拜謝留○詔

詔儀
一沿途迎

十一

凡沿途中
詔書將至本地方距五里本地方官各具朝服出迎
執事者具儀仗龍亭香案亭待
詔書置龍亭中樂工具鼓樂前導至館門凡王都差
來官設宴者皆具衣冠服錦繡鞠躬侍立於
館門外拱手至地候
詔至館正廳中有司於中設
闕庭香案儀仗立於階下繖在堂之中翕分東西亦
在堂上各官由旁小門入贊儀官唱鞠躬四
拜興平身各官鞠躬四拜興平身司香二人

陞旁階上廳三上香訖退贊儀唱鞠躬四拜
興平身各官鞠躬四拜興平身禮畢各官以
次出有司撤
闕庭及香案　義順新安安興平壤黃州開城碧蹄七處俱接詔凡遇館門城門俱結彩陳鰲山百戲餘則小郡縣故不備儀

一謁廟儀
前一日有司掃除
廟庭內外設小次於
廟庭東門外其日設
詔使拜位二於

十二

廟庭北向近南東上設贊者謁者位各二於階下近
北東西相向執事者位於楹外東西相向
詔使將至諸生出東門外道左重行次四館次館官
序立祗迎
詔使過行至泮水橋下馬入小次小留引禮引由東
門入
廟庭就拜位執事者三人由東俠門入
大聖前跪贊者唱跪
詔使跪執事者一人捧香盒一人捧香爐一人三上
香訖出贊者唱俯伏興四拜興平身

詔使俯伏興四拜興平身館官請入明倫堂引禮二
人各引
詔使入自聖殿北牆門由庭中陞明倫堂就坐館伴
等官由西階陞先就前行揖禮就位次館官
亦由西階陞前頓首再拜訖各就位次下官
行禮如上儀出次諸生庭中亦行頓首再拜
行以次出館伴及館官俱就坐館官行茶禮
詔使將出館官四館及諸生門外祇送如初儀

十三

二曰邦交之儀
國王茶禮之節　國王宴饗之節
陪臣叅見之節　沿途迎慰之節
國王接見之節　王世子宴饗之節
國王送行之節　沿途設宴之節

一國王茶禮之節
其日勤政殿
開讀畢攸司設
詔使座在東國王座在西引禮引
詔使就中階由正門東陞殿就拜位（攸司臨時設褥席國王拜位同）西向
立國王就中階由正門西陞殿就拜位東向
立國王與
詔使鞠躬再拜興平身就坐司饔院官二人捧果盤
一人立於正使之右近北南向一人立於副
使之左近南北向提調捧果盤立於國王之
右近南北向又提調三人以鍾受茶一進正
使前一進副使前一進國王前（國王與詔使俱起坐稍前立）
國王執鍾就正使前換鍾又就副使前換鍾
各就坐舉茶訖（各進果盤）司饔院官二人分詣
詔使前提調進國王前各受虛鍾出果盤亦出行茶
禮畢引禮引
詔使降自東階出國王降自西階送至勤政門外
一國王接見之節

十四

九

詔使若有宴會至王府國王皆候於勤政門外

詔使由正門入至勤政門外下車與國王揖讓

詔使由西階陞國王由東階陞（其國之禮但知尊。詔使出入俱由東階似於左右之義未順余等正之）至殿

詔使立於東向西國王立於西向東凡揖拜俱然禮畢

詔使由左降自東階國王由右降自西階以出國王若有宴會至太平館

詔使出迎於中門外行禮如前出則送於中門外

一國王宴饗之節

勤政殿茶禮畢出至館其日攸司設

詔使座於太平館正廳東壁西向國王座於西壁東向設香案於北壁酒亭於廳內近南北向國王至館入便殿時至國王至中門外

詔使出門國王揖讓

詔使亦揖讓

詔使入門而右國王入門而左至正廳

詔使在東國王在西揖

詔使答揖

詔使就座國王亦就座司饔院提調一人捧茶瓶一人捧茶鍾盤立於酒亭東提舉二人捧果盤一人立於正使之右近北向南一人立於副使之左近南向北提調捧果盤立於國王之右近南北向提調三人以鍾受茶一進正使前一進副使前一進國王前（國王與。詔使俱起坐稍前立酒禮同）國王執鍾就正使前換鍾又就副使前換鍾

詔使就座國王亦就座舉茶訖（提舉提調各進果盤）司饔院官二人分詣

詔使前各受虛鍾提調詣國王前受虛鍾俱復於茶盤以出果盤亦出少頃典樂師歌者及琴瑟入於東西階樂作司饔院進酒器于小亭歌者等陞立於階上樂止俱座提舉二人各捧果盤詣

詔使前提調捧果盤詣國王前竝如茶禮（每行酒時同）將進果盤樂作提調以盞受酒進于國王國王執盞就正使前揖進第一盞酒正使答揖執盞與副使揖副使答揖又向國王揖國王答揖還執盞臺（後倣此）正使飲訖提調進受虛盞正使揖國王答揖提舉以果盤進于正使前提

調又以盞受酒進於國王國王執盞揖進酒
正使答揖執盞還進于國王國王執盞與副
使揖副使答揖又與正使揖正使答揖還執
盞臺國王舉酒訖提調進受虛盞國王揖正
使答揖提調以果盤進于國王前提調又以
盞受酒進于國王國王執盞揖進酒正使答
揖執盞飲訖提調進受虛盞正使揖國王答
揖提調以盞受酒進于國王國王執盞就副
使前行禮如上儀訖少退立提調以盞受酒
進于國王國王執盞揖進酒于正使正使答

十七

揖執盞飲訖提調進受虛盞正使揖國王答
揖提調又以盞受酒進于國王國王執盞揖
進酒于副使副使答揖執盞飲訖提調進受
虛盞副使揖國王答揖
詔使就座國王亦就座樂止提調二人對舉饌案將
進樂作國王就正使前進案正使揖國王答
揖就副使前進案如上儀訖國王還就座前
立提調又舉饌案以進正使就國王前進案
副使從之國王揖
詔使答揖就座國王亦就座樂止司饔院官二人傳

捧花盤樂作分詣
詔使前通事進花近侍捧花盤詣國王前內侍進花
訖樂止王世子入立於酒亭東樂作提舉提
調各捧果盤如上儀（每行酒時同）副提調以盞受酒
授王世子王世子執盞詣王使前（詔使起立國王亦起立）
揖進第二盞酒正使答揖執盞王世子仍執
盞臺（後倣此）正使飲訖王世子受虛盞少退正
使揖王世子答揖還立酒亭東北向以授副
提調副提調又以盞受酒授王世子王世子
執盞詣正使前揖進酒正使答揖執盞還授

十八

王世子仍執盞臺王世子受盞飲訖執盞少
退揖正使答揖王世子還立于酒亭東以授
副提調副提調以盞受酒授王世子王世子
執盞詣正使前揖進酒正使答揖執盞飲訖
王世子受虛盞少退正使揖王世子答揖還
立於酒亭東以授副提調副提調以盞受酒
授王世子王世子執盞詣副使前行禮如上
儀訖還立于酒亭東副提調以盞受酒授王
世子王世子執盞詣國王前進酒國王執盞
王世子仍捧盞臺國王舉酒訖王世子受虛

盞還立于酒亭西以授副提調從酒亭後還
立其東副提調又以盞受酒授王世子王世
子執盞詣國王前進酒國王執盞舉酒訖王
世子受虛盞還立于酒亭西以授副提調乃出
詔使就座國王即座樂止提舉進空案於正使饌案
之右副使饌案之左提調進空案於國王饌
案之右提調捧小膳將進樂作國王就正使
前進膳又進副使前進膳如上儀訖國王還
就座前立提調捧小膳以進正使就國王前
進膳副使從之國王揖

詔使答揖就座國王亦就座樂止宗親入立于酒亭
東樂作提舉提調各捧果盤如上儀（每行酒時同）宗
親以盞受酒詣正使前（詔使起立國王亦起立）揖進第三
盞酒正使答揖執盞宗親仍執盞臺（後倣此）正
使飮訖宗親受虛盞少退正使揖宗親答揖
還立于酒亭東又以盞受酒詣正使前揖進
酒正使答揖執盞飮訖宗親受虛盞少退正
使揖宗親答揖還立于酒亭東又以盞受酒
就副使前行禮如上儀訖
詔使就座國王即座宗親又以盞受酒詣國王前進

酒國王執盞宗親仍捧盞臺國王舉酒訖宗
親受虛盞還立于酒亭西又以盞受酒詣國
王前進酒國王執盞舉酒訖宗親受虛盞還
立于酒亭西以授提舉俯伏興退樂止提舉
二人捧湯分進于
詔使前提調捧湯進于國王前將進樂作舉筯訖樂
止（以後宰樞等官以次序進酒）酒行七遍（每行酒後進湯）並如上儀次進
大膳如進小膳儀國王再行酒如第一盞酒
儀行酒畢國王與
詔使相揖以出

詔使送至中門外（翌日宴及餞行諸宴相同勤政殿宴以闕庭方撤故以東西相向其國但以左右爲順故尚東西外此別宴則正南北相向之禮館時斟酌行之）
一王世子宴饗之節
其日攸司設
詔使座于太平館正廳北壁南向王世子座于東壁
西向設香案于北壁酒卓于亭內近南北向
王世子至館入次時至王世子就見
詔使俱至正廳
詔使在北王世子就前揖

詔使答揖

詔使就座王世子亦就座司饔院副提調一人捧茶瓶一人捧茶鍾盤立于酒卓東提檢二人捧果盤一人立於正使之左近東西向一人立於副使之右近西東向副提調捧果盤立於王世子之左近南北向副提調三人以鍾受茶一進正使前一進副使前一進王世子前（茶鍾將進王世子起座○詔使亦起座酒禮同）王世子執鍾就正使前換鍾又就副使前換鍾

詔使就座王世子亦就座舉茶禮訖（提檢副提調各進果盤）司饔

院官二人分詣

詔使前各受虛鍾副提調詣王世子前受虛鍾俱復于茶盤以出果盤亦出少頃典樂帥歌者及琴瑟分東西陞坐階上提檢二人各捧果盤詣

詔使前副提調捧果盤詣王世子前並如茶禮（每行酒時同）將進果盤樂作副提調以盞受酒進於王世子王世子執盞就正使前揖進第一盞酒正使答揖執盞與副使揖副使答揖又與王世子揖王世子答揖還執盞臺（後倣此）正使飲訖

副提調進受虛盞正使揖王世子答揖提檢以果盤進于正使前副提調又以盞受酒進于王世子王世子執盞揖進酒正使答揖執盞還進于王世子王世子執盞與副使揖副使答揖又與正使揖正使答揖還執盞臺王世子舉酒訖副提調進受虛盞王世子揖正使答揖副提調以果盤進于王世子前副提調又以盞受酒進于王世子王世子執盞揖進酒正使答揖執盞飲訖副提調進受虛盞正使揖王世子答揖副提調以盞受酒進于王

世子王世子執盞就副使前行禮如上儀訖少退立副提調以盞受酒進于王世子王世子執盞揖進酒于正使正使答揖執盞飲訖副提調進受虛盞正使揖王世子答揖副提調又以盞受盞進于王世子王世子執盞揖進酒于副使副使答揖執盞飲訖副提調進受虛盞副使揖王世子答揖

詔使就座王世子亦就座樂止副提調二人對舉饌卓將進樂作王世子就正使前進卓正使揖王世子答揖就副使前進卓如上儀訖王世

子還就座前立副提調又舉饌卓以進正使
就王世子前進卓副使從之王世子揖
詔使答揖就座王世子亦就座樂止司饔院官二人
傳捧花盤樂作分詣
詔使前通事進花𥀊𥫽捧花盤詣王世子前內侍進
花訖樂止宰樞入立于酒卓東樂作提檢副
提調各捧果盤如上儀（每行酒時同）宰樞以盞受酒
就正使前（詔使起立王世子亦起立）揖進第二盞酒正使答揖
執盞宰樞仍執盞臺（後倣此）正使飲訖宰樞受虛
盞少退正使揖宰樞答揖退立于酒卓東北

向又以盞受酒詣正使前揖進酒正使答揖
執盞還受宰樞仍執盞臺宰樞受盞飲訖執
盞少退揖正使答揖宰樞還立于酒卓東又
以盞受酒詣正使前揖進酒正使答揖執盞飲
訖宰樞受虛盞少退正使揖宰樞答揖還立于
酒卓東又以盞受酒就副使前行禮如上儀訖
宰樞以盞受酒詣王世子前進酒王世子執盞
宰樞仍捧盞臺王世子舉酒訖宰樞受虛盞
退立于酒卓東又以盞受酒詣王世子前進
酒王世子執盞舉酒訖宰樞受虛盞還立于

酒卓東以授提檢乃出
詔使就座王世子亦就座樂止提檢進空卓於正使
饌卓之左副使饌卓之右副提調進空卓於
王世子饌卓之左副提調捧小膳將進樂作
王世子就正使前進膳正使揖王世子答揖
就副使前進膳如上儀訖王世子還就座前
立副提調捧小膳以進正使就王世子前進
膳副使從之王世子揖
詔使答揖就座王世子亦就座樂止進第三盞酒如
進第二盞酒儀（宰樞以次入進酒）提檢二人捧湯分進

于
詔使前副提調捧湯進于王世子前將進樂作舉筯
訖樂止酒行七遍（每行酒後進湯）並如上儀次進大膳如
進小膳儀王世子再行酒如第一盞儀行酒
畢王世子與
詔使揖出（先是其國呈儀注王世子如國王宴儀余等正之）
一陪臣參見之節
凡各處迎
詔及王都
開讀畢衆官參見自議政判書參判參議觀察使

承旨等官皆行再拜禮
詔使起立受之答以揖餘都監等官行拜禮皆於座
上答揖在外州牧郡守縣令等官俱坐受其
禮不答儀雖節制使亦然

一國王送行之節

詔使畢事還
朝其日國王先出至慕華館候
詔使至出館門外候迎
詔使下車與國王揖讓以入其宴坐禮俱與下馬宴
同

一沿途迎慰之節

詔使初至義州館國王遣判書（或用議政府議政等官）爲遠迎使
謂之館伴別遣判尹（或承旨）爲迎慰使問起居
外又遣司成司藝等官二人謂之都監通事
四名醫官一名各供使令傳言之役以後每
遇接
詔之處（義順新安安興平壤黃州開城碧蹄凡七處）俱別遣議政參贊判書
判尹承旨等官充迎慰使問起居惟碧蹄館
差官倍於前多至六七員其禮亦謹至太平
館增判書一員爲館伴都監增至十人益加
謹矣

一沿途設宴之節

凡
詔使至館各官參拜畢每日皆有宴禮
詔使坐於堂北面南遠迎使在西傍近南或遇觀察
使留守等官皆在坐（節制使以下不得與）外如有別遣迎
慰使等官（皆自其國遣來者）亦同坐其宴禮至碧蹄館
頗盛徃與返皆同諸官進酒每員不過三巡
而止（自王京差來者先獻二爵。詔使受之不酬謂其國王之爵致遠敬也以後多寡酬酢則臨時斟酌行之存乎其人）

三曰使職之務 道里之距 山川之限 各道州府郡縣之屬 沿途諸官迎送之禮 軍夫延送之節

一道里之距 以下但取其有關於使節之所經者而言餘非經行之地故不載

自義州義順館至所串館四十里

自所串館至龍泉郡良策館五十里

自良策館至鐵山郡車輦館三十里

自車輦館至宣川郡林畔館四十里

自林畔館至郭山郡雲興館五十里

自雲興館至定州牧新安館三十五里

自新安館至定州牧納清亭四十里

自納清亭至嘉山郡嘉平館三十里

二十七

自嘉平館至定州牧安興館七十里

自安興館至安州牧雲巖院三十五里

自雲巖院至肅川府肅寧館三十五里

自肅寧館至順安縣安定館七十五里

自安定館至平壤府大同館六十七里

自大同館至中和郡生陽館六十三里

自生陽館至黄州牧貯福院三十五里

自貯福院至黄州牧敬天館三十里

自敬天館至鳳山郡沙里院三十五里

自沙里院至鳳山郡同仙館三十里

自洞仙館至鳳山郡劍水館三十五里

自劍水館至瑞興府龍泉館四十六里

自龍泉館至平山府安城館五十里

自安城館至平山府寶山館四十里

自寶山館至平山府金巖院三十四里

自金巖院至牛峯縣興義館三十六里

自興義館至江陰縣金郊館四十里

自金郊館至開城府太平館五十五里

自太平館至長湍府招賢院三十四里

自招賢院至長湍府東坡館三十二里

二十八

自東坡館至坡州牧三十里

自坡州牧至高陽郡碧蹄館五十五里

自碧蹄館至楊州牧迎曙館三十里

自迎曙館至王京三十五里

一山川之限

義州牧 有城

義順館

蘭子江 俗名鮎魚江即鴨綠江之支流

箭門峴 在州東十五里

加豆等峴 在州東五十里

所串館
所串堡 在州東南三十五里俗號大寧城
古津江 在州東南三十六里源出天摩山流入鴨綠江
古津江院
龍泉郡
良策館
鐵山郡
車輦館 館前有塔松甚奇古
麻屹峴 在郡北三十五里有廢城即古鐵州城也
宣川郡

二十九

林畔館
栢峴 在郡西六十里
東林城 在郡西六十二里即古宣州城今廢
清江 在郡北四十里源出妙香山流入于海
小國司峴 在五木院西一名上山嶺
五木院 在小國司峴東
大國司峴 在五木院東
加勿川 在郡東五十里
同盧河 在宣郭二郡界
郭山郡

雲興館
郭山孝女碑 在館東
松峴 在林畔館東
定州
新安館 館門有樓名迎薰
堂於嶺 在郡西十五里
撻川 在州東五里源出龜城府流入海
白峴 在撻川東
茄踰嶺 在白峴東
加麻川 在州東四十里源出泰川流入于海
納清亭 在州東四十里加麻川上

三十

嘉山郡
嘉平館
齊山亭 在館內
曉星山 在郡西十里山上有壘
西門嶺 在郡西二里俗名石門嶺一曰嘉山嶺
大定江 在郡西十五里古稱大寧江一名博川江
控江亭 原為敵樓改今名在大定江上
博川郡
廣通院 在郡南十五里

楓浦 在廣通院東

安州牧 有城

安興舘

清川江 一名薩水源出妙香山與博川江合流入于海隋宇文述爲乙支文德所敗之地

百祥樓 在州北城内

鳳德山 在州東二十里山頂有九層鐵浮屠

柰峴 在雲巖院西

雲巖院

肅川府

肅寧舘 舘門有樓

楓川 在府北二十三里源出安州悟道山流入于海

新川院

慈悲院

小於波院

小於波嶺 在楓川東

大於波院 在楓川東

大於波嶺 在楓川東

順安縣

安定舘 舘門有樓名政誠

巖赤川 在縣北十五里東南流入平壤江

巖赤川院

平壤府 其國號爲西京

大同舘 舘門有樓

清華舘

降福院 在城西十里南北有二院

斧山院 在府西三十里

普通院 在普通門外

箕子墓 在府城北兔山上

大同江 在府東一里一名浿水

大同院

浮碧樓 在乙密臺下

風月樓 在府内

快哉亭 在舘内

先月亭 本望月亭改今名在舘内

練光亭 在府東城德岩上

栽松亭 在府南十里

大井 在府南三十里

中和郡

生陽舘

馬駒峴 在郡南十五里即平安道地界止此東屬黃海道西屬平安道

馬駒院 在峴之東西有二院

黃州牧

敬天館

廣遠樓 在館內

清歡閣 在館內

古城 在館之南山頂

黑橋 在州北二十五里

貯福院 在州北二十里

貯福橋 在貯福院傍

草芝川 在州南二里源出遂安郡西流入海

棘城鎮 在州南三十五里高麗時此地累經兵燹白骨暴野天陰兩濕神鬼煩冤薰為厲氣轉相侵染故黃海道民多夭札

鳳山郡

洞仙館

沙里院 在郡西二十里

樓橋 在郡東三里

環翠樓 在古郡今廢

滌暑樓 在郡客館東

劒水館 在郡東四十里館門有樓

瑞興府

龍泉館 館門有樓

興水院 在府西六十里

大橋 在興水院東

龍泉 在府南二十二里山麓有水涌出成川名龍泉

屏風巖 在龍泉西十里以泉得名

車踰嶺 在西

高踰嶺 在東

平山府

安城館 館門有樓 在府北五十里

寶山館 館門有樓 在府北二十里

蔥秀山 在府北三十里董侍講作記今鑱碑樹在路左

翠屏山 與蔥秀山對立命名

崇水院 在蔥秀山之東有泉出山之岩穴流爲三條其支東爲水往或長或短老農以占來歲豐歉有驗以此俗亦謂之神水院

甑山 在寶山館前

南川 在寶山館南距府十九里

平山嶺 在府東五里

添嶺 在金巖館東南

金巖館 在府南七里館門有樓

猪灘 在府東二十五里源出遂安郡流入于江陰為助邑浦一名浿江百濟始祖定疆域北至浿河即此昔平壤浿江則在高麗都城外百濟之境也

牛峯縣

興義館 古名臨浿一名迎波在縣西南三十里高麗王時姜邯贊擊丹兵凱還獻俘王親迎于迎波館因改館名興義

吾助川　在縣西三十里源出聖居山流入猪灘岸上有石迤邐如屏高十丈餘甚奇偉可愛

江陰縣

金郊館　在縣西三十里

脫彌谷　在縣東二十里自興義館至金郊館首尾二十餘里最爲山高谷深

開城府　有城其國號爲京畿道設有留守

狻猊館　在城西二十里

開城太平館　在城外

高麗王故宮　在城北

惠民局　在城外

黃橋　在午正門外

二十五

迎賓館　在午正門外

松嶽　在府北五里初名扶蘇又名鵠嶺

安和寺　在松岳山麓高麗王所剏宋徽宗聞其剏是寺特遣使以發財像設賜之親題御額命蔡京書於門今廢

王輪寺　在松岳山麓爲高麗巨刹

演福寺　在郡城中央古名普濟有五層樓閣歲久已頹

橐駝橋　在保定門內古稱萬夫橋今稱夜橋高麗祖時契丹歸橐駝五十匹正以契丹嘗與渤海連和一朝殄滅無道絕其交聘拘其使而繫橐駝于橋下皆餓死

南溪院　在保定門外

青郊館　在保定門外五里

天壽院　在城東即天壽寺古址也院右有亭

吹笛峯　在天壽院北

吹笛橋　在天壽院西

長湍府

東坡館　在府南三十里

招賢院　在府南二十里今廢

板積川　在府南二十里源出松林縣流入沙川達于海

板積橋　在板積川

吾目院　在府南三十里

柳峴　在榛峴西二里

榛嶺　在東坡西三里

二十六

臨津江　在府南三十七里源出咸鏡道安邊府流入漢水

坡州牧

坡州館

滴翠亭　在館內

臨津亭　在臨津南岸上

黎川　在州北十里源出府北木嶺洞入長甫浦

二京院　在州南五里

二石將軍　鑿石爲之高數丈立於山頂在坡州館東三十餘里

高陽郡

碧蹄館　在郡東十五里

祥周院 在惠陰嶺南麓

岐院 在碧蹄館南

新院 在岐院西院東有川

德水川 在郡東十里源出清淡洞流入于蒲川川有院是以川而名

楊州牧

迎曙亭 在州西南三十里

漢城府 有城爲國王之都

慕華館 在崇禮門西北

太平館 在崇禮門西

綠礬嶺

洪濟院 俱在沙峴北

沙峴 在慕華館西北

三角山 在楊州之境一名華山又名負兒山

白嶽 今改名爲拱極山

弼雲山 近改名本舊仁王山

木覓山 即都城南山一名引慶山唐太史疑山有杞改名木寬杞即木覓故也

蠶頭峯 在楊花渡東岸又名龍頭峯

楊花渡 即龍山江下流昔有民兄弟偕行弟得黃金二錠以其一與兄至此江同舟以濟忽投金於水曰吾平日愛兄甚篤今而分金忽萌忌兄之心此乃不祥之物不若投諸江忘之兄曰汝言誠是亦投金於水

漢江 在木覓山南古稱漢山河又稱北瀆又稱沙平渡

望遠亭 在楊花渡東岸

濟川亭 在漢江北岸

露梁 在都城南十里

龍山江 在都城西南十里

盤松亭 在慕華館北世傳有松樹盤屈輪囷可蔭十步本朝猶在

一各道州府郡縣之屬

自義州牧義順館至中和郡生陽館俱屬平安道自黃州牧貯福院至江陰縣金郊館俱屬黃海道自開城至漢城府俱屬京畿道每道設有觀察使義州設有節制使

開城設有留守蓋其重鎮也

一沿途諸官迎送之禮

平安道觀察使候迎于義順館至大同館而別黃海道觀察使候迎于敬天館至金郊館而別京畿道觀察使候迎于開城府至碧蹄館而別其屬官從之送之禮亦然 部使事畢還朝諸官俱送于慕華館而別

一軍夫遞送之節

凡軍士迎接俱不過五百名義州等處軍馬在江岸接候至宣川郡回宣川等處軍馬接候至控江亭界回安州等處軍馬接候至順、

安縣回平壤等處軍馬接候至馬駒嶺回黄
州等處軍馬接候至鳳山郡回鳳山等處軍
馬接候至平山府回平山等處軍馬接候至
牛峯縣回牛峯縣等處軍馬接候至猨猊舘
回開城等處軍馬接候至臨津江回漢城府
等處軍馬接候送至王京来往俱同站夫轎夫
則以各道爲界方交代
宴會與國王問答之詞識于此
太平舘之宴國王令譯者致詞曰小邦僻在
海隅今日得見二

天使大人曷勝慶幸詩所謂既見君子我心則喜者
也予等應之曰我等居中國承
天子簡命詔諭爾邦久知爾國能知禮義又聞國王
素賢今日一見眞不負所聞矣國王又曰二
天使乃
天子侍從重臣若非值
朝廷大慶何由得見顔色予等應之曰予等若誠非
大慶何以得至於斯汝國中雖欲見而不可
得矣國王曰
太子天下本太子既定天下太本以正

聖天子萬年無疆之祚益隆長矣予等謂之曰
朝廷得
皇子甚慶以此推天下一家之心無間中外於是國
王行酒畢請曰小國無以爲敬有二三陪臣
敢請以行酒如何予等諾之國王曰燕燕夜
飲不醉無歸况見豈弟之君子云何不樂乎
請舉觴盡爵予等曰三爵不識矧敢多又予
等不能勝爵矣國王曰豈弟君子莫不令儀
今日見二大人眞令儀矣於是出其土産以
贈令譯者致詞曰小國無以爲敬惟是海邦
僻陋之産山肴海錯聊以表芹忱耳予等卻
之國王令譯者曰頃聞二大人不納菲薄之
儀必是儀不及物是以不享小國甚爲缺望
無任惶恐然此薄物土産何足以爲敬蓋敬

朝廷故以此將敬於
天使耳予等謂之曰汝國王知敬
朝廷之大者然後爲敬之至豈在於物我敬不在物
在心而已然則敬
天使所以敬
朝廷也以禮爲敬物奚足言國王之心予等已諒之

矣於是盡歡而罷翌日太平舘復設宴坐既
定國王令譯者致詞曰昨會二大人甚喜感
朝廷優禮之恩不詔他國獨諭我小邦小邦何以爲
報惟切感戴之私耳二大人遠来跋涉無以
申敬恐生怠慢之罪是以今日連遣官問安
數次愧不能時侍左右耳予等謂之曰乂知
國王好學知尊敬
朝廷此意甚好能體
聖天子之心當萬年與國咸休矣於是行酒如前而
別越翼日王世子設宴行酒甚謹執禮甚恭

四十一

其國大臣以次行酒王世子循勸酬不已且曰
天使不肯盡情而飲則以我不能盡敬客之情歸何
以見父王父王聞之當譴怒矣予等謂之曰
王世子能體國王之心以敬
朝廷敬
天使甚見國王之有家教爲我敬謝國王已盡歡矣
王世子宴畢別去越翼日勤政殿設宴茶禮
畢國王遣譯者曰國王累日不奉顏色甚是
惶恐詩所謂一日不見如三秋兮豈止隔三
秋已矣予等謂之曰謹謝汝國王相念之意

惓惓之懷彼此同此心耳國王因令承旨致詞
曰小國敬事
朝廷無所不用其至凡走回人口必備衣裝送回以上
國之人不敢慢也予等謂之曰此事已常聞
之見汝國王畏天之敬事君之儀保國之道
凡中國之人皆稱汝國爲知禮者正謂此也
自今以後當益堅此心國王曰無不盡心予
等又謂之曰汝今國中百七十年享安寧之
福皆賴
朝廷有道

四十二

天子明聖國王曰正謂
朝廷之恩無以報答予等謂之曰
朝廷恩禮汝國體貌甚隆況今處
詔諭皆是出
天子特恩自來所無之典國王拱手加額曰謹戴洪
恩予等曰國王能尊敬
朝廷如此誠所謂能治其國家誰敢侮之詩謂豈弟
君子民之父母汝國王是已國王因言及其
祖非係李仁任之後會典所書弑王氏四君
之事已曾經累次

奏准改正迄今尚未改也予等謂之曰若有
朝廷
明旨改正此事可以行矣國王曰近嘉靖年間知重
修會典復奏准有
明旨可據小國爲此一事朝夕營營在心未嘗忘也
予等謂之曰此子孫不敢誣其祖父之心不
失爲孝若果非其後奏聞是矣行禮别去
越翼日宴慶會樓樓在勤政殿之西由右達
門而進樓七間下皆用石柱華麗高敞四面
環以苑囿樓有池其宫闕皆在樓之左坐
定國王令譯者致詞曰小邦聞二位
天使至舉國不勝之喜不勝之幸雖小苑無可以爲
樂聊以申微敬耳予等答之曰連日舉高宴
繁感多謝雅情國王因請步小苑予等諾之
相與循樓而東過一石橋國王指而請曰此
橋在樓之左跨池而度未有名請命之予曰
此石梁如虹之卧可命之曰長虹國王喜頷
其左右書之循橋而北時苑花盛開國王命
内侍折千葉紅桃各揷二枝於冠桃茂盛殊
可愛東偏有小堂扁曰忠順堂前有二古松

盤屈輪囷奇古可玩國王請命名予名其一
曰老龍龍津名其一曰盤虬再步十數武有
一小亭扁曰翠露設席已定乃小憇諸陪臣
進酒飲數爵轉而西松榆槐梛群木蒼欝參
天至則見其地皆籍以席國王命設坐復進
酒指其地而言曰此地久欲建一亭未有名
請大人命之予扁之曰凝秀乃折而南復憇
于樓國王請登樓予等諾之至其上諸山川
之勝皆在望國王因指其北山而言曰此山
名白嶽其名未佳請更之予名之曰拱極
蓋示以拱北極之象欲其拱向
朝廷也又指其西山而請曰此山名仁王請名之龍
津名之曰彌雲下指池而請曰請名此池予
名之曰環碧龍津名其南扁曰玉液池西之
中有二小渚上有群木雜花卉請名龍津名
之曰雙洲至晚復於樓下放烟火諸山上皆
應之極爲工巧可愛國王又令其第二第三
子出行酒酒畢而别越翼日太平館設宴謂
之餞别國王遣譯者致詞曰小邦聞
天使行迫懇留不能得甚爲缺望一别之後一在天之

涯一在海之角難得再會只是夢想而已連
遣議政判書承旨等官問起居予等答之曰
我等奉
朝命至此誠可謂奇遇雖國王惓惓雅意懇留願王
事有程不敢久稽每念一別不勝悵惘國王
進酒請曰請幾進數爵以盡鄙情後此欲再求
此會不可得矣復命陪臣議政判書等十餘
人進酒最後王世子進酒酒畢而別越翼日
國王累遣陪臣數人來留而予等車從已先
出矣是日國王出至慕華館至則見國王候

四五

于門外予等揖讓而進坐定國王致詞曰連
日聞
天使西還此心不勝想念舉國合留不肯少駐一日
將柰何予等答之曰別懷匆匆彼此同念已
知國王之心敬客尊上極盡其情第予等
心急欲西旋歸報
天子矣國王復曰嘗讀古人言一別音容兩渺茫每
未以爲信今日與
天使別親見之矣別後相念情當何如也予等應之
曰海邦相遇如在夢中異時相念及此恍如

一夢矣予等知國王贐無以爲贈但贈國王
以忠孝二字所謂忠者忠於
朝廷孝者孝於祖宗而已國王曰吾聞仁者贈人以
言
天使清修之德不敢以物贈但以言贈古人云修其
天爵而人爵從之二
天使天爵既修人爵自至惟願
天使此行股肱王室焉
天子藎臣施惠於海邦使海邦之人蒙福即大惠矣
於是連命陪臣進酒如初禮送至于館門外

四六

復各飲滿而別王子議政而下千餘人俱送
于館門外再拜而去

欽差正使翰林院修撰龔 副使户科給事中吴為
大慶事照得當職欽奉
上命前往朝鮮國公幹按臨到彼查訪得鴨綠江冬
氷堅厚往來人馬皆由葦橋以渡即今春令
方臨下有將泮之水上鋪日久之葦臨深履
薄古人所慎思患預防今日當圖及訪得朝
鮮國一帶道路驛舘舊俗相沿多用婦人答
應固知本國素遵禮義而此事不無有涉嫌
疑雖先年使職禁革有行近日沿途風俗已
變然實干國體攸關名節所係既已得于傳

聞敢不行于夙戒爲此仰遼東都司經歷司
抄案呈堂着落當該官吏照依案驗内事理
即便移文差人轉行鴨綠江沿途驛舘一面
行咨國王知會禁革本國即委的當人員親
詣江岸若江水流通即便預備船隹入如或春
氷尚厚前項葦橋必須設法整備從長計
處匪云
天使實重
龍章毋比泛常曷容輕忽抄案官吏具不違依准同
差去人員職名一併呈來

欽差賜一品服翰林院脩撰龔 户科給事中吳爲
大慶事照得欽承
上命前往朝鮮國公幹一應事宜合行會案吊卷稽
查爲此仰抄案回司行堂着落當該官吏照
依案驗内事理即將成化弘治正德嘉靖等
年分翰林與科差往朝鮮國行過事宜文卷
務要逐一印封一併具由送查不許隱匿欺
瞞虛文抵搪以憑採擇施行緣係緊要重務
毋得視爲泛常自取參究不便抄案官吏具
不違依准呈來

欽差賜一品服翰林院脩撰龔 户科給事中吳爲
大慶事據遼東都司經歷司呈送文卷前來案照先
爲前事已經吊取去後隨據該司呈稱止有
弘治年間文卷二宗其餘年分無憑查送看
得前項文卷非關緊要其當行事宜縱有失
落亦宜詢訪開陳此係出使外國動關國體
豈宜虛文搪塞深爲未便擬合會案再行爲
此除將送到文卷收查另行外仰抄案回司
呈堂着落當該官吏查照先今案驗内事理
將奉到撫按衙門批允撥辦跟隨出國人役

并合用一應器物等件及成化以後等年分
應付差往朝鮮國舊規文卷務要一併印封
責差承行吏典火速送查其間未盡事宜以
憑增減裁處施行毋得違錯不便抄案依准
呈來
欽差賜一品服正使翰林院脩撰龔 副使户科給事中吳為
大慶事照得欽承
上命前往朝鮮國公幹先該禮部題
准各帶家人書吏儒士龔文繹等十名沿途驛遞應
付口糧馬匹到彼查得將出境外別無衛所

驛遞等衙門隨將原來關文俱各住止誠恐過
江入境無憑照驗擬合就行會案為此仰抄
案回司呈堂着落當該官吏照依案驗內事
理即便移文差人齎去本國知會施行毋得
違錯不便該司先將差去官員職名同具抄
案官吏不違依准一併呈來
計開
正使翰林院修撰龔　下
家人二名龔文繹　龔文信
書吏二名王積善　李世華

醫士一名金恩
副使户科給事中吳　下
家人二名吳天定　吳天貴
書吏二名王祿　劉廸
儒士一名錢循

和少傅桂洲公韻

璽書光翰海仙仗出塵寰詔發金鑾殿官聯五筍班前星光北斗日表望龍顔任使慚承乏春來海上還

冠冕通東國天恩播宇寰元良傳鳳詔侍從輟鵷班劒珮明長道風塵起壯顔寒冬持使節指日客車還

別諸友人夜宿潞河行臺和吳龍津給舍韻

中朝符節使南郭渭城杯鳳詔光遼左龍旌出上台入門發鍾鼓明月在樓臺遠望平沙岸猶疑白雪堆

三河和壁間韻

清道鸞旂羽隊横龍函光照紫霞明使臣萬里啣
王命爲報元良應運生

島服咸賓道化横諸藩隨處仰
皇明應知聲教存無外要使車書被有生

連雲高塹萬山横矩劒宵征帶月明遼海風塵驚絶漠孤村遥望野煙生

漁陽道中

百里長途見石山孤城屹立薊門寒蕭條閭里悲生事宿衛兵屯接戍關雉壘月明烽堠暗諸胡塵靜鼔鞞閒臨邊將士銷金甲遼左高垣直海灣

別山寺次韻

晴雲無雪朔風輕東指關山萬里行紫霧沉村迷羽騎青鸞當徑引霓旌野僧鳴磬客初到古寺聞香心自清暫向行厨脩竹裏斜陽暮角趣
王程

玉田道中

前隊列雙旌塵飛車馬鳴荒山無草木野店有柴荆驛樹連雲塹邊峯接漢城喜同青瑣客文藻振英聲

豐閏院中和道長張君韻

小院看閒圃秋英已落花遥空聞過鴈高樹綴明霞曠野爭寒雀荒城集暮鴉行近山海回首望京華

又次北江年兄韻

小邑臨邊徼山樓粉堞開驚心田野病滿目水蝗災落日荒煙斷層城畫角哀觀風能獻賦應

姜子雲才

次訪李盤谷韻

客路經盤谷停車訪徑蹊林深寒吹動野曠暮雲低汀草侵晨露星巖閉夕暉幽幽山戶寂時見野花飛

次周掌科韻

古槐行院靜晴日使車留風定寒雲斂山深宿霧幽歸鴉爭樹亂棲鳥匝枝稠落景他鄉客鍾聲起暮愁

院中小坐用韻

冬雪遍山樹寒垣良苦寒朝光凝未散曙色遠宜看訪古淩煙草尋芳采澤蘭丈夫四方志遠道諒非難

次角山詠玉田韻

種玉空餘白鶴還滿田秋草與誰刪斗牛夜氣寒空靜麋鹿朝遊野水潺白石已能成妙訣金丹猶可駐仙顏樵歌一曲僧歸路暮角斜陽下紫山

豐潤道中次龍律韻

朔風飄蓋試征鞍磵壑崚嶒鳥道盤木落空山秋色老雪消寒谷野光閑高蹲虎豹奔崖石雄據虬龍聳阜巒歲暮不因棲旅久豈知塵世客行難

樹掛歌

予將至永平宿七家嶺驛一夕霧氣凝聚起視田野山川皆如霜霰着草木之枝葉堅厚糾結比雪特重俗呼爲樹掛自豐潤至此凡兩見焉或曰樹掛必有其應不徒然也於是爲作樹掛之歌以紀異云

七家嶺高崔嵬驛亭遠在白雲隈寒燈照耀皇華臺中宵烟霧沉風霾滃濛四塞如氛埃起視四野成蓬萊群山萬壑白皚皚混沌乾坤遍九垓白日無光猿鶴哀樹枝木葉荒蒼苔珠聯玉結瓊瑤堆恍如江南節候催東皇秉令春風回六龍鞭起地中雷千樹萬樹梅花開忽然一夜山川埋樹掛樹掛胡不摧此物胡爲乎來哉方今

天子徵賢才太平玉燭調三台

灤河望孫竹祠用吳龍律韻弔之

日夕灤河路寒村半掩扉城荒存古意土曠住
人稀北郡留孤竹西山耳採薇江離思一薦霜
露欲沾衣

永平公署用方崇陵韻

使車環郡國蹤跡寄天涯深谷氷埋徑平橋石
擁沙風煙百餘里燕爨兩三家杳杳飛鴻塞他
鄉見物華

畿輔開名郡崇岡控海涯蒼烟園草屋古蹟聚
圓沙絶塞頻憂國殘年倍憶家風光時過眼猶
足慰年華

五

將至北平道中

縹緲依山度馳驅向埜遥晴空初日出半嶺宿
煙消問俗悲征鴈防秋看射鵰自慚良薄質無
補
聖明朝

永平道中望諸山積雪

雪後看山景最奇瑶臺瓊宇白雲滋烟開萬里
寒光淨風起孤城曙色遲曉散玉珂林外出晴
分銀漢渚中移何須更覓三珠樹仙嶠凌空一
望時

夜宿榆關見月

海天長望戍樓開烽火高原鎖暮山永夜朔風
傳漏柝邊城明月照榆關

榆關雜詠

聞道天驕已度河陰山萬里雪氷多長城戰格
連青海胡騎如雲不敢過

紫塞草枯河水涸前軍已報走單于營門老卒
調弓馬猶解馳鞍北擊胡

巨額黃髭最健兒彎弓奪取胡馬騎臂鷹走
狗沙場地醉把胡笳向月吹

六

屯堡分麾守四夷青山如帶遶旌旗寒聲一夜
鳴刁斗殺氣三冬喧鼓鼙

朔漠風寒草木枯桓桓騎士列前驅夜歸雪滿
弓刀白卷笛一聲山月孤

頻年不解黃花戍列寨連營百萬兵日夕轅門
傳夜柝軍中時聽鼓鼙聲

榆關月上照陰山河漢流光瀚海灣萬里鄉心
無計挽只憑村醞破愁顔

客懷岑寂睡難成無奈寒更耳畔鳴坐擁重裘
猶覺冷數聲殘角送鷄聲

山海關鎮東樓

山南開巨鎮海上擁孤城日月翻滇渤風煙接
帝京樓高愁過鳥波撼動長鯨歷覧窮無際遊神
薄太清
齊雲結飛閣跨嶺限虹橋遠水連河漢凭欄望
海潮魚龍從變化鵰鶚任扶搖欲借凌風翼翱
翔上九霄

中前所守備李都閫帥兵出迎

出關三十里云是中前所小堡團孤軍荒煙起
高壘古城積堅氷落日響寒柝連居盡蓽屋奔
走雜士女兹地信咽喉控關扼險阻寄言守城
者爪牙恤軍旅無使犬羊侵東顧慰
當宁

前屯衛次東鋒石公韻

馳驅關塞苦風塵猶喜同心切友鄰滿地氷霜
空自老防身書劍未爲貧海烟漠漠遥連樹山
鳥時時欲近人長路關心猶作客天涯今日又
逢春 是日立春

過東關驛

千里平沙直海岸幾家草屋聚屯營旌旄却
使兒童識鼓角翻令鳥雀驚

高嶺驛道中再次前韻

旌旄動處起沙塵絶塞兵戈守四鄰鬢髮已憐
遊子遠乾坤應笑客途貧高岡斷岸遥奔馬明
月當空正近人遼海風煙冬寂寞蹉跎又見一
年春

前屯衛觀楊總戎帥諸將校射獵口占
賦此

將軍校獵真豪雄身騎駿尾胡青驄跨鞍直上
却鞭策平原馳突如追風荒草白高狐兎卧搜
羅驚起荊棘叢翻身一發白羽箭仰首再引六
鈞弓狐奔兎走飛群雉掩合不避山巃嵸臂鷹
走狗紛相逐一一墮落平林中將軍自昔作鎮
稱元戎即今偏裨將校皆當鋒閑來射獵山南
北鋭志欲使鳥獸群皆空年過七十誓死敵顧
盼眞爲矍鑠翁深山單騎射猛虎戰袍猶染胡
血紅優閑田野能幾日尚擬殲虜成奇功

用唐人雜言月洲歌韻送石洲葉君歸浙東

鄞之水兮露方洲石巖巖兮水分流雜蘼蕪兮
簇芳草飽雨雪兮幾經秋一片雲數株樹花落

鳥啼隨去住馬蹄踏雪出關來錦纜迎風向家
去行人歸已遲桃李春風時滿目雲山眞可悲
倚閭兒指數歸期東下順流未應遠兒童哄迓
征車返煙雲花竹知主人月弄寒沙水清淺

過大沙河驛 去海甚近

荒村餘草壘古樹附寒枝遠岸青連嶂平岡綠
護堤見天無盡處望海不波時島嶼浮空碧旗
旄接水湄

予自出關至寧遠父老輙率鄉民叩馬
前道其守備備禦之賢戲爲二絶以紀之

海濱野老已高年共率鄉民拜馬前何事遠来
頻稽首聲聲同道將官賢
保障邊官已有年口碑載路萬人傳
朝廷側席求良將惟賴吹噓送九天

過大淩河所

白雪草橋道路青山旭日旌旗牛羊小小門巷
車馬喧喧鼔鞞
雲邊獨鳥高樹山下孤煙遠村咲指路傍古石行
看馬首平原

十三山驛

我本三山人吾郡有三山到此十三山十三山本奇錯
落雲霞間突兀揷青漢奔峭不可攀羅列走熊
虎煙雨變蒼顏惜哉秀拔姿蒙翳苔蘚斑不生
畿輔地乃在邊城關行當陟其巔俯身弄潺湲
佳期豈云邁正值青春還

任都憲馬總戎王内相開宴於會府孫
正郎張僉憲皆在席中有作

三公華筵列開府錦席文茵奏鍾鼓瑤花散亂
雜綺羅玉斝琊盤兩參伍奇羞旨酒登八珍海
錯山肴具無數教坊雜劇紛然来又令胡兒起
歌舞琵琶短曲弄新聲百戲霓裳簇霞組繁
絃急管遞相催衞卒逡巡走熊虎中丞意氣凌
霄霄坐見清風鎭邊土元戎威望奮鷹揚膽讋
三軍貌修俣守臣炯炯耀雙瞳楚楚雲衣映珪
珇地官湖海包襟懷兵憲高情震今古黄門雅
量醉更醒促席觴盃紛笑語蹇予匏瓠猶相從
酒酣復爾調金縷東來海上喜遭逢聚首天涯
湛容與高堂數仞面醫閭列岫雲光滿樽俎春
風携手望明星紅燭紗籠月當午

題總戎馬恒齋畫

淇竹茂修林山花滿晴宇珍禽聚錦絢雲霞三
四枝頭簇文羽彩衣白練懷好音石澗飛泉過
山雨碧峯煙霧生琳琅安得有此將軍堂將軍
當朝擅雄武獨立清聲震戎虜完名勁節世
所奇韜略早登三公府手挽強弓敵萬人志薄秋
雲垂千古我來一見如舊遊坐中談笑鳴吳鈎
腰間金印大如斗坐建籌策封公侯邇來樹羽
鎮邊鄙壯年執戟明光裏生平馬上事詩書閑
向堂中閱圖史畫工運筆良苦心恍然對此一開
襟將軍功勳慕諸葛訓練強兵思七禽

西溪諸公招遊北鎮廟口號

鑿開山勢似游龍削玉芙蓉聳碧空旌蓋入門
來遠客衣冠遊宴會群公春回遼海千峯曉天
入高麗八道雄不謂登臨愜幽賞咲將雙劍倚
崆峒

聚仙石上散坐口號

會仙亭上春風和聚仙石上且嘯歌天地衣冠
成一醉滿酌其如落日何

題北鎮廟 有遼金碑

丹青廟倚白雲深松檜森森古殿陰荒草斷碑
埋鳥迹細苔蒼蘚認遼金

題龍津翁向

遠渚明沙岸春山亂木稠杖藜如有約日日坐
溪頭

題任西溪都憲畫

金睜玉爪耀雄姿萬里江山獨立時已辦扶搖
擊凡鳥先將威望走群鶩

萬頃晴雲捲暮霞一泓秋水遶溪斜輕烟淡鎖
山前樹月白松青漾碧沙

苑林暑氣薄千崖秋色高藂竹茂淇澳黃花

正憶陶汀蘭思公子馥馥披江皐熙明灣晴昊
金華息民勞凉風既以暢異産流溪毛柔物固有
知攸伏求其曹穆清被皇化不禽比二毛達人悟
至理民隱悉蓬蒿暫以佳節酬東籬泛濁醪

贈馬總戎

皇明萬古壯山河列騎連營關塞多賴有干城
良將在紛紛雜虜敢横戈

盤山驛次壁間韻

絶塞泥塗野草荒遥天一望海雲長山盤遼左
開雄鎮地拱神京樹巨防風静關河明斥堠春

晴郊野散牛羊東來日日逢車馬入貢藩夷屬
帝王

過高平驛

輕車出廣寧一日至高平停驂遠眺望斯名頗稱情連岡帶夷曠長阪擁樓城塞遠少沙磧谷深無歆傾邊關防虜寇屯戍設烽營雖無闘爭患備禦敢自寧一夫勇當關萬卒怯先聲此站故云窮保障良在兵退方享寧一坐使胡塵清

沙嶺驛　遼陽李副總兵帥兵一千五百出迎

沙嶺多沙路長途困僕夫元戎開小隊騎士列

前驅草舍存荒店村墟擁嶺嵎書生輕萬里不用度關繻

史道長會苑馬太僕分守副總兵都閫設宴於都司堂席上有作

雲淡雪消當午夜千門萬户樂豐年樓臺燈火廻銀燭文武衣冠集綺筵習習春風吹面薄團團朧月向人圓清尊歌舞良宵會阜蓋風流自昔傳

史駝村招遊望京樓與龍津黄門同登

春風吹遍管寧地遲日同登王粲樓郭外諸山明野燒海中三島接丹丘雕欄百尺晴絲卷粉堞孤暈宿霧收晝棟疎簾送歌舞望京高處更淹留

十二闌干結綺幽春風携手仲宣樓八牎晴入連雲樹四野塵清淨壘丘歷歷烟村山外盡紛紛城櫓望中收隨風忽漫故園眼一醉能拚此日留

苑馬太僕分守諸君子招遊華表觀

昔人化鶴幾千年華表于今已浪傳海畔關城尚無恙里中丘塚倍於前山雲江月長為侶白

石青松更可憐何事丹砂不相問蓬瀛宫闕隔群仙

頭關站　人家少

晴日初消萬嶺煙青郊躍馬信朱鞭編橋乍渡通流急殘雪猶存覺地偏茅屋數家廻岸曲踈松幾樹出山巔陽春不道山河隔正是江南二月天

過青石嶺　甚高峻

青石嶺石如牙大石小石泥泥沙懸崖雪水萬派下椎蹲虎豹騰龍蛇羊腸結屈盤雲杪聯綿古路行人少亂草殘花委地賒半嶺流雲絕飛

鳥青石嶺不可行僕吁馬困摇危旌騎兵相尾戒勿迫芒鞵布襪沾泥濕嶺頭炟起初日黄嶺上行人愁斷腸

甜水站 人家少有堡

萬山稠木蔽長谿棘刺藤梢亂石磯峻嶺衝泥愁馬滑懸崖攀磴逐雲歸春風已緑沿堤草野燕猶能傍客飛處處鳴蛙震林谷天涯遊子欲沾衣

高嶺口號

峯頭攀拆聲可憐紅旗閃閃凌蒼煙穿林緣木

十五

如魚貫皷吹直與天相連

登嶺上觀音閣

山腰高閣俯溪流溪上風光照眼幽短草沾泥經宿雨垂楊映水夾芳溝春流岸岸清無極野燒漫漫濕未收策馬峯頭高處望烟波渺目起人愁

鎮夷堡 又名通遠堡有七十餘家

小堡圍茅舍高山設候兵峯頭氷尚白溪畔草新青岸斷春流急林暄曉日晴隔村有啼鳥時送兩三聲

鎮東堡 又名雪裏站五十名軍居守

晴川映林薄亂草暗流泉地僻偏留雪山高不礙天野橋時度馬荒徑半飛烟不盡春光好風花過眼前

鳳凰城 五百軍居守

鳳凰山下鳳凰城碧水丹峯春日晴遼左雲山皆向北關西山海關之西車馬自東征殘花不脱經冬葉深谷時聞百鳥聲只爲乾坤無盡處異方猶見此山靈

經鳳凰故城懷古

城在山上周圍依山高峻崩城敗壁尚有存者山口有門入其中甚平衍四面山圍如屏障焉盖天生一城郭也

十六

山上高城凌紫烟荒丘遺址尚依然天生城郭週遭合地險山川控馭偏夜月雲霞埋故壘春風花草茂平田四郊日永干戈靜別是人間一洞天

山下觀獵得二麞

吹角連兵下帳幃彎弓千騎疾如飛網羅四面

包原野白日山中看打圍
下馬胡床對山坐紛紛走獸眼前過二纛觸網
来獻牲滿酌數巵鄉愁破
打圍本是胡人戲却来走狗沙場地野烹綿酒
作胡歌琵琶聲切春風細
拍手起舞彈琵琶聯有馬上吹胡笳燒鐵酌酒
来相勸不覺崑崙山月斜

湯站 五百軍屯守

屹立孤城擁萬山海門波浪接江灣中華地盡
雄西服外國藩維直北還萬里風雲瞻鳳闕九
天日月侍龍顏傳言士卒防邊者此是東遼
第一關

將發九連城遇雨 是日清明節

侵晨秣馬向前川四野雲迷阻去鞭入户紛紛
攪春色着衣點點弄寒烟客途正值清明節旅
食忽愁風雨天遥憶故鄉方鶵里祖考墳塋之也墓田高
掛樹枝錢

九連城阻雨

絕塞江聲奔遠岸荒村雨氣動輕寒隔林遥
見一山好入境應憐異域看徑路蕭蕭生綠草

風煙漠漠散青靄荊榛古道無人到鸂鶒鵁鶄
滿碧瀾

八站行

東遼八站說行難峻坂百折何盤盤密樹如巢
蔽天黑仰首不見青雲端古道新開翦荊棘中
通一線連峯巒流泉怪石出其下百道交瀉鳴
風湍憶昨
先朝正德間虜騎充斥来東山邊兵守將遭殺戮
客途聽此凋朱顏邇来
天子敷渥澤越裳入貢施蠻貊内修外攘東海寧道
路于今無間隔

使朝鮮録

渡鴨緑江　江濟節制使設宴

鯨波萬里泛仙槎碧漢澄泓漾淺沙始信地灵椎島服遂令天塹限中華扶餘道上春風早鴨緑江頭楊柳花自是文風歸一統萬年藩屏衛
皇家

義州城義順館

使車初入義州城正屬東藩第一程館伴候迎奔百吏將官遮護擁千兵戍樓遠帶諸峯色驛舍斜連一水清最是江村新雨過旅眠欹枕聽江聲

良策館即事　屬龍川郡

義順東行草樹迷野橋路滑怯衝泥青松架壑通車馬綠渚分流亂石溪細浪影搖晴漢遠奔崖斜起挿江低肩輿峻嶺風煙寂不覺前山日巳西

良策館阻雨

鳴雨來不歇霏微晚更多飄蓬春巳半欹枕夜如何簷溜喧寒析松聲散玉珂中宵清夢繞猶滯此山阿

良策曉發喜晴

柳外小車經石丘鳴泉百道亂溪流柔條拂路東風軟翠幹凌霄爽氣浮晴色不勞鍾鼓報遥天惟見雨煙收東來車馬無停日傳語他年作勝遊

車輦道上松

夾嶺秀萬松翠濤鼓天風肩輿松下過蕭颯如嚴冬

東來喜看山更喜山上石青青數株松清風生兩腋

青松樹下草屋白石岩頭茅亭近水穿林燕語晴嵐出谷鶯聲

一天霧靄方消萬里江山更進野草流泉汩汩杏花春雨蕭蕭

車輦館蟠松　屬鐵山郡

嶺上萬株松無如蟠松好盤屈蒼虬枝亭亭翠羽葆鐵幹排天風翠濤生華島穿雲石齒裂溜雨霜皮老偃蹇獲龍鱗根深絶行潦寒炯生平蕪遊絲淨如掃春風桃李花凉秋委蔓草寧如歲寒心氷雪不枯槁結根纏風雷十畝延長道

東来萬重山所歷咸草草偶然得見玆對之開
懷抱洞門晝常陰晴光昳穹昊西旋擬開筵坐
對金樽倒

林畔館　屬宣州郡

林畔館前野草花林畔山頭紅日斜南下諸溪
流不盡東来千里路猶賒風煙過眼春光換長
路關心客鬢華夜宴張燈無聽思前村月色映
汀沙

上山嶺　在林畔館西即小國司峴

長嶺如蛇勢斜分黍麥田破山開險道穿石引

廿一

奔泉斷續防崩岸逶迤逐迤川隨風舒望眼
一水注天邊

東林古城

東林古城草徑斜壞垣崩石頹泥沙山深地僻
人不到開遍東風幾度花

同盧河

同盧河水清見底水裏無魚有石子松橋十丈
跨河橫人馬相聯絡如蟻前嶺後嶺路逶迤徑
轉山迴數十里長溝流潦聲潺潺夜雨由來
混山水瞑色行人日已斜峯頭又見蒼煙起

堂於嶺行

堂於嶺上石稜稜上嶺人如磨蟻行路斷不斷
出孤徑人行未行樹抄聲三韓道上春已深山
黎岸柳纔抽青嶺下轉覺地迴曲回首日邊
望
帝京

雲興館午餉　屬郭山郡

午餉雲興館高山自出雲叢林添柳色怪石繡
苔紋海錯堆盤細溪毛雜几芬行厨聯驛舍一
飯敢忘

廿二

君

郭山孝女

郭山孝女何許人髫年淑質當青春秉彝純孝
出天性從容斷指療其親我來奉
命過遼海歷歷土風勞詢採雲興館東半里餘華表
迄今猶不改道傍乍見一下車徘徊登眺獨憐
渠人生有子如此女芳聲山水爲終始
皇風自是式九圍澤被東藩乃如此空山故宅走鹿
麋落花荒草卧殘碑欲尋遺址不可得悵望
園林春露濕吁嗟此女死不朽幸有吾人爲

賦詩不然泯沒在東土表表盛節胡由知君不
見藩王立石旌其門從來名義古所敦

過雲巖院偶成　屬安州當在安興館後

草沿新砌方鋤花落空庭未掃雨後看山最奇
煙中望海猶好

宿新安館　屬黄州　國王遣使官來設宴

華館對山開北宴寒窓時聽語音謫東藩儀仗
迎
龍詔北極衣冠捧
鳳函亭柳拂煙垂草砌山花明珮點雲巖詰朝又向嘉
山去馬首晴光接短袂

過新安館東行二十餘里山頂有石如
人狀

天邊嵬屼峭青壁山頭有石如人立晴雲陰雨
來幾時履蘚衣苔披草笠望斷江山千萬重烟
霧空濛染不濕定州山工日行人世路行行如
不及東來日日乘肩輿吹面正喜春風襲君
不見山頭石人勸客歸遥向長途若拱揖

初見杜鵑花

半嶺晴開半嶺霞隔江錯訝日西斜東行春
氣深如許纔見東風第一花

納清亭

納清亭子在溪頭溪漾寒流亭更幽晴日雲霞
開遠墅春風煙水落平洲眼前對景供吟興松
下閑行作釣遊爲雨停杯一餉霽山光潭影共
悠悠

嘉山嶺　屬嘉山郡

嘉山嶺在白雲頭開鑿于今幾度秋怪石崚崚
欹欲墜喬松疊疊翠如流却看諸岫溪中落遥
望一江天際浮躍馬嘉平還遠去前程有興更
登樓

嘉山嶺下怪石蹲立於傍無數作維石
三章

維石巖巖如虎斯雄虎斯雄不我從胡爲胡泥
中
維石巖巖有趯如兔趯如兔不我顧胡爲胡中
路
維石鑿鑿可以爲錯東人取之爰究爰度彼美
石兮東方之石兮

維石三章二章章五句一章章六句

宿嘉平館次倪文僖公韻

站館開嘉平崇構當嶺口古木連平岡南山射
虛牖勒騎西嶺上一步一回首下馬羅春宴金杯
酌清酒郡倅與縣令供事便趨走高峯平几席
衆山如土塿馳驅敢辭勞鞭策不去手瘏馬慵
長途敝裘積餘垢雖然騁春華遊覽盡瓊玖日
日行萬山紅塵滿衣肘

一石嶺　在嘉山館東三十餘里

山行落日滄盡赤盤旋高嶺見一石重岡小徑
半飛烟萬里風光遠行客晴来落影映霞紅雲

去凌霄伴仙君何當鼓上飛仙翼爲爾勒碑壯
行色

渡大定江

晴日和風穩放舡輕波湯漾綠生烟江流自在
游魚出羽騎不驚沙鳥眠碧草遠堤迷遠岸紅
霞映樹落前川控江亭上原爲敵愾余改今名頻回首極目
層巒落照邊

楓浦口號

凌雲白鳥廻風舞翠巘煙横山花雨石古細路
度平橋一片流霞落楓浦

宿安興館　屬安州　國王遣判君來設宴

雕欄彩屋依山郭簇地錦席排琅玕海錯盤擎
金縷細冰漿碗泛葡萄寒絳紗夾路映江曲綺
構聳石凌雲端晚上高樓俯洲渚城南城北倚
闌干

渡清川江

大定江頭泛碧波清川斜日又江沱錦纜蘭橈
搖曳上春山載酒喜重過
木蘭船上結茅亭一派江流泯泯清白白細鱗
時入饌前山鼓吹雜江聲

登百祥樓四十五韻

山郭敞高樓春江事事幽扶餘天際海薩水日
中州石隱鼋鼉窟川明鸛鷺洲晴霞開遠浦宿
霧隔荒陬蛟室江光見蜃樓島氣收蓬萊仙子
宅玄圃羽人遊鼇戴維坤軸鯨吞失海籌絪緼
同野馬籠絡一風牛吹浪魚龍戲空山鹿豕游
翠螺盤峰崒碧落舞蝸虬泛梗輕千里飄蓬進
萬艘潮平石齒没風捲雪花浮月上波連漢颸
来氣近秋王喬時跨鶴野老日忘鷗石鏡平雲
影冰壺瀉玉旒汀沙飛鳥羽岸芷蔭山楸支石

懸河上桑榆種道周千崖春色滿萬壑散聲稠
瀲澥沉焦土崑崙浸古湫星巖樓分子貝闕隱
浮丘浩蕩張騫棹蒼茫范蠡舟晴嵐通野潤潭
影共雲悠薜荔藏烟洞蘼蕪接雨溝層軒宜眺
遠畫棟秖消憂逞地塘夔張衡賦咏愁崆峒
懷浩想弱水阻寘脩翠岫陰霾散叢林倦翼投
寘搜乃吾事幽討愜心謀馳驅嗟長道登臨豁
壯眸風光聯雉堞農事滿田疇野屋遵鴻陸荒
村傍燕丘半標歸李郭風雅仰曹劉勝賞春當
半招尋黙也儔釆風勞不厭訪古意無休赤壁

來蘇軾山陰見子猷寒溪聞觱篥壺谷響箜
篌下渚移蘭棹横橋上釣舟細鱗時入網縷膾
具盤羞綺席圍銀燭清歡間短謳意闌行復坐
景會句還酬世事空中鳥浮生水上漚感懷如
不樂流序詎能留且盡杯中物寧思分外求涼
颸吹席末落日在簾鈎乘興且歸去題詩在上頭

觀射

高山百步張皮侯日日較射山之陬材官從事
逞妙手龍川郡守絡褑韝低身縮頸能挽強一
發沒羽連金鍭此中更有善射者判書帳下髯

蒼頭諸州察訪亦健臂郡倅縣令登幾籌少年
舍矢每破的此邦民牧多武流角力小技輕五
石穿楊屢見奇功收吾聞海西群胡窺北鄙數
年牧馬黄河水胡不殺逐收奇勳永作藩籬報
天子

將發安興遇雨謾成

寥落村墟蔭白茅倚江山郭俯青郊陰晴景異
春無定庭院人稀鵲有巢傍岸已迷楊柳樹隔
墻時見杏花梢沉沉入夜淹行客芳草萋萋滿
綠坳

將赴肅寧道中欲雨復晴用董老先生
韻屬肅川府

百尺飛絲漫不收凭欄入望意猶猶溪山未見
停煙雨河漢頻勞視女牛曉滴升暉明漢節晴
嵐躍馬佩吳鈎客行從此慰顏色孤館空山肯
暫留

林皐宿雨散楊花水過沙堤露石牙碧漢有時
聞過鴈春池何處鬧鳴蛙青山萬里何多日客
路三千已自賒敢向驅馳惜勞苦陰晴不假報
皇華

安定道中初見石橋 屬順安縣

五丁開道闢神功驅爾何時到海東兩岸清陰垂緑柳晴波百尺卧長虹

安定館次董公韻

冒雨出肅寧向晩來安定深林宿鳥棲天色已昏暝燈火亂前村溪山不復省柴門翳林莽風炬變清景入館羅酒漿清油照燈影竹豆堆菓肴氷盤列松餅山民喜我来牆頭舒鳥頸連日困泥塗倍道恩力併盈庭侍輿皁魚貫執堅梃觸目賡異聞紀載兖毛穎奔馳雙鬢華散亂罔知整天涯非壯遊胡能遠馳騁短搨聞鄰鷄一喚東方醒

謁箕子廟 屬平壤府　國王遣判書來設宴

貴戚恩存社稷深獨夫作孽已昏淫人知周室下車訪誰識當年被髮心師渙孟津空一戰道傳禹範績餘青松蘿權徑遺祠古一薦江蘺酒滿斟

箕子操

身可去兮心胡以寧生可棄兮事胡以成我為奴兮國尚可以圖生吁嗟乎臣罪當囚兮君王聖明

思彼狡獐兮謂我何求大事已去兮社稷誰謀瞻此故宮兮禾黍油油嗚呼蒼天兮於我何尤

登練光亭

城上高亭俯碧江茫茫烟艇列千艘遊魚出水紛無數白鳥晴沙下一雙石壁横雲遥遠樹海風吹浪入寒窓浮金沉碧眞如練一望層霄盡海邦

泛大同江

樓船百丈繫城東杳杳蒼波浸碧空簫鼓中流飛燕雀巾袍半壁驚魚龍青簾布幔浮晴浪畫舫雕闌對疊峯萬里乘槎共天遠此身如在畫圖中

路出通津浿水東海門高浪泛晴空遥巖欲近天邊鶴曉日時吟水底龍波撼鯤溟奔萬派氣蒸鰲背走群峰紛紛戰闘前朝事都在江流一鏡中

風月樓

高樓百尺入雲凉畫棟朱甍接大荒風月每来窓牖靜林塘時有芰荷香微微踈雨含江氣片片

殘雲漏日光斜倚曲欄来晚照一聲漁笛下滄浪

平壤勝蹟　舊題二十詠欲搃灝樓余增爲三十詠

德巖

巨石捍江流江水折而東居民免魚鱉咸歸保障功

酒巖

巖以酒爲名我來夫何有疑是武陵津仙家泛春酒

白銀灘

灘水激清流浪花白如銀夜潮春雨後杳杳潤無津

卅一

錦繡山

晴日紫霞明春山開錦繡色映錦袍鮮六馬行春晝

乙密臺

山顛乙密臺高敞披草萊玉露擎仙掌時聞笙鶴来

牡丹峯

平開玉井蓮秀出牡丹朶我値花開時望峯鼓江舸

浮碧樓

碧瓦蕩銀河朱甍照寒水倒影浸樓臺人在畫圖裏

練光亭

白練橫晴漢煙光净一川危樓天上坐彷彿欲登仙

井田遺制

南郭分阡陌田區畫井中至今平壤民猶識商家風

朝天石

朝天往何處突兀聳鰲背山雨欲來時分明響霞珮

卅二

風月樓

風月滿高樓主人興不淺坐對荷花池流雲出高岫

麒麟窟

養馬不在廐乃在滄江濱更無渥洼種惟有石麒麟

芳島爛綾羅稱此佳山水欲借并州刀裁爲雲錦綺

綾羅島

快心不常得獨喜快哉亭一咲山月旅淫淫雲
水清

快哉亭

江流日向東一望連天碧仙槎杳何處海水來
潮汐

大同江

層樓跨江城瀾光挹晴灝緲緲凌紫霄望中見
蓬島

挹灝樓

東邦守文教敬道崇廟貌
皇化重儒風漸摩知所效

文廟

檀君開國土誅茅樹區宇至今邦之人稱爲朝
鮮祖

檀君祠

青山芳綠苔封壤築高臺使車一瞻拜蕭瑟
悲風來

箕子墓

古廟蔓藤蘿屹立檀君右冊青儼如故春秋
薦椒酒

箕子祠

東明開高麗故都在平壤廟貌始何年至今猶
祀享

東明王祠

平壤登眺次唐先生韻

守株與壯遊所見何霄壤多聞遍足跡史遷有
遺響西京萃佳勝芳春正堪賞溪山當馬前歷
歷如指掌昔人歌舞地回首驚已往我來及暮
春風煙更森爽館伴知我心開筵息勞攘倚岸
柳陰中青簾列畫舫黄門同我行命車已相往
巍巍孔子祠（在箕子廟右）殿庭赫弘敞挹灝泛晴瀾（挹灝樓名）
練光（亭名）闢榛莽灘浪浮白銀（灘名）德巖（岩名）峙高
廣浩浩大同江（江名）流沫數千丈樓臺浮天碧（樓名）
壯冊（峯名）耀日晃兎山（箕子墓）與檀君（有祠）一望歸羅
網更上快哉（亭名）亭默默起清想井田有遺制（在南門外）
懷古窮探訪飲酒石巖下（巖名）杳杳綠波漾丹
梯登乙密（臺名）風月（樓名）動魚捞朝天（石名）石麒麟（窟名）
萬里誰爭長芳島綾羅（島名）文晴山錦繡（山名）倣拭
目箕子祠（在文廟東）攖心生慨慷歷覽意不盡對

景開尊餉茲行良不負意氣實軒朗燈前裁
短歌聊以示朋黨

登快哉亭

快哉亭迫碧山頭浪跡于今說勝遊極目蒹葭
满城郭可人煙景傍林丘新漲出水直如劍初
月離雲曲似鉤歌罷仙娥春露冷一聲歸鶴過
江洲

宿大同館

平壤古都留巨鎮村墟榛莽半人家一江煙水
開城郭十里松陰覆苑沙王國尚聞遲海嶠客

廿五

途幾欲遍天涯仲春已破暮春至又見橋頭飛
柳花

生陽館次王公韻 屬中和郡

萬壑遥從海上來層樓傑構向山開飛飛翠羽
明沙岸裊裊柔條近石臺煙暝松蘿停翠盖
日薰桃杏襯紅腮湘簾晝永遊絲靜時向晴峯
步紫苔

次倪公韻

满林梨花白於雪正值三春景候加（是日三月朔）一夜
東風吹不盡庭階片片瓊瑶花

齊安館登廣遠樓 屬黄州

國王遣議政來設宴

百尺層樓遶畫欄曉來登眺不勝寒三春花鳥
圖中景十里風煙鏡裏看日煖空中盤白鳥波
明海上舞青鸞豪吟似逼雲霄近便欲令人生
羽翰

步青歡閣

閑登廣遠樓更上清歡閣複道接重堦迴廊障
流幕平原一以眺溪山相隱約泉聲雜鳥啼彷
彿聞天樂飛花惹遊絲故來簾箔霞影射千

廿六

峯煙光散萬壑憑欄望白雲天宇正寥郭

泛簇錦溪

本名於草河有橋可渡鄭判書李觀
察設有樓船於河中令漁人網魚以
為戲盖欲延予之行也（吳黄門改名曰簇錦溪）

畫舫蘭橈繫柳陰踈簾巨纜碧江潯朝鮮古
路由來久簇錦名溪始自今細浪揺雲翻石壁
淡烟沉樹落霞岑春山不盡臨流興鼓擢相將
泛水深

棘城

我行經棘城云是古戰場暴骨蔽丘野同穴此埋藏陰雨倏晦冥秋啾露耿光環山築高壘磊石紛成行中通一線路車軌不得方小院對城開重宇排棘牆判書與觀察爲予道其詳延我入高樓列坐於我傍張筵具午餉促席飛羽觴獐肺爍黄花酪粥浮瓊漿下樓趣車從前路仍翱翔念當文明世見此重感愴自古有鬬爭寧恤民命傷枯骨如可澤掩骼戒勿戕行行勿復道空山草木長

洞仙館望鳳山次王公韻 屬鳳山郡

丹丘嶙峋彩鳳起展翼翱翔數千里晴開濱渤朝霞紅暎入崑崙暮烟紫群峯卓地映蒼波遥連島嶼盤青螺清夜月明響仙珮雲中聽得洞仙歌神山隱隱遠相遞霓裳霧鬢堆雲髻朱欄十二倚崔嵬空翠浮嵐濕春袂我來嚴冬乘使車不覺百草抽黄芽桃李紛紛哄青眼籬邊又放山梨花董王文章仰山斗豪氣欲逼蛟龍走才華燁燁凌飽謝至今耿耿光户牖我生有幸當文明勤劳使事輸衷誠陽光三月逾花柳轉眼又覺非春正迢迢冠冕通東極天香手奉雙

龍勑來尋舊址讀舊詩眼中似與平生識覥余謭薄步後塵心情繾綣胡由申聊裁短詞寄衷曲繼我尚有後來人

館之東數十武青松成林下結茅亭臨芳沼坐其中而樂之命之曰棲鳳龍津賦詩余次其韻

偃蓋散風濤彷彿見三島步屧望晴霞沉吟豁襟抱撫松坐茅亭對此小池好鳳兮託所棲山花滿庭草

發洞仙登山上亭 是日上巳

小亭跨山頂躡磴飛雲棧路逶羊腸曲溪分燕尾斜正當佳節會對此春光華暢歌望仙侶縹緲隔流霞

午憇劒水館 屬鳳山郡

水流如劒拖雙碧積翠松陰鎖暮山麥秀平連丘壠綠苔紋斜點石巖斑溪頭新柳半舒卷嶺上閑雲自往還雷煥可曾經此地先生夜氣斗牛間

夜宿龍泉館 屬瑞興府

含情出劒水傍晚向龍泉龍泉拂霜花劒水生

紫烟行行未數里僕夫已勞疲暝色延山林荊
榛相蔽翳前驅熾束藁照耀江之湄烈焰燭天
紅號風震長堤須臾延草木聯亘及松枝松枝
吾所愛蒼翠盈山陂但恐玉石焚崑岡無由知
况值春光和百卉紛離披餘燼傷物性急呼僕
戒之明星出有爛兼程力驅馳入門燒紅燭正
及更深時

　將至龍泉十里有嶺名車踰甚高峻譯
者誤謂龍泉之東不知此已過之矣因
口號一絶

車踰高嶺費攀躋叢莽懸藤咫尺迷此去龍
泉尚十里居人猶不解東西

　發龍泉

客行龍泉道村村雜花柳出谷聞鶯聲嚶嚶如
求友清清交木陰延溪設魚罶持筐無野婦背
負有村叟風煙滿山麓搜訪爲我有下馬坐胡
床臨流一盃酒

　龍泉道中

石壁如翠屏屹然峙道左似憐行客勞藉此苺
苔坐

峭石挿雲根藤蘿翳青障雨濕山花寘日照
蒼苔上

　過安城館次王公韻　屬平府

柳陰密窗傍雕牆四座湘簾入院凉風景滿前收
不得流鶯語燕逐春忙

　次金太僕韻

郵亭素幔絶氛埃兩岸群峯入户來縱酒敢謀
良夜醉看山直爲好懷開墻頭嫩緑摇青壁庭
畔飛紅襯紫苔可是春光多着眼題詩深愧杜
陵才

　遊葱秀山

群峯錯落青霄裏奔峭懸崖半伏起石稜齒
齒蒼苔班萬丈烟嵐出青紫孤高突出翠屏山
余命名雄據流雲如夾峙兩山之下有流泉陰木
交藤轉迤邐晴沙遶徑架松橋激石潺湲清瀰
瀰館伴敬客頗多情當峯張幙近流水看魚跃
坐飛瓊觴山鳥山花隨點指坐來忽聞山谷震
驟見騎士皆披靡攀崖緣谷競馳逐淺草麕麞
激流矢又見蒼鷹傍水飛側身揚翅禽文雉吾
聞此山多虫蟻土民射獵意未已慎無盡物殄

天生且對春風坐山址山靈從此喜我來芳名
千秋更無毀

道中見古松

道傍古松樹青翠高入雲扶踈出群木枝榦半
巳焚幸不礙車從無勞尋斧斤我戒東人勿翦
拜行人籍爾爲青盖稍遲歲月經風霜坐見郊
垌遍蒼靄

觀捕魚

清溪蒙密魚網集小艇徃来向風急操舟舉網
投中流巨口大魚聚如翁大魚入網皆垂頭小

魚盤中猶戢戢庖人皷刀斫玉膾落觔忍見血
鮮濕斑荊作杖調吴塩火上有時還崛立吾令
餘魚放諸水須臾濡沫能口吸當筵眼看盆内
躍入饌豈堪釜中泣君不見綠陰之中常釣遊
打魚可樂食魚愁

觀獵

蒼鷹卓立奇毛雄攫身側目凌遥空郊原短草
過眼疾奮翅突入平林中平林茂木集群鳥彩
雉驚起離芳叢飛來飛去無所逃赤目蕭颯生
悲風蒼鷹側翼低隨飛穿花渡水邀其蹤老拳

挨地飽毒手毛羽脫落鮮血紅搜羅捕獵山南
北三麞挿箭收奇功天生萬物各有種鷹強雉
弱不相容強食弱肉豈所忍吾將嗷嗷訴天工
當時搏擊似快意回首卻念生怒冲雉兮雉兮
羅此兇胡不反啄穿其胸眞宰豈得爲至公

寶山舘　屬平山府

小舘枕山麓其名爲寶山寶山義何取山色清
我頗春山盡瓊玖光耀藏培塿出雲寶藏與此
理古所有陽德炳精靈丹碧互盤糾何地獨無
之至義在君剖浮雲會吾心我但飲此酒讙讙

談天辨棄置不掛口爲爾雪此汚千古當不朽

至寶山舘　國王從予等言迎

詔于郊先行五拜三叩頭禮前此未有也作此以志喜

聖代文風遠賢藩禮教優車書昭一統儀典軼諸州
捧日懸霄漢流虹映海陬許人能以禮文學
愧言游　記曰淡執淑氏事以禮許人

又聞　國王令諸生俱出郊迎
詔從予等之言也賦此以志禮之始

好德人皆有東藩禮數寬郊迎先五拜道謁肅
千官咫尺清光覲奔趍雜佩珊他時承

詔使休作箏閣看

南川口號

春山與不孤茅屋煙村裏客路小橋東碧溪自流水

金巖館讀壁間諸作遂次其韻 屬平崗

東國山川欲賞音故教豪客放狂吟清新未厭三千首追琢能如百鍊金縱使鬼神能感泣敢言蘭蕙即知心蒼茫獨咏青山老拄杖穿花向午陰

渡豬灘

豬灘昔日聞橋渡近說春流已斷橋小艇須臾臨隔岸轉看車馬在山椒

宿興義館 屬牛峯縣

杏花紅間梨花白啼鳥時兼過鳥聲流水草橋溪一曲數家茅屋翳榛荊

蒼髯夕靄鎖樓臺點點梨花破綠苔高捲湘簾放山色重簷不礙燕飛來

野燒新添過雨痕柳陰深處見荒村鳴笳驚起春池鴈山下誰家半掩門

吾助川

四十三

吾助川水清且綠汩汩奔流縈廻曲豬灘東折轉西來浴鷺飛鳧耀晴旭沙石磊磊澄波流傍川沙岸浮漁舟鑱巖峭壁削如筆怪怪奇奇紛百出遠如枯木懸東藤近見春津藏石室深潭百丈藏金鼇漁舟不敢凌風濤恐驚鼇起來風雨赫怒洪水沉蓬蒿吾助川浩無底西旋鼓棹弄烟水鞭取潭中金鼇起

金郊館午餉次董學士韻 屬江陰縣

停轡入金郊三春氣候交山蜂遥趁客梁燕定新巢芳沼飛鷗鷺空山走鹿麌雪花漫李樹點點落林坳

開城太平館和董學士韻 屬開城府

削壁凌空玉筍尖溪頭和露草纖纖候迎鼓吹崇新典奔走村氓聳具瞻逆上日抄雲母飯盤中時有水晶鹽滿囊風月助歸興却信平生也自廉

開城太平館次韻 國王遣典判承旨來設宴

崧嶽峩峩高插天荒城落日起寒烟西京舊說高麗地傳國曾經五百年

朱甍碧瓦欝嵯峩曠野飛烟日暮多自是

四十四

皇明聲教遠車書一統混山河
田里村莊散萬區油油芳草綠平蕪路人不識
山川恨指點層城說故都
溪水灣灣拂色新驅車鎮日逐紅塵天涯何事
猶奔走語燕流鶯笑殺人
山色濛濛晝已昏叢林深處鵲聲喧海潮似是
春山雨小浦平添過水痕
懸巖峭壁碧岩嶢萬里滄波送客軺我欲乘風
凌鶴馭月明山上聽吹簫
山外之山數點青隔村時見一溪橫行行不記

四十五

山多少屈指東來三十程
老松低垂午風清海水連天眼倍明坐對湘簾
捲山雨江雲春樹總含情
安和演福最為佳廢寺殘燈傍古崖蘇晋不來
空繡佛更無高士坐堂齋
溪山不覺過三春羽騎翩翩逐去塵更喜東藩
文教盛衣冠俱是讀書人

發開城道中口占

綠水流長墾春風吹白茅溪邊一石塔上有鶴
來巢

我過吹笛橋又見吹笛峯試問吹笛者何時來
月中

招賢院 屬長湍府

路入招賢院平橋過綠灣岸崩沙磧白石古蘚
苔斑野屋明雙樹溪流抱一山天涯有歸鴈遊
子幾時還

東坡館 屬長湍府

此地近坡州故名東坡館東坡何年來大扁留
山半東藩西蜀萬里隔眉山蘇子絕蹤跡入門
繫馬一見之屋梁耿耿照顏色雖然道里不相

四十六

通世間物類偶爾同命名取義不足異豈特巨
扁侔蘇公東萊三登各有縣安州定州重重見
西京豈是周豐鎬京畿寧可同畿甸類同何處
獨無之寄語行人何足疑

泛臨津江

碧渚移仙棹清尊對浦鷗孤亭凌石起 江上有亭名臨津
一水遠山流破浪風生岸遊魚網入舟簡書吾
所畏藩國近東頭
蘭橈過纜輕綠水逼人清山色雲屏障江光石
鏡平潮來魚艇亂日出野帆征酷似嚴陵瀨中

流欸乃聲

巨艇連三艦每舟俱連縛三舡爲之茅亭敞四楹水光憑檻

入嵐色射簾青過鳥時相喚游鱗得更生魚既得而縱之

江頭自適可訛芳春同樂事不覺坐來清

碧蹄遇雨屬高陽郡　國王遣議政判書承旨等官來設宴

山巃嵸兮迤翠微谷窈窕兮白雲飛溪濛濛兮

春雨亂點點兮沾衣涉芳徑兮春草綠問王孫

兮歸未歸

將發碧蹄阻雨

此去藩邦秖一程却教淫雨滯行旌邦人莫訝

四七

風煙濕鳥有

龍光過古城

連日

國王遣判書承旨來問候至碧蹄復遣

金議政尹判書朴黄二承旨來迎因賦

此以美之

國相諸官遠候迎更兼館伴已多情賢藩戀闕

葵心切

聖主敷恩晝日傾情逝百川歸少海望懸列宿拱前

星朝鮮秉禮由來舊應識箕疇道教聲

入漢城喜晴賦此

大明升扶桑陽和遍寰宇中天懸赤精餘光及

東土層陰淨掃除雲霞爛可覩清野產鸞凰深

林遁豺虎乾德布幽崖海隅散風雨草木被光

耀山川生和煦

朝廷禮樂洽遐方龍章普照咸歸王一邦奔走歡聲

動老幼聚觀如堵牆君不聞

聖明大度同八荒山東聽詔邁漢皇

謁

宣聖廟坐明倫堂示諸生

四八

丹殿巍峩敞碧林石橋斜倚綠池深春風氣挹

庭堦静化日晴籠檜栢陰觀聽橋門圜素履趨

蹌講席曳青衿

聖朝道教如天覆萬國冠裳自古今

贈國王

握符久已鎮東藩忠孝承家作屏翰國度尚存

周禮樂人文猶守漢衣冠中林不復歌鴻雁在

野無聞誦考槃

聖主恩光元不淺丹心常許傍長安

贈王世子十韻

世子孕國秀挺挺珊瑚姿王立晴天杳氷壺秋
鑑奇鳳毛依日彩麟趾耀雲逵錦纈開天麗鶯
花媚景暹王侯占有種鍾皷備多儀環珮香煙
合冠裳紫霧籠喜逢
全盛世身際艷陽時識面投簪盍羅筵醉玉巵
異方同宴賞不日又分離别後相思地悠悠不
盡期

太平樓次唐先生韻

朱甍接漢平碧檻揺雲琴高步躡丹梯留連成
一醉

明月在樓前殘花柳陰下何須艷綺羅秉燭遊
春夜
錦席開華館扶鞭信馬歸明星時在户點點照
春衣
海國望晴空文光照奎壁夜深牛斗寒疑有乘
槎客
萍蹤渉海東歸夢度遼西五雲雙闕曙起坐聽
鳴鷄
龍節出丹霄客車此樓宿擁衾坐藤床短几燒
殘燭

慶會樓之宴盛會也備覧宫闕之勝以
盡賓主之歡情亦至矣聊成小歌以申謝意
名苑花開三月天賢藩敬客張高筵巍峩勤政
之殿前右華小閣通西偏瓊樓百尺麥蒼煙朱
欄碧瓦高騰騫白石楚楚潤且堅流蘇雜彩團花
氈鳳簫鼉皷聲喧闐珎盤玉筯調朱絃晴虹曲
檻引流泉華池古樹密鈎連山禽溪鳥飛翩翩
虞師更進木蘭船漾波網罟截洄沿白魚潑潑
紛澄鮮入饌不辨魴與鯿紅紗蠟炬呈金蓮新
荷出水大如錢菱葉池藻緑相牽葡萄滿架水

晶懸萬山燈火蠙珠聯畫毬結綺雙龍纏寶臺
璀璨揺雲鈿錦屛玉洞花欲然娥眉清影浄嬋
娟翠雲亭子坡之巔老松群木絶可憐虬鱗盤
屈不計年奇葩異卉石臺邊千紅萬紫鬬春妍
躑躅芍藥映杜鵑柳陰之下多水田叢林漠漠
飛鳥翬經丘尋壑釆芳荃百步九折仍回旋陳
茵小坐金杯傳揮毫凝秀題新篇（國王請予命新立亭名因扁凝秀）
弼雲（吴黄門改名）拱極（余所改名）聳後先對此不覺坐屢
遷霞光皎皎月正圓春宵苦短不知眠多情能
有主人賢狂歌一曲留朝鮮此景此樂名山川

宴勤政殿
綺樓浮積翠冊敪麗層霄百戲魚龍躍三春燕
雀嬌晴光傳鳳吹淑氣下鸞簫寶篆香風轉雕
櫳宿靄消啼鶯千樹合舞鶴萬松喬西閣初生
月南江欲上潮浮觴更侍吏酬宴度良宵華館
清鍾發省輿路未遥
太平館次張掌科太韻兼荅沈判書來意
蓬萊宮闕接層穹冠冕車書瀚海通華渚虹流
光
帝座斗樞電繞續

天宗金函丹仗開三殿玉札黄封出九重百辟衣冠
羅象緯六軍宿衛走羆熊鳳姿允合天人望龍
種真誇日月雄甲觀此時嚴保負青宮他日定
新封丹山旭耀儀翔鳳褒漢雲騰起化龍
九廟流光綿大曆三宮瑞氣亘長虹生民已荷重熙
運開國還思再造功柳拂未央明紫閣風經長
樂聽金鐘泰階氣合璇璣上寶㷀光調玉燭中
蓬華遭逢
堯舜主衣冠聯綴傳周工西來雲樹鄞程迥東過闗
河壯志冲村後村前山不斷天南天北路無窮溪

岷民服役奔趨便驛舍供張館穀隆肅鴇每存悲
賦政飛鴻應念切疲癃扶餘古道存荒徼平壤
高垣備要衝滿道荆榛開阻塞盈門耕織備荒
凶中邦界畫鄉音異絶域風光景候同萬壑雨
滋平小浦諸村煙起接高峯汀花掩映添溪色
堤柳芳菲秀岸容別館樓臺迎草緑近江亭樹
照霞紅山田雪片占耕事水院氷條卜歲豐海
國不辭長跋涉天涯幾欲遍行踪沾衣點點飄
花雨吹面依依落絮風院内忽看雲靉靆窓前
鶬起月朦朧滿林紅紫花如錦匝地莓苔緑似

茸嶺上人行同磨蟻望中物換類飄蓬每逢登
閣頻携酒隨處看山使策節彷彿蓬萊凌鶴馭
逍遥玄圃跨蛟宮瑶池笙侶時相遇華嶽仙人
勢欲從已見皇華臨海岱常思丹仗過崆峒香
簾細捲雲屏暗步障遥開錦繡叢風月滿懷元
自得春光過眼不知慵里閭團結圍帷幔城館
喧闐簇綵絨語燕流鶯飛殿閣落花遊絮散簾
櫳誰云僻陋遐方小已見衣冠古俗崇輕煖輕
寒春景媚乍風乍雨物華融層巒煙景晴如畫
絶嶺松風氣近冬簇頂承筐奔野婦披襟散髮

走村童江河不減中華勝人物由來秀氣鍾揷
羽青衿知僕隷曳裾阜笠辨夫傭前呼後擁承
官長披盾称干練甲戎䟽笛多編江漢竹長槊
半是首陽銅譯司盡係生儒選郡邑多縁武職
克學校芹風陶衆士田疇井𣶏足三農江門細
浪浮輕檝塞草寒汀見落鴻煙滿萬山沉島嶼
塵迷千里混鴻濛新羅百濟諸番界樂浪玄菟
鴨水東榛莽連山高突兀藤蘿翳洞古龍蹤拍
天洪浪時開背歸翼凌霄欲盪胸直北只憑看
析木指南何處問周公紲山深慕周王晉勾漏
遥思晉葛洪班豹管窺疑未釋狂雷山裂耳猶
聾知心孰與三生訣暢志思彈一曲桐淺見豈
能穿閫域薄才寧敢望穹窿詩凌鮑謝方成癖
興遇蘇王始覺濃顧我寘摟觀俗勝憐渠清趣
惜杯空天涯雅會投簪盍海角奔馳亂髮鬆自
古登臨多感慨幸逢
明聖樂熙雍

登太平樓賦

樓在太平館内予至王都登而樂之
援筆賦此聊以寓登臨之感時嘉靖

丁酉三月既望也

承
后皇之嘉命兮持使節於東藩朝翺翔於國門兮夕
問道而脂轅羗日征而月于邁兮邈鴻鵠之騰
騫采民風以從吾事兮敢賢勞之是言矧
天心之悦豫兮錫
一人之大慶合四海而同歡兮戴
元良之繼
聖帝度廓其有容羅萬方以無外謂朝鮮之秉則沛
鴻
恩之汪濊爰選儒臣被此嘉會事出無前期存有待
余乃攬皇華於原隰兮駕四牡之騑騑遵大路
以逍遥兮循周道之倭遲涉山海之長途兮重
門屹乎崇關指扶餘以振轡兮超俗慮於塵寰
忽時序之流易兮歷冬春以循環望長安於日
下兮瞻䴡越於雲間晨就車以載馳兮悵每懷
之靡及暮憩息於長坡兮懷西園之雅集渡三
韓之浿水兮式箕子之故墟眺開城之巨鎮兮
訪高麗之舊廬乃三月之既望遂至止於國都
過崇禮之城堞突館舍於西隅瞰翼翬其層構

兮煥傑棟之崚嶒揭厥名曰太平兮予乘暇乎
一登縱吾目之所如兮非以流連光景也將咨詢
其土風兮獨旁搜而逸騁也或憑軒而遠眺或
緩步而開襟或寄情於飛鳥或舉首以長吟爾
乃陽春之肇和兮煙光四望而交侵山川盤遠
而凝結兮長川引帶乎脩林草木蓊鬱而蒼翠
兮擁空中之樓閣居甍連棟如魚鱗兮控廣陸
於丘壑極浦湫湫以清流兮曲沮掩映乎長洲
百雉隱隱如彈丸兮郊原蒼莽于荒陬俯漢江
之煙艇兮泛古渡之楊花駕石梁而濟川兮度

五十五

深谷之飛霞忽聞黃鳥之交鳴兮煖風拂面而
時來麗雲氣於丹霄兮山花芳馥以齊開吾固
知非予土兮情實惓惓而懷歸也紆壹覽以廣
異見兮景蓋心會而莫予違也念斯民三代之
直道兮固吾之同胞也胡彼此之間隔兮獨上
下之不交也予幼好此奇服兮將役志於四荒
厭卑棲之護落兮振寥廓於康莊紉蕙茝以爲
佩兮采杜若於芳洲畦留夷與揭車兮搴岸芷以
夷猶間申椒於菌桂兮諒予心之所喜也扈江
離於芳埜兮直脩姱以爲美也駕玉虬而乘彩

鸞兮饗神遊於縣圃驂赤螭以麾蛟龍兮謁
飛仙於瓊宇飲余馬於咸池兮總朱轡於扶桑
使望舒以先驅兮令灑塵而降雨乘倩風兮飄
玄雲叩帝閽兮日延佇洞遐矚兮揚旗將上下
兮容與儼衆仙而來迓致微詞於下女坐予於
洞靈之府兮開玉液於瓊筵陳廣樂而奏雲和
兮集蓬島之群仙倏會合其未幾遽長揖以迴
旋予之志在玄覽兮繫簡書之所畏固周旋以
諮諏兮聒陳詞以爲貴歷東遊之亭館兮靡不
愛其高爽苟崇構之軒楹兮必攀躋而往惟慶

五十六

會與百祥兮映綠波之蕩漾凌廣遠而嘯風月
兮酌流霞以深賞步迎薰兮詠歸坐浮碧兮月
上漢之廣兮中洲桂槳蘭棹兮安流雜居民
兮士女隨波濤兮去留彼張騫之乘槎兮固恍
惚而難信訪君平之問卜兮疇能指牛女以爲
證豈若予之生逢
盛世兮達大觀於海疆回將秣予馬於閬風兮歸息
於白玉之堂揖讓於華胥之庭兮羅廣樂乎未
央日趨走於紫宸之殿兮近
天子之清光誦都俞而稽首賡仁直以倘佯亂曰天

下有道荒服安兮車書大同民風覩兮遠遊信
樂非以肅傲兮抒情而反初服聊以從吾之所
好兮
國王遣議政判書承旨陪侍予遊漢江
且疊饋酒肴冠屨相屬於道坐中口占
二律以紀其勝併識諸官一時之遇云
石門煙景擁樓臺面水依山絶點埃賈客放船
乘浪去江風引雨入窓來峯迎遠色雲初散水
漾浮光日漸開是日既雨復晴故云自是賢藩能敬客諸臣
潦倒盡餘杯

五十七

城東十里見林丘雲樹霏微映水洲鷗鷺飛飛
連島沒煙波杳杳接天浮海潮初上舟開纜江
雨欲來風滿樓不盡登臨愜高賞身疑汗漫夢
中遊
重遊漢江
扁棹弄潺湲陰陰楊柳灣村居依水曲樓觀出
林間鳥度江邊樹雲開海上山心機原自息應
共白鷗閑
漢水清無極晴沙宿鷺群煙深沉鳥影風細動
波文天淨江含日山開樹近雲中流簫鼓震倚

棹對斜曛
泛楊花渡觀捕魚
古渡楊花合清江暮日斜輕陰生島嶼遠岫出
雲霞綠樹迎蘭棹青萍漾碧沙漁舟紛絡繹入
饌薦魴鯊
登龍頭峯
步上龍頭峰坐見綠衣島江中有島二水夾流望之如綠衣然諸山還
拱來二水周圍抱紅翠積深林林沚漾春藻斜日到
城丘萬峯暮景好中流吹洞簫清興同蘇老
出漢城戲作廻文體

五十八

飛雲野色樹蒼蒼曉日晴籠沙霧黄歸鴈送
聲傳塞草囀鶯流韻賦堤楊衣沾露氣花枝
好杖倚山光水路長霏掩半窓溪漾綠霏霏谷
徑曲芬芳
青煙谷隱寺綠草溪平橋城石依山斷野林轉
徑蕭晴雲出島岫古路連漁樵清興悠然豁旌
旄度海遙
戲作東坡體
路轟閒讀為閑綿綿衣寒淡筆輕書豁道來坐軒
花

長路聯車是日間重綿衣厚淡輕寒斜陽古道
來人少倚坐小軒花落殘
窓咲𢁉莒煙蓦柳字攅聲𪅍鳥互樹紅書雨段
小窓任咲倒開花短草輕煙暮日斜寄柳高聲
鶯斷續殘盃紅樹帶飛霞
艮郷門卡星睡水𠂆𣏌𡈽𡈽茵字描書席紅墨筆誌
成
𣈱
翻身倒夢無心悶斗轉星移聽不成流水半江
斜柳細描茵錦席未全醒
暮華館國王送別

五十九

羽騎紛紛出暮華紅旗朱盖散流霞漢城已疊
陽關曲祖道爭看折柳花風雨霏霏將日暮樓
臺隱隱隔山斜啣盃握手成歡咲他日相思限
海涯
吏曹洸判書侍予太平館數日茲西歸
至洪濟院詣予告別走筆書此以道其
追隨之意
愛爾洸攸之官曹長百司聲華欽
上國章服備諸儀問字能虛席談詩頗好奇雲山從
此別離月夢相隨

與都監
都監承其國王命侍予太平館效役
頗勤書此以別之
都監奔趍擁後先彬彬容止見多賢歸心不盡
襟期意更與殷勤醉別筵
三月十七日冒雨出漢城至碧蹄國王
遣議政諸官設宴于館時漏下已數刻
倦欲就寢走筆書此次史鹿峯韻移宴
於明日且叙別意云
洪濟驅車冒雨來高堂銀燭畫屏開已堪寒策

六十

乘長道未許離筵醉別杯國有賢勞情自厚卿
心聽思夢先回明朝攬轡坡州路須盡沙頭白
玉壘
碧蹄館西二十餘里有石將軍二卓立
於山上其下有臺址草木交蔽道傍望
之可見
山頭青石高入雲何年化作二將軍朝朝暮暮
三韓路只與空村麋鹿群
高臺野草蔽荒陲石作將軍體貌奇不是峯頭
望行客當關元自固藩籬

坡州館用吳黄門東坡館韻

翠峯丹壑俯流河深徑脩林帶碧坡雨後輕煙生半嶺雲迷垂柳亂中阿松風乍起聞岩籟鼓吹時來各棹歌回首空庭曾半榻洞門深鎖翳藤蘿

重渡臨津江用吳龍津溪江韻

潮平江岸小林淨野煙開近水亭依樹齊雲石傍臺青山響松枯白日震風雷何處滄波渺漁舟點點來

東坡館翫月用王司馬公韻

山景向昏暝郵亭擁小坡角聲傳夜永月色傍人多隱几挑鄉思題詩戰睡魔西歸旬日內此地已重過

重入開城太平館

青郊園野色綠草匝溪纖遠水浮金躍遙峯露碧尖庭花紛小徑江檻捲疏簾燕子猶知客頻來似不嫌

觀高麗故宮賦此以吊之

松蓋扶疏十里陰層臺石壁紫苔侵當年歌舞翻成夢今日春風碧草深

滿地荆榛野草春池臺宮闕盡灰塵茫茫禾黍迷阡陌流水無心逐去人

千層石級建高臺麋鹿朝遊長綠苔松嶽煙嵐青自好月明時有鶴飛來

金郊道中口號

景交二月三月日過千山萬山孤島輕雲海上落花流水人間

乳燕頻來四五飛鴻遥見二三風光頗同薊北客夢常遶江南

重宿興義館

停驂興義泛春醅落絮紛紛濕紫苔山色多情依舊好春光有意待重來鶯啼樹暝雲侵席人靜月明花滿臺短燭長檠添旅思呼童覓紙索詩栽

過金巖口號

迎波驛路向西南滌嶺豬灘石壁嵬沙白土紅三十里煙光起處是金巖

宿寶山館

興義至寶山土壤色皆赤漫山開紫花下有孤兔跡其上多青松相映如金碧愛此繪畫奇立

馬緩鞭策清賞欲久延車塵滿前陌雖有重別
心其如西歸客入館解征衣前溪日已夕

重過龍泉館

看山移席聞啼鳥對水停杯數落花望裏聲聲
藏密塢香浮片片泛流霞
小筵張幕近溪涯古洞清流泛白花館伴殷勤
將別意閑看射獵日西斜

過劍水口占

黃鶯啼翠柳白鷺滿滄洲山下雲埋屋溪邊
人倚樓

六十三

徑路微如線松風鼓水文輕輿三十里衝破嶺
頭雲（二館相距皆在嶺上路多高峻）
龍泉望劍水隔岸兩溪分點點山花小時時拂
袖聞

宿鳳山洞仙館

薜荔藏巖窟蘼蕪蔽石田嶺頭多種麥樹底
見流泉山勢團如釜花香繞小錢笛聲橫古洞
彷彿見飛仙

重過齊安館

溪邊草閣匝清池桃李陰陰覆桺枝水遶田家

元自好山逢石處便多奇鶯花已逐春光老江
舸過歸落日遲何處小橋臨古渡洞簫吹向暮
天時

黃州齊安館國王遣金光轍叅判來祖
宴書以識別兼柬李觀察億孫李亦將
辭去也

黃海三開宴王都八日程禮曹馳去騎觀察列
行營高閣春花麗層樓午日晴（既雨而晴故云）征驂猶
未駕應見主人情

過貯福院（屬黃州）

六十四

三韓驛路多傍山獨有貯福在田間諸峯不近
林鶯老流水無聲溪鳥閑門外何時嘉樹合庭
中猶有綠苔斑重來此地真成夢世事悠悠自
往還

黃州道中望海

海天漠漠連雲樹海水茫茫起煙霧滂流滂沆
無盡期萬里滄瀛直東注南濵北濵徙大鵬精
衛啣木含嗔妬鴨江浿水失波濤歸鳥高飛無
去住不見諸峯起白雲但見輕煙生日暮紛紛
岐路何時窮大塊籠中走烏兎壯懷奮臂騎長

鯨凌風擊鼓馮夷怒下驅蛟蜃斬天吳坐觀潮
汐時吞吐

重過生陽館

老樹千章暗晴峯萬點尖山肴多棗栗海利擅
魚塩遠水籠煙碧新苗過雨零棲鴉返歸照詩
思晚來添

重泛大同江

郭外林園屋亭濱水向城嶺雲頭上黑江樹眼
中明隱浪傳舡遠凌風舞袖輕浦鷗似相識容
易往來迎

登浮碧樓

縹緲孤亭俯碧灣層巒空翠泛晴瀾清尊白日
松花老滾滾江聲隱畫欄
無數輕鷗泛碧湍浮嵐高並畫樓寒采芝何處
尋仙子閒看鵁鶄滿石灘
銀河東下綠波深烟艇微茫繫柳陰晚上高樓
亂春色漁燈點點在江心
已有青山出時來白鷺翔浮雲連樹色旭日動
江光漁艇凌波亂岩花入座香隔村數茅屋隱
隱映垂楊

潮滿皆通浦樓高不礙雲纜牽青雀渡波動白
鷗群碧練浮天外朱甍接水濱憑欄凝睇處煙
霧正繽紛

平壤城東岸十餘里兩旁交植榆柳群
木積翠成林午陰交映最爲清致乃生
陽館所由之路也

樹林蒼翠蔭芳溝午影交加匝地幽疑是淡煙
芳草路蹇驢十里作春遊
行行不盡清陰道碧洞藤蘿翳紫煙過客只知
消暑氣何人栽植幾多年

題牡丹峯

牡丹峯高瑤漢平嵳嵬下瞰平壤城四山雲霞
明似畫一派江水寂無聲層樓掩映遥通郭遠
渚滅沒靜揚舲天風颯颯冷蕭鬓半林煙景半
陰晴

謁箕子墓弔此以詞

溪窈窈兮山深城矗矗兮樹陰瞻墓門兮有棘
廣封土兮三尋雲霮䨴兮碧霞岑斷樵採兮狐
兎侵傷大賢兮古道敬展拜兮涕交襟嗚呼思
伊人而不可見兮空惆悵乎此心

登詠歸樓晚遇微雨

浴沂正及暮春時閑向西湖泛綠漪風捲浪花浮白雪雨翻楊柳散青絲殘紅映水澄江色返照侵簾入酒卮煙景滿懷無住着不妨江閣詠歸遲

先月亭 本望月亭龍津改今名

緩步徜廣除清輝射綺疏明蟾掛山角花影散扶疏

亭子傍山隈雲光夜夜開罍簷非近水為有月明來

高館敞虛亭山光割昏曉醉來時一登瞑樹驚山鳥

予西歸至平壤國王遣吏曹許參判來設宴參判參贊之弟也詩以別之

許氏難兄弟聯翩要路津遠來開祖席相過見情親旬日瞻雙美 開城莊仲氏來設宴 衣冠踵後塵相門眞有種知不忝闡人

重過安定館用新安館韻

青山綠水明華屋近午庭中燕語譁前隊煙開金羽節中軍雲擁紫泥函麥禾斜曲分丘壟沓

蘚深幽鎖石巖坦路征夫催去馬前溪微雨濕春衫

登肅寧館樓次金張二使者韻

高樓花重壓層林嫩蕊柔條半不禁煙景微茫開霽色客途去住損春心每來眺遠添佳興贏得詩成費苦吟何處賓鴻歸海上天風吹度碧雲岑

重過肅寧三春將殘客途荏苒不自覺也作惜暮春數闋

蝶戀花

點點殘花紅送雨人在高樓綠水斜陽暮新燕營巢尋舊處淡煙芳草來時路　腸斷杜鵑枝上露鶯鳥三春撩亂無心緒默默此情誰共語暗香都上羅衣去

鶯喚紗窗驚曉夢日上三竿亂把花枝弄楊柳池塘煙水重荼蘼香緩時相送　懊惱遊蜂閑打鬨細捲朱簾長笛輕聲哢暗裏相思誰與控雕闌倚遍清鐘動

憶王孫

落花無語怨狂風一片西飛一片東綠柳溪邊

影漸濃數歸鴻枕上歡逢春夢中

菩薩蠻

雲山萬里聯如帶寒煙渺渺青天外碧草滿滄洲佳人閒倚樓　輕陰籠日曉綠杏枝頭小何處送歸人無言更損神

謁金門

情索莫極目天南天北岐路漫漫歸未得倚欄看芍藥　欲問行人消息正是清和時節遥見小車楊柳陌長安聞霽色

玉樓春

青草池塘飛柳絮平地裏送將春去雙雙乳燕語雕梁高捲朱簾天欲暮　返照殘虹收晚雨霽色明霞來遠樹洞簫一曲倚江樓回首五雲無盡處

重登百祥樓次陳給事韻

萬山雲影亂前川拍岸滄波放釣船百里平巒青拂樹一江輕浪綠生煙沙明古渡三洲近風度遥峯獨鳥邊俯檻清流看不盡深林簫鼓夕陽天

重泛清川江

清川重泛木蘭橈首夏浮光暑氣消舟子紛紛爭解纜海門高浪接江潮

曉日横江百尺橈萬山氛祲已全消叩舷直渡平沙路行見長江正上潮

題嘉平館齋山亭

亭子依山築亦能與山齊四望積蒼翠灌莽翳如迷倚檻躑躅花杜梨拂枝低隔林有黄鳥交交深樹啼重來看校射紅日照梁西

重過林畔館見水田

下車林畔拂征袍暑氣侵人日色高野婦持筐

堆野菜溪翁滌釜蕩溪毛開軒散影來青靄入院乘風聽碧濤岸岸清流歸澗壑村田隨處翦蓬蒿

重過所串館即事

所串館連松栢峴古津江上泛鳧鷖海門潮漲諸溪滿深樹煙浮萬壑迷夏日停雲看冀北午風吹夢過遼西歸鞭正襯紅塵健直向花陰度柳蹊

至義順懷田園作木蘭花慢一闋

閉重門滿地花落盡見墻頭有嫩柳垂青輕雲

度鳥密樹藏鶯眼中韶光易邁問天公更不管
陰晴雨過薔薇庭院風來菡萏池亭 ○頻斟
美酒送浮生且高歌便拚着虛名朱欄芍藥碧
草鵁鶄時來樂心蕭散閒對景自有許多情不
覺流觴一醉直教斜月三更

題金議政望湖亭

野亭山畔臨湖水一望湖光泯泯清何用浮名
綰金紫正須高臥聽歌聲

題沈吏曹鏡湖漁村卷

湖水平如鏡冥冥滄海通潮光迷岸白漁火射

七十一

波紅倚檻看歸鳥臨磯數去鴻村居原自得知
是泛鷗翁

江滸別鄭判書兼東藩京諸賢

賓館相從已月餘臨岐分別意何如含情默對
此江水進憶還憑足鯉書馬首關山龍翻動雲
邊松月夜窓虛傳言藩國諸陪擯尚記臨江看
打魚 次文傳先生韻

户曹判書蘇君世讓彦謙構堂曰清心
託其友人鄭刑曹來求詩于以聲律
之詞不可以寘諸座隅爲省察存養
之助乃作銘以貽之蘇子雅重有器
宇吾愛其人故爲之銘

人心之靈降衷于天湛然虛明而理具焉形役
氣拘攻以衆欲物交於外互相馳逐眇然廓廓
易存易亡出入無時莫知其鄉何以治之以理爲主
有主則虛定其天宇培養夜氣無失厥居寡之
又寡斯反其初

予有朝鮮之役刑曹鄭判書迎送往來
已踰月矣追隨左右日益親厚行立遊
燕無不與俱且詩歌篇什有倡輒和不

七十二

忝斯文氣味之雅渡江西還匆匆之時
殊不勝悵惘聊作江之水以別之情浮
於言不能道也

江之水色綠於苔樹陰兩岸晴雲開驂從如雲
已先渡舟人艤棹待我來祖筵送別江之滸登
舟欲發仍徘徊徘徊轉生惱此意與誰道臨岐
默默重別離館伴鄭子繁我思鄭子鴨江一相見
襟懷磊落如識面春山柳色映征袍點點飛花
香筆硯衣冠趾美紹前人文章自是東藩秀始
來迎我江之隅爲指追隨一月餘

王事有程苦奔走天涯萍水仍迴車江之水杳難測
岐路紛紛隔東北山雲山月時去來江鳥江花
似相識人生有酒開好懷當筵不用嘆離乖我
歌一曲君起舞紫燕飛來黃鸝語闕河日日相
憶時縹緲烟霞望洲渚吾聞國王重才賢功名
看爾垂朝鮮解纜登車望不得仰視皇天雲碧
色

別朴都監

校書館校理朴忠元仲初奉其國王
命從刑曹鄭判書逆予於江上往返

七十三

月餘舟渡鴨綠拜而求詩予書此以
歸之

朴生東國英雅重習章句我渡鴨綠江見子於
旅寓相隨四十日禮容接朝暮驛館尾予車溪
山涉煙霧念予從我遊未必非奇遇臨岐何所
贈空橐本寒素功名正及時通衢方穩步聊贈
以此言服繹永無斁笑指遼水西長安我歸路

別洪都監

成均館司藝洪春卿明仲以國王命
從鄭判書來迎送予踰一月矣促車
西旋發舟於鴨綠之滸請詩爲別走
筆書此以識侍予之久紀歲月云

我前來義州紛紛羅羽騎洪生從何來自其國
都至問之授何官成均館司藝閒習禮文貌
朴而心慧相從一月餘蚤暮無愆尤知汝東邦
賢已擢明經第筮仕正及時前程無阻滯綢繆
方自茲西旋遽分袂臨行贈此言佩服爲磨礪

折衝將軍僉知中樞府事李和宗泰之
侍予往還月餘予愛其人老成謹厚通
華言周旋於禮儀能委曲以道意茲西

七十四

歸因其請詩書此與之

譯士李生居東國學成華語辯南北幾迴朝獻
明光宮歷遍
中朝更聰識我來浿水至朝鮮一齊衆楚聲喧然西
談常如隔千里賓主直視終華筵賴汝時來一
開口彼此聞之頻首首滿堂燕笑春顏開大車
無輗豈能走更有李應星復有田命淳勤政殿
中慶會宴太平賓館走逡巡此輩善能通人意
兩地轉覺情相親李生李生真足奇周旋尚爾
諳威儀奮身看汝青雲表好爵崇階定爾縻

通德郎司譯院判官洪讓自鴨綠江迎
予之後往返一月餘矣將渡江而西再
拜求詩予愛其人穎敏清雅且通華言
進退有度詢其家世三代文官蓋東國
衣冠之裔也爲之賦別以畀之
洪生年少且清妙華言一一能通曉賓筵秩秩
儼胡越洪生一來皆了了聞汝三世俱文官汝
今繼美能衣冠長裾日曳王門下出入譯院馳
雕鞍東藩侍予一月久迎送往來勤奔走判書
問答紛終日入耳傳言如出口達意只在片辭

七十五

間旦暮侍立無頹惰義順館中覓詩句爾今東
去我西還爾歸國王知錫予我亦倍道慰
當宁東方朝貢爾必來與爾會有相逢處
司譯院正金山海自其國至江上侍予
往還踰月予取其敦篤謹慎不懈於容
止西歸拜而求詩書此以遺之時孟夏
六日也
敦朴金譯士圓舌通音聲學成華夏言幾度覲
神京我來渡鴨綠迢遞入漢城人物頗近華國音如
喧爭喃喃語不了麗雜不可聽朝夕有宴會欲

語羞難明得汝一道意善達賓主情歡然無間
隔眞意日以傾汝歸當入貢琛贄來
帝廷闕下一相遇知汝念生平
司譯院僉正車允成自其國至江上來
迎茲予西還
京師復送至江上往還踰月予見其穎敏通識且知
進止因其乞題書此貽之時孟夏六日也
車生頗通敏容止亦趨蹌華言悉通曉咲語聲
琅琅江滸候我來奔走道路長東西西復東三
韓任翱翔賓筵終日侍端竦立高堂有時達語

七十六

意賓主情洋洋岐路惜分別欲發心慨慷拜手
重予言隱几賦篇章豈不知苦辛念汝故意長
今秋值朝獻汝當入
帝鄉明廷時一遇雲樹未茫茫
典醫監副正申濆從鄭刑曹侍予月餘
濆高靈君叔舟之後也善書得松雪體
再拜索詩書此以塞其請
申生高靈後清癯且知禮頗能松雪書筆法淨
如洗眞卿王右軍千載稱絕倫遒勁獨高古運
筆如有神汝若不自畫餘光在簡冊試以模倣

之久久當有益我旋至江堤再拜來乞詩云有
餘金屋結搆江之涯表顏耀後世與山嶽高歸
草草答來意聊贈以此詞

典醫監主簿柳之蕃侍予江上至王都
往來決月最爲詳慎明發將渡江再拜
請詩書此以副其望

典醫柳主簿動止最詳謹朝夕勤一揖周旋無
遠近侍立少情容僂步曳裾整華言雖不通語
意頗心領東行七渡江（鴨綠蘭子大定清川猪灘大同臨津凡七江）驅車任翺
翔茲來送我歸正當夏日長倏忽四十日荏苒
度時光江船欲解纜稽首於我傍索詩以爲別
但求一短章我咲答其意欲贈已空囊知汝學
醫業良術事岐黃杏林春意滋遺汝海上方

口占別平安道都事安子琇

登名知爾爲邦彥記室今居幕下即他日聲名
看遠大好將學術事藩王

司正柳耳孫從刑曹侍予將發舟西歸
拜而求詩耳孫善書因走筆以遺之

耳孫舊有安樂堂自稱漢賓之漁翁傭渠亦識
山水趣釣遊江曲吟清風鴨綠東渡一月久驪

駒西發紛冲冲援筆欲賦無心緒爲歌一曲寫
情悰登山玩水最吾癖對此不覺意興濃烟雨
冥濛看歸棹勞生去住如飄蓬輿圖界限本自
别山川風景畧相同知汝頗能用筆法爲我大
書揭堂中

口占贈義州節制使張彥良

義州節制張中郎身長七尺鬚眉蒼遼西首郡
開椎鎮好向安邊拱
聖皇

口占與平安道諸官識別

衆官有詩者何勞之也自王都以來有
之乎未有也獨此衆官有詩者何遠也
惟其遠也是以勞之故餘者不及也

從事相隨十日程勞勞奔走簇車塵分符俱屬
平安道盡是
皇朝一統人

知汝諸官精騎射慣有角力暮山墟牧民須用
能文術好趂閑功去讀書

至義順館國王已先遣李司成希輔氏
朴承旨守良氏設祖宴于館禮畢二賢

又追送于江滸走筆以別之幷東鄭判書及藩京議政贊成參贊判書參判判尹承旨諸僚

天涯識面託交知無奈分岐遠別時夏木陰陰迷霽色雲山隱隱蔽林姿毎逢麗藻看奇字更屬驪筵賦短辭借榻藩京纔六日不堪西駕又分離

右次文僖倪先生韻

相逢未幾又西旋忽訝江頭是別筵悵望已經賓館會馳驅遂着漢城鞭（二子自漢城來也）海潮漸滿溪

中水景物新看雨後天（有風雨故云）知爾交期更何日衷情遥憶亦堪憐

遊翠屏山記

予初有使朝鮮之命即聞圭峰董先生曾作慈秀山記知玆山之勝期來此思尋一遊雖未至其地已寤寐斯山神交之矣二月下旬與給事吴君子醇渡江而來三月初四日至安城午餉行十餘里即物色其地遥見一山嵂崒參天圍列如屏蒼翠晴嵐上連雲氣蹲虎豹盤虬龍矗矗然周廻數里秀麗可愛指而問譯者曰斯慈秀山乎譯者曰非也乃右山是矣促輿人行數十武則見前所指之山與馬首正相向時午陰方凉喬木交蔭近山之麓窪而爲溪樹木陰翳藤蘿薜荔互相蒙茸淸泉流其下汩汩有聲流沫拂巖石間散爲瓊珠玉屑濺激濕行人衣野鳥鳴山谷中嚶嚶成語再行十數武度一小橋譯者曰斯慈秀山也則見前所指山巍然雄峙其左而慈秀山拔出其右與之夾峙若相向然群峰突兀四出如千兵萬騎及至玆山乃拱揖伏起冲冲然若退讓而

不敢攙越焉者此山則若珮玉冠冕正人君子其森嚴端重廣大博雅之勢自可仰而不可攀諸峯望之眞若冠劍武士被執輿皁咸羅列於其側不敢仰視焉斯亦一美觀也予因與吴君徒行數步讀董公所製碑下視水湄則鄭判書李觀察已設幄水次循前人之故事百物具備予二人乃横渡草橋至山下觀石罅流泉從岩中出乃歸伴命人所鑿者俯而視之泉噴迅如珠玉作絲竹聲淸而可掬中有茂草取而視之滴翠如雨蒼苔鳥蘿斑斑巖石上循溪行數步

掬清泉而飲之溪之涯設有魚罶亦館伴所編
以爲樂者於是取所網魚縱之觀其自逸亦韓
昌黎盆魚意也須臾聞呼狶聲震動山谷見遊
騎奔馳而下則知放鷹走狗驅逐禽獸山之人
緣崖而下如彌猴狀固不減攀巖吹笛之趣也
雉飛狂奔原野急投於水鷹亦隨之如此者連
獲數雉麞帶箭及手格者得三隻馬曳之至前
不忍其觳觫戒之勿殺乃濱水席地而坐館伴
及從行諸從事皆然燒蠣飲數酌予因指前山
問刑曹曰有名乎對曰未也予竊惟山川草木

麗地之文名泉深谷懸崖絕壁何地無之顧其
出於通塗名郡騷人墨客遊詠其間後之好事
者循其故轍踵踵而至遂以名天下乃若窮鄉
下邑足跡所不及雖天地靈氣之所鍾而與草
木同腐者不爲寡矣況茲山當海隅日出之域
而賢士君子之由
上國而至者不可常得宜其名之不彰無怪然矣以
此觀之山川之泯而無聞者殆不止此予謂茲
山奇怪峭絕雖不及蔥秀而尊嚴端重蓋不少
讓是亦各得其勝不害於並立也蔥秀之名得

董公而顯顧予何人敢爲茲山增重乎然予雖
不敢望董公而茲山之名實自予始且又得吾
儕觴咏其上而共樂之斯亦山之一幸也自予
二人既遊之後繼是而來者又可常得乎是則
雖山川亦有幸不幸焉顧所遇何如耳圭峯所
謂有定數信乎不誣已酒數行但見斜陽在山
草木弄影此山蒼靄陰藹巖如石屏乃移席倚
屏而坐吟嘯春風有輿促行抵寶山而宿異時
西還尚擬策杖直陟其巔兼得二山之勝而諸
峯盡在吾下風則庶乎不負於此山此山之靈

將必以予爲知己矣因名之曰畢屏山是夜乃
次其事秉燭爲之記

謁
孔子廟記

予至朝鮮之三日與給舍吳君子醇詣成均館
恭謁
先師孔子自太平館取道而北過鐘樓轉折而東又
曲而北過王宮之東門皆通衢廣陌連數折遥
望臺殿隱隱於樹木間即廟處也未至門數百
步但見榆柳松槐群木蓊翳深陰交翠弟子員

無慮數百夾侍於道傍如貫魚順序以候予等
至門之西有石橋予等下騎步進由西偏門入
瞻拜禮畢自西階升視殿及兩廡神座皆以木
主得古遺意循殿庭而東坐明倫堂堂與殿相
值正當其北旁翼以齋廊意皆諸生講習處也
侍予坐者議政及館伴數人館之典教者見畢
諸生以次入見分立兩班行列以齒衣巾惟整
進退以禮渢渢乎有中華之風予作而曰偉哉
翼翼乎其制乎美哉秩秩乎其文乎异哉井井
哉其則乎可以見

聖人道教之遠
皇化作人之盛而箕子之餘韻遺風應可識矣夫是
之謂一道德而同風俗夫是之謂車同軌書同
文行同倫而我
皇明一統之治於茲見矣夫聖人以道德為教不越
乎五性所謂五性者即父子之親君臣之義夫
婦之別長幼之序朋友之信是也萬古一理千聖
一心率不外此中國之所以異於夷狄人類之
所以別於禽獸正在乎此純此者謂之王雜此
者謂之霸外此者謂之夷脩乎此謂之君子背

乎此謂之小人今東藩彼我
皇明之化慕華尚義士皆通經業儒亹亹然回心而
鄉道則與聖人之所謂教者已知心悅而誠服
之是道德可一而風俗可同矣於此見吾夫子
修道之教雖遐方異域亦皆陳俎豆而習禮容
誠所謂參天地超古今而獨存焉者也而箕子
之流風善政猶有存者豈誣我哉夫協心
王室永固藩屏正聖人道教之大端而今日朝鮮君
臣之所宜用力者也予茲行也具見之矣竭禮
畢退書所見於館因以勗東國之由聖教者

題鄭判書朝
天日録
朝
天日録刑曹判書鄭君士龍雲卿之所作也雲卿於
嘉靖甲午冬奉其國王之命入朝貢于
京師日紀其道里之所經目擊
中國之盛凡有所觸輙發為聲詩故集以朝
天名也予閱其集見其沉着冲淡不為綺麗艷冶之
辭有唐人之遺意因竊有感焉夫朝鮮僻在海
濱與中國異壤其語言又迥別不可知至其為

詩則音律和調不異於古不殊於中國何哉其
理同也其國好禮義喜讀書士皆以通經學古
爲高素稱守禮之邦今又累沐我
聖朝之化漸摩巳久日異而月不同故其能言之士
有加於昔與中國不大相遠其化同也則其肆
於聲歌形於篇什固不得而不同矣如雲卿傳
雅有文言動詳慎不愆於禮又東人士之秀士
者宜其詩之彬彬乎可觀也昔司馬公遨遊於
四方故其爲文獨盛況雲卿觀光
上國其得於山川文獻之助典章人物之懿日觸於

前而感於心非拘於法而不能入者則其矢於
口獨爾專攻無疑也韓子曰外慕徒業皆不嚌
其胾不入其室者也雲卿之專攻於詩可謂無
外慕矣予之奉
命而來也雲卿充遠迎使逆予於江上同至王都旣
又從太平館送予西還相聚月餘登臨遊宴咸
與之俱蓋無日不相接予目其貌聆其詞知其
爲一國之彥其所至殆未可縣量此所以遴選
於衆而獨來侍予也鴨江將別雲卿出是集求
予序之予重其請爲之次數言以復其意且以

見
天朝育才之盛而無遠弗屆也

書陽川世稿序

漢江之遊國王遣其陪臣十人來侍置酒高會
泛舟遊楊花渡登龍頭峯縱觀江山之勝抵暮
而返十人之在坐者金議政安老蘇判書世讓尹
判書仁鏡金叅賛麟孫沈判書彥光吳判尹槩
許叅賛洽鄭判書士龍許叅判沆朴承旨洪鱗
皆朝鮮一時之名士而叅賛叅判實兄弟也竣事
西還至開城國王遣叅賛來候餞及抵平壤叅

判復來祖宴旣畢叅判免席而請曰沆之先人
世顯於國今將裒集其遺文以傳題曰陽川世
稿幸有以序之俾東人世世以徵文獻於無窮
也予惟朝鮮之行旦夕見者獨館伴爲然餘則
進見有期外此得以繼見予者則許氏兄弟也
嘗考朝鮮故實前華董王二先生之來時許議
政琮宗卿以判書實爲館伴獨其倡和詩歌似
有唐諸家遺意心竊愛之今予之來而二子又
得以屢見且因以備見其文考其人論其世知
一門光炫東藩世濟其美叅判之六世祖諱錦

仕高麗爲典理判書五世祖諱愔仕至奉常寺
事其祖宗卿與其弟左議政琛同登相位叅贊
兄第又同官於時其子孫繩繩象賢尚未艾也
許氏之一門固可謂東藩之蕭盧矣孟子曰於
齊國之士吾必以仲子爲巨擘然則陽川之稿
非東藩之巨擘歟夫詩者言之精也言人人殊
不可以槩律譬之陽和播蕩一草一木一禽一
蟲之微皆足以鳴泄春光摸寫風景固不以遐
陬僻壤而異也謂草木禽蟲非詩可乎古者昧
禁諸樂皆得列於天子之庭以侈輿圖之盛况

朝鮮又被
皇化而素習文教乎我周官采詩以觀民風雖閭里
細民無間也予
天朝之使臣也以詢采爲職行將采此一國之風以
陳於
明廷列於瞽師以昭
聖代之盛治是烏可不張之一言且嘉洽沆二子之
能紹其先業不忘其祖也爲題數言於首稿中
稱埜堂者其六世祖之集稱梅軒者其五世祖
之集稱尚友堂者其祖之集也有繼是者尚緒

刻之吾聞諸叅判之言云

明虛軒記

議政府左議政金君安老順叔構軒於所居堂
之西扁曰明虛託其友人鄭判書求一言順叔
之意其有取於水月乎可以省心可以觀道矣
順叔之言曰月無形而光水有質而虛光之下
照虛者納之虛明之用莫先於水月斯言也其
有所見乎吾嘗俯樓閣瞰江亭而觀之矣當其
水月之相映也空洞瑩徹浮光一色人心虛靈
不昧何以異此以之觀理明通洞達了無遺蔽

是故可以省心可以觀道也夫月受日之光有
魄可見有魄則有形矣明鑑取水於月中海潮
應月而虛盈及其至也要之同一氣之爲也其
爲理本相須耳姑即順叔之有取於明虛之意
言之聖人之言曰寂然不動感而遂通天下之
故先儒之言曰廓然太公物來順應聖賢明訓
先後一轍順叔學聖賢之道者其知之乎夫寂
然不動廓然太公虛也感而遂通物來順應明
也虛體也明用也順叔察乎此可以知用力之
先後矣即斯道也澄之不清撓之不濁雲翳之

而不亂風雷之而不蕩雷霆鼓之而不震河海
振之而不洩而夫子川上之嘆可想也故曰水
流心不䶜雲在意俱遲其氣象可見矣順叔儒
雅清慧其於是說必有所得者予因其請且取
其有裨於治心之助也敢以是言復順叔遣判
書而歸之
與禮曹正郎論禮問答之語謹識之于
後連日與禮官講禮恐譯者傳言未
真故特以此示之
今天下

親王併各官迎
詔郊外俱先行五拜三叩頭禮畢然後前導至國中
及各衙門自有開讀儀汝禮官前日所開儀注
俱是但少此一節今之所論非改儀注也正謂
儀注開載未盡耳况此禮天下通行之汝國中
獨不行是有一禮也同一
天子之詔同一
天子之臣而豈可有二禮乎且如我等前日來時經
過各處參贊判書及觀察等官皆鞠躬道左我
等亦不之責者此猶有說以

詔書尚未開讀也今既至汝國中矣將開讀矣國王
循行此鞠躬之禮可乎若如汝所言則汝國王
亦不用前導可也今既前導矣又三舞蹈矣又
十二拜矣何獨靳此郊外之禮而不行乎餘禮
既盡獨此禮不行是所謂舍其大而圖其細者
也况
詔書初至汝國王見
君之始尤當盡禮使國人傳說汝國王盡敬
朝廷之禮然後汝國人知盡敬汝國王之禮此乃美
事也非尊汝以失禮也今

天子待汝國王與天下一體汝國中行禮乃與天下
異同是自外也我等聞汝國王素賢且守禮義
之國入境以來每事盡善故不惜此一言汝歸
語國王但求其心之安則禮得矣我等所言非
分外之爭理外之求也但以汝秉禮之國失此
不行爲可惜耳
予初至義順館禮曹正郎任䂓亨來呈
儀注予閲其中國王出郊只鞠躬候
詔過無五拜三叩頭之儀且生員不出接
詔予因語譯者詰之曰迎

詔之儀尚有未備與中國不同且今次
詔來實出
聖天子曠蕩之恩非常例可比若出郊不先行五拜
何以為敬
君何以為守禮之邦至如生員習禮觀化服聖人之
教乃不出接
詔則禮教已先失何以謂之知禮豈不傳咲於中國
手正郎猶執以為舊例且曰儀注所開載者本
國行之已久非今日自創者不過奉守洪武所
須者耳其語言重疊只援舊為言喃喃不了不

九十一

可辯予因謂之曰汝不知事體但歸以予言語
汝國王自有斟酌耳越三日予至平壤正郎復
來曰前承
天使命已達國王生員接
詔之儀謹如尊命增入不敢不從至如出郊迎
詔之儀本國行之已久擅難輕改自洪武以至于今
皆然予因語譯者如上所云云故特識之
述口説以代譯者之傳庶易曉也
初差官往汝國來皆出
朝廷聖意此原無舊例前所謂以一統之禮待汝

國王正謂此也本與安南國同欲遣官後禮部
查覆稱安南國中自相搆亂數年朝貢不通當
另差人往問以此只差汝國中來也因此不差
翰林與科往安南國別差錦衣衛指揮二員往彼
國中查勘其事併究責鎮巡三司等官有何事
情從實回報此與汝國之事無預是以不錄來
看今禮部見有題稿在其
賜禮物一節前日已備言之我等將行時聞
朝廷御文華殿召閣下禮部親説此事
聖意謂此

九十二

詔書只是報
皇子生與天下一例比之
冊封諸事不同所以禮部本中請禮物只批答另
行所謂另行者有所待之辭也
聖意蓋謂待後
冊立
皇太子之時別有所
賜矣大要如此今日開來儀註適閱之喟然嘆曰此
非所謂秉禮義之國乎曾聞齊桓公葵丘之會
周天子致侯伯之胙王人致命令桓公無下拜

桓公對曰天威不違顔咫尺余小白敢貪天子
之威命方今
天子明聖皇靈廣布大非周天子之時之比而汝國
王素稱秉禮實過於桓公慕華尊
上之誠殆無以加國人頌之天下稱之以爲美談於
此可見我
皇上車書一統之盛化行於遠我等將敬聞於
上以彰其賢也併附書此
越四日予至寶山正郎來致國王之意曰國
王尊敬

朝廷之心無所不盡非口説所能述但前次儀注皆
照舊行耳非敢擅更也予曰今次
詔告
皇子生亦舊例所有乎正郎因語譯者來致詞曰國
王耿聞
天使之言甚喜小國僻在海隅但知舊禮爲正不知
今所言者乃正禮也況天下已通行之
小邦敢不遵依遂易儀注來予因謂之
曰汝國王真可謂知禮能敬
朝廷矣前日從予等言令生員接

詔令日又從予言出郊先行五拜方是得禮之全誠
守禮義之國也予等亦將達于
朝廷眷顧之心將日益加厚因述次于右其中所云
安南國事及禮物等言語皆因其數數
請問故以此答之
禮曹正郎來呈世子燕儀照國王宴儀欲分東
西坐予方與吴給舍遊漢江舟中卽席
語之曰東西相向乃汝國王所行之禮
也世子若亦如此行乃與予等抗禮乎
則是父子無別上下無倫了何以辨尊

卑而明物采不如不宴之爲愈也且賓
東主西此禮不經見不知汝國中何故
執行之所謂賓東主西者指行步之時
言之非指坐席言也況世子未襲爵亦
是陪臣一般依我之説予二人在上坐
王世子在東坐向西稍近北明其別於
陪臣如此則旣不嫌於僭分又得盡
汝國父子之禮若如此言方可設宴況
儀注内亦不當稱我爲使臣所謂使臣
者對

聖天子之詞也汝國素稱秉禮舉動不愆乃無可議

不然則傳咲於他國矣翌日王遣正郎

致詞曰所議禮甚正即依此行乃持儀

注來予二人遂面南而坐世子坐於東

遂成禮而退

此條與正郎口説聊識於此

慕華之餞別來不勝悵惘浮生聚散真若萍水

回首漢城不知隔雲樹幾萬重瞻望之情日益

加切生越人也歷仕

中朝遭際

九十五

聖明被茲

簡命使于東藩久知東藩乃箕子故封素稱守禮

可道以善入境以來得接

賢藩光霽令人起敬每一會晤惓惓於豈弟君子

之章言猶在耳未嘗忘也清修之譽何啻瑰玖

至平壤聞判書鄭士龍述

賢王推

聖天子曠蕩之恩設宴臣下普陞一級開科取士蠲

釋逋負可謂能上體

朝廷之心真天下一家矣深羨深羨西旋至車輦館

譯者復諄諄道意以

嘉惠見遺不敢祇領敬附璧非故爲是不恭蓋君

子之交際禮與義而已辱

賢藩欵接禮已至矣義已盡矣豈在於物哉君子

之相與不以物爲敬前漢城疊疊之

惠不敢備領者正如此諒

賢王之聰資好學守禮尚義必能悉區區之心也

至義順李希輔司成朴守良承旨祖餞禮畢敬

附一言以謝

李希輔朴守良回已附有小啓匆匆心欲飛渡

九十六

援筆信書不能備述

謝忱幸

炤亮以悉鄙懷西還沿途間承

差官疊來問候冠履相望於道深感

厚情昌勝瞻企遠送鄭判書士龍極爲有情譯士

李和宗金山海洪謙車允成等并都監朴忠元洪

春卿等朝夕效勞皆能善體

國王歆奉

朝廷之心者也士龍雅重沉實内秀外文器度可嘉

真可大用想

王之所親信者不待贅及長安東望惟洗耳以聽
耳途中賤體幸託粗安以下僕隸無不蒙
惠深感深感前所歷風土山川間有拙作皆出一
時偶書蕪説殊不經意豈敢云詩聞之前人故
事即欲循例梓行恐嫫毋之醜愈不能掩前此
已與鄭士龍言之無已則有請焉作中雜手所
書字畫訛舛恐有魯魚亥豕之差希
令士龍讐校庶不增醜而免承謬襲訛也完日多
惠數部附朝
京人來將以考其異同以驗東藩文獻之盛足見遠
情草草奉
達伏希
鑒亮餘惟
珍攝以慰鄙懷
賢器王世子不及另東併此申悦前所惠迎
詔圖甚妙一覽中備見出郊五拜之儀諸生遠迎之
禮實一時盛事頑區區何能焉皆
賢藩學力之所至識見之所及也豈特一家之寶
已哉附及不備

明世宗即位之初艱於亂嗣嘉靖十五年妃嬪相繼
孕育值海寓全盛之時舉朝以為大慶長哀沖太子
載基閻妃出二月而殤次莊敬太子載壡王妃出甫
墮地已視若儲貳祭告郊廟頒詔天下迤及藩屬實
錄是年十一月丁巳以皇子生遣翰林院修撰龔用
卿戶科給事中吳希孟充正副使頒詔於朝鮮國賜
國王以文綺綵段十六年八月戊辰朝鮮國王李懌
遣陪臣刑曹參判南洗雄等來謝詔諭并賀皇嗣生
獻方物及馬宴賚如例九月庚寅用卿希孟使朝鮮
還言朝鮮素稱恭順較之諸夷不同而國家禮遇其
國亦未嘗以夷禮待之邇者齎詔至彼其王李懌又
能恪遵典禮敬事不違良可嘉尚請自今凡詔誥敕
諭事關禮制者宜使之一體知悉不必遣官但因其
朝貢陪臣即令齎回庶以見朝廷殖有禮懷遠人之
意部覆其議詔可是書即用卿紀當時奉使事實文
藝明史藝文志著錄清四庫未收惟別集存目載用
卿雲岡選稿二十卷稱用卿字鳴治懷安人嘉靖丙
戌進士第一官南京國子監祭酒所作大抵館閣體
也萬曆福州府志文苑稱用卿美鬚眉丰神朗瑩精
舉子業為古文歌詩不尚浮靡均未及其使朝鮮事

上海威海衛路鴻寶齋書局承印

近人閩侯縣志選舉載用卿侯官籍由修撰歷官左春坊左諭德翰林院侍讀直經筵每進講志存規諷預修明倫大典大明會典十五年使朝鮮力却餽贐復命疏三事皆見嘉納擢南京國子監祭酒申飭監規士習一變所述用卿事迹較詳然福建藝文志亦未載是錄蓋明刻之湮晦久矣朝鮮事大之儀以是時為最盛恭僖雖庸主而享國悠久轄境恬乂朋鄙之禍未萌倭寇之鋒猶戢用卿等臨以國威乎以清節宜其君臣惕息惟命儒生迎詔視昔有加不敢效安南莫氏之狡獪也丁氏評是書以倪文僖朝鮮紀事相較蓋光緒中東藩已漸携貳故有慨而言今人讀是錄當益歎我國族之光烈麈可稽之史策然亦正緣吾民不諳乙部乃至捐藩籬而至堂奧使人人習聞往事知吾國自來地位何等則策憤銘恥必能作其氣而興之何至甘受蚤齶凌轢致三韓遺孑亦可藉佗族以盬我𦥑髓乎吳希孟嘉靖二年進士官至廣信知府見武陽縣志丁丑夏四月鎮江柳詒徵

奉使朝鮮稿一卷

〔明〕朱之蕃撰

《奉使朝鮮稿》一卷，明朱之蕃撰。之蕃（一五六一——一六二六）字元介，號蘭嵎，祖籍山東茌平，寓居南京。萬曆二十三年（一五九五）進士，授翰林院修撰，官至禮部右侍郎。萬曆三十三年奉使朝鮮，其間與館伴周旋，相爲唱和，録爲二册，此即其一。全書前詩後雜著，皆記游詩文。又黄虞稷《千頃堂書目》著録一别本，凡《紀勝詩》一卷、《南還雜著》一卷、《廷試策》一卷、《落花詩》一卷，與此大同小異。據上海圖書館藏明萬曆間刻本影印。

奉使朝鮮稿　江左朱之蕃著

萬曆乙巳季冬望日恭遇
元孫誕育頒
詔朝鮮承
命充正使賜麒麟服紀事志感三律
晝消氷霰轉春光俄頃歡呼遍萬方　文母遐
齡週甲子重乾一索肇初陽龍從山嶽完靈氣
師濟英賢布廟廊從此太平還有象相將童叟
咏陶唐
天從來復心仍見望遂更、、德倍彰　聖不可
知神獨運爲稱大有事咸康清寧氣象乾坤定
重疊光輪日月長扶杖遥觀諸父老欣、相告
喜如狂
憶昔青衿換絳羅晨趨丹陛沐恩波龍雲未歘
涓埃報麟玉仍膺寵賚多　天語春温新歲月
皇華路繞舊山河藩封共慶歌欣儺海日東昇
映叟珂
丙午仲春十六日出都

欲鼓江南棹翻淊東國車慈幃娛晝錦祖帳動
郊壚鳥水迎騶牡鸞章耀彩旗行看春色滿畧
約柳金舒
燕郊春已半融岸艸痕青斷命氷初飲歌驪酒
欲醒由來聲教地不問短長亭前路多知已無
勞候使星
三河吟
一城如斗基半圮霪霖肆雹歲患水半社流移
半社存輪蹄供億紛無已耕農強半籍豪貴朱
門何計收逋稅權璫屬虜稱貢珍夜半索金良
糜費可哀金盡虜無完胥暑衝寒迎上官邑人
不知生人樂翻羨死徙無諸艱竭來問俗逢良
令一言一淚猶難罄招徠徒爾疑畏深誰棄身
家投陷穽閉窗夜雨迴添愁都諫慷慨紓長謀
方州兩距百里內何堪小邑同征求勞民勸相
邑可吹興革有會毋煩憂
十九日薊州道口遇雨
拓膏春雨自中宵潤入朝來萬柳條麥苗攏頭

聯鐵綌雲開山半卷輕綃穿林霽色頻呼鵲拍
岸新流欲戲鯀古道衝泥淹駟馬接天烟樹薊
門遥

春日中分午漏長郊原渾未覺春光林梢欲變
猶含凍宿草初抽更帶霜何處杏花村問酒不
聞燕子語尋芳惟餘幾疊青山色疑道江東似
洛陽

二十日雨後往玉田

過雨春山翠欲流岡連礀轉隱鳴騶欣欣草樹
迎朝旭脉脉源泉注廣疇邑里煙光天際見野
雲幽興望中收含輝良玉何年種勝槩崢嶸拱
薊州

廿一日豐潤道中大風

春雲來往覆還岑風力狂顛欲變陰夾道旌旗
分柳色前驅鼓吹答鳴禽人歸村市孤城近橋
搆沙堤野水深入望陳宮横秀黛依稀仙掌拍
登臨

七家嶺

野店七家市荒城百疊山相將躋岸律忽漫渡
潺湲車馬斜陽急心情遠道閑孤吟聊遣興得
句更重刪

和梁書之早發豐潤

砂磧生風送峭寒吹醒殘醉陟巑岏材官呈技
分馳出父老扶藜擁路看薊北柳烟描淺黛江
南花事簇雕欄嶺頭散步消春思更卜前途午
夜驩

廿三日雨發七家嶺

陰晴春不定寒氣重侵晨雲合千峯密沙平一
雨新染深堤柳色滌盡馬蹄塵舟艤灤河曲安
流謝問津

夷齊里廟

諫仲叩馬痛無成國讓何心更近名仁暴剖分
孤節峻黃虞興慨素風清芳薇一握甘商嶺高
塚千秋列竹城酹酒危亭灤水上唯聞漁父棹
歌聲

殷周屏翰成荆棘此地猶傳孤竹名薇長空山

羇旅薦雲封高塚采樵行非緣讓國羞征伐捴
為求仁决死生鶴化應歸明月夜千秋如聽和
歌聲

廿四日經永平飛將軍營

非平太守飛將軍呑胡直教胡膽落視石如虎
射没羽以虎視虜錄誰角單身端欲比韓彭應
是目中無衛霍侯封不就數數奇天與芳名蘄
高爵漢家甲第多列侯印刻黃金旋復削老恥
對簿甘自裁𠜂令議報功臣薄當年營壁遺雄

威五陵荆棘成蕭索丈夫功名垂不朽生氣千
秋振寰廓朝列鼎鐘暮依豆東陵南山羞不惡
乃知身退合天道赤松從游得先着

盧龍山 此處遼城乃咸南堂公所補築

盧龍形勢儼江東路入盧龍勢倍雄委宛飲河
聲噴灤勝驤施雨氣淡濛莫言界限天原作須
信提封將有功渺渺榆關無警柝從容按轡領
春風

周益我拈飲永平憑虛閣

寒非素深尚怯寒奔沙湍水帶巑岏曾傳虎石
當弦伏為愛龍山秉燭看此去海天迎策馬歸
來雲日待凭欄還知不厭平原飲屈指同心幾
合驩

廿六日李台岩拈飲觀海亭

秦城萬里俯遐荒覽勝都忘在異鄉坐待潮生
宜日永還從海瀾信天長塞鴻斜度飛禽寀珍
錯旋添牡蠣香賓主不須辭盡醉詠歸堪繼舞
雩狂

雄關突兀控邊城海上孤亭望眼明山勢排雲
來萬馬波光漾日淨長鯨依微島嶼連銀漢虛
敞簷楹倒玉觥候吏無譁行旅悅聚星欣覩泰
階平

山海關和金太僕韻

千峯電掣玉驄驕一片明霞列錦標客度關門
迎曉日山廻海岸湧春潮宣恩萬里心依闕問
俗三韓路入遼為報流虹綿景福如天有頌紹
唐堯

秦皇島

并吞六國有餘雄鞭石爲橋事不終孤島漫傳秦帝跡長城自是萬年功

姜女石

殉夫萬里寸心勞化石崚嶒立海濤海水不枯心不易年年雨泣更風號

山海亭晚歸

宴酣仍散城頭步境接華夷望不迷明日征途臨涓水春風春雨度遼西

廿八日出山海關

驅車關塞外曠望足生愁遠海連雲黑驚沙幛日浮分途惟柳栅接壠即氊裘城柝前屯近清尊爲客留

和惺田獨遊寧遠溫泉

遲君車騎浴溫泉我尚塵纓思惘然歸旆縱能酬勝賞流觴今已負芳筵春回地脉融膏潤珠剖淵藏媚彩圓雁藉恩波于役遠何緣濯秀海天邊

三月朔日初度述懷

憶昔庚辰年廿三三月一日黔江干奉親將放洞庭棹江干仙叟留盤桓逆料盛衰中毫忽慷慨情態多波瀾就養田園十三載始應里選來燕山次年是日策歸騎春陰千里愁間關重遊挾策見　丹陛姓名宰爾收春官不覺齒長三十八步趨玉署荷優閑編纂讐校書生技十二流光走彈丸忽承　帝命諭東國關門一出海天寬旌旗夾路軍容壯車馬悠悠疆圉安北堂

郎舍念游子夢縈綵舞歡慈顏攬鏡朝來鬢鬚改遠道風塵非所歎所歎歲月疾如駛往不可諫良多端四十九年無足處但覺今是還江南新除不爲釋闕豈久客携家行路難生死老幼各有適溪山花竹靜相看城隅官舍足高卧閑堦正好種宜男仙叟名言猶在耳狎鷗何必更鵷班

初四日入廣寧趙中丞用吾李寧遠實城兩公郊醼

暫違香案賦皇華驛路軍容迓使車整肅鞭戲
明雪鎧迴翔鼓角引風笳營平方畧金城固驃
騎威名紫塞賒高會劇談清晝永游踪忘却寄
天涯

謝太涵計部郝星湖參知兩公郊醼

擁傳乘春遼海東欣逢地主兩賢同增雄敵愾
勞推赤永裕軍需見積紅絡繹行厨泉送酒慇
懃候騎野嘶風相看知己忘新舊子夜徵歌樂
意融

廣寧署中松風

他年曾賦松濤句今聽山城館内松吹立海波
三百丈戲翻銀漢鬭羣龍

節孝四絶句 為郝參知大猷祖母任父劉賦

鏡鸞分影誓追從爲撫遺孤墓自封百折不回
東逝水千秋獨立歲寒松
賢母芳徽著斷機幾前盂飯兩相依持身廉孝
師模遠鳳羽中朝覽德輝
飄飄身世等浮漚不朽芳名照故丘毋節殉夫
兒死孝一門千載有餘休
從知死易立孤難綫緒圖存麟趾繁天篤良臣
酬孝子慈顔終古慰層巒

初七日喜晴

夜雨鳴新柳朝陽澹遠空吹殘雲萬片着力伏
東風

初九日渡三岔河入海州

濁河流湯湯赴海勢奔逸維舟得安渡風撼尚
股栗流分東西津氣若判疆域自西涉沮洳馬

足泥盈尺寐歷惟烟墩時復戍鳴鏑空城茅屋
數牧畜無留迹沿流一東邁草頭青廣陌燒〻
垂楊枝籬落儼行列村雞啼卓午鴉鵲時奮翮
遠近生炊烟山巖繞蒼碧縈洄湖水曲鳧鷺鳴
相接誰知遼海濱樂土一水隔彷彿江南春慰
我出塞容顔言歸江未珍重玩昕夕慎勿恣酣
眠賞心對花月

渡三岔河初見村舍

春深塞柳青猶淺山近湖陂路轉遥鷄犬相聞

傳柝罷客愁千里望中消

揚錦溪參知留海州相迎賦謝

郊原柳緑暖風柔芳含雞聲午未休東道旌干緣客駐西來車馬為君留春山遠郭供吟眺夜月當筵佐獻酬更藉蕭邊烽堠静明朝去路任悠悠

和黄完蒙見贈

宦海浮生類梗萍天涯飲德醉仙醽風塵豈解長埋劍羈旅相看喜聚星邊鄙屯雲增壯麗瑶

奉使稿　十一

藹奪月倍光熒不須惆悵征軺發滿路鶯聲送客聽

初十日發海州

騎催曉發度重關酌罷離亭覺醉顔萬頃如波春草色青蓮雙湧是鞍山

薄暮登鞍山游安福寺

斜日翻鴉烟炊晚竹山翔鳳古松深言尋野寺舒遐眺信步歸來月滿襟

萬壑殘陽圖紫玉一松古殿棲蒼龍平收眼底奇無限更上高樓看後峯

遼陽道中浴甘泉憩四友堂

今夕復何夕清興滿邊城晴日春風和争鳴燕與鶯停驂餉正午地喜甘泉名問泉在道左一水温以澄浮游移晷刻詎云濯塵纓泉流繞山趾宛轉交送青巖石危欲墮喬林帶金繩空館寄平麓山光俯簷楹庭前四古松蟠鬱應龍精一龍鋭其骨神飛入青冥三龍相糾纏偃抑仍騫騰鱗甲霜雪老爪角風飈生似與空山月相

奉使稿　十二

競含孤清焚香坐松下看山詩月明暫此結真友常願托深心

投謝雲洲張方伯留飲

百忍曾傳世澤存枌榆萍梗接春温廟堂端倚舒東顧鎖鑰行看重北門宛轉吳歈翻子夜團圞邊月泛青罇朝來更有登山約為謝天風莫浪喧

望日早起

雞唱烏飛欲曙天抽毫曾對玉堦前驅車此日

遼陽路轉盻恩光十二年

見杏花

飄風十日不暫住赤光吹得到天涯酒醒有客
度遼去紅破青山山杏花

登浪子山

山勢狂奔名浪子溪流清穩遶居民依稀尚說
唐皇事晾甲峯高遠畧仲

過青石嶺

蹊聞籃輿踏綠蕪連峯四合路疑無緣崖千騎
盤如蟻青石凌空鳥道孤

山行書所見

入雲鉛吹半峯聽雛雉驚々振健翎粧點山容
娛遠客花開纏錦髻螺青
無數山花潑眼明遲々春日緩王程好奇輸與
喬松在偏向孤峯險處生

山家

山作墻圍草屋低幾家分住澗東西何當卜宅
同幽勝種秫調桑更祝雞

三月既望

一月馳驅路已賒問程猶隔鴨江涯千重雲嶺
孤城外開遍春風爛熳花

山頭野燒

山農無地事春耕星火燎原萬炬生疑向月中
觀赤壁翠峯環映水天明

夜雨

已聞高嶺畏攀躋夜雨傾簷聽轉淒平地湧流
新水泛近山成遠濕雲低催殘春色花狼籍鼓
舞田家麥整齊松頂長風生萬壑馬頭晴日浴
清溪

三月十七日雪

有客遼西記歲華殘春見雪嘆無花于今花滿
重飛雪巧奚春風易寒詩

大雪晚晴

花發映山紅歡游春色中青山一夜雨白雪五
更風雪片時疎密山容換淡濃寒暄分半晌威
力減三冬想慰風塵客因施點綴工迴翔方拂

抱軒舉後淩空虛館飛銀蝶巴雲隱玉龍村雞啼午罷霧景散羣峯

十八日早度高嶺

萬山春雪霽溪水參新聲嶺峻高空近雲開遠岫明迸迎皆玉壘唱荅有金鉦千仞迴懸磵環看後騎行

盤道嶺過朝鮮脩貢使

氷消雪霽野光新歷遍嶔崎入暮春白楮黃狼充府實金書玉節下廷綸從知孤矢酬初志莫惜驅馳總帝臣試看馬蹄泥上跡天涯多少未歸人

草河口

飛花正好漫流香飲雉閒來顧影翔觸石聲喧尋壑轉不知何處自奔忙

村居

急澗似絃鳴亂石當田如織被橫坡山家活計無多事黃犢閒眠挂綠蓑

連山關

萬疊山無盡中分若闢門石田餘野燒土屋散荒村涉澗波翻鷺梯雲蔓引猿重關經幾度前路指平原

分水嶺

路穿絕嶺千峯匝水界雙流兩境分泼破春氷明旭日飲來駿馬踏層雲

十九日曉霜

霜華滿地曉生寒九十春光十日殘白草連山人跡杳恍如天闕雪中看

龍鳳臺 土人云昔有唐太宗所建樓閣今廢為墩臺戍守

兩山相對馳宛若雙龍戲攫拏無定形擊撞有餘勢一峯忽獻奇仄出鳴鳳喙翩翩復翩翩舒尾仍鼓翅客路經其中左右勞顧視窮覽唐文皇征遼期逞志曉此山靈秘樓閣競弘制鳳栖閣已傾龍眠樓亦廢惟餘當年址農人時樹藝慎德自來賓聖代得長計禹臺謹封守一夫當百隊將命來騁目延竚曠雄麗稱言簡卒徒信賞豐稟鎭天險協人和遠邇卜年世

斜峪河

古槐甲拆未綠前溪澎湃偏清梟梟村烟午餉
蕭蕭車馬長征

闘嶺

摩肩側讓峯腰屈仰面傍觀馬足高草卧萬羊
鞭不起道穿飛鳥首頻搔

長嶺

斜纏山勢亂如繩鑱削山腰路可登百折紆迴
劉十里衆頭碧浪擬千層

望鳳凰山 昔倪文僖公于此下營有詩

龍虎蹯盤江浪迴鳳凰軒翥塞垣雄行邊本是
江南客萬里風光嘯咏中
春城花發酒盈卮堤草鋪茵去馬遲却憶當年
倪學士雪營驚虎苦吟詩

宿鳳凰城看山

絶塞何年感鳳至徒稀羽翮本天成德輝可覽
山花色瑞世常留澗水聲池上客來臨鯸城臺
中人遠隔瑤京清尊不盡登攀興坐待峯間吐
月明

廿日孤山館松

館傍孤山獨對松亭亭午蔭游蹤峯翻彩鳳
凌蒼靄奮甲青霄見赤龍

乾河

鳳坡曲曲水沄沄雨後溪光幾派分流入春江
添鴨綠也知曾濯九苞文

三道河

危橋斷處柳條鋪環合崩崖啓客途更謝多情
新澗水清聲漱玉影跳珠

甜湯站

折得山家杏一枝春城靜對晝眠時杏花村裏
遼陽夢飛度江南醉曲卮

即事

青草岡頭射雉百花潭上叉魚仙客正傾村酒
土人又献山蔬

湯山温泉

湯山朝涉九廻溪遊灑温泉過嶺西齒頰甘香

餘玉醴膏肓泉石得金鐃

青山

到處山青此擅名嵐浮翠滴碧天橫携來采石

江頭月宫錦騎將太白鯨

鎮江

千重雲嶺吒征軺作鎮江干障薊遼無數奇峯

依岸出不知若個似金焦

廿二日金遊戎邀飲望江寺

嵳峩蒼麓敞琳宫疆域區分指顧中我馬騰驤

聊暫息他山拱揖正無窮長風吹浪江頭白落

照蒸霞海角紅疊鼓鳴笳川谷震飛觴縱目俯

遥空

廿四日曉月

曉空新髮青羅幕斜叩犀梳月半痕露墜穠花

閒綉榻雲連遠岫掩重門光同生魄初升海影

澹征衫不落樽瀲有陽烏分曙色雞聲猶自滿

前村

中江金遊戎送别

重重渌水漲桃花握别樽前勝泛槎隔岸春光

深異域臨江山勢埒中華千秋事業憑燮萬

里車書正一家待得采風還鼓棹南薰銷暑薦

茶瓜

渡鴨緑江

歷歷巖巒分畫屏江聯中外滙滄溟鴨頭過雨

新添緑螺髻盤雲遠送青自是大觀垂宇宙從

知有道壑威靈春風彩鷁成飛渡海表應占聚

德星

赴義州值雨

雲錦天章出　帝閽征軺星駕入東藩重江淨

染鴨頭色三葉欣傳麟趾繁棹舉鷁飛塵外境

鶯啼花發水邊村春雷忽送遥空雨應趁扶搖

起化鵾

廿五日龍灣館中登聚勝亭曉發

山館虛亭迴春登暢旅情江光天外入松韻雨

餘清前路詢修阻方言半晦明板輿飛碧幰人

擬御風行

箭門嶺小叉嶺

松林十里散香花幾見盤空嶺道斜疊石藉茅忘險易何愁風雨又天涯

赴所串館

趂逐春光到海東山花萬樹發春紅望迷晴旭飛莊蝶聲送和風度塞鴻雲傳旌旗增麗彩峯迎皷角獻豪雄驅車未厭游蹤遠覽勝耽吟興不窮

古鎮江

誰策青龍跨鎮江松排怒鬣未全降乘時好去施霖雨留取清流駕小艭

良策館 左右有龍骨山馬山

柳色松陰古逕深龍驤馬逸聳層岑春風釀雨催行役清澗宜茶淨客心半捐篆烟醒蟻夢一窻花氣換禽音携將法酒慵斟酌為敵餘寒擁被吟

車輦館以蟠松著聞近已化去僅存枯幹前後峯間松皆蒼鬱可愛遂爾命篇

老龍蜕骨睡未足龍種成群爭起伏昂藏各抱千年姿天性誰云蟠者獨吼風噴雨聲鏗訇宿霧屯雲顔肅穆幽邃自能辭剪伐養成鱗甲摟巖谷或奮青霄作霈霖或對蒼巒卧麋鹿水鑑時來訪伏龍清光相照人如玉

蟠松絶句

山館蟠松久種奇于今盡損入雲枝風雷催促蒼龍去不遣徐凝來賦詩

過鐵山東林两古城宿林畔館

古城偶草離離重門圯盡存荒蹊行者心惻居人稀憶昔萬瓦應參差鞠為壠畝來鋤犁試向耕夫問井邑遥指鐵山省當時但知力農事築城知為誰東去車無停山迴路復歧又見古城出道左曾咏昔人東林詩彷彿宜在此境是譯者聞名半信疑維城有名漫不傳世事遷變那可知噫嘻予前身是否丁令威重來城郭止亂石嘆息不但人民非林畔愁高館坐愛青松枝四樹成列如侍立亦愛過客相追隨參湯如露

甘于茗憔松索句堪支顧粟里孤松重請節車
蟄蟠松富品題兩松先後歸烏有四松今乃初
見奇天家雨露億萬載松與日月相蔽虧雲根
入地盤石固常見古城草綠春風吹

柳西坰和逆中雪詩仍和以贈

彩筆射霞紅歸君懷袖中愚溪追麗藻百世起
和風芳譽由來重玄心近益濃甘霖數屬國暖
日盎嚴冬餘緒唐音吐連編郢調工慚予桑翰
拙捫腹秘書空謬賞能題絮綺無好畫龍王程

同縷纏賡和向雲峯

再和柳西坰

相向笑顏紅行歌古道中深松延秀色沃野信
淳風片語投來合交情物外濃蹇予雖逐電風
爾譽鳴冬布粟尋常見雲霞變化工愁牽泰事
老興遊酒樽空心折頻窺豹材雄足穩龍東邦
巖岫衆招數最高峯

三和柳西坰

芳樹有殘紅春歸驛路中一函宣　聖詔萬里
駕天風綺館琉璃爍醇醪琥珀濃重茵方畏煖
宵火更疑冬遲客文章伯賡酬絕代工驚濤驅
海若浩氣亘晴空縱嶺笙偕鳳延津劍合龍旅
懷消覓句無夢到巫峯

和梁惺田年丈題林畔館對山古松

峯松孤植面銀屏只少峯頭小結亭鶴帶雲飛
來絕巘濤乘風鼓蕩荒坰實乘不羨梧栖鳳花
釀應嫌絮作萍立石他年休數化常留老幹耐
霜星

經東路河午憩雲興館

曉問雲興境橋橫東路河風輕紋縠細坡衍綠
茵多娛目山川秀同情笑語和楊雄勞筆札音
譯漫傳訛

金孝女故閭

劉方本坤德篤孝自天常孝女依慈母相視為
存亡母病身何有徬徨叩穹蒼涕淚眼欲枯寸
寸攢肝腸揮刃落纖指杯羹起仆僵把刃欲揮
時志秉百鍊鋼神鬼應嘆咤體魄仍安康毋年

藉以延先栢庸何傷誠感護神應田生豈禁方
經今幾何年頌德盈道傍與毋骨同朽不朽留
英芳碑受莓蘚蝕名爭日月光　聖朝孝治廣
箕封古教長勉旂敦倫紀廢不愧冠裳

過黨於嶺入定州新安館

森森危石逕中分想見當年斧鑿勤皺角登峯
喧挂瀑炊烟拂岫梟歸雲紛披草色鋪茵卧咆
雜鄉音慶曲鬧下嶺百盤方出谷城闉遥啓界
斜曛

廿八日達川

碧水圍如帶粼粼動曉風縈紆通兩岸高下欽
雙虹獨瀉朝宗勢還滋稼穡功觀瀾非有術魚
樂共無窮

白峴

峴首橫空雪嶺開沙明石淨絕塵埃籠雲淡日
春風裏疑向江村踏月來

嶇嶂嶺

嶺下溪鳴應馬嘶新除石逕與雲齊望中重疊
懸青嶂更喜芊綿布綠畦

麻布川

布穀聲催春事往川觀應喜桑麻長我欲尋源
問隱居桃花不繫漁人舫

曉星嶺

雲崖點石紛如雨一逕天行露曉星芳館遥開
圖畫裏勝遊惟醉荅山靈

納清亭

納清亭子枕松丘山色川光面面浮供帳嘉蔬

延野客闌餘勝地藉名流楊穿隔澗筒傳箭峯
度前旌谷隱驟鬧却壺觴無別拔斜陽相伴小
淹留

齋山亭 在嘉平館中

壺嶠隔渺茫飛仙不可學乾坤設奇境闡發衆
乃覺駕言之東藩山多圍翠幄嘉平構孤亭檀
奇居卓犖四山拱揖如相迎欄楯逼與山頭平
送青絢錦花滿岫歌聲鳥語春風輕到處看山
皆仰面何能爭向坐中見晚觀不厭曉更登山

外海霞明一片

控江亭 在大定江上

大定江頭潮欲生扁舟鱗次舆梁成虚亭坐㧖
依山麓千騎待渡艙軒停澄波一曲鏡光净遥
山西道蛾眉青繞亭被野多耕夫相莊餉婦首
戴笈量谷傾城觀夾道寬衫純素臺笠層喜見
熙恬同海國千秋藩翰拱 神京

赤嶺

江通清澗繞田家路入春山辨野花蓋影分開
蒼靄色馬蹄踏碎赤城霞

楓川橋

川水若虬蟠石梁聳鰲背春無丹楓飄日與青
山對

四和柳西坰紀新安館讌樂

綵仗列城紅歡呼海甸中重離逢泰運昏慶普
祥風稠疊儀章肅懇懃禮意濃歌喉鶯囀谷舞
袖雪飄冬鵠峙勞樞相鳧趨集衆工會同成盛
璽專對愧空空莫吐懷中鳳難騰筆下龍多君

截險向那爲步奇峯

晦日早登百祥樓 下瞰清川江在安州城西北面

烟江雲嶺繞城隈興滿登樓曉騎催三月秪經
今日盡同人須放好懷開潮迎漁網供筵饌天
遣鶯花送酒盃白傳行遊曾得句春歸轉入此
中來

三清閣

新報三清小閣成相將觴詠暢幽情清凉景界
清和候詩骨何由得更清

安興館夜讌

民物同春麗日遲清川花映水邊枝天家綸綍
趨承重華館簪裾宴集隨的爍銀珠明寶炬駢
闐鼉鼓佐金卮車塵净洗中宵雨綠繞祥光徹
海涯

新院也

幾個紫門夾路開門前父老莫相猜踈狂不是
朱顔客纔醉三清曉色來

長向帳中午飯

綠野青油幕黃鱗白糝羹加餐長向路夢也只
山行
萬曆丙午以　元孫誕育蕃受　命頒
詔朝鮮道出安州遠接使柳贊成根以牧使
權盼所藏八世祖近蒙
太祖高皇帝賜詩三章附應　制諸作屬題末
簡蕃莊誦　聖謨恤小柔遠息民興化之旨
溢于言詞外東人迄今利賴焉且　取善憐
才無微不錄俾近獲從容敷對述往紀勝托

傳不朽良稱希遘矣奉　使來茲讚誦咸備
蕃亦賦八絕句以塞其請既不敢倍
聖祖優異之初心亦仰紹諸先達闡繹之共志
觀者或不罪蕃之多言云爾
奉　詔奔趨　紫極宮遙從天末仰重瞳　臨
軒不問清平調指事陳詩見土風其一
萬里孤危向　闕身　雷霆雨露總驚神親承
聖澤歸榮日爭覩淋漓寶墨新其二
鳳篆鸞章　帝手裁遠臣歸捧渡遼萊王庭為
報　天開霽明月祥雲海上來其三
明見無分萬里彊千秋　宸藻訓藩王畊農歌
樂消強詐再衍箕封慶澤長其四
聖主推心德意濃九秋宴樂入三冬身隨塞鴈
東歸後題識猶存字字恭其五
海上　天葩貫日紅萬年呵護有神功蘭亭預
返山陰棹不付夷酋一炬中其六
檢點遺編迹未陳縱經傳寫亦家珍于今八葉
多繩武好佐藩宣奠遠人其七

京國猶存舊酒樓當年想見勝仙遊白硾為錄
承　恩句嘉話重宣二百秋其八
四月朔漁波嶺
碧艸綠坡湧浪紋海風吹雨入山雲舟車一樣
輕颺意只少漁歌遠岸開
岩峙川板橋
風雨將春忽送歸輕寒猶自透襜帷橋添新水
岩添秀分付流雲且莫飛
斧山

原田絲繹望中平一片青崖類削成想是巨靈
遺斧在壓埋千尺草叢生

肅寧館中有亭未名以其前有荷池遂命之
曰錦香并題四韻

叱馭關山春色殘荷池芳館息雕鞍面鋪新葉
青猶淺想納薰風暑亦寒佳境每經尋句苔閒
憲倘好借書攤亭亭艷蕊行將滿静聽清香雨
後看

肅寧館池上小亭舊名菡萏予易之曰小蓬

壺

不淺滄洲興應同汗漫遊山池開一鑑水檻汎
虛舟瀾玉淙淙瀉荷錢點點浮塵寰那得到海
上揖浮丘

四月朔日午飯安定館

朝來風雨暗東郊于役清和序忽交迅疾流光
還海國高華亭館枕山坳羣鳩振羽啼新綠乳
燕啣春入舊巢零落梨雲欄藥茂歸途詩酒可
全拋

二日觀井田田從大同江登永明寺飲浮碧
樓故址見綾羅島麒麟窟放舟回館城上燈
火五里洵明如晝

遺墟歷覽首重搔古調當筵飲興豪江浪一亭
浮彩鷁城闉萬炬擊金鼇樓隨壓刼蒼烟在橋
鎖孤雲石塔高清夜忘疲良愛客王程何敢諗
遊遨

追和元李翰林穡浮碧樓韻

言陟山城寺追思江岸樓壺觴延暝色韻語漫

陽秋歌舞存風雅禽魚助勝遊撒吟題壁句千
古憶名流

大同江新船題之以飛雲仙舫

亭履黃茅古意殷載將畫舫貯清芬江天柔櫓
輕移處倘是飛仙御斷雲

四月朔有小雨　詔入平壤舞隊甚盛觀者
塞途詩以紀之

黃麻朝捧下金雞異國風光入品題到處甘霖
隨玉節充衢忭舞雜銅鞮楦橦衆戴堯都樂

混名傳漢時迷 聖主固存恩澤溥殷仁同德
拯黔黎

快哉亭和海嶽翁韻

孤亭便遠眺撫檻意悠哉龍奔風傳笛鯨吞海
入杯康民餘舊井縱目出高臺秀嶺橫千里蓬
瀛暑畫開

渡大同江

朝宗江水聽潺湲載酒徵歌共扣舷絕塞聲華
原禹甸自東雨露總堯天游鱗長影迎前棹振

鷺衝烟下遠川且止中流簫鼓奏恐驚漁父枕
蓑眠

生陽館

有山盡畫倚眉淺無柳能舒翠帶長曲徑幽深
通小館夏初輕暖似春陽

駒峴 平安黃海兩道分界處

兩山如東中開徑送迎拱揖時相近據鞍馬首
望分疆到廢東遊何乘興耳畔鄉音漸習聞經
旬禮讓對芳尊旌輝騎吹朝來異又報黃州迓

使君恩綸鼓發江山色角觝魚龍鱗次集海陬
壯觀合皇都願繼風人歌帝德

宿黃州鎮瀛安館

東出高麗道雄關莫氣生與同嘶水重山較楚
江平環擁笙歌沸飛掛體黿輕不辜天澤沛遍
野樂深畊

太虛樓和海嶽翁韻

縹緲層樓瀉碧虛斷雲孤月幾躊躇雲飛遠樹
吟眸豁月映清尊鬢影疎漢水耕桑同樂土桃

源花竹散郊居浮槎有客凌星漢未信游觀更
勝子

簇錦溪

灘聲嗽月鳴機杼花艷描春入絲絲不是蜀江
新濯就定從牛渚製來奇

洞仙嶺 別有大道僕夫畏遠登此甚險而奇

雲鎖苔封洞不開寥天仙馭幾時回分明隔斷
人間境誤引劉郎得入來

宿洞仙館

不住瑶京十二樓言尋靈洞采真遊雲為翠葆
千重密松是龍精萬騎留別向壺天開日月咲
看塵界換蜉蝣東來容抱烟霞癖高枕山樹夢
亦幽

曉赴劍水

山匝曉烟翔白鳳松橫古道屈蒼虬倚天峭壁
函長劍劃斷雲泉百折流

午發劍水

一水雙流分劍脊連岡並起據駝峯茂林彌望

渾如櫛聽入啼鶯路幾重

西山灘

捍水雲根色轉蒼灘聲漱石叩琳琅車中驚夢
牽鄉思閑放青溪枕簟涼

登車踰嶺

驅車復驅車上下歷山坂轂耕來觀者似念容
來遠遠遊非所嘆遠人需　皇仁今晨行戴星
西日投郊埛看裘辭家歸易蔦倚門延竚望天
末知鷰應從羨壯遊襟期恨未全軒豁待沛

恩綸報　九重歸帆幾幅挂秋風北山猿鶴伴
清夢夢到驅車東嶺東

龍泉館南川謝柳贊成饋魚

南川白石爍霜雪川流清深鑒毛髮泳游可數
錦鱗魚濯影瑶空一釣月汲取川上水還烹川
中魚舉網不待臨流羨娛賓相饋傾清酤龍泉
舊基新結廬斗室潔似幽人居僕夫息肩客停
車放箸飛觴且為樂川泉明發任修途和歌終
日往復送天涯蹤跡未云睽為期畢郤公家役

歸買扁舟泛五湖

屏風巖

巖轉隨溪客路經偏憐陡絶對清泠溪花開滿
棠梨樹倒影青巖作畫屏

翠屏山

山容幽幽與雲齊翠合千巖望欲迷踞虎蹲鴟
開磴道繡帷寶鑑映林溪捫參列岫遥空外架
壑平橋一水西雲母輝煌雙孔雀何如嶺海障
幽棲

葱秀山

穿嶺尋源闢泬𣑭鬱葱佳氣繞揮毫簫聲震谷雲來鳳山影摇波海駕鰲秀色可餐交茂木香風引興入醇醪播麈絲鯔勞供帳野客惟應嗜澗毛

玉溜泉

誰注澄泓界碧巖詩脾一掬漱芳甘廻將野岸滋靈藥分與潛鱗泳石潭調譜牙琴偕素賞洗清渠耳納玄談懸崖更剔垂飛瀑煮石烹茶不避貪

峯頭石佛

習墨何事此空山謝却莊巖寵照間剖斷葛藤香州合洞傺墻壁海天閒鳴象刻刻傳蓮漏蒼蘚年年上飾斑莫笑幻軀元是石本來面目未寘頑

滌嶺

林倚烟光帶雨深虛舟同抱滌圍心紅塵已為消除盡更洗溪山待討尋

猪灘

灘頭新水漲滄灣萬斛珠傾石竇間還似維舟風雨夕江豚吹浪過孤山

吾助川廻瀾石

甘雨朝來助浩川奔如三峽幾渦漩不緣介石施回挽何得安流見凈涓風過掀翻高柳浪鷗飛衝破綠蓑烟狂馳息處浮漚散一濯塵纓思豁然

過金郊館

經行百里路非遥日有吟編破寂寥更愛雨中山色好金郊亭館莫相招

高麗故宮 在開城中松岳下

囊括三韓一世雄荒丘幾疊指遺宮十年驚骨方生聚千古消寃共怨恫亭遠儀鸞惟兔窟塲空蹴鞠滿荊榛餘蒼蘚長松樹與客淒清詠曉風

臨津江

澄江深滙萬山偎遥見波光合復開豈是填橋

通鵲駕逺疑鞭石接遊萊鮫宮霧縠籠青綺魚
服濤箋展碧苔津口漁郎能遲客醉携曉月到
船來

坡平館（舊有東坡館今改建于楊木館以祈北驛馬山州名坡平故易今額）

大蘇慣涉嶺海路萬里奇峯待騰顧倦厓遠適
粵東偏樂浪何來名景附照人寶墨與瑶篇海
外從知顧執鞭鶴化道士坡化鶴何須華表識
歸年我來驅車覓仙館緬懷坡仙意無限江風
山月用不竭英靈水月俱在眼重題新額向坡

奉使稿　三十九

平碧草華樓感慨生追思憂畏階闌日却愧微
吟纔步行

初十日早過廣灘

松橋新築接平坡不待容舠涉廣河彌野來牟
占歲稔欲翻銀浪緑雲多

僊石佛

同現峯頭不壞身芒鞋布袋任成塵野狐伎倆
空饒舌立地無言示學人

惠音嶺

陌頭飛絮添春色谷口啼鶯惠好音角立三山
當嶺出祥雲先擁漢江潯

碧蹄曉發

天家福慶啓重離凤駕頒　恩到海涯湛湛露
華濡草木燁燁曉色上旌旗周星炬列山留耀
測景車停野候時遥望嚴城椎百雉歡呼四洽
見雍熙

新院弘濟二橋

歷歷危橋跨廣川轔轔車發曉忘眠熒煌星炬
聯高下鰲背金鱗燭海天

奉使稿　四十

延曙看曉山

朝烟凝白單青峯倚映東陽淡變濃十里前途
休借問翩翩兩地共懽悰

沙嶺望漢京城

峻嶺居然虎豹關逺開斧鑿待躋攀遥看四野
旌幢爍知有名王肅覲顏

觀漢城迎

詔歡舞塞途紀之以詩

九重丹
詔下青霄百枝陳衢十里遥初日穿

林觀老稚光風拂袂闢輕剽擲身更進竿頭步
躍足浮翻掌上腰總是歡騰同樂意追隨徵角
奏簫韶
頌 詔禮成
藩王劍履逐宸章萬里歸忠切拱陽霞湧海鰲
明舞隊佩依仙仗領天香陳詞瞻極留雙鳳在
簡承恩御七襄好率三韓歌帝德波恬島服囿
苞桑
賢王宴集于南別宫

虎拜方勤 紫極朝賓筵肆啓集羣寮分庭虛
左儀常肅旅獻持盈意倍饒諄切傳言依 日
月懇懃高義薄雲霄瞻來忘勢 賢王慶應振
中興化瑟調
彰賜亭 為領中樞府李五峯題
玉陛親承 帝賜金歸來卜築買青林峯巒東
郭擁深秀花鳥溪南愜素心晴日三竿烘倚枕
鳴泉一派助絃琴憐予頻語滄洲趣海表追從
足賞音

十二日謁 聖後登明倫堂延見六館諸士
廟貌更新杏檜繁蹌蹌多士集橋門八條遺澤
遵箕範六藝源流溯魯論道不遠人期愷悌靈
含成性在存存應知礪學先時習扶植天常壯
翰藩
漢江紀遊
漢江風物東邦最海國羣賢醼席張穩汎中流
舟是屋劇浮大白醉為鄉一天月彩兼燈彩四
面山光接水光更漏迢迢歸酩酊猶疑枕藉向

滄浪
銅雀津邊清晝遊月輪俄吐冠峯頭江山地勝
勞瞻眺賓主形忘歡獻酬與寄高吟誇郢曲絃
揮古調過伊州遥知二客能從處嘉話常于此
日留
漢江泛舟觀漁
我本江上乘綸客十載京塵迷紫陌紫陌揮鞭
信馬蹄清江飛夢醬漁磯揭來將 命之東國
山河表裏供登陟萬壑縈紆幾駐轅千峯拱揖

堪憑軾忽逢山盡繞江流高下蒼巖遠近洲主
人愛客邀遊衍索纂萬簷屋作舟把酒中流正
容與漁舟來往棹爭舉數罟弘網合若圍波光
潭影紛如組巨鱗鯿網如人立縱躍狂奔勢良
急鬐張鬣怒終摧頹噴沫鼓腮氣填臆不禁困
縛多小鮮垂銀耀玉何纖纖矜誇鵑驕挂一目
潑淵胡不學深潛庶人技獻鍛絲鱠鱗肉雪飛
紅縷界釜中泣者是前魚毀鬐飛觴成高會振
蓑收網卧泝蓬歘乃歌長烟水重彩鷁閒維楫

奉使錄　四十三

柳岸清風吹月大江空

題畫 為李五峯

漫撚吟髭步野橋雨餘飛瀑響岩嶤茅亭正枕
清溪曲鶴入瑤琴譜自調
月滿清江天似水鷗絃撥處驚鴻起水底魚龍
應解聽知音不惜瞭人耳

狎鷗亭 為領議政柳春湖賦

意不在魚魚乃樂意與鷗忘鷗不驚乃知有意
與無意能變蟯笑為戈兵達人寄興遺其迹如

鷗泛泛魚潛形直鉤無竿久罷釣有食在予臨
争迎大隱元不隔朝市烟波滿貯胸懷裏朝回
門外雀堪羅泊然不但心如水如水玄心枕碧
流江天空濶一虛舟心知魚樂人非我狎鷗何
必我非鷗我來先賦狎鷗句亭成應俗憶同游
置身總在浮沉內千古襟期若可求

賢王宴別

海國江鄉接望賒何緣倚玉藉乘槎兕觥設醴
躬親執秉優當筵禮數加高館停驂勞地主雙
旌分袂悵天涯懸知別後長相憶驚夢趨朝斗

奉使錄　四十四

柁斜

萬曆丙午孟夏中旬予奉　使命延佇斯樓
旦晚登眺山色照人雨後倍爽名以山雨見
潤物之功仰同　聖澤覆露之感篤切東邦
云爾并題四韻繼賞深知之
層樓覿面是南山朝暮生雲出更還大溥甘霖
蘇槁畝旋添清泚滙滄灣浪浪夜枕孤燈炯渺
渺閑遊去馬閒愁客轉憔歸計促雨餘嵾作詩

躋攀

皆春亭 既已名亭不可無述用賦此篇

亭結山椒景坐收城闉民物見嬉游鐘聲度嶺
耕耘疾鳥語聲窻草色悠市易無譁惟布粟琴
尊有興寄賡酬揭來箕岫銘遐矚縱迫 王程
十日留

蠶頭峯

曉作蠶頭覽勝行 王庭賓從重離情嶙峋共
陟臨懸壁浩渺仍凌度遠泓酒對青山雲石冷

江搖白浪浮湖生明朝芳草連關塞回首清歡
憶漢城

蒼玉巖 次絕 漢城內外有兩蒼玉巖予從遊城外者題其巖下曰

鶴背仙曹控玉虬委來遺蛻積林丘海神猶解
供朝汐永鎮江鄉衛帝州

仙遊峯

出水危峯亦卓然聳身欲疑泛兼天北窓不鎖
遊仙夢飛上江中孤嶼巔

金華島

一螺青島帶平沙恍若浮來上漢槎誰向山顛標
明海國晶熒晴日耀金華

和蒼李五峯姬相贈別韻

柳折長亭碧玉枝相逢十日遽相離投予明月
懷中句任爾青山路口岐元禮門高欣得御林
宗風邈更題碑難忘洒淚論心處漢水鐘雲各
鬓絲

賢王郊餞于慕華館望遠為別寄此志感

經句歡娛離筵賓主忘言意已傳袂判郊亭

分去任情隨原草各綿延相看青眼三生夢一
片丹心萬里懸塞鴈江魚通尺素莫嗟東海隔
南天

題許相公寄朴參贊詩冊遂步其韻

四十年來續壯遊高懷想像賦登樓海天弘度
詩篇見金石交情墨寶收調合牙期良不朽功
成管晏信堪儔欲知身後清風遠五畝茅堂一
故裘

當時陶謝述同遊共返瑤京向玉樓彩筆留紅

天外淡龍精飛劍晬中收見紗里省存尸
祝常思薦俎羞饗我踈狂難振藻可堪紛續翠
雲裘
納翠亭為洪八吉觀察之子樵汀作
翠滴深松雨後山隨風和月落欹闌主人川上
操舟楫閒却芭蕉滿池斑
鳥啼花落午窓幽竹柏交加翠欲浮秉燭不須
吟更奕脩然枕簟即丹丘
廿四日重遊廻瀾石仍遇雨
來觀川漲聽漸雨歸路依然風雨中底事山靈
常黯黮欲留車馬去從渺烟光噴玉籠蒼嶼螢
蜃流金濕翠叢榻借郡齋啼鳥寂踈簾美影對
瀠潆
題廻瀾石圖
立石且廻瀾點懷宜繾綣千重雲外山客行知
近遠
聽泉仙榻
絶壁懸泉露隙光芰荼梓谷響珠瑯仙偶鮮

窮佳勝醉月飛來藉石床
楓林綠暗雨初收曲竇泉邊別洞幽旋熟崖根
青玉榻可容歸客不遲留
和李月沙送别
同是天涯覊旅人沖襟寧肯墮囂塵應隨牛馬
猶存舌勘破風波患有身種樹一編爲活計紫
桑幾帙作家珍但教吸月杯常滿莫照青銅白
髮新
和韓柳川送别
夜雨旋添碧澗淺坐分仙榻憶鳴鶴欲成後會
嗟無日忽枉新詩悵各天歷亂雲山歸魏闕依
微江樹隔晴川懸知萬里憐同調一榻松窓伴
月眠
廿六日午卧清歡閣餞宴後再登迫暮静適
述此見況
芸閣快登攀虚簷縹緲間佳眠宜永日延客有
佳山繞砌翻紅藥推窓倒白綸雲隨飛而散鳥
破暝烟還性懶甞据梧沈茗椀閒栝八

極蹤跡任人寰
五峯館伴再和別詩依韻仍荅
漸遠東邦瓊樹枝濃陰夾路轉黃鸝客隨過雨
雲歸岫君似鳴陽鳳在岐山繞蓬萊宜問藥名
同漢水不沉碑相思更屬尊鱸候明月青溪裡
釣絲
經毖忠壇
纍々盈道左盡是戰士墳七尺委一朝萬里游
英魂憶昔壬癸間海沸騰妖氛焚刼無留行蹂

踐半東藩赫怒張　皇威樓船渡三軍攻堅摧
強鋒轉戰朝日昏欃槍登崇城矢石蝟毛紛報
國靡顧身竹帛冀垂勳視死坦如歸[illegible]爲伸煩
冤不恤枯萬骨拯此一方存生當太平世[illegible]福
信無門青燐搖慘月怨氣盤愁雲啼血化鵑歸
何處爲家國大將逐驕虜捐軀酬　主恩爾曹
生松依九原效忠勤禦侮藉陰佑永爲正乾坤
謁箕子廟
肇建東邦海上侯夢[illegible]故周黍離秋社

綿千載何意周書列九疇之道有源滋々子々忠
懷如月照荒丘椒漿式薦松楸古遑恤天涯四
牡留
德岩　平壤十六詠
大同江上千尋石抗立洪濤易見功聖德自崇
波自靜萬邦應共識皇風
酒巖
三盃百悶破香醪邀月尋仙興更豪但得棲巖
甘痛飲何須幽憤讀離騷

朝天石
絳節霓旌咫尺臨朝天一騎五雲深惟餘石下
潺湲水猶似當年笙鶴音
麒麟窟
三窟經營憐狡兔亡天麼府指麒麟但寶不貪
無外慕隨緣陸海總仙眞
乙密臺
山際高臺瞻乙密海中瑤島隔三神仙飇來往
渾無定笑謝塵勞車々

井田

箕封舊俗惟耕稼有事西疇正及春阡陌未開
遵制在民需潤澤國當新

錦綉山

東方景物佐探奇千丈山容錦綉披不用臨風
增遠思春明正属盡游時

牡丹峯

日麗霞蒸海國春牡丹峯名一翠嶙峋尋常花萼
難相似華嶽遺一開玉井新

綾羅島

崚嶒島石疊江沱麗日晴嵐景色多衆國服儒
裁布素穠華端不羨綾羅

大同江

東來春雨漲春江閘泛江天盡槳雙江水不隨
鄉國異聲同楫子共淙淙

快哉亭

孤亭傑出海天空指點荒基說故宮旅舍幽閒
遺化美只應重賦快哉風

練光亭

聞道泰山登日觀遥從匹練識吳門東邦亦有
江千里日炅晴光遠近翻

浮碧樓

山樓百仞聳奇觀碧水粼〃粼〃入渺漫把酒臨風
生遠思蓬萊宮闕更高寒

白銀灘

廻風蹙浪鼓灘聲萬疊銀花眼底生疑向山陰
浮短棹千峯晴雪月明中

風月樓

池上樓臺瞰渌波海風吹送月明多為憐夜氣
清如許不種薔薇種芰荷

挹灝樓

山城高處矗層樓海甸風光萬里收明月一天
流灝影不辭鯨吸滿金甌

賦得默齋二絕句

曾結茅齋名聽默意在言忘任世喧一默輸君
無二諦直從混沌養靈源

谷求道極惟昏默口每淵翻揔喪真衆籟不鳴
天宇定誰知槁木抱長春
贈漢陰李中樞
漢陰丈人骨相奇關西夫子識英姿江上神駒
逢伯樂明珠投贈裁新詩終責白也非浪擬三
十年事如掌指弱冠雲衢早致身壯歲勳名滿
人耳抱甕還能獨息機憐予馭叱海天歸相逢
續句持相贈倦鳥冥鴻遠競飛
留別惺忻許都監

茅簷文席，山屛窓啓湖天一鑑清徹翩争看
黃鵠舉玄心獨抱白鷗盟前身舍衛鋪金地飛
夢瑤京謁紫庭物外襟期元共許莫從霄漢指
廣星
二難德罷總維屛氷玉壺中徹底清秀水仙曹
曾接席祇園舊侶後同盟賞心神駿看支廄挾
藻騷壇振謝庭臭味芝蘭千古合無勞聚散更
占星
贈趙察訪公直 與予同戊午生同乙未前後

方壺舊住海中山偶坐塵寰謫醉顏莫向馬曹
嗟冷局吟餘流水亂峯間
同賦梅花領歲芳十年不調紫薇郎枋榆欲學
卑棲鷃威鳳看君千仞翔
西垌老夫圖示孤山隱居之勝為賦長歌兼
致別意并祈和教以慰離懷
魚水方歡已愛聞探幽卜築向孤山人但嗤君
太早計我獨於君窺一斑丈夫涉世亦玩世終
南撓纓非高致何須拂袖待功成簪纓自有烟

霞氣才子風邦君擅奇九齡揚眉能賦詩巨鰲
早釣人争艷一登常軌心自知 主恩未忍言
高隱争如性與林泉近縱有歸涔活鮒魚還思
豐草眠麋麋江東我亦稱畸人忽漫乘槎布紫
綸逢君江上遠相送見君磊落超風塵我吐狂
言君發藥百篇賡唱筆無闌言言同調復同心
翩翩意氣翔寥廓仙榻新開對聽泉為述孤山
盛可傳未將身隱情先寄試傚裴王賦輞川雙
疊雲屛隔人境虛巖可鑿脩然影五噫猶如在

會稽一瓢何必彝箕頴浣花溪似暎花潭蒼壁
千霄揷渺漫霧月光風在懷袖林翁溪友交巖巒
有時棹舟或策寒嶺上歘迎興非淺醉意只在
山水間課程不廢收詩卷黃泥坂頭日杖藜上
坂下坂牛羊歸山鳥漫呼泥滑滑山行自觧步
遲遲閑遍山花無所妬松風滿耳佐長嘯亭亭
古貌各蒼髯謖謖一聲傳萬竅梵石臺崇恣枕
流凭欄魚樂入吟眸荷蕋翻珠非避餌荇縹漾
月不驚鉤言之自覺神飛越聞言令我逸思發
恨不追從例此中散髮行歌羙明月君歸自東
我欲西盈盈一水使人迷亡況遠岫鞭疲馬斗
柱荒城待曙雞澗蕭雨襆嘆行役幸接雄文慰
孤寂指點幽栖更會心為訂神交形不隔孤山
處士說適仙世遠風瘵地共徧蹤影暗香傳絕
調貫珠編玉讓君先閒中況味欲言難那更緣
深山水間無物贈君惟鶴句不如高卧且加餐
至義州留別　西垌相國一律
但絕離人是鴨江一天愁緒未能降趙　朝我

陟山如御華國君懷筆似杠洩喜獺囊歸欲富
從知龍劍久難雙吟編在把長相憶搔首篝燈
聽雨窓
贈竹除趙都監
名飲遺風托素琴溪邊六逸繼冲襟綠陰千畝
君須惜莫斬綸竿學鳳吟
月穿泉葉明金屑風拂堙枝掃石苔何必更尋
深處避世人能幾子猷來
龍灣午口

迢遞歸路引東藩序入懸符望國門島水三重
淹浪跡汨羅千古悵忠魂清尊異地明蒲玉綠
縷高堂憶壽萱更上層城舒遠抱青山是處白
雲屯
雨發車輦
雨覆霞迎翻白鷺雲籠絮帽捲青螺垂虹百尺
凌懸澗一夜新流欲卧波
棘城望海　歸路不由洞仙乃經此
雄城百雉憶巍峩剪棘披荊荷戟戈野樹栖雞

閒白晝幽花啼鵊墮青莎徒誇遠畧馳交激漫
侈軍容列鸛鵝千載勞勞興廢事河山無恙月
明多

留贈表司譯叔度 有子從老能世其業漢京賓會將命惟謹

父子才堪賓客言勤渠傳述意彌敦時修職貢
來王會共沐恩光向帝閽

留贈朴司譯景瑞 途間山川地名皆其指示

賓主當筵佐獻酬稱名嶺澗助探幽青山似爾
盤桓意來往相隨到義州

贈竹溪李司譯

溪流澹澹瀉晴空修竹娟娟抱晚風為詠幽棲
會心處憑君他日話相逢

贈竹牖南司譯

翠篠成叢蹴下溪月明青屧影參差逌然似共
山花笑醉向春風解韡時

山中獨僧

白石如盤藉綠苔幽花種植傍溪開山僧不是
稀花客偶向溪邊洗鉢來

題陳倪兩張前輩贈朴尹書詩卷

百年意氣存風雅萬里交情尚簡編覿面已期
留不朽貽謀今果見繩前庭槐話屬冰霜古書
帶藏雙雨露偏盛事追思家乘遠情含雲樹對
江天

廻紋詩

妍芳景屬賞春先戀攬時催馬策鞭連接樹光
雲吐岫繞廻山色水平川映鷗白處橫舟釣墜
日紅生晚映烟年似晝長迷曠野芊芊草合望
村前 春日

中天曉露湛芳叢領引鶯雲紫極宮驂鼻玉嘶
郊艸綠酒尊金映燭花紅攏簾點落春泥燕啣
浦暖消雪跡鴻同與狎鷗羣泛泛風帆一棹舉
江東 鄉思

遊遠悠京清瑩瀾舫輕舠在美鱸蓴鳩鳴隱壠
棲禾麥鳳舞歸林合竹梢洲曲遠流江派遠嶺
西飛出月輪孤枕奇夢凝眸望愁客消來移
畫圖 遊興

占重卜卦易朝昏屈指從前憶怨恩繪免映綠
千柳岸燕鶯藏樹萬花村簾垂獨我陪香篆酌
樂同誰共酒尊奩鏡對慵心體倦添愁悶處啟
窗軒　閒情

枯榮幾問借笻扶熱藥丹期定有無孤興野如
清露玉逸懷貞希湛冰壺紆衫舞影驚鴻戲度
曲簫聲引鳳雛鬚鬢映燈明月皎呼歌間奏雜
笙竽　酬飲

悠悠任興寄遨遊覽眺吟餘嘆阻脩唱滯客遠

闌遠塞淒揚帆影島橫洲柚芽嚴綠瓷杯滿聚
觴醅香玉盞浮謀醉得登頻悵意樓虛啟納景
清幽　登樓

拆字詩

雨　疇　樹　昜　山　峯
禁　衤　步　虍　生　谷欠　茸

雨灑平疇樹色濃　斜陽半出小山峯
闌襟散步無思慮　獨坐谿頭細草茸

燈　燈　村　途　覩　門
烟　霧　亡　几　宜　罇

燈火微明古木村　長途又見月當門
輕烟薄霧空中盡　到此偏宜酒滿罇

氵　水　岸　亦　時　眠
首　園　夫　方　星　然

氷開水濶岸頭平　柳綠長持月倍明
回首小園春去日　遠方耳畔聽聞鶯

雨　紛　分　泥　閒　門　欉
春　尭　倚　宝　香　日西

紅雨紛紛化作泥　空聞三唱隔林雞
一春孤枕人長倚　寶篆香微日墜西

海　日　水　照　江　清
虱　舟　與　綸　手　鯨

海偏紅日斷雲橫　返照長江一水清
到處小舟可乘興　垂綸大手釣長鯨

風雨沙却合花

草生天月

微風細雨水連沙　少却三春紅白花

短草半生坡上土　長天雲散月鈎斜

亭出山亭留

吹人鳳無點秋

危亭高出小山頭　但到亭中半日留

吹斷玉簫鳴鳳曲　全無一點上心愁

峯雲煙林家

關別重想尊花

天外長峰帶斷霞　淡煙一抹少人家

重關遠別三千里　空想開尊對落花

鈎水月當酒

邊山色須鷗

垂鈎入水可横舟　片月當空酒似油

倒影四圍山色裏　直須添我傍輕鷗

壺更黒燈明

懷親海夢

壺中滴水過三更　半點殘燈照不明

欹枕長懷親白首　天涯海角夢難成

亭亭雞思怨

回來事待

短長亭子共嵯峨　顛倒心思悶轉多

白日坐來無一事　半山客館待如何

城漸城指還行

嶺草塵山程輕

長城漸遠又開城　屈指還方半月行

高嶺草肥塵土少　空山花簇小車輕

前輩皇華集中間有為二體詩者長途多暇遂亦寓思偶成之非云以文為戲僅同無所用心焉耳西垌柳君亦為和章回并存之于右

之蕃識

終

奉使朝鮮稿

江左朱之蕃著

鎮江堡卧病憶朝鮮遊歷

風雨長途力易疲經旬伏枕笑支離異邦寢食應難習千里歸程計轉遲碧澗迴環鳴石齒青山森歷點花枝月餘總屬遊仙夢別後如思未覺時

遊鳳凰山

參差鳳羽插奇峯跨磵緣泉路幾重一竇雄關支石墜千尋斷壑削雲封病餘狂客飛觴懶定後枯禪貝梵慵天假微晴酬勝賞催歸靈雨響深松

蕭豐原故齋

名山徧入選幽深斗室依然枕翠岑雞足蓮池叅法侶泉鳴鳥語總衆音燈微塵暗蠹函經鶴夢何年得更惺乘化不須留半偈種松常傍小牕前

目熊臺為王鴻臬賦

削成熊耳聳雙峯望入崇臺紫翠重竹樹千林分秀色雲霞萬頃盪吟胸醅香林麓招深酌琴抱溪橋候短笻交影微花明月夜鸞笙緱嶺想追從

洗心亭

玄心獨抱本無塵更鑿溪流助日新手掬清泠甘玉醴眸凝活躍泳金鱗虛涵月魄瓊瓏境滿印花光浩蕩春觴詠不須修禊事泌淵靜對得天真

兩君子亭為萬瑤華賦

栽蓮種竹繞迴塘為愛清芬媚晝長露蓋翻風鳴佩玉烟梢拂雨洗新粧旋烹筍脯供筒勸更雪冰絲泛蟻觴縱涉渭川登太華何如高枕水雲鄉

謝牟東別駕

康樂幽懷脫物外東山風望繫蒼生千秋繩武稱兼擅一局彈碁閑褭妥賦就雲凌探筆健飲餘川吸易杯傾回看爝火成消歇片月冰壺炯自清

佟園古松歌

停驂向名園坐石憩古松植地欣得所歲久滋豐茸雲濤霧鬣種種露清景龍騰亂蟄未足摸奇容靈根蜿抱茯苓長仙液鍾凝琥珀濃免絲飛去山四塞女蘿附處翠千重曆紀大椿年共永散如樗社調應同我來所倚齒葉據其根恍如故老久客歎相逢歲寒獨抱堅貞心海甸幸避斧斤鋒逍遙扶疎自取適遠辭漢時遁秦封叱毫舒素寫古貌歸來誇示江之東手種十圍

不可待何如懸此屋壁颯颯生松風

張雲洲方伯楊誠齋總戎同游千山祖越寺

古寺幽探借石牀空山急雨夜淋浪醉眠忽覺雞聲午病起難支酒力孱閑繞峯巒依絶壁步穿巖洞掖崇岡班荊啜茗成清賞好鳥頻啼似勸觴

龍泉寺品泉

幽巖千疊隱山龍一脈靈泉瀉玉淙㲉嚙蘚封凌曲磴根穿石隙允孫松漱餘酲解寒侵齒濯

罷塵消淨鑑容灑落林梢傳澗壑疑鳴雜佩奏笙鏞

張雲洲邀飲韓園（主人遜齋任寬彝叅戎）

傲歌載酒得芳園暫浣塵容一避喧白日朱門亭館靜薰風湛露芰荷翻首山秀色當簷出大谷梨陰蔽畝繁獨醒主人偏醉客綸巾倒着尚留髡

仙人臺曉望

縹緲仙臺插碧霄望如咫尺路仍遙霧光吞吐

迷鸞馭天籟飄飄散鳳簫丹熱竈留含紫氣藥滋雨過長靈苗殘碁欲看無飛步翹首松喬不可招

留別張楊兩公

十日平原醉德深聯鑣選勝喜登臨冒將山雨凌蒼靄酌向巖泉俯碧潯曲度吳歈幽鳥和襟披蘚徑野花侵朝來新霽增游興坐嘯行吟寄素心

謝太涵年兄郝星湖叅知雨中同游北鎮廟

雨積雲深夏似秋[illegible]閒鋪翠阻追遊尊移危磴
虗樓上步入壽松古殿頭蘚碣如林昭祀典山
城安堵藉神休醉眸暝色遥回首彷彿烟波萬
頃浮

寄遠李寅城公招飲馬園同太涵晚歸

絲幔高張鸞曲欄郇廚絲繹薦珍盤故知屈指
誰同健醇醲沾襟飲倍寬野實交加陰鬱茂夷
歌雜遝舞蹁躚惟憐片月流松頂瀟景娛人入
夜闌

謝年伯母節壽

為婦代子養鶴髮娛康居為母代父教鳳翮翔
天衢嗟哉母一身百苦恒與俱晨興操井臼寒
燈照辟纑殫力供甘旨藥物時復需孝盡得姑
憐子視更無殊撫此膝前孫翼成用世儒勞愛
匪姑息身範嚴端趨幽巖跡以奮祿養臻亨途
苦節達九閽寵褒錫鸞書風木痛靡定閨帷昭
令模子賢母德徽懿常藉永扶

漱芳軒　為趙用吾中丞賦

元臣綏常靖邊陲小竺軒楹恣賞奇手藝名香
繙古帙神交往哲見當時壺觴不數公孫閣咳
唾都成慶曆詩竟日飲酣聽入幕欣看玉樹發
南枝

寄遠湯泉

春游無柰着先鞭暑月迴車向沸泉争頃搖波
滋稻事萬山排浪接胡天明珠亂濺鮫龍窟靈
液常浮寶玉烟盡滌維塵空倦客應磨對酒意
悠然

飲馬鑑石觀察園亭同趙楊叅戎招游表海
亭

梓里情親接席中芝蘭臭味本來同頻傾綠蟻
酣蔬圃更躡丹梯叩梵宮海溢湖生山隔岸峰
巔雲斷日浮空大觀未厭憑高意城柝邊笳動
晚風

炎美山房　為馬鑑石賦

閒園寄靜觀藝蔬話老圃桔槔罷灌溉中夜得
甘雨胡荳已收萁菜甲初茁土青青欣與敷旋

摘供鑠亦誰知鎖鑰身頎樂烟霞伍澄懷運壯
籌衽席安疆圉何必躭隱名枯槁遯巖藪

題射獵圖

于畋寓戎事秉時舉春蒐材官競長技玉勒黃
金韉蹙圍自原隰分隊馳驊騮走犬奮捷足劈
鷹噬饑喉壑谷氷初解碧艸淺以柔不能藏狐
兔焉遁麀與麌繁星散矢鏃急雨森戈矛爪角
力告殫毛血灑道周飾雉鍛文羽羌麋落丹畔
栖息任年華須臾登俎饈川陸稱獻琛口食嗟

自求喙頤強見推殺機動仇讐展圖三嘆息吮
墨明燈篝誓從海上翁相忘狎羣鷗

入關志感

春度關門夏杪回重江複嶺幾懷開全遼樂土
多頹壁屬國聲華付炬灰路出胡沙羣虎豹時
過梅雨漲塵埃皇皇襆旅盈邊鄙萬里安攘仗
異材

角山寺望海

攀登紺殿遠鐘聽坐撫雄關享輯寧琪樹雲連

垂菓實靈泉龍獻吐清泠山頭雉堞分中外海
面鯨波變紫青斜日深林緣嶺路天風萬里酒
初醒

重游觀海亭

拂袂長風暑氣捎關山雄峙入無邊飛濤怒捲
沙間雪宿霧平屯水底天咫尺波光來萬里浮
漚世界信三千已拚頹玉償佳勝更有漁舠薦
海鮮

遊孤竹城遇雨

孤竹清風自古今言尋遺廟坐登臨首山高峙
當年節灤水澄涵世外心香薦蘋蘩宜野客青
回攏畝得甘霖憫農無暇思行役愁見殘陽射
遠岑

自孤竹城同周益我年兄泛舟歸

中流孤嶼梅荒城雨過移舟細浪生祀典獨垂
當代重豐碑猶勒古賢名魚收集網供携酒雲
散羣峰各美晴誰道榆關砂磧滿恍然江漢接
澄清

題九加圖

長松古柏更岡陵岳峙川流景色增碧漢雲霞
暗縹緲青霄日月玩升恒經林杖啄蒼苔净歘
枕窓含翠嶺層巒案共軌衡泌樂盈堦蘭玉露
華凝

雙壽圖 為周益我賦

蟠桃纍實映萱花座挹祥光泛紫霞林壑朝昏
賓鶴髮滄天來往駐雲車鶯啼深處門垂柳蝶
夢醒時地種瓜粵嶺秦關馳視領年齡恩澤共

無涯

尤紹菴總戎迓飲荷池宛在亭

百戰功成社稷臣為抒壺華紀奇勳十年鴈塞
交情舊九夏荷池飲興新威重在山嚴虎豹名
高當閣畫麒麟遍觀壁壘軍容壯緩帶雄談意
氣真

三屯鎮城之南景忠山最為峭拔上有聖母
宮規隘基圯少保尤公繼先不取香儀錙銖
以充幕府費乃從衆願鼎新之暮奉使朝鮮
歸途展謁尤公屬紀其事因系以詩

四山環翠接雄城更擁高峯切太清靈境岩嶤
來玉節珠宮焜燿駐雲軿千盤登陟瞻依肅萬
姓奔趨祀享誠共藉旌幢舒指顧祥烟直欲拱
神京

壺天高隱詩 有序

三槐劉君以文行馳聲薊北數奇不售力田
好施泊然無求於世也頃少因侍親延醫遂
得異人指授預徵休咎立起沉痾君雖不欲

以此自役而遠邇翕然爭赴焉紹菴尤少保
往歲感疾容遂經旬不食君望見顏色即曰
無恙一加診視且謂
詔用有期既而悉如君言鎮薊十年舉宅荷
君生全而一見亟去恐有人囑以關說者即
歲時餽遺亦謝却曰饘粥粗備餘粟且推以
及人良無所用之非自為潔以近名也暮聞
尤公所稱述乃賦詩紀其實將藉以為贊造
君之廬而親挹其高風云

達人抗素志玩世亦濟世紆紫謁金閨散髮栽
荷芰秉遇隨時任所之身世超然忘物累撫趙
慷慨舊有聲薊北人豪獨高致萬卷讀破璞未
剖金臺空築遺良驥養親樂復樂親疾愁且悖
孝感神術授殫究青囊秘妙解應知異世傳靈
襟況復包玄思刀圭聊試得痊安禍福了然識
先至閉目袖手默無言絕技驚人戒多事奴耕
婢織可自給周急賑饑非市義笑指蘧廬天地
寬高卧壺中體愈閒三槐植庭蔭日茂還看春

雨茁芝蘭闕西元戎交誼久當年身倚回天手
高士稱君天下奇以言屬贈吾何有活人食報
起高門君不貪報報歸君預占堂下三槐秀定
續燕山五桂芬

劉健菴中丞郊飲

水鐵裔瞻絕代名係鑾功懋奠邊城招邀狂客
車虛左太息時艱席屢更馘酬望懸霖雨切峯
巒喜接慕雲平吳歃莫按停鐃吹一接雄談百
斗傾

賈春宇司馬招飲

未老懸車陸海仙雲畊月釣枕風眠折衝方試
殘龍劍軒翥欣看起象賢歲月馳驅供嘯傲春
温溢座接玄言波瀾漫湧人間口勘破繩黃閣
大年

游遵化湯泉

沸流湧地繞虛堂鑑徹深淵吐夜光色映驕暘
鎔冶躍鳴穿花徑暗琴張沁襟荷芰薰新浴留
客茶瓜醉晚涼讀罷冷腸宫怨句惟宜漱石洗

詩腸

盤山道中

羣山如合徑穿幽百折猶難望嶺頭鳥樂菁林
山菓熟客停飛旆野泉流綠陰遮屋渾忘暑白
叟歌田不解愁極目雄關環帝闕勤將叱馭謁
宸旒

盤山龍池

神龍隱見良不測偶睡關山絕壁泉餘瀝冷沭
行旅悅何須施雨遍遥天

沙嶺和壁間許觀察韻

支節凌陡絕翹首望神京谷應鳴𩁹急風經峯
樹清塵容慙嶺色嘶馬亂泉聲何得乘明月來
調鶴背笙

大嶺望平谷

平臨赤日行無盡回顧蒼巒勢轉嵬寒谷久從
吹律變炎歊偏趂策軺來

將軍石

支撑霄漢巖危阽石文峰頭動仰瞻耿介當風
猶赳赳辛勤沐雨自巖巖羣雄氣奪神偏旺大
樹功成取獨廉夜柝不傳烽燧熄憑高遥見海
波恬

蹇理菴衙臺夜飲城南樓

一雨送新秋千峯爽氣浮呼燈尋古渡張樂待
岑樓握手垂青眼論心任白頭觴飛渾不厭遽
莫盡更籌
大雅傳河曲冰壺湛海天係蓬南國重鎖鑰北
門專綏帶操多英長纓繫左賢老成膺側席亘

船濟洪川

蹇理翁招游北極臺

傑閣枕崇阿披襟涼思多雄關供騁望劇飲待
徵歌暮靄横孤戍新流湧漫波從教歸騎促攜
檻醉明河
卧向東山穩恩承紫極隆壺臨紆豹略千里振
雄風談笑胡沙淨聲歌郢調工浮塵難暗積龍
劍倚崆峒

附雜著

文殊菩薩贊

神智照徹遍滿大千吼獅震世覺乃人天空月
湛若海波澄然慈溥慧注一滌塵緣羅藉寶光
永昧疇宣稽首皈依牗濁證玄

關公贊

嗟呼荊襄漢沔公所經營嵩許河洛公所馳情
豈孤懸之遼左爰戾止乎雲軿惟熙朝之崇祀
恒默佑夫天兵疆圉猛士投體皈誠顧瞻義烈
冀襲英風底茂績於安攘戴明神之炳靈

尤大將軍贊

肅肅威嚴望之起欽坦坦真誠卽之可親早歲發迹關西久馳乎令譽老能益壯薊北更震夫英聲嘆火真與死撥骨挫折於鋒稜惟椎心以置腹致興旅之殺誠剪彼爪牙壯我干旋勝筭獨握奇功竟成矧惠澤之周溥賑凋瘵以更生勸俗同歡乎倫紀繩惡克慎乎祥刑十載恩威千古令名永戴靡忘瞻此德容

無言禪師贊

西山碧雲聆乃玄機東土普慈禮此芝眉噫此非無言師也耶無言有相無相非言言真相幻相觀言傳凡我皈依者出悟諸相非相之外而求諸言不言之間耶

大安禪師贊

此僧伽者相非像耶應世隨緣水月鏡花尋跡捕影爐鉢袈裟佛性如如禪心兀兀一絲不掛本來具足善續宗風者尚谷索其無相而毋徒縛于傳述也耶

朝鮮重修明倫堂記

蓋聞倫紀萬世不易而治亂安危其轉幹需人至亟也故存亡舉息之機尼父惓惓以振弱魯而以達德行達道在設誠以擇執之此論治力學之要領修身立政之標的不以中外古今少有間焉隨時課效易地咸宜申公所謂顧力行何如耳史蕃奉 上使命輶軒東邦入其疆見民俗雍容遜退惟畊讀之為兢兢與賢士大夫日相揖讓周旋彬彬乎質有其文既見邦君敬慎秉度其尊 主之忠悃由衷之感戴有溢于言表者退而延賓晝讀靡息左右贊佐執事有恪所稱箕聖遺化穆然可以深思而漸被我列聖之德教良有徵驗哉至國之三日敬謁先師廟庭既而登明倫堂六館師弟子以次相接雅飭謹馴宜才賢之生依稀鄒魯矣頃瞻堂構皆新建者詢知往燬于島夷近乃始拮据興創云目所覩記邦君之居茂草瓦礫未暇除去而遑遑汲汲惟 聖靈之奠安廟貌之孔修東

國君臣得先務矣然緬思曩昔天心降罰倭奴
獲逞燎原難禦防海先籌雖云定數人事不無
咎焉今幾幸　主上威靈復有寧宇君臣父子
夫婦兄弟朋友得相聚守如故懲往慮來合力
學延時取人立政寧更有他道乎仰追夾谷之
會郤萊夷增魯重聖人豈以軍旅未學專文事
而忘武備吾黨可以深長思矣仁義為干櫓忠
信為甲胄親上死長之志固結於平時而先事
預防之策綢繆其桑土豈以土地人民依然無

恙遂緩視政事而不于倫常之計早見慎圖之
也耶先罷識後文藝掐士之高標也羅真才收
實用國家之長策也諸士試思爾邦君百務未
遑首先建學作人之至意而旦夕朋友講習間
必期身修以教于家慈孝友恭唱隨之誼必如
之何而後可以施于有政師所以教弟子所以
學必如之何而後可以明愚強弱以賤履于達
道而示法于周行拔萃彙征之日必如之何而
後勿以家修者壞于廷舉邦政而振飭匡輔之

庶幾斯堂之設不徒存文教之故宇且煥一邦
之壯觀而貽子孫黎民之利于永永無替矣史
蕃久處黌序奉父師之訓以周旋不敢忽且隨
于日用庸常之理茲謬叨　任使亦懇款視東
人為一體固或有間焉登斯堂與諸師弟子相
晤對因書堂額偶予有言紀其光復之事蕃不
敏輒叙述　遺訓一申其旨期與東人篤意倫
常勿忘外侮敦由己及人之念宣久安長治之
猷俾國運與輪奐而同新邦基偕堦圯而永奠

紓我　聖帝東顧之憂豈不自今伊始也哉人
倫明于上小民親於下修其孝弟忠信可使制
梃以撻堅利孟氏之言豈其欺我是在諸師弟
子實式圖之

題陽川世稿

蕃于役東藩與一時名賢唱和最衆許氏兄弟
筬與筠俱在列周旋既久乃出其先世所著曾
高以來彙稿將附以父曄允符及其妹氏遺稿
世彌遠家彌昌文名彌振真稱吉祥善事哉世

濟其美寧惟一家善慶流遠源長將東國中興之業實式賴之忠貞世篤多士寔寧文章固不朽之盛事令名允繼述之遠圖碩瞻祖德益堅繩武之思保惜門風更深弗類之懼豈非許之先人永貽于今日而默禱於來茲者哉其官品世系具集中不暇祥述姑識二君箕裘雅志而期其世守無斁云

祭李仰城祠

毅然挺生川岳儲精屹稱保障萬里長城存則國棟歸為列星有盡幻軀靡窮令名憶昔震鄰狡倭憑陵帝釐東顧授鉞專征誓師鴨綠光耀旌所至克捷藩邦更生敵從風靡竄鼠奔鯨咸持危定傾七擒比烈百世頌功洋凡歆威望緬懷英靈髣髴生平神之

祭箕子墓

自道統垂世君臣植經有能闡心法以傳後殫忠貞以報國善政敎以宜民者各得其一亦足光俎豆而昭祀于千古剡兼三者而躬備之若箕聖之鴻謨遠烈豈不與宇宙相爲[illegible][illegible]而東邦之覲被其澤者其奉冠屨之誠有不彌久而彌篤乎之蕃有年于月之朔庚止[illegible]部將命靡遑歸乃瞻拜于宇下仰內[illegible][illegible]志之仁風則惕然起致身酬國之思邈九疇授聖之格言則懍然切褆身輔世之懼觀八條并牧之遺化則油然與純素簡約之懷所謂聞風百世之下想見百世之上于茲益信矣良心恒存德音匪遐南東各天萬里對越眞有厚幸稱良謹式肅陳衷言仰攄微悃神其鑒格偏此顯蒙

蘭雪齋詩集小引

劉芬之秀擷英吐華亦天地山川之所鍾靈不容强亦不容遏也漢曹大家成敢史以紹家聲唐徐賢妃諫征伐以動英主皆丈夫所難能而一女子辦之良足千古矣即彤管遺編所載不可縷數乃慧性靈襟不可泯滅則均焉即嘲風咏月何可盡廢以今觀於許氏蘭雪齋集又飄飄乎塵埃之外秀而不靡沖而有骨遊仙諸作更屬當家想其本質乃雙成飛瓊之流亞偶謫海邦去蓬壺瑤島不過隔衣帶水玉樓一成鸞書旋召斷行殘墨皆成珠玉落在人間永充玄賞又豈叔真易安輩悲吟苦思以寫其不平之衷而總為兒女子之嘻笑嚬蹙者哉許門多才昆弟皆以文學重於東國以手足之誼輯其稿之僅存者以傳予得寓目輒題數語而歸之觀斯集當知予言之匪謬也

遼東新修路河記

萬曆丙午春仲蕃承　使命頒

恩詔于朝鮮道出山海關歷遼陽始得渡鳥綠而竣事焉關以外徑與虜接墩臺守望雖鱗次櫛比而柳栅沙溝衝突竊發每為行旅患然原野平曠可馳而為趨避也惟自廣寧抵三岔河外逼虜穴僅二三里遠者亦不能十里而地復沮洳時冰泮解馬腹每沒泥淖中訊之土人當暑雨時溢滙為巨浸土田不可耕行旅不能通共患苦之為日久矣比于役歸預憂行路之難至則崇垣屹若驅車直經其上而下撫河流環遶垣外向頃沮洳已茂鬱蔥菁化而為禾黍之場彌望無際不知其為隴畝者當以幾千萬計矣時與將吏有事于修築者相遘接乃備聞其顛末欣然為文以紀懋功蓋自海運未罷時鎮武平陽西興西平西寧五堡間舊有沿河受三岔之水而南達于海外足禦虜內可洩潦陸通車馬水

利海艘遼陽之至便計也故跡久湮艱于脩復工繁費廣徘徊顧慮而計畫無復之耳撫院趙公總戎李公同心合德慨額隱憂秉數年威嚴順治之暇議大舉脩築按院康公巡道郝公儲部謝公偕總戎公相度籌筴畚挿肇興于乙巳之冬寒冱暫輟今年春乃檄同知王邦才督鎮武以東通判孫如汕繼創議通判張承祚初委經歷周三聘之後督鎮武以西議調軍夫增月餉建橋閘疏河渠計丈

尺嚴給散井井條悉而三道張公楊公馬公及參遊以下各協力分勞役工僅三萬費鏺僅數千金而二百里遂成沃野水歸故道順流注海舟航可通馳驅堤上者無復濡足褰裳之苦且河深丈餘濶幾三丈堤高一丈基二丈頂濶半之即胡騎生心亦當勢阻而氣奪矣夫事之興有會謀之成在人長城築而天險完金城渭上屯田而兵食足今茲一舉而三利兼收襲者安于棲被行者游乎坦夷

守者據其高深豈非安攘之遠畧而久遠之鴻圖也然剏繼今以往推衍已試良法而漸次脩舉俾孤懸一線之境延袤相屬允稱百世之利萬全之謀而廣寧其始基之矣是役也催督防獲各殫厥勞者副將吳希漢參將趙紳遊擊佟鶴年崔吉張昌胤伊天爵塗賓李繼武唐伯美趙之牧中軍魏將大守備寗國備備禦孫守印經歷許茂樺勞不可泯當並載焉撫院趙公名楫京師人總戎寗遠伯

李公名成梁鐵嶺人部道謝公名存仁祁門人郝公名大猷邯鄲人楊公名位汝寗人張公名中鴻滕縣人馬公名拯武定人

少保尤總戎生祠記

古稱民心至愚而神以其是非之公聖人不能易而恩怨之實死生不可移也善馭民者必與民始能愛民始能得民今與古人情豈相戾哉文武分途制兵多以衆勝甚且岐軍民而兩視之奚怪民心亦若秦越人而怨其不我恤也史蕃奏　使命諭朝鮮往返所經皆軍民錯處關隘險要之區戎事未見盡飭而生計大爲蕭條竊抱隱憂深思良將歸途抵三屯駸駸見冨庶之風比邇郊關父老數十百人遮道投一編同詞稱十年來恃總鎮尤公生全我小民保有家室業已建祠肖像祝禧祈福以明報德不忘之意顧慮不紀貞珉曷示永久爰行旋亟圖之以慰衆志之惓惓予復嘉其眞切踴躍感極而繼之以泣也矧公與蕃以文字訂交者久其何敢辭公諱繼先字克孝別號紹菴世爲榆林人父惟榆公月起家陣戰累拜參戎公習見勇敢性稟忠義少即以功名自許提戈躍馬血戰奏功

父子咸以善戰擅聲關隴金瘡遍體夷虜知名公之功其最著者在平蕃控二川桀酋遯避位隮元戎勳銘鼎彝茲起自家居授鉞鎮薊甫下車即痛念武備之單弱癈惰之成風悉心區畫極力倡導條上十事以振剔積弊而嚴斥候覘探之防明騎射精強之教凡隸麾下咸知嚮往頑柔脆之衆難禦虎狼以夷攻夷乃古敎之身試者洛撫夷丁漸次鱗集推心置腹恩結法嚴安處得其地閭閻無毫髮擾者薊社中虜無有一矢相加遺及公之身而始戰捷于紅草溝馘獲甚衆殊

錫寵褒邊關生色至其過微松之烈焰罷蘆嶺之委官包喜峰平房之誶額商旅衆民獨免毒害歲事不登夏荒患熟公擒治專利之棘手俾軍民得挾貲易米復出官帑糴萬石于山東竟拯流離餓莩之厄復開墾近邊腴地百餘頃得粟十七百斛以贍夷丁而周貧乏鋤治窩訪之渠魁塞緝縛投虜之巨惡而隱禍潛消

夷於　八代之六佾而蠹虎屏迹訓東入貢之屬
蕩而橫索頻省禁約牧馬之軍丁而踐踏罔加
又皆公之意篤撫綏而慮周祛害者宜此㾞民
家誦人祝之不能忘而尤欲得信史之筆以揚
弘業而詔來茲也然以蕃觀公則忠孝大節廉
智令猷有一腔心事照之天日格乎人心而堅
不可拂遏之彌揚者抵掌立談歎會悉剖赤心
許國百折不回此其建功樹德之木百姓所日
游泳其天而不及察者乎過公祠下觀此實紀
公之令人敬仰愛戴當有賛之口碑無少間而
貽邊鎮之軌範于無窮者豈徒述顯績慰民願
云爾哉

東方和音　　朝鮮國議政府左贊成柳根著

渡鴨綠江

兩岸鐃笳殷翠屏天仙擎詔下東溟山川已豁
烟塵黑雨露新霑草樹青一死未能輸寸效再
生眞是荷皇靈恩波正似江流闊見說文星是
福星

詔至義州值雷雨

包胥當日叩重閽再造三韓海外藩曲被恩私
偏感激敢嫌章奏太頻繁彝常淪骨如天澤咫
尺殊音隔水村雷雨隨車非異事大鵬元是非
溟鯤

聚勝亭曉發

咫尺封疆限登臨感慨并皇恩何以報海岱向
來清野館春花落江城曙月明遐氓瞻紫氣縹
緲指東行

箭門嶺小叉嶺

春光淡蕩眼生花度嶺緣崖石磴斜松鶻山高
却相對不知身在海東涯

赴所串館

天降泥書眷我東芝車玉帶鈫袍紅詩成倚馬冲霄鶴筆為籠鵝戲海鴻共説儒仙真伯仲從知神劒有雌雄滄溟滿地恩波闊虎拜山呼意未窮

古鎮江

春天雲物媚晴江四面青山不肯降追逐芝車渡橋去鏡中安得泛輕艭

良策舘

三復瑤篇古意深盛唐風格軼高岑晴川芳草驚人語白璧黃金愛士心元禮門前欣得御鍾期琴裏托知音秖應慕德形諸詠不是傷春費苦吟

車輦館蟠松

蒼髯翠蓋環山足見説蟄龍地底伏其中古幹最皴皺豈是於天受命獨螻蟻能教苦心死竽籟不復清風穆無乃變化騰雲去尚留新松滿山谷仍悲爾生未得所何似青山伴白鹿若不托根官道傍古今雖遥八如玉

蟠松絶句

翠蓋蒼髯久擅奇蟄龍雖在已無枝欲將嘉樹重封植恐負甘棠勿剪詩

過東林古城

三韓地幾合離鐵山磨郭在郡北地荒路僻見者稀東林古城石參差舊基盡入居民犁翰林學士倪先生嘗留一絶經過時指此為鐵山此説起伊誰天仙今到此停旗臨路歧為寫便面

數百字宛若杜陵紀行詩譯者不能徵古蹟此是東林非所疑聖代聲教極東漸誰言帝力民不知龍蛇須遭患再造仗天威不比遼鶴歸來日城郭猶是人民非林野東林地三月花滿枝鳳質龍章曾未覯輿意羽騎來相隨沿途物色揔牢籠玉麈揮時頻解顏惟茲廢址不見遺一草一木皆品題金薤琳琅勢横斜長篇短句語屈奇垂之我東億萬年海月有虧名不虧維屏維翰衛神京長祝四時浩洽薰風吹

猥蒙不鄙夷既惠瑤章又辱珍貺盛恩則深
懷璧是懼自昔天朝大君子之至於斯也迎
候之臣有唱或和而上國沿路所作未敢攀
和今茲盛眷實所罕聞不揆荒陋輒和扇頭
暮春十七日詩戲少致區區景仰之意云爾
瑞錦絢麟紅芝函出禁中承顏經幾日便面揩
仁風一代文章伯全家道氣濃殊恩頒下國大
慶在前冬敢道知音賞叨逢斲鼻工使星明左
海卿月耀層空警策篇篇玉飛騰字字龍平生

慕絕學快覩武夷峯
伏奉和章再三莊誦謹綴蕪詞用表感幸之
懷仰希郢正
花待雨仙紅溪山錦繡中一家今四海千里本
同風北極丹書煥東來紫氣濃乘槎疑八月積
學富三冬物色留偏少吟哦句未工金聲驚擲
地硬語覺橫空天上張公子雲間陸士龍人生
貴知己誰對九疑峯
屢荷辱贈至蒙獎誘感愧俱極謹用前韻略

紓謝忱伏希電覽
西日漏雲紅烟光澹蕩中瞻亭驚白壁執熱濯
清風草木如相喜山河望轉濃萬方皆用夏四
亭若無冬德澤能覃被生成是化工鳳毛開五
色驥足騁長空自笑刷翮鵾相追上下龍陽春
不可和徒仰紫霄峯
復疊前韻塵穢藻鑑昨者迎慰之宴猥蒙辱
賜以言感實在中情見于辭
春宵燭焰紅公讌畫堂中灩灩杯心酒熙熙座

上風仙凡路雖隔賓主意俱濃昔在朝天日初
從丙子冬三呼同萬國再造出羣工蛙井肯偏
谿鴻泥迹便空異人孳紫綍瑞氣繞銅龍請祝
無疆壽南山千萬峯
宿林畔館賦孤松
孤峯秀出四圍屏翠蓋還疑一草亭五月寒聲
留野客半空疎影度林坰片言猥荷封韓樹博
識何須問楚萍冬夏青青常獨立後凋能閱幾
周星

經東路河 河入左右轄有流野民不行畊不食頃日鑿渠澄水民蒙其利波及之

鑿得淄青野穿成鄭白河焉此良從古少蒙利到今多天意存生意人和在氣和耕田由帝力樹藝及南訛

金孝女故閭

有母方有女欲孝理之常各自有其身天性乃牿巳母病女之罪日夜號彼蒼一指何敢愛至痛迫中腸淋漓骨與血入口便起偃女性本陰柔女心乃真鋼指雖不若人毋體竟安康髮膚固有受毁之亦何傷降衷無豐嗇夫豈限遐方千秋孝女碑屹立官道傍列仙屢式閭故里尚遺芬秖今寶珠惠倍增泉路光聖代敦孝理海東流化長公歸好敷奏宸極正垂裳

新安館

簷端翠幙半空分終宴忘疲意已勤拂席舞衫迴急雪繞梁歌曲遏行雲仙曹遠自中朝至天樂疑從上界聞不有皇恩那得此却將銀燭繼

達川

劖石通渠水縈紆自起風東南西灘凡三十六壘缸耕鑿皆天澤豐登即歲功流波終入海極目思何窮

白峴

霧樹遥峯望漸開前宵微雨洗輕埃世人豈識雲間事碧落笙簫自去來

嶇嶂嶺

前導花驄天畔嘶雲旗及嶺兩山齊居民久已安耕鑿麥浪摇風滿野畦

麻布川

小山叢桂幾時往玉樹瓊枝日應長一帶清川繞納清濯纓安得同仙舫

曉星嶺

無數長亭接短亭曉星爲嶺拂天星躋攀暫息慇行旅剗却何由借巨靈

納清亭

□□眞逸伴梁立鳳節聯翩紫氣浮共奉絲綸

宣雨露郡從江漢擅風流花明去路迎華蓋柳
拂行塵引絳騶此地溪山亦何幸𨺗時仙侶為
遲留

齊山亭

青山本偃蹇拱揖如相學對此沉吟久暝色來
不覺雲垂岩橫屏雲卷岩開幄山容雖娟々山
骨應犖々何必蠟屐躋其頂不出戶應臨之平
天仙拄笏爽氣多縹緲天末長風輕古稱方丈
在三韓蓬萊仙人怳相見歸時亭畔綠陰濃更

待峯頭月一片

控江亭

春江桃漲猶未生問胡架船長橋成雲濤洶湧
不可行預恐風起芝輪停今來雨師為清塵汀
柳如眠螺髻青水邊供帳何草々金羈未驀駝
蹄羨須臾傾眄晚潮上銀山雪屋來層々此江
亦是朝宗水極目西海環　神京

赤嶺

白々云何處是人家赤嶺高々不見花安得桃源

從此入川原無數映紅霞

楓川橋

長虹橫渡口夕照翻鴉背何似姑蘇城江楓愁
裏對

百祥楼

楼聳層城西北隈暮春晴景故相催褰帷正為
群峯出舉網真供一笑開芳草和烟迷極浦澄
江如鏡映深杯陪遊半日誠多幸天上神仙倘
再來

三清閣

楼東華扁屬初成笙鶴來遊萬古情咳唾忽驚
天上落三清剩得十分清

安興館

詩成擊鉢尚嫌遲錯落珊瑚碧樹枝變化雲龍
安敢托翩躚笙鶴杳相隨霜鱗入饌銀絲膾竹
葉浮春金屈卮莫把恩波比江水江流雖遠豈
無涯

新院屯

鑿谷何年草屋開居人挼堵不驚猜種桃莫恨
漁舟遠猶幸天仙向此來

長甸帳中午憩

普霑光禄飾宫醖與君羮千里王程遠長随玉
節行

漁波嶺

壠麥青青舞縠紋麥秋何日割黄雲晚來風送
催詩雨下坂笙簫度嶺間

巖峙川板橋

忽〻春光夢裏歸風花亂落撲征帷偷然道上
尋詩興正在遥空獨鳥飛

斧山

千里長程掌様平役民非借鬼傭成子來趋事
寧知倦為是天恩欲並生

肅寧館錦香亭

緑陰啼鳥落紅殘芳草長亭駐歇鞍曠野雲生
山際暝曲池風送雨餘寒沿途物色真難負满
匧書籤未暇攤待得高荷齊水檻潟傾珠露月
中看

肅寧館池上小亭

朝來微雨歇晝裏列仙遊彩檝移蓮葉香醪灔
玉舟霞紅烏外落天碧鏡中浮萬炬星芒亂層
城枕翠丘

孟夏朔日午飯安定館

極目烟光接遠郊一年佳景夏春交樹陰移入
緗簾隙花片飄沉碧沼坳彩筆不停鸚鵡賦翠
梧如待鳳凰巢自慚援觜難藏拙鉛槧曾從病
後抛

大同江

快如仙爪背間搔句句飛騰語意豪掠過扁舟
夜半鶴戴來蓬島海中鰲江神鼓舞笙歌迴雲
磴參差步武高盛事正須垂不朽賞心非是為
嬉遨

用李穡韻 江上有錦繡山江邊有清流壁故結句及之

彩檝移輕浪遺蹤問舊樓江山猶活畫風月载
經秋正值清和節眞成汗漫遊烟霞開錦繡翠

辟倒澄流
是日歷視井田遺址仍泛大同命名畫船曰
飛雲仙舫故篇中及之
天下宗周不復殷箕封舊俗尚遺芬清江畫舫
留笙鶴無限恩波接彩雲
詔入平壤
明星欲落聽晨雞羽騎紛紛響月題草色平分
青錦障歡聲半雜白銅鞮百神後擁壓塵起變
鶴前翔瑞靄迷稽首銘肝偏感戴並生殊澤洽

群黎
快哉亭步許相國韻
每憶新安老長風遡快哉烟霞隔蓬島雲月照
瓊盃四十年前事登臨江上臺清遊今夕繼一
醉好懷開
渡大同江
衆流奔海會潺湲孤鶴横江幾掠舷紫氣遠來
搖搖客彩船輕壓鏡中天八傑聲教留箕壤萬
里恩波接漢川却恐仙童吹玉笛鼓鼙驚起老

龍眠
生陽館
生陽舊館臨官道移入中和路更長願得銀鉤
垂不朽邑人方擬闢生陽
駒峴
兩道界限駒峴徑大同漸遠黃州近宣　詔仍
須採民謠乘槎復有尋詩興謙虛下士未前聞
勝地屢許陪清尊再造三韓有今日千載一時
堯舜君海外恒瞻雲五色喜心倒極悲先集嘗

聞魯頌編周雅頻記東民常感德
宿黃州齊安館
一宿齊安館虛簷彩旭生楼高松影入橋穩水
流平玉節頻來去青山亦重輕東民歌帝力擊
壤鑿兼耕
太虛楼
廣遠樓題改太虛顥陽曾此爲躊躇秖今形勝
名增重從昔神仙分不疎鞏闕迴臨蓬島境鳳
編遥自玉皇居却將雲物供驅使慚愧區區效

起予

簇錦溪

原田錯綉川羅帶草色青袍柳緑絲誰把溪流名簇錦彩虹横截更添奇

洞仙嶺

叢叢鳥道昔曾聞度嶺鏡笳縹緲田洞裏有仙今不見却隨笙鶴半空來

宿洞仙館

路盡峯回聳郡楼天仙到此縱神遊草如茵處松如蓋水自流時烟自留片夢由來是蝴蝶前期何必擬蜉蝣莫言候館臨官道山鳥嚶嚶谷轉幽

曉赴匈水

翠壁雲開騰彩旭銀鞍前導九花虬人心却似朝宗水萬折東奔入海流

午發匈水

兩岸緑陰相掩映水如羅帶匈為峯却知此境非人世方丈蓬萊更幾重

西山灘

鳴石淙流韻水蒼倒來林影散青琅驅車長路輕塵起一雨何時借晚涼

車踰嶺

貫穿書五車圓轉丸走坂鏗爾韻金石脩然意清遠得非謝康樂無乃潘安仁飲氷歷關塞攀詔辭城堙夾路平林蔭藤葛下嶺前驅猶木末小邦終始荷生成海岱頻覺妖氛豁稽首恒為祝堯民採俗倘編曹鄶風崑山抵鵲頗取將長使秀句留天東

宿龍泉館

芳草如烟柳飛雪春去不須悲白髮神仙中人自天降炯如寒水照秋月遙乗銀河槎試觀濠上魚我有斗酒藏之久何用青絲玉壺酤蹩躠著作承明廬宣尼不陋九夷居野館綠陰駐雲車緱嶺笙鶴若或來飛廉奔走清前途自憐懷鉛秋益罪投以木瓜寧非踈金鑾殿上虛講席佩老安得歸鑑湖

屏風嶺

岸芷汀蒲相續經兩邊松籟送冷冷淡烟微雨
新開畫雲錦高張九疊屏

翠屏山

幾疊透迤面面齊畫圖新展望郁迷迷花峯作
千重障雲竇泉添一曲溪林影參差天上下霞
光瀲灧玉東西人間自有丹丘勝安得雲松向
此栖

葱秀山

揮灑花牋色映桃波濤卷却入霜毫層崖削出
涵青鏡三島浮來冠紫鰲嶽竇灘珠分石髓銀
鐺烹茗歠松醪忽驚葱秀山增重啼鳥游魚識
鳳毛

玉溜泉

幽竇冷冷滴翠嵐未應盤谷味偏甘瀉為橘葉
千年井滙作桃花幾尺潭響雜松濤清客耳爽
遺響脊入仙談銀鉤會向蒼崖刻却怕神龍不
力會

峯頭石佛

不知楞伽海上山瑞光何似玉毫間聚沙為界
本來事刻石成軀自在閑千劫謾經塵起滅五
銖誰試彩斑斕婆羅雙樹飛花雨空外浮雲一
片頑

漆嶺

石逕欹斜洞壑深西來長路正關心彩雲捲盡
遥山出玉宇鸞簫倘可尋

猪灘

長橋橫截淺深灣烟雨冥濛咫尺間欲泛扁舟
凌浩渺飛輪已過萬重山

吾助川迴瀾石 川之上流有瀑布故題句及之

一派銀潢注巨川犇流到此極盤旋橋橫沙步
雲猶濕雨壓林霏露自消勝地不緣當驛路到
仙何得賞風烟迴瀾正愜觀瀾術片石真如砥
柱然

金郊

雨水雲收日小遲 日夏天高近泬寥晚入松都

亭宇敞〻所月不須招

高麗宮故址（松都一置崇義殿擇王氏苗裔授五品官俾奉先祀故詩中及之）

長空過鳥閱英雄滿月遺墟説故宮庭廢鞦韆〻
看谷變殿留崇義慰神恫雲橋有石通溪〻野
草無花翳棘叢四海一家逢聖代願從[illegible]採
民風

臨津江

滄浪漁子幾爭佷兩岸烟霞活畫開仙馭〻乘槎
自霄漢江流入海撥發黃金繩倘許留窺壞石

奉使錄　十七

辟終須剗緑苔寄語魚龍莫相訝波神為迓鳳
麟來

坡平館

駕得輕軺驄駿踏仍驂當時曾一傾盆何得
日千里不待經營驥尾附桐傾元在義氣中鑿
策笑止秦人鞭東坡古稱百世士赤壁清遊今
幾年詩仙適來坡平淵異代神交寧限臨皋
二〻我其一縞衣玄裳〻入眼平生無惜爛正
平死後〻洲〻不一知音自昔為難遇請公留

意赤霄行

渡灘

松都晚發過東坡一宿坡千久此河千載坡仙
難河作向來應是患才多

雙石佛

如來應是幻前身閱盡沙河幾劫塵安得化成
千百億慈悲普濟十方人

惠音嶺

長路追陪欣得御短篇攀和愧知音應知別後

奉使錄　十八

相思夢不在山顛在水濱

碧蹄曉發

丹穴祥禽光陸離銜書忽届海東涯明星垂野
運金炬瑞旭騰空射彩旗歌頌萬方緣大慶遭
逢千載幸同時東藩再造紆皇眷從此春臺樂
皞熙

新院弘濟二橋

幾道遥〻赴海川草如茵又柳如眠長橋横截
何乘地影晁〻横乘九天

迎曙府曉 一

朝暾欲射最高峯烟捲林端近又濃處處將迎燈燭闢向陽葵藿效微悰

沙嶺望漢京城

西來沙峴是陽關峽圻崖傾未易攀遥望迎恩門漸近天威咫尺不違顔

觀漢城迎　詔歡舞塞途

芝函帶日耀層霄咫尺威顔對不遥舉國歡呼迎漢詔盈街雜劇試齊剽超騰緣索懸趫足投

擲翻身轉舞腰賤迹昔曾朝鳳闕奉天門外悦聞韶

頒　詔禮成

明時四海揔文章絶代名儒是紫陽手捧螭頭天上詔口含雞舌殿前香恩深雨露能宣布任重絲綸好贊襄舉國君臣同拜舞正看初旭轉曾桑

汶南別宮

雨露生了、荷聖朝歡呼奔走擁臣寮心常拱極

誠雜倫物不知儀禮豈饒共沐恩波環大地欣瞻日馭耀重霄百牢未足留嘉客曾是珍羞御手調

登明倫堂

重闢賢關絃誦繁提撕可幸荷師門夾持上達誰先獲曲暢旁通要細論尚欲身脩心必正從知目擊道斯存攜來華扁觀瞻聳留與千秋貴外藩

漢江紀遊

羽旆芝車出漢陽層臺雲幕正高張天浮十島蒼茫界地幻三吳快樂鄉月轉千林散清影舟移近渚泝流光瑤篇添郡湖山勝不啻新圖到樂浪

暇日叨陪王節遊蘭橈直欲下蠶頭並生一世寧非幸雙鳥千秋倘更酬赤壁悦聞風月笛金陵疑是帝王州郡知此會終難再天上飈輪願亦留

漢江觀漁

金鑾殿上青雲客銀燭朝天騎紫陌仙廚御羹分駝蹄夢斷釆石江上磯龍章鳳姿貴王國玉署春坊方峻陟乾轂花磚視草班早春却憑東征軾王城之南漢江流風烟恍惚疑十洲紫泥宣後選勝遊青銅鏡裏移蘭舟鯀生卽席欣得與漁子撒網爭相樂吾王敬客出至誠將命來參揔珪組玉尺跳擲有時立小者奔迸大者急黃帽擊盤薦霜鱗膳夫奏刀碎紅臆霞霏雪落薄蟬翼正好折黴仍剖纖橫流既已遴紫鬣倘有蛇蜒幽處潛韓公頗飽鯨魚膾巨鱷誰試東南界遐方豈足來今夕正爲蓴鱸想吳會黃昏月湯照短蓬極目蒼蒼烟水蜑郡將彩筆紀兹勝莫遣瑤臺清夢空

山雨樓

紫閣浮空木覓山山形如往又如還平臨閶闔長安陌俯瞰烟霞漢水灣雨後謾看千態變樽前能得幾時閒流膏澤物皆天賜欲謝天扉不可攀

省春亭

朝來爽氣望中收坦腹多時慰遠遊把筆高吟雲靄靄卷書相對意悠悠空餘華扁長瞻仰終負清樽送獻酬喚作皆春知不偶恩光常向此間留

蠶頭峯

漢水清遊復此行登臨亦足暢幽情前橫栗島後三角上有瑤空下一泓正欲移舟須月出還愁解纜値風生却留寶墨鑱巖石仙馭飄然逐赤城

蒼玉巖

蒼玉形如舞翠虬羽人相遇是丹丘三韓方丈非虛語海外何曾有九州

仙遊峯

削出芙蓉縹緲然壺中別有大羅天相望咫尺終難到安得吹簫最上巔

金華島

芳草晴川繞白沙中流畫舫替仙槎長風吹浪

催歸去不見金波散桂華

重過迴瀾石仍遇雨

經旬列子御泠風勝迹還歸一夢中節序如流常袞袞賞心何事每忽忽濺珠却憶銀河落抬隱空懷桂樹叢為謝山靈好留客滿天烟雨鎖冥濛

聽泉仙榻

寶墨鑱崖落鏡光泉從嵌竇滴琅琅鑿開蒼壁為仙榻何意凡蹤共對床

風烟盡入錦囊收水自泠泠谷自幽仙榻莫愁長閴寂夢中笙鶴有時留

清歡閣

樓高未易攀境絕出人間雲霧空中閣蓬萊海上山星槎來縹緲袞職在絲綸閑内青牛返遼東白鶴還斑衣頻入夢隱几襲乘閑却恐芝輪遠仙凡隔海寰

經愍忠壇

人生皆有死北邙多古墳哀哀戰死鬼萬里

未招寃小邦霑雨露皇威清海氛壤地雖彈丸二百年屏藩天心在恤小授鉞李將軍旌旆渡江來指天天為昏攻賊無堅壘迅掃即解紛摧枯拉朽易一戰樹高勲蜂蠆猶有毒賈勇翻成寃當其大呼時豈顧一身存蟻附争登城先從普通門赴死不知避可惜幾趙雲痛哉愍忠壇形勢異杏園三韓再生人何以報聖恩天仙作詩吊此意良已勤將軍殁雲中父功在旋坤

謁箕子墓

不期而會幾諸侯玄鳥之神弗祀秋天下争瞻卜周疇海隅猶得列箕疇公歸無所還今日我罔為臣只古丘能使東民知禮義天仙到此為遲留

平壤十六景

巉巖一片臨江石屹立千秋捍水滸下有神龍為窟宅故將雷雨鼓皇風　德巖

中山妙法逞芳醪石絲餘糟語轉豪吟到芙蓉千日醉不妨江漢擅風騷　酒巖

朝天片石一登臨，碧水西流歲月深。隔浦何人吹玉笛，悦聞環珮半空音。 朝天石

天孫當日役江神，汗漫騰身跨翠麟。千古精靈應不滅，碧空何處獨朝真。 麒麟窟

突兀層臺俯水濱，烟開雨捲露精神。凌風直欲躋高頂，倚見雲間綽約人。 乙密臺

八條遺敎在東民，同井為田問幾春。更遣三韓霑雨露，秪今邦命屬維新。 井田

錦繡為名已自奇，晴天紅綠更紛披。何方喚起王摩詰，寫出烟消翠滴時。 錦繡山

富貴花無十日春，如何錯比碧嶙峋。天邊一抹修眉似，萬古長留黛色新。 牡丹峯

鰲背浮來江有沱，瀛洲十島未為多。蘭槳桂棹沿洄久，雨後烟波淨綺羅。 綾羅島

鴨綠清川大定江，大同形勝信難雙。平鋪淨練終歸海，涓滴元從萬壑淙。 大同江

小亭飛出逼烟空，直欲超騰向月宮。喚作快哉猶未足，不如江上御泠風。 快哉亭

一練分明迴抹坤，危欄高壓大同門。躍金沉璧真難定，長帶朝暉夕照翻。 練光亭

無修前人廢後觀，觴遊蹤迹未應漫。何當幻出空中閣，百頃平湖瀉廣寒。 浮碧樓

風送晴灘淅瀝聲，江天四月雪花生。白銀灘白終難擬，疑是秋來河漢明。 白銀灘

氷輪徐轉散金波，蘋末涼飇入夜多。珠露團團仙掌迴，玉欄干外聳高荷。 風月樓

大同城畔敞譙樓，千里湖山一望收。再造藩邦恩浩蕩，萬年長得保金甌。 挹灝樓

長歌

許身安敢望偷閒，孤山元是我家山。家山入望歸未能，少年為官今鬢斑。翰林標格超一世，飛上青雲真自致。太平天下流虹慶，銅龍樓上浮佳氣。遭逢千載際會奇，宣詔東藩緣誦詩。我來江上將君命，一見驩若平生知。詞吐洪鍾雷隱隱，望之若仙難可近。小邦迎迓競殫誠，所在奔波至如麋。公昔三策獻大人，職親地禁掌絲

綸海外紙生亦何幸乃𦫶拂拭叨後塵金七疊
分刀圭藥下士早已開東閣青牛出來關吏覺
白鶴飛度遼天廓道旁忽見玉溜泉雙碑蘚蹟
今猶傳我說西關少勝賞雖有崔顥無晴川東
南形勝離人境夐絕幽邃惟鳥影我家孤山湖
左地名更在此應脫頼萬松亭下映花潭流入
漢江波漫ゝ拔地雲根峭蒼壁倚天螺鬟浮翠
巒山似高人長偃蹇笑我猶未窮深淺公間吾
言領其要筆騰龍蛇詩在卷太乙真人植青藜

天祿閣畔候公歸東民爭欲留白駒願公旌旆
少遲遲吳中山水公所好曾向蘇門發長嘯入
袖明月出滄溟披襟長風來萬竅樹影鐘聲滿
中流金山烟景入吟眸起來正答蒼生望文采
炯如珊瑚鉤川路阻脩不可越苦憶梅花雪後
發如今踪事及端陽歸興每在吳江月人道長
[illegible]笑向西夢尋蹤路應不迷南京衛苑是道家
不勞騎馬聽鞭雞順神豈被形所役雲霧窓深
秋夜寂只恨相望復萬里人間天上雲泥隔雖

欲從公學羽化奈此井蛙拘東偏中江分手倍
黯然黃鵠沖霄相後先人生遠別始知難尚慰
瓊琚留篋間道路綿邈天時熱區區所祝惟加
餐

義州留別

相隨不覺到中江既見當時已即降此去金陵
隔箕壤由來析木杳天杠清篇屢獲明珠百嘉
貺全勝白璧雙把玩一生常在手彩虹長得貫
晴窓

龍灣午日

上界詩仙下外藩芝輪忽返國西門偶逢五月
天中節遠慰三閭水底寃為客隻飛南國夢醉
憂曾樹北堂萱明朝江畔簫笳渡遙指祥雲日
下屯

雨發車輦

添來小澗泠泠響失却遙山點點螺莫恨前途
泥正滑滿天烟雨揔恩波

轅城 城成去海門不遠有綠莎浦

幾疊遥山擁業峩紅巾為賊此横戈當時戰骨埋蒼蘚終古烟波鎖緑莎元季風塵騰萬馬洛□荊棘出樊蕠今逢聖代恩無外草木猶霑雨露多

叨陪後塵已浹數月過蒙致眷銘感平生今當遠離黯然難勝謹綴荒蕪情見于詞非敢曰贈行云爾

玉節東來鳳詔頒蔡春江上始承顔每稱四海皆兄弟况此長程共往還浮碧楼前俯羅島三清閣上對香山高懷獨出形骸外雅賞常存水石間玉溜為池增地勝銀鉤鑱壁發天慳雲泥此日分霄漢珠玉千秋滿海寰目斷未堪魂夢遠形留只得鬢毛斑相思别後如明月萬里清光不可攀

迴文詩

妍華滿路客看先玩賞行吟縱馬鞭連岫疊雲埋斷樹小橋横澗注流川眠酣蝶粉滋花露語鬧鶯梭織柳烟年抵日長愁罷夢芊芊緑草遠

郊前　春日

中天碧岫列叢叢半夜愁人對月官驄繫柳堤江漲緑鶴盤袍袖錦摛紅櫳開曉霧花藏燕塞捲遥雲渚落鴻同客遠州鄉念苦風流最是憶

吳東　鄉思

遊人幾處頻沽酒客餉多時細膾鱸鳩喚夕林烟裊竹鳳巢春檻月低梧洲長接海飛雲斷樹暗連江落日孤搜畫好詩清興逸愁生眺景晚

閑圖　遊興

占蛛獨坐夕燈昏重覺情深妬寵恩蟾彩照帷羅窣地柳綿鋪逕雪連村簾珠捲雨紅飄檻爵玉斟醪緑滿尊奩暗閑鸞孤舞鏡添新恨處鎮樞軒　閑情

枯藤瘦拄任人扶老至先生一事無孤月夜筵開綺綉霱雲春色漾觴壺紆縈細唱排珠串嫋婉清簧奏鳳雛鬟鬢雪明高燭短呼盧戲轂轂吹竽　酣飲

悠悠極目騁仙遊峻陟還愁客路脩留月辟欄

迴接棟鎖烟青野迥連洲柚醬亂岫連雲矗繞
帶長川劃地浮謀醉熟知眞趣逸樓危倚遍暢
懷幽　登樓

拆字詩

巡林蔚　橋柳門
彥月位　花紅鞋
曲逕疎林山下村　小橋垂柳拂重門
半簾缺月人孤立　花底紅稀倒玉樽

花春樹　陽翠峯
亭目愁　灘茸
花落春殘樹木濃　斜陽空翠接高峯
長亭目斷愁心絕　隔浦平沙亂草茸
路城　門夜行
悅烟春　雲雨輕輕
高低細路傍長城　門掩空庭人獨行
虛幌篆烟春日永　淡雲微雨正輕輕

徑徑徑草　窗月日
簫笛管　榎陰鶯
三徑縱横細草平　窗間虛白月分明
短簫長笛無人管　夏木陰邊半出鶯
江　洲崖花
橋望騰　天照雁
江水成流浸白沙　長洲側岸傍開花
平橋回望鴈偏斷　落照天邊雁字斜

生顛　浦溜
重遥渺　峯晒愁
無人獨坐白成頭　浦口横雲傍水留
千里遥空目空渺　亂峯西日結長愁
雨云天　林翠清
帆月濱　劍波泉黑
雲斷遥天獨鳥横　疎林空翠十分清
片帆殘日蒼濱闊　長劍開波斬巨鯨

途一川　花鷄
野雲　河東驅
長途斷雨洒黃泥　花裡孫村半午雞
大野連天雲似墨　河流東去鳥飛西
崗霞　亢家
程塞行　岸花
倒景銜山片片霞　半邊流水半邊家
長程接塞行人盡　闊岸參差隱草花

奉使稿　一百廿一

柳磯　氷溢
汇畫半　綸鷗
垂柳磯邊繫小舟　斜風過水水如油
空江永晝無人伴　裊裊纖綸拂白鷗
露更　更霄
情辭燈　夢万
露滿空庭近二更　中天缺月漏雲明
多情辭裡孤燈暗　片夢朦朧半不成

峯水　露詢雲多
鹿殺生　嘉見何
雙峯臨水並巍巍　斷靄微雲夕更多
塵土半生形役裡　其如稀見可人何

東國西垌柳君迓于江上相還往迓和章遂爾成帙爰并梓以貽同好諸君所和隨其多寡附存于後以紀一時共事之情併之有永云耳　朱之蕃識

奉使稿　一百廿四

漢江　議政府領議政柳永慶

江上樓臺兵火盡畫舡猶足綺筵張真仙到處烟霞衛敝邑由來山水鄉酒後微吟生晚爽詩前好月動晴光陪遊不覺恩波渴郤笑當年郡

樂浪

天上人輕地上遊等閒軒蓋到江頭初憑酒賦堪陶寫遂欲漁歌與唱酬總為皇恩無外國非關此境少中州下流餘勝還須選莫使平分物色留

泛舟觀漁

漢江自古娛嘉客不能十里長安陌南北往來簇輪蹄自在漁村與釣磯江天澹曠連海國林巒在眄非攀陟釆石空聞李謫仙赤壁堪謝蘇公軾惟有崔顥叶風流漢陽樹兼鸚鵡洲天上眞人留我館忽契霞想來登舟見賞此境殆天與許以猎事網亦衆當其潑刺受制時縱觀讙笑忌簪組左右伺者如林立庖人鼓刀事尤急犀魚應悔居清淺誰肯問之對以膾大者宜燔小宜鮮風味更佳銀縷纖盡物取之亦不忍不禦其涵容伏潜何待秋風討吳膾足助酒興超塵界斜陽烟景復流月造物定知今日會陶然醉後倚揭篷一夢依依侍九重燕雀安測歸鳳路會應彩雲瞻太空

蠶頭峰

今日清遊明日行蠶頭物色屬高情仙風颯颯雙旌盖僻壤區區一石泓極浦潮來青草没遥山鳥去白雲生不知馬首依俙否烟樹通州向

鳳城

狎鷗亭

人自忘機鷗自樂可以入羣豈相驚鷗雖可觀不可玩一人之心好與兵列得游上莊濠上鷗魚同歸至道形大人先生持喻我心欲與物無将迎鯫生本自居城市裏白不離班行橐何能便有滄洲情出郭無多占烟水巖巒陡絶環之流鷗來不猜釣魚舟亭子未成名先具且襲前人道狎鷗他時縱遂濟勝志天仙何路陪重遊勅賜鑑湖知不暇大川舟楫爲勤求

頒詔禮成　　領中樞府事李好閔

芝函擎出煥綸章獸錦煒煌色奪陽郝靚晴空騰喜氣還憐露草噴奇香懽呼沸海傾窮谷徒馭如雲服上襄帝德秖今何以報妖氛久已净扶桑

碧蹄曉發

殘更孅炬燦星離纔度山椒更水涯林樾分明應有霧風鳴遂勃覺翻旗誰知槎使催車意政

慰藩氓拭目時看取迎恩禮成處西郊晴旭轉
清熙
觀漢城迎　詔
高聳棚竿切碧霄陳郊為迓漢槎遥麾來鐃鼓
聲轟輵幻出魚龍勢猙獰方丈仙山海鰲背大
平金字橐駝腰歘欣但助嵩呼地不足蹈蹈協
舜韶
讌集南別宮
恪謹吾王戴聖朝每將誠悃帚臣寮授餐秪為

優賢篤悉賦非緣敝邑饒置酒南宮容薄禮懸
心北闕仰層霄箇中和氣覃禽鳥客舍流鶯舌
正調
謁聖
孔庭喬木夏陰繁聽講青衿看擁門天上鳳毛
殊物色人間玉振繼遺論清詩見落堂悠久健
筆承題鬼護存浮海當年聞聖語不瑕吾道在
東藩
漢江紀遊

漢江春色來天地千載今看勝事張四海弟兄
休問客一方風景不須鄉微波如拭涵人影好
月無端落鏡光醉後笙歌夜歸院夢中燈燭在
滄浪
曾侍開雍作勝遊至今清夢在江頭臨樽却怕
金杯倒得句還慚玉案酬此日正當五百載仙
人重到漢中州飆輪西返情彌劇駐景惟須盡
意留
泛舟觀漁

江頭艤舩迎仙客香風澹蕩芳芷陌藍橋隱隱
送馬蹄錦席奪却漁人磯亭址迥臨龍伯國觶
岸蒼杞勞攀陟皇華勝遊趁清和臨江作賦同
蘇軾高臺雲幕領風流肩輿怕熱移滄洲黃帽
老人尚解事結茆為屋蘭為舟風雩浴沂聖所
與不妨春適追脩禊連網竭澤古人戒短罟一
一分楚組須臾三老傍舷立舉網得雋懽呼急
登盤髻鬣狀萬殊眴目張唇請對臆老鱗耐久
宜入饌奈不滿尺銀纖纖一一供仙廚我無恨放

他匱〻令幽潛鄭僑深仁不忍鱠坐見棹謝清
泠界傳觴促席各忘形自有漢來無此會與盡
當歸尚揭篷俯視層浪烟重〻隱侯有知應悵
望飈輪一去江天空

蚕頭峯

今朝佳雨駐仙行得侍蚕頭別有情與漢同流
多赤壁探龍何在捴幽泓波涵紅日看〻下鳥
度青山箇〻明非謂中原無此勝奇遊猶足詫
燕城

蒼玉巖

碧霧中間駕赤虬天風𦐇〻度江[illegible]一紘明朝
問無處幾時騎鶴下楊州

皆春亭

物色輸公任採收小亭頗豁愜仙遊兵餘甲第
蕭條甚天末遥山眺望悠題詠風流容競賞雲
烟嫵媚鎮相酬邦人却怪星虹氣為有楣間寶
墨留

山雨樓

捲箔平看木覔山〻靈多事送青還雲藏眞面
時呈黛巖瀉清泉或作瀑樹木新從兵後蔚風
烟長向檻中間名樓會取留人意雨歇丹梯倘
可攀

伏蒙辱賜題彰賜亭詩整冠歆誦颯若清風
生楮面曷勝感歎緬生衰病劇矣朝暮當歸
亭終老非惟未死之年諷詠德音即冶金鐫
石以為鎮家之寶謹依高韻用效畢悰

買山曾費尚方金鴈足題恩到上杯續荷皇華

吟白雪應憐窮海繫丹心庭松〻夜生天籟澗
水縈門聽玉琴堪笑此情良自苦有聲皆似郢
中音

讀別紙四絕

今年不見花梅老空槎牙清詩仍健筆勝到西
湖家

貫月乘槎客方洋誰可遮歷看天外勝佳處着
仙家

曾奉蘭翁號還栽萬玉開何由理謝屐一破門

前哲
明鏡山陰道桃花武陵風遐方那可到今日見
詩中

題畫

客度青溪獨石橋茅齋棋局倚岩嶢心中已會
峩洋趣匣裏枯桐不用調
琵琶彈破空江水明月在天風乍起雙鴻知我
無心人推引向來聊爾耳

郊院別席

西郊楊柳綠千枝折得長條贈別離豈有浮丘
久下界空教阮籍泣窮歧清歡可忘江干會厚
意還瞻墓道碑約到金臺思不斷此心眞似藕
中絲
詩到關緘拜玉枝詩中愁思看離〻鸎啼古院
依前夕柳蔭長橋是別岐一幅新圖江上會數
行清淚峴山碑倘教松柏如相託恨不將身學
蔦絲 時方謀寫漢江餞頭兩會流傳勝事故第三句及之

漢江紀遊　原任判敦寧府事李光庭

滿船絃管促飛觴爭道新詩水部張千里客魂
懸魏闕一年春意罷江鄉閑移桂楫搖波影笑
對蓬峯引月光他日倘思今日會可堪登眺更
淋浪
畫鷁中洲爛熳遊夕陽飛旆颭江頭新詩不厭
英瑶贈好意寧忘雜佩酬風月秖今餘赤壁襟
懷都是付青州流光遡去移蘭棹絲管聲〻挽
客留

泛舟觀漁

江上和風引上客清曉肩輿出南陌塗歌擁路
雜輪蹄兩仙駐節臨苔磯濟川亭子名海國秉
興不辭勞遠陟東山絲竹繼謝安赤壁風月追
蘇軾亭前湛〻江水流島嶼出没連芳洲中天
睇眄殊未已更復移尊登彩舟高譚朗咏相許
與座上風標皆舉〻漁人挾柁棹謳發長綱橫
江密如組衆鱗纖〻跳復立沙岸漸近波濤急秖
為般遊助歡謔豈是婪酣快胥臆徐州禿尾漢
陰鯿取之不復論洪纖馮夷股慄水仙怒鱣鮪

遠遁鮫螭潛酒中樂作仍設繪此興已覺超塵界但憐頃刻劃素髻龍門求失風雲會歸舟日落浪打蓬極目烟樹何重重向來奇事易陳跡獨留江月當青空

鼇頭峯

錦筵瑤瑟酒盃行沙鳥江雲覺有情晴岫日邊呈玉朶怒濤風裏亂銀泓歸心休說催歸馭此别懸知隔此生進想後來相憶處漫將離夢寄皇城

漢江紀遊　　原任禮曹判書李廷龜

亂後江山如有待名區物色荷鋪張牙檣錦纜迷芳渚玉節麟袍映水鄉杯激仙醪渾雨露筆宣皇澤畫龍光蓬瀛可到應非遠方丈三韓是樂浪

天上神仙下界遊蘭舟縹緲漢江頭欝金美酒仍醉霏玉清談唱更酬風月依然泛赤壁烟還似下楊州明朝别後雲泥隔悵望飈輪不可留

泛舟觀漁

金門大隱謫仙客霞蹤偶落人間佰佰上朝天走輪蹄歸夢日日沙邊磯忽馬啣綸下東國經過幾處窮遐陟薊野遼山與鴨水萬里風烟入伏軾吾東形勝漢之流平沙斗岸而長洲湖上風恬不起波錦纜簇簇連方舟聯翩錦袍此容與風飄雲袂空中舉吾王繹絡送厨珍儐擯傾朝會簪組酬來乘興迭起立禮數寬容酒令急過座春風情意驩語或不傳對以臆漁人網集

船下潭潭清魚可數洪纖有時符雋語争嘗錦鱗潑剌抽淵游大者歸之小者膾紅縷銀絲迷眼界人生勝遊苦難再况復忝陪天仙會須臾新月照船蓬汀花浦樹陰重重崐丘宴散飈馭遠碧雲杳杳瑤池空

鼇頭峯

芝盖聯翩並袂行白鷗飛近引閑情高雲錦席千尋壁斜日蘭舟百丈泓勝境豈期叨此會宿緣應是在前生陪歡不覺明朝别愁殺歌筵唱

渭城

數日叨陪遊賞密邇笑譚薰挹德宇此實千古所未有之盛事况蒙辱惠詩扇墨妙如獲拱璧什襲巾衍飈輪倏返勝遊如夢曷勝瞻想敢攀瓊什用寓榮感悵黯之懷

翰閣仙曹天上人鯫生何幸接清塵文章李杜應方駕墨妙鍾王是後身四偈法言心上訓一團輕箑掌中珍台隸夜夜瞻霄漢對越瓊詞面目新

漢江紀遊　工曹判書徐渻

籃輿曉出城南陌澤國江山錦繡張闘健且須拚勝集逢塲休說是他鄉沙邊鷗鷺驚旗影水底魚龍避日光賤子承歡眞不分綺筵扶醉鬢滄浪

彩鷁浮江作勝遊山花如錦滿山頭金杯灧灧醒還醉綺語翩翩唱又酬生歲偶然同甲子晚年何幸識荊州星軺一返雲泥隔莫恠當筵更挽留

泛舟觀漁

驂鸞鞭鳳日邊客銜綸早辭金臺陌前驅萬馬散霜蹄探勝或上蒼苔磯漢陽山水擅海國地近不須勞升陟駕言出遊風日和江頭物色迎朱軾蒼崖斗斷大江流芳草芊綿白鷗洲江上高樓已縋碎樓下清潭停畫舟賤子何虞不我與楫登傲傲袖褭舉殘紅未落嫩綠陰影倒中流縈若組漁人下網船頭立得儁喧喧收正急柳穿琴鯉三尺長怒頰豕呴欲斟臕炙鮮魚鱉

調梅鹽饔官豈解分洪纖仁心不忍盡物取爲放巨魚波中潛午熱冰盤薦細膾一嚼置我清涼界鳴槳泝洄間善謔儘是東南良覯會笙歌寥亮響短篷遠浦漠漠山重重怳然乘月入火城瑤臺一夢還成空

蠶頭峯

下界仙遊說此行岸花汀樹總含情離懷賴酒傳瓊斝漫興催詩喚寶泓風陣效奇吹練急水村如畫羃烟生他時歷略長江勝倘記湖山似

石城
寶箋瑶篇貺及凡賤諷誦百遍銘感寔多敬
步原韻仰希電粲
兵曹判書許筬
江上城門候曉鷄紫泥欽捧御前題鶩肴使節
逾暘谷政見皇風暢狄鞮信宿豈無棄下戀退
朝猶憶柳邊迷八條遺澤東漸裏更喜仁恩浹
遠黎
漢江

江山勝槩饒題品一顧還應價更張纔到始堪
為盛事醉來何處是他鄉仙舟得待同朝喜盛
禮承歡絶代光萬頃琉璃涵玉樹樽前不愧唱
滄浪
和風遲日送仙遊勝事方知是一頭錦纜徐牽
看自在玉杯爭獻忝相酬恭聞正學傳雲谷良
愧菲才後郢州從此江山無物色翰林多暇少
分留
觀漁
香案傍邊轂詞客勅奉芝函出綺陌宣麻禮罷
催昆蹄鳳節雙臨黃鶴磯此江烟景擅東國儒
仙自昔頻遊陟雲幙高褰玳筵開敢請皇華軿
停軾平沙鋪練環瓊流鰲背微茫露遠洲纔向
層臺騁遐矚笙歌移上沙棠舟翰林文采天付
與軒、霞綺空中擧黃門雅望亦超倫麗藻凌
雲謝繪組蘭橈鴉軋艣竿立嘯倚柁摟夕風急
龍門共喜忝仙樽俎雍容寫胸臆巨網截江
遮玉鮮銀尺潑刺跳輕纖鰓呀鬣張争呴沫鮫

鰐戢鱗波臣潛張翰不足誇鱸膾蘇仙與託三
州界且將酩酊終永夕此時此樂無人會瑶空
桂魄明竹篷驪龍吐珠金波重紫簫聲咽飈馭
發江天冷落江雲空
蠶頭峯
江路堪忘十里行青山綠水愜高情層崖遥矚
矗蒼玉近渚薄沿凌碧泓樂意却隨舒景展離
憂還共遠風生懸知他日臨流處目極烟波接
帝城

漢江　戶曹判書韓浚謙

東藩佳麗漢之陽終古風流少主張天遣星槎窮勝賞人驕玉節下仙鄉江山題品增顏色樽酒留連媚景光此日陪遊疑夢寐扣舷空自詠滄浪

四月皇華江上遊傾朝冠蓋簇沙頭清歌繡幕停雲唱美酒金樽盡日酬蓬島風烟移下界帝京花柳隔中州飈輪明發催歸去仙躅何由得少留

泛舟觀漁

清江麗景邀嘉客催駕星軺出南陌々上晴雷殷輪蹄江邊紅旆蔭苔磯此江形勝擅下國終古遊人幾登陟武昌當日稱庾亮赤壁千秋說蘇軾就如金鑾第一流金天銜命臨芳洲芳洲物色政堪翫碧波萬頃橫龍舟蘭槳桂棹澹容與鼉鼓喧轟玉卮舉爭占水隈下網圍漁子歡呼引長組金鱗競躍銀鬐立鮫室將傾夕風急鑾刀飛送雪絲々下筋令人爽煩臆古者闤市須盈尺令人不擇巨與纖隨泡逐餌秪為累在藻不若深淵潛吾寧不用炙與鱠舉手遠放清泠界濠梁達士不可見至妙如今誰更會須臾天月照蹤蓬醉興杳落青山重仙𠩄忽返江伯愁極浦依々烟水空

蠶頭峯

輶軒嚴程出郭行漢濱高會有餘情烟波一望連滄海石壁千尋俯碧泓宿雨乍收汀草濕晚風時起浪花生仙舟蕩漾迷歸處疑入蓬空度赤城

漢江蠶頭兩高會實海外鯫生不曾覩之盛事重蒙屠惠詩扇并揭留柳川二大字不勝感兢謹次扇上詩韻追伸謝忱死々罪々

相思臨水聽潺湲不忘清江夜扣舷萬里關山難縮地百年魂夢幾朝天新詩灑落留篁扇彩筆飛騰揭柳川未死酬恩更無路會將仙躅倩龍眠 時陪遊諸人方謀繪跡以寓鴻飛不復之思故落句及之

漢江　漢城府判尹申欽

平湖千頃碧茫茫曲岸岩嶤綺幕張霄漢競瞻
儀鳳彩樓船正是水仙鄉霞觴屢舉催龍管壁
月纔昇亂鏡光勝地盛筵知不再莫嫌今夕且
聊浪

玉節聯翩作勝遊蘭橈晚艤漢之頭且將禮數
寬羈束唯許盃觴盡獻酬下里可堪聞白雪此
生何幸識荊州泥鴻遺跡還惆悵莫惜鸞驂為
少留

泛舟觀漁

先生本是丹霞客聯轡仙蹤遊九陌天衢萬里
騁霜蹄閑卻江南烟雨磯手攀鳳綸領下國入
眼山川恣尋陟高標拔俗幾千丈遠追甫白凌
轢軾轍彼漢廣橫中流白沙青草迷汀洲聯翩
玉節盡往觀桂為之楫蘭為舟山光水色乃吾
與綵旗漾漾隨風舉遲遲麗日正清和微波淪
漣如繡組歡深不覺棄箸立禮數差寬酒令急
漁翁持網集泓底泓底銀鱗血灑臆須臾得雋
從丙穴髻鬣擢盡無洪纖惜哉進不透龍門退

又不能效沕潛廚人游刃供爆膾風味疑與松
江界鱸籌交錯逸興飛盛矣斯文一際會飆輪
無路可再攀北極縹緲彤雲重卻愁明朝回首
成陳迹唯見碧漪連長空

蠶頭峯

畫日蘭舟鏡裏行江天物色愜幽情蠶頭眞出
千尋壁鮫室深藏幾尺泓勝地百年逢盛事奇
遊今夕冠平生玉京何處重回首悵望仙樓是
五城

謁聖　承政院都承旨尹昉

新堂來稱禮儀繁奎璧流光在入門作勸明倫
三代學得聞靈性一言論同文已自無遐邇宣
化那分所過存正願請疑函丈地先慙圜陋面
牆藩

漢江紀遊

江山歷歷留今古彩鷁橫流粉幕張落地從來
是兄弟當歡不用念家鄉風傳滿座含春意天
卷纖雲放月光永世吾東誇勝事詩仙此日醉

淋浪

南湖晴日政堪遊玉節東臨此水頭境勝未知
清讌洽辰良合用好詩酬壺中自是蔵三島海
外何須問九州星月滿天波面滑不妨移棹更
遲留

泛舟觀魚

猩袍玉帶天上客芝蓋東傾渺阡陌沿塗觀水
皆渉歸為愛清漢臨苔磯華亭有此景藩國從
古天仙之所陟昔日翬翥雖田禄踐辛玉語人
猶軾是時桃漲浄不流烟樹刺眼連芳洲龍驤
峙樸繚丹檻百壺蕩槳方小舟陪從亦荷仙人
與席上射遼金卮樂揚濤搪突來漁子罟網連
紘同織組舟頭挺乂迴林立萬魚驚鬧奔星急
旁圍十里約一團團々垂頭仍仰臆停驚切吽
掣數百黏羅銀鱗雜鉅纖清波起尺闕孟門喩
喁安得淤泥潛饕人游刃誇縷鱠可哀轉頭生死
界一物雖云聽造化寸鱗完鉠寧時會須吏凉
月透舩篷櫂謳嘹發江烟重堆盤餘味逮輿臺

歸路火城燃遥空

鼇頭峯

泠馭乘晴出郭行江山登眺足歡情遥岑烏度
屏間雪長遂龍吟壁下泓當席屢承恩意重臨
分還覺别愁生那堪明發西歸處簫鼓迢々向
帝城

伏捧瑶篇百遍莊誦自惟凡賤何以得此不
敢以蕪拙辭謹步原韻仰塵藻鑒

成均館司藝李志完

四圍山勢列蒼屏三派江流入紫溟雨洗汀沙
全露白烟綿岸草亂抽青祥雲靉靆奪雙鳳綉
節輝煌擁百靈喜得明珠樸滿袖海東前夜照
文星

太史文章擅漢家江郎莫詫筆生花題詩綵扇
眞三絶萬丈虹光射紫霞
芝輪東下綵雲開驛路花明雨洗埃寶箋新題
輕内史清風却喜故人來

送別

淑氣鍾山孕俊髦斗南聲望屬詩豪希眞標舉
三吳宗公叔家風両漢高象闕親攀丹鳳詔鞮
岑爭覩紫麟袍雲霄縹緲催飈馭仙鶴從今儷
九皐
一札天章照海陲覲辭青瑣縶綸恩光摇北極
星辰爛名動東韓草木知趨陛龍飛樓揭扁騰
霄鸞鳳辟懸詩想歸講席承三接荷寵增輝白
玉墀
獨步花磚侍玉旒俄從紫極下青丘三韓聲價
魁龍榜一代新聲賦鳳樓芝蓋卻催天上返星
槎難挽海東留空餘繡向題便面幾對銀鉤更
刮眸

曉月待渡　　禮曹佐郎趙希逸

星斗闌干河漢轉碧空遥襯半輪殘瀍隨柔櫓
搖江國孤懸悲笳度塞門曙色漸分催玉節清
光何處照金尊霏微花霧沉前路風馭冷然過
別村

伏蒙瓊什旣及睽膺圭復不已感戢深極輒
忘固陋敬步高韻略紓區區之意

花殿餘芬何處往草連晴日沿溪長未必桃源
在武陵看爲仙侶同漁舫　　麻布川

絳節東臨瑞霭開沿途物色不驚猜風飄仙袂
天香滿知自蓬萊殿上來　　新院屯

贈別

大明御極寰宇康五星燦啓文明祥群才蔚興
秉運昌制作彬彬軼漢唐我公翹然獨高驤大
放厥辭恣洸洋草木花實郁芬芳倬彼雲漢昭回
光含英咀華富蓄藏化爲錦肝與繡腸五采陸
離成文章燁如綵虹射天閶艷如姹女凝鮮粧
怒如疾雷破崇岡快如俊鶻橫秋霜壯如大河
決隄防凛如劍戟攢鋒鋩天地之氣柔且剛物
之變化元無常公乃得之無適已闢闔舒慘如
陰陽經綸大業在贊襄豈但炳炳而琅琅懸藜
之璧姿截肪琢爲國器薦巖廊北斗三魁制策
場宸翰題名寶墨香天上仙曹白玉堂密邇華
蓋帝座傍幾多珥筆鳳栢梁賡歌演綸詞嚴莊

謳歌曾已屬元良四海之人引領望熊羆祥夢
叶美璋廣延綿緒休無疆帝心式悅誥多方爰
有恩言命公將泠然乘風下東荒萬里瑞旭開
扶桑金鼓摐摐旌旆揚猩袍玉帶何輝煌龍章
鳳姿見未嘗偶充下价迓軒裳車塵馬迹慣趨
蹌色暎春華射我眶拔俗標舉殊軒昂和風融
融甘露瀼畦畛豁去無蔽障海山雲物盡括囊
幾陶詩興酣壺觴贈我寶篋蘩暑涼句挾爽氣
發清商白璧如山何足償效愛未獻江南瓊復

有墨妙倒鍾王龍蛇糾結騰鸞凰絕藝超倫誰
敢當剩將奇迹傳樂浪竣事旋看回馭忙惜別
不覺情悵傷山川阻絕各異鄉更從何處追翺
翔鳥江漫漫遼塞長薊門烟樹遠蒼蒼公不少
留涕泗滂欲往從之路渺茫六月搏風鵬翼張
翩翾斥鷃搶榆枋悵望層霄鵷鷺行願言思子
不可忘願言思子不可忘

達川　　成均館直講許筠

浩浩平川水安流不起風波光鋪淨練橋影卧
垂紅灌溉資民利豐穰佐歲功瑤篇留紀勝三
歎思何窮

不意瓊章之既下及凡賤莊誦數四感銘于
衷謹綴蕪詞仰博電粲

四海紫陽翁存心繼正學金匱事華削豈獨開
後覺電祥發銅儲奉詔辭講幄絳節來遙遙峻
姿瞻犖犖自懃攢薄忝將迎追陪軒蓋候嘉平
巖亭躋賞鶩落葉淋漓拂岫流雲輕更將妙語
題便面璀璨驪珠今創見高吟爽籟生天風篇

外落紅飛片片

數月陪侍聽觀音容彩翰瑤章嘉惠孔殷顧
念卑賤何以得此於左右即者颷輪將返祖
鞍難淹仙凡奄隔離思縈懷敢托長句庸紓
下情伏希斤教

丹霄奎璧爛輝光縹緲群仙侍紫皇翰苑獨高
唐法從狀元尤擅漢文章鵬衢策步雲程濶龍
額書名御墨香池上鳳毛明五色袖中狐華富
三長時當玉顏數璇緒喜溢銅儲發電祥夏代

謳歌元屬啓周家福慶又生昌均驩率土宗祊
重須澤綿區典冊揚爲春箕封敦禮俗特宣芝
綍惠殊方朝端掄使歸清裁海外浮槎指樂浪
寵賜纈袍花爛熳新持綉節彩煇煌風儀暎日
爭先觀物色沿途剩取將已覽江山酬勝賞却
收珠璧貯奚囊纔傳璽札臨王府旋返輶軒向
帝鄉北極覲顏當夏景南垣司篆帶春坊還家
晝錦榮懷組戲綵靈萱壽薦觴托乘自多叨候
迓摳衣何幸忝門墻謏才謬許齊亦度末學徒

懷事業陽文賞玉樓紆獎飾詩留寶笈借芬芳
鍾雲接楚天空濶薊樹浮燕路渺茫悵望飛旌
南國遠只勞魂夢繞吳閶

謁聖　　議政府左參贊宋言愼

明庭禮數不辭繁出入從來在是門化被東漸
能自濯人先北學敢輕論爭趨共喜文斯在快
觀方知道卽存寶墨淋漓光五教永留嘉惠賁
維藩

知中樞府事鄭昌衍

百年文物盡凋繁快覩奎星耀廟門藝苑聲名
推獨擅殊方詩禮與誰論銀鉤題扁千金重璧
水流芳萬古存幸脫干戈事絃誦普天皇澤最
東藩

成均館大司成洪履祥

樽俎雍容縟禮繁鯫生何幸托龍門欣瞻寶墨
輝新構更挹春温吐緒論翰閣詞華風格老考
亭家學典刑存洋洋聖代同文化莫道東韓是
外藩

納翠軒

海内高名仰泰山却留瓊唾賁松關飈輪一去
音塵隔北望燕雲鬢欲斑
酷憐新構地偏幽嵐翠霏微檻外浮健筆定應
神鬼助時時風雨繞荒丘

臨津江

新詩雄緊孰爭偎坐遣蓬心豁爾開直許鵬掀
超九萬還如鼇怒駕瀛萊輕紈薄薄裁湘竹縹
帙看看剪水苔却喜仁風仍滿座簾金何必遺

雲來

大同江　成均館典籍尹訒

別筵衰涕恐潺湲而况詩中詠和舡一陣清颸傳海域百年高義薄雲天噓枯妙用宜調呂拯溺神功仗濟川多少衷情言不盡欲將摸索倩龍眠

洞仙館　刑曹佐郎金存敬

洞裏仙人昔倚樓空餘名字表眞遊嵒中龍虎遲難就頭上烏蟾迅不留小草書藤源玉索清

詩悲世閱蜉蝣歸來滿袖驪珠重夜半神光徹九幽

峯頭石佛　翊衛司翊衛姜紞

顒顒玉色立如山早把文名動世間鬱禁夜深蓬燭短鑾坡日永錦袍閑九華掌裏三秋冷七步肯中五彩斕從此儻教驅酷吏清風仍得奕吾頑

太虛樓　兵曹佐郎權昕

賦縱橫壓子虛陽春欲和郤躊躇誰言禮絕

還投分只信情同未作暌千里星槎臨海域五雲環珮返仙居輝煌寶墨榮家牒不獨揚風最起予

迴瀾石　原任弘文館校理權縉

絳節遙臨百曲川為憐蒼壁郤捎漩一時詞學傾潘陸千古襟期壓禹湔寶篋搖豪珠出海蒙章留跋玉含烟他年想像天仙面懷袖清風便灑然

葱秀山　原任戶曹佐郎朴明榑

古洞香風吹碧桃詩仙浥露弄柔毫銀鉤落紙鸞迴鳳硬語盤空掣巨鼇便面詎宜貽俗子醉心渾似飲醇醪平生遠慕滄洲老丹穴眞瞻五色毛

漢江　侍講院輔德李㦤

錦筵瑤瑟漢江邊舞罷妖童花滿頭詩句值公難作對酒杯從客送栢覃天開形勝邀仙侶人道風流似峴州此會異邦那再得彩舟將下更淹留

平壤　成均館典籍宋順祚

何意鸞凰數鶩鷄手中輕箑寄新題動人符彩儀朝野盖世才名震狄鞮紫氣暗隨雙節遠丹霄空望五雲迷惟應不沫清風在吹盡東韓百萬黎

碧蹄曉發　禮曹正郎沈諿

祥烟籠旭影離〻迎　詔歡聲溢海涯儀鳳聯翩隨玉節晴虹繚繞掣金旗堯天舜日逢千載聖子神孫頌一時餘緒雄風承寶箑洗清煩熱團溥熈

旣承惠詩扇又奉和命不勝感愓謹綴俚語伏呈

漢城迎　詔　禮曹正郎宋騁

煌〻玉節降丹霄萬里東藩不憚遙威鳳耀翔光電艷彩鰲馳戲勢風剽觀瞻士女争加額禮數君臣共折腰珠唾忽隨便面至朗吟花底悅聞韶

漢江　成均館司藝丁好善

天不動江流穩彩鷁凌波衆樂張風月引人拚勝地乾坤隨處是吾鄉山啣落日增晴色樹帶寒烟逗遠光尊未卧時歸未可莫辭今夕醉淋浪

高麗故宮　成均館直講睦長欽

今代騷壇第一雄早年詩律中商宮停槎海嶽身驚遠撫跡興亡意自惆雙鳳紫霞翔萬仞孤鵬白日出深叢鯫生亦幸霑恩睨　嘆提携滿袖風

玉溜泉　成均館典籍金壽

千年古壑鎖青嵐小竇寒泉滑更甘要送餘歸巨海故分清響落深潭流傳剩入騷人咏勝絶偏教過客談眞賞在心詩在扇天仙佳貺敢辭貪

彰賜亭　司導寺正趙希輔

橐囊歸來費十金郊原卜得小園林溪山繞屋堪乘興烟露當窻足賞心終日倚節還覔句有時酒獨鳴琴清詩多謝新題扇從遣東人識

音

輶軒紀事一卷

〔明〕姜曰廣撰

《輶軒紀事》一卷，明姜曰廣撰。曰廣（一五八三—一六四九）字居之，號燕及，江西新建人。萬曆四十七年（一六一九）進士，弘光時官至禮部尚書兼東閣大學士。天啓五年（一六二五），以編修充正使，頒慶朝鮮。其時遼東半島爲後金所據，陸路受阻，四月二十八日，姜氏自登州出海，經廟島、泳島、小平島、廣鹿島、石城、皮島，由鐵山入鮮關，依次抵林畔、定州、安州、肅州、順安、平壤、黄州、平山、開城、寶山、坡州，六月十三日進漢陽開詔，二十一日發漢陽，至七月十二日入水城，歷時百日。其間經駭浪之險，遇敵虜之危，勸毛文龍以情而曉之以理，糾朝鮮以禮而懷之以德。是書即其奉使朝鮮往返海外之見聞録。據上海圖書館藏清光緒間刻《豫章叢書》本影印。

序

輶軒紀事者太史姜燕及奉使朝鮮往還海外之事而彙之爲紀者也何以紀明伩
天子之威靈糾厲國以禮而懷之以德庶幾不辱使命云夫邃亡陸梗則由登入海道於使者爲始事矣揚帆截浪衝颶犯磯爭命長鯨之口而萬一無恙天也又旅順小平及鮮林畔小泉諸境虜酋偵卒出沒其間遮殺往來以爲常此危事也從來
詔使
詔頒足了公事矣今也不然蓋以海外爲閫外者介恃其遠每上書陳請氣憤語夸朝議絀

之功罪兩案問之水濱不可得則以
詔使兼閱視情形體面不可徇也激亦不可此難事也鮮實無腆我之奸商黠民視爲奇貨往往依附使星之末光而漁獵其國鮮人甚患苦之大史同諫議痛絕此曹拒請託質明神先聲已聞於鮮矣至則奉揚
天子之仁而蠲其煩費虞貧卒餼力汏豐華土物餽遺若將浼焉其王恚將命者無能爲役下令將殺之脅以必受而峻拒自若歸舟行李蕭然如蓬萊閣下入舟時此清事也鮮俗故文雅而殷人愿樸之風猶有存者故感化特易使者

節省存恤之德意薰被國中一聞旋軫士女皆扶老攜幼來自數百里外焚香膜拜雨泣遮留車枳不得行有以生祠聞者雖移書力止祠已歸然午道不日成之矣此奇事也燕及自是異人不有危事難事清奇事表見域外而第以文章氣節鳴區內也豈燕及亦猶人乎哉若乃探奇諸島意自豁如弄日袖雲摩崖寄興如氣可吞鯨之題署眞不自誣且域外之山川草木又若有所待焉而生其氣色也摹寫變幻筆隨境轉有與境俱麗者有與境俱古者有與境俱峭蒨俱緜遠者雲譎霞詭

綺爛珠圓讀之使人神往斯固鴻儒之藻思抑亦燕及之餘緒乎予嘗反覆紀中覺三致意焉不能以已者爲鮮之關係中國者重也其曰中國南鄰倭北鄰虜僅一朝鮮爲扞蔽我
國家篤厚朝鮮意深遠矣有味乎其言之哉往者關白發難闌入其都城蹂躪之我之師武臣拯救不力反重擾焉鮮心失恃於我猶不我貳至於今虜復駭其疆埸我方自救不暇未有以庇也然則皇華肅將直以空名莅之耳乃其君臣上下延接餞送不愆於禮而有餘於情如王有新喪易服惟命降位序立

亦惟命雖艮使有詞亦不侵不叛之世忠縮結于聖朝者深也況以失遼之故累鮮流冗實逼處其土槼槼嗷嗷賴存活者亡算然眾難厭也久難繼也其情已見乎詞東江大帥輒借牽制之名橫索其供億施者告倦使者已慮其終矣故勸諭國王加惠遼民者甚諄切一則曰天下一家有分土無分民願王始終德意一則曰遼民生聚海外漸成巨鎮亦足脣齒貴邦一飯之德他日或有以報也其折毛文龍曰將軍以孤軍介立所賴朝鮮聲援而時以乏餉之故悉索於鮮萬一鮮隙懷

二心將軍無容足地矣又曰足餉莫如選兵如併二人之食以飽一人此至計也文龍雖唯唯而退退能辦此否乎他如王輔張攀之以戰死也敘述中被以生氣饒感慨焉何居存忠義也亦所以屬文龍文龍果能如大史指練成一軍雄視海東勢必善鮮爲犄角鮮不窘于征繕而鮮完鮮完而我之扞蔽遠且固矣使臣謀國意思深長至此哉當是時大史名重中外魏璫欲引以爲重不可得矯詔削籍隨發殺機扁舟西還停棹遠浦予踪跡訪之神情灑然令予不作慰藉語予問及使事因出此編相示且屬予序嗟嗟死生富貴之溺人也久矣能輕死生而又能輕富貴能輕富貴而又能厚自竪立以副其識見者古所未有大史自做秀才時文必師古行恥儕俗其自待固不小輶軒之上已營四海於目中矣崇禎元年長至日舒曰敬書於隻立軒中

輶軒紀事

新建 姜曰廣 居之 著

天啟乙丑皇太子生遣廷臣頒慶天下故事海外諸國獨朝鮮與中國等禮臣具題得旨時遼亡陸道梗久不遣廷臣命下禮臣院長集院中諸公久議議決禮臣復題以翰林院編修姜曰廣充正使工科給事中王夢尹副之詔曰可各賜正一品服一襲廣則大紅織金麒麟羅一青羅一綠羅一從行家人具得冒稱職官朝廷恤臣子遐役恩殊渥先是廷臣籍籍言東江事會王諫議

疏奏宜差官閱視上是之即命頒詔兩臣便道詳閱予聞詣閣辭弗獲以虛海兩啣重命計不旋踵矣而朝紳居海上者來危言渡海須春夏交俊風蓋以東海秋冬風剛水勁至坼舟故也予又惴惴羈命爲罪爰控禮臣禮臣爲條奏以候風請蒙諭旨涉海與從陸不同如議行予乃與王諫議訂丙寅二月庚申集登州如期抵登則王諫議已先兩日至開府李公祝垣暨楊大將軍大和迎宴蓬萊閣構丹崖山頂雄傑偉觀海濤擊撞直擣城下望海如鏡與天無際沙門鼍牛大小竹諸島遠

近點點浮波濤中天末見有一山抹如空青微出久之依約欲盡者問之爲旅順銕山也萬里長風巨波盪豁心胸幾欲發狂叫絕越日晤諫議商事宜禁商賈存國體也家人外即醫生墨客不挾與夫毋用慣經者妨奸僞也乘船外用劄船便應援也用唬船宿糗糒也副置柁桅多儲矢石水兵挑伉健者以行嚴備患也諏甲子吉虔祭天妃併矢之今日之役兩臣如手一縷往一錢歸者有如此水祭畢歸署有密語予者王胡兩璫使鮮歸以六十扛饋大璫陰送河間乃得無禍予曰人有不

同且予此行已置禍福度外矣楊大將軍則時來談航海事大較危險云一日登蓬萊閣候海市忽海船三五來水面乍見乍沒頃刻抵城下僅得兩舟予心識之歸亦不敢語人春暮風多俊水意漸惠悉予因促將士行四月戊寅吉申禱天妃尋至水城閱舟舟仍舊貫粗加修飭制僅等江湖中下官舫癸未將官領舟督謁予面諭敢有違禁私藏奸商僞充水卒者收案致法以壬辰理巖出署忽外白海欲市予疾馳上蓬萊閣從官指示今山抬頭張口者是也見青白氣飄揚臭形成象高者

樓臺橫者城郭斷續卷舒大小聚散閃閃不一欻又闢洞門或簇人馬或標旗幟旗幟又或拔易觀者嘖嘖稱奇頃風力少勁又忽不知所往矣嗟嗟世事轉盼流遷甯獨一蜃哉嗣後一再見之大約象以意會惟牽牛島了了分明因悟徐生稱神仙欺秦皇帝者卽以此故一曰望之如雲一曰至則爲風攝去也今登州南門譙樓爲望仙樓遺趾相傳徐生於此望仙云事既戒擇甲午登舟舟師告以舟輕賈浪予命輦土石壓鎮之庚子揚帆先后開府李公太守王公明初餞蓬萊閣戊戌李公

以出海期具疏奏聞屆期出關天風沸沸若馭雲驅高浪低昂舟約數丈許倏忽抵廟島矣廟島流平深進多可泊舟海防汛軍之所駐也上有唐王故城積石磊砢漸欲鑠泐其門磚爲風雨剝蝕亦如蛀蟲所篆絡以苔蘚古意可掬新刱有公署署後卧一石石上晝松精明可玩自石崖剖得者人言仙人所畫頑石無鑄仙人從何處着筆耶署旁一小閣吐納波光綴目新眺沙堤環羅岫嶂扆立映帶幽潭淺渚間延佇移時杳然忘却身世便思把臂安門羨期也折而北有石鏡每日光注射

延𣆶入石竅愈精詳不審何時爲雷擊碎不能作一大圓鏡耳以風不利滯島中予間以輕舸委浪徘徊潭渚者竟日四望清照彌覺皎然將官佐以談龍恩威閃怪奇詭可聽時岸餘風溜水面俱成龍形日光鑠之金鱗點點浮動欣然如將遇之焉北二三里許爲珠璣島其下產石子如珠璣狀圓潔光瑩可愛卽東波取養石菖蒲者邇好事者更擇取作手談具云距砣磯島約二百餘里砣磯島多硯石雪浪金星琢成遠視宛肖一幅幕海圖矣出廟島便覺寒吹淩人予時以五月披裘不耐

凜冽又舟行反覆震盪如附桔橰窗櫺喇喇響墜舟中器雷動作左右舞重茶瓶亦輻從者迭驚擾予叱死矣裳頭卧皆嘔吐狼藉予激昂擁衾強坐不得定亦卧頭擊岑岑也尙屬舟師過島下呼視予踦棓闚見大欽小欽峭如堵牆漸漸側立最高處鑱阿彌陀佛四字過欽島卽皇城至皇城方呼家人作糜啖之自是目光蕩漾視物輒動搖如與波上下然聞王諫議委頓殊甚因笑語之曰子懼乎曰吾何懼乎君臣之義無所逃於天地之間夫乃今知之矣必曰之問者先賢之詞長乎哉入

島往往㴥激賈舟近鑿小港避之藏舟於壑乙巳登島復下令從舟俱移出港北次揄詠島新刱有寺壇宇虛肅佛像壯嚴僧徒亦自楚楚具大乘威儀予兩人禮佛作福而去寺側一祠祀遼亡死事者張何劉杜而下具列焉拜瞻低回覺義風凜然益增淒洌四顧雄濤噴薄又恍看錢塘子胥怒潮也寺僧爲予言寺初創時地忽遍產五色芝碧色者居半交口咄咄佛聖現靈至此予曰此乃忠義熱血逐東風灑至此化成者距寺里許有小署其高可眺予夜移宿予夜聞寺鐘初動披衣起候

覩日出四望溟濛忽光氣含吐互相明滅久之赤光一線溯起水底俄成一金盤捧托火輪拋擲搖曳漸升高漢雲霞錯彩波濤騰赤眞奇觀也島口兩礁石如人趺坐人呼爲觀音羅漢礁至丙夜恆光發燭天平明視之頑石耳抑所謂澤中有火是耶非耶復以候風棲遲者二日其間囂塵不到熟視靜坐最宜病夫飯後散步山巔回矚所過島南馳如六鰲在掌上忽叢薄發聲啾啾豈逸鬭奮至此疑亦島產也島產有黃連茅薺菜猴文茱野韭至離披道左詫問之是唐王征遼軍士遺種慨

然思大宗遺烈北望旅順虜騎縱橫不勝嗚劍之志奮袂而歸急索筆書署作氣可吞鯨四字島惟經太宗駐蹕者蛇虺今獨絕予聞之謂從者曰大哉天子之靈乎予是行也而又何患焉戊申風利開大洋水天窅渺一色惟見渾茫中片日孤圓共相蕩浴吐吞而已日旰望鐵山插入海中如人伸臂狀將至其溜駛甚相傳爲龍窩稱航海一關云又百十里至小平島島對峙成門激水難進入口時風末力薄舟前却戰崖下舟眾疲𢶏愁嘆予起焚香叩天妃未幾西南風再振舟從急溜奔入

若有數百人牽挽者舟中咸噪以助之倏匆泊島內矣島西斷連金州老崖聞虜偵騎恆至予慕移舟去崖二百步以遠矢石是日截洋橫渡舟竟同欹器擲空中也比夜飄泊予適夕睫不交但聞殷殷濤聲相續又木濱不知何鳥夜半上下作烏噫聲如聽遼民無家之嘆者因爲欷歔泣下云島南北具開巖洞北向者爲勝崩巒傾坂懸壁吐簷予躡磴而上濡筆題曰巢雲洞併紀歲月而還復留二日候風且樵汲也是日戒嚴將官先遣健卒乘高瞭約賊至則搖旗召急返舟出小平尤苦暗

礁縣亘瀾初落如人髻出沒水中辛亥至廣鹿島諸島中此爲差大矣縱幾三十里横殺之其凹衍藏風處可屯水次可漁可鹽先時有人數十家居此宛一桃源也近難民蟻附非復樂土上有關聖龍王廟予造謁祭婦子數千貿貿啼饑求賑予兩人相對淒然無策命將官割胙俵之使家嘗一臠而已將泊時見兩大魚如屋噴水高帆檣數丈幸其游泳不至鼓作舟人疾呼撒米予命捩從三舍避之此眞東海長鯨又愧無任公子伎倆不能與旗鼓相當也乙卯過長山舟駛甚望之蒼然如

阿閦國一現耳丙辰抵石城是日各山競市呈巧石城陡絕水中未受兵屠故家尚有存者居民多漁業婦人操舟亦擅沒人之技巖次冉藥玫瑰散生擲華微度馥香惜嗷嗷者空將淚眼見之使花笑人也以從舟失風未至停待之見船衆象飲煙酒煙酒者燃酒葉於管煙出則吸之亦甚能醉人蓋海苦毒霧薰蒸飲此以敵其氣聞遊南海者亦然從舟至卽揚帆是日風色既異又雜借旁風舟竟輾轉予亦委頓不堪命且收鹿島候正風舟師告以鹿島直長無一面可泊帆風飽不得中下

盲追皮島亭午忽白霧罜布天日霿歷如在昏絮中但聞頭上雷聲硧磕長年頻呼仔細俄颶風四作厲浪環摧柁不攝舟帆如一葉翻轉舷受水潑入又人人面不辨指舟中急惶懼啼予亦起兀坐循省平生默叩上帝久之舟中盡號呼天妃不已未幾天際漸分黑白可辨風亦微定人人慶更生云是爲五月之己未也是日遂達皮島千數百里每晩舟紆迴出入暗礁間者數矣庚申大將軍毛文龍來顧舟中心怍其容色慘淡略寒温

別后知以鞍山之役新失利故也予至日數問王舟至否徬徨崖下者日有半蓋王諫議遇颶時忽横飈衝激至獐子島撇二百餘里矣至見則悲喜交集具道昨危險情景聞王從者相摸索抱持大哭哭罷乃結袂約入水死矣何從容也予不覺失笑方虜攻甯遠敗歸也朝廷以牽制無功詰責毛帥虜知毛帥之急解免也陽渡河致之毛帥倉卒出兵尾後士自載不足竟師又多無械氣先奪虜還兵轉戰縱左右翼繞我兵殺傷無算是役也失一名將王輔王輔者遼人也善讀書義決慷慨

力能左右射虜聞而畏之會兵不利俱雷哭遁輔嚄唶曰丈夫一取虜酋耳所騎馬集箭如蝟毛踣矣騰躍上他馬推墮人復戰所易馬復踣乃仰天大號曰惜乎天生王輔如此死不能縛虜酋首致北闕揚名天下雖然海以東無不知王輔者死足矣嗟乎此義士予聞其言爲流涕焉以辛酉登皮島方約王諫議扶詔行則朝鮮國王已遣通官持帖迓矣予詰其帖籤用藍對以國喪予却不受因傳諭之曰東合紅朝廷大慶重也開讀后東籤表紅裏藍可耳移時外白有兩陪臣稟見呼入陪臣曰天使涉險遠臨國王不及躬迓謹遣陪臣問安併有薄獻予曰遠煩問勞國王禮也惟意焉而可矣亦却之皮島孤懸海中遼民聚集依山成市南兵約三千俱贅集其上島西望三十里即朝鮮邊境所謂鐵山者毛帥亦駐焉眾市不下皮島然皆掃地爲業略具生事壬戌毛帥同入鐵山署爲言抨摘之者而怫然語稍激予譬之曰大將軍但須戮力行間毋問人言矣譬措大病人訕已將索人喧擢口語也抑將下帷修本業耶夫主憂臣辱誰不同仇毋甯實有他念抑見各不同聊以告

耳且將軍亦知言官深意乎大將軍專制海上久擁重權朝廷謾不一問非政體矣故臺省間有煩言所以尊朝廷非獨爲將軍也毛帥又曰古語有之兵難遙度朝中總成夢語也如所云置之死地而後生大率類是予曰凡論事者理明則毋務動氣即如死地後生固誠兵法但淮陰屬在對壘所謂決機呼吸將勇者勝矣若夫曠日持久無故而先立於死地以自求斃事豈復有幸乎大將軍何不以此條明章奏而輒盛氣口角徒滋紛紜無益也毛帥曰近觀朝廷意旨專倚關門此地置之度外矣夫呼吸不相應而欲責人展布不亦難乎予曰將軍無恠其然也頃者虜長驅叩關夫人而明見之矣賴袁撫以孤軍抗狂虜殺虜士馬過半使虜狼狽歸巢此眞社稷功聖天子即有特簡聖天子之明也且海外之接濟如故邇時之綸旨頻加豈得謂漠視東江乎毛帥曰人之不至於斯也不知毛文龍之苦也倘邀上台之靈少加培成使竟牽制一局必圖報稱予曰將軍誤矣將軍以徒步至大將軍位欲報則報朝廷耳將軍果能滅此而後朝食萬戶侯又豈足道哉不佞備員史局

當爲大書特書其事爲國家報將軍也且將軍自有將軍之功日今招輯流亡節次斬獲使虜不得用遼人耕遼地此卽將軍之功也若其他則未之敢知也吾雖孱弱一書生然鄙性硜硜遇事衝口卽發斷不能飾無爲有若眞見人功而或橫口抹殺俱爲懷私誤國天道神明是歸當不復能渡海矣毛帥唯唯而退已而牌諭朝鮮革一切供應盡其例有所謂辦茶湯者費猶不貲云

癸亥遠接使見遠接使者逺次主周旋應對者也王以國吏曹掌判金鎏爲之金君因請宴於蛇浦地方官以

次謁見凡燕暨他禮俱先具儀注開送屆期行之惟謹從者台笠衣白其商氏之遺侚乎簪鳥毛志飾也縉紳衣冠翩翩華制矣品官則巾圈辨之凡冠進賢必昂前以耀其圈行特蹣跚飲煩揖讓明恭也俗故隆風雅下至輿台厮役亦解誦詩掉文中國詩文畢備惟飲食少可通者燀亦不甚餕遠接使筵次稟稱惶恐不腆之供二百年舊規大人摽而去之小邦事大之誠缺焉蔑伸矣予曰惟意不惟物人生日食一飽而已受享幾何忍煩費困此一方民乎遠接使曰商賈之不至也小邦感

且不朽若供億盡革事實創聞寡君恐用是驚虩以移督陪臣不能奉承左右陪臣其何說之辭予曰王多儀以修敬予省費以宣仁夫道各自盡而已酒五行禮畢遠接使洗爵復進予曰酒以成禮也禮成則退宴歸外閒喧言鮮賓通虜將謀不利於使者將官密以告請駐關上觀變予曰甯有是耶君命也且焉往又哄傳予所宿署白氣竟夕亘天予亦不問時予河魚疾不食者兩日竟力疾以行甲子由鐵山口入鮮關毛帥張幕餞高嶺語次及閱視事予曰古來名將成功具先有成畫如

韓信耿弇趙充國諸賢抑何前言後効較然不爽毫髮也將軍頻言牽制所以制虜死命者安在別後請先畫一全圖指陳地利何處可攻何處可守然後明言用兵餉幾何需時日幾何要使吾兩人了然於心將軍諒非孟浪者旋時顧聞方略毛帥亦唯唯而別入鮮關懸崖臨深側道褊狹行者股搖不禁人有惴慄之懼可十里許道漸寬夷山川亦自麗綺黛邑軫空又覺奇趣晶晶浮眼鼻也其地萬山攢簇卑者相附高者相摩絡繹奔會環如張圍兩崖樹木稠合翠谷寂然引霧懷煙清風

自轉一溪劃然中流苕苕孤逝間有淵瀦津河裁得容舫每區已窮至度越處鳥道斜通俛仰叵苦大體如此矣丙寅至林畔館林木高茂傑出望若屯雲水田漠漠甚可託業怡生丁卯宿定州館館側有亭翼如山際三面敞豁登覽曠然其後有勁松惟石負勢競上互相軒邈風來振之覺翔舞簷上也驛館供役選子衿嫺文學者充之入則置屨戶外循牆而走容止可觀應對多用婦人惟不敢入使者署其婦人行汲負以首甕重則數十斤舉掉臂趨道上亦一神通也晚過王諫議所予曰

我輩至此一切供億彼夷面鳥語喃喃者卽面行慢我何知焉無已其簿識之乎米鹽若干油燭若干用物具是矣日親書之事畢而歸其籍於王其孰敢因吾以爲利因傳示地方節制使觀察使等官咸不可强之再執之再予乃手書相曉曰聖天子篤厚東國故使者至此凡吾所以來亦思少推聖德故藉供億以明不煩而當事執不見許何也夫聚利而動孔穴滋焉得毋有名借奉天使而陰自求口實者乎以東國多賢必不其然矣示出通官入曰大人之慈陋邦至此也敢不如命併示

所過地方官其一切供帳等物俱候臨發面查給主者己巳早過納清亭曉星山亦杳邃有趣其水曰加麻平瀾清淺衣以藤蘿彌生明瑟亭側張射侯鵠心大書虜酋二字志敵愾也庚午由嘉山嶺至安州其嶺盤旋聳秀景物亦復沖渟安州閭舍輻湊不如聚落葭牆艾蕭冥緬蕭條去城數十武卽海矣從行將官從鐵山移舟泊城下是日將官謁見予示舟眾爾則肅睦畫疆守毋擅離舟次以求細益於鮮民其有不如約制者將官治罪同晚宴王遣官問安送禮却之官卽拜辭凡問安官

鍾宴亦不與也示不宿命也自鐵山至安州遼鮮雜處遼民種瘠殉棄地恆不有秋鮮又接濟以地遙僻益不及彌月嚙草根充虛千里流冗啼飢非復人貌宛轉在地哭聲震天咸噭然嘈嘈曰奔命天朝乎作麗鬼矣予往返下車慰藉未嘗不欷歔泣下云以六月壬申早發將官求護入王京予曰爾謂是行也文往耶武往耶以文往則無所用爾以武往則二三人之肉其足饜雞乎乃伏地固以請予僩然曰如爾心未必如我心何爾不朘鮮以沒於利將焉用往朘鮮以辱國吾不汝宥晚矣

揮之起是日宿肅州癸酉至順安抵平壤卽鮮西京其地平原曠野桑麻相望沃衍殷充亦一都會也未至城三十里曰清江昔隋伐高麗高麗用乙支文德詐迎隋宇文述信之還軍渡被擊鮮人至今曰隋兵百萬化爲魚也夫隋唐之際平壤屢抗前旌矣觀其城亦易舉耳豈非對盧耨薩能乎鄭元璹之對太宗也曰東夷善守城未可猝攻是矣邇平秀吉之難抑又何靡也夫事固在人哉暮抵城裏燃火炬火光照耀雜戲充途作百獸率舞態其節制使觀察使太守等官具朝服郊迎詔前

列龍亭儀仗鼓樂一如華禮入館官屬以次謁見晚宴宴用小童歌舞風味樸略鮮之事倣古也亦有商氏之遺尙乎其歌童具用幼時傷疾者爲之閹人亦然甲戌質明謁文廟次箕子祠次檀君東明王祠城以西自錦繡山蜿蜒逕遞伏而再起者箕子衣冠之所藏也墓封而不石旁卽愍忠壇神宗征倭時死事者塚塚上長松蔽翳白晝森沉令人淒然不勝懷忠之感乙亥遠接使艤舟城下邀泛大同江登浮碧樓練光亭望箕子區畫井田處遺跡犂然亭樓俯視淇江皜然德巖上秀宇層

明望兼川陸江光山色隱隱交接欄楯也丙子發西京遇雨風柯微唫見白雲數十道從石罅中蒸蒸滃起如釜中氣久之瀰漫山谷遠近諸峯僅餘絕頂亦如諸島點點出沒海濤中晚抵生陽館館枕山腹前峯起逼几案目無可舒兼值雨澍卽杜門卧焚熇中高卧北窗上聽松風弄雨淙潺亦栩栩然適也丁丑行雨餘道上山容若滌草木驕人至黃州觀察使等官迎詔一如西京儀其最勝者稱太虛樓高華軒敞亦偉特之觀也東則長松弱柳遠近交風縈縈蕩漾下拂荷池香風時至甚

足披襟樓舊名廣遠予鄉魏莊靖公易以今名云戊寅發黃州宿鳳山己卯早發過石沸洞阡陌條暢開勢明遠從騎時躪入麥畦所在驚起雉雉弼弼如喚令人倦夢頓殘矣土橋一奇石特起素湍觸之石齒吟流泠然清碎庚辰宿龍泉館辛巳抵平山壬午抵開城館館前石嶺鬪鮮睹麗過此奇石益疏二欲出將斷復綴磈礧齦齶聳峙萬形或如指豎笋攢或呀如口鼻或窪如坎臼或如蒼龍蛻骨或如走猊如伏犀或如大瓮側立草木附之因以高下蒼翠詭錯搖風駭紛其上樵徑泉蹤

縱橫明滅諸壑走水成溪將至溪側復隱沒暗草而不恆流時緩時急偶一迸瀉驌如士女何處裂帛每聞此聲於灌叢亂石間殊覺幽絶也其稱勝者北爲屏風嶺層崖壘起面面俱齊其間剝痕聚皺加以鳥篆蟲書青黛點綴眞是萬壘雲屏自寶山館行可十里許予訝其地殊有異通官前日卽陋邦所稱慈秀山者是也山光滴翠青壁削成煥徹如頓圭琁石多奇慧疑米巔袖物往往刓剢巖洞成星牖月窗之奇中則潄吐清泉而玉溜泉爲最水俱詭匿側出級遞層承掛流注奔飄練墜

珠東西兩道競飛鏦琤互答至崖下旋沿相湊匯淪成潭泓澄可數顱髮甎試之味冽而甘上有雜樹倒懸斜倚垂蔭幕潭其石可釣中現一平面好事者鑱爲佛像予坐石上久之覺夏含凄氣忽聞山際笳管聲仰視之則荷蔽中跼蹐一人如猿之嘯木末也爲發一笑予命去之曰山間聽泉惟松風鳥語差合天籟若雜以管簫此與花下焚香茶中着果何異暮度車踰嶺山更崇峭行者咨挽相持鋸聲力進時見明霞翼峯俯視平林又煙杳在下矣潴灘斷岸确然清流映帶修竹琅琅數百

竿峭蒨戛玉倒影入溪溪水幽渟綠淨可染風韻凄清再進則吾助川迴瀾石爲奇上游澗道斗折環迴源狹流平緜緜徐逝至此忽奔騰湃澎盤旋不已漚渦爭躍如摻鼉鼓聲震崖谷一石突怒高張鬬水屹然砥柱何其烈也予謂如此石者方應具袍笏拜之呼爲石丈開城舊依山足號曰神崗風氣環固人物殷繁亦一都會也觀察使等官率屬迎詔亦如西京儀王遣官問安有加禮三亦却之館在城外溪流當戶貫抱長林林幽果香石細泉響飄泛夕涼迎人衣袂癸未早發通官以例

請題權氏承恩錄承恩錄者我高皇帝親灑宸翰以寵陪臣權近者也事詳敘中不具載行可二三里忽見台笠成林猥擁嘈雜指天摩掌前有數百十黃髮齯齒老人叩車幢視口喃喃不辯何語予色然驚疾呼問故通官爲言此來念佛謝恩者予亦下車慰藉之皆稽首膜拜去自是所過爲常至楸觀翠崖陡斷一望廣川瀇渺含綠萑蒲芡藻與沙禽水鳧共出沒天光雲影中意豁如也蓋前此彌日見奧倏造平淡目不給賞矣過梧木院岡巒體勢欝迴外緪中盂類智巧所施設水窮處一

軀伏焉察之則拳石也晚宿東坡館以在坡州東因借長公名之賢者無地不重如此道左有石魁𡙇屭偶峙好事者亦鑱爲立佛刻畫精妙眉目津津欲與人笑語由東坡至碧蹄碧蹄至慕華館館㸚於倭今張幕代之諏甲申吉入京開詔先是王已遣官至平壤請期矣屆期丙夜發碧蹄質明入幕次更賜服王率通國陪臣議政府申欽以下數百人具香亭龍亭儀仗金鼓雜戲迎詔東西盛結鰲山彩綳予兩人扶詔行通官稟暫駐國王行迎詔禮相距半里許王愬而拜予諦視之亟呼通

官曰王毋下拜衣素者何通官疾趨王所來以新喪復予傳語曰朝慶公也國喪私也爲臣子者不得以私廢公王復詞曰忠孝一道也烏鳥私情原可直告君父予曰王獨不聞移孝作忠乎三年之喪何時不可自致夫頒詔則此一日也一日之誠不能爲君父勉之乎王復詞曰小邦越在海外衣服之不備望大人寬之予曰遁辭也貴國以聲名文物見美海外久矣以整領人羣之主而云衣服不備豈所以風示觀聽耶且自我祖宗錫爾錦綺文帛者今皆安在又將焉用之王復詞曰踰月之喪如此心不安何予曰不安於禮顧安於非禮耶如使者頒詔日本琉球儀節乖舛焉用求之吾聞天朝之待夷狄任其俗自爲聲教體也夫朝鮮亦猶我中華之教也慶而嘉服王豈不聞使者以華禮厚國王而國王反以夷俗自處其謂之何王復詞曰不穀亦獲聞禮教是固一道也予曰夫禮者臣子所自盡也使人爭其失已非矣而必於執迷殊失使者此來仰望賢王之意王復詞曰屢承明教夫豈敢執迷區區寸私惟大人始終哀憐之予勃然曰天顏不違咫尺其執以屑越放命今

日之舉於禮爲愆使者知而不言言而不力則罪坐使者使者陳義至再而終不克循則罪坐國王王服不易詔必不開王其三思無忽王卒復詞曰敢不如命易服禮畢予乃行入國門見其人物宮室都雅偉麗白嶽龍蟠漢江天塹洋洋乎大國風矣詔升殿殿設北闕句臚傳贊王率陪臣拜故事頒詔畢王近闕受詔敕展誦執事者先東西立王歷階而上長跽北面受詔讀畢捧詔授東立者西立者授敕王不受目攝陪臣陪臣相視不悟久之王乃令捧詔者先請詔入闕庭復令捧敕者東

立然後受敕讀之予因語王諫議曰王亦知禮如此吾輩可更不慎乎禮畢王拜余兩人亦拜王左右各橐筆從書言動亦猶古史之遺也王坐定呼都承旨致詞曰國王恭候聖躬萬安余曰聖明天保萬福王曰不穀東海之外臣也無緣望見聖天子一聞皇嗣篤生不勝慶幸余曰麟趾呈祥普天歌舞王其亦有同心忠恪見矣王曰大人之渡海光臨也其飛天仙人之降乎但敝邑自經倭難物力彫殘矣舍館之不安脯資之不備獲戾實多王諫議曰知王忠恪朝廷遇使者有禮矣王曰不

穀獲明詔之焜國也敢拜大人涉險之賜也余曰微聖明之篤東國不及此肅將簡書使臣常分也請辭王曰二大人從行何其簡也不腆之供方懼文不稱情而大人盡革斥是益增不穀之罪也余曰遼民之瑣尾也微貴國存賴其立盡矣哀此孑遺又何心對此厚自奉乎退而憇諸館館側有樓軒豁玲瓏通望周博木覓諸峯引領趨合左睨右瞰且列且驅歷歷明淨山色送青映簾侵座樹隙沙明如殘雪在山飛花碎點其下雉堞縱橫萬爨煙浮羣出裊裊與晴嵐相蕩薄暮則輕煙半垂

縷帶山阜射以夕陽紫綠萬狀朱太史題曰山雨樓億雨時山容更勝耳王拜於館尋迎宴殿中宗親及大臣皆得從王後以次行酒予每却之觴行二王頻慼言曰不穀斬焉衰疚禮不與於賓筵又重以大人之命儼然特易吉服鄙衷竊所未安予曰以頒慶而特易嘉服敬君也禮成而退從本服孝親也忠孝備矣云胡不安先是儀注中所開使者與國王相見禮正使東立次副使國王面正使西立王諫議退呼遠接使語之曰此誤矣國王立應面副使遠接使對曰凡儀注具倣舊例不敢

少有差池王諫議曰夫禮從義起者也今計東西通序之客反不立主下乎殆於不可遠接使以啟王勿聽王諫議固予力爭之王乃曰謹如命雖然如其誤也非不穀之罪也其來久矣乙酉質明謁文廟廟製約略倣成均諸子衿拜跪俱如禮惟巾履差異云以語言不達輒講因憶太祖時命翰林侍講火原潔編華夷譯語書成刊布自是使者具得夷情予以匆卒奉命未及購求是書至登乃訪一遼民歸自鮮者命次其語予書而識之然終不能熟習間舉以語鮮人鮮人皆相顧驚愕往又

聞一先輩使鮮鮮人烹人首魚相韲此魚惟眼可食也使臣畢匙徑取魚目鮮人爲屈服焉夫使人國者何一可忽乎哉而聖謨淵塞矣退至館取經書善本閱之了無異同舊所傳論孟有規磨字及壁書古文多幾篇者皆妄也晚與王諫議議弔王喪王聞辭以殯出陰令館伴錄祭文稿以獻館伴者王京主周旋應對者也王以禮曹掌判李廷寵爲之丙戌王至館謝文請拜予曰使者遇國有喪則弔之禮也昨蒙賜拒不獲申情敢煩稱謝已而王送答禮却之至再詞甚懇復作書却之丁亥

予病暑王聞送藥餌予聞鮮夙不良醫久與王諫議約各購醫書留其國王來問疾因饋之兼囑刊布王受書三嘆予饋者金壇王肯堂太史證治準繩也戊子辭歸王不聽作書告之復不聽王來館面留設宴因及遼民事遼民之寄生鮮也亡賴子飢窘輒羣入鮮廬舍攫酒食鮮人微反唇卽擊碎其釜甑罌甕狺詈把臂昂出鮮民既患苦之而國王以貿遷貨物歲輸米若干石久之非其好也心恚毛帥甚然以先請封故毛帥實爲道地不敢訟言坐間絜與陪臣呫囁耳語語罷輒對予微及

之予兩人心知其事然念遼民急度無可奈何姑勸勉以大義王數徙言他而別至是日王乃言曰麗爲瘠國近以遼民雜食茲土主客俱困矣夫以天朝四海之大接濟爲艱其何有於彈丸小國政恐皮之不存毛將安附天朝顧未之思耶余曰遼民流離茲土聖天子用憫憫焉食不甘味是以使者復啣閱視之命天下一家有分土無分民賢王仰體聖慈始終其德不亦休乎王曰若此乎羣臣狠狠疾首以告而天朝漠不見聽何薄小邦之深也余曰昔關白之亂汝國宗社而既屋矣神宗

皇帝至疲中國物力中國黎民死傷者檣車相望爲爾芟夷大難扶持安全以有今日以王之賢明天子超然遠覽獨破異議特賜褒封以撫有東國東國不思天朝大德乃有望耶王諫議曰卽今大慶不難使我輩登涉險阻以至於斯亦一體關切誼也余又曰遼民生聚海外漸成巨鎮獨不足唇齒貴國乎近廣甯之捷遼民宜力實多無他父兄子弟之仇人自爲戰也聖天子思及其鋒而用之必招集而還諸故土用之以攻虜貴國一飯之德他日亦或有以報也王意折復曰聞虜新敗於

廣甯其然乎余曰廣甯之捷已見邸報新袁撫用兵如神謀無遺策虜酋傾巢一擲精銳盡喪此天亡胡之日也王曰果爾更足爲朝廷稱慶余曰賢王志切同仇也虜不足滅也蓋先是王未至時議政府李元翼等數百人亦叩館求見備揭言其彫獘煎迫矣燕畢予兩人復求歸王力請遊漢江從之己丑由城東可二十里至江次國之顯官皆從焉其地長江如帶委複縈迴層峯傑出舊有樓冠其頂題曰東國第一山川隔水遠山抹黛現秀意若渡江揖客者余一望遽指曰佳哉從遊者一

一指點某爲某山余笑曰如相文字政使自佳何必識其姓名耶已而泛舟舟制麗倣若浮屋旁列華筵清風微動錦纜徐牽遥望水際積雜光碎沿江茅屋疏籬隱映桑柘竹樹青翠虧蔽透漏江光綴以林端嵐氣翬靄霏微大是李營邱佳畫時從官命漁人舉網網方布忽驚鱗撥剌躍入滿座喜駭因請擊以佐酒予指山似金君曰有如此下物勿復爲煩江上賈舶漕艘往來絡繹布帆冉冉如飛予問此水達安州耶僉對曰然予時已心識之又問從遊諸君樂乎曰樂余曰恨虜未伏辜耳

聞者造然改容余又曰諸君國器但勠力王室不必作新亭泣也從遊者曰當虜酋發難天朝但頓兵不戰困國數年虜勢排迮自亂耳甯至禍挐今日哉余曰虜雖小而强强則不可與爭鋒小則終可以坐困諸君避席曰要言也是日予雖挾殘恙亦爲霑醉歸而月色在地人半行樹影中仰視星斗皆光大適在上隨人林間遠火與草際飛螢遠近明滅忽流螢掠車而度予不覺欲作車上僊也歸署復登山雨樓賡公之興政復不淺欲追修翫事顧影孑然徘徊而已庚寅起行巾車承王旨

竟藏輿不出王更端再三留且盛誇蚕頭之勝必扳遊一日不得已從之峯在漢江下游大江前横一峯頓挫獨出頂鋭而趾嚙齧其腹吞吐風浪鞈鞈鏜鏜餘猶鼠小峯皆逡巡欲進不敢遂獨粟島拔奮水中如攘臂趑逐欲爭雄長蚕峯稜角削成風格自矜昂首不顧作睨天拭背狀意恥碌碌與灌絳伍影落大江江光蕩揺無已若又妬其直方故相簸弄予嘯咏其下久之已而夕陽西下山影盡落江中山山俱動予細睨啞然失笑曰爾等亦入風波中耶寃矣寃矣浮煙深處忽起漁歌予

命停簫管聽之俄長風從海門來颯颯吹衣暑肌欲粟凛乎其不可留也余亦興盡而返至館王遣一通政使及都承旨二人送贐却之王復令館伴使及遠接使五人力懇且言屢却則無顔面矣予堅勿受王怒將命者無能下旨特殺通政使都承旨時三人久跪門外號求生館伴遠接使亦伏地哀請余笑曰所謂自殺伊家人也夫往來各有道何相逼耶且王以此殺其臣豈所謂使臣以禮者哉王聞亦寢前旨詰朝壬辰行王至館餞先是遠接使告以毛帥移文索餉語涉張皇王不懌余

兩人復理前語寬譬之王意乃解已而曰兩大人守身如珠玉愛民如慈母甘棠遺德世在三韓陋邦將復見峴山故事矣余曰使者輶軒涉閱而已其於民也庸得若是乎抑或者其烏愛也王曰此邦之人實受大福豈不穀一人之私王出復次於蒋合淚拜惓惓囑保身余登車行一通官稟曰王尚駐坡上瞻望也又一通官至曰國王瞻望弗及揮淚踰時去也余聞之亦爲愴然是日傾國人民遮道膜拜緜亘數十里所至紛贈歌謠然詞俚不足紀開城平壤以暑雨攀轅留者至枳車不得

行婦人孺子畢集焉通官稟中有百里外裹糧來者今已候三日矣予復下車慰勞爲言奉旨閱視不敢久羈也癸巳宿坡州甲午抵開城乙未入城弔王建故宮殿殿居崧嶽山趾蒲月臺址猶存王圖霸業氣歇烟消但餘野艸蕭疎流泉鳴咽已耳晚遠接使稟稱國王比聞天使傷遼民落淚國王亦用憫惻已下令旨促黃海忠清道運米矣予兩人屬致謝聲丙申早發過葱秀山宿龍泉時予復大病不能討其幽峻雖此身嘗在龍泉從睡夢中度作卧遊矣以病留龍泉者兩日夜定後哮虎

命傳警嘯聒野館宇淺便虎忽躍入人隊中啣一馬騶啾然去衆譟逐之至子夜罷戊戌過小平宿鳳山小平平岡寬衍上有長松森列萬株交互成帷綠陰葳蕤引清吹謖謖生涼虬枝髯幹更奇矯逼人予低回其下遠接使亟呼張幕予語之曰此自然者地設以待客久矣己亥抵黃州作書與各道觀察使止百姓建立碑亭先在開城遠接使以此相聞故也以閏六月辛丑至中和忽聞虜壓境距不過百餘里從者頁怖急余曰我輩如許嚴重此正人瞪目時豈可少見周章取輕屬國且爾

不記予前遊漢江問江水通道安州意耶正慮有今日耳此去江僅三四里事急便可輕身入海但須近有遼船也晚問遠接使曰貴國懼虜至乎曰不也予曰何所恃而不恐曰小國有備禦之兵余退令人刺取得要領實則虛備是夜知江畔多舟余遂恬鼾大睡壬寅早問邊警云賊去矣取邊報觀之果然然揲提問舍毆鹵畜產亦不下數百計而鮮人靜受虜斥薄無摧敗功昨所謂備禦者効亦可覩矣聞諸夷以死高麗調之豈獨以其敦樸少通變云爾哉癸卯阻雨留平壤者一日過王

諫議所王笑語予曰看來子眞一切不顧絕是一活告子予曰予平生以癡呆作鎭定固宜與此老同傳也因相與大笑丙午抵肅州丁未抵安州將官稟山漲驟溢壞所乘船殺其尾因驗視修緝留者二日金君邀飲於百祥樓樓介峙孤城中負河吻海時見鵬雲壓山海氣吞野氤氳縹緲風帆競飛西則原隰演迤汀渚歷亂當夕陽西下處適可半嶺留紅啣碧蒸變雲煙盡成異彩加以鳥歸樵負往來煙景中不斷此樓尤宜晚對矣辛亥宿嘉山壬子復阻雨癸丑至定州甲寅至林畔遠接

使請曰日者聞諸道路小邦通好於虜甯有是耶陪臣殊自失於此余曰足下安所受此甍語而稱之如君言即奴事酋耳必祝髮左衽貽玷千秋知貴國君臣賢者有死不爲也時漢漸案戶秋聲淅淅在樹矣而地方太守與父老數千人等復再四扳留余又更端爲言日久風高恐海坼舟也多淚起者竟以越日乙卯行將出關毛帥迎酌山際令將官演放地砲是日宿鐵山丙辰質明下令一日閱將士一日試諸生一日祭遼亡死事者毛帥至署予因理向別時語毛帥出所畫圖形曰虜老

寨後爲長白山山後爲渾河遡三岔河入渾河躡其後戶此一奇着也余曰杜將軍向不渡此何陷沒也昔憲宗時李秉趙輔大討董山一出渾河越石門土木河至分水嶺一由鴉鶻關過鳳凰城摩天嶺至潑猪江中軍則從薄刀山粘魚嶺過五嶺渡蘇子河至古城聞此皆鳥道縣絕人不得並行騎不得成列之地趙將軍又何以鼓行深入一舉克捷耶毛帥因甚言虜狡且狂大非董山比未易得志予曰不然虜技止此耳自昔金元能大有爲者以燕雲諸郡久陷入胡虜用中國以攻中國

故也遼地沃壤千里其人皆剽悍猾黠虜不能撫而用之以資將軍此天賜將軍成大功也頃聞其地斗米四布不啻五七千錢衰竭之形見矣大將軍誠能練成一隊精銳雄視海東然後約榆關分道並進漸復開鐵諸城扼其要害以蹙之譬如室鼠於穴中自可餓殺郎或保固覘可乘間出奇多方遮擾使疲於奔命亦軍法所謂三驚當一至也夫以大困小計無過此者毛帥曰今所患在無餉耳余曰夫足餉之法莫如選兵譬之二簋飯以食二人則二人飢以食一人則一人飽矣且昔光

武昆陽之戰謝元淝水之戰曹操官渡之戰具皆以少勝多此則兵貴精不貴多之明驗也夫兵無選鋒曰北彼象人百萬豈得稱强哉今縣官之接濟難增來鄉之繈屬日衆將軍不早爲處分直有搏手困窮已耳又非獨此將軍以孤軍獨立所賴朝鮮聲援而時以乏食之故悉索於鮮萬一鮮隙懷二心併恐將軍無容足之地也已未偕告修齋畢蓋薦遼死事者予兩人再至哭之是夕毛帥張幕海崖最高處請望雲從島因觀月出長風浩浩波濤洶湧星斗四垂魚龍出沒青光際空鑠金

萬頃宛一金相琉璃世界矣亦一奇觀也予問對此茫茫彼何國也將官曰對去卽爲淮安風利帆便兩晝夜半抵廟灣矣予聞之爲竦然愓云庚申毛帥解新來鄉者驗視予命入詢虜事來鄉者曰民輩初不識虜何等狀也畏之如鬼見卽長跽貢首待誅頃習與處知亦猶人耳又曰虜自甯遠敗歸氣已萎其牛鹿嘗謂民等上天氣候轉耶萬一我落大發馬手中仍以撥兒予我足矣大發馬者傳稱中國人語也撥兒則臧役也虜得遼民爲之故云辛酉以揚帆期祭告天妃遼接使復迎宴

蛇浦王遣官問安者亦至金君言别愴然聲淚俱咽以禮贐具却之壬戌登舟王諫議顧余高拱曰出虎穴矣性命將吾有乎余笑曰恐未也君其問之水濱由鐵山開洋指石城日午腥風逆鼻鷄毛騰沸舟師曰風信至矣薄暮果濆作盲風挾怪雨爲豪合波湧擊從舟小益不支竟夕號呼求拯雨天深黑各舟惴不自保但遥聲應慰而已予不耐浪浸裯亦披坐待變呼善水者入舟敗卽揭負登崖越日雨不絶如注予借宿民舍荒陂沮洳古屋冷煙暗蟲切響深引淒其甲子陰駁漸解午大

放晴明予狂興頓發蹌踉踔泥中出討得南崖尻呀然成洞洞可容數十人下瞰深潭人獸屏跡予選步置武趾相代垂二分在外師猿綴下入洞書天妃救苦四字水清石寒淒神凜骨非復人間忽雲氣起腳底靉靉蓬勃余哆袻贏雲閉其中登岸擇光明處放之雲片片出袖飄若篆煙漸高而沒久之一縷白綴余衣袂間從者疑蒙道次蘆絮捉裾撥之應手散滅乃知是雲也乙丑以候風復留一日丙寅早發與王諫議約至常山而余舟以風利不得泊竟指廣鹿矣越日諫議來爲言常山

東崖回合眠堤屈盤一泓凝碧白雲時封鑠海天於戶外亦巨靈之巧手也丁卯指小平三望崖風易又轉返故處矣頻頻悶絕已巳至小平夜可二鼓闇中飄泊暗礁戒心特甚然躍水耀夜如撒弄珠玉可玩蓋海水光白異他水云復以樵汲留小平者彌日自小平紆程至旅順特欲觀旅順也是日適海嘯予幸舟早發登舟入署席未煖暴風猋頹吼地勢欲捲羣山西擲之海余數問王舟至否比入口口外水天已相接矣島中水立亦數丈兵房住堤上者驚濤俱陵越屋瓦片片飛墮水中

浪花仰激雖去水數十武猶灑然噴着人面轟豗之聲如萬雷奔逐如秦擊驅山鐸山撼搖又如昆陽巨鹿之戰數百萬鐵騎馳驟劍槊相磨又一奇觀也是爲七月之甲戌王從舟以後發半晌遂覆溺焉丁丑天霽波平歷覽旅順形勢阨隘類鳧頸一彈丸地近挑斷鹽場堡拓之然地當海口浪湧積沙淤塞且潮落上下具可搴裳涉也惟北有南關堡差展足受眾張攀繕城之爲虜所襲殺張攀者亦遼人也慷慨足智計先是以百人守此堡虜大兵卒至攀取十餘黃蓋縛驢背左右騁令

兵盡作傳呼聲虜望見驚遁以爲堡內適會兵也卒之一免而不再免豈非命哉悲夫悲夫假令張攀王輔在不可當一面哉國家患不得師武臣力耳然兩人未死之先人亦無有知王輔張攀者悲夫悲夫戊寅發旅順至皇城己卯質明禮佛作醮庚辰至廟島時風日流麗海碧岑秋歸帆亂飛一瞬千里予雖病困中視聽漸次新發忽見閑鷗泛水獨鶴穿雲樂意翩翩投鳥羣矣晚王諫議來商閱視疏事予曰明旨原便道詳閱身所過目所見據事直陳要於字字可對君父可矢神明而已

其他情面議論吾何知焉諫議曰此吾心也遂出疏草相示予讀疏首遼兵情形一段云大概遼兵卽遼民堪用者不過二三萬予遽擊節曰卽此已得之矣因與一一酌訂之越日海防將官見有問予者曰論者謂虜不舍鞍馬長技而事舟楫然乎予曰予向亦爲是說比來乃知不爾中國南隣倭北隣虜僅一朝鮮扞蔽鮮人乘汎走舸疾如風雨萬一生心爲虜用命但命一將領之來侵則我淮揚青登盡無甯宇矣虜以騎兵叩關其全力自在也昔金主亮將由海道襲宋浙江高宗命總管

李寶督舟師禦之至石臼島禱於海神因風縱火燒虜數百艘膠西之捷論者胡不一考耶將官曰何必遠引前者屬有訛言虜三五舟泊皇城黃縣人民俱鳥獸竄矣余聞之而又悚然惕云壬午入水城布帆無恙旋面望洋殆如夢殘酒醒適同鄉王太守來勞苦船中悲喜溢不自勝一時情景蓋在東山之卒章矣予出舟顧王諫議齊聲交慶更生予笑謂王吾兩人今日不竟神仙耶因悟向思安期羨門者妄也嗟嗟世事大都如此矣開府李公太守王公後先復飲於蓬萊閣癸未質明祭

謝天妃李公語卽舉歸國期具疏入告以七月壬辰別登州起行辛酉抵京甲子見朝復命具疏併奏閱視情形事宜越日得旨下部議復是役也歷歲者再歷月者十計程者凡一萬八千余強半病中記者十之六七然朝夕飲水每懷靡及所幸王諫議事出同心諫議當別有記云史氏曰吾行海外而乃知天下小也我國家獨厚朝鮮意深遠矣

高麗形勢一卷

〔清〕吴鍾史撰

《高麗形勢》一卷，清吴鍾史撰。鍾史字芳伯，浙江歸安（今湖洲）人。光緒八年（一八八二），以上海招商總局之招赴朝鮮察看商務情形，此即當時所作。概述朝鮮地理形勢、民情、風俗、物産等，謂「高境較日本約少五分之一，人數約少三分之一，礦藏則多日本數十倍，土産、海貨不亞於日本，而人性剛健，則勝日本遠甚」，於礦産情形所記甚詳。據《小方壺齋輿地叢鈔》本影印。

高麗形勢

歸安吳鍾史著

高麗在亞細亞洲赤道之北其形如指出於海中以經緯二綫衡之自北赤道經綫三十四度至四十三度緯綫自一百二十四度至一百三十一度地週七千餘里東西南三面有五千餘里瀕海爲界土地饒沃民風樸儉國中分八道曰京畿道曰咸鏡道曰平安道曰江原道曰黃海道曰忠淸道曰慶尙道曰全羅道京畿道居國之中央最據形勝故築都城於其間以統轄各道通商之仁川口離王城八十餘里京畿之地西南界海約二百餘里南界忠淸約二百餘里東界江原約三百餘里北界黃海約百餘里山川靈秀商賈輻輳士庶修法度土地多礦國中政令皆出於王百官則奉令承教而已咸鏡道在京畿之東北週三千三百餘里其闊處自五百里至百餘里不等通商之口元山在焉元山至王城六百餘里咸鏡之地東界海約一千二百餘里東北界琿春約二百餘里北界吉林省約八百餘里西界平安約七百餘里南界江原約二百餘里地勢綿亙多崇山大澤五金礦煤礦多產其間而金銀爲尤多此處地氣嚴寒人煙稀少沿海之民率以耕漁爲業海濱多鰍魚東北界連俄羅斯及海及吉林沿海皆可建埠頭築海防實爲亞洲之關鍵倘非力矯錮習講求富强吾恐十年以後人事變遷更不知伊於何底言念及此非獨高麗之憂抑亦〇中朝之憂也土產高粱麥粟蔘皮等物海中之物雖多惜不甚採取耳平安道在京畿西北週二千六百餘里其境北界吉林省二百餘里西界吉林省六百餘里鴨綠江在焉西界海六百餘里大同江在焉二江亦屬險要東界咸鏡七百餘里南界黃海三百餘里東南界江原二百餘里亦多五金煤礦地極寒今者五洲互市輪艦梭巡乘隙而動而該境毗連吉省隣近〇盛京與東直等省相隔匪遙詎非〇中朝要地哉江原道在京畿之東週約二千餘里東界海約七百餘里南界慶尙約百餘里西南界忠淸約百餘里西界京畿約三百餘里西界黃海約百餘里西北界平安約數十里北界咸鏡約

二百餘里壤地毗連商貨咸集而五金礦尤多風氣與京畿道稍別土宜五穀桑麻民庶而富爲畿輔要地惜高麗風俗泥古而不通今故不能常保其富耳然俄羅斯日本之覬覦此地者非一日矣黃海道在京畿之西北週約一千六百餘里南界海三百餘里西北界海六百餘里北界平安四百餘里東界江原百餘里南界京畿百餘里地氣略寒物產亦富且多礦土宜五穀雜糧桑麻海物亦多此地爲高京右輔與中國東省爲鄰若富教兼施則屹然重鎮固可與○中朝互相犄角也忠清道在京畿之南週約千五百餘里北界京畿二百餘里東北界江原百餘里東南界慶尙四百餘里南界全羅三百餘里西界海三百餘里民居稠密地多礦產絲麻五穀俗尙與京畿稍異民性稍柔爲高境南土與中國山東省海面相對全羅道在京畿之南週約千四百餘里東界慶尙二百餘里西南界海約八百餘里北界忠清三百餘里地處高境極南海島紛羅魚鹽富足亦多礦爲中日海道適中之區必爭之地也民氣較柔於北境樹畜繁滋國賦之所出也慶尙道在京畿東南週約一千六百餘里通商之釜山在焉釜山至王京九百餘里該境東北界江原二百餘里西南界海七百餘里西界全羅二百餘里西北界忠清四百餘里地在高境東南隔日本對馬島不過百里該地甚美富有五金礦諸物咸備久爲日本所垂涎氣候和暖俗尙與忠清全羅相若日商之居釜山口者已有三千餘人自釜山至王城道路不甚險阻今既與日本通商即當嚴定海陸界限庶不致將來越畔起釁也高境較日本約少五分之一人數約少三分之一礦藏則多日本數十倍土產海貨不亞於日本而人性剛健則勝日本遠甚倘能力反前轍丕煥新猷則高麗既得自全之術而○中朝亦無東　顧之憂豈不懿歟

東使紀事詩略一卷

〔清〕魁齡撰

《東使紀事詩略》一卷，清魁齡撰。魁齡字華峰，滿洲正紅旗人，瓜爾佳氏。咸豐二年（一八五二）進士，官至工部、户部尚書。同治五年（一八六六）六月，朝鮮高宗遣使赴清請封閔致禄之女閔氏爲國王妃。七月，清廷選任理藩院右侍郎魁齡爲正使、散秩大臣希元爲副使，赴朝册封。魁齡一行於八月十二日啓程，九月二十三日抵朝鮮王都，次日行册封禮，二十六日回程，十月十三日回京復命。是書係此次赴朝之使行記録，内容包括沿途見聞、每日行事、酬答詩篇、册封流程等。據中國國家圖書館藏清同治五年刻本影印。

東使紀事詩略

同治五年七月初四日奉
旨此次前往朝鮮冊封王妃著派侍郎魁齡爲正使
委散秩大臣希元爲副使欽此八月初三日請
訓十二日巳刻由禮部受節起程恭拜
勅書行三跪九叩禮捧
諭旨於龍亭儀仗導前出朝陽門至通州首站住宿

禮部受節恭紀一首

鳳誥
龍書下
御鑾傴僂持節捧春官多儀無過尊
君重不辱方知作士難
上國來陳新玉帛鄰封去對古衣冠懷忝本是微臣
職（余現官理藩故云）況復承
宣敢自寬（此首出都作）

宿通城有感

昔作潞河主今爲潞河客昔時重分巡今日勞
官驛（余官通永曾駐紮此地）念我供水曹年年賦行役（余官
工部時每歲赴東陵查工多出此地）三番出使星猶如駒過隙
（余丁巳赴瀋陽修工戊午恭送聖容己未赴興京修工來往均經此地）兩度襄
陵工馬縶車絡繹（余庚申爲定陵工程處監督壬戌奉旨來京充總司稽察監督）
屢經此地前歲奉
神轝金旛鳴玉尺此身出泥塗此志矢精白（壬戌奉移乙丑奉安
亦過此地）赫赫忽黃封煌煌下
丹冊我偕副帥來殷勤將璧帛（今日余又偕副使繼勇侯希贊臣同寓此地）
落日動旌旗人影西陽夕楓冷蓼稀疏沈吟
思往昔（此首以昔字起以昔字結觸景懷人蓋不勝今昔之感焉）

晚宿潞河公寓

紅燭當筵盛餞開（雪翁小翁兩倉憲餞行）紛紛車馬故人
來舊時官吏歡相會（通永舊屬官吏均來叩見）半日風塵約
共陪（是日風沙撲面同人咸苦之）千里程遙涼夢遠中秋節
近客思催勞勞幾度皇華賦愧我曾無天驥才

八里橋即景寫懷補錄
八里橫橋一水通頻年來往自西東行人莫唱
陽關疊怕聽蒹葭瑟瑟風
十三日卯刻走謝兩倉憲並答余郡守汝修
鄧刺史錫恩及州學丞倅諸寅友午刻至夏
店早餐晚宿棗林村
宿棗林懷往事
客歲中秋夜會驅匹馬來主人具肴酒歡笑極

追陪月色猶如此鄉音去不回聞店主已歸家數月長廊
成獨步且詠且徘徊
途中即事
南北村田到處忙秋風禾稼早登場逋租無欠
官徭免卒歲生涯好蓋藏
是日三河令宋靜山彭壽來見蓋　雪翁之
姪世兄有世誼者
十四日卯刻起程陰雨連綿似恐不能晴霽

忽於邦均早尖後陡起西風雨遂止連日秋
熱異常至是頓減
途中口占
看山早起雨中行馬足無塵驛路平陡覺西風
起天末吹雲都過薊州城
晚宿別山懷往事余己未赴　興京修工歸途宿此亦在中秋之前
別山東去更無山再過峰巒即到關記得昔年
會小住中秋已唱大刀環

是日薊州牧吳傳巖夢會早晚均來見亦余
在通時之寅友也
十五日早起過綵亭橋午刻玉田早尖署縣
令何君崧泰出見安徽人癸丑進士丙辰補行殿試籤分直隸現補昌黎縣知縣
晚宿沙流河同　贊臣通侯賞月
異鄉佳節夜沈沈秣馬驅車驛使臨萬古沙流
田種玉中秋月色鏡懸金無舟難覓袁宏跡有

酒空懷庾亮吟底是逼侯詩俊逸素琴從此有知音中秋獨坐客寓搆思已就三聯忽贊臣過訪誦其途中所作深愜我心遂成結句因並誌之以爲一時同心之助云

中秋旅邸聞雁

露冷天高無片雲今霄秋色恰平分是日正值秋分節令

無端又見南歸雁嘹嚦聲音不可聞

十六日早興午間至豐潤縣邑令朱立綱來見談片時卽去是日道塗難行至初更始抵

五

榛子鎭灤州官吏均未來見

途中卽事

噦噦鑾聲二馬駝出都千里閱人多衣冠到處隆瞻拜山水隨時發嘯歌皮裏陽秋真鑒別客中歲月易銷磨晚來策騎奔騰甚風景都從月下過

店中閒詠

巨鎭月中看黄昏飽一餐官場人不見旅邸客相安是日無來見之客免冠解帶大爲暢適誠出都後之僅事也脫帽詩情遠披衣夜氣寒五更催驛馬聯騎上行鞍

十七日早起行五十里至沙河驛早餐遷安令周培錦遣人遞稟

過沙河驛

沙河古驛積流沙石板排牆院落斜秣馬膏車官僕隸毆雞逐犬野人家白描淸淺三分水紅膹蕭疏數點花堪羨農夫自有樂功名無事事

六

桑麻

見途中征兵口占

望府臺高指永平征人歸去問塗程勸君莫渡盧龍水怕帶當年出塞聲

是日行百一十里入夜始過灤河抵永平宿盧龍令凌覲德偕典史陳元杰來見談許久始別

夜渡灤河

長征一路數郵亭夕照銜山馬未停作楫無材歌淺揭揮戈乏術望圓靈（清水河無渡盪溜而過正值夕陽西下皎月東升）滿船燈火迎風至兩岸人聲帶月聽（永平城外過河時已初鼓）忽憶首陽官渡口昔年盛漲我曾經（咸豐七年秋河水漲發余歸自瀋陽由夷齊廟過渡巨浪滔天三時之久始登彼岸）

十八日晨起至雙望早餐壁間有通家文子乘入關之作讀既竟頗動吟思

午過背陰堡出盧峰口有作

十里盧峰盧水灣一峰一轉路迴環行人半日隨流水看盡盧家面面山

是晚宿撫甯東關外邑令錢瑩偕典史董朝翰來見似有吏才

十九日深河驛午餐晚寓山海關

山海關遠眺

驛路三千遠（由京師至朝鮮共三千餘里）雄關百二強西來山作鎮東去海爲疆秋晚輪蹄塞風高節鉞涼重城明日出旗幟自堂堂

是日至山海西關副都統長樂初（印善）在關帝廟跪請

聖安（齡）敬謹接　安畢即至店寓臨榆令許忠來見晚間樂初過談頗敘舊雨之情積悃爲之頓釋

二十日晨起答拜長樂初談片刻即偕副使交兵部口票出關是日西風大作關以外人

物蕭條大非昔時景象午至中前所早飯佐領德海來見

車中偶吟

重關東望景全非嶺樹蕭條車馬稀今日西風吹更緊似來飄忽送征衣

是日甯遠州地方官未得差信幸沙河驛丞劉景亭預備驛馬並代辦拉運儀仗及頒賞綢緞箱隻車輛始得無誤公事晚宿前屯衛

午後途中即事

小橋幾處過橫谿比到前屯日已西不是界牌

官接引教人無處覓輪蹏

二十一日午至中後所所爲關外巨鎭人煙

輻輳貿易者多集於此聞上年馬賊搶刼新

民屯卽垂涎此地幸 文宮保統師出關賊

匪聞風遠竄以故得無恙

過中後所有感

此地曾三宿於今已十年人煙仍似舊風景異

從前幸有王師到能將大局全攙搶窺伺久無

令再垂涎

旗界官佐領額爾精額驍騎校王蘭更換驛

馬均來見晚宿望海店從人盡登梯望海

望海店舒眺

目極天涯望眼窮建瓴遙指暮雲東茫茫藍蔚

知何處一片滄溟海氣空

二十二日至甯遠州早餐由山海關至甯遠

計程二百里恐該州所轄之境道阻且長酬

應匪易刺史聞信出境極言來見之晚神色

頗爲惶恐余告以出都時並未派有前站所

過之地均係倉卒應差況貴治二百餘里何

能先期早悉耶牧色定遂送至離城之五道

河始別去

過甯遠口占

二百郵程遠公車到本難馬遲誰遞信道阻肯

勞官我趁秋風早君來月色闌主人休款洽一

笑上征鞍

晚宿連山因晷短路長至戌正二刻始抵店

寓好在天氣不寒且無大風秉燭夜遊亦是

快事

夜投連山旅舍

望斷連山路行行道轉長夕陽垂木末夜火雜

星芒欲共昏鴉宿還隨渴驥忙明朝塗更遠裝
束莫傍徨
是日寧遠州佐領色普鏗額李國文更換驛
馬均來見關以外民情浮動幸今歲普慶有秋故得安集如常
二十三日高橋堡早飯午至杏山小淩河路
記佐領慶雲更換驛馬來見晚宿松山堡錦
州副都統慶印春請
聖安禮節如前舊友錦州太守文士林吉邑令劉松

雲杞俱來見談兩時之久均不忍別
松山敘舊
明府十年別車塵太守勞秋風思故誼舊雨憶
聯曹醫想雲情厚丁巳寓瀋陽松雲曾為我醫病儒欽士品
高士林立品潔淸不敢讀書本色錦衣歸得未長此念同袍
二十四日大淩河早餐北風大起義州令增
厚田埊越境來見談兩時之久始別去
喜見厚田姻姪話舊增厚田者故內子之猶子余曩時授讀之門弟

子也歷署奉省首邑及蓋平等縣聞其尙有
政聲出關後詢之途人果不謬益信向之講
貫於一堂者為有據而吾徒之坐言起行不
至頓易其初衷也故不禁喜而贈之以詩
越境不知苦秋風見故人只緣聯沆瀣豈但重
姻親花縣名何早棠陰化正新封翁稱有後安
樂寄閒身內兄松百川官浙江嚴州太守解組歸田數年林下而厚田加意奉養稱
封翁焉以視余之半生輿累一綫
未延者其相去不同霄壤耶噫
晚宿四台子石山站旗界兵弁戌刻始來接
差

二十五日常興店早餐旗界佐領富魁李國
文防禦岐山均道中來見閭陽驛更換驛馬
小黑山路記佐領未接差是日廣寧宰煜斌
由常興店送至廣寧站即別去晚宿中安堡
無詩因憶出都時宮保佩翁前輩曾有索取詩稿之語故勉成之
客中勉成
中宵不語夜鐙紅搜索枯腸字字窮異日歸來
何所贈恐無詩稿笑囊空

二十六日早小黑山路記佐領穆克德科接
差胡家堡午餐平明時北風大起雲霧迷漫
微雨吹寒集而爲霰行人盡著棉衫可見關
外氣候與內地迥殊

道中卽事

破曉北風涼連羣逐雁行吹雲微作雨飛雪澹
於霜冬信秋先遞官書我獨忙敲詩催驛馬一
路縱遊繮

午後白旗佐領榮惠管文啟驍騎校恩陞道
中接差驛丞張維翰更換驛馬晚宿一半拉
門

二十七日大白旗堡早餐該旗佐領三人送
至茶棚菴始去巨流河管界官未接差午間
冷雨凄風砭人肌骨余與 贊臣策馬行衣
裳盡濕晚宿新民屯文丞景來見蓋余同年
至好文翰初之胞弟也相見頗道素懷是晚

巨流河界官驍騎校奎春始來接差

馬上遇雨口占

雙騎下征驊從人烏共飛西風吹劍佩寒雨透
裳衣落葉知秋晚停驂悵夕暉明朝旗旆出莫
漫五絃揮

二十八日早過巨流河孤家子午餐

過巨流偶吟

巨流河水向南流衰柳殘花兩岸秋多少征人

喧渡口西風來送我登舟

晚宿大石橋半站路繞道避水而行約八十
餘里戌正初刻始至旅舍承德令馮公繼堯
來見將軍遣郭什哈三人來接禮部侍郎清
吉甫遣人來均回片

夜奔大石橋

燈火點孤村長途馬正奔人稀秋冷澹路遠夜
黃昏幾處鴉棲樹誰家犬吠門前程頻問訊隔

水指遥墩

二十九日辰刻恭謁

昭陵已刻赴西關外　將軍五部堂憲學政府尹請

聖安禮節如前途中各憲均遣人接午至三盆店公

館　都將軍來拜談許久刑部副郎慶彥來

見五部司員地方官來者甚夥

敬謁

昭陵恭紀一首

寳城佳氣鬱葱蘢一代宏規仰

太宗地勢平鋪千里豎濤聲常聽萬年松乾坤壯麗

橋山古日月輝煌

殿宇重螻蟻有生思獻賦敢將文字擬

雲龍內叅用丁巳年駐工句

午間禮部濤吉甫府尹恩竹橋拜會同年志

藹雲額篠珊桂蓮舫延樹南王漢橋前輩先

後均來暢談誠一時之快事也

公寓即事

勝友集東南羣賢暢所談班荆來說劍徹蓋乍

停驂笑語君同契風霜我獨諳盱衡多少事好

待靜中參

三十日巳刻恭謁

福陵陵距城二十餘里道塗積潦難行未刻始回公寓

早飯下半日答客

敬謁

福陵恭紀一首

百寳

瓊城貫九州小臣颺拜頌

皇猷山拱萬笏環

龍殿水疊雙瀾護

鳳樓畢郢遠追

王者瑞蒼梧直媲

帝之休

武功

文德空前古

太祖聲靈億萬秋 亦有舊句

九月初一日晨起赴

仙人洞焚香 余丁巳在瀋患胸臆疼痛之症延數醫調治殊無效幸賴 仙人授以神方投之立應當親書大力回春四字懸之東壁迄今銜感每飯不忘焉 午後將

軍大人公餞同至尹署暢敘至秉燭時始歸

陪都公餞留題

衣冠酬酢集朋簪盛餞躬逢感不禁賜拜三賢

人說劍緩操五曲客談琴殷勤送別情懷厚慷

慨論交意氣深莫作尋常官舍酒一觴一詠一

開襟

初二日巳初起程將軍大人在南門外

關帝廟送行談片刻卽行午過渾河按渾河

卽小遼水水經注云高句驪縣有遼山小遼

水卽從此出又按 盛京志書所載渾河發

源於長白山西北入英額界又西南入 興

京界經

永陵老龍頭山南面煙筒山北面西流名蘇子河入

盛京界名渾河又南至大王屯又東南入太

子河 余戊午 興京住工效之甚確晚宿沙

河堡旗界佐領惠林道中來見

漫興 此詩蓋兩有所指也

豪情勝概仰名流磊落英多迴不侔我笑風塵

作俗吏羊頭不戀戀蠅頭

初三日過十里河至萬寶橋早餐按十里河

舊名稠柳河萬寶橋舊名蛤蜊河此站卽明

時虎皮驛也午後過太子河二道河源出吉

林撒木禪山由葦子峪至遼陽又西南滙渾

河又西滙大遼河又西南滙三汊河三河皆

滙於牛莊同入海是日旗界官防禦德印哈

隆阿惠祥驍騎校永陞驛丞袁國陞何允昌

皆道中接差晚宿遼陽城內是日遼陽城守尉萬公福刺史張芷生同年鼎鏞迎至萬寶橋均暢談晚間州學正姚學程吏目陳蔚文均來見此地民氣熙恬豐亨之象也

遼陽訪勝

稠柳古橋梁行人過眼忙虎皮尋舊驛鶴表問仙莊城外有丁令威化鶴舊迹名華表仙莊往來者多稱道之漢代句驪水漢書載遼水出高句驪縣唐人洗馬場城南有洗馬澗相傳唐尉遲敬德洗馬於此計程兼訪勝隔水是遼陽過太子河二道即至城

十九

初四日望寶台早餐城守尉州牧均送至此地始別午後驛丞常昭道中接差晚宿浪子山是日俱係山道時而峻嶺插天時而激湍赴壑雖不至蜀道之難行亦幾等鹽車之困路好在天氣晴明尚不至大苦

望寶台道中作

一片朝陽馬首東四圍山色畫圖中露凝野草餘秋碧日照霜林醉曉紅泉瀨聲吞爭赴壑石稜路聳盡盤空可能履險如平地任我征車渡晚風

管公屯詠古屯在州西北五十餘里

一龍三友世稱賢磨礪相須憶往年惟有管公能割席榻當膝處木皆穿

初五日甜水站早飯晚宿連山關驛丞劉藺芬接差早晚均隨行午間過摩天嶺盤旋陡直高與雲齊遼陽三百里山程此爲第一險

二十

峻君子讀山高牧馬之篇所以廢書而歎也

午過摩天嶺

巨嶺與雲齊峥嶸萬仞梯青天搔首問羣岫列眉低鴉點迷人影猱升上馬蹏蠶叢三百里此境費攀躋

其二

陡絕摩天嶺層巒擬九嶷秋風來淅瀝山勢落

逶迤過澗馳車馬穿雲簇杖旗無邊紅葉樹蕭瑟助吟詩

初六日巳刻起程因夜雨連綿詰朝不止又兼北風大起冷氣逼人山巔處竟成白雪午間冒雨行五十餘里山路崎嶇時已傍晚遂宿通遠堡盧貢生家貢生名德振係漢軍旗人饒有田土者是日防禦惠祥差畢回遼陽鳳凰城防禦三官保等接差驛丞郭銓更換馬匹均道中來見

雨中望雪

昨宵聽雨夜鐙紅起視山林逐北風釀得微寒一半雪最高峰似白頭翁

紅葉唫

朝陽影裏看霜楓夕照沿山葉更紅丹竈卻疑槐火熱赤城誰作彩霞烘文如錦繡織難得色比胭脂染更工我向蒼溟迎紫氣絳雲朱蓋盡從東

初七日北風大作終日不休過嶺則聲同嘯虎穿林則吼類鳴牛流水狂奔捲白沙於溟底亂山直下落黃葉於村頭拔大木以傾巢非同折柳隨飄蓬而過渡莫漫登舟此寔望洋興歎鞠草爲憂者也晚宿薛禮站驛丞羅天泰更換驛馬來見地屬岫巖多瘠薄之田民雖庶而不富

通遠道中閒吟

北風吹夜雨落葉下巖阿天霽秋雲捲山空澗水多黃泥騎馬路白草牧羊坡不禁長途感蕭蕭猛士歌

薛禮站詠古

百戰天山力已疲將軍三箭壯王師當年鐵戟沉何處父老猜疑到此時

初八日至鳳凰城城守尉奕印榕請聖安禮節如前道中防禦安邦阿接差驛丞于璽更

換馬匹均來見本城佐領色卜青等來見朝
鮮首堂大護軍朴逌性率副司勇李泰增李
應寅及通事等官來接本城通事桂芬德貴
亦遞稟巡檢王維藩由省甫來晚寓城內
上帝廟
鳳凰城公寓留題
雲水關山客思忙那堪風雨又催裝家鄉遠夢
新蝴蝶城郭嘉名古鳳凰節近九秋邊地冷人
登八道海天長過都休作尋常事百二藩封重
界疆
初九日鳳凰城官弁均來送行午刻交口票
出邊叢秀早餐晚宿野營此處距義州百餘
里並無居人江山之外惟見叢林茂草而已
重九日宿野營營掘地為土坑上支蓆棚棚內僅可容膝火氣薰蒸幾同入籠之蟹終夜未敢安眠
白草荒沙野作營今宵露冷月微明三霄秋氣

雲無影萬里鄉心雁有聲越國山川歸海澨重
陽風雨寄邊城登高敢謂余能賦為記朱棠第
一程
初十日渡河早餐鳳凰城官兵同伍中江卡
官佛保來見午次義州城寓龍灣館城在半
山據一方之勝佳境也
次義州龍灣館
第一瓊城上碧雲穠帷暫駐入南薰城南門曰來薰門
龍灣館外千山拱鴨淥江心二水分滿壁琳瑯
親望眼壁間有　芝翁相國及　松崖冢宰　秋坪同年諸前輩所題詠萬家
煙火動斜曛星軺到處旌旗指鼓吹休明答
聖君
是日　國王遣使問安當即口傳候安王以
下各官多來見並備來鹽米各二石均照例
分賞通事車夫各項人役
龍灣館再吟

攬勝入蒼溟秋風使節停江開三面濶山壓四圍靑東海瞻瑶島西樓擁翠屏登臨多古意明月照前庭

十一日小華館早餐小憩卽去至龍川州艮策館住宿行甚急

途中卽事

華館小徘徊征軺取次來簡書能不畏風雨若相催此地崇勤儉何年闢草萊農桑敦古處東國厚栽培

龍灣館早行晚至艮策留題

龍灣飛騎望龍川水複山重敢自延鶩序終朝聯小隊馬蹏誰肯讓先鞭經秋栁葉仍垂地耐冷松枝總向天壁間倭相國留題詩有獨立空山耐歲寒之句我過東都賦手役驅馳鞅掌記年年

十二日車輦早餐午過東林城晚宿宣川府林畔館首堂官朴適性因公來見筆談兩時之久

艮策早發

一山未斷一山連路轉峰迴別有天塵蓋東趨迎曉日荒城西指鎖朝煙長林夾道縈旗旆細水通渠灌陌阡爲問何時車輦過木翁隨處記郵傳境內置木翁記里一覽卽知遠近毋庸詳訊也

過東林城宿林畔館

長松十里入雲深曾見山城上碧岑雉堞迴環

斜夕照魚鱗隱見傍山陰野田村落人煙少海國秋光驛使臨秣馬停車成小住始知身已過東林

十三日雲興館早餐午過唐兒嶺陡直難行晚宿定州城內延薰館

早赴雲興

早起望雲興東山日未升霜楓餘别館香稻賸秋塍月落晨雞唱風高驛馬騰幾人過峻嶺我

輩最先登
過唐峩宿延薰
唐峩直上與雲齊十里長坡駿馬嘶臥澗石如
羊出谷攀山人似蟻緣梯滿城秋氣三霄近繞
郭炊煙萬竈低底是延薰能覽勝嘉平館北定
州西
是日定州官吏備鼓樂接
旨請
聖安齡偕副使元侍立如前

三七

十四日辰刻始行午過曉星嶺淩空盤鳥路
近斗牛乘小肩輿始得過嶺嶺半有滴水洞
始換馬晚宿嘉平館
過曉星寓嘉平二首
破曉征衣帶月披沿山緩轡故遲遲我來不敢
驚星斗直待天高日午時
莽莽復蒼蒼嘉平路短長山形爭起伏天影共
低昂客到千峰頂人迴九曲腸乘欙尋驛館秋
景滿淸商
十五日由定州過大定江午後逾淸水江至
安州城內安興館公寓
渡大定江偶成
風雨下急瀧舟人唱晚腔奔流直到海瀲灎正
橫江綠染瓜皮艇寒侵草閣窗乘橈官渡口一
水送幡幢

三八

過淸水寓安興
落葉滿滄洲山城九月秋江流過大定海氣入
安州十里浮雲嶺距城十里有嶺曰浮雲三霄望日樓城東門有樓曰望日詩成懷往事兩度月臨頭余中秋宿沙流河計今已兩度月圓矣
是日安州官吏接
旨請
聖安禮節如前　國王遣中使由望都至安州來請

安禮如前並送食物受之

十六日寅正由安州起程肅川早餐晚至安定館住宿日行一百二十里未申之間西風大起戌刻始定行人苦之

過肅永寓安定

行行復行行早起來山徑老樹上晴霄流泉瀉石磴嵯峨浮雲嶺入耳松風聽曉霜楓葉紅且助吟詩興（此解寫早行之景）行行復行行過境尋名勝

南阡稻隴平封土秋黎臘嬌嬌海東青此鳥鳴相應振羽快呼羣儔晚集安定（此解言午後之景）樂國重禮經斯文走不脛讀書至箕疇稽古有明證地主意良殷恐我嗟餅罄落落大方人菊酒堪持贈（此解言主人之厚）況余非使才皇華難報稱聲價壁連城光輝珠照乘往事一低徊恍若聞清磬皎月出林皐日下千巖暝（此解羨古人之才）

肅永館留題

巨燎燃庭客已行五更雞唱月華明當年起舞人何壯風雨誰云是惡聲

十七日由安定過大同府府城負山帶江形勢壯麗聞此地舊建王都在周爲箕子封禪之地在漢爲樂浪郡宋時始遷開城今則仍呼爲平壤云

大同懷古

當年建土海門東平樂遺蹤溯大同日月往來

成古事江山帶礪倚雄風周家封禪云亭後漢代邱墟落照中獨上高樓舒遠眺半城流水一林楓

快哉亭

快哉亭畔倚闌干目極天涯縱大觀海國山光成故壘浿江秋色對晴瀾滿城簫管雲中聽萬井煙霞月下看多少樓臺空一覽獨留風景上騷壇（壁間全小翁和務齋諸前輩多有題詠誠騷壇之上將也）

是日大同府官吏接
旨請
聖安齡侍立如前　國王遣同副承旨趙秉式請安
禮如前平安道朴珪壽遣員請安
十八日卯刻過大同江卽浿江煙雨迷漫恍
如三春景象午至生陽館早餐
曉渡大同江
五兩帆檣海客舟練光亭下浿江頭半城煙雨
濃如墨萬頃波濤碧似油我涉大川歌利濟誰
將砥柱峙中流茫茫東土三千里此是蓬山第
一州城之東有亭臨水曰練光城中有江山第一州匾額詩中故云
是日黃州府城內宿城居山半山在城中公
館後舊建太虛樓樓不甚高因在山城之上
故特覺其高耳內多前人題詠黃州官吏接
旨請
聖安齡侍立如前　國王遣戶曹參判李寅命來請

安禮如前黃海道觀察使李鍾承來見餘官
俱免
太虛樓引樓上阿文勤公與張君廷枚互相唱和爲首出之作
百尺樓非高高在城頭上百丈城非小小在山
不讓山與城角爭斯樓所以壯我輩乍登臨松
翠環相向一龍昂首入青天一龍搖尾走平曠
岧嶤直到白雲層下視重關皆屏障遷客騷人
變景光風風雨雨分形狀秋林落葉聽雁聲春
江流水看魚浪古來臺榭有廢興秉燭夜遊豈
爲妄月出東斗太虛清造物盈虧無盡藏
十九日寅刻起程過洞仙嶺肩輿而升仰觀
則雲霞咫尺俯視則澗壑空深眞險境也午
間洞仙館早尖
過洞仙偶吟
洞仙關裏合入巖怪石玲瓏面面嵌十里松陰
盤驛馬萬重嵐氣染征衫螺旋深入穿雲巒蟬

翼高攀過碧巘不必問天天已近紅塵以上總
非凡
午後至劍水秣馬是日三處茶尖行一百一
十餘里山高路遠至戌刻始抵瑞興之龍泉
館
劍水道中即事
秣馬遥臨劍水濱征途隨處問迷津秋雲釀雨
微添潤驛路無風不染塵海館迎賓東道主天
涯作客宦遊人山高野曠西陽晚火照林巒月
色新
二十日葱秀嶺早餐山間有洞口名玉溜泉
泉水清潔明可照人眞名勝之地
葱秀留題
葱秀本天然山高玉溜懸松陰寒峭壁石磴挂
飛泉秋老餘紅葉林深只綠煙撥雲來洞口權
作小遊仙

由葱秀赴東陽道中
玉溜經秋泉水平最清淺處最含情東流儘有
纏綿意也傍山陽送客程此首由葱秀起行
黃葉辭枝秋正老此地林巒時正好公車莫漫
久淹留迢迢又上山陽道此首入山陽道中
亂峰高下樹成叢太白山城夕照中人跡蕭條
村落少荒煙衰柳曳秋風此首過太白山城
忽聞天際發簫管東陽已是停驂館靑林紅樹
冷婆娑萬景憑臨秋色滿此首抵東陽客館
二十一日過豬灘金川館早餐午過靑石關
關居山巔爲南北要害之地黃海道送至此
即回城過關入京畿道至開城府住宿城在
元時曾爲高麗建都之所今遺址尚存但荒
落耳是日開城府官吏接
旨請
聖安齡侍立如前　國王遣別問安使右副承旨申

幮來請安禮如前京畿觀察使俞致善開城府經歷權炫留守金壽鉉均來見餘官俱免

開城詠古

斜陽影裏覓崇墉開府荒城入亂峰桐葉不聞傳子氏泥丸猶自重箕封三千歲月懷陳蹟百二關河感舊蹤昭代遺民誰似此敦龐手化樂熙雍

二十二日臨湍館早餐午後過臨津汀對面兩山排闥中爲鎭西城實咽喉要路晚宿坡州之坡平館

臨湍館留題

破曉過臨湍霜濃日影寒沙平征馬速風冷客衣單處處炊煙捲家家稻隴殘年華隨逝水努力且加餐

過臨津江至坡平館

油碧江光照眼空臨津城外挂帆遷兩山高拱雄關峙一水橫流瀚海通馬上揚鞭揮晚照渡頭搖櫓破長風秋深又甜坡平館賸有霜林幾點紅

是日興宣大院君李昰應遣使請安當即口傳候安院君非他蓋嗣王之生父秉國之成者也又派大護軍秦繼煥接辦首堂事亦來叩見

二十三日寅初起程至碧蹄館早餐午至洪濟院　國王遣議政府左議政金炳學承政院都承旨李載冕來候安並請示冊封日期時刻余即定於次日巳刻計自八月出都巳四十二日矣

至洪濟院留題

公車于役敢稽遲水陸山程力不疲若濟巨川須作楫偶逢天塹便行檝星霜早夜沾塵壚風雨輪蹏自驅馳四十餘朝乘四載叻人淸興仗

吟詩
二十四日辰刻　國王遣使來請入王京當
於巳初起行　國王迎
旨至距城十里之迎恩門行禮畢先入城余偕副使
入外城崇禮門至內城滇化門又東行抵進
善門外下肩輿入仁政殿殿傍有更衣幄次
易蟒袍補服　國王袞衣出迎拜
旨讀
詔均行三跪九叩禮鴻臚官唱引三次作樂三章山
呼三次禮畢更常服同入仁政殿賓東主西
相向坐王遣通官三人卽古擯介之禮問
皇上聖安
兩宮皇太后聖安齡旁立左向答曰
皇上聖躬萬安
兩宮皇太后聖躬均安王復問
天朝王貝勒均好余答以均好嗣復酬酢數次互有

問答皆要言王遣官曲道欲行拜見禮辭之
再三始作謝彼此一揖入坐坐中列數筵觥
酹交錯簫管齊聞凡九獻禮始畢晚宿南別
宮公館是日興宣院君帶見伊姪二人伊婿
二人均顯秩伊子李載冕偕文科數人晚間
均來筆談至寅刻始散去
奉使禮成恭紀七律二首
王京翹首入雲端節鉞遙臨萬衆歡
紫誥宣恩
君命重皇華作賦使才難瓊筵對語羅珍錯仙樂和
鳴集鳳鸞海國人文昭禮數笙簧酒醴盡衣冠
其二
翟茀新榮
誥命宣紫泥金印降從
天海邦雅化睢麟始東土文明禮樂先典愈士婚儀
九十圖須王會路三千從茲夙夜勤修政洽佐

雞鳴敬畏傳
是日國王屢遣使來問安文武官多來見者
酬應直至亥刻始散去
二十五日　國王親來拜會列筵如昨禮數
繁多並餽例儀受之當將備來土儀八色遣
人送往晚間該王又送還禮十二色辭弗受
固請至再始受之是日自朝至暮酬應甚繁
王之父石坡王之兄又石文科各大員均來
筆談索詩索字者不一而足並送墨刻詩章
終夜未得休息憊極矣困極矣
二十六日巳刻差畢旋返　國王備儀仗鼓
吹候於西郊之迎恩門外餞席東西相向禮
數繁多款洽一時之久尤不忍別王以下各
官均挨次送行極道悃忱
西郊留別
十里郵亭送客程西郊祖餞悵行旌飄風驟雨

卅七

何會計是日風雨疾來仍戀戀酬酢不忍言別欲別仍留太有情
其二
昨宵夜雨曾留客昨夜雨勢甚大幾於不能起程今日石尤又
阻風不是公車難久待深情肯負主人翁
是日宿高陽之碧蹄館　國王改派一堂上
金文周二堂上李宜信一堂下秦喜永二堂
下崔廷在為差備官送墨刻詩
二十七日寓坡州坡平館長睡終夜日未落
即入黑甜鄉矣　國王遣伴送官禮曹判書
李承輔叩見送墨刻詩
曉起漫成
睡起思茫茫山窗見日光連朝辛苦事終夜黑
甜鄉命僕排車馬呼童熨酒漿一餐聊復爾灑
脫上周行
二十八日寓開城府之太平館　國王遣中
使金在寬遠送行安並隨儀復遣別問安使

卅八

工曹叅判金教性來請安當卽口傳問安送
墨刻詩是日熱甚
無垢偏嵘面非羞竟汗顏皮裘渾欲脫浹背濕
征衫
二十九日宿平山驛館黃海道兵馬節度使
李鍾承來叩見是日東南風大作前半日極
熱後半日極涼人多皸瘃
寒暖有互異人情大抵然如何殘照裏不似早
時天

十月初一日立冬西風大作早過葱秀嶺玉
溜泉與來時風景雖殊而山泉掩映依然秀
色可餐不覺詩興怦怦
葱秀留題
昨夜辭秋聽曉鐘小陽月朔正初冬玉泉帶冷
仍流水葱嶺凝寒倚碧峰向日人家炊火活背
陰谿口凍雲封舊題詩處今重到一路西風客
子蹤
晚宿龍泉館映波樓是日寒甚眞冬時氣候
也
初二日寅初起程劍水早餐午過舍人巖晚
宿黃州之齊安館是日西北風冷甚
再過舍人巖留題
曼哉奇矣舍人巖指顧東南展畫函峭壁撐空
疑虎豹石稜巉嵃補松杉神碑恍擬峋嶁蹟史
籀眞同蝌蚪劖山石上字跡模糊多前人題詠歸路恰逢冬節

令歲寒不改碧巉巉
初三日中和之生陽館早餐晚宿平壤之大
同館　國王遣同副承旨洪軒鍾來請安當
卽口傳候安
丙寅九秋余過平壤有大同詠古一律適歸
自王京郡守申君玉贈扇和詩其詞曰鴻鴈
南蜚駟牡東使乎銜命二人同千年異域逢

今日八月星槎憶古風到處文章驚海外歸
時雨雪載途中天涯無路車塵躡悵望江關
萬葉楓茲仍以原韻留別
相逢萍水話賓東地異由來志趣同君詠和詩
留舊雨我歌贈扇表仁風浿江霜月三生幸平
壤山川一瞬中幾日辭秋還作別那堪紅葉落
殘楓
初四日安定早餐晚宿肅川館

平壤道中卽事
山遠地勢闊江空海氣寒故鄉何處是飛騎望
長安
初五日安州住宿　國王遣中使權容鼎請
安當卽口傳候安
初冬早行
聽罷雞聲馬足忙聯羣有似雁成行嫩紅初上
三竿日淺白纔消萬瓦霜止水凝水冬氣候朝

煙籠樹早時光昨宵忽起還鄉感一夜西風別
夢涼
初六日早過淸水大定二江嘉平館早餐午
過曉星嶺晚抵定州之延薰館是日行一百
一十里道阻且長至戌刻始歇
曉星嶺
崇巒碁布勢嵯峨亂石盤空不易過試向平明
翹首望曉光連處衆星羅

過大定江次定州城
一片江光到海隅沙灘十里我前驅雁聲送客
來南浦山影隨車過北郛草草勞人歌利涉招
招舟子唱卬須定州城外斜陽晚燈火輝煌照
六衢
初七日雲興館早餐午過唐峨嶺晚宿林畔
館天氣極暖凍潦皆融春時景象也
再過唐峨嶺

又到唐峨嶺松峰仍弄影上界一昂頭下方皆
引領軒輊在須臾陰晴辨俄頃忽聞清磬聲令
我發深省
初八日鐵山車輦館早餐晚宿良策甫交寅
刻卽發天甫明至所串館
良策夜行
未到雞鳴候高燒巨燭行兩行人唱道一路客
兼程落月鴻音起寒雲馬足生曉來霜氣冷帳
望義州城
所串道中閒詠
驅車來所串欲去仍回盼北風吹我衣東海成
賓雁身世聽升沈造物分箕翼嗟嗟苦吟人十
載空遊宦
初九日所串早火午次義州　國王遣漢城
府右尹白樂淵候安禮如前王之兄李又石
贈饔致書情詞斐亹並贈詩三章其詞曰周

梁禮畢漢槎通關路皇華鴨水東宮樹翩翩
丹鳳下迎恩門外起秋風南宮樽俎饗賓嘉
文采風流衆所誇我欲近前爲公棄龍旗燁
燁照黃花離歌一唱白雲峩煙樹蒼蒼玉節
過送客關河通憶夢秋天如水月明多當依
原韻和之
其一
關河迢遞簡書通回首蓬瀛望海東剪燭西窗
纔一夜深情厚貌想高風
其二
喬梓賢聲早拜嘉名家詩畫更堪誇西歸曾有
辭秋賦菊酒還思九月花
其三
峰煙嶺樹太嵯峩賦就皇華四牡過讀罷一篇
渾不語纏綿直比客情多
石坡大院君畫蘭花二帙相贈因作短歌爲

之題贈

短幅二章饒有聲光覩文彩之飄揚歎筆力之堅剛不效三春之艷獨留九畹之芳照春暉兮睛翠迎秋月兮昏黃比君子兮南國望美人兮西方孝子開花足當門而作佩郎官修禊可曲水以流觴泂乎如入善人之室克稱王者之香

初十日早起伴送使李承輔送別贈詩三首當依韻和之即刻起程

其一

行急都因畏簡書宦場典重敢遨譽何時歸報
皇華命身事寬閒得自如

其二

風雨何曾說苦辛天涯常作宦遊人我來記得
逢重九又到江邊月色新

其三

鳳城鴨水隔遥天楊柳垂條是舊邊不獨君家有感慨停雲流水共悠然

是日通事等領賞

是役也共賞紙對一百二十餘副小刀一百二十餘柄荷包一百五十餘對扇子火鐮二百餘副氊帽一千數百頂

該國俗尚質樸除宫殿外均不事雕鑿塗飾衣尚白食尚儉其器質而潔坐必席地用矮脚桌將上堂戶外有二屨一切度用多沿古

制其文同其語異非筆談不能得其髣髴

十一日由馬轉坡野營五鼓起程午入邊門晚次鳳凰城官吏相見者與來時同

途中即事

馬轉坡長傍水隈重陽經過小陽回三江古渡歸帆遠（三江謂湲河中江鴨渌）百里荒山驛馬來（由邊門至義州百數十里並無人跡）野燎焚空驚火色（營以外燒巨燎數處火光燭天必如是虎狼始不敢近）曉霜鋪地淨塵埃鳳城一路遥鞭指

海上還鄉實壯哉

十二日住鳳凰城晨起答客餙家人雇覔車輛收東行裝午間本城人索書大字數卷約數百字至初鼓始擱筆是日無詩

十三日坐𠣾午刻起程鳳凰城旗界官送至西郊署岫巖廳牟丞毓埜偕巡檢王維藩隨至薛禮站住宿

鳳城西歸途中即事

鄉國西歸第一程亂山流水午時晴東來地主馳驅甚送客殷勤過鳳城

十四日晨起過陡嶺渡金家河利湧店小憇賈子索書對聯三副即去晚至通遠堡仍宿盧貢士家

途中即景

金家河畔北風涼陡嶺崎嶇過客忙水腹未堅留蟹眼山腰欲斷轉羊腸背陰積雪寒衰草淺潦凝氷照夕陽雞黍人家仍舊館挑鐙一樣話田桑

十五日逾小嶺數重宿連山關是日早起霜重風寒著大狐袍以行午後復暖

途中即事二首

辭家三度月華圓（余中秋宿沙流菊望宿安州今又逢小陽月半凡三見月圓）客到荒山地自偏屈指故園花出窖寒梅時節小陽天

其二

一路飽看山人從海上還穿雲過陡嶺隔水問連關滿月窺圓鏡鄉心數佩環夜深風雪起驛館漏聲閒

十六日晨起大雪過摩天嶺至甜水站早餐午過靑石嶺變雪爲雨盤山數十里泥淖難行人馬俱困落日後始抵亮甲山住宿

摩天嶺遇雪

摩天巨嶺雪中過六出花飛十里坡野闊有如銀海眩峰高都似玉山羅盤旋鳥道平夷少滑澾鑾叢險峻多我效王尊一叱馭鹽車直下萬重阿

十七日望寶台早餐晚宿遼陽城

詠華表仙莊一首

誰教一鶴上青天華表千秋載事傳爲問何修能到此倏然羽化竟登仙

十八日寅刻起程萬寶橋早餐至初鼓始抵白塔堡住宿夜嵐繁霜傍晚復爲西風所阻頭痛甚

遼陽道中卽事

未曉征車出北門狐裘隻重夜霜繁半輪殘月雞初唱十丈浮橋馬共奔絡繹車聲消白日蕭條旅店悵黃昏迷津幸有農夫指燈火孤明是遠村

十九日巳刻至　盛京城城中　諸大憲迎至南門外之施大人廟相見極道寒暄談片刻卽入城寓三升店將軍五部及府尹衙門各官多來拜者是日風冷異常手耳悉凍施大人廟未知創自何年聞土八相傳神像係本朝衣冠眇目跛足或卽施公世倫云

見諸君子有感

千里作遊人南郊集主賓西風如有約舊雨最相親諸老誠國士吾儕愧使臣此行何所報惟報苦吟身

二十日主往賓來互相拜答比之途中尤爲奔走特故人相見深愜所懷雖苦而不覺其苦耳

公寓留題

東海歸來望

帝闕

陪都先見故鄉人郤疑蓴菜鱸魚味已作還家萬

里身

二十一日　諸大憲公餞余攜有例得土物分送之同人復還贈土儀往來酬酢終日不暇毛詩云投我以桃報之以李可爲今日詠矣因紀之以詩

投桃報李重知交更擾郇厨學代庖竹橋大尹更覓善庖者治具故云一別長途君莫怪明朝身已過西郊

二十二日起程　留都諸大憲同至西郊之善緣寺恭請

聖安齡偕副使元恭答禮節如來時晚宿大石橋即永安橋

途中口號

晚過大石橋北風吹蕭蕭無邊東青樹盛京三陵樹樹皆有東青名寄生過此即無亦奇矣哉回首碧雲消

二十三日孤家子早尖午過巨流河晚宿新民屯　盛京副帥定靜村派副將銜候補遊擊陳麟閣帶兵送至此地麟閣年二十五河間人身貌雄健英氣勃勃約束官兵紀律復能嚴整十八從戎所向克捷故得疊膺保薦今日之勇將可卜異日之干城麟閣勉乎哉

過巨流河

十里白沙湫征人問巨流鑿冰開急溜挽纜過輕舟雁影來天外人聲鬧渡頭明朝歸路穩不畏柳河溝按柳河溝遷徙靡常長落無定相傳有神魚寄跡其中每遇伏秋大雨時行之際汪洋浩淼河面寬至數里幾同澤國咸豐丁巳七月余歸自瀋陽道經此地適大雨滂沱終日不止五十里行程覆車數次幸有救援皆得化險爲平至今思之猶爲心悸

是晚　將軍遣郭什哈二人來送

二十四日孤家子早餐戌刻始抵一半拉門住因二十五日係胡家堡早尖中安堡住宿須行一百二十餘里未敢酣睡甫交曉即驚醒因喚同人即時就道由丑至戌奔騰終日夜則霜月挑肩寒侵衣袖晝則風沙撲面冷透肌膚行路之苦莫甚於此

道中吟

晝短苦夜長中宵客啟行五更寒瑟縮百里路蒼茫凍潦迷人跡殘山賸月光那堪風栗冽終日透衣裳 二十五日燈下書

二十六日常興店早餐晚宿四台子

過醫巫閭山

君不見東南有國曰朝鮮國之巨嶺惟洞仙我國名山崇五岳遼東稱最是摩天二山爲我所

經過齊驅並駕拍洪肩西歸又到閭陽驛醫巫閭山在眼前斯山屢過未周歷但見靈氣中盤旋夏時萬木成一碧冬來松翠鎖遙巔經風經雨好顏色四時不改祗雲煙山容弄影終如此吁嗟人事有變遷昔年親友半彫落不似玆山莽萬千何時再到親經眼了我生平未了緣

二十七日過石山站又名十三山站俗云此山共十三峰因有是名晚宿大淩河是日北風冷甚

石山山有十三峰徧數峰頭過幾重策馬大淩河畔路野橋十丈話萍蹤 過橋遇舊僕共話他鄉之事

二十八日午過小淩河晚宿松山堡是日狂風大作迎面飛沙山路尤不易行

車中悶作

小淩河口起風沙捲地掀空阻客車錦府迷離何處問亂雲飛盡夕陽斜

二十九日辰刻新任錦州副都統奕 印 榕至旅次恭請

聖安 齡侍立答如前 午至高橋堡晚宿連山客店

旅夜感懷

旅館對孤燈幽人感不勝困心無限事終夜意兢兢

三十日甯遠州早尖晚宿望海店壁間有阜蔭翁和傅味琴原韻七律共四首均屬傑搆

挑鐙不昧默坐靜參因踵韻和之

陰陽遞嬗感循環人鬼須嚴兩字關己肆從來招物忤心安端底得身閒燠寒節令分冬夏仁知襟期判水山幻海茫茫成底事黃粱說夢幾人還

十一月初一日五鼓起程中後所早餐晚宿前屯衛午間暖甚清水河凍解水流

過清水河站

一溪寒水淚悠悠凍潦開渠過渡頭怪似東風來解釋大河中帶斷冰流

初二日中前所早餐申刻入山海關遂住焉關帥長樂初彼此互答暢談數刻始別

入關有作

山海築城高行人唱大刀故吏雲戀戀過客水滔滔萬古資雄鎮三邊重虎牢歸程明日計緩緩出臨臯（地屬臨榆縣故借用臨臯二字）

初三日辰刻由臨榆起程深河驛午餐戌刻抵撫寧縣公館是日天氣甚暖

道中紀事

返旆言旋望帝京迢迢車馬渡重城西山得路長途穩東海無風曉日晴行李往來增客感臨榆經過數郵程黃昏野店人家晚弓勢初三月又明

初四日雙望堡早尖晚宿永平府是日天氣甚暖凍泉悉化沿途流水活活有聲晚至驢槽一帶山路低昂逈夾溝數重幾於不能容車眞是崎嶇難行因以詩紀之

雙望駐雙輪朝饔凈麥塵短山排鴈翅寒水簇魚鱗（前解言雙望之景）夾道車穿孔孤峰石帶皴曲灣終日路平府歇征人（後解寫永平道中）

初五日晨起過灤河清水兩渡頭連日冬暖異常河凍半消午過野雞坨小憩晚寓沙河

驛流沙數里車馬難行

途中即事口占

殘日冬風暖征人曉渡河野橋連岸闊流水雜
氷多古店三叉路平沙十里坡夕陽衰草外一
路聽銅駝

初六日寅刻早起甚暖午至榛子鎮晚至豐
潤縣微有風

車中偶吟

曉起看山日影紅周行如髮靜無風晚來忽到
新豐市（晚宿豐潤故借用）一片征塵夕照中

是晚豐潤老民鄭春德偕其妻鄭高氏至公
館聲冤俯首哀鳴叫號不去適邑令彭載恩
公出當將典史郭維新傳到眼同取供並調
到縣卷反覆究詰始得顛末即嚴飭該管地
方官逐細查明迅速完結兩夫婦始帖服而
去甫及就牀已是雞鳴而起之候是夜竟未
得眠

初七日沙流河早餐因憶來時正值中秋轉
瞬間已三閱月矣遂以詩紀之

六千官道壯遊回又見沙流驛館開猶憶中秋
明月夜蕭蕭征馬我初來

是日午後大風晚宿玉田縣新任縣令許春
田初覿面署密雲副都統德詳齋閣兵至此
恭請
聖安禮如前晚間彼此互拜俱暢談

初八日別山早餐晚至邦均住宿是日天氣
晴明（關以內七百餘里入冬未霑雪澤誠可憂之事也）

山村即景

傍山最好野人家一飽饔飧處處嘉土銼半炊
殘榾柮枯柴新補小籬笆茅簷炙背迎朝日薄
酒開懷醉晚霞每到黃昏無事後燈前兒女話
桑麻

初九日夜起早行棗林村早尖晚宿燕郊鎮
天氣微寒
邦均早發
剛尋蝴蝶夢先驚征馬長嘶不斷聲人到近鄉
心更急催裝不待聽雞鳴
和壁上原韻燕郊南店
使節歸來滄海東車聲鎮日聽隆隆半生欲學
齊國佐知是春秋一代雄

初十日至通州官吏相見者如前
東都三月效驅馳自八月十二日出都已及三月馬殆車煩力
已疲鳥到知還來已倦駒如過隙去難追燕臺
往復頻吟眺潞水迴環餞別離堪笑年年過驛
馬一肩風月半囊詩
十一日晨起答客通永觀察英蓴田向在工
曹同寅至好因留早酌談兩時之久始作別
是日天氣晴明

杯酒傾談見性眞昔年地主轉成賓同治癸亥余曾任是
缺舊遊宦處欣重到況復相逢是故人
是日通屬文武員弁及書吏人等均來叩見
應接頗繁可見念舊者尚多
十二日午刻由東便門進正陽門至　呂祖
閣住宿恭繕覆
命請
安摺件文武衙門各官有公事者俱來見

寓　呂祖閣憶往事
過門未敢款雙扉古廟停車望落暉　孚佑有
靈通帝謂五年前已示先機咸豐十一年余在工曹曾於帝君
前祈籤內多讖語今適符其言因並記之
十三日寅刻晋　內恭請
聖安
召問朝鮮一切事宜均敬謹縷陳午間始歸
恭紀一首

四牡駐騤騤黃冠道士臨時有道士來迎迢迢蒼海路

惴惴使臣心前解紀回都之事

綸綍

皇恩重

慈悲

聖慮深兩宮皇太后垂訓周詳輶軒無補救蕘菲獻徵忱後解紀召對之事

往嘗見前輩諸大儒或出使隣封或宦游異域

四十三

罔不紀天時紀人事紀風俗紀名勝凡一名一物爲耳之所聞目之所見率皆筆之於書以示不忘非好異也誠以一事不知儒者所恥一行不謹大德堪虞則因事徵實不徒記我言動寔欲範我身心意至善也歲丙寅仲秋余東使朝鮮過都越國道經數千里閱人甚夥深恐言行不謹或致貽羞中外爰作紀事詩略一則思欲效法前人白諸同類俾觀者一目了然知不佞

往返之所作爲非敢以雕蟲小伎妄登諸大雅之堂也不然閒軒繕寫鳩拙宜藏何遂謬附剞劂致成笑柄則是編直謂之紀事可也詩云乎哉

同治五年歲在柔兆攝提格廣寒月下澣長白瓜爾佳氏華峰魁齡謹誌於勤惕書齋之南牖下

四十四

東藩紀要十二卷補録一卷

〔清〕薛培榕撰

《東藩紀要》十二卷《補録》一卷，清薛培榕撰。培榕字梅溪，浙江平湖人。光緒八年（一八八二）清廷命浙江提督吴長慶赴朝鮮，協助鎮壓壬午兵變，培榕得參戎幕以行，乃廣搜載籍，撰爲是書。詳考朝鮮政事、風土、地理、兵制諸情形，於道里交通、官吏設置、軍備兵員、户口租税、物産運輸、中朝關係等，尤多措意。據中國國家圖書館藏清光緒間排印本影印。

東藩紀要

寄蜉巢主未定書

上海申報館仿聚珍版印

說

讀萬卷書行萬里路斯言何謂也葢讀書以養其氣書至萬卷所養者大矣行路以擴其才路至萬里所擴者充矣昔司馬子長壯游海內嘗南至河北至崆峒西上平陽蒲坂觀於甘泉涿鹿旣而游燕趙客大梁往來宋鄭間其足跡幾半天下厥後子由蘇氏亦謂閉戶窮經無以增長其意氣紓展其才識也乃道巴蜀入中原於山瞻泰岱之高於水見黃河之大且深其爲文也浩氣傍流雄才橫溢殊與子長相彷彿子長歸而著書網羅三代以上下逮漢與以來編述紀傳世家復比事屬辭以己意爲論贊自成一家言而子由亦編次古史自爲序說與遷史參稽借鏡堪以互相發明後之人讀其書流連慨慕往往想見其人觀其自陳所獲得力於山川之助者居多斯二子者天資倜儻學術又足以副之用能馳騁百家淩轢千古有以也不佞賦性椎魯少嬰羸疾不克致力於學雖先大夫藏書極富寢饋於十萬卷樓中未之能讀年甫弱冠周歷兵間羽檄紛馳軍書旁午曩所習誦之經史子集强半遺忘而所未讀之書又悉遭兵燹一籤不借何論萬卷迨軍事平而家亦破貧賤也迫於生計舉傭墨役埋首牖下矻矻窮年身不自由足不出戶如車中之新婦閨中之處女寸步難移何論萬里夫乃嘆吾人爲學力詣所極造物固不足以限之而當其爲學之始造物必有以成之而後臻乎極詣

譬諸弟子之賢爲之師者雖不能使弟子必賢於師師必
賢於弟子然善爲教而啓其蒙則惟師是賴吾友梅溪薛
氏固以造物爲師者也梅溪既以造物爲師造物亦視猶
弟子既恢張其才氣而遇合亦奇少時嚮學於書無所不
讀未幾赭寇起西粵蔓延東南乃慨然曰大丈夫遭逢多
故不爲名儒當爲名將不爲國立功將旋世運俟河之清
人壽幾何遂獻策軍門督師有國士之目以薦授官典領
水戰船艘盪颷輪迴翔江海纍歲曾一至東瀛探蓬萊弱
水之勝采風問俗詢訪時事凡諸經見靡不筆之於書吞
吐靈怪其遺詞也鮮究始末其記事也簡明藻縟兼而有
之識君者皆以先覩是書爲快圖未嘗輕舉以示人近者

廷議急朝鮮之難
命將出師君忝戎幕以行至未浹旬迅奏膚功揚威異域與有
勞焉當禍亂初平駐軍休息以俟
朝命也君得與彼都人士相接爰咨爰度搜羅載籍編輯是
勤視昔東瀛論述倍而加詳題其簡端曰東藩紀要於乎
紀要何爲而作哉東藩何爲而名哉其地當遼薊之左故
謂之東拱衛神京爲邦之翰故謂之藩以地言之則朝鮮
爲最近漢唐之世雖曾郡縣之後皆置之度外蓋以塞外
孤懸之地設官增戍輸輓爲勞與其我自守之不若置君
使爲我守之之爲得也況我
朝定鼎燕都畿輔之地毘連朝鮮陪都與之相距更在咫尺

洵國東門戶也以情言之則朝鮮爲戚親其國世奉中國
正朔我
朝未入關時已識天命所歸首先效順貢獻以時奉職惟謹
事大之禮罔敢稍懈歷二百年如一日
朝廷撫字有仁亦不等諸越緬患難惟恤痛癢相關固未嘗
稍存膜視也中國與朝鮮實有大小相維強弱相倚之勢
八道之政刑風俗留心時事者所當深考也紀要一書命
意所在葛吳二序言之殊詳盡毋俟贅言謹就其所未及
者補而爲之說

平陵寵九蔡氏拜稿

序

薛梅溪刺史還自朝鮮出其所輯東藩紀要一編予讀之而不禁有感也朝鮮自平壤開基迄今四千二百十有六年矣其間或分或合計有二十一國盛衰强弱姑置弗論即以李氏受國言之一姓相承亦已四百九十餘歲固素稱禮義之邦也在前明萬歷時遭平秀吉之亂國勢因之不振及歸我

朝藩服世修職貢尤爲恭順故得以久享承平乃不意今年六月忽有蕭墻之變幸　王師一舉而鎮定之宗社以安否則岌岌乎殆矣然吾以爲朝鮮之轉機未始不在於是夫朝鮮之地非褊小也其民亦非頑梗難化也惟狃於積習因循自安有沃野而不知開墾有地利而不知講求故其國日趨於貧弱此非民之責而

君與臣之責也今禍亂初平使其君能儆惕修省其臣能補過盡忠而又督民以耕織課民以蠶桑謀之以生聚加之以訓練吾知十年之後雖未必遽致富强亦有足自立者矣而目前之急務尤在通商一事當輪船未通之日朝鮮依附中邦本可自固吾圉今則海外各國梯航畢集而朝鮮地處海濱欲爲閉關拒使之計其可得乎且與一國通商尤貴與各國通商與一國通商而或受一國之制不若與各國通商而兼得各國之助於此而內事　王朝外修鄰好雖有强隣窺伺其間亦不敢狡焉思逞此所謂目前之急務也梅溪捧檄從軍東渡朝鮮親歷其山川都邑城郭郊原聞其國政察其民情及其風俗物產一一筆之於書而又訪其史乘搜其典籍考歷代之廢興圖輿地之形勢删繁就簡彙爲一編居戎幕之中而能精勤若此非留心時務者乎予既喜其書之有用 、歎審夫朝鮮今日之勢有不得不急爲變計者故附論於此并以爲序

光緒八年歲在壬午孟冬之月上海葛其龍隱耕氏甫序

序

朝鮮自箕子始封迄今垂三千餘年雖幾經沿革然其文物制度田賦徭役悉襲漢唐之制士者世祿農者世業上下有別貴賤有差正名定分無敢踰越雖僻處東隅其禮樂刑政之所出則猶有古之遺風焉顧自李氏開國以來亦歷四百餘載世爲中國藩服朝貢以時奉職惟謹向來閉關自守不與各國交通各國亦以其國小俗陋少之今歲六月之變

中朝聞警卽

命師東渡以鎮以撫不旋踵而禍亂悉平而我　梅谿刺史適承其役贊襄帷幄間因得入其國都詢其風土究其山川訪其政事攷其兵制稽其戸口詳其物產覈其圖籍薈萃而貫通之此東藩紀要一書所由作也玆已排纂成編將付剞劂氏授余讀之且索弁言夫古之大夫出使鄰國必訪其國之風土情形別其善惡以爲美剌歸獻於王朝以備一國之風則輶軒之采擇顧亦不可少歟　梅谿刺史留心經濟抱負遠大方今列國交聘甚重其選異日出其才以備皇華之使以揚邦家之休光則采風問俗隨事成書其所著述當不止此姑以是編爲嚆矢焉可今者梯航萬里中外一家苟

中國人民之有事於朝鮮者俾挾一編以往則凡山川道里都邑園陵與夫政教之變革關塞之扼要物產之豐阜皆可一覽而盡更不必訪諸象譯而後知也其有裨於行旅夫豈淺尠也哉是爲序

光緒八年仲冬月南昌萬釗劍盟甫撰

叙

光緒壬午新秋余與平湖薛梅溪刺史從大軍東渡朝鮮草檄飛書得共几席刺史於公餘之暇留心掌故搜討叢殘日事丹鉛徹夜不倦余勸以少事休息乃曰性樂之忘其疲也君如愛我曷不助以成之余重其志不敢以不敏辭因索觀所輯綱領條目敘次井然遂相與考証圖書商訂疑謬別類分門集成一册名曰東藩紀要凡城隍山川歷年叅考人情風土道里營堡莫不粲然大備復又按說繪圖使表裏山河瞭如指掌是書也不獨足供史氏之搜羅且足備各行人之參考也夫當此遐陬向化薄海同風奉使異域者類皆采風問俗著爲成書况朝鮮爲我　朝藩服其可略而弗誌乎刺史具經濟之才一言一行務爲有用豈若騷人文士俯仰流連徒供游覽也哉書既成請付剞劂并綴數言以爲叙

光緒八年重陽日愚弟韻清吳承裕拜書於朝鮮王都南壇軍次

自叙

同治紀元余奉　簡書乘槎兩渡東瀛於國之險要阨塞凡稽諸圖籍及見聞所得錄爲一册迄今未付手民者緣難詳備也光緒壬午秋隨軍東渡有事檀邦與彼都士夫日相欵接而方言互異管城君幾爲之禿通詞傳語亦詞不達意欲詢掌故苦無專家爰搜之於書賈而彼國史册例藏石室無印本雖購得典禮等籍又散佚不全古今沿革復有更張未能明晰因於旂帳餘暇悉加攷核將歷代授受姓氏幅員並今八道府州縣堡等分枝輻輳別爲纂裁戎帷苦無書可考幸得吳君韵清共訂舛謬始成一册粤稽朝鮮開國肇自唐堯庚子始稱元歲武王克殷乃封箕子統古今分合而言有二十一國焉由檀君及今計歷四千二百十有六年雖中國史書詳略不一而參以東國圖籍尚有可証用分次序將八道標爲綱領道如省會府不轄縣縣有令監察訪之分其他宮署官階兵制烽燧城隍山川道里古蹟方物風土悉載於篇端參以水陸形勢繪圖十幅雖未必瞭若觀眉而舟車往來易於翻閱未始非行人之一助也是書也余擬與東瀛記略共藏篋中而韵清慫恿付梓遂不揣鄙陋畢以問世倘傳雅君子見而匡其不逮是則余之厚幸也夫

光緒八年壬午秋九月薛培榕梅溪氏識於朝鮮王京崇禮門外南壇山軍次

東藩紀要凡例

一朝鮮官制多沿唐代之舊郡守縣令亦仍舊稱惟治縣之官有不令而監者其位雖次於令而責專守土權併任均固非丞簿之比

一所設八道官吏之品秩視地爲崇卑其位高權重者悉當衝要處任以封疆之寄特隆鎭撫之資也

一各官駐所如爲留守則以回爲標識府尹則以◇爲標識大都護府使則以回爲標識牧師則以[illegible]爲標識都護府使則以△爲標識郡守則以□爲標識縣令則以○爲標識縣監則以●爲標識

一朝鮮年代有謂宜用編年分注法以示大一統之規者然是書歷年悉準朝鮮國史有國必有史猶諸魯之有春秋也春秋首書隱元雖繫以春王正月而不沒侯國之年所謂此物此志也

一朝鮮開國始自唐堯洎乎漢晉之閒分建國部二十有一國大民衆者爲朝鮮爲高句麗爲新羅爲高麗百濟其介乎三韓之閒若濊若貊若彌鄒忽等皆國小祚促旋起旋滅興廢有不可考者矣

一朝鮮兵數雖有九十八萬之多而食饟現兵猶不及十一蓋料民備兵國馬邱甲古義猶有存者亦可謂禮失而求諸野矣

一是書係甫御歸裝檢點行篋倉卒就編者同人慫恿付梓未

遑釐定謬悞滋多況朝鮮雖係同文之國而文詞字句之閒不無音義之殊其費解難詳者不敢强加附會尚祈　博雅君子諒其固陋幸甚禱甚

東藩紀要目錄

東藩紀要卷一

平湖梅溪薛培榕編輯
甘泉韻清吳承裕校訂

建都通考

檀君朝鮮

東國通鑑東方初無君長有神人降于檀木下立爲君是爲檀君名王儉國號朝鮮建于唐堯庚子歲都平壤今屬平安道

箕子朝鮮

史記武王封箕子于朝鮮而不臣漢書殷道衰箕子去之朝鮮教其民以禮義蠶織東國通鑑殷太師箕子紂諸父也紂無道箕子被髮佯狂爲奴及武王伐紂訪道於箕子乃陳洪範九疇

武王封于朝鮮都平壤今屬平安道

衛滿朝鮮

史記衛滿者故燕人也燕王盧綰反入匈奴滿聚亡命千餘人東走朝鮮亡命者王之魏略箕子後四十餘世朝鮮王否子準立燕人衛滿詒準降準信之拜爲博士員令守西邊滿詐遣人告準言漢兵十道至求入宿衛遂還攻準擊破之都王險城卽平壤城也本漢樂浪郡今屬平安道

韓

後漢書韓有三種曰馬韓辰韓弁韓馬韓在西有五十四國北與樂浪南與倭接衛滿破準後乃將其餘衆數千人走入海攻馬韓破之自立爲韓王居韓地金馬郡卽今益山郡屬全羅道

濊

後漢書濊北高句麗沃沮南與辰韓接東窮大海西至樂浪本朝鮮之地也賈耽古今郡國志新羅北界溟州古濊國文獻備考今江陵府東有濊時所築古城遺北屬江源道

貊

漢書遼東太守祭彤威讋北方聲行海表於是濊貊倭韓萬里朝獻文獻備考貊國都在今春川府北十三里昭陽江北屬江原道

高句麗

三國史高句麗始祖東明聖王姓高氏魏書高句麗者出於扶餘扶餘王閉河伯女於室中爲日所照因而有孕生一卵大如

五升以物裹之置暖處有一男破殼而出及長字之曰朱蒙方言謂善射者曰朱蒙扶餘之臣謀殺之朱蒙乃與烏引烏違二人棄夫餘東南走遇一大水欲濟無梁扶餘人追之急朱蒙告水曰我日子河伯外孫也今日逃走追兵垂及奈何於是魚鼈並浮成橋朱蒙得渡遂至普述水見三人一着麻衣一着衣納一着水藻衣與朱蒙至訖升骨城居焉號曰高句麗後漢書王莽更名高句麗王爲下句麗侯通典高句麗自東晉以後居平壤今屬平安道

報德

三國史新羅文武王十年高句麗水臨城人牟岑大兄自窮牟城行至西海史冶島見高句麗大臣淵淨土子安勝迎致漢城

中奉以爲君封爲高句麗王十四年改封爲報德王以王妹妻之賜姓金氏居金馬渚今屬全羅道

沸流

三國史高句麗東明王至沸流國其國王松讓出見曰寡人累世爲王地小不足容兩主君立都日淺爲我附庸可乎王忿其言與之射以校藝松讓不能抗二年沸流國王松讓來降輿地勝覽成川府本沸流王故都今屬平安道

百濟

南史馬韓有五十四國其一卽百濟也後漸强大兼諸小國北史百濟之國初以百家濟因號百濟始祖溫祚王都河南慰禮城以十臣爲輔國號十濟以百姓樂從改號百濟其世系與高

句麗同出扶餘故以扶餘爲氏聖王十六年移都泗沘文獻備考泗沘卽今扶餘縣屬忠淸道

彌鄒忽

三國史朱蒙自北扶餘逃難至卒本扶餘扶餘王以女妻之王薨朱蒙嗣位生二子長曰沸流次曰溫祚初朱蒙在北扶餘生一子來及爲太子沸流溫祚恐不能究遂與烏干馬黎等十臣南行百姓多從之者溫祚都慰禮城沸流入彌鄒忽居之今屬京畿道

新羅

北史新羅者其先本辰韓種也居漢時樂浪地其王本百濟人自海逃入新羅遂王其國三國史朝鮮遺民分居山谷間爲六

村是爲辰韓六部一曰閼川楊山村二曰突山高墟村三曰觜山珍支村四曰茂山大樹村五曰金山加利村六曰明活山高耶村高墟村長蘇伐公望楊山麓蘿井旁林間有馬跪而嘶往覘之忽不見遺有一大卵剖之有嬰兒出焉收養之及十餘歲便岐嶷六部人以其生神異立以爲君辰人謂瓠爲朴以大卵如瓠故以朴爲姓文獻備考新羅國號徐耶伐或云斯羅或云斯盧東京雜記慶州本新羅古都今屬慶尙道

溟州

三國史新羅宣德王薨無子有周元者王之族子也宅京北二十里羣臣欲迎立之會大雨閼川漲不得渡或曰天其或者不欲立周元乎遂立前王之弟敬信雨乃止周元退居溟州後二年封周元爲溟州郡王文獻備考溟州卽今江陵府屬江原道

金官

北史新羅附庸於迦羅國南齊書加羅國三韓種也駕洛國紀龜旨峰有異氣往覘之見有紫繩繫金盒而下開盒有金色六卵翼日有六童子破卵出日就岐嶷十餘日身長九尺衆奉一人爲主號首露王生于金盒因姓金氏國號伽倻餘五人爲五伽倻主五伽倻東以黃山江西南滄海西北以智異山東以伽倻山爲境輿地勝覽高靈爲大伽倻固城爲小伽倻星州爲碧珍伽倻咸安爲阿那伽倻咸昌爲古寧伽倻文獻備考駕洛或作伽落卽伽倻也後改爲金官輿地勝覽龜旨峰在金海府北三十里今屬慶尙道

大伽倻

三國史眞興王二十三年命異斯夫討伽倻多斯含爲副領五千騎馳入旃檀門立白旗城中恐懼不知所爲異斯夫引兵臨

之一時盡降輿地志大伽倻郡今高靈縣屬慶尚道

甘文

三國史新羅助賁尼斯今二年以伊飡于老爲大將軍討破甘文國以其地爲郡輿地志甘文卽今開寧縣也屬慶尚道

于山

三國史新羅王智證麻立干十三年于山國歸服歲以土宜爲貢于山國在溟州正東海島或名鬱陵島輿地勝覽鬱陵島地方百里土地饒沃一名武陵又名羽陵在蔚珍縣正東海中今屬江原道

耽羅

耽羅國記厥初有三神人從地湧出今濟州牧鎮山北麓有毛興穴卽

三乙那湧出處也曰良乙那高乙那夫乙那日遊獵荒僻皮衣肉食一日見紅帶紫衣人載青衣處女三及駒犢五穀種航海而至曰我日本國使也吾王生三女知西海中降神子三人將開國而無匹故送此三女三郎以歲次分娶之播五穀牧駒犢日就繁庶高乙那十二代孫高厚高淸昆弟三人造舟渡海泊於耽津時新羅國稱極盛焉太史奏客星見南方異國人來朝之象也及厚等至王嘉之稱厚曰星主以其動星象也令淸出袴下愛如己子稱曰王子又號其季曰都內國號耽羅輿地勝覽濟州本耽羅國或稱毛羅又稱耽牟羅今屬全羅道

後百濟

三國史甄萱尚州加恩縣人也體貌雄奇志氣倜儻從軍赴西南海防以勞爲裨將新羅眞聖王六年羣盜蜂起萱嘯聚徒侶擊京西南州縣所至響應遂襲武珍州都完山自稱後百濟王遣使入後唐稱藩食邑二千五百戶輿地勝覽古土城在全州府北五里甄萱所作今屬全羅道

泰封

三國史弓裔新羅人考憲安王或云景文王之子祝髮爲僧號善宗有膽氣羅季羣盜蜂起善宗投北原賊梁吉軍中吉委出分兵使東略地遂擊破鐵原等城天復元年稱王國號摩震至梁乾化元年改國號爲泰封自稱彌勒佛以長子爲青光菩薩季子爲神光菩薩出則頭戴金幘身披方袍騎白馬以彩飾其鬃尾使童男女奉幡蓋香火前導又命比邱二百餘人梵唄隨

其後輿地勝覽楓川原弓裔所都在鐵原府北二十里今屬江原道

高麗

五代史後唐明宗長興三年高麗權知國事王建遣使來明宗乃拜建玄菟州都督充大義軍使封高麗國王高麗史太祖神聖大王姓王氏諱建字若天松岳郡人新羅政衰弓裔據高句麗之地都鐵原國號泰封授太祖精騎太監累功擢爲侍中梁貞明四年騎將洪儒裴元慶等密謀推戴國號高麗改元天授定都於松岳之陽文獻備考開城府古高麗國都今屬京畿道

朝鮮輿地圖

癸未春正月

芾之沈錦垣署

朝鮮輿地圖

平湖梅溪薛培榕編輯
甘泉韻淸吳承裕校訂

朝鮮輿地說

按朝鮮版籍分置八道若省會焉東西南三面濱海南北袤延三千一百八十里起北緯線四十三度止三十四度起偏東經線八度止十四度東西廣狹一千三百餘里北與琿春吉林奉天等處相毗連東有圖們西有鴨綠兩江之水均自長白發源分注左右交環若連若續一江帶水天塹中分實爲東三省之屏藩星分箕尾故寒燠與燕齊同○咸鏡道又稱北關古沃沮國漢爲玄菟郡所屬後挹婁靺鞨代有其地唐開元間爲渤海大氏有之後屬女眞以定平爲界宋徽宗時置九城尋歸女眞朱熹定時永興迤北歸於蒙古元至正間仍歸高麗至於吉州鏡城明初李氏置孔鏡二州永樂時改永吉道景泰時安置六鎭後置茂山長津厚川等邑西北有白頭山山海經爲不咸山唐史稱長白山即我朝發祥之地高二百餘里綿亘千餘里山上有潭曰闥門源深流廣鴨綠混同愛滹三江之水出焉山脉直度東北爲先春嶺南越咸鏡之東勢復陡絕高逾萬仞巔頂有池水色黝黑積雪不融北隅有水溢出爲瀑即黑龍江之源從岡脊而下鴨綠之源在焉再南則康熙五十二年烏喇總管查邊至此勘定界碑西爲鴨綠東爲圖們其他名山則有天坪長白聖代太白盤龍

五峰青莒白虒七佛七寶十峰等山其嶺則有綏項昌登黃缶白山黃草葱田摩天橫天摩雲十万五万厚致等嶺重山複水達海齊雲南接○江原道又稱關東由東北歙谷逶迤東南至平海縣均瀕東海平海東懸鬱陵島本于山國都後屬新羅東附于山石不蕺土民不堪耕其南有蔚山島有明經略楊鎬敗倭于此境之北有鐵嶺騎竹湫他長𨃝金剛等山發源南經淮陽入合串江東有麻耆羅雪岳五台普賢等山經麟蹄縣向西北入昭陽江西經春川府北與合串匯入新淵江其東燕方加里九折八峯等山之源經洪川縣入洪川江東北大關嶺白複嶺鳳山魯山之源環旋善縣入桐江接而西南入忠清道之錦潭江經永春清風忠州折而西北至京畿道之龍門山與新淵

洪川合流西滙漢江眉巒疊嶂流水縈洄南接○慶尚道古稱東京又稱嶺南本辰韓之地後爲新羅所有東南濱海由東萊而南之日本對馬島水程四百七十里康乾之間島中日人至釜山浦互市其先代日高連兵皆緣此島太近之故北境有大白小白劍磨清凉等山發源南經禮安至安東折而西至尚州爲洛東江肇直南瀉其東八角母子鷹雲東南八公雲門等山均源流西匯至玄風昌甯等縣與洛東合西之長安德裕等山泒流東注經居昌陜川達黃屯江又智異山源由東角越丹城達晉州折東北至宜寍爲岐江與北之洛川黃屯兩江匯流東南經咸安聚源昌源金海等縣與黃山江南流入海四嶺拱衛一水流通西接○全羅道又稱湖南西南濱海南懸一島設濟

州治之幅員四百餘里初有高梁夫三姓人分處其地新羅法興王賜國號耽羅後服事百濟再事新羅後屬於元復還高麗明末爲李氏增巃旌義大靜二縣西北爲黑山島宋史由浙江定海縣入洋順風五日可抵黑山其西諸島櫛比又有紅衣可佳二島名爲著㛹裹水道則東由慶尚道之長安智異等山連峯接脉直抵西境蘆嶺之源遶而東北廻而正南稍折而東北由南原雲峯等縣與長安智異山等源捿流其南環遶寶城各山之源聚而北瀉經同福縣折歸東北至求禮縣與東西南北東派合流匯入蟾江瀏江東南入於南海東爲慶尚西屬全羅其長城漢陽昌平光州永順寶城各縣諸山之源又由寶城西山發源北經綾州西北遶南平縣入榮山江過羅州之南達於

木浦口入海東北城堡棋布西南島嶼星羅北壤○忠清道又稱湖西境北吉羊山發源南注東與慶尚連接之俗離靈鷲以及境內之珍連各山異源同流聚於燕坡西向爲錦江泛而西南至定州爲白馬江泝而東南東匯高山來源合流而注經林川過寒山至舒川浦口西入於海山川清曠城市綿延北接○京畿道都漢陽府諸江環遶南號漢江爲都城之南衛江源有四北由咸鏡道南自頭流山蘆洞嶺高達等山起南經伊川安峽至明寍爲澄波江光朴白氷兩山之源經康平鐵原至麻田入於澄波再西南即於津江西北由黃海道之彥眞山大東嶺起過新溪平山金川白川而南爲禮成江江西爲黃海道南向喬桐出口東至通津交河一與臨津江接一由通津陽川幸州

等境踰越京南折分東北東南東北與江原道新淵江接流江南與慶尙道錦障江接江華與通津皆京西屛障爲漢江要隘而喬桐又又爲江華之蔽其他名山則有三角天摩花岳龍門佛谷木覓等山肩摩轂擊土厚人文西北接○黃海道東南西境天神滅惡麒麟首陽天永九月等山均發源西北注歸月唐江由北折西經長連殷栗等縣出許沙口匯入於海北爲○平安道古稱西京又稱關西西北臨江極北有廢茂昌郡即古廢茂國循江南折入慈城江地多重嶺烟戶蕭疎再循西南折入東南爲禿魯江沿西南直下爲鴨綠江口由禿魯江南之白山棘城嶺兩源南匯月林江北由崇積九仙等山兩源南匯爲凝江又西北各山來源南匯爲外江與西路天摩山源下之大定

江合而爲一凝江與月林二江又西南歸入淸川江又名薩水源出妙香山經安州城北又西流三十里入博川江復由淸川江西南流至古城方與大定江同歸者江合流入海東北之林狠小白小龍等山之源西南流至德川爲三月江再西南流至順川爲靜戎江吳江臥龍孔宕姑城等山之源又西流至成川府爲沸流江又名卒本川在成川府西其源有二一出陽德縣吳江山一出孟山縣大母院洞至府北合流歷紇骨山山有四石穴水入穴中沸騰而出故名沸流江又與慈山郡禹家淵合流入大同江仍由沸流江上與靜戎接流高達文成等山之流西行爲能成江再西爲琉球江匯歸大同江又名浿江又名王城江其源有二一出寧遠郡加幕洞一出陽德縣文音山至江

東縣界合流爲西津江逕府城東爲大同江西流爲九津弱水至龍岡縣東出急水門入於海由月林三月靜戎沸流能成琉球諸江之水皆下注大同度平壤而西而南出保山迤入於海支流亦與黃海道之月塘江會此其大略也若謂續水經之注補輿地之圖僭擬作家則吾豈敢

朝鮮分野

尾四度至斗六度爲析木之次燕之分而遼東渤海樂浪（平壤）玄菟（今咸興）朝鮮濊（江陵）貊（春川）句麗之地屬焉（漢書地理志）尾十一度至南斗七十一度爲析木之次而遼東入尾十度渤海入箕一度樂浪入箕三度玄菟入箕六度（晉書地理志）　初尾七度餘二千七百五十秘二十一秒中箕五度終南斗八度爲析木之次而渤海遼東樂

浪玄菟古北燕孤竹無終九夷之國屬焉箕與南斗相盡朝鮮三韓之地在吳越東南（唐書地理志）

朝鮮道里之細百晉邇驛路紆道而率算之章亥廣輪非徑數也其東北起自穩城邑迤邐至王都由都而南至海南邑止計程三千一百八十里而懸海之濟州不與焉東起自寧海邑西至豐川邑止計程一千二百餘里亦據官站程途之紆遠者而言考其經緯度分以　京師爲中線經度偏東起八度止十四度緯度起四十三度止三十四度按此度數本諸毘陵中耆李氏兼採江陰陸君德昌之說兩先生皆輿地名家未始不足徵信第先後相距幾閱一世陸亦廿年以往之人事永無變遷以往之疆域或有更改余心不能無區區也爰訪諸樂知林先生

林圖美國博士也爲言朝鮮經度西自一百二十四度東至一百三十二度相距八度南境稍狹其經度西自一百二十五度十五分東至一百三十一度三十分相距六度有奇緯度北界自四十三度至南界三十三度二十分止相距十度王都在緯線三十七度零四分經線在一百二十七度二十分其地長約六百英里闊約一百三十五英里有謂西自一百二十四度者蓋指地球中線而言較差兩度而緯度不相逕庭云

東東紀要卷三

平湖梅溪薛培榕編輯
甘泉韻淸吳承裕校訂

輿地沿江濵海營堡驛路道里說

輿地圖說祇撮要領未分條目查八道沿江濵海港汊鱗次營驛星羅傳舍道里之不詳則行程無據營堡烽燧之不列則阨塞難知總圖縮繪如掌閱者未瞭殊有檢卷紬索之苦爰將沿江濵海道里驛路營堡縷詳於後

咸鏡道東自圖們江口造山營起入江向西北四十里撫夷營三十里慶興縣江陽驛中間水道四烽四稍折而北四十里阿山營中間水道二驛路一烽一二十里乾原營中間水道一烽一三十里安原營中間水道一烽二 江東一河可達琿春 正北六十里訓戎營中間水道三烽二折而西北二十里黃柘坡中間水道一驛路一 廿五里達穩城縣 再折而東北又折而西北三十里美錢營中間水道一烽三 江東一港可達三漢川 再折而西南而西北又折而西南三十五里至穩城中間水道二烽三折而西北稍折而西二十里柔遠營中間水道一烽二折而西南而南又折而西南而東南四十里永達營 東北三十里達穩城有撫寧驛 中間水道一烽五折而西南再折而東南三十五里潼關營 南達鍾城縣十五里 中間水道一驛路一烽三折而西南而南六十里防垣營中間水道四驛路一烽五再南四十里高嶺營 南達會寧縣 二十五里中間水道二驛路一烽四又南二十里會寧縣鰲山

中間水道二烽三折而西北五十里甫乙營中間水道三烽二
折而西南二十五里豐山營中間水道一驛路一折而西北再
折而西南八十里曲江之梁永下洞營西南二十六里達茂山縣中
間水道一烽二折而西北再折而南而西南五十五里茂山縣
中間水道二烽一自茂山縣邊境起折而西南再折西北曲折
二百八十餘里至長白山分水嶺發源處
平安道西自鴨綠江運餉浦起入江北向五十里鱗山營中間
水道二烽一稍折而東北四十里九竜淵西十里達義州縣中間
水道二二十里乾川營十里水口營二十里至江營十里方山
營中間水道四烽四二十里青城營二十里青水營三十里仇
甯營東南四十里達朔州縣中間水道三驛路一烽四稍折而東三

十里甲岩營中間水道一驛路一烽二折而正北二十里雲頭
里營中間水道二烽一東南二十里達昌城縣再折而東北二十里
廟洞營二十里於汀灘營十五里昌洲營十五里大吉號里營
中間水道三烽四十五里小吉號里營十五里碧團營四十里
楸仇非營中間水道四烽三驛路一二十里碧潭縣水口二十
里大坡兒營三十五里小坡兒營中間水道四烽三稍折而東
二十五里廣坪營再折而北二十里阿耳營中間水道三驛路
一烽三再北四十五里山羊會營東二十五里達楚山縣又折而東
北六十里加乙軒洞營中間水道二營路一烽三二十里直叱
洞營四十里渭原縣水口中間水道一營二四十里吾老梁烽
中間水道一烽二四十五里高山里營中間水道四驛路一烽

三四十里伐登營四十五里滿浦營中間烽三稍折正北五十
里如雲浦再折而西北十五里玉洞中間烽二稍折而北二十
五里三川江口二十里舊城洞營折而東北四十里上土營再
折而西北九十里從浦留防營中間水道三三十里軋者浦口
中間水道一折而東北七十里梨坡折而正東百二十里竹田
營中間水道十一稍折而東南百二十里家舍洞中間水道三
洞河西隸平安道東屬咸鏡道自家舍洞河向東南百里厚州
縣中間紅道三烽一稍折而東六十里舊加乙坡知營中間水
道三驛路一烽四二十里加乙坡知營二十五里小農營二十
五里羅暖營稍折而東南三十五里仁遮外營四十里惠山營
中間水道五驛路一烽六由惠山營蜿蜒向東北而北三百五

十餘里至長白山分水嶺發源處
咸鏡道圖們江口造山營起向東南二十里牛岩烽東與鹿屯
島相望折而西南十五里望海坮營中間水道一四十里掘浦
口八十里海津中間水道五驛路三百里雙浦津中間水道五
驛路三八十五里鏡城縣之元帥坮中間水道六驛路四稍折
而南九十里八景坮中間水道五烽一東與西水羅島相望折
而東南三十五里梨津中間水道三稍折而南四十五里黃津
中間水道三驛路一再折而東南三十五里上古津又折而南
六十里下古津中間水道四再折而西南三十里楸津又折而
西八十里三達津中間水道四再西百十里城津營中間水道
六驛路一折而西南百十里端川縣水口中間水道五驛路一

烽三七十里利原縣樓亭口中間水道五驛路一烽一九十五里北青縣薪南大川口中間水道四驛路一烽二稍折而西而南四十里湖滿浦中間水道二烽一南與豬馬島相望折而南再折而西北九十五里洪原縣西大川口中間水道四驛路一烽一折而東南再折而西南百二十里咸興縣徵岔口 入城川江 中間水道七驛路一烽一再西南三十五里定平縣水口中間水道五驛路一折而東北再折而南七十五里安浦中間水道四驛路一再南百二十里永興縣濟進浦龍興江口 西北六十里至永興 中間水道三驛路一再南九十里元山浦中間水道七驛路二烽一與熊草竹連女四訥馬猪沙蘆等島相望稍折而東四十里安邊縣劍鋒浦口中間水道二驛路一烽一又百十里游古峙止南接江原道界中間水道三以上屬咸鏡道東南濱海

江原道花鶴培起東南十五里黃石山 西十里歙谷縣 四十里金蘭山南川口 西十五里通川縣 中間水道二驛路一百十里南江口 西十里高城縣 口之北海金剛南七星峯諸小島中間水道九驛路一稍折而南八十五里杆城縣南川口中間水道七驛路一再折而東南百里襄陽縣距口十里南江口中間水道二驛路一百四十里江陵縣南川口 縣距口十餘里 中間水道七驛路一百里三涉浦營 西距三涉縣十里 中間水道五驛路一百三十里蔚珍縣凌虛培口 西距縣十里 中間水道七驛路一東行百里即鬱陵島旁有于山 其島東西六十餘里南北四十餘里 仍由凌虛培稍

折而南七十里黃保川營十里平海縣南川口 西距縣數里 中間水道二以上屬江原道東面濱海

慶尚道網谷浦起稍折而東南二十里寧海縣南川口 西距寧海縣數里 中間水道二再折而南五十里別畔山三江口 西北距盈德縣十餘里 中間水道三驛路一五十里虛穴浦口 西距清河縣十里 中間水道五驛路一三十里曲江口 西南距興海縣十餘里 中間水道三驛路一烽一折而東南而南四十里兄江口浦項營中間驛路一烽一再南二十里魚龍培中間水道二 西南距迎日縣十里 折而正北七十里冬乙背串中間驛路一烽一 中間大海灣計寬二二十里不等 折而東南而南七十里梁浦 西距長鬐縣數里 中間水道五烽二折而東南再折而西南五十里含月山水口中間驛路一烽一稍折而南九十里舫魚津中間水道五驛路三烽三折而西南再折而西北五十里語連川口渚內浦中間驛路一烽一 正北距左兵營二十里西北距蔚山縣十餘里 中間海寬十餘里有竹鳴兩小島西經大和江口折而東南再折而西南九十里碁浦口 西距張機縣十里 中間水道六西生浦營一驛路一烽三再西南四十里梵魚川口西距左水營十里再西十餘里東萊縣中間水道一驛一烽二 東萊縣東南距日本對馬島水程四百七十里 川口南十里包伊浦營稍折向南台也海項中間水道一 東海小島林立 折而西北十里開雲浦營中間水道一再西北二十里釜山浦營中設草粱倭館正西數里豆毛浦營再折而西南二

十里西平浦營南有絕影兄弟等島再西五里多大浦營稍折而西南十里設雲培折而正北七十里黃山江三叉河口中間驛路一烽一再折而正西四十里防浦口北距金海縣數里中間水道一又折而正南五十里金丹串中間水道二驛路一烽一再折而正西十里晴川營稍折而東南十五里安骨營再折而西而南十五里新門營正南十餘里海懸一島內設加德天成兩營周八十里東南多大浦營西之新門營相距三十餘里中間一大海灣有七點山鳴旨等島仍由新門營折而正北三十里再西十里薺浦營北距熊川縣十里中間水道二烽一折而西北八十里昌原縣海口中間水道六驛路一烽二正南九十里孤懸一島形如側荷縣治巨濟自北稍折而東南二十里長木浦營再折而南二

十里助羅浦營東距天成營二十里稍折東南十里玉浦營再折而西南而東南五十里知世浦營中間烽二又折而正西二十里栗浦營烽一折而東南再折而西南而東南而南五十里所非浦烽一折而正西二十里再折而西北三十五里加背梁營烽一折而東北二十里巨濟縣山村浦口再折而西北四十五里求登營折而東北再折而東南三十五里沙等浦口折而西北再折而正北五十里直對昌原縣距巨濟正西二十里又懸閑山島周六十餘里兩島四隅小島環列○仍由昌原縣起折而西南二十里馬山浦折而正南五十里龜山營中間水道三驛路一烽一稍折而西十里再折而西北四十里鎮海縣東城川口中間水道二驛路一又折而正西十里再折而正南三十

里又折而正東二十里再折而正南三十里南村營中間水道七驛路一烽三折而東南四十里再折而正西二十里洗兵館統營中間水道一再西二十里折而東南二十里三千浦營再折而西二十里唐浦營折而西北再折而東北三十里由折而正北四十里固城縣齊民倉中間烽二折而西北十里再折而南而西四十里舊所乙非浦營中間水道四烽一與正南三十里供需島蛇梁營相對固三十五里東與唐浦營相望中間烽一仍由舊所乙非浦營再西三十里仇羅梁海項中間驛路一烽一與正南十里昌善島赤梁營相望周九十里中間烽一小島碁布○仍由仇羅梁折而正北六十里泗水口東北距泗川縣十里中間水道一驛路一烽二折而正西十里再折而南二十里昆陽縣唐

川口西北距縣十里中間水道四驛路二稍折而西南六十里露梁壘中間水道三正南十里孤懸一島形如畫角縣治南海自正北曲折而南六十里由浦壘中間水道一再折而東南七十里彌助項中間烽二又折而西北八十里平山浦營中間烽一折而正北五十里再折而東北四十里與露梁相對正南距南海縣三十五里南北小島林立○仍由露梁折而西北而北七十里河東縣豆治津東距縣數里中間水道二驛路一中界一港港西即全羅道屬以上慶尚道在南濱海

全羅道豆治津起正南三十里蟾津營南九十里突山島內設防踏營周百里西南北小島星布○仍由蟾津營折而西南而西北五十里光陽縣西川口西北距縣數里中間水道七烽一折而正南四十里稍折而東南五十里再折西南二十里左水營

中間水道三驛路一烽一折而正南再折而西南二十里古突山營又折而正南二十里白也串烽折而西北而北百十里順天縣海口中間水道五 北距縣十餘里 折而正西十里再折而西南五十里善根州口 北距樂安縣三十里 中間水道四驛路一折而正西而正南五十里再折而東而東南四十里呂島營中間水道一驛路一烽一折而正西而南再折而東而東南七十里蛇渡營烽一折而西北三十五里折而東南二十里再折而西南三十里鉢浦營稍北而西北再折而正北四十里曹溪口烽一 北距興陽縣二十餘里 折而西南三十里鹿島營曲折而東北五十里興陽縣河口又折西北二十里再折東北十里又折而東南二十五里再折西北四十里倭津浦口 西北距寶城縣三十五里

中間水道二驛路一烽二其地形如桐葉縣治與陽東西南小島林立相望折而西而正南三十里中間水道一驛路一折而正西稍折而西北六十里長興縣海倉口 北距長興縣三十餘里 中間水道二驛路一稍折而東南五十里會寧浦營中間水道三折而西北四十里馬島營中間驛路一烽一折而東南十里再折而西而西北二十里南垣浦口正南莞島數加里浦營烽一周百里東有古今島營七十餘里南島東西相距十里東南薪智島營五十餘里此外南北小島碁布相望〇仍由南垣浦西折而西南二十里梨津營中間水道一驛路一再西南三十五里折而西北十五里於蘭營正南海程二百餘里抵濟州幅員四百餘里東南旌義西南大靜治如鼎足濱海十營烽二十二所川北島嶼羅列〇仍由蘭營折而西北四十里再北三十里海南縣海口中間水道六驛路一烽一折而西南五十里三枝院折而西北二十五里右水營距西南十里一島形如秋葉縣治珍島周計二百四十里東有金甲西有南桃二營東中間水道七東西南島嶼星羅〇仍由右水營折而正北七十里登山稍折而東而東南六十里轒門水口中間烽一再折而正東二十五里燕子湖口折而正北十里孟津浦又折而西北四十五里再折而東南十餘里竹城浦口又折而西北四十里奄山中間驛路一又折而東北二十里駐竜浦口折而正北十里再折而正西二十里木浦營中間水道六驛路二稍折而西再折而東北七十里務安縣水口中間烽三再折而西南五十里多慶

浦營中間驛路二西南海程百十里黑山島營其間島嶼鱗次〇仍由多慶浦營折而東北六十里鼎足營中間驛路三再折而西北三十里臨淄營正西海程六七百里智島營再西四五百里荏子島營〇仍由臨淄營折而東北而東六十里又折而南三十里咸平縣海缸浦 西距縣二十里 烽一水道一折而正北二十里向化津稍折而西北二十里大音山中間驛路一水道二再折而東北四十里法聖營中間水道三驛路一 東南距靈光縣三十里 折而西而西北三十里宏農山峯中間驛路一再折而東北八十里黔毛浦營中間水道五驛路三烽二 東抵古阜縣六十里 折而西北二十里格浦中間水道一再折而東北六十里吉串山山中間水道三驛路一折而西北五十里七星山再

折而東北十五里花山烽中間水道二驛路一 沃溝扶安万頃三縣俱距三五十里不等 以下格浦西距蝟島營海程二十餘里吉串山西距古羣山營海程四十餘里並西南洋島嶼林立以上全羅道屬西南濱海

忠淸道白馬江鎮浦口舒川營起 江左屬全羅江右屬江原 折而東北三十里舒川縣口 東北抵縣十餘里 中間水道二烽一折而西北三十里庇仁縣口 東北抵縣十餘里 中間水道二驛路一正西二十里馬梁營其間水道二折而西北三十里正西二十里再折而東北四十里藍浦縣軍入浦口 東抵縣十里 中間水道五驛路一烽一稍折而西而東北二十里花岩川口 西北距保寧縣十餘里 折西正西而西北四十里永保亭水營中間水道二烽二曲

折而正北九十里韓城驛中有長串石串浦龍骨川陽陵浦葦浦等港中間驛路六再折而西南五十里掘浦距南海程七八里即安眠島周百六十里中間驛路三仍由掘浦折而西北四十里安興營中間水路三正北二十里卯斤浦 正東三十里泰安縣再東三十里瑞山縣 折而東北八十里亐岱項再折而正南六十里白華山水口曲折而正北六十里平薪營稍折而東北三十里大山串曲折而正南六十里鴨川口再折而東北七十里橋路里中間水道一驛路二烽一又折而東南四十里雲浦 東距唐津縣數里 烽一曲折而東北四十五里再折而南二十里折而正東七八里再折而正北二十里倉宅山烽中間水道二驛路一折而東南四十里行擔山海口止中間水道三驛路二 北

京畿道屬口 南忠淸道屬 以上忠淸道屬西北濱海

京畿道乞梅起西北四十五里槐台串烽中間水道二驛路一正北三十五里花梁營中間水道三驛路三烽二又北十里馬山津 東距南陽府三十里 西距海程四五里大阜島再西五十里德積營雲島山東南島嶼林立○仍由馬山津再北二十里海龍山東北二十里石場浦中間水道五驛路三烽一 石場浦東北距安山縣三十里 折而西南十五里再折而西北三十里清凉山 東北距仁川縣十餘里 中間水道三驛路一烽一稍折而西北二十里洛物堡 東距仁川縣二十里 距西海程十五里紫燕島永宗營再西三十里長峰島營烽一再西北三十里注文營島再十里甫乙音島烽一再三十里牧羊島烽一其間島嶼羅列○仍由濟物堡東北三十五里杻串烽 東距富平縣二十里 中間水道一驛路一折而正北而西北二十五里白石山烽中間驛路一再西北三十里孫梁項德浦營中間水道一驛路一再北三十里文珠營 東南距通津縣十餘里正西海程三四里抵江華府十里 中間驛路一再北十五里與漢江交匯由江華府正東十里濟物營起正南十里龍津營十五里廣城營五里德津營五里草芝營稍折而西南十里再折而正西三十里長串營中水閘道一折而正北二十五里牛浦營再折而西北而北四十里寅火營中間水道五烽一折而東北稍折而東南三十里鐵串營再十里昇天營再二十里月串營折而正南十里仍接濟物營故北由鐵串南抵草芝一葦可航十營連貫府治江華實爲王京之屏蔽 東

西江面約寬三五里不等過江華府西隅實火營西距海程十里孤
懸一島設治喬桐周百十里中間水營一水道一烽二亦爲王
京外衞江華喬桐之西南洋島星碁布不勝枚載以上京畿道
屬西面濱海
黃海道以禮成江爲界　東京畿江西黃海自江口實葦串起
正西四十五里那津浦中間水道一驛路一烽一稍折而西南
三十里榆頭再折而正北四十里楓川口中間水道六烽四再
折而西南四十里皮串口中間水道三驛路二烽二距正南海
程十里龍媒營島烽再西二十里小水鴨烽一西南二十餘里
延平烽島○仍自皮串折而正北四十五里泣川口稍折而西
北二十里　西北距海三十五里　再折東南十餘里登又折而西

北三十五里南倉口中間水道四稍折而南而東南三十里甕
城處中間水道三又折而西南八十里九月山中間水道一驛
路一烽五折而正西四十里登山串距西海程四五里巡威島
登山營周三十里○仍由登山串折而東北五十里康翎縣王
灘川口中間水道五烽一折而西六里再折而南而正西正北
五十里甕津縣中間水道三驛路一烽一折而而正西十二里
再折而南十八里又折而西而北三十里行營南有麒麟東有
昌麟兩島中間水道三烽一折而西北而北六十里黑頭浦中
間水道五驛路一烽二折而東而西八十里西絅壁再折而西
南而西百四十里鹽甕岩中間水道六驛路一烽一西南距海
程二十里松封山白翎營周百二十里東南有大靑小靑兩島

○仍由　甕岩起折而東北三十里助泥浦營三十里阿郎浦
東距長淵縣五十里中間水道三烽一正北四十里兀串折而東北
三十里禁淸江口中間水道六驛路一烽三　東距豐川縣十餘里
正北十里女妓浦口西距海程十餘里春雲山椒島營周六十
里北距席島二十里○仍由女妓浦東北二十五里許沙浦中
間水道三烽一折而東北而東再折而東南三十里乳浦又折
而東北五十里長連縣大津關　東南距縣二十里　中間水道三驛
路二以上黃海道屬西南濱海與平安道以大同江分劃南黃
海北平安
平安道南浦起　北距三和縣四十里　正西三十里中間水道一折而
西北十五里中間水道一西懸虎欐兩島北與新寧江對望由

江口正西二十里廣梁營曲折而東北百三十里吾串烽中間
水道五驛路二烽一西南有德島稍折而北四十里多石山中
間水道三驛路二烽二折而東北八十里唐子浦中間水道七
驛路五烽四稍折而西而西北三十里西壁再折而北二十餘
里老江營中間水道一驛路一烽一經淸川江口折而正西五
十里縫川口中間水道五烽三稍折而西三十里鹽里坊折而
正北三十里臨海營中間水道二驛路二烽二再折而西經召
浦口四十里鐵馬川口中間水道二驛路一烽二距海程二十
餘里身彌島周百十里西距大小欐島三十里中間島嶼拱列
○仍由鐵馬川口迤西六十里掘江口中間水道三驛路一烽
二折而西南四十里宣沙浦營中間驛路一烽一折而西北而

北四十五里戰場浦口中間水路二折而正西八十里至鴨綠江運餉浦中間水道七驛路二烽四距口正南十里薪島營屬四十里東南小島碁布以上平安道屬西南濱海

按東國輿圖册數計二十有二閱之尚屬井井惜有圖無說計算道里亦未開方惟表其東南西三面濱海通境計長八千零四十三里北境之圖們江原注豆滿江計長八百四十四里鴨綠江計長二千零三十四里其表尺每寸當里之十他如某處距某處若干里均未詳載航海者不免有問津無從之憾況茲圖縮繪不及原圖百一更難詳註故余以線結寸量寸度分某處距某處里數若干一一載之於說所量之數與圖們江原載里數相較約贏二十里差數尚微推原致差之由以路有紆直圖因之而有凹凸就形勢以爲伸縮亦趨亦步猶不無溢黍之嫌嗣較總數尚不致大相逕庭以備遵海而行者披圖覽說成竹在胸不致望洋而興嘆是即余之厚幸也夫

東藩紀要

圖

二

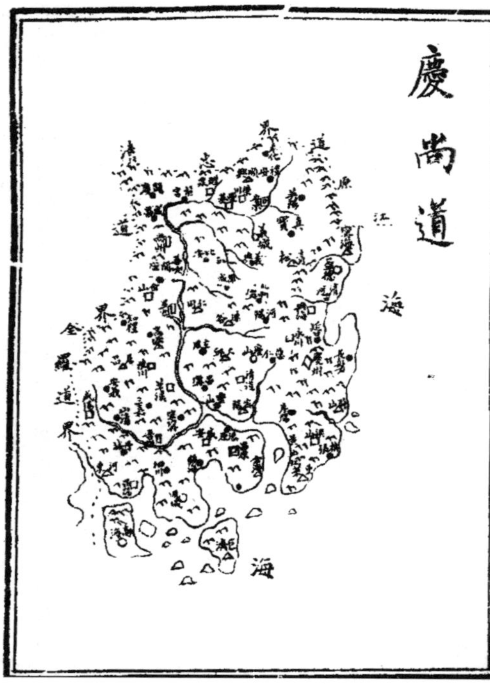

東藩紀要

圖

三

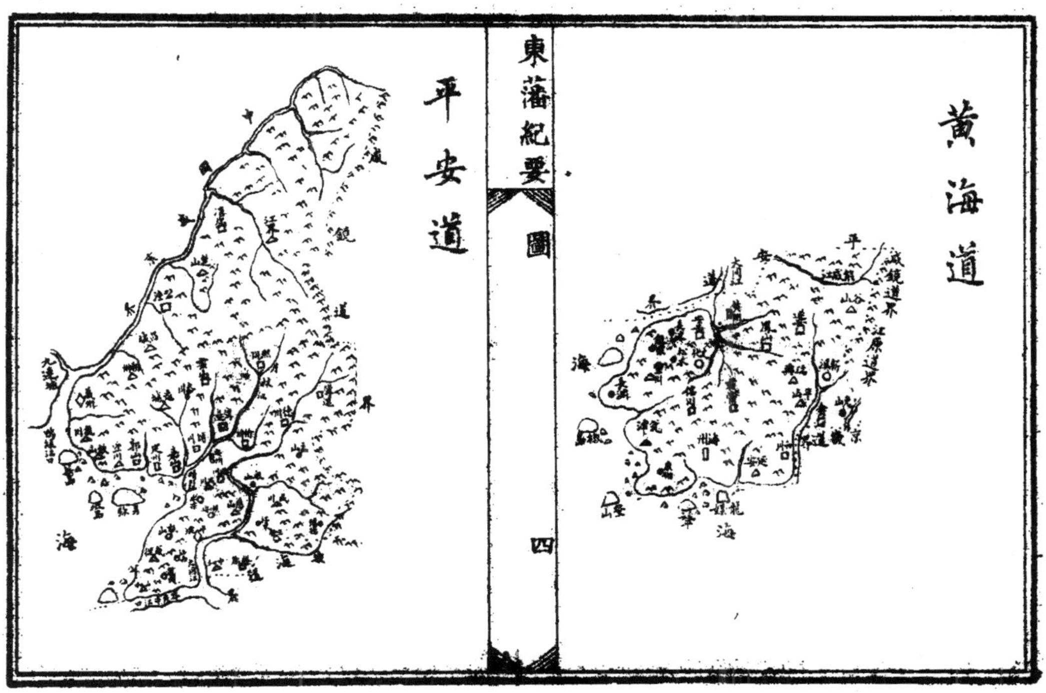
平安道
東藩紀要
圖
四
黃海道

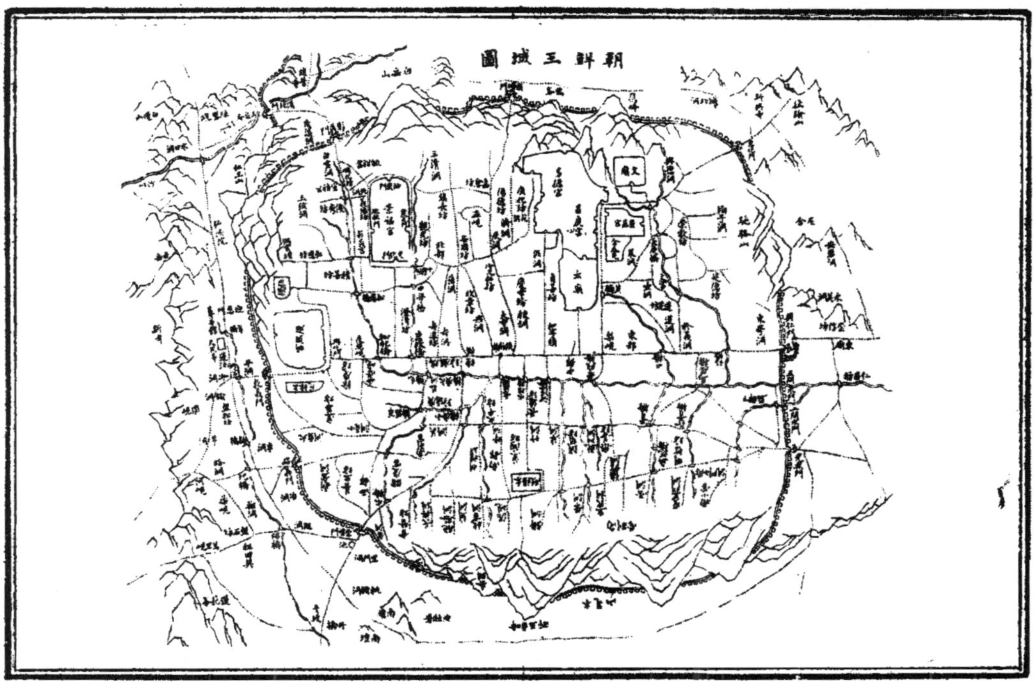
朝鮮王城圖

東藩紀要卷四

平湖梅溪薛培榕編輯
甘泉韻清吳承裕校訂

王城圖說

王都治漢陽府又號漢城襟帶漢江山圍川抱中廠平原洵一大都會也北有白岳南有木覓山脉發自北漢之三角山迤邐而來借山築雉南北連雲城堞雄特東有駱駝天藏拜峯西有仁王白蓮蓮花諸山四周拱列高插雲霄松檜蔽天濬塍接野水明山秀物阜人文四境江山環峙此天子以險可守疆域者也城周八萬九千六百十尺二寸（此周尺）都門有八南曰崇禮北曰肅靖東曰興仁西曰敦義東北曰惠化西北曰彰義東南曰

光熙西南曰昭德（今名昭義）通衢達道廣五十六尺兩旁溝廣各二尺中路十六尺別徑十一尺（此營造尺）王城依築白岳山麓有墻無雉周一萬八百七十八尺高二十一尺一寸其門有七南曰敦化丹鳳北曰廣智西北曰耀金東曰建陽西曰景秋金虎此昌德宮也治在北部廣化坊宮東連昌慶宮其門有四東曰宏化又其東曰通化北曰集春東南曰宣仁又有景福宮在北部觀光坊慶熙宮在敦義門內西部積善坊此卽所謂新宮也城中川渠西北自白岳仁王兩山下注之水源派最長一由白雲洞南流經慈壽宮橋與玉流洞東流之水匯向南經禁清橋松簷橋稍折東南經松杞橋流入大川經慶熙宮內之水由方木橋東流宮北之水歷承傳色橋南流會於松杞橋經景福宮內之水由北御橋西南流者三清洞之水下注南流歷十字橋與景福宮西禁橋合慶會池之水過禁川橋東南出南禁橋匯流經中學橋再南穿惠政橋入於大川東流過毛塵橋大廣通橋其皇華坊貞陵洞之水東流經軍器寺橋其倉洞之水北注經水關橋二水匯流經小廣通橋其長興洞校書洞之水分流匯歸大川東經長通橋再東經水標橋（橋西竪石以表浸渦）河梁橋長壽橋（俗稱孝經橋）其鑄字洞筆洞墨洞雙里門洞等水分流北注同入大川東經太平橋（俗稱馬塵橋）其南小門洞之水向東北流出二間水門二橋之水北由昌慶宮後苑經禁川橋出宣仁門傍水口南流經新石橋（或稱黃參議橋）稍折而東歷蓮池來灰濟生各洞南流入鄉校洞流入大川其昌德宮南把子橋之水西與禁衛營下之小渠

經敦寧府來者合東北營之水由耀金門傍水口入昌德宮之禁川橋與出丹鳳門傍水口來者合再東經太廟前梨峴洞橋南入大川其大小安國洞之水南流經大寺洞通雲橋（俗稱鐵物塵橋）達鐘樓東穿過大路折而東流入於大川一由惠化門之傍一由泮宮迤南兩水分流下注經初橋折而東下出五間水門與出二間水門之水合流東去王城內劃分五部以及坊契設官治理舉凡道路橋梁摘奸勘獄巡警宵柝傳更等事由部令都事掌之五部令各一員（從五品）都事各一員（從九品）吏胥徒隸等若干人五部坊契列詳於后（契各有名刪繁就簡）

中部八坊九十一契（名與典律條例同）

長通坊轄二十契　寬仁坊轄五契

貞善坊轄十三契　堅平坊轄六契
瑞麟坊轄九契　壽進坊轄六契
慶幸坊轄六契　澄淸坊轄十六契
東部七坊四十三契　按六典條例東部七坊無崇善瑞雲德成燕喜觀德泉達興成彰善八坊據典律通補十二坊無昌善崇信景慕宮三坊
蓮花坊轄十契　崇敎坊轄一契
昌善坊轄五契　仁昌坊轄十一契
建德坊轄一契　崇信坊轄十三契
景慕宮坊轄二契
南部十一坊七十一契　按六典條例無好善正心誠身禮成之名據典律通補無豆毛漢江屯之會賢之名
會賢坊轄九契　樂善坊轄四契

廣通坊轄十一契　明哲坊轄五契
明禮坊轄四契　豆毛坊轄七契
太平坊轄八契　漢江坊轄三契
薰陶坊轄九契　屯之坊轄八契
誠明坊轄三契
西部九坊九十一契　按六典條例西部九坊無神化一坊據典律通補祗八坊無西江龍山兩坊
仁達坊轄八契　盤松坊轄十契
積善坊轄十五契　盤石坊轄十二契
餘慶坊轄十契　龍山坊轄二十契
皇華坊轄三契　西江坊轄十契
養生坊轄三契

北部十二坊四十四契　按六典條例北部十二坊無明通一坊據典律通補祗十坊無常平延恩延禧三坊
順化坊轄四契　嘉會坊轄一契
俊秀坊轄一契　陽德坊轄一契
義通坊轄一契　廣化坊轄一契
鎭長坊轄一契　常平坊轄六契
觀光坊轄三契　延恩坊轄八契
安國坊轄一契　延禧坊轄十六契

東藩紀要卷五

平湖梅溪薛培榕編輯
甘泉韻清吳承裕校訂

京畿道 東北抵江原道界○東南抵忠清道界 西達於海 ○西北抵黃海道界

漢陽府 王京名山白嶽仁王木覓駝駱

陽川○距京三十里別名孔岩齊陽巴陵陽平陽原○名山城
山津山○大川孔岩物產白魚葦魚綿魚鯽魚秀魚蟹
衿川○距京三十里別名穀壤黔州始興衿果衿陽○名山三
聖虎岩○大川楊花物產鯽魚蟹
果川○距京三十里別名栗林富安栗富林津果州○名山冠
岳清溪大川露梁物產白魚紫蟹

廣州○距京四十里別名南漢淮安漢山漢州奉國廣陵○名
山南漢黔丹修理大川三田物產絲麻銀口魚錦鱗魚訥魚
瓷磁陶器
高陽○距京四十里別名高峯幸州皆伯遇王德陽王逢○名
山長嶺大川德水○物產葦魚銀口魚蟹
富平○距京五十里別名樹州安南桂陽吉州長城○名山桂
陽○大川大橋物產海物
安山○距京五十七里別名獐口蓮城○名山見佛○大川介
橋物產海物
楊州○距京六十里別名見州昌化來蘇○名山道峯三角水
落佛巖○大川津大灘○物產絲灘麻玉石陶器海松子松
蕈銀口魚
金浦○距京六十里別名黔浦金陵○名山北城○大川掘物
浦產黃玉青玉秀魚葦魚蟹青蟹白魚
龍仁○距京七十五里別名駒城巨黍滅烏龍駒○名山寶蓋
○大川金梁物產絲麻地黃
仁川○距京七十七里別名邵城慶源仁州○名山蘇來○大
川蛇川物產碇玉砂海物
坡州○距京八十里別名坡平鈴平峯城瑞原原平曲城○名
山城山獐山○大川臨津麝灘○物產石菖蒲銀口魚葦魚
秀魚蟹
交河○距京八十里別名宣城屈火原火○名山漢麓○大川

洛河○物產秀魚葦魚蟹
水原○距京九十里別名漢南隋城買忽水城水州○名山光
教証岳○大川大川物產白玉海物
通津○距京一百里別名汾津守安童城北史名山守安○大
川祖江○物產碇玉砂黃魚鯽魚葦魚陶器海物
抱川○距京一百里別名馬忽堅城抱州清化○名山雞龍○
大川高橋○物產磁器山芥辛甘菜蜜松蕈
南陽○距京一百里別名益州唐城唐恩隆中江寧寧堤○名
山飛鳳○大川鳳尾○物產碇玉砂磬石沛海物
江華○距京一百二十里別名穴口海口沁州江都沁都○名
山摩尼高麗○大川甲川物產石灰青磁石柿紫草莞草浦

草川椒艾席海物
長湍○距京一百二十里別名温川耶耶夜牙湍州臨湍長臨
○名山白岳華藏五冠○大川長湍東江○物產絲麻松蕈
葦魚訥魚秀魚錦鱗魚石菖蒲金銀花
楊根○距京一百二十里別名恒陽濱陽永化益和○名山龍
門忠州○大川大灘龍津○物產錦鱗魚訥魚山芥松蕈白
花蛇辛甘菜五味子白土磁器
振威○距京一百二十里別名釜山淵達○名山舞鳳○大川
長好○物產鯽魚蟹地黃
積城○距京一百二十里別名七重城乃別重城○名山紺岳
龍頭○大川仇淵○物產陶器赤土蜜訥魚錦鱗魚蟹白花

蛇
陽智○距京一百二十里別名楊良陽山秋溪○名山定水○
大川秋溪○物產無
加平○距京一百三十七里別名嘉平斤平幷平○名山花岳
○大川立石○物產黃玉山芥辛甘菜石蕈松蕈海松子蜜
利川○距京一百四十里別名南川黃武南買永昌○名山雪
峯○大川梨樹○物產白玉陶器
永平○距京一百四十里別名洞陰梁骨永興○名山白雲○
大川響訖○物產銅鐵水鐵磁器安息香松蕈石蕈人參五
味子山芥辛甘菜蜜
漣川○距京一百四十里別名熊閃漳州漣州獐浦○名山五

峯○大川車灘○物產絲麻五味子紫草陶器
陽城○距京一百五十里別名赤城○名山天德○大川素沙
○物產葦魚地黃
開城○距京一百六十里別名開州開京皇都松京松都○名
山松岳天磨○大川禮城○物產無
砥平○距京一百六十里別名砥峴砥堤○名山彌智○大川
田谷○物產松蕈甘菜山芥五味子磁器陶器
竹山○距京一百七十里別名介山陰平延昌竹州○名山鼎
陪○大川天民○物產磁陶器
安城○距京一百七十里別名白城○名山瑞雲飛峯○大川
南川○物產絲麻磁陶器地黃

麻田○距京一百七十五里別名臨湍泥沙波忽麻田淺○名
山尾頭○大川澄波○物產絲麻訥魚錦鱗魚蟹
驪州○距京一百八十里別名黃驍永義黃驪驪江興驪城黃
利○名山北城勝山大川驪江○物產絲麻錦鱗魚訥魚鯽
魚秀魚鯉魚蟹
豐德○距京一百八十里別名海豐德水昇天河源貞州○名
山白馬德積○大川昇天○物產碇玉砂石灰鯽魚海物
喬桐○距京一百八十里別名木雲高林○名山華蓋○大川
角山○物產席海物
陰竹○距京一百九十里別名雪城○名山靈岳○大川楸灘
○物產薄

朔寧○距京二百里別名所邑朔邑安朔僧嶺非勿嚧粱○名山城山○大川北川○物產絲麻五味子葱蜜訥魚錦鱗魚

咸鏡道 東圖們江○南大海○西平安道界 北接中國○西南江原道界

安邊○距京五百十里別名淺城朔庭登州朔方鶴城○名山雪峯鐵嶺○大川南大○物產絲麻人參安息香茯苓麝香茅香羚羊五味子紫草蜜箭竹水獺松蕈酥油

德源○距京五百六十里別名泉井宜川宜州德州東牟宜春宜城春城湧州○名山元山○大川府內○物產絲麻人參甘草麝香安息香紫草茯苓羚羊海松子五味子酥油箭竹銀口魚梨蜜蟹海物

文川○距京五百九十里別名妹城文州伊均○名山普賢○

大川院岐○物產絲麻人參麝香五味子石蕈蜜鐵茯苓紫草海松子箭竹蟹銀口魚海物

高原○距京六百四十五里別名德寧洪原高州○名山九龍○大川德之○物產絲麻人參麝香五味子石蕈蜜紫草硯石礪石燈石鉛銀海物

永興○距京六百八十五里別名博平和州長嶺和寧歷楊雙城唐文○名山國泰聖歷○大川龍興○物產絲麻人參安息香箭竹蔚草松蕈石蕈紫草五味子鐵鉛蜜黃魚銀口魚鯛魚蟹海物

定平○距京七百七十里別名宣威千丁中山定州○名山鼻白○大川長溪○物產絲麻人參茯苓安息香麝香紫草五味子酥油蜜貂青鼠銀口魚海松子海物

咸興○距京八百二十里別名咸州治蘭咸平咸山○名山城川麒麟○大川城川○物產絲麻人參茯苓麝香羚羊安息香五味子紫草海松子箭竹松蕈石蕈樺皮貂青鼠山獺海獺黃魚銀口魚餘項魚蟹海物

洪原○距京九百二十里別名洪肯洪獻○名山咸關豆蕪○大川新翼○物產絲麻人參五味子紫草海松鼎石石蕈海獺蟹海物

北青○距京一千十里別名三撒青州安北青海○名山立石○大川黃水○物產絲麻人參五味子紫草蜜豆乙粥松石蕈貢蕈甘草黃灰木鐵加時木漆楮樺皮水鐵銀口魚水獺

貂青鼠蟹海物

利城○距京一千一百十五里別名時利多甫阿沙觀城○名山檜山摩雲○大川小川○物產絲麻人參麝香五味子紫草石脂漆鐵貂青鼠銀口魚蟹物

端川○距京一千二百十五里別名福州甑州端山○名山摩天道德○大川南川○物產絲麻人參茯苓羚羊麝香五味子紫草蜜樺皮滑石黃白朱玉四色玉石硫黃銀鐵鉛鐵水鐵水獺貂青鼠石蕈蟹海物

甲山○距京一千二百七十五里別名虛川甲州夷山○名山天鳳○大川惠山○物產絲麻樺皮白礬水泡石綠礬礪石五味子海松子羚羊麝香水獺貂青鼠蜜餘項魚

三水○距京一千三百六十五里別名三江○名山五峯○大
川長津○物產痲人參五味子麝香羚羊樺皮松石蕈蜜木
泡石海松子土豹貂青鼠水獺餘項魚
吉州○距京一千三百九十五里別名海洋吉城雄城三海洋
弓漢村⊙名山圓山○大川浮瑞○物產絲痲鐵綠礬人參
鹿茸麝香羚羊五味子紫草蜜樺皮貂青鼠松蕈石蕈海獺
水獺蟾酥黃魚白土蟹海物
明川○距京一千四百六十五里別名明原⊙名山七寶○大
川明澗⊙物產絲痲人參茯苓五味子石蕈樺皮漆朱土青
箭竹貂青鼠蜜麝香水獺紫蟹海物
鏡城○距京一千六百五里別名丂龍耳木郞古雉城⊙名山

長白○大川龍城⊙物產瞿麥痲土豹狼尾貂青鼠羚羊海
獺水獺人參蜜五味子阿羊䴥樺皮沙鐵麝香竹箭蟹海物
富寧⊙距京一千七百里別名石幕富居寧山⊙名山青巖○
大川穿串○物產痲鐵人參五味子海松子樺皮蕈土豹狼
貂青貂水獺海獺蟹海物
茂山○距京一千八百五十里別名三山鰲木○名山白頭○
大川慱河⊙物產痲人參羚羊五味子海松子紫草樺皮貂
青鼠海物
會寧○距京一千九百四十五里別名阿木河鰲山吾音會會
山○名山鰲山花丰○大川甫羅○物產痲鐵人參五味子
甘草貂青鼠蟹海物

鍾城⊙距京二千四百十里別名愁州愁城鍾山⊙名山小白
⊙大川西丰⊙物產痲鐵人參甘草鹿茸青白朱土海物
穩城○距京二千一百十里別名多穩平藍城○名山萬壽○
大川立巖⊙物產痲人參五味子水獺貂青鼠海物
慶源○距京二千一百九十五里別名孔州匡州秋城○名山
東秋○大川豆蒲愁濱⊙物產痲人參五味子麝香海物
慶興⊙距京二千三百五十里由會寧行營直抵則二千一百
二十五里別名孔城孔州禮城匡城○名山白岳○大川西
水羅○物產痲鐵人參海獺水獺蟹紫蝦海物

江原道　東大海○西京畿界○南忠淸道界北咸鏡道界○東南慶尙道界○西北黃海道界

鐵原○距京一百八十里別名鐵圓鐵城東州陸昌昌原⊙名

山高巖寶蓋⊙大川砌川○物產漆松蕈梨五味子茯苓蜜
人參磁器錦鱗魚䰶魚
春川○距京二百五十里別名牛首朔州光海春州安陽壽春
鳳山○名山淸平鳳山○大川昭陽⊙物產漆海松子五味
子羚羊蜜紫草人參地黃茯苓辛甘菜䰶魚餘項魚石蕈錦
魚
金化○距京二百二十里別名夫如富平花江花山⊙名山五
申○大川方同○物產人參茯苓白花紕安息香芍藥羚羊
五味子海松子滑石鐵漆蜜綠礬餘項魚石蕈
安峽○距京二百二十里別名竆岳安朔○名山萬景○大川
浦里○物產青石玉燈石石鐵漆海松子人參羚羊五味子

蜜石蕈紫草茯苓訥魚鯽魚

橫城○距京二百三十里別名橫川潢川花田○名山馬山○大川西川○物產人參茯苓羚羊白花蛇紫草五味子紫檀香鐵漆蜜石蕈安息香訥魚餘項魚

狼川○距京二百三十里別名狌川華陰○名山狌山○大川龍頭○物產人參茯苓羚羊山査五味子梨石蕈海松子紫草蜜訥魚鯽魚餘項魚錦鱗魚

洪川○距京二百三十里別名綠驍花山○名山石花孔雀○大川君子○物產人參茯苓羚羊白花蛇五味子紫草海松子石鐵漆蜜石蕈訥魚餘項魚錦鱗魚

原州○距京二百四十里別名平原一新靖原益興成安原城

鶴城○名山雉岳鳴鳳○大川似○物產羚羊玉石蜜海松子五味子人參紫草石蕈訥魚餘項魚錦鱗魚鼈

平康○距京二百四十里別名平江廣坪斧壤○名山重峯竹林○大川狄巖○物產人參茯苓白花蛇五味子海松子漆水鐵石蕈羚羊蜜麻楮雪花紙訥魚餘項魚

金城○距京二十七里別名毋城益城金壤道窟○名山慶把白亦○大川新淵○物產人參漆石鐵銅鐵鉛鐵爐甘石茯苓白花蛇五味子海松子蜜石蕈訥魚餘項魚錦鱗魚

伊川○距京二百八十里別名伊珍買花山○名山達摩廣福○大川古城○物產人參五味子茯苓松石蕈蜜白花蛇漆海松子地黃羚羊紫草訥魚鯽魚餘項魚錦鱗魚

平昌○距京三百七十里別名郁烏白烏魯山○名山魯山木精○大川南津○物產玉石銅鐵紫硯石漆海松子五味子紫檀香紫草松石蕈人參地黃茯苓羚羊白花蛇訥魚餘項魚錦鱗魚安息香

楊口○距京三百七十里別名楊溝楊麓○名山大陰四明○大川曲溪○物產人參茯苓羚羊白花蛇石蕈磁器海松子蜜魚餘項魚錦鱗魚

麟蹄○距京三百七十里別名猪足烏斯回靈昭○名山伏龍寒溪○大川彌勒○物產人參茯苓羚羊白花蛇海松子五味子紫草蜜漆訥魚鯽魚餘項魚錦鱗魚

淮陽○距京三百八十里別名各連城連城伊勿城淮州○名

山金剛○大川德津○物產鉛鐵磁石弓幹木漆麻海松子五味子紫草人參茯苓松蕈蜜羚羊白花蛇餘項魚錦鱗魚訥魚

寧越○距京四百十里別名奈生奈城○名山石船正陽○大川錦障○物產石鐵黃楊五味子紫草人參茯苓蜜石鍾乳白檀香紫檀海松子地黃羚羊白花蛇訥魚錦鱗魚餘項魚

旌善○距京四百三十里別名三鳳朱陳桃源沉鳳○名山飛鳳○大川大陰○物產石鐵青石石鍾乳漆海松子五味子紫檀香黃楊弓幹木紫草石松蕈人參地黃茯苓羚羊蜜白花蛇訥魚錦鱗魚餘項魚

通川○距京四百四十里別名休壤金惱一金壤通州金蘭○名

山登禾○大川十二選○物產人蔘五味子地黃茯苓石蕈
木泡石蜜秀魚銀口魚海物
歙谷○距京四百七十里別名習磯鶴林習比谷○名山黃龍
朴山○大川寒橋○物產人蔘地黃補骨脂漆石蕈蜜銀口
魚蟹海物
高城○距京五百十里別名達忽丰巖○名山金壤○大川三
日○物產人蔘五味子地黃茯苓磁石白石英石膏水晶
石木爛石石鼎蜜白花蛇松蕈蓴黃魚海物
江陵○距京五百三十里別名濊國臨屯溟州東原溟源臨瀛
東溫○名山大關五臺大川鏡浦○物產苧弓幹木箭竹海
松子五味子紫檀香黃楊紫草松蕈人蔘地黃茯苓蜜蓴石

鍾乳何首烏白花蛇海獺銀口魚訥魚枳實物海
襄陽○距京五百四十里別名翼峴伊文翼嶺德寧襄山襄州
峴山○名山峴山○大川南川○物產苧鐵箭竹海松子紫
草地黃茯苓蜜人蔘白花蛇五味子松蕈銀口魚海物
杆城○距京五百五十里別名邊城守城水城○名山五音○
大川永郎○物產同襄陽
三陟○距京六百五十里別名悉直陟州眞珠○名山頭陀青
玉大白○大川五十○物產苧鐵箭竹瑪瑙弓幹木紫檀香
安息香五味子黃楊人蔘地黃茯苓松蕈蜜白花秀魚黃魚
銀口魚海物
蔚珍○距京八百里別名仙槎○名山安逸王○大川守山○

物產弓幹木漆海松子五味子紫草蜜人蔘地黃茯苓白花
蛇松石蕈箭竹銀口魚黃魚蟹海物
平海○距京八百八十里由寧海路七百八十里別名箕城○
名山金谷懸鐘○大川南大○物產箭竹蜜松蕈石蕈紫草
人蔘地黃茯苓白花蛇銀口魚海物

慶尙道 東大海○西全羅道界○南大海 北忠淸道界○東北江原道界

聞慶○距京三百八十里別名冠文冠山聞喜○名山主屹曦
陽○大川加恩○物產人蔘茯苓松石蕈海松子熊膽銀口
魚蜜柿
豐基○距京四百三十里別名基州基沐基川永定安定○名
山小白○大川比川○物產水晶石人蔘紫草松石蕈海松

子莞草蜜楮銀口魚
咸昌○距京四百四十里別名古寧咸寧古陵○名山宰岳○
大川猪谷○物產地黃柿胡桃蓮實松蕈蜜銀口魚
龍宮○距京四百五十里別名竺山園山龍州○名山竺山○
大川河丰○物產莞草梨銀口鐵白花蛇海子
順興○距京四百六十里別名岌山興州順政興寧○名山鳳
凰○大川東川○物產當歸山査
榮川○距京四百六十里別名奈靈剛州順安榮州龜城○名
山鐵呑龜山○大川臨川○物產楮人蔘地黃茯苓海松子
松蕈蜜漆莞草銀口魚
尙州○距京四百八十里別名上州上洛沙伐商山陀阿○名

山四佛〇大川洛東〇物產水晶石玉石玉燈石鐵人參安
息香胡桃柿栗白花蛇莞草松石蕈銀口魚
醴泉〇距京四百八十里別名水酒甫州基陽清阿襄陽〇名
山龍門〇大川沙川〇物產鐵人參白花蛇五味子楮雪綿
紫草海松子莞草石蕈蜜銀口魚鰯魚
奉化〇距京五百十里別名鳳城玉馬〇名山太白〇大川買
吐〇物產人參白花蛇石清海松子石蕈松蕈銀口魚
禮安〇距京五百二十里別名買谷善谷宣城〇名山龍頭〇
大川浮津〇物產漆鐵人參茯苓五味子紫草松石蕈蜜海
松子銀口魚雪綿
安東〇距京五百四十里別名古昌永嘉福州綾羅地平石陵

一界花山古寍古藏昌寍〇名山文筆清凉〇大川琴召〇
物產鐵人參茯苓白花蛇紫石地黃五味子松石蕈海松子
蜜莞草雪綿
比安〇距京五百四十里別名屏山比屋幷屋〇名山城隍〇
大川雙溪〇物產漆人參紫草蜜
善山〇距京五百五十里別名一善嵩善善州和義〇名山金
烏〇大川大灘〇物產漆柿茯苓莞草白花蛇海松子栗鯉
魚鯛魚
開寍〇距京五百五十里別名青州甘文甘州〇名山甘文〇
大川牙川〇物產棗安息香地黃
金山〇距京五百二十里別名金陵〇名山五波〇大川直旨

〇物產地黃白花蛇蜜松石蕈柿莞草銀口魚
軍威〇距京五百七十里別名赤羅〇名山馬井〇大川幷川
〇物產漆沙器紫草松蕈蜜
仁同〇距京五百九十里別名壽同玉山〇名山流嶽〇大川
漆津〇物產地黃胡桃柿蜜銀口魚鰯魚
義城〇距京五百九十里別名召文聞韶〇名山黃山氷山〇
大川下川〇物產漆席人參紫草蜜
星州〇距京六百里別名星山伽倻新安碧珍廣平岱州京山
興安〇名山斐旨〇大川伊川〇物產漆磁器安息香紫草
海松子松蕈蜜銀口魚
義興〇距京六百十里別名龜山龜城〇名山華山〇大川缶

溪〇物產漆人參地黃紫草白花蛇磁器蜜
知禮〇距京六百十里別名龜城〇名山龜山〇大川甘川〇
物產松石蕈海松子石榴銀口魚蜜
青松〇距京六百二十里別名青巳積善雲鳳青鳧青寶〇名
山周方〇大川南川〇物產人參熊膽白花蛇莞草漆蜜羚
羊松石蕈海松子紫草
眞寶〇距京六百二十里別名眞安甫城載巖青寶眞海〇名
山南角〇大川神漢〇物產人參地黃茯苓紫草松石蕈蜜
英陽〇距京六百四十里別名古隱延陽益陽〇名山日月〇
大川興林〇物產蜜松蕈木賊五味子
新寍〇距京六百四十里別名丁火花山〇名山普賢〇大川

乙阿○物產地黃人參麥門冬蜜漆笠草
高靈○距京六百五十里別名大伽倻靈川○名山耳山○大
川龍潭○物產竹榧子地黃柿梅實磁器蜜銀口魚
漆谷○距京六百六十里別名架山箕城漆城○名山架山○
大川梅院○物產艾
大邱○距京六百七十里別名達城名山連龜八公○大川石
湖○物產漆箭人參枸杞子茯苓紫草笠草海松子松蕈石
榴柿地黃銀口魚鯽魚鯉魚
元風○距京六百七十里別名元驍包山元丰○名山琵瑟○
大川廣灘○物產竹茯苓白花蛇梅實石榴蜜天門冬鱖魚
鯉魚

永川○距京六百八十里別名臨臯永州益陽永陽高鬱○名
山鵲山○大川北川○物產鐵漆人參茯苓地黃麥門冬山
茱萸紫草松蕈蜜莞草笠草海松子黃魚
河陽○距京六百八十里別名河州花城○名山醮禮○大川
南川○物產棗笠草鯽魚銀口魚
草溪○距京七百里別名八溪清溪○名山清溪○大川黃芚
○物產楮漆竹白花蛇安息香石清胡桃石榴海松子柿鯛
魚
慶山○距京七百里別名押梁押督獐山章山玉山○名山馬
巖○大川黃栗○物產茯苓白花蛇紫草蓮實梅實棗蜜銀
口魚鯽魚笠草

居昌○距京七百十里別名居烈居陁娥林濟昌○名山牛頭
○大川加祚○物產五味子柿栗松蕈石蕈海松子麝香熊
膽當歸銀口魚蜜
咸陽○距京七百十里別名含城天嶺許州含陽○名山白雲
白巖○大川濫川雷溪○物產竹五味子石榴柿蜜海松子
石蕈銀口魚
昌寧○距京七百十里別名火王下州昌山昌城夏城夏山○
名山火王○大川勿琴○物產箭竹石榴五味子茯苓白花
蛇蜜甘草鯛魚
陜川○距京七百二十里別名大良江陽陜州大耶名山伽倻
○大川倻川○物產鐵墨人參苓茯白花蛇五味子海松子

柿楮蜜石蕈松蕈銀口魚
慈仁○距京七百二十里別名其火仁山○名山三聖○大川
觀瀾○物產枸杞子紫草莞草鯛魚烏鱗魚
靈山○距京七百四十里別名西火尙藥鷲山鷲城○名山太
子○大川買浦○物產竹茯苓烏梅甘草石榴柿蜜鰱魚鯉
魚
清道○距京七百四十里別名道州鰲山伊山大城馬岳伊西
○名山鰲山○大川雲門○物產漆楮竹石硫黃地黃胡桃
柿栗松石蕈蜜銀口魚
寧海○距京七百五十里別名于尸有隣禮州丹陽德原○名
山龍頭○大川赤川○物產銅鉛箭竹人參石榴松蕈蜜紫

草蟹海物
安義○距京七百五十里別名利安馬利花林感陰餘善○名
山黃石○大川葛川○物産竹當歸熊膽麝香胡桃五味子
銀口魚白花蛇石蕈柹蜜
慶州○距京七百六十里別名辰韓斯盧樂浪雞林月城東京
金鰲蚊川○名山金鰲斷石○大川兄蚊山川○物産白礬
沙鐵石硫黃瑪瑙石水晶石砒礵漆白花蛇山茱萸黃楮松
蕈海松子海物
三嘉○距京七百七十里別名三支三岐岐山麻杖嘉樹嘉壽
鳳城○名山黃山○大川深川○物産鐵柹地黃當歸蜜麝
香五味子鰂魚銀口魚

迎日○距京七百七十里別名臨汀烏川○名山大興雲梯○
大川通洋○物産箭竹防風鵰石松蕈蜜黃魚銀口魚海物
漆原○距京七百七十里別名漆吐漆堤龜城茂陵○名山青
龍○大川蔑浦○物産蜜竹鯛魚漆柹海物
宜寧○距京七百八十里獐含宜春宜山○名山闍堀○大川
丐浦○物産漆苧竹楮白花蛇石榴梅實銀口魚鯛蜜
興海○距京七百九十里別名退火義昌曲江鰲山○名山禱
陰○大川曲江○物産箭竹防風松蕈銀口魚海物
盈德○距京七百九十里別名野城○名山蕪莅○大川三江
○物産鐵箭竹海松子人參弓幹木紫草蜜銀口魚海物
昌原○距京八百里別名義安義昌檜山合浦會原還珠○名

山白月○大川合○浦物産鐵鉛銅漆黃楮石榴柚柹海物
咸安○距京八百里別名河羅伽倻咸州金羅沙羅巴山○名
山餘航○大川巴溪○物漆楮苧石榴蜜竹香蕈柹棗栗銀
口魚鯉魚鯛魚
密陽○距京八百十里別名密城密州歸化凝川密○名山華
岳萬魚○大川海陽○物産楮茶笛竹箭竹漆地黃茯苓斑
石麻石榴栗松石蕈蜜銀口魚黃魚葦魚鱸魚鯛魚
清河○距京八百十里別名阿兮海阿德城○名山內延○大
川介浦○物産石蕈蜜海物
長鬐○距京八百十里別名只沓鬐立蓬山○名山巨大○大
川松吉○物産磊綠精粉松蕈海物

彥陽○距京八百十里別名巘陽巘山○名山高巘○大川南
川○物産鐵箭竹石清地黃石榴香蕈石松蕈銀口魚黃魚
河東○距京八百二十里別名河南清河○名山陽慶○大川
橫浦○物産茯苓朱土茶石榴竹柹柚楮蟹海物
山清○距京八百四十里別名山陽會稽四明○名山玉山○
大川牛灘○物産竹柹松石蕈石榴鐵茶五味子熊膽麝香
銀口魚蜜
鎮海○距京八百四十里別名八鎮牛山○名山鷲山○大川
東城○物産竹茶石榴銀口魚黃魚蜜海物
晉州○距京八百五十里別名居陁菁州康州晉陽菁川晉山
晉康○名山智異○大川南江○物産楮柹茶漆箭竹梅實

熊膽鹿茸五味子海松子人參白土竹蜜石榴松蕈石蕈生薑海物

蔚山○距京八百五十里別名河曲蔚州鶴城火城恭化興麗○名山圓寂○大川大和○物産苧水鐵箭竹茯苓天門冬瑪瑙石防風深中靑倭楮香蕈烏海藻蜜茶銀口魚海物

熊川○距京八百六十里別名熊口熊神屛山熊山○名山熊山○大川釜谷○物産柚石榴香蕈竹海物

金海○距京八百八十里別名駕洛伽倻金官臨海金州金寧盆城○名山龜旨明月○大川都要三分○物産鐵箭竹紫草香蕈烏蛇蜜石榴葦魚鯉魚海物

丹城○距京八百八十里別名闕城江城珍城赤村丹邑丹溪○名山節俗○大川丹溪○物産鐵梅實柿榧子蜜竹茶麝香石榴銀口魚礪石

泗川○距京八百八十里別名史勿沛水泗州東城○名山豆音○大川泗水○物産竹箭竹柿石榴柚香蕈蜜黃魚銀口魚海物

梁山○距京九百里別名艮州宜春梁州順正○名山鷲棲○大川伽倻○物産沙鐵竹天門冬茶香蕈松蕈秀魚銀口魚葦魚黃魚

昆陽○距京九百里別名昆明昆南鐵城昆山○名山鳳鳴○大川唐川○物産竹蜜茶香蕈石榴柚柿松蕈海物

固城○距京九百里別名固州鐵城○名山舞妓○大川愁月○物産綠礬竹鹿茸石榴柚倭楮香蕈柿松蕈海物

南海○距京九百二十里別名海陽轉山花田輪山○名山錦山○大川觀音○物産漆弓幹木梔子榧子石榴柚香蕈海物

東萊○距京九百四十里別名萇山萊山蓬萊蓬山○名山釜山金井○大川絲川○物産磁陶器箭竹石榴柚子靑玉菜香蕈蟹銀口魚秀魚海物

機張○距京九百五十里別名甲火艮谷車城○名山岸山○大川棋浦○物産竹箭竹黑棋石榴柚柿海物

巨濟○距京一千十里別名裳郡○名山雞加龍羅○大川九川○物産漆弓幹木倭楮白花蛇地黃梔子柚石榴香蕈秀魚海物

全羅道 東慶尙道界○西大海 南大海○北忠淸道界

礪山○距京四百三十里別名礪良壺山朗山野山關山○名山軍入花山○大川漏項○物産砥石蟹

龍安○距京四百三十里別名十城○名山龍頭○大川金頭○物産白魚鯽魚葦魚秀魚蟹

咸悅○距京四百四十里別名咸羅甘勿阿○名山咸羅○大川熊浦○物産苧薴秀魚魟魚綿魚蟹鯽魚白魚葦魚鱸魚

益山○距京四百五十里別名金馬益州○名山龍華○大川春浦○物産竹鯽魚薑蟹

珍山○距京四百五十里別名珍同黃山進禮玉溪珍州○名

山萬仞大菴○大川井川○物產人參鐵銅磁器石雌黃自
然銅柿銀硫黃白礬
高山○距京四百七十里別名鳳山○名山珠翠○大川龍灘
○物產苧漆烏水晶綠礬石榴蜜松石蕈柿錦鱗魚
茂朱○距京四百八十里別名茂山茂丰珠溪赤川丹川○名
山德裕赤裳○大川赤川○物產鐵蜜人參楮海松子五味
子松石蕈
錦山○距京四百八十里別名錦陽錦溪錦州伊城○名山秦
進○大川召爾○物產蜜海松子松石蕈茯苓人參鐵
臨陂○距京四百九十里別名陂山𤃬城屎山忻文所島○名
山崗山○大川鎭浦○物產芡蟹鯝魚白魚魟魚

全州○距京五百里別名甄城完山安南承化○名山乾止南
福○大川南川○物產磁器紙漆薑鬱金柿蜜石榴葦魚
萬頃○距京五百十里別名杜山豆乃山○名山進鳳○大川
新倉○物產鯝魚葦魚芡菱蓮藕海物
金溝○距京五百二十里別名鳳山仇知只山○名山鳳頭○
大川母嶽○物產石榴蟹苧漆蜜薑竹
金堤○距京五百三十里別名碧骨○名山僧伽○大川東津
○物產芡菱蕣苧蓮鯽魚
龍潭○距京五百三十里別名勿居玉川淸渠○名山九峯○
大川壽成○物產麻桑漆楮柹蜜松石蕈
沃溝○距京五百三十里別名馬西良玉山○名山鉢伊○大

川泗水○物產竹蕈茶鯽魚薑魚秀魚蟹海物
泰仁○距京五百六十里別名太山賓屈賦城武城仁義○名
山竹寺○大川南川○物產苧箭竹礪茶薑石榴柿蜜蟹
扶安○距京五百七十里別名皆火扶寧戒發休安浪川喜安
扶風○名山邊山○大川東津○物產苧箭竹磁器鹿茸松
蕈銀口魚秀魚鯔魚葦魚海物
任實○距京五百七十里別名靑雄雲水○名山龍蟠○大川
烏原○物產蜜柿漆銀杏木瓜梨胡桃地黃鬱金紫草萬楮
白花蛇銀口魚石蕈栗
鎭安○距京五百八十里別名難珍阿越浪○名山馬耳○大
川東川○物產漆蜜楮麻石紫草

井邑○距京五百九十里別名井村楚山○名山內藏○大川
璣川○物產竹柿苧石榴薑蜜蟹
古阜○距京六百里別名瀛州安南古沙夫里○名山斗升○
大川訥堤○物產葦魚鯽魚蟹青土鸕鷀油薑茶石榴竹海
物
南原○距京六百三十里別名帶方古龍龍城○名山蛟龍○
大川居寧○物產箭竹楮胡桃石榴榧子海松子茯苓地黃
薑柿羚羊蟹松石蕈蜜銀口魚
湣昌○距京八百三十里別名道實鳥山玉川湣化○名山赤
城○大川伊川○物產銀口魚蜜楮鬱金竹茯苓茶白花蛇
自然銅

興德○距京六百三十里別名上柒尙質章德興城○名山逍
遙○大川沙津○物產竹箭地黃磁器鷗鴒油銀口魚海物
高敞○距京六百四十里別名毛良夫里牟陽○名山半登○
大川黍轎○物產竹銀口魚柿蜜石榴磁器
長水○距京六百四十五里別名雨坪長川高澤○名山聖跡
○大川南川○物產五味子人參石蕈紫草蜜
玉果○距京六百六十里別名果支雪山○名山雪山○大川
方齊○物產楮柿松蕈銀口魚
潭陽○距京六百七十里別名秋城潭州○名山秋月金城○
大川原栗○物產苧漆柿竹楮茶梅實茯苓石榴胡桃
長城○距京六百七十里別名岬城邱珍伊城鰲山○名山白

巖○大川黃龍○物產苧竹白花蛇梅實蕈柿榧子石榴蜜
茂長○距京六百七十里別名茂松松山長沙上老沙島○名
山禪雲高山○大川禪雲○物產箭竹茶海物
谷城○距京六百七十里別名欲乃浴川○名山動樂○大川
鴨綠○物產楮銀口魚竹柿茯苓白花蛇麻松蕈磁器鬱金
雲峯○距京六百八十七里別名母山阿莫阿容阿莫雲城○
名山鼎山○大川楓川○物產楮柿蜜五味子人參松石蕈
海松子紫草漆栗
昌平○距京七百里別名屈支祈陽鳴陽鳴平○名山龍龜○
大川竹綠○物產竹鐵漆自然銅石榴榛柿
靈光○距京七百十里別名武靈廣城靜州○名山箕山○大

川西湖○物產竹箭竹茶自然銅蕈茯苓地黃海物
光州○距京七百三十里別名武珍武州光山海陽翼州化平
茂珍翼陽瑞石○名山無等○大川漆川○物產鐵箭竹磁
器地黃海實胡桃棗石榴柿茶蜜鯽魚
同福○距京七百三十里別名烏城寶城福川○名山甕城○
大川靈神○物產竹楮柿銀口魚漆蜜茶香蕈胡桃石榴栗
鬱金鐵
羅州○距京七百五十里別名發羅通義錦山錦城○名山錦
城侍郎○大川錦江廣灘○物產箭竹藥石磁器竹莓山菜
榧子石榴香蕈甘草菁薑魚海物
綾州○距京七百五十里別名連珠爾陵樹竹綾城○名山倭

城○大川車衣○物產箭竹地黃茶松蕈蜜柿石榴竹香蕈
南平○距京七百五十里別名玄雄烏山永平○名山楓山○
大川砥石○物產鯽魚石榴茶梅實竹烏竹
求禮○距京七百六十里別名鳳城○名山鰲山○大川所兒
○物產楮榧子竹箭竹銀口魚松石蕈石榴香蕈蜜海松子
胡桃白花蛇茯苓地黃羚羊五味子
和順○距京七百六十里別名汝湄烏城汝濱山陽○名山羅
漢吳城○大川道川○物產鐵竹茶松蕈石榴柿蜜
咸平○距京七百七十里別名咸丰多岐牟陽牟平○名山君
尾○大川鼎湄○物苧楮莞草竹箭竹水鐵磁器鐵石榴柿
榧子茶秀魚海物

樂安○距京七百八十里別名分嵯分沙浮槎分嶺洛州陽岳
○名山金錢○大川白亭○物產柚柿石榴茶竹箭竹梔子
梅實茯苓胡桃楮海物
順天○距京七百九十里別名武平昇平昇州充海昇化平陽
○名山麟蹄○大川洛水○物產苧磁器箭竹竹柚梔子石
榴梅實薑香蕈松蕈榛子茶銀口魚海物
務安○距京七百九十里別名綿州勿良○名山僧達○大川
沙湖○物產甘草石榴茶箭竹榧子秀魚海物
光陽○距京八百十五里別名老馬晞陽○名山白雞○大川
蟾津○物產楮箭竹石榴香蕈松石蕈柿靈鐵漆鬱金茯苓
銀口魚海物

靈巖○距京八百二十里別名月奈朗川朗山○名山月出○
大川德津○物產柿石榴茯苓安息香香蕈海物
寶城○距京八百五十里別名山陽貝州○名山伏雉○大川
亭子○物產柿榧子莓山茶苧莞草柚香松蕈水泡石竹箭
竹石榴礪石海物
康津○距京八百八十里別名余陵道康耽津陽武鰲山○名
山萬德○大川舟橋○物產人參紫草石榴柚香蕈雀舌榧
子莓山茶自然銅竹箭竹黃魚銀口魚鱸魚鯉魚海物
長興○距京八百九十里別名烏次烏兒定安懷州冠山○名
山修因天冠○大川汭陽○物產箭竹漆柚蕓梔子榧子石
榴烏梅蜜蕁山茶松蕈銀口魚海物

興陽○距京八百九十里別名高伊高興高陽瀛州○名山智
來八影○大川鍾川○物產松蕈香蕈柚竹箭竹黃山茶石
榴榧子自然銅桑寄生茯苓麝香海物
海南○距京九百里別名塞琴浸溟投濱海珍○名山駕鶴○
大川南川○物產楮竹箭竹苧茶石榴柚柿莓山茶華斑石
自然銅紫草榧子秀魚海物
珍島○距京一千三十里別名沃州○名山嘉興○大川潞實
○物產石榴柚榧子香蕈紫檀香箭竹海物
濟州○距京陸路九百四十里水路九百七十里別名耽羅東
瀛州毛羅耽毛羅○名山漢拏○大川水晶○物產馬牛麋
子樸麂獐猪貛海獺璸珠地獺玳瑁貝鸚鵡螺香鼠香蕈木

衣柑柚橘榧子梔子無灰木榕木櫨木山柚子木二年木枳
殼安息香苦練根海桐皮八角蕈澄茄厚朴石斛蜀椒杜仲
無患子零陵香香附子白蠟石鍾乳陳皮青皮松寄生銀口
魚海物
大靜○距濟州一百三十里○名山山房○大川索達○物產
同濟州
旌義○距濟州一百四十里名山瀛州○大川洪爐○物產同
濟州

忠淸道　東北抵江原道界○東南抵慶尙全羅道界　西北抵大海○北抵京畿道界

平澤○距京一百六十里別名彭城河八○名山城山○大川
濁川○物產地黃蒲草秀魚鯽魚

稷山〇距京一百八十里別名慰禮城蛇山〇名山蛇山聖居〇大川牙州〇物産艾白蛇安息香魚黃石首魚鯽魚葦魚

天安〇距京二百十里別名兜率歡州任歡城寧州寧山〇名山王字〇大川青池〇物産磁陶器地黃蟹白花蛇海物

牙山〇距京二百十里別名牙述陰峯岑仁州寍仁牙州〇名山鸞巖〇大川貢稅嶺橋〇物産白玉玉石水晶白花蛇黃小魚葦魚秀魚白魚

新昌〇距京二百二十里別名屈直新梁溫昌昌城〇名山鶴城〇大川彌勒〇物産茯苓艾早紅秀魚葦魚白魚

鎭川〇距京二百四十里別名萬弩首知新知黑壤黃壤降州鎭州彰義義寍常山〇名山頭陀吉祥〇大川牛川〇物産

人參麝香羚羊蜜紫草白花

木川〇距京二百四十里別名大麓木州新定〇名山黑城鷲巖〇大川山方〇物産鐵磁器蜜棗紫草安息香

陰城〇距京二百四十里別名仍忽雲城〇名山迦葉〇大川閔雲〇物産棗

全義〇距京二百四十五里別名仇知金池全歧全城〇名山甑山〇大川生掘〇物産鐵磁器茯苓安息香紫草

溫陽〇距京二百五十里別名湯井溫昌溫水溫泉〇名山排方〇大川加里〇物産漆楮柿茯苓

禮山〇距京二百五十里別名烏山孤山〇名山余烏〇大川無限〇物産茯苓茅香磁器秀魚葦魚鐵

忠州〇距京二百八十里別名國原大原中原忠原蘂城昌化〇名山風流鳥岬犬門〇大川達川龍灘〇物産鐵海松子松蕈滑石水獺蜜紫草棗人參香麝安息香錦鱗魚石蕈石流黃

槐山〇距京二百八十里別名槐壤槐州始安〇名山普光〇大川北川〇物産漆紫草人參蜜安息香茯苓白花蛇訥魚

大興〇距京二百八十里別名任存今州任城〇名山鳳首〇大川京結〇物産鮮魚蟹地黃

清安〇距京二百八十里別名淸淵道西道安淸塘〇名山坐龜〇大川礁灘〇物産鐵磁器茯苓安息香紫草

德山〇距京二百八十里別名今勿今武德丰伊山馬尸山〇

名山伽倻〇大川薪橋〇物産漆紫草白花蛇蟹秀魚白魚鱸魚

燕歧〇距京二百九十里別名全歧仍只燕山〇名山元帥〇大川東津〇物産磁陶器蟹

淸州〇距京三百里別名上黨娘臂西原靑州琅城全節〇名山上嶺葩串〇大川鵲川〇物産靑玉石綠礬朱土靑磁陶器蜜松石蕈紫草人參茯苓

洪州〇距京三百里別名運州知州安平海丰海興洪陽〇名山月山〇大川金馬〇物産鐵莞草箭竹蟹海物

沔川〇距京三百十里別名櫓郡櫓城馬山宗海沔州〇名山凰棲〇大川犯斤〇物産紫草苧鯔魚蟹海物

結城○距京三百十里別名潔已潔城潔州秄城○名山青龍
○大川廣川○物産竹箭竹青玉地黃銀口魚海物
海美○距京三百十里別名貞海餘美餘村餘邑岑陽枳城○
名山象王○大川大母○物產夯魚安息香鐵銀口魚海物
堤川○距京三百十里別名奈吐奈堤義川義原○名山龍頭
○大川廣灘○物產鐵蕈獐蜜松蕈紫草白花蛇安息香茯
苓羚羊防風辛甘菜
公州○距京三百二十里別名熊川熊州熊津懷道安節公山
○名山鳳凰鷄龍○大川錦江熊津○物產水鐵銅鐵海松
子訥魚蟹
延豐○距京三百二十里別名上芼長延○名山朴達○大川

伊火○物產松石蕈蜜辛甘菜海松子
青陽○距京三百二十里別名古良夫里青武○名山七甲牛
山○大川西川○物產苧紫草地黃海松子川魚蟹
文義○距京三百三十里別名牟山燕山文山○名山九龍○
大川荊角○物產蜜紫草茯苓白花蛇安息香訥魚錦鱗魚
蟹陶器
清風○距京三百四十里別名沙熱○名山月岳錦屏○大川
青草○物產絲水鐵紫山查松石蕈紫草蜜訥魚錦鱗魚朱
土青土人參茯苓白花蛇羚羊墨石鐘乳綠礬石硫黃
懷德○距京三百四十里別名雨述杇淺比丰○名山雞足○
大川甲川○物產紫草茯苓地黃安息香石鐵訥魚

瑞山○距京三百五十里別名基郡富城瑞寧瑞州○名山聖
旺○大川板橋○物產苧鐵鋼魚銀口魚蟹白花蛇海物
懷仁○距京三百五十里別名未谷昧谷○名山何歷○大川
龍巖○物產水鐵水晶石蜜海松子紫草茯苓地黃安息香
定山○距京三百五十里別名悅已悅城○名山大朴○大川
金剛○物產苧漆鐵磁器蜜地黃茯苓白花蛇
唐津○距京三百五十里別名代首只夫只○名山高山○大
川菜元○物產茯苓青玉蟹海物
保寧○距京三百五十里別名新村新邑杻城新安新城○名
山烏棲○大川花巖○物產紫草銀口魚海物
鎮岑○距京三百五十里別名眞峴鎮嶺祀城貞城○名山鹿

長○大川車灘○物產榰漆綠礬白玉茯苓安息香
永春○距京三百六十五里別名子春乙阿朝○名山城山毗
摩○大川南津○物產人參紫草黃楊茯苓蜜錦鱗魚玉羚
羊石鐘乳安息香棗訥魚石蕈
丹陽○距京三百七十里別名赤城赤山丹山丹邱○名山上
岳燕飛○大川馬津○物產紫草松蕈竹棗玉石綠礬蠟蜜
石蕈茯苓安息香白花蛇海松子墨五味子黃楊辛甘菜人
參訥魚
藍浦○距京三百七十里別名寺浦玉山○名山玉馬○大川
大川○物產箭竹硯石磁器銀口魚海物
尾山○距京三百七十里別名尾城魯山恩山○名山魯山○

大川石橋○物產苧鐵鰤魚蟹
扶餘○距京三百八十里別名半月泗沘餘州○名山扶蘇○大川白馬○物產苧茯苓葦魚鱸魚秀魚白魚鯽魚
報恩○距京三百八十里別名保齡三山保令○名山俗離○○大川龍川○物產木鐵松石蕈海松子羚羊安息香蜜熊膽棗
泰安○距京三百九十里別名蘇泰蘇州蓴城蘇城○名山白華○大川堀浦○物產箭竹白玉鐵竹海物
石城○距京三百九十里別名珍惡山石山○名山波鎮○大川甑山○物產苧葦魚秀魚安息香鯽魚蟹
林川○距京四百里別名加林嘉林林州○名山聖興七星○

大川南堂○物產苧陶器蟹白魚葦魚白花蛇地黃石首魚
連山○距京四百里別名黃山恩山○名山黃山○大川草浦○物產苧自然銅楮漆地黃蜜綠礬沙鐵柹栗銀口魚錦鱗魚鯽魚蟹
恩津○距京四百里別名德恩德殷德近薪浦市津○名山摩耶皇華○大川江景○物產白玉石鐵箭竹地黃安息香柹鯽魚白魚葦魚秀魚白花蛇銀口魚蟹
沃川○距京四百十里別名古尸山管城沃州○名山馬城○大川赤登○物產木鐵紫草人參麝香蜜安息香地黃茯苓朱土
鴻山○距京四百十里別名大山翰山○名山飛鴻○大川金川○物產苧漆茯苓安息香柹蟹
庇仁○距京四百二十里別名比衆○名山月明○大川種川○物產箭竹白花蛇海物
青山○距京四百三十里別名廩山突山春山○名山德義○大川南川○物產綠礬人參茯苓安息香蜜海松子紫草棗
韓山○距京四百四十里別名馬山馬邑韓州鵝州○名山乾至○大川芽浦○物產苧漆白魚秀魚葦魚柹
舒川○距京四百六十里別名舌林西林西州○名山烏山○大川長橋○物產箭竹苧安息香柹蟹海物
永同○距京四百七十里別名吉同稽州永山稽山竹州○名山城隍○大川高唐○物產辛甘菜人參五味子紫草海松

子松蕈蜜鯉魚錦鱗魚重唇魚
黃澗○距京五百十里別名召羅黃青黃溪○名山黃岳○大川石川○物產磁器人參茯苓白花蛇蜜安息香辛甘菜松蕈木賊

黃海　東江原道界○西大海○南京畿道界北平安道界○東北咸鏡道界

金川○距京二百里別名庾押金陵江陰江西牛峯花山○名山鶴峯春明○大川岐灘○物產紫草山獺蜜絲秀魚鯉魚碑石
白川○距京二百十里別名刀臘雉岳城雉澤白州開興中剡復興銀州○名山雉岳○大川星川○物產鶻鵰油秀魚蟹鯛魚

兎山〇距京二百三十里别名烏斯月城〇名山花山〇大川
東大〇物產人參蜜水晶石辛甘菜紫草
延安〇距京二百五十五里別名海臯鹽州永膺温州五原陽
原復州碩州〇名山鳳勢龍縛〇大川所草〇物產蓮實蟹
海物
平山〇距京二百六十里別名大谷永丰平州延德東陽〇名
山滅惡牧丹葱秀大川猪灘〇物產絲鐵藍石青礪石朱土
緑礬梨栗石蕈五味子紫草訥魚
瑞興〇距京三百四十里別名五谷五關洞州巃西瑞城玉谷
〇名山大峴〇大川金淵〇物產磁器人參茯苓海松子石
蕈五味子紫草弓幹木蜜漆絲麻鉛鐵訥魚錦鱗魚

新溪〇距京三百四十里別名新恩新城丹溪檀溪覃州〇名
山九峯鵲巢〇大川南灘〇物產絲人參茯苓五味子松蕈
紫草鐵訥魚
海州〇距京三百七十里別名池城長池瀑池大寧安西首陽
孤竹〇名山首陽佛足龍首〇大川三灘鵠川〇物產麻鐵
石鐵絲青玉紫草蟹鰀口魚鱸魚鯛魚秀魚海物
鳳山〇距京四百十里別名鵂巖棲巖池可鳳州鳳陽〇名山
祿科政方〇大川劒水〇物產絲麻烏黃玉磁器鐵地黃梨
鱗魚白魚秀魚訥魚鯽魚葦魚蟹
谷山〇距京三百三十里別名古谷鎮瑞永丰象山〇名山高
達南山〇大川末訖〇物產絲麻人參羚羊弓幹木黃楊海

松子紫草五味子松石蕈蜜木賊訥魚
遂安〇距京四百三十里別名猪塞獐栗遂州遼山〇名山遼
東〇大川能成〇物產絲麻鐵銅鐵銀人參茯苓羚羊五味
子紫草弓幹木蜜松石蕈玉石訥魚
康翎〇距京四百五十里別名永康白翎〇名山鳳凰〇大川
王灘〇物產苧麻礪石紫草昆茸蓍秀魚鱸魚海物
黃州〇距京四百六十里別名冬忽取城固寧齊安龍興聖城
大龍冬蠻〇名山碧花天柱金鳳〇大川鐵和於草〇物產
絲礪石青土朱土地黃梨蘆草蜜葦魚秀魚鯽魚訥魚錦鱗
魚
載寧〇距京四百六十里別名息城漢忽重盤安陵安風安州

〇名山長壽〇大川栗串〇物產絲麻石鐵何首烏五味子
紫草秀魚鯽魚訥魚蟹白魚
信川〇距京四百六十里別名升山升州花山信州信安信城
〇名山花山中嶺〇大川樓橋〇物產絲麻蘆草鯛魚蟹
甕津〇距京四百八十里別名瓮遷〇名山花山〇大川所江
〇物產絲麻紫草鱸魚海物
松禾〇距京五百十里別名麻耕青松嘉禾〇名山墨山〇大
川水回〇物產麻絲鐵漆紫草鰀口魚
長淵〇距京五百二十里別名長潭淵康〇名山佛陀〇大川
白沙〇物產絲麻鐵銅蜜鹿角膠秀魚海物
文化〇距京五百二十里別名闕口儒州始寧文城〇名山九

月〇大川亭子〇物產絲麻海松子

安岳〇距京五百三十里別名楊山楊岳〇名山楊山〇大川迎津〇物產絲麻松蕈紫草梨秀魚鯛白葦魚石魚石鱗蟹

豐川〇距京五百五十里別名屈遷丰州西河成海安州〇名山瑞麟廣石〇大川業淸〇物產絲麻磊綠鐵漆松石蕈紫草硯石倭楮膍角膠海物

殷栗〇距京五百五十里別名栗口栗川〇名山乾止〇大川金山〇物產絲麻石鐵紫草海松子鰒口魚海物

長連〇距京五百七十里別名長命連丰〇名山鳳凰〇大川三派〇物產絲石鐵精粉紫草水鐵松蕈五味子鰒口魚秀魚海物

平安道　東咸鏡道界〇西大海　南黃海道界〇北鴨綠江南岸

中和〇距京五百里別名唐岳〇名山淸凉〇大川鸞浦〇物產絲麻秀魚酥油

平壤〇距京五百五十里別名箕城樂浪西京西都鎬京柳京〇名山錦繡九龍〇大川大同〇物產秀魚蛤雲毋磁器麻絲葦魚綿魚石花錦鱗魚

順安〇距京六百里別名平郊和安定〇名山青龍〇大川合掌〇物產絲麻紫草秀魚鱸魚海物

江西〇距京六百里別名舞鶴〇名山舞鶴〇大川狄橋〇物產絲麻葦魚秀魚蛤

江東〇距京六百十里別名松壤〇名山大朴孫子〇大川西

江〇物產絲麻楮紫草

咸從〇距京六百二十里別名牙山牙善牙城〇名山雙魚〇大川無〇物產絲紫草皮荻栗秀魚鱸魚海物

祥原〇距京六百二十里別名土山息達今達祥山〇名山觀音〇大川文浦〇物產絲麻楮土紫草蜜

永柔〇距京六百三十里別名淸溪永淸永甯定水〇名山米豆〇大川淸溪〇物產絲麻漆紫草秀魚鱸魚鯛魚海物

慈山〇距京六百四十里別名慈母太安慈州文城〇名山慈母梨花〇大川淸水〇物產絲麻石鍾乳安息香酥油

龍岡〇距京六百四十里別名烏山軍岳黃龍龍城〇名山烏石〇大川白浦〇物產絲麻紫草漆秀魚鱸魚海物

甑山〇距京六百四十里別名西河〇名山國靈〇大川國靈〇物產絲楮漆紫草鱸魚秀魚海物

三登〇距京二百四十里別名能城陽壤〇名山鳳頭〇大川能成〇物產絲麻紫草自然銅楮蜜訥魚錦鱗魚鯉魚海物

肅川〇距京六百六十里別名鎮國平原肅州〇名山唐山〇大川楓川〇物產絲麻紫草葦魚鱸魚海物

三和〇距京六百六十里別名牛山〇名山牛山〇大川南川〇物產艾絲漆紫草鱸魚秀魚海物

殷山〇距京六百七十里別名同昌興德殷州〇名山天聖〇大川綿溪〇物產絲麻山芥人參海松子安息香羚羊五味子麝香弓幹木鉛鐵蜜水獺漆山獺訥錦鱗魚

順川◎距京七百五里別名靜戎順州◎名山刃山◎大川城
巖◎物產絲麻漆綠礬羚羊安息香人參五味子紫草蜜石
菖蒲酥油訥魚錫鱗魚餘項魚
成川◎距京七百十里別名卒本扶餘沸流多勿松壤成州◎
名山劍鶻檜山紇骨◎大川沸流◎物產絲麻白玉漆五味
子人參茯苓麝香海松子松蕈紫草楮蜜
安州◎距京七百二十里別名安陵蜜城息城重盤安北彭原
寧州◎名山鳳德◎大川青川◎物產絲麻瑪瑙石莞草海
松子酥油楮銀口魚鯽魚石花蟹蝦秀魚
孟山◎距京七百五十里別名鐵城鐵甕孟州德孟◎名山頭
蕪◎大川大泉◎物產絲麻紫草人參麝香茯苓五味子海

松子蜜水獺石蕈訥魚餘項魚
博川◎距京七百六十里別名博陵博州德昌◎名山卧龍◎
大川大寧◎物產絲麻蜜漆楮莞草紫草秀鯽魚海物
寧邊◎距京七百七十里別名蜜雲安朔延山延州撫州撫山
◎名山藥山妙香◎大川鎮江花川◎物產絲麻五味子人
參蜜羚羊弓幹木麝香紫草海松子茯苓銀口魚
价川◎距京七百七十五里別名連州朝陽麗州安水价州◎
名山林大◎大川獐項◎物產絲麻人參羚羊水鐵石鐵紫
草海松子弓幹木蜜水獺銀口魚餘項魚
嘉山◎距京七百八十里別名信都嘉州撫寧◎名山曉星鳳
頭◎大川大寧◎物產絲麻漆紫草磊綠蟹蝦秀魚酥油艾

寧遠◎距京八百里別名遼原永寧◎名山狼林廣城◎大川
黑淵◎物產麻貂青鼠羚羊麝香人參五味子弓幹木白玉
海松子石蕈蜜餘項魚
泰川◎距京八百二十里別名光和寧朔連朔泰州◎名山香
積◎大川南江◎物產絲麻人參紫草五味子海松子麝香
茯苓弓幹木烏玉羚羊蜜漆
雲山◎距京八百三十里別名雲中遠化雲陽威化◎名山白
碧◎大川東杯◎物產絲麻蜜人參茯苓羚羊弓幹木五味
子紫草石松蕈錦鱗魚餘項魚
德川◎距京八百三十里別名遼原長德德州◎名山長安◎
大川三灘◎物產絲麻人參五味子海松子石青黃楊羚羊

麝香安息香漆茯苓白玉紫草錦鱗魚
定州◎距京八百四十里別名定遠烏川新安◎名山七岳◎
大川縫川◎物產絲麻榛子鶻鴟油蜜秀魚銀口魚海物
郭山◎距京八百七十里別名長和定襄郭州◎名山凌漢◎
大川三長◎物產絲麻紫草鯛魚銀口魚蟹紫硯石鶻鴟油
鱸魚海物
龜城◎距京八百八十里別名萬年龜州◎名山窟巖◎大川
八嶺◎物產人參樺皮五味子蜜絲麻貂青鼠銅鐵白土石
灰訥魚秀魚鯛魚錦鱗魚海物
陽德◎距京九百里由谷山路五百四十里別名東陽陽春陽
巖樹德◎名山盡臺◎大川火灘◎物產絲麻人參紫草蜜

茯苓石蕈黄楊海松子五味子石蕈眞蕈山芥餘項魚錦鱗
魚訥魚水獺
宣川〇距京九百十里別名安化通州宣州〇名山劒山〇大
川清江〇物產絲麻紫草紫硯石白土鱸魚鯛魚鶻鵰油海
物
鐵山〇距京九百六十里別名長寧銅山鐵川鐵州〇名山熊
骨〇大川屈江〇物產絲麻漆紫草鶻鵰油水獺秀魚鯛魚
鱸魚海物
熙川〇距京九百七十里別名威城淸塞威州熙州〇名山狄
踰白山〇大川西川〇物產絲麻漆人參茯苓麝香羚羊五
味子海松子蜜貂青鼠松蕈水獺弓幹木訥魚餘項魚錦鱗

魚
龍川〇距京九百九十里別名安興龍州長興龍巒〇名山龍
骨〇大川長川〇物產絲麻紫草無名石鶻鵰油秀魚海物
朔州〇距京一千二十里別名寧塞〇名山天磨〇大川三岐
〇物產絲麻蜜五味子人參羚羊麝香貂青鼠水泡石水獺
弓幹木海松子餘項魚銀口魚
昌城〇距京一千八十里別名長靜昌州泥城〇名山達覺〇
大川昌城〇物產絲麻人參貂青鼠水泡石五味子菱仁羚
羊麝香麅熊水獺土猪蜜弓幹木松石蕈眞蕈海松子茯苓
白蠟餘項魚錦鱗魚銀口魚蟹
義州〇距京一千八十里別名龍灣義保州抱州把州咸新松

山〇名山南山白馬〇大川鴨綠〇物產絲麻蜜淡青玉水
泡石石硫黄弓幹木訥魚銀口魚錦鱗魚鱸魚
碧潼〇距京一千九十里別名碧團林土陰潼雪城〇名山九
峯〇大川新潼〇物產絲麻漆人參貂青鼠羚羊紫草水獺
水泡石菱仁五味子石蕈眞蕈蜜樺皮海松子訥魚鯽魚鯉
魚銀口魚鱸魚錦鱗魚蟹
理山〇距京一千一百七十里別名楚山理山〇名山崇積〇
大川童巾〇物產同昌城
渭原〇距京一千二百十里別名渭城蜜山都漢〇名山咊等
〇大川渭水〇物產絲麻人參貂青鼠水獺羚羊麝香五味
子水泡石弓幹木海松子蜜硯石麅熊餘項魚錦鱗魚

江界〇距京一千三百里別名伊彦石州淸源〇名山公貴蜀
山〇大川禿魯〇物產人參羚羊五味子麝香石松蕈樺皮
水泡石絲麻貂青鼠山猪山羊水獺土猪海松子紫草木賊
餘項魚訥魚錦鱗魚鯽魚
京外八道路程用周尺六尺爲步三百六十步爲里三十里爲
息每十里立小堠三十里立大堠置驛
西路置驛撥自京至義州計四十五站
南北路置步撥南自京至東萊計三十五站北自京至鏡城計
五十九站
進貢水陸路程
自鴨綠江至鎭江城二十里〇卽今九連城湯站七十里柵門二十里

鳳凰城二十里鎮東堡四十里一名薛劉站朝鮮人呼爲松站鎮夷堡
六十里一名通遠堡連山關七十里一名鴉鶻關甜水站三十里遼東九
十里十里堡六十里盛京六十里本名瀋陽康熙辛丑改稱盛京奉天府
邊城六十里巨流河四十里朝鮮人呼爲周流河白旗堡七十里二道
井五十里小黑山五十里廣寧六十里○前自遼東六十里到鞍山五十
里到海州衛四十里到牛家莊六十里到沙嶺六十里到高平驛四十里到盤
山驛五十里到廣寧自康熙己未慮海防設堡於牛莊改今路比前遠九十里
閭陽驛三十里石山站四十里俗呼十三山小凌河六十里杏山驛
三十八里連山驛五十里寧遠衛五十里曹庄驛十五里東關驛五
十里沙河驛三十六里前屯衛五十里高嶺驛五十里山海關五十里
深河驛六十里撫寧縣四十里永平府七十里七家嶺六十里豐潤

縣一百里玉田縣八十里薊州七十里三河縣七十里通州七十里北
京四十里共二千四十九里爲二十八日程

航海路程

自宣川宣沙浦或從咸從或從安州老江鎮發船至鐵山椴島六十里
○丁卯以後自甑山石多山發船三百里到根島車牛島一百四十里鹿島
五百里自此屬遼界石城島六百里長山島三百里廣鹿島二百里三
山島二百八十里平島二百里皇城島一千里鼉磯島二百里廟島
二百里登州八十里以上海路自登州至黃縣六十里黃山驛六十里
朱橋驛六十里萊州府六十里灰埠驛七十里昌邑縣八十里濰縣
八十里昌樂縣五十里青州府七十里金嶺驛七十里長山縣七十里
鄒平縣三十里章邱縣六十里龍山驛四十里濟南府七十里濟河

縣五十里禹城縣七十里平原縣七十里德州九十里景州六十里阜
城縣五十里富庄驛四十里獻縣四十里河間府七十里任邱縣七十
里雄縣七十里新城縣七十里涿州六十里良鄉縣七十里大井店
五十里京都四十里共水路三千七百六十里陸路一千九百里

附朝鮮至日本水陸路程

自釜山永嘉臺發船至佐須奈浦四百八十里鰐浦三十里鴨
瀨百九十里對馬島七十里一歧島四百八十里藍島三百五
十里赤間關一名下關二百四十里向浦百八十里實隅百二
十里上關五十里津和百二十里鎌刈八十里忠海百里韜浦
百里下津百里牛窓百里室津百里明石百三十里兵庫五十
里大坂城百三十里自河口抵大坂城三十里河水淺而船體

大故自此替剩倭船別幅物件交付倭人我六船則留船將舉
格夫看守淀浦九十里自爲陸路倭京三十里倭王所居稱西
京使臣以公服過其城中森山八十里佐和山一名彥根百里
大垣百里名護屋百十里岡崎九十里吉田七十里濱松九十
里懸川九十里藤枝七十里江尻八十里三島百二十里小田
原八十里藤澤八十里神奈川五十里江戶七十里關白所居
或稱東武在武藏州舊都在相模州之鎌倉萬歷乙巳家康移
都於此○以上水路三千二百九十里陸路一千三百十里共
四千六百里如游日光山則自江戶北門至糟壁九十里小山
百十里宇都宮奥九十里今市六十里日光山二十里陸路共
三百七十里

東藩紀要卷六

平湖梅溪薛培榕編輯
甘泉韻清吳承裕校訂

東班官階

正一品　大匡輔國崇祿大夫議政　上輔國崇祿大夫
宗親顯祿大夫興祿大夫　儀賓綏祿大夫成祿大夫　輔國崇祿大夫
從一品　崇祿大夫　崇政大夫　宗親宜德嘉德大夫
儀賓靖德明德大夫
正二品　正憲大夫　資憲大夫　宗親崇憲承憲大夫
儀賓奉憲通憲大夫
從二品　嘉義大夫　嘉善大夫　宗親中義昭義大夫

儀賓資義順義大夫
正三品　通政大夫　宗親明善大夫　儀賓奉順大夫　以上堂上官
正三品　通訓大夫　宗親彰善大夫　儀賓正順大夫
從三品　中直大夫中訓大夫　宗親保信大夫資信大夫　儀賓明信大夫敦信大夫
正四品　奉正大夫奉列大夫　宗親宣徽大夫廣徽大夫
從四品　朝散大夫朝奉大夫　宗親奉成大夫光成大夫
正五品　通德郎通善郎　宗親通直郎秉直郎
從五品　奉直郎奉訓郎　宗親謹節郎愼節郎
正六品　承議郎承訓郎　宗親執順郎從順郎
從六品　宣教郎　宣務郎
正七品　務功郎
從七品　啓功郎
正八品　通仕郎
從八品　承仕郎
正九品　從仕郎
從九品　將仕郎

文武命婦
正從一品貞敬夫人　正從二品貞夫人　正三品堂上官淑夫人　正從三品淑人
正從四品令人　正從五品恭人　正從六品宜人　正從七品安人　正從八品端人
正從九品孺人

土官階

正五品　通議郎都務
從五品　奉議郎掌簿
正六品　職宣郎校簿
從六品　奉職郎典物簿都轄
正七品　謹功郎典事
從七品　注功郎掌事
正八品　供務郎管事
從八品　直務郎給事
正九品　啓仕郎叅事
從九品　試仕郎攝事

京官職

正一品衙門

耆老所 耆社 文臣正二品實職年七十以上者許入

宗親府 宗簿 列聖譜牒御眞 衣襨 統領璿源諸派

議政府 都堂 黃閣 百官平庶政理陰陽經邦國

忠勳府 盟府 麟臺 掌功臣之府

儀賓府 駙馬之府 掌尚公主翁主之府

敦寧府掌王親外戚之府

備邊司 籌司 總領中外軍國機器

從一品衙門

義禁府 金吾 王府 掌奉教推鞫之事

正二品衙門

吏曹 天官 東銓 掌文選勳封考課之政 判書 即尚書 參判 即侍郎

戶曹 地部 度支 掌戶口貢賦田糧食貨之政

禮曹 春官 南宮 掌禮樂祭祀宴享朝聘學校科舉之政

兵曹 夏官 西銓 騎省 掌武選軍務儀衛郵驛兵甲器仗門戶管鑰之政

刑曹 秋官 季官 掌法律詳讞詞訟奴隸之政

工曹 冬官 水府 掌山澤工匠營繕陶冶之政

從二品衙門

奎章閣掌敬奉列聖帝今上御製御筆

司憲府 栢府 霜臺 掌論執時政糾察百官正風俗伸冤抑禁濫僞等事

正三品衙門

承政院 銀臺 掌出納王命

司諫院 薇院 掌諫諍論駁

經筵掌講讀論思之任

宏文館 玉堂 玉署 瀛閣 掌內府經籍治文翰備顧問

藝文館 翰苑 掌制撰辭命

世子侍講院 春坊 掌侍講經史規諷道義

世孫講書院掌侍講世孫

成均館 國子 掌儒學教誨之任

尚瑞院掌璽寶符牌節鉞

春秋館 史館 掌記時政

奉常寺 太常 掌祭祀及議謚

承文院 槐院 掌事大交隣文書

通禮院 鴻臚 掌禮儀

司饔院 廚院 掌御膳及闕內供饋等事

內醫院掌和御藥

尚衣院 尚方 掌御衣襨及內府財貨金寶等物

司僕院 太僕 掌輿馬廄牧

軍器寺 武庫 掌造兵器

軍資監掌軍需儲積

掌樂院 梨園 掌教閱聲律

觀象監 青臺 掌天文地理厤數占籌測候刻漏等事

典醫監掌醫藥供內用及賜與
司譯院 舌院 掌譯諸方音語
從三品衙門
繕工監 將作 掌土木營繕
正四品衙門
廣興倉 太倉 掌百官祿俸
從四品衙門
司䆃寺掌御廩米穀及內供醬等物
司宰監掌魚肉鹽燒木炬火等事
正五品衙門
內需司掌內用米布及雜物奴婢

從五品衙門
宗廟署掌守衛寢廟
社稷署掌酒掃壇壝
景慕宮掌守衛宮廟
濟用監掌進獻布物人參賜與衣服及紗羅綾緞布貨綵色入染織造等事
平市署掌句檢市廛平斗斛丈尺低昂貨物等事
典牲署掌養犧牲
五部掌管內坊里居人非法事及橋梁道路頒火禁火里門警守家坐打量人屍檢屍驗等事
從六品衙門

內資寺掌內供米麵酒醬油蜜蔬果內宴織造等事
內贍寺掌各宮殿供上二品以上酒及倭野人供饋織造等事
禮賓寺掌賓客燕享宗宰供饋等事
典設司掌供帳幕
氷庫掌藏氷
義盈庫掌油蜜黃蠟素物胡椒等物
長興庫掌席子油芚紙地等物
掌苑署掌苑囿花果
司圃署掌園圃蔬菜
養賢庫掌供成均館儒生米豆等物
造紙署掌造表箋咨文紙及諸般紙地

惠民署掌醫藥救活民庶
圖畫署掌圖畫
典獄署掌獄囚
活人署掌救活都城病人
瓦署掌造瓦甎
四學掌訓誨所管儒生
各殿各陵
內侍府掌宮中監膳傳命守門掃除之任
掖庭署掌侍謁及供御筆硯闕門鎖鑰禁庭舖設之任

八道守土官職

京畿道

漢城府京兆掌京都口帳市廛田舍四山橋路溝渠逋欠門毆
巡緝檢屍車輛故失牛馬烙契等事判官以上一員久任
判尹一員正二品左右尹各一員從二品庶尹一員從四品
判官一員從五品主簿二員從六品叅軍一員正七品
水原府掌治華城 留守二員正二品一京畿觀察使兼判官一員
從五品檢律一員從九品
廣州府掌治南城 留守二員正二品一京畿觀察使兼判官一員
從五品檢律一員從九品
開城府掌治舊都 留守二員從二品一京畿觀察使兼經歷一員
從四品分教官一員從九品檢律一員從九品
江華府掌治江都 留守二員從二品一京畿觀察使兼經歷一員

從四品分教官一員從九品檢律一員從九品
觀察使一員從二品都事一員從五品府尹從二品原一員廣州補爲留守係京職
牧使三員正三品 驪州 坡州 楊州 都護府使八員
從三品 富平 南陽 利川 仁川 長湍 通津原縣監續
陞 喬桐原縣監續陞水使兼增今革補復舊 竹山原縣監續陞 江華原都護府使續爲留守係京職
水原原都護使補爲留守係京職 原豐德補革 郡守十員從四品 楊根 安山
朔寧 安城 麻田 高陽 金浦原縣令續陞 交河原縣監續陞
加平原縣監續陞 永平原縣令補陞 判官從五品原五員左道水運右道水運幷無祿官察訪教授訓導審藥
檢律驛丞渡丞同廣州驪州水原續減四員右水運廣州水原增幷減左水運 縣令四員從五品 龍仁
振威 陽川 始興原衿川縣監補陞 察訪六員從六品原三員續加三員重林道慶安道
桃源道以驛丞陞增慶安道屬成均參外增屬參上 迎曙道屬驛六 迎華道原作良才屬驛十五

平邱道屬驛十一 重林道屬驛六 桃源道屬驛五 慶安道屬驛七
縣監八員從六品 砥平 抱川 積城 果川 漣川 陰
竹 陽城 陽智 教授從六品原十一員即上州府諸道續減 訓導從九品原二十六員即上郡縣諸道同續減
審藥從九品原一員續減 檢律一員從九品 驛丞從九品原三員續並陞察訪
渡丞從九品原七員碧瀾右道水運判官兼漢江臨津路梁洛河三田楊花續改爲別將移屬兵曹增碧瀾洛河並革其餘五渡見兵典
崇義殿原增高麗四王廟在麻田 使從三品續減 守從四品續減 令從五品
監從六品增幷王氏世襲 麗陵參奉一員從九品增增置滿三十朔遷王氏差補序陞分奉常寺直長
咸鏡道原永安道
觀察使一員從二品 都事一員從五品

府尹一員從二品 咸興原郡守續陞觀察使兼
大都護府使一員正三品 永興原府尹續降
牧使一員正三品 吉州原吉城縣監續陞
都護府使十八員從三品 安邊原大都護府使續降 鏡城北道節度使兼 慶源
會寧 鍾城 穩城 慶興 富寧 北青原南道節度使兼增今廢 德
源 定平 甲山 三水原郡守續陞 端川原郡守續陞 明川原縣監續陞
茂山增新設 長津補新設 厚州補新設
郡守二員從四品 文川 高原
判官二員從五品 咸興增增置 鏡城○原七員永興慶源會寧鍾城穩城北青續減
察訪三員從六品 高山道屬驛十五 居山道屬驛二十三 輸城道屬驛二十四

縣監二員從六品　洪原　利原原原作城
教授從六品原十三員續減　訓導從九品原九員續減　譯學訓導一員從九品增增置　審
藥三員從九品一南道節度使道一北道節度使道　檢律一員從九品
江原道
觀察使一員從二品　都事一員從五品
大都護府使一員正三品　江陵
牧使一員正三品　原州增觀察使兼
都護府使七員從三品　淮陽　襄陽　春川　鐵原　三陟
寧越原縣監續陞　伊川原縣監續陞
郡守六員從四品　平海　通川　旋善　高城　杆城　平昌

判官一員從五品　原州○原二員江陵續減
縣令三員從五品　金城　蔚珍　歙谷
察訪四員從六品原二員續加二員平陵道祥雲道以驛丞陞增保安道屬成均參外補屬參上　銀溪道屬驛三十四
平陵道屬驛十五　祥雲道屬驛十六　保安道屬驛二十九
縣監八員從六品　平康　金化　狼川　洪川　楊口　麟蹄
橫城　安峽
教授從六品原七員續減　訓導從九品原九員續減　審藥一員從九品　檢律一員
從九品　驛丞從九品原二員續升陞察訪
慶尚道
觀察使一員從二品　都事一員從五品　府尹一員從二品　慶州

大都護府使二員正三品　安東　昌原原都護府使增陞
牧使三員正三品　尙州　晉州　星州
都護府使十四員從三品　大邱續觀察使兼　金海　寧海　密陽
善　青松　蔚山原郡守續陞　東萊原縣令續陞　巨濟原縣令續陞　居昌
原縣監續陞　河東原縣監續陞　仁同原縣監續陞　順興續前革復設　漆谷增新設
郡守十三員從四品　陝川　草溪　淸道　永川　醴泉　榮
川　興　梁山　咸安　金山　豐基　昆陽　咸陽原郡守續陞都
護府使補降
判官一員從五品　大邱續增置○原五員慶州安東尙州晉州星州續並減
縣令五員從五品　盈德　慶山　固城　義城　南海

察訪十一員從六品原五員續加六員松羅道昌樂道自如道沙斤道召村道黃山道以驛丞陞增金泉道省峴道自如道屬承文參外補金泉自如並屬參上　幽谷道屬驛十八　安奇道屬驛十二　長水道屬驛十七　松羅
道屬驛七　昌樂道屬驛九　沙斤道屬驛十四　召村道屬驛十五　黃山道
屬驛十六　金泉道屬驛二十二　省峴道屬驛二十一　自如道屬驛十五
縣監三十員從六品　開寧　三嘉　宜寧　河陽　龍宮　奉
化　淸河　彥陽　漆原　鎭海　眞寶　聞慶　咸昌
知禮　安義原作安陰　高靈　玄風　山淸原作山陰　丹城　軍威
比安　義興　新寧　禮安　延日　長鬐　靈山　昌
寧　泗川　機張　熊川　慈仁續新設　英陽續新設
教授從六品原十二員續減　訓導從九品原五十五員續減　倭學訓導一員從九品原二員釜山浦齊

浦增薺浦今革 譯學二員 從九品增統營漢倭學各一 審藥三員 從九品一左道節度使道一右道節
度使道 檢律一員 從九品 驛丞 從九品原六員續陞察訪
崇德殿 增新羅始祖廟在慶州 參奉一員 本道以朴姓人啓差準朔遞

全羅道

觀察使一員 從二品 都事一員 從五品
府尹一員 從二品 全州 續觀察使兼
牧使四員 正三品 羅州 濟州 光州 綾州 原綾城縣令續陞
都護府使七員 從三品 南原 長興 順天 潭陽 礪山 原郡守續
陞 長城 原縣監續陞 茂朱 原縣監續陞
郡守十三員 從四品 寶城 益山 古阜 靈巖 靈光 珍

島 樂安 淳昌 錦山 珍山 金堤 大靜 原縣監補陞
旌義 原縣監補陞
判官二員 從五品 全州 濟州○ 原五員羅州光州南原續減
縣令五員 從五品 昌平 龍潭 臨陂 萬頃 金溝
察訪六員 從六品原三員續加三員景陽道碧沙道濟原道以驛丞陞增濟原道屬承文參外獒樹道景陽道屬成均參外補濟原屬參上
參禮道 屬驛十二 青巖道 屬驛十一 碧沙道 屬驛九 濟原道 屬驛四 獒
樹道 屬驛十一 景陽道 屬驛六
縣監二十六員 從六品 光陽 龍安 咸悅 扶安 咸平
康津 玉果 高山 泰仁 沃溝 南平 興德 井邑
高敞 茂長 務安 求禮 谷城 雲峯 仁實 長水

鎭安 同福 和順 興陽 海南 原珍原續革
教授 從六品原八員續減 訓導 從九品原四十九員續減 譯學六員 從九品增左水營漢倭學各一右水營漢
倭學各一濟州漢倭學各一 審藥三員 從九品一節度使道一濟州 檢律二員 從九品一濟州
譯丞 從九品原三員續并陞察訪

忠清道

觀察使一員 從二品 都事一員 從五品
牧使四員 正三品 忠州 清州 公州 續觀察使兼 洪州
都護府使一員 從三品 清風 原郡守續減
郡守十四員 從四品 林川 丹陽 泰安 韓山 舒川 沔
川 天安 瑞山 槐山 沃川 溫陽 大興 原縣監續陞 報

恩 原縣監補陞 德山 原縣監補陞
判官一員 從五品 公州 原四員忠州清州洪州續減
縣令一員 從五品 文義
察訪五員 從六品原三員續加二員利仁道金井道以驛丞陞增栗峰道屬承文參外 連原道 屬驛十四 成歡
道 屬驛十一 利仁道 屬驛九 金井道 屬驛十六 栗峯道 屬驛十六
縣監三十四員 從六品 鴻山 堤川 平澤 稷山 懷仁
定山 青陽 延豐 陰城 清安 恩津 懷德 鎭岑
魯城 原作尼山增山作城補尼作魯 扶餘 石城 庇仁 藍浦 鎭川
結城 保寧 海美 唐津 新昌 禮山 木川 全義
燕岐 永春 永同 黃澗 青山 牙山

教授從六品原四員續減　訓導從九品原五十員續減　審藥二員從九品一節度使道　檢律一
員從九品　驛丞從九品原三員續二陞察訪一革
太一殿原隨太一在處推移置祠祭奉二員增今廢
黃海道
觀察使一員從二品　都事一員從五品
牧使二員正三品　黃州　海州續觀察使兼
都護府使六員從三品　延安　平山　瑞興　豐川　谷山
瓮津原縣令續陞水使兼
郡守七員從四品　鳳山　安岳　載寧　遂安　白川　信川
金川續新設

判官一員從五品　海州○原二員黃州續減
縣令二員從五品　新溪　文化原牛峰續革
察訪三員從六品原二員續加一員麒麟道以驛丞陞增麒麟道屬承文參外　金郊道屬驛十一　青丹道
屬驛九　麒麟道屬驛十一
縣監六員從六品　長連　松禾　康翎　殷栗　兎山　長淵
原縣監續陞都護府使補降　○原江陰續革
教授從六品原六員續減　訓導從九品原十八員續減　譯學訓導三員從九品原一員黃州增加二員
一海州一瓮津　審藥二員從九品原一員增加一員節度使道　檢律一員從九品　驛丞
從九品原一員續陞察訪
平安道

觀察使一員從二品　都事一員從五品
府尹二員從二品　平壤觀察使兼　義州原牧使續陞
大都護府使一員正三品　寧邊原節度使兼增今廢
牧使二員正三品　安州　定州
都護府使十四員從三品　江界　昌城　成川　朔州　肅川
龜城　中和原郡守續陞　慈山原郡守續陞　宣川原郡守續陞　鐵山原郡守續
陞　龍川原郡守續陞　楚山楚原作理原郡守續陞　三和原縣令續陞　咸從原縣令續
陞
庶尹一員從四品　平壤
郡守十三員從四品　祥原　德川　价山　嘉山　郭山　順

川　熙川　碧潼　雲山　博川　渭原　寧遠
判官從五品原六員平壤寧邊安州義州江界定州續並減
縣令六員從五品　龍岡　永柔　甑山　三登　順安　江西
察訪二員從六品　大同道屬驛十三　魚川道屬驛二十七
縣監五員從六品　陽德　孟山　泰川　江東　殷山
教授從六品原十一員續減　訓導從九品原三十一員　譯學訓導六員從九品原二員一平壤一
義州增加四員一安州一宣川一江界一義州清學　審藥二員從九品一節度使道　檢律一員從九品
崇仁殿令從六品　參奉二員從九品　箕子廟在平壤鮮于氏世襲
崇靈殿令一　參奉一員　東明王廟在平壤以本道人荐啓
西班官階

正一品
從一品
正二品
從二品　已上階同東班
正三品　折衝將軍　已上堂上官
正三品　御侮將軍
從三品　建功將軍　保功將軍
正四品　振威將軍　昭威將軍
從四品　定略將軍　宣略將軍
正五品　果毅校尉　忠毅校尉
從五品　顯信校尉　彰信校尉

正六品　敦勇校尉　進勇校尉
從六品　勵節校尉　秉節校尉
正七品　迪順副尉
從七品　奮順副尉
正八品　承義副尉
從八品　修義副尉
正九品　効力副尉
從九品　展力副尉

京官職

正一品衙門

中樞府　無所掌待文武堂上官之無職任者政鏴判事

宣惠廳　掌出納大同米布錢
濬川司　掌疏濬都城內川渠

正二品衙門

五衛都總府掌治五衛軍務

正三品衙門

訓鍊院　掌軍士試才鍊藝武經習讀之事
宣傳官廳　掌刑名啓螺侍衛傳命出納符信等事

正五品衙門

世子翊衛司　掌陪衛東宮

從六品衙門

世孫衛從司　掌陪衛世孫

守門將廳　掌守衛闕門
捕盜廳　掌緝捕盜賊奸細分更夜巡
內司僕寺　掌內廐御乘
能麼兒廳　掌諸將官兵書考講勸課
儀仗庫　掌各殿儀仗
四山參軍　掌四山禁松

八道守土官職

京畿道

總理營使一員（正二品水原府留守兼）　中軍一員（正三品兼城守城將）　從事一員
判官兼　別驍將二員（正三品）　把總十二員（半爲守令兼）　斥堠將一員
迎華道察訪兼　哨官二十五員（從九品）　教練官八　知彀官十　別軍官

一百守堞軍官十二別驍士二百
守禦廳使一員正二品廣州等鎮軍務南漢留守兼　中軍一員正三品　鎮營將三員
正三品前本府判官中楊州牧使後竹山府使兼　別將二員驪州牧使利川府使兼　把總二哨官
二十大教練官十七旂牌官十九別軍官九守堞軍官六十
一
管理營使一員從二品開城府留守兼　中軍一員留鎮大興山城正三品　從事官一
員經歷兼　別將二千總三百總四把總六哨官二十二教練
官八旂牌官三十六堂上軍官五十軍官二百五十
鎮撫營使一員江華府留守兼從二品　中軍一員正三品兼修城將
鎮營將五員正三品前富平府使左通津府使中本府中軍右仁川府使後延安府使兼　從事一員經歷兼

東藩紀要　卷六　十七

千總四把總十哨官六十三教練官十旂牌官七十一軍官
十五
節度使稱主鎮節制使僉節使稱巨鎮僉節制使萬戶都尉稱
諸鎮○罷京畿水使以江華鎮撫使兼統禦使以喬桐永宗防
禦使爲統禦營左右海防將
兵馬節度使一員從二品觀察使兼
防禦使一員從二品續增置○坡州牧使兼續長湍府使兼增移○廣州府尹水原府使補並減
節制使正三品增置廣州鎮原僉節制增陞補革
僉節制使十員從三品原並守令帶諸道同○楊州鎮○長湍鎮○礪峴鎮續加○月串鎮原水軍續移○坡州鎮原同僉增陞○
喬桐鎮原都尉續陞○驪州鎮原同僉補陞○南陽鎮原同僉補陞○白峙鎮續屬聿州補移陞○長串鎮補加

同僉節制使十六員從四品原並守令帶諸道同○驪州鎮管利川原屬廣州補移○楊根原屬廣州補移○竹山原都尉續
陞屬廣州補移○南陽鎮管富平原屬水原補移○安山原屬水原補移○安城原屬水原補移○通津原都尉續陞屬水原補
移○金浦原都尉續陞屬水原補移○楊州鎮管高陽○交河原都尉續陞○加平原都尉續陞○永平原都尉補陞○長湍鎮管朔寧○麻田月串鎮
管草芝梁原水軍萬戶續移兵馬增陞○豐德補革
萬戶六員從四品續增置○月串鎮管濟物梁原水軍續移○寅火堡續加○龍津續加○德津續加○昇天堡補加○井浦原水軍續革補
還置
移
節制都尉十二員從六品原並守令帶諸道同○驪州鎮管砥平原屬廣州補移○陰竹原屬廣州補移○陽智原屬廣州補移
○果川原屬廣州補移○楊州鎮管抱川積城○南陽鎮管振威原屬水原補移○陽川原屬水原補移○龍仁原屬水原補移○始興原屬水原補移○陽
城原屬水原補移○長湍鎮管漣川○廣州水原驪州續並減
水軍統禦使一員從二品續增置○水軍節度使兼增能水使江華留守兼補水軍節度使還兼　中軍一員

東藩紀要　卷六　十八

正三品堂上補增置
節度使二員正三品○觀察使兼原二員一觀察使兼續一統禦使兼增減補還置
防禦使一員從二品續增置○永宗鎮　德積鎮　德浦鎮
同僉節制使二員從四品續增置○德浦鎮管花梁注文島
萬戶一員從四品○德浦鎮管長峰島續加○永宗草芝濟物喬桐續並減井浦續革
巡營中軍一員正三品堂上增置
鎮營將四員正三品續增置○前廣州府尹兼補減　左南陽府使兼　中楊州牧使兼　別中水原府使兼補減　石長湍府使兼　後
竹山府使兼
監牧官五員從六品原有牧場守令兼諸道同續江華增草芝僉使兼水原　南陽　仁川　永宗僉使兼　長峰島萬戶兼
別將八員從九品續增置○文殊山城　臨津度　三田度楊花度　鷺梁度　漢江度　長山增加船頭堡補加

咸鏡道 原永安道

兵馬節度使三員 從二品二南道北道一觀察使兼 虞候二員 正三品堂上原一員北道續加一員南道並從三品 評事官一員 正六品北道

防禦使一員 從二品續增置○吉州牧使兼續城津僉使

僉節制使二十五員 從三品○甲山鎮 安邊鎮 三水鎮 惠山鎮 永興鎮原都尉增移 北青鎮原都尉增陞 端川鎮原同僉增陞 長津柵鎮增加 厚州鎮補加屬南道 慶源鎮 會寧鎮 鍾城鎮 穩城鎮 慶興鎮 富寧鎮 訓戎鎮 潼關鎮 高嶺鎮 柔遠鎮 美錢鎮 吉州鎮原都尉續陞 魚游澗鎮原萬戶屬鏡城續陞 乫下鎮續加 城津鎮續加 茂山鎮增加屬北道○訓戎潼關高嶺柔遠美錢惠山則以京職兼增今廢別害鎮續革

同僉節制使七員 從四品○永興鎮管定平高原○安邊鎮管德源○文川三水鎮管乫波知續加屬南道○吉州鎮管西北道原萬戶屬鏡城續陞移○鏡城鎮管明川原都尉續陞屬北道

萬戶十二員 從四品○慶興鎮管撫夷阿吾地原屬慶源增移○慶源鎮管阿山○鏡城鎮管乙溫 森森坡續加 在德續加○會寧鎮管丰山 古丰山續加○鍾城鎮管防垣○穩城鎮管永達○富寧鎮管廢茂山續加○端川鎮管梨洞續加斜倜洞斜下北玉連茂山續並革神方仇非魚面續並革

節制都尉四員 從六品○北青鎮管利原 洪原○鏡城鎮判官咸興鎮判官增加○永興鎮慶源鎮會寧鎮鍾城鎮穩城鎮北青鎮續並減

水軍節度使三員 正三品二南道北道兵馬節度使兼 一觀察使兼

萬戶一員 從四品北道管造山浦○南道管浿城浦道安浦續並革

巡營中軍一員 正三品堂上續增置

鎮營將六員 正三品續增置○前洪原縣監兼 左甲山府使兼 中永興府使兼 別中端川府使兼 右三水府使兼 後德源府使兼

備將十員 正三品續增置 南道前富寧府使兼 左鏡城判官兼 中茂山府使兼 右明川府使兼 後吉州牧使兼 北道前會寧府使兼 左鍾城府使兼 中穩城府使兼 右慶源府使兼 後慶興府使兼

監牧官三員 從六品續咸興 端川府使兼 穩城府使兼

權管十四員 從九品續增置○小農堡 同仁 舊乫波知 雲龍原萬戶續降 鎮東續萬戶補降 仁遮外續萬戶補降 羅暖續萬戶補降屬南道○吾村 寶化堡 梁永萬洞 乾原 黃拓坡 安原 西水羅屬北道甫老知增革 自作仇非 廟坡 江口 雙青 黃土岐 伊補並革

別將二員 從九品續增置○中嶺 赴戰嶺

江原道

兵馬節度使一員 從二品觀察使兼

防禦使一員 從二品續增置○鐵原府使兼續春川府使兼增移

僉節制使三員 從三品○江陵鎮 鐵原鎮原同僉增陞 春川鎮原同僉增陞 原州鎮 淮陽鎮增並減

同僉節制使十一員 從四品○江陵鎮管三陟 襄陽 平海 杆城 高城 通川○原州鎮管旌善 寧越 平昌○鐵原鎮管淮陽原僉節制增降 伊川原都尉續陞

節制都尉十二員 從六品○江陵鎮管蔚珍 歙谷○原州鎮判官管麟蹄 橫城 洪川○鐵原鎮管楊口原屬淮陽增移 狼川

水軍節度使一員 正三品觀察使兼

僉節制使一員 從三品○三陟浦鎮增營將兼

萬戶一員 從四品○三陟浦鎮管越松浦○安仁浦○高城浦○蔚珍浦續並革

巡營中軍一員 正三品堂上增增置

鎮營將三員 正三品續增置○左春川府使兼續鐵原府使兼補移 中橫城縣監兼續原州牧使兼增移 右三陟

慶尙道

兵馬節度使三員從二品二左道右道一觀察使兼　虞候二員從三品左道右道
節制使一員正三品慶州鎮屬左道
僉節制使七員
從三品○安東鎮　東萊鎮原都尉續陞屬左道○南州鎮
晉州鎮　金海鎮　善山鎮原同僉續陞　星州鎮原同
僉補陞屬右道
大邱鎮續減
同僉節制使二十四員從四品
慶州鎮管蔚山　永川　興海○安東
鎮管寧海　青松　醴泉　榮川　豐基　順興
續加○尙州鎮管金山　晉州鎮管陜川　草溪　咸陽　昆陽　居昌原
都尉續陞　河東原都尉續陞○金海鎮管昌原　咸安　巨濟原都尉續
陞○大邱鎮管密陽　淸道　仁同原都尉續陞
漆谷增加○東萊鎮管梁山原屬慶州補移
節制都尉三十九員
從六品○慶州鎮管淸河　延日　長鬐　彥陽○
東安鎮管義城　奉化　眞寶　軍威　化安　禮
安　盈德　龍宮　英陽續加　尙州鎮管開寧　知禮　高寧　聞慶
成昌○晉州鎮管泗川　南海　三嘉　宜寧　山淸　安義　丹城　○
金海鎮管漆原　鎮海　固城　熊川　大邱鎮管判官續加○大邱鎮管
慶山　河陽　玄風　義興　新寧　靈山　昌寧　慈仁續加　東萊鎮

東藩紀要　卷六　二十一

管機張原屬慶州補移　慶州
安東　尙州　星州續並減
水軍統制使一員從二品續增置　中軍一員從二品補增置　虞候正三品堂上續增置補革
節度使三員正三品○二左道右道一觀察使兼右道統制使兼　虞候一員正四品○左道右道續右道統虞候兼補
陞中軍
僉節制使四員從三品○釜山浦鎮　多大浦鎮原萬戶續陞同原增陞屬左道○加德鎮續加　彌助項鎮續加屬右道
同僉節制使二員從四品續增置○釜山浦鎮管西生浦原萬戶續陞
加德鎮管龜山浦　彌助項鎮管赤梁原萬戶續陞
萬戶十五員從四品○釜山浦鎮管豆毛浦　開雲浦原海雲續改包伊浦
○西平浦續加德鎮管天城浦　安骨浦原屬薺浦增移浦原
僉節制
巡營中軍一員正三品堂上增增
鎭營將六員正三品續增置　前安東　左尙州　中大邱　別中　金海府使兼　右晉州　後慶州

監牧官三員從六品○續晉州　蔚山
東萊多大浦　僉使兼
權管二員從九品續增置○栗浦　三十浦
所非浦　尙州浦　由浦增並革
別將八員從九品續增置○長木浦　南村　金烏山城　禿用山城　烏
嶺山城　蟾津　架山山城補加　金井山城　丰德浦補革
浦項新門舊所非
浦晴川補並革

全羅道

兵馬節度使二員從二品一觀察使兼　虞候一員從三品
節制使一員正三品○濟州鎮○全州鎮續減
僉節制使四員從三品○羅州鎮　長興鎮　南原鎮　順天鎮
同僉節制使十九員從四品○全州鎮管益山　金堤　古阜　錦山珍
山　礪山　羅州鎮管光州　靈巖　靈光　長城
原都尉續陞○南原鎮管潭陽　淳昌　茂朱原都尉續陞○順天鎮管
樂安　寶城　綾州原都尉續陞○長興鎮管珍島○濟州鎮管大靜

東藩紀要　卷六　二十二

節制都尉三十三員從六品○全州鎮判官全州鎮管井邑　興德　扶
安　萬頃　沃溝　臨陂　金溝　龍安　咸悅
高山　泰山○羅州鎮管咸平　高敞　茂長　南平　務安○南原鎮管
任實　谷城　鎮安　龍潭　玉果　雲峰　昌平　長水○長興鎮管康
津　海南○順天鎮管光陽　求禮　興陽　同福　和
順○濟州鎮管判官○珍原續革羅州　光州　南原續並減
水軍節度使三員正三品二左道右道一觀察使兼　虞候二員正四品左道右道
防禦使一員從二品增增置○濟州牧使兼
節制使一員正三品○濟州鎮
僉節制使七員從三品○蛇渡鎮屬左道○臨淄島鎮　加里浦鎮續加
古羣山鎮續同僉增陞　法聖浦鎮原萬戶屬臨淄島續陞
同僉增移
同僉節制使三員從四品續增置○蛇渡鎮管防踏○臨
淄島鎮管荏子島　加里浦鎮管古今島
萬戶十五員從四品○蛇渡鎮管會寧浦　呂島　鹿島　鉢浦　臨淄島
鎮管多慶浦　木浦　智島續加　南桃浦○加里浦鎮管薪

智島【續】加於蘭浦【原】屬臨淄島【增】移　馬島【原】屬蛇渡【增】移　金甲島【原】屬
臨淄島【增】移　梨津【續】加○蝟島鎮管黔毛浦【原】屬臨淄島【增】屬古群山【補】
移○濟州鎮管明月浦【增】
加○達梁突山浦【續】並革

巡營中軍一員 正三品堂上【增】增置

鎮營將五員 正三品【續】增置○前順天【補】府使兼　左雲峰
縣監兼　中全州○右羅州後礪山府使兼

監牧官五員 從六品【續】興陽　順天　羅州　珍
島○【補】濟州○荏子島僉使兼【補】革

別將七員 從九品【續】增置○黑山島　古突山　威鳳山城　笠巖山
城　金城山城　南固山城【補】加所安島【補】加　格浦【補】革

忠清道

兵馬節度使二員 從二品一觀察使兼　虞候一員 從三品

僉節制使三員 從三品○忠州鎮　淸州鎮
洪州鎮○公州鎮【續】減

同僉節制使十五員 從四品○忠州鎮管淸風　丹陽　槐山○淸州鎮
管天安　沃川　報恩【原】都尉【補】陞○公州鎮管林

川　韓山○洪州鎮舒川　瑞山　泰安　沔川
溫陽　大興原都尉【續】陞　德山【原】都尉【補】陞

節制都尉三十六員 從六品○忠州鎮管近豐　陰城　永春　堤川○
淸州鎮管稷山　木川　文義　懷仁　淸安　鎮
川　永同　黃澗　淸山○公州鎮判官公州鎮管全義　定山　恩津
懷德　鎮岑　連山　魯城　扶餘　石城　燕岐○洪州鎮管平澤　鴻
山　靑陽　庇仁　結城　藍浦　保寧　牙山　新
昌　禮山　海美　唐津○忠州淸州洪州【續】並減

水軍節度使二員 正三品○一觀察使兼　虞候一員 正四品

僉制使四員 從三品○平薪鎮【續】加○安興
鎮【續】加【增】革屬水營【補】還置

萬戶一員 從四品○馬梁鎮管舒川浦
○唐津浦波知島【續】並革

巡營中軍一員 正三品堂上【增】增置

鎮營將五員 正三品【續】增置○前洪州　左海美縣
監兼　中淸州　右公州　後忠州

監牧官 從六品○【續】瑞山
平薪僉使兼【補】革

別將一員 從九品【補】增
置○元山

黃海道

兵馬節度使二員 從二品一觀察
使兼一【續】增置　虞候一員 從三品【補】

僉節制使一員 從三品○黃州鎮　海州
鎮【續】減【續】秣山鎮【增】減

同僉節制使十六員 從四品○黃州鎮管平山　瑞興　鳳山　安岳
載寧　遂安　谷山　信川　文化【續】加　善積【續】
加　東里【續】加　秣山【續】僉節制【續】降○海州鎮　延安
白川　丰川　金川【續】加　白峙【續】加【補】移屬開城府

萬戶三員 從四品【續】增置○黃州鎮
管文山　所巳　位羅

節制都尉九員 從六品○黃州鎮管新溪　兎山　文化　長連○海州鎮
判官海州鎮管松禾　殷栗　康翎　長淵【原】都尉【續】陞同
僉【補】降○江陰牛峰
【續】並革黃州【續】減

水軍節度使二員 正三品一觀察使兼一
【續】增置兼甕津府使　虞候一員 正四品【補】增置

僉節制使二員 從三品○白翎鎮【續】加　椒島鎮
【續】同僉【補】陞○所江鎮【續】陞水使

同僉節制使四員 從四品【續】增置○白翎鎮管登山串　許沙浦【原】萬戶屬
所江【續】陞移　吾叉浦【原】萬戶屬所江【續】陞移　龍媒梁
【原】萬戶
屬所江

萬戶一員 從四品○白翎鎮管泥浦【續】加○
廣巖梁阿郎浦茄乙浦【續】並革

巡營中軍一員 正三品堂上【增】增置

鎮營將五員 正三品【續】增置○前鳳山郡守兼　左丰川府使兼　中安
岳郡守兼　右谷山府使兼　後平山府使兼○別中秣山【增】
滅

監牧官三員 從六品○【續】海州登山僉使兼　丰
川椒島僉使兼　長淵白翎僉使兼

別將五員 從九品【續】增置○首陽山城　九月山城
長壽山城　正方山城　大峴山城

平安道

兵馬節度使二員從二品一觀察使兼　虞侯一員正三品堂上原從三品　評事正六品原
一員續減
防禦使二員從二品續增置○昌城府使兼江界府使兼
節制使一員正三品續義州鎮
僉節制使二十六員從三品○成川鎮　江界鎮　渭源鎮　楚山鎮碧潼鎮　寧遠鎮　滿浦鎮　安州鎮　昌城鎮
朔州鎮　麟山鎮　淸城鎮續加　委曲鎮續加　神光鎮續加　牛峴鎮龜城鎮　碧團鎮　昌州鎮　高山里鎮續加　阿耳鎮原萬戶馬灘
鎮續陞　寧邊鎮原都尉增陞　嘉山鎮原同僉續陞　定州鎮原同僉原陞　鐵山鎮補陞　滿浦麟山方山碧團昌州高山里則以京職兼續今准
彌串鎮續加補以稱薪島屬水營　寧城鎮
同僉節制使二十員從四品○平壤鎮庶尹管中和　咸從原都尉續陞○寧邊鎮管雲山　熙川○安州鎮管肅川　古城
續加○成川鎮管德川　价川　慈山　順川　祥原○龜城管鎮安義續加　西林　滿江增改○江界鎮管上土原萬戶續陞　柔院續加○朔州

鎮管天摩續加○楚山鎮管車嶺續加○昌城鎮管特案續加○嘉山鎮管博川原屬寧邊補移天水增卑兎城
萬戶十員從四品○江界鎮管伐登續加○朔州鎮管仇寧　幕嶺續加○義州鎮管玉江續加　方山原僉節制續降　青水續加　水口
加○楚山鎮管山羊會加○渭原鎮管吾老梁○龜城鎮管梱楡加○楊下續加補革
節制都尉十一員從六品○平壤鎮管龍岡　甑山　順安　江西○寧邊鎮管泰山○安州鎮管永柔○成川鎮管陽德○孟
山　三登　江東　殷山　平壤寧邊安州義州江界定州續並減
水軍節度使一員正三品觀察使兼○原二員一兵馬節度使兼續減
防禦使二員從二品續增置○三和府使兼　宣川府使兼
僉節制使六員從三品○宣沙浦鎮　老江鎮　廣梁鎮　三和鎮原都尉增陞　宣州鎮原同僉增陞　薪島鎮續兵馬補移
巡營中軍一員正三品堂上續增置
鎮營將九員正三品續增置○前肅川府使兼　左德川郡守兼　中中和府使兼　右順川郡守兼　後咸從府使兼　別前龍川府使

兼　別左龜城府使兼　別右嘉山郡守兼　別後寧邊府使兼
權管十八員從九品續增置○乾川　廣平　廟洞　甲巖　雲頭里　於汀灘　大吉號里　小吉號里　茄軒洞　麗洞　大坡兒
小坡兒　秋仇非　馬馬海里　楸坡原萬戶補降　乫怪續萬戶加補降　從浦續萬戶補降　平南續萬戶加補降
監牧官一員從六品續鐵山宣沙浦僉使兼
別將七員從九品續增置○林土　慈母山城　黃龍山城　保山白馬山城補加　劍山補加　西城補加　德池洞增減

東藩紀要卷七

平湖梅溪薛培榕編輯
甘泉韻淸吳承禧校訂

八道府縣城障攷

京畿道

江華府內城石築周十五里三百四十三步

外城甓石築周四十三里二百九十步內有留守營

喬桐邑城石築周一千六尺內有水使營

南漢山城在廣州石築周二十里九十五步高三丈

北漢山城在楊州石築周七千六百三十步高十四尺

鼎足山城在江華又名三郎城石築周五里

文殊山城在通津石築周十五里一百二十九步

大興山在開城石築周

禿城山城在水原石築有南北兩門東西依山爲城南曰八達門北曰長安門

華蓋山城在喬桐石築周三千五百三十四尺高三丈

長山鎮城在坡州臨津邊石築長百步

咸鏡道

咸興邑城石築周一萬二千六百五十九尺高二丈內有觀察使營

鏡城邑城石築周四千六百十尺高十六尺內有北兵使營

北靑邑城石築周一千九百步四尺高二丈內有南兵使營

鍾城邑城石築周四千八百八十尺

會寧邑城石築周一千三百八十三步四尺

端川邑城石築周九百四十八丈九尺

甲山邑城石築周三千三百尺

三水邑城石築周五千七百二十五尺

吉州邑城石築周一千一百尺

明川邑城石築周四千九百七十尺

穩城邑城石築周一千五百五十六步

慶源邑城石築周一萬四百七十五尺

慶興邑城石築周五千二十六尺

富寧邑城石築周三千一百三十九尺

茂山邑城石築周六千二百二十六尺

利城邑城石築周三千二十六尺

洪原邑城石築周八百六十一步

北兵使行營城在鍾城石築周一萬三千十一尺高十五尺

別害鎮城在三水下同石築周一千三百五尺

茄乙波知鎮城石築周三千五百尺

仁遮外鎮城石築周三百六十三尺

羅暖鎮城石築周三千三百六十尺

魚面鎮城石築周一千九百十五尺

神方仇非鎮城石築周一千三百五十七尺

自作仇非堡城石築周七百六十五尺

舊茄乙波知堡城石築周一千五百七十尺

潼關鎮城在鐘城下同石築周二千九百八十尺
防垣鎮城石築周二千二百八十八尺
柔遠鎮城在穩城下同石築周三千六百八十尺
美錢鎮城石築周三千六百四十尺
永達鎮城石築周三千三百八尺
黃柘坡堡城石築周一千五百六十二尺
西北鎮城在吉州石築周一千五百四十二尺
豐山鎮城在會寧石築周四千九百二十尺
在德鎮城在明川石築周四千九百尺
廢茂山鎮城在富寧石築周二千七百六十四尺
阿吾地鎮城在慶興石築周二千一百尺

雙青堡城在端川下同石築周一千三百六十四尺
黃土歧堡城石築周一千三十一尺
小農堡城在甲山下同石築周一千三百尺
廟坡堡城石築周一千八百尺
圖們江行城在鐘城者石築長六萬二千四百八尺
土築長八萬五千六百尺
木柵長三千五百八十尺
在穩城者土築長十四萬三千七百六十八尺

江原道

江陵邑城石築周二千七百八十二尺
三陟邑城三面石築周二千五百十四尺

西絶壁周四百三十尺
平海邑城石築周二千五百二十五尺
蔚珍邑城石築周二千五百六十尺
越松鎮城在平海石築周六百二十八尺

慶尙道

慶州邑城石築周四千七百五尺
大邱邑城石築周二千一百二十四步高二丈二尺內有觀察使營
安東邑城石築周二千九百四十七尺
昌原邑城石築周二千四尺
尙州邑城石築周三千八百八十三尺
星州邑城石築周六千五十三尺

昆陽邑城石築周三千七百六十五尺
東萊邑城石築周一萬七千二百九十一尺
密陽邑城石築周四千六百七十尺
善山邑城石築周一千四百四十八尺
咸陽邑城石築周七百三十五尺
金海邑城石築周四千六百八十三尺
寧海邑城石築周一千二百七十八尺
淸道邑城石築周一千五百七十步
梁山邑城石築周三千七百十尺
興海邑城石築周一千四百九十二尺
咸安邑城石築周七千二尺

迎日邑城石築周二千九百四十尺
清河邑城石築周一千三百五十三尺
長鬐邑城石築周二千九百八十尺
彥陽邑城石築周二千六十四尺
盈德邑城石築周二千三百九十七尺
慶山邑城石築周一千二百尺
南海邑城石築周二千八百七十六尺
泗川邑城石築周五千十五尺
三嘉邑城石築周三千二百五十九尺
固城邑城石築周三千五百二十四尺
漆原邑城石築周一千五百九十五尺

鎭海邑城石築周四百四十六丈
熊川邑城石築周三千五百十四尺
宜寧邑城石築周一千五百七十尺
左兵營城在蔚山石築周九千三百十六尺高十二尺
右兵營城在晉州南江邊內城石築周一千九百三十尺高二十五尺
外城石築周一萬二百三十尺高二十五尺
左水營城在東萊石築周九千一百九十尺高一丈三尺
釜山浦鎭在東萊下同石築周五千三百五十六尺
多大浦鎭城石築周一千八百六尺
豆毛浦鎭城石築周一千二百五十尺
統營城在固城石築周一萬一千七百三十尺高十五尺

赤梁鎭城在晉州石築周一千一百八十二尺
彌助項鎭城在南海下同石築周二千一百四十六尺
平山浦鎭城石築周一千五百五十八尺
玉浦鎭在巨濟下同石築周二千七十四尺
知世浦鎭城石築周一千六百五尺
薺浦鎭城在熊川下同石築周四千三百十三尺
安骨浦鎭城石築周一千七百十四尺
三千淄城在固城石築周二千五十尺
架山山城在漆谷內城石築周四千七百十步
外城石築周三千七百五十四步
中城石築周六百二步

禿用山城在星洲石築周四千五百八十一步
金烏山城在善山內城石築周七千六百四十四尺高七尺
外城石築周四千一百三十五尺高十四尺
烏嶺山城在聞慶石築三城一在嶺上曰烏嶺關一在鳳岩北曰鳥東門一在草谷曰主屹關周一萬八千五百九步
天生山城在仁同四面石壁創立爲城故名外城石築周三千六百十二尺
華山山城在義興周九千三百步
金井山城在東萊周六萬九百八尺

全羅道

全州邑城石築周二千六百十八步內有觀察使營

羅州邑城石築周三千一百二十六尺
光州邑城石築周八千二百五十三尺
南原邑城石築周八千一百九十九尺
順天邑城石築周三千三百八十三尺
長興邑城石築周九千四尺
古阜邑城石築周二千三百六十九尺
靈岩邑城石築周四千三百六十九尺
靈光邑城石築周一千四百六十九尺
珍島邑城石築周二千四百尺
寶城邑城石築周二千九百五十四尺
樂安邑城石築周一千[illegible]百九十尺

萬頃邑城石築周二千八百二十尺
臨陂邑城石築周三千六百七十四尺
扶安邑城石築周一萬六千四百五十尺
沃溝邑城石築周三千三百二十尺
龍安邑城石築周四千二百四十尺
高敞邑城石築周三千八十尺
茂長邑城石築周二千六百三十九尺
務安邑城石築周一千七百尺
康津邑城石築周八千四百尺
求禮邑城石築周四千四百八十一尺
海南邑城石築周二千八百五十七尺

興陽邑城石築周三千八百尺
兵營城在康津石築周二千八百二十尺高十二尺
左水營城在順天石築周三千三百三十六尺高十三尺
加里浦鎮城在康津石築周五千三百八十尺
蛇渡鎮城在興陽（下同）石築周一千八百尺
鹿島鎮城石築周一千四百尺
呂島鎮城石築周一千一百尺
鉢浦鎮城石築周一千二百尺
木浦鎮城在務安石築周一千三百二尺
右水營城在海南石築周三千八百四十尺高十一尺
梨津鎮城在靈岩（下同）石築周一千四百七十尺

於蘭浦鎮城石築周一千四百七尺
南桃浦鎮城在珍島（下同）石築周一千四十尺
金甲島鎮城石築周一千五十尺
會寧島鎮城在長興石築周一千九百九十尺
濟州邑城石築周五千四百八十九尺
大靜邑城石築周四千九十尺
旌義邑城石築周二千九百八十尺
明月鎮城在濟州（下同）石築周三千二十尺
朝天鎮城石築周四百二十八尺
涯月鎮城石築周五百四十九尺
別防鎮城石築周二千三百九十尺

蓴瑟鎭城在大靜下同石築周三百五十尺
海防鎭城石築周五百十一尺
遮歸鎭城石築周一千四百六十六尺
水山鎭城在旌義下同石築周一千一百六十四尺
西歸鎭城石築周八百二十五尺
笠岩山城在長城石築東邊周一千三百把
西邊周一千四百把
威鳳山城在全州石築周五千九十七把
蛟龍山城在南原石築周五千七百十七尺高十一尺
金城山城在潭陽石築周四千九百四十尺高十二尺
赤裳山城在茂朱石城周一萬六千九百二十尺高七尺

忠清道

忠州邑城石築周三千六百五十尺
清州邑城石築周一千四百二十七步高二丈九尺內有兵使營
洪州邑城石築周五千八百五十尺
舒川邑城石築周三千五百二十五尺
瑞山邑城石築周一千七百十七尺
庇仁邑城石築周三千五百五尺
藍浦邑城石築周一千四百七十六尺
結城邑城石築周三千三百二十五尺
保寧邑城石築周二千一百九尺
海美邑城石築周二千六百三十尺

水營城在保寧石築周五百五十九步高二丈
安興鎭城在泰安石築
雙樹山城[illegible]州石築周二千四百四步高三丈九尺
外城長三百五十尺高六丈
左右翼城各長二百五十尺高二丈
上黨山城清州石築周二千九百十步高三丈

黃海道

黃州邑城石築周一萬四千一百七十尺高二十尺內有兵使營
海州邑城石築周一萬三千一百二十尺高一丈八尺內有觀察使營
甕津邑城石築周五千八百八十尺高一十尺內有水使營
延安邑城石築周一千三百八十九尺

水使行營城在甕津所江石築周一千五百四十步高九尺
壕池長八十三尺廣四十尺
蒜山鎭城在鳳山石築長五千三十尺高七尺
正方山城在黃州石築周二萬四千四百七十五尺高三丈
太白山城在平山石築周一萬二千一百十一尺高二丈
大峴山城在瑞興石築周二萬二百二十八尺高二丈
九月山城在殷栗石築周一萬四千二百六十六尺高十五尺
首陽山城在海州石築周二萬四千七百九十五尺
長壽山城在載寧石築周三萬一千九百八尺
舍人岩城在鳳山洞仙嶺石築長一千九百七十步
洞仙關行城在黃州石築長一萬二千尺

平安道

平壤邑城石築周一萬八千八百尺高三丈

北城石築周一千八百十八尺

中城土築周五千三百六十步

外城在中城南土築周三千六百八十步內有觀察使營

安州邑城石築周三千四百十三步高十三尺

新城石築周四百十步高十二尺內有兵使營

義州邑城石築周二千六百四十步高三丈

定州邑城石築周一萬二千二百二十八尺

甯邊邑城石築周七萬三千八十一尺

昌城邑城石築周二千一百五十五步

龍川邑城石築周一萬三千三百八尺

朔州邑城石築周二千九百三十三尺

龜城邑城石築周四千七十五

江界邑城石築周一萬四千六百六十尺

理山邑城石築周三千九百五尺

碧潼邑城石築周一萬三千尺

渭原邑城石築周四千四十七步

滿浦鎭城在江界下同石築

上土鎭城石築

高山里鎭城石築

從浦鎭城石築

伐登鎭城石築

外怪鎭城石築

楸坡鎭城石築以上長不著

阿耳鎭城在理山下同石築周九千七百八十四尺

山羊會鎭城石築周九百二十四尺

玉江鎭城在義州石築周六百二十尺

保山鎭城在平壤石城周九百十步

茄乙軒洞堡城在渭原下同石築周五千四十一尺

亮洞堡城石築周一千尺

碧團鎭城在碧潼下同石築周一千七百五十四尺

廣坪堡城石築周五百五尺

大坡兒堡城石築周四百八十尺

小坡兒堡城石築周四百二十尺

楸仇非堡城石築周四百尺

小吉號里堡城在昌城石築周二百五十四尺

白馬山城在義州石築周二千六百步高二丈

外城石築周二千一百步高二丈

黃龍山城在龍岡石築周一萬二千五百八十尺高十八尺

劍山山城在宣川石築周一千二十步高二丈

慈母山城在慈山石築周一萬二千七百二十二尺高十五尺

藥山山城在甯邊石築周二千七百六十尺高一丈

新城石築周一萬三千一百四十尺高一丈

北城石築周一萬一百五十四尺高二丈
龍骨山城在龍川石築周三百七十步高三丈
外城石築周一千三百七十三步高二丈
凌漢山城在郭山石築周三千九百七步高十三尺
西林山城在鐵山石築周二千四百八十五步
東林山城在宣川石築周四千十六步高二丈
雲暗山城在鐵山石築周二千四百四十五步
當峨山城在昌城石築周七千四百七十一步
紇骨山城在成川石築周三千五百十尺高五尺
緩項嶺行城在昌城石築長五百四十步
自作嶺行城在昌城石築長四百五十步

界畔嶺城在朔州石築長一千三百五十步
東沙洞城在朔州石築長三百十八步
大東沙嶺城在朔州石築長五百八步
温井嶺城在朔州石築長一千五百七十步
小城峴城朔州石築長一百四十五步
大城峴城石築長一百六十步
大防墻嶺城在朔州石築長二千五百二十一步
小防墻嶺城石築長一千三百二步
宋雲洞大晦洞沙帽洞三城在朔州石築長一千五百三十步
鴨綠江行城在朔州昌城渭原理山江界碧潼等地合長六萬五千二百餘尺

八道烽燧 舉火相告曰烽 燃柴望煙曰燧

烽燧平時一炬賊現形二炬近境三炬犯境四炬接戰五炬連日接戰積柴用狼糞夜則舉火晝則燔柴煙氣京則南所部將告兵曹翌日早晨入啓若有變雖夜卽告外則伍長告鎭將

木覓山烽燧自東至西五炬○第一炬準咸鏡江原京畿來楊州峨嵯山烽○第二炬準慶尚忠淸京畿來廣州天臨山烽○第三炬準平安黃海京畿陸路來母嶽東烽○第四炬準平安黃海京畿水路來母嶽西烽第五炬準全羅忠淸京畿來陽川開花山烽

第一炬準峨嵯山 楊州下同○以下京畿監司所管 轄共烽一百十九處另間烽五所共轄五十七處

第二炬準天臨山 廣州○以下京畿監司所管 轄共烽四十二處另間烽九所共轄一百二十三處

第三炬準母嶽東烽○醯浦 古名蜂峴高陽下同○以下京畿監司所管 轄共烽七十六處另間烽兩所共轄二十二處

第四炬準母嶽西烽○高烽 高陽下同○京畿監司所管 轄共烽六十九處另間烽三所共轄三十三處

第五炬準開花山 陽川○以下京畿水使所管 轄共烽五十九處另間烽三所共轄三十四處

東藩紀要卷八

平湖梅溪薛培榕編輯
甘泉韻清吳承裕校訂

諸道兵艦總數 以下戰船軍八十八兵船六十八防船三十八

三道統禦營戰船二防船一兵船四龜船一伺候船八汲水船二
永宗浦防船二兵船二艍舠船一汲水船二
注文島戰船一防船一伺候船二艍舠船一汲水船二
花梁戰船一防船一伺候船二汲水船二
德積兵船二伺候船一
德浦防船二兵船二伺候船三
長峯島防船三伺候船一汲水船一

慶尚右水營戰船四兵船七龜船二伺候船二十一探船二
晉州戰船二兵船二伺候船四
昌原戰船一兵船一伺候船二
金海戰船一兵船一伺候船二
河東戰船一兵船一伺候船二
巨濟戰船二兵船二伺候船四
昆陽戰船一兵船一伺候船二
熊川龜船一兵船一伺候船二
泗川戰船一兵船一伺船船二
鎮海戰船一兵船一伺候船二
固城戰船一兵船二伺候船二

加德戰船二兵船二伺候船四
彌助項戰船一兵船一伺候船二
龜山浦戰船一兵船一伺候船二
赤梁戰船一兵船一伺候船二
天城浦戰船一兵船一伺候船二
安骨浦龜船一兵船一伺候船二
薺浦龜船一兵船一伺候船二
玉浦龜兵一兵船一伺候船二
助羅浦戰船一兵船一伺候船二
知世浦龜船一兵船一伺候船二
加背梁龜船一兵船一伺候船二

蛇梁龜船一兵船一伺候船二
永登津戰船一兵船一伺候船二
平山浦龜船一兵船一伺候船二
唐浦戰船一兵船一伺候船二
栗浦戰船一兵船一伺候船二
三千浦龜船一兵船一伺候船二
蟾津防船二伺候船二
舊所非浦戰船一兵船一伺候船二
南村戰船一兵船一伺候船二
新門戰船一兵船一伺候船二
晴川戰船一兵船一伺候船二

長木浦戰船一兵船一伺候二
慶尙左水營戰船四兵船五伺候船十二
蔚山戰船一兵船一伺候船二
機張戰船一兵船一伺候船二
釜山浦戰船二兵船二伺候船四
多大浦戰船二兵船二伺候船四
西生浦戰船一兵船一伺候船二
開雲浦戰船一兵船一伺候船二
豆毛浦戰船一兵船一伺候船二
西平浦戰船一兵船一伺候船二
包伊浦戰船一兵船一伺候船二

全羅右水營戰船二防船一兵船四龜船二海鶻船一伺候船八
羅州戰船二兵船二伺候船二
靈光戰船一兵船一伺候船二
靈岩戰船一兵船一伺候船二
珍島戰船一兵船一伺候船二
務安戰船一兵船一伺候船二
咸平戰船一兵船一伺候船二
海南戰船一兵船一伺候船二
加里浦戰船二防船一兵船二龜船一伺候船二
羣山戰船一兵船一伺候船二

古羣山戰船一兵船一伺候船二
蝟島戰船一兵船一伺候船二
法聖浦戰船一防船一兵船一伺候船二
臨淄島戰船一防船一兵船一伺候船二
古今島戰船一兵船一伺候船二
荏子島戰船一兵船一伺候船二
黔毛島戰船一防船一兵船一伺候船二
於蘭浦戰船一防船一兵船一伺候船二
南桃浦戰船一防船一兵船一伺候船二
金甲島戰船一防船一兵船一伺候船二
木浦戰船一防船一兵船一伺候船二

多慶浦戰船一防船一兵船一伺候船二
智島龜船一兵船一伺候船二
梨津戰船一兵船一伺候船二
馬島戰船一兵船一伺候船二
薪智島戰船一兵船一伺候船二
全羅左水營戰船三兵船五龜船一伺候船十一
順天龜船一兵船一伺候船二
長興龜船一兵船一伺候船二
樂安戰船一兵船一伺候船二
寶城戰船一兵船一伺候船二
興陽戰船一兵船一伺候船二

光陽戰船一兵船一伺候船二
防踏戰船一兵船二龜船一伺候船四
蛇渡戰船二兵船二伺候船四
鉢浦戰船一兵船一伺候船二
鹿島戰船一兵船一伺候船二
古突山戰船一兵船一伺候船二
會寧浦龜船一兵船一伺候船二
黃海水營戰船一防船三兵船一小猛船一艍舠船五汲水船
二挾船三追捕船十二
海州防船二汲水船一挾船二追捕船一
豐州防船二汲水船一挾船二追捕船一

延安防船一挾船一
安岳防船一挾船一
長淵防船一汲水船一挾船二追捕船一
白川防船一挾船一
長連防船一挾船一
殷栗防船一挾船一
康翎防船一挾船一艍舠船一
白翎戰船一防船一兵船二艍舠船四
許沙浦防船二兵船一艍舠船三追捕船二
登山串防船二兵船一艍舠船三別小船一
龍媒梁防船二兵船一艍舠船二挾船二

椒島防船一兵船二伺候船四挾船一
吾乂浦防船二兵船一艍舠船二
助泥浦防船一伺候船一挾船一追捕船一
平安道宣川防禦營防船一兵船一伺候船三
宣沙浦防船二兵船一伺候船六
廣梁防船二兵船二汲水船三
老江防船一兵船一伺候船一汲水船一
彌串伺候船二艍舠船一挾船一
以上戰船共九十二隻防船四十八隻兵船一百三十二隻
龜船十九隻伺候船二百五十四隻汲水船十四隻艍舠二
十三隻探船二挾船二十隻追捕船十八隻小猛船一隻海

鶻船一別小船一

潮汐

潮汐雖西南海有之而至全羅道靈岩縣葛頭山東稍緩
長至慶尙道之金海縣較弱至蔚山縣以北東海全無焉潮汐
之候湖西差早於京畿湖南差早於湖西但潮在寅則汐在申
潮在卯則汐在酉闔境皆同初一日卯初初二日卯中初三日
卯末初四日辰初初五日辰中初六日辰末初七日巳初初八
日巳中初九日巳末初十日午中十一日未初十二日未中十
三日未末十四日申上半十五日申下半此黃海道濱海之潮
汐京畿同篤舟人稱初一日潮汐訪曰七水候初二日曰八水
候初三日曰九水候初四日曰十水候初五日曰一折只初六

日曰二折只初七日曰大折只初八日曰遭空初九日曰無水
不漲不消與初八日無異故曰無水初十日曰一水挨十一日曰二水
挨十二日曰三水挨十三日曰四水挨十四日曰五水挨十五
日曰六水挨號生伊十六日曰七水挨十七日至二十三日爲
遭空二十四日爲無水三十日爲生伊若小建則二十九日爲
生伊自三月至八月望日之生伊稱强生伊晦日之生伊稱片
生伊自九月至二月望日之生伊稱片生伊晦日之生伊稱强
生伊　極長曰强生伊稍長曰片生伊　自六水至十水日漸長自一折
至遭空日漸消極長則極平而水勢急極消則微平而水勢緩
春夏則潮盛而汐微秋冬則潮微而汐盛
　余於南陽府海倉口馬山津舟次時量見潮水漲退四拓之

多第時値秋季不識餘時爲何如未能臆斷僅就所見附誌
於此

　京外水陸騎步各軍

京外軍總合九十八萬九千三百七十六名京畿十二萬八千
四百四十三名湖西十三萬九千二百三十九名湖南二十一
萬五百七十四名嶺南三十一萬四百四十七名海西十五萬
三千八百二十八名關東四萬六千八百三十九名
京案付四十一萬六千六百八十五名訓局京各色軍合五千
一百五十七名禁衛營京各色軍合一千四百二名鄉騎士七
百名輜重軍一百五十名鄉正軍一萬六千七百五十名御營
廳京各色軍合一千七百五十三名騎士七百名鄉正軍一萬

六千七百五十名守御廳京各色軍合一千三百五十二名總
戎廳京各色軍合九百五十五名龍虎營京標下軍合二百八
十六名本曹騎兵六萬五千四百六十八名步兵三萬七千二
百五十一名○此外五軍門本曹軍器寺諸色軍及保各司諸
色人及保竝載實總而五軍門本曹京各色軍及各司諸色人
中京居額數不在案付○陵守護軍京外驛卒保掌樂工政府
樞府錄事繕工監內氷庫伐直掌苑署東山直各宮房軍門柴
場山直牧子亦不在案付中　外案付五十七萬二千大百九
十一名　松都屬一萬八百大十四名江華屬一萬五千六百
二十八名京畿各營鎭屬四萬六千一百十五名湖西各營鎭
屬五萬九千四百三十名湖南各營鎭屬十二萬一千十九名

嶺南各營鎭屬二十三萬六千九百九十五名海西各營鎭屬
八萬九千七百四十八名關東各營鎭屬一萬九千三百八十
四名○六道東伍軍十七萬八千三百六十三名內馬軍一萬
八千一百名○京圻三南海西五道水軍一萬二千八百三十
六名○西北軍總　關西監營諸色軍合一萬九千一百三十
九名將官三百二十一人平壤城守堞軍六千三百三十二名
慈母山城守堞軍三千九百六十五名黃龍城守堞軍二千八
百三十四名兵營諸色軍八千三百五十一名清南北東伍馬
伍馬軍四千五十二名步軍三萬六千七百四名將官七百三
入三和清南防營諸色軍二千七百十六名將官三十八入宣
川清北防營諸色軍二千八百六名將官二十六入昌城左防

營諸色軍二千三百四十四名將官四十九名入江界右防營諸色軍四千二十六名將官二十五人寧邊守城諸色軍三千一百二十一名將官八十七人龜城守城將諸色軍三千四名將官六十七人定州守城將諸色軍三千七百六十五名將官八十六人郭山猫鎭諸色軍二千四百三十一名將官三十三人鐵山獨鎭諸色軍一千九百九十六名將官六十七人龍川獨鎭諸色軍一千一百三十二名將官二十七人義州防營諸色軍四千六百七十四名將官四十一人碧潼猫鎭諸色軍九百名將官五十五人渭原猫鎭諸色軍一千十二名將官二十九人理山猫鎭諸色軍四百七名將官八人朔州猫鎭諸色軍七百九十名將官二十三人嘉山防守將諸色軍二千二百二

十一名將官三十一人並關監營諸色軍一萬一千五十六名親騎衛一千南兵營諸色軍二萬一千三百三十三人親騎衛一千名吉州猫鎭軍五千八十三名並兵營諸色軍五千八百六十三名內親騎衛五百名行營諸色軍八千十六名內親騎衛五百名

八道驛馬共五千四百九十九匹上等七百二十五匹中等一千六百八十六匹下等三千八十八匹

符信

命石體圓一面書命召領議政左議政右議政兵曹判書三軍門大將左右捕將一面御押

密符體圓一面書第一符至四十五符一面御押　守禦總戎使各道巡兵水使兩道留守防禦使受佩

開門左符體圓一面篆書門號一面篆書信符　非時開城門用此符兼降宣傳標信

通符體圓一面書第次一面書通符　吏刑兵等曹禁府漢城府五部捕廳入直官替番時受納於政院捕盜廳巡更牌將亦有通符

兵符體圓一面書發兵一面書某道觀察使節度使諸鎭則書鎭號中分右符頒於觀察使節度使及諸鎭左符藏於宮內若徵兵則降左符及教書合驗然後應徵○觀察使節度使亦各受諸鎭左符承教書則送左符於諸鎭發兵○習陣時不待符而徵兵○守令兵符去任時則檢交新任

信漢符信符體直漢符方圓曲直銳逐年更改一面篆烙後面軍士則屬處官屬則司名並刻○內入信符百七十五漢符三百三十五　每歲首兵曹堂上親監烙印內入外頒入闕門用之着紗帽角巾者不佩

宣傳標信體圓一面書宣傳一面御押　軍國緊急事用○行在時王妃王世子並留宮則王世子用徵標旨信體圓一面書徵旨一面御押　○王妃留宮則用內旨標信體銳一面書內旨一面御押　○符動時駕後禁軍及駕前別抄著有命以標信令箭奉行○將臣藩臣節臣遞傳密符命召必親納政院○身帶將任者無論佩召佩符毋得離城外

東藩紀要卷九

平湖梅溪薛培榕編輯
甘泉韻清吳承裕校訂

頒祿附續頒祿每朔散料

正一品
糙米 田米 小麥 黃豆 紬 正布 楮
春 四石 十二石 一石 十二石 三匹 四匹 十張
大君加三石 一石五斗
續二石八斗
夏 三石 十二石 五石 一匹 四匹
秋 四石 十二石 一石 五石 一匹 四匹

冬 三石 十二石 十一石 三匹 三匹
從一品
春 三石 十一石 一石 十一石 三匹 四匹 十張
續二石二斗 一石五斗
夏 三石 十一石 四石 一匹 四匹
秋 三石 十石 一石 五石 一匹 四匹
冬 三石 十一石 十石 一匹 三匹
正二品
春 三石 十石 一石 四石 九石 二匹 四匹 八張
續三石二斗 一石五斗
夏 三石 十石 二匹 三匹

秋 三石 十石 五石 一匹 四匹
冬 三石 十石 九石 一匹 三匹
從二品
春 三石 九石 一石 九石 三匹 四匹 八張
續一石十一斗 一石五斗
夏 三石 十石 四石 一匹 三匹
秋 三石 九石 一石 四石 一匹 四匹
冬 三石 九石 一石 八石 一匹 三匹
正三品堂上官
春 三石 八石 一石 八石 一匹 四匹 八張
續一石九斗 一石五斗

夏 三石 八石 三石 一匹 三匹
秋 三石 八石 四石 一匹 三匹
冬 三石 八石 七石 一匹 三匹
正三品
春 三石 七石 一石 八石 一匹 四匹 八張
續一石半 石二斗
夏 三石 八石 三石 一匹 三匹
秋 三石 七石 四石 一匹 三匹
冬 二石 八石 七石 一匹 三匹
從三品
春 三石 七石 一石 七石 一匹 四匹 六張

續石半　石二斗
夏　三石　七石　三石　一匹　三匹
秋　三石　六石　四石　一匹　三匹
冬　二石　七石　七石　三匹
正四品
春　二石　六石　一石　七石　一匹　三匹　六張
續石二斗　十三斗
夏　三石　七石　三石　三匹
秋　三石　六石　三石　一匹　三匹
冬　二石　六石　六石　三匹
從四品

春　三石　六石　一石　六石　一匹　三匹　六張
續石三斗　十三斗
夏　二石　六石　三石　三匹
秋　三石　五石　一石　三石　一匹　三匹
冬　三石　六石　六石　二匹
正五品
春　二石　五石　一石　六石　一匹　三匹　四張
續石一斗　十斗
夏　一石　六石　二石　三匹
秋　二石　五石　一石　三石　三匹
冬　一石　五石　五石　三匹

從五品
春　二石　五斗　一石　五石　一匹　三匹　四張
續石一斗　十斗
夏　一石　五石　二石　二匹
秋　二石　三石　三匹
冬　一石　五石　五石　二匹
正六品
春　二石　四石　一石　五石　一匹　三匹　四張
續石一斗　十斗
夏　一石　五石　二石　二匹
秋　一石　五石　二石　三匹

冬　一石　四石　四石　二匹
從六品
春　二石　四石　一石　四石　一匹　三匹　四張
續石一斗　十斗
夏　一石　四石　二石　二匹
秋　一石　四石　一石　三石　四石　二匹
冬　一石　四石　二匹
正七品
春　一石　三石　一石　三石　二匹　二張
續十三斗　六斗
夏　一石　四石　一石　二石　二匹

秋 一石 四石 一石 二石 二匹
冬 四石 二石 一匹
從七品
春 一石 三石 一石 二石 二匹 二張
續十三斗 六斗
夏 一石 四石 一石 一匹
秋 一石 三石 一石 二石 二匹
冬 四石 二石 一匹
正八品
春 一石 三石 一石 二石 一匹 二張
續十二斗 五斗

夏 一石 三石 一石 一匹
秋 三石 一石 一匹
冬 三石 二石 一匹
從八品
春 一石 二石 一石 二石 一匹 二張
續十二斗 五斗
夏 三石 一石 一匹
秋 一石 二石 一石 一匹
冬 三石 二石 一匹
正九品
春 二石 一石 二石 一匹 一張

續十斗 五斗
夏 三石 一匹
秋 二石 一石 一匹
冬 二石 一石
從九品
春 二石 一石 一石 一匹 一張
續十斗 五斗
夏 二石
秋 二石 一石 一匹
冬 一石
公主翁主出閤後改給驛馬驛夫役後從夫願給祿○議政致仕鄉居者不受祿

則令地方官輸送月廩○春季等正月十五日起至四月二十五日為封倉之限
限內如未受祿例許補給他等倣此

章服

王服○平天冠○白玉簪○冠纓珠○簪○旒五色珠○冕服
○綬○大帶○青組○五色多繪○珮玉○方心○絳紗袍
赤襪赤舄白玉圭青玉圭○遠遊冠○翼善冠○耳掩○竹
帽子
朝服○朝參常參朝啓並著黑衣朝參外暑月黑麻布衣二品以上
乘軺軒○堂上官持皮椅鞍籠者前導觀察使又持節鉞○五
三品堂下官只持鞍籠○司憲府司諫院官觀察使等以使
笠飾用玉頂子監察用水晶頂子○閑散堂上官必會則着

紗帽○司憲府書吏監祭及朝賀時則着公服 朝會時通禮院
書員同 ○從一品以上及耆老所堂上官乘平轎子○觀察
使及從二品以上官城外則乘雙馬轎曾經承旨者雖守令
許乘義州東萊則以邊臣亦許乘 ○朝服祭服今同原典○原典
堂上官以上胸背與今判異堂下三品至參外官則有青綠
色公服而無常服與胸背今難復古姑載時制以備互考○
增凡陪從朝賀諸臣服色從上服 御冕服則朝臣朝服 御絳紗袍
臣朝服御冕服加方心曲領臣朝服御袞龍袍臣黑團領御無揚黑圓領袍
臣黑團領御黲袍臣淺淡服御帖裏臣戎服凡殿座動駕侍衛諸臣幷戎服
○新增擧動啓覆受香望 闕禮拜表肅謝凡習儀黑團領○受吊迎勅時
黑團領去胸背救護日月蝕淺淡服○遠近行幸時並着軍服 近例

承史閣臣別雲劍文將臣文總管着竹戰笠當宁甲子毛戰笠復舊定式○
時原任大臣將臣戎服軍服時笠飾玉鷺
冠○朝服一品五梁木笏二品四梁木笏三品三梁木笏四品
至六品二梁木笏七品至九品一梁木笏○公服幞頭○一
品常服紗帽貫子笠纓用金玉笠飾用銀大君用金耳掩用緞
貂皮○二品常服同一品○三品常服紗帽堂上官貫子笠
纓笠飾耳掩同一品其餘堂下官三品以下至九品耳掩並
用綃鼠皮 宗親則下至六品用緒貂皮○四品至九品常服紗帽
以上祭服同○錄事有角平項巾○諸學生徒淄布巾 在學
○書吏無角平項巾○鄉吏公服幞頭常服黑竹方笠○別
監紫巾世子宮則青巾○常服朱黃草笠○闕內各差備青帽

○引路紫巾○羅將皂隸皂巾○堂上三品以上烏紗帽 紋
紗角○戎服紫笠 漆沙笠貝纓○堂下三品以下烏紗帽 草紗
角○戎服黑笠晶纓○錄事烏紗帽○別監紫巾 郊外動駕則
黃草笠○世子宮嬪宮則皂巾○守僕皂巾
服○一二品朝服赤綃衣裳蔽膝白綃中單雲鶴金環綬○祭
服青綃衣赤綃裳蔽膝白綃中單雲鶴金環綬白綃方心曲
領○公服紅袍○常服沙羅綾緞胸背大君麒麟王子君白
澤文官孔雀武官虎豹○二品常服胸背文官雲雁大司憲獬
豸武官虎豹○三品朝服祭服同一二品惟單盤鵰銀環綬公
服正紅袍從青袍○常服堂上官紗羅綾緞胸背文官白鷴
武官熊羆○四品練鵲銀環綬○公服青服○五六品練鵲

銅環綬○七品至九品鸂鶒銅環綬○公服綠袍○錄事團
領○諸學生徒團領 儒學用青衿○書吏團領○鄉吏公服綠
袍○常服直領○別監青團領○常服直領○闕內各差備
直領○引路青團領○羅將青平臂衣 刑曹司憲府典獄署則皂
團領司諫院則土黃團領○皂隸青團領 公主翁主陪用草綠○堂上
三品以上淡紅袍○戎服藍色帖裏○堂下三品以下紅袍
○戎服青元色帖裏○錄事紅團領○別監紅直領○守僕
紅直領○文武士庶並令向青 大小人員勿論文武職表衣前則去
地三寸後則去地二寸袖長過手復回至肘袖椿廣一尺袖口七寸帖裏同
庶民表衣前則去地四寸後則去地三寸袖長過手袖椿廣八寸袖口五寸
裏衣亦以此遞減其寸分

帶○朝服一品犀角祭服公服常服同○私服紅條兒○二品
正鈒金從素金○公服荔枝金○私服紅絲兒○三品正鈒
銀從素銀○公服正荔枝金從黑角○私服同上○四品素
銀○公服黑角○五品至九品黑角祭服公服常服同○祿
事諸學生徒書吏條兒○鄉吏公服黑角常服條兒○別監
闕內各差備條兒○引路紫襴○羅將皂隷條兒王子行者紫襴佩豆錫牌議政府承政院經筵鐵牌內闕引路金牌
笏○一品至四品象牙○五品至九品木○鄉吏公服木
佩玉○一品至三品燔青玉○四品至九品燔白玉祭服同
襪○一品至九品白布祭服同
靴鞋○一品至三品朝服黑皮靴堂上官挾金靴○四品至九

品黑皮鞋○公服黑皮靴祭服同○鄉吏公服黑皮靴常服
皮鞋
鞍具○三品大浪皮邊鞍綠色黏段韂甫老飾骨鞦勒三條垂
兒○三品堂上官大浪皮邊鞍綠色黏宗親彰善以下則用柳青
色飾骨鞦勒三條垂兒其餘三四品白鹿角邊鞍二條垂兒
○五六品白鹿角邊鞍一條垂兒○七品至九品白鹿角邊
鞍

度量衡制

諸邑度量衡由工曹製造每歲秋分日京則平市署外則巨鎮
平校烙印○度用鍮尺度之制十釐爲分十分爲寸十寸爲尺
十尺爲丈以周尺準黃鐘尺則長八寸九分九釐以造禮器尺
準黃鐘尺則長八寸二分三厘以布帛尺準黃鐘尺則長一尺
三寸四分八厘自純廟庚辰厘正周尺比舊尺少二分準黃鐘
尺爲五寸九分五厘量田尺一尺準周尺四尺九寸九分九厘
準布帛尺二尺二寸二分六厘比遵守尺加布帛尺一寸○量
用銅斛量之制十勺爲合十合爲升十升爲斗十五斗爲小斛
平石二十斗爲大斛全石諸邑行用大斛容入二十斗者長二
尺廣一尺一寸二分高一尺七寸二分小斛容入十五斗長二
尺廣一尺高一尺四寸七分斗長廣各七寸高四寸升長四寸
九分深廣各二寸京外斗斛並準戶曹銅斛烙印頒用○衡之
制黃鐘之管其容水重八十八分十厘爲分十分爲錢十錢爲
兩十六兩爲觔大稱一百斤中稱三十斤或七斤小稱三斤或

一斤又有天平稱用於量金銀

王城八道戶口

王城五部共四萬六千五百六十五戶男丁十萬一百三十七
口女丁十萬二千五百二口
八道共一百五十四萬五千九百九十六戶男丁三百三十一
萬七百四口女丁三百二十五萬九千四百一口內○京畿道
十五萬八千九十一戶男三十三萬九千九百二十七口女三
十三萬四千四百七十二口○咸鏡道十一萬八千八百十五
戶男三十六萬三千四百九十二口女二十三萬二千二百三
十六口○江原道八萬一千二百三十戶男十六萬三千六百
九十三口女十六萬八千四百八十口○慶尙道三十五萬七

十四百三十戶男七十三萬三千四百八十六口女八十一萬七千七百八十七口〇全羅道二十六萬九百八十二戶男四十九萬九千九百七十三口女四十九萬六千八百四十一口〇濟州三邑共一萬一千八百八十七戶男四萬一千八百二十四口女四萬三千九百五十四口內濟州七千四百六戶男二萬五千一百二十三口女二萬五千七十二口〇大靜二千二百二十六戶男七千八百六十三口女八千七百二十四口〇旌義二千二百五十五戶男八千八百三十八口女一萬一百五十八口〇忠淸道二十二萬三千五百十四戶男四十二萬九千七百八十八口女四十四萬九千二百五十六口〇黃海道十二萬八千三百五十七戶男三十萬七百九十一口女

二十六萬七千六十一口〇平安道二十一萬七千五百七十七戶男四十七萬九千五百五十四口女三十九萬三千二百七十二口

八道田結總

京畿道

元帳付田　十一萬一千九百十二結
流來陳雜田　三萬四千八百八結
各樣免稅田　二萬七千六十四結
時起田　五萬四十結　共二十二萬三千八百二十四結

咸鏡道

元帳付田　十一萬七千七百四十六結
流來陳雜田　一萬四千六百二十結
各樣免稅田　四萬二千八百八結
時起田　六萬三百十八結　共二十三萬五千四百九十二結

江原道

元帳付田　四萬九百二十六結
流來陳雜田　一萬七千三百八十五結
各樣免稅田　一萬一千七百十結
時起田　一萬一千八百三十一結　共八萬一千八百五十二結

慶尙道

元帳付田　三十三萬七千四百七十二結
流來陳雜田　十一萬五千三百三十結
各樣免稅田　二萬九千七百十二結
時起田　十九萬二千四百三十結　共六十七萬四千九百四十四結

全羅道

元帳付田　三十三萬九千七百四十三結
流來陳雜田　七萬八千九百八十一結
各樣免稅田　三萬八千九百三十六結
時起田　二十二萬一千八百二十六結　共六十七萬九千四百八十六結

忠清道

元帳付田　二十五萬五百八十五結

流來陳雜田　十二萬一百六十六結

各樣免稅田　二萬二千四百十二結

時起田　十一萬三千七結　共五十萬六千一百十七結

黃海道

元帳付田　十三萬二千三百七十三結

流來陳雜田　四萬二千一百六十四結

各樣免稅田　一萬三千六百十八結

時起田　七萬六千五百九十一結　共二十六萬四千七百四十六結

平安道

元帳付田　十一萬九千七百三十五結

流來陳雜田　一幾八千八百四十一結

各樣免稅田　一萬六千二十八結

時起田　八萬四千八百六十六結　共二十三萬九千四百七十結

以上八道各種田結共二百九十萬五千九百三十一結

以上戶口田結係同治甲子年查造自查造後彼國料民察田之政以次舉行者屢矣第戶口田結雖有增減而民數田數大率不過如是云

田賦

凡田分六等每二十年改量造册藏於戶曹本道本邑⊙一等田尺長準周尺四尺七寸七分五厘二等五尺一寸七分九厘三等五尺七寸三厘四等六尺四寸三分四厘五等七尺五寸五分六等九尺五寸五分○實積一尺爲把十把爲束十束爲負百負爲結一等田一結準周尺三十八畝二等田四十四畝七分三等田五十四畝二分四等田六十九畝五等田九十五畝六等田一百五十二畝⊙每八結爲一夫佃夫中擇其饒實勤幹者充爲戶首凡其八結應納之役使戶首收於結內佃夫以納⊙每年陳田起墾錄報戶曹減半納稅 限三年 既墾復陳者勿稅⊙各等田十四負約中國田一畝⊙常耕者稱正田或耕或陳者稱續田其稱正田而地土瘠薄禾穀不登者續出而

土性肥膏所出倍多者守令申報本道式年改正⊙降等田高田久廢處須勸耕者曰降等田⊙降續田降等後猶不願耕者謂降續田○加耕田久荒無主之地而新墾者謂加畊田海西稱爲閑曠田○火田燒畬種粟者二十五日耕爲一結以上隨其田之肥瘠分爲六等實積萬尺之地一等爲一結二等爲八十五負三等爲七十負四等爲五十五負五等爲四十負六等爲二十五負以方田直田梯田圭田勾股田丈量造册毋論陳起滿五結則用一字號標之凡用四標及主各縣錄丈案○籍田以附近居民耕穫 民田十結出一夫三夫治藉田一結其夫蠲貢賦免徭役 此外官屯田馬田院田津夫田氷夫田驛長田守陵軍田均自耕無稅國行水陸田祭享供上諸司菜田內需司田東西籍

田惠民署種藥田均無稅寺田衙祿田公須田渡田崇義殿田水夫田長田副長田祭田學田急走田各自收稅其職田賜田之稅並草價交納京倉○進上靑竹田官竹田楮田均無稅○牧子位田在牧場內各給二結○各營門各衙門屯田免賦納稅○藉沒田畓雖移屬他司勿免稅○凡田每歲九月望前各該守令核定本年成數申詳觀察使啓聞下議政府六曹會議更定收稅實十分爲上上年每一結收米二十斗九分爲上中年收十八斗八分爲上下年收十六斗七分爲中上年收十四斗六分爲中中年收十二斗五分爲中下年收十斗四分爲下上年收八斗三分爲下中年收六斗二分爲下下年收四斗一分則免科咸鏡平安兩道例減三分之一濟州三邑減半○京

畿三南海西關東田一結納稅四斗三南下之中以上遞加二斗○關西一甲八邑旱田中十分之四粟田一結納稅一斗三升三合三勺十分之六豆田一結收黃豆二斗六升六合六勺水田一結稅大米二斗六升六合六勺二甲三十四邑旱田中十分之四粟田一結稅米一斗四升一合六勺十分之六豆田一結收黃豆二斗八升三合三勺水田一結稅大米三斗三升三合三勺田稅外又有收米直路十二邑每結五斗其餘三十邑每結六斗○關北旱田一結收粟二斗六升六合六勺餘數五分中之一分收黃豆其四分再作爲三分而一分收田蒸米二分收生田米豆五升三合三勺蒸田米七升一合一勺生田米一斗四升二合二勺水田一結收米四斗減三分一餘數三分中二分收生糙米

一分又作十一分而一分收精糙米十分收蒸糙米生糙米一斗七升七合七勺精糙米八合一勺蒸糙米八升八勺濟州旌義大靜之田一結稅米二斗○火田之稅各道不同每結京畿兩湖豆八斗關東豆四斗嶺南木十匹以地木捧上代錢則二兩三錢海西田米一百斗巡營革罷火田則田稅米豆各二十五斗新漲則田稅米十五斗海西蘆田每結納稅木一匹與火稅木同○三手米砲手殺手射手即訓局軍兵毋論田之高下每結三南納米一斗二升關東海西收二斗二升三南旱田水田并收大米而丹陽永春淸風堤川並收田米海西江原田收小米畓收大米而嶺東均收大米○海西別收大米二千六百三十五石九斗九升八勺田米九千七百四十石三斗八升三合四勺海西田畓每結除大同條外加捧三斗○各宮房無土免稅田一結

米則稅二十三斗三手條及船馬價雜費元數中除減錢則納七兩六錢七分○安岳蘆稅給淮錢一百八十五兩五錢四分移送寶嬪房蘆草場二十四結九負移劃每結折價錢七兩六錢七分○兩湖田稅條米一百五十石豆一百二十石○關西內侍復結錢二千三百十六兩六錢九分○金海蘆稅錢三百三十三兩二錢七分○宣禧宮蘆田一百四十四結八十九負六束每結稅錢二兩三錢○海西山郡五邑嶺南嶺底七邑竹嶺五邑湖西五邑關東五邑田稅永作錢米一石作五兩田米一石四兩豆一石二兩五錢○海西長山以北十一邑別作錢米一石四兩五錢田米一石三兩五錢豆一石一兩七錢○京畿長湍一邑作錢米一石八兩豆一石四兩○海西平山一邑關東鐵原橫城兩邑作錢米一石九兩田米一石六兩

豆一石五兩○湖西山郡九邑湖南山郡一邑嶺南山郡二十二邑作木稅米一石准木三匹半豆一石三匹半三手米一石三匹升高者爲地木以二兩一錢折價升下者爲下地木以三兩折價○興室英陽年威木代錢每匹二兩○嶺南作公木米豆每石各減半匹○江原嶺東九邑嶺西四邑作布與作木同三手田米一石三匹代錢每匹三兩○湖南四邑湖西一邑稅豆每二石代米一石

雜稅

包參稅錢二十一萬兩包參一萬五千觔稅錢二十一萬兩內六萬兩入司譯院十五萬兩入戶曹○各道巫女稅兩南各匠稅每名稅木各一匹巫稅匠稅嶺南火稅海西蘆稅及役價條錢共一千五百五十三兩五錢六分○上等工匠每月稅楮九

張中等六張下等三張○方冶匠鍮鐵匠每一冶春季稅正布一匹秋季稅米十斗鑄鐵匠每一冶春季稅綿布一匹秋季稅米十五斗水鐵匠大冶春季稅綿布一匹秋季稅米六石八斗中冶春季稅綿布一匹秋季稅米六石二斗小冶春季稅正布正布一匹秋季稅米四石六斗○咸鏡平安兩道無布稅○京畿忠清江原黃海各道則每年大冶水鐵一百斤中冶九千斤小冶八十斤勿收米布○凡工匠計除公役日數外收稅○坐賈每月稅楮四張公廨海一間春秋各稅楮二十張○行商路引憑稅陸商則每月稅楮八張水商大船稅一百張中船五十張小船三十張○孤島草島捕魚倭船准魚代稅大船三百尾中船一百五十尾小船一百尾○板商之不合棺料者如松板

等什一征稅○參商赴戶曹請領黃帖每張納稅三兩外其參貨則什一征稅如無黃帖爲潛商盡數充公○諸道魚箭魚船鹽盆等稅漁稅限八月鹽稅限歲前上納全羅道之魚箭大箭稅眞魚三百尾中箭百五十尾小箭七十五尾每二十五尾作木一匹○大漁船稅木三匹中船二匹小船一匹小划船半匹箭似船照○廣尙道准稅米中船一石小船減半小小船減半之半○江原道准稅大口魚新船二十尾半新船十尾或納麻布一匹○鹽盆稅每盆一年收鹽四石作錢則每石一兩○慶尙道之小鐵釜及私干鹽釜准減半稅作布則每石一匹半每匹代錢七錢五分○江原道之半破盆減半稅作布則每石一匹半每匹代錢七錢五分

各道沿海收稅等事非本府關文不得擅爲

各項貢價應入田稅米九萬一千七百十七石田米二千四百六十一石豆四萬一千四百八十四石錢十七萬二千七百十三兩木一千五十四同三十八匹布一百二十八同十七匹○馬夫契納米六百石○修理契作等餘米一千六百石○奴婢乙亥甲午減貢給代錢二萬六千六兩六錢一分一萬二千六十四兩○各道年例耗作錢七萬十八兩二錢六分○嶺南停貢羅參價錢六千四百兩○關北停捧鹿茸價錢三千八百兩又貢參一百十斤代布七十五同四十匹宣惠廳應入田結錢二十六萬九百五十六兩○西北四都外六道田結並各樸免稅及復戶田每結收錢五錢○免稅結米四千一百四十石田米一千一

百六十四石豆一千十三石木一百四十二同四十八匹布十三同二十五匹錢四萬四百五十一兩⊙漁鹽船藿等稅入錢七萬八千七百五十一兩⊙軍保錢八萬八千三百二十八兩五錢⊙婢貢錢一萬七千七百八十五兩⊙屯稅錢六百三十五兩⊙關東甲午年權減參價錢一萬五千三百六十兩⊙各道年例耗作錢十萬七百七十三兩

常平廳入兩西日進上方物價之米一百四十五石木一同四十匹錢四千四百七十兩⊙咸營臘肉減價錢三百五十九兩⊙北關外貢錢六千四百五十七兩⊙端川虎豹皮代錢一百兩

賑恤廳入三南海西鉛丸火藥價米五千一百五十八石錢

三千三百四十五兩⊙關西糯衣價錢七百五十兩⊙各屯稅錢二百九十八兩⊙京兆戶作紙錢一千四兩⊙節使求請錢九千六百八十四兩五錢五分⊙公剩色移送錢代米一千石湖南⊙奉常寺藉田移轉代米二百石湖南

別下庫應入免稅田結米九十石木二同四匹布五匹錢七百七十三兩⊙三營和代磨鍊餘米三分之一代錢計五千七百九十兩

公剩色應入各廳移來米四千五百石豆三十石田米三十石木十同布一同錢一萬一千九百二十二兩

糧餉廳應入各道屯稅米六百五十四石四斗五升七合二勺錢一萬三千八百七十七兩九錢一分

以貢代稅

三南進皮物⊙北關進上牛黃⊙湖西進雉羽⊙嶺南進蓆子⊙關東進臘肉膳價⊙貢參代錢春季一萬四千七百五十二兩秋季錢一萬一百四十八兩

漕運

每年春初各道漕糧啓運時檢飭諸事申報舟橋司而該邑發船狀及沿途邑鎭護送狀各報戶曹

湖南聖堂倉漕船十二隻⊙羣山倉漕船十九隻⊙法聖倉漕船二十一隻⊙嶺南左漕倉八邑右漕倉七邑後漕倉六邑三倉漕船共四十二隻由宣惠廳所管⊙湖西可興倉漕船十四隻⊙凡漕倉及水站屬邑漕船外增以舟橋船載運

不敷者以民船貰載毋論漕船民船每載以一千石爲限⊙漕軍每隻額定四十八名⊙京畿陸運該守令領民自納於平倉

礦產

金之最上者謂之十品金亦稱葉子金吹鍊未精謂之塊金未鍊謂之碎生金均不許市殖貿易⊙銀有四等曰天銀造御器用曰地銀用於支勅禮單曰玄銀曰黃銀行於市用⊙各道金銀銅鉛產礦或有報名願採者該地方官啓聞准採抽稅

竊聞天不愛道地不愛寶不愛云乎者不私之謂也天地旣不自私則人得以有之矣是以仰觀四時之運俯察萬物之成而生財之大道寓焉尙書禹貢辨土壤黃赤黑白察礦產

金銀鉛錫實爲千古礦書之祖我中國藏富於民朝鮮則藏富於地故彼國五金礦產所在之區見諸載籍者甚畧欲廣爲採輯殊苦無從今年秋從軍東渡曾履其境未之深入駐軍於都門南壇山之原羣峯環拱蔚然蒼秀每當夕陽在山色極絢爛或白如粉或赤如脂土人告余土石之色有深綠如翠者惜山勢稍遠目力已窮未之能見也按山之土石色紫爲金紅爲銀綠爲銅白黑爲鉛錫礦又金礦中含硫磺砒石與銀或白鉛又金類襲水土之氣而凝結於石中深藏潛匿有若質美材良之士以呈身爲恥苟非留心物色往往見遺甚可惜也又金類含氣或爲流質或爲定質即如氣生水質本流也氷之則定矣此言礦者之大略也因誌朝鮮礦產連類及之

錢法

新錢一分即一個黑骨未煉謂之黑骨重一錢三分三厘九毫九絲九忽八微生銅九分七厘四毫六絲六忽六微含錫常鑞各一分八厘二毫六絲六忽六微內去渣一分三厘九毫九絲九忽八微白骨已煉謂之白骨實重一錢二分新錢十萬兩所入除渣實重生銅五萬四千七百十三斤含錫常鑞各一萬一百四十三斤五日鎔一爐鑄出錢二百二十五兩生銅每斤價錢八錢五分含錫每斤五錢五分常鑞每斤一錢七分

余在朝鮮時以白銀一兩易常平錢七百文左右聞彼國向例銀貫不過八百文錢貫不過六百文百文稱兩一文稱分

東藩紀要卷十

平湖梅溪薛培榕編輯
甘泉韻清吳承裕校訂

歷年叅考

朝鮮　都平壤後都白岳 今文化九月山 共歷一千二百十二年

檀君名王儉元年卽唐堯二十五年戊辰 查唐堯元年丙子二十五年庚子五十三年戊辰

朝鮮　都平壤共歷九百二十九年

箕子姓子氏名胥餘 一曰須臾 元年卽周武王元年己卯 查紀元編元年辛卯

箕否箕子四十一代孫服屬於秦卽秦始皇三十三年丁亥

箕準否之子失國南遷卽漢惠帝元年丁未

三韓　馬韓共二百三年 辰韓弁韓歷年皆不可考

馬韓箕準爲衞滿所逐南遷金馬郡 今益山 稱韓王新莽己巳爲

高句麗王子溫祚所滅

辰韓在馬韓之東自言秦之亡人入韓韓割與東界與居人能

秦語又爲秦韓後爲新羅所都

弁韓不知其始祖而屬於辰韓後降於新羅

衞滿朝鮮　都王儉城 今平壤 共八十七年

衞滿燕人逐箕準據王儉城卽漢惠帝元年丁未

新羅 初號徐羅伐其後或稱斯羅或稱斯盧或稱新羅 都辰韓地 今慶州 計朴氏十王昔

氏八王金氏三十八王合五十六世歷九百九十二年

赫居世朴姓氏名赫居世號居西干元年卽漢宣帝五鳳元年

甲子

南解王赫居世太子號次次雄或云慈充元年卽漢平帝元始

四年甲子

儒理王南解王太子號尼師今 儒理之稱至實聖王皆用此號 元年卽漢帝元更

始二年甲申

脫解王姓昔氏南解王長女婿得金閼智養爲子改國號雞林

元年卽漢光武中元二年丁巳

婆娑王姓朴氏儒理王第二子元年卽漢章帝建初五年庚辰

祇摩王婆娑王太子元年卽漢安帝永初六年壬子

逸聖王儒理王太子元年卽漢順帝陽嘉三年甲戌

阿達羅王逸聖王太子元年卽漢桓帝永興二年甲午

伐休王姓昔氏仇鄒之子脫解王之孫元年卽漢靈帝中平元

年甲子

奈解王伐休王之孫元年卽漢獻帝建安元年丙子

助賁王伐休王之孫元年卽漢後帝建興八年庚戌

沾解王助賁王之弟元年卽漢後帝延熙十年丁卯

味鄒王姓金氏仇道之子閼智 出於金櫝故姓金氏 七世孫元年卽漢後帝

景耀四年辛巳

儒禮王姓昔氏助賁王太子元年卽晉武帝太康五年甲辰

基臨王助賁王之孫元年卽晉惠帝元康八年戊午

訖解王奈解王之孫元年卽晉懷帝永嘉四年庚午

奈勿王姓金氏味鄒王之姪元年卽晉穆帝永和十二年丙辰

實聖王閼智裔孫元年卽晉安帝元興元年壬寅

訥祇王奈勿王之子號厤立干至炤至王皆用此號元年即晉安帝義熙十三年丁巳
慈悲王訥祇王太子元年即宋武帝太明二年戊戌
炤智王慈悲王太子元年即宋順帝昇明三年己未查紀元編己未係齊建元元年
智證王名智大路奈勿王曾孫定國號新羅始稱王元年即齊東昏侯永元二年庚辰
法興王名原宗智證王太子元年即梁武帝天監十三年甲午
眞興王名彡麥宗法興王之姪元年即梁武帝大同六年庚申
眞智王名金輪眞興王第二子元年即陳宣帝大建八年丙申
眞平王名伯淨眞智王之孫元年即陳宣帝大建十一年己亥

善德王名德曼眞平王長女元年即唐太宗貞觀六年壬辰
眞德王名勝曼眞平王弟國飯之女元年即唐太宗貞觀二十年丁未
武烈王名春秋眞智王之孫滅百濟元年即唐高宗永徽五年甲寅
文武王名法敏武烈王太子滅高句麗元年即唐高宗龍朔元年辛酉
神文王名政明文武王太子元年即唐高宗開耀元年辛巳
孝昭王名理洪神文王太子元年即唐中宗嗣聖九年壬辰
聖德王名隆基後改興光孝昭王之弟元年即唐中宗嗣聖十九年壬寅

孝成王名承慶聖德王太子元年即唐玄宗開元二十五年丁丑
景德王名憲英孝成王之弟元年即唐玄宗天寶元年壬午
惠恭王名乾運景德王太子元年即唐代宗永泰元年乙巳
宣德王名良相奈勿王十世孫元年即唐德宗建中元年庚申
元聖王名敬信奈勿王十二世孫元年即唐德宗貞元元年乙丑
昭聖王名俊邕元聖王之孫元年即唐德宗貞元十五年己卯
哀莊王名淸明後改重熙昭聖王太子元年即唐德宗貞元十六年庚辰
憲德王名彥昇昭聖王之弟元年即唐憲宗元和四年己丑

興德王名秀宗後改景徽憲德王母弟元年即唐敬宗寶歷二年丙午
僖康王名悌隆元聖王曾孫元年即唐文宗開成元年丙辰
神武王名祐徵元聖王曾孫元年即唐文宗開成四年己未
文聖王名慶膺神武王太子元年即唐文宗開成四年己未
憲安王名誼淸神武王之弟元年即唐宣宗大中十一年丁丑
景文王名膺廉僖康王之孫元年即唐懿宗咸通二年辛巳
憲康王名晸景文王太子元年即唐僖宗乾符二年乙未
定康王名晃憲康王之弟元年即唐僖宗光啓二年丙午
眞聖王名曼定康王之女弟元年即唐僖宗光啓三年丁未
孝恭王名嶢憲康王庶子元年即唐昭宗乾寧四年丁巳

神德王姓朴氏名景暉阿達羅王遠孫元年即後梁太祖乾化二年壬申
景明王名昇英神德王太子元年即後梁均王貞明三年丁丑
景哀王名魏膺景明王之母弟元年即後唐莊宗同光二年甲申
敬順王姓金氏名傅文聖王後孫元年即後唐明宗天成二年丁亥降於高麗

高句麗　都卒本扶餘今成川　共歷七百五年

東明王姓高氏名朱蒙本姓解生於遼東句麗山下以爲國號元年即漢元帝建昭二年甲申
瑠璃王名類利東明王太子元年即漢成帝鴻嘉二年壬寅

大武神王名無恤瑠璃王太子元年即新莽天鳳五年戊寅
閔中王名解邑朱大神武王之弟元年即漢光武建武二十年甲辰
慕本王名解憂大神武王太子元年即漢光武建武二十四年戊申
太祖王名宮瑠璃王之孫元年即漢光武二十九年癸丑
次大王名遂成太祖王之弟元年即漢質帝本初元年丙戌
新大王名伯固次大王之弟元年即漢桓帝延熹八年乙巳
故國川王名男武新大王第二子元年即漢靈帝光和二年己未
山上王名延優故國川王之弟元年即漢獻帝建安二年丁丑

東川王名憂位居初名郊彘山上王太子移都平壤元年即漢後帝建興五年丁未
中川王名然弗東川王太子元年即漢後帝延熙十一年戊辰
西川王名藥盧中川王第二子元年即晉武帝泰始六年庚寅
烽上王名相夫西川王太子元年即晉惠帝元康二年壬子
美川王名乙弗烽上王之姪元年即晉惠帝永康元年庚申
故國原王名斯由敢名釗美川王太子移都丸都城元年即晉成帝咸和六年辛卯
小獸林王名邱夫故國原王之子元年即晉簡文帝咸安元年辛未
故國壤王名伊連小獸林王之弟元年即晉孝武帝太元九年

甲申
廣開土王名談德故國壤王太子元年即晉孝武帝太元十七年壬辰
長壽王名巨璉廣開土王太子移都平壤元年即晉安帝義熙九年癸丑
文咨王名羅雲長壽王太孫元年即齊武帝永明九年辛未
安藏王名興安文咨王太子元年即梁武帝天監十八年己亥
安原王名寶延安藏王之弟元年即梁武帝中大通三年辛亥
陽原王名平成安原王太子元年即梁武帝大同十二年乙丑
平原王名陽成陽原王太子元年即陳武帝永定三年己卯
嬰陽王名元平原王太子元年即隋文帝開皇十年庚戌

欒留王名建武嬰陽王異母弟元年卽唐高祖武德元年戊寅
寶藏王名臧欒留王之姪元年卽唐太宗貞觀十六年壬寅後
降于唐將李勣卽唐高宗總章元年戊辰

後百濟　都慰禮城今稷山　共六百七十八年

温祚王名温祚高句麗始祖朱蒙之子徙都漢山今廣州　滅馬韓
元年卽漢成帝鴻嘉三年癸卯
多婁王温祚王太子元年卽漢光武建武四年戊子
巳婁王多婁王太子元年卽漢章帝建初二年丁丑
蓋婁王巳婁王之子元年卽漢順帝永建三年戊辰
肖古王蓋婁王之子元年卽漢桓帝延熹九年丙午
仇首王肖古王太子元年卽漢獻帝建安十九年甲午

古尒王肖古王之弟元年卽漢後帝建興十二年甲寅
責稽王古尒王之子元年卽晉武帝泰康七年丙午
汾西王責稽王之子元年卽晉惠帝元康八年戊午
比流王仇首王之子元年卽晉惠帝永興元年甲子
契王汾西王太子元年卽晉康帝建元二年甲辰
近肖古王比流王第二子元年卽晉穆帝永和二年丙午
近仇首王近肖古王太子元年卽晉孝武帝寧康三年乙亥
枕流王近仇首王太子元年卽晉孝武帝太元九年甲申
辰斯王枕流王之弟元年卽晉孝武帝太元十年乙酉
阿莘王枕流王太子元年卽晉孝武帝太元十七年壬辰
腆支王阿莘王太子元年卽晉安帝義熙元年乙巳

久尒辛王腆支王太子元年卽宋武帝永初元年庚申
毗有王久尒辛王太子元年卽宋文帝元嘉四年丁卯
蓋鹵王名慶司改名餘慶毗有王太子元年卽宋孝武帝孝建
二年乙未
文周王蓋鹵王之子移都熊津今公州　元年卽宋蒼梧王元徽三
年乙卯
三斤王文周王太子元年卽宋順帝昇明元年丁巳
東城王名牟大蓋鹵王之孫元年卽齊高帝建元元年己未
武寧王名斯摩或名餘隆東城王之子元年卽齊和帝中興元
年辛巳
聖王名明禯武寧王之子移都泗沘今扶餘　改國號南扶餘元年

卽梁武帝普通四年癸卯
威德王名昌聖王太子元年卽梁元帝承聖三年甲戌
惠王名季明威德王第二子元年卽隋文帝開皇十八年戊午
法王名宣惠王太子元年卽隋文帝開皇十九年己未
武王名璋法王之子元年卽隋文帝開皇二十年庚申
義慈王名義慈武王太子元年卽唐太宗貞觀十五年辛丑降
于新羅卽唐高宗顯慶五年庚申

高麗　都松嶽今開城府　共四百七十五年

太祖姓王氏名建金城太守隆之子泰封王弓裔據松嶽政亂
將士推戴爲王元年卽後梁均王貞明四年戊寅查紀元編國號大定
惠宗名武太祖太子元年卽後晉出帝開運元年甲辰

定宗名堯太祖第二子元年卽後晉出帝開運三年丙午

光宗名昭太祖第三子元年卽後漢隱帝乾祐三年庚戌

景宗名伷光宗太子元年卽宋太宗太平興國元年丙子

成宗名治太祖之孫元年卽宋太宗太平興國七年壬午

穆宗名誦景宗長子元年卽宋眞宗咸平元年戊戌

顯宗名詢太祖之孫元年卽宋眞宗大中祥符三年庚戌

德宗名欽顯宗太子元年卽宋仁宗明道元年壬申

靖宗名亨顯宗次子元年卽宋仁宗景祐二年乙亥

文宗名徽顯宗第三子元年卽宋仁宗慶歷七年丁亥

順宗名勳文宗太子元年卽宋神宗元豐六年癸亥

宣宗名運文宗第二子元年卽宋神宗元豐七年甲子

獻宗名昱宣宗太子元年卽宋哲宗紹聖二年乙亥

肅宗名顒初名煕宣宗之弟元年卽宋哲宗紹聖三年丙子

睿宗名俁肅宗長子元年卽宋徽宗崇寧五年丙戌

仁宗名楷睿宗長子元年卽宋徽宗宣和五年癸卯

毅宗名晛仁宗長子元年卽宋高宗紹興十七年丁卯

明宗名晧仁宗次子元年卽宋孝宗乾道七年辛卯

神宗名旼改名晫仁宗第三子元年卽宋寧宗慶元四年戊午

熙宗名韺神宗太子元年卽宋寧宗開禧元年乙丑

康宗名貞改名祦明宗太子元年卽宋寧宗嘉定五年壬申

高宗名瞮初名瞋又改名晊康宗長子元年卽宋寧宗嘉定七年甲戌

元宗名禃初名倎高宗太子元年卽宋理宗景定元年庚申

忠烈王名昛初名諶元宗太子元年卽宋恭帝德祐元年乙亥

忠宣王名璋初名謜忠烈王長子元年卽元武宗至大二年己酉

忠肅王名燾忠宣王第二子元徽王收印元年卽元仁宗延祐元年甲寅

忠惠王名禎忠肅王長子元徽王收印復上王位元年卽元文宗至順二年辛未

忠肅王後元年卽元文宗至順三年壬申

忠惠王元復王位後元年卽順帝至元六年庚辰

忠穆王名昕忠惠王長子元年卽元順帝至正五年乙酉

忠定王名眡忠惠王庶子元年卽元順帝至正九年己丑

恭愍王名顓忠肅王第二子元年卽元順帝至正十二年壬辰

辛禑旽之子恭愍王稱爲己子元年卽明太祖洪武八年乙卯

辛昌禑之子元年卽明太祖洪武二十二年己巳

恭讓王名瑤神宗七世孫元年卽明太祖洪武二十二年己巳至洪武二十五年壬申歷數歸於李氏

自檀君元年唐堯戊辰至高麗恭讓王末年壬申共歷三千七百二十五年

李氏朝鮮都漢陽府

康獻王諱旦字松軒父諱子春仕高麗官至榮祿大夫判將作監事朔方道万戶後尊桓祖王仕高麗忠肅王爲門下侍中

明洪武二十五年壬申高麗臣裴克廉等倡義推戴七月受高麗恭讓王位追王四世穆翼度桓駐平州温泉（今平山邑）癸酉遣芸文學士韓尚質以朝鮮和寧等號奏請帝賜朝鮮納高麗印信甲戌定都漢陽改鑄印信乙亥纂經濟六典丙子築都城征對馬島作虎符戊寅建文廟是年有鄭道傳之亂幸咸興次年回戊寅九月傳位恭靖王在位七年永樂六年薨

恭靖王諱曔字先遠康獻王次子王后康生仕高麗恭愍王位至將相初封永安君元年即明洪武三十一年戊寅九月嗣位有朴苞之亂日本琉球均來聘罷兵建文二年庚辰十一月傳位定聖王在位二年在近位十九年永樂十七年己亥薨無后

定聖王諱芳遠字遺德康獻王長子王后康氏生初擢高麗進士官至密直司代言壬申封靖安君建文二年庚辰二月冊封王世子十一月嗣位贈高麗忠臣設申門徒設鑄字所設四學罷外戚封君作號牌錮庶孼通顯禁讖緯書在位十八年在近位四年壬寅五月薨

莊憲王諱祹字元正定聖王三子王后閔氏生初封忠寧君元年即明永樂十年壬辰八月嗣位始開經筵己亥征對馬島立箕子廟復設集賢館辛丑改築都城始蠲進貢金銀器除笞背法征婆豬江野人行養老宴纂三綱行實制頒祿法乙丑世子聽政纂治平要覽在位三十二年代宗元年庚午二月薨

恭順王諱珦字輝之莊憲王長子王后沈氏生元年即明景泰二年辛未二月嗣位禁度僧纂高麗史纂東國兵鑑壬申五月薨在位二年

恭懿王諱暐恭順王子王后權氏生元年即明景泰三年癸酉二月嗣位安奉大君獄事李澄玉謀反琉球國來聘乙亥閏六月傳位惠莊王在位三年明天順元年丁丑六月遜位於外降封魯山君十月卒顯義王戊寅復位號

惠莊王諱瑈字粹之莊憲王次子王后沈氏生元年即明景泰六年乙亥閏六月嗣位己亥廢四郡成化丙子丁丑均有謀復上王獄事丁亥平李施愛亂征建州野人日本國來聘戊子九月傳位在位十三年是月薨

懷簡王諱暲字原明惠莊王長子王后尹氏生初封王世子天順元年丁丑九月薨

襄悼王諱晄字明照惠莊王次子王后尹氏生元年即明成化五年戊子九月嗣位纂武定寶鑑閔粹獄事己丑十一月薨在位一年

康靖王諱娎懷簡王次子王后韓氏生元年即明成化七年己丑十一月奉惠莊貞熹后尹氏命嗣位乙未親耕籍田親行釋菜王妃親蠶建尊經閣丁酉罷祝壽齋禁婦女再嫁戊戌行養老禮纂輿地勝覽設宏文館己亥征建州衛野人己酉印頒經籍於諸道辛亥征泥河車野人壬子大酺儒生罷度僧行量田頒大典續錄明宏治七年甲寅十二月薨在位二

十五年
燕山君諱㦕康靖王癸卯冊封王世子甲寅嗣位戊午士禍作
庚申搜括海浪島甲子士禍獄與大行誅戮至有碎骨飄風
之刑聚各道倡妓號運平樂工宮女有天科地科與青之號
撤移文廟以成均館爲遊嬉之所革司課院罷經筵增司僕
寺掌樂院官設獵藪淫虐無道宗社將危丙寅廢爲燕山君
於喬桐十二月卒在位十一年
恭徽王諱懌字樂天康靖王子王后尹氏生元年即明正德元
年丙寅九月嗣位改軍籍賜學田王親耕妃親蠶設賢良科
行鄉約法罷賢良科行量田法修輿地勝覽治巫蠱獄親行
大禮考正上下衣服嘉靖二十三年甲辰十一月傳位於榮

靖王在位三十九年
榮靖王諱峼恭徽王長子王后尹氏生元年即明嘉靖二十三
年甲辰嗣位復賢良科乙巳七月薨在位一年無嗣
恭顯王諱峘字對陽恭徽王次子王后尹氏生元年即明嘉靖
二十四年乙巳以榮靖王遺命嗣位乙巳丁未與士禍獄行
養老宴設軍籍都監倭亂隆慶元年丁卯六月薨在位二十
三年
昭敬王諱昖恭徽王所出之德興大院君三子東河夫人鄭氏
生元年即明隆慶元年丁卯七月以恭顯王遺命嗣位纂先
儒錄申雪黨籍追削奸凶官爵王親耕妃親蠶癸未尼湯介
寇邊立庶孽許通法丁亥損竹島倭寇征時錢野人庚申通

信日本次年使還辛卯日本使來壬辰四月倭人平秀吉等
率二十五萬衆入寇陷釜山東萊冊封光海君爲世子王去
邠乞援于明世子分朝駐伊川進幸義州明兵來援諸義兵
起兩世子被搆臨海順和兩君二陵之變癸巳明兵克捷王回提督李如松率
四萬人進攻平壤克據賊棄京城南走始開綠江市甲午世子總理軍務設訓練
都監征易水部野人丁酉倭寇再亂明總理楊鎬率軍來援
克捷己亥立武廟因慶顯神功庚子明兵回行量田法丙午
通信日本緣關白盡滅平氏遣使求和故報聘修好如初萬歷三十六年戊申二月
薨在位四十一年
光海君諱琿昭敬王子王后朴氏生元年即明萬歷三十六年
戊申嗣位屢興大獄立賣官贖刑科廢正妃幽母后宗社將

危明天啓四年癸亥廢爲光海君在位十四年辛巳七月卒
恭良王諱琈昭敬王五子母仁嬪金氏生憲文王壬申追崇
憲文王諱琮號松堂恭良王長子王后具氏生元年即明天啓
三年癸亥三月嗣位于慶運宮復王妃位號削廢朝僞勳甲
子平安兵使李适犯都去邠幸公州賊平還都丙寅築南漢
丁卯
大清兵來世子分朝去邠三月講和還都壬申元宗追崇丙子
與
大清背約十二月
大清兵來去邠丁丑臣服執送斥和臣于瀋陽順治六年己丑
五月薨在位二十七年

宣文王諱淏號竹梧憲文王次子王后韓氏生初以質子入瀋陽乙酉東返丁丑九月封王世子順治六年己丑五月嗣位庚寅制水軍甲午戊戌兩遣兵助攻羅禪賊順治十六年己亥薨在位十年

昭休王諱棩字景直宣文王子王后張氏生於瀋陽甲申東還勅封王世孫順治十六年己亥五月嗣位議禮親行釋菜毀尼院設提堰司禁同姓婚嫁甲寅禮訟（仁宣王妃喪儀慈懿大妃服制）康熙十三年甲寅八月薨在位十五年

顯義王諱焞字明普昭休王子王后金氏生康熙十三年甲寅八月嗣位親耕米枈始鑄常年通寶錢設禁衞營纂宣廟寶鑑乙酉築皇壇辛卯築北漢定白頭山經界定君臣服制升配宋朝六賢於大聖殿丁酉世子聽政康熙五十九年庚子六月薨在位四十六年

德文王諱昀字煇瑞顯義王長子王后金氏生康熙五十九年庚子六月嗣位世弟聽政壬寅謳獄（大臣金昌侯等四人以王代豫久無嗣斯望白請世弟違理爲趙泰耆等所搆後始雪伸）雍正二年甲辰八月薨在位四年

至行王諱昑號光叔顯義王四子王后金氏生雍正二年甲辰八月嗣位討逆臣金一鏡等黨案建崇節祠除壓膝刑戊申庚戌皆逆變仍一鏡弼黨也纂肅朝寶鑑親耕籍田行釋菜禮親行大射體纂五禮儀纂續大典革全家徙邊律製自省編丁戊世子聽政改紅袍濬城外川丁亥親耕籍田王妃親蠶纂東國文獻備考設申聞鼓行耆老宴乙未世孫聽政乾

隆四十一年丙申三月薨在位五十一年

思悼世子諱愃字允寬至行王子暎嬪李氏生至行王丙寅冊封王世子壬午卒壽三十八

溫良王諱縡字聖敬至行王子暎嬪李氏生元年勅封王世子戊甲十一月卒壽十歲甲申二月以特命爲嗣丙申二月賜號承統世子

文成王諱祘字亨運思悼世子子惠嬪洪氏生至行王甲申二月命嗣溫良王乾隆四十一年丙申三月嗣位罷濟州民山陵赴役復宗追崇禁巫女出入城闉欽恤典則成印頒明義錄禁緇徒入都城親刈先農壇修日省錄文廟行酌獻禮國朝寶鑑成始輯日得錄建交濟倉纂大典通編禁燕購石經書籍武廟始用樂奠墻錄成修檀君墓配享功臣子孫用宥世之典文苑黼黻成印改禁紋緞節目社稷祈穀升列大祀典同文彙考成禁婦女加髢移水原府於八達山下文廟行酌獻禮徒流人妻妾願從者許之設壯勇營罷諸道獵獻禁私服用白氈光海朝日記印藏史庫奎章全韻成刊布鄉禮刊五倫行實創壯勇外臺禁內司放債製宏齋全書尊周彙編成嘉慶五年庚申六月薨在位二十四年

淵德王諱玜號純齋文成王子綏嬪朴氏生嘉慶五年庚申七月嗣位至行王貞純王后金氏垂簾癸亥文廟行酌獻禮貞純王后撤簾戊辰許購經史及醇儒文集己巳元子生討關西賊景來戊寅讀訓輯要成乙酉增刊松溪集丁亥世子聽

政癸 巳修築各道隄堰濬川道光十四年甲午十一月薨在
位三十四年
體元王諱昊字德寅號敬軒淵德王子王后金氏生道光七年
丁亥承命代理己丑關北大水萬機日厤戚庚寅釐定樂政
五月薨
體健王諱奐字文應號元軒體元王子王后趙氏生道光十四
年甲午十一月嗣位純元王后金氏垂簾體元王追崇己亥
治邪學庚子撤簾永停進生熟鰒兩湖海西京營軍保米通
變釐修泮宫道光二十九年己酉六月薨在位十五年無嗣
熙倫王諱昪字道升全溪大院君三子夫人廉氏生道光二十
九年己酉六月奉純元王后命入嗣位純元王后垂簾

封崇全溪大院君壬子撤簾行日講黜耆老科脩諸道社壇
刊行兩賢傳心錄癸亥遣使辨宗系諡同治二年癸亥十二
月薨在位十四年
今王名熙字聖臨號誠軒興宣大院君次子夫人閔氏生同治
二年癸亥十二月奉太王太妃命入嗣位
王世子名坧號君邦王妃閔氏生

東藩紀要卷十一

平湖梅溪薛培榕編輯
甘泉韻清吳承裕校訂

節錄會通條例

朝儀典禮王則冠冕奉圭平天冠白玉圭朱履赤襪着絳紗袍臣
則金冠如使孟中之太監冠執笏黼黻裳衣珮玉鳴鸞鏘鏘濟濟
文東武西各就班次若太王誕王率世子以下行望闕禮外自
留守至牧使各拜箋陳賀王與妃誕世子及百官朝賀妃誕則內外命婦亦朝賀世子生辰百官朝賀同
每月朔望及初五十一二十一二十五等日百官朝參之期耆
老所之堂上官只於正朔冬至誕日以常服肅拜

每日宗親議政忠勳中樞儀賓敦甯司憲司諫各府六曹堂上
官漢城府各一員經筵堂上官堂下官各二員輪次入値有啓
事王則陞殿
每月逢五逢十六次備邊司都提調以下堂上官政府都相及
堂上並三司官各一員入對每月三次各司堂下官輪回受點
入對東宮擧行毋過五司　王誕正朝冬至及凡有慶禮內閣及宗
親府別軍職外則館學儒生各奉箋稱賀
世子受賀從二品以上官祇行再拜禮新授東班九品西班四
品以上職官翌日行謝恩肅拜禮於王與王妃及世子宮晉階兼職者只肅拜於王出使受假者往還同　外官除朝辭赴任者行望
闕禮新進文武生員進士放榜之翌日詣闕謝恩次詣成均館

謁　聖
王出大閱時文武官於闕門外東西分立輦至則鞠躬過則平
身以次隨駕先於宮內疊擊大鼓則各門値自外入諸衛聚於
勤政殿今用鼉鼓以代擊鼓　初鼓百官就外位甲士把守各門二
鼓百官入殿就位三鼓王御正殿侍衛依班扈從啓駕時初鼓
隨駕軍士聚待信地二鼓結陣三鼓行陣即迭擊大鐘若教習
則每月初二十六兩日
接待中國使臣則遣遠接使至義州府宣慰使迎於五處　皆二
品以上　迎送宴勞到京後設下馬宴翌日世子及宗親六曹議
政各官以次設宴及還設餞宴使臣就館世子就前行再拜禮
百官同還時百官於慕華門外路左序立使節至復行再拜禮

而送
大小人員道遇香燭敎書諭書宣醞宣牌之類下馬鞠躬賓奉
者不下馬
璽有大寶用於事大文書事大即事大國也　施命之寶　用於敎命敎書敎
旨　以德寶用於通信文書　諭書之寶　用於諭書科舉之寶用於試劵及
紅白牌　同文之寶宣貺端輔宣使之紀三寶用於頒賜書籍　奎章之
寶　用於御製鈐識　　璿源寶鑑　即國譜　藏于奎章閣功臣畫像藏
于紀功閣
事大冬至使　冬至正朝　　聖節併作一次朝賀拜表吉日百官於仁
政殿行禮後送至慕華館雖齋日用樂年例方物如冬至正朝
聖節謝恩及陳奏奏請進香等事各有所呈如黃畫龍筒袱

綃袱黃白細苧布黃白細綿紬龍紋簾席黃花席滿花席滿花
方席雜彩花席白綿紙紅畫鳳狀筒螺鈿梳函紅　白細苧布紫
白細綿紬紅畫龍箋筒青黍皮豹皮水獺皮厚油芚黃毛筆油
煤墨白銀沉東香芙蓉香淸蜜黃栗栢子銀杏大棗胡桃乾柿
銀香盒畫龍燭大燭臺等物每次均有額例
傳訃勅書抵境王卒百官郊迎入城宣敕日舉哀至第四日成
服後三日除服王於內庭行禮百官殿庭行禮
日本對馬島即三神山主年例遣船凡八次謂之八送使共十七隻
關白生子立儲生孫承襲及島主承襲告慶退休告訃圖書請
改通信使請來護行護送及日本各島倭漂至朝鮮每口給渡
海米十斗衣資木及各一匹島主備物答酬遇有慶弔事則遣

通信使等賫國書往
國有大慶則請告廟陳賀頒敎各官詣闕門外肅拜大婚納采
納徵告期行於其家冊妃親迎行於別宮嘉禮翌日王妃受百
官賀命婦同親迎後王妃拜日行朝見禮於各內殿公主翁主
下嫁時將許嫁諸條稟啓擇定駙馬隨即封爵成禮後於宮門
外設帳行會賓贄禮後將行謁廟禮
國有喪將昇遐月日頒示中外諸道聞訃日舉哀第六日成服
各殿宮服制前期修啓自成服日始計二十七日正朝冬至誕
日停進箋陳賀議諡時廟號殿號陵號同時議定
宗室勿限寸同姓十寸異姓六寸王妃同姓八寸異姓五寸世
子嬪同姓六寸異姓三寸親駙馬無論眞外五寸親先王先后親

同以上寸內姑姊妹姪女孫女夫除授親寸代也生前用寸死後用代
文科以經書策論表箋箴頌制詔詩賦取士生員額數京畿兩
所各一百三十人忠淸全羅各九十人慶尙一百人江原平安
各四十五人黃海咸鏡各三十五人譯科十九人醫科九人陰
陽科十一人律科九人逢子午卯酉年爲鄉試期每道中式不
過三十人庭試無定額臨是稟旨殿試三甲合取三十三人甲
科三人乙科七人丙科二十三人狀元賜紅牌以下白牌牌上書某科第幾名並姓名一甲一名授從六品餘正七品乙科正八品
丙科正九品譯科一等授從九品陰陽科醫科律科一等者並
授從八品
武科以木箭鐵箭騎射貫革騎槍擊球柳葉箭鳥銃鞭芻講書

臨文十一技取中生員額數與文科同鄉試取士京畿兩所各
取三十五人忠淸全羅各二十五人慶尙三十人江原黃海平
安咸鏡各十人殿試二十八人
方外別科有特旨乃行額數稟旨並有增廣大增廣之曠典若
非本道及授職出仕者不准鄉試
畫員中選年少聰慧者每朔禮曹出題考試歲杪合計畫事選
狀兵曹限一年給祿
寫字官閏朔考試優等者隨缺升補
內醫院女醫二十二人惠民署女醫七十人尙衣院針線婢二
十人工曹針線婢九名以上每三年以諸道邑婢中擇其年少
聰敏者選上敎誨醫書者成才後移還本邑

京外官接見如五品見三品官就前再拜上官不答差等則答途
遇則下馬上官放鞭過行同等則馬上相揖堂上官離隔等均
下馬相揖
迎送有下階及中門內中門外大門外鞠躬之禮同等座前立
候又有伏地之儀凡堂上官坐交椅三品以下坐繩床
王孫十歲封爵宗臣十五歲授職二品以上封君三品以下授職並用
邑號
實官八十歲以上加一階
官至一品年至七十不得致仕者啓聞賜几杖
堂上官致仕者功臣父母及妻年七十以上者禮曹移本邑月
致酒肉

文蔭武階正二品以上卒後啓聞停朝市一二三日不等
五子及四子一孫科登者其父母存則加資歲賜酒米亡則追
贈賜祭
一胎生三男者啓聞賜米
士族婦女年至九十者封爵夫不因妻贈職
士庶壽百歲者加資許其子孫上言並追贈三代
孝行卓異者贈蒙童教官或戶曹佐郎
孝子順孫貞烈婦女殉難功臣及睦族善行之類每歲啓聞獎
勸賞物或賞職旌門或復戶內有貧寒丐乞者每歲給米五石四季
衣一領
孝悌力田之人依時啓聞或遣長吏優禮或賜牛酒問勞

每歲季夏頒氷于宗親及內侍武內侍閒散各官
諸道瀕海設倉儲以備鄰境凶荒轉輸賑濟倘各道有願助賑穀者五十名以上錄啓五十石以下由本道官施賞
宗親裔之婚嫁踰時營葬無力者稟旨願助
士族之女年近三十貧乏未嫁者禮曹啓聞量給資助
乞丐之無親族者老人之無扶護者量給衣料
有溫泉處守令擇董修葺房屋救護病人
凶年遺棄小孩許人收養限至十五歲爲子爲奴悉聽兩造自便
守令有親年七十以上者勿差三百里外
守令有老親許每年一歸省周年一掃墓

守令省親省墓及妻亡子息成婚赴舉父母歸葬等事外勿許請假
年過六十五歲者勿外敘
贓吏子及孫不授京外要職
婦女失行及再嫁女之所生勿敘東西班職至曾孫方許
官犯永不敘用者贓吏之子再嫁失行女之子孫及庶孽之子孫不准赴文科
守令于本邑有田十結壯奴婢十口者改差無關吏治勿拘
寃吏非刑致斃子民者杖一百永不敘用
禁例京外士民如有私宰牛馬者全家徙邊
士夫家發靷用小方床者白晝出喪者常女著羅兀者士族婦女着繡衣裳者庶人着絲笠者庶人武士着道袍者士族衣服帖裏及裳過十三幅草笠五十竹叉馬尾笠付竹笠庶人衣服九升帖裏及裳十二幅草笠三十竹叉竹織笠繩結笠大小人員用紅灰白色表衣白笠紅鞋者金銀酒器青畫白磁器慶弔婚嫁外用油蜜果者在喪之人及庶人僧人都城內騎馬者葬用古塚者朝官娶放出宮女者儒生婦女遊宴山水間及入寺者三人以上會飲者命婦用有屋轎子寺刹用眞彩者花席者朱漆器者絲花鳳金銀露布花者焰硝者官舍及堂下官以下婚姻人用紗羅緞綾罽毯者濫收私債者私占柴草場者街路供佛唱魂者私奴婢田土施納寺社巫覡者士人敗常犯贓者京城內巫覡居住者閭閻內僧尼留宿者濫乘驛馬者私事出

入衙署者赴京及使鄰國人員往來潛帶禁貨挾帶雜文書弄競當道者鴨綠江邊七邑用錢者咸鏡之富寧以北商人潛入者海浪島往來招引人物出入兩界者邊民亡入中國者京城十里內入葬者空曲松木偷斫者城內馳騁者及騣帽唐鞋紙牌之類均在禁例
文武官六品以上祭三代七品以下祭二代庶人祇祭考妣
中國船之犯漁採禁者分別追捕執送中國
漕船之故失者船主沙工幷梟示和水及偷取糧米十石以上者亦梟示
採鰒時有加採預採之弊則帥臣拿勘禁錮三年
負公債至六百兩以上未償者良人公私賤雖納物堂上嘉善

者幷其妻子沒爲奴婢以償債
凡公債勿許以田土家舍代納已納者每年收其田稅準本利後還給
徵私債者或以田房索抵或以其子女勒爲奴婢者杖一百仍還其田房子女
刑遵明律笞杖流徒均准錢贖或綿布代
笞刑有五一十者錢七錢百文爲兩二十者一兩四錢三十者二兩一錢四十者二兩八錢五十者三兩五錢
杖刑有五六十者四兩五錢七十者四兩九　八十者五兩六錢九十者六兩三錢一百者七兩
徒刑有五一年七兩一年半十兩五錢二年十四兩二年半十

七兩五錢三年二十一兩
流刑有三二千二十八兩二千五百里三十一兩五錢三千里三十五兩
訊杖長三尺三寸上一尺三寸則圓徑七分下二尺則廣八分厚二分以下端打膝下不至臁朋次毋過三十度以上並用營造尺
枷長五尺五寸頭闊一尺二寸死罪之枷重二十斤徒流重十八斤杖罪重十四斤
杻長一尺六寸厚一寸
李氏中葉除壓膝烙刺及全家徙邊笞背劓鼻刖足亂杖等刑
男年十五女年十四方許婚嫁若兩造父母有疾或年過五十而子女年過十二以上者告官婚嫁

婚夕炬火之例二品以上十柄三品以下六柄　父職女家同
凡婚嫁過時嚴飭漢城府及諸道搜訪其尤甚者戶曹及營邑另加資助
京外八道官校院奴婢奴共一萬三千二十六名婢共一萬一千七百八十五名貢奴共三百八十名
奴婢田土均有賜牌有賞爾可傳永賜之句奴婢年十五以下六十以上者篤疾廢疾者及生三口以上貢役者本人免貢役
軍士年滿六十者廢疾者年七十以上親者一子九十以上者諸子九代向化人入軍籍者均免役功臣忠臣子孫限一家內差有多人應役及一人迭役者則遞減挂名軍籍者父子三人

編伍則免其父兄弟四人編伍者免其兄官定其代
凡田八結出一夫一歲不過役六日若路遠六日以外則準減次年之役若歲再役則須啓乃行守令不均調發領役官遲留過限者議處凡身役最重者如漕卒及司饔院漁夫所持船網並蠲田賦雜徭此外家居田戶亦有扉工
外居奴婢除選上外年十六歲以上六十歲以下均收貢納于司贍寺奴綿布一匹楮二十張婢綿布一匹紙十張或以綿紬正布代
前朝各臣及本朝義烈各臣之墓道祠宇淸白吏表著者請旨給復
各陵墓守護軍守殿守碑忠臣孝子烈女復戶者身沒後有妻

子若子婦則限其身給復無後則限三年給復
內官醫女御乘馬夫戍申出征軍進上船沙格軍漕軍漁夫津
夫水夫驛吏卒守營吏各邑人吏牧子烽軍席子匠各鎮召募
軍掌苑署果園値軍器寺柴場募民甲士倉募民內需司山値
京砲手御營年之私賤兩西納貢內奴弓矢人三聖祠値給復
陵軍以所居邑劃給
內侍復戶以三百五十人定爲原額每人兩給分排七道
凡給復田只出稅米而勿收大同米
凡農事耕種須早除草須勤守令勸諭趁時耕耘且助不給勿
差役勿徵發觀察使考勤慢勸農官擅其勤謹者差之實力勸
課勿使陳荒佃戶患病令親族或鄰里代耕勿使荒蕪田荒三

年許人告耕官屯田勿使民治
養蠶官擇其勤愼者守令考察諸道宜植桑宜養蠶取繭上納
引繰人一日各繰生繭一斗繭重九兩出絲一斤
諸道牧場以雌馬一百匹雄馬十五匹爲一羣牛同每年孳生
八十五匹以上者羣頭加給獎倘故失牛馬徵綿布以充軍資
大雄四疋中三疋小二疋大雌三疋中二疋小一疋
諸邑倉儲春貸於民折半留庫秋成而斂取耕什一
京外封樁錢穀銀布非關啓毋得擅動
諸鎮兵船常運一月軍糧兵船運軍糧三年後分爲三分每年
一分分給附近居民改色還納
諸道魚箭鹽盆分等造册藏於戶曹本道本邑　魚箭給貧民三年

而遞鹽盆遙隔諸邑置鹽倉輸稅鹽換穀充軍資
諸道諸邑許捕魚箭所出魚物除荐新進上常貢外貿穀每年
貿穀充軍之數由本道觀察使具錄啓聞
戶口籍每三年査改京外以五戶爲一統有統主外則每五統
有里正每一面有勸農官京則每坊有管領
四時八節士旺日兵曹鑽木改火春楡柳夏棗杏季夏桑柘秋
柞楢冬槐檀諸道各邑亦依此例
丁祭及救護日月三元節祭厲壇等儀同中國
　節錄通文館志迎　勑各儀注
凡有詔勅宣諭使臣未離京時先頒牌文其文曰　欽差正使
某官姓名副使某官姓名奉　命前往朝鮮國頒　詔或勅公幹

的於本年某月某日某時起行合先遣牌知會爲此牌仰經過
府州縣衛所驛遞等衙門如遇牌到即發後開馬夫人役在於
本衙門伺候迎替護送毋得臨期有誤未便須至牌者　計開
　詔書一道　御杖一對龍旗一對有　賜物則書某物一抬
衣樻一檯　欽差牌廻避肅靜牌各二面黃傘二柄大通官某
某次通官某某跟隨十八名右牌仰經過府州縣衛所驛遞等
衙門准此某年月日遣行牌由會同館起至朝鮮國回京日繳
上部
儐使差遣　勑使則以正卿差遠接使差官則以亞卿差接伴
使牌文到吏曹差遠接使○問禮官○本院差差備官堂上官
各二員堂下官各二員大通官差備官堂下官各一員遠接使

差備官堂下官各一員卽日馳驛到尤灣趂使抵金石山先送差備官間候探事仍由遠接使與監司聯名狀啓政院差六處義州寧州安州平壤黃州開城府迎慰使計其程途次第發送都司宴享舊例遼東都司衙門護使行至中江而還故有迎慰使宴送之禮崇德以後則無都司鳳城章京二員通官一員博氏一人代爲護行而巡察使定差使員近地邊將依致宴待且饋禮單糧餼外有撥什庫八人甲軍從人各一百七名不留受而直渡鴨綠江則分饋其回去從人

中江宴享〇中江南畔有宴廳使若下船少憩則供具以待若鴨綠江迎勅儀〇當日設結綵黃帳幔黃儀仗龍亭香亭於江邊　勅書至則遠接使以下祇迎鞠躬使奉　勅書置龍亭上

路遠接使以下倒班先行京官及監司爲東班列邑守令爲西班儀仗鼓樂香亭龍亭次之兩使乘轎雙行朝鮮官陪行入南門文武官先於義順館以次序立庭中龍亭至樂作回班鞠躬使到中門外下轎以入各官鞠躬過後平身樂止北向立使陞奉　勑書供奉闕牌前案上而退立於東壁下樂作文武各官行四拜禮三上香再行四拜禮退出樂止大通官奉　勅書於闕牌室內而鎖之兩使各就東西廳飲茶訖遠接使以下詣大廳令差備官請行見禮兩使具公服出座設交椅於南向西上樂作差備官由西楹進先就兩使前各行再拜作揖堂上官楹內堂下官楹外而出一人進跪而稟曰遠接使見由西楹引遠接使入兩使降立遠使執帖中立差備官二人受而進呈遠接使就前各行再拜作揖兩使答揖退出差備官更進跪告曰迎慰使見引迎慰使入並名帖行禮如前儀退出更捧國王帖入中立差備官二人堂上官擎奉進呈兩使起立雙手祇受迎慰使又令差備官傳告國王問候兩使揖謝迎慰使作揖鞠躬而出差備官以次跪告觀察使運餉使站官守令見呈帖行禮如遠接使守令都名帖二品以上則降立答揖三品以下則坐以舉手遠接使乃以路程記啓聞則禮曹以所擇迎勅吉日啓定舉行

龍灣宴享〇大廳設兩使座紅椅子於北壁西上設遠接使迎慰黑椅子於西壁北上遠接使迎慰使詣中大廳令差備官請行迎慰宴兩使具公服出座差備官由西楹入就兩使前兩使降立各行一揖兩使答揖下倣此而退就位立又告迎慰使進

迎慰使行禮各遠接使稍退當中立令差備官分呈物膳單仍就立定州以後六處除見官禮而只行宴禮則遠接使行禮後迎慰使呈名帖御帖及行禮一如龍灣儀注兩使坐遠接使迎慰使亦坐令差備官請行茶禮譯生通贊謂之進止生設茶亭於楹外近南北向一人捧茶瓶四人各捧茶鍾由東西楹入立於茶亭之前又四人各捧果盤分立于各位之傍捧鍾各人同時跪進各位皆降立執鍾坐舉茶訖執事跪受鍾退捧果盤者同時跪進各位舉箸訖捧盤者退樂作進酒具置於酒亭執事進揮巾進花盤於各位又對舉饌案立於楹外迎慰使降出西楹兩使及遠接使皆降立迎慰使進饌案於正副使前作揖退兩使就座執事進饌案於西壁各位樂止又進空桌於各位後舉

小膳立於楹外迎慰使降出西楹與小膳 樂作 於各位迎慰使
與兩使各舉箸 樂止 執事又進果盤於各位卓上仍侍立迎
慰使令差備官請行迎慰盃仍降詣樽所各位皆降立酌酒 樂
作舞童 詣兩使前揖進 兩使答揖接盃與遠接使揖遠接使答
揖還于迎慰使揖迎慰使答揖將飲迎慰使進執臺正使飲訖
執事跪受盞出而揖迎慰使答揖仍進果盤正使下箸訖拱手
迎慰使亦拱手連進二爵訖令叅隨官 今之通官 酌酒 揖與迎
慰使迎慰使答揖受爵就副使前揖副使答揖又向遠接使揖
遠接使答揖還就正使前揖執臺迎慰使領訖執事跪受盞出
樂止 揖正使答揖進果盤迎慰使下箸訖又詣樽所酌酒就副
使行禮如前儀就兩使前各行一揖而就位各位皆上座 樂作

執事進餚各舉箸訖 樂止 遠接使降立令差備官詣樽所酌酒
樂作舞童 就兩使前及各位遍揖並如迎慰盃儀退而就位執事
進酒遠接使前遠接使執蓋揖與迎慰使迎慰使答揖受盃就
兩使前以次作揖還與遠接使對揖將飲遠接使執臺迎慰使
飲訖執事跪受盃出揖遠接使答揖仍進果盤迎慰使舉箸訖
拱手遠接使亦拱手執事再進酒與迎慰使迎慰使勸遠接使
如前儀然後遠接使就兩使前各行一揖稍退中立令差備官
請行完盃禮 樂作舞童 行禮如前而不揖左右只行一盃各就
座執事舉大膳於楹外迎慰使進各小膳儀執事進餚迎慰使
又請行酒禮畢再請完盃禮如遠接使儀退就本位執事進餚
後遠接使再請行酒如前儀既畢遠接使就兩使前各行一揖

而出迎慰使則各行再拜一揖而出以下六處宴享儀注同○
近來勅使頗多簡便各處宴享原不設行間或設行亦不拘小
節如遠接使迎慰使挨次進酌兩使前執蓋勸酬之節輒許改
簡但令一時並進進退堂交椅而相酬
郊迎禮○勅使入京定期後迎 敕之儀三次排日演習而先
一日掖庭署設闕庭於仁政殿正中南向設勅案 有賜物則 勅
案在左賜物案在右 前設香案再設兩使立位於 勅案之東設
殿下受 勅位於香案之前北向又設殿下立位於殿庭西隅
近北向東設 勅書宣讀於殿階上近東西向設殿下憩所於
立位之西又設幄次於殿外之西俱南向設兩使次於殿外之
東西向典設司設殿下幄次於慕華館西近北東向掖庭署設

殿下祗迎位於幄次之前攸司設結綵黃帳殿於迎恩門之南
門在慕華館之右 兵曹設黃幄龍亭香亭於帳殿陳列金鼓及黃
儀仗鼓樂於前是日早朝殿下率宗親文武官詣慕華館幄次
後奏時官進告政院與請來官馳進弘濟院 勅書將至百官
具公服就祗迎位御前通事趨進帳殿以殿下祗迎之意言於
大通官兩還殿下具翼善冠袞龍袍出左右贊禮導殿下就祗
位鞠躬 百官同 正使棒 勅書安置龍亭 有賜物則安於綵轝 殿
下平身 百官同 御前通事又進帳殿以殿下先詣之意言於大
通官而還金鼓在前次騎隊文武官殿下黃儀仗鼓樂香亭龍
亭兩使乘肩輿雙行以次至闕門外通官以下俱下馬齊進殿
下入憩所 勅書到仁政門殿下出所就位黃儀入陳於闕庭

前　勑書龍亭由正門入兩使下輿從入左右贊禮引接 樂作
殿下東向鞠躬過則平身 百官同樂止 龍亭陞殿階贊禮導殿下
還入憩所掖庭署改設拜位於中路正奉　勑書入案置於案
有　賜則亦置於案　贊禮引兩使就位殿下出所就拜位 樂作 行
四拜禮 百官同樂止 殿下跪司香者進香前案跪三上香俯伏興
退殿下俯伏興平身 百官同 贊禮導殿下由西階陞從西挾門
入詣受　勑位通官稱有制殿下跪使奉　勑書西向授之殿
下奉　勑書開覽訖授近侍還置于案 有　賜物亦如之 殿下俯
伏叩頭興平身 百官同 贊禮導殿由西挾門出至殿階上在西
東向立奉勑官宣勑官展勑官由東階陞奉勑官入詣勑案前
北向跪贊禮引使詣　勑案前奉　勑書授之奉勑官傳奉

勑書與由正門出就宣讀位贊禮引使隨出至殿階上在東西
向立奉勑官以　勑書授宣勑官宣勑官跪受以授展勑官展
勑官跪受立對展百官跪宣勑官讀訖奉勑官奉　勑書入安
置於案齊退復位百官俯伏興平身贊禮引使還入就位贊禮
導殿下退復拜位左贊禮啓請跪三叩頭殿下跪三叩頭 百官
同 啓請山呼殿下拱手加額曰萬歲萬歲萬萬歲 百官同軍校樂
工齊聲助之 啓請俯伏興四拜興平身 樂作 殿下俯伏興四拜興
平身 百官同樂止 左贊禮啓禮畢贊禮引使由東正門出就次贊
禮導殿下由西階就幄次承文院官奉　勑書盛龍亭 有　賜物
則尚衣院安奉　賜盛彩轝　鼓樂前導以入引儀分引宗親文武
官由東西挾門出

仁政殿接見儀注○掖庭署撤去闕庭及案設兩使座於殿內
在東西向設殿下座於在西東向贊禮引使由東正門入至殿
西向立贊禮導殿下由西正門入至殿東向立令御前通事請
行再拜禮兩使欲行揖禮則殿下與兩使相揖禮畢又令通事
問　聖安然後請就位再問　諸王貝勒安又慰問　欽使大
人遠途馳驅多勞又請茶禮司饔院設茶亭於殿近南北向提
調一員捧茶瓶 參茶銀瓶 副提調一員及提舉二員捧茶盤入立
於茶亭前捧瓶者在東捧盤者在西提舉一員捧果盤立於正
使之右近南北向一員捧果盤立於副使之左近南北向一員
捧果盤立於殿下之右近南北向捧鍾者三員各以鍾受茶同
事跪進於兩使及殿下前舉茶訖提調及提舉各跪授鍾出捧

果盤者跪進於兩使殿下前舉箸訖捧盤者出禮畢贊禮引使
贊禮導殿下並出南正門分東西階下送至仁政門使或固辭
殿下或送至階下還使就南別宮宮在南部會賢坊本小公主
宅在前詔使館於西部養生坊之太平館
冊封儀注○郊迎宣　勑儀皆同前而大殿冊封則殿下以翼
善冠去暢着黑團領靑鞓素玉帶祇迎 百官具胸背品帶胸背補子
也 受　勑書誥命禮畢改具白袍行茶禮冊封　賜祭幷行則
冊封在先　賜祭在後內殿冊封則殿下受誥命以授內侍而
俯伏 賜物亦如之 興平身內侍傳捧至闔門 隔帳於門 以授向宮向
宮奉置於案內侍以內殿行禮之意來傳則兩使起立女官臚
唱中宮殿下鞠躬四拜興平身跪女官三上香又有女宮捧誥

命以進中宮殿下受之以授女侍還置於案（賜物亦如之）俯伏興四拜興平身女官唱禮畢內侍出告則贊禮引使就內殿行答禮○王世子册封則殿下受　勑訖贊禮導殿下出至殿階上在東西向立贊禮引王世子由東階陞詣殿門外弼善前引由東挾門入詣殿內受　誥命位王世子跪（弼善跪贊）使奉　誥命西向授之王世子捧覽訖以授宮官還置案俯伏叩頭興平身弼善引王世子出至殿門外贊禮前導還就拜位然復宣　勑如前儀

賜祭儀○弔使如無　勑書祇以祭文幣物來則郊近至仁政殿接見時無宣　勑一節擇日行祭前一日典設司設兩使憩所於魂殿大門外之東南向掖庭署設兩司位於靈座之東西

向設祭文幣案於靈座之東西向設殿下立位於靈座之東西向又設立位於西階上北向諸執事位於東階下西向北上設百官位於庭外其日殿下出就齋殿具衰服百官同使至贊禮引入憩所兩使衣青掛大祝及執事贊禮先入殿庭重行北向四拜訖各就位引儀分引百官入就位諸執事盥帨訖殿司率屬入設祭文於案設香燭香盒於靈座前次設牢饌設尊於戶外之左置三爵於樽所贊禮導下出就西階下位大祝陞詣靈座前開櫝奉出神主設於座殿下哭百官同去杖免絰贊禮導殿下出中門止哭百官同贊禮導殿下迎於中門外之西東向立贊禮導殿下由西門先入就西階下位贊禮引使由正門詣祭文案前執事捧祭文及幣跪進使奉置於案贊禮引使就位

贊禮導殿下陞詣東向位贊禮引使詣香案前北向立殿下跪百官同贊禮引使立三上香奠幣奠酒三爵贊禮引使就位讀祭文官西向立讀訖殿下俯伏哭止哭興四拜興平身百官同執事詣案前跪奉祭文及幣就燎爐焚訖贊禮導殿下出至階上東向立贊禮引使出至階上西向立相揖贊禮導殿下由西階降贊禮引使由東階降送至門外殿下絰杖哭止哭入內○內殿國恤則贊禮分引百官具衰服入各就位然後相禮引世子具衰服去杖絰入就位位在東階下近南北向殿下具翼善冠白袍烏犀帶以出贊禮前導就西階下位贊禮引使出西向立贊禮導殿下出迎於中閤外由西門先入以下並如前儀無外執事出主之儀

祭幣禮香一束祭帛一疋銀壺一把銀爵三執白綾六疋白方紬六疋藍方紬二疋（以上總數共十五疋）犢一隻羊二隻猪二口祭筵二十桌酒二瓶（以上代銀二百兩）

見官禮儀○兩使就館後百官隨至令差備官請行見禮兩使出坐宴廳東向坐在館提調先呈名帖進見各行再拜禮都廳（無名帖）進內行禮出各色郎廳廳監造官於楹外行禮如上儀然後正一品及二品以上楹內行禮（三品以上兩使下蹄正答揖）三品堂上官楹外三品堂下官以下隨班齊進呈名帖行禮如上儀使舉手禮畢退出如兩使言免則免

入京宴享儀○凡使未入京時自都監以下習儀於西宴廳入京翌日設下馬宴次日設翌日宴又次日于仁政殿設宴使若

不往致設館所殿下親臨又次日設回禮宴又次日設別宴回程臨時設上馬宴以上宰臣代行起程日設餞宴於郊外殿下如有恙則世子代之宴凡七度其間或有空日遣中使饋餅麵當宴日時禮賓寺設兩使座於館廳東壁西向北上掖庭署設殿下座於西壁近南東向又設香案於北壁司饔院設酒亭於廳內近南北向殿下至館所入御室差備官與通官引使至副使處差備官進告政院通禮啓請殿下出乘轎差備官即入傳通贊禮引兩使由下階在東西向立迎如使赴宴殿下亦下階迎之殿下至三門外下轎贊禮導入在西東向立與使揖讓陞階而入各就拜位行再拜禮使若辭行揖禮就椅行茶禮如前訖奏與民樂進筵於酒亭歌者陞立於階上樂止提調二員分東

西立於酒亭副提調以下並立於酒亭之後奏與民樂提舉六員各對舉三饌進於兩使筵上及殿下處執事捧花盤進司饔院官傳奉分就兩使前與差備官跪進近侍傳捧詣殿下前與內侍跪進畢進揮巾進鹽水樂止進空桌奏與民樂提舉三員捧小饌卽點心各進每位三盤樂止奏步虛子樂藍衣廣袖舞副提調一員及提舉二員各執盞受酒副提調詣殿下前跪進提舉二員詣兩使跪進殿下執盞與兩使並揖舉酒訖相揖樂止凡酌酒皆提調爲之奏與民樂提舉二員分詣兩使前跪提調詣殿下前跪同割肉進饅頭舉箸訖樂止進第二酌奏井邑樂黑綃衣牙拍舞進湯初味舉箸訖樂止第三酌奏步虛子樂紅衣響鈸舞第四酌奏井邑樂藍衣鼓舞第五酌奏與民樂綠

衣廣袖舞第六酌奏與民樂深綠衣廣袖舞第七酌奏與民樂綠衣廣袖舞第八九酌奏與民樂藍衣廣袖舞並如上儀自第二酌後均奏與民樂以次進湯七味然後請完盃禮奏鄉樂藍衣私舞完杯訖樂止殿下與兩使相揖而罷

七次宴禮並同凡宴享茶禮親臨則御床兩使床由司饔院設行非親臨則都監設行使若減京享七宴則第三日大臣設行茶禮

晝奉杯禮〇禮賓寺設兩使位於宴廳北壁西上設儀政位一於東壁設宰位二於西壁請兩使出坐宰臣行禮以上使用紅椅子儀政等用黑椅子儀如見官禮後分坐交椅先行茶禮次行宴禮一如前儀但大小膳並進酌止七巡

望闕禮〇使在途次若遇聖節冬至正朝則於站上恭設闕庭行望闕禮遠接使該道監司差備官等隨班行禮留館時則移設　闕牌於西宴廳自都監堂上官以下行禮如前

請留儀〇勑使擇定旋期都監啓稟後先詣西宴廳以王命請留次承旨次大臣次中使以次傳命請留將行之先發送回程牌文議政院並派六處餞慰使以送明季詔使之來京外宴享俱有女樂　皇清革

查使儀〇使館西宴廳設殿下座椅於西壁東向使請平坐則平坐設兩使座椅於東壁西向三公列坐於西楹之內禁府刑曹堂上官列坐於西楹之外捧詔時出坐於西階上中書及通官坐於兩使之後捧詔時出坐於東階上禁府都事刑曹郎官

各二員立於階下捧罪人供辭御前通事往復傳語若不見露則兩使南向正坐三公以下西壁東向中書以下東壁西向面坐推問罪人後兩使秉斷而退

東藩紀要卷十二

平湖梅溪薛培榕編輯
甘泉韻清吳承裕校訂

朝鮮風俗記

余東藩紀要甫脫稿覺舊都記載纂入成書者已備大概然田野風俗方音於中國尤多迥別爰與吳君韻清剪燭清談將途次所經耳目所及者走筆記之粵自山東登州府啓輪向正東偏南二度至成山計海程四百里由此放洋東渡向正東偏南一度半至朝鮮濟浦口馬山津計程七百三十里自馬山登陸三十里至南陽府陟岡踰嶺我馬爲瘏又四十五里至水原府道尚平坦可以馳驅出水原長安門道途寬闊長約十里許兩旁虬松參差濃陰如畫筱𨍏徐行覺一種清爽之氣襆人眉宇過此有荷池數畝雖紅蓮脫瓣而翠蓋如雲一望無際上有小亭四面玲瓏足供憑眺由水原四十里至果川縣又二十里至漢江渡銅雀津僕僕風塵觸沙留起欲求甘泉之止渴山果之充飢而竟不可得又十里抵王京南關其間峯巒秀峭樹木葱蘢泉聲泠泠然自山澗流出塵襟爲之一清田有井田遺意亦循今畝之法高餵梯田中爲回畝下植香秔立冬時始行刈穫穎栗白顆足稱嘉禾果品蔬菜與中國同雖晴雨寒暖無常而沙鬆土潤地脈常滋朝暮霧淞之氣亦多沾被所以農夫無灌溉之勞而自獲豐收之利東國寶鑑云雖有旱潦之年亦不爲害蓋沃壤也惜賦稅不同聞八口之家食有餘粟官即爲之價

歛每穀一斗給錢一兩其一兩計錢百文以致土雖沃饒民懶開墾田間無廬舍無墳塚民聚族依居山谷以茅結屋室可方丈舉手及簷最低者僅及肩而已都城宏壯道路甚寬路中隆起溝瀆分開糞穢多棄積其中市廛戶檻臨溝覆以闊板上架露棚列肆於中穢氣蒸騰不堪久憩闤闠無招牌結簾樓一重十數家鱗次相接人各一室貨置其中米以四斗爲石銀亦準用漕平布帛則用營造尺加五而爲一尺其他多堆計交易有神農氏之遺風焉無茶肆浴堂祇有飯館亦惟供輿隸充飢衣冠中人無有入者宮室廟署市廛皆覆以瓦居民則編茅爲屋高與寬狹與村廬相彷彿斗室中滿支舖板高約尺許下爲地炕夜分燃火板糊字紙上加油簟氈衣膝趺坐性多迂緩各

啣淡菰巴短烟筒一枝以爲消遣文人墨士凭矮几俯而揮毫書畫少秀逸之氣詩詞多唐宋之風朝廷以詩古文辭取士由科第得官者可致通顯由蔭襲得官者類多紈袴國有方音通於婦孺如남봐명지등정치안即淡泊明志寍靜致遠八字餘皆類此農每知書戶皆安讀唐太宗稱爲君子之國信不誣也王出儀仗甚盛輿蓋廣大以三十人舁之前有古樂一部淸道揚聲羽葆旂蓋弓矢刀矛等器均亦如儀鳥槍隊以五備統之王衣金團龍絳紗袍戴翼善冠翡翠帶穿皂靴此行服也步兵皆藍衣青坎肩黑氊笠馬兵則笠後拖一紅氂尾兩袖接紅布尺許千把微員又有藍毛帚加笠後餘服同官銜王命而出者紗帽玉帶圓領方袍外官帶右下垂皮荷包二中藏兵符密符

奉調則剖拜訪皆常服額網巾覆以氂尾鬉帽上加竹笱圓黑笠士大夫同庶人無鬉帽惟頂笠常寺有一二品者皆淺紅袍犀角嵌帶兩旁以金玉貫子分等級奴隸着紅夏衣戴黃竹笠上插雉毛八尾（中國稱網巾圈）藍白紗羅夏布爲外衣寬其袖爲道袍庶人圍白縐官紳以顏色分等級奴隸衣前後腰際多褶疊與官服有殊貴賤皆皮履亦有草屬士商庶民不得張雨蓋遇雨笠加油覆身披雨衣均油紙裁製官有紙蓋胥隸執之嫁娶有綠轎輭紅紗燈一對僕婢盛飾各頂奩具新婦乘青輿上覆虎皮前張油紙雨蓋而已喪服斬衰皆麻衣冠帶首戴竹篷如醬甕蓋而四隅微缺其叉手執麻布額一方左右紉柱下以麻繩約之雙手持捧以蔽口鼻名曰布扇期服以下仍常服皆白帶

童子未冠編髮爲辮額前短髮分結兩辮共攏於後既授室則挽髻紮巾矣婦女不纏足不穿耳無金銀釧飾咸辮髮髻垂於後髻形如筆金玉料木稱家有無常衣長不盈尺背乳交露袖亦極狹裙則藍白兩色不用鑲緣褶叉由腰而下長約三尺餘結束後復左右交塞於腰際亦有長衣或藍或綠皆首覆以行從衣領內瞧視路徑妍媸人莫能辨其[illegible]嫗婢妓之類則油掠假髮光可鑑人蟠於額際如漆盆然人性耐寒雖至秋高華人皆挾纊而彼猶衣葛四時絮襖雖盛暑不易故有民寒傷國足寒傷心之諺隆冬披裘而倚重籠焉涼燠[illegible]與中國燕齊同無雨靴因履本皮製下有小釘故也其俗尚素雖屠賈疏啓紙均白色民俗質樸土厚風淳薄於飲食王享使臣羅陳肴核擣

雞鳧魚豚而已其他宴會惟人設小几雜列菓菜數品以通欵曲珍饈燕翅雖貴爲王公亦未領略衙門則瓜菜和羹以匙抄飯魚肉惟除血腥喜於生啖城鄉皆無茶具日惟飲水以止渴耳國刑用明律笞杖可以錢贖此外治理尚嚴民鮮干犯盜賊乞丐甚少官妓亦有之居敦仁門外高標於門曰上元妓館有妓百五十人蓮花臺十人每三年以諸道邑婢之年少者選上進宴時以女妓五十二人進（有特旨則加減）此即教坊遺意也其往來於道路者男則負物以背女則戴物以首男負女戴之古義存焉至於任重致遠皆需牛馬牛較中產尤大背有木鞍亦可騎策輿無下截人須促膝盤坐杠短而無橫擔矮可及地夫背有繩若推車然亦有四人轎婦人之輿窓帘飾以彩帶其地少

竹物不用甕大小浣盆悉刳木爲之精粗各有其致擔水有架橫負於背木桶甚少恒用陶器其銅器如僧之鉢磨盪光亮唾溺幷需雖精潔之氣不如日本而樸實之風勝日本遠矣及余東裝南旋自製板輿坐較安適途中見麥苗布隴黃葉滿山別有一番風景至晚則沿途居民皆束薪爲燭以送余行三五里互相接引殊足見尊禮中邦之意夜闌宿旅邸中室甚湫隘僅容五六人時天氣已寒而投宿者皆不攜襆被方以爲異及余擁衾而睡覺蓬蓬然如釜氣上蒸始知炕床之下已煨火也晨起見海天空闊鴻雁南飛誦行役之詩不禁動征人歸思矣

朝鮮之土壤非不饒沃也物產非不豐阜也而其國勢貧弱萎焉不克自振者以泥古而不知變爲成法所拘國孱財匱有以也明臣有言有貧民無貧地不因乎地利而善用之百姓恒有憂生之嗟於是而藉口乎地之瘠吾恐地不任咎也今歲從軍曾一至其境歷時不久且爲職守所拘八道未能周覽僅得游觀都市市廛之繁庶彫蔽索列貨之肆無奇可居五丈之衢一椽之舍雖稱亂初平而規模略具首善之區猶且如是以概其餘所可知矣近者迫於鄰國之請立約通商諸國踵而行之海禁因而大弛地利未盡物產不備彼載寶而來挾貲而返貨無窮而財易竭甚矣朝鮮之福況誇人以富固足以動覬覦示人以貧又足以致輕忽爲今之計順天之時因地之利貧而能富弱而能強轉移之機存乎人事按慶尚全羅兩道田肥而廣戶富而繁氣候亦視他道爲熱植茶樹桑宜於厥土咸鏡平安植

參宜廣其餘諸道十年樹柳廿年樹松胥可成材作器海上漁人之利則宜增造舟船山海田疇之政以次舉行斧斤網罟縱日勤採捕林木魚鱉亦不勝食用矣又其境所產之藥草皮革爲用也廣可以行遠而暢銷亦貨殖之大宗也江原道濱海之區聞有珊瑚產於水底以其地向陽而氣冷向陽則噓而生氣冷則堅而凝也八道田穀之種豆者宜參植木棉以十計之豆三四棉六七其利可增而普矣不但此也五金之礦可拱而採百工之肆宜事考求女紅組織亦在所宜講者也庶因富而可以致強因強而可以保富何以能富闢礦通商是也何以能強練兵製器是也我軍旣與朝鮮之軍臨機凱旋國王疏乞暫留以資鎭靜且以王師耀威俾觀軍容之盛亟思則效以勁其兵

又仰督師吳公長慶仁明英武爲世虎臣三十登壇未四十而膺疆寄擁旄仗節雅號知兵公之視高人與高人之視公不啻家人父子猜嫌胥泯畛域不分兵法陣圖何所吝惜是區區者而不余畀乎遂兼以訓練爲請公爰檄軍司馬袁君世凱於訓局健兵中選其材藝出衆者爲之訓練槍隊袁君以大公至精之心授命中致遠之技不秘其巧不憚其勞步伐止齊不數月自能井井水陸之師悉成勁旅足以自雄矣陸軍扼險之策宜築沿海砲臺購用西洋及遠巨砲摧堅破敵無難也水師制勝之奇宜以所得開礦之貲通商之稅陸續廣置輪船與各道戰艦大小相維聯絡一氣左顧右盼城山池海設險守國規模略具於此矣然國不擇將以國輸敵將不知兵以兵輸敵故練兵

尤以練將爲先諺云千軍易得一將難求欲求將才必選資兼文武者習誦古今兵法使之周歷行閒首謀臣而決兵機先壯士而破堅陣此所謂大將才也將萬衆以攻敵敵無雄兵國無堅城雲卷風馳所向克捷然百戰百勝不如不戰而勝信乎兵爲凶器必不得已而後用之也李氏奄有朝鮮歷年四百九十餘迭經敵國外患屢瀕於危而旋就安堵者以其政尚簡易輕徭薄賦德澤之及民者深上有恭儉之君則朝有廉讓之臣野有高尚之民君德修於上民俗成於下有不期然而然者矣今者海禁大開商通貨集風氣將爲之一變縱不日就奢華勢必多所縻費出入之數先事綢繆所當預爲籌及者也至於洋教之閑鴉片之禁濫觴漏卮易開難塞斟酌得宜不隨不激是所

望於執政者他如懷才之士亟須羅致游手之民亦宜安置毋使爲外人所得而爲之間諜楚才晉用固當爭者之憂也彼國臣民中分守舊開化黨致內訌而召外侮揣其操心積慮雖各執一見兩不相能而忠肝義膽胥出於愛國之忱開化固未可厚非守舊亦未足深罪也守舊者狃於常習安於固陋譬諸深居窮谷與木石居與鹿豕游狉狉獉獉風氣近古洵所謂不知有漢安知晉魏其自視非不高自處非不逸然而褊矣方今梯航萬里戶牖洞開雕題鑿齒文身斷髮之儔與峨冠博帶寬衣大袖者交臂錯踵而游於市誠自開闢以來未有之變局也有國者尚欲閉關自固其可得乎開化者之見審知關鍵不堅秘扃無術與其破扉而入使爲不速之客何如延之登堂藉通情

好操縱之權仍不失爲自主識時務者爲俊傑不其然乎凡所謂通商富國强兵諸要圖余以爲宜亟講求者亦開化諸人瞿然視爲自任者也或謂有利者害必隨之利倍者害必倍是又迂拘之談猶諸利劍在掌能殺敵亦能自戕殺敵非劍之功自戕非劍之罪是在善用之者自今以往深願兩黨袪彼我之私撤門戶之見和衷共濟行救時之政振拔有爲易弱爲强化貧爲富祇須與偕耳將見在朝在官之士爲元愷爲閎散爲稷契皋夔勵精圖治輔國匡朝不致鼠被投而器亦破與我　中朝同享承平豈不懿歟抑又攷之文獻備考東國兵鑑彼國之士具文武材智勇足備者不乏其選用能保其四境傳國長久所謂猛虎在山藜藿爲之不採出入其間者莫謂秦無人也余在

朝鮮時曾識金留守雲養金鴻臚小棠於黄松亭軍門座上迨余歸國適二公因事赴津得同附泰安兵船筆談終日二公皆抱負經濟學識有大過人者以時事方殷爰舉設稅關築埠頭諸大端爲問既以來相答復本其意而推廣之小棠精古律其拳指書尤爲獨擅雲養歷官清要兼領江華國之望也附誌於此

中國朝鮮商民水陸貿易章程

朝鮮久列藩封典禮所關一切均有定制毋庸更議惟現在各國既由水路通商自宜亟開海禁令兩國商民一體互相貿易共霑利益其邊界互市之例亦因時量爲變通惟此次所訂水陸貿易章程係中國優待屬邦之意不在

各與國一體均霑之列玆定各條如左

第一條

嗣後由北洋大臣札派商務委員前往駐紮朝鮮已開口岸專爲照料本國商民該員與朝鮮官員往來均屬平行優待如禮如遇有重大事件未便與朝鮮官員擅自定議則詳請北洋大臣咨照朝鮮國王轉札其政府籌辦朝鮮國王亦遣派大員駐紮天津幷分派他員至中國已開口岸充當商務委員該員與道府州縣等地方官往來亦以平行相待如遇有疑難事件聽其由駐津大員詳請南北洋大臣定奪兩國商務委員應用經費均歸自備不得私索供億若此等官員執意任性辦事不合則由北洋大臣與朝鮮國王彼此知會立卽撤回

第二條

中國商民在朝鮮口岸如自行控告應歸中國商務委員審斷此外財產罪犯等案如朝鮮人民爲原告中國人民爲被告則應由中國商務委員追拿審斷如中國人民爲原告朝鮮人民爲被告則應由朝鮮官員將被告罪犯交出會同中國商務委員按律審斷至朝鮮商民在中國已開口岸所有一切財產罪犯等案無論被告原告爲何國人民悉由中國地方官按律審斷並知照朝鮮委員備案如所斷案件朝鮮人民未服許由該國商務委員稟請大憲復訊以昭平允凡朝鮮人民在其本國至中國商務委

員處或在中國至各地方官處控告中國人民各色衙役人等不得私索絲毫規費違者查出將該管官從嚴懲辦若兩國人民或在本國或在彼此通商口岸有犯本國律禁私逃在彼此地界者各地方官一經彼此商務委員知照卽設法拿交就近商務委員押歸本國懲辦惟於途中止可拘禁不得凌虐

第三條

兩國商船聽其駛入彼此通商口岸交易所有卸載貨物與一切海關納稅則例悉照兩國已定章程辦理倘在彼此海濱遭風擱淺可隨處收泊購買食物修理船隻一切經費均歸船主自備地方官第妥爲照料如船隻破壞地

方官當設法救護將船內客商水手人等送交就近口岸彼此商務委員轉送回國可省前此互相護送之費若兩國商船於遭風觸損需修外潛往未開口岸貿易者查拿船貨入官惟朝鮮平安黃海道與山東奉天等省濱海地方聽兩國漁船往來捕魚並就岸購買食物甜水不得私以貨物貿易違者船貨入官其於所在地方有犯法等事即由該地方官拿交就近商務委員按第二條懲辦至彼此漁船應徵魚稅俟遵行兩年後再行會議酌定查山東漁戶因海濱之魚爲輪船驚至對岸每年私至朝鮮黃海道大小青島捕魚者歲以千計

第四條

兩國商民前往彼此已開口岸貿易如安分守法准其租地賃房建屋所有土產與非干例禁之貨均許交易除進出貨物應納貨稅船鈔悉照彼此海關通行章程完納外其有欲將土貨由此口運往彼口者於已納出口稅外仍於進口時驗單完納出口稅之半朝鮮商民除在北京例准交易與中國商民准入朝鮮楊花津漢城開設行棧外不准將各色貨物運入內地坐肆售賣如兩國商民欲入內地採辦土貨應稟請彼此商務委員與地方官會銜給予執照塡明採辦處所車馬船隻聽該商自雇仍照納沿途應完釐稅如有彼此入內地遊歷者應稟請商務委員與地方官會銜給予執照然後前往其於沿途地方有犯法等事統由地方官押交就近通商口岸照第二條懲辦

途中止可拘禁不得凌虐

第五條

向來兩國邊界如義州會寧慶源等處例有互市統由官員主持每多窒礙茲定於鴨綠江對岸柵門與義州二處又圖們江對岸琿春與會寧二處聽邊民隨時往來交易兩國第於彼此開市之處設立關卡稽察匪類徵收稅課其所徵稅則無論出入口貨除紅蔘外概行値百抽五從前館宇餼廩芻糧迎送等費悉予罷除至邊民錢財罪犯等案仍由彼此地方官按照定律辦理其一切詳細章程應俟北洋大臣與朝鮮國王派員至該處踏勘會商稟請
奏定

第六條

兩國商民無論在何處口岸與邊界地方均不准將洋藥土藥與製成軍器販運售賣違者查出分別嚴加處治至紅蔘一項例准朝鮮商民帶入中國地界應納稅則按價値百抽十五其有中國商民將紅蔘私運出朝鮮地界未經政府特允者查出將貨入官

第七條

兩國驛道向由柵門陸路往來所有供億極爲煩費現在海禁已開自應就便聽由海道來往惟朝鮮現無兵商輪船可由朝鮮國王商請北洋大臣暫派商局輪船每月定期往返一次由朝鮮政府協貼船費若干此外中國兵船

往朝鮮海濱游奕並駛泊各處港口以資捍衛地方官所有供應一切豁除至購辦糧物經費均由兵船自備該兵船自管駕官以下與朝鮮地方官俱屬平行優禮相待水手上岸由兵船官員嚴加約束不得稍有騷擾滋事

第八條

此次所定貿易章程姑從簡約兩國官民均須就已載者一體恪遵以後有須增損之處應隨時由北洋大臣與朝鮮國王咨商妥善請

旨定奪施行

欽差署理北洋通商大臣太子太傅前文華殿大學士直隸總督部堂一等肅毅伯李

督同二品銜津海關道周馥 二品銜候選道馬建忠 會同朝鮮國奏正使趙寧夏 奏副使金宏集 問議官魚允中 議定

光緒八年八月　日

補錄

平壤殷太史箕子之古都也 按河南志西華故箕地初箕子食釆於箕故稱箕子今邑中有箕子臺巍然趾學宮之後臺之端有洪範堂 又稱三朝鮮索隱曰朝音潮鮮音仙以有汕水故名 唐堯戊辰有神人降於檀木下國人立爲君都平壤號檀君名王儉故後人稱王儉城爲平壤是爲前朝鮮武王克殷封箕子於朝鮮爲後朝鮮燕人衞滿聚黨千人奪箕子裔地都王儉城是爲衞滿朝鮮至孫右渠不奉漢詔武帝二年伐之以朝鮮定爲四郡樂浪郡轄二十五縣玄菟郡轄三縣臨屯郡轄十五縣眞番郡轄十五縣王儉城爲樂浪郡高勾麗東川王第十一世二十一年漢後帝延熙十年 以丸都城在丸都山下三國史稱毋丘儉蹂躪不可復都乃築平壤城移士民廟社實之按高勾麗始都卒本扶餘卽今成川府地至此乃移都平壤城周二萬四千五百三十九尺高十三尺門有六上東曰長慶西曰普通又稱神門南曰含球北曰七星東曰大同古南曰正陽俗稱蘆門水門有二一在長慶一在大同門以下前江後川實爲天造地設其外城在唐浦上石築者周八千二百尺土築者一萬二百五尺並高三十二尺有門二南曰車避西曰多景今皆頹壞先是高勾麗故國原王第十六世元年晉成帝咸和六年 移駐丸都長壽王第二十世十五年宋文帝元嘉四年復都平壤平原王第二十五世 二十八年陳後主至德四年 移都長安城尋還平壤至寶藏王第二十八世二十七年唐高宗總章元年爲新羅文武王第三十世 與唐將夾攻滅之遂歸新羅高麗太祖元年卽後梁均王貞明四年以平壤荒廢量徙

鹽白黃海鳳諸州民以實之設大都護府光宗第四世十一年宋太宗建隆元年改稱西京成宗第六世十四年宋太宗至道元年設治留守穆宗第七世元年宋眞宗咸平元年改稱鎬京仁宗第十七世十三年宋高宗紹興五年僧妙淸及柳旵分司侍郞趙匡等叛遣兵斷岊嶺道於是命將金富軾等討平之元宗第二十四世十年宋度宗咸淳五年逆面北兵馬使營記官崔坦三等倡亂殺留守以西京及諸城叛附蒙古蒙古改西京爲東寧府畫慈悲嶺爲界忠烈王第二十五世十六年元世祖至元二十七年由元歸還王氏復稱西京設治留守恭愍王第三十三世十八年明太祖洪武二年稱萬戶府尋仍稱平壤府李氏因之以觀察使兼府尹置庶尹判官教授察訪參奉等官

文獻通考平壤本箕子之古封也箕子官之遺址在正陽門外箕子廟在內城里仁坊箕子墓在府北兎山上明永樂壬辰倭奴掘墓深及尋丈堅不可斧假聞樂聲自壙中出賊懼而止井田在外城內箕子區畫經界遺跡猶存而或因兼幷或因阡陌幾失舊址後經金敏善修正按箕子井田紀績云平壤箕子古都也今去箕子東來將三千年矣其所制田地尙在外川輿土兩坊好事者樹夫間以石遠望如八陣圖之石蹟論曰田形殷制也井形周制也夫畝澮溝洫非奈土初平天下區域陶汰略盡則有來易更置所可覽置者惟夫內之畝逐年起壟爲易改作如之何其田與井之殊哉嘗試周回井地考古今以追其變則蒼光山名一面蜿蜒成阜橫截十六里西爲下密臺東爲古里門而中城緣其上阜之八角重重列置於下自古里門迤邐西南過平角爲大同門又北至於下密臺而外城緣其上外城中城之間縱橫綦布凡十有二井其餘夫之不能成井者又三十區餘田之不能成夫者又二十一區是卽周禮井牧田野而衍沃爲井隰皐爲牧參伍比折其法乃行也每一夫四方繚以二尺之經十夫左右挾以九步之路其自二尺而爲三四尺自九步而爲六七步則夫間之遂夫間之溝闕塞遷變寖成其界是則周禮小司徒之九夫爲井四井爲邑遂人之夫間有遂遂上有徑十夫有溝溝上有畛而井以九夫畝以十夫二職之文兩不相倍也故如欲因今之有復古之制必辨其井牧正其遂溝則箕子之井地不待他求於是乎在矣何必紛紛爲哉二

角之南有箕子井甃井甃之東建小一閣闕名莫知刱於何年蓋畝宅夫家之制也今居斯井耕斯井者守望相友疾病相扶知箕子厚風俗以井地也春秋禮樂冬夏詩書知箕子作人才以井地也志載井田之制以三畝九畝爲準自古立木爲標名曰法樹迭經禍亂木表無存崇禎辛未改壓區畫樹石四隅以限經界箕井南九畝路東山含球門外九畝路而今則直抵東城作十字大路於此頗失古蹟

箕子城卽平壤城有三重內城之築始於高麗成宗時卽宋太平興國時迤南而圍蒼光之麓屬之於防水堤而止當其面南而門者曰正陽也其外隱然隆起抱內城而環者外城也世傳箕子時所築天啓時殺內城而小之別建朱雀門正陽遂廢矣然舊

城之址蜿蜒於內城外城之間文献通考平壤有三城曰王儉曰中都曰魯陽去平壤三十里云此乃大聖山也王儉即平壤府城而所謂中都者未知的指何城也今觀牧丹峯後有古城基西自並硯山名東環酒岩形勢頗雄此必中都城也平壤三面阻水後接牧丹峯壓臨城中築此中都以防外侮古人設險守國之計深矣箕子井在井田中水味尤異他井井上置閣後人更名九疇閣

箕子杖流傳已久幾至朽折後經俞相泓以錫附之藏之木匣得以傳之於今

箕子後復姓鮮于今居平壤者爲多示不忘其祖也

平壤之形勝也境緊鯨埠地連鴈塞金富軾言北負山岡三面臨水城高且險

乙密臺在錦繡山頂平坦廠豁又稱四虛亭

鳳凰臺在府西十里農之西五里許即古順和縣地江山闊遠景象萬千其一俞閱雲閣似五絢乘碧先月快哉練光諸亭以及朝天石麒麟窟牡丹峯綾羅島大同江並德岩酒岩樓船諸名勝皆有可觀

浮碧樓在乙密臺下永明寺東有望月樓　天使吳希孟改爲先月樓望遠樓在大同江東岸詠歸樓在南浦邊

君子樓愛蓮堂在風月樓北蓮池中風月樓在挹灝樓門內挹灝即大同門門樓名景樓西有三山二水之勝迎春樓清遠樓俱距府西數里

倒影池在風月樓北日影池在今球門內相傳箕子觀象測候之所龜月池在倒影池南中有小島島制爲蓮堂凌虛橋八角門今已久廢

快哉亭在大同館軒西軒之東有涵碧亭有笑亭在常安殿內高麗肅宗七年曲宴於美花亭改爲今美練光亭在德岩城上德岩在大同門外屹然能捍江水土人德之因名酒岩在府東北十里俗傳有酒流出岩間因而得名

楓井在府東崇寺下有魚皆一目人皆神之文井武井俱在九梯宮其內東明王時所鑿鍊石宛然

九梯宮東明王高勾麗第一王之舊宮也在永明寺中按三國史高勾麗長壽王第二十五世自義州國內城即尉那岩城或云不耐城

與丸都山相接移都平壤云則東明王本無都此之語或云九梯宮乃東明王之行宮此說或是晋書三韓在帶方東南居處作土室形如冢其戶向上舉家共在其中後漢書挹婁古肅慎之國也常爲穴居以深爲貴大家至接九梯故有九梯宮之稱也

青雲橋白雲橋俱在九梯宮其內東明王時所鑿自然天成不假人工

麒麟窟在九梯宮內浮碧樓下世傳東明王乘麒麟馬入此窟從地中出朝天石升天其馬跡至今猶在石上

朝天石在長慶門外江中潮落全露

梯淵在府南三里即大同江下流宣宗幸此淵登樓船置酒沿流至大同江觀射[illegible]七年幸此淵令善泅軍尋舊梯某軍奏

去地尋大有榭基石
院有狄猗長水石浦太平東平車門奉國栽松牛井安錫等
寺有永明興國隱鳳頭陁松泰用泉歡喜天林元明安寂石壘
等
祠有梧里過齋碧谷梨村魯陽松岡蘆溪光山井田等俱在城
外二三十里不等
清流壁在長慶門外江岸往來浮碧之路最爲奇絕
大同江在府東一里一名浿江又名王城江隋煬帝東征詔曰
滄海道軍舟艫千里高帆電逝巨艦雲飛橫絕浿江遙造平壤
以此言之今大同江爲浿水明矣按司馬遷列傳渙與修遼東
古塞至浿水爲界衞滿亡命東走出塞渡浿水都王儉城則以

鴨綠水爲浿江矣唐書漢時平壤爲樂浪郡南涯水則指今之
大同江也高麗史以平山府猪灘爲浿江百濟始祖以浿江爲
界以此核之朝鮮境內自有三浿水而今之博採者則獨大同
江也
九津溺水在府南十里一名麻屯津
九龍山在府北二十里或云大城山山巔有九十九池今但有
三池禱雨最應
木覓山在府東四里有舊城古址一名綱城世傳高勾麗古國平
原王居九都時爲慕容皝所敗移居於此
一統志蓋馬大山在府城西其東則古東沃沮國地按資治通
鑑隋煬帝伐高麗左十二軍出蓋馬等道會於鴨綠水西注蓋

馬屬玄菟郡有蓋馬大山漢書玄菟郡西蓋馬縣有馬訾水唐
書以馬訾水爲鴨綠江高麗林彥九城記東至於海南至於長
定二州西北界於蓋馬山其九城地今屬咸鏡道其西北當時
係女眞地非平壤之境矣又隋師出蓋馬道會鴨綠水西則此
疑在鴨綠江西北之界矣高勾麗全盛時跨有遼河此山在其
境內故一統志以平壤爲高麗舊都因而載之然未確詳何處

平壤爲檀君之始都箕子之故封厥後衞滿因之是爲三朝
鮮其闢治爲最先擅一方之形勝爲有國者所必爭上溯唐
堯下逮周漢朝鮮雖迭有廢興而悉都於此猶之我中國之
有長安也故亦稱鎬京爰採平壤志而補綴之於紀要之末
三致意焉榕謹識

跋

予少時與梅溪訂交酒酣耳熱輒縱談天下事自命固不凡也迨兵氛四起君爲東海之游予從軍江左奔走戎馬間然各無所得後東南底定又與君共事筆硯者數年予之意氣漸衰矣而君則猶如昔也今年秋朝鮮有事君隨　大軍赴援歸而成東藩記要一編郵寄示予予閱之竊自愧益爲君喜夫朝鮮爲海外文物之邦其人至中國而與唱和者每傳爲佳話今君則親至其地歷覽箕子之故都訪扶餘之舊跡與彼賢士大夫上下古今議論得失其胸襟之磊落視予又何如也吾知是編出而世之留心時務者必以先覩爲快不徒雞林人爭購白香山詩也因書數語以爲之券

光緒八年嘉平月平湖愚譜兄張天翔謹識

余是書之編成於朝鮮之役而得參戎幕以行實出於督師吳公長慶暨黃松亭軍門仕林之識拔木本水源敢忘所自且余之得識二公固不自今日始也憶自同治壬申日人耀兵於臺澎於是長江諸要隘皆建築礮臺余時曾駕惠吉兵輪船運載巨礮至大石灣慶軍軍次進謁二公得瞻軍容之盛嗣以解礮之役嘗至鵝鼻嘴劉聞沙焦象山都天廟五龍山沙洲圩下關諸處胥就謁於軍中自平移屯浦口余乘轉饟之便時得起居之光緒戊寅沿海增戍吳公奉
朝命駐登州松亭軍門實左右之今東藩多故
天子特命吳公率師東渡以鎮之不旬日禍亂悉平是之謂謀勇之將是之謂節制之師而平日訓練之精勤士馬之強健卽此可知矣吳公生平大略曾於練兵篇次附載及之松亭軍門籍隸江右壯歲從軍轉戰十數省所向有功亦一時之俊也雖列爪牙之選實任腹心之寄當駐軍於巴子山也講武之暇日事濬壘其濠之深廣均三十尺有咫每值雨過巡陴士卒蟻附築之登登光如衍波箋一望而知爲臨淮壁壘也土人呼爲南壇大陣洵不媿大將旗鼓云余自慙譾劣不諳韜鈐方冀朝夕追隨藉資學習適奉調歸國願與心違悵觸無已爰誌數行於編末以示不忘云爾培榕識

国家出版基金项目
NATIONAL PUBLICATION FOUNDATION

海上絲綢之路文獻集成

總主編　陳支平　陳春聲

歷代史籍編 33

主編　范金民

海峽出版發行集團
THE STRAITS PUBLISHING & DISTRIBUTING GROUP
福建人民出版社

本册目次

奉使朝鮮日記一卷

〔清〕崇禮撰

《奉使朝鮮日記》一卷，清崇禮撰。崇禮字受之，内務府漢軍正白旗人。歷仕咸豐、同治、光緒三朝，官至刑部尚書兼步軍統領、文淵閣大學士。光緒十六年（一八九〇），朝鮮國王李熙以母妃趙氏之喪來告，清廷遣户部侍郎續昌、崇禮爲正副使由海路赴朝致祭，此書即崇禮所記出使事宜。前有李鴻章序及自序，略敘出使端末。所記始八月十三日，終十二月十一日。其在朝鮮致祭禮儀諸事，記述詳盡，而於案牘文書一項，自李熙使者所呈訃告，至事畢禮部請禁朝鮮國王餽送銀兩並請酌給使臣銀兩事等奏章，悉予載録，尤存故實，非但敘風土、記程途者可比。據中國國家圖書館藏清光緒間排印本影印。

序

光緒十六年秋朝鮮國王以太妃之喪來告用
故事
遣使賜奠
詔以戸部侍郎續君燕甫崇君受之爲正副使先是
驛路出奉天東邊
特命改由天津乘北洋輪船直抵仁川以達漢城省
陸路供億之煩

上念其國新被凶荒非常制也　兩使以九月望後
一日
朝辭十月望日覆
命往返甫一月今年春　受之侍郎以所編使韓日
記屬序記中詳載案牘儀制排日編纂令後之
攷求故實者有所據依非如昔人奉使紀行諸
書但敘風土記程途者比也謹案周禮小行人
使適四方有札喪賻補之禮春秋經傳書天王
歸賵會葬皆行於服內諸侯漢以後始有天子
遣使外蕃之儀朝鮮於我
朝歸命最先被
德最渥莊穆忠宣以來臣節亦最純僖順嗣封五十年
國中大事必奏取進止特爲
聖祖仁皇帝所褒嘉厥後
累朝加恩之詔史不絕書封賞卹例以三品以上滿
洲大臣充使外蕃而視同服內

殊恩異數有非他國所敢望者　兩侍郎以豐鎬世臣
位司農長譯署譽望華重聞於中外持節下臨
虔奉
詔書敬舉典章海外列邦環視聳聽蓋自各國通商
之後始見
中朝使命之至也春秋天王使叔服來會葬穀梁傳
重天子之禮也何休公羊解詁以爲書天子之
厚蘇寛左氏義疏云外卿來會葬不書此書者

尊王使合觀三傳所述其義微而顯矣鴻章久
領北洋於朝鮮之開海禁實左右之既又遣兵
定其亂請吏駐其國凡交涉之事悉以
上聞　使臣之來復得親候疆除道之役固樂覩是
編之成以昭示後來也
光緒十九年二月李鴻章

朝鮮於我
朝世爲藩封歲修職貢迄今已三百年凡
册封
賜奠
恩禮優渥彼國祇迎款接亦復倍厚所以仰答
寵眷惟慮不恭雍正以後屢奉
詔旨厚往薄來使臣莅事輙節供億故其感
德慕
化用是益篤此次以國戚赴告我
國家申明舊章
命使歸賵不因陪臣之請遂輟其儀尤蒙
聖訓諄諄改遵海道摒其餽遺可謂
隆施汪濊矣初其國王患病深慮不能郊迎迫余偕
燕甫侍郎鋒車遄止君臣竦迓父老累趾而瞻
禮節無敢稍損贐貽則屢進屢却各國之駐朝
鮮者亦莫不欽

天朝威惠而知朝鮮服屬之深且恪也使旋燕甫謂
是役宜有以誌之遂成日記一卷今燕甫已歸
道山爰付剞劂以不忘故人之屬云爾
光緒十八年歲在元黓執徐瀋陽崇禮謹序

二

奉使朝鮮日記

頭品頂戴戶部左侍郎正白旗滿洲副都統正黃旗護軍統領右翼總兵總理各國事務大臣崇禮撰

光緒十六年四月十七日朝鮮國王李熙母妃
趙氏薨國王遵故事遣使奉表赴告其表文曰
朝鮮國王臣李熙言臣母妃趙氏於光緒十六
年四月十七日薨逝謹奉
表告訃者臣李熙誠惶誠恐稽首稽首伏以小邦
無祿肆切哀遑之忱內艱是丁恭伸赴告之禮
臣無任望
天仰
聖激切屏營之至謹奉
表告訃以
聞
禮部謹
奏為奏

三

聞事據朝鮮國王李㷩爲王太妃趙氏病故特差正
使禮曹參判洪鍾永等恭賫
表奏來京告訃於八月十三日到京當卽令其在
會同四譯館安寓所有供給等項行文光祿寺
備辦其恭進
表奏照例送交內閣繙譯具題至
諭祭該國王太妃一切事宜臣部另行分別具奏照
例辦理爲此謹具

奏
聞於光緒十六年八月十六日奏本日奉
旨知道了欽此相應鈔錄原奏移會內閣典籍廳知
照內務府朝鮮國王移付祠祭司查照辦理可
也
朝鮮國告訃正使洪鍾永呈爲懇
恩事竊以爲小邦祇守藩服世沐
皇恩壬午甲申之交綱常得以扶植土宇賴以廓清

尤屬
恩深再造自經喪亂荐遭饑饉民物流離六七年來
艱難日甚近又不幸康穆王妃薨逝舉朝哀慽
無計摒擋主上念王妃遺命憫八域困窮向例
喪祭之需出自閭閻者不得不一概蠲免以舒
民力故凡喪祭俱從儉約惟念
大皇帝欽差頒勅自昔異數能無感戴特恐星使賁
臨禮節設有不到負罪滋甚與其抱疚於將來

孰若陳情於先事况蒙
天恩高厚矜恤彌周有懷必達有願必償久如赤子
之仰
慈父母矣爲特敬求部堂俯鑑實情擎奏
天陛儻有
溫諭頒發俾職謹敬賫回免煩星使之處出自逾格
恩施不勝急切兢懼之至爲此謹呈
禮部謹

奏為據呈代奏事准朝鮮國告訃使臣洪鍾永等
具呈到部臣等公同閱看係因該國自經喪亂
國用艱難此次該國王太妃薨逝喪祭一切俱
從儉約懇
恩矜恤請免
遣使賜奠等情乞為據呈轉奏謹鈔錄原呈恭呈
御覽伏候
命下臣部遵奉施行為此謹

奏請
旨於光緒十六年八月二十四日具奏二十五日准
軍機大臣字寄奉
上諭禮部奏朝鮮告訃使臣具呈懇恩請免遣使賜
奠一摺據稱該國王太妃薨逝因連年喪亂饑饉
國用艱難喪祭之需俱從儉約恐欽使賁臨禮節
設有不到負罪滋甚懇將頒敕由該使敬謹齎回
等語所陳困苦情形自無虛飾惟該國世守東藩

備叨恩禮弔祭專使載在典常循行勿替此天朝
撫卹屬藩之異數體制攸關豈容輕改特念該國
近年國用異常窘乏亦屬實情不得不於率循舊
章之中曲加矜恤向來遣使該國皆由東邊陸路
行走計入境後尚有十餘站沿途供億實繁此次
派往大員著改由天津乘坐北洋輪船前往徑至
該國仁川登岸禮成仍由此路回京如此暫為變
通則道途甚近支應無多所有該國向來陸路供

張煩費悉行節省至欽使到國以後應行一切禮
儀凡無關宂費者均應恪遵舊章不得稍事簡略
此朕德禮綏藩有加無已之意該國王奉此綸音
當倍深欽感也將此諭知禮部北洋大臣並由禮
部傳諭該國王知之欽此遵
旨寄信前來等因到部相應恭錄
諭旨鈔錄本部原奏並該使臣原呈知照朝鮮國王
及北洋大臣欽遵暨移付祠祭司四譯館查照

可也
禮部謹
奏爲奏請
欽派事查例載
諭祭朝鮮國王母妃由禮部奏請
欽派正副使各一員正使開列內大臣散秩大臣頭
等侍衞副使開列內閣滿洲學士翰林院滿洲
掌院學士禮部滿洲侍郎等語又查道光二十

八

三年朝鮮國王妃病故經臣部奏請
欽派正副使各一員前往致祭奉
旨交軍機大臣開列六部滿洲侍郎八旗副都統欽
此欽遵在案今朝鮮國王母妃趙氏病故應奏
派正副使往祭除各衙門宗室大臣例不開列外臣
等遵照例案咨取各衙門銜名分繕清單伏候
欽派正副使各一員爲此謹
奏請

旨
謹將侍衞處及各部送到銜名繕單伏候
欽派正使一員
代內大臣果勒敏
椿壽
委散秩大臣公恩慶
公海年
公成端

九

公鍾秀
公德壽
公豫隨
公慶麟
侯立瑞
侯錫光
侯承蔭
侯施恩榮

伯兆玨
委散秩大臣固倫額駙品級阿克東阿
和碩額駙品級男爵文熙
頭等侍衞侍衞什長秀奎
忠山
戸部左侍郎續昌
右侍郎崇禮
禮部左侍郎文興

右侍郎景善
謹將內閣及各旗送到銜名繕單伏候
欽派副使一員
內閣學士祥麟
禮部左侍郎文興
右侍郎景善
鑲黃旗蒙古副都統祥普
鑲黃旗漢軍副都統侯克勤

正白旗漢軍副都統慶福
恩光
正紅旗滿洲副都統明秀
正紅旗漢軍副都統安興阿
鑲白旗漢軍副都統色楞額
鑲紅旗蒙古副都統恩普
德隆
正藍旗滿洲副都統秀吉

正藍旗蒙古副都統耆齡
正藍旗漢軍副都統福森布
容山
鑲藍旗漢軍副都統吉恒
奉
硃筆圈出戸部左侍郎續昌右侍郎崇禮欽此
禮部謹
奏爲奏請

賜卹事據朝鮮國王李熙陳奏爲該國王母妃趙氏
病故特差正使禮曹參判洪鍾永等來京告訃
臣部於八月十六日奏
聞本日奉
旨知道了欽此臣等查定例朝鮮國王母妃卒
遣使讀文
諭祭一次給與香帛等項及祭品折價銀兩由戶部
咨取應用銀壺銀爵由工部豫備祭文交翰林

院撰擬今朝鮮國王母妃趙氏病故應請
賜祭一次所有致祭品物臣等謹照例開具清單恭
呈
御覽伏候
命下臣部行文各該衙門遵照辦理爲此謹
奏請
旨
謹將致祭朝鮮國王母妃品物開列於後

檀香一炷
帛一匹
白綾六匹
白紡絲六匹
藍紡絲二匹以上五項由戶部咨取
銀壺一把重二十兩
銀爵三隻每隻重四兩以上二項由工部咨取
牛犢一隻

羊二隻
豬二口
桌席二十張
酒二罈以上五項共折價銀二百兩亦由戶部咨取
禮部即具咨知會朝鮮國王遵照並飛咨北洋
大臣直隸總督預備輪船轉行各海口一體接
護其飛咨內開祠祭司案呈所有朝鮮國王母
妃趙氏病故本部據呈代奏欽奉

寄諭此次派往大員著改由天津乘坐北洋輪船前往徑至該國仁川登岸禮成後仍由此路回京等因欽此今准戶部片稱本部滿左侍郎續

右侍郎崇　奏

旨派往朝鮮致祭現於本月十七日巳刻起程由通州乘船至天津換輪前進等因並本部派出六品通官豫和七品通官恒霈仝日起程所有正副使及通官跟役車輛騾馬繖袋腰刀各按名

數移咨兵部照例給發其沿途需用夫馬船隻等項應給與勘合車票至齎奉

諭祭文應用背夫一名騎馬一匹又

御賜香絹銀兩等物應用馱馬及牌仗旗繖等項應用騎馬夫役一併照例撥給自京城起照例撥兵護送除分咨外相應飛咨北洋大臣直隸總督查照預備輪船轉行各海口一體接護可也須至咨者　北洋大臣李傳相接准咨文即通

飭各處接護並調北洋海軍兵船濟遠來遠經遠以備乘用九月十七日由京啟節十九日至天津二十一日即派濟遠兵船副將方伯謙先齎送牌文一道傳諭由仁川至漢城各驛站地方官照例預備夫馬伺候附開齎奉

諭祭文一道又

御賜香絹銀兩等物及牌仗旗繖等項並隨帶通官跟役名數交由仁川府使傳遞又與燕甫致朝

鮮國王咨文一角一併交遞咨文內開照得本大臣等奉

旨欽派賜奠正副使改由天津乘坐北洋兵輪前往逕至仁川登岸除已牌行沿途府州縣及口岸地方查照向例備撥夫馬伺應外本大臣等瀕行請

訓時面奉

諭旨汝等到該國後應行一切禮儀均應恪遵舊章

不得稍有簡略至該國王如饋送汝等禮物暨通
官等銀兩物件均不准收受以示體恤屬藩至意
等因欽此相應咨會貴國王查照欽遵
恩旨辦理施行須至咨者是時訃使洪鍾永已將改
由水路派使之
上諭節要電告該國隨於九月十六日派內務府督
辦兼漢城府判尹職從一品仿軍機大臣首堂官兼順天府尹堂沈履
澤充遠接使大護軍前禮曹判書職正二品仿散秩大臣曹任禮部尚書李承五充館伴使協辦內務府事戶曹
判書職正二品仿軍機處次堂官戶部尚書閔泳商充迎接都監
提調官承旨兼監理仁川通商事務仁川府使
職正三品仿閣學兼海關監督正任知府成歧運充迎慰使朔甯郡
守職正四品仿知州李奭鍾充問禮官及迎接差備官
十一員各項差使員十三司館內襍職事官十
九司大通事八員各項差備官二十三司請來
官掌務官各一員以上大小職官共差一百餘

員京畿道監司職正二品仿直隸總督李憲植分派所屬
各府郡縣分站伺應迎接管理臺舍茶饌夫馬
兵校各事仁川府使成歧運率通津等十一邑
守令在濟物浦宿站伺迎以仁川監理衙門修
作行臺富平府使崔錫斗率高陽等十一邑令
在梧里洞尖站伺迎即民舍修作行臺驪川牧
使職正三品仿首領知府率南陽等十一邑守令在麻浦
宿站伺迎以公舍洗心亭修作行臺凡行臺門

前設雙紅旗杆懸韇門黃旗二晨夕號砲鼓吹
降輿入庭等處均以彩席鋪地堂院羃以黃棚
奉置龍亭香亭賜物等件中庭設龍牌香案黃
幔奉置祭文余與燕甫分駐兩處寢舍修備各
以豹皮蒙座彩席衣地衾枕幃幔榻座器皿咸
具下至通官從役等室亦甚整潔各室均派有
扶侍人役備極周至由濟物浦八十里至漢城
朝鮮都城南別宮使節行館凡所經過道路橋梁咸預修

整平坦寬可並行五馬道中墊以黃土各府郡縣皆集發各邑兵校吏役儀仗旗幟仁川府並調集練軍洋鎗隊百餘名祗迎護從與國王出巡儀制差同越十日遠接使沈履澤率其屬差備等官京畿監司率其所屬各守令及迎慰使問禮官等先後赴濟物浦候迎館伴使李承五因病辭差改派刑曹判書（職正二品仿刑部尚書）南廷哲代充先是葬太妃時王因病致送賻禮缺是月

初八日禮曹具啟請示以迎勅有親臨郊迎例亦有只百官郊迎例今次何以爲之並在何處備迎王答傳曰依各年例爲之處所崇禮門外磨鍊（東國文字）其時病猶未愈故議者以此次郊迎與否尚難准定迨二十二日王病小瘥遂擬親行郊迎以崇禮門外道狹不便改定在敦義門外（即漢城西門）京畿道監司衙門前通衢中作爲祗迎處所九月初五日接北洋大臣李少荃伯相

電據駐津朝員金商德呈稱奉其國命以仁川登岸雖距漢城八十里沿途只一小站彫殘不足備供張請改由壬午大兵登路之馬山浦口登岸距漢一百里沿途有府縣易於供應尖宿等語乞酌核示覆或於請

訓時面奏變通辦理云云

初六日與燕甫電覆李相以仁川登岸已

奉

明諭未便率行奏改李相又電覆已電飭袁道查覆

袁道世凱北洋派往駐朝鮮總理通商交涉事宜者也

初七日李相電稱查仁川至漢城九十里路坦近有官舍馬山至漢城百六十里路險遠云云與燕甫將連日來往電信請樞廷代奏

初八日軍機大臣面奏

諭旨仁川登岸原係體恤該國節省陸路供張煩費

既有尖宿之處仍遵前旨辦理毋庸改道馬山欽
此又准禮部知照派六品通官豫和七品通官
恒霈隨往又准禮部照章恭錄歷奉
諭旨九道鈔錄禮節則例並稱此次欽奉
諭旨於率循舊章之中曲加矜恤所有此次該國餽
送應如何辦理之處由使臣自行酌核云云與
燕甫會商片行禮部定本月十七日巳刻起程
由通州乘船至天津換輪前進一切應行應辦

事宜已否齊備片覆以便定期請
訓禮部片覆查致祭朝鮮應用祭文祭品及折價銀
兩經本部開單奏交翰林院戸工二部撰擬給
發並將起程日期知照兵部給與勘合夫馬暨
飛咨北洋預備輪船轉飭經過各海口一體接
護云云
初十日接北洋電十五日遣小輪船來迎係燕
甫所借爲拖帶坐船也

十一日具聯銜安摺請
訓蒙
召見將禮部文內餽送一節面奏奉
諭旨爾等到該國應行一切禮儀均應恪遵舊章不
得稍有簡略至該國王如餽送爾等禮物暨通官
等銀兩物件均不准收受等因跪請
聖安退出將此次面奏
諭旨電致北洋轉電袁道

十二日北洋轉據袁道電稱朝鮮在距漢十里
江邊之洗心亭修備節館並趕修由仁川至漢
城橋道又接北洋轉據袁道電稱該國早將供
張財物籌備解漢近惟盛備供給冀臨時稍免
禮節並倭使等探何日節到意將迎謁
十三日電致北洋轉電袁道云告知該王凡關
典禮萬不稍事寬假擅行從權供張細節亦無
不仰體

聖意格外將就切不可稍存揣摩並告知駐朝鮮洋
人此次限期迫促彼此均免周旋
十四日奉
旨此次續昌等乘坐輪船前往朝鮮著李鴻章嚴飭
管帶官約束兵丁不准登岸免滋事端欽此
十五日北洋差千總馬振芳劉長發來迎
十六日與燕甫同赴禮部恭閱
諭祭文並點驗香絹銀兩等物眼同加封

十七日巳正與燕甫同赴禮部大堂向
諭祭文行三跪九叩禮畢恭捧交兵部差官背負儀
仗前導乘馬出朝陽門至大橋換輿申正至通
州通永道楊宗濂州牧何其翔迎於河干設茶
座略談始知先行牌於十三日過通州竟由陸
路遞赴山海關矣遂登舟自備船五艘余與燕
甫大船二幕友船二通官船一燕甫幕府張蔭
農茂才汝勳余則約周滌峯水部頌多雨三太

守齡並戈什哈各一人隨從各五人幕友從人
各一人
十八日辰初開行用津航慈航二小火輪拖帶
開往天津距馬頭八里火輪因水淺躭延一時
許午正至馬頭行九十里未初行酉正停泊距
河西務水程已三十里矣
十九日辰初開行巳初過河西務營汛各員弁
跪迎於岸午正至蔡村大風停泊一時許申刻

過楊村營汛各員迎如前戌刻泊浦口接天津
縣孫令稟稱明日爵相率各文武在吳楚公所
跪請
聖安
二十日辰刻開行巳刻抵天津各營整隊夾岸
跪迎泊舟新浮橋乘轎至吳楚公所李相率文
武跪請
聖安回船後接見文武各員稍間李相邀飲與燕甫

同拜李相商帶兵輪前往及一切事宜轉電奉
天將軍將陸路遞去先行牌截留電知廖仲山
司馬隨派濟遠兵輪賫送牌文傳諭仁川府使
傳遞各驛站照例預備夫馬附開祭文祭品牌
仗旗纖隨帶通官跟役名數又恭錄面奉
諭旨咨會朝鮮國王欽遵又劄委袁道稽查從人二
鼓回船嗣接朝鮮國王咨覆云朝鮮國王爲咨
覆事光緒十六年九月二十四日接准貴大臣

咨開照得本大臣等奉
旨欽派賜奠正副使改由天津乘坐兵輪前往逕至
仁川登岸除已牌行沿途府州縣及口岸地方
官查照向例備撥夫馬伺應外本大臣等瀕行
請
訓時面奉
諭旨汝等到該國後應行一切禮儀均應恪遵舊章
不得稍有簡略至該國王如餽送汝等禮物暨通

官等銀兩物件均不准收受以示體恤屬藩至意
欽此相應咨會貴國王查照欽遵
恩旨辦理施行等因准此查敝邦僻在海陬久沐
聖化覆載高厚山海崇深此次
特派欽使
賜祭致賻改由水路以省沿途供億洵屬格外
異數敝邦臣民感戴無涯至餽送禮物及通官等銀
兩物件在敝邦優禮

天使之地固是不可已之例而迺蒙
皇恩隆摯有加無已免其收受以示體恤惟有欽遵
辦理庸咨
寵眷不知海外偏藩何以得此於
聖朝謹擬前頭使行恭申謝悃
二十一日李相答拜談半時許接見提鎮司道
各總辦飭船泊紫竹林津海關劉道汝翼邀飲
時北洋已調鐵甲兵船經遠來遠聽用遂與燕

甫定二十二日開行
二十二日辰刻水師營丁軍門汝昌邀飲飲後巳刻與燕甫偕幕友通官從人乘快馬輪船由紫竹林開行過北塘等處各營汛跪迎至大沽口礮臺升礮迎送乘潮出口燕甫奉
諭祭文登經遠輪船予奉
賜祭品物登來遠輪船酉正開往朝鮮
二十三日辰初至廟島午刻至煙臺未正至威

海衛酉正至成山頭
二十四日寅正至十八島入朝鮮界未正抵仁川外口停泊袁道率領事幫辦各員迎謁朝鮮大小差備官登舟問候當嚴飭弁兵不准登岸即於申刻乘舢板用小火輪拖帶抵仁川泊岸登陸朝鮮王遣遠接迎慰使等均齊集海關碼頭衣吉服鞠躬祗迎奉
諭祭文置龍亭中啟行遠接使以下按班夾道先行

京官及監司為東班列邑守令為西班兵校旗仗及黃儀仗黃傘金鼓樂吹隨之香亭龍亭居中行奉敕差使員乘馬行余與燕甫乘轎並行幕友通官乘轎行各差備官及執事各官並僕丁從行經過華洋租界華商懸燈結綵相慶各國洋人及朝鮮聚觀甚眾入監理衙門行館館以文席貼路中堂設黃幔朝鮮各官先入庭中左右序立奉

諭祭文置
闕牌前案上樂作該國各官行禮上香又行禮禮畢樂止大通官奉
諭祭文納於
闕牌室門加鎖退出派二人敬謹看守余與燕甫就東西廳茶憩遠接使以下行拜見禮遂具公服並坐向南二品以下答揖三品以下惟坐拱受該國王遣迎慰使等持帖問安答以官銜全柬

世子差人持帖問安答以名紙以後答皆同問
禮官跪呈禮節單四分其一
賜祭文儀前一日典設司設帳殿於敦義門外道東
南向掖庭署設
闕庭於勤政殿正中南向設
祭文及
賻物案於
闕庭之前(祭文案在東 賻物案在西)香案於其南設

勅使位於香案之東西向設國王祇迎位於西階下
近西東向(侍祭文賻物陛殿設拜位於中道北向)典設司設小次
於祇迎位之西又設幄次於殿庭之西俱東向
設
勅使次於殿庭之東西向掌樂院展軒懸於殿庭(陳而不作)
設協律郎位於西階上近西東向典儀設宗
親及文武百官諸執事官位於殿庭並如常典
設司設國王幄次於敦義門外南向兵曹正郎

設黃屋龍亭於帳殿正中南向(祭文龍亭在東 賻物舁擔在西)
香亭在其南掖庭署設國王祇迎位於帳殿之
西近北東向引儀設宗親及文武百官祇迎位
於帳殿之南東西相向北上(宗親及文官在東 武官在西)其
日兵曹正郎備金鼓黃儀仗典樂備鼓樂皆陳
列於帳殿前伺候迎引國王至敦義門外入幄
次宗親文武百官皆就次(設次隨地之宜)
勅使將至宗親及文武百官俱以無紋黑團領烏紗

帽黑角帶就祇迎位國王具翼善冠無揚黑圓
領袍青鞓素玉帶以出左右贊禮導國王就祇
迎位
祭文至左贊禮啟請鞠躬國王鞠躬宗親及文武百
官同(贊儀亦唱)
勅使捧
祭文置於龍亭中
賻物舁擔立於帳殿前左贊禮啟請平身國王平身

宗親及文武百官同贊儀亦唱龍亭出上路司香二人夾侍香亭續上香龍亭少駐金鼓在前次騎隊次文武百官次宗親乘馬行次國王乘輿馬行次黃儀仗鼓樂陳而不作次香亭次
祭文龍亭次
賻物舁擔次
勅使迎至光化門外宗親及文武百官俱下馬引儀分引宗親及文武百官入就位左右贊禮導國

王入就西階下位黃儀仗鼓樂止於門外入陳於
闕庭前
祭文龍亭及
賻物舁擔由正門入
勅使從入左贊禮啓請鞠躬國王東向鞠躬過則啓請平身國王平身北向立宗親及文武百官同贊儀亦唱龍亭陞殿左右贊禮導國王入小次
勅使捧
祭文及
賻物各置於案引禮引
勅使就位左右贊禮導國王就拜位左贊禮啓請鞠躬四拜興平身國王鞠躬四拜興平身宗親及文武百官同贊儀亦同左贊禮啓請跪國王跪宗親及文武百官同贊儀亦唱司香二人進香案前跪三上香俯伏興退左贊禮啓請俯伏興四拜興平身國王俯伏興四拜興平身宗親及文武百官

同贊儀亦唱左贊禮啓禮畢贊儀亦唱左右贊禮導國王還入小次引禮引
勅使入次引儀分引宗親及文武百官出
賻物盛函以入
祭文捧詣魂殿待
賜祭時至行禮如儀在賜祭儀其二
賜祭儀前一日典設司設
勅使次於魂殿中門外之東南向掖庭署設

勅使位於靈座之東西向設權置
祭文及幣案於戶外之東西向又設
祭文及幣案於靈座之東南向設國王立位於靈座
之西稍南東向又設國王立位於西階下北向
典儀設執事官位於東階下近西西向北上設
宗親及文武百官監察位於外庭並如常其日
國王以衰服先詣齋殿諸執事盥帨訖典祀官
殿司各帥其屬捧

三十二

祭文及幣權置於案設香爐香合並燭於靈座前次
設牢饌設尊於戶外之左置爵三於尊所引儀
分引宗親及文武百官俱以衰服就位祭時將
至引禮引
勅使入次左右贊禮導國王杖入就西階下位典儀
曰哭左贊禮啟請哭國王哭宗親及文武百官
同（贊儀亦唱）左贊禮啟請去杖免經國王去杖免經
（內侍承捧）左右贊禮導國王出中門左贊禮啟請止

哭宗親及文武百官同（贊儀亦唱）左右贊禮導國王
迎於中門外之西東向立引禮引
勅使出次西向立左右贊禮導國王由西門就西階
下位引禮引
勅使由正門入詣
祭文案前執事捧
祭文及幣跪進於
勅使前

三十三

勅使捧置於案引禮引
勅使就靈座東西向立左右贊禮導國王由西階陞
詣東向位引禮引
勅使詣香案前北向立贊請三上香
勅使立三上香引禮贊請奠幣祭酒
勅使奠幣祭酒（連奠三爵奠爐進幣進爵奠幣奠爵執事爲之皆跪進跪受）引禮
引
勅使還就位左贊禮啟請跪國王跪讀

祭文官就
祭文案前捧
祭文西向立讀訖還置於案左贊禮啟請俯伏興平
身國王俯伏興平身左贊禮啟請哭國王哭引
禮贊請哭
勅使哭宗親及文武百官同（贊儀亦唱）引禮贊請止哭
勅使止哭左贊禮啟請止哭國王止哭宗親及文武
百官同（贊儀亦唱）捧
祭文官捧
祭文及幣就燎所（設桌於露臺之南近西置銅爐於桌）焚訖左右贊禮
導國王出至階上在西東向立引禮引
勅使出至階上在東西向立
勅使拱手揖國王拱手答揖引禮引
勅使降自東階左右贊禮導國王降自西階送至中
門外引禮引
勅使還就勤政殿庭入次左贊禮啟請經杖哭國王

經杖哭宗親及文武百官哭（贊儀亦唱）左右贊禮導
國王至中門內左贊禮啟請止哭國王止哭宗
親及文武百官同（贊儀亦唱）典儀曰四拜宗親及文
武百官鞠躬四拜興平身（贊儀亦唱）左右贊禮導國
王還齋殿引儀分引宗親及文武百官以次出
典祀官殿司各帥其屬撤牢饌掖庭署撤
闕庭及案設
勅使座於殿內在東國王座於殿內在西國王改具
布裹翼善冠布袍布裹烏犀帶白皮靴以出承
旨導國王入就殿內東向立引禮引
勅使入就殿內西向立國王與
勅使行再拜禮訖
勅使就座國王就座茶禮畢引禮引
勅使降自東階承旨導國王降自西階送至勤政門
勅使就館所宗親及文武百官隨至館所以次行再
拜禮其三見官禮儀議政正一品及二品以上

楹內堂上三品楹外堂下三品以下階上並異
位重行
敕使前各行再拜禮
敕使答揖百官退其四下馬茶禮儀（凡茶禮同）其日禮賓
寺設
敕使座於南別宮正廳東壁西向掖庭署設國王座
於西壁東向設香案於北壁司饔院設茶亭於
廳內近南北向國王至南別宮入幄次

敕使將出左通禮跪啟請出次國王出次承旨導國
王以入與
敕使俱至正廳
敕使在東西向立國王在西東向立與正使行再拜
正使答再拜與副使行再拜副使答再拜
敕使就座國王就座司饔院提調一人捧茶瓶一人
捧茶鍾盤俱入立於茶亭東（捧鍾者在西）提調二人
各捧果盤一人立於正使之右近北南向一人

立於副使之左近南北向提調捧果盤立於國
王之右近南北向提調以鍾受茶（提調酌茶）跪進於
正使前正使受鍾提調以鍾受茶跪進於副使
前副使受鍾提調以鍾受茶跪進於國王前國
王執鍾舉茶訖提調各進
敕使前跪受鍾提調進國王前跪受鍾俱復茶盤以
出初舉茶訖提調各跪進果於
敕使前提調跪進果於國王前並如上儀訖俱以盤

出茶禮畢國王與
敕使揖出以上各節查核尙符向例因准照行並據
請示致祭日期諭以到漢江傳知欲郊迎禮定
然後明示也仁川府呈令牌與燕甫批以次日
卯刻起程是日該國使亦由北京起程同國朝
鮮王及世子遣中使二員持白厚紙帖一曰朝
鮮國王李熙一曰朝鮮國世子李燮外貼紅籤
跪呈問安還又以銜名帖跪呈禮物單紅綿綢

五疋白綿綢五疋藍綿綢五疋綠綿綢五疋白苧布五疋白木綿十疋豹皮一領鹿皮一張青黍皮五張彩席三張雙花紙十捲白綿紙三十捲黃毛筆十五枝翰林墨十五笏浮椒二斗煙桿三根桂枝三百匣却之賞中使紡絲荷包等物以後中使將命皆賞之與燕甫遣差備官持帖問國王安世子好差備官呈遞糧饌單賞其聽差人食之蓋此次館中伙食皆由袁道預備

也所有應供宴享雜樂才人等項余與燕甫均令一概免行以示體恤晚間將登岸情形電致北洋

二十五日卯刻升砲三響開門樂三作朝鮮各官除照前一日登岸時應備各項儀仗旗幟兵隊外復爲余與燕甫備坐馬各四匹馬夫四名馬前牽控棱役各共三名傘夫各一名引路人各二名步從各四名駕轎馬各四匹馬夫各四名扶轎人各四名轎夫頭目各一名八人亮轎各一乘舁夫各八名帶雨具馬各一匹跟隨二人吹螺太平簫赤大角手各四名巡視旗令旗各四名羅將軍牢各六名將官二人卒軍威兵共兩哨彩緞繡花大旗二十二面冠帶小通事茶房廚房小通事及廚子各一名三等小通詞七名兩通官前坐馬各三匹馬夫各三名馬前牽控棱役各共三名引路人各二名雨具馬各

一匹跟隨人各一名巡視旗及令旗各一對羅將軍牢各一對小通詞各二名四人轎各一乘隨節僕丁各備馬一匹馬夫一名以上各項儀仗夫馬及朝鮮遠接使以下各官均齊集報請升輿前行沿途黃土灑道所過村落皆矮牆茅屋建於平坡之側田畝多荒蕪不治林木甚稀民間以

天使遙臨咸閉戶立道左觀男著白長衣覆以青黑

深衣女皆頭戴斗篷如帳以蔽其身與面數里之間必有木人高約丈餘削樹塗丹青記里數於胸腹間謂記里木翁各員校兵役如登岸時依次先發遠接使監司各率屬殿後前後約二千人各國洋人觀者如堵行二十里至小星站小憩又行二十五里至梧里洞富平府使率屬祗迎奉

諭祭文入龍牌室該國官行禮謁見如仁川儀國王

及世子遣中使持帖問安午飯後行二十五里渡漢江駐洗心亭行臺驪川牧使率屬祗迎行禮謁見如前國王及世子遣中使持帖問安朝鮮議政府領議政世子師沈舜澤都承旨閔永達奉王命來迎見均行再拜禮立致王命問安命舜澤坐不敢坐辭出該王復遣領議政持帖問安詢其郊迎地方示以次日巳刻致祭賞領議政都承旨扇聯並朝鮮練軍兵丁轎馬等夫

錢物

二十六日巳正國王差官請啟節即奉

諭祭文儀仗前導行約十里餘至敦義門外換八人亮轎國王率宗親百官於京畿監司署前行郊迎禮奉

諭祭文於龍亭內與燕甫在幕次少坐該王回宮祗候另換全副黃儀仗及細樂香亭龍亭百官前導兵隊夾護各執事殿後張幔遮行經過各處

所有民房草棚均先拆去布帳遮蔽街巷有兵把守備極嚴肅然居民在漢及各國官商登高遙睇者不下數萬人遂入南門至王宮入光化門至勤政門降輿至勤政殿捧

諭祭文供於殿內

闕廷牌前國王在殿外率宗親百官望

闕行禮畢余與燕甫入殿東幕次更青長褂少坐引禮官請行致祭禮隨至魂殿國王迎入行致祭

禮畢仍還幕次更馬褂導引官引入殿賓東主
西國王請行再拜禮三讓然後一揖該王立問
皇太后
皇上聖安立答之入座問王貝勒大臣好慰勞使者
略與寒暄即恭宣
恩諭該王恭承之下甚形欽感禮畢國王送至勤政
門外候登輿揖別仍以前儀仗導送出宮駐南
別宮蓋歷次

天使之行臺也領議政率百官謁見行禮館伴使提
調官各率屬謁見行禮賞以扇聯等物免其大
宴樂戲國王又差官持帖問安並送銀物七書
一帙白銀三百兩鏡光紙一百張紋紙二百張
黃毛色筆一百枝翰林墨十笏牛黃淸心二百
丸千金廣濟三百丸立效濟衆丹七十丸別制
濟衆丹一百丸繡枕三部却之世子差官問安
國王及世子復分遣中使持帖跪呈問安國王

又差官送呈茶點食物國王定次日來拜行下
馬茶宴禮因係
孝慈高皇后忌辰商改二十八日是晚將本日禮節情
形電致北洋轉電總署
賜奠禮成恭紀四詩
秉節從容出
帝城遠宣錫類赴東瀛輪舟寢食誇身健海角旌旗
照眼明廿四時辰風裏過二千道里浪中行但

期無負皇華選豈卜馳觀域外名 其一 捧
詔遙臨典禮申舊章無闕見情眞始知藩服衣冠古
恍入仙源日月新國有賢君能纘緒臣皆文士
尙親仁下車若問蒼生樂蔀屋咸呼
萬歲晨 其二 宮名南別畫棲超小住行旌慰寂寥頓
却風濤連日苦靜看樹色帶雲饒萬山靑氣飛
簾幔八道紅塵隔漢霄多少前人留爪印愧余
趨步任星軺 其三 勾留三日荷深情

天語昭垂不敢更松節自操金鑒近氷心祇抱玉壺
清本來面目無佳什別後相思信可盟留語海
東須努力
中朝日望樹仁聲
二十七日國王及世子分遣中使持帖跪呈問
安國王屢送禮物白銀二百兩人參四兩鹿茸
二對豹皮四領水獺皮十五領別厚紙六十幅
色時箋紙五軸別扇四十把兒扇二十把黃毛

小筆百枝彩墨三十笏繡香囊三部繡匣火鐵
三部白鐵舌盒三部均却之接國王咨覆一件
二十八日國王及世子遣官持帖問安未刻國
王來拜設茶宴於大廳禮畢國王回宮遣差備
官持帖答拜即傳知次日起程時刻國王遣館
伴提調官挽留又差官挽留又差領議政挽留
又差中使挽留均却之又都禮單白銀二百兩
白綿綢二筒白苧布三十疋白木綿二筒豹皮

五領水獺皮十五領鹿皮四領青黍皮八張大
紙二十五捲小紙五十捲順刀一柄彩花席十
張銀粧刀五柄祓禣一分靴襪一雙鞍馬一匹
空馬一匹元禮單大匣草四十匣藥參一觔九
味清三十丸清心元三十丸東醫寶鑑三秩四
幅袱三件六油芚五番髢髮一丹甘藿二十觔
四幅袱一件倭牛皮五張朱甘煙竹五十箇別
油扇三十五柄色扇三十柄牛黃一部有紋月

乃六部青黍皮三十張黃毛筆五十枝又單眞
墨五筒大全鰒五貼四幅袱二件大紋魚五尾
中乾柿十五貼倭菱花十軸贐行單地銀一千
兩加贐銀七百兩銀酒盒一座銀大鉢一箇銀
中鉢一箇銀大貼一筒長劍一柄別造銀煙竹
二根青黍皮三十張水獺皮十領油扇三十把
大桂枝三十五匣白綿紙一百捲又送頂上山
椏十本山椏瓊玉音一本紅葠四十觔白葠四

十觔鹿茸二對熟卞二十觔牛黃一兩別制淸
心丸百粒國王屢送禮物固拒仍來與燕甫商
之具筆談一紙於茶宴時面致國王言此次本
大臣等奉
旨不准收受禮物即通官並隨從人等亦不准其收
受曾經備文咨會在案自當恪遵
聖諭不敢稍事遷就屢承
雅意殷殷本大臣等良深心感除食物外一切

餽送本大臣等及通官並隨從人等雖片紙尺
布均不敢領誠恐傳語未能明晰本大臣等之
眞誠
貴國王或未深悉茲特筆談用達鄙意務望
貴國王鑒此區區所有餽送銀物此次一概全
免切勿仍存客氣以副
恩命實爲幸甚等語該王感激之誠溢於言表
二十九日早陰國王及世子遣中使領議政先

後持帖問安伴送使率屬謁見賞各官扇聯衣
料等物並賞差備館伴等官及兵校吏役人等
錢物該王率宗親百官出詣敦義門外京畿監
司衙門內之宣化堂行餞送禮未刻啟行儀仗
前導由行臺出大南門至宣化堂受餞送禮情
文極爲周至禮畢國王齎請
聖安送升輿揖別仍以前儀仗前導伴送使京畿道
監司各率屬殿後護行申正駐洗心亭行臺中

使領議政先後以王及世子帖問安分賞各官
有差入夜雨接袁道稟稱委查從人毫無需索
十月初一日大雨國王及世子分遣中使持帖
跪呈問安都承旨等官述王意挽留旣阻雨遂
許之仍駐漢江電知北洋隨賞伺候人等
初二日雨止辰刻啟行儀仗及各地方官兵校
吏役護送如前巳正至梧里洞尖憇國王及世
子分遣官及中使持帖問安均以原帖答候國

王遣中使呈送禮物紅綿紬五疋白綿紬五疋
藍綿紬五疋綠綿紬五疋白苧布五疋白木綿
十疋豹皮一領鹿皮一張青黍皮五張彩席三
張雙花紙十張白綿紙二十捲黃毛十五枝翰
林墨十五笏淨椒二斗煙桿三根桂枝三百匣
仍却之午正行二十五里至松里洞茶憩未初
行二十五里至仁川八監理衙門行館伴送使
及地方等官進見如前國王及世子各遣官及
中使先後持帖問安又遣中使送禮仍却之賞
伴送使及各官物件賞兵夫差役錢物並賞通
事銀元
初三日都承旨中使各持國王及世子帖問安
幷送禮物紅綿紬五疋白綿紬五疋綠綿紬五
疋藍綿紬五疋白苧布五疋白木綿十疋豹皮
一領鹿皮一張青黍皮五張彩席三張雙花紙
十捲白綿紙二十捲黃毛筆十五枝翰林墨十

五笏淨椒二斗煙桿三根桂枝三百匣概璧還
各官進見如前辰刻仍以來時儀仗由華洋租
界至碼頭登小火輪伴送使監司等官各率屬
在碼頭鞠躬祗送與燕甫各換登原乘兵船於
巳刻開駛同津酉正過十八島出朝鮮洋面穩
渡東瀛持節言歸矣是行也該國恭順有餘其
備辦一切半因貧乏半因土風如此概難以中
華情形律之故此次夫馬行臺悉由該國備辦
沿途伙食悉由袁道經理最為得宜至土儀方
物不准收受倍見我
皇上體卹外藩洞燭隱微之至意續昌等不才敢不
恪遵
諭旨督率通官人役一體懍遵以奉宣
聖德至該國情形官皆世守尊卑之分甚嚴民安世
業爭競之風似泯賊必科以重罪故竊案少童
必教以識字故文士多戸戸茅檐人人樸素此

風俗之可取也所不解者民間不准藏富間有一二富戶自君主以迄長官輒准借而不還山川非不靈秀樹木鮮栽田地非不肥饒荒蕪殊甚其於民足君足之義大相剌謬水利素不講求街道極形穢積婦女出必覆面尙有防閑殆廉恥之足嘉者官俸一二品大員月只二三金孰無仰事俯畜之需非攘奪刻剝何以供此今

國王李熙乍見形神頗清聞其安居高處中使之權獨重宦官宮妾人數甚多故有識者深祝其勵精圖治從諫如流也

初四日酉正至廟島

初五日巳正抵大沽口未刻換坐快馬小輪船乘潮進口南岸礮臺及各營迎接下船乘車至營壘少坐登礮臺觀演水雷仍乘快馬輪船至塘沽下岸小憩鐵路公司換坐火輪車抵天津李相候迎設茶座略談遂乘轎至江蘇海運局行館時已戌刻

初六日辰刻與燕甫同拜李相巳刻回行館接見各官接北洋咨稱據袁道轉據該國伴送使等函稱此次兩

欽差奉使國王致送禮物均不收受並多賞賚爲數百年所未有等情除轉電總署相應咨明云云是晩電袁道轉致朝鮮國王一路安善抵津從

該國王之請也

初七日李相設宴邀飲午刻赴之申刻回行館

初八日司道設宴邀飲觀劇未刻入座申刻回行館

初九日辰刻乘轎至吳楚公所李相率文武寄請

聖安畢卽登舟開行北上仍用小輪船拖帶各官各營所到皆迎送如儀酉刻至浦口停泊

初十日辰刻行戌刻至楊村停泊

十一日卯刻行未刻過馬頭距張家灣數里停泊
十二日辰刻行未刻抵通州
十三日辰刻行午刻入朝陽門寓馬大人胡同天后宫燕甫寓椿樹胡同成壽寺
十四日繕聯銜摺因在花衣期内未呈遞
十六日與燕甫遞摺請安恭覆

恩命疏云奴才等奉命前往朝鮮致祭遵於九月十一日恭請聖訓面奉諭旨爾等到該國應行一切禮儀均應恪遵舊章不得稍有簡略至該國王如餽送爾等禮物暨通官等銀兩物件均不准收受等因欽此仰見我皇上綏服屬藩於體恤之中仍寓駕馭之意奴才等莫名欽佩當於九月二十日行抵天津先行恭錄諭旨備文咨行該國王一體欽遵並電飭駐紮朝鮮總理通商事務道員袁世凱預爲宣示即委該道臨時稽察通官從人如有需索情弊立即稟明究辦維時聞該國王於郊迎一節尚在游移未定奴才等復電飭袁世凱先行告知該國政府如該國王不遵舊章出迎便不入城致祭各等因去後隨於二十二日登輪二十四日行抵

仁川登岸該國王差領議政沈舜澤前來迎謁當面詢郊迎地方考訂一切禮節隨示期二十六日進城致祭是日該國王於敦義門外恭行郊迎禮奴才等恭齎諭祭文暨香絹等物進城至該王宫致祭一切儀文均恪遵舊章毫無簡略二十八日該國王親至行館行茶宴禮遂於二十九日起程該國王祖餞於西門外儀文周至詞意肫誠計自入境後

該國王屢次餽送銀物等件均經奴才等辭卻
復面為宣布
聖恩剴切曉諭尙慮譯語不能明晰並開具說帖面
交閱看該國王感激之誠溢於言表旋准咨稱
欽遵
恩旨辦理等因並據袁世凱取具該國執事人員並
無需索字據稟覆前來奴才等體察該國情形
猶復畏

威懷
德惟該國王性情柔懦婦寺弄權因而奸佞生心外
人煽惑時或妄生希冀不敢自外
生成此次舉行典禮威儀嚴肅各國洋人已共見共
聞咸曉然於該國之服事
天朝彼亦無從諱飾此後但能因勢利導馭制得宜
在該國久隸
帡幪戴

高履
厚益當永矢勿替矣並將所呈禮節單四件咨文一
件咨送軍機處備查是日仰蒙
召見渥荷
嘉獎另片奏請
飭禁朝鮮國王餽送銀兩借端苛派並請嗣後酌給
使臣治裝銀兩本日軍機大臣面奉
諭旨著該衙門議奏欽此又片奏通官當差謹愼請

量加獎賞軍機大臣面奉
諭旨六品通官豫和七品通官恒霈著每人賞銀四
百兩由總理衙門出使項下給發欽此
禮部等衙門謹
奏為遵
旨議奏事光緒十六年十月十六日准軍機處片交
軍機大臣面奉
諭旨續昌等奏嗣後出使朝鮮請禁止該國王餽送

銀兩藉端苛派並請由出使經費項下酌撥使臣治裝銀兩等語著該衙門議奏欽此同日又准軍機處片交軍機大臣面奉

諭旨續昌等奏此次奉使朝鮮禮部派出通官當差謹慎請量加獎賞等語六品通官豫和七品通官恒霈著每人賞銀四百兩由總理衙門出使經費項下給發欽此欽遵鈔錄原奏片交前來查原奏內稱朝鮮國向來豫備

天朝敕使常年攤派差徭即有敕需名目存儲待用每遇

冊封賜奠各典禮所存不敷復行取之民間每次總派銀十數萬兩其實餽送正副使銀兩等件計其單開每分約需銀數千兩修理房屋鋪陳一切統計所用亦不過數萬兩且歷次使臣除例定禮物外其餘多有不受者乃該國仍舊攤派託詞敕需徒歸中飽竊查該國王餽送銀兩一節易滋流弊可否請

旨諭飭該國王嗣後奉使大臣除例定土儀准其致送外所有致送銀兩概行禁革並請

飭下該國王嚴行約束臣寮毋得藉端苛派抑更有請者向來奉使該國治備行裝賞需一切所費實屬繁多嗣後奉使大臣力有未逮必致因陋就簡殊於體制有礙合無仰懇

天恩嗣後奉使朝鮮大臣由總理衙門於出使經費

項下酌撥銀兩作爲治裝賞犒之需俾資津貼等語禮部查例開使臣回京該國王餽送宴金除例應收受者使臣不得於正禮外多帶儀物違者叅奏等語恭查雍正十三年奉

上諭朝鮮感戴我朝之恩虔修職貢甚爲恭敬凡大臣官員差往彼國者向有餽送儀物舊例朕以厚往薄來爲念若令使臣照例收受恐該國不免繁費若概不收受又恐該國王以使臣遠涉缺餽贐之禮有歉

於心著從此次詔使始凡餽送白金儀物等項悉照舊例裁減一半永著爲令欽此欽遵在案
聖訓昭垂允宜遵守惟近年來該國自遭喪亂民生困苦物力艱難情形迥非昔比此次該國王母妃薨逝告訃來京即據使臣具呈懇免遣使賜奠當經臣部據情代奏欽奉
諭旨特派大員改由北洋乘坐輪船徑往該國禮成仍由海道回京以免該國陸路供億之繁等因欽

此仰見
朝廷恩禮藩封有加無已今侍郎續昌等奉
命前往祭奠體察該處苛派情形以餽送正副使銀兩一節易滋流弊奏請概行禁革等語自係爲因時變通起見臣等公同酌議擬如該侍郎等所奏請
旨飭下該國王嗣後如有奉使大臣前往該國除例定土儀等物准其照舊致送外所有餽送正副

使臣以及隨往官員等銀兩概免致送以示體恤而杜流弊自奉
旨禁革以後該國王及奉使大臣均不得擅行與受至奉使朝鮮該大臣治備行裝賞需所費實屬繁多該侍郎等請於總理衙門出使經費項下酌撥銀兩作爲治裝賞犒俾資津貼之處　總理各國事務衙門查該侍郎等所稱奉使該國治備行裝賞需所費繁多自係實在情形應如

所請嗣後
詔使前往朝鮮擬每員津貼銀二千兩由出使經費項下支用以免賠累又侍郎續昌等片奏向來奉使朝鮮禮部揀派六七品通官二員隨往該員等勞苦異常回京並無陞階可保惟以該國所得之項爲優差此次概行禁革並無需索情事可否量加獎賞並擬嗣後一併酌給津貼俾免賠累　總理各國事務衙門查此次禮部派

出之六品通官豫和七品通官恒霈當差勤慎
欽奉
諭旨每人賞銀四百兩業經發給在案惟該通官等
往返艱辛別無奬敘旣應杜其弊端郎當加以
體恤擬請嗣後派出之員每人給予銀五百兩
一併由出使經費項下撥發所有臣等遵議緣
由是否有當伏乞
皇上聖鑒此摺係禮部主稿會同總理各國事務衙
門辦理再原摺係臣續昌條奏是以未經列銜
合併聲明爲此謹
奏請
旨於光緒十六年十二月十一日奏本日奉
旨依議欽此相應鈔錄原奏知照總理各國事務衙
門暨北洋大臣
盛京將軍禮部朝鮮國王遵照可也

高麗新開埠記一卷

〔清〕佚名撰

《高麗新開埠記》一卷，撰者不詳。清同治二十三年（一八九七），高麗將於鎮南浦、木浦開設新埠，撰者因紀其事，略述二處地理、歷史及物産等。據《小方壺齋輿地叢鈔三補編》本影印。

第十帙鎮南浦開埠記下

高麗新開埠記

闕名

西歷一千八百九十七本年十月朔即高麗將於鎮南浦木浦從西音譯出二處開設新埠鎮南浦係密邇平壤之地在平安道之西海邊物產富饒素稱天府之區而礦尤首屈一指雖是處初未開礦不能知其底蘊而據識者細加考察謂苟能盡力搜取寶藏之興必獲大利平壤距鎮南浦僅三十英里在大同江畔人傑地靈自古多磊落英奇之士昔年高麗國君嘗建都於此為高麗最大之城之一西歷一千八百九十四年中日之役此城與西方諸城同遭大劫中國敗北華兵遂出高麗之境吾見其師遁出不復見其矣是役也百姓扶老攜幼悉避於內地近二年來漸歸故土建屋設肆頓復舊觀比聞該處商務日興進口出口貿頗不為

除漢城及各處通商口岸而外，西人指此為大都市矣。西數省土產以菽麥煙絲皮貨為大宗。其鄰有黃海道，則為魚米之鄉，亦甚殷富。鎮南浦去漢城一百八十英里，去威遠城亦一百八十英里。威遠城在鴨綠江畔，曩年華人與高人貿易於此。鎮南浦港深而且濶，極大輪船可以駛進灣泊。高麗百姓向推平安道為第一。勤儉篤實，有志自立，他處皆不及也。凡高國商人一聞平安道之百姓，雖素昧平生，競願以物相賒，不即索值，其誠謹可靠可知。西人以此一端，常念念不能去諸懷，謂日後此埠既開，必能大興商務，不待數年，吾知其將超出於各舊埠之上矣。

本浦在全羅道南海邊榮山江之口。此江所經，皆通省膏腴之地。江水悠長，船艘可直至內地全羅道。人烟稠密。出產繁盛。如米。如麥。如烟葉如竹器如水族海鮮不勝枚舉。地土之沃。水土之佳。亦莫是過。誠高麗至富之區也。木浦離釜山僅一日水程。在海參崴長崎之適中。慶尚道之外。是地產米最移。他日出口之貨。必以米為大宗。木浦離漢城祗二百五十英里。距全羅道著名繁華之處。亦僅一日程。人謂全羅之民。誠實不如平安道之民。而聰穎過之。雅好一切製衣造工作。考究不厭求詳。故高麗之帽。及紙。及扇。及簾。及竹簾。各種竹器。皆出於此。精美絕倫。平安全羅二道。本為高地之冠。今所開新埠。適當此二地。自今以往。吾知高國農工。亦將為之興起。商務更受其和益不淺。高廷之福。亦通國高民之福也。

朝鮮疆域紀略一卷

〔清〕佚名輯

《朝鮮疆域紀略》一卷，輯者不詳。記朝鮮八道轄境之地理、風土人情甚悉，非親歷其所，固不易知。據《小方壺齋輿地叢鈔》本影印。

朝鮮疆域紀略

闕名

定界碑文云大清烏喇總管奉○○旨查邊至此審視西爲鴨綠江東爲土門故於分水嶺上勒石爲碑

康熙五十五年五月十五日

東北與甯古塔南界接壤爲咸境道有白頭山爲首起西北直下大荒其高不知幾千萬仞遥望若覆甕及登山巔四圍微凹又如仰盂然口向上外白內赤四壁側立若塗丹北數尺水溢出爲瀑卽黑龍江源也由山後脊而下三四里始得鴨綠江之源又有長白山延袤千餘里高大重疊多窮谿長谷峻峭莫比道路陡絕人不能居山頂樹木矮小至五月雪始消七月復有雪山石皆白色故名白山又名七寶山千峰岌嶫石勢巉削雕鏤嵌空奇巧不可言狀再東南有天嶺一山薛將軍征東遺蹟尚有存者

江原道在咸鏡南偏東有金剛山延袤五百餘里凡一萬二千峰巖嶢峻拔勢接雲霄峰之最著者太上峰毘盧峯洞之最著者萬瀑洞百塔洞靈源洞水簾洞寺之最著者長安寺表訓寺正陽寺楡岾寺又有須彌塔衆香城玉鏡臺種種名勝遊人到此塵襟頓洗有出世之想焉至若普門庵神興寺在雪岳山巔月精寺上元庵在五臺山上通川叢石亭有數十石柱矗立海中形如削玉高城四仙亭在三日浦上杆城淸澗亭外有石峰走入波心襄陽之洛山寺江陵之鏡浦臺三陟之竹西樓蔚珍之望洋亭平海之越松亭斷碣殘碑動人憑弔皆江原道之勝概也

慶尙道在江原道南偏東有八公山延綿數百里亂山深澗危峰疊嶂目不暇給如入山陰道中上有黃池洛東江發源於此地氣高寒又有加耶山石勢如火燄極高峻峭壁如削人不能升他如紅流洞毗筆巖致遠臺淸涼寺皆擅名勝而以海印寺爲諸寺之冠曾刊大藏經於此寺藏之

平安道在西北有昌城至○盛京四百餘里其內有東葛嶺牛毛嶺極險峻稍西卽鴨綠江又有妙香山

奇巖突兀卻不甚險內多平地支麓回複洞府重疊中有檀君窟普賢寺金仙臺參差殿閣如出雲端海上仙山髣髴似之

黃海道在西有九月山雄峻高大石勢險阻西北負海沃野百里有首陽山怪石插天如芙蓉出水內多洞府泉石有山城城之西北有神光寺又有滅惡山雄盤高大東有花川洞土地饒沃金之先墳在焉東西五十餘里南北四十餘里島形中凹外凸西望山東登萊諸島爲海防要衝中有松田封山

忠清道在西偏南有俗離山九峰突起聳列雲中山下多石洞幽泉上峰曰文壯臺俗離寺法住寺福泉寺皆在其間晨鐘暮鼓聲音相答松濤繚繞泉水清幽洵勝境也有雞籠山盤踞三邑之交四山高障環列野中平岡迤邐林麓深秀田地沃廣覺桃源仙境尚在人間

全羅道又西而偏南有德裕山重疊盤踞土厚水深洞府幽邃田土沃饒世稱福地又有邊山三面環海雄盤高大紆曲幽深長松千萬株參天蔽日又有智異山天王般若兩峰東西對峙皆高千仭下臨深淵冰雪經夏不消六月始霽七月有雪八月冰合山多柿栗巽果近山數十邑皆食其利名藍勝刹不可殫記

京畿道在黃海忠清兩道之間是爲王京離城八里餘有漢江一道寬約三里秋日水漲汗漫無涯有船可渡冬閒由冰上行亦天設之險扼要之區也所屬有果川始興安山等縣府則水原江華皆設留守以駐防焉傍海有馬山口仁川口楊花津口德浦口皆船可停泊之所長峰口注文口皆海中小島犬牙相錯可設礮臺防禦以爲犄角云再遠有德積一口其島突立海上內有雲烏山三峰插天支麓環衛層巒盤石曲曲清奇四外皆白沙

島在海中者江原道有鬱陵島自中峰計之東至海一萬餘步西至海一萬三千餘步南至海一萬五千

餘步北至海八千餘步中多巖石民不可居

近慶尚道有對馬島水路四百餘里八戸皆沿海而居土瘠民貧以捕魚煮鹽爲業過此卽日本界矣其離岸稍近者又有絶影島外面絶險中則土沃地廣可容四五百戸東南北三面石角峨巖削立如壁

近全羅道有牛島金甲島莞島以及智島蝟島各名至黑山一島離岸甚遠云

義州屬平安道外卽九連城鴨綠江大總江在其左右與○盛京接壤未通商以前中外貿易者皆在此處

平壤府正陽門外有殷人七十田蓋箕子遺蹟迄今陵谷遷變而經界區畫宛然猶存

水原府西門外四五里老栢古松排列路旁蒼翠之色欲滴入衣有天矯如龍者有盤曲如蓋者有偃而復起者有生成連枝者皆蘚侵剝徧作龍鱗皆百餘年物也丹青妙筆莫能形容造物之巧至此極矣去水原十餘里有古墓一區荒煙蔓草馬鬣就湮惟左右列翁仲二夕陽無語流水多情古貌古神相與拱向惜無碑碣可攷未知爲何時人之殯宮也朝鮮人詩云野 水空山拜墓堂松風溼翠灑衣裳行人欲問前朝事翁仲無言對夕陽蓋過古墓之作也三復是詩爲之泣下

入高紀程一卷

〔清〕佚名撰

《入高紀程》一卷，撰者不詳。是書記光緒九年（一八八三）十月自朝鮮「壬午兵變」之後，清廷輪船招商局總辦唐廷樞（景星）一行隨員七十餘人乘輪船前往朝鮮考察，朝鮮執政王親趙甯夏、禮部尚書金宏集隨行陪同接待之行程。據《小方壺齋輿地叢鈔》本影印。

入高紀程

闕名

高麗王親趙君甯夏禮部尚書金君宏集會同中國唐景星觀察前任舊金山總領事陳君茇南及管理開平機器礦務之西人白君另一西人柏君率領隨員七十餘人乘招商局與盛輪船前往高麗十月念八日晨十點半鐘由燕臺啟輪是日大雪紛飛東北風突起寒暑鍼陡然下墜下午五點鐘過山東海表次日清晨已見高麗地界七點鐘入口查在路共二十點鐘之久甫進口時水道危險興盛船主從未經此不甚熟習因緩緩而行少頃歷過小島山嶼海石無數此處潮勢計有三十六尺潮落時方可行船無礙水灣計闊二十一里長一百八十里兩岸沙灘四面圍繞者又有高山三重船行五點鐘不見人煙不聞雞犬岸無耕牛水無漁舟離漢陽河九十里之遙尚屬荒郊野地在船諸高人悉籍隸京都詢以鄉間村市茫然不知尋覓兩點鐘忽見高麗航船一隻隨風而行呼之不來船主卽命下舢板使一西人六水手二高人前往追及而告以故始允拕帶下午六點鐘拋錨停船惟已近黃昏不知所止之何處也次日清晨始訪得離漢陽河不過十五里矣停船相近處有日本小戰艘停泊一日本武員至船謁見且言欲鳴礮以敬高麗王親云云既而由舢板往岸至日本租界是日天氣嚴寒舢板所行不過三里業已兩岸冰沍隨登一小海島西人名爲羅使該島在漢陽河之口周圍約有十里水漲時可渡大舟水淺時小舟可直抵沙灘一百二十尺之遙島中人皆以捕魚爲生約計一百名房屋計六十間面貌裝飾頗似日人未娶者分髮梳辮不啻女子其婦人皆居守屋內老幼不得見其衣服顏色以青藍紅白爲貴甚屬潔淨日本人以此島爲存煤之處日人水手時上岸淩辱土人以找尋小工爲詞撞入人家動卽毒打逼令土人工作無異於英國船主之使喚手下水手但此等行爲幷非和睦鄰邦之道居此島時元城總統特來拜謁王親請其同席燕飲辭以職卑不敢遂另設一席以款待之總統身穿深黃大袖長袍袖則紅色頭

帶馬駿高帽性情和順甚得人歡數日間高人居於船者不下十數人飲食無異西人王親臨別時深謝船主殷勤款待之意既而復登岸入衙署歇宿其屋略似日本房屋客堂方十二尺高六尺衆皆屈膝坐地飲食時各客一桌高尺半闊二尺所食者爲飯與茶酒查高麗房屋俱由屋下另闢火炕故雖隆冬甚煖和煦午飯後起程前赴元城共計水牛五十隻馬十五匹轎十五頂其轎不啻一大木箱高四尺方三尺半甚不適意夾路村民齊集觀看所過良田肥土坦路通衢甚爲整齊王親護衛軍皆衣黑衣長鬚草鞋不啻古時之羅馬人也入元城後即住於總統署中款待禮貌甚屬殷勤趙王親現年三十九歲身長大而貌端正其行爲舉動甚似英國之威妥瑪君云

巨文島形勢一卷

〔清〕佚名撰

《巨文島形勢》一卷，撰者不詳。巨文島又稱三山島、巨磨島、安島，位於朝鮮南海中，全羅南道興陽半島之南，濟州島東北，爲一小群島。其主要三島鼎足而立，形成交通要道上之天然良港。此專述其形勢。據《小方壺齋輿地叢鈔》本影印。

巨文島形勢　　闕名

高麗口外之巨文島卽西人所謂哈密墩也在濟州之東俗名三山島爲全羅道群島之首距濟州海程三十英里東北距日對州八十英里風利半日可達分內外兩島形狹而長旁有小島一如鼎足之勢山高七十九丈山脈連絡如斷而續相離處約一百五十弓闊中間天然巨港從右邊南島進港港水縱橫約三英里深足容大船舟楫均灣泊於此外島一村合民百五十戶內島民村村各百五十戶中尙有零星小村莊數處島民皆以種麥捕魚爲業不產禾稻終歲以麥爲飯魚爲餐時有遭風難船漂至長州土民捕魚舟十數艘所獲鮑魚鱔魚最夥鯉魚大者重有三四斤云

南清河王氏鑄版　上海著易堂印行

日本考略一卷

〔明〕薛俊輯

《日本考略》一卷，明薛俊輯。俊字梓山，浙江定海（今舟山）人。曾任常州訓導、浮梁教諭等職。以嘉靖間瀕海之地苦於倭患，故是書大略以防禦之事爲多，兼及日本國土、風俗，且廣涉地理、沿革、疆域、州郡、屬國、山川、土産、世紀、户口、制度、風俗、朝貢、貢物、寇邊、文詞、寄語、評議、上當道書、防禦之事等，當時頗爲人所重，朝鮮等國均有翻刻之本。據天津圖書館藏《得月簃叢書》本影印。

道光辛卯仲夏刊

日本考略

得月簃藏板

日本考畧引

臨事而有策不若無事而有備者之克濟也故書曰惟事事乃其有備有備無患洪惟國朝混一區宇薄海內外罔不率俾而猶以狡夷反覆為虞瀕海地方設兵以衛之崇壘以城之列堠以瞭之連艦以邏之遴武臣以督之勅重臣以統之其稱貢也則豐委積以待之其剽掠也則張威武以禽獮之制甚周也承平日久繼之以易卒然不測則莫知為計餘慶承乏定海適遭其窮以守城官兵併力拒守蕞爾區壤獨不罹害幸亦多矣竊以幸不可再思患而預防之者不可不密蚤夜展轉以圖後濟時則有若邑庠弟子薛生俊者學務博行務修恒曰孝親忠君學者分內事雖未偶於時而事理世故盍諳之素矣乃命為日本考畧若干卷誠有裨於邊防也捐俸壽諸梓嘉與有志忠愛其國與民者共之外有兵計畧別為一卷乃雜古兵法而參之已謀者慮洩機關而反資敵筭故芟之是為引時嘉靖癸未歲秋孟月吉旦文林郎知定海縣事閩人鄭餘慶書

日本考畧序

天下事未有不載之傳記而後世有徵焉者要之非無自而空言也國朝兼治內外其島夷土俗人情物態靡不載諸邊陲訓典以爲守禦之規其立法可謂嚴且密矣浙地臨東隅海島諸夷爲甚邇而日本卽倭奴也其狙詐不情尤甚鎮邊重臣咸以備倭爲名可見矣凡貢獻必由於定次於甯郡以及杭省然後達於京師故定爲喉舌所也苟不預有以閑之恐非萬全之術隸是地者安得不嘗心於其閑然閑之詳言之審非長老於斯孰悉其情者不能常州司訓薛子定人也爲庠生時慮邊患莫測博訪遐稽採精述要因以資當道預閑之策意亦深切矣先尹鄭公壽梓而板隨以

歸予叨宰是地登高臨深因念備邊一事甚不可緩詢諸父老而得其書始識倭夷本末補拾其遺乃命重刊以傳蓋臨事而懼好謀而成者之一助未必不在茲也旹嘉靖庚寅季夏吉日文林郎知定海縣事金陵王文光書

日本考畧序

王者之於夷狄疏而不戚外之也日本乃東夷一種遐隔大海其習俗妍醜固不足爲軒輊第叛服不常巧於用詭語音不寄則向背罔知事機不諳則情僞莫測計禦不密則邊陲失守是葢不可不加之意也歲嘉靖癸未變生倉卒職是事者雖稔知食焉不避其難之爲義且不能爲身計而況於他乎時南閩鄭侯業善宰定海目擊其獘謂往者旣失之不預而來者宜圖之未然謬以俊頗學古好修以待時需者有年於茲猥屬爲考畧以便禦邊將士之忠於謀國者究覽謂之考者歷稽載籍及廣諏故老所聞而非鑿空以愚人也謂之畧者事關要害始述其槩而不條爲之贅云梓

山宗正老儒薛俊識

日本考畧

定海薛　俊梓山輯　　長白榮　譽子輿校

沿革畧

日本國者古倭奴國也天御中主都筑紫日向宮主邪摩維國尹都投馬種類百有餘國奄爲所屬號大倭主傳二十三世曰彥瀲尊第四子神武天皇自筑紫入都大和州疆原宮仍以倭爲號迄漢桓靈閒倭奴作亂互相攻伐歷年無主有一女子名卑稱呼年長不嫁以妖惑衆乃共立爲主法甚嚴峻在位數年死宗男嗣國人不服更相誅殺復立卑稱呼宗女壹與國遂定時稱女王國逮唐咸亨初賀平高麗稍習夏音惡其名不善乃更號曰日本葢取

近日始升之義也先秦時遣方士徐福將童男女數千人入海求仙不得懼誅止夷澶二州號秦王國屬倭奴故中國總呼曰徐倭非日本正號也又其性多狙詐狠貪往往窺伺得閒則肆爲寇掠故邊海復以倭寇目之

疆域畧

國在東南大海中依島爲居西南皆距海東北隅隔以大山廣袤四面各數千里東北山外歷毛人國至文身國約七千餘里南至侏儒國約四千餘里西循一支乍北望耽羅渡百濟到樂浪及帶方等郡約一萬二千里

州郡畧

畿內部五州又曰五畿　山城　大和　河內　和泉　攝津　共統五十三郡

東海道十四州　伊賀　伊勢　志摩　尾張　參河　遠江　駿河　伊豆　甲裝　相模　城藏　安房　上總　常六　共統百十六郡

面海道六州　伊紀　淡路　河波　贊書　伊豫　土佐　共統四十八郡

西海道九州　筑前　筑後　豐前　豐後　肥前　肥後　日向　大隅　薩摩　共統九十三郡

北陸道七州　若狹　越前　越後　加賀　能登　越中　佐度　共統三十郡

東山道八州　通江　美濃　飛驒　信濃　上野　下野　陸奧　出羽　共統一百二十二郡

山陽道八州　播摩　美作　備前　備中　備後　安藝　周防　長門　共統六十九郡

山陰道八州　舟波　舟彼　但馬　因幡　伯耆　出雲　石見　隱伎　共統五十二郡

三島　一伎　對馬　多褹　各統二郡均在海曲

屬國畧

拘邪韓國方可五百里在新羅百濟東南渡一海約千餘里曰對海國居絕島方可四百餘里山險林深鹿每千餘成羣無良田人食海物以活乘舟糴於南北又南渡一海約千餘里曰瀚海國方可三百餘里多竹木叢林戶三千餘差有田地而不給亦糴於南北又渡一海約千餘里曰末盧國居濱山海草木茂盛行不見途戶四千餘好食鰒魚水無淺深皆沈没取之東南陸行五百里曰伊都國戶千餘又東南百里曰奴國戶二萬餘又東行百里曰不彌國戶千餘又南水行二十日曰投馬國戶五萬餘又南水行十日陸行一日曰邪馬口國卽邪摩維國大倭王所都自是而東而

南曰斯馬曰已百伎曰伊邪曰郡支曰彌奴曰好古都曰不呼曰姐奴曰對蘇曰蘇奴曰呼邑曰華奴蘇奴曰鬼曰爲吾曰鬼奴曰邪馬曰躬臣曰巴利曰支維曰烏奴曰竹斯曰泰王凡百有餘國小者百餘里大不過五百里皆爲倭屬其新羅百濟等國雖非所屬皆以倭國大珍多並仰之恒通使往來

山川畧

阿蘇山其石無故火起接天俗異之因行禱產如意寶珠大如雞卵其色青夜則有光

壽安鎮國山永樂初以倭受冊封境入職方詔封此山御製文勒石

土產畧

金東奧出　銀西別島出　琥珀　水晶有青紅白三種　硫黃　水銀　銅　丹土　鐵　白珠　青玉　冬青木　杉木　多羅木　水牛　驢　馬　羊　雞　絹細薄可愛　花布　硯　螺鈿　漆　扇　犀　象　五穀　菜冬夏生蔬氣溫故草木皆冬青也

世紀畧

國王以王爲姓一姓傳襲歷世不易初主號天御中主次曰大村雲尊其後皆以尊爲號次天八重雲尊次天彌聞尊次天忍勝尊次贍波尊次萬魂尊次利刹魂尊次國狹槌尊次用巢魂尊次汲津舟尊次面垂見尊次國常立尊次天鑑尊次天萬尊次沫名杵尊次伊裝諾尊次素戔烏尊次天照大神尊次正哉吾勝速日天押穗耳尊次天彥尊次天炎尊次彥瀲尊次神武天皇是後皆以天皇稱次綏靖天皇次安甯天皇次懿德天皇次孝昭天皇次孝安天皇次孝靈天皇次孝元天皇次開化天皇次崇神天皇次垂仁天皇次景行天皇次成務天皇次仲哀天皇次神功天皇開化天皇之曾孫女國稱大奈良姬大神次應神天皇是歲甲辰始於百濟得中國文字號八番菩薩次仁德天皇次履中天皇次反正天皇次允恭天皇次安康天皇次雄畧天皇次清甯天皇次顯宗天皇次仁賢天皇次武烈天皇次繼體天皇次安開天皇次宣化天皇次天國排開廣廷天皇當此梁承聖元年始傳佛於百濟次

敏達天皇次用明天皇當此隋開皇中也次崇峻天皇次推古天皇用明天皇之女也次舒明天皇次皇極天皇次孝德天皇當此唐永徽四年也次天豐財重日足姬天皇次天智天皇次天武天皇次持總天皇次文武天皇當此武后長安元年也次阿閉天皇次倭依天皇次聖武天皇當此唐開元四年也次孝明天皇聖武天皇之女次天炊天皇次高野姬天皇亦聖武天皇之女也次日璧王天皇次桓武天皇次路天皇次諾樂天皇次嵯峨天皇次淳和天皇次仁明仁天皇次又德天皇次清和天皇次陽城天皇次光孝天皇次仁和天皇當此梁龍德中也次醍醐天皇次文慶天皇次封上天皇當此周廣順年也次冷泉天皇次平天天皇當此

宋雍熙初也

戶口畧

鄉凡三千七百七十二戶可萬餘課丁約八十八萬三千三百有奇

制度畧

上下之分較倣中國但服用政令與中國殊王室無城郭村兵守衞至隋時始製冠以錦綵爲之而飾以金玉以天爲兄以日爲弟自任以天於天明時聽政跏趺坐日出輒停云委我弟隋文帝曾以義訓令改之今復如故隋志其臣文武僚吏皆世其官有大德小德大仁小仁大義小義大禮小禮大智小智大信小信十二等

員無定數又有軍尼一百二十員猶中國牧宰八十戶置一伊尼翼屬一軍尼魏志官曰伊支馬次曰彌馬升次曰彌馬獲支次曰奴佳鞮逮宋元以來道各有刺史所屬名亦不同蓋職員隨時更張無定名也朝會陳設儀仗樂有國巿高麗一部及六弦琴兵有弓矢刀弩攢斧甲漆皮爲之矢鏃或以骨爲之法殺人强盜皆死竊盜計財求物無財則沒其妻奴每訊冤獄不承引者以木壓膝或張强弓以弦鋸其項或置小石於沸湯中令所競者探之云理曲者手輒爛或置蛇甕中令取之云理曲者手輒螫大抵用法峻而人輕生也

風俗畧

其形體男子斷髮魁頭黥面文身以文左右大小爲尊卑之差婦女被髮屈紒以丹粉身蓋夷俗患水妖象龍子以避之也其居室低小覆不以瓦蓋土性不可摶埴也其服飾男子衣裙襦橫幅結束不施縫綴足多跣閒用履形如屨漆其上而繫之足首無冠不用金銀爲飾婦女衣如單被穿其中貫頭而著之亦裙襦裳皆有襈襹□□以爲旒其婚姻不娶同姓男女相悅卽爲夫婦婦入夫家必先跨火乃與夫相見富者妻四五其餘或兩或三女多於男也其死喪以白布製服初旬日閉子女哭泣不飲酒食肉朋類眷屬皆就屍歌舞爲樂貴人三年殯庶人則卜日而瘞行喪以小輿或置屍船上陸地挽之既葬舉家大小澡滌以祓不祥其祭祀亦

用牲醴粢盛但祭畢散之野或遇乞人持與之其居處父子兄弟皆異室至相會父子男女無別其接見以蹲踞爲恭以搓掌爲悅無進退之範無拜跪揖讓之儀其飲食盤俎不設席以槲葉手餔之或閒用籩豆冬夏茹生菜其坐臥編草爲薦雜皮爲表緣以文皮席地坐臥不設几案床帳其交易用銅錢其卜筮灼骨以占吉凶尤惑巫覡渡海令一人不櫛不沐不飲酒食肉不近婦人名曰持衰在塗吉利則酬以財物如疾病遭害以爲持衰不謹輒共殺之其宴樂以躭嗜麴蘖爲高致每正旦必射戲飲酒尤酷好棊博握槊樗蒲之戲初無文字惟刻木結繩自魏隋五經佛法得自中國始知儒書尤信佛經白虎通曰夷者蹲也謂無禮儀卽是而觀

信矣口口乃云夷者抵也言仁而好生萬物抵地而出故天性柔順易以道御噫是何見之左邪

朝貢畧

自漢武帝滅朝鮮使譯始通於漢三十餘國至光武中元二年使人自稱大夫奉朝貢賜以印綬安帝永初元年倭國王帥升等獻生口百六十人願請見是後倭韓俱屬帶方郡也魏景初二年旣平公孫氏倭女王遣大夫難升米等詣郡求詣天子朝獻太守送詣都乃以金印紫綬封爲親魏倭王難升米等並拜中郎校尉假銀印青綬勞賜優渥正始八年倭女王卑彌呼與狗奴國男王卑彌弓手素不合遣使詣郡說相攻伐狀遣塞曹掾使張政等齎詔告諭之卑彌呼死宗女壹與嗣遣使送張政還因獻男女生口貢白珠異文雜錦晉武帝安帝時俱遣使入貢宋武帝永初二年詔曰倭讃遠誠宜甄可賜除授文帝元嘉二年讃又遣使奉表獻方物讃死弟珍立遣使貢獻自稱使持節都督倭百濟新羅任那秦韓慕韓六國諸軍事安東大將軍倭國王表求除正詔可珍死子濟立元嘉二十年遣使奉獻詔授節如故濟死子興立孝武大明六年遣使奉獻詔授節亦如故興死弟武立順帝昇明二年遣使上表言自昔祖禰躬擐甲胄跋涉山川不遑寧處東征毛人五十五國西服衆夷六十六國陵平海北九十五國王道融泰廓土遐畿累葉朝宗不愆於歲道經百濟裝治船舫而句麗無道圖欲見

吞臣王考濟方欲大舉奄喪父兄使垂成之功不獲一簣今欲練甲治兵伸父兄之志竊自假開府儀同三司其餘咸假授以勸忠節詔除武使持節都督倭新羅任那加羅秦韓慕韓六國諸軍事鎮東大將軍梁武帝卽位進武號征東大將軍陳平至隋開皇二十年遣使詣闕求法華經大業三年遣朝貢使者曰聞海西菩薩天子重興佛法故遣朝邦兼沙門數十人來學法國書曰日出處天子致書日沒處天子無恙云云帝覽不悅明年遣文林郎裴世清使倭國其王遣小德任大禮奇多毗從二百騎郊勞設儀仗鼓樂迎至彼都其正與世清來貢方物此後遂絶至唐太宗貞觀五年遣使入朝帝矜其遠詔有司無拘歲貢遣新州刺史高仁表往諭與王爭禮不平不宣詔而還久之更附新羅使者上書永徽四年其王孝德卽位遣律師道照求佛法獻琥珀瑪瑙時新羅爲高麗所暴高宗賜璽書令出兵顯慶三年天豐財遣僧智通輩求大乘法相教越明年天智遣使者皆蝦蛦來朝咸亨元年持總遣使賀平高麗長安元年文武遣朝臣眞八粟田貢方物求書籍武后宴之麟德殿授司膳卿還之開元四年聖武復遣粟田輩請從諸儒授經詔四門助教趙元默卽鴻臚寺爲師獻大幅巾爲贄賞物悉貨書以歸其副朝臣仲滿慕華不肯去易姓名曰朝衡歷左補闕久乃還天寶中孝明復遣朝衡獻貢求內外經教及傳戒是時新羅梗海道始繇明越川入建中元年日璧遣二僧靈仙行賀眞

人與能禮五臺山學佛法元和元年桓武遣騰元葛野空海大師及延歷寺僧澄詣天台山傳智者止觀義歷二十年還開成會昌中仁明遣僧禮五臺大中二年僧慧諤自五臺山得觀音瑞象欲返故國舟抵新螺礁諤禱之曰使我衆無緣見佛當從所向建立精藍有頃舟行泊潮音洞下乃於雙峯山卓菴奉之呼爲不肯去觀音院光啟元年光孝遣僧傳教至梁龍德周廣順中仁和封上與遣僧貢宋雍熙元年平天遣僧奝然與其從五人獻銅器十餘事并日本職員年代紀一卷上召見存撫甚厚賜紫衣給鄭氏註孝經一卷記室參軍任希古撰越王孝經新義一卷印本大藏經一部越明年附台州甯海縣商舶歸後數年遣弟子奉表謝又別

啟貢佛經及方物咸平五年建州海賈閔世昌遭風飄至日本口年還與其國人滕木吉至上召見之以國詩獻其詞雕刻膚淺無取賜裝錢遣歸景德口年僧寂照等八人來朝詔號元通大師賜紫方袍天聖四年明州言日本國太宰府遣人貢方物而不持本國表詔却之是後不通朝貢商賈傳其貨物至中國熙甯五年僧誠尋至天台止國清寺願留州以聞詔使赴闕獻銀香爐木穗子白琉球等物神宗以其遠人而有戒心處之開寶寺併賜僧伴紫方袍元豐元年明州又言得其國太宰府牒因商人孫忠等還遣僧仲回貢色段二百匹水銀五千兩州以孫忠乃泛海商人且貢物與諸國異請自移牒報而答其物並付仲回東歸乾道五年附

明州綱首貢方物淳熙三年其國人泛海遭風飄至明州無口食詔給之又有百人行乞於市至臨海詔守臣給遣往明州養贍候便船發回十年一十三人飄至秀州華亭紹熙元年飄至秦州詔見行貨物免抽買舟悉與給還仍給常平賑恤慶元六年至平江嘉定口年至定海詔並支給錢米養贍候風便遣發宋自中葉歷久無貢元世祖遣使招諭不從乃命范文虎率兵十萬征之至五龍山暴風破舟敗績終元之世使竟不至逮國朝洪武四年國良懷遣使僧祖朝貢七年復來以無表文却之其臣亦遣僧貢馬及茶布刀扇等物以其私貢亦却之十四年國王遣僧貢方物不恪却其貢僧人發陝西四川各寺居住著爲訓示後絶不與通至三

十五年復來詔定爲貢期約十年一貢太宗嗣登大寶國王嗣立皆受冊封自是或二三年或五六年貢無定期皆詔至於京師燕賞優渥稇載而歸是以其貢而來也往往各道爭先受之爲幸正德初北陸等道刺史右京兆大夫細川烏國强請勘合遣使宋素卿貢正德六年西道海刺史左京兆大夫內藝興强請勘合遣使省佐貢嘉靖二年各遣臣貢國王源義植嗣位幼沖勢不能制大夫內藝興遣使宗設謙導細川烏國遣使瑞佐宋素卿大誓掷至甯波巷互相詆笑宗設謙導等各持鎗銃格殺宋素卿等遂大肆焚掠所過地方莫不騷動幸守土者早爲之計不則甯波幾爲所屠矣嗚呼四夷咸賓固帝王之盛節然彼狡者倭挾虛名以規厚

利而使吾民之膏竭於供奉吾民之命懸於鋒鏑父母斯民者亦何忍樂受其名而不惻然於中邪

貢物畧

馬　盔　鎧　劍

鎗　腰刀　瑪瑙　硫黃

蘇木　牛皮　貼金扇　灑金櫥子

灑金文臺　描金粉匣　灑金手箱　塗金裝彩屏風

描金筆匣　彩金提銅銚　灑金裝木銚　角盥

水精數珠

書曰明王慎德四夷咸賓無有遠邇畢獻方物惟服食器用故

國朝制定貢物秪以適用不貴異物賤用物也然以愚論之貼金扇描金粉匣等器寒不足爲衣飢不足爲食遠不足以昭德近不足以展親况華夏物產豐富足用夫何取重於彼而紛擾如是哉

寇邊畧

狠子野心剽剥其本性也魏隋唐宋以來雖屢朝貢厚叨賞賚又屢寇邊陲然不過肆其鼠竊毆逐之而即已迄元至大二年寇慶元路爇郡儀門及天甯寺國朝洪武五年五月五日船二百隻寇溫州府永嘉樂清等縣十六年六月廿八日船十八隻寇金鄉衛殺官軍廿二人二十七年二月六日船九隻寇小尖亭金鄉衛官軍擊退之獲人船各一三十四年九月廿四日船六隻寇蒲岐所永樂二年四月十八日船十八隻寇定海衛穿山所殺百戶馬飛興十年五月一日船十一隻寇楚門盤石衛出海官軍獲船一併首級十五年正月一日船二隻寇沙圖所殺溫州守禦千戶沈鐘是月十五日船八十四隻寇海門衛又寇金鄉衛壯士所及平陽岐山地方正統四年五月八日寇定海衛大嵩所殺官軍五月二十日寇爵谿所敗之八年六月四日夜迷失二倭使頭普福在樂清沙嵩蘇嶺獲解嘉靖二年五月一日謙導宗設等仇殺死佐夷卒劫東庫爇嘉賓堂六日竄至西霍山洋總督劉錦死之七日殺甯波衛指揮袁璡定海衛百戶劉恩而去九日寇七千步從育王

嶺竄至小山浦殺穿山百戶胡源

書曰來王於虞而猶不免蠻夷之猾通道於周而猶不免淮夷之興倭尤反覆不常或服或叛詭譎莫測覬覦吾制禦之何如耳故兵法毋恃其不來恃吾有以待之毋恃其不攻恃吾有所不可攻然則備邊之計而爲民之司命者豈可忽焉

文詞畧

東大寺大朝法濟大師奝然啟

傷鱗入夢不忘漢王之恩枯骨合歡猶亢魏氏之敵雖云羊僧之拙誰忍鴻儒之誠奝然誠惶誠恐稽首頓首死罪奝然附商舟之離岸期魏闕以生涯望落日而西行十萬里之波濤難盡顧信風

而東別數千重山嶽易過妄以下根之卑適值中華之盛於是宣
旨頻降□許荒外之跋涉宿心克協粗觀宇內之瓌奇況乎金闕
曉後望堯雲於九禁之中巖扃晴前拜聖燈於五台之上熟三藏
而廩學巡數寺而優游遂使蓮花迴文神筆出於北闕之北貝葉
印字佛照傳於東海之東重蒙宣恩忽趁來跡季夏解台州之纜
孟秋達本國之郊爰逮明春初到舊邑緇素欣待侯伯慕迎伏維
惠溢四溟功高五嶽世超黃軒之古人直金輪之所育然四辟鳳
凰之窟更還螻蟻之封在彼在此敬仰皇德之盛越山越海敢忘
帝念之榮縱粉百年之身何酬今日之惠染筆拭淚伸紙搖魂不
勝慕恩之至謹差上足弟子傳燈大法師位嘉因併大朝剃頭受

戒僧祚乾等拜表以聞永延二年歲次戊子二月八日實端拱元
年也

戒嚴王師行成表

臣聞三王立極五帝禪宗惟中華而有主豈夷狄而無君乾坤浩
蕩非一主之獨權宇宙寬洪作諸邦而分守蓋天下者乃天下之
天下非一人之天下也臣若遠弱之倭偏小之國城池不滿六十
封疆不足三千尚存知足之心故知足者常足也今陛下作中華
之主爲萬乘之君城池數千餘座封疆百萬餘里猶有不足之心
常起絕滅之意天發殺機移星換宿地發殺機龍蛇走陸人發殺
機天地反覆堯舜有德四海來賓湯武施仁八方奉貢臣聞陛下
有興戰之策小邦有禦敵之圖論文有孔孟道德之文章論武有
孫吳韜畧之兵法又聞陛下選股肱之將起竭力之兵來侵臣境
水土之地山海之洲是以水來土掩將至兵迎豈能跪途而奉之
乎順之未必其生逆之未必其死相逢於賀蘭山前聊以博戲何
有懼哉倘若君勝臣輸且滿上國之心設若臣勝君輸反作小邦
之恥自古講和爲上罷戰爲強免生靈之塗炭救黎庶之艱辛年
年進貢於上國歲歲稱臣爲弱倭今遣使臣答黑麻敬詣丹墀臣
誠惶誠恐稽首頓首謹具表以聞

詠西湖

一株楊柳一株花原是唐朝賣酒家惟有吾邦風土異春深無處

不桑麻

昔年曾見畫湖圖不意人間有此湖今日打從湖上過畫工猶自
欠工夫

春日感懷

中原二月綺如塵異卉奇葩景物新可是吾天仁更潤小塘幽草
亦成春

奉邊將

棄子抱妻入大唐將軍何事苦隄防關津橋上團圓月天地無私
一樣光

答風俗問

君問吾風俗吾風俗最淳衣冠唐制度禮樂漢君臣玉甕藏新酒金刀剖細鱗年年二三月桃李一般春

普福迷失樂清被獲嘆懷

青松細嚼飲寒泉慈母在堂八十年□□□□□□□□□□客路三千心依北闕浮雲外身在西山返照邊處處朱門花柳巷不知何日是歸年

題春雪

昨夜東風勝北風釀成春雪滿長空梨花樹上白加白桃杏枝頭紅不紅鶯問幾時能出谷燕愁何日得泥融寒冰鎖却鞦韆架路阻行人去不通

遊育王

偶來覽勝鄮峯境山路行行雪作堆風攪空林飢虎嘯雲埋老樹斷猿哀擡頭東答又西答移步前臺更後臺正是如來眞境界臘天香散一枝梅

洋

錦鱗密砌不容針只為根兒做不深曾與白雲爭水面豈容明月下波心幾番浪打應難滅數陣風吹不復沈多少魚龍藏在底漁翁無處下鉤尋

保叔塔

保叔原來不保夫造成七級石浮屠縱然一帶西湖水洗得清時也是汚

被張太守禁舟中嘆懷

老雅徘徊日本東笑看宇宙作樊籠只因飛入堯天潤恨在扁舟一葉中

四支亭

四支亭名萬古香清風曾遞到遐方我來不見亭中主松竹青青梅自黃

按文以載道詩以理性情如典謨訓誥國風雅頌為足多者彼倭夷詩文膚鄙纖巧而於道義風化邈無所關其不足為士君子齒錄明甚矣茲姑述一二葢彰我國家同文之盛且以聖人

之道之宏覃被四夷而海隅日出沾漬為尤深也

寄語畧 寄即譯也西北曰譯東南曰寄

天文類

天帝 天　虛落 日　禿計 月　付泥 星

□□ 風　□ 雲　挨迷 雨　吉利 霧

挨迷什會 落雨　付落 雷　未碎滿 霜　計伏六片計 雪

時令類

來運挨梭發羅 早　搖落 夜　非路 午　搖散田伍 曉

挨介水 明　骨辨水 暗　三孛水 冷　挨梭水 煖

挨米粟天旦 明日　詩以呼 今日　亞撤里 後日　非故路路 日暮

个阿耶俚今日來 阿惟多前日 傑妙昨日 挨戊打俚明日來
挨殺阿那俚後日來

地理類

天樣禿智地 羊賣那賣山 朝東水 烏彌海
依石在古木石 河吉大水沙 非火 羊埋俚鄉
打各計江

方向類

熏加東 迷南來南 義西西 尤兀俚北
日皆門利婆前 吾利失後

珍寶類

空堦泥金 失祿皆泥銀 他賣珠 前移錢
中若左黃銅 英更揩尼紅銅 明東揩水銀 窖俚善尼好銅錢

人物類

大利天王家里皇帝 大米烏野雞官 别姑常百姓 大大烏野雞大官
翁知公 猶婆翁妃婆 阿爺父 發發母
挨尼兄 阿尼尤姑嫂 阿多多弟 西尼多一没多妹
亞尼娣 完多嬸 莫宿哥子 阿儀姪
莫宿眠女 阿奚胡來孫 子多外舅 子多謬外姑
何治生前老官叔 壽山丈夫 倭家倒婦人 何祭公姑男子
禿古要个老 倭家達後生 歪燗鼻孩 新雲䫈㕳

道門大聖閭門大帝朋友 木哥迷姐夫木哥女婿
三字卽僕 歪皆水小厮 刀老烏烏索和尚
埋骨多老實人 六宿鼻隨强盜 胡秦故人閒關人艱難人
窗約關儒獨眼人 無哥子梭里你 眉眉月失眉眉窖水生得好
阿埋俚阿奴利我 若梭誰人 加食難徒弟 妻斗烏賣財主
眉骨賴瞎子 陸宿人賊 萌哥甥 難解水長子
嫌妙報娘 弔長 莘菸年少 沝昊丞主人
尸哥聰明 曾歪失生得醜 他个水貴 那望羊碎水賤
多烏姑富 肥東旦貧 寬需計乞丐 梭羅好淫
一故都年紀 莫入麻子 村孫口 科水非計拐

人事類

前行哥多喫了 買多瀉多老實說話 添害
等帶醉 惜賴路不失打不曉得 乃吉哭
發賴旦堅固怪 亞娣吉乃乃水無情 難烏里在恁麼賣
括計括盆相傻 思量骨多莫說介歹亂說 覓見迷路看
密密路睡 科眉乃可民奈里揖 倭踈路路惜
因彼計斯 寬彼計乃倪話鸞湿皮駡 口口出去
密路使去 烏論羊埋水烏耶鑾計詈 殺雞前行
面皮送與我 漫它羅獺里但多去 挨龍門後行
搖落扛蒲愛惜 發下何耶俚發古快來 未納恝打俚說話

論迷持疎 不在　慢漫的何耶裡 回來　何耶里吉大 來
姑也數 還了　倭非泊水河面亞辣水 久覓　哥賣 獨樂
番郎山水水 羞愧　一掇水窰羅扛步 喜　排蘇 安
生亞達達人 打人　何故伊虜何耶路 在　活古計 快去
陀姑移姑 那裡去　難利是罵山好 怠慢　法古 走
艇路各夾 口　羊解漫陀的如 便來　一軭水 痛
所有路路 添　个个俚打失大 曉得　嘔 唱
羊達路烏將軍 眠　不低吉歹俚末得哥巳 拿來　未抵於古 拿去
麻黑晒雞 飲酒　爲路無大 賣　哥面乃 莫怪　四孫步 遊
加里 買　約 行路　胡子 打　其奴瞎咀 殺

坡水水 要　依也 不要　達子 立　埋祖 等待
何埋解邵賣 不送　挨核蒲 嬉　羊迷依子 病　移路阿將梭 坐
何水允路 敎　烏加俚 買賣　禁哥 不喫了　何賢鼻 多飲
家那匪名 請人　大 死　皆賀 換　動大路水 肚飢
買得買得 慢慢的　雞 傷寒　加右 喚　歪達的捘 起身
烏魯賣多 不賣　歪羅 笑　多奴 叫人　一孫榭水 無功夫
亞娣吉乃 有情　刺大 腫　吉打 法　埋計打利 輸
一故賴介 多少　加計 寫字

身體類

眉 耳　骨止 口　發奈 鼻　賣 眉
錢 手　挨身 足　个个路 心　客城賴 頭
薰計 鬚　發賴 肚　尤皮 指　指迷夾迷 髮
卒迷 爪　法 齒　泄 身　梅梅 眼

器用類

濶四撻打奈 大刀　歪計柴需 中刀　脫个俚 刀柄　大賈路 甲
助里力子 硯　剛白哥 盒子　依水 磨刀石　揩路依水 砂石
粉地 筆　揩鬚加眉 紙　没速火 厚紙　没蠻子 薄紙
坑其 鑰匙　踈煤 墨　黄旗 扇　難皮 鑊
法古黄旗 口銅扇　哥利素 鎖　浮泥 船　法哥 小箱
快利怯利 鍼　發介俚 戥　花雞 帶　晒賴沙賴 碟

孫助刀法哥 硯箱　拿剛擊利 錫　不奴 席　晒加藤計 酒盞
隔落隔晒 傘　坑皆珍 鏡　法水 筋　麻骨賴埋骨賴 枕
河水雞 盤　烏論水 漆　水哥 木香　失路挨指水 銀朱
宣哥 香　沈哥 沉香　射哥 麝香　哭笋混皮 酒瓶
倭吉貼灣 碗　空指泥黄旗 泥金扇　課水非計 梯
利全乃空客打乃 小刀

衣服類

乞麻里 衣服　羔都 靴　搖漊里 箬帽　水托里失其里 鞋
歪帶 錦　迷奴 氊衫　達昂介 手巾　木棉 棉布
奴奴棉 夏布　伏思麻 被

飲食類

鮓素 茶　　晒箕 酒　　吉古 笋　　明東晒箕 白酒
復陸晒箕 老酒　　密水 飲　　晒加乃 飲酒　　隔辣晒箕 燒酒
密禿阿羅俚 喫飯　　失河收河 鹽　　彌沙 醬　　科媚科媚 米
挨蒲頼 油　　烏蒙奇 大麥　　柯蒙奇 小麥　　暮米倭米 穀
水路 羹　　磨米 豆　　恕恕 肉　　可羅米頼 醬瓜

花木類

松計 杉　　去那雞 檜　　埋止 松　　面婆 梅子
忽辣水 芥　　奈 菜　　烏埋 瓜　　莫入骨水 麻
乃洗皮 茄

鳥獸類

胡水 牛　　意奴 狗　　豕豕 猪　　鮮加 鵞
烏馬 馬　　遊和 魚　　指泥 蟹　　失辣水 蝨
揚其 羊　　服助來 鼠　　抓泥掇地泥還多俚 雞

數目類

个利 一箇　　去多子丟微旦多 一　　扶延子丟咀多 二
密子倏咀多 三　　學子搖搖倣 四　　詹子子難難多 五　　後子 六
乃乃子 七　　效子 八　　个个乃子 九　　多 十
多多丟達子 十一　　大 五十　　法古 百　　借一貫 千
漫亦 萬

通用類

挨路河路 有　　乃 無　　明奇多 極好　　高高的姚鎭奴 奶
由無奈 不好　　多挨蓮　　的个 近　　快都水河水 多
疎乃古水 少　　發篩 小　　骨篩路 朽　　骨篩水 臭
牙十六 瘦　　迷加 短　　相快文 細　　挨卒水 厚
渇卒水 薄　　慢大 大　　千牌水 香氣　　不高歪賴水 歪貨
松田乃係 不是　　羊跛里里 破　　大慢 緩　　爲多合乎 要緊
設計 無用　　向河水 多有　　加小思姑奈向計 大

士君子非先王之法言不敢言而方言固不足煩唇齒然言者心之聲得其言或可以察其心之誠僞故特集其常談類而釋之似亦資柔遠防禦之一端也

日本考畧終

日本考五卷

〔明〕李言恭　郝杰撰

《日本考》五卷，明李言恭、郝杰撰。言恭字惟寅，號青蓮居士，盱眙（今屬江蘇）人，李文忠八世孫，萬曆三年（一五七五）襲臨淮侯。杰字彦輔，號少泉，蔚州人，嘉靖三十五年（一五五六）進士，官至南京兵部尚書。言恭督京營戎政時，郝杰任右都御史，值倭患嚴重，故摭採所聞而成此書。詳於民物風俗、語言文字，爲他書所不及。卷一考日本國圖、倭國事略、驛、户、課、倭船、倭刀、寇術等，卷二考疆域沿革、屬國、山川、土産、風俗等，卷三記字書、歌謠，卷四記語音、語彙，卷五録文辭、詩賦、山歌、琴譜、棋格等。日人亦重此書，有日文譯本。據《國立北平圖書館善本叢書》影明萬曆間刻本影印。

日本考

據明萬曆刻本影印

國立北平圖書館
善本叢書第一集

日本考目錄

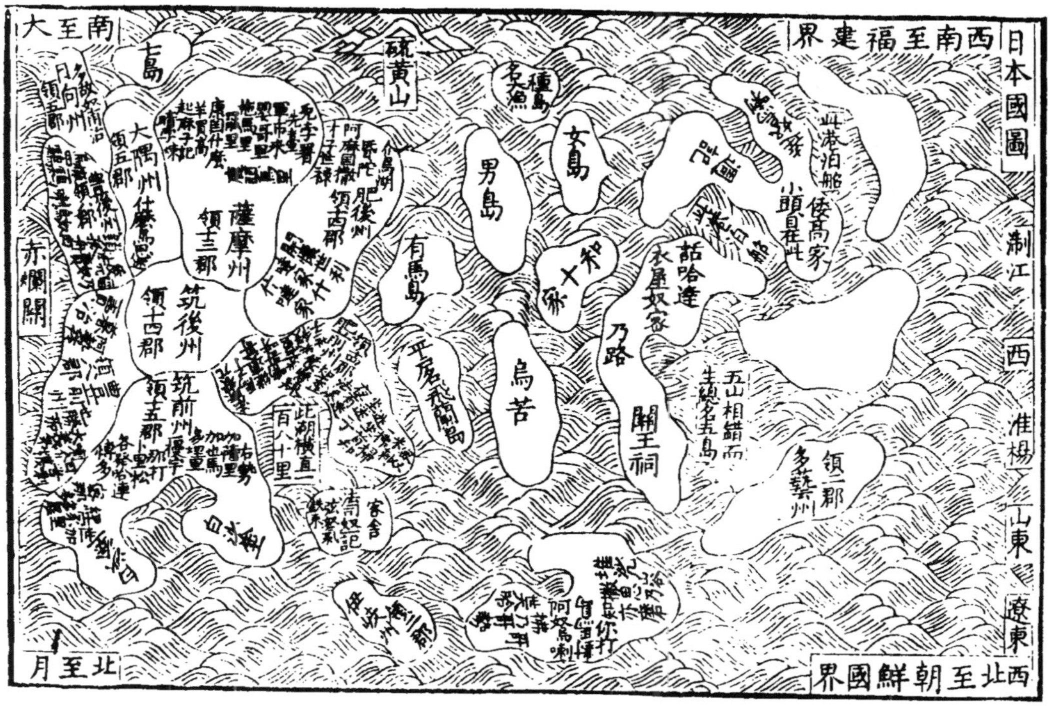
日本國圖
西南至福建界
西北至朝鮮國界
南至大
北至月
赤瀾關
硫黃山
種島
男島
女島
有馬島
烏苦
關王祠
乃路
五山相錯而生總名五島
薩摩州
領十三郡
筑後州
領十四郡
筑前州
領十五郡
大隅州
領五郡
肥後州
領十四郡
日向州
多藝州
領二郡
倭高家
小頭目在此
浙江
西
淮楊
山東
遼東
此湖橫直一百八十里

日本考卷之一

總督京營戎政少保兼太子太保臨淮侯李言恭

協理京營戎政都察院右都御史兼兵部右侍郎郝杰　考梓

日本古倭奴國係山島爲城邑在百濟新羅東南地形類琵琶東高西下東西數千里南北數百里九州居西爲首肥前肥後豐前豐後筑前筑後日向大隅薩摩陸奧居東爲尾至山城旱程七十五日舊云陸奧爲頭薩摩大隅爲尾者非山城居中乃國都也國君以王爲姓以尊爲號後改稱皇初居日向筑紫宮後徙

山城文武皆世其官有德仁義禮智信大小十二等及軍尼伊賀翼諸名山城以東地方廣邈雖倭奴遠服賈者不能閱歷況華人乎故其島之數可考按舊圖山城以東中爲近江伊賀尾張三河美濃飛彈信濃上野陸奧北邊海爲但馬丹後若佐加賀越前越中越後出羽甲裴常陸南邊海爲攝摩攝津太和河内遠江駿河伊豆相摩武藏下野東北懸海則爲佐渡在南懸海則爲志摩七島上總下總安房其間廣狹至有不能考者今姑據所聞者述之山城之南爲和泉其南海舉泊舟者爲阿責介撒几爲歪打阿波爲千撒几爲天王者爲沙界衣又南爲沙界

其地方甚小沙界之東南爲紀伊東爲三河出海之口爲濵大海其島爲康大爲科什麽爲奴智紀伊之西爲伊勢北爲三河其舉爲腰大爲阿乃奴子山城之西爲丹渡左爲攝津其舉爲飄舡谷爲阿家世奴乎辣爲素埋爲男女懷東南懸海爲安防州左之西爲攝摩其舉爲那敗爲舍個世爲抗茄爲我這古爲磨羅右爲但馬右之西爲因幡丹渡西爲美作左爲備前其舉爲兀什麽舦爲茄賣茄里爲多大左之西爲備中出鉄其舉爲山子加爲官奴乎嚩爲那什摩其南爲連島懸海三十里右爲因幡右之西爲伯耆沿海俱白沙無舉可泊其鎮爲阿家殺紀爲倭子介爲他奴賀知其北爲竹島懸海三十

里美作之西爲備後之北境其舉爲一子談一知爲于奴鼻爲和奴客知爲拿敗爲赦東大出雲之南境其舉爲番你爲山子介爲欽子溪爲戶流爲飛賴叮爲失喇哈叮爲也生忌爲客和奴失記其北爲隱岐懸海三百五十里備後之西爲安藝其舉爲翁家搭白昆敗爲法子加一知爲窟撒子爲谷也爲他加歪喇其南爲宮島懸海三十里出雲之西爲石見出銀與銅其舉爲南高番馬爲番馬搭哥爲撮奴市爲有奴子北至海三十里安藝石見之西爲山口谷國即古之周防州也橫直二百四十里其南邊海之舉爲翁哥里爲客大逝里爲東大爲陀奴迷爲哈迷奴失記爲奴羅市米其北邊海之舉爲斯殺爲賣抵哈扣爲夜市爲高奴烏喇北至三島海面三百五十

里山口之西爲長門橫直皆二日程㚖爲花浦爲薰州爲番記爲倭
委扯至三島懸海三百五十里關渡在馬其西旱閔爲阿介馬失記抽分司設
於此渡此而西爲豐前橫五百里直四百里其㠯爲可苦剌馬頼介襪
次爲大義地爲野慢茆爲阿世夜爲暮治爲二賣其南爲豐後橫直皆六百里
其㠯爲福乃爲倭几奴法賣爲鎖孤舟爲由奴烏剌爲撒一基爲烏四基又其南
爲日向橫直皆三百六十里其㠯爲多故奴甬治豐前之西北爲
筑前橫六百五十里直四百里其㠯爲右勢爲加苦里爲加打也馬爲多賣里爲一
萬字爲奴打爲世加爲經字里爲多罷爲寮那多爲法哈嗟即愽多之別名也其扯離伊
岐島海面五百里西南爲筑後橫直皆二百五十里筑後之南

爲大隅其南須海之㠯爲什麼烏思迷今之人訛傳爲懸海懸海乃大漁州也大隅與
日向薩摩連壤名爲九州大隅之西爲薩摩橫直皆三百六十里其㠯
爲瘠字喇爲起麻子記爲羊理南爲康國什麼爲罷里爲拖馬里爲强頭馬里爲鷄哥里
爲年市米爲仙臺爲審字署豐後東南懸海爲土佐爲伊
豫爲阿波阿波相近懸海爲炎路土佐豐後
之間爲佐加關土佐至佐加閔海面一百八十里佐加閔至豐後海面七
十里薩摩之北爲肥後橫直皆五百里其㠯爲牙子世六爲阿麻國撒
爲昏爲一國撒介烏喇爲開懷世利爲嗟加什爲什嗟加又其北爲肥前
橫直皆五百里其㠯爲鉄来爲言奴氣子爲法司奴一計爲客舍其内沿河泊舟交易之

處爲倭磨剌爲知十歪爲法一溪爲夜間迷爲坐迷子爲迷坐骨知爲一掃拂爲愛奴手
喇爲世子爲迷古里爲失撒爲喃哥呀爲堆婆哥爲松本一名馬子喇爲法麻撒几肥
前西懸海爲平戶東西海面十里西北至博多海面四百五十里平
戶之西爲五島丘山相錯懸海而生其中有㠯可泊乃日本西境之盡處
也過㕲西行越五六日四望無山直抵陳錢辟下㕲島與薩摩相去一千五百里與肥前
相去四百三十里與平戶相去二千五十里五島至山日必由平戶経過其㠯爲乃路爲
倭齊家爲衣屋奴寮爲通記爲達奴烏剌爲烏苦爲話哈嗟北爲多藝爲
伊岐橫直皆七十里至對馬島海面五百里爲對馬島橫三百里其南
㠯爲哥爲廾大哈東南爲拂乃哥世西北爲堆沙几爲山谷爲撒思乃爲知六磨爲你打

北爲倭奴烏剌其西北至高麗也必由對馬島開洋
各島之人俱至堆沙几撒思乃山谷三㠯開洋至高麗之則失多順風一日約五百里
南至琉球也必由薩摩州開洋順風七日其
貢使之來必由博多開洋歷五島而入中國
因造舟水手俱在博多故也貢舶回則徑收
長門因抽分司官在焉故也若其入寇則隨
風所之東北風猛則由薩摩或由五島至大
小琉球而視風之變遷北多則犯廣東東多
則犯福建彭湖島分䑸或之泉州等處或之梅花所長樂縣等處若正

東風猛則必由五島歷天堂官渡水而視風之變遷東北多則至烏沙門分䑸或過韭山海閘門而犯溫州或由舟山之南而犯定海經大貓洋金塘蛟門入犯象山奉化由東西廚入湖頭渡犯昌國入石浦關犯台州入桃渚海門松門諸港正東風多則至李西磨壁下陳錢分䑸或由洋山之南而犯臨觀過漁山兩頭洞三姑山入乍浦則犯紹興之臨山三山過霍山洋五嶼烈表平石則犯寧波之龍山觀海犯錢塘過大小衢徐公入鼈子門則赭山則薄省城也或由洋山之北而犯青南過馬蹟潭而西犯太倉過馬

蹟潭而西北或過南沙而入大江過茶山入瞭角嘴涉谷積俍福山而氐儀常鎮若在大洋而風𣾰東南也則犯淮揚犯登萊過步州洋乱沙入塩城口則犯淮安入廟灣港則犯揚州再越而北則犯登萊若在五島開洋而南風方猛則趨遼陽趨天津大抵倭船之来恒在清明之後前乎此風候不常屆期方有東北風多日而不變也過五月風自南来倭不利於行矣重陽後風亦有東北者過十月風自西北來亦非倭所利矣故防春者以三四五月爲大汛九十月爲小汛其

停橈之處焚刼之權若倭得而主之而其帆檣所向一視乎風實有天意存乎其間倭不得而主之向之入寇者薩摩肥後長門三州之人居多其次則大隅筑前筑後博多日向攝摩津州紀伊種島而豐前豐後和泉之人亦間有之乃因商于薩摩而附行者也日本之民有貧有富如攝摩伊勢若佐博多其人以商為業其地方街巷風景宛若中華富者各數千家有積貲至百萬者又如和泉一州富者八萬户皆居積貨殖有淋有懕如薩摩之黠哥里方數千里其邑長安慶能納民于軌物無一人為盜

又如宮島人不嗜殺人有不平事但詣神廟罰錢又如紀伊之頭陀僧三千八百旁習武藝殺人而不犯中國富而淋者或登貢船而来或登商船而来凡在寇船皆貧與惡者也山城君號令不行徒寄空名於上非若我中國禮樂征伐自
天子出大一統之治也山口豐後出雲開三軍門如中國總督府之義各以大權相吞噬今惟豐後尚存亦不過兼并肥前等六島而已肥前肥後筑前筑後豐前豐後山口出雲以貪滅亡山口原并國十二曰石見長門安藝

備前備後備中出雲伯岐丹後因幡但馬後出雲奪歸其地山口長子死馬其君亦爲陶殿所殺豐後君以其弟攝山口事吞安藝安藝殺之嘉靖三十六年山口無君豐後獨稱雄馬山城君金印勘合久爲山口所有向來入貢俱山口自主山城惟出名而已陶殿之亂宮殿勘合俱焚金印亦損一角不知所歸貢自此絕矣欲望彼國之約束諸夷斷斷乎不能也

畿內部

驛

凡四百一十四

戶

可七萬餘

課

約八十八萬三千三百二十九

寄語島名

山城羅手馬失　筑前職骨前　太和野馬多

筑後職骨骨　河內茄懷知　豐前孛前

和泉因字米　豐後蓬哥　攝津子奴因你

肥前非前　伊賀衣加　肥後非谷

伊勢衣舍　日向兄加　志摩

大隅阿思米　尾張倭阿里　薩摩撒子馬

三河迷茄懷　遠江　紀伊乞奴苦藝

炎路山奴計　駿河　阿波挨懷齊

伊豆因慈　讚看　甲裴慨怡苦藝

伊豫伊右　相摩　土佐拖撒

武藏木撒暑　山口即周防羊馬窒諸　安房阿空
美作迷馬撒家　備前避然　上總茄迷倭撒
下總什麽倭撒　備中避書　常陸
備後避臥　若佐壕加棚　安藝阿計
越前日智前　攝摩法里馬　越中日書
長門奴茄多　越後日清谷　册渡册白
加賀坑茄　册後册哥　能登奴朵
但馬嗟什麽　佐渡沙渡　因幡奚奴白
近江多鳥米　伯耆花計　美濃米奴

出雲因字木　飛彈非大智　石見
信濃申阿農　隱岐和計　上野康子計
伊岐尤計　女島　下野什麽子計
陸奥話妝　多藝　出羽迷外
宮島迷挨什麽　五島我島　男島賀什麽
小島科什麽　對馬島則什麽　連島卒賴甚麽
種島他尼什摩　博多花哈嗒　竹島他計甚麽
平户　佐加閔　三島密什麽

倭船

日本造船與中國異，必用大木取方相思合縫，不使鐵釘，惟聯鐵片，不使麻筋桐油，惟以草塞罅漏而已。名短水草。費功甚多，費材甚大，非大力量未易造也。凡寇中國者，皆其島貧人，向來所傳倭國造船千百隻，皆虛誑耳。其大者容三百人，中者一二百人，小者四五十人，或七八十人。其形卑隘，遇巨艦難於仰攻，苦於犁沉，故廣福船皆其所畏，而廣船旁陡如垣，尤其所畏者也。其底平，不能破浪，其布帆懸

於桅之正中，不似中國之偏，桅機常活，不似中國之定。惟使順風，若遇無風逆風，皆倒桅盪櫓，不能轉戧，故倭船過洋，非月餘不可。今若易然者，乃福建沿海奸民買舟于外海，貼造重底，渡之而來。其船底尖，能破浪，不畏橫風鬬風，行使便易，數日即至也。

凡倭船之來，每人帶水四百斤，約八百碗，每日用水六碗，極其愛惜，常防匱乏也。水味不同，海水鹹不可食，食即令人泄，故彼國開洋

必與五島取水將近中國過下八山陳錢之類必停舶換水所以欲換者冬寒稍可耐久若五六月蓄之桶中二三日即壞雖甚清冽不能過數日也海洋浩渺風濤叵測程不可計遇山而汲亦其勢耳盥頮沐浴海水山水皆可用或云浴海水令人膚裂近訪之不然但黑肌膚而已倭奴有一秘法煮泉一二沸置之缸缶能令宿而不壞然亦不過半月久則不能也其至普陀必登者非換水亦非真欲焚香乃覘兵防虛實耳

倭好昔賈誼上三表五餌之策知倭國之所好則餌在是而悟所以制之之術矣故志之

絲所以爲織絹紵之用也蓋彼國自有成式花樣朝會宴享必自織而後用之中國絹紵但充裡衣而已若番舶不通則無絲可織每百斤直銀五六十兩取去者其價十倍

絲綿髡首裸裎不能耐寒冬月非此不煖常因匱乏每百斤價銀至二百兩

布用爲常服無綿花故也

綿紬染彼國花樣作正衣服之用

錦繡優人劇戲用衣服不用

紅線編之以綴盔甲以束腰腹以爲刀帶書帶畫帶之用常因匱乏每一斤價銀七十兩

水銀鍍銅器之用其價十倍中國常因匱乏每百斤賣銀三百兩

針女工之用若不通番舶而止通貢道每一針價銀七分

鐵鍊懸茶壺之用倭俗客至飲酒之後啜茶啜已即以茶壺懸之不許着物極以茶爲重故也

鐵鍋彼國雖自有而不大大者至爲難得每一鍋價銀一兩

磁器擇花樣而用之香炉以小竹節爲尚碗碟以菊花稜爲尚碗亦以葵花稜爲尚制若非觚雖官窑不喜也

古文錢倭不自鑄但用中國古錢而已每一千文價銀四兩若福建私新錢每千價銀一兩二錢惟不用永樂開元二種

古名畫最喜小者蓋其書房精潔懸此以爲清雅然非落款圖書不用

古名字書房粘壁之用廳堂不用也

古書五經則重書禮而忽易詩春秋四書則重論語學庸而惡孟子重佛經道經若古醫書每見必買重醫故也

藥材諸味俱有惟無川芎常價一百斤價銀六七十兩此其至難至貴者也其次則甘草每百斤二十金以爲常

氈毯

馬背氊王家用青官府用紅

粉女人搽面之用

小食籮用竹絲所造而漆飾者然惟古之取若新造則雖精巧不喜也小盒子也亦然

漆器文几古盒硯箱三者其最尚也盒子惟用菊花稜圓者不用

醋

按其日本所貢倭扇描金盒子類皆異物也其所悅于中國者皆用物也是彼有資於我而我無資於彼忠順則禮之悖逆則拒之不易之道也若徇其求而慫期許貢

無端互市斷斷乎不可

寇術倭奴之勝我兵專以術也即以其術還治其人不必用古兵法蔑不勝矣故志之

倭夷慣爲蝴蝶陣臨陣以揮扇爲號一人揮扇衆皆舞刀而起向空揮霍我兵蒼皇仰首則從下砍來

又爲長蛇陣前耀百脚旗以次魚貫而行最強爲鋒最強爲殿中皆勇怯相參

則每日雞鳴起蟠地會食食畢夷酋據高坐衆皆聽令挾冊展視今日刼某處某爲長某爲隊隊不過三十人每隊相去一二里吹海螺爲號相聞即合救援亦有二三人一隊者舞刀橫行人望之股慄遠避延頸授首薄暮即返各獻其所刼財物毋敢匿夷酋較其多寡而嬴縮之每擄婦女夜必酒色酣睡刼掠將終縱之以焚煙焰燭天人方畏其酷烈而賊則抽去矣愚詒我民勿使邀擊自爲全脫專用此術

賊至民間遇酒饌先令我民嘗之然後飲食恐設毒也行衢陌間不入委巷恐設伏也又不敢沿城而行恐城上拋磚石也

其行必單列而長緩步而整故占數十里莫能近馳數十日不爲勞

布陣必四分五裂故能圍

對營必先遣一二人跳躍而蹲伏故能空竭吾之矢石火砲

衝陣必伺人先動動而後突入乘勝長驅戰

酣必四面伏起突遶陣後故令我軍驚潰
每用怪術若結羊驅婦之類當先以駭觀故
吾目眩而彼械乘慣舞刀上詐而下反掠故
難格
鈀鎗不露竿突忽而擲故不測
弓長矢巨近人則發之故射命中
歛跡者其進取也張揚者其逃遁也故常横
破舟以示遁而突出金山之圍造竹梯以示
攻而旋有勝山之去將野逸則逼城

欲陸走則取艀
或爲穽以詐坑
或結稻稈以絆奔
或種竹簽以刺逸
常以玉帛金銀婦女爲餌故能誘引吾軍之
進陷而樂罷吾軍之邀追
俘虜必開塘而結舌莫辨其非倭故歸路絶
恩施附巢之居民故虛實洞知
賞豐降擄之工匠故器械易具

細作用吾人故盤詰難
向導用吾人故進退熟
預籍富室姓名而次第取之故多獲
宿食必破壁而處乘高而瞭故襲取無機
間常一被重圍矣餌以僞鹹而逸之或披簑
頂笠沮溺於田畝或雲巾紵履蕩遊於都市
故使我軍士或愚而投賊或疑而殺良
江海之戰本非其所長亦能聯虛舟張弱篷
以空艘吾之先鋒捐婦女遺金帛以弭退吾

之後逐
凡舟之裙墻左右悉褁布帛被褥而濕之以
拒焚擊交閧鬪或附篷而飛越即雷震而風
靡矣
寇擄我民引路取水早暮出入按籍呼名每
處爲簿一扇登寫姓名分班點閘真倭甚少
不過數十人爲前鋒寇還島皆云做客回矣
凡被我兵擒殺者隱而不宣其隣不知猶然
稱賀

倭刀 刀有高下技有工拙倭之富者不惜重價而制之廣延高師而學之其貧者所操不過下等刀耳善運刀者在前衝鋒可畏頗有限也中國人不知望之輒震而避焉擒獲夷刀亦莫辨高下混給兵士故志之 大小長短不同立名亦異每人有一長刀謂之佩刀其刀上又插一小刀以便雜用又一刺刀長尺者謂之解手刀長尺餘者謂之急拔亦刺刀之類此三者乃隨身必用者也

其大而長柄者乃擺導所用可以殺人謂之先導其以皮條綴刀鞘佩之於肩或執之於手乃隨後所用謂之大制

又有小裁紙設機刀出長門號無常者最嘉

又有作贄禮賀禮不拘大小名雖爲刀其實無用

上等

上庫刀 山城國盛時盡取日本各島名匠封鎖庫中不限歲月竭其工巧謂之上庫刀其間號寧久者更嘉世代相傳以此爲上

次等

備前刀 以有血漕爲巧刀上或鑿龍或鑿劔或鑿八幡大菩薩春日大明神天照皇大神宮皆形著在外爲美觀者

如匠人製造之精不論刀大小必於柄上一面鐫名一面刻記字號以爲古今賢否之辨鎗劔亦然

卷之一終

日本考卷之二

總督京營戎政少保兼太子太保臨淮侯李言恭　考
協理京營戎政都察院右都御史兼兵部右侍郎郝杰　梓

沿革

天御中主都筑紫日向宮主邪魔維國尹都投馬種類百有餘國奄爲所屬號大倭王傳二十三世彥瀲尊第四子神武天皇自筑紫入都大和州疆原宮仍以倭爲號迄漢桓靈間歷年無主有一女子名卑彌呼者年長不嫁以妖惑衆共立爲王法甚嚴峻在位數年死宗男嗣國人不服更相誅殺復立卑彌呼宗女壹與國遂定時稱女王國逮唐咸亨初賀平高麗稍習夏音惡其名乃更號曰日本蓋取近日始升之義也秦遣方士徐福將童男女千人入海求仙不得懼誅止夷澶二州號秦王國屬倭國　中國總呼曰徐倭非日本正號其性多狙詐狼貪往往窺伺得間則肆爲寇掠故邊海復以倭寇目之

疆域

原闕

東南大海中依山島爲居西南皆距海東南隅隔以大山廣袤四面各數千里也東北山外歷毛人國至文身國約七千里南到侏儒國約四千里西循一支乍北望眈羅渡百濟到樂浪及帶方等郡約一萬二千里

畿州郡島

畿内所部山城大和河内和泉攝津五州共統五十三郡故曰五畿畿外所部東海道伊賀伊勢志摩尾張三河遠江駿河伊豆甲斐相摩武藏安房上總常陸十四州共統一百一十六郡

南海道伊紀炎路阿波讃耆伊豫土佐六州共統四十八郡西海道筑前筑後豐前豐後肥前肥後日向大隅薩摩九州共統九十三郡北陸道若佐越前加賀能登越中越後佐渡七州共統三十郡東山道近江美濃飛彈信濃上野下野陸奧出羽八州共統一百一十一郡山陽道攝摩美作備前備後備中安藝周防長門八州共統六十九郡山陰道冊渡丹後但馬因幡伯耆出雲石見隱岐九州共統五十二郡故曰七道共海曲之地又有三島伊伎島對馬島多藝島共統六郡

國王建都

山城州爲畿内重地本國惟此處山高地厚故爲首畿東有日野寺極高乃日所升之處昔云日出處天子是也西有高野山寺此二山如龍虎之狀拱鎮此畿又畿中有日春大寺樹有佛殿高二十丈内有鑄銅佛像一尊高一十六丈

國人以爲罕異值時節奔往玩之西海道乃浙海之埠由陸路至山地一千里緊行半月到緩行一月到外七道俱設大將軍七員襲分鎮守東海道鎮守衙門在伊勢州南海道鎮守衙門在阿波州西海道鎮守衙門在豐後州北陸道鎮守衙門在若佐州東山道鎮守衙門在陸奧州山陽道鎮守衙門在周防州山陰道鎮守衙門在出雲州七道皆週圍山城京畿在正中入京路程各道相倣南海北陸稍近但東海南海

西海俱係沿海地方其北陸東山山陽山陰俱係山島之地皆多竹木叢林士庶之家以捕獵截木鋸板為活其西海道地方山少止一養父山居海之中方圓二百餘里更多竹木叢林茶笋之物彼山亦有群官智守名曰地都凡各道犯該死罪而有矜疑者免死發彼官責每一名量給身銀五六兩本官收買入山截木獻板雖有渡海之舟無官憑照不敢私載倘有親人贖身則放無力贖身則老死于山無計可離也

屬國

拘那韓國方可五百里在新羅百濟東南渡一海約千餘里名曰對海國居絕島方可四百餘里山險多深林禽鹿千餘成群户無良田食海物自活乘船南北市糴又南渡一海約千餘里名曰瀚海國方可三百餘里多竹木叢林户三千餘差有良田食不給亦南北市糴又渡一海曰末盧國約千餘里户四千餘濱山海居草木茂盛行不見前人好食魚鰒水無淺深皆沉没取之東南陸行五百里曰尹都國户有千餘又東南百里曰奴國户二萬餘又東行百里曰不弥國户千有餘又南水行二十日曰投馬國户五萬餘又南水行十日陸行一月曰邪馬一國即邪摩維國大倭王所都自是而東而南曰斯馬國曰已百支國曰伊邪國曰郡支國曰弥奴國曰好古都國曰不呼國曰姐奴國曰對蘇國曰蘇奴國曰呼邑國曰華奴蘇奴國曰鬼國曰為吾國曰鬼奴國曰邪馬國曰躬臣國曰巴利

國曰支維國曰烏奴國曰竹斯國曰秦王國凡百有餘國小者百餘里大不過五百里皆為大倭王所屬其新羅百濟等國雖非所屬皆以倭為大國多珎物並仰之通使往來

山川

阿蘇山　其石無故火起接天俗以為異因行禱有如意寶珠大如雞卵其色青夜則有光

壽安鎮國山　永樂初國王受　冊封境土皆入職方　詔封此山　御製碑文勒石于其上

硫黄山　其下有泉如沸湯但久病癱瘓之人入此浴之其病即痊上出硫黄取之如土賣不過三分百觔

日光山　乃日所升之處其山草木四季皆紅色但日升之初山石有聲至暮或陰雨始靜乃日春京之東也其日春京原係春景有春日大明神鎮之至八番菩薩時請我國諸經八部建本能寺供誦始知以日為尊遂改日春京也

土產

金陸奥州出　銀出雲州出　琥珀　水晶五畿內出有青紅白三色　硫黄大隅州海外出　水銀丹波州出　銅南海道河波州山出　丹土丹後州山出　鐵薩摩州沿海黑沙煎出　白珠五島出　青玉阿蘇山出　冬青木山陽道出　杉木養父山出　多羅木養父山出　大牛各道出　驢馬俱山東道出　羊　雞　細絹薄緞可愛　花布薩摩州出　硯山陽長門州出　螺鈿秧子塢出　漆以漆制器甚工緻　扇　犀　象　五穀俱全冬夏生蓋氣溫土腴前木冬青色

國王世傳

國以王為姓一姓傳習歷世不易初主號天御中主次曰天材雲尊其後皆以尊為號次天八重雲尊為號二十二世彥瀲尊止改號神武天皇是後皆以天皇稱傳至開化天皇一十六世嗣絕傳立曾孫女國稱大柰良姬大神以次應神天皇是歲甲辰始于百濟得中國文字號八番菩薩次仁德天皇又傳至天國桃開廣庭天皇一十四世當此梁承聖元年始傳佛法於百濟次敏達天皇次用明天皇當此隋開皇中也

次崇峻天皇次推古天皇乃欽明天皇之女也次舒明天皇次皇極天皇次孝德天皇當此唐永徽四年也次天豐財望日足姬天皇又傳至文武天皇五世當此武后長安元年也次阿閉天皇次皈依天皇次聖武天皇當此唐開元四年也次孝明天皇乃聖武天皇之女次天炊天皇次高野姬天皇亦聖武天皇之女也次白孽天皇傳至仁和天皇十二世當此隆德中也次醍醐天皇次天慶天皇次封上天皇當此周廣

順年也次冷泉天皇守平天皇當此宋雍熙初也至今尚以天皇為號遠不記世遞來天文天皇乃當世也傳永禄天皇我國嘉靖庚申彼國號天正元年所屬户口五畿七道六十六州三島共統五百八十九郡三萬七百七十二鄉一十七萬餘户八百八萬三千三百有奇課丁

朝貢

自漢武帝滅朝鮮使驛始通于漢三十餘國至

光武中元二年使人自稱大夫奉貢朝賀賜以印綬安帝永初元年倭國王師升等獻生口百六十人願請見是後倭韓俱屬帶方郡也魏景初二年既平公孫氏倭女王遣大夫難升米等詣郡求請天子朝獻太守送詣都乃以金印紫綬封為親魏倭王難升米等並拜中郎校尉假銀印青綬勞賜優渥平始八年倭女王卑弥呼與狗奴國男王卑弥弓乎素不合遣使詣郡説相攻伐状遣塞晋椽史張政等齎詔告諭之卑

弥呼死宗女臺與嗣遣使送張政還因獻男女生口貢白珠異文雜錦晋武帝安帝文帝時俱遣使入貢至隋開皇二十年遣使詣闕求法華経大業三年遣朝貢使者曰聞海西菩薩天子重興佛法故遣朝拜兼沙門数十人来學佛法國書曰日出處天子致書日没處天子無恙云云帝覽不悦明年遣文林郎裴世清使倭國其王遣小德何大禮哥多毘從二百騎郊勞設儀仗鼓樂迎至彼都其王與世清來貢方物此

後遂絶至唐太宗貞觀五年遣使入朝帝矜其遠詔有司無拘歲貢遣新州刺史高仁表往諭與王爭禮不平詔不宣而返乂之更附新羅使者上書永徽四年其王孝德即位遣律師道照求佛法獻琥珀碼碯時新羅為高麗所暴高宗賜璽書令出兵援顯慶三年天豐財遣僧智通輩求大乘法相教越明年天智遣使者偕蝦蛦人朝咸亨元年持總遣使賀平高麗長安元年文武遣朝臣真人粟田貢方物求書籍武后宴

之麟德殿授司膳卿還之開元四年聖武復遣粟田朝臣請從諸儒授經詔四門助教趙玄默即鴻臚寺為師獻大幅巾為贄悉賞物貿書以歸其副朝臣仲滿慕華不肯去易姓名曰朝衡歷左補闕久乃還後建中元和光啟等年常貢不絕宋雍熙元年守平遣僧奝然與其徒五人獻銅器千餘事并日本職員年代紀一卷上召見存撫甚厚賜紫衣給鄭氏註孝經一卷記室參軍任希古撰越王孝經新義一卷印本大藏經一

部越明年附台州寧海縣商船歸後數年遣弟子奉表謝又別啟貢佛經并方物咸平五年建州海賈周世昌遭風飄至日本七年還與其國人滕木吉至上召見之以國詩獻其詞雕刻膚淺無取賜裝錢遣歸景德八年僧寂照等八人來朝詔號圓通大師賜紫方袍天聖四年明州言日本國太宰府遣人貢方物而不持本國表詔卻之是後不通朝貢南賈傳其貨物至中國熙寧五年僧誠尋至天台止國清寺願留州以

聞詔使赴闕獻銀香爐木槵子白琉璃等物神宗以其遠人而有戒心處之開寶寺併賜僧伴紫方袍元豐年明州又言得其國太宰府牒因使人孫忠等還遣僧仲囘貢色段二百疋水銀五千兩州以孫忠乃泛海商人且貢物與諸國異請自移牒報而荅其物直付仲囘東歸從之乾道五年附明州綱首貢方物淳熙三年其國人泛海遭風飄至明州無口食詔給之又有百人行乞于市至臨安詔守臣支給津遣明州養

贍俟有便船發回十年七十三人飄至秀州華亭紹熙元年飄至泰州詔見行貨物免抽買舟悉與給還仍給常平賑恤慶元六年至平江嘉定二年至定海詔並支給錢米養贍俟風便津發宋自中葉歷久無貢元世祖遣使招諭之不從乃命范文虎率兵十萬征之至五龍山暴風破舟敗績終元之世使竟不至逮

國朝洪武四年國王良懷遣僧祖　朝貢七年復來以無表文卻之其臣亦遣僧貢方物不恪

却其貢僧人發陜西四川各寺居住著為訓示
後絶不與通至三十五年復來　詔定貢期約
十年一貢
太宗嗣登大寳國王嗣立受　冊封自是或二
三年或五六年貢無定期皆詔至　京師燕賞
優渥稇載而歸是以其貢而來也于利不于義
往往各道爭先受遣之為幸正德四年南海道
刺史右京兆大夫細川高國強請勘合遣使宋
素卿貢正德六年西海道刺史左京兆大夫内

藝興強請勘合遣使省佐貢嘉靖二年各道爭
貢國王源義植嗣位幼冲勢不能制大内藝興
遣使宗設謙導西川高國遣使瑞佐宋素卿交
貢舩舶寧波港互相抵毀宗設謙導等特忿執
鋭讐殺宋素卿伴從追至紹興所過地方莫不
搔動十年復來貢二十二年西海道遣使長門
僧人福師駕舡三號來貢一號遭風壞于半途
二號救載壞舡人從返止一舟行沿松門衛送
至定海　詔令四十人　朝見燕賞如舊二十

七年復遣原使貢却之彼欲將貢物易貨載回
督海衙門不容吃歸由此禁絶海商以致海舩
閩閣商賈失務三十二年間因而起釁構黨犯
津作耗浙直大遭其殃　總制大司馬胡公命
謀士蔣洲陳可願詣國假　詔諭以言歸責于
王彼原不知所犯作耗者皆海内流商舡户之
類非真倭也三十六年遣使僧人清守清乘稱
貢因其所貢無恪又以先年將二僧留在四川
寺内從伴令歸自此每每拒絶不通

貢物

馬　盔　鎧　劍　鎗　腰刀　琥珀　硫黄
蘇木　牛皮　貼金扇　灑金廚子　灑金文
臺　描金粉匣　灑金手箱　塗金粧彩屛風
抹金提銅銚　灑金木銚角盥　水晶數珠

貢舩開泊

本國七道三道額定造舩　朝貢南海道應貢
土佐州造舩至秩子塢開洋山陽道應貢于周
防州造舩花旭塔開洋西海道應貢豐後州造

舩五島開洋但海外有秧子塢養乂山塢葉落埠三島乃海之咽喉琉球及南海道貢船必由此而分行南行係琉球西行至大唐惟西海道五島開洋此島又為秧子塢三島之總喉西行至中華北行至高麗由此島至中國普陀山隔海四千里如得東北順風五日五夜至普陀山如風靜寧息程途有限如值逆風卸却篷帆任其蕩行力不可挽倘不幸遭暴風壞之復回本國造舡再行如不壞船縱風不便不過半月有

餘已到中國來貢之舟每泊台州定海請驗勘合令其收拾兵器貯庫移至寧波佳賓堂給贍住候　朝命詔至留從伴一半守船一半入京朝見寧波市貨彼國缺者肯重價買之故此地若貢使至得其利　朝罷與各同返燕賞之物與守船者均之

君臣禮節

君臣上下之分大較倣中國但服用政令與中國殊王居室無城廓持兵守衛冠至隋時始製以錦綉為之而飾之以金玉以天為兄以日為弟自任以天子天明時聽政跏趺坐日出輒停朝會陳設儀仗音樂隨朝近侍文有三公皆世其子武有三公亦世襲也文三公各侯王政徹宣入琴棋詩賦以為消遣無議國政武三公各分提督在畿山海等項政務以下僚吏皆世其官銜分大德小德大仁小仁大義小義大禮小禮大智小智大信小信十二等官俱歸文武三公節制各分欵類督理政務王無內使太監止立

一后妃嬪不過三五多用女使生子亦呼太子長亦分居遇時節大設朝賀畿外所部者皆武臣也例定一年一進朝見并貢谷屬銀粮有王好遊獵者或三五年一次出畿遊玩所屬州郡設若王無出嗣遂立女為主次立女之世子即位雖至親宗族不敢僭其位矣

設官分職

在京文武品從以坐蓆分其大小如一品官之座設蓆九層二品八層每官下品減坐蓆一層

如九品雜職座止一層也在外七道額設七員大將軍各道分鎮所治之地豎以旗號上書大將軍三字彼音呼為耶革苔一道所屬州郡官一年一度至大將軍處總進錢粮大將軍三年一度入朝上貢錢粮若自己懶于遠涉倩子姪代朝王亦不較止要錢粮數足為悦州官銜曰掌州郡官銜曰地都亦有粮里地方總甲等項各道州郡即土官也皆世其子且如長子既襲居官不才僚友共叱去另舉次子或姪可堪出類

者代之止往大將軍處驗其誥命給牒賀管地方其首領頭目皆聽委役

染牙

其土官本身宗族子姪并首領頭目皆以銹鐵水浸烏棓子末悉染黑牙與民間人以黑白分其貴賤女子年及十五巳上不分良賤亦染黑牙始嫁

內俗

其土官之室名曰國袍栣粧面粉唇脂衣裙相似其髮披後抵背髮尾總束一髻皆搽油水以取光淨於宗派中或始婿之稱親選其美女千餘不令嫁贅留伴官妻民稱為太奶奶本官妻民止稱奶奶其衆女與其官室日則同食夜則分班陪寢凡出與衆女皆乘轎內用使女名曰妃子但民間之婦與夫反目婦告于官終身願投為侍妾者官遂容留冬夏給衣日給升米養之有至一二百者以為少亦置卯簿一扇聽憑伴侍太奶奶點分班次日侍茶飯夜赴伴宿內有

淫色之婦悉搆太奶奶或以詐病採親為由暮夜告假賣姦官雖嚴究難除內亂之私盖本國男少女多故籍此玷也淫汚之私不能悉記民間多有夫婦不睦女有嫁者令歸無可歸者各分其居與夫同起家事亦聽均分雖有子孫老而不睦者各從其姓不由阻也

徵粮

額無定數所治國地皆屬于官民力耕種秋收花利官一民二分之其國粮論其歲之凶豐每

畝凶歲納粮一升豐歲三升甚重不過三升以郡轉上於州以州轉上大将軍大将軍總上于王其民間居室基地總照田畝供官之粮又止國稅惟庵觀寺廟等基并園地等項官不分稅園不取稅任其自種自收也

法度

法所嚴者山海強刼等盜捕獲既到究其根贓如不直供令從卒執強弓以弦鋸頸或令犯者沸湯中取石或置蛇于甕中令犯者取之使其

怯惧招明贓証不時請命而戮之無牢獄鞭撲之刑凡輕罪所羈寺廟之中証明即釋竊盜計贓倍酬其物如家事不敷即沒其妻奴如不服輕則逐流外境重則照強盜行鬪毆殺人償命有等凶暴之徒既已殺人将刀橫剖其腹以免經官之涉雖官捕訪聞不究呪咀他人則彼人持刀立殺隣里証明不坐宄徒之罪姦情捉姦夫并妻殺死亦不坐罪或姦夫離其姦所法不容誅謀叛等項亦稱十惡其餘犯死者未獲到

官知風逃竄入寺官捕則罷擒之若遂削髮為僧則終身不究矣畏佛法以過國法是如此也其戶婚田土告官理正者飯正理詘者罰之不加杖責皆以罰物多寡為之勝負賭博獲其開塲之人斬首家私沒官對賭者斬右手不然重罰之僧道宿娼還俗或姦良家婦女獲之即戮

官出巡

凡官出巡地方大官以轎次官以馬再次下官步行俱選長大勇卒一員披髮手執偃月刀引

導途有下民見之則知迴避轎馬之前多令卒從擺列刀鎗棍杖亦有前呼後擁之勢官住不行衆卒皆蹲踞官行衆起官至所部州郡鄉村屬民皆蹲踞而迎設席請坐衆卒皆跪膝候官理政令或茶飯畢官起衆卒方起行但整點人馬等項俱以海螺吹聲為令無鼓進金退之則

風俗男子

男子斷髮魋頭黥面文身以左右大小為尊卑之列衣伊襦橫幅結束皆拖縫綴上古足多跣

首無冠中古及今皆設其履名曰法吉木那形如屣滌其上面繫其足寒置短襖皮襪名曰單皮一身以紙表成上平天下橫闊夾青紙一幅掩其穀道以布或紬縫成小袋囊其玉莖名曰法檀那和皮上穿其褌徹露夾紙但遇時節會親友赴宴穿方袖長大敞衣袖下以絲線為襦若官長腰用段絹四層縫連一帶闊四寸長丈餘拴之名曰和皮其首戴斜方段帽若黍角形名曰蒲西以線帶拴于地閣因無髮恐冠不正

耳庶人衣服同無絹腰用顏色線結成帶闊寸餘長丈二拴之亦曰和皮以便帶刀出入之故凡出倘遇親友生者于途則卸其履令從者執之跣足而過無從者則手攜履而行離其坐處始復穿履若生者見其來人遂起立則行入穿履搓掌而過是為恭敬也但至親友之家皆卸履于門外跣足而入也

婦人

女子富貴者披髮綰紒貧常以髮束髻以便工

用衸生以丹扮身象龍子以避水妖首不用金銀為飾耳無環梳粧面粉唇脂富貴以金銀造簪寶物挽髮名曰華眉素若貧者以銅錫骨用造簪其名同手間用戒指名曰衣皮揩泥衣如單被穿其中貫頭而着之段綃衣名曰骨聳地布曰吉而木那下身亦衣裙襦名曰加福尋常內不着裩凡出入庶人之婦無轎乘馬始穿其褌以備露形其足不裹任其生成亦無脚帶纏之鞋以皮染彩裁條結如涼鞋面底用皮包席

名曰恭蛾又曰十吉利其工亦能刺綉縫裁養蚕機織烹魚見賓客公姑伯叔親族皆合掌鞠躬為禮但婦取水以桶頂首而行所置桶底造頭頂之穴以其便也

婚姻

上古婚姻不取同姓男女兩家自相愛悅而為夫婦中古及今皆仗媒使以禮聘娉始為姻嫁東家有男西家有女年序相等先求媒使名曰乃隔達知至女家通說女家必先佯辭待男家

三猣怎方允遂辦茶食段疋餽送爲定婷親曰依何外世貧者布疋無猪羊財物之物俟嫁娶之時男家選吉日托媒先報女家至期女家拉壻過門男家帶令工從賫帶果品酒食至女家俱酒食畢或布巾之類先犒賞男家從者待吉時至遣壻與女仝行官家以轎富家以馬貧家令從者背負之女家亦令多從賫送酒果之類到男家女下轎馬必先跨火然後與公姑相見初無拜跪之禮上合掌鞠躬今亦知拜俯之儀禮畢通宵筵

席女家從者男家亦以犒賞之即各散訖男家不費財禮止用酒物段疋女家不設粧奩止有童僕從嫁娶曰搖容木草兮嫁曰木哥獨里

便宜婚姻

假如東家有義男西家有義女兩便婚姻在朝男待男之家主女待女之家主至暮男女同宿不索財禮若孕生男聽分與男家主議給乳銀一兩若生女聽分與女家主母隨父姓女隨母姓以取兩家之便宜也

生育

生育諒其孕婦産月臨日預選吉日擇其方向於天井或後院僻静處所結盖一小舍名曰生衙令孕婦居于舍内候産既生之後水火飲食之類皆禁于夫兩不相通忌戒月逾方同寢食若生男女之初必容請一友認爲義父如不從強求之子之親父執一簸籃送弓一張箭二矢請義父將籃射三回却將弓箭簸籃遮鎮子臥之處以壓其邪三朝名曰容革那以外用艾丸

如米大于所生之孩兒頂中灸三焦以保一生無恙備酒品款待義父及鄰族親識七日名曰南革那以外分與子沐浴設酒人宴亦如之月半名曰壽吾儀之以外與子沐浴請人滿月名曰三壽儀之以外剃其胎髮令子母浄浴同夫寢食始週無其誠禮待子年支十五巳上親父厚備禮物或至一二百金送子歸于義父之家叩其義父斷髮魁頭彼之義父量其原送財物外加一倍并子送歸親父由此兩爲至愛休戚

相關者生女其義父椂髮禮亦如之

喪事

其喪舉家悲泣不飲酒食肉以白布置衣褁頭不拘富貧俱置龕子令亡人合掌坐于龕內外縫以紙糊之上書大乘妙法蓮花經七字遍龕封貼却將白布盤繞于龕上用絹段爲彩親友聞喪詣龕而吊次選日殯出預于坟所編一竹城外以白布絹段帳結于城分其東西南北四門倩八人頭盔衣甲手執鎗刀扮爲門神分守

四門俟其殯出用扛擡龕皆用白布褁扛使孝子親擡如止生一子女壻外甥代之至親皆扶殯而行殯前排紙旛二三十竿旛上書其大乘妙法蓮華經七字外設香亭一座名曰設孤臺令一人在前撒銅錢而行名曰買路錢撒地之錢任其貧乞者拾之富貴之家令一義男爲從殯將亡人平昔所好而食之類置一圓食籮令從塟者頂首而行殯至坟所按吉方擇門而退擡繞三回正中安下俟親友送殯者至喪家預

買草履千餘雙待親友至坟所請卸自履皆穿喪家草履入竹城詣龕合掌鞠躬衆謁畢客出仍穿自履喪家草履復卸原所親友事畢請僧唱經俱以禮物酬謝訖再有乞丐至厚薄賞之俱完次將竹城週圍架起乾柴門神孝子各執長竿以火焚之柴盡覆添白衣草履之物盡毀于內務燒三日三夜以爲至孝另將灰骨和泥送在寺中按于神腹前從塟者令入寺內燒香奉佛求不令歸貧者無力可焚亦于竹城內埋

之畢挈家人水藻滌以祓不祥色衣而歸以取吉利

祭祀

新正先祭香火次祭門神井灶三月三日九月九日名曰設孤之節各至坟所祭祀皆以牲醴果品菜盛無紙錢銀錠之類祭畢所供之物盡撒于野而不持歸亦不就食或給乞丐如不遇乞者任其烏食鴉飡如人亡之後亦按逢七次祭祀主期死期祭亦如之家庭祭物請隣族分

食之為敬其孝也

貿易

買賣亦用銀金銅錢交易憑経紀名曰乃隅依
理今用之銅錢乃鑄天順永樂洪武三様每銀
一两換錢三百三十三文為則零用以三文抵
白銀一分總錢一千称為一貫值銀三两由琉
球高麗以得中國之錢為樣本國照樣鑄之日
用柴米油塩菜蔬等物皆肩于市貨之各色貨
物除鋪店不移者其各處地方皆有集市倒定

日期大小貿易皆運至集交易等子天平與中
國相同所用白銀餅如鞋底無元寶錁錠亦有
假銀外用銀皮包打停當若不剖辯儼如白銀
今之商賈知有偽銀皆鏨開以火燒辯每米一
石常價一两以一石較之中國之斛約有三石
絹段有花素之分每素絹值銀二两花絹值三
四两如大紅絹段值銀七八两布有冬夏其價
不等多不過七八錢段絹布疋總不滿三丈每
絲一斤值銀二两五錢其餘貨物皆依時價無

定額矣

時令

新正名曰少完之以正字呼為少音完之即月
也敬天地祀鬼神以松栢插門乃取長青之好
朔日賀歲從尊至卑禮節如口云紅面的例乃
陽光普照之言千首萬世乃千春萬歲華蓋華
蓋長比少年乃通國俗語也正月十一日聚少
壯之人射戲飲酒名曰三盖木禮元宵名曰默
之壽五例不與燈但街道鄉村兒童年及十五

十八九歲巳上者各取柳枝去皮雕成木刀以
皮復外纏于刀上用火燒黑去皮以分黑白之
花名曰荷花蘭密再取刹棘之條插供香火神
前次集各童手執木刀隊鬧于途凡有婚久無
子之婦将木刀遍身打之口念荷花蘭密必使
是婦當年有孕生男每驗襲為常例若人之婦
喜悅如聞其聲讓侍立于門衆童則善舞之若
避之不欲率衆擊門而入覔婦挨擠亂打縱致
傷命亦不厲法三月三九月九名曰設孫節婦

端午名曰少蒲亦有菖叉雄酒之設七月半中元令節大家小戶皆與天燈用高竿以繩拽上名曰拖録六月廿九日名曰為義壽各集人衆掉其小舟彩旗鼓樂至海迎潮競其先後以分勝負取其吉利冬至敬祀如年除夜守歲物物皆新置泥盞碟器盛祀神之物迎春亦同但無春牛芒神之像

待賓飲饌

親友至訪侍立門外呼云木那庅乃人在否之

言内云獨里乃云是誰之荅各通姓主出迎卸履于門外携手同入搓掌鞠躬畢席地而坐主人令從以槖盤貯米上用香橙為心週圍以果列于米上奉上客止取米數粒食之然後奉茶無料餌之物倘遇新歲客至坐地大家小戶俱置千歲瓶富貴者金銀造之貧者瓦瓶用金箔貼之用瓶貯冷酒令一人執盞從尊至卑各先飲五盃然後另設酒餚通國無桌邇今置小桌止供讀書寫字雖官長設席止多用槖盤盛饌

每客之前一盤加餚再另加盤所用器物或木或磁筋用栢木或梧桐木置之敬客采一樹葉以挿其筋食罷一飡筋遂投之餙饌以鹿脯魚物為常品海味甚多不食雞謂雞乃德信之禽無牛脯以為牛代力之牲不忍食粉麵之物與中國大略相同米飯用大木碗尖盛侯食將平又添其尖務以尖滿為敬飲酒中間亦好歌唱猜枚行令渺似中國之風官長設宴將殘必令女使執盞奉酒始為至敬也

出海通番

常有唐人用幾千金令精巧木匠造至大之舩公名曰舩主但各國客商下海通番有本銀一萬先償舟價二千本國州郡官先索商稅止知稅銀而不稅貨且如商賈挈本下國往西番大唐等處買賣約日登舟報官差卒捕至舟逐一搜過允得商人本銀一萬額定稅銀一千方容出海若買貨回任憑貿易毫忽無侵海内行舟患防划舡結黨搶奪一大舩出海必帶勇從百餘

多備器械方行划船訪有出海商舟糾集野棍百餘共棹划船数十圍住大船各逞強横捨死抵敵如大船勝小船各竄方免其掠若划船勝必遭其擄大船雖勝划舡必不空散追至大舡之前齊齊擺列稱為護送下情求賞必須厚薺撈之始止其擾如不然纏無休息往返難免其患划船既得其利各從野散雖官兵嚴捕勢難禁矣故下海之舟俱各預防

商船所聚

國有三津皆通海之江集聚商船貨物西海道有坊津地方有江通海薩摩州所屬花旭塔津有江通海筑前州所屬東道有洞津本國鄉音曰阿乃次以津呼次是也有江通海係伊勢州所屬三津乃人煙輳集之地皆集各處通番商貨我國海商聚住花旭塔津者多此地有松林方長十里即我國百里之狀名曰十里松土名法哥煞機乃廂先是也有一街名大唐街而有唐人留戀於彼生男育女者有之昔雖唐人今為倭也三津惟坊津為總路客船往返必由此地而過花旭塔津為中津地方廣濶人烟湊集商賈等項無物不備洞津為末津地方又遠與山城京都相近貨物或備或缺不一

居室

房屋低小窄有樓閣門臺覆不用瓦俱以板盖上加油灰抿抹則無滲漏年久板朽再倍其板以板壓板以屋板盖高疊者則為故舊之家粧修墻壁皆用木板為心外以泥灰粉之貧者以草結苫為壁男女皆異室亦分中堂客座卧房

廚房官宅門壁相類但地以白沙鋪之乃為潔麗雖皇宮殿室上不盖瓦下不砌磚盖本國泥土不膠是以無磚瓦匠之故也

公文

文移俱寫本國鄉音草書多真字少近来亦用硃筆批判不用印信止以花押為記照驗封固緩則着鋪遞送速則以州遞州以郡遞郡在途亦有夫馬應付之類文書曰饒鋪遞曰對鋪不

計程遠近但遇鄉村人煙多處即設舖舍傳遞公文值舖之役皆于戶口內取用舖兵名曰飛駕古

三教

上古絕無文字惟刻木結繩以為憑劄自魏隋時五經佛法得自中國酷信佛經今雖略知文賦尚無學校開科之設冨貴之家送子讀書名曰揺目啓蒙所讀者名曰以路法共四十八音以學寫字名曰華古亦寫以路法四十八字有

日本風土記　卷之二　卅二

清濁之分可以通用一應字體皆以草書為熟呼音與中國大異民間子弟識中國真字者甚鮮惟釋教得中國經文傳始通真字但　朝貢必于寺中選僧人封賞名號領表来　朝是以此教愈通中華事體唱經禮佛音樂之類皆倣倣中國規模彼國官家子孫皆肯捨送出家披剃不給牒和尚名曰袍道士雖有道士不識經文止曉拈香請神祭祀彼國從道者鮮矣道士名曰法戶里三教以釋為尊設有犯該刑罪綁

而欲殺者得僧至以袍袖阻之則免戮矣

九流

朝有陰陽生名曰挨里由吉朝用占卜士名曰挨里木師風水士名曰三和吉有良醫亦知疹脉採病下藥名曰骨衆里治人病愈量其貧富厚薄酬之但本國藥餌雖全常服不効無甘草每遣　朝貢使務得　大明藥餌牛黃射香以為至寶若甘草百斤值價三百金本國醫人得有中國藥料為上等良醫名曰醫熟無欽天監

日本考　卷之二　卅三

造曆日係陰陽挨里由吉春夏秋冬四季十二月建六十甲子歲月相同月大月小間有差訛是以太隅并前後豊州薩摩州與琉球運界每年得　大明曆日擇吉凶用事歲漸通行迩来大小月分可得正矣曆日名曰果揺寄命士名曰法蓋手有生家出帖者有等手執筭盤帶從者偕行口呼胡来也筭後從則云釋伽厚部士乃誇十分高妙之言人知諸人推筭亦依年月日時以斷吉凶師巫之術甚少戲耍之法頗多

非正務故不考錄

百工器械

木石銅銀錫鐵綿花織染油漆描金車旋泥水裁縫裱褙等匠俱有止缺瓦匠房屋頂不蓋瓦地不砌磚因無匠也雖有窑匠止造缸罈缽甕等器鉄匠能制利刃非獨取鋼為利生鐵久鑄久煉成而復毀毀而復成朝專煉煅暮入濕泥如此一百二十日之工成其刀可以吹毛削鐵也上古倭刀以年久者為貴近來新鑄之刀盡

為利矣今之利刀以柄鑿名不記名者則尋常之器耳鳥銃原出西番波羅多伽兒國佛来釋古者傳于豐州鐵匠近来本州鐵匠造鳥銃一門價值二十餘兩用之奇中為上其別州雖造無此所制之妙其價所值不多火藥亦得真傳用梧桐燒炭為領次取焰硝滚水煮過三次碾黄擇其明净者和匀每銃用藥二錢多弾遠中四季各有加減之方一銃總按三弾横直分發皆火藥之秘法也皮匠以皮造甲專以鹿皮染彩裁做短襖皮襪甚為精緻上等者價值七八錢中等四五錢下等三錢官民總穿無禁描金匠最能巧置器皿是以具為貢物其別工匠與中國庶幾也

娼優隷卒

畿内娼家集居一街站門接客内有嫖客簾外卸履倘子弟至見其有履則知内有孤老遂止入也畿外地方無官娼皆係宦富之家使女日侍家主夜出賣淫不覓厚利止充衣粉之資如

投得一遠客則終夜不易客去始方別投娼婦名曰倭家例忘八名曰低使優畿外俱有登場扮唱戲文子弟故事亦有張良韓信諸家之套曲詞説白皆係本國鄉音唱曰嘔打扮戲曰奴隷於民間十家牌内抽一壯丁跟官聽役倘選無伶俐可役者十家共顧一人代之亦有積年久占之徒隷曰州健卒于軍中選擇勇丁常川食粮跟用防禦操演亦有起止暇日入山打圍故多鹿麂之鋪人家以為常品軍卒曰和多目首

日本考卷之三

總督京營戎政少保兼太子太保臨淮侯李言恭
協理京營戎政都察院右都御史兼兵部右侍郎郝杰 考梓

字書

本國自古及今尚無學校雖有字書全無真正字體而官民子弟幼學皆從師於釋教雖釋教頗通　中國真字但本國慣以習草爲常以真正字書視非切要故不習耳且通國公文私劄絶無真字悉用草書童蒙初學止四十八字名曰以路法以四十八字分別清濁之音一應諸書文俗之言悉皆通用本國之人間有精熟四十八字能變通字體者即爲飽學也及考諸書草草之中間有一二字様與　中國相似本國文意頗同而呼音又異今將啓蒙四十八字音註明確集成草字子後另將我書四十八篇另分呼音讀法釋音切意妥貼辯證别分一卷以便彼我國人之易譯也

以路法四十八字様音註 清濁變用

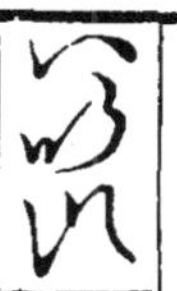
音以亏一伊異通用

路魯六盧跎羅落通用

音法白拔敗排拜通用

音尓尼義宜你通用

音浮復福伏泊通用

音血穴別邉遍便通用

音多隨陀獨禿篤通用

音地七之吃即席通用

音里利立烈劒通用

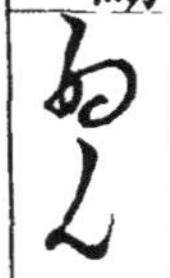
奴怒度穤捺户通用

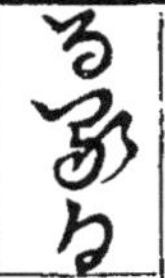
音而二

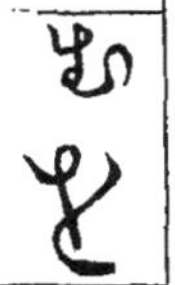
音和賀紅渾倭呵通用

音外活話黄華坃通用

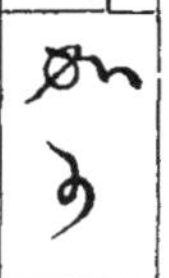
音華客角楷開俺各隅通用

音搖要耀玉欲通用

音打他大坦達荅帶通用

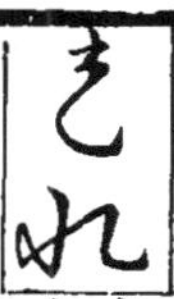
音利里礼力立連列通用

音盰迷宿促挫佐坐足通用

音子紫此玆亂辭慈通用

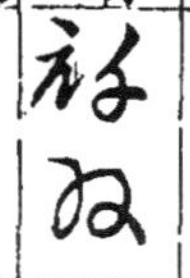
音捏業逆年儼通用

音乃柰拏鬧通用

音郎頼懶樂爛落老通用

- む　音木莫目摩磨母通用
- ゐ　音意衣以矣義通用
- わ　音和或訛我我
- や　音養恙羊耶也美業通用
- け以　音計傑絜吉結及刧通用
- こ　音過哥可蛾谷果通用
- て　音天鉄叠敵迭佚牌通用
- さ　音索作昨殺者酌通用
- ゆ　音由有友憂油又通用
- み　音覔密鼻滅通用
- ゑ　音葉聳遠頑園源通用
- ひ　音虚許爬被彼比
- せ　音設丸舍手赦石折浙
- せう　音交朝招喬焦消小肖
- う　音户胡烏姑鼓五通用
- の乃　音那平聲奶乃
- く　音過忽骨或古通用
- ま　音埋蠻謾瞞馬麻通用
- ふ　音復匆福否卜北通用
- え江　音夜月越日元出通用
- お　音挨阿哀呆安寒俺汗通用
- き　音氣絜吉乞翕結通用
- め　音眉迷妹滅密免眠西通用
- し　音失識十式西姐試詩施通用
- も　音水貌夘末日通用
- す　音事四思系次寺辭自通用

岩衣山帶

果結衣木氣打而以外和
こけ衣きたるいはほ
外索木華頼天氣奴氣奴
はさもなくてきぬきぬ
山尼和皮和事而客乃
山にをひをするかな

呼音　衣過路木山陽脉

讀法　果結過路木氣打路依外和索木華頼鉄氣奴氣奴陽脉尼和皮和所而華乃

釋音　果結（苔）塵蔽衣（正音）氣打路穿依外和（岩）外（助語）索木華頼沒頭領氣奴氣奴（霧罩）山（正音）尼（助語）和皮（帶）和所而革（無腰）

切意　苔蔽岩穿衣沒領
霧横山繫帶無腰

松風攪睡

搖木思客樂和慕打里刼

[illegible]

里我心松拂古風尼

[illegible]我心松[illegible]風に

和跎路革索連天

[illegible]

呼音　我黃俺心箇路松埋上風革熱

讀法　搖木思客樂和慕亐打里刼里黃俺箇、路埋上拂古革熱尒和跎路革字連天

釋音　搖木思客樂夜坐困睡和慕亐思念打里刼里不快活我心正音拂古吹風正音尒助語和跎路睡革索連天驚醒

切意　夜坐倦猛思念我心不快活睡倒時風吹松動驚醒難安

秋田曉露

秋耶田那革里復那一和

秋の田のかりほのいほ

那多麻和阿賴容我夜

のとまをあらみ我衣

鉄尼露尼奴里漬、

てはつゆにぬれつゝ

呼音　秋阿氣田塔我黃俺花過木路露紫油

讀法　阿氣那塔那革里復那一屋那禿麻和阿賴迷黃俺過路木鉄尼紫油尼奴里漬、

釋音　秋田正音那助語革里復那收稻一屋那舍禿麻和蓋舍薦阿賴迷稀漏我衣正音鉄手袖露奴里漬、

切意　秋田收稻　結舍看守　蓋薦稀疎　我衣濕透

鹿悲紅葉

遠　山　尼　木　寄　之　勿　寄　外　計

[illegible]

乃　姑　失華那　那　可　葉　吉　古　時

[illegible]

活　秋　所　華　乃　失　氣

[illegible]

呼音　遠多委山陽脉秋阿氣時禿計

讀法　多委陽脉尼木寄之勿寄外計乃姑失華那可葉吉古禿計活阿氣所華乃失氣

釋音　遠山正音尼助語木寄之紅葉勿寄蹦外計悲乃姑鳴失華那鹿可葉聲吉古聽時正音活助語秋正音所助語華乃失氣苦叫

切意　遠山紅葉落　鹿蹭自悲鳴
時值秋殘後　聲叫苦难聽

冬花春發

何　外　士　尼　索　古　那　箇那花

[illegible]

冬　過　木　里　一埋　和　春　遍　多

[illegible]

索　古　耶　箇那花

[illegible]

呼音　何南尼那花法乃冬伏田春發而

讀法　南尼耶士尼索古耶箇那法乃伏由過木里一埋和發而遍多索古耶箇那法乃

釋音　何正音外士尼園索古耶開箇那這箇花冬正音過木里藏一埋和遇春正音遍多索古耶俱開箇那這枝花正音

切意　何園開這花　冬到已藏華
遇春開遍苑　原是這枝花

年内立春

年那内尼春外氣尼結

[illegible]

里一獨世和所箇夏也以外奴

[illegible]

今年多也以外奴

[illegible]

日本風土記　卷之三　九

呼音　年獨世内屋之春發而一血多今箇

讀法　獨世那屋之尼發而外氣尼結里許多獨世箇所多也以外奴箇獨世也多以外奴

釋音　年内正音那尼助語春正音外助語氣尼結里立了一正音獨世年和箕箇所多也舊年以外奴節令今年正音以外奴節令

切意　年内立春　已一年別　箕舊年節　當今年節

新歳舉筆

阿賴玉那尒那發十容那

[illegible]

筆立尼萬那大盖賴和

[illegible]

革氣搖四而世

[illegible]

日本考　卷之三　十

呼音　玉地賣年獨世筆粉地立達子萬搖六事

讀法　阿賴他賣那獨世那發十容奴粉地達鉄尼搖六事那大盖賴和革紀搖四而客乃

釋音　阿賴簇上玉正音尼助語大盖賴賞萬正音那助語年正音發十容奴快上筆立正音革紀寫来搖四而客乃百事大吉那助語

切意　簇簇玉年　快快立筆　萬賞寫来　百事大吉

春雲引志

春那夜那紫氣傑那哥

[illegible]

馬搖我想外雲以尼客寄

[illegible]

奴禿計那埋木寄奴

[illegible]

呼音　春發而夜搖我黃俺馬哥賣想可意雲枯木

讀法　發而那搖紫氣傑那哥賣搖黃俺可意外枯木以尼寄奴禿計那埋木寄奴

釋音　春夜正音那助語紫氣傑那自樣馬正音搖騎我想正音雲正音寄奴上見禿計時那助語埋木寄奴不見以尼變化

切意　春夜月樣馬　我想騎上雲　此時不相見　變化自飛騰

難中春怨

月耶阿賴奴春耶木華失

[illegible]

那發而乃賴奴我身許多

[illegible]

子外木多那身尼失天

[illegible]

呼音　月紫氣春發而我黃俺身寄

讀法　紫氣耶阿賴奴發而耶木華失那發而乃賴奴黃俺寄許多子外木多那寄尼失天

釋音　月正音耶助語阿賴奴不是春正音耶助語木華失音故那助語發而春乃賴奴非許多子一我身正音木多那舊時寄尼失天不比

切意　月非昔月春非昔春我身不比故舊故舊不是我身

春風過嶺

阿索容多里山外發而潔氣

霞容而嶺木失子華尼

外打而春風

呼音　山陽脉霞華索容嶺容巖春發而風華熱

讀法　阿索容多里陽脉外發而潔氣華素容容乃

容巖木失子華尼外打而發而華熱

釋音　阿索侵晨容多里頂山正音外助語發而春

潔氣單霞正音容乃助語嶺正音失子華尼

謾ㄟ外打而過去春風正音

切意　侵晨山頂　春霞罩籠

嶺頭過去　謾謾春風

憶摘櫻梴

山大革容枯木以尼容由而

櫻花心那由氣天和賴奴

虛木乃失

呼音　山陽脉雲枯木櫻索古柇賴花法乃心箇箇路

讀法　陽脉大革容枯木以尼容由而索古賴法乃

箇箇路由氣天和賴奴虛木乃天

釋音　山正音大革容高雲正音以尼遮容由而瞅見

心正音櫻花正音由氣天手欲去採和賴奴

摘又虛木乃失日西

切意　高山雲影罩　渺見櫻梴花

心欲伸手摘　紅日又西斜

摘花遇雨

櫻華里挨迷外勿里氣奴

桜がりあめはふりきぬ

和乃失古活奴而禿木

おなしくはぬるとも

花那華計尒羊多賴奴

花のかけにやとらん

日本考　卷之三　十五

呼音　櫻索古賴花法乃

讀法　索古賴華里挨迷外勿里氣奴和賴失古活
奴而禿木法乃那華尒羊多賴奴

釋音　櫻正音　華里音折　挨迷雨　外助語　勿里氣奴
驟暴　和乃失古活尽濕會　奴而禿木淋漓　花
正音　華計躲　尒助語　羊多賴奴睡不得

切意　摘櫻逢暴雨　衣衫左右濕
花下堪遮躲　淋漓睡不得

樵子偷桃

窖之那骨那識那勿那

みちのへのしのふの

櫻和里所葉天呑景其外

桜おりそへてなけきうへ

和日氣春那山人

おひきまの山人

日本考　卷之三　十六

呼音　櫻索古賴春發而　山陽脉人許多

讀法　窖之那骨那識而勿那索古賴和里所鉄葉
呑景其外和日氣發而那陽脉許多

釋音　窖之那路　骨那傍　識而勿那看見　和里採折
所葉鉄再折　和氣目重　呑景其柴　櫻正音　春
山人正音

切意　負薪春樵　路傍偶見櫻禿
摘了又摘　担重難挑

春野採花

君 華吞寗 春 那野 尼出

君かため春の野に出

花 和多乃 我 衣鉄 白 雨

花をつむ我衣ては雨

尼 奴里 子 子

にぬれつゝ

呼音　君吉寗春發而野那尼花法出一迭我黄俺

衣過路木雨扶迷

讀法　吉寗華吞寗發而那那尼一迭法乃和多而

黄俺遇路木鉄外扶迷尼奴里子子

釋音　君正音華吞寗鳴春正音那助語野正音花

出正音和多而採折我衣正音雨正音鉄外手袖奴里子ミ濕透

切意　春野為君出　綰把花枝折

採花遇春雨　我手衣袖濕

雲迷夏月

夏 那夜 尼 月 尼 枯木外

夏のよに月にくもかくれ

白乃計連木 阿 外叠木蛇而

はやしもあけてもまる

外 法子華耶寗華乃

わはしかやまのわ

呼音　夏乃子夜揺月紫氣

讀法　乃子揺那紫氣尼枯木里白乃計里木阿外

叠木蛇而法子華耶寗華乃

釋音　夏夜月正音那尼助語枯木里白雲遮乃計

里木明不明阿外叠不相會木蛇而回去法

子華二十耶寗華乃夕黄昏通用

切意　夏夜雲遮月　要明不得明

回去不相見　二十晚黄昏

松影阜山

夏夕尼容　里　白箇所阿礼

[illegible]

住吉那松　那木華葉那阿外

[illegible]

池塢陽脉

[illegible]

呼音　夏乃子夕骨里住四容吉揺失塢淫脉

讀法　乃子骨里尼容里白箇所阿礼四容揺夫那

埋子那木華葉那阿外池失脉陽脉

釋音　夏夕正音尼助語容里白見箇所這阿礼有

住吉松正音木華葉對過阿外池河州波塢正音陽

脉山

切意　夏夕住吉松有影見射對過河波州山塢

住吉松有松影射過河波州也

指月候人

夏出天二十三夜　那月

[illegible]

埋子多人　尼　外由户候

[illegible]

君　和　箇所埋子

[illegible]

呼音　夏乃子出送二十三正音夜揺月紫人許多君吉容

讀法　乃子一送天二十三揺那紫氣埋子多許多

尼外由乎鉄吉容和箇所埋子

釋音　夏出天二十三夜正音那助語月正音埋子多

等候人正音尼外助語由乎鉄假託君正音

和助語箇所埋子這里等候

切意　夏天二十三夜等候君人前假説這里候月

出

字語顛倒意只在此

雲山苔石

石以打以外果結勿華户

[illegible]

失鉄以外和那華打尼華華而

[illegible]

白雲　乃和皮尼尓鉄山那華失和埋古

[illegible]

呼音　白法古雲渾乃山陽脉

讀法　石以打以外果結勿高户失鉄依外和那各打尼華匕而法古渾乃和皮尼鉄陽脉那華失和埋古

釋音　石以打以外岩大果結勿高户失鉄苔塵深砌依外和那岩頭各打尼有華華而如似白雲正音和皮帶尼鉄腰山正音那助語華失和埋古横遮

切意　白雲横罩山腰如繫帶繚苔深結岩頭似着衣

皓月逢雲

十五夜那月木今夕

[illegible]

那乃隔所賴尼雲和白客

[illegible]

設奴月那華傑華而

[illegible]

呼音　十五壽我夜揺月紫雲枯木今箇夕揺以

讀法　壽我夜那紫氣木箇揺以那乃隔所賴尼枯木和白客設奴紫氣那華傑華而

釋音　十五夜正音那助語月正音和白遮客設奴不見今夕正音乃隔中所賴天尼助語雲正音月紫氣月正音皆不同助語也那華傑華而影

切意　十五夜月正中天

今夕雲影人不見

月下鴈歸

鴈　華葉而　月　那　村　雨　發　而

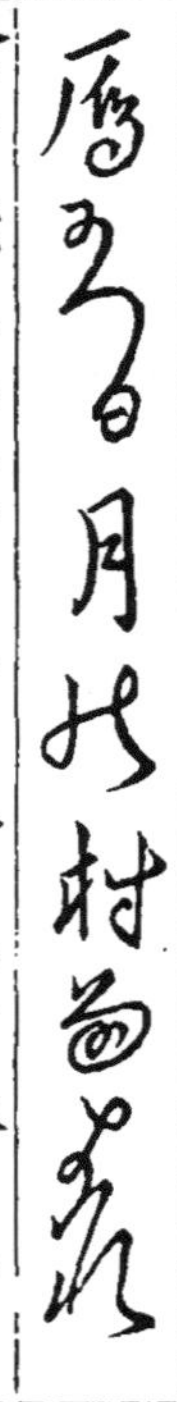

發里　鉄　熏　華　里　木　索　所　乃

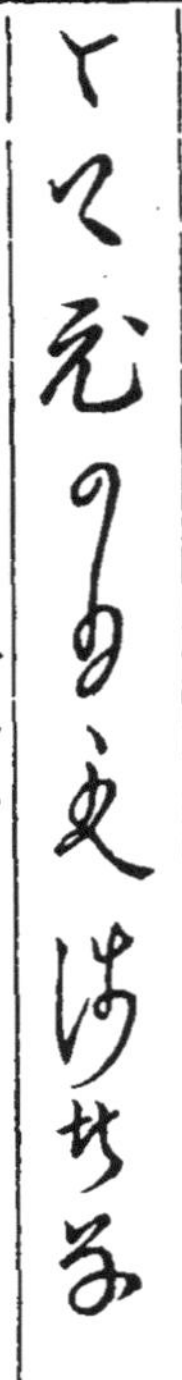

夕　骨　里　那　所　賴

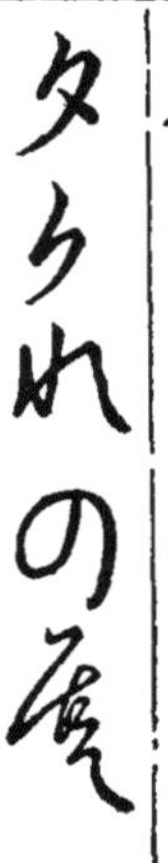

呼音　鴈客里　月紫氣　村木賴　雨挨迷　夕由

讀法　客里華葉而紫氣那木賴挨迷發里發里鉄
熏華里木索所賴由骨里那所賴

釋音　鴈正音　華葉回　而助語　月正音　村雨正音　發
里發里兎〻　鉄助語　熏華里木悶電　索所乃
晴明　夕正音　骨里黑　那助語　所賴天

切意　黃昏天黑村雨過　月電交明獨鴈回
夕卽黃昏也

玉霜問婦

氣　索　多　那　那　玉　華　濕木華多

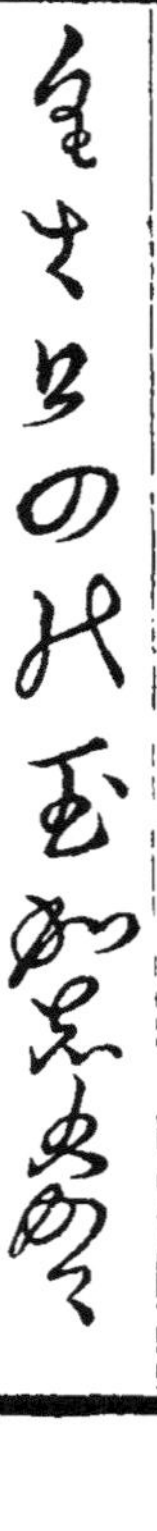

多　外　礼　濕　木　送　賴　里　草

那　南　明　大　乃里結里

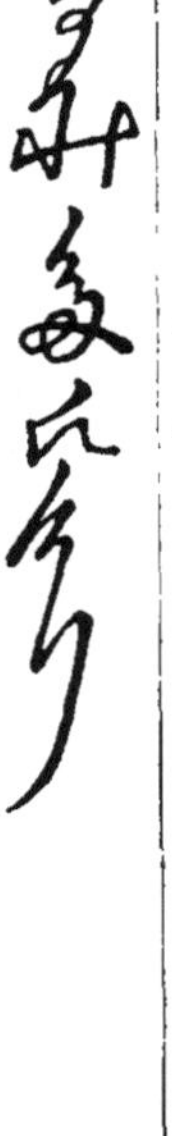

呼音　玉他賣　送和古　草骨篩

讀法　氣索多那〻他賣華濕木華多多外里濕木
和古賴里骨篩南明大乃里結里

釋音　氣索侵晨　多那那丈夫　玉正音　濕木霜　華多
是否　多外里阿　濕木霜　草正音　那助語　送正音
南明大淚　乃里結里霜　乇地

切意　侵晨夫執玉霜問婦不答悽惶送歸淚下草
乇地結成霜

世笑梅歎

世中尼阿多乃氣物外梅

[illegible]

那花雪月索葉天濕木

[illegible]

尼捏賴而而

[illegible]

呼音　世搖那中乃隔物木那梅烏客花法乃雪攸計月紫氣

讀法　搖那乃隔尒多乃氣木那外烏客那法乃攸計紫氣索葉天濕木尼捏賴而而

釋音　世中正音尒助語阿多乃氣歎物正音外助語梅花雪月正音索葉天開濕木霜捏賴而而靡打

切意　世中歎物　惟是梅花　雪月偏開　又遭霜打

倩人摘梅

君乃賴鉄打里尒華客

[illegible]

設奴梅花以路和木華和

[illegible]

木識而人所失而

[illegible]

呼音　君吉客梅烏客花法乃人許多

讀法　吉客乃賴鉄打里尒華客設奴烏客那法乃以路和木華和木識而許多所失而

釋音　君正音乃賴鉄手打里尒華誰人客設奴看見梅花正音那助語以路和木香氣華和木顏色識而知音人正音所失而攀摘

切意　梅花顏色誰人見香氣引君至此看知音者舉手攀

日月同天

月木日木所乃打那天木

[illegible]

乃子華失也我和慕人那

[illegible]

阿而多思葉白

[illegible]

呼音　月紫氣日和虛天所賴我黃俺人許多思和慕

讀法　紫氣木虛木所乃打那所賴木乃子華失耶黃俺和慕許多那何而多和慕葉白

釋音　月日正音木助語所乃打那他那里天正音木助語乃子華失也想我正音和慕思人正音那助語阿而多有思正音葉白回我

切意　日月同天想他那里我思念人有人思我其意清切

蜒蚰避牛

牛那子尼勿埋而乃尼外

[illegible]

那華合子骨里子那阿而

[illegible]

多鉄身和白打那容所

[illegible]

呼音　牛故失子箇身容

讀法　胡失那箇尼勿埋而乃尼那那華荅子骨里子那阿而多鉄木容和白打那容所

釋音　牛正音子正音那尼助語勿埋而乃蹈尼外那天井華荅子骨里滯截毛虫子那角阿而有多鉄木損身正音和白藏防打那容所膽大驚

切意　滯截蜒蚰雖有角牛來蹈着損其身藏在天井膽大防驚

心命相連

命打尼心尼客乃乎物乃

命だに心にかなふ物な

賴白何華外界里　那華乃失

らば何か別れのかなし

華而別紀

からまし

呼音　命一那七心箇匕路何南尼物木物

讀法　一那七打尼箇匕路尼客乃乎木那乃賴白

南尼華外界里華乃而別紀

釋音　命正音打尼性心正音客乃外客勿物正音

乃賴白相連外界里分開何正音華乃失若

華而別紀不苦尼華助語

切意　性命心相連　物匕皆容易

何時若分開　不苦匕自來

托月璧病

容華月那復那華尼出鉄

みか月のほのかに出て

入結而和所賴恙容秃

[illegible]

箇所由户別華里結里

[illegible]

呼音　月紫氣出一迭入一而

讀法　容華紫氣復那華尼一迭鉄一而結而和所

賴恙容秃箇所由別華里計里

釋音　容華初三月正音復那華尼渺匕見出正音

鉄助語入正音結而和先所賴假恙容病箇

所由別可此華里計里

切意　假病可比初三月　渺見出先驀地入

只此是也

歸遲嘆世

月木月　耶多木昔那

自也月歷以也昔比

耶蛇乃而尼華外而外人

從以る彰汎如是ふか人

那心乃里計里

比以人々ヽ

日本考　卷之三　卅一

呼音　月紫氣昔木華失心箇匕路人許多

讀法　紫氣木紫氣耶多木木華失那耶蛇乃而尼

華外而許多那箇匕路乃里計里

釋音　月正音木助語耶多木家昔正音那助語耶

蛇乃而舊家華外而外換人正音那助語心

正音乃里計里改差

切意　月係昔月　家是舊家

人身不換　心地改差

夜月感懷

吉容華世外　紫氣失多

幸み如世去汎至志々

所和慕神風耶容木思

れ如不神風處見先

所華外那事埋奴華氣里外

そ如く比すす多如是洪

日本考　卷之三　卅二

呼音　世搖神華容風華熱

讀法　吉容華搖外紫氣失多所和慕乎華容華熱

那容木思所華外那事埋奴華計里活

釋音　吉容君子華外助語世正音紫氣月失多所

明和慕思神風正音容木思所見苦華外那

渾河事埋奴渾華紀里活不得清

切意　君思知明月　世事若渾河

神風常拂動　馬得漾清波

相期不候

我乃賴白鷄　乃骨復多

[illegible]

木埋子別紀尼和慕外埋

[illegible]

白箇所埋多里客所思而

[illegible]

呼音　我黄俺鷄獨立

讀法　黄俺乃賴白獨立乃骨復多木埋子別紀尼和慕外埋白箇所埋多路客所思而

釋音　我正音乃賴白相約雞正音乃骨鳴復多木須索埋子等候別紀尼緣何和慕外不思箇所埋多路就睡客所思而失信

切意　我相約鷄鳴須索等緣何失信你就睡見不再思

夜約悞期

揺一外埋子　夜中外四

[illegible]

骨而挨華月尼由㓕尔耶

[illegible]

客奴多埋跎路客所事而

[illegible]

呼音　夜揺中乃隔月紫氣

讀法　揺一外埋子揺乃隔外四骨挨華紫氣尼由減尔耶客奴多埋跎路客所思而

釋音　揺一更埋子等候夜中正音四骨四更挨華紫氣五更由客夢尔耶你客奴多不見來埋跎路那客所思而相見

切意　一更專等夜過巳半四更不来五更睡到夢中你来相見

擇善相交

好人尼木司虛天外而氣

[illegible]

事阿頼失阿索那中那

[illegible]

摇木氣容而多木

[illegible]

呼音　好摇各或氣人許多事谷多中乃隔

讀法　摇氣許多尼木司虛天外而氣谷多阿頼失阿索那乃隔那摇木氣容而多木

釋音　好人正音尼助語木司虛天相交外而氣不好事正音阿頼天没有阿索那苧蔴中正音那助語摇木紀艾容而多木㨾不差

切意　好人相交　不好事無
苧中夾艾　㨾不差訛

浪裡行舟

和失法耶容多埋耶那

[illegible]

船木過挨里行士埋那

[illegible]

浦風浪木虛馬乃失

[illegible]

呼音　船浮尼浦湖頼風華熱浪乃容行尢古

讀法　和失法耶容多埋耶那浮尼木過挨里木尢古士埋那瀬湖華熱乃容木虛馬乃失

釋音　和失法那容快摇多埋也船坊那助語船正音木助語過挨里速匕行正音士埋那志摩州浦正音風浪正音木助語虛馬乃失没工夫

切意　快摇船坊舟　速行志摩州
便風沒工夫　何為浦浪憂

京鄉辨智

谷多達頼奴人木容也哥尼

[illegible]

阿而物和一乃華尼住多

[illegible]

索那容乃傑氣所

[illegible]

呼音　人許多物木那住四木

讀法　谷多達頼奴許多木容也哥尼阿而木那和
一乃華尼四木多索容乃傑氣所

釋音　谷多事達頼奴不識人正音木助語容也哥
京尼助語索容多豈無阿而有物正音一乃
華尼住正音多助語乃傑氣所俊傑

切意　不識事人　京中有物
鄉下住者　豈無俊傑

漁舟速釣

永四路浦外那阿鑾

[illegible]

那舟搖皮鉄子里那

[illegible]

和紀乃子那袖一速挨外

[illegible]

呼音　永南挨孝浦湖頼袖聳舟浮尼

讀法　南挨容四路湖頼外那阿鑾那浮尼搖皮鉄
子里那和紀乃那聳地一速挨外失

釋音　永正音四路安排浦正音外助語阿鑾那人漁
舟正音搖皮鉄叫招手子里那釣釣和紀乃人老年
那助語袖正音一速挨外失忙ヒ

切意　收拾漁舟浦內行老人招手把篙撑漁翁忙
勤袖永是釣魚人

世別清渾

世中那人外何多木以

世中於人乃何又之い

外失水四容尼過而和

王点水寸砂不去出

白神所失而賴奴

も神乃志乱之ム

呼音　世搖那中乃隅人許多何南尼水容辭神華容

讀法　搖那乃隅那許多外南尼那多木以外失容
辭四容尼過而和白華容所失而賴奴

釋音　世中正音那助語人正音外助語何正音多
木以外失分好歹水正音四容清尼過而渾
和白渾神正音所助語識而賴奴知識

切意　世中好歹人難分別如水混清澄惟有神知
識

武藏無山

木索失野外月那入別

枯了野出月の入屋

紀山木乃失草搖里出

子出已乞了草の可出

鉄草尼箇所入

て草乙之入

呼音　野那外月紫氣入一而山陽脉草骨節出一送

讀法　木索失那外紫氣那一而別紀陽脉木乃失
骨節搖里一迭鉄骨節尼箇所一而

釋音　木索失武藏州野正音紫氣月那助語入正音
別紀島山正音木乃失無草正音搖里裡出
正音草正音尼助語箇所底入正音

切意　武藏州　無山島
月出出野草　月入入野草

暴雨壁瘡

村雨外只華里所容那物

村雨ぞほかはさらにぬれ物

所華失所那容那華索和所

そらしてのみてぬせそ

箇尼奴氣和計

くにあそおけ

呼音　村木頼雨挨迷只他大物木那

讀法　木頼挨迷外他大華里華索容那木那所華失所那容那華索和所箇尼奴氣和計

釋音　村雨正音外助語只正音華里所容那快迷物正音所華失棄華索和瘡傘所箇尼這里奴氣和計脱放互用

切意　病如村雨暴　瘡如雨傘張
天晴棄了傘　瘡脱病無妨

涙筆寫情

和慕乎尼外筆　木涙尼所

おふにえ筆之涙にて

滅　鉄　天想多華古尔四容

めおもてまこおもにけり

那胡糸索揺

わられ渋よ。

呼音　筆粉地涙南明大想可意

讀法　和慕乎尼粉地外南明大尼所滅華捏鉄可意失多華古尔四容那胡糸索揺

釋音　和慕乎尼思你筆正音外助語涙正音所滅華捏鉄撇筆手想正音失多情華古尼寫紙四容墨那助語胡糸索揺滲湿

切意　思你動離愁　舉筆涙先流
想情和涙寫　墨滲濕難收

日本考卷之三終

日本考卷之四

總督京營戎政少保兼太子太保臨淮侯李言恭

協理京營戎政都察院右都御史兼兵部右侍郎郝杰　考梓

譯音

切音正舌歌

俗曰鄉音處處別　古聖先賢難校切

挨哀界盖總依稀　耶陽養也通彷彿

鉄天登敵語非殊　地席帝齊音似鵶

路而落賴懶蹉跎　他拖陀篤多無隔

革各客骨開口音　密滅眉迷休露舌

奴外乃那助語辭　多和打里言難撇

活法拔尾宜啓唇　擺排白敗齒微合

氣吉結計總難分　所索達荅休辨出

撻邀要耀不差池　淡談旦帶無可釋

脉蠻埋賣没清渾　粘牙帶齒何清白

若然認字徑呼音　十有五分他未識

對荅要句與徐徐　自然音正無差迭

以下用本國草書

天文

天同音又所賴 そら　日和虛 ひ

月紫氣 つき　星伏西不志 ほし

風革熱 かぜ　紫沽木 [illegible]

雷革容乃里 かみなり　雨挨迷 あめ

霧氣立 きり　露紫油 つゆ

霜溫麻 しも　雪攸計 ゆき

霞下吉 [illegible]　電一乃子脉又天飛 いなつま

虹兒堯息 [illegible]　冰過屋里 こほり

天晴節路 てる　天陰路枯木 くもる

雨下挨迷付會 あめふる　雪下攸計付會 ゆきふる

風起革熱拂古 かぜふく　風息革熱那勿 かぜなぎ

風正回天那革熱 [illegible]　風歪外里革熱 [illegible]

風好搖格革熱 よかぜ　猛風和革熱 あらかぜ

雷響革容乃路 かみなる　雪消攸計攸路氣 ゆききゆる

雨濕挨迷奴里打 あめぬれた　雲散枯木攸路氣 くもきゆる

雲起枯木達子 くもたつ　露乾紫油氣也打 つゆかわく

日出虛路一字那 ひいづる　日入非路那骨那 ひのくるる

月出紫氣宇路一　つきいづる　月入紫氣一打　つきいる
日蝕逆叔舌　ひのしよく　月蝕完叔舌　つきのしよく
天變湿吉打　てんけん　天開天氣搖格　てんきよか

時令

春發而　はる　夏乃子　なつ
秋阿氣　あき　冬伏由　ふゆ
年獨世　とし　月完之　つき
日逆之　ひ　時禿計　とき
新年挨猷落西獨世　あらとし　元宵黙之　もち

日本考　卷之四　三

三月三設孤逆之　せくのひ　端午少蒲　しやうぶ
七月半設孤　せく　中秋阿金那　あきなかせい
重陽哭逆之　せく　冬至伏由那設子　ふゆなせつ
除夜獨世那搖　としわすれ

寒温

冷三昧　さむい　溫奴貴　ぬくい
涼四字失亐　すずしい　暖阿醉　あたたかい
熱貨眉骨　あつい　凍空湿吉打　こほりけた

曉夜

早阿日旦　あさた　晩搖索　よる
日午虛路　ひる　曉阿索　あさ
夜搖落　よる　明挨吉打　あけた
暗血古里打　くらかり　一更搖一　よい
二更搖一那四去　よいのこし　三更搖乃隔　よなか
四更搖乃隔四去　よなかのこし　五更挨界紫氣　あけがた

月分

正月少完之　しやうがつ　二月二完之　にがつ
三月三完之　さんがつ　四月細完之　しがつ

日本考　卷之四　四

五月我完之　ごがつ　六月六工完之　ろくがつ
七月西之完　しちがつ　八月法之完　はちがつ
九月姑完之　くがつ　十月壽完之　じゆうがつ
十一月寿乞完之　十一がつ　十二月失外阿四　十二がつ
閏月那補紫氣　のうるうづき

日數

初一日初一日之　ついたち　初二日勿子華　ふつか
初三日密華之　みつか　初四日效世華　よつか
初五日意子華　いつか　初六日木一華　むいか

初七日乃奴華　なぬか　初八日要華　やうか
初九日箇箇那華　ここのか　初十日多和華　とをか
一十日壽一逆之　じふいちにち　十二日壽義逆之　じふににち
十三日壽三逆之　じふさんにち　十四日壽效之　じふよか
十五日壽我逆之　じふごにち　十六日壽六工逆之　じふろくにち
十七日壽西逆之　じふしちにち　十八日壽法逆之　じふはちにち
十九日壽姑逆之　じふくにち　二十日法之華　はつか
二十一日義壽一之　にじふいちにち　二十二日義壽義逆之　にじふににち
二十三日義壽三逆之　にじふさんにち　二十四日義壽效華　にじふよか

日本考　卷之四　五

二十五日義壽我逆之　にじふごにち　二十六日義壽六工逆之　にじふろくにち
二十七日義壽西逆之　にじふしちにち　二十八日義壽法逆之　にじふはちにち
二十九日義壽姑逆之　にじふくにち　三十日三壽逆之　さんじふにち

今明

今年箇獨世　ことし　明年苗年　めうねん
去年箇所　こぞ　後年索和多獨世　さおとゝし
前年和多獨世　をとゝし　今日箇逆之　こんにち
明日阿失旦　あした　後日挨索之的　あさて
大後日世挨索的　しあさて　昨日吉那　きのふ

前日賀多多　おとゝい

五行

木氣　き　火熏　ひ
土紫　つち　金華　かね
水密　みづ

十干

甲氣那也　きのえ　乙氣那多　きのと
丙熏那也　ひのえ　丁熏那多　ひのと
戊紫真那也　つちのえ　己紫真那多　つちのと

日本考　卷之四　六

庚華那也　かのえ　辛華那多　かのと
壬密辭那也　みづのえ　癸密辭那多　みづのと

十二支

子孽　ね　丑胡失　うし
寅禿郎　とら　卯烏　う
辰荅子　たつ　巳米　み
午烏馬　うま　未血子石　ひつじ
申沙魯　さる　酉獨立　とり
戌義奴　いぬ　亥一　い

六十甲子

甲子　氣那也孽　乙丑氣那多那胡失

丙寅　熏那也秃郎　丁卯熏那多那狋

戊辰　紫真那也荅子　巳巳紫真那多那米

庚午華那也烏馬　辛未華那多血子石

壬申嗇辞那也沙魯　癸酉嗇辞那多獨立

甲戌氣那也意奴　乙亥氣那多那一

餘倣前例

地里

日本考　卷之四　七

地濟　ち　江嗇乃多　[illegible]

湖伏陀華一　潔　[illegible]　河伏宿華一　潔　[illegible]

海烏嗇　うみ　水嗇辞　みつ

浪乃嗇　なみ　潮湿和　しお

長潮和嗇至湿　[illegible]　退潮非湿和　[illegible]

浦嗇乃多　[illegible]　塘嗇從華活　[illegible]

岸河界　[illegible]　埿紫七　[illegible]

土紫七　[illegible]　田塔　[illegible]

園同音　[illegible]　沙私乃　[illegible]

山陽脉　[illegible]　石依不　[illegible]

溪陽脉嗇辞　[illegible]　澗嗇辞　[illegible]

嶺嗇儼　[illegible]　谷雖垉　[illegible]

塝陽脉磄頭　[illegible]　凸大華陽脉又大華嗇　[illegible]

凹虛巳陽脉又枯米白　[illegible]　峯陽脉那烏野　[illegible]

山頂華失賴山陽脉那又　[illegible]　塢失脉　[illegible]

洞陽脉那阿乃　[illegible]　塡窐隴馬

火炭

火非　[illegible]　炭下吉四嗇　[illegible]

日本考　卷之四　八

灰法兮　[illegible]　燒火非打古　[illegible]

點火路非子古　[illegible]　火起下古路　[illegible]

火滅氣攸而　[illegible]　烘火路非安步　[illegible]

種火木非屋自　[illegible]　生炭谷捨四嗇何　[illegible]

吹火非拂古　火筒火吉非拂古又非拂其

火筋非白失　火盆非白之

火熄非白哥　烟潔木里

宮室

皇宮世世以殿　[illegible]　衙門嗇平陀　[illegible]

倉 科寳谷頼 くら　庫 骨頼 くら

舖 盤衙 みせ　店 天牙 てな

庵 同音 あん　院 梭那又火運 ゐの

寺 鉄落 てら　觀 同音 くわん

廟 賓也 みや　塔 大滔 たふ

屋 依葉 いゑ　房 伏宿依葉 ふしやと

廊 那吉 らう　廳 甲古廳 かうちやう

堂 陶 たう　樓 逆盖 にかい

閣 三盖 さんかい　柱 依葉法失頼 はしら

日本考　卷之四　九

抽 奴計 ぬき　楣 草昧 かもい

梁 法里 はり　椽 攤路氣 たるき

梗 南挨氣 こうき　瓦 即扳華外落 かはら

壁 看別 かべ　門 搢陀 かど

窓 三陌 まど　楷 失一机 しきい

門搢 秃柴霽 とびら　樓梯 法西客吉 はしご

欄 烏馬耶 うまや　厨房 和骨里又客馬耶 おゝどころ

臥房 搖東昨 よどこ　東廁 麻乃骨又翦召 まのこそ

舍 一屋里 いへ　屋漏 依葉磨魯 いへもる

簷 水那氣那他賣賓辞　陽溝 那氣那賓所 のきのは

城市

城 失六又召 しろ　市 一之 いち

墻 交嘴石又寸樹 かきいし　橋 法西 はし

街 陌之 まち　路 賓之 みち

巷 過入又過兄入 こうち　井 伊華外 いと

灶 華脉 かまど　天井 依華那埋葉又逆外 又白

渡 歪帶石浮尼 わたしふね　関 設稽又雪稽 せき

埠 次　林 法耀失 はやし

日本考　卷之四　十

國部

國 酷尼 くに　道 同音　府縣無

州 首 しう　郡 國 こほり

鄉 索多 さと　村 木頼 むら

里 一之里 さと　鄰 禿乃里 となり

方向

東 熏加失 ひかし　西 義西 にし

南 迷南米 みなみ　北 吉打 きた

左 熏大里 ひだり　右 明哥 みぎ

中乃隅　なか　前埋葉　まへ

後五口失六　うしろ

人物

人計多　ひと　物木那　もの

男子何多乞又何奈公姑　おとこ　婦人何南娥又倭家刨　おなご

老年人和嘱世和里　としより　少年人華盖首　わかもの

中年人華盖許多　ちうねん　小兒歪頼鼻　わらべ

初生兒挨客哦　あかご　主人陽脉那　あるじ

客人價古首　きやくじん　經紀理乃隅依子、入

中人乃隅許多　なかうど　財主莫錢之尼　ぜにもち

財主妻和貴又斗島貴　おかみ　富貴人白處煞　ふげんしや

艱難人白流吉又胡奈故人門郎人　むすかし人　聰明人立空許多　りこうな人

愚人同多乃許　おろか人　至誠人莫打許多　まことの人

快活人括計許多　りつぱ人　無禮人擗乃許多　ぶれい人

作怪人虱子乃木那　ふしぎなる　奸詐人揩失眉許多　かたまし人

善人搖華許多　よき人　惡人外路許多　わるい人

極好人一盖逆目搖華許多　いちばんよい　極不好人一盖逆目外路許多

生得好眉眉搖華　うまれよし　生得醜外眉眉類　うまれわるし

君臣

皇帝華于　わう　皇后外吉索姫　きさき

太子太伊世　たいし　公主娥前　ひめ

附馬木哥　むこ　宮娥國袍　にようぼう

儀從人大世又多奴白落世　ともしゆう　文官國傑　ぶんくわん

武官部西　ぶし　文正官葉公那　ぶんしやう

文左官公白姑　ぶんさ　文右官鄺三那印　ぶんう

武正官部傑　ぶけ　武左官伏華外跳　ぶさ

武右官法咎陽脉　紀不けら　武已上三公似中國三閣　武三公似公侯伯

官鳥耶奇　あやけ　老爹多奴　おやぬ

大將軍耶華咎　たいしやう　州官谷西國　くにし

郡官地都　ちうう　地方官描師　めうし

官妻公前　くさま　地方官妻奶奶　おくさま

官舍人渾曹息　ひとふれ　小姐谷多人擬　こひめ

吏從

吏和宿排首　しゆご　書手和設挨記　かきて

頭目太紹　かしら　皂隸州徤　ちゆう

門子課木那　小物　軍卒和多目首　あしがる

軍民

軍 圓　民 採民

百姓 下小姑　粮長 看頭 和多那乃

里長 對　老人 乃和多

總甲 三席　小甲 子革三席

教流

教書人 抱織奴切　師父 抱識奴

徒弟 弟息　和尚 袍士

道士 法戶里　妮姑 鼻谷尼

醫生 法古手 哭四手又　陰陽 化里又 挨里由吉

相士 挨里許多 又挨里莫師　星士 法盖首

課命士 三和吉

工藝

木匠 盤紹又 大古上　銀匠 失類揩 尼才古 白作

鉄匠 革脊　錫匠 四字 才古作

銅匠 挨盖揩 尼才古作　漆匠 奴利木那 那才古作

石匠 依石 才古作　裁縫 乞木那 子法殺

表背匠 梟毀才古 又靴毀才古作　帽匠 蒲西 和里

綿花匠 木綿歪 杏子又骨里　皮匠 革活 骨里

板匠 革外落 子骨里　盔甲匠 梧 索骨 才古作

桓桶匠 杏骨半又 和皮依烈　筏匠 大吉 才古人作

稍公 勿乃各 打舟　雇工人 下徒的子 高許多

尾匠 革外落 子骨里

流賤

僕人 挈俄　小廝 禿木

丫環 何南 挈娥 姨　漁人 勿捺 倒

戲子 索弄 挨　吹手 勿葉 拂杌

鼓手 大哥 烏止　說書人 賣一 買

忘八 低使　娼妓 紹樂

乞丐 空食 雖　強盜 六宿 搖烏止 頭

竊盜 六宿 頭人 人　海寇 設杌 道

篤癈

獨眼人 各杏 眉　瞎子 眉骨 賴

聾子 眉眉吉 革士　啞子 伊伊 石

躄子 各世 非吉　疙子 各世 和里

矮子 血古 許多人　長子 大結 杏里

鈌子各世　かうか
瘖子伊里伊　つ志互
禿子法谒　はけ
麻子莫茄索子落　ちやゝ
臘梨西翁華世頼　あたまはげ
歪嘴骨上揺挨木　ひずめむ
癩子骨翁子子　かつい
癩瘋子拂古揺失　ふるやまい
罪人罪乃又禿擲人木那　とが

親屬

太公朽翁之　ぢおぢ
太婆朽吾白　ぢばゞ
公翁之　おぢ
婆吾白　ばゞ
父貼貼　てゝ
母法法　はゝ

伯和治計　おぢき
姆吾白計　をばき
叔谷和治計　小おぢき
嬸谷吾白計　こをばき
兄阿尼　あに
嫂阿尼揺容　あによめ
弟何多多　おとゝ
弟婦何多揺容　おとゝよめ
姑烏白計　をばき
姨白計　をばき
姐阿業　あね
妹一木多　いもと
子莫宿哥　むすこ
女莫宿眠　むすめ
孫蛮俄　まご
曾孫朽蛮俄　ぢまご
玄孫子而那蛮俄　ぢゝまご
姪何義　をい

外太公翁治召　おぢおぢ　也
外太婆吾白召　ばゞ　上
外公法華吝那翁治　はゝかたおぢ
外婆法法華吝那吾白　はゝかたばゞ
大舅牛婆阿尼　めうとあに
小舅牛婆何多多　めうとおとゝ
大姑牛婆阿尼揺容　めうとあによめ
小姑牛婆何揺容　めうとおとゝよめ
丈人守多　しうと
丈母守多妙　しうとめ
女婿木哥　むこ
外甥何益　をい
外甥女一多哥　いとこ
丈夫禿那俄　とのご
媒人乃隔達之　なかうど
媳婦揺容俄　よめご
妻何賣弥　おめい
親眷新雷　しるい

舊親戚和也哥　おやこ
朋友得蒙達知　ともだち

稱呼

你黄俺　わあ
我和里　おれ
他挨里　あれ
這箇人箇那計多　この人
那箇人阿那許多　あの人
誰人華吝里　たれ

身體

頭阿吝麻又客成頼　あたま
髮華迷谒　かみけ
額血打衣　ひたい
面盖河　かほ
眉賣　まゆ
眼覓　め

眼毛覔竭　めくけ
眼珠麻箇乃　まなこ
瞳神仙人　ひとみ
眼睫華覔挨　めはり
眼淚南明大　なみた
耳眉眉　みゝ
頰容貨脉　かほほう
顴便作扒　ほうさき
腮葉公婆　ゑるの
鼻發乃　はな
口骨止　くち
唇骨止皮　くちびる
齒法　は
舌失打　した
鼻涕發索大里　はなたれ
涎子辟　よだれ
噴嚏發奈虛吉　はなひる
鬚虛竭　ひけ

日本考　卷之四　十七

鬍鬚和虛竭　あごひけ
三了髯鬚谷虛竭　二ひけ
鬢同音　ひん
地閣呆河東　おとかい
喉那陀　のど
項各皮　くび
頸四直　すぢ
肩各打　かた
身客　み
肚發賴　はら
腹血所息打那　はらのうち
臍血所　へそ
心箇路　こゝろ
背木臬　もね
乳即至又　ち
腸活打　わた
肝氣膜　きも
膽高乃　[illegible]

肺福古　ふくふ
手鉄　て
手指旅皮衣皮又　ゆび
指甲卒迷　つめ
臂骨大華的　かひな
脇挨白賴撲業　わきはら
背吾失六　せなか
腰谷西　こし
腿同音　もゝ
谷道西里捏急又　しり
玉莖麻落風里又屋　まら
玉戶才皮　ほと　玉音亦可
腎囊血那簡　ふぐり
腎子他賁　たま
膝血業非又鑿　ひざ
足挨身　あし
骨忽業　ほね
血七志又　ち

日本考　卷之四　十六

拳迎其打　こぶし
掌鉄打使　たなごころ
小便銀白里　いばり
大便法哥　くそ
天癸月勿饒又髓　[illegible]
孕發賴木樸　はらむ
汗阿設　あせ

衣服

衣服乞木那　きもの
紗帽客木礼巾　かむり
圓領客立勤　まるえり
角帶子那和皮　かくのおび
玉帶他賁那和皮　たまのおび
靴骨子　くつ
皂靴果弗華子　くろくつ
線帶和皮　いとおひ

鞋 法吉木那 はきもの
女鞋 公俄十吉利 又をんなくつ
帽 紫巾又蒲西 ぼうし
布衫 華单皮頼 かたびら
厰衣 骨聳地 ころも
襪 单皮 たび
夾襖 阿外石あわせ也 襦ヒ個ののこ
綿襖 襦ヒ箇 のゝこ
裙 買毘盧 はつほろ
女裙 加幅 もゝひき
褲 法盖手麻 はかま
風領 華单勤 えりまき
海青 四晝 すまう
褁肚 真挨骨食 はらまき 荷包風造

鋪盖

被 揺旗横頭又 ふすま
褥 伏系麻 ふとん

枕頭 麻骨頼 まくら
卧单 許多葉横頭 しきふとん
毡 毛毡 もうせん
蓆 莫西羅 むしろ
帳 隔招 かや也
草薦 科木 こも也
毡條 網綿

段布

段 同音 どんす
綾 湿系 あや
紗 木食 しや
絹 同音又容其 けん
綿布 木綿 もめん
夏布 奴奴 ぬぬ
葛布 各布 かつふ
麻布 阿頼奴ヒ あさぬぬ

手帕 同音 てふき
手巾 天能我兮又達昂哥 てのごい
黄絲 吉乃一多 きいと
白絲 一失類多 しろいと
綿 活多 わた
線 一多 いと

顔色

顔色 以緑 いろ
青 客青 あを
紅 挨盖 あか
紫 客乃衣緑 むらさき
緑 阿和 あをい
皂 夕 くろ
白 失類 しろい
黒枯緑 くろい
黄 吉衣又吉乃 きいろ
赤 増一吾六一 あかい

藍 阿三奇 あさぎ
葱白 阿何陽奇 あさぎ

五穀

稲 他泉 いね
穀 木米 もみ
大麥 烏蒙奇 おほむぎ
小麥 柯蒙奇 こむぎ
荳 買客又磨米 まめ
粟 阿米又細外 あわ
芝麻 哦貴 ごま
蕎麥 宿麥 そば
蘆穄 大畫吉皮 もろこし
黍稷 吉皮 きび
鶯粟 結西 けし
豌豆 陽客 山まめ
赤豆 安自氣 あづき
緑豆 阿回買客 あをまめ

飲食

米 科寄 こめ　麵 同音 [illegible]

飯 黃代又寄柰 [illegible]　粥 揩油 [illegible]

茶 差又觧素 [illegible]　酒 晒箕 さけ

白酒 失類晒箕又明東晒箕 [illegible]　燒酒 同音又隔辣晒箕 [illegible]

老酒 福祿晒箕 [illegible]　渾酒 吟哦里晒箕 [illegible]

麪 稿食 [illegible]　糟 大里華私 [illegible]

米圓 彈蛾 [illegible]　糕 肴挨米末之 [illegible]

粽子 衣食買箕 [illegible]　蒸餅 科寄那末之 [illegible]

日本考　卷之四　廿二

糍粑 依而科寄那箇 [illegible]　饅頭 蛮壽 [illegible]

燒餅 約箕末之 [illegible]　餛飩 同音 [illegible]

饊子 素麵 豆腐 麪觔 俱同音

羹湯 收鲁 [illegible]　肉 息息 [illegible]

蛋 大蛋又大蛮蛾 [illegible]　蠶 依石外 [illegible]

沙糖 過立索刀 [illegible]　白糖 失類索刀 [illegible]

冰糖 過豆索刀 [illegible]　蜂蜜 同音 [illegible]

醬瓜 蜜酥烏里又可買米糯 [illegible]　笋乾 升乾又大吉糯古 [illegible]

調和

油 安蒲落 あふら　塩 湿和 志お

醬 蜜酥 [illegible]　醋 次 す

花椒 山小 [illegible]　胡椒 谷小 [illegible]

茴香 同音 [illegible]　生薑 酋食華米 [illegible]

酸 四一華 [illegible]　甜 阿蛮華 [illegible]

苦 尼哀亏 [illegible]　辣 華辣華 [illegible]

炊煮

蒸 和木私 [illegible]　煑 逆魯 [illegible]

煎 二而 [illegible]　炒 一而 [illegible]

日本考　卷之四　廿三

滚 奇而 [illegible]　熟 捷吉打 [illegible]

煑不熟 和六尼也打 [illegible]　煑爛 業白亏 [illegible]

切食物 法燿私 [illegible]　未熟 捷箇熟 [illegible]

盛物 索速戶 [illegible]　柴 景其 [illegible]

數目

一 許多子　二 勿達子

三 蜜子　四 欲子

五 意子子　六 木子又後子

七 乃子　八 孛子

九 箇七那子　十 多和
十一 壽一之又多七丟達子　五十 我壽又大
百 皺古　千 仙又借二貫
萬 慢　億 和古

筭法

一 一　二 義
三 三　四 細
五 我　六 六古
七 西之　八 法之

九 姑　十 壽
一兩 一之　一錢 一之末米
一分 一之分　一斤 同音同厘毫絲忽皆
一層 一之葉　一張 一之賣
一件 許多失那　一箇 許多子
一次 許多单里　一着 一之目古
一盤 一之盤　一斗 同音
一石 一之箇古　一升 同音
一尺 一沙古　一丈 一之兆

一疋 一单　其一半 番用 朋餘倣前數

器用

卓 設那臺　椅 右系
凳 各西客机　屏風 飄步
床 業臺又臬獨過　厨 各乃又和失六
鍋 乃便　缸 或落失
罈 華客　甕 和单客
礶 火羅骨　瓶 同音
桶 河潔　水桶 湯俄又客詞河潔

琉璃 同音　淨桶 骨宿河潔
夜壺 新瓶　木槌 索勝之七
鉄鎚 客勝子七　木磨 血古胡索
石磨 非計胡系　木臼 氣捺地胡系
石臼 依石捺地胡系　碓杵 捺子而
吊桶 子而鼻　篾盤 篾俄
籮 同音　袋 福古羅
斛 和馬私　斗 同音
升 法呑俄　筭子 法界里

天平同音　秤平和法界里
算盤所大盤　箱華羅多
籠龍戸　小箱法哥
車過路馬　轎酷西
梯華結法西

内器

梳匣麻骨白哥頼　鏡杭挨迷
鏡架杭挨迷白哥　梳子禿計骨西
掠頭平骨西　篦箕掏骨西

刷牙法明挨計　抿子鼻南設計
粉匣剛白哥　粉唐那紫之
胭脂便　肥皂同音
扇黄旗　泥金扇空揩尼法古黄旗
泥銅扇挨盖挨尼法古黄旗　機奴法奴打
剪刀法索密　尺沙古
鍼法利　鎖紹哥利素
鑰坑其　晒衣竿木那伏西戕和

匠器

小斧乃打　大斧要吉
鑿糯米　推鎅客乃子骨
鋸子那哥其里　木斗挨增乃白

農具

犁四季　耙毛各
耖無　鋤頭骨挨括又
爬垉骨索華箕　㔉鍬伏骨多里索

船具

船浮尼福葉音　舵措池

櫓六　篙客曹
槳下過　桅法西頼又勿拔施頼
綜纜子乃　牽繩乃活
風帆幅　跳板福乃法西
杠逆柰　簑衣迷那
箬帽挨迷華晒又搖婁俚　船沉深自木
船番客也路　船重一阿湿而
船輕客累　船漏一油那魯
使船發失而　泊船各各打

馬具

轡頭 酷子活 くつわ　鞍子 窟頼 くら

鐙 阿白迷 あぶみ　鞭子 蒲止 ぶち

後鞦 西里挨紫 しりがい　韁繩 乃答子 たづな

文器

文 勿家 ふみ　書 木那那卦 かきもの

手本 鉄封 てほん　票 逆計 日亦

誥命 吉也示 けいめい　勘合 看傲 かんがふ

曆日 果搖家 こよみ　字 華古 じ

紙 華家 かみ　厚紙 阿子華家 あついかみ

薄紙 胡系華家 うすかみ　粗紙 能俄華家 のかみ

墨 四家 すみ　筆 粉地 ふで

硯 四字里 すずり　印 銀盤 いん

硯箱 四字里白哥 すずりばこ　琴 谷多 こと

象棋 正其又少其 しやうぎ　圍棋 俄 ご

雙陸 新吾六古 すごろく　骰子 賽移 さい

骨牌 同音　紙牌 無

畫 華 ゑ　佛經 交 きやう

武具

盔 華蒲多 かぶと　小刀 空客打乃 こがたな

甲 吾宿古 よろひ　腰刀 乃客打 こしがたな

大刀 和客打乃 たち　中刀 歪計柴霧 わきざし

刀柄 子華 つか　刀鞘 殺耶 さや

磨刀石 禿衣石 といし　鎗 耶里 やり

戈鎗 華豚耶里 ほこやり　弓 油米 ゆみ

弓絃 子跍子兒 ゆづる　箭 耶 や

箭袋 屋箔繒 うつぼ　箚 同音 や

弩 番鳩　手銃 鉄失也 或皮失也 又

鳥銃 彈俄皮也　鋼叉 客里莫打

狼銑 一落里也　狭狼筅 酷尼治哭失

挨牌 捷鉄那一打　旗 法打 はた

鉛彈 彈俄　勾鎌 客馬 かま

棍 袍子葉　杖 部智 ぶち

响器

鍾 紫氣揩也　鼙 同音

鑼 陀藥 どら　鼓 大一哥 たいこ

鈸 鉄鍬西　鈴 付鈴
雲鑼 同音　鐺 屋揩尼
笙 血支利計　簫 殺古法之
笛 福業　喇叭 箔落
鑽鈴 無　琵琶 皮華
三絃子 三皮仙　九絃 姑谷多
砲 鉄朴　爆伏 同音
火藥 非骨宿里又骨宿里　海螺 同音又開伊

香料

日本考　卷之四　廿九

香 高　沉香 沉高
麝香 射高　松香 埋子高　檀香
丁香 照入　木香 木高　栢香 無
線香 仙高　合香 荅娜木高又阿外石高　香囊 高子子寄

醫用

藥刀 骨宿里乞索寄　藥箱 骨宿里白哥
藥碾 藥徒　藥包 骨宿里子米
藥礶 骨宿里礶　藥丸 買六藥

珍寶

寶 大蓋頻　珠子 客一他賣那
水晶 碎硝　白硃 客一他賣那類失
青玉 一失他賣那　白玉 失類他賣
瑪瑙　珊瑚　琥珀　硨磲 俱同音
犀角 碎喬子那那　象牙 曹法那
螺蛔 客乃那華那又逆失那華外　銀母 揩尼客頻那
琉黃 依活戶　雄黃 同音
水銀 寄辞揩尼　銀硃 湿字木
金 空揩尼　銀 失類挨尼

日本考　卷之四　卅

銅鉄 挨蓋括六　鉛 南陌尼
青銅 大古小揩尼又若古同　紅銅 挨蓋揩尼
白銅 失類挨蓋揩尼　黃銅 中若古
鉄 括六揩尼　生鉄 和六三揩尼
銅錢 錢尼　熟鉄 復一打揩尼
鋼 法揩尼　金沿 金法古
銀泊 失類揩尼　馬尾 烏馬那何
元寶 本國雖無銀如鞋底而中國有也故云小馬揩尼

花木

紅花 挨盖法乃　荷花 法系那法
桂花 木骨西　牡丹 白丹那
芍藥 肖古李古　瑞香 茉莉紫荆 芙蓉同音
雞冠 雞晳食　菊花 氣酷法乃 那
山茶 容呑那法 湿　梅花 烏容法乃 那
桃花 木木法乃 那　杏 華頼木木
李 系木木　竹 大吉
楊柳 楊乃氣　松 埋止
栢 非那氣　杉 孫乃那氣

梧桐 華湿華氣　蘇 四乇
楓 同氣　槐 同音又仁華氣

菓子

梨 乃湿　栗 枯里
棗 乃子容　櫻桃 索古頼烏米
胡桃 枯六米　柿 華氣
蒲萄 同音　楊梅 陽脉木木
橘 容栰　橙 大大
菱 非細　甘蔗 紅其

鷄 法系那葉　蓮子 法系那容
圓眼 利眼　荔枝 同音
榧子 華牙糯米　白果 銀杏
松子 埋止那箇　榛子 同音
地栗 乖　石榴 若古六

菜蔬

菜 杂　瓜 烏里
茄子 乃私皮　東瓜　西瓜 同音
黃瓜 吉烏里　絲瓜 阡頼烏里

葫蘆 同音　蘿蔔 大空那
芋子 伊木　茭白 買科木
山藥 陽脉那依木　笋 大吉那古
木耳 眉乃眉白　蒜 虚而
葱 許多木食　韭 你頼
薑 番食華米　紫菜 烏孫那里
莒菜 華外那里　淡菜 華晝那里
昆布 同音　海菜 骨頼傑
荳芽 和也湿　白菜 失類伊頼

青菜阿和奈 [illegible]　波菜河蓮奈 [illegible]
芹菜乃辟奈 [illegible]　蕨菜骨字那法 [illegible]
蕨粉骨字 [illegible]　紫蘇即晒 [illegible]
五味子伏色 [illegible]

野草

香草高白失骨蹄 [illegible]　排草尼回骨里 [illegible]
稻草外落 [illegible]　甘草甘曹 [illegible]
萍草烏溪骨蹄 [illegible]　山草陽眛骨蹄 [illegible]
燈草禿十容 [illegible]　草根骨師那業 [illegible]

日本考　卷之四　卅三

鳥獸類

牛胡水　狗意奴　猪豕豕　馬烏馬
雞抓泥援地泥環多禮　鵝解加　鼠眠助求　魚遊河
蟹措泥　蝨失辣水　羊羊其

人事類

要坡水水　不要依也　立達子
等待埋祖　眠羊達路烏將卒　拏來未低吉反俚未得哥巳
拏去未底於古　相擾括計括盆　亂說思量骨多莫話介反俚
看覔見迷路　不送何埋解邵賣　嬉挨校蒲

坐移路阿將校　病羊埋依子揖
罵寬彼計乃俚話鳶褪皮　鼾因彼計　詈烏論羊埋水烏蠻爺計
睡容路　去漫陀羅獺俚旦多　在何故伊虜何耶路
不在論連持踈　來何耶俚吉人　便來羊佯地何耶俚慢陀的如
回來慢七的耶俚　便去容路　快來發下何耶俚法古
送與我面皮　愛惜搖落扛滿　怕倭踈路路
出去一一計　前行殺雞倭　行挨龍門
喜一啜水咷羅打步　說話未納懃打俚　怠慢難利骨多罵山奴
飲那慕　獨樂哥賣　羞愧番助山水水

日本考　卷之四　卅四

喫何賣利　安排蘇路　不來未旦盧賈失
走法古　快去法古計　打人生亞達達个
借脠路各夾　買賣烏禮加　不喫了禁哥
唱嘔大　莫怪哥面乃禮　多喫酒何賢鼻旦
教何水尤路　喫酒麻黑殺雞　那里去陀姑移姑
添所有路路　行路的盐磨戚　曉得个个俚打夫火
賣烏路無六　叫人多奴　老實說話買多盐多
痛一軳水　起身倭達的緩　多多喫了前行哥
遊西孫步　還了諧也數　不曉得措賴路不夫打

殺其奴瞎咀郎　請人多家那摧慢慢的買得買得
害夭　不賣加鳥會買　恁麼賣難鳥禮在
肚饑勲大路水哭乃古　多少一故賴介
打胡子　有情乃亞姊吉醉邀帶
無情乃水亞姊吉乃換皆賀　無工夫一孫撇水
恠圖發賴旦多埾　死身大　腫刺大
喚加右　笑歪罷　活吉打
買加利　輸利埋計打　傷寒雞骨
寫字加計

有挨路迷路　無乃　好高高的姚鎖盧
極好明哥多　不好由無乃大計加小思姑奈何
小發蒒　少素古乃水多快都河河水
遠多俟　近的个　瘦牙十大
短迷加　細相快大　朽骨蒒路
厚挨卒水　薄溫卒水　歪貨不高歪賴水
破羊鈸里里　不是係松田乃要緊馬多合子
緩慢大慢大　無用設計　多有何何水
未慢大　香于牌水　臭骨蒒水

日本考卷之五

總督京營戎政少保兼太子太保臨淮侯李言恭
協理京營戎政都察院右都御史兼兵部右侍郎郝杰　考梓

文辭

東大寺大朝法齋大師奝然啓

傷鱗入夢不忘漢主之恩枯骨合歡猶亢魏氏之敵雖云羊僧之拙誰忍鴻霈之誠奝然誠惶誠恐稽首頓首死罪奝然附商舟之離岸期魏闕於生涯望落日而西行十萬里之波濤難盡

顧信風而東別數千里之山嶽易過妄以下根之卑適詣　中華之盛於是　宣旨頻降恣許荒外之跋涉宿心克協粗觀宇內之瓌奇況乎金闕曉後望堯雲於九禁之中巖扃晴前拜聖燈於五臺之上就三藏而禀學巡數寺而優游遂使蓮花迴文神華出於　北闕之北貝葉印字佛照傳于東海之東重蒙　宣恩忽趂來跡季夏解台州之纜孟秋達本國之郊緩逮來春初到舊邑緇素欣待侯伯慕迎伏惟　皇極御

上惠溢四濵功髙五嶽世超黄軒之古人直金
輪之新脩䏻空彝鳳凰之窟更還螻蟻之封在
彼在斯只仰　皇德之盛越山越海敢忘
帝念之深縱粉百年之身何報一日之惠染筆
拭淚伸紙揺魂不勝慕恩之至謹差上足弟子
傳燈大法師位嘉因併大朝剃頭受戒僧祚乾
等拜表以聞
永延二年歳次戊子二月八日實端拱元年也

戒嚴王思行成表

臣聞三王五帝立極禪宗惟中華而有主豈夷
狄之無君乾坤浩蕩非一主之獨權宇宙洪寛
作諸邦而分守蓋天下者乃天下之天下非一
人之天下也臣居遠弱之倭偏小之國城池不
滿六十封疆未足三千尚存知足之心故知足
者常足也今
陛下作中華之主為萬乘之君城池數千餘座
封疆百萬餘里猶有不足之心常起絶滅之意
天發煞機移星換宿地發殺機龍蛇起陸人發
殺機天地反覆堯舜有德四海來賔湯武施仁
八方奉貢臣聞
陛下有興戰之策小邦有禦敵之圖論文有孔
孟道德之文章論武有孫吳韜略之兵法又聞
陛下選股肱之將起竭力之兵來侵臣境水澤
之地山海之洲是以水來土掩將至兵迎豈肯
跪土而奉之乎順之未必其生逆之未必其死
相逢於賀蘭山前聊以博戲有何懼哉倘若君
勝臣輸且滿上國之心設若臣勝君輸反作小

邦之恥自古講和為上罷戰為強免生靈之塗
炭救黎庶之艱辛年年進貢於上國歳歳稱臣
為弱倭今遣使臣荅黒麻敬詣丹墀臣誠惶誠
恐稽首頓首謹具表以聞

詩賦

詠西湖

一株楊柳一株花原是唐朝賣酒家惟有吾邦
風土異春深無處不桑麻

又

昔年曾見此湖圖不意人間有此湖今日打從湖上過画工猶自欠工夫

春日感懷

中原二月綺如塵異卉奇葩景物新可是吾天仁更潤小塘幽草亦成春

奉邉將

棄子抛妻入大唐將軍何事苦隄防關津橋上團圓月天地無私一樣光

荅風俗問

君問吾風俗吾風俗最淳衣冠唐制度禮樂漢君臣玉甕藏新酒金刀剖細鱗年年二三月桃李一般春

普福迷失樂清被獲感懷

來遊上國看中原細嚼青松咽冷泉慈母在堂年八十孤兒為客路三千心依北闕浮雲外身在西山返照邉處處朱門花柳巷不知何日是歸年

題春雪

昨夜東風勝北風釀成春雪滿長空梨花樹上白加白桃杏枝頭紅不紅鶯問幾時能出谷燕愁何日得泥融寒氷鎖却鞦韆架路阻行人去不通

萍

錦鱗密密不容鍼只為根兒做不深曾與白雲爭水面豈容明月下波心幾番浪打應難滅數陣風吹不復沉多少魚龍藏在底漁翁無處下鈎尋

保叔塔

保㑣緣何不保夫造成七級石浮屠縱然一泒西湖水洗得清時也是污

被張太守禁舟中嘆懷

老鶴徘徊日本東笑看宇宙作樊籠只因飛入堯天濶恨在扁舟一葉中

遊育王

偶來覽勝鄮峰境山路行行雪作堆風攪空林飢虎嘯雲埋老樹斷猿哀擡頭東塔又西塔移

步前臺更後臺正是如來真境界騰天香散一
枝梅

四友亭

四友亭名萬古香清香曾遞到遐方我来不見
庭中主松竹青青梅自黄

題花鳥画

嬌鳥奇花誰画成花無香氣鳥無聲任君舒捲
從君看花不凋零鳥不驚

鳩鵲争鳴

鳩一聲兮鵲一聲鳩聲啼雨鵲聲晴老天若也

日本考　卷之五　六

難分判一半晴時一半陰

山歌

日春清水寺

和虛谿而寥也哥氣搖寥辞鉄落外寥辞南挨
路路尼乃路革兮谷多擬
釋音　和虛日谿而春寥也哥京氣搖清寥辞
水鉄落寺南搖路路滴流乃路革响谷
多琴擬似外尼兮助語

切意　此日春京清水寺水流滴响似琴聲此
乃日春京有此一景故有此景也

夫婦妻接

一多湿那禿那耶和一多温那禿那耶他賣里
油来各打推屋繒箔一单彈可尼
釋音　一多湿心肝禿那丈夫和一多湿肝大心
他賣里遞来油来兮各打肩屋繒箔箭袋
一单彈可頂在頭上那搖尼皆助語
切意　心肝丈夫大心肝丈夫遞兮来放在我

日本考　卷之五　七

肩上箭袋頂在我頭上

月夜私情

壽五搖那紫氣華搖一搖一枯木里挨界紫氣
索夜搖禿那俄索搖那
釋音　壽五十五搖那夜紫氣月華光搖一更
枯木里雲遮挨界紫氣五更索夜摇明又
禿那俄情人木蛇回索摇送那助語
切意　十五夜月明一更時上雲五更復光華
好送有情人其意顛到若云一更雲掩

月情人好來沒人知覺五更月明情人
好去此之意也
少女別郎
壽西之法之禿捏的發柰路路外坦蕩烏溪骨
莭那容辞薄乃立摇那
釋音　壽西之法之十七八禿歲捏的發柰相繞
合路路外就離坦蕩流烏溪骨莭萍草
容辞薄水乾乃立怎得摇那世第三句那字助
語

切意　十八九歲女繞相合就離流萍無水養
怎得父在世
青春嘆世
壽西之法之外勿達单皮所六格華里氣尼法
乃挨殺雞蘇路隅摇那
釋音　壽西之法之外十七八時勿单皮二次所六
格難笑華里氣枯木尼助語法乃格殘花
殺雞蘇路霎時易隅摇那又一世
切意　十七八、時難笑二次好比枯木殘花霎

時又是一世　語雖顛倒意實切也
美女憶郎
摇那乃隅外紫氣尼木頼枯木法乃尼華熱和
慕尓外界里和慕外業蘇
釋音　摇那世乃隅中紫氣月尼助語木頼枯
木層雲法乃花尼助語華熱風和慕你
想你和外界里不来和慕外不想業蘇
倘来

切意　月被雲遮花遭風擺想着来不來不想
来偏来
雜唱小曲
紫氣宜梭法乃尼乞打路外道理華乃付魯那
來心可摇那
釋音　紫氣月宜梭明法乃花乞打路来道理
好中華乃付風魯雨那助語来正音心
可摇心誠那助語
切意　月華花茂趋好而来冲風冒雨心誠而
来　曲意顛倒術此意也

又

黄俺和慕以外燥公乞立拔少十賣打少十賣打少事

釋音　黄俺我和慕以外想你時候燥公草根乞立拔鏈少十里賣打又鏈少十又生

切意　我想你時如草根鏈去又生又鏈又鏈又生

又

峪岩那埋止陽脉索所頼乃峪外谷多摩洪峪多和頼外知摇和復魯理敵

釋音　峪岩嶺那助語埋止松陽脉山索所頼波乃峪浪外谷多摩打不来洪峪多你和里頼我外助語知摇和千年復魯理敵到老　係顛倒之詞

切意　料然波與浪打不過松山嶺你與我千年同到老

夜憶故交

過宿那箇摇兮外何多多秃捏打箇獨世那箇摇兮外黄俺峪獨捏打南尼那只挨下老和多摇里黄俺峪外和一多温那

釋音　過宿那去年箇摇兮今夜外助語何多多女名秃捏打睡箇獨世那今年箇摇兮今夜黄俺我獨捏打自臥南尼那只挨下老因何忘記和多捏里婦人睡夜黄俺峪我身外睡語和一多温那大心肝

切意　去年今夜與和多多同睡今年今夜我自睡因何忘記和多同睡自呼我身大心肝

祝延聖壽

吉峪外知摇慢世知摇慢世秃摇路可庇和以外兮謳打那挨里華荅那秃計摇峪乃

釋音　吉峪君主知摇千年慢世萬歲秃助語摇路可庇恭喜和大以外兮妻謳打那唱挨理華荅那有期秃計摇峪乃太平時世

切意　君主千年萬歲千年萬歲恭喜大宴歌唱有期太平時世

女嘆配遲

一多脉和枯里和白枯里外卸迭華活浮尼揺

那子那烏之華結的一子埋疊

釋音　一多脉和回話枯里和白不明枯里外

卸迭沒頭序華活河浮尼舡子乃棕纜

烏之拴華結的闇起一子埋疊何時離

切意　回話不明白教人沒頭緒世似河舩棕

纜拴乾闇起何時離

琴法

琴樣

制琴亦用絲桐取音按古制宮商角徵羽五音

分設五絲無文武二絃其燕足焦尾徽梳皆同

中國手操之法迎撓勾剔跪指大略無異但譜

曲之聲悉係本國鄉談俗語非正音也

琴譜

憶中華調

可意温安那乃隔法乃兮可意那乃隔國尼許多木

那立空乃拿揺乞而之木那氣揺兮義西一潔揺華

挚尼氣揺陽脉阿和容辞挨私步饒士容路明

哥多兮箇箇路和慕兮木曹烏獮多委秃木路華揺

那渾着路逆封屋之

釋音　可意温安想那助語乃隔中法乃華尼助語

國尼國許多木那人物立空乃揺俊聰

乞而之木那衣服氣揺兮齊整義西一潔

西湖揺華挚兮好景氣揺陽脉青山阿

和容辞綠水容路觀明哥多好看兮助語

箇箇路心和慕兮思木曹可惜烏獮海

多委遠秃木華揺那另世界渾着路在逆

封日本屋之内裡互用

切意　想中華兮想中國兮人物聰俊衣冠整

齊西湖好景青山綠水遊嬉多趣觀之

出奇可惜海遠另一世界不在我日本

國裡

又廻文詞

乃華氣揺那多多和那挸木里那容乃容索容

乃容那里木挸那和多那揺氣華乃

此譜倒順讀之字語意理相同故曰迴文

釋音　乃革氣揺長夜那助語多多和那十八挰木里那困倦寐乃多寐索寐醒乃寐那里浪上行木挰船和多那响揺氣革乃

好

切意　十人共舟夜長困倦浪裡舟行各皆醒

看

棊格

象棊

象棋彼國設名正棋呼音少棋以正字呼為少者是也棊盤横連河界九行直亦九行與中國象棋盤相似正用行而不行路也棋子兩營各有主将一營王将一營玉将各馬主其次序一金将次銀将次桂馬再次香車排定九行之邉左桂馬之前立一角行右桂馬之前立一飛車河界之次各立九步兵於九行内齊齊排定聽行例先舉步兵其角行飛車桂馬香車皆次序聽行其金将銀将皆附王玉将逐步徐行不令參差步兵亦逐步序行止許進而不許退桂馬斜行如象棋之馬同式則不容退迈香車直行與象棋之車同式角行大行四角飛車直冲四跖玉王二将金銀将逐步斜行若斜紋之状亦許過河倘路不通可使退復假若兵馬過河除王玉金将不陞外其銀将過河界即陞金将桂馬香車步兵皆陞金将之名角行過河陞為龍馬飛車過河陞龍王棊子兩面有字若得戦過河界則翻所陞之面用之俱與金将一例行之

無分步兵香車桂馬也皆逐步斜進攻戦如兩營各輸子馬仍聽贏者放入盤内行用兑去子馬亦如之但彼各兵将既臨我營至犯主将之位倘我盤中無子将得彼子馬聽放下盤遮敵如盤中子少手中馬盡必無可防可抵始分勝負如兩營主将過河是為和局

棋子造法

棋子造製上尖圓下平方乃天圓地方之象上薄下厚乃天清地濁之形棊勢将勝亦云将軍

之聲俱手執步兵雖已陞金将之名與主将相徃止将之黙行不敢揚稱将軍之聲亦不敢衝其将軍之鋒如兵卒得其功次雖叨其銜禄舉其力而不敢恃其威也

棋子步法

王将王将例行共八步前三步後三步左一步右一步

金将例行共六步前三步後二步左一步右一步銀将例行共五步前三步後傍左右各一

步

角行例行斜角四步過河陞

龍馬再加前後左右共四步

飛車例行横直四步過河陞

龍王左右前後共加四步

桂馬斜行二步過河陞

金将行步與金将同

香車直行一步過河陞

金将行步與金将同

步兵直衝行一步兵過河陞

金将行步亦與金将同如前路難進欲其退

回逐步徐徐倒退如未陞之前例許進

而不許退也

銀将過河陞金将與金将行步相同其餘倣行

棋盤式樣

正棋定局式

下局之法必先舉飛車或角行主将之前步兵以便出馬也

角行飛車前步兵最緊要也

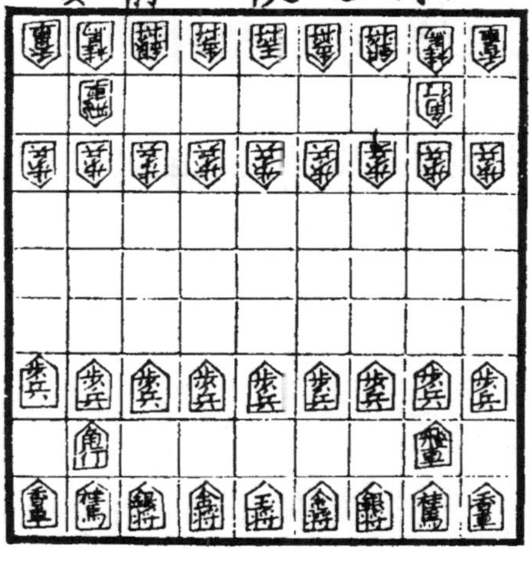

角行過河陞龍
馬右行冲自營
龍王左旋冲彼
金將
飛車過河陞為
龍王八步橫冲
金將有飛車保
護當冕敵則失龍
王金將退允飛車

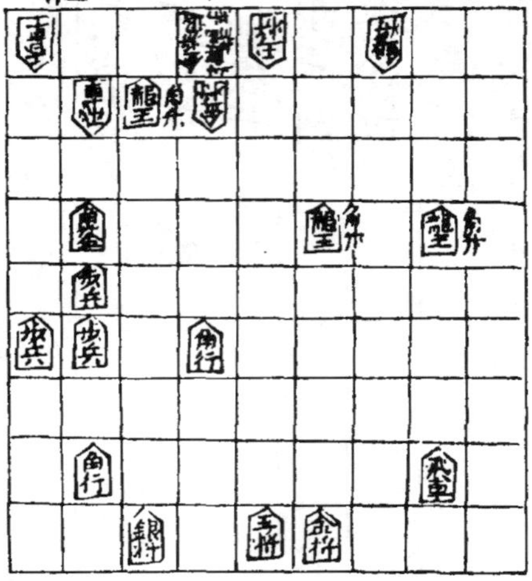

金將斜步過河
不陞與舊行之
如不可進許退
復
銀將斜行過河
陞金將即與金
將一例行之亦許
退覆

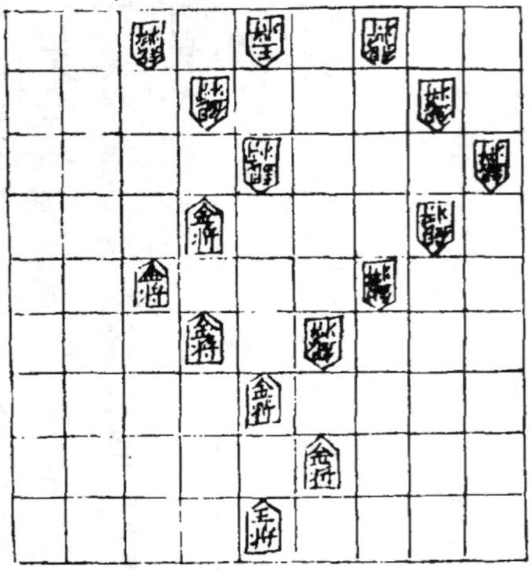

香車直行不容
退縮過河陞金
將至營喝將軍
陞後許退覆
桂馬斜行過河
陞金將則與金
將同未陞不許
退陞復後許返

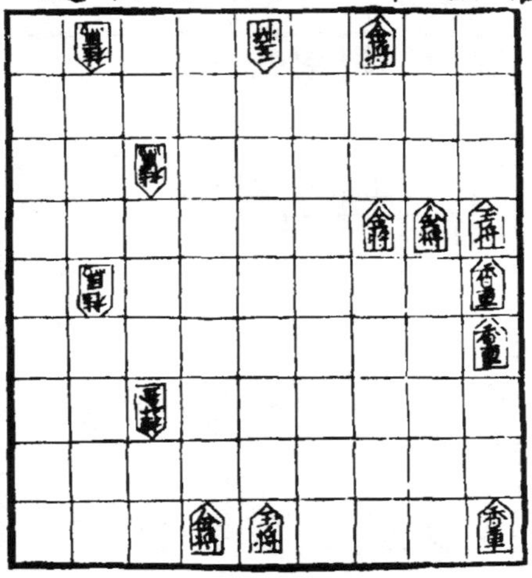

步兵進式
其步兵遂步挨
那而進不許退
縮如過河界陞
為金將即與金
將一例行用但
退復則不同

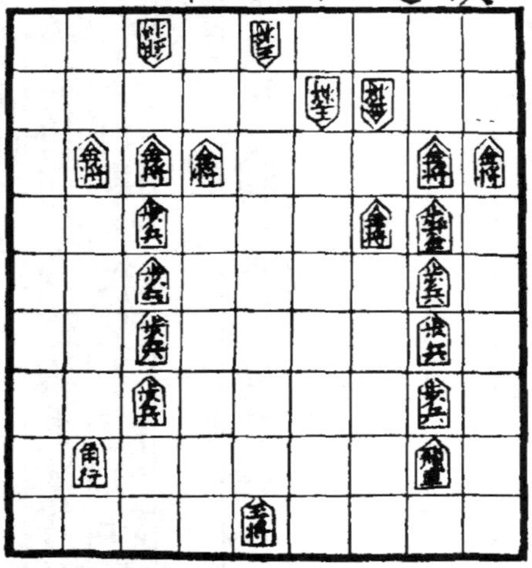

步兵陞金将容
退復式
凡步過河既陞
金将之後無可
追用許令逐步
徐〻倒退不容
橫順返矣

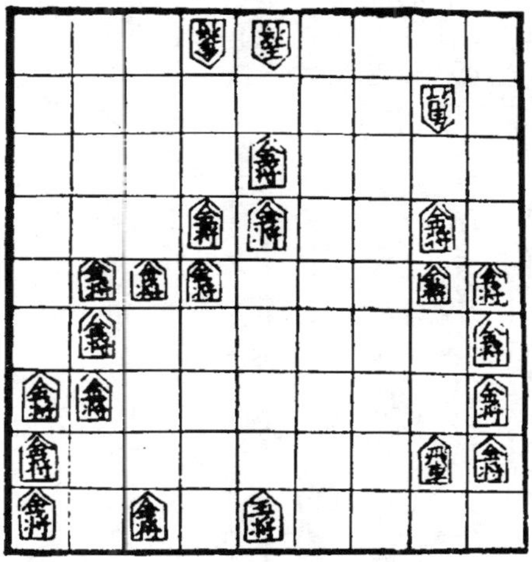

嬴人兵馬俟自
加于盤內擊将
軍故未陞用
但彼亦有我
馬填用則兇
之再看如無
填抵則假此
而勝彼也兩
難求和

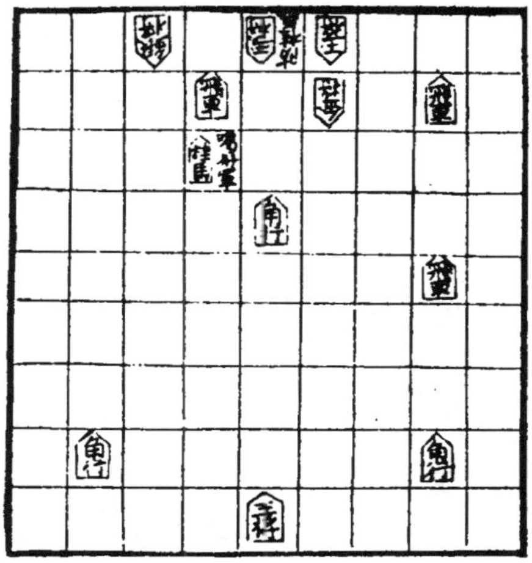

彼此主将過
河人馬相等
和局

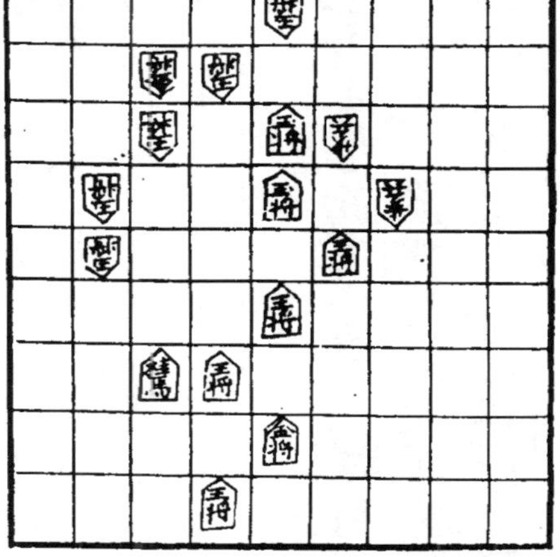

王将輸局
右有金将
左防桂馬
前沒去路
後無遮攔
是為輸局

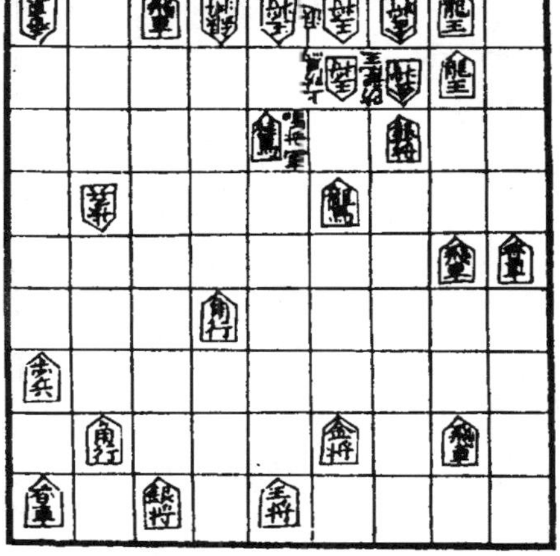

王将勝局

王将破攻至河界與金将相征又値桂馬追護使王将歸往兩難是為輸勢宜詳用之

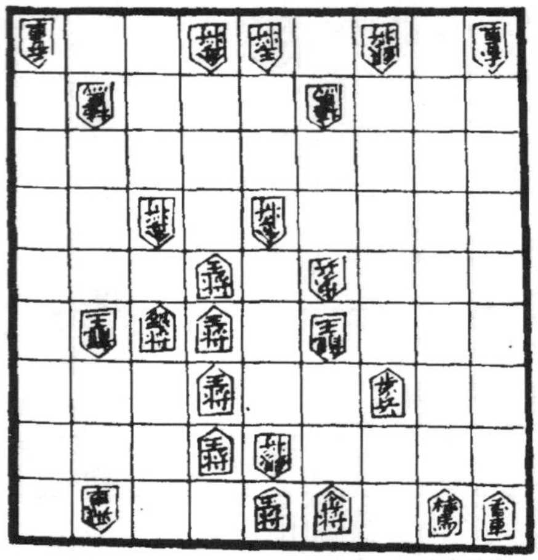

圍棋

其圍棋呼音曰俄棋盤亦分三百六十一着棊子亦分黒白二樣圍佔之法大意相同亦知打急呼曰過户之無識接斷呼曰子吾其兩不入呼曰了無是但負勝與中國殊假如圍佔着數将内所得彼棋子拾于手各收之待盤内兩圍佔畢然後各将所得棋子填彼所佔空内兩皆填滿為和局如填空着不滿筭數多少以分勝負如有一着不能填滿是為輸局填滿内多一着是為贏局外和局呼曰是俄贏曰各打輸曰埋吉打

圍棊子非造成者乃本國沿海之傍而有生成石子儼如做成精緻名曰天生子出于養父山沿海之處白子出于大隅山海傍皆大隅州所屬之地

雙陸

雙陸呼曰新吾六古排馬之法各分三路一路各排五馬共一十五馬移馬之法亦照骰子點數多少行之但骰子不用手擲置一小竹筒長四寸圓大寸餘将骰子放入筒内各手揺之倒出驗點數行馬以防手擲之弊骰子名曰賽移竹筒名曰大吉那子出口内呼曰七其勝負與中國同

正棋圍棋雙陸三者本國而有倍譬正棋可比西番兵馬出行征討之狀圍棋可比大唐征戰之勢雙陸可比本國人馬之形雖乃本國俗戲之言相繼似不遠矣故附録也

征行所禁
蘖外意子子　胡失外箇箇乃子　秃郎外多和　猻達子木　義奴木意子子　呑子乃里計里　米無子石外　木子多所毛私　四一外乃那　獨立多和乃賴白　烏馬沙魯法之尼

釋註
蘖外子　意子子丑　胡失外丑　箇箇乃子九　秃郎外寅多和十　猻卯　達子木辰

呑子辰　義奴戌　意子子丑乃里計里通用　米巳　血子石未木子六　多所毛私皆是　四一外亥乃那子七獨立酉　多和十　乃賴白助語烏馬午沙魯申　法之八

切意
其意以日辰征戰出行所忌方向也是日直子所忌五方即從子上從丑順數至辰是五　即卯子日忌辰方　辰乃正東傍南之地
總圖倣開于後

子日休行辰地　辰係正東傍南
丑日莫犯酉方　酉係正西
寅日切怕逢亥　亥乃西北
卯日須忌未羊　未係正南傍西之方
辰日必防申上　申是西南
戌日不走寅場　寅乃東北也
巳日忌行戌處　戌方乃正西傍北之也
未日索處子殃　子方正地在北彼國甚忌
亥日不宜巳巽　巳在東南

酉日偏忌午鄉　午正南方
午日自愁見丑　丑地在正北傍東
申日愁會卯傍　卯係正東
巳上係本國出征出行之切要謹錄于後以傳不寧後之學者不可不留于心耶

纂法
子五丑九寅是十　卯辰連戌五是訣
酉十午甲八數真　巳未六數亥獨七

捷法

子忌辰方丑怕酉　寅怕亥方卯怕羊
辰防申上戌寅畏　巳又怕戌未子殃
亥日怕巳酉忌午　午愁見丑申卯詳
識破東夷真妙法　民安國泰静邊疆

日本考卷之五終

跋

右日本考五卷，明李言恭郝杰同撰。言恭字惟寅，號秀巖，岐陽武靖王文忠之九世裔孫，以萬曆二年襲封臨淮侯。杰字彦輔，蔚州人。言恭生而岐嶷，喜讀書，及長工詩，與王鳳洲李滄溟輩稱海内十才子，有貝葉齋靑蓮閣二集行世，與胡應麟爲友，應麟少室山房集與之往還倡和甚繁，通於日本情事，應麟送之詩，有月支奉舊朔，日本祈新封之句。督京營戎政時，倭亂方劇，與右都御史杰摭拾舊聞，同撰日本考。黄虞稷千頃堂書目四庫全書地理類存目均著錄其書。是書卷一爲日本國圖倭國事略，卷二沿革疆域，卷三字書歌謠，卷四語音天文時令風俗，卷五文辭詩歌游藝，條例詳明，刊於明萬曆間，每半葉九行，行十八字。四庫存目稱「此書記其山川地理及世次土風，而於字書譯語臚載尤詳。後倭陷朝鮮，封貢議起，杰以力爭不合，徙南京，而言恭子宗城卒爲石星所荐，充正使往封，而倭情中變，易服逃歸，被劾論戍，蓋徒恃紙上空言，宜其不能悉知情僞。」然日本自奝然入貢，吾國人始知日本五畿七道之名及所領州郡之數，惜未能辨其地望。如薛俊之日本考略，據傳聞以爲圖，方向莫明，是書之圖殆亦稱是。惟是書所引文辭如戒嚴王思行成表，明史即據以入日本傳，所記日本史事雖未如明史之詳審，而民物風俗語言文字實可補明史之未備。明代於東南沿海邊防隆慶以還前有倭寇之紛擾而後有朝鮮之亂時當日本室町幕府時代君臣宗室互相屠殺爲日本混亂之秋各島諸倭薩摩浪民歲常侵掠海濱而吾國奸民徐海汪直輩又往勾結之卒釀倭寇之亂禍及沿海諸省兵連禍結垂數十年名將如戚繼光俞大猷等僅而後能克之是書稱「向之入寇者薩摩肥後長門三州之人居多其次則大隅筑前筑後博多日向攝摩津州紀伊種島而豐前豐後和泉之人亦間有之乃因商于薩摩而附行者也」其言極爲有據自豐臣秀吉之寇朝鮮雖經李如松之撻伐亂甫削平而東酋又起是倭寇之亂堪與明廷相終始故明史日本傳云「終明之世通倭之禁甚嚴閭巷小民至指倭相詈甚以噤其小兒女」當時士大夫於日本情事亦憙研究載於千頃堂書目者有薛俊日本考略三卷鄭若曾日本圖考二卷侯繼曾日本風土記四卷且薛俊鄭若曾二書均著錄四庫存目其他關於日本史事者尚有鄭若曾籌海圖邊十三卷宋應昌經略復國要編十四卷然記日本民物風俗語言文字則無逾是書之詳者也安陽謝國楨

日本一鑑十六卷（卷一至卷五）

〔明〕鄭舜功撰

《日本一鑑》十六卷，明鄭舜功撰。舜功新安人，嘉靖三十四年（一五五五）以布衣赴闕陳言願往日本採訪夷情，爲總督楊宜所辟，受遣出使宣諭日本。次年回國，被繼任總督胡宗憲繫獄七年，遂發憤撰成此書。凡十六卷，含《絶島新編》四卷，記日本地理，並附地圖；《窮河話海》九卷，記日本歷史、地理、政治、人文、文字、明日貿易及倭寇問題甚詳；《桴海圖經》三卷，記隨行見聞，配以簡圖。據中國國家圖書館藏民國二十八年（一九三九）影舊抄本影印。

日本一鑑絶島新編

壹冊

民國貳拾八年
據舊鈔本影印

日本一鑑絶島新編卷之一

奉使宣諭日本國新安郡人鄭舜功敍編

山嶠絶海將

命浮航期謫攙槍披行天市是域也日本之區後漢建武中元始通中國時會稽人航海遭風流移澶洲聞歸云遠絶而已漢魏以後其常入朝雖聞未經詳魏晉　唐亦各遣使未審其詳矣胡元閏位於華夏使艘數遣一竟不得其詳也

初使人要領罕聞永樂之使要領漸知之至宣德時馭以要波百有餘年要領亡矣庚戌以來姦宄交作邊腹生民之被慘毒忍不可言一念生民又念先世忠義書史旌常不自料量廣詢博采輙奮狂愚奏奉

宣諭歴履鯨波行忠信之言彰

文德之敷東夷聽信禁令乃行館彼六月諮其風俗詢其地位得聞其說
得覽其書覆按書言皆合於一其不我誑豈非忠信之驗
文德之徵者乎故命從事將其圖冊繪錄之備按書編遂為類聚以寄衹
役之談歸于
王師計數之秋輒以文告下獄故違忠信未即治安是書棄置既久矣
曩在縲絏適客問曰使於四方如琉球者有紀錄如松漠者有紀聞
天使日本夫豈無錄無聞焉告語見聞曾有成集又聞島守以賦溷編覆
按之其於通國地方名號因夫字類聞見無遺未逮見聞敢溷編次書
成一卷萬里欻然絕島新編題答客問亦
天使人之效也將貽教世士君子我後之使者未必不資其說云

圖

中國東海外藩籬日本行基圖

西

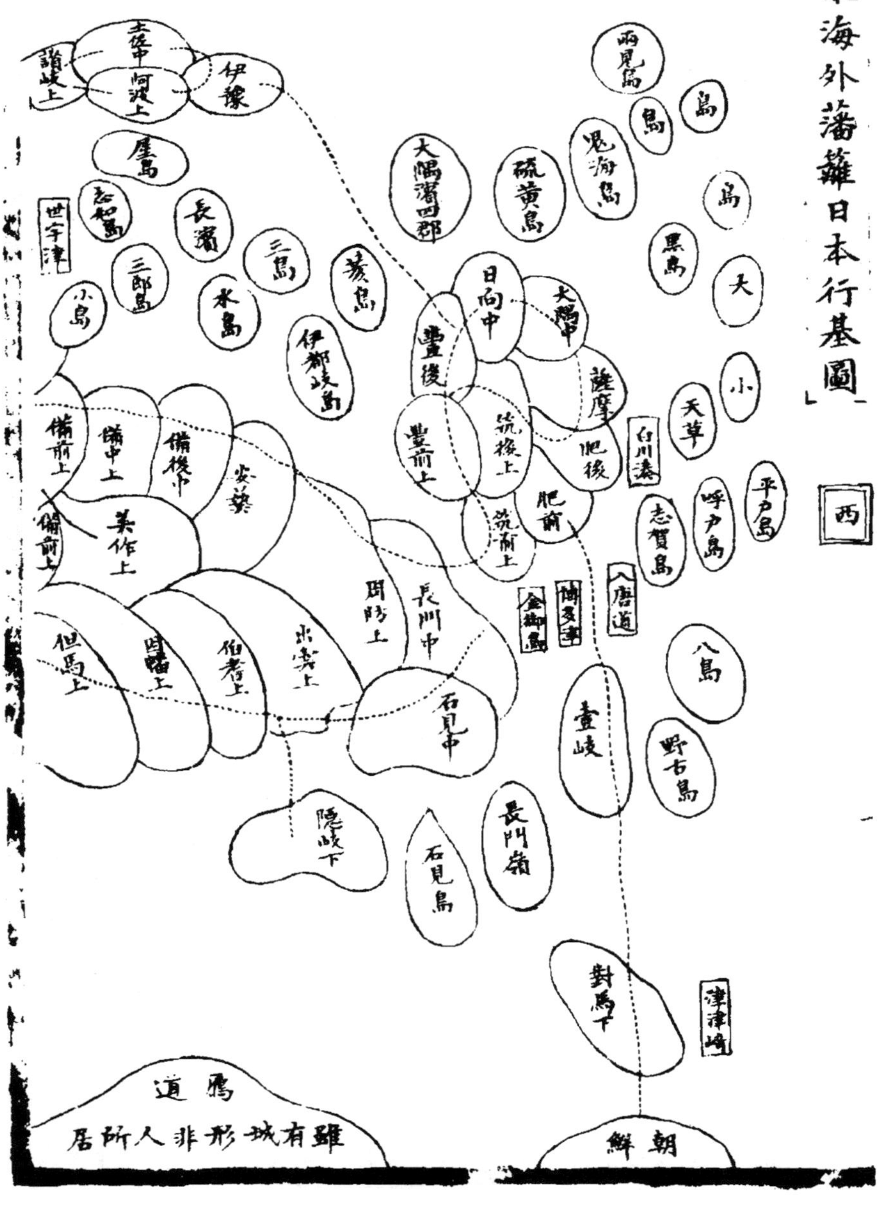

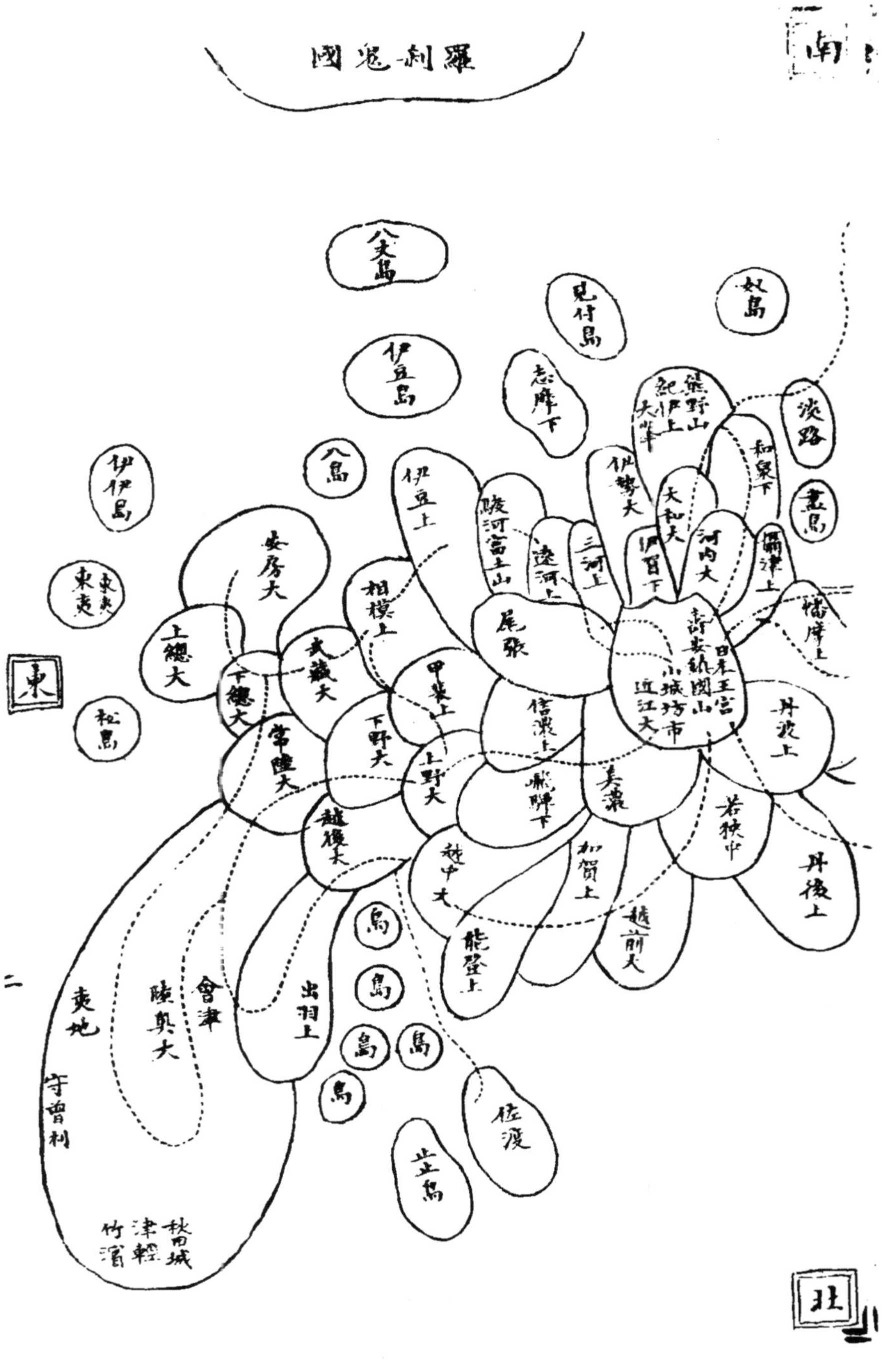
羅刹鬼國
南
八丈島
見付島
奴島
伊豆島
志摩下
熊野山
紀伊上
大峯
淡路
和泉下
八島
伊伊島
伊豆上
駿河富士山
伊勢大
大和大
攝津上
河内大
伊賀下
三河上
安房大
相模上
尾張
東夷
上總大
武藏大
甲斐上
日本王宮
小城坊市
近江大
東
松島
下總大
常陸大
下野大
信濃上
上野大
美濃
丹波上
飛騨下
越後大
越中大
加賀上
若狹中
丹後上
越前大
能登上
島
島
島
島
島
出羽上
會津
陸奧大
夷地
守曽利
佐渡
秋田城
津輕
竹濱
北
二

豐後島夷意畫圖

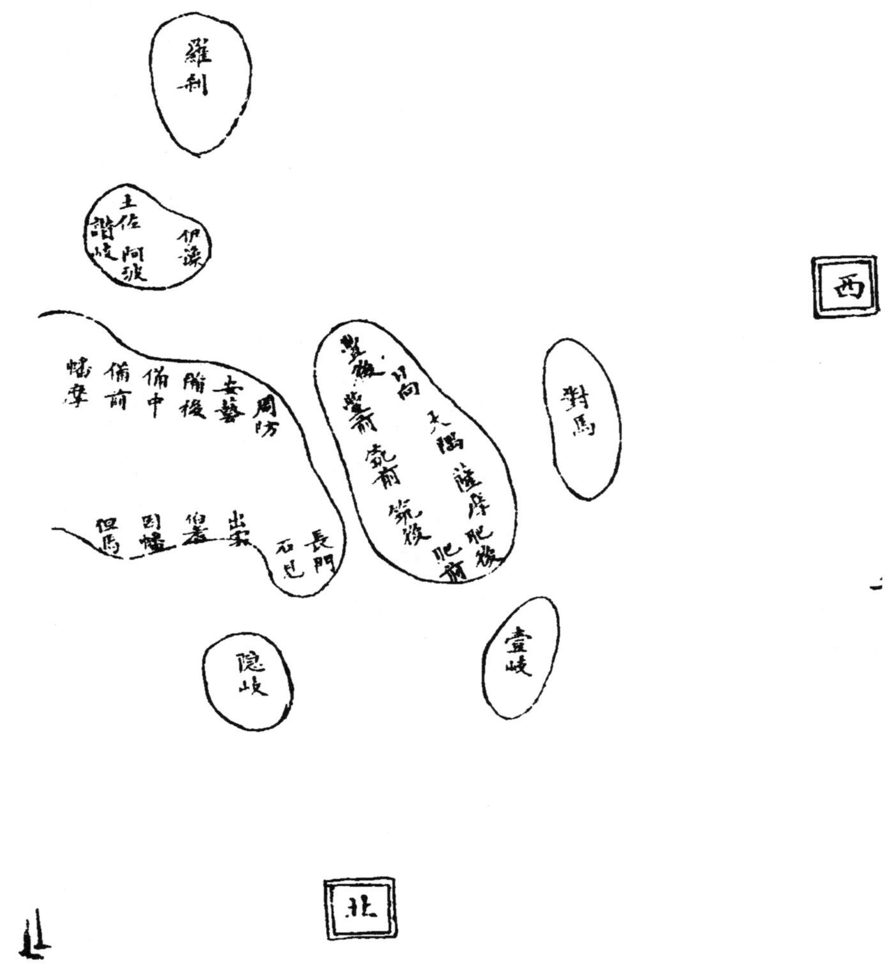
西
羅刹
土佐
讃岐
阿波
伊豫
幡摩
備前
備中
備後
安藝
周防
但馬
因幡
伯耆
出雲
長門
石見
豐後
日向
豐前
大隅
筑前
薩摩
筑後
肥後
肥前
對馬
壹岐
隱岐
北

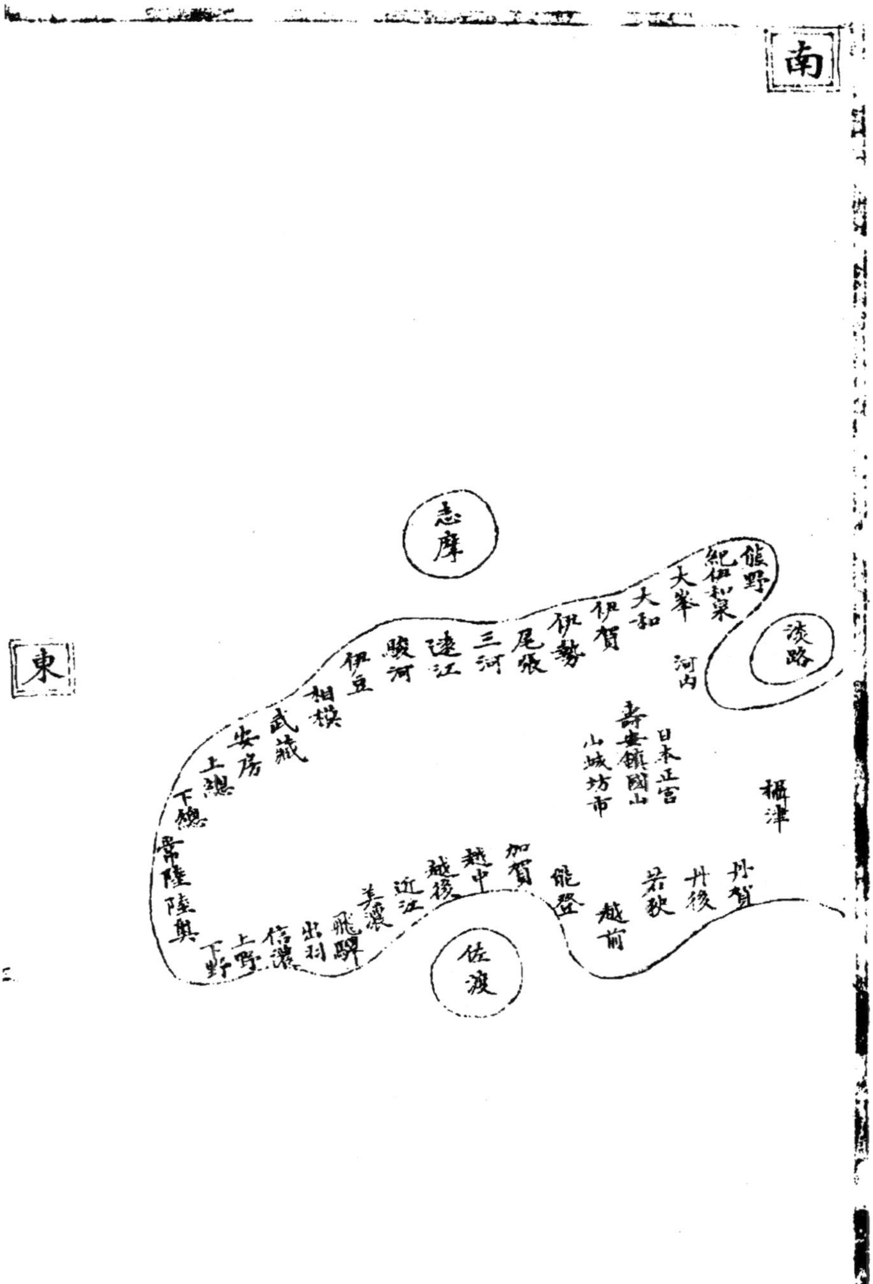
南
東
志摩
淡路
佐渡
紀伊
和泉
大和
伊賀
伊勢
尾張
三河
遠江
駿河
伊豆
相模
武藏
安房
上總
下總
常陸
陸奥
下野
上野
信濃
出羽
飛驒
美濃
近江
越後
越中
加賀
能登
越前
若狹
丹後
攝津
河内
壽安鎮國山
日本正宮
山城坊市

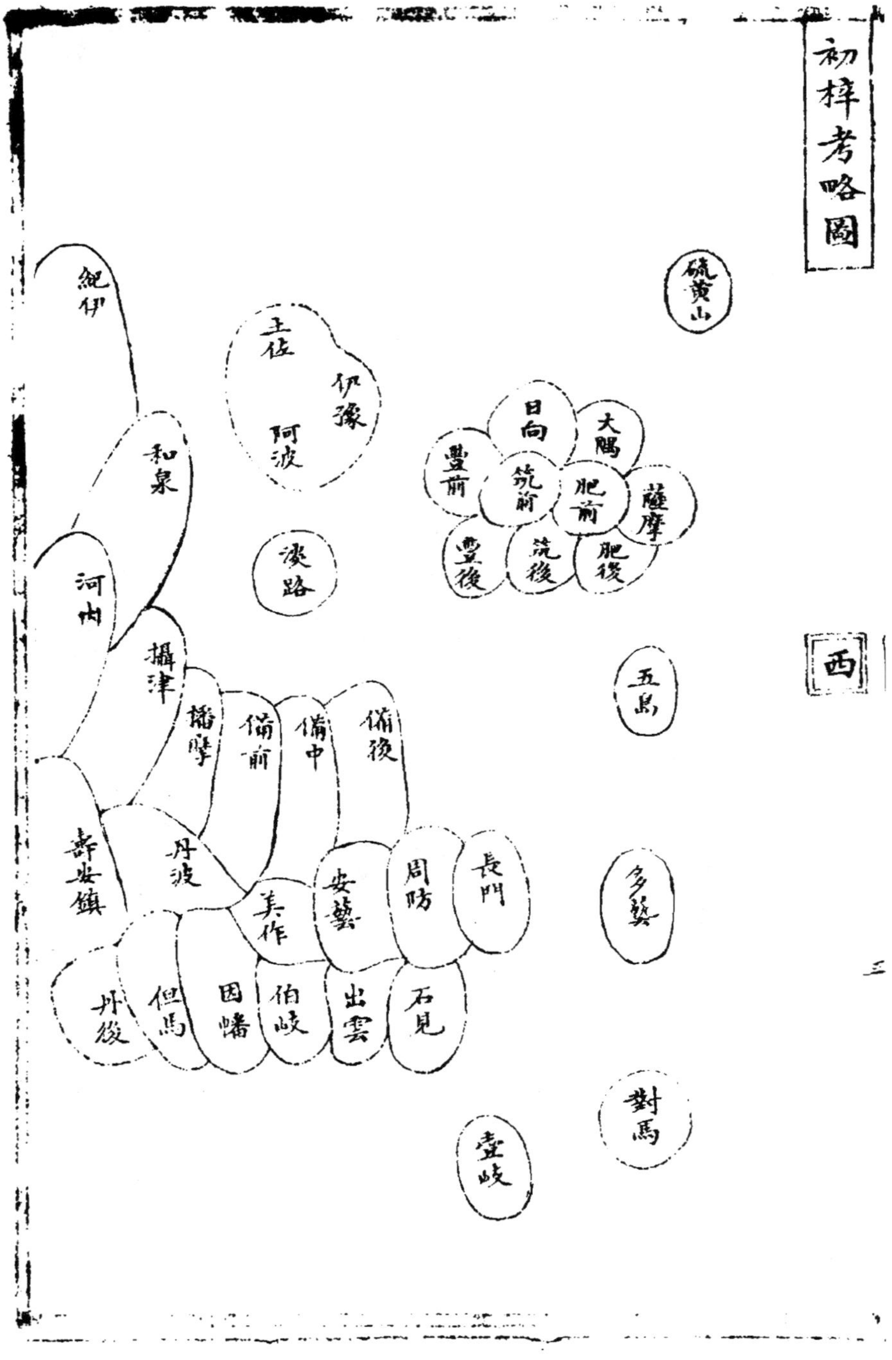
初梓考略圖
硫黄山
紀伊
土佐
伊豫
阿波
和泉
淡路
日向
大隅
豐前
筑前
肥前
薩摩
豐後
筑後
肥後
河内
攝津
播摩
備前
備中
備後
五島
西
丹波
美作
安藝
周防
長門
多藝
丹後
但馬
因幡
伯岐
出雲
石見
對馬
壹岐

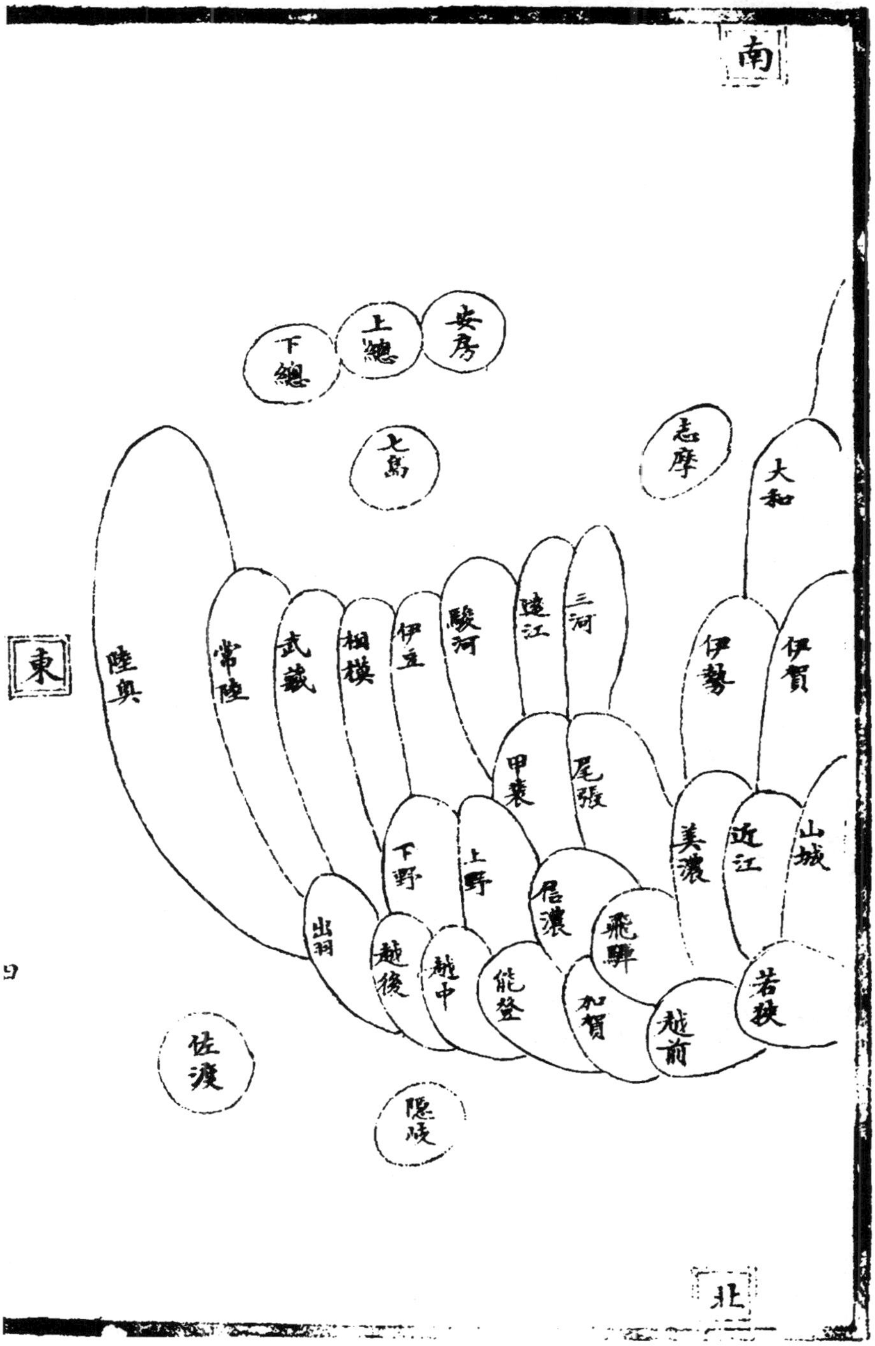
南
東
北
安房
上總
下總
七島
志摩
大和
陸奥
常陸
武藏
相模
伊豆
駿河
遠江
三河
伊勢
伊賀
甲斐
尾張
美濃
近江
山城
下野
上野
信濃
飛驒
出羽
越後
越中
能登
加賀
越前
若狹
佐渡
隱岐

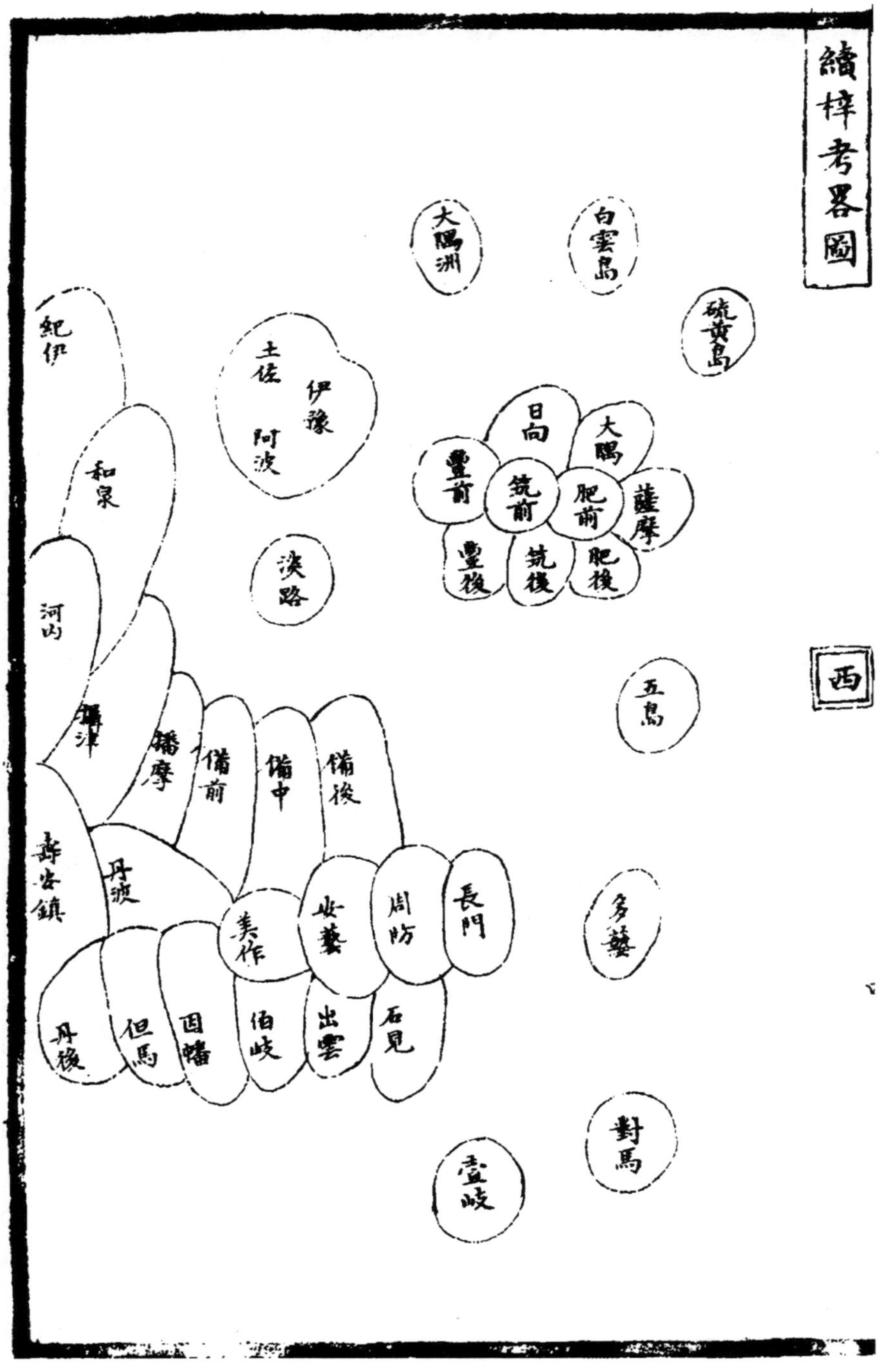

大隅洲
白雲島
硫黄島
紀伊
土佐
伊豫
阿波
和泉
日向
大隅
豐前
筑前
肥前
薩摩
豐後
筑後
肥後
淡路
河内
西
五島
攝津
播摩
備前
備中
備後
丹波
美作
安藝
周防
長門
丹後
但馬
因幡
伯岐
出雲
石見
對馬
壹岐

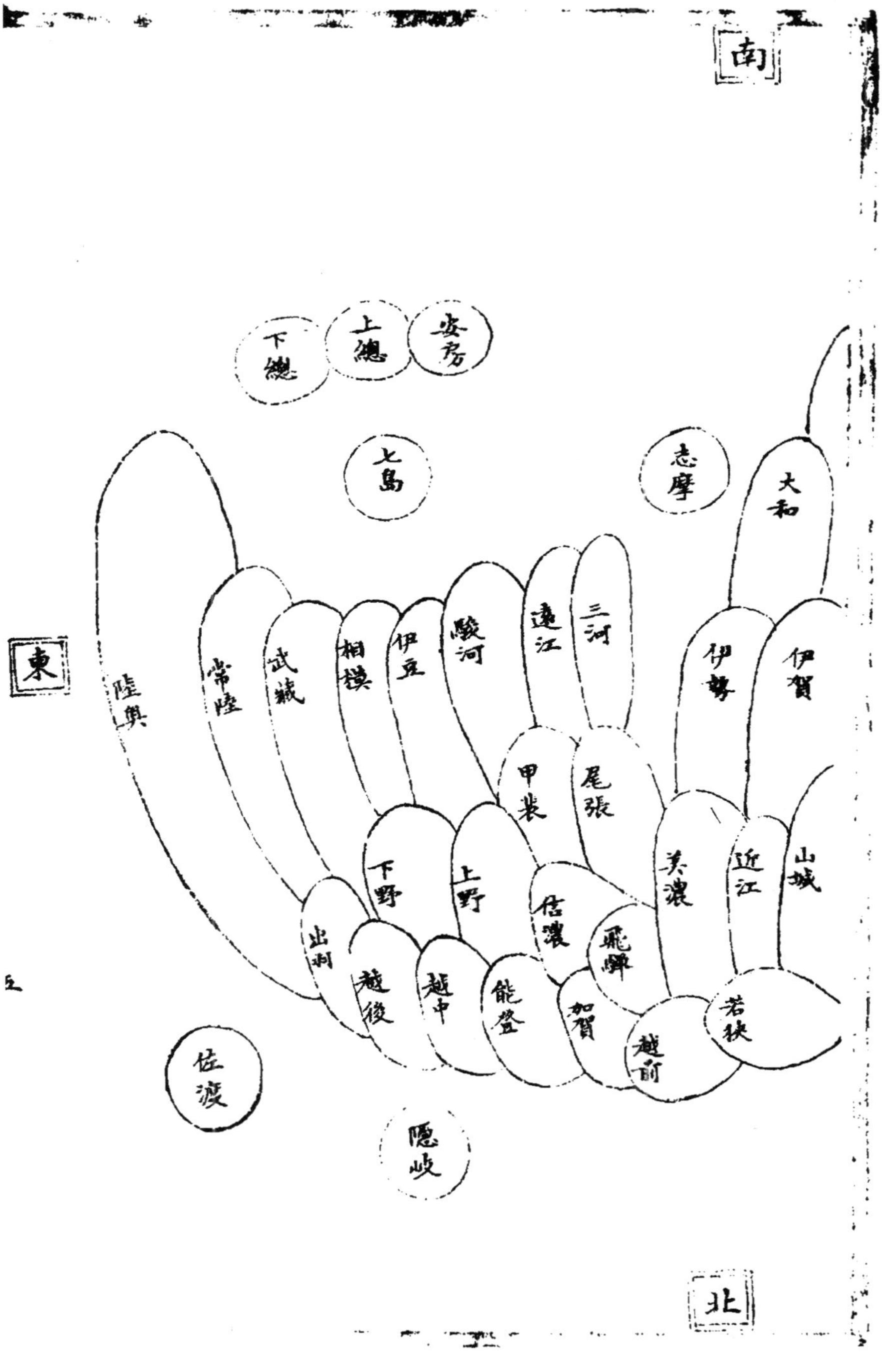
南
東
北
安房
上總
下總
七島
志摩
大和
陸奧
常陸
武藏
相模
伊豆
駿河
遠江
三河
伊勢
伊賀
甲裴
尾張
下野
上野
信濃
美濃
近江
山城
飛驒
出羽
越後
越中
能登
加賀
越前
若狹
佐渡
隱岐

廣輿圖附圖

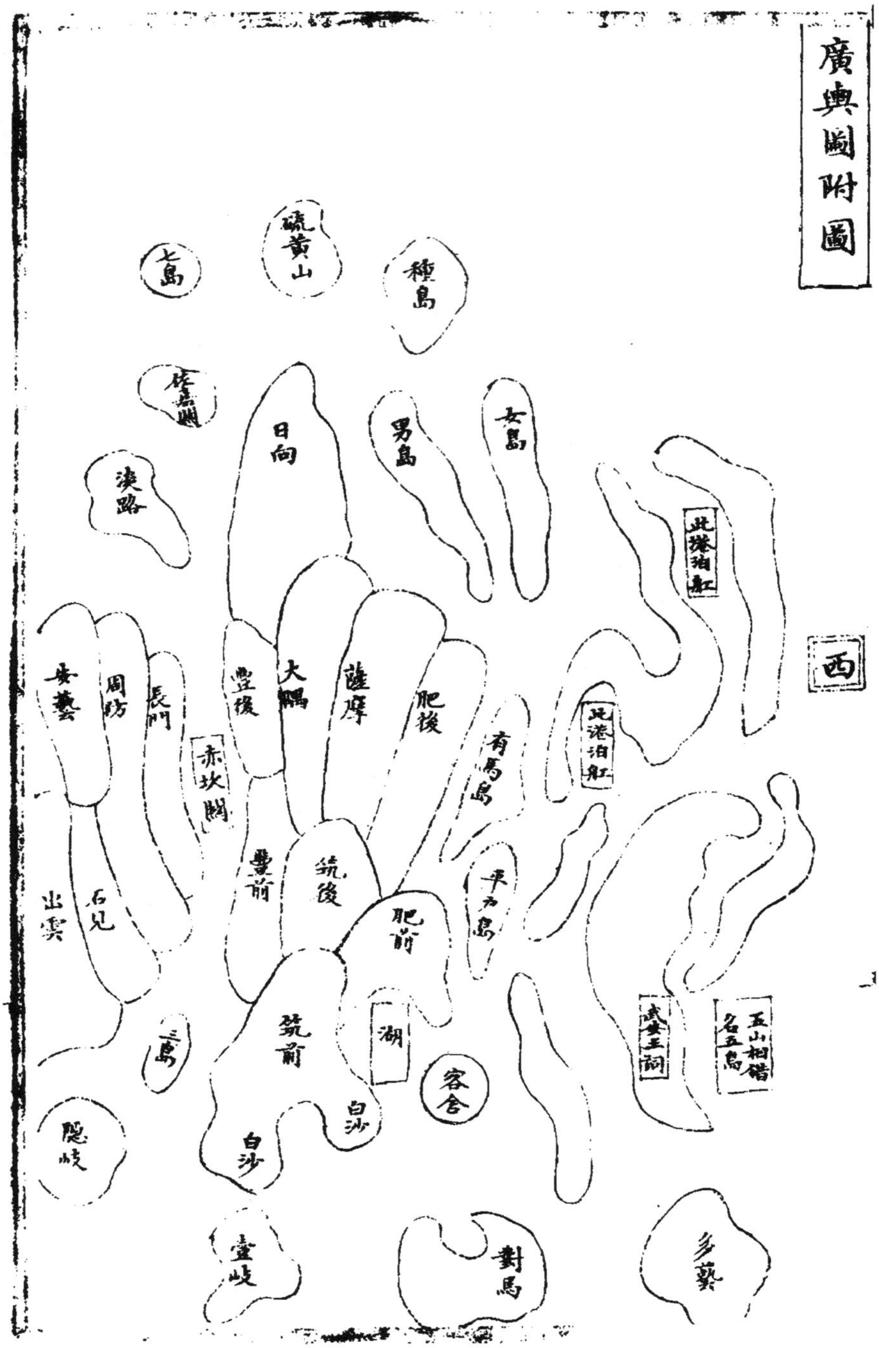
西
七島
硫黄山
種島
日向
男島
女島
淡路
此港泊舡
安藝
周防
長門
豐後
大隅
薩摩
肥後
有馬島
赤坎關
此港泊舡
豐前
筑後
平戶島
出雲
石見
肥前
筑前
湖
武壹王祠
五山相錯名五島
三島
客舍
白沙
隱岐
白沙
壹岐
對馬
多藝

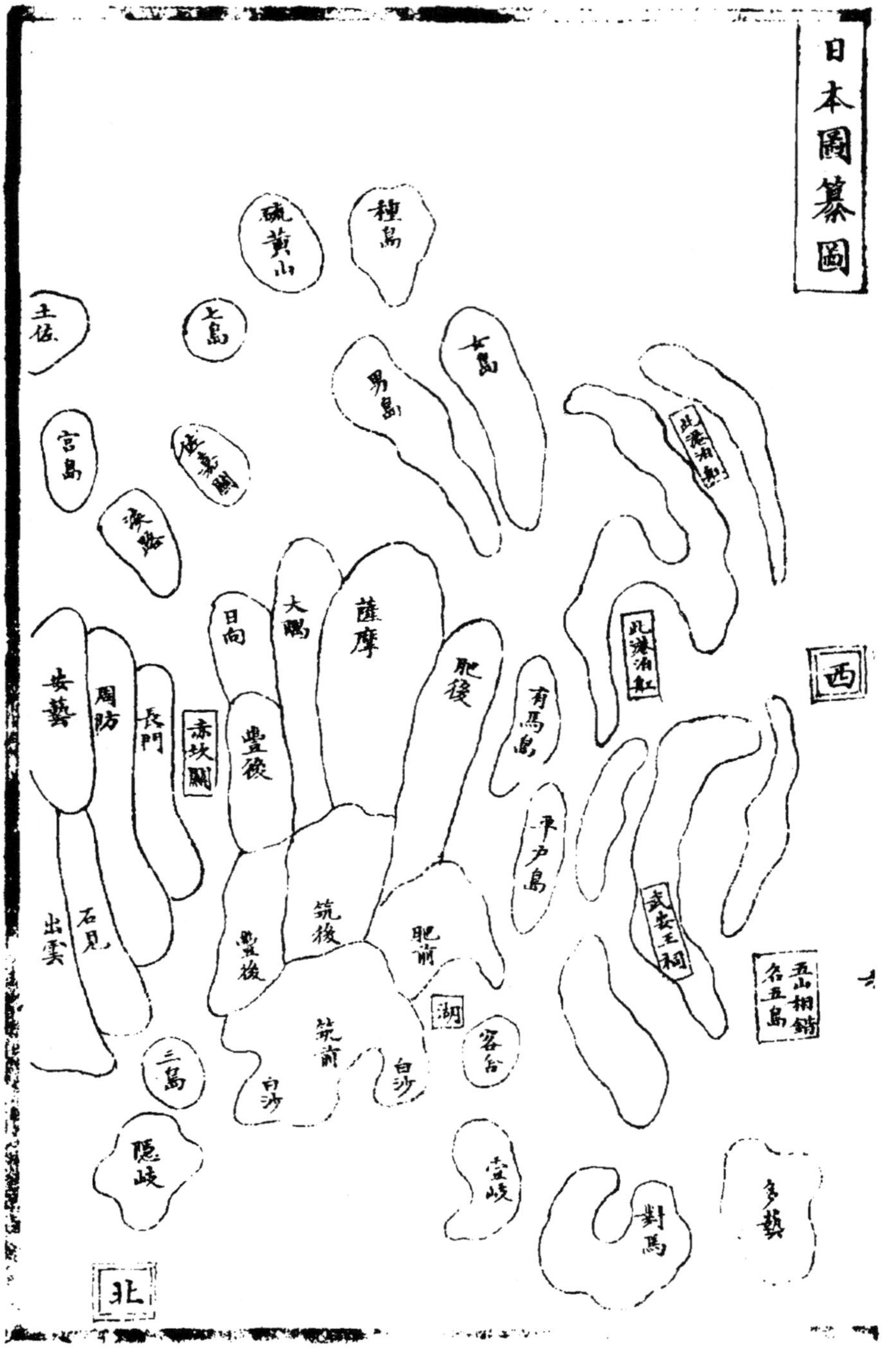
日本圖纂圖
硫黄山
種島
土佐
七島
女島
男島
宮島
佐渡關
淡路
此港泊船
此港泊船
西
大隅
日向
薩摩
肥後
安藝
周防
長門
赤坎關
豐後
有馬島
平戶島
武安王祠
五山相錯名五島
出雲
石見
筑後
豐後
肥前
湖
筑前
容台
三島
白沙
白沙
隱岐
壹岐
對馬
多藝
北

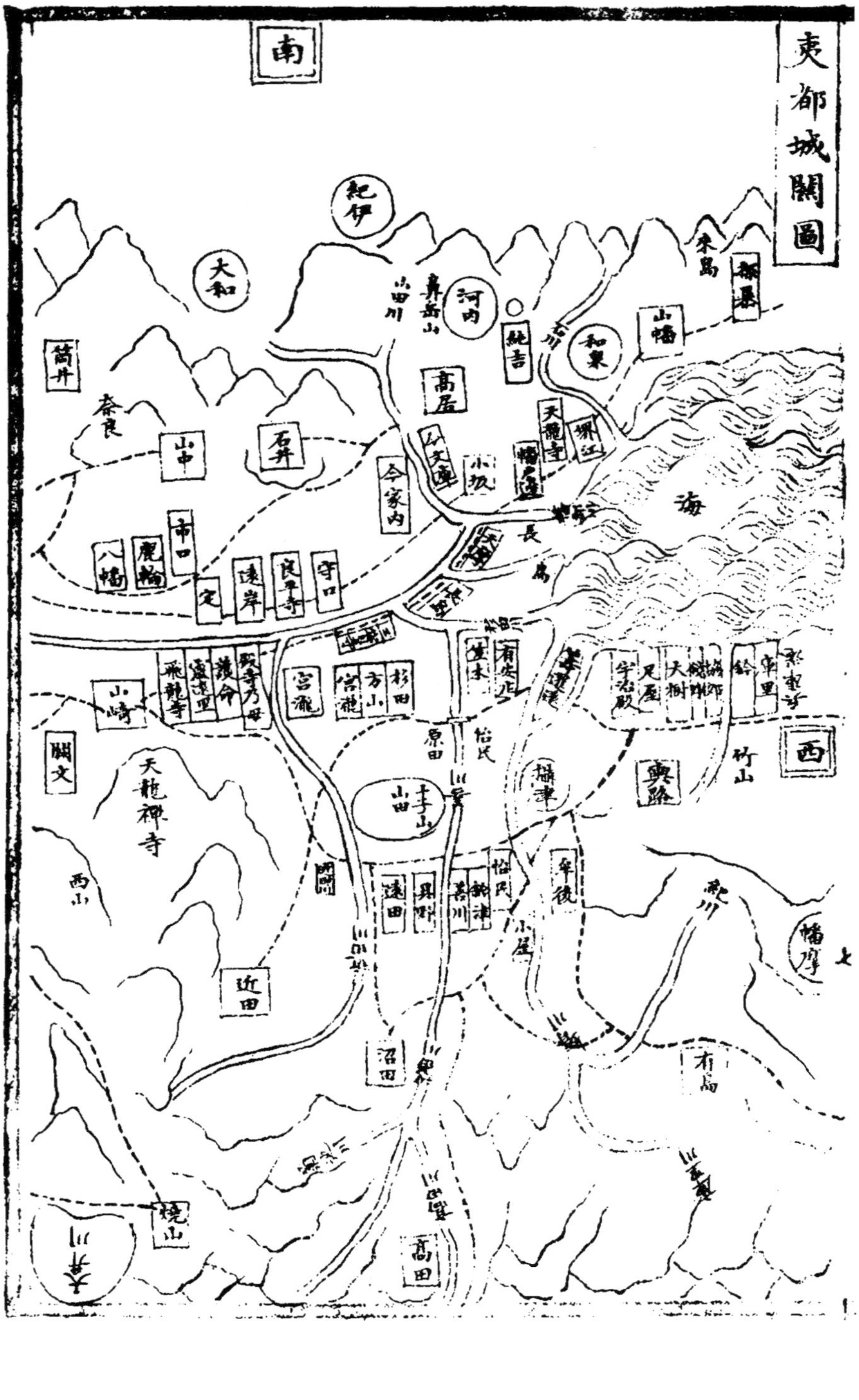
夷都城關圖
南
西
海
大和
紀伊
河内
和泉
高屋
今家内
石井
山中
奈良
筒井
天龍禪寺
近田
沼田
高田
攝津
竹山

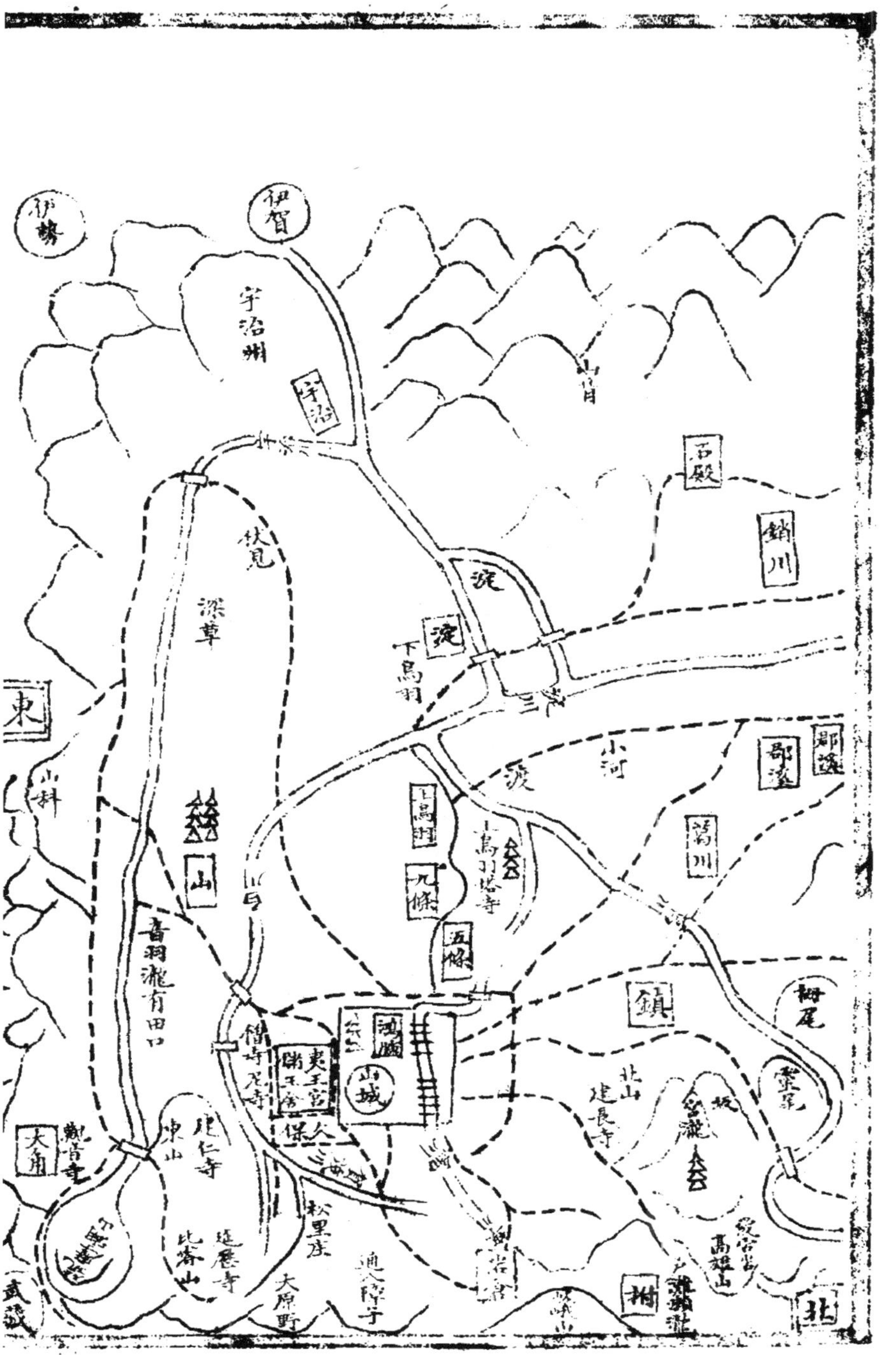
伊勢
伊賀
宇治州
宇治
西殿
淀
淀
下鳥羽
東
小河
淀
山科
上鳥羽
九條
五條
山
音羽瀧
鎮
栂尾
山城
北山
建長寺
大角
觀音堂
東山
建仁寺
比叡山
延暦寺
松里庄
大原野
高雄山
北

夷王宫室圖

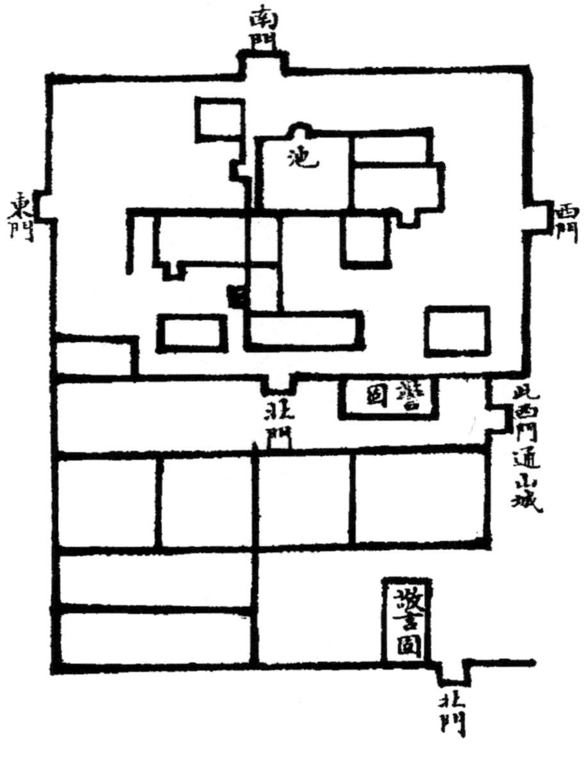

久保宮室圖

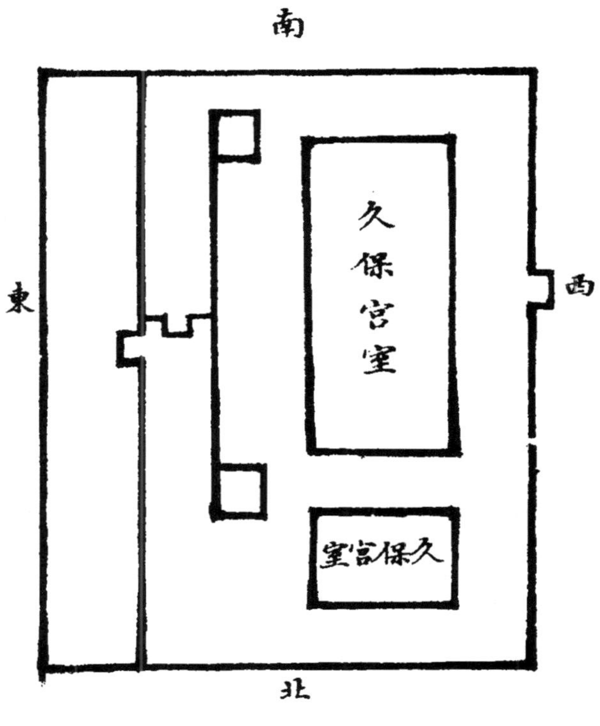

山城坊市圖

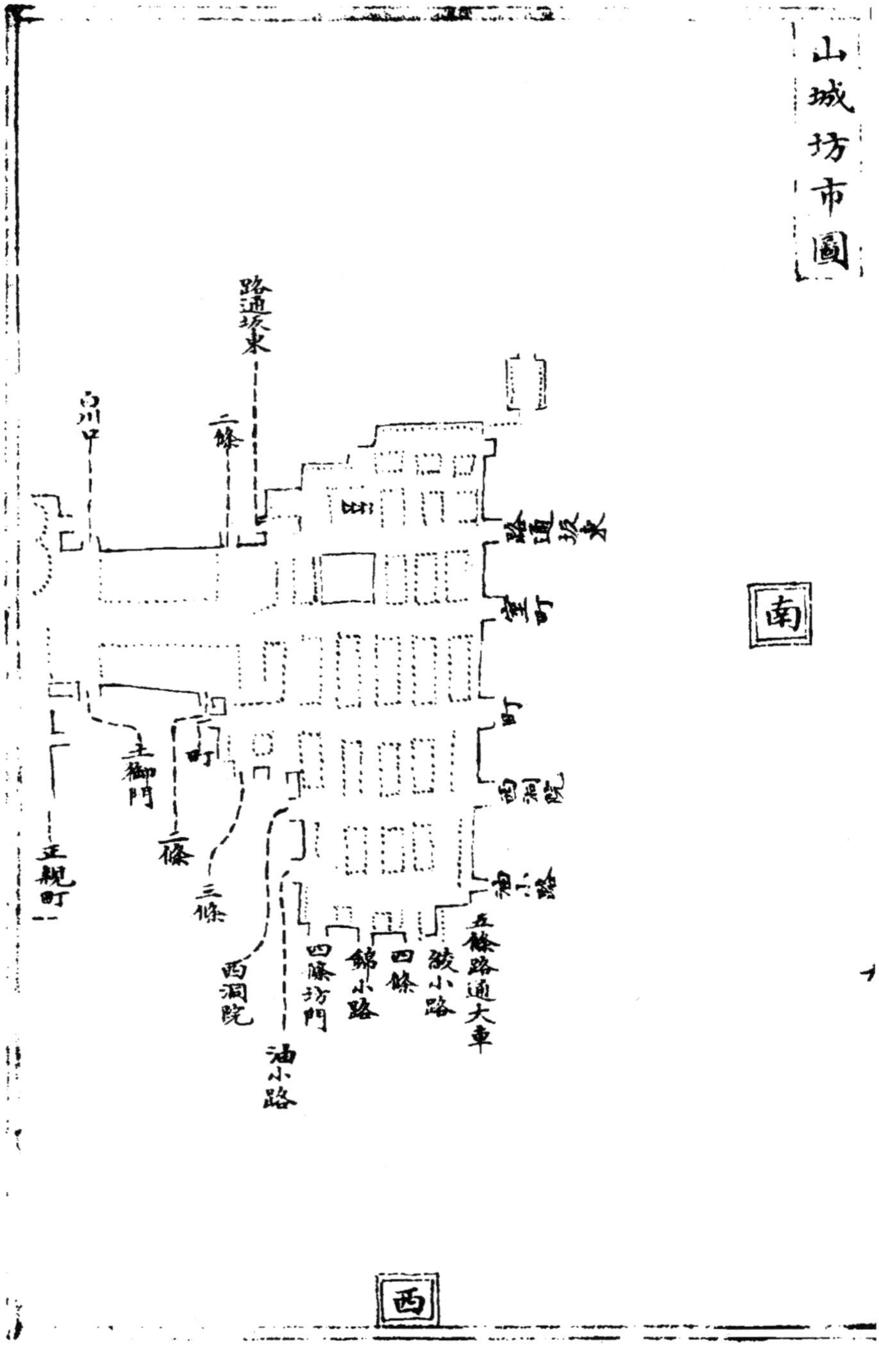

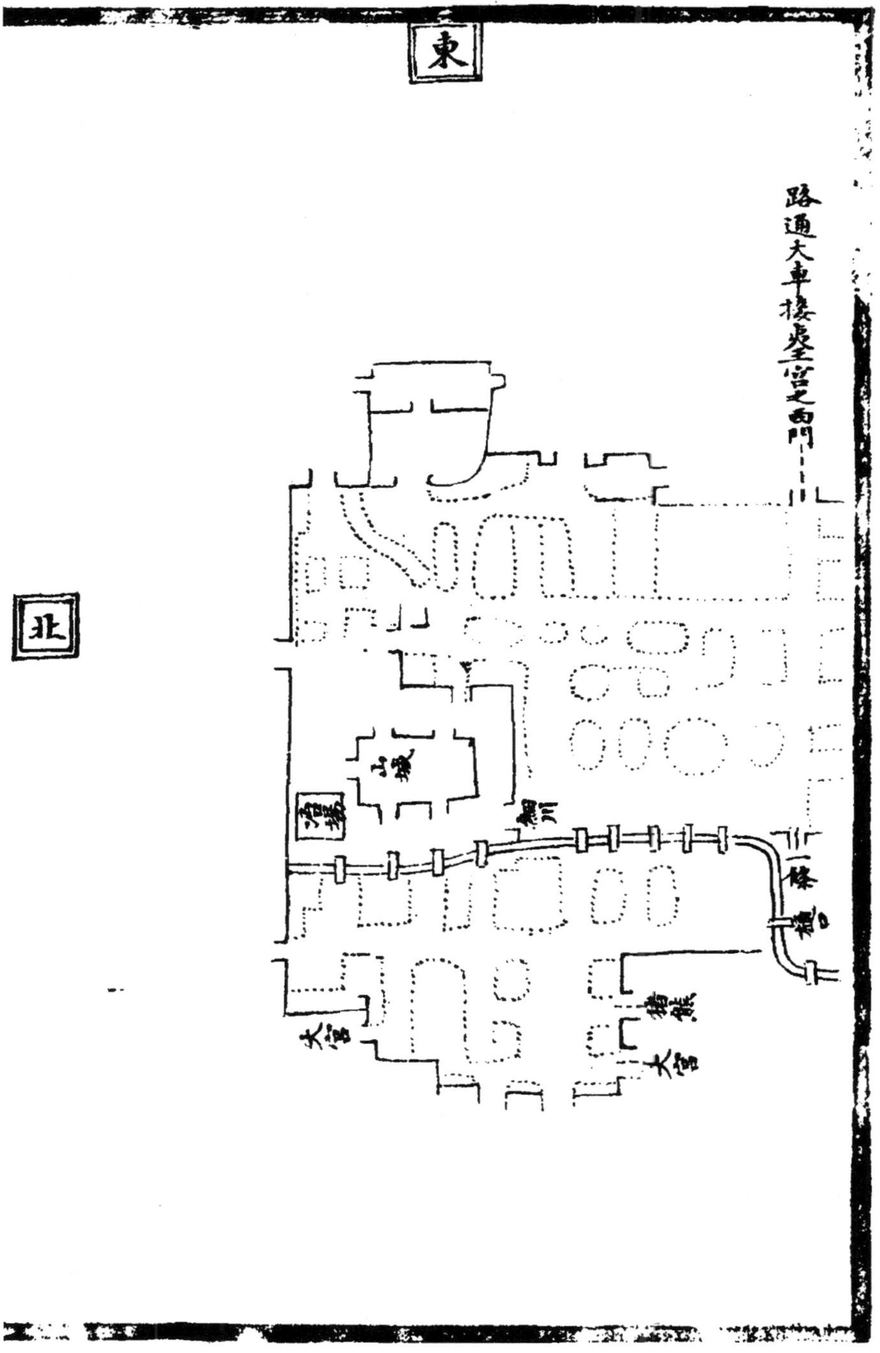
東
北
路通大車橋處皇宮之西門
山城
一條橋
大宮
大宮

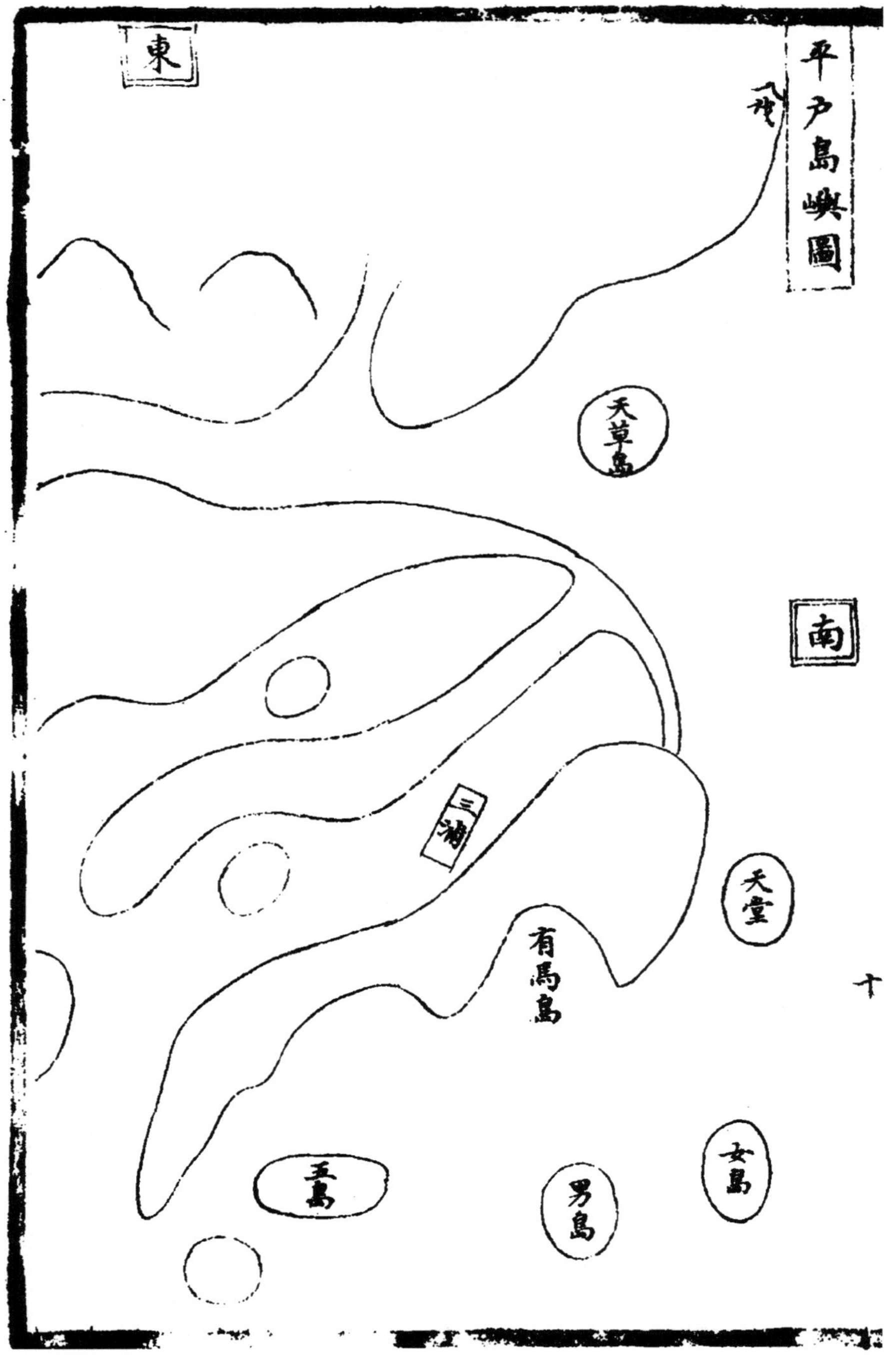
東
平戶島嶼圖
天草島
南
三浦
天堂
有馬島
五島
男島
女島
十

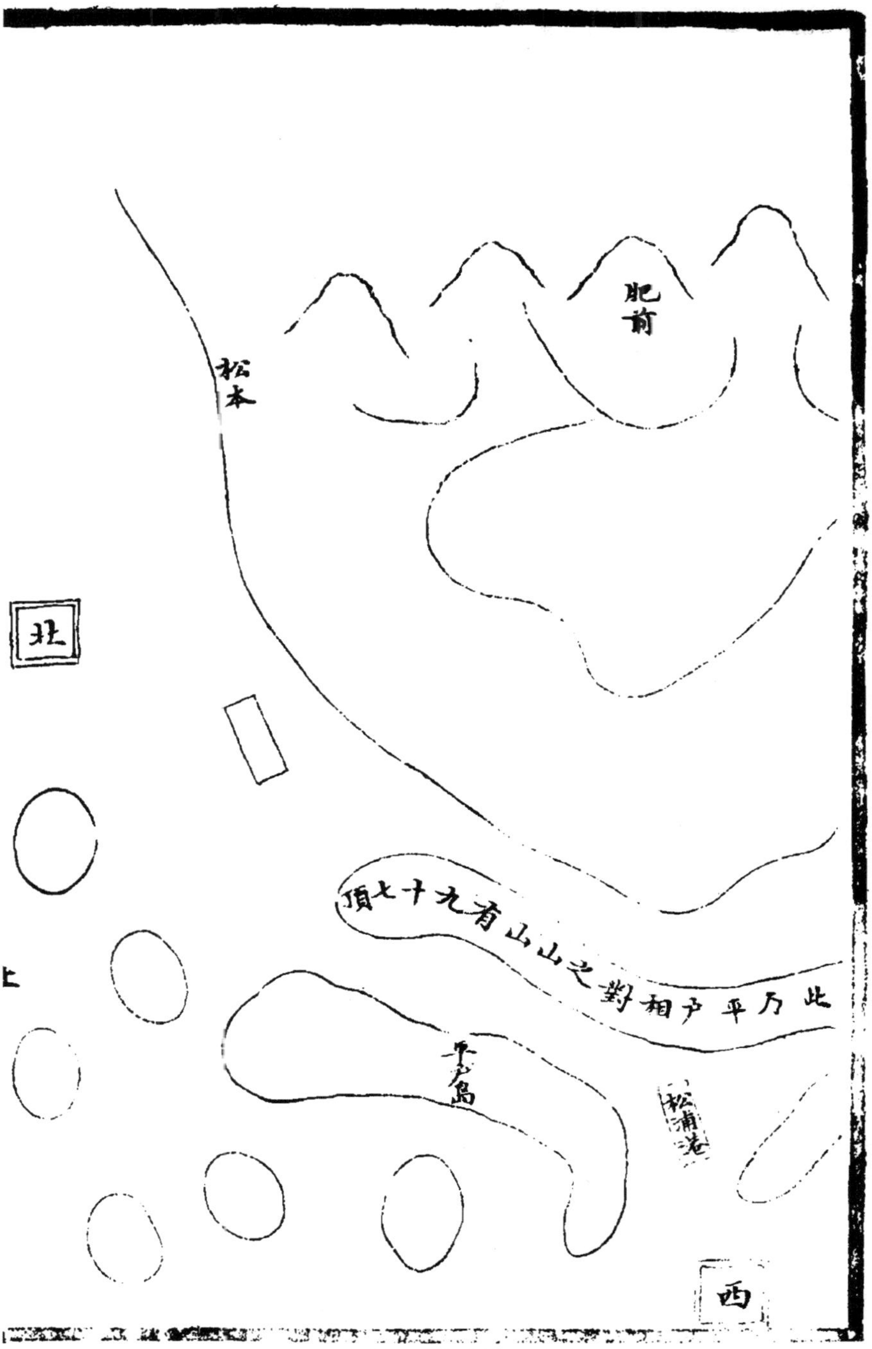

肥前
松本
北
此乃平户相對之山山有九十七頂
平户島
松浦港
西

圖　假如圖字圖事悉歸圖字下凡查島字地名者於後載字究知之

右第一圖日本諸島之圖也按日本圖來中國者凡七其一為定海考畧圖其二亦定海續為考畧圖其三予初至彼所得也其四予久館彼得之也其五從事於彼後得者其六為廣輿圖所附者其七為圖纂之所繪者定海初為考畧圖尚闕讃岐又筑豐肥前後倒著續為考畧圖乃定海武臣之作所大槩如前考畧圖增繪屋久等島矣區區初得之圖豐後島夷意畫者次得行基圖按其頗詳行基者夷僧也俗姓志高先百濟王之後家於和泉大島郡夷王聖武以為菩原大僧正使狩諸島故作圖書名題行基島號秋津秋津者夷謂蜻蜓夷俗通云形如蝴蝶行基之圖久傳其間而我得矣從事沈孟綱之得之圖惟傳聞焉蓋予以書諭夷王旋歸陷殺於廣潮潮人之得而燬之於予之所未見者疑是行基之圖爾但原得於夷都會事豈不加詳悉焉廣輿附圖之類琵琶亦闕讃岐而亂堺江又島小路誤作淡路圖纂之圖

不亂堺江亦闕讃岐而誤淡路矣云類琵琶者土佐島夷意畫也若夫讃岐土佐原是毗連地方二國況既闕讃岐非本島夷之所誤疑或傳寫遺落爾備按國書地如獨鉅頭云乎佛法滋盛也一云如寶形仍金銀銅鐵珍寶五穀豐稔也圖為我之所取者準其行基之圖爾細按其圖水陸之道莫不精詳海曲島嶼頗大與書小島無算圖繪不盡又按海曲山島古今名異仍訪古而書之雖曰絕島夷區信是一覽焉萬里其古今圖編入有六雖模不一並存焉廣輿圖纂二圖內昔注小地名寄音既異唐書則訛今不為錄其他緣海地方名號唐字寄音並詳桴海圖經已前六圖初行基圖次豐後島夷意畫圖次初考畧圖次續考畧圖次廣輿圖次圖纂圖凡六圖焉圖其詳者詳開日本涓圖定境文

右第七圖夷都城關之圖也都之東北阻以大山都之西南近緣海道故多立木城設關防以共守之非本國人不易入也凡觀是圖按地名

凡觀是圖按地名者圓為國方為城長為關也我
天使者按圖行之
右第八圖夷王宮室之圖也此夷王宮居都會左其殿四曰紫宸南殿也
曰清涼一云御殿在南殿西夷王常居之曰溫明一云內侍所在南殿東夷王常居之曰太極居紫宸北小安
殿也其舍五曰昭陽一云梨壺夷王子居曰淑景一云桐壺曰飛香一云藤壺曰凝
花一云梅壺曰襲芳一云雷鳴壺其樓二曰瀧口在清涼殿北曰荻一云荻戶白馬陳門爲春
花也其院一曰真言修法所也其坊一曰內教修樂所也其所一曰臺盤修膳
所也其門十二曰陽明曰待賢曰郁芳為東門也曰美福曰朱雀曰嘉皇
為南門也曰淡天曰藻壁曰殷富為西門也曰安嘉曰偉鑑曰智達為北門也
此為夷王宮室矣今其宮室略見前圖
右第九圖乃夷相久保之舍舍居夷王宮後彷佛繪圖見其大略矣
右第十圖小城坊市之圖也山城者古名山背蓋以山環如城故名也

山城之城以木為之山城之左為夷王宮右本都城都城者為本刺史百寮民居也都城東西相距一千里餘大小巷陌一十八條巷陌西曰西朱雀坊曰坊城曰壬生曰櫛笥曰大宮曰猪熊曰堀川曰油小路曰西洞院曰町曰室町曰烏丸曰東洞院曰高倉曰萬里小路曰富小路曰京極曰東朱雀坊（已上東西一十八町也）城居南北相距二十餘里大小巷陌三十八條巷陌北曰一條（斯為九陌之一有官守之）曰正親町曰土御門曰鷹司曰近衛小路（一云近大路）南曰勘解由小路曰中御門曰春日大炊御門曰冷泉曰二條曰押小路（一云篤小路）曰三條坊門曰婦小路（一云姉小路）曰三條曰六角曰四條坊門曰錦小路曰四條曰綾小路曰五條坊門曰高遷曰五條曰樋口曰六條坊門曰梅楊曰六條曰佐女牛（一云佐目牛）曰七條坊門曰北小路曰七條曰鹽小路曰八條坊門曰梅小路曰八條曰鍼小路曰信乃小路曰唐橋曰九條（已上南北三十八町也）今其都會東西巷陌自

室町東校不如前油小路西次堀川猪熊二路之北尚有人居猪熊西南向為田園南北九條自五條外至六七八九條皆為田園矣東西之中人居相距不二里形像如羯鼓其空閒處自中古來兵火所遠至今如是都人居址因繪為圖凡披卷閒便知今昔矣

右第十一圖平戸島嶼之圖也胡元得其水工圖於今不傳疑與此類姑存之

原考畧曰日本古倭奴國初至天御中主都筑紫之日南宮主都摩維國伊都設馬種斯百有餘國各為所屬號大倭王傳二十三世彥瀲尊弟曰子神武天皇遷都大和橿原宮仍以倭為號迄漢桓靈間倭奴作亂自相攻伐歷年無主有一女子名卑彌呼年長不嫁以妖惑衆共立為王法甚嚴峻數年而死宗男嗣國人不服更相誅殺復立卑彌呼宗女壹與國遂定時稱女王國逮唐咸亨初賀平高麗稍習夏音惡名不喜更號日本蓋取近日始昇之義先秦時遣方士徐福時童男女數千人入海求蓬萊仙不得懼誅止夷澶二洲號秦王國屬倭奴故中國總呼之曰徐倭非日本之的號也又其性多狙詐狼貪往往竊伺得閒則肆為寇掠邊海獲以倭寇目之若其來而防之審也

備按日本古為倭奴之域夷曰山迹山迹者即古大和國書云天地開

闢人始住山其地未堅人迹見矣故言山迹又曰山止以人止山故名曰太和國書云莊子指之（日本之域後漢始通前此莊生何由知之疑不能明也）曰數島或即大和磯城島曰野馬臺按其種島間島等島宇斗馬多野生國書莊子云野馬者陽焰也（莊生之說已註篇中）又後漢書邪馬臺國即邪摩維國故其國書支那呼之或謂任那云曰秋津島一云秋津洲秋津者夷謂蜻蜓一曰蝴蝶時俗通云曰小扶桑扶桑之域在日本海東夷地朝暾必昇於木之枝故云扶桑日本之夷以之隣封又以好佛輒慕之故名小扶桑國書集註杜詩云至今有遺恨不得窮扶桑蓋扶桑者相去中國三萬里人跡不到而於理有未窮也又按日本之域山有日枝之名緣引扶桑之義曰黑齒見漢書或即黑島山海經云東海中有黑齒國今按夷俗婦人之齒多好墨男人之齒亦墨之夫黑齒也古為倭屬今俗人多黑齒耿曰磤馭慮島一曰自凝島國書云本地之初男神妻神之欲發跡

潮沫自凝磤馭慮者借用字也曰豐葦原一曰葦原或云二神以矛探
海底有物凝矛神云凝矛何哉地主權現吉曰凝者葦也故名曰支竺
彼俗好佛以佛生於天竺是故名支曰日本國書云　唐則天皇帝
封我無所考　唐書云咸亨以後稍習夏音惡倭名更號日本為按四
書本旨夫來遠人往則為之授節以送之夫日本名之出於此者亦常
典爾曰壽安鎮國山受我
成祖文皇帝詔封其都會其都會也之謂北京又大和也之謂南京東京
之地謂鎌倉西京之謂筑紫也其王源姓自古迄今君諸日本部落六
十八國各統郡所而權歸於刺史小島無算皆有司牧向彼島區如古
戰國國是在於日本王夷狄舌鴂難調夏音其欲習者嘉善而矜不能
也又秦王國其古夷澶之地覆按夷澶當後漢時會稽東冶之人航海
遭風流移至其間歸而言之今未有至者備考遠江有秦原郡又考紀

伊熊野山有徐福祠通考列國之君有秦長殿號謂徐倭者豈非秦長之流裔謂夷澶者豈非遠江紀伊耶夫日本俗心貪性急惡惡創美抑其心貪故好貨性急故輕生創美則欲垂芳名接於字義不善者多變易之如倭指和之類不得悉而舉之矣之其惡惡故深恥於盜賊是以盜禁最嚴盜絲髮者處死故其門夜不扃而鮮偷竊惟航海姦偷向有破帆白波之號於此賊島不世見戮故夷俗也深以盜賊為戒人罵以賊讐恨不忘今彼之夷來寇疆埸非其初心皆由中國姦宄適攜使然

夷國君長不知之昔聞

宣諭奉之惟謹此固知之明矣凡今之人既不明其好惡是故久於窮黷使海隅蒼生肝腦塗地而不已可深痛哉又其原名知則詳之於後

豐葦原（一曰葦原日本別號）津津來原（在山城又原名在武藏）大原（野名瀧名俱在山城郡名縣出實）長原（在攝津二長島間）高野原（在山城鳴山下）鹿驢原（古宮名在大和）角田川原（在大和又原名在下總）兜原

郡名隸攝津秦原郡名隸遠江盧原郡名隸駿河小笠原收殿名隸中裘荏原郡名隸武藏市原郡名隸上總三原郡名隸淡路地名即戶九在備後御原郡名隸筑後默原荻原藤原俱所名隸豐後田原在豐前所殿名隸豐後桑原郡名隸大隅松原在平戶島主居之島原在有馬島之原蒲原郡名隸越後栗原金原俱郡名隸陸奧阿達原在陸奧竹原在安藝素鵞川原原有千島營原寺名行基居之小原全原樵原小田原俱殿名西柳原其國都臣有此位號杉原產繖處三垣原河原生松原已上之原無註者未知著處以俟後知者餘凡無註皆倣此

界

考略曰日本之域在東南大海中依山島為居西南距海東北隅隔大山廣袤四面各數千里東北山外限毛人國到文身國約七千餘里南到侏儒約四千餘里西循一支乍北望耽羅渡百濟到樂浪及帶方等郡約一萬二千里

備按夷域正東大海行四十餘日至扶桑國東南大海行一日至羅刹鬼國即東女國正南大海行四五日至大琉球國西南大海行八九日至小琉球國正西大海行四五日至中國浙江之寧波西北距海行一日至朝鮮國朝鮮羅刹二島字清秋時際島見之正北大海行一日至月氏國月氏邊陲夷曰鷹道謂非人之

所居既以月氏為非人寧能自是賊寇乎東北大海一日至毛人國歷按日本之在中國東北居天市垣國書云緣褢廣輪凡四千萬五千三百七十四里東西距三千八百七十里南北距五百三十里按彼一里凡六町若中國一遞鋪程自其山城條一大島夷曰秋津毗連列國四十有九自山城東至陸奧東垂計凡三千五百八十七里一自山城西至長門西垂計凡一千九百七十八里南白讚岐毗連四國謂南島東西相距千餘里西曰筑紫毗連九國謂西島東西相距一千八百四十里陸行南北約五日其如志摩淡路壹岐對馬佐渡隱岐各是一島俱稱為國又如多藝等島小島無算各附近屬惟陸奧一國東西相距八十日南北相距四十日校其通國而相過半矣其僧行基夷王聖武以之巡狩循至陸奧按地綿邈乃將九郡分置五十四郡又欲分國司牧之事未舉而僧亡矣秋津四垂分為八界凡十六名一併及之於後

出羽界秋田城界相模界三浦界上總界紀伊界伊界豆界狩野界遠江界伊勢界加賀界富㮄界周防界邑智界下總界千桑界又對馬界（對馬者島也是日本之區人受朝鮮之食以作交安之計也）七島界（在國之南為琉球之分界矣）

畿五畿（山城太和河內和泉攝津五國隸京畿故曰五畿）

道七道（東海南海西海北陸東山山陽山陰）苦集滅道（在洛陽東山清水寺南清閑寺麓初三升寺館開山教待和尚欲往城南山崎別業經此發木木作苦集滅道之聲厥後左遷關東之人及經此道必觀四諦之法云）入唐道（西海肥前大隅其為古今入唐道事詳桴海圖經）上道（郡名隸備前）下道（郡名隸備中）尾道（地名在備後）

國狗邪韓國（即筑紫也）邪馬臺國（即邪摩維國大倭王居）裸國黑齒國多鯷人國（已上見漢書）

對海國瀚海國末盧國伊都國奴國不彌國投馬國邪馬一國（即邪馬臺國倭女王都）斯馬國巳百支國郡支國彌奴國好古都國不呼國對蘇國蘇奴國呼邑國華奴蘇奴國鬼國為吾國鬼奴國邪馬國躬臣國巴利國支維國烏奴國狗奴國（已上見魏志）竹斯國秦王國（已上見隋志）

按前此國今去古遠倭音既訛唐字未的罔辯誰某國書云夷王用明始分五畿七道六十六州五百八十三郡又壹岐對馬多藝三島各統二郡傳至夷王文武乃以六十六州名更曰國壹岐對馬一各名國附屬西海餘惟多藝不稱焉夷王聖武時乃以陸奧所部九郡分作五十四郡其餘列國部郡如昨多藝等島各附近屬向其列國常有戰爭夫弱敵者而少假救多自剖殰而死勝敵據地設有部民不服者乃告夷王則別選人以守之今夷列國六十八區部郡六百有一其他小島若多藝者無算雖云戰爭附屬不常悉皆日本王之總攝也之其古今曰國一併詳之於後

日本國（古倭國也）小扶桑國（日本別號）支竺國（日本別號）黑齒國（古為倭屬只今倭俗好齒黑故通稱）邪摩國（即邪摩維國一云野馬臺即邪馬臺國日本古名）女王國（漢桓靈間女王當國故人曰之）壽安鎮國（山名永樂丙戌封其都會之山云自此以下向為夷中之列國）山城國（夷之都會）大和國（其先日本之總名）河內國和

泉國攝津國已上五國隸畿內伊賀國伊勢國志摩國尾張國三河國遠江國駿河國伊豆國甲斐國相模國武藏國安房國上總國下總國常陸國已上一十五國隸東海紀伊國淡路國阿波國讃岐國伊豫國土佐國已上六國隸南海筑前國筑後國豐前國豐後國肥前國肥後國日向國薩摩國大隅國壹岐國對馬國已上一十一國隸西海若狹國越前國加賀國能登國越中國越後國佐渡國已上七國隸北陸近江國美濃國飛驒國信濃國上野國下野國陸奧國出羽國已上八國隸東山幡摩國美作國備前國備中國備後國安藝國周防國長門國已上八國隸山陽丹波國丹後國但馬國因幡國伯耆國出雲國石見國隱岐國已上八國隸山陰自山城至隱岐通共六十八國也列國夷中六十八國也南國一曰南島阿波讃岐伊豫土佐皆南國也西國一曰西島筑前筑後豐前豐後肥前肥後日向薩摩大隅即古狗邪韓國也又壹岐對馬赤海西之島州國也府國一曰府中在長門又列國刺史所居之通稱相國寺名

郡國書云夷王用明時郡凡五百八十三陸奧郡九夷王聖武時郡六百有一陸奧一郡郡五十四多藝二郡不稱焉今郡算六百一十有五除

原數外多郡一十有四（未詳何代增設焉）乙訓郡葛野郡愛巖郡紀伊郡宇治郡久世郡綴喜郡相樂郡（已上八郡隸山城）添上郡添下郡平郡廣瀨郡葛上郡葛下郡忍海郡宇智郡吉野郡宇陀郡城下郡城上郡高市郡十市郡山邊郡郡（已上一十五郡隸大和）錦郡石川郡古市郡安福郡大縣郡高安郡河內郡讚良郡茨田郡交野郡若江郡澁河郡志紀郡丹北郡丹南郡（已上一十五郡隸河內）大島郡和泉郡日根郡（已上三郡隸和泉）住吉郡百濟郡東成郡西成郡島下郡島上郡豐島郡河邊郡武庫郡兎原郡八部郡有馬郡能勢郡（已上一十三郡隸攝津）阿拜郡山田郡伊賀郡名張郡（已上四郡隸伊賀）桑名郡員名郡朝明郡三重郡河曲郡庵藝郡鈴鹿郡安濃郡一志郡飯高郡飯野郡多藝郡度會郡（已上一十三郡隸伊勢）荅志郡英虞郡（已上二郡隸志摩）海部郡中島郡葉栗郡丹羽郡春日部郡山田郡愛智郡智多郡（已上八郡隸尾張）碧海郡賀茂郡額田郡幡豆郡寶飯郡八名郡渥美郡設樂郡（已上八郡隸三河）豐田郡磐石

郡濱名郡敷智郡引佐郡鹿玉郡長上郡長下郡磐田郡周智郡山名郡佐野郡城飼郡秦原郡已上一十四郡隸遠江志大郡益頭郡有度郡安倍郡廬原郡富士郡駿河郡已上七郡隸駿河田方郡那賀郡賀茂郡已上三郡隸伊豆小梨郡八代郡巨麻郡都留郡已上四郡隸甲斐足上郡足下郡餘綾郡大住郡愛甲郡高座郡鎌倉郡三浦郡已上八郡隸相模秩父郡久良岐郡都筑郡都摩郡橘樹郡荏原郡豐島郡足立郡新羅郡入間郡高麗郡横見郡崎玉郡大里郡幡羅郡椿澤郡那珂郡加美郡比金郡男衾郡兒玉郡已上二十郡隸武藏一平郡安房郡朝夷郡長狹郡已上四郡隸安房市原郡海上郡畔蒜郡望陀郡周唯郡天羽郡夷灊郡埴生郡長柄郡山邊郡武射郡已上一十一郡隸上總葛飾郡千葉郡印幡郡匝瑳郡海上郡埴生郡香取郡猿島郡相馬郡豐田郡結成郡已上一十一郡隸下總新治郡真壁郡筑波郡河内郡茨城郡行方郡鹿島郡信太郡那賀郡久慈郡多阿郡已上一十一郡隸常陸伊

日本一鑑絕島新編　卷一

都郡那賀郡海部郡在田郡日高郡牟婁郡（已上七郡隸紀伊）津名郡三原郡（已上二郡隸淡路）板野郡阿波郡麻直郡三好郡名東郡名西郡勝浦郡那賀郡美馬郡（已上九郡隸阿波）三木郡大内郡寒河郡山田郡香河郡阿野郡那賀郡鵜足郡多度郡三野郡風羊郡苅田郡（已上十二郡隸讃岐）宇麻郡新井郡周敷郡桑村郡野間郡温泉郡久米郡浮穴郡伊豫郡宇和郡和氣郡喜多郡風早郡越智郡（已上十四郡隸伊豫）安藝郡香美郡長岡郡土佐郡吾川郡幡多郡高岡郡（已上七郡隸土佐）恰土郡志摩郡早良郡那珂郡遠賀郡糟屋郡宗豫郡鞍手郡嘉摩郡穗浪郡夜須郡下座郡上座郡御笠郡席五郡（已上一十五郡隸筑前）御原郡生桑郡竹野郡山本郡御井郡三猪郡上妻郡山門郡下妻郡三毛郡（已上一十郡隸筑後）田河郡企救郡京都郡仲津郡筑城郡上毛郡宇佐郡下毛郡（已上八郡隸豐前）日田郡球珠郡真入郡大野郡海部郡大分郡速野郡國崎郡（已上八郡隸豐後）基諱郡養父郡三根

郡神崎郡佐嘉郡小城郡杵島郡藤津郡彼杵郡高來郡松浦郡已上十一郡隸肥前玉名郡山鹿郡菊池郡阿蘇郡合志郡山本郡飽田郡詑麻郡益城郡宇土郡八代郡天草郡葦北郡球麻郡已上一十四郡隸肥後臼杵郡兒湯郡那珂郡宮崎郡諸縣郡已上五郡隸日向出水郡高城郡甑島郡日置郡伊作郡阿多郡河邊郡頴娃郡揖宿郡給黎郡溪山郡薩摩郡智覽郡鹿島郡已上一十四郡隸薩摩麥苅郡桑原郡贈於郡始羅郡肝屬郡大隅郡馭謨郡熊毛郡已上八郡隸大隅壹岐郡石田郡已上二郡隸壹岐上縣郡下縣郡已上二郡隸對馬遠嚴郡大飯郡三方郡已上三郡隸若狹大野郡坂井郡敦賀郡丹生郡今立郡足羽郡今南西郡今北東郡內郡今南東郡吉田郡坂南郡已上一十二郡隸越前江沼郡能美郡加賀郡石川郡已上四郡隸加賀羽作郡能登郡鳳至郡珠洲郡已上四郡隸能登礪波郡射水郡婦負郡新川郡已上四郡隸越中古志郡三島郡磐船郡蒲原郡沼垂郡鎮城郡魚沼郡已上七郡隸越後羽茂郡雜

大郡加茂郡已上三郡隸佐渡粟木郡甲賀郡蒲生郡神崎郡愛智郡左上郡
坂田郡淺井郡伊香郡高島郡志賀郡善積郡野洲郡已上一十三郡隸近江
不破郡安八郡大野郡石津郡多藝郡席田郡本樔郡片縣郡山縣郡
武藝郡池多郡　上郡賀茂郡可兒郡土岐郡惠奈郡已上一十八郡隸美濃
大野郡荒城郡益田郡已上三郡隸飛驒筑摩郡安曇郡更級郡水內郡伊那郡
郡諏訪郡高井郡埴科郡小縣郡佐久郡已上一十郡隸信濃碓水郡片岡
郡甘樂郡多胡郡綠野郡那波郡羣馬郡吾妻郡利根郡勢多郡新田
郡山田郡邑樂郡已上一十三郡隸上野足利郡安蘇郡都賀郡寒河郡河內郡
芳賀郡鹽屋郡那須郡梁田郡已上九郡隸下野柴田郡膽澤郡宇多郡伊具
郡日理郡宮城郡黑河郡賀美郡色摩郡磐井郡玉造郡江刺郡長岡
郡小田郡登米郡遠田郡桃生郡氣上郡牡鹿郡白川郡高野郡石川
郡磐瀨郡稻我郡會津郡那摩郡安積郡信夫郡大沼郡稗繼郡斯皮

郡般前郡荊田郡名取郡安達郡菊多郡磐城郡標葉郡行方郡牡鹿郡志大郡栗原郡津輕郡金原郡措羽郡新田郡伊達郡本宮郡那載郡階上郡大賀郡川沼郡取摩郡膽澤郡已上五十四郡隷陸奥田河郡出羽郡飽海郡山本郡最上郡置賜郡秋田郡河邊郡村山郡雄勝郡平鹿郡已上一十一郡隷出羽明石郡三木郡賀東郡賀古郡多可郡印南郡賀西郡神東郡神西郡飾東郡飾西郡揖東郡揖西郡赤穗郡佐用郡宍粟郡已上一十六郡隷幡摩英田郡大庭郡勝田郡苫西郡苫東郡久米郡真島郡已上七郡隷美作和氣郡磐梨郡邑久郡赤坂郡上道郡御野郡津高郡兒島郡已上八郡隷備前窪屋郡賀夜郡下道郡淺口郡小田郡後月郡哲田郡英賀郡都宇郡已上九郡隷備中神石郡奴可郡沼隈郡品池郡葦田郡田奴郡三上郡恵蘇郡御調郡三次郡世羅郡三谿郡安那郡深津郡已上一十四郡隷備後沼田郡賀茂郡安藝郡佐伯郡山縣郡高田郡高宮郡沙田郡已上八郡

隸安藝　大島郡玖河郡熊毛郡津濃郡佐波郡吉敷郡已上六郡隸周防　阿武郡
美禰郡大津郡原狹郡豐浦郡已上五郡隸長門　桑田郡多紀郡船井郡水上
郡天田郡何鹿郡已上六郡隸丹波　片野郡熊野郡加佐郡與謝郡丹波郡已上
五郡隸丹後　二方郡七美郡氣多郡城崎郡美含郡朝來郡養父郡出石郡已上
八郡隸但馬　多氣郡智頭郡邑美郡高草郡巨濃郡法美郡八上郡已上七郡
隸因幡　汗入郡會見郡日野郡河村郡久米郡八橋郡已上六郡隸伯耆　飯名郡
大原郡仁多郡出雲郡神門郡能義郡島根郡秋鹿郡楯縫郡意宇郡
已上一十郡隸出雲　那賀郡邑知郡美濃郡安濃郡鹿足郡邇摩郡已上六郡隸石見
周吉郡穩地郡知夫郡海部郡已上四郡隸隱岐　小郡地名在豐前地名在長門又下郡所殿
名隸豐後　四郡島名大隅隸　五郡殿名
鄉趙宋三朝志鄉凡三千七百七十二國書今鄉總數凡九萬八千未達詳考
村閭曷村之總數凡九十萬九千八百五十八未達詳考且有名者姑錄之　桑村郡名隸伊豫　中村在上佐司牧居之又村名在種

（島人服名）四村（在淡路）大村（津名在肥前西村在種島）河村（郡名伯耆）隸今村殿名二村山名安
特村（村産鳥稲村名）蔦村（村之近栄好色稱繁濃）下村（夷有下村氏）
里（漢書云樂浪郡徼去其國萬二千里去其西北界拘邪韓國七千餘里自女王國東渡海千餘里至拘奴國自女王國南四千里至朱儒國又）
（考畧廣袤四面各數千里東北山外歷毛人國到文身國約七千餘里南到侏儒國約四十餘里西踰一支乍北望毗離渡百濟到樂浪及帶方等郡約一萬二千里曰拘邪韓國方可五百里渡一海約千餘里曰對海國方可四百餘里南渡一海約千餘里曰瀚海國方可三百餘里又渡一海約千餘里曰末盧國陸行五百里曰伊都國又東南百里曰奴國又東行百里曰不彌國）
備按國書緣袤廣輪四萬五千三百七十四里東西距三千八百七十
里南北距五百三十里（按彼一里凡六町若中國一遍備程）自山城國都東至陸奥東垂
程計三千五百八十七里一自陸奥東垂渡扶桑　計二萬六千餘里
一自山城西至長門西垂程計一千九百七十八里一自長門赤坎關
渡西島曰豐前之足屋程計二百里一自足屋水行次博多至大隅之
棒津程計二千一百八十里一自山城次自攝津之兵庫渡南島曰讃

岐　計三百里一自讚岐次自土佐之椿泊緣南邊行次至土佐之柏島程計八百四十里一自土佐之浦戸渡至日向之細島程計四百八十里一自西島曰肥前之松本水行至朝鮮程計一千四百四十里一至遼東程約計二千餘里一至登州程約計不三千里一至淮安程約計三千餘里一自大隅之棒津水行大琉球程計二千五百八十里本夷云三千七百里一自棒津水行小琉球程計五千五百二十里一至寧波程計三千七百里至福建程計五千五百里至南澳程計六千五百餘里至廣東程計七千餘里本夷云棒津水行至山城程計三千七百里又其海曲各島水程詳見桴海圖經其國名里開者一併錄之於後

萬里（小路名）無墮里（橋名）松里（莊名俱在山城）庫里（川名）關靈遠里（關名俱在攝津）山梨里（在甲斐）太里（郡名隸武藏）名取里（在陸奧）弓削里（在丹波）御久里（又名殿）鳴海里禰覺里長居里日夕里往箕里着狎里海津里玉井里霖雨里朝日里飛鳥

里安福里月吉里

田 閏嵜田土每論以町通國田數凡八十萬九千八百一十五町除二段三步分註五畿七道列國之下今算至八十九萬八千五百六町除原總計田數及對馬田數未計外今數多八萬八千六百九十一町疑是後來開墾者於我未詳又考每年賦稅該國解納於都以為京官之俸倉部徵收運納難遲勘解由司糾劾之今其領田後詳開載

畿內田六萬一千一百一十四町 山城田一萬七千七百五町大和田一萬七千五十八町河內田一萬九百一十七町河泉田四千一百二十町攝津田一萬一千二百一十四町

東海道田二十萬三千一百一十九町 伊賀田四千五百一十一町伊勢田一萬九千一十四町志摩田一百二十四町尾張田一萬六町三河田七千五十四町遠江田一萬二千九百一十四町駿河田九千七百五十町伊豆田八千一百三町甲裴田一萬四千二町相模田一萬一千四百八十七町武藏田三萬六千一百九十一町安房田一萬一千二百六十四町上總田二萬三千六百六十町下總田三萬三千町常陸田一萬二千三十八町

南海道田五萬四千二百四十町 紀伊田七千三十九町淡路田二千八百七十町阿波田五千二百四十五町讚岐田一萬七千九百四十三町伊豫田一萬四千八百二十五町土佐田六千三百二十八町

西海道田一十萬九千六百九十九町 筑前田一萬九千七百六十五町筑後田二萬二千八百二十八町豐前田一萬一千七百六十五町豐後田一萬一千二

百二十八町肥前田一萬二千三百二町肥後田一萬三千七百八十八町日向田七千二百四十七町薩摩田四千六百六十町大隅田五千八百一十三町對馬田數未計本道田總未入

北陸道田一十萬七百七十九町若狹田三千一百三十町越前田二萬三千五百七十六町加賀田一萬二千五百三十六町能登田一萬二千五百三十町越中田二萬一千三百九十九町越後田二萬三千七百三十八町佐渡田三千八百七十町

東山道田二十二萬七十町近江田三萬五千二十五町美濃田一萬五千三百一十四町飛驒田一千二百五十六町信濃田一千三百六十町上野田三萬八千五百四十四町下野田二萬七千四百六十町陸奧田四萬五千七十七町出羽田五萬六千八十八町

山陽道田八萬五千八百二十五町播摩田二萬一千四百一十四町美作田一萬六百一十六町備前田一萬三千三百六十町備中田一萬八百八十三町備後田九千六百五十八町安藝田七千四百八十町周方田七千六百五十四町長門田四千七百六十町

山陰道田六萬三千六百九十一町丹波田一萬八千五十五町丹後田五千五百二十七町但馬田七千七百四十三町因幡田八千一十六町伯耆田八千八百四十一町出雲田九千九百六十八町石見田四千八百七十六町隱岐田六百三十四町又其田名詳見下文

鳥羽田在山城又數名六田淀名寺田橋名俱在山城茨田郡名隸河內高田川城名在攝津所名隸豐

後郡名隸安藝又社名杉田川關名近田川城關名沼田川城名俱在攝津又郡名在安藝遠田關名在攝津

山田在攝津又郡名隸伊賀又尾張讃岐上野各有此郡名原田在攝津又田名在豐後額田郡名隸三河豐田

郡名隸遠江又郡名隸下總磐田郡名隸遠江在田郡名隸紀伊刈田郡名隸讃岐又郡名隸陸奧席田郡

筑前又郡名隸美濃日田郡殿名隸豐後井田富賀田俱所名隸後豐入田一萬田清田稻田

俱所殿名隸豐後飽田郡名隸肥後上田石田俱在種島隸大隅石田郡殿名隸壹岐吉田郡名隸越前又

田名在安藝坂田郡名隸近江益田郡名隸飛驒新田郡名隸上野又郡名隸陸奧又殿名梁田郡名隸下

野柴田遠田俱郡名隸陸奧秋田郡名隸出羽城名在陸奧小田郡名隸陸奧又郡名名隸備中又原名英田

勝田俱郡名隸美作哲田郡名隸備中葦田郡名隸備後巖田浮田篠田俱杜名菊田關名

生田浦名勝間田池名竹田津殿名武田寒田玉田埴田富田木田疋田

小深田大田右田志田深田柴田羽田瀨田野田會田俱殿名龍田山名

地國書地之總數凡一千一萬七千一百四十六町二十三步今此未詳夷地且覓人陸鋤墾有名地者見下文加地所名隸豐後

夷地夷謂陸奧東垂也友地一曰戶摩在備後穩地郡名隸隱岐久土地殿名

宇佛宇國書佛宇總數凡二千九百五十八　戶宇一曰烏羽地名在山城　世宇津名在南海山陽之間　都宇郡名隸備中　意宇郡名隸出雲

宮瀧名在吉野島名在山陽海中　神宮古女王號國書云神宮二萬七千七百一十三　準二宮居夷王母王妃王子　太后宮居夷王母　后宮居夷王妃　東宮一曰春宮院名居夷王子　女御宮居夷王之諸女侍　小野宮古宮名親王之居　延久三宮夷之先王後三條院時諸子所居　大宮在山城又路名　疆原宮古宮名在大和夷王神武開居　西宮在攝津　齋宮在伊勢俗曰伊勢大神宮中祀夷王文德女　野宮在伊勢　日向宮古宮名在西島夷之初王天御明居　本宮郡名隸陸奥　敦理宮島名在山陽　高宮郡名隸安藝又山名事詳山　武宮殿名　二宮地名

家漢書夷澶二州秦遣方士徐福所居有數萬家又島名　勢家所名隸豐後　東家殿名

戶魏志瀚海國戶三千餘差末盧國戶四千餘伊都國戶千有餘奴國戶二萬餘不彌國戶千有餘投馬國戶五萬餘趙宋三朝志雍熙初夷王守平遣僧奝然朝貢併獻職員年代紀內載戶可七萬餘今戶未詳而人孔多又其城門曰木戶後園曰背戶及其土地名戶者知而詳之

荻戶一曰荻戶白馬陳在山城　瀧口戶在山城　洲戶一曰洲首地名在淡路　北戶泊名在淡路　浦戶地名

在土佐　平户島名隷西海　呼户島名隷西海島近平户或即鄙島　瀨户在肥前　久世户在丹後　岩户

山名　江户殿名　坂户

神國書成宮神三千七百五十不成宮小神一萬七千　賀茂神院名　內親王神院名　大神所殿名隷豐後

矢野神山名

男國書男一十九億九萬四千八百二十八又島名在西海中

女國書女二十九億四千八百二十又島名在西海中　采女司名在山城

口趙宋三朝志雍熙初其國課丁八十八萬二千三百二十九口國書男女之口已註於前又其山城四垂八口及知名者並詳下文

白川口都城東前路　武藏口都城東後路　宇治口都城東南路　小屋口都城西南路　鎮口都城西前路　鳥羽口都城西後路　栫口都城西北路　柳口都城東北路　瀧口戶殿名　樋口路名　有田口

地名　市口一日市口關名俱在山城　守口關名在河內　淺口郡名隷備中　山口地名在周防　田口殿名

粟田口　江口

關俗謂役所都會四垂多關焉關則編之島津臨口其關頗多不及詳也曰玄關處居中門又有司牧居捌關殿云　山關　五條關

九條關葛川關郡溪關下鳥羽關淀關宇治關鍇福川關八幡關鑛輪關市口關一曰市口關俱在山城定關遠岸關良平寺關守口關今家内關俱在大和天龍寺關幡戸邊關今文庫關今井内關俱在河内探暴關在和泉鈴關脇郊關鏡淨關大樹關足屋關籌遷遠關有安莊關笠木關杉田關遠田關近田關方山關宮瀧關殿寺乃母關護命關靈遠里關飛龍寺關牟後關小屋關怡民關今津善川關目野關天摩關俱在攝津下紉關在甲裴野島磯關在南海津謚淡路佐嘉關在土佐豐後間門司關一曰文司關在筑紫坂關在豐後不破關在美濃白河關在陸奥上關路名在周防赤坎關在長門豐前之間徒越關在枕草子礪波關一曰利波關清見關一曰清見崎逢坂關井關見目關菊田關

城州名即山城曰鳳城指都會曰二城謂城樓一謂樓觀彼之城自漢至今以木為之夷都臨口木城廿餘座詳繪前圖仍見新編

山城州國名即古山背向為夷都坊城坊市名在山城高城山名在山城又郡名隸陸奥燒山城石殿城郡溪城摑城巖倉城六角城俱在山城鎮城在山城又名隸越後郡山中城筒井城磯城島名

俱在大和高屋城石井城俱在河內山幡城在和泉宮瀧城竹山城小坂城輿路城
俱在攝津結城郡殿名隷下總茨城郡名隷常陸筑城郡名隷豐前小城郡名隷肥後益城郡名隷肥前
荒城郡名隷飛驒宮城野山郡名隷陸奥磐城山郡名隷陸奥秋田城界名隷陸奥豐城磯名舟
城山名圍城寺名有馬城在幡摩中城雄城俱殿名

日本一鑑絶島新編卷之一

日本一鑑絶島新編卷之二

奉使宣諭日本國新安郡人鄭舜功敘編

山曰姑射山皆稱夷王壽安鎮國山山於永樂戊戌以國王授冊封其境土皆入職方御製碑文勒石其上國書本山萬壽寺宇在焉

按洪武乙卯歲春二月癸巳以外夷山川附祭各省山川之次先是禮部尚書牛諒言京師既罷祭天下山川其四夷山川亦非天子所當躬祀乃命議其禮以聞至是中書及禮部奏以外夷山川附祭於各省琉球渤泥日本山川附祭於福建福建山川神位居中外夷山川神位而分東西同壇共祀

上可其奏命中書頒行之將祭則遣官一人往監其祀

靈龜山在山城天龍禪寺號焉萬年山在山城相國寺宇號焉東山在山城山有建仁寺清水寺清閑寺三井寺苦集城道焉又道名惠日山在山城東福寺宇號焉瑞龍山在山城南禪寺宇號焉龍寶山在山城大德寺宇號

焉　嵯峨山在山城　比叡山始曰日枝山在山城東北日枝者朝日見於此山漸昇其枝故云一日著座一日一我一日比

比叡比叡者乃夷王桓武與僧傳教大師開山起造延歷寺供奉天台宗祖之初更賜斯名國書云比山鎮護國家道場夷王本命靈地山迴十

六灣寺蓋三千許僧祖延歷度僧文牒由其間故夷俗云歷度牒　醍醐山　鹿鳴山　南山　西山　北出　高雄

山俱在山城　宇治山　鳥羽山各有川俱在山城　高野山在山城山麓臨水若張翼人常方便於山涯俗云便所謂

之高野山　巖倉山上有城在山城　高城山　象中山　水分山俱在三吉野山城　武花山院名在山

城　燒山上有城山在山城又山名在備前　鼻岳山在河內河內司牧向有鼻山殿號　交野山在河內　竹山

上城　有久保山　十子山俱在攝津　方山闕名在攝津　鈴鹿山山下川曰鈴鹿在伊勢　賀賀美山

在遠江又山名在豐前　富士山在駿河國書夷王孝靈時斯山一夜自地湧出高如路那瞻望不盡四時積雪不消俗謂山如女狀

既富男士故有富士之名

混沌既分山川底定天地之道貴重清寧豈此夷島地湧山出的非陰盛之極夫夷島也陰極而生巨海中抑富士山在山城之陰斯山一夜湧出的非陰極之至耶山湧出後女幾為王王藻肆惡夫為妻臣男道

不振如此陰極非山湧出之驗乎

亦打山（一曰亦信土山一曰亦夏土山在下總）熊野山（在紀伊秦道方士徐福祠堂在焉）大門山（淡路島也夷今

言國）五龍山（見元史又國書山在豐前宇佐郡胡元舟師敗績其間）彦岳山（在豐後山高插天山）

麓瀆海　阿蘇山（在肥後踏志山石無火起接天俗以為異因行禱有如意寶珠大如雞卵其色青夜明有光湘山野錄宋祥符間詞）

臣張君房作日本祥光記又何祥光歟　蒜山（在肥後海中）溪山（郡名隷薩摩）穫山（在大隅）開門山（在大隅海）

中相近小河　天堂山（在大隅海中夷曰天堂官渡蓋原入朝故云）袖振山（在對馬）後瀨山（在若狹）暗部

山　馬鞍山　鏡山（俱在近江）氣山（郡名隷陸奧）村山（郡名隷出羽）千年山（在出羽又名在月次）高

山（在安藝又殿名）呼都頭禮山（在枕草子）佐保山（山下川曰佐保）高宮山（洪武初吉山報恩禪寺僧靈極奉使

入朝）莫越山（一曰莫越關地產櫻桃）三尾中山（一曰三保中山）鹽斥山（一曰湖于山）波姑禰山（一曰

管根山）香暮山（一曰隱暮山）珠惡山（一曰避逅山）鷺坂山（一曰佐記山）巖戶山（一曰大香久山一曰

鹿香久山一曰餘香具山）兒許山（一曰許乃母登山）耳梨山（野山也相對無口山）比良山（一曰平良山）狹山

池名　片山（寺名）小山　龜山　沼山　柄山　洲山（俱殿名）青羽山（一曰青葉山）待難山

一曰就無山山多杜鵑坂山寺名花山院名無口山伊吹山絲鹿山小鹽山二羽
山青菅山石堤山伊頭波多山初瀨山小倉山矢野神山舟城山巨勢
山佐夜中山伊駒山丹生山高員山村雲山二村山小幡山足病之山
盤城山華小山鳥籠山風越山魂緒山空蟬山猊山早妻山安作沿山
三輪山下摶山志豆機山末松山三上山磁石山有明山木棉山蜩山
鹽垂山外山龍田山寧沿山金峯山
川其土地也凡水流處多以川名細川在山城北古有細川氏世為山城刺史嘉靖壬午山城刺史姓名細川高國得請勘合遣使入朝不
計何年左還細川於東方而今山城刺史者姓名勝長慶也宇治川在山城東宇治山下大井川一曰大堰川在山城北嵯
峨山開葛川國名在山城播部川在山城南堀川路院名在山城白川瀧院名在山城淡名在肥後郡
名隸隈與後白川院名在山城賀茂川綱川寧川俱在山城有棲川在賀茂銷川在山城
宇巢川女葩川起鷲川俱在山城廣瀨川又郡名隸大和石川郡名隸河內又加賀陸奧名有此郡名又
川名在和泉支川在和泉長川杉田川近田川紀川庫里川璿川沼田川高田

川善川國名俱在攝津鈴鹿川在伊勢鈴鹿山下吾跡川一曰阿波川在近江角田川原名在下總筑

波川在常陸吾川郡名隸土佐山川津名一曰山河在大隅新川郡名隸越中品川在古備州湯川

寺名在備中素鵞川原名有手馬今川三川俱名殿佐保川在佐保山下漆小川飾川戀

瀨川瀨三小川猪名川井川更科川水押川夏箕川不知哉川矽川田

上川田川玉島川井手玉川神南備川會隈川

海日本之海居濱邊東恐海郡名隸大和東海道名又地名即遠淡在豐後碧海郡名隸三河南海西海俱道

名內海在日向鬼海島名在西海中飽海郡名隸出羽對海瀚海俱古國名鳴海里名蛇海

醉珠海竹母海

島原名在有馬島秋津島一曰秋津洲日本別號秋津島者為東海之大島也本島列國四十九曰山城次大河河內和泉攝津伊賀伊

勢尾張三河遠江駿河伊豆甲斐相模武藏安房上總下總常陸紀伊若狹越前加賀能登越中越後近江美濃飛驒信濃上野下野陸奧出

羽播磨美作備前備中備後安藝周防長門丹波丹後但馬因幡伯耆出雲石見敷島日本別號又大和磯城島謂磤馭慮

島一曰自凝島日本別號磯城島在大和或即敷島來島在和泉奴島孫山在和泉海中島為山城雜星

豐島郡名隸攝津又郡名隸武藏　長島是二坂為陜田西大東小間有橋梁二島東西河通山城島皆攝津地方為小城之門戶

畫島一曰繪島一曰江島孤山在攝津海中　志摩島孤山在三河南夷古名州今名國隸東海　見付島孤山在志摩南

中島郡名隸尾張　伊豆島孤小在伊豆南　八丈島孤山在工豆島南島近羅刹鬼國　八島孤山在相模海中又

八島在肥前海中志賀島北　七島見考畧圖在東海中相模南又西南海中有之島為琉球界　野島磯名隸安房又磯關名隸

淡路　伊伊島孤山在上總海中　猿島郡名隸下總　東島孤山在下總海中本夷云島謂東夷之島　鹿島郡名隸常

陸又郡名隸薩摩　淡路島孤山夷古名州今名國隸南海人目之曰大門山島為山城之門戶　大門島是五小在南海中

魚貫淡路為小城之羅星　南島孤山一曰南國分置阿波讃岐伊豫土佐四州今名國隸南海　屋島孤山在阿波北　志和久

島是七山或即連島峙南海中錯為落在屋島東北係屬讃岐　交柏島在土佐　蒙島孤山一曰佐嘉閑在土佐海中

西島孤山即筑紫島古之枸邪韓國也一曰西國分置筑前筑後豐前豐後肥前肥後日向薩摩大隅九州今名九國隸西海土產硫黃

故多湯泉　金御島在筑前　竹島在豐後又島名在伯耆海中　高島在豐後海曲中豐後刺史曾居之一在大隅海中又

郡名隸近江　小路島孤山在豐後海中　蓑島孤山在豐後海中　杵島郡名隸肥前　廊島孤山曰客亂舍在

肥前海中　野古島孤山在肥前海中　志賀島孤山在肥前海中　呼戶島孤山在肥前海中志賀島西　平戶

島見元史島是孤山在肥前海中呼戶島西有馬島孤山在肥前海中海底有脊聳肥前河島二山為港在肥前海中有

馬島西天草島孤山男島孤山女島孤山倶在肥後海中細島孤山在古日向海中甑島郡名

隷薩摩根島在薩摩小島孤山在薩摩海中一在大隅海曲一在大隅海中者即天堂山一在備前海中者陽若孤山陰則有

斉連備前此島名多不及詳載乞島孤山一曰大島人目之曰亞甫山寄音押付腮在薩摩海中黑島孤山或即古之黑齒國在

大隅海中白不島孤山在大隅海中屋久島孤山在大隅海中即野顏山野顏寄音耀固頂有白氣尋浮故人目曰自顏白雲

島島麓之海出產鱸魚閏島孤山山無人烟而多牛馬故人目之曰牛馬洲在大隅海中種島孤山一曰大隅洲乃大隅部曲

四郡地方兩見島孤山在大隅海中鬼海島在大隅海中硫黃島孤山在大隅海中土產硫黃故名之五島

五山交錯為港在西海中又五島在出羽海中多藝島孤山在西海中壹岐島孤山夷古名州今名國隷西海對馬

島孤山在肥前海中夷古名州今名國隷西海為朝鮮大防三島郡名隷越後又島名在長濱島西一在周防海中佐渡島

孤山夷古名州今名國隷北陸止止島孤山在佐渡海中竹生島在近江松島孤山在陸奧海中山跡島

在明石浦真島郡名隷美作兒島郡名隷備前三郎島孤山在備中海中水島孤山在備後海中長濱

島孤山在備後海中釜鴈島孤山在安藝海中宮島孤山在安藝海中伊都岐島或即古伊都國孤山在安

藝海中大島嶺郡名隸周防又島名乃孤山在西海中即乞島也長門嶺島孤山在長門海中敦理宮

島在山陽江輪野島一曰江門野岳觀島在山陽石見島孤山在石見海中隱岐島孤山在出雲海中夷

古名州今名國隸山陰本島北對鴈道像月氏夷謂非人所居少島賀島俱名殿玉島川名八角島見乙

丈絶景島見淵類集篠火島百津島加作縫島家島美豆小島

嶼邪古嶼波邪嶼多尼嶼俱見唐書

野州名即上野大原野在山城地產櫻桃蜻蜓小野一曰三吉野在小城高城山下高野山原名在山城夷第七十

一代女王名號高野又郡名隸陸奧葛野郡名隸山城唐元和間使有滕元葛野吉野郡名隸大和交野郡名隸河

內貝野闕名在攝津飯野郡名隸伊勢佐野郡名隸遠江熊野山名在紀伊郡名隸丹後板野郡名隸阿

波江輪野鳥名一曰江門野岳觀島在山陽阿野三野俱郡名隸讚岐竹野郡名隸筑後大野郡名隸豐

後又越前美濃飛驒各有此郡名速野郡名隸豐後浪野所名隸豐後長野在肥前口野津名在肥前上

野州國敗名下野州國名隸東山俱綠野郡名隸上野那須野在下野印南野在播摩御野郡名

隸備前片野郡名隸丹後日野郡殿名隸伯耆立野牧名矢野河野町野生野植野宇

野倶殿名小野瀬宮殿名狩野界名高松野手枕野矢田廣野淺葉野引馬野安陀野師安陀與野白菅真野神樂小野巖余野宮城野入野栗津野

源日本王姓自古迄今世襲為王龍源院名在山城大德寺實源隆源

津其南地也凡湊通處多以津名津津崎名在對馬秋津洲島日本別號攝津州國殿名隷畿内今津在攝津又津名在肥前志摩津殿名在東海世宇津在南海足津在土佐博多津在筑前野津所殿名隷豐後仲津郡殿名隷豐後藤津郡名隷肥前大村津口野津倶在肥前島津殿名薩摩島主名之永樂戊戌夷王源義持令薩摩刺史島津滕存中脩日向大隅三刺史入朝豐津在薩摩月浦津日膽月即所爲在大隅下津戍口島津在大津隅山川津一日山河在大隅榛津在大隅唐天寶間本夷來朝新羅梗道始由此津入朝故此津曰入唐道放生津在越中石津郡名隷美濃會津一日藍津峯郡名隷陸奥深津郡名隷備後大津郡名隷長門海津里名百津島名竹田津殿名栗津野名

巖愛宕巖一日愛太子在山城夷昔有曰愛太子與僧慶俊法師所開前此山僧增至上千坊和氣清摩爲之檀樾而今僧坊存者五十愛巖郡名隷山城遠巖郡名隷若狭

穴曰傀穴秋間也　浮穴郡名隸伊豫

巢宇巢川名在山城

陵天子陵謂其王墓一名設官守之

谷白谷所名隸豐後　長谷寺名　志不谷澤名　泥谷長隔谷俱殿名

土州名即土佐彼其土斥且墳而難陶故夷之居鮮瓦蓋瓦蓋者僧寺間有之又揑土尾張上頗可陶其為飲器雖不為美價且貴高常用之器則一土坯爾　怡土郡名隸筑前　宇土郡名隸肥後

垣日本都會居天市垣曰王垣即瑞籬神棲也　石垣所名隸豐後　三垣原名

堤石堤山名

坪鞦韆坪田坪

坂坂莫大於關東又關名在豐後　小坂城名在攝津又所名隸豐後　八坂所殿名隸豐　江坂一曰戶坂浦名在肥前

赤坂郡名隸備前　穗坂嶺名　鷺坂山名　逢坂關名

堀川名在山城又殿名

岐州名即壹岐 久良岐郡名隸武藏 讃岐州國名隸南海 伊都岐島島名在安藝海中 安岐所名隸豐後 壹
岐島州國郡名隸西海 土岐郡殿名隸美濃 隱岐島州國名隸山陰
崎山崎在山城攝津州 洲崎 四崎 室三崎俱在土佐 高崎所殿名隸豐後 神崎郡名隸肥前又山郡名隸近江
島崎在種島 津津崎在對馬 城崎郡名隸但馬 見保崎在出雲 清見崎一曰見關 清猪見
崎猪島崎 穩見崎 見始崎 見越崎 伊良子崎
岡長岡郡名隸土佐又郡名隸陸奧 高岡郡名隸土佐 日岡郡名隸薩摩 片片岡郡名隸上野 笠岡一曰
河歌在古備州 新迴岡一曰迴峯 新秋岡 吉岡 平岡俱殿名 逝迴岡 石代岡 檀岡 恐岡
語岡 渚岡
嶺大島嶺在筑紫又名在周防 嶺長門嶺島名在長門北濱海中 御公嶺
峯瑞峯院名在山城檀越豐後刺史源義鎮 大峯在紀伊 多子峯在上野 會津峯一曰藍津峯在陸奧
新迴峯一曰新迴岡 赤峯 長峯 中峯俱殿名 多武峯乃夷臣鎌足道場 到下峯
岳鼻岳山名在河內 彥岳山名在豐後 華岳院名在豐後同慈寺右乃豐後刺史源義鑑之香火院

嵬嵯峩山名在山城夷第七十六代王號

嵉國嵉郡名隸豐後　宮嵉郡名隸日向

石州名即石見曰細石謂沙也曰青礞石產山城曰瑪瑙石產大和曰水晶產近江曰紫石可為硯產近江長門　磐石郡名隸遠江

查石所殿名隸豐後　殺生石在下野國之須那野國書云其先近衛院有女玉藻前生西域事班足王名亣夫人醜惡絕倫乃請班足殘殺千人之首以自悅後死托生於中國謂之褒姒一笑傾周再生日本為玉藻傷人無厭化作白狐亦復害人衆族大追之騎射後迸白狐先覺化而為石走獸飛禽觸氣即斃俗名其石殺生云故彼以事相悍婦　明石浦郡名隸播摩　神石郡名隸備後　出石郡名隸但馬　浮石池名　生石殿名　磁石山名

磯野島磯在安房又磯名在近江在淡路海中磯上有鬬　一指出磯有鳥千佐佐島礒志良上礒肥

多瀉磯余呂木磯

礁馬蹄礁在西海中大島西礁石四五纖如馬蹄故人目之

磐常磐播名

宕愛宕巖名在山城

洞日仙洞指夷王居 西洞 東洞 三條洞俱院名在山城

晶日曉晶除地也

湘泊湘

岨崄岨山

洙泗在下野夷設學校之初思慕洙泗之教學宮兩榜鑿渠以名之

磴天磴

湯島泉多湯有湯之處多產硫黃 那須湯在駿河 兒湯郡名隸日向 犬養御湯在信濃 慈留湯殿名

七曲出湯 足輕御湯

泉冷泉夷第八十七代王殿又路院名 後冷泉為夷王先宮院俱在山城 和泉州國郡名隸畿內 温泉郡名隸伊豫

水島名 清水寺名在山城又地名志水在土佐又殿名 即 主水司名在山城司領諸國氷室 三水郡名隸讃岐 赤

水一曰垢水地名在豊後 出水郡名隸薩摩 射水郡名隸越中 野中清水在幡摩印南野 德水 光水

吉水俱殿名

井大井（川名一曰大堰川在山城）三井（寺名在山城）筒井（城名在大和）石井（城名在河内）新井（郡名隸伊豫）

御井（郡名隸筑後）大佐井小佐井（俱所殿名隸豐後）真那井（所名隸豐後）赤井目井（俱地名在

日向）坂井（郡名隸越前）淺井（郡名隸近江）高井（郡名隸信濃）磐井（郡名隸陸奥）船井（郡名隸丹波）玉

井（里名）城井藤井平井三田井（俱殿名）間間井（地名在間間入江）松井（其名其地多有之）

飛鳥井（地名夷都之臣有此名號）滿圓井

溪郡溪（城關名在山城）一乘溪（在越前斯地也冬則藏冰夏六月獻進夷王）

谿三谿（郡名隸備後）

潭德潭（在日向）

澶（洲名秦重方士徐福所居）

瀨廣瀨（川郡殿名隸大和）妻土瀨橫瀨（俱所名隸豐後）鷹瀨（一曰高足在肥後）小野瀨（在肥後）碧瀨

（郡名隸陸奥）戀瀨（川名）石瀨（杜名）葸瀨片賀瀨（俱殿名）初瀨後瀨（俱山名）澳瀨（浦名）

池菊池（郡殿名隸肥後）大澤池鏡池並池戀沼池益田池水無池浮石池狹山池

勝間田池浮沼池

江州名即近江又島名一日一日畫在攝津海中繪若江郡名隸河內堺江在和泉攝津間三江在東海又江名在肥前遠江州國名隸東海又界名飛驒細江在甲斐釜江在豐後近江州國名隸東山筑摩江一日筑間江沼名間間入江蔦細江洲沙入江大刀作江難波江

河島名在肥後海中又原名白河一日白川夷先王院名在山城又河名在陸奧有關防白河者蓋地皆白沙風波滌成白水也小河在山城澁河郡河河內隸五十鈴河御裳濯河俱在伊勢三河州國郡名隸東海駿河州國郡名隸讚岐寒河郡名隸讚岐又郡名隸下野香河郡名隸讚岐田河郡名隸豐前又郡名隸出羽古河在豐後山河所名隸豐後又河名即山川津在大隅黑河郡名隸陸奧久河郡名隸周防濁河市河平河俱殿名水名河

沼魚沼郡名隸越後江沼郡名隸加賀大沼川沼俱郡名隸陸奧筑摩江沼一日筑間江沼戀沼浮沼俱池名不飽沼淺澤沼伊香沼保可保夜沼

湖筑摩湖與吾湖俱在近江

澤鳴澤一曰富士鳴澤在駿河富士山間椿澤郡名隸武藏井澤一曰伊佐草在肥前膽澤膽澤俱郡名隸
陸奧大澤池名淺澤沼曰廣澤志不谷澤田向澤
奧州名即陸奧陸奧州國名隸東山安陀奧野名
澳濱澳所名隸豐後
湊在讚岐白川湊在肥後海中千湊一曰血野湊在大隅
港兵庫港一曰日護在攝津深港在土佐松浦港在平戶
浦生浦在伊勢神師浦在伊勢又浦名在丹後三浦郡名隸相模又郡名隸肥前又界名床浦在上總又浦名
在近江香取浦在下總勝浦即名隸阿波花浦在伊豫江浦一曰上浦戶浦俱在土佐鹿浦在筑
紫四浦在豐後松浦港郡名隸肥前江坂浦一曰戶坂浦在肥前片浦在薩摩門浦一曰戶浦在大隅
月浦津名一曰膽月即肝屬在大隅明石浦在幡摩豐浦郡名隸長門生田浦千輔浦鳴呼浦
瀉見浦風莫浦彌繼浦名髙浦風早浦吹飯浦美奴妻浦澳瀨浦淺鹿
浦

泊北戸泊 在淡路 椿泊 或曰椿宿在土佐 今日泊 一曰京泊津 門泊 俱在薩摩 大泊 一曰大門泊在大隅

濱

住吉濱 在攝津 長濱 島名在南海中 湊濱 所名隸豐後 小濱 在若狹 竹濱 在陸奥 洲濱 打出

邊

幡戸邊 關名在河內 山邊 郡名隸大和又郡名隸上總 河邊 郡名隸攝津又薩摩出羽各有此郡名 溝邊 殿名

垂

瀬垂 一曰瀬高地名在筑後 沼垂 郡名隸越後 鹽垂 山名

隈

荏隈 所名隸豐後 沼隈 郡名隸備後 會隈 川名

阿

阿 州名即阿波 四阿 屋名在山城

陀

宇陀 郡名隸大和 望陀 郡名隸上總

隅

隅 州名即大隅 大隅 州國郡名隸西海又洲名即種島隸大隅

潟

三潟 殿名

岸

遠岸 關名在大和

堺江名在和泉攝津間

窪大窪殿名

曲河曲郡名隸伊勢

屋折木屋洪武庚戌使臣趙秩初抵此屋

淵曰麓淵水底也小淵妝名

波曰白波指海邊筑波川郡名隸常陸阿波州國郡名隸南海礪波一曰利波關郡名隸越中那波郡名隸上野佐

波郡名隸周防丹波州國名隸山陰郡名隸丹後難波江名

浪穗浪郡名隸筑前

森殿名邑樂森來肖森

杜篠田杜一曰信田杜一曰信大杜石瀨杜巖田杜老曾杜香椎杜高田杜起闖杜難

杜浮田杜阿波乎杜

林曰叢林僧寺也雲林院殿名花林平林若林俱殿名

剌江剌郡名隸陸奥

洲 秋津洲一曰秋津島日本別號 夷洲 澶洲漢書云夷洲澶洲秦遣方士徐福所居有數萬家人民時至會稽市會稽東冶之人有入海行流移澶洲者所在絶遠不可往來臨海水土志夷洲在臨海東南三千里土地無霜雪草木不死四面是山谿隋志夷澶爲秦王國其人同於華夏夷澶者即其遠江紀伊也 高洲在大隅 大隅洲一曰種島孫山隸大隅 牛馬洲孫山土產牛馬故人目之一日間島在種島西 珠洲郡名隸能登 野洲郡名隸近江

淀 關名在山城 六田淀在吉野 大淀

瀧 音羽瀧 戶瀨瀧 白川瀧 中路瀧橋名俱在山城 宮瀧在吉野又關城名在攝津 有瀧在野熊野

轟瀧 音無瀧 布留瀧 田跡河瀧 大原瀧

畑 小畑一曰小波田地名在安藝 切畑殿名 山畑

墅 曰別墅謂莊也 宇墅殿名

橋以木爲之 唐橋 淀橋 毋能橋 良賀橋 今月橋 寺橋 古衢殿橋 無隨里橋 大屋橋 寺殿橋 大寺橋 宇殿橋 寺田橋 府內橋 中路瀧橋俱在山城 古寺橋在攝津

長原橋在攝津二長島間　久米橋在信濃　八橋郡名隸伯耆　槙繼橋　真野繼橋　名兒繼

橋　佐野舟橋　板田橋　常磐橋　田簑橋　高橋

梁　板梁殿名　魚梁　虹梁

濟　百濟郡名隸攝津又別國名

渡州名即佐渡夷有司收稱渡殿　鳴門渡在阿波　天堂官渡在大隅海濱蓋原入朝故名　佐渡島州國名隸北陸

長門渡在山陽　霧渡殿名　久我渡一曰我渡　詩由良渡

日本一鑑絶島新編卷之二

日本一鑑絶島新編卷之三

奉使宣諭日本國新安郡人鄭舜功敍編

都　京都（夷王都也又殿名隸豐前）郡　伊都（古國名又名隸紀伊）郡　好古都（古國名）古都（筑紫日向柰良大和皆擬）古都（云）

京（曰上京都會也）北京（山城）南京（大和）西京（筑紫）東京（鎌倉）

師（曰京師都會也）神師（浦名）安陀師（野名）一法師（殿名）

陸　常陸（州國名隸東海）北陸（道名）

路　小路（一曰通次一曰圖子又島名在豐後海中）油小路　萬里小路　富小路　近衛小路（一曰近衛大路）

（大路若其謝御路也）勘解由小路　押小路（一曰小路）鶯婦小路（一曰小路）姉錦小路　綾小路

楊梅小路　北小路　鹽小路　梅小路　鍼小路　信乃小路（巴上之路俱在山城）輿路（城名）

（在攝津）淡路（島州國名隸南海）東小路　西小路　戶路（一曰東津留即大津留俱在土佐）上關路（在周防）

條（路也）九條（山城之路有九條曰一條二條九條皆路也曰四條雖路而有坊門曰三條五條六條七條八條雖路又別有坊門其一

條小一條二條後二條三條後三條有夷先王古院名其五條九條今各有關北條殿名

町其土地也每論以町又路名在山城室町正親町四條町俱路名在山城片山寺町殿名田町

寺町

坊夷俗居僧之通稱春宮坊在山城詹事居之內教坊在山城古今踏歌舞妓之所西朱雀坊東朱雀

坊三條坊四條坊五條坊六條坊七條坊八條坊九條坊已上之坊山城市門之坊也

市高市十市俱郡名隸大和安倍市在大和又市名在駿河古市郡名隸河內東市西市古有二市司

飾摩市一曰志賀摩在東海尾總市尾總之間通市名廿日市在肥前又市名在安藝按此市名夷中多有之

井利市一曰伊力在薩摩辰市辰日作也輕市

府少府監名在山城宰府在筑前其古鎮西九國太宰府左兵衛府右兵衛府俱夷王禁中警國之司西海列

國皆有之左近衛府右近衛府夷都武官之司西海列國皆有之隆府古府別府俱所名隸豐後

鎮守府一曰鎮主府為出羽陸奧鎮東之司

州國書五夷王用明始分置州六十六下文皆是古州名城州古名山背向為都會和州古大和州又謂山科內州一州

和泉攝州已上一州隸畿內伊州伊賀勢州地毗三河摩州孤山古志摩島尾州地毗三河三州

遠州駿州豆州甲州相州武州房州總州或曰持州下總州常州已上一十五州隸東

海紀州地毗和泉淡州孤山古淡路島阿州讚州豫州土州已上四州共一山謂南島又謂南國加紀淡共

六州南海隸筑州筑後州豐州豐後州肥州肥後州日州薩州隅州已上九州共一

山謂西島又謂西國即古拘邪韓國也加岐對共一十一州隸西海岐州孤山古壹岐島對州孤山古對馬島背西海地方若

州地毗越前越州加州能州越中州越後州地毗常陸渡州孤山古佐渡島已上七州隸北陸

江州近江地毗出羽濃州美濃飛州信州野州下野州奧州羽州已上八州隸東山幡

州幡摩作州備州備中州備後州藝州防州長州已上八州隸山陽丹州丹後

州但州因州因州伯州雲州石州隱州孤山古隱岐島已上八州隸山陰

縣大縣郡名隸河內諸縣郡名隸日向上縣下縣俱郡名隸對馬片縣郡名隸美濃山縣郡名隸美濃又

郡名隸安藝小縣郡名隸信濃

邑趙宋三朝志端拱間夷僧奝然謝表云季夏解台州之纜孟秋達本國之郊爰逮明春初到舊邑呼邑古國名

衛近衛（小路名一曰近衛大路路有夷王近衛之司）左近衛右近衛（俱夷王都官府名西海列國皆有之）左兵衛

右兵衛（俱夷王都官府名西海列國皆有之）

所（曰行在所本王行在之所曰伴道所一云伴儻所寺也曰滅飯所二階架也曰小便所謂後架也）內侍所（溫明殿）臺盤所

（在夷王禁裏）健兒所（右夷王禁裏衆健居之巡警也）大醫藥所（在夷都會）大歌舞所（在夷王禁裏）記錄

所（在夷王禁裏為主詔判之司）役所謂闕西守護所（見元史國書鎮西探題所）隆府所（自隆府至宗孫皆豐

後土地之所夷中列國地所頗多未及其詳敢莫收入蓋惟豐後地所云）古府所勢家所澳濱所笠和所馱

原所荏隈所豐饒所鹽九舛所津守所下部所高田所牧所荻原所丹

生所佐賀所婁土所臼杵所佐伯所紡方所大佐井所小佐井所入田

所志賀所家中所佐志生所寧目所白谷所浪野所一萬田所杇綱所

白仁所田北所津久見所三重所井田所野津所宇田枝所戶次所清

田所賀來所瀧河內所稻田所橫瀨所狹間所真那井所田原所五田

所田布所觀見所朝見所高崎所別府所石垣所小坂所竈門所里屋

所迫間所頭成所日出所加地所山河所八坂所大神所朝來也所藤原所木付所都甲所安岐所真所武藏所伊美所來僶所櫛來所岐部所役見所吉弘所富來所富賀所田濱澳所宗豫所已上皆後地所豐望晓所一曰小探題所在硫黃島祝所殿名

殿夷君臣民之通稱曰拜殿謂神前曰客殿一曰客櫚曰寢殿謂寢處曰湯殿一云風呂一云溫室紫宸殿南殿也清涼殿一曰內侍所大極殿一曰小安殿已上四殿俱本王居主殿監名春宮官舍石殿城名在山城足利殿足利地名其古夷王以地居臣兼名曰殿自足利次鎌倉至赤峯又志摩津及入殿皆夷島內外列國君臣之號之子若孫居列國蓋亦不忘本號云新田殿鎌倉殿吉良殿斯和殿細川殿山名殿鼻山殿令川殿濁河殿土岐殿佐佐木殿京極殿石堂殿玉堂殿上杉殿佐升殿千葉殿北條殿富㮤殿飯尾殿赤松殿武田殿攝津殿伊勢殿小笠原殿大友殿小貳殿城井殿島津殿或即志摩津殿大內殿菊池殿河野殿豐後侍者殿日田殿佐伯殿田原殿入田殿朽綱殿一萬田殿志賀殿大神殿本庄殿

清田殿寒田殿德水殿田北殿木付殿石田殿小原殿狹間殿佐摩殿
田口殿雄城殿臼杵殿玉田殿賀來殿野津殿市河殿植野殿山下殿
津守殿田次殿竈門殿秋岡殿小山殿久保殿上野殿中村殿田尻殿
下郡殿丹生殿宇墅殿德久殿深珊殿葛木殿若林殿惎瀨殿稻田殿
吉岡殿泉原殿森迫殿埴田殿蘆荊殿頁足殿原尻殿藤井殿生石殿
世利殿原殿富田殿三緒殿國分殿豐饒殿闕殿木田殿永富殿松武
殿疋田殿鵜殿阿南殿東家殿武宮殿白仁殿紀殿神志那殿今村殿
笠良殿木怒留湯殿大佐井殿波津久殿八坂殿大津留殿小井手殿
久土地殿平岡殿御久里殿小深田殿升田殿津光水殿坂松殿木上
殿石合殿柰煩殿森殿古庄殿小田原殿矢野殿高山殿首藤殿佐今
殿青殿情殿兵殿賀殿渡殿上殿堀殿秦長殿中峯殿枚梁殿惎木殿
帆殿足大田殿　恒殿長那殿松木殿野上殿小田殿少島殿廣瀨殿

愸良殿魚返殿役見殿原田殿倉成殿村上殿吉弘殿真王殿右田殿
伊美殿賀島殿麻生殿御來殿波多殿平賀殿瘦部殿官迫殿高﨑殿
江戶殿風早殿佐保殿升伯殿間富來殿樵原殿生野殿日見殿五郡
殿長峯殿霧渡殿平林殿日野殿長小那殿祝所殿小野殿鎌木殿長
尾殿成清殿戶上殿龜山殿志田殿三川殿熊殿大和殿寧佐殿深田
殿金丸殿禰父殿秋月殿三渴殿吉田殿一法師殿如法寺殿藥師兒殿
柴田殿須須木殿吉良殿鳥羽田殿瀨田殿結成殿野田殿馬場殿大
窪殿中城殿志水殿長隅谷殿野下殿會田殿堀月殿況谷殿弘未殿
切畑殿富高殿橋爪殿木下殿田布殿升尾殿立石殿足立殿平河殿
洲山殿片山寺町殿望月殿平井殿甲裴殿里枝殿安東殿瀧口殿町
野殿清松殿坂部殿赤峯殿志摩津殿或即津殿島伊東殿立花殿土持殿
三田井殿戶次殿片賀瀨殿菱殿津久見殿渡菱殿富末殿田殿京都

殿深柄殿雙足殿利光殿袋殿恵良殿朝食殿邊部殿柄山殿御手洗
殿八名殿溝邊殿句殿陶殿玖球殿海部殿入殿已上皆列國君臣殿號其他地名各有殿
守不及詳考未敢續入古衙殿寺殿宇殿俱橋名在山城
院天子院指本王居真言院修法所在夷王禁裏東宮院春宮也夷王子居施藥院倉穀院勸學
院學館院獎學院淳和院俱在山城各有官司東洞院西洞院俱在山城朱雀院後朱
雀院一條院小一條院二條院後二條院三條院後三條院三條洞院
冷泉院後冷泉院武花山院上東門院陽明門院陽成院清真院白川
院後白川院堀川院貪融院鳥羽院後鳥羽院崇德院閑院雲林院寧
福院俱夷先王古院號齋院司名神居賀茂神院夷王嵯峨第三女氏居之賀茂秋院神院內親
王神院夷先親王居之平等院花林院花山院俱僧居龍源院瑞峯院俱在山城大德寺瑞
峯檀越豐後刺史源義鎮本院住持號稱怡雲豐後僧俗凡入其都俱寓本院華岳院在豐後本先刺史源義鎮之香火院壽光
院光明院俱在豐後為僧之居寶光院在法隆寺中藥師院殿名闕三字平覺院僧居書院

扉書院

寺國書佛寺二千九百五十八皆僧所居惟鴻臚寺使客之所其古名寺我所聞知者詳見鴻臚寺後乃館鴻臚寺一曰鴻臚館在
山城別國使惟天使其鄰僧衆多請館於佛寺內受文儒之教別國使人仍館鴻臚自此以下皆僧寺天龍禪寺在山
城嵯峨山乃夷僧夢窗國師道場洪武辛亥使僧祖闡設教於此嘉靖以來寺僧周良兩使入朝相國寺在山城萬年山建仁
寺在山城東山東福寺在山城惠日山萬壽寺在壽安鎮關山夷云寺寺在九重裏九重裏者九條裏也又寺名在豐後
南禪寺在山城瑞龍山大德寺在山城龍寶山開山崇峯妙超禪大燈高明正燈國師其嗣僧九花和尚知文儒學夷王源知
仁常師之夷使清授受教之寺有龍源瑞峯二院延歷寺在山城比睿山為夷戒壇通國度僧牒文皆出來寺八幡寺一日
八幡宮寺在山城仙翁寺在山城嵯峨山其地始產木芙蓉夷人謂之仙翁花清水寺在洛陽東山清閑寺在洛
陽東山南麓三井寺塔寺醍醐寺觀音寺大寺僧寺尼寺古寺播名俱在山城東大
寺一日南方寺在大和宋雍熙初寺僧奝然奉使入朝良平寺在大和有關防寺興福寺在大和天龍寺
在河內有關防寺上善寺在攝津飛龍寺三寶寺俱在攝津寺名有關修善寺在伊豆寺產佳紙乃以修
善寺為名聖福寺在筑前又寺名在長門海藏寺在白杵原寺右龍寶庵奉天使曾館之龍護寺在佐伯庄

豐後刺史香大院寺僧清授為寺住持嘉靖丙辰附舟報使志向沿安到明寺在豐後副使清越所居太智寺在豐後寺僧清涼祥玉皆崇文教之流同慈寺在豐後妙觀寺妙賢寺能賢寺淨居寺天德寺俱在豐後建長寺圓覺寺壽福寺淨智寺淨妙寺俱在關東瑒川寺在備中本寺僧都日立賓初置鷲鳥之物搗藥之器及水器皆以僧都為名勸修寺在日野報恩禪寺在高宮山洪武初寺僧靈樞奉使入朝如法寺殿名營原寺行基始居藥師寺行基後居法隆寺間有寶光院仁和寺東寺紫金臺寺大安寺聖梵入寺白馬寺六波羅寺雲居寺園城寺祇園寺長谷寺仁王寺天王寺法性寺坂山寺山上寺勝尾寺伽藍寺已上皆夷古寺也

壇

戒壇延歷寺

場

冶場在山城馬場殿名

塔凡人死瘞以塔墳之又寺名在山城

八坂塔在雲居寺

軒

龍雲軒在豐後為僧居

庵

龍寶庵在海藏寺右使曾館之松月庵在豐後大智寺右寺僧清梁居之江水庵在豐後

樓蒼龍樓十二堂曰虎樓清暑堂俱夷王居年樓郡名隸紀伊鐘樓寺宇有之竹樓竹架之樓

觀江門野岳觀一曰江輪野島名在山陽

社曰末社謂神也寺社僧謂本所曰三社曰八番大神社在山城曰春日右大和曰天照大神社在伊勢大神社伊勢大神社乃夷王伊奘諾與妻伊奘冊俗呼日月二神熱田神社在尾張出雲大社乃夷先王素盞烏

祠徐福祠在熊野山祀秦適方士徐福武安王祠在西五島祠漢關羽厲鬼祠在平戶祀唐厲鬼祠啟嘉靖之初於時唐人私行市舶島夷好貨輙殺私商未幾天乃雨血其地地復出血島夷俱災所殺私商皆見夢於島主島主寢疾立祠祀之其島始安

牧所名隸豐後小笠原牧在甲裴穗坂牧鳥養牧小淵牧立野牧望月牧

守列國郡所諸司牧居稱守石野守殿名一曰石上殿魏景初閒賜使銀章今藏本守家津守所殿名隸豐後

鎮城名在山城

部掃部倉部式部治部兵部刑部民部工部已上俱夷王都之官省列國亦設此官司縫部織部俱夷王都之官司幡部川名在小城八部郡名隸攝津海部郡名隸尾張又紀伊豐後隱岐各有此郡殿名春日部郡名隸尾張岐部所名隸豐後浦部室部俱地名在豐後暗部山名在近江一部地名在陸

與產良馬 聲部 一曰壁地名在安藝 坂部 疫部 邊部 俱殿名

屬

肝屬 一曰膽月一曰月浦津郡名隸大隅

司

曰僧司謂東司指廁也 宿直司 大舍人居之節令會時諸司宿直於司也 縫部司 縫掖庭幃衣服之司 物作事司

內近中書令司 武官司 兵部 文官司 吏部 隼人司 百官名張歌舞見大行別事司 司獄司 獄囚是司

織部司 司機織 內膳司 司內膳 造酒司 司內酒 采女司 諸國采女所司 主水司 主領諸國水室

鑄錢司 而今罷鑄惟用中國古錢 齋院司 神宮 鷹司 路名巳上之司俱在山城 東市司 東京市司管領買賣

財貨真偽之所 西市司 西京市司事同東京 門司 一曰文司關名在筑紫 名綱司 見考署 庫司 謂雜舍

監

秘書監 經籍圖書佛像繪筆之司 少府監 金銀珠玉御服之司 綾錦司 天監 陰陽星歷之司 國子監 太學之司

主膳監 春宮膳司

署

主殿署 春宮灑掃司 主馬署 春宮御馬司 主工署 春宮修理司

省

中務省 中書令詔旨勅命之司 式部省 吏部內外文官之司 治部省 禮部 民部省 戶部 兵部省 內外武官兵甲之司 刑部省 事理囚人沙汰之司 大藏省 諸國錢米金銀珠玉雜物之司 宮內省 司農官職經理

諸國雜物官田之司　宗人省親王之司

臺　野馬臺日本別號後漢書云耶馬臺國一名耶摩維國　彈正臺一曰霜臺是關風俗肅清非違事司今檢非使中給之所

紫金臺寺名　帳臺　舞臺

閣　樓閣

衙　國衙一曰府國一曰府中即府內夷中列國之稱通

學　勸學　獎學院名俱在山城

校　學校在下野之足利在俗謂風世

北門指夷王居

舍曰精舍謂寺也日寮舍居官也　昭陽舍一曰梨壺　淑景舍一曰桐壺　飛香舍一曰藤壺　凝花舍一曰梅壺　襲芳舍一曰雷鳴壺已上五舍夷王子居　西山精舍見考畧　客舍即鄜島在肥前又行旅寄寓之通稱　雜舍

庫司

館　學館院名在山城　鴻臚館一曰鴻臚寺在山城事詳寺

日本一鑑附島新編　卷

廷　朝廷本朝之廷

庭　地名在土佐又掖庭指王居　大庭郡名隸美作

堂　日東堂西堂僧寺多有之曰祠堂島宇多有之　十二堂蒼龍樓　清暑堂白虎樓　天堂山名在西海中其曰天堂

官渡盖原入唐故名　石堂　玉堂俱殿名

倉　高倉官倉又路名在山城　巖倉山名在山城山上有城　鎌倉郡殿名隸相模　小倉一曰國羅或即小郡在豐前又

山名　朝倉殿名

庫　文庫在山城又大和下野各有之　金澤文庫在相模　武庫儀伏兵器所又郡名即兵庫隸攝津

藏　日眠藏卧所也曰土藏穴也　大藏省名　武藏州國名隸東海又所名隸豐後　海藏寺名在白杵原

局　内記局柱下中務省　監物局城門管鑰鈴印使符飛驛納事之司

壺　梨壺昭陽舍　桐壺淑景舍　藤壺飛香舍　梅壺凝香舍　雷鳴壺襄芳舍巳上五壺夷王子居

窗　洲窗地名在淡路　西窗地名在種島　斗窗地名在備前

棲　曰神棲一云瑞籬　有棲川名在賀茂　小栗棲地名

廨會廨一日會下寺也

鄽島名一日容舍在肥前又鄽也行旅寄寓之通稱

欄客欄一日客殿

園日萊園茶園藥園夷地多有之日後園俗謂後架夷居多有之祇園寺名

籬日本之區居東海東北濱月氏西緣韓遠青齊淮揚吳越南對閩廣馭之以道為中國之藩籬馭之不中為中國之近寇曰瑞籬神樓也

茂架籬

厠一日僧司僧司者乃律家所稱一日東司一日西淨一日雪隱一日便所一日高野山事詳山

室町名在山城又地名在播摩曰庵室謂僧居曰奥室帳内也冰室在越前之

一乘溪冬月藏冰夏六月朔進夷王

房州名即安房宮房居夷王妃漢魏永樂三賜金章及賜勘合俱藏宮房安房州國郡名隸東海慈光房香雲房

一乘房俱僧舍

屋島名在南海曰身屋謂家也四阿屋城在山大屋橋名在山城高屋城名在河内細屋地名在和泉小

屋關名在攝津足屋關名在攝津地名在豐前里屋郡名隸筑前里屋所名隸豐後鹽屋郡名隸下野窪

屋郡名隸備中店屋俗謂且過產屋俗多有之赤土小屋賤者所居垣生小屋土民所居部屋木

屋

莊曰山莊別業別家也松里莊在山城有安莊關名在攝津御莊在土佐臼杵莊佐伯莊俱在古日

向足利莊在下野本莊古莊俱殿名

居曰閑居別業別墅也曰鳥居一云神門猶言華表曰御出居謂俗產淨居寺名在豐後長居里名雲居寺名

閨局閨

門曰才門夷民居攝陽明門又夷先王古院名待賢門郁芳門美福門朱雀門皇嘉門淡

天門藻壁門殷富門安嘉門偉鑑門達智門已上一十二門皆夷王宮四垂之門也春花

門禁中門也土御門中院久祇土御門中御門春日大炊御門花山大炊御

門三條坊門堀川三條坊門四條坊門五條坊門六條坊門七條坊門

八條坊門已上門名俱在山城上東門院名在山城大門山名即淡路又島名是五小山為山為山城羅星泊名在

大隅鳴門渡名在阿波山門郡名隸筑後竈門所殿名隸豐後開門山名在西海大隅之濱長門島渡

州國名隸山陽俱神門郡名隸出雲又鳥居猶華表謂禪定門墓所

瓦軍瓦一曰江坂浦一曰戶坂浦在肥前

壁一曰聲部地名在安藝

架曰後架小便所也夷居多有之曰二階架一云飯間盖一云盛飯所夷居多有之

座着座一曰日枝一曰比睿一曰一我山名在山城高座郡名在相模上座下座俱郡名隸筑前

階曰二階一云二階架盛飯所也

竈塗籠竈土民所居

爐地爐

幡州名即幡摩破幡指海寇曰八幡關寺名在山城山幡關城名在和泉印幡郡名隸下總因幡州國名隸山陰小

幡山名

盖曰飯間盖二階架也

舟佐野舟橋名

船磐船郡名隸越後

維耶摩維國名即耶摩國日本別號支維古國名

丸烏丸路名在山城德丸金丸俱殿名

筒櫛筒路名在山城人事櫛筒故名之

筑部筑郡名隸武藏伊筑地名在薩摩

盤臺盤所名在山城

籠烏籠山名塗籠竈名土民所居

袋殿名

輪鏁輪國名在山城成輪地名在古備州三輪山名

鍼小路名在山城人居市鍼故名之

臼柚臼一曰植宿地名在薩摩

繩𦆭繩浦名

簑島名在豐後海中　豐田簑嶋名

椎香椎社名

鑑偉鑑門名在山城

釜江名在豐後

箕往箕里名　夏箕川名

機志豆機山名

鈴關名在攝津　五十鈴河名在伊勢

綱川名在山城　杇綱所殿名在豐後　名綱司名見考畧

笠小笠原名原牧在甲斐　一口小笠　御笠郡名在筑前

柄長柄郡名隷上總　深柄殿名

杵彼杵郡名隷肥前　臼杵莊郡所殿名古隷日向今隷豐後

升佐升殿名

畫一曰繪一曰江島名在攝津海中

具餘香具一曰巖户一曰天香久一曰鹿香久山名

物監物局名在山城

樂設樂郡名隸三河

枕手枕野名

衾男衾郡名隸武藏

棉木棉山名

緒魂緒山名　三緒殿名

布田布所殿名隸豐後

綾小路名在山城人居作綾故名之　餘綾郡名隸相模

羅幡羅郡名隸武藏　新羅郡名隸武藏又別國名　國羅一曰小倉或即小郡在豐前　始羅郡名隸大隅　六波

羅寺名

錦小路名在山城人居作錦故名之又郡名隸河內

錢鑄錢古司名錢向罷鑄惟用中國古錢

金出陸奧銀出陸奧但馬石見等處鉛出金銀礦中銅出小城石見出鐵豐後越中備中陸奧者佳鉦山石見　比金郡名隸武藏

珂那珂郡名隸武藏又筑前日向名有此郡名　多珂郡名隸常陸

珊深珊殿名

珠珊珠郡名隸能登　球珠一曰玖珠郡殿名隸豐後　醉珠海名

玉鹿玉郡名隸遠江　嵜玉兒玉俱郡名隸武藏　真玉所殿名隸豐後

寶龍寶山名在山城庵名在豐後

壁藻壁門名在山城　真壁郡名隸常陸　合壁

書院名　秘書監名在山城　扉書院名

由勘解由官司小路名在山城

歷延歷寺名在山城

句殿名

記內記局名在山城

訓乙訓郡名隸山城

謨訪謨郡名隸大隅

錄記錄所名在山城

未弘未殿名

坎赤坎關名在長門

天司天監名

淡天門名在山城俱

宸紫宸夷王南殿名在山城

日州名即日向日本正東去扶桑四十餘日正東南去羅刹鬼一日正南去大琉球四五日西南去小琉球八九日正西入寧波五六日西北去朝鮮一日正北去月氏一日東北去毛人一日自山城陸行至關東二十五日關東陸行至陸奥五十餘日陸奥東西相距八十日南北相距

四十日一自山城水行至大隅三十餘日陸行至大隅五十日一自山城水行至豐前凡十日陸行渡長門至豐前二十五日豐前水行次足屋至大隅約十日陸行至大隅二十五日肥前水行入豐陽三四日入淮安四五日大隅水行入寧波五六日入福建十日入潮州十餘日入廣東十二三日一自豐後水行渡土佐次山城十二日南島曲徑如羊腸未獲程日西島南北行五日也春日部郡名隸尾張今日泊名一日京泊津在薩摩廿日市名在肥前又市名在安藝其設市也多有廿日之名

月唐書本國東西行五月南北三月考畧至其境踰月入其都今月橋名在山城松月江月俱庵名在豐後朧月即肝

屬郡名隸大隅後月郡名隸備中望月牧殿名秋月堀月俱殿名

雲州名即出雲白雲一日屋久島名在西海中出雲州國郡名隸山陰村雲山名龍雲寺名

雨霖雨里名

曇安曇郡名隸信濃

嵐宜嵐

冰碓冰郡名隸上野

火篠火島名

初浦初 島名

早風早 浦郡殿名隸伊豫

夕日夕 里名

夜賀夜 郡名隸備中　可保夜 沼名

暮香暮 山名

昨羽昨 郡名隸能登

常 州名即常陸

年萬年 山名在山城　千年 山名在出羽又山名在丹波

紀 川名在攝津州名即紀伊又殿名　志紀 郡名隸河內　多紀 郡名隸丹波

暑清暑 堂名在山城

涼清涼 爽王西殿名在山城

秋賀茂秋 神院名

凝自凝島名即磤馭嶌日本別號

古野古島名在西海　賀古郡名隸播摩　邪古嶼名見唐書

今津名在攝津又津名在肥前　佐今殿名

景淑景舍名在山城　絶景島名在西海見閑隸集

光壽光院名在豐後　寶光院名在法隆寺中　利光殿名

明溫明夷王東殿名在山城　陽明門名又陽明門院俱在山城　昭明郡名隸伊勢　到明寺名在豐後　光明院名在豐後　有明山名

陰山陰道名

陽洛陽夷都夷人慕華夏故名之　昭陽舍名夷王子居　山陽道名

王女王國名日本別號　秦王古國名為古夷澶二洲即今遠江紀伊之地秦遣方士徐福居之　天王　仁王俱寺名

臣躬臣古國名

官文官　武官俱司名在山城

翁仙翁寺名在山城

公御公嶺名

禰波姑禰

父秩父郡名隸武藏　養父郡名隸肥前又郡名隸但馬　禰父殿名

母殿寺乃母關名在攝津

伯州名即伯耆又地名在日向　佐伯莊所殿名古隸日向今隸豐後又郡名隸安藝

相州名即相模

親止親町名在山城

嫂阿嫂地名

夫信夫郡名隸陸奧　知夫郡名隸隱岐

婦一曰姊小路名在山城

妻駒妻一曰小豆地名在土佐　上妻下妻俱郡名隸筑後　吾妻郡名隸上野　早妻山名　美奴妻補名

兒健兒所名在山城　可兒郡名隷美濃

子日䦨子一云通次小路也　天子院名　通入障子一曰鳥居猶言華表乃山城紫宸殿北也迴中峯之名　國子邑名

在山城　十子山名在攝津　多子峯名在上野　酌子地名在備前　挑草子地名　伊良子崎名

郎油不郎地名在大隅　三郎島名在南海山陽間

姉一曰姉小路名在小城

娃疑娃郡名隷薩摩

民怡民關民名在攝津又殿名

兵部名在山城庫名在攝津又殿名

工部殿名　主工監名春宮官名

士富士山郡名隷駿河

客殿舍闕名

賢待賢門名在山城　妙賢能賢俱寺名在豐後

友大友戰名在豐後豐後司牧告稱大友

吾為吾古閩名

佘巖佘野名

我稻我郡名隸陸奧　久我一曰許我渡名

爾曰旁爾四至也

伊州名即紀伊伊伊島名　紀伊郡名隸山城州國名隸南海入界名

禪南禪寺名　天龍禪寺名伊在小城　報恩禪寺名在高宮山

僧寺名在小城

尼寺名在山城　多尼嶼名見唐書

人東鯷人古國名見漢書　宗人省名　隼人司名俱在小城

鬼白國名

倭日本國也

夷東方人號又古洲名秦通方士徐福所居朝夷郡名隸安房

胡多胡郡名隸小野

單日郡單

奴古國名有二焉又島名在南海彌奴蘇奴鬼奴烏奴華奴蘇奴俱古國名甲奴郡名隸備後

羌日羌殿名

魚梁名

蛇海名

龍日本山龍自閩永寧衛間抽一脈去琛漶渡海乃結彭湖島再渡海結小琉球島魚貫渡海結大琉球島更渡海結大隅即西島至豐前更渡海結長門一枝東行結陸奥中枝盤旋

虎白虎樓名在山城

虹梁名

熊殿名猪熊路名在山城

蜓蜻蜓日本島名又小野名
蜩山名
雀東朱雀西朱雀俱坊市名朱雀門院名後朱雀院名俱在山城
兎日兎殿名
蝶蝴蝶日本地形
獄司獄關扉
駒伊駒山名
烏飛烏并名夷鄉之臣有此號
鷹釜鷹島名
猊山名
鳩殿名
鷲一曰柳小路名在山城

鳥大鳥郡名隸和泉又郡名隸周防

蟬空蟬山名

豫州名即伊豫　伊豫州國郡名隸南海　宗豫郡名隸筑前所名隸豐後

龜山名　靈龜山名在山城

牛佐女牛一曰佐目牛路名在山城

鷹司名在山城瀨名在肥後

鷲起鷲川名在山城

羊風羊郡名隸讃岐

猪三猪郡名隸筑後

鹿鈴鹿山郡名隸伊勢　山鹿郡名隸肥後　牡鹿郡名隸陸奥陸奥之郡有二牡鹿云　平鹿郡名隸出羽　何鹿郡名隸丹波　秋鹿郡名隸出雲　絲鹿山名　淺鹿浦名

馬野馬臺名日本古號野馬之野漢書為邪日本為野　白馬陵名在山城又寺名　主馬署名春宮官舍　有馬城郡名隸攝津

島名在肥前　相馬郡名隸下總　美馬郡名隸阿波　牛馬洲名一曰閒島在西海島產牛馬故人目之　對馬島州

國名在西海　鞍馬山名在近江　羣馬郡名隸上野　但馬州國名隸山陰　投馬　斯馬俱古國名　引馬野名

驛　飛驒州國名隸東山

駿州名即駿河

角　六角城路名在山城　黑角地名在豐前　八角島名見元史

頭曰塔頭庵院也曰社頭神宮也　獨鉅頭夷謂本島之形如獨鉅頭　益頭郡名隸駿河　智頭郡名隸因幡

目曰際目方境限也　寧目所名隸豐後　見目關名

髮　寶髮郡名隸三河

手曰繩手田間直路　鞍手郡名隸筑前　小井手殿名

足　鵜足郡名隸讚岐　高足一曰鷹浦地名在肥後　鹿足郡名隸石見　帆足　夏足　雙足俱殿名

趾　交趾地名在平戶又別國名

尻　田尻　原尻俱殿名

甲州名即甲斐　愛甲郡名隸相模　都甲所名隸豐後　山甲地名在長門

尾州名即尾張　靈尾地名在山城　栂尾地名在山城土產茶　小野尾地名在河內　飯尾升尾長尾俱殿名　勝尾寺名

耳地名在古日向

肚出肚一曰山原在安藝

蹄馬蹄礁名在西海之中大島之西

藹黑藹古國名或即黑島今俗好爲黑而人通目之

氣和氣郡名隸伊豫又郡名即分氣在備前　多氣郡名隸因幡

背山背一曰山城夷郡會也

皮斯皮郡名隸陸奥

志一志郡名隸伊勢　荅志郡名隸志摩　合志郡名隸肥後　久志一曰豐津在薩摩　志布志地名在大隅洪武甲寅志布志島津越後守臣氏久等繆遣僧百以熟日本國王命却之　古志郡名隸越後

毛 三毛郡名隸筑後 上毛 下毛俱郡名隸豐前 熊毛郡名隸大隅又郡名隸周防

羽州名即出羽 上鳥羽地名 下鳥羽驛名 鳥羽山口田院名在山城 後鳥羽院名 音羽瀧名

俱在山城 丹羽郡名隸尾張 天羽郡名隸上總 足羽郡名隸越前 措羽郡名隸陸奥 出羽州國郡名隸東

山又界名 青羽一日青葉山名 二羽山名

雄 高雄山名在山城

跡 田跡河瀧名

迹 山迹一日山止即古大和日本別號

形日屋形措覘王 寶形夷謂鳥宇如寶形

肥州名即肥前

飛州名即飛驒

食 喝命地名在大隅 朝食殿名

飼 城飼郡名隸遠江

飽不飽　沼名

舍美舍　郡名隸但馬

壚　小路名在山城居市壚故名之

酒造酒　司名在山城

醐醍醐　山名在山城夷第八十四代王號又寺名

油　小路名在山城人居市油故名之

米久米　郡名隸伊豫又美作伯耆各有此郡名又橋名在信濃　登米　郡名隸陸奧

飯大飯　郡名隸若狹　吹飯　浦名

饍內饍　司名　主饍　監名俱在山城

音觀音　寺名在山城

呼不呼　古國名　嗚呼　浦名

吹伊吹　小名　田吹　殿名

歌河歌一曰笠岡地名在古備州

鳴鹿鳴山名在高野原

讚州名即讚岐　夷讚郡名隸上總

言真言院名在山城

唯周唯郡名隸上總

飾葛飾郡名隸下總

清成清殿名

淨曰西淨謂淵也　鏡淨關名在備津

淡州名即淡路

藍伽藍寺名

黄硫黄島名在西海

濃州名即美濃　安濃郡名隸伊勢又郡名隸石見　美濃州國名隸東山又郡名隸石見　信濃州國名隸東山　津濃郡名

隸周防

巨濃郡名隸因幡

麗高麗郡名隸武藏又別國名

黑島名在西海河名在陸奥

紫筑紫島名在西海

丹州名即丹波

青殿名

日本一鑑絶島新編卷之三

日本一鑑絶島新編卷之四

奉使宣諭日本國新安郡人鄭舜功敘編

花　春花門名　凝花合名俱在山城　立花殿名

葩　女葩川名在山城

片　曰片岡

根　日新舘根初還暴也　日根郡名隸和泉　三根郡名隸肥前　阿久根地名在薩摩　島根地名在大隅郡名隸出雲　利根郡名隸上野　管根一曰波姑稱山名

本　日本古倭國　山本郡名隸筑後肥後出羽各有此郡名　松本地名在肥前　栗本郡名隸近江　坂本地名在近江又地名在播摩

柏　島名在土佐

梓　曰舊梓古鄉也

樹　大樹關名在攝津　橘樹郡名隸武藏

木 曰桝木一云尺木城構也 析木 屋名洪武庚戌使臣趙秩初抵此屋 笠木 關名在攝津 三木 郡名隸讃岐又郡名隸播摩

志木 地名在肥後 赤木 地名在種島 舟木 地名在長門 古余呂木 磯名 佐佐木 須須木

鎌木 松木 葸木 葛木 笠良木 富木 俱殿名

杉 原名產紙處 坂杉 殿名

種 島名在大隅海中

槫不槫 山名

藤首藤 殿名

菅音菅 山名

荄渡荄 殿名

枝日枝 一曰比睿一曰着座一曰一我山名在山城 宇田枝 所名在豐後 里枝 殿名

蒙 島名在土佐海中

竺支竺 國名日本別號

竹山名在攝津島名在豐後又島名在伯耆海中原名在安藝又川名

柳西柳原名

松島名在陸奥海中原名在平戶赤松殿名在播摩末松山名生松原名高松野名清松坂松俱殿名

梅小路名楊梅小路名俱在山城

杦上杦殿名

藥施藥院名大醫藥所名俱在山城

葦原名即豐日本別號葦

穀倉穀院名在山城

瓜橋瓜殿名

豆州名即伊豆幡豆郡名隸三河伊豆州國名又界名島名俱隸東海小豆一曰駒妻地名在土佐

蒜山名在西海中畔蒜郡名隸上總

穗　赤穗郡名播摩隸

梨　山梨里郡名隸甲斐　洽梨郡名薩摩隸　磐梨郡名備前隸　耳梨山名相對無口山

麻　巨麻郡名甲斐隸　宇麻郡名伊豫隸　詫麻　球麻俱郡名隸肥後

草　深草地名在山城　名草郡名紀伊隸　伊佐草一曰井澤地名在肥前　天草島名郡隸肥後　高草郡名隸因幡

荻　戸名一曰荻戸白馬陳在山城

蘇　阿蘇山郡名隸肥後　安蘇郡名下野隸　惠蘇郡名備後隸　對蘇古國名

茨　三茨郡名備後隸

葉　千葉郡名下總隸　標葉郡名陸奧隸　淺葉野名

栗　栗葉栗郡名尾張隸　小栗莊名

桑　小扶桑國名日本別號　生桑郡名筑後隸　千桑界名

粟　宅粟郡名播摩隸

茂　賀茂川名在山城郡名隸三河伊豆美濃安藝各有此郡名又院名　羽茂　加茂俱郡名隸佐渡

芳都芳門名龔芳舍名俱在山城

香飛香舍名在山城伊香郡名隸近江

臭伊臭郡名隸陸奥

一州名即和泉郡名在陸奥

二宮名十二堂名在山城

貳小貳殿名

三州名即三河江名在東海又江名浦名俱在西海島名在長濱島間一在周防海中隼三宮名延久三宮名俱在山城室

三崎名在土佐

四州名阿波讃岐伊豫土佐即四國又村名在淡路浦名在豐後

五島名在西海又五島在出羽海中

六六角路也城也在山城

七島名在東海中見考畧圖又七島在西南海中為琉球日本之界

八島名東西二海各有之　安八郡名隸美濃

九州名筑前筑後豐前豐後肥前肥後日向薩摩大隅即九國　戶九一日戶久一日三原在備後

萬隋志樂戶十萬　一萬田名在豐後

丈八大島名在伊豆海中

倍　安倍郡名隸駿河

對州名即對馬

乘　一乘溪名在越

姓　疑姓郡名隸薩摩

名　桑名　員名俱郡名隸伊勢　八名郡名隸三河又殿名　濱名　山名俱郡名隸遠江又殿名　津名郡名隸淡路

王名郡名隸肥後　飯名郡名隸出雲　豬名川名　水名河名

諱　基諱郡名隸肥前

唐櫃名在山城

韓掏邪韓 古國名即筑紫島也
盧未盧 古國名
吳與吳 湖名
陶 殿名陶氏者居尾張其先以陶著名故陶氏也自先嘗為尾張守
虞英虞 郡名隷志摩
曾老曾 社名
張名張 郡名隷伊賀　尾張 州國名隷東海
呂 曰風呂一云温室湯殿也
莫風莫 浦名
耆伯耆 州國名隷山陰
壽萬壽 寺名在山城又寺名在豊後
長秦長 殿名

命護命關名在攝津

性法性寺名

情殿名

法如法寺名

出日出所名隸豐後　七曲出湯名　指出磯名有千鳥

覺圓覺寺名在關東　禰覺里名

負婦負郡名隸越中

見伏見地名在山城　横見郡名隸武藏　觀見　朝見俱所名隸豐後　津久見　役見俱所殿名隸豐後　兩

見島名在西海　會見郡名隸伯耆　石見州國名隸山陰　濃見浦名　猪見　穗見俱崎名　清見崎關名

勝熊勝郡名隸出羽

押着押里名　水押

利井利一曰伊力市名在薩摩　足利莊郡殿名隸下野　宇曾利地名在陸奥　巴利古國名　世利殿名

保久保殿名在山城為夷相居山名在攝津佐保山川殿名見保崎名伊香保沼名

暴探暴関名在和泉

生土生路名在小城植生郡名隷上總又郡名隷下總丹生所殿名隷豐後郡名隷越前佐志生所名隷豐後

蒲生郡名竹生島名俱隷近江殺生石名在下野桃生郡名隷陸奥羽丹生地名在越中放生

津名在越中麻生殿名

總州名即上總尾總市名尾總之間通市也上總州國名隷東海又界名下總州國名隷東海又界名

舞臺名大歌舞所名在山城

越州名即越前徒越關名在枕草子風越莫越俱山名

坐掛坐地名在長門

那真那井所名隷豐後伊那郡名隷信濃安那郡名隷備後神志那長那長小那俱殿名

等平等院名為僧居也平等者謂無他慮尊尚佛乘佛猶夷王相平等爾

御殿名一曰清涼御日本王居土御中御春日大炊御俱門名在山城女御宮名在山城金御島名在筑

前犬養御湯名在信濃

瀉肥多瀉碱名

模相模州國名隷東海又界名　本模郡名隷美濃

宿椿宿一曰椿泊地名在土佐　植宿或曰油臼郡名隷薩摩　車宿地名山城過東多有大車之宿處

狩一曰滿在豐前又野名

度有度郡名隷駿河　多度郡名隷讃岐

裸古國名

洗御手洗殿名

支川名在和泉　巴百支郡支俱古國名

縫楯縫郡名隷出雲　加作縫島名

押一曰篤小路名在小城

攝川名即攝津

立足立郡名隸武藏又殿名　今立郡名隸越前

輔十輔浦名

迫宮迫森迫俱殿名

過且過地名行旅宿處

造玉造郡名隸陸奥

達安達伊達俱郡名隸陸奥　阿達原名在陸奥

許兒許一曰許乃册登山名

訪諏訪郡名隸信濃

聞起聞社名

救企救郡名隸豐前

護日護一曰兵庫又地名在攝津　西守護所名在西海　龍護寺名在豐後

捏富捏殿名界名

會　曰都會夷王都也　度會郡名隷伊勢

侍　遠侍俗屋

荊　參荊郡名隷大隅　蘆荊殿名

觀　妙觀寺名在豐後

科　山科地名在山城　填科郡名隷信濃　更科川名

加　加州名即加賀

合　石合殿名

動　石動地名在能登

付　木付所名隷豐後　見付島名在西海

稱　美稱郡名隷長門

拜　阿拜郡名隷伊賀

止　止止島名在佐渡北　山止一曰山跡日本別號

備 州名即備前

覽香覽 郡名隸薩摩

取香取 郡名隸下總　名取 郡名隸陸奧

賜置賜 郡名隸出羽

分水分 山名在三吉野　大分 郡名隸豐後　國分 殿名

瑳邏瑳 郡名隸下總

薩 州名即薩摩

富 小路名　殿富 門名俱在山城　永富 殿名

豐 州名即豐前

厚 殿名

防 州名即周防　周防 州國名隸山陽又界名

武 州名即武藏　阿武 郡名隸長門　多武 峯名　松武 殿名

射武射郡名隸上總

勢州名即伊勢　能勢郡名隸攝津　伊勢州國名隸海人界名　東巨勢山名

題探題所名在筑紫國書鎮西探題探題者探聽聲息奏題也

還高還路名在山城

作州名即美作　伊作郡名隸薩摩　美作州國名隸山陽　大刀作江名

住大住郡名隸相模

留都留郡名隸甲裴　大津留或曰東津留一曰戶路殿名在土佐　愁留湯名　布留瀧名

紉下紉鬪名在甲裴

好三好郡名隸阿波其郡武臣勝長慶世號三好長慶世武而且好文故能思仁慕義倭方耶律楚材云

惡珠惡一曰灘佐山名

藝州名即安藝　庵藝郡名隸伊勢　多藝郡名隸伊勢又郡名隸美濃島名隸西海　安藝郡名隸土佐又州國郡名隸山

陽　武藝郡名隸美濃

陳荻户白馬陳地名在山城

入殿名　真入郡名隷豐後　汗入郡名隷伯耆　洲沙入江名　聖梵入寺名

繼稗繼郡名隷陸奥　槙繼真野繼名兒繼俱橋名

方南方一日東大寺名在大和　田方郡名隷伊豆　行方郡名隷常陸又郡名隷陸奥　紡方所名隷豐後　三方郡名隷若狹　二方郡名隷但馬

能州名即能登

慮碫馭慮島名日本別號

破不破關名郡隷美濃

佐引佐郡名隷遠江　土佐州國郡名隷南海　宇佐郡名隷豐前　朝佐一日淺地名在周防　加佐郡名隷丹後

寧佐殿名

睿比睿一日日枝一日着座一日一哉山名在山城

摩州名即志摩　邪摩即邪摩維國日本古名　天摩關名在攝津　志摩島州國名隷東海郡名隷筑前　志賀摩市名

一日歸摩市在東海　都摩郡名隸武藏　嘉摩郡名隸筑前　薩摩州國郡名隸西海　筑摩湖郡名在信濃　色摩

那摩　取摩俱郡名隸陸奥　播摩州國名隸山陽　邇摩郡名隸石見　佽摩殿名　須摩

迴新迴岡名　峯逝迴岡名

智達智門名在山城　宇智郡名隸大和　愛智郡名隸尾張又郡名隸近江　數智　周智俱郡名隸遠江　那智

地名在紀伊熊野之有瀧　越智郡名隸伊豫　大智寺名在豐名　淨智寺名在關東　邑智郡名隸石見又界名

煩桼煩殿名

慈久慈郡名隸常陸　同慈寺名在豐後

級更級郡名隸信濃

世久世一日九世郡名隸山城又戶名　風世學校名在下野

代八代郡名隸甲斐又郡名隸肥後

事物作事司名在山城

因州名即因幡

次日通次一云國子小路也戶次所殿名隸豐後

封日薛封薛國也

迈魚迈殿名

濯御裳濯河名在伊勢

持州名或謂總州土持殿名在古日向

捬城名在山城

教内教坊名在山城

着五着地名在播摩

振袖振山名在對馬

打日雨打謂榻閘階也亦打山名在下總

斥鹽斥山名

瞭望瞭一日小探題所居在硫黃島

載那載 郡名隸陸奥

隱 州名即隱岐曰雪隱廁也

謝與謝 郡名隸丹後

舛鹽久舛 所名隸豐後

蝸貧蝸 院名在山城

務中務 省名在山城

鞠蹴鞠 坪名

至鳳至 郡名隸能登

罷世罷 郡名隸備後

偪來偪 所名在豐後

調御調 郡名隸備後

喜綴喜 郡名隸山城

賀殿名　良賀橋名在山城　伊賀州國郡名隷東海　那賀郡名隷伊豆常陸紀伊阿波讃岐石見各有此郡名
遠賀郡名隷筑前　富賀田郡所名隷豐後　佐賀所名隷豐後　志賀所名殿隷豐後郡名隷近江島名在西海
敦賀郡名隷越前　加賀州國郡名隷北陸又界名　甲賀郡名隷近江　都賀芳賀俱郡名隷下野　大賀郡名
隷陸奥　英賀郡名隷備中　平賀殿名
隆原名　法隆寺名
治宇治關山川郡名隷山城　新治郡名隷常陸　品治郡名隷備後　安作治山名
安小安一曰太極殿名日本王居　高安郡名隷河内　大安寺名
寧川名在山城
平郡名隷大和又郡名隷安房　良平寺名在大和
定關名大大和
連或曰志和久島名南在海
敷島名日本別號曰唐居敷衙門也曰機敷機房也　周敷郡名隷伊豫　吉敷郡名隷周防　遠敷郡名隷若狹

美渥美郡名隸三河加美郡名隸武藏香美郡名隸土佐能美郡名隸加賀賀美郡名隸陸奥乞美
邑美郡名隸但馬法美俱郡名隸因幡伊美所殿名隸豐後賀賀美山名在遠江山名在豐前
良奈良古郡夷第三十八代女王稱大奈良姬大神讃良郡名隸河內久良岐名隸武藏早良郡名隸筑前由
良渡名比良一日平良山名惠良吉良恕良俱殿名
多智多郡名隸尾張喜多郡名隸伊豫幡多郡名隸土佐傳多津名在筑前阿多郡名隸薩摩[illegible]多
勢多郡名隸美濃宇多郡名隸上野菊多俱郡名隸陸奥氣多郡名隸但馬仁多郡名隸出雲伊頭
波多山名波多殿名
登能登州國名隸北陸許乃毋登山名
和州名即大和淳和院名在山城大和古郡又州國名隸發內又殿名宇和郡名隸伊豫笠和所名隸豐後斯
和殿名仁和寺名
久志和久或日連島名在南海伊地久一日伊筑地名在薩摩屋久島名在西海佐久郡名隸信濃邑
久郡名隸備前戶久一日戶九一日三原在備後天香久一日鹿香久一日餘香具山名波津久殿名

樂相樂郡名隸山城　甘樂郡名　邑樂森郡名俱隸上野

福美福門名　寧福院名　東福寺名俱在山城　興福寺名在太和　安福郡名隸河內　聖福寺名在筑前又寺名在長門

壽福寺名在關東

廣矢田廣野名

大島名在西海　東大寺名在大和　志大郡名隸駿河又郡名隸陸奧　雜大郡名隸佐渡

小河名在山城島名在薩摩一在大隅海曲一在大隅海中一在備前　東小西小俱路名在土佐　漆小瀬三小俱川名

美豆小島名　蜻蜓小神樂小俱野名　華小山名

嘉皇嘉安嘉俱門名在山城　佐嘉關名在西南海中郡名隸肥前

吉三吉野名在山城　住吉濱郡名隸攝津國書云武臣住吉俗稱住吉明神曾敵元師　賀吉郡名隸播摩　周吉郡名隸隱岐

不白不島名在西海

須夜須郡名隸筑前　那須野湯郡名隸下野

長州名即長門島名在攝津　建長寺名在關東

狹長狹郡名隸安房　若狹州國名隸北陸　原狹郡名隸長門

理日理郡名隸陸奥

直宿直司名隸山城　麻直郡名隸阿波

無音無瀧名　水無池名

極太極夷王後殿名　京極路殿名俱在山城

積善積郡名隸近江　安積郡名隸陸奥

真清真院名在山城　白菅真野名

實源名

輕津輕郡名隸陸奥

細屋名在和泉島名在日向　飛驒細江名在甲斐　蔦細江名

高島名在豐後又島名在大隅海中川名在薩摩山名在安藝　飯高郡名隸伊勢　津高郡名隸備前　日高郡名隸紀伊又

殿名　瀨高一日瀨垂名在筑後地　富高殿名　名高浦名

遠 州名即遠江 籌邏遠 關名在攝津

可多可 郡名隷幡摩 奴可 郡名隷備後

重三重 郡名隷伊勢所名隷豐後

肖來肖 郡名春名

於贈於 郡名隷大隅

乎阿波乎 社名

哉不知哉 川名

焉邪焉斯焉 倶古國名

者豐後侍者 殿名在豐後

邪波邪 嶼名見唐書

乃信乃 小路名在山城

也朝來也 所名隷豐後

之足病之山名

柰惠奈郡名隸美濃

大信大郡名隸常陸

用佐用郡名隸幡摩

臚鴻臚寺館名在城

妙淨妙寺名在關東

難待難山名

毒銷毒川關名

正彈正臺名在山城

修勸修寺名在日野

善川名

上善寺名俱在攝津

修善寺名在伊豆

閑古院名

清閑寺名在山城

若　州名即若狭

成　陽成乃先王古院名在山城　東成西成俱郡名隸攝津　頭成所名隸豐後　倉成殿名

饒　豐饒所殿名隸豐後

仁　建仁寺名在山城　白仁所殿名隸豐後

弖　吉弖所殿名隸豐後

恒　恒殿名

彌　不彌古國名

裴　甲裴州國殿名隸東海

圓　高圓山名

信　州名即信濃

義　能義郡名隸出雲

禮　呼都頭禮山名

斯竹斯古國名

内州名即河内郡名隸越前日帳内即奧室内又常陸下野各有此郡名又所名隸豐後居之通稱　宮内省名在山城地名在大隅　畿内山城大和河内和泉攝津　河内州國郡名隸畿

大内郡殿名隸讃岐　府内川橋名在山城又豐後司牧所居之稱夷中列國司牧所

瀧河内所名隸豐後　水郡名隸信濃

外畿外東海南海西海北陸東山山陽山陰

表華表一曰神門一曰鳥居

裏園爐裏夷王禁中　禁裏夷王宮裏一曰禁掖一曰掖庭　宮裏夷王宮裏又地名即宮内在大隅　庫裏一曰庫里在攝津

中禁中夷王宮中　山中城名在大和　家中所名隸豐後　越中州國名隸北陸　備中州國名隸山陽　佐夜中山名

三保中一曰三尾中山名　象中山名

間島名在西海閭間井名　入間郡名隸武藏　野間郡名隸伊豫　狹間所殿名隸豐後又為壁穴　迫間所名隸豐後

升迫間殿名

前筑前豐前肥前州國名隸西海　越前州國名隸北陸　般前郡名隸陸奧　備前州國名隸山陽

後牟後闕名在攝津筑後豐後肥後俱州國名隸西海越後州國名隸北陸備後州國名隸山陽丹後
州國名隸山陰
上殿名添上葛上城上俱郡名隸大和島上郡名隸攝津長上郡名隸遠江足上郡名隸相模海
上郡名隸上總又郡名隸下總左上郡名隸近江山上地名在近江又寺名郡上郡名隸美濃階上郡名隸陸
奥最上郡名隸出羽三上山郡名隸備後氷上郡名隸丹波八上郡名隸因幡田上川名志良
上磯名村上夷第八十二代天有村上之號又殿名戶上野上木上俱殿名
下添下葛下城下俱郡名隸大和島下郡名隸攝津長下郡名隸遠江足下郡名隸相模野下木
下山下俱殿名到下峯名
東山名在山城京名鎌倉島名在東海中又寺名名東郡名隸阿波伊東殿名即今日向牧今北東今南東
俱郡名隸越前關東日本遠東地方賀東神東飾東揖東俱郡名隸幡摩苫東郡名隸美作安東殿名
南山名在山城京名大和州島名即四國隸南海丹南郡名隸河內坂南郡名隸越前印南野郡名隸幡摩阿南殿名
西山名在山城京國島名乃筑紫隸西海名西郡名隸阿波鎮西筑紫太宰府司在焉今南西郡名隸越前一條

西路名在山城　賀西　神西　飾西　揖西俱郡名隸播磨　苫西郡名隸美作

北京名山名俱在山城　丹北郡名隸河內　田北所殿名隸豐後　葦北郡名隸肥後　蒡北殿名

來島名在和泉　津津來原名在山城又原名在武藏　賀來　富來俱所殿名隸豐後　櫛來所名隸豐後　高來郡名隸肥前　朝來郡名隸但馬　御來殿名

向　日向古都宮州今國名隸西海永樂戊戌夷王源義特今日向大隅薩摩二刺史入朝

文庫名山城大和上野皆有之　金澤文庫名在相模

德　大德寺名　崇德古院名俱在山城　天德寺名在豐後

日本一鑑陁島新編卷之四

日本一鑑窮河話海

上冊

民國貳拾八年
據舊鈔本影印

日本一鑑窮河話海卷之一

奉使宣諭日本國新安郡人鄭舜功纂述

日本之區懸隔滄海自漢以來常通中國魏晉隋唐亦常遣使未究其
北胡閏位雖屢使人遣夷中沮不得要領輒恃驕兵卒致海患逮今
聖朝入貢出使乃得要領海患寢息百數十年矣自歲庚戌以來姦宄禍
亂荼毒東南功思
舊章冒干
天聽荷蒙
聖明遣使海外奉宣
文德化道裔夷得其要領期致治安歸罹媢嫉卒致債事憤思張騫出自草
茅非奉使命終老無聞功亦草茅時際
聖明奉

使化外功將垂成不羅娼嫉欸　東海蕩平矣而功豈下張鶱耶臺爾海寇十有餘年汎動風生徒報燋爛奚為長治久安之道哉狐憤不已遂以見聞類編成集目曰窮河話海及凡古今馭夷之事知則悉載上陳
天覽下匡時政庶見草茅奉

本傳

日本古倭奴國島居溟渤之東國西筑紫島即古搆邪韓國向列九國西南去廣七千餘里去閩五千五百里正西去浙三千七百里去淮三千餘里去齊不三千里去遼二千餘里自筑紫西北去韓千四百四十里筑紫之西對馬島　韓四百八十里本國之都即漢書云耶馬臺北去月氏千二百里島緣東北魚貫東南為中國之東藩籬初主天御都

筑紫之日向宮主邪摩維國一族世傳以尊稱伊都投馬種類百有餘國奄為所屬文武寮吏皆世其官傳至廿三世號神武者乃彥瀲尊之第四子始稱天皇自筑紫入都大和疆原宮即耶（耶倭作野）馬臺仍號曰倭本島夷初漁稼治生漢魏以來通知用兵自後漢光武中元間始重譯韓通中國自稱大夫光武賜以印綬安帝永初倭王帥升等獻生口百六十人願請見是後倭屬帶方郡桓靈之世國相攻伐歷年無主有一女子曰卑彌呼長年不嫁酷事鬼神以妖惑衆共立為王法甚嚴峻魏景初間女王卑彌呼遣使大夫難升米牛利等前來朝獻詔封卑彌呼為親魏倭王賜金印紫綬難升米等次拜中郎校尉各假銀印青綬晉泰始間女王卑彌呼與狗奴國男王卑彌弓乎素不合遣使詣郡說相攻伐狀遣塞晉掾史張政齎詔告諭之卑彌呼死更立男王國中不服互相誅殺復立卑彌呼宗女壹與國遂定時稱女王國於是壹與使

送張政等還此島之初無文字刻木結繩為政方自宋武甲辰年夷王應神始於百濟得中國文字自號八番菩薩宋齊梁時皆授節浮屠之學始承聖間得傳佛法於百濟隋尋入朝求佛法開皇間夷王用明從治大和之山背山背之山環拱如城故名山城始制五畿七道六十六州三島字其子聖德俗稱救世觀音之作憲法行於國唐長安間夷王文武遣使來貢時更倭號曰日本國書謂號大唐則天皇帝之所封於時文武遂將六十六州更名曰國壹岐對馬二島亦各名國屬西海道多藝等島不稱馬開元間夷王聖武以僧志高氏巡行諸島按得陸奧地方綿邈將部九郡分作五十四郡乃繪輿圖名曰行基傳於其間惟時夷王遣使真人粟田肯請從諸儒授經詔四門助教趙玄默即鴻臚寺為師獻大幅巾為贄賜書以歸其副朝臣仲滿慕華願留易名朝衡歷左補闕還復入朝上元中擢散騎常侍安南都護天寶中新羅梗道

始由明越入朝故其西海肥前大隅之間名為古今入唐道又天堂島名天堂官渡蓋覩中國取義時使經吴得織藝歸乃知作綾世稱織者名吴綾惟為練布既久矣建中間使僧興能善為草書元和間夷王桓武惡殺好生常命外記史官作倭名集及倭法律行於國遣使滕元葛野浮屠空海及延歷僧澄入朝請詣天台傳智歷廿年還夷初無姓自王嵯峨賜其子名十二樓之姓源氏倭姓始焉光啟間夷王光孝遣使僧來傳教國書號稱傳教大師與其弘法大師護明宗正及臣名備吉等議祖唐字四十七數乃作倭字志唐字旁翻譯始備梁周之世其常入朝夷王醍醐村上以來設科取人趙宋之世斯文隆盛夷思慕之乃於下野創立學堂題名學校一名足利又稱風世學宮兩旁開鑿二渠慕稱洙泗列國學徒常二三千人講學其間雍熙間夷王守平命僧淨閭等重修國法使僧奝然等前來朝貢擬奝然善隸書粮華言問其風

土但書以對云其國中有五經佛書白居易集七十卷咸平間來夷滕木吉帝召見之以國詩獻請賜日本祥光記命張君房以為之景德間來僧寂照識文字能繕寫熙寧間來僧誠尋詣天台國清寺願留州以事聞帝以遠人而有戒心詔處開寶寺前此使人多好儒好佛亦皆中國垂教之胡元閏位於中國彼以蒙古不朝累招之使不至累征之海難涉故范文虎提十萬之師飄飄入海還者三人焉後招來市即不滿所欲卒燔刼而去終元之世使竟不至寇盗邊垂

太祖混一之初告諭四夷其謂中國有

真主出遣使來朝給與勘合為朝貢憑當此之時本生滕佑壽授官至於觀察使先是姦臣胡惟庸通謀不軌故絶其來

成祖御極遣使中官鄭和往招百番入朝遂詰入犯之故夷王源道義深知夏夷之義圖雪醜好之私即於壹岐對馬等島禽獲犯逆以獻

上嘉其勤誠賜王九章封其鎮山
御製文勒石本國給與金章勘合
制定貢期人船方物有常數王道義死盜賊復生職貢不至遣使諭王源
義持使通盜熄
宣宗朝馭之以道海不揚波今百餘年矣
武宗朝夷國學校之徒請使入朝求祀師儀議處未當不允其請嘉靖以
來商賈私通姦宄漸作嗟十餘年矣當事之公疎於要領故亂未平備
按蠃蟲錄異域志考畧諸書皆以倭寇目之自奉
宣諭詢彼海寇總名破帆又名白波發之則族故俗尤嚴寇禁夜不扃門
而鮮偷竊人罵以賊讐恨不忘俗雖多武尤重佛而好文比得要領輙
用
文教而豐後刺史源義鎮遣僧清授附舟報使矣日本國王源知仁依諭

禁行去使違還歸報矣嗚呼重詐輕生為倭舊俗今抑此夷惟文可化夫當事者不明要領別事計數是以久背夫忠信惡反窮黷乎夫究馭夷之道者須知

文德聖神靈

天原

備按天下之物本立於地象懸於天五官知之皆所以節宣和氣機察物宜災祥得失若合符契四海島宇歷一週天環拱於中係屬分野蠻夷戎狄悉志於書五官占候無外乎此而日本山城方位屬天市垣其海島也四旁紆嶼小大無算雖曰懸隔一海然天羅萬象莫不環拱於中宮居方定位各有所守夫抵守分者吉過責者凶福順禍逆於此可見抑此且天官之學未易究竟不敢妄議先代政佐有能得知天象者自抱赤心肯發善言致使凶星退舍志之所存當是之時東海之外攙

槍越度熒惑過躔兵燹未已百爾君子之於政佐其有得知天象者宜秉赤心以發善言信使凶星退舍於度外萬象環拱於中天共樂天常也耶

地脈

儲按天下之脈起自須彌佛書云須彌以者在天地之內中高而四隤日月蔽虧其頂上分四山而去中國有四河源分出四去為四世界東佛于代南贍浮地西衢耶尼北鬱單國三韓國名一馬韓五十四國二人韓一十二國三日豹韓一十二國其地以東西為界脈自須彌南起崑崙百狀千形造設萬國亦莫不祖彌而宗崑崙也枝榦條枚難以紀極不得悉言矣自昔遵海諭夷彷彿所見畧審日本之脈起自閩泉永寧間間抽一枝去深滬東渡諸海結彭湖等島再渡結小東島一名小

琉球彼云大恵國自島一脈西南渡海乃結門雷等國一脈東北起釣魚黄蔴赤坎古米馬齒等島乃結大琉球國自大琉球一脈東北渡海起硫黄田嘉大羅七島屋久種島閒島白不硫黄等島乃結日本首自大隅至豐前中分九國自豐前渡長門東行結陸奥中枝盤旋南結山城旁枝南行結紀伊又渡海結阿波即南島為山城之案此所以言日本之疆域畧可考矣本島之夷不知堪輿之術漫言地脈起於淡路豈其然哉按考地圖種島大隅筑前伯耆陸奥等處地多白沙人生矮小然則孔子家語有謂沙土之人細斯亦驗矣但此夷島陰極中所生雖突起硫黄等島蓋由陰極而陽濁其氣欝烝不能盡泄發為爆火山勢巃積生產諸夷賦性兇狠尋龍經云凡物之精上應天星世以峯為星峯者以其峯應列星故也人亦感地之氣而生焉故此倭夷賦性兇狠實地氣使然也按此東夷累代入朝貢以地脈由中國而性餘枝歸向

祖宗蓋亦不忘其本其理然也大抵日本之域汎浮於萬里溟渤之東時人未易知之據龍經云東入三韓師沓寘夫三韓者有不可得而知之日本之域夫豈易言哉中國一區大峙中天譬如孤月四海之島小大無算猶衆星之拱月焉

水源

備按天下之水源出須彌須彌水源鬪分四派作四大世界界水終歸於四海莫不東之水說須彌佛書具載須彌逸南星宿海即火敦腦兒清泉涌出於地中方泓七千八里縈迂二澤又九渡前古之人未識也逮元嘉烈始知之水下崑崙南行五百餘里河始濁故名黃河崑崙源也為漢張騫所窮下而積石孟門華陰底柱洛汭大伾大陸九河碣石備載圖書而北西南水隨山下世所未窮千折萬迴亦莫不之於東海東海海外水人不求知海賊漸生星槎乃發捻抱一腔忠義冒千萬

冒風濤涉海觀山牽絲渡水水源雖不可測山行勢則昭然山峙其間水源自見按得日本筑摩之水源發近江水勢之生頗類星宿山城武藏源出津津筑紫硫黄湯浮沸沸皆知地涌孰謂天生地載之餘而注諸海基乎氣脈喘息生焉隨月朝宗立名潮汐古今天下不失此道之常也夫化荒夷宜根要領水源潮汐同之設使源水竭流潮汐不至喻人身之斷氣脈斯立待斃烏望無病歟既窮水源宜資治道未應東渡熟念西來用夏變夷蓋由忠信尊親効順義重哀矜水源之道常流潮汐自然而至此喻一身之無病而人莫不長生耶

時令

備按島宇氣宇候有差地在我之東南土氣温暖漢書隋志皆然温暖之地仲冬始霜地在我之東北土氣寒冷故其駿河富士山間四時積雪不消此昔我所未知也彼云年謂之白（天竺言也）云初年甫年也云四

時春麗景夏朱明秋白藏冬極時月之次第詳於一歲之中日之俗宜着於月令之内云輙時者猶言刻也一歲稱呼如斯而已凡行新歷到列國則必鼓樂以迎之歲月異名暨諸俗事次第詳悉

正月肇歲一云睦月一云昵月俗謂新春親類相依娛樂故名之月朔國人齋沐祈祝天地先向其都方位拜祝其王次父母兄弟夫婦長幼禮畢往來親友之家是日俗尚嬉戲各逞技能盡醉而歸賀正之禮其有行至十一日十五日二十日止月初子日俗人祝松祝云男七女二七云云七日禁中白馬會俗人登高望遠謂得陰陽靜氣以除煩惱十四日禁中男蹈歌皆發祝頌之詞望日清晨俗以白米小荳為粥致祭地祇國郡所村童子成群手持一物謂羽子板及刺杖遍入人家搜求不育之婦見即撻之童謠曰汝快生兒十六日禁中女蹈歌凡月晦謂提月

二月如月一云衣更着月俗以此月餘寒猶嚴故云衣更着也

望日弔亡者二八月時云彼岸　三月竊月一云彌生月言諸草木至
此俱生故名三日作草餅祭祖先桃花泛酒以為樂　四月卯月是月
也卯木盛華故名僧家開浴謂之淋汗八日僧俗之人祭賀釋迦生辰
五月皐月五日酒泛菖蒲競馬擬競渡致祭三閭楚大夫小兒輩作
艾虎故事祭賀茂神俗云賀茂祭　六月且月一云皆熱月月朔以冰
進王分賜群臣接彼之冰例藏越前一乘溪預備以供此節云月望夷
王致祭天地神祇粧扮人物故事鳥獸之戲是月晦云越祓俗以夏盡
秋交金火相尅故名　七月文月一云親月俗省親墓故名是月俗餉
父母謂之生見玉月望盂蘭盆會夜則燒燈於門外比屋皆然謂導亡
人受祭　八月云彼岸一云壯月一云葉月以木葉落故名朔云憑又
云白露白露節值八月也月望國都則祭八幡神謂之放生會大和則
祭大明神伊勢則祭天照神皆夷先代國王也國人謂之三社日是日

豐後揚師至飾金草遊於郊原之間　九月玄月一云長月月陰象俗以夜長故名九日採菊獻觀音　十月神無月俗以神集出雲云惟出雲謂之神有月是月也擇日修祭諸神亥日食餅謂豕餅祈禳無病　十一月暢月一云霜月是月也國之東南始隕霜卜日祀竈　十二月趨月一云師趨俗以諸人事煩不暫居家雖師匠亦趨走也故名十三日致賀禮月望祀祖先月晦作蘇樧僧俗互送往來辭年門户懸稻穰插蘇房祈稻之熟祈子之多其王宫室侍臣乃以桃弓葦箭驅儺云凡閏月俗事同

種族

備倭種族自其初王天御始都筑紫日向宫以倭爲號傳至夷王神武筑紫都遷入大和仍號以倭至夷王天國於梁承聖間遡其世代凡五十三矣且以世數而言之三十年爲一世大槩計年凡千五百餘年矣

日本一鑑窮河話海　卷一

此則天御唐虞之際而生焉天御之祖不知為誰肇生何時無可考矣
國書島初男神妻神之欲發跡潮沫自凝以成島此豈足信乎自奉
宣諭按其種類本有天御之種秦有徐福部童男女之種梁有百濟志高
氏種後有多多良氏種唐有華人吳織之種（通典謂太伯之後者此也）及蝦蛦種元
有敗兵彼謂新附唐人之種近有朱縞（宋素卿）之種又被虜官袁璡種賭
有逋逃之種及多被虜人種矣此所以言種類也嗚呼天下一家罔閒
內外逋逃釀禍青法何歸被虜良民籲
天無計此即本源之道推窮治亂之基

氏姓

備按隋唐志書其王姓阿每又按宋史諸書其王王姓本國書云夷初
無姓自王嵯峨賜其子曰十二樓之姓源氏次平滕橘共四大姓後分
百姓於內廿姓為公家八十為武家俗稱武家者物武八十姓氏也而

源平滕橘族類繁衍散居夷中諸島惟源姓氏世繼為王古今不易夫源姓氏永樂之世始知之若平姓名乘者號稱鬼神大夫也而滕氏世為武家宋有滕木吉之附商舟入朝今本姓名長慶者為山城刺史夷稱君子列國咸愛之而橘氏始載唐書學子橘免勢顧留肄業其單姓氏世代有增唐書使人仲滿慕華不肯去更姓名曰朝衡歷左補闕久還之後使來有姓朝者又兼姓者世居美濃善於刀劍銘有兼定兼次兼常等名又徐氏也秦遣方士徐福之後今彼各島有其子孫焉自是華人有徐倭之稱非倭夷之嫡姓也其單字姓多元敗兵按當是時倭謂新附唐人不殺而奴者又朱姓者又宋素卿之後素卿鄞人來縞也其父先與貢夷交易折本填去更姓宋氏兩度入朝致生癸未之變宄本朱姓故有朱倭之稱氏有指揮袁璡者乃被亂夷挾去之周防向有子孫也若今遁逃雜姓且多不可不知其本雙字之姓或由地名或從

官氏或因國郡而稱焉唐書真人因官而氏本國謂尸宋史奝然俗姓藤原又三字姓波羅門者來自天竺又志高氏及多多良者來自百濟也俗取名字多用道義鑑彥善新神與仁助等字其子若孫假以雙字為名頂字不易如長子則曰助大郎次子助次郎云夫知姓字一併詳之

單字姓曰源平滕橘仲朝系中清南菅王安萬永經道張隆本致桓敦相宗極為化操公成加茂江徐朱宋袁歸漢　雙字姓曰志高三津佐伯任生巨勢高橋清華藤原役公下村　三字姓曰波羅門多多良也

國君

備按日本王姓源氏世王其國自其初王天御至王守平當宋雍熙時凡八十八世已前世次已載唐宋史書不復宣言守平以後雖曰入朝宋史不載北胡閏位於中國本夷不朝亦無可考

國初來貢其王良懷永樂之世其王源道義次源義持以後來貢我少詳記自宋雍熙算至於今六百七十餘年且以世次而論之凡三十年為一世算該二十二世矣國有世譜及有文夾集圖繁未及錄已得錄者姑依本錄尚欠詳悉以俟知者詳說也

仁德天皇此自稱者又稱鳴鵄帝應神天皇御子女御宮太后宮仲姬命　仁賢天皇舒明天皇御子母后皇極女帝　天智天皇履中天皇御子顯宗天皇同母御帝　聖武天皇文武天皇御子母后淡海公御子　平城天皇稱奈良帝桓武天皇諸子母石內大臣良繼諸子　陽成法皇清和天皇諸子母后中納言贈大政大臣長良女　光孝天皇深草天皇諸子母后紀伊宇贈大政大臣滋緒女　寧多法皇主院小松天皇諸子母后式部卿親王仲聖諸子　醍醐天皇稱延喜帝寧多法皇諸子母后內大臣高藤諸子　朱雀院醍醐天皇諸子母后堀川關白殿下照宣公御子　村上天皇稱天曆帝同帝御子朱雀院同母諸弟　冷泉院村上天皇諸子二號母后九條大臣師輔諸子　貪融院同帝諸子冷泉院同母諸弟　花山院冷泉院諸子母后攝政謙德公諸子　一條院貪融院諸子母后清真院殿下兼家諸子　三條院冷泉院諸子二號母后同關白諸子　後朱雀院一條院諸子母后上東門院諸女　後冷泉院後朱雀院諸子母后

御堂關白殿下道長諸女小一條院三條院諸子母后左大將軍濟映女後三條院後朱雀院諸子母后陽明門院女

白川院後三條院諸子母后中納言公成卿女堀川院白川院諸子母后六條古石大逹顯房子崇德院後白川院

諸子母后大納言經實卿女貴女二十一人親王十八人附宮聖德太子上宮太子用明天皇諸子有間王子孝經

天皇諸子母后左大臣阿閉倉橋諸子高岳親王號十六如親王平城天皇之子雲林院親王常康深草天皇諸子

小野宮親王惟高文法天皇諸子閑院四品親王貞元清和天皇弟兵部卿親王元良陽成院諸

子前中納言親王惟忠光孝天皇諸子式部卿親王敦度寧院之子福一品式部入道親

王敦實同院諸子上總太守四品親王行明延喜帝子同太守四品親王盛明同帝第十五子

前初書王兼明同帝之子後中書王具平天曆帝諸子彈正尹親王清仁冷泉院諸子武花山院諸

子云延久三宮輔仁後三條院諸子紫金臺寺二品入道親王鳥羽院諸子移居仁王寺

仁和寺二品法王守覺後白川院諸子已上夷王凡廿三代中附夷君之子云國王良懷也洪武時源

道義永也樂時源義持永樂初也宣德源義植正德初也嘉靖源義晴嘉靖貢也戊申來

源知仁嘉靖乙卯嗣立也

職員

備按漢書初倭入朝自稱大夫魏志職員有伊支馬次彌馬升次彌馬護支次奴佳鞮等號隋志職員有大德小德大仁小仁大義小義大禮小禮大智小智大信小信一十二名員無定數又有軍尼一百八十員如中國牧宰八十户置一伊尼翼如里長十伊尼翼屬一軍尼唐書真人猶唐尚書又宋史云使僧奝然入朝上有職員書使云本姓藤原氏其父真連為國五品官備考宋元之世東夷列國皆有刺史又按永樂戊戌日本王源義持遣日向大隅薩摩三州刺史島津滕存中等入朝其文武寮吏皆世其官吏國書言至今如昨位階八等有正從上下之分按宋端拱戊子奝然遣使奉貢物有叅議正四位上滕佐理手書二卷前此未詳悉今以所知者次第書之

神祇官曰伯曰大副曰權大副曰少副曰權曰少副曰大祐曰權大祐

曰少祐曰權少祐曰太史曰權太史曰少史曰權少史曰祭主　大政官曰攝政曰關白曰大政大臣曰左大臣曰右大臣曰内大臣曰大納言曰中納言曰少納言曰參議曰左大辯曰右大辯曰左中辯曰右中辯曰左少辯曰右少辯曰大外記曰少外記曰左太史曰右太史曰左少史曰右少史　中務省曰卿曰大輔曰少輔曰侍從曰内舍人　内記局曰太内記曰少内記　監物局曰大監物　中宮官曰大夫曰權大夫曰亮曰權亮曰大進曰權大進曰少進曰權少進　大舍人寮曰頭曰助曰權助　圖書寮曰頭曰助　内藏寮曰頭曰權頭曰助曰權助　縫殿寮曰頭曰助曰權助　陰陽寮曰頭曰助曰權助曰陰陽博士曰權陰陽博士曰歷博士曰權歷博士曰天文博士曰權天文博士曰漏刻博士曰權漏刻博士　内近寮曰頭曰助　式部省曰卿曰大輔曰權大輔曰少輔曰權少輔曰大丞曰少丞　大學寮曰頭曰助曰

文章博士曰明經博士曰助教博士曰直講博士曰明法博士曰算博士曰音博士曰書博士　治部省曰卿曰大輔曰權大輔曰少輔曰權少輔　雅樂寮曰頭曰助　玄蕃寮曰頭曰助　諸陵寮曰頭曰助　民部省曰卿曰大輔曰權大輔曰少輔曰權少輔　主計寮曰頭曰助曰權助　主稅寮曰頭曰助　兵部省曰卿曰大輔曰權大輔曰少輔曰權少輔　隼人司曰正曰佐曰權佐　刑部省曰卿曰大輔曰權大輔曰少輔曰權少輔曰大判事曰少判事　司獄司曰正　大藏省曰卿曰大輔曰權大輔曰少輔曰權少輔　織部司曰正曰佐曰權佐　宮內省曰卿曰大輔曰權大輔曰少輔曰權少輔　大膳職曰大夫曰權大夫　木工寮曰頭曰權頭曰助曰權助曰大工曰權大工曰小工曰權小工　大炊寮曰頭曰助曰權助　主殿寮曰頭曰助曰權助　典藥寮曰頭曰助曰權助曰醫師曰醫博士曰權醫博士曰鍼博士曰

權鍼博士曰侍醫曰權侍醫曰女醫博士曰權女醫博士　掃部寮曰頭曰助曰權助　宗人省曰正親正曰佐曰權佐　内膳司曰別當曰正奉膳曰典膳　造酒司曰正曰佐曰權佐　采女司曰正曰佐曰權佐俱男官曰典侍女官也　主水司曰正　彈正臺曰尹曰大弼忠曰少弼忠　左京職曰大夫曰權大夫曰亮曰權亮　右京職曰大夫曰權大夫曰亮曰權亮　東市司曰正曰佐曰權佐　西市司曰正曰佐曰權佐　東宮曰傅曰學士　春宮坊曰大夫曰權大夫曰亮曰權亮曰大大進曰權大進曰少進曰權少進　主膳署曰奉署膳　主殿　曰灑掃　主馬　曰掌馬　主工監曰修造　齊宮寮曰伊勢神宮官曰賀茂女院官曰賀茂秋院官　修理職曰大夫曰權大夫曰亮曰權亮　勘解由曰長官曰次官曰判官曰主典　鑄錢司曰鑄錢官　兵庫寮曰頭曰助曰權助　諸國官曰國守曰權守曰大介曰權大介曰大丞

曰權大丞曰少丞曰權少丞曰大目曰權大目曰少目曰權少目　鎮西太宰府曰帥曰權帥曰大貳曰權大貳曰少貳曰權少貳曰太監曰權太監　西海道府醫陰兩道大唐通事官左近衛府曰大將曰中將曰少將曰將監曰將曹　右近衛府曰大將曰中將曰少將曰將監曰將曹　左衛門府曰督曰佐曰權佐曰大尉曰少尉曰大志曰少志　右衛門府曰督曰佐曰權佐曰大尉曰少尉曰大志曰少志　左兵衛府曰督曰佐曰權佐曰尉　右兵衛府曰督曰佐曰權佐曰尉　左馬寮曰頭曰權頭曰助曰權助　右馬寮曰頭曰權頭曰助曰權助　征夷使曰大將軍　鎮守府曰鎮東將軍曰將監　施藥院曰使　倉穀院曰別當　檢非使曰廷尉　大理曰別當曰左佐曰右佐曰左太尉曰右太尉曰左少尉曰右少尉　勸學院曰別當　學館院曰別當　獎學院曰別當　淳和院曰別當　內教坊曰別當　大歌舞頭曰別

當　殿上曰別當　藏人頭曰五位藏人曰六位藏人曰非藏人　記錄

頭曰文殿曰執柄家

日本一鑑窮河話海卷之一

日本一鑑窮河話海卷之二

奉使宣諭日本國新安郡人鄭舜功纂敘

疆土

備按日本為濵渤海東之島宇渺居艮隅大島有三曰耶馬臺島筑紫島阿波島中島有六曰志摩淡路壹岐對馬佐渡隱岐而小島嶼約九島旁不可悉記諸島之中東盡陸奥西盡大隅南盡土佐北盡隱岐縁袤四萬五千三百七十四里東西距三千八百七十里南北距五百三十里（按彼一里凡六町若中國一巡舖程）島為中國東藩羅漢書本地在韓東南魏晋隋唐有聞未悉宋史始載五畿七道六十七州三島宇五百九十九郡鄉凡三千七百七十二户可七萬餘課丁八十八萬三千三百二十九驛四百一十四國書開載國郡鄉村里田地佛宇神宮大家男女員數目錄國六十六島二郡六百一鄉九萬八千村九十萬九十八百五十八

里四十萬五千三百七十四田八千萬九千八百十五町二段三步地一十一萬七千一百四十六町二十三步佛宇二千九百五十八神宮二萬七千七百一十三成宮神三千七百五十不成宮小神一萬九千男一十九億九萬四千八百二十八女二十九億四千八百二十備接其國圖書夷王用明始置五畿七道六十六州三島通計五百九十九郡夷王文武以六十六州更名曰國壹岐對馬亦各名國各部二郡多藝等島不稱焉夷王聖武以陸奥九郡分作五十四郡通計六百一郡今郡六百一十五不記何時增設焉田除對馬之田未計外今通算至八十九萬八千五百六町每年賦稅該國解納於都以為京官之俸倉部徵收運納稽遲勘解由司舉劾之夫驛之設水則舟檝津送陸則車馬往來驛夫者其名飛脚驛騎者其名傳馬凡諸使人飲食供奉各有常等支費不輕其諸列國或有鬬爭惟防敵國間諜者其他使人事不

廢弛至於國郡山川海島田數及地方名號而頗詳於隨島新編若事
詳悉夷有日本涓圖定境文

城池

備按漢書國有城柵持兵守衛隋志無城唐書亦然木柵有之池則無
言矣審此夷島多無城池惟山城者山為城也國書城郭四阿屋柳其
監口而稱城者凡廿餘處夫此之城聯木為之其名木戶一名木構兵
守其間夷中列國設值戰爭則必構木以為固守之計無常木構焉

關津

備按日本關津多設守備夫關者其都四垂設立頗多夫守口之於兵
庫為其都西兩緊關和泉之於土佐則有探暴關攝津之於讚岐則有
野島磯關豐前之於長門則有赤坎關豐後之於土佐則有坂關土佐
之於日向則有佐嘉關山城遮東土地居多坦蕩寬平有鎮守府鎮東

將軍又征夷將軍居之府東之地名曰關東為大關防而出羽之於陸

與又有白河關也西緊關者則有太宰府（即西守護所又為謂探題所也）王使入朝所

齋文移必由府中掛號府謂文司關有大唐通事以俟

天使往來昔夷太宰開府筑前後移周防此必擇人以為之而平戶壹岐

對馬皆夷域西之島為朝鮮之大防也及硫黃島亦有守備探題者若

夫問津堺江可濟椿泊兵庫可濟湊柏島可濟釜江紬島可濟滐港鳴

門可濟明石上關路渡足屋為夷都會之要津西棒津渡天堂緣乎明

越之關徼泛朝鮮對馬切近渡鴨綠若狹徑亭平戶亦近淮安陳錢正

對五島去琉球津從屋久入中國極近硫黃其渡朝鮮松本博多窮對

戶（戶一云門）入朝中國硫黃五島達寧波已上關津記其大畧餘未之聞

橋梁

備按橋梁夷中列國亦皆以木而作也至於山溪則架長虹若夫山硼

則多獨木矣

道路

備按日本道路自其都會八口九條通達四境夫彼路途猶如中國北方街衢若由大隅去其都猶如中國江南山路山城去關東路通小大之車土佐去其都則皆羊腸之徑之徑蓋緣取便於舟而人莫開導也

室宇

備按漢書居處宮室樓觀唐書草茨而已抑宮室高而峻故俗以屋形居稱親王刺史猶言如屋高大而能覆及於物也其王居皆稱宮殿列國守室亦以宮殿而言之官民稱呼亦皆曰殿惟國君儲居稱曰舍又各名壺其爲屋梁柱方門扇薄蓋多以板如鱗次疊高尺許横卧破竹於上大石壓之雖雨大作而少滲漏夷云板盖者效秦咸陽也如此莫不本於徐福矣小島諸屋多覆以茅唐書是也惟僧寺宇間有瓦蓋原

土斤墳之不易陶故也其山居有土覆者名曰赤土小屋謂賤人居凡宮室間於𣏾之上平之以板去地不兩尺而板之上稻穰為薦編藺為席席蹬薦上緣以文皮或以花布鋪平遍板之上席地坐卧人凡入室必先脫履於門外跣足而進茅土屋下亦平以藁薦席覆之通國皆然父子兄弟莫不異居抑有產屋凡婦將臨經水必先獨處於產室貧家產屋為茅覆者僅可容膝自炊獨宿潔淨歸家夫屋成材中間事物各有同異一併詳言

曰殿曰宮曰舍曰壼曰戶曰樓曰院曰坊曰門曰寺曰館曰店曰屋曰庵曰室曰房曰軒曰臺曰所曰竈曰局曰閨曰庇曰廂曰窗曰牖曰亭曰扉曰屏曰墻曰塀曰厩曰棚曰閫戶限曰桁曰蔀覆暖障光物曰樞曰礎曰礫曰棟曰背曰朿梁曰楣曰侍曰窩曰極曰柷曰閣曰枅曰萱曰覆曰組曰釘曰瓦曰簷曰摠曰櫳曰坪曰稽曰穰曰垣　曰橐所曰

塔頭曰寢殿曰贊殿曰渡殿曰釣殿曰咼所曰蟇俣曰裏板曰棟樋曰方立曰棧木曰虹梁曰宇立曰日隱曰拉屋曰鼠走曰懸魚曰枝戶曰妻戶曰鰭板曰脇戶曰引木曰織戶曰肱木曰板敷椽曰部屋曰立柱曰礎居曰上棟曰長對曰軒端曰破風曰足代曰檜皮曰搏風背屋板曰押榑曰扶持曰對屋曰階隱曰眠藏臥房曰棧敷棧房曰廊架曰透垣曰雜地車曰簀子曰筑地曰風呂湯殿曰後架小便所曰僧司廁曰車宿曰叉庫曰總門曰背戶後園曰見世曰天井曰鴨柄曰唐居曰長押曰飛簷曰叉木椽曰木舞椙曰槅子曰連子曰狹間曰帳臺曰遣戶曰束柱短柱曰高欄檻曰梓木曰決入曰襲立曰檜曾曰足堅曰直木曰甬木曰扠首曰釿立曰精鉋曰廚子曰把瓦曰築垣曰射垜一云的山梁也曰綫入曰客爐曰瑆端曰錐木曰廊廡曰蝸室曰前裁曰木構一云木戶即城柵曰冠襲竹曰榻障子曰小格子曰枓木舞曰足堅木曰門冠木曰

飯間盖（一云二階架，盛飯所也）曰梁宇立曰持佛堂曰圍爐裏曰四阿屋曰塗籠

竈（土民所居）曰垣生小屋（土民所居）曰赤土小屋（賤者所居）

人物　附言土産

備按漢書本島之夷不淫不妬俗不竊盜少爭訟隋志質直有風雅夫夷之善如此及按羸蟲錄異域志考畧諸書皆曰倭夷狙詐狼貪目為寇盜悄若禽獸夷今去古雖云世遠種類不易何相反之如是哉自奉

宣諭畧往寒來履其山川接其人物知土産夷身間多毛脇半躶躔足皆短小本性慕義善與不善身由地氣之感生教本自師之好惡至接僧俗知書者筆談之間諭以善道其果慕義豈非天理所在耶及按國書人物夷復筆談皆昔夷中好人向入書編不忘於世今夫好人願被

文化圖從編續莫不哀矜救世觀音可為編首百工諸藝為夷好人原附錄者仍不遺錄我後使人知其善者可為續編凡筆談明其好惡亦是

啟勸之道也

聖德太子夷王用明第一子前生支那之南岳號稱惠思禪師因達摩指南出生日上號聖德太子有六異名因生廐戶故曰廐戶太子用明愛之居南宮上殿故曰上宮太子八人奏事一時八聽故曰八耳太子又曰豐聰太子又云耳聰睿明仁恕故曰睿明太子詠夷守屋而建佛法洪基又宋史云聖德太子年三歲聞十人語時同解之七歲悟佛法於菩提寺講聖鬘經天雨曼陀羅華國書作法一十七條行於國號稱救世觀音

一鎌足大臣夷王天智時人其先天兒屋根命之裔家於和泉高市郡或云常陸人乃誅入鹿大臣者其爲多武之草創

淡海公即不比等也鎌足之子亦海公爲大和興福之草創母海人故曰淡

入鹿大臣夷王天智

時人蝦蟆之子柿本人丸天智天武之時稱大寶比人

役行者或曰役小角賀茂人姓役公氏年少才餘去家入葛城山住持孔雀明王呪采五色雲優游仙府驅逐鬼神以使令其俗今云山臥者役行者之末流也

山邊赤人聖武博時神顏比人

吉備大臣夷王元正之時遣使入唐欲讀野馬臺文詞義難曉蜘蛛引絲而教之蜘蛛者泊瀨觀音實助也吉備大臣有唐詠和歌

大政大臣名道鏡稱道鏡法師丹州弓削里人後入洛號弓削法王乃夷女王孝謙之夫國書云馬陰過量可笑

融大臣夷王嵯峨之子于居十二樓十二樓始受其王賜姓源氏又云

輕大臣國書本人奉使入唐文部之入歆以不言之藥身作彩漆頭戴燈臺而燃火即名燈臺鬼其子弼宰相往而尋父時燈臺鬼流淚嚙指以血書云我元日本花京客汝是一家同姓人爲子爲爺前世契

隔山隔海戀情牽經年垂淚逢萬宿逐日馳蘭菊鄉形被化鄉作燈思爭歸田里寄此身思　小野篁夷王嵯峨時人官至參議常守子息啟軍化身鄉常往還於冥途　小野道風小野篁之子世尤好書　淨藏貴所家山城乃諫議大夫善清第八子延喜時人四歲讀千字文聞一知二十二歲出家為天台慈學弟子中齡草創雲居寺後墮後行力不衰祈鴨河而逆流祈八坂塔而不傾戒新臨崖桃實附諸子奇界甚多不違枚舉　定家歌者後鳥羽院時人　金岡畫工一條院時人姓巨勢官至大納言琢磨法眼弟子　定朝佛一作明乃佛工後一條院時人位至法橋上人工人納位自定朝始　運慶佛工後鳥羽院時人　湛慶佛工運慶弟子　安阿彌佛工運慶弟子　鬼神大夫姓平康乃刀工稱紀新大夫作刀時鬼神助故名　滕長慶其先武臣子孫

今為山城刺史公道服眾夷國感歎之　長野三郎夷中學子見書以讀世稱與才人其學校間擲為文學之首

珍寶 附言土產

備按漢書土產白珠青玉丹玉晉貢大句珠隋志夜光珠唐書永徽初入貢琥珀大如斗瑪瑙若五升器宋史所載土產金銀端拱間進青紅白水晶熙寧間獻白琉璃等物臨海水土志地產銅鐵國書土產金銀銅鐵等珍寶覆論本產備入書編市他國者不為之贅

金出陸奥 銀出陸奥但馬見石等處 鉛出於金銀礦中俗稱倭鉛 銅出山城石見俗稱倭銅 鐵出豐後越中越備中陸奥者佳可為刀不可作鈇盍鎌鐵也 青玉土產東方 白珠間出鮑中又大村津珠出蠣蝗中 水晶出近江有青白紅三種 琥珀地多古松故有此物 瑪瑙出大和 玻璃出本國東北之地 紅出石見 丹土地多有之 硫黃出硫黃筑紫等島大小琉球各產之 金剛沙出河內可磨玉 白砂種島大隅千湊博多伯耆陸奥皆有之 碁子出豐後海曲黑者中白者蝋蜀石也 王亦堉而難陶故居鮮瓦蓋尾張之土頑可陶常為飲器也 青礞石出山城 紫石出近江長門可為硯

金章夷言神璽又國書云本朝三種神器其三種者二為漢魏之賜一為永樂之賜皆藏於日本國王之宮旁猶言右宮也

銀章漢魏所給朝使者今藏於夷臣石上家石上者即石野守也 勘合以洪武永樂兩給賜凡入貢必奉使必內銅錢一千貫價值白金四十兩其一餘勘合為憑夷中別國請求關節費餘萬金乃給勘合遣使入朝 華文中國文字夷世寶藏之如南金拱璧藏愈久愈而價愈高 銅錢宋史銅錢乾文大寶元史遣商持金來易銅錢國書私錢司罷鑄已久惟用中國古錢每錢一文價銀四釐向者福建龍溪地方私自鑄錢市之私鑄市之彼中彼重中國之錢不計龍溪之偽

草木附言土產

備按漢書土宜禾稻麻苧蠶桑以氣溫暖冬夏茹生魏志拘邪韓國筑紫

島多深林瀚海國竹木叢林差有田地耕猶不足食末盧國草木茂盛行不見前人杜氏通典載有姜桂橘椒蘘荷臨海水土志夷洲土地無霜雪草木不死既生五穀一統志云冬青木多羅木杉考略少麥菜冬夏生歷按夷島在我東南者冬夏茹生固有之島在東北冬無生茹既詢其人仍覽其書因其土產者悉為之錄

曰松凡二鍼鍼庵猶如天目松曰別牙松凡三鍼曰五葉松凡五鍼李唐時新羅曾進於中國其名五粒松曰羅漢松其名槙又名伊吹木武林有種名寸金新安有種名雀榧日本之種葉長過寸金葉瘦過雀榧溫州謂欏廣西謂㮈也曰牡丹其名鼠姑一名取草又名二十日草曰蘭其名原野紺草曰酴醾其名山吹又認為款冬花錯曰水仙其名雪中花花開疊瓣曰芙蓉其名仙翁花本花初生仙翁寺故名之曰牽牛花其名朝顏曰槿亦名朝顏曰蓼其名水龍曰萵苣其名蓖立苣曰天竺其名南天竺曰穗宋熙寧間僧誠曾淮木穗予曰石榴其花疊瓣者花中含藥複開花曰梅其名鶯仙一名鶯宿梅花此生於後鳥羽院時後鳥羽者夷王先後之號也於時京洛四條院即林光院址之間有寡婦園植梅一株紅白相交每春鶯宿於上後島羽聞欲遷植之婦作倭歌答夷王取畧云勅最賢鶯宿問如何夷王感

歌羅遲之曰桑越中多植之曰大茴香其名榛曰桔梗其有青白二種花開重瓣曰柿其名大鼻一名木練
又名木淡也曰八仙花或即繡球花故秋花也曰溫州其謂橘泉自入閩移種者曰福州未詳何物疑自福州
移種者曰漢竹原自漢時移去者曰躑躅羊食花則斃曰醉馬木馬食葉則斃曰扶桑一朱花二
色大紅粉紅者有一朶花二色者曰核桃胡桃實小曰楓葉細可瀹曰菓其名推曰鳳尾蕉其名蘇鐵產東
之南雜江西之南安浙江之溫州等處有之彼葉紬然夷云多產琉球島嶼中多曰芭蕉其有紅花花大於萱曰漆實可爲
油作燭堅燒曰山檳廣東之種有二紅者名山檳名玉樓春粉紅者名錦樓春白者曰梔子其名無口一名蛇滴花澗
之大埔縣古蹟曾見之被山檳梔子皆與廣東相同故漢書云地與朱崖儋耳相近疑似地之所宜也曰菠菱多產海濱沙地曰
甘蔗所有之曰蘆菔圓凡八九寸長約二三尺此不堪食曰黃精其名小蓮曰花椒其名山椒小野自生
曰蔓菁其名大根曰赤莧其熟爛肥曰西瓜近有之向青門東門之說曰冬瓜其名鴨瓜曰匏其名熟葦
一名鵝獸曰海藻其名神馬草國書國母之號神官者攻異域時於中之藥取以昧馬故名曰海苔其名青海
苔曰裙帶其名昆布長大過裙帶多產陸奧邊海曰海蒿苣長三四尺色黑本脆多產松浦之海底
曰瑞香種多白花曰菱其名角草曰竹木竹葉本身種別有名曰纏枝蓮藤屬稻類蔵蓋仙夏開白花圓大不

日本一鑑窮河話海卷二　二

六寸花如疊瓣蓮多產日向名浙之松陽人家有此花種有別曰卯木初夏甚花此木未詳曰白膠木國書聖德
太子以此木刻四天王曰白膠小荳夷王文安時白天雨此荳類白膠故名曰柜其實黑夷王崇德時自天雨此
曰羊附來昔航海者市羊毛從毛中附來故名種曰藹朶此月用之曰𣗥五月用之曰梶俗七月七日採葉題
詩歌以獻二星又以機謝之梶曰杉非杉乃杉杉樫櫸其名槢曰構曰神曰栓自椕梶榴櫸神栓考之玉篇無此字
曰不木一名雞冠木曰龍腦曰興渠曰葱曰茖葱曰鵖酸草曰鼠尾草曰露
草曰茘曰昆若曰零餘子曰續隨子曰狼牙曰辛胡麻曰吉菭曰茶曰
蓋曰芹曰土筆曰薢菜曰搖曰芍藥曰芝曰蓮曰百合曰山葵曰蜀葵
曰龍葵曰菖蒲曰杜若曰石麥曰萱曰刈萱曰茅萱曰蒲桃曰女郎曰
紫苑曰荻曰薮曰蓴曰蒜曰澤蒜曰韭曰薤曰山茨菰曰薏苡曰菅莎
曰萍曰芡曰葡曰𦾉草曰葎曰茜曰藍曰菀蔚曰通草曰藜曰蒴藋曰
茱萸曰蘩曰烏頭曰枸杞曰香附曰茯苓曰茴香曰荆芥曰艾曰蓬曰
蒿曰芡曰薯蕷曰羌活曰獨活曰蘘荷曰生薑曰澤蕮曰牛膝曰白芥

子曰野莧曰芹曰薇曰蕨曰大麥曰小麥曰蕎麥曰早稻曰晚稻曰秈稻曰粳稻曰糯稻曰稗曰菉荳曰青荳曰白荳曰黑荳曰黃荳曰蠶荳曰刀荳曰扁荳曰角曰荳大角荳曰茄子曰蔦蘿曰葛曰鳳尾竹曰瀟湘竹曰苦竹曰虎杖曰李曰檀曰梧桐曰楩曰楠曰楝曰枇杷曰海棠曰桃曰杏曰梨曰槐曰梓曰棗曰柚曰橙曰金柑曰蜜柑曰楊曰柳曰貍曰茅曰榛曰栗曰秈栗曰糯栗曰秈黍曰糯黍曰秈穄曰糯穄曰銀杏曰木樺曰烏臼木曰楮曰榧實小曰柏曰槻曰合歡木曰楊盧木曰檜曰辛荑曰檖欄曰石南花曰楸曰朴曰厚朴曰楢曰椶曰欅曰樗曰榎曰西海子曰皂角曰椿曰茶曰海桐曰柘曰榕曰檡曰樟曰冬青木曰山茶花曰金鳳曰茉莉曰紅夾竹桃曰菊曰蘋曰荇曰雞冠花曰藍曰苧曰蘇曰木棉曰馬蘭曰牛旁曰芫荽曰油菜曰莢蒁曰芋曰山苦蕒曰紫蘇曰苦蕒曰絲瓜曰王瓜曰苦瓜曰櫻桃曰楊梅實小有紅白紫三色

曰羊棗曰山查曰羊桃曰甜株曰林檎曰芙曰茯神曰薄荷曰商陸曰川芎曰半夏曰南星曰人參曰天門冬曰麥門冬曰海風藤曰葳靈仙曰吳茱萸曰山茱萸曰金銀花曰秋鈴香曰虎刺曰蒹曰篠粟曰石檀曰橋曰杜曰檍曰榎曰五茄曰槲曰寄生曰楉曰楚曰蘆葦曰蔓曰蕭曰防風曰貝母曰麻黄曰射干曰蕿曰薔薇曰龍膽曰三稜草曰羊蹄草曰酸梅草曰榆曰披曰樧曰長春曰忍冬曰懷春曰王孫曰龍葵曰劇草曰和禮香曰寶含木曰坦衣曰女貞曰床子曰賴子曰胡子曰水慈曰搗栗曰擴麥曰藤曰菒耳曰苛葨曰篩葵曰雞冠菜曰期菜曰甘苔曰神仙菜曰鹽苔曰水苔曰海羅曰海松曰蕢菊曰楳曰楻曰火衷木曰橯曰樃曰令勤曰萤葵曰菌曰蘵曰萠緣曰白枸曰和布曰心太曰鵨布曰海髮曰海雲曰陟苔曰布苔曰石蕴曰小菨布曰多羅木

鳥獸　附言土産

備按漢書地無牛馬虎豹羊鵲南史山鼠大如牛又有大蛇吞此獸蛇皮堅不可斫其上有孔乍開乍閉時或有光射中之蛇則死矣宋史水牛驢羊犀象臨海水土志有犬尾短如麏尾狀國書夷語無大烏白鷴烏鵲鵲孔雀鵝鴨水牛驢騾猪羊犀象虎豹惟平戶島有觀音祠神誕之際間有神虎出焉啗人畜而後隱抑彼蜫蟲有種同而名異者因其所有得知者一併詳述言

曰雞木棉付鳥曰杜鵑時鳥曰鷗都鳥曰鶴誤名鵝曰鶯嘯次鳥曰䳺鵼曰猿喚子鳥曰蜻蜓秋津洲曰鼬鼠狼曰鰕海老曰鷦鷯溝三歲曰鳰子生於浮巢曰安持村鳥籍村名朱雀種族曰秋沙河鳥種族朱雀曰狐野干曰鱵海亂鬼皮可為刀鞘曰蜘蛛蔴蟹曰蜈蚣百足曰翡翠碧玉一名雪姑曰鷺雪客曰鮑即石鰒螟曰鮫皮可為刀鞘曰蛭土產極多曰牛生產島野用索圍絆取以耕載拖車老則繼之曰馬生島野間按倭之島古名野馬臺疑多產馬故名之俗之取馬以索圍絆歸而破蹄其山多石馬難於跡其俗載重故馬易衰曰鯊虎鯊化身長能食人畜曰海

鬼大隅部曲之種島間有小淵流接諸海夷臨水浴或不見形衆打撈之已被鬼喫腹腸矣謂其鬼長不三尺命門有四四水盈則多力四水竭則力綿或登走山原是夷可獲曰海魍魎水中妖孳禍淫婦女未聞形容故俗女兒皷以玄丹抹額魍魎不敢犯曰海竹介蟲閩經寸餘長五六寸殼褪黑衣白肉可食曰鶴曰鸛曰鷹曰鷁曰鳧曰鴻曰鷹曰雉曰水雞曰燕曰羱羊曰獺曰豺曰狸曰狗曰犬曰野猪曰猫曰鼠曰栗鼠曰土豹曰蝙蝠曰蜥蜴曰蚯蚓曰蟹曰石蟹曰蜆曰海馬曰海狗曰海螵蛸曰黿曰鼉曰蛟曰龍曰阿金螺曰川山甲曰促織曰螽曰蜒蚰曰蟲曰蠶越中養之曰蜂曰蟻曰蠓曰蛙曰蛇曰蝗蟲曰螻蛄曰蝴蝶曰蟬曰潛龍曰蛣蟯曰蠅曰蚕曰虱曰蟣曰蟵曰蟭螟曰螟蛉曰螢曰螳螂曰鶺鴒曰鵞鶩曰鸞曰隼曰鵲曰鴿曰鳩曰烏小者曰鵜曰熊曰麞曰麋曰麂曰麇曰鹿曰兔曰山豕曰鮰曰鮭曰鯛曰鰡曰鮒曰鰹曰鰌曰鯰曰鰯曰鯉曰鯖曰鯣曰鯇曰鰺曰鯽曰鯑曰鰒曰蠑曰辛螺曰鮹曰鯷曰烏戝曰海蟠曰鱸曰鰤曰蚌曰蛤曰牡蠣曰鮊田鮇曰鯹曰鮻

曰鱒曰螩曰鯼曰蟋曰魦曰鰍曰鰡淡水魚曰鱀形類鰡長不滿尺雙翼越尾凡寸餘西海屋久等島海洋之中多有之曰海鮑曰醉魚人食則醉

器用附言土產

備按此夷良有備器初載漢書次見隋唐宋史書志考畧諸編及按臨海水土志此夷舅姑子婦共一大床畧不相避覆按漢書云夷父母兄弟異處惟會同男女無別考畧亦然又云坐臥編草為薦雜皮為表緣以文皮席地坐臥不設几案床帳按彼有几惟小几以為儒僧修書誦經之用案向不設床原無床床謂眠藏眠藏者即我所言臥房也帷帳衾物永樂時賜其國王夫帷帳近來間有之又按無衾有寢衣彼云宿衣又謂打眠衣也而枕多木匣兩頭有孔匣內焚香煙出焉若夫冠冕章服方袍袈裟衣襪靴履器皿之類入朝投賜或市而往難以悉記仍以所聞備錄於後唯夷用器未詳所出項下無註及未知者不入書編

曰神器（金章漢魏永樂三給賜詳珍寶）曰銀章（自漢魏給賜使者詳珍寶）朝曰勘合（洪武永樂兩給賜詳珍寶）

曰文夾条圖（夷王族譜）曰世譜（夷王世紀）曰歷度牒（乃其戒壇延歷寺給度諸僧者）曰紙（豐後越前皆有之按其紙材皆用山桑之皮其材堅善非繭作者）曰表紙曰禮紙曰鳥子紙（色如鳥卵故云）曰反坂（古紙）曰懷紙（一云會紙）曰宿紙（一云紙屋紙薄而黑公家所用紙出甲裴）曰輕黃紙（佳紙也出播摩）

曰雙紙曰色紙曰檀紙曰修善紙寺（一云薄紅紙出伊豆）曰疊紙（女人懷扱之用）曰杉原（出產紙處故名之）曰薄樣曰打曇（及有白楮白麻魚細之稱）曰硯（石出近江長門及有鄰瓦隊泓馬蹄龍澗陳淵之稱）曰筆（出山城管小奈書海市羊毛而作宋端拱間進鹿毛筆○及有毛穎兔毫鼠鬚鼠尾黑穎公毛錐管城公中書君之稱）曰墨（出大和東大寺燒煤為之漆墨退光宋端拱間進松烟墨及有麝煤油烟玄實之稱）曰金（出陸奧及有閻浮檀金之稱）曰銀（出陸奧但馬石見及有南鐐之稱）曰銅（出山城）曰赤銅曰鐵（出豐後越中備中陸奧者佳）

曰釭（出石見）曰鉛（出於僉銀礦中）曰汞（水銀也其為流金燒硃升粉之用宋元豐時曾貢此物本土不產入朝市去及他國市去者）曰鑞（錫也一名白鑞本土不產）曰珠（魏晉時貢詳珍寶）曰玉曰鍮石曰磁石曰青碌石（出山城）曰紫石（出近長江門可為硯）曰玻璃（出本國東）曰琉璃曰硨磲曰瑪瑙（出大

和曰珊瑚本土不產曰琥珀曰水晶出近江曰錢昔者自鑄今用中國古錢及有香錢禮錢皆僧中所言又有鵝眼孔方兒青蚨用途用腳之稱曰別金曰別紅曰圭璋國王用之曰儀仗陳御夷王之用器曰堆朱曰堆紅曰金絲香合曰建盞曰烏盞曰馬上盞曰瓦杯則一土坯一飲而棄曰菱花臺曰椰子杯曰玳瑁曰豹皮曰虎皮曰氈茵氈毯也曰馬背邅已上五者本土不產入朝市去曰獺皮出陸奧曰屏風曰衡立障子曰古銅花瓶俗名軍持曰爐金鴨睡鴨曰龜鶴曰燭臺已上四者列國多鑄討內願佳曰香合曰富士籠或作卧籠曰香匙曰火筋曰筯削白梓木以為之兩頭尖利一用而棄曰茶提曰印籠曰食籠曰樫鞔曰唐櫃曰懸子曰葛籠曰破籠曰鬚籠曰籠筒曰柳莒曰外居或云行器曰椀鏇木而作用漆灰布或漆珠紅或黑退光曰楪曰豆子曰皿曰御器曰引入曰合子曰瓦器本土雖陶故少此物曰饒磁茶碗之類接彼用者磁皆由入朝市去者曰桔梗皿曰折敷曰追膳公卿曰衡重曰緣高曰菓子盆曰托盆猶木素也曰方盆陳此代几曰再進鉢曰末那板挑語云魚或謂炙魚之器曰庖丁刀名又屠兒名曰笊籬味噌漉也曰臼

曰枓曰斗大如中國三斗斛曰概曰升十一升合三曰榼榼同倭常言榼曰瓶子曰
提子曰壺錫磁者皆由入朝之市去餘多提桶以代曰銚子曰菜桶曰涌桶國書文章可笑
曰鍋廣東之鍋西番商人有市往彼者曰釜曰鼎鼎倭作鼎列國多鑄河內類佳曰煎盆曰絃鍋曰飯
銅曰鐵輪曰甑曰糈糊曰盞倭指擂盆曰鑵子曰藥刀曰藥碾曰湯瓶曰
茶磨青礞石為之出山城曰茶篩曰茶椀陶出尾張其色黑彼無美陶故此價高曰茶筅曰茶巾
曰茶酌曰茶桶曰擂茶曰茶壺曰茶器曰頭切一云十切茶一器曰口藥研曰焙
爐曰風爐曰炭斗曰漉水囊曰橡盥曰釣瓶曰揲器曰燈籠曰行燈曰
挑燈曰短檠曰繡臺曰火燧曰硫黃出硫黃筑紫等島曰燈心曰蠟燭沫實取油而作
其色淡黃奈燒少灰曰烽火俗名篝曰紙燭僧中所言曰爆竹曰毬曰毬杖正月用之曰
杈子板正月小兒用之曰簺骰子國書夾王一條院與臣打雙陸按簺急呼四三心念目觀雙五轉躍成四三故朱之俗謂
朱三朱四也比倭引唐之故事故云漢和皆有之和指倭也曰鬮拈此分物也曰脇息能自凡曰榻謂入座俗謂車
具曰脚踏曰泥鏝壁塗具曰砧曰尺鷹拆搖惡鳥生子在巢子長食父父畏之還居去巢一尺之枝而養子故

呼尺為鷹抑曰笏（俗謂手）曰扇（倭初無扇因見蝙蝠之形始作扇稱蝙蝠宋端拱間曾進此後其作扇有淡青素箋水墨

黃牛者佳）曰五明扇（國書云舜帝製造五明扇倭扇像形俗呼旋風扇）曰團扇曰城殿扇曰鑷子

七梳曰鉗曰砥曰梳（櫛也古竹今木大如中國之小梳櫛扶間奉貢有此）曰篦（按彼用篦皆由入朝市去者）

曰簪（按彼用簪削木鈿錫以成之）曰釵（髻具）鬟曰冠磯（冠殻也）曰巾子（國書曰冠入髻處也）曰角

冠簪曰纓（冠後垂巾）曰烏帽子曰調度懸（烏帽子之緌緒也）曰線紬（土作綿紬入朝市去）

九章（永樂時賜其王）曰幅巾（唐時有之）曰啄木（物緒也以絲組為之其色斑斑如鳥啄木痕故云又琴名流泉）

（啄木）曰琴（有五絃焦尾焦桐之稱其琴箏樂常陳紫宸清涼白虎內教坊）曰琵琶（倭云琵琶撥替僧習之以抄化）曰笙曰

篳篥（一名悲篥本胡樂也）曰笛曰簫（尺八也）曰羯鼓（胡樂）曰枹（擊鼓杖）曰大鼓（僧寺有之）

曰征鼓曰十拍子曰磬曰鐃曰鈸曰銛曰華鯨（鐘也列國河內顏佳）多鑄曰鐘樓

曰鰐口（神前鉦也）曰風鈴曰柄鈴（一柄紵鈴二十四旦乃持而搖之）倭曰寶鐸（塔婆之具）曰

九輪（塔婆最木）曰龕（人座小室即斂屍輿）曰棺（俗云屍箱）斂曰位牌（神主）曰廚子曰佛

舍（也）龕子曰幢幡（或書天照皇大神春日大明神八番大菩薩法場之內多用之海舶之上祈禱之海賊寇皆奉之昔諸夷人荅

曰此先王也可疪賊乎為言曰今不禁止汝先王被其汚也荅曰然　曰華髮曰天蓋笠曰傘曰簑俗名蓑
曰油單雨具曰木屐曰屐云足馱　曰藁鞋曰草履曰鼻高高又作荒履也　曰舄
屐也洪武時賜朝使人有靴韈　曰杖曰鳩杖曰卯杖夷王文德實錄云仁壽二年正月己卯諸衛府獻杖逐精魅國
書此引漢宮儀　曰棒楊俗呼擔物杖　曰觸杖廁具　曰觸桶同上　曰楊木梵網經疏去齒木
曰鋤曰鍬曰犂曰鐮曰斧考畧有揩斧　曰斤曰鉞曰鐻廣刄芒也　曰釿或作乎斧
曰鉋曰鑿曰鋸曰大鋸曰錐曰笞刺小刀笞受縫處　蕭　曰鐵鎚曰釘曰鋏又云鋌
曰鏁曰鎖曰鑰曰鐵鍊入朝市去者　曰撅曰杙曰杌曰亂杙曰逆茂木曰梯
曰兵草曰熊手曰鎗鐵有長短鋒有刀劒之象木竿皮鞘價亦高貴　曰矛曰盾曰旌旗戰場用之
戊以旌旗遣使隨事而書主者押字　曰絸謂胞衣注云母衣謂子在胎內衣胞防毒武士臨敵戴此以防毒傷也　曰鎧鎧也
甲也甲出小城大和豐後周防毛利等處胎或以皮胎多以鐵漆黑退光聯以彩絲身體手足皆有所嚴名之其及不入金刃為貴
曰札鐵鍱也　曰冑兜鍪也俗以冑為甲而冑出上野漆鐵懸縲縲喜紅謂火威冑物最拙者　曰腹當甲也　曰腹
卷甲也　曰筒丸俗以竹筒身喻　曰胸板曰總角曰脇楯昔夷王妻號神宮敵異國時妊懷體大鎧

國不及脆即以楯隱之故俗武人倒以為脆楯曰草摺曰籠手曰釬臂也鎧曰腹帶曰鉢卷曰劒曰草薙劒昔者夷王天照弟名素盞烏破配出雲時持十握劒斬大蛇尾尾中有劒落得之初蛇尾劒時常有雲氣故稱素盞烏天材雲劒時素盞烏以劒納於伊勢神宮巫神云昔所遺者其後十二代夷王景行稱日本武尊時東夷叛東夷謂陸奧東島之夷也景行用巫請卜於天照賜劒征之行至駿河浮島原島夷野燒拒之景行拔劒一揮四方一里草木刈薙其火自滅自此改名草薙劒自後景行化成白鳥飛去劒遺尾張熱田神社今此神劒其為三種之一歟曰鐔鐔也刀鼻也曰鞘鞦也鞬也刀房也曰鐺倭多用此字乃飾刀房之物也曰刀按倭作刀鋼鬆鐵脆故刀多利若製不精則多鬪而解有鈍者故刀以利為寶利刀者蓋以年久殺人無算刀鋒如初而不染血者傳之愈遠價重百千萬金如佩是刀航海若或遇颶風不已即以是刀為不祥價雖萬億即棄之海警取海不揚波矣彼之俗人凡諸出入必佩長短二刀雖夜寐亦必置之於左右俗之造作利刀者千煉萬鍛以成之固知刀利又以不殺為寶如寶佩是刀至老不殺人則必置酒以命僚友親戚遺書押字傳之於子僚友親戚亦各具酒以慶之謂刀不殺而寶傳焉之子若孫亦復如是則刀之實增重矣其佩刀者出入從草若或酗酒而爭露刃而悔其遺悔者多不與門言諍司牧則殺酗酒之人俗入佛教則不佩刀俗人剃頭佩刀亦卸以有菩提心也惟頭陀有佩刀者夷俗下人罪犯死者出斬之際而俗多人乃以新刃爭粉其身蓋示利鈍其輕生也如此凡生男女皆以刀為寶禮貧寒之家禮不能治以木為刀而贈之男兒五六歲以木為刀與佩之聞使習技雖女兒有習此技者男兒漸長容止入則佩

刀若入本君頭目之家必先卸刀而後入刀有大刀長大刀中刀短刀挾中刀長辦者此蓋美觀便拔也短者若中國之匕首也刀兵之屬插內有彼年號及冶工之名可辯古今利鈍也刀有神者古之平乘號行平紀新大夫作刀之時鬼神助鍛故云鬼神大夫凡神刀也山城刀利又庫刀者彼當總晉以來日本諸王取彼通國刀工專於兵庫鍊鐵極精庫名庫刀面銘八番大菩薩春日大明神等號此刀有傳於今者價亦貴重相模美濃刀次於山城備前之刀亦次之刀之面有鑿誓不動明王摩利支尊天等佛號彼蓋以神刀誓不易殺其有蟠龍血漕者不過美觀而已刀面凡有血漕者雖非上等刀亦不甚鈍周防寄刀有三焉一名斷鐺刀可斷鐺鐵者一名鸕鷀刀昔人有驅鸕鷀入海捕魚鸕鷀銜得故名之一名斷豆刀昔有貧人佩刀初不知其從何來適彼富人於途貧者佩刀肩豆而行袋敝綻裂遺落之豆皆腰斷於時富人疑乎貧者佩刀異常乃詐語之顯結兄弟換刀表記富人得刀付工治之治刀時以鋒向腹腹腸斷從數道出再付他工以鋒向外而然之刀乃從草豐後之刀出於富賀田刀次於山城豐後權守名鑑績有一古刀長三尺許價值古錢七十萬計該白金二千八百兩其餘兵刀不及級

曰裁紙刀（出長門兼常者佳）曰剃頭刀（出山城其市必使價錢三百文）曰弓（竹木膠漆以成之弓樣且長弦椎絲竹）曰揚弓（小弓也）曰重藤（重或作滋）曰弦䈇（弓末）曰鷹股曰弩（物之大者以彭木城之間駕必五六人一發三矢中矢順長）曰鏑矢（獨以竹為之加以銅鐵利且音多有竹木為鏃者）曰蟇目（蟇或作引）曰征矢曰矢頭曰弩矢曰空穗曰箙曰尻籠曰的鞭曰金伏輪（伏或作覆）曰

鐙曰總曰鞦曰泥障曰轡曰鞭同策箠曰手綱曰差繩曰輿曰網代捕魚處又
輿車所言也曰手輿曰涼轎禪家所乘接彼轎如中國北方之製中可坐臥前後馬馱之曰鋌曰篙竿同
曰箸曰鞆同刀具也曰車大車雙輪山城闕東等處多以牛駕之小車單輪南島西島皆有之前引而後奉也楯椰車楯
椰葉以巾車也被無楕椰楕椰葉者竿有或即大腹皮用此不知何取義國曰轄三寸木曰轅轅同曰舟船舫艇舶
同按其為舟甚工合縫最密釘心轉脚不用油麻灰艙一檣而短易於眼竪旁多駕櫓無風用之去舟如飛貢船永樂之世貢船二艘宣德之
世貢船三艘永以為例故有三號船頭船有大小之別漁舫而小哨艇櫓多商舶不欲甚大以彼海腹內多石蓋欲便於發駕也彼舟也有龍
首鷁首浮浮宅之稱家曰帆草作曰纜藤作之曰櫓曰械橈也又扭械罪人之具曰檝即舵也彼云梶
又有梶木曰筏桴同曰槎博望乘之以窮河曰蓬曰網曰綱曰轆轤曰都僧僧名主窨
住備中之湯川寺始作秋田驚鳥之物一云水器又謂搗米器故俗以物名僧都倭歌云山田守僧都身哀秋然問人無曰引板
鳴木類鳥物也驚曰飛礫曰簾箔同曰翠簾俗謂御簾曰煖簾垂席也曰疊或云畳席
曰高麗緣曰半疊緣曰剌席席與筵同筵席者裏以草薦表以藺席緣以文皮或以花布通鋪屋下席地坐臥不
設几案床帳具惟方盆碁局文几而已曰棚禛幛子曰卓桌几同几最低小名小文几左右闢闔如案狀惟誦經修

日本一鑑窮河話海　卷二　5

書者用之曰座牌名也簡曰翰墨筆也墨曰短籍籍或作尺曰反古舊文曰畫表補

繪幢補繪輪補繪後素繪也琴棊書福祿壽畫觀音畫達摩畫馬畫牛畫蓋鷹畫朝陽對月畫俗愛古畫帷小斗方其畫幃屏亦有大小也若

畫扇水墨黃牛頓佳曰棊局高不滿尺方廣尺許用橒為之棊子黑者石之也產於澳潊之陽白者螺屬彼中海曲多有之曰棊

筒盛子器也曰引合曰龍涎香曰薰陸香曰藿香曰速香好者鷓鴣斑已上四香俱非本

產曰漆曰膠曰鐍曰鎜粉曰御衣木造佛材也曰獨鈷曰三鈷曰五鈷曰

杵曰鈴真言禪律御寺等具也曰火舍香爐曰楲真言壇上四隅小桂曰閼伽桶曰乳木

護摩用之土產白膠木作也曰橒壇上用之已上八種真言具足曰柱杖曰拂子曰竹篦古人杖曰

助老曰禪板曰蒲團曰辦香已上七種禪家用之曰物相分飯器曰食箱本國食箱下置二壺

上藏食物中凡二椿吳越食箱皆夷入朝市去者曰幌打鼓幌曰帷曰幔曰幄曰襞衣襞曰螺其為

用兵之號今其來寇皆有之曰鑼近來市之於中國今俗鳴之以集衆曰擔杖俗呼為物曰鏡魏時始賜向出

山城多以白金混銅為之夷故印文光瑩也曰金箔曰銀箔俱出山城其箔頗厚曰碁近來有之曰

漆器出於山城物甚精緻寧波蘇州所為漆器夷使入朝經過此地乃市之曰釣漁器曰滴器盛硯水物曰

黏曰鈎曰秤一觔二百五十目二百五十者二十五兩也曰馬齒農器曰續松炬松明也小間燒此以
照夜曰胭脂紅花紫鑛和研以成之出山城曰金箔曰粉或云紅粉又云胭脂曰輕粉水銀昇之出伊勢曰
硃水銀燒之曰手銃初出佛郎機國國之商人始教種島之夷所作也次則棒津平戶豐後和泉等處通作之其鐵脆不可
作多市暹羅鐵作也而福建鐵向私市彼以作此曰硝土產所無近則竊市於中國遠則與販於暹羅曰藥材市物入朝市去
曰書籍儒佛之書入朝賜之數於醫書多市去者曰冠國之冠凡十八種大織為最隋煬帝賜其國冠六錦綫唐時朝使粟田頂
進德冠永樂時賜其國王源道義冠服通事冠帶至今稱之其親王冠賦色純黑様如中國食穀餒餒國守臣民明一束髮冠皆竹為之單以
黑漆飾品用之正德之世周防國守姓多多良名義隆得請遣使入朝乃得冠裳以歸是守設用之備頂幽摺帽裳頂端公帽喜毘羅帽小總
紗帽俗謂如牛角而不喜頂也俗有頭巾俗人山則所頂也曰履草履率於足拏皮席之履如足拏齊接洪武以來賜夷使人優襪
曰脛巾一云足縶束織席為之遊獵曰韈一名踏皮鹿皮為之而包於踝曰帶有編者有織者按永樂時賜帶
與其國王及通事曰暖手一名手覆鹿皮為之蓋其西北之地冬月苦寒便於策馬提鷹遊獵也曰吳綾昔自吳中得織
藝歸始作綾故曰吳綾一名吳織曰錦惟其國王王妃出用之婦女優人偕用之曰明衣沐浴之衣其作甚長不欲裸體
曰金襴曰金紗曰金羅曰北絹曰段子曰繻子曰木棉入朝市去者曰羅曰

羅皂曰綾羅曰錦繡曰精好素紗曰印金梅花（梅花紋絹也）曰縠（縐紬縐紗）曰袈裟（洪武初賜使袈裟）曰明孔曰割截（二者袈裟法式也）曰種子袈裟（納袈裟也）曰紫甲曰青甲（二者皆鎧衣也）曰袍裳（唐時朝臣衆田衣紫袍宋時賜使紫方袍）曰橫尾曰鈍色曰表袴曰袙直裰曰素絹（已上十一種皆聖道家所用也）曰褊衫曰褊裰曰裳（已上三種律家所用也）曰衫隔衣曰掛落（落或作絡）曰裙曰帽子曰打眠衣（一云他免衣一云宿衣寢衣也）曰平江條（昔自姑蘇市去者已上七種禪家所用也）曰長絹曰水干曰大口曰直垂曰布衣曰裝束裾（衣後拖者）曰狩衣曰肩衣曰乳隱十德（俗所用也）曰維（衣名）曰細美大布曰被（食用俗鮮有之）曰平包洒洲（平包和尚始作者故名）曰補襠曰韃曰韈曰袷（衣無絮）曰綿（頗出雖中多是入朝市去者）曰纈曰絮曰肚脫曰涎懸曰襁曰褓曰指懸組藥王（五月五日小兒袖懸之一名長命縷又名續命縷以五色縷為之禳惡鬼也）曰犢鼻褌曰膚袴曰脚絆曰行縢曰汗拭曰篠懸曰襷輪（車具倭俗謂衣之領名襷輪）曰裬曰袖曰袂曰領曰法被曰裩曰打敷曰水引（袋同）囊曰手覆曰踏皮曰幕曰木蘭

地曰經曰緯曰函櫃曰衣帳幪也曰蚊帳鮮有之曰鍼曰絨曰大紅線曰唐緞曰紗曰紕已上六者入朝市去曰貫堂曰摺衣曰韈曰小袖曰生衣曰升帛曰地單曰熨斗曰梭曰機

日本一鑑窮河話海卷之二

日本一鑑窮河話海卷之三

奉使宣諭日本國新安郡人鄭舜功纂敘

集議

備按集議初載隋志其王朝會陳設儀仗使者云王以天為兄以日為弟於天明聽政跏趺而坐日出輒停理務云委我弟隋文帝曰此大無義理訓令改之又考畧云今復如故此語未窮歟按夷憲法乃夷王子號稱聖德者作於隋開皇間法曰早朝遲退公事靡盬終日難盡是以遲朝不速於忽早退必事不盡故今夷王日中聽政於紫宸或清涼間乃作樂而文武畢集其法云曰大事不可獨斷必與衆宜論小事是輕不必與衆唯逮論大事若疑有失故與衆相辯事則得理矣列國亦然抑夫此者豈非隋文之化乎自奉

宣諭至豐後豐後君臣皆是日中攝政以集衆議每行開諭於其間彼則

依諭禁行矣欽奉
宣諭事責一人以當集議化導裔夷亦莫不由忠信仁義孰苟自善惑世
誣民釀禍無休乎夫夷集議
天使當知正己格物庶幾不惑此熄夏夷之亂

國法

備按漢書隋志其法著嚴考畧因之不覆宣也按夷國書夷初設法而無成章自其聖德太子好佛敬儒善化夷中居稱救世觀音作法一十七條名曰憲法夷謂公道之書逮至夷王桓武作倭國法行於國夷王守平之時以國之法命僧圓淨等註作五十一條名曰御成敗式目夷云成者平也敗者亂也以為平亂之書其古傳今之法也抑今訊獄以木壓膝此惟昨說凡有言辯之人若或酗酒逞兇恃强先露鋒刃者雖不傷人則必處死姦淫賭博失火者死而極嚴賊之禁盜絲髮者皆死

凡刑人不棄於市乃押本犯於郊原間或濱海際隨釋本犯頸縛而犯從容自解其衣自總其髮引頸當鋒觀者如堵若或吏下之人有犯死者凡有新刀以驗利鈍而爲虀粉其軀生也如此若有叛逆則盡殲其黨火其居頭目富人有犯極刑者多自剖腹而死未行剖腹之先置酒於堂飲食自若觀者塡咽稍若遲延衆則拍掌而笑曰汝婦人也剖腹既畢人後頸之俗有殺傷人命者或仰棄刀奔僧寺勾攝之人不擅勾取必覆於本司牧乃命住持以出之蓋緣敬禮佛僧也十廿年間中國私商有擕

大明律令一卷之於周防周防司牧姓多多良名義隆者官爲大内大夫斯人也讀華詩書知尊親義公道服衆列國咸愛之初見

大明律令誠信篤敬告彼學校之徒咸稱正法而廣錄之中國私商有犯姦淫於彼姦夫姦婦遽遭其夫斬殺之私商之輩以殺商人言彼司牧

彼司牧也即令該部誅殺其夫方行問彼司牧曰其妻在否私商荅曰已同伴殺死矣彼司牧曰此盡中國之法也亟令止殺其夫云奉

宣諭至豐後仰仗

主威憑籍

國體開悟彼守源義鎮故遣使僧清授附舟報使願識

中國禮法奉

命到國施行及使沈孟綱傳諭日本國王源知仁依諭禁賊遣還使人至廣潮反遭陷害冤異如此其報使僧此可使之觀聽之凡今之人而為海患之計者必須先明國是然後審彼之所惡察彼之所欲以

國法而施行之曷不響應尚屢憂勤者乎此言已禍用安之法庶無懸斷遥度之差

禮樂

備按漢書禮以蹲踞為恭隋志乃曰跏趺而坐又考碁云搓手為悅無進退之節無拜跪揖讓之儀其言如此今按夷禮凡入王家必先脫去韈履御下佩刀然後入門伏於廳門之外命入乃入有問則對對罷而退若入平等人家冬衣皮襪以進夫主迎賓躬身而迎搓手為悅既入門伏地低頭問對畢則叩頭蹲踞席地初則茶次則飯然後飲必東道開壺各各頂禮祭酒而飲飲則喜醉有不能飲者必盡受之以至昏而酹之於地下人供奉至廳門外先告而後入入則膝行主人送食於賓賓荅之客別主則盡彼之禮而遠送之若或庶民途遇中國使人與本王官則必跣足於旁解刀匍匐以俟過往若或順道必俟行遠乃行之行分南北則俟過而後行也女人相接蹲踞而言外無他禮歷按男禮進退之節雖有未同拜跪之儀雖敬罔似正德乙巳彼崇

文教之徒請使入朝求祀師儀於學校禮樂適在其中矣時議未然而不

之按隋志云樂有五絃琴笛樂戶十萬又考畧云樂有中國高麗二部及按夷今音樂分十二宮曰越調斷金調平調勝絶調下無調雙調鳧鐘調黃鐘調鸞鏡調盤涉調神仙調上無調調作倭音常陳紫宸清涼之間又白虎堂内敎坊皆樂所也大抵計數殺賊未聞了期禮樂宣夷

載歌

化日之下矣夷用樂器詳於器用之中

巡行

備按巡行我昔無說抑自夷王聖武以僧志高氏代行通國號稱行基菩薩巡行週遭至陸奥按部九郡地　綿邈東西相距八十日南北相距四十日以本國土較之陸奥相過半矣於是行基將陸奥九郡分作五十四郡設官守之後欲列國未舉僧亡日本輿圖乃本僧作故名行基今夷國中巡行之官列國各有撿非使此任至今不闕也

綵色

備按綵色考自魏志時賜紫綬錦物隋志賜錦綵冠唐書賞者帽錦婦人純色使者粟田自衣紫袍宋史奝然衣綠前代皆有綵色也近按着衣乃知色樣有青白綠緋紅黄等種按國書綵色名品並詳說之曰朱曰丹曰駁曰青曰白綠曰紺青曰白青曰牛粉（或云胡粉一云胭脂）曰雲母曰薄減金曰濃繪曰蒔繪曰輕粉（或云胭脂）曰朽葉曰淺黃（紺）曰青黃（綠）曰雌黃（黄灰）曰梅花染曰狂紋染曰鹿間紺曰火威（鎧毛）曰糟毛（馬毛）曰鹿毛曰河原毛曰連錢葦毛曰鴾毛曰栗毛曰宿鴾毛曰雪蹈毛（鷺）曰雲雀毛曰黑毛（水）曰黑毛（洗皮）曰青毛（木）曰猿毛曰黛村濃（黛村作也）曰隱岐綠（隱岐作也）曰薄紫曰杜名染曰金青曰綠青

服飾

備按倭夷服飾考自漢隋志書亦稍有言唐宋史書惟言使人如唐王

日本一鑑窮河話海　卷三

會圖名存物故若今羸蟲錄異域志於斷亡者立名雖異原是一書惟圖倭夷使僧也考畧所載但檢前古圖書況未審今倭俗若夫中國衣冠古今雖賜抑不常有今以本國長君親王國守臣民男女僧尼頭陀捭子戎優等項備常服飾一各具言庶見大畧矣

夷長君粧冠曰大織節屆用之必衣錦常衣履與民同隋煬賜冠去世既遠永樂之世優賜九章至今稱之夷王妃粧飾節屆衣錦常則俗同夷親王粧冠見所頂而忘其名冠已純黑樣如中國之食麪餛飩節屆用之衣履從俗夷國守粧節屆則用束髮冠衣履同俗正德之世周防國守多多良得請遣使入中國時得冠裳以歸是守敬用之夷國臣粧節屆皆頂束髮冠竹皮為之衣履同俗夷男粧節屆則頂束髮冠以繩絆之於項衣無裙襦腰束一物以布作綱於中綴帶闊約四五寸自腰之後由跨之下兜起腰前面結之綱上以掩其根名曰栲襠一曰根衣再

着長衣其名直垂兩襟一同無內外別袖兩短小止肘之前斂袵從左以縧束腰間居則加短袴於外袴如古人衣皮在腰以掩前後也若出門行禮則加短衣於上以半其身而已於肩其名曰維又曰斷肩乃解短袴更衣長袴於外其名曰裝束裾拖地拽塵名為禮衣又以條束腰間長短二刀插之左右刀鞘之旁內一銅器其名曰笄又插小刀或插雙筯便於食物不拘冬夏腰恒佩扇又多藏紙於襟內以便唾涕不致污席或持數珠為之念佛履以草作半於足掌自底左右綴一橫梁於中中綴一鼻聯着底前約入沿裏凡寸許內於拇指四間凡行步跟不着地共脚而行冬衣皮韈而已於踝若出門足多不韈以涉溪澗故也若駕馬亦着之又手衣皮以控夷婦粧間居螺髻屈紒獨簪而無金銀首飾多用胭脂及黑齒若閨女多以玄丹抹額為避水妖故也衣無裩襠有裙襦橫幅結束以綫步長衣縧束加以錦繡仍求縧若或出門則

多被髮再以衣蒙其頭而露其目冬衣皮襪着皮席履以行之凡遇節
佰多詣佛寺手搓數珠欠身而退夷僧粧披剃冬頂帽名扁帽本僧所
作喜頂端公帽為中國之僧制也衣袴帶服長衣名直裰向純素束腰
之絛名平江加以青夏布衣衣腰大繳名曰揩子恒持數珠念佛若出
門多持扇着皮席之履而行若禮佛則服袈裟加以方心揩那乃着中
國僧履而作若看經或寫字則用小文凡一等俗人瞽目者則削髮習
琵琶為遊食僧等一俗人而身年老家事豐盈父母俱亡兒女事畢不
以俗慮削髮看經以為事一等遊民而惰於櫛削髮浪遊日惟嗜酒近
有入冠中國者我悞認以為倭僧夷尼頭粧削髮衣履婦同手持數珠
時常念佛一等俗婦亦有削髮看經者夷頭佗粧剪髮仍寸許衣長衣
繫黃絲絛日常丐食曰唱嚇紀伊頭佗而專黷武以必勝人為能不為
盜夷稚子粧如女人雖不蒙頭多賦脂粉年五六歲多佩木刀以習技

凡就文學皆不佩刀夷戎粧飾頂鐵盔飾紅纓謂火威掛鐵甲或皮甲甲飾采絲甲惟掩胸不備於背盖以殿為恥也而手足皆有蒙蔽名曰具足腰佩長短二刀恒揮扇或駕馬而行弓矢矛銃之類但由其所能也夫騎射中國同若或出獵手則衣皮便提鷹鷂織席裹脛其名脛巾而游獵焉其優粧飾皆從俗多衣錦如旦者手鳴柄鈴副以羯鼓粧點漢唐故事傞傞而舞者皆其國鄰之人凡遊列國搬演嬉戲國守臣民同樂厚贈之

男女

備按日本女多男少漢書隋志迄今亦然其男少也抑非少生若生男多俗通厭之之其生母當生産時審係男産男多必厭即執兒身仍捉兒首扭殺之其殘忍也如此欲女多者俗妻妾多之故也故漢書云大人皆有四五妻其餘或兩或三是也抑俗正月初子日男女祝松曰男

七女二七盖欲女多男少矣昔扣東夷俗欲男少其意云何東夷荅曰好不須多而詰之曰今為寇盜中國者衆子歟孤子歟夷笑不荅此即自知不善矣俗養多男長子襲官家業居之衆子遺業甚薄多有為僧者蓋俗敬重佛法也漁販生子月餘天霽盛以搖籃縋懸高樹隨風蕩之欲其航海無驚也通俗家子方六七歲教之習技頭目良民之子多習華書女習倭字間有習學華文也

身體

備按漢書男子皆黥面文身以文左右大小別尊卑之差女人被髮並丹朱坋身俗皆徒跣隋志男人垂髮於兩耳上婦人束髮於後多黥臂點面文身臨海水土志人皆髠髮穿耳女人不穿耳又考畧云男子斷髮魋頭言及女人皆如漢書之說按此島夷人多矮小腋串腥膻故佩蘭麝以混臊氣足亦短小盖由地土所生也其王官民今皆髠髮惟存

左右後鬢髮少許乃束小髻於腦後俗云闘敎以髮為累故髠之髠髮之具用以竹片中微斷損用手指開內髮於中兩手捻緊而拔之彼盖言其痛也女人耳不孔環則削方額凡居家則挽螺髻而屈紒若或出門多喜被髮髮貴於長多市長髮拯飾之僧尼披髮剃頭佗剪髮留寸許俗之老人若父母亡兒女事畢不於俗慮有剃餘髮以卸佩刀請賜法名而聞樂之俗之遊民不務生理而懶理髮故削之向來從逆寇我者慣為倭僧實出此輩遊民也夫此輩髮雖削左右後鬢根際可辯也僧俗男女耳不孔俗男女人齒喜黑齒黑之法乃以爛鐵置於醋中伺其油浮加五倍子如法煎之恒染齒黑故有黑齒之名昔詰此夷荅曰飯白齒黑自欲齒潔為之語曰今俗之人大為姦倫有污黑齒尤宜速潔之聞者唯唯俗人之鬢必剪齊唇謂便飲食今俗男女身雖不文有文手者足昔文左右辯尊卑今文各有誓記也男女手爪皆剪齊指謂

便作用而僧而俗徒跣如前足指稀踈不施纏束故也中國流逋為禍
邊腹畏死避誅甘心變而為倭也被虜男女蓋不得已痛變之為夷奴
矣為民父母本一念至此良可痛哉

冠笄

備按冠笄夷俗有言論其所以男兒年十四五乃髡其髮謂之冠髡髮
之後飾屆則頂束髮冠子代父任初曰始冠女兒年十四五乃削方額
謂之笄又有一器銅飾金銀者置於刀房之外其名曰笄餘未之聞也

婚姻

備按隋志婚姻不娶同姓男女相悅者即為婚姻入夫家必先跨火乃
與夫相見婦不淫妒抑今夷俗同姓為婚間有之男女相悅而成也以
為婚通俗至今而不異其未有辯同姓者男女相悅而成也跨火入門
良有之原俗不妒故多妻妾淫法當死故婦少淫中國流逋與之婚姻

者多夷民家之侍女姦淫有之野島之夷十年以来從逆冠我有與流通為婚者及居孀婦夷之所棄流通婚媾之若夷良民罔雖多女恥與流通為婚矣

農桑

備按漢書曰土宜禾桑歷按夷島田地有餘而力不足故不盡耕雖有五穀而民鮮能於播種雖曰園圃而民莫善於蒔蔬誠謂廣種薄收也故斯民也乃有饑饉之苦歟此國西南海夷近見流逋寇掠以往暴殄天物致起流劫之心屢犯邊腹十有餘年四海來賓今此風聞悉目為倭寇其諸司牧烏得知之哉昔奉

宣諭乃知彼之之詳其目海寇名曰破帆一曰白波彼深恥此功按是夷猶為可化設使師之以耘耨教之以培壅示之以澆灌然則彼部之民盡皆得而食之矣夫彼既無饑饉之苦又豈有流劫之禍耶又按彼蠶

其土可事彼桑少培而蠶桑也惟其越中頗事之詢其桑葉小而麄蠶絲麄而短皆由治桑不善矣設使敎以治桑之法養蠶之方其廣務之然則彼部之民盡皆得而衣之矣夫如是則其民不饑寒也豈有流刼之禍耶大抵論兵討賊東沒西生使務農桑當問奴婢設使先勞以農桑次敎訓以文學此可以語用夏變夷兩利俱安之要道使蠻貊之民依依樂土何必頻年航海也哉何必頻年航海也哉

紡績

備按漢書土宜麻苧蠶桑知織績為縑備諳其俗紡績織紝女多能之皆撚麻苧成布也夫彼織機窄作布狹凡成衣頗勤着冬則夏布牽綿木棉近有種者尚鮮能作必須入朝市可雖有葛亦未能治絲線生活始於唐時使過吳中得織藝歸乃知作綾世稱吳綾惟山城和泉作之頗佳宋史云絹薄緻可愛其為綾綃紬錦亦精緻但因不善蠶桑之所

以價高也

樵牧

備按日本悉皆山島草木茂盛平原墮耕故易樵牧人居人户每伐枯木大者或用十廿餘人運至本居懸鼎之處乃燃木頭於鼎下木頭化灰又進木身以燒之鼎鐺下火晝夜不熄極便茶湯凡牧牛馬則放本山由其滋生絆圍取用

漁獵

備按島夷初不知耕稼采魚治生而後漁人雖居山溪之上澗壑之間不為采取多從海捕之彼之漁有網有鈎撒網逼來間有之亦以鸕鷀捕者又自沉水撈取者魚族頗多有時而生有時而長有時而至風潮晴雨按族依時以伺之瀕海之家每偵潮退其諸妻孥攜筐戴桶尋採海味足以適口充腹也故斯夷者不善稼穡而善於漁凶年以漁亦得

不死矣夫漁者東夷治生之本也其漁得鮮必取日食之夷（古末盧國人好捕魚）腹多不厭其腥膻也海濱之夷按潮下釣潮退取魚多必大者至如海塗雜味潮退之時不難於取獵有鷹犬弓矢近有手銃師出佛郎機中國今有之易名鳥嘴也其海山島草木深邃故多牛馬群幾百千取則耕載是故此夷以牛力耕不食也以馬載道不食也以犬警獵不食也以雞報曉不食也於此四者亦可以義而言之何嘗冦我殺人耶抑彼寇我非夷初心被牧無聞皆由流逋之所致此固不可不知也其禽獸族山島頗多不之取用

飲食

備按飲食為人養生之要道是以飲食載之聖經食有時宜夷有和味凡為使者當知之抑漢書云倭性嗜酒飲食以手隋志亦然按臨海水土志以生魚肉雜貯大瓦器中以鹽鹵之歷月餘日乃啖食之以為上

有今常飲食如客至則先茶若山野民多以餱粮或以𥻿粒如進酒未
則祭酒先飲之盤共設菓脯舉筯侑觴凡宴飲父子兄弟夫婦朋友俱
不同席不共食惟酒傳杯若待賓客必先飯而後飲主喜客醉客不能
飲必虛受之以至唇而酹之於地其俗儀如此俗敬品彙總名精進供
佛事主奉客也惟僧多素飱若事上客有魚肉亦皆山海野味也其飲
食價費較之中國則四五倍矣蓋緣錢價高貴也俗常盛飯必以椀合
至疊盈以椀大小定尊卑常飯不至飽群下飲食如飲則洗餘糟粕食
則調炊餘飯焦雜以蒔蔬糟乾米皮豆滓山菜草根之類以飼群下既
受饑若非食十年以來被虜之民向為夷島犬豕也而我官守未之審
嗚呼含糗羹藜我民深義撫夷奠夏所志誰歸當修飲食之書猖狂吐
餔而說其所飲食一各條鳴
曰粥　增水　曰膏粥（正月望日作粥浮膏祭土地以祈蠶事祀畢食之）　曰紅調粥（赤荳粥也事同）　曰飯

炊粳或粟以為之曰茶恒磨為細末鼎常餘沸湯凡飲取茶入盂徵着湯乃以茶筅攪勻添湯而飲之曰荳腐妓華言語

曰麯以粳炊飯勻以柴灰少許閉於麯室候乾取出而用之曰酒名耦天野作於河內凡為斛以粳作之如炊米二斗入麯一斗下水三斗釀久而酾之俗飲酒糟久獻曰燒酒作法同曰白酒洗糟水也曰醋黃荳為之曰橙醋橙辦作汁以名之

曰醬黃荳去皮炊煮為之或和麩作或炊赤荳以作俗多食之曰鹽如浙之煮其色甚白蓋其島埜多沙石少於泥故水澄清鹽色瑩白矣曰索麪作法同煮熟則入冷水夏取鮮蓼作汁調和食之冬月無蓼削魚脊乾以為片入沸湯鼎中乃下椒

醬湯既熟乃或入椀取麪下湯以食之曰饅頭麥麪為之煑沙糖以為餡洗赤荳沙和曰糍粿一云蘇糍糯米為餅蘇糍為衣凡臘月多炊飯杵搗成餅乾之以作餱糧家有大小作有寡多曰糯粒新米將登乃取青穀炊之舂去皮粒則稲

臘乾糒貯客至獻此以代茶曰餱糧臘月炊粳凍乾為糒出行食之凡食時必用清水多洗而食或復煮食之曰蕨粉蕨根為之作粿釀餹而食曰油芝麻為之俗罕食此故少痰症其惟和藥用之曰鰹乾寄音佳兹阿多出土佐拔彼鰹

種類鯖取鰹背肉蒸熟作乾為片蘸鹽食或以和索麪而食之曰蒲鉾取魚去皮以釘拔魚以刀刮肉置於薄新板上或作魚形向火炙熟或蘸椒鹽或加醋食曰醉魚乾魚形似鰤鱧人食則醉若食其鮮而醉況矣曰生鰹魚生也取大鮮魚去皮骨為片夏以蓼汁冬無蓼汁則用沸醋胡椒白鹽勻入魚生以食之凡漁得鮮多食其目曰魚鹵取諸小魚和之以鹽置大桶中

既久咸酉以爲佳味此即臨海水土志載以上有者此也此肉也或以煮豆腐或醃鮓魚肉食曰烹鰕種類潮漳京熟去介肉納

觔許乃爲之片和黃鹽醋而食曰糟鰍鮑即石鰍投入沸湯去其介糟漬而食曰鮮薑凡食以鰍留蘆四五寸持

之以醬醬食曰炊芋炊熟去皮蘸椒鹽食薯與山藥食同也又或以之調魚肉曰海藻出彼南海以椒醬醋和湯飲之

曰昆布出彼東海爲片捲林以食曰供佛餉曰供備菜俱家食也曰法輪味噌甘本南都

僧決黔時始作曰穀熟米也糯米一升舂熟八合謂之殺曰豕餅地無家豕之種謂雜五行書十月亥日作餅食之令

人無病故云豕餅曰落索謂殘杯冷火曰最花最初諸花始開時採之以獻神也曰豬羹地無家豕野豕作也

曰羊羹地無山胡羊族此羹羊也曰鷺腸羹曰鱸腸羹曰松露羹曰鱉羹海鱉也曰

水蜷曰糟雞雄雞也曰溫雞水京山雞也曰碁子麵曰水花麪曰餛飩曰水團

曰撥餅曰紅糟曰粽曰粢曰粿曰糉曰荳菜曰納荳曰飴酢曰辣菜曰

藥曰辛茄曰纖蘿蔔曰乾瓢子乾曰烏頭布曰搗栗曰笋乾曰鮓膾曰

三峯饍初起僧作曰强飯曰赤飯曰草餅三月三日作之祭祖先曰糕曰糝曰漬防

風曰渣楊梅曰楊梅餞曰鹽梅曰柿乾

日本一鑑　窮河話海　卷三　上

藥餌　疾病

備按日本通俗尚醫土産有藥種植有園品物固不備必須航海以市之因艱藥餌故每遂鹿刹割之時多取生腸四五寸留糞於中結束兩頭而生食之蓋謂鹿啖百草以為上藥也夷生陁島病有異聞有病頭鼓者頭作鼕鼕之聲聲聞則痛大便有蟲如蟻無算者而疝且多緣地下濕尤於女色也倫瘋有之大痲瘋疾蓋緣濕熱所作此病作自貪者則必丐非疾丐鮮矣瞽者亦丐多習琵琶披剃為僧俗稱琵琶法師俗緣敬佛猶哀其瞽故多施與惟少痰症緣俗無豬羊少脂膩雖有麻油惟合藥搽頭皆不之食抑少煎炒之物而鮮是症也其嘗服藥暨諸病症併書於後

其藥餌曰香蘇丸曰潤腸丸曰神仙解毒丸曰阿伽陀神明丸曰理中丸曰兎絲子丸曰腦麝丸曰蠟礬丸曰五香丸曰仙人丸曰香蘇散曰

内補散曰屠蘇白散（正旦服之）曰連翹湯曰養胃湯曰羊蹄膏曰竹傳膏（方從天竺傳來者）曰膏藥曰生鹿腸（其餘悉用中國醫方）其疾病曰鬱憤曰脚氣曰氣喘曰癆瘵曰噎病曰消渴曰瘖瘂曰腫塊曰水腫曰脹滿曰癥瘕（血就結也）曰積聚（氣凝結也）曰中風曰荒痢曰赤痢曰下風曰夜溲曰頭鼓曰大便細蟲曰疝曰大痲風餘未之聞

喪祭

備按漢書人死停喪十餘日家人哭泣不進飲食而等類就屍歌舞為樂又隋志云其死喪以白布製服初旬日間子女哭泣不飲酒食肉朋類眷屬皆就屍歌舞為樂貴人三年殯庶人則卜日而瘞行喪以小輿或置屍船上陸地挽之既葬舉家入水澡浴以祓不祥今按夷俗人死之後浴屍收斂死值冬月屍則易僵用湯浸輭而後様移坐於龕（圖書龕者斂死人與棺者斂屍箱也）子女衣白哭泣不食酒肉卜日發喪親族僚友俱衣白

送葬墓所野葬水葬此語未詳火葬土葬者上立浮屠遶命僧人以志其處乃以木片每書南無妙法蓮華經七字於木片上束以百千萬億置於浮屠左右其國君居喪亦稱諒闇諒隱之名墓亦稱陵以官守之列國君臣民墳墓以木為坊竪於墓前或書某之禪定門此標其名或書春日大明神此禳其吉葬事畢乃於寺中湯殿內燒湯沐浴然後歸家跨火而入子費竭財多命僧衆以供佛事佛事既畢孝子多棄婦入寺燒香掃地三年五年七年而後還中國之人先有海行遭風流移於彼死喪其國彼念死者魂無所依僧則為立木主而祀之近年以來姦宄之作逃匿於彼者死亡無算僧俗深恥之此不若犬鼠無立主則不然徒為番鬼矣考畧祭祀亦用牲醴粢盛但祭畢散之於野或遇乞人特與之今按祭祀如前所云惟居喪祭有三十五日者四十九日者百日者朞年者惟忌日祭至一十三年三十三年夷謂三十三白白者天竺呼年為白也日本以

佛出天竺別名支竺日本僧伽尚象佛教故有三十三白之言年時之祭正月望日作膏粥祭土地二月望日吊亡者三月三日作草餅祭祖先四月八日祭釋迦五月五日吊三閭六月望日夷王祭天地七月七日祭二星望日盂蘭盆是夜比屋燃燈於門外謂導亡者入門饗祭八月望日夷都祭八番菩薩大和祭春日大明神伊勢祭天照皇大神是日者其為三社之日也九月九日採菊獻觀音以祈壽十月出雲獨謂神有月擇日祭神十一月卜期祭竈十二月望祭祖先正德間夷使源永春

請祀先師儀注議者未當故不之許致使東夷有負

文教大恩

鬼神

備按漢書此夷之俗酷事鬼神朝貢以來儒佛巫神各有供奉逮至唐宋而僧好儒故俗之入巫神少事矣惟敬佛僧至今如昨僧以儒學化

行其間故俗之人知崇
文教先師之廟始開焉嗟夫蹲踞以待也祈報之禮昔
請不許恐議未然今知神位一既書載
曰先師文廟開於下野題名學校名足利又稱風世一僧寺奉神曰老子曰釋迦牟尼佛
曰達摩禪師曰阿彌陀佛曰猪頭蜆子曰布袋和尚曰觀音曰阿難曰
迦葉曰文殊曰普賢曰金剛曰揭帝曰韋馱曰天王曰地藏王曰俱生
神冥府善惡之神司曰佛印禪師以下通祀之神曰社稷曰回祿曰伊奘諾尊
伊奘冊尊此二神者乃其先王有一女三男即伊勢大宮日月二神西海宮蛭子郎殿出雲三大社素盞烏尊之父母也
曰素盞烏尊社在出雲曰天照皇大神社在伊勢曰鎮國香推大神曰大奈
良姬大神曰八番大菩薩社在山城曰春日大明神社在大和曰貴布禰船神
曰宇賀福神曰鎮守伯大常神曰社務有功神曰神主祖先曰禰宜先考曰
鬼神大夫力神曰耆婆曰扁鵲已上二神醫家祀之曰五百義士廟在白杵原五百義士

者其古伊豫兵遺田其間皆剖腹而死白伐感應於白杵凡用兵者必先禱之默相也曰覡巫神曰秦王祠在紀伊熊野山祀秦遣方士徐福福於始皇二十八年誑使蓬萊求長生藥乃於登州海島總船蹈海故今島有徐福名福部童男童女數千人趣失所求懼加誅戮止於夷澶二洲間即今紀伊江之地先號秦王國今為倭屬故有是祠曰化善觀世音祠在松浦世射氣世射氣倭音也斯神也不計年代因入百夷之於普陀往彼卓庵事之凡值聖誕神虎出焉啗人畜而後隱奉神曰義勇武安王祠在五島祀漢關羽也曰大唐厲鬼祠在松浦港按祠啟於嘉靖初年於時閩人私發商船市於彼彼島之夷利貸掠商未幾天乃雨血其地地復出血島夷俱災所殺商人皆見夢於島主島主寢疾夷奉遺言用收殺商暴骨以葬之遂立祠於其上斯島始安

佛法

備按本夷佛法載在宋史始於梁承聖間夷王天國初得佛法於百濟及至夷王用明長子有號聖德者幼悟佛乘其法大行於其間至隋唐宋以來而彼沙門奉使來朝請求佛書頂禮五臺守戒天台派有天台宗祖者使經名山多請授教如金山無準徑山盧堂皆授佛法寖廣其

聞僧既學佛漸至好文故夷僧者以為文化之首也夷王亦常師學之故國有寺稱平等院敬佛重僧俗之為最姦淫法死俗犯死者奔入寺中公人不擅勾攝必鳴司牧文移乃出之下野學校皆僧主者夷國至今皆僧奉使朝貢一則尊親

文教一則皈仰佛參抑其僧輩學佛修文具風敬重遊方丐食本俗嫌疑部位稱呼頗同中國前代名僧流傳宗派筆札觸目畧入書編

僧伽部位曰僧都曰都官曰僧正曰都寺曰監寺曰副寺曰上副寺曰下副寺曰東堂長老曰西堂長老曰前堂首座曰後堂首座曰東藏主曰西藏主曰書記曰頭首曰知客侍者曰喝食行者曰行堂侍者曰燒香侍者曰書狀侍者曰請客侍者曰湯藥侍者曰衣鉢侍者曰看寮行者曰聽呌行者曰暖寮曰知事曰免僧曰納所曰多聞曰維那曰典座曰直歲曰浴主曰淨頭曰直堂曰寮主曰叅頭曰飯頭曰副叅曰堂司

曰門守曰陪堂曰楞嚴頭曰修造主人曰調菜人

夷古名僧行基菩薩俗姓高志其先百濟國王之亂家居和泉大島郡夷王聖武孝謙時人當聖武時始爲大僧正住持菅原寺再還藥師寺先是夷王以之巡行於通國始繪圖之輿圖故號行基後死陸奧云

德一菩薩惠美大臣仲麿諸子夷王嵯峨時居處南方東大寺

傳教大師阿闍梨天台宗祖俗姓三津家居江洲滋加郡夷王平城嵯峨時人國書倭字始自本僧及弘法大師護明宗正吉備大臣所作又考夷王光孝時有僧曰吞入朝傳考

弘法大師俗姓佐伯家居讃岐多度郡夷王平城嵯峨時贈大僧正真言宗祖師

慈覺大師俗姓壬生下野都賀郡人夷王仁明時贈法印大和尚

智證大師俗姓本氏讃岐助耶珂郡人夷王文德時十禪師內供奉權十僧都是也

花山僧正少納言良峯安世卿息遍照慈覺大師弟子

醍醐寺僧正兵部大大普萬野王息聖寶東大寺別當東寺長者法務光仁天台諸後

禪林大僧正深覺東寺長者九條左大臣諸子

梨本大僧正明映天台座主文章生藤原後宗息伊勢守祐之孫

木幡權僧正靜貨前二條關白諸息母小式部內侍

一乘房大僧正仁覺士諸門左大臣

平覺院大僧正行尊諸子母宰相基平女一條院諸息

花林院權僧正永條式部大輔永資息興福寺別當

櫻井大僧正行慶國城寺長老白川院諸子

長谷寺大僧正覺忠法性寺大殿御子教圓法下前伊勢守藤原考忠胡臣諸子清成法下

八幡官寺檢校法下元命息玄賓大僧正河內人興福寺僧觀教大僧正公忠弁息

隆貸大僧都中關白諸子母馬內旺女清彌僧都叅議大江朝綱息公貸僧都中納言經家可息定

賴之陳覺雅僧都六條左大臣諸息源賢法眼前攝津守源操仲息真靜津師長濟津

師讃岐守守經朝臣息慶還津師輔親卿養子世神祇載大輔大中臣元子孫實源津師肥後入靜昭

法橋成忠卿息忠命法橋宋延擬講紀何入道慈光房索旦勝趣已講香

雲房道命阿闍黎傅大納言道總卿諸息天王寺別當隆源阿闍黎若狹守藤原通宗息顯昭

阿闍黎顯補張獨子移住仁和寺延歷寺靜藏貴所定額善宰相行息靜嚴得業興福

寺四室隆緣立者伯耆守隆忠息母若狹守通宗女蒙範供奉右京亮生戶致行息載大內記致時孫

聖梵入寺元八延歷寺移住東大寺靜藏貴所定額善宰相行息戒秀定額肥後守清原元補息

花山院殿之法師空迎聖人六波羅寺寺末私號平聖增賀聖人叅議恒平息右匠少將敦清孫

性空聖人號書寫聖人從四位下相善清息目貸聖人入滅於大唐天台國清寺日藏聖人金峯山善

宰相善行弟

玄範聖人律守國基同時人　良忍聖人尾張國人稱大原瀧主　瞻西上人雲居寺本願圖

利哥曼佗羅

會坂蟬丸吉目道於書常不剃除放餘人號翁或云仙人寧治山僧譔作和歌式碁　素性法師良峯

宗真息

山田法師有家集　兼勢法師伊勢掾古息　義陶法師　蓮仲法師良峯宗真末葉

佐度守為候息六

勝觀法師寛和比人　兼慶法師花山院殿尉之祑師　惠慶法師寛和比人

有家業集

增基法師家集號廬主亭又名增堅法師主守田　元慶法師對馬守源茂親息　永成法師

越前守源孝通孫

懷貧法師筑前守源道濟息　良還法師作於聞祇園別當　永暹法師左馬助藤原化

木光息

後惠法師後賴朝臣息　水源法師肥後權守敦舒息家集號一人　源緣法師通宗朝臣同時

登連法師

横嶽派

天朝天童密庵咸傑——靈隱松源崇岳——道場運庵普岩

徑山虛堂智愚——日本建長南浦紹明圓通大應國師

十七

大德開山宗峯妙超禪大燈高明正燈國師

德禪開山徹翁義亨

卓然立

大機弘宗禪

大像宗嘉

華叟宗曇——宗惠大照禪師大德養叟正頤

如意言外宗思

藏主宗樹——大模宗範

春作祥興首座——秉院守禪庵開山燈庵宗金　本院在比睿山西麓之[illegible]

大德瑞峯院普應大滿國師怡雲悅　本院在大德寺中

日本一鑑窮河話海卷之三

日本一鑑　窮河話海

日本一鑑窮河話海

中冊

民國貳拾八年
據舊鈔本影印

日本一鑑窮河話海卷之四

奉使宣諭日本國新安郡人鄭舜功纂敘

文教

備按日本懸絶海東三代已前島守無聞文教不及漢魏以來始通中國文教漸及於其間宋史始載使僧奝然云知文教自王應神始於百濟得中國文字唐書長安元年貢使粟田好學能文開元初粟田復朝請從諸儒授經詔四門助教趙玄默即鴻臚寺為師獻大幅巾為贄賞書以歸建中元年貢使興能亦善書者貞元末朝使朝其學子橘免勢浮屠空海願留肄業歷二十年還逮宋以來奝然寂照等皆識文字之僧備考前代及今

國家其來朝臣皆是僧釋莫不知書

文教所宣其僧居首宋德隆盛大儒屢出

文教大行於其間故其僧常入貢夷都列國久開學館院而夷僧向又行館於琉球惟其下野大設學堂題名學校一名足利又名風世中奉先師神位學之左右開鑿二渠慕名洙泗皆僧主之列國學徒嘗二三千人講學其中惟躑躅之未毀也逮正德時夷中學子懷感

文教大恩乃請其王遣使源永春求祀師儀圖報時議未當故事不允是以先師向被東夷褻瀆矣今夫東南十年黷武格殺無知之賊夫何了期期致治安莫先

文教大受命者果能盡忠信說仁義行乎夷學之間使三千人集議夷國君長之庭禁行列國之內此無知賊聞知識之言守禁戢之令亦莫不畏跡熄貢通內保良民外化賊寇而為良善使內外生民安享天倫之樂豈非

文德至靈耶

書籍

備按書籍日本至珍考自漢魏晉宋齊梁未賜書籍隋唐以來使人請賜以歸未聞賜何書籍逮按宋史雍熙間夷王守平遣僧奝然來貢云王應神於宋大明甲辰歲始於百濟得華文字又云國中多中國典籍有五經佛書白居易集七十卷奝然之來援賜鄭氏注孝經一卷記室叅軍任希古撰越王孝經義一卷印本大藏經一部而去洪武辛亥賜大統歷永樂戊子使僧圭密奉其王命請賜勸善內訓二書以歸又按佛書本國至敬考僧奝然之書自梁承聖間初得佛法於百濟隋志開皇間使請法華經大業之使求學佛法唐宋以來使僧入貢禮五臺拜天台及經名山莫不請奉佛經而去至如醫書乃治生之本國人至重之醫書大全翻刻其間蓍龜書學自使吉備七度入唐乃得之國人知卦命識相法奉巫神而星歷書洪武辛亥

賜之大統歷又彼之歷乃其天台宗師始知之抑甲子日數相同於月
則有小大之差如我閏九彼則閏七若夫琉球世奉紀元則又閏十蓋
地有東南東北之差有寒暑遲早之別故其閏月依地氣而閏也校之
大統授時開禧回回等歷不侔矣律呂之書十二宫調皆倭音樂舞之
名曰久世曰拔頭陵王曰還城樂曰納蘇曰利採曰桑老等名陰陽書
編用神不同堪輿之術知言四獸背小面大為之取背低面高為之用
背虛面實為之居若山城則為天造地設之區矣繪畫之書有圖繪寶
鑑畫工唐馬允工戴千山水草木人物蜫蟲賦綵未及而篤尚好中國
古畫中國畫工多知姓名然字學蘇而文用漢詩多絶句兵精孫武十
三篇若孫武者此為倭詐之祖也今夷之俗敬佛重僧僧累入朝故能
尊崇
文教而鄙於武學校之徒一是之中國書籍流彼頗多珍藏山城大和下

野文庫及相模金澤文庫抑惟大和金澤二文庫以為聚書之淵藪他庫雖藏遺書未及二庫也彼此之初學始自釋文三注及語孟五經文選史記之類頁夷書目於彼聞見備書之

曰大統歷曰勸善書曰內訓書曰四書（先惟論孟乃劉向注朱子本旨近有之）曰五經曰釋文三註曰史記曰索隱史畧曰十九史畧曰通鑑曰綱目賈誼新書曰詩學曰韻府群玉曰唐宋千家詩曰千首唐詩曰市文曰文選曰文粹曰事林廣記曰翰墨大全曰太平御覽曰支那西還記曰白居易集曰鄭氏孝經曰孝經新義曰圖繪寶鑑曰大藏經曰法華經曰華嚴經曰蓮華經曰多心經曰金剛經曰六祖壇經曰孔雀經曰傳燈錄曰趙都御史羅漢榜（藏于白杵海藏寺）曰醫書大全（翻刻者）曰丹溪心法曰東垣十書曰圖經本草曰孫武十三篇曰武經七書曰百將傳（自此以下皆夷書）曰行基圖曰日本涓圖定境文曰本記曰世譜曰文夾系圖曰日本國王實錄

曰職員錄曰聖德太子憲法曰御成敗事式目曰史記曰下學集曰節用集曰聚分韻畧曰絶海度唐詩曰連要抄曰玉函秘訣曰十節記曰金葉集曰萬葉集曰源氏拾遺曰源氏後拾遺曰世風記曰齊諧記曰續齊諧記曰少納抄曰倭名集曰倭國法曰律呂曰星歷曰流年歷

文字

備按國書初無文字有刻木結繩之政自僧傳教大師弘法大師護明宗正備吉大臣等議祖唐字四十七數旁作倭字以志華文翻譯始備向通中國其成碩學我馭此夷蓋是虛文通事之人不諳大義我遭愚弄一至僨事罔成華夏之體且沮向化之心切欲戢武必須用文竊覽要名實所不取王事靡盬倭字宜知除被古文而不之錄今將華文四十七數寄倭楷書於下今字數內井併入伊於併入遠惠併入江又寄字音而荷音賀大音嚏阿音窩剌音辣他寄如字其音諱重其語宜輕備詳三體字音然後可通寄語此遺究世之仁者臨邊信乎有用

文告實顯神功

華文倭字

伊イ路ロ波ハ仁ニ保ホ邊ヘ登ト知チ利リ怒ヌ留ル遠ヲ和ワ

賀カ余ヨ多タ禮レ曾ソ津ツ禰ネ奈ナ良ラ牟ム宇井井今併入伊字

乃ノ於オ今併入遠字久ク也ヤ麻マ計ケ不フ果エ江エ天テ安ア左サ

幾キ由ユ女メ躬ミ之シ惠ヱ今併入江字比ヒ毛モ世セ須ス

倭字倭

イ易ロ六ハ法ニ又ホ荷音賀ヘ穴ト大音鮀チ致リ利ヌ怒ル路

ヲ阿音隸窩ワ歪カ佳ヨ欲タ太レ列ソ梭ツ兹ネ業ナ奈ラ剌音辣

ム慕ウ烏ヰ異今併入イ字ノ懦オ嫋今併入ヲ字ク周ヤ耀マ邁ケ杰フ付工課

エ耶テ跌ア押サ腮キ氣ユ右メ義ミ家シ世ヱ耶今併入エ字ヒ沸モ目

セ射ス自

倭字草書

いイろロはハにニほホへヘとトちチりリぬヌるルをヲわワかカ

かカよヨたタれレそソつツねネなナらラむムうウゐ井今併入イ字

のノおオ今併入乎字人ク也ヤあニ计ケふフ二ユ乃エてチおア巳ヰ

きキゆユめメ妹ミしシ魚今併入乃字れヒ七セ世セ寸ス

草書字末

□イ□ロ□ハ□ニ□ホ□ヘ□ト□チ□リ□ヌ□ル□ヲ

□カ□ヨ□ク□レ□リ□ツ□子□十□ラ□ム□ウ□井今併入必字

□ノ□オ今併入乎字□リ□也□ニ□ケ□フ□コ□エ□テ□ア□井

□キ□ユ□メ□ミ□ヱ□魚今併入乃字□ヒ□モ□セ□ス

稱呼

備按夷俗人有等第事有稱呼

天使其間言惟宣

王之法言而夷異言不煩唇齒既奉

天使不可不知知雖不言而夷言之亦可審夷事物矣故為敘

曰勅使曰唐人曰仙洞指夷王宮俗云其主皆稱王曰姑射山指夷王曰儲君春宮青闈東宮龍樓俱指夷王子曰天枝帝葉指夷親王曰准三后謂夷王祖妃夷父王妃夷王妃也又謂准三宮曰宮房指夷王妃又稱宮房娘門人曰內親王指夷王女姊妹伯叔母曰女御指夷王宮女侍從曰日君謂夷王曰月卿謂夷臣曰殿官民通稱曰守士官通稱曰一役一云力者謂人工曰幽靈士鬼曰鑄物師職人曰居鷹座人曰一門親類曰房官門跡奉公人曰伯樂俗指醫馬之師曰博勞馬商人曰馬借商人曰番匠一云棟梁飛驒巧人木工也曰放家街者曰祝子巫者曰把鉞者說衣人曰半物下女曰房士夫也曰末子小兒曰平家平民家也曰土民百姓曰刀禰船師曰頭

人一云奉行人祭主也頭曰廳門跡奉公人長曰塗士漆師職人曰御曹子子或作司曰出左傳云姊妹之
子曰家督一云家德俗謂一家之總領曰檝取水手一云水主檝舵也倭作梶曰語勢筆曰脚力
飛脚曰喝食毛頭曰甲乙人上下之人曰闍閣奉行人職曰大名國守護一云錢持曰垂乳根
謂親也曰當腹子息曰大工職人曰帶刀官名帶刀供奉人役帶刀大刀也註云史記帶劍曰巡固警固
人曰吳綾一名吳織按唐時吳從南道入朝經歷於吳得織女歸始織綾故名吳綾曰山賤山人曰山彥木偶偶或
作魄曰檢兒大追物謂玉藻指悍婦詳見雎鳥新編石字下曰下戶俗指不飲者曰京雅或云經居商人曰檢
校座頭官名又曰小性俗呼小兒云曰御亭主人曰后室後家北堂俱同曰振子註云文選子振子萬
章用官主製曰紺搔織人曰兄部力者中頭曰木守力者曰御分下人曰火番下部曰乞食
非人俗非殘疾不丐曰勾當座頭曰穢多屠兒世河源者曰惠美酒神名曰傳奏公家曰田樂遊人
曰典琴小倭曰徽衆註云德政土一揆也曰猿樂遊人曰祖代註云千代若皆小兒名曰鍛治打鐵
器人曰主君指司牧也曰山卧一云山伏役行者流曰仕丁使令之夫曰御屋形指親王之爲刺史者又稱
口號曰才門指富民曰右族俗指有職曰御宇俗指夷王曰御內俗指相公之婦曰名主百姓曰

社務（神人）曰白波（賊盜白波者謂無生理白日於海弄波也）曰破帆（賊盜破帆者謂如帆破之賊也）曰白拍子（歌舞而衒賣女色者一云妓女一云金口打一云唱門師一云風流一云傾城官）曰庄官（有姓頭）曰上戶（俗指飲者）曰評議衆（談合人）曰物夫（武士）曰門守（官名）曰千馱櫃（商人）曰是害坊（天狗）曰鳥居（謂華表）曰瑞籬（神棲也）曰埒（馬坊）曰塒（雞棲）曰雪隱（廁）曰方藥（盧人）曰暗向（盧人）曰碁（手談）曰北面（伺候仙洞之武士）曰鈍漢（無智人）曰累祖（先祖也）曰曩祖曰元祖曰鼻祖（三祖也）曰家來（家人也）曰宗匠（先達）曰圖子（小路也或作通次）曰繩手（直路）曰竪者曰精曰探題曰題者曰採題曰法務曰已消曰僧綱曰執當曰啟白曰表白（已上數條數家所用）曰朝臣曰真人曰宿禰（已上謂三尸也尸名數十號此舉其三）曰慈客（唐元次小呼不飲者）曰倭人（小又已下夷僧稱呼）曰年寄衆曰殿波羅曰師資（師弟也）曰長老曰靈氣曰律僧曰晚達曰晚出家（入道僧）曰尼宗曰衆寮曰兩班曰僧主位曰本尊曰脇士曰御影曰新戒曰布薩曰導師曰師正曰禪客曰沙彌曰衆徒曰頭陀曰法眷曰小師曰弟子曰坊主（坊主之坊僧之通稱）曰法師曰炭頭（行者）

官名曰住持曰知寺曰上方住持曰貼供一云行堂一云行者一云淨人一云參頭曰供頭行者

名位曰尸位僧稱曰世度扉山林小僧曰禪和子衲僧也曰蒙堂僧位曰兄弟衆叢林僧衆

曰社僧曰遊行夷中惡之曰副參行堂之僧曰塔子院房之主曰頂相禪家呼僧曰塵頭又稱

琵琶法師乃瞽目僧唱哭僧也曰所師代侍者曰門跡道聖曰鉢叩空野上人末流曰法橋何此四聖道家

宮名曰師檀僧俗稱兼同曰檀那又檀越僧稱施主

事說

備按馭夷在得其情若得其情馭之則易不得其情徒自擾之欲得其情先通其說既通其說漸可以入化導之途也伏念聖明尊居中國以文致治王道之常此夷事說不可不記茲所記者雖不純宣王之法言切思文告知此事說庶使同文一變豺狼之習以廣聖明之化矣故為錄

即位（御宇之始）寶祚（御宇之始也）大常會（謂夷王即位之年以新米獻伊勢大神謂之大常會十二月卯日也）

印可（印信也可許也）因地（五月五日國俗戲門爭勝也）圍繞（渴仰）暇請（請或作乞）

逸物（好義又指鷹犬）難寢（史記）違例（病痛疾）一縮（兵具看）一宿一夜

一夢炊（俗推量）大追者（詳下颰島新鐵石字）揚焉（史記幷文選俱用此字）

放埒 不當意也　放題 詩歌所言　廢壞 破屋　馬嫁 狠藉　白肰 露顯

沛艾 狼藉　半齊 調經　俳諧 連歌言　戲配盞 酒　配流 罪配流八

雪恥 越王句踐誅吳王夫差遂雪會稽之恥　墨譜 發明點也　巴鼻 由來止　切齒 本書

博聞 廣聞也　芳翰 稱書狀　入悶 田地境　白眼 史記脫杜　刃傷 殺害

逐北 北音背　婞約 史記　新枕 初會合　奉加 漸進　蜂起 史記云楚蜂起

發句 連歌　埋堀 史記塹小埋谷　遍參 知識　平喩 論　偏頗 偏一也頗多也

瘰疽 病　閧音 戰場唱　敦厚 極心義　取透 軍陣　取直 病

咄嗟 即時出來之儀　同座 列座　動座 相公出陣　治代 朝敵退治之時被成下也

昵近 近習奉公　着到 書軍數　誅戮 斬頭義　陳防 咎　着岸 船

著述 詩歌作意　除目 任諸官時事　陸沉 沒落之義　大概 史記多書大概　落漈 落勢也

御成 相公御出　御晴 同上　距躍 左傳距躍三百曲踊三　尫弱 少義

狂惑 無道之義　和漢 和者倭也和漢者倭數漢人之歌也俗云連歌一云聯句　捥飯 正月武家出仕

貞藏　極義　輪違　紋也　知巾　兩度通發之義　別分　由　神樂　神祇事

契當　理　佳例　佳與嘉同　孝行　養親義　助當　臣為君父諸小也　瑕瑾　恥辱義

階級　位　勘過　閱過書文書也　徒立　弓　假字　日本字形又假名　恰好　好合義恰或作

笠懸　最初懸笠射之後用皮的　形見　遺物　免冑　左傳第七云秦師過周北門左右免冑而下

偕老同穴　毛詩云夫婦堅約之義　高直　代　拉幹　左傳第二　乘勝　史記

穎脫　史記穎脫而出　帆風　左詩卜注決不上帆風差輕　一拔　旗橛衝　慕尻　左傳第二又史記云慕能中野

鹿島立　鹿島在常陸線祀神市　孝養　事親　加級　遷位義　餘慶　左傳積善之家有餘慶

深山　多義　邂逅　毛詩　當道　諸藝之言　對揚　敵對義　假使　縱然同

退散　謀也　方便　謀也　道號　字也　馱賃　荷物也　無賴　史記本紀

糞田　孟子云糞其田　料理　調味　療治　病　伶利　利根也　連綿　不絕義

宗仰　崇古　若干　許多　存分　存外分命　蕪菜　蕪菜也　追福　追善義

通法　通例都合義同　追從　諂也　無恙　上古洪荒國後因皆有恙蟲入故問詞無恙否云　追代　進發義

鏦殺史記殺天鏦　刻飾文選　購問史記購問莫知誰子　粘倒兩字係替用之
迴毛馬旋　難面下學集有難面　餘波左傳云其波及晉國者言之餘也舟人呼謂口波　内檢就秋田有之
名乘或作名筆文也字倭字以志　假顔本書謂倭字也　視流左傳　索陶毛詩宵爾索陶
懸痾自在之　洛乂梵語也此翻十方　勞煩辛苦　濫觴始義　無臘次次第
濫吹烏亂義　狼狽狼狽義　無注方叢林之落書　棟別掛錢　無常涅槃之義
無狀發看之義　無念孝經注云無念念也　矛盾中途之義　飲馬左傳　始祉初任官義
格殺史記本記云劾捕格殺　撲滅尚書以火燎於原不可嚮撲滅　右流左止緣起大神
暖寮賀新居等振舞暖寮　暖氣遊山　公弁年首之義猶中國每年滙至京也　官度受領
縋落呼病云　久世舞遊曲或云口宣舞〻云曲宣舞　一如件件也分次　口說述懷之義
管絃樂也　管見智義　佃祿俗上義　雖執遺恨義　回鱗回魚回鯉皆書禮之返報
獲麟一切事終云　役夫工米伊勢大神宮御造營料諸國途段錢謂段夫工米　流鏑神會時騎射也
夜盜漢夜盜賊本俗作　夜討殺害　作矢見軍作矢臨渴掘井　舍矢毛詩云舍矢如破　亂矢史記窮弓屬矢出見洩書

九

矯失 史記云砥叙矯失　憲法 公道義　還補 本所領取附謝還補　結構 奔走　饑渇 饑餓義

結解 等用　譴責 催促　闕如 缺也　現形 露顯義　嫌疑 無實知義

懸隔 雲泥義　計會 併義　經細 往來　强健 伎倆義　瓔睛 内外之義

權門 世家　權輿 始義　逆鱗 史記云人主亦有逆鱗　校分 年貢拔分口未收納之義

稽古 啓習義　稽首 稽至也首之義也古首至地謂　澆季 末世之衰　不得心 無意無情之義

不覺 失錯也　不敵 鈍鋭　不便 悼意　不辯 不足義　不會 不和合也

不快 貌心中惡　不調 綜亂義　不當 貧耽義　浮沈 迷惑義　不合 不和合也

不詳 無心之義　不祥 凶惡之事祥日本記不　負物 借物也　不熟 耕作惡義

豐饒 耕作好義　粉骨 忠節之義　付屬 讓　補任 所補新代官任也　譜代 譜代相傳

不肖 言不似人倫　風聞 雜說　無為 無事　不宜 不恙不宜書札云未云　二重成 年貢之義猶如貢狀二枚也

御幸 猶言天子御出　恒例 如常義　懇望 侘事　牛角 或作牙角　滑稽 利口之義

冰撚 水行之貌　木居 鷹居　緣起 最初之因　榮華 榮耀同　依怙 自由依怙

十

焰燒 燒火　遠行 謂死也　捐館 死去　絲坐 緣紬類之坐罪也　調子 音曲

䌫頭 賜紋義　提綱 法語　釣語 索話　庭中 自訴詔義　逃散 土民背本而出奔云也

禦侮 毛詩云兄弟鬩于墻外禦其侮　安堵 史記本紀云吏民安堵如故　中外 矣

回島 日本連歌所云　求食 鳥求食也庭訓　穴賢 上古無居屋人居穴一書禮末語也　算用 左右案內之義

草創 始義　祭禮 神祇　早歌 音曲　伶傳 吟同　左遷 流

左道 之少之義　早世 死　及第 進士及第炎王廷喜科上以來設科取人　祇夜 頌也

龜鏡 外聞　既得 全義　行幸 御出　義定 平定義同　給分 恩

勤舊 僧位 行義　伎倆 強健之義　起單 請假之義　花奢 俗語

規矩 規矩法度　舊交 舊約義　京悅 俗語呼運上曰京悅　由緒 由故也緒音

幽玄 仁體　勇健 伎倆　揩指 史記爭門揩指　面目 史記　酩酊 醉

綿密 懇義　目安 訴詔狀也　召文 下知　建水 史記本記云植建瓴水也

些少 少義　指南 教化之義　唱明 音聲　鍾愛 大慈愛　出張 敵出張

觸穢禁忌之物　愁傷俗用此字　燒亡燒失　嫉妬怯氣之義　色體禮

收納年貢收納　左禮戲也　入眼俗呼成就曰入眼　受領受領官所務謂年貢度

至誠無餘心之義　斷臆此事見于婆娑論正理等論　如在二字尊敬之義本俗未諳

予避史記云有予避於外予之座　灑掃奉公　生涯平生三昧　上表辭退之義

生害殺也　甚事也事　一飾三具足等云　一口金鞍木用之　一腰大刀云

一番鳥一番　一例例之字忌兩不書之其用一例　一懸鯛一懸　紕繆紕玉篇云冠緣邊飾也繆細繆也

菲薄輕薄之義　引繕字書繕補也　雜遊小女之所也　披講詠和歌　狂文下學集有之

沒收關所之義　物故位牌之上書亡者名位　沐浴俗洗死人云　勿體無此體也

蒙昧無智之義　成敗成平也敗亂也平亂之義　精誠念此之義　濟濟多息

折籌中分之義世俗作折中何是乎但折中字出文選　折檻出漢書　誓文誓狀

遷化死上官云　逝去平人死云　施行施物於非人非人即指乞人也　接待施茶與旅人

世諦世帶　世智辯怯惜之義　寂寥閑意　先途難義　碩學大學也

數奇（俗謂解受方數奇）　焙煤拂（十二月所為也）　忌忌數　朱數　見苦數　珍數　忙數　輕輕敎（已上六者未詳）
一盌罏（伶人所作）　綸音綸言宣旨（三指王言）　懸召（召諸縣之革職任諸官也）
御行（院王書之）　反閇（夷王出行時陰陽家所行也又謂禹步）　僉議（大衆評議也）　琢磨（毛詩如切如磋如琢如磨）
稽古（學文）　勘文（悉為家所）　懷托（任寄也）　付囑（讓與義）　魚道（魚道者建盞杯也以飯泄）
況杯語之口痕瑜之魚道又云魚道舊道也蠡浒泳大海祭忘舊道故曰魚道　細工（把刀道）　調菜（調味者）
田札（禁田不令刈）　日課（日作之課）　獨步（惟我一人之義）　蠅附驥尾（喻卑賤附託貴也）
相伴（相坐義）　靦面（赤面也）　心肝（肝要義）　突鼻（本俗世話）　逐電（謂暗跡）
即闕官（大政大臣無其人即闕其位非官也）　分衛（乞食）　囉齋（乞食）　天骨（天然骨格）
草案（中書）　飛脚（急使）　逃職（辭位）　連署（即書連義）　謂撓曲也本俗世話
契盟（歃血也）　斷金之契（同心契也）　先達（先賢又引導人者）　囲碁（手談）　把杯（酒杯奉行）
馱向（向或作肴旅中熟食）　假粧（女面）　山彥（木魂）　朝餐（朝飯也）
辟穀（斷五穀）　左右觸行（公私俱行也）　晏駕崩御登仙登遐（夷謂夷王死）

諒隱諒闇 夷謂夷王居喪 竪議 謂建議 晉諸 晉諸諸人作事云 經營 營一切事

一揆 同心義 着到 衣帳 賍物 盜物 跼蹐 恐懼之至 頓首 致恭敬也

豫參 到參也 偃息 休息也 烏亂 胡亂同 遠慮 論語人無遠慮必有近憂

自慢 自欺也 周章 謂驚怖也 令作 非古義 伺候 謂祗敬 博學 尤才文書音好也

聲明 好音 褒貶 是非 大犯 罪人 糾明 勘當 息災 禳義

支度 用意義 恩顧 恩問義 青顏 音阮故事 藉火急 如救燃所 荒猿 又云有增日本世話

六借 日本世話 究竟 畢竟 鬬屋 無人家 炳然 分明 黎明 早晨義

篠目 日本世話 滿遍 均平 仰天而唾 四十二章經曰惡人欲害賢者猶仰天而唾唾〻汙天却汙己面而已

早晚 不定義 相圖 拘束義 合壁 合家義 傍若無人 桓溫故事 不具 無衣裳義

傍輩 同伍者 輻輳 車具 胸臆之說 謳歌之說 闇巷之說 三說也

上手下手 起於圍碁日本世話 綸言如汗 禮記云綸言如汗汗出而不返 一片 無餘事

淵底 窮事義 折角 前漢書五鹿岳岳朱雲折亣角也 手傳 合力義 信仰 皈依義

脂轄出行義　恩簡手數俱書狀也　割符兩錢所通　切符憑子俗出少錢取多錢也

掃除一云掃治　箕裘之業紹父之業也　五月子不養孟嘗君上五月而至高位斥母為群公而長生由是觀之時五

月子非不祥也史記本記　風習舊習也　涯分隨分　療治治病　療養同上

外人他人　落魄隨意而不拘法度　年齡老年也　他界死去也　臨終屬纊以纊屬鼻穴知息否

訃音告死於外　火葬水葬野葬土葬已上四葬皆俗送死也　屈請强招人也

拒障辭退義　面展面拜之義　忠言逆耳孔子云良藥苦口利於病忠言逆耳利於行

臨深履薄詩云如臨深淵如履薄冰　獅子身中蟲喻人自損其身也見仁王經　合十僧合掌

十宗法相宗俱舍宗成實宗禪宗淨土宗律宗華嚴宗加之天台宗真言宗為十宗也　叢林五山十刹僧侶繁多之義

威儀袈裟　衣袈裟掛臂　六波羅蜜檀波羅蜜尸波羅蜜羼提波羅蜜毗利波羅蜜禪那波羅蜜般若

波羅蜜　祝髮斷髮也　落落髮也　還俗一云回禮又云落墮　下火禪家葬也火或作炬

擯出退義　得度落髮　度僧成僧　抖擻頭陀　南無皈依之語救我之義

加護佛神加護　託宣神　荼毗葬　靈驗佛事　布薩梵語此翻說戒

掛搭 參眠　追薦 佛事　祝言 神祇　敎養 佛事　掛錫 同宿

通夜 佛神之前致誓願而同宿也　灌頂 夷王出行時用此字真言家用之　說草祭文 法事

僧讃 律敎兩家作法　遶拂 佛後祝言　諷誦 遲說經時知識舉揚之義　業障因果

護魔 梵語此翻燒言燒滅一切惡魔事　拒請 辭退義或作拒障　彫刻 佛造　奠茶 奠茶奠湯葬時佛事

啟請 誓文　急急如律令 急急疾疾也律令法度也此言一切惡魔皆行邪道故告誡之急歸正道也

入院 入寺　陞座 說法　出院 擯出　師資相承 決策　精進 俗云潔洲精進

神水 啟請時用　悉曇 梵語　宗派　重拂 說法　懺法 觀音懺法者

詞章

備按日本自唐宋以來知重文學國君臣民皆師於僧故其古今以僧入朝得近文儒久而師學於其國致使國人尊崇文教而能向化歸善也如此信乎

文德神靈矣其諸國中凡得中國片文隻字如南金珙璧隨世遠近皆有成價凡書中國字樣必捉書畫紙上方其慕

文德其來甚誠若使一變而修文則益彰

神武豈縱部落為夫疆場之患哉之其詞章畧為之紀以見四海同文之意也

東大寺大朝法濟大師奝然啓

傷鱗入夢不忘漢主之恩枯骨合歡猶赴魏氏之敵雖云羊僧之拙誰忍鴻霈之誠奝然誠惶誠恐稽首頓首死罪死罪奝然附商舟之離岸

期魏闕於生涯望落日而西行十萬里之波濤難盡顧信風而東別數千里之山嶽易過妄以下根之畢適諧中華之盛於是宣旨頻降恣許荒外之跋涉宿心充協粗觀宇内之瓌奇況乎金闕曉後望堯雲於九禁之中巖扃晴前拜聖燈於五臺之上就三藏而禀學巡數寺而優遊遂使蓮花迴文神筆出於北闕之北貝葉印字佛照傳於東海之東重蒙宣恩忽趁來跡季夏解台州之纜孟秋達本國之郊爰逮明春初到舊邑緇素欣待侯伯慕迎伏惟

陛下惠溢四溟功高五嶽世超黄軒之古人直金輪之新奝然空辭鳳凰之窟更返螻蟻之封在彼在斯只仰皇德之盛越山越海敢忘帝念之深縱粉百年之身何報一日之惠染筆拭淚伸紙搖魂不勝慕恩之至謹差上足弟子傳燈大法師位嘉因併大朝剃頭受戒僧祚乾等拜表

以聞

戒嚴王師行咸表

臣聞三皇立極五帝禪宗惟中華而有主豈夷狄而無君乾坤浩蕩非一主之獨權宇宙寬洪作諸邦而分守蓋天下者乃天下之天下也臣居遠弱之倭偏小之國城池不滿六十封疆不足三千尚存知足之心故知足者常足也今

陛下作中華之主爲萬乘之君城池數千餘座封疆百萬餘里猶有不足之心常起絶滅之意天發殺機移星換宿地發殺機龍蛇起陸人發殺機天地反覆堯舜有德四海來賓湯武施仁八方奉貢臣聞

陛下有興戰之策小邦有禦敵之圖論文有孔孟道德之文章講武有孫吳韜畧之兵法又聞

陛下選股肱之將起竭力之兵來侵臣境水澤之地山海之洲是以水來土掩將至兵迎豈有跪途而奉之乎順之未必其生逆之未必其死相

逢於賀蘭山前聊以博戲有何懼哉倘若君勝臣輸且滿上國之志設若臣勝君輸反作小邦之恥自古講和為上罷戰為强免生靈之塗炭救黎庶之艱辛年年進貢於上國歲歲稱臣為弱倭今遣使臣善黑麻敬詣丹墀臣誠惶誠恐稽首頓首謹具表以聞

徐福祠　　[illegible]海渡唐詩

熊野峯前徐福祠藥苗春長雨餘肥只今海上波濤穩萬里淳風胡不歸

送魏祥還鄉

流寓殊方十八年生還中土豈非天冷泉鮮鱠好風便三月落帆鄞水邊

又

倘副皇華過舊廬親隣相見喜何如海東盛事逢人問一姓官家百一初

送魏祥還鄉　　搏桑釋等輝

西土舊蒙傑昔今論楚材鴻臚屢通譯鯨海已重來帆穩搏桑曉鞋鄉

輦轂埃青雲生足下賤跡恐難階

送魏祥還鄉　日域釋清播

異域秋清橘柚霜知恩旅寓不忘鄉西風五两金山去童稚候門親在堂

詠西湖　無名氏

一株楊柳一株花原是唐朝賣酒家惟有吾邦風土異春深無處不桑麻

又

昔年曾見畫湖圖不意人間有此湖今日打從湖上過畫工猶自欠工夫

春日感懷

中原二月綺如塵異卉奇葩景物新可是吾天仁更闊小塘幽草亦成春

奉邊將

棄子拋妻入大唐將軍何事苦隄防關津橋上團圓月天地無私一樣光

答風俗問

君問吾風俗吾風俗最淳衣冠唐制度禮樂漢君臣玉甕藏新酒金刀剖細鱗年年二三月桃李一般春

述失樂清被獲歎懷

來進上國看中原細嚼青松咽冷泉慈母在堂年八十孤兒為客路三千心依北闕浮雲外身在西山返照邊處處朱門花柳巷不知何日是歸年

題春雪

昨夜東風勝北風釀成春雪滿長空梨花樹上白加白桃杏枝頭紅不紅鶯問幾時能出谷燕愁何日得泥融寒來鎖却歡難架路阻行人信不通

遊育王寺

偶來覽勝鄮峯境山路行行雪作堆風攪空林饑虎嘯雲埋老樹斷猿哀撞頭東塔又西塔移步前臺更後臺正是如來真境界臘天香散一枝梅

萍

錦鱗密布不容針只為根兒做不深曾與白雲爭水面豈容明月下波心幾番浪打應難沒數陣風吹不復沉多少魚龍藏在底漁翁無處下鈎尋

保叔塔　保叔實名保所保所者新保所在之人也夷用夏音舌缺難調誤所以叔故作此詩

保叔原來不保夫造成七級石浮屠縱然一派西湖水洗得清時也是污

被張太守禁舟中歎懐

老鶴排徊日本來笑看宇宙作樊籠只因飛入堯天闊恨在扁中一葉中

四友亭

四友亭名萬古香清風曾遞到遐方我來不見亭中主松竹青青梅自黃

酬和鄭國客　　松月清梁

一封書上見仁榮奉使東行弟後兄國容名高冰雪冷槑花標格鄭先生

題贈鄭國客　釋蓮

毒海神舟劈浪來誕敷
文德善心開明朝報使歸中國不負公懷助化才

感懷　宗正釋清授

每憶扶桑顏色衰旅愁三載若何為杜鵑不奈未歸路啼落枕頭雙淚
垂

遠來忠信本無私上有天知人未知日月掛空輝萬里
天王何不化東夷

留別鄭國客

長橋楊柳綰離情每憶君恩淚暗傾一謫四川何日返夢魂惟遶武林城

真教話別

三年交好友均義點無塵今日是何夕離情淚滿頻

錢塘話別

大暑正當三伏天別君不忍上江船蜀山未到吾能說烏道連雲路八千

又

烏道連雲路八千我今遠謫實堪憐四年羈繫身憔悴一點誠心不愧天

寄言鄭國客

茂林深隱尚逢春信是

天恩化育均遠渡求忠何棄我扶桑萬里亦王臣

風土

備按風土有淑有慝淑者抑為本俗之善原慝者向加流通之惡導曾所聞者備為之錄庶知淑慝之原也

五倫之說子父孝親人臣忠主夫妻相敬兄弟友睦朋友善交臨難徇節臣為君死子為父死妻為夫死弟為兄死僕為主死為朋友死皆若是其有孝乎子慈孫義夫節婦國主隆遇國人咸敬之其居孀婦若夫死於國難婦多削髮守節或遺幼孤國主優給俗相稱賙鰥寡孤獨亦有常給俗好施與之

夷中列國有剌史向相吞併而弱敵者亦鮮假救輒又恥告日本王多自剖腹而死勝敵據地或本部民不服者乃告日本王别選擇人以守之日本前王號稱延喜天歷者設科取人以補斯任及不傳者夷今選擇俱係公道之人

夷中弱者或被豪凌赴訴其王必告津送若或失所罪坐津送之人

夷中列國之民有犯罪者懼逃夷中他國為求生計他國之主或憐罪

逃之人與之遣使至日本國為請宥罪本國之主雖怒罪人他國之主

乃宥本罪而不究或是惡惡而民衆惡之雖本國主不究而民必告日

本王本惡不能逃誅矣

俗嚴禁賊盜絲髮者皆死間有産賊之島不世見戮人罵以賊切齒不

忘深以盜賊為戒向來流逋潛處夷島誘引寇我自夷海東紀伊而南

而西山陽山陰若狹迤西之夷亦莫不被勾引名雖稱商賓為盜寇十

年以來投死之寇雖有父母妻子知本賊亡莫敢聲哭其重廉恥如此

水旱凶荒事有不免抑其水患有海溢邊氓因有蕩沒者旱值高田抑

少池塘灌漑於此凶荒近山則採蕨葛獵禽獸以食近海則採魚鰕之

類救荒矣抑山野多牛馬以耕田載道而不食華人於彼食牛者夷私

求食以藥藉口第恐夷知為衆所惡其重廉耻如此
人有疾病昔事巫覡今多奉佛命僧祈禱多必誦經僧延雖衆倭音斬
齋
俗敬佛人多為僧僧與國君平等若犯姦淫則殺之
俗多養女故人多妻妾
俗男女好圍碁碁子碁枰夷家多有之
俗至好酒遇節則多醉或有争辯不易露刃刃露者不論枉直則殺之
俗之娼婦多居要津而有唱門師白拍子韶老傾城官號
俗手不至人頭以頭為一身之主故人不敢犯
俗問途或言導之或手指之若擧足示之則夷不悦
俗今尚文雖無知者聞文人過莫不肅然
俗之婦女多習倭字頗習華文

和泉之民積貨為生者昔有姦慝居家探暴關嘗駕小舟浪流土佐豐後海洋間隱泊野島窺伺商船劫掠之嘉靖丙辰土夷細屋脅從徐海入寇矣

伊勢之夷為商者多富家亦衆

紀伊多頭佗約三四千坊贖武殺人原不犯中國

夷中南海有奴島音為盜區專一航海劫掠香客之船若客船大則駕大船劫掠船小則駕小船劫殺之如遇僧伽則劫財而存命也

土佐之夷原不犯中國間被流逋誘引為患者

西海筑前博多津夷嘗以商為業多蓄貨財積金有至百萬者向水流逋潜處其間勾引本夷為犯中國此島津間為通中國朝鮮之要道

豐後之夷恒忌四字因習夏音古缺不調以四為死故俗忌之

肥前古之入唐而有馬島向泊商船中國流逋久潜部曲勾引島夷中

為中國患

日向内海向為流逋淵藪嘉靖丙辰彼之彦大郎脅從徐海刼掠直浙乘船七十餘艘以歸

薩摩之夷居商者多今為寇者衆土夷掃部嘉靖丙辰脅從徐海入寇矣又髙洲地方二十年來流逋潛處於其間本洲民居約百家我民之被驅虜為夷奴者約二三百人多是福興泉漳邉氓也

大隅亦稱入唐道向為寇賊之津也

俗壹岐對馬二島永樂之初夷為中國之患適日本王源道義為夷賢君知感中國之大義禽賊獻俘禍亂不作百數十年矣嘉靖丙辰對馬之夷將欲入寇聞諭乃止

平戶島昔鮮人居今居商衆二十年以來為番船之淵藪中國流逋移家受壓錯綜盤固而今屢衆王直向潛住此島島去朝鮮半日程

五島之地在日本西近延中國東海隅昔為盜區流劫琉球等海夷國今為中國流逋淵藪勾引島夷為中國患良未已也

種島之地嘗寓山賊知文學僧向為琉球之師尋通番舶嘉靖壬子徐海誘夷私市列表比寇海航而去逮歲甲寅徐海復誘島夷入寇而去歲丙辰徐海亦復誘夷三犯中國誘來之夷漂沒者衆餘來授死部落俄空滿綱之賊惟助才門等輩爾

屋久島人指野顏山一名白雲島島多古木纍庞成群不通商賈若他國流舫或泊此島多被島夷謀殺之向來流逋勾引島夷為患於中國

若狹之夷以商為生富家頗有

下野之地學校在焉讀書者多自來無犯中國者東海之區此崇文化之地也

陸奥出羽日本之夷指稱之為東夷之地地有鎮守府府鎮東將軍居之

幡摩明石之夷昔造大船海洋寇掠

周防山口自司牧多多良義隆死後為流逋之淵藪也

宮島之夷不嗜殺人事有不平者則likewise神司評議罰錢

日本一鑑窮河話海卷之四

日本一鑑窮河話海卷四

三

日本一鑑窮河話海卷之五

奉使宣諭日本國新安郡人鄭舜功纂敘

寄語

備按寄語有自來矣考自王制中國蠻夷戎狄皆有安居和味宜服利用備器五方之民言語不通嗜欲不同達其志通其欲東方曰寄南方曰象西方曰狄北方曰譯此皆寄語之事也周禮秋官象胥氏掌蠻閩貊戎狄之國使之諭說焉漢設典客及譯官令丞以領四夷朝貢及設典屬國九譯令唐設主客郎中職掌諸番來朝貞觀庚子四夷酋長各遣弟子請入大學升講筵者至八千餘人

上以師說多門章句繁雜命孔穎達與諸儒選定五經䟽謂之正義令學者習之於時日本使僧弘應智藏圓載附新羅使僧弘惠入朝想有聞焉咸亨間倭習夏音譯本於此開元丙辰日本使僧粟田輩請從諸儒

授經詔四門助教趙玄默即鴻臚寺為師獻大幅巾為贄愚謂當時亦
莫不有寄語矣
國制禮部設主客司有郎中員外郎主事之官職掌諸番朝貢永樂丁亥
設四夷館選國子監生教習四方番夷翻譯文字分為八館曰韃靼曰
女直曰西番曰西天曰回回曰百夷曰高昌曰緬甸之類日本寄語寓
百夷中
洪武永樂以來設立
御前答應大通事有都督都指揮指揮等官統屬一十八處小通事成化
己丑奏定小通事額數六十名於內日本通事四員名及寧波府皆有
伍員答應官府向未得譯之詳也即今姦宄未定瘡痏未平干戈未已
用詐取勝罔辯蠻貊之音
文德虛靈必本忠信之說於斯二者寄語不為無用也覆按嘉靖癸未而

日本國兩起貢使讐殺之時斯有上舍薛俊者作為考畧於中寄語分聚一十五類三百餘條推原當時未知倭字彷彿倭音不免有訛抑今賊寇東滅西生缺舌莫辯兵有誤聽將有誤

聞自奉

宣諭得知倭字四十七數以志華文調定寄音翻譯具備今此之夷久崇文教匪不知予聖賢文章為貴也華夷聲音為美也若夫華夏聲音也吳楚有傷於輕浮燕冀有失於重濁而秦隴去聲為入梁益平聲似去河北河東取韻尤遠吳人呼饒為堯讀武為姥說如近魚切珍為丁心之類及有知之不辯王楊不分者華夏之音有如此況夷舌缺欲為華夏之音者夫豈而易言之哉故採日用文字類分十八凡字之下以為寄音庶通其言

文教東夷此為要領賦之於公以行邊鄙庶使兵無誑將之愆將無誑

君之罪此即

文告之驗奉

使之徵乎寄音字中而荷音賀大音舵阿音剌音辣其他則讀本字也假如一字寄音天文若或本字該載地理如無二音不復重贅茲各寄音於後

天文

天 梭剌 押邁　雷 易佳茲致 易佳茲邁 易佳茲易　虹 又世　霓 人世　星 荷世

風 佳射　霞 佳自窓　空 梭剌　霄 梭剌　穹 梭剌

蟾 茲氣　雲 固目　霜 世目　霆 易佳茲易　河 梭剌庤至

潢 梭剌又佳歪　辰 荷世　氐 沸氣世　房 梭慕葉　心 課課六

箕 窓 窓易　牛 烏世　虛 梭剌 慕氣世 法佳路　危 押懶烏世　奎 荷世

婁 路　參 邁世路 邁易路　張 法路　日 沸 易烏　電 易奈沸佳路 易佳茲 易 易奈談邁

宿 荷世　月 兹氣　露 兹石 剌沸自　雨 押蔑　霰 押剌世 密梭列 押剌利 沸阿世

漢 梭剌　霧 氣利　雪 右氣　宇 烏　宙 致烏

影 佳杰　泒 密耀邁大　角 兹慍　亢 太佳世　尾 阿

斗 荷世　女 蔑　室 易耶 慕六　壁 佳六 六氣　胃 易 飲六易

昴 目　畢 阿歪路　觜 固致法世　井 耶 易　鬼 阿乂

柳 兹法肥 兹法梭　翼 法業 梭去棧　軫 固路邁　魄 大邁世易　象 肥烏

澤 梭剌肥法 詖剌肥歪

地理

山 耀邁　瀛 易剌佳 右易　沙 易肥課 白奈　泉 易兹密　池 易致 易杰

巖 易歪阿 易歪剌　森 易欲耀佳乂 自利目　營 易大奈慕　鄢 易致固剌　原 法剌

林 法耀世　橋 法世　坊 法烏　秦 法太　湄 荷大剌

漬 荷大利　邊 荷大利　周 荷大利　峒 荷剌　隣 大奈剌 肥大

街致邁太　衢致邁太　塵致利杰佳路　埃致利　岐致邁太致
阡致邁太致烏氣　岡阿佳　邱阿佳　陵窑氣腮氣　河佳歪　川佳歪
垣佳氣　墻佳氣　墉佳氣　陴佳氣　疆佳氣利
垠佳氣利　谿太又　溪窑奈　涓太邁利窑兹　瀧太氣
田太　疇太列佳　嵩太杰耀邁　毗太自固　源窑奈目大
園梭懦梭氣　津兹　堤兹兹窑　塘兹兹窑　墳兹佳
瀾奈窑　墟兹佳氣欲　濱法邁　塋兹佳　波奈窑
濤奈窑　漪奈窑腮腮奈窑　漣奈窑　流奈佳世　汀奈氣腮窑氣歪
唐慕奈世　村慕刺腮大　鄣慕奈耀　華烏路法世　畦烏業
潮烏荷目世阿烏世阿　郊懦　邦固又　州固又世邁　阿固邁固又
隈固邁　巔懼邁懦易太太氣　區邁致致　淵付致歪氣　潭付致
江耶　嵐押刺世　關射氣押兹佳路　屯押兹邁路　鄉腮大押烏佳烏

三

閶 腮大　臯 腮法 腮歪　涯 氣世　崖 氣世　滙 押法 沸太自 押歪

峯 密業　岑 密業　湅 密茲押易　溝 密梭 密利　渠 密梭 世利

途 密致 怒路　都 密耀課 目穴氣　蹊 密致　灣 佳氣　坡 茲茲密

鹹 世法右世 世歪法右世　基 目大易　灘 射 太乂　陬 自密　隅 自密

維 自密　方 邁腮乂　巢 自　窠 自　圻 荷大利

陲 荷大利　濱 荷大利　庄 世耀鳥　坪 茲荷 鳥荷　畬 法太

滄 付致　崩 固茲路　緣 穴利　湘 世利鳥　瀟 世欲鳥

湖 密茲鳥密　漂 太太欲鳥　窪 固荷　湯 乂法 乂歪　泥 太穴 茲慕 致易

冲 阿氣　籬 邁押氣　澇 課密　畿 氣　京 密耀

城 密耀課 世耀鳥　洲 自　崎 梭氣　傍 梭法 佳太歪利　頭 荷大利

磯 易梭　澨 密阿　深 付佳世　築 大迭耀奈　水 密茲

石 易世　市 易致　窟 易歪耀 易法耀　沼 易杰 怒邁 固萬　鄙 易邁世

陋易櫂世　潦又丕太玆嵡　鬱易氣大剌固阿荷玆佳奈　涘荷大利　堀大利荷利烏太

畔荷大利抻射　處大課六　黨大目佳剌大烏　巷致邁太　陌致邁太

里利腮大　岳阿佳太杰　阜阿佳石大佳　淀欲大大欲大　谷太又

澗太又　壑大又　土玆致　苑梭懦　圃梭懦

圃梭懦　塞梭課　漢抻邁　澍梭梭固　底梭課

壘梭課　壤玆致固列玆致利列　礫欲付迭玆付氣　墓玆佳法佳　塚玆佳

塊玆致固列玆致固世　省玆佳腮　渚奈氣腮　浪奈嵡　邑慕剌

海烏嵡　浦烏剌　畝烏業　畹烏業　野懦

陸固佳　國固又　白固氣太氣　社櫂世六櫂世　藪櫂付

嶠櫂邁　保櫂自世荷烏　町邁杰　麓付日大　君課阿利

衢邁荷路　際抻易太氣氣氣法　籔抻奈　穴抻奈　縣抻佳阿

溜抻邁大利　淺抻腮世　碊佳杰　澤腮法腮丕　坂腮佳

境 腮佳易　堺 腮佳易　域 腮佳易　岸 氣利 氣世　坎 氣太

泡 押法 押歪　峻 腮佳世　嶺 寚業　路 寚致　道 寚致

徑 寚致　洛 寚耀邁 寚耀課　嶋 世邁　嶼 世邁　火 沸

瀨 射　注 世路自 兹固 核拨固　鎭 世兹　把 兹致法世　堰 射氣 易射氣

杜 目利　渡 歪太利　濟 歪大路 奈自　壍 荷利　磯 易核

磴 易世法世　磊 易世固刺　泊 大大邁利　陣 致利　湊 寚奈大

沫 押歪　堔 押兹志　嘏 押世　角 自寚　洞 荷刺

澳 烏氣　港 烏刺　峙 拨法大兹　漲 寚奈氣路　牧 邁太 募邁氣 邁氣

塢 烏業　畛 烏業　浚 付佳世　瀑 法固　淡 押歪刺

奥 固佳世 阿因

時令

春 法路大世 大氣　令 易邁　晴 法路路　正 法世蔑　初 法世蔑

元法世蔑　端法世 大世　炎荷懦阿 押兹世　年大世　朞大世

時大氣 氣 欲利　辰大剌氣　霏大付　融大阿路　雱阿押蔑

颸佳射　陰佳杰 固目路 易又 氣太　朧佳自慕 六烏　更佳法路 大佳 易又 腮剌邋　朗佳氣利

虧佳利　宵欲路　霾兹致付路　颸兹世佳射　霖奈佳押蔑 奈佳佳押蔑

霑烏路阿自　霈烏兹路　曛固路　冬付右　寒課易太利 腮固思

凝課路　熏付自付　秋押氣 大氣　溫押太太佳又　昏右烏穴 固世

吹付固 佳射　朝押世太 押腮　晨押世太兹太　荒押路路　豐右太佳奈利

凶押耀世　昭押氣剌佳　明押氣剌佳 押世太 法路　暄押太太佳　霙窑梭世 窑梭列 窑梭列奈

陽沸　晞沸路氣　涼自自世　䨒氣利　朦目烏

強右窑法相　暾押腮沸　曇固目路　冰課荷利　光沸佳路

分歪佳路　夏奈叠 奈梭　古易耶世穴　至易太路　霽法路路

甫法蔑　始法世蔑　孟法世蔑 邋烏　肇法世蔑　早法耀世 兹大

朗荷佳世刺佳　歲大世　載大世　紀大世　祀大世大目
候大氣烏佳烏　刻大氣氣腮慕　節大氣　稔大世世又又世佳又太佳　晚阿核世固利固世
旦佳押世人　暈佳腮　映佳佳耀固沸佳利　夜欲路　暗核刺固刺世
夙兹大　朔兹易太致腮固世兹　昔慕佳世　曩慕佳世　曠慕奈世
仲奈佳　乍奈佳刺　望犒梭慕目迭邁烏　暮固列右烏穴固世　頃課六烏
涑課六　照迭刺目　曉押佳兹氣　暑押兹世押梭世　燠押兹世
熱押兹世　暖押太太佳押太太佳奈利　曝腮刺自　曬腮刺自　夕右烏右烏穴
皎押氣刺佳　曙押杰荷犒押佳荷犒　晝沸路　晏沸固路　旱沸迭利
旰沸太固　晃沸佳利　冷自自世　季自耶世欲固　晦兹課自利
飈佳射　旭押腮世　景大氣佳致佳杰　代欲　社耀
閏烏路烏　比課犒六六奈刺付　昨氣欲　尅大氣　世欲

人物

君 氣密　王 密佳大　皇 氣密　郎 剌烏 易茲剌課　軍 易固腮

師 世　徒 易太茲 大目　員 佳自　儒 法佳世 法佳射　屠 荷付懦 荷付穴

囚 大剌馬 邁鉛烏　朋 大目　僚 大目 茲佳腮大路 列烏 阿迭　儔 大目　倫 大目

儕 大目　曹 大目　兒 致欲 致課 課　親 致致 密撥佳剌　男 阿大課

夫 阿烏大 阿大課　耆 阿氣密　翁 阿氣奈　姨 阿課世 阿法烏大　公 阿阿濯杰 氣密

生 阿太　甥 陋易　姑 阿法　儺 阿又歪剌易 阿又抑剌易　童 [illegible] 歪剌烏穴

吾 歪列　余 密 歪列　予 歪列　僮 歪剌穴 濯茲課　儂 [illegible]

賢 佳世課世 佳世課列　妹 佳阿欲世 佳目歪太　巫 佳又柰氣 密右　神 佳密　祇 [illegible]

伊 佳列　民 太密　黎 太密　氓 太密　誰 太列佳

魂 太邁世　工 太固密 深付 右付　農 奈付 太茲固利　伶 列易　僧 撥烏

儲 邁烏固　司 茲佳腮太路　官 茲佳腮　番 茲佳烏　媒 奈佳太致

宗 慕柒　娘 慕自茂　醫 固自　兵 茲歪目懦　奴 濯茲課

賓 邁刺烏大　孫 邁課　昆 諜懦佳窓　胡 耶沸自　兄 課懦佳塞 押又

夷 耶沸自　戎 耶沸自　蠻 耶沸自　羌 耶沸自　商 押氣 世裩烏

尼 押又 押邁　樵 氣課路　妃 氣腮氣 沸蔑氣 塞　妻 蔑 蔑易　嬋 世兹佳

仙 射又 射列　人 沸 沸大　淒 垒　陶 自耶目懦　漁 自奈大路 耀目蔑

爺 致　孀 耀目蔑　婆 耀目蔑　魔 邁　姬 氣腮氣 沸蔑

卿 太致　盟 致佳烏　梵 荷〻　佛 荷大致 塞佳大　后 氣腮氣

妹 易自烏大　母 法法　友 大目　伴 大目　輩 大目佳刺

侶 大　父 致致　吏 刹　盜 怒自沸大 蔑自沸大　主 怒世 兹佳腮大路

舅 阿致 塞烏大　叔 阿致　伯 阿致　姪 阿又 蔑易　叟 阿氣奈

弟 阿大大　祖 阿 阿致 大佳蔑固　女 阿又蔑 慕自蔑　自 阿懦兹佳刺 欲刺 塞兹佳刺　我 垒列

堅 亟刹法　眷 佳穴刹塞路　朕 垒列　覡 佳又奈氣　傳 佳世塞固

考 佳烏 筵又佳烏　詎 太列佳　督 太太自　屬 太固易 兹固　孰 太列佳

旅 太沸　彙 太國沸　亂 太棄 兹因　爾 梭利 奈人致　具 梭列佳世 奈又佳世

佃 兹國太　職 兹佳腮　使 兹佳烏 射世慕 兹佳易　仕 兹佳烏　嗣 兹𡸁

汝 奈又致　婿 慕課　族 耀佳剌 押奈佳兹　婢 耀兹課　守 邁荷路

予 課　狀 耶沸自　賈 押氣沸大　婦 蔑 欲蔑　妾 蔑

士 世沸大 腮付剌易　健 自課耀佳又　醜 寄又固世　尔 世佳利 欲　嫂 欲蔑 押又欲蔑

巧 課兹世氣　傀 透自　𠐊 世　姊 佳目歪大 押業 押又　師 易固腮

已 阿懦利　各 阿懦懦　寡 㩗目蔑　媸 押易慕課　聖 世耀烏 沸世利

獨 沸大利　介 旮杰　道 大烏　幼 致祭奈世 易大　妣 法歪 沖

息 㩗　伍 大目　僕 荷固　稚 歪佳世

宮室

宮 寄耀 寄耀課　庵 易阿利 押又　家 易 易穴　廬 易阿利　樓 六烏

階 沃世　梁 法世利耀烏 烏歪法利　楹 法世剌 法列利　庭 大歪 又法 迭又　墀 又歪

扃大課腮　扉大荷梭　大沸剌　樞大荷梭　固路六　門佳大　軒佳六世　懦氣　杰文

監佳　堂太烏　椽大路氣　棚大奈　大奈懦　闌太奈奈烏奈路

閨葉耀　廊剌烏住　欄剌文　邁射　臺烏迭奈　簷懦氣

倉固剌　廚固剳耀　籬邁佳氣　邁抻氣　楣邁固腮　邁梭腮　窗邁大

攏邁大　法世欽迭射　祠邁兹路　邁審路　廂沸腮世　棲自慕世耀　自宻佳　塒大固剌

亭迭文　竣文　致剌　桁杰大　屏穴易　房佳付　付腮　甍易剌佳

閫佳丕耀　廳致耀烏　閣烏邁耀　居阿氣　阿路　易路　殿大懦

宅易耶　易穴　大固　礎易世太　易世白耶　易世白右　柱法世剌　陛法世　户大

檻阿法世邁　棧佳杰法世　碓佳剌烏白　甕佳世固　局兹荷業　佳邁兹大　佳邁大　大兹易

閧佳囙　署兹佳腮　棟慕奈氣　廐慕邁耀　宻邁耀　榭烏迭奈

庫固剌　屋耀　易穴　易耶　宇耀　架邁大　牖邁大

寺迭剌　霤抻邁太路　砌審氣剌　甃易世太太　埒奈致　列烏　梭列　列盃

院易又　廟沸烏穴烏　瓦佳法剌 佳歪剌　閣佳烏　礫易世白穴

板易太　舍易穴　闔大沸剌　藏固阿　梠謀邁易

棚世佳阿家　閾世氣家　肆易致固剌世 佳路佳 荷世易邋　闥固剌世　廁佳歪佳 佳歪罹

闢腮腮世

器用

車固路邁　輪易旅利人歪　爐易路利六　奩法課　灰法世 法易

鉞法利 世又　旗法大　箱法課　機法太 法太目懦　匜法又腮烏

籌佳剌 法佳路　旌法太　幢法大荷課　衡欲課大歪路 沸剌　簣欲課付耶 欲課付世太

裝欲梭阿易　鋋欲六易　幡法太　鋒荷課　戈荷課

鋌欲課　矛荷 荷課　膠又佳歪　盂荷大氣　帆荷

桅荷法世剌　覊荷大腮路　盆荷又 荷大氣　盤歪太佳邁 腮利路　燈大目世沸

研大　釭大目世沸　鉦大剌 大烏　綞阿烏佳致　綱溢奈 阿烏溢奈

刀佳木柰　瓶佳茂 穴易世　權佳利　撓徃致 佳杰　鈴利列 自寄兹 自自梨又 利易
鑰兹利固阿　弦兹路　鐘兹氣 佳業　維兹柰固　材兹固利氣
鉤兹利法利　緘兹兹慕　甕兹兹穴　韜兹兹慕　鐔兹法 兹兹法
筒兹兹　輿課世　繖課大致　鍋柰穴　梯法世 佳杰法世
烽大付沸　轅柰佳耶　軸柰佳耶　鐺柰柰穴課世六　繩柰法
鞭慕世致 烏兹 慕付致　鈧烏自目懦 世六氣自　鞍固剌　梳固剌 杰旋路　鐾固歪
鏕固兹歪　衕固兹歪　鐙耀　鈌邁腮佳利　舡付業
艫大目 奈目 付業懦 大目　舷付柰法大　韓付利兹兹寄　囊付固六　籠課目路
碁課　絃課大懦阿　琴課大　量押寄　罝押寄
杯腮佳兹業　觴腮佳兹氣　觥腮佳兹氣　竿腮阿 腮懦　篙腮阿
醒腮佳耀遇易　卮腮佳兹氣　鍾腮佳兹氣　砧氣恕太　床右佳 大課
弓右寄　柴世法　鷛世太固阿　瓢沸腮課兹付六　篩沸路 付路易

乙

煤自白　簾自太列　簑密懦　研密佳固　筐世耀烏

檣荷法世利　蓬大邁　桴易柙太易佳太　匙佳易　釘固氣

提沸腮杰　樽穴易世　縫慕易六　箏世耀烏　槽慕邁邁業

鏞杰怒氣　錐奈利氣利　栓氣固氣　礱密佳　鋤自氣自杰

篷烏兹荷　鎌奈邁佳又　梭沸　鞦世利佳又　鍋兹兹六

杠右兹利法　搓烏氣　況致又　斤阿懦　犂佳利自器

龕佳又　槌兹致　鈎兹利法利　鏡業烏又欲烏　筌烏杰烏耶

環固歪又　棺固歪又　闌固世　烟杰慕利杰付利　毬迭邁利

署柙密　氈射又　篝佳佳利　槃大懦世慕　橐付固六

鵃固世利　盖阿阿烏佳腮佳易　矴易佳利　舵法世付業　櫟易杰易

筬易佳大　籙六固　筥法誅　箒法烏氣　篲法付氣

戟荷氣　缶荷天氣　焰荷懦阿　砥大　帳大法利

纜大日茲茂 大合茲腮　鎖大腮自 世耀烏　鍵大腮自　幌大法利　匱大荷世

礪大　軸致梭 致利 致固　勒阿目茲利　弩右盎 阿世盎 荷六右盎　斧阿懦欲氣

傘佳刺佳腮　刷佳易茲固六烏　紙佳盎　鼎佳奈六　毯佳目

笠佳腮　鏡佳佳盎 佳盎　胄佳自大　械佳致　甲佳付大

筧佳杰沸　鐙欲六易　枕欲路 邁固利　桶太路氣 阿杰　簞慕世六 大佳慕世六

索奈丕　席慕世六　鞅慕奈佳易　鑿烏佳茲 懦　臼烏目

漆烏路世　鋸懦課氣利　櫛固世 杰茲路　鮑固沸氣　串固世

轄固腮沸　鑾固茲丕　鏁固腮利　輻固路邁懦耀　砭耀氣

矢耀　箭耀　鏃耀世利 耀腮氣　組邁奈易太　軾邁耶易太

鑷杰怒氣　舶付業　袋付固六　笛付那　舸付業

單課慕　輦課世　筬付又法課　筆付選　策慕 慕付致

扇抑付氣　鞘腮耀　盞腮佳茲氣　爵腮佳茲氣　棹腮阿

韔 氣世路　杵 氣棄 世目固　網 押察 放奈　荐 世氣利奈利　櫃 沸兹

籔 沸路　柄 佳刺　甕 目大易　炭 自寂　硯 自自利

墨 自容　箸 自太列　磨 察佳固　襯 世太佳腮棄　舫 沸刺太

舳 穴　櫓 穴　鈸 法致　磬 氣乂杰易　鉢 法致

架 腮腮付　盥 太刺易　釜 佳邁 佳乂　榼 太路　碗 歪乂

筍 杰　筅 腮腮刺　鍤 自氣　櫪 付察易太　鏁 付世

鉞 邁腮佳刹　斗 大 邁兹　鼙 押付白 押付家　戟 烏兹荷　節 法太

刃 佳大奈懦法　几 兹固耶　鼓 兹兹家　裹 兹大　縶 兹奈固

絆 兹奈固　縶 兹奈固　管 固太　簇 世易易　匣 法課

棒 法烏　杼 大致　鞅 阿目 佳易　枴 歪烏課　械 佳易

楮 佳烏被　楯 大致　劒 兹路氣 兹兹路氣 杰利　柄 兹佳 佳刺　机 兹固穴

鍔 兹法　鏑 耀腮世　篦 懦　幕 邁固　黛 邁右自察

札付図　笏課兹世惺回　鍮耶佛　薑耶　繪耶

屐柳列太柙世太皿腮阿　榻世杰　鏈射又　簀自

鐸自兹　錧太致　耒自氣　鎩梭回　瓿兹路穴

褏兹兹慕　篧付六易　甗課世氣　貫兹柰自氣

鳥獸

龍太菍　剢烏　鱗易盃利兹　烏六剳兹　易六課　牡易杰邁菍　鷄氣世　蟦法邁圓棱

蜂法致　螭法課　法易　雞又歪大利　又法大利　螢荷大路　荷致路　鵲荷大大氣　自　世蔑

蛇穴沸　圓致柰歪　鶬大利　佳利　鷗大沸　鴛阿世　鷲阿世

鳶大沸　鴛阿梭慕邁　麋阿世佳　世佳　麂阿世　雄阿又大利

狼阿烏佳菍　鵰盃世大易　回邁大佳　邁大佳　龜佳落　鴻佳利　課烏　佳利佳業　沸世圓易　鷗佳目蔑

烏佳刺自　鴉佳刺自　龜佳蔑　蚊佳　蝸佳太菍付利

蝅佳易課　蛙佳易路　麞佳慌課　翔佳圓路　翱佳杰路

鳧佳目　鷺佳茂　鷹太佳　鯛大易　鮹太課

駗梭穴慕邁　猫業課　蟲慕世易恕慕固　蚣慕佳迭　鶯烏佳易自

鶉烏自剌　魚烏阿邁奈　鸕世課　驢烏肥氣莫邁　猪易懦世世

豚易懦課　豨易懦課　馱懦自　熊固邁　麞固世佳

鴟耀邁大利　鼷押柰業自客　鵃押茲慕易耶法大沸丕法大　猿肥路　猴肥路

猱肥路　犀肥易射懦易　狐氣茲業固茲業　蛍氣梭梭自氣利懦自　雎茂大利茂人大利

蛸太課　麹押佳路　驤押佳路　蚯客客自　蜉佳穴路

蚊客茲致　麾七在茂世佳　蛾沸易路沸路　雛沸奈　羊沸茲世耀烏

蟬射客　蜩射客沸大利世　螢射客　鱸自自氣自茲氣　鯨固固列迭梭固致剌固世剌

鯢茂固世迭茂固致剌　鮫易路佳肥茂　鮎押右奈邁佳　鯖肥法　鰺佳致押杰

鯔奈欲世　鱵世沸　鯤阿沸易阿氣　鰍茂太佳　梟付固六烏付固六付

鵝烏　鵡茲　鵙肥課射氣　鶴氣列易　鳳阿烏

鶬 烏茲剌　蝨 柙付　蚤 荷烏　蝦 耶沸　螢 佳叉
蛉 邁氣　獱 烏梭　狸 太苞氣 大恕氣　獅 奈叉　鴥 剌烏剌叉
麒 氣　焉 耶大　騏 氣　猩 世耀日　鰻 易路佳
蟑 法世寨　蝗 法烏　鮭 腮杰　鰔 佳付氣　鯪 付世目致
鱒 邁自　鯛 大易　鱈 法邁致　鮀 法耶　螺 荷剌佳易
鯱 大沸烏阿　鰡 奈欲世　鯉 氣佳歪　鰹 佳茲　魩 太致烏懦烏
鸗 大佳穴　鮇 奈邁茲　螻 致迭　駒 課邁 邁慕　鮚 自世
羦 叉固　猧 幡耶課　貂 迭叉　蚶 柙佳佳易　鴛 柙茲大利
鵃 容腮課　鵐 世大固　鴒 沸歪　羔 沸茲世　魴 自阿利
麟 剌烏 剌叉　鵂 佳易茲付剌　魹 大懦大易　囮 阿大利　鷭 烏固易自
尫 烏茲　鵼 恕耶　鳩 叉阿　鷲 歪世　鷙 太佳 法易大佳
獸 杰大目懦　蝸 太叉　鳳 荷烏　犬 易恕　狗 易恕

鴿 法大奈邁法大 耀邁法大 隼 法耀付腮 蜃 法邁罔利 蛤 法邁罔利 法乂罔利 蛘 法邁罔利

豹 穴鳥 法鳥 鷲 法白 佳目 介 法腮菜 自罔 鳥 大剌 虎 大剌

牡 阿 鸝 歪世 鴈 佳利 鴨 佳目 鵲 佳腮腮氣 耀邁佳利自 佳剌自

獬 佳乂 蠮 佳氣 卵 佳易課 鶴 姦路 燕 茲法茂

鼠 業自茂 棄自姦列 蜺 剌姦 馬 慕邁 鳥邁 犢 鳥世懦課 鳥姦世 兎 大 鳥腳氣

豕 易懦課 易罔課 蚕 懦姦 鵠 罔罔易 課罔 太太易 蝠 課 鶯 法耀世佳利 鳥拨

鵪 右耶 鯽 付奈 鯉 課易 畜 杰太目懦 蟻 抑利

蚋 抑付 鷺 腮氣 雉 氣世 氣列 氣腮世 蟣 氣世 世剌蜜 蚓 蜜家自 課鳥六氣

翠 姦大利 鹿 世佳 六罔 蝨 世利家 鵙 目目 易白佳 雀 自自茂

蜆 耶耶 耶佛腮 鷂 法易太佳 法耀付腮 法世大利 獏 法罔 鰐 歪乂 鱣 鳥奈氣

鱺 茂茂腮課 鰷 腮易 鯾 懦氣 鸕 太佳 鶻 法耀付腮

蛭 沸路 蚱 易奈 蝶 致鳥 貉 慕世奈 獺 鳥拨 佳歪鳥拨

鷀 付固六　鵠 固周易　鷗 法易佳 路課佳　鵯 兹太奈　鷽 鳥利
鱭 氣　鱵 世奈 法世奈　鰑 自路茂　鱅 世神致自六　鮒 付奈
鱨 法慕　鯐 佳邁奈佳　鯷 沸世課　蟀 荷太路　鰽 易路佳
鱏 易太致　鴰 易世太氣　鼬 易太致　𩵋 易怒課　祟 太太路
目 佳易　蝮 固致法奈　魍 諜大邁　鯪 課儒世六　鯡 又世人
鷟 迭刺兹兹迭　鰈 列易阿　鯇 神茂　鮹 世沸　鰍 自法世利
稀 易儒課　駮 邁路慕路

花木

桃 目目　英 法奈　花 法奈　蓮 法致自 法自　茄 法致自奈自沸
葩 法奈目刺　蕖 法致自　櫨 法世刺　榆 又列 又列儒氣　穠 又氣耀佳世
檀 荷大課自 課右奈　茶 致耀　榴 利烏　荊 阿大六 慕世刺　柯 阿儒儒耶 耶太
薇 歪刺沸　萱 歪自列固腮 抑耀　柑 佳又世 佳歪兹　楓 佳兹刺 目奈杰 佳易迭　椑 佳氣

蒲佳遊　佳乂　菰佳遊　佳乂課日　蒻佳利囿腮　模佳太氣　枯佳剌烏利
香佳佳烏　佳烏法世　芳佳烏法世　芬佳烏法世　苛佳剌世　蓬欲自世
蕭欲目氣　佳剌課課目氣　蒿欲目氣　押剌剌氣　橙大敘法奈　佳付茲　佳付致　筠太杰　篁太杰
薪太氣茲　太氣氣　椿茲茲氣　茲法氣　根業　荄業　黏業
苗奈耶　梨奈世　蘭剌乂　烏乂　押烏烏氣　押致法佳遊　梅慕莧　萍烏氣囿腮　烏氣
蘋烏氣囿腮　烏氣　藜烏氣囿腮　法課六　查烏氣氣　瓜烏剌　芸囿腮氣路
株囿氣　桑固歪　押歪致　桅固杰　蔬囿沸剌　莖囿氣
楠囿目　囿目氣　楊擢奈氣　藤付致　大烏　梢課自耶　標課自耶　自歪易
蘿課杰　苔課杰　枝耶太　枚耶太　槐耶乂世右
松邁茲　稀邁剌　萁邁蒐佳剌　邁蔑佳阿　蒔邁囿　棠奈世　押邁奈世
蘆押世　麻押腮　押腮慉　藜押佳腮　葭押世　蕪佳付　佳付剌　奈
櫻腮固剌　梧氣利　桐氣利　蔥氣　沸大目世　樗押烏致　右路氣

梁氣沸　蓍蔑大　茴世大業　萎世荷慕　蓄世杰世

楸沸肥佳氣　沸肥杰　茇沸世　芹射利　菅自杰　莎自杰

杪課自穴　荷法致自　法自　杉自氣　榕沸易剌氣　樟固穴氣

芝世法　世　蔓法課穴　葵抑阿易　榈氣沸世　菠固大阿胆

菘大佳奈　菁自氣佳　薯耀藹懦易目　菱沸世　蒹蔑佳課

榛法世法密　薑法世佳密　掠慕固　粃世沸耀氣　批沸

杷歪　粳烏路　烏路世業　萩法氣　藍抑右　抑易　柛固自氣

茶阿荷懦致　樫耀奈氣　槐檢氣　楢奈剌懦氣　柝大固懦氣

苫大邁　禾易欲　茅致佳耀　佳耀　大致　茨慕泆剌　蘿奈盜氣　奈盜蔑

菁奈　椅烏路世柰氣　叢固肥慕剌　槙邁　椎世易

匏沸肥課　棉目蔑文　薄自目氣　堇目密列　李自目目　自世世

蔓法沸課路　葶法奈　葱法奈　菜法　莠法固肥

杏 法佳路 佳刺目目　蘿 又刺　朴 荷烏懦氣 自奈烏奈路 荷固懦氣　帶 荷稜　德 荷 懦氣

棘 阿大六 慕法刺　朮 阿杰杰村　荻 阿氣　蕨 歪刺沸　馥 佳又佳世

蔭 佳杰　柏 佳耶 佳耀 押　柰 佳刺奈世　枳 佳刺大致 佳村大致　桂 佳兹刺

柿 佳氣　葛 佳兹刺 固自　楷 佳易　榧 佳押　薇 阿阿烏

艾 欲慕氣 目同腮　華 欲慕氣　竹 太杰　筍 太杰又柰 太佳迭　蓼 太致

棗 柰兹蔑　稻 易欲　穀 課固　麥 慕氣　樹 烏烏氣

芥 固腮 固村　粟 固刺　菓 固太目懦　藥 固自利　柘 固柰

葚 固歪懦家　絮 耀懦法　荏 耶 耶課　朶 耶太　柄 耶

薜 課杰　葦 押世　槿 押腮 佳烏 押腮佳阿 慕固杰　菜 押阿柰　茴 押佳業

核 腮業　檗 氣歪太　菊 氣固　木 氣　節 世太家

蒜 沸路 致目大　檜 沸懦氣 自氣　瓠 氣腮課　芋 易目　茂 目自

蘗 氣歪太　椹 腮歪佳　杜 右兹利法　楮 佳致　楚 世氣大

杈遇冏付利　遇大付利　檞佳世歪　㵞易致課　莧沸易　沸右　莒致世耀

薛押腮窰　藕法致目　法自懦業　欖佳烏　蓋邪沸青　糯目致

粟押歪　黍奈沸　氣沸　荳腮腮氣　渦蔑　冏渦冻　柳押氣　耀奈氣　桎慕六

稼太兹冏利　穚法大杰兹冏利　秧梭氣　阿氣　蘭易　藁歪刺　歪阿

秬氣沸　楝佳梭致　押烏致　梓押腮腮　押兹腮　種太業　稗沸　沸右

橘氣又　大致法奈　柚右　葎慕冏刺　蓊法自　榩佳致

苣致刑耀　苧阿　歪刺烏世　芥押固　薈兹荷目　菉奈

草冏付　冏腮　菌冏射　耀烏　蕗付氣　藟付致法佳渦　阿法奈　榎耶懦氣

篠腮　世懦　葱世懦付　檧世氣窰　藻目　芡窰兹固氣

身體

身窰　世又　膚法太穴　法大佳　法太耶　胎法利課目懦　腸法刺歪太　法刺歪固　胞法刺慕

娠法刺慕　拳又氣路　課付又　頭佳射刺　臍荷梭　穴梭　穴烏　顱阿氣佳易　阿氣六　阿大佳易　耀世奈烏　阿大佳易

顏 佳刺阿目致 佳文法射
皮 佳丘
容 佳太致 右列自
形 佳大致 自佳太
尸 佳法業 世文佳法業 兹佳腮大路 世佳法業

齦 佳廿刺
涎 欲太路
牙 大佳易 氣法
膚 慕業
胷 慕業

喉 懦文大 懦大
跟 固沸自 氣沸自
脣 固致沸路
齡 欲歪易
精 固歪世 世剌固 仍

咻 遇奈世剌 遞世剌
眉 邁課 邁耶
瞳 邁奈課
毛 杰
毫 杰兹淡

鋼 兹法腮
顴 荷
臁 蒸課自業
瘅 烏路蒸
椎 兹易

膿 烏容
犀 撥沸
腰 課世
懷 付大課六
情 課課六

腮 押氣大
蹤 押大
脂 押付剌
膏 押付剌
骨 押付剌

肝 氣目 押世太兹
胝 押佳利 沸沸
躬 容
軀 容
髓 沸杰

鬚 沸杰
髭 沸杰
肱 沸致
鬓 沸文兹剌 佳兹剌
胼 穴列

尻 世〻
溲 烏法利
姿 自佳大 佳大致
筋 自致 自杰
臏 世剌

臀 世利
咽 懦文太 懦易大
肌 法大耶
魂 大邁世
脬 付右

肥 課耶大利
肢 邁太 耶太
尿 課法利 世大 右法利
蹄 沸兹莨
睛 沸大畨

韋 氣世氣腮世 氣列　鞸 易六課烏六回茲 易歪俊茲　支 腮腮烏　體 密 太易　頂 易太太氣
妊 法刺築　孕 法刺築　齓 法佳回　膣 法氣　骨 荷葉
血 致　乳 致　頷 阿大佳易 惼阿大佳易　栂 阿阿右沸　面 佳刺阿大迭易六阿目迭 阿目致 茲刺 阿目迭易
脇 歪氣　首 佳世刺　髮 佳密 六　狀 佳太致　貌 佳太致
像 佳太致　齒 欲歪易 法　足 太列利　掌 太奈課課六 茲佳腮大路　頰 茲刺 荷烏
唾 茲歪氣 欲歪氣茲法氣　踝 茲付付世 茲茲刺　目 奈 茂　腦 奈盈氣　涕 奈又太 自自法奈
淚 奈又太　聰 慕業　頸 回沸　項 回沸　口 回致
屎 回俊　鬢 回課佳密 沸杰平 沸又　眼 邁奈課 法杰又　臉 邁奈付太　意 課課六
志 課課六腮世 腮回歪又　手 迭　脚 押世　跡 押大　跛 押世奈耶
蹇 押世奈耶　趾 押世　膾 氣目　氣 氣　質 密 世致
肉 世世築刺　膝 沸腮　額 沸太易 邁易太迭　肘 沸致 佳易奈　髻 目大大利
股 目目　背 射奈佳 梭築回　脊 射奈佳 太　臂 沸致　耳 密密

腹 法刺　鼻 法奈　舌 世大 法世兹　指 右沸　爪 兹茂

腕 烏致　脈 密羅固 密致 致太 致懦　腕 太付腮 烏致 烏氣　屌 邁刺　額 沸太易

腧 右　踵 固沸自 氣沸自　屁 沸　汗 押射　胃 易

羽 法 法葉　勢 穴又課　節 兹佳易　腑 付　醫 耶固荷

溺 右法刺　臀 世又　皺 世歪　蛇 目恕固　性 射易

翅 兹法腮　翰 兹法腮　翼 太自兹　咮 固致法世　啄 固致法世

距 押太易　膜 邁杰　翟 氣世　膜 烏自佳歪　臓 梭 袁

髓 自 遂

衣服

冠 佳又蒸剌 佳蒸剌　絲 易大　紳 阿沸　綿 歪太　幬 致烏

細 佳人腮世　帷 佳太沸刺　笄 佳又腮世 佳烏佳　繚 氣恕 佳大刺　繒 佳大刺

裘 佳歪課大目　巾 大奈課易　裾 梭迭　袍 烏法氣恕　羅 烏自目懦

紗 世糴烏自目懦　韈 囙兹　韡 囙兹　毬 邁利 迭邁利　衾 付自邁

衣 課六月　襟 課懦囙沸　綾 抻糴　裙 目目自梭 囙又　絺 荷梭懦恕

緣 穴利　釵 佳又肥世　紬 兹慕氣　衫 肥又　綦 囙兹懦阿

裳 目自梭　紉 奈烏　服 氣路　緒 阿易大囙致　線 易大自致

繐 易大兹致　毳 又課杰　錦 又世氣袴法佳 邁　繡 恕易目懦　緯 恕氣

帶 附付阿沸　纊 阿沸歪太　絮 歪大　幘 佳付利　綺 佳大利 課大佳 六烏

襪 佳肥恕　袂 太目大 梭迭　袖 梭迭　紐 慕自付　複 囙兹

屨 囙兹　領 囙沸　幕 邁囙　袚 付自邁　氅 杰課六月 如

襖 付自邁 抻荷　衣 氣路　絹 氣恕　縞 世六世　布 世囙 恕懦

釧 太邁氣　納 太沸　緻 兹荷懦烏　緻 兹兹梭　綻 阿課六村

幄 抻杰法利　幌 法杰　績 烏慕　紡 兹慕梭　級 沸荷

補 兹自路　褐 兹世　袷 抻歪射　褶 世刺　裹 兹兹密

珍寶

金 課佳業　財 太佳利　貲 太佳利 自杰　珠 太邁　珪 太邁

璋 太邁　琪 太邁　璜 太邁　瓊 太邁　瑶 太邁

璆 太邁　環 太邁　鉛 奈邁利　璫 課世㓨　銅 抑佳佳業

珍 莧茲剌世 太邁　瑩 家佳囟　錢 財乂　銀 世六佳業　鋼 奈邁利

晶 肖易世㩳烏　玉 太邁　貝 佳易　寶 太佳利　貨 太佳利

璞 太邁　瑛 太邁　璞 太邁　瑾 氣自　玷 氣自

鐵 囬六業　錫 世㩳囬剌烏　鎰 佳氣　汞 家茲佳業　銑 財利

飲食

飯 佳　酪 乂諒利　糠 怒佳　糇 佳敦　糟 佳自

粟 佳右　餉 佳右自自路　酣 太杰奈法　膏 奈慕 課課六慕 慕佳世　饘 奈邁囬肥脫

腥 奈邁囬腮世　膿 奈邁囬腮世　筵 慕世六　醯 烏自世　吞 懦慕

吭懦又大　噇固剌烏　斟固桌　飡固烏烏　漿課又兹

油押村剌　餹押茂　錫押茂　湯右　醒肥慕路

釀肥佳大糴世　甘押邁密 神佳世　羹押兹慕懦 佳又　酸自世 自易世　鹽世阿

淡世大糺　饍固肥目致　漿烏目課　麩付　饅佳兹剌

辛押剌世　詞又列佳慕 業捷佳慕　餘丕杰　糟佳自　滓佳自

糊懦利　飴押蕖　精世剌杰　餐佳右　饑烏烏

酒肥杰　飯易　吐法固　米課茂　粒兹付

糈目大　糲目密　糒荷世易　脯荷世兹　味密 押致付又

餞法奈慕杰自　粽致邁氣　膳阿自懦 射又　饋阿固路　粥佳又

皷佳烏　飼佳烏　餉佳列易自　舐業付路　吮業付路

膾奈邁自　飲懦慕　酌固慕　食固剌烏 杰　喫固剌烏

嗤固炯烏　宴糴自世　飫押固　飽押固　醴肥杰

餅 目致 目致易　飣 目路　醲 世世沸世阿　啜 自自路　胙 沸荷六杰

漉 世付　糟 沸世阿　麪 茂乂　腐 押兹氣 国兹　糝 家法烏兹 烏兹 家

苦 乂易世　祿 六国 六歪　粕 佳自　麩 佳烏世　醉 耶烏

炙 押付利目懦　汁 世路　鮓 自世　餌 耶大　餈 耀世奈烏

炮 兹兹家糶氣

文史

文 付家　符 佳奈烏　書 付家 世利自　詞 課大法　咨 奈杰烏

筆 押剌法自　批 烏自　編 押慕　銘 蔑易　憑 欲路 太懦慕

圖 法兹烙　經 法業　牋 佳　題 押剌法自 沸太易　表 荷佳 穴烏

註 致烏　釋 大国 阿国　誓 致佳烏　帙 致兹　律 利烏

器 利邁桜　印 阿自 易乂 阿世氣　訓 阿世烏　帖 太太巢　禮 列易 烏耀邁烏

法 懦利 荷烏　旨 巢業　範 懦利　度 懦利 大沸　式 懦利

義懦利　憲懦利　則惦利　賦國法路　句國
曲固邁　氣發國　卷邁國　說邁烏國　大國　簡付太　札付太
啟邁烏自　沸利固　檄付太　牒付太　籍付太　策付太
牘付太　翰付迭　判課大法路　法乂　膠自　諭膠大自　太易烏　赦右路自
勘佳易佳烏　集柳盈邁路　記世六自　錄世六自　示世莪自
引固沸　易耀自世

聲色

聲課穴　言易烏　邁烏自　目懦佳大利　課大諺　嘶易法烏　易奈奈　國　云易　論六
吟乂欲烏　啤荷烏　謦荷邁列　誇荷課路　訣穴簽利烏
詢大付利烏　呼欲付　諳梭利乂自　誹梭　譏梭世路
啼奈國　哌奈國　啾奈國　嗚奈國　嗟奈杰國
噫奈杰國　歌烏太　謳烏太烏　謡烏太烏　紅國列奈易

緇 回六世　玄 回六世　班 遵太剌　彤 抻佳世　音 課耶
黶 課太烏　蒼 抻烏世　緋 抻佳世　紋 抻耀　新 抻剌
鮮 抻腮耀佳 抻滿自　黄 氣奈路　青 抻阿 抻阿世　啞 抻腮慕回　訛 抻㩳滿利
丹 抻佳秫世　朱 抻佳世 世右　殷 抻佳世 易又　嘲 抻腮杰路　讐 抻太
誣 世烏　瞻 世六世　談 目懦佳大利 抻太路　調 大大懦耶 大致烏　哮 荷右
咍 歪剌烏　色 易六 世氣　彩 易六　叱 易腮付　警 易又世慕
誠 易又世慕　詐 易兹歪利　嚕 六　議 法佳路　唄 法易
吠 荷又路　吼 荷烏　讃 荷慕路　嘆 荷烏 柰杰回　唱 大柰烏 烏太烏
問 太烏 太易　語 大烏 奈世路　訪 大付剌烏　詛 大課烏　訊 大烏
謫 阿世烏　訥 阿　哂 歪剌烏　咲 歪剌烏　語 佳太路 目懦佳太利
賠 佳遵沸付自　讀 欲慕　喚 欲付　誑 太付剌佳自　謗 梭世路
黑 回六列　噎 慕自　紫 慕剌腮氣　咏 烏大烏　諾 烏杰

訴烏梭太烏　嘯烏太慕固　嘏烏佳易白　訟烏兹　罵儒路

詈儒路　話儒路　皂固六世　黛邁右自客　紺課又

絳抑佳世　赤抑佳世　諦抑氣刺佳　謬抑耀邁利　誤抑耀邁利

喘抑耀固　吽腮杰付　訝右付佳路　許右路自　讓右兹路

嚇腮耶兹路　皓世六世　白自腮邁世世六世法固　綠客大利　碧客大利

素世六世目大　話目儒佳大利　唉目大路　咒儒六　咀烏

赭又　訣歪佳路　譏梭世路　訕梭世路　訾梭世路

喻太易烏　唯太太

干支

丁沸儒大　庚佳儒大　辛佳太大佳剌世　壬客兹儒耶　寅大剌

辰太兹　申腮路　除儒梭周又歪法剌烏　平太易剌太佳剌佳太沸剌　危抑耀付

戌奈路世杰　收阿腮慕付慕　開沸剌固　癸兹儒大　甲氣儒右

日本一鑑窮河話海　卷五

乙氣懦大　丙沸懦耶　戊兹致懦　巳兹致懦大　子業自家

丑烏世　卯烏腮氣　巳穴沸　午基邁烏邁　未沸兹世

酉大利　戌易恕　亥易懦世世　建太兹　滿家兹家自路

定腮太蒙　執大路　破耀付路　閉大兹

卦名

乾易恕易沸路佳奈悶　離家奈家　坤沸兹世腮路　坎氣太　震付烏

巽兹家　兌又世　艮

數目

千致　九兹悶利邁歪列　雙奈剌付　奇抑耀世　单沸大耶奈利

三家　員佳自　升世　釐利　萬欲六課付

五暴兹兹　幾荷大又大　十大　兩利邁烏　數佳自

箇佳自　四欲兹　件悶大路　二付太兹　百目目

一付大茲　七奈奈茲　八耀茲　九課課奈茲　鑑易茲
隻佳大固　片佳大固　合課　石課固　六慕茲

通用

閧氣固　畀易耀世　嚴易茲固世　劬易太柰路茲佳路　勞易佳歪路　易大法路
延易沸耀沸世慵什　傷易太慕　痊易耶　佯易茲法路　遑易大邁
聊易肥肥佳　投易大路　奈固　争易佳迭佳抑判撥鳥　慈易茲固世鳥茲固世　忙易撥佳歪世
祈易慵世　鎔易抑太　量法佳路　圖法佳路　謀法佳路
謨法佳路　禰法佳路　懟法茲　羞法茲　自自慕　陪法又穴路
離法奈路　歪佳路　遺法耀　自密耀佳　彈法世固　大又　驅法自　佳路　禳法刾鳥
憎又阿慕　亡又固鳥世奈鳥　荷穴付　擔又奈鳥　賙又鳥歪自　贍又氣歪自　密路
封荷鳥　程荷　褒荷慕路　經穴路　施荷大課自
更穴阿利　應穴世　淹大大邁路　停大大邁路　聽大世聰大世　密密大世

俱大目　留大大邁路　資大棱　研大棱　婚大兹固
諧大兹烏　佳奈烏　把阿大路　盟豥佳烏　劉利烏　偷怒自慕　沸棱佳
抽怒氣又兹　塗怒路　縫怒易蔑　鸕荷大肥路　惷阿六佳
愚阿六自　侵阿佳自　戚阿大自　思阿目烏　惶阿棱路
鶖阿大六固　驕阿欲路　奢阿欲路　阿課路　犨阿目列六世　押歪蔑路　遲阿棱世
徐阿棱世　固　耀烏耀　追阿烏　排阿世沸剌固　從阿烏　欲路　推阿白
游阿欲固　賒阿氣懦路　法路佳　蒙阿阿　佳烏目路　凝阿六佳　恢阿阿易奈利
慳阿世慕　煩歪兹剌烏　護歪自路　忘歪自路路　私歪太路　歪太固世
趨歪世路　靈佳密　列易　悲佳奈世密　修阿肥慕　奈佳世　姦佳世邁世
畋佳利　蒐世耀烏　歸佳穴路　皈阿目慕世　還佳穴路
迴佳穴路　蔑固路　旋佳穴路　蔑固路　褰佳佳固　昪佳固　稽佳又佳烏
炊佳世固　懸佳佳路　包佳怒　歪兹慕　桃佳佳　藏佳固白

柾 佳易兹固六烏
拘 佳烏路
賁 佳腮路
傾 佳太付固
搔 佳固

攀 欲兹
歡 欲六課沸
欣 欲六課付
怡 欲六課付
愉 欲六課付

熙 欲六課付 沸六慕
宜 欲六世 烏兹路 固刹世
嘉 欲世
佳 欲世
能 欲世

良 欲世
仍 欲路
因 欲路
由 欲路
邪 欲課世邁

依 欲路
供 太致邁兹路
持 太月兹 日致
要 太穴
堪 太耶太利

尋 太兹業
忠 太太世
寃 太世柰茂 柳茂
栽 太兹
縱 太太腮邁

逑 太固易
焚 太固
耕 太佳耶自
狂 太付路
嬉 大懦世慕

娛 太邁世慕
扶 太自固
攜 太兹腮烏
匡 太太自
撓 太歪慕

廉 列乂
祛 稜迭
猜 稜業慕
其 稜列
夫 稜列

存 稜乂自 邁乂太世
添 稜乂自
畝 稜大太兹
睽 稜慕利
乖 稜慕列

庸 兹業 日致烏蹄烋氣柙世
祇 兹兹世慕
飄 兹佳路 固付腮
疲 兹佳路
罷 兹佳路

勤 兹大慕
孱 兹太奈世
衝 兹固
常 兹業乂
傳 兹大烏

日本一鑑窮河話海　卷之五
三

為茲囘路　連茲刺奈路　聯茲刺奈路　彈茲囘自　行茲刺奈路右囘

撞茲囘　春茲囘　齋茲茲慕　虔茲茲世慕　賡茲囘

布業佳烏　眠業慕路　艱奈耀慕　中奈佳烏致　央奈佳法

長奈佳世　無奈世　何大又梭　奚奈又梭　胡奈又梭

斜奈奈茂　生奈路　高太佳世　臻易又大目　彌易欲欲邁自亞太路

遙法路佳奈利　遐法路佳奈利　馳法自　迢法佳路　悠法路佳

單法路佳阿欲付　淆又課路　東押茲邁沸又　西又世　匀又阿易

渾又課路　洿又課路　俄又歪佳　幽荷大利囘邁佳自佳　纖荷梭世

疏荷路　攸大課六　飛付　幾致佳世　遼大烏路

通大烏路佳欲烏　耶致致　衆阿阿世　多阿阿世　洪阿阿世

饒阿阿世致路右太茂　同阿世　衰阿大六烏　惟阿目烏　疎阿六梭佳烏大世

興阿課路　零阿茲　壽阿阿茲　凡阿欲梭　纔歪茲佳

灾歪腮歪易　殃歪腮法沸　蟠歪太佳邁路　重佳腮奈路　兼佳怒大
該佳怒　輕佳路世　曾佳兹迭　駛佳　囂佳邁沸自世
難佳太世　堅佳太世　哉佳耀　橫欲課大烏　喬太佳世
隆太佳世腮佳又奈路　勝太右太利　垂太路路奈又大白　低太路　差太佳烏易欲欲腮目
違太佳烏　辜兹啟　名奈　拋奈歪　猶奈阿
摩奈兹路　靡奈佳神茂　會慕腮荷路　酬慕固烏　寧慕世六耀自世
迎慕佳烏　空慕奈世　叨慕腮荷路宓大利　蒸慕自　羣慕刺佳路
婁慕腮荷路　憂烏　愁烏列易　疑烏大佳烏　蹲烏自固邁路
窺烏佳佳烏　催烏奈佳氣又阿目　妍烏路佳世　穿烏佳兹　搖烏課佳自
殞阿六佳　埋烏兹慕　浮烏佳付　移烏兹路　遷烏兹路
沽烏路　癢佳　堆烏兹太佳世　罹烏列穴　皆烏兹
剃烏佳兹　裁烏烏　馴奈路　馴　騎惱路

　

迯懦佳路 文固　秉懦揆路　儀懦利　規懦利　臨懦梭慕

伸懦付　舒懦付　陳懦付 邁自烏　申懦付 邁烏自　宣懦付

遺懦課自　貽懦課自　残懦課自　逋懦佳路　昇懦荷路

登懦荷路　騰懦荷路　揮懦課烏 付大烏　摅懦付　昊懦利

加固歪烏路　降固太路　摧固太固　痾耀邁易　崩固畚路

頹固畚路　和耀歪奈 世　安耀自世　緌耀自世　柔耀歪剌加

雍耀歪剌加　燒耀固　乎耀　痛耀邁易　休耀慕

良耀耀　癯耀射大利　誠邁課太　前邁穴　逑邁欲烏

真邁課大　貧邁大世　交邁世歪路　先邁畚 肥氣大烏　增邁自

紆邁大烏　纏邁大烏　當邁肥又 太 神太路　方自佳固　圓邁大佳奈 杰世

銷杰自　刊杰畚路 耶利　梟付固六烏　含付固慕　銜付固慕

深付佳世　防付肥固　眈付杰路　淩課阿路　馳課耶太路

戀 課六　濃 課耀邁佳
殊 課大奈利　踰 課右
焦 課佳　滋 課列 世杰世
彫 耶路　須 邁兹太世
間 押佳太　餘 押邁路
逢 押鳥淺　非 押刺自
遊 押 付　悛 押刺大慕
崇 太佳世 太兹大付 押佳慕 梭鳥　澆 押蓋兹
驗 腮佳兹氣　仁 腮業 沸太
頁 腮太慕　遮 腮耶氣路
痕 氣自　瘢 自
披 氣路 沸刺固　清 氣欽世

斯 課　維 課列
超 課右　强 課法世
咸 課大懦法懦　之 課列 右固
完 邁兹太世　全 邁兹太世
撖 押腮慕固　騫 押佳路
敦 押兹世　淳 押兹世
周 押邁業世 茂固路　充 押兹 寂兹
遭 押鳥　扛 押救
搜 腮固路　祥 腮鳥易
妨 腮邁太固　擎 腮胆恩杰
聽 氣固　嫌 氣利鳥
痍 氣自兹固　疵 氣自

兹 課列
如 課大世 右固 世固 目世
澌 課阿路
招 邁業固
揚 押佳路
彰 押刺蓋鳥
愆 押耀邁路
瞞 押腮慕固
昌 腮佳又奈路
祁 腮佳又奈路
消 氣耶
優 右太佳奈路

日本一鑑窮河話海　卷五

寬右太佳　征右固　于右固 太列奈耀　祖右固凹　淘右路

巡蔑固路　環蔑固路　紫蔑固路　徽蔑右　揪神佳路

南寄奈寄　盈寄兹　填寄　聾寄寄世 日目易世　看寄路

相寄路　漫寄太利　猷寄致　皆寄奈　湮世兹烏

淪世兹烏　僉寄奈　皴世法烏　科世奈　隨世太佳烏

愀世佳烏　而世佳目　數世固　鋪世凹　頻世氣又利

縈世杰世　瘻六　鑴耶利　糎世佳路　走歪世路

弘沸六慕　均沸大世　翻沸路佳耶路　提沸兹聰固　孫沸大利

潛沸梭佳　牵沸固　齋沸大世　冲沸易路　蠁沸梭慕

拏沸課兹悧烏　慵目懦烏世　元目大　燃目耶路　擡目太固

需目太慕　令射世慕　攻射慕　措自一路　徽自課迭

過自固　捐自迭 自兹路　怱易梭佳歪世　凄射一易　共自怒大奈利

都 自穴氣　專 目盇法迭　將 目盇迭 目固路　求 目大慕　干 目大慕

盛 目路　諸 目六　撐 肥阿肥　疼 沸易刺固　盲 茂世易 茂固刺 鶧烏目固

癩 目懦固路易　毙 課烏自　稽 佳目易　淋 柙固大路　曉 易肥目

瘖 謀 佳肥 氣自　躭 射杰路　奔 柙世路　矜 烏六棧佳　碩 易世自邜

瞋 易佳路　歆 法固　鼽 法奈付肥佳路　拈 大路　瘻 六

癱 欲烏　戾 目杰　瘤 右自穴 柙奈　踪 柙大　燔 柙付利目懦

疣 氣目　源 杰又 日本王姓　平 穴易 其國第二姓　滕 烏 其國第三姓　漸 易路

芰 佳路　渝 佳歪路　抓 佳利　認 致佳烏　劘 杰盇路

痝 付自六　瞷 邁世六固　跆 付慕　尊 盇 大世 棧又　見 盗路

隱 易又 佳利自　禱 易奈路　痛 易太慕　悼 易太慕　慟 易太慕

惻 易太慕　楚 易太慕　抱 易太慕　勇 易肥　愈 易欲欲

忌 易慕　寐 易慰路　暇 易肥慕　射 易路 易剌路 課致柙利法自　酒 佳路

劲易大杰奈世　活易固路　揖易兹自　謂易烏　佳太路　諱易窓奈
戴易太太固　到易太路　款易大路　太太固　造易太路　致易太自
否易奈耀　厭易太付　出易兹　易路　没易路　世兹慕　入易路　易磁　易邉太
怒易押路　戒易邉世慕　壽易慌致　命易慌致　僞易兹法路
㧺易蓬又耀　鑄易路　慧易課付　慍易奈路　瘵易耀自
劇法佳世　縹法奈太　測法佳路　恥法兹　忝法兹佳列慕　佳大世杰奈世
辱法兹佳世慕　侍法又穴路　憚法法佳路　眇法佳路　跣法太世
拂法剌世　掃法剌烏　計法佳剌付　佳棲烏　放法奈兹　激法杰又自
剥法固　礫法路　勵法杰邉自　揆法佳路　裸法太佳奈路　抑佳法太佳
嘘法奈沸路　創法世慕　夾法肥慕　肖又太利　贅又
惡又固慕　鈍又村世　若又棲世　業易課六　固路世慕　似又太利　類又太利
暴又佳丕　荷又奈烏　耄荷世太利　恣荷世易邉　縱荷世易邉　太太易　右路自

伐荷課路 氣路 烏兹　逸荷世易邁邁 耀自世　播荷大課自　逆荷大法世路　滅荷六什

儌荷課路　阻穴　隔穴大兹　歷穴路　可穴世

耗穴路　倭穴兹剌烏 穴兹付烏　把大路 法兹自　敏大世　武大剌 太杰世 柳世

倰大世　慧蔑大慕 大世　銃大世　迅大世　達大阿路

共大目　止大大邁路 耀慕　取路　採大路　攬大路

隶大路　整大大奈烏　繫大剌烏　滯大大課阿路　巳阿慄列 自迭乂

操大路　嫁大兹固　解大固　閟大兹　逗大

透大阿路　與大　咎大佳　毒大梭　之大荷世

拉大梭沸世梭　富大審　力致佳剌 兹大梟　鏤致剌法烏　理剌 阿梭烏

褫怒固　竊怒自目　擬怒氣乂　抄怒氣乂兹　脱怒梭 邁蔑佳路

擢怒氣乂梭　拔怒氣乂兹 法烏易　老阿易太路　長阿肥 大未大佳世　惰阿課太路

懈阿課太路　怠阿課太路　犯阿佳自　劫阿沸耀佳自　仰阿阿世 柳烏固

念阿目烏　憶阿目烏　夥太　想目烏　恐阿梭路

畏阿梭路佳世課邁路　怖阿梭路　慮阿目又法佳路　拜阿佳慕　御阿腮慕

愕阿大六囲　駭阿大六囲　惜阿世慕　愛阿世慕　課阿烏自

送阿大路　覺阿荷烏大腮大路　逐阿烏　各阿懦懦　押阿自

置阿自　抑阿腮烏　歛阿腮烏　撥阿腮烏　起阿固

泳阿欲固　補阿氣懦烏　墮阿茲　落阿茲　殞阿茲

損阿大自　減阿大路　趣阿目慕氣　赴阿目慕氣　掩阿阿烏

寢阿大懦課目路　稅阿氣致佳烏烏法路路　法烏　醜阿目荷氣路　標阿茲　厝阿固

寡耀目茂　耀目自　鬆押杰邁氣　齊歪大　別歪　辨歪氣邁寓　穴又

熊歪腮　涉歪太路　剖歪佳茲　累歪茲刺易佳腮怒　瀉佳太　烏茲自

敵佳六氣　限佳氣利　狩佳利　獵佳利　買佳烏

利佳佳　反佳耶茲迭　復佳耶自　邁太　返佳耶自　叵佳太世

檢佳乂佳烏　飭佳腮路　被佳烏慕路　賴佳烏慕路欲路太懦慕　變佳歪路
代佳歪路　替佳歪路　假佳路　算佳皷烏腮乂　掠佳自慕
勝佳皷　叶佳致烏　副佳奈烏　閏佳奈世慕　悴佳世國
剿乂大歪路　顧佳穴利　攬佳固家太路　燥佳歪固　換佳烏
刈佳路　翳佳固自　慶欲六課付　賀欲六課付　喜欲六課付沸腮腮氣課懦慕
懌欲六課付　悦欲六課付　弱欲歪世　寄欲自　據欲路
令欲世　克欲世　好欲世課懦慕佳阿欲世　義欲欲世　善欲世
美欲世烏路法世　吉欲世　靠欲利佳佳路　嫋欲歪世　伏欲路付自
淑欲世　世欲　恃太懦慕　巧太國家　猛太杰世
戲太歪付路　貴太兹大世　仆太烏路　樂太懦世慕棄佳烏　戰太太佳烏
助太自杰自杰　祐太自國　適太邁邁　彌太自國　扣太太國
設文　譬太大烏　給太邁烏　賜太邁烏　進太陡邁皷路自自慕

獻太迭邁旋路　貢太迭邁旋路　互太佳易又　枷太法慕　貯太周歪烏

遞太佳易又　遠太阿　漏大付　目路　酷法奈法太　外荷課　歪自路　梭氣

太法奈法太　甚法奈法太　駛法耀世　弛法旋自　濁又課路

敵荷佳剌佳　殆荷大又大　細荷梭世　畧荷佳剌佳　綻荷課六沸

上荷大剌　佳旅　賤是耀世　蕩大剌佳自　散致路　少致易腮世

近致佳世　邇致佳世　大阿阿易悉利　巨阿阿易　侈阿課路

竟阿歪路　重阿目世　及阿欲付　逮阿欲付　在阿固

劣阿大路　了阿歪路　暨阿欲付　儼阿課梭佳　偉阿阿易奈利

禍歪腮歪佳　沸歪固　涌歪固　亘歪太路　僅歪

耀佳佳耀凹　固佳太世　邁課太　彼佳懦　矣佳太太　翠太世

疊太太慕　太太慕　條太致邁致　妙太穴奈利　偶太邁　正太太世　邁腮又

耐太耶　遏太耶　絶太耶　忽大致邁致　乍太致邁致

緻 柳易　軏 太耀自　但 太太　為 太邁　爽 大佳烏

有 太目茲 柳利　㒵 太歪慕　立 太茲　只 太太　啻 太太

爛 太太路　漾 易耀烏　忒 太佳烏　外 太佳烏　討 太茲恕

逞 太故邁世烏自　甓 太阿路 太阿路路　輔 自志　刺 梭世路　厥 梭列

備 梭奈烏　聳 梭沸右　灌 梭梭固　灑 梭梭固　剃 梭路

貿 梭慕固 阿烏 邁固　具 梭刺烏　染 梭慕路　傍 梭烏　豕 梭慕固

眩 梭世　溉 梭梭固　謹 茲茲世慕　慎 茲茲世慕　恪 茲茲世慕

倦 茲佳路 烏慕　曲 茲邁沸刺佳　審 茲邁沸刺佳　費 茲易耀　青 茲窓

事 茲佳烏 詸大　附 茲固 法致 自奈　即 茲固 自奈 法致　着 茲固　就 茲固

麗 茲固 烏路法世　託 茲固　襲 茲固　遂 茲易又 大固路　每 茲業又

恒 茲業又　遣 茲佳歪　償 茲固懦烏　倩 茲固懦烏 耀大烏　盡 茲固自 詸謀六固

縏 茲固自　束 茲佳業　積 茲慕　列 茲刺恕　摘 茲慕

繕 兹固六鳥　次 兹固兹慕　募 兹懦路　勉 兹大慕　務 兹大慕

約 兹兹邁耀　努 兹太慕　蘊 兹兹慕　姤 業大慕　紹 兹固

擣 兹固 鳥兹　讎 兹固　亞 兹固　寐 業耀　顧 業佳鳥

萁 業佳鳥　羨 業佳鳥　懸 業又課六　鍊 業路　練 業利氣怒

朽 奈太刺佳自 固兹　永 奈佳世　並 奈刺付　勿 奈佳世　習 奈刺付

慣 奈刺付　蔑 奈易佳世六　莫 奈佳列　直 奈阿　押 奈路

盡 奈又梭　奈 奈又梭　昌 奈又梭　准 奈　滑 奈蔑刺佳

擲 奈固　撫 奈兹　慰 奈梭腮慕　向 奈又又 慕佳鳥　欲 奈又又大自

號 奈　業 奈利　惱 耀慕　宥 奈奈　衕 奈刺鳥

擬 奈自刺阿　泥 奈兹慕　就 奈路　結 慕自付　致 慕業

報 慕固鳥　擲 慕自付　對 慕佳鳥　占 慕跌刺　植 鳥鳥

動 鳥課固　拍 鳥兹　打 鳥兹　抵 鳥兹　寫 鳥兹自

失烏世烏　迭烏佳付　潤烏路阿自　漸烏路阿阿耀烏耀固　濕烏路阿自
賣烏路　惠烏列易　產烏慕　薄烏自世烏氣　內烏致
恨烏刺慕　慰烏刺慕　驟烏固刺茲固　敬烏耀邁烏　奉烏固
拊烏致茲　肯烏刺佳烏　毆烏茲　愬烏茲太烏　纂烏法烏
售烏路　濫烏　坐易路　贋易茲法茲　後懦致
莅懦梭慕　述懦付　信懦付　邁課太　展懦付　遁懦固路
拭懦課烏　熨懦自　載懦自　駕懦自　括固回路
臭固腮世　困固路世慕　跡押大　委固歪世固　碎固大固
癖固腮　位固刺易　漱固致自自固　企固歪太茲　汲固慕
鎰固沸路　覆固茲佳耶路阿阿易阿　宿耀太路　太邁利　疾耀邁易　病耀邁易
雇耀大烏　養耀世奈烏　育耀世奈烏　瘦耀世太利　豫耀自世
炙耀固　穋耀歪刺固　罷耀慕邁佳路　敗耀付路　息耀慕

歇耀慕　輯耀法剌佳　壞耀付路　妥耀自世　泰耀自世
殼耀課六　軟耀歪剌佳　惑邁大烏　實邁課大 肥業　寔邁課大
彝邁烏　奠邁兹路 阿圄　祭邁兹路　杷邁兹路　解邁烏自
瞬邁世六圄　免邁𦻏佳路 右圄自　跨邁太佳路　任邁佳自　護邁荷路
轉邁歪路　又邁荷　雜邁世法路　接邁世歪路　錯邁世歪路
詰邁易路　速邁業圄 自寐耀佳　盍邁自　待邁兹 邁荷六世　俟邁兹
佇邁兹　句邁洼路　倍邁自　允邁課大　枉邁圄
政邁兹 判課大　削杰兹路　盍杰太迭　織杰佳路　瀆杰佳路
贖杰佳路　汚杰佳路　斷杰兹路　再付太大沸　臥付自
蹈付慕　葺付圄　舊付路列 世欲烏　觸付路圄　塞付肥圄
槃付財圄　杜付肥圄　踐付慕　棹付路　遂付世世
畬付路烏　跳付慕　乞課烏 押大烏　快課課六欲世　戀課易

荅 課大烏
是 課利
撻 課右
漉 課自
揀 耶剌付
價 押太易
操 押耀兹路
贖 押佳烏
匪 押剌自
洸 押剌烏
豫 押剌佳世箍
泱 押邀業世

庶 課易業佳烏
此 課列
若 課大世 目世
檴 耶太利
儲 太固歪阿
合 押烏
步 押課慕
遇 押付
篤 押兹世
顯 押剌法烏
眩 押剌太慕
普 押邁業世

慕 課易業佳烏
恚 課大儒儒固
試 課課六慕
得 耶太利
諒 邀課大
剩 押邁兹腮易
恠 押耀世慕
值 押烏
厚 押兹世
着 押剌法烏
宛 押太佳目
遍 押邁業世

尚 課易業佳烏 腮世 奈阿
異 課大儒利
拒 課法慕
選 耶剌付
饑 付奈欲枝易
焙 押付路
悲 押世世
會 押固
或 押 易法
豈 押邁
敢 押耶迭
侮 押奈大路

拱 課邀然固
誘 課世剌烏
謗 課大法世
擇 耶剌付
請 課付
懸 押歪列慕
欠 押固沸
舉 押固
濯 押剌烏
與 押太烏
治 押邀業世
慢 押奈大路

日本一鑑　窮河話海

日本一鑑……

溥 加遍業世
纂 柳滋業
浣 抑刺烏
腆 抑滋世
躁 腮歪固

戕 腮佳又奈路
幸 腮易菜易
祚 腮易歪佳
福 腮易柰易
窖 腮大路

悟 腮大路
决 腮大
莊 腮佳人奈路 耶滋氣
熾 腮佳又柰利
捧 腮腮固

玉 腮路
避 腮路
倒 腮佳世邁
摺 腮世法法腮摹
忤 腮佳烏

逆 腮佳烏
礙 腮烏
插 腮世法腮慕
挨 腮滋固
拄 腮腮刺

旺 腮佳又人自
搽 腮太路
辟 氣滋
壯 氣太
極 氣泱固 自固烏

淨 氣欲世
寮 氣沸世 世腮佳又
切 氣路 氣刺路路
滉 荷沸
滅 氣右路

新 氣路
緊 氣沸世
戮 氣路
築 氣滋固
浴 右抑慕

紳 右法烏
往 右固
逝 右固
邁 右固
夢 右六

遜 右滋路
繞 茂固路
召 茂自
運 茂目路
匝 茂固路

堅 茂大路
眩 茂固路茂固
邏 茂固
溢 滋滋
短 家世佳世

視 家路
觀 家路
琢 家佳固
導 家滋沸固
亂 家太

妾 密大利人　萘 密太利　猥 密太列佳歪世　識 世路　下 世目

併 佳佳世奈佳剌　踞 世利烏奈 自　藝 世歪肥　敘 世奈　品 世奈

効 世路世　順 世太佳烏　靜 世茲佳　寂 世茲佳　寞 世茲佳

恐 世杰　縮 世世慕　肅 世世邁慕　函 世法法　退 世利梭固

暫 世法剌固　屢 世法固　滴 世太太　瀝 世太太路　者 沸太

特 沸太利　震 沸又佳世　左 沸太利　隙 沸邁　博 沸六世

廣 沸六世　秀 沸易茲　發 沸剌固　闢 沸剌固　等 沸太世

久 沸肥世　曳 沸固　控 沸固　拾 沸六烏　跪 沸肥邁茲固

矮 沸　挽 沸固　撚 沸業　闌 沸剌固　響 沸沸固

閃 沸剌茂固　燼 目耶固易　弄 日迭押梭付　用 目烏致　覓 目大烏

索 目大烏　洩 目路　默 目大自　衆 目六六　玩 目迭押梭付

狠 目大路　脆 目六世　觥 目迭押梭付　譴 射慕　責 射慕

迫 射邁路　逼 射邁路　撞 烏兹　堋 押兹杰　勸 自自菓
未 自耶　則 自奈法致　拾 自兹　摺 自利　絶 自固路
銃 自付　廢 自太路 目懦　頓 自課付路　侑 自自菓　澱 押易懦
癬 佳固刺法　點 世路世　瘖 阿乂　痂 射乂　瘧 氣耀 耶耀茶
瘌 烏利　齗 法世固 太耶　卒 樓兹自　不 押刺自　聚 押邁路
審 押氣刺佳　獨 沸太利　狹 射法世　祿 六利　縹 法奈太
駕 押佳路　祝 易大 邁世烏 易耀　擂 迭沸固自氣　搦 押世沸固 佳刺菓路 茂固　弭 右法自 右盃法自
伺 烏佳右 佳烏 烏佳　綫 右路佳世 右路世　杳 法路佳奈利　握 又致路 又氣路　幹 易兹 佳氣
靳 致佳刺烏兹　折 阿利　淅 佳世欲菓　皺 世法烏　橋 氣兹 其國第四姓也
覓 邁路　捅 兹懦大路　蹶 兹邁兹固　傣 菓佳烏　轂 耀菓
瞙 邁杰　猴 邁兹　蹟 兹邁兹固　踏 兹邁兹固　蹀 付菓
揖 易兹自　諱 易寥奈　努 右易易 兹大菓　到 易太路　故 付路列 課大聰刺 佳路佳 又穴丈

截 氣路 大大奈烏 勇 易肥 更 肥利邁 繼 菰固 戴 易太太固
彥 沸課 促 烏奈佳自 致佳菰婁 請 易烏 佳太路 欲 阿日烏 大白 奈乂乂 領 押盃佳路

日本一鑑窮河話海卷之五

海上絲綢之路文獻集成

總主编　陳支平　陳春聲

歷代史籍編

34

主編　范金民

国家出版基金项目
NATIONAL PUBLICATION FOUNDATION

福建人民出版社
海峡出版發行集團
THE STRAITS PUBLISHING & DISTRIBUTING GROUP

本册目次

日本一鑑十六卷（卷六至卷一六）

〔明〕鄭舜功撰

日本一鑑　窮河話海

日本一鑑窮河話海

下冊

民國貳拾八年
據舊鈔本影印

日本一鑑窮河話海卷之六

奉使宣諭日本國新安郡人鄭舜功纂敘

流航

備按海航漂至日本者始自秦始皇時以方士徐福部童男女數千人入海採神仙藥不克懼戮流注夷澶（即遠江紀伊之地）二洲潛稱秦王國號遠後漢時會稽東冶縣人有入海行遭風流移至澶洲者所在絕遠不可往來宋咸平壬寅建州海賈周世昌遭風漂至日本國乃於大中祥符戊申歲興其國人滕木吉至上召見以國詩獻及陳所紀州名年號賜裝錢遣歸淳熙丙申其國之船漂至明州衆皆不得食乞至臨安者復百餘人詔人日給錢五十文米二升候其國舟至日遣還淳熙癸卯七十三人漂至秀州華亭縣詔給常平義倉錢米以賑之紹熙丁未漂至泰州及秀州華亭縣復有漂風而至者詔免抽出常平米賑給而遣之

慶元庚寅漂至平江府嘉泰丙辰漂至定海縣詔並給錢米遣歸國皇明嘉靖癸未福建市舶太監趙誠奏稱海上夷人數十遭風漂船奔逃海岸乞食被獲即今日逐關給口粮撥軍防守亦欲伺便放歸本國又廣東之揭陽縣大家井民郭朝卿販稻航海市漳泉遭風漂流至其國既還得知海道復販貨財私市矣故濱海有犯罪者亡入彼中彼島之主不知為罪犯而哀落魄唐人多給之文移令週遊所部及别島主與本島主之親故以濟究苦自足罪犯錯綜盤固於夷島歲增月益乎其間誘引倭夷從來海市漸為寇邊之患也

海市

備按日本之夷航海來市中國者初載漢書夷亶二洲之夷時至會稽市唐書光啟己酉其東海嶼中有邪古波和多尼三小王北距新羅西北百濟西南直越州有絲絮怪珍云宋雍熙甲申夷僧奝然入朝乃附

「台州寧海縣商人鄭存德船以歸元豐戊午明州言日本太宰府遣通」事僧仲回附之海商人孫忠入朝乾道己丑始附明州綱首貢方物元至元丁丑遣商人持金來市銅錢詔許之大德戊戌僧寧一山者附商舟往使不報至大初招其來市明年己酉彼從之來互市慶元路即不滿所欲卒燔儀門及天寧寺舘而去皇明洪武辛亥福建興化衛指揮李興李春私遣人出海行賈上命都督府臣嚴處之洪武丙辰日本人滕八郎以商至獻弓馬刀甲硫黃之類却之伏按國制毋倭商市之條惟入貢夷順帶貨物許諸人互市嘉靖甲午給事中陳侃出使琉球例由福建津發比從役人皆閩人也既至琉球必候汛風乃旋比日本僧師學琉球我從役人聞此僧言日本可市故從役者即以貨財往市之得獲大利而歸致使閩人往往私市其間矣後有私市平户島島夷利貨即殺閩商未幾天乃雨血其地地復出血島夷俱災遣殺諸商皆見

夢於島主島主寢疾立廟祀之其島始安自後私商至彼侍以殊禮繕舟賷之島夷稱貸故私商衆福亂始漸矣夫廣私商始自揭陽縣民郭朝卿初以航海遭風漂至其國歸來亦復往市矣浙海私商始自福建鄧獠初以罪囚按察司獄嘉靖丙戌越獄逋下海誘引番夷私市浙海雙嶼港投託合澳之人盧黃四等私通交易嘉靖庚子繼之許一松許二楠許三棟許四梓勾引佛郎機國夷人斯夷於正德間來市廣東不恪海道副使王鋐驅逐去後乃占滿剌加國住牧許一兄弟遂於滿剌加而招其來絡繹浙海亦市雙嶼大茅等港自茲東南釁門始開矣嘉靖壬寅寧波知府曹誥以通番船招致海寇故每廣捕接濟通番之人鄞鄉士夫嘗為之拯拔知府曹誥曰今日也說通番明日也說通番通得血流滿地方止明年癸卯鄧獠等寇掠閩海地方浙海寇盜亦發海道副使張一厚因許一許二等通番致寇延害地方統兵捕之許一許二等敵殺得志乃與佛郎機夷竟泊雙嶼夥伴王直的名

「鋥即五峯於乙巳歲往市日本始誘博多津倭助才門等三人來市雙嶼明」年復行風布其地直浙倭患始生矣歲丙午許二許四因許一許三事故所欠番人貨物無償却以姦黨於直隸蘇松等處地方誘騙良民收買貨財到港許二許四陰嗾番人搶奪陽則寬慰被害之人許償貨價故被害者不知許二許四之謀但怨番人搶奪自本者則舍而去之借本者思無抵償不敢歸去乃隨許四往日本國價以歸舟至京泊津遭騙之人寖以番人搶騙財貨之故告於島主島主曰番商市中國敢搶中國人財今市我國莫不懷擄矣即殺番人乃以新粒等物給許四使送華人以歸許四自思初欠番夷貨物又失番夷商賈歸竟不敢向雙嶼却與沈門林剪許獠等合踪刼掠海隅民居許二以兄弟許一許三喪亡許四不歸所欠番人貨財不能抵償遂與朱獠李光頭等誘引番人寇刼閩浙地方矣明年丁未胡霖等誘引倭夷來市雙嶼而林剪往

日本一鑑窮河話海　卷之六
三

自彭亨國誘引賊衆来與許二許四等合為一踪刼掠閩浙邊方騷動巡按浙江監察御史楊九澤事聞於朝敕都御史朱紈調兵征討許二許四等以靖閩浙以安地方明年戊申科道交章軍門購獲許二許四逃去西洋雙嶼港窒於時林珣誘引倭夷稽天私市浙海官兵獲之又王直徐銓（即惟學一名碧溪）誘倭私市馬蹟潭惟陳思泮誘倭來泊大衢山名雖稱商入刼洋于江船矣己酉冬王直等誘倭市長途明年庚戌巡按廣東監察御史王紹元以鄉宦族通倭構訟乃建議曰海利獨歸於宦豪莫若屬權於官府惟時朝議琉球朝鮮爪哇諸族地隔漲海自古未為邊寇惟日本一國只宜遵祖訓不許與同今御史王紹元要開市舶事亦慎重之至合行直隸浙江福建廣東撫操巡按三司等官會議果於地方無損國課有益咨覆奏奪而御史王紹元雖懷富國之謀未審寇盜之漸議亦未行本年徐銓等勾引倭夷俱市長途比有盧七沈九

「誘倭入寇突犯錢塘浙江海道副使丁湛移檄王直等拏賊投獻姑容」
私市王直脅倭即拏盧七等以獻明年辛亥王直等船泊列港又拏陳
思泮等以獻惟龔十八一名碧溪王直縱之使同海市又明年壬子拏七倭
賊以獻比時徐海誘引倭夷亦泊列港陽則稱商陰則為寇又別倭船
來稱海市王直欲與互市之抑無所齎濟以薪米遂同行日本於時巡
按浙江監察御史林應箕乃以海上多事奏聞於朝敕都御史王忬經
畧浙福地方明年癸丑而葉宗滿即碧川一名五龍勾引倭夷來市浙海比懼
舟師不敢停泊往市廣東之南澳閩廣倭患始生矣比有王十六等誘
倭焚刼黄岩縣參將俞大猷湯克寛欲令王直拏賊授獻而賊已去乃
議王直以為東南禍本統兵擊之於列港追至長途次馬蹟潭銃砲聲
響驚起蟄龍兵船漂散王直之船無敢定泊於夏六月乘風逃去之平
户歲甲寅佛郎機國夷船來泊廣東海上比有周鸞號稱客綱乃與番

日本一鑑窮河話海　卷六

夷冒他國名誑報海道照例抽分副使汪柏故許通市而周鸞等每以小舟誘引番夷同裝番貨市於廣東城下亦嘗入城貿易又徐銓等誘倭市南澳復行日本因風逆回泊柘林都御史鮑象賢先命東哨統兵官黑孟賜統率舟師伺擊之徐銓入水而死餘皆就擒歲乙卯佛郎機國夷人誘引倭夷來市廣東海上周鸞等使倭扮作佛郎機夷同市廣東賣麻街遲久乃去自是佛郎機夷頻年誘倭來市廣東矣姦民罪犯深重者移家受廛於夷島深根固蔕予其間藉以買賣之名用其賊寇之技汛去汛來東南多事科道憂時不知海賊之盤根但以王直為奇貨惟時工部右侍郎趙文華奏奉欽敕祭告東海切惟已禍不得要領故問通番之人而通番輩告以必得王直主通海市則禍可息故遣使招之明年丙辰毛烈（王直義兒）葉宗滿聽招而至船泊列港都御史胡宗憲「命往舟山拏賊授獻又以贊畫俞一鑑等質於毛烈葉宗滿船乃得王」

「濡夏正邵岳童華謝天與等到官用之故縱毛烈葉宗滿私市而去於」時南澳倭夷常乘小舟直抵潮州廣濟橋接買貨財往來南澳而胡宗憲又遣使人至澳招諭王宗道（即清溪）李貴顯（即華山）隨以家屬到官自許送倭還國復歸浙海以圖自効歲丁巳招來貢夷德陽等船一艘泊於舟山馬墓港遂館本山道隆觀又招至毛烈葉宗滿謝和王直等誘來市倭四百餘船四艘俱泊舟山之岑港時趙文華以病去位而胡宗憲遣使招諭之復以指揮伍惟統質於葉宗滿船而葉宗滿乃與毛烈先來到官烈復下海王直乃到軍門歲戊午毛烈謝和與同倭夷善妙等登據岑港乃挾德陽入巢遂焚舖宇而王宗道李貴顯自日本至浙海驚見舟師卒伍往南澳久之毛烈與倭移巢柯梅用兵年餘費靡無算乃縱之拔巢而去誘倭來市之初總兵俞大猷副使劉燾即欲繫之以成速効然而副總兵盧鏜及與功志闇合不欲繫之以成長策各言軍

門俱不聽，乃以開四鷹犬以市媚軍門上下交征利，是故債事矣。戊午春，葉宗滿夥謝二董二等誘倭來市，官兵誘擒之。宗滿即碧川，又名五龍光，私貨雙嶼，被許二黨騙，流落日本。歲癸丑始誘倭市南澳。歲丙辰，王直聽招，以市畏法不決，欲毛烈先行，烈子難之，邀宗滿。宗滿欲市南澳，直曰市南澳有利無名，同烈行名利兩得。宗滿聽，與童華來市列港。時徐海亂，軍門知華為海契，以俞一鑑賀之，到官散海黨。宗滿率倭商殺舟山倭賊，後去日本。歲丁巳，宗滿至岑港，軍門以伍惟統賀之，到官復縱下海。歲戊午，軍門用兵，預令宗滿歸，因之後夥謝二董二誘倭來市，泊朱尖，官兵誘擒。歲庚申，宗滿建戍鎮蕃衛。又且南澳自戊午歲前皆海市者，戊午以後乃為賊窩，而許朝光等負固其間。倭寇閩廣則歸此澳擄得貨財人口，許朝光等則必預造大船市與賊眾，裝載以歸，劫得金銀與之，伢市而去。嘉靖己未巡按廣東監察御史潘季馴禁止佛郎機夷登陸至省，惟容海市。今年許朝光造船市倭賊，賊市船乘即破，卒怨許朝光，欲復劫掠地方，又慮官兵不利，議劫許朝光。乃得貨舡還島，遂入澳劫殺許朝光。朝光不支，即脫澳。倭賊乘船以去，官兵遂守澳中，後兵因缺粮，適新賊至，兵乃導

「賊刼掠東莞地方而許朝光聽從都御史吳桂芳招諭船泊闘望海上」
蓋畏國法不即傾心矣近又訪得日本之夷皆以華人勾倭離島名雖
稱商賈為寇盜故今鮮有從商者多從佛郎機夷之船來市廣東海上
今年佛郎機夷號稱海王者官市廣東龍厓門得聞三洲有船私市謂
減已利而乃牽入龍厓與之併市而去稱海王者蓋屋居止龍厓門民
厭其禍官懷隱憂遣使驅逐恬然不懼此患積至十年矣又聞市銅鑄
造大銃聲言朝貢莫知所為復有佛郎機夷號稱財主王者橫過海王
俱處其間隱禍亦不可測也為今之計若非寛恩委任漸次處分潛消
不形之禍設或凶變不論十年之積禍一時坐責當事者孰願治海之
任哉奚成已禍之道哉伏思我皇祖宗之制既無倭市之條只當宣昭
大信庶使四夷永守畫一之法猶可也何乃以市自誣之功念介子之
微勞幸覩堯皇之盛世不敢設施奇詐乃敢殫竭孤忠期杜萬釁之門

須明一定之理功幼寡學少不師章句茲心奉使憂勤以勵報國者耶
仰惟天眷鑒察微衷矣

流逋

備按流逋誘倭入寇前代無稽考鄞監生薛俊云倭自魏隋唐宋以來雖屢朝貢厚功賞賚又屢寇邊陲吏部侍郎楊守　論倭奴貢獻書自唐以至近代已嘗為中國疥癬矣通鑑所載元至大戊申海上有警
大己酉寇慶元路焚燬儀門及天寧寺此乃招來互市者元末倭屢入寇抑無所紀倭寇國初者乃寇元之利也必有流逋以導之備考流逋誘倭入寇自洪武己酉歲廣東賊首鍾福全挾倭寇掠官兵平之又倭寇直隸上遣使臣祭告東海出師捕之故於己酉庚戌之歲遣使往諭日本王於歲辛亥其王良懷遣使送至明州台州被虜男女七十餘口明年壬子又歸所掠海濱男女七十八人歲甲寅靖海侯吳禎

「率沿海衛軍出海捕倭至琉球大洋獲　京日本又以所掠瀕海民」
一百九人來歸洪武辛酉姦臣胡惟庸
洪武丁卯昌國(即今舟山)姦民嘗從倭為寇故徙之為寧波
衛卒洪武辛未黃岩賊首張阿馬誘倭至海邊摽掠兵之洪武壬午使
有還自東南夷者言諸番夷逃居海島中國軍民無賴者潛與相結為
寇成祖文皇帝遣使齎勅諭之曰好善惡不善人之同情有不得已而
為不善者亦非本心爾等或被罪譴或苦饑寒流落諸番與之雜處遂
同為劫掠苟圖全活巡海官軍既不能矜情招撫更加侵害爾等雖有
悔悟之心無由自遂朕甚憫焉今特遣人齎敕往諭凡番國之人即各
還本土欲來朝者當以賜賚遣還中國之人逃匿在彼者咸赦前過俾
復本業永為良民若仍恃險遠執迷不悛則命將發兵悉行勦戮悔將
何及永樂癸未錦衣衛臣奏福建送至海寇若干人法當棄市上曰朕

許以不殺今殺之是不信不信後来者之路塞矣俱宥之謫戍邊錦衣衛臣復奏寇有婦女一人本虜得之今已為妻合無俱發邊上曰本吾良民不幸為寇掠可釋歸原籍永樂甲申倭寇直隸浙江地方遣使中官鄭和往諭日本王明年乙酉其王源道義遣使獻所獲倭寇嘗為邊患者上嘉其勤誠遣使賚璽書褒諭之遂封其國之山曰壽安鎮國之山上親製文立石其地仍賜白金等物於時福建都指揮張鑑統兵捕倭私受賊賂又縱兵掠民財罪止謫戍夫何寬貸如是耶歲丙戌仍遣敕諭海島流人曰爾等本皆良民為有司虐害不得已逃移海島刼掠苟活流離失業積有歲年天理良心未嘗泯滅思還故鄉畏罪未敢朕比聞之良用惻然兹特遣人賚敕諭爾凡前所犯悉經赦宥譬之春冰渙然消釋宜即還鄉復業毋懷疑慮以取後悔惟時平江伯陳瑄率海運船過沙門島適遇倭寇隨率運軍追至朝鮮境上而還永樂丁亥曰

「本王源道義又遣使獻所獲倭寇道金等上嘉之賜敕褒諭明年戊子」又遣使獻所獲海寇上命以寇屬刑部宴賚其使嘉賜其王王道義死海寇復作永樂丁酉捕倭將士擒寇數十人獻京師賊有微葛成二郎五郎者訊之乃日本人羣臣言日本數年不修職貢意為倭寇所阻今首賊乃其國人宜誅之以正罪上曰遠人威之以刑不若懷之以德姑宥其罪遣使押示其王王源義持隨遣使奉表謝罪朝貢如初永樂戊戌倭寇金山衛明年己亥鎮守遼東總兵官劉江殲賊寇於望海堝於是內嚴武備外嚴禁戢寇盜漸已宣德之世斂以要領東海晏然正統己未賊首畢善慶乘間誘倭寇掠大嵩等處失機官員被刑者三十六人景泰己亥寇健跳成化丙戌賊偽稱貢又破大嵩備按正統景泰成化時賊雖間發驅之即去未嘗深入為患也嘉靖癸未二倭讎殺驚動地方此乃入貢之倭固非入寇之賊蓋當事者處置未當故招其亂乃

挾指揮袁璡以去於是罪犯逃夷曰鍾林曰望古多羅漂至朝鮮國王李懌獲俘二倭併級三十及被擄民汪漾等八名來歸適者倭寇始自福建鄧獠初以罪囚按察司獄於嘉靖丙戌越獄布政查約流逋入海誘引番夷往來浙海繫泊雙嶼等港私通罔利至庚子歲繼之許一許二許三許四等潛從大宜滿剌加等國誘引佛郎機國夷人絡繹浙海亦泊於雙嶼大茅等港以要大利東南釁門始開矣嘉靖癸卯賊首鄧獠寇掠閩海地方浙海寇發蓋以許一許二兄弟等爲誅首惟時海道副使張一厚統兵討捕敗績故許一許二等遂以番船竟泊雙嶼矣嘉靖乙巳許一夥伴王直等往市日本始誘博多津倭助才門三人來市雙嶼港直浙倭患始生矣嘉靖丙午許四市倭不利歸背雙嶼却與賊首沈門林剪許獠等衆刼掠閩浙海隅許二以兄弟許一許三喪亡許四不歸隨與賊首朱獠蘇獠李光頭等嘗同番夷刼掠閩浙海隅民居

「明年丁未賊首林剪等誘引彭亨賊衆來與賊首許二許四合爲一踪」肆掠閩浙地方而謝文正公遷第宅遭其一空備倭把總指揮白濬千户周聚巡檢楊英出哨昌國海上卻被許二朱獠擄去指揮吳璋乃以總旗王雷齋千二百金往贖之賊得此利故每擄邊富民以索重贖地方多事巡按浙江監察御史楊九澤事聞於朝敕都御史朱紈調兵征勦賊首許二許四以靖閩浙以安地方明年戊申科道交章軍門購獲而廣示諭有獲賊首許二許四一名者賞銀一千兩舉官萬户侯許二許四不能任泊逃入西洋而雙嶼港始窒也惟賊首朱獠夥番夷人旋環浙海入刼太湖洞庭山得獲大利謀殺番人而朱獠等輩即離海上又陳思泮誘倭潛泊大衢山入刼洋子江船嘉靖乙酉閩浙小康浙江海道副使丁湛傳示備倭各總官凡福兵船勿復給支任其歸去福兵既歸於路乏糧刼掠到家福建海道副使馮璋得聞前情已到福兵遂

獲於獄其未到者聞風遁去之日本此又益增賊寇也嘉靖庚戌賊首盧七沈九誘倭寇掠突入錢塘惟時王直誘倭私市長途海道移檄王直等拏賊授獻王直脅倭拏盧七沈九以獻明年辛亥拏陳思泮以獻於時賊首龔十八亦誘倭夷寇掠直浙海邊歲壬子日本之種島土官古市長門守聞島倭夷脅從唐人犯華者誅首凡五人惟時王直等拏七倭賊以獻賊首徐海誘倭入寇浙海地方自是浙海倭寇漸衆巡按浙江監察御史林應箕奏聞於朝敕都御史王忬經略閩浙地方明年癸丑而葉宗滿誘倭來市浙海驚見舟師故不敢泊往市廣東之南澳閩廣倭患始生也時有賊首蕭顯等誘倭入寇上海縣賊首王十六沈門謝獠許獠曾堅等誘倭焚刼黃岩縣參將俞大猷湯克寬欲令王直於黃岩拏賊授獻而賊已遁乃議王直以為東南禍本統兵擊之於列港追至長途次馬蹟潭銃砲聲響驚起蟠龍風浪大作兵船漂散王直

舟不能泊於夏六月乘風逃去之平户嘉靖甲寅賊首徐海二度誘倭入寇直浙賊首吳德宣誘倭巢柘林蕭顯誘倭寇嘉定王阿八誘倭寇蘇州劉鑑誘倭寇常熟許二許四誘引番夷犯廣東歲乙卯倭寇猖獗工部右侍郎趙文華奏奉欽敕祭告東海揚師討賊巡按浙江監察御使胡宗憲乃以毒劑酖殺倭寇於王江涇夏四月辛卯布衣臣舜功奏奉宣諭日本國賊首許二自廣東海上與同王濡（即汝賢王直之姪）徐洪（徐海之弟）往日本會王直徐海沈門等許四潛搬家屬以俟許二回船一同入倭賊首林碧川誘倭入寇直浙一枝誘倭入寇燔爐湖墅民居二萬七千餘家（一枝一名阿九先年被誘下海王直得之以為義兒自倭奔入普陀山僧明懷獲之為徒更名真其與之遊方寓宜興之善權寺入嘉靖壬子復還普陀適王直等詣山燒香識為阿九仍帶下海明年癸丑海上舟師追捕王直甚緊一枝同逃去日本久之乃竊王直貨財奔還島原貨財既盡無以聊生聞徐海入寇有利至是誘倭入寇直浙焚燬湖墅民居二萬七千餘家復往日本後於丁巳歲王直聽招將行時訪知一枝蹤跡隨招同來王直到官一枝乃為船頭明年戊午負固舟山冬十一月奔去閩海五嶼與倭寇犯海隅官兵撲殺之）又賊一

起五十二人初自邱洋登陸渡曹娥鄉宦史史錢鯨被害走紹興過蕭山渡錢塘入富陽奔嚴州歷徽州經寧國太平遶京鄂把總朱襄蔣陞陣亡賊越常州等處地方至於蘇州之木瀆都御史曹邦輔親自提兵討滅之惟時工部右侍郎趙文華經略東南廣詢已亂之策而通番輩告以必得王直主通海市乃可已亂故遣使人以招之許二之船至日本泊於京泊津乃送王濡以會王直徐洪以會徐海自會沈門於高洲歸歷小琉球盜島木植島夷殺之嘉靖丙辰賊首徐海三度誘倭入寇直浙隨與賊首陳東園桐鄉巢沈莊都御史胡宗憲計謀擒散之徐海即明山為虎跑僧法名普淨嘉靖辛亥海閘叔銓誘倭市列港往謁之同行日本日本之夷初見徐海謂中華僧敬猶活佛多施與之海以所得隨繕大船明年壬子誘倭稱市於列港時銓與王直奉海道檄出港拏賊送官而海船倭每潛出港劫掠接濟貨船遭劫掠者到列港復遇劫掠賊倭陽若不之覺陰則尾之識為海船之倭也乃告王直王直曰我等出港拏賊豈知賊在港中耶隨戒海海怒欲殺王直而銓亦復戒海乃止海復行日本歲甲寅誘倭入朝明年乙卯大肆寇掠於崇德虜妓[illegible]王翠翹王綠妹等以去其弟洪光自廣東附許二船至倭會海告以叔

銓為廣東官兵所戚明年丙辰海乃糾結種島之黨助才門即助五郎薩摩夥長掃部日向彥太郎和泉細屋凡五六萬眾船千餘艘欲往廣東為銓報譬商輦聞曰浙海市門為其所閉今復至廣東我等無生意也伺他去時合等送官免開市門海闔懷懼遂不赴廣東乃向直浙船行洋中多遭漂沒而海仍部二萬餘會陳東葉明肆掠直浙地方隨與陳東圍桐鄉都御史胡宗憲以民人何子實諜知海情復以何子實導引民人祝夢麟陸鳳陸喬充指揮千戶贊畫往貿海巢得海弟洪以解桐鄉之圍復以中書羅龍文貿於海巢期內海降乃先期抉與入平湖見工部侍郎趙文華都御史胡宗憲阮鶚御史趙孔船於時文華宣言曰你這狗骨頭本是中國生民如何勾引島夷殘害地方本當斬首毋救但念爾投降一念可嘉今特赦爾靜處梁莊侍我奏請朝廷發落若不安分使有一本一草之動我當親率大師以奉天討決不爾貸比海既退巢沈莊宗憲但以童華為海法眷書使往海巢齎同龍文說海歸有逆狀文華覺欲賜海酒酖殺之而宗憲乃以龍文尚在海巢故止海順凡海所慾而龍文童華隨即合言於宗憲必姑與之復以童華汪泰何子實等通海以擒陳東又以何子實同應襲嘗懲光等通海以擒葉明仍以龍文童華計啗海等以散黨料理既定夜以何子實執犠響導搗散海巢隨獲翠翹綠妹令擠溺之徐洪等解京大戮

本年賊首吳定韓朝仕（初為王直夥伴）以徐海入寇有利至是誘倭入寇不知所終賊首周一誘倭寇慈谿賊首許獠寇月港朝鮮送還被虜人口冬十二月

庚子日本西海修理大夫六國刺史豐後土守源義鎮僧清授附舟報

使先是布衣鄭舜功奉使日本至是報使請乞國典還國一體遵照施行嘉靖丁巳春正月辛巳賊首許四帶同家小匿汀贛以俟許二回船裝載入倭惟時布衣鄭舜功使日本還道經汀贛訪知許四蹤跡招諭不從擒致總督軍門賊黨有事軍門者謀請寬貸縱放湖廣鎮溪衛從戍終身許四即許梓其兄許二許三先年下海通番贅於大宜滿剌加自後許四與兄許一嘗往通之嘉靖庚子始誘佛郎機夷往來浙海泊雙嶼港私通交易每與番夷賒出番貨於寧紹人易貨抵償濱海游民視以禁物縣捕獲之於是游民得志乃駕小船沿海邀劫致殺傷人被害之家乃以許一許二賺騙下海鳴於海道副使張一厚親自統兵以捕之敗績自是番船竟泊雙嶼未幾許一被獲許三喪亡許二許四向與番人賒出貨物十無一償番人歸怨許二許四無以為解計令彩伴於直隸蘇松等處地方誘人置貨往市雙嶼既並其間許二許四陰嗾番人搶奪陽則寬慰誘來之人認還貨價久與所償自本者舍而去之借本者不敢歸去乃從許四之日本圖償貨償以歸既至日本京泊津遺害之人乃以番人搶貨擄之事吉於島主島主曰番人市中國敢搶中國人財令市我國莫不懷之矣即殺番今乃以新杜等物給許四使送華人以歸許四自思初失番人貨物又失番人商貫是故不敢向雙嶼即與沈門林剪等劫掠閩浙地方乃以林剪往彭亨邀賊入寇於時許二以許一許三喪亡許四不

歸番人折本自已乏食遂與米獠等誘同番人刼掠閩浙海陽明年丁未林剪自彭亨誘引賊衆駕船七十餘艘至浙海會許二許四合為一黙刼掠沿海地方而謝文正公遭第宅為之一空倚倭把總指揮白濬千户周聚巡檢楊英出哨昌國海上却被許二朱獠擄去指揮吳瑋乃以總旗王雷齋千二百金往購之於是得志故每擄掠海陽富民以索重贖地方多事巡按浙江監察御史王九澤奏聞於朝敕都御史朱紈調兵征討許二許四明年戊申科道交章軍門購獲而廣示諭有獲許二許四一名者賞銀一千兩舉官萬户侯許二許四逃去西洋雙嶼港窒惟賊首朱獠乃與番人復回浙海入寇大湖洞庭山得犯大利卒與夥伴謀殺番人即離海上於歲甲寅許二許四復誘番人獲廣東得聞沈門已帶家屬去住日本許二遂以許四潛搬家屬却自先往日本會沈門等復回廣東期約許四同搬家屬入倭於是許二[illegible]同王濡徐洪往日本以會王直徐海而許二自會沈門於高洲歸經小琉球盗島木植島夷殺之許四搬帶家屬邑身汀贛以候許二船還於歲丁已布衣鄭舜功宣諭日本歸經贛州訪如許四踪跡招諭歸正不從擒致總督軍門賊夥先在軍門聽用者為之謀請縱放湖廣鎮溪衛從戌終身倚按許四倡亂海洋罪逆深重又況不從招諭常赦不原其生擒歸軍門而整縱之渠魁既縱脅從則亦可縱矣向便深根固帝於夷島以醜無寃之禍歟

賊首施寶圓誘倭入寇浙江地方惟時出海官乃以王濡誘擒之

浙江妖人馬道士搆姦謀叛隨定之日本西海修理大夫源義鎮差僧德陽求貢先是遣使招諭日本又招王直故招其來又招至謝和葉宗

滿毛烈王直各船一艘泊岑港而葉宗滿毛烈與王直先後到官毛烈又復下海本年朝鮮送還被擄人嘉靖戊午春二月招來毛烈與招來倭善妙等棄船巢岑港於時招來貢夷德陽等先館之於道隆觀至是善妙挾之入巢遂焚館宇日本國屬周防國差僧龍喜求貢先是遣使招王直故招其來於時都御史胡宗憲用事舟山海上官兵掩殺之抑復有逃去者夏四月乙巳義士沈孟綱胡福寧往諭日本王還至潮洲海上竟被弓兵陷殺之先是布衣鄭（舜功）往諭日本至豐後得彼之情乃以從事沈孟綱胡福窪齎執批書往諭日本國王源知仁獲其聽信還至潮州執批赴投闞望巡檢司照驗却被弓兵毀滅批文誣執下獄信報得知告言軍門而不之信令人申救已陷殺於其間矣秋七月毛烈等移巢柯梅冬十一月拔巢而亡入閩廣本年賊首洪澤珍誘倭寇福建嘉靖己未賊首毛烈誘倭寇閩廣許獠誘倭寇潮州嚴山獠誘倭

寇福建直隸，別起倭賊盤據南洋之三沙，久之遁過北洋，及先犯北洋地方。倭賊皆都御史李遂平之。於時吳淞、定海兵夫為亂。冬十二月，壬戌，王直伏誅。

王直的名鋥，即五峯，初以游方下海，於歲庚子乃與許一、許二、許三、許四等誘引番夷來市浙海，至乙巳歲往市日本，始誘倭夷來市雙嶼，構成大禍於東南。至庚寅、辛亥、壬子歲，浙江海道檄令拏賊，是故得名。明年，賊首王十六等誘倭焚劫黃岩縣，參將俞大猷、湯克寬欲令王直拏賊擒獻，而賊已去，乃議王直以為東南禍本，統兵擊之於列港，追至長途，次馬蹟潭，銃炮聲響，驚起蟄龍，兵船漂散，逃去兵士延上馬蹟者，皆被王直等胥倭盡殺之。直亡去日本，其母妻子獲之於獄。其姪王滶斧入廣東，附許二船往倭，會直，告以前事，欲為全家之計。既而海患日繫，科道覺時不知要領，卻以直為奇貨，是故軍門乃以直子王澄剌血寫書，使人招直。直姪王滶而先到官，直同毛烈、謝和、葉宗滿續後而至。直畏國法，不即傾心，而葉宗滿、毛烈先到軍門，毛烈又復下海。軍門遣使夏正諭直曰：汝若到官，為汝保奏，全汝身家；若不聽從，再差鄭舜功往諭日本王縛汝來歸。隨差夏正示諭招來貢市之矣。德陽、善妙曰：軍門傳示汝等，若拏王直送官，為汝奏請容汝貢市，仍賞汝等以歸；否則不容貢市，亦無賞賜。德陽之謂善妙曰：主君兩遣使人効順中國，不得一朝皇帝，使我空回，主君無面目。今拏王直遂官，不圖受賞，若得一朝皇帝，我等歸去，主君也有面目。將拏直，直覺之，思無所容身，乃曰：我本華人，肯與倭兒價賣，鄉寧自割頭獻軍門。至是到官，毛烈遂不復返。倚接得直本是游民，初以圖利下海，國無商長之號，不過頭目之稱，蓋因庚戌、辛亥、壬子歲奉檄拏賊，是故負名，既負虛

名東南向受實禍矣且如直者國深夷島積今不知幾多耶書云殲厥渠魁脅從罔治久無一决縱之深固而乃究兵奠為長治久安之道

嘉靖庚申貸戮葉宗滿充鎮番衛永遠軍賊首蕭雪峯張璉又徐獠王獠許西池及謝獠暨　閩廣地方浙直軍門遣回廣兵過江西焚燼玉山永豐等縣本年朝鮮送歸被虜人嘉靖辛酉賊首陳思達犯詔安獲之嘉靖壬戌南澳賊首洪獠聽從福建軍門招諭亦復下海又小洪獠林獠郭獠魏獠王東梁徐北峯即徐元亮等新舊賊船俱各滿載去訖賊首張璉等都督俞大猷計擒之隨散其黨冬十二月賊首魏獠郭獠誘倭陷興化據之嘉靖癸亥南澳賊首許朝光聽從福建軍門招諭以散興化之寇朝光亦復下海屯聚南澳賊首王伯宣誘倭寇廣東官兵獲之賊首許朝光被倭刼殺出南澳南澳始窒官遂設兵以守之新到倭賊之船不能停泊適被反兵導之寇掠東莞地方　兵抵省至雷州福建之兵亦亂俱撫息備按嘉靖以來倭寇中國

擄掠男女刼奪貨財費靡刑傷不可勝計今禍不已者皆內治之未當耳且如許二許四倡亂海洋固東南之禍本繼之王直誘倭來市於雙嶼此為直浙之禍本又葉宗滿誘倭來市於南澳此為閩廣禍本也且王直聽招而來蓋以遲久故請大戮此固宜矣而葉宗滿矢心歸正貸死以充永遠軍可也許四不從招諭常赦弗原其生者故擒致之於軍門而乃縱放從戍終身處此三事情法當歟未當歟致使逋逃首鼠不決故王宗道已奉招諭至而復遁洪獠既聽招諭又復下海今許朝光雖曰聽招仍駕樓艪之於闗望海上不即傾心者蓋聞前官招亡未成忠信今此之流畏罪未敢此固當為忠信處之以開來路以弭海患猶可也豈惟殺戮為奇耶抑且王直歸順之秋浙鄉士大夫有曰授官者巡按浙江監察御史王本固曰做賊授官則人不必讀詩書登科第做賊亦可做官矣今許朝光人亦有言授官者殊不知如朝光輩深固夷

島者甚多若非長議以成忠信而處之抑恐此輩效尤為亂階爾前者
誘來之夷處置失宜或殺或遁又且流逋深固夷島煽惑夷心向化解
體春防秋備而兵妄殺平民者有之自為寇盜者有之此何時以致太
平耶功按倭夷尚習詩書稍明禮義其至敬者文德也至恥者賊寇也
念功昔奉宣諭其能聽從然用方略不厭詐謀擴充武功必本忠信豈
昔當年之臣助長盜名輒懷娼嫉不用要領惡反究黷乎孔子云成事
不說遂事不諫既往不咎明智者今可不圖後患哉仍將古今寇年以
記其畧與憂世者鑒

元至大戊申浙江有警己酉寇浙江之慶元路此招來市之倭洪武己酉寇山東浙江廣東直隸辛亥
寇廣東山東壬子寇浙江福建日本歸所掠海濱男女高麗王顓遣中郎將宋坦以被擄金希聲等十一人來歸癸
丑寇山東浙江甲寅寇山東直隸本年高麗日本送還被擄人乙卯寇廣東庚申寇廣東詔責日本縱民為非辛
酉倭使如瑤胥從叛逆此原內姦所致也甲子寇浙江己巳寇山東庚午寇浙江辛未寇廣東浙江癸

酉寇福建浙江
甲戌寇浙江遼東
丙子寇廣東
戊寅寇山東浙江
辛巳寇浙江
壬午敕諭海島流人
永樂癸未寇福建
甲申寇浙江直隸福建
乙酉日本以獲倭寇來獻
丙戌遣敕詔諭海島流人
丁未日本以獲倭寇來獻
戊子寇山東日本以獲倭寇來獻
己丑寇山東
辛卯寇廣東
壬辰寇浙江
乙未寇遼東
丙申寇直隸山東
丁酉寇浙江時獲生倭遣使押示日本王
戊戌寇浙江直隸
己亥浙江有警寇遼東朝鮮送還被虜人
庚子寇浙江福建
壬寅寇浙江
正統己未寇浙江
壬戌寇浙江
癸亥浙江沙嵩藤嶺地方獲倭一人解官此倭使人逮失至此疑或有故
丙寅寇浙江
景泰乙亥寇浙江
成化丙戌寇浙江
嘉靖癸未二起貢夷為亂浙江
乙巳王直誘倭初至浙江之雙嶼
戊申寇浙江直隸
庚戌寇浙江
辛亥寇浙江直隸
壬子寇浙江
癸丑寇浙江直隸葉宗滿誘倭初至廣東之南澳
甲寅寇直隸浙江
乙卯寇直隸山東浙江福建
丙辰寇直隸浙江福建山東朝鮮送還被虜人
丁巳寇福建浙江直隸朝鮮送還被虜人
戊午寇廣東南澳之間為賊淵藪浙江福建皆有賊
己未寇廣東福建浙江直隸
庚申寇廣東福建浙江招門朝鮮送還被虜人
辛酉寇廣東福建浙江
壬戌寇廣東浙江福建
癸卯寇浙江廣東福建
甲子浙江有警福建廣東己上賊寇所聞知者詳於海亂鬼錄海亂鬼者倭海魚名以方倭賊也

被虜

備按嘉靖庚戌以來倭寇每犯於中國於今一十五年矣邊民被虜於夷島莫可勝算昨歲癸亥提督浙江都御史趙炳然出師於温州俘囚童馬二一名陳十二又名陳二砳稱倭薩摩倭音腮茲邁之高洲倭音太佳自邊海所居不滿百被虜中國男女二三百人髠其髮跣其足使之牧牛馬供薪水為炊爨凡炊飯挨次以給其長幼餘着釜之焦飯加以豆滓糟糠糠皮山菜草根之類亦皆犬彘之食食既不能充腹衣又不能蔽體被虜思歸而有脫逃者却被巡兵斬首以獻功竊有同逃之民登高窺望豈不寒又復適入倭居矣羈縻歲久隨風而化成寇倭樂為之嚮導愚謂海之鰕鮓也嗟夫此輩非倭種類痛罹賊虜於夷島籲天無路伸其情叩地無門達其意乃作倭寇而受戮功臨斯島抑知此輩豈不哀歟覆按洪武己酉遣使宣諭日本王以倭犯境之故逮歲辛亥其王良懷遣使送至

明州台州被虜男女七十餘口明年壬子又歸所掠海濱男女七十八人詔有司送還鄉里歲甲寅又以所掠瀕海之民一百九人來歸詔各還鄉又按永樂戊戌倭寇金山衛百户應襲魏祥被虜去久之乃至日本王都王召見之悅留左右更名元貴命為土官蓄有妻子宣德壬子而祥得與貢使之列入朝陳請上以柔遠方隆不欲遽留之遣令往諭夷王於歲乙卯仍遣使詳入朝既達京師復申前情詔許襲職今者被虜之人而為夷奴不若中國之犬彘於中豈無應襲乎設使歸國又何必於襲官假使送歸被虜之民亦不必發寧家縱使從戍終身抑必自甘心矣孰願生[redacted]為夷奴死為夷鬼者耶哀哉狐首尚自知丘被虜生民不亦可憫

征伐

備按中國征伐四夷自古有之然而征伐夷海外之夷倭不嘗有也抑

伐倭者考自吳大帝晉慕容廆元忽必烈而已抑吳伐倭掠其三千人以歸而慕容廆掠其數千人以之捕魚給軍食逮忽必烈乃以范文虎驅十萬衆葬於魚腹之中得還者僅三人焉抑吳晉元勒兵漲海之外得其民安焉用之喪兵足以為恥夫隋之伐高麗惟渡鴨綠一小江仁者以之為究兵又況日本隅一大海島不敢之以情而乃究兵於遠乎惟我　太祖高皇帝聖神文武明著八表書於訓章曰日本限山隅海僻在一隅得其地不足以供給得其民不足以使令故不興兵致伐是以　成祖文皇帝敬承　太祖高皇帝訓則宣文德化導日本其王源道義深知夏夷之義圖雪醜好之私凡三獻俘海隅絕警自道義死倭寇復作職貢不修我重文德致使日本國王源義持遣使謝罪朝貢如初倭寇是已　宣廟以來世守舊章以馭夷狄滄海晏然百數十年矣邇來倭寇竊發之初功乃廣博詢采始知賊寇為内訌之隱誘非外夷

之本心故奮狂愚冒奏　聖明奉宣文德夷使來庭期為萬世太平計豈當事臣助長盜名召兵據險負固年餘縱之全勝而去不義不武不知文德獨尊也竊惟中國以馭夷狄設或　化則修文德以來之既來之則安之何乃招殺貢夷棄置報使誤國殃民固如此大抵唐宋之弊政豈容卒見明良之世乎伏念天理人心寔中華之大道文德忠信固東海之長城功本賤夫不學軍旅謬以文告外夷來歸皆文德之靈成忠信之驗一念聖明俊德舞階長風功奉天使寔顯舊章敢不宣泄使違　大信而責効於戈兵之末乎

日本一鑑窮河話海卷之六終

日本一鑑窮河話海　卷六

日本一鑑窮河話海卷之七

奉使宣諭日本國新安郡人鄭舜功纂叙

奉貢

㑭按日本古稱倭奴自漢光武中元丙辰遣朝貢使人自稱大夫光武賜以印綬永初丁未倭國王帥升等獻生口百六十人願請見是後倭韓俱屬帶功郡魏景初戊午既平公孫氏倭女王卑彌呼遣使大夫難升米利等詣郡求詣天子朝獻太守送詣郡乃以金印紫綬詔封卑彌呼為親魏倭王難升米率善中郎將牛利等率善校尉各假銀印青綬正始庚申太守弓遵遣使奉詔書印綬並齎詔賜金帛錦罽刀鏡采物倭王國使上表答謝詔恩歲癸亥復遣使大夫伊耆掖邪狗上獻生口方物拜掖邪狗等率善中郎將各假印綬正始丁卯倭女王卑彌呼與狗奴國男王卑彌弓相攻狀聞遣使詔諭之卑彌呼卒宗女壹與嗣

立遣使送使者還上獻男女生口白珠青大　珠異文雜錦晉泰始初壹與卒復立男王脩其職貢安帝時倭王讚通江左宋永和辛酉讚來朝詔曰倭讚遠誠宜甄可賜除授元嘉乙丑詔賜讚除授元嘉間讚復遣使奉貢而讚卒弟珍立遣使來貢表求除正詔除珍安東大將軍珍卒子濟立元嘉癸未遣使奉獻詔授節如故濟卒子興立大明壬寅遣使奉獻詔授節如故興卒弟武立昇明戊午表請報雠高句麗其表略曰封國偏遠作藩於外云云詔許之齊建元甲申武遣使來貢如武鎮東大將軍梁武帝即位詔進武號征東大將軍隋開皇庚申倭王阿比多利思孤遣使來貢大業丁卯多利思比孤遣使來貢書略曰日出處天子致書日没處天子無恙帝惡之徐遣使文林郎裴世清使其國大業戊辰多利思比孤與世清來朝賜冠服唐貞觀辛卯倭王遣使來貢帝矜其遠詔有司無拘歲貢貞觀己亥僧應智藏圓載等附新羅使者

上書永徽癸丑倭王孝德遣使來貢琥珀瑪瑙顯慶戊午倭天豐財遣使來貢顯慶己未倭王天智遣使偕蝦蛦來貢咸亨己巳倭王持統遣使賀平高麗長安辛丑倭王文武遣使粟田來貢國書大唐則天皇帝賜封日本國號開元丙辰日本王遣粟田復入朝請從諸儒授經詔許之開元戊寅遣僧禮臺學佛法天寶中日本王孝明遣使來貢時新羅梗道始由明越入朝大曆丁巳遣使來貢建中庚申日本王白壁遣使來貢貞元末日本王桓武遣使來貢開成己未及會昌間日本王仁明遣使來貢大中戊辰日本王文德遣子朝貢光啟己巳日本王光孝遣使來貢天祐中日本王仁和遣使來貢梁龍德中周廣順中日本王仁和遣使來貢宋雍熙甲申日本王守平遣僧奝然來貢端拱戊午奝然遣弟子嘉因等奉表謝恩進貢方物景德甲辰遣使僧寂照來貢詔號圓通大夫師大中祥符戊申日本人滕本吉附海賈周世昌至皆召見

之以國詩獻及陳所記州名年號賜裴歸遣天聖丙寅明州言日本國大宰府遣人來貢驗無表文却之熙寧壬子夷僧誠尋渡海止於天台國清等願留州以聞詔赴闕獻銀香爐等物帝以遠人而有戒業處之開寶寺併賜僧伴紫方袍元豐戊午明州言得日本國太宰府牒遣通事仲回附海商孫忠貢色段水銀州以貢物與諸國異請自移牒報答物直付仲回歸從之詔賜僧號慕化懷德大師乾道己丑使附明州綱首來貢胡元至元壬申遣使報聘先是高麗人趙彝言日本可使不報復征之敗績復招來市於慶元即不滿所欲卒焚儀門及天寧寺館而去終元之世使竟不至倭寇邊陲國初洪武初遣使告諭明年辛亥日本王良懷遣僧祖等九人奉表貢馬及方物又送至明州台州被虜男女七十餘口歲壬子又歸所掠濱海男女七十八人洪武甲寅其國遣僧宣聞溪淨業喜春等來朝貢馬及方物時日本持明與良懷爭立宣

「聞溪等齎其國臣之書達中書省而無表文却之又志布志地名島津地名」越後國名守臣氏久等亦遣僧道幸等進表貢馬及茶扇刀布以無本國王命而私入貢却之復詔禮部符下氏久等賚使遣還先是上賜日本高山報恩禪寺僧靈樞袈裟至是靈樞亦遣其徒靈照謝恩貢馬詔賜遣還夏六月僧宗嶽等七十一人遊方至京師處之天界寺賜布各一疋是月戊午日本以所掠瀕海民一百九人來歸洪武乙卯來貢洪武丙辰日本王良懷遣使沙門歸廷用等奉表貢馬及方物謝罪詔賜其王賜廷用等文綺各有差復詔諭之明州備倭指揮林賢交通樞密使胡惟庸宣使陳德中設計乃以廷用以寇擒其貢船分其賞賜移文中書奏其失謫流林賢於日本夏五月日本人滕八郎以商至獻弓馬刀甲硫黃却之仍賜白金遣歸其附本國高宮僧靈樞貢馬二疋授納之仍遣綺帛令滕八郎歸賜靈樞洪武己未遣使來貢驗無表文却之洪

武庚申夏五月遣僧慶有來貢驗無表文却之秋八月日本關東征夷將軍源義滿遣僧明悟法助來貢驗無表文惟奉丞相書却之洪武辛酉如瑶來貢不恪却之考略云先是姦臣胡惟庸僞使李旺充中書使日本取回林賢致使如瑶詐獻巨燭彼至惟庸預以不軌事露伏誅倭兵發陝西四川等處守禦林賢典刑仍命禮部移書責其王於是　太祖高皇帝著為訓章以絕之功謹按此原內姦之陰誘非倭夷之初心也洪武丙寅遣僧嗣亮上表貢方物却之洪武壬午遣使來歸永樂癸未日本王源道義遣使圭密等三百餘人奉表貢方物考略曰日本王源道義遣使百番來貢賜圭密等文綺紬絹衣幷錢鈔紵絲紗羅有差賜其通事冠帶命禮部宴之給與勘合百道十年一貢船二艘人二百違例寇論仍命遣使同圭密往賜日本國王冠服錦綺紗羅及龜紐金印永樂甲申遣使梵亮奉表貢馬及方物謝賜冠服印章命禮部賜王鈔錢幣絲宴賚其使冬十一月遣使永俊等奉表賀冊皇太子并獻方物命禮部賜王錢鈔絲幣宴賚永俊等永樂乙酉冬十二月

遣使源通賢等奉表貢馬幷獻方物幷獻所獲倭寇嘗爲邊患者二十
餘人上嘉之命禮部宴賚其使遂以冠命使人治以其國之法於鄞手
界鄉蕭臯碶築竈令一人執炊一人上甑盡蒸殺之於是賜王九章冕
服錢鈔織金文綺紗羅絹物使齎璽書褒諭之夏六月遣使圭密等貢
名馬方物謝賜冕服恩賜錢鈔幣帛永樂丁亥遣僧圭密等七十三人
來朝貢方物幷獻所獲倭寇道金等上嘉之賜敕褒諭曰王忠賢明信
恭敬朝廷殄滅兇渠俾海濱之人咸底安靖朕甚嘉之茲特賜王白金
一千兩銅錢一萬五千緡錦紵紗羅紬絹四百一十疋衣十二襲帷衾
褥品皿若干事幷賜妃白金二百五十兩銅錢五千緡紵絲紗羅絹八
十四疋用示旌嘉之意永樂戊子遣使圭密等百餘人貢方物幷獻所
獲倭寇上命以寇屬刑部賜圭密鈔百錠錢十萬緡綵幣表裏僧衣一
襲賜其徒從有差圭密等陛辭致其王之言曰請仁孝皇后勸善內訓

二書命禮部各以百本賜之并賜其王綵幣等物圭密等加賜衣鈔冬十二月日本國王世子源義持以父源道義卒遣使告訃命使往祭賜謚恭獻賻絹布各百疋復遣使齎詔封義持嗣日本國王賜錦綺紗羅六十疋仍遣使齎勅諭王義持討賊永樂庚寅日本國王源義持遣使圭密等奉表貢方物謝賜父謚及命襲爵恩皇太子賜圭密等鈔幣有差永樂戊戌遣使日向大隅薩摩三州刺史島津滕存中等奉表謝罪先是捕倭將士擒寇數十人獻京師賊有微葛成二郎五郎者訊之皆日本人羣臣言日本數年不修職貢意爲倭寇所沮今賊首乃其國人宜誅之以正罪上曰遠夷威之以刑不若懷之以德姑宥其罪遣使押示其王至是遣使奉表隨來謝罪曰日本蕞爾小邦自臣祖父以來受命朝廷霑被恩德不敢背忘比因倭寇傍午遮遏海道朝貢之使不能上達臣自知有負大恩而境内之人肆爲鼠竊皆亡賴逋逃之徒寔非

臣之所知既皆天兵所擒皇上天地之量父母之恩曲赦其罪悉皆遣歸臣之感戴莫盡名言伏望貸臣之罪自今許其朝貢如初不勝虔懇之至上以其詞順特釋其罪命行在禮部宴賚其使遣還宣德丙午遣使來貢人船逾數刀劍過多上命使臣今後貢船毋過三隻使人毋過三百刀劍毋過三千把多皆違禁宣德壬子如數來貢宣德癸丑日本王源義持卒上命出使垂弔宣德乙卯遣使具貢謝恩正統壬戌船九艘來貢朝廷雖[redacted]責其越例亦容以致柔遠之意天順戊申遣使來貢成化甲辰遣使周瑋來貢弘治乙卯遣使壽蓂如數來貢正德乙巳山城刺史右京兆大夫細川高國得請勘合於王遣宋素卿源永春請祀孔子儀禮廷議謂中國聖人不當為夷狄褻瀆不允鄞民朱澄首稱素卿乃其族姪朱縞昔因其父與夷使交通買賣折本將伊填去鎮巡奏聞陰賂逆瑾覆其事陽憫專使以遣之正德丁未周防刺史左京兆大

夫大内多多良義興得請勘合於王遣使省佐來貢正德己酉遣使僧桂梧等如數來貢嘉靖癸未多多良義興得請勘合於王遣僧宗設使人謙導等三百餘人船四艘來貢夏四月細川高國遣僧瑞佐宋素卿等一百餘人船一艘亦貢及稱辯勘合謙導等遂於城中掛甲殺宋素卿等夷伴遂焚境清寺館挾指揮袁璡以去而罪犯逃夷曰中林曰望古多羅等及被虜人口漂至朝鮮國王李懌擒送來歸發浙江會問素卿等以正罪其餘得奔活夷上命有司造舟發放還國移咨其王嘉靖己亥遣使石鼎周良來貢嘉靖甲辰夷僧壽光等一百五十人來貢以不及期却之嘉靖乙巳夷屬肥後國得請勘合於夷王宮遣僧御俫來貢以不及期却之嘉靖丙午夷屬豐後國刺史源義鑑得請勘合於夷王宮遣僧梁清等來貢以不及期却之嘉靖丁未遣僧周良一名策元乃山城國都天龍禪寺之僧等三船來貢又宋素卿子東瞻船一艘追隨而至官司繩法

姦民撥置捏報護送兵船而混納焉嘉靖丙辰日本西海修理大夫六國刺史豐後土守源義鎮遣僧清授報使先是布衣臣舜功奏奉宣諭日本國行至豐後得彼之情一面着令從事沈孟綱胡福寧齎書往諭日本國王一面曉諭西海修理大夫源義鎮禁止賊寇故遣僧清授附舟報使請奉國典還國一體遵照施行皆當事者不用忠謀助長債事而乃妄引典例謬請置使清授之於四川茂州治平寺功謹按大中祥符戊申倭夷滕木吉附商舟至上皆召見之賜裘錢遣歸元豐戊午日本太宰府遣僧仲回入貢抑非日本王之正使也時納明州之言以其貢與諸國異請自移牒報答物直付仲回歸詔賜僧號慕化懷德大師胡元至元壬申日本太宰府遣稱四郎報使宴賚遣還此蓋柔遠懷來之意也永樂乙酉使臣源通賢永樂丁亥戊子使僧圭密三度獻俘使皆宴賚之今使清授効順已亂而當事者助長盜名故不爲請宴賚獎勸優勸之一至債事乃請投荒安置可謂謀臣乎自此以來信使不通流通深固汎動風生不知何時而已也伏念堂堂天朝以來遠人乞加詳議以彰大信早成長治久安之計矣

丁巳源義鎮遣僧德陽來貢功謹按德陽之來因遣使人招王直故招其來彼來之初而源義鎮以父義鑑於嘉靖丙午自其國都請給勘合一道遣僧清梁入貢以不及期沮回其勘合仍貯豐後義鎮欲僧德陽齎作貢憑王直

告以切齋再圖請給又復告謀偽造印章鈐表入朝而遣使人謬從之仍許照樣請給飾詐歡夷致德陽來船泊舟山馬墓港館於本山道際觀一則以不及期一則以非正使照例沮回未幾招來市夷妙善等船泊舟山之夲港徐巢其間朝議欲兵方揚師妙善攫乃至道隆觀攀請德陽入巢德陽自謂貢使若從之是自求甃不允乃以通事吳四郎與同倭伴告於通判吳成器請易館不聽復以吳四郎等告於參將張四維四維疑詐恐蹈指揮袁璡之轍遂殺吳四郎等四郎者廣東海陽縣之彩塘人亦宋素御之流輩也於是德陽慮恐害己遂從妙善之請自焚貨財延及館宇奔入妙善等巢軍門使人往招之而德陽等輾以軍門輕信不聽久之一同妙善士去備按義鎮兩遣使臣蓋有兩覲之意合容入朝議當於一勞來以勸猶可也何乃取之而無業一至亡去貽怨東夷大夫柔遠懷服之道也

嘉靖戊午日本國屬周防國遣僧龍喜來貢

功謹按龍喜之來亦因遣使以招王直故招其來彼來之初官兵用事於舟山海上游兵掩殺之亦復有逃歸國者而乃告語衆夷曰今者中國殺我貢夷竊我報使不容向化固此如又且流適煽動鼓舞欲望東夷復修職貢得乎功竊謂欲定荒夷宜修大信以復祖宗之制庶乎邊鄙乃得長治久安之道矣已往貢使詳於賓典籍

表章

備按四夷入貢中國必奉表文又倭之奉表始於魏正始庚申自後乃「知奉表矣惟宋天聖丙寅日本太宰府遣人貢方物非其王命故不知」

「且表又詔却之勝國之世彼以蒙古故不入朝是以倭夷百年不知表文也聖朝洪武辛亥始復奉表來貢洪武甲寅來貢無表却之是時日本志布志島津越後守亦遣僧來貢俱無表文又以其私貢人發三邊安揷又考略云後來貢表有前來姓氏悉取到京宴賞賜歸永樂以來亦皆奉表入貢也嘉靖丁巳豐後來貢因遣使人招王直故招其至雖奉表文抑知僞印又非王使却之其貢使必奉表文原賜印鈐者」

咨文

備按四夷朝貢中國古今具表惟宋元豐戊午日本國之太宰府不奉其王之命越分行禮不知奉表以牒使備貢色段水銀於時明州議以貢物與諸國異請自移牒付本使人以荅物直聖朝洪武庚申日本山城國都之城關東征夷將軍源義滿遣使來貢不持表文惟奉丞相書却之抑惟咨文自國家洪武壬戌以來四夷入朝必先具咨布政司乃

與比對勘合查照表文方物事理明白然後遣使驅驛否即却之而不易於天聽也其奉咨來必以給賜印鈐又按中國遣使其國文移其間有可考者自魏正始庚申賜詔正始丁卯晋掾史張致齎詔其國宋淳熙己酉賜詔元豐戊午明州移牒元至元乙丑丁卯戊辰皆賜書己巳中書省移牒冬十二月及至元乙亥皆賜書聖朝初賜詔洪武己酉春二月賜璽書庚戌賜詔甲寅中書省移書仍符下民臣久丙辰庚申皆賜詔辛酉禮部移書仍書下臣源義滿壬午賜詔永樂甲申賜敕仍賜璽書歲丁亥賜敕戊子賜詔仍賜敕歲丁酉賜璽書嘉靖丁亥庚子戊申乙卯歲浙江布政使司移咨日本王夫咨弊端抑有達而不達者其不達也因來使人尚有夾帶人船之私我遣使人若非忠信篤敬之寔雖咨之不易達矣嘉靖丙辰功奉宣諭自以大明國客之名書致其主仰仗仁威致其聽信歸罹媢嫉功志不伸故亂不息也

勘合

備按勘合給與四夷起於洪武壬戌時以外夷入貢真偽難辯乃以禮部立勘合文簿給與暹羅占城琉球等國五十九處凡入貢驗齎給勘合於各自布政使司比對相同然後發遣覆按洪武壬戌而日本已絕其貢昔詢夷云洪武永樂兩給勘合未詳何年其勘合皆藏日本國王之宮房（宮房者倭之猶言后宮也）正德以來夷中列國請充貢使入朝者必先具錢一千貫價值白金二百鎰納於宮房其餘關節費萬餘金乃得請給勘合一道奉表咨具方物發艇入朝正德乙巳山城刺史細川高國得請勘合遣使朝請祀孔子儀禮正德丁未周防刺史多多良義興得請勘合遣使入朝嘉靖癸未細川高國多多良義興得各請勘合一道遣使於朝各執稱辯者以洪武永樂兩給也嘉靖乙巳肥後刺史得請勘合遣僧倻俅來貢以未及期照例沮回此勘合仍貯肥後嘉靖丙午豐後

剌史源義鑑請給勘合一道遣僧梁清入貢蓋緣使入招王直故招其來比源義鎮以父義鑑前請勘合尚存其國欲使復齎前請勘合以為貢憑王直告以勿齎再圖請給此勘合仍貯豐後浙江通志寧波府志謬以兩給勘合一貯肥後一貯周防日本圖纂籌海圖編謬以勘合皆在山口陶殿之亂勘合俱焚矣夫此言者蓋昔任事臣壞謀始終甘自欺殊不知我　皇祖宗給與勘合悉貯日本國王之宮房至今無失嘉靖己亥戊申歲而山城國都天龍寺僧周良（一名策元）先後奉充正副使入朝勘合果在山口山口豈不自專曷以山城之僧奉使乎（功）得其詳言非好辯但欲澄源端本豈容惑世誣民

貢期

備按日本入貢前代無期自唐貞觀辛卯倭使來朝帝矜其遠詔有司無拘歲貢宋亦無拘多附商舟入朝聖朝混一之初而彼來朝亦無定

期自　成祖文皇帝朝定制十年一貢抑來朝賀謝恩獻俘告訃無拘也嘉靖癸未夷使宗設入朝而宋素卿又復稱貢於時市舶太監賴恩處置失宜致兩來使竟自相讎殺寧紹地方搔動矣嘉靖丁亥禮部題奉欽依仍令十年一貢嘉靖己亥其使入朝後於甲辰乙巳丙午歲毗年來貢以未及期皆却之於歲丁未又使周良來京入貢亦未及期不容入港明年戊申乃是貢期准納其貢嘉靖丁巳豐後遣使僧德陽來貢此係遣使招王直故招其來以非日本王使且未及期不容入港復使來夷驚懼逃去此失柔遠懷服之道也嘉靖戊午周防遣使龍來貢亦係遣使招王直故招其來雖然及期原非正使此因舟山用事游兵掩殺之夷亦有逃去者大失柔遠懷服之道也然我祖宗制定貢期宣昭大信懷來遠人而夷國中必資華物然貢則可以得市而物不可以常給故夷慕貢猶農望歲有不及期來貢者既到中國而我有司以不

及期沮還中國姦民又復告以潛泊海山私通罔我利此亂之所由生也今者私商潛市於彼姦賊發生於中刼掠貨財以歸充斥島宇貧者坐以致富富者坐以買賤朝貢之道懲期航海之禍不息為令之計必須得人申明大信復定貢期以來遠人非惟日本貨財有資信使姦宄之賊不得乘間而作然此內外之民有賴永安之計得其所矣

貢人

備按日本進貢之夷前代毋拘其數永樂初年其來朝貢人三百餘時奉恩例進貢使人止許二百後無逾數宣德丙午使人過多上諭之曰今後使人毋過三百後貢如數再後使人違例正統壬戌使人千餘弘治乙卯使人七百餘正德乙巳使人六百六十八嘉靖癸未兩來貢夷一起人三百餘一起人百餘人嘉靖己亥正副使二十四人從人生手三百五十八人嘉靖戊申使人六百三十七前此違例罪非其王原奉

使夷附人利己已其王不知及使貢回而我有司移咨其王抑未必達夫未達者其來使人未全識乎中國之大義故咨致有不達矣為撫夷奠夏之計者必得乎人申明大信不使復為前弊此亦澄源端本之謀柔遠懷服之道也覆按朝使正德己巳嘉靖戊申例皆正副併僧人居座土官通事等五十人入朝餘置寧波嘉賓館俟使朝鮮一同津發嘉靖戊申夷使入朝押官三員寧波副千户周世賢照磨蔣文粹知事李寔通事周文苑管送往還為今之議凡點押使之官必須廉能方可取用否則通事伴送人役玩法撥置擾害沿途地方既不得罪於遠夷而輙坐罪於押官者不亦謬乎古云作事必謀始夫用人者不可不慎必慎於初焉又考恩例凡外國臣使病故者令所在官司賜棺及祭或欲歸葬聽從其便此我聖朝恩及四夷浩蕩無涯矣又豈當事之臣殺其貢夷棄置報使可為中國奠安之道乎良由助長盜名慣事彌縫苟全

一身之計不息十載之兵致侵五省之民奚慰九重之望功昔奏奉天使蓋愛國體以懷遠人念省兵力以惜民命必欲奠安中國者忍視向化之夷不得其所哉

貢物

備按四夷來朝中國無有遠邇畢獻方物日本貢獻考自後漢光武中元丙辰奉珍朝貢漢永初丁未獻生口百六十人魏正始癸巳亦獻生口晉掾史張政使其國還獻男女生口白珠青大勾珠異文雜錦宋永徽癸丑獻琥珀大如斗瑪瑙若五升器開元丙辰使人粟田請從諸儒授經獻大幅巾宋雍熙甲申夷僧奝然獻銅器十餘事并本國職員年代紀各一卷端拱戊子貢佛經納青木函琥珀青紅白水晶紅黑木槵子念珠各一連并納螺鈿花形手函毛籠一納螺杯三口葛籠一納法螺二口染皮二十枚金銀蒔繪筥一合納髮鬘二頭又一合納參議正

四位上滕佐理手書一卷進奉物數一卷表狀一卷又會金銀蒔繪硯筥一合納金硯一鹿毛筆松煙墨金銅文瓶鐵刀又金銀蒔繪扇筥一合納繪扇二十枚蝙蝠扇二枚螺鈿梳凾一對共一納赤木梳一百二十共一納龍骨十橛螺鈿書案一螺鈿書几一金銀蒔繪平筥一合納白細布五疋鹿皮籠一納貂裘一領螺鈿鞍轡一副銅鐵鐙紅絲鞦泥障倭畫屏風一雙石硫黃七百斤大中祥符戊申夷人滕木吉以國詩獻又陳所紀州名年號熙寧壬子夷僧誠獻銀爐木槵子白琉璃五香水晶紫檀琥珀所飾念珠及青色織物綾元豐戊午夷國太宰府遣通事僧仲回獻色段二百匹米銀五千兩逮今國家洪武辛亥其來貢馬及方物洪武甲寅使貢馬及方物又其國之志布志島津越後守臣民久等遣使貢馬及茶布刀扇蓋以不誠越分而却之惟僧靈樞貢馬謝恩而去授納馬洪武丙辰貢馬及方物授納之又日本人滕八郎以商

至獻弓馬刀甲硫黃却之惟僧靈樞所附貢馬二疋授納之洪武己未庚申貢馬硫黃刀扇又其國都之關東征夷將軍源義滿遣使貢方物蓋不以不識越分而却之洪武辛酉貢方物考畧云獻巨燭內藏兵器以不恪却之遂絕其貢洪武丙辰貢方物却之洪武壬午來貢方物永樂癸未其來貢馬及鎧冑佩刀瑪瑙水晶硫黃諸物時禮部尚書李至剛言日本國遣使入貢已至寧波府凡番使入中國不得私載兵器刀槊之類鬻於民具有禁令宜命有司會檢番船中有兵器刀槊之類籍封送京師上曰外夷向慕中國來修朝貢危蹈海波涉跋萬里道途既遠貲費亦多其各有齎以助路費亦人情也豈當以一切拘之禁令至剛復奏刀槊之類在民間不許私有則亦無所鬻惟當籍封送官上曰無所鬻則官為準中國之直市之毋拘法禁以失朝廷寬大之意且阻遠人歸慕之心又按考略永樂乙酉限定貢例毋許夾帶鎗刀宣德丙午刀劔過多

「上諭使臣今後刀劍無過三千把多皆違禁成化乙巳禮部尚書周洪」
謨奏日本王貢刀三千六百一十把各夷附搭貢刀三萬五千餘把比
之宣德年間進刀三千餘把不啻十倍舊例貢夷自附貢刀每一把酬
價銅錢一千八百文共該銅錢七千萬有餘洪謨言若不裁抑以後益
增定以每刀一把止酬銅錢六百文比舊價只該三分之一通減去銅
錢四千四百四十萬文該銀五萬九千二百兩夷人次日進本要照日
例不與覆本又題准限以日後日本來貢止照宣德年間定例刀不過
三千把豈料各夷作弊每刀一把斂金五分共斂金一千九百餘兩送
日本正副使等四人約以得照舊例得錢却用此金謝正副使其後因
不得照舊例各夷皆取金回至將辭朝之日方知此弊以後遵照舊例
止許貢刀三千把永為定例此一次省府庫銀五萬九千二百兩備考
貢船初著船時不拘貢刀及各私帶刀仗官司查盤則必貯之東庫嘉

靖癸未兩起貢夷自相讐殺之秋其持刀仗皆出殯室之中蓋懷私市故先暗藏其間及至雠殺藉此以為兇具矣嘉靖戊申都御史朱紈奏稱貢船進港閣岸館處之秋其貢刀劍及帶兵器官與查盤悉貯紹興府庫後以為例嘉靖戊午貢夷德陽亡去之秋軍門永差吳孝至憲獄謂王直曰倭僧德陽逃入岑港去了軍門直言曰祖宗舊制貢夷刀仗必先卸貯於庫我在舟山時嘗見貢夷佩刀出入城市故有此變云按其實貢物例該使人營辦進貢國制貢物底以適用不貴異物賤用物也而日本貢奉皆是用物中國頗多物議輕微夷涉漲海蓋自危身以貴德豈論物之輕重乎今奉貢物并詳著之

馬　盔　鎧

鈒　腰刀　鎗

塗金粧彩屛風　洒金廚子　洒金文臺

洒金手箱　描金粉匣　描金筆匣
抹金提銅銚　洒金木銚角盥　貼金扇
瑪瑙　水晶數珠　硫黃
蘇木此非土產海市西南夷國者　牛皮

貢船

備按日本貢船前代無紀自永樂初始奉欽定貢船二艘宣德丙午貢船踰數上諭使人今後貢船無過三艘永以為例又按正統壬戌貢船九艘嘉靖癸未兩起貢夷共船五艘嘉靖戊申貢船四艘按其違例國王不知皆是貢夷私帶圖利嘉靖庚戌貢船三艘行盡彼域別有一艘追隨而至於時貢使受賄通事作弊揑作護送兵船有司審失其弊故容之按貢船初至太宰府則必掛號然後入朝還國亦然向罹奸究之誤也為今之議必欲申明大信以謹後來以革前弊以清內外者須得

乎人焉矣又考彼中列國得請奉使者乃繕貢船附貨互市則必抽分準備貢儀貢船盤費人工及請勘合納錢關節之用而不啻於萬計也

貢道

備按日本海道後漢初知時會稽東冶之人航海遭風漂流至亶州者所在絶遠不可往來魏晋隋唐亦各遣使取道於韓魏隋方陳雖紀未詳又況世遠島名有易亦不可得而詳矣勝國之世雖屢遣使惟至夷中西海道聖朝遣使自洪武永樂宣德間凡十餘度惟僧祖闡太監王進略紀去程又按夷初入朝由新羅百濟樂浪朝鮮循渡鴨綠江而入朝焉一由彼中西海道肥前國西之松本次壹岐島次對馬島至朝鮮之對戶（戶一云門或即金州海口為古樂浪之地）一各四百八十里次循渡鴨綠導道遼陽而入朝焉唐天寶中新羅梗道始目明越入朝此由西海道大隅國西之棒津次天堂島放洋入朝故肥前大隅二國之間其為古今入唐道

又天堂島名天堂官渡蓋謂入朝之義光啟己巳其東海嶼有邪古波邪多尼三小王兆距新羅西北百濟西南越州有絲絮怪云而對馬島平户島　五島硫黄島屋久島為其極西之域近緣中國之邊廣輿圖云六朝及今乃從南道浮海率自温寧以入又按宋端拱間奝僧奝然謝表云季夏解台州之纜孟秋達本國之郊此由台入準主山也今則寧波入朝準韭山馬入温州則準南几山矣功前奉使日本時浙直福海皆有賊故取道廣初自潮門馬耳澳放洋用艮寅縫鍼略遵給事中陳侃出使琉球水程一自閩海烏丘山放洋值西南風用艮寅縫鍼東南風甲卯縫鍼西北風正丑鍼西風正艮鍼取有馬島島屬肥前國此蓋遵彼上海也聖朝遣使多自浙海韭山放洋用單卯鍼取其屋久島寄音耀固世邁人指之曰野顧山又曰之曰白雲島凡五六日一至烏沙門放洋用寅甲縫鍼若陳錢山放洋用艮寅縫鍼皆準屋久等島矣若或屋久

遵其右海收取椿泊歷奴島次大門島至堺江入山城國都若或屋久徑遵上海之道又山城國都用艮寅縫鍼四更取大島即乞島人目之曰亞甫山倭音押付腮本島之西六十里有礁四五人曰馬蹄取道馬蹄之上用艮寅縫鍼約至十更取敦理宮島倭音押茲利密耀如不見山次用正艮鍼二更艮寅縫鍼五更取江輪野倭音耶歪儒一名江門野岳觀倭音耶大懦阿佳密次用正子鍼一更正癸鍼二更取野島一曰野島磯關野島之南有暗礁取道島上次用正丑鍼一更正子鍼四更取淡路島一名大門山取道其上次用正丑鍼三更至兵庫港更易小舟入山城國都若或韭山放洋取道大隅之棒津初用乙卯縫鍼一二日次正卯鍼二三日到本津頭若自本津取海右道之入山城國都次山河即山川津次有泊即大門泊次血野湊即千湊次户浦次耳次細島次垢水即赤水次東海即遠海次竹島次釜江次渡柏島次駒妻即小豆次清水即志水次津龍次舟崎次浦户次東津留

「（即大津留一名戶路）次江浦（即上浦）次椿泊次渡來島次堺江易小舟次大阪次守」口次八幡次下鳥羽（即下戶宇）牛車轎馬至山城國都或自下鳥羽更易最小舟次上鳥羽（即上戶宇）牛車轎馬次塔寺次山城國都次門浦次伊筑次今日泊（即京泊津）次阿久根次渡天草（即雨來）次渡戶坂浦（即江坂浦一名軍瓦）次渡河島次渡瀨戶次渡平戶島次渡博多津次足屋次渡赤坎關次掛坐次上關路次渡宮島次度釜雁次渡竹源次戶摩（即反地）次渡志波久島（即連島）次渡牛窓次室次兵庫港易小舟次杉田次山崎次下鳥羽更易最小舟次上鳥羽乘牛車轎馬次塔寺次山城國都一自棒津取道陸路馬行月餘至山城初棒津次伊筑（即伊地久）次伊力（即井利市）次阿久根次根島次關（即關之）次八代次高足（即鷹瀨）次瀨高次宰府（即太宰府）次博多津次滿（即狩）次國羅（即小倉）次足屋次渡赤坎關（即阿伽摩關名阿開間關）一次府國次淺（即朝佐）次山口次小畑（即小波田）次廿日市次聲部（即壁）次山原（即出肚）次吉田次橫田次高山

次戶九即三原次道尾次成輪次河歌即笠岡次品川次和氣即分氣次燒山次酌子次五著次御未即右木次明石浦次兵庫港即日護次西宮次小屋次善川次山崎次渡次上鳥羽次塔寺次山城國都此計大畧詳具桴海圖經

風汛

備按日本來朝中國必乘風汛乃可入覲抑夷島居東北論風汛有大小大汛者清明以後端午以前風有旬日之久若端午後不利其來也小汛者中秋以後中月望前踰期則不得而遵貢道乃漂流入閩廣矣曩昔鄞人每於日本朝貢之期至清明之後端午之前則曰日本進貢風光只今東南則曰倭賊風候也其歸本國必西南風端午以後中秋以前十月望後仲冬望前可行也否則不利於行爾鄞館貢夷之秋至端午後則人語曰送使風只今東南則兵語曰助陣風何也夫賊之來

則乘風至而我兵船則難通風故賊得而登犯者矣賊乘風去而我兵船亦須乘風追擊之賊舟中擊則溺賊奴則浮取其首級謂得寔利竊謂實利不在殺賊蓋在已賊必欲至已賊須則來賓來賓有嘗海隅絶警何必防風備汎而自擾之乎抑海風能黑人耶

水火

備按澹水海航所貴蓋海水鹹不可以為飲食也如以海水為飲食嘔泄不堪苟烹臟味則棄其汁臟味可用是故使者必預蓄澹水抑倭使人每備澹水四百觔（倭秤一斤二十五兩斤水八椀）惟飲食不沐浴否則行洋不易登山覓取期到彼岸必有餘可也盛水之具不論陶器木器必須注水久遠者乃可用之或以新器注水冬月苟可若值炎天不二三日水臭不堪如置之久水性作過則亦可用如之澹水或不遇山則必煮海若燒酒法取氣水而用之味不為美抑海水殺疥蟲去職臓麁肌膚使船行

洋必帶火刀火石以擊火或預鍋煤或預草紙而引之又用乾竹取火之法以竹二片一中斷濠一急鋸之伺其火發用煤引也用乾硬之木以爲鑽用繩急牽鑽杉木火發煤引惟桑鑽桑取火易得

使館

備按國制日本來貢初館使於寧波市舶司勝國之世招其來市館於慶元（即今寧波）天寧寺馭之無策寺罹燔炳嘉靖癸未兩起貢使俱至寧波事屬違例於時市舶太監賴恩以兩貢使一館之於市舶司一館之境清寺館雖兩處待有偏頗二使爲讎寺惟燔炳嘉靖丁巳使館舟山道隆觀此招王直故招其來馭之無策觀罹燔炳此固人謀不臧也豈惟倭夷無知耶嘉靖癸未二起貢夷讎殺之後迄守己亥其修貢有司議館之遂以境清閑基起造嘉賓之館向來以處來使也及入朝則處之於四夷館即今會同館謂倭蠻驛也天使日本初入其境若登岸多館

「僧寺若陸馳行則舍驛傳至其國都向舍鴻臚館因其國僧曩昔授華」僧教故其累代使僧入朝唐宋以來授親文學是以天使東華臨而夷僧衆多白其王請處僧寺蓋其衆僧但欲得親文教矣及通其言各有通事彼西海道太宰府自古迄今有大唐通事之官及設大唐通事人役按宋元豐戊午其太宰府遣通事僧仲回入朝夫此通事皆會倭書識漢音知唐字而能翻譯也入使出使以之通事抑亦不誣鄭有通事粗知倭音不識譯字但知罔利弗諳大義故音以致利害也又考洪武永樂以來設立御前答應大通事者有都督都指揮等官統屬一十八處小通事以通四夷之情成化己丑奏定小通事六十員名於內日本通事四員名以通夷情抑此通事粗通倭音不精譯字故不盡識其說也抑且使僧入朝多識華文欲通其事疑有未盡者又當命使以筆代言言合於義則當俯從之言不及義尤宜啟勸之夫如是然則慕華向

化之夷亦得被以文教而不致於通事之誣也奉天使人誕敷文德帶
去通事抑惟備數而不通其理敬之說惟天使人以筆談之庶幾無誤
又考待使廩粮下程宴勞之典自宋永和庚申倭奴國王來朝有宴勞
之典唐長安辛丑遣使粟田來貢宴之麟德殿宋雍熙甲申遣僧奝然
求詣五臺詔許之今所過續食胡元至元壬申日本太宰府遣彌二郎
等二十六人來報使皆有宴勞聖朝洪武己酉詔定藩王朝貢禮使臣
初至龍江驛則宴之應天府同知侍其使臣座設廳之西北東向府同
知座設廳之東南西向至會同館禮部侍郎奉旨侍宴於館中儀如龍
江驛夷使朝見必先習儀鴻臚寺朝畢奉旨賜宴於館擇日皇太子賜
宴次中書省宴於左司都督府御史臺即今都察院事領廣東道皆宴之於經歷司
使臣陛辭禮部官率應天府官送之龍江驛設宴如初永樂丙戌命浙
江福建廣東市舶提舉司凡外國朝貢使臣往來皆賜宴勞宣德間使

臣通州湯飯令行在光祿寺送至濟寧州回至浙江布政司並寧波府茶飯管待向來使臣入朝筵宴二次禮部管待中官亦預回至寧波府管待一次在京遇正旦冬至聖節吉慶及朔望朝見辭酒飯皆有常例其正副使僧居土官通事使從廩粮亦皆有例留處嘉賓館者首尾奉支於鄞縣夫入朝者沿途往還給支廩粮之外每人肉半觔酒半瓶若在中途無故停止一日之上者廩粮住支若至會同館該光祿寺支送常例下程每人日肉半斤酒半瓶米一升蔬菜廚料若奉欽賜下程五日一送每十人羊鵝鷄各一隻酒二十六瓶米五斗麪十二觔八兩果子一斗燒餅二十箇糖餅二十個蔬菜廚料外住支常例下程若奉旨優待則又不在前例也天使日本各驛供奉如至列國及其都筵名潔洲精進者此其至敬之禮有歌舞管絃之樂且奉天使禮遇存誠

市舶

備按浙江寧波府向有市舶提舉司北通四夷商市蓋謂日本貢夷而設也備考始設於永樂之初四夷來朝上許順帶土產互市而恐奸民欺騙有失遠人向化之心遵照國初事例於浙江福建廣東各設市舶提舉司以隸各布政使司隨設正副提舉吏目之官部領行人專主貢夷交易又有太監提舉市舶司事嘉靖初日本一國有兩貢使至寧波提舉司太監賴恩處使偏頗兩貢使自相讎殺寧紹地方一時搔動按市舶司太監提舉不知起於何年而罷於嘉靖初年也又按市舶行人但知覓利不識國體故弘治乙卯此等行人乃與鄞之朱漆匠賒得夷人湯四五郎漆器價錢入手花費竟無貨償貢船歸國之秋不得漆器將告於官行人慮責與之催逼而朱漆匠計出無奈以子朱縞塡去後更姓名宋素卿於正德辛未奉使入朝其叔朱澄首鳴其事比賂逆瑾得以放去復生癸未之禍此皆行人所致也嘉靖乙亥寧波之民應姓

者干犯撥置之罪嘉靖戊申貢夷方至之秋值許二許四倡亂之際官司處使嘉賓館而寧波人尤有擲書撥置者都御史朱紈奏議略曰臣體得地方積弊常年入貢夷人隨帶貨物有等姦民指以交易為由誆騙推延往往貢畢京回守候物價累年不得歸國官司苟且避事佯為不知其寔不能禁遏奸人因此肆志夷人無處申鳴内傷國體外起侮心非一朝一夕之故乃於貢船閣岸之初貨物報官給領巡海道司信票許其明白互市以慰遠人之望以絕奸人私通誆騙之弊無票者以通番論罪隨諭貢夷若有買賣交易許爾明白報官給領信票填寫合同照出照入官免抽稅以此示諭使勿聽人哄弄俱各感激一遵約束其朝貢者並無往年沿途驚擾存留夷伴安心在館並無往年出外交通此類賴都御史朱紈處置有略是以使夷感恩矣又按大明會典著官收買貢夷附來貨物俱給價不堪者令自貿易又令夷人朝貢到京

會同館開市五日各鋪行人等入館兩平交易染作布絹等項立限交還如賒賣及故意拖延騙勒夷人不得起程并私交易者問罪仍於館前枷號一個月若各夷人潛入人家交易者私貨入官未給賞者量為遞減通行守邊官員不許將曾經違犯夷人起送赴京又令在京在外軍民人等與朝貢夷人私通往來投托照顧撥置害人因而透漏事情者俱問發邊衛充軍軍職有犯調邊衛帶俸差操通事併伴送人等係軍職者照軍職例文職有贓者革職為民又令甘肅西寧等處遇有番夷到來本都司委官關防提督聽與軍民人等兩平交易若勢豪之家主使弟男子姪家人頭目人等將夷人好馬奇貨包收逼令減價以賤易貴及將粗重貨物并瘦損頭畜拘收取覓用錢方許買賣者聽使之人問發附近衛分充軍干礙勢豪及委官知而不舉通同分利者參問治罪又令迤北小王子等差使臣人等赴京朝貢官員軍民人等交易

只許光素紵絲絹布衣服等件不許將一應兵器幷違禁銅鐵等物有違犯者處以極刑又令官員軍民人等私將應禁軍器賣與夷人圖利者比依將軍器出境因而走泄事情者律各斬爲首者仍梟首示衆焰硝秘書然法當此功覆按得弘治乙卯鄞縣朱漆匠以子朱縞準抑夷人乃更姓名宋素卿故於正德辛未擢置山城剌史細川高國幸請勘合於日本王得以奉使入朝既不能自陳情及致其叔朱澄首出仍賂逆瑾得以縱去復生癸未之亂事於大法未見定律以戒後來功又訪得有等奸民伺貢夷至則托通事行人領貨本往景德鎮定陶磁器底書日本年號要其大利者前此俱干天憲也抑茲疲弊尚艱內治徒賣外夷可不自慎於將來乎按今貢夷在京在市其谷行貨必先報單而後入館交易此法得矣大抵在京在外安待夷使必須提督提舉得人然則館伴畏法行人不能與之私通關人不得與之交接雖有夾帶違禁之姦賒騙告擾之弊亦然化而潛消也如此肅清夷使戴德國體愈加尊重矣

賞賜

備按日本朝貢賞賜其王與奉使夷有可考者自宋永和庚申倭奴國王來朝有賜與之制隋大業戊辰倭王來朝賜錦綫冠服唐開元丙辰

使粟田來朝賞賜書物以歸宋雍熙甲申使僧奝然來朝賜紫衣及鄭氏孝經注一卷記室參軍任希古撰越王新義第五十一卷皆金縷紅羅褾水晶爲軸奝然又請賜大藏經一部景德丁未賜僧寂照紫方袍大中祥符戊申夷人滕木吉朝見賜裝錢遣還熙寧壬子賜僧誠幷僧伴紫方袍聖朝洪武辛亥賜使僧祖等文綺帛及僧衣賜王良懷大統曆及文綺紗羅洪武甲寅賜使宣聞溪等文綺紗羅各二疋外從官錢帛有差賜志布志島津越後守臣民久等使僧道幸等文綺紗羅各一疋通事從人以下錢帛有差賜僧靈樞徒靈照錢一萬文綺帛各一疋僧衣一襲賜方僧宗嶽等七十一人布各一疋洪武丙戌賜謝罪使圭廷用等文錦有差賜夷人滕八郎白金附賜僧靈樞綺帛洪武己巳賜太學日本生滕佑壽衣鈔靴韈永樂癸未賜使圭密等文綺紬絹錢鈔紵絲紗羅有差賜其通事冠帶賜王源道義冠服錦綺紗羅等物永樂

「甲申使梵亮來謝恩賜王錢鈔幣綵宴賚其使人十二月遣使永俊等」
奏表賀冊立皇太子賜王錢鈔綵帛宴賚其使永樂乙酉遣使源道通
賢獻所獲寇嘗為邊患者賜王九章冕服鈔五千錠錢一千百緡織金
文綺紗羅絹三百八十七疋宴賚其使永樂丙戌遣使圭密謝恩賜王
錢鈔綵幣宴賚其使永樂丁亥遣使圭密獻所獲倭寇道金等賜王白
金一千兩錢一萬五千緡紵絲紗羅絹四百一十疋衣十二襲帷帳衾
褥器皿若干事并賜王妃白金二百五十兩錢五千緡錦紵紗羅絹八
十四疋宴賚其使永樂戊子遣使圭密等獻所獲海寇賜王綵幣等物
賜使鈔百錠錢十萬綵幣五表裏僧衣一襲賜其僧從有差冬十二月
日本王世子源義持以父源道義卒遣使告訃賜謚恭獻賻絹布各五
百疋封義持嗣日本王賜錦綺紗羅六十疋永樂庚寅使圭密等來謝
恩皇太子賜圭密等各有差永樂辛卯禮部尚書呂　上蠻夷來貢

朝賞例請照品級以賞之上曰朝廷馭四夷當懷之以恩今後朝貢悉依品級雖加厚不為過也永樂戊戌其王源義持使向大隅薩摩三州刺史島津滕存中等謝恩宴賚其使宣德乙卯使來謝罪賜王紵絲二十表裏紗羅八疋錦二疋銀二百兩妃銀一百兩後以為例及賞正副使并僧人居座土官通事初到賞衣靴帽正賞紗羅紵絲絹布銅錢諸物有差備考賞賜如斯而已曩者議論厚賞未然竊謂日本乃東海最大之夷中國外藩之地我皇祖宗朝貢之國十年一度漲海來庭賞賜其王與妃銀共止三百兩表裏紗羅錦綺共止五十一疋及來使人賞則有常且永樂時其三獻淨賞賚不至萬鎰能致百數十年之太平若今用兵竭民膏血傷民物命幾廿年而不已者蓋昔人謀之不臧甚不臧也啗賊自以為奇謀資舟自以為祕計助器自以不厭詐侵漁自以可通神國法軍聲因而不振國家元氣隱被消磨欺罔壅蔽於朝廷取

「怨貽笑於夷狄者不若忠信奉宣文德容使來庭蓋賞有常數矣究心經世士君子欲乎日本之來庭而為尋常賞賜歟欲視倭夷之來寇靡」費濫冒不已歟

印章

滿按中國給賜日本國王印章有三種焉其一漢光武中元丙辰其二魏景初戊午其三皇明永樂癸未此二給者皆金章也前三金章俱藏日本國王之宮房（宮房者猶言倭之後宮也）夷國書云本朝三種神器正謂此也而日本圖纂籌海圖編日本國印久為山口所得及損一角今印不知所在之說夫此語者蓋昔使人之用詐謀以圖王直直畏國法恐使得達日本國都咨以大義則必檻已以歸故用作誣在圖自利乃誘豐後僞造印章矜表來貢此効役者果知國體之尊歟果顧朝廷之信歟比知印僞不納其貢使之抱赧懷慚矣何復欺罔觀聽耶覆按嘉靖戊申都

御史朱紈於日本入貢之秋奏稱日本使奉表咨勘合俱各硃墨相同又況日本自古迄今其惟源氏世王其國且無大變何謂金印不在山城之在山口者蓋昔任人既非綏遠之才終貿深臨之役由是開邊之釁輒復欺罔觀聽一至板行而取惑於時政也功知不語罪何所逃又按景和戊午其來使臣曰難升米曰牛利各賜之銀印正始癸亥其來使臣曰伊耆曰掖耶狗亦各賜銀印今其都臣石上即石野守者尚存有焉又其南海土佐國有圓圖書未審篆文不知其所出也其通國中重一押字惟前賜印以為寶而無自作符章也

授節

備按四夷入朝往則授節以送之去則慕義以懷之夫日本國自漢光武中元以迄於今或授以官或爵以王或封其山或賜其謚蓋以向化意誠故報禮厚至如此按宋元豐戊午日本太宰府遣僧仲回貢色綾

水貢銀抑非日本國王之正使於時以有司以其貢物與諸國異請目
移牒報答其來仍賜僧號以為慕化懷德大師今聖明時豈期奸民勾
倭入寇功奉宣諭而日本西修海道大夫六國刺史豐後土守源義鎮
遣僧清授附舟報使請奉國典還國一體遵照施行宜表先知向化之
心以為後患潛消之計豈當事者不用忠謀助長僨事而乃妄引典例
謬請置使於四川故沮東夷之心以遂中國流通之慾乃釀邊鄙無究
之患功奉天使忍敢不言欲定日本之荒夷宜彰天朝之大信哀矜報
使以定太平故按書編並授詳節　漢光武中元丙辰倭使來朝自稱
大夫賜以印綬永初丁未以來倭韓俱屬帶方郡魏景初戊午倭女王
卑彌呼遣使大夫難升米曰牛利等來朝賜金印紫綬封為親魏倭王
難升米率善中郎將牛利率善校尉各假銀印青綬正始癸亥其使大
夫曰伊耆曰掖耶狗等率善中郎將各假印綬宋永和辛酉倭王讚來

朝詔曰倭讚遠誠宜甄可賜除授元嘉問倭王珍遣使來朝自稱持節都督倭百濟新羅任那秦韓慕韓六國諸軍事安東大將軍倭國王表求除正詔可除安東將軍又求除正倭侑等二十三人平西征虜冠軍輔國將軍等號詔並聽之元嘉癸未倭王濟遣使來朝詔授節如故元嘉辛卯倭王濟遣使來朝詔授節如故並除侑等二十三人職大明壬寅倭王興遣使來朝詔授節如故昇明戊午倭王武遣使來朝自稱使持節都督倭濟新羅任那嘉羅秦韓慕韓之國諸軍事安東大將軍上表假授以勸忠節詔除武使持節倭新羅任那加羅秦韓慕韓七國諸軍事鎮東將軍倭國王齊建元甲申倭王武遣使來朝加武鎮東大將軍梁武帝即位進武征東大將軍隋大業戊辰倭王阿每多利思比孤來朝詔賜冠服唐咸亨己巳倭王持統遣使來賀平高麗後更倭號曰

「日本日本記云大唐則天皇帝賜封日本國號此則授節送之之意也」

「長安辛丑倭王又遣使粟田來朝自稱朝臣真人宴之麟德殿授司膳」卿丙還開元丙辰復遣使粟田來朝請罪從諸儒授經從之副使仲回慕華不肯去易姓名曰朝衡歷左輔闕久及還天寶中其王孝明復遣使朝衡入朝上元中擢左散騎常侍安南都護貞元末其王恒武遣使朝其學子橘逸勢浮屠空海願留肄業詔從之宋景德甲辰其使僧寂照來朝詔號圓通大師元豐戊午其國太宰府遣僧仲回來朝賜號慕化懷德大師聖朝洪武己巳日本生滕佑壽入國學讀書歲辛未以為觀察使永樂癸未日本國王源道義遣使來朝賜王冠服及冕紱金印賜通事冠帶永樂乙酉其王源道義遣使來朝併獻犯邊之賊賜王九章冕服永樂丙戌其王源道義遣使來朝併獻犯邊之賊賜璽書褒諭其王詔封其國之山曰壽安鎮國之山上親製詩文勒石其上永樂丁亥其王源道義遣使來朝并獻犯邊之賊賜敕褒諭之永樂戊子日本

國王世子源義持以父源道義卒遣使告訃詔諭祭賻賜謚恭獻封義持嗣日本國王宣德癸丑源義持卒俱奉恩典

日本一鑑窮河話海卷之七終

日本一鑑窮河話海卷之八

奉使宣諭日本國新安郡人鄭舜功纂叙

評議

備按馭夷一事立言最難如言不中則釀夷狄之玩侮若言格正可啟夷狄之畏懷啟畏懷始可以慰朝廷之宵旰釀玩侮曷能以慰廊廟之憂勤此立言者固不可以不謹而乃苟惑於時政竊取一時之富貴故使百靈膠鋒謫以為千古罪魁歟念功一誠効役萬死餘生三至京師孫忠自許伏覩闕下之法令則曰說謊者斬又覩兵部之門示則曰一應人等但有禦侮平倭長策者俱許具開揭帖不時赴部以備採擇此官情國法如斯而已夫北虜事非功可知而南倭情使臣頗識兵部之謂長策者而功竊為要領也朝廷之禁說謊者而功自許盡忠也念昔効忠痛罹娼嫉彌縫歲久雖得要領忠不能攄亂不得已故憂世者有

懸斷遼度之差故賊寇也有東滅西生之患患今不息良由中國流通之隱誘差昔設施致使東夷職貢之愆期必欲貢須彰天朝之大信欲亂必定須鑒草澤之孤忠庶使東夷得効順之名此顯聖王之化彰大信庶使外患就潛消之計此顯仁者之功功雖寡學無知自委必期盡己敬以祖宗垂訓古今格言一各附言於下固雖不成章句蓋有明徵定保夫馭東夷奠安中國而功自謂畫一之說也草莽僭議萬罪何辭仰惟皇上勿究媢嫉匪人既往之欺庶不復亂孤忠經國之大謨如蒙明良察功之言行功之議如夷狄不誠服東南不太平者甘受誤國之誅矣

布衣吳萊疏略曰海東之地為國無慮百數北起拘邪韓南至耶馬臺而止又有夷洲紵嶼人莫非倭種度皆與會稽臨海相望漢魏之際已通中國其人弱而易制慕容寇掠其男女數千捕魚以給軍食其後

種類繁殷頗知用兵唐攻百濟扶餘借其兵敗於白江口乃逡巡斂甲而退今之倭奴非昔之倭奴也昔雖至弱猶敢拒中國之兵況今之恃險且十此者乎向自慶元航海以來艨艟數十戈矛劍戟莫不畢銛鋒淬鍔天下無利鐵出其重貲公然貿易即不滿燔炳城郭抄掠民居海道之兵猝無以應追至大洋且戰且却餓風鼓濤洶湧前後失於指顧相去不啻數十百里遂無奈何喪士氣虧國體莫大於此然取其地不能益國掠其人不可以强兵徒以中國之大而使見侮於小夷則四方何所觀仰哉唐太宗擒頡利而靺鞨來朝太宗遠來突厥既服矣今倭奴不及突厥遠甚者其屬之如靺鞨者之多 臣恐其有効尤於後也以 臣度之倭奴之國去高麗耽羅不遠今戍高麗耽羅者當不下數百萬戍慶元海道者當亦不下數百萬比歲水教以作事卒之氣大船數百薄海上下然迄未能以兵服之者絶地絶大海險故之以間往征之三

軍之士感激嗚咽誓不再見父子妻孥颶風連晝夜大魚跋扈鷲鷁蒿拖勁弩不暇發嚙古桐親不幸而有覆艦之虞衣衿結連溺死枕藉幸而一存拔刀斫舷手指可掬雖親戚不相救援生死而未能保何暇較勝負哉昔者隋伐高麗高麗終拒守不下所守恃者鴨綠一小江耳今倭奴之强固不如高麗而大海之險甚於鴨綠水者奚啻幾十倍其人率多輕悍其兵又銛利性習於水若鳧雁然又以能攻擊為事而吾海道之兵擐甲而重戍無日不東面望洋而嗟使其恃强不服雖盡得而勦之摧枯拉腐也而彼乃肆然未皆一懼非恃險也何敢若是吴嘗浮海伐夷洲矣獲其人三千而兵不助强隋嘗浮海伐留仇矣拔其城數十而國不加益何也人非同我嗜慾弗能生也地非接我疆土弗能有也為今之計果出兵以擊小小之倭奴猶無益也古之聖王務修其國不敢勤兵於遠當其不服則有告命之詞而已今又往往遣使奉朝貢

「飛舶浮海以與外夷互市是有利於遠物也遠人何能格哉魏文帝謂」辛毗曰昨張掖獻徑寸大珠今欲求之曷若辛毗對曰聖王惟德之務四夷畢獻方物求而得之不足貴也今不若罷我互市從彼貿易中國免徼利之名外夷得効順之實莫便於此彼倭奴者心嗜利甚我苟不以利徼之雖不煩兵猶服也何以知其然也漢建安中鮮卑軻比能稍寇邊東三郡其後來朝則詰之曰我雖夷狄亦人也禽獸猶知擇美水草以居況我人乎前者守臣數徼以利使吾不得蓄牧吾故叛去今反其法吾故來又況倭奴之人稍知文字豈反不及軻比能耶而獨不能効順者此臣日夜所扼腕切齒為朝廷惜也臣年長矣每思傳介子班超之所為慨然嘆息使天子不奮於絕域未免為田里之匠夫功或不成於漢朝至老亦無闕於後世臣自揆不能如二子之智而有二子之功罪不容於殂幸而朝廷假臣一命奉其告辭得往喻之亦一奇也議

者必曰向曾數奉使猶不得要領近自對馬絕景等島渡大海逕趨太宰府高麗躭羅沮撓百出留使臣不使遽見中夜守護排垣破戶喧咖器號兵燧交舉後雖僅得其使介來庭終至渝平而不服意者一泛使之遣未足以服之乎自臣觀之今則高麗躭羅已服所未服者倭奴而已然亦不勝其懼矣故今不遣使不可與向遣使論也云云功謹按已上之言恰如舟山之役役人未必見此如見之烏得履溺前轍哉夫勝國時雖有前此之言惜乎其不能用如用之而倭亦可化導矣此蓋以繼而論也功昔之奉宣諭而倭輩訣曰昔者中國蒙古閏位故不入朝今者中國是真帝王國復修貢此固尊中國之誠也蓋知文字之驗爾若遣之使則先自利惡得要領濟時耶夫成祖時倭王道義而能道義今聖明時倭王知仁豈不知仁者乎功竊謂倭奴可比內肆欺罔者尚未可化曷敢媚嫉苟饗祿位以貽子孫作東南痼症痼疾致使邊垠肝腦塗地不已者向臣不得專盡忠志之故也可憤皇明祖訓曰四方諸夷皆限山隔海僻一隅得其地不足以供給得其民不足以使令若其不自揣量來擾我邊則彼為不祥彼既不為中國患而我興兵輕伐者亦不祥也吾後恐世子孫倚中國富強貪一時戰功無故興師致

「傷民命切記不可但胡戎與我西北邊境互相密邇累世爭戰必選將
練兵時謹備之功謹按聖祖之言而大學士丘文莊公濬著於大學衍義補則曰萬世聖子神孫即當佩服以為家訓者也
故謹錄而備書之以為萬世統馭華夷之則大明會典曰日本國雖實朝詐暗通姦臣胡惟
庸謀為不軌故絕之功謹按聖祖之言以格內姦以絕外禍生亦莫不由內奸之所致猶如是然必治內而後治外也
茲功敢以明良告
吏部侍郎楊守陳之書略曰倭奴狙詐貪狠自唐以至於近代嘗為中
國癬疥矣國初洪武間常來貢而不恪朝廷既正其罪後不與通著之
為訓至永樂初始復來貢而後繼之於是往來數知我中國之虛寔山
川之險易因肆奸譎時挐舟載其方物戎器出沒海道而窺伺我得間
則張其戎器而肆侵夷不得間則陳其方物而稱朝貢侵夷則捲財朝
貢則圖賜是間有得有不得而利無不得其計之狡如是且其所貢刀
扇之屬非時所急價不滿而所靡國用弊民生而厚之者一則欲其向

化之心一則欲弭其侵邊之患也今其狡計如前所陳則非向化者矣
受其貢亦侵不受其貢亦侵無可疑者矣然彼以貢獻爲名既入我境
而遂誅之則類殺降不武不義若從而納其所貢則其中其奸計而益
招其玩侮竊以爲宜降明詔數其不恭之罪示以不殺之仁歸其貢獻
而驅之出境申明海道師臣益嚴守備俟其復來則雖而禽獮之則姦
謀詭計被沮不行矣功謹按以上之言蓋是致君澤民之讜間有懸斷
遞虔之失失也者謂閒則張其戎羈而肆優夷不
得間則陳其方物而稱朝貢殊不知朝貢者倭王臣也彝倫者倭頑民
也夫此倭夷久習中國之詩書頗知中國之儀文未若北虜一概而言
賊也抑賊寇法必誅向無流適之隱謗彼倭安敢犯我耶又曰然彼以
貢獻爲名既入我境而遂誅之則類殺降不武不義此固中正仁義之
言也但原不得其要須故議貢所不容者則云驅遂而已夫僧德陽龍
善者蓋緣招其來至比任臣也既不能勞來以勤宣明國法輒嗜殺之
況復有逃去者可降明詔數其不恭之罪以示不殺之仁者乎且招來
貢夷況既殺之今其貢使必不復至流適得遂深固之謀此懷鼠竄蠶
食之賊苟能止之不來乎賊寇年來痛靡國用苦弊生民未若投其
不急之貢物使守祖宗之成法全活有用之邊氓馭夷之道得矣

「嘉靖癸未巡按浙江監察御史歐珠等當日本使夷宗設謙道及別起」

「使人瑞佐宋素卿等讎殺之秋奏議略曰二起倭夷到來之時實因各
官從事怠緩處置失宜釀成禍亂及至變作却又一籌不展狼狽失措
貽害生靈甚至以城門之扃鑰付之賊手以日本之國號封我東庫舉
火自焚舶司差官為賊嚮導帥墮馬而走匿民家守臣棄城而縱賊焚
刼沿餘姚江吶喊殺人地方之驚擾可知抵紹興城逼令獻賊府衛之
官何在且宗設所領倭夷不滿百十餘而寧紹兩郡軍民何啻百萬今
乃任彼兇殘肆志攻略畢竟無與為敵尚謂國有其人致使蕞爾島夷
蔑視華夏蹂躪城郭破壞閭閻殺死都司方向貿虜指揮貽國大恥事
出非常中間隱匿事情得於道傳聞未易悉舉及查指揮馮恩奏詞亦
曰其間情節隱礙甚多不敢盡露今若止令鎮巡官查勘回奏恐有上
誤朝廷事機下貽地方災害法令幾於不振功罪終是不明況巡按御
史當時倉卒聞奏稽察未精鎮守等官身負罪愆豈肯吐實臣等夙」

夜思慮實懷隱憂伏望皇上軫念海隅蒼生罹此凶變兼係裔夷猾夏事體國紀特遣近臣素有風力才望者一員領敕前去寧波府地方逐一勘查前項失事緣由分別功罪等第參詳奏來然後重行誅賞大明黜陟庶人心以定國威以伸而四方邊徼皆聞風知所警懼矣再照宋素卿本寧波人背棄中國潛從外夷正本朝叛賊法所必誅正德年間勾引外夷俱來入貢事已敗露將寘重典乃以金寶厚賂逆瑾寅緣特旨幸逭天刑今次復因此人激成宗設之變訪聞宗設倭船先到而搬貨在後素卿倭船後到而搬貨獲先宗設內已不平及市舶太監賴恩置酒命坐又以宗設席次抑置素卿之下其心愈加懷憤搆此禍端實為戎首若不明正典刑梟首海濱則將來射利効尤之徒習為謀叛靡所禁絶伏望明旨送都察院兵部將今次朝鮮國獻賊倭中林望古多羅二名遵照前旨譯審明白案候仍將二倭押發浙江解送欽差官處

「今與宋素卿對鞫前項構禍緣由及彼國差遣先後并勘合真偽來歷」

具招奏聞

臣謹按已上之言奠不切實臣時但原遠夷不易可得要領

者功自奉使日本始知我　皇祖宗所給日本國勘合藏本謂

王宮正德己已日本學校之徒欲報祭先師議請儀禮時宋素卿自謂

鄞人希圖奉使故誘山城刺史細川高國幸請勘合於夷王宮始上納

錢請給之既而入朝不允其請比有朱澄首鳴素卿乃姪朱縞弘治乙

卯潛從貢夷去情時賂逆瑾貢緣持旨而去自後日本五歲南海西海

山陽等道諸列國使因得利故不守候貢期亦各幸請勘合入朝此国

素卿誅首也至是後來多事矣功又訪得鄞請文老曰嘉靖癸未素卿

復至贓舟初問岸人曰市舶者誰谷曰賴太監又問之曰劉太監安否

答曰逆謀伏誅矣瑞佐曰是何言輿素卿曰劉太監逆謀伏誅了佐曰

若此不來也罷又訪得正德己已素卿去時逆瑾以指揮服色與素卿

素卿復來罪犯重典因繫憲獄而日給支夫内紅不為大戮以戒後來

而乃因黎二十餘年至歲丁来其子東瞻又發艇追隨正貢使僧周良

而至鄞通事葉私哀東瞻省父之心楸機置之嗾夷正使擇作護送兵

船内姦教誘有如此東夷可不聽從之於時官司尚未之審故違明例

以啟後來之亂者此皆内姦之罪也此寧波民與素卿東瞻通信者發

之素卿懼誅未幾自覺况未顯戮未足以告天下以令四裔致使内奸

吳四郎於丁已歲乃隨招來貢使德陽通事未幾招來市夷書妙等船

泊舟山我方揚師善妙警懼乃邀德陽同巢計不殺使以圖混全之故

德陽不聽即欲易館以避乃吳四郎偕倭使伴告於參將張四維四

維疑詐蹈指揮表之雖輸卒殺四郎及夷伴夫此夷伴盖使招來貢

者固不可恐殺而四郎乃背夏亂夷之大奸假以四維之手豈非代天誅

戮乎且如麴祥情固可憫功竊謂古今夷狄之初心未嘗敢亂中國法亂我法者蓋由内奸所致歷歷可考抑且癸未之亂蓋在腹裏一時失事初未定聞此論且詳欽差往勦事終難掩舟山之役事屬海島蓋謀不臧通神壅蔽矣夫既壅蔽僅能保已具如朝廷何其如蒼生何

監生薛俊上當道書略曰倭奴窺伺得間則潛剽劫以行鼠竊之奸不得間則佯稱以馨致魚之餌伏覩皇明祖訓暨大明會典　太祖高皇帝絕不與通　成祖文皇帝御極初始詔十年一貢船隻水手貢物俱有定額洋洋睿謨古先聖王制馭夷狄之道莫是過也邇年以來或比年貢或二三年一貢而貢無定期船或三或五或至六七水手或至千有餘而人船無定數叛靡常來否莫測靡費邊餉日艤舟以待一或失備彼之咎不追而此之罪莫贖噫可傷也伏冀當道借重奏請申明舊制移文到彼限以十年一貢船止一正一副水手多不過百如不及限及踰限而至即以寇論人船踰數亦以寇論此既不失王者示無外之意亦不使狡夷縱不恭之謀中國聖人之頌作九重東顧之憂永殄矣

功謹按已上之言而論且詳但貢與賦固不可以混說移文遣使固不可以泛常餘議確然官如鄭傳孰行也歟噫

嘉靖乙亥禮部等衙門會議奏略曰嘉靖癸未使臣宋素卿等逞兇構亂干犯天紀不許通貢一十七年此我皇上絕之之心耶即　太祖之心也春秋懲其不恪之義也昨歲使臣碩鼎等航海遠來卑詞納款禮部題奉欽依照例進貢此我皇上容之之心即　成祖列聖之心也春秋嘉其自通之義也功謹按已上之言正所謂春秋會戎來者勿拒去者勿追以不治而治之之意也嘉靖丙辰功奉宣諭其來報使置而不遣嘉靖丁巳招來貢使拒殺逃亡嘉靖戊午招來貢使掩殺閭通自後貢使絕[redacted]無來往亦無拒追致於逆賊頻年入犯曷曾長驅不返耶羅閻善笑歌舞者捫心則大瘋傷矣

嘉靖戊申巡撫浙福都御史朱紈當日本使僧周良先期奉貢之秋值許二許四倡亂洋海之際抑且人船逾數不准其貢使於海外守候至期內姦隱誘揑作護送兵船哀詞懇納後不援例之說巡撫衙門酌處奏議其略曰臣聞開創軍門責任至重業以專奉勅旨從宜處置之命

宣諭安插勦除賊巢之後夷館私通出入又嚴禁制臣之宣諭即朝廷之大信也臣之勦除禁制即中國之大法也奸人之煽惑教誘臣之不敢姑容也彼之狡猾所以覘我守法之疎密者正在於此彼之驕縱所以雖有煽惑之姦而終不能違面審親筆之信者亦在於此彼之遵守約束安心在館不敢如往昔之沿途驚擾出外交通者亦在於此向使機事不密處置失宜雙嶼之巢難傾而衆夷之亂先作於時師老無功官民荼毒不知靡費騷擾狀也今撫慰既定乃欲執詞發回則衆夷必以臣為不足信其後不援例之詞亦將反覆而姦人煽惑之計遂行教誘之言遂動臣具不免誤事之罪雖有畫一之法亦無所施矣且中華人物尚有通番通賊背公私黨不守畫一之法如臣所參林希元許福張德熹者　外夷犬羊欲以中國之治治之臣雖粉骨碎身無濟也何也六百人之軀命易制百餘年之邊釁難開闢功謹按已上之言莫不正心誠意但原倭夷地

陽漲海内姦隱誘然卒難知底裏雖有面審親筆之信而奸民教誘之計已成矣例外人船故納矣時若知之終焉俯就於時貢使固然不入賊巢而巢賊必不免於煽惑矣又曰六百人之軀命易制百餘年之釁難開蓋亦柔遠懷服之仁致君澤民之義也若丹山之役徒增太息而已

寧波志略曰番船不可通倭夷不必征今日倭奴不知揣量冒其不祥之災我惟備之殲之逐之出境而已然則倭奴悔禍或揚帆稱貢而至又將何以處之且前此入寇之少蓋以通番下海勾引嚮導者多也乃不嚴禁姦之令而欲開非時入貢之門是沸止而益之薪也況倭王微弱號令已不行於國中即使通貢果能禁諸島之寇掠乎且貢夷止數百而寇邊者動以千萬計豈寇邊之賊皆欲貢而不得貢者乎謂宜頒明詔申命海道帥臣益嚴守備貢則却而驅之出境寇則草薙而禽獮之則奸謀狡計破沮不行矣今之議者復曰昔王代盛王九夷八蠻五戎六狄莫不來王聖人之作春秋於荊楚猾夏則書人以黜之至遣椒

日本一鑑　窮河話海　卷八

來聘復書爵以進招携以禮懷遠以德蓋王政之所不廢也倭奴自祖宗朝効其職貢已非一日邇者朝廷准令移檄往諭實屬招來之意以開其補過之門但奉使者不能直達於倭王以宣布聖天子威德而徒以私意簡率行之欺罔觀聽如其欵邊納貢而峻却之恐未塞其自新之路而益堅其稔惡之心東南未知所息肩也夫為是說者猶治病之標而未察其本者也王者内夏外夷修之有道軍志亦曰毋恃其不來者吾有以待之使在我者未修而疏於所恃也則通之適所以招侮絶之亦足以啟釁此豈安攘之長策哉邇者臺省部寺會疏奏行九事曰行撫諭酌以時議允協者而兼行之於内收順治之功而外樹威嚴之績如其且寇且貢反覆不情則用威讓之令文告之辭以却絶之是恪遵　太祖高皇帝之明訓義之所以為盡也如其隱匿伏罪重譯効欵必欲率賓王化以自納於覆載之中則必質其信使堅其誓約敕令禁

戢各島不復犯我邊疆期以數年為斷共命不渝而後如先期著例容令入朝貢此　成祖文皇帝綏來之方仁之所以為至也是故明徵保定君子鑒成憲而行之爾功謹按已上之言莫不周究悉究蓋所志者所憂家國之心無著也今擇要者而言之曰番船不可通倭夷不必征事引勝國為鑒者此隱告舟山之役也曰倭寇我云備纖逐而計出於不得已蓋難寢兵之議耶曰倭海禍揚杭稱貢而至將何處之殊不知前者使人招其來市輒欲殺之欲得據險負固持兵年餘四百之倭卒不能殺費靡無算乃縱之全勝而去此夷此心恩耶怨耶又況招貢遣誅得逃去者與前招來市夷者告本國中莫不懷憤加姦煽惑貢使奚通貢使不通流適蓄禍險怨發作將何處之曰前入寇之少蓋以通番下海之人勾引入寇者多也乃不行禁奸之令而欲開非時入貢之門是止沸而益薪也此隱告戒遣使禁奸妄招市貢啟亂於我也夫今倭賊最我雕敵胡乃厚以館穀配以室家或處於杭城或攜於都下或居於徽郡或養於會稽此賊反得其所也夫館穀固百靈之膏血而婦女乃中國之生民痛值叔虜出於不得已胡以館穀婦女事諸倭賊也夫杭城乃東南財賦之地念都下正當清夷之中然徽郡為朱子父母之邦而會犒乃衣冠文物之所苟容倭賊污染重地耶其來報使蓋欲禁奸此固効順之夷又豈匪人助長盜名不禮過之故沮入朝及致償事謗請投荒安置招人來貢夷不能啟勸妄加殺戮頗倒錯亂內治不明國如懇望東夷行禁而來貢止沸而抽薪者手曰倭王徽弱號令不行於國中即使通貢累能梟諸島之寇掠乎且貢夷止數百而寇邊者千萬計豈寇邊之賊皆欲貢而不貢者乎此隱

告戒不當招至列國之貢也賊寇焉圖入貢耶蓋今之賊雖自倭名孽
自流通之所作況流通何利賊不求貢可知矣曰宜須詔申命海道帥
臣益嚴守備貢則卻而驅之出境寇則草雍而禽彌之則好謀狡計破
沮不行矣夫嚴守備不得不然杜門殺賊似非長策曰今議者三代盛
王九夷八鑾五戎六狄莫不來王聖人之作春秋於荊楚猾夏則書人
以縣之遣椒來朝則書爵以進之招携以禮懷遠以德蓋王政之所不
廢也倭奴自祖宗朝効其職貢已非一日通朝廷准令遣使移繳往諭
實屬招來之意以關其補過之門但奉使者不能直違於倭王而徒以
私意簡率行之欺罔觀聽此明告戒奉使不忠者奚成招携懷遠之道
哉既以倭王徽弱號令不行於國中遣使何濟責使不前何謂也雖責
使人欺閏者蓋亦受其欺罔矣其果號令不行乎且使不違大甘欺罔
者自行大賫夫沈孟胡福寧乃功往諭日本於豐後時值彼匪人忌功
忠義陰謀沮抑密令沈孟網等齎書往諭倭王回還中國之日而功預
罹娼嫉因繫不伸致遠使人遠遭妬害是可忍而孰不可忍及致憤事
於舟山而乃班報蕩平故將報使投荒安置一至通神彌縱者是可欺
而執不可欺乎援度其心之於旦氣之切非不自警但知事壞謀始必
欲陷殺忠義以滅欺罔之跡爾功閒勸懲者人之性情也賞罰者人之
父毋也廢賞罰而忘勸懲天下惡寧取中哉曰如欸邊納貢而峻卻之
恐求塞其自新之路而益堅其稔惡之心東南未知所息肩也夫為是
說者猶治病之標而未察其本者也王者內夏外夷修之有道軍志亦
曰毋恃其不來恃吾有以待之使在我者未修而踈於所恃也則通之
適所以招悔絕之亦足以啟黨此豈安懷之長策哉夫寇邊者蓋嘉究
也奉貢倭王臣也察此二者即知其本然後可治其末夫圖制其未必
光內修內治既修即服遠之長策也曰大遍者臺省部寺致行撫諭酌

以時議允協者而兼行之國成功績如貢且威讓之令文吉之辭質其
信使堅其嘗約遺照　太祖明訓之義　成祖綏來之仁明徹定保君
子鑒成箇兩行之功竊謂欲行撫諭必須用人恐須用人不惟以功劫
忠不貢幽禁七年以為戒又況沈孟綱等遠涉夷庭其成功歸罹陷害
塑蔽朝廷奇寬無比後奉使者以比莫不寒心耶夫質信使自古有之
所受質者蘇武之於夷狄尚然還國郝經之於趙宋塑蔽危邦況今隆
國之世明良之世可為夷狄之事塑藪之政乎且勝國者固夷狄也其
使黑的等之至對馬島執其彌二郎塔二郎以歸而怨必烈尚遣使人
以還之今報使僧清投者蓋劫順而已亂也可安置之而不遣乎報使
既不遺招貢既遭誅此夷懷怨寇必不禁貢必不修何也彼隔漲海莫
不恃險貿固又況祖宗塹訓不許勤兵於遠夫如是彼何復修貢職而
自求質乎假如質者或其覲王或其王子尚屬情切至於他使及如清
按何為重輕而中國體闕罄甚大此固不可以不察也功昔使往日本
時抑知匪人忌功忠義陰遺使人齋略夷國之申言使達具君置功勿
遣以圖利夷申言曰中國有此大奸耶將擊之奸徒遁事遂寢嗟夫夷
狄之人尚知仁義有如此華人欺罔一至於如是哉功竊謂中國之人
異於夷狄禽戳者蓋以仁義忠信苟亡四字不如夷狄不若禽毀偷生
亦奚以為功因諂闕過吳門比有監生鄭若曾聞而願之願聞要領功
因出書以赤未若曾曰昔為圖纂圖編時但倭夷事風聞未真今見是
書惜見不早世昔纂編頻頒為改讒功固辭之若曾復曰事在國家略
勿我辭嗟夾若曾尚未食內初見功書惜乎不早夫志爭波者志在家
國也又豈不欲早見功書乎而明越也向為倭使往求之故道邇為倭
寇出沒之要津功念中國之民而同胞拳使東夷得要領志書隱憂國
當嗟慰罹娼嫉恨慰不早茲所慰者即巡按直隸監察御史尚維持所

謂及時内修以圖地方治安者也其他揺尾乞憐之徒做犬嗥媚之輩每與媢嫉匪人飾非文過惑世誣民罔上要功冒受子孫官祿開邊啟釁不息滄海風波致百姓之災殃屢　九重之霄旰果請造謀不臧歟果謂厄數未究歟大抵古今馭夷必由忠未有欺罔能濟時艱耶故昔功為正言曰忠信不渝蓋古人也得回乾以定吐番忠信俱亡故今人也玩土番以失哈密非已往之明徵乎而建州不寶維州之悞馭日本不當己本之欺功懷鄭便之忠加感吳策之義既蒙　天使但欲攄忠以圖治安雖罹媢嫉曷敢曖昧貽生靈之慘毒苟取辱於名教而為千古罪人耶

嘉靖乙未通政唐順之奏議曰海寇入寇以來十餘年矣東南雖苦其毒而賊之被殺者亦積至幾萬今年寇江北寇浙東者且萬餘而寇福建者傳聞不下二三萬則是殺者不可勝紀而者不為少止夫為南倭與北虜異口外砂礫之地從古以來原有韃子腹裏膏腴之地二十年前原無倭子今口外尚有一年二年無寇而倭子却無一歲不來如此不已非止外患將為内虞古云兵久則變生近者吳淞定海之間水卒「呼糧挾官縛吏則兵變之漸矣蘇城人素性怯弱而游冶子弟懷毒蓄

機曰伺倭寇來裏外合應幸早發之猶尚燒官寺劫獄囚閧然一逞則民變之漸矣此其萌芽也誠不可不深圖而熟慮之若謂倭寇之來一歲支却一次一番支却一番便自了事則臣不知所終也伏惟聖明敕下禮兵二部備講祖宗以來招懷撫諭之略防海固圉之機及敕督撫諸臣遍訪倭事集議長策二十年前何以絕無倭患十年之間何以倭患若此年年禦寇是時是了如何可以永斷倭寇之路以復東南之舊苟可以利於國不必為身家顧慮苟可以便於今不必以成說拘牽內外臣工方略畢上然後聖明與廟堂大臣從中主斷而力行之期於三年四年斷却此寇臣猶以為速也不然一歲一來一來一勝臣猶以為浪戰功謹按已上之言可謂知本可謂知之至也蓋馭夷以禁賊者以夷入寇宣諭夷王禁之則已此皆懸斷遥度恒理而斯而已既入其境得知流遁之淵藪奸宄之盤根必須拔本塞源而禍始息諭之使禁但治病之標未究其本非善醫者也禍本不拔則必究兵兵每自亂奚為寧謐之道哉故功已未之疏不無有勝國楊完者之憂而有東威西生之患也此豈不信餘論頗詳及歲壬戌功為馭夷正言曰私商之

路不窒則姦盜之禍不息姦盜之禍不息則來王之道不通此固知本之言也古云拔本不自其本則復生塞水不自其源則復流已禍不自其本必復亂此豈虛文也哉

嘉靖庚申浙江右布政使胡松纂梓廣輿圖後附日本圖事憂絕要領故永長算其猶須詳議乎及至寓事則曰此段聞於誰某云至論時政然狗名弗思終屬文具若夫約已裕人宜民酌損修明法紀變易風俗力挽衰頹黷冒之習務効忠實節愛之政是謂先為不可勝則存乎其人焉功謹按已上之言憂絕要領而難任人告戒欺罔而已夫治天下用匪其人多必僨事既絕要領終甘自欺任人既當要領可得治事有濟又何欺罔哉嗟夫用人犯國家之難苟非忠信仁義者必不果也故舜典曰惇德允元而難任人蠻夷率服蓋任人固不可以不謹矣舉其任古而言曰龔遂之於渤海張敞之於冀州馮異之於三輔取之純之於東郡張堪之於漢陽張綱之於廣陵皇甫規之於戎羌諸葛亮之於孟獲郭子儀之於回紇宗澤之於王善凡此有功於國者皆由信義得之也故郭進之於軍校信則足以成功旁博之於唐介義則足以成義德匪人難乎功德者反是故也夫治國家在於任人急於得人於是卑儃以求之側席以待之將使卑者踰尊疏者踰戚此加隆於遇者蓋不得己也功昔謬以一一得之愚冒奏朝廷未嘗以卑第微賤而舍之耶功固難如科甲之貴也先儒有言曰夫人不必貴賤有才則善才不必貴

賤有用則善故太公舉於屠釣管子舉於牧奴李廣舉於騎射衛青舉於奴僕趙充國舉於材官李勣舉於賊盜李晟舉於神策狄青舉於義勇岳飛舉於小校韓世忠舉於應募凡此有功於國者曾何科甲之拘哉必於科甲而用之雖頗淵伯奇無所施傳說伊尹無所事功昔奉使蓋有明徵者功昔勤功毫毛馬體功昔奉詞皆可覆按痛罹媢嫉彌絕無聞汎動風生生靈荼毒孤憤不已此功反覆申說也肯効毛遂自為耶或曰孔孟大聖尚不得對君以行王道之於周程朱大賢尚不得澤民以宣王道之於宋況今一統全盛之世朝野英賢何以勝算區區草茅寧能畢遇于

日本一鑑窮河話海卷之八終

日本一鑑窮河話海卷之九

奉使宣諭日本國新安郡人鄭舜功纂叙

接使

備按出使日本自魏正始庚申因倭女王卑彌呼遣使朝獻帶方太守弓遵遣使奉詔書印綬幷齎詔賜金帛錦罽刀鏡采物至其國倭女王隨遣使上表答謝詔恩正始丁卯晉掾史張政使倭國先是倭女王卑彌呼與狗奴國男王卑彌弓乎素不合遣使詣郡說相攻伐狀太守王頎到官遣塞晉掾史張政等齎詔告諭之卑彌呼卒宗女壹與嗣遣使送張政等還隋大業戊辰文林郎裴世清使倭國先是倭王阿每多利思比孤遣使朝貢國語書略云日出處天子致書日沒處天子無恙帝覽不悅乃以世清往諭之其王遣使小德何輩臺從數百人設儀仗鼓角來迎後十日又遣使大禮奇多毗從二百騎郊勞迎至其都其世王

與世清來朝唐貞觀辛卯新州刺史高仁表使倭國先是倭國遣使來貢帝矜其遠詔有司無拘歲貢故遣新州刺史高仁表持節撫之使無綏遠之才卻與其王爭禮不平不肯宣詔而還元至元丙寅兵部侍郎黑的等使日本先是日本之夷以元闔位而不朝於時高麗人趙彝等言日本可通擇可奉使者故於丙寅秋八月命兵部侍郎黑的禮部侍郎殷弘國充正副使持書往日本道由高麗國王王植以帝命遣其樞密院副使宋君斐借禮部侍郎金贊等導詔使黑的至日本不至而還丁卯夏六月帝謂高麗王植以辭為解令去使徒還復遣黑的等至高麗諭植委以日本事以必得要領為期植以海道險阻不可辱奉使命秋九月乃以起居舍人潘阜持書往留六月亦不得要領而還戊辰秋九月命黑的又復持書往至對馬島日本人拒而不納執其彌二郎塔二郎而還庚午夏六月命金有成送還執者俾中書省牒其國亦不報

「有成留太宰府西守護所者久之還黑的遂不復往冬十二月又盡命」祕書監趙良弼持書使日本良弼將往乞定於其王相見之儀廷議與其國上下之分未定無禮數可言帝從之乃招諭高麗王植送國信使趙良弼通好日本期於必達仍以忽林失王國昌洪茶丘等將兵送抵海上比國信使還姑令金州等處屯住辛未歲夏六月日本通事曹介升等上言高麗迂路導引國信使外有捷徑倘得便風半日可到若使臣去則不敢同往若大軍進征則願為嚮導帝曰如此則當思之秋九月高麗王植遣其通事別將徐稱送良弼使日本始遣稱四郎入朝宴勞遣書狀官張鐸來言去歲與日本人稱四郎等至太宰府西守護所守者云曩為高麗所紿屢言上國來伐豈期皇帝好生惡殺先遣行人下示璽書王京去此尚遠願先遣人從奉使回報良弼乃遣人同其使二十六人至京師求見帝疑其國王使之來云守護所者詐也詔翰林

承旨和禮霍雲以問姚樞許衡等皆對曰誠如聖算彼懼我加兵故發此輩伺吾强弱耳宜示之寛仁且不宜聽其入見從人是月高麗王植致書日本夏五月又以書往令其必通好大朝皆不報癸未歲趙良弼復使日本至太宰府而還乙亥春三月禮部侍郎杜世忠等使日本先是甲戌春二月鳳州經略使忻都等期秋七月征日本冬十二月入其國虜掠四境而歸至是遣使禮部侍郎杜世忠兵部侍郎何文著計議官撒都魯丁往使復致書亦不報逺至庚辰春二月日本殺國使杜世忠等帝怒命范文虎等率兵十萬往征之得還者三人耳歲甲申王積翁等使日本先是癸未歲淮西宣慰使昂吉兒乞寢兵後乃以其俗尚佛故遣王積翁與普陀僧如智往使舟中有不順行者共謀殺積翁不果大德戊戌僧寧一山者使日本先是浙江之平章政事也速答兒乞用兵日本帝以非政故遣僧寧一山者加妙慈弘濟大師附商舟使日

「本而日本人竟不至至大戊申遣使日本於時浙海有警比内高麗國」王王章之言乃罷征夫使招來市明年己酉從彼之來互市慶元即不滿所慾卒燔儀門及天寧寺舘而去至元間處士吴萊議使日本所志不果至今惜之聖朝初遣使以即位詔諭日本洪武己酉行人楊載使日本先是倭寇廣東地方故遣楊載齎璽書使其國明年庚戌又遣萊州府同知趙秩齎詔往諭之秩泛海至析木厓闗者拒之秩以書達其王良懷始延入諭以詔旨威德責其不臣王者曰吾國雖遐在扶桑未嘗不慕中國之化昔蒙古戎狄蒞華乃以小國視我使趙良弼訹我以好語初不知其覘國也既而發水犀數十艘一時雷霆風波漂覆幾無遺類自是不與通者數十年今使得非蒙古良弼之雲仍乎亦將訹我以好語而襲我也將及之秩徐曰聖天子生華帝華非蒙古比我非良弼之亂爾悖而殺我禍不旋踵矣王氣沮下延秩禮遇有加具方物遣

僧九人隨秩奉表稱臣入貢又送至明州台州被虜男女七十餘口洪武辛亥僧祖闡克勤等使日本惟時　太祖高皇帝謂劉基曰東夷固非北胡腹心之患猶蚊蚤警悟自覺不寧議其俗尚佛教宜選高僧説其歸順遂命明州天寧僧祖闡南京瓦官僧克勤使日本賜以緇器禪衣之屬令大官進享於武樓臨行天界住持宗泐為諸詩贈行云

帝德廣如天聖化無遐邇重譯海外國貢獻日貲委維彼日本王獨遣沙門至寶刀與名馬用致臣服意天子矜其衷復命重乃事由彼尚佛乘亦以僧為使仲猷知心宗無逸寫經義三師當此人才力有餘地朝辭闔閭門夕宿蛟川矣鉅艦揚獨帆長風天萬里怒鯨不敢驕馮夷効驅使滄茫熊野山一髮青雲際王臣聞詔俫郊迎聖忻喜時則揚帝命次乃談佛理中國法師尊遠人所崇禮祝茲將命行孰有重於此海天茫無涯相念情何已去去善自持願言見終始持獻於上俯覽賜和云

「嘗聞古帝王同仁無遐邇蠻貊盡來賓我今使臣委仲敵通洪玄倭夷當往至於善化凶人不負西來意爾僧使遠方毋得多生事入為佛弟子出為我朝使珍重浦泉徑勿失君臣義此行非瀚海一去萬餘里既辭釋迦門白日宿海涘艨艟掛飛帆天風駕萬里平心勿憂驚自然天之理體問海茫茫直是尋根際諸彼佛放光倭民大忻喜行止必端方毋失徑之理入國有齋時畢齋還施禮是法皆平等語言休彼此尺善亾頑心了畢絕方已歸來為佛塵見終又見始

功奉　宣諭恭和一章附錄滄海起狂濤宵旰憂在邇草莽奮孫忠解紛獨自委仗策謁金門激切屏營至奉命行扶桑念言宣德意廊廟俯就時南來召從事今此同誓盟各各盡忠義義勿慮風波忠可格天地朝出虎頭門日望鳥羽市汪洋泛一葦盡夜六百里馮夷肯効靈道彰偕信使壽安鎮國山有物必有際若或得其情哀矜而勿喜道本皆人心口則談天理信使蠻貊閒盡行中國禮德教既周流尊親無彼此歸來報聖明滄海狂濤已仁者遺令言作事必謀始

祖闡等自翁州郡濯五日至其國又踰月入其都館於洛陽西山精舍一遵聖教敷演正法無非約之於善聽者聳愕以為中華禪伯亟

日本一鑑窮河話海　卷九　日

白其王請主天龍禪寺乃夢窓國師道場名刹也祖闡以無上命力辭
之且申威德罔間内外所以遣使來之意王悦命僧宣聞溪同僧淨業
喜春等奉表稱臣來貢上嘉賜祖闡克勤白金各百兩文綺帛各二疋從
行僧白金綺帛有差祖闡等奏日本賸馬命受之洪武庚申遣使招諭
日本王先是日本關東征夷將軍源義滿遣使貢方物不持表文惟奉
丞相書上命却其貢時倭寇廣東是以遣使詔諭之洪武壬午　成祖
文皇帝遣使以即位詔諭之永樂癸未左通政司趙居任張洪僧錄司
右闡教道成使日本賜居任等各紵絲衣一襲道成金襴袈裟及僧衣
錫杖如意淨瓶鉢盂各一事仍賜銀三十各鈔十錠錢一萬文甲申秋九月居
任還賜絲幣三表裏鈔二十錠嘉其能却贈遺故也冬十月遣使日本先是日本王源道義遣使
先「白番來貢故命使齎冠帶錦綺紗羅及龜鈕金印以賜之永樂甲申
「中官鄭和使日本惟時倭寇浙江直隷地方故遣鄭和奉勅討賊永樂」

乙酉鴻臚寺少卿潘賜内官王進等齎九章冕服鈔五千錠錢千五百」緡織金文綺紗羅絹三百七十八疋賜日本王以獻所獲倭寇故也永樂丙戌僉都御史俞士吉齎璽書褒諭日本國王源道義先是對馬島海寇劫掠居民敕道義捕之道義出師獲渠魁以獻而盡殲其黨類上嘉其勤誠故有是命仍賜道義白金千兩織金及諸色綵幣二百匹綺繡衣六十件銀茶壺三銀盆四及綺綉紗帳衾褥枕席器皿諸物并海舟二艘又封其國之山曰壽安鎮國之山立碑其地上親製文曰朕惟麗天而長久者日月之光華麗地而長久者山川之流峙麗於兩間而永久賢人君子之令名也朕　皇考太祖聖神文武欽明啟運俊德成功統天大孝高皇帝智極八周而納天地於範圍道冠百王而亘古今之統紀恩施一視而溥民物之亨嘉日月星辰無逆其行江河山岳無易其位賢人善俗萬國同風表表於茲世固千萬年之嘉會也朕承鴻

業享有福慶極天所覆咸造在廷周爰咨詢深用嘉歎惟爾日本國王源道義上天緩靖錫以賢智世守茲土冠於海東允為守禮義之國是故朝聘職貢無闕也猶是四方之所同也至其恭敬栗栗如也純誠懇懇如也信義旦旦如也畏天事上之意愛自保國之心揚善遏惡之念始終無間愈至而猶若未至愈盡而猶若未盡油油如也源源如也邇者對馬壹岐暨諸小島有盜潛伏時出掠劫爾源道義能服朕命咸殄滅之屹為保障誓心朝廷海東之國未有賢於日本者也朕嘗稽古唐虞之世五長廸功渠搜即叙成周之隆髳微盧濮率遏亂略光華簡冊傳誦至今以爾道義方之是大有光於前哲者日本之有源道義又自古以來未之有也朕惟斷繼唐虞之治舉封山之典特命日本之鎮號為壽安鎮國之山錫以銘詩勒之貞石榮示於千萬世銘曰日本有國鉅海東舟航密邇華夷通衣冠禮樂昭華風服御絺繡考鼓鐘食有鼎

殂居有宮語言文字皆順從善俗殊異錫與戎萬年景運當時雍皇考在天靈感通監觀海宇罔不恭爾源義能迪功遠島徼寇敢鞠凶鼠竊蠅嘬潛其蹤爾奉朕命搜捕究如雷如電飛蒙衝浥港餘孽以火攻焦流水上獲復縱什什伍伍擒奸宄荷校屈肘衛以鏦獻俘來庭口喁喁彤庭左右誇精忠顧茲太史疇酹庸有山鎮國宜錫封惟爾善與山增崇寵以銘詩貞石礱萬世照耀扶桑紅功奉宣諭恭和一章附録云日本島居溟渤東貢道由來萬里通自從恭獻邁夷風照耀史冊世所鍾邇來部曲不守宮草竊妄作朝脅從上帝震怒委元戎撥亂反治會時雍東滅西生罔會通不明要領屢篤恭漢家惟羨貳師功嚴明紀律殲群凶嗟哉捕戮須捕蹤物知本源兵厭究汎動奇伏分要衝可守則守攻則攻至仁之術非縱横七擒七縱孰敢先邊廷贐武聲鏦鏦臣思文告思喁喁上帝好生臣盡宣力濟濟皆登膚黎民祝願効華封泰山不讓土壤崇頌勛紀績巨石礱草茅自愧顔發紅

使臨日本國王源義道隨遣使人進貢謝恩永樂戊子中官周金使日本先是日本國王世子源義持以父源道義卒遣使告訃故命周金往祭賜謚恭獻賻絹布各五百疋復遣使齎詔封源義持嗣日

日本一鑑窮河話海　卷六　六

本國王賜錦綉紗羅六十疋仍遣使齎敕諭其討賊以光恭獻之功隨遣使奉表貢方物謝恩永樂辛卯中官王進齎勅賜日本國王源義持織金紗羅綾絹百疋錢五千緡嘉其屢獲倭寇故也永樂丁酉刑部員外郎呂淵改贈行人使日本時捕倭將士擒賊數十人獻京師賊有微葛成二郎五郎訊之皆日本人羣臣言曰日本數年不修職貢意為倭寇所沮今首賊乃其國人宜誅之以正罪上曰遠人威之以刑不若懷之以德姑宥其罪遣使押示其王故淵奉使日本隨遣使奉表謝罪朝貢如初海患乃息宣德癸丑中官雷春出使並弔日本國王其嗣王隨遣使進貢謝恩嘉靖癸未布衣鄭舜功奏奉宣諭日本國自嵗庚戌以來倭寇猖獗荼毒生靈命將調兵遠近搔動功原草茅生逢聖明之世追念先世忠義書史旌常奮輙狂愚廣詢博採伏覩我皇祖宗之舊章「感懷淵穎之心志且以博望未究定遠餘詐但欲謹持忠信布宣文德」

用夏變夷塞源拔本以為東南長治久安之計於歲乙卯赴闕陳言荷蒙聖明不以愚昧罪功特下兵部咨送總督軍門轉咨浙福軍門文移浙江司道議功使往日本國採訪夷情隨機開諭歸報施行等因功募從事沈孟綱等訂盟歃血忠義一心盡忠報國取道嶺海治事偵風丙辰汎月舟至日本豐後國自以大明國客之名隨諭西海修理大夫源義鎮禁戢所部六國地方其餘列國止可移書由其禁否功按大體必先曉諭日本王乃得遍行通國協一禁止我舟因風不可泛海又按豐後且有姦宄顛倒其間功加深慮隨為批書付與從事沈孟綱胡福寧潛濟二海曉諭日本王期得真情歸報朝廷以為東南長治久安之計庶不負功捐軀圖報之心也從事去後功於豐後國察知姦宄之淵藪盜賊之盤根必欲塞源拔本期無東滅西生之患既得要領漸次曉諭修理大夫源義鎮與國臣鑑續長生鑑增鑑治親守鑑速鑑直國僧清

日本一鑑窮河話海　卷六　七

梁等議欲遣人附舟報使請奉國典還國一體遵照施行以順天朝之
意此其先知向化之心也功以白手空談仰伏聖德用竭愚忠獲其聽
信自謂一奇遂不顧非時之險與報使清授俱來遙流溯風延廻大小
琉球國凡四十晝夜萬死一生乃克至廣歸報軍門奏聞區處庶使東
海之夷早定邊鄙之民早安南顧之懷早紓於是備言軍門非惟不用
功謀而更陷功於獄繼而從事沈孟綱胡福寧曉諭日本國王源知仁
與其文武陪臣近衛三條西柳原飛鳥井滕長慶等會議行禁遂與回
書幷付信旗與孟綱等經過豐後豐後君臣告以差僧附舟報使之意
亦與信旗盡彼之域回至潮州海上執批投赴闢望巡檢司照驗竟被
弓兵毀滅批文誣執下獄信報得知言於軍門而不之信令人赴廣伸
救已陷殺於其間矣既而任臣助長僨事致臣幽禁乃以報使清授妄
引典例謬請安插於四川圖滅欺罔之跡前此事情功於丁巳己未歲

三次奏聞痛遭彌縫今數年矣而忠勇智謀之人雖歷抱火積薪之憂
蓋以功與沈孟綱等為戒無復敢言者自匪人去位之後訴蒙憲司哀
憐釋獄赤心未灰步走京師上言兵部以心迹蒙哀朴忠津咨浙江軍
門收錄之錄抑惟海患東生西滅春備秋防而人視之猶痼症何也蓋
憂世者不得其情得其情者不得其位得其位者不得其信世人皆醉
何忍獨醒故將宣諭之旨節略微情俾救世者宣昭文德忠信以明賞
罰勸懲不惟孤憤得伸奇冤得白荒夷得所堂堂天朝奠安矣大抵奉
使而難任人若非成仁取義之懷視死如歸之志者不能綏遠必致誤
國故易有云開國承家小人勿用甘難國家之難者非懷忠信不亦難
乎功賤學疎不登科甲謬承天使敢不欽哉前此暑言古今使人別詳呈樣纂節

海神

備按日本之域懸隔漲海天使其間必使五六晝夜經無究之巨浪歷

日本一鑑　窮河話海　卷九

不測之深淵化外來歸艱危若是痛定思痛毛聳骨寒若非皇祖宗之威靈荷上玄之聖德致鬼神之呵護此功忠義之身心蓋莫不葬於魚腹埋於獄底安得復言要領也夫此賴海神感應之功固可以不可矣伏自乙卯歲工部右侍郎趙文華奏奉欽敕祭告東海出師捕賊比功奏奉宣諭採訪夷情深入萬死一生之地煙漲鴻濛之間乃知乙卯丙辰倭賊入寇年約十萬餘多遭漂没及有漂至諸東夷國者盡被殲之惟朝鮮則殺倭而歸華人功得要領隨許報使急欲歸奏聖明庶使邊鄙之民早安南顧之懷永紓於是歸志甚速時非汎月衆皆疑沮乃告諭之曰我等既為地方共効忠義必蒙天神之佑行將無危衆不之信乃具牲醴質之於神神皆協吉衆毋敢譁隨與報使俱來出外洋水道風忽轉逆左右皆馬蹄礁舟觸即破舵經處所忽漏舟之水浸者數板而莫知水從何入卜諸神云占舵倉也驗視得孔竇遂窒之舟得不溺

「隨風延廻大琉球見兩石山嵯峨如刀而入目曰石劔門門路正窄禱」蒙神佑我舟正出其閒且舟泛淡水遂泊一小島（夷音耶剌付）閒泉尚遠日晡不及夜得風乃行舟至天明見石堝閒有泉上涌如虹意上涌者為澹水也令人取之以活舟衆且行風作凡一晝一夜舵牙折者二十許舟之備木易之殆盡已而併舵俱折衆皆祈禱有光類火其大如升降於舟又異香襲人風稍恬乃以備舵易之乃行風張於前惟舵着水夜甚昏黑無所見衆伸祈禱頃之有光一道如纜拽舟迤邐至廣及羅娼嫉繫身縲絏獄衆多災乃於良夜祈禱之曰 功 抱忠義捐軀蹈海蓋為生靈立性命萬世開太平痛羅娼嫉久羅壅蔽 功 屈不伸邊患不已若蒙天神可憐忠義庇佑呵護庶幾得上要領不負草茅奉使之誠聖明用人之實益顯鬼神護國佑民之功矣明晨異香滿室人衆驚異莫知所以 功 深思之必荷神佑要領上亦有日矣既荷釋放再復來京以上

日本一鑑　窮河話海　卷九

日本一鑑窮河話海　卷九

要領途路辛勞病患疫火不事湯藥從事為功代禱曰一誠為國十載亡家茲者跋涉將上要領於朝以竭忠義以奠黎元以酬初志今病垂危要須奚進邊鄙奚安如神保庇東南可憐忠義俾喉吞吐得飲湯藥庶幾

夷利貨乃殺商人神祇顯幽災及島宇況此行商大海之神不害島夷殺害隨降異災於其間豈天使人不蒙海神之庇乎念斯神靈本是婦女功固草茅本是男兒雖無官守言責況已奉天使正氣尚存赤心尚在又豈不念婦女之

「靈耶叢羅娼嫉亦功數奇今上要領赤心已盡庶不負上玄遣使之大」
恩海神庇佑訶護之至德俾沈盂綱等之在九地知功上言與伸寃枊
然此忠義之靈則亦必為厲鬼黙褫賊奴之魄底定以為長治久安之
報矣
門緣由文著不能删整者寡學孤忠之
故也伏望皇上俯哀犬馬微勞干戈未已特勅詞臣删其繁文少資時
政以為撥亂反治之用不惟草茅幸甚東南幸甚天下幸甚

日本一鑑窮河話海卷之九終

日本一鑑窮河話海　卷九　十

日本一鑑桴海圖經

壹冊

民國貳拾八年
據舊鈔本影印

日本一鑑桴海圖經卷之一

奉使宣諭日本國新安郡人鄭舜功撰述

歲乙卯功方

奉

使日本取道嶺南惟時治事偵風故召司方之人以供其事司方者司趨向方之人也爰究指南之書而詢蹈海之要廣求博采者久之人有以所錄之書應者謂之曰鍼譜按考日本路經言之未詳後得二書一曰渡海方程一曰海道經書此兩者同出而異名也歷按是書多載西南夷國方程而日本程途雖有其名亦鮮有詳者一曰四海指南內載三

王進之使日本取道太倉田韭山放洋而往取野顧寄音次抱里寄音沿入其都夫彼路經如斯而已近考前代日本之役魏晉隋唐各亦遣使皆緣朝鮮往焉今

國家前所遣使皆由寧波郡往來之役雖勞俱未見其方程也

國初僧宗泐為詩贈使者行云滄茫熊野山一發青雲際按考熊野在彼南海紀伊間秦道方士徐福祠堂在焉據夫詩言莫非取道其右歟又學士宋濂之跋云自翁州揚帆五日至其國又踰月入其都言雖如此亦未見其詳也自嘉靖初給事中陳侃出使琉球取道福建以往其從人有識日本路程者故閩海人因知取道於小大琉球沿諸海山一路而去又廣海人郭朝卿販稻航海市漳泉因風漂流至其國故廣海人自後亦知其道矣若浙海人則因彼來朝向館寧波雖聞彼島之名未聞向方之的達今廿有餘年中國私商絡繹市彼各有路經但抵其域市諸貨財而已誰究彼都之域之詳耶間知彼地名何亦皆倭音且如野顧抱里之類是也況不審彼倭字又何從正華文至於山川之險易道里之遠近尤不可得而知矣夫既不知則雖欲往彼國何以為從入

之途哉抑自庚戌以來姦宄禍亂逮今未寧彼從逆者於華夷往來遠近之道多稔知之而我當事之公尚有不知之者又何從得彼域之詳耶丙辰仲夏人事既具風汛乃期我方津發自廣至倭山水物色見無不詢詢無不志雖不得乎山海文字之精詳亦必記其聲音向方之彷佛既入其境但以國客之名布忠信以宣

文德陳仁義以定姦偷致使日本豐後君臣豁然開悟後先歸化然當是時勤事於彼經歷數旬凡得諸履涉及諏諮者若島嶼都域之統屬水陸途次之程期住泊經由之處所莫不各究其指歸又非特記其地名倭音之彷彿且考諸翻譯寄我文字之精詳矣既以得其要領率彼向化之人稽首來

王以作尊安之計數奇下獄七載方申復何言耶但今姦宄賊寇東滅西生已而復作燋爛之痛方深匪躂之傷更切伏念

聖帝仁王之立中國而撫四夷近則馭之以情遠則懷之以德此治天下常經也抑且陒海之夷遠隔萬里鯨波若非察其性情宣乎文德容其向化禍亂何時而定耶此昔區區所以輒奮狂愚但欲變夷從夏定亂尊

王草莽孤忠所効雖微而

國家政體所關實大然則此方程也豈不宜知之乎功以摹圖一本前賦長歌一闋又次述其方輿焉目曰桴海圖經嗟夫為此書也固雖不成章句然而究心經世之士有能察功奉

使之誠効忠之實紀錄之詳庶乎有會心者當知非泛泛焉矣爾嗚呼治安流涕徒勞忠愛

國家心博望窮河尚未根源宿星海痛昔明徵定保也今此感切以為書書曰無稽之言勿聽弗詢之謀勿庸若夫區區所言者不自知其如之何

萬里長歌

欽奉

宣諭日本國驅馳嶺海乘槎出當是時也中國姦宄勾引倭寇出沒淮揚吳越閩海之上海隅蒼生塗炭極矣功因軫自生民又念先世忠義激奮狂愚奏行開諭取道嶺海而往爲嶺海者廣東別號也五羊歌鼓渡三洲先取虎頭出幞頭五羊廣省驛名三洲水中之地約去五羊廿餘里而我取道其上虎頭海山在東莞之東約去三洲百餘里二山對峙如虎把門故曰虎頭門幞頭亦海山也在東莞東北約去虎頭百餘里二山對峙形如幞頭故曰幞頭門我俱正出其間大鵬飛鳴平海札看看碣石定鐵甲大鵬所名約去幞頭六十里平海所名約去大鵬六十里而我皆道其右碣石衛名約去平海二百五十里鐵甲山名約去碣石六十里皆惠海地方我俱取道其右靖海東頭馬耳還大家井里傍牛田靖海所名約去鐵甲百里馬耳海山澳名毗連牛田約去靖海百十里昔因風沮曾泊澳之石牌村大家井地名約去馬耳二十里牛田曲傍皆潮海地方而我俱道其右天道南陽王莽滅詔安走馬心旌節南陽地名約去大家井五十里王莽地名約去南陽九十里皆潮海地方詔安縣名約去王莽六十里走馬溪

日本一鑑桴海圖經　卷一　三

名約去詔安八十里皆漳海地方而我俱道其右

鎮海先須定六鰲下門平靜

金門高鎮海衛名約去六鰲六十里六鰲所名約去走馬百六十里若往走馬至鎮海必須[illegible][illegible]六鰲下門寨名在月港東約去鎮海四十里皆漳海地方金門所名泉海地方約去下門五十里而我俱道其右

永寧東兒烏邱側有馬行之是準

則永寧衛名約去金門廿餘里烏邱山名在興化海中約去永寧百五十里海舫松訣乃於烏卯取道日本挨里馬即有焉島寄音柳利遠洛西南風用艮寅縫鍼東南風甲卯縫鍼西北風正丑鍼西風正艮鍼經取有馬此蓋行彼上海夫鍼之論更次凡一更者鍼著經盤之底又更換也每一更鍼若值順風約行六十里凡一晝夜燒香為度約十更程計六百里驗風遲疾可約計鍼更數又按驗風遲疾之法先取小新之於船頭擲於一波上疾行船尾挨薪先後則知遲疾約計鍼更數矣

一自回頭定小東前望七島白雲

峯回頭地名泉海地方約去金門四十里下去永寧八十里或自回頭經取小東島即小琉球彼云大惠國按此海島自泉永寧衛開抽一脉渡海乃結彭湖等島再渡諸海乃結小東之島自島一脉之渡西南乃結門雷等島一脉之渡東北乃結大琉球日本等島夫小東之域有雞籠之山山乃石峯特高於衆中有淡水出焉而我取道雞籠等山之上總取七島七島之間為琉球日本之界夫七島也七山交錯島峽水聚宜慎避邊盡島用正寅鍼約至五更取野顧即屋久島寄音耀固世硫島有白氣尋浮故人日曰白雲島此昔我之使程也航海秘訣一自回頭用艮寅縫鍼經取日本凡七八日

或自梅花東山麓雞籠上開釣魚目梅花所名約去永寧八十

三

里自所東山外用乙辰縫鍼或辰巽縫鍼約至十更取小東島之雞籠小自山南風用卯乙縫鍼西南風正卯鍼或正乙鍼約至十更取釣魚

嶼自嶼遠近多巨鯊長約十數丈見風帆影逆於波上夜則躍而有光按海鯊魚族類頗多因訪魚漁罟言知者曰珠鯊曰鋸鯊曰刺鯊曰虎

鯊曰青鯊曰了髻鯊曰犁頭鯊曰狗頭鯊曰和尚鯊曰白蒲鯊曰吹鯊螺者鳴則風雨大作嘗食魚害人又虎鯊者有化為虎咬島人畜其餘

不盡聞也而小東巨鯊番類白蒲向不知名誰某自梅花渡彭湖之小東至琉球到日本為昔陳給事出使琉球時從其從人得此方程也一

自彭湖次高華次黿鼊次大琉球亦使程也而彭湖島在泉海中相去四頭百六十里釣魚嶼小東小嶼也盡嶼南風用正卯鍼東南風卯乙

縫鍼約至四更取黃麻嶼**黃麻赤坎古米巔馬齒琉球𨑨𨓜先**黃麻赤坎古米馬齒琉球𨑨𨓜皆海山也

盡黃麻嶼南風用甲卯縫鍼西南風正甲鍼東南風正卯鍼約至十更取赤坎嶼盡嶼南風用正卯鍼或寅甲縫鍼西南風艮寅縫鍼東南風

甲卯縫鍼約十五更取古米山盡山若西南風用寅甲縫鍼南風正卯鍼約十五更取馬齒小山北多礁盡山南風用正卯鍼或正寅鍼禮取

華山即高華小次取七島否盡古米南風用寅甲縫鍼或正卯鍼約至五更取馬齒山盡山南風用甲卯縫鍼或寅甲縫鍼約至五更取大琉

球昔使大琉球用正卯鍼或寅甲縫鍼入那霸港否自港外用正子鍼約至四更取𨑨𨓜嶼盡嶼之外南風用正癸鍼約至三更取熱壁山

熱壁行行夢家剌大羅前渡七島峽熱壁夢家大羅俱海山名皆在琉球洋中盡熱壁山南風用正癸鍼

約至四更取硫黃山山產硫黃在於本山河蘭埠接硫黃之山非特一硫小東日本皆有之夫此山島日則障烟迷目夜如野燒燭天山麓則

有湯泉泉水可愈瘡疥盡山南風用癸丑縫鍼約至五更取田嘉山自
山左右海洋間有種鱗魚形不滿尺翼不過尾飛約數尋盡山南風用
癸丑縫鍼約三更半取夢家剌盡夢家剌南風用正癸鍼或癸丑縫鍼
約至三更取大羅山盡山用正癸鍼約二更半取七島此七島者在日
本南為琉球日本之界又考畧閫日本東海有七島
於戊未詳盡南七島用正寅鍼約至五更取屋久島

屋久棒津我道中

槎浮影動擊飛

屋久島名為日本古大隅國四部地方自屋久硫黃
蝌白不高島善島海洋間有鱺魚寄音大沸易阿夫奇
音之字大音舵阿音窩荷音賀剌音鋉地字如字此鱺魚形頗鯨長尺
許雙翼越尾凡寸餘見風帆影飛蝌無算颯颯有聲凡鱺出使船若見鱺
魚須定屋久然後放舵山城國都木爽云自本島上若乘西南風開津
而行去東北約六十五更至堺江光經椿泊慈奴島上越五小山日大
門島寄音大慕佳世過望見淡路島彼一日國又謂大門山我自山右
過來島風堺江用平底船遠進山城國都矣一自屋久用艮寅縫鍼為
至四更取亞甫山郎神付腮爽曰大島一曰乞島寄音課射氣行平本
島港以水東流急島馬六十里有礁四五人指馬蹄我自礁上開行用
艮寅縫鍼約至十更取敢理宮寄音神慈利密耀若不見此則用正艮
鍼二更艮寅縫鍼五更取江論野寄音郎歪儒一名江門野島觀寄音
那大儒阿佳祿次用正了鍼一更正癸鍼二更取野島礁關寄音儒世
邁易稜射氣島南兄礁我道島上次用正丑鍼一更正子鍼四更取淡
路島寄音抑法奴世邁一名天門山寄音大目佳耀邁我追山上次用
正此鍼三更抵兵庫港用平底舟遊進山城國都佛津其古筑紫島地
方島列九國而棒津屬大隅國棒津島間為本島之首懸對屋久之北
而我取道其中本東去自棒津至種島程計三百六十里棒津至琉球

程計三千七百里或取種島定延歷或渡棒津沿山入種島古大隅四郡地方在屋久北二百六十里延歷古寺名在山城國都比睿山乃夷王桓武與僧傳教所開山迴十六灣寺占三千許夫延歷也其為戒壇通國度僧牒文俱出本寺俗謂歷度牒日本夷云若於種島得西南風用艮寅縫鍼約六十一更半經取棒泊歷奴島之上過東島到堺江用平底舟乃通山城國都否則種島乘南風用艮寅縫鍼約五六更渡棒津若或道彼上海而入山城王都則從棒津之上沿山而行可堪歇泊之處自棒津次京泊津次阿久根次天草次江坂浦次河島次瀬戶次平戶次博多津次足屋次赤坎關次桂坐次上關路次官島次釜鷗次竹原次戶摩次志和久次牛窗次室次兵庫港港用平底舟次西宮次杉田次山崎次下鳥羽用小舟次日本王居夫海航里數及陸路程詳後紀程之下載之使程先取屋久次種島而行若或道彼右海沿諸海山而入山城國者則從棒津之右次山河矣棒津山河夫泊開千湊戶浦耳之隈細島赤水遠海接竹島釜江記週折當是時也道經種島欲絕彼都颶風歘作延蕩釜江滎入溴濱設曰釜江週折云柏島駒妻清水湄津龍洲崎浦戶垂東津上浦又椿泊奴島堺江山城郭航海里數亦詳於後紀程日本古來向中天新羅樂浪經朝鮮新羅樂浪皆東海諸夷島國而新羅在日本西北樂浪在朝鮮之東今皆朝鮮之屬夫日本也自漢光武中元始入中國路經新羅樂浪朝鮮或經百濟凡數重譯得入朝焉按百濟在朝鮮之西亦是東夷之島初焉百家濟故名今屬朝鮮云

謹按漢書自樂浪郡徼去其國萬二千里去其西北狗邪韓國七千餘
里其地大較在會稽東冶之東與朱崖儋耳相近故其俗法多同自倭
女王國東渡海千餘里至狗奴國雖皆倭種不屬女王南四千里至侏
儒國人長三四尺自侏儒東南行船一年至裸國黑齒國使驛所傳極
於此矣會稽海外有東鯷人分為三十餘國又有夷洲澶洲傳言秦始
皇遣方士徐福將童男女數千人入海求蓬萊仙不得畏誅不敢還遂
止此洲世世相承有數萬家人民時至會稽市會稽東冶縣人有入海
行遭風流移至澶洲者所在絕遠不可往來稽魏志使從帶方郡至倭循
海岸水行歷韓國乍南乍東七千餘里到狗邪韓國北岸對海國居絕
島方可四百餘里土地山險多深林道路如禽鹿徑有千餘戶無良田
食海物自活乘船南北市糴又南渡一海千餘里瀚海國方可三百里
多竹木叢林有三千許家差有田地耕猶不足食亦南北市糴又渡一
海千餘里至末盧國有四千餘戶濱山海居草木茂盛行不見前人好
捕魚鰒水無深淺皆沉沒取之東南陸行五百里到伊都國有千餘戶
世有王皆統屬女王國郡使往來常所駐東南百里至奴國有二萬餘
戶東行百里至不彌國可五萬餘戶又南行十日陸行一月至邪馬臺
國即邪摩維國女王所都可七萬餘戶自女王國以北其戶數道里可
得畧載其餘旁國遠絕不可得詳次斯馬國次巳百支國次伊邪國次
郡支國次彌奴國次好古都國次不呼國次姐奴國次對蘇國次蘇奴
國次呼邑國次華奴蘇奴國次鬼國次為吾國次鬼奴國次邪馬國次
躬臣國次巴利國次支維國次烏奴國次奴國此女王境界所盡其南
有狗奴國男子為王不屬女王自郡至女王國萬二千里隋志使渡百
濟國行至竹島南望耽羅經都斯麻國迥在大海中又東至一支國又
至竹斯國又東至秦王國其人同於華夏以為洲疑不能明也自竹斯

國以東皆附庸於倭唐書貞觀遣使來見其程先啟初其東海嶼中有邪古波邪多尼三小王北距新羅西北百濟東南直越州有絲絮怪珍云元史至元間兵部侍郎黑的三使日本至對馬島而還又使趙良弼至太宰府而還考畧云　國初使僧祖闡等自翁州揚帆五日至其國又踰月入其都永樂時三寶太監使其國雖有路經惟彼境西之野簡境内無聞焉後來舟自肥前發壹岐對馬朝鮮落夷國圖書肥前松本等處地方可直壹岐對馬之至朝鮮　壹岐對馬者皆日本海曲山島今彼俱言曰國屬西海道四百八十一山名三渡三紀路三停自肥前之壹岐渡對馬判朝鮮凡歷三渡每渡四百八十里自對馬島麓沿轄津津崎放洋乃濟朝鮮之對門或云對門在朝鮮金州海口為古樂浪之地海口之東渡新羅次百濟延至鴨綠江望遠陽渡鴨綠載導周道路朝王屋使渡鴨綠江乃至　遠陽載道周道入朝焉後毀貢道入明州故彼大隅始發舟唐天寶開新羅梗道始由明越入焉按明州今寧波府越州古會稽今紹興府也又按大隅邊西地名棒津為日本之首沿寧波之邊故發彼中津發初用西辛縫鍼一二日次酉鍼二三日主我北山入沈家門式島沙河門乃至明州矣又按四海指南所載三寶太監出使日本自太倉劉家河津發用正乙鍼約僅一更平吳淞江用卯乙縫鍼約一更平寶山至南匯嘴用乙辰縫鍼約出港打水六七丈見沙泥底鍼約二更見茶山打水三四丈用丁未縫鍼次坤申縫鍼共約三更過大七山小七山至灘山東北打水三四丈用正丁鍼或午丁縫鍼約三更至霍山用正午鍼取西後門

用巽巳縫鍼約三更至茅山用巽巳縫鍼取廟州門水漈流急我從門右而行至丹羅嶼用丁未縫鍼取崎頭山山湄水急打水四丈餘過雙嶼港港水亦急用丙午縫鍼約三更至孝順洋打水五六丈次亂礁洋打水三四丈見泥底次盖山山西有樵用正卯鍼約三十更至日本港口野顧山即屋久島打水三四丈見泥底一自灘山次大帽山次箕彎次鬱江次梩長澳次雙嶼港次孝順亂礁等洋至於韭山而去之彼一自灘山次許山次羊山次淡水門次蝦蟆礁次火焰頭次沈洋港即兩頭洞次崎頭洋次雙嶼港次亂礁洋次韭山往焉海航祕訣若於韭山得好滹風凡一晝夜見彼硫黃島然則是島固為彼之極西也一自島沙門用寅甲縫鍼至彼凡六七日一自沈家門用寅甲縫鍼至彼凡六七日一自陳錢山用艮寅縫鍼至彼凡五六日一自廣海用艮寅縫鍼至彼凡十二三日一自南澳用艮寅縫鍼至彼凡十餘日昔自馬耳澳放洋往彼凡十日見彼諸山十日之中況有逆風兩日也又三日過彼屋久種島

肥前大隅俱海澤入唐道名

見書册 夷國圖書肥前松本大隅棒津為古今之入唐道夫日本自入聖朝具載職方又國書云本朝三種神璽二為漢魏之給一我成祖所給接朝魏之使賜之銀章今存夷臣石上家石上者即石野守也自漢迄魏逮　皇祖宗給與夷國長君勘合金章皆藏之于日本王宮朝貢之期人船之限方物之數皆有定例凡入　貢夷必以勘合表章咨又為憑否則為偽貢不納矣夫彼夷也固知尊　王之義感財貨之恩然非貢率不得市故彼西南海道之夷無不謀請奉使凡將貢期必先以錢一千貫償值白金二百鎰上之於日本王宮其諸關節費餘萬金乃得請給原賜勘合奉金印鈐蓋表咨各一道然後具方物繕舟織齋帶入朝既受　朝廷之賞賜又市財貨以往無不百倍其利但貢有

恒期楊無濫至而恒不給故夷望貢猶褁望歲尊王之誠自誠矣廿年以來姦商私市於十年已往姦賊從逆於中中國通逃歟以招亡不信納叛輿徵偷生夷島頗倒錯亂朝貢愆期矣夫彼之貢若國防盟後等國請得勘合表咨入貢雖於各港遣舟必於博多合綜津發夫博多也乃筑前之地而筑前者乃大內京兆大夫與大友修理大夫之均轄也故舟博多津發焉次經五島或歷硫黃島必待清明之後靖風故洋而入中國若或大隅薩摩等國請得勘合表咨入貢雖於各港造舟亦必棒津合綜津發次經天堂天堂者彼曰官渡蓋謂入唐之義或歷硫黃島亦必以待淳風故洋入朝若或和泉攝津播摩等國得計遣使雖於各港造舟亦必經過博多也如或土佐伊豫日向等國得請遣使雖於各港造舟亦必經過棒津也按日本夷自漢以來既通中國其入貢道不曰漢而云曰唐何也曰日本記云日本之號始唐則天皇帝之所封原彼夷之初鮮知華文自唐開元以來請授中國之學足以彼夷漸曉中國之義不忘唐氏之恩梳其入朝凡十餘度來王之誠如此故曰入唐道云夫日本載唐德澤之深至今不忘其號其風化之美可見矣今國家其來入朝三德澤其國國不淺於唐也抑今禍亂不已者但因忠信之不行以致姦究之隱誘其向樂生向化乎

十年一度使來
庭不遠風濤萬里程

自成祖文皇帝朝制定其國十年一貢自彼山城國都至北京程計一萬一千一百里乃得一朝貢焉

鳥羽天堂覓鄰邑

上京三紀三千七

鳥羽地名在山城天堂山名在彼西海之中夷云天堂官渡蓋緣入朝故名自鳥羽過長門至天堂天堂至鄰

邑鄞邑至北京一各三千七百里

奉

使出入韭山前方位不易指南篇 韭山在寧波海中凡使出入多主是惟趙宋時使人臨海必以主山為準按主山在台海中自海門衛東去半潮水廣輿圖云六朝以來其使有人溫州者此則必主南凡山按彼有橘名溫州原自入朝多種也又菓實名福州者原自福州移種也未審何時至此耶指南之義始自周室有荒夷裔曰越裳國即老撾國凡三重譯來朝將遣還迷失故道周公乃作指南之車以贈之使始得還達音隋唐遣使海外亦莫不本指南之義矣今使海外者若非此書又何以定向方之準夫此書也一曰海道經書一曰渡海古程一曰四海指南一曰海航秘訣一曰航海全書而俗謂之針譜凡此書者其名雖異而事則同也

姦宄亂生

來昔風敢要太利通支竺 支竺倭之別名夷俗敬佛重僧以佛生於天竺是故名支曰黑齒曰大和曰山迹又云山此曰數島或即大和嶋城島曰野島臺又云耶馬臺即耶維摩曰秋津島又云秋津洲曰磤馭慮島又云自凝島曰葦原又云豐葦原曰小扶桑按考扶桑乃東海遠飈之島島懸日本之東相去二萬餘里其國好佛而惡殺日本之夷思慕之故有小扶桑之名昔聞日本之書扶桑之夷而有五色爪類猿爪身體多毛腋佩刀劍手持數珠時常念佛日本之夷輒倣之昔聞之曰扶桑曰日本人既好佛大何佩刀乃曰好念佛本甚心好佩刀誅盜賊故我佩刀逢善不殺我本好佛若遇賊寇事以慈悲馭之乎不按金剛揭帝關像其皆佩刀矣又聞扶桑之樹長大無比蠶自生於其上作繭云長三尺許而帛經緯則人為之凡諸機織則付草蟲草蟲狀類促織異人謂之曰絡緯而俗謂之紡績總其大如人而

機織焉又其地產聖水若人斷手足即以聖水可續之若貽頸則元氣散而不可接矣又多產羊割腹取脂而食悉見夷國之書於我漢然無所考事難憑信也夫曰日本謂唐明天所封曰壽安鎮國山乃　成祖文皇帝之詔獲罪於

天竟不歸搆倭殘破我藩籬邊氓無數受荼毒江湖廊廟憂心腹念言治

亂如用醫若還忌諱苦瘡痍封書北上

黃金闕廟廊俯憫蒭蕘拙自持忠信代戈兵良知

文德聖神靈但將仁義作舟檝大弓遠定扶桑穴大弓二言合為夷字道廣飄飄入

澳濱策馬往見豐後君然當是時吳越閩海皆事殷而我取道於廣往諭日本王行彼城中颶風乃作漂入澳濱澳濱者乃被豐後之地在蚤江之西而豐後為日本分封之國其若姓名源義鎮為日本國王宗族其轄豐後筑後肥後肥前筑前等國又日向國夫才馬之彼謂六國津港尚多姦宄且衆偷偷而來者彼之國君不知也因彼部曲藏姦慝用言忠信宣

文德叶一之禁在夷王遣使間關若海航按考日本列國六十有八向者各相吞併雖弱敵者恥告夷王多割腹而死夫戰勝者或據其地設有部民不服者告於夷王則必遣人以守之既得彼情用是遣使於山城開諭日本長君則其列國六十八區乃得叶一禁止若豐後之諭但能禁止六國其諸列國止可移書由其禁否而已是以從事願甘艱險迂曲其途間諭日本長君以作交

安之區計區居育其成功亦未可以歲月計也按日本長君姓名源知仁歷世相傳迄今不易文
我居豐後究夷俗得其要領思歸復偕使來歸速治安邇風飄忽馬蹄煩馬蹄礁名在乞島西六十里北近五島東南懸對屋久四更鍼自島之西有礁四五纖如馬蹄故人曰馬蹄礁船觸即破彼夷至惡之乃曰課射氣課射氣者寄音也翻譯華文則曰乞礁夷以是礁懸之鋪乞丐爾
延迴大小琉球曲神光導引歸盤谷況既風況非時難繩鍼路歷諸險阻延迴大琉球抵一小島夷音耶剌付島夷尚知王化也繢滐小琉球此島夷不遠於鷗嘅爾於是時狂風折舵而船欲覆祈禱於神有光類大其大如升降於船又異香襲人風稍恬乃以備舵易之而行於時雪浪滔天惟舵着水夜甚昏黑無所見衆又祈禱於神復有火光如纜故船遂遲至嶺篙師云斯神者乃宋靈惠夫人林氏也三月廿三日為其誕辰邊腹之民多祀之航海之舟多奉之按永樂也丑使海外國乃以斯神在海著靈遂於京師儀鳳門營造神宮 詔封斯神為護國庇民妙靈昭應弘仁普濟天妃廟額曰弘仁普濟 天妃之宮歲以正月十五日及三月廿三日遣官致祭著以為令夫 此神也既受明祀護國庇民有如此而我羨藝含頴之人又豈不發 國家之子士民一揆宜深念之夫廣島與猶如亂蘇谷口甚多人不易識況非汎月不期之至於斯也
四句始定海珠山豈非有數存其間搓還之際正東北風擬入浙海僅五六日程不意深流至于四句之久復見海珠豈非有數存乎其間耶海珠寺名在五羊驛之西
南歸來衆楚咻齊説耿耿孤忠繫縲絏從事功成世數奇身亡嶺海爾

為誰當使日本館於豐後故違從事沈孟綱胡福寧齎書往諭日本王獲其聽信既行禁令與之回書歸經豐後來至嶺海痛被姦宄要功比白有司而不之信下之於獄信部鄭蓮程文元告語軍門又不之信比以從事鮑仲麒往仲救之既至彼中而效役者已陷殺於其間矣痛此使者遠涉鯨波深入羊腸探諸虎穴歸復天朝艱險竟遭陷害雖庸人孺子使之聞之寧不衷傷也夫歷盡痛為華夷

民作福厄運未窮遭僇辱那更身無為罪囚坐視航海苦不休悉怛謀

兮重可惜揚完者兮名不一曲徙之言信不誣燋爛頭顱苦奏

數初言不忍驗今日世道衷傷殊曩者昔不計庚辛壬癸言不計甲乙丙

時年丁戊計年不計月伐取柯梅那見葉柯梅舟山地名明年潮海開元宵室

廬掃盡放燈燒月港洪塘隨火熱三月五嶼飛蝴蝶月港漳海地方洪塘福省地方三月

蘇海地方五嶼漳海地方去年嶺表飛烟灰閩下浙東良可悲嶺表者廣東也今年梅嶺兵

火惡浙海漁歌痛殘削梅嶺漳海地方人多航海番商云無漳不行洋故通番輩歲久忘歸勾引夷寇為害父母之邦

云爾閩浙浪過打江西泉海湧濁漲安溪安溪縣名雲蓋十年聯絡繹循海潮

聲殊惡逆雲蓋宋館寺名址在南澳之陽循海者惠海也羅源滋蔓苦黔物撥亂反治

聞何遲羅源縣名蓊蒐自愛葵心赤葵藿不堪憂肉食肉食憂

時早伐誅伐謀早紓

宵旰憂嗟彼狂愚鄭國客況無官守無言責國客之名蓋因奉使之際遵蒙本部尚書楊　令言但以中國百有年來未嘗遣使日本國是致不敢承領文移取辱使命但以國客之名先之以忠信之言曉之以仁義之道要之以文德之教使蠻貊之民樂生於化日之下自謂用夏變夷一端爾

萬里飄然一羽輕寧能東海作長城

日本一鑑桴海圖經卷之一

日本一鑑桴海圖經卷之二

奉使宣諭日本國新安郡人鄭舜功叅繪

滄海津鏡

島
小山
島
馬齒山
古米山
赤坎嶼
黃蘇嶼
釣魚嶼
彭嘉山

島
石峽
人目之曰石劒門
粧山
大琉球國
熱壁山
運連嶼
黿鼊嶼

島
大羅山
夢家剌
田嘉山
硫黃山
島
灰堆山
山澳
山

七島
屋久島
人目之曰
白雲島
白不
島
島
島
島
高島
島
黑島
硫黃島
湯

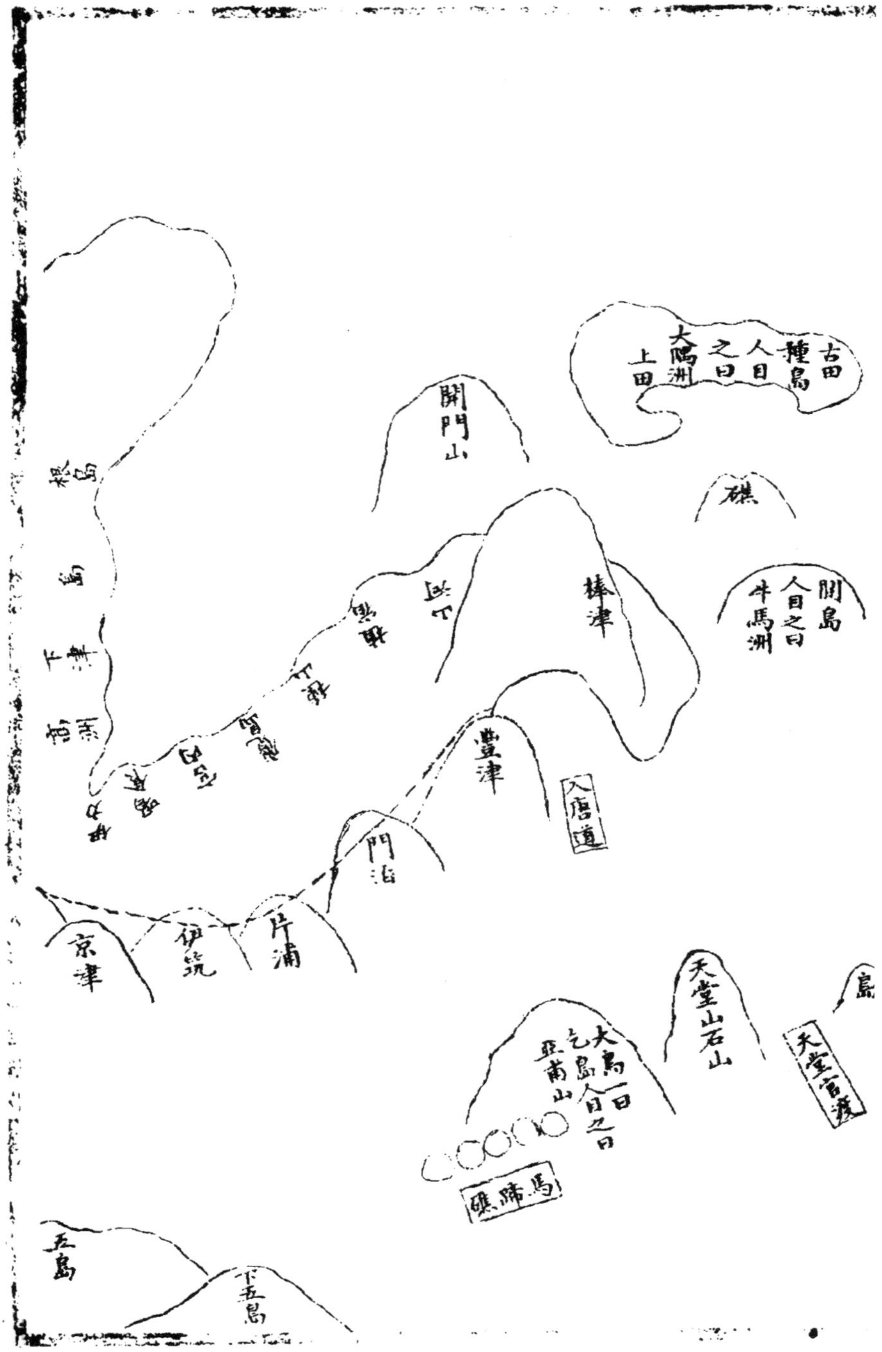
古田
種島
人目之日
大隅洲
上田
開門山
礁
開島
人目之日
牛馬洲
棒津
豐津
入唐道
門泊
京津
伊筑
天堂山石山
島
天堂官渡
大島一日
人目之日
馬蹄礁
五島
下五島

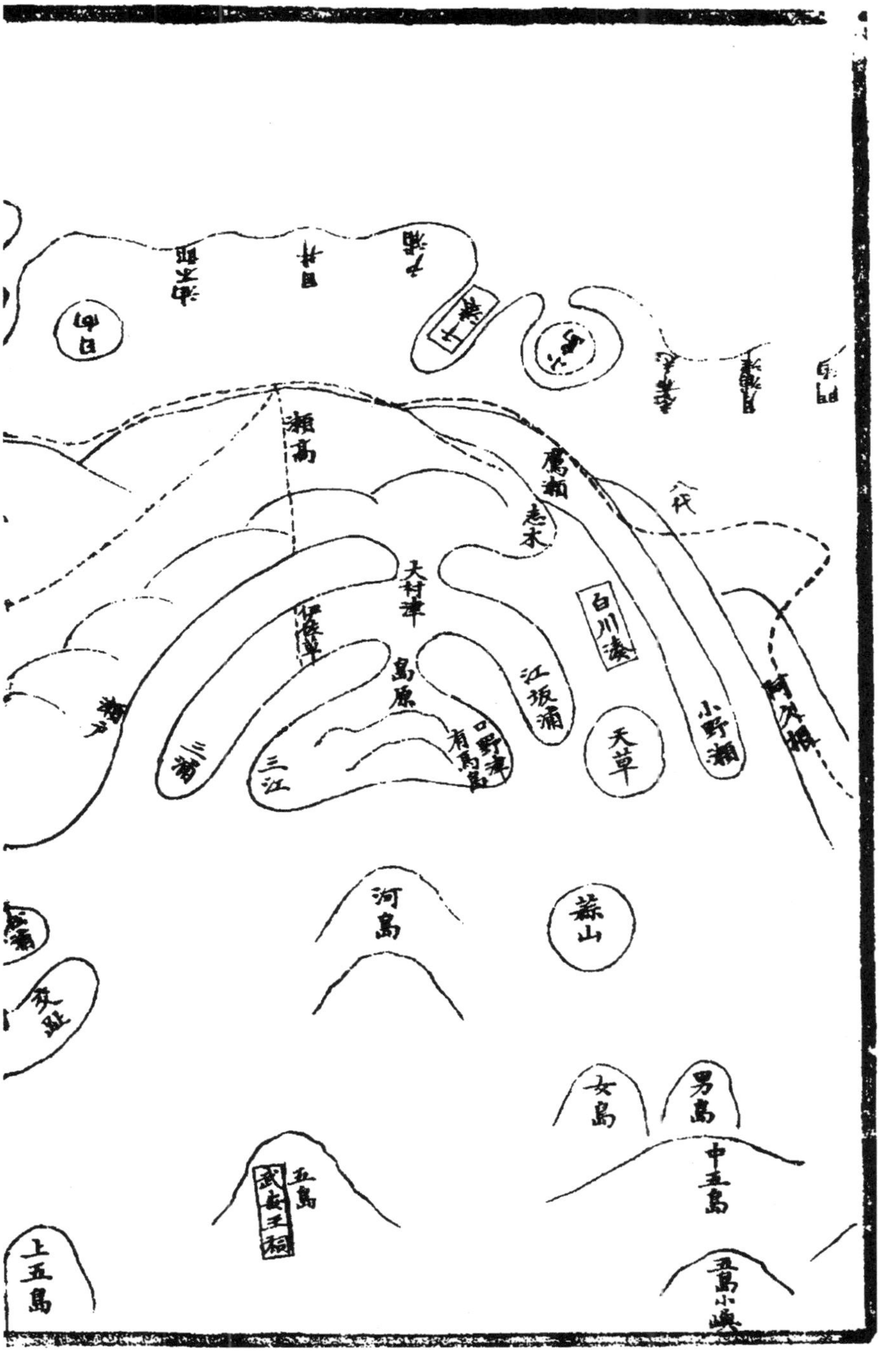
瀬高
志木
八代
大村津
伊佐早
白川湊
島原
江坂浦
小野瀬
阿久根
瀬戸
三浦
三江
口野津
有馬島
天草
河島
蒜山
交趾
女島
男島
中五島
五島
上五島

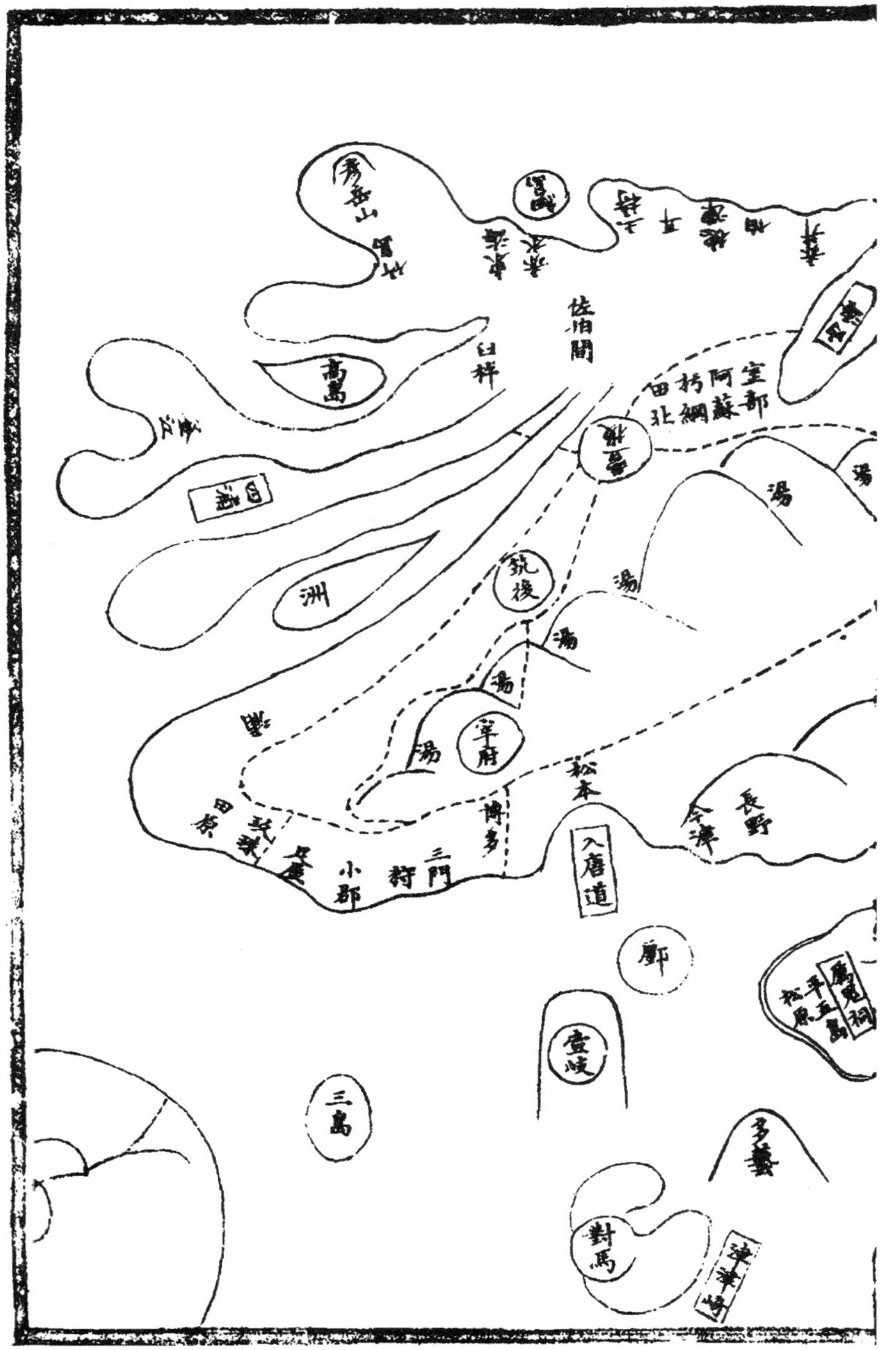
佐伯關
高島
洲
筑後
宰府
松本
博多
三門
小郡
入唐道
長野
今津
壹岐
三島
對馬
多藝
平戶島
松原

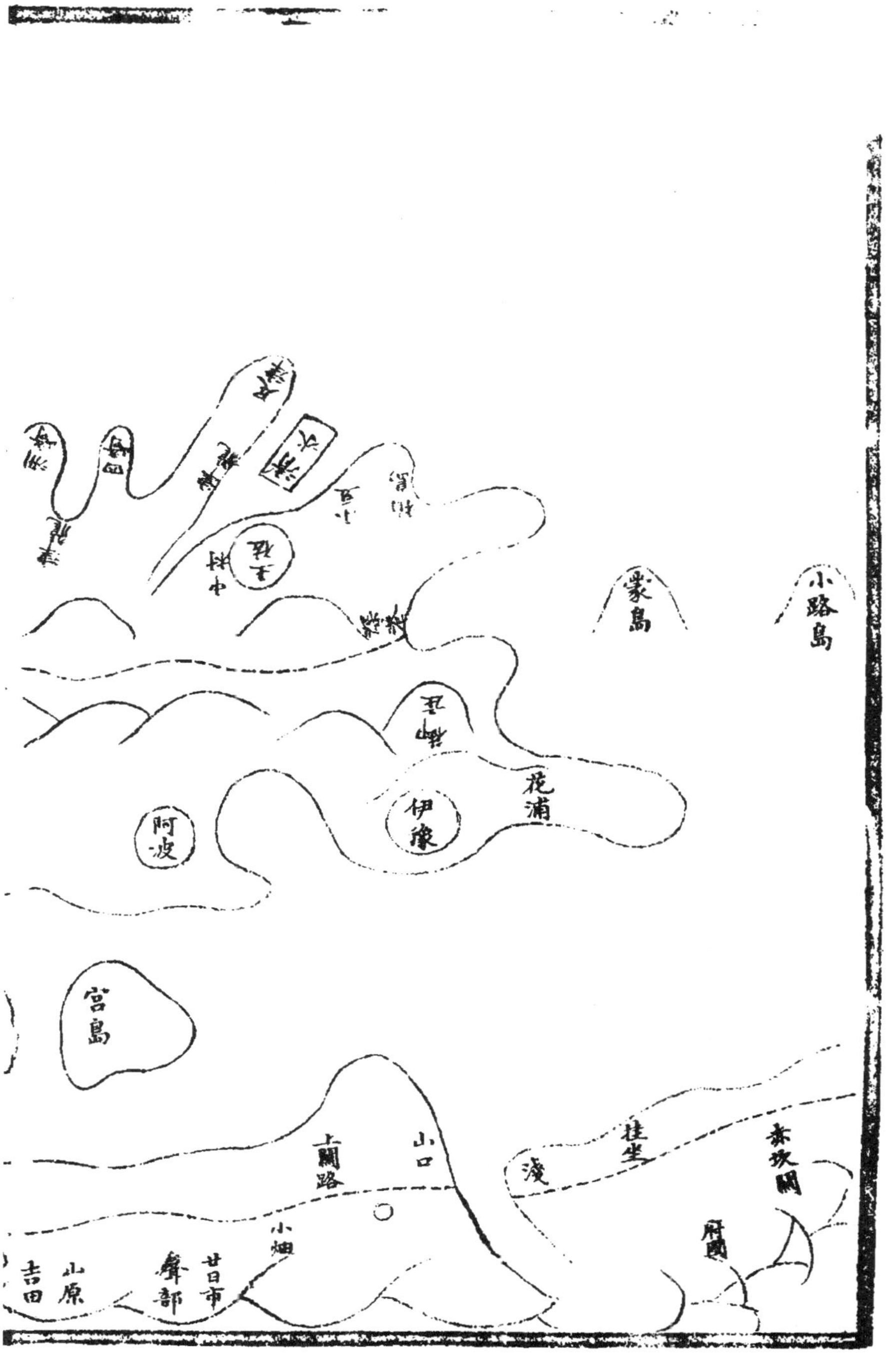
小路島
花浦
伊象
阿波
宮島
山口
關路
淺
小畑
廿日市
山原
吉田

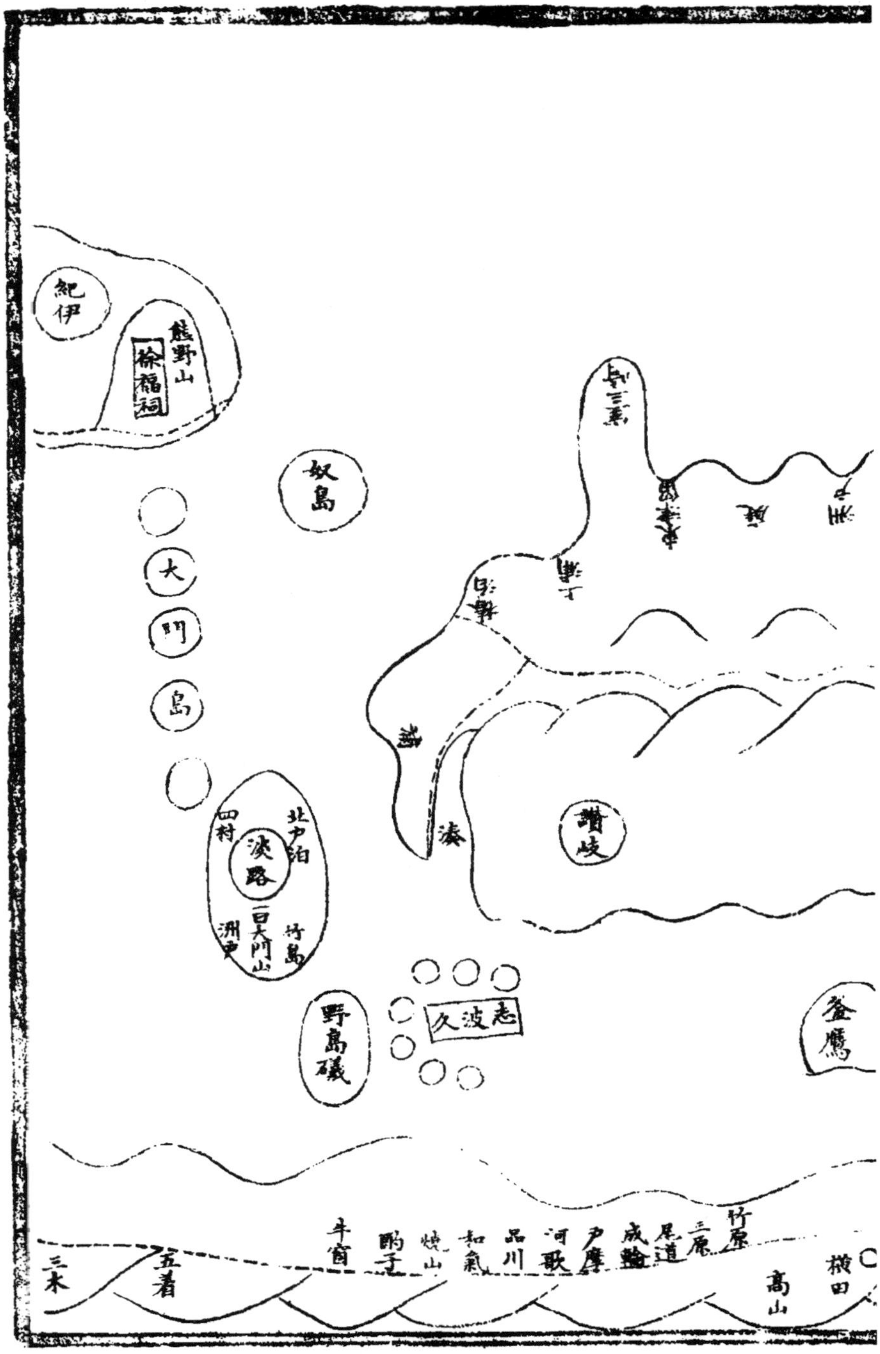
紀伊
熊野山
徐福祠
奴島
大
門
島
四村
北尸泊
淡路
竹島
一曰大門山
湊
讃岐
野島礒
志波久
三木
五着
燒山
和氣
品川
河歌
成輪
尾道
三原
竹原
高山
横田

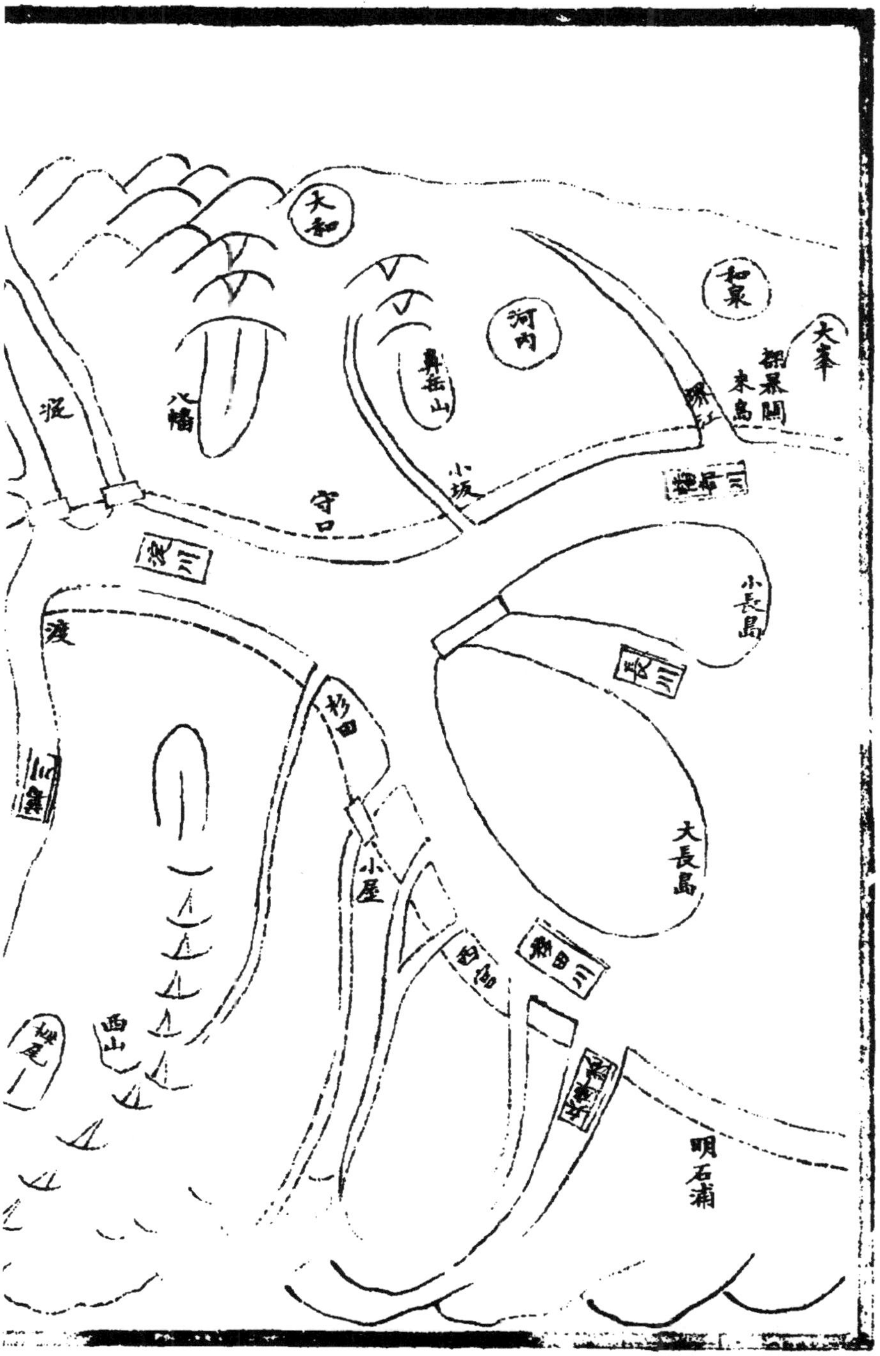
大和
和泉
河内
大峯
来島
八幡
淀
守口
小坂
小長島
大長島
渡
杉田
小屋
西山
明石浦

日本一鑑桴海圖經卷之二

夷都東去陸奥東垂凡百餘日程地方綿邈不及圖編

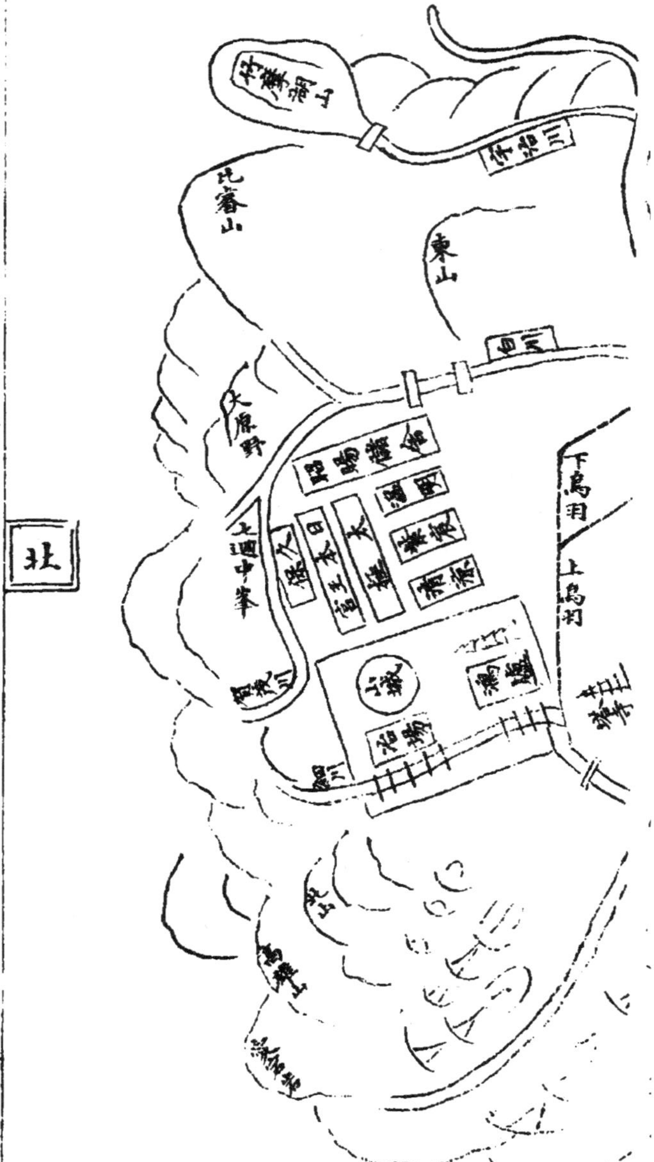

日本一鑑桴海圖經卷之三

奉使宣諭日本國新安郡人鄭舜功編紀

天使紀程

按考日本之域計其延袤廣輪東西距三千八百七十里南北距五百三十里（按彼一里凡六町若中國一遞鋪程）又按水陸之道一自山城遵海西至長門西垂程紀一千九百七十八里又自長門西至渡自豐前次足屋至大隅西垂通紀二千一百八十里陸行五十餘日惟論駐馬之程不計行路之數一自山城陸行至攝津渡讃岐取道土佐東小路之至西小路乃羊腸之徑濱渡日向之至大隅西垂凡五十日一自山城遵海東至陸奥東垂程紀三千五百八十七里山城陸行至關東程紀二十有五日關東陸行至陸奥又凡五十日餘許按此陸奥為其列國道屬東山其轄五十四郡東西距八十餘日南北距四十餘日以日本之域較之陸

輿而相過半矣其先夷王聖武以僧行基迴行通國得一週遭後雖本夷
鮮有週遊者也功何得以遍觀焉自原蕩菟生乎宇宙蓋緣蠻夷猾夏
民物塗泥原無官守之拘亦無言責之寄若夫惻隱羞惡是孰無之又
念先世忠義因輒奮其狂愚尚欲親涉其國用夏變夷塞源拔本而為
底定之計此昔所以願竭朴忠
奏蒙
隆命敕行颱海經歷不測之淵念活蒼生期獻
太平之頌用是誕
敷
文德實顯
神靈化外來
王摠衷下欵初不罹乎娼嫉今奚復有姦偷縲絏何辜赤心肯湟

九重遠聽百姓毀憂憶昔忠勤當存阜白悲傷世道豈慕丹青既經萬里

王程聊就一書紀錄於是大書漢字小寄倭音若夫涉水登山停舟駐

馬悉為詳紀庶見明徵前此圖程惟紀海道其他多島不入圖編況夷

島之名古今殊異寄語更變

天使宜知克念

委用之勤敢取不恭之罪嗟嗟謬語事在

聖謨

夷海右道

硫黄島（易付烏佳 世邊）孤山以産硫黄故名乃西海古大隅（阿烏自 客）地方為彼

極西之域近延寧台之邊凡我出使若在韭山開洋得乘好風一晝夜

可見此島島有望瞭所又謂探題所人烟六七十戶可以暫停避東北

風是島也地吐硫黄之氣日則障烟蔽上夜如野燒燭天島上多竹島

麓湯泉可愈瘡疥西風次二百五十里渡至屋久島次二百里渡至種島徑取日本山城國都一於本島可乘西風次三百里渡至種島一乘西風次一百八十里渡至棒津荷刹

屋久島耀國世遺孤山一曰野顧即白雲島有白氣尋浮故人目云乃古大隅地方今屬種島人烟頗多海產鯱魚大沸易阿其形類鰡長尺許雙翼越尾凡寸餘見風帆影飛艸無算颯颯有聲凡我出使初見硫黃島次準本島若見鯱則驗矣舟行不停南風次二百里渡至種島徑取日本山城國都若緣山行則於本島南風次四百八十里渡至棒津挨從山右一路而去

種島太業懦世遺孤山古大隅四郡地方人烟頗多島產牛馬等獸人目之曰大隅洲港產佳魚閩文易阿屋久薩摩皆有之本港多礁不堪停泊山溪之水流入於海間鹹淡水常產澤鬼人浴於此遺食腹腸惟上田烏刹太

自港可避西風本島南風用艮寅縫鍼約六十一更半徑取其都本島南風三百五十里渡至山河三百六十里渡至棒津

棒津（荷州）其名入唐道古大隅地方可停次一百三十里至山川津

山川津一曰山河（耀佳邁）古大隅地方可停内曲袖白一曰植宿（易氣付自）次種山（太邁業耀）次鹿島（邁世）今薩摩（肥邁兹）司牧島津（世兹邁）居之次宫内（窑耀烏致）大隅司牧居之次喝食（課氣射）又内曲轉次高洲（太自佳）次下津或曰島津（世兹目）次戎戸島（目世課邁佳）次根島（業窑兹）今皆西海薩摩地方盖為曲道則於山河次三十餘里至大泊

大泊一曰大門泊（阿刹大邁）可停次七十里經月浦津一曰膽月即肝屬（氣目兹氣）次志布志（世世布）次小島（國邁世）在海曲港僅通舟水淺潮退舟膠難泊皆古大隅地方次至千湊

千湊一曰血野湊（致奈懦大恕窑）古大隅地方湊口可停湊内膠舟不堪繫泊

次二百五十里至門浦
門浦一曰戶浦大慵烏刺港大可停次三十里經目井蔑異次至油不郎押付
刺港小可停避西北風皆古大隅地方本浦次五十里至內海
內海烏致烏寂古日向沸烏佳地方港小可停若或自此入其都次渡內海三
十里到彼岸次十里室部耀沸世次三十里阿蘇押後次四十里朽綱固太
寂次六十里田北太氣太次六十里豐後付課次六里澳濱烏氣法遺次田
原太歪刺次玖珠一曰球珠固自次小倉一曰小郡課固刺次二百里渡
至赤坎關押佳遺射氣次二十里府中一曰府國固易委固次二十里挂坐
法固次三十里阿嫂押肥次二十里舟木什槳氣次三十里山甲耀遺条佳
次三十里小郡課固刺次三十里山口耀遺固致延入其都第心遵海道則
於內海次一十里至赤井
赤井押佳異古日向地方次二十里至伯

伯阿致隈次一百三十里經德潭大圍付致懦可停次耳家家可停次土持
亦兹致邁皆古日向地方欲至細島
細島荷邁棲世古日向地方港大可停避東南風本島水程徑行四百八十
里渡至浦戶否則本島次二十里經佐伯㹞大氣大次至垢水
垢水一曰赤水押兹佳家古日尚地方可停次三十里至東海
東海一曰遠海大島家古日向地方可停次二百三十里至竹島
竹島太世未邁懦今豐後付課地方可停次一百六十里經彥岳山沸耀課邁太杰
麓次坂關肥氣佳射海產佳魚太阿奈易長二尺許其味甚甘關上高島太佳
世邁乃大友司牧修理大夫關僻之居島之上游曰白杵烏氣自一曰臼
杵庄古日向地方相去豐後府內付奈六十里本關陸道可通若循海
道次至釜江可達
釜江佳耶邁豐後地方可停內曲用小舟次四浦右剌懦烏口邁抵古河衬佳六雇

日本一鑑桴海圖經　卷三

即府内也海曲之中次曰澳濱（烏氣法邁）澳淺膠舟不堪繫泊陸行府内凡五六里皆為曲道則於釜江次一百三十里渡至柏島或於本江次一百二十里渡至蒙島或自本江次五十里渡至小路島本夷云其都水程自豐後次豐前渡長門入山城約凡十日於路有關可泊一自豐後渡五佐入山城凡十二日於路無關船多野泊陸自豐後渡長門至山城凡二十五日路甚間關

小路島（阿課世邁）六孤山次三十里渡至蒙島

蒙島（目世邁）孤山今南海土佐（大腮）地方次一百七十里渡至土佐之清水（世容一效）小舟可遊抵中村（奈佳慕剌）為土佐司牧所居或自本島次七十里渡至駒妻（固茂邁）或自本島次五十里渡平深港（付佳烏剌）次至柏島（神射歪世）若或陸路往中村必由港内取道西小路而入中村中村陸路入其都可道東小路之椿泊（兹法氣大邁剌）次半日程至（佳喘烏剌）次二日程渡至

洲戶（自甚大）一（自判）（佳滿馬）次半日程至讚岐（肥氣）（恕）之湊（家大）（奈）次半日程渡

至洲戶次半日程渡至兵庫港而入其都若或洲戶渡堺江凡一日程

一自深港至湊皆羊腸之徑一自土佐之山城次（敌世神家着深押家）次（押氣）次

（押易押照）次讚岐之湊渡堺江遡入山城約凡十日程按其土佐地多產鱉

海多產鯉（佳阿）（兹）絫乾味美一自土佐之椿泊渡由紀伊之東遵彼右海

次大和次伊勢次伊賀可達其都可入學校矣

柏島（押射世遊）（丞）土佐地方可停次五十里至駒妻

駒妻一曰小莧（固茂）（遊）土佐地方港大可停次七十里至清水

清水一曰志水（世兹）（家）土佐地方此港多礁港內山河淡水可飲河產鯔魚

（奈世）（敌）長不滿尺其味甚甘次三十里經足津（押射肥氣）（兹）（家）（家）次津龍（兹太）（懦家）

可停次至四崎

四崎（右氣）（兹）（肥）土佐地方港無人烟可以暫停次一百八十里經洲崎（兹氣）（肥）

乃司牧東小路所轄地方外港可避東北風內港可避西南風次浦戶(烏刺大)港小可停次庭(跌易)次至東津留

東津留一日戶路(大懦兹六)土佐地方可停次一百八十里至室三崎

室三崎(慕六兹六窊脮氣)土佐地方次一百三十里渡至江浦

江浦(耶懦烏剌)一日上浦(課懦烏剌)土佐地方可停次二百里至椿泊

椿泊(兹法氣大遣剌)土佐地方可停避東南風次一百二十里經奴島(恕世遘)南海淡路(神法致)地方孤山於山之上渡經五小島一日大門島(大目佳世遘)島如一字連珠次渡搽暴關(太人懦歪射氣)次至來島

來島(課世遘)五畿和泉(易兹窊)地方可停次一百三十里至堺江

堺江(腮佳耶)和泉攝津(兹懦固又)毗連地方可停南至紀伊(氣懦固又)熊野山(固遘)(懦糶遘)一百八十里北用平底之舟遡進內港幡部川(歪大奈穴佳歪)山河淡水次六十里至小坂

小坂阿佳肥五鐵攝津地方山河淡水次五十里至守口
守口目致利圍五鐵河內佳致歪攝津交界地方山河淡水次六十里至八幡
八幡耀太歪官寺名五鐵山城耀六邁射地方八幡者為其吏第四十代王應
神號稱八幡菩薩之社祠祠前山河淡水自祠之右其都之左遠山發
源二千里餘左近山曰宇治山烏邁致耀左近川曰宇治川烏歪致佳合其
都右之源流下八幡平底之舟次三千里邊進至淀其都左右二源小
舟可邊
淀欲大山城地方四垂山河中有人烟次近下鳥羽
下鳥羽世法目大小舟可邊內葛川佳歪兹剌佳水自其都之右遠山發源千
百餘里右近山曰鳥羽山太邁法耀右近川曰鳥羽川大歪法佳其司牧曰
奈大所轄自下鳥羽可乘小舟次二十里至日本王居或下鳥羽取導
陸路有牛車轎馬次一十五里至上鳥羽

上鳥羽（佳法寂大）迤運至日本王居

夷海上道

硫黃島（易村鳥佳世漢）西南風四百餘里渡至乞島南風五百餘里渡至五島

五島二百五十里渡至平戶平戶三百五十里渡至博多博多五百餘

里渡至赤坎關關上可遵山陰等處地方我道其都挨從山右一路而

而去否則本島可乘西風次一百八十里渡至棒津挨從山上次經久

志一路而去

棒津（荷利）古大隅地方次一百八十里經久志一日豐津（周世）次門泊（大

邁利）次片浦（押大剌）可停次至伊地久皆西海薩摩（聰兹邁）地方

伊地久一日伊筑（易致國）薩摩地方可停次五十里至今日泊

今日泊一日京泊津（耀大邁利）薩摩地方可停次一百八十里至阿久根

阿久根（押國業）薩摩地方可停次一百八十里經小野瀨（課惴惴射）西海肥

後沸課地方次渡至天草
天草柳邁固肥孤山西海肥後地方可停曲内之山曰志木世氣曲内海曰
白川湊世利佳寇奈大歪港大可停避四風内為曲道則於天草次一百八十
里渡至軍瓦
軍瓦一曰戸坂浦大懦肥佳同烏剌一曰江坂浦易致烏剌肥佳固西海肥前沸射入
地方次井澤一曰伊佐草易肥歪次大村津阿慕剌寇海産蠣蝗中間有
珠次三浦家懦烏剌次瀨戸為之曲道一於江坂浦次口野津固致懦汝次
有馬押利邁島自老山發脈陰則有脊連之潮長小舟可通潮退人跡
可涉次島原世邁法剌次三江寇耶次三浦寇懦烏剌次瀨戸亦是曲道皆
肥前地方則於江坂浦次一百八十里渡至河島而為天道
河島佳歪世邏今有馬押利邁地方二山如門港大可停西風一百里至有
馬一自本島次一百八十里至瀨戸

二　人

瀨户射大港中可停次松本邁兹判皆肥前地方按松本其為古之入唐道松本之湖過遭五百餘里湖海西山山上多鄙人目客舍抑射一日廿日市法兹易致檽次博多為曲道則於瀨户次一百八十里渡至平户為矢道

平户沸剌大狐山古肥前地方今隸豐後付課港口松浦剌邁兹烏可停避東北風本山曲轉右股曰交趾課致裏港松原剌邁兹法可避四風為平户司牧所居交趾西曰世射氣有觀音庵神誕之際間有神虎見焉啗人畜而後隱松浦之間今有唐人厲鬼祠自平户次三百五十里渡經長野柰佳檽次今津易邁兹次鄙或即呼户課大次至博多津為曲道

一自平户往博多水陸行程四百五十里許記其沿途地名自平户次渡大沸次自易次六耀兹世次回易邁付次邁兹判次易邁兹次博多津若自平户水行至博多乘風緬路一日程畧約一百八十里

博多津（法佳太旋）西海筑前（致固射又）地方可停次挑洋行二百一十里至足屋沿山行次三百五十里至足屋

足屋（押射耀）西海豐前（付射又）地方次二百里渡至阿閒間關一日阿伽摩關即赤坎關（押佳滿射氣）山陽長門（柰佳太）地方可停次二百里至挂坐（法付）長門地方可停一云自赤坎次二百七十里平挂坐次挑洋行一百八十里至上關路若或挂坐沿山而行至山口如風不順或是倭船賑艣過之

山口（耀邁固致）山陽周防（自法島）地方為大内司牧左京兆大夫所居山麓出海風水不便倭船賑櫓而過之自山口次一百八十里至上路關

上關路（佳客懦射氣客致）周防地方可停次一百七十里渡至宮島

宮島（客耀世邁）孤山山陽安藝（挨氣柰）地方相去海面三十里港大可停避西北風次九十里渡至釜鴈

釜鴈（佳遥佳剌）孤山安藝地方可停次一百八十里渡至竹原

竹原（太杰歪剌）安藝地方可停次一百八十里至友地

友地一曰戶摩（大懦密）山陽備後（沸义課）地方港大可停防南風次一百里渡至連島

連島（兹剌世遥）或即志和久（世法固）七山交錯為港南海讚岐（腮惄氣）地方用去山陽備中（沸兹致島）海面三十里可停次一日八十里渡至牛窗

牛窗（烏世遥大）山陽備前（沸射义）地方可滇次一百里至室

室（慕六）可停次一百三十里經明石浦（押佳射烏剌）皆山陽幡摩（法里遥）地方

次至兵庫港

兵庫港（押耀烏課懦烏剌）一曰日護（沸課）五畿攝津（兹懦阁义）地方可停港內彩田川（自大佳歪）中港長川（桼佳兹佳歪）有橋阻舟下港幡部川（歪大奈穴佳桼）則於兵庫港用平底舟次五十里至西宮

西宮又世懦孫擢攝津地方攝津司牧居處近田川知固太佳丕山河淡水可停次

五十里生杉田

杉田自太攝津地方山河淡水次六十里至山崎

山崎耀邈肥氣攝津山城耀邈射六毗連地方山河淡水可得次三十里至下

鳥羽

下鳥羽世日大法小舟可遴至日本王居若下鳥羽取導陸路牛車轎馬次

一十五里至上鳥羽

上鳥羽佳窯大法遞運至日本三居

夷島陸道

棒津苛利古大隅阿鳥自窯地方可駐次伊筑

伊筑易致固西海薩摩聰旋邈地方可駐夷云薩摩大隅古以山脊為界

次井利市

乙

井利市一曰伊力易利致薩摩地方可駐次阿久根

阿久根押圖業薩摩地方可駐次根島

根島業致密薩摩地方可駐次路失記名

本路失記其名西海肥後沸課地方可駐次八代

八代耀茲射六肥後地方可駐次高足

高足一曰鷹瀨大佳世西海肥後地方可駐次瀨垂

瀨垂一曰瀨高世太佳西　筑後致圖課地方可駐若此陸路之豐後付課

次一日太佳法目次一日過大高嶺嶺之西麓有湯泉右歪沸次一日至

豐後付課若或瀨高往平戶沸剌大次渡海易䏲歪次陸行密茲密次

阿慕剌次押烏剌次渡海至平戶若自瀨高往山城次路失記名

本路失記其名西海筑後地方可駐次宰府

宰府䏲付其古太宰府又曰探題所西海筑前致圖射又地方可駐次博多津

博多津法佳太鼓筑前地方若此陸路之豐後次一日行至筑前府中付鼓

次一日筑後致圖課可駐次一日東行至於大高嶺嶺之西麓有湯泉

過嶺東行又見大高嶺嶺之西麓亦有湯泉行過嶺密業氣可駐次一

日東行又見大高嶺嶺之西麓亦有湯泉行過嶺又東行至小低嶺嶺

之西麓亦有湯泉行過嶺至豐後若自博多往山城次失記路名

本路失記其名筑前地方可駐次狩

狩一曰滿烏鼓刺西海豐前付射又地方次國羅

國羅一曰小倉課圖刺或曰小郡阿圖又豐前地方登舟而宿次足屋

足屋押射耀豐前地方人烟可駐次渡赤坎關

赤坎關押佳射氣邁山陽長門奈佳太地方渡口可駐次府國

府國課委課圖圖長門地方次朝佐

朝佐一曰淺押腮山陽周防自法烏地方可駐中路人烟不入徑過次山口

山口（耀致鴎固）周防地方若由失道不入人烟次（路失記名）

（本路失記其名）周防地方次小畑

小畑一日小波田（阿法大）山陽安藝（押氣奈）地方可駐中路人烟不入徑

過次廿日市

廿日市（法致易致佳）安藝地方可駐中路無人烟徑過次壁

壁一日聲部（佳穴）安藝地方可駐次出肚

出肚一日山原（易剌迭歪）安藝地方次吉田

吉田（右世太）安藝地方可駐次（路失記名）

（本路失記其名）安藝地方次横田

横田（沸課太）安藝地方可駐次高山

高山（太過佳耀）安藝地方次戸九

戸九一日三原（家歪剌）山陽備後（沸人課）地方可駐次尾道

尾道阿致懦寨備後地方次成輪

成輪桒利歪古備州沸古地方可駐次笠岡

笠岡一曰河歌柙棲柙古備州地方次品川

品川佳歪桒佳古備州地方次分氣

分氣一曰和氣歪㶩山陽備前地方次燒山

燒山耀遶氣耀備前地方可駐次酌子

酌子射固世備前沸射人地方次五着

五着阿法固山陽幡摩法利遶地方可駐次三木

三木寨氣幡摩地方次明石浦

明石浦柙烏佳刹射幡摩地方浦多人烟可駐次兵庫港

兵庫港沸懦耀烏烏刹課五畿攝津㚒又懦固地方次五十里西宮

西宮又寨射耀懦攝津司牧所居可駐次二十里小屋

　七

小屋（課耀）攝津地方人烟次二十里善川

善川（射佳歪）攝津地方次七十里山崎

山崎（耀邁腮氣）攝津山城（耀邁射六）毗連地方人烟次二十里過渡

渡（大懦目剌）五畿山城地方渡口人烟渡次二十里上鳥羽

上鳥羽（佳寄大法）人烟聯絡次五里塔寺

塔寺（大射）人烟聯絡次日本王居

日本一鑑桴海圖經卷之三

倭志一卷

〔明〕王世貞撰

《倭志》一卷，明王世貞撰。世貞（一五二六—一五九〇）字元美，號鳳洲，又號弇州山人，南直隸蘇州府太倉州人，累官至南京刑部尚書。是篇首言日本政制、地理、户口等項。次則備述明初與日本勘合貿易之締結，嘉靖初寧波争貢之役，濱海武備不修之狀，汪直、徐海、毛海峰等輩勾連委人陸梁濱海，而朱紈、張經、胡宗憲剿撫失宜之由。次則引胡松《海圖説》，析倭舶入寇與風汛之關聯。卷末簡論日本諸侯割據互争雄長與民衆貧富分化，以爲倭患之由。據中國國家圖書館藏明抄本影印。

倭志

鳳州王世貞撰

日本古倭奴國在大海中於閩浙為東北隔其國主以王為姓世世不易文武官僚亦然有五畿七道統郡至五百七十三然皆依水附嶼大者不過中國一村落而已戶可七萬餘課丁八十八萬三千有奇自元師討日本者沒於水不得志日本亦絕不復來貢

高帝初遣使臣趙秩諭降之僧祖朝來貢方物十三年丞相胡惟庸謀叛令伏精兵貢艘中計以表裏挾上即不遂棄

風掠庫物而遁會事露悉誅其卒而發僧使於陝西四川

著訓示後世絕不與通於是遣信國公湯和等治

海規畫南直隸山東浙江福建廣東西咸置行都司以備

倭為名犬牙盤錯矣永樂初太監鄭和等齎賞諭諸海國

日本首先歸附詔厚賚之封其鎮山賜勘合百道與之期

期十年一貢無何三千人犯遼東為都督劉江所破殺無

噍類自是歛跡不敢大為寇而小小抄盜亦不絕或其主

不知也其貢則恒多先期而至要以利中國給賚與互市

為利耳嘉靖初其主幼冲不能制群臣右京兆大夫高貢

使宋素卿貢亡何左京兆大夫内藝興遣宗設貢咸彊請勘合後先至寧波爭長不相下宗設衆盛於宋素卿遂攻敗之追北至紹興躪諸郡縣殺掠以千計都指揮劉錦及千百戶等官遇之皆死後以詔旨諭始肯聽徐徐解自是有輕中國心矣而中國亡命者多跳聚海衆為舶主往來行賈閩浙之間又以財物役屬勇悍倭奴自衛而閩浙間奸商猾民覬其利厚私互市違禁器物咸托官豪庇引有司莫敢誰何黠者又取其責匿去莫與酬舶人怒則輒有所殺害而他舶不為商者又行剽掠海中漸彰聞

朝廷慮之乃特設閩浙巡撫開軍門聽以軍法從事而所用撫臣朱紈素潔廉然銳果壯往則日夜練兵甲嚴糾察數尋舶盜渊藪破誅之而又嚴根株通海者令迫急諸豪右咸惴惴重足立其仕宦貴臣相呴紈不休竟以擅殺逮紈及置二司用事者於理紈恚自殺乃罷巡撫不復設而舶主土豪益自喜為奸益甚官司視以目莫之禁矣壬子賊始犯台州破黄巖象山諸邑議復設提督都御史用家嚴為之時沿海衛所軍久廢弛不習戰軍府草創財用殫屈家嚴於是益召募驍勇委良將申約束置諜其巢穴覆之

斬獲以千計於是移舟而南犯吴松郡二郡固都會素沃饒而其民愈怯弱賊至則咸壞散不支捆載而去所被攻剽郡邑爭以檄書上聞廵撫撡江憲臣相繼罷而家嚴又以雲中急改節鉞

天子數憂東南計用張經矣倭賊勇而戇不甚別生死每戰輙赤體提三尺刀舞而前罕能捍者其魁則皆閩浙人善設伏能以寡擊衆反客主勞逸而用之此所以恒勝也大群數千人小群數百人比比蝟起而舶主惟王直為最雄涂海次之又有毛海峯彭老不下十餘帥張経者南京兵

部尚書也朝計謂二廣狼土兵討之而經舊嘗為彼總督有威惠經亦慷慨以平賊自負故用為大帥節制當天下半得以便宜行事開府辟召諸郎署參佐中外忻忻謂賊旦夕盡矣然經素貴侈靡行事有承平風而諸特用大將何卿沈希儀等名位極老而驕新進之士又慓猾果誅速退田州瓦氏及山東鎗手兵連戰敗去經望實稍稍損矣而侍郎趙文華出督察文華銜上疏行有所負挾頗指凌經而經以大臣自重出其上文華恚則疏連劾經謂其才足辦也特家閩避賊讐故嚄唶縱賊耳而會兵科亦有言

上怒甚趣使捕徵経〻則已聚兵大破賊於嘉興斬首二千級溺水死者称是兵科言宜留経以賊平自効不聽併巡撫李天寵皆論死文華既以攘其功則奏超巡按御史胡宗憲代天寵督臣亦有更置由是中外文武惴〻重足立憂不在倭矣文華既還朝進太子太保工部尚書而宗憲亦遂以兵部侍郎總督無何徐海入寇圍巡撫阮鶚躪浙地告急疏上尚書趙文華請出督許之其進止機宜如張經加重乃與宗憲誘徐海降而合兵掩捕平之徐海死進文華少保宗憲亦遷右都御史又明年獲王直王直者故

徽人也以事走海上後為舶主頗尚信有盜道雖夷主亦
愛服之而具姓名常借他舶以是凡有入掠者皆云直主
之蹤跡詭秘未可知也宗憲亦徽人乃以金帛厚賄誘之
云若降吾以若為都督置司海上通互市而直亦自奮言
必能肅清海波贖死命宗憲與之誓甚苦直信之從入杭
州宗憲具狀上聞然不敢悉其故廷議以直元兇不可赦
棄市宗憲亦得加太子太保餘還賞有差然其衆無歸者
而盜復犯淮揚不利連犯吳越巢閩中首尾七八歲間所
破城十餘掠子女財物數百千萬官軍吏民戰及俘死者

不下數十萬雖時有勝負㸔不相當而轉漕軍食橫賞賜乾沒入槖中者以鉅萬計天下騷動東南髓膏竭矣胡松著海圖說曰始倭之通中國也實自遼東今乃從南道浮海率自温州寧波以入風東北汛自彼來此約可四五日程盖其去遼甚遠而去閩浙甚通若盡其國界則東西也長行可四五月南北也短行三月而皆極於海其西北至高麗也必由對馬島開洋順風僅一日二日南至琉球也必由薩摩州開洋順風七日其貢使之來必由博多開洋歷五島而入中國以造舟水手俱在博多故也貢船回則

徑收長門以抽分司官在也若其入寇則隨風所之東北風猛則由薩摩或五島至大小琉球而仍視風之變遷北多則犯廣東東多則犯福建若正南風猛則必由五島歷天堂宮而視之變遷東北多則至烏沙門分䑸或至韭山海閘門而犯温州或由舟山之南而犯定海犯象山奉化犯昌國犯台州正東風多則至李西嶴壁下陳錢分䑸或由洋山之南而犯臨觀犯錢塘或由洋山之北而犯青村南滙犯太倉或過南沙而入大江若在大洋而風歘東南也則犯淮揚登萊若在五島開洋而南風方猛則趨遼陽

天津大抵倭船之來恒在清明之後前乎此風候不常难準定清明後方多東北風且積久不變過五月風自南来不利於行矣重陽後風亦有東北者過十月風自西北來亦非所利故防海者以三四五月為大汛九十月為小汛其停橈之處焚刼之權雖曰在倭而其帆檣所向一視乎風實有天意有偹者卒勝前此入寇者多薩摩肥後長門三州之人其次則大隅筑前筑後博多日向攝摩津州紀伊種島而豊前豊後和泉之人亦間有之蓋因商於薩摩而附行者蓋日本之民有貧有富有淑有慝富而淑者或

附貢舶或因商舶而來其在寇舶率皆貧而悪且山城君號令久不行於諸島而山口豐後出雲又各專一軍相呑噬今惟豐後勝頗倂肥前等六島而有之山口出雲俱以貪滅亡倭蓋無常尊定主矣

日本通中國考一卷

〔清〕王韜撰

《日本通中國考》一卷，清王韜撰。韜（一八二八—一八九七）字紫詮，號仲弢，又號天南遯叟、弢園老民，江蘇長洲（今蘇州）人。爲近代早期啓蒙學者，主張變法維新。同治六年（一八六七）至九年赴英國譯書，並遊歷歐洲各國。同治十三年（一八七四）在香港主編《循環日報》，評論時政，宣傳變法。光緒十年（一八八四）回滬居住，繼續辦學辦報。是書乃從《弢園文録外編》卷五輯出，考證日史所載與中國之外交往來史事，疑隋以前所記之不可盡信。又考中國史書自漢以來皆以日本爲朝貢之國，與日本所謂「僅聘問往來而已」殊異。據《小方壺齋輿地叢鈔》本影印。

日本通中國考

長洲王　韜著

日本琉球朝鮮暹羅四島國皆與我中國相近而同用中國文字然四國皆自有國書不盡用華文也朝鮮近已易主國王為李姓非箕子之後裔矣國中猶用前代衣冠合於古禮日本琉球自有其服飾所謂東方椎髻之俗也考日本之開國也遠矣開闢之初謂之神世其一曰國立常尊遞嬗凡七代其所紀大率荒誕而不經其立王建元則在周惠王十有七年曰神武天皇定功行賞有君臣之分嚴夫婦之辨自是一姓相傳直至於今孝靈天皇七十二年為秦始之二十八年徐福始至日本蓋以始皇好神仙求長生不死之藥於日本而日本求五帝三王之書始皇贈之其事載於日本史顧是說也余甚疑之安知非日之史官勦襲中朝之所紀載邪而日人言今熊野山有徐福墓云垂仁天皇八十六年遣使於漢此當後漢之建武中元二年也日之史官云是役也考之實紀無所見恐非朝廷所命也此遣使聘問之始見於史冊者天武天皇立始建年號曰白鳳元年當唐高宗之咸亨三年也自唐之世信使不絕如聖武天皇天平七年遣唐大使多治比廣成還自唐學生下道眞備偕使歸獻孔聖及十哲像唐禮大衍歷等書嗣是之後如阿倍仲呂廝留仕於唐易姓名曰晁衡僧定海最澄求法入唐唐亦遣使趙寶英答聘遇風沒於海旋又遣孫興進至授位賜物有加禮焉唐宋以來其交益密而後告絕於元為患於明我人遂目東倭為外寇迨至我〇朝海波不驚職守罔缺惟我採銅貿舶歲兩至焉一自立約通商行賈其國者不下數千人其書籍亦漸入於我國則於日本古今之事考之亦不患不明彼史言自橿原奠都距今實二千五百三十六年而神代荒邈不敢輒述則亦何待至秦始之時而始有人類哉又日本國中亦有古民蓋蝦夷之類也其即鴻濛時之種族歟至所云徐福子孫多聚居於熊野山麓村落中單姓者是也其亦近於齊東野語邪若言日人本中產或間有之要未必盡然也蓋江浙兩省密邇東瀛航海遇風至其國

中遂留不返要亦爲理之所有不然何以風俗之不殊而性情之不相懸絕也歟我史自漢以來皆以日本爲朝貢之國列於屛藩郎○大清一統志亦然其使奉國書至者悉以朝貢例之而日本之史以爲未嘗內屬其言通使實始於隋其書曰日出處天子致書日沒處天子無恙當時以爲大不敬而隋帝仍使鴻臚寺掌客裴世清往聘報之自是以還遣使不絕以迄於今日史之言曰天地所覆載日月所照臨四海萬國棊布星羅民生其間者萬類千種其殊風異俗不可遍舉悉識惟文軌之所通載籍之所存其國俗物產世代變革可得而考焉其最大者爲隋地廣人多自上古聖賢之君法天爲治以道德仁義化導其民典章制度大備下及近古而其禮儀文物人材財用亦非諸國可比其國自隋以前秦漢之裔雖有歸化者而未聞有通使者彼史所紀我國風土物俗虛實相半至如載朝貢封爵之事則古今所無蓋當時置府於任那分帥臣鎮制之時高麗雖稱臣朝貢而亦世奉彼正朔受彼封爵意或爲任那帥臣者亦從而受其封號乎抑鎮西姦民以商貨往來者假名朝使稱貢調受封爵以爲射利之資而彼史從而書之乎要皆不足以取信其實遣使通問則自推古帝朝始自後使聘往來史不絕書此不可不錄也其他諸蕃服叛不一鴻荒之世素盞鳴尊往來韓地其後閉關告絕崇神帝朝任那人朝貢自時來者日多仲哀帝九年神功皇后征新羅赦其王爲飼部方此時也其旁高句麗百濟一時降附請爲西藩廷議因定內官家任那之府以統制三韓其後肅愼渤海以慕化來歸大凡諸國使聘之來其納款輸誠者優柔撫綏書辭無禮者自太宰府放還或奸僞往來者責以信義絕之舍順取逆之道也蝦夷僻居東北屢寇邊鄙自日本武尊東伐懷化歸命然其俗麤獷難致騷擾置鎮狄征夷之職禁跳梁備襲殺歸化內嚮者迺處於一方以遂其性若夫女眞蒙古恃强寇邊則師覆將殲貽羞海外按此則日本自辨爲非我○朝藩屬不過聘問往來而已其說殊夸而辨因著之而使後之談東瀛掌故者有可稽焉

扶桑遊記三卷

〔清〕王韜撰

《扶桑遊記》三卷，清王韜撰。光緒五年（一八七九）春，王氏應友人寺田望南之邀遊日本，起閏三月初七日，訖七月十五日，居止百日。長崎、神户、大阪、横濱、東京等均嘗涉足，所至交遊甚廣。凡日常動止、聞見所及，均筆諸日録，遂成此書。記述日本風土人情、山川景物之狀，與明治維新後之政治、經濟、人文，意到筆隨，讀之如身涉其境。卷首有重野安繹、中村正直序，末有龜谷行、西尾爲忠、岡千仞跋。據上海圖書館藏日本明治間排印本影印。

扶桑遊記

扶桑遊記自序

余少時即有海上三神山之想以爲秦漢方士所云。蓬萊諸島。在虛無縹緲間。此臆說耳。安知非即徐福所至之地。彼欲去而迷其途乎。顧自此東瀛始通。文字書籍。由漸流入。其人之容貌音聲。性情風俗。固有與中土相髣髴者。邇來與泰

西通商。其法一變。前之所謂世外桃源。可以避秦者。今秦人反從而問津焉。余多日東文士交。每相見。筆談往復。輙誇述其山川之佳麗。士女之便娟。謂相近若此。曷不一游。又言至東瀛者。自古罕文士。先生若往。開其先聲。此千載一時也。聆之躍躍心動。神已飛於方壺員

嶠間矣。今春寺田望南書來。以爲千日之醉。百牢之享。敢不維命是聽。於是東道有人。決然定行計。抵江都之首日。即大會於長酡亭上。集者廿二人。翌日我國星使讌余於旗亭。招成齋先生以下諸同人。相見言歡。由此壺觴之會。文字之飲。殆無虛日。余之行也。餞別於中村樓。會者六十餘人。承諸君子之欵待周旋。可謂至矣。中間偕作晃山之游。遍探山中諸名勝。前後小住江都凡百日。日所游歷。悉紀於篇。并彙錄所作詩文附焉。名曰扶桑遊記。以畀栗本鋤雲先生。付諸手民。用示同人。不敢有忘盛惠也。

光緒五年秋七月八日。志於舟中。

時將至長崎矣。

吳郡王韜

扶桑遊記序

歲己卯。王君紫詮先生東游。館于余。余奉先生於書室。室廣數笏。矮屋打頭。床蓐枕几不盡具也。而先生乃欣然。若意安之者。就寢則鼾聲齁齁達晨。既起。與余筆語。時雜以諧謔。相共囅然大笑。家人皆驚。如是者月餘。先生欲游晃山。余偕

友人數輩從焉。穿大麓。下絕壑。歷觀華嚴龍頭觀背降霧諸瀑而還。則先生鄉信荐至。促其歸。於是先生不得已而去。蓋在此僅一百日也。余嘗觀先生所著書。美其文藻。愛慕其襟度通儻。不規規乎繩墨。欲一相見請教。顧纔遂。而一朝乖隔。憾可勝言哉。而先生幸不見弃。

歸後數寄信。每眷眷於此土。欲重游以繼歡。蓋先生抱負偉器。蚤歲遭變亂。尋爲忌者所中。遠跡韜晦。逍遙滬城。留連香港。遂西極歐洲。東抵日域。所至紀其風土人情山川景物之狀。意到筆隨。讀之者如身涉其境。自古卓落不羈之士。無所施於時。則往往作汗漫游。寓意

文墨。娛情花柳。以慰其抑鬱無聊余讀先生海陬瀛壖諸志及扶桑遊記。而竊爲先生悲之。扶桑游記。先生在此所筆。凡日常動止。以至聞見所及。信手登錄。而游晃一篇附焉。頃友人栗本匏菴。鋟梓以行世。俾余序之。顧先生東游之志。猶未艾也。則遊記豈止於是哉。吾日

本建國以來。一姓相傳之久。其祠廟佛刹世族故家之所藏。古書遺器。可資以徵古者猶存。南都西京諸勝。鎌府故墟。芳野嵐峽之櫻。三尾之楓。山則富士淺間霧島鳥海。水則松洲天橋琵琶湖之類。亦稱一方名蹟。先生果有意焉。請重奉筆墨以從。

明治庚辰淸和月

重野安繹撰

扶桑游記序

嗚呼。人生朋友之際。聲應氣求。肝膽相照。千里來會。恨相見晚者。夫豈偶然哉。無非由于我有誠以感。彼有誠以應。纏綿牽合。交孚凝聚。而遂成一大盛事也。余於王弢園先生遊吾邦之事。而益有以知其然矣。憶四五年前。余于重野成齋机上。始見普法戰紀。時成齋語余曰。聞此人有東遊之意。果然則吾儕之幸也。察其意。若繾綣不能已者。其後栗本匏菴過余而論文。酒半。睨余曰。吾既與佐田白茅諸子。游梅園。盟于暗香疎影之下。約共招王弢園。子亦不得不與此盟矣。蓋成齋與匏菴之景慕先生。出于誠意如此。其他如岡天爵。龜谷省軒。寺田士弧等。皆先于先生之未東游。而感召牽引。亦與有力焉。明治十一年。先生遂來游。於是。成齋匏菴。爲東道主人。都下名士。爭與先生交。文酒談讌。殆無虛日。山遊水嬉。追從如雲。極一時之盛。讀扶桑游記一書。而可知其厓略也。夫

清國之人。遊吾邦者。自古多矣。然率皆估客。而又限于長崎一方。近來韋布之士。來東京。間有之。然其身未至。而大名先聞。既至而傾動都邑。如先生之盛者。未之有也。抑先生博學宏材。通當世之務。足迹遍海外。能知宇宙大局。游囊所掛。宜其人人影附而響從也。雖然。嚮

若不有成齋匏菴諸子之誠意素蓄者。則未必至如此之盛也。然則。朋友之情意交孚。彼我感應。以成一大盛事。洵有不可誣者焉。

明治壬辰八月

敬宇中村正直撰

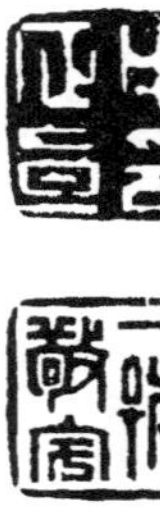

扶桑遊記上

長洲　王韜　紫詮

光緒五年閏三月初七日自吳門歸摒擋行李作東瀛之游偕錢昕伯至有馬洋行見日本文士竹添漸卿漸卿名光鴻字進一自號井井居士肥後人曾至京師遊西蜀泝大江而南著棧雲峽雨日記及詩鈔傳誦一時所交多海內名流筆談良久甚相契合約明日爲杯酒之會俞君蔭甫謂井井重意氣喜交遊洵不誣也有馬日國地名屬攝津郡蓋其地之人所設故命以此名晚偕昕伯小飲於陳舍小樓三楹結搆精邃所供鮭魚櫻桃皆時物也殆二十年不領略此味矣對之泫然陳氏繡鳳校書滬上人而能操吳音曾嫁甬東人故間雜以甬東方言夫也不良墮落風塵亦可哀也昕伯名徵

吳興茂才余女倩工詩文體裁峻潔

初八日往訪徐雨之盛香蓀二觀察清談竟晷約小飲爲予東游祖餞午後竹添漸卿折簡來招因偕昕伯往踐其約同席爲日本駐滬總領事品川忠道繙譯官吳碩所進皆中國肴饌品川領事能操英語風度恬靜意致謙抑有足多者酒罷仍偕昕伯至王逸卿家逸卿生長虞山工彈唱爲滬北校書中巨擘圓姿豐頰前後平章花國者輒以之冠花榜於時所集名花五六人竝皆佳妙張君叔和特爲余招一綺齡玉貌者來年雖穉而豔名已噪甚亦北里之尤物也

初九日午後命人携行李至船品川忠道招飲暮偕漸卿昕伯同往同席津枝正信則貿易於甬東者笹瀨元明則三井物產社會之司事也竝同舟東歸此舟船主亦在座皆品川領事招之前來使彼此識面中途可藉其指引作東道主也其厚意可感是夕漸卿飲酒甚豪頗有醉意品川領事饋余洋酒四瓶偕譯官吳碩送余至船漸卿雖稍醉亦掉臂踴躍而前余東游實以此爲發軔而東國之貴官文士待予殷拳若是亦可見兩邦之親睦矣丑正船始開行

初十日舟行甚穩而余覺瞑眩不可耐凌晨強起早餐即復偃臥但靜聽風聲水聲而已

十一日自三餐外亦惟僵臥夜半抵長崎起從窗隙窺之燈火參差遠近高下約略如香港按長崎自昔通商今改爲縣

治志稱其地物產豐饒民俗巧慧而土壤肥沃尤甲他處惟言華人寄居者抵二百十九人則殆非實數也附近群嶼棊布星羅

十二日乘小舟登岸至理事府見余君元眉契濶兩年遭逢一旦其喜可知也絮談舊事竟晷忘倦頃之梁君縉堂亦至余櫛沐後即乘車往訪王也鏡王鶴笙也鏡浙人甬東楊氏設行於此也鏡爲之主會計鶴笙吳人工書法至僅二十餘日同往衢市遊覽道經花街即昔日之平康里新燬於火自此路漸高舍車而步由石梯拾級而上四圍樹木蓊鬱映衣袂皆作青碧色石逕廻環頗覺曲折通幽繼至一西洋酒樓樓中皆女子供趨走之役詢其名曰金玲呼二藝妓來一年

僅十四五齡許。雛髮覆額。憨態可掬。顧其裝束殊可駭。人唇塗朱。項傅粉。赤者太赤。白者太白。驟見不覺目眩。攜三絃琴來。以牙板撥之。聲韻悠揚。歌多咿啞之音。聲鳴鳴然有類於哭。兩歌既闋。一則起而翩躚作舞。日本女子無不廣袖長裾。腰束錦帶。帶餘則垂於背。衣多織花卉禽蟲。綺錯繡交。其舞之進退疾徐。亦饒有古法。凡客至必有妓侍飲。名曰藝妓。但能爲當筵之奏。不能爲房中之曲。聞日本士夫家有婚嫁則呼之。會親戚則呼之。蓋如唐宋間營妓官妓。又如今京師之梨園子弟也。飲酒既畢。乃往博覽會。會中陳設光怪陸離。我國陳寶渠司馬亦自上海寄物至此。最奇者。一腎囊其巨如斗。割之而其人不死。纈絲之具。茲用西法。倍極敏捷。餘則物產之外。書畫古玩雜陳。會旁隙地多茶寮。當壚之女見客至則傴僂折腰。客有賞賚。則伏地作謝。客去送之門外。客有需鳴掌則噭聲而應。其禮之恭肅有可取者。寮中茶具製皆精雅。有如粵之潮州閩之泉漳。婦女雲鬟。多盤旋作髻。如古宮粧。疑是隋唐時遺俗。其式樣甚多。閱數日一梳。倩人爲之。不能自梳掠也。夜睡多用高枕。如粵東女子。孩提多襁負於背。亦如粵東。大抵皆古法也。樂器多三絃。亦有十三絃者。類皆瞽者撫之。里中女子率弗能解。既出博覽會。天亦向暮。乃共至理事署。我國與東瀛通商。貨舶至長崎。各以土宜交易。已久。至元明益盛。二百餘年。前舶商向報戶部。又於江浙藩司領照。而從乍浦出口。購買洋銅。以資鼓鑄。及泰西既開市華

人之附西人來者益紛如。無不各贏重貲。飽颺飛去。同治辛未。始與我定盟約。近年特簡正副二公使。駐劄東京。乃於通商口岸。設立領事三員。一長崎。二神戶。三橫濱。神戶則兼轄大坂。橫濱則兼轄箱館。長崎旅居華商不過六七百人。元眉下車之始。與之約法三章。嚴賭博。禁爭鬥。有犯必懲。肅然稱治。衙署宏敞。懸旗之杆高矗雲表。堂皇軒爽。爲三口冠。政事清簡。殊多暇日。元眉或與日本諸文士。飲酒賦詩。作消遣。挽設席署中。頗有盛饌。長崎居民中有能操華語者。多明時遺老後裔。易代之際。逃此不歸。遂爲日人。其家亦多藏古籍。市中女子。多願爲華人妾媵。不索重値。其供酒漿食饌。縫紉梳洗。一如家室。可令有賓至如歸之樂。街鼓紞如。月光如水。元眉縉堂送余登舟。坐談良久而後行。夜子正開行。元眉名璐。新甯人。辛酉舉人。前官內閣中書。縉堂名殿勳。新安人。少讀書於香港保羅書院。長於西學。曾旅橫濱十年。能操日本方言。

十三日。正午抵赤馬關。停舟小泊。日人多於此登岸。蓋已至其家也。須與數舟載貨而來。首尾銜接。累累捆載者皆米也。有二英人登岸遊覽。持有護照。倩日人笹瀨元明作導師。聞其地不日將爲通商口岸。惟此時尚未舉行。故凡異國人登岸者。必先於外務省領取文憑而後行。酉正開帆。風靜浪恬。其去如駛。

十四日午正抵神戶。按神戶向屬攝津矢田部郡。與兵庫相

毘連。余偕日人笹瀨元明、乘小舟登岸、途中遇朱君季方。肥勝於昔。容亦稍蒼。十年遠別。幾不相識。車中一揖即別。先訪我國駐劄領事廖樞仙。名紙甫入。即出相見。坐談久之。芝軒始來。同往舟中取行李。部署既畢。乃至芝軒旅齋。見其夫人。問無恙。並見吳瀚濤。是日飲於酒樓。曲折登山。頗為高聳。樓屋三椽。不甚頃軒敞。之開尊歌舞。一如長崎。各人皆席地坐。飛觴勸酒。樞仙名錫恩。廣東惠州人。選拔貢生。工詩文。來神戶署事已三閱月矣。瀚濤名廣霈。安徽諸生。年少有才。踔厲奮發。要自不凡。飲畢歸署。往訪季方。季方已登樓臥矣。披衣而下。劇談良久。歸臥署中。芝軒名宗良。南海人。少讀書於香港保羅書院。深通西學。能見其大。余著普法戰紀。芝軒佐譯之功居多。

十五日。晨起盥漱後。朱君季方、許君友琴偕來訪余。茗談良久。乘車同游楠公廟。廟在湊川北坂本村。楠公名正成。公起師勤王。身殉國難。轉戰至此。乃捐軀絕脰而死。後人遂葬於此。故墓亦在焉。碑表曰。嗚呼忠臣楠子之墓。碑陰有贊。為明遺臣朱之瑜魯嶼撰。稱其行事不概見。然楠公父子大節炳然。爭光日月。史傳雖不盡詳。今有輯其遺事成巨篇者。手澤所留。什襲珍重。可知忠義之入人深矣。廟中牡丹芍藥已開。姹紫嫣紅。殊可愛玩。時尚早。遊人來者已雜沓。因往茶寮啜茗。司茗女子頗嫵媚。工圍棊。三絃爲奏一曲。悠揚可聽。是午樞仙招讌署中、有盛饌。午後偕芝軒訪季方。頃之瀚濤亦來。

即於季方處小飲。酒味殊醇。一舉十觥。衛鑄生亦來相見。鑄生、琴川人。工書法。挾其一藝之長。而掉首作東游者聞。乞字者頗多。自八九月至今。已得千金。陸賈囊中。殊不寂寞。季方為予覓一女子。曰阿朶。年十六七齡。姿僅中人。而微作男子相。妥賃樓一椽。為藏嬌金屋。即移寓焉。樓中椅榻俱備。几淨窗明。頗快人意。寓主張姓。甬東人。鑄生即寓樓下。

十六日立夏。午後偕季方友琴。往浴於溫泉。一室中方池如鑑。縱橫約二丈許。男女竝裸體而入。真如入無遮大會中。別室有冷水池。或謂其下有硫磺。張德澄胡小苹亦來浴於此。張胡俱籍隸甬東。浴罷。乘車登山觀瀑布。土人謂之布引。亦呼曰瀧。有高下兩處。高者為雄。下者為雌。瀑聲尤宏壯。近瀑處多茶寮酒樓。有觀音小廟。結搆尤雅。司茗皆綺齡玉貌女子。靜坐對瀑。聽潺湲訇激之聲。頓覺万念俱空。一塵不著。真妙境也。盛夏中可憩此逭暑。按志其地曰湊山。有泉曰湊川。千鳥瀑布所在。溫泉故墟。即在湊川之側。雄瀑高十五丈八尺。雌瀑高七丈三尺餘。是夕季方治具招飲。同席吳瀚濤、張芝軒、衛鑄生、許友琴。飲至更闌。俱有醉意。

十七日。晨同朱季方、許友琴、張芝軒。乘輪車至大坂。車行頗緩。沿途停車者凡三處。大阪背山而面海。形勢極雄。東南平野開廣。西北群峰迤邐。淀水貫其中。大海環其外。誠當水陸之要衝。舟車之繁會。詢足以咽喉外郡。拱護西京。地名古稱浪速。(亦曰浪華)今號攝津。相傳神武天王。艨艟東征。至此而海潮迅急遂以是名應神天皇時以遠近海舶咸會於此遂改號曰攝津向巳建城有門凡四大坂至西京一百二十五里至江戶一千三百二十里至兵庫一百里其地山川明麗田野膏腴習俗喜勤意氣慷慨惜尚奢侈厚滋味惟知崇祀浮屠爲未臻盡美焉耳土產藥料殊夥先遊博覽會奇巧瓌異之物幾於不可名識較之長崎既多且精觀覽既畢乃至日人酒樓小飲樓下頗有池石花木之勝肴饌絡繹亦頗適口友琴特爲東道主人飲畢訪津枝正信不遇仍乘輪車而歸吳以時尚早往游福原其地爲妓叢一至黃昏明燈萬點絃管之聲如沸各妓列坐以便人擇肥瘠辨妍媸焉頃與遊人漸衆近鏡遠望或目擊意指或評鸞品鳳間有如洛神出水天

女墜空儀態整齊不可逼視則名妓下樓邀客也按此風如粵東揚州皆如是隨園所謂以一人棹臂遊行其間而彼之修容飾貌爭妍取憐以冀得一當者何啻千百姝此雖万戶侯無是樂也

十八日晨雨殊大旅中無事閉門偃臥午後天忽放晴季方以事往大坂余偕某友乘車出遊新雨泥濘車行頗遲登山浴溫泉有日本女子能操西音自言從西人自香港上海至橫濱今暫留神戶因邀至其家則室在山半花木蕭疏廬舍精潔小憩久之期以他日再來踐約此何異劉阮誤入天台而飽喫胡麻飯也

十九日同朱季方許友琴遍游寺宇所供多觀音像他如釋迦牟尼三世如來金碧裝嚴髣髴中土其招提之雄壯紺宇紅墻迤邐數里則弗逮也惟長松夭矯古木參差茂綠深蒼迷雲翳日則凡在梵刹無不如是一寺有松偃曲如蓋就其勢結而爲棚濃陰如幄藉蔽驕陽有一樹於綠葉上生紅子其狀若蟲有痘神祠凡患痘者率禱於此而近祠數十步內所種之樹皆變作槲葉有刺若針手不能觸亦一異也日人於種植花木翦栽培灌獨具慧心郭橐駝所云彼蓋先得之矣屋宇雖小入其內紙窗明淨茵席潔軟庭前必有方池蓄魚荇藻繽紛令人有濠濮間想池旁雜花小草藉作點綴屋皆覆木片有西秦板屋之風薄壁短垣盜賊易入而從未聞有穿小猶足見風俗之厚也夜張芝軒招飲署中同席樞仙

瀚濤飲罷往妙見宮洗浴

二十日偕許友琴至外務省領文憑往西京觀博覽會午正附輪車而行車至大坂則津枝偕其友掘之孝已候於道偕行巡至造幣局先見監局官石丸小坐傾談出酒相餉石丸能操英國方言會客處椅褥悉用黃緞則以日皇曾經駐蹕也扁額泉布處三字乃太政大臣三條實美所書蓋素以善書名於當代石丸遂令人導往各處觀覽局中製造凡分六所自傾銷鎔鑄辨色翦截鏨印秤量無不神速異常所出金錢獨夥然余於闤闠交易間未嘗見其一用之也後至鑄造功牌處其花紋鏤刻之細幾奪鬼工復往觀製硫局蓋造礦硝强水處也氣味殊惡不可嚮邇而石丸往來自如觀覽既

畢辭石丸而往五代別墅至則園甚廣大池石嶙峋花木清綺主人時游東京出而行酒捧槃數少竝皆佳妙其一流波送盼嬌媚非常而嫺娜娉婷殊有閨閣態度同席自津枝正信堀之孝外則爲森山茂永見米吉郎特設盛筵肴饌絡繹味皆適口室中書畫鼎彝古雅樸茂皆非近代物進食器具華煥奪目森山字桐陰爲五代内兄曾至中國遍遊南北屢出使朝鮮論通市事宜蓋其才有足多者五代前任大坂府官玆解組家居擁貲頗厚酒後賦詩作字天色向暮又導至一家粲者四五輩靚粧炫服翩躚而來各撥鯤絃逞珠喉藉以侑觴予以季方約至西京遲恐不及數曲之後即偕許友琴辭之而行至輪車處則季方適自神戶來登車再詣西京日人漁一郎季方友也與之偕行抵西京時已曛黑逕詣寓樓翦燭開筵合尊促坐藝妓來者四五輩裝束華麗又勝大坂一籌酒行甫半有言近處有劇場適當開演盍往觀之於是挈妓同行則時尚早坐場外茶寮啜茗須臾遊人蟬聯魚貫而來余與季方携群姬而進場中坐席幾滿惟正面高處設几椅其位尚虛乃坐而觀時帷幕下垂燈火千万盞皎同白晝樂作幕啓則正面坐女子十六人以八爲行蓋舞妓也兩旁各坐十人皆手操三絃琴蓋歌妓也歌聲一作舞者雙袂飄然齊舉兩足抑揚進退疾徐無不有度二八對列或合或分或東或西約一時許始畢返寓置酒再酌諸姬亦重整歌舞旋有自劇場歸者亦來竝坐其白幾奪霜雪令人奇駭

諦視之則皆粉之塗澤也時寓主爲余覓薦寢之人始招一妓年若徐孃而容如嫫母因遣之去繼至則十五六齡小女子也身材瑣弱燈下視之潔白無比余倦已甚擁之而眠不覺東方之既白柳下坐懷實非難事

二十一日晨起即同朱季方許友琴日人漁一郎往遊各寺車從田塍間行於時朝暾甫上宿雨初收四圍樹木蒼翠欲滴不覺心神俱爽田中麥黃已可刈豆成莢茶結子而有一種紫花爛然如錦繡鋪地觀日人藝植之巧亦可謂農勤於野矣先遊天滿宮後遊華頂山智恩寺殿宇崇閎禪房深邃凡數百椽誠一大蘭若也復繞登山巔觀叢莽處寺有巨鐘高一丈三尺周二丈八尺厚九寸六分從不撞擊惟法會七日間用之蓋自正月十九日至二十五日壇場既開香火極盛士女如雲鬭妍競美爲法會也按西京爲日國向來京都即葛野愛宕二郡之地襟山帶河自然作城博大塏爽天府之國左環鴨水右抱桂河而北枕山岡其南則爲二水合流處形勢雄壯甲於神州其險固亦易於據守桓武天皇建爲新京而定鼎焉自橿原以來都會之隆以此爲最或曰西京土厚水甘居之不疾其人性稟寬舒心思沈靜文士彬彬温雅武勇則不及關東北山鄉民樸素尚存古風西京婦女尚豔冶工塗飾明粧麗服傾炫一時天滿宮乃神祠也在北野永延元年八月始行祭禮寶塔輪藏皆後所增置閭祠內有女道士頗通文學惜未得一訪之華頂山名在粟田口村屬

愛宕郡春日櫻花爛熳騷人最愛賞玩山中有耕雲菴故址南有圓山瀚然出清泉曰吉水近山多佛刹南禪寺青蓮院皆在左右今智恩教院古屬延歷寺承安四年釋源空自黑谷出居洛東吉水盛說專修念佛及圓頓菩薩大戒所謂吉水院又稱大谷寺者是也爾後遂以源空爲開祖寺中多藏古書軸歷代有高僧掛褡宜其規模之宏壯迥不同於他梵刹也既出寺乃至博覽會則又勝於大坂一籌物產之富陳設之華光怪陸離幾有五花八門之觀頃之阿染亦從神戶來攜之偕行購腰帶一束贈之計金五餅既離博覽會乃詣酒寮小飲酒罷遊王宮宮殿制度亦如日本富貴家屋宇但稍宏廣華煥耳遊人僅能於門外瞻望不能入也他如橋梁

花木處均有防闌惟繞道而行得覩風景而已旋至太后宮則頗覺樸素無華制度亦復狹小午後季方阿染先歸余與友琴往遊東寺乃德川將軍昔日遊憩之所也長堤數里旁植樹木濃陰下蔽蒼翠万狀入其中頓爾忘暑水從寺中流出潺湲作聲一泓深洄隨堤奔赴或云此即前時射圃也寺中池水澄清徹底可鑑毛髮友琴云此水洗滌各物無垢不淨遊興將闌微雨遽作乃乘車回輪車所一路雨絲風片余倦甚在車中假寐車從石街犖确中行聲作驫驫鳴每至驚破好夢逮至輪車所則時尚早而天亦有晴意回神戶已是上燈時候季方亦遣人來候芝軒來作清談同往天滿宮浴

二十二日同季方至船所寫票晨至楠公廟啜茗試挽楊弓注矢射的發多不中不覺投弓大笑日俗設有楊弓鋪多以女子當場延客勸射每乘矢收錢四孔弓矢之製極爲精巧弓材用紫檀長二尺九寸二分而緻以彩絲兩頭飾以銀或鍮銅矢長九寸二分幹以木羽用白鷺朱鳥彖括鐵尾品亦不一午後瀚濤芝軒友琴來同往湊川浴溫泉南面一亭絃歌之聲聒耳則日人方招妓侑觴中有數小女子起作婆娑舞因往觀之座客飛觴相勸情意殷拳繼瀚濤導登山前一酒樓高聳可遠眺而草草盤餐無適口者更驅車至吟松亭雛姬三五竝皆佳妙瀚濤與余醉中作詩甚夥皆不及寫醒則忘之矣瀚濤贈余七律四首附錄於左廿年飄泊遯南翁跋扈飛揚意態雄白也世人皆欲殺鳳兮吾道豈終窮難銷

斫地悲歌氣儘有登樓作賦風恰恨生才才不用由來多事是蒼穹一卷新詩集衆芬高樓風雨感君文名山早擅千秋業健筆能開万里雲本自多情同白傅那堪蠻語學參軍飛鴻避彈翔寥廓不管人間燕雀群碧海茫茫万古流輿來遥泛日邊舟閒尋晃蓋風流迹且結盧敖汗漫遊姓氏俄驚蓬島徧鶯花都付錦囊收少微此夜生芒角百丈文光犯斗牛媿我同爲東海客卑官抗俗走塵埃狂奴久已櫻時忌笑口何期爲子開白壁青蠅甯足浼美人醇酒亦堪哀敬亭山色珠江月落落寰中兩霸才醉中走筆奉和四首一併錄焉平生自作信天翁慚愧詞壇一世雄甯願學書兼學劍未經奇禍必奇窮卅年空下才人淚四海誰知國士風恰似高秋初

鍛鍊徒張健翮。迅摩穹伊予。懷抱託靈芬。風雨空山感逝文。終見上書流賈誼。未聞折檻旌上聲朱雲。揮戈尚欲回三舍。拔戟猶能樹一軍。落落眼中今有予。匡時才略足超群。不作人間第二流。奔濤万里駕輕舟。蒼茫誰盡東西界。門戶終分上下游。千古文章心自得。五洲形勢掌中收。頭銜何必勞人問。一笑功名付馬牛。老來百事久心灰。驚見宏文絶點埃。海內一頭應予讓。詩中生面獨君開。陳琳河朔誰知己。庾信江南自述哀。如我飄零安足問。不禁爲國惜人才。

二十三日。午前往署辭行。樞仙瀛濤芝軒饋以洋酒果餅。樞仙并以長歌見貽。今錄如左。神山雲氣谿而深。神山芳樹鬱森森。雲欲暮兮春在樹。倍思空谷之足音。我住神山已三月。

舊雨不來今雨歇。俄傳門外客星臨。天南遯叟前通謁。遯叟舊是吳中豪。樹幟騷壇意氣高。一朝被謗遯南服。看花飲酒快遨遊。遨遊到處人爭識。七万餘里經西極。蓬萊神仙把手招。挂帆又指扶桑國。船至神山十日留。西都名勝甲蜻洲。眞山眞水眞圖畫。付與才人筆底收。昔讀君詩感君遇。今日逢君爲君訴。立身須自定。千秋那管旁人來毁譽。志存忠孝報君親。不在爲官在爲人。德行本根文藝末。高曾矩矱師先民。刻楮雕蟲徒小技。風雲月露詞何靡。君才實大出緒餘。愛國憂時紿詩史。杜老浣花陸劍南。天南遯叟鼎而三。他時刻就東游集。寄與神山俗吏探。午後登舟。德澄友琴皆來送。余瀛濤季方芝軒則送之輪船。季方謂予曰。此間風巨濤翻。時浪往往入舟中。正開行。舟甚平穩。

二十四日。舟行如駛。而安穩異常。飭能無事。抽筆和樞仙詩。卽寫寄之。爰錄如下。夢中伸足万丈深。空際劍佩何嚴森。下床叩頭捧書讀。乃是九天之玉音。上書光緒某日月。乘槎渡浦辭黃歇。三神山在縹緲間。嶺南仙尉其先謁。吾聞仙尉今詩豪。蓬萊作吏福尤高。不教拔宅竝東來。豈欲汗漫同盧敖。吾與仙尉初相識。夙服宏文已造極。古籍久笑歐盧陵。逸書早辨孔安國。揭來此間九日留。嘯傲意氣淩滄洲。湊川山色布引泉。都從百尺樓頭收。落拓天涯嗟不遇。如我飄零安足訴。論交久已薄庸流。讀書豈欲干時譽。遯世惟與猴鶴親。放浪江湖稱散人。數予垂白溷俗士。煩君殺靑傳逸民。但工文

章原末技。端賴雄才埽綺靡。學語戲作蠻參軍。君頗解日本方言看花徒惱蘇刺史。春光將盡歸江南。天公爲閏三月三。余於三月十六日自粵言旋閏三月十四日乃抵神戶櫻花雖謝芍藥放。遨頭肯向山中探。予正舟抵橫濱。

二十五日。清晨羅朗卿遣人來迓。乃命載行李。呼舟登岸。則朗卿已在岸旁立俟矣。偕至其行早餐。余與朗卿初相識面。承其欵待殷拳。殊可感也。辰正。寺田宏來迎。蓋自東京乘輪車至此也。遂偕往東京。至文部省。見重野安繹。折田彥市。平山太郎。至大藏省。謁大輔松方正義。適已他出。乃至東台長酡亭。文士來集者二十二人。備書姓名於左方。小野長愿字侗翁。號湖山。藤野正啓字伯迪。號海南。鷲津宣光字重光。號

毅堂岡千仞字振衣號鹿門龜谷行字子藏號省軒小牧昌業字偉卿號櫻泉佐田白茅字藉卿號茹齋鱸元邦字彥之號松塘三島毅字遠叔號中洲小山朝宏字毅卿號春山大卿穆字穆卿號學橋河野通之字思卿號荃汀村山韜字大樸號拙軒木下眞宏字叔毅號梅里西尾爲忠字叔謀號鹿峰猪野中行字尙甫號熊梁野口之布字士政號犀陽星野恆字德夫號豐城川口嚣字湜父號江東蒲生重章字子閣號絅亭平山卓字立卿號蕉陰寺田宏字士弧號望南席上諸文士各有贈詩今但錄余原唱及湖山和作各一絶以見其凡余詩云天借因緣非偶然今朝何幸集群仙一帆海外飛來會作賦吾家記昔年蓋東台之會一月一集余從神戶

至適逢其盛向者王子安滕王閣作賦天賜長風固吾宗故事也湖山詩云雖云殊域豈其然文字相通與欲仙蓬島風光尙如舊暹來徐福二千年飮罷夕陽已匿乃偕士弧仍返橫濱是日在擁書城林信書肆見錢牧齋初有學集牧齋人不足道然文章究可傳東台長酡亭在不忍池邊池中多植芙蕖紅花映日風送香來最宜於納凉銷夏故亦曰小西湖其地又稱忍岡俗呼上野德川氏累世墳墓所在往時有一大伽藍名寬永寺結構壯麗甲於扶桑戊辰之役慘罹兵燹全宇蕩然僅存基址忍岡左右多櫻樹花時游人詞客曳裾連袂以來者不絶於道

二十六日小住橫濱天氣漸熱往見駐劄橫濱領事范君如椒劇談竟晷繙譯沈笛雲文案劉靜臣俱他出范君名錫朋大埔縣廩生沈海門人劉直隸人在橫濱貿易者如梁麗堂陳玉池譚沛霖袁玉成諸人皆投刺往會午後偕馮漢庭登伊勢山散步兩旁多茶寮司茗女子牽袂爭邀夜飯於梁麗堂寓齋

二十七日雨約作鎌倉之行不果聞鎌倉爲日本名勝要區所自源賴朝開覇府後北條氏足利氏皆居此以鎭撫關東有銅佛像甚巨樹木蒼翠蓊然翳日午後雨略止偕朗卿登含雪酒樓小飮呼藝妓二人小春小今並皆流麗婀娜薄暮范領事招飮有盛饌倂試日人做西法所製之魚酢鹿脯范君長於吏治席間所談無非地方公事俞蔭甫謂丁雨生中

丞拚命作官吾於范君亦云

二十八日（陽曆五月十七日）清晨寺田士弧來迎余往居東京朗卿亦偕行既至安頓行李於築地精養軒往謁何張二星使何公字子峨名如璋張公字魯生名斯桂張公於滬上曾識一面一別二十年矣日月荏苒殊不可恃時張公方銳意爲西學欲刻海甯李壬叔天算諸書其作万國公法序指陳歐洲形勢瞭然如掌上螺紋以春秋列國比歐洲此論實由公倣是日並晤參贊黃公度太守翻譯楊星垣戶曹晚飮於西洋酒樓（日人名賣茶亭）日本文士來集者六人重野安繹龜谷行岡千仞佐田白茅小牧昌業寺田士弧其期而未至者栗本鋤雲也公使署中日本通事鉅鹿赫太郎亦預列藉以傳語白茅

出明治詩文二十九集見貽。凡一月一集。所采皆近時名家。白茅酷好風雅。搜羅廣博。特創大來文社。四方賢俊之以文詞著者。悉入之夾袋中。其功亦不可沒也。公度名遵憲。嘉應州拔貢生京兆舉人。星垣名樞。粵東漢軍籍。曾讀書同文館。肄習西學。考列前第。重野安繹字士德。號成齋。又號戒軒。官一等編修從五位。學問淵邃。文章浩博。袞然爲日本巨儒。長髯河口。貌亦魁偉。

二十九日。雨。（陽曆五月十八日）晨士弧偕其友須川準來訪。須川長崎縣人。龜谷省軒之高足弟子也。岡鹿門饋酒一瓻。謂風雨之夕。聊作消遣計。午後張魯生副使遣馬車來迓。招小飲也。偕士弧同往。陳訪仲王漆園皆來。劇談抵暮而歸。鹿門偕河

野通之來訪。余已解衣睡矣。因重翦燭作筆談。旅中得此。殊破寂寞。

三十日。晴。（陽曆五月十九日）本多正訥來訪。華族也。華族者。列於藩侯。世代有爵位於朝。似春秋時世祿之家。日本凡分三等。曰華族。曰士族。曰民族。以此別貴賤。區門第。維新以來。廢封建三百藩侯。各歸土地於王朝。官人之法亦一變。草野懷才之士。皆得自奮於朝廷。向之世家。多閒退矣。本多一姓。乃舊幕功臣。曾爲一國諸侯。今其家分爲數族。讀書稽古者亦自有人。而正訥特矯矯者。正訥出詩求改。幷饋白紵一端。而以其師芳野世育所著譚故書餘見貽。芳野字叔果。號鋺宇。曾爲本多族藩士。而後爲舊幕儒官。卒於去歲。正訥問余爲何官。以何事東遊。王氏巨族。在中土必多顯宦。余不禁啞然失笑。因謂之曰。僕向嘗從戎。得保舉儒官。旋賜五品銜。以口舌過禍。因讒被廢。素性不樂仕進。以此反得逍遙世外。優游泉石。頤養性天。立說著書以自表見。平生懼謁貴人。不好竿牘。安貧樂道。處之怡然。南北大僚以幕府徵者。皆不就。蓋麋鹿野性。志在長林。而思豐草。身雖貧士。而倘來之物。土苴等視。揮手千金。無所吝色。坐是至今猶窮而在下也。吾家世代青緗。然無一登仕版者。此外則不得而知。正訥約卜日作兩國橋青柳樓之游。其地頗多名勝。距此二三里而遙。有妙齡之妓。反身貼地。口銜玉盃。如粱羊侃傳所載旖旎風流。得未曾有。余聞東京柳橋多佳麗。與新橋相埒。近人成島柳北曾著柳

橋新誌。頗述其豔冶狀。曾當一游。以領略此異地烟花。殊鄉風月耳。正訥言其國中文獻。前時雖有一二宿儒提唱風雅。今則多赴九京。僅流風遺韻而已。嘗讀余所著甕牖餘談。遯窟讕言。故聞余東來。甚欲一見。張魯生副使來訪。午後士弧來同訪鹿門。適與同人講易。未暇接見。遂至寺田讀杜草堂。觀覽古籍。途遇池田猪之助。能操英國方言。回寓始知何子峩正使枉駕辱臨。坐甫定。參贊黃公度來訪。晚飯後重野成齋。藤野海南。岡鹿門。河野荃汀。西尾叔謀皆來筆談。偶詢及八戸宏光近況。則諸文士無知之者。蓋其人多居橫濱。不與諸文士交接。邇來碌碌不得志。或有知其姓名者。則以余書中曾述之也。轉咎余言爲失實。噫嘻。一部十七史。大抵作如

是觀。

四月初一日晴。陽暦五月二十日沈梅史楊星垣來訪梅史名文熒姚江人已未孝廉張魯生副使枉過龜谷省軒偕其友島田氏來島田名重禮字敬甫號篁村家中藏書万卷下帷課徒門生著籍者百餘人距省軒居甚近聽夕往來龜谷出示兩貞婦傳擬乞余作碑銘闡揚氷蘗以揭清操此固士君子之責也午後往訪秋月種樹元老院之議官也室中幽靜寬敞陳設古玩多漢魏以上物薄暮偕士弧赴白茅之約所見殊非妙人蓋白茅擬妙選名姝使作柳枝桃葉而供捧硯役也乃驅車至吉原登万年樓呼酒更酌呼三歌妓侍觴侑酒其一曰桃太郎綽約可愛宵闌燭燼白茅士弧皆醺然有醉意

士弧席上作二十八字云嬌喉唱出遏雲歌裊裊亭亭餘緒多曲罷紅潮渾上頰千金秋水爲誰波按吉原亦曰芳原東京之平康里也明暦三年八月始徙於此大道兩旁皆高樓銀燭光搖氷絃響徹歌舞之歡連宵達旦春間櫻花開時游人頗盛七月放燈八月陳舞三千粉黛無不各鬥嬋娟爭妍競麗或以妓館之廢興繫江都之盛衰蓋都會繁華自古然矣。

初二日晴。陽暦五月二十一日岡鹿門偕栗本鋤雲來鋤雲名鯤字化鵬號匏菴今以字行爲報知社新聞主筆鹿門出其所著文稿見示鹿門性豪爽高亢以友朋文字爲性命務欲傳其名於千秋而不使徒死以爲百年事業所繫故一生精神悉注於是文多激昂慷慨深沈刻摯嗚呼名之傳不傳何預乎吾身而千載而下讀其文而其人顯顯在目則足以不朽矣鹿門蓋即此意也日國人才聚於東京所見多不凡之士而鹿門尤其矯矯者鹿門本奥州仙臺藩士少遭國難崎嶇戎馬間戊辰王師東下舊仙臺與羽諸藩連盟鹿門獨與參政三好清房等上書爭論反覆苦諫幾不免然猶慷慨自誓且易同志夫死生繫於反掌在他人則縮頭屏息之不暇而鹿門明目張膽侃侃不撓蓋有足多者維新後徵入史館不久辭官惟以文字爲消遣拔劍斫地把酒問天終由于睠懷家國然則鹿門文字之豪非根於忠愛之心哉鹿門會著米志法志於泰西情形瞭然若指諸掌近又譯英志已得二卷觀摹

維廉所撰言簡而事增誠不朽之盛事也其言曰方今宇内形勢以俄爲急時人比俄於戰國之虎狼秦而實爲今日亞細亞洲之大患敝邦與之土壤毘連尤不可不悉其情僞俄志之譯爲不可緩先生其有意哉他日俄志若成明著其利弊得失所在則五大洲可收之掌握中何等快事時重野諸同人皆來筆談擬將余生平著述授諸手民嗚呼杏岑之契金石之交乃得之於海外此眞意想所不到者也重野謂予曰或序先生之文謂爲今時之魏默深默深所著海國圖志等書僕亦嘗一再讀之其憂國之心深矣然於海外情形未能洞若蓍龜於先生所言不免大有逕庭竊謂默深未足以比先生也余曰當默深先生之時與洋人交際未深未能洞

見其肺腑然師長一說實倡先聲惜昔日言之而不爲今日爲之而猶徒襲皮毛也鹿門曰魏默深血性人耳得先生繼起而後此說爲不孤矣

初三日陽曆五月二十二日省軒白茅來約作墨川之游乃東京名勝地也先往報知社訪鋤雲併見社長藤田茂吉驅車偕行行四五里許兩岸白櫻一江墨水道經三圍祠距數武爲白鬚祠廟宇崇煥香火頗盛對面則金龍山也樹木森茂望之鬱然深秀墨江上流有鷗渡又稱鷗津其別墅曰梅莊梅兒墳在焉墳前則木母寺也世傳梅若以三月十五日死遂葬於此是日雨則都俗謂之淚雨又聞昔有遊俠公子在原業平來此倡咏和歌膾炙人口後來和者如雲駕原作而上者殊

稀蓋已成廣陵散矣新梅園中植梅万株槎枒林立枝幹橫斜花時不啻香雪海園形如環槿籬屏其內泓水繞其外其西則起亭榭建樓臺以待遊客同人先入茶亭司茗女子小勝綽約可憐戲贈一絕云窈窕佳人慣折腰已看裝束十分嬌只教司茗不司酒遣與王郎伴寂寥藤田告余曰此茶亭非酒樓也茶亭設於長命寺中入門即有詩碑一座乃枕山大沼厚松塘鱸元邦雪江關思敬蘆洲植村義四人作也余即於啜茗一霎時和之其一游蹤群指墨江頭一覽同登最上樓三月櫻堤長新碧半江桃水湧春流欲傳世有千秋筆不繫心如万里舟今古虛名原一瞥間情我欲問浮鷗和枕山大沼厚其二堤樹籠烟碧漲漣滎陽曾此墜輕鞭鶯花已醒廿年

夢驚鼓空間十里船絕海飄零還跌宕深閨孤負致纏綿頃山妻有書來清游今日偕君輩別後相思各一天和松塘鱸元邦其三天教今日放新晴勝地由來著上京東國文章崇正學南州瑤管愧浮名三春花月江千盛一曲笙歌柳底輕万事不如杯在手用句又從海外聽鶯聲和雪江關思敬其四四月清和天氣新良朋共此醉江濱杯盤笑進鶯兒酒絃管初調燕子春所招二妓特奏墨川水頭燕子花曲自昔神山多舊跡相傳徐福墳尚在紀伊國熊野山于今滄海靜揚塵筵前錦瑟知儂意惆悵華年憶遠人和蘆洲植村義繼偕同人登千秋樓小飲全江在目軒爽宜人是處亦曰植半樓以烹墨川蜆汁擅名龜谷省軒於席上見贈七律一章附錄如左雄心欲著祖生鞭遊遍歐洲路八千慷慨談兵辛棄疾風流耽

酒杜樊川世無知己堪惆悵天付斯才豈偶然新史好藏東海外芙蓉峰聳鬱雲烟余既作四律意猶未盡仍和其韻作長歌一篇天風送我東海頭共登千秋之高樓振襟自有一世想濯足更思万里流滕王作賦吾宗事片帆頃刻浮輕舟世情變幻雲中狗人事蒼茫水上鷗東瀛清水何漪漣愁教快著祖生鞭外人久思逞戈鋋與國方欲修樓船與其臨事歎拮据綢繆未雨思綿綿東南何遽輸西北我欲上問彼蒼天今朝欲雨又放晴天意許我遊東京平生忠孝根惻怛豈使齷齪留其名功業未建著述在蜉蝣撼樹徒相輕中宵起舞發壯志聽此喔喔非惡聲我來墨川游覽新佳人窈窕江之濱繁絃渠善譜新曲健筆我愧開陽春即今上士尚草莽

豈獨而我悲風塵舉杯慷慨不盡醉我其於世爲放人宴能龜谷粟本別去余偕白茅茂吉攜歌妓小勝乘舟從流而歸舟行墨川中波平如鏡於時暮靄銜山新月掛柳小勝臨流掬水作旖旎態白茅謂小勝獨戀戀予不忍別故隨我歸耳噫此何異范蠡一舸載西施也返寓則士弧鹿門已接踵而來約後日爲後樂園之游小勝見諸人至脊壁含羞旋亦別去按墨川之水來自西北一碧澴洄四時之景無不相宜宜雨宜晴宜晝宜夜宜雪宜月宜於斜陽宜於曉靄總之淡粧濃抹俱有意致而尤宜於夏夜納凉畫艦迎花航船載酒燈火万家蟲聲兩岸清飆徐至披襟當之以徘徊於葦渚蓼汀間幾忘人世之有酷暑不亦樂歟是日何子峩星使枉過以

外出不值

初四日（陽歷五月二十三日）黃公度楊星垣來訪日人丸山鑽持刺通謁丸山字子堅號龍川仕海軍省以有客在座辭之未見吉田次郎郵詩見貽以前日墨田川之游有事不得從也詩云

觀遍歐西與未休飄然又作海東遊諷時詩句擬諸將（大集中有凝社諸將五編）論勢文章泂五洲故國鶯花應入夢殊鄉風雨豈無愁獻酬倡和新知足好醉江頭小酒樓吉田字子全號二酉在報知社中司筆墨風雅翩翩未易才也白茅茂吉來約作柳橋之游以若吉茶屋爲設讌處呼小勝來侑酒頃之招群花畢至待選茂吉先歸白茅特操選政顧纖穠長短無一可以合度者惟一十六齡女子曰若者尙有媚態晩呼小鐵校

書至彈琵琶以消愁酒半贈小鐵七古一篇鐵中錚錚有小鐵此鐵乃是肝腸結洪鑪熾炭胡不鎔要煉人間蕩子魄嫣然一笑天爲春吳兒木石亦關情琵琶彈出銷魂曲三條絃上多秋聲天涯我久嗟淪落差同白傳青衫哭東游特地泛槎來失意看花愁万斛筵前忽與小鐵逢迷離燭下明粧紅知我狂吟發清興玉手爲捧青芙蓉（研名）柳橋春色今已盡小鐵容與徐娘竝鐵天地亦壞多情何况凡軀花作命小鐵聞言意轉悲珠喉抑塞歌聲遲轉向當筵催進酒勸我斗酒吟百詩詩成小鐵惝若失四座無譁宵漏急即傾江水作淚波憂時不滿此胸鬲酒闌燭灺飲不豪青衫那及紅顏嬌驪車各自東西去寸鐵殺人空再驕茂吉名晦字義卿號鳴鶴年

少而負大志嘗讀洋書能通泰西事情平日尤留意於東西交際之事議論所及擘領捉綱灼然能見其大白茅少習兵家言工武技恥以文人自居戊辰變起創議勤王奔走國事數陷危地其不死者蓋有天幸也平生親友俱罹國難會逢維新之際論與政府相合遂仕兵部兼任外務省後以變法辭官去而爲農俄又鬱鬱不樂以田屋與妻子爲自養計孑身流寓東京昔時知己多在九原胸中所懷無一可語者深夜孤燈形影相弔不得已俯親鉛槧作操觚家選詩文付剞劂月得數十金藉作糊口資自買解語花外則惟沽酒以消愁耳以此反得悠然放浪於形骸間雖與文士往來非所樂也惟自矢立於天地間守正不阿靜以待盡嗚呼白茅所言

蓋有類於見道者也。

初五日（陽曆五月二十四日）增田貢來訪。增田即作清史學要者。字岳陽。士弧偕其老友吉田易簡見過。吉田字君敬。號素堂。又號香竹。自稱何陋居士。今學者通稱爲晩稼先生。平生擅詩書畫三絶。爲人磊落奇偉。好酒而又好色。不自諱也。是日偕同人至重野成齋家。屋宇幽靜。陳設精雅。不愧爲名士風流也。繼同登車至後樂園。園在砲兵廠內。今爲陸軍省所管理。以名賢遺跡。不敢毁也。當明季時。源光國讓國於其兄之子。解簪紱老於藩。開史館於江戶邸內。稱彰考館。館旁設園池。即此地。木石蒼古。池水瀠洄。臨水一椽。即當日修史亭也。常會集諸名士於此。流觴飛斝。時明遺老朱之瑜以避難航海來

此。源光國方爲水戶藩侯。特以師禮事之。園之甫建。朱君實爲之經營。引水成池。廣袤無際。彷髴小西湖。池畔爲山。盤旋而上。有得仁堂。以祀孤竹二子伯夷叔齊者也。源光國讓國後。多居西山。亦以自號。蓋有慕於孤竹之高風歟。其地亦號礫川。考朱之瑜字魯嶼。日人稱曰舜水先生。浙江餘姚縣貢生。明亡走交阯。數來日本。遂家焉。年八十餘卒。源氏題其墓曰明徵士。從其志也。舜水爲程朱之學。一時靡然風從。弟子多著名者。鄭芝龍客臺灣。嘗寄書舜水。欲乞師圖復明。魯監國之臣曰王翊。在餘姚大嵐山敗亡者。亦其友也。餘姚志無傳。應補之。明亡至日本者凡三人。在水戶則朱舜水也。在尾張則陳元贇也。在紀伊則戴曼公也。曼公後入黄檗山爲僧。

曰獨立。時有張斐者亦來此以終。皆勝國遺臣也。朱舜水始勸侯建學宫。規模一如中土。諸藩竝起而效之。是舜水實開日本文教之先聲。宜水戶藩侯終身執弟子禮。敬之弗衰也。源光國作日本史。意在尊王。顧身屬幕府懿親。未敢顯言。後有布衣高山彦九郎、蒲生秀實者起。始著論欲廢藩服尊王攘夷。一倡百和。幕府嚴捕之。身伏蕭斧者不可勝數。然卒賴以成功。光國裔孫曰齊昭。實以藩臣始唱尊攘。然則今日維新之治。實黄門一家之勳也。（朱舜水及作史始末。多采黄公度太守日本雜事詩注。）園中多數百年古木。園額尚是舜水所書。有瘞鎬記一碑。字多狂草。亦瘞鶴銘之流亞也。余即席賦呈一律云。名園雅集得追陪。今日同傾河朔杯。四境環山皆樹木。一椽近水占樓臺。

清風百世臣心苦。史筆千秋生面開。喜見東南賓主美。飯生何幸泛槎來。公度即席作七古一篇。余援筆立和二詩。竝錄於左。公度詩云。泓峥蕭瑟不可言。周遭水木圍亭軒。初夏既有新秋意。褰裳來遊後樂園。主人者誰源黄門。敝屣冠冕如邱樊。夷齊西山不可得。欲以此地爲桃源。左携舜水右澹泊。想見時時傾空樽。嗚呼源平覇者起。太阿倒持歸將軍。黄門懿親敢自異。聊借薇蕨懷天恩。一編帝紀光日月。開館彰考非爲文。高山九郎好痛哭。相繼呼天叩帝閽。布衣文士二三子。其力遂使天王尊。即今賓主紛裾屐。一堂笑語顔溫溫。豈知當時圖後樂。酒觴未舉有淚痕。豐碑屹然頹祠古。夕陽叢鴉噪黄昏。欲起朱子使執筆。重紀米帛貽子孫。（明治二年詔賜源光國子

（孫米帛若干）余詩云。皈生東游拙語言。叔度霞舉何軒軒。幸陪游屐來此間。惟名士乃傳名園。園爲源公之所創。生薄晁紱潛邱樊。野史亭開勸菁萃。有異遺山於金源。惟公好事古無匹。時招俊彥開罍樽。公學所造冠諸子。自足拔戟成一軍。舜水先生寄高躅。睠念家國懷君恩。我來訪古心慷慨。誰歟後起扶斯文。平泉綠野此髣髴。逕留苔蘚侵階闥。泰西通市法一變。坐令西學群推尊。乾綱獨秉太阿利。豈復跋扈如桓溫。園中題字出遺老。摩挲猶有前朝痕。陰森古木坐濃綠。時未向晩日已昏。飮能驅車偕子去。覇才誰是江東孫。省軒在席有詩亦錄於此。義公十八慕夷齊。義薄青雲氣吐霓。開館旁徵俊奇士。欲編圖史纘褒梨。此園卽是公所創。縈廻山繞路欲

迷。溪流潺潺石巉巉。綠陰如雲幽鳥啼。憶昔義公修史日。時會群彥奉酒卮。物換星移幾百歲。風光滿眼有餘悽。當年諸賢不可起。幸有遠賓來探奇。有筆如椽才如海。須向苔壁劃鴻蹤。君不見後樂園三大字。有明義士舜水之所題。向山黃村增田岳陽賦呈律詩一。併錄焉。向山詩云。幸將文字此相陪。不用紅裙侑酒杯。山水陶情勝絲竹。風烟滿目剩池臺。櫻桃墦地三春盡。闌楯摩空四望開。遙隔翠微知有寺。磬聲徐出白雲來。增田詩云。夷齊廟畔樹蕭森。追想西山後樂心。烟際游魚跳碧沼。風前小鳥喚幽林。堂開綠野賓朋盛。園比平泉草木深。今日欣看名士集。礫川勝景可追尋。午後偕何子峩正使。張魯生副使。黃公度參贊。沈梅史刺史。宴於秋月種

樹別墅。其地在墨江西岸。臨流數椽。結構幽敞。惜無高樓可以眺遠。纔江川田卽席有詩見貽。（川田名剛字甕江。官一等編修。）漫游乘興上輪船。來泊扶桑日出邊。著述等身人未老。風塵遯跡骨將仙。豈求靈藥入三島。欲訪逸書存百篇。莫怪相逢傾蓋久。令譽夙自藝林傳。余亦依韻奉答。飛渡東來万里船。相逢偏在墨江邊。文章早已崇今代。（明治詩文集。多收君作。）筆鶴曾聞駐古仙。（日本向多王姓。云是子晋後裔。後賜姓山田氏。）垂老風塵慚著述。好游山水入詩篇。神交何限滄波遠。好把君名衆口傳。公度梅史皆有和韻投贈之作。公度詩云。神山風不引廻船。且喜浮槎到日邊。如此文章宜過海。其中綽約信多仙。司勳最健言兵事。宗憲先聞籌海篇。（君著有普法戰紀等書甚富。）團扇家家詩万首。風流多被畫圖傳。梅

史詩云。東泛滄波太乙船。直追槎木斗牛邊。誰知勾漏山中叟。來訪廬敖海上仙。鑾觸新書成戰紀。源平遺事入詩篇。雞林賈客爭相間。不讓香山万古傳。同席有細川潤次郎者。人極謙謹。約以他日相訪。酒半有盲史彈詞。聲調悽婉可聽。爰作二絶。調主人云。盲翁負鼓唱斜陽。惱亂蘇州俠士腸。那有千秋在胸臆。演來花月儘荒唐。管領鶯花十万人。却教盲史演遺聞。座中豈有樊川在。怕發狂言乞紫雲。繼乃出二家姬侑觴。夜歸遇雨。已更鼓動矣。

初六日。（陽曆五月二十五日）本多正訥來訪。林櫟窻以異書數種來。午後往公署。以答何張二星使屢次枉駕也。繼偕張魯生副使漆園琴仙昆仲至增田岳陽家小飮。小有亭軒結搆尙雅。四

壁所懸多朝鮮人字畫。增田有詩呈魯生副使。余依韻答之。東去欣瞻海外軺。幾番治具辱相邀。廿年酒國虛清罍。百戰詩壇奪錦標。（余不見魯生副使已廿年。近聞其止酒。而詩興尚豪。）作史雄才誰可敵。憂時壯志莫輕消。一家文字都嫺令。不獨羹湯手善調。（岳陽撰清史擘要。一家姬妾識字工詩。）魯生副使亦有和詩。扶桑影裏駐星軺。雞黍蒙君故故邀。笑酌醇醪勸把盞。醉披清史看題標。（席間出示清史擘要）揮毫張旭雲烟落。（席上有作字者）拔劍王郎傀儡消。（出示寶劍。紫詮王君拔觀之）聊借一詩抒謝悃。自慚音韻未能調。岳陽即席賦贈一律。叩鰊獻策靖邊氛。未見酬庸報夙勳。組練三千吳市甲。背嵬五百岳家軍。（君曾獻策當道。延西人教練募壯勇。專習洋鎗。為一隊。號常勝軍。收復江浙。實賴此。）避人常下南荒淚。遯跡空瞻北闕雲。自古奇材終有用。偉人江表定推

君。是日島田重禮以東京新繁昌志見貽。

扶桑遊記上終

扶桑遊記中

長洲　王韜　紫詮

初七日。（陽曆五月二十六日）雨。閉戶不出。省軒來辭行。云作半月之別。蓋其居在浪華。（省軒產對馬州。其島正與朝鮮相對。）老母在堂。昨以電音召之。故暫言歸。將圖版輿迎養計也。以糕餌一篋為贈。白茅櫻泉士弧皆來為余謀遷寓。謂已與栗本鋤雲言之矣。鋤雲老而不仕。隱逸林泉。少時力學。患咯血。乃縱覽岐黃書。自治經年乃瘳。尤喜讀本草。多識鳥獸草木。久之思治經史。遊安積艮齋之門。學業日進。聲譽翕然。初仕幕府。每欲自奮於功名。時值泰西通市。輪船中皆有醫士。君欲明西術。堅請行。坐是獲罪被廢。家居半歲。事漸解。爰創建醫院於箱館。數年間天下

益多事。幕府因君前言。漸思濡用之。擢君官。君亦感激圖報。佛人之駐居箱館者。欽君德望。皆就君學日本語。俄而幕府顛覆。佛人或勸君效申包胥故事。君曰。天下事一誤。豈容再誤。遂居城外。讀書自娛。所著有鉛筆紀聞、曉窗追錄。皆避難佛人旅廨中所撰述也。維新既建。日報盛行。時始剏報知社聘君司編輯事。然非君初志也。後福地源一郎、成島柳北各建一社。與君鼎足而三。前日余初見鋤雲時。卒然問余曰。為官人耶。為逸士耶。愕然幾不能答。余贈以七古一篇。附錄於此。先生可比賈長頭。頭童齒豁與古游。說經講學眾無匹。風雲筆底千言遒。東京文社君所創。賞罰褒鉞嚴春秋。浮海東來見君面。奇緣天賜能小留。苔岑異地結深契。慷慨意氣尤

相投年來我亦持清議。瞎言家國懷殷憂。論事往往攖衆怒。世人欲殺狂奴囚。掉首東遊得識君。此與不孤同登樓。與增田貢書云。昨荷寵招。得飫盛饌。至今齒頰猶香。感謝靡既。閣下抱非常之才。而不以供非常之用。文人失職。烈士暮年。其爲抑塞。初何可言。不佞於此。未嘗不歎造物者不能彌此缺憾也。然而閣下安居泉石。頤養性天。野史亭開。身操筆削。書城坐擁。酒國稱豪。此樂雖南面王不易也。況復梁氏孟光。惟耽道德。鄭家小婢。亦解詩書。一家雍睦。其喜可知。比則又令不佞深羨之而不能自已。閣下與弟滄波相隔。而心契潛通。臨風竦企。未面已親。殆江郎之所謂神交者。非耶。文章有神。交有道。第與閣下斯近之矣。有暇幸過我。借作清游。何如。

初八日。陽曆五月二十七日雨。何子峨星使招飲。以馬車來迓。同席范如椒、沈梅史、王漆園、張葵君。如椒從橫濱來。大抵有公事稟白。飲罷略與公度清談。天雨未晴。歸寓卽眠。

初九日。陽曆五月二十八日凌晨忽有叩門求見者。則一不識之童子桂米太郎也。操筆縱談。久之不去。幾令人無盥櫛暇。佐田白茅來訪。同往若吉茶室。遣人招小鐵至。爰酒共酌。藉消旅愁。薄暮乃歸。

初十日。陽曆五月二十九日雨。午後往訪白茅。已備杯槃。洗觴勸酌。特令小妻味奇出見。容貌綽約可人。酒半出紙索書。書能尙有餘墨。戲贈三絕句云。佐郎奇傑小妻美。竝愛才人出性中。勸我揮毫傾一石。墨痕中有酒痕濃。味奇流媚在秋波。總費千金亦不多。妬殺佐郎消受慣。花前月下儘吟哦。醉來頰上放桃花。要放桃花色更佳。增一分紅添百媚。佐郎從此不思家。偕白茅冒雨往報知社。訪鋤雲。鋤雲本約往堀切村觀菖蒲花。因雨未果。小西義敬。報知社主也。是日特開盛讌。招集同人於大橋万千樓。預其列者凡十有一人。重野安繹、中村正直、川田剛、栗本鋤雲、岡千仞、佐田白茅、寺田宏、藤田茂吉、吉田次郎。坐甫定。雨滂沱如注。援筆作一絕呈小西。時座客命招歌妓。因令喚小鐵。卽席賦二絕。呈座上諸同人云。莫怪王郎太有情。相逢只是說流鶯。樂天老去樊川謫。尙得天涯薄倖名。東國名儒談道學。南州狂士說鶯花。不知至理原無異。兒女癡情總不差。坐久小鐵不來。復作七絕催之云。小鐵不

來雨未歇。良時孤負此心急。一刻相思一寸金。淚珠暗向心頭滴。須臾歌妓八人至。小鐵亦在其中。柳嬋、花嬌、粉白、黛綠。幾令人目爲之眩。諸妓中以可依絲爲冠。雖雛髮未燥。而容華玉映。豔傾一時。其頎身玉立。媚眼流波者。則阿濱也。珠喉乍囀。響遏行雲者。則阿淸也。有谷哈那者。年僅十五齡。如流鶯之出谷。作飛燕之依人。獻媚爭妍。竝皆佳妙。固屬柳橋一時之秀。鋤雲以余尙未得妙人爲歉事。余作一絕答之云。老去名花已懶看。況逢四月滯輕寒。異鄉最要適眠食。喜服艮宵獨睡丸。席上贈中村正直修文館裏曾相見。知是騷壇擅盛名。自愧東遊眞草草。未攜行卷謁先生。中村字敬宇。世仕幕府。至君獨以儒學顯。文章倜儻。稱一時。幕府擢君官。後通

洋學其業大進維新既建辭職家居政府特起之攝理師範學校君溫厚篤摯教誘後進藹然可親兼明中西學術意欲譯編西國史以行於世云贈川田剛萬里相睽兩度逢杯槃小集得從容讀君詩句知君學可比雲間陸士龍前日長酡亭之集鷲津宣光云與貴國文人把臂於一堂之上獻酬交錯自隋唐以來以近歲爲始前既獲交何張二星使而今又得接眉宇尊酒論文此遭遇兩國聖明時之幸也今中村敬宇亦云貴國文人學士游敝邦者百餘年間時時有之如先生者可謂後來者駕而居上余謂前世不可知若明朱舜水張斐文沈克異載曼公等節義文章炤燿後人僕盖已歎來遊之殊晚而深欣吾道之不孤顧僕之始願則在訪東國諸

文人而就正之也特諸同人擬留予在其國中兩閱月繕立條約有拘束不如人意者余聞之始浩然有去志岡鹿門謂僕曰先生且盡千日之醉敝邦自唐以下如晁衡吉備大臣屢游中華而中華無一名士東游者今先生以中華名士游夫豈偶然願留住以盡賞析之歡嗚呼鹿門抑何重視僕也僕自知所學不足爲東國諸名士師聆鹿門之言不覺通身汗下人固有自知之明僕何敢以此自大哉維時絃韻既調歌舞竝作柳底鶯聲花前燕影百囀千回竝極其妙成齋忽援筆作十六字云兒女孽緣天涯地角當筵當歌以歌當哭言下若有大澈大悟者余謂之曰鄙人生平亦歌哭無常者耳喜縣駒之能歌效唐衢之善哭生平每於樂處生哀靜處生悲歡境難留愁音易好亦不自解其何故也先生曾見淞北逸民歌乎請爲吟之淞水之北有逸民但願常醉弗願醒（用句）一朝酒盡意不樂天荆地棘逃南服逸民醉來哭當歌平生所遇鬱勃多逸民醒後歌當哭胸中一斗血漉漉是夕席散已更闌士弧送余歸寓一路雨聲甚惡不啻臥蓬背下顚有江湖飄泊思矣

十一日（陽曆五月三十日）清晨猶作微雨鳴鶴士弧來同訪松方正義（官大藏大輔）以鉅鹿赫太郞爲通話松方於今歲正月自法國博覽會回道經香港曾偕遊粵垣同讌於伍子昇家書籍二箱從香港寄至廚人何結亦從橫濵來何結粵之南海西樵山人

十二日（陽曆六月一日）同人爲余謀遷寓凌晨至者重野成齋栗本匏菴佐田白茅小牧櫻泉西尾鹿峰岡鹿門寺田士弧筆談往復幾有慘澹經營之狀在寓齋中得見長岡護美島津忠亮皆華族也長岡曾至英國頗解西語飲後乃遷至報知社（在日本橋藥研堀町）小樓一椽幾同蚊睫是固焦冥之所巢也同人請命名卽題曰焦巢梅史邀余小飲集於楠亭同人自黃君公度梁君詩五外則有秋月古香石川鴻齋席間以蘭成作小園賦六字分韻賦詩余拈得賦字林鳩朝呼泥滑路蝸灘又是風光暮一雨三日天不晴楠亭濃綠昏於霧休文招我吟詩來敢詡登高能作賦躍冶洪鑪非卽金持鼓雷門猶是布誰爲汪汪千頃波文壇飛將黃叔度邇來東國多才人擧鉢

催詩成七步秋月石川尤其豪時鬪清新出佳句沈侯健者梁侯靜餘子紛紛何足數王郞掉臂作東游潦倒靑衫嗟不遇胸中熱血吹不凉肝膽還向酒邊露東來日日看花醉身入花叢屢廻顧欲效司勳乞紫雲不信樂天放樊素小萬風流小園俠坐擁尤物美且姸鰥隅昔巳笑參軍鴛鴦今又嗔都護平生奇氣鬱勃多休怪當筵來傾吐弗待千歲桃花開且敎兩月蓬山住石川卽席有詩見贈煒煒德星環海東靡然小草偃高風公超到處門爲市孫綽縱來賦最工步詠花陰傾玉榼坐吟月下撫焦桐只看鳳鳥翔千仭難縛中原結網中宏名轟耳恰如雷何幸今朝共擧杯台嶽雲深仙客杳江城日麗碧桃開衣冠夙謝三公貴草莽還占八斗才更羡

胸中富文史飄然駕鶴下蓬萊余亦依韻和之特地乘槎我欲東片帆天賜與長風杜陵老去才無用庾信平生賦最工豈有鸞凰攖世網尚遲夔曠出絲桐蠻爭觸鬥須臾事不滿王郞一笑中過海聞名癲若雷相逢亭畔且傾杯文章自有千秋在風會何期萬古開潦倒尚深憂世志艱難須仗出群才當筵今日舒懷抱如我何辭尙草萊楠亭主人小園吿愛文墨擧止如姚江老名士亭中扁額皆乞梅史所題也

十三日（陽曆六月二日）雨白茅來訪同至小西義敬家廬舍幽潔花木蕭疏命其子一郞二郞出見一郞六七歲美秀而文玉雪可念次郞則僅四閲月繡褓錦繃一女婢捧之以出其婢亦殊綽約可人小西氏出示鹿兒島戰圖皆繪征討西鄕隆盛事觀西鄕排陣結壘深知兵法指麾衆軍前後數戰幾於盪决無前而卒不能久抗王師者順逆之勢殊也嗚呼天下之梟雄渠帥昧於大義躬爲叛逆安有不底於亡哉坐談久之出酒肴餉客飯罷雨止同作吉原之遊先至東屋茶寮樓扁曰留佩處頗寛敞試浴温泉極形暢適爰招藝妓七人小千代阿玉阿濱可依綠桃太郞桃太郞爲前万千樓中所曾喚者尙記余魚鱗梗喉事述之爲笑餘二妓則徐孃老矣不憶其名佐田特出芳原圖相眎乃知色妓凡七百餘人藝妓亦二百餘人日本探花之例以茶屋爲先導謂之引手先於茶屋中開綺筵招藝妓歌舞既終管絃亦歇更闌燭灺客意告倦藝妓乃導之娼樓擇其美者解淳于髡之襦而薦宓妃之

枕焉茶樓之著名者曰東屋曰桐半曰近半妓樓之著名曰角海老樓容色以小紫爲冠曰金瓶大黑樓則以靜江爲翹楚曰稻本樓則以花照爲領袖其餘皆出其下藝妓中之矯矯者曰阿鎌曰小千代曰小留曰阿直別有男子之善曲藝者謂之幇間則以都民中富本半平爲巨擘是日啜茶處爲東屋己占第一籌所招之妓小千代以容勝阿玉以技勝富本半平工於絃管阿玉舞既擅長而唱流鶯過墻之曲響遏雲表酒半書字塗鴉滿紙不自知其劣也綺筵既撤乃至角海樓小飮小紫出見珠圓玉潤月朗花姸固足以冠絕群芳也繼又至大黑樓驅車而返時己更闌余有芳原新詠十二首附錄於下東京爲日本新都壯麗甲佗處尤爲繁華淵藪

每當重樓向夕燈火星繁笙歌雷沸二分壁月十里珠簾遨
遊其間者車如流水馬若游龍轔轔之聲徹夜不絶眞可謂
銷金之窟也烟花之盛風月之美以及色藝之精巧衣服之
麗都柳橋新橋皆所不逮余偶從諸名士買醉紅樓看花曲
里覺異鄕之風景謄勝地之娟妍覺海上三神山即在此間
爰卽是日所見爲七絶十二章聊付小紅藉浮大白敢作柳
枝之新唱或可補花月之舊聞云爾殿春花放我東來入夢
繁華眼倦開不數揚州花月盛本來此處是蓬萊到底風流
是上京十分裝束動人情我來惜己春光老綠樹陰中聽晼
鶯大道朱樓十里連美人像並列楣邊燃犀何用煩溫嶠請
自從頭辨醜妍（芳原一帶皆妓居紅樓夾道廣厦峥嵘以西法照妓像懸屋外俾遊客辨其妍媸而後締好焉）

扶桑遊記　八

第一樓中第一人春花作貌玉精神紫雲幾效樊川乞慚愧
東來眼界新（角海樓名妓曰小紫素肌奪雪玉貌花妍媚眼流波秀眉浮黛誠不愧爲此中翹楚）歌舞筵
開選藝場不教雲雨夢襄王宓妃曾贈陳思枕故在人前太
曲防（日本青樓中人分色妓藝妓二等色妓但薦寢而已藝妓妙擅歌舞侍酒侑觴然只爲當筵之奏而不能爲房中之樂也）
阿玉雛鬟最擅名腰肢輕亞藝尤精弓身貼地銜杯起羊
侃家中尙數卿（藝妓玉姬綺齡玉貌於工歌舞之外能反身至地以口銜盃而起洵藝妓中之巨擘也其他如阿鎌小千代小留雖以藝稱而仍以色勝皆平康里之嬌嬌者）
脣脂狠藉復塗金（粉盝脂盒時藏身畔而屢以小鏡照容藉加塗飾此與嶺南還北男髭相似惟胭脂之外復以金點唇則不同）雲鬢花枝不
上簪最是舞裙斜露處雙趺如雪似觀音（多赤足不襪六寸膚圓雪光緻緻）
當筵音調聽咿啞推手琵來抑手琶樂器看來渾不似不煩
玉指仗紅牙（藝妓多携三絃琴其有十三絃者不恒見也悉以牙片撥絃成聲不煩十指）幇間亦慣

習箏絃（男子習曲藝者稱幇間）五十樓中領袖偏新舊嬌娃都識偏烟
花隊裏小神仙舞盤舞傘疾如飛熟勝宜僚技亦稀（富本半平善於
股技以雙足承物盤旋勝如宜僚之弄丸）最喜雄聲出雌口流鶯百囀聽來非（玉姬
能轉喉作男子聲甚雄偉意態神情亦復酷肖）向來東北限鴻溝此日飛轅任爾遊
十万名花齊待汝人生何再覓封侯（昔芳原東北地設門爲限止遊客可入今已闢爲通衢一至夜間色妓皆靚粧炫服列座門前屋中令遊客見而悅意者卽留宿焉）如此繁華洵足誇
教工歌舞屬誰家黃金收得高于屋買盡東京十万花
十四日（陽曆六月三日）雨友人有書來約往擇美乃冒雨偕行先至
歌妓桃子所略作小憩桃子手神濟遠舉止娉婷能下碁彈
琴藉作消遣居室亦頗幽雅言有阿藥者容僅中人差可人
意前會爲潘姓所賈故能略解華言一月所索止七金價亦

扶桑遊記　九

殊廉須臾阿藥至果如所言遂納之黃昏時阿藥乘車來寓
樓是夕風雨殊惡西尾鹿峯來訪筆談良久而後去
十五日（陽曆六月四日）早起鋤雲來訪問室有妙人可就見否余答
之云室有鶺鴒雌雄一對鳳皇飛來亦可入隊午後邀梅史
訪仲漆琴仙昆仲小集於神明町長門酒樓期而不來者黃
公度也不速而至者石川鴻齋也酒半各有詩半皆詼諧調
笑之作梅史作七古一篇因亦依韻答之翹蕣大鳥聊作游
戲之談而已綏山桃花開滿峯飛來雨露中天濃忽逢西池
王母笑桃花變作青芙蓉芙蓉綽約秋風裏高臥秋江呼不
起甘於水畔吐芬芳羞在花叢門紅紫瘦腰專戀沈休文濃
消豔福輕桃李蓬萊已到尙思家采藥不歸有王子酒半有

瘋僧闊席乞書者急驅之去是日呼四藝妓來清癯綽約善解人意者則桃子也豐腴秀碩而作飛燕依人者則美吉若吉也年齒尚稚而意態流逸者則信吉也歌舞竝陳管絃迭奏備極其樂石川鴻齋論東方美人各地不同三都婦女東京者軀短而腰纖大坂多豐碩修整西京則玉立頎身曲眉豐頰大抵由水土使然也

十六日（陽曆六月五日）晴佐川樫所來訪以日本刀相贈樫所名晃海軍省醫員以梅史一書爲介紹前來修士相見禮是日阿藥去而不返午後友人來言阿藥事以寓樓逼狹不能容膝爲辭頃之岡鹿門西尾鹿峰栗本鋤雲寺田望南佐田白茅皆來筆談既暮重野成齋來以寓室太隘請余下榻其家厚

意高情殊可感也

十七日（陽曆六月六日）晴加藤九郎來見九郎號秋爽爲日就社員兼爲報知社客員聞余東游至此特介小西氏求識一面又有關根癡堂名美意字延年藤田鳴鶴之友也亦介而求見皆縱筆傾談而後去午後遷寓至重野家同往者鹿門士弧鳴鶴齋舍清幽花木妍綺齋後爲賃姬所居其旁爲臥室與臥室毘連小樓一椽爲書庫藏書數千卷惜無窓牖疏通風氣齋右二小室亦庋書所也非同魏野之移家有異王尼之露處而又得金屋以貯阿嬌亦云幸矣摒擋既定乃偕鹿門望南鳴鶴白澤（白澤亦報知社員名友次字晴皐是日特來助遷寓）往各處游歷道經苔香園見樹木鬱蔚蒼翠如幄園之中聚石爲臺如浮屠狀

上燃明燈光燭退邇過此則招魂社矣乃東國維新之際義士損軀而殉國難者詔築社壇於東西兩京稱曰招魂社歲設祭者三一爲伏見開戰日二爲上野（上野在東京積土成阜地勢高聳屯兵據險可以制敵今廢爲公園）接戰日三爲會津城陷日後加鹿兒島戡定日爲四蓋鹿兒島之叛西鄉隆盛實爲倡首勢甚披猖日廷興師伐之血戰八月死於是役者前後萬餘人亦併祀于此每逢設祭之日角觝競馬烟火雜沓魚龍曼衍極爲熱鬧此亦足見以日廷恤典之攸隆而民生忠義之氣奮發而不能自已也其地芳草芊綿綠陰披拂祠中有屹然矗立者則記事碑也鹿兒島人好勇善戰向來宣力於國家乃一旦謀叛身膺顯戮前日殊勳付之流水此無他不明順逆也以西鄉赫

赫之功而不終可勝嘆哉驅車再行抵增上寺卽德川氏歷代陵廟所在廟中僧房不下百椽今皆荒廢內有一寺吾國公使初至時嘗賃爲行轅僧寺掌一切祭式稔於日邦舊典其間廟宇林立有秀忠二世廟有秀忠夫人淺井氏廟有東照廟乃以祀家康者家康葬於野州日光山金碧莊嚴壯麗傾一國此不足數也此外有芝公園再進有大禪剎已燬於火惟山門巋然僅存曰增上寺與上野公園寬永寺皆德川氏香火處幕府盛時藩侯凡三百所每寺置一寺長以掌祀事僭竊暴侈無所不至幾於上擬乘輿而今皆廢矣盛極則衰可勝慨哉游覽諸廟既竟從樹林中行古木參天濃照鬚鬟驅車巡至濱乃家乃新橋酒樓之一阿濱所設者也鳴鶴

招余小讌於此。同席鹿門望南。其後至者櫻洲山人也。更招遊客花山來。作詼諧語。余瞻櫻洲山人云。家聲官績著東京。經濟文章夙擅名。紅粉兩行勞行待。（君最後至）看予援筆賦花卿。席上瞻花山云。得閒便是小神仙。況結紅樓花月緣。絃管聲中推領袖。算來東國李龜年。櫻洲山人。姓中井名弘。胸襟磊落。識見卓越。性耽書好漫游。足跡殆遍天下。曾三游泰西。一至士耳機波斯天竺諸國。著漫遊紀程。行於世。今爲工部書記官。是夕所招歌妓四人。一曰玉八。清癯嫻雅。一曰清吉。淡遠秀麗。一曰小三。跌宕風流。一曰小兼。豐腴溫潤。酒半與妓拇戰。聞拇戰以數。但行於京攝之間。而東京則弗尙也。惟與朋好輩偶一爲之。濱乃家小有亭。榭樹木深蔚。泉石蒼古。亭中扁額題菊詩。尙是西鄉隆盛筆跡。余前日既覽鹿兒島戰功圖。今日又同鹿門諸君子。歷覽招魂社。聞諸君說殉難義士遺事。曷禁慨然有感。爰於席上。作長歌紀之。殊有鐵如意擊碎唾壺之概。日東節義漢代匹。抱義懷忠多激烈。平生知國不知家。身可亡兮家可滅。西鄉本是人中豪。提戈欲靖邊塵囂。請纓有志急一試。赫然金石銘功高。功高賞薄尋常耳。何不角巾歸閭里。坐令一死鴻毛輕。昭代宏勳等流水。吾在中土已嘆吁。遡來東國觀戰圖。兩軍生死併一命。戰場血肉紅模糊。嗚呼此戰分順逆。順者終與逆者絕。當時義士爭損軀。不重黃金殞白鏑。今經此地尙悲涼。鬱然樹木何深蒼。戰鐵可銷骨不朽。化爲碧血千年藏。驅車徑過到濱氏。（酒亭當壚婦爲

扶桑遊記　十二

阿濱）迎門已見香輧止。美人窈窕多容光。歌聲欲遏流雲駛。小亭池石頗清幽。嫣然花木臨清流。主人昂首指扁額。西鄉筆跡今猶留。題菊詩工句清挺。武功文學一時竝。歎有此才弗善用。不爲鸞凰爲鷹隼。聽歌我尙有餘悲。主人勸我且吟詩。詩成一曲歌未終。美人烈士吾心同。

十八日。（陽曆六月七日）晴。天氣漸熱。增田岳陽偕奧井貫枉過。奧井字莊一。號寒泉。南海道淡路國人。工詩文。好讀書。而有遠識。亭午。栗本鋤雲寺田望南來訪。午後偕重野成齋至清華吟館。乃米華堂主人所新搆。小築三椽。踞於崇岡之上。四圍樹木環繞。蔚然蒼碧。主人近藤市五郎。業骨董。以家在麴街。故自稱米華。是日爲文社期。故偕余往。館中雖亦席地坐。而別設六几。可安置筆研。余謂席地而坐古禮也。惟必有几。乃與周制合。今東國多不設矮几。豈學古未全歟。成齋謂我國中古。燕坐置几。藉以憑隱。俗稱臂擱。今亦有用之者。總之冬宜席地。夏宜憑几。館中有一扁。曰客來茶當酒。跋謂主人不解飮。故不爲客設酒。自誡幷以誡客。余戲謂米華堂主人。新鬭幽居。來結文社。明窓淨几。筆精妍良。人生樂事。無逾於此。主人之風雅好事。亦可想見。惟因有盧仝陸羽之癖。而不逃麥糵禪。欲便社客盡作七碗之飮。則誠過矣。余近以病齒不飮。然固米汁佛弟子也。相與一笑。近藤瓶城著日本外史前紀成。索同社諸人序之。而以成齋所作爲擅場。藤野海南亦示著蘇子瞻文集論。余爲之跋。其後。並作清華吟館小集詩。兼

扶桑遊記　十三

贍米花主人。米花主人静者流。風雅好事誰其儔。三椽小築當祟岡。環岡樹木鬱靑蒼。月舉文社興斯文。扶輪大雅殊超群。裙屐至後壺觴開。翩翩群彥登瀛臺。我來幸與盛會逢。天涯結契苔岑同。豈眞入社要攢眉。深恐擊鉢難成詩。諸君才調皆不凡。偶然下筆見一斑。我文未敢占人先。聊將餘墨吟詩篇。是日余作四題。其文另登別紙。

十九日。（陽曆六月八日）西尾鹿峯以文來就正。其文紆徐以取妍。條暢以達意。一唱三嘆。頗有餘音。余因問昨夕成齋讓予乘車。而步行以歸何故。鹿峯曰。步行以運氣血耳。余曰。此亦養生之法。席間論中西諸法。余曰。法苟擇其善者。而去其所不可者。則合之道矣。道也者人道也。不外乎人情者也。苟外乎人情。斷不能行之久遠。故佛教。道教。天方教。天主教。有盛必有衰。而儒教之所謂人道者。當與天地同盡。天不變。道亦不變。鹿峯曰。道不外乎人情一語。千古篤論。天有四時。寒暑往來。而人則冬裘夏葛以應之。乃俗儒迂濶。所言動與人情相背。此道所以不明也。惟應時變通。循環不窮。則與天地爲一。而人與道自能常存而不敝。彼外教何足懼哉。余又問今日禮拜。是賦閒之日。此亦漸漬西法之一端。西人七日一安息。要非義經七日來復之義。西國行此已數千年。（商時摩西刱立禮拜。今謂之古安息。）群以爲便。然貿易場中。亦有不甚守者。至於貧民工作謀生。以一日之勞。供一日之食。若安息日無事可爲。一家子女。何從糊口。即以六日所入。積爲一日之用。亦或有所不能。故

安息日。可行於富貴者。藉以養身心。恣游覽。其貧賤者不能行則聽。亦王道不外人情也。若如西國教士之語。以此日爲事天。而甚至於禁食。夫天何日不當事。豈獨此日哉。苟一日事天。而六日違天。何益之有。故善爲治者。不必盡與西法同。鹿峯曰。誠如高論。此不過爲倣邦在官者休沐日耳。工賈操業。原與常日不異。向例以一六日休沐。而與西人交接。動輒參差。故今以日曜日爲休沐。（日本以七政紀日）本不以禮拜名也。小牧櫻泉寺田士弧來訪。偕士弧往謁香港總督燕臬斯幷見英人璧文言。將往拜吾國公使。託予要意。繼至士弧讀杜草堂。縱覽其所藏書籍。士弧出示釋氏要覽。攜之以歸。此書中國罕見。甚可珍貴。當與翻譯名義竝付棗梨。

二十日。（陽曆六月九日）晨同小西藤田栗本往新富劇場觀劇。是日演阿傳事蹟始末。阿傳本農家女。生上野州利根郡下坂村。貌美而性蕩。笄年偷嫁所歡浪之助。非父母命也。後浪之助得惡疾。阿傳恥之。共遯去。浴於草津温泉。以此泉能治癩也。鄉人聞而憐之。來勸之歸。阿傳不從。適絹商旅途宿此。見阿傳事夫甚謹。異之。其妾背持說阿傳語。始知爲同族姊妹行。因勸夫邀阿傳。共往橫濱。延美國良醫平文治之。時座有橫濱船匠員弁吉藏。願任其事。延阿傳夫婦於家。魚賈清五郎俠客也。憐阿傳夫婦。時濟其窮。顧浪之助病終不瘳。仍就浴温泉。途中遇盜失金。哭訴於逆旅主人。絹商某適寓其家。時方讌客。婢以事聞。憫其困。探囊贈以資斧。及來謝。乃知失金

人即阿傳遂與繾綣旋阿傳從絹商於家商妻畀以金絶之
浪之助既死一周阿傳歸省父縷訴往事艱辛狀父慮女前
行令幼妹貽書規之置弗省邂逅市太郎即作文君之奔其
他穢行殊多最後寓東京淺草天王橋畔旅舍曰丸竹亭室
宇精潔花木蕭疏吉藏時亦在逆旅中素識阿傳招之侑觴
薦枕不遽給金阿傳憾焉乘其醉寐手刃之託爲報姊仇被
逮至法廷猶爭辯不屈幾成疑獄經三年而後决蓋在明治
十二年一月也劇場演此時事以寓勸懲日人演劇自辰正
開場而至亥正竟日之功繼之以夜每一齣終則下幔略停
刻許觀劇坐位殊密幾無隙地從高視之方罫縱橫如畫井
田至夕亦爇煤氣燈火光明皎同白晝余輩所坐適近溷圊

一齣既終男女來者絡繹劇場之外左右兩旁有茶屋十餘
家觀劇者酒食憩息各隨其意之所適亦可招藝妓侑觴是
日來者曰阿貞曰小園竝皆留侍日本優伶於描情繪景作
悲歡離合狀頗擅厥長惟所扮婦女多作男子聲如爲阿傳
者其聲聞之欲嘔是日諸優中推市川團十郎爲巨擘或人
謂其純盗虛聲老優岩井半四郎其齒已逾五十外而變束
登場作女子狀殊覺嫺娜如二十許人余謂劇場中豈別有
延年術歟優人中村宗十郎頗知風雅近亦挾貲兼作米商
演阿傳中間間以德川氏臨朝議政一節蓋八十年前德川
賢相松平越中守與朝臣中山大納言爭議正名此所演出
自稗官野史而與正史不符作者阿媚時流以爲驚大失

事實識者惟據正史斷之耳實事大類歐公濮安懿王之議
此役也中山終屈卒至奪位總之東西洋戲劇魚龍曼衍光
怪陸離則以西國勝廬舍山水樹木舟車無不逼眞兼以頃
刻變幻有如空中樓閣彈指即現則以日本爲長附錄阿傳
曲七古一篇野鴛鴦死紅血迸花月容顔虺蝎性短緣究竟
是孽緣同命今翻爲併命陰房鬼火照獨眠霜鋒三尺試寒
泉令嚴終見爰書麗閭里至今説阿傳阿傳本自農家女絶
代嬋娟心自許爭描眉黛門遥山梨花閉戶春無主笄年偷
嫁到汝南姜殺檀奴風月諳花魂入膈良宵短日影侵簾香
夢酣歡樂無端生哭泣温柔鄉厄風流劫一病纏綿不下床
避人非是廿岑寂温泉試浴冀回春旅途姊妹情相親一帆

又指横濱道願奉黄金助玉人世少盧扁眞妙手到底空床
難獨守狐綏鴇合只尋常鰈誓鶼盟無不有伯勞飛燕不成
群伉儷原知中道分手調鴆湯作靈藥姑存疑案付傳聞(或謂
浪之助之死爲吉藏所毒)一載孤栖歸省父骨肉情深悉傾吐阿妹貽書
佯弗省眞成跋扈胭脂虎市太郎經邂逅初目成已見載同
車貌豔芙蓉嬌卓女才輸芍藥渴相如自此倚門彈別調每
博千金買一笑東京自古號繁華五陵裘馬多年少旅館凄
涼遇舊歡酴醿銀燭夜初殘詎知恩極反生怨帳底瞥擲刀
光寒含寃地下不能雪假手雲鬟憑寸鐵世間孽報豈無因
吾觀此事三擊節阿傳始末何足論用寓懲勸箴閨門我爲
吟成阿傳曲付與鞠部紅牙翻

二十一日陽曆六月十日午刻岡鹿門偕其友小笠原東陽來訪小笠原與鹿門爲二十年前同學友舊住江都今遷東海鹿門特以鹿魚兩罐見貽其物產自東海而以洋法製藏可以致遠午後往報知社書字晚偕吉田二酉應陸軍谷干城中將之招中將新築初成亭榭軒敞池石清幽水畔小草疏花點綴亦復不俗同席中村宏毅官政府書記川田甕江官一等編修島宏毅字子廸山井重章字子幹餘皆未及問其姓名同集者凡十有二人皆峩冠博帶禮貌雍容亦呼歌妓侑觴而年逾徐孃容媿嫫母殊不足注目中將之師爲安井衡字息軒日本鉅儒也博學多文而尤深於經籍生平著述等身其已刻者則有左傳輯釋論語通管子纂詁息軒文稿餘皆

扶桑遊記　十八

未付手民藏於家我國應敏齋方伯曾爲作序而許以必傳其及門弟子多講道學有儒者風安井先生之孫今猶讀書於谷中將家其睠念師門也如此山井亦安井高足弟子前有山井鼎者曾著七經孟子考文名重一時重章即其曾孫從名師游講學話經不墜家聲酒半有瞽者來彈十三絃按十三絃者日人名爲筑紫箏行之巳四五百年筑紫即今西海道蓋自長崎傳入固中國之箏也當時從海舶東來耳中將夫人及其子皆出見當中將守熊本城以拒西鄉時夫人亦偕在圍城中固同歷艱難者也予曰谷乙猪年二十有三中將曾有詩詠西鄉云杜抗王師不顧身多年功績委風塵憐君末路違初志春雨春風恨更新此弔西鄉之功而歎其不終二十八字中有無限感慨聞之日人西鄉亦足爲近代梟雄維新之建多資指臂其晚節末路倒行逆施蓋有甚不得已者故論者略其跡而原其心朝廷亦追念前功不加深究谷中將因出詩僧五岳詠熊本圍城詩見示按熊本城築於明代時經營其事者加藤清正也加藤仕於豐臣秀吉幕府奉命于役朝鮮蔚山之役有盛名朝鮮人因呼之爲鬼上官五岳從廣瀨淡窻學詩而其畫尤爲擅長余即席有詩附錄於後其小序曰陸軍谷中將今代偉人也熊本之役力守危城功尤卓卓在人耳目間好客禮賢今月下旬新築初成嘉賓咸集韜以遠人幸得躬逢其際席間謹作七律一章奉呈夙仰英名擅八垓救時須仗出群才孤城自昔安危繫小

扶桑遊記　十九

築於今嘯傲來裙屐遍招詞客至樽罍特爲遠人開羨君門將兼儒將百戰功成辟幾回又咏谷中將守熊本城事即步詩僧五岳韻幷序曰西鄉之變谷君時爲少將守熊本賊軍以三萬圍之經兩閱月猶不去君嬰城固守誓與存亡中間激勵將士時出奇兵以殲賊而孤城卒完大局以定保障之功聲施爛然夫西鄉以唶嚄宿將蓄謀舉事所部多亡命健兒好勇善鬥當者幾莫敢攖其鋒況其時叛者四起人心離渙賊勢披猖畿輔近地無險可守而熊本適當其衝此城陷則天下事未可知也故君之守熊本猶唐張巡之守睢陽特君終能滅賊耳然則君之功豈不偉哉孤城將崩壓壞雲健兒兩萬犄角分官軍善守賊善攻特縱烈燄如山焚熊本城

扼西南險。此城一破。局已殘。飛丸洞城。城不摧。兩軍攻守嚴輸般。賊勢日驕。兵勢壓城。雖未拔。力已單。惟君忠義貫日月。直以一身當其難。矢窮糧絶。氣益奮。撫勵壯士。臣心殫。一戰再戰出奇策。鼓聲如怒。忘嚴寒。維時援兵雖至。亦隔絶內外勝敗如不聞。六十日圍。神鬼愁。所恃非在池濠深。屹然一城抵百城。東南保障殲流氛。嗚呼君功一國安危之所繫。令人想見飛將軍。詩罷酒闌。乃告歸中將。特遣兩健兒送予。殊可感也。

二十二日。（陽曆六月十一日）黃參贊公度來劇談。薄暮西尾鹿峯來。既夕挑燈作書。致余元眉中翰。云自別以後。片帆東泝。舟至神山。爲風所引。遂作十日之留。樞仙瀚濤兩君。皆有贈詩。三

扶桑遊記　二十

宿橫濱。即至江戶。與何張兩星使相見。日本文士來訪者。戶外屨滿。樽罍之開。敦槃之會。無日無之。或有時追陪兩星使後。賦詩言志。東游之作。頗有豪氣。日本諸文士。皆乞留兩閱月。願作東道主。行李或匱。供其困乏。日在花天酒地中作活。幾不知有人世事。日本諸文士亦解鄙意。只談風月。我黨中倘有行者。則我亦欲西耳東京烟花藪澤。如芳原柳橋。皆驅車過之。游覽一周。有小紫者。誠所謂第一樓中第一人也。亦經飽看。但覺尋常。此來深入花叢中。而反如見慣司空。味同嚼蠟。釋迦牟尼大徹大悟。當作如是觀。吾宗也鏡鶴笙均無恙否。重來之約。正未知何時。神戶逆旅中。有衛鑄生者。賣字一月。而獲千金。然則彼自謂掉首東游者。正覺此間樂矣。乃天壤王郎。欲以十萬黃金。購盡東國名花。至今徒成虛語。豈不令人齒冷哉。崎陽山水甲他處。正是蓬萊勝境。想其中綽約多仙子。必有深於情者。鐳阮緣深。天台重至。定當求導師。皆往問津也。謂予不信。有如墨川。此間黃公度參贊。撰有日本雜事詩。不日付諸手民。此亦游官中一段佳話。崎陽如有志書。乞爲代購。擬作游記。資考訂也。匆卒作此。伏冀爲道自重。

二十三日。（陽曆六月十二日）午後偕小西氏往游淺草寺。乃京中極大蘭若。此寺創於推古天皇三十六年。大化中僧勝海再加營構。寺中供奉觀音。香火極盛。寺左右鬻物售茗者。不下數十所。而寫眞者尤夥。寫眞即西法影像。寺傍有蠟人院。肌膚

扶桑遊記　二十一

色澤。鬚髮神態。與生者無不逼肖。可奪鬼工。近寺有一園。樹木蓊鬱。花竹紛綺。乃植物屋六三郎之別業。後重游芳原。小飲於留佩樓。招歌妓五朶梅侑觴。優人高助乞書。是日訪仲漆園。見過未值。寺田士弧攜釋教各書來。星野豐城攜所選明淸八大家文來乞正。均未之見。

二十四日。（陽曆六月十三日）晨起作家書。鹿門白茅士弧枉訪沈梅史。陳訪仲漆園偕日人源桂閣來。桂閣名輝聲。即昔時執政源氏之後人。大河內華族也。家在墨川。屋宇幽敞。樓臨江水。可以遠眺。筆談既竟。招余至新橋濱乃家小飲。特召三藝妓侑觴。小兼小金角松也。角松年十七。不施脂粉。綽約可愛。余戲析其字云。願作朱雲來折角。要如靖節獨撫松。

二十五日。（陽曆六月十四日）晨起盥漱方畢。幸無客至。可從事筆研。乃有持柬叩門求見者。則東國耆儒加藤櫻老也。櫻老名熙。常陸人。束髮讀書。即崇聖學。曾以立學之規模。訓士之典則。向當道言之。然不果行也。嘗撰韶舞圖。欲以明治十一年丁祭日行之於學宮。雖蒙采納。卒未及頒。著有衆教論略。徑徑以衛道爲己任。謂畢生精力。全注於是。是日偕其鄰翁及兩孫。攜琴而來。琴係十三絃。云是二十五絃所改。所攜笙笛。謂是隋唐遺製。竹雖舊而不裂。千年物也。翁自鼓琴。兩孫一吹笙。一吹笛。悠揚嗚咽。與琴聲相應。所奏謂是隋唐遺曲。所彈謂是古樂。乃娥皇彈以娛虞舜者也。自我聽之。仍操倭音而已。奏曲兩終。歎爲聽止。乃罷。鄰翁藤醇處。厚號畸菴。年七十有五。少時學畫於竹洞。故工六法。亦能詩。著有淇影湘香室詩稿。二十年前曾有梅花十八律。梓以問世。傳誦一時。相艮長裕自鹿兒島回。偕寺田士弧來訪。相艮能操華音。居粵四年。居閩一年。前在香港。聚首會同綺筵。結文字交。今以日本寶刀見貽。云此刀鋒利無比。實非凡器。當亂時殺人如草。懸之壁間。夜輒作聲。約以明日作清游。岡鹿門來訪。脅田岳陽亦攜酒榼過。以有客在。即去。午後佐田白茅招作深川之游。爲東道主者。岡田文助也。連車偕去。道經永代橋。其長七十二丈。（以日本丈尺計）從橋上南望芙蓉峰。隱約可見。芙容峯者。富士嶽最高頂也。天晴雲淨。翠黛遙浮。渡橋而北。即深川區也。平清樓酒家。相距不數武。割烹之精。京中首屈一指。附近向多

妓寮。與芳原相頡頏。今已久廢。藝妓亦漸減於前。然尚爲名勝所。詞人墨客。遊展所臨。亦復不少。余至則自主人岡田文助外。栗本鋤雲。石井南橋。（南橋名太奇。宮內務省。）高雲外（雲外名鋭。字士敏）北畠茂兵衞（北畠號松洲。設書肆於日本橋。）皆已先在。藝妓來者四五人。小菊小今。紫園菊次也。南橋即席有詩見贈。予即揮毫和之。云。休作吳兒木石腸。平生牢木慣逢場。詩壇近尚新宮譜。酒國今刪舊約章。絃韻偏隨流水咽。眉痕合鬬遠山長。當筵尚覺閒情永。傾倒千觴亦不妨。暫撇思家一寸腸。且教小住鬱金堂。神仙潦倒逃蓬島。雲雨荒唐說楚王。自有詩成三百首。且看酒罄十千觴。王郎跋扈飛揚態。莫笑今宵入醉鄉。和詩既成。意猶未盡。再疊前韻。綺筵不覺盪柔腸。筆陣從君鬬百場。莫厭丁孃多十索。須知漢法有三章。暫來蓬島緣猶淺。生作桃花命亦長。靈藥初成仙釀熟。相留此際又何妨。老我溫柔百折腸。樽開今夕飲華堂。舞來窈窕當筵妓。醉倒瑯琊大道王。眉可通詞時倩筆。花能解語必傾觴。羈人只有神山樂。不解清涼憶故鄉。贈小菊校書。婀娜風情窈窕姿。玉環態度燕腰肢。菊花鬬豔秋風裏。正是王郎歸去時。贈小今云。綽約風流逈出塵。花枝斜插髻雲新。樊川已老秋孃少。要結今生未了因。紫園識字能詩。對客揮毫頃刻盈幅。容亦旖旎可愛。余欲贈以詩。未果。時席上有笑語喧雜者。詩以嘲之。轟飲王郎氣不平。千腸一夕醉還傾。筵前笑語喧如沸。絃管何曾入耳清。是夕佐田以座中索詩索字者夥。予不已。遽起裂紙擲筆。幾

有灌夫罵座之風。

二十六日。（陽曆六月十五日）盥漱甫竟。藤野海南偕其門弟子齋藤一馬（係舊會津藩士）來訪。相艮寺田偕來。約作飛鳥山之游。幷述松方大輔本欲偕來。以事不果。明日又欲偕港督燕泉斯至大坂。飛鳥山距京十許里。山水清淑。風景明媚。爲近京名勝所。王子稻荷社在其東。故有王子村之稱。其地多櫻花。春時滿山爛熳。游人頗盛。山前後尤多楓樹。秋晚著霜。絢然如錦。酒樓曰扇亭。正當一山之勝。亭中宜雨宜晴。面水而背山。水始出山。瀧瀧作瀑布聲。支枕聽之。音頗恬適。近處有瀧野川。風景亦佳。招二藝妓來。一曰小稻。一曰小今。小稻綺齡玉貌。綽約宜人。小今暮齒衰容。情甚可憫。酒樓女子曰阿稱。亦復宛

轉如人意。雖東京僅十里。而藝妓衣裝質樸。意態亦誠實。殊有田舍風。是亦可異。是日雨。與相艮寺田把杯話舊。胸中萬斛俗塵。頓洗一空。

二十七日。（陽曆六月十六日）雨。午後放晴。往赴米華堂文會。源桂閣來。未見。會文五篇。別錄。

二十八日。（陽曆六月十七日）岡鹿門來。余病齒。擬偕往西醫處求治。晨起小愈。故暫緩之。午至報知社。鄰樓書字。晚藤田鳴鶴招讌於濱乃家。重集於小亭之畔。見壁間有詩。僧五嶽詠西鄉詩。慨然有感。即步其韻。謀國誰能下一籌。平生事業愧千秋。淮陰空作無雙士。溫嶠還居第二流。不盡樽前今古感。安知身後姓名留。蓬萊已到神仙杳。逕欲乘槎訪十洲。令人招角松。不至。疊前韻。聊共飛觴折酒籌。晚涼亭畔似初秋。神光忽被巫雲阻。黯影曾隨壁月流。（前日曾偕予池畔小立）團扇悲涼新詠在。仙裙縹緲別家留。算來不是蓬山遠。慚愧王郎到此洲。席上贈藤田鳴鶴吉田二酉。三疊前韻。才略輸君第幾籌。胸中自具魯春秋。已驚筆下千言湧。早聽名從萬口流。日下文章重錦爛。雲間鸞鳳健毛留。試看二妙齊驅日。藉甚聲華遍五洲。是日藝妓至者。清吉小今。但勸酒侑觴而已。不歌舞也。鳴鶴通泰西文字語言。其覩歐洲情形。了然如掌上螺紋。明治十年西鄉起兵抗王師。道路梗阻。君赴肥州探狀。不憚身履險境。途中賦詩云。誰遑兵干負聖明。腥風血雨壓熊城。荒烟落日山村晚。征客愁聽歸雁聲。附記於此。以見君之不凡。

二十九日。（陽曆六月十八日）居停主人重野成齋。特延我國何張二星使及黃公度沈梅史小讌。日人集者爲加藤櫻老。小山春山。岡鹿門。佐田白茅。小牧櫻泉。西尾叔謀。相艮長裕。寺田士弧。藤田鳴鶴。小西義敬。鉅鹿赫太郎。（自主人及余凡十有七人）公度未至。以讌客於茶亭也。客爲張聽帆。從上海來。幷招余往。未赴。是日肴饌略參華製。蓋余所攜廚人何結爲之烹飪也。座客皆贊其適口。鹿門謂予嬉笑怒罵。無不成詩。下筆吟哦。汩汩然自在流出。惟覺平易。不少艱辛。是眞藝林獨步。文壇壯觀。譽我溢分。不敢當。客去已更闌矣。

三十日。（陽曆六月十九日）午後往使署。訪聽帆。則方游淺草公園。未返。乃與公度劇談。佐川塰所偕其友高安知明來。幷攜前日

所贈之刀。謂已加拂拭矣。拔觀之。光芒激射。鋒銛無比。果如新出於硎。高安亦在海軍省。乃醫員也。頗精岐黃。兼工詩畫。亦風雅士也。余作贈日本刀歌一篇。寄呈㮣所佐生矯矯日本豪。叩門求見。意氣高手。持休文書一紙。佐川之修士相見禮也以梅史一書爲介解絛贈我日本刀。光芒出匣。如匹練。當是精鏐經百鍊。握刀起舞生寒飈。動若流星。靜掣電。寶刀乃以贈書生。佐生視此刀何輕。我生已無戎馬想。豈求殺賊成公卿。寶刀自此不復用。壁間夜夜聲驚衆。忽持此刀斫陣歸。雄心未死來入夢。中庭閒步起徘徊。負此寶刀心獨哀。雖有恩讐何敢報。時平久已氓嫌猜。我少惜未習劍術。起弄此刀如丸疾。殺人只在寸鐵間。愼守霜鋒莫輕出。閨中屢唱大刀環。一笑王郎竟渡

關。得此刀如得健僕。隨余萬水幷千山。舟中再拜謝君賜。前言戲耳勿介意。得志當爲天下雄。長揖請視刀誰利。日東人士疑予於知命之年。尙復好色。齒高而興不衰。豈中土名士。從無不跌宕風流者乎。余笑謂之曰。信陵君醇酒婦人。夫豈初心。鄙人之爲人。狂而不失於正。樂而不傷於淫。具國風好色之心。而有離騷美人之感。光明磊落。慷慨激昂。視貲如土苴。以友朋爲性命。生平無忤於人。無求於世。嗜酒好色。乃所以率性而行。流露天眞也。如欲矯行飾節。以求悅於庸流。吾弗爲也。王安石囚首喪面。以談詩書。而卒以亡宋。嚴分宜讀書鈐山堂十年。幾與冰雪比淸。而終以僨明。當其能忍之時。僞也。世但知不好色之僞君子。而不知好色之眞豪傑。此眞常人之見哉。

五月朔日。陽曆六月二十日寺田士弧來。同往報知社。栗本以小病未來。乃往擁書城書肆名訪林信。則信在鷲津毅堂處。遂訪毅堂。毅堂出示其師豬飼敬所所著西河析妄。所駁乃毛氏經間也。敬所深於禮經。故毅堂亦精通三禮之學。日本多文士而少經生。誠可謂矯矯異衆者矣。敬所有考正寢廟正寢堂室門塾之制。令匠製造木屋。垂爲定式。其留心於古制可知也。又出示抄本韓非子纂詁。乃蒲阪圓所著。日東尙無刻本。敬所姓豬飼。名彥博。字希文。西京人。

二日。陽曆六月二十一日雨。淸晨增田岳陽來。攜酒一瓢肉一盂。云作卯飲。其爲人率性而行。天眞流露。小山春山亦來。春山下野

州人。負笈來江戶。從藤森宏菴游學。時當德川氏之末。海內洶洶。慷慨論事。致攖時忌。當患難中。猶與宿儒會澤正志大橋訥菴輩屢相過從。噫。是亦可謂有志者矣。午後岡本監輔來。其家距此約五六里。曾兩游中土。嘗自京師至牛庄。後由山東至河南襄陽漢口揚州江甯。攬長江之勝。而後遄歸。往返八月有奇。著有萬國史畧。搜羅頗廣。有志於泰西掌故者。不可不觀。固必傳之鉅製。不朽之盛業也。況日邦近尙西學。得此書者其情僞。則尤切于用。余謂倣傚西法。至今日可謂極盛。然究其實。尙屬皮毛。幷有不必學而學之者。亦有斷不可學而學之者。又其病在行之太驟。而摹之太似也。岡本近日又著要言類纂。就古今言理諸書。綜其要而櫽括之。皆孔

孟遺意彼以爲是說也偏天下可行也於泰西學士之言則獨擯之是亦具特識者陳訪仲王漆園來

三日陽曆六月二十二日佐田白茅來爲校勘花竹堂集竟晷畢事晨雨午晴偕白茅連車至種玉堂書肆訪岡田文助同往萬林樓造其絶頂烟火萬家歷歷在目角松阿秀小萬小春至三絃乍撥歌繼以舞角松神情旖旎體態溫存能使人之意也消惜是日病齒不能久坐盡歡飲畢驅車作根津之游根津亦妓館薈萃處繁華不及芳原要居其次色妓三百人藝妓二十人所至一家曰八幡屋其外一池泓然而巨樓閣環之爲根津妓館巨擘余口占二十八字云繁星萬點夜燈開有客驅車訪豔來三百名花誰第一宵深扶醉下樓臺歸途遇雨衫履沾濡余因以此游爲蛇足

四日陽曆六月二十三日士弧來同訪林櫟窓置酒小飲佐田折簡來招至則肴饌已具并呼藝妓阿筆以破寂寞

五日陽曆六月二十四日清晨加藤櫻老來約赴中村樓書畫會未往是日端午佳節何星使招飲至則諸人畢集羅朗卿鄭誦之劉靜臣從橫濱來余與張魯生副使及其弟聽帆諸人同席席散朗卿約至長門酒樓公讌之後繼以私讌往訪角松齒痛未愈因屬其卽至長門是日新橋藝妓凡三人小萬小今角松也黃昏均以有專辭去因重招信吉幸吉桃子三人洗盞更酌觥絃轉撥歌舞繼與尙爲熱鬧

六日陽曆六月二十五日本多正訥來訪約臨其家往寺田氏讀杜草

堂觀覽書籍午後訪增田岳陽置酒小飲藉爲清談

七日陽曆六月二十六日佐田岡田來訪午前鹿門偕其老友木原元禮來訪木原字節夫號老谷今爲埼玉縣教諭與成齋鹿門竝少時同學鹿門以所得二酒罌見貽乃石川縣九谷所製繪畫精緻制作工細眞可寶也同謁神田聖廟日東聖廟爲明遺臣朱舜水飭匠所造一仿明代制度繼詣書籍館觀書館寮歸山海室山田松齋特供茗果按舊幕盛時事孔聖禮極爲隆盛每歲春秋二丁釋菜三百藩侯皆有獻供所奏樂器金石咸備維新以來專尙西學此事遂廢後就廟中開書籍館廣蓄書史日本中華泰西三國之書畢具許內外士子入而縱觀開館至今就讀者日多邇來日至三百餘人名蹟得保不朽惟開館日淺所蓄中土書籍僅九萬三百四十五冊西洋書籍僅一萬四千六百七十冊此外尙有淺草文庫藏書頗多珍本聖廟本在上野今廢爲公園寬文十年乃移於此寬政十年土木盛興煥然一新維新後仍行祭孔子禮明治五年乃立書籍館館寮出何子峩星使詩與觀詩曰乘興來登第一樓樓中烟景極天收東屏叡嶺南襟海俯瞰關西十六州頗爲雄壯館寮亦乞余詩爲作七律一章云夙昔同文本一家頖宮制度似中華極知洙泗宗風遠不獨蓬萊勝地誇百首逸書逃世外千年秘籍出瀛涯嫏嬛何幸身親到眼福於今十倍加詩成書之縑素頃之沈梅史石川鴻齋偕至連車而行路經神社簫鼓喧闐乃祭大已尊者此與三

王社均為江戶鎮社舊幕崇祀頗嚴三王社在使館西鄰一說此社祭平將門將門有恩於關東死後土人追思立祀或言將門蓋配食於大己尊者其說要為有據既至不忍池邊則荷葉僅如錢大且寥落如晨星鹿門擇臨湖三椽顏曰嬌語亭池上水樹扶疏涼翠欲滴當壚女子媚眼流波態度綽約同人競擘蠻箋援筆賦詩鹿門詩最先成風裏紅歌度水聞新荷亭畔戲鷗群六橋依約西湖似誰是風流蘇使君余依韻和之云風傳嬌語隔湖聞玉貌當壚迴出群醇酒婦人還好茗算來猶勝信陵君濕翠浮波香遠聞驚鷗深處自成群共來修史亭邊坐到底三長要屬君（鹿門舊搆草私史亭有志於修輯國史近又纂成米志法志嬌語亭左為三長亭正同人小坐哦詩處也）余以所呼歌妓未至戲呈一

律云一泓碧漲漾漣漪銷夏亭中此最宜未見紅裙捧觴立却教玉手捲簾遲游魚躍水時聞響涼鷺掠波慣倒垂醉殺王郎歸去晚蘋風荷露夜深時須臾三妓至獅齒留顏作覥覥態席間近藤瓶城謂余相燕頷虎頭飛而食肉鹿門謂侍姬一月中易兩人不飛而食肉何為余即此戲語偶成一詩以呈同人燕頷虎頭飛食肉英雄貌自殊流俗瓶城本相天下士特張吾軍氣亦足鹿門乃偏出別解訪我消受惟豔福一月之中易兩姬要使餐花比饌玉兩行紅粉盡嫣然如余好色流媚目三女成粲我所歡惜若蟠桃猶未熟（所招三藝妓綺齡玉貌嬰伊可憐）三千年作蓬萊遊得遇仙妹緣不薄藥姬去後玉姬來伴我一月山中宿靈丹九轉已入喉石髓初凝還果腹人生此即萬戶侯何須再要千鍾粟世間富貴只尋常天上神仙有嗜欲一譽功名安足問百種溫存莫自促千秋萬歲等銷磨古人已作一邱貉休從身後博浮名且向筵前聽短曲是日梅史以事先歸公度有約不果來薄暮酒闌何子峩星使乃至亦和一絕水淺荷新香未聞小鬟嬌語狎鷗群臨湖草閣宜消暑莫怪風流醉使君酒半雨至殊覺涼爽

八日（陽曆六月二十七日）吉田二酉來訪午後華族本多正訥遣車來迓所居距此殊遠既至登六宜樓小坐正訥特出其所著清史逸話見示已成三編皆采輯我朝近時名流爰作一跋附於後云光緒己卯五月初旬舊藩侯本多先生邀余至其家登六宜樓筆談樓雖止一椽而池水澄泓綴以花木清流瀠

繞綠蔭扶疏殊有山林幽趣幾忘身在闤市間先生出其所著清史逸話見示則皆記我國之忠臣義士高節畸行發潛德而闡幽光蓋有足多者其所采輯皆出自近人著述而鄙撰亦蒙甄錄觀先生所著固斯世有心人也先生向為一國藩侯有土地人民之責維新以來敝屣爵祿浮雲富貴令其子嗣位於朝而已則超然物外退處於閒靜寂寞之區優游泉石嘯傲烟霞讀書於六宜樓中潛心撰述而獨於我國之名賢遺哲往事軼聞輒筆之書以寄其景慕之思而不以塵俗縈其慮其樂為何如哉雖南面王不易也余自東來日與諸文人徵逐游讌卒卒無片晷閒今從先生靜坐樓中夏雨初過新綠如沐殊覺穆穆然神與俱遠展讀既竟謹跋其後

坐久雷雨忽作。一室生涼。樓中雨景一望迷離。亦復宜人。雨過置酒相欵。來者多其舊日藩臣。曰奧田遵。曰墟田園造。曰平野藏。曰近藤源一。奧田頗嫻吟詠。謂近都殊乏山水之勝。當此酷暑如蒸。在市塵蓬勃中。不甚苦。興富嶽距此三百里。何不一游。因吟富嶽詩云。一朶芙蓉擎碧空。千秋鎭護日之東。攀臨欲極仙峯秘。須及炎威赫赫中。相傳富士山惟陰歷六七月間得造其巔。時侍酒侑觴者有四小鬟。而本多女公子亦預其列。余訝其丰度靜婉。不類青衣。本多乃謂是其女。再與折腰爲禮。日東風俗。妻女皆列坐席旁。跪獻酒盞。敬恭女公子酒量殊豪。舉無算爵。而本多飲不能三蕉葉。斯眞限於天也。酒酣出印籠以贈。印籠亦曰藥籠。蓋蓄藥以備緩急者。製甚工巧。殊可把玩。聞往年列侯貴游子弟多佩帶之。競尙華美。其值有至四五十金者。今時尙一變。無復好之。不過等一玩物而已。

九日。陽曆六月二十八日 小山春山來。談日光山巒壑之奇。謂東游不至日光。斯爲缺典。余聞日光之勝。尤在瀑布巨刹名藍。近多殘廢。自東照宮外皆一片莽蒼荒寂之野而已。不如游富士可取道於西京爲歸途。而免航海之險。余之從神戶來橫濱也。舟行一面傍山。一面即大洋。浩渺無際。遇風舟必顚簸。余還擬由東京至西京。由陸而行。其路一千二百里。可以一覽山川之奇詭。山則富嶽。其高一萬三千尺。水則琵琶湖海灣勝景。則三保薩陲。皆足供涉歷也。春山謂自東京至日光不

過三百七十里而遙。而中間所經名勝亦頗不少。如金華松島墟浦。皆相距不遠。日光北接東奧。舊爲一州。固大國也。明治初年分爲五州。曰巖代。曰磐城。曰陸前。曰陸中。曰陸後。金華松島隸於陸中。岡君鹿門之鄉里也。松島天橋嚴島稱爲東瀛三絶。日光遠望巍然。而旣抵山麓。亦不甚高。蓋自東京。數百里間其高由漸而積。惟近境無河湖。登山必取道於陸。山巔積水匯爲一湖。方廣三十里。淸澈可鑑。飛泉數道下注谿谷。散作瀑布無數。蔚成奇觀。眞自古神仙窟宅。寺田氏來。同至林櫟窓擁書城。漆園亦在。置酒共酌。所羹蜆汁頗有風味。繼偕訪鶩津毅堂。邀作墨川之遊。則以方値其先子忌辰。守禮不出。四人乃連車詣墨川。登八百松亭。招小勝來侑酒。一月不見。尙復相識。傍人肘下。若飛燕之相依。同來一妓曰小吉。其妹也。年僅十四五齡。嬰伊堪憐。酒半余作長歌云。墨川之水淸且漣。墨川之姝嬌且妍。四人連鑣重至此。風光勝絶欲暮天。輕雷乍過微雨歇。娟娟新綠淨於沐。八百松樓突兀間。最上登臨極遠目。吾友寺田靜者流。圖書耽好無所求。精辨宋元講簿錄。人間奇帙悉羅搜。林君書城擁十萬。赤文綠字發光怪。嫏嬛福地君占先。我特乘槎來海外。吾宗漆園居淅東。東游采藥探靈蹤。懷才不屑居人後。奇句往往驚蛟龍。娉婷小勝吾黠友。別來淚溼青衫袖。今日重逢在此筵。欲傾墨川水作酒。美人名士此筵中。吾心感慨君心同。隔鄰牛飲走旋磨。琵琶但聽聲丁冬。櫟窓有一絶云。青衫紅袖兩依

依八百樓頭巳落暉墨水堤邊雷雨過波痕飛上酒人衣詩罷雨止別寺田驅車而返

十日陽曆六月二十九日寺田氏來偕往楠亭同集者梅史漆園石川鴻齋林櫟窓石埭奧田藝妓則角松小勝丹子鶴華絃韻咽水歌聲過雲而舞影婆娑獨在燭光迷離之下諸君皆為聲無數爵梅史漆園席間有詩余以小巫見大巫興味索然不能繼聲

十一日陽曆六月三十日增田岳陽來是日同人逢講經會集於成齋書舍來者海南鹿門基汀鹿峰此舉一月兩集闡解經義日東士人之勤於學問可謂至矣

十二日陽曆七月一日佐田白茅來藤田鳴鶴約遊深川未果

十三日陽曆七月二日偕訪仲乘輪車至橫濱訪羅君朗卿同往會館蓋是日俗傳為關壯繆生日故華人之商於橫濱者鏗鏘歌舞以侑之殊為熱鬧午後何張二公使皆來行香公度梅史亦接踵繼至天氣頗熱會館中鑼鼓喧闐笙簫如沸士女來觀者絡繹不絕幾於袂雲而汗雨余與梅史惡其囂令羅君寶森為導登一崇岡拾級而上岡左右皆設茶寮司茗者女子也有一女能操英語貌亦不俗至此小憩如鑄惱場中別開清涼境界靜坐久之始回薄暮設讌余與公度梅史靜臣同席歸已宵深

十四日陽曆七月三日石川鴻齋來午後梅史訪仲漆園鴻齋同集於楠亭酬勸巡環殆忘賓主余偶有不滿歌妓一人席間戲占二十八字贈之略示微意黃金費盡買來愁垂老頹唐花見羞只待十年容色改那時看汝尚風流楠字日人今呼為樓此古今稱謂之變也

十五日陽曆七月四日午後驅車至擁書城小坐乃至墨川八百松亭令人招小勝來久之小勝方至樓主已具酒肴臨湖獨酌涼颸颯然薄暮偕小勝聯鑣至柳橋龜清樓諸人咸集樓下有浴室乃係法製藥湯可袪宿疾余浴後登樓遍體皆爽樓臨湖水浩渺無際其旁一橋穹然亘空如跨長虹於天半即兩國橋也近橋三椽亦曰飛夜水明樓藝妓自小勝外共四人政次阿清幸吉小鐵小鐵余舊好也不見一月有餘靦掩抑之態猶復可掬絃韻既調歌聲齊發眞覺飛泉為咽行

雲不流須臾明月一輪湧於江中圓如玉盤皎若氷盆清輝朗徹四無纖翳風景之妙未有如斯者也不覺急呼快甚共浮大白是時友朋來集者梅史漆園琴仙士弧櫟窓石埭奧田藕船而龜谷省軒方自浪華歸相見歡然絮談別況席上省軒先有一詩半夜酒醒鄉思饒東山山畔雨蕭蕭天涯遊偏知音少還訪蛾眉上柳橋余援筆立和五章毋多酌我蓋寬饒功業休論漢相蕭不作出山霖雨計只來蓬島覓藍橋龜清樓畔望長橋遠友歸來酒興饒自恨看花今較晚可憐兩鬢已蕭蕭只間新橋與柳橋向來花月此偏饒卅年早覺繁華夢絕代珠孃舊姓蕭十里烟波浸緯蕭二分明月照紅橋深閨昨寄懷人淚玉臂清輝遠思饒記得揚州廿四橋垂

楊垂柳影蕭蕭。神洲尚是銷金窟。自有腰纏十萬饒。步梅史原韻。遠道慈親夢。天涯遊子蹤。歸家一月別。憶友萬山重。對酒鄉心雜。看花客興濃。版輿經驛路。應繞最高峯。（從西京至江都道經富士山下）席間偶作短歌。以示同人。長橋臥虹。明月當空。有酒不飲。豈曰英雄。今夕何夕。良友重逢。白華潔養。慰此寸衷。壺觴既洽。文字其同。一堂之上。賓主南東。人才崛起。詩學攸崇。我來蓬島。揚扢宗風。藕船姓犬飼。自言卜居於東台山下小西湖畔。臨水數椽。堪以逭暑。築亭名聞香。蓋取杜陵句心清聞妙香也。湖邊楊柳籠月。荷花當風。眞爲清涼世界。

十六日（陽曆七月五日）士弧來。同訪林櫟窻。縱覽書籍。櫟窻爲置醴酒豆觴。春髯省軒俱在座。（春髯姓森名魯直。今代詩人也）傾談竟晷。後往士弧讀杜草堂。俟相良來。聯詣新橋伊勢樓小飲。所呼藝妓角松小兼小玉珊珊俱至。時吉田易簡丸山子堅皆在座。余書二絕。贈何陋居士云。好酒好花兼好色。能書能畫又能詩。鄭虔三絕平生擅。跋扈飛揚想少時。磊落英多一奇士。中年惟與酒杯宜。才人失意佳人老。一樣飄零日暮時。子堅席上贈余一律云。扇影衣香簇畫樓。酒邊涼意暑初收。縱橫詞筆貫天地。磊落胸襟凌斗牛。羈客情懷逾杜牧。新橋風物勝揚州。流連只合長今夕。楊柳如春月似秋。

扶桑遊記中終

扶桑遊記下

長洲　王韜　紫詮甫

十七日（陽曆七月六日）是日諸同人賦閒。俱來筆談。小山春山小牧櫻泉西尾叔謀宮島栗香皆至。幾於高朋盈座。天氣炎熇。殊不可耐。午後倦甚假寐。公度折簡招飲。遣車來迓。乃偕至賣茶亭。同席惟何子綸楊星垣二人。月影徐上。倚闌縱談。公度語余云。滄海數千里外。乃得素心人啜茗樂談。胸中磊磈。忽覺消盡。月來乍聞秋風。時有蓴羹鱸魚之思。今夕乃不復思鄉。既又相與誦月移花影上闌干之句。嘆爲自然超妙。余倚松盤桓。枯腸芒角。酒味甚酣。又良久乃散。此以見名教自有樂地。卽一觴一詠。亦不同若輩之甚囂塵上也。

十八日（陽曆七月七日）龜谷省軒林櫟窻寺田士弧皆來。薄暮偕藤田鳴鶴至伊勢源樓小飲。特呼角松小松來侍酒侑觴。情話纏綿。其趣自覺不同。

十九日（陽曆七月八日）佐田白茅來。午後偕成齋至清華吟館。時尚早。至者無一人。乃解衣盤礴。披襟臨風。成齋出示溉堂文集。國初孫豹人所著。此集在中土甚少。不知何年流入日東也。余作五古一首。衆人皆未來。而我至獨早。林亭頗幽僻。涼飈爽懷抱。周遭樹蓊鬱。濃綠淨如掃。炎威午不驕。白雲滃天表。軒窻既四敞。靜坐息膠擾。解衣聊盤礴。於是恣幽討。出示豹人文。渾如獲瓌寶。此集傳者稀。兵燹後益少。溉堂長於詩。才幹極雄顯。旅食京華春。靑衫幾潦倒。若非巍科開。將以一巾老。晚歲奮功名。何必嗟華皓。其文亦可傳。頗不尙詞藻。瞎鳳在一毛。藏之其永保。成齋出示鶴鳴老人詩集。謂其令子現仕於朝。今年翁壽八秩。將爲稱觴祝嘏。特求四方士大夫贈詩以爲榮。因乞余一言。爲題七古一篇。鶴鳴老人古所稀。逍遙詩酒怡天機。年垂八十尙矍鑠。登山健步猶如飛。平生具有山水癖。所居泉石多淸奇。峰巒四環蒼翠合。中搆草堂扃雙扉。讀書不出甘忘世。五陵富貴嗤輕肥。矯然令子世無匹。崢嶸頭角衣紆緋。立朝風節秉庭訓。版輿迎養娛親闈。我聞丹邱本仙境。靈淑所鍾非凡姿。翁昔操守夙自負。抗懷言事屢陳詞。吾謀弗用坐遷謫。荒村屛跡空躊躇。讀翁之詩知翁遇。耽幽樂道能知幾。羨翁有子幷有詩。豈徒壽與千秋期。是日文社作文三篇。方錄別紙。

二十日。陽曆七月九日 加藤櫻老來。自言能以新法製造噴筒。注水其中。激射極遠。望之有如瀑布。用之盛夏。一室皆涼。又言行駛輪船。能以氣而不以煤。且可施之於尋常小舟。相良長裕將有香港之行。余約士弧餞之於伊勢源樓。午後驅車先往。命招角松小松。久之始至。彼此以筆達意。以眉目通詞而已。頃之相良寺田相繼來。置酒劇談。余卽席成留別詩一章。以贈相良。小亭一雨晚涼時。纔得相逢又欲離。拔劍惟知天可問。把杯但與月相期。山川南粤懷前度。風月東瀛繫去思。最是阿卿忘不得。要吟百首比紅詩。時予一月後亦將西邁。所識角松校書。屢乞余詩。余擬仿唐羅虬比紅兒詩例。贈以百絕。故詩內及之。席上贈角松校書二絕句幷小叙。角松校書豔絕人寰。衆美畢具。風流秀曼。殆無其儔。固新橋巨擘也。余始見之於濱。乃家臨水亭子上。卽不能忘。余靑衫老矣。落拓天涯。苦無知己。今之愛角松者。譬諸天生一名花。不得不愛護珍惜之也。此意甚公。見者幸勿以私心測度。姊妹花開竝擅名。風流才調果傾城。秋波無限銷魂處。媚眼天生百種情。雪作肌膚玉作容。豔名早已噪京東。新橋春色惟卿擅。萬綠叢中一點紅。

二十一日。陽曆七月十日 午刻至報知社鄰樓書字。將暮赴鹿門之招。蓋亦講經會也。同席成齋海南櫻泉叔謀荃汀及余與主人凡七。得竹林之數。

二十二日。陽曆七月十一日 佐川堙所來。佐川意氣雄豪。風雅獨絕。於詩書畫。皆有夙好。而又擅岐黃術。兼通中西法。固有足多者。其謂西醫專恃用器。學成後。非再以數百金購器。則不能奏技。亦通論也。藤田鳴鶴遣車來迓。偕往本所。觀新燧社。或謂之火寸製塲。蓋卽自來火。粤人呼爲火柴。其所製實爲一大利藪。於日本國中推巨擘。屋宇廣深。工作八百餘人。婦女居多。截木作條。車凡十架。熬煑硫礦鑪竈。悉用西法。暫入一處。已覺其氣不可向邇。製匣裝貯。悉以女工。運售於香港上海。年中不知凡幾。去歲會罹回祿。焚燬二廠。今尙爲荒土。勸業博覽會特稟於官。畀以鳳紋賞牌。用彰激勵。主人淸水誠。會赴法國博覽會。往遊瑞士。購新法器具而歸。故事半功倍也。午刻主人邀往兩國橋川長樓小飲。所呼藝妓三人。無一相識者。樓外波光黛色。與樓上扇影衣香相掩映。消夏之地。於此爲宜。曲能酒終。乃驅車至伊勢源樓。踐角松相招之約。至則角松姊妹尚未來。遣人招之。良久而小松始至。言角松病齒甚劇。偃臥於床。聞招纔起。梳掠當卽來也。逮角松至。果見頰輔微腫。開樽小飲。但作清談。不煩絃管。酒半小松亦病。竝命早歸。角松更以十三日爲約。

二十三日。（陽曆七月十二日）佐川樫所加藤櫻老來。佐田白茅以香瓜見惠。薄暮偕小西氏至伊集院兼常寓齋小坐。兼常籍隸鹿兒島。小西氏特呼二小舟載酒肴。至兩國橋觀放烟火。時遊人如蟻。兩岸懸紅燈以萬計。蕩舟來遊者。絡繹不絕。婦女尤多。玉臂雲鬟。目不給賞。或有携妓作豔游者。撥三絃琴。咿啞作響。波光黛色。鬢影衣香。眞覺會心不遠。瞥見一舟從上流來。粲者三五。中一人娉婷獨立。則小萬也。須臾暮色昏黃。萬燈齊燃。密於天上繁星。照耀波間。有如白晝。忽有流螢萬點。從天下注。則烟火放也。東船西舫。彼此爭奇角勝。五花八門。殊令目眩。最奇者紅絲兩光。能使大地空明。星月異色。余觀至亥初。覺涼露已零。單衣漸冷。命舟傍岸。乘車而歸。登車甫行。卽有微雨。歸寓甫坐。雨聲大作。簷溜如注。想烟火此時正當極盛之際。雨師亦太殺風景矣。

二十四日。（陽曆七月十三日）小牧櫻泉來。饋予海錯三品。午後偕成齋至上野公園八百善亭。其地卽東台。與長酡亭僅一水隔

耳。是園高踞土岡。樹木蓊鬱。亭軒清敞。遙望岡下。廬舍萬家。環岡。數里一望在目。誠城市而有山林之趣。是日涼飆颯然。炎威退斂。同人自成齋海南鹿門櫻泉外。余與公度梅史凡七人。烹茗清談。促膝共坐。頗覺蕭然意遠。所招藝妓三人。曰阿玉小勝阿鍋。容竝中人。席間梅史先有詩。謹步其韻。崇岡起亭榭。古木環深蒼。登臨豁達目。六月生微涼。主人雅好事。勝集傾壺觴。管絃娛夙好。翰墨參古香。我將游晃山。與子期何方。海南時有熱海之行。（熱海距東京二百五十里有溫泉可浴）小集此亭。與同人言別。余亦擬游日光。故末句及之。是日海南爲東道主人。亦呼謌妓。殊出意外。海南其髯戟然。其貌偉然。初疑爲道學中人。今日呼妓侑觴。特開綺筵。爲予破戒。其厚意殊可感。

二十五日。（陽曆七月十四日）天氣頗涼。靜坐不出。殊有永趣。鹿門來約後日作長酡之游。

二十六日。（陽曆七月十五日）寺田氏來。薄暮偕藤田鳴鶴至芳原留佩樓。至則集者七八人。所招妓亦六七人。酒酣。往觀畫燈。乃係畫於絹片。山水樓臺。人物花卉。蟲魚禽鳥。無不畢備。工細異常。街衢間皎潔如畫。是日之會。各人醵金所設。來者悉意氣相投。名曰知心會。蓋取於人之相知貴相知心也。座中惟予一人爲賓。

二十七日。（陽曆七月十六日）上午評改社中文字。午後偕成齋至東台嬌語亭。集者凡二十餘人。是會一月一集。來者投白金半圓。亦同醵錢飲酒之例。有一瞽者。曰馬塲穀。雖盲於目而能

詩又能操筆作字。兎起鶻落。滿紙雲烟。見其字者不知其爲瞽也。此亦唐汝詢一流人歟。余贈以一律云。知君盲目不盲心。洗盡胸中俗慮侵。下筆烟雲生麗藻。吟詩山水有清音。甯同張籍干時切。想比唐衢憤世深。亦欲向隅同一哭。世間夔曠豈能尋。鹿門出示殷鑒論。謂係先輩古賀侗菴氏所著。其人學問該博。立論甯失奇僻。而不屑襲古人陳腐。有劉子説（古賀氏出於劉姓）及新論數十篇。縱橫辨詰。可稱前無古人後無來者。侗菴之沒。距今殆四十年而已。論及海外五大洲。殊中肯綮。識微於遠。燭幾於先。可不謂豪傑之士哉。在座晤春濤老人。出其令子所撰補春天傳奇。就正於予。其子名泰二郎。號槐南。止十七齡耳。而詩文卓犖。已是不群。觀其曲文。殊似作

家。洵未易才也。因爲題六絶句歸之。千古傷心是小青。抗將情字比娉婷。西冷松柏知誰墓。風雨黄昏獨自經。秋墳鬼唱總魂銷。誰與芳魂伴寂寥。絶代佳人爲情死。一般無酒向春澆。「一去春光不復還。補天容易補情難。嬋娟在世同遭妬。寂寞梨花泣玉顔。」好事風流有碧城。同修芳塚慰卿々。知音隔世猶同感。地下人間聞哭聲。「譜出新詞獨擅塲。居然才詞勝周郎。平生顧曲應君讓。付與江牙唱夕陽。」刻翠裁江渺隔生。怕聽花外囀春鶯。當年我亦情癡者。迸入哀絃似不平。於時避暑於東台者。連鑣接軫。門外過者。屐聲絡繹。閉置簾中。不得一豁遠目。殊覺悶甚。是日來預會而初相見者。爲阪谷素字子絢。號朗廬。山陽道備中國人。卽席贈詩云。乘槎破浪

走黿鼉。漫説歸心空奈何。北地從來多貝錦。東方自是有黎渦。龍蛇出沒梅溪筆。劍佩森嚴杜老歌。丹酒如泉澆磈磊。（日邦産美酒之處曰伊丹）淹留且對碩人薖。」余依韻和之云。奔濤萬里駕長鼉。縹緲神洲奈遠何。文字蠻方開別派。波瀾大海有旋渦。奇窮敢廢憂天想。積憤難消斫地歌。散盡千金作歸計。此生素志在槃薖。關癡堂向會一見。是日亦在會中。出詩見貽。天子呼來不上船。（用句）乘槎萬里忽飄然。囊中詩刻三千首。海外名傳二十年。餘事觀風仍紀俗。高情攜妓又參禪。揚州花月寥々甚。久待豪游騎鶴仙。余隨步原韻答之。酒磁茶甌載一船。沿湖小泛興悠然。惟行樂地宜吾輩。但有凉風間長年。桃葉去時完綺願。（指阿藥事）藕花深處證香禪。瀛洲快事君知否。原是

楞嚴十種仙。

二十八日。（陽曆七月十七日）士弧鹿門來。約二十日游墨川。暮偕成齋至新富劇塲觀劇。先於坊角第一樓菊岡小憩。是夕精選藝妓五十人。爲舞蹈之戲。皆新橋柳橋之翹楚。前夕特演。與米統領克蘭觀。今再舉行。以期純熟。開塲演劇二齣。第一齣爲神代事。玉津島神晒布。頗有霓裳羽衣風。第二齣爲源義家起兵。討奥羽叛賊。誘降其衆。戲畢。諸妓乃前排列兩行。翩躚作舞。扇影衣香。態濃意遠。殊令看花之目爲之生眩。諦視五十妓中。無一相識。而演畢散塲之際。妓有向予折腰作禮者。竟不知爲何人。老年花似霧中看。可爲三嘆。出門見阿玉。是芳原藝妓巨擘。亦應聘而來者。丸山子堅有書并詩見貽。

謂予歸期匪遠約以小湖荷露墨川蘋風同作詩酒之游其
詩附錄如左高蹈常輕萬戶侯乘槎又作海東遊媚山明水
入吟眼暮雨關風牽客愁夙讀著書神既往相逢傾蓋意先
投他年我亦將西邁詩酒追隨君許不
二十九日（陽曆七月十八日）午後至米花堂文會
六月朔日（陽曆七月十九日）午後應大河內源桂閣之招往觀烟火
高樓數椽俱臨河濱憑欄一望墨江如帶而環河數百家無
不歷々在目一至黃昏燈火遠近可數誠大觀也相距數十
武爲新樓尤軒爽是夕集者公度梅史靜臣訪仲漆園琴仙
予綸美人凡新橋四人角松小萬小今小荷神明四人丹子
鵲華桃子信吉楠亭二人小園小雪日人則鹿門鴻齋主人
作詩索和援筆成二絕句云甘在花叢過一生狂來無計破
愁城青衫痛哭無乾日要向源侯借酒兵捫蝨雄談誤此生
制情好似築堅城花天本是波瀾幻恃有胸中十萬兵座有
一客宣髮蕭騷兩頰赬然作醺色作詩見示亦和二絕不知
誰主復誰賓醇酒佳人見性真樓外一江飛墨水樓中人半
是傳人南樓新築讌嘉賓花月今宵分外真可有庾蘭成在
座風流到底屬斯人及通姓名乃名倉敦松橋也余十七年
前曾見之於香港英華書院其時同治二年七月松橋隨其
國公使池田筑自法國回道經港中猥蒙枉訪來者凡三人
一曰高橋留三郎號恥堂一曰金上成純號豐山一即松橋
也時予問其號曰予何人一別十七年貌亦蒼矣而余猶得

扶桑遊記　八

追隨三五年少後趺宕綺筵看花飲酒嘲弄風月而與松橋
重相遇於墨川樓上自有因緣曷勝感喟松橋慨然再作一
詩余和之云相對沾巾是此辰相逢疑否又疑真廿年事業
渾如夢明是當時佩劍人松橋本姓野田名重次郎別號松
窓著有松窓雜錄後乃改爲名倉敦不獨姓名改而面貌亦
盡非舊觀矣是夕烟火殊寥落不甚熱鬧惟聞遠近兒童拍
手相譁耳
二日（陽曆七月二十日）午後應士弧之招驅車至讀杜草堂車夫力
既弱又不識路以致迂途遠涉行烈日中如張火繖頭爲之
岑岑然偕士弧至丸山龍川家得見寺西積古海長義共往
新橋登舟泛乎中流涼飈颯至既至墨川飲於八百松亭所
招角松小勝皆未至酒半鎌田景弼入座縱談揮毫作字鎌田
（自號醉石生竹添漸卿之戚友）席上諸人皆有詩爲錄一二鎌田詩云高辯
雄談各擅場煩襟同滌水雲鄉士無今古期千載客有西東
共一堂銀燭光中容似玉白蘋風裏酒初香聊酬欽仰平生
意把手江樓笑語涼龍川詩云波紋細々夕暉天欲對清風
座屢遷把酒頓忘三伏熱尋詩閒看一溪烟白家幽思潯陽
月蘇子豪情赤壁船自古英雄多曠達何妨沈醉聽么絃古
海詩云自古文書約略同訂盟不隔海西東亂雲將釀催詩
雨高閣徐來解慍風交誼能如江水淡醉顏好似夕陽紅宜
城一見頻低首壇坫風流屬遯翁士弧亦成一絕云䑼船且
作片時遊日暮江臯初送秋痛飲忽思香海月他年肯喚紫

扶桑遊記　九

雲不。

三日（陽曆七月二十一日）天氣炎熇。靜坐不出。

四日（陽曆七月二十二日）往報知社。梅史枉過。未值。薄暮往訪梅史。即飯於其齋。繼偕乘車至柴橋。觀海。柴橋在鐵道旁。距京約十許里。傍海廬舍。不過數十家。殊有村落意。茶亭但面海當風。極爲軒爽。披襟啜茗。眞堪忘暑。海中波浪衝激。烟靄微茫。對海一燈高矗。紅光遠射者。砲臺也。時電光閃紫。雷聲殷然。勢將作雨。余與梅史飲酒數巡。驅車而返。

五日（陽曆七月二十三日）白茅士弧來。約明日遊向島。

六日（陽曆七月二十四日）本多正訥來。贈詩一篇。錄左。夙聞吳地有詞仙。萬里遙浮徐福船。道德流風思杜史。明光起草羨才賢。間

奇誰識楊雄字。獻策長留賈誼篇。莫厭天涯淹滯久。相邀爭設主賓筵。午後往若吉茶屋。省軒白茅士弧皆先後至。三人皆逾約期。命招小鐵來。具舟泛墨川。舟式較前稍優。四窓盡敞。淸飈徐來。凉意習習。從水波中生。自柳橋往墨川。其路較近。舟中口占一律。今朝載酒棹觥船。欲暝風光團暮烟。勸酒飛觴勞玉手。看雲覓句聳吟肩。西施昔本浮輕舸。東渡人多識輞川。漸覺凉波添浩淼。白鷗戲浴水中天。既至小飲八百松亭。小勝之居近在咫尺。呼之即至。酬酢巡環。一舉數觥。殊快人意。酒半小勝彈琴。小鐵起舞。各獻所長。以爭妍而取憐。新月既上。乃攜小鐵。放舟乎中流而歸。

七日（陽曆七月二十五日）增田岳陽來。持扇乞書。乃爲寫寶劒篇。前書寶劒齋。因索寶劒篇。自言此劒製自名人手。流傳至今九百年。寒芒高射斗牛外。夜夜齋中發光。恠异乎此物非用時。徒自炫鬻。殊足戒。脫匣出視。利無儔。其氣肅殺。天爲秋。平生恩怨不快意。借我請斬仇人頭。午後偕成齋赴鹿峯之招。鹿峯家近淸華吟館。屋宇淸幽。花木紛綺。同席惟鹿門櫻泉而已。雛鬟侍酒勸飲者。曰阿嶺阿米。余於阿嶺。似曾相識。成齋曰。此即米華堂主人女也。乃始恍然。所陳肴饌精潔異常。酒半鹿峯夫人出。尻發絃爲彈西京曲。聲調悠揚。作靡靡之音。所奏乃玉川詞也。頃之東鄰女子亦來入座。善彈東京曲。高抗激昂。參以殺代聲。彼此更唱迭和。各竭其長。二人皆專門名家。所操之曲錯綜變化。音律之妙。迥異尋常歌妓輩萬弗逮

也。成齋謂西調纖婉。似唐風。東調激楚。似秦風。王霸之別也。

八日（陽曆七月二十六日）白茅來。午後偕白茅士弧小集若吉茶屋。命喚小鐵。至。泛舟墨川。登八百松亭。小飲。小勝亦來。彼歌此舞。藉以侑觴。諸人皆罄無算爵。歸舟凉甚。一路電光送紫。月影隨波。殊覺快意。

九日（陽曆七月二十七日）鱸松塘來。以所著詩文見貽。并饋雞卵。狩野良知枉過。贈詩一律。附錄於此。逍遙海外作鵬遊。東極扶桑西歐洲。意氣凌風行萬里。文章經國業千秋。功名不願記雲閣。轍迹且期周地球。尙有謫仙緣未了。何妨詩酒託風流。池田猪之助惠贈綾絹。狩野字君達。號廣居。羽後國秋田縣人。薄暮偕成齋赴櫻泉之招。櫻泉設讌於新橋今村樓。樓主人

西京産。其妻大坂人，與櫻泉素相識。所招藝妓四人，角松、小玉、清吉、阿富同席。鹿門、鹿峯酒半，雨作，涼飆颯至，頓覺快意。三曲既終，巡環勸飲，須臾雨止月升，清光皎潔，憑欄遙望，不勝懷遠之思。

十日（陽曆七月二十八日）至報知社書字。午後往清華吟館文會。

十一日（陽曆七月二十九日）晨至報知社書字。余館此兩月，每往其社，揮毫落紙，如蛇如蚓，不盡記也。薄暮偕白澤晴泉往赴瑞松山人之招。其家在新橋左近，沿途池塘一二里，皆種荷花，風送清香，可參鼻觀。入其室，亦極幽靜。瑞松手製二盤見貽，繼而藤田鳴鶴來，乃連車至濵乃家開筵小飲。阿濵新築初成，精雅可憩，所懸匾額字幅皆余筆墨。余贈詩瑞松，具錄如下：

西京瑞松山人工於鐵筆，遐邇咸聞其名。本家鴨江之畔，去年乃移家江都。數椽小築，新搆落成，門臨江水，夏時荷花正開，清香遠徹入其廬舍。布置幽雅，庭中花木蕭疎，鼎彝圖史，淡然入古，靜坐久之，幾忘塵市之囂，殊不知在百丈軟紅塵裏也。其爲風雅好事可知矣。己卯夏聞余旅東京，瑞松山人特介白澤晴泉招余小讌，親觀其奏刀，頃刻間成二器，花石禽鳥無不酷肖，工細罕倫，此古今絕技也，宜其擅名於東京。即席走筆作五古一章贈之，并爲誌其顛末如此。聞君善刻畫，使刀如使筆，初不用藁本，腕底具神力，頃刻一鳥成，飛鳴振羽翼，須臾一樹成，扶疎長枝葉。但聞刀劃聲，兎鶻起落捷。維君擅絕技，生平所僅識。是亦猶文章，妙手乃能得。一藝足傳名，令我三歎息。角松求瑞松作畫，爲作菊松二幅貽之，余爲題詩其上。菊云：傲骨崚嶒百不宜，西風戰罷隱東籬。長松陰畔聊低首，受盡霜華總不知。松云：長風不受大王雄，只見松花落井濃。恠汝針針能刺骨，當年枉受大夫封。

十二日（陽曆七月三十日）白茅偕渡邊洪基來訪，惠余土宜，出紙乞書。渡邊現在大政府爲大書記官。山本居敬遙寄一律，余依韻答之。牛耳詞壇踞上游，文章夙已擅風流。江湖作客悲王粲，風雨聯床憶子由（予不歸吳鄉已十八年，舍弟子卿沒於江南亦已二十年矣）。末路飄零還自奮，天恩高厚未能酬。勞君詩札遙相寄，幸到蓬山最上頭。西京岸田湘煙女史，年十有八，識字工詩，皓齒明眸，斗神秀曼。寄詩求余筆削，謂願仿隨園例，附絳帳女弟子之列。

來詩三首附錄如左：春夜：春色惱人夕，多情眠未成。一痕簾外月，花影寫來明。送春：花飛蝶駭水空流，無復名園昨日游。杜宇一聲鶯語啞，送春愁似送人愁。寄友：蟲聲雁語百般愁，千里同情各地秋。無限風光君不見，何時把袂共登樓。薄暮招鳴鶴、二酉至八百松亭，予偕士弧先至。若吉茶屋載小鐵同行，扁舟一舸，泝流而前，至則二酉甫來，而鳴鶴以事不至。置酒開筵，先事大嚼。時小勝爲他客呼去，乃招其妹至，雛髮覆額，宛轉依人。酒半而小勝來，乃與小鐵送歌更舞，歸舟載小勝以俱東，小鐵未免悒悒。

十三日（陽曆七月三十一日）叔謀、櫻泉、鹿門皆來訪仲滐園，見過巖谷誠卿枉訪，惠酒一甖。誠卿名修，號喻霞，自稱一六居士，善書工詩。現在史館。官一等編修。與成齋爲同寮。乘車至若吉茶室。課從他道。其途殊紆。至則士弧已先在。而小勝小鐵亦久俟矣。命酒共酌。曲盡纏綿。飲至宵深。驅車各散。

十四日。（陽曆八月一日）吉田二酉來。午前爲湫村詩集作序。是日定作日光山之游。同行者凡八人。重野安繹字成齋。巖谷修字誠卿。岡千仞字鹿門。矢土勝之字竹海。星野恆字德夫。木下眞宏字叔毅。齋藤實穎字稭三。鹿門之姪文治。午後赴礪殼町旅舍。以時尚早。往訪白茅。白茅命酒置肴。咄嗟立辨。因話日光山水之勝。其地爲故大將軍德川家康廟貌所在。其子孫以覇天下之力。役衆諸侯。以經營之。土木丹靑之盛。窮工極美。甲於天下。今雖勢易時移。而規模尙存。西人來日東者。

無不往游日光。否則以爲闕典。繼別白茅而登小舟。則舟中人衆幾無隙地。因乘成齋車至扇橋登輪舟。舟中上等客位。額限二十二人。然此一席地僅可容八人。今三倍之。不免促膝儕肩。跼天蹐地。前後來者凡十五人。已難伸足而眠。是日炎熇如焚。赤日當空。幾於流金爍石。舟中熱甚。流汗如漿。雙輪既駛。習習風來。舟傍岸行。故不甚捷。沿途附載者絡繹。遂屢停時聞機管洩氣作聲。似此輪船凡有數艘。乃陸運會社所置。日載客以往來武總間。所經諸處。曰竪川。曰利根川。曰渡艮瀨川。曰下野。曰生井。曰行德。曰松戶。曰關宿。曰古河。每逢村鄉亭驛。必停舟以待客。竪川爲德川氏所鑿。以通隅田利根二川。亦猶中國之運河也。武總二州。貨船商艓。有如梭

織。舟入利根川。始轉向北。利根川分爲新舊二道。舊者發源於上毛文珠山。衆流匯積。而成巨浸。至銚子入海。新者鑿於關宿。經武總界。由行德入海。或曰利根亦稱房川。水底有沙無石。諸州轉運之舶。帆檣出入。日約四百艘。當利根川支流處。其北數十里。有一邱。巍然聳峙。是爲鴻臺故墟。天文年間。（距今三百四五十年）下總國主里見義宏。築立城堡。與北條氏父子相抗。（北條氏相摸國主。其子曰氏康）屢戰於此。是役也。在永祿七年。義宏敗績。自是北條氏兵威益雄於關中。至今人猶得指其戰跡所在。而目爲小赤壁。聞山上有佛刹。爲關東四寺之一。時川廣水深。舟行漸駛。俄而義馭匿光。氷輪耀彩。萬斛炎塵。不知消歸何有。余踞坐船頭。意覺稍適。但見兩岸樹木扶疎。燈火隱約。

帆影與波光相上下。聞之同人。黎明可達古河驛。驛在渡艮瀨川東岸。川源發於庚申山。經中田驛。而與利根川合流。按自東京至日光。必取道於古河驛。而有水陸兩途。陸近而水遠。陸行一百六十里。水行二百二十里。以隨流多紆折也。旣至古河。須以車行。則以近山無河道可通耳。夜深。諸同人皆枕籍舟中。余獨蹇臥船頭。涼露旣零。寒氣襲人。襟裾幸成齋覆余以氈。不至爲曉風所厄。

十五日。（陽曆八月二日）黎明舟抵古河驛。晨光熹微。聊可辨色。遂攜行李登岸。就一旅亭小憩。盥面後供晨餐。粗惡不堪下箸。乃覓紙筆寫昨夕舟中所作詩。舟經鴻臺下。同人指點昔日里見義宏戰沒遺跡。慨然有作。萬夫攻關一夫守。天險所存原

非偶一城扼要鴻臺高巍然形勢雄關右里見據此殊足豪敵軍雖來亦何有北條當日稱梟雄麾下健兒好身手彼豎子耳何足謀竟爾一戰棄城走數載經營付逝波君為楚舞我楚歌大事一去不可挽此後誰人揮天戈雄威自是震宇內關中覇業日益多昔人往矣遺跡在我經其下空婆娑廢墟尚照今日月荒臺猶是古山河舟行即日七絶四首碧樹扶疎拂面迎綠波瀲灩一川平臨流樓閣渾如畫好似舟從岸上行短驛長亭算幾程夕陽已落尚蟬鳴兒童網得魚雙尾正好歸家趁月明此間絶好水雲鄉何事行人說戰場峻絶鴻臺遺跡在古今赤壁幾周郎葉葉歸帆帶月來波光雲影共徘徊中宵氷鑑明如畫臥看流星天半回同人擬步行

訪古蹟是地曰古賀邑有故將軍源頼政墓先輩熊澤蕃山塚乃覓導者偕往探之行野田蔓草中零露未晞韈履沾濕繼而路益紆折幾於排灌莽履窄徑四圍古樹蒼翠撲人經古河城址濠壘高下舊跡猶有可尋然非導者為之口講而手畫亦幾不可復識矣故侯宮殿廢為田圃惟石基僅存嗚呼僅十許年耳而滄桑更易人事變遷可勝嘆哉蓋日本昔仿周制藩侯三百碁布星羅類皆各擅一方以治其民生殺由己惟歲時貢獻於幕府而已自維新建後諸侯皆納土地歸政柄於王朝乃改藩城為郡縣轄以鎮臺城垣亦概從廢撤所存者名城堅堞而已如尾張名古屋城肥後熊本城皆不毀今此一隅曾幾何時鞠為茂草三百藩侯觀此可知一

斑行久之乃至源頼政埋骨處荒祠一椽僅朱其扉蛛絲蟲篆景象蒼凉余即踞石獅小憩以養足力按頼政官從三位中將治承年間（距今七百餘年）奉以仁王舉兵討平相國清盛不克戰死於宇治其地在西京三十里許其臣渡邊唱奉其首來葬於此事定古河侯為建專祠以崇血食頼政事雖不成而擻其同族頼朝竝舉義旗終得克戡平氏而執太阿平源興廢實基此舉首唱之功亦偉矣哉余作七古一篇弔之昔者大政歸將軍幕府幾竝天王尊平氏專權源氏憤奉天討罪報國恩一戰再戰臣力竭菟道之水空嗚咽孤壘殘兵扼此間我頭可斷節不失顧謂其下瘞我頭我身雖死名千秋義旗既舉必有繼要擻天下與之讐維時相國懲事後下令要

購孤忠首詎知積敗生驕盈赫々威嚴能幾久從來論事貴首功不以成敗輕英雄國賊之討君獨倡朝廷恤典優褒崇詔書建祠多焜燿俎豆春秋許憑弔距今遙々七百年行人尚指田間廟我來懷古意慷慨為冒驕陽履灌莽蛛絲罥戶蟬聲哀無限荒凉空想像男兒不朽在微名一死寵辱何由驚何人見自九原回寂寞身後鳴不平附近有戶長役塲至彼小坐啜茗神氣為少甦將訪鮭延寺更覓一導者前行途徑坦廣顧驕陽如炙實不能堪路傍多桃樹結實纍纍熟者嬌紅映日聞昔時土井少將所植蓋命童穉拾桃核裹泥而投之荒野也余行四五里足疲告止與木下梅里憩古廟中乞水不可得久之星野豐城來謂此去古河驛約十町程盍

步行乎十町可中土三里許予辭以不能乃覔車來廟旁有田家買瓜就食之其甘如飴幾於玉液瓊漿餐氷嚼雪大呼快甚須臾車至遂乘之往古河驛旅舍沿途見廛市殷闐廬舍櫛比居然一大市集道旁紫薇著花燦爛如錦同人在旅舍置酒以待解衣盤礴聊適吾意成齋乃述熊澤蕃山墓在十里外導者誤之也墓繚以石欄碑面題熊澤息游軒伯繼之墓旁峙一碑題息游軒妻矢部氏之墓筆法遒勁此外景象荒索無可觀者午飯畢乘車行天氣炎熇車行遲緩刃歇小山驛繼憩小金井驛後駐雀宮一路長松夾道夕陽影裏蟬聲若咽余車中口占二絕云村驛車馳步不如驕陽遍曬腹中書炎塵十丈迷官道却羡居家午睡初卅里松陰趁晚

涼蟬聲鳴咽送斜陽村姬自把雙眉畫似與遙山鬭艷粧蓋驛亭多官妓日暮多炫粧麗服佇立道旁以邀過客至宇津宮天已曛黑客舍人滿幾無宿處成齋有所識縣胥爲之道地得寓室三椽僅足安頓行李而已飯後往遊別院添酒開燈重整笙歌與同人遣此一夕夜睡甚適按宇都宮形勢雄勝爲隳東要領維新東征幕兵與會黨叛人據城以抗官軍連戰三日夜自經兵燹民力猶未復也

十六日（陽曆八月三日）清晨睡夢中鹿門呼余起云車已候門外矣晨餐甫竟登車巡行所經爲小池驛大澤驛今市驛並停車小憩大澤驛殊荒陋所憩一店署曰駐蹕所蓋昔年鑾馭之所停也茅茨土階幾有上古之遺風日皇之崇儉德惜民力可知今市驛旅舍中有一巨池泉聲潺湲聒耳欹枕臥聽神魂俱適午正熱甚擘瓜以解暑日本西瓜產自東京近郷色味不及大坂西南諸處之佳瓜多紅色白者甚尠旅店中有小鬟頗解人意齋藤裕三低吟一詩云朦朧月影上虛堂霧氣烟痕入晚涼隔幔似聞人笑語昨宵誰箇夢鴛鴦蓋戲言昨夕事也矢土齋藤二君驅車先發以擇旅舍蓋懲昨夕事也由今市驛至日光鉢石町凡二十里夾道皆叢杉森立並無驛舍鉢石町在山麓廟前約數百餘家自成村落車前迎面而來者一帶皆山蒼翠樸人連亘不斷車之左爲乙崎山產石採伐者日數十人山居之民多疊石爲牆壁車之右群峯矗天皆日光山也野次有古戰場遺跡然陵谷變遷不可

識矣是日路經一驛郷社曰瀧廟宇頗宏麗有神會笙歌喧沸土人皆戴草冠而簪紅花裝束詭異近日光山麓地勢漸高車行杉樹中泥濘沒軌車丁以爲多雨所致其實道旁皆流泉噴薄而出不無漫衍於衢途間耳鉢石町寓室頗寬敞崇樓三椽正與群峰相對憑闌浥翠排闥送青可日夕領畧山趣矣夜無蚊暑氣亦漸殺

十七日（陽曆八月四日）早飯後覔導者至往遊東照宮導者一老翁鬚髮蒼白肥健善走先至大谷川口其泉出於中禪寺而來流則爲絹川自上奔注於下噴雪濺珠澎湃之聲鏗訇震耳覺心神爲之頓爽崖石雙聳槎枒並峙右朱橋如臥虹橫跨波心終年扃鎖不開蓋以備乘輿之所經也別設一橋以通

行人之往來。盤旋而上。松柏葱鬱。宮殿崢嶸。即德川氏諸廟也。向者幕府盛時。四方詣山住宿者。侯伯有二十六院。幕府諸官有八十坊。連甍對宇。櫛比蟬聯。結構之雄。世所罕儷。大政維新。一時無詣山者。因是院坊僧侶。無所得食。會四年間。市街失火。主者悉撤堂房。或以其材給予貧困罹災者。昔德川氏多置守廟僧寺。今廢。俯仰今昔。不禁盛衰之感。往遊滿願寺。亦曰輪王寺。爲王子法親王所住。蓋德川氏以王代子孫爲僧司祀。此其一也。前日美國總統赫蘭氏遊山。止宿於此。室約七八椽。雖不雕琢。尚樸素。陳設雅潔。不著纖塵。有金屏風十二。上繪古樂圖。昔時掌自伶人秦王破陣樂。其法尚傳。隋唐時所流入者也。几上置銅碑一。乃紀勝道開山事。勝

道入唐學佛。實爲釋門開祖。歸日本後。肇創日光山寺。距今千有餘年。銅碑尚是當時遺跡。碑文僧空海所書。空海亦入唐學佛。眞言一派。是彼所開。日本素重佛教。名山大澤。多爲古名僧所闢。傳其徒侶。遂世有之。如空海上人之於高野。勝道上人之於日光。是也。及德川氏興。創建寺刹。是山悉入之官。金碧丹青。輝煌壯麗。又命其徒司祀。而以王子爲僧以總之。法親王雖駐錫日光。而以離都甚遙。平時多居江戶上野寬永寺。其淸修所也。遇有祭事。則一至日光耳。滿願寺於明治六年遘災。盡成灰燼。雖新經營搆。而崇敞百不逮一。道經日光祠。乃東照宮未建時以祭山神者。頃之至東照宮。窮土木之奢侈。極金碧之輝耀。幾於竭天下之力以奉一人。宮亭

左右有二鐵爐。右爲朝鮮所獻。左爲琉球所貢。銅鐘一。上刻銘辭。朝鮮王命其臣李植所撰。後書崇禎十年某月。廟旁寶庫二。一藏祭器。一藏家康珍玩。有家康手植樹。已朽矣。猶圍以鐵欄。殿上榱桷梁棟。悉塗純金。慶長年間。金礦甫開。故得成此鉅觀。是時凡有建造。皆係列藩供役。此爲世襲肥前侯鍋島氏所建。距今已二百餘年。岡鹿門曰。鏤刻丹青。非不精美。惟近於俗而不雅。此亦宮室中別擬一格也。楣之中間刻孔門十哲。上方爲堯舜像。下方爲巢由像。木柱悉白質。不加彩繪。而雕鏤精絕。幾於人巧極而天工錯。殿旁偏室爲法親王宴坐處。鏤金錯采。亦髣髴東照宮。宮後由石磴盤旋而上。爲家康葬處。出廟。飯於村店。復遊大猷廟。規模一如東照後

殿。德川家光葬處。家光爲家康之孫。大猷其謚法也。德川氏覇業至三世而始定。諸侯畏服。威權覃內外。故家光亦特尊祠廟之盛。祀事之赫。蓋與家康比隆云。余與鹿門皆有謁東照宮詩。附錄於此。予詩云。丞相祠堂此最崇。千秋猶復仰雄風。深嗟土木窮民力。但見雕鏤奪鬼工。自古僭奢傳世促。只今冷落覇圖空。天家恩澤猶稱渥。不廢春秋祀典同。鹿門詩云。二百禪房留一房。寥々香火奉祠堂。當年武勇震中外。十世威儀僭帝王。奚啻樓臺窮壯麗。居然形勝類金湯。不須來此歎亡國。祀典都依舊憲章。既觀大猷廟。余即折回在村店小憩。成齋諸同人又偕導者往尋僧天海之墓。其墓在前山腰際。天海圓寂時。僧臘一百二十八歲。論者謂僧天海乃德

川氏之道衍也贊成家康家光之業手創此山亦一世偉人矣余連日在路勞頓而頗能作廉頗健飯惟是日光近鄉向來禁殺放生艱於肉食德川氏社屋而後此禁始解然欲覓雞雛亦不可得殊嫌無下箸處日光最高峰爲男體山一名鬚髮山因其雙峯對峙故有男體女體之稱是日天氣頗熱賴山中松陰夾道藉蔽驕陽山中產竹節人參三韓種也日光山麓民家多以種參爲業此山所產樹木紋理多堅緻山民多以桐片爲小扇製式精雅其上滑澤可寫書畫旅館主人各贈一柄山中產熊羆猪鹿而獨無虎豹

十八日（陽曆八月五日）木下梅里登陟勞頓略嬰小疾又以天氣炎熇諸同人擬暫緩遊山小憩寓齋寓樓對面一山名神主四圍

開曠軒豁惜路險不易登戲作一詩以示誠卿今日遊何處未聞導者來何不蠟屐登覽景同徘徊當庭一峰秀聳峙何幽哉路如羊腸曲涉者歎虺隤巨瀑聞澎湃崇嶺攀崔嵬苟非腰腳健鮮不臨崖回我聞意爲沮不如傾樽罍高臥對山色圖畫天爲開晚間同人以寂寥太甚特呼沿街唱曲者夫婦二人彈絃奏歌余從隔室聽之聲韻亦頗悠揚所操曲曰曙鴉名士山鹿素行所撰女年二十男年三十素以絃歌爲餬口藝妓色衰車馬零落後亦往々作此生活然則正不免白傅潯陽之感耳成齋喜食菽乳自號爲淮南居士旅館主人每飧必供是品余謂菽乳之製以僧寮爲專門名家鹿門因言日僧黃檗所製極美宜於和醬佐醢黃檗山僧皆中土人其製當亦染濡中土風二百年前檗僧曾聘隱元禪師於中土大闡宗風蓋時相特憂佛法之衰而爲之也自是而後木菴即非獨湛浩泉法燈皆接踵而來近今五十年間始不復聘隱元以下諸僧皆通文字禪戴曼公僧名獨立工書善畫書畫譜載戴曼公入東海不歸即謂此也徂徠與黃檗僧徒交頗得文字之益隱元精於書法日人甚珍重之不啻拱璧戴曼公明末氣節之士有託而逃於禪故甯蹈東海而不歸耳日東種痘之法相傳出自戴曼公今墓尚在黃檗山京師醫流每逢忌日設祭亦可謂不忘本者矣山中泉聲聒耳寓樓兩面皆池潺湲之聲徹夜不絕踞牀臥聽殊爽心脾夜半夢醒方以爲作客澎城愁聞風雨聲也是夕余陡患嗽疾

氣喘逆不能伏枕或謂感受山中寒氣而然

十九日（陽曆八月六日）余雖患病然登臨之興弗爲沮也早發乘竹兜而行擬遍歷山中諸名勝凡有瀑布處足跡無不至瀑之最著名者曰華嚴瀑曰觀背瀑曰龍頭瀑曰湯湖瀑此在日光之東者也曰含滿瀑曰霧降瀑此在日光之西者也自餘不能悉載先經沙子川泉聲潺湲亦殊可聽自此可町許（日之五町當中國一里強）有瀑曰觀背以瀑藏於裡觀者僅見其背也阪路殊險仄輿夫亦艱於步由觀背瀑回道經南照寺（亦曰高照菴）向來日光盛時寺中凡百餘所今祇餘其一日光既廢寺刹悉撤爲薪此寺以在荒遠得免然殘破荒涼殊失舊觀有梨園一所中多梨實惜尚未熟日午行至回馬村小憩啜茗村店

柱上大書日本某官從美國大總統赫蘭游山經此余戲書其旁云某年月日周靈王一百卅七代孫遯叟來游同人見者大笑自此至中禪寺千里而遙山路險巇馬不得進騎者回馬而步故名及行路亦甚坦惟亂石崎嶇耳四處皆泉聲聒耳峯巒環合樹木陰翳幾於綠映衣袂羊腸曲折疑於無路可通而小橋前橫從瀑布中過怵心劌目眞仙境也小憩村店得五律一首共鼓登山輿言尋谷口源（大谷川發源中禪寺）途窮纔有路地僻欲無村但似羊腸曲難聞馬足喧泉聲杉影裡未覺午暘暄由回馬村左折而下大日堂在焉前穿小池具衆石一若與斯山爭奇者不亦贅乎道經華嚴瀑停輿觀之奇詭萬狀震駭心目誠巨觀也距瀑布十許丈有隙地結茅

作屋上臥新礱石碑刻古風一篇湖山老人所作也晃山名勝甲天下而尤以瀑布爲大觀華嚴瀑從山隙中迸出奔騰澎湃濺雪跳珠近之凜然寒毛髮非從華嚴法界來能如是耶湖山詩不能全憶但記其雜用先寒删三韻句法極兀臬蓋極意摹韓蘇者迂道往觀湯湖瀑山高峻徑泥濘輿夫劣不容足乃舍輿而步數經憩息乃得至焉將近中禪寺從叢樹中望見一湖極烟波浩渺之趣蓋群流之所匯也寺前多旅店遂飯於此自此至温泉三十里湖盡處有龍頭瀑與華嚴瀑相伯仲岡鹿門曰僕自二十年前由此至温泉一帶皆荒寂之野幾於灌莽沒人維新以來許婦女住宿温泉兼爲湯戶以待賓客當不似從前之寥落同人問所歷華嚴瀑觀背瀑龍頭瀑湯湖瀑四者孰優予謂華嚴以迂長勝觀背以幽詭勝龍頭以廣大勝湯湖以雄偉勝鹿門曰僕二十年前游此山始觀龍頭稱其雄奇爲山中第一竊怪從前游山者俱稱華嚴不絕口而不一及龍頭蓋當時湯戶未開游者多自中禪寺而返今觀先生所評益信眼識之不謬時同遊諸君多以華嚴爲首龍頭次之湯湖瀑多有未見者蓋取道他逕而行也薄暮抵温泉地形聳拔異常高於海面者四千尺經工部細加測量而知氣候殊冷原野草木之花至秋開者與陰曆八月相應成齋曰山中寒氣襲人氣候大異人間病者易發宿疾更窮男體山絕頂益近冷際此山自陰曆七月一日許登山巔三日間居民攀躋者絡繹於道晚飯後試浴

温泉甚暢適

二十日（陽曆八月七日）早起尋温泉發源處蓬勃蒸鬱如釜上氣以竹承流分注各家以手試探熱甚嗅之作硫磺氣晨餐既竟乘籃輿回鉢石町亭午小憩中禪寺前旅店一路霪雨霏微殊有秋意逮至華嚴瀑所滂沱如注乃歇茶寮啜茗見一女子年約十五六許紅裳碧襦姿容豔麗冒雨登山冉冉入樹林深處其殆神仙眷屬歟暮抵寓解裝暫歇自温泉至鉢石町凡六十里或携僧空海碑來售空海曾入唐土東歸後開天台一派在紀伊國高野特掓巨剎全山皆蘭若僧衆凡四五千人嚴禁婦女登山戒行清高遠近欽服空海善書工文字禪所著文曰性靈集距今千五百年僧勝道始開日光山

創中禪寺建碑紀事空海爲之撰文湖上之寺後燬於火舊碑既泐寶永年間重刻今碑藏於滿願寺中勝道闢日光香火傳世千五百年逮營築家康廟宇極土木丹青之盛一時無兩日東佛法盛行堂塔寺刹窮極華麗競以金碧繪畫相尙頗有泰西風其源皆出自印度

二十一日（陽曆八月八日）往觀霧降瀑距寓齋十五里而遙是日與夫拾坦途而就僻道始行灌莽中樹木陰翳交柯接葉又經新雨之後衣履均爲沾濡繼又行崎嶇亂石中同人行者皆履犖确而進殊覺其艱終則遍地皆山泉流聲潺湲起足下涉水而行凡數里許乃得出險未至霧降瀑處已聞泉聲若雷吼既至偕鹿門同駐山巔停輿而觀之顧其處僅得見泉

之一面耳同人皆曲折取道下觀以覽其全余雖病不禁見獵心喜欲賈餘勇因命輿夫扶掖而下則路奇險泥滑澾石犖确一失足陷於不測有性命憂蹲石數息始得下同人已飽看而回惟成齋偕予瀑布三道從高下注喧豗之聲蕩搖心目輿夫裸身往浴正當瀑布之衝而屹立自如眞健兒也回路登高更憊於下涉余至氣喘促逆幾無人色半途逢一女子亦下觀瀑布者巾幗中抑何勇健絕倫乃爾余自愧空作鬚眉頭顱老矣不値一錢曷禁三嘆路逢一少年見余作禮自言閏三月中偕余同舟自神戶來故相識也今亦來此遊山問其姓曰淺野氏蓋華族也淺野氏舊封四十一萬石地亘山海尋常出行輿馬擁前後騶從千百人旌旆如雲維新後納藩籍列華族蕭散不異寒士前後盛衰眞如黃粱一夢飯後往觀含滿瀑距寓樓約十里許當瀑處有一亭亭之對面有一石上有梵字筆畫糢糊不可辨或云是僧空海擲筆彼岸遂成文字其說荒誕殊不可信岸上石佛數百尊露坐荒山中亦殊岑寂暮雨余連日宿痾陡發夜不得寐兼以跋涉委頓益形其憊明日將回東京作詩以別山靈我來山中已三日初無一詩答山靈山靈昨夕懲我頑宿痾忽發身弗甯惟我登山興弗阻蠟屐更向險處經出奇欲與山靈戰飛符天上遣六丁萬里乘槎作遠客況工文字胸羅星何不食我胡麻飯何不飲我桃花醽乃徒狡獪使我病山氣入骨寒冥冥書生受侮叩眞宰絲章萬字陳金庭天公一笑兩無

祖俾呈奇境娛視聽飛巖橫懸匹練白排闥遠送嵐光青泉流萬道走虹霓石吼一隙驚雷霆更令驕陽時蔽匿凉意散作微雨霽復有無數黃蝴蝶沿途護我籃輿停行竹木中衣袂碧遠參鼻觀山花馨半旬遊歷差快意乃與山靈相忘形重游未卜在何日特祝山靈千万齡日光之游至此而畢山中勝景非筆墨所能盡或謂万壑爭流千巖競秀二語可移以品題然恐未足以概之也鹿門曰少時來游寺刹滿山樓臺凌漢齊雲落星遜此岧嶢紺宇琳宮罕兹華靡逮至今日一掃而空荊棘漫天蒿萊遍地頓令人發彼黍之歎此猶唐時人說驪山宮闕不勝慨念天寶盛時也自入山中薄陰中人爽氣入骨廻思發東京時鑠石流金如別一世界山靈之

寵我輩也甚矣梅里有登鬟髮山詩附錄於此鬟髮高峰突兀間名區自古住神仙雲埋溪口疑無地路轉林梢欲上天虎豹群奔蹲怪石虹蜺萬道走飛泉晩來停杖時長嘯山鬼相譍過我前

二十二日（陽曆八月九日）淸晨雇輿登程旅舘主人乞書樓額題以峙青二字成齋德夫獨賈餘勇往遊對面神主山久之始回云頗有奇境成齋作二絶句留別琴書此處半旬留山水淸暉當小樓杜老詩篇柳川記高人游涉自千秋自有此山無此游吳中詩客共登樓雨窓酒罷揮椽筆爽氣遙通雁蕩秋早餐後卽發經今市驛小憩旅店前日小鬟殷勤捧茗依依作似曾相識狀歸途取道於橡木縣自此驛之右轉而南古

謂之例幣使道蓋自德川氏之盛東照公遣使奉幣於朝廷必由是道故名自此達橡木縣治凡一百廿里是日所經之驛曰板橋曰鹿沼曰楡木曰今崎曰合戰場（此鎌倉以前之事史所未載）經此驛時陣雨忽作雷鳴相繼玉練橫飛金光斜閃車行犖确中亦若霹靂聲所過村落如瞥幾不可辨但約略見廬舍之稠密市集之繁庶而已橡木亦曰櫔木固縣治所在設邑令以聽民事較他村驛爲繁盛然旅舍中間可供下物者魚鳥皆無亦足見其僻陋矣

二十三日（陽曆八月十日）晨成齋鹿門誠卿竹海招往酒樓小飮四歌妓侑觴勸酒容以若吉爲巨擘仲姬亦窈窕可愛小六翩躚善舞阿系宛轉能歌亦足以聊破寂寞藉解旅愁按自古河驛始每驛皆有娼樓無色妓則以歌妓代惟日光町一帶獨無佳人蓋是山從古以來傳爲神仙所居宅故所在莊嚴潔淨以示崇敬是不知藍橋覓路玉杵乞漿胡麻飯熟劉阮曾來神仙眷屬自古有之況於世人乎哉午後至生井驛飯後遂登輪船夜半達東京遂命車夫携行李登岸車過永代橋見四圍燈火猶極輝煌正可想見繁華藪澤也

二十四日（陽曆八月十一日）游山回感受寒氣宿痾陡發敞門謝客習靜自佳成齋欲延東醫診視余固却之當余游晃山時花蹊女史約余相見以束裝在道未果因託蒲生絅亭轉致余意余來日東見名士多矣獨未一訪才女亦闕典也西尾叔謀特作序文一篇送余往遊晃山附錄於此毋負盛意文云

日光山一名晃山天下之絶勝也山脈來自飛信而走磐陸綿亘三百里或起或伏或分或合而晃山適當經會層巒疊嶂匼匝環抱萬馬奔騰而巨劍刺天天池之水流爲四十餘瀑龍飛雷轟墜不測之淵此固天地英靈之氣所鍾而神明之所窟宅也及德川氏刱祖廟於此舉一國之力以極土木之工雄宇傑構蔚然雲起於是晃山之名大著於天下夫以晃山之勝名著天下已二百餘年宜有奇偉之文以盡其概然往時記志皆不足覽豈以禁令嚴密游歷有所未至歟抑卽至而諱而不言歟方今天下大同撤關防通津梁人力所及無不可鑿險縋幽探奇覓勝名山大川之文當不日大備而其先成者必晃山也且其英靈之氣振古以來未嘗宣泄

氤氳磅礴莫測其量苟有健筆以挑之其應焉以發也必當浩々汩々若決江河然其文之光明高大拔地倚天亦不容疑也明治己卯夏清國王先生紫詮航海來此遂游晃山先生學問該博氣宇高邁歷游東西兩洋文章之妙與龍門竝駕則其言果將驗矣因憶戊辰之役余馳馬直抵滿願寺謁東照宮而還當是時野州之野屢經血戰兵燹殆及晃山而余承乏軍職誓死王事不意偷生至今日親見上國名士豪筆以賦來游也今者從事文墨日在蠹書堆中回顧當時怳如夢寐乃復神飛魂往欲治行具以隨先生後而以事牵卒不果夫晃山可復造而先生之游難逢也豈不甚可惜哉雖然今當得讀先生拔地倚天之文以極心游之樂則其與追

攀於巉巖絶壁雲靄蓊薈之間何以異哉敬刮目以待先生之還余謂有如此佳文如此好山水而余無奇搆傑作以副之洵為有負斯游矣

二十五日陽曆八月十二日　改宮島誠一栗香詩鈔公度點竄處極見苦心

二十六日陽曆八月十三日　仍改宮島詩竭三日之力始畢

二十七日陽曆八月十四日　刪改同人詩文

二十八日陽曆八月十五日　刪改同人詩文作小湫村詩鈔序附錄於此方今日東之以詩名者夥矣類皆探源漢魏取法唐宋以自成一家而能以奇鳴於世者實罕尾張市川湫村今之詩人也枕山序其詩獨以奇稱之余謂詩之奇者不在格奇句奇而在意奇此亦專從性情中出必先見我之所獨見而後乃能言人之所未言夫尊韓推杜則不離於摹擬模山範水則不脫於硜逕儷青配白則不出乎詞藻皆未足以言奇也蓋以山川風月花木蟲魚盡人所同見君臣父子夫婦朋友盡人所同具而能以一己之神明入乎其中則歷千古而常新而後始得稱之為奇湫村之詩余雖未得盡讀而枕山既稱之於前磐溪湖山復言之於後則其詩必有異乎尋常者湫村以其詩之奇鳴於當世當必於杜之廣李之俊韓之兀臯郊之寒島之瘦温李之穠艷蘇之放黄之生澁槎枒陸之温潤楊之疎逸之外別樹一幟而自闢畦町獨立門戶此所謂詩祖也余於詩亦欲以奇鳴惜有志而未逮故序湫村

詩而不勝景慕焉

二十九日陽曆八月十六日　小痾未痊而天氣尚炎仍不出游

三十日陽曆八月十七日　午後往報知社

七月朔日陽曆八月十八日　源桂閣招余讌墨川余以有疾辭之沈梅史王漆園來訪

二日陽曆八月十九日　午後黄君公度遣車來迓招飲酒樓同集者詩五子綸星垣時詩五亦將回粵東應秋試酒樓瀕水三椽頗軒爽憑闌玩荷晚花初放時送香來酒飲三爵後頗有離別之感

三日陽曆八月二十日　何星使聞余將歸特命梅史致意招余至節署略作盤桓余以粵中催歸之符疊至勢難再留婉辭謝之

然厚意盎篆於心中也午後何星使黃參贊高軒枉過栗本匏菴招飲柳島橋本酒樓爲余餞別同集者十餘人距余寓齋十里而遙偕成齋乘車同往柳島亦東都名勝所其地村落參差河水如帶板橋垂柳風景宜人臨流一酒樓極軒敞樓外之黛色波光與樓中之扇影衣香相掩映酒半同人作詩賦別余爲首唱其一云相逢未久遽相離遠道驪歌愴客思嶺表秋風驚去夢江南暮雨悵新知怕聽折柳陽關曲休唱飛花驛路詞尙有綺懷忘不得玉釵銀燭酒闌時其二步岡鹿門韻相思此後隔遙天無限離情到酒邊百日勾留千載遇一編游歷衆人傳時予方作扶桑遊記故云詩篇敢謂追摩詰詞句應還愧仲仙莫聽蕭娘彈一曲愁心都付與秋絃酒罷同匏

菴望南至柳橋若吉茶室命招小鐵來則小鐵方從母游墨川未歸僅小玉彈琵琶以侑酒時有少年子亦來是樓買醉者聞歌聲突出當筵而立傲岸睥睨醉態淋漓匏菴遽攘臂斥之及移燈諦視乃其高足弟子名士踈狂大率類此

四日陽曆八月二十一日成齋誠卿二編修偕諸同人餞余於中村樓自我國星使參贊以下至者不下百人余戲謂是日之會冠裳蹌濟可與葵邱踐土之會後先爭盛衆推予執牛耳媿不敢當酒酣作歌一首留別江都諸同人我之來兮春光非我之去兮秋風起秋風起兮游子歸萬重山兮千重水離情渺渺愁凄凄相思不識何時已臨行把酒勸重游子其祝我倘無死予酌我兮金叵羅我贈予兮玉版紙上寫今日離別辭中有淚痕流不止瀛洲縹緲神仙居百日因緣亦足喜忽然欲去不可留夢魂一夜歸鄉里豈無窈窕解語花綽約風前艷桃李泥我飲兮我不辭含情顧影明燈裏況復文字足相娛座中往往有佳士成齋卓犖天下才誠卿嫵媚今無比鹿門龜谷多雄豪時排筆陣摩吾壘兩國相通三千年文士來遊自我始敢云提唱開宗風結社淸華爭倒屣某年月日我去來大書特書補靑史是日同人投贈篇什不下數十章明珠大玉美不勝收擇其尤者附錄於此以見一斑聞紫詮先生將歸賦此寄呈飄然乘興日東遊才學如君乏匹儔筆役風雷多逸氣胸羅星斗足奇謀久思對榻縱談未能肯命車來訪不那怱匆匆分手去天涯好會再難求中村正直送紫

詮先生南歸即席賦呈仙帆縹緲半空行鵬際雲濤接大瀛萬里元應凌漢使一塵今欲笑徐生長洲花外夕陽遠甫里祠前秋水明歸與此回眞大好待看笠澤著書成森春濤魯直紫詮先生歸期將近諸同人偕予餞別於中村樓即席賦呈幾度飛毫賦遠征大西洋又大東瀛却嗤霞客游踪窄最愛雲臺學術精芳草綠波他日夢紅絃珠唱此時情也知近著刻成近署否老夫賤姓名湖山小野辰愿中村樓上奉贈紫詮先生歸國四腮秋動水之涯話別江樓月色移三疊易醒清夜酒一杯重唱古人詩雲隨帆影如招伴山揖船頭似約期分袂休言烟水隔電機火琯寄相思櫟窗林信中村樓餞席賦呈即和紫詮先生留別韻孤帆千里抵雲天采藥來

留蓬島邊。江左賊由奇策定。泰西戰待鉅文傳。交情不隔道猶古。吟骨惟疑人是仙。何事秋風促歸去。陽關一曲入離絃。中洲三島穀。中村樓送行。即和紫詮先生留別韻。光怪驚看太陸離。泉源万斛湧文思。壺觴對酌猶新識。肝膽相投即舊知。品紫評紅溫尉什。傷春惜別杜陵詩。賤名喜入柳州筆。探勝晃山携手時。誠卿巖谷修送弢園先生還江蘇。遙爲避暑日光遊。洗得煩襟瀑布流。泰斗聲名動東海。鯤鵬心跡向西洲。鱸亭稅笈清風夕。鶴市呼杯明月秋。縞紵相投勝膠漆。群看李郭共仙舟。二州橋畔會群英。清氣樓高岳雪明。河朔千觴發豪興。陽關一曲託哀情。風帆戀送長洲客。潮勢遙連滬瀆城。自是各天對孤月。相思惟付斷鴻聲。岳陽增田貢席間

送弢園先生南歸。秋風回首意如何。客裏光陰鬢未皤。十里長江涵雁影。一痕纖月逗簾波。婆娑老子登樓興。慷慨王郎斫地歌。不怪天南歸去急。多情相待有黎渦。黃村向山榮席上呈弢園先生。逍遙海外作鵬遊。足遍東西歷數洲。意氣乘風濤萬里。文章經國業千秋。功名不願記雲閣。轍跡且期周地球。猶有謫仙緣未了。何妨詩酒託風流。狩野良知奉餞紫詮先生南歸。驪歌高唱遽相離。難繫佳賓萬里思。經世原因唇齒勢。論心當問舊新知。吳山越水還家夢。春雨秋風過客詩。臨別殷勤何所語。天涯早計再逢時。木下眞宏聞韶園先生將行謹呈夙聞吳地有詞仙。萬里遙浮徐福船。道德風流思杜史。明光起草羨才賢。問奇誰識楊雄字。獻策長留賈誼篇。莫厭天涯淹滯久。相邀爭設主賓筵。本多正訥所詠古風。當以龜谷省軒爲擅場人中之龍。文中虎。弢園先生即同甫張膽明目論時機。赤日皦皦披雲霧。粵賊凶燄滿乾坤。激昂獻策叩轅門。雄志未伸賊未滅。橫羅奇禍吞深寃。一朝決策遊西歐。長風萬里逐鵬摶。英雄割據尙未已。龍驤虎視互相吞。興亡古今幾感慨。抽筆窓前鬼哭喧。歸來頭白不稱意。飄然又到扶桑地。聞說扶桑有逸書。欲搜小西識奇字。余亦東海一狂夫。氣凌虹霓才本迂。讀書萬卷歸畫餅。空餘傲骨老窮途。相逢論交江樓夕。把酒淋漓披肝鬲。興來起舞蛟龍驚。詩成金牋紅袖擘。潑墨直傾長江水。揷劍擬鐘遙山碧。忽聞驪歌激秋風。白雲慘淡雁橫空。一別萬里恨參商。幾時追逐

學雲龍。君言丈夫一世歎髀肉。精神應注著作中。嗚呼青紫紛紛不足言。何如開拓萬古之心胸。省軒又有七律一首。和余原韻。一幷錄焉。鳴雁何心促別離。暮雲春樹入相思。文無奇氣君應笑。琴有清音我獨知。粉黛且銷才子恨。江湖群唱放翁詩。人生最是關情處。斜照凉烟送客時。酒罷偕吉田二西至若吉茶室。與小鐵同車竝載。既至添酒開燈。洗盞更酌。二酉醉後談兵。慷慨激昂。擬偕予北遊。以事不果。宵闌燭跋。驅車而歸。

五日陽曆八月二十二日源桂閣來招。未赴。薄暮。予設筵於龜清樓。留別諸同人。即吾宗琴仙所題。殘夜水明樓也。臨水三椽軒窗四敞。深夜月明。湧江中一輪如鏡。余作詩二絶。聊以寄感。酒

杯偏與晩凉宜今夕銀燭照去思小女不知離別恨出婁猶是乞新詩簫鼓喧闐共一船新秋時候暮凉天美人名士團欒坐彈到離愁第幾絃成齋和云一味新凉醒醉宜銀屏畫燭入吟思樽前無限分離恨付與江雲渭樹詩小牧櫻泉和云釃酒江頭夜繫船白蘋風冷嫩秋天都將湖海睽離恨分付潯陽大小絃混跡江湖與俗宜却從酒後見憂思杜郎兵策誰能讀唱遍楊州明月詩

六日（陽曆八月二十三日）諸文士皆來送余行李既發即詣公署與正使何子峩侍讀副使張魯生太守辭行何大臣特以所乘車乘予黃君公度沈君梅史偕予至鐵道同人送者已畢集成齋夫人率其子女亦來執別輪車既發送者皆自崖而返偕

予至橫濱者爲成齋鹿門白茅叔謀櫻泉棲所望南七人情意殷摯可感也午後飲於酒樓歎別恨之難銷愴離觴而不御飲竟走別羅郦卿譚沛霖乃乘車登舟同人始握手珍重而回中正輪舟啓行

七日（陽曆八月二十四日）舟行甚穩岡文助以有事至大阪余得見之於舟中

八日（陽曆八月二十五日）清晨舟抵神戶朱季方已遣人來迓盖岡文助先往言之也晨餐既竟往訪芝軒時芝軒已遷於別墅距領事署數百武而遙因折簡招吳瀚濤小尉俱來二君爲餞別於湊川酒樓時天氣炎熇殊不可耐剖瓜食之凉沁肺腑移坐與瀑布相對靜坐小憩胸鬲殊爽瀑布處男女裸體往

浴是亦此輩避暑快事然未免爲山靈所笑矣傍晩陣雨忽作凉飈徐來雨止虹掛閣外談兵說劍余爲之磬無數爵瀚濤於席上作詩贈別云王郎着意問歸程烟雨高山一送行回首風波極縣邈入秋雲物雜陰晴長虹貫日疑兵象急瀑奔崖作怨聲霹靂無心驚屋瓦等閑失箸莫關情酒酣復作短歌云白雲忽起清風揚山頭送客情何長碧翁似亦解人意雷公擊鼓虹騰光嗟君此去意何極萬里風濤等閑別別來肝膽傾向誰笑把吳鈎淬霜雪淬霜雪光不滅劍上斑痕心上血海頭佇立一銷魂不知今夕是何夕余讀此歌以鐵如意擊銅鉢鳴咽愴惻中頓作別離聲亦濡毫潑墨作四律贈之云廻帆重復指神山前度歡悰今別顔轉憶離愁辭閬

島怕聽哀調唱陽關流泉鳴咽飛懸練陣雨溟濛失遠鬟草閣一觴同話舊長虹天際忽彎環平生豪氣俯凡流今日逢君讓一籌擧世豈眞無北海論交當自有南州從玆一別七千里此後重逢五大洲天下事今猶可挽出山霖雨爲民謀晩來一雨嫩凉生爽氣成秋入酒觥垂死雄心王景略一生低首謝宣城即看痛哭狂歌地彌見憂時憤世情久薄微官等匏繫黃山歸去好躬耕慷慨論心意氣豪忘年直欲締深交眼中齷齪空餘子世上模棱笑汝曹使酒談兵與俗忤哀絲脆竹要才銷黃河泰岱他時事今日先占立品高瀚濤今世豪傑士也年少而才奇識見超卓志量恢擴當今殆罕其儔前日余道經此間九日中游屐所至歡若平生今得續前

遊非偶然也酒能前女子阿朶來見一別四月倍覺苗條軟語温存又增離緒夜月皎潔銀河欲流偕季方諸人送至江干執手作別余遂登舟

九日陽曆八月二十六日晨見港督燕制軍於柁樓握手歡然英人璧德滿亦同舟大輔松方正義特送港督擬至長崎而分袂亭午波平如鏡舟行若駛修書以謝成齋諸同人并作扶桑游記小序以畀栗本鋤菴入夜皓月當空纖雲四卷憑闌四望寄慨遙深

十日陽曆八月二十七日天氣甚熱雖御紗縠汗猶濕透幸舵樓寛敞尚可納凉午後松方特設盛筵折簡相邀酒行無算宴罷舟抵長崎登岸訪領事余君元眉啜茗小坐暮雨忽來頃之縶

緇堂至乘車出游道經花街則向之焦土今已華堂近山處新建一酒樓頗宏敞當窗綠樹扶疎經雨如沐凉飈颯至幽靜宜人即命開讌徹夜笙歌連宵燈火頗極異方之樂惟婦女裝束之華容色之艷則遠不逮東京矣酒樓主人頗解留客特掃小軒爲余下榻

十一日陽曆八月二十八日清晨即起往領事署候余君元眉盥櫛之後繼以晨餐偕元眉緇堂劇談江都雜事午後同訪王冶鏡往游日人別墅頗有泉石花木之勝徑路迂曲亭臺幽敞結搆頗不俗當峰迴路轉處短橋臨流小軒當花覺別有人境小坐啜茗蕭然意遠薄暮冶鏡邀登山巔飲於西國酒樓佳餚絡繹金玲以病不見竟未知前度劉郎之重至也酉刻迴舟

十二日陽曆八月二十九日晨港督燕制軍偕其夫人回舟領事余君元眉遣使持書至蓋港督至滬後擬往見劉觀察是書爲之先聲也巳正舟行

十三日陽曆八月三十日舟行安穩如在平地

十四日陽曆八月三十一日晨正舟抵上海品川領事來謁港督喜得重見握手歎然相艮長裕亦來以迓清水直也清水直東京府士族與余同舟相艮自粤至此重逢滬上眞非意料所及乘輿登岸命人携行李至南畫錦里寓舍

十五日陽曆九月一日往見唐景星徐雨之兩觀察午後陳君輝廷招飲夕陪港督燕制軍觀劇

扶桑遊記下終

扶桑遊記跋

戊寅之春。余與栗本匏菴佐田白茅探梅於龜井戶。歸途飲於柳島。匏菴曰。吾聞有弢園王先生者。今寓粵東。學博而材偉。足跡殆遍海外。曾讀其普法戰記。行文雄奇。其人可想。若得飄然來游。願爲東道主。白茅曰。善矣。余友寺田士弧曾至南海。與先生善。乃有東游之約。士弧與重野成齋岡鹿門諸人。謀欲邀之。余告以匏菴言。於是成齋始與匏菴交。匏菴每置酒會友。未嘗不津々乎王先生也。己卯之夏。先生遂航海而至。居二月。付此書於匏菴而去。頃匏菴將梓之。余謂是區々日記耳。未足以窺先生之學。然豪宕蕭灑之槪。亦可以見矣。若夫詩酒徵逐之樂。固屬昇平之盛事。文苑之佳話。余幸得周旋其間。聞其緒論。乃識其由云。

明治十二年十一月　龜谷行撰

澹々數語而題內題外之意已盡其不事鋪張揚厲正是識老筆老　沈文熒僭評

扶桑游記跋

近日清國人士來游者日多余亦往々與之納交而胸襟洞豁與人莫逆者獨推王君紫詮先生矣余於先生一見如舊情誼甚篤文酒之會每盡其歡己而先生擧驅西歸轉瞬之間其人已遠鬱悒累日怳若有亡也屬者社友將刻其扶桑游記使余跋之先生長洲人少懷濟世志嘗以言事忤當路遂絕意仕宦削跡遠遁以著述自娛余始讀普法戰紀喜其叙事之明鬯行文之爽快及接其容聽其言不覺歎服不獨其學問淵博無所不該議論公平不立彼我之見信所謂通儒也但其爲人風流灑落不修邊幅故不知者或疑爲豪放自恣而知之者深惜其抱利器而不用惜之與疑之於先生無加損焉嗟夫若先生者在古人猶將欽慕不能已況親炙之哉余方草此文屈指計程想當先生抵鄉里與室家相見語及記中所載追懷前日之歡也迺復凝然西望神度海濤矣明治十二年九月上澣平安西尾爲忠書於東京九段坂寓居

扶桑游記跋

昔法戰紀傳于我邦。讀之者始知有紫詮王先生。以卓識偉論。鼓舞一世風痺。實爲當世偉人矣。無幾。先生東遊。士人想望其風采。而先生口不說道學。議論不及當時。文酒跌宕。歌筵妓席。絲竹嘔鳴。欣然酣暢。不復以塵事介懷。人或以學究條規規之。輙笑曰。國風好色而不淫。離騷寄繾綣於美人。騷人韻士。何嘗一日忘懷於此乎。於是。人皆曰。先生兒女之情有餘。而風雲之志不足。嗚呼。是豈知先生者哉。蓋先生慨歐人耽耽虎視。親航歐州。熟彼情形。將出其所得以施之當世。而未有所遇。於是遁跡海島。俯仰感慨。舉其鬱鬱不得於內者。托之聲色豪華。信陵之於醇酒婦人。豈其所眞溺愛哉。其心獨苦也。余於先生。固悲其命窮矣。雖然先生旣與人共樂。豈可不與人同憂乎。且先生膂力猶剛。志氣猶壯。丁中丞督六省商務。欽先生大節。聘致幕下。間以時事。以有爲之才。處多故之世。一朝風雲。去泥土冲霄。霈然膏雨。使萬生仰蘇息之恩。先生蓋其人也。而世論先生者。徒就皮相。而臆推先生爲人。此何異覩片鱗隻甲。驗龍爲靈物

乎。先生東遊。余與重野栗本諸氏。實賓待之。游紀之成。不可無一言。乃跋以是言。

明治庚辰年八月　　仙臺岡千仭振衣甫撰

明治十二年十二月三日版權免許
同　年十二月十五日上卷出版
同　十三年五月十二日中卷出版
同　年九月廿九日下卷出版

訓點出版　東京本所區本所北二葉町四十一番地　栗本鋤雲

發兌書肆　東京日本橋區藥研堀町三十三番地　報知社支店

扶桑遊記

賣捌書肆
東京日本橋通三丁目　丸屋善七
同通二丁目　山城屋佐兵衛
同芝三島町　山中市兵衛
同淺草茅町　須原屋伊八
同本石町　江島喜兵衛
大坂心齋橋筋道修町　報知社支局

袖海編一卷

〔清〕汪鵬撰

《袖海編》一卷，清汪鵬撰。鵬字翼滄，一字翼昌，自號竹里山人，浙江錢塘（今杭州）人。曾經商海外，好搜訪日本漢籍，傳回中土。此《袖海編》又名《日本碎語》，撰於乾隆二十九年（一七六四），備記其在長崎之見聞，以及中國商船貿易之情形，兼記當地山川、風俗、物産等。據《昭代叢書》本影印。

袖海編　　續編卷第二十九

錢塘汪　鵬翼滄著

東坡云我持此石歸袖中有東海眞得詩家三昧余客東瀛寓居山館巖壑在望雲煙滿目而跬步不能出直有抛南嶽卷滄溟之志是坡所袖者以石爲海予所袖者以海爲石今姑就其所見聞畧爲記識名曰袖海編耶石耶不得而知之矣或曰昔有波斯持寶石入中國其值千萬吾子他日言歸藉得如波斯之所挾持豈非

快事然則探鮫室過屠門其又斯編之餘緒乎諸同人聞之其毋哂乾隆甲申重九日竹里漫識于日本長崎唐館

唐館外四山環遶煙火萬家紫翠迷離錦紛繡錯海門别開屏嶂雄奇峭拔軒敞高華如十洲三島可望而不可卽允爲鉅觀不同凡境

館週遭僅一里有半土垣竹茨如棘闈然庫不滿二十街分三路附而屋者曰棚子庫必有樓棚則惟平屋而已庫製樓數楹舟主及掌財賦者各居其半下則梢人雜處棚子之構始自搭客梢人之稍豐者别營以居今多架樓頗尚精潔而庫之爲樓俱開拓宏敞添設前後露臺或翼其左右靡麗鋪張與初創時大不侔矣庫屬正辦有官派執役者三人名曰守番棚則無有也

館中宴會極繁交相酧荅有上辦下辦酒有通辦酒有飲福酒有春酒有宴妓酒有清庫出貨酒尋常醵飲尤多珍錯雜陳燈明燭燦殆無虛日宴妓酒名曰撒羹凡客納妓必盛筵延同館并遍集他妓以歡之

厭厭夜飲不醉無歸真揮霍之闤都狹邪之壇坫也游長崎者每沉湎于聲色貨利蓋由狐媚惑人抑亦宴安鴆毒每華筵綺席索費中人半載之奢殆買笑傾囊奚止寒士數年之館穀十千沽酒百萬摴蒱習俗成風恬不知怪信乎其有換心山落魂橋之說也

昔閩中諸葛白巖有詠妓館詩云咫尺章臺勝若耶競批寶鈔鬬豪華三分月色千枝柳一曲陽春幾樹花含笑有人憐碧玉駐顏何處覓丹砂修堂晏坐閒評論謾遣冰壺畢絳紗此詩眞道其實銅山鐵冶豈

無盡藏不思賫鈔競批丹砂難買迷樓綺陣方且謂老僧四壁畫西廂也言之一歎

妓多聰明慧辯捷于應對工於修飾螓首蛾眉銖衣彩袖最重玳瑁梳一梳有值至百餘金者十四五爲妙齡即可應客二十五例得出樓擇配三十成老婦矣客納妓名曰太由（華言大夫也）太由雅善事客惟意所欲趨承悉當茗粥蔬果而外能爲謹出入握籌算若將終身焉以此妓風寖盛因而有義妓癡妓亦有驕悍之妓大抵居客館儼然伉儷與客視善者奉無輕

視之贈遺多厚章臺里巷名曰花街主者麗之以樓樓或數十人或十餘人亦有大小之别碧桃湜豔紅藥舒芳不屑與玫瑰辛夷等也同樓而分客者其情最密餽送往來如女弟兄又恒遣侍婢出館覓名花佳果珍食以媚客客之惑也滋甚故圍朱擁翠無客揮金遺珥墜簪差堪倚醉人非河漢鄉號溫柔昔人詩云誰道五絲能續命却令今日死君家雖有智者恐未能超然欲海脱此樊籠也

長崎七十二街街各有名又曰町殊復近古町有町長客舟至則一町主之凡館內器用什物惟町長是問貨之出入亦皆關照舟行時持籌銷算無空缺欺謬之虞客或有事于貨庫梢人數十爲具飧以給雖有微酬其情可感町長即街官也

貨庫距館殊近唐船維纜之後當年司事者示期上辦上辦即以貨貯庫有關驗有揭封揭封者其物零星在貨不貨之間另爲封識之以待請給上辦猶曰到辦到辦則尚事此番交易也故曰某辦船又曰某番以年之次第計之如申年首到則爲申一番次到則爲申二番館內亦以此稱呼本辦所居名曰庫

曰清庫司事者與客會集貨庫將上辦所貯貨物一一盤查各爲號記俾無遺失并將各貨包皮秤明斤兩以便出貨時除算明晰而清楚也曰王取使院擇而有取不在賣額之內曰插番司事人領本國遠商開庫視貨貨之高低唐山客與商雖覿面都不交談其所事在串串之爲言插也曰講價通事之官進館集客列坐授以批價文簿評論低昂隨時增減至有競而諍者非一日所能定定則書賣字于貨口之上

蓋以圖記則交易之事粗畢嵩待出貨
每數艘講價已定本國商人咸集于會館看板則知某貨共有若干其貨之優劣前于揷番時見之矣看板後各商書其所值之價密封投櫃名曰丟票然後擇善價而售之不勞較論亦交易之良法也
有使院秩視二千石自日本都會奉使而來嵩司通商之事帶理崎政一年更代例止三任一仕而已者多操權極重故通稱曰王家
高木王世職之王而守土者也使院之事高木得協理之其所理類織造

別島之王均係世襲如古諸侯然以所轄疆土之大小定祿米之多寡有多至百萬石者
使院所屬之官有年行司通事官有按察大通副通末席稽古等目有內通頭專供唐館之使令又有家老用人爲使院臂指上之察下惟嚴下之事上惟謹
通事官與客會話之所曰公堂具煙茗日必一至元正則讌客三日名曰撒航之計猶言請酒也
公堂之外有街官房其爲官三次第入直又有五甲頭副之皆所以彈壓防禦而通客之款曲凡薪蔬魚米之入必經閱焉客欲市銅漆鎦金等器以及綢紗印花街官咸期會於事無爽
客或有正事出館預白於通事通事請之使院使院出批帖定人數至期監使來然後得行通事無正事亦不至客庫
在官職事者腰必揷刀雙刀者貴
入館後有宴守番之例樓中陳設肴饌三人者禮服而至舟主爲致爵一巡皆俛首謝卽撤持以去酒一巨桶籃饌數十給燭另坐空濶處延其同類高歌暢飲角彩分曹丙夜乃罷酹酢亦近古無縱肆態

有天后宮規制頗宏毎逢神誕盛陳供筵張燈設宴者三日館客集羣妓會飮于此午夜酒闌行歌而返後有小圃徧蒔名花攤飯之餘日涉成趣
土地祠庭宇稍隘階下有池池上有橋週以粉垣當唐館之方面二月二日誕辰一如天后宮之例
觀音堂據峭壁築重臺有小巖壑之觀傍附關帝閣惜限于地不能展拓臺前竹木陰翳泉聲幽咽令人

有出塵之想泉有二性修洌館中煮茗皆取給焉涓滴耳而傾注不竭良爲勝蹟有亭可容四五十人花時提壺劇飲茶話手談各適其適

閩館內前有敬神演劇之事習梨園者因共構相公廟相公之傳自閩人始舊說爲雷海青而祀以其姓去雨存田稱田相公此雖不可考然以海青之忠廟食固宜而伶人祖之亦未謬若祀老郎神者卽以老郎神爲唐明皇實惟輕褻甚所不取近因壬午年閩人同類交鬨鳴金聚衆幾致不測白于使院擒而究

之盡出于敎習梨園者乃逐其人而毀其廟今盡拓爲庫基噫海青之不幸也

狐狸廟逼近唐館之左云是狐穴故爲立廟妓家祀之

港口中流有山如拳俗名換心山貨庫前有橋名落魂橋言唐人經此則心變魂銷揮金如土矣

長崎一名瓊浦風土甚佳山輝川媚人之聰慧靈敏不亞中華男女無廢時曠職其敎頗有方斯民也三代之所以直道而行也向使明周官之禮習孔氏之

書大體以明彝倫增秩事舉政修何多讓焉

席地而坐通國皆然有及階及席之風屋內徧鋪毯踏眠客至無拱揖之煩坐定主人則以煙盤置客前聽客自取盤列火爐煙盒唾壺各一呼煙爲淡巴菇煙筒爲幾世留一室中恆列數架人各授一飲食之具如古俎豆槃匜皆著脚如几高廣各尺許酒爐製作輕簡銅表錫裏以木架承之下二層貯各種器具名曰便道又有郊游所攜者一具四器描金間彩製作甚精內盛食物名曰受百菓茶甌如盂金彩青花

不等磁質甚輕下用空心木托盤捧而送客甌頗大而斟茶止二三分酒盃如中國之茶碗蓋斟必十分淋漓而止少則爲不敬也行酒必主人先飲而后酌客食不同器器不互用六耳不謀事戶外二屨不入東面爲尊有所使令則拍手代呼聞聲而應賦性和緩雖甚怒無疾言遽色

屋內畧無器具陳設仕宦之家間有曲几繞身形如扇面類道敎三淸像所憑者書架如粧臺攤書其上席地而觀如對鏡然衣服皆寬博交紝袖廣二尺餘

長僅及肘以織成棋盤紋或椰條布為之亦有素袖縐紗繪印成文者男女皆作監領無鈕無帶腰圍濶幅長丈餘寬六七寸冬則裝綿夏以夾層布帛為之名曰腰邊胸次將前襟摺起煙包紙袋刀翦梳篦之屬盡納其中臥具無牀榻被褥席地而臥別有寢衣夏則單布等身以輕疎苧布為㡧帳冬則長一身有半裝以厚綿臥無定所但用六幅短屏障之卽別內外矣頭以四寸許木枕監枕腦後枕名麻姑喇耳不著實故其聽也較華人稍聰

女子悅其所私用針刺手指背以墨黥之為記念若閱人多者則十指纍然矣男女俱不剃胎髮男至長成將項髮削去只留兩鬢及腦後者總梳一角澤以蠟油用白紙撚紮之惟醫人瞽者淨髮如闍黎

死人無棺槨殯殮用一木桶將屍趺坐其中實以藿香翌日而葬貴賤一體子若婦僅守孝二十五日送死之事畢矣

先育女而晚得子者卽納壻為長子幼子則為孫矣舉三子者必繼出其一二以故同胞而不異姓者頗為難得

五倫中惟君臣主僕之義最嚴其他則蔑如也

崎人服藥每味不過一二分至三四分為重劑矣蓋口腹之奉甚薄故少疾病而多豐厚情慾之竇早開則多夭折而鮮壽考年登六十卽為上壽不聞有耄耋者

日本為海東富強之國長崎孤懸海隅素稱窮島然貧窶者絕少每家貲十萬夜懸一燈于門倍者燈亦倍之以示無敢私有之意

唐船而外有紅毛船來販定例二艘七月下旬到港九月下旬返棹信風來去不違時日其舟主名噶必丹卽本國之官今歲到者來歲押船歸國遞相更替其館舍亦壯麗可觀紅毛故奉日本正朔者年例春正至都會入覲四月返崎貢獻惟虔賜予亦厚

唐山書籍歷年帶來頗夥東人好事者不惜重價購買什襲而藏每至汗牛充棟然多不解誦讀如商彝漢鼎徒知矜尚而無適用也

國無制舉故不尚文墨間有一二束修自愛者亦頗

能讀聖賢書博通經史學中華所爲韻語古作之類如和泉王家者頗知寶貴宋元人妙翰每向客求得其一二件珍如珙璧又有松延年林梅卿椰德夫皆淵雅絶俗外此如蘭京先生集暨僧昨非集皆哀然成帙所爲詩頗倣唐音無宋元澆薄氣又平子行號三思善行草書殊近香光一路

日本貢墨最佳其官工爲古梅園和泉椽世製貢墨以南山向陽松枝取煙用鹿骨膠製成其質輕而細其色黑而漆其式倣古不下數十百種有墨譜班班

可攻彼國尋常人亦不易得即得亦不敢用

聖廟之建自康熙五十年間始釋奠視中華俎豆儀文畧如其制有司鐸之官稱爲聖廟先生年例仲春上丁唐人詣廟致祭司鐸者爲具酒饌以供殿庭不廣而規模整肅門前澗水一道環繞西流朝向坐山天成格局東國遠夷能知敬仰若是客或攜書而至者必由司鐸檢閱然後發還恐澗天主教邪書故耳

天主教化人昔以其教行于東國東人惑焉舉國若狂有潢池之思後事發揚帆將逝覺而追之從者過半矣乃以矢石分擊盡殲其類今永禁化人唐山船至例有讀告示踏銅板二事告示中大畧敘天主邪說之非煽人之巧恐船中或有挾帶而來丁寧至再銅板則以銅鑄天主像踐履之以示擯也唐館即天主堂舊址

名十善寺

九使廟規模宏壯典禮尊隆或曰其神福州人林姓祀不知所自始道家主之其品級與鎭府同唐館有香火例金年請看花一次

唐館香火有三大寺曰興福崇福福濟皆唐山僧主

之江浙人則隸興福福州則隸崇福漳泉則隸福濟凡有建醮酬愿及天后聖誕例得遊覽竟日亦有看花之請此外有大德大光正覺宏濟淸水妙相竹林靈源諸寺不下二十餘處皆占勝地修靜絶塵花木幽深不聞雞犬片石孤雲于無心中遇之長廊曲榭多據迴峰仄磴松門別開野色誠欲界仙都爲海門增圖畫者也

館之對岸爲稻佐山有悟眞寺亦選勝道場也寺後平原數十畝昔唐人捐金購得爲瘞旅之所久而荒

癈歲甲戌茗溪錢君惠時來崎首創善舉乃航海運石將欲築壇建塔旋因謝世不果後爲同事繼成其志凡梢人同侶之死無所歸者悉槖葬于此各爲立石標識登之簿籍春秋祭埽無失其時覩北邙荒塚反不致痛若敖寺僧每年植名菊百餘本花時具齋觴客臨軒一賞之後卽任其所愛者分送攜歸殊爲韻事

有山曰牛刋山相傳鄭成功幼時其母亡入日本後以樓船數百艘來訪無從識認但以烏牙爲記于時

崎之婦女乃盡染其齒大索三日不得臨行之際示其威武架大砲攻山山震去其半崎人服焉今多劫火痕如懸釜覆甑草木與他山亦差異

花街妓女所居曼聲善歌弓腰善舞杜牧詩云百寶粧腰帶眞珠絡臂鞲笑時花近眼舞罷錦纏頭蓋謂是也本國富商大賈恒爲傾動其入唐館也什之一耳進館皆以申刻點名出亦如之名曰應辦子有詩云紅紵隊隊雨絲絲斜挽烏雲應辦時蜀錦尚嫌花樣拙別將金片綉羅襦

從館內望四山逼近仄徑參差衛宇裹雲田疇入繪冬樹不凋春煙如織田或三熟或兩熟所產旱稻米極佳麥性温和視江浙閩廣爲優大抵耕種以時鮮胼胝之苦蔬菜亦如之地豐土沃而人煙輻輳商販叢集因不足以取給惟恃他島協濟轉輸之際是在有司耳

雪每片片下錚然有聲而不沾衣迨滿山皆瓊瑤則寒甚矣

四時暑暖雨不以時每雨則東風隨至毛詩云其雨

其雨杲杲出日似爲此方詠

傳聞日本之俗有喪事則斷酒肉今以所見槩言之肉食者絕少人嗜清淡愛鮮潔鴨肥雞劣猪羊類中華而較瘦鹿肉微爛山雀之屬最佳種類亦繁

菜有白菜青菜蓬蒿菜諸葛菜波菜莧菜芥菜蘿蔔葱蒜韭薑園蔬中華所有者悉有惟蘿蔔爲最佳

水族有金絲魚黃山魚鸚哥魚鯧魚帶魚馬交比目烏賊鯀魚鰒魚蚶子蠣房江蟳柱車螯蛤蜊淡菜龜腳龍蝦海參魚翅海帶石花等物皆產鹽水中抵貨

入中國惟海參魚翅鰒魚海帶鯀魚牛毛菜又有戛子魚段而乾之是爲土產近亦抵貨

溪河山澗中則產鯽魚鰻魚甲魚小白魚螃蟹對蝦之屬較中國無異小白魚名玉釘魚長不盈寸細膩甘美入口卽化子月始生經春則不堪食矣玉釘之名亦新因并記之

四時之花無所不有牡丹芍藥櫻桃桂花菊花均在邀賞之列惟山茶杜鵑櫻桃爲更佳櫻桃較西府海棠色稍淡實中土所未見者花時微綴翠葉如積雪

披霞嬌而不豔別有一種濤皎之態但花而不實另有單瓣結子者

所嘗食時果梅杏梨柹林檎百合橘柚黃柑數種最佳桃李如木只堪糟脯栗大而味淡藕細而性硬楊梅櫻桃僅如鈕珠大然甜而不酸地土使然也

盆玩中五針松極佳中國恒購取不得其勢蟠曲離奇有獅蹲豹伏之象然皆矯揉以成失其自然之致又楓樹種類甚蕃有紫葉艾葉錦邊五角七角九角之別其餘櫻桃九子梅亦皆可觀九子梅紅花千瓣一蒂九子四五實者恒有多則不能長大矣

長崎多大鷹攫魚而食又鴉之大如鳶飛恒百十爲羣無所驚懼其止稠人屋宇下如故常棲宿之處視雞翁多患之膳夫方宰殺偶一不檢卽奪臠而去予向在金壇每見羣飛蔽天惡聲盈耳以爲莫此爲甚今覩其鉅且夥者若固然于此可以悟鮑魚之肆矣

袖海編跋

長崎爲日本西南境距其東都尚三千里中華市舶咸萃聚其地而紀載闕如今得是編海國爲不寂寞矣是編爲汪君手稿余鈔從知不足齋鮑丈以文葢以文彙刊叢書中孝經論語兩傳疏皆屬汪君自彼中購歸者也丙午正月望日震澤楊復吉識

孫中梓爰琴校字

吾妻鏡補三十卷

〔清〕翁廣平撰

吾妻鏡補　解題

《吾妻鏡補》三十卷，清翁廣平撰。廣平（一七六〇—一八四二）字海琛，江蘇吴江人。道光元年（一八二一）舉人。《吾妻鏡》五十二卷，爲日本鎌倉幕府時代編年體史書，「吾妻」即日語「東」，「鏡」即「鑑」，故别稱《東鑑》，其寛永刻本於清初傳入中國。廣平乃據《吾妻鏡》與《海東諸國記》、《日本年號箋》、《年代畢要》等書，於嘉慶間撰成《吾妻鏡補》，一名《日本國志》。是書僅見抄本，卷一至十記日本天皇世系甚詳，其餘各卷分述地理、風土、食貨、通商條規、職官、藝文、國書、國語解、兵事、附庸國等。據上海圖書館藏清抄本影印。

周禮職方氏所掌自九州之外凡蠻夷閩貉戎狄之屬不遺紀載蓋同此覆載之中雖在荒服無不被聲教文命也太史公作史記有東越西南夷諸傳後之作史者援以為例爲海東諸國日本為大漢初始通中國嗣是歷朝皆獻方物且購求典籍釋藏以歸而文明之象漸啟矣劉宋時國王武進表辭頗雄健唐時諸使臣都有工辭翰者趙宋初僧奝然入貢其表文周駢體并獻其國年代紀職官表　卷故史傳中不特記其山川風土而君長之授受　爲明季有吾妻鏡一書亦名東鑑所載國王世系　年代紀朱竹垞鍾廣漢兩先生詫為海外奇書購　架以資披覽然所記改元甚疏略紀事僅八十七年而八十七年中某年月日之陰晴災異纖悉必書餘則書將軍之執權及射會狩獵等事而已余向欲仿史家編年之例為日本作通鑑而年代紀吾妻鏡所載第一代神武天皇當周僖王甲寅年余以甲子會記推之無論僖王無甲寅年而年数之多寡亦不符又無他書可以引證事遂寢壬申歲有商於日本者攜其國中年號箋一卷歸以贈余實本吾妻鏡

而改正者其日月之陰晴災祥從刪削其他災異則存之之其人物之生卒著書之始末及制度營建軍旅諸事稍有增益國王相繼之次第與改元尤為詳備自皇極天皇以迄於今俱係以甲子皇極當唐太宗貞觀十六年神武天皇當東周惠王十七年余因以諸王歷年之數推之毫釐不爽於是自王極以前遡至神武亦係以甲子又以日本年代畧要日本小志與夫歷代國史紀載國之書擇其文之雅馴事之近理者摘錄數十百條補其闕漏諸王之元年各　國某帝某年曰世系表分十卷其地理風俗　藝文之類分二十六卷凡七閱歲五易稿而成　吾妻鏡補亦可備海東一方之掌故也余嘗謂諸史外國傳不過附見於正史耳未有專為一書者惟宋葉隆禮有契丹國志　國朝徐澂齋有中山傳信錄余友洪北江亮吉嚴鐵橋可均俱有西夏志在屬國者高麗有通鑑有史略安南有志略朝鮮申叔舟有海東諸國記而日本素有著述所纂七經孟子考文補遺收入
欽定四庫全書苟非漸被於

聖朝文命之敷而能若是乎余之補此也蓋仿契丹國志西夏志之例而其世系之相承未嘗有更姓革命之變是豈契丹諸國所可比乎又況人文炳蔚著作斐然直起高麗中山而上之則此邦之文獻洵足備[illegible]輶軒之采訪也若其附庸之世系風俗山川疆域一時未能博采僅載其略

嘉慶十九年甲戌閏二月望日吳江翁廣平撰

壇

後序

風車火徼屹然南戍之門鳥卜獅言邈矣古辰之國櫑原繼統克念衡山采藥之人柳谷迎暘衰通渤海扶桑之地攷其君長舊是嫕娥嫓慧業於惠真亦能織錦門英姿於葉柳并不驚弓洵衣冠劍佩之可稱為赤白元黃所未逮制度恪遵乎中土聲明特盛於東方此吾妻鏡之所以流傳於上國也其書凡五十二卷所紀共八十七年惜乎鴂舌勾糾無非孔木姿基之語蟲書結屈間有花羅吶子之文無當雅裁殊乖史例雖承兄叟以佚名為憾寶之不啻龍威而曝書亭以識小相評視之究同鷄肋平望翁海琛先生智珠善記古尺工量談天之口常開縮地之壺繫佩雲諵波詭闡人所未闡天旼日明補其所當補表世系則瞻波彥激詳書筑紫之初終志職官則治部軍尼細辨坋丹之大小因幡出羽遐稽州島之名紺屋金魚歷記郵程之號他如馬町新編之教令雞林舊弃之簡編青龍指午之年經書始渡白鳳紀元之歲韻請方滋多賀城訪從四位碑想見遐陬之不刻忠懿王頒五百座壇留遺古篆於金塗朱絲鈐

荼

昏

物氏之章識是大連後裔翠墨拓人皇之語計當開寶
元年曉井春雲詩成寂照蓮花貝葉表具犁然莫不輯
錄多多部居秩秩至若披龍之戲採鍛之方臂縣蛟鼉
之形環挂鸕鷀之項製齒衫而索婦跨火新諸設祟禺
以娛賓麿荼說尚以及青玉白珠之焆躍鹿身魚首之
傀奇蜊乳光青鰕燈綴鈸紫嵌龍鸞鳳湛然上庫之刀繪
月描雲妙絶倭奴之扇土風備載方物周知極之大漢
之所居毛人之所宅下野先為屬國而後改州名新羅
曾列附庸而恒通驛使別為一卷並足千秋願或者謂
龍漢而遙縉紳勿道鴻濛以外聞見多誣今乃範水於椰
津模山於稻佐便奪驪脣之席難論鳳味之勲不知高
麗圖經昉自宣和之世島夷志略成於至正之朝或畔
或從足資青史為夷為夏並在嵩圖倘使見是冊而攢
眉夫亦類垂紗之蔽眼矣壽昌名慚怒虎路昧句驪仁
壽之言竊聞於許氏文章之友罕遇夫晁卿佩述穀以
何能服衆華而斯在柔遠能通但看吾鄉七十座之譙
樓德清縣故城久圮明嘉靖間以防倭重建詳見家尚書德清縣築城碑用夏變夷聿昭
彼國百廿朝之史法德清蔡壽昌撰

博撰

跋

翁子海琛璪以日本吾妻鏡一書闕畧未備積一生心力
窮蒐博采撰成吾妻鏡補若干卷凡其國之世代譜系
山川都邑典章風俗物産方言無不詳且盡携以示余
而以序為請夫吾妻鏡者日本國之史也彼國有●吾妻
島故因以名鏡即鑑也故又名東鑑雖有刻本中國流
傳甚少在博學者未嘗見翁子乃貫穿其書舉其要●而
補其所未備異哉昔太史公作朝鮮南越東越西南夷等
傳皆近接方域漢家聲教所及啟能詳哉其言之後世
史家摭拾要荒以外漸多鑿空之説然不過撮其大略
附以國史之後而已罕有專勤成書者至
本朝乃有琉球中山等志此皆
天子輶軒之使親至其地采訪其國之遺聞軼事而後
成一家之言若翁子家吳江之平望闤闠囂塵一閧成
市獨翁子生平能閉戶著書未嘗税四方之駕況日本
在大海外雖供職貢又與通商而史官不能得其要領
翁子一窮鄉樸學之士乃能瞭然若羅紋之在其掌此
豈尋常見聞之流所能及乎昔在

高宗朝禁民間私錢偶得寬永通寶錢司農不知其所自來謂中國無此年號遂令有司者治之諸封疆大吏無一人知者守令倉皇莫知所措吾鄉王慧音先生識為日本錢以朱竹垞集中吾妻鏡跋為證每歲商人向彼國市銅因以其錢入中國耳維時桂林陳文恭公巡撫江蘇據其言以入告由是士大夫始知有吾妻鏡之名然求其書卒不可得也觀翁子之書洵可謂好古多聞矣宋時徐仲車足跡不出户庭而周知天下之務翁子殆有過之無不及也獨學老人石韞玉跋

革

凡例二十則

一此書本吾妻鏡與海東諸國記年號箋年代擥要諸書而成因名吾妻鏡補而其體例似志一名日本國志猶之日本之吾妻鏡一名東鑑是也

一書[illegible]體例第一門曰沿革日本古今一姓又末附屬他國故無所為沿革者其地名之更改分并詳地里志其有割據者詳於編年之下仿通鑑紀事例也

一日本記事諸書俱以世系為首今仍之其人物並無列傳略記其所著書名或其生卒之歲月而已故此書亦不為列傳其有可考者則於藝文志小傳中或風土志中詳之

一吾妻鏡記事僅八十七年每年以日系月每日必記其陰晴間及日月星辰之變年歲之豐凶餘記將軍之擅權而已年號箋年代擥要自神武天皇以至於今僅記每年之甲子及改元又刪吾妻鏡之繁以數字記一二事於甲子之下兹所存者皆原文也余所補者亦係原文間有刪節者

一所補書籍俱註出處間有未見原書從他書所引者

亦注原書之名不沒其所自出也余友平湖鄒別駕璟為余參訂且有增益因於每條下注曰鄒璟補纂不敢沒人之善也

一日本地里圖始見於籌海圖編後有日本圖纂兩浙海防續編等書其圖無甚異同因仿其大略為一卷以長崎圖與海船圖附焉

一僧奝然獻其國職員表年代紀各一卷紀中載日本地里甚詳復采日本考與志與史傳所記作地里志二卷又行海非指南針不可乃采度海方程海道針經等書作行海針路一篇附焉

權

一日本有風土記等書無從得見乃以日本考與志書與史傳所記及近時聞見之權者作風土志二卷

一食貨諸書所載甚略乃益以今所有者作食貨志一卷以出洋貨物附焉

商

一前朝與日本通商無定例亦無定處　國朝康熙中其國中御門天皇正德五年定於長崎交易東洋客遊略有通商條規錄為一卷蓋日本之原文也

一奝然之職員表今失傳乃雜采諸史說作部職官志一卷

一日本文章始見於宋書所載雄略天皇一表唐太宗時始作詩今僅傳一首趙宋時僅三首文一首前明及　國朝作詩頗多鮮有全稿流入中華乃於各選本與他書所載石墨所鐫輯為藝文志詩文共六卷附庸國所作依時代附焉

一日本頗有著述流傳中華者不過十之一二其書目之見於年號箋年代擘要全唐詩逸者列次其目為一卷附藝文志

一遼金兩史俱有國語解茲仿其例作國語解三卷

一海外之書各國不同日本通俗之書僅數十字纂為國書一卷仿八紘譯史例也

一日本自漢以後皆貢方物茲附於編年之內故不另列

一日本歷朝頗有兵事茲僅載用兵朝鮮一事以概其餘

一日本附庸之國甚多作附庸國志一卷

一雜事無門目可附者作雜記一卷

盡

一吾妻鏡與日本受領之事俱有通俗字訓其旁茲盡刪之其以杜撰楷書及通俗字入正文不能釋者姑存以俟考

御

引用書目

御定全唐詩錄
大清一統志
欽定四庫全書簡明目錄
佩文齋書畫譜
周禮　禮記　論語
大學衍義補采夷情論　後漢書
孟子朱子集注　魏略
三國志　宋書　南齊書
晉書　南史　北史　殊域周咨錄
梁書　新舊唐書　明史　四朝聞見錄
隋書　三朝志　五湖漫聞
宋史　元史　續文獻通考　太平寰宇記
唐會要　癸辛雜識　太平御覽
國史補　通紀纂鍾惺　王氏談苑　湘山野錄
文獻通考　山海經　野獲編
玉海　博物志　年壽考
楊文公談苑　都公譚纂　兩浙海防續編　丹鉛總錄

淮南子
籌海圖編
全邊略記
日本圖纂 鄭若曾
臨海水土志 沈瑩
日本考
島夷志
汎海小錄 王惲
閩海兵防 金学曾

八紘譯史　文昌雜錄
四裔考　列子
四夷廣記
杜陽雜編
夷門廣牘
備倭考
平壤錄 諸葛元聲
南征實略 郭光祿
東征事略 許遊戎

海防類考
海國見聞錄
郡國利病書 顧炎武
東洋客遊略 張禹若
日本夷譯語 居麥求
海外奇談
日本雜詩 沙起雲
日記鈔 錢大昕
遊海記 郁永河

外國傳 尤侗　異域志
土風錄 顧張思　東西洋考
遵聞錄　海外記
雞窗叢話 蔡澄　見聞錄 徐岳
甕牖閒評 袁文　筠廊偶筆
西墅雜記　北窗瑣語 余永麟
惜陰筆記 王□□　南中紀聞 包汝楫
寄園寄所寄　黎媿曾筆記
袖海編 汪翼滄　談往 花村看行侍者

槎蠡記
堯山堂外紀
金山縣志
度海方程
吾學編
書史
畫友錄
錢氏世寶引程 致勝相討記
江文通集　王右丞集

金山志 胡經
大明一統志
海道針經
金石錄　泉譜
圖繪寶鑑　宣和書畫譜
讀書敏求記　畫繼
藝海珠塵　陶宗儀外域書記
高僧傳 釋贊寧　詹東圖元覽
歐陽文忠集

吏隱錄 沈潤卿
歷代紀元考
李太白集
章孝標詩集 錢學士集
劉夢得汝洛集
包幼正詩集
江湖散人集
韋文靖浣花集
清閟閣集

蘇文忠公集
歸震川文
梧溪集 王逢
澹居集 釋至仁
沐氏滄海遺珠
明詩綜
小倉山房集
戲鴻堂法帖
西方答問 同上

宋詩紀事
谷響集 釋善住
宋學士集
茅鹿門集
沈懋嘉集
曝書亭集
抱經堂文集
東國通鑑 未詳何國人所著見曝書亭集全唐詩逸所引
職方外紀 西洋艾儒畧
七經孟子考文補遺 日本山井鼎 以下皆日本人所著述
羣書治要
論語古義 京兆尹藤長允
論語徵 物茂卿
佚存叢書 天瀑山人
吾妻鏡 一名東鑑
日本小志
日本受領之事
長崎圖
年代紀 釋奝然

唐荊川集
五雜俎
中山傳信錄
琉球志
琉球國志畧 周煌
鄭注孝經 岡田挺之序
小板孝經 藤信篤跋
皇侃論語義疏 平安服元喬序
辨名 物茂卿
日本風土記
續日本紀
仙臺國記畧
陸奧州志
年號箋
文鏡秘府論 釋空海
性靈集 釋空海
千載佳句

古語拾遺
神皇正統記
宏仁式
秘府畧
令義解
日本後記
類聚國史
三代實錄
延喜式

年代摯要
日本高僧傳
古梅園續墨譜
全唐詩逸
戊亥遊囊
日本國朝三國志

南遊捆載錄
蓬蒿詩集
柳灣漁唱集
兢秀亭草稿

吾妻鏡補目録

吾妻鏡補卷一　一名日本國志

吳江　翁廣平

世系表　日本世系自神武天皇以前諸書同，並列於左

此吾妻鏡本與歷代紀元考、海東諸國紀同
天御中主
天材雲尊
天八重雲尊
天彌聞尊
天忍勝尊
瞻波尊
萬魂尊
利利魂尊
國狹槌尊
角龔魂尊
汲井舟尊
面垂見尊
國常立尊

此奝然年代紀略、文獻通考、宋史日本考同
天御中主
天材雲尊
天八重雲尊
天忍尊
瞻波尊
萬魂尊
利利魂尊
國狹槌尊
角龔魂尊
津舟尊
面重見尊
國常立尊

此仙臺國記畧、帝系與日本小志同
天神七代
第一國常立尊
第二國狹槌尊
第三豐斟渟尊
第四泥土煑尊
第五大戶道尊
第六面足尊
第七伊弉諾尊
地神五代

此年號箋參年代擧要
天神七代
國常立尊
國狹槌尊
豐斟渟尊
泥土煑尊
沙土煑尊
大戶道尊
大戶邊尊
面足尊
惶根尊
伊弉諾尊

天鑑尊
天萬尊
珠名杵尊
伊弉諾尊
素戔為尊
天照大神尊
正哉吾勝速日天押穗耳尊
天彥尊
天炎尊
彥瀲尊
右二十三世都於筑紫日向宮吾妻鏡、遷都略記都於日

天鑑尊
天萬尊
珠名杵尊
伊弉大尊
素戔烏尊
天照火神尊
天彥尊
天炎尊
彥瀲尊

第一天照大神
第二忍穗耳尊
第三瓊瓊杵尊
第四彥炎出見尊
第五葺不合尊

伊弉冊尊
地神五代
天照大尊
忍穗耳尊
瓊瓊杵尊
彥炎出見尊
葺不合尊

嶠

嶠州宮

人皇仙臺國帝系與年號箋有天神地神人皇之號，餘俱無書。仙臺國帝系自神武以下俱稱帝，餘書俱稱天皇

神武天皇一代　彥瀲尊第四子年代擧要作葺不合尊子，山東周惠王十七年辛酉立，在位七十九年，年一百二十七歲。自筑紫入居太和州橿原宮遷都略記作和州橿原，二十九年庚寅生綏靖

吾妻鏡諸書皆曰以周僖王甲寅即位考僖王以庚子立在位五年是甲辰無甲寅蓋紀載之譌也惟年號箋云當周惠王十七年考惠王以乙巳立則十七年是辛酉又以日本諸王之曆年與中國史鑑及紀載之書核之干支釐毫不爽故余纂此書斷自辛酉始

綏靖天皇代二以周簡王五年庚辰立在位三十三年　甲十五年甲午生安寧

安寧天皇代三以周靈王二十四年癸丑立在位三十八年

懿德天皇代四安寧子以周敬王十年辛卯立在位三十五年　五年乙未生孝昭

孝昭天皇代五以周元王元年丙寅立在位八十三年年百十八歲　四十九年甲寅生孝安

孝安天皇代六以周安王十年己卯立在位一百二年年一百三十七歲　五十一年己卯生孝靈　九十二年庚申富士山出

孝靈天皇代七以周赧王二十五年辛未立在位七十六年年一百十五歲　五年乙亥近江湛　十三年癸未梵字渡　十八年戊子生孝元　七十二年甲午經書渡

低兩格

孝元天皇代八以秦始皇三十二年丁亥立在位五十七年年一百十七歲　七年癸巳生開化　三十九年乙丑六月降雪

開化天皇代九以漢文帝後七年甲申立在位六十年年一百十五歲　十年癸巳生崇神

崇神天皇代十以漢武帝天漢四年甲申立在位六十八年年一百二十歲　十年癸巳始有將軍之歸

此第九行

垂仁天皇十一以漢成帝建始四年壬辰立在位九十九

此第行

十七年庚子始造舟　二十七年庚戌生垂仁

年年一百四十歲　三年甲午新羅王子歸化獻寶物　四年乙未皇后兄狹穗彥謀反五年丙申伏誅皇后死城中　六年丁酉秋蹶速野見角力　二十八年己未詔罷殉死　三十五年丙寅令諸國開池溝勸農　三十七年戊辰生景行　八十六年丁巳倭使始通漢　八十八年己未新羅王來帝見之

景行天皇二十以漢明帝永平十四年辛未立在位六十年年一百六歲　十年庚辰江州湖中竹生島見

十三年癸未生成務　四十一年辛亥日本武
薨
成務天皇十三以漢順帝永建六年辛未立在位六十一
年年一百七歲　遷都江州志賀　十九年己丑
仲哀生　四十年庚戌神功生
仲哀天皇十四成務子以漢獻帝初平三年壬申立在位
九年　遷都長州豐浦　九年庚戌應神生　仲
哀國人言今為鎮國香椎大神年代紀
桓靈間倭國大亂更相攻殺歷年無主有一女子
名曰卑彌呼年長不嫁事鬼神道能以妖惑衆於
是共立為王侍婢千人少有見者惟有男子一人
給衣食傳語（辭）居處宮室樓觀城柵皆持兵守衛[illegible]
後漢書　卑彌呼無夫壻有男弟佐治國自為王以
来少有見者三国志
神功天皇十五仲哀之后以漢獻帝建安六年辛巳立在
位六十九年年一百歲　遷都筑前州　神功天
皇又謂之息長足姬天皇國人言今為大奈良姬[illegible]彌
大神年代紀　日本弓之始　吉野國棲始　二

十一年辛丑帝入新羅　四十八年戊辰百濟馬
鷹渡百濟稱西番貢　五十年始作驛路
應神天皇十六仲哀之子以晋武帝泰始六年庚寅立在
位四十三年年一百十歲　某年諸韓来朝作池
九年戊戌赵請始　十四年癸卯百濟貢女士
始　十五年甲辰貢經典　始於百濟國得中國
文字今號八番善薩有大臣號紀武内年三百七
歲年代紀
仁德天皇十七應神子以晋愍帝建興元年癸酉立在位
八十七年年一百十歲　遷都攝州難波高津[illegible]宮
四年丙子登高見人烟免課役　十年乙酉始
課科役構宮室　十三年戊子始立茨田屯倉
十七年壬辰履中生　三十九年甲寅詔獻菖蒲
四十年乙卯反正生　七十五年庚寅雄畧生
履中天皇十八先帝之子名讚以晋安帝隆安四年庚子
立在位六年　遷都和州
反正天皇十九履中母弟名珍以晋安帝義熙二年丙午
立在位六年

允恭天皇十反正母弟名濟以晋安帝義熙八年壬子
立在位四十二年　都和州　二年癸丑安康生
四年乙卯姓氏尊卑品定　二十九年巳卯顯
宗生　三十七年丁亥賢仁生　三十九年己丑
継體生
安康天皇廿名興以宋武帝孝建元年甲午立在位三
年
雄畧天皇廿一興弟名武以宋武帝大明元年丁酉立在
位二十三年年一百四歳　七年癸卯女御始
十年丙午安閑生　廿二年戊午浦嶋子入仙宮
清寧天皇廿二雄略子以齊高帝建元二年庚申立在位
五年
顯宗天皇廿三履中曾孫以齊武帝永明三年乙丑立在
位三年
仁賢天皇廿四顯宗母兄以齊武帝永明六年戊辰立在
位十一年
武烈天皇廿五仁賢子以齊東昏侯永元元年巳卯立在
位八年

己卯嘉紀元年日本有年號之始
庚辰　二年
辛巳　三年
壬午　四年
癸未　五年一作是光元年
甲申　六年　二年
乙酉　七年　三年
丙戌　八年　四年
繼體天皇廿六應仁元孫之子以梁武帝天監六年丁亥
立在位二十七年
丁亥不改元　元年一作襲號　是光五年
戊子　二年　六年
己丑　三年生宣化　七年
庚寅　四年　八年
辛卯　五年　九年
壬辰　六年　十年襲號止此
癸巳　七年
甲午　八年

乙未　九年
丙申　十年
丁酉　十一年
戊戌　十二年
己亥　十三年
庚子　十四年
辛丑　十五年
壬寅善紀元年一作善化
癸卯　二年
甲辰　三年
乙巳　四年
丙午正和九年
丁未　二年
戊申　三年
己酉　四年巨勢大臣薨
庚戌　五年
辛亥發倒元年一作教倒
壬子　二年

癸丑　三年
武帝即位進倭王武號征東大將軍梁書

男　碓　小海校字

吾妻鏡補卷二 一名日本國志

世系表

安閑天皇 廿八繼體子以梁武帝中大通六年甲寅立在位二年都和州

甲寅 元年

乙卯寶元元年

宣化天皇 廿九繼體子以梁武帝大同二年丙辰立在位四年

丙辰僧聽元年 一作寶元二年

丁巳 二年 三年

戊午 三年 四年

己未 四年 五年

欽明天皇 三十繼體子以梁武帝大同六年庚申立在位三十二年 年代紀作天國排開廣庭天皇

庚申 元年

辛酉明要元年 一作同要

壬戌 二年

癸亥 三年

甲子 四年

乙丑 五年

丙寅 六年

丁卯 七年

戊辰 八年

己巳 九年

庚午 十年百濟渡五經易醫藥邑味知之 博士渡

辛未 一作得光 十一年始傳佛法於百濟 或作壬申年

按唐書欽明之十一年直梁承聖元年考是年乃簡文帝大寶元年若承聖元年是十三年則一字乃三字之誤

壬申貴樂元年

癸酉 二年

甲戌法清元年 一作結清 彌陀三尊畫渡

乙亥 二年

丙子 三年

丁丑 四年

戊寅兄弟元年

己卯　藏和元年一作藏知
庚辰　二年
辛巳　三年
壬午　四年
癸未　五年
甲申　師安元年
乙酉　知僧元年一作和僧
丙戌　二年
丁亥　三年
戊子　四年
己丑　五年
庚寅　金光元年
辛卯　二年
敏達天皇卅一欽明子以陳宣帝大建四年壬辰立在位十四年　年代紀紀元考作達海天皇　唐書作海達天皇
壬辰　元年
癸巳　二年　痴戸生

甲午　三年
乙未　四年
丙申　賢棲元年一作賢栖
丁酉　二年　法華經佛工來
戊戌　三年
己亥　四年　釋迦像渡
庚子　五年
辛丑　鏡常元年一作鏡當
壬寅　二年
癸卯　三年
甲辰　四年
乙巳　勝照元年一作勝烈
用明天皇卅二敏達之弟以陳後主至德四年丙午立在位二年　唐書作多利思比孤天皇紀元考以爲此推古天皇之子按隋書開皇二十年倭王號阿輩雞彌郎推古天皇也無多利思之字唐書諸紀元考作隋開皇中立以隋文帝於陳宣帝大建十三年即稱開皇元年也
丙午　元年一作勝照二年

丁未一　二年一作重和元年
用明天皇有子曰聖德太子年三歲聞十人語同
時解之七歲悟佛法於菩提寺講聖鬘經天雨曼
陀羅花當此隋開皇中遣使泛海至中國求法華
經年代紀參文獻通考
崇峻天皇三卅用明之弟以陳後主禎明二年戊申立在
位五年
戊申　元年　和重二年
己酉端政元年一作端正
庚戌　二年
辛亥　三年
壬子　四年
推古天皇卅四欽明天皇曾孫女擧要作欽明之后唐書
作欽明之孫女宋史作欽明之女以隋文帝開皇
十三年癸丑立在位三十六年
癸丑喜樂元年
甲寅告貴元年一作從貴元年
乙卯　二年一作始哭元年　二年

丙辰法興元年　三年
丁巳　二年　四年
戊午　三年　五年
己未　四年　六年
庚申　五年　七年
開皇二十年倭王多利思比孤號阿輩雞彌王妻
號雞彌後宮有女六七百人名太子為利歌彌多
弗利
遣吏詣闕上令所司訪其風俗使者言倭王以天
為兄以日為弟天明時出聽政跏趺坐日出便停
理務云委我弟文帝曰此大無義理於是訓令改
之隋書
辛酉願轉元年
壬戌　二年歷書來
癸亥　三年
甲子　四年官位法令始
乙丑光元元年帝鑄釋迦　高麗貢金
丙寅　二年聖德講聖曼法華

大業三年倭王多利思比孤遣使朝貢使者云聞海西菩薩天子重興佛法故遣朝拜兼有沙門數十人來學佛法隋書

丁卯　三年太子使者妹子自隋歸

戊辰　四年九月太子屏夢殿取前身所持妙經

大業四年上遣文林郎裴清使倭國渡海歷百濟等數國至其處倭王遣小德何輩臺從數百人設儀仗鳴鼓角來迎後十日又遣大禮哥多毗從二百餘騎郊勞既至彼都其王與清來貢方物隋書

己巳　五年百濟舟漂流着肥後

庚午　六年始作彩色紙

辛未定居元年諸臣服色隨冠色

壬申　二年詔造須彌山於廷　始習樂

癸酉見聖元年

甲戌　二年

乙亥　三年御田鍬等還自隋

丙子　四年正月桃李實

丁丑　五年出雲有瓜大如缶　太子建大安寺

諭

戊寅和京元年

己卯　二年

庚辰　三年赤氣丈餘亘於天

辛巳　四年二月二十二日聖德薨四十九歲　一作　法興元世元年

壬午　五年五穀不登　二年

癸未節中元年霖雨大水

甲申仁王元年僧官始

乙酉　二年高麗惠灌來　三論始

丙戌　三年六月大雪天下大飢盜起　馬子死

丁亥　四年五年蠅方丈聲如雷

戊子　五年

舒明天皇卅五敏達之孫彥人大兄之子以唐太宗貞觀三年己丑立在位十三年

己丑聖聽元年一作聖德

庚寅　二年遷都於飛鳥罡傍　秋發遣唐使

辛卯　三年九月幸有馬溫泉

貞觀五年倭遣使入朝帝矜其遠詔有司無拘歲貢遣新州刺史高仁表往諭唐書

壬辰　四年
癸巳　五年
甲午　六年秋彗星見
乙未僧要元年蓮生一莖二花
丙申　二年正月朔日食
丁酉　三年二月大星從東流聲如雷　蝦夷反
戊戌　四年秋大風九月桃李花　各幸有馬
己亥　五年
庚子命長元年一作令長　二月七星入月　官講始
辛丑　二年
皇極天皇卅六舒明天皇后一作敏達曾孫茅渟王之女以
唐太宗貞觀十六年壬寅立在位三年
壬寅　元年
癸卯　二年五色雲滿天　六月並頭蓮生
甲辰　三年六月傳位　巫祭蠱惑民
孝德天皇卅七皇極之弟以唐太宗貞觀十九年乙巳立
在位十年
乙巳大化元年

丙午　二年立國司造闕建宇治橋
丁未　三年高行亻新行貢一作常色元年
元旦朝賀始
戊申　四年遣求法僧　三韓是唐使始二年
己酉　五年始置八省百官本朝通記一作　白鳳元年
阿倍大臣薨
庚戌白雉元年長州所白雉　二年
辛亥　二年右大臣大伴長德薨　三年
壬子　三年造戶籍　大雨洪水　四年
高宗永徽初倭王孝德即位改元白雉獻琥珀大如斗瑪瑙若五升器時新羅為高麗百濟所暴高宗賜璽書令出兵援新羅　永徽三年倭國與蝦蛦人偕朝蝦蛦居海島中其使者鬚長四尺許唐書
癸丑　四年　白鳳五年
律師道照求佛法至中國從三藏僧元奘經律論
甲寅　五年吐火羅國人至　鼠遷和　白鳳六年
齊明天皇卅八皇極重祚以唐高宗永徽六年乙卯立在

位七年　年代紀作天豐財重日足姬天皇　遷
都大和州
乙卯　元年　白鳳七年
丙辰　二年百濟獻尸コム　八年
丁巳　三年盂蘭盆會始　九年
戊午　四年巨勢麓　智踰作指南車　十年
令僧智通等入唐求大乘法相顯慶三年
己未　五年代蝦夷坂合津守吉祥聘唐　十一年
庚申　六年始依漏刻　二十年
辛酉　七年遷都朝倉　三十年
天智天皇卅九舒明子一作天豐子以唐高宗龍朔二年壬
戌立在位十年都江州大津
壬戌白鳳元年　四十年
癸亥　二年日本救百濟大唐戰延罷寺　五十年
甲子　三年冠位階名定　伐新羅　六十年
乙丑　四年鐮足號大織冠　唐遣劉高德通好以和
丙寅　五年
丁卯　六年遷都志賀

亨
戊辰中元元年長州献角馬　越國献代油薪之土
己巳　二年鐮足薨
庚午　三年四月法隆寺災火雨震雷
咸亨元年總符遣使者賀平高麗後稍習華音惡倭
名更號日本　唐書或曰日本是小國為倭所并
而冐其名按舊唐書四夷立傳既有傳倭又有日
本傳知非更號也同上參太平御覽
辛未　四年大友皇子任大政大臣
男　雒　小海校字

吾妻鏡補卷三 一名日本國志

吴江 翁廣平 海琛纂

世系表

天武天皇四十 天智弟以唐宗咸亨三年壬申立在位
十五年都和州岡本
壬申白鳳元年一作朱雀
癸酉 二年不破關成 始寫一切經
甲戌 三年對馬始出銀
乙亥 四年竜田祭始 八月大風 十一月地大動
丙子 五年八月詔放生 飢饉
丁丑 六年五節舞始
戊寅 七年八坂塔立 甘露零難波
己卯 八年制僧尼法服色 六月雹
庚辰 九年葛城獲麟角 六月雨灰 八月大水風
辛巳 十年獻赤龜 彗星見
壬午 十一年房前生 始著黑漆冠
癸未 十二年用銅錢止銀錢 八月大赦
甲申 十三年詔男女服 定諸氏為八姓

雉

乙酉 十四年大津皇子賦詩日本始作詩
丙戌 十五年一作朱鳥 和州獻赤雉 草薙劍納熱田一作朱鳥元年
總持天皇四一 天智之女以唐武后垂拱三年丁亥立在
位十年 年代紀作持總天皇紀元考作持統天
皇
丁亥 元年 朱安二年
戊子 二年詔學周詩 詔減刑赦除賦之半 三年
己丑 三年始上御杖 草壁皇子薨
庚寅 四年
辛卯 五年女叙位始 諭百寮奉佛 自四月至六月雨大水
壬辰 六年大赦
大神宮行幸
癸巳 七年漢人奏踏歌 近江益須郡醴泉出
甲午 八年置鑄錢司 河内獻白山雉
乙未大和元年九月放赦獄
丙申 二年
文武天皇四二 天武之孫草壁皇子之子以唐武后萬歲
通天元年丁酉立在位十一年

丁酉大長元年
戊戌　二年萬葉集　禁博戲　自去年三月不收大稅
己亥　三年謫役小角伊豆
庚子　四年道照寂　火葬始　詔定律令
辛丑大寶元年始行釋奠　松尾社立　不比等作律令
長安元年倭王文武遣朝臣真人粟田貢方物真
人猶尚書也冠進德冠頂有華蘤四紫袍帛帶真
人好學能屬文進止有容武后宴之麟德殿授司
膳卿還之唐書
壬寅　二年開木曾山
癸卯　二年遣粟田真人入唐求書籍律師道慈
求經律年代紀系唐書聖武生　三目人異朝來
甲辰慶雲元年鑄諸國印　停百官跪伏禮　大赦
乙巳　二年諸國斗升始　諸國飢疫給醫藥
丙午　三年始行追儺　夏旱
丁未　四年六月十五日天皇崩火葬於飛鳥岡
阿閉天皇三四天智之女以唐中宗景龍二年戊申立在
位七年

年號箋作元明天皇宋史作阿用天皇
戊申和銅元年正月武州出銅　仲麿生
己酉　二年光仁生　禁私鑄錢
庚戌　三年興福寺立　遷都平城
辛亥　四年稻荷神現　撰古事記
壬子　五年作風土記　日向分大隅出
癸丑　六年備前分美作　丹波分丹後　分奧置出羽
甲寅　七年布二丈六尺定　九月三日上傳位
開元初粟田復朝從諸儒授經詔四門助教趙元
默即鴻臚寺為師獻大幅巾為贄題云白龜元年
所得錫賚悉貿物貨書以歸其副朝臣仲滿慕華
不肯去易姓名曰朝衡歷左補闕儀王友多所該
識留京師五十年乃還新舊唐書系作晁衡字巨卿　按朝衡系　王
維送秘書晁監還日本積水不可極安知滄海東
九州何處遠萬里若乘空向國惟看日歸帆但信
風鰲身映天黑魚眼射波紅鄉樹扶桑外主人孤
島中別離方異域音信若為通
元正天皇四四文武之姉以唐元宗開元三年乙卯立在

位九年　年代紀紀元考皆作皈依天皇新唐書阿用立
死子聖武立改元白龜不載元正天皇又仁明元年直開成四年示元不符且與宋史所紀世系相背唯孝光元年直光啟元年則符也
乙卯靈龜元年遣僧正元昉入朝按此年代紀諸在聖武天皇下
丙辰　二年仲麻呂入唐　施基親王薨
丁巳養老元年　三月醴泉出
戊午　二年撰律令　善天畏東遊　十二月大赦
己未　三年孝謙生
庚申　四年撰日本記　放生會始　淡海公薨
辛酉　五年伊勢例幣使始　十二月四日元明崩年六十歳
壬戌　六年置女醫博士　魚名生　自五月至
八月不雨詔田租
癸亥　七年二月四日上傳位　献白龜
聖武天皇五四文武之子以唐元宗開元十二年甲子立
在位二十五年
甲子神龜元年人麿卒　六月太白晝見　於陸奥
國築多賀城日本地理志風土記詳
乙丑　二年人丸薨　遣吉備真備入唐為留學

生研覃經史該渉衆藝
丙寅　三年長谷寺供養
丁卯　四年新羅使入京神皇正統記
戊辰　五年禁天下養鷹
己巳天平元年光明后立
庚午　二年興福寺塔立　始置皇后宮
辛未　三年竹生島神現諏訪并信州
壬申　四年天皇始冕服朝前太平記
癸酉　五年三島明神現　諸国飢詔恤之
甲戌　六年四月大地震民多死
乙亥　七年舎人親王薨　吉備真備朝大唐歸
献唐禮一百三十巻大衍經一巻大衍歴立成十
二巻測影鐵尺一枚銅律管一部樂書要録十巻
絃纏漆角弓一張馬上飲水漆角弓一張甲箭二
十隻平射箭十隻
丙子　八年天下始疱瘡
丁丑　九年桓武生　毎州建國分寺
戊寅　十年松浦明神現　毎月六日齋禁漁獵

己卯　十一年諸國分尼立寺　出雲獻朱鳥
庚辰　十二年遷都恭仁　太宰廣繼伏誅
辛巳　十三年令諸國寫經造塔
壬午　十四年興州赤雨雪二寸　六月京雨飯　冬隅空有聲
癸未　十五年創大佛像　太宰府始供腹赤魚
甲申　十六年遷都浪華
乙酉　十七年大地震三日不止之甚
丙戌　十八年元昉宋□
丁亥　十九年中將姫生京師大旱免租
戊子　二十年四月廿一日正元崩
孝謙天皇四十六　聖武女以唐元宗天寶八載己丑立在位十年　宋史文獻通考作孝明天皇
己丑勝寶元年　按年代紀新唐書日本高僧傳皆作天平勝寶而吾妻鏡年號箋作勝寶者省文也
庚寅　二年始黃金出
辛卯　三年始置常樂會
壬辰　四年幸東大寺慶大佛像
遣使及僧入唐求内外經及傳戒　年代紀　日本高僧傳天平勝寶四年藤源清河為遣唐大使至長安見元宗元宗聞彼國有賢君觀使者趨揖有異乃號日本為禮儀君子國命晁衡導清河等視府庫及三教殿又圖清河貌納於蕃藏中及歸賜詩　釋空海文鏡秘府論　明皇帝送日本使　日下非殊俗天中嘉會朝念余懷義遠矜爾畏途遥漲海寬秋月歸帆駛夕飈因驚彼君子王化遠昭昭　全唐詩逸　錢起送僧歸日本　上國隨緣至來途若夢行浮天滄海遠去世法船輕水月通禪觀魚龍聽梵聲惟憐一燈影萬里眼中明
癸巳　五年法華寺立　攝州大風海邑民漂沒　天寶十二年朝衡復入朝唐書包佶送日本國聘賀使晁巨卿東歸　上才生下國東海是西鄰九譯蕃君使千年聖主臣野情偏得禮木性本含仁錦帆乘風轉金裝照地新孤城開蜃閣曉日上車輪早識來朝歲塗山王帛均
甲午　六月石山寺立
乙未　七年改年為歲　藝州獻白鳥

丙申　八年五月二十日聖武崩年五十六
天寶末楊州僧鑒真始往倭國大演釋教經魚海
蛇山其徒號過海和尚考擧國史補
鑒真往日本漂入蛇海又入魚海復入鳥海既出
達於日本釋贊寧高僧傳
丁酉寶字元年按多賀城碑作天平寶字蓋四字年號而省文者　蚕自成字
故改元天平寶字　諸國藏孝經　橘諸兄公薨
イ二神コ元
戊戌　二年上傳位於皇孫大炊
大炊天皇七四天武之孫舍人之子一稱廢帝以唐肅宗
乾元二年己亥立在位六年
己亥　三年
庚子　四年鑄萬年通寶錢太平元寶錢　光明
后薨
辛丑　五年遷都保良　孝謙天皇剃髮名法基
壬寅　六年遷都平城
鎮守將軍藤原惠美朝臣朝獦修多賀城立碑天
平寶字六年十二月一日見雲真人書日本風土記

癸卯　七年當麻曼荼羅成
甲辰　八年孝謙廢天皇流之淡州　誅惠美
唐高鶴林官都虞候冠軍大將軍因使日本願謁
鑒真和尚既滅度不覲尊顔嗟而述懷上方傳佛
燈名僧號鑒真懷藏通鄰國真如轉付民早嫌居
五濁寂滅離囂塵禪院從今古青松繞塔新斯法
留千載名記萬春見鑒真和尚傳按鑒真示寂在天平寶字六年全唐詩逸
稱德天皇八四孝謙重祚名高野姬以唐代宗永泰元年
乙巳立在位五年
乙巳神護元年按擧要改元天平神護　是年十月先皇崩于淡
丙午　二年道鏡受位　藤豐成薨
丁未景雲元年目光山立　伊治城ヲキツク
戊申　二年春日移三笠山　流清麿於大隅
己酉　三年清麿謂字佐
光仁天皇四九天武之孫施基之子以唐代宗大歷五年
●庚戌立在位十二年　年代紀作白壁天皇
庚戌寶龜元年八月四日孝謙崩　仲麿子唐卒
辛亥　二年渤海國使入京

工

與

壬子　三年道鏡死以庶人葬
癸丑　四年良弁寂　定額僧遣使及僧靈仙行賀入唐
礼五台山學佛法　年代紀
甲寅　五年空海生　蝦夷反討平之　建神護寺
乙卯　六年吉備公薨　中將姬卒
丙辰　七年京中屋上每夜自落石　天下大蝗
丁巳　八年冬旱宇治川水絶　遣小野石根于唐
戊午　九年
大歷十三年遣大使朝𦏁副使和聰達來朝貢　宋史
己未　十年唐遣使來
庚申　十一年與賊因亂殺紀廣純　明年遣兵討平之　判官調攝志　唐會要作調攝志
建中元年遣大使真人興能獻方物　真人因官爲氏者　興能善書其紙似繭而澤人莫能識　唐書
辛酉天應元年開愛宕

男雄　小海校字

吾妻鏡補卷四一名日本國志

吳江　翁廣平　海琛纂

世系表

桓武天皇　十五光仁之子以唐德宗建中三年壬戌立在位二十四年
壬戌　延歷元年
癸亥　二年八幡託號菩薩
甲子　三年都移長岡　冬十一月免京畿田租
乙丑　四年平野社立　大伴家持卒
丙寅　五年葛原親王嵯峨淳和生　阪上苅田麿卒
丁卯　六年
戊辰　七年開叡山　鑿波堀江
貞元四年遣使文明貢方物　唐書
己巳　八年廢諸國帥　古佐美率兵討與賊
庚午　九年疱瘡行　畿內大饑
辛未　十年八月盜燒伊勢太廟　征蝦夷
壬申　十一年令太學諸生習漢音
癸酉　十二年天皇幸新都巡覽之

甲戌　十三年將軍冢成　平安城成
乙亥　十四年田村丸任將軍
丙子　十五年創東寺鞍馬
丁丑　十六年續日本紀成
戊寅　十七年
己卯　十八年清麿薨
庚辰　十九年富士山燒山川水皆紅
辛巳　二十年田村丸征東夷
壬午　廿一年築膽澤城開箱根道
癸未　廿二年伊勢齋宮僚始
甲申　廿三年
元和初遣使者藤原葛野与空海大師及延歷寺僧最澄入唐越二年諸天台山傳智者正觀義年
代紀
釋空海性靈集序云和尚昔在唐日作離合詩贈土僧維上泉州別駕馬總一時大才也覽則驚怪因贈詩云何乃萬里來可非衒其才增學助元機土人如子稀　全唐詩逸

乙酉　廿四年田村管清水寺　最澄歸朝
永貞元年遣使者朝其學子橘免勢浮屠空海願留肄業歷二十餘年使者高階真人来請免勢等俱還詔可　唐書
平城天皇　五一桓武子一稱諸樂天皇以唐憲宗元和元年丙戌立在位四年
丙戌　大同元年空海歸
丁亥　二年豫親王反　冬桃李花
戊子　三年二月齋部廣成上古語拾遺
己丑　四年四月天皇傳位
嵯峨天皇　五二平城弟以唐憲宗元和五年庚寅立在位十四年
庚寅　弘仁元年仁明生
辛卯　二年田村丸薨　如茂齋苑始
壬辰　三年設花宴
癸巳　四年山階寺南円堂立　新羅入寇討平之
甲午　五年菅野真道薨
乙未　六年円珍生讚州

丙申　七年開高野山

丁酉　八年天下大旱　新羅人投化

戊戌　九年大内額空海改

己亥　十年僧官定　山門請戒壇

庚子　十一年

辛丑　十二年

壬寅　十三年冬副作宏仁式

癸卯　十四年賜東寺空海賜西寺守敏　天皇傳位

淳和天皇諱□之弟以唐穆宗長慶四年甲辰立在位十年 （嵯峨）

甲辰天長元年七月七日平城崩　口融生

乙巳　二年空海神泉苑乞雨　紫平生　浦島子歸　業平生　セセノイン始

丙午　三年東寺塔立　冬嗣卒

丁未　四年護明為僧正　文德生

戊申　五年諸國七道分

己酉　六年水車始

庚戌　七年良岑安世卒

辛亥　八年詔撰秘府略　光孝生

口

壬子　九年雲林院成

癸丑　十年撰令義解　二月廿八日天皇傳位

仁明天皇諱正良嵯峨子以唐文宗太和八年甲寅立在位

十七年

甲寅承和元年白馬節會始

乙卯　二年空海入定　永和昌寶ヲイル

丙辰　三年梅宮祭始

丁巳　四年篁流隱岐　常繼入唐

戊午　五年四仁入唐　五月二十日氷雪降

己未　六年

庚申　七年遣僧入唐禮五臺山　年代紀　三月十

七日淳和崩

劉禹錫贈日本僧智藏詩浮杯萬里過滄溟遍禮

名山適性靈深夜降龍潭水黑新秋放鶴野田青

身無彼我那懷土心會真如不讀經為問中華學

道者幾人雄猛得寧馨

辛酉　八年業平元服　日本後紀成

壬戌　九年七月十五日嵯峨崩　阿保親王薨

癸亥　十年宮田麿反捕流之
甲子　十一年　以菅是善為文章博士
乙丑　十二年菅相丞生
丙寅　十三年藤吉野薨
丁卯　十四年田仁帰朝　惟高生名虎卒
戊辰嘉祥元年横川中堂立　良貞又卒
己巳　二年渤海使來　賑飢民
庚午　三年三月二十一日天王崩
文徳天皇五五仁明子以唐宣宗大中五年辛未立在位
八年
辛未仁壽元年
壬申　二年小野篁薨
癸酉　三年円珍入唐　葛原親王薨　藤関雄卒
甲戌齊衡元年躬恒生
乙亥　二年大佛頭落　奥賊為亂討平之
丙子　三年三月大地震
丁丑天安元年逢関坂始　對馬人為亂
戊寅　二年春日祭始　八月二十七日天王崩

清和天皇五六文徳子以唐宣宗大中十三年己卯立在
位十八年
己卯貞観元年八幡遷男山
庚辰　二年真済寂　天皇始讀孝經
辛巳　三年始行長慶宣明暦　帝請論語左傳
壬午　四年真如親王入唐　二月釋奠請習左傳
癸未　五年撰續日本後紀　五月五日天寒隕霜
甲申　六年円仁寂　真雅聴輦車　僧位定　五月
冨士山火
乙酉　七年
丙戌　八年傳教慈覺謚太師號始
丁亥　九年五月五日宇多生
戊子　十年十月陽成帝生
己丑　十一年祇園社立
庚寅　十二年撰貞觀格　貞子内親王薨
辛卯　十三年良房准三宮始　時平生
壬辰　十四年良房薨
癸巳　十五年喬王薨
喬

甲午　十六年貞親王生　僧尼禁綾羅
乙未　十七年仲平生
丙申　十八年太極殿火　十一月二十九日天皇傳位
陽成天皇五七清和子以唐僖宗乾符四年丁酉立在位
八年
丁酉元慶元年唐使至　正月紀有常卒
戊戌　二年四月興福寺燒亡
己亥　三年清和剃髮　都良香卒
庚子　四年業平薨　十二月清和崩
辛丑　五年創置奨學院
壬寅　六年渤海使來
癸卯　七年忠岑生
甲辰　八年紀貫之生　二月天皇遜位
光孝天皇五八仁明子以唐僖宗光啟元年乙巳立在位
三年
乙巳仁和元年
丙午　二年三月十三日東寺塔雷火
光啟元年遣僧宗賫貢物入唐傳教　兩浙海防續編

丁未　三年七月晦大地震　八月二十五日天皇崩
宇多天皇五九光孝子以唐僖宗光啟四年戊申立在位
十年傳於子
戊申仁和四年
己酉寬平元年賜平姓於高望王　龍紀元年仁和
天皇遣僧寬建等入唐（朝）唐書係己酉年實宇多寬
平元年蓋遣使時仁和尚未傳位也
庚戌　二年遍昭寂　紀長谷雄始讀漢書　七種粥始
辛亥　三年円珍卒　基經薨
壬子　四年修類聚國史
癸丑　五年行平卒
甲寅　六年小野道風生　新羅寇却之
乙卯　七年融薨號河原院
丙辰　八年廢二條后皇后
丁巳　九年七月三日天皇傳位
醍醐天皇六十宇多子以唐昭宗乾寧五年戊午立在位
三十三年
戊午昌泰元年

己未　二年太上皇始稱法皇
庚申　三年上三代實録　七月彗星見
辛酉　延喜元年菅公左遷　時平作延喜式
壬戌　二年遣僧入貢　有熊入西京傷人
僧莊送日本僧敍龍歸詩扶桑已在渺茫中家在
扶桑東更東此去與師共誰到一船明日一帆風
癸亥　三年菅公薨　空也生
甲子　四年宇多帝成室於仁和寺俗曰御室
乙丑　五年撰古今　七月捕博徒
丙寅　六年敦忠生　帝讀史記
丁卯　七年法皇行熊野　鑄延喜通寶錢
戊辰　八年渤海遣使来
己巳　九年七月聖寶寂　時平薨
庚午　十年御影供始　信貴毘沙門出現
辛未　十一年正月七日若菜始　九月良原主滿仲生
壬申　十二年
癸酉　十三年源光薨　贈時平太政大臣
甲戌　十四年五月二日京六百十七家火依菅靈祟　六月大水

集

乙亥　十五年七月十五日如月二刻　鑄隆平錢
丙子　十六年貞純薨
丁丑　十七年十二月朔東大寺火講堂僧房皆罹
戊寅　十八年洪水淀河如海　定服色
己卯　十九年詔以空海文冊置經藏
庚辰　廿年渤海使
辛巳　廿一年空海謚宏法大師　佐理生　崇福寺火
壬午　廿二年夏大旱
癸未　延長元年朱雀帝生　三月菅靈奮后洛下震恐
甲申　二年大和献八足兔　太上皇入山
乙酉　三年天皇疱瘡
丙戌　四年多武峰總社立　村上生
丁亥　五年進延喜格式六十卷　田真謚知證大師
戊子　六年風土記成就　書賢君明臣清涼殿　性空生
己丑　七年道風書賢聖障子　京師洪水人多死
庚寅　八年九月二十二日天皇傳位　清貫希世震死

男　雄　小海校字

吾妻鏡補卷五一名日本國志

吳江　翁廣平　海琛纂

世系表

朱雀天皇六醍醐子以後唐明宗長興二年辛卯立在
位十六年

辛卯承平元年

壬辰　二年將門謀叛於下總

癸巳　三年去州詔減常膳服御四分之一　藤
純友反

甲午　四年東大寺西塔雷火

乙未　五年三月延曆寺中堂火

丙申　六年純友冦南海

丁酉　七年四月十五大地震　富士山火

戊戌天慶元年雞合始

己亥　二年庚申御遊始　將門反

庚子　三年天神現右近馬場　將門亡

辛丑　四年純友亡　日藏往冥途

壬寅　五年源姓生　新羅七艘到隱岐

癸卯　六年實賴任左相　元良王薨

甲辰　七年長谷燒亡　天下大風

乙巳　八年枇杷大臣薨

丙午　九年紀貫之薨　四月十三日天皇傳位

村上天皇六朱雀弟以後漢高祖天福十二年丁未立
在位二十一年

丁未天曆元年天都始遷北野　六月忠文卒

戊申　二年實賴為關白

己酉　三年貞信公薨　九月廿九陽成崩

庚戌　四年正月廿四冷泉生

辛亥　五年撰後撰集　六月波羅密寺立

壬子　六年八月十五朱雀崩　太上皇剃髮

癸丑　七年三月乾方公卒

甲寅　八年重明親王薨

乙卯　九年北野一夜生千本松　從菅丞相謚天滿天神

丙辰　十年淨藏加持八坂塔

丁巳天德元年吳越遣使來

戊午　二年源經基薨　六月孫王薨

宸

己未　三年四融陀生　吳越遣使來
庚申　四年九月二十四皇宮災帝遷冷泉
辛酉應和元年冬十一月還幸
壬戌　二年給東西京民綿布
癸亥　三年八月廿日清涼山門南都宗論
甲子康保元年道風卒　淨名宗　栽櫻桃於紫宸殿
乙丑　二年左大臣顯忠薨
丙寅　三年六月廿三兩日並出　京大水
丁卯　四年五月二十五日天皇剃髮為僧名覺貞是日崩
冷泉院天皇六十三村上子以宋太祖開寶元年戊辰立在位二年傳位其子自稱太上皇此天皇始號院
戊辰安和元年
己巳　二年八月十三天皇傳位
圓融天皇六十四冷泉子稱守平亦作符平天皇以宋太祖開寶三年庚午立在位十五年
庚午天祿元年實頼薨
辛未　二年祇國會始行　建多田院

壬申　三年空也寂
癸酉天延元年北野社火
甲戌　二年兼通為關白
乙亥　三年
丙子貞元元年六月十八日未曾有大地震　皇宮火
丁丑　二年兼道薨　八月滿仲出家
戊寅天元元年
己卯　二年三月廿八日幸八幡　四月苗始幸平野
庚辰　三年六月朔一條院生　七月九日猛風
羅城門倒　皇宮火
辛巳　四年山門三井不和　九月菅文時卒
壬午　五年奝然入宋　皇宮火
癸未永觀元年建永觀寺　順卒
甲申　二年八月廿七日天皇傳位
雍熙元年日本国王守平遣僧奝然與其徒五六人浮海而至獻銅器十餘事并本國職員表年代紀各一卷奝然衣綠自云姓藤原氏父為真連真連其国五品官也奝然善隷書上名見不通華言問

風土以書對其國王一姓傳継臣下皆世官因嘆
息謂宰相曰此島夷耳乃世祚遐久其臣亦継襲
不絶蓋古之道也朕雖德慙往聖常夙寅畏夜講
求治本亦以為文孫之計使大臣之後世襲禄位
此朕之心也乃又求之五臺許之令所過給食明
年隨台州寧海縣商人船歸其国越四年端拱元
年遣弟子喜因等奉表来謝並貢方物賜紫衣存
撫甚厚據有越王孝經新義第十五一卷郎鄭氏
注者越王乃唐太宗子越王貞新義記室參軍任
希古等撰也奝奝然求印本大藏經詔給之（宋史 象胥録）

（兩浙海防續編）

花山院天皇（五六）冷泉子以宋太宗雍熙二年乙酉立在
位二年

乙酉寛和元年田融剃髮名覺如

丙戌　二年嵯峨釋迦像渡　拾遺集（合三代）華
山剃髮

一條院天皇（六六）圓融子以宋太宗雍熙四年丁亥立在
位二十五年

丁亥永延元年

戊子　二年

僧奝然遣弟子奉表来謝（見上文）　又別啟貢佛經及
方物　佛經納青水函　琥珀納青紅白水晶
紅黑木槵子念珠各一連並納螺鈿花形平函
毛籠一納螺杯二口　葛籠一納法螺二口　染
皮二十板　金銀蒔繪筥一合納髮鬘二頭　又
一合納三議正四位十藤佐理手書二卷及進奉
物數一卷表狀一卷　又金銀蒔繪筥一合納
金硯一鹿毛筆松烟墨金銅水瓶鉄刀　又金銀
蒔繪扇一筥一合納檜扇二十枚　蝙蝠扇二枚
螺鈿梳函一對其一納赤木梳二百七十其一納
龍骨十橛　螺鈿書案一　螺鈿書几一　金銀
蒔繪平筥一合納白細布五疋　鹿皮籠一納
貂裘一領　螺鈿鞍轡一副銅鉄鐙紅絲鞦泥障
倭畫屏風一雙　石硫黄七百觔（兩浙海防續編）

己丑永祚元年三方日出　東國卒
日本紀載嘗有兩日三日並出及三方日出者矣

天無二日豈有兩三日之理蓋海中多有光之物
如金鼇大蜃之類與日相對而印其光則亦如一
日矣此不足異也雞窓叢話
庚寅正歷元年西寺焼亡　圓融崩
辛卯　二年梅壺女御女院始
壬辰　三年紫式部卒前太平記
癸巳　四年贈菅神大政大臣
甲午　五年七月高野大塔災上　天下盜賊起
乙未長德元年藤道兼卒
丙申　二年遜備上皇　伊周流
丁酉　三年滿仲薨
戊戌　四年佐理卒　實方死
己亥長保元年五月九日庚申有三尸御遊
庚子　二年建河原院
辛丑　三年今宮立　皇宮火
壬寅　四年定基出家入宋
咸平五年建州海賈周世昌遭風飄至日本凡七
年得還與其国人滕木吉至上皆名見之詰所持
木弓矢挽射不及遠詰其故以國中不習戰鬥對
詢其風俗云婦人皆被髪一衣用二三縑又呈所
記州名年號世昌以國人唱和詩来其詞雕刻膚
淺無取賜木吉時裝錢遣還文獻通考
癸卯　五年三月廿六幸加茂社　敦實王薨
甲辰寬宏元年增賀寂上幸北野祠
景德元年僧寂照等八人来朝識文字繕寫甚妙
詔號圓通大師賜紫方袍自後朝貢者来皆僧也宋史
無名氏贈日本僧寂照禮天台山詩滄波泛萍錫
幾月到天朝鄉信日邊斷歸程海面遥秋泉吟裡
落霜葉定中飄為愛華風任扶桑夢自消王氏談
錄
乙巳　二年晴明卒
丙午　三年異國賊船来　冷泉院火
丁未　四年性空寂
戊申　五年二月八日華山崩　後一條院生
己酉　六年具平親王薨　後朱雀生
庚戌　七年為平親王薨

辛亥　八年六月十三天皇崩　十月廿四冷泉
崩
三條院天皇六七華山弟以宋真宗祥符五年壬子立在
位五年
壬子長和元年
癸丑　二年幸道長第
甲寅　三年興新羅戰　二月九日皇宮火
乙卯　四年正月廿一內裡火
丙辰　五年因幡堂移京　某月廿九天皇傳位
後一條院天皇六八一條子以宋真宗天禧元年丁巳立
在位二十年
丁巳寬仁元年
戊午　二年賴光斬鬼　造大安寺
己未　三年令宮會始
庚申　四年濟信許牛車　南蠻入寇廿七人卻之
辛酉治安元年五月九日三條崩
壬戌　二年佛工定朝得法橋工人綱位之始
癸亥　三年盜火麗大殿

甲子萬壽元年勢田橋火
乙丑　二年後冷泉生　大皇太后號上東門院
丙寅　三年大皇太后公任剃髮
天聖四年十二月，明州言日本國太宰府遣人貢
方物而不持本國表詔卻之其後亦未通朝貢南
賈時有傳其物貨至中國者
丁卯　四年行成卿卒　道長薨
戊辰長元元年平忠常反　四月大雪
己巳　二年
庚午　三年清仁王薨
辛未　四年賴信誅忠常
壬申　五年十二月法住寺火　宇多宮倒　富
士山灾
癸酉　六年盜入禁闕
甲戌　七年阿闍梨官始　後三條生
乙亥　八年
丙子　九年四月十七天皇崩
後朱雀院天皇六九後一條弟以宋仁宗景祐四年丁丑

立在位九年
丁丑長暦元年
戊寅　二年九月大神宮遷宮　延暦寺僧徒訴捕之下獄
己卯　三年台徒興直方戦
庚辰長久元年九月外宮遷宮　内裡火
辛巳　二年公任卒　法成塔為地震倒
壬午　三年皇宮火
癸未　四年牛産両頭犢　一條院火
甲申寛徳元年興福寺焼
乙酉　二年正月十八天皇崩
後冷泉院天皇㔫後朱雀子以宋仁宗慶暦六年丙戌
立在位二十三年
丙戌永承元年仁海寂
丁亥　二年清源寺武坐私以入宋流佐渡
戊子　三年興福寺供養　冬十一月皇宮火
献宋歴
己丑　四年献仏舎利一粒於天下諸神祠
庚寅　五年詔征奥州

辛卯　六年平等院立　安倍頼時反
壬辰　七年八月廿五日長谷寺炎上　任吉寺火
癸巳天喜元年白川生
甲午　二年
乙未　三年長谷寺立　造一條院
丙申　四年
丁酉　五年頼義誅頼時
戊戌康平元年太極殿災
己亥　二年一條院火
庚子　三年興福寺焼亡
辛丑　四年敦貞王薨
壬寅　五年誅貞任　生捕宗任
癸卯　六年三井一乗寺立　頼義建宮岡八幡
甲辰　七年八月十九清水寺炎上
乙巳治暦元年頼宗薨　日吉寺焼亡
丙午　二年教通関白　宋商王満献物刀ツム
丁未　三年上幸平等院
戊申　四年四月十九日傳位崩　六月四肥日

後降雪

男 雛 小海校字

吾妻鏡補卷六一名日本國志

呉江　翁廣平　海琛纂

世系表

後三條院天皇〻後冷泉弟以宋神宗熙寧三年己酉〇立在位四年

己酉延久元年始置紀錄所　八月八幡始放生會刀り

庚戌　二年感仁院燒亡

辛亥　三年八月內裡新造　奧賊作亂賴俊平

壬子　四年行日吉祭　十二月天皇傳位之

熙寧五年有僧誠尋至台州上天台國清寺願留州以聞詔使赴闕誠尋獻銀香爐木槵子白琉璃五香水晶紫檀琥珀所飾念珠及青色織物綾神宗以其遠人而有戒業處之開寶寺盡賜同來僧紫方袍是後連貢方物而來者皆僧也　宋史

白河院天皇〻〻後三條子以宋神宗熙寧六年癸丑立在位十の年

癸丑延久五年先帝崩
甲寅承保元年三月頼通薨　九月上東門院崩
三井等悉焚上
乙卯　二年叡山三井戒壇争
丙辰　三年
丁巳承暦元年法勝寺立九重塔　高麗求醫　敦
文王薨
戊午　二年七月九日堀河生　源師房卒
元豊元年使通事僧仲回来賜號慕化懷徳大師
明州又言得其國大宰府牒因使人孫忠還遣仲
回等貢色絹二百疋水銀五十兩州以孫忠乃泛
海商客而貢禮與諸國異請自移牒報而答其物
直付仲回東歸從之宋史
己未　三年二月太神宮外院燒　京師焚上
庚申　四年九月聘於宋
按元豊三年高麗國遣使柳洪副朴寅亮朝貢且
獻日本國車一乘洪云諸侯不貢車服誠知非禮
本國所以上進者欲中國知日本工拙耳朝廷爲
留之高麗本箕子之國其知禮如此錄陳襄文昌雜
辛酉永保元年春興福寺僧焚多武峰台徒燒三井
壬戌　二年頼義卒　仁和寺性信叙二位僧位
之始
癸亥　二年富士火
甲子應徳元年頼豪寂
乙丑　二年寛仁薨
丙寅　三年後拾遺　帝傳位
堀川院天皇　此白河子以宋哲宗元祐二年丁卯立在
位二十一年
丁卯寛仁元年
戊辰　二年上皇幸高野山
己巳　三年山門御幸
庚午　四年清原武衡反　正熊野御幸　清水
寺御幸
辛未　五年武衡家衡亡
壬申　六年幸金峰山　九月廿日焚上
癸酉　七年叡山僧鬧門　義綱討羽州賊

瘡

、甲戌嘉保元年九月顯房卒　陽明門院崩
乙亥　二年四月加茂社災上　天皇痾瘡三瘧
丙子永長元年白河剃髮　忠盛生
丁丑永德元年經信卒　天下洪水　建六條院
戊寅　二年法皇造鳥羽宮
己卯康和元年法親王妃
庚辰　二年流賴治於佐渡
辛巳　三年大政大臣師實薨
壬午　四年配流義親於隱岐
癸未　五年正月十六鳥羽生　高野大塔供養
甲申長治元年八月義家卒
乙酉　二年九月二條院崩
丙戌嘉承元年
丁亥　二年誅義親　七月十九上崩
鳥羽院天皇此堀河子以宋徽宗大觀二年戊子立在
位十六年
戊子天仁元年
己丑　二年二月始行北野御忌日

庚寅天永元年興福寺与山門戰
辛卯　二年禅林永觀寂　江匡房卒
壬辰　三年五月廿八雨雹
癸巳永久元年
甲午　二年奥賊作亂討平之
乙未　三年遊女舞始
丙申　四年行尊為僧正
丁酉　五年法成寺燒
戊戌元永元年法皇幸熊野
己亥　二年平清盛生　五月廿八崇德生
庚子保安元年鎌倉創立　俊房薨
辛丑　二年台僧燒三井
壬寅　三年九月顯季卒
癸卯　四年[illegible]祇園祭始　正月十八天皇傳位
崇德院天皇此鳥羽子以宋徽宗宣和六年甲辰立在
位十八年
甲辰　元年七月彗星見
乙巳　二年山伏修驗法始　京師火

丙午大治元年十月二日鞍馬炎上
丁未　二年長忍融通念佛船　九月後白河生
　新羅三郎卒
戊申　三年金葉集
己酉　四年七月七日白河崩
庚戌　五年
辛亥天承元年
壬子長承元年建得長壽院
癸丑　二年
甲寅　三年源空生　京都火
乙卯保延元年十二月五日三日並出
丙辰　二年家宗薨
丁巳　三年流平盛於渡佐
戊午　四年平重盛生
己未　五年近衛院生
庚申　六年正月八日惜宮炎上　台僧燒三井
辛酉永治元年七月鳥羽剃髮　十二月七日天皇
　傳位

近衛院天皇祉崇德弟以宋高宗紹興十二年壬戌立
在位十四年
壬戌康治元年
癸亥　二年覚鑁寂　六月二日條院生
甲子天養元年撰詞花集　南都僧戰
乙丑久安元年七月彗星見　南都僧攻金峰
丙寅　二年南都僧焚叡山
丁卯　三年有仁薨
戊辰　四年頼朝生　六月皇宅災
己巳　五年五月高野大塔炎上
庚午　六年
辛未仁平元年升慶生
壬申　二年
癸酉　三年頼政射夜鳥　正月忠盛卒
甲戌久壽元年
乙亥　二年狩那須野狐　七月廿三天王崩
後白河院天皇祉崇德弟以宋高宗紹興二十六年丙
　子立在位三年

丙子保元元年七月二鳥羽崩　流崇德於讃州
丁丑　　二年忠正為義等誅　撰千載集
戊寅　　三年八月十一天皇傳位
二條院天皇八代後白河子以宋高宗紹興廿九年己卯
　立在位七年●
己卯平治元年誅信西
庚辰永歷元年誅義朝流頼朝　清政為大政大臣
辛巳應保元年九月高倉生
壬午　　二年定家生　一女生四子　八月廿六
　崇德崩於讃州
癸未長寛元年
甲申　　二年三十三間堂立
乙酉永萬元年山門與福叡打命　生二頭四手子
　二條崩
六條院天皇九代二條子以宋孝宗乾道二年丙戌立在
　位三
丙戌仁安元年
丁亥　　二年七月清盛馬尾鼠作巢

戊子　　三年清盛出家　二月十九天皇傳位
　十二月十二伊勢廟災
高倉院天皇十八後白河子以宋孝宗乾道五年己丑立建
國在位十三年以辛丑禪位其子自稱太上法皇
　久三年殂
己丑嘉應元年附明州綱首進貢方物宋史　後白
　河剃髮
庚寅　　二年台徒清水寺燒
辛卯承安元年誅為朝　覺阿入宋　納盛清女為
　中宮
壬辰　　二年兵庫築嶋成
癸巳　　三年流文覺　觀鸞生
甲午　　四年念佛宗宏　義經赴於奥州
乙未安元元年重源贈育王山金
　淳熙二年倭王船火兒滕太明毆鄭作死詔械太
　明付其綱首歸治以其國之法
丙申　　二年七月十七日六條崩
丁酉治承元年俊寬流　太極殿災復不作

舟

淳熙四年日本有泛海遭風漂至明州無口食詔
給之又有百人行匃於市至臨安詔守臣支給津
遣往明州養贍候有便船發回本國嗣後有漂至
華亭定海者詔勿取其貨如例給養良文獻通考
戊戌　二年安德生　正月彗星見東方
己亥　三年重盛卒
庚子　四年賴政自盡　賴朝起兵　二月廿三
天皇傳位
安德院天皇八高倉子以宋孝宗淳熙八年辛丑立在
位三年　癸卯禅位其子文治二年丙午以平氏
作亂没於海
辛丑養和元年正月十四高倉崩　閏二月清盛薨
壬寅壽永元年江嶋成
癸卯　日二年木曾起兵於信州平家落都七月天
皇奔讃州平宗盛一族從之　請大宋國陳和卿
鑄佛文獻通考
後鳥羽院天皇八二安德弟高倉院第四子以宋孝宗淳
[illegible]熙十一年甲辰立在位十五年

甲辰元歷元年義仲敗死
乙巳文治元年木豐卒　三月廿四日安德入水　四
月神器入洛　七月九日大地震
丙午　二年以賴朝為天下總追捕使
丁未　三年千載集成　秀衡平
戊申　四年義經興行　重修東大寺
己酉　五年義經卒　二月彗星見
庚戌建久元年賴朝上洛　誅泰衡以殺義經故也
辛亥　二年霍罡放生會始
壬子　三年賴朝為征東大將軍　三月十三後
白河崩
癸丑　四年狩富士奈須野　賴朝殺範賴
甲寅　五年禅宗宏　曾我復讐　六月六日角
堂棟上
乙卯　六年土御門生　賴朝入朝
丙辰　七年二月廿三修嵯峨釋迦堂
丁巳　八年賴朝詣善光寺
戊午　九年西行寂　正月十一天皇傳位　九

月順德生
土御門天皇以後鳥羽院第一子以宋寧宗慶元五年
己未立在位十一年以後數王吾妻鏡紀元考所載卯位股歷殂卒俱有不符今以年號箋為正
己未正治元年賴朝薨
庚申　二年文覺流　梶原亡
辛酉建仁元年賴家任將軍
壬戌　二年新田義重卒
癸亥　三年仁田忠常入富士人穴
甲子元久元年實朝任將軍
乙丑　二年俊成卒[illegible]撰新古今合八代　重
忠伏誅
丙寅建永元年熊野本宮炎上
丁卯承元元年源空流
戊辰　二年熊谷法師寂蓮要作連生寂書其名也　兼實薨
己巳　三年法勝寺九層塔火
庚午　四年律宗宏　九月彗星見　十一月廿
五天皇傳位

順德院天皇以後鳥羽院第四子以宋寧宗嘉定四年
、辛未立在位十一年
辛未建曆元年俊芿皈朝
壬申　二年源空寂　後堀河生
癸酉建保元年和田合戰
甲戌[illegible]二年台徒燒三井
乙亥　三年榮西寂　時政卒
丙子　四年八月廿八大風　宋陳和卿皈化
丁丑　五年
戊寅　六年實朝任右大臣
己卯承久元年賴經任將軍　盜殺大將軍鶴岡
庚辰　二年
辛巳　三年置兩六波羅　平義時流後鳥羽於
隱州流天皇於佐州

男雄　小海校字

吾妻鏡補卷七 一名日本國志

吳江　廣翁平　海琛纂

世系表

後堀河院天皇八五高倉院第二守貞親王御子以宋寧
宗嘉定十五年壬午立在位十一年

壬午貞應元年日蓮生

癸未　二年新勅撰　後高倉薨

甲申元仁元年時義卒

乙酉嘉祿元年大江廣元卒　二位尼公薨　慈鎮寂

丙戌　二年下野高田山立　賴經任將軍

丁亥安貞元年三月俊芿寂

戊子　二年洛中洪水

己丑寬喜元年十月吉備津宮燒亡

庚寅　二年六月濃州大雪七月霜降下奧刕雨石

辛卯　三年十月二御門崩　四條生　天下大飢

壬辰貞永元年式目定　明惠寂

四條院天皇八六後堀河子以宋理宗紹定六年癸巳立
在位十年

癸巳天福元年

甲午文曆元年五月後堀河崩　後廢帝崩

乙未嘉禎元年円爾入宋

丙申　二年十月奈良衆徒峰起　泰時叙從四位

丁酉　三年家隆薨　內裏災上

戊戌曆仁元年將軍賴經上洛

己亥延應元年東福寺立　從大佛眼出血　後鳥
羽崩

庚子仁治元年時房卒　順德帝崩

辛丑　二年定家薨　円爾皈朝

壬寅　三年正月九日四條崩　平東時卒

後嵯峨天皇八七土御門第二子以宋理宗淳祐三年癸
卯立在位四年

癸卯寬元元年東福寺創

甲辰　二年賴嗣任將軍　經時廢賴經

乙巳　三年稻荷社燒

丙午　四年蘭溪來朝　正月讓位　經時卒

後深艸院天皇八八後嵯峨第一子以宋理宗淳祐七年

丁未立在位十三年
丁未寳治元年六月東國雪
戊申　二年十月蓮花王院火　鞍馬寺供養
時頼殺泰村
己酉建長元年建長寺立　二月皇宮災
庚戌　二年撰續後撰集
辛亥　三年時頼廢王
壬子　四年宗尊任將軍
癸丑　五年道元寂
甲寅　六年十月義氏卒　法燈至宋
乙卯　七年熊野行幸　十月頼嗣薨
丙辰康元元年六月八幡宮震動
丁巳正嘉元年二月十一生地藏火同大地震
戊午　二年八月大風洪水人多死
己未正元元年十一月廿六傳位
龜山院天皇仈後深草子以宋理宗景定元年庚申立
一在位十五年
庚申文應元年

辛酉宏長元年平重時卒　謫日蓮於伊豆　時宗
任執柄
壬戌　二年親鸞寂
癸亥　三年平時頼卒　元使至
甲子文安元年彗星見　台徒焚三井
乙丑　二年奏續古今　二月筥崎炎上　四月
伏見生
丙寅　三年惟康任將軍　時宗逐宗尊王
丁卯　四年大應國師來　後宇多生
戊辰　五年五月八日兩日俱出
己巳　六年宋正念來　二月三日並出
庚午　七年北條時茂卒
辛未　八年十一月十三日兩日並出　藤通雅薨
壬申　九年本願寺立
癸酉　十年千本念經始　北條政村卒
甲戌　十一年時宗立　宗尊薨
後宇多天皇仈龜山院子以宋恭帝德祐元年乙亥立
在位十三年

乙亥建治元年
丙子　二年蒙古使鎌倉刎
丁丑　三年上續拾遺　興福寺雷火
戊寅弘安元年大覺寂禪師號始
己卯　二年嵯峨大念佛始　仙光來朝
庚辰　三年圓尒寂
辛巳　四年普门寂
壬午　五年日蓮寂
癸未　六年山门三井爭天王寺別當　台徒犯
禁闕
甲申　七年平時宗卒　十月北條貞時殺時國
僧至仁送嶔上人還日本幷簡雙林明極和尚
十年问法天王地萬里鄉山碧海東雪室有禪傳
鼻祖蒲帆無恙轉秋風潮連蓬島晴雲白霞擁扶
桑曉日紅爲問雙林老尊者尺書還寄北來鴻
澹居集案此在至正廿二年冬詩前故附此
乙酉　八年十月一城入道北條九代記鎌倉合
戰　後二條生

丙戌　九年佛光寂
丁亥　十年
僧至仁送謙上人還日本幷簡天然石室和尚
回首扶桑若個邊春風萬里上歸船神龍饋供雲
迷海仙女吹花月在天密意西來端有得新詩東
至豈無傳若逢石室煩通问歲晚南湖學種田
伏見天皇一九後深草子以元世祖至元二十五年戊子
立在十位一年
戊子正應元年久明任將軍
己丑　二年
庚寅　三年一遍寂一作興正菩薩寂
辛卯　四年八月坂之塔災上　熱田宮回祿
壬辰　五年南都僧戰
癸巳永仁元年四月地震鎌倉　八月彗星見　創南
禪寺
甲午　二年忍性立天王寺鳥居立
乙未　三年四月雹降
丙申　四年

丁酉　五年五月花園生　法燈寂
戊戌　六年尊圓生
後伏見天皇二九伏見子以元成宗大德三年己亥立在
位三年
己亥正安元年一山來朝
庚子　二年
辛丑　三年正月一日傳位　師時任執柄
後二條院天皇三九後宇多子以元成宗大德六年壬寅
立在位六年
壬寅乾元元年
癸卯嘉元元年新後撰成
甲辰　二年七月十六後深草崩
乙巳　三年尊氏生　龜山法皇崩
丙午德治元年
丁未　二年七月廿六後宇多剃髮
花園天皇四九後伏見子以元武宗至大元年戊申立在
位十一年
戊申延慶元年守邦任將軍　八月廿五後二條崩

己酉　二年
庚戌　三年
辛亥應長元年平貞時卒　師時卒　宇治橋火
壬子正和元年奏五葉　時高為執柄
癸丑　二年玉葉集　円爾謚聖一國師
甲寅　三年
乙卯　四年
丙辰　五年
丁巳文保元年寧一山寂
戊午　二年二月廿六傳位
後醍醐天皇五九二條弟以元仁宗延祐六年己未立在
位十三年
己未元應元年撰續千載　佛燈寂
庚申　二年三井寺炎上　太平記
辛酉元亨元年元俊明極來　十一月修記錄所帝
親聽訴
壬戌　二年上元亨釋書
癸亥　三年高時愛犬

甲子正中元年十月大地震竹生崩[illegible]半入湖　惟康
甍　藤天道場始立　後宇多崩
乙丑　二年撰續後拾遺
丙寅嘉曆元年高時出家
丁卯　二年正澄來朝
戊辰　三年十月久明親王甍
己巳元德[illegible]元年三月山門大講堂供養
庚午　二年召正成
辛未元宏元年富士山崩[illegible]□正成起兵

僧善住贈日本僧詩
鯨波渺渺接遙空今古由來一帶通斗柄夜懸常
離北日輪朝湧始知東車書數混文無異爵服才
分語不同鄉路眼中應已熟好攜包笠把元宗
谷響集按此詩在泰定甲子詩後故附此
光嚴天皇六九後伏見子以元文宗至順三年壬申立在
位五年
壬申正慶元年三月隱岐流
癸酉　二年尊雲任將軍　高時亡

甲戌建武建元年後醍醐復位　成良任將軍
乙亥　二年
丙子延元元年四月六日後伏見崩正成卒時有稱
南朝者年代擘要曰後醍醐之子則年號箋所謂
復位者在甲戌至丙子其子乃遷都於吉野且
襲其號也
建都改元凡四世五十五年而終
南朝後醍醐天皇建武元年
光明天皇七九光嚴弟以元順宗至元三年丁丑立在位

十二年
丁丑延元二年義貞卒　建武二年
戊寅曆應元年尊氏任將軍　建武三年
己卯　二年　後村上院天皇興国元年
庚辰　三年五月義助卒天龍寺立　三楠寔錄　鹽冶高貞殺死　興国二年
辛巳　四年本国寺立　興国三年
壬午康永元年天變地妖疱瘡　法勝寺塔火　興国四年
癸未　二年師直創立真如寺　興國五年
甲申　三年　興国六年

乙酉貞和元年虎關寂　　興國元年
丙戌　二年上凮雅集　　正平元年
丁亥　三年編貞和集　　正平二年
戊子　四年十月十一荻原院崩　　正平三年
崇光天皇八九先嚴子以元順宗至正九年己丑立在位
三年
己丑　五年正行死　　正平四年
庚寅觀應元年兼好死　誅師直師泰　　正平五年
辛卯　二年夢窓[illegible]　將軍家鳴　　正平六年
寂
後光嚴天皇九九崇光弟以元順宗至正十二年壬長立
在位二十年
壬辰文和元年義詮奔江州　　正平七年
癸巳　二年細川賴春討死　南軍歸京　　八年
甲午　三年直冬陷京城尊氏奉帝遷江州　　九年
乙未　四年帝自江州還幸　　十年
丙申延文元年尊國寂　　十一年
丁酉　二年尊氏薨　　十二年
戊戌　三年義詮任將軍　　十三年
遷

十七

己亥　四年上新千載　新田義興沒　吞後太平記　　十四年
庚子　五年勅元亨釋書入藏　　十五年
辛丑康安元年三月臨京都火　六月廿三日大雪降如冬　　十六年
壬寅貞治元年二月彗星見　　十七年
癸卯　二年八幡神輿入洛　清氏死　　十八年
甲辰　三年上新拾遺　七月七日光嚴崩　　十九年
乙巳　四年高麗使來　　二十年
丙午　五年　　二十一年
丁未　六年義詮薨　　二十二年
王逢日本[illegible]進上人將還国錄余所註杜詩本義留[illegible]
白日贈以八句藤其国中著姓
異域誰來往隨緣尔獨能上方雲一鉢滄海日千[illegible]
燈雀軸蒙衛艦龍函最上乘杜陵詩法隱毋惜授[illegible]
諸藤
梧溪集按逢于至正中作河清頌而歿于洪武
戊辰此詩在時元故附于元末
戊申應安元年義滿任將軍　　正平廿三年
己酉　二年　　廿四年
庚戌　三年　長慶院天皇建德[illegible]元年

倭

洪武三年遣萊州同知趙秩至日本国王良懷遣
僧祖來隨秩奉表稱臣入貢 黄俣卿備考
辛亥　四年三月廿三日傳位　十月則祐卒　二年
後圓融天皇　後光嚴子名良懷以明太祖洪武五年
壬子立在位十一年
壬子應安五年　文中元年
張明贈僧還日本
杖錫總隨緣鄉山在日邊遍參東土法頓悟上乘
禪晚不龍歸鉢翻經浪避船本來無去住相引莫

讙

潜然
明太祖與誠意伯劉基等議其俗尚禪教宜遣高
僧說之乃選明州天寧寺僧祖闡南京瓦官寺僧
無逸使日本往諭天界住持四明僧宗泐賦詩十
八韵餞之上和之自翁州啟櫂五日至其国境又
踰月入王都館於洛陽西山精舍祖闡敷演正法
聽者傾悅以為中華之禪伯亟白於王請主天龍
寺乃夢窓国師道場寔名剎也祖闡以無上命辭
之且申布威德王悅具表命僧奉方物稱臣來貢

旣歸上喜賜白金文綺等兩浙海防續編叅郡国
利病書明史下同
癸丑　六年五月十二大雹　九月二日大風　文中二年
甲寅　七年後光嚴崩　時良懷年少有持明者
与之爭立國內亂　明史　文中三年
乙卯永和元年　龜山院天皇天授元年
丙辰　二年絕海歸朝　二年
洪武九年遣僧歸廷用奉表及方物謝罪賜王反
使有差因七年有移文以責之也　全邊略記

丁巳　三年今川了俊謁韓使八月諸国山崩
南禪妙葩始賜国師　三年
戊午　四年正勝亂兵　營室町花亭　四年
己未康曆元年彗星見　五年
洪武十二年來貢無表文命安置於陝西番寺
庚申　二年鹿園院成　六月廿四光明崩　六年
辛酉永德元年工新葉　宏和元年
前洪武九年十二月俱來貢十三年復貢無表但
持其征夷將軍源義滿奉丞相書至詞頗慢見
明史叅續

十四年來貢帝却之面命禮官移書責其王良懷
乃上書覬覦通教
洪武十四年七月良懷遣僧如瑶等貢方物上却
其貢仍命以書責之九月遣僧入貢[illegible]乞還
安置諸使上日至京師宴賞之遣歸
十五年歸廷用文來貢
壬戌　二年撰新後拾遺　西名破南軍　宏和二年

男雄　小海校字

吾妻鏡補卷八之二名日本国志
吳江　翁廣平　海琛纂
世系表
後小松天皇一百後圓融子以明太祖洪武十六年癸亥
立在位三十年
癸亥永德三年相国寺立　宏和三年
甲子至德元年　元中元年
洪武十七年如瑶又來貢坐通胡維庸事發雲南
守禦海防續編
乙丑　二年楠正勝赵兵　元中二年
丙寅　三年五山次第定　三年
丁卯嘉慶元年疫災　四年
戊辰　二年義満遊富士　五月大雪降　五年
己巳康應元年南北朝和親　六年
庚午明德元年　七年終南朝
辛未　二年
壬申　三年三種神器入洛
癸酉　四年後圓融崩　後龜山太上皇下有闕文

甲戌應永元年一休生　義持任將軍　義満任相國

乙亥　二年

丙子　三年

丁丑　四年金閣寺立　建仁寺燒

戊寅　五年崇光院崩　鎌倉氏満卒

己卯　六年大内義宏卒

庚辰　七年直冬死

辛巳　八年北野經堂立　二月廿八日皇宮災

三月義満聘於明

壬午　九年春彗星見　夏大旱　秋大水　冬地震　明使來

癸未　十年四書詩經來

甲申　十一年正月廿一日下野那須地欲燒出

明使來　永樂二年上命太監鄭和統督楼船水軍十萬諭海外諸番日本首先納欵錄而浙海防續

乙酉　十二年五月春神木枯六千餘本　六月洪水

丙戌　十三年道義薨　十一月一日地震

永樂四年倭擾對馬島尋寇蘇松等處諭其國王、源道義擒賊二十餘人即付使者治之縛置甑中蒸死上嘉之賜王冠服金綺古器書畫予勘合百道令十年一貢船無過二隻人無踰二百勿挾兵器尋賜印誥封日本國王名其国鎮山曰寿安鎮國山上為文勒石尤侗外国傳參沈德符野獲編

進貢方物　馬鞍　硫黄　貼金扇　牛皮　鎗盔　蘇木　塗金裝綵屏風　劍　灑金廚子　洒金手箱　洒金木銚　角盥力　洒金文臺　描金粉盒　描金筆盒　水晶數珠　抹金提銅銚　瑪瑙

丁亥　十四年五月五日地震

戊子　十五年義持任將軍　義満薨

己丑　十六年南蠻貢黑象鸚鵡等　幸義満弟

永樂七年倭來貢

庚寅　十七年朝鮮遣使來

辛卯　十八年明以物寄將軍

壬辰　十九年八月廿九傳位　南蠻入貢、

稱光天皇二百後小松子以明成祖永樂十一年癸巳立

丁未　卅四年信州善光寺災上

戊申正長元年義持薨　七月二十日帝崩

後花園天皇百三崇光曾孫以明宣宗宣德四年己酉立

在位卅六年

己酉永享元年義教任將軍　今川制詞成

庚戌　二年

辛亥　三年太上皇落髮

壬子　四年九月十六日大地震　將軍巡獵不

二山

宣德七年遣使普福入貢普福能詩　明詩綜

癸丑　五年八月廿五日大彗星出　十月二十

日法皇崩

宣德八年倭王源道義卒上命太監雷少卿潘錫

等吊喪以盡懷柔之意　兩浙海防續編

甲寅　六年因幡堂萬壽寺火　九月五日外宮遷宮

乙卯　七年台徒嗷訴

宣德十年日本入貢並奉表謝恩以八月遣使吊

喪也　兩浙海防續編亦日本受祭之事

在位十六年

癸巳應永元年

甲午　卅一年行即位禮

乙未　卅二年六月天寒如冬

丙申　卅三年上杉謀反

丁酉　卅四年義持寫義嗣

永樂十五年詔遣刑部員外郎李　呂一作　淵等

使日本齎書諭以敬天事大之義次年淵還其

國亦遣刺史奉表稱謝　兩浙海防續編

戊戌　卅五年藤關白經嗣薨

己亥　卅六年明使呂淵持天子書來

庚子　卅七年綠毛龜出

辛丑　卅八年

壬寅　二十九年十月十二日兩日並出

癸卯　卅年義量任將軍

甲辰　卅一年後龜山崩

乙巳　卅二年義量卒

丙午　卅三年

丙辰　八年
丁巳　九年
戊午　十年上新續古今合廿一代　持氏作亂
己未　十一年三月彗星見　平持氏　上杉東
国管領
庚申　廿年信城合戰明年陷
辛酉嘉吉元年義勝任將軍　滿祐弑公　九月
滿祐伏誅
壬戌　二年
癸亥　三年義勝早世　朝鮮使來
甲子文安元年北野社災上　大小豆降　南方兵起
乙丑　二年義政任將軍　成氏為鎌倉主勝元
為管領
丙寅　三年九月三日皇宮災　盜入禁中神璽
引又又ム
丁卯　四年南禪天龍火　南方平
戊辰　五年水災地震疾疫饑饉
己巳寳德元年

亨
庚午　二年四條大橋成
辛未　三年琉球遣使來　將軍遣聘于明
壬申享德元年
癸酉　二年
甲戌　三年一国平均德政　勝元逐義就
乙亥康正元年政長與義就和　十二月晦地震
丙子　二年後崇光崩　將軍寄書于朝鮮王
丁丑長祿元年五月十日猿澤池為血
戊寅　二年太田持資城江戶　正月廿九日
兩日並出　閏正月初二日滿月出
天順二年日本入貢至京師燕賞豐渥㮚載而
歸兩浙海防續編
己卯　三年六月廿日兩日並出　多田廟震動
庚辰寛政元年朝鮮來聘　正月朔三日並出
辛巳　二年天疾疫尸衢充
壬午　三年四月八日三日並出
癸未　四年三月朔三日並出
甲申　五年三月洛外觀世申樂　七月傳位政

同

長管領

後土御門天皇 四百後花園子以明憲宗成化元年乙酉

立在位三十六年

乙酉寬正六年義尚生

丙戌文正元年十二月廿九日地震

丁亥應仁元年天下大亂　九月彗星見

戊子　二年雪舟皈朝

己丑文明元年正月朔書畫火　客星出

庚寅　二年内侍所鳴動　十二月廿七帝崩

辛卯　三年十二月彗星見

壬辰　四年天下大旱飢死　七月三日多田廟鳴

癸巳　五年義尚任將軍　山名宗全細川勝元逝

六月四日善光火

甲午　六年

乙未　七年八月六日大風尼崎海溢　聘于明

丙申　八年

成化十二年倭國僧來貢

丁酉　九年七月北地降紅雪　東西軍散

戊戌　十年

己亥　十一年銀閣寺立

庚子　十二年大風雷鳴

辛丑　十三年一休寂　四月兼良薨

壬寅　十四年八幡社鳴動　五月十二星入月中

癸卯　十五年

甲辰　十六年義尚叙從一位

乙巳　十七年東寺諸堂燒

丙午　十八年道灌死　政元管領

丁未長享元年將軍出奔江州

戊申　二年義尚更名義熙

己酉延德元年三月廿六大將軍薨

庚午　二年義政薨

辛亥　三年義村奔江州義視卒

壬子明應元年天下疾疫人多死　義村皈京

癸丑　二年義證任將軍　義植奔周防依大内

甲寅　三年五月七日地震

乙卯　四年八月十五鎌倉大地震　雪村死

宏治八年倭壽蓂来貢
丙辰　一五年大坂本願寺立
丁巳　六年
戊午　七年大職冠像破裂
己未　八年
庚申　九年九月廿八帝崩
後柏原天皇百五後土御門子名源義證以明孝宗宏治
十四年辛酉立在位二十六年此下國王之名皆
本陳繼儒四裔考
叅明史
辛酉文龜元年
壬戌　二年宗祇寂
癸亥　三年大旱
甲子永正元年天下飢饉
乙丑　二年
丙寅　三年春日神木七千餘枯　七月彗星見
丁卯　四年六月廿四細川政元遭害　八月又
六伏誅
戊辰　五年義植任將軍

己巳　六年
庚午　七年八月七日大地震廿八遠州今切崩出
辛未　八年舟岡山合戰　義澄卒
正德六年遣使入貢時武進陳端甫為南京禮部
司務宴勞来使紀元考
壬申　九年十一月十九伊勢廟災
癸酉　十年三月將軍奔江州
正德八年倭桂梧等来貢
甲戌　十一年
乙亥　十二年
丙子　十三年七月早雲屠三浦城殺道村父子
丁丑　十四年七月十三日暴雨洪水
戊寅　十五年天下餓死　根本中堂供養
己卯　十六年北條早雲死　尼崎築城
庚辰　十七年澄元死
辛巳大永元年三月十三高野大塔災上　細川高
國立
壬午　二年義晴任將軍

癸未　三年四月義植薨　島公方買船入明
甲申　四年
乙酉　五年
丙戌　六年四月七日帝崩
後奈良天皇百六後柏原子以明世宗嘉靖六年丁亥立
在位三十一年
丁亥大永七年
戊子享祿元年義晴如近江
己丑　二年
庚寅　三年
辛卯　四年高國自殺　六月彗星見於東北
壬辰天文元年興福寺災上　義晴入京
癸巳　二年十月二日梅宮回祿
甲午　三年築伏見城
乙未　四年
丙申　五年日蓮宗沒落　台徒焚京
丁酉　六年十二月彗星見
戊戌　七年氏康憲政於河越合戰

己亥　八年一條房家薨　始習鐵砲碼
嘉靖十八年遣石鼎周良珠宣用琳入貢　宋永麟
北窓瑣語
庚子　九年春夏大疫　四月九日洪水　氏康
破憲政
辛丑　十年將軍奔江州　八月大風禁中門多倒
壬寅　十一年家康公生
癸卯　十二年
甲辰　十三年大洪水前代未聞　北國太平記
乙巳　十四年
丙午　十五年八月廿三酉刻黃雲西見草木人面
皆變色　甲陽軍鑑
丁未　十六年義輝任將軍　白山燒　大内義隆
聘於明　武田三代記
戊申　十七年
己酉　十八年黑船始着岸　長慶卒　兵入京
信秀卒
庚戌　十九年五月四日義晴薨

辛亥　廿年相国寺兵火　陶弑主大内義隆
壬子　卅一年禁海船入明　晴久出奔
癸丑　卅二年義輝將軍奔丹州後与三好和入京
北條五代記
甲寅　卅三年
乙卯宏治元年陶伐毛利败死
丙辰　二年
丁巳　三年五月帝崩　信長殺弟信行

男　雄　小海校字

吾妻鏡補卷九一名日本国志
吳江　翁廣平海琛纂
世系表
正親町天皇后奈良子以明世宗嘉靖卅七年戊午
立在位廿九年
戊午永祿元年秀吉始入美剎　天下大旱
己未　二年狩野元信死　輝虎管領
庚申　三年五月十九織田信長与今川義元戰
於尾州桶峽義元討死

牖

辛酉　四年川中島合戰
壬戌　五年六月熊野本宮災上
癸亥　六年三州一向宗徒作亂明年二月請降
甲子　七年□丹州七歲產女子
乙丑　八年三好義繼弑將軍
丙寅　九年義榮任將軍
丁卯　十年大佛兵火　義榮薨
戊辰　十一年義昭任將軍　冬信元逐今川
己巳　十二年築二條城

榮

庚午元龜元年氏康元、秋卒　信長伐越州前
辛未　二年西頭龜出　信長攻大阪本願寺不
克信長滅台徒
壬申　三年
癸酉天正元年信元卒　義景亡　信長任將軍
將軍義昭出奔藝州信長記　足利亡織田軍記
甲戌　二年
乙亥　三年家康公頗、勝頼
丙子　四年住吉天王寺兵火西国太平記
秀吉略西国同上
丁丑　五年九州大亂　九月彗星見於西南逾年
戊寅　六年謙信卒　五月大雨洪水　信長正
二位
己卯　七年日蓮宗淨土宗論
庚辰　八年七月還大坂本願寺於雜賀土佐軍記
辛巳　九年彦山炎上　築姫路成
壬午　十年秀信任將軍　信長卒　勝頼卒
琉球入貢

癸未　一十年明智洛中地子免
甲申　二十年大坂城成
乙酉　三十年秀吉任關白　丹羽長秀死
丙戌　四十年秀吉改姓　十一月七日傳位
羽柴改姓豐臣大閤記
後陽城天皇名正親町孫仁城子以明神宗萬曆十五
年丁亥立在位二十五年
丁亥天正十五年築聚樂城
戊子　十六年洛大佛立　行幸豐臣家
己丑　廿年淀築城　關白滅北條氏
庚寅　卅年東本願寺立　關東御入国　狩野
永德死北條亡
辛卯　十九年秀次任關白
方孔赵元年止二十五字應小字
壬辰文祿元年方孔[illegible]炤皇陽太全記畧平吉秀慶出
城君改天正二十年為文祿元年　征朝[illegible]鮮　秀頼生
癸巳　二年正月五日正親町太上皇崩
甲午　三年伏見城立
乙未　四年秀次薨

丙申慶長元年朝鮮請和　一歩小判始　家康公
為内大臣　八月廿八前大將軍義昭薨
丁酉　二年
戊戌　三年耳冢成　秀吉薨　秀頼甫七歳娶
源家康孫女犬伺外国傳
己亥　四年四月十八日賜豐臣廟號為豐國大
明神
庚子　五年関原合戰石田軍敗績　貞觀政要
梓成東国大平記
辛丑　六年
壬寅　七年洛大佛燒失
癸卯　八年秀頼任内大臣　家康公任將軍
甲辰　九年
乙巳　十年秀忠任將軍按犬伺外国傳秀頼子秀忠稱新關白考日本
於正親町天皇末年以將軍為關白至是仍復為
將軍而犬伺之稱新關白者蓋所謂傳聞異詞耳
丙午　十一年築武州城
丁未　十二年駿府城成　朝鮮來貢
戊申　十三年

己酉　十四年薩州征琉球
庚戌　十五年洛大佛再興　築肥州城
辛亥　十六年三月廿七日前將軍與秀頼會盟於
平安是日天王傳位　清政卒
後水尾天皇九日後陽城子以明神宗萬曆四十年壬子
、立在位十八年
壬子慶長十七年
癸丑　十八年
甲寅　十九年洛大佛寺鐘成
乙卯元和元年大坂落成　秀頼薨　秀忠以兵三
十萬攻秀頼秀頼敗死分據其地有三十六州犬伺
外国傳
丙辰　二年家康公薨
丁巳　三年住吉天王寺立　八月廿六日後陽成
天皇崩
戊午　四年六角堂火　新明題　八月彗星見
己未　五年大坂在番始
庚申　六年二月晦三月四日京都火　藤惺窩卒

辛酉　七年秀忠公女入内立女御
壬戌　八年日光御社参
癸亥　九年家光公任將軍　越前忠直流
甲子寛永元年東叡山造　大坂二條御城普請
乙丑　二年鄭芝龍來
丙寅　三年行幸二條城　鄭森生　[illegible]
　校刊吾妻鏡成時天啟六年朱彝尊跋作四年
丁卯　四年南禅寺山門立
戊辰　五年建加茂母祠
己巳　六年清水寺火　十一月八日傳位
明正天皇諱後水尾女以明莊烈帝崇禎三年庚午立
　在位十四年
庚午寛永七年
辛未　八年清水寺立
壬申　九年秀忠公薨
癸酉　十年智恩院火　新槌林　正月廿七日小
　田原地震
甲戌　十一年家光公上洛賜錢五千貫自京中

乙亥　十二年東塔寺火　十一月朝鮮王使任絖來聘
丙子　十三年寛永錢鋳　四月將軍謁日光
丁丑　十四年天草一揆　十月廿九日嵯峨清涼寺燒
戊寅　十五年嶋原陥三萬七千人伏誅島原記
己卯　十六年智恩院再立
庚辰　十七年天下牛多死
辛巳　十八年八月三日家綱公生
壬午　十九年諸大名參勤死
癸未　二十年諸家系圖撰　朝鮮人來
九月廿七日天皇傳位

男　雄　小海校字

吾妻鏡補卷十一　名日本國志

吴江翁廣平㴑　海琛纂

世系表

後光明天皇𡈽百後水尾子以我

大清順治元年甲申立在位十一年

甲申正保元年

乙酉　二年五條石橋成　前田光高卒

丙戌　三年祇園立又火

丁亥　四年南蠻人來擊却之

戊子慶安元年四月廿二地震筥根坂崩

己丑　二年日光御參社　琉球入貢

庚寅　三年田井賊起　六月廿日江戶地震

辛卯　四年家綱公任將軍　家光公薨　五月六

日後水尾上皇剃髮

壬辰承應元年

癸巳　二年大内火

甲午　三年隱元來　九月二十天皇崩

後西院天皇𡈽百後光明弟以

大清順治十二年乙未立在位八年

乙未明曆元年　九月朝鮮人來聘

丙申[illegible]二年

丁酉　三年黃檗立　羅山先生卒　正月十八[illegible]

十九日江戶大火　道春卒

戊戌萬治元年內宮火　明鄭森書至

己亥　二年兩國橋造　舜水歸化

庚子　三年回向院立　雷落大坂城

辛丑寬文元年石川文山致仕　[illegible]大内火并民屋大

[illegible]火災

壬寅　二年五條石橋崩　五月[illegible]一日平安地震

豐国廟壞

靈元天皇𡈽百以

大清康熙二年癸卯立在位二十四年

癸卯寬文三年正月廿六日光帝傳位於弟宮

甲辰　四年洛大佛木像成

乙巳　五年大坂[illegible]天守火　洛三十三所始　絹

布尺定

丙午　六年四月不受不施僧配流
丁未　七年二月堂火
戊申　八年二月一日江戸火
己酉　九年於四條北野粥與飢人　蝦夷亂
攝州大風ツ大シ溺死不知數
庚戌　十年本朝通鑑成
辛亥　十一年琉球來貢止　度會悉燒失　仲冬伊
丹ツシ花開
壬子　十二年
癸丑延寶元年洛大火
甲寅　二年六月十一日大雷降　畿內所々洪
水
乙卯　三年天下飢饉（饑）　京火
丙辰　四年三條五條大橋落　夏諸國大洪水
十二月炎上ノ工人
丁巳　五年仙洞女院御所成
戊午　六年放生會再始　東福門院薨
己未　七年五月十九日後水尾崩　八月江戸大水

庚申　八年江府西御堂立　善導千年忌　秋[illegible]
長星見
辛酉天和元年綱吉公任將軍　十二月廿八日江戸火
壬[illegible]戌　二年諸職禁天下一號　朝鮮琉球來
山崎嘉卒
癸亥　三年禁縫箔衣裳　正月江戸洪水　六
月大旱〇十二月火
甲子貞享元年三元大師七百年忌　行貞享曆
木菴宗
乙丑　二年二月廿二日後西院崩　大流星　改
曆刊合類節用集大全詳書目
丙寅　三年和佐臺八通箭天下一
東山天皇諱靈元子以
大清康熙二十六年丁卯立在位二十三年
丁卯貞享四年三月廿一受禅
戊辰元祿元年南都大佛鋳始　一遍上人四百年
忌　大坂堂島立民屋
己巳　二年伊勢両遷宮新後明題

庚午　三年三月十六加州金澤大火
辛未　四年江戸聖堂成　以林信篤為國子祭酒
壬申　五年真如堂災上　南都大佛開眼供養
癸酉　六年大坂西御堂立　新大橋造
甲戌　七年賀茂葵祭中絶再興
乙亥　八年金銀改元字　二月八日京都大火
丙子　九年永代橋造
丁丑　十年二米金始　淨土始祖源空謚円光
大師　十月十七江戸火
戊寅　十一年東叡中堂立　九月六日江戸火
己卯　十二年役行者千年
庚辰　十三年北野社造營
辛巳　十四年洛六孫王社立
壬午　十五年菅公八百年　赤穗士討吉良
癸未　十六年十一月廿三関東大地震　廿九江
戸火
甲申寶永元年於泉河新川堀　七月江戸大水
鑄寶字銀

乙酉　二年南都大佛棟上　伊東仁斎卒
丙戌　三年根津權右再興　刊小板孝經詳書目
寶永錢始
丁亥　四年諸國銀札止　十月四日大坂地震
廿二富士山燒甲相豆武四州雨灰
戊子　五年大錢出　洛大火
己丑　六年南都大佛成　七月二日傳位　前
將軍薨　家宣公任將軍
中御門天皇諱東山子以
大清康熙四十九年庚寅立在位二十五年
庚寅寶永七年
辛卯正德元年親鸞四百五十年　法然五百年
十月朝鮮来朝
壬辰　二年十月十四日家宣公卒
癸巳　三年家継公任將軍
甲午　四年慶長金銀出
乙未　五年東照宮百年
丙申享保元年吉宗公任將軍

丁酉　二年興福寺火
戊戌　三年新銀罢信成
己亥　四年聖徳千百年　朝鮮人來
庚子　五年浦賀船改始　太子降誕
辛丑　六年空也七百年忌　三月三四日江戸火
壬寅　七年寳元字金銀止　但徠卒
癸卯　八年御増高始　人丸千年賜正一位大明神
甲辰　九年大坂大火
乙巳　十年二月十四日東都火　新井璵卒

康

丙午　十一年小金原鹿狩　七經孟子考文補遺
刊成詳藝文
丁未　十二年遍正八百五十年
戊申　十三年四月九日江戸大水　清水奥院并
六角堂開帳　日光社　参文趾南大象
己酉　十四年
庚戌　十五年上京大火
辛亥　十六年日蓮四百五十年　重刊古文孝經
詳藝文

壬子　十七年靈元帝崩　三月廿八日江戸火
秋山陽南海西海蝗
癸丑　十八年御八講行　營皇有
甲寅　十九年宏法九百年忌　室直清卒
櫻町天皇百十六　中御門子以
大清雍正十三年乙卯立在位十二年
乙卯　享保廿年伊藤長允卒
丙辰　元文元年金銀改文字　中御門崩
丁巳　二年洛南鑄新錢
戊午　三年清水本堂開帳　大嘗會行　廣澤卒
己未　四年東本願寺門成　於江府鑄鐵錢
庚申　五年臨時御祭行　新嘗會再行
辛酉　寛保元年於京大佛善光寺開帳　古梅
園墨譜刊成詳藝文
壬戌　二年東國洪水　正月慧星見
癸亥　三年珍星出
甲子　延享元年上七社宇佐奉幣
乙丑　二年家重公任將軍　御八講

丙寅　三年二月晦江戸火
桃園天皇百櫻町子以
大清乾隆十二年丁卯立在位十五年
丁卯延享四年太宰純卒
戊辰寛延元年朝鮮人來　大嘗會被行
己巳　二年伊勢兩遷宮　江戸小石川邊大水
庚午　三年八月廿六日京大雷　皇侃論語義疏刊成詳藝文　觀世一代能　櫻町崩
・辛未寶曆元年京大地震　吉宗公薨
壬申　二年菅公八百五十年　琉球人來　叡山御修覆
癸酉　三年千石以下拜借下行
甲戌　四年晴明七百五十年
乙亥　五年改曆　女御入内　東叡山仁王門立
丙子　六年山城近江洪水　東都火
丁丑　七年聖護院宮入峯
戊寅　八年皇子誕生
己卯　九年関山四百年[illegible]南郭卒

庚辰　十年家治公任將軍　惇信君薨
辛巳　十一年法然五百五十年　親鸞五百年
仙洞天皇百櫻町第二皇女以
大清乾隆二十七年壬午立在位九年
壬午寶曆十二年
癸未　十三年朝鮮人來　日光御修覆
甲申明和元年大嘗會行　琉球人來　日光宮勅會
乙酉　二年東照宮百五十年忌　五匁目銀出
丙戌　三年若公御元服
丁亥　四年朔旦冬至　関東御川浚
戊子　五年立坊御元服　四文錢通用即寛永通寶錢
己丑　六年珍星出　淺草寺開帳
庚寅　七年七月廿八日北方天赤　嵯峨釋迦開帳
後桃園天皇百桃園第一皇子以
大清乾隆三十六年辛卯立在位九年
・辛卯明和八年
壬辰安永元年　女御入内　二朱銀始　江戸大火

癸巳　二年清水本堂因幡堂開帳
甲午　三年六月廿三日大風　中将姫千年　五條橋掛替
乙未　四年
丙申　五年日光御社参　三條橋掛替　黒谷火
丁酉　六年加茂遷　御修覆　大坂大火
戊戌　七年七月初二日大水　八幡遷宮　善光寺開帳
己亥　八年聖一國師五百年　大納言孝恭公
逝去
現在天皇桃園後桃園子以
大清乾隆四十五年庚子立
庚子安永九年
辛丑天明元年日蓮上人五百年忌　関東洪水
壬寅　二年六角堂開帳
癸卯　三年淺間山火
甲辰　四年仙臺通用角銭鑄
乙巳　五年嵯峨釋迦開帳
丙午　六年家治公薨　春江戸大火　夏東国
大水　各國多饑饉米價至二高

丁未　七年大嘗會　八木高直　家斉公任将
軍　校刊羣書治要　詳藝文
戊申　八年京都大火　刊全唐詩逸　詳藝文
己酉寛政元年大坂大火　江戸御川浚
庚戌　二年琉球人来朝　禁裏遷幸
辛亥　三年八月廿日大風　諸国洪水
壬子　四年肥島原大變
癸丑　五年
甲寅　六年皇后入内
乙卯　七年將軍狩小金原
丙辰　八年琉球入貢
丁巳　九年改暦
戊午　十年京大佛炎上
己未　十一年役行者千百年　刊成佚存叢
書三集　詳藝文　聖護院箕面山詣日光宮
上洛　和漢年代歷要　詳藝文
庚申　十二年本願寺大門立　愛宕山炎上
辛酉享和元年四天王寺雷火　刊成南遊稱載録

成亥遊囊詳藝文
壬戌　二年菅公九百年　六月三十日大水近河
攝最甚　十月住吉炎上
癸亥　三年麻疹流行刊成佚存叢書四集五集
正月廿五日勅住吉社奉幣使閏正月攝州九條村
白雉出詳藝文
甲子文化元年二月廿四日奉幣七社三月十四日宇
佐使　六月四日出羽象潟水震動
乙丑　二年ヲロシヤヨリ日本へ使渡ル
丙寅　三年琉球人來朝　江戸大火　聖護院宮
入峰
丁卯　四年ヲシ[illegible]七人已ソ来ル　五月北國近
江山城攝河洪水　九月江戸永代ハシヲチ
ソ人多ク死
戊辰　五年
己巳　六年正月江戸大火　伊勢御遷宮
庚午　七年住吉正遷宮　田村丸千年忌
辛未　八年刊成蓬萬詩集詳藝文

円光大師六百年忌　親鸞上人五百五十年忌
朝七ニ人對馬マテ来朝
壬申[illegible]九年
癸酉[illegible]　十年

男雄　小海校本

吾妻鏡補卷十一

一名日本国志

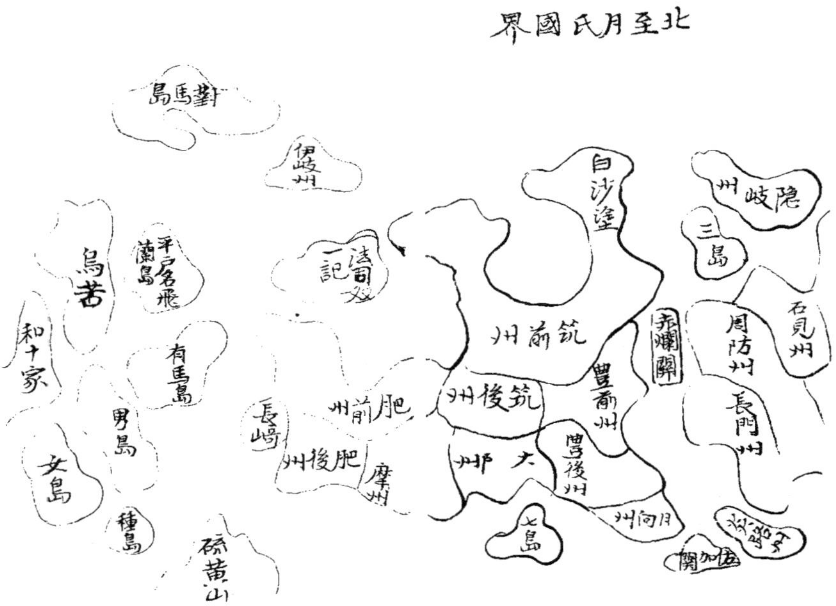

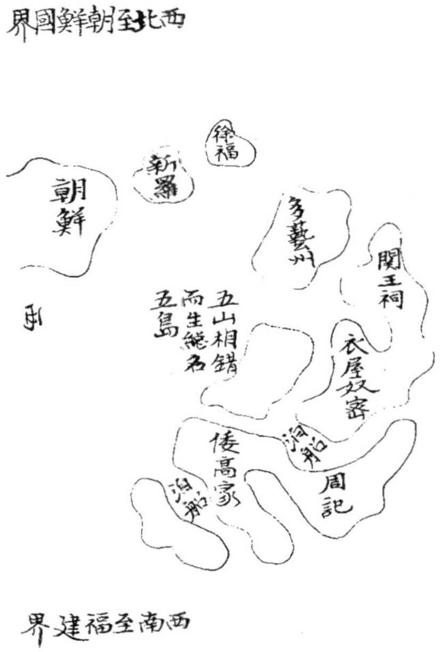

右日本國全圖本籌海圖編海防續編日本圖纂等書皆係潤板故每州詳著其郡名茲書板稍狹僅圖其州其郡名詳卷八地里志

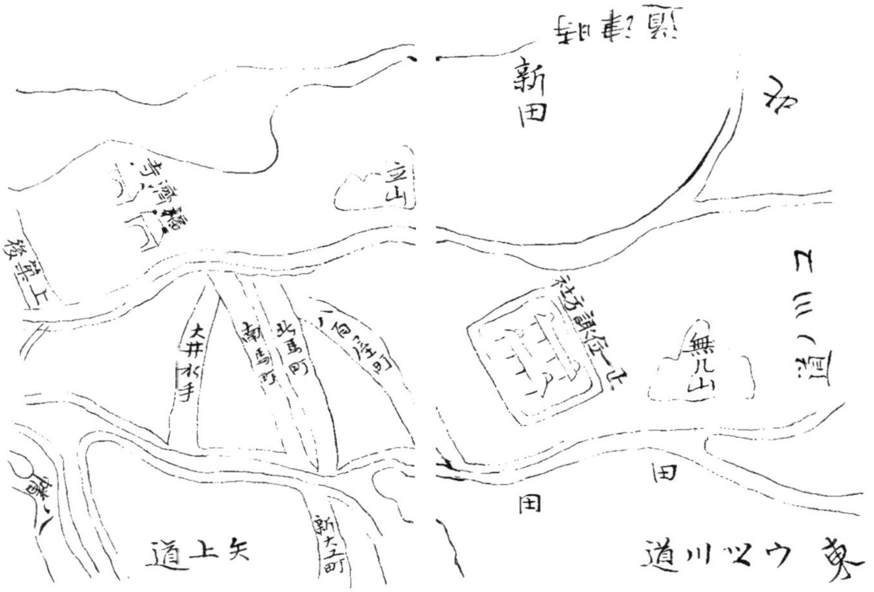

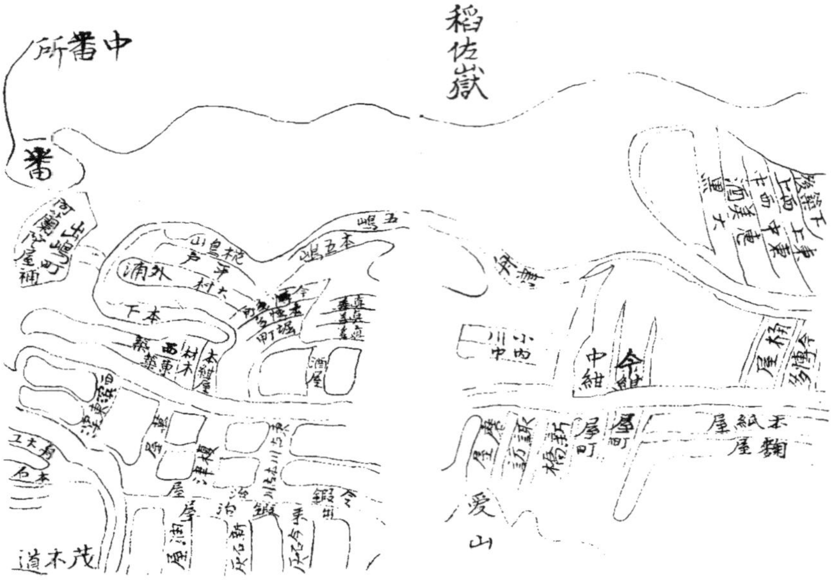

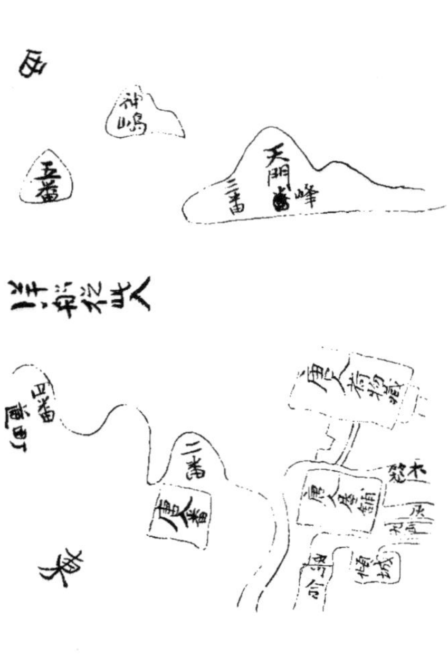

右日本国肥州長崎圖中外商賈泊舟交易之處即日本人所繪刊者其地謂街為町町之中凡山水廟社屋頗為詳備茲亦限于板狹僅畫其町其餘詳卷九地里志

空格

吾妻鏡補卷十二　一名日本國志
吳江　翁廣平　海琛纂

地里志

畿内　山城　太和　河内　和泉　攝津　凡五州
共統五十三郡
東海道　伊賀　伊勢　志摩　尾張　參河　遠江
駿河　伊豆　甲斐　相模　武藏　安房　上總
常陸　凡十四州共統百二十六郡伊勢設大將軍
鎮守
東山道　近江　美濃　飛彈　信濃　上野　下野
陸奥　出羽　凡八州共統百二十二郡陸奥設大
將軍鎮守
北陸道　若佐　越前　加賀　能登　越中、越後
佐渡　凡七州共統三十郡近月氏若佐設大將軍
鎮守
山陰道　丹波　丹後　但馬　因幡　伯岐　出雲
石見　隱岐　凡八州共統五十二郡雲出設大將
軍鎮守　按年號箋阿閉天皇和銅六年丹波分丹
後
出陽道　攝摩　美作　備前　備中　備後　安藝
周防　長門　凡八州共統六十九郡正京畿正南
周防設大將軍鎮守　和銅六年備美分美作
南海道　紀伊　淡路　阿波　讃岐　伊豫　土佐
凡六州共統四十八郡　阿波設大將軍鎮守
西海道　筑前　筑後　豐前　豐後　肥前　肥後
日向　大陽　薩摩　凡九州共統九十三郡乃淅
海埵豐後設大將軍鎮守

又　伊岐岐卿一　對馬　多藝與高麗近　凡三島各統二郡
以上是謂五畿七道三島凡三千七百七十二鄉四
百一十四驛八十八萬三千三百二十九課丁課丁
之外不可詳見　寬和三年丙戌奝然記文獻通考
按年號箋淳和天皇天長五年分諸國為七道時
唐文宗太和二年寬和二年丙戌時宋太宗雍熙
三年
日本即古倭奴國也去中土甚遠隔大海依山島為国
邑隋書記在百濟新羅東南其地形類琵琶地勢東高

西下東西数千里南北数百里九州居西為首陸奥居
東為尾九州者肥前肥後筑前筑後豐前豐後日向大
隅薩摩也陸奥者亦州名至山城旱程七十五日舊云
陸奥為首薩摩大隅為尾者非也山城居中彼国之都
也其国君以王為姓以尊為號後改稱皇祐居日向筑
紫宮後徙山城山城以東地方廣邈雖倭奴遠服貢者
不能閱歷而知況華人乎故其島之數可考而其間廣
狹至到有不能考者今姑據所聞而述之
按舊圖中　近江領二十四郡　伊賀領四郡　尾張
領二郡　三河領三郡　美濃領十八郡　飛彈領
二郡　信濃領十郡　上野領九郡　陸奥領九郡
北邊海　但馬領八郡　丹後領五郡　若佐領六郡
加賀領四郡　能登領三郡　越前領十二郡　越
中領四郡　越後領七郡　出羽領十二郡　甲斐
領四郡　常陸領十二郡
南邊海　太和領十五郡　河内領十五郡　遠江領
五郡　駿和領十郡　伊豆領三郡　相摩領八郡
武藏領十四郡　下野領六郡

東北懸海　佐渡領二郡
南懸海　志摩領二郡　上總領四郡　下總領十一
郡　安房領四郡　七島
山城日本國王所居其南為和泉
其南海舉泊舟者　阿貴介撒几　丞打阿波　于
撒几　天王者　沙界衣
又其南為沙界
沙界之東南為紀伊領十郡
東為三河出海之口為濱大海
其島　康大　科什麽　奴智
紀伊之西為伊勢領十二郡
北為三河　其界　腰大　阿乃奴子
山城之西為丹波領七郡　左為攝津領十三郡
其界　飄船谷　阿家世奴乎辣　素埋　男女懷
東南懸海　安防
左之西為攝摩　其界　那敗　舍箇世　梳飛日
我這古　磨羅
右為但馬領八郡　右之西為因幡領七郡　丹波西

為美作領七郡　左為備前領八郡
其郡　乃什麼舵　茄賣茄里　金多大
左之西為備中領九郡
其郡　山柴家　言奴乎喇　那什麼　其南為覺連
島懸海三十里
右之西為伯岐領七郡　沿海俱白沙無郡可泊
其鎮　阿家殺記　倭子家他奴賀知　其北為竹
島懸海三十里
美作之西為備後之北境領十四郡
其郡　一子該一知　于奴鼻　和奴蜜知　拿敗
叔東女
出雲之南境領十四郡
其郡　番你日山子家　欽子溪　产流　賴打
失喇哈打　里僧具　密和奴失記　其北為隱岐
懸海三百五十里
備後之西為安藝領八郡
其郡　翁家塔　日昆敗　法子家一知　嵐撒子
谷野　他家足辨　其南為宮島懸海三十里

出雲之西為石見領六郡
其郡　南高番馬　番馬搓哥　撮奴市　有奴子
北至海三十里
安藝石見之西為山口國即古之周防國州也領六郡
横直二百四十里　其南邊海之郡　翁哥里　密
大遊里　東大陀奴迷　哈迷奴失記　磨羅市
米　其北邊海之郡　撒殺　賣抵哈打　夜市
高奴鳥辣　北至三島海面三百五十里
山口之西為長門領六郡
横直皆二日程　其郡　花浦薰州　番記　倭
委　北至三島懸海三百五十里関渡在馬名井關
関井關関之西是為早関名阿介馬失記有抽分司
設於此
渡此而西為豐前領八郡
横五百里直四百里　其郡　可苦喇　賴介襪次
大義地　野勝茄　阿勢夜　暮沿　一賣
其南為豐後領八郡
横直皆六百里　其郡　福乃　倭兀奴法賣　鎖

應低一字

孤舟　由奴烏喇　撒一基　烏四基
又其南為日向領七郡
橫直皆三百六十里　其產　多故奴南治
豐前之西北為筑前領十五郡
橫六百五十里直四百里　其產　石勢　加善里
加打也馬　多賣里　一萬字　奴打　世加
經字里　多罷　密那多　法哈達即博多之別名
又名十里松　其北如有兩尾俱名白沙並離伊
岐島海面五百里
西南為筑後領十四郡
橫直皆二百五十里
筑後之南為大隅領八郡
其南濱海　其產　什麼烏思迷今訛傳為懸海懸
海乃大漁州也大隅與日向薩摩等州連壤名為九
州
大隅之西為薩摩領十三郡
橫直皆三百六十里　其產　暗孛喇　起麻子祀
鮮里高　國什麼　罷理　拖馬里　鹿馬順

里高　鷃哥里　軍車米　仙臺　審孛署
豐後東南為懸海為土佐領六郡　伊豫領十郡
阿波領九郡
阿波東南相近懸海為淡路領二郡
土佐豐後之間為佐加關
土佐至佐加關海面一百八十里　佐加關至豐後
海面七十里
薩摩之北為肥後領十四郡
橫直皆五百里　其產　牙子世祿　阿麻國撒
皆陀　一國撒介　烏喇　開懷世利　嗟加什
什達加
又其北為肥前領十四郡
橫直皆五百里　其產　鐵來　言奴氣子　法司
奴一計　客舍　其內沿河泊舟交易之處　倭磨
喇　知十盃　法一溪　夜間迷　坐迷子　迷坐
骨知　一帚拂　愛奴乎賴　世子　迷古里　矢
撒喃哥呀　雄婆哥　松本一名馬子喇　法麻
撒兀

肥前西懸海為平戸名飛蘭島
東西海面十里西北至博多海面四百五十里
平戸之西為五島
五山相錯懸海而生其中有澳可泊乃日本西境之
盡處也過此西行越五六日四望無山直抵陳錢壁
下此島与薩摩相去一千五百里与肥前相四百去
三十里與平戸相去二百五十里五嶋至巳必由田
平戸經過　其澳　乃路　倭齊家　衣屋奴密
通計　嗟奴烏喇　烏苦　話哈嗟

北為多藝領二郡　伊岐領二郡
橫直皆七十里至對馬島海面五百里
對島馬
橫三百里　其南澳　世大哈　東南澳　哥佛乃
勢　西北澳　堆沙几　山谷　撒思乃　知亦磨
你打　北澳　倭奴烏喇
西北至高麗也必由對馬島開洋
各島之人俱至堆沙几撒思乃山谷三島開洋至高
之則失多順風一日約五百里

南至琉球也必由薩摩州開洋順風七日可至其貢使
之来必由博多開洋歷五島而入中國因造舟水手俱
在博多故也貢船回則徑收長门因抽分司官在焉日
本圖纂　右州六十八郡五百八十與文獻通考有多寡
稱名之不同以時地有沿革也至與籌海圖編海
防續編稍有不同乃刊寫之譌茲姑從舊本錄之

名雖　小海校字

吾妻鏡補卷十三　一名日本國志

吳江　翁廣平　海琛纂

地里志

長崎地屬肥州大百餘里西南面海通海之港四至東岐而七為前代志日本地里者未一及焉今為中外商賈輻湊之所故日本人繪之為圖其山水町田廟社屋鋪及泊舟之處殊為詳備余因按其圖而志之圖後所記各國里數俱仍原文雖有倭字不能釋者亦仍其舊而已

西南曰戶町道其山曰十心カ川リ山其水曰大浦浦之南其地曰唐人番曰遠見番曰御菜園臨海曰竜廿文御米藏曰梅加崎其町曰十人町浦之西其地曰エかクラ村曰御番所南曰日親其神廟曰妙行寺臨港曰ヒホハセリ曰エスア曰古小川曰上古川西曰リワリ丿浦曰二番石火矢臺曰女神小石山曰四番石火矢臺

正南曰茂木道其西之地曰十善寺村中如城而四方者曰唐人屋鋪曰御朱印地其神廟曰大德寺其東之地曰小島村曰八劍社其神廟曰正覺寺曰梅園天神廟曰金剛院東西之中曰二重門其町曰寄合町曰丸山町曰傾城町臨海曰本石灰町曰舟大工町曰本籠町其北懸海以橋相通有新地曰唐人荷物藏曰御米藏其東北曰湊番所

正西曰彼戶場其山曰天門峯其水曰刀ケ丁浦其地曰御番所曰御用鹽硝藏曰中番所曰小瀨戶曰乜ヒス社其神廟曰木鉢菴臨海曰大久斗曰一番石火矢臺曰男神小石山曰三番石火矢臺曰姥かハフト古曰神崎其西懸海曰神ノ島曰四郎島曰五番石火矢臺曰高鉾

東南曰矢上道其山曰愛岩山曰飯盛山曰舞かハ嶽曰彥山其水曰丁瀨其地曰御朱印地曰高野比良曰祇園社曰イナリ社曰豐前坊其神廟曰水神宮曰聖壽院曰文殊院曰興福寺曰太平寺曰藥師寺曰靜安寺曰三寶寺曰深崇寺曰禪林寺曰光源寺曰延命寺曰長照寺曰皓臺寺曰大音寺曰大光寺曰崇福寺曰廣應寺曰清山寺曰願成寺其近海港之町曰八番町曰

鞘屋町曰本紙屋町曰本古川町曰東古川町曰西古
川町曰新橋町曰諏方町曰磨屋町曰銀屋町曰攝津
町曰万屋町曰東濱町曰西濱町其内隔断港曰出来
鍛冶屋町曰今鍛冶屋町曰新石灰町曰今石灰町曰
油屋町其與東北道隔港兩町同名者曰今紺屋町曰
中紺屋町
正東曰ツツ乀川道其山曰松山曰放火山曰七面山
其水曰二股川川之南其地曰中川村曰ハ一ミ社川
之北其地曰片淵村曰ミエノ城曰虚空藏曰馬場曰
庄屋曰夫婦杉其神廟曰天神曰聖堂曰臨川院曰伊
勢宮曰龍淵寺曰雲龍寺曰春德寺其町曰新大工町
曰伊勢町其近港北皆耕田
東北曰エ川道其山曰西山曰無凡山其地曰御朱印
地曰正一位諏方社曰岩原曰御舟附屋鋪曰立山御
役所曰花神社曰天神社曰妙見社曰イナリ社曰波
戸場曰西御役所曰俵物役所曰舟番長乜曰御官代
高木曰長門曰小倉曰高島曰後サ曰牢屋曰森ノ松
曰長崎會所其神廟曰祇樹林曰功德院曰大悲庵曰
福田曰觧仁寺曰光雲寺曰音光寺曰大行寺曰光永
寺曰本覺寺曰高林寺其町曰南馬町曰北馬町曰出
来大工町曰大井手町曰今博多町曰古町曰桶屋町
曰本大工町曰今魚町曰酒屋町曰袋町曰本紺屋町
曰代木町曰東築町曰西築町曰爐糟町曰八百屋町
曰廿ジ子町曰内中町曰小川町曰豊後町曰引地町
曰今下町曰本下町曰新町曰本直善町曰後直善町
曰新直善町曰金屋曰舟津町曰崛町曰今町曰本博
多町曰島原町曰大村町曰平戸町曰桜島町曰外浦
町曰本五島町曰浦五島町其臨海之所曰柳川曰筑
前曰諫早其西南懸海地如摺扇以橋相通曰出島町
阿蘭陀屋鋪在焉
正北曰時津道其山曰立山其地有山里村曰平敷曰
新田曰水主馬曰込曰御朱印地曰御舟藏曰御米藏
曰山王社其神廟曰圓福寺曰聖德寺曰聖福寺曰永
昌寺曰觀善寺曰體性寺曰福濟寺曰聖無動寺曰本
蓮寺曰西勝寺曰法泉寺曰靈鷲庵其町曰東中町曰
西中町曰東上町曰西上町曰上筑後町曰下筑後町

曰恵美酒町曰大黒町其臨海之所曰唐津曰大村曰
原島曰平戸曰佐嘉曰肥前曰肥後
西北皆山曰稲佐嶽曰カク山曰カラフ岩曰上ノ原
其水曰水ノ浦曰エノ浦其地曰渕村曰价ノ久保曰
舟戈曰ヨエ七其神廟曰萬福寺曰悟真寺其臨海之
所曰ボウかサ文曰下水曰ワレ石曰平戸小屋
　長崎以街為町其街分内街外街郷街花街
大村　内中　船津　鴻源　江戸　小川　新町
浦五島　東築　西築　本下　今下　豊後
平戸　金町　外浦　椛島　櫻町　本博多　引地
新興善　後興善　本興善　本五島　金屋　堀町
　右内街二十六條
東濱之　西濱之　東古川　西古川　東上　正
東中　西中　中紺屋　本紺屋　今紺屋　本古
川　今石灰　本石灰　新石灰　榎津　今鍛冶屋
出来鍛冶屋　本籠　船大工　本大工　出来大
工　新大工　舵工　酒屋　銀屋　桶屋　油屋
萬屋　磨屋　本冶屋　大黒　諏訪　新橋　今博
多　村木　出島　恵美酒　袋町
　右外街三十九條
金魚　爐糟　衣鞁　八百屋　大井手　本紙屋
麴屋　勝山　今籠　八幡　南馬　北馬　上築後
下築後　右町
　右郷下街十五條
奇合　附町　丸山　半片　傾城此一町見長崎圖
　右花街五條東洋客遊略與長崎圖亦有不同
長崎ヨリ諸國エ出口道此里数以十里為一里
日見エ二里　日見ヨリ矢上エ一里
矢上ヨリ諫早エ四里　諫早ヨリ大村エ三里
深堀エ三里　深堀ヨリ長興エ近道二里
半雞所也　イ文リ文エ五里十ニ取十リ
茂木エ二里茂木ヨリ天草肥後エ舟渡リ入
　長崎ヨリ諸國エ海陸道規以十里為一里乎擴録日方長十里造旨
京都　陸名十里有百里二百十里　海二百四十八里
江戸　陸三百三十二里　海二百三十五里

安藝廣島　陸百三十里廿六丁　海百四十四里半

大坂　陸百九十七里　海二百三十五里

長门下関　陸五十九里半四丁　海八十九里

豐前小倉　陸五十七里　海八十六里半

同中津　陸五十六里十三丁　海百三里六丁

豐後日田　陸四十六里十三丁　海百五十八里半

肥後熊本　陸二十五里　海四十六里

巣麻　陸四十八里　海四十六里半

薩摩鹿兒島　陸六十五里半　海九十七里

日向佐渡原　陸七十一里　海百四十七里

筑後久留米　陸三十二里　海六十一里

同柳川　陸二十七里　海五十五里

筑前福岡　陸五十里半七丁　海六十八里

肥前佐　陸二十四里四丁　海五十九里八丁

同平戸　陸二十五里　海二十七里

同唐津　陸二十五里十二丁　海五十二里半

同島原　陸十六里　海三十五里半

同大村　陸十里　海二十九里

同壱島　陸　海四十八里

深江同伊岐　陸　海四十二里

同對馬　陸　海九十九里半

日本針路本渡海方程海道針經

太倉港口開船用單乙針一更船平更者每晝夜分為十更以焚香枝數為度以木片投海中人從船面行驗風迅緩定更多寡可知船至某山洋界

吳淞江用單乙針及乙卯針一更平

今自乍浦開船亦用乙卯針以下路同

寶山到南滙嘴用乙辰針出港口打水六七丈沙泥地是正路三更見茶山

茶山水深十八托一云行一百六十里正與此合自此用坤申及丁未針行三更直至大小七山灘山在其東北邊

灘山下水深七八托用單丁針及丁午針三更船至霍山

霍山用單午針至西後门

西後门用巽巳針三更至茅山

茅山用艮巳針取廟州門船行過門下水深急流取升
羅嶼
升羅嶼用丁未針經崎頭山升羅崎頭俱可泊船水深
九托出邊嶼港
邊嶼港用丙午針三更至孝順洋及亂礁洋進嶼港口
水流急孝順洋水深十三托泥地
亂礁洋水深八九托一云六托泥地取九山以行九山
西邊有礁打水行船宜仔細
九山用單卯針二十七更過洋至日本港口打水七八
托泥地南邊泊船若自琉黃山用丑癸針入長崎
又有從烏沙門開洋七日即至日本若從陳錢山至日
本用艮

福建往日本針路

梅花東外山開船用單辰針乙辰針或用辰巽針十更
取小琉球
小琉球套北過船見雞籠嶼及梅花瓶彭嘉山
彭嘉山北邊過船正南風用乙卯針或用單卯針或用
單乙針西南風用單卯針東南風用乙卯針十更取釣
魚嶼
釣魚嶼北邊過十更南風用單卯針東南風用乙卯針
四更至黃麻嶼
黃麻嶼北邊過船便是赤嶼五更南風用甲卯針東南
風用單卯針西南風用單甲針或用單乙針十更至赤
坎嶼
赤坎嶼北邊過船南風用單卯及甲寅針西南風用艮
寅針東南風用甲卯針十五更至古米山
古米山北邊過船有礁宜避南風用單卯針及甲寅針
五更至馬齒山
馬齒山南風用甲卯或甲寅針五更至大琉球
大琉球那霸港泊船上官把守港口至此用單卯及甲
寅針二更進那霸內港入琉球國中
那霸港外開船用單子針四更取離倚嶼外過船南風
用單癸針三更取熱壁山
熱壁山南風用單癸針四更取硫黃山
硫黃山南風用丑癸針五更取田嘉山又南風用丑癸
針三更半取夢加剌山南風用單癸針及丑癸針二更

取大羅山
大羅山用单癸針二更半取萬者通七島山西邊過船
用单寅針五更船取野顧山島内名呼兵之抄是麻山
嶼
野顧山用巽寅針二更半至但尔山一云野顧山對面
行六十里有小礁四五箇最險宜避在北邊過船用艮
寅方行二百五十里至亞甫山
亞甫山平港口水望東流甚急離此山用艮寅針十更
取亞慈理美妙山若不見此山用单艮針二更又用艮
寅針五更取沿濾奴一名沿渡奴至烏佳眉山
烏佳眉山用单癸針三更用单子針一更至而是麻
山
而是麻山南邊有沉礁套礁一名依沉長礁東北過
船用单丑針一更取正路用单子針四更取大門山
大門山傍西邊過船用单丑針三更取兵庫山港循
港道入本日

男　雄　小海校字

吾妻鏡補卷十四　一名日本國志

吳江　翁廣平　海琛纂

風土志

王制曰東方曰夷夷者抵也言仁而好生萬物抵地而
出故天性柔順易以道御至有君子不死之國焉後漢
書引禮記
君子國衣冠劍帶其人好讓不爭山海經海外東經
東方本德仁故有君子之國淮南子注
好讓故為君子之國傳物志

王制曰東方曰夷夷者抵也或曰夷大也柔順也天性
柔順至有君子不死之國爲唐之宗稱日本為禮義君
子國所云不死非竟不死也按日本吾妻鏡載其國王
在漢晉以前壽皆百數十歲年壽考云日本有大臣曰
紀武内年三百七歲論語子欲居九夷或曰陋如之何
子曰君子居之何陋之有蓋孔子之欲居者以彼有君
子居之故孔子亦欲居之也非孔子自謂君子也考九
夷即古之倭奴至唐改為日本新羅百濟等國非九夷
之後也後漢書九夷畎夷于夷方夷黄夷白夷赤夷元

夷屈夷陽夷余謂方夷即周禮所謂其民毛而方也黃
白赤元者就各國人之顏色言之也猶西洋之黑白傀
子也 鷄窗叢語
後漢書東夷傳有九種一曰元菟二曰樂浪三曰高麗
四曰滿節五曰鳧臾六曰索家七曰東屠八曰倭人九
曰天鄙即今遼東渡海以至東洋諸番國此與鷄窗所
引要盡著寔
吳亡子孫入海為倭自云吳泰伯之後 通鑑前篇編
倭國有徐福祠故中國呼倭為徐倭 墨談
仁山據國語寡人達王于甬句東數言而推之非寔有
所本徐福云者以福居檀夷二州號秦國稱之倭耳 午
攘錄
高人徐市等上書言海中有三神山名曰蓬萊方丈瀛
洲仙人居之請得齋戒與童男女求之于是遣徐市發
童男女數千人入海求仙人 史記始皇紀
有夷洲及澶洲傳言秦始皇遣方士徐福將童男女數
千入海蓬萊神仙不得福畏誅不敢還遂止此洲世世
相承有數萬家人民時至会稽市会稽東治縣人有入

浸

海行遺風流移至澶洲者所在絶遠不可往來 後漢東
夷傳下同
周禮地官山林動宜毛植宜皂其民毛而方注山林之
民得木之氣毛者木之象方者曲植之意也余謂日本
地在極東東方屬木又多山故日本之東有毛人國 同
上
夏后少康之子封於會稽斷髮文身以避蛟龍之害今
倭人好沉沒捕魚蛤文身亦以厭大魚水禽後稍以為
飾諸國文身各異或左或右或大或小尊卑有差 三國
志
江淹遂古詩東南倭國皆文身 首
倭者自云太伯之後俗皆文身 梁書
倭在東南大海中依山島為居凡百餘國自武帝滅朝
鮮使譯通於漢者三十許國國皆稱王世世傳統其大
倭王居邪馬臺國按即今之邪摩推音之譌也樂浪郡
徼去其國萬二千里其去西北界拘邪韓國七千餘里
大較在會稽東治之東與朱厓儋耳相近故其法俗同
其兵有矛楯木弓短下長上竹 其或作 矢或鐵鏃或以骨

為鏃
男子皆黥面文身以其文之左右大小則知尊卑之差
其男衣皆橫幅露紒以木棉加頭結束相連女人被髮
屈紒衣如單被貫頭而著之並以丹朱坋身如中國之
用粉也
有城柵屋（室）父母兄弟異處唯会同男女無別飲食以
手而用籩豆人性嗜酒多壽至有百餘歲者甚衆
俗皆徒跣以蹲踞為恭敬
國多女子大人皆有四五妻其餘或二或三女人不淫
不妬
風俗不盜竊少爭訟犯法者沒其妻子重者滅其门族
其死者停喪十餘日家人哭泣不進飲食而等類就歌
舞為樂
灼骨以卜用決吉凶度海令一人不櫛沐不食肉不近
婦人名曰持斎若在途吉利贈以財（物）如疾病遭害以
為持斎不謹便共殺之
國王以王為姓傳習至今六十四世文武僚吏皆世官
年代紀

緣

開皇時倭王姓阿每王妻姓號（或作）雞彌後宮有女六七
百人名太子為利哥彌多弗利無城郭内官有十二等
（詳職官志）其服飾男子衣裙襦袖微小履如屨形漆其上繫
之脚多跣足不得用金銀為飾衣橫幅結束相連而無
縫頭亦無冠但垂髮於兩耳上至隋其王始冠以錦綵
為之以金銀縷花為飾婦人束髮於後亦衣裙襦裳皆
有襈攕竹為梳編草為薦雜皮為表緣以文皮男女
多黥臂點面文身沒水捕魚（隋書下同）
有弓矢刀矟弩鑽斧漆皮為甲骨為矢鏑雖有兵無征
戰
其王朝會必設儀仗奏其國樂戶可十萬
樂有五絃琴笛
俗殺人強盜及姦皆死盜者計贓酬物無財者沒身為
奴其餘輕重或流或杖每訊究獄訟不承引者以木壓
膝或張強弓以弦鋸其項或置小石于沸湯中令所競
者探之云理曲者即手爛或置蛇甕中令取之云理曲
者即螫手人頗恬靜罕爭訟少盜賊
無文字唯刻木結繩敬佛法於百濟得佛經始有文字

知卜巫尤信巫覡
正月一日必財戲飲酒其餘節略與華同好棊博握槊
樗蒲之戲
以小環挂鸕鷀項令入水捕魚日得百餘頭
無盤俎籍以槲葉食用手
婚嫁不娶同姓男女相悅者即為婚婦入夫家必先跨
火方與夫相見
嫁娶不持錢帛以衣迎之晉書
性質直有風雅
死者斂以棺親賓就屍歌舞妻子兄弟以白布製服貴
人三年殯于外庶人卜日而瘞及葬置棺船上陸地牵
之或以小輿
有阿蘇山無故火起接天俗以為異因行禱祭有如意
珠其色青大如雞卵夜有光云魚眼睛也海國叢談
其俗不知正歲四節但記春耕秋收為年紀見大人所
敬但搏手以當跪拜其人壽考或百年或八九十年魏
略
倭國者故倭奴國也去京師一萬四千里在新羅東南

大海中貞觀五年遣使獻方物二十二年又附新羅奉
表以通起居舊唐書
其俗椎髻無冠帶至煬帝賜其民錦綫冠飾以金玉文
布為衣左右被銀蘤長八寸以多少明貴賤唐書
倭性輕生好抄掠男子黥頭斷髮黥面文身象胥錄
倭奴亦事佛而任僧其謂塵根寂靜心地清涼見得本
性自然樂者薦紳喜之多棄孔顏博約之教而求佛
經焉不知此乃抄襲洗心盡性之說而易其詞耳豈看
番夷之語言反妙于中國者哉大學衍義補引夷情論
頗崇儒書有好學能詩文者尤信佛法有五經書有佛
經白居易集皆得自中國寰宇記
夷州在臨海東南去郡二千里土地無霜雪草木不死
四面是山谿人皆髡髮穿耳女人不穿耳臨海水土志
海外諸國獨日本粗知文義惟東坡山谷黃魯卿趙子
昂諸家唐以前文字俱不好嘉靖己亥八貢正使石鼎
周良珠宣用琳琲文字者也多重佛略儒五經用漢儒
王弼鄭元醫用舊方而略變揮詩尚纖巧大元體之下
者余永麟北窗瑣語

兵刃犀利裸身赴鬥慣舞雙刀輕僄跳躍為胡蝶陣以
揮扇吹螺為號皆跣足閒用屐海防續編下同家晉錄
板屋低小席地以沙坐卧席地以蹲踞為恭搓手為悦
嗜啜茶道旁有茶店

日本之民有貧有富有淑有慝如攝摩伊勢若佐博多
以商賈為業其地方街巷風景宛如中華富者各數千
家有積貲至百萬者又如和泉一州富者八萬戶皆居
積貨殖如薩摩之鶻哥里其邑長安慶能納民于軌物
無一人為盜者又如宮島人不嗜殺有不平事但詣神
廟罰錢又如紀伊之頭陀僧三千八百房專習武藝殺
人而不犯中國

東夷去古未遠人𣪊而直刑簡而峻俗貧而寡盜富貴
家食稻衣錦貧而下者衣褚茹秕糠而已倭俗考下同

其地田少山多民居沿海捕魚為生以土山削峻為城
郭酋長居于山上房屋無磚瓦皆艸板遮蓋其王畿國內
商賈富盛餘國荒寂無偏老幼貴賤俱佩長短二刀男
子留後鬢毛髮婦人艸染黑齒身服五色花衣亦多彩
飾為容善謠俳云

其音語與小琉球相通其上文移往來書札只四十
七字音韻相類者通用海國見聞錄

倭國無敵朴雜刑有犯即殺僇其死囚亦不械繫第以
茅索牽至一所令犯者長跪數僧人為導引若懺悔然
旋即刑之已刑諸倭競來試刀頭剜骨肉糜爛慘酷
莫甚汝禎南中紀聞

日本國誌題康保五年日本在海東自漢以來見於史
與中國不常通宋苣公紀年通譜載其國年號尤備而獨
無康保其後畢仲荀見此誌錄于通譜之末然不知康
保是中國何年也余家集錄金石刻凡二千卷外國之
字著錄獨此而已趙明誠金石錄

金石錄有日本告身要增

五老西來弟幾峰道人定起對長松掛帆東海還歸去
貌得香爐雲氣濃題日本國畫倪瓚

宣和書畫譜蕃族類五代時日本國康偽保老二

按日本村上天皇以後漢高祖天福十二年丁未立
至甲子改元康保當宋太祖乾德之年

日本有畫不知姓名傳寫其國風物山水設色甚重多

用金碧燃殊方異域而能留意于繪事亦可尚也至今
倭僧多能作墨畫觀音像圖繪寶鑑參宣和書畫譜
倭子畫佛一絹幅中間及四圍皆取直方坐立初有佛
像百餘頭背寸五分長而四邊並作佛湊砌為邊闌兩
旁闌中乃間以戲物亦藝矣色深重貼金無筆法外題
番字一行行横寫墨色與中國同都有筆蹟麿東圖元
覽

自對馬島而南寅甲卯東方一帶七十二島皆日本之
地而與中國通貿易者惟長崎一島產多粟米難供食
指開貿易入公家通計終歲所獲利就長崎按戶口均海國見聞錄下同
分

通文藝者為高士優以禮免以徭
夫妻不共羹湯餕餘婢僕尚棄之
富者饌坐褥席貧者薦席名曰談踏棉冬家計攤毯踏
棉之多寡為戶口
男女眉目肌理不敢比勝中華亦非諸番可比寔東方
精華之所萃
人皆覆姓其單姓者徐福配合之重男女也徐福所居
之地名曰徐家村其家在熊指山下其國男子年五十
餘陽多瘻
敬祖先時掃廬墓得香花佳果非敬佛僧則上祖墳呼
童僕鳴掌則然諾無佳賣人亡傭工期滿歸
藏人吳三英曾至日本國言貨至彼則載島上市官判
價無欺客買彼貨亦不二價其風俗淳朴道不拾遺婦
人女子與人極褻狎終不亂捫其乳甚喜曰你愛我若
揣其三謂有意私之出刀相刺客中有文人墨士寄才
異能者王圍必請見然每送其途以示土地廣闊徐岳
見聞錄

異域志云日本乃徐福所領童男女避秦之虐遂國于
彼而中國詩書亦得相傳故其人多尚作詩寫字流傳
既遠數千年間聲音不同其文荒遠不足以續聖藝
不相合耳然猶市價不貳道不拾遺女不淫亂何風之
淳也聖教不行宜其有浮海之歎興黎媿曾筆記
日本乃徐福所領童男女始創之國時福所帶之人百
工技藝醫巫卜筮皆全福因避秦之暴虐已有遁去不
返之思遂為國焉而中國詩書遂留于此故其人多尚

作特寫字自唐方入中國爲南始有奉胡教者王乃髡
髮爲桑門穿唐僧衣其國人皆髡髮着服則留頭髮門
廣牘

倭俗考云其國即扶桑日出處故名日本有扶桑禪林
第一寺鄭良珍閩鄭閻之積善里人嘉靖末與其弟良
玨皆被倭掠去踰二十年所附中山王封貢而歸嘗面
質其所言不妄也按南史扶桑國在大漢國東萬餘里
在中國之東其土多扶桑木故以爲名齊永元元年其
國有沙門慧深來至荊州又考諸紀傳扶桑實在日本
之東唐韋莊有送日本僧敬龍歸詩曰扶桑已在渺茫
中家在扶桑東更東皆失於考據也

周致中異域志纂扶桑國在日本之東南無城郭民作
板屋以居風俗與太古無異人無機心麋鹿盧之相親
人食其乳則壽罕疾得太陽生氣之所薰炙也受其氣
者草木尚榮而不悴況其人乎日本亦近太陽之生氣
故亦多壽考也

坐以東面爲尊有所使令則拍手代呼聞皷而至性和
緩雖甚怒無疾言遽色 袖海編下同

臥無被褥有寢衣亦無一定之所但用六幅短屏障之
即别内外矣枕用木名麻姑喇僅四寸許豎枕腦後不
着耳故其聽較華人爲聰

席地而坐無拱揖之煩客至主人以烟盤置客前中置
火爐烟盒唾壺各一聽客自取呼烟爲淡巴菰烟筒爲
幾世留宴客則人各授一器如古樂器之屬高廣尺許
酒爐製作甚精銅表錫胎以木盤承之下二層貯諸色
器具名曰便當又有郊遊者名曰三笑百果茶甌頗大而
點茶不過二三分酒杯如碗而斟必十分少則爲不敬
也行酒必主人先飲而後酬客

長崎在彼國稱窮島然寠人絶少富家資產盈十萬夜
懸一燈於門倍者燈亦倍之

書籍甚多間有中國所無之本亦建聖廟有官稱聖廟
先生客有携書往售者必由聖廟友檢閱恐涉天主教
耳

俗禁天主教甚嚴唐船初至例有讀告示踏銅板二事
告示叙天主教煽惑人心處客有挾之而來者銅板鑄
天主像踏之以明無習教之人

五倫中惟君臣主僕之義最嚴其他蔑如也凡生子先女而晚得男則納壻為長子幼子降而為孫繼三子者過繼一二故同胞而不異姓者極為難得

男女俱不剃胎髮男至成童則剃頂髮留兩鬢及腦後者總梳一角澤以蠟油紮之惟醫人瞽者剃髮如僧

妓風最盛宴必有妓名曰撤羹其進館以申刻點名出亦如之名為應辨性多聰慧工修飾善事客且為客謹出入握籌筭若將終身焉以是嫖客多惑之客納妓名曰太由華言大夫也其俗有換心[illegible]落魂橋之謗言唐人經此心醉魂銷志其為旅人矣妓所居之地向花街有狐狸廟月祀之若優伶之家則祀雷海青云

人死無棺槨用木桶趺坐其中實以灌香翼日而葬貴賤一體子若婦持服二十五日而畢

凡佩刀武官邑吏以上皆佩一短刀其尺寸不同其刀上又插一小刀反手裡刀以便雜用又有一利刃謂之懷刃以便急用士以上時或用之村長出入帶一刀郡長帶二刀仙臺國紀畧

倭製刀必經數十鍛故鋒鋭無比其國中人煉一刀自

佩挺卧不離南中紀聞

佩挺

男　維　小海校字

吾妻鏡補卷十五 一名日本国志

吴江　翁廣平　海琛纂

風土志

日本於海島為莫強之國，坐受諸国朝貢，衣（夜）郎自大，由來久矣。其国事一聽將軍，主之国君如贅疣，垂拱而已。故其国中精兵惟將軍是爭，曾無有敢弒其主者，以國柄非所操，篡弒無益，虛被惡名，用是得長守国治。尚酷刑，故其民皆畏法，有道不拾遺風。其先（初）西洋人覬覦其国，以天主教之言惑之，事露，悉被夷戮。今商船至彼，必問有無天主教人，又鑄天主像，令人足踐而登，若誤攜一人往，則以其船牽置岸上，盡納舟人於艎底焚之。自此西洋人無復至日本者。其與諸国通貿易者曰長崎島，男女肉色最白，中国人至彼，暴露風日中猶能轉黑，為白婦女妍美白皙如玉。人中国人多有流連不歸者，今長崎有大唐街，皆中国人所居也。郁永河海遊記

日本為海外諸国之勝，舟楫輻輳，山水奇絕，景況佳妙，不能盡述，偶占絕句十六首，聊記歲序民風之意云。（福建）

沙起雲日本雜詩，詩不錄，錄其詩注如左

神

正月初一日門前遍插松枝，投扇為帖，名書其上。端午龍舟競渡，方言喚作披龍。六月十三日為牛王勝會，盛街排列玩具，男女爭買送人，以為吉兆。七月為中元，家家齋戒，墓上燃燈徹夜。重九迎大明神會（土地也）。會中人相撲為戲，身上畫一圈，圈中（寫）天下一三字，小童裝作唐人擊鼓唱采茶歌。

凡著綿衣須有国王頒示乃敢，綿衣名為幔。其帽敢見人，科頭藏帽於袖中以為大禮。寢衣長一身有半，多以奇楠香薰被。

凡拜先（佛）以銅錢擲地。每月十八日拜觀音，朔望日名呼禮日，相見必行禮，禮必薙頭。

宴客以柴鼎為敬，以壺為修，酒一壺曰酒一修。

賀人新娶以潑水為戲，名為油[illegible]（嗚呵），妻名御家，從嘗男寵。凡平等人妻有外交，或出門晚歸，其夫詰之，則答以唐客見招，遂置不問。

妓女幼時袖開半截，白齒必染黑，必求一名妓為母，學其禮數，束帶寬一尺，長七尺餘，名為腰畀。

妓女所居之處名花街，每夜月明彈三弦者不絕，其裝

飾則綰髮染牙白衣紅袴玳簪插首飾帶纓腰常倚門以招客又能學唐人聲音以上日本雜詩注

讀書從師極不苟每州每郡必有先生會館月必數集其先生中有義理之學者有經史之學者有詞章之學者有明天文地理者有醫卜星相者如有來學者不先教其讀書也使之閒住月餘視其質地之所近而後教之必學成始得還家否則雖疾病不過令其父兄視之而已

讀書以能背誦為率不僅觀覽也故其所作詩文典故極多殊少性靈理法則不背也

年號箋載孝靈天皇十三年癸未梵字渡蓋佛經也時在周赧王三十七年七十二年甲午經書渡時秦二世三年年代紀載應神天皇時始於百濟國得中國文字時在晉武帝太始中是日本在晉以前已知經書文字矣故宋順帝昇明二年雄略天皇武上表其文頗雄健綽有漢魏風遺唐書長安元年倭王文武遣粟田真人貢方物真人好學能屬文其副朝臣仲滿詳藝文志多所該識自宋至今亦有能文詞者惜流傳者少也數十年來

如山井鼎物茂卿岡田挺之太宰純之著述亦可云博雅矣所作序文亦可云合作矣然其語助之詞間有不能文從字順者則師弟之傳習使然也

吾妻鏡一書朱竹垞以為不賢者識其小者也承兄一序命意甚佳字句未有順處

天瀑山人佚存叢書序曰歐陽永叔日本刀歌曰徐福行時經未焚佚書百篇今尚存所謂百篇之書我無有也則不知其何據豈臆度之言耶余謂徐福入海斷無挾書而行之理故宋時有求書外國之說顧亭林亦以為妄說惟朱文公集注孟子於仁也者人也下注或曰外國孟子人也下有義也者宜也禮也者履也智也者知也信也者實也多二十字則于合而言之句義為足雞窗叢話朱文公集注孟子于仁也者人也下注或曰外國孟子人也下有義也者云云多二十字余謂此外國蓋日本也外國惟日本多求中國書非他國所及也今查日本山井鼎七經孟子考文中無此二十字不知叢話何所見而云日本也

余初見河世寧全唐詩逸以為無足重輕及閱過全唐

詩而知此書之不可輕視也蓋世寧生平以熟讀全唐人之詩方始能於他書中知其某篇某句全唐詩中所未收者而後摘錄成編此豈易事乎竺常序文似淺率而少意味

天武天皇白鳳十四年大津皇子賦詩日本始作詩然全唐詩屬國中僅有朝臣一首其附庸之新羅有女國王一詩金地藏一詩文獻通考載宋延平五年有以日本唱和詩來其詞雕刻膚淺其流傳者僅有圓通大師一詩戲鴻堂帖中二詩而已明詩綜四夷廣記滄海遺珠所選之詩則斐然可觀柳村王豫借陰筆記倭國詩文一乘明人王李之集二家外概不入目朝鮮亦然近日之詩僅得熊版秀所輯之南遊稱載錄成亦遊囊二冊亦有可見者

二冊之詩作者二十餘人大約無甚軒輊內熊版父子詩完善者多雖未能造前賢論詩之妙境而篤好風雅博用典故亦有足多者焉

熊版父其國中稱為台州先生著述有十五種可謂富矣惜皆未見

熊版父子日本推為風雅宗主其所熟讀者恍歸愚全集及其所選之別裁又喜吳中七子詩故其所作間有相似者

河世寧詩僅見初夏一律頗有放翁誠齋風趣因亟錄入藝文中世寧有全唐詩逸之刻自足千古宜其詩之新穎乃尓又見西川潮臺葛詩集其序島主滕忠成作謂于二萬首中擇百首刊之附唱者二十四十然殊膚淺較熊版所輯似又遜之二序一跋頗有奇怪語

碑版誌墓記傳之文極為貴其潤筆有多至數十百金者

頗究書法尤習艸書皆懸腕以無臺桌倚著故也亦有能篆隸者俱從前人墨跡臨模而不好碑版故無人攜去知許氏說文六書通漢隸字原隸辨艸聖彙辨等書亦喜購之

艸書數字中必有一二字不易識書史曰陳賢艸書帖六七紙字亦奇逸難辨知日本書則相沿已久也

宋太宗朝李王獻畫筆畫則韜艸閑外夜則歸臥閑中莫曉其理僧贊寧曰此幻藥所畫南海倭國有蚌淚和

色着物畫見夜隱沃焦山石磨色染物畫隱夜見海外記

日本人畫十三科皆倫而未能多見曾見一方冊十頁甚奇怪圖記之其第一頁深山中有數大樹其參天拔地之象立一人如官長又一人如工師而同度村者第二頁亦作深山大樹旁立二人即第一頁之人復有衆工數十人或附于樹以鋸枝榦或蹲于地以鋸根本第三頁工師立濱海之曠野鋸樹之數十人以所鋸之枝榦根本各鋸為板其後以茅篷為廠中多器用盡衆工寢食之所也第四頁衆工以所鋸之板造一大船也五頁復有百餘人以長繩繫舟兩旁拖以入海造船之衆工無一人在內者第六頁船在海中拖船之人俱不見有數十漆工於船上繪畫第七頁通船俱金碧丹黃色篷檣櫪索鉄猫木椗之類畢備一官長坐海岸有監督之意即前同工師度材者有數客商立其旁運貨物以實船中者百餘人第八頁船在大洋中張三大篷有乘風破浪頃刻千里之勢船上百餘人即運貨物者數客商在船楼窓隙中窺視第九頁船自大洋歸泊海岸百餘人運貨物於岸上數客商俱于岸上督運第十頁船中火起烟焰沖天有十餘人自船投海海中有撑三板船來救者有二人尚在船頭既畏火逼又不敢投海岸上人則欲救無措數客商中有垂淚浩歎而跳躍者其一時倉皇急遽之形無不相肖也冊縱一尺橫二尺而縮無歎識人物僅長三分其眉目用單筆點出筆極細細而鋸樹之人即鋸板之人鋸板之人即造船之人無不一一相肖者然與拖船下海之人無一相肖也與繪畫之漆工無一相肖也與運貨物之人無一相肖也枝藝之神妙竟若是乎而命意之所在則不知也或曰海洋之船皆國王所造此船當是第一次出海歸而被火焚者故繪此冊以呈國王耳細審其船之形製似西洋船此冊當是西洋人所畫而携至日本者亦未可知也

飲食宴會之事與中華無甚異同惟飲磨茶則貴賤富貴者歲不過一兩次而已磨茶相傳始于元正天皇養老年間時唐明皇開元初年也其法以上品茶葉合藥味香料共磨為粉是國王所製有清濃二種種各三

等每斤上等價値銀二百兩次等値銀百六十兩又次値銀百二十兩茶竈以鐵為之形如中華之餛飩擔須數百年前物右茶竈石茶厨安置杯盤等物也茶鐺以銀為之酌水之瓢以金為之水則貯黃梅時庭心之雨水所謂天泉也茶杯以玉為之有大小二樣茶盤以水晶或瑪瑙為之古磁器茶瓶二一貯清茶一貯濃茶也瓶中之匙以珊瑚為之旋茶之帚以金絲為之主人欲請客先數日送簡客之被其請者雖有正事不顧必至欺客盛服以往主人肅衣冠迎客各就坐然後命童僕

舁茶竈於堂東童僕熾炭主人立其旁聽水沸聲候蟹眼起按客數取小玉杯置盤中啟清茶瓶以珊瑚匙挹少許于各杯以金瓢酌沸水瀉之以金絲帚旋之主人親送茶於客客主各飲一杯飲後肌骨清涼渣滓消盡也於是客主環坐供盛饌飲無算爵極飲大醉解衣盤礴盡酣嬉淋漓之致既畢飲徹席仍各就坐童僕復熾炭聽水沸聲啟濃茶瓶以珊瑚匙挹多許於大玉杯以金瓢酌沸水瀉之以金絲帚旋之童僕送茶自首座客至主人各飲一口飲後酲醉皆醒酒肉氣不知消歸烏有矣客於是起立整衣冠謝主人而去

國中有一等人[redacted]或有爵祿或為齊民年過五六十衣食纔足家事有後人可付則於山中幽僻處築室三五楹嘯傲林泉怡情杯酒或遇田夫野老即話桑麻或逢羽士緇流便參元妙憂愁不到榮辱胥捐若此者謂之高士嗚呼其亦知足矣哉

男　維　小海校字

吾妻鏡補卷十六一名日本國志

吳江　翁廣平　海琛纂

食貨志

土宜禾稻麻紵蠶桑知織績為縑布出白珠青玉其山有丹土氣溫煖冬夏生菜茹無牛馬虎豹羊鵲後漢書

其山有丹其木有柟杼櫲樟楺櫪投橿烏號楓香其竹篠簳桃支有薑橘椒蘘荷有獮猴黑雉三國志

有獸如牛名山鼠又有大蛇吞此獸蛇皮堅不可斫其上有孔乍開乍閉時或有光射之中則蛇死矣梁書

土地饒沃既生五穀又多魚肉有犬尾短如麕尾狀有銅鐵首矛以戰鬥摩礪青石以弓矢取生魚肉雜貯大瓦器以鹽鹵漬之歷月餘日乃啖食之以為上肴也臨海水土志

產絲蠶多織絹薄緻可愛宋史

丹波出水銀丹後出丹土但馬出銀河波出銅薩摩諸海里沙煎出鐵又出花布海國叢談

東奧產黃金西別島出白銀以為貢賦年代紀

但馬出銀備中出鐵石見出銀與銅海防續編

舶

其產金銅鐵水銀水晶有青紅白琉黃琥珀白珠青玉名硯螺鈿冬青木多羅木杉木水牛驢羊黑雉細絹花布細扇其貢馬盔鎧劍刀塗金裝彩屏風洒金廚子洒金文臺等物大明一統志

倭扇以松板兩指許砌疊如摺疊扇者其柄以銅壓錢環子黃絲縧甚精妙其板上罨畫山水人物松竹花艸亦可喜竹山尉王公軒憲恭后家嘗作明州總官得兩柄畫繼　宋鄧椿倭扇畫

高麗國使人每至中國或用摺疊扇為私覿物其扇用鴉青紙為之上畫本國豪貴雜以婦人鞍馬或臨水為金沙灘暨蓮荷花木水禽之類點綴精巧又以銀泥為雲氣月色之狀極可愛謂之倭扇本出於倭國也圖畫見聞志

日本扇歌　桂彥良

倭東入貢泥金扇最佳先以金箔作底上施以彩色高皇帝曾賜近臣

海內車書今混一萬里梯航進方物奇哉此扇日本來恩賜千官敢輕忽南薰殿高清畫長水晶簾捲薔

薇香綠窓蝶影弄春日碧天雁翅橫秋霜扶桑日華
移上苑鐵網珊瑚弱水淺香山寫入畫圖中金鼇騰
空怒濤撲黑雲散作丹霞飛江蘆蕭蕭月半規無窮
變化不可測俯仰神仙知是誰稜墨竹十二莖不
方不圓長短齊隨時卷舒足稱意一寸機関那可量
齊紈團團堪障日豈謂竹新輕得失朝端鵠立行如
珠爲得從容袖中出

中國伽楠香皆非真真者我國亦不易得取伽楠法先
期割牲察卜有無去密林中聽樹頭小兒語急斫數斧
而返遲則有鬼搏人隔年如一往取先上之王及三傒
重加洗剔上者留之原酬其值次下者聽別售

海産龍涎香鰒魚　海國聞見志

諸菜中萊菔最佳有九子梅紅花千瓣一蒂九子結實
時止留四五子大如杯　袖海編下同

雅之大如鷲飛時百叶爲羣而不畏人

海岸多鹿皆大魚所化常見魚躍出沙際不踰時而已
奔之跂跂矣亦有鹿身魚首尚未全變者

倭刀刀有高下技有工拙富者不惜重價而製之廣延

恍

高師而學之其價者所擇不過下等耳　刀大小長短
不同立名亦異每人有一長刀謂之佩刀其刀上又插
一小刀以便雜用又一剃刀長盈尺者謂之解手刀長
尺餘者謂之急拔亦刺刀之類此三者乃隨身必用者
也　其大而長柄者乃擺導所用可以殺人謂之先導
其以皮條綴刀鞘佩之於肩或執之於手乃隨後所用
謂之大制　又有小裁紙設機刀出長門鏡兼長者最
嘉　上庫刀山城國盛時盡取日本各島名匠封鎖庫
中不限歲月竭其工巧謂之上庫刀其間鑌寧久者更
佳世代相傳以此爲上　備前刀以有血漕爲巧刀上
或鑿龍或鳳或八幡大菩薩春日明神天照皇大神宮
皆其形著在外爲美雕者　匠人製造之精不論刀之
大小必于柄上一面鐫名一面刻記字號以爲古今贗
否之辨鎗劍亦然　日本圖纂

近日所來之刀有長四寸餘一頭爲刀一頭爲錐亦頗
適用有長二三寸三稜似杵亦似錐有圓木柄圓木鞘
殊不適用又有裁紙刀長五寸方柄方鞘綴銀星成半
尺

觀

導

日本刀歌　歐陽脩

昆夷道遠不復通世傳切玉誰能窮寶刀近出日本
國越賈得之滄海東魚皮裝貼香木鞘黃白間雜鍮
與銅百金傳入好事手佩服可以禳妖凶傳聞其國
居大島土壤沃饒風俗好其先徐福詐秦氏採藥淹
留丱童老百工五種與之居至今器玩皆精巧前朝
貢獻屢往來士人往往工詞藻徐福行時經未焚逸
書百篇今尚存令嚴不許傳中國舉世無人識古文
先王大典藏夷貊滄波浩蕩無通津令人感激坐流
涕鏽澀短刀何足云

從前日本產銅而不鑄錢但用中國錢考年號簽天武
天皇白鳳十二年當唐高宗永淳二年用銅錢止銀錢
是自鑄者乎抑中國之錢乎後大炊天皇天平寶字四
年當唐肅宗乾元三年鑄萬年通寶錢太平元寶錢萬
年太平非年號不過吉祥文字耳泉譜載日本國泉四
品並徑寸重五銖其文隸書一曰稱同開珍二曰神功
開珍三曰萬年通寶四曰隆平永寶其國延曆中鑄按
此四品亦非年號考延曆阿閉天皇年號當唐中宗景

龍二年陸次雲譯史紀餘引贊寧傳曰倭國在東海中
正朔一同中夏年號天慶天歷用錢文曰延喜通寶按
延喜醍醐天皇年號當唐昭宗光化四年天慶天歷當
後五代晉漢之間年代紀曰用銅錢文曰乾元大寶亦
非年號蓋其自鑄者也至明代喜用中國古文錢平壤
錄曰惟不用開元永樂二種莊烈帝九年始鑄寬永通
寶錢而中國之錢不用矣寬永其國明正天皇之號至
今國王已數傳年號亦數易其錢仍鑄寬永也又中國
古錢中有篆書永歷錢大徑寸重一錢六七分肉好深

銅古澤如數百年物中國號永歷者惟明末三王之一
其錢制小而劣斷無若是之古澤者或曰是日本錢按
日本二條院天皇二年改元永曆當宋高宗紹興三年然
永歷僅一年明年又改應保今所見永歷錢不少何也
豈亦如寬永後雖改元而仍鑄其號耶
海參肥前後長崎地分十番皆有之自一番至五番在
長崎自六番至十番在肥之前後九番產者佳價亦貴
惟富貴家或貧家遇吉事則用之
鰒魚宋袁文甕牖閒評曰倭螺也按漢書王莽傳莽亶

飲酒唉鰒魚注海魚也趂顏師古未必知是海螺耳蘇軾鰒魚行東隨海舶號倭螺知其多產於日本也五雜俎北地珍鰒魚每枚三錢漢王莽啗鰒魚憑几不復睡漢吳良為郡吏不阿太守賜良鰒魚百枚則古人已重之矣鰒字書音僕今人讀作鮑非也近更譌讀作報

鰒魚行　蘇軾

漸臺人散長弓射初啖鰒魚人未識西陵衰老繐帳空肯向北河親饋食兩雄一律盜漢家嗜好亦若肩相差食每對之先太息不因噎嘔緣瘡痂中間霸據關梁隔一枚何啻千金值百年南北鮭菜通往往殘餘飽臧獲東隨海舶號倭螺異方珍寶來更多磨沙瀹瀋成大胾剖蚌作脯分餘波君不聞蓬萊閣下馳碁島八月邊風備胡獠舶船跋浪黿鼉震長鑱鏟處崖谷倒膳夫善治薦華堂坐令雕俎生輝光肉芝石耳不足數醋芼魚皮真倚牆中都貴人珍此味糟浥油藏能遠致割肥方厭萬錢廚決眥可醒千日醉三韓使者金鼎來方奩饋送煩輿臺遠東太守遠自獻臨菑掾吏誰為材吾生東歸收一斛包苴未肯鑽華屋分送美材作眼明却取細書防老讀

江瑤柱日本呼為甘貝從前所產甚少價極貴今名島皆產故雖屬上品不能得價暴以為乾每斤值銀二錢左右

漬

魚之類極多有中國所無而莫可名者其可暴之為乾而致遠者曰木魚曰海燕木魚之大如山常掀背於海面任人所其肉千百觔不為動以淡鹽清煮熟暴乾如隹木故曰木魚食時以則溫水稍浸或鎊為片或析為絲乾食固有風味烹食亦妙或曰是大蛇肉也琉球志

海鰻魚暴為乾或以火炙俗名木魚海燕長僅一二分味甚鮮美以為燕所食故名或作海醃以鹽漬故也

蝦大小不等大者重至二三觔名龍頭蝦其殼可以為燈煮之色紅小者生水色微紅煮之則白其最小者漬之為醬

蟹與中華產者稍異黃甲之類也小者名沙虎而味稍遜

介屬頗多味亦尋常其最多者為喇黃可清為醬貧家俱製為以價廉也其殼即明瓦也閩廣亦俱有之

禽鳥之屬與中華同其異者爲梅花鳥以雞載毛鷹鶬沈懋嘉秋鳥詩注曰日本所產大者名載毛鷹亦曰鸖鶥中者花雞小者鑽雞土風録曰鳥有載毛鷹以食此蟲得名

日本向無鸚鵡　國朝乾隆時有海商帶至其國今亦有矣

花木之屬茲記其略

山茶五色俱備又洒金而鑲邊者極穠艷

楓樹小者可植盆中其葉與椿相似

蝴蝶花葉狹而差軟花有五色其花鬚如綱絲間有金絲

櫻桃有白者頗佳

小松東京產者針短色碧肥前後產者針長色青俱可栽剪以作盆景若植之中土東京松不易長大肥前後松可過丈尋

杜鵑花最耐栽剪雖截斷其枝幹顯出其根本亦能萌蘗也盡其根多拳曲種樹者矯揉之以肖禽獸之形稍留其萌蘗以象羽毛但供人之玩弄而已不顧戕賊其物性也

洋梧桐亦名洋海棠木本其葉似梧桐其花似秋海棠故一物二名

蘭多素心葉軟

萬年青葉差厚而有白邊

菊花較中華所產更大而名色甚多

風蘭花如蘭而小葉如水仙而狹以椶爲盆以杇木少許植之風蘭之簷稍洒以水自能開花且耐久

長崎有珊瑚一樹長三尺有七枝根周一拱色紅每六勝會則陳之西洋人欲以銀五千萬兩易之長崎人曰此我鎮國之寶豈可賣與他人乎

紙俱綿料有五色彩箋其花文凡山水人物之類皆極精巧有一種白者如高麗紙而無羅文光膩如銀版施之書畫頗能應手其尋常所用者有二種一長方尺餘稍厚而略粗一長方數寸差薄而光印書皆用之此二種內有暗花文成冰文梅花洋蓮牡丹綠葉卍字藤蘿諸形者用以糊窗頗雅致以此等紙加膠礬染成粟殼色或青蓮等色作書面然頗矜貴惟進呈國王之書與

七經孟子考文併存敬書等用之又有五色玻璃箋富貴之家用以糊窗

墨叢此者有數家惟松元泰古梅園所製最佳有墨譜四冊余未見僅見其續墨譜其刻之精妙雖陳君房方于魯諸譜不是過也所載之墨有長至一二尺厚數寸重至二三十觔者不知如何用之也余曾得其一匣貯墨四笏其一形方長三寸闊一寸厚半之一面龍向天門入紫微七草書下一印来禽堂珍藏一面四爪正面金龍旁小楷倣沈所翁圖下款高陽山人一汀廷沖二字左側面東江先生珍藏右側面明和辛卯年製南都古梅園元彙其一方長三寸純金色一面園亭景一人倚桌看手卷桌上文房四寶畢具背張屏風上屏繪赤壁圖其江流斷岸天高月小水落石出之景纖毫可徵江中一舟舟中三人一舟子鬚眉列列也桌之左有蘭千繞以竹石芭蕉等一面筆生花三字下款福永偕後其一如皂筴形純金色有九龍繞之中有古梅園三字其一方長四寸純金色一面鶴来杏樹下五草書一面三隻鶴其製幾出鬼工試之比徽墨加墨一

綢

筆製法與湖筆同其所選毫不能如中山兔毫之剛柔相濟不宜于小楷故處亦喜用湖筆聞有鹿毛筆

硯石如歙石而不發墨不知其國中尚有他石為之否也

銅器尊罍彝鼎之屬多倣古鑄且有奇異之形足下有魚綱文而無款識

雕工俱有款識喜用語助辭如某年月日某人刻之也也

曾見印板畫一幅有市肆街道店中招牌如扇店則牌上畫一扇下一也字傘店牌上畫一傘下一也字其他店皆如此

摺疊扇畫繼圖畫見聞志載之矣近日之扇有油紙棉紙用蠟太多不甚宜墨

傘製法不一其精巧者出東京有紙絹二種紙者張之極大收之極細可藏袖中價貴絹者以銅為骨如荷葉不過飾觀而已

絲綢有粗細二種總名曰洋綢粗者如杭紡縷粗而光滑細者如串綢不甚耐久

綿紗輕薄如蛛網製為蚊帳團之如拳貯竹筒中張之

無團綿痕頗耐久價值彼處色銀三四十兩
野雞葛亦名夜機葛如廣葛價頗貴于廣東
夏布以苧為之亦有粗細二種
印花最為精巧花樣極多其青花及雜花文長崎有之
如細花真大紅等則東京有之東京之最細者有百子
圖百子之面無一同者又大牡丹一樹生十朶花十
樣色下有假山地坡草蟲等俱以泥金鈎出花蒂與葉
亦用泥金鈎之其質大紅色日中視之有光彩或曰是
猩猩血也

畫中所用顏色亦多其洋紅則賤硬黄上或瓦棱磁碟
色如泥金以濕筆醮之則紅也

漆器凡厨箱奩櫃盤盒硯匣筆筒茶船扶手帽架之類
各極其妙或泥金或嵌螺鈿其花文如隆起實則平如
鏡也曾見一大葵花泥金盒啟其蓋有八格中心以濃
淡金畫太極圖八格中有八小盒每盒蓋上畫一卦盒
中以象牙雕一物如乾卦馬坤卦牛震卦龍巽卦雞坎
卦豕離卦雉艮卦狗兑卦羊蓋依易之説卦為之非惟
精巧兼通文理也

又見以象牙雕一蛤蜊開口僅一分半中有屋二間屋
俱出簷一間有兩闌干一間有兩窗窗中為西廂記傳
奇中之佳期闌干中為長生殿傳奇中之密誓人僅長
一分餘而眉目朗然真絶技也

以薄木板濶三寸長二尺餘貼染色麥柴為花鳥頗有
生趣又貼木匣上頗似錦繡

出洋貨物本海防續編明季時交易

絲所為織絹紵之用也蓋彼國自有成式花樣朝會宴
享必自織而後用之中國絹紵但夾裏而已若番船不
通則無絲可織每百觔值銀五六十兩取去者其價十
倍

絲綿髡首裸裎不能耐寒冬月非此不煖常因匱之每
百觔價銀二百兩

布用為常服無綿花故也

綿綢染彼國花樣作正衣服之用

錦繡優人劇戲用之衣服不用

紅線編之以綴盔甲以束腰腹以為刀帶書畫帶之用
常因匱之每一觔價銀七十兩

水銀鍍銅器之用其價十倍中國每觔價銀三百兩
針女工之用若不通番舶而止通貢道每一針價銀七
分
鐵鍊懸茶壺之用倭俗客至飲酒之後啜茶啜已即以
茶壺懸之不許着物以茶為重故也
鐵鍋彼國雖自有而不大大者至為難得每一鍋價銀
一兩
磁器擇花樣而用之香爐以小竹節為尚碗碟以菊花
稜為尚碗亦以葵花稜為尚制若非稜雖官窯不喜
也
古文錢倭不自鑄但用中國古錢而已每一千文價銀
四兩若福建私新鑄每千價銀一兩二錢惟不用永樂
開元二種
古名畫最喜小者蓋其書房精潔懸此以為精雅然非
落款圖書不用
古名字書房粘壁之用廳堂不用也
古書五經則重書禮而忽易詩春秋四書則重論語而
惡孟子重佛經無道經若古醫書每見必買重醫故也

藥材諸味俱有惟無川芎常價一百觔價銀六七十兩
此其至難至貴者也其次則甘草每百觔價銀二十金
以為常
氈毯王家用青官家用紅
粉女人搽面之用
小食籮同竹絲所造而漆飾者惟古之是取若新造則
雖精巧不喜也小盒子亦然
漆器文几古盒硯箱三者其最尚也盒子惟用菊花稜
圓者不用

出洋貨物近時交易

海外諸國日本為近隔海道僅三十六更故自秦漢以
來即朝貢中國或通商賈史冊載之詳矣其地所產銅
為多自前明時已供中國採辦然無定額亦無定地各
島皆可交易彼之來則泊於永嘉尋因倭海事而止嗣
後彼不來而我往至　國朝康熙五十四年日本正德
五年議定於長崎交易長崎屬肥州土瘠民貧其海口
便於泊船中外商賈盡集於此其民亦得沾其利而自
給矣江浙兩省之採辦從前亦無定額其船數十大小

不等自康熙六十年間定例於蘇州立官民両局其領
帑銀以採銅者曰官局其以己財貨物易銅而轉售
寶蘇局以資鼓鑄者曰民局各造四大船每船約容萬
斛于嘉興乍浦所開船每船辦銅千箱其餘出洋之貨
與明時頗有異同略記於左

交易之法從前以錢買以銀買以金葉買初無定例近
惟以貨易貨而已日本之貨亦多不能悉記至中華者
銅以外海參海帶為多

糖每船約千餘擔紅糖十之六七白糖十之二三水晶
糖十之一餳糖約百甕此東洋人所必需者若數日不
食糖即有疾矣猶俄羅斯國之不可離大黃也相傳
國朝百年前日本人求中國糖種中國與之種種之能
活又求造糖之法中国使台灣糖工至彼教之亦能成
糖而絕無甜味不解其故余謂日本地在極東東旺于
木木能尅土糖味甘甘出于土而為木所尅宜乎無甜
味也其不食糖而有疾者人生以五味和五臟不食糖
則中不和疾病所由致也此雖臆說竊謂於格物之理
有脗合云

緞

氈貨如衣料袂幅被単兜帽之類皆其所欲蓋日本無
羊昔亦曾至中国易羊毛並求造氈之法即能自造然
工本較之買价更多遂不自造

絲綿綢緞錦繡布枲之類亦多出洋彼国原有蠶桑而
甚少不能衣被一国也明時無棉花今有之少而價貴
故亦覓于中国

藥材無一不出洋惟不帶五倍子茯苓二此味日本多
產也明時日本惟無川芎豈相去僅二餘百年物產亦
有生滅乎

腦

磁器彼亦有窑而燒製甚艱故喜用中国者且喜用中
国之古雅者如汝窑哥窑龍泉定窑俱能辨其真贋其
最喜者嘉靖窑之龍鳳碗碟雞觥等其次則成化五彩
碗碟其花樣明時以葵花菊花為尚今亦不盡然近時
窑青花白地之精美者亦喜也其富貴之家至有以五
馬腦水晶等作座以供賞玩者

古玉器古銅器亦有好者須唐以前有欵識者為妙字
画不論讀書商賈皆好之好自能賞鑒則自主之不能
則請能者共賞之假如有文沈唐仇之字画則必争收

珍

藏家借其文沈唐仇之畫真跡互相辨論斷斷不休從者
則焚香煮茗潔精酒食以資清玩迨品評已定其真者
不惜重值購之即贋者亦必具價得之以誇收藏之富
其所好有如此者
書籍不經論史子集必購藏之四五十年前其国多火
災并国王之書房亦焚急欲購書其時為商頗多獲利
嗣後每往必多帶書而價亦漸降矣故近日少有帶者
俟其購求則攜以往

自邊

吾妻鏡補卷十七一　倭日本國志
吳江　翁廣平　海琛纂
通商條規本東洋客遊略
示諭
長崎奉行備後守菅原備前守源為海船互市新例事本職等今
奉諭我載籍已降有土有人財用富贍未嘗借外國
之貨蓋三千餘年矣近者海賈通路利孔始開極載
遠方之物蠹耗通國之財況又私販濫出併犯邊禁
固宜裁抑其貪饕然不可不寓以懷柔之意也乃命
有司更議市船着為定例而今已後海舶諸賈欲從
我法者我并来之其不欲之自當謝絕本職等謹奉
新例着該大小通事詳審條約諄諄遍諭客商人等
各陳甘結其或不肯從約者治任疾去勿復來棹須
至諭者右諭海船諸商準此正德五年三月初五日
長崎奉行
長崎譯司特傳憲諭與唐商為約事今般改定各港通
商一年船數併每船載来貨物銀額使遂生理等因
着該譯司將新例條欵示諭唐商知悉其欲遵守條

欸毋違者令自譯司發給執照俟其船再到之日驗
其從違果能始終確守毋違者官給照船公牌復循
舊時之例而使之安插街坊者必有日矣倘或謂新
例不便而不領執照者永革來販如其船數銀額另
有所聞

一已定照船載來貨物銀額則其所帶貨物盡行全賣
但有時價行情則其貨物不能無多寡之殊若其所
帶貨物多出于定額之外只剩有三千銀兩額者許
將其貨抵換雜色再多出于三千兩外者除照船銀
額外悉將其所剩貨物估入定額之內罰賣倘或是
時以所剩之貨物盡行沒官賣之不為甘心而爭執
不已者其所剩貨物盡行沒官船人衆永革來販
至若帶來貨物原不足于定額而妄稱足數者較之
每年貨價及本年各船貨價其所不足于定額至于
三千兩尚照現貨實數權令貿易若乃減少定額不
止於三千兩者不許生理通船人衆永革來販

一生理之法照于舊時之例互與本地執事人衆講定
貨價然生理之事爾圖其利尔等唐商謂令託票自
便則允其所願既已丟票從事而如遇丟票之賤反
謂丟票不便又求批價反覆多端者不惟不許其所
求亦且罷其生理載回貨物永革來販

一領其執照往來本地舟楫當由所定五島以南之海
駛為針路不當妄駕定路之外若遇風不便飄到意
外之地自有制度在當其來也故違定路者不許生
理通船之人永革來販及其歸也風實不順難涉定
路即當駕回本港以報緣由容順風順而啟棹或無
故港內多日耽閣或駕出定路之外者至再來之日
不許生理永革來販

一領執照者届於其期因緣事故不能親赴將其執照
轉與同夥而使之到崎者之日驗核所載貨物果係
其地物產估其貨價果符定額其執照無詐冒者許
令貿易再給下次執照

一縱帶執照而來者其所帶貨物與前不同亦非其地
物產或低貨贋假等貨帶來者不許生理通船人衆
永革來販

一往來藏載違禁等項固不待言僅如一物之微私自

毆

交易縱經歲月而發覺者亦不許生理通船人衆永
革來販
一我國之人非理相加至不可忍耐者陳其情由控訴
鎮臺聽其審斷不許私自鬥毆
一殺害我國之人者提出兇首償命至若劍傷者從其
輕重罰銀贖罪
以上所約九款尓等客商各宜知悉正德五年三
月初五日行
各港每船銀數開列於左
一南京港門　每船銀額一萬九千兩
一寧波港門　每船銀額一萬九千兩
一臺灣港门　每船銀款一萬三千兩
一厦门港门　每船銀款二萬二千兩
一廣東港门　每船銀款二萬七千兩
正德五年三月初五日行
每船照例雜貨貨當貨物託領伙食等項條款
一每船定例銀併各色用錢交禮章船使費照船照銀
額一應雜費等項

一起貨之際照本船所定銀數內先出貨物做當
一在館之時所領使用伙食等件
以上俱悉照舊例正德五年三月初五日行
来往查點行李示諭
當其起貨時鋪蓋食物等項從寬查驗若有請求給封
之物一概不准務要打開嚴查及其歸棹之日一切載
回物件纖細必查毋容稍鬆正德五年三月初五行
再示唐商曉諭
頃示新例條款尓等船主業經樂從甘結存為後來之
證故給繹司之信牌便自三月初九日陸續回唐茲
於本月十三日條有唐船寄椗平戶該地員諸其來
由彼云自崎回唐遇風至此今適順風速可回唐揚
帆其所呈報如此而唐人姓名則三月二十日前後
領牌回棹之船主姓名也因思三月二十日前後所回
棹船隻悉為遵約領牌唐人而經向定路駕駛故不數
日五島以南之海一方無帆影嗣此計日意者比及
及本月十三日彼既到唐山與抑使果遇風波漂泊
意外之地也則三月下浣連潮回棹者不一而足豈

有同開之船並無沿海寄椗而獨此船漂泊者平戶
乎亦將此船三月二十日至本月十三日幾多日矣
觀望遊漾而至此乎吾不能無疑矣況又故違條約
所載風寶不順難涉定路即當駕回本港待風順而
啟棹之規乎俟彼再來之日不惟不許生理亦且有
處治之議設使此船再漂泊寄椗則將不待再來即
於彼地當有施法然吾又思之既陳甘結以領信牌
之人不當有此背約之舉蓋今年初來唐人中有有
奸商專爲私販倚涉洋中卒遇風波出於無意寄椗

報

平戶稱其姓名恐謟後患故詐其姓名妄答員役之
詰問而其詐報姓名與此番自本港回棹船主姓名
偶或相同亦不可知也無罪被疑斯人之不幸也然
疑亦難辨要之其船主再至之日方可詳審夫奸商
假冒良商之名則良商動受奸商之累欲使良奸不
得淆亂莫若執可信之法以爲証故今特諭唐人各
存留印記在此近日解纜之後倘遇風漂至意外之
地及見該地役員當於報明事故之字要用其印以
交之使彼此之印一照而真假立可辨也雖然自

崎開棹之始五七日至於十日而有寄椗且其所報
名印與此存留之印無差者使遂生理過此日期雖
係名印是真亦不許後會交易今夫印已照名已可
可據而或有寄椗報字不爲用印而其姓名又不在
於領牌之例如此之輩沿海寥闊之地故其寄椗者
良與奸殆未易辨所以令立驗印之法杜其奸謀而
此法已立之後又或有報字無印者其姓名與領牌
者相同此乃領牌者之不幸也然其間非無所疑也
是奸商冒良商之名與抑又領牌者所圖謀竊

效奸商之所爲與然則雖曰領牌者之不幸吾又不
能以寬宥待之俟斯人再來必有處之之法你等唐
人回唐之後務須互相確議不爲奸商所累且各小
心恪守而勿爲欺妄之舉以永通商則豈非事之至
要者乎慎之慎之

右諭各宜知悉向後因風漂至意外之地者不拘
數次即當駕回本港報明事由然後回唐方其漂
泊之際須以用印報字交於該地員役聽從彼地
牽送抵崎其費有舊例在但或漂泊牽送雖至于

屡次其情形毫無可疑者其牽貲官為自辦若夫
發崎自五七日至十日而拋椗者用印簿字交之
該地員役即於彼地候風順而回再任其自便尔
等衆船主當于簿名印記併遵令甘結先于啟棹
具之正德五年三月初五日行

該

卽抄 浙撫且奏前來諸商交易均以彼此印記為憑
相沿已久令倭人給與洋商票照不過伊等貿易之印
記仍令諸商照常貿易至浙撫所請作何移檄倭人之
處毋庸議應將倭照發還該督撫可也

舶

東洋古倭奴國今名日本商人諱言之故曰東洋
長崎其港名也諸船泊此彼國梵書不可通曉唐
商至却以中華文字示之正德五年我
大清聖祖五十八年也當作五十四年八字譌

則例

一入長崎通船人數冊一本
船主某人　財副某人　客人某人
總管某人　舵工某人　工社某人
夥長某人　共幾十幾人

一入長崎人名年歲有鬚無鬚身長身短吸烟何齊面貌
冊一本
一入長崎人名貨冊有貨無貨一本
一入長崎貨冊通船粗細貨二本　有冊尾
或絲幾千觔　或紬幾千疋　或藥材幾萬斤
帶至日本印花
或紬十疋　或紬十切　或布十疋
補篷布十五疋
長崎送寺禮運疋頭
聖人廟禮二色　南京寺禮七色　福州寺禮七色
漳州寺禮七色　大德寺禮七色　聖廟寺禮七色
大衛師禮五色　靈源師禮五色　廣福菴禮五色
全巖師禮五色　松月院禮五色　土地祠禮五色
光明菴禮三色　天滿宮禮一色　九使廟禮二色
大光寺禮二色　漳州寺修理六十色　共一百三
十五疋
長崎各項街費目例　照銀額每萬兩算新
例

緣

唐山寺公緣六十兩　右三寺私緣五十兩
聖福寺二十兩　悟眞寺二兩
永興院五兩　官梅翁三兩
唐通事九人一百二十兩　船番三十兩六錢
町使十三兩四錢五分　差使四兩
大波戶役人二名四兩　二王書記役人二名二兩
唐年行使五人十三兩五錢　唐內通頭十人十兩
唐內通事三十人二十兩　飯內唐人番六兩
飯內番通事九兩七分　宿町財副二十兩
當年財副九人九兩七分　當年差使七人九兩七
分　當年清册二人六錢一分　飯內財副十二人
十五兩一錢三分　飯內走差七人三兩五分
飯租二百十一兩九錢　行年司小使十人三兩九
錢四分　行年司財副四人一兩一錢三分　讀禮
二人一兩一錢三分　內通財副一人六錢六分
出番清賬一人一兩三錢二分、內通小使二人一
兩三錢二分　館內波戶一人五錢七分　唐年行
司小使二名六錢六分　椗索一人一兩三錢二分

觀緣

唐船造册六人八兩四錢六分　通事小使三十兩
九錢五分　飯內町官小使十六兩六錢三分
稻作方祿山寺九錢九分　菩薩祭禮八兩四錢六
分　風呂屋二兩八錢二分　永福菴一兩九錢七
分　廣善菴二兩三錢　廣福菴四兩六錢
野間山二兩八錢二分　水神宮二兩八錢二分
諏方社一兩四錢一分　松森宮八錢五分
萬福寺八錢五分　八番寺一兩三錢三分
延命寺五錢七分　水觀音五錢七分　十五社四
兩二錢三分　大覺寺四兩六錢　霊鷲菴四兩六
錢　祇樹林四兩　大悲菴罡源四兩六錢　緣羅
菴大榭四兩六錢
以上每萬兩該八百一兩一錢三分
今新例該八百一兩一錢三分
又每船算坐派例
弁道二十兩　椗地五兩二錢
繳禮費三兩　年行司小使五兩
王小使三兩　官銀箱八錢

齎火藥三兩
銅用則例
正派　每箱銅五用錢　又銅用一錢一分　秤手一
分　頭用三分　扛工六分七厘　扛工又加一錢
二分
共費銀八錢三分七厘　今新例該銀八錢五分
五厘
換貨　每箱銅用三錢　又銅用一錢一分　秤手一
分　扛工六分七厘　又加一錢一分
共費銀六錢七厘
繳禮白絲照去票價八折
一內妝一處八十六兩　一外妝二處十二兩每處六兩
一正派四處十四兩每處三兩五錢
一續賣二處八兩六錢每處四兩三錢
共計每萬兩該銀一百二十兩六錢

男　雒　小海校字

吾妻鏡補零十八　一名日本國志
吳江　翁廣平　海琛纂
職官志　翁廣平　海琛纂
大夫　後漢書中元二年倭使人自稱大夫三國志景
初二年遣大夫難升米次使都市牛利
刺史　三國志倭國傳常治伊都國於國中有如刺史
海防續編永樂十五年其國遣刺史奉表海國見聞
錄以刺史千石爲君
大倭　大率　三國志有邸閣國交易有無使大倭監
之自女國以北特置一大率唐詩作本率監察之
伊支馬　彌馬獲支　奴佳鞮　三國志女王之所都
其官有伊支云云南史同
司馬　宋書元嘉二年遣司馬曹達奉表
平西將軍　征虜將軍　冠軍將軍　輔國將軍　宋
書倭王珍求除正倭隋等十三人平西征虜等號詔
並聽之
大德　小德　大仁　小仁　大義　小義　大禮
小禮　大智　小智　大信　小信　隋書官有十二

等員無定數
軍尼伊尼翼　隋書軍尼一百二十人八十戶置一
伊尼翼十伊尼翼屬一軍尼
真人　唐書長安元年遣朝臣真人粟田貢方物真人
猶尚書也
真連　宋史雍熙元年僧奝然自云姓藤原氏父為真
連真連其國五品官也
按察使　鎮守將軍　參議　節度使　見日本風土
記與州多賀城碑參議又見七經孟子考文序
大宰　宋史元豐元年得其國大宰府牒文獻通考天
聖四年明州言日本國大宰府遣人貢方物
正一位　正二位　大學頭　見日本所刻朱子孝經
刊誤又見長崎國圖
三議正四位　見三朝志
從四位　見多賀城碑
左大臣　治部　陶宗儀記
外國書左大臣乃國之上相治部九卿之列也
將軍　年號箋後烏羽院天皇建久三年始有將軍之
號蓋執國柄者非如平西鎮守等官也嗣後凡為將
軍者其姓名皆得紀載按平攘錄日本國有七道每
道有大將軍鎮守之
關白　備倭考正親町天皇天正十三年乙酉始有關
白之號黃侯卿謂如漢大將軍也爾執國柄者嗣後
凡為關白者皆得紀載按年號箋正親天皇癸酉信
長任將軍乙酉秀吉任關白尤侗外國傳曰關白信
長又後陽成天皇辛卯秀次任關白癸卯家康公任
將軍乙巳秀忠任將軍尤侗又曰秀忠稱新關白按
關白之稱僅有二十年二十年中並無將軍之稱是
則關白者非於將軍外別設一官即將軍而異其稱
者也尤侗以將軍關白為兩官蓋所聞異辭耳
左京兆　右京兆　見海防續編
拾遺　見戲鴻堂法帖宋名人書後日本國艸書詩
抽分司　見日本國纂
朝散大夫　國校督學　見群書治要
大司農　學士　侍讀　國子祭酒　步兵校尉
明府　記書　部侯　見南遊棡載錄

東都講官　郡山教官　西條掌書記　見七經孟子
考文
文章博士　年代擥要
大納言
聖廟先生　長崎建孔聖廟有守廟官稱聖廟先生
使院　官有使院秩視二千石專司兩國通商之事帶
理崎政一年而代通稱曰王家
年行司　高木王　使院之屬有年行司高木王世守
其地使院之事得協理之
町長　客舟至則町長主之按東洋客遊略長崎街謂
之町町長者土人呼為街官也海國見聞錄每年僉
舉一街官街者鄉保也歲給贍養五十金　以上
見袖海編
天下總追捕使　年代擥要
上士　中士　下士　上大夫　中大夫　下大夫
伍長　管一村之事員無定數
村長　治數村之事員或二三人
郡長　合數十村為一郡員一人此三長皆常人而非
士故無祿

郡宰　管一二郡之政以中士為之有常祿
郡司管内　管數郡之事以下大夫為之執政者有事
則以告國君國君不是國王是州之府主蓋州亦稱
為國也
鎌倉主　管領
邑吏　凡武官邑吏以上皆佩一短刀考年代紀日本
州之下領郡郡之下為村為驛無有縣邑者然考宋
學士集有贈釋全俊詩序云日本北陸道信濃州高
井縣人則日本亦有縣也惜紀載者不詳耳　以上
仙臺國紀略　按日本圖纂仙臺薩摩州之一郡耳
亦得稱國不獨州可為國也
鎮臺　閣老　年行司　譯司　街總管　花街司
見東洋客遊略
大頭目　小頭目　高木公　見日本蒐譯語
狀元　黎媿曾筆記必取人才出羣者或數年得一人
秀才　鄉紳保舉有缺出即補
南遊梱載錄有某藩文學有儒官又有醫官稱侍
醫年纔髮有僧官競秀亭集有清飯監諸官名

在京文武品官以坐席分大小一品官九層二品八層最下一層官行用轎馬前列長大勇卒一員拔髮手執偃月刀引道　手攗録

日本附庸國職官志

秦韓國

臣智　諸小别邑各有渠帥大者名臣智下皆次者

定了檐

僬側樊樊秖　殺奚　邑借　見後漢書

對馬國

卑狗大官　卑奴母離副

瀚海國

卑狗大官　卑狗毋離副

伊都國

爾支大官　泄謨觚副　柄柜觚副

奴國

兕馬觚大官　卑狗毋離副

不彌國

多模大官　卑奴毋離副

投馬國

投

彌彌大官　彌彌那利副　以上見三國志

百濟國

官有十六品　佐平五人一品　達率三十人二品　恩率三品　德率四品　杆率五品　奈率六品以上冠飾銀花　將德七品紫帶　施德八品皂帶　固德九品赤帶　季德十品青帶　對德十一品文督十二品皆黃帶　武督十三品　佐軍十四品　振武十五品　剋虞十六品以上皆白帶　自恩率以下官無常員各有部司分掌衆務　内官有前内部　穀内部　内掠部　馬部　刀部　功德部　藥部　木部　法部　後宫部　外官有司軍部　司徒部　司空部　司寇部　點口部　客部　外舍部　綢部　日官部　市部　長吏三年一交代都下有方分為五部曰上部　前部　中部　下部　後部　部有五巷士庶居焉部統兵五百人五方各有方領一人以達率為之方佐貳之方有十郡郡有將三人以德率為之統兵一千二百人以下七百人以上　以上見北史

内臣佐平宣納號令　内頭佐平主帑聚　内法佐平

主禮　衛士佐平典衛兵　朝廷佐平主獄　兵官佐平掌外兵　以上見唐書

新羅國

官有十七等　首伊罰干貴如相國　次伊尺干　次迎干　次破彌干　次大阿尺干　次阿尺干　次乙吉干　次沙咄干　次及伏干　次大奈摩干　次奈摩　次大舍　次小舍　次吉士　次大烏　次小烏　次造位　外有郡縣　以上見北史

宰相　侍中　卿　大府令　凡十七等　以上見唐書

男　雒　小海校字

吾妻鏡補卷十九　一名日本國志

吳江　翁廣平　海琛纂

藝文志一

上宋順帝表　昇明二年

倭國王武

封國偏遠作藩於外自昔祖禰躬擐甲冑跋涉山川不遑寧處東征毛人五十五國西服眾夷六十六國渡平海北九十五國王道融泰廓土遐畿累葉朝宗不愆於歲臣雖下愚忝胤先緒驅率所統歸崇天極道逕百濟裝治船舫而句驪無道圖欲見吞掠抄邊隸虔劉不已每致稽滯以失良風雖曰進路或通或不臣亡考濟實忿寇讎壅塞天路控弦百萬義聲感激方欲大舉奄喪父兄使垂成之功不獲一簣居在諒闇不動兵甲是以偃息未捷至今欲練甲治兵申父兄之志義士虎賁文武效功白刃交前亦所不顧若以帝德覆載摧此強敵克靖方難無替前功竊自假開府儀同三司其餘咸各假授以勸忠節

謝宋太宗表　端拱元年

日本國東大寺大朝法濟大師賜紫沙門奝然啟傷鱗

入夢不忘漢主之仁枯骨令歡猶冗魏氏之敵雖云羊
僧之拙寧忘鴻霈之誠犄然誠惶誠恐頓首頓首死罪
犄然附商船之離岸期魏闕於生涯望落日而西行十
萬里之波濤雖盡顧信風而東别數千程之山岳易過
妄以下根之卑適詣中華之盛、於是宣旨頻降恣許荒
外之跋涉宿心克協歷觀宇内之瓌奇況乎金闕曉後
望堯雲於九禁之嚴中扃晴前拜聖燈於五臺之上就
三藏而稟學巡數寺而優遊遂使蓮花迴文神筆出於
北闕之北貝葉印字佛詔傳於東海之東重蒙宣恩
越來跡李夏解台州之纜孟秋達本國之郊爰待明春
初到舊邑緇素欣待侯伯慕迎伏惟陛下恵溢四溟功
高五岳世超黄軒之古人直金輪之新犄然空辭鳳凰
之窟更還螻蟻之封在彼在斯只仰皇德之盛越山越
海敢忘帝念之深縱粉百年之身何報一日之恵染筆
拭淚伸紙揺魂不勝慕恩之至謹差上足弟子傳燈大、
法師位嘉因併大朝剃頭受戒僧祚乾等拜表以聞永
延二年歲次戊子二月八日

吾妻鏡跋 一名東鑑

夫人之處世也言行之善不善不可不記焉得一善記
之則百世善其人得一惡記之則百世惡其人言行實
君子樞機也可不慎乎左氏記春秋而作萬代龜鑑得
良史名者難矣哉東鑑一書自治承四年至文永三年
八十七載之間傍羅曲探以大抵記之不知記者名為
遺憾久歷年代其名湮没耶深隱山林其名埋没耶抑
又謙退以不著其名耶見此書則言行之美惡如指掌
也吾大將軍源家康公治世之暇玩弄此書見善思齊
焉見不善内自省也凡人主所趨向天下隨之如風草
形影也以東鑑名之者非無所由殷以夏為鑑周以殷
為鑑詩曰殷鑑不遠在夏后之世今也梓刻以壽其傳
後世能見此書辨別淄澠則非啻東州明鑑豈不足四
方鑑戒乎書之以為跋慶長十稔星集乙巳春三月日
前龍山見鹿苑承兑叟

附跋吾妻鏡　朱彝尊

吾妻鏡五十二卷亦名東鑑撰人姓氏未詳前有慶長、
十年序後有寬永三年國人林道春後序則鋟板之歲
也編中所載始安德天皇治承四年庚子訖龜山院天

皇文永三年七月凡八十七年歲月日陰晴必書餘紀將軍執權次第及會射之節其文義鬱轖又點倭訓於旁譯之不易而國之大事反略之所謂不賢者識其小者而已外藩惟高麗人著述往往流入中土若鄭麟趾高麗史申叔舟海東諸國紀以及東國通鑑史略諸書多可考證日本職貢不修其君長授受次第目錄然所紀外相傳頗有異同臨淮侯李言恭撰日本考紀其國書土俗頗詳而國王世傳未明晰合是編以勘海東諸國紀則不若叔舟之得其要矣康熙甲辰獲觀是書於郭東高氏之稽古堂後四十三年乃歸插架惜第六第七二卷失去慶長十年者明萬曆三十三年寬永三年者明天啟四年也　按竹垞藏本失七八二卷寬永三年丙寅當天啟六年　潘其炳

附吾妻鏡跋

此書余從石西堂太史水哉軒藏本鈔得其所藏亦係鈔本有三十冊分五十二卷余以小格式寫之僅得之百八十餘頁安置插架以資披覽閩縣書亭所藏有刊本與此大有異同當於暇日假以校勘焉其書所紀甲子年號與唐書宋史玉海癸辛雜識等書亦有不同所紀奉佛之事或曰禪宗宏或曰律宗宏或曰其某念佛始或曰某某大念佛始其創立佛寺頗多知日本風俗無貴無賤無不佞佛者佛教之盛至斯極矣其紀事祇八十七年凡風雷晴雨無日不紀竟如中國官署中之陰晴簿大可異也其詞句偪滋不能盡通其義殊不足觀然海外著作流入中華者甚少因破一月工鈔畢裝潢成帙公諸同好未始非藝苑之一助也

七經孟子攷文敘

先王之道凝仲尼以傳萬世知命之言信哉故其言曰文王既沒文不在茲乎苟非至德其孰能與於斯乎然又曰逝者如斯夫不舍晝夜又曰朝聞道夕死可矣言古之不可復反而道之易失也不爾以仲尼之聖而周流諸夏訪求弗已歷二十年之久自衛反魯而後推頌各得其所若是其難者獨何也後之君子不體聖人之心乃徇其耻怨荒昧之說而信而好古之義幾乎熄焉豈不鑑乎秦燹之後漢建學官逸文古籍往往乎出當其時經顓門人殊義亦頗紛然莫知所適從而眾其所自蓋皆七十子之徒所傳追乎馬鄭諸家蒐而鳩之考

蒐輯綴之勤其功廣哉亦可謂知之次也已故千載之
後欲求聖人之道者終不能廢漢儒而他援為是故也
宋而後人喜新說而古注疏東之高閣今閲所行古注
疏版刻文滅不可得而讀之夫以諸夏聖人之邦世奉
教之弗衰學士之衆何限而乃致斯泯泯者豈非人不
體仲尼之心信而好古之義愡為耶下毛之野有野㭍
議遺址乃數百年弦誦之地紀人神生夙有好古癖偕
州人根遜志者往探之獲宋本五經正義文具如斉州
之言而較之明諸本其所闕失皆有之紕繆悉得又獲
七經孟子古本及論語皇侃較之其經頗有異同而古
時版署可徵亦唐以前王段吉備諸氏所齎來存於此
而亡於彼也生喜如拱璧遂留三年罄其藏以歸因積
勤得疾而條侯聞而俾錄上其所較生疾更甚黽從勉
事呻吟交發不能辨其為何穀顛沛以之期年而成疾
亦尋革凡三十有二卷題曰七經孟子攷文間序於茂
卿茂卿既悲仲尼之心而喜生之體其心誓死弗輟卒
能譏乃斯文也又幸諸夏之所逸而獨歸然乎吾邦豐
祇所衛千載若新以援之生而寵錫海内也嗚乎國家
文明之化與有光哉為之序生名鼎字君彝先是自紀
齋粮跋涉千里来吾塾中道既通以文學穀於侯之府
云享保十有一年丙午正月望郡山教官物茂卿題

七經孟子攷文補遺敘

茲者西條侯臣寫山井鼎七經孟子攷文以進戊申孟
秋政府俾臣觀校其所撰臣與講官平直清及諸生等
㪉鼎目錄採輯校讐書若干卷援引書若干卷以校如
鼎之舊攷文為書也撰足利學所藏書寫本周易三通
毛詩二通尚書禮記[illegible]孝經孟子各一通論語二通皇論
皇侃義疏各一通活字板周易禮記左傳論語孟子各
一通宋板周易尚書毛詩左傳禮記各一通與今本字句
異者鼎言曰書寫本吾邦古博士家所藏為唐以前物
活字板本學印書寫本皆世之所無蓋謂本學所藏者
幾亡則又可復得也此鼎考文所由而興焉但前書頗
有所遺漏臣愚昧掇拾於校讐之際敢補前書之闕以
係各條後題曰補遺每條各四目曰經曰注曰釋文曰
疏倣前書之舊其句中字或闕註每句下謹按正誤條
闕本名註每條下竝欺以補遺別之編寫成日刊布中

外欲使人有知今本之所失乎古者也臣按經傳三代聖人之雅言美詞固也及漢韓兵燹之餘則君子可以闕如者亦不盡鮮然而守此可以觀古者未有也其博士家各以所傳作之訓詁而家傳戶誦則句讀字衍差闕誤復助二三若四五若不必相對者不一而足以觀古還校定於宋儒手一就於鋟區區繩愆糾繆以為聖規之切然若斯從此以往者臣不欲觀之下迨萬曆崇禎間贋甚亡論矣此經藏於名山千餘有載蓋必有待乎今日者矣後世從事於斯者將有沐浴國家明盛之澤也享保十有五年歲庚戌暮春之日東都講官臣物觀謹

附七經孟子攷文補遺題辭　盧文弨

七經者易書詩左傳禮記論語孝經也又益以孟子皆據其國唐以來相傳之古本及宋刻本以校明毛氏之汲古閣本古文祇有經與注其文增釋異同往往與釋文正義諸相合但屢經傳寫亦有舛譌其助語致多有灼然知其謬者亦並載入然斷非後人所能偽作也其尚書經文更多古字別彙置一冊此皆中國舊有之本遺亡已久而彼国尚相傳寳守勿替今又流入中國讀者當加倍珍惜也唐陸龜蒙詩中有聞日本國載上人將挾儒家書洎釋典以行作一絕送之云九流三藏一時藏軸光凌渤海深從此遺編東去後卻因荒外有諸生觀此足知其相傳唐以來之本果可信也

辨名序　物茂卿

自生民以來有物有名故有常人名焉者是名於物之有形焉者已至於物之無形焉者則常人之所不能睹者而聖人立名焉然後雖常人可見而識之也謂之名教故名者所存教之君子慎焉孔子曰名不正則言不順蓋一物紕繆名有不得其所者焉可不慎乎孔子既沒百家坌涌各以其所見以名之物始舛矣獨七十子之徒慎守其師說以傳之迨乎漢代人異經經異家其言雖人人殊要皆七十子之徒所傳也雖有舛焉者乎此之所失彼或存焉者亦有之參彼此以求之庶乎名與物不舛也耶傳舊故也馬融鄭玄旁通諸家有所稽定斯獨擯斥於是乎崇門之學廢而名與物舛焉者不復可得而識矣所不傳者多故也豈不惜乎自闕以降

世載言以移唐有韓愈而文古今殊焉宋有程朱而學古今殊焉之數君子者皆禀豪傑之資雄視一世慷慨自奮慨以聖人之道為己任焉然其秉心之銳能遑論其世哉乃意自取諸理而為聖人之道在是矣殊不知今言非古言今文非古文吾居於其中而以是求諸古乃能得其名者幾希且理者莫不適者也吾以我意而自取之是安能得聖人所為物者哉名與物失焉而能得於聖人之道者未之有也故程朱所為名亦其所自也見耳非七十子之徒所傳孔子之道也故欲求聖人之道者必求之六經以著其物求之秦漢以前書以著其名名與物不舛而後聖人之道可得而言焉已故作辨名

物一則（辨名條目共三十四詳書目中存此一則以概其餘）

物者教之條件也古之人學以求成德於己故教人者教以條件學者亦以條件守之如鄉三物射五物是也蓋六藝皆有之成德之節度也習其事久之而所守者成是謂格物方其始受教而物尚不有於我譬諸在彼而不來焉及於其成而物為我有譬諸自彼來至焉謂其不容力也故曰物格者格來也教之條件得之我則知自然明是謂知至亦謂不容力也鄭之解大學訓格為來古訓尚存焉者謂朱子解為窮理窮理聖人之事豈可望之學者哉且其解曰窮至物理是格物解窮理而後義始成焉是文外義生豈非妄乎且古所謂知至者謂得諸身而後知始明也而朱子窮理在外者而致吾知可謂强已且如中庸曰成己仁也成物知也亦謂學問之道也學而成德於己以其後來統会者言之故曰仁也所愛教件而成功是所謂物格也物格而后丨知至故曰知也又孟子曰萬物皆備於我矣反身而誠樂莫大也亦謂此也教之条件其数甚多故曰萬物皆有於我之事也故曰皆備於我習之熟而後為我有為我有則不思而得不勉而中是謂反身而誠不爾則天地間之萬物備於我則孟子豈有此荒唐之論乎是皆丨不知古言之失也又如其次致曲亦謂學曲禮而有諸身也曲禮在彼習之久而身有之亦如自彼來至故曰致古學問之道可以見矣又如大學傳曰言有物而行有恆緇衣曰言有物而行有格也蓋古之君子非先王

之法言不敢道也所言皆誦古言如左傳卿大夫之言克己復禮出門如見大賓之類皆孔子所謂教也如陽貨曰日月逝矣歲月不我與懷寶迷邦又宋玉曰口多微辭所學於師也可見古人學詩其言尓雅如此是皆所謂言有物也言其不任臆肆言必誦古言以見其意古言相傳存於宇宙間人記憶古言而在其胸中猶如有物然故謂之物若任臆肆言則胸中莫有所記憶莫有一物是無物也曰行有格言不待格徒記臆古言而言之耳至於行則必求諸身故曰行有格格則恒久故又曰行有恒其義一矣

古梅園續墨譜序

唐巳公有墨法墨疏其書不可得焉則其墨豈可獲乎彭淵材以李廷珪墨配歐陽公五代史稿文與可墨竹淵材豈不知求古墨于潞易變而獨至寶於廷珪者無他以其精而已矣是知墨不拘古不必今不必遠不必近惟其製盡其法之為貴日南都松貞文氏以墨為業所稱古梅园者蓋亦其製盡其法者也貞文家世有善行其父盖隱者之翁材翁光於墨中殆四十年矣其墨述數篇貞文讀父書善承父志研窮鑽透深探奧賾驗諸羣籍謀諸人孜孜屹屹日居其業其墨大小非一大率皆神逸高奇之品妙絶一時載在圖譜　擅美文房久矣去歲西遊崎港親閱海外真法已而大得其所欲於是再為墨譜請海雲翁序之又乞余一言余昔識貞文於海雲山上愛其坦率善解事且有文其談墨法疊疊可聽尚且汲汲求墨法不已烏乎甚哉貞文之志之業之勤也求之於心求之於書求之於人而又求之於海外遂成父業而其工日益精矣衆工無以加焉苟有賤工視而效之將變為良工矣因嘆吾輩日讀聖賢之書不能窮理以至所至求於心而不得則遽立閒識論安於小見識有以貞文氏者多矣是為序寛保元年三月南湖崛正脩

右摘錄古梅園續墨譜序并圖壺碑墨形以見海外亦有碑刻也

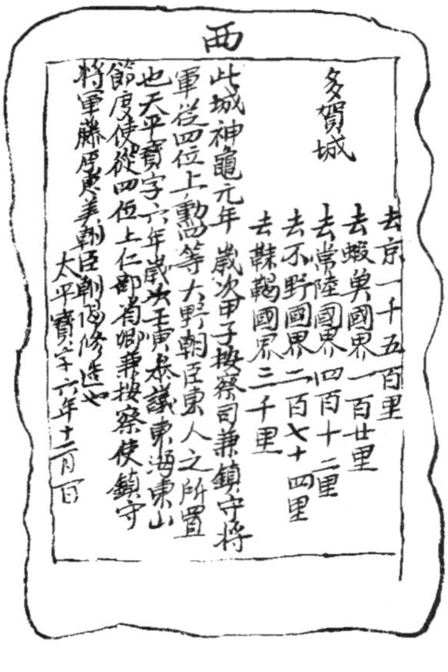

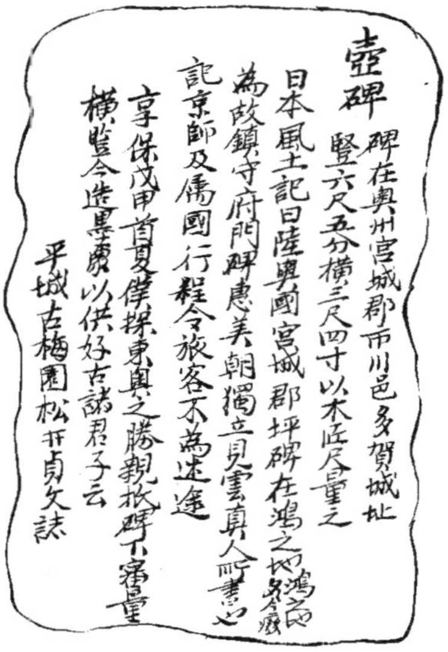

男維　小梅校字

吾妻鏡補卷二十一 名日本國志　　吳江　翁廣平海琛纂

藝文志二

皇侃論語義疏新刻序

往者根伯修與神君夔俱遊下毛足利學足利之藏昔稱石室中遺散失而僅僅乎存於今中華後世所不傳異書猶多矣君夔乃與伯修讎校七經孟子而還考文既刊行於世矣伯修興功為多矣而又伯修所寫而還皇侃論語義疏即亦中華後世蓋無傳焉據馬端臨考乃目論語疏十卷而晁氏云梁皇侃引衛瓘某某凡十三家之說成此書其引事雖時詭異而援證精博為後學所宗又云皇朝邢昺等亦因皇侃所採諸儒之說刊定而撰正義正義因皇疏則然也未知馬氏所考即所親覩而云歟抑將徒耳所傳而勦說歟夫邢疏出而後亡幾程朱諸氏經生之學紛紛輩出雖別成家弁髦舊傳於其所校皇本異同無一及焉者泯焉可知況復後繼無覩而非宋說者時乃益遠其書不傳必矣獨焦弱侯云公冶長辨鳥語具論語疏以駁楊用修其他貌爪

為星一二若觀皇疏者然不可以一信百道聽相傳文獻不足徵也因此視之中華後世今亡矣夫要之世好事唯新是貴積薪之情率以後世為詳而作者不尊亦不欲存其舊宋人之敝乃爾蓋邢疏出而皇疏廢矣廢以至亡無聞焉爾亦其勢耳夫邢氏所疏比諸他正義既屬丙科皇疏雖詭援讖復傳觀聽不決寸有所長而立並行非過存也焉可付之烏有氏哉惟我皇和神明扶持物亦與世代永久於是可知也惟是足利之藏我不可保今而不傳後世恐復散失是可惜也乃伯修氏之志知斯則鐫刻之舉其可緩歟近有請鐫焉者伯修既再校以授之矣此舉也余惟非獨海以外行既宏矣即傳之中華而俾知吾邦有國文明則伯修之勤有功於國華哉乃復伯修氏志余亦喜其足以酬焉遂為之序寬延庚午春正月平安服元喬

校正羣書治要序

古昔聖主賢臣所以孜孜講求莫非平治天下之道皆所以救弊於一時成法於萬世外此豈有可觀者哉但世遷事變時換勢殊不可不因物立則視宜創制是以論說之言日浩撰著之文日繁簡朴常寡浮誕漸勝其綱之不能知而況舉其目乎此書之作蓋以此也先明道之所以立而後知政之所以行先尋教之所以設而後得學之所以歸因典誥深奥史子辨博諸係乎政術存乎勸戒者舉而不遺罷朝而不厭而猶亂閒窒而不傾其究誠亦次經之書也我朝承和貞觀之間致重藏襲緝熙之盛者未必不因講究此書之力則凡君民臣君者非所可忽也尾公有見於斯使世子命臣僚校正而上之木又使余信敬序之惟信敬翦而不敏如宜固辭者而不敢者抑亦有故也羣書治要五十卷五十卷內闕三卷神祖遷駿府得此書惜其不全命我遠祖羅山補之三卷內一卷今不傳今尾公此舉上之欲君民者執以致日新之美下之欲臣君者奉以贊金鏡之明為天下國家冀昇平之愈久遠心願度有不可勝言者也信敬預此亦知遠祖所望信敬是所以奉命不敢辭也天明七年丁未四月朝散大夫國子祭酒林信敬謹序

刊羣書治要考例

謹考國史承和貞觀之際經筵屢講此書距今殆千年
而宋明諸儒無一言及者則其亡矣已久寬永中我敬
公儒臣堀正意檢此書題其首曰正和年中北條實時
好居書籍得請諸中秘寫以藏其金澤文庫及神武統
一之日見之喜其免兵燹乃命範金至台廟獻之皇朝
其餘頒宗戚親臣是今活字銅版也舊目五十卷今存
四十七卷其三卷不知亡於何時羅山先生補其二卷
其一卷不傳故不取也但知金澤之舊藏亦闕三本近
世活本亦難得如其繕本隨寫隨誤勢世以音訓所處

以訓謬間有不可讀者我孝昭二世子好學及讀此書
有志校刊寧魏氏所引原書今存者十七八乃博募異
本於四方日與侍臣照對是正業未成不幸當早逝今
世子深悼之請繼其志勗諸臣相與卒其業於我是公
上自內庫之藏旁至公卿大夫之家請以比之借以對
之乃命臣人見黍臣深田正純臣大塚長幹臣宇野久
恒臣角田明臣野村武昌臣岡田挺之臣關嘉臣中西
衛臣小河鼎臣南宮齡臣德民等考異同定疑似臣等
議曰是非不疑者就正之兩可共存又與所引錯綜

大異者疑魏氏所見其亦有異本歟又有彼全備而此
甚省者蓋魏氏之志唯主治要不事修詞亦足以觀魏
氏經國之器規模宏大取舍之意大非後世諸儒所及
也今逐次補之則失魏氏之意故不為也不得原書者
則敢附臆考以待後賢以是為例天明五年乙巳春二
月乙未尾張國校督學臣細井德民謹識

全唐詩逸序

大清康熙之朝全唐詩集成其人以千計其詩以萬計
雖片章隻句散在諸書者採掇無遺也不謂盛且備乎

殊不知尚逸而存吾日本亦不為尠也當時遣唐之使
留學之生與彼其墨客韻士肩相比臂相抵則其所研
唱嘉藻記其所口騰其所記裝以歸者蓋比比不已大
江維時之千載佳句的的珠璣護其片而逸其全雖則
可惜哉其所以亡乎彼而存乎吾不幸乎上毛河子
靜有慨於此也著全唐詩逸三卷夫然後所謂滄海無
遺珠者非耶大抵典籍之亡於彼而存於我者在佛書
太多然不廣行世近世太宰氏所校古文孝經流入西
華新安鮑廷博再刻而行之作序賞之今使斯書亦流

而西豈復不刮目而觀之哉子静名世寧昌平學都講傳雅尚志亦嘗著日本詩紀五十卷其有功於藝文不獨斯書云天明八年戊申十月淡海竺常撰

鄭注孝經序

尾張岡田挺之撰

孝經有古文有今文孔安國古文作傳而鄭康成注為今文孔傳世多有刻本鄭注則否南齊時國學置鄭元孝經陸澄乃與王儉書論之曰世有一孝經題為鄭元注觀其用辭不與注書相類按元自序所注衆書亦書孝經儉答曰鄭注虛實前代不嫌意謂可安仍舊立置據之則鄭注之行其來尚矣是本與陸德明經典釋文脗合無差其為鄭注審矣頃者讀知不足齋叢書所載古文孝經鮑廬諸家序跋乃知惟得孔傳未得鄭注瀛海之西其亡已久嗚乎書之灾厄不獨水火靳秘之甚其極有至澌滅者豈不悲乎今刻是本余之志在傳諸瀛海之西與天下之人共之家置數通人挾一本讀之誦之則聖人之道由是而宏悠久無窮海舶之載而西者保其無恙冀賴神明護持之力鮑廬諸家得是本再附剞劂則流傳乃遍於寰宇當我世見其收在叢書中所翻距以俟之也

右今文孝經鄭注一卷羣書治要所載也其經文不全者據注疏本補之以便讀者寛政癸丑之秋書林片野堂東四郎梓

孝經跋

夫孝者德之本也教之所由生也移之於君臣則為忠義之道移之於兄弟則為友愛之道移之於夫婦則為和樂之道移之於朋友則為信從之道天倫之理萬行之所由出也若不講此書則與禽獸何以異哉惟期人人誦之家傳之掌握懷收口唱心行也因鏤諸梓而珍於世云寶永三年暮春之日大學頭藤信篤

附孝經書後

翁廣平

右日本所刊小板孝經與今世所傳劉向定本大異細考之蓋朱文公刊誤本也謹按
欽定四庫全書簡明目錄及朱竹垞經義考知文公本孔氏古文分為經一章傳四章次序頗有顛倒又刪經文二百二十三字自此以後講學者務黜今文而尊古文而專守一家之說者遂若水火之不相入元吳澄

又改定今文孝經亦為經一章傳十二章亦頗顛倒其次序蓋孝經至宋元古文今文皆有改本矣迨毛西河有孝經問一書痛駁朱子吴澄其反復詬争未免過當然其書亦收入　四庫全書者以删改古經設何庸易其説要不得謂之無理也粤稽孝經出於漢顔氏献隷書十八章劉向定為今文者也即鄭康成所注是也其出自孔壁者為科蚪書安國不解篆文意為增損遂開後世古文之惑唐明皇取王肅六家參放孔鄭為注一卷詔元行冲疏之宋邢昺因是增損為正義三卷可稱善本校之朱子之刋誤經文且有可疑況註疏乎夫明皇之註雖可稱然删閨門一章未免為後世所譏而朱子存之則朱子亦未嘗不信古也余考日本之講經學者如林羅山山井鼎太宰純物茂卿輩皆尊漢儒而薄宋儒茲乃以誤本而刊行之其於宋儒又何嘗不尊之也哉

論語古義序

京兆伊藤長允

昔者夫子生乎衰周之季躬大縦之資立生民之極祖述前聖討論典墳其道之大德之盛亘古今而莫之比也其遺言微旨之托於後者門人弟子謹而備録名曰論語固經中之一王百家之權衡也壓而蔺乎此者不經其品章則萬章無以識其為聖賢而後乎此者不就

天地之間萬象而品彙莫不囿羅乎其中言其近也則猶

其折衷則萬世無以辨其言行事实之為孰得孰失也言其大也則猶布帛寂粟之切於民用而一日不資焉則不能以為人欺道之蘊奥學問之階級固具於其中而不待復求之於其外矣自漢而後疏觧註𨕖之繁非不精且詳也然徒視以為平寔法語而非鉤之探賾之至論應酬常談而非統宗會極之要言則雖不能不沿觧以溯經亦不可以不原經以審註焉大抵聖人之道務寔故其教人每就日用行事之寔示之是非得失而未嘗使之求心於一念未萌之先也今且舉其大者二十篇中鉅細必舉而其要莫仁為大也後之所謂仁者以寂然不動觧覺愛之理為仁之体以惻隱之發乎心者為仁之用而以其著乎行事澤物利人实迹之可見者為仁之施於是仁分為三截而其用功全在乎屏欲閑邪湛乎瑩乎以復靈覺不昧之初則澤物利人之利

乃其發見而仁之粗者也而質先聖之言則所謂仁也者唯一而已矣而主寔故其恩愛之及物雖有生熟大小之差皆可以謂之仁而安則為仁者利則為智者假則為霸者依則為人違則非人也所以其用功之方義以配之禮以節之智以明之或忠或敬或恕能致其節而後可以為仁矣而語其本則孝弟之心乃所謂能知之良而至於仁之基也若夫至於不動之初未萌之際則聖人固無其說矣推之百行莫不皆然昔者先人夙志聖學雅席經典服膺遺訓唯信夫子之為曠古一人之聖此書之為曠古無上之經書誦胥繹參究訓傳悦然自得始覺後世之學與古人異焉未彊仕已作此解杜門卻掃日授生徒不復知世有聲利榮華之可羨改竄補緝尚五十霜稿凡五易白首紛如冀傳聖訓於後昆托微志於汗青瑣義末說時有出入則蓋亦不暇校矣允也不肖夙受其分數奉以周旋不敢失墜徒知讀父書而欲傳之同志爰命鋟梓以垂不朽云

物茂卿

論語徵題言

孔子生於周末不得其位退與門人修先王之道論而傳之六經傳與記是已其緒言無繫屬者輯為此書謂之語者裁然耳蓋七十子之後諸家所傳不無附益獨此至為醇真故學者宗之比諸六經迨漢代列之學官崇聖人之言也後世先王之道林明家傑士厚自封殖以聖知自處遂至於以六經為先王陳迹獨潛心斯書然學不師古非孔子之心矣乃敎然自取諸其心以為解者自韓愈而下數百千家愈繁愈雜愈精愈舛皆坐不師古故也余學古文辭十年稍稍知有古言古言明而後古義定先王之道可得而言也獨悲夫中華聖人之邦更千有餘歲之久儒者何限尚且嘵嘵然事堅白毋之辨而不識孔子所傳何道也況我東方乎孟子有言曰無有乎爾則亦無有乎爾豈謂今之時與是以妄不不自揣敬述其所知其所不知者蓋闕如也有故有義有所指摘皆徵諸古言故合命之曰論語徵

南遊稛載錄序

今茲庚申之元日家君與闔家酌椒酒欣欣如也乃謂秀曰秀也汝無四方之志乎昔者吳公子札之聘於魯觀於周樂乃論周南召南以下諸國風遂聘於齊聘於

鄭適衛自衛如晉蓋於魯說叔孫穆子於齊說晏平仲於鄭說子產於衛說遽瑗史狗史鰌公子荊公叔發公子朝於晉說叔向云爾豈非萬古之壯遊也哉而今地非其地世非其世且汝身在畎畝之中而無公卿大夫之位則何以得聘於列國而與其學士大夫周旋乎哉惟是東都為人文之淵藪也客於東都者數旬耶則雖身不遊於列國庶幾哉以得與其學士大夫周旋矣則其觀樂論詩亦何難之與有秀唯唯乃急傚裝以正月丙寅發村居以癸酉至於東都遂客於東都而與其縉紳君子及列國諸名賢周旋者凡七旬有七日竟以四月辛卯辭東都以丁酉至家云解歸裝則海內諸君子投贈寄示應酬送別之諸什多在焉乃錄以呈家君家君卒業而笑曰此何異季札所論或有勤而不怨者或有憂而不困者或有思而不懼者或有其細已甚者或有泱泱乎大風者或有樂而不淫者或有大之至也者或有大而婉險而易行者或有憂之遠也者雖今之詩與古之詩異乎至於其吟咏情性則一也且汝與海內諸君子以何人比叔孫穆子以何人比晏平仲以何人比子產遽瑗叔向輩也且也汝蒯緱劍為其徐君者誰哉秀也無以對乃乞集名於家君家君又笑曰昔者齊桓公知諸侯之異己也故使輕其幣而重其禮諸侯之使垂橐而入稛載而歸云爾豈不盛哉今也雖地異世異人異事異乎主盟於藝苑於東都而立赤幟於文囿者何人也汝南遊東都而得海內諸君子投贈寄示應酬送別之諸什若是其多則名茲集曰南遊稛載錄不亦善乎秀曰唯遂書茲集之所以成與所以名以為之序寬政庚申夏五月丙申東奧熊阪秀撰

題戊亥遊囊

寬政庚戌之冬及辛亥之春秀有故再遊東都秀時年二十餘至愚之性極陋之質何以能得與海內諸名賢周旋乎哉惟是海內諸名賢與家君為舊相識也以通家之好屋烏之愛有投贈寄示應酬送別之作秀嘗輯名曰戊亥遊囊今因梓南遊稛載錄合刻以傳於世云

寬政辛酉春二月熊阪秀誌

男維　小海校字

吾妻鏡補卷二十一　一名日本國志

吳江　翁廣平　海琛纂

藝文志

佚存叢書序

歐陽永叔日本刀歌云徐福行時經未焚佚書百篇今尚存然所謂百篇之書我無有之則不知其何據豈意度之言耶惟我邦皇統一姓神聖相承未始有易姓革命之變而右文之化稽古之風歷千載而彌盛故使凡出於古者今皆不至於廢替也至載籍則惟本邦古今

所

詩

古有即西土撰著傳到此間輒亦永存不失向使百篇之經果傳於我者必不使其終散亡矣余嘗讀宋以還之書乃識載籍之佚於彼者不少也因念其獨存於我者而我或致遂佚則天地間無復其書矣於是彙為一編編姑假諸歐書名曰佚存叢書頗是編所彙惟佚是存不問其醇疵瑕瑜譬之古器千年外物皆可寶重寧惟夏彝周鼎然後可傳也哉寬政十有一年歲在屠維協洽孟冬月吉天瀑山人撰

題古文孝經孔傳後

古文孝經孔傳坊刻數本余所見古寫本四五種惟宏安二年書本為最古而又多與坊本異經文往往雜異體字如上作丄下作丅始作乱終作叅之類蓋所謂隸古文者已足利學藏孔傳尚書多用異字而其體亦與此同乃知此本之傳於我蓋在開元改定之前也往者山井鼎等撰七經孟子考文獨收尚書異字而不及孝經或未之見耳余故取書本數種參互校訂定為此本至孔序則刊本皆載之而書本多不載今亦從之孔傳之出於偽托先儒既已論之雖然舊籍之留遺於今日者無幾即其出於偽托要亦千年外物寧可使之終歸淪廢乎己未仲春初七日天瀑識

瀑

算

題五行大義後

五行大義五卷隋蕭吉撰隋書本傳載其著述之目而獨不及此書魏鄭公偶未之見耳唐宋藝文志亦不著錄豈早佚於彼歟書中所論皆陰陽五行之事不過漢儒餘論然其文章醇古非復唐以下所能為而其所援證往往有佚亡之書今不可得見者且蕭以陰陽算術著稱見其本傳則此書之出於蕭手萬無可疑世之相

距千有餘年而此書獨完善乎我爲亦奇矣哉安得不較而傳之乎己未竹醉日天瀑識

題臣軌後

唐武后撰臣軌二卷與太宗帝範並行亦有合刻本流布於世唐志著録而宋志不載臣軌惟鄭樵藝文略並載之其他無見也大清乾隆中纂四庫全書帝範獨録出於永樂大典而不及臣軌則亦似不存焉余家舊藏鈔本臣軌一部往往雜以武后制字蓋當時原本耳但諸書所載制字間與此異未詳其孰是今倂一仍鈔本之舊云己未星夕前一日天瀑識

題樂書要録後

史稱吉備真備靈龜二年爲遣唐留學生入唐研覃經史該洪衆藝天平七年歸獻唐禮一百三十卷大衍歷經一卷大衍歷立成十二卷測影鐵尺一枚銅律管一部樂書要録十卷絃纏漆角弓一張馬上飲水漆角弓一張甲箭二十隻平射箭十隻按樂書要録之傳於我國此時爲始年代邈遠佚亡過半今所存只第五第六第七三卷予嘗得鈔本一通無復別本可以勘對則誤以傳誤耳噫唐時之書貽於今者其與能幾尚有存焉洵虬龍之片甲旃檀之寸枝其爲奇香異采不已多乎若夫唐禮百三十一卷其或藏於名山石室亦未可知也他日幸有獲以傳之可稱一快耳己未仲秋既望天瀑識

題兩京新記後

唐韋述撰兩京新記五卷宋史藝文志著於録余偶得古鈔本一冊乃其第三卷而首又闕數焉紙卷尾題云寫金澤文庫本則是書之流布此間舊矣但其不完殊爲可惜矣彼中撰述援引此書者絶罕惟宋陳大昌雍録明郎瑛七修類稿嘗一及之而其他無見焉也則疑其佚於彼焉及讀清人朱彝尊書熙寧長安志後云東西京記世無完書乃識其書雖存而非完書矣安知彼之所佚非我之所存乎嗚呼唐代遺書傳世者罕斷簡策固在可珍況兩京當時之盛亦可因以概見則在好古者尤所宜珍尚焉抑亦觀隻羽片鱗以想見夫龍鳳之姿也已己未秋八月小盡日天瀑識

李嶠百詠跋

李鄭公雜咏二卷或稱百咏或稱百二十咏皇朝中葉甚喜此書家傳戶誦至使童蒙受句讀者亦必熟背焉以故諸家傳本不一而足則彼中則其詩雖散見諸類書各門而單行本後世蓋軼矣及康熙中編全唐詩而雜咏亦存乎其中然軼數句者甚多豈拾掇諸所載以裒錄者歟唐書藝文志李嶠雜咏十二卷疑誤羨十字宋史藝文志作李嶠新咏一卷則已非其舊矣新字恐是雜字因形似譌耳余所覽數本而惟此本最係古騰其為唐時藍本不容疑焉故校而傳之已未重陽日天瀑識

張廷芳序撰於作注時朗咏集注往往引百咏注而今已亡爰據原本仍冠其序於首宋志載廷芳注哀江南賦而不及此注則佚亡之久可知云天瀑又識

書文館詞林後

王伯厚玉海引唐會要曰顯慶三年十月二日許敬宗修文館詞林一千卷上之崔元曄等訓註（據唐書曄當作暐）今按唐書藝文志曰文館詞林一千卷許敬宗劉伯宗等撰又曰崔元暐訓註文館詞林策二十卷乃知其書原一千卷而元暐所註只其策二十卷也會要係訓註於一千卷下者謬矣宋史藝文志錄文館詞林詩一卷而不錄其全書蓋當時已闕佚所存止一卷耳但以其書之浩博而詩僅一卷是則可怪一字誤寫不則上下有脫字亦未可知也是編之流傳於我者已久而今亦不復完存其古鈔殘本或藏於古剎或珍於好事家予訪求攖索乃獲四卷其三卷尚多殘闕其六百六十二卷多用則天制字豈以武周時之本而傳寫焉歟今皆以通行字更寫之其第六百九十五卷末記云校書殿寫宏仁十四年歲次癸卯二月為冷泉院書今以干支推之正當唐穆宗長慶四年則其傳來之久亦可見矣嗚呼千卷之鉅典而闕佚殆盡僅僅零編無復可覩（明然）矣賴此可以窺其體例於萬一也則又烏可不傳焉乎庚申歲清明月之八日天瀑識

書感興詩註後

蠻軒蔡氏注朱子感興詩一卷余曩日獲活字板古本乃知其久傳於此間矣後又獲高麗本於友人氏校之無甚異同按永樂性理大全編入感興詩其注互舉熊

胡劉徐數家而蔡氏僅一見於第二十首耳且蔡注孤行於諸書無所見豈其佚於彼者久歟高麗本附録朱子詩數十首末又載懼齋注武夷櫂歌今删落其數詩獨存櫂歌注亦以其無別行也上章涒灘孟夏之月中九日天瀑識

左氏蒙求跋

吳化龍左氏蒙求一卷朱彝尊以為佚而此間有刊本行焉第其每句夾注某公某年恐係後人所攙然是冊原不過供童蒙之求故姑存以便檢尋刊本改題曰左傳比事今復其舊名化龍元人以為明人者誤庚申涂月五蓂天瀑識

難經集注跋

難經集注五卷明王九思等集録吳呂廣唐楊元操宋丁德用虞庶楊康侯注解若按晁公武郡齋讀書志載呂楊注一卷丁注五卷陳振孫書録解題載丁注二卷馬端臨經籍考引晁氏作呂楊注五卷蓋當時各家別行至九思等始撥輯以便觀覽耳葉盛菉竹堂書目載難經集注一冊不著撰人名氏此則書名偶同非九思所集按王圻續經籍考載金紀天錫難經集注五卷盛之所收恐此耳盛正統進士九思宏治進士則其非是編也明矣其他諸家藏弆書目及乾隆四庫全書總目並未收入若殷仲春醫藏目録宜裒蒐無遺而亦遺之蓋似失傳者然以余不涉醫家但知據目録考之因質諸醫官多紀廉夫廉夫云近代醫書絶無援引久疑散佚廉夫於醫家惟稱賅洽而其言如此則知其果失傳也夫方技一家固有其人其存其佚何干我事然小道可觀至理存焉則竟非可棄也癸亥花朝天瀑識

古本蒙求跋

唐李瀚著蒙求三卷采經傳故實隸以韻語又自注出處於下簡而不遺以便蒙童迨宋徐子先為之補註第原書欲簡而易記而今乃為繁簡或濫及他事恐非瀚本意人喜所詳也自補註出而原本佚余獲古鈔本無補註乃其原本矣傳寫之久譌繆非尠然亦秘笈也今活字刷印收之叢書中或目狃徐本之增多而病原本之簡省是則賣菜傭之見耳題曰古本蒙求以別通行本文化三年龍集丙寅九月三日天瀑識

玉堂類藁跋

右宋槧玉堂類藁二十[illegible]卷西垣類藁二卷南宋崔敦詩所著附録一卷乃係其歷官制誥及祭文挽詞案史敦詩無傳據姓譜及其墓銘敦詩字大雅常熟人紹興進士官至中書舍人性謹厚知大體所陳愷切為孝宗所器許有文集二十卷奏議五卷制稿二十二卷又著制海監韵等書就司馬公通鑑舉論每代得失正邪成要覽六十卷以奏御命更定呂東萊文鑑其增損去留率有意義又按宋藝文志所載周必大玉堂西垣二稿二十二卷當即崔此本而脫胎誤以為周也其他諸家書目皆不著録獨葉盛列之菉竹堂目録則知明氏中葉其書猶存也至於乾隆四庫目録不復及則或者已亡矣此本古色鬱然其為當初原板無疑焉首有金澤文庫印記上杉氏舊藏也凡宋刻傳者明清猶為罕遘況於萬里之外其可不寶愛乎詳其編纂不過制誥口宣批答及青詞制語等蓋所謂制稿二十二卷者與其他奏議文集知大體而愷切者今皆不可見為可惜已栗山柴邦彥跋

曩者柴彥輔獲宋槧玉堂類稿與余商榷為之跋余時借觀將欲活字印出彥輔亦從恿之今刷印方訖則彥輔逝矣不見及也仍附柴跋并識其憾丁卯十又二月中浣八日天瀑山人識

周易新講義跋

周易新講義十卷宋龔原撰原字深甫又作深之遂昌人官至寶文閣待制宋志著龔原易傳十卷陳振孫書録解題卷數同晁公武讀書志則作二十卷二字疑羨晁志有曰介甫三經義皆頒學宮獨易解自謂少作未善不專以取士故紹聖後有龔原耿南仲注易偕行於場屋斯知當時盛行於世矣若李衡義海撮要趙汝梅筮宗李簡學易記熊良輔本義集成董眞卿會通往往援引龔說互有出入而又載今本不載之說按宋志又著龔原續易義十七卷則其各書所援引而今本不載者或當出於續義此其書在元時並存焉若永樂大全全所載則皆龔會通康熙折中亦似非原書揀出及於查文淵閣書目無是書朱彝尊經義考亦注為未見乾隆四庫總目獨録耿南仲講義而不録斯編則其為失

傳意當無疑焉本傳云安石改學校法引原自助原亦為盡力其後司馬光呂與語譏切王氏原反覆辨析不稍衰光嘆曰王氏習氣尚爾耶龜山楊氏曰深甫說易元無所見一生用功都無是處果然其人與書無足貴重也但以宋代古笈存世頗希殘簡斷編尚可寶愛況一家完帙亦可據以證見王學一派則在好古家或所不廢因較以付活版文化五年夏四月天瀑山人識

男　雒　小海校字

吾妻鏡補卷二十二　一名日本國志

吳江　翁廣平　海琛纂

藝文志四

朝衡　唐書開元初日本阿閉天皇遣使入貢朝衡為副使衡原名仲滿慕中國之風因留不去易姓名曰晁衡字巨卿仕唐歷左補闕儀王友好書籍多所該識工詩[illegible]及歸王維趙驊有詩序送之旋來朝儲光羲有洛中遺晁校書衡詩天寶十一載日本孝謙天皇遣藤源清河使長安元宰命晁衡導清河等視府庫及三教殿使事畢同歸邑信有詩送之天寶十二載衡復來朝服官如故上元二年擢左散騎常侍鎮南都護求內外經教及傳戒衡留京師前後凡五年十始歸卒李白哭以詩云日本晁卿辭帝都征帆一片繞蓬壺明月不歸沉碧海白雲愁色滿蒼梧衡蓋沒於海也

銜命還國作

銜命將辭國非才忝侍臣天中戀明主海外憶慈親伏奏違金闕驂騑去玉津蓬萊鄉路遠若木故園鄰西望

懷恩日東歸感義長平生一寶劍留贈結交人

附金德真　謹按

欽定全唐詩録金德真新羅王金真平女也平無子女嗣立為王永徽元年德真大破百濟之衆遣其宗弟法敏以聞德真乃織錦作五言太平書(詩)以獻此詩與唐書新羅傳有九字不同茲以欽定本考正而附注唐書於下

太平詩

大(唐書作巨)唐開宏業巍巍皇猷昌止戈戎衣(作大成)定修(作興)文繼百王統天崇雨施治物體含章深仁諧日月撫運邁時康幡旗既赫赫鉦鼓何鍠鍠外夷違命者剪覆被天殃和(作淳)風凝宇宙(作顯)幽遐邇競呈祥四時調(作和)玉燭七曜巡萬方維嶽降宰輔維帝任忠良三五成一德照(作昭)我唐家唐

附金地藏　新羅國王子唐至德初落髮航海隱於池之九華山

送童子下山

空門寂寞汝思家禮別雲房下九華愛向竹欄騎竹馬懶於金地聚金沙添瓶澗底休招月烹茗甌中罷弄花好去不須頻下淚老僧相伴有烟霞

附金立之(詩)　新羅人憲德王七年從金昕入唐全唐詩逸摘千載佳句

句

烟破樹頭驚宿鳥露凝苔上暗流螢　秋夜望月

山人見月寧思寢更掬寒泉滿手霜　峽山寺玩月

紺殿雨晴松色冷禪林風起竹聲餘　贈龍寺僧

風過古殿香烟散月到前林竹露清　宿豐德寺

更有閒宵清淨境曲江澄月對心靈　贈僧

寒露已催鴻北去火雲漸散月西流　秋夕

園梅坼甲迎春笑庭草催心待節芳　早春

鬱檀　戲鴻堂法帖有鬱檀老拾遺二人詩蓋宋時日本人所書草法甚佳有三人題跋　日本草書如唐人學二王筆跡晉陽張城一嘗覽　子瞻題

日本去國幾千里人物與中華同蓋太平日久漸被之使然耶　彥先題

暮春遊苑無最寺亂半落花　絕句考韻

落花委(地)殘枝如有如空意始知何似道場壇越老

年頽白髮半頭時
老拾題

三月盡日於施無畏寺即事絶句為體
艷陽三月今日盡白首拾遺感懷催欲以危身期後會
明春誰定見花開
釋寂照（照一作寂）　宋史景德元年日本僧寂照八人來
朝識文字繕寫甚妙詔歸圓通大師賜紫方袍
楊文公談苑照寂日本僧歸圓通大師景德中入
貢三司使丁晉公悦之為言姑蘇山水奇秀因留
止吴門僧寺　陶宗儀記外域書日本國於宋景
德三年嘗有僧入貢不通華言善筆札命以牘對
名寂照號圓通大師國中多習王右軍書照頗得
筆法南海商人船自其國還得王弟与照書稱野
人若愚又左大臣藤原道長書又治部卿源從英
書凡三通皆二王之跡而若愚章草特妙紙墨光
精　鶏窓載話日本國在唐宋時俱貢方物其貢
使皆以僧充之真宗景德元年僧寂照入貢賜號
圓通大師慕中國人物不願歸住吴中佛寺得與
蘇米秦黄諸公與西園之雅集亦屬國之名僧也
以黑金水瓶寄丁晉公
提攜三五載日用不曾離曉井斟残月春鑪釋夜澌鄱
銀難免侈菜石易成虧此器堅還實寄公應可知
嗜哩嘛哈（一作答黑麻或曰即普福）
答大明皇帝問日本風俗（洪武二十年　遵聞録）
國比中原國人同上古人衣冠唐制度禮樂漢君臣銀
甕篘清酒金刀鱠紫鱗年年二三月桃李自陽春
西湖
一株楊柳一枝桃（花）原是唐朝賣酒家唯有吾邦風土異
春深無處不桑麻
普福　明詩綜宣德七年倭船入貢凡九艘其使普
福迷失於樂清縣沙嵩藤嶺獲解
歎懷
來遊上國看中原細嚼青松咽冷烟慈母在堂年八十
孤兒為客路三千心依北闕浮雲外身在西山返照邊
處處朱門花柳巷不知歸日是何年
源常熙　金山縣志有鞠祥者事母盡孝工吟咏商

日本留十八年而歸有金吾源常熙僧等輝清播
賦詩送之按源詩有一姓官家百一初之句人頗不解乎謂日本國王未嘗易姓故曰一姓官家其曰百一初者按日本年號纂每王各書曰第幾代鞠祥明初人當送還時則一百一代之初年也今日本一百廿代

送鞠祥還鄉

流寓殊方十八年生還中土非豈天冷泉辭饞好風便
三月落帆鄞水邊
偶副皇華過舊廬親隣相見遠何如海東盛事逢人問
一姓官家百一初

釋等輝字搏桑

送鞠祥還鄉

西土舊豪傑當今擒楚材鴻臚屢通譯鯨海已重來帆
影扶桑曉鞋香輦轂埃青雲生足下賤跡恐難陪

釋清播字日城

送鞠祥還鄉

秋
異域秧深橘柚霜知恩旅寓不忘鄉西風五兩金山去
童稚候門親在堂

絶海和尚　日本奥州志村石溪先生曰紀州有熊野山中國秦始皇令徐福與童男女五百人入海求蓬萊山徐福遂到此州熊野山下居住其後居富士山下云有絶海和尚者常浮海至中國大明皇帝召見問法要帝因指日本圖經熊野山命其作詩

答大明皇帝問熊野山

熊野山前徐福祠滿山藥草雨餘肥只今海上波濤穩
萬里好風須早歸

吳萊

聽客話熊野山徐市廟

大瀛海岸古紀州山石萬仞插海流徐市求仙乃得死
紫芝老盡令人愁就中滿載童男女南面稱王自民伍
蒼劍淩天代曉雲鐵船赴壑沉秋雨瑯琊臺上望欲空
日出未出扶桑紅魂漂三神入夢幻淚灑萬鬼真英雄
真人獨見阜香爲秦使遂傳鎬池璧桃源草樹同一香
紛嶼蛟龍散無迹古往今來亦可憐世間何處有神仙
文成五利猶騰說不惜秦年惜漢年

中心叟　胡經用甫金山志與日本使臣

吊郭璞墓

遺音寂寂鎖龍門此日青囊竟不聞水底有天行日月
墓前無地拜兒孫秋風野寺施香飯夜月漁燈照斷魂
我有誄詞招不返停船空見白鷗羣

石鼎　余永麟北窗瑣語日本粗知文義嘉靖已亥入貢正使石鼎周良珠宣用琳解文字者也

春雪

昨夜東風換北風釀成春雪滿長空梨花樹上白添白
杏子枝頭紅不紅鶯問幾時能出谷燕愁何日得泥融
寒冰鎖却千秋架路阻行人去不通

周良珠

遊育王寺

偶來覽勝鄮峰境山路行行雪作堆風攪空林飢虎嘯
雲埋老樹斷猿哀擡頭東塔又西塔移步前臺更後臺
正是如來真境界臘天香散一枝梅

江樓留別　四夷廣記

青幢傍楼楼傍渡遠人送客此經過西風楊子江邊柳
落葉不如離思多

濤

宣用琳

萍

錦鱗密密漫施針帶葉連根不計深常與白雲爭映面
豈容明月墜波心千條雨線穿難破萬頃風滚不沉
多少魚龍藏在下漁郎無計把鉤尋

被張太守禁舟中

老鶴徘徊日本東笑看宇宙作樊籠空教飛入堯天闊
還在扁舟一葉中

無名氏　西墅雜記成化甲午倭人入貢見闕前蜀葵花不識問之答曰一丈紅

詠一丈紅

花如木槿花相似葉比芙蓉葉一般五尺闌干遮不盡
尚留一半與人看

無名氏　寄園寄所寄正德間日本使者經西湖題詩云

詠西湖

昔年曾見此湖圖不信人間有此湖今日打從湖上過
畫工還欠着工夫

四友亭詩

四友亭名萬古香清風曾遞到遐方我來不見亭中主
松竹青青梅自黄

春日感懐

中原二月綺如塵異卉奇葩景物新可是吾天仁更濶
小塘幽草亦成春

奉邊將詩

棄子拋妻入大唐將軍何事苦隄防關津橋上團圞月
天地無私一樣光

無名氏　堯山堂外紀

雨中往曹娥江

渺渺茫茫浪潑天霏霏拂拂雨和烟蒼（翠蒼）翠山遮寺
白白紅紅花滿川整整齊齊沙上雁來來往往渡頭船
行行坐坐看無盡世世生生作話傳
天連泗水水連天烟鎖孤村村鎖烟樹繞藤蘿蘿繞樹
川通巫峽峽通川酒迷醉客客迷酒船送行人人送船
此會應難難會此傳今話古古今傳

釋天祥　沐氏滄海遺珠下二人同

寄南珍

上人居處僻心與石泉清道在從遺俗身閒不用名空
階松子落雨徑蘚花生怪得希相見年來懶到城

題龍關水樓

此樓空眺好終日俯平湖葉盡村村樹花殘岸岸蘆漁
翁晴獨釣沙鳥晚相呼何處微鐘動雲藏島寺孤

次韻惟心見寄

世間無住著林下且棲遲映户幽花發侵階亂竹垂老
年銷記性餘結未忘詩此意難爲説西峰道者知

贈李生

異域無親友孤懷苦别離雨中春盡日湖外客歸時花
落青山路鶯啼綠樹枝從今分手後兩地可相思

送贈歸重慶

東西千萬里來去一身輕碧鳳山前别黄梅雨裏行江
長巴子國地入夜郎城昔我經過處因君動遠情

哭宋士熙

衆山搖落日那忍哭先生老眼非無淚深交最有情甫人
猶惜才調天可厭聰明書法并詩律空留後世名

題靈卲寺

東西兩寺今為一有客登臨見斷碑剩水殘山王霸業
苦風酸雨鬼仙詩樓台半落長洲畹蕭鼓時來短簿祠
盤郢魚腸何是處轆轤千尺響空池

呈同社諸友

君住峯頭我水濱相思只隔一孤雲夜燈影向空中見
晨磬声從樹杪聞咫尺誰知多役梦尋常心似遠離羣
今朝偶過高樓處坐接微言到夕曛

梦裏湖山為孫懐玉作

杭城一別已多年梦裏湖山尚宛然三竺樓臺晴似畫
六橋楊柳晚如烟雲青鶴下梅邊墓白髮僧談石上緣
殘睡驚來倍惆悵可堪身世老南滇

長安春日

何事長安客春來思易迷樂遊原上草無日不萋萋

榆城聽角

十年遊子在天涯一夜秋風又憶家恨煞葉榆城上角
曉來吹入小梅花

暮春病懐

回

落花滿地雨絲絲九十春光人別離行樂送春猶有恨
那堪多病過花時

釋機先　鑑機先日本人先有滇陽八景詩曰豈料
長為南竄客朝朝相對獨為[illegible]翁國初日本僧入
貢者多謫居滇南故沐氏得錄其詩胡粹中挽鑑
機先詩云日出扶桑極東處雲歸滇海最西頭知
機先沒於滇也

寄西山石隱

碧雞山上雪想可埋岩房老僧凍不死燒葉生微陽我
欲往從之杳杳無川梁日落尚延佇心隨歸鳥翔

長相思

長想思想思長有美人兮在扶桑手攀珊瑚酌霞氣口
誦太乙朝東皇鯨波摩天下可航矯首欲渡川無梁去時
時遺我瓊瑶章鸞箋半幅雙鴛鴦鴛鴦不飛墨色改攬
涕一讀三斷腸前年寄書吳王臺西湖楊柳青如苔今
年東風楊柳動鴻雁一去何當回欲彈朱弦弦斷絕欲
放悲歌聲哽咽孤鸞夜舞南山雲花清簾前杜鵑血思
君不如天上月夜夜飛從東海出月明常傍美人身美

徵

人亦近明月輪褰衣把酒問明月中宵見月如見君長
相思長如許千種消愁愁不已亂絲零落多頭緒但將
淚寄東流波為我流入扶桑去

送別

天書召賈生匹馬出滇城白首相逢處青雲送別情山
經巫峽盡水到楚江平好献治安策殷勤答聖明

挽陸光古先生

昨日来過我今朝去哭君那堪談笑際便作死生分曠
達陶徵士蕭條鄭廣文猶憐埋骨處西北有孤雲

寄仲翔外史

天涯又索居歲晏近何如遠水蒼茫外空山寂寞餘老
逢諸事懶病覺故交疏想見多閒暇應修輔教書

梁王閣在碧雞山下

碧雞飛去已千秋聞說梁王曾此遊洞口仙桃迎鳳輦
岩前宮柳繫龍舟青山有恨人何在白日無情水自流
豈識當時歌舞地寒烟漠漠鎖荒邱

碧雞秋色滇陽八景之一

碧雞西望水天虛漠漠秋光畫不如翠壁烟華搖浪處

丹崖樹色着霜初前朝有閣今遊鹿落日何人獨釣魚
却詠維舟溢浦上芙蓉九疊看匡廬

寄石隱

古木積蒼烟空山夜悄然遥知上崖月獨照病中禪

聞笛

夜深吹笛是誰家獨倚高樓月欲斜塞上春情無賴甚
那堪又聽落梅花

雪夜偶成二首

畫角聲殘曙色遲雪花如掌朔風吹吟中二十年三昧
未了梅花一首詩
定起閒吟獨倚闌朔風吹面雪漫漫修心不到梅花地
耐得山中一夜寒

釋克全字大用

全字大用者偶錯居於海陬一禪剎中頗習華言　陶宗儀記外域書曩與其國僧克
云彼中自有國字字母僅四十有七能通識之便
可錯其音義因索寫一過就叩其理聯其湊成字
處髣髴蒙古字法也全又以彼中字體寫中國詩
文雖不可讀而筆勢縱橫龍蛇飛動儼有顛素之

遺

挽陸光古

氣宇自豪邁孤超傲世時昦鴻冲漢志野鶴出塵姿筆

勢雲烟起詩名草木知論交三十載死別抱長悲

釋全俊字秀崖姓神氏日本北陸道信濃州高井縣

[redacted]人依僧善應寺佚鈍夫出家佚印月江嗣子也宋學

士集、

和宋學士贈詩

一回錯買歸鄉舶棘過鯨波萬里閒震旦扶桑無異土

參方飽看浙西山

釋左省　沈潤卿吏隱錄日本使者朝貢過吳内一

僧往謁祝京兆希哲不值予与弟瀛偶遇之索紙

書字問之僧亦書以答云余乃俄補一官之闕祇

有其名貧凍沙門也名左省號鈍牛又曰我國中

無此官惟禪僧學本國文字故充使臣耳聞謁祝

君何為又書曰仲春之初雨雪連日篷底僵卧今

日新晴叩祝君書屋幸遇君一笑依稀十年之舊

杜少陵[redacted]所謂能吏逢聯璧華筵值一金者也幸賦

小詩以呈後知其欲求哲希一文耳

呈沈潤卿先生

二月天和乍雪晴見君如見祝先生醉中不覺虛簷滴

吟作燈前細雨聲

男[redacted]

男　雒　小海校字

藝文志

吾妻鏡補卷二十三一名日本國志

吴江　翁廣平　海琛纂

源陶小野氏字君平號東谿官清舘監著有鏡秀亭草稿

右詩一卷乃日本源監東谿所著神理清超風格雋逸直堪㕛尾唐賢當與晁監為亞矣近世朱錫鬯氏編輯前代詩綜於日本蒐羅僅兩三篇兹則裒然成帙將流傳於後俾知我朝文教覃敷洵不遺海隅日出之邦也嘉慶戊辰春王正月既望吴江任兆麟書

草堂述懷

寂臨梅崎水兀與大浦鄰燈道勞攀陟林邱何嶙峋上有十二户三衢似比鱗雞犬紛相接妻孥衣食均交態多如醴豈無疏與親委任我職務文墨獨生塵白駒過難羈今晨非昨晨愛書非惜冬弄花非迎春展轉如有逢已我悔傷神我禄當五斗誤依折腰人公暇潛吟誦樽俎是清貧辛矣市井遠可以擬隱倫何時南窓下笑戴漉酒巾梅崎大浦地名

去婦怨

妾身如覆水流落路旁情鄰里花千樹閨窓月五更白頭吟既絶别鶴操偏成誰識孤棲後長慚再嫁名

惲城子信翁呈

陵

翁也清標誰可陳胸中戰勝幾肥身緗書本捲譜三篋學劍何嘗敵一人不意秋風搖落日忽為泉路别離辰最憐官暇甘幽隱未遇門前五柳春

戲咏猫

知汝生涯獰且柔細毛精密寵相求簾前日暖依人睡花裡風香逐蝶遊變去雙睛隨玉漏磨來利爪似銀鉤幾回陰夜增洸勇竊盡家中鼠盜愁

雙

贈大清客五子詩并序

余嘗充清舘監十四年於兹矣其致交於翰墨者不可枚舉今留在舘中者僅程赤城王蘭谷陳晴山姚中一費晴湖五子耳余嘗恨室迩人遐不得共對林泉同吟雪月況今而後腰脱長劍口餐三匪不得邂逅相逢乎因賦鄙律三首以訴面别之情三詩録一

混跡風塵十四年此中還喜得良緣姓名漫入金蘭譜
翰墨䜣同流水絃避世唯應羣鳥獸怡情安要學神仙
異邦交友知相問為告盤桓松竹邊
余既贈五子詩而黄定甫再渡海入館實忘形良友
但余退藏隱之期甚逼面晤兩日比之五子别意更
深因倉卒賦一律奉贈
埜生將隱碧江頭豈計親朋重繫舟昨日相逢今日别
征年永戀昔年遊莫嗤脩圃廿三韭原悔此身畫兩年
客館交情從此絶不知何處挹風流

嶋原行送雪巒上人

上人將出薝蔔閣云是飛錫向嶋原嶋原之遊何以贈
詩言志兮歌永言送君作歌君忍誦嶋原之歌堪銷魂
去年地震幾百回九州岌岌危乎哉雲冥冥兮風颯颯
日夜憂疑坤軸摧郡縣恐怯皆敧耳此災本自嶋原來
嶋原鎮嶽三峰峙普賢奇突高崔嵬一夜絶頂山壁劈
煙火突起轂如雷大石飛揚舞碧落隕處萬壑千林頹
火炎崑岡玉石焚直燒前山爲刼灰此時城市將顛覆
四民累㴸羣悲哀荏苒光陰春復夏都邑忽使催相催
忽然落日南海鳴雨耶風耶是何轂波濤洶湧衝天立
怒擊唯餘一孤城城頭時裂山一方泥水迸出似勢湯
喫巖噴石壓谿澗滔天浩浩波泱泱老壯蹂躪無所避
既失山村與水鄉叫喚數萬人不見溺没長肥臭體腸
水去景象䜣然變不知世界同鴻荒江中新湧幾嶋嶼
樹杪高挂誰衣裳骸骨縱横腥臭襲蹊成鶩見是屋梁
八口死僅存一口四體糜爛或拚傷鳥面鵠形哭轂啞
餓莩是處塡陂塘太守乞糶下恩澤先命群吏收散亡
伐薪栄兮集畚挿開硧墡兮勸耕桑此時初覺天地静
想像禹功猶未央大野以北皆仍舊村外有寺名勝光
獅座迎君供香積真諦應論選佛場知君何厭勞白足
攀山渡水遠徊翔眼依法輪轉後看心起無生清忍藏
誦經幾處弔新鬼呼筆何邊起文瀾行矣長歌歌已闋
暫時相憐阻交歡客程淒兮秋色暮林葉零兮肅露寒
侍君能探奇異跡歸來辯河張舌端嶋原抵崎陽南東二日程鎮嶽曰雲仙山或曰温泉山有三峯一曰普賢二曰觀國三曰妙見上人所居禪室曰薝蔔閣前山在三峯前府城背
熊阪邦字子彦號台州東奥人其國中稱為台州先
生著述有十五種詳書目

野人贈早梅時秀兒將遊學東都聊賦贈此下六首見南遊稿載錄

忽許江南驛使回野人持贈一枝梅偏憐大庾春前與還向羅浮月裡催色動青陽堪染翰香含白雪好銜杯況逢黃鳥遷喬日乞得吾將庭下栽

初春寄懷西川君子璉附秀兒致之

朱邸春雲傍客居知君未厭武昌魚樓前鶯囀應耽酒竹外花深好著書醉後惟當嗟短髮愁來寧復戀長裾為言風樹休興感秋至歸鄉侍板輿子璉有大孺人年方八十三故云

豚兒秀託枕城記曹滕君敬夫以西遊別錄一部請傳諸琉球國邦恐其以人臣無外交不得傳也因賦此謹上錦水源公

狂夫曾艸遠遊編錯比機雲入洛年四海弟兄看意氣中原鞭弭見周旋文章已被知音賞詩句還教同病憐慚愧都官老教手弓衣好織七襄篇

廿四明見寄示尾滕二洲先生墨水泛舟分韻遊不忍池浦口雨諸作敢奉和其墨水泛舟韻[illegible]亦所謂非曰能之願學焉者也

賜

墨江春水碧連空載酒仙舟興不窮堤柳欲眠回暖日野梅含笑送香風白鷗渡口悲遊子青草洲边羨釣翁向夕始知羈絆在無由一夜宿孤篷

鶩庵重賜手書真隱亭榜字篆籀及隸行草凡五体因作此奉謝且奉促寄題詩

君庵寄筆有誰如贈我風流五体書已怱播斯庵如日還疑羲獻鬬工餘遊亭花月俄添色孤客幽懷忍復舒卻恨猶無題寄作一詩聊此待双魚亦入見戌亥遊囊下同

曾就楊雄問字元翻從鄒衍學談天已看寂寞成都客不及風流碣石賢萬古文章空自負千秋得失有誰憐亦知後世論應定待爾燕台集早傳

和東都聯句五十韻并序

寛政二年十月十九日東都徐君德卿邀尾藩谷子相賀州寇士田公幹及南畝田子耜椿亭鈴猫人於其芙蓉館相於賦詩篇成名曰東都聯句而豚兒秀幸得陪田子耜與斯盛遊也乃寫其詩以郵致焉披繹而誦之則句句穎脫亦泱泱乎大風也哉乃不任遙

想竊忭之至遂次其韻致之脉兒奉呈徐君兼贈諸
君子
鬱葱天府國髣髴漢唐都宮闕彰諸度樓台見聖星
辰拱北極日月照東區雄武來三越脩文朝五胡王公
連第宅冠蓋溢郊郛結客金千鎰招賓酒百壺侯門爭
買駿相府欲棲烏懷玉誰能識傭經衆所迂先朝青鎖
侶今日紫微軀常對芙蓉雪不恥吳越姝芽茶烹石鼎
香炷燒銀爐岳湛稱連璧名声擬八廚臥龍仍緑鬢刻
鳳俛丹咮共抱荊山璞寧貪合浦珠已逢秋色老尚愛
露光敷目送翔雲雁心憐避繳蘆不悲蘭蕙死但恨歲
年徂命駕臨通陌呼舟出廣衢城南問韋杜郭外訪崔
蘇雖盡王猷興非窮阮籍途金龍迎逸客墨水眄游凫
舞榭詩堪賦禪房醪可酤聽歌哀窈窕奉偈羨跏趺稍
覺塵根脫却嫌脂粉塗趣將時俗混調逐古賢孤白帝
歸刑政元冥擁斗樞能容擊筑伴豈棄鼓刀屠開宴評
邱索飛觴說典謨詩書兼禮樂琴瑟複笙竽共摘公羊
俗同論氏巫幽情招隱士醉態揖狂奴聯句王孫唱
就章公子愉壯懷悲華岱雄志溢湖江只是親魚鳥饒

他落狖鼯看山憶毛女望海念麻姑縱似微生直非如
武子愚氣酣弄如意興發碎珊瑚既有鍾期賞寧無和
氏片言人盡藝隻語孰相誣吾慕風流士獨憐儒俠
徒謝安恒賭墅劉毅尚呼盧忽報召良娣還聞幸長姁
惟當成咏史那用草潛夫自異相如渴終同子夏癯陽
春行受謝藥餌不需扶豚犬知何幸英豪遇便殊通家
稱德義隱讖託葭莩遂得師兼友渾忘榮与枯遥傳諸
彥會乃共數君俱寄示篇章美鏘鏘復煥乎
熊版秀字君賓台州 之子曾奉父命遊學各島与名
公鉅卿文人逸士相唱和彙集其詩曰南遊綑載
錄曰戊亥遊囊各一冊自為之序乾隆嘉慶間日
本稱詩者咸奉熊版父子為宗匠云
丹松館歌贈彥嶺越石君子心
淡海王孫好遊遨飄然嘗過二丹州州南州北多勝景
大江育野天橋幽就中天橋最奇絕雲山一一錦屏列
王孫既出天橋上豈羨乘槎駕虹蜺一帶長洲仙聖蹤
岸邊千里植高松偃蓋淩雲皆似鶴虬枝臨水總如龍
下有小松可移劚將攜歸種彥城曲栽培愛養看日長

青葱時時入庭驅為松開園助清標穿池為山模天橋
天橋宛在家園裏対之寧知丹海遙遂以丹松命華館
華館從此清陰満時延良友成飲宴座中有人吹鳳管
興闌賓主開口笑賢主嘉賓稱二妙盤桓松下清風生
吟哦池頭明月照東海遙思淡海天天橋奇絶益堪憐
欲往不能歌一曲異時再賦天橋邊
阿波朝君彦良春栖龍源公命見致搢紳家寄題海
左園二十境佳篇因賦此奉謝
東陸白河外小園烏塞旁興同彭澤五里景比輞川莊松
老一郎古竹繁三徑荒華篇天上落卉木始生光
秋日泛湖得收字
載酒櫂輕舟湖邊爽氣秋放歌楓葉岸長嘯荻花洲波
浪涵山靜雲烟擁樹收今宵何限興不似楚臣愁
送金陵平君璋遊熱海
君知書畫兩風流幽意乘春探勝遊應對烟霞醫痼疾
何須夜月動羈愁鶯花黄酒函關路雲物揮毫熱海楼
妙手奪將山水美歸來好向故人投
春日遊四明井先生南君松窓馬君白巖滕本君
竹堂西川君子建井君孟道君谷務卿平君君
胄箕君世龍左君君澤谷君文晁山君美卿宴
楊柳橋酒楼席上賦呈
春風黄酒宴群賢楊柳橋頭二月天太史今宵寬象緯
中原此日見周旋鶯催染翰歌篇外花勸飛觴舞檻前
興到自矜為彦會詩成還愧萬人傳
門田亭邀諸賢宴城東西川楼會者三百餘人
人贈以南君松窓題詩邊廷輝画一幅豈非一時
時之雅宴乎余亦得与此宴焉因賦此呈松窓
關君熹呈主人 蓋主人令嗣某方學画廷輝云 官
西川楼上宴嘉賓自學蘭亭卜暮春大謝詩成寧假夢
長康画就欲通神坐觀山岳馳情遠醉對鶯花發興新
孤客頼逢諸彦會風流不羨永和人
馬成宇彦章錦白巖官熊本侯侍讀
熊君賓邀諸宴君江楼因賦仍韻得九青
罪永之隈邀客亭乘春野騎此相停梨花日暖當邊白
楊柳風輕画酒青渤海欲傾俱擧爵林郎共坐好談經
麼纓今夕何須濯醉裏昏昏笑獨醒

井　歸四明
賡馬君彥章見贈韵
微天精犯斗牛間邈矣西東承玉顏鎮國名山鶩海外
雄藩多士動江關橋横楊柳春堪賞窟近金龍晚欲攀
為是王宮嚴出入暑移從者促君還
閑修齡字君長歸松窓東都人
能賴君賓邀客柳橋馬君彥章有詩見示
橋上風揺弱柳烟抱攜詞客此周旋酒深温克康成飲
詩獻清新太白篇萍梗相逢外筌歌自障佯歷前○
東山西海三千里為振佳期共繫船
滕世肅字敬夫歸璜山官槐城記曹
東奥熊㪣台州先生以所著西遊記行因阿波朝
君棟臧見贈寡君數千里之遠不金玉爾音豈○
不可謂盛意哉不佞世肅從側誦之不堪擊節
聊賦短篇介朝子以呈按劍之比其謂之何
追琢詩篇字字霜縱非漢魏不中唐洞天行洩神仙秘
勝地重生草木香遠託一函鴻縹緲相思千里意飛揚
知君足跡遍天下那怪文章類子長

赤崎楨翰字彥禮歸海門官薩藩文學
題画
古木八九株奇石二三片白雲生其間只許幽人見
贈喬木叟
偉哉喬木叟託迹避塵機幽意誰能會清標世所希花
迎狂態媚月引醉魂飛却笑陶元亮區區説昨非
菊池文智字博甫
陶彭澤歸去來圖
白雲山下茅屋黄菊籬邊蓽門時出時歸適意一醒一
醉忘言

男　維　小海校字

吾妻鏡補卷二十四〇の一名日本國志

吳江　翁廣平　海琛纂

藝文志

古賀　號精里

壺梁白鷗二賢攜都籃集古愚軒谷南溪頃歸自

野㡛上圖其所經分韻

幽期同赴讀書幃歲暮吟哦塵慮微鬭擲梅花凌朔雪

窓橫松影帶斜暉郇侯珍美移厨至道子丹青託勝歸

月上巖城風栗烈舣舩一棹敵寒威

清河矩字正規瓊浦人

奉送熊阪君君實還東奧用南湖先生韻

高樓一望對朝霞非土知君忽憶家莫道此行春已盡

東歸猶及故山花

士

大田覃字子耜號南畝東都人官屬大司農亦屬學

曰

初夏送君實還鄉

信夫山北老農家歸去庭闈天一涯羨你讀書青嶂下

綠陰深處話桑麻

送西川子璉詩

男兒志四方以應懸桑弧匏瓜徒自繫不食奚所須客

自關東來云觀東海陽東海何泱泱衆流歸一匯車馬

闐城郭第宅溢通衢仰見青雲俯飛嗟白日徂離鄉已

三載食貧宴且娛薄言辭此土適彼盛樂都

戲賦十二相寄儀谷子相

鼠山遥接戸山名牛渚誰班北渚畢荊虎觀校書恩澤編

兔毫揮筆彩雲盈龍吟笛撈梅花起蛇影弓臨杯酒明

老馬空懷千里志羊存偏感一時情猿鳴片月霜花白

雞唱三更曙色清狗尾續貂聊和韻豬奴陪戲愧茲生

翔鹿明字尚文號蕙圃松窓子

送熊阪君君實還奧州

花飛春盡出關東歸馬翩翩意氣雄黑髮山幽朝雨過

金華路阻夏雲通百年經術箕裘業三世文章屈宋風

到日高堂含笑問壯遊詩賦滿囊中

餞猶人歸椿亭

歲晚送熊阪君實還東奧

清秋作客送諸居更先青春歸舊廬講學至今三世業

救荒常散九年儲淺香秫米空寒渚浪水風烟冷夜漁
寶帶閑邊君到日為投鴻雁一封書

河世寧字子靜號寬齋上毛人官昌平學都講著有
全唐詩佚三卷日本詩紀五十卷

初夏幽居

綠樹陰森中有家非僧非俗淡生涯乘時末疾窺身老
隨例閒眠到日斜籬外先烹三寸筍雨前新供半甌茶
此間一事偏堪喜春色剩看紅藥花

源世元佐佐木氏字長卿號石湖亦號琴臺淡海人

送源盤谷歸鄉

歲暮都門酒相逢相送時新知悲未契遠別重前期歸
騎鞭千里離亭柳一枝計程應倍道艸艸又臨歧

春草

烟濕平湖綠漸多王孫幽興入佳期燒痕未盡風寒處
嫩色初勻雨霽時歸望連天迷似水閑愁滿地細於絲
染成春恨文難得欲把芳心寄所思

野公臺字子賤號東皋彥根人

為西川子璉題蓬蒿舍歌

蚤事真人授禁方三年賣藥市門旁市門湫狹可棲息
卜築新開一草堂杏樹移栽數畝陰蓬蒿滿徑一何深
無帷日日耽經籍誰識主人高臥心主人原是狂簡士
且向人間試方技餘力學文兼賦詩挾策時游藝園裡
老夫與汝忘年交昔時言志知汝高知青雲汝自可致
男兒何為老蓬蒿請為汝作蓬蒿詩汝且虛心聽其辭
縱然青雲終可致慎勿忘卻蓬蒿時

西川瑚字子璉一字元章號國華淡海人為綾部侯
醫官著有上池秘錄蓬蒿詩集

滕忠成序略曰寡人為世子見子璉於安達文仲
所其所吟咏又多且夥至萬餘首頃欲上梓以不
朽以集請題義不可辭也夫和者愈衆其曲愈卑
滔滔者天下皆是也子璉好古守教與世之作者
大有徑庭亦可以觀其志矣　古岳子高序略曰
我東方開國百年文教廣運於是乎伊藤氏初出
正而不譎其徒濟濟相應物部氏續出剛而不撓
其徒勃勃相擊獨太宰氏論定而不迷然創業之
時經營多端未遑遑用力于詩文不亦惜乎至今

選

[illegible]百年文教殷富趨時尚之徒羣出狂言何足道[illegible]
也西川子璉之於交際也以詩為贄諸侯大夫鴻
儒名家苟好古者無不通名生七十餘歳故志亦
伊物二氏之依其不趨時尚弨論定而不迷者乎
今撰其詩一百首於二萬首中將上之不託序於
余似有取余平生之論者故述此言
飯田忠哲跋畧曰子璉生於淡海游於東都受業
於大醫桃源吉田公之門學成筮仕於綾部侯幼
好聲詩初師東皐野子賤會竅歷年韓使道我藩
乃獻湖上客館賦詩見志後逮見觀海松君修爾
來都下名流無不謁而應酬者其詩既編日本詩
撰者若干首今自拔萃一百首請余跋以子璉出
於我藩故不敢謝不敏因書履歷以為跋

贈山省南

靄々東都内盈々多第宅佳人坐高樓吹簫倚日夕新
聲一何清同調自相索齊心聽此曲隨風雜金石今者
其不樂奄忽死生隔

送野子賤

秋風起白雲飛木葉搖黄落鴻雁鳴南歸客遠去別
愁切驪歌一曲泪滿衣

春望台

高臺向望處滿目渺無涯瑞氣浮金闕春雲映玉花池
連千仞嶽烏集萬年枝佳麗青陽景熙熙入酒卮

寄岡公修

登臨多晩景蕭瑟送西風城樹含晴氣江天落彩虹芙
蓉秋水外鴻雁夕陽中憐尔悲秋色詩篇独自工

東都元日

鳳凰城闕彩雲间咫尺千門春色還上苑花香迎玉帛
御溝柳色映衣冠南山遙送丹霞麗東海高懸旭日寒
王氣巍然九天上萬邦朝會拜龍顔

訪田子亮

鳳凰城[illegible]北柳青青寂寞柴関晝自扃一曲高歌操綠綺
千秋大業妙元經階前芳樹花臨席林下清尊月滿庭
惟有侯芭能載酒春風依舊子雲亭

贈朝鮮成士執

上国詞壇意氣豪藝林應識賦才高憐君異域遙探勝

處處春花映錦袍

答越伯孔見寄

携詩强上異鄉樓賔雁傳書問旅愁李子近來貧轉甚

秋風吹敝黑貂裘

贈彥根相木君

滿園嘉樹映春醪千朶花香撲錦袍麾下良家多少士

何人不仰將星高

秋閨思

深閨獨夜淚痕斑夢裡何時到玉關翡翠簾前秋不斷

空懸明月似刀環

種濟字元氏號箕山人彥根人

和答西川子璉

湖上風寒一敝廬烟波蓑笠老耕漁百年生計長如此

無意玉門泥曳裾

宮明字子亮號金峰大和人

答西川子璉見訪之作

城東避世小渠流陋巷迎人徑路幽白雪侵春傳楚曲

紫氣凌斗識吴鈎彫龍老抱揚雄感去國新隨王粲遊

縱有望鄉心自切武陵花發使君留

松崎惟時字君脩號觀海龜山人

送西川子璉之南都便道省覲

江州鄉里擁湖城寧樂山川舊帝京駐馬定多懷古句

上堂纔慰倚門情

劉維翰字文翼號龍門南紀人

述志酬西川子璉

達士無所累節操殊世倫混俗歎粃糠茂視若埃塵自

抱謂筆老被服義與仁模聖希禮樂游說賤儀秦非遺

殷周世迍邅失要津羞將彫蟲技被称文藝人柔翰亦

何物弄玩殊貴神允氏葉公嗜眄眄謾欲馴好惡從他

論悠悠任屈伸還怪琶湖客逖奥東海濱嘉章如新葩

惠贈鬥芳春詠諷傾尊酒苑中花鳥新傳章縈辱際何

能長吾辛偶得同懷侶寄言謾相親

谷友信字文卿號藍水東都人

寄訊西川子璉

故園春艸近何如錦字花成問倚閭救水舊歡殊不淺

投流應寄竹筒魚

釋海雲北越人

三月三日爲西川子撻〔遙〕祝其太孺人八十壽
戴勝華冠映碧桃君家佳節酌仙醪人間不隔瑶池水
遙仰崑崙壽嶺高

幾〔機〕字樞卿越後人官江都簿書著有柳湾漁唱集
霞亭北條讓序略曰余昔遊北條粗能諳其風土
所謂七奇者奇則奇矣然可駭世俗之視聽未足
動風人之興懷也余特遊新斥之地長川渺瀰注
爲歩澈滙爲㴬嶼隄梁之逶邐蘋藻之洛漾棹歌
欸乃互答乎柳烟水霧之中魚蟹富饒菊多令人
殆作松江甫里之想吾謂風土之美既已如此安
知無有高人逸士若皮陸輩隱於漁釣間者而未
逢其人爲偶於友人案頭〔得〕𨳝柳湾鈙翁詩而誦之
甚愛其清遠淡宕之趣自然聞其人則斯地產也
問其生平則一行作吏今在江都簿書期會之不
暇猶且專思吟咏蕭然自適余擊節曰有是哉風
土之秀果出若人而其性情之所發又何與風土
相類之甚也後得見翁其人猶其詩溫和簡默不
復風塵中人於是乎余益喜竊慕之相得既望之
不愆也爾來二十年翁詩境益老風氣日高今茲
辛巳翁歲六秩其三聓某某等相謀梓其近體百
二十首爲壽余聞氣溫和者壽言簡默者壽翁之
爲人與性情之所發皆足以驗其壽兆則三聓之
斯舉可謂有以也題以漁唱者蓋不忘其本也

偶題
南畠暇日拂塵床哦句啜茶坐夕陽世事飽嘗負有味
機心已息拙何妨江山幽夢家千里風月閑懷詩一囊
隨分自知多適意向人不復說窮忙

送齋藤士訓之丹後
宦遊何用嘆萍蹤只恨君區不易逢老我進趨心已懶
知君跋涉興方濃秋高丹海千重浪月度天橋十里松
暇日吟遊幸相憶八行莫惜寫〔鯉〕封

春日即事
康〔纖〕小雨歇崇朝土潤春園宜下鍫山童隸作霜秋計
矯〔竹〕边籬边種蘭苗

夏日睡起

獨卧繩床睡味長醒來殘日下西墻門前時有賣蟲過
一擔秋聲報晚涼
題鳴門主簿小院有序
主簿年未六十白髮滿髩內子少而有客止夫妻
和諧甚相愛狎
小園花媚鳥聲融鈴索不搖淡淡風箇裡春情誰與得
海棠枝上白頭翁
江芸閣咏崎嶴名妓色藝兼全者作竹枝詞十條
章譯監陳煥章手錄以示余吟諷之間覺麗情
煥
艷態宛然溢於紙表而芸閣流風逸韻亦可想
煥
見也戲作二絕句因煥章寄之博其一粲
曾讀楓江本事詩今傳瓊浦竹枝詞文通情致尤堪想
花月樓頭賦別時芸閣往有別花月樓女妓書袖笑詩
錦箋重疊寫春容品柳評梅意轉濃一朶名花袖中笑
薰肌香氣惱吴儂
晚歸迴文
西林竹寺遠鍾微漠漠秋烟孤鳥飛淒颯晚風携袖滿
溪東步月曳筇歸
男　雒　小海校字

吾妻鏡補卷二十五　一名日本國志
吴江　翁廣平　海琛纂
藝文志書目（中華之書佚於日本校刊者亦列焉）
萬葉集　大長二年
養老令　文武天皇大觀某年
風土記　阿閑天皇和銅五年撰至醍醐天皇延長六年成凡二百十七年
撰律令　元正天皇養老二年
日本記　元正天皇養老の年
太平記　聖武天皇天平の年
續日本記　桓武天皇延歷十六年
古語拾遺　平城天皇大同三年
秘府略　淳和天皇天長八年
令義解　淳和天皇天長十年
日本後紀　仁明天皇承和八年年代擘要又有貞觀五年撰續日本後紀
貞觀格　清和天皇貞觀十二年
類聚國史　宇多天皇寬平四年
三代實錄　醍醐天皇昌泰三年
撰古今　醍醐天皇延喜五年

延喜格式醍醐天皇延長五年六十二卷
後撰集封上天皇天歷五年
續古今龜山院天皇文永二年
續拾遺後宇多天皇建治三年
新後撰後二條院天皇嘉元元年
續千載集後醍醐天皇元應元年
元亨釋書後醍醐天皇元亨二年
續後拾遺後醍醐天皇正中二年
風雅集光明天皇貞和元年
貞和集光明天皇貞和三年
新千載集後光嚴天皇延文四年
新拾遺後光嚴天皇貞治三年
新後拾遺後圓融天皇永德二年
新續古今後花園天皇永亨十年
吾妻鏡五十二卷亦名東鑑無撰人姓氏所紀事當宋孝宗至度宗時明萬歷中其國後陽成天皇慶長十年承兌序之天啟中其國後水尾天皇寬永三年刊成
諸家系圖明正天皇寬永二十年
本朝通鑑靈元天皇寬文十年

七經孟子考文補遺二百六卷中御門天皇享保十一年
謹按欽定四庫全書簡明目錄載舊本題西條掌書記山井鼎撰東都講官物觀補遺蓋日本書也其書成于康熙七年以中國所刊諸本與其國古本參校頗為詳備
合類節用集大全靈元天皇貞享二年錢大昕日記鈔日本國人所刊合類節用大全一本蓋其國訓蒙書後題貞享二年乙丑即明嘉靖四十四年廣平按貞享二年乃康熙二十四年錢誤
重刻古文孝經中御門天皇享保十六年
謹按欽定四庫全書簡明目錄載舊本題漢孔安國撰日本信陽太宰純音出自歙縣鮑氏云得於市舶今以日本所刻七經孟子考文證之彼國亦以是書為僞本好奇者誤信之也今從子夏易傳之例不廢其書庶言古文者有以考其真贋焉
古梅園續墨譜松井元泰著櫻町天皇寬保元年
附錄古梅園編錄書目
名墨新詠二冊　豐山香題詠
まのゝ詠一冊　同誹諧之吟
古梅園墨談二冊
墨囿瓊蕤一冊
東安詩稿一冊　唐人評點
大墨鴻壺集一冊　唐人贈詩

古梅園墨譜 四冊 詳藝文

何晏論語集解

國

按錢遵王讀書敏求記云此書乃遼海蕭道公諱應宮監軍朝鮮時所得以重價購之筆畫奇古如六朝初唐人隸書碑版居然東國舊鈔行間所注字中華罕有識者詢為書庫中奇本末兩行云堺浦道祐居士重新命工鏤梓正平甲辰五月吉謹識未知正平朝鮮何時年號余考日本年號箋此是日本割據南朝年號其紀甲辰是正平十九國年當日本後光嚴天皇貞治三年中國元順宗至正廿四年也蓋此書朝鮮得自日本日本吾妻鏡年號至南宋至止鍾廣漢紀元考僅紀日本之鄉不附載南朝之鄉年鄉善載之具詳而出於嘉慶年間遵王不及見也故以為朝鮮本也夫海外之書槧本寫本所見亦有數十種雖格式各國不同差行間有注字則日本所獨也朱竹垞跋吾妻鏡所謂注倭訓於旁譯之不易是也此書今為蘇州主事黃丕烈所得旋歸常熟張月霄月霄刻藏書目錄即以此跋附焉

皇侃論語義疏 桃園天皇寬延三年

謹按欽定四庫全書簡明目錄載論語義疏十卷魏何晏等注梁皇侃疏自南宋後其書久佚此本得於東洋市舶猶唐以來相傳舊笈經文注文多與今本不同雖短長互見頗足以資考證侃疏即邢疏之藍本然猶存古義實勝邢疏

校刊羣書治要 現在天皇天明七年

全唐詩逸 三卷 上毛河世寧纂 現在天皇天明八年

重刊鄭注孝經 現在天皇寬政六年

呵

佚存叢書 天瀑山人輯 現在天皇寬政十一年 著述姓氏詳文類

嘉定錢同人重刊本序曰此本與經典釋文孝經正義所述鄭注大半皆合初疑彼國稍知經學者抄撮而成繼細讀之知孝治章以昔訓古見公羊傳疏聘問天子無恙諸語見太平御覽聖治章上帝者天之別名見續漢書祭祀志注南齊書禮志俱釋文正義所未引而此本秩然具載恐非依偽者所能出也新川挺之後跋稱鄭注羣書治要所載攷羣書治要五十卷唐魏鄭公撰其書久佚僅見日本天明七年刻本前列表文亦有挺之題脩則此書即其校勘時所錄而單行者宋史載脩然浮海而至獻鄭注孝經刻于京口學宮南宋初猶有板本自是以後著錄家無道及者蓋當時漢學已廢雖得鄭注不加賢貴尋復佚脩然散獻書至今且八百六十年沉論秘笈一旦發其光于鯨波鮫室之中苟非神物之呵護有靈而能至是乎若挻之者其亦深足嘉矣

第一帙　古文孝經孔傳　五行大義

臣軌　樂書要錄

兩京新記　李嶠雜咏

第二帙　文館詞林　感興詩注

泰軒易傳　左氏蒙求

第三帙　唐才子傳　難經集注

第四帙　古本蒙求　玉堂類稿

第五帙　周易新講義

南遊棝載錄 熊阪秀輯 現在天皇享和元年

戊亥遊囊同上

附録台州先生正心塾著述書目十五種

校正西遊紀行二冊與下四種俱東都崇文堂版

西遊紀行別録五冊

校正永慕編一冊

東奥名區信達歌二冊

白雲館文罫一冊

含錫紀事一冊東都青藜閣刊行

白雲館詩式一冊與下三種俱名護屋風月堂刊行

白雲館詩眼一冊

律詩天眼一冊

文章緒論一冊

永慕後編二冊與下三種俱熊版盤谷先生輯俱嗣出

西遊別録考證二冊

游相志一冊

遊相吟稿二冊

青葱編一冊岡部約輔輯嗣出

蓬蒿詩集西川湖著現在天皇文化八年

年號箋現在天皇享和二年

以上諸書俱有歲月可考其無歲月者列於後

古事記

皇仁正統記

宏仁式

秘府略

玉葉集

萬葉集

日本後記

續日本後記

本朝通記

類聚國史

前太平記

後太平記

東國太平記

西國太平記

北國太平記

甲陽軍鑑

織田軍記
土佐軍記
保元平
盛衰記
北條九代記
北條五代記
武田三代記
大閤記
島原記
信長記
右二十六種見和漢年代擊要
文鏡祕府論釋空海撰
日本詩紀五十卷上毛河世寧纂
日本高僧傳
日本受領之事一卷錢曾讀書敏求記受領者受敕天朝之賜予也字形奇詭是彼國人所書裝潢紙墨咸與中華異而實精于中華行間復以日本字注其旁不可辨識亦書案間一奇物也
奧州志
辨名上下二卷物茂卿撰

袖珍版無撰述人名氏其世系與他書同繪圖甚精妙所紀風俗土產甚略其人物畧見一二
日本小志鮑廷博所藏其地里繪圖甚精細以紅綠套板印色
仙臺國記寫本僅十餘葉其世系亦與他書同畧國王稱天皇此則稱帝其餘畧載官制又引奧州志記徐福事并咏徐福詩與雜詩數首
論語徵物茂卿撰
上池祕錄西川翊撰

男　雄　小海校字

吾妻鏡補卷二十六 一名日本國志

吳江　應震年　海琛纂

國書本日本夷譯語四十八字

凡聲之近似者不論平上去入皆通用如衣倚意係已延曳憶噫懷噎之類皆從以字推之餘傚此每字約有二三體

以　同上

六　發　泥

呵　非　他

知　永　奴

魯　呼　歪　素

加稽　學　大難

里　蘇　之　你

奶　喇　蠟　媽　木

何　俞移　那　可

妥　枯　呼　下　也

磨麥　其　夫

柯　的　阿挨　馬

殺　赵　由　得

女　米客　西

越　母撲　會

思　斯　京　上

國書本海外奇談

福　木　禿　禿　可

于　何　兵　尼　失　鐵

法　義　遲　華　懷

翁　霞　他　力　宜　乃

ま麻も莫へ挐也夜け乞あ下
き豈ゆ欲ゑ爺[illegible]貴[illegible]天ス寸
お士り利ル而ラ屋ノ得カ掐
ヨ下レ勒ワ粟ツ此子湼十柰
ろ喇ム撲山禾井伊卩阿サ殺
戈氣タ滅ヱ亦し希エ咲[illegible]侠
ユ右

吴雍小海校字

吾妻鏡補卷二十七 一名日本国志

吳江　翁廣平　海琛纂

國語解 本海外奇談一

天文時令類

天[illegible]天道
晴夫几要加
日烏非倭子山馬
日晒忽迷
日食業对古
月姿基
月食括对古
星必四山馬
風措時
雲孔木瑣婆儒日
霜失本
露姿由
雷措米那立
電衣那司馬
雨措迷夫羅
雪又其
甲豈拿一
乙豈拿多
丙吁拿一
丁吁拿多
戊子豈拿一
己子豈拿多
庚措拿一
辛措拿多
壬覓子拿一
癸覓子拿多
子田士米
丑何四
寅拖諫
卯士迷迷
辰太子
巳何諫
午姆母
未芈其
申要而
酉拖里
戌應納
亥安尚婆達
東非夾施
西覓那迷
南宜施
北乞措

春 花羅　夏 吶子　秋 倭其
冬 夫兮　元旦 瓌日子　元宵 健東
清明 失古　端午 湯俄　七夕 式之式几
中秋 梅及子　重陽 可日子　舊年 巧年
今年 可年　明年 妙年　正月 小刮子
二月 二刮子　三月 三迷刮子　四月 霞刮子
五月 一茲刮子　六月 馬刮子　七月 式之刮子 奴娜刮子
八月 雅刮子 豁出刮子　九月 可可娜刮子　十月 拖刮子
十一月 寿一刮子　十二月 寿二刮子　閏年 烏六子年
閏月 烏六手几　月大 哭奴之几 少　出月 哦式之几
初[illegible] 次以甲子 之打之　初二 佛子甲　初三 米甲
初四 霞甲　初五 一茲甲　初六 馬甲
初七 奴吶甲　初八 雅甲　初九 可可娜甲
初十 妥甲　[illegible]十 化之甲　三十 覓妥甲
前日 要吉古子　昨日 吁那縈別　今日 可日子
明日 妙日子　後日 描過日子　今日好日 可個日子 喔作
今日不好 可喔娃作　昨夜 前夜　早起 吉撒
朝 烏卯　晝 受朋　日中 非六

措

天晚 非谷里馬式 搭　今晚 空番　島 失馬
地里類　山 稚馬　河 搭亜
地 洛雪搭　川 搭空　潮滿 失活撩迷一
石 衣式　冰 挨来里　町 馬之
水 迷士　田 搭　橋 豁失
潮退 失活撩非搭　路 覓止
街 托拔　長崎 南加沙几
屋 希雅

身體類

人 倪　頭 阿毛達　癩痢頭 蟹其
剃頭 搭密蘇羅　髮 搭面　面 面面
麻臉 面面面破羅　會面 面貌子　眉毛 眉其
眼睛 [illegible]米　耳 米米　聾子 存朋
瞎 密瞽辣　鼻 哈乃　口 [illegible]可子
牙 豁施　舌 色當　喉 奴獨
鬚 鬍其　頸 可皮　身 五底
身體 哦及　洗浴 田滑皮　癬 吳蝶
手 帖　搓子 [illegible]帖司六　拍手 帖烏篤

捺
没

招手 麥業古
指 衣皮
爪 子米
背[illegible]式 那甲
擦 式那甲司六
心 可可落
用心 又神
費心 屋式娃
小心 司可頽可奴福
無心人 多夫几里那非
沒良心 徒學弋捺
胸 木你
乳 之之
肚 花拉
肝 哈拉它搭
胆大 代丹 溪嵩勿多一
胆小 溪嵩何所一
腰 蔺安
伸腰 奴薄
卵 馬蘭
卵袋 今搭姍
[illegible] 子皮
屌 婆婆
小屌 迷迷受
[illegible]失里
大腿 木木奴婆拉
膝 腳闌
小腿 婆多霄你
腳 挨膝
伸腳 下式奴薄
皮 膚非夫受
毛 結
肉 呼之
筋 四池
血 燃之
氣 一居
動氣 氣花拉客枯深
力大 代力氣
出力 式達酥
費力 升徒那
淚 那苦
滞法 那一六
哭 那谷
笑 挨拉五
饞噹 嗺白其
痰 淡
大便 大便一過
小便 小便一過
屁 非夫羅
[illegible]汗 阿式
汗出 阿式哭羅
形 客搭執
影 多客又
美貌 也米米

醜貌 業衣業谷
標緻 木也子
清秀 鳥氣力貝那客
癡蠢 覔昔多
風流 達榜撒
醜陋 米吾司六
胖 谷一搭
壯 阿魁 阿丕答
瘦 亞也式瘦答
老 老擠 鳥司學里
後生 滑年 蓋紀
性命 一拿覓

人物類

男 倭多古
女 倭難古
君子 祿式
小人 沙人
善人 搖介倪
惡人 阿盤倪
獃子 阿火
無情人 那撒几那 衣
浮頭 施約古太衣那
聰明 由豁之
伶俐 立可榇
誠實 日之那
刻薄 拖約古納
忠直 麦司古那
忠厚 非也多
正經 搭搭司一非
大量 哭哭奴福的
家主 談談動
堂客 鳥搭
長輩 挨捺搭
平輩 紅毛滛
祖 直壽山
祖母 排排山
父 歟歟山
令尊 屋也治山馬
母 搭搭山
乾娘 約式那客
伯叔 文聚山
夫 丁頂山
新郎 花那木古 同
妻 鳥甲山
新娘 花那有米戠
妾 賠客
兄 白布山
嫂 有名異
弟 鳥多多
姊 [illegible]寧山
妹 梅
姊妹夫 挨宜木古

兒 木士哥
壻 木叉同
丈人 丈母 首陀受
媒人 斂撿台戎
小厕 沙婆羅
皇帝 欽立山馬
醫生 一謔同
尼姑 比丘尼
婊子 太有受六施

女 木士米
孫 有迷受
舅 娘舅山
夥計 那加馬
使女 哭式木獨
做官的 代一妙
和尚 蓬山
烏龜 孔茲華洞
好婊 式馬拔拉 哦受

乾兒 約式及戈
外孫 麻姑受
客人 却笑人
幇閒 太衣古馬積
戲小旦 華盖施
讀書 揩谷蒙司 非多
道士[illegible] 揩細司
老鴇 雅林丁
婊子使 揩婆羅

乞丐 下毛婆式同
大頭目 壽了見式公山
高木公 撒戈夜門
通事 知自
捜子 發戈利
財副 才副山 客山子几
舵工 代工山
小工厕 晒婆羅同
我 娃搭古施

賊 奥四多
小頭目 屋戈迷失
街官 烏多那
夫頭 非玉夷失拉 希遐夷施
唐人 拖人
總管 沙代 總管山
管公厕 揩其山
尊駕 馬斯
你 紅毛淫

王家 首麻山
年行司 年求
街財副 可宜爽失
守書 吸雅拉子几
船主 仙都山
夥長[illegible] 火焦山
總捕 花焦山
別人 別志人
地 挨拿勿多

禽獸蟲魚類

鳥 秃力
鶴 子羅
鵝 額
龍 太子
魚翅 非力
小魚 由滑施
鯽魚 稿那
帶魚 搭子由河

蛋 太麦古
雁 俺
鴨 挨非羅
魚 游河
魚膠 莪皮
鮮魚 薄之奴由河
金鯽魚 金翅
甲魚 茄迷

鳳 付翁
鷹 秃皮
雞 妥里
魚 烘尼
魚子 默負拉四負
[illegible]魚 空婆由河
銀魚 杏翅
庖魚 挨河皮

憂子魚 憂子河
鍋盖魚 燕皮田河
蝦 一別
蟹 茄負其
溪鰻 烏搭其
海蜇 可拉其
海鰦 月酥
象 俗
馬 吔馬

比目魚 客利由河
馬交魚 準河拉式田
小蝦 司一別
鱉 茄覓
小蛤 单加麦施
海參 一力古
虎 吐拉
象牙 俗反
狐狸 去去你

金線魚 一篤都李
鯀魚 乾司助未
龍蝦 一別茄尼
海鰻 烏乃其
大花蛤 法蓼哦里
活海參 抱白拉古
獅 式式
鹿 害奴司司
猪 以几毋搭

肉 蒲達
羊 雅儿
猫 蟻戈
犬 円戈
鼠 尼去木 田土米
牛角 受揩戈
犀角 臼子收奴
皮 揩華
雌 覓
雄 沢

花木類

花 花納
蕊 子箔皮
心 花納奴心
蒂 澗
葉 法
梗 一達
枝 額手
[illegible]根 葉
蘭 即奴
菊 吉吉奴
梅 吐梅
桃 木木
桂 木古式
牡丹 箔丹奴
山茶 之拔其
海棠 收該多
杜鵑 沙母之其
石榴 着六戈
芍藥 刹叉納戈
櫻桃 刹古拉
芙蓉 付五
梔子 闊子那式
雞冠 吉手多石
山丹 非又力
荷花 谿式即花納
茉梨 古戈利吉
棣棠 下馬
薔薇 東皮
玉簪 闕
鳳仙 之麦你
水仙 亞沃子
罌粟 吉式
百合 又吉花納奴
洛陽 大者言之古
紫藤 什加奴
綉球 帖馬
瑞香 林竹
錦葵 哭阿沃
六月雪 幔点式

粹

剪春羅 吝迭式古
剪秋羅 掩皮
秋海棠 收該多
虞美人 別人迷
菓子 封司
梨 乃式
柿 揩其
橘 蜜甘
桃子 木木司其
百合 又里
草 可刺
菖蒲 式蒲
芭蕉 百雀一
美人蕉 該右拔
木 几古
紫檀 式檀一
烏木 酥薄古
蘇木 酥馬
竹 太吉
竹管 可搭几
笋 太吉奴言

食物類

菜 菜芥辣
青菜 那介辣
紫菜 阿麦那里

苗。

紅菜 托辣堪
莧 非那
芹 失里
韭 尼拉
蒜 牛河
葱 勿多馬六
薑 速苑
蘿蔔 代工
芋艿 應木
茄子 那子
米 可米
糯米 太子可米
飯 吐米食
吃米 西
粥 開
麵 天奴那一河
乾麵 夢其式
切麵 吉立夢其
粽子 子麦其
糕 拖木子
糕餅 快施
饅頭 饅首
小菜 阿它
送菜 菜芥辣勝受
羊眼豆 快水麻迷
大蒜 四角
砂仁 式古沙

芥辣 芥辣式
醬 米酥
糖 沙糖
酒糟 餚几奴乃乃
茶葉 査心
葯 苦式立
雄黄 烏翁
甜 亞梅
辣 揩米

油 挨蒲拉
醬 酥油
冰糖 古力雜多
醋 汝
湯 由
茯苓 薄古流
硃砂 性相
酸 思以
鹹 式鮮揩米

麻油 可麻挨蒲拉
鹽 昔和
酒 餚几
茶 査
烟 太白戈
石羔 式戈
味 亞治外
苦 尼哀子
澀 式戊

男維 小海校字

様

吾妻鏡補卷二十八一名日本國志

吳江　翁廣平　海琛纂

國語解二

衣服類

帽子巾 僕式
綫衣 其掌
腰帶 烏皮
被 幅通
袱 非拉一搭

領 以里
外套 花吳力
褲 花夾馬
褥 玉其
包袱 雇拉失几[illegible]

衣 起豆馬
帶 色几馬華水
鞋 千屋踏
帳 揩牙
花綾 木吉綾子

羅 六
綿紗 即多餘
小綿紗 可則豆餘
彩綢 色司
夏布 奴奴
絲 雪豆一多
色線 一六二多
細花 可拔奴那
青 哈耶

素緞 木聊
大綿紗 烏則立餘
綿綢 知母其
褐子 法子
線 一多
好花様 遙介花奴
鑲邊 米米夾搭
紅綿紗 非則立餘
黄 和工

紗 剌
中綿紗 周則立餘
大花緞 約烏拔皮剌
布 木棉
氈毯 麻先
色 一六
大花 烏拔那
縷 印土几哇
紅 亞該

白雪白
綠[illegible]遥奇
魚白下利其
栗色哭力
松花色賀蘭茶

黑哭六枱
紫木蘭節几
茶葉色查亦綠
粉紅部見
真大紅木米

藍法那
月白米土
醬色客拔
庫灰原土米

房屋類
房屋希雅
門妥
對門木楷衣

楼冝間
後門鳥閑夢
隔壁吐及衣

閣用延戈
紙窓(舍是)小字
會館手那枯節几怏

染坊速由
公堂上去子字非雅一過
庫可拉木托
轎房鍛谷

寺推拉
街官房倭司納別雅
開庫可拉阿九

唐人公館委人押式誤寿前詩
街官房去鳥拖羅
貨庫新地

船中器用類
船夫尼
上船夫尼奴[illegible]收
小駁船冝希戈几夾
篷福

修船夫尼修理
下船失班
艙戈鳥里
舵客是

放船失納五言
過船平過子
桅法司拉
椗以揩宜

起椗以揩冝鳥起
纜之納
旗花搭
金片一枝梅
大秤金條
斗五司馬
尺長谿戈難盖
對賬查一求
名冊吶爵

椗仼以揩冝之捺索之納
櫓六
鎮𨂻碎一枝梅
小秤尺吉里
升土麦司
算盤酥羅盤
合賬丞子分達
錢傳
報港冊爵趺多[illegible]可六

搖櫓六鳥速
餘利科義
戥子谿夭里
稱秤揩丘
尺木奴撒式
賬照面
貨冊式六木奴
紙揩窖

奏本紙多式
硯四事禮
做詩世之歌六
飯盂米西子其
茶壺查代司
大碗東木里
銅壺葯賞
烟𥳑袋薄古六
火希非

墨足窖
水池迷土一方
書筆諧數兄
酒杯朔古
茶盤查朋
盖碗勿搭茶碗
筋谿施
烟包太白戈一力
點火非徒婆婆

筆數兄
書闌麻子
湖筆司受數兄
酒壺師几𪠳
茶托查台
漆碗戈[illegible]吉
烟袋哀施利
烟盤司盤
烘火非雅拉六

火盆非法施
火罩五可獨
火箸非法肆
桌几
火炭士蜜
簪揩米撒式
杌椋可●詩
理梳具平哦里
鏡揩揩迷
粉(式吉)烏
剔牙簽芝麻下土
鐲黄蝶揩厄
戒指由皮揩宜
手巾天麻匱
扇華其
團扇呉遮華
唐扇多華其
荷包金老戈
鈕扣木那獨米
針花而其
小刀可揩差揩
腰刀可式奴嵩
床秀古
東苗薄古
櫈椅麗古
衣架由可
箱豁古
桶湯王
大桶烏吉
小桶招羅
水盆法之
浴盆搭搭子 浴板標盆
盤麗
方盆沃式廠
盒同戈子
斧學几
釘●空其
鎖修
燭六速戈
剪燭糕心起力
燭签速吉台
手照帖速古
燈茶心
燈籠照面
香義古一
芸香別古云
夙香香俗子
丁香竹仁
麝香着谷
安息香安俗戈
香爐非一力
花瓶花那伊古
棋戈一同
着象棋馬其利司

琴可托
胡琴可几
弦勺迷先
笛付葉
鑼獨拉
鼓太谷
自鳴鐘堯山
針盤法力盤
千里鏡吐美客宜
傘揩傘
掃帚了其
債●宜木子
起貨義惡戈
出貨宜宅揩施
秤貨宜木子揩卯
裝貨阿子卯義木
細貨式六木奴
粗貨阿拉木奴
包頭孝木奴
裝色頭子漂門迷揉
金可板
銀揩宜
銅河該揩宜
裝銅覓挨揩揩宜子
鐵哭六夷揩宜
錫四事
鉛那馬里
漆烏司六
水銀民士揩
冰片流奴
綵磬大吉片
明礬苗片
黃蠟去六
磁器以馬力木奴

數目類

數目鉛收
一勿多子
二勿打子
三米子
四霞子
五一茲子
六目子
七那捺子
八雅子
九可可脳子
十安
十一壽一枝枝
十二壽二
百誰戈
千先

萬滿　一錢一之馬迷　一兩壽馬迷
十兩諳馬迷　百兩一貫目　千兩壽貫目
萬兩諳貫目

人事類

王取烏禿禿那吏　丢票福一柳巻　諸價業古盞
除色付達非古　忻情酥枝　折本笑手
喜歡霞六戈蒲　快暢去皮奴要奕　快活哭哭六郁衣
怒衣詞甲　厭羊街馬施　可惡羞義文約子
可憐挨哇力那　可惜烏思負蠲　愛惜負酥街
怕烏篤落思　怕羞木獨法宜手　怕癢六可酥枝一乞
怕痛司一得夾里馬　怕冷殺木殺及几　高興一殺麻馬思
不高興先一殺麻馬　活手乞搭　痛一搭甲
疲倦一搭剔力搭　辛苦申花手　醉有拉
吃迷息　睡鈕　同睡勿多子宜搭
正好睡木扭　瞌睡米尾蒲羅由米　起來烏郎
靠搭搭羅　杌坐可式搭几　低坐矣徒羅
站趆搭施　立搭多　出迭拉
入一六　來三一木施　去一過

聽乞枯　唱烏搭　叫遐步
教烏酥有　搖擺又六司　取笑阿里谷多
說話亜那酥　假話式拉谷多　鬼話油酥滑施
叫下人可拉　商議沙淡手　替代妙代
罵茄羅　罵人不殺火一可厭子　相罵可美
囉嗦亞羅麦　戲謔法拉古里　寫搭可
抄殺古六　栖搭郎　量料見
點烏木力搭　笑三扭手　除非古
我蒲力　扯之非六戈　增麥酥
添迷由　總結式負　共計說麦的
揀出一六法達　分開宅吉殺殺里　抽分謙成
做之吉六安排手　縫阿反搭　糊露六
磨痛古　修速古烏　補搭式
洗亜拉馬　洗浴由滑皮　刮洗負搭戈
熚洗搭迭馬思六　揩抹朧乜戈　掃化化戈
撈麦古　色姿子木　捆苦皮羅
先裝殺几子木　後裝阿多宜子木　裝進一酒
倒出達酥　札繫乞了料　掛他那

閑息戈　閑阿乂　摸殺思六
捏素子木　搔客可　挖殺思可木
推姿古　敲搭搭戈　打雅麻子
抛一淊　樓抱衣達衣媽媽 哭思衣　才剎几
拏木的　拏拖羅　搶哭剎古拖羅
買捎和　不賣和即馬扇　賣和羅
還木獨酥　偷拖帖　落福落
受申受　不受申受以覧　交付它達酥
相帮貴已式　寄音之几　托搨葛
效勞揩先　照管覓之石六哇 殺你　作弄納步衣
頑耍阿酥蒲　遙浪阿里已　記念哭哭六宜揩 揩耳
相好年料羅　動翁戈得　靜身子夫宜
娶的之麦六　散赤搭　觧那羅
不能那藍　輸馬去搭　贏指那
熱鬧和木式里　冷靜節皮里　殺手
常砰砰　是玉水搭里 節遙　不是噗
公欠步　私客古酥　非補介馬式搭
邪郁古式馬　均平標施　糊塗招之木宜

差錯祭街河　不差祭街河那介在行乞士
明白捉之阿一石

俗語類

一色的非多一六　兩漾的句搭一六　不來空甲
那里來徒几山一 木施　回去摸徒羅　再過去麦搭一戈
別處去別子一過　你往那里去戈獨以一　不做聲大麦多里
不理抗木拒　不理他木鳥里鳥里宜搭抗　不理我鳥里宜抗木户捺
裝得重天宜阿思六　裝不得了姿那蘭　堆起來姿木
放好了烏谷　賣沃羅馬叔　賣我沃六馬思
借他的客六　借與人客酥　還了我里木獨殺殺
送你聖壽麦妝　奉送聖壽馬里　得罪山衣不遮哇笛戈
待慢不招呼　恭喜客的多　多謝甲搭庶吉奴
久仰甲子馬失搭　久違殺手白葛　暫別一殺多
認得覓失里馬失搭　我記得烏蒲一馬失搭　不要忘了歪思柳意藍
忘記了歪思柳　知道甲点　不知甲的那街
要東西歡喜　不要意懶　不用意藍奴多古
要緊歪由　忙得緊一字揩式　偶然搭麦
有趣志失里　無趣格和木式力那　公道阿力的馬思

不公道 烏却乇
周到 胡失周
不周到 不周胡
豈有此理 交泒孑
這邊 哭戈哭之
這里 哭里
那邊 挨之
那里 挨里
那一個 代而拉
那道理 那揩搭几
爲甚么 那式
甚么東西 可（宜）力那
不敢當 可里哇
快須 豁由
慢須 慢達 酥六
隨便 徒難多
已過 遂談
當真 欠步
了不得 他馬拉
散了 殺郎洪
請了 義戈甲里
完了 勢馬河
是了 一夷冝木
罷了 木要夷

通用類

上 河一
下 式搭
前 麦一
後 恕執河弍六
左 非搭
右 米其
前面 倭木的
後面 倭拉
中 河周
中間 士那夷
四角 四米
裡 [illegible]拉
外 忽夷
蓋 福搭
底 窑
層 一之淡
格 一之間
圈 空
有 挨羅
無 那格
多 搨山 多烏夷 一見古
少 擠多 施戈那格
重 翁婆夷
輕 揩拉夭
大 福的
小 擠碎 可
長 那千

短 米十夷
粗 阿米
細 科買
濶 非里
狭 失僖
厚 河子衣
薄 河四加
稀 思一格
窄 子麦搭
軟 那衣搭
硬 昔戈搭
乾 客拉皮搭
濕 奴力奴 奴乃奴
燥 非搭
潤 式多搭
濃 可以
淡 河西
深 （滑）蓋
淺 亞思 止多
真 索人
假 義失
鬆 又六速
緊 失麦搭
亮 阿夷力 都阿九
暗 哭力
熱 押擠 搨山押擠
冷 篩皮

遠 拖格
近 即格
浮 沃吉婆
沉 式士木
吉 乞式木
凹 阿式
新 挨搭拉式
舊 福力
貴 搨該
賤 夜酥
橫豎 搭周
半 立蓬
全 明南
正 麦殺式
斜 客搭木式
高 挨夷
低 希夷
矮 希加
彎 麦格六以額
直 麦司古那
凸 麦格搭
方 覓搭那
圓 麦里
扁 非力千
尖 通格搭
清 寄由
穿 邱

破約蒲力搭
臭哭聰
滿一杯阿六
不好娃里
有餘阿馬冝
如今以殘
過後哭拉那擠
連士一搭
碎鳥之壞六
斷鳥里馬失搭
剩付一多失搭
潔淨乞力奴
不足搭浪
將來慢達
先殺吉
赴郁里夹搭
爛可殺搭
亂負搭捓
好搖介
齷齪乞殺乃
希罕迷士辣式
少頃速六速六
又麦搭
末四一

國語解本日本纂參海防類考

州名島名類

山城羊馬失羅
太和野馬多
河内茄懷知
和泉囷孛米
攝津子弩囷你
三河迷茄懷
大隅阿思米
淡路山奴計
駿河
筑前職骨前
筑後職骨骨
豐前孛前
豐後逢哥
肥前非前
遠江
薩摩撒子馬
阿波挨懷齊
諸者
肥後非谷
伊賀衣加
伊勢衣舍
尾張倭阿里
日向兄加
紀伊乞奴若藝
上總茄迷倭撒
下總什麼倭撒
志摩

伊豆因慈
甲裴慨怡若藝
相摩
武藏木撒署
安房阿窕
越前曰智前
越中曰畫
越後曰清谷
攝摩法里馬
長門奴茄多
加賀坑茄
能登奴孕
佐渡沙度
近江多島米
五島我什麼
宮島迷挨什麼
小島科什麼
連島卒賴什麼
伊豫伊右
土佐拖撒
山口即周防羊馬窟諸
美作迷馬撒家
備前避然
美濃米敦
飛彈非大智
信濃申阿儂
上野康子計
下野什麼子計
陸奧話妝
出羽迷外
丹波丹白
丹後丹哥
男島賀什麼
女島
種島他尼什麼
博多花哈喀
常陸
若佐壞家柵
安藝阿計
備中避畫
備後避臥
但馬噠什麼
因幡奚奴白
伯耆花計
出雲因字木
石見
隱岐和計
伊岐尤計
對馬島則什麼
多藝
竹島他計什麼
三島察什麼
佐加関
平戶

長崎町名 本東洋客遊略

大村町旺翁艳波喇馬市 内中町擪之那加馬市
船津町逢納諸馬市只 鴻源町失馬色喇馬市
江戶町移多馬市 小川町科股呱馬市
新町新馬市 浦五島町武喇五島馬市
東築町興加示子其馬市 西築町送示子其馬市
本下町木獨失達馬市 今下町意馬失搭馬市
豐後町杤高馬市 平戶町許談徒馬市
金町意馬馬市 外浦町忽加武喇馬市
桃島町股拔成抹馬市 櫻町毅孫喇招馬市
本博多町市木獨百家打馬 引地町斋其任馬市
新興若町新柯前馬市 後興若町高失勞柯馬市
本興善町豐柯前馬市 本五島町豐五島馬市
金屋町坎那耶馬市 堀町狐狸馬市

右内二十六條街

東濱之町市興加示花猫馬 西濱之町市送示花猫那馬
東古川町呱興加示胡盧股 西古川町市送示胡盧呱馬
東上町興加示島哇馬市 西上町送示島哇馬市

東中町興加示那加馬市 西中町送示那加馬市
中紺屋町那加昆耶馬市 本紺屋町[illegible]馬市木獨昆耶
今紺屋町意馬昆耶馬市 本古川町木獨胡盧呱馬市
今石灰町市意馬股子耶馬 本石灰町木獨失帰馬市
新石灰町新失帰馬市 櫻津町移馬金然馬市
今鍜治屋町馬市意馬股之耶 鐵治屋町帝其股之耶馬市
本龍町木獨坑柯馬市 船大工町乎尼帝扛馬市
本大工町木獨帝扛馬市 出來大工町帝其帝扛馬市
新新大工町新帝扛馬市 舵工町帝扛馬市
酒屋町沙甚移馬市 銀屋町金移馬市
桶屋町倭其耶馬市 油屋町安艳喇馬市
萬屋町移乍諸耶馬市 磨屋町通其移馬市
本治屋町市木獨股痴耶馬 大黑町大哭津馬市
諏訪町思安州馬市 新橋町新法示馬市
今博多町市意馬多百家馬 材木町材木工馬市
出島町帝城麻馬市 惠美酒町烟披詞馬市
袋町佛孤盧馬市

右外三十九條街

金魚町意馬遊河馬市　爐糟町爐股思馬市
衣褧町衣示馬市　八百屋町押倭耶馬市
大井手町倭其蹄馬市　本紙屋町木獨股眉耶馬市
麹屋町柯子耶馬市　勝山町哈之野馬市
今籠町意馬坑柯馬市　八幡町押派打馬市
南馬町眉耶眉休馬市　北馬町起打丕馬市
上築後町市坎眉耶工柯馬　下築後町温毛耶工柯馬市
右町胡盧馬市

右鄉下十五條街

奇合町新州馬市　附町三州馬市
九山町麻里野山馬市　串片町股達皮剌馬市

男　雒　小海校字

吾妻鏡補卷二十九　一名日本国志

吳江　翁廣平　海琛纂

兵事

平秀吉者薩摩州人之奴以販魚醉臥樹下適值關白出織關白倭爵之最顯者也時山城州渠信長為此職執而詰之秀吉雄健蹻捷有口辨信長悅之令牧馬後漸用事為信長畫策奪并二十餘州遂攝津鎮守大將有參謀阿奇木支得罪信長命秀吉統兵討之俄信長為其下明智所弒秀吉方攻滅阿奇木支聞變與部將行長等乘勝還兵誅之威名益震尋廢信長三子僭稱関白盡有其衆時為萬歷十四年於是益治兵征服六十六州設二関東曰相板西曰赤門各有船數千艘又以威脅琉球呂宋暹羅佛郎機諸国皆使奉貢乃廢◎倭王山城君改国王所居山城為大閤自稱大閤王廣築城郭建宮殿其樓閣有至九層者裝黃金下隔語房百餘間寘美女珍寶其中宮東西遊臥令人不知其用法嚴軍行有進無退違者雖子壻必誅以故所向無敵乃改元文祿後復僭稱帝並欲侵中国滅朝鮮而有之

慮　虐　弛

召問故時汪直遺黨知唐人畏倭如虎氣益驕益大治甲兵繕舟艦與其下謀入中国用朝鮮人為導慮琉球洩其情使毋入貢同安人陳申者商於琉球懼其為中国害也與琉球長史鄭迵謀因進貢請封之使具以其情來告又旋故鄉陳其事於巡撫趙參魯參魯以聞下兵部移咨朝鮮王王但深辨嚮導之誣亦不自知其謀已也初秀吉廣徵諸鎮兵儲三歲糧欲自將以犯中国會其子死旁無兄弟前奪豐後島主妻為妾慮其為患而諸鎮怨秀吉之虐已也咸曰此舉非侵大唐乃襲我耳各懷異志由是秀吉不敢親行十九年十一月朝鮮国王李昖奏倭酋関白平秀吉聲言明年來犯詔兵部申飭海防朝鮮與日本對馬島相望時有倭吏往來互市二十年五月秀吉分遣其將清正行長義智僧元蘇宗逸等將舟師數百艘由對馬島渡海陷朝鮮之釜山鎮乘勝長驅以五月渡臨津掠開城分陷豐德諸郡時朝鮮承平日久兵不習戰昖又湎酒弛備猝島夷作難望風皆潰清正等遂逼王京昖棄王城令次子琿攝国事奔平壤已復奔義州遣使絡繹告急倭遂入王京毀

墳墓刼王子王妃剽府庫放兵淫掠追奔至平壤七月昖出避愛州遊擊史儒等率師至平壤戰死總兵祖承訓赴援與倭戰於平壤外大敗承訓僅以身免八月中朝以兵部侍郎宋應昌為經略都督李如松為提督統兵討之時倭入豐德諸郡兵部尚書石星計無所出募能說倭者偵之於是嘉興沈維敬應募維敬者市中無賴也是時秀吉次對馬島分其將行長等守要害為聲援維敬至平壤執禮甚卑行長紿曰天朝幸按兵不動我不久當還以大同江為界平壤以西盡屬朝鮮耳惟敬以聞廷議倭詐未可信乃趣應昌等進兵而石星頗惑於維敬乃題署遊擊赴軍前且請金行間送之如松麾下明年正月如松督諸將進戰大捷於平壤行長渡大同江遁還龍山所失黃海平安京畿江源四道並復清正等亦遁還王京如松既勝輕騎趣碧蹄館敗而退師駐開城初如松誓師欲斬維敬以參軍李應試言而止至是敗氣縮而應昌急圖成功倭亦乏食有歸志因而封貢之議起應昌得倭報維敬書乃令遊擊周宏謨同維敬往諭倭獻王京返王子如約縱歸倭果於四月

棄王城道時漢江以南千有餘里朝鮮故土復定兵部
言宜令王還國居守我各鎮兵久疲海外以次撤歸為
便詔可應昌疏稱釜山雖瀕南海猶朝鮮境有如倭覬
我罷兵突入再犯朝鮮不支前功盡棄今撥兵協守為
第一策即議撤宜少需俟倭盡歸量留防戍部議留江
浙兵五千分屯要害仍諭眡蒐練軍實毋恃外援已而
沈惟敬歸自釜山同倭使來請款而倭遂犯咸安晋州
逼全羅駸復漢江以南以王京漢江為界如松計金羅
饒沃南原府尤其咽喉乃命李平胡查大受鎮南原祖

全

承訓李寧移南陽劉綎移陝州已倭果分犯官兵並有
斬獲兵科給事中張輔之謂倭聚釜山原佯退誘我撤
兵圖漸遲無故請貢非人情今猝犯晋州情形已露宜
節制征剿遼東都御史趙燿亦報不可輕受七月倭從
釜山移西生浦送回王子陪臣時師久暴露聞撤勢難
久留應昌請留劉綎川兵吳惟忠騎尚志等南兵合蓟
遼兵只萬六千聽綎分布慶尚之大邱月餉五萬兩資
之戶兵二部先是發帑給軍費已累百萬廷臣言虛內
事外非長策請以所留川兵命綎訓練兵餉令本國自

辦於是詔撤惟忠等兵止留綎兵防守諭朝鮮世子琿
居全慶以顧養謙為經略九月眡以三都既復疆域再
造上表謝恩然時倭猶據釜山也名星益一意主款九
月兵部主事曾偉芳言倭款亦去不款亦去款亦來不
款亦來蓋関白大衆已還行長留待知我兵未撤不敢
以一矢加遺欲歸報関白捲土重來則風不利正苦冬
寒故曰款亦去不款亦去沈維敬前倭營講購咸安晋
州隨陷而欲待款冀來年不攻則速之款者正速之來
耳故曰款亦來不款亦來宜令朝鮮自為守死問孫纊

眡

兵積粟以圖自強帝以為然因敕諭眡者甚至二十二
年正月眡遣陪臣金晬等進方物謝恩禮部郎中何喬
遠奏晬涕泣言倭寇猖獗朝鮮束手受刃者六萬餘人
倭語悖慢無禮沈惟敬與倭交通不云和親輒云乞降
臣謹將萬歷十九年中國被掠人許儀所寄內地書倭
表答劉綎書及歷年入寇處置之宜乞特敕急止封貢
詔兵部議四月尚寶司卿趙崇善疏言既不主封貢當
議戰守朝鮮惟釜山為倭寇出入之路倭由釜山入王
京必經全羅慶尚二道而全慶之間如雲峰大邱皆有

险可據令劉綎戍兵五千再加南兵三千令之訓練以守全慶章下部時言官交章止封遼薊都御史韓取善亦疏倭情未定請罷封貢八月養謙奏講貢之説貢道宜定寧波関白且封爲日本王諭行長部倭歸盡與封貢如約九月
昭
請許貢保國帝乃切責群臣阻撓詔小西飛入朝既至石星優遇如王公小西飛等殊揚揚過関不下跪集諸官面譯要以三事一勒倭盡歸巢一既封不與貢一誓無犯朝鮮倭俱聽從以聞十二月封議定命臨淮侯李宗城充正使以都指揮楊方亨副之同沈維敬往禮部議日本舊有王未知存亡関白或另擬二字或即以所居之島封之行長以下量授指揮銜上不聽竟冊封平秀吉爲日本王給金印行長
授
都督僉事二十四年正月封使抵釜山而沈維敬詭言演禮同行長先渡海私奉秀吉蟒玉翼善冠及地圖武經又驅壯馬三百至南大崖佯備騎從密陰獻秀吉取阿里馬
寶
女與倭臣李宗城約稽子經行之營所在索貨次對馬島太守儀智夜飾美女二三人更番納行帷中宗城安之倭酋數請渡海不允儀智妻行長女也宗城聞其美

并欲淫之儀智怒不許適謝用梓姪隆與宗城爭道宗城欲殺之隆訴其左右以倭將行刺宗城懼棄璽書夜遁以明失路自縊于樹追者解之遂奔慶州方亨聞于朝帝怒逮問宗城議戰守會方亨復揭倭情無變使自爲奸人誤耳帝乃以方亨充使加維敬神機營衘副之立限渡海九月楊方亨沈維敬奉冊如日本日本人民聞天朝封関白沿路焚香衛送抵國門其臣下亦無不肅敬而関白平秀吉受詔甚倨怒朝鮮王子不來謝止遣一使奉白土紬爲賀詰維敬曰若不思二子三大臣三都八道悉還天朝約付還令以卑官微物來賀辱天朝即辱小邦耶且留石曼子兵於彼候天子處分然後撤還拒朝鮮使不見翌日奉貢遣使齎表文二通隨冊使渡海至朝鮮廷議遣使於朝鮮取表文進驗其一謝恩其一乞天子處分朝鮮初方亨詭報去年從釜山渡海倭於大版受封即回和泉州然責朝鮮二子不往謝禮又徵仍留釜山如故謝表後時不發方亨徒手歸至是惟敬始投表文案驗潦草前折用豐臣圖書不奉正朔無人臣禮而寬奠副總兵馬棟報清正擁二百艘

陜

屯機張營方亨始直吐本末長羅維敬并呈石星前後
手書帝大怒命逮石星沈維敬按問以兵部尚書邢玠
總督薊遼改麻貴為備倭大將軍經理朝鮮僉都御史
楊鎬駐天津申警備楊汝南丁應泰贊畫軍前青玠
至遼行長建樓清正布種島倭密求索朝鮮地圖玠遂
決意用兵麻貴望鳥緑江東發所統兵僅萬七千人請
濟師玠以朝鮮兵惟閑水戰乃疏請募兵川浙并調薊
遼宣大山陝兵及福建吳淞水兵劉綎督川漢兵聽劉
貴密報候宣大兵至乘倭未備掩釜山則行長擒清正

走玠以為奇計乃檄楊元屯南原吳惟忠屯忠州六月
倭數千艘泊釜山殺朝鮮郡守安宏國已復往來竹島
漸逼梁山熊州惟敬率營兵二百出入釜山玠陽為慰
藉楊元襲執之縛至貴營惟敬執而嚮導始絶肯倭
奪梁山三浪遂入慶州侵閑山統制元均兵潰遂失閑
山閑山島在朝鮮西海口右障南原為全羅外藩一失
守則沿海無備天津登萊皆可揚帆而至而我水師三
千甫抵旅順閑山破經略檄守王京西之漢江大同江
扼倭西下兼防運道八月清正圍南原乘夜猝攻守將

楊元跣足而遁時泉州有陳愚衷忠州有吳惟忠各扼
要而泉州去南原僅百里南原告急愚衷不敢救聞已
破棄城走麻貴遣游擊牛伯英赴援與愚衷合兵屯公
州倭遂犯全慶逼王京王京為朝鮮八道之中東隘為
鳥嶺忠州西隘為南原全州道相通自二城失東西皆
倭我兵單弱因退守王京依險漢江麻貴請於玠欲棄
王城退守鳥緑江海防使蕭應宮以為不可自平壤兼
程趨王京止之麻貴發兵守稷山朝鮮亦調都察使李
元翼由鳥嶺出忠清道遮賊鋒玠既身赴王京人心始

定玠召參軍李應試問計應試請問朝廷主畫云何玠
曰陽戰陰和陽剿陰撫政府八字密畫無泄也應試曰
然則易耳倭叛以處分絶望其不敢殺楊元猶望處分
也直使人諭之曰沈維敬不死則退矣因請使李大諫
於行長馮仲纓於清正玠從之九月倭使至漢江楊鎬
遣張貞明持惟敬手書往責其動兵有乖静候處分之
實行長正成亦尤清正輕舉乃退屯井邑貞明返至中
途為人刺死麻貴遂報青山稷山大捷蕭應宮揭言倭
以維敬手書而退青山稷山並未接戰何得言功玠鎬

怒遂劾應宫恇怯不親鮮維敬並逮十一月珩徵兵大
集帝發帑金犒軍賜珩尚方劍以御史陳効監其軍珩
大會諸將分三協左李如梅右李芳春中高策並以副
總兵分將經理楊鎬同麻貴率左右協自忠州鳥嶺向
東安趨慶州專攻清正使李大諫通行長約勿往援復
遣中協屯宜城東援慶州西扼全羅以餘兵會朝鮮合
營由天安全州南原而下大張旗幟詐攻順天等處以
牽制行長東援十二月會慶州麻貴遣黃應賜賄清正
約和而率大兵奄至其營時倭屯尉山之尉山南島山

俱不甚高而城皆依山險中一江通釜寨其陸路由彥
陽通釜山貴欲專攻尉山恐釜倭由彥陽來援會中協
遲重吳惟忠等扼梁山右協董正誼等赴南原張疑兵
又遣右協羅繼忠兵二千屯西江口防水路援二十三
日乃進攻尉山游擊擺寨以輕騎誘倭入伏獲級四百
餘倭盡奔島山連築三寨翌日游擊茅國器統浙兵
登連破之獲級六百六十一倭堅壁不出方力攻山寨
時裨將陳寅身先士卒斫柵兩重清正白袍躍馬督倭
拒守至其第三寨無拔楊鎬遽令國器割級戰稍懈國

啓復以李如梅未至不便首功遂鳴金收軍詰朝如梅
至攻之不拔島山視尉山高石城新築堅甚官兵仰攻
多損傷諸將乃議曰倭艱水道餉難繼第坐困之清正
可不戰縛也鎬等以為然分兵圍十日夜倭砲從隙發
中多疊傷然亦飢甚約降緩攻而冀行長來援行長兩
慮我襲釜營不敢輕進乃選銳卒三千人虛張幟蔽江
上朝鮮李德馨訛報海上倭船揚帆而來鎬不及下軍
策馬先奔諸軍無統御皆潰清正縱兵逐北官兵死者
萬餘游擊盧繼忠三千人殲焉鎬貴奔星州撤兵還王

京會同邢玠露布言尉山大捷諸營上簿書亡卒二萬
鎬大怒欲改正稱百人贊畫丁應泰聞尉山之敗慚惋
詣鎬問後計鎬示以內閣張位沈一貫手書并所票求
下旨楊楊功代應泰怒驗進退情宜首論一貫交結邊
臣扶同欺蔽鎬附勢熇禍飾罪張功及麻貴李如梅按
律悉當斬鎬致改俾亡兵馬奏冊封進帝覽之震怒欲
付法輔臣趙志皋力救乃罷鎬聽勘以天津巡撫萬世
德代鎬經理遼左二十六年春正月總督邢玠以前役
乏水兵無功乃益募江南水兵議海運為持久計二月

總督陳璘以廣兵劉綎以川兵鄧子龍以浙直兵先後至玠分兵三協為水陸四路路置大將中路如梅東路貴西路綎水路璘各守汛地相機行剿時倭亦分三窟東路則清正據尉山自冬攻圍益增兵西生機張而特釜山為根本西路則行長據粟林曳橋建寨數重憑順天城與南海營相望中路則石曼子據泗州北倚晉江南通大海為東西救援薩摩州兵剽悍稱勁敵而行長水師番休濟餉往來如駛玠懲島山之失特於三路外置水兵一路約日並進尋報遼陽警李如松敗沒詔如梅還赴之中路以董一元代九月將士分道進兵劉綎進迫行長營約行長為好會翌日攻城奪其橋斬首九十二級陳璘舟師協堵擊毀倭船百餘行長潛出千餘騎扼之綎不利退綎亦棄舟走麻貴至尉山據險劃其粮稻頗有斬獲倭偽退誘之貴入空壘伏兵起遂堅壁一元進取晉州乘勝渡江南連毀永春昆陽二寨倭退保泗州老營鏖戰下之遊擊盧得功沒於陣前逼新寨寨三面臨江一面通陸引海為濠海船泊寨下千計築金海固城為左右翼中通東陽倉十月董一元遣遊擊茅國器彭信古葉邦榮前攻城遊擊郝三聘馬呈文師道之柴登科繼之遊擊藍方威攻其東北水門信古用火藥擊寨門碎城垛數處步兵競前拔柵忽營中火藥崩烟焰漲天倭乘勢衝擊固城援倭亦至郝三聘馬呈文率騎兵先走奔還晉州勘科徐觀瀾奏四路喪敗旨下部斬馬呈文郝三聘以徇一元等各帶罪立攻是月福建都御史金學曾報七月九日平秀吉死各倭俱有歸志十一月十七夜清正發舟先遁麻貴遂入島山酉浦劉綎攻奪曳橋石曼子引舟師救行長陳璘邀擊敗之諸倭揚帆盡歸朝鮮患亦平自秀吉亂朝鮮前後七載喪師數萬糜餉數百數中朝與朝鮮迄無勝算至秀吉死兵禍始休諸倭亦皆退守島巢秀吉凡再傳而亡

平攘錄

男　雄　小海校字

吾妻鏡補卷三十一 名日本國志

吳江　翁廣平　海琛纂

附唐國志

馬韓國　在西有五十四國其北與樂浪接其南與倭接

辰韓國　在東十有二國其北與濊貊接

弁辰國　在辰韓之南亦十有二國其南亦与倭接凡七十八國百濟其一也

邪馬國　弥賊國　冠行酒國　行鮮國　辰韓耆老自言秦之亡人避苦役適韓國馬韓割東界地與之其名国為邦為馬有似秦語故或名之為秦韓 以上後漢書東夷韓国傳

東鯷國　會稽海外有東鯷人分為二十餘國又有夷洲及澶洲傳言秦始皇遣方士徐福將童男女數千人入海求蓬萊神仙不得徐福畏誅不敢還遂止此洲世世相承有數萬家人民時至會稽市 後漢書倭傳

按日本輿州志村石溪先生曰紀州有熊野山中国秦始皇令徐福與童男女五百人入海求蓬萊山徐福遂到此州熊野山下居住其後居富士山下云平考日本諸番經紀伊州在其東南徐福島在其西北與新羅朝鮮相近去紀伊州有數千里徐福未必若是之播遷也石溪之說恐譌當以後漢書為正

百濟国　新羅國　任那國　加羅國　秦韓國　慕韓国　宋書文帝元嘉二年倭珍自稱倭百濟新羅任那秦韓慕韓六国諸軍事安東大將軍二十八年亦稱六国諸軍事有那加無百濟孝武大明六年有百濟加羅稱七国諸軍事　按唐書百濟扶餘別種東近新羅南近日本西近越州北近高麗其國有五部三十七郡二百城户七十六萬武后時其地為新羅渤海靺鞨所分百濟遂絕

毛人國　宋書順帝昇明二年倭王武上表曰東征毛人五十五國　唐書東北限大山其外即毛人云　宋奝然年代紀國之東境接海島夷人所居身面皆有毛

蝦夷國　常陸国　下野国　靺鞨国　此四國見日本風土記多賀城碑記去王京水陸路程多賀去京

一千五百里其四國去京二三四千里不等碑立於
大炊天皇天平寶字六年時在唐肅宗乾元五年宋
奝然年代紀日本圖經載常陸下野屬七道中之東
山道則知此二國在唐為屬國在宋則為屬州也
唐書黑水靺鞨國居肅慎地亦曰挹婁東瀕海西屬
突厥南高麗北竇韋離為數十部各自治唐貞元後
渤海國盛靺鞨後屬之不復與王會

雞林國唐書新羅國弁韓苗裔地橫千里縱二千里
東距長人東南日本西百濟南瀕海北高麗唐龍朔初
改為雞林旋復為新羅

邪古國　波邪國　多尼國　唐書倭國傳光啟元年
其東海嶼中有邪古波邪多尼三小王北距新羅西
北百濟西南直越州

海島之大者附載各國之後其小者不下千萬難以殫
述大率在亞細亞者蘋門答蠟日本浡泥最大西海艾
儒略職方外記

日本之大東洋與紅毛之大西洋相對海國聞見錄

長崎與普陀東西對峙水程四十更廈門至長崎七十
二更法國聞見錄

有西竺僧曰轉智氷蘗一楮袍人呼紙衣道者走海南
諸國至日本適吳越忠懿王用五金鑄十萬塔以五百
遣使者頒日本使者還智附舶歸程珌勝相寺記

癸辛雜識嘉定乙亥歲楊和王墳上感慈庵僧德明遊
山得奇蕈歸依羹供衆僧行死者十餘人德明亟嘗糞
獲免有日本僧名定心者寧理拆裂而死其度牒至今
存楊氏庵其年有久安保安治象等號僧銜有法勢大
和尚威儀從儀少屬少錄等號是歲其國度僧萬人定
心姓平氏乃其國京東路相州行香縣上守鄉光勝寺
僧

祥符中日本國使回乞詞撰臣本國神光寺記時當值
者詞學不甚優贍常以張君房代之既傳宣令急撰寺
記張醉于樊樓遍尋不得而夷人在閤門翹足而待中
人三促之紫微大窘湘山野錄

日本國所貢觀雕音高五丈憲聖后製金縷衣以賜及桂
體僅至其半遂再製衣以獻四朝聞見錄

洪武初日本貢一白玉觀音上甚珍之賜雞鳴寺永樂

中仁孝皇后愛其精美以石琢者易歸內大製雕花沉
香座 王湖漫湖
佔客所集之地為長崎嶴又名瓊浦猶中国之一大都
會也距王城尚三千餘里山水秀麗烟火萬家有七十
二街街各有名又曰町町有長客舟至則町長主之適
館如歸宴會無虛日 袖海編
洋船到長崎不論中外客商有一官役數十人來搜檢
雖旅篋所藏油酒等物亦必以斧探之蓋恐其帶違禁
毒藥也然其由來矣久三国志有邸閣国有市交易有
無使大倭監之自女王國以北特置大率監察諸國
皆臨津搜露傳送文書賜遺之物諸女王不得差錯
長崎稱中國人為唐人故其公館曰唐人館亦曰唐
人公館交易之所曰唐人番貯貨之所曰唐人荷物藏
商於東洋者原可獲利且可開拓聞見路亦不甚遠然
多山礁指南稍失即有沉溺之患又有落漈之虞故為
商者恆惴惴焉
水至彭湖漸近琉球謂之落漈漈者水趨下不迴也凡過
西風作漂流落漈者回百不一二 元史
颶

象嶼

琉球北有落漈之患漈即尾閭也臺灣洋水亦然據此
則琉球以東別無地矣何以尚有鳥語鬼形之毘舍那
國蠕蠕于琉球東隅烟霧間耶是弱水之外更有測嶠
扶桑以後猶多島嶼誠不容以蛙黿之見概之也 琉球
国志略 周煌
南澳氣古為落漈居南澳之東南七更嶴小平而挂腳
嶁岵石灣有沙洲吸四面之流船不可到入溜則吸閣
不能返北浮沉皆沙垠約三更餘盡北處有兩山名曰
東獅象與臺灣沙馬嶼對峙隔洋四更洋名沙馬崎
頭門南積沙垠與海為萬里長沙頭南隔斷一洋名
曰長沙門南北約潤五更又從南首復生沙垠至瓊海
萬州曰萬里長沙沙之南又生嶁岵石至七州洋名曰
千里石塘長沙一門西北與南澳西南與平海之大星
鼎足而峙大洋之水為沙兩隔節次斷續南沙頭為潮
汐臨頭四面合流外長而內退外退而內長船若入溜
須沿沙節次撐上斷續沙頭夾退流乘南風東向盡流
南退雖欲北上而南下者正所以求生也何也南風夾
退潮方能出溜雖溜下然而歸于大海不入內溜方得

乘南風而歸蓋潮水分合退為長長為退夾流雙開向臨頭滙泛句易知近隔句難識遠抒句自有一定之理在悉海國形勢於胸中意會變通豈操舟者把死木之所為哉南陳氣受四面流水入而不出歸于無處宣氣下另有一海以收納斜四入者從上而入必從下而出如溪流涌急投以草席入而出於他處此理甚明並以誌之海國聞見錄

行海不畏風濤而畏山礁蓋海船穩而堅雖大風浪不能覆也惟誤觸山礁則破矣即不幸而破壞其人至靡有子遺雖在極遠之洋必有形跡可尋若一去不返而全無形跡者則入溜而至落漈也落漈在長崎東十餘更名南澳氣亦名嶁岵城如遇極大西北風不能收長崎則入溜中矣自我　國朝康熙至乾隆中入溜者有五舟而其三則返三者之中其一康熙五十九年范姓局中舟順風行五日已能望見長崎將入港而風狂甚漂至一處四望無山影但見萬派東趨中有一派其捷如箭皆大驚曰此入溜也羣相泣禱于天后神前筊詞大吉衆心雖稍安而舟則乘風隨溜東下望見嶁岵城衆復泣禱於神前則又大吉而舟竟入城中泊於山足兩日見山頂上一女提筐而行衆喜曰此天后顯聖也我輩有生機矣於是張篷以待忽東南風大作遂出城上溜而返其一雍正十二年何姓局中舟亦隨風入溜約行五六更風轉而東漂至西洋歷三年而返其一乾隆三十餘年黃姓局中舟亦入嶁岵城時值端午日至午刻城中水漸高與城外水平東南風遂返嘉慶十五年又一舟入溜行僅二更遇南風而返余謂落漈即列子所謂渤海之東有大壑焉實惟無底之谷注曰尾閭也列子又曰有蓬萊員嶠五山在焉則嶁岵之環拱者其果即五山否耶其入而不返者將葬於魚腹中耶抑羽化而登仙耶

乾隆初年吳興之德清縣新市鎮有沈南蘋名銓者工畫凡山水人物花鳥界畫之類俱極工細海船曾攜其畫出洋日本人以重價購之數年後日本人謂船主曰如南蘋先生肯至我國以千金為聘船主歸以告南蘋許之遂至日本自國王以至商賈無不願得沈先生畫為快者從學者有數十人留三四年積潤筆五萬餘金

市其國中貨物歸將入寧波海關忽黑風從西北來其船復出海旋轉不定風極狂暴始則蓬檣摧矣繼則舵樓圮矣樓中之人隨樓而入海船身亦觸礁而壞船中貨物浪打隨盡矣時舟中僅存三十三人南蘋緊抱畫櫃泣曰我當與此同入海也約漂四五時風稍定泊一小島三十三人努力取三板船上岸則廣東潮州府也南蘋乃沿途賣畫以為食有餘以分食同人歷六七十日而歸　按畫友錄曰日本國遣使來迎留海外三年歸時所得金帛悉散給之戚友橐仍蕭然袁簡齋太史有長歌贈南蘋謂同侪有空乏者傾囊資之蓋皆欲高其人品耳非記實也

日本人曾購袁簡齋小倉山房集故其八十自壽詩有倭國都來購詩稿之句

購一

沈景明者南蘋族屬也亦曾至東洋因風不順至陸奥州州中風景與長崎相似其土產僅有麦蔬果之屬如山薯山藥黃精之類頗多麦則富貴者食之其餘食蔬果而已惟州之君長家則食米飯蓋日本國王所給者景明逗留日久舟中未盡山薯等物而君長減所食米飯以食景明景明知君長待之厚且知州中之貧者不能常食糖乃謂君長曰我欲施糖與貧者人各四兩君長曰君果有此豪舉我當徧示州中以廣君惠乃定某日於某山給發至期舁糖至山來乞者數千人有以銅鐵器盛者有以波螺蚌殼盛者有以磁碗瓦缶盛者有竟以兩手捧者既得糖或疾馳而歸與家人分食者或緩步徐行而嗅其味者或隨行隨食而喜笑自得者或以指醮食如醉酒狀臥于山上反側至山下而不自覺者凡施糖二千餘斤至今東洋人傳為佳話云

賦

日本國王自來無篡奪之事聞明神宗時有稱關白者奪其位國王懦弱無可如何避于海上關白遂為王而各島之貢賦并國中之生殖俱絕竟為不毛之地于是關白曰我無德以居之仍讓故主為王而貢賦生殖如故　雜憶叢話

國中平原橘藤四姓為日本巨族互相竊據為王　續文獻

按此竊據乃附庸之州非山城君也

山城君號令不行徒寄空名於上口山豐後出雲開山軍門各以大權相吞噬今惟豐後尚存亦不過兼并肥

前肥後筑前筑後豐前豐後六島而已初山口并吞石見安長門安藝備前備後備中出雲伯岐後因幡但馬共十二國後出雲奪歸其地山口長子死焉其君亦為陶殿所殺豐後君以其弟攝山口事吞安藝安藝殺之嘉靖三十六年山口無君豐後獨稱雄焉山城君金印勘合久為山口所有而來入貢俱山口自主山城惟出名而已陶殿之亂宮殿勘合俱焚金印亦損一角不知所歸海防續編

日本國王山城君實王姓而明時入貢者多藤姓蓋國王歷來不過府其權皆在將軍藤姓既為將軍其朝貢之事皆得主之且有不假山城君出名而自出名者而中國紀載以出名者為其國王耳

佚存叢書序曰無易姓革命之變誠古今所希有也考尤辰戌外國傳載平秀吉者以斷養代關白謀降六十六州遂廢倭王山城君自號為大閣王並改其陽城天皇天正二十年為文祿元年東征事略秀吉官至關白來錢弒山城君自立為王通紀纂萬歷二十二年遣臨淮侯李宗城冊平秀吉為日本王則與續編叢話所記大不符也考秀吉於萬歷廿六年薨子秀賴秀賴子秀忠於萬歷三十三年任將軍夫秀吉既為王矣則子孫當襲王位何以又稱將軍平則弒君之說當未確也不過徒守空名任其爭奪而已又萬歷四十三年秀忠以兵三十萬攻秀賴秀賴敗死分據其地五十六州則山城君錢無餘地矣海國聞見錄曰昔時上將軍曾篡奪之山海應貢之物不産五穀不登陰陽不順退居臣位然後順若知故至今無敢妄冀者相亦指平氏事也惜紀載之不詳耳

圓

山城州為畿內重地東日野寺極高乃日昇處西有高雄山寺二山如龍虎拱鎮國畿又有日春大寺高二十丈銅佛一尊高十六文七道周圍山城各設大將軍一員鎮守京畿居中惟西海道近制江山武養久山居海中方圓二百餘里竹木叢茂多茶筍又出多羅木有地都守之各道犯死務免者發彼官賣拘留截木獻板非銀贖身老死不可離也　平攘錄

明詩綜載日本詩有衣冠唐制度禮樂漢君臣之句竹垞曰國俗無冠國王但著烏帽直而頂圓銳高半尺以

綃為之男女笠用蒲或竹或椙木謂為唐制度夫豈其然若夫天皇之子娶于其族夫死妻立兄死妹立子死母立何禮之有按竹垞此說是王子與同宗為婚而王則否然今日之王子即他日之國王則日本世世與同宗為婚矣何所本而記之乎考隋書及文獻通考俱曰婚嫁不同姓又隋書開皇時倭王姓阿每王妻姓雞彌是不同姓之明証也竹垞此言必非鑿空後見諸葛元聲千頃錄云國王之子娶于其族関白子娶諸大臣家然徧閱歷朝日本紀傳從無此說及閱唐書新羅國傳其族以第一骨第二骨以自別弟兄女姑姨從姊妹皆聘為妻王族為第一骨妻亦其族生子皆為第一骨不娶第二骨女雖娶常為妾媵則知元聲因新羅而誤而竹垞又因元聲而誤也竹垞又以立女王為非禮誠然矣然亦視其國之治不治民之服不服耳三國志倭女王卑彌呼死更立男王國中不服更相誅殺復立卑彌呼宗女壹與年十三為王國中遂定夫為王而能定國則亦善矣何必問其為男為女耶竹垞所論失之苛矣

日本國抄本國史嘉興徐某令内邱所得朱竹垞太史親見之其紙似高麗而較薄頁面人血染漬作殷紅也題曰吾妻鏡義理極幻異程哲蓉槎蠡記人血染漬之說謬

日本有吾妻鏡一書亦名東鑑吾妻二字不可解或曰地名鏡即鑑也嘗與竹垞太史考之日本地里無有名吾妻者太史戲也日本本名倭奴海東諸國多以奴為名且有名姐奴者既可稱姐何不可稱妻耶相與一笑

雞窗叢話

俗傳易經不能過海洋又王漁洋言孟子不能過海今日本俱購此二書不聞其覆溺也

凡交易必有人傳語猶中國之主人謂之通事通事之家常請中華人宴飲間有幾家用臺桌椅座之類頗精古雅蓋日本國書畫飲食僅用矮几無高桌者因怪而問之答曰我上世國中人也并出其祖先畫像視之有元明人題咏其所藏字畫亦有宋元人真跡蓋為通事須通華夷之語既係中國人自不忘土音居之既久則能習夷音也余考中國之居海外者魯有少師揚擊磬襄秦時有徐福元末有沈萬四明末有田仰亦浮海

去紀傳中雖不明言其居何國大約不離日本近是又聞明時通商多閩人到彼為通事遂家焉故至今有中華人也

又都公譚纂李鳳鳴字時可讀書工文詞家馬馱沙高皇帝渡江以米二千斛牛羊數百犒師又手詔借米二萬斛未幾時挈其妻子并家資浮海而去或傳其子孫在琉球云

昔登州陳松歸自東洋言於崎島遇老漁通華言問其壽曰六百歲矣五十歲時捕得扶桑國大白螺烹而食之頓覺精神強健步履如飛但有腥臭如鰒魚為眾所遂出棲島隙縫天鸞翮為衣捕魚為粮逢東國人詢吾子孫已年遠無可考矣又云其螺瑩潔如白玉大容五斗米　綴異錄

蔡遠山先生說其祖曾博通典籍嘗附洋船遊日本國王遣人到琅環客館問有唐人通史學者否以公應命既至揖讓畢王南面坐蔡公北面坐別設几椅兩旁侍臣重譯傳命見捧巨冊至則宋史也有不解處數條求為指示公辨論宏通反覆開曉王大悅賜茶點畢送出殿外既歸館明日送禮物來則珍瑰滿盒龍珠百排珊瑚長三四尺奇彩溢目俱卻謝不受受其匣中小倭刀鷓鴣所瑩綠光閃爍切玉如泥又有海錯數種公俱不識欲不受館人曰此係土產若卻之王將不悅乃受而分贈館人焉　霞舫筆叢

愼

磁砂消癰毒施之東洋則更致舟中不敢帶恐為龍所取也蓋龍身多腥涎得磁砂洗之則淨然產于西藏龍不能往取乃取沿海山中之硇水石代之若携至東洋價可得數百換乾隆五十三年冬曾有人匿三兩於箱中船主問有磁砂否其人曰無有船主欲搜之旁一人曰時值天寒未必有龍也遂開船出大洋忽有腥風哭至大掌雞曰有龍來也必有人帶磁砂急拋去免覆舟厄其人急開箱取磁砂龍已盤旋船上爪之而去

東洋多狐祟稍詬詈之即毀損器物擾床屋甚至有殞命者故為商者常惴惴焉惟恐其取戾也後請中國塑　關聖帝君像　許之一立廟于国中一立廟于崎島遂不敢為祟

男　維小漁校字

国家出版基金項目
NATIONAL PUBLICATION FOUNDATION

海上絲綢之路文獻集成

總主編　陳支平　陳春聲

歷代史籍編　35

主編　范金民

海峽出版發行集團
THE STRAITS PUBLISHING & DISTRIBUTING GROUP
福建人民出版社

本册目次

日本國志四十卷首一卷

〔清〕黄遵憲撰

《日本國志》四十卷首一卷，清黄遵憲撰。遵憲（一八四八—一九〇五）字公度，廣東嘉應州（今梅州）人。光緒二年（一八七六）舉人，歷任駐日使館參贊、駐美國舊金山總領事、駐英法意比四國使館參贊、駐新加坡總領事等。是書意在介紹日本明治維新後情況，以供清廷取法。全書體例近於史志，除卷首年表外，分國統、鄰交、天文、地理、職官、食貨、兵、刑法、學術、禮俗、物産、工藝十二志，凡四十卷。網羅舊聞，參考新政，備載其禮儀典章、風土物産，於近代影響極大。據清光緒間刻本影印。

日本國志

光緒十六年羊城富文齋刊版

日本國志序

東方諸國足以自立足以有為者惟中國與日本而已日本創國周秦之間通使於漢修貢於魏而賓服於唐最久亦最親當唐盛時日本雖自帝其國然事大之禮益虔喁喁嚮風常選子弟入學觀摩取法用能霑濡中國前聖人之化人才文物蓋彬彬焉與高麗新羅百濟諸國殊矣唐季喪亂日本聘使始絕內變繼作馴至判為南北裂為羣侯豪俊麋沸雲擾其迭起而執魁柄者則有平氏源氏北條氏足利氏織田氏豐臣氏德川氏七八百年之間國主高拱於上强臣擅命於下凡所謂國政民風邦制朝章往往與時變遷紛紜糅雜莫可究詰中國自元祖誤用降將顯武喪師有明中葉內政不修奸民冒倭人旗幟纍起為寇遂使日本益藐視中國顓顓獨居東海中芒不知華夏

廣遠一二梟桀者流輒欲馮陵我藩服齮齕我畺圉憪然自大甚驁無道中國拒之亦務如坊制水如垣禦風勿使稍有侵漏由是兩國雖同在一洲情誼乖違音問隔絕近世作者如松龕徐氏默深魏氏於西洋絕遠之國尚能志其崖略獨於日本攷證闕如或稍述之而惝怳疏闊竟不能稽其世系疆域猶似古之所謂三神山者之可望不可至也咸豐同治以來日本迫於外患廓然更張廢藩侯尊一主斥霸府聯邦交百務並修氣象一新慕效西法罔遺餘力雖其改正朔易服色不免為天下譏笑然富強之機轉移頗捷循是不輟當有可與西國爭衡之勢其創制立法亦頗炳焉可觀且與中國締交遣使睦誼漸敦舊嫌盡釋矣自今以後或因同壤而世為仇讎有吳越相傾之勢或因同盟而互為脣齒有吳蜀相援之形時變遞嬗遷流靡定

惟勢所適未敢懸揣然使稽其制而闕焉弗詳覘其政而瞢然罔省此究心時務閎覽劬學之士所深恥也嘉應黃遵憲公度以著作才屢佐東西洋使職光緒初年爲出使日本參贊始創日本國志一書未卒業適他調旋謝事閉門賡續成之採書至二百餘種費日力至八九年爲類十二爲卷四十都五十餘萬言歲甲午余蒞英法使事將東歸公度郵致其藁巴黎屬爲之序且曰方今研史例而又諳外國情勢者無逾先生願得一言以自壯余瀏覽一周喟曰此奇作也數百年來鮮有爲之者自古史才難而作志尤難蓋貫穿始末鑒別去取非可率爾爲也而況中東睽隔已久裒輯於通使方始之際乎公度可謂閎覽劬學之士矣速竣剞劂以餉同志不亦盛乎他日者家置一編驗日本之興衰以卜公度之言之當否可也

光緒二十年春三月

欽差大臣出使英法義比四國二品頂戴都察院左副都御史

薛福成序於巴黎使館

日本國志敍

周禮小行人之職使適四方以其萬民之利害爲一書禮俗政事教治刑禁之順逆爲一書以反命於王其春官之外史氏則掌四方之志鄭氏曰謂若晉之乘楚之檮杌是也古昔盛時已遣輶軒使者於四方採其歌謠詢其風俗又命小行人編之爲書俾外史氏掌之所以重邦交考國俗者若此其周詳鄭重也自封建廢而爲郡縣中國歸於一統不復修遣使列邦之禮若漢之匈奴唐之回紇國有大事間一遣使若南北朝若遼宋金元雖歲時通好亦不過一聘問一宴饗而已道咸以來海禁大開舉從古絕域不通之國皆鱗集麕聚重譯而至泰西通例各遣國使互駐都會以固鄰好而覘國政內外大臣迭援是以爲請

朝廷因遣使巡視諸國至

今上光緒元二年間遂有遣使駐劄之舉丙子之秋翰林侍講何公寶廬出使日本大臣之任奏以遵憲充參贊官竊伏自念今之參贊官即古之小行人外史氏之職也使者捧龍節乘駟馬馳驅鞅掌王事靡盬蓋有所不暇於文字之末若爲之寮屬者又不從事於採風問俗何以副

朝廷咨諏詢謀之意既居東二年稍稍習其文讀其書與其士大夫交遊遂發凡起例創爲日本國志一書朝夕編輯甫創稿本復奉命充美國總領事官政務靡密無暇卒業蓋幾幾乎中輟矣乙酉之秋由美回華星使鄭公既解任繼之者張公仍促余往而兩廣制府張公又命遵憲爲巡察南洋諸島之行遵憲念是書棄置可惜均謝不往家居有暇乃閉門發篋重事編纂

又幾閱兩載而後書成凡爲類十二爲卷四十昔契丹主有言我於宋國之事纖悉皆知而宋人視我國事如隔十重雲霧以余觀日本士夫類能讀中國之書考中國之事而中國士夫好談古義足已自封於外事不屑措意無論泰西卽日本與我僅隔一衣帶水擊柝相聞朝發可以夕至亦視之若海外三神山可望而不可卽若鄒衍之談九州一似六合之外荒誕不足論議也者可不謂狹隘歟雖然士大夫足迹不至其地歷世紀載又不詳其事安所憑藉以爲考證之資其狹隘也亦無足怪也竊不自揆勒爲一書以其體近於史志輒自稱爲外史氏亦以外史氏職在收掌不敢居述作之名也抑考外史氏掌五帝三王之書掌四方之志今之士夫亦思古人學問考古卽所以通今兩不偏廢如此乎書既成謹誌其緣起並以質之當世士夫之留心時務者光緒十三年夏五月黃遵憲公度自敘

凡例

一自儒者以筆削說春秋謂降杞爲子貶荆爲人所以示書法是謬悠之譚也自史臣以內辭尊本國謂北稱索虜南號島夷所以宗國體是狹陋之見也夫史家紀述務從實錄無端取前古之人他國之君而易其名號求之人情奚當於理矧會典所載本非朝貢之班

國書往來待以鄰交之禮者乎此編所書採摭諸史曰皇曰帝槪從舊稱

一周禮職方掌天下之圖以知其要而太史公曰吾見周譜旁行斜上故因而作表蓋物非圖則不明事非表則不詳然三國以後六代以前表竟缺如若圖繪之學有爲六經圖者有爲三才圖會者書皆單行不入於史今所撰地理志以圖附志後職官諸志以表入志中體創自今義因於古以便閱者解帶觸目了然耳

一班固藝文之志陳壽輔臣之贊皆有小註其後蕭大圜淮海亂離志羊衒之洛陽伽藍志宋孝王關東風俗傳擴充其體子註愈繁蓋除煩則意有所恡畢載則言有所妨爲斯變體不得不然者也今仿其體附以分註其有事同時異而連類並及或[illegible]務辭碎義而考證必需者悉爲小註附於行間至紀載之外間論得失則仿裴松之之三國志劉昭之續漢志云爾

一此書官名地名事名物名皆以日本爲主不假別稱如官有老中目付之名吏有與力足輕之類卽文不雅馴者亦仍其稱別以小註釋之穀梁傳所謂名從主人也然至於敘述稱謂則以作志者爲主不爲內辭如稱君長不曰上對別國不曰我之類其與中國交涉者事以彼爲主稱以我爲主蘇洵所謂譜吾作也不敢如葉隆禮

之契丹國志忽内遼而外宋忽外遼而内宋亦不敢如史遷之晉楚諸世家一一稱我也

一此書編年紀月不得不用日本年號惟日本史中國頗少傳本近世如李申耆之紀元編林樂知之四裔年表雖較詳贍尚多謬誤今別作中東年表著之卷首以便觀者

一日本紀里之法以六尺爲一間六十間爲一町三十六町爲一里每一里有一萬二千九百六十尺當中國八里有奇計畝之法以六尺爲一步三十步爲一畝十畝爲一段十段爲一町每一畝爲一百八十尺當中國三十六弓日本計錢之法如墨西哥銀一圓爲一圓以一圓析十分之一爲十錢析百分之一爲一錢以一錢析十分之一爲一釐每一錢五六當中國銀一分每十錢五六當中國銀一錢日本丈尺之法積十寸爲一尺積十尺爲一丈每一尺一寸七分三當中國一尺每一丈一尺七寸三當中國一丈日本權衡之法積十錢爲一兩積十六兩爲一斤積一百兩爲一貫每百六十二錢四三強當中國一斤每十六貫二四三强當中國一百斤日本概量之法以十撮爲一勺十勺爲一合十合爲一升十升爲一斗十斗爲一石大概同於中國篇中所書皆日本通行之法特識於此以發其凡

一志中所載紀數諸表例以三字爲一位例以末位爲單數謂一至九卽以最卑之位爲起算之始如末位爲單數其上爲十其上爲百其上爲千其上爲萬累積至九位則爲億十千萬爲億例如計戶口其最卑之位註明口字表中作三三三卽爲三百三十三人又如計銀錢其最卑之位註明圓字表中作三三三三三三卽爲三十三萬三千三百三十三圓也又如表中作三〇三〇三〇卽爲三十萬零三千零三十表中作三三三〇〇〇卽爲三十三萬三千所有圓圜蓋以定位其他依此可以類推間有變例或以末位爲十百千萬之數或以末位爲毫釐絲忽之數均於行間註明以便計算或又變二字爲一位四字爲一位亦旁綴小點以示區別

一日本自維新以來舉凡政令之沿革制度之損益朝令夕改月異而歲不同至明治十一二年百度修明規模較定而以時更張者仍復不少今此編恐以明治十三四年爲斷其十五年以後改易新政當付之補編俟諸異日

一日本古無志書近世源光國作大日本史僅成兵刑二志蒲生秀實欲作氏族食貨諸志有志而未就僅有職官一志已刊行新井君美集中有田制貨幣考諸敍亦有目而無書此皆漢文之史而殘闕不完則考古難維新以來禮儀典章頗彬彬矣然各官省之職制章程條教號令雖頗足徵引而概用和文卽日本文以漢字及日本字聯綴而成者也日本每自稱爲和國不可勝譯則徵今亦難此採輯之難也以他國之人寓居日淺語言不達應對爲煩則詢訪難以外國之地襄助乏人瀏覽所及繕錄爲勞則抄撮亦難此編纂之難也既非耳目經見之書又多名稱僻異之處而其中事物之名有以和文譯漢文者有以英文譯和文再譯漢文者或同字而異文或有音而無義則校讐亦頗爲難兼是三難又乏才學力小任重每自兢兢擱筆仰屋時欲中輟徒以積歷年歲黽勉朝夕經營拮据幸以成書其中蕪雜之譏疏漏之誚誠知不免瞻仰前修引盼來哲庶有達者理而董之所爲每一展卷輒愧悚交集旁皇竟日者矣

一檢昨日之歷以用之今日則妄執古方以藥今病則謬故傑後貴識時不出戶庭而論天下事則浮坐雲霧而觀人之國則闇故兵家貴知彼日本變法以來革故鼎新舊日政令百不存一今所撰錄皆詳今畧古詳近畧遠凡牽涉西法尤加詳備期適用也若夫大八洲之事三千年之統欲博其事詳其人則有日本諸史在

黃遵憲公度自識

日本國志總目

日本國志目錄

日本國志　卷之首

出使日本參贊官黃遵憲編纂

中東年表

考日本諸史均託始神武近倣西人以耶蘇降生紀元之例又以神武即位之元年辛酉爲紀元之始至今皇明治五年壬申稱爲二千五百三十二年爾後凡外交條約内國政典每冠以是稱惟考神武在位七十六年遞傳八世而至崇神日綏靖在位三十三年日安寧在位三十八年日懿德在位三十四年日孝昭在位八十三年日孝安在位一百二年日孝靈在位七十六年日孝元在位五十七年日開化在位六十年凡四百八十餘年均無事足述今故以崇神紀元爲始而仍以神武之元年紀諸篇首云

干支	朝	中國紀年	日本紀年
辛酉	周	惠王十七年	神武帝元年
自神武元年至崇神元年共五百六十			四年
甲申	漢	孝武皇帝天漢四年	崇神帝元年
乙酉	漢	太始元年	二年
丙戌	漢	太始二年	三年
丁亥	漢	太始三年	四年
戊子	漢	太始四年	五年
己丑	漢	征和元年	六年
庚寅	漢	征和二年	七年
辛卯	漢	征和三年	八年
壬辰	漢	征和四年	九年
癸巳	漢	後元元年	十年

干支	朝	中國紀年	日本紀年
甲午	漢	後元二年	十一年
乙未	漢	孝昭皇帝始元元年	十二年
丙申	漢	始元二年	十三年
丁酉	漢	始元三年	十四年
戊戌	漢	始元四年	十五年
己亥	漢	始元五年	十六年
庚子	漢	始元六年	十七年
辛丑	漢	元鳳元年	十八年
壬寅	漢	元鳳二年	十九年
癸卯	漢	元鳳三年	二十年
甲辰	漢	元鳳四年	二十一年
乙巳	漢	元鳳五年	二十二年
丙午	漢	元鳳六年	二十三年
丁未	漢	元平元年	二十四年
戊申	漢	孝宣皇帝本始元年	二十五年
己酉	漢	本始二年	二十六年
庚戌	漢	本始三年	二十七年
辛亥	漢	本始四年	二十八年
壬子	漢	地節元年	二十九年
癸丑	漢	地節二年	三十年
甲寅	漢	地節三年	三十一年
乙卯	漢	地節四年	三十二年
丙辰	漢	元康元年	三十三年
丁巳	漢	元康二年	三十四年
戊午	漢	元康三年	三十五年
己未	漢	元康四年	三十六年
庚申	漢	神爵元年	三十七年
辛酉	漢	神爵二年	三十八年
壬戌	漢	神爵三年	三十九年
癸亥	漢	神爵四年	四十年

干支	朝	中國紀年	日本紀年
甲子	漢	五鳳元年	四十一年
乙丑	漢	五鳳二年	四十二年
丙寅	漢	五鳳三年	四十三年
丁卯	漢	五鳳四年	四十四年
戊辰	漢	甘露元年	四十五年
己巳	漢	甘露二年	四十六年
庚午	漢	甘露三年	四十七年
辛未	漢	甘露四年	四十八年
壬申	漢	黃龍元年	四十九年
癸酉	漢	孝元皇帝初元元年	五十年
甲戌	漢	初元二年	五十一年
乙亥	漢	初元三年	五十二年
丙子	漢	初元四年	五十三年
丁丑	漢	初元五年	五十四年
戊寅	漢	永光元年	五十五年
己卯	漢	永光二年	五十六年
庚辰	漢	永光三年	五十七年
辛巳	漢	永光四年	五十八年
壬午	漢	永光五年	五十九年
癸未	漢	建昭元年	六十年
甲申	漢	建昭二年	六十一年
乙酉	漢	建昭三年	六十二年
丙戌	漢	建昭四年	六十三年
丁亥	漢	建昭五年	六十四年
戊子	漢	竟寧元年	六十五年
己丑	漢	孝成皇帝建始元年	六十六年
庚寅	漢	建始二年	六十七年
辛卯	漢	建始三年	六十八年
壬辰	漢	建始四年	垂仁帝元年
癸巳	漢	河平元年	二年

干支	朝	中國紀年	日本紀年
甲午	漢	河平二年	三年
乙未	漢	河平三年	四年
丙申	漢	河平四年	五年
丁酉	漢	陽朔元年	六年
戊戌	漢	陽朔二年	七年
己亥	漢	陽朔三年	八年
庚子	漢	陽朔四年	九年
辛丑	漢	鴻嘉元年	十年
壬寅	漢	鴻嘉二年	十一年
癸卯	漢	鴻嘉三年	十二年
甲辰	漢	鴻嘉四年	十三年
乙巳	漢	永始元年	十四年
丙午	漢	永始二年	十五年
丁未	漢	永始三年	十六年
戊申	漢	永始四年	十七年
己酉	漢	元延元年	十八年
庚戌	漢	元延二年	十九年
辛亥	漢	元延三年	二十年
壬子	漢	元延四年	二十一年
癸丑	漢	綏和元年	二十二年
甲寅	漢	綏和二年	二十三年
乙卯	漢	孝哀皇帝建平元年	二十四年
丙辰	漢	建平二年	二十五年
丁巳	漢	建平三年	二十六年
戊午	漢	建平四年	二十七年
己未	漢	元壽元年	二十八年
庚申	漢	元壽二年	二十九年
辛酉	漢	孝平皇帝元始元年	三十年
壬戌	漢	元始二年	三十一年
癸亥	漢	元始三年	三十二年

甲子	漢	元始四年	三十三年
乙丑	漢	元始五年	三十四年
丙寅	漢	孺子嬰 居攝元年	三十五年
丁卯	漢	居攝二年	三十六年
戊辰	漢	初始元年	三十七年
己巳	漢	新莽 始建國元年	三十八年
庚午	漢	始建國二年	三十九年
辛未	漢	始建國三年	四十年
壬申	漢	始建國四年	四十一年
癸酉	漢	始建國五年	四十二年
甲戌	漢	天鳳元年	四十三年
乙亥	漢	天鳳二年	四十四年
丙子	漢	天鳳三年	四十五年
丁丑	漢	天鳳四年	四十六年
戊寅	漢	天鳳五年	四十七年
己卯	漢	天鳳六年	四十八年
庚辰	漢	地皇元年	四十九年
辛巳	漢	地皇二年	五十年
壬午	漢	地皇三年	五十一年
癸未	漢	更始帝 元年	五十二年
甲申	漢	二年	五十三年
乙酉	漢	光武皇帝 建武元年	五十四年
丙戌	漢	建武二年	五十五年
丁亥	漢	建武三年	五十六年
戊子	漢	建武四年	五十七年
己丑	漢	建武五年	五十八年
庚寅	漢	建武六年	五十九年
辛卯	漢	建武七年	六十年
壬辰	漢	建武八年	六十一年
癸巳	漢	建武九年	六十二年
甲午	漢	建武十年	六十三年
乙未	漢	建武十一年	六十四年
丙申	漢	建武十二年	六十五年
丁酉	漢	建武十三年	六十六年
戊戌	漢	建武十四年	六十七年
己亥	漢	建武十五年	六十八年
庚子	漢	建武十六年	六十九年
辛丑	漢	建武十七年	七十年
壬寅	漢	建武十八年	七十一年
癸卯	漢	建武十九年	七十二年
甲辰	漢	建武二十年	七十三年
乙巳	漢	建武二十一年	七十四年
丙午	漢	建武二十二年	七十五年
丁未	漢	建武二十三年	七十六年
戊申	漢	建武二十四年	七十七年
己酉	漢	建武二十五年	七十八年
庚戌	漢	建武二十六年	七十九年
辛亥	漢	建武二十七年	八十年
壬子	漢	建武二十八年	八十一年
癸丑	漢	建武二十九年	八十二年
甲寅	漢	建武三十年	八十三年
乙卯	漢	建武三十一年	八十四年
丙辰	漢	中元元年	八十五年
丁巳	漢	中元二年	八十六年
戊午	漢	孝明皇帝 永平元年	八十七年
己未	漢	永平二年	八十八年
庚申	漢	永平三年	八十九年
辛酉	漢	永平四年	九十年
壬戌	漢	永平五年	九十一年
癸亥	漢	永平六年	九十二年

甲子	漢	永平七年	九十三年
乙丑	漢	永平八年	九十四年
丙寅	漢	永平九年	九十五年
丁卯	漢	永平十年	九十六年
戊辰	漢	永平十一年	九十七年
己巳	漢	永平十二年	九十八年
庚午	漢	永平十三年	九十九年
辛未	漢	永平十四年	景行帝 元年
壬申	漢	永平十五年	二年
癸酉	漢	永平十六年	三年
甲戌	漢	永平十七年	四年
乙亥	漢	永平十八年	五年
丙子	漢	孝章皇帝 建初元年	六年
丁丑	漢	建初二年	七年
戊寅	漢	建初三年	八年
己卯	漢	建初四年	九年
庚辰	漢	建初五年	十年
辛巳	漢	建初六年	十一年
壬午	漢	建初七年	十二年
癸未	漢	建初八年	十三年
甲申	漢	元和元年	十四年
乙酉	漢	元和二年	十五年
丙戌	漢	元和三年	十六年
丁亥	漢	章和元年	十七年
戊子	漢	章和二年	十八年
己丑	漢	孝和皇帝 永元元年	十九年
庚寅	漢	永元二年	二十年
辛卯	漢	永元三年	二十一年
壬辰	漢	永元四年	二十二年
癸巳	漢	永元五年	二十三年
甲午	漢	永元六年	二十四年
乙未	漢	永元七年	二十五年
丙申	漢	永元八年	二十六年
丁酉	漢	永元九年	二十七年
戊戌	漢	永元十年	二十八年
己亥	漢	永元十一年	二十九年
庚子	漢	永元十二年	三十年
辛丑	漢	永元十三年	三十一年
壬寅	漢	永元十四年	三十二年
癸卯	漢	永元十五年	三十三年
甲辰	漢	永元十六年	三十四年
乙巳	漢	元興元年	三十五年
丙午	漢	孝殤皇帝 延平元年	三十六年
丁未	漢	孝安皇帝 永初元年	三十七年
戊申	漢	永初二年	三十八年
己酉	漢	永初三年	三十九年
庚戌	漢	永初四年	四十年
辛亥	漢	永初五年	四十一年
壬子	漢	永初六年	四十二年
癸丑	漢	永初七年	四十三年
甲寅	漢	元初元年	四十四年
乙卯	漢	元初二年	四十五年
丙辰	漢	元初三年	四十六年
丁巳	漢	元初四年	四十七年
戊午	漢	元初五年	四十八年
己未	漢	元初六年	四十九年
庚申	漢	永寧元年	五十年
辛酉	漢	建光元年	五十一年
壬戌	漢	延光元年	五十二年
癸亥	漢	延光二年	五十三年

甲子 漢	延光三年	五十四年
乙丑 漢	延光四年	五十五年
丙寅 漢	孝順皇帝 永建元年	五十六年
丁卯 漢	永建二年	五十七年
戊辰 漢	永建三年	五十八年
己巳 漢	永建四年	五十九年
庚午 漢	永建五年	六十年
辛未 漢	永建六年	成務帝 元年
壬申 漢	陽嘉元年	二年
癸酉 漢	陽嘉二年	三年
甲戌 漢	陽嘉三年	四年
乙亥 漢	陽嘉四年	五年
丙子 漢	永和元年	六年
丁丑 漢	永和二年	七年
戊寅 漢	永和三年	八年
己卯 漢	永和四年	九年
庚辰 漢	永和五年	十年
辛巳 漢	永和六年	十一年
壬午 漢	漢安元年	十二年
癸未 漢	漢安二年	十三年
甲申 漢	建康元年	十四年
乙酉 漢	孝沖皇帝 永嘉元年	十五年
丙戌 漢	孝質皇帝 本初元年	十六年
丁亥 漢	孝桓皇帝 建和元年	十七年
戊子 漢	建和二年	十八年
己丑 漢	建和三年	十九年
庚寅 漢	和平元年	二十年
辛卯 漢	元嘉元年	二十一年
壬辰 漢	元嘉二年	二十二年
癸巳 漢	永興元年	二十三年

甲午 漢	永興二年	二十四年
乙未 漢	永壽元年	二十五年
丙申 漢	永壽二年	二十六年
丁酉 漢	永壽三年	二十七年
戊戌 漢	延熹元年	二十八年
己亥 漢	延熹二年	二十九年
庚子 漢	延熹三年	三十年
辛丑 漢	延熹四年	三十一年
壬寅 漢	延熹五年	三十二年
癸卯 漢	延熹六年	三十三年
甲辰 漢	延熹七年	三十四年
乙巳 漢	延熹八年	三十五年
丙午 漢	延熹九年	三十六年
丁未 漢	永康元年	三十七年
戊申 漢	孝靈皇帝 建寧元年	三十八年
己酉 漢	建寧二年	三十九年
庚戌 漢	建寧三年	四十年
辛亥 漢	建寧四年	四十一年
壬子 漢	熹平元年	四十二年
癸丑 漢	熹平二年	四十三年
甲寅 漢	熹平三年	四十四年
乙卯 漢	熹平四年	四十五年
丙辰 漢	熹平五年	四十六年
丁巳 漢	熹平六年	四十七年
戊午 漢	光和元年	四十八年
己未 漢	光和二年	四十九年
庚申 漢	光和三年	五十年
辛酉 漢	光和四年	五十一年
壬戌 漢	光和五年	五十二年
癸亥 漢	光和六年	五十三年

甲子 漢	中平元年	五十四年
乙丑 漢	中平二年	五十五年
丙寅 漢	中平三年	五十六年
丁卯 漢	中平四年	五十七年
戊辰 漢	中平五年	五十八年
己巳 漢	中平六年	五十九年
庚午 漢	孝獻皇帝 初平元年	六十年
辛未 漢	初平二年	六十一年
壬申 漢	初平三年	仲哀帝 元年
癸酉 漢	初平四年	二年
甲戌 漢	興平元年	三年
乙亥 漢	興平二年	四年
丙子 漢	建安元年	五年
丁丑 漢	建安二年	六年
戊寅 漢	建安三年	七年
己卯 漢	建安四年	八年
庚辰 漢	建安五年	九年
辛巳 漢	建安六年	神功皇后攝政 十年
壬午 漢	建安七年	十一年
癸未 漢	建安八年	十二年
甲申 漢	建安九年	十三年
乙酉 漢	建安十年	十四年
丙戌 漢	建安十一年	十五年
丁亥 漢	建安十二年	十六年
戊子 漢	建安十三年	十七年
己丑 漢	建安十四年	十八年
庚寅 漢	建安十五年	十九年
辛卯 漢	建安十六年	二十年
壬辰 漢	建安十七年	二十一年
癸巳 漢	建安十八年	二十二年

甲午 漢	建安十九年	二十三年
乙未 漢	建安二十年	二十四年
丙申 漢	建安二十一年	二十五年
丁酉 漢	建安二十二年	二十六年
戊戌 漢	建安二十三年	二十七年
己亥 漢	建安二十四年	二十八年
庚子 漢	建安二十五年	二十九年
辛丑 三國	魏文皇帝 黃初二年	三十年
壬寅 三國	黃初三年	三十一年
癸卯 三國	黃初四年	三十二年
甲辰 三國	黃初五年	三十三年
乙巳 三國	黃初六年	三十四年
丙午 三國	黃初七年	三十五年
丁未 三國	魏明皇帝 太和元年	三十六年
戊申 三國	太和二年	三十七年
己酉 三國	太和三年	三十八年
庚戌 三國	太和四年	三十九年
辛亥 三國	太和五年	四十年
壬子 三國	太和六年	四十一年
癸丑 三國	青龍元年	四十二年
甲寅 三國	青龍二年	四十三年
乙卯 三國	青龍三年	四十四年
丙辰 三國	青龍四年	四十五年
丁巳 三國	景初元年	四十六年
戊午 三國	景初二年	四十七年
己未 三國	景初三年	四十八年
庚申 三國	魏齊王芳 正始元年	四十九年
辛酉 三國	正始二年	五十年
壬戌 三國	正始三年	五十一年
癸亥 三國	正始四年	五十二年

日本國志卷首　七

甲子 三國 正始五年 五十三年	乙丑 三國 正始六年 五十四年	丙寅 三國 正始七年 五十五年	丁卯 三國 正始八年 五十六年	戊辰 三國 正始九年 五十七年	己巳 三國 嘉平元年 五十八年
庚午 三國 嘉平二年 五十九年	辛未 三國 嘉平三年 六十年	壬申 三國 嘉平四年 六十一年	癸酉 三國 嘉平五年 六十二年	甲戌 三國 魏高貴鄉公髦 正元元年 六十三年	乙亥 三國 正元二年 六十四年
丙子 三國 甘露元年 六十五年	丁丑 三國 甘露二年 六十六年	戊寅 三國 甘露三年 六十七年	己卯 三國 甘露四年 六十八年	庚辰 三國 魏元皇帝 景元元年 六十九年	辛巳 三國 景元二年 七十年
壬午 三國 景元三年 七十一年	癸未 三國 景元四年 七十二年	甲申 三國 咸熙元年 七十三年	乙酉 三國 咸熙二年 七十四年	丙戌 晉 武皇帝 太始二年 七十五年	丁亥 晉 太始三年 七十六年
戊子 晉 太始四年 七十七年	己丑 晉 太始五年 七十八年	庚寅 晉 太始六年 應神帝元年	辛卯 晉 太始七年 二年	壬辰 晉 太始八年 三年	癸巳 晉 太始九年 四年
甲午 晉 太始十年 五年	乙未 晉 咸寧元年 六年	丙申 晉 咸寧二年 七年	丁酉 晉 咸寧三年 八年	戊戌 晉 咸寧四年 九年	己亥 晉 咸寧五年 十年
庚子 晉 太康元年 十一年	辛丑 晉 太康二年 十二年	壬寅 晉 太康三年 十三年	癸卯 晉 太康四年 十四年	甲辰 晉 太康五年 十五年	乙巳 晉 太康六年 十六年
丙午 晉 太康七年 十七年	丁未 晉 太康八年 十八年	戊申 晉 太康九年 十九年	己酉 晉 太康十年 二十年	庚戌 晉 惠皇帝 永熙元年 二十一年	辛亥 晉 元康元年 二十二年
壬子 晉 元康二年 二十三年	癸丑 晉 元康三年 二十四年	甲寅 晉 元康四年 二十五年	乙卯 晉 元康五年 二十六年	丙辰 晉 元康六年 二十七年	丁巳 晉 元康七年 二十八年
戊午 晉 元康八年 二十九年	己未 晉 元康九年 三十年	庚申 晉 永康元年 三十一年	辛酉 晉 永寧元年 三十二年	壬戌 晉 泰安元年 三十三年	癸亥 晉 泰安二年 三十四年

日本國志卷首　八

甲子 晉 永興元年 三十五年	乙丑 晉 永興二年 三十六年	丙寅 晉 光熙元年 三十七年	丁卯 晉 懷皇帝 永嘉元年 三十八年	戊辰 晉 永嘉二年 三十九年	己巳 晉 永嘉三年 四十年
庚午 晉 永嘉四年 四十一年	辛未 晉 永嘉五年 四十二年	壬申 晉 永嘉六年 四十三年	癸酉 晉 愍皇帝 建興元年 仁德帝元年	甲戌 晉 建興二年 二年	乙亥 晉 建興三年 三年
丙子 晉 建興四年 四年	丁丑 東晉 元皇帝 建武元年 五年	戊寅 東晉 太興元年 六年	己卯 東晉 太興二年 七年	庚辰 東晉 太興三年 八年	辛巳 東晉 太興四年 九年
壬午 東晉 永昌元年 十年	癸未 東晉 明皇帝 太寧元年 十一年	甲申 東晉 太寧二年 十二年	乙酉 東晉 太寧三年 十三年	丙戌 東晉 成皇帝 咸和元年 十四年	丁亥 東晉 咸和二年 十五年
戊子 東晉 咸和三年 十六年	己丑 東晉 咸和四年 十七年	庚寅 東晉 咸和五年 十八年	辛卯 東晉 咸和六年 十九年	壬辰 東晉 咸和七年 二十年	癸巳 東晉 咸和八年 二十一年
甲午 東晉 咸和九年 二十二年	乙未 東晉 咸康元年 二十三年	丙申 東晉 咸康二年 二十四年	丁酉 東晉 咸康三年 二十五年	戊戌 東晉 咸康四年 二十六年	己亥 東晉 咸康五年 二十七年
庚子 東晉 咸康六年 二十八年	辛丑 東晉 咸康七年 二十九年	壬寅 東晉 咸康八年 三十年	癸卯 東晉 康皇帝 建元元年 三十一年	甲辰 東晉 建元二年 三十二年	乙巳 東晉 穆皇帝 永和元年 三十三年
丙午 東晉 永和二年 三十四年	丁未 東晉 永和三年 三十五年	戊申 東晉 永和四年 三十六年	己酉 東晉 永和五年 三十七年	庚戌 東晉 永和六年 三十八年	辛亥 東晉 永和七年 三十九年
壬子 東晉 永和八年 四十年	癸丑 東晉 永和九年 四十一年	甲寅 東晉 永和十年 四十二年	乙卯 東晉 永和十一年 四十三年	丙辰 東晉 永和十二年 四十四年	丁巳 東晉 升平元年 四十五年
戊午 東晉 升平二年 四十六年	己未 東晉 升平三年 四十七年	庚申 東晉 升平四年 四十八年	辛酉 東晉 升平五年 四十九年	壬戌 東晉 哀皇帝 隆和元年 五十年	癸亥 東晉 興寧元年 五十一年

甲子 東晉 興寧二年 五十二年	庚午 東晉 太和五年 五十八年	丙子 東晉 太元元年 六十四年	壬午 東晉 太元七年 七十年	戊子 東晉 太元十三年 七十六年
乙丑 東晉 興寧三年 五十三年	辛未 東晉 簡文皇帝 咸安元年 五十九年	丁丑 東晉 太元二年 六十五年	癸未 東晉 太元八年 七十一年	己丑 東晉 太元十四年 七十七年
丙寅 東晉 帝奕 太和元年 五十四年	壬申 東晉 咸安二年 六十年	戊寅 東晉 太元三年 六十六年	甲申 東晉 太元九年 七十二年	庚寅 東晉 太元十五年 七十八年
丁卯 東晉 太和二年 五十五年	癸酉 東晉 孝武皇帝 寧康元年 六十一年	己卯 東晉 太元四年 六十七年	乙酉 東晉 太元十年 七十三年	辛卯 東晉 太元十六年 七十九年
戊辰 東晉 太和三年 五十六年	甲戌 東晉 寧康二年 六十二年	庚辰 東晉 太元五年 六十八年	丙戌 東晉 太元十一年 七十四年	壬辰 東晉 太元十七年 八十年
己巳 東晉 太和四年 五十七年	乙亥 東晉 寧康三年 六十三年	辛巳 東晉 太元六年 六十九年	丁亥 東晉 太元十二年 七十五年	癸巳 東晉 太元十八年 八十一年

甲午 東晉 太元十九年 八十二年	庚子 東晉 隆安四年 履中帝 元年	丙午 東晉 義熙二年 反正帝 元年	壬子 東晉 義熙八年 允恭帝 元年	戊午 東晉 義熙十四年 七年
乙未 東晉 太元二十年 八十三年	辛丑 東晉 隆安五年 二年	丁未 東晉 義熙三年 二年	癸丑 東晉 義熙九年 二年	己未 東晉 恭皇帝 元熙元年 八年
丙申 東晉 太元二十一年 八十四年	壬寅 東晉 元興元年 三年	戊申 東晉 義熙四年 三年	甲寅 東晉 義熙十年 三年	庚申 東晉 元熙二年 九年
丁酉 東晉 安皇帝 隆安元年 八十五年	癸卯 東晉 元興二年 四年	己酉 東晉 義熙五年 四年	乙卯 東晉 義熙十一年 四年	辛酉 南北朝 宋武皇帝 永初二年 十年
戊戌 東晉 隆安二年 八十六年	甲辰 東晉 元興三年 五年	庚戌 東晉 義熙六年 五年	丙辰 東晉 義熙十二年 五年	壬戌 南北朝 永初三年 十一年
己亥 東晉 隆安三年 八十七年	乙巳 東晉 義熙元年 六年	辛亥 東晉 義熙七年 六年	丁巳 東晉 義熙十三年 六年	癸亥 南北朝 宋廢帝 景平元年 十二年

甲子 南北朝 宋文皇帝 元嘉元年 十三年	庚午 南北朝 元嘉七年 十九年	丙子 南北朝 元嘉十三年 二十五年	壬午 南北朝 元嘉十九年 三十一年	戊子 南北朝 元嘉二十五年 三十七年
乙丑 南北朝 元嘉二年 十四年	辛未 南北朝 元嘉八年 二十年	丁丑 南北朝 元嘉十四年 二十六年	癸未 南北朝 元嘉二十年 三十二年	己丑 南北朝 元嘉二十六年 三十八年
丙寅 南北朝 元嘉三年 十五年	壬申 南北朝 元嘉九年 二十一年	戊寅 南北朝 元嘉十五年 二十七年	甲申 南北朝 元嘉二十一年 三十三年	庚寅 南北朝 元嘉二十七年 三十九年
丁卯 南北朝 元嘉四年 十六年	癸酉 南北朝 元嘉十年 二十二年	己卯 南北朝 元嘉十六年 二十八年	乙酉 南北朝 元嘉二十二年 三十四年	辛卯 南北朝 元嘉二十八年 四十年
戊辰 南北朝 元嘉五年 十七年	甲戌 南北朝 元嘉十一年 二十三年	庚辰 南北朝 元嘉十七年 二十九年	丙戌 南北朝 元嘉二十三年 三十五年	壬辰 南北朝 元嘉二十九年 四十一年
己巳 南北朝 元嘉六年 十八年	乙亥 南北朝 元嘉十二年 二十四年	辛巳 南北朝 元嘉十八年 三十年	丁亥 南北朝 元嘉二十四年 三十六年	癸巳 南北朝 元嘉三十年 四十二年

甲午 南北朝 宋孝武皇帝 孝建元年 安康帝 元年	庚子 南北朝 大明四年 四年	丙午 南北朝 宋明皇帝 泰始二年 十年	壬子 南北朝 泰豫元年 十六年	戊午 南北朝 昇明二年 二十二年
乙未 南北朝 孝建二年 二年	辛丑 南北朝 大明五年 五年	丁未 南北朝 泰始三年 十一年	癸丑 南北朝 宋廢帝 元徽元年 十七年	己未 南北朝 昇明三年 二十三年
丙申 南北朝 孝建三年 三年	壬寅 南北朝 大明六年 六年	戊申 南北朝 泰始四年 十二年	甲寅 南北朝 元徽二年 十八年	庚申 南北朝 齊高皇帝 建元二年 清寧帝 元年
丁酉 南北朝 大明元年 雄略帝 元年	癸卯 南北朝 大明七年 七年	己酉 南北朝 泰始五年 十三年	乙卯 南北朝 元徽三年 十九年	辛酉 南北朝 建元三年 二年
戊戌 南北朝 大明二年 二年	甲辰 南北朝 大明八年 八年	庚戌 南北朝 泰始六年 十四年	丙辰 南北朝 元徽四年 二十年	壬戌 南北朝 建元四年 三年
己亥 南北朝 大明三年 三年	乙巳 南北朝 宋帝子業 景和元年 九年	辛亥 南北朝 泰始七年 十五年	丁巳 南北朝 宋順皇帝 昇明元年 二十一年	癸亥 南北朝 齊武皇帝 永明元年 四年

甲子　南北朝	永明二年	五年
乙丑　南北朝	永明三年	顯宗帝元年
丙寅　南北朝	永明四年	二年
丁卯　南北朝	永明五年	三年
戊辰　南北朝	永明六年	仁賢帝元年
己巳　南北朝	永明七年	二年
庚午　南北朝	永明八年	三年
辛未　南北朝	永明九年	四年
壬申　南北朝	永明十年	五年
癸酉　南北朝	永明十一年	六年
甲戌　南北朝	齊明皇帝　建武元年	七年
乙亥　南北朝	建武二年	八年
丙子　南北朝	建武三年	九年
丁丑　南北朝	建武四年	十年
戊寅　南北朝	永泰元年	十一年
己卯　南北朝	齊東昏侯　永元元年	武烈帝元年
庚辰　南北朝	永元二年	二年
辛巳　南北朝	齊和皇帝　中興元年	三年
壬午　南北朝	中興二年	四年
癸未　南北朝	梁武皇帝　天監二年	五年
甲申　南北朝	天監三年	六年
乙酉　南北朝	天監四年	七年
丙戌　南北朝	天監五年	八年
丁亥　南北朝	天監六年	繼體帝元年
戊子　南北朝	天監七年	二年
己丑　南北朝	天監八年	三年
庚寅　南北朝	天監九年	四年
辛卯　南北朝	天監十年	五年
壬辰　南北朝	天監十一年	六年
癸巳　南北朝	天監十二年	七年

甲午　南北朝	天監十三年	八年
乙未　南北朝	天監十四年	九年
丙申　南北朝	天監十五年	十年
丁酉　南北朝	天監十六年	十一年
戊戌　南北朝	天監十七年	十二年
己亥　南北朝	天監十八年	十三年
庚子　南北朝	普通元年	十四年
辛丑　南北朝	普通二年	十五年
壬寅　南北朝	普通三年	十六年
癸卯　南北朝	普通四年	十七年
甲辰　南北朝	普通五年	十八年
乙巳　南北朝	普通六年	十九年
丙午　南北朝	普通七年	二十年
丁未　南北朝	大通元年	二十一年
戊申　南北朝	大通二年	二十二年
己酉　南北朝	中大通元年	二十三年
庚戌　南北朝	中大通二年	二十四年
辛亥　南北朝	中大通三年	二十五年
壬子　南北朝	中大通四年	二十六年
癸丑　南北朝	中大通五年	二十七年
甲寅　南北朝	中大通六年	安閑帝元年
乙卯　南北朝	大同元年	二年
丙辰　南北朝	大同二年	宣化帝元年
丁巳　南北朝	大同三年	二年
戊午　南北朝	大同四年	三年
己未　南北朝	大同五年	四年
庚申　南北朝	大同六年	欽明帝元年
辛酉　南北朝	大同七年	二年
壬戌　南北朝	大同八年	三年
癸亥　南北朝	大同九年	四年

甲子　南北朝	大同十年	五年
乙丑　南北朝	大同十一年	六年
丙寅　南北朝	中大同元年	七年
丁卯　南北朝	大淸元年	八年
戊辰　南北朝	大淸二年	九年
己巳　南北朝	大淸三年	十年
庚午　南北朝	梁簡文皇帝　大寶元年	十一年
辛未　南北朝	大寶二年	十二年
壬申　南北朝	梁孝元皇帝　承聖元年	十三年
癸酉　南北朝	承聖二年	十四年
甲戌　南北朝	承聖三年	十五年
乙亥　南北朝	梁敬皇帝　紹泰元年	十六年
丙子　南北朝	太平元年	十七年
丁丑　南北朝	太平二年	十八年
戊寅　南北朝	陳武皇帝　永定二年	十九年
己卯　南北朝	永定三年	二十年
庚辰　南北朝	陳文皇帝　天嘉元年	二十一年
辛巳　南北朝	天嘉二年	二十二年
壬午　南北朝	天嘉三年	二十三年
癸未　南北朝	天嘉四年	二十四年
甲申　南北朝	天嘉五年	二十五年
乙酉　南北朝	天嘉六年	二十六年
丙戌　南北朝	天康元年	二十七年
丁亥　南北朝	陳臨海王　光大元年	二十八年
戊子　南北朝	光大二年	二十九年
己丑　南北朝	陳孝宣皇帝　太建元年	三十年
庚寅　南北朝	太建二年	三十一年
辛卯　南北朝	太建三年	三十二年
壬辰　南北朝	太建四年	敏達帝元年
癸巳　南北朝	太建五年	二年

甲午　南北朝	太建六年	三年
乙未　南北朝	太建七年	四年
丙申　南北朝	太建八年	五年
丁酉　南北朝	太建九年	六年
戊戌　南北朝	太建十年	七年
己亥　南北朝	太建十一年	八年
庚子　南北朝	太建十二年	九年
辛丑　南北朝	太建十三年	十年
壬寅　南北朝	太建十四年	十一年
癸卯　南北朝	陳後主　至德元年	十二年
甲辰　南北朝	至德二年	十三年
乙巳　南北朝	至德三年	十四年
丙午　南北朝	至德四年	用明帝元年
丁未　南北朝	禎明元年	二年
戊申　南北朝	禎明二年	崇峻帝元年
己酉　隋	文皇帝　開皇九年	二年
庚戌　隋	開皇十年	三年
辛亥　隋	開皇十一年	四年
壬子　隋	開皇十二年	五年
癸丑　隋	開皇十三年	推古帝元年
甲寅　隋	開皇十四年	二年
乙卯　隋	開皇十五年	三年
丙辰　隋	開皇十六年	四年
丁巳　隋	開皇十七年	五年
戊午　隋	開皇十八年	六年
己未　隋	開皇十九年	七年
庚申　隋	開皇二十年	八年
辛酉　隋	仁壽元年	九年
壬戌　隋	仁壽二年	十年
癸亥　隋	仁壽三年	十一年

甲子	隋	仁壽四年	十二年
乙丑	隋	煬皇帝 大業元年	十三年
丙寅	隋	大業二年	十四年
丁卯	隋	大業三年	十五年
戊辰	隋	大業四年	十六年
己巳	隋	大業五年	十七年
庚午	隋	大業六年	十八年
辛未	隋	大業七年	十九年
壬申	隋	大業八年	二十年
癸酉	隋	大業九年	二十一年
甲戌	隋	大業十年	二十二年
乙亥	隋	大業十一年	二十三年
丙子	隋	大業十二年	二十四年
丁丑	隋	大業十三年	二十五年
戊寅	隋	大業十四年	二十六年
己卯	隋	恭皇帝 皇泰元年	二十七年
庚辰	唐	高祖皇帝 武德三年	二十八年
辛巳	唐	武德四年	二十九年
壬午	唐	武德五年	三十年
癸未	唐	武德六年	三十一年
甲申	唐	武德七年	三十二年
乙酉	唐	武德八年	三十三年
丙戌	唐	武德九年	三十四年
丁亥	唐	太宗皇帝 貞觀元年	三十五年
戊子	唐	貞觀二年	三十六年
己丑	唐	貞觀三年	舒明帝 元年
庚寅	唐	貞觀四年	二年
辛卯	唐	貞觀五年	三年
壬辰	唐	貞觀六年	四年
癸巳	唐	貞觀七年	五年

甲午	唐	貞觀八年	六年
乙未	唐	貞觀九年	七年
丙申	唐	貞觀十年	八年
丁酉	唐	貞觀十一年	九年
戊戌	唐	貞觀十二年	十年
己亥	唐	貞觀十三年	十一年
庚子	唐	貞觀十四年	十二年
辛丑	唐	貞觀十五年	十三年
壬寅	唐	貞觀十六年	皇極齊明帝 元年
癸卯	唐	貞觀十七年	二年
甲辰	唐	貞觀十八年	三年
乙巳	唐	貞觀十九年	孝德帝 大化元年
丙午	唐	貞觀二十年	大化二年
丁未	唐	貞觀二十一年	大化三年
戊申	唐	貞觀二十二年	大化四年
己酉	唐	貞觀二十三年	大化五年
庚戌	唐	高宗皇帝 永徽元年	白雉元年
辛亥	唐	永徽二年	白雉二年
壬子	唐	永徽三年	白雉三年
癸丑	唐	永徽四年	白雉四年
甲寅	唐	永徽五年	白雉五年
乙卯	唐	永徽六年	齊明帝復辟 元年
丙辰	唐	顯慶元年	二年
丁巳	唐	顯慶二年	三年
戊午	唐	顯慶三年	四年
己未	唐	顯慶四年	五年
庚申	唐	顯慶五年	六年
辛酉	唐	龍朔元年	七年
壬戌	唐	龍朔二年	天智攝位 八年
癸亥	唐	龍朔三年	九年

甲子	唐	麟德元年	十年
乙丑	唐	麟德二年	十一年
丙寅	唐	乾封元年	十二年
丁卯	唐	乾封二年	十三年
戊辰	唐	總章元年	天智帝 元年
己巳	唐	總章二年	二年
庚午	唐	咸亨元年	三年
辛未	唐	咸亨二年	四年
壬申	唐	咸亨三年	大友帝 元年
癸酉	唐	咸亨四年	天武帝 白鳳元年
甲戌	唐	上元元年	白鳳二年
乙亥	唐	上元二年	白鳳三年
丙子	唐	儀鳳元年	白鳳四年
丁丑	唐	儀鳳二年	白鳳五年
戊寅	唐	儀鳳三年	白鳳六年
己卯	唐	調露元年	白鳳七年
庚辰	唐	永隆元年	白鳳八年
辛巳	唐	開耀元年	白鳳九年
壬午	唐	永淳元年	白鳳十年
癸未	唐	宏道元年	白鳳十一年
甲申	唐	中宗皇帝 嗣聖元年	白鳳十二年
乙酉	唐	武太后 垂拱元年	白鳳十三年
丙戌	唐	垂拱二年	朱鳥元年
丁亥	唐	垂拱三年	朱鳥二年
戊子	唐	垂拱四年	朱鳥三年
己丑	唐	永昌元年	朱鳥四年
庚寅	唐	天授元年	持統帝 元年
辛卯	唐	天授二年	二年
壬辰	唐	如意元年	三年
癸巳	唐	如意二年	四年

甲午	唐	延載元年	五年
乙未	唐	天册萬歲元年	六年
丙申	唐	萬歲通天元年	七年
丁酉	唐	神功元年	文武帝 元年
戊戌	唐	聖歷元年	二年
己亥	唐	聖歷二年	三年
庚子	唐	久視元年	四年
辛丑	唐	大足元年	大寶元年
壬寅	唐	長安二年	大寶二年
癸卯	唐	長安三年	大寶三年
甲辰	唐	長安四年	慶雲元年
乙巳	唐	中宗皇帝 神龍元年	慶雲二年
丙午	唐	神龍二年	慶雲三年
丁未	唐	景龍元年	慶雲四年
戊申	唐	景龍二年	元明帝 和銅元年
己酉	唐	景龍三年	和銅二年
庚戌	唐	睿宗皇帝 景雲元年	和銅三年
辛亥	唐	景雲二年	和銅四年
壬子	唐	太極元年	和銅五年
癸丑	唐	元宗皇帝 開元元年	和銅六年
甲寅	唐	開元二年	和銅七年
乙卯	唐	開元三年	元正帝 靈龜元年
丙辰	唐	開元四年	靈龜二年
丁巳	唐	開元五年	養老元年
戊午	唐	開元六年	養老二年
己未	唐	開元七年	養老三年
庚申	唐	開元八年	養老四年
辛酉	唐	開元九年	養老五年
壬戌	唐	開元十年	養老六年
癸亥	唐	開元十一年	養老七年

甲子　唐	開元十二年	聖武帝　神龜元年
乙丑　唐	開元十三年	神龜二年
丙寅　唐	開元十四年	神龜三年
丁卯　唐	開元十五年	神龜四年
戊辰　唐	開元十六年	神龜五年
己巳　唐	開元十七年	天平元年
庚午　唐	開元十八年	天平二年
辛未　唐	開元十九年	天平三年
壬申　唐	開元二十年	天平四年
癸酉　唐	開元二十一年	天平五年
甲戌　唐	開元二十二年	天平六年
乙亥　唐	開元二十三年	天平七年
丙子　唐	開元二十四年	天平八年
丁丑　唐	開元二十五年	天平九年
戊寅　唐	開元二十六年	天平十年
己卯　唐	開元二十七年	天平十一年
庚辰　唐	開元二十八年	天平十二年
辛巳　唐	開元二十九年	天平十三年
壬午　唐	天寶元年	天平十四年
癸未　唐	天寶二年	天平十五年
甲申　唐	天寶三載	天平十六年
乙酉　唐	天寶四載	天平十七年
丙戌　唐	天寶五載	天平十八年
丁亥　唐	天寶六載	天平十九年
戊子　唐	天寶七載	天平二十年
己丑　唐	天寶八載	孝謙帝　天平勝寶元年
庚寅　唐	天寶九載	天平勝寶二年
辛卯　唐	天寶十載	天平勝寶三年
壬辰　唐	天寶十一載	天平勝寶四年
癸巳　唐	天寶十二載	天平勝寶五年
甲午　唐	天寶十三載	天平勝寶六年
乙未　唐	天寶十四載	天平勝寶七年
丙申　唐	肅宗皇帝　至德元載	天平勝寶八年
丁酉　唐	至德二載	天平寶字元年
戊戌　唐	乾元元年	天平寶字二年
己亥　唐	乾元二年	大炊帝　元年
庚子　唐	上元元年	二年
辛丑　唐	上元二年	三年
壬寅　唐	寶應元年	四年
癸卯　唐	代宗皇帝　廣德元年	五年
甲辰　唐	廣德二年	六年
乙巳　唐	永泰元年	孝謙帝　天平神護元年
丙午　唐	大曆元年	天平神護二年
丁未　唐	大曆二年	神護景雲元年
戊申　唐	大曆三年	神護景雲二年
己酉　唐	大曆四年	神護景雲三年
庚戌　唐	大曆五年	光仁帝　寶龜元年
辛亥　唐	大曆六年	寶龜二年
壬子　唐	大曆七年	寶龜三年
癸丑　唐	大曆八年	寶龜四年
甲寅　唐	大曆九年	寶龜五年
乙卯　唐	大曆十年	寶龜六年
丙辰　唐	大曆十一年	寶龜七年
丁巳　唐	大曆十二年	寶龜八年
戊午　唐	大曆十三年	寶龜九年
己未　唐	大曆十四年	寶龜十年
庚申　唐	德宗皇帝　建中元年	寶龜十一年
辛酉　唐	建中二年	天應元年
壬戌　唐	建中三年	桓武帝　延曆元年
癸亥　唐	建中四年	延曆二年

甲子　唐	興元元年	延曆三年
乙丑　唐	貞元元年	延曆四年
丙寅　唐	貞元二年	延曆五年
丁卯　唐	貞元三年	延曆六年
戊辰　唐	貞元四年	延曆七年
己巳　唐	貞元五年	延曆八年
庚午　唐	貞元六年	延曆九年
辛未　唐	貞元七年	延曆十年
壬申　唐	貞元八年	延曆十一年
癸酉　唐	貞元九年	延曆十二年
甲戌　唐	貞元十年	延曆十三年
乙亥　唐	貞元十一年	延曆十四年
丙子　唐	貞元十二年	延曆十五年
丁丑　唐	貞元十三年	延曆十六年
戊寅　唐	貞元十四年	延曆十七年
己卯　唐	貞元十五年	延曆十八年
庚辰　唐	貞元十六年	延曆十九年
辛巳　唐	貞元十七年	延曆二十年
壬午　唐	貞元十八年	延曆二十一年
癸未　唐	貞元十九年	延曆二十二年
甲申　唐	貞元二十年	延曆二十三年
乙酉　唐	順宗皇帝　永貞元年	延曆二十四年
丙戌　唐	憲宗皇帝　元和元年	平城帝　大同元年
丁亥　唐	元和二年	大同二年
戊子　唐	元和三年	大同三年
己丑　唐	元和四年	大同四年
庚寅　唐	元和五年	嵯峨帝　宏仁元年
辛卯　唐	元和六年	宏仁二年
壬辰　唐	元和七年	宏仁三年
癸巳　唐	元和八年	宏仁四年
甲午　唐	元和九年	宏仁五年
乙未　唐	元和十年	宏仁六年
丙申　唐	元和十一年	宏仁七年
丁酉　唐	元和十二年	宏仁八年
戊戌　唐	元和十三年	宏仁九年
己亥　唐	元和十四年	宏仁十年
庚子　唐	元和十五年	宏仁十一年
辛丑　唐	穆宗皇帝　長慶元年	宏仁十二年
壬寅　唐	長慶二年	宏仁十三年
癸卯　唐	長慶三年	宏仁十四年
甲辰　唐	長慶四年	淳和帝　天長元年
乙巳　唐	敬宗皇帝　寶曆元年	天長二年
丙午　唐	寶曆二年	天長三年
丁未　唐	文宗皇帝　太和元年	天長四年
戊申　唐	太和二年	天長五年
己酉　唐	太和三年	天長六年
庚戌　唐	太和四年	天長七年
辛亥　唐	太和五年	天長八年
壬子　唐	太和六年	天長九年
癸丑　唐	太和七年	天長十年
甲寅　唐	太和八年	仁明帝　承和元年
乙卯　唐	太和九年	承和二年
丙辰　唐	開成元年	承和三年
丁巳　唐	開成二年	承和四年
戊午　唐	開成三年	承和五年
己未　唐	開成四年	承和六年
庚申　唐	開成五年	承和七年
辛酉　唐	武宗皇帝　會昌元年	承和八年
壬戌　唐	會昌二年	承和九年
癸亥　唐	會昌三年	承和十年

干支 朝代	中國	日本
甲子 唐	會昌四年	承和十一年
乙丑 唐	會昌五年	承和十二年
丙寅 唐	會昌六年	承和十三年
丁卯 唐	宣宗皇帝 大中元年	承和十四年
戊辰 唐	大中二年	嘉祥元年
己巳 唐	大中三年	嘉祥二年
庚午 唐	大中四年	嘉祥三年
辛未 唐	大中五年	文德帝 仁壽元年
壬申 唐	大中六年	仁壽二年
癸酉 唐	大中七年	仁壽三年
甲戌 唐	大中八年	齊衡元年
乙亥 唐	大中九年	齊衡二年
丙子 唐	大中十年	齊衡三年
丁丑 唐	大中十一年	天安元年
戊寅 唐	大中十二年	天安二年
己卯 唐	大中十三年	清和帝 貞觀元年
庚辰 唐	懿宗皇帝 咸通元年	貞觀二年
辛巳 唐	咸通二年	貞觀三年
壬午 唐	咸通三年	貞觀四年
癸未 唐	咸通四年	貞觀五年
甲申 唐	咸通五年	貞觀六年
乙酉 唐	咸通六年	貞觀七年
丙戌 唐	咸通七年	貞觀八年
丁亥 唐	咸通八年	貞觀九年
戊子 唐	咸通九年	貞觀十年
己丑 唐	咸通十年	貞觀十一年
庚寅 唐	咸通十一年	貞觀十二年
辛卯 唐	咸通十二年	貞觀十三年
壬辰 唐	咸通十三年	貞觀十四年
癸巳 唐	咸通十四年	貞觀十五年

干支 朝代	中國	日本
甲午 唐	僖宗皇帝 乾符元年	貞觀十六年
乙未 唐	乾符二年	貞觀十七年
丙申 唐	乾符三年	貞觀十八年
丁酉 唐	乾符四年	陽成帝 元慶元年
戊戌 唐	乾符五年	元慶二年
己亥 唐	乾符六年	元慶三年
庚子 唐	廣明元年	元慶四年
辛丑 唐	中和元年	元慶五年
壬寅 唐	中和二年	元慶六年
癸卯 唐	中和三年	元慶七年
甲辰 唐	中和四年	元慶八年
乙巳 唐	光啟元年	光孝帝 仁和元年
丙午 唐	光啟二年	仁和二年
丁未 唐	光啟三年	仁和三年
戊申 唐	文德元年	宇多帝 元年
己酉 唐	昭宗皇帝 龍紀元年	寬平元年
庚戌 唐	大順元年	寬平二年
辛亥 唐	大順二年	寬平三年
壬子 唐	景福元年	寬平四年
癸丑 唐	景福二年	寬平五年
甲寅 唐	乾寧元年	寬平六年
乙卯 唐	乾寧二年	寬平七年
丙辰 唐	乾寧三年	寬平八年
丁巳 唐	乾寧四年	寬平九年
戊午 唐	光化元年	醍醐帝 昌泰元年
己未 唐	光化二年	昌泰二年
庚申 唐	光化三年	昌泰三年
辛酉 唐	天復元年	延喜元年
壬戌 唐	天復二年	延喜二年
癸亥 唐	天復三年	延喜三年

干支 朝代	中國	日本
甲子 唐	天祐元年	延喜四年
乙丑 唐	昭宣帝 天祐二年	延喜五年
丙寅 唐	天祐三年	延喜六年
丁卯 唐	天祐四年	延喜七年
戊辰 五代	梁太祖皇帝 開平二年	延喜八年
己巳 五代	開平三年	延喜九年
庚午 五代	開平四年	延喜十年
辛未 五代	乾化元年	延喜十一年
壬申 五代	乾化二年	延喜十二年
癸酉 五代	梁末帝 乾化三年	延喜十三年
甲戌 五代	乾化四年	延喜十四年
乙亥 五代	貞明元年	延喜十五年
丙子 五代	貞明二年	延喜十六年
丁丑 五代	貞明三年	延喜十七年
戊寅 五代	貞明四年	延喜十八年
己卯 五代	貞明五年	延喜十九年
庚辰 五代	貞明六年	延喜二十年
辛巳 五代	龍德元年	延喜二十一年
壬午 五代	龍德二年	延喜二十二年
癸未 五代	龍德三年	延長元年
甲申 五代	後唐莊宗皇帝 同光元年	延長二年
乙酉 五代	同光二年	延長三年
丙戌 五代	後唐明宗皇帝 天成元年	延長四年
丁亥 五代	天成二年	延長五年
戊子 五代	天成三年	延長六年
己丑 五代	天成四年	延長七年
庚寅 五代	長興元年	延長八年
辛卯 五代	長興二年	朱雀帝 承平元年
壬辰 五代	長興三年	承平二年
癸巳 五代	長興四年	承平三年

干支 朝代	中國	日本
甲午 五代	後唐閔皇帝 應順元年	承平四年
乙未 五代	後唐潞王 清泰二年	承平五年
丙申 五代	清泰三年	承平六年
丁酉 五代	晉高祖皇帝 天福二年	承平七年
戊戌 五代	天福三年	天慶元年
己亥 五代	天福四年	天慶二年
庚子 五代	天福五年	天慶三年
辛丑 五代	天福六年	天慶四年
壬寅 五代	天福七年	天慶五年
癸卯 五代	晉出帝 天福八年	天慶六年
甲辰 五代	開運元年	天慶七年
乙巳 五代	開運二年	天慶八年
丙午 五代	開運三年	天慶九年
丁未 五代	漢高祖皇帝 天福十二年	村上帝 天歷元年
戊申 五代	乾祐元年	天歷二年
己酉 五代	漢隱皇帝 乾祐二年	天歷三年
庚戌 五代	乾祐三年	天歷四年
辛亥 五代	周太祖皇帝 廣順元年	天歷五年
壬子 五代	廣順二年	天歷六年
癸丑 五代	廣順三年	天歷七年
甲寅 五代	周世宗皇帝 顯德元年	天歷八年
乙卯 五代	顯德二年	天歷九年
丙辰 五代	顯德三年	天歷十年
丁巳 五代	顯德四年	天德元年
戊午 五代	顯德五年	天德二年
己未 五代	周恭皇帝 顯德六年	天德三年
庚申 宋	太祖皇帝 建隆元年	天德四年
辛酉 宋	建隆二年	應和元年
壬戌 宋	建隆三年	應和二年
癸亥 宋	乾德元年	應和三年

甲子 宋	乾德二年	康保元年
乙丑 宋	乾德三年	康保二年
丙寅 宋	乾德四年	康保三年
丁卯 宋	乾德五年	康保四年
戊辰 宋	開寶元年	安和元年 冷泉帝
己巳 宋	開寶二年	安和二年
庚午 宋	開寶三年	天祿元年 圓融帝
辛未 宋	開寶四年	天祿二年
壬申 宋	開寶五年	天祿三年
癸酉 宋	開寶六年	天延元年
甲戌 宋	開寶七年	天延二年
乙亥 宋	開寶八年	天延三年
丙子 宋	開寶九年	貞元元年
丁丑 宋	太平興國二年 太宗皇帝	貞元二年
戊寅 宋	太平興國三年	天元元年
己卯 宋	太平興國四年	天元二年
庚辰 宋	太平興國五年	天元三年
辛巳 宋	太平興國六年	天元四年
壬午 宋	太平興國七年	天元五年
癸未 宋	太平興國八年	永觀元年
甲申 宋	雍熙元年	永觀二年
乙酉 宋	雍熙二年	寬和元年 華山帝
丙戌 宋	雍熙三年	寬和二年
丁亥 宋	雍熙四年	永延元年 一條帝
戊子 宋	端拱元年	永延二年
己丑 宋	端拱二年	永祚元年
庚寅 宋	湻化元年	正曆元年
辛卯 宋	湻化二年	正曆二年
壬辰 宋	湻化三年	正曆三年
癸巳 宋	湻化四年	正曆四年

甲午 宋	湻化五年	正曆五年
乙未 宋	至道元年	長德元年
丙申 宋	至道二年	長德二年
丁酉 宋	至道三年	長德三年
戊戌 宋	咸平元年 眞宗皇帝	長德四年
己亥 宋	咸平二年	長保元年
庚子 宋	咸平三年	長保二年
辛丑 宋	咸平四年	長保三年
壬寅 宋	咸平五年	長保四年
癸卯 宋	咸平六年	長保五年
甲辰 宋	景德元年	寬弘元年
乙巳 宋	景德二年	寬弘二年
丙午 宋	景德三年	寬弘三年
丁未 宋	景德四年	寬弘四年
戊申 宋	大中祥符元年	寬弘五年
己酉 宋	大中祥符二年	寬弘六年
庚戌 宋	大中祥符三年	寬弘七年
辛亥 宋	大中祥符四年	寬弘八年
壬子 宋	大中祥符五年	長和元年 三條帝
癸丑 宋	大中祥符六年	長和二年
甲寅 宋	大中祥符七年	長和三年
乙卯 宋	大中祥符八年	長和四年
丙辰 宋	大中祥符九年	長和五年
丁巳 宋	天禧元年	寬仁元年 後一條帝
戊午 宋	天禧二年	寬仁二年
己未 宋	天禧三年	寬仁三年
庚申 宋	天禧四年	寬仁四年
辛酉 宋	天禧五年	治安元年
壬戌 宋	乾興元年	治安二年
癸亥 宋	天聖元年 仁宗皇帝	治安三年

甲子 宋	天聖二年	萬壽元年
乙丑 宋	天聖三年	萬壽二年
丙寅 宋	天聖四年	萬壽三年
丁卯 宋	天聖五年	萬壽四年
戊辰 宋	天聖六年	長元元年
己巳 宋	天聖七年	長元二年
庚午 宋	天聖八年	長元三年
辛未 宋	天聖九年	長元四年
壬申 宋	明道元年	長元五年
癸酉 宋	明道二年	長元六年
甲戌 宋	景祐元年	長元七年
乙亥 宋	景祐二年	長元八年
丙子 宋	景祐三年	長元九年
丁丑 宋	景祐四年	長曆元年 後朱雀帝
戊寅 宋	寶元元年	長曆二年
己卯 宋	寶元二年	長曆三年
庚辰 宋	康定元年	長久元年
辛巳 宋	慶曆元年	長久二年
壬午 宋	慶曆二年	長久三年
癸未 宋	慶曆三年	長久四年
甲申 宋	慶曆四年	寬德元年
乙酉 宋	慶曆五年	寬德二年
丙戌 宋	慶曆六年	永承元年 後冷泉帝
丁亥 宋	慶曆七年	永承二年
戊子 宋	慶曆八年	永承三年
己丑 宋	皇祐元年	永承四年
庚寅 宋	皇祐二年	永承五年
辛卯 宋	皇祐三年	永承六年
壬辰 宋	皇祐四年	永承七年
癸巳 宋	皇祐五年	天喜元年

甲午 宋	至和元年	天喜二年
乙未 宋	至和二年	天喜三年
丙申 宋	嘉祐元年	天喜四年
丁酉 宋	嘉祐二年	天喜五年
戊戌 宋	嘉祐三年	康平元年
己亥 宋	嘉祐四年	康平二年
庚子 宋	嘉祐五年	康平三年
辛丑 宋	嘉祐六年	康平四年
壬寅 宋	嘉祐七年	康平五年
癸卯 宋	嘉祐八年	康平六年
甲辰 宋	治平元年 英宗皇帝	康平七年
乙巳 宋	治平二年	治曆元年
丙午 宋	治平三年	治曆二年
丁未 宋	治平四年	治曆三年
戊申 宋	熙寧元年 神宗皇帝	治曆四年
己酉 宋	熙寧二年	延久元年 後三條帝
庚戌 宋	熙寧三年	延久二年
辛亥 宋	熙寧四年	延久三年
壬子 宋	熙寧五年	延久四年
癸丑 宋	熙寧六年	元年 白河帝
甲寅 宋	熙寧七年	承保元年
乙卯 宋	熙寧八年	承保二年
丙辰 宋	熙寧九年	承保三年
丁巳 宋	熙寧十年	承曆元年
戊午 宋	元豐元年	承曆二年
己未 宋	元豐二年	承曆三年
庚申 宋	元豐三年	承曆四年
辛酉 宋	元豐四年	永保元年
壬戌 宋	元豐五年	永保二年
癸亥 宋	元豐六年	永保三年

甲子 宋	乙丑 宋	丙寅 宋	丁卯 宋	戊辰 宋	己巳 宋
元豐七年	元豐八年	哲宗皇帝 元祐元年	元祐二年	元祐三年	元祐四年
應德元年	應德二年	應德三年	堀河帝 寛治元年	寛治二年	寛治三年
庚午 宋	辛未 宋	壬申 宋	癸酉 宋	甲戌 宋	乙亥 宋
元祐五年	元祐六年	元祐七年	元祐八年	紹聖元年	紹聖二年
寛治四年	寛治五年	寛治六年	寛治七年	嘉保元年	嘉保二年
丙子 宋	丁丑 宋	戊寅 宋	己卯 宋	庚辰 宋	辛巳 宋
紹聖三年	紹聖四年	元符元年	元符二年	元符三年	徽宗皇帝 建中靖國元年
永長元年	承德元年	承德二年	康和元年	康和二年	康和三年
壬午 宋	癸未 宋	甲申 宋	乙酉 宋	丙戌 宋	丁亥 宋
崇寧元年	崇寧二年	崇寧三年	崇寧四年	崇寧五年	大觀元年
康和四年	康和五年	長治元年	長治二年	嘉承元年	嘉承二年
戊子 宋	己丑 宋	庚寅 宋	辛卯 宋	壬辰 宋	癸巳 宋
大觀二年	大觀三年	大觀四年	政和元年	政和二年	政和三年
鳥羽帝 天仁元年	天仁二年	天永元年	天永二年	天永三年	永久元年

甲午 宋	乙未 宋	丙申 宋	丁酉 宋	戊戌 宋	己亥 宋
政和四年	政和五年	政和六年	政和七年	重和元年	宣和元年
永久二年	永久三年	永久四年	永久五年	元永元年	元永二年
庚子 宋	辛丑 宋	壬寅 宋	癸卯 宋	甲辰 宋	乙巳 宋
宣和二年	宣和三年	宣和四年	宣和五年	宣和六年	宣和七年
保安元年	保安二年	保安三年	保安四年	崇德帝 天治元年	天治二年
丙午 宋	丁未 南宋	戊申 南宋	己酉 南宋	庚戌 南宋	辛亥 南宋
欽宗皇帝 靖康元年	高宗皇帝 建炎元年	建炎二年	建炎三年	建炎四年	紹興元年
大治元年	大治二年	大治三年	大治四年	大治五年	天承元年
壬子 南宋	癸丑 南宋	甲寅 南宋	乙卯 南宋	丙辰 南宋	丁巳 南宋
紹興二年	紹興三年	紹興四年	紹興五年	紹興六年	紹興七年
長承元年	長承二年	長承三年	保延元年	保延二年	保延三年
戊午 南宋	己未 南宋	庚申 南宋	辛酉 南宋	壬戌 南宋	癸亥 南宋
紹興八年	紹興九年	紹興十年	紹興十一年	紹興十二年	紹興十三年
保延四年	保延五年	保延六年	永治元年	近衛帝 康治元年	康治二年

甲子 南宋	乙丑 南宋	丙寅 南宋	丁卯 南宋	戊辰 南宋	己巳 南宋
紹興十四年	紹興十五年	紹興十六年	紹興十七年	紹興十八年	紹興十九年
天養元年	久安元年	久安二年	久安三年	久安四年	久安五年
庚午 南宋	辛未 南宋	壬申 南宋	癸酉 南宋	甲戌 南宋	乙亥 南宋
紹興二十年	紹興二十一年	紹興二十二年	紹興二十三年	紹興二十四年	紹興二十五年
久安六年	仁平元年	仁平二年	仁平三年	久壽元年	久壽二年
丙子 南宋	丁丑 南宋	戊寅 南宋	己卯 南卯	庚辰 南宋	辛巳 南宋
紹興二十六年	紹興二十七年	紹興二十八年	紹興二十九年	紹興三十年	紹興三十一年
後白河帝 保元元年	保元二年	保元三年	二條帝 平治元年	永歷元年	應保元年
壬午 南宋	癸未 南宋	甲申 南宋	乙酉 南宋	丙戌 南宋	丁亥 南宋
紹興三十二年	孝宗皇帝 隆興元年	隆興二年	乾道元年	乾道二年	乾道三年
應保二年	長寛元年	長寛二年	永萬元年	六條帝 仁安元年	仁安二年
戊子 南宋	己丑 南宋	庚寅 南宋	辛卯 南宋	壬辰 南宋	癸巳 南宋
乾道四年	乾道五年	乾道六年	乾道七年	乾道八年	乾道九年
仁安三年	高倉帝 嘉應元年	嘉應二年	承安元年	承安二年	承安三年

甲午 南宋	乙未 南宋	丙申 南宋	丁酉 南宋	戊戌 南宋	己亥 南宋
淳熙元年	淳熙二年	淳熙三年	淳熙四年	淳熙五年	淳熙六年
承安四年	安元元年	安元二年	治承元年	治承二年	治承三年
庚子 南宋	辛丑 南宋	壬寅 南宋	癸卯 南宋	甲辰 南宋	乙巳 南宋
淳熙七年	淳熙八年	淳熙九年	淳熙十年	淳熙十一年	淳熙十二年
治承四年	安德帝 養和元年	壽永元年	壽永二年	後鳥羽帝 元歷元年	文治元年
丙午 南宋	丁未 南宋	戊申 南宋	己酉 南宋	庚戌 南宋	辛亥 南宋
淳熙十三年	淳熙十四年	淳熙十五年	淳熙十六年	光宗皇帝 淳熙十七年	紹熙二年
文治二年	文治三年	文治四年	文治五年	建久元年	建久二年
壬子 南宋	癸丑 南宋	甲寅 南宋	乙卯 南宋	丙辰 南宋	丁巳 南宋
紹熙三年	紹熙四年	紹熙五年	寧宗皇帝 慶元元年	慶元二年	慶元三年
建久三年	建久四年	建久五年	建久六年	建久七年	建久八年
戊午 南宋	己未 南宋	庚申 南宋	辛酉 南宋	壬戌 南宋	癸亥 南宋
慶元四年	慶元五年	慶元六年	嘉泰元年	嘉泰二年	嘉泰三年
建久九年	土御門帝 正治元年	正治二年	建仁元年	建仁二年	建仁三年

干支	中國	中國紀年	日本紀年
甲子	南宋	嘉泰四年	元久元年
乙丑	南宋	開禧元年	元久二年
丙寅	南宋	開禧二年	建永元年
丁卯	南宋	開禧三年	承元元年
戊辰	南宋	嘉定元年	承元二年
己巳	南宋	嘉定二年	承元三年
庚午	南宋	嘉定三年	承元四年
辛未	南宋	嘉定四年	順德帝 建歷元年
壬申	南宋	嘉定五年	建歷二年
癸酉	南宋	嘉定六年	建保元年
甲戌	南宋	嘉定七年	建保二年
乙亥	南宋	嘉定八年	建保三年
丙子	南宋	嘉定九年	建保四年
丁丑	南宋	嘉定十年	建保五年
戊寅	南宋	嘉定十一年	建保六年
己卯	南宋	嘉定十二年	承久元年
庚辰	南宋	嘉定十三年	承久二年
辛巳	南宋	嘉定十四年	九條廢帝 承久三年
壬午	南宋	嘉定十五年	後堀河帝 貞應元年
癸未	南宋	嘉定十六年	貞應二年
甲申	南宋	嘉定十七年	元仁元年
乙酉	南宋	理宗皇帝 寶慶元年	嘉祿元年
丙戌	南宋	寶慶二年	嘉祿二年
丁亥	南宋	寶慶三年	安貞元年
戊子	南宋	紹定元年	安貞二年
己丑	南宋	紹定二年	寬喜元年
庚寅	南宋	紹定三年	寬喜二年
辛卯	南宋	紹定四年	寬喜三年
壬辰	南宋	紹定五年	貞永元年
癸巳	南宋	紹定六年	四條帝 天福元年
甲午	南宋	端平元年	文歷元年
乙未	南宋	端平二年	嘉禎元年
丙申	南宋	端平三年	嘉禎二年
丁酉	南宋	嘉熙元年	嘉禎三年
戊戌	南宋	嘉熙二年	歷仁元年
己亥	南宋	嘉熙三年	延應元年
庚子	南宋	嘉熙四年	仁治元年
辛丑	南宋	湻祐元年	仁治二年
壬寅	南宋	湻祐二年	仁治三年
癸卯	南宋	湻祐三年	後嵯峨帝 寬元元年
甲辰	南宋	湻祐四年	寬元二年
乙巳	南宋	湻祐五年	寬元三年
丙午	南宋	湻祐六年	寬元四年
丁未	南宋	湻祐七年	後深草帝 寶治元年
戊申	南宋	湻祐八年	寶治二年
己酉	南宋	湻祐九年	建長元年
庚戌	南宋	湻祐十年	建長二年
辛亥	南宋	湻祐十一年	建長三年
壬子	南宋	湻祐十二年	建長四年
癸丑	南宋	寶祐元年	建長五年
甲寅	南宋	寶祐二年	建長六年
乙卯	南宋	寶祐三年	建長七年
丙辰	南宋	寶祐四年	康元元年
丁巳	南宋	寶祐五年	正嘉元年
戊午	南宋	寶祐六年	正嘉二年
己未	南宋	開慶元年	正元元年
庚申	南宋	景定元年	龜山帝 文應元年
辛酉	南宋	景定二年	宏長元年
壬戌	南宋	景定三年	宏長二年
癸亥	南宋	景定四年	宏長三年

干支	中國	中國紀年	日本紀年
甲子	南宋	景定五年	文永元年
乙丑	南宋	度宗皇帝 咸湻元年	文永二年
丙寅	南宋	咸湻二年	文永三年
丁卯	南宋	咸湻三年	文永四年
戊辰	南宋	咸湻四年	文永五年
己巳	南宋	咸湻五年	文永六年
庚午	南宋	咸湻六年	文永七年
辛未	南宋	咸湻七年	文永八年
壬申	南宋	咸湻八年	文永九年
癸酉	南宋	咸湻九年	文永十年
甲戌	南宋	咸湻十年	文永十一年
乙亥	南宋	少帝㬎 德祐元年	後宇多帝 建治元年
丙子	元	世祖皇帝 至元十三年	建治二年
丁丑	元	至元十四年	建治三年
戊寅	元	至元十五年	宏安元年
己卯	元	至元十六年	宏安二年
庚辰	元	至元十七年	宏安三年
辛巳	元	至元十八年	宏安四年
壬午	元	至元十九年	宏安五年
癸未	元	至元二十年	宏安六年
甲申	元	至元二十一年	宏安七年
乙酉	元	至元二十二年	宏安八年
丙戌	元	至元二十三年	宏安九年
丁亥	元	至元二十四年	宏安十年
戊子	元	至元二十五年	伏見帝 正應元年
己丑	元	至元二十六年	正應二年
庚寅	元	至元二十七年	正應三年
辛卯	元	至元二十八年	正應四年
壬辰	元	至元二十九年	正應五年
癸巳	元	至元三十年	永仁元年
甲午	元	至元三十一年	永仁二年
乙未	元	成宗皇帝 元貞元年	永仁三年
丙申	元	元貞二年	永仁四年
丁酉	元	大德元年	永仁五年
戊戌	元	大德二年	永仁六年
己亥	元	大德三年	後伏見帝 正安元年
庚子	元	大德四年	正安二年
辛丑	元	大德五年	正安三年
壬寅	元	大德六年	後二條帝 乾元元年
癸卯	元	大德七年	嘉元元年
甲辰	元	大德八年	嘉元二年
乙巳	元	大德九年	嘉元三年
丙午	元	大德十年	德治元年
丁未	元	大德十一年	德治二年
戊申	元	武宗皇帝 至大元年	花園帝 延慶元年
己酉	元	至大二年	延慶二年
庚戌	元	至大三年	延慶三年
辛亥	元	至大四年	應長元年
壬子	元	仁宗皇帝 皇慶元年	正和元年
癸丑	元	皇慶二年	正和二年
甲寅	元	延祐元年	正和三年
乙卯	元	延祐二年	正和四年
丙辰	元	延祐三年	正和五年
丁巳	元	延祐四年	文保元年
戊午	元	延祐五年	文保二年
己未	元	延祐六年	後醍醐帝 元應元年
庚申	元	延祐七年	元應二年
辛酉	元	英宗皇帝 至治元年	元亨元年
壬戌	元	至治二年	元亨二年
癸亥	元	至治三年	元亨三年

甲子　元	泰定帝 泰定元年	正中元年
乙丑　元	泰定二年	正中二年
丙寅　元	泰定三年	嘉歷元年
丁卯　元	泰定四年	嘉歷二年
戊辰　元	致和元年	嘉歷三年
己巳　元	明宗皇帝 天歷二年	元德元年
庚午　元	文宗皇帝 至順元年	元德二年
辛未　元	至順二年	元宏元年
壬申　元	至順三年 是年分南北朝	元宏二年
癸酉　元	順皇帝 元統元年	元宏三年
甲戌　元	元統二年	建武元年
乙亥　元	至元元年	建武二年
丙子　元	至元二年	延元元年
丁丑　元	至元三年	延元二年
戊寅　元	至元四年	延元三年
己卯　元	至元五年	後村上帝 元年
庚辰　元	至元六年	興國元年
辛巳　元	至正元年	興國二年
壬午　元	至正二年	興國三年
癸未　元	至正三年	興國四年
甲申　元	至正四年	興國五年
乙酉　元	至正五年	興國六年
丙戌　元	至正六年	正平元年
丁亥　元	至正七年	正平二年
戊子　元	至正八年	正平三年
己丑　元	至正九年	正平四年
庚寅　元	至正十年	正平五年
辛卯　元	至正十一年	正平六年
壬辰　元	至正十二年	正平七年
癸巳　元	至正十三年	正平八年

甲午　元	至正十四年	正平九年
乙未　元	至正十五年	正平十年
丙申　元	至正十六年	正平十一年
丁酉　元	至正十七年	正平十二年
戊戌　元	至正十八年	正平十三年
己亥　元	至正十九年	正平十四年
庚子　元	至正二十年	正平十五年
辛丑　元	至正二十一年	正平十六年
壬寅　元	至正二十二年	正平十七年
癸卯　元	至正二十三年	正平十八年
甲辰　元	至正二十四年	正平十九年
乙巳　元	至正二十五年	正平二十年
丙午　元	至正二十六年	正平二十一年
丁未　元	至正二十七年	正平二十二年
戊申　明	太祖皇帝 洪武元年	長慶帝 正平二十三年
己酉　明	洪武二年	正平二十四年
庚戌　明	洪武三年	建德元年
辛亥　明	洪武四年	建德二年
壬子　明	洪武五年	文中元年
癸丑　明	洪武六年	文中二年
甲寅　明	洪武七年	文中三年
乙卯　明	洪武八年	後龜山帝 天授元年
丙辰　明	洪武九年	天授二年
丁巳　明	洪武十年	天授三年
戊午　明	洪武十一年	天授四年
己未　明	洪武十二年	天授五年
庚申　明	洪武十三年	天授六年
辛酉　明	洪武十四年	宏和元年
壬戌　明	洪武十五年	宏和二年
癸亥　明	洪武十六年	宏和三年

甲子　明	洪武十七年	元中元年
乙丑　明	洪武十八年	元中二年
丙寅　明	洪武十九年	元中三年
丁卯　明	洪武二十年	元中四年
戊辰　明	洪武二十一年	元中五年
己巳　明	洪武二十二年	元中六年
庚午　明	洪武二十三年	元中七年
辛未　明	洪武二十四年	元中八年
壬申　明	洪武二十五年 是年北朝合一	元中九年
癸酉　明	洪武二十六年	後小松帝 元年
甲戌　明	洪武二十七年	應永元年
乙亥　明	洪武二十八年	應永二年
丙子　明	洪武二十九年	應永三年
丁丑　明	洪武三十年	應永四年
戊寅　明	洪武三十一年	應永五年
己卯　明	惠皇帝 建文元年	應永六年
庚辰　明	建文二年	應永七年
辛巳　明	建文三年	應永八年
壬午　明	建文四年	應永九年
癸未　明	成祖皇帝 永樂元年	應永十年
甲申　明	永樂二年	應永十一年
乙酉　明	永樂三年	應永十二年
丙戌　明	永樂四年	應永十三年
丁亥　明	永樂五年	應永十四年
戊子　明	永樂六年	應永十五年
己丑　明	永樂七年	應永十六年
庚寅　明	永樂八年	應永十七年
辛卯　明	永樂九年	應永十八年
壬辰　明	永樂十年	應永十九年
癸巳　明	永樂十一年	稱光帝 應永二十年

甲午　明	永樂十二年	應永二十一年
乙未　明	永樂十三年	應永二十二年
丙申　明	永樂十四年	應永二十三年
丁酉　明	永樂十五年	應永二十四年
戊戌　明	永樂十六年	應永二十五年
己亥　明	永樂十七年	應永二十六年
庚子　明	永樂十八年	應永二十七年
辛丑　明	永樂十九年	應永二十八年
壬寅　明	永樂二十年	應永二十九年
癸卯　明	永樂二十一年	應永三十年
甲辰　明	永樂二十二年	應永三十一年
乙巳　明	仁宗皇帝 洪熙元年	應永三十二年
丙午　明	宣宗皇帝 宣德元年	應永三十三年
丁未　明	宣德二年	應永三十四年
戊申　明	宣德三年	正長元年
己酉　明	宣德四年	後花園帝 永享元年
庚戌　明	宣德五年	永享二年
辛亥　明	宣德六年	永享三年
壬子　明	宣德七年	永享四年
癸丑　明	宣德八年	永享五年
甲寅　明	宣德九年	永享六年
乙卯　明	宣德十年	永享七年
丙辰　明	英宗皇帝 正統元年	永享八年
丁巳　明	正統二年	永享九年
戊午　明	正統三年	永享十年
己未　明	正統四年	永享十一年
庚申　明	正統五年	永享十二年
辛酉　明	正統六年	嘉吉元年
壬戌　明	正統七年	嘉吉二年
癸亥　明	正統八年	嘉吉三年

甲子 明	正統九年	文安元年
乙丑 明	正統十年	文安二年
丙寅 明	正統十一年	文安三年
丁卯 明	正統十二年	文安四年
戊辰 明	正統十三年	文安五年
己巳 明	正統十四年	寶德元年
庚午 明	景皇帝 景泰元年	寶德二年
辛未 明	景泰二年	寶德三年
壬申 明	景泰三年	享德元年
癸酉 明	景泰四年	享德二年
甲戌 明	景泰五年	享德三年
乙亥 明	景泰六年	康正元年
丙子 明	景泰七年	康正二年
丁丑 明	景泰八年	長祿元年
戊寅 明	英宗皇帝 天順二年	長祿二年
己卯 明	天順三年	長祿三年
庚辰 明	天順四年	寬正元年
辛巳 明	天順五年	寬正二年
壬午 明	天順六年	寬正三年
癸未 明	天順七年	寬正四年
甲申 明	天順八年	寬正五年
乙酉 明	憲宗皇帝 成化元年	後土御門帝 元年
丙戌 明	成化二年	文正元年
丁亥 明	成化三年	應仁元年
戊子 明	成化四年	應仁二年
己丑 明	成化五年	文明元年
庚寅 明	成化六年	文明二年
辛卯 明	成化七年	文明三年
壬辰 明	成化八年	文明四年
癸巳 明	成化九年	文明五年

日本國志卷首　二十七

甲午 明	成化十年	文明六年
乙未 明	成化十一年	文明七年
丙申 明	成化十二年	文明八年
丁酉 明	成化十三年	文明九年
戊戌 明	成化十四年	文明十年
己亥 明	成化十五年	文明十一年
庚子 明	成化十六年	文明十二年
辛丑 明	成化十七年	文明十三年
壬寅 明	成化十八年	文明十四年
癸卯 明	成化十九年	文明十五年
甲辰 明	成化二十年	文明十六年
乙巳 明	成化二十一年	文明十七年
丙午 明	成化二十二年	文明十八年
丁未 明	成化二十三年	長享元年
戊申 明	孝宗皇帝 宏治元年	長享二年
己酉 明	宏治二年	延德元年
庚戌 明	宏治三年	延德二年
辛亥 明	宏治四年	延德三年
壬子 明	宏治五年	明應元年
癸丑 明	宏治六年	明應二年
甲寅 明	宏治七年	明應三年
乙卯 明	宏治八年	明應四年
丙辰 明	宏治九年	明應五年
丁巳 明	宏治十年	明應六年
戊午 明	宏治十一年	明應七年
己未 明	宏治十二年	明應八年
庚申 明	宏治十三年	明應九年
辛酉 明	宏治十四年	後柏原帝 文龜元年
壬戌 明	宏治十五年	文龜二年
癸亥 明	宏治十六年	文龜三年

甲子 明	宏治十七年	永正元年
乙丑 明	宏治十八年	永正二年
丙寅 明	武宗皇帝 正德元年	永正三年
丁卯 明	正德二年	永正四年
戊辰 明	正德三年	永正五年
己巳 明	正德四年	永正六年
庚午 明	正德五年	永正七年
辛未 明	正德六年	永正八年
壬申 明	正德七年	永正九年
癸酉 明	正德八年	永正十年
甲戌 明	正德九年	永正十一年
乙亥 明	正德十年	永正十二年
丙子 明	正德十一年	永正十三年
丁丑 明	正德十二年	永正十四年
戊寅 明	正德十三年	永正十五年
己卯 明	正德十四年	永正十六年
庚辰 明	正德十五年	永正十七年
辛巳 明	正德十六年	大永元年
壬午 明	世宗皇帝 嘉靖元年	大永二年
癸未 明	嘉靖二年	大永三年
甲申 明	嘉靖三年	大永四年
乙酉 明	嘉靖四年	大永五年
丙戌 明	嘉靖五年	大永六年
丁亥 明	嘉靖六年	後奈良帝 大永七年
戊子 明	嘉靖七年	享祿元年
己丑 明	嘉靖八年	享祿二年
庚寅 明	嘉靖九年	享祿三年
辛卯 明	嘉靖十年	享祿四年
壬辰 明	嘉靖十一年	天文元年
癸巳 明	嘉靖十二年	天文二年

日本國志卷首　二十八

甲午 明	嘉靖十三年	天文三年
乙未 明	嘉靖十四年	天文四年
丙申 明	嘉靖十五年	天文五年
丁酉 明	嘉靖十六年	天文六年
戊戌 明	嘉靖十七年	天文七年
己亥 明	嘉靖十八年	天文八年
庚子 明	嘉靖十九年	天文九年
辛丑 明	嘉靖二十年	天文十年
壬寅 明	嘉靖二十一年	天文十一年
癸卯 明	嘉靖二十二年	天文十二年
甲辰 明	嘉靖二十三年	天文十三年
乙巳 明	嘉靖二十四年	天文十四年
丙午 明	嘉靖二十五年	天文十五年
丁未 明	嘉靖二十六年	天文十六年
戊申 明	嘉靖二十七年	天文十七年
己酉 明	嘉靖二十八年	天文十八年
庚戌 明	嘉靖二十九年	天文十九年
辛亥 明	嘉靖三十年	天文二十年
壬子 明	嘉靖三十一年	天文二十一年
癸丑 明	嘉靖三十二年	天文二十二年
甲寅 明	嘉靖三十三年	天文二十三年
乙卯 明	嘉靖三十四年	宏治元年
丙辰 明	嘉靖三十五年	宏治二年
丁巳 明	嘉靖三十六年	宏治三年
戊午 明	嘉靖三十七年	正親町帝 永祿元年
己未 明	嘉靖三十八年	永祿二年
庚申 明	嘉靖三十九年	永祿三年
辛酉 明	嘉靖四十年	永祿四年
壬戌 明	嘉靖四十一年	永祿五年
癸亥 明	嘉靖四十二年	永祿六年

甲子 明	乙丑 明	丙寅 明	丁卯 明	戊辰 明	己巳 明
嘉靖四十三年	嘉靖四十四年	嘉靖四十五年	穆宗皇帝 隆慶元年	隆慶二年	隆慶三年
永祿七年	永祿八年	永祿九年	永祿十年	永祿十一年	永祿十二年
庚午 明	辛未 明	壬申 明	癸酉 明	甲戌 明	乙亥 明
隆慶四年	隆慶五年	隆慶六年	神宗皇帝 萬曆元年	萬曆二年	萬曆三年
元龜元年	元龜二年	元龜三年	天正元年	天正二年	天正三年
丙子 明	丁丑 明	戊寅 明	己卯 明	庚辰 明	辛巳 明
萬曆四年	萬曆五年	萬曆六年	萬曆七年	萬曆八年	萬曆九年
天正四年	天正五年	天正六年	天正七年	天正八年	天正九年
壬午 明	癸未 明	甲申 明	乙酉 明	丙戌 明	丁亥 明
萬曆十年	萬曆十一年	萬曆十二年	萬曆十三年	萬曆十四年	萬曆十五年
天正十年	天正十一年	天正十二年	天正十三年	天正十四年	後陽成帝 天正十五年
戊子 明	己丑 明	庚寅 明	辛卯 明	壬辰 明	癸巳 明
萬曆十六年	萬曆十七年	萬曆十八年	萬曆十九年	萬曆二十年	萬曆二十一年
天正十六年	天正十七年	天正十八年	天正十九年	文祿元年	文祿二年

甲午 明	乙未 明	丙申 明	丁酉 明	戊戌 明	己亥 明
萬曆二十二年	萬曆二十三年	萬曆二十四年	萬曆二十五年	萬曆二十六年	萬曆二十七年
文祿三年	文祿四年	慶長元年	慶長二年	慶長三年	慶長四年
庚子 明	辛丑 明	壬寅 明	癸卯 明	甲辰 明	乙巳 明
萬曆二十八年	萬曆二十九年	萬曆三十年	萬曆三十一年	萬曆三十二年	萬曆三十三年
慶長五年	慶長六年	慶長七年	慶長八年	慶長九年	慶長十年
丙午 明	丁未 明	戊申 明	己酉 明	庚戌 明	辛亥 明
萬曆三十四年	萬曆三十五年	萬曆三十六年	萬曆三十七年	萬曆三十八年	萬曆三十九年
慶長十一年	慶長十二年	慶長十三年	慶長十四年	慶長十五年	慶長十六年
壬子 明	癸丑 明	甲寅 明	乙卯 明	丙辰 明	丁巳 明
萬曆四十年	萬曆四十一年	萬曆四十二年	萬曆四十三年	萬曆四十四年	萬曆四十五年
後水尾帝 慶長十七年	慶長十八年	慶長十九年	元和元年	元和二年	元和三年
戊午 明	己未 明	庚申 明	辛酉 明	壬戌 明	癸亥 明
萬曆四十六年	萬曆四十七年	光宗皇帝 泰昌元年	熹宗皇帝 天啟元年	天啟二年	天啟三年
元和四年	元和五年	元和六年	元和七年	元和八年	元和九年

甲子 明	乙丑 明	丙寅 明	丁卯 明	戊辰 明	己巳 明
天啟四年	天啟五年	天啟六年	天啟七年	莊烈帝 崇禎元年	崇禎二年
寬永元年	寬永二年	寬永三年	寬永四年	寬永五年	寬永六年
庚午 明	辛未 明	壬申 明	癸酉 明	甲戌 明	乙亥 明
崇禎三年	崇禎四年	崇禎五年	崇禎六年	崇禎七年	崇禎八年
明正帝 寬永七年	寬永八年	寬永九年	寬永十年	寬永十一年	寬永十二年
丙子 明	丁丑 明	戊寅 明	己卯 明	庚辰 明	辛巳 明
崇禎九年	崇禎十年	崇禎十一年	崇禎十二年	崇禎十三年	崇禎十四年
寬永十三年	寬永十四年	寬永十五年	寬永十六年	寬永十七年	寬永十八年
壬午 明	癸未 明	甲申 明	乙酉 大清	丙戌 大清	丁亥 大清
崇禎十五年	崇禎十六年	崇禎十七年	世祖章皇帝 順治二年	順治三年	順治四年
寬永十九年	寬永二十年	後光明帝 正保元年	正保二年	正保三年	正保四年
戊子 大清	己丑 大清	庚寅 大清	辛卯 大清	壬辰 大清	癸巳 大清
順治五年	順治六年	順治七年	順治八年	順治九年	順治十年
慶安元年	慶安二年	慶安三年	慶安四年	承應元年	承應二年

甲午 大清	乙未 大清	丙申 大清	丁酉 大清	戊戌 大清	己亥 大清
順治十一年	順治十二年	順治十三年	順治十四年	順治十五年	順治十六年
承應三年	後西帝 明曆元年	明曆二年	明曆三年	萬治元年	萬治二年
庚子 大清	辛丑 大清	壬寅 大清	癸卯 大清	甲辰 大清	乙巳 大清
順治十七年	順治十八年	聖祖仁皇帝 康熙元年	康熙二年	康熙三年	康熙四年
萬治三年	寬文元年	寬文二年	靈元帝 寬文三年	寬文四年	寬文五年
丙午 大清	丁未 大清	戊申 大清	己酉 大清	庚戌 大清	辛亥 大清
康熙五年	康熙六年	康熙七年	康熙八年	康熙九年	康熙十年
寬文六年	寬文七年	寬文八年	寬文九年	寬文十年	寬文十一年
壬子 六清	癸丑 大清	甲寅 大清	乙卯 大清	丙辰 大清	丁巳 大清
康熙十一年	康熙十二年	康熙十三年	康熙十四年	康熙十五年	康熙十六年
寬文十二年	延寶元年	延寶二年	延寶三年	延寶四年	延寶五年
戊午 大清	己未 大清	庚申 大清	辛酉 大清	壬戌 大清	癸亥 大清
康熙十七年	康熙十八年	康熙十九年	康熙二十年	康熙二十一年	康熙二十二年
延寶六年	延寶七年	延寶八年	天和元年	天和二年	天和三年

甲子　大清	康熙二十三年	貞享元年
乙丑　大清	康熙二十四年	貞享二年
丙寅　大清	康熙二十五年	貞享三年
丁卯　大清	康熙二十六年	東山帝　元年
戊辰　大清	康熙二十七年	元祿元年
己巳　大清	康熙二十八年	元祿二年
庚午　大清	康熙二十九年	元祿三年
辛未　大清	康熙三十年	元祿四年
壬申　大清	康熙三十一年	元祿五年
癸酉　大清	康熙三十二年	元祿六年
甲戌　大清	康熙三十三年	元祿七年
乙亥　大清	康熙三十四年	元祿八年
丙子　大清	康熙三十五年	元祿九年
丁丑　大清	康熙三十六年	元祿十年
戊寅　大清	康熙三十七年	元祿十一年
己卯　大清	康熙三十八年	元祿十二年
庚辰　大清	康熙三十九年	元祿十三年
辛巳　大清	康熙四十年	元祿十四年
壬午　大清	康熙四十一年	元祿十五年
癸未　大清	康熙四十二年	元祿十六年
甲申　大清	康熙四十三年	寶永元年
乙酉　大清	康熙四十四年	寶永二年
丙戌　大清	康熙四十五年	寶永三年
丁亥　大清	康熙四十六年	寶永四年
戊子　大清	康熙四十七年	寶永五年
己丑　大清	康熙四十八年	寶永六年
庚寅　大清	康熙四十九年	中御門帝　元年
辛卯　大清	康熙五十年	正德元年
壬辰　大清	康熙五十一年	正德二年
癸巳　大清	康熙五十二年	正德三年

甲午　大清	康熙五十三年	正德四年
乙未　大清	康熙五十四年	正德五年
丙申　大清	康熙五十五年	享保元年
丁酉　大清	康熙五十六年	享保二年
戊戌　大清	康熙五十七年	享保三年
己亥　大清	康熙五十八年	享保四年
庚子　大清	康熙五十九年	享保五年
辛丑　大清	康熙六十年	享保六年
壬寅　大清	康熙六十一年	享保七年
癸卯　大清	世宗憲皇帝　雍正元年	享保八年
甲辰　大清	雍正二年	享保九年
乙巳　大清	雍正三年	享保十年
丙午　大清	雍正四年	享保十一年
丁未　大清	雍正五年	享保十二年
戊申　大清	雍正六年	享保十三年
己酉　大清	雍正七年	享保十四年
庚戌　大清	雍正八年	享保十五年
辛亥　大清	雍正九年	享保十六年
壬子　大清	雍正十年	享保十七年
癸丑　大清	雍正十一年	享保十八年
甲寅　大清	雍正十二年	享保十九年
乙卯　大清	雍正十三年	享保二十年
丙辰　大清	高宗純皇帝　乾隆元年	櫻町帝　元文元年
丁巳　大清	乾隆二年	元文二年
戊午　大清	乾隆三年	元文三年
己未　大清	乾隆四年	元文四年
庚申　大清	乾隆五年	元文五年
辛酉　大清	乾隆六年	寛保元年
壬戌　大清	乾隆七年	寛保二年
癸亥　大清	乾隆八年	寛保三年

甲子　大清	乾隆九年	延享元年
乙丑　大清	乾隆十年	延享二年
丙寅　大清	乾隆十一年	延享三年
丁卯　大清	乾隆十二年	桃園帝　元年
戊辰　大清	乾隆十三年	寛延元年
己巳　大清	乾隆十四年	寛延二年
庚午　大清	乾隆十五年	寛延三年
辛未　大清	乾隆十六年	寶曆元年
壬申　大清	乾隆十七年	寶曆二年
癸酉　大清	乾隆十八年	寶曆三年
甲戌　大清	乾隆十九年	寶曆四年
乙亥　大清	乾隆二十年	寶曆五年
丙子　大清	乾隆二十一年	寶曆六年
丁丑　大清	乾隆二十二年	寶曆七年
戊寅　大清	乾隆二十三年	寶曆八年
己卯　大清	乾隆二十四年	寶曆九年
庚辰　大清	乾隆二十五年	寶曆十年
辛巳　大清	乾隆二十六年	寶曆十一年
壬午　大清	乾隆二十七年	寶曆十二年
癸未　大清	乾隆二十八年	後櫻町帝　元年
甲申　大清	乾隆二十九年	明和元年
乙酉　大清	乾隆三十年	明和二年
丙戌　大清	乾隆三十一年	明和三年
丁亥　大清	乾隆三十二年	明和四年
戊子　大清	乾隆三十三年	明和五年
己丑　大清	乾隆三十四年	明和六年
庚寅　大清	乾隆三十五年	明和七年
辛卯　大清	乾隆三十六年	後桃園帝　元年
壬辰　大清	乾隆三十七年	安永元年
癸巳　大清	乾隆三十八年	安永二年

甲午　大清	乾隆三十九年	安永三年
乙未　大清	乾隆四十年	安永四年
丙申　大清	乾隆四十一年	安永五年
丁酉　大清	乾隆四十二年	安永六年
戊戌　大清	乾隆四十三年	安永七年
己亥　大清	乾隆四十四年	安永八年
庚子　大清	乾隆四十五年	光格帝　元年
辛丑　大清	乾隆四十六年	天明元年
壬寅　大清	乾隆四十七年	天明二年
癸卯　大清	乾隆四十八年	天明三年
甲辰　大清	乾隆四十九年	天明四年
乙巳　大清	乾隆五十年	天明五年
丙午　大清	乾隆五十一年	天明六年
丁未　大清	乾隆五十二年	天明七年
戊申　大清	乾隆五十三年	天明八年
己酉　大清	乾隆五十四年	寛政元年
庚戌　大清	乾隆五十五年	寛政二年
辛亥　大清	乾隆五十六年	寛政三年
壬子　大清	乾隆五十七年	寛政四年
癸丑　大清	乾隆五十八年	寛政五年
甲寅　大清	乾隆五十九年	寛政六年
乙卯　大清	乾隆六十年	寛政七年
丙辰　大清	仁宗睿皇帝　嘉慶元年	寛政八年
丁巳　大清	嘉慶二年	寛政九年
戊午　大清	嘉慶三年	寛政十年
己未　大清	嘉慶四年	寛政十一年
庚申　大清	嘉慶五年	寛政十二年
辛酉　大清	嘉慶六年	享和元年
壬戌　大清	嘉慶七年	享和二年
癸亥　大清	嘉慶八年	享和三年

甲子 大清	乙丑 大清	丙寅 大清	丁卯 大清	戊辰 大清	己巳 大清
嘉慶九年	嘉慶十年	嘉慶十一年	嘉慶十二年	嘉慶十三年	嘉慶十四年
文化元年	文化二年	文化三年	文化四年	文化五年	文化六年
庚午 大清	辛未 大清	壬申 大清	癸酉 大清	甲戌 大清	乙亥 大清
嘉慶十五年	嘉慶十六年	嘉慶十七年	嘉慶十八年	嘉慶十九年	嘉慶二十年
文化七年	文化八年	文化九年	文化十年	文化十一年	文化十二年
丙子 大清	丁丑 大清	戊寅 大清	己卯 大清	庚辰 大清	辛巳 大清
嘉慶二十一年	嘉慶二十二年	嘉慶二十三年	嘉慶二十四年	嘉慶二十五年	宣宗成皇帝 道光元年
文化十三年	仁孝帝 元年	文政元年	文政二年	文政三年	文政四年
壬午 大清	癸未 大清	甲申 大清	乙酉 大清	丙戌 大清	丁亥 大清
道光二年	道光三年	道光四年	道光五年	道光六年	道光七年
文政五年	文政六年	文政七年	文政八年	文政九年	文政十年
戊子 大清	己丑 大清	庚寅 大清	辛卯 大清	壬辰 大清	癸巳 大清
道光八年	道光九年	道光十年	道光十一年	道光十二年	道光十三年
文政十一年	文政十二年	天保元年	天保二年	天保三年	天保四年

甲午 大清	乙未 大清	丙申 大清	丁酉 大清	戊戌 大清	己亥 大清
道光十四年	道光十五年	道光十六年	道光十七年	道光十八年	道光十九年
天保五年	天保六年	天保七年	天保八年	天保九年	天保十年
庚子 大清	辛丑 大清	壬寅 大清	癸卯 大清	甲辰 大清	乙巳 大清
道光二十年	道光二十一年	道光二十二年	道光二十三年	道光二十四年	道光二十五年
天保十一年	天保十二年	天保十三年	天保十四年	宏化元年	宏化二年
丙午 大清	丁未 大清	戊申 大清	己酉 大清	庚戌 大清	辛亥 大清
道光二十六年	道光二十七年	道光二十八年	道光二十九年	道光三十年	文宗顯皇帝 咸豐元年
宏化三年	孝明帝 元年	嘉永元年	嘉永二年	嘉永三年	嘉永四年
壬子 大清	癸丑 大清	甲寅 大清	乙卯 大清	丙辰 大清	丁巳 大清
咸豐二年	咸豐三年	咸豐四年	咸豐五年	咸豐六年	咸豐七年
嘉永五年	嘉永六年	安政元年	安政二年	安政三年	安政四年
戊午 大清	己未 大清	庚申 大清	辛酉 大清	壬戌 大清	癸亥 大清
咸豐八年	咸豐九年	咸豐十年	咸豐十一年	穆宗毅皇帝 同治元年	同治二年
安政五年	安政六年	萬延元年	文久元年	文久二年	文久三年

甲子 大清	乙丑 大清	丙寅 大清	丁卯 大清	戊辰 大清	己巳 大清
同治三年	同治四年	同治五年	同治六年	同治七年	同治八年
元治元年	慶應元年	慶應二年	慶應三年	今明治帝 明治元年	明治二年
庚午 大清	辛未 大清	壬申 大清	癸酉 大清	甲戌 大清	乙亥 大清
同治九年	同治十年	同治十一年	同治十二年	同治十三年	今上皇帝 光緒元年
明治三年	明治四年	明治五年	明治六年	明治七年	明治八年
丙子 大清	丁丑 大清	戊寅 大清	己卯 大清	庚辰 大清	辛巳 大清
光緒二年	光緒三年	光緒四年	光緒五年	光緒六年	光緒七年
明治九年	明治十年	明治十一年	明治十二年	明治十三年	明治十四年

謹案正閏之辨爲史家聚訟之端至朱子法春秋作綱目大書以紀年論史者尤於此斷斷焉然余考統系絶續之交疆域分析之世古今事變至多欲强舉正統以歸之誰某終不能執一義以自圓其說善乎司馬温公之言曰若以自上相授受者爲正耶則陳氏何所受拓拔氏何所受若以居中夏者爲正耶則劉石慕容苻姚赫連所得之土皆五帝三王之舊都也若以有道德者爲正耶則蕞爾之國必有令主三代之季豈無僻王其謂正閏之辨無確然不可移易之義信爲通論矣余嘗以爲通史紀年自大一統以外當依列國之制各君其國各自紀年卽篡賊干統巨盜竊號亦當著其事以明正其罪今作此表意

以著明日本世傳之統系相當之年代其於中國之統不必一一依據史例如南北朝止紀宋齊五代止紀梁唐但以限於篇幅不及備書非必以此分正閏有所棄取於其間也又如神功遣使封親魏之王眞人來朝詢大周之國則曹魏武周又因其有所交涉而詳著其年尤不便執蜀承漢獻帝在房州之說以相詰難若夫一歲之中前後易主則一年兩系體例俱在今亦以幅隘止紀其一特識於此自明其例又案日本當元至順之末至明洪武之中亦分爲南北朝其後南北媾和仍併爲一然日本史家均以正統歸之南故北朝今亦從略日本自孝德帝始立年號故大化以前止稱元二而不立名號後世之君多有易代而不改年者或有卽位之初僅稱元年至次年乃立號者其例爲中土所僅有並識於後以便觀者

日本國志卷首

日本國志第一　卷之一

出使日本參贊官黃遵憲編纂

國統志一

外史氏曰環地球而居者國以百數十計有國即有民有民即有君而此百數十國有一人專制稱爲君主者有庶人議政稱爲民主者有上與下分任事權稱爲君民共主者民主之位與賢不與子或數年一易或十數年一易無所謂統也君民共主或傳賢或傳子君不得私有其國亦無所謂統也一王崛興奕葉繩武得其道則興失其道則廢故夫君主之國有傳之數世者焉有傳之數十世者焉如商之歷祀六百周之卜年八百其最久者也若夫傳世百二十歷歲二千餘一姓相承緜緜延延而弗墜統緒者其唯日本乎自神武肇基洎今皇嗣位賢主令

辟史不絕書雖其間女帝乘權歷世十一覬覦僭竊不謂無人然卒未有挈神器而移之外家傳之異姓授之嬖寵者已迨不驚宗社如故可不謂奇歟將軍擅權此起彼仆至有進陪臣而執國命起奴僕而稱人主者當時之君如周之東僅擁虛位乃至設監置戍供億匱乏求爲編戶細民而不可得然歷年七百卒無人焉犯不韙而干大命者太阿下移玉步未改斯又奇矣霸政久竊民心積厭外侮紛乘內訌交作於是二三豪傑乘時而起覆幕府而尊王室舉諸侯封建之權拱手而歸之上卒以成王政復古之功國家維新之治蒙泉剝果勃然復興又一奇也且夫物極必反事窮必變以一綫相延之統屢蹶而復振宜乎劍璽之傳與天壤無窮矣然而近日民心漸染西法竟有倡民權自由之說者中興之初曾有萬機決於公論之詔而百姓執此說以要君遂聯名上書環闕陳訴請開國會而伸民權而國家僅以遲遲有待約之終不能深閉固絕而不許前此已開府縣會矣竊計十年之間必又開國會也嗟夫以二千五百餘歲君主之國自今以往或變而爲共主或竟變爲民主時會所迫莫知其然雖有智者非敢議矣作國統志

天地未闢有神立於高天原曰天御中主尊曰高皇產靈尊曰神皇產靈尊是爲造化之祖曰可美葦牙彥舅尊曰天常立尊斯時有物如浮脂生空中遂化生國常立尊豐斟渟尊是爲獨化之神七由是而有泥土煑尊沙土煑尊次曰角杙尊曰活杙尊次曰大戶之道尊曰大苫邊尊次曰面足尊曰惶根尊次曰伊弉諾尊曰伊弉冊尊是爲耦生之神八（自國常立尊至諾冊二尊謂之天神七代）諾冊二尊以天瓊矛下探滄溟鋒鏑凝結成磤馭盧島餘島皆

潮沫所凝者先以淡路洲爲胞旋生八大洲因奉天祖命降居見脊令相交遂悟婚媾生大日靈尊素戔烏尊及國土諸神大日靈尊號天照太神以素戔烏尊子爲嗣是爲天穗耳尊生天津彥彥火瓊瓊杵尊太神使瓊瓊杵尊統治中州勅諸神爲輔賜之八咫鏡曰此豐葦原千五百秋之瑞穗國吾子孫永王斯地視此鏡猶我寶祚與天壤無窮又副藂雲劍與八坂瓊曲玉三者遂爲傳國之重器於是營宮日向國生彥火火出見尊五百歲生彥波瀲武鸕鷀草葺不合尊（自太神至此五世謂之地神五代）尊生日本盤余彥尊是爲神武天皇（源光國作大日本史頼襄作日本政紀均斷自神武學者多宗之蓋以洪荒闢之初等諸縉紳難言之例於史體應爾惟日本所重傳國三器實託始於此余讀神代史蓋類唐人小說以地爲胎生以祖爲物化其奇誕不可思議然盤古開天女媧摶土萬國同然有不足怪者余故撮其大概過而存之）神武踐位起日向國率師東征討平長髓彥及八十梟賊開山林營宮

宮遂還都即位於大和之橿原先是神武在日向會皇兄議曰我祖宗僻居西陲運屬草昧四方未霑王化遂使邑有君村有長各相陵轢莫能統一吾聞東方有美地山岳四周足以恢擴大業有饒速日命者率我祖支屬爲長髓彥所[illegible]將掃蕩之於是經營四方卒降饒[illegible]命七年而成帝業國號秋津洲命大臣主祭祀掌朝政論功行賞遣諸臣任國造縣主立靈時祀皇祖天神在位七十六年崩傳綏靖諱神渟名川耳在位三十三年安寧諱磯城津彥玉手見在位三十八年懿德諱大日本彥耜友在位三十五年孝昭諱觀松彥香殖稻在位八十三年孝安諱日本足彥國押人在位一百二年孝靈諱大日本根子彥太瓊在位七十六年孝元諱大日本根子彥國牽在位五十七年開化諱稚日本根子彥太日日在位六十年凡八世皆垂拱深默無爲而化相傳孝靈時徐福率童男女三千人來居熊野浦自神武至開化凡九世五百六十年崇神天皇諱御間城入彥五十瓊殖開化第二子即位之元年當漢武皇帝天漢四年也崇重神道奉神器於大和笠縫邑遣使將兵巡察

北陸東海西國丹波始校戶口課男女調役造舟船開溝洫在位六十八年號曰御肇國天皇梁書言日本自稱爲吳泰伯後相傳亦稱爲徐福後彼國紀載本以此爲榮其後學者漸染宋學喜言國體寬文中作日本通鑑源光國駁議曰謂泰伯後是以我爲附庸國也遂削之賴襄作政紀并泰人徐福來亦屏而不書余謂泰伯之後本無所據殆以日本斷髮文身俗類句吳故有此說傳歟至徐福之事見於三國志後漢書倭國傳意必建武通使時其使臣自言史記稱燕齊遣使求仙所謂白銀宮闕員嶠方壺蓋卽爲今日本地君房方士習聞其說故有男女渡海之請其志固不在小今紀伊國有徐福祠熊野山有徐福墓其明徵也日本傳國重器三日劍日鏡日璽皆秦制也君日尊臣日命日大夫日將軍又周秦語也自稱神國立教首重敬神國之大事莫先於祭有罪則誦禊詞以自洗濯又方士之術也崇神立國始有規模計徐福東渡已及百年矣當時主政者非其子孫殆其徒黨歟至日本稱神武開基蓋當周末然考神武至崇神中更九代無事足紀或者神武亦追王之詞乎未可知也子垂仁天皇嗣諱活目八彥五十狹茅遷天照太神廟於伊勢度會使皇女爲齋主始以兵器爲祭幣禁殉葬代以土偶在位九十九年子景行天皇嗣諱大足彥忍代別帝親征叛臣熊襲於筑紫命皇子日本武尊征蝦

夷遣使巡察東北諸國疆土日拓始分封皇子於美濃在位六十一年子成務天皇嗣諱稚足彥始界山河分國縣國郡置造長縣邑置稻置始置大臣在位六十年仲哀天皇嗣諱足仲彥景行孫日本武尊第二子也始置大連親征熊襲卒於軍在位九年皇后氣長足姬攝位是爲神功皇后后爲男粧率師渡海征新羅降之高麗百濟皆歸款後遂遣使於魏初仲哀討熊襲有神告后日海西有寶玉國曰新羅帝先征之熊襲不討自服后以諫帝帝不從戰失利暴崩后遂發師航海祝日吾奉天神言越海遠征苟捷有功則波臣當手梳吾髮分爲二浴于海如其言遂結兩髻如男子親執巨弩至新羅新羅主面縛降后取質子申盟約徵金帛八十艘而旋後爲歲貢額自征新羅還至筑紫生子名譽田別世稱爲胎中天皇初后有娠十月矣取石挾腰祝日凱還生於茲後如所言庶子麛坂忍熊舉兵要后后擊滅之羣臣奉后踐祚在位六十九年子應神嗣位年七十矣應神在位四十三年百濟秀士王仁獻論語千文始傳儒教遣使於吳

始得織縫工女愛少子稚郎子立爲太子及帝崩固讓於兄大鷦鷯兄避位三年稚郎子遂自殺兄乃即位是爲仁德天皇徵百濟新羅貢討蝦夷國富刑簡在位八十七年崩仲皇子謀弒太子太子命弟瑞齒別誅之太子即位爲履中天皇諱去來穗別始置史官在位六年以弟瑞齒別有討仲皇子功立爲太子卽反正天皇反正在位六年崩無子羣臣議迎允恭立之諱雄朝津間稚子宿禰反正弟允恭天皇在位四十二年始定姓氏會內外百官詛盟毋許詐冒皇太子木梨輕淫亂通同母弟妹謀毒帝不果人心屬皇三子穴穗太子又謀去之不克乃自殺穴穗立是爲安康天皇在位三年眉輪王刺殺之初帝殺大草香皇子取其妃立爲后后爲妃時已生子眉輪王至七歲帝語后日朕雖愛爾獨眉輪介於心耳眉輪遂伺帝醉卧刺殺之皇弟大泊瀨幼武勒兵誅眉輪并殺市邊皇子而自立是爲雄略天皇令諸國種桑勅后妃

躬桑從吳人得漢織吳織世稱其雄武然性淫好殺奪任那守臣吉備田狹妻致田狹背叛在位二十三年子清寧天皇嗣（諱白髮廣武國押稚日本根子）遣臣巡察風俗親錄囚徒在位五年無子以履中孫市邊皇子億計爲皇太子宏計爲皇子（初雄略銜安康之愛市邊故射殺之市邊二子曰億計曰宏計其家臣奉之變姓名遁逃於播磨國司宿其家察知之馳奏帝帝喜遂迎立之）帝崩億計讓位於宏計宏計不從於是太子姑飯豐皇女垂簾聽政飯豐薨宏計始即位是爲顯宗天皇在位三年以同母兄億計爲儲君即仁賢天皇二帝久在民間知百姓疾苦躬節儉省賦役比歲豐稔粟斛値銀錢一文戶口滋殖吏民安業仁賢在位十一年子武烈天皇嗣（諱小泊瀨稚鷦鷯）帝聽決獄訟摘伏如神而性嗜殺嘗使人緣木親射墜爲笑樂施刑至刳孕婦解指爪使掘物橫征暴斂國人苦之在位八年無嗣（自崇神至武烈凡十七世六百有六年）

繼體天皇（諱男大迹應神帝五世孫）羣下自近江迎立徵五經博士段揚爾於百濟平任那百濟之爭在位二十七年子安閑天皇嗣（諱勾大兄）在位二年弟宣化天皇嗣（諱武小廣國押盾）在位四年兄欽明天皇立（諱天國押開廣庭繼體嫡子）在位三十二年新羅滅任那帝命伐新羅援百濟始傳佛敎及醫卜歷算諸學於百濟子敏達天皇嗣（諱渟中倉太珠敷）在位十四年弟用明天皇嗣（諱橘豐日）在位二年弟崇峻天皇嗣（諱泊瀨部）皆欽明子兄弟相及自佛法來蘇我氏父子倡議崇之馬子信佛益深專政亦益橫帝欲除之馬子遂弑帝帝在位五年皇子廄戶以信佛故置不問（初繼體時佛敎始來大臣蘇我稻目信之大連物部尾輿中臣鎌子曰不可拜蕃神而背國神帝命稻目試禮之至敏達帝會疫人以佛爲祟毀佛像稻目子馬子泣請於帝帝手詔曰汝獨行之勿使他人慕傚用明即位蘇我氏出也帝不豫皇子廄戶素奉佛晝夜祈請口誦三寶不絕癈帝曰朕亦欲皈依三寶佛敎漸盛行及崇峻立馬子專政益驕橫帝惡之或獻豬帝指曰何時殺朕所惡者如此豬馬子聞之大懼遂使東漢駒弑帝廄戶亦知其謀聞而哭曰此過去報也卒隱忍不討賊）推古天皇（諱豐食炊屋）欽明第九女用明同母妹也嗣位即立廄戶爲太子（立二十九年卒）使攝政始建佛寺用歷日定冠位十二階（曰德仁禮信義智各分大小）定憲法十七條敕撰天皇紀國記及臣連伴造國造等百八十部始置僧官遣使通於隋命諸王諸臣著褶習樂在位三十六年舒明天皇立（諱田村敏達孫）遣使於唐始定斗升斤兩置將軍討蝦夷在位十三年皇后皇極齊明天皇即位（諱天豐財重日足姬稱寶皇女）先是推古時蘇我蝦夷以外家故繼父馬子爲大臣專大權及是蝦夷子入鹿代父行大臣事遂謀廢帝伏誅蝦夷亦自殺（帝立子古人大兄爲皇嗣其母蘇我氏也時蝦夷日僭橫起宮室擬宮城害皇族二十餘人欲廢帝立古人大兄皇弟輕稱病不出中臣鎌足潛謀匡濟察中大兄皇子可以有爲密結之託受經於南淵氏同議事中又使與蘇我氏族倉山田麻呂結婚會韓使來聘帝御殿入鹿侍中大兄戒守門者鎖絕出入自執長鎗隱戶側鎌足持弓矢從焉又使人藏二劍貢櫃中倉山田讀表將盡流汗聲顫皇子直入刺入鹿肩入鹿攀御座乞哀皇子奏曰入

鹿翦滅宗室陰謀不軌臣等謹爲宗廟誅逆臣帝起避之既伏誅以席覆尸授蝦夷皇子旋將兵討蝦夷蝦夷悉焚圖書珍寶自殺自馬子弑崇峻至是族滅）帝在位四年欲傳位於中大兄中大兄讓皇弟輕輕讓於古人大兄古人固辭薙髮遁吉野後卒謀叛伏誅輕即位爲孝德天皇（諱天萬豐日稱輕）始立年號尊皇極齊明曰皇祖尊立姪中大兄爲皇太子使輔政罷大連始置左右大臣及內臣造戶籍定國界置國司制班田收授法禁兼并行租庸調法罷市司津濟稅觀射儀定禮法制冠服改增官位十九階置八省百官好儒崇佛不重神道在位十年（改元二曰大化曰白雉）太子奉母踐祚皇極齊明天皇復即位伐蝦夷置郡領遣兵救百濟親至筑紫崩於行宮在位七年（自繼體至皇極齊明復祚凡十二世一百五十五年）

天智天皇（諱中大兄）服喪六年始即位遷都於近江滋賀設學校定典禮制刑書改增冠位爲三十六階始置漏刻鐘鼓定十陵隨

世欲遞除後世以帝爲中興之祖因奉爲百世不除之陵時唐滅百濟舉兵援之不克分置百濟來歸民於諸國賜內大臣鎌足姓藤原鎌足薨帝親臨弔問在位四年大友皇子嗣初天智疾甚欲傳位於同母弟大海人大友時爲大政大臣期自立令以疾辭大海人卽於省中佛殿薙髮爲僧入葛野及卽位大海人舉兵叛帝屢戰不克遂敗死在位僅九月（明治三年追贈爲宏文天皇）大海人自立是爲天武天皇（諱天渟中原瀛眞人小名大海人）好佛敬神建占星臺置兵政司行大射禮詔諸國習陣法定律令式撰帝紀及上古遺事鑄銀錢定服色定禁式九十二章定臣民氏族爲八等更爵位號增加階級定諸臣子弟及蕃人任進格數免百姓課役禮儀法制彬彬大備在位十七年（改元二曰白鳳曰朱鳥）皇后持統天皇立（諱高天原廣野天智女母蘇我遠智娘）奉皇太子草壁稱制三年太子薨乃

卽位崇尚儒術頒新令二十二卷點全國正丁四分之一習武始置女官賜皇女內親王號授內命婦等位階詔諸國勸植桑李梨栗蕪菁在位八年傳位皇太孫始稱太上天皇文武天皇嗣（諱珂瑠草壁太子子母元明）始釋奠於大學寮定笞法停賜位冠易以位記頒新律度量禁游手博戲民獎孝順舉賢良方正士詔諸國兵士分十番每番敎習十日始以親王知太政官事列在左右大臣上持統太上天皇崩始用火葬文武在位十一年崩（改元二曰大寶曰慶雲）遺詔舉哀三日凶服一日太后元明天皇卽位（諱阿閇天智第四女母蘇我姬娘配草壁皇子生文武元正二帝）置鎭東將軍征夷將軍分討陸奧蝦夷割十二郡爲出羽國遷都於平城廢銀錢製銅錢（文曰和銅開珍）詔諸國作風土記詔百姓背本貫規避課役踰三月者卽土斷輸調庸又詔諸國郡司治殿最爲三等致流亡十人以上者解任

在位八年（改元一曰和銅）禪位於皇女氷高內親王是爲元正天皇尊元明爲太上天皇詔郡司恤民隱敎民耕陸地課諸國闢田疇屢免田租始置按察司巡諸道詔求直言勅右大臣藤原不比等脩律令在位十年（改元二曰靈龜曰養老）立文武子美麻斯爲皇太子遂禪位是爲聖武天皇（母夫人藤原氏右大臣不比等女鎌足孫女）初元正時以不比等爲太政大臣固辭不拜及聖武又立其女爲皇后生女阿倍內親王立爲皇太子於是藤原氏始盛帝始置畿內總管諸道鎭撫使設施藥院令民有力者用瓦葺屋醉心佛法建七層堂置國分寺任僧元昉蠱惑太后及皇后醜行無忌又令元昉圖姦太宰少貳藤原廣嗣妻廣嗣憤甚因謀反在位二十五年（改元二曰神龜曰天平）禪位皇女落髮受戒自稱三寶奴天皇爲僧始此阿倍內親王立是爲稱德孝謙天皇好佛無度竭民力以建寺

養僧嘗集僧一萬設齋會百官藤原仲滿以美姿容見寵遂由大納言爲紫薇內相又聽其譖廢皇太子（天武孫聖武遺詔所立）而立大炊王忌宗室大臣多遭殺戮在位十年（改元二曰天平勝寶曰天平寶字）禪位於大炊王（舍人親王子母夫人當麻氏明治三年追贈爲淳仁天皇）自爲上皇上皇猶專政賜仲滿姓名惠美押勝尋以寵僧道鏡爲大臣禪師押勝妬嫉遂幽上皇謀反伏誅上皇因廢帝幽之淡路帝在位六年踰歲見迫薨（帝以上皇寵道鏡屢以爲言上皇遂遣兵圍中宮院廢帝爲淡路公帝不及衣履出至圖書寮北受宣詔遂幽之踰歲踰垣逃爲追兵所獲明日遂薨）上皇祝髮再臨朝以道鏡爲法王位在正一位上令百官朝賀將讓位臣下託神語而止（道鏡出入乘鑾輿服食儗王者政無巨細皆取決弟官大納言一門敘五位者男女十人有廟祝阿曾麻呂媚道鏡矯八幡神語曰宜傳位於道鏡上皇遂命和氣清麻呂於宇佐廟詔之曰朕昨有夢汝宜往受神誨臨發道鏡召見清麻呂以禍福清麻呂出遇其友路豐永曰子此行所係極大道鏡得天位當與子從伯夷游耳清麻呂曰吾死生以之使還奏神語曰我國家唯神承緒敢萌非望者速加誅戮道鏡

大怒奪其官位姓名流之於大隅在位六年改元二日天平神護日神護景雲道鏡進異味遂得疾不起右大辨藤原百川等定策迎立天智孫白壁王爲帝孝謙在位時嘗行釋奠禮令天下藏孝經一本自天智至孝謙復辟凡十一世百有三年

光仁天皇諱白壁父施基皇子母紀氏卽位首貶道鏡定常平倉省官員裁冗兵恵京官祿薄割諸國公廨四分一以益其俸蠲免田租令藤原小黑麻呂討蝦夷承凋敝之餘治稱中興在位十二年改元二日寶龜日天應禪位皇長子山部是爲桓武天皇母夫人高野氏裁內外冗官省官司廢三關罷造宮職禁私建寺私捨田禁王臣及寺家專山林藪澤利專務養民又詔學士學漢音置勸學田頒令格四十五條命坂上田村麻呂數討蝦夷疆宇日廓蝦夷爲日本別種卽土人日本呼爲毛人其音同委奴古所謂長髮國者也日本開國自西而東崇神日本武皆力征經營逐之以威其來朝者或賜宴

接官以羈之然卒叛服不常陸奧以北盡蝦夷地和銅初特置出羽國神龜間又置陸奧鎮守府皆以備邊循廢戍邊民及吏至光仁帝發諸道兵征討遷延無功復令藤原小黑麻呂蕩平之及帝之初乃城多賀營膽澤以扼地之要又從坂上田村之言招東國浮浪士四千人戍之蝦夷遂來降由是帝設征夷大將軍以爲鎮撫嗣後遂爲霸朝幕府近三百年僅聚於奧北一島有口蝦夷與蝦夷之稱維新後置北海道設官開拓今開其種類僅存數千云遷都於平安城卽今西京也在位二十五年改元一日延歷子平城天皇嗣諱安殿母皇后藤原氏內大臣良繼女勅諸王及五位以上子弟踰十歲者皆入大學分業敎習在位四年改元一日大同禪位於同母弟神野是爲嵯峨天皇尊平城爲上皇右兵衛督藤原仲成謀反奉上皇走東國帝誅仲成上皇還宮薙髮初仲成有妹藥子早寡有二女上皇在東宮納其長女并近藥子爲桓武所逐及卽位又召爲尚侍其兄仲成又有寵凌辱公卿懼帝知其奸遂勸上皇遷都平城因復位帝知之亟擢用坂上田村暴藥子等罪惡收仲成上皇怒聚畿內紀伊兵與藥子同發赴東國宿衛皆從田村將兵要之上皇眾遂潰還宮藥子仰藥死詔誅仲成餘從東走者不問帝勅皇女有智子內親王爲加茂齋主禱與上皇輯睦齋院始

此帝在位十五年改元一日弘仁頗有宏仁格姓氏錄禪位皇太弟大伴帝親諭太弟曰朕受太上恩羣臣以書淸君側使朕與太上有隙然不敢負太上此心如皦日太弟卽位當使朕遂宿心朕侍太弟猶子太弟遇朕亦猶父耳太弟固辭不許是爲淳和天皇母藤原氏參議百川女帝卽位尊嵯峨爲後太上天皇斯時始有二上皇立嵯峨子正良爲太子日集大學諸生討論經史用人不拘門第資格於是得人頗盛史稱其能復天智遺範與嵯峨同稱英主云在位十一年改元一日天長禪位皇太子斯時嵯峨尚在仍尊淳和爲後太上天皇仁明天皇立嵯峨第二子母后橘氏贈太政大臣淸友女帝性好學釋奠先聖自講尚書以旱疫停作役非要者賑窮民檢冤獄遺詔薄葬時嵯峨崩遵遺詔以故衣殮淳和崩亦遵遺詔用佛法荼毗初立淳和子恆貞爲太子後廢立皇子道康爲太子初帝立恆貞後上皇固辭恆貞長好學自以地處危疑上表請爲劉疆不許東宮官謀曰二上皇升遐太子不得安宜奉走東國人告之嵯峨太后帝遂遣兵收東宮官又圍太子直曹太子

曰吾知有此事久矣降爲親王及後陽成當廢藤原基經奉大臣勸進固貞拒不受道康母左大臣藤原冬嗣女也在位十八年改元二日承和日嘉祥子文德天皇嗣詔國郡司脩繕池堰勸課耕種立第四子惟仁爲太子生甫九月母藤原良房女也良房冬嗣子以良房爲太政大臣賜劍佩上殿源信爲左大臣信爲仁明兄弟左大臣皆嵯峨帝子良相爲右大臣兼左大將良相良房弟也於是三公始備舊制三公每缺員至是以權用信故備官初帝欲立長子惟喬爲儲貳以待太子長憚良房而諮於源信信阻之良房深德信故用之在位九年改元三日仁壽日齊衡日天安帝性明察而委任外戚頻廢視朝吏民凋敝盜賊漸滋子淸和天皇嗣年九歲外祖太政大臣良房攝政相門自此專權登極大赦減宗室祿脩定冠禮撰貞觀格式良房薨子基經爲右大臣兼左大將立皇子貞明爲太子生甫三月母贈太政大臣藤原長良女帝好儒尤信佛教在位十九年改元一日貞觀年僅二十七遽禪位皇太子薙髮名素眞數日一進齋飯毀

瘠骨立後五年崩子陽成天皇嗣年十歲基經攝政尋以爲太政大臣遣藤原保則討平蝦夷渡島津輕皆降而保則無賞基經扼之也帝稍長嬉戲無度至令宮人緣木而捂殺之在位八年改元一曰元慶基經廢之迎時康親王立之基經有廢立意密訪諸皇子皇子爭自修飾後詣親王第衣服雅素徐曰何故見過基經服其雅量初時康嘗大饗於藤原氏膳人誤遺尊者雉足親王爲掩燭滅迹基經固心異之至是會公卿議不決參議藤原諸葛厲聲曰今日敢不遵太政大臣處分者死議乃定謗帝還陽成院帝始驚泣年十七臣子廢帝自此始光孝天皇立諱時康仁明第三子母女御藤原氏贈太政大臣總繼女基經仍攝政詔百官先諮稟而後奏聞在位三年改元一曰仁和從基經言立第七子定省帝多子憚基經未敢立太子及帝不豫基經入臥內請有不諱傳位於誰帝曰唯公擇之基經曰皇七子可帝卿召入右執其手左執基經手泣曰朕與汝得位皆大臣力愼勿忘既出率百官上表立之是爲宇多天皇母班子女王親王仲野女勅萬機關白基經關白始此又詔以基經准三宮聽基經乘腰輿入朝基經尋薨以其子時平爲大納言兼左大將任菅

原道眞爲權大納言兼右大將帝崇儒好佛增太宰府將討新羅海賊圖殷周以來名臣像於紫宸殿時稱治理在位十年改元一曰寬平禪位太子削髮稱法皇廢後太上天皇號亭子院院號始此子醍醐天皇嗣諱敦仁宇多長子母內大臣藤原高藤女奉先帝命以時平爲左大臣道眞爲右大臣參決機務頒延喜式世稱盛治惜聽譖貶菅原道眞初宇多禪位誡帝曰菅原道眞當今鴻儒深通治理朕立儲議位皆獨與議定汝宜重之帝欲倚之以分相門之權也及拜右大臣道眞自以家本儒林而居台司恐不厭衆上表固辭不聽帝觀法皇於朱雀院密召道眞諭使關白庶政如基經故事道眞又固辭時道眞以格君致治爲己任知無不言綜理庶政裁決如流衆想望其丰采惟時平負氣不相下及聞關白密旨益不懼因與源光等共譖道眞欲廢帝立其壻親王帝震怒下勅貶謫道眞作和歌哀訴法皇法皇驚欲見帝申救門者不許通道眞男女廿三人流徙各異處舉國冤之及道眞歿歲多旱災太子又卒世以爲祟下詔復其爵至今廟食偏於全國又不用三善清行之言帝方勵精求治以連年水旱不登詔求直言式部大輔兼大學頭三善清行上封事略曰國朝天險土沃民庶臣服三韓所以能然者國俗敎厖民風忠孝輕賦斂簡徭調上以仁牧下下以誠戴

上一國之政猶一身之治故也爾後敎化漸薄法令滋彰賦役日增田疇日荒逮佛法東渡上下傾産造寺捨田施僧極於天平國分二寺各用其國正稅而天下費十之五矣桓武營宮城盡賦庸調又費五之三矣仁明好奢後房之飾竭帑倍賦又費二之一矣及貞觀中宮殿頻災屢詔修復又費一之半矣古以十一取民今豈足供用乎臣嘗爲備中介試閱其一鄕皇極晩年有二萬兵士神護中有二千丁者至貞觀初七十餘人及臣任時僅得九人今閒乃無一人二百五十年來衰弊如此以此推之天下之虛耗可知也臣以爲當今要務在張紀綱飭風俗以復物力陛下察萬古興衰宵衣旰食降惠民庶苛用臣言太平復見臣請不難謹陳便宜十二事惟陛下裁之其一請蕭祭祝凡新豐禳壤災患當竭誠敬勿徒備故事其二請禁奢修貞元間親王公卿以筑紫緗爲夏衫今史生以白纖爲之婦女婢妾非紈綾不服富者以誇人貧者恥不及一衣費中人之産一饌破八口之家田畝因兵而荒盜賊因是而滋望隨階定制諸凡喪葬皆有定則糺其僭式非許奢靡則自上率下源澄而流情矣其三請修口分田今之豪富收兼并之利牧宰抱無用之籍富者遺阡陌而不納租貧者無立錐無以取調須合計口分田閱實班給所有遺田收爲公田任國司沽値或納地子以充無身之調租猶有遺稻存之勿勤略計其數必三倍調庸於國有利於民無損其四請復大學學田治國在賢得賢在學今至以太學爲坎壞之府陳餒之鄕望復學田以養貧生又請嚴敎博士公貢舉法專論材藝册受請託其五請減五節選妓員無襲前朝好內之例其六請增置判事舊制判事六員今獨大判

事用明法者以萬民死生繫一人昏吏括五刑輕重決獨見識書殊非國家仁育黎庶愼重刑章之意也望依舊補六員皆擇明法律者使家俱議科比詳定條章庶無濫獄無冤民其七請均給百官四季祿比年官庫乏物唯公卿及出納諸司充給其餘皆五六年止給一季料雖事有繁簡官有尊卑然同一從公至於頒賜宜無差別其八請停諸國吏民越訴以牧宰之重與小吏賤民比肩受鞫事雖得白威權己廢知恥之士誰甘爲吏望拘以文法除反逆外概令牧令審鞫不發朝使其九請定勘籍人數自三官以下諸王大夫命婦諸司衞府式部兵部二省每歲籍人至三千人之多國朝課丁課奧羽太宰九國外不滿三十萬而大半無身則見丁十餘萬人而已其中歲除三千人未盈四十年天下皆爲不課之民望年立定額大國十人以次差減敕之齡符以爲永式其十請選任檢非違使弩使檢非違使本以糺境內奸濫乃令民納貲者爲之何以稱任使望監試明法學生以充任今奧宇鎭西及沿海諸國弩師皆全給年俸許令斥賣唯論價直不問才伎望令六衞練習隨功勞任之其十一請禁僧徒濫惡及宿衞强暴鄕以官符禁權貴規取山澤使奪田地吏易施治民得安居然害猶有甚於此者今諸寺度僧每年二三百人大半邪濫及逃課遁租者天下之民禿首者居三之一皆畜妻喚腥甚至羣聚爲盜寵鑄錢貨望痛禁徵之奪其度牒使返本役六衞舍人本以偃宮闕備儀從自宜結隊整備而散居諸國名存實亡此皆部內强豪遺國司糺勘滯人京師納貨充補者自今既補不得歸任有寧歸者限以暇日取府牒送國衙過限者解職送狀本府其十二請修魚任泊西南三

道舟程自榁生至河尻凡五泊各行一日今此泊廢自韓泊直指輪田每歲蕩覆舟過百艘望差官司修造以播磨備中稅給其費其餘嚮既獻言不更重陳帝雖嘉納然不能用惟於是歲崇奢靡而已及左大臣時平薨又以其弟忠平代之令輔太子益成藤原氏顓政之勢在位三十四年改元三日昌泰日延喜日延長禪位於太子子朱雀天皇嗣諱寬明母中宮藤原氏基經第四女忠平攝政尋改爲關白兼太政大臣兄仲平爲左大臣子實賴爲右大臣於時平將門反據下總開府僭號勅平貞盛藤原秀鄉等討平之自醍醐帝以來東國多盜及是平將門反初上總介高望葛原親王孫也賜姓平子良將爲鎮守將軍有子曰將門勇悍善射少仕攝政忠平家求爲檢非違使不省遂走下總聚徒爲盜攻伯父常陸椽國香殺之與叔父下總介良兼數攻戰朝廷將討之將門先馳使詣闕疏辨得釋良兼死遂據下總圖制據關東僭號日平新皇開府下總置百官諸國亡賴爭殺官吏應之初將門與藤原純友善謂之曰吾王族當爲帝藤氏當爲關白是時純友爲伊豫椽據海島應之潛遣人火京師京師戒嚴守備三關平貞盛者國香子欲報父仇自攻將門不克訴於朝廷授官常陸椽遂與下野押領使藤原秀鄉收兵四千襲殺將門朝廷方遣藤原忠文爲征東大將軍未至聞事平乃還純友亦爲追捕使小野好古等擊滅是爲

天慶之亂賴襄曰天慶之亂釀於延喜之朝觀延喜一朝禮文制度豈不備且美哉時稱太平數與宴樂召集文士歌頌謳起而水旱疾疫民不聊生盜賊充斥閭里愁嘆世以其有寒夜脫衣一事稱之爲仁然所謂雖有仁心仁聞而澤不及民者也且自黜菅原相公而藤原氏勢益盛屢立太子不以賢不以長必立相家所自出豈非深憚藤原氏之故哉亦所謂仁而不武無能達也余嘗論此事由相家驕傲壅隔上下之所致蓋君相所務不過目前之私紀綱廢墜人才壅滯姦雄竊伺皆漫不省恤及其潰决雖有善者無如之何何況朱雀之公卿乎賜爵土傳子孫在位十七年改元二日承平日天慶禪位同母弟成明是爲村上天皇忠平關白如故子實賴師輔分爲左右大臣後忠平薨師輔繼卒又以藤原顯忠爲右大臣亦時平子也禁中大火惟索得神鏡於燼中帝留心政治後世以爲德亞醍醐言政者必曰延喜天曆云惟通帝后妹之爲帝兄妃者還納爲尚侍左大臣實賴惜其累德而不能匡正之在位二十二年改元四日天曆日天德日應和日康保子冷泉天皇嗣諱憲平母藤原師輔女實賴爲太政大臣關白庶政初村上以冷泉有疾欲立其弟爲平爲冷泉儲貳諸藤原氏以爲平婚於

源氏阻之及村上崩實賴稱遺詔立守平爲冷泉太子亦同母弟也冷泉立二年改元一日安和有告源高明橘繁延等謀廢立者諸藤原氏矯詔討之悉處罪京師大擾是爲安和之變爲平妃右大臣源高明女藤原師尹欲奪其位會帝病甚中外謂當有禪位人告高明反帝不之信師尹等遽遣兵圍其第尋冷泉讓位於守平是爲圓融天皇實賴仍攝政尋薨伊尹兼通兄弟相繼爲關白皆師輔子兼通最專制與弟兼家復爭政兼通伊尹弟兼家兄也以兼家超已顯達常觖望村上中宮其妹也其在時兼通稱請其手書曰攝關宜以兄弟相及不宜躐等常置之懷袖及伊尹病篤兼通乘間進請幸帝側泣進書帝見母后手迹不禁愴然乃超任內大臣旋爲太政大臣又偏請爲關白時人語曰寧投虎口勿觸攝政口與兼家益嫌隙兼通疾兼家喜曰吾將爲關白兼通大怒力疾入朝請曰臣今日行最後除目左大臣賴忠當代爲關白兼家謀反當解見任帝不得已從之在位十五年改元五日天祿日天延日貞元日天元日永觀傳位於皇姪是爲華山天皇諱師貞冷泉長子母藤原伊尹女賴忠關白庶政實賴子也華山初任藤原義懷藤原惟成厲精圖治後以女御祇

子死哀毀迷亂兼家令其子道兼紿之遜位落髮爲僧帝念祇子不已兼家欲遂立圓融子道兼桀黠多智使之紿帝曰上不如捨身斷一切累臣亦從帝許諾夜潛與道兼匹馬出宮月色照衣帝猶豫道兼促曰劍璽已奉東宮事不可復止乃至華山寺落髮道兼將剃曰臣猶未與父母訣遂去不復來明日義懷惟成聞驚至寺相視失聲愧輔弼無狀並落髮爲僧在位三年改元一日寬和圓融子懷仁立年七歲是爲一條天皇母藤原兼家女兼家遂罷賴忠而代攝政准三宮位在三公上尋爲太政大臣薨子道隆道兼道長相繼攝政初兼家有疾削髮稱法興院關白皇太后亦削髮稱東三條院相臣院女院始此一條在位二十五年改元六日永延日永祚日正曆日長德日長保日寬弘嘗曰朕得人之盛不愧延喜天曆史稱其心疾道長而力不能制云讓位於冷泉子居貞立己子敦成爲居貞儲貳居貞立是爲三條天皇母藤原兼家女道長專政綱紀日壞帝有目疾道長諷使遜位不從陰令醫以寒水進金液丹遂喪明在位五年改元一日長和

讓位於太子敦成是爲後一條天皇母藤原道長女立道長第三女爲后長帝九歲帝尚幼時以奩具爲戲玩道長益專恣廢太子敦明初三條將禪位立其子敦明爲新帝儲貳母藤原濟時女也時道長請立敦良帝不聽敦明長帝十四歲內不自安朝臣憚道長疑東宮屬者皆固辭王所役皆不肯供職太子不能堪欲逃位道長遂廢之立同母弟敦良道長薨道長獨典樞機三十餘年進女於帝妝奩窮極工巧家出三后身爲兩朝外祖嘗咏和歌以月圓無缺自喻又作歌曰此世吾之世也及病帝問所欲言曰臣復何望惟營法成寺董役者未被賞耳帝即敕行并賜寺封五百戶此時禁諸國營宅過制及六位以下服染作垣檜皮葺屋而道長營寺僭擬宮禁取材木徙役於官尋以其子賴通代帝在位二十一年改元四曰寬仁曰治安曰萬壽曰長元敦良立是爲後朱雀天皇賴通關白如故帝垂拱仰成時僧徒漸橫肆在位九年改元三曰長曆曰長久曰寬德禪位太子親仁是爲後冷泉天皇母道長第四女賴通爲關白尋以其弟敎通代盜屢火皇宮陸奧酋長安倍賴時父子叛鎮守府將軍源賴義討之九年始平而將士無賞在位二十三年改元四曰永承曰天喜曰康平曰治曆後三條天皇立諱尊仁後朱雀第二子母陽明門院禎子三條帝女也初後朱雀疾大漸將讓位欲立尊仁爲新帝儲貳召關白賴通賴通以非藤原氏出不欲立曰事未晚也賴通退藤原能信進御牀曰陛下欲以第二宮付何僧帝曰將置之東宮何謂付之僧曰若然事不可過今日帝悟即日立之尚方有壺切劍例傳東宮賴通不肯曰若母何人不可得也帝聞之曰吾何用一劍爲帝剛健嚴明痛抑藤原氏賴通兄弟皆斂迹是時藤原氏競以驕侈相高賴通造高陽院敎通又與二條第益壯麗師實曰我家所爲誰敢議者自帝即位皆畏憚自戢賴通屏居敎通雖爲關白備位而已敎通又嘗請太和守留任帝固不許奮髯曰攝關之可憚以其爲國戚若朕則何有敎通亦拂衣起曰藤原氏爲卿相者皆罷春日神威今日墜地諸藤原皆退朝廷將爲一空帝不得已許之然諸藤卒不敢肆置記錄所親聽訟定絹布制沽價法升斗法皇綱再振在位僅五年改元一曰延久讓位太子賴通嘆爲邦家之不幸云自光仁至此凡二十三世三百有四年

日本國志卷一

日本國志第三　　卷之二

出使日本參贊官黃遵憲編纂

國統志二

白河天皇立諱貞明後三條長子母藤原能信養女敎通關白尋薨代以賴通子師實帝政自己出相門斂手而愛憎任意好色信佛竭民力以事浮屠佛像在位十五年改元四曰承保曰承曆曰永保曰應德禪位後猶專政四十餘年國勢大敗不可收拾堀河天皇嗣諱善仁白河第二子母藤原師實養女實源氏師實攝政尋薨其弟師通代之旋以師通子忠實爲關白帝屢於夜分覆視章奏而制於白河上皇不能有爲上皇制院別當設兵曹置北院士奉宣旨施行曰院宣因所愛皇女准中宮死哀痛遂削髮稱法皇令皇子薙髮爲法親王時出羽酋復亂源賴義子義家用兵三年討平之請賞將士功朝議以爲私關不許在位二十一年改元七曰寬治曰嘉保曰永長曰承德曰康和曰長治曰嘉承鳥羽天皇嗣諱宗仁堀河長子五歲即位母藤原實季女忠實攝政尋罷以其子忠通爲關白法皇聽政如故僧徒作亂勅源平二家拒卻之在位十七年改元五曰天仁曰天永曰永久曰元永曰保安法皇令禪位於長子顯仁年五歲是爲崇德天皇母藤原公實女幼養於白河法皇長私之及鳥羽立爲中宮猶不改鳥羽深銜之崇德嗣位忠通攝政法皇仍聽政尋崩而鳥羽上皇聽政亦二十餘年久之亦削髮稱法皇崇德在位十五年改元六曰天治曰大治曰天承曰長承曰保延曰永治爲法皇所逼禪位皇太弟鳥羽法皇多內寵後納長實女寵專房稱美福門院生子體仁法皇欲其速得位諭帝禪讓即日促書詔詔稱皇太弟帝欲俟明日審讓遣中使往復數次終不聽及暮傳劍璽帝由是與鳥羽有隙尊爲上皇世稱法皇曰本院上皇曰新院近衛天皇諱體仁鳥羽第八子母藤原長實女生四月立爲儲貳三歲即位忠通攝政法皇仍聽政院中在位十五年改元五曰康治曰天養曰久安曰仁平曰久壽受制於法皇鬱疾崩

法皇立崇德弟是爲後白河天皇卽位之元年鳥羽法皇崩崇德上皇冀復位時忠通攝政其弟賴長欲取而代之上皇與賴長謀召源爲義等遂舉兵後白河使源義朝平清盛等拒之上皇兵敗流之於讚岐初近衛崩無子崇德上皇冀復位不則立其子重仁而美福門院意上皇咒詛帝不肯又因雅仁有子爲其所鞠養冀立雅仁而傳之其子雅仁稱因宮性輕躁制下朝野愕然及法皇崩左大臣賴長因失寵法皇諛事上皇上皇夜召密語之曰法皇舍宜立之重仁而立不文不武之四宮今法皇已宴駕何憚之有吾欲舉大事廢豎子而再踐位如何賴長與兄忠通不睦欲奪其權力贊成之初內大臣實能知其謀密敢法皇曰帝有不諱大亂必興法皇乃預署源義朝賴政等十餘人名屬美福緩急召之時上皇謀頗泄帝召將士自衛捕兵士入京者上皇遂據白河殿召賴長問道召源爲義爲義辭強之乃率諸子至請奉上皇南狩苟不利卽奔關東其子爲朝請卽夜直藝大內火攻取帝奉上皇代居事可立定賴長皆不聽保元元年七月十一日帝御東三條殿關白忠通以下皆從遣源義朝平清盛等攻白河殿義朝請火攻之上皇大敗徒步走傳足及夜從者肩負出京師無敢舍者投僧房翌日薙髮入仁和寺帝遣兵守之並守賴長以下十二第賴長齚舌死遂流上皇於讚岐清盛因弒叔父忠政義朝弒父爲義并流弟爲朝皆以從上皇故也後崇德在悉所剃血書大

乘經請藏京師後白河不許崇德大恚曰兄弟爭國自古有之吾欲悔罪何故不許乃齚舌出血每軸書曰願爲大魔王惱亂天下以五部大乘經迴向惡道自是成疾崩是爲保元之亂在位四年改元一曰保元禪位皇太子尙聽政三十餘年擁立五帝禍亂相踵二條天皇嗣諱守仁母藤原實經女忠通子基實攝政後白河上皇聽政藤原信賴源義朝舉兵反幽上皇及帝於宮帝逃避平清盛第以其兵討之信賴義朝皆誅死清盛盡誅義朝子惟賴朝免死流於伊豆平治之亂殘殺極慘清盛等皆進官爵源平相仇始此信賴恃豪族驕橫人呼曰惡右衛門督有寵於上皇請爲大將藤原通憲圖安祿山事述諫阻之遂銜通憲通憲常拒源信朝求婚而爲子娶清盛女帝與藤原經宗帝乳母子藤原惟方皆嫉忌通憲信賴因共謀除之引義朝爲黨闕清盛赴熊野舉事會上皇內宴撤通憲必侍宴圍南扶之而通憲先出奔不得遂幽上皇遷帝使經宗惟方監脫之道殺通憲自稱大臣大將專決諸政公卿皆俯伏陪位獨藤原光賴召惟方及經宗責以大義且曰平氏還力必能匡復惟方等悔悟清盛還密問變欲避子重盛決議歸六波羅第潛使人謁事經宗惟方敕帝逃出平氏以兵迎入其第上皇亦潛入仁和寺信賴方醉臥聞而恨曰惟方負我帝敕平氏討賊

誘賊出大內別遣重盛攻大內賊進退失據乃敗走信賴求哀於上皇上皇爲請於帝不報平氏兵以敕旨捕誅之遂囚其黨五十餘人義朝東奔爲人誘殺獻其首其諸子皆爲平氏所捕殺獨第三子賴朝清盛之母爲尼者憫之請流伊豆婢子三人皆幼以母殊色清盛納之因亦得免清盛父子皆進官在位八年改元五曰平治曰永曆曰應保曰長寬曰永萬禪位而崩太子順仁嗣甫二歲是爲六條天皇母伊岐氏基實攝政後白河聽政如故立皇叔憲仁爲太子甫六歲初後白河納平清盛妹生憲仁故立之尋陞清盛從一位太政大臣平氏始以外戚攝政在位三年改元一曰仁安未加冠禪位稱太上皇憲仁立是爲高倉天皇時上皇五歲帝八歲後白河薙髮稱法皇高倉立清盛女爲中宮生子言仁清盛專恣貶斥諸藤原氏官爵而代以己子又幽法皇初法皇憤平氏刑賞自專乃削髮後有藤原成親者以怨望圖滅平氏法皇與共議事未發其黨自首於清盛清盛聚兵六波羅第遣兵收成親遂欲取法皇幽之以其子重盛固諫而止及重盛卒未數日法皇游讌自如清盛積怒卽遣宗盛率兵幽法皇於鳥羽後迎於八條烏丸監察稍疏尋以以仁王事又幽之福原板屋三間膳日二次人呼曰牢御所諷帝讓位

於太子帝以法皇故憂鬱崩在位十三年改元四曰嘉應曰承安曰安元曰治承安德天皇諱言仁年三歲嗣位關白基通攝政基實子清盛決事後白河子以仁王下令東國討平氏以仁王敗死源賴朝源義仲各奉令起兵賴朝開府鎌倉東海東山道多屬賴朝北陸道悉屬義仲清盛尋薨初以仁王下令東國發源氏源氏所在響應清盛大驚遣追討使東擊之不勝及是薨遺戒子弟力討賴朝清盛專權同姓爲公卿者十六人得昇殿者三十餘人爲衛府國司者六十餘人其采地半海內威福過於藤原氏當時舉國之兵半屬源氏半屬平氏卒爲源氏所滅義仲進兵京師清盛子宗盛挾帝及法皇奔法皇逃依義仲宗盛遂挾帝西泛海奔筑前法皇遂敕義仲討平氏削平氏二百餘人官爵因下敕廢帝帝在位三年改元二曰養和曰壽永皇弟尊盛立是爲後鳥羽天皇高倉第五子母藤原氏年五歲基通攝政如故時尾形惟義攻平氏尾形惟義起兵筑紫以應賴朝者宗盛敗走讚岐法皇敕義仲西伐義仲遷延法皇欲召賴朝

入衛藉以除之義仲憤舉兵刼帝及法皇罷基通攝政奪公卿四十餘人官爵法皇不得已以義仲爲征夷大將軍尋賴朝兵至義仲敗死初賴朝義仲各起兵賴朝嘗以兵十萬擊義仲義仲避之及義仲兵先入京法皇勅討平氏強而後行至水島與平氏戰失利法皇召賴朝賴朝介二弟範賴義經護貢賦入京義仲聞之遂引還遂舉兵圍殿遷帝於閑院遷法皇於攝政第而賴朝所遣二弟已將兵入京義仲拒戰敗死傳首京師梟書其罪曰賊義仲賴朝遣兵追平氏一敗於屋島再敗於壇浦平氏挾安德帝投海崩遂滅平氏賴朝分遣範賴義經擊平氏至壇浦宗盛母抱安德帝投海虜宗盛等及皇太后平氏歸京師斬宗盛遂滅平氏義經索傳國劍璽不獲僅獲鏡璽帝初立以無重器踐祚不即位後法皇使人作書喻宗盛索之宗盛不許及是奉還鏡璽於溫明殿賴朝居鎌倉遣部將北條時政守京師乃奏請諸國置守護莊園置地頭所在逮捕加賦稅充兵糧別置公文所後改政所賞功臣頒封邑皆以政所文下行兵馬之權忽歸賴朝遂爲征夷大將軍賴朝已滅平氏朝廷又敕源義經源行家討賴朝賴朝發兵西上義經行家逃走敕諸國逮捕斬行家於和泉

日本國志卷二　四

義經匿於陸奧押領使藤原泰衡家泰衡襲殺義經賴朝又以泰衡庇亂人起兵擊陸奧出羽悉平之諸國皆懾服法皇召賴朝入朝優禮之仍還鎌倉是年法皇崩自是朝廷擁虛器如弁髦藤原氏雖更爲關白攝政而其進退不關天下事大權獨在將軍帝陰圖恢復而不就蓋自白河以下大勢積重難返矣帝在位十六年改元三日元歷日文治日建久禪位皇太子後崩於隱岐土御門天皇諱爲仁母承明門院源氏內大臣通親養女四歲嗣位賴朝薨賴襄曰我邦先王常自儉以養民民食足故兵強其後國俗奢靡刻剝其民而委兵於將吏將吏自以其計策蓄權御養士卒朝廷不之省及賴朝興請置守護地頭於諸國以掌兵每段課五升以調養食而總守護地頭之權操之於鎌倉天下之勢一變而大權歸之矣然吾觀源賴朝奏蠲所領九國逋租請諸國倣行又奏兵興以來民不暇農請量力收賦稅以平賀義信爲武藏地頭有惠政請旌之以風司牧以藤原秀衡治陸奧有善規及平陸奧令凡政皆遵守前規勿變嗚呼當是時天下方貴驍武務進取而賴朝獨孳孳以養民爲務故能歲歲出師一舉殪仲再舉殪宗盛三舉夷泰衡四海之內一草一木莫不從風以建此大業也賴朝又嘗見侍臣衣服麗都命取刀截其冑惟其儉以自奉故能於多事之日蠲逋租養民力而不患不足也嗚呼可謂知爲政之本者矣子賴家爲將軍爲

其外祖鎌倉執政北條時政所幽殺立其弟實朝爲將軍又謀廢之事覺流時政於伊豆其子義時仍代執政權源氏衰而北條氏握國柄矣帝在位十三年改元五日正治日建仁日元久日建永日承元爲上皇所迫禪位皇太弟後崩於阿波順德天皇立諱守成後鳥羽第三子母修明門院藤原氏源賴家子千壽起兵討北條氏不克死幼子公曉復謀殺實朝義時乃立藤原賴經爲鎌倉主而自執政權賴經賴朝妹夫之外孫也順德在位十一年改元三日建曆日建保日承久禪位皇太子後崩於佐渡九條廢帝諱懷成母東一條院藤原氏明治三年追贈日仲恭天皇四歲即位時有三上皇後鳥羽曰本院專決政事土御門曰中院順德曰新院本院素憤王權下移有圖鎌倉之志至是密詔討關東義時乃遣子弟率東兵入京師廢帝立高倉帝孫茂仁流本院於隱岐中院於土佐尋徙阿波新院於佐渡是爲承久之變本院素憤源氏擅朝權陰圖恢復置院西

日本國志卷二　五

面士親武事至手造刀劍及實朝遭害謂威柄可復而關東權勢自如意益不平嘗擢一西面士義時稱將命奪其在東食邑朝旨令還之不奉敕會三浦允義宿衞京師以事憾義時本院令親信就與謀允義曰臣兄義村力足辦此本院大喜承久五年五月託城南流鏑馬集近畿兵密發使齎詔諭義村及關東諸豪義村以告義時義時大會諸將請政子隔簾問曰汝等聽院宣赴京師佐滅關東乎抑一心戮力以全故右大將軍之業以保食邑乎即時決對僉同聲答曰死生唯命誰肯東向關弓者諸將請據險保八州大江廣元曰事久眾心變不如直西向犯關義時遂遣子泰時朝時弟時房分道西犯官軍敗績泰時入京有敕曰此舉皆謀臣所誤遂收權少納言藤原光親等六人送鎌倉斬之初發師令父行子留子行父留義時表曰聞陛下好戲臣謹遣長男泰時等率十九萬人以供天覽如上意未厭臣且率二十萬人繼至云九條在位僅七十餘日自白河帝即位至此凡十四世百五十年始藉源平以除亂卒至大阿倒持互相剪滅然源氏有勘亂之功其因時變法民亦賴以蘇息北條氏起乃以陪臣執國命矣舉兵犯闕放廢四帝視君位如弈棋雖有一二有爲之主終不得伸其志蓋自外戚專政將帥因之其所由來漸矣後堀河天皇諱茂仁守貞親王之第三子母藤原氏年十歲即位北條泰時與叔父時房分鎮六波羅南北府京師始有兩六波羅以制全國泰

時頒式目五十條頗愜民情時賴經仍爲將軍義時死子泰時執權帝在位十二年改元六曰貞應曰元仁曰嘉祿曰安貞曰寬喜曰貞永禪位皇太子四條天皇諱秀仁母藻壁門院藤原氏二歲嗣位嬉戲無度在位十一年崩改元六曰天福曰文歷曰嘉禎曰歷仁曰延應曰仁治後嵯峨天皇諱邦仁土御門第二子母源氏泰時所議立泰時死孫經時執權廢將軍賴經以其子賴嗣襲職年甫六歲帝在位五年改元一曰寬元禪位皇太子仍聽政二十餘年二皇子相繼踐祚及崩因愛龜山帝遺令其子孫永承大統而付後深草之裔以封邑北條貞時則議後深草龜山二統迭承限十年禪受厥後南北分爭實基於此至足利氏猶沿其例初攝朝以藤原氏近衛九條二家更爲攝政後九條分爲一條二條近衛亦分爲鷹司至是北條氏奏請五家更替攝政名爲尊上實分朝權也後深草天皇諱久仁母大宮院藤原氏四歲嗣位北條經時死弟時賴執權又廢大將軍賴嗣立後嵯峨皇子宗尊主鎌倉爲大將軍

帝在位十四年改元五曰寶治曰建長曰康元曰正嘉曰正元上皇迫令禪位於同母弟恆仁是爲龜山天皇時賴死子時宗執權又廢大將軍而以其子惟康襲職年甫三歲時元世祖三遣使來皆卻之帝在位十五年改元三曰文應曰宏長曰文永禪位皇太子世仁是爲後宇多天皇母京極院藤原氏八歲卽位元兵攻對馬壹岐諸島而還復兩次遣使時宗皆斬之尋敗元兵時宗死子貞時執權攻殺外祖父安達泰盛北條氏始衰帝在位十四年改元二曰建治曰宏安禪位後深草第二子熙仁是爲伏見天皇母元輝門院藤原氏貞時廢將軍惟康貞時聞惟康有滅北條氏之志遂廢之倒載網代輿送還世目之曰將軍流於京師立後深草第三子久明親王主鎌倉爲將軍帝在位十一年改元二曰正應曰永仁禪位皇太子允仁是爲後伏見天皇母准三宮藤原氏初龜山禪位後置後院別當聽政每事不許後深草與聞後深草懷憾訴哀於時宗時宗乃奏立伏見會有盜入禁內挾前劍求帝所在世以爲龜山所使龜山懼賜誓書於貞時事始寢伏見又密使人

言於貞時曰龜山每切齒承久之事立其從非鄉家利貞時乃立後伏見後宇多示以後嵯峨之約貞時乃定兩統更立之議年十一卽位在位四年改元一曰正安禪位後宇多長子邦治年長於上皇三歲時後深草稱本院龜山稱中院後宇多稱新院幷伏見後伏見同時有五上皇後三條天皇立諱邦治母西華門院源氏新院聽政貞時又廢大將軍以其子守邦襲職帝在位七年崩改元三曰乾元曰嘉元曰德治伏見子富仁立是爲花園天皇母顯親門院藤原氏貞時死子高時執權年幼其舅秋田時顯與內管領長崎圓喜受遺命輔之權遂移於外戚與家宰北條氏益衰及後醍醐時舉族遂伏誅帝在位十二年改元四曰延慶曰應長曰正和曰文保禪位於後醍醐天皇自後堀河至此凡十世九十七年兵馬之權皆在鎌倉自北條時政至高時凡九世一百五十四年君之廢立宰輔將軍之進退皆唯命是聽而遲之久而後滅亡者立主以嗣源氏遷官猶稱原衛子孫相承終身不過相模武藏守又務爲勤儉以養民蓋顯以虛名讓之人隱以實利歸之己故雖廢立進退之由我天下不起而議之其取禍不速操之蓋有術也至高時荒縱則一敗塗地

矣

後醍醐天皇立諱尊治後宇多子母談天門院藤原氏尊花園爲上皇稱新院後宇多稱法皇帝親政復置記錄所親聽訟獄視北條氏失人心謀誅滅之帝與藤原資朝藤原俊基謀陰撥武人可用者每會議脫衣冠縱酒結其歡心名曰無禮講事覺比衛鎮將收資朝俊基高時遂舉兵入京帝避走於笠置高時立光嚴帝名量仁郎帝所立太子後伏見子也遣兵陷笠置迫傳神器不許帝曰神器非臣下所能與奪且鏡璽已失獨有劍必欲相迫朕將自裁賊欲遷之六波羅第命使備行幸儀而後往帝復走隱岐楠正成起兵勤王皇子護良親王起兵於吉野新田義貞起兵於上野爭應帝帝還伯耆名和長年兒島高德復舉兵從之尋高時將足利高氏歸順諸軍收復京師迎帝還闕鎮將北條仲時奉新主及兩上皇東奔官軍邀擊之新主上皇還論諸公卿受新主官爵之罪貶削有差新田義貞遂攻破鎌倉滅北條氏論功行賞賜高氏以御名尊字遂爲足利尊氏護良親王知尊氏

惡表請誅之不許帝置決斷所賞罰功遷延不決而帝左右僧尼伎樂多以内勅得賞又造構營事興作舉國囂然復思武人之治旋聽尊氏讒殺護良親王初拜護良爲將軍後囚之於鎌倉令足利直義監守直義遂殺之尊氏益兇行無忌自移兵開府鎌倉誣奏新田義貞義貞奏辨且暴尊氏八大罪有詔奪官爵尊氏遂舉兵反北條高時子時行招餘黨攻鎌倉尊氏擊時行走之詔促班師不聽自稱征夷大將軍關東管領移書西道諸國發兵以討新田氏爲名楠正成等戰死尊氏入京帝逃叡山尊氏立豐仁親王爲帝建號改元是爲北朝光明帝足利氏擁立光明帝初陽尊之及南軍屢敗大得其志不復稟裁肆割膏腴以賞功臣或至奪公卿食邑遊供御闕乏不問有將吏途遇光嚴上皇不下馬前驅呵之曰院也曰院耶犬耶犬則我射之令環射乘輿折輗截輻而去足利氏論其罪武人相謂曰院且下之苟遇將軍不將膝行乎帝之立也民間又相語曰王並無一戰功將軍何賜之天子也尊氏佯請降誘還後醍醐帝幽之幽帝於花山院尊氏追請傳器於新主以僞器授之尋潛逃於吉野諸軍勤王者皆敗義貞戰死兩皇子亦見弑後醍醐僅保吉野對北朝而稱南朝後人以神器在南尊爲正統後醍醐在位二十一年改元八曰元應曰元亨曰正中曰嘉歷曰元德曰元宏曰建武曰延元崩於吉野第八子義良立是爲後村上天皇母新待賢門院藤原氏即位之興國元年庚辰北朝光明帝歷應三年也越九年光明帝禪位於從子興仁爲崇光帝又三年尊氏因内亂令子義詮佯降於南朝將紓南兵而專事東海南朝許之義詮遂廢崇光帝奉南朝年號後村上帝密令諸路兵討尊氏收復京師收廢帝廢太子及光嚴光明二上皇送吉野幽之義詮復敗南兵取京師立彌仁親王是爲後光嚴帝羣議無神器不可踐祚關白藤原良基曰尊氏劍也良基璽也何不可遂立之南朝還所幽諸帝南北兩軍厥後互有勝敗所爭皆在京師臣子亦各叛服不常尊氏死義詮爲將軍義詮死子義滿爲將軍後村上帝迭與北軍戰有宗良親王源親房楠正行新

田義興等輔之屢擐甲御馬控御勍敵在位三十年改元二曰興國曰正平崩子寬成立是爲長慶天皇母氏不詳即位之年戊申北朝後光嚴帝應安元年也越四年後光嚴禪位於太子緒仁爲後圓融帝斯時北軍益強長慶在位五年改元二曰建德曰文中禪位於弟熙成是爲後龜山天皇母嘉吉門院某氏越十年北朝帝禪位於太子幹仁爲後小松帝於時南朝地盡失獨吉野屬行宮新田氏子孫先敗滅尋楠氏菊池氏亦亡全族遂議和從義滿請授神器於後小松帝義滿來請和曰駕還授器則兩統更立如故事許之元中元年十月車駕發行宮羣臣以戎服從至京義滿欲用來降禮帝曰朕欲用父子禮相授否則以神器焚安肯屈臣下以辱祖宗乎或謂義滿曰神器在彼彼即眞主不可違也稱後龜山爲太上皇後龜山在位二十年改元三曰天授曰宏和曰元中南朝爲龜山統凡四世北朝爲後深草統凡六世至是成和義滿仍請兩統更立自後醍醐即位之元年至壬申一統凡七十四年自北朝光嚴帝即位之元年至壬申一統凡六十一年兩統之議定於北條貞時遂授後世姦人取富貴之柄然南朝土地甲兵不及北朝什之一卒能相持數十年者賴楠氏新田氏數家孫子相繼以忠義號召人心故能屢撲屢起定於一尊非獨神器有在爲然也後小松天皇諱幹仁後伏見元孫母通陽門院藤原氏帝於北朝者凡十年受神器於後龜山帝嗣位征夷大將軍足利義滿自爲太政大臣朝議以平相國以還武家無昇此官者義滿怒曰天子我家所立而不我聽則廢而自立以細川畠山二臣爲攝家誰能禁我者遂許之尋辭任請以其子義持襲職削髮稱道義宮室輿服皆奢僭義滿營別業於北山起金閣徙居之稱北山殿又造一殿於禁内稱小御所每進朝公卿皆下階拜跪嘗遊叡山擬上皇行幸儀遣使稱臣於明受太宗皇帝封爲日本王及薨詔贈太上皇號帝在位十九年在北朝時改元四南北合一後改元一曰應永禪位於太子實仁是爲稱光天皇母光範門院藤原氏始背更立之約南朝遺臣請如約立後龜山帝之子不聽於是南朝餘孽所在起兵尋皆平鎌倉管領足利持氏爲其執事上杉氏憲所逐義持援持氏攻上杉義持辭職詔以其子義量襲自削髮稱道詮

既義量卒義持再視事尋薨義敎襲職帝在位十六年崩（改元用應永年號改元一日正長）後花園天皇（諱彥仁後伏見五世孫北朝崇光曾孫父貞成親王母敷政門院源氏）年十歲卽位義敎遣使貢於明明宣宗皇帝賜之永樂錢三十萬緡自後稱臣奉正朔世以為常足利持氏結城氏朝皆以攻鎌倉執事上杉氏作亂伏誅赤松滿祐弒將軍義敎亦伏誅子義勝襲職薨弟義政為將軍南朝舊臣常擁龜山裔為亂至入禁內奪神器（帝之立也後龜山皇子以不得立怒奔伊勢或奉之起兵足利氏擊平之置之嵯峨將軍義敎之弟義照與之善時關東兵亂動其乘時舉事事覺殺義照至是藤原有光等奉為主稱中興宮夜入禁內奪神器追者獲寶劍遂擁璽據叡山將討平之皇子自殺南人又立其子居吉野山中有赤松氏臣某佯往事之乘間刺殺奪璽還獻）帝在位三十六年（改元八日永享日嘉吉日文安日寶德日享德日康正日長祿日寬正）禪位皇太子後土御門天皇嗣（諱成仁母嘉樂門院藤原氏）足利氏之臣細川勝元與山名宗全舉兵戰於京師是為應仁之亂（足利氏開府京師於家臣設管領迭任細川氏斯波

氏畠山氏名三管領而細川最强又設四職迭任山名氏一色氏佐佐木氏赤松氏而山名氏獨盛至是以畠山氏兄弟爭位各護其黨將軍義政已立其弟義視為後既而生子義熙其母欲立之託於山名宗全而細川氏輔義視因是舉兵細川徵諸國兵十六萬山名徵諸國兵十一萬絡繹入京京人皆負擔奔竄及戰迭有勝負焚蕩公私屋舍三萬餘區及山名細川相繼死乃罷爭義視遂逃而細川氏所庇之畠山政長再為管領）義政罷子義熙繼為將軍義政窮極奢侈徵斂無度上下困弊（義政喜奢靡一花亭費六十萬緡一幔閣帳子費三萬錢故賦斂日增故事借富商金以供用義滿時歲四次義敎歲十二次至義政乃月八九次又下借貸不償之令名日德政故事有大儀諸侯助役每五六年一舉義政乃五年九舉是以公私交困義政猶日恣淫樂政事委之傳宣之臣及妻族僧尼之輩請謁公行號令牴忤其管領細川山名樹黨相攻義政為其所劫持及讓職之明年仍上書朝鮮乞勘合印信以求書畫珍寶尊築銀閣於東山日設茗讌樂至於死是時亂黨交攻焚毀兵燹蕩為廣野七道之內俱為戰場為日本古今極亂之世諸史謂義政之所致也）於時文運衰喪惟義熙尚好學父子相繼薨義植（義熙無子義政召還義視養其子義植為嗣）義澄相踵為將軍畠山政長奉義植攻畠山長豐不克出奔細川政元立義澄帝在位三十六年崩（改元六日文正日應仁日文明日長享日延德日明應）後柏原天皇立（諱勝仁後土御門子母准后源氏）時全國大亂大內義興助義植大舉入京細川高國（高國政元養子時政元為其家宰所弒臣三好長輝討誅之而立養子澄元為管領故高國怒既而高國得管領三好氏又擁澄元等相爭禍亂相尋以迄於亡）舉兵應之義澄奔高國尋又舉兵逐義植亦出奔先後死乃迎義澄子義晴為將軍帝在位二十六年崩（改元三日文龜日永正日大永）後奈良天皇嗣（諱知仁母豐樂門院藤原氏）義晴見迫於細川之臣三好氏奔走不常讓職於子義輝亦屢出奔斯時北條氏綱氏康等興是為後北條氏武田信元上杉謙信毛利元就三氏亦雄據一方而以家臣弒逐其主割據其地者如齋藤秀龍之於土岐定朝陶晴賢之於大內義隆津久見美作之於大友義鑑三好之康之於細川持隆各爭疆土遍地干戈而是時葡萄牙人亦傳天主敎入於國矣帝在位三十一年崩（改元三日享祿日天文日宏治）子方仁嗣

是為正親町天皇（母吉德門院藤原氏）時三好氏與其家臣松永氏專京畿大權三好義繼因弒義輝其弟義昭赴美濃走依織田信長信長挾義昭西上以義昭為將軍義昭又與信長失睦於是信長幽義昭遂代足利氏而興焉（足利氏遂亡自尊氏至義昭凡十三世二百三十五年初源賴朝以武人充守護地頭漸成割據之勢北條氏因之至尊氏與當時武人厭王政而習武政權失權勢皆欲得一人推戴之以專其利尊氏亦知之是以割土地頒金帛既授以兵權又崇以官銜務充其欲以求遂己私尊氏之得國也以此而已成尾大不掉之勢矣足利氏以將軍駐京師而分遣子弟鎮鎌倉鎌倉設管領上杉氏世為執事屢逐其主又與兄弟爭權最後北條氏超與上杉氏抗上杉氏之家臣長尾氏又復出而顯政京師幕府亦設管領細川氏為最強已與山名氏爭職又屢逐其君與兄弟相爭而其家臣三好氏三好氏之家臣松永氏復迭出而執權所轄諸國樹黨相爭其餘羣雄割據土地各憑強大互相吞噬舉六十州之地曾無一塊乾淨土禍亂之極莫延浸淫竟數十年而未已當足利氏盛時權勢足以相制及其既衰驕奢淫逸既以大權授之家臣又欲借家臣之力以逐其奪嫡立愛之私各徒隸乘勢竊權無復忌憚乃至五代將軍廢置放逐疲於奔命如奕棋然如傀儡然比之王室猶有甚者蓋足利氏以土地兵馬餌豪傑而無術以相鈐制并其餌而失之亦可哀

矣若夫同室鬩鬭日尋干戈陪臣與□反將人上至於倫理滅絕臣弑其君者有之子弑其父者有之家國治亂不以爲怪斯又尊氏於君臣父子兄弟間惟利是視故上行下效禍變至此也嗚呼可謂亂極矣信長任用豐臣秀吉等平定近畿位右大臣代將軍出令蠲地子錢弛徭役置所司代徙治安土定關東法制十五條頗有規模惜罷任明智光秀猝爲所殺足利氏管領斯波氏封於尾張織田氏世爲斯波氏重臣及信長興屢攻鄰國敗齋藤氏於美濃拏今川氏於駿河成名大著帝聞之密遣使齎詔賜以御用香合西上平內亂後又詔賜一戰袍曰朕顧四方莫如卿武略卿已平美濃其益奮庸宜武以副朕望信長奉詔泣曰臣督師詣闕之日當服此拜賜也及是義照又走依之信長以兵三萬人挾之西上三好氏棄京師去信長留木下秀吉護衛京師修治皇宮而東歸義昭多失行信長上書切諫義昭遂謀伐信長信長迭攻之義昭走安藝詔削其官爵信長又破朝倉氏淺井氏六角氏旋滅三好氏近畿悉平分遣秀吉擊毛利氏毛利亦求和又親將兵十二萬伐武田氏獲武田勝賴及其子割甲斐信濃駿河上野與有功諸將史稱其以不世出之畧定二百餘年分據之局事敗垂成深爲可惜云秀吉誅光秀築大坂城自奏請爲關白置五奉行以議國事帝在位二十九年改元三日永祿日元龜日天正禪位皇太孫後

陽成天皇嗣諱周仁父誠仁親王母新上東門院藤原氏秀吉爲太政大臣奏請以其猶子秀次爲關白稱大閤旣平海內約列侯奉戴王室惟變更田制重稅殃民又用兵朝鮮師出無名內外疲困卒薨於軍秀吉家微爲人奴盜其主黃金六兩買刀鋼衣服僞姓名曰木下藤吉謁信長於道乞爲奴信長熟視之曰汝面類猴汝心亦必如猴矣常命之挈鞋呼曰猴奴試以事多機智遂寵任之使將兵信長已平京畿奏爲筑前守改氏羽柴奉命西攻毛利氏與之和歸而討光秀梟其首奉信長子秀信爲嗣使居安土給以近江三十萬石而命諸將分領織田氏地信長之弟信孝與舊臣柴田勝家瀧川一盛謀誅秀吉秀吉次第削平之旋以舟師六萬伐長宗我部元親於土佐元親降南海平時薩摩島津義久勢甚張秀吉合毛利輝元長宗我部元親集兵招諭之不從遂以兵十五萬大擧西伐入其國降義久西海亦平又將兵十萬北伐降佐佐成政於富士入越後與上杉氏連盟而還復遣使相模諭北條氏政入覲使陸奧招伊達政宗來降皆不答即以兵二十五萬大擧東伐分遣諸將徇關東六十餘城伊達氏來降氏政父子亦出降殺氏政收陸奧出羽地關東又平秀吉用兵如神所向披靡於時羣雄咸俯首聽命獨德川氏嘗與戰大敗於長湫隱忍與和旣拜關白賜姓豐臣氏城大坂徙居之而築第吉野名曰聚樂帝與上皇幸其第留飲五日又賞花於醍醐張茗讌於北野大會諸將茶宴之盛今古所無親督兵

征朝鮮薨於伏見城令德川家康等五大老輔嗣子秀賴家康任征夷大將軍開府江戶大封諸侯行賞立制課諸侯城江戶城駿府命諸侯妻子盡住江戶間一歲乃交代就國禁西諸侯造戰艦開長崎港通商尋辭職詔以其子秀忠爲將軍帝在位二十六年改元二日文祿日慶長禪位皇太子自後小松至此凡八世二百一十九年足利氏上不知有王室下不能馭羣雄跋扈二百餘年及織田氏稍定大亂豐臣氏起於人奴以兵力定海內德川氏繼興用力少而坐享其成至是舉國始知有尊王之義息戰爭者二百餘年

後水尾天皇嗣諱政仁母中和門院近衛氏家康定文臣法五章廷式十七章武員式十二章大脩朝廷舊典始置老中定幕府及列國郡邑制度滅豐臣氏尋薨家康起於參河旣敗秀吉與之和曰吾將與之定天下以救億萬生靈謬爲恭敬媚事秀吉嘗於朝會時親爲秀吉整履秀吉之卒也握其手託以遺孤遺命以家康及前田利家毛利輝元浮田秀家上杉景勝爲五大老使決大事設五奉行如故使決小事又設三中老左右之家康居伏見城代秀吉視事利家先卒旣而奉行石

田三成等以家康將不利孺子密與上杉景勝通謀家康促景勝入覲不聽曰我受大閤遺旨鎭東奧何受家康令爲且數家康背盟十大罪家康怒自將伐景勝三成至大坂又移檄諸國曰諸君苟不忘大閤恩當合力討家康毛利輝元以下侯伯來會者四十餘人兵凡九萬餘家康方攻景勝聞變引軍還遂與三成戰於關原大破之捕斬三成創毛利輝元八國僅食長門周防二國流浮田秀家於八丈島景勝聞西諸侯兵敗亦乞降家康以關東八國自封居江戶城擧所收地分封諸將惟秀賴僅食七十六萬石而已旣而家康嫁女孫於秀賴家康居駿府秀賴居大坂秀賴旣長羣臣欲挾以復故業稱散金帛募死士然有國將士無一至者秀賴時營方廣寺落成公卿大會家康遂以鐘銘語涉咒詛怒停行慶秀賴遣使哀懇又請毀大坂城乞盟家康佯許之尋擧兵攻大坂使人告秀賴母子曰仍宥汝管取一喫飯處城破秀賴母子將出見使人請二竹輿不與時城中火秀賴母子避火樓倉東軍圍之放銃以示絕意倉中火又起秀賴母子遂不知所終有庶子生七歲後捕斬之六條磧豐臣氏遂亡久之秀忠辭職子家光爲將軍先是南洋各島國咸來通商至是以禁耶穌敎故遂禁呂宋交趾占城互市英吉利西班牙請互市皆辭卻終德川氏之世惟許中國及和蘭通商而已帝在位十八年改元二日元和日寬永禪位於皇女興子內親王秀忠

女也是爲明正天皇家光始置大老小老聽大目附社寺奉行等官營日光廟頒武家制度十九章平耶穌教徒亂於天草帝在位十四年仍用寬永年號禪位皇太弟紹仁是爲後光明天皇後水尾第四子母壬生院藤原氏年十一卽位敕賜宮號於日光廟每歲納幣以宗澄親王爲東叡山座主後皆爲例帝性好學令儒臣講程朱新注及崩詔廢火葬家光薨子家綱襲職帝在位十一年崩改元三日正保日慶安日承應弟良仁立是爲後西院天皇後水尾第六子母逢春門院藤原氏在位八年改元三日明曆日萬治日寬文以災異頻仍爲失德所致遂避位於凝花洞弟識仁立是爲靈元天皇後水尾第十六子母新廣儀門院藤原氏年十歲卽位時宋學大興有著論攻駁者禁錮之立朝仁親王爲皇太子自後醍山傳小松之後不立東宮者十三世矣始用元授時歷名貞享歷自用宣明歷以來及今亦殆千年家綱薨子綱吉襲職

帝在位二十四年改元三日延寶日天和日貞享禪位皇太子朝仁是爲東山天皇母敬法門院藤原氏年十三歲卽位綱吉營孔子廟用儒臣源光國編大日本史立將軍傳家臣傳隱示尊王統斥武門之意綱吉薨子家宣襲職帝在位二十三年改元二日元祿日寶永以災變自恨菲德遂禪位皇太子尋崩中御門天皇嗣諱慶仁母新崇賢門院藤原氏年十歲朝鮮聘使至家宣從儒臣議答書稱德川氏曰日本國王家宣薨子家繼襲職年四歲尋薨子吉宗襲職帝在位二十六年改元二日正德日享保禪位皇太子昭仁是爲櫻町天皇母新中和門院藤原氏時文學甚盛萩生茂卿伊藤維楨各習古學新井君美青木敦書首唱荷蘭學吉宗辭職子家重爲將軍帝在位十一年改元三日元文日寬保日延享禪位皇太子遐仁是爲桃園天皇母開明門院藤原氏年七歲卽位前將軍吉宗薨吉宗作律九十章頒行性好學務勤儉愼庶獄

與賢良稱中興良主丹波人竹內式部以武技出入公卿家不喜幕政漸露復古之志家重逐之公卿坐是奪官爵者十七人家重薨子家治爲將軍帝在位十六年崩改元二日寬延日寶歷後櫻町天皇嗣諱智子櫻町第二女母皇太后青綺門院藤原氏處士山縣昌貞藤井右門著論斥幕府處梟刑立皇姪英仁親王爲皇太子遂讓位帝在位八年改元一日明和後桃園天皇立諱英仁桃園第一子母恭禮門院藤原氏在位八年崩改元一日安永無子光格天皇諱兼仁東山帝曾孫典仁親王第六子母盛化門院藤原氏年九歲卽位家治薨子家齊繼職俄羅斯乞互市不許尋侵掠樺太諸島凡八年始息松前箱館皆置奉行以備之英吉利亦擾長崎長崎奉行愧恨自殺帝在位三十七年改元四日天明日寬政日享和日文化禪位皇太子仁孝天皇嗣諱惠仁母贈准后東京極院藤原氏以家齊爲太政大臣尋辭職子家慶繼職西洋船擾寶島家齊令沿海民曰蕃船至

則發礮有貿易者嚴絕之尋錮處士渡邊華山等亦以譯述西書被罪也上皇崩始復諡法自宇多帝至此停諡六十世帝令復之頒天保歷在位二十九年崩改元三日文政日天保日宏化先是處士高山正之蒲生秀實本居宣長等或著書游說或倡言國學皆潛有尊王意及是蒲生作山陵志賴襄作日本政記日本外史舉國益知尊王之義

自後水尾至此凡十三世二百三十四年德川氏威力日盛列侯懾服人文蔚起而帝室垂拱仰成而已

日本國志卷二

日本國志第一　卷之三

出使日本參贊官黃遵憲編纂

國統志三

孝明天皇嗣位諱統仁仁孝第四子母新侍門院藤原氏家慶薨家定任將軍時美英俄皆遣以兵船來劫盟宏化三年丙午美將必氏以兵艦來浦賀嘉永二年己酉英船來浦賀剽掠下田六年癸丑美將披理以兵艦四艘至浦賀俄將布恬廷以兵艦四艘入長崎安政元年甲寅披理又帥七船至浦賀入神奈川俄艦又入南海至大阪灣幕府雖命各港築礮臺許諸侯作大艦齎火器入江戶徵諸藩兵設備而審力不敵仍許之泊船三港下田箱館長崎設番書調所司其事及美使巴爾理士來請見將軍將軍亦許之又請於江戶設公使館開十港通商幕府乃遣人奏之帝帝初聞外變憂甚禱於七廟七大寺以幕府奏下公卿議不許家茂命老中堀田正篤西上奏請勅許未得報美使又促日曉日不得命將直入京師請命幕府馳書正篤促之帝召關白大

臣等會議所擬旨有處置外事一依幕府之語權大納言忠能日若如此則國體不立是舉朝無人也權大納言正房曰果下此勅當取白麻裂之雖得嚴譴亦所甘心衆同聲應之於是廷臣八十餘人詣關白尚忠第草勅曰美夷之請神州安危之所係今將軍變祖宗法失兆民心何以保萬世前許開下田事已誤今又與彼約果如所奏則國威墜地幕府其使三親藩更議而奏之而美使復要逼之遂與定互市則十四條旋與和蘭與英佛俄皆定草約正篤復命見美使告以京師事美使不悅進船至小柴告下田奉行井上清直等曰今英佛將以兵來逞其欲苟聽我請則我論二國寢其事幕府危懼遂命清直等與定約十四則鈐印授之時安政五年戊午六月也七月家茂又命外國奉行永井尚志與蘭使訂互市則與英佛俄諸使皆訂定草約德川親藩慶篤慶恕慶喜慶永等請廢條約奉勅旨不聽家定薨家茂任將軍初水戶藩德川齊昭素主攘夷論嘗建美國十不可和之議不用初齊昭大修國政尤注意海防收封內梵鐘鑄巨礮造船築堡壁壘一變天保癸卯幕府廢外船礮擊之令齊昭切諫後以其家老結城寅壽誣告幕府幽錮之及美船來起用又不得志去及齊昭既卒其遺臣二百餘人據長岡驛奏齊昭木主宣言攘外夷誅幕吏責豪農富商出軍需幕府嚴捕之齊昭擢用藩臣藤田彪負重望其徒曰彪黨結城之黨曰寅黨彼此相傾至於擁衆黨地幕府屢討未平及王師東下寅黨尚抗拒官軍久而後平明治初年贈齊昭從一位詔褒其功及是帝降旨於齊昭令主攘夷事且數幕府違旨之罪幕府老中井伊直弼乃罪齊昭捕斬黨人幽錮公卿齊昭既見黜憤甚其臣安島帶刀等欲假勅旨以遂其志密謀之朝臣鷹司家臣近衛家婢奉勅東下直弼家臣諜聞之遂大索齊昭黨於諸國逮捕中井等二十七人遣人詣京與關白尚忠謀譴責關白鷹司政通內大臣三條實萬等又捕鷹司家臣等五十七人江戶亦捕安島等數十人皆下獄直弼面責齊昭日君憤言之不用乃私奏京師私請勅書夫君職在輔幕府而悖謬至此何也遂錮齊昭於水戶並幽其子慶篤慶喜餘黨分別斬錮流竄是獄也株連蔓延逮捕甚衆內多慷慨憂國之士衆論冤之謂之戊午之獄齊昭旋於明年卒又諷諸侯之持異議者退隱土佐侯山內豐信宇和侯伊達宗城肥前侯鍋島齊正皆退隱而諸國處士之主攘夷者益憤激不服遂倡尊王以攘夷之說紛紜競起至於刺大老萬延元年庚申三月井伊直弼趨朝至外櫻田水戶臣佐野光明等十七人與鹿兒島人某要之於道雨衣奴裝直斫直弼提首而去旋出自首曰井伊直弼有大罪五神人共憤臣等一死爲天下誅之敢請斧鉞文久二年壬戌又有人刺老中安藤信正於阪下門信正傷肩僅免賊鬬死檢尸得書曰信正繼井伊氏後侮蔑朝廷親昵洋夷既貸殿山

地於美使又與美使論廢帝事使國學者檢舊典大逆無道臣等敢戮元凶以慰天下望云攻使館己未六月有人殺俄人三名於橫濱庚申七月有人殺美國使館書記官於三田辛酉六月水戶人襲東禪寺英館殺傷英卒英使責老中信正曰日本政府無權縱人橫逆至此約佛使蘭使將以兵逼信正百方慰諭給死者銀三千圓事始平自是英人遂置兵橫濱以備不虞壬戌冬又有人焚殿山美使館殺朝臣壬戌七月有人殺關白尚忠家臣數人榜其首曰行天誅癸亥二月又殺池內大學於大阪投其耳於大納言忠能大納言實愛家曰公等不罷職如大學耳矣大學蓋主議和者遮說要藩聲討幕府島津久光將赴江戶處士要之於道陳幕府不奉朝旨願依大藩問罪關左之意久光慰諭留之伏水既而相率入京阻之不聽遂抗拒互鬬自是京尹威令挫而不行縱橫於輦轂下幕府不能制朝議亦患之於時倡尊王攘夷者處士也橫行擅殺者亦處士也公卿危懼志向漸變守護職松平容保等議處分處士或欲逮捕之或欲賞其志戒其行容保曰不如諭處士各歸其主無主者幕府食之乃命町奉行捜索又置文武場爲處士容身之地既而又有人入等持院斬足利氏三世木偶梟之三條磧揭示曰當時王綱解紐不能正名誅賊今大政將復古故先誅三賊以懲奸惡之過尊氏者容保等議曰託名正義轉蔑朝爵不可宥乃逮下獄將處重刑毛利定廣上書請釋其罪容保等堅持不可而朝旨亦欲寬之因得不死處士益猖狂不可制時長門藩毛利慶親上書

幕府請翼戴王室協和衆心其子長廣留於京薩摩藩島津久光土佐藩山内豐信亦先後入京帝遂詔薩長土三藩留鎮關下自是列藩承風爭朝京師者八十餘國慶親在江戶既上書又見老中日時事至此幕府當以慶永爲大老慶喜爲輔速革舊政不則僕欲與薩肥諸藩議奉詔而令四方也又日近者遊士不經幕府直奏朝廷若有挾天子令諸侯者當成羣雄割據之勢請將軍入朝撰士於列藩參國政獻替可否每事奏而後行則人心服而國威張矣帝知慶親忠勅召之未往其子定廣將就國途過京師勅留之與島津久光宿衛輦下久光先密奏出兵京師至京奏曰幕府戮志士而志士益激臣恐其釀亂欲東建言於幕府遂遇處士要臣舉事臣敢請處分朝廷諭久光督率之帝屢遣勅使東下徵家茂入朝壬戌六月命大原重德副以島津久光諭幕府三事一日將軍宜率諸侯入朝議攘夷二日宜選沿海大藩爲五大老整武備三日當起慶喜輔將軍慶永任大老以改革幕政尋又遣三條實美等促之家茂既尙帝妹乃奉勅解釋慶喜等罪釋慶喜慶勝慶永山內豐信伊達宗城等罪并釋鷹司近衛家幽禁旋又釋戊午以來以國事被罪者蓋島津毛利二氏在京頗調停之云以松平容保爲在京守護職帝亦令守京於是朝廷幕府之間稍和家茂既

入朝帝優禮之仍勅令攘夷家茂留大阪未歸家茂亟欲歸慶喜容保等請留家茂帝燕見家茂曰業既委萬事於卿當在輦下指揮諸侯帝謁石見清水祠廟將就祠前賜攘夷節刀家茂稱疾不出乃遣慶篤爲將軍目代奏以攘夷首途東下又勅慶喜與會議家茂尋宣言覽攝海形勝出大阪後聞英國償金事定乃航海東歸詔定攘夷期令家茂頒告列藩是年癸亥以五月十日爲攘夷期而是時英國以生麥被殺事刻期責償金幕吏給之先是島津久光由江戶歸途過生麥村有英人馳馬衛久光前驅衛士殺之英使怒責幕府償金五十萬圓在朝公卿多主張不償之說幕吏以將軍未歸遷延不決老中多稱病旣而要求益逼遂議使德川茂德西上奏請茂德又稱疾慶篤致書關白曰議決不償關白告之中外而老中松平信義井上政直以刻期不得已已授券英人時帝遣小笠原長行東下令與幕吏會議外事長行欲先鎖港而後償金老中不聽長行至橫濱見各國公使述前議皆不聽慶喜東下聞償金議決馳驛止之事不可回乃報京師即詔公卿諸侯會議衆兼備而退上下騷然有美國兵艦泊赤間關者長門人遽以礮擊詔賞長人武斷又責幕府以遷延又詔讓幕府私盟七國曰鎖港限三十日七國不退則攘之老中等皆謂難行又須開戰詔於諸藩詔曰兵端既開沿海有急則諸國當應援又詔曰蕃船如來擊之勿失而幕府則下

敎曰既奏請見許勿浪戰帝遂詔行幸大和議親征會幕府與長人有隙長薩土三藩恃勢相軋又互有隙朝旨忽中變長人遂挾三條實美等公卿七人走長門廷議逐長人歸國時以攘夷議決毛利氏奏請車駕幸大和示親征之意廷議從之會美人以赤關事訴之幕府幕府遣使以檄伐責長藩長藩抑留幕使暗殺之遂與幕府有隙廷臣之助幕府者乘隙間之朝廷始疏毛利氏既行幸議決忽有流言謂長人謀乘行幸時火大內阻還駕將駐蹕函嶺以征幕府者時處士屢說朝臣尊融齊敬促親征又投書公純忠房責以議阻親征之罪皆惡之文久三年癸亥八月十七日夜半尊融以下盡朝議乃變急召守護職容保徵兵備變傳命鎖九門使薩摩會津諸藩分守之停三條實美等公卿十三人參朝急召正親町實德柳原光愛等入尊融傳詔曰親征非帝旨也乃傳奏等信長人危激之言矯詔圖不臣耳卿等其審之十八日昧爽長人聞變不知故率衆馳至則諸國守門兵槍炮成列不許入衆大驚馳集關白第而關白輔熙亦受朝禁未之知俄而有詔停行幸免長藩守衛代以淀藩長人訴辯不肯去與薩人會人相持久之京人皆荷擔而立先是三條實美掌親兵實美遂率親兵千餘騎入朝門者拒之亦走詣關白第一第謹擾時光愛奉勅召輔熙入而實美因關白有所請朝旨不納且遣使責以違旨私出之罪長人之屯堺門者光愛銜詔慰以引兵歸國以待後命長人不肯退薩人請討之長之隊將遂擁三條實美

三條西季知東久世通禧壬生基修四條隆謌錦小路賴德澤宣嘉公卿七人航海而去詰朝詔召實美等不在得實大怒盡削官爵尋禁長藩入京僅留邸監一二人餘悉逐去容保等仍日警備遂下詔曰近日勅旨眞僞錯出以致紛擾凡係十八日以後令者乃實朕意列藩其審之朝旨於是一變矣時謂之翻覆綸旨幕府旋奏請增尊融容保等封是月有故廷臣中山忠光等舉兵大和號天忠黨將攻京師幕府討平之忠光等航走長門旋又有平野次郎等舉兵但馬奉澤宣嘉爲首幕府亦平之宣嘉仍西奔長人舉兵犯闕容保等糾合諸藩兵討却之長人之還國也毛利慶親父子自敘癸丑以來力主攘夷周旋朝廷幕府間之事蹟日奉勅始末書遣家臣上之不省又奏論詔旨前後之異又奏日臣奉攘夷之事一委之汝之詔欲竭力致死以報國而廷旨忽中變保無引外敵以鎭內變如石敬塘其人者願朝廷審之又不省於是其宰臣福原元僴等以三道兵犯京王公等皆大驚會議徹曉時薩土久留米三藩重臣連署請討長人守護職容保遂糾合諸侯兵討平之元僴等遁走所獲軍令狀乃有慶親父子印信朝議遂聲毛利氏罪目爲朝敵奪其父子官爵勅幕府追討會美亦糾英佛和四國師攻馬關長人潰敗幕府遂傳檄諸藩督師西征長人懼伏罪幕府使傳命慶親曰父子當屏居待罪慶親上書曰前命福原元僴等出兵亡命不圖其舉兵犯闕致蹈大逆旋退入萩城誅首謀元僴等十餘人獻首謝罪幕府以長人內訌

仍再議征西家茂率師過闕因入朝請勅旨許外交條約帝亦
許之初幕府假開三港並及他港當時各有期限時兵庫開港期迫外使遂以兵艦駛入兵庫請勅允條約家茂方西征
內外切迫乃上書辭職別疏請勅許開港慶喜容保等亦上書
申家茂不得已之意帝乃許開橫濱箱館長崎三港仍不許兵
庫之請家茂遂奉勅頒告中外自戊午草約至於乙丑紛紜爭執者八年終許之焉家茂方遣使責長藩
而薩人忽與長人合詔徵薩兵會討不從師卒無功家茂旋薨
於軍自是強藩不復受節制而幕府勢益孤矣長人先有二黨一曰恭順黨一
曰激烈黨征討師至慶親父子入萩城已伏罪激烈黨高杉晉
作傳檄幕兵戮恭順黨首數人慶親父子居山口城山口蓋倣
西式爲堡壘者也於是闔藩兵決死戰幕府於廣島設總督府
令諸藩會兵推薩摩備辭初京師之變薩人擊長人多虜獲長
人亦炮擊薩艦二藩如水火既而薩人相議曰今日之要務在
一敵愾以護皇國而動兵邦內使外人得漁人利非策之得薩
士西鄉隆盛密遣使於長修好講和會土佐人坂本龍馬在長
力贊成之於是薩長之交合而朝廷幕府均未之知也至是薩
人辭會師薩士大久保利通又至大阪諫西征之師幕府不聽
丙寅六月幕軍進壓長防四境海陸兵三道并進俱不利家茂
方臥病大阪詔命慶喜代爲指揮慶喜將往廣島敗聞屢至諸
藩引兵朝野失色家茂旋卒遂詔罷西征幕府別遣勝安房命

日本國志卷三　五

長人罷兵自西師之起幕府帑藏不支兵又駑弱故師卒無功家茂既薨以慶喜任將軍明年
遂奉還政權帝旋以患痘崩在位二十年改元六曰嘉永曰安政曰萬延曰文久曰
元治曰慶應帝自卽位深以國家安危爲憂蓋與外交相終始云當光
格卽位爲德川氏極盛之時而外患既萌矣孝明在位外人
迭請通商要挾日甚舉國囂然倡攘夷說苟或異議則目爲奸
黨幕府初亦拒之繼審其勢力不敵意遂轉移孝明始亦決計
攘夷末年尋悟其非勅旨亦反覆而二三強藩巨室乘浪士憤
激之勢王霸離閤之交始欲假朝議而順人心繼乃用士氣而
亡幕府故當時攘夷之論要其所歸不在攘夷而在尊王尊王
所以亡幕府也迨王室尊幕府亡而知夷終不可攘遂抉然變
計大開外交仍與德川氏末年無異然而德川氏亡矣自光格
至此凡三世八十六年德川氏自家康至慶喜凡十四世二百六十六年明治天皇嗣名睦仁統仁親王之子
今皇卽位慶應三年五月開兵庫港十月德川慶喜上表奉還
政權十二月復七卿及毛利氏官爵廢攝關議奏傳奏守護職
所司代新置總裁議定參與三職頒告全國親裁萬機慶喜潛
入大阪城容保定敬等從之詔禁容保定敬入京召慶喜不至

慶喜請斥薩藩士參朝政亦不報明治元年正月慶喜大舉使
闕拜嘉彰親王爲征討總督賜錦旗討之慶喜敗遁入江戶詔
削慶喜以下官爵先是土佐侯山內豐信上書慶喜曰比年以外交釀內亂紛擾十數年無他政出二門也
我中世以還武門執政久矣然方今天下大勢一變不可復墨
守舊規宜奉還大政於朝廷以定萬國並立之基業云云慶應
丁卯冬十月十四日慶喜大會列藩重臣於二條城示以請還
政權之意諸將咸失色而退有薩土二藩士在坐力慫慂之慶
喜卽決議具奏優詔報曰諸侯賞罰黜陟之權自天子出其他
仍舊如待加賀以下三十三藩入覲時決之時廷議紛紜德川
親藩多諫朝廷以爲不可而薩土諸藩促之曰天下將定於一
今廷議游移坐失事機若王室何十五日遂降旨依奏收還政
權十二月八日中山忠能正親町三條實愛岩倉具視德大寺
實則與德川慶勝慶永島津茂久山內豐信暨尾越薩土重臣
會議小御所茂久曰朝廷已收還政權然土地人民不屬有名
無實宜令德川氏割八百萬石以充經費具視贊成之出書於
袖中則籌畫變革事宜也豐信曰諸侯亦宜割土地人民入貢
議至徹旦九日容保奏辭守護職與定敬俱入二條城有詔罷
會津桑名人九門宿衛卸容保定敬所領國而代以薩土藝諸
藩又廢攝政關白及幕府所設之守護職所司代諸官權置總
裁議定參與三職以熾仁親王爲總裁具視忠能實愛爲議定
薩人小松帶刀土人後藤象次郎爲參與詔曰自今以往大小

日本國志卷三　六

政令自朝廷出四方其體之於是復三條實美毛利慶親等官
爵令來京毛利氏以兵入京師實美等踵至又以實美任議定
長人木戶孝允爲參與時德川毛利事已平而嫌隙未忘會桑
人亦自疑忌慶喜亦觖望意中變與容保定敬等議曰近日朝
旨非前日比既許將軍依舊任事而九日小御所之會我輩乃
不得與必有驕幼主以謀私者乃奏請勒兵備不虞諸藩守闕
者亦戒嚴屹然相持人情恟恟將士或說慶喜曰事已至此坐
受箝制孰與據大阪城扼咽喉以制人慶喜頷之遂留書於朝
於十二日夜南走至大阪抗疏請清君側不省時朝議欲召慶
喜納其封五百萬石賜以三百萬石爲臣藩以慶喜列議定令
慶勝傳旨促入覲慶喜奉命而心危之不敢往會江戶有處士
數百潛伏薩摩邸出劫富商掠金穀慶喜因奏陳薩人在東寇
掠之狀請黜其藩士之參朝政者又不省慶喜下令江戶搜捕
處士而東兵遂火薩摩邸報至大阪將士聚議曰事至此釁端
既開騎虎不得下矣明治元年戊辰正月三日慶喜以兵三萬
抵伏見鳥羽命會桑人爲前驅詔命薩長二藩南扼伏水鳥羽
二關許以便宜從事是日幕軍遣行人請過二關曰寡君奉詔
入朝而公等阻之不得已則有戰耳既而東軍大至王師力拒
之戰三日東軍敗慶喜容保定敬等倉猝航海東去九日總督
純仁親王入大阪十二日詔削慶喜以下官爵大告四方諭以
不可不征之旨尋拜有栖川熾仁親王爲征東大總督授錦旗節刀令
各國使臣毋得援戰軍需兵器三月帝延見英法美蘭各國公

使以二條城爲太政官代裁決庶政帝親臨會公卿諸侯設五
誓曰萬機決於公論曰上下一心曰朝幕一途曰洗舊習從公
道曰求智識於寰宇誓畢策問開蝦夷議尋刊行太政官日誌
幸大坂觀海軍大總督自東海道航海達駿府陸軍自中山道
取甲府海軍至品川慶喜請降入寬永寺待命四月勅使橋本
實梁柳原前光入江戸收其城宥慶喜死一等屏居水戸慶喜容保
等之東也臣屬驚駭有建議者曰爲今之計當藉外國力以靖
內變不則擁輪王寺法親王以令天下是或東照公貽我子孫
者蓋謂德川家光請以親王爲東叡山座主後沿爲例者也議
不決幕臣日夜謀拒守或欲扼函關或欲由海路襲大坂而慶
喜一意主恭順手書禁諸臣曰愼勿抗官軍抗官軍猶一刺刃於
吾腹也遂出城居寬永寺僧舍命家臣勝安房大久保一翁留
鎭撫既而官軍海陸大至勝安房出見參謀西鄉隆盛具陳慶
喜恭順狀請弭征師隆盛徵謝罪表上之督府督府下令止戰
移兵入江戸戍之及勅使至慶喜遂移居水戸麾
下諸隊欲從者數千人慶喜盡揮去僅以十隊行
德川遺黨橫行房總之間官軍討平之大總督入江戸閏四月官軍擊總野

賊五月討據東台賊關東悉平自慶喜歸順德川氏遺臣舊部
往往脫走結隊聯黨糾合亡命
所在騷擾其扼甲斐者以古屋作左爲首後敗遁信濃走會津
其在總野間者以大鳥圭介爲首與官軍戰於小山於宇都宮
圭介等亦敗走會津其在江戸者聚於寬永寺擁輪王寺親王
公現據東台稱守祖廟擊東照公旗幟官軍大攻破之公現亦
投會津而其據函根者亦敗走奧羽於是關東八
州畧定下詔收錄德川氏臣屬由是歸順者多
關東監察使
三條實美抵江戸宣勅召德成紹將軍後賜駿遠奧羽七十萬
石討會總督九條道孝澤爲量等帥薩長筑兵赴奧羽時仙臺
米澤及其他十餘藩連盟於白石以拒官軍詔削伊達慶邦等
官爵六月官軍入越後七月改稱江戸曰東京官軍圍若松城
九月容保出降仙臺米澤南部庄內皆降初容保遁歸尋就國
會津慮不免又遣使
仙臺米澤乞申救二藩不答朝廷亦勅仙臺藩伊達慶邦米澤
藩上杉齊憲會討既而容保乞哀因二藩爲請二藩連盟乞赦
其罪并傳檄召奧羽諸藩會於岩沼總督道孝欲許之參謀世
良修藏不許議令納城池繳兵器然後樹降旗且責二藩通會
之罪二藩怒曰督將納言而參謀阻之是挾威以攻私讐也
遂斬世良傳檄諸藩於是奧羽連衡援救會津同謀者十有七

藩物情恂恂報至遂削慶邦齊憲等官爵仍宣諸道進攻自五
月至七月始圍若松城若松城四面險阻不能遽下至是全國
兵環攻孤城匝月僅乃克之城中老稚婦女往往負竹竿揮薙
刀出戰城破駢耕偕死不少撓屈蓋誤以爲與薩長爭戰也既
而知總督爲親王始有降意尋米澤先歸順容保
父子出降而仙臺南部庄內等藩皆降奧羽悉平
十月車駕幸
東京先是榎本武揚挾八軍艦脫走至是入蝦夷奪函館明年
五月討平之初德川氏遣榎本武揚學操船術於和蘭業成而
歸及朝廷收江戸城并收軍艦榎本等哀訴乃賜
之八艘兵隊脫走者榎本等潛與通謀後聞奧羽速衡相議曰
率此堅艦橫行海上以援陸軍天下事尚可爲也明治元年八
月遂藉口鎭撫由品川脫走朝廷擬以海盜令各港禁與糧食
告各國公使勿與接會大鳥圭介等由仙臺敗遁率兵隊往投
勢益張十月遂奪據函館告諸國貿易如舊用美國公推例以
武揚爲總裁設官置戍尋托英佛二船將上書曰德川遺臣過
十萬人非七十萬石所能養是皆二百餘年所涵育雖墳講墾
不能與工商伍臣哀其間關流離羈卒之移住蝦夷從事開拓
臣等一圓三千一心然不可無主敢請舉蝦夷地賜之舊主以德
川氏一人爲之總領以臣等必死致力變榛蕪爲富庶並以固
朝廷北門鎖鑰朝議以其上書無狀布告各國徵諸道兵海陸
并進至明年五月榎本等軍艦或遭颶或觸石或爲官船擊碎
盡沈沒困守五稜郭官軍遣人招之降曰惜哉鐵石丈夫今往
瓦裂耳榎本等卒不願相約屠腹死惟介使者賜其所譯萬國

海律全書於參謀黑田清隆參謀贈以酒又遣人說諭榎本等
乃議寬刑以宥殊死遂降初朝廷聞函館變慶喜請自往討及
是東北悉平德川臣屬無復抗王師者衆論亦
頗諒慶喜之心云其後武揚圭介皆赦罪進官
十二月分陸奧
爲五國出羽爲二國車駕還幸京師是歲始造紙幣二年正月
罷警蹕喝道儀二月置集議院徵諸藩士爲議員撤諸道關廢
磔焙二刑許發印新聞紙三月置待詔院車駕再幸東京遂還
都先是明治元年大久保利通疏稱西京本一山城形勢不便
請遷都大坂既而改江戸稱京至是遂定都焉利通又上疏
曰我中世以還天子深居九重民之視君尊如帝天君之視臣
賤如奴隸至將軍竊政猶作威作福妄自尊大卒之君臣乖隔
離德離心或已可覩矣夫普天率土莫非王臣此而以帝號自
娛以示天無二日之尊猶之可也今天下萬國正不知幾人稱
帝幾人稱王乃盛儀衞飾邊幅與井底蛙何異又何以聯情誼
而使指臂耶誠欲合全國君臣上下爲一心必自天子降尊始
自今以往請盡去拜跪俯仰之儀一以簡易質實爲主國有大
事與衆同議我天皇必親臨太政官而取決焉政府諸臣每日
必見面每月必會食俾人人親君而愛上庶國勢可興云
云維新以後廢舊儀改新法一切政教大旨皆基於此
五月
東北悉平建招魂社祭戰死者賞丁卯以來戰功設電信機置

彈正臺廢徵士稱立府藩縣一致之制以舊藩主充知藩事賜歲入十一廢公卿諸侯之稱概爲華族其臣隸爲士族幕府雖廢而二三强藩爭握政權雖非衆建諸侯之舊轉成羣雄割據之勢洶洶擾擾勢且大亂當道者謂必收一切政權歸於中朝乃足以紓國用而張國勢以與羽未定雖有密議未敢宣洩也及東北悉平木戸孝允始倡言幕府前給藩地稱爲朱印文憑者應作廢紙概以土地民人之權還之朝廷商於長藩藩主喜以告大久保遂擬試行於薩長二藩而土佐肥前亦贊成其議二年正月四藩遂連名上表聞者羣起而效之而廷議以關繫大廣詢於衆猶未敢決及是乃聽其請改藩主二百七十六名爲藩知事名府藩縣合一之制就各藩租入之數以十分一給之爲世祿七月改置官省設官位二十階分敕奏判任三等東京京都大坂三府外盡改爲縣改蝦夷爲北海道分十一國九月詔賞復古功臣三十四人賜祿有差十二月廢中下大夫上士等稱悉爲士族廢祿制給廩米時高知藩知事山內豐信建言廢士族制祿更給祿券請先試行於藩內詔聽所請後十二月遂定皇族華族祿制收其采地別給廩米三年正月定諸旗章九月許齊民稱姓氏十二月收諸國寺社

領地定親王賜姓制頒新律綱領四年二月徵薩長土三國兵爲親兵幕府既覆薩長土三藩之士漸次登用肥前侯鍋島直正亦率藩士盡力王室當時有薩長肥土之稱而朝臣欲專攬大權復古制及府藩縣之制一下內亂雖漸定而諸藩以世祿官人漸萌不平參議僅大久保一人爲薩人薩人以功多亦觖望薩士橫山疏論時政至屠腹以死諫既而撤屯戍薩兵悉罷歸物情益憤懼於是薩長土三藩再議聯合岩倉大納言大久保木戸二參議特赴薩長密商並至肥計畫既而薩士西鄉隆盛土人板垣退助皆入京復徵三藩兵十七隊衛京師更以西鄉木戸板垣大隈爲參議大久保爲大藏卿故家世族束之高閣居要路者多新進平民益奮袂攘臂以圖事功而維新之規模益拓矣使華族悉隸東京以流器製金銀幣三月定武官禮式用軍服四月許庶人乘馬遣外務卿伊達宗城於我大清定條規五月遣參議副島種臣於俄羅斯議樺太疆界七月廢藩爲縣帝親諭藩知事罷其職敕薩長肥土四藩知事賞奉還版籍之建議者先是尾肥阿因四藩知事上郡縣議帝嘉納之故有是命廢諸官省改太政官官制八月定官制等級分官等爲十五置太政大臣左右大臣參議三職列諸省長官上許華族平

民相婚嫁廢穢多非人稱令國民任便散髮脫刀十月敕右大臣岩倉具視爲大使參議木戸孝允大藏卿大久保利通等爲副使聘問歐米各國定府縣官制改知縣事名縣令府曰知府事十一月頒縣治條例及事務章程五年三月廢親兵置近衛兵頒敕奏官犯罪條例四月禁典賣土地於外國人置教導職頒教憲三條許僧侶食肉娶妻五月車駕西巡六月設郵便局七月定學制分學區八月置裁判所創銀行九月作鐵道自東京至橫濱十月禁賣買人口解放娼妓十一月詔廢太陰歷頒行太陽歷尋頒徵兵令六年一月改置鎭臺營所廣置公園廢五節以紀元節以神武即位之日爲紀元節二月十一日也天長節帝生日十一月三日也爲祝日二月改正父祖被毆律禁復讐三月詔許與外人婚帝斷髮皇太后皇后亦革薙眉涅齒舊習遣外務卿副島種臣於我

大清六月頒撮影御容於府縣七月定耕地稅徵地價頒布坑法九月大使岩倉具視等還十月參議西鄉隆盛副島種臣等罷先是遣使朝鮮朝鮮守舊制責國書其答書亦不遜於是征韓議大興既而岩倉木戸等自歐洲還抗執不可隆盛遂謝病歸種臣及參議後藤象次郎板垣退助江藤新平相踵辭職去一國譁然後有賊刺傷岩倉於途墮馬幾死訊因征韓議不行請出右大臣主持故除之以動廟議云十二月稅華士族祿許士族以下奉還祿賞課家祿稅官祿稅以充海陸軍費又設家祿賞典還納之法其自請還納者給以六年全額七年一月前參議副島種臣等連署上表請起民撰議院謂倣泰西制立議院撰地方民人之賢者俾議政事以分官權也其時大學頭加藤宏之投書駁論以爲民智未開計時未可後兩議聚訟譊譊爭鬨日盛一日二月肥前賊起討平之初新平以征韓議不合歸快快不樂佐賀士族之失志無聊者推爲黨魁有島義勇者解職居東京託鎭撫爲名歸國歸則煽動黨人刼豪戸掠軍貲二月二日遂舉兵逼縣廳縣吏皆本縣士族多黨賊者電機報警東京戒嚴遣大久保利通等鎭之未至賊陷佐賀城乃詔以嘉彰親王爲征西都督發東京大坂廣島鎭臺兵討之島津久光亦西下備變既而官軍四面攻新平新平等遁去旋捕新平於土佐義勇於薩摩梟斬之三月設女子

師範學校陸軍中將西鄉從道將兵征臺灣生番六月設北海道屯田兵制七月賜百官避暑暇頒印稅規則八月詔參議大久保利通使我大清論臺灣事遂議和撤兵十一月許士族還納百石以上家祿賞典祿八年一月大久保利通伊藤博文木戶孝允板垣退助井上馨等會議於大阪木戶參議等從歐米歸益向西法專欲養國力以圖進步以攻擊征韓討番之故朝端如水火既而木戶歸山口板垣歸高知政黨紛紜益形乖午井上馨憂之竭力調和於八年一月約木戶板垣大久保伊藤會商於大坂寄定將來施政方法於是木戶板垣復任參議世謂之大坂會議蓋立憲政體之詔實胚胎於此云　二月課煙草稅車馬稅酒麴稅四月廢左右院置元老院大審院敕建立憲政體敕曰朕即位之初首會群臣以五事誓神明定國是幸賴祖宗之靈群臣之力致今日小康顧中興日淺未臻上理朕乃擴充誓文之意更設元老院以定立法之源置大審院以鞏司法之權又召集地方官以通民情圖公益漸建立憲政體欲與汝衆庶俱賴其慶汝等其體朕意九年九月敕有栖川親王曰朕今欲本我國體斟酌海外各國成法汝其條列以聞朕親裁之立憲政體蓋謂倣泰西制設立國法使官民上下分權立限同受治於法律中也六月始開地方官議會以參議木戶孝允爲議長帝率文武百官親臨許華士族官吏及平民傍聽凡會議之法議長先條舉議問及議草令書記官誦之而後各員發論問答陳其所見議長從其可否多寡決之頒讒謗律新聞條例七月議定全國民會公選法十月左大臣島津久光罷職初朝廷有立法行政分爲二權之論既設元老院置法制局專主立法勢既漸分而板垣以極論參議兼任各卿之弊太政大臣三條等欲俟朝鮮戰擧軍艦事定再議左大臣島津久光守舊黨也轉力贊板垣之說亟欲施行於是內閣互相彈劾復懷疏入宮取決於國皇國皇從三條言島津板垣即退職人情洶洶大臣參議出入各増警備都下流言或曰當討薩或曰當征長自大坂會議不過數月忽生亂離木戶參議慨然太息謂國是不定國步益艱明年遂辭職更任爲內閣顧問板垣既歸遂倡民權自由之說居林下十數年衆推爲黨魁云　十一月割樺太全島與俄羅斯以換千島九年一月詔參議黑田清隆議官井上馨使於朝鮮定修好條規四月定官吏懲戒例五月朝鮮修信使來六月車駕行幸奥羽定道路等級頒地方官任期例九月改府縣裁判所置地方裁判所十月熊本山口賊起討平之初熊

本縣士族大野鐵平等倡尊攘說稱神風黨及廢刀薙髮令下悲憤謀作亂遂襲鎭臺及縣令宅山口縣前原一誠等又據萩作亂一誠爲戊辰功臣官至參議以議不合辭職至是弄兵詔褫其位尋捕斬之熊本亂亦平自變法以來明治三年有長州奇兵隊以藩屬處置不公作亂四年華族外山愛岩結久留米柳川等藩士仍倡攘夷論意欲清君側之惡以保祖宗舊制其他因改歷因改地租因徵兵令中有收血稅字因防疫法命親族不得依病人苦朝政苛酷竹槍席旗蜂起騷擾所在而有均次第討平之　十年一月詔減地租六分之一詔曰朕惟維新日淺中外多事國用實不貲猶慨兆民疾苦屢改正舊稅法以地價百分之三爲公租使無偏重今又察稼穡艱難深念休養之道更減稅額爲百分之二分五釐有司宜省嗇而用以體朕意於是減諸官省費用　減諸省定額金改正諸省府縣官等車駕幸京都二月幸大和三月西鄉隆盛桐野利秋等作亂鹿兒島發軍征討至八月乃平隆盛既辭職與陸軍少將篠原國幹桐野利秋偕歸其鄉設私學校驅國中壯士皆就學與縣令大山綱良謀派校士爲各區長一縣翕然應之先是陸軍遣船移鹿兒島倉庫彈藥校徒群起掠之會警部中原尚雄巡察縣屬私學徒闖之縛尚雄等附之縣吏拷掠百端誣以受政府長官旨刺殺隆盛爰書已具乃宣告曰陸軍大將西鄉隆盛有訊問政府之事首途東上號願從者衆皆荷銃麕至二月十五日士族會者一萬五千人分爲六軍遂發鹿兒島十八日移檄熊本縣及鎭臺令其速降少將谷干城焚街市布地雷火力守熊本城後賊徒卒不能過熊本一步警聞達京詔暴其罪并褫西鄉等官爵以有栖川親王爲征討大總督陸軍中將山縣有朋海軍大輔川村純義爲參謀以近衛兵及各鎭兵討之遣軍艦十巡備西海別遣敕使柳原前光由海道至鹿兒島懇諭島津氏父子令鎭撫舊屬官軍諸道進攻賊抵死力拒然卒不支至九月遁歸鹿兒島二十四日西鄉以下皆戰沒是役也全國騷然士民桀黠失志者雲集多響應賊又多百戰健卒故能以一隅之力抗全國之軍然官軍以電報飛遞軍報徵調巨礮彈丸儲積豐富賊皆烏有故能制賊死命當破鬼嶽時得賊簿記有高知縣士族通謀狀乃飭縣逮捕派兵扼險一縣大譟然不及動兵至明年案結隆盛爲維新元勳與木戶孝允大久保利通稱爲三傑負重望得民心及其沒也西南有彗星國人尙名之爲西鄉星云　十一年正月我大清欽差出使大臣何如璋等來駐東京五月盜刺參議大久保利通以其變法專制故也凶徒石川縣士島田一郎既就縛猶自鳴得意曰吾爲國除害矣先是明治二年參與橫井平四郎爲十津川鄉士所要殺橫井嘗主張革命論者兵部大輔大村益次郎亦遭刺殺凶徒懷書自首乃責其練習西洋兵法云八月車駕巡狩北陸諸國十一月還幸嗣後巡幸諸國間歲輒舉行以爲常典是年復開地方官會議以參議伊藤博文爲議長

先是府縣改置後井上大藏大輔召集地方官以議民政爲地方官會議之始自副島種臣等請建議院政府欲以地方官會議爲議院始基稍變官吏專制之治藉以塞民權自由之口而民權家乃謂官吏爲朝廷所授非人民公選不足以代議所召集各官又自謂代民公議不願受官省抑制上書於太政官乞裁抑議長之權議長滋不悅既定期開議矣忽飭令散會至八年始開議議中有擬設民會一事議員不聽民選姑以區戶長爲代民權家益鳴不平是歲再開議議定郡區町村編制之法府縣會規則地方税規則此三法仍由政府核定租税分爲二款歸國用者名國税在地方用者名地方税府縣會議員則由民人公選云

而地方紳民結黨立會以論時政者所在蠭起中如高知縣有三大黨曰立志曰靜儉曰中立立志主張民權推板垣爲首靜儉仍主封建之政中立則兩不偏倚西鄉事起板垣雖調和諸黨戒黨人毋躁而立志社遣片岡健吉上疏極論朝政既而健吉等竟議反事覺皆禁錮其後立志社長又與諸縣士結立愛國社在大坂聚會聽者甚衆其他政黨不可勝數

官民爭權屢興訟獄先是酒田縣民苦縣令虐政控訴於朝政府遣松平親懷檢其事松平輒繫縣民百餘人於獄縣人又遣森藤右衛門叩闕上告朝廷再命司法省判事兒島惟謙鞫究其實至十一年判決令官償民款六萬三千餘圓處松平以罪懲役一年又橫濱有高島嘉右衛門所設玻璃街燈區戶長以人民公款購買之衆訴其專擅裁判所既斷決衆不服又上訴於東京上等裁判高島乃請以公款還衆以求解訟十二年案始結舊幕府時并無律令刑罰輕重一任藩主上下其手至是始有民人控官之案權利所關衆屬耳目事定後民權之說益盛

至十一十二年間各府縣聯名上書請開國會者多至數萬人德川氏季年舉國紛紛倡尊王以攘夷之論逮王室既尊幕府既覆諸藩瓦解不足自立事權擾攘未知所歸諸藩之國皇自非命世英主崛起中興者不能謂歸之朝臣則西京舊族第因人成事威德又不足服衆謂歸之二三強藩則尊王之論本於攘夷既馬關敗績鹿島受創確知夷不可攘所以號召群策者既失其挾持之具苟但圖富貴據權勢如舊將軍之所爲則德川氏二百餘年之恩澤二百餘藩之羽翼斷不甘俯首聽命故下之奉版籍以還朝權勢也上之廢閥閱而擢功能亦勢也維新之始收拾人心既有萬機決於公論之詔士民之傑出者執此以爲口實爭欲分朝權以伸民氣促開國會勢也而政權所屬上不能專制於朝廷次不能委寄於臣隸又不得不參泰西上下議院之法以漸變君民共主之局又勢也封建之世權不可合合則亂生建諸侯而少其力賈生之所以貸漢也德川家康收其效矣列國之世權不可分分則削弱五單于爭立韓邪之所以服漢也木戸孝允大久保利通等知其意矣假如德川氏之季政出多門此和彼戰議論未定敵已渡河仍復相怨爲國因循泄沓憚於改革恐日本已非己有矣故夫日本今日之興始仆幕府終立國會固天時人事相生相激相摩相盪而後成此局也然而二三豪傑遭時之變因勢利導奮勉圖功卒能定國是而固國本其賢智有足多矣

外史氏曰余既編國統志於皇統絕續之交霸府興廢之故國家治亂之由復擇其要詳之小註綜其變故之大者有四事焉今彙叙於篇末一在外戚擅權移太政於關白天智時內大臣鎌足有功王室賜姓藤原氏其子不比等文武聖武兩帝皆納其女孝謙其外孫女也不比等始爲太政大臣其後自光仁以至崇德二十七世非藤原氏出者獨光仁桓武仁明宇多後三條五帝耳不比等四世孫良房納女于文德生淸和文德欲立長子惟喬而憚良房不敢立淸和即位良房始攝政其子基經廢陽成立光孝始立關白之號謂萬機先關白之也基經二子時平忠平忠平攝政於朱雀時與其子實賴師輔並列三公於是有天慶之亂冷泉二弟爲平守平村上欲立爲平爲冷泉儲貳而實賴等以非藤原氏出阻之而立守平於是有安和之變師輔三子曰伊尹兼通兼家兼家三子曰道隆道兼道長皆兄弟爭政伊尹女生華山兼家女生一條兼家乃使道兼賺華山遜位於一條其後三帝皆道長女所出道長二子賴通教通相繼執政賴通生師實師實生忠實忠實疏其長子忠通而愛其少子賴長於是有保元之亂其後忠通子孫更執朝政於源平之際至於一姓分爲五派更爲攝關然其勢衰微不足道矣當其盛時皇后太子非藤原氏出即藤原氏出非攝關女均不得輒立即勉強樹立而宣立后之詔拜東宮之官盈廷諸臣至無一人敢執其事者陽成廢而退院華山賺而爲僧舉朝悚息莫敢異議而其由旁支入繼大統者輒涕泣感恩謂非大臣力不得立事無大小先告關白偶因一語不合則以退要君必優詔慰諭強起視事而後已蓋歷代之君專昵其閨幃燕好之私內

有所制外有所憚而諸藤妃嬪操匳鏡執巾櫛遂奪大政而移之外家矣雖有一二剛明之主冀收大權而由獨斷然積重之勢不可挽回蓋非一朝一夕之故所由來漸矣極藤原氏之橫賄賂徧於朝廷田園徧於通國而諸國吏治廢弛盜賊蜂起所在武人橫行肆擾當是時源平二氏數鎮東邊每用武人以奏功効因襲之久既如君臣諸國武士半其隸屬寶龜中議汰冗兵百姓堪弓馬者專習武藝以應徵調至貞觀延喜之後百度弛廢上下隔絕奧羽關東之豪民飄半制鄉曲藏甲畜馬自稱武士而自藤原氏執政官多世職將帥之任每委之源平二家於是所在武士分屬源平源平用之若其臣隸而諸藤原氏猶未之悟也方且以門閥相高以格例爲政鄙視武士不列齒數雖立戰功吝而不賞然一遇有事仍委之源平二氏二氏各發隸屬赴之如探物於囊莫不立辦諸藤利其便也又且延爲爪牙傾排異己乃至父子兄弟爭執朝權於劫一朱器臺盤亦令

調兵相助忠實長子忠通次子賴長忠通方爲攝政忠實欲令讓於賴長請之法皇不可忠實怒曰攝政朝廷所授氏長者吾所與乃令左衛門尉源爲義遣兵入忠通第奪傳家重器朱器臺盤以授賴長逮乎保元之亂則上皇倚源氏朝廷倚平氏互相爭鬬平氏仆而源氏起大權復移於將門矣嗟夫上至聖武下迄源平藤氏之執朝權者凡二十餘人歷四百餘載雖未有新莽曹操其人敢於僭竊者而驕縱奢逸召禍釀亂終舉其千歲不拔之基授之於鄉所奴隸之武人而藤原氏亦與王室俱衰共頽僅存空名不亦哀哉一在將門擅權變郡縣爲封建上古國郡置造長奉方職者百四十有四猶封建也孝德時廢國造置國司任國守者六十有六猶變封建爲郡縣也於是郡縣七道治以守介而在朝之官有田有食封多者不過三千戶有功田有大功者始許世襲自相門執權封戶日多各國莊園居其十八守介所治一二而已故國司常不赴任舉其

地方豪族武人以自代源賴朝興國司置守護田園置地頭督賦稅備寇賊武人任職徧六十州總其權於帥府封建之勢始矣北條氏因其舊制守護之任猶得考課易置如古之國司然往往因襲傳之子孫漸成封建之勢建武中興以新田足利諸族有滅北條氏功思以土地收人心概以一姓連跨數州名雖守護實則封建足利氏叛乃奪諸氏所有予子弟功臣令其世襲士馬出於斯芻糧出於斯爭戰出於斯封建之勢成矣足利氏之初務以大封啗將士迨所志已遂而雄藩尾大勢不可制及其衰也內臣搆難外國黨援狼吞虎噬反以自斃織田氏起於陪臣一時部將多屬英傑攻略所得輒以分賞其志蓋欲盡鏟故國取而代之也豐臣氏繼興見織田氏所志甚難而功不克成於是又變一法焉兵威所加但求降服苟能歸附即還故

封雖蟠踞八九州者亦因而撫之不少殺削以故一時羣雄咸俯首聽命然而身沒未幾海內分崩蓋日本封建之事足利氏未享其利而先承其弊織田氏欲去積世之弊而未及圖其利豐臣氏苟貪一日之利而未能祛其弊至德川氏而封建之局乃一成而不變焉德川氏之盛時諸侯凡二百六十餘國既分封土地得衆建力少之意復廣植子弟爲强幹弱枝之謀而又據其險要操扼吭拊背之勢令諸侯築邸第質妻孥於江戶間歲則會同於東使諸侯戀於室家疲於道路有所牽制而不敢逞以故父老子弟不見兵革世臣宿將習爲歌舞絃酒之歡溢於街巷驩虞酣嬉二百餘載可謂盛矣夫源氏種之織田氏耕之豐臣氏耘之至德川氏而收其利柳子厚曰封建之勢天也非人也豈其然乎抑非德川氏之智勇不克收此効乎然如鳥

津之薩摩毛利之長門鍋島之肥前始於足利織豐之間裂於
德川之世族大寵多兵強地廣他日之亡關東而覆幕府又基
於此斯又人事之所不及料者矣一在處士橫議變封建爲郡
縣自將軍主政六七百載王室之危甚於贅旒北條足利二世
最爲悖逆然卒未有躬僭賊而干大統者蓋既已居其實不必
爭其名且存之則我得挾以驅人廢之則人將挾以謀我此或
奸雄竊賊操術之工者而王室一綫之延正賴以不墜得以成
今日中興之業當將軍主政時尊之曰幕府曰霸朝甚則稱國
王稱大君稱國王足利義滿稱臣於明受封曰日本王義滿後又贈太上皇號德川家宣與朝鮮國書自稱曰日本國王而自將軍以下大夫臣士士臣皂隸皂隸臣輿輿臺各分
其采邑以養家族舉國之食租衣稅者臣將軍之臣民將軍之
民久矣夫不復知有王室矣德川氏興投戈講藝文治蒸蒸親
藩源光國始編大日本史立將軍傳家臣傳以隱寓斥武門尊
王室之意又以爲伯夷者非周武而忠殷室者也因躬行讓國
慨然慕其爲人爲之立祠於家光國又嘗表章楠正成之墓曰嗚呼忠臣楠子之墓其後
山縣昌貞高山正之蒲生君平或佯狂涕泣或微言刺譏皆以
尊王之意鼓煽人心昌貞號柳莊甲斐人嘗著柳子十三篇以擬孫子首篇曰正名謂名不正則言不順今以神聖大統之所屬億兆瞻仰之所歸屈於一武人名之不正孰甚焉後與竹內武部聚徒講武有上變者告其考究江戶甲斐兩城要害舉動非常卒坐是伏誅正之字仲繩上野人慷慨多奇節有泣癖語王室式微則泣聞邊防有警則泣訪南朝蒙塵諸將殉難之跡則泣讀孝子節婦忠臣義僕之事則泣每入京師必先至二條橋遙望闕稽首曰草莽臣正之昧死再拜後西遊自殺於久留米旅寓君平名秀實下野人嘗作今書論賦役之弊作山陵志以寓尊王作不恤緯以寓攘夷路過東寺見足利尊氏像大聲數其罪鞭之數百乃去上書幕府有司以非布衣所宜言議處之重法有解之者乃免君平自號默默齋不復言事既而源松苗作國史略賴襄作日本政記日本外史崇
王黜霸名分益張而此數君子者皆子賢孫門生屬吏張皇其

說繼續而起蓋當幕府盛時而尊王之義浸淫漸漬於人心固
已久矣外舶紛擾幕議主和諸國處士乘間而發幕府方且厲
其威稜大索嚴錮而人心益憤士氣益張伏蕭斧觸密網者不
可勝數前者駢戮後者耦起慨然欲伸攘夷尊王之說於天下
至於一往不顧視死如歸何其烈也迨幕府愈治愈棼威力日
絀薩長肥土諸藩羣起而承其敝而諸國處士又潛結公卿密
連大藩以傾幕府逮乎錦旗東指幕臣乞降而中興功臣之受
賞由下士而躋身官者相望於冊又可謂巧矣故論幕府之亡
實亡於處士德川氏修文偃霸列侯門族生長深宮類骨緩肉
柔弱如婦女即其爲藩士者亦皆顧身家重祿俸惴惴然惟失
職之是懼獨浮浪處士涉書史有志氣而退顧身家浮寄孤懸
無足顧惜於是奮然一決與幕府爲敵徇節烈者於此求富貴
者於此而幕府遂亡矣前此之攘夷意不在攘夷在傾幕府也
後此之尊王意不在尊王在覆幕府也嗟夫德川氏以詩書之
澤銷兵戈之氣而其末流禍患乃以春秋尊王攘夷之說而亡
是何異逢蒙學射反關弓而射羿乎然而北條足利織田豐臣
諸氏皆國亡而族滅獨德川氏奉還政權以後猶分田授祿賞
延於世而東照之宮日光之廟朝廷猶歲時遣幣以祀其先斯
又諸士之所以報德川氏者也若夫高山蒲生諸子明治初年
下詔褒贈賞其首功烈士之靈九京含笑亦可以少慰也夫一
在庶人議政倡國主爲共和尊王之說自下倡之國會之端自
上啟之勢實相因而至相逼而成也何也欲亡幕府務順人心
既亡幕府恐諸藩有爲德川氏之續者又務結民心故國皇五
誓首曰萬機決於公論論者曰此一時權宜之策適授民以議

政之柄而不可奪數年以來叩閽求請促開國會者紛然競起又有甚於前日尊王之說余嘗求其故爲蓋自封建以後尊卑之分上下懸絕其列於平民者不得與藩士通婚嫁不得騎馬不得衣綢不得佩刀劍而苛賦重斂公七民三富商豪農别有借派間或罹罪並無須行一定之律畸輕畸重唯刑吏之意小民任其魚肉含冤茹苦無可控訴或越分而上請疏奏未上刀鋸旋加瞻仰君門如天如神窮高極遠蓋積威所刦上之於下厭制極矣此鬱極而必伸者勢也維新以來悉從西法更定租稅用西法以取民膏矣下令徵兵用西法以收血稅矣編制刑律用西法以禁民非矣設立學校用西法以啟民智矣獨於泰西最重之國會則遲遲未行曰國體不同也曰民智未開也論非不是而民已有所不願矣今日令甲明日令乙苟有不便於

民則聞執民口曰西法西法小民亦取其最便於己者促開國會亦曰西法西法此牽連而并及者亦勢也重以外商剝削士民窮困顯官失職之怨望新聞演說之動搖是以萬口同聲叩閽上請而不能少緩也爲守舊之說者日以國家二千餘載一姓相承之統緒苟創爲共和不知將置主上於何地此一說也爲調停之說者曰天生民而立之君使司牧之非爲一人苟專爲一人有興必有廢有得必有失正唯分其權於舉國之臣民君上垂拱仰成乃可爲萬世不墜之業此又一說也十年以來朝野上下之二說者紛紜各執卽主開國會之說爲遲爲速彼此互爭或英或德又彼此互爭喧嘩囂競嘵嘵未已而朝廷之下詔已以漸建立憲政體許之民論其究竟不敢知矣

日本國志卷三

日本國志第二　卷之四

出使日本參贊官黃遵憲編纂

鄰交志上一

華夏

考地球各國若英吉利若法蘭西皆有全國總名獨中國無之西北各藩稱曰漢東南諸島稱曰唐日本亦曰唐或曰南京南京謂明此沿襲一代之稱不足以概歷代也印度人稱曰震旦或曰支那日本亦稱曰支那英吉利人稱曰差那法蘭西人稱曰差能此又他國重譯之音并非我國本有之名也近世對外人稱每日中華東西人頗譏彈之謂環球萬國各自居中且華我夷人不無自尊卑人之意余則謂天下萬國聲名文物莫中國先歐人名爲亞細亞譯義爲朝謂如朝日之始升也其時環中國而居者多蠻夷戎狄未足以稱鄰國中國之云本以對中國之荒服邊徼言之因襲日久施之於今日外國亦無足怪觀孟子舜東夷文王西夷之言知夷非貶辭不可知華非必尊辭矣余考我國古來一統故無國名國名者對鄰國之言也然徵之經籍凡對他族則曰華夏傳曰夷不亂華又曰諸夏親暱我之禹域九州實以華夏之稱爲最古印度日本英法所稱雖爲華夏不可知要其音近此二字故今以華夏名篇而仍以秦漢魏晉一代之國號分記其事云

外史氏曰余聞之西人歐洲之興也正以諸國鼎峙各不相讓藝術以相摩而善武備以相競而强物產以有無相通得以盡地利而奪人巧自法國十字軍起合縱連橫鄰交日盛而國勢日强比之羅馬一統時其進步不可以道里計云其意蓋謂交鄰之有大益也余因思中國瓜分豆剖干戈雲擾莫甚於戰國七雄而其時德行若孟荀刑名若申韓縱橫若蘇張道德若莊列異端若楊墨農若李悝工若公輸醫若扁鵲商若計研范蠡治水若鄭白韓國兵法若司馬孫吳辯說若衍龍文詞若屈宋人材之盛均爲後來專家之祖一統貴守成列國務進取守成貴自保進取務自强此列國之所由盛乎特其時玉帛少而兵戎多故未見交鄰之益耳日本之爲國獨立大海中於地球萬國均不相鄰宜其閉門自守民至老死不相往來矣然而入其

國問其俗無一事不資之外人者中古以還瞻仰中華出聘之車冠蓋絡繹上自天時地理官制兵備暨乎典章制度語言文字至於飲食居處之細玩好游戲之微無一不取法於大唐近世以來結交歐美公使之館衡宇相望亦上自天時地理官制兵備暨乎典章制度語言文字至於飲食居處之細玩好游戲之微無一不取法於泰西當其趨而東也舉國之人趨而東及其趨而西也舉國之人又趨而西乃至目營心醉口講指畫爭出其所儲金帛以購遠物而於己國之所有棄之如遺不復齒數可謂鶩外也已由前之弊論者每病其過於繁縟失則文弱由後之弊論者又病其過於華靡失則奢蕩交鄰果有大益乎抑天下之事利百者弊十勢必有相因而至者乎然以余所聞日本一島國耳自通使隋唐禮儀文物居然大備因有禮義君

子之名近世賢豪志高意廣競事外交駸駸乎進開明之域與諸大爭衡嚮使閉關謝絕至今仍一洪荒草昧未開之國耳則信乎交鄰之果有大益也抑日本自將軍主政七百餘年一旦太阿倒持之柄拱手而歸之於上要其尊王之說即本於攘夷之論攘夷之論所由興即始於美艦俄船迭來劫盟時也則其內國之盛衰亦與外交相維繫云作鄰交志上篇曰華夏附以朝鮮琉球爲外篇下篇曰泰西

日本之遣使於我蓋以崇神時爲始云其時使驛通於漢者三十餘國山海經稱南倭北倭屬於燕境史記封禪書云齊威宣王燕昭王皆嘗使人入海至三神山見所謂仙人不死之藥洊海東渡後遂不絕似即今日本地然彼國尚未通往來也至論衡云周初天下太平越裳獻白雉倭人貢鬯草未知何據又雲笈七籤謂日本有騰黃神獸壽二千歲黃帝得而乘之以周旋六合日本神皇政紀謂孝靈時遣秦求三皇五帝之書始皇遣之尤爲神仙家誕言惟徐福東渡之後已及百年崇神立國始有規模而其時武帝滅朝鮮聲教遠暨使驛遂通事理

可信故今以正史爲斷後委奴國王遣使奉貢朝賀於漢使人自稱大夫光武帝賜以印綬日本天明四年筑前那珂郡人掘地得一石室上覆巨石下以小石爲柱中有金印一蛇紐方寸文曰漢委奴國王余嘗於博覽會中親見之日本學者皆曰那珂郡古爲怡土縣日本仲哀紀所謂伊都縣主即魏志所謂伊都國是也上古國造百三十餘國其在九州者分十九國在圓海者分爲十國漢書地理志倭人分爲百餘國三國志倭人舊邑百餘國與漢時有朝見者今使驛所通三十國二書所謂百餘國與國造本紀相符所謂三十國蓋指九州四海之地地在日本西南海濱距朝鮮最近此委奴國意必古伊都縣主或國造之所爲並非王室之所遣其曰委奴諱音無定字云徐因考魏志云到伊都國世有王皆統屬女王國郡使往來常所駐後漢書云委奴國倭國之極南界也又云其大倭王居邪馬臺國邪馬臺即大和之譯音崇神時蓋已都於大和矣謂委奴國非其王室此語不誣特識於此又於安帝時遣使獻生口百六十人願請見神功皇后四十七年遣大夫難升米等詣帶方郡求詣天子朝獻太守劉夏遣吏將送詣京都魏明帝詔書報倭女王曰制詔親魏倭王卑彌呼帶方太守劉夏遣使送汝大夫難升米次使都市牛利奉汝所獻男生口四

人女生口六人班布二匹二丈以到汝所在踰遠乃遣使貢獻是汝之忠孝我甚哀汝今以汝爲親魏倭王假金銀紫綬裝封付帶方太守假授汝其撫綏種人勉爲孝順汝來使難升米牛利涉遠道路勤勞今以難升米爲率善中郎將牛利爲率善校尉假銀印青綬引見勞賜遣還今以絳地交龍錦五匹絳地縐粟罽十張蒨絳五十匹紺青五十匹答汝所獻貢直又特賜汝紺地句文錦三匹細班華罽五張白絹五十匹金八兩五尺刀二口銅鏡百枚眞珠鉛丹各五十斤皆裝封付難升米牛利還到錄受悉可以示汝國中人使知國家哀汝故鄭重賜汝好物也魏齊王芳又命太守弓遵遣建中校尉梯儁等奉詔書印綬詣倭國拜假倭王并齎詔賜金帛錦罽刀鏡采物倭王因使上表答謝詔書恩倭王旋復遣使大夫伊聲耆掖邪狗等八人上

獻生口倭錦絳青縑綿衣帛布丹木𤝵短刀矢掖邪狗等壹拜率善中郎將印綬詔賜難升米黃幢付郡假授帶方太守王頎到官倭女王卑彌呼與狗奴國男王卑彌弓呼素不和遣倭載斯烏越等詣郡說相攻擊狀乃遣塞曹椽史張政等因齎黃幢詔書拜假難升米爲檄告諭之其後還掖邪狗等二十人送政等還因詣臺獻上男女生口三十人貢白珠五千孔青大句珠二枚異文雜錦二十匹旋又遣使入貢於晉應神帝之初得論語千文於百濟王仁四十一年庚午復遣阿知使主都賀使主於吳二人漢孝靈皇帝之後也魏受禪後屢亂至倭考庚午即西晉永嘉四年其曰吳者意當時就吳地求之也此事載日本應神本紀求織縫女抵高麗高麗乃副久禮波久禮志二人爲鄉導及得工女還帝已崩乃獻之大鷦鷯皇子即仁德帝仁德五十八年高麗人導吳人至反正時遣使朝貢於晉允恭時倭王

遣使朝貢宋武皇帝詔曰倭讚萬里脩貢遠誠宜甄可賜除授讚又遣司馬曹達奉表獻方物倭王珍又遣使貢獻於宋自稱使持節都督倭百濟新羅任那秦韓慕韓六國諸軍事安東大將軍倭國王表求除正宋文皇帝詔除安東將軍倭國王珍又求除正倭洧等十三人平西征虜冠軍輔國將軍號詔并聽倭國王濟又遣使奉獻復以爲安東將軍倭國王旋加使持節都督倭新羅任那加羅秦韓慕韓六國諸軍事安東將軍如故并除所上二十三人軍郡雄畧帝六年倭王興遣使貢獻於宋孝武帝詔曰倭王世子興奕世載忠作藩外海稟化寧境恭脩貢職新嗣邊業宜授爵號可安東將軍倭國王八年遣使身狹青檜隈博德於吳十四年身狹青檜隈博德再奉命往吳因得吳織漢織并縫女姊妹四工女而還雄畧十五年秦公酒奏言臣族流亡散逃十無二三請聚

檢括鳩集帝爲命小子部雷以隼人檢括獲一萬八千六百七十人命酒統領養蠶置大蓄息帝賜姓爲豆麻佐謂有禆益也初秦人弓月以應神帝十四年自百濟來自言是始皇帝後弓月祖即公子扶蘇扶蘇得罪其子陰率徒屬渡遼君其地至弓月爲旁鄰倭掠屬於百濟後遂率闔部來日本書紀姓名錄皆書爲王追孫普洞賜姓波陀美其製繭之功也至是分爲二秦一曰秦一曰太秦帝詔書秦建齎庫於宮旁名曰朝倉宮始置庫司以酒爲長十六年詔檢漢部置伴造賜姓直應神時阿知都賀率其族黨來即漢直之先也至欽明帝元年頒諸秦諸漢於郡國編貫秦戶凡至七千以大藏掾某爲伴造又據姓氏錄有文氏桑原氏豐岡氏並出於漢高祖檜前村主下日佐並出於漢齊王肥吉水連出於漢蓋寬饒下村主出於漢光武松野連出於吳王夫差可知漢人來日本者甚衆爾後蕃息不知其幾何矣二十二年倭王武自稱使持節都督倭百濟新羅任那加羅秦韓慕韓六國諸軍事安東大將軍倭國王遣使上表於宋順皇帝曰封國偏遠作藩於外自昔祖禰躬擐甲冑跋涉山川不遑寧處東征毛人五十五國西服衆夷六十六國渡平海北九十五國王道融泰拓土遐畿累葉朝宗不愆於歲臣雖下愚忝胤先緒驅率所統歸崇天極

道徑百濟裝治船舫而句驪無道圖欲見吞掠抄邊隸虔劉不已每致稽滯以失良風雖曰進路或通或否臣亡考濟實忿寇讎壅塞天路控弦百萬義聲感激方欲大舉奄喪父兄使垂成之功不獲一簣居在諒闇不動甲兵是以偃息未捷至今欲練甲治兵申父兄之志義士虎賁文武効功白刃交前亦所不顧若以帝德覆載摧此強敵克靖方難無替前功竊自假開府儀同三司其餘咸假授以勸忠節順皇帝詔除武使持節都督倭新羅任那加羅秦韓慕韓六國諸軍事安東大將軍倭王及齊高皇帝進新除使持節都督倭新羅任那加羅秦韓慕韓六國諸軍事安東大將軍倭王武號鎮東大將軍梁武皇帝進武號征東將軍源光圀作大日本史青山延光作紀事本末皆謂通使實始於隋而於魏志漢書所敘朝貢封拜概置而弗道余揣其意蓋因推古以降稍習文學畧識國體觀於世子草書自稱天皇表仁爭禮不宜帝詔其不肯屈膝稱臣始於是

時斷自隋唐所以著其不臣也彼謂推古以前國家並未遣使漢史所述殆出於九州國造任那守帥之所爲余考委奴國印出於國造是則然矣魏志漢書所謂女王卑彌呼以神道惑衆非神功皇后而誰武帝滅朝鮮而此通倭使神功攻新羅而彼受魏詔其因高麗爲鄉導情事確鑿無可疑者神功既已上表貢物豈容遽停使節且自應神以還求縫織於吳求論語千文佛像經典於百濟豈有上國朝廷反吝一介往來之理宋順帝時倭王上表稱東征毛人五十五國西服衆夷六十六國渡平海北九十五國謂有國造守帥能爲此語者乎推宋齊梁諸書所云倭王讚珍濟興武考之倭史名字年代皆不相符然日本於推古時始用甲子始有紀載東西遙遠年代舛異譯音展轉名字乖午此之不同亦無足怪要之列史紀述謚於簡冊苟非僞造不容妄刪今節錄其事仍稱倭王不繫之帝以誌疑也至彼國一偏之辭未敢輒信焉日本人每諱言臣我而中土好自誇大輒視如屬國余謂中古之時人文草昧禮制簡質其時聘御中華如在天上慕漢大受封國事之常此不必諱也隋唐通使往多來少中國雖未嘗待以鄰禮而新舊唐書不載一表其不願稱臣稱藩以小朝廷自處已可想見蓋已竊號自娛幾幾乎有兩帝並立之勢矣五代以後通使遂稀而自元兵遇風倭寇擾邊以來雖足利義滿稱臣於明樹碑鎮國賜服封王而不知乃其將軍實爲竊號神宗之封秀吉至於裂冠毀冕擲書於地此又奚足誇也史家舊習尊己侮人索虜島夷互相嘲罵中國列日本於東夷傳日本史亦列隋唐爲元蕃傳中國稱爲倭王彼亦書隋主唐主譬之鄉鄰交罵於事何益今此篇謹遵條約睦鄰國書稱帝之意參採中國日本諸書紀事務實不爲偏袒曰皇曰帝亦不敢損所以破儒者拘墟之見祛文人浮誇之習也

推古十五年遣使於隋（先是遣使詣隋令所司訪其風俗使者言倭王以天爲兄以日爲弟天未明時出聽政跏趺坐日出便停理務云委我弟高祖曰此大無義理於是訓令改之）以大禮小野妹子爲大使鞍作福利爲通事上書曰日出處天子致書日沒處天子無恙云云煬帝覽之不悅謂鴻臚卿曰蠻夷書有無禮者勿復以聞先是世子廐戶奉佛尤謹（自謂衡山僧惠思是其前身）此行也命妹子登衡山施僧求法華經使者至曰聞海西菩薩天子重興佛教故遣朝拜兼沙門數十人來學佛法時稱妹子曰蘇因高（卽妹子二字譯音）煬帝旋遣鴻臚寺掌客裴世清報使蘇因高從而還及至難波帝遣難波雄成（隋書作小德阿輩臺譯音也）造新館於高麗館上以船三十艘數百人設儀仗鳴鼓角迎之以中臣麻呂（一作宮地烏麿）太河內

糠手等爲掌客後十日又遣額田部比羅夫（隋書作大禮哥多毗譯音也）飾騎七十餘迎之海石榴市雙騎引導至闕是日帝臨軒世清進國書信物親王諸王文武百官皆紳冕立仗國書曰皇帝問倭皇使人大禮蘇因高等至具懷朕欽承寶命臨御區宇思宏德化覃被含靈愛育之情無隔遐邇知皇介居海表撫甯民庶境內安樂風俗融和深氣至誠遠脩朝貢丹款之美朕有嘉焉稍暄比如常也故遣鴻臚寺掌客裴世清指宣往意并送物如別帝語清曰我聞海西有大隋禮義之國故遣朝貢我僻在海隅不聞禮義是以稽留境內不卽相見今故清道飾館以待大使冀聞大國維新之化清答曰皇帝德并二儀澤流四海以王慕化故遣行人來此宣諭乃饗清於朝既而引就館帝問世子曰書辭如何曰天子賜諸侯書式也然曰皇曰帝其義一矣宜答

書報之其後清遣人告曰朝命既達請卽戒途於是設饗以遣清復以妹子爲大使雄成爲小使鞍作福利爲通事送之還學生倭漢福因奈羅譯語惠明高向元理新漢大國學生新漢日文南淵清安志賀惠隱等從之世子親草答書曰東天皇敬白西皇帝使人鴻臚寺掌客裴世清等至久憶方解季秋薄冷尊候何如想清愈此卽如常今遣大禮蘇因高乎那利（乎那利卽雄成譯音）等往不具十七年小野妹子還自隋唯福利留而不還二十二年遣犬上御田鍬矢田部造使於隋二十三年御田鍬等還三十一年學生惠濟惠光醫惠日福因等從新羅使還自唐奏曰唐禮儀之國也宜常相聘問學生在唐者皆已成器願召還之舒明帝二年遣大仁犬上御田鍬大仁藥師惠日使於唐唐太宗皇帝矜其遠詔有司毋拘歲貢四年御田鍬等還唐使新州

刺史高表仁（新唐書作仁表舊書作表仁日本書紀亦作表仁今從之）偕至學僧靈雲僧日文等從而還表仁抵難波遣大伴馬養以船三十艘旌旗鼓角迎諸川嘴難波小槻大河內矢伏泣難波賚神酒（是後外國使至必賜神酒見延喜式）表仁至都與爭禮不平不肯宣天子命五年表仁還遣吉士雄麻呂等送至對馬十二年學生惠隱清安學生高向元理從新羅使還自唐孝德白雉四年發兩遣唐使分乘兩船一船以小山上吉士長丹為大使小乙上吉士駒副之學生巨勢藥冰老人學僧道嚴道昭等從之以實原御田為送使一船以大山下高田根麻呂為大使小乙上埽守小麻呂副之學僧道福等從以土師八手為送使船各百二十人根麻呂船至薩摩竹島（一作多褹島）遭風漂沒僅門部金等五人抱木得不死長丹船至唐獻虎魄大如斗瑪瑙若五升器高宗皇帝撫慰之五年再遣

小錦下河邊麻呂為大使大山下藥師惠日為副使大乙上書麻呂為判官大錦上高向元理為押使分乘兩船取道新羅經萊州達長安獻方物高宗賜璽書令出兵援新羅元理尋卒吉士長丹等還（帝嘉其多得圖書珍寶授少華下位封二百戶賜姓吳氏）齊明帝元年河邊麻呂還自唐四年敕僧知通智達等往唐學法於唐僧元弉五年遣小錦下坂合部石布大山下津守吉祥使於唐并攜蝦夷男女二口石布船漂至南海夷島眾為所殺唯坂合部稻積等五人奪夷船逃至括州吉祥船至越州入朝高宗皇帝於東京高宗問蝦夷種類地名甚悉（蝦夷鬚長四尺許珥箭於首善射令人戴瓠立數十步外射悉中因獻弓箭白鹿皮等物）天智帝甲子歲（時齊明已崩天智素服攝事未即位）唐百濟鎮將劉仁軌遣朝散大夫郭務悰等抵對馬令內臣中臣鎌足遣沙門智祥勞賜復饗之而送歸焉丙寅歲仁軌又遣朝散大夫沂州司馬

上柱國劉德高等來帝命饗賜德高等使大友皇子見之令小錦守大石小山坂合部石積等送還丁卯歲仁軌遣熊津都督府司馬法聰等送石積等於筑紫都督府法聰歸又遣小山下伊吉博德大乙下笠諸石護送之天智帝二年遣河內鯨於百濟府賀唐平高麗四年劉仁軌使李守真來復遣郭務悰帥二千人駕四十七船巡視各國達比智島遣僧道久往告對馬國司國司牒報大軍府府馳驛入告會天智崩大友遣內小七位阿曇稻敷於筑紫以喪告悰悰弔恤盡禮厚賜甲冑弓矢絹布綿等送悰還天武帝七年僧定惠道光還自唐（道光始傳宗律）自十二年學生土師甥白猪寶然從新羅還持統帝元年始用唐人元嘉歷已而更用儀鳳歷文武帝大寶元年以粟田朝臣真人為遣唐執節大使（考日本各籍稱守民部尚書粟田真人蓋粟田是其氏朝臣乃姓嵯峨帝賜其子姓為源朝臣

是也真人則其名唐書稱朝臣真人粟田誤矣）左大辨高橋笠間為大使右兵衛率阪合部大分為副使二年至唐朝見武太后真人冠進德冠頂有華蘤四披紫袍帛帶進止有容太后宴之麟德殿授司膳卿（二後年還自唐賜穀一千斛田二十町賞其奉使絕域也餘進位賜物有差）元正帝靈龜二年遣使於唐以從四位下多治比縣守為押使從五位下阿部安麻呂為大使正六位下藤原馬養副之大判官一人少判官二人錄事少錄事各二人從八位上阿部仲麻呂從八位下吉備真備選為留學生既而以大伴山守代安麻呂使之未發也先令祀神祇於蓋山之南賜縣守節刀後二年縣守等還自唐入覲著唐帝所賜朝服大和國造大和長岡素好刑名之學從縣守往質問疑義多所發明及歸而言法律者皆就質焉（六年有唐人王元仲造飛船進之帝嘉納之授從五位職）天平四年以多治比廣成為遣唐大使從五位

中臣名代副之判官錄事各四人未發遣近江丹波播磨備中監造四船是後遣使以四船爲率（先是簡擇使臣皆難其人石上乙麻呂才學穎秀爲衆所推遂拜大使尋復易廣成）廣成授節刀明年乃至唐又明年歸發蘇州會風作四船漂散廣成船至越州候風踰年乃至廣成在唐易姓曰丹墀子孫遂稱丹墀氏其還也學生眞備僧元昉等從之（眞備在唐請從諸儒授經詔四門助教趙元默卽鴻臚寺爲師獻大幅布爲贄悉賞物貿書以歸新唐書敍此事謂開元初粟田復朝云考眞備二字日本音同眞人故誤以爲武后時來朝之粟田眞人也今從日本改正）眞備獻唐禮一百三十卷大衍歷經一卷樂書要錄十卷測影鐵尺一枝銅律管一部（及絃纏漆角弓馬上飮水漆角弓露面漆四節角弓射甲箭平射箭等物）元昉亦獻佛像及經論章疏五十餘卷（時有唐人袁晉卿年十九善聲學習爾雅文選從廣成來聖武令與來使等奏唐新羅樂擢爲音博士遂由元蕃頭陞大學頭）八年中臣名代還自唐初名代船漂至南海艱難辛苦僅得復至唐明皇帝憫之勅書遣還曰勅日本國王主明樂美衘德（新唐書作王明樂當從文苑英華作主文苑英華作美御德當從新唐書作衘主明樂美衘德卽日本天皇二字譯音蓋當時諮詢其名而使者詭以此對也）彼禮義之國神靈所扶滄溟往來未嘗爲患不知去歲何負幽明丹墀眞人廣成等入朝東歸初出江口雲霧斗暗所向迷方俄遭惡風諸船飄蕩其後一船在越州界卽眞人廣成尋已發歸計當至國一船飄入南海卽朝臣名代艱虞備至性命僅存名代未發之間又得廣州表奏朝臣廣成等（案此廣成乃判官也）飄至林邑國既在異國言語不通並被刼掠或殺或鬻言念災患所不忍聞然則林邑諸國比常朝貢朕已敕安南都護令宣勅告示見在者令其送來待至之日當存撫發遣又一船不知所在永用疚懷或已達彼蕃有來人可具奏此等災變良不可測卿等忠信則爾何負神明而使彼行人罹其凶害想卿聞此當用驚嗟然天壤悠悠各有命也中冬甚寒卿及百姓并平安好令朝臣名代還一一口具遣書指不多及十一年判官平羣廣成還（初廣成船與諸船相失漂至崑崙國船中人多死唯存廣成等四人得見其酋給糧安置後遇欽州熟崑崙至潛從而還時阿部仲麻呂留學於唐爲言於朝給糧遣回由登州達渤海途復遇風覆溺獨廣成得還）孝謙帝天平勝寶二年以從四位下藤原清河爲大使從五位下大伴古麻呂副之判官主典各四人先發遣參議左大辨石川年足於伊勢大神宮及畿內七道諸社奠幣禱風也從四位上吉備眞備亦拜副使清河古麻呂皆給節刀既至唐明皇命仲麻呂接伴及朝明皇賞其儀容呼日本曰禮義君子國令仲麻呂導觀府庫及三教殿又命圖清河眞備等狀貌春正月朔唐皇帝受諸蕃使朝賀於含元殿敘新羅使東班在大食上清河等西班在吐蕃下仲麻呂以爲不宜班之後於新羅也爲之請將軍吳懷寶乃引清河與新羅使易位及還明

皇賦詩賜之遣鴻臚卿送至維揚仲麻呂請與還明皇因命爲使（仲麻呂賦詩有銜命將辭國非才忝侍臣天中戀明主海外憶慈親等句其將還也從明州上舟夜深月出仲麻呂作歌世傳爲絕唱三笠山辭是也初仲麻呂慕華不肯去易姓名曰朝衡歷左補闕儀王友多所該識在唐五十四年與王維李白包佶儲光羲往來贈答後擢左散騎常侍安南都護大歷五年卒贈潞州大都督新唐書又作仲滿滿卽麻呂翻音也）與清河同船帆指奄美島不知所之眞備古麻呂漂益久島明年三月乃至獻所賜幣以告先陵歷代使還皆授位階此行更優多至二百二十三人舵師廚人皆得與焉斯時廣陵僧鑒眞率僧尼優婆塞四十餘人從古麻呂行至薩摩由難波入都孝謙方崇信浮屠遣大納言藤原仲滿迎之河內安宿王出羅城門迎拜公卿競來問法孝謙卒至捨身七年改年爲載從唐制也廢帝天平寶字三年以從五位下高元度爲使（時敘航唐船從五位下賜錦冠一曰播磨一曰速鳥）迎前使清河歸初清河與仲麻呂同船漂至安南後

偕清河還至驩州復至長安明皇帝以清河爲特進秘書監更名河清仲麻呂亦授職五年高元度還自唐元度初至以亂故未朝見肅宗皇帝遣中使勅元度曰特進秘書監藤原河清當從請遣還而賊徒未平道路多阻元度宜取南路先歸復命仰令中謁者謝時和送至蘇州刺史李岵爲造船供給使越州浦陽府折衝沈惟岳率九人送還六年遣參議藤原眞光餞惟岳於太宰府尋以右虎賁衛督從四位下仲石伴爲大使上總守從五位上石上宅嗣副之貢牛角初元度之還也肅宗勅曰禍亂以來兵甲彫弊欲造弓弧切要牛角異日還國卿幸輸之元度還奏乃令東海等六道備牛角七千八百遣上毛廣瀨等於安藝造船四舶尋罷石上宅嗣以左虎賁衛督從五位上藤原田麻呂代之發船從安藝至難波江口船膠沙而沉乃減使人

限兩船更令判官從五位下中臣鷹取爲使給節刀正六位上高麗廣山副之并送惟岳等還阻風不能發尋聞唐安史亂未平乃令太宰府曰大唐之亂未已恐道途多阻使命難通惟岳等宜安置供給如懷土願歸者宜給船送之時除唐人李元瓌爲織部正唐人來教樂者後皆授位李元瓌敘從五位上皇甫東朝等并從五位下既而東朝爲雅樂員外助兼花苑司東朝等從前使中臣名代來者也是年停儀鳳歷更用大衍歷三年尊先聖孔子爲文宣王初天寶中有膳大邱者隨使遊國子監見門題文宣王廟問之學生任賢告以今上追尊先聖用王號之故至是大邱請用王號從之

光仁帝寶龜二年遣使安藝造遣唐舶四隻六年以正四位下佐伯今毛人爲大使正五位下大伴益立從五位下藤原鷹取副之判官錄事各四人授錄事羽栗翼外從五位下爲准判官帝御殿授節刀命之曰卿等奉使言語必和禮意必篤毋生嫌隙毋爲詭激判官以下違者便宜從事乃各賚御服初藤原清河留唐時已卒赴猶未達帝賜書曰汝奉使成久經年序忠誠遠著消息時聞故令因使迎之賜絹一百匹細布一百端砂金一百兩汝其努力隨使歸朝相見非遠指不多及及使歸清河女從而還船發至肥前松浦郡阻風不能前還博多請待來歲尋罷益立以中左辨小野石根備中守大神末足代之八年春令使者拜神祇於春日山下行至攝津今毛人以病引還令副使持節服紫假行大使事抵揚州海陵觀察使陳少遊言寇亂以後館驛彫弊得中書門下牒限二十員進京石根請加二十三人許之九年朝見代宗皇帝於宣政殿時上元日也逾月復見於延英殿燕賞有差四月皇帝遣中使趙寶英爲押送使石根辭曰海路茫渺風汛無常萬一顛躓懼損盛意詔仍護行六月監使楊光耀送至維揚秋九月艤船各出揚子江候風兩月石根先與第二船入海遭颶船壞舳艫斷爲二石根寶英等六十三人皆溺主神神官名時令大宰府置主神一人掌

諸祭祀事蓋護行人也

津守國麻呂與押送之判官等五十餘人攀斷艫漂甑島判官大伴友繼人等四十人坐舳浮蕩六晝夜漂天草島判官韓國源駕第四舶亦抵甑島源等與判官海上三狩等漂耽羅三狩爲所拘源獨與十餘人脫歸此行也判官小野滋野第三船人船俱完十月至肥前橘浦歸報情事且請接待送使之儀乃遣左少辨藤原鷹取等迎勞之命安藝預造送客船二船十年末足等還自唐夏四月唐使孫興進秦衍期入都時領客使奏言唐使行道左右建旗又有帶仗未合舊典詔聽帶仗不令建旗又奏稱昔粟田眞人如唐五品舍人銜命迎勞無拜謝禮新羅王子則於馬上答謝渤海使乃下馬再拜今唐使將至遵何典朝議聽之遣將軍發六位以下子弟八百充騎隊蝦夷二十人充儀衛迎之城門外入見帝致國書信物帝先問天子安及途次供奉如禮否慰勞甚至設饗於朝堂賜綿三千純右大臣大中臣清麻呂又延諸私第臨行

贈賚英絹八十匹綿二百屯令從五位下布勢清直爲送客使十一年唐使高鶴林至再饗宴之案趙英既溺於水所謂唐使孫興進秦衍期皆其僚屬高鶴林亦其僚屬乃別船後至者也考此事新舊書皆不載當時僅以中使爲押送使耳日本稱有國書疑事不實而其隨行官屬日本送以大使之禮待之蓋自高表仁至後相去百五十年忽來使節詫爲至榮故迎勞宴饗皆有加禮觀於折衝送客參議設饗商人至館鴻臚供給況此之在帝左右口傳詔旨者乎其優待無足怪也天應九年布勢清直等還自唐桓武帝十四年授諸唐人官階護送藤原清河之沈惟岳卒留不歸先改姓清河宿禰授從五位下其隨行九人皆進官賜姓十七年詔讀書一用漢音毋混吳音時官有音博士專正音吳音之傳最久譯人習之自百濟王仁以漢音授經始有漢音齊明帝時百濟尼法明來對馬誦維摩經以吳音人爭效之自此吳漢踳駁無復分辨帝善解漢音能辨清濁至是定儒書讀法專用漢音二十年以從四位上藤原葛野麻呂爲大使從五位上石川道益副之判官錄事各四人末發二十一年又以學少允菅原清公高階眞人達成等爲判官隨使二十二年春賜使臣等綵帛召對賜宴

一依漢儀親酌酒并作歌送之賜葛野麻呂被三領衣一襲黃金二百兩授節刀道益衣一襲金百五十兩四月出難波遭風破船有溺死者葛野麻呂等引還遣典藥頭藤原貞嗣等修船二十三年三月再餞葛野麻呂等賜玉盃寶琴件少勝雄以善碁充使員學僧空海亦從秋七月發肥前田浦途遇風兩船漂回八月至福州長谿縣觀察使閻濟美使葛野麻呂等二十三人赴長安初至長谿州吏詰其無國書入船檢察葛野麻呂命空海作書贈觀察使曰上國之於敝邑待以上賓因非與瑣瑣諸蕃比矣竹符銅契本防姦僞誠實無詐何事文契敝邑使人已無詐託信物亦不用璽印建中以前舊典如此今以無國書見責事與昔乖願顧鄰誼云云據此則當時使臣皆不齎表文蓋不臣則我所不受稱臣則彼所不甘而彼國有所需求不能停使故爲此權宜之策耳其在中國列之於新羅大食之下未嘗待以鄰交而其在日本遣使則不齎表文迎客則不居臣禮以小事大則有之以臣事君則未也有唐一代典禮如此其別船菅原清公等已先至冬十二月至京有內使趙忠以飛龍廄細馬來迎葛野因監使

劉昂進信物昂傳命慰勞尋朝德宗皇帝於宣化殿賜宴賞有差葛野譯名爲興能善鄰國寶所謂藤賀能是與能賀能皆葛野二字譯音興能善書其紙似繭而澤人莫能識考新唐書稱此事於德宗建中元年惟是時日本并無遣使新書誤也二十四年春正月預朝會班是月德宗皇帝崩葛野麻呂等素服舉哀三月二日順宗皇帝令內使王國文監送至明州道益病死六月至對馬僧最澄永忠隨還初澄在天台國清寺就道邃受台教又遇龍興寺順曉受灌頂密教朞年而還台教之傳自此始忠留學二十餘年兼學音律上其所得律呂旋宮日月圖各二卷律管壎等樂器秋七月葛野麻呂上信幣乃分所賜於參議以上及內侍使臣等皆進秩有差賚所賜幣於先塋平城帝大同元年判官高階眞人遠成以學生橘逸勢學僧空海等還遠成在唐二年除中大夫試太子中允職勅曰日本國使判官正五品上兼行鎭西府大監高階眞人遠成等奉其君長之命趨我會同之禮越滄溟而萬里獻方物於三檢所宜褒獎並賜班榮可依前件學生橘逸勢善隸書人呼爲橘秀才僧空海在長安晤青龍寺惠果深見器重得密教衣鉢自是密教流行全國考唐書云橘逸勢空海願留肄業歷二

十餘年使者高階眞人來請逸勢等俱還詔可今考空海等自到長安及歸僅歷二十五月又所謂高階眞人者卽上文所遣判官高階眞人遠成也日本紀又稱空海歸於大同元年十月二十日上新請來經等目錄表曰謹附判官正六位上行太宰大監高階眞人遠成奉表以聞據此則與唐書請與俱還之語相合唐書蓋誤月爲年也是歲奉攝津住吉大神從一位階報使船無風難也二年春遣使奠所賜綵幣於香椎宮於諸陵於伊勢神宮分所賜綾錦香藥等於參議已上嵯峨帝宏仁九年詔曰朝會之禮常服之制拜跪之等不分男女一準唐儀但五位以上禮服服色及儀仗之服並依舊章六年勅植唐茶於畿內近江丹波播磨諸國每歲貢獻淳和帝天長六年始令諸國模倣唐制造龍骨水車以便灌漑太政官下符曰耕稼之利水田爲最聞大唐堰渠皆構龍骨多收其利宜倣造以資農作貧無力者國司資給之仁明帝承和元年以參議藤原常嗣爲大使彈正少弼小野篁副之判官四人錄事三人常嗣葛野麻呂子也父子相繼爲使時人榮之篁妹子五世孫也一時多選材藝之

士琴棊醫卜各擇其能者偕往以正五位下丹墀貞成爲造舶使長官主稅助朝原島主爲次官左中辨笠仲守右少辨伴成益爲唐使裝束司秋八月任遣唐錄事准錄事知乘船事各一人以外從五位下三島島繼爲造舶都匠二年三月令太宰府以綿甲一百領胄一百口袴四百腰充使舶不虞之備十二月授常嗣正三位篁正四位三年春正月令奉陸奧八溝黄金神封戶二烟以國司禱神多得砂金助遣使費故也二月爲使者禱於北野令使者奉幣賀茂大神社賜使臣等絲帛貲布有差夏四月廷餞使臣召五位以上各賦詩帝親授節刀於常嗣又親舉酒賦詩賜之并賚御衣御被良技清上作新樂奏之名曰清上樂復奉幣五畿內七道名神爲使者祈禱并贈前使臣學生藤原清河阿部仲麻呂等八人往而不還者之秩位遣右近

衞中將藤原助於攝津難波慰勞使者并奠幣於諸先陵秋七月使臣第一第二第四船皆遭風折還第三船漂海舵折衆乃壞船作筏散乘漂岸八月召還使臣留判官錄事各一人修船四年二月使臣祀神於愛宕秋七月啟行僅用三船第一第四船漂著壹岐第二船著值嘉島令豐前守筑前權守等爲脩船使五年常嗣以第一船穿漏奏易副使船（篁因常嗣爭舟稱病不行作西道謠刺之事聞流之隱岐）六月常嗣等航海由揚州入長安（考遣唐典禮此次爲最重因先是航唐者動罹風難故徧祀海內諸神遣使下陸常總陸齋主武甕鎚四神位階太政官復遣人告新羅備脩漂船隨宜護送及漂船折還第三船未回帝大驚惕勑太宰府遣人值嘉島然燎火備濟後及再往又命常嗣祭神於是日停諸厩公務又詔太宰筑紫每國度一人配國分神宮兩寺又詔諸寺講讀龍王般若經至回帆日止皆以禱風也未幾遂停遣唐使）朝見文宗皇帝攝副使者判官長岑高名也六年常嗣等還常嗣憂已船不完借楚州新羅船九艘道經新羅中途與諸船相失九月至

上勑書令奉所贈物於伊勢大神宮及諸陵設三幄於建禮門陳唐物令內藏寮官人及內侍等交易名曰宮市十一年賜學僧圓仁圓載金十四年圓仁自唐還（初圓仁從藤原常嗣入唐駐維揚開元寺節度使李德裕善遇之後歸又遭風漂回登州轉入長安遇青龍寺義眞究台眞兩教又受悉曇學於南竺三藏悉曇字之傳始於仁大內有灌頂最勝內供奉法會亦其所建也）嘉祥二年始有唐商舶來太宰府文德帝天安二年僧圓珍隨唐李延孝歸（先是珍借商人來一船漂琉球時以琉球爲鬼國一船皆怖會便風抵福建歷溫台入長安久之召還獻經論千餘卷藤原良房迎之入都）清和帝貞觀二年冬十月令用唐明皇帝御注孝經（先是孔鄭傳注爲大學正業久著合甲）十二月新脩釋奠式成頒之諸道（先是播磨博士和邇部宅繼上言謹檢唐開元禮國子州縣皆有釋奠式我邦有大學式無國學式而國忌祈年諸祭更用中丁等式未經一頒行諸國或推大學或從州學有用樂者有不用樂者禮制不一都鄙無章尊道嚴師法宜整飭如在之祭豈令參差伏望裁定式永爲盛典）三年詔行長慶宣明歷（初遣唐錄事羽栗翼還上寶應五紀歷曰唐已改大衍歷請用此經然當時無習推步者仍格不行及是陰陽頭眞野麻呂建言開

元以還已三改歷元今專依舊法實有差午請停舊用新詔從之）六年秋八月太宰奏通事張友信如唐未還而唐商來無定期請暫留唐僧法惠充譯司許之七年秋七月唐商李延孝等六十餘人至國都館鴻臚供給如式八年秋九月商人張言四十八人至十六年六月遣伊豫權掾大神已井豐後介多治比安江等於唐市香藥唐商崔岌等三十六人來松浦十八年唐商楊清等三十八人至太宰府陽成帝元慶元年商人崔鐸等六十三人送多安江等還令安置出雲供給之學僧智聰與唐人駱漢中俱還（聰請曰漢中唐國處士博綜衆藝願加優恤從之）光孝帝仁和元年勑太宰府禁私市唐貨宇多帝寬平六年有唐使來聘（考此事新舊唐書皆不載日本書惟見於扶桑畧記亦無使者姓名青山延光曰是時唐亂使節不通而商舶來者日多此當是商人假冒也）留學僧中瓘託致書於其太政官尋歸八月以參議菅原道眞爲大使右少辨紀長谷雄副之道眞請

曰臣謹案僧中瓘去年附商客書具載唐國彫弊中瓘雖區區學僧爲聖朝盡誠代馬越鳥豈非習性臣伏檢舊記聘使渡海或不勝任或沒於賊能達者無幾此中瓘所憂也臣伏願以中瓘狀遍下公卿詳議可否此國之大事不獨爲一身明年遂罷遣唐使

日本國志卷四

日本國志第二□　卷之五

出使日本參贊官黃遵憲編纂

鄰交志上二

華夏

自遣唐使罷至朱雀帝承平五年吳越王錢元瓘遣使蔣承勳來饋羊數頭其明年承勳又至左大臣藤原忠平附之贈書村上帝天歷元年吳越王錢俶又遣蔣承勳致書於左大臣藤原實賴實賴答書有南翔北嚮難附寒溫於秋鴻東出西流只寄瞻望於曉月之語七年吳越又遣蔣承勳致書右大臣藤原師輔師輔報書有云人臣之道交不出境錦綺珍貨奈國憲何楊億談苑云吳越錢氏多因海舶通信天台智者教五百卷有錄而多闕賈人言日本有之錢俶厲書於其國王送黃金五百兩求寫其本盡得之云云據此則當時實附海舶通信此蔣承勳頻年屢至亦係賈人非專使也然商務大通唐物麕聚特設唐物使一官駐於筑紫以檢查眞贋初唐舶貨至皆特遣中使檢點錄上延喜新式太宰府上奏客至乃遣藏人先檢查貨物而後更遣出納司韓給價值府官仍以上奏醍醐帝時又禁貢估之不由官司私相交易者有商人以孔雀至醍醐獻之法皇親點貨物而彼此高僧雲遊往來者日衆華山帝永觀二年學僧奝然至宋朝見太宗皇帝上職員令年代紀及鄭氏注孝經一卷賜紫衣居四載召還一條帝長保四年僧寂照上表請航宋至宋朝見眞宗皇帝詔詢風土民物甚悉賜號圓通大師並紫方袍後卒不歸楊億談苑稱寂昭願遊天台詔令縣道續食三司使丁謂爲言姑蘇山水之奇寂昭因留止吳門寺以黑金水瓶寄謂謂分月俸給之有國王弟與寂昭書稱野人若愚又左大臣藤原道長書略云胡馬猶向北風上人莫忘東日又治部卿源從英求唐經史及內外經書末云生爲兩鄉之身死會一佛之土三書皆二王之迹云後三條帝延久元年僧成尋隨宋商孫忠如宋朝見神宗皇帝上銀香鑪白琉璃等物給紫衣方袍館興國寺至白河法皇時成尋自宋上表並有金字法華經及錦段雜貨稱宋朝所賜帝詔公卿議酬品或曰和

琴可或曰宜金銀或曰宜珍珠議不決乃召宋商孫忠問之承歷元年因宋商孫忠饋絹二百匹永五千兩於宋明州以其貢禮異諸國請自移牒報而答其物二年孫忠齎牒至牒書賜日本國太宰府令藤原經平時廷臣會議遣宋物品以錦唐黃爲定式四年孫忠又齎明州牒至牒曰宋國明州牒日本國廷議亦報之牒時通好久絕而比年忽有書信廷臣初疑其詐冒議不報後卒令大江匡房草報牒還之鳥羽帝元永元年宋商孫俊明鄭清等齎牒至畧曰矧爾東夷之長實維日本之邦人崇謙遜之風地富珍奇之產曩脩方貢歸順明時隔濶彌年久缺來王之義遭逢熙旦宜敦事大之誠云云帝下百官議卒不報式部大輔菅原在良議曰推古天皇十六年隋煬帝書曰皇帝問倭皇天智天皇十年大唐郭務悰來聘書曰大唐帝敬問日本天皇天武天皇元年郭務悰來書函題曰大唐皇帝敬問倭王又大唐皇帝勅日本國衛尉寺少卿大分書曰皇帝敬致書於日本國王古式如此云云考郭務悰乃劉仁軌所遣使當時以係私使不令入京而此云有國書疑事失實高倉帝承安三年宋明州刺史又致牒

書朝議欲卻之時法皇執不可卒賜報書附以彩革砂金宋淳熙間日本商民遭風至明州詔給口食又有行乞於臨安者詔守臣給送明州俟舶送還其後凡遇難民靡不資遣而中國商之飄至日本者亦多資救護後鳥羽帝建久二年僧榮西還宋又齎茶種及菩提還榮西兩至天台多齎釋書而歸其後二十年又有僧俊芿亦還攜律經章疏暨儒書凡二千餘卷而歸國順德帝建保二年宋陳和卿至鎌倉時源實朝爲將軍和卿善造佛像引之見實朝大喜遂定航宋之意後以船不適用而止四條帝仁治二年榮西弟子圓爾還自宋後數年宋僧道隆復自蜀至將軍北條時賴延禮之屢往參禪爲之建寺時又有僧得陶法而歸自榮西倡禪宗京師有圓爾鎌倉有道隆其宗日熾遂蔓延全國又有僧道元者亦嘗至天童又受曹洞宗及歸亦爲時賴所重大行其教其徒道蓮得燒陶法而還日本甕器遂行天下後嵯峨帝建長六年時賴令筑紫諸司地頭曰頃歲宋船猥進港口貨物闌出自今之後限以五艘過則毀之有宋一代聘使雖罕而緇流估客來往

日密頻年上書獻物非由僧侶即出商人之手維時將軍秉政朝野悉崇佛教而商人亦常滋事端後冷泉時宋商嘗援太宰府放火毀廨後世貨舶之限蓋自此始

後龜山帝文永五年元世祖皇帝以黑迪殷宏爲國信使持書命高麗王王植嚮導迪等望海未渡植先遣其臣潘阜齎書致太宰府時北條時宗奉惟康親王爲將軍執政權得書上之書曰朕惟小國之君境土相接尚務講信修睦況我祖宗受天明命奄有區夏遐方異域畏威懷德者不可悉數高麗朕東藩也日本密邇高麗開國以來時修職貢獨至朕躬從無一介之使以通和好尚恐王國知之未審故特遣使布告朕心聖人以四海爲家不相通問豈一家之理哉或至用兵夫孰所好王其圖之高麗王亦致書勸通好朝野大駭龜山帝詔參議藤原長成

草答書時宗議不可令卻還修邊防禱神社以備有變潘阜留五月還白狀元復遣黑迪等至高麗諭以必得日本要領爲期植乃遣臣申思佺潘阜等再來不達六年三月黑迪等至對馬島請前歲報牒不答執島民二人而還世祖見之謂曰汝國朝貢久矣今吾欲汝國來聘非逼汝也但欲耀名耳秋八月高麗金有成高柔等又奉中書省牒至太宰府並還俘口亦不報七年元命趙良弼爲秘書監充國信使發兵送之高麗屯駐金川以待良弼還令高麗給糧食又遣忻都史樞等諭高麗曰朕通諭日本不謂其執迷固滯今將經畧勅有司發卒屯田爲進取計庶免汝國轉運之勞仍先示招懷卿其知悉八年冬高麗復遣徐稱等導良弼至筑前今津島津吏望見使舟舉刃相向良弼登岸宣旨太宰府環以兵問來狀良弼以前書不報爲不恭求國書盛以金櫃外施鎖良弼指之曰此書必見汝主始授不得與他

人固請之得副本書曰蓋聞王者無外高麗既爲一家王國實爲鄰境故嘗馳使修好疆場之吏抑而不通所獲二人已勅有司撫慰俾齎牒以還復無所聞繼欲通問屬高麗權臣林衍搆亂坐是弗果豈王亦因是輟不遣使或已遣而中路梗塞耶不然日本素號知禮之國王之君臣甯肯漫爲弗思之事乎近已滅林衍復舊王安集其民特命秘書監趙良弼充國信使持書以往如卽發使與之偕來親仁善鄰國之善事其或猶豫以至用兵夫誰所樂爲也王其審圖之太宰府致之鎌倉時傳聞蒙古强盛頗懷疑懼十一月朝廷脩熾光法祈弭禍又命藤原公守告難於伊勢神宮十二月太宰府送良弼於對馬良弼遣書狀官張鐸先歸九年張鐸率彌四郎等二十餘人如元尋遣還植復致書令必通好亦不報十年良弼還元具陳日本不恭狀

并及爵號州郡風俗土宜世祖怒用兵之意遂決十一年元遣鳳州經畧使忻都總管洪茶邱等發舟師萬五千人攻日本高麗以兵五千六百助戰役後更以忽敦爲都元帥洪茶邱爲右副元帥與高麗金方慶等以蒙古漢高麗兵二萬三千戰艦九百發合浦十月五日拔對馬十四日轉攻壹岐翌日城陷遂及肥前沿海郡邑十九日入博多明日舍舟登岸騎而進至今津佐原百道原赤阪諸地還上舟會矢將盡二十日夜大風雨多觸礁遂還是役也砲彈如球聲如霹靂土人不知爲何物殺掠所過得女子或以繩貫掌繫之於船云後宇多帝建治元年元復遣侍郎杜世忠郎中何文著計議官撒都魯丁等致書高麗使人導之達長門室津至太宰府府送之鎌倉北條時宗竟殺之令脩長門周防安藝備後四國海防省公私冗費調閱左兵

戍鎭西以北條實政爲筑紫探題節制軍務三年勅諸僧脩熾盛光法禳兵禍也北條時宗令山陽南海嚴戍長門三年元建淮東宣慰司於揚州命沿海官司通日本商舶既聞世忠等被殺復決計聲討立日本行中書省招集避罪附宋蒙古回鶻等軍兼立鎭邊萬户府於金州控制之宏安二年元命湖南揚贛泉四省造戰艦六百又命塔納等如高麗益脩戰艦世祖從范文虎議先遣周福欒忠致書日本暫緩師期周福欒忠至又斬之博多四年元命日本行省右丞相阿剌罕右丞范文虎及忻都茶邱等率兵壓境阿剌罕病改阿塔海代總軍事高麗亦出師助戰忻都茶邱等發合浦高麗兵偕發文虎李庭等發江南將發世祖諭文虎等曰聞漢人言取人家國若盡殺人民得土何用汝等其恪體此意兩軍約會於壹岐平戸等島五月二十一日忻都兵先至對馬遂進壹岐太宰府

報急於鎌倉北條時宗議遷二上皇於鎌倉而以兵嚴衛京師二皇大駭元兵攻壹岐至太宰府所至人民竄匿聞小兒啼輙捜捕至有先殺兒而遁者六月五日戰於志賀島遂進至宗像洋文虎兵適會泊於能古志賀二島時元兵預期必勝多攜耕器九國震駭關東及九國三島兵皆會太宰府先是筑前緣海甃石爲壘高丈餘亘十三里外面峻削不可躋攀內可俯射上設燎望守備甚嚴然人人懲文永之役頗有難色有草野經長者夜乘輕舸入艦陣縱火而還初元兵以鐵鎖聯舟爲營外向列弩日本船小不能敵襲擊者率敗死相約勿離隊獨進時河野通有獨背堤而陣率二舟冲入有所殺傷斯時日本諸道兵皆會而元兵之在筑肥間者樓船蔽海砲聲震天諸國洶洶市無糶米民有饑色訛言四興忽而曰蒙古由長門徑趨京師矣

忽而白蒙古據東海芬忽而與元國爲蒙古所據陷入北陸矣朝議遷二上皇於關東召兵守京後宇多帝臨神祇官親禱七晝夜龜山上皇親詣石清水社默禱達旦又遣人往伊勢神宮親爲禱詞願以身代國難而元將多苦航海議攻議退不輒決高麗將金方慶力持進攻之說不聽遂移泊鷹島見山影疑波疑有暗礁不敢近岸會青虬見海中硫磺氣腥臊怪雲走空蓋颶徵也文虎氣微倓擇堅艦先走六月晦日夜西北風大作明日益甚風濤簸掀艦自相撞碎溺死無算其在鷹島者猶數千人推張百戶爲主帥方伐木造舟多爲日本所襲捕還殺之那珂川文虎李庭船亦壞漂着鷹島收回殘卒十無二三由高麗還初都元帥張禧與文虎庭同抵肥前禧卽捨舟壘平戶約各艦相距五十步預避撞擊諸軍不之信遂颶作禧船獨完及

文虎等議還禧曰士卒溺死者半其脫死者皆壯士曷若因其無回顧心因糧於敵以進戰文虎等不從禧乃分船與之因得脫去時平戶島屯兵四千乏舟禧曰我安忍棄之遂悉棄舟中所有馬匹以濟其還八月文虎自高麗歸尚飾敗形無何敗卒于閶歸言其情久之莫青吳萬五亦逃歸皆江南殘卒也是役也全軍十五萬人歸者不能五之一文虎軍十萬歸者三人耳考元史稱得還者纔三人此蓋指文虎所率江南軍而言耳癸辛雜志云全軍十五萬歸者不能五之一此令史李順所目擊者可以爲據北條時宗仍合嚴脩海防命九國將士更番戍守五年元兵官沈聰等六人由高麗脫歸高麗王晤遣使請以兵艦百五十助元再入日本遂命高麗航羅及平欒楊隆興泉諸州造大小艦三千艘除反逆重囚外悉赦以充軍日本亦以遠江守北條時定爲鎭西奉行居姪賓統轄軍事三河守吉見賴行鎭

石見六年世祖復以阿塔海爲日本行省右丞相與撒里帖木兒劉國傑募兵峙糧脩艦謀再舉御史中丞崔彧吏部尚書劉宣淮西宣慰使昂吉兒力諫民勞乞罷兵世祖不聽適補陀僧如智說曰彼俗尚佛臣請以佛理喻之乃俾王君治齎書隨如智行八月過黑水洋遭風而還明年復遣尚書王積翁以如智往將入境舟中有怨積翁者俱謀殺之卒不得至是歲北條時宗死子左馬權頭貞時代爲執權八年元復立征東行省以阿塔海劉國傑陳巖洪茶邱督其事調江淮漕糧募習泛海水工期明春次第發會高麗合浦世祖問艮弼艮弼曰臣居彼歲餘覩其俗狠勇嗜殺地多山水少耕桑之利得其人不可役得其地不加富況海風無期禍害莫測弗擊爲便日本惟康親王令北條時定諭鎭西將士曰堅壁嚴壘以備不虞雖有緩急毋得

私赴鎌倉是歲元因交阯逆命廷議先事交阯遂暫罷日本兵伏見帝正應四年民間流言元兵將至人情洶懼京師鎌倉諸祠衆寺咸行祈禳十餘年來祈禳蓋無虛歲所費不貲五年世祖遣洪君祥如高麗詢用兵日本事宜王晤乃先遣其臣金有成及郭麟齎書以往送漂民勸和好太宰府留而不遣永仁元年帝延僧大內禳厭外患親爲文以禱有曰昔年蒙古奉書還復以兵要好興自文永及於今日將士戒嚴久累邦家延及黎庶加之天災地旱宗社不祿賢哲不登咸余一人薄德之所致自今以後齋宿凝神敬祈皇神冀賓祚亡搖寰宇擴清是歲鎭西奉行北條時定死北條兼時爲鎭西探題自是北條氏族更番爲探題正安元年元成宗皇帝加補陀僧一山號妙慈宏濟大師賚詔來日本詔略曰先帝嬲再遣使皆不果達自朕臨御

綏懷屬國薄海內外靡有遐遺日本之好宜復通問補陀僧一山鎮行素高今附商舶期以必達朕亦欲成先皇遺意也至於敦好恤民之事王其審圖之太宰府送之鎌倉北條貞時令致之伊豆脩禪寺後延之鎌倉遷住諸寺後二條帝乾元元年命太宰府築石砦於博多海濱造兵船以嚴海防德治元年商人至元有獻金鎧甲者尋在慶元路放火府城在天童有日本僧數十人亦拘繫之然於時禁不通商海舶往來皆奸利小民元亦懸禁久之遂流為海寇其後日本內亂分南北朝盜賊競起頻擾沿海郡縣至明而患益甚

後村上帝正平二十三年明太祖皇帝遣行人楊載齎詔書至太宰府書曰上帝好生而惡不仁我中國自辛卯以來中原擾擾爾時來寇山東乘元衰耳朕本中國舊家恥前王之辱師旅

掃蕩垂三十年遂膺正統間者山東來奏倭兵數寇海濱生離人妻子損害物命故脩書特報兼諭越海之由詔書到日臣則奉表來庭不則脩兵自固如必為寇朕當命舟師揚帆捕絕島徒直抵王都生縛而還用代天道以伐不仁惟王圖之時日本懷良親王在太宰府肥後守菊池武政奉為征西將軍以抗足利氏書至太宰府不報後龜山帝建德元年明又遣萊州府同知趙秩齎詔招諭懷良親王延見之秩諭以中國威德而詔書有責其不臣語懷良曰吾國雖鄙遠未嘗不慕中國惟蒙古以小邦視我欲臣妾之而使其臣趙姓者誂誑我既而水軍十萬環列海岸賴天地之靈震雷疾風盡覆其軍自是不通中國今新天子帝中夏天使亦趙姓豈昔蒙古之裔耶亦將誂以好語而襲我也目左右將刄之秩不為動徐曰我天子神聖文武非蒙古比我亦非蒙古使者後如不吾信而先殺我恐爾禍亦不旋踵且天命所在人孰能違我朝以禮懷爾豈可以蒙古之誑言襲爾者比耶於是懷良改容禮之而歸二年懷良親王遣僧祖來等九人奉表箋稱臣貢馬及方物且送還明台二郡被掠人七十餘口十月抵京太祖嘉之宴賚使者念其俗信佛亦遣僧祖闡克勤等八人送使僧還齎大統歷及文綺紗羅賜懷良懷良拘而不遣遂居筑紫祖闡在筑紫二年作書寄延歷寺座主某畧曰我皇帝凡數命使於日本關西親王皆自納之然意在見其天皇今密遣吾二僧來上宣諭曰王國之民寇我邊疆商賈不通宜勦賊修好以循唐宋故事吾特佛戒而為帝者使即為佛使幸遵我佛不妄不盜之戒為通此意時日本南北兩帝明使之來皆止太宰府不得達命書中故云或曰當時蓋以懷良為日本王祖闡居年餘始知其非臨時制詞本非太祖所命文中二年將

軍足利義滿召祖闡入都聚徒演法人頗敬信久之日本僧海壽等隨往明三年有僧宣聞溪等齎書上明中書省貢馬及方物稱其大臣所遣太祖以無表命卻之仍賜其使者遣還天授元年征夷將軍源義滿遣僧中津妙佐於明大內氏久亦遣僧上表太祖以無國王命且不奉正朔亦卻之而賜其使者命禮官移牒責以越分私貢之非又以頻入寇掠命中書移牒責之二年懷良遣僧圭庭用於明太祖惡其不誠降詔戒諭宴賚使者如制六年義滿遣使於明聘丞相胡惟庸書辭倨慢太祖卻其貢遣使齎詔譙讓宏和元年義滿又遣使太祖不受禮官移書來責王并責征夷將軍有欲征之意有吾奉至尊之命移文於王王若縱民為盜不審其微并觀釁測自以為大無乃構隙之源乎等語書不達京師於是懷良親王遣僧如瑤上書稱臣而詞終不遜畧曰臣居遠弱之倭褊小之國尚且知足陛下城池數千餘封疆百萬里乃常欲吞滅人國臣聞天朝有攻戰之策小邦亦有禦敵之方倘陛

下選股肱起精銳來侵臣境臣將攜境內以迎將軍豈肯望馬塵而拜乎順之未必生逆之未必死相逢於賀蘭山下聊以博戲臣何懼哉倘君勝臣負君亦不武設臣勝君負不免貽小邦之羞自古和爲上策幸上國圖之云云太祖得書慍甚先是胡惟庸謀反潛遣招倭與期會未發而敗日本未知也復遣如瑤來且獻巨燭中藏火藥刀劍久而事發太祖命錮之雲南由是惡日本特甚著祖訓列不庭之國十五日本與焉尋命湯和巡視閩浙沿海諸城又命和築瀕海城防倭命江夏侯周德興於福建濱海四郡築城練兵以備寇後小松帝應永八年准三后源道義（時義滿讓職其子剃髮稱道義）遣使肥富及僧祖阿於明上書并獻甲鎧劍馬紙髹器黃金千兩還所掠人口書稱日本准三后道義上書大明皇帝陛下誠惶誠恐頓首頓首謹言九年明建文皇帝遣僧道彝一如齋詔書并班大統厤錦綺九月至道義處之北山館是月復遣肥富及僧中正上書畧曰日本

國王臣源道義表臣聞太陽升天無幽不燭時雨霑地無物不滋矧大聖人明並耀英恩均天澤萬方向化四海歸仁欽惟大明皇帝陛下以堯舜神聖湯武智勇啟中興之洪業當太平之昌期雖垂旒深居北闕之尊而皇威遠暢東濱之國是以謹遣使某伏獻方物爲此謹具表聞明年十月至南京時成祖既卽位遣使以登極詔諭又遣左通政趙居任行人張洪偕僧道成往將行肥富等已達甯波遂稱賀卽位成祖厚禮之遣官偕其使還賚道義冠服龜紐金章及錦綺紗羅詔書畧曰咨汝日本國王源道義知天之道達理之幾朕登大寶卽來朝貢歸嚮之速有足褒嘉用錫印章世守爾服十一年中正等還趙居任等隨至（始傳四書集註詩集傳等書號爲新注朱子之學蓋興又以墾欙易永樂錢數百萬貫而還）道義延之北山館旋遣使賀冊立皇太子時對馬壹岐諸島賊掠濱海居民成祖諭捕之明年十一月將軍義持捕奸宄二十餘人獻於明且脩貢成祖遣鴻臚少卿潘賜偕中官王進賜義滿九章冕服及錢鈔錦綺加等而還其所獻之人令其國自治使者還至甯波盡置之甑烝殺之十三年明又遣侍郎俞吉士齎國書褒嘉賜賚優渥頒勘合印百道限十年一貢使臣限二百員船止二艘禁挾帶刀鎗封肥後阿蘇山爲壽安鎮國之山御製碑文曰朕惟麗天而長久者日月之光華麗地而長安者山川之流峙麗於兩間而長久者賢人君子之令名也朕皇考太祖聖神文武欽明啟運俊德成功統天大孝高皇帝知周八極而納天地於範圍道貫三皇而亘古今之統紀恩施一視而溥民物之亨嘉日月星辰無逆其行江河山岳無易其位賢人善俗萬國同風表表茲世固千萬年之嘉會也朕承洪業享有福慶極所

覆載咸造在近周爰咨詢深用嘉嘆邇者對馬壹岐諸小島有盜潛伏時出寇掠爾源道義能服朕命咸殄滅之屹爲保障誓心朝廷海東之國未有賢於日本者也朕嘗稽古唐虞之世五長迪功渠搜卽敘成周之隆庸蜀羌髳微盧彭濮率遏亂畧光華簡冊傳誦至今以爾道義方之是大有光於前哲者也日本王之有源道義又自古以來未之有也朕維繼唐虞之治舉封山之典特命日本之鎮山號壽安鎮國之山賜以銘詩勒之貞石榮示於千萬世義滿又遣使謝賜冕服連年往貢並獻所獲海寇（使還請賜仁孝皇后所製勸善內訓二書詔給之）十五年道義死十二月世子源義持遣使告喪成祖命中官周全往祭賜謚恭獻且致賻又遣官齎勑封義持爲日本國王時山東有倭寇又諭義持捕盜義持遣使謝恩尋獻所獲盜十八年明復遣內官王進齎敕褒賚

至兵庫而還先是道義死義持以臣貢爲非至是阻明使不得達二十五年明遣刑部員外郎呂淵等齎敕詰海寇並責令送還所掠中國人義持遣僧等持告絕好明使至太宰府而歸二十六年明使余某復來先是有載馬匹硫黃稱入貢者實日向土豪私船也成祖以無表不受至是使其徒十六人還義持令人持漢文阻之畧曰修好通商請邊利民非不甚願然我朝凡百聽神神所不許雖細故不敢舉行先君自承麻服雨暘不和尋罹疾疢易簀之際遺命誓神宜絕通信嚮既再申此意使今猶至殆未之通耶若夫流賊暴掠海島竄逋逃兇徒所爲國家不與知聽上國力勦鋤之而已終義持之世絕不相通後花園帝永享四年明宣宗皇帝念日本久不貢命中官柴山往琉球令其王轉諭日本賜之敕將軍源義教遣僧道淵上表乃有貢

茅不入固緣僻邑多虞行李往來願復治朝舊典語明年宣宗復遣內官雷春裴寬鴻臚少卿潘錫等送還賚銀綺緞匹等物

考日本書詳載當時賜物今備錄以下以徵一時典章皇帝遺賜日本國王白金二百兩粧花絨錦四匹四季寶相花藍一匹細花綠一匹細花紅二匹紵絲二十匹織金胸背麒麟紅一匹織金胸背獅子紅一匹織金胸背白澤綠一匹晴花骨朵雲青一匹晴細花綠四匹晴細花綠一匹晴細花青一匹素青三匹素紅二匹素綠三匹羅二十匹織金胸背麒麟紅一匹織金胸背獅子青一匹織金胸背虎豹綠一匹織金胸背海馬藍一匹織金胸背海馬綠一匹素紅五匹素藍三匹素青三匹素柳綠二匹素柳青一匹素砂綠一匹素茶褐一匹紗二十匹織金胸背麒麟紅一匹織金胸背獅子紅一匹織金胸背白澤青一匹織金胸背海馬綠一匹織金胸背虎狗綠一匹晴花骨朵雲紅一匹晴花骨朵雲青二匹晴花骨朵雲藍二匹晴花八寶骨朵雲綠一匹素綠一匹素紅一匹素青一匹彩絹二十匹綠七匹紅七匹藍六匹王妃白金一百兩桃花絨錦二匹細花紅一匹四季寶相花藍一匹紵絲十匹織金胸背犀牛紅一匹織金胸背海馬青一匹晴花八寶骨朵雲青一匹晴細花紅一匹晴細花青一匹晴細花綠一匹素青一匹素紅二匹素綠一匹羅八匹織金胸背獅子青一匹織金胸背虎豹紅一匹素藍二匹素紅二匹素青二匹素柳一匹紗八匹織金胸背獅子綠一匹織金胸背犀牛紅一匹暗花骨朵雲藍一匹暗花骨朵雲青一匹

素紅二匹彩絹十匹紅三匹綠四匹藍三匹皇帝特賜日本國王并王妃硃紅漆彩桃戧金轎一乘大紅心青邊織金花紵絲坐褥一個腳踏褥一個硃紅漆戧金交椅一對大紅織金紵絲褥二個腳踏褥二個大紅心青邊金紵絲坐褥二個硃紅漆戧金交床二把大紅羅銷金梧桐葉傘二把渾織金紵絲十匹渾織金羅十匹渾織金紗十匹綠絹三百匹銀盂等器二十件各色絲縧綵圈金各樣花鏡袋十個硃紅漆戧金寶相花摺疊面盆架二座彩金事件全古銅點金斑花瓶二對古銅點金斑香爐二個象牙雕茘支烏木桿痰合子二個香兒一百個硃紅漆戧金碗二十個橐全黑漆戧金碗二十個橐全戧燈四籠四對雲頭桃竿全龍香墨二十笏青廣信紙五百張兎毫筆三百枝各樣箋紙一百枚蛇皮五十張獐皮一百張虎皮五十張熊皮三十張豹皮三十張苓香十箱每箱五十斤鸚哥二十個宣德八年六月十一日

六年道淵引錫等至驛騎至千二百餘匹八月雷春等還義教又遣僧中誓隨行上表表有爭覩使星光彩則知官儀中興秋水長天極目雖迷上下春風和氣同仁豈阻東西等語八年中誓齎敕及賜物還是歲又遣使嘉吉二年將軍義勝遣使於中朝寶德三年將軍義政遣僧允澎芳貞於中朝上表稱臣用正朔爾後爲常享德三年

使還先義政表曰書籍銅錢久仰上國永樂中例賜銅錢近無恩賚公府索然何由利民欽請周急景皇帝命給之使臣捆載而歸

先是貢船不如永樂時定數宣德初又定約人毋過三百舟毋過三艘而日本貪利所攜私物增十倍例當給值禮官言所貢硫黃蘇木刀扇漆器齎給錢鈔或折支布帛爲數無多已獲大利今若依舊制當給錢二十一萬七千銀價如之宜大減其值給銀三萬四千七百有奇從之使臣請益詔增錢萬復請賜物詔增布帛千五百

義政聞貢使至臨淸有掠居民貨事遂囚之獄尋移書朝鮮王轉請謝罪旋又遣使貢馬於中朝後土御門帝寬政五年義政復遣淸啟等於中朝貢表有云渺茫海角雖不隸版圖之中咫尺天顏猶如在輦轂之下至京隨人傷人於市憲宗皇帝命付淸啟尋釋歸文明七年義政復遣僧妙茂等於中朝表乞銅錢書籍詔賜錢五萬貫醫百川學海法苑珠林等書

其表曰日本國王臣源義政上表大明皇帝陛下日照天臨大明式朝萬國海涵春育元化爰及四方華夏蠻貊歸仁草木蟲魚遂性洪惟大明皇帝陛下神文聖武睿智慈仁皇家一

統軍書攸同敝邑多虞鼓舟未息禹貢山川之外身在東閫洛邑天地之中心馳北闕茲遣正使妙茂長老副使慶瑜首座謹拜方物親承寵光冀推丹衷曲賜素察謹表以聞臣源義政誠惶誠恐頓首謹言成化十一年乙未秋八月念八日日本國王臣源義政謹表義政名下鈐日本國王印又別幅具開貢品咨禮部曰馬四疋散金鞘柄大刀二十琉黄一萬斤馬腦大小二十塊貼金屏風三副黑漆鞘柄大刀一百把鎗一百把長刀一百柄鎧一領硯一面并匣扇一百把又奏討曰成化五年伏奉制書特頒勘合并底簿等物聖恩至重手足失措感戴感戴然而敝邑搶攘所謂給賜等件件皆爲盜賊所刼奪只得使者生還而已爰有景泰年間所頒未塡舊勘合請以此爲照驗今後濫行今塡勘合者必賊徒也罪當誅死抑銅錢經亂散失公庫索然土府民貧何以賑施永樂年間多有此賜又書籍焚於兵火又一秦也敝邑所須二物爲急謹錄奏上伏望俞容書目開列于左方佛祖統記全部三寶感應錄全部教乘法數全部法苑珠林全部賓退錄全部兔園策全部遯齋閒覽全部類說全部百川學海全部北堂書鈔全部石湖集全部老學菴筆記全部東書右咨禮部成化十一年八月念八日鈐用日本國王印

十五年復乞銅錢表畧曰敝邑久承焚蕩之餘銅錢掃盡公私俱虛何以利民今差使入朝所需在斯聖恩鴻大願賜錢一十萬貫則國用足矣時日本所在用兵自是不能復通而往來通

商者皆周防大內氏豐後大友氏爲多明應元年將軍義植遣僧天澤使於中朝不達（考明史稱宏治五年源義高使來還至濟寧其下殺人所司請罪之詔自今止許五十人入都餘留舟次嚴防禁十八年冬來貢時武宗已即位命如故事鑄金牌勘合給之正德四年冬來貢舟止一又無表帝命所司移文咨之是時日本大亂將軍遣使不達當係筑紫豪族私通不則奸民混冒也）後栢原帝永正五年將軍義植令禁惡錢聽用洪武永樂宣德等銅錢破毀者而定其價值六年足利義澄遣宋素卿於中朝（素卿鄞縣朱氏子名縞爲其叔所賣與姓名化細川政元至是充使事發當死劉瑾納其金庇之）賜飛魚服而還八年義植遣僧永壽於中朝求釋奠儀注不獲大永三年管領畠山高國遣僧瑞佐宋素卿於中國通商抵甯波會大內義興亦遣宗設市易爭宴席坐遂互鬭宗設殺瑞佐而逃中國因執素卿斬之（故事凡市舶至則陳貨驗發以船先後至爲次宴席亦如之宗設先至瑞佐爭席理屈遂行賄於市舶中官賴恩乃先瑞佐宗設怨遂相鬭殺瑞佐率其徒五百人放火府廳奪貨殺掠進俺素卿館追至紹興素卿匿免還過甯波大掠而歸因執素卿囚之會朝鮮捕送其餘黨獄成斬素卿）久之有琉球使臣鄭繩歸國中朝命傳諭日本以擒獻宗設及被掠之人否則閉關絕貢時琉球使臣蔡瀚道經日本將軍義晴附表求賜新勘合金印修貢如常禮官驗其文無印篆謂譎詐難信宜勅琉球王傳諭仍遵前命後奈良帝天文八年將軍義晴上書於中朝義晴求勘合不許大內義隆亦遣僧周良於中朝時華商多在周防貿易公卿僧徒文士以四方鼎沸多避亂山口義隆又好讀書愛玩文物廣延華商盡收古書畫名甆諸玩好一時稱盛十六年義隆復遣周良往中國舟四人六百泊海外以待事聞朝旨勅守臣勒回（明年六月周良復求貢朱紈以聞從紈請不限五十人進都例相貢舟大小以施禁令）初大內氏獨有勘合迨義隆死亡於兵發通商遂絕然伊豫能島來島因島諸奸民久狃互市之利私航不絕漢奸多爲之導虜刼放火千百成群攻陷州

縣江南北浙東西所在騷擾嘗同時告警別有侵山東犯日照各縣者海寇巨魁汪直毛海峯陳東等皆與潛結勢益張寇皆習倭服飾旗號船幟題八幡大菩薩五字八幡者應神帝號也人呼曰八幡船宏治元年明總督楊宜遣鄭舜功至日本肥前平戶見大友義鎮詰之曰通好久矣何擾吾邊疆虔劉吾民果是賊民亟見禁戢義鎮以聞將軍義輝命諸將會議大和守三淵藤賢曰方今我國所在用兵而結怨大國甚爲不便請從應安例嚴爲制戢乃命能島久留島因島諸兵檢點海舟勦捕兇奸而內亂日劇卒不能制既而胡宗憲代宜爲總督奏請遣使日本諭國王禁戢海寇招還奸商許立功免罪中朝許之乃遣甯波諸生蔣洲陳可願至日本可願還言抵五島遇汪直毛海峯謂日本大亂諸島不相統攝須遍諭乃禁遏及蔣洲還山口

守源義長豐後守源義鎮皆遣使謝罪送還被掠人口請頒勘合脩貢宗憲奏請禮遣其使并諭擒獻亂人及中國奸商方許通貢詔允之宗憲已計擒陳東又招誘汪直義鎮等以中國許互市遂裝巨舟遣其屬善妙等四十餘人隨汪直來直至被擒而逾年新倭大至又寇浙東三郡尋犯福泉興漳葛延於潮廣其後又有廣東巨寇引倭爲患迭經將吏擊討久而後平倭寇之患與明相終始而自嘉靖二十六年至萬歷十六年四十年間沿海州縣被禍尤酷閭巷小民至指倭相詈甚以噤其小兒文云今考日本是時瓜分豆剖各君其國諸國又互相攻擊日尋干戈無賴奸民以尚武好鬬之風流爲盜賊殺掠爲生上雖嚴禁令有不行準之今日公法實爲海寇無與都交故節錄其大概如右不復詳載

後陽成帝天正十八年關白豐臣秀吉已平定全國因朝鮮使者贈書於朝鮮王李昖曰吾邦久屬分離秀吉起於微細討逆除暴曾不數載定六十餘國夫人世年不滿百予亦安能鬱鬱

久居此乎吾欲假道貴國超越山海直入於明使四百州盡化我俗以施王政於億萬斯年凡海外諸蕃後至者皆在所不釋貴國先脩使幣帝甚嘉焉秀吉入明之日王其率士卒會軍營爲我前導昖得書大愕十九年秀吉喪子悶甚一日登清水寺閣浩然嘆曰大丈夫當用武海外何悒悒爲遂大會諸將曰吾藉諸君之力平定海內亦可以息矣特海外有阻王化者吾深羞之今將舉內治委秀次而自將以入朝鮮驅其兵以蹴明地分割土壤以封諸君諸君能爲我効力耶諸將相覷瞠眙無敢對者浮田秀家曰殿下舉此無前之事誰敢異議者遂命造大艦數十艘築營於名古屋冬十二月頒朝鮮地圖分西南四道兵爲八軍以嚮八道以加藤清正小西行長爲第一二軍迭爲先鋒置水軍以九鬼嘉隆等督之水陸凡十五萬人別有游軍六萬備應援而秀吉自以德川家康等畿甸東北三道將士十萬自衛文祿元年夏秀吉率兵抵名古屋命浮田秀家代將秀吉初欲親往以其母憂甚乃命秀家或勸秀吉盍以吾漢文者從秀吉曰此行也吾欲使彼用我文耳諸軍齊會先鋒既入海是月抵釜山諸將迭攻朝鮮望風潰五月初陷都城督將秀家入據王京分命諸將圖進取王昖棄城奔平壤又奔義州清正至咸鏡道之會寧府執二王子珒珲而縱王妃使逃行長追王至平壤分兵四掠朝鮮八道幾盡没旦暮且渡鴨綠江初秀吉聞前軍陷都城貽書秀次曰韓都已破矣予將不日入明奉鑾車而西以汝爲關白若韓與本國當別擇其人爲主汝其知之日本稱朝鮮爲韓沿三韓稱也時自韓都抵釜山烽火相望然慶尚全羅二道尚固守又恐明援軍至乃遣石田三成等三將名曰三監率游軍六萬赴援三成等至亦駐都城

初秀吉脅琉球使供糧並遏貢舟琉球懼報之中朝兵部咨問朝鮮朝鮮惟辨嚮導之誣尚不知其謀已至是請援告急之使絡繹於道明朝得報大驚廷議以朝鮮爲國藩籬在所必爭命副總兵祖承訓渡鴨綠江赴援大戰於平壤城外承訓僅以身免日本人馬皆鬼頭獅面明兵駭亂行長麾兵蹂之承訓兵大潰行長乃投書李昖曰王尚不導我兵耶明於我猶羊羣見

虎耳今舟師十萬將由西海至王將安之八月明朝乃以兵部侍郎宋應昌爲經畧旋又以李如松爲東征提督時兵部尚書石星計無所出募說客偵之得嘉興無賴沈惟敬假遊擊銜命赴軍前明年正月如松師大捷於平壤行長遁渡大同江朝鮮所失黃海平安京畿江源四道并復清正亦遁還王京如松乘勝趨碧蹄館敗而退師於是封貢之議起惟敬往來彌縫日本退守釜山議送回朝鮮王子大臣中朝詔留一軍防守時朝臣多言封貢非計而石星一意主欵率從經畧顧養謙封秀吉爲日本王之議先是壬辰七月惟敬見行長於平壤城行長曰當以大同江爲界平壤以西屬朝鮮惟敬諾之曰待五十日還報行長馳使告秀家當是時諸道不平韓兵所在蠭起謀恢復日本拒之互有勝敗時已十月明兵已出關惟敬遮應昌於途曰和將成矣應昌慮其阻士氣欲斬之未果中朝亦以倭詐未可信促應昌進兵既而行長敗渡大同江據鳳山旋回都城韓兵爭起應明軍清正懸軍在咸鏡又爲宋應昌所敗秀家乃令北道諸將咸撤守來會都城如松復趨至碧蹄館恃勝而驕不虞伏發日本拒以短兵縱橫揮

擊明軍大破如松遁還臨津旋退平壤秀吉聞明軍捷請親渡海諸將連署止之是年癸巳三月議使七將攻晉州晉州城險兵精七將皆大敗退兵又多疾於是三監欲退守釜山或曰糧盡寧食沙都城不可棄也乃議乞援兵秀吉先令二萬赴援旣無兵可徵秀吉乃嘆曰吾不幸生於小國兵力不足使我不克遂耀武八表之志奈何奈何悵然久之會如松使沈惟敬再議和至韓都謂行長曰歸王子則割慶尚全羅忠淸三道封爲王行長許之時三監及行長皆懷歸報秀吉曰明欲尊殿下爲皇帝秀吉乃許和惟敬請解都城兵諸將乃火而東仍屯於蔚山東萊問以倭秀吉令惟敬遂謁秀吉於行營秀吉饗之而還小西如安與偕許還二王子大臣惟令諸將屠晉州城以償前敗惟敬旣至北京明朝以倭方議和仍攻晉州疑倭議詐令舍如安於遼東明年甲午正月秀吉令獨留在韓戍兵餘盡召還時明朝議久不決至十月乃召小西如安入朝旣至石星偕遇如王公如安殊揖揚過闕不下旣集多官面譯要以三事一勒倭歸巢一旣封不與貢一誓無犯朝鮮如安皆聽從神宗皇帝復見之諭於左闕十二月封議定案此所云小西如安乃小西行長侍史素爲行長所親昵冒小西氏爲飛驒守明史作小西飛蓋因其自書小西飛驒守而誤也乃以臨淮侯李宗城充正使都指揮楊方亨副之同沈惟敬往初明使於乙未夏發燕中朝命令駐朝鮮都城俟日本撤戍而進秋九月宗城等至朝鮮日本諸將不得已撤諸戍聚釜山然將士卒不肯濟海至丙申六月諸將乃盡撤還僅留島津義宏等在釜山慶長元

年春小西行長還告和成沈惟敬隨來私齎蟒玉翼善冠地圖武經及燕代良馬三百匹獻於秀吉惟敬慽已不得與冊使思傾宗城而代之乃令人以危詞怵宗城宗城果遁還夏中朝更以方亨爲正使惟敬副之朝鮮使黃愼等亦偕行秋抵伏水秀吉乃責朝鮮不獻三道不使王子來謝爲欺辱拒朝鮮使不許見獨恭迓方亨等九月冊使見秀吉翌日宴饗秀吉戴冕披蟒服使德川家康等七將皆著其所賜章服旣罷使者出召人讀冊文至封爾爲日本國王秀吉色變立脫冕服抛之地取冊書裂之罵曰吾掌握日本欲王則王何待髯虜之封且吾而爲王若王室何卽夜命驅明使並告朝鮮使曰若歸告而君我將再遣兵屠而國也遂下令西南四道發兵十四萬人以明年二月再會於名古屋二年春秀吉以其姪秀秋爲元帥居釜山總軍

務浮田秀家副之命清正行長間日互爲先鋒仍分八軍正月清正行長皆抵釜山警報達明神宗大怒命逮石星沈惟敬按問初方亨等還佯言秀吉恭順受封謝表且至別疏懼罪僞稱日本方物至是石星詰責之曰倭非有他不過責朝鮮無禮耳方亨懼始直吐本末委罪惟敬并出石星前後手書帝遂怒逮石星等以兵部尙書邢玠爲總督麻貴楊鎬爲經理時日本兵旣絡繹入朝鮮然朝鮮亂後無糧可因海運又艱諸將不敢進聲言獻三道如約則止王昖奔海州日夕告急明廷臣議以割地乃沈惟敬私言萬不可許然特緩惟敬使說日本以弭兵惟敬仍往來遺書玠檄楊元執之自惟敬執而議和遂絕後誅之明援軍入全羅七月日本已得閒山乘勝西進遂破南原據全州犯全慶逼王京明因二城旣失邢玠至王京專扼漢江險爲守遣將分守稷山交戰互有勝敗日本以冬寒稍收兵退釜山仍沿海連營互爲聲援泗川南海

竹島梁山蔚山順天皆分將據守邢玠議專攻清正別以兵牽制行長遂以十二月萃兵蔚山遣水軍絕援旣合圍斷汲道清正苦守不撓日本諸將聞蔚山急謀以兵來救三年春楊鎬聞援師大至遽策馬遁諸將失統御大潰清正縱兵逐北明兵死者萬餘鎬至王京猶欲上捷贊畫丁應泰劾楊鎬等罪中朝震怒罷鎬以萬世德代之夏四月秀吉遣使諭諸將留秀秋行長清正及島津義宏等十餘將餘盡召還留者分四軍秀秋居釜山清正守蔚山居右行長守順天居左義宏守泗川居前四城兵凡十萬明兵亦可十萬世德旣至與邢玠議合董一元當義宏劉綎當行長麻貴當清正陳璘以水軍出其後彼此相持劉綎欲攻順天遣使約行長曰先鋒前旣與我盟吾欲親與先鋒會行長出會遇伏躍上馬奪路而去明兵又逼蔚山清正堅壁

固守立花宗茂以五百人自釜山往援途遇明兵破之又與清正夾擊麻貴大敗當是時島津父子在新寨與董一元夾晉江而軍島津築八砦尤險者為望津前帶晉江新寨峙其後一元用茅國器謀先陷望津望津兵退守泗川一元遂悉軍渡江分取數砦向新寨冬十月朔一元合兵攻之城兵殊死戰會礮裂明軍亂島津父子率驍騎千餘開門直衝明軍披靡島津縱兵追擊遂大敗溺江者無數明史作石曼子郎島津二字譯音也蔚山順天之明兵聞敗亦解圍去而秀吉既先於是年八月卒矣兩軍未之知也秀吉病革召家康曰外事未竣而吾罹此病吾死則難作今以海內託卿又密諭秀賴曰今與明搆兵吾深悔之彼聞吾死或大舉來報國家自古未曾受外辱及我而辱國吾所深恥吾是以託國於家康至我家存亡未暇恤也又命淺野長政石田三成曰汝赴朝鮮收我兵不能則遣家康家康不可往則遣利家二人遣一雖有百萬敵不能尾我也臨絕張目曰勿使我十萬兵為海外鬼言訖而瞑先是壬辰之役秀吉聞明師捷大會諸將欲親往淺野少弼曰臣視殿下近狀為野狐所憑耳天下纔

定瘡痍未起乃興無名之師使我父子兄弟暴骨海外民怨嗷嗷殿下一舉趾恐未達釜山六十州之盜賊雷動風起根本之地反為人所據以殿下平日豈有不察於此不察於此故謂之狐憑諺曰鼈欲啖人反啖於人殿下之謂也秀吉大怒曰狐乎鼈乎吾且舍諸以臣屬君不可舍也拔刃欲斬之或擁之而退既而肥後賊起急召少弼曰吾甚慚於汝也秀吉之攻朝鮮也日本論者或誇其耀武於外邦或責其貽禍於內國余考其事當時群雄割據類皆百戰之餘秀吉手定海內知不可以威力屈故興無名之師驅之海外勝則割彼膏腴廣予封土以圖自安不勝則死於鋒鏑不許生還亦所以自便乃先後七年既不獲大勝又未受巨創而悉索敝賦民困已極至於臨絕始悔恨涕淚滿襟英雄末路亦可悲矣既秀吉赴聞明人舉酒相賀諸將各理歸裝釜山之軍先引回對馬十一月清正義宏各收兵入海劉綎追圍行長清正與義宏返擊拔行長俱上舟陳璘以舟師邀擊之互戰各有勝敗卒脫歸是月盡達對馬無何諸將皆至名古屋長政三成迎勞之令解兵各就國德川家康與諸大老奉行論功行賞曰微新寨一捷吾軍幾不振旅矣賜島津義宏以公田在薩摩者三萬石清正行長以下得賞各有差明仍留萬世德戍朝鮮後三年盡撤自壬辰迄此前後

凡七年明喪師數十萬糜餉數百萬日本亦困累甚至秀吉死而禍始息後水尾帝慶長六年島津義宏奉將軍命遣島原忠安送被掠人二十餘口於明明厚遇之為許歲通二商船於坊津界商伊丹某聞之遂結奸細要之硫黃海上擄船掠貨義宏捕磔之鹿島然明船後不果至慶長十一年德川秀忠為將軍禁用永樂錢猶用京錢京錢漢古雜錢也足利氏時屢乞錢於中朝永樂錢銅質純良流通全國以一當古雜錢四一貫當黃金一兩而民間往往爭取釀訟沿用蓋二百餘年至是停之十五年前將軍德川家康頒給印票於明商約互市商給印票始此冬十二月商人周性謁見家康乞禁海寇家康知開港通商之利而中國獨不通公商遂命本多正純作書附性致福建總督陳子貞畧曰敝國與中華通問久矣內外史籍歷歷可徵台下所知也前日兵馬倥偬之際嘗一辱專价情緒不通來往頓絕遺憾不已今也吾主源君戡定禍亂釐革前轍西南

諸番國咸來朝貢獨遺中華而不相通詢乖舊好適周某來得通問好機請自今結符信通福船兩國之利孰大焉且吾海商歲航番方者遭風破船或匱薪糧亦願見惠敝邑僻處海隅所謂蕞爾國也中華以大字小之意幸有熟圖長崎奉行長谷川廣智亦致書皆不答十八年將軍秀忠命島津家久因琉球王尚甯致書於福建巡撫丁繼嗣求互市亦不答元和七年明浙直總兵遣人齎書請禁海寇將軍卻之寬永二年將軍復令末次正直貽書於福建總督求通商亦不得報

日本國志卷五

日本國志第二　卷之六

出使日本參贊官黃遵憲編纂

鄰交志上三

華夏

日本明正帝正保三年丙戌時我世祖章皇帝定鼎燕京既三年矣我大清龍興東土聲威所播先及暘谷莫不震讋又當德川氏執政權方欲以文治致太平故二百餘載彼此安和海波無警是年八月鄭芝龍奉明唐王聿鍵意賜書暨方物乞援兵（芝龍福建南安人先爲商寓長戶娶婦田川氏生二子長曰森即鄭成功也既而芝龍去爲海盜擁衆數萬崇禎時就明招撫有戰功封平虜侯嘗圖其軍容贈日本求還兒與之故素與日本通往來）書聞將軍德川家光召宰執酒井忠勝等議之又下議德川三親藩賴宣建議曰援而有功無益

於國倘若無功匪翅辱國結怨强鄰實貽後患勿援爲便議遂寢命日根野吉明如長崎告之會聞大清兵下福建芝龍就撫遂罷使卻信物令西北諸大藩陰戒不虞冬十二月崔芝復遣使致書乞兵（按芝福清人初爲海盜既而受撫乙酉秋唐王加水師都督駐舟山黃宗羲行朝錄作崔芝是也各書多誤作周崔芝）書畧曰芝忝任水師都督有志無力有力無兵貴國人皆義勇兵皆精悍慣於刀鎗熟於舟楫芝思竭君辱臣死之忱難忘泣血枕戈之舉敢效七日之哭借三千之兵壯我同澤同袍之氣永締如帶如礪之盟又致一書乞給日本甲二百副皆不納後二年戊子鄭彩致書乞兵器成功亦貽書長崎有司書畧曰大明龍興三百餘年治平日久人皆忘亂以至今日成功誓心報國徘徊瀏閩頗有感憤樂從者然孤軍懸絕四面無援成功生於貴國值此艱難倘惠假

數萬甲兵感豈有極亦不報（戊戌成功又遣使賻書暨方物致捲戀之意亦不答成功後據臺灣時與長崎通商至鄭氏降乃絕）己丑馮京第黃宗羲以明魯王以海命來長崎乞師不達朱之瑜亦來乞師不達（之瑜字舜水明餘姚貢生亦魯王遣臣嘗至安南又三至長崎圖藉外援終不遂其志至歲己亥遂留長崎不歸筑後人安東守約分廩藏之半師事之德川光國欽其德義請之幕府延爲賓師水戶文教之興與有力焉是時有僧陳元贇明進士辟難削髮來居西京有福建僧隱元德川家綱遣人迎之命於宇治創萬福寺名曰黃檗傳衣鉢者多漢人其後有畫工沈詮號南蘋慕府聘之來長崎亦留不歸均爲日本所重附識于此）暨明唐魯二王亡遂絕音問（日本稱我康熙十二年七月平南王尚可喜及劉進忠致書於長崎奉行贈鐵金馬鞍以通商舶書有山麗水秀人物清華之語考尚可喜於十二年三月告老以兵事屬其子之信進忠時官潮州總兵十三年叛從結鄭錦據潮惠鄭氏素與日本往來進忠知之將萌叛志預圖外援故有此舉可喜時爲之信所制不得出一令未必知也）而華商之來日本者日衆有船一百八十四艘雜居長崎街市和同貿易不經官司至德川綱吉始設官董理限七十艘旋增十艘德川家宣又限五十艘德川吉宗又限四十

艘爾後遞減至二十艘德川家重又限十五艘旋許例額外加二十艘德川家治又限十三艘至德川家齊定十艘終德川氏之世無復增減初限輸出貨物歲值銀八千貫繼減至二千七百四十貫（國朝以來商船日增初無定額綱吉始限七十艘行之十一年改八十艘限輸出物歲銀值八千貫行之十七年家宣限五十艘輸出值三千貫又銅一百五十萬斤行之三年吉宗改限四十艘輸出值八千貫行之二年更限四千貫行之十四年限二十九艘行之三年限二十五艘行之四年限二十艘行之九年家重又限十五艘輸出值四千貫行之十年許例額外加二十艘行之六年家治又限十三艘輸出值三千五百一十貫行之二十六年家齊定限十艘輸出值二千七百四十貫）始設長崎奉行三員（二員駐長崎一員駐江戶後又增一員駐江戶）建哨台於長崎小瀨戶浦及橫瀨浦以譏察來船巡禁私商又築華商館於長崎來去出入均有法制家宣時特遣使長崎更正貿易法始給信牌（船有信牌者乃得至岸）世以大村氏監護長崎至家齊時大村純昌築邏所於商館門外嚴檢出入華商憤遂與哨兵鬭毀邏所

旋復毀之後又因捕兵株連毀館滋事長崎奉行久世廣正捕交大村純昌監禁遣監察議治其罪華商羣起毀館門筑前戍卒縛二百餘人戮黨首沈揚等餘皆釋之日本之天保六年事也

華商輸入之貨綿糖將軍家重時長崎人某始學蔗糖之法於華商幕府命長崎平戶人造之不成既而尾張長門造糖成遣吏驗之頗精良然未得精白品之方紬緞德川綱吉時禁呢絨布帛玩好珍異入口除藥物外一切動植物悉禁入口行九年開呢絨布帛動植物之禁又六年開玩好珍異之禁書籍詩文集及類書爲多乾嘉之間考據之學盛行日本爭購其書於是又有考據之學惟日本以禁耶蘇教故凡舶來書籍有譯西文者概塗抹之至德川吉宗時解禁日本因是得窺西人星算測量之學文具爲多惟禁廣東人參進口曾焚四百五十斤參於商館門外

輸出之貨銅最爲大宗考日本各籍稱自慶安戊子至寶永戊子六十一年間華商與和蘭商共輸出金三百二十九萬七千六百兩銀三十七萬四千二百九貫銅則寬文癸卯至寶永戊子輸出一億一萬一千四百四十九萬八千七百斤中間五十七年不詳自明和丙戌迄天保壬寅七十七年中共輸出銅一億四千二百八十萬八千一百四十斤反輸入銀一萬零九百四十七貫我與和蘭分購銅數不詳大約華商每歲購銅約一百五十萬斤而金銀出入前後迥異者蓋因日本素無蔗糖後於乾隆中學得其法競相栽種不復如前之仰給於外故省費至多貨物出入相抵外仍有輸入之銀

也餘則昆布即海帶鰒魚及銅漆器而日本商人絕無至中國者考乾隆四十六年戶部頒發江海關則例刊載東洋商船進出口貨稅并有洋商人市之條似日本亦有商人至上海者惟日本是時嚴禁國人出海通商先是有長崎代官末次平藏父子竊造商船載軍器貿易臺灣諸處事覺處流或當時有一二商人潛附我商船而來抑或和蘭運銅之船轉販於中國故稱洋船均未可知祗有漂風難船資給送還而已康熙三十二年癸酉九月兵部議覆廣東廣西總督石琳奏稱風漂日本國船至陽江縣地計十二人請發回伊國應如所請　上諭曰外國之人船隻被風漂至廣東情殊可憫著該督撫量給衣食護送浙省令其歸國又嘉慶元年十月　上諭軍機大臣等日本國貿易夷民在洋猝遇暴風漂至赫哲地方[illegible]向來該國遭風難民俱送至浙江乍浦遇有赴東洋[illegible]船[illegible]等[illegible]令安治錄等三名令帶回浙省傳諭該撫委員送至乍浦[illegible]便船歸國以示體恤柔遠至意蓋德川氏執政權專以鎖[illegible]長崎通商唯許華商及和蘭他皆禁絕逮三十年前美艦俄艇迭以兵劫盟內國紛擾遂至廢幕府尊王室與泰西諸國互結條約至我同治九年爲今皇即位之明治三年王政維新廣事外交念與我爲千餘年舊好又兩大同在亞細亞不可不締和好以示親睦七月乃遣外務權大丞柳原前光齎外務卿書呈我總理各國事務衙門預商通好事宜書曰大日本從三位外務卿清原宣嘉從四位外務大輔藤原宗則謹呈書　大清國總理外國事務大憲臺下方今文化大開交際日盛我邦近歲與泰西諸國訂盟鄰近如貴國宜最先通情好結和親而惟有商舶往來未脩鄰交之禮不亦一大闕典乎我邦維新之始即欲遣公使脩盟約內國多故遷延至今深以爲憾茲謹奏准特遣從四位外務權大丞柳原前光正七位外務權少丞花房義質從七位文書權正鄭永寧等於貴國預商通信事宜以爲他日遣使脩約之地伏冀貴憲臺下款接各員采裁其所陳述謹白先是我同治元年長崎奉行遣僚屬坿和蘭船攜貨至上海因和蘭領事謁上海道吳煦請曰日本向祗與荷蘭通商自英法諸國挾以兵威逼令立約利權盡爲西商佔盡無如力不能制未能拒絕我官民等會商僉謂若自行販貨分赴各國貿易或可稍分西商之勢今既到上海願做照西洋無約各小國之例不敢請立和約惟求專來上海一處貿易并設領事官照料完稅諸事通商大臣薛煥允其暫由荷蘭商人報關驗貨尚未許其購貨商人歸時又請俟允通商乞諭知和蘭領事轉達將來或遣公使顯求至同治三年又有日本商舶至上海請英國領事巴夏禮爲介紹通商大臣又允其以日本商名自行報關同治七年長崎奉行河津某又由英國領事致書於江海關道

應寶時書稱與歐羅巴諸洲往來時有公使奉命紳士游歷附洋舶而西者過境請爲照料又有日本商民請赴內地傳習學術經營商業就便僑寓者均有本國護行印照請驗明符信顧念鄰誼云云此皆德川將軍時所遣至是朝廷始派委員至天津謁見三口通商大臣成林直隸總督李鴻章成林代爲上書命留津候命總理衙門議允所請覆函許通商仍有大信不約之語前光懇請再三前光謁鴻章曰英法美諸國强逼我國通商我心懷不甘而力難獨抗於可允者允之不可允者拒之惟念我國與中國最爲鄰近宜先通好以冀同心合力鴻章爲達之總理衙門前光又上成林書曰我與泰西十四國皆已換約各國與我相距十萬里尚有公使領事來駐我國保護商民獨中國雖有商賈來往曾無官長約束西人謂坿西舶至者應以西人視之竟令華民歸其管轄久有如束溼薪之勢我外務卿軫念及此於戊辰春曾函致上海道應寶時請將華民暫歸地方官約束得覆允行我即以此告各領事令華民還我管轄始脫樊籠現已居以別區編立戶籍優加保護然終不免西人橫議者以未曾換約故也前有我商至上海者以無約故竟依和蘭領事爲介紹中國亦若以西人視之中東兩國利權不能自操乃均爲西人佔據我國廷臣會商此事謂宜預先遣員通款爲將來派使換約之地是以特派前光等前來當啟程時或謂不以西人紹介事恐不諧我外務卿乃與諍論謂兩國唇齒相依何必自棄夙好轉倚外人苟以至

誠懇請彼國當道必愈加親厚今若回報不必換約殊非我外務卿一片苦心前光等亦無以報命云云又謁成林曰我等來時西人謂泰西小國皆邀我大國同往中國始允立約今日本派員自往恐未必成外務卿置之不答是以僅持英美二國致駐津領事函託其照拂今總署覆以不必立約若奉以回國如西人恥笑何又以手作勢云彼似太高我似太卑又自指云太覺無顏如不邀允雖死亦不敢東歸成林均爲轉達總理衙門鑒其意誠遂允訂約俟派有大臣來時商議前光等感謝而歸明年四月特以大藏卿伊達宗城爲欽差大臣使於我大清締盟約外務大丞柳原前光副之外務權大丞津田眞道文書權正鄭永甯等從焉我

朝特簡欽差大臣協辦大學士直隸總督李鴻章爲全權大臣辦理日本通商事務江蘇按察使應寶時署直隸津海關道陳欽隨同幫辦六月宗城等至天津往復商論至七月遂定修好條規十八條通商章程三十三款附以中國日本海關稅則先是前光等歸我疆臣有以前明倭寇爲辭奏請拒絕日本通商者欽差大臣直隸總督李鴻章奏駁之略謂我朝朝鮮內附聲威

日本國志卷六　五

震疊日本固不敢越屬藩而窺犯北邊亦從未勾內奸而侵掠東南實屬畏懷已久順治迄嘉道年間常與通市江浙設官商領船每歲購銅百萬斤咸豐以後蘇浙閩商往長崎貿遷寄居者絡繹不絕其安心嚮化可知矣論者拒絕之請於今昔時勢彼國事實蓋未深究今彼見泰西各國與中土立約彼亦經與泰西各國立約援例而來似係情理所有之事倘拒之太甚必因泰西介紹固請自不如就其納款之時推誠相待委員柳原前光等來謁每稱欲與中國結好同心協力立言亦頗得體既允議約在前斷難拒絕於後云云欽差大臣大學士兩江總督曾國藩亦奏稱臣竊思道光二十一二年間與西人立約議撫皆因戰守無功隱忍息事厥後屢次換約亦多在兵戎擾壞之際左執干戈右陳樽敦一語不合動懸決裂故所締條約間有未能熟思審處者日本二百年來與我中土并無纖芥之嫌今見泰西各國皆與中國立約通商援例而來請叩關而陳辭其理甚順其意無他若我拒之太甚無論彼或轉求西國介紹固請勢難中卻即使外國前後參觀疑我中國交際之道逆而脅之則易於行成順而求之則難於脩好亦殊非　聖朝懷柔遠方之本意自同治元年始有日本官員以商船抵滬憑和蘭國報關進口中國隨宥拒卻亦已久矣今既令其特派大員到時再商豈可復加拒絕論者杜絕之請蓋未能合眾國而統籌計前後而酌核也日本素稱鄰邦非朝鮮琉球越南臣屬之比其自居鄰敵比肩之體欲仿泰西英法諸國之例自在意中其海關從則之輕重亦必與泰西從同日本自謂爲強大之邦同文之國若不以泰西諸國之例待之彼將謂厚滕薄薛積疑生

隙臣愚以爲悉做泰西之例亦無不可但約中不可載明比照泰西各國通例辦理尤不可載恩施利益一體均霑等語逐條而備載每國而許書有何不可何必爲此簡括含混之詞堅彼之黨而桼我之章總之　聖朝馭遠一秉大公萬國皆將諒其誠何獨日本永遠相安哉朝旨韙之宗城訂約之後旋進京謁總理衙門王大臣齎呈國皇所獻

大皇帝儀物

朝廷亦加酬報命宗城齎歸初前光之來先呈約草以兩國利益爲辭及隨宗城再至則專欲做照泰西諸約議約大臣以中東兩國有來有往每事須作彼此兩國之詞方昭公允斷斷持議久而後定前光致應寶時陳欽書曰伊達大臣之發東都也各國公使送行謂此去當與大清連盟結衡我大臣應之曰但看他日約成當知其實今觀來稿大約與西人同不同者亦不少交際之道萬國祇可劃一不可輕重欲重之也西人嫉而分之欲輕之也西人侮而詆之今兩國均有西客旁觀出入頗生枝節倘有參差非特不能通行且謂使者不力何面目歸國復命乎當今之計我兩國唯有內求自強外禦其侮誠能心照意援條規章程不若姑從西人痕迹無事更張不露

日本國志卷六　六

聲色之爲愈也應寶時陳欽亦覆以書曰貴國特派大臣前來原爲通兩國之好若以迹類連橫慮招西人之忌則伊達大臣不來更無痕迹自主之國應有自主之權何必瞻徇他人覬覦過慮況條規中亦並無可令西人生疑之處也兩國有來有往迥異泰西遠遠有來無往者斷不能盡同泰西且西人所得之利未嘗獨靳於日本今迭去條規不知較西約何者重何者輕希即一一指明藉開茅塞去歲送來約草均以兩國立論此次章程全改作一面之詞薈萃西約取益各款而擇其尤竟爾自相矛盾翻欲將前稿作爲廢紙則是未訂交先失信將何以善其後乎我中堂又何以覆命乎中有不能盡同西約者惟內地通商一事先是泰西諸約既經指定口岸通商而約中混入許其游歷內地通商一語本係牽連坿及出於疏誤而西人據此遂謂許入內地買賣貨物各國援一體均霑之詞紛紛效尤於是華商亦多假借西商希免稅釐抗法度流弊孔多及是章程中聲明不准運貨入內地不准入內地置買土貨前光等堅以有異泰西爲辭鴻章面折以華人前往西國隨處通行並無限制今日本係以八口岸與中國通商華人既不能到日本內地貿易日本人亦豈應入中國內地貿易此係兩國從同確乎公允何得引西約爲例前光始語塞而退宗城既歸日本意尚觖望宗城旋以事免官五年二月以外務大丞柳原前光兼少辦務使卽四等公使使於我議改約不得要領而還前光齎有外務卿副島種臣大輔寺島宗則致我北

洋大臣李鴻章文書大畧謂承訂條規經奏聞允行惟去歲我國特派大臣使於歐西欲倣萬國通例議商改約將來改定後條規中所載以己國法訊斷己民等事必須更正故先商明又條規第二條遇事彼此相助從中調處之語兩國既結和誼雖無此語亦有權可行應請裁撤第十一條帶刀之禁佩刀乃我國禮制若以入國問禁第交我國理事官檢束可耳不便明禁亦宜削去今特派前光等面陳冀與貴大臣時備文書往來擬議以爲他日批準互換之地云云前光又陳通商章程所載進出口稅各條須議由日本海關按照成規抽收不必指明稅則前光謁鴻章鴻章曰日本與泰西改約成否未可知事果有成可以換約後再商海關收稅亦可俟屆時商辦帶刀之禁原慮細民滋事預爲防範由理事官布告禁令亦無不可俟約滿時删除至從中調處一語信如外務卿所謂各國均有此權但議約時不載則可既載復裁轉貽恥笑兩國交際於定約之後未換之先遽爾遣員議改旋允旋悔不幾於全權立約之命相枘鑿乎條規所載信守弗渝之謂何萬國公法最忌失信倘國何可蹈此不韙貽笑外人前光囁嚅縮伏第言惶愧惟求賜覆鴻章亦覆以書案萬國公例各國流寓之民均歸地方官管轄海關收稅輕重多寡悉由自主他人不得干預日本於是時既悉外交利弊特遣岩倉具視等使歐美各國欲倣泰西通例將舊約中一領事官以己國法審斷己民之條及海關收稅彼此會商之語一槩删改權歸自主故種臣等有此商請唯西人既得之利難以遽奪自岩倉歸後今已越十年尚無歸宿帶刀一事凡世族悉以佩雙刀庶民亦或帶單刀實爲日本禮制然其後從森

有禮之議卒自行革禁至彼此調處之言聞宗城等齋約歸頗受西人揶揄故欲删去云十月有秘魯國商船瑪利亞留士在澳門騙誘華民三百餘名爲傭載赴其國既而遇颶風泊橫濱傭人苦舟師虐使投水遇救英國兵船長揆仁雕救之引告神奈川縣走訴神奈川縣廳時副島種臣爲外務卿命阻留商船解放諸傭告於我國我國遂遣同知陳福勳來日本攜之還深謝其鄰誼時日本與秘魯未立約秘魯旋遣使責日本越俎多事要以條款彼此駁論久未決乃會請俄皇公判至明治八年六月俄皇斷以日本所辦合於公法秘魯不得要償議乃結十一月以外務卿副島種臣爲特命全權大使使於我換條規先以書致北洋大臣李鴻章日前派使員請暫緩換約並商改章今我改約大使東徂西轉已越一年若俟其歸似太遲緩今已奏請先行換約奉命以種臣爲大臣即日來華種臣謁鴻章又自陳前光之來非其意所樂爲云六年四月至天津我

朝命北洋大臣李鴻章爲換約大臣遂互換條規種臣旋入京

時

穆宗毅皇帝親政禮成泰西公使咸籲請

覲見伸慶賀六月

穆宗毅皇帝召見於紫光閣種臣以頭等全權大臣在俄美英法諸使之先捧國書入

覲書曰大日本國大皇帝敬問

大清國大皇帝曩者兩國俱與泰西各國交通往來而獨兩國未脩親睦故於去歲簡派親臣大藏卿伊達宗城經與

貴國議定條規已予批準允宜派使互換適聞

大皇帝已成婚且親政朕深歡喜乃特遣外務大臣副島種臣于

貴國交換條約併伸

慶賀朕固知種臣堪爲喉舌專司外務無不代朕肩承言歸于

好冀

大皇帝思交誼篤鄰好待該使臣優加仁厚彼此兩國蒙慶永久弗渝特茲敬白併祈

大皇帝多福眉壽種臣覲禮成鞠躬肅退

皇帝命覆以國書書曰

大清國

大皇帝復問大日本國

大皇帝好茲接使臣副島種臣齎到來書披閱之餘實深忻悅

朕祗承

天命寅紹丕基中外一家罔有歧視矧關鄰誼尤重推誠上年所立條規現已宣諭刊布嘉儀孔多足徵厚意用答微物藉使寄將願我兩國永敦和好同荷

天庥朕有厚望焉仍命種臣齎歸自中國與外國締交三十餘載今以

特恩召見種臣居首班世誇爲至榮種臣換約之後以井田讓爲總理事管十五口商務品川忠道爲理事駐上海兼管寧波鎮江九江漢口四處林道三郎爲副理事管廣東瓊州潮州三處而駐於香港各令赴任視事種臣旣歸留前光爲公使明年乃有臺灣生蕃之事先是辛未十一月有琉球船遇颶風飄至臺灣爲生蕃刼殺五十四人癸酉三月小田縣民四名亦漂到遭害喜事者因謂生蕃豺狼不可不膺懲特以生蕃熟番有異欲先質經界於我會種臣在北京乃寄諭種臣命詢臺地事種臣難於啟口因遣副使柳原前光問我總理衙門大臣毛昶熙董恂昶熙等答曰番民之殺琉民旣聞其事害貴國人則我未

之聞夫二島俱我屬土屬土之人相殺裁決固在於我我恤琉人自有措置何預貴國事而煩爲過問前光因大爭琉球爲日本版圖又具證小田縣民遇害狀且曰貴國已知恤琉人而不懲臺蕃者何曰殺人者皆屬生蕃故且置之化外未便窮治日本之蝦夷美國之紅蕃皆不服王化此亦萬國之所時有前光曰生蕃害人貴國舍而不治然一民莫非赤子赤子遇害而不問安在爲之父母是以我邦將問罪島人爲盟好故使某先告之反覆論詰者累日卒不能畢議及前光歸白狀於是征臺之議遂決甲戌三月以陸軍少將西鄉從道爲都督陸軍少將谷干城海軍少將赤松則良爲參軍率兵赴臺灣陸軍少佐福島九成爲厦門領事兼管蕃事別延美國人李仙得參謀議（李仙得者會充駐劄厦門之美國領事以美船事曾至臺灣生番諸社後爲外務省所聘副島種臣使中國亦嘗隨行）傭英美

船爲運輸而特命參議兼大藏卿大隈重信爲綜理四月從道等率海陸軍發品川旋抵長崎以薩邸爲蕃地事務局重信等隨至時美國公使某執局外中立之例建言曰大邦無端率軍艦兵卒而入華境彼必以爲寇邊我船舶人民苟爲大邦所傭役彼又必以我爲黨援我與華人亦爲同盟豈敢獨有私於大邦而結怨鄰好凡屬美國所有願一切收還遂布告其流寓商民守中立例並令厦門美領事捕李仙得等英國公使亦言中國必生異議按之公法實無此舉於是內閣大生紛議急遣權少內史金井之恭傳內旨於長崎令重信止軍行且歸京重信走告從道從道不奉命曰近日朝政朝令夕改令人危疑況招集精銳駕馭一誤潰敗四出禍且不測豈止佐賀之比（佐賀謂是年前參議江藤新平叛亂之事見國統志中）必欲强留某則奉還勅書躬自擣醜虜巢

窟斃而後已萬一清國生異議朝廷目臣等爲亡命流賊則於答之乎何有（先是日本欲於蕃地爲屯田計因命從道募兵鹿兒島縣其兄隆盛爲募驍健子弟八百餘曾停師命下忽有流言謂熊本大坂兵將東上叩闕請出師之命故從道以是要挾從道又曰卽使內閣大臣西下親諭亦不能從辭色俱憤重信乃曰內旨非必停師特以外國公使有違言將俟後圖鬯論百端從道卒不肯卽夜下令發師翌日領事九成等遂率兵二百人乘有功艦先發）重信電報狀朝議大憂又命內務卿大久保利通於長崎從道卒不聽乃戒以姑行勿妄交兵以待後命利通等遂攜李仙得還東京五月二日諸艦相率發（日進孟春三國共三艦）尋達社寮港既上岸移陣龜山（社寮平曠無可扼守時日進艦放小舟測海生蕃出沒岸上發小銃狙擊乃移營龜山扼內山衝路旋遣輕兵入山牡丹社蕃伏匿茂草中猝起邀擊殪佐長某越二日以熟蕃爲導生蕃亦出鬪日本兵發銃於叢莽斃其一餘皆奔遁熟蕃告以伴走有伏日本兵不敢追躡）進攻竹社風口石門諸蕃（石門扼龜山二十八里巉岩天險生蕃疊石爲壁據險力拒日兵不能進有別道軍繞出其背乃駭奔日本兵追殺三十餘人）從道亦乘高砂艦繼至（初以美英公使有違言所貸船舶悉解約還之於是運糧調兵皆失便眾

皆憤鬱乃謀購買而外船照倍其價以銀六萬圓購一美艦可容兵五百名曰社寮又以十萬圓購一英艦可容兵千載物千噸高砂艦是也社寮亦繼至至則分道進攻不利乃退守龜山脩橋梁闢荒蕪爲屯田持久計六月一日仍分竹社風口石門三道攻牡丹社向四重溪是地距龜山僅八九里塗有一河衆水奔注勢如激箭諸軍提挈亂流而渡兵或漂溺既而深入山谷澗水橫流泥淖沒踝土蕃伐木塞路日本兵捫葛藤攀岩壁蝸旋魚貫而行屢爲土蕃所阻力進奪磐焚廬舍數所蕃人徒跣陟險而走其捷如飛日本兵追之不及從道等乃請土蕃出沒不常我兵追擊則鳥逝獸逸倏失所在功不償勞計不如杜巢穴絕饟道以術制之以待其窘乃嚴守於雙溪石門風港諸道收軍還龜山造都督府設病院脩橋梁道爲開墾久守之計初師發長崎復遣柳原前光於北京領事九成至廈門亦書告閩浙總督李鶴年書曰去年副島大使以下既報貴國政府今將起師問罪於貴國化外之地茍貴國聲教所暨則秋毫不敢侵犯疆場密邇毋致騷擾鶴年覆書曰臺灣全島我所管領土蕃犯禁我自有處置何借日本兵力爲至貴國人民四名之遇禍者我臺灣府吏實救庇之何可以怨報德請速收兵退我地勿啟二國釁鶴年以聞時總理衙門北洋大臣既先馳奏我

朝乃命船政大臣沈葆楨巡視臺灣調兵警備前光至京謁總理衙門詞旨牴牾於是二國勢將搆兵日本即徵兵諸國商購鐵甲艦於英我則築礮臺於澎湖諸島設海底電線於臺灣廈門間購新法洋鎗三萬枝於德國調淮兵來臺議購鐵甲艦於丹國歐美海客在兩國者論彼我曲直强弱日付之新聞紙乘機鼓煽船艦兵仗之價頓增三倍日本兵久屯龜山以酷暑多病疫棺櫬相望進退維谷國皇特遣侍醫及外國醫員往療之命御庫製冰運往別募新兵罷歸病者而是時赤松則良在上海偵探馳報巡撫王凱泰將兵二萬向臺地日本大恐八月遂以參議大久保利通爲辦理全權大臣委以和戰之權陸軍大佐福原和勝三等議官高崎正風租稅助吉原重俊權少内史金井之恭等從之別以佛人披薩食參機密六日發東京十九達上海李仙得亦隨行初李仙得已罷役更任特例辦務使赴廈門美國領事以犯局外中立令捕之李仙得不服曰日本得聘用美人載於條約日本聘我在臺事

未起之前今撿禁其用我是使美國失信於日本也領事釋之李仙得遂往會利通於天津偕至京九月十四日利通謁我總理衙門王大臣先辯論蕃地所隸之經界互相齟齬經二旬未決利通乃宣言歸國再舉利通貽總理衙門書曰諸公所言輒引條約以背盟罪我是陽唱和我而陰疏斥我也我已束裝歸國在近或和或否期以十日答我而陰託英國公使威妥瑪居間調停初利通要償軍需金三百萬圓總理衙門以日本爲無理橫肆堅執不許時我軍機大臣文祥執議不給一錢巡視臺灣大臣沈葆楨亦奏稱倭備雖增倭情漸怯彼非不知難思退而議言四布冀我受其恫喝遷就求和倘入彼彀中必得一步又進一步但使我厚集兵力無隙可乘自必帖耳而去姑寬其稱兵既往之咎已足見朝廷逾格之恩倘妄肆要求願堅持定見力爲拒卻葆楨又貽書北洋大臣李鴻章曰大久保之來其中情窘急可想然必故示整暇不肯遽就我範圍是欲速之意在彼不在我我既以逸待勞以主待客自不必急於行成鴻章以告總理衙門廷議大躊之既而念日本近在肘腋無以餍其欲恐有妨亞細亞洲後來和局乃終許撫卹籌補銀限期撤兵兩國遂和好如初如條款曰服得各國自行設法保全在何國有事應由何國查辦茲

以臺灣生番曾將日本國屬民妄爲加害日本國本意爲該蕃是問遂遣兵往彼向該生番詰責今與清國議退兵并善後辦法開列三條於後一日本國此次所辦原爲保民義舉清國不指以爲不是二前次所有遇害難民之家清國許給以撫卹銀十萬兩日本所有在該處修道建房等件清國願留自用先行議定籌補銀四十萬兩三所有此事兩國一切往來公文彼此撤回註銷作爲罷論至該處生蕃清國自行設法妥爲約束是日我總理各國事務和碩恭親王軍機大臣管理工部事務文祥軍機大臣協辦大學士吏部尚書寶鋆吏部尚書毛昶熙戶部尚書董恂工部尚書崇綸軍機大臣兵部尚書沈桂芬兵部右侍郎成林兵部左侍郎崇厚通政司副使夏家鎬日本特命辦理全權大使大久保利通駐劄公使柳原前光咸會於總理衙門議定各簽押鈐印利通於定約之夕即走謝威妥瑪明日遂發北京至天津謁李鴻章傾懷款晤盡歡而別初前光因臺事謁鴻章前光氣餒恐其議論牴牾顧而言他不復及時事利通之來亦未修謁是乃過訪焉及歸抵橫濱商民各張燈綵迎之以慶和成國皇亦御正殿賜謁詔賞其勳勞李仙得先歸國皇亦引見慰勞之尋召見英國公使巴夏禮溫諭獎謝蓋以威妥瑪等調停盡力也旋特遣敕使於臺灣詔班師十二月從道等振旅歸國皇亦召見慰其勞是役也日本糜費六百餘萬圓兵士疫死者甚衆八年十月以外務少

輔森有禮爲特命全權公使遣如北京明年丙子以朝鮮礟擊雲揚艦事命森有禮請總理衙門以書告朝鮮勸脩好有禮又往保定謁北洋大臣李鴻章鴻章飲之酒而縱談曰平秀吉想是千古偉人然朝鮮之役前後七年明以朝鮮爲我國藩籬在所必爭致喪師糜餉兩受其害有禮曰朝鮮果爲中國藩屬否鴻章曰此天下萬國所共知且條規中既載之有禮曰條規中何嘗及此鴻章曰兩國所屬邦土非指朝鮮諸國而何俟他日脩約補爲註明可也有禮因曰朝鮮屢拒我國書今又無端擊我兵艦我國是以有征韓之議鴻章曰朝鮮誤於不知耳且亞細亞洲宜合縱連衡外禦其侮何可以兄弟之國日尋干戈苟或興師中國亦豈能袖手旁觀以大字小願貴國熟圖之鴻章又取筆書徒傷和氣毫無利益八字示之有禮唯唯臨別起告曰今夕所論戰事乃森有禮一人之言非日本使者之言也初條規已換華民流寓日本者日本以未設領事官遂頒告居留華民規則令之遵守並課金作經費先是華商僅居長崎一口其後新開各港皆陸續麕集橫濱有二千餘人神戶有數百人長崎有千餘人築地箱館各有百數十人大約閩粤浙籍爲多日本令各舉董事經理每人每歲課銀二圓以充經費至歲丙子光緒二年爲明治九年我朝乃特簡翰林院侍講何如璋爲欽差大臣候選知府張斯桂

爲副使并分設理事先是議約之始曾國藩奏稱日本物產豐饒百貨價賤去中國不過數日程立約之後彼國市舶將絡繹東來中國賈帆亦必聯翩東渡不如泰西諸國洋商來而華商不往華人往者已多中國似須派員駐劄日本約束內地商民訊辦華洋爭訟案件李鴻章亦奏稱中外已定和約均宜各派官員往駐其國庶消息易通勢力均敵近年奉詔迭次派員往泰西各邦通好業與從前隔閡情形小異日本近在肘腋自變更西法造兵船開鐵路又派人往西學習技藝其志固欲自强以禦侮究之距中國近而西國遠聯絡之則爲兄弟拒絕之或反爲仇讐誠宜簡員往駐隨時偵其動靜與之推誠相與設法牢籠亦可管束我國商民云云其後福建巡撫王凱泰丁日昌湖南巡撫王文韶均以爲言九年十二月抵東京謁今皇遞

國書書曰

大清國

大皇帝問大日本國

大皇帝好朕誕膺

天命寅紹丕基眷念友邦言歸於好茲特簡二品頂戴升用翰林院侍講何如璋爲欽差出使大臣三品頂戴卽選知府張斯桂爲副使往駐貴國都城並令親齎國書以表眞心和好之據朕知何如璋等和平通達辦理交涉事件必能悉臻妥協惟冀推誠相信得以永臻友睦共享昇平朕有厚望焉如璋率同副使張斯桂參贊黃遵憲入謁行三鞠躬進退禮國皇親受書日本漢學者皆謂自隋唐通好以來千有餘載及是使者始奉皇帝國書待以鄰交之禮書之史冊實爲至榮旋賃使館於東京之霞關又於橫濱設理事官一員兼管築地神戶設理事官一員兼管大阪長崎設理事官一員中國商民咸歸管轄

日本國志卷六

日本國志第二　卷七

出使日本參贊官黄遵憲編纂

鄰交志下一

泰西環地球而居南北極有定東西方無定然居中國而視歐羅巴則名曰泰西日本又居中國之東故亦沿泰西之稱阿美利加一洲自太平洋海路已通由東而至其國亦可謂之太東然其初來也越大西洋而抵歐羅巴乃能至亞細亞且其種類國俗實爲歐洲枝分之國今亦以泰西統之至歐美各國國名譯華語無定字讀以日本音更無定字如英吉利或作漢乂利亞或作諳厄利亞或作英機黎或作英圭黎又作伯理敦則三島總名也又作不列顛又作蒲利丹尼亞又作貌利太泥亞俄羅斯多作魯西亞或作鄂羅斯又作露西亞阿美利加多作阿墨利加或作米利堅或作亞美利駕又譯其義稱曰合衆國或曰聯邦法蘭西或作佛蘭西或作佛郎機或作佛郎察西荷蘭多作和蘭或作阿蘭陀或作喎蘭日斯巴尼亞多作西班牙或作是班牙或作班由或作毘斯番又謂新西班牙爲農毘斯番郎美洲之西班牙屬國也日耳曼或作晉文或作查曼布路斯或作孛露或作孛漏生或作普魯斯或作布留士或作普魯士今之德意志多作獨逸葡萄牙或作波爾杜瓦爾義大利亞或作意大利或作以大理比利時或作比利霙或作白利眞奥大利亞或作澳大利亞秘魯或作白露丹馬或作丁抹又或節稱曰英國魯國墨國此編雜採諸書不必一一盡改特識於此

後奈良帝天文十一年西歷之一千五百四十二年也葡萄牙教士始來多褹島大隅島屬船長二人一曰牟羅叔舍一曰幾利支丹日本後遂名天主教爲幾利支丹教日本學者皆謂歐洲人之來日本以是爲始荻原裕曰先是三百五十四年爲後鳥羽帝文治四年有船至陸奥閭船一百五十人中有三偉人一精兵學星緯術數一善蕃樂一妙醫藥此乃歐人來東之始世或以西歷一千四百年間葡人始經阿非利加之喜望峯而來印度然其由亞歷山大港通紅海而至印度固已久矣此陸奥來船必爲歐人云云余考景教之傳在唐貞觀年間當時爲建大秦寺則羅馬教士來東已久此中三人有精星緯地理之學當時諸國無有此輩斷爲歐人理或然也又是時始傳鳥銃尋有意大利亞教僧至大友義鎮首奉天主教其法浸盛及織田氏時松永久秀高山友祥等亦奉之正親町帝天正二年南蠻船至有教士稱宇留嘉伴伴的連教中師長曰伴的連信長召至安土問所由來曰欲傳祆教信長館之立正寺召群臣議之卒令建南蠻寺於京師授以土田刑部正則曰我伐異類不知人倫異日必爲害不如逐之信長曰昔百濟貢佛像尊崇至今彼徒所奉容有可取先是筑紫瀕海蕃舶無所不至經營市易廣布教法及是又至京師教士多通國語解内情言辭温雅善與人交金寶珠璣視如瓦石或教民造食物以利民用百方誘以故民歸之如流水而西人託商賈來傳教者陸續不絕信長悟欲逐之未果大友義鎮時雄據筑紫特建天主祠於丹生島日聽講說兩豐二筑每焚佛刹目爲天火甚至毀佛像爲薪時京畿僧徒横肆信長欲弭祆教以挫之既而伴的連日以賑窮療疾爲事散珍貨施奇藥每日汝曹不信聖教故罹斯慘苦我今爲汝等超度乞兒病民日蟻聚其門而長崎闔境皆從教教匪山田甚吉等遂結五百餘人日放火劫掠信長始悔將逐之遇弑不果至文祿四年豐臣氏怒其惑衆乃收伴的連及其徒二十餘人械送長崎磔之始禁祆教然既所在蔓延不能驟改就刑者甚衆初天正十五年秀吉議毀南蠻寺或請斬其人秀吉曰不若放還命密捕教徒高山友長小西行長泄其情皆遁匿僅獲四人遂逐伴的連定法五章曰禁祀天主曰禁毀神社佛寺曰限教士二旬出港曰禁誑教不禁通商曰所絕在教士商民姑宥其罪然教士潛匿不去及是乃遂伏誅後陽成帝

慶長五年荷蘭船至和泉界浦英吉利人從至先是天文十五年英吉利人始附蘭船來天正八年英船始至皆乞互市德川秀忠延見之其至也遭風船壞秀忠命賚康穀五十口設館居之時時引見詢外域風俗越十年後船至乃載還六年呂宋船亦至德川家康給以印票允通商又頒信牌於國民令航外海八年始設長崎奉行官名專司外船事島津氏所隸之坊津海商蕃客日益輻輳十三年呂宋船抵浦賀呂宋求直至關左又請通商船於其國皆允之十四年將軍秀忠又給印票於澳門葡商於荷蘭於英吉利均許互市長崎奉行入謁德川家康曰現今市易繁昌漢洋商集外船繫泊至八十餘艘家康大悦當是時安南暹羅東埔寨以外南洋諸島及西歐各國通商者凡十許國皆給印票旋定以長崎爲互市埸禁進他港十六年又禁天主教初秀吉禁教繼以兵事禁網弛寛教士來者日衆及是荷蘭人楊與士上變又有僧訐教士曰葡王之遣教士傾力濟度名爲通商實以蠱民漸圖奪國其取呂宋農昆斯番皆用此術及今不圖必貽大患家康大驚遣使搜索教士逐之海外申嚴教禁命僧崇傳以梵法勸諭教徒不悛者處流斬十七年又申禁天主教盡毀京畿諸道教堂初有告天主爲邪教

者德川秀忠特命搜某於南洋傳習其教七年而歸秀忠召問窮數日夜不倦終悟其邪新西班牙人始來通商始得自鳴鍾旋遣京商田中某附其船往逾年而還獻緋紅鵝絨葡萄酒各物十八年陸奧守伊達政宗遣其臣支倉六左衛門於羅馬累年乃歸日本人之至歐洲以是爲始時以日本舟雇洋人駛往閩船百八十人獨支倉得歸携有羅馬牒及十字架等物時教禁正嚴遂秘其事英吉利人始來駿河上書前將軍家康亦報以書獻有鑲嵌銃望遠鏡等物家康報書約許以七事曰商船碍役曰需用必給曰隨宜進港曰市民雜居曰財產自主曰禁强買賣曰罪犯各用國法由是商船歲至行之十一年以無利又辭通商案此約書即近世和約之權輿也十九年以禁教故因高山友祥等二百餘人於獄旋放之爪哇及澳門是歲又毀教堂十一宇諭教徒歸浮圖無悛者乃令以草積束縛父子相伍絕飲食再令吏誘之曰改教則生否曰甯死往天堂口唱達維斯不止達維斯謂上帝也元和二年始置下田奉行江戶港口三年呂宋船至有教徒遂搜斬闔船人荷蘭人至平戶告界商常陳携呂宋教徒至長崎奉行驗如平戶入船檢貨搜獲教徒密書闔船無少長皆斬之幕府由是益親荷蘭初羅馬教士利瑪竇入中國用漢字著書譯張西教海船或齎至傳播民間至元和八年令長崎奉行

嚴檢漢書語涉泰西者一槩塗抹名曰禁書其後長崎奉行捕禁益嚴教民多露宿乞食然卒不能絕寬永元年始置三崎走水奉行三崎屬伊豆走水屬相模新西班牙船至上書將軍家光以奉教國卻之家光下諸宰執議皆曰此不過借通好以廣教耳不如逐之二年告海外諸國專以長崎通商禁進別港既而又停呂宋澳門互市十二年禁國民遠航律以極刑并禁造巨船初足利氏之末海賈奸匪汎海私出船幟題八幡字往往爲盜文祿初豐臣氏始給信牌許遠航逮德川氏定爲二十家船時人謂之硃印船及教禁嚴凡入海者必奉牒書又謂之奉書船然安南暹羅皆嘗遣使請禁國商橫暴自文祿以來四十三年至是停之適有久往賓南歸者五人皆處斬旋又定船舶之制禁帆用三桅漕船外不得過五百石著爲定制防遠航也十三年命於長崎築港建館以居洋商不許雜居募富民塡港內築別島既成乃驅洋人盡住別島又放洋種男女二百八十七人於海外令大村純信以兵扼諸口以備竄逸十四年天主教徒作亂於肥前之島原家光命松平信綱等合西諸侯兵討之越七月乃平誅教匪凡四萬人更申天主教禁於海內初有馬城爲教徒窟屢捕不絕幕府乃命松倉重政治之諭以

力鋤凶種重政大索封內每歲例戮數十人後遂毀原城徙治島原其子重次嗣封政尙苛酷誅荐藪道是年八月耶蘇教徒務作亂故小西氏大友氏遺臣之奉教者陷於天草刹蘆宣言日島原益田時貞神人也昔西教師有遺言廿六年後天降善男子枯樹生華絳雲四塞乃上帝再來之證今少年時貞卽其人羣賊等遂自天草入島原所在響應化高久城掠倉穀三萬二千包及火藥甲兵等築原城而據之事聞幕府命鎮西諸將討之以板倉重昌督師重昌合諸侯兵十二萬五千攻之不克重昌謀久困之幕府又命松平信綱戶田氏鐵提督軍務重昌聞二將至愧師無功奮勇力戰中箭飽而毙信綱等至命諸將合圍然後進攻至明年二月二十八日城破縱火焚毀烟焰漲天賊將時貞等十餘人皆自殺斬首四萬無一降者諸軍亦死者千餘傷者七千餘是役也重圍凡百有旬日官軍前後死傷至一萬三四千余孜天草之亂以不教之民執耜耰之兵衆數十萬勁旅於小城之下而每戰必勝倔强不屈此何以故萬衆一心也萬衆一心者教使之然也吾聞耶蘇基督之教推人物本原一歸之上帝主宰又以耶蘇舍生救人爲上帝子聖教主一心崇奉推其弊至於甯負國法不負教法甯負君父不負教祖苟或詈教則戟手而爭刀鋸之所加矢石之所攢踊躍奔赴覩死如歸以是爲答教祖之恩階昇天之福夫既以徇教爲報恩以赴死爲昇天遂不難執戈於君父之前悍然而不少悔是役也城破之日兒童幼女咸引頸受刃無一逃遁者嗚呼何其敎信之至此也歐洲十字軍之起十戰九敗卒能奮興新舊教之爭至於父子仇隙伏尸百萬嗚呼耶蘇憂人道滅裂教以相

生相養之道而其徒竟爲危激蹈湯赴火以張其教吾不知其救人行善之謂何也日本荻原裕曰自三韓內附而浮屠王爲西南洋盧殺而祆教入焉祆教毒之尤酷者也一誤吾民愚民蹈而罹辜者大約二十八萬而官軍鏖戰死於鋒鏑下者不與焉寬永以後遣匪餘孽或殺或流或自裁喪國破家者亦不少大抵前後隕生於祆教之禍蓋幾幾三十萬人吁此三十萬人者皆我赤子也教徒一饒舌而我三十萬赤子含笑瞑目可不懼哉十六年遣使長崎召鎮西諸藩重臣申教禁天草亂後於十五年懸賞日告教士者賞銀二百錠告教徒者賞百錠及是再遣大田資宗於長崎召各國諭絕來航令諸藩日國家嚴禁天主教外國非不知而潛遣教士屢來犯禁自今來船輒火其船誅其人十七年毀澳門來船焚其貨斬其人澳門葡商復來强請互市幕府遣民部少輔加加爪忠澄告之日汝屢犯大禁是蔑我國也械斬六十餘人餘附華船還十八年荷蘭船長來謁將軍家光諭曰耶蘇教有潛至者必告毋匿否則并絕爾國爾後荷蘭船至船主每獻方物至江戶謁將軍沿爲常例時命北條正房問蘭人以西洋攻戰大礮火箭之法後錄爲一書上之後光明帝正保四年葡萄牙兵艦至長崎命嚴防戍舊制外船進口例收礮柁及是葡人日兵艦非商船不受令事聞幕府命九國諸藩出戍兵以小舟圍繞組筏扼海梗塞去路衆至八萬又特遣大總督如長崎詰

問察其無他然猶停泊五旬餘而後去慶安二年魯西亞人始至樺太即庫頁島承應二年將軍家綱命築七礮臺於長崎防外患後西帝寬文元年令諸藩嚴索教徒立五戶互訐法靈元帝寬文八年於長崎府廳設耶穌像令民踐蹂寬永以來禁教益嚴每歲諸藩捕斬者數百人又嚴覈各道戶口不奉佛教者無所容身松浦隆信鑄十字架耶穌像於鐵版俾士民踐之以驗宗教是歲納之長崎府廳幕府遂著爲令後又設於海岸外船來者必踐踏乃許登岸延寶元年英吉利船入長崎復奉書求互市不允自後長崎商船唯華商及荷蘭船而已他國無復至者行之二百餘年德川氏一代以關港始以關港終獨中間鎖港二百餘載當此之時歐洲諸國佷吞虎噬弱肉强食每閲一戰國步日進日本獨立海中於海外事情茫如雲霧文恬武熙晏安無事至於末流墨守舊法閉門固拒然美艦俄舶一來劫盟覩其堅船巨礮氣已中餒及一戰於馬關再戰於鹿島又動輙敗績而開港八口結約十四條左干戈而右槃敦城下之盟失利不必問矣方家康三世之初遣使通商造船出海駸駸乎有馳騖八極之意不幸以天主教故變而鎖港假令是時由南洋至西極與諸大國相往來又假令歐洲諸國早有輪船電線鐵路東西兩洋以玉帛相見不以兵戈則互取彼長以治己國日

本雖小國或不難捧薇書而從萬國後斷不至前倨後卑如今日受侮之甚惜哉惜哉貞享三年澳門港使送漂民十二還長崎上書曰我國以尊日本故特送漂人非乞互市幕府使吏答之曰國禁通信自今而後縱有漂人願勿送還乃給糧食薪水遣歸以後葡船遂絕迹東山帝元祿十二年始限蘭船進口每歲四艘或五艘中御門帝正德五年將軍家宣命限二艘輸出物值銀三千貫銅一百五十萬斤遣使長崎正貿易法更給船牌享保六年將軍吉宗始開泰西禁書之禁廢伊豆下田奉行始置相模浦賀奉行十二年處士小笠原貞任請檢小笠原島聽之貞任曾祖貞賴嘗奉教檢南海得一島命以其氏每歲航收其利寬永中停之故貞任有此請其後小笠原島英國欲爭爲己有日本卒不聽十六年減蘭船輸出爲一千五百貫銅一百萬斤櫻町帝寬保二年命青木敦書索遺書敦書始習蘭學敦書稱文藏官書物奉行新井君美始聞和蘭學而世未知之敦書乃如長崎從象胥習洋字質蘭籍至輓近蘭學

浸開始有種痘法亦賴其首倡著有和蘭話譯等三年又減和蘭輸出爲五百五十貫銅五十萬斤後桃園帝明和八年有魯人由甘查甲測驗東海致書長崎安永元年魯人六十餘名至烏兒圖普島築室營漁利土人不能御遂與互鬭七年魯人命島夷嚮導至納加麻乞市易明年松前氏以將軍家泊命還書辭市易給米烟酒遣之魯人鞅鞅去光格帝天明五年魯人來松前熊石家泊特遣使巡視蝦夷諸島又命巡樺太寬政三年將軍家齊減外船歲額限和蘭一艘命和蘭船主五歲一至江戶有仙臺處士林子平以倡議海防將軍命錮之子平少倜儻有大志嘗敝衣菲食躡高屐冒寒暑凌危嶮跋涉千里諸國山川要害莫不諳知最留意海防再游長崎接海外人詳其情狀其意謂自江戶日本橋抵於歐羅巴列國一水相通彼駕駛巨艦航大洋如平地視異域如比鄰而我不知備可謂危矣瀕海要衝之地必嚴築砲臺設戍兵以日本全國爲一大城一旦緩急以逸待勞庶免外侮又謂我南北諸島委之不顧外國有竊據者爲患不細歸著海國兵談及三國通覽二書幕府以爲

動人心命毀其梓錮諸其藩當德川氏承平之際歐洲諸國無事之時而有林子平其人悉外情議防海可謂眼大如箕矣五年魯西亞女帝蘇非遣使阿陀牟等至蝦夷根室乞通信互市送還漂民二人家齊臨吹上廳見之二人伊勢白子舟子漂至魯居十二歲乃還遣目付官名石川忠房村上義禮等至松前諭阿陀牟曰此地不關外事宜西至長崎尚求互市有國禁在魯使乃歸時英船亦數出沒蝦夷海九年命松前氏修備更命南部某津輕某交戍蝦夷十年復遣使按驗享和二年始置蝦夷奉行收東蝦夷爲官地越五年褫松前氏封又收松前及西蝦夷爲官地文化元年魯西亞帝亞歷山大遣使禮薩納等至長崎再送歸漂民四人四人仙臺水手與十六人共漂至一島曰蘊提戾都蛤又乘島船西南至屋和都蛤港皆魯人所管復往伊留歌都蛤居八歲魯帝徵之乘驛晝夜西北馳五十日至都館大臣宅帝召見十人問欲還否四人求還餘乞留四人在都四旬縱觀禮拜堂博覽會及異花奇禽等蓋魯人欲再請互市故厚待之於是發船送歸由南亞墨利加之巴西抵極南海折而西北過東洋

泊加模䅺都蛤而達長嵜水路距魯都七萬餘里獻書及方物乞通信互市將軍弗納明年二月遣目付遠山景晉於長崎與奉行肥田賴常傳命仍賜米鹽綿各若干給薪水遣歸初阿陀卒之至根室也及還與一牌曰若再來以是爲信魯人誤謂許互市故禮薩納固請終不許禮薩納在船中得疾請上陸療養且修船衆吏守法不聽賴常曰有疾不許療船壞不許修是失信義也遂從其請禮薩納感謝而去賴常上狀請犯禁罪執政反賞之文化三年秋魯西亞兵艦寇蝦夷樺太焚楠溪廨舍掠粟執戍卒四人而去四年四月魯西亞兵艦二艘寇越土呂府火名蘭穗柵執戍卒三人進犯舍那寨戍兵僅數十人力拒之夜魯兵潛登寨後萊世函山發大熕戍兵不敵退保蔓米羅山魯人焚寨掠器而去箱館奉行乞援於仙臺南部津輕幕府亦飛檄奧羽諸藩嚴爲之備命仙臺秋田守松前五月魯人侵理井尻島焚抄船數隻又至樺太送還俘口上

書曰敢乞互市不許當再以戰艦蹂躪目付遠山景晉等巡視其地漕軍糧一萬五千石於箱館改置松前奉行以河尻某村垣某爲之十二月命松平容衆伊達周宗發兵屯蝦夷諸要害遣幕吏督之以備北寇初禮薩納之還也至加摸䅺都蛤誘無賴曰汝等往擾蝦夷地日本疲於奔命必許互市以故數來焚掠時昇平日久一旦變作舉國騷然五年四月起礮臺於相模伊豆安房上總各要命浦賀奉行岩本正倫等掌其事八月英吉利船一艘至長崎夜潛乘輕舸入港掠民家畜物上廳乞牲牢薪水奉行松平康英飛檄肥筑將燒夷之英船夜去康英恨失機上表自劾屠腹以謝罪舊制使福岡佐賀二藩間歲戍長嵜至是松平齊直坐戍卒失謀英船命之屏居時將吏調戍蝦夷者各至戍分守松前箱館樺太越土呂府然卒不見一寇而歸會津仙臺兵旋亦撤守乃命南部利敬總督西蝦津輕寧親總督東蝦各進爵增封九年五月魯西亞將伊利古留船至理井尻遣八人上陸詣泊崎言語不通戍卒虜之發銃指船八月伊利古留再至復遣國民三名請歸俘不予見柵中兵執火器迴舳入洋掠商舶而去十年五月伊利古留復來使所掠舶商詣泊崎書曰往年犯樺太越土呂府皆我屬國加摸䅺都蛤之無賴所爲國家實不知巳罪其魁禁勿擾邊鄙某等特來謝不圖待之如盜請察此誠賜以八俘六月松前奉行遣屬吏於理井尻報之曰歸所掠物上謝罪書則還若俘伊利古留諾而歸九月復詣箱館獻謝書歸器械遂還以八虜并給糧及薪水自魯人擾北邊至是八歲始平仁孝帝文政四年復松前氏封於松前仍鎮東西蝦夷八年蕃船一艘入寇薩摩寶島島津齊興發兵討之殺一人將軍令曰蕃船至沿海地則發礮急擊敢私給蕃

船用物者嚴戮無赦天保二年有蕃船寇東蝦松前兵砲殺數人船乃遁十一年處士高野長英渡邊華山等以譯西書及議開無人島有罪禁錮初長英華山與小關三英共譯西書論兵制究地誌時英艦護送漂民直至浦賀欲請貿易蘭人告之長嵜事聞老水野忠邦日宜準文化中逐魯使例評定所亦議曰英人倡獗陽以貿易爲名陰欲廣其祇教宜遠之如淫聲美色令託言送漂民至都城咫尺之地其意難測欲濟小蟲則殺大蟲毋以一二漂民弛禁當一舉掃除之以輝國威耳長英等就幕吏竊其稿私謂國初英蘭皆入汀戶後英以無利辭今彼冒萬里風濤送我漂民實出厚意若以怨報德恐結怨外國華山乃作鴂舌小記蕃論私記愼機論長英亦著夢物語皆駁攘夷非計旣而蕃學之徒又議開無人島以供國用將請之幕府或告以通信外國蹤跡詭秘遂下令搜捕嚴錮之十三年將軍家慶廢外船礮擊之令德川齊昭建議曰民俗愚惷不知大義漁父蜒丁爲尤甚曩市攘夷令猶恐或睨夷人於洋中今廢其令何以防偷漏之姦不報宏化元年和蘭兵艦來長崎告曰西洋諸國將率兵來刼盟三年丙午閏五月北亞墨利加將必氏帥軍艦二兵一千航入浦賀貽書奉行曰我國已結好華人冀貴國亦互市

願守國法幕府令大久保忠豐傳命曰我祖宗以來鎖港久矣外事當問長崎不關此港命松平齊典松平忠固嚴修海防六月墨艦還去是月有墨人七名漂泊越土呂府明年幕府命和蘭人送還之孝明帝嘉永元年戊申蕃船往來北海者日衆二年己酉北亞墨利加人十五名漂至蝦夷幕府命和蘭送還僻三月墨船入長崎受漂人去閏四月英吉利船入浦賀奉行戶田氏榮奉命斥之歸途闌入下田測海而去於時蕃船來往北之南部津輕松前西之對馬或上陸游步或乞供闕乏日益頻數幕府乃令內外列藩益脩海防撰人材減諸侯騶從許其齎火器入江戶練兵於郭外又命西諸侯造巨船是年始傳種痘方五年壬子八月蘭人上言明年墨欲來請貿易苟不協將有戰事先是三年和蘭亦上言印度人欲貿易日本請於英國政府見許命築礮臺於大森六年癸丑六月三日北亞墨利加將

陂理帥四艦突入浦賀曰奉國命求通好齎有國書當呈之大君奉行戶田氏榮令往長崎陂理不聽狀頗桀驁奉行飛報江戶幕府大驚命松平細川黑田毛利蜂須賀立花酒井大久保等諸藩戍近海及上下總安房伊豆相模沿海假館於栗濱爲接使所九日氏榮等率諸吏接使受書陂理以兵三百餘人旗鼓而進道路側目獻書函及方物且云直達大君其略曰北亞墨利加合衆國大統領水師提督陂理呈書日本國大君請脩好互市二事我合衆國產黃金白銀鉛汞珠璣及天然珍異之產人工奇巧之物日本亦富物產相貿易必有大利試行之或五年或十年即不利則罷市加理科尼亞我一大都會駛火輪船則十八晝夜而到日本或帆或輪航太平洋而至中華者及捕鯨船之近日本北部者時遭颶壞船願救恤之我火輪船頗

費石炭薪水然不得多載願給其匱乏我當報以金銀前中納言德川齊昭細川齊護立花鑑寬請以部兵攘之幕議謂承平日久宜先爲之備而後絕乃使氏榮等報之曰當奏之朝廷明歲令長崎和蘭人傳報陂理曰明年若允許將假一島建商館乃入神奈川灣測量吏詰之陂理曰如不許互市更發兵艦吾爲之先鋒故豫量淺深耳幕府使脇坂安宅入奏帝大憂恐敕七廟七大寺祈四海靜謐七月魯西亞使布銛廷帥兵艦四艘入長崎福岡佐賀諸藩發兵備之魯使就奉行水野忠篤呈書請三事一脩鄰好二正樺太疆界三則開市及魯船往來有急需請給缺乏十月將軍家定遣大目付筒井政憲勘定奉行川路聖謨等於長崎答書於魯使曰我與貴國各國其國民其民無事相交苟欲正疆場須敕疆吏按圖籍檢覈憑據勿使有毫

釐差乃可若貿易往來我世遵舊法前已固辭但方今貿易殆徧宇內誠不能取古例律今事頃者合衆國亦來乞市容彼拒此勢既不可並受萬國則鱗集麕聚國力之給不給未可知將何以爲繼矧我主新立百度草創如此重事須奏之京師告之列侯勢不得不費歲月我於貴國壤界相接應加鄭重幸諒此意布銛廷受書而去初墨艦之去下其書於列藩議之主戰主和羣議紛起士之上海防策者日踵於門里談巷說亦論其利害幕府乃報曰議論百端要之歸戰和二字顧邊防未完兵器未整烏可自我開釁明年之答宜遷延以待後舉旋命會津熊本萩鳥取岡山川越忍柳川諸藩戍武相房總沿海又徵土佐漂人萬次郎爲小普請萬次字佐漁人於天保末漂流抵無人島爲捕鯨船所救攜往北亞墨利加居十三年乃還獻其紀行日記世界計覽萬國輿地圖西洋奇貨至是擢之以其解墨事也安政元年甲寅正

月十三日墨將陂理再帥七兵艦入浦賀幕府遣大目付伊澤政義町奉行井戶覺宏儒員林煒等按問之墨艦進泊本牧發空熕量海底幕府命金澤藩等守京師水戶藩守江戶仙臺久留米米澤等亦與焉餘皆扼守近海浦賀奉行戶田氏榮及政義覺宏等使退浦賀港對曰遠方航海苦曠日請入江戶上書不許二十七日副將阿單須進入神奈川迫品海政義等舉國禁止之阿單須抗辯無退色時德川齊昭建白十議論墨不可和細川請進討以張國威並不許二月十日令煒覺宏等假館橫濱接墨使饗之陂理上書曰謹承兩國相親之命使臣與有榮矣然條約不定則邦交不固請以後泊船許取直給物許士卒上陸許上岸立標測量內海幕府賜之米百斛許其泊下田箱館二港居下田沙予島方七里居箱館友五里及撫漂民給薪糧等墨艦乃赴下田港尋許泊長崎時聖謨政憲等至自長崎以爲許墨人二港與前議答魯相牴牾上書爭之不省幕府遂令諸藩撤武相總陣營自去年六月徵兵三十餘萬人至是罷歸日本以武立國然自德川氏秉政以來驩虞爲治於外國强弱茫乎未知一蕭艦來調兵至八萬人一魯艦來復徵四諸侯之兵漕十萬石之米此次墨國刼盟乃至聚兵三十萬衆然彼國駕巨舶履大洋東西南北何所不至我迹敵船之所至而置之戍戍兵未至敵艦早颺此與刻舟以求劍守株以待兔何異及乎兩軍對壘彼此相持主客衆寡非不擬形勢而得便利然驅不教之民執無用之器驟對强敵譬猶羊羣見虎早已神索氣盡調兵雖多終不能戰嗟夫設險以守國教兵以備戰有國家者之急務乎時漫不設防一旦有警則羽檄飛馳張皇失措事定而復遣散之非特勞民傷財而鼠技已窮形見勢絀適足貽旁觀之笑招外人之侮無怪乎刼盟之師接踵而至也前車之鑒可不戒哉墨艦臨去送致長門人吉田矩方等二人幕府錮之初長州士吉田矩方受兵學於松代儒臣佐久間象山象山博學洽聞兼通象譯善火技每曰方今要務宜周航萬國審其情實庶不致覩人國於雲霧中會幕府託和蘭購兵艦象山曰不如遣人往殊域學之邦人來往自能操舟不復仰給於外省購費而習伎巧益莫大焉幕府不納矩方聞之感憤時魯艦入長崎欲從之航西至則已去乃歎

然返江戶象山在浦賀警衛中矩方與其門人澁木松太郎謀之象山象山授以方略託小東分二人夜竊入墨船請附載陂理不聽護送遣歸幕府以其犯國禁也錮之其藩並幽象山嘗觀陂理紀行書謂矩方聰明識天下大勢日本罪斯人眞爲可惜然矩方後竟被刑維新以來長門藩士之以尊王樹勳者多其門人世謂其以名節鼓舞士氣至今稱道矩方又嘗草七生滅賊說引楠子語以自況其英烈可想也七月爪哇都督贈書長崎奉行曰前奉命索戰艦會西洋亂未由得之聞日本待魯墨愈於和蘭然魯最叵測魯將蠶食差我廉以及日本泰西諸大合縱拒之今英王以僕爲東方水軍將尾追魯軍僕即帥兵艦先發請許其入長崎諸港幷請給軍用延至八月答之曰如以討魯故則敝邑密邇於魯近始行成或以應援見責如以窮乏請敢不如命長崎箱館隨宜繫泊幸勿至他港既而以其國請許泊下田英女主域多利亞使船亦至長崎上書略曰近來鄂國猖獗無狀有吞併全歐之志吾王哀全歐人民罹禍問罪於鄂國命將出師海陸並進聞昨年鄂國遣使於大國約永通和好貿易有無諸執事待以客禮許其請而遣之吾王聞之擗踊曰大國洵君子國而鄂國所謂虎狼之秦也頃者鄂國挾其祇教凌暴土國土國孱餒不能支告急於英吾王傳檄於同盟發精甲數萬碎其艨艟十殺其組練數千零賊奔竄吾將草薙而獸獮殲其醜類聞鄂將經大國海洋而歸其邊徼今某等艤軍艦於對馬島將跡鄂國敗兵而鏖之以作京觀於東洋毫無關係大國若以其有約不忍旁觀或英武不勝技癢有加一彈一箭以爲其後繼則某等部下將洩怒於大國改旗東指大國其何以應之言至此雖類不遜實出至誠鄂流涎於差我廉者有年幷吞蝦夷千島自皮及於肉於骨終將吸精髓而後已吾曹竊爲大國寒心大國其熟慮深計焉今通款大國竭區區之意欲使大國爭此要

者於世局也英敬天愛人力可取而義不取豈效鄂并食弱肉以誇强大此英之所以橫行寰宇而駕馭諸國也自今以往英船取道於大國管轄者不論何地何港揭徽而入下錨而泊繕哨船取薪水不必一一請謁請下令沿海諸道知無他今兩國將立盟結義東西聲援則鄂形露勢阻不得逞其凶虐吾王東望欲明衷曲於大國久矣軍旅之間不能盡拜趨之禮鎭臺其知悉而報諸殿下速賜報英使名約蕿私崙幾八月奉行忠篤目付永井岩丞等奉命延見英使許泊長崎箱館二港給欠乏使船尋去九月魯艦用日本字樹幟曰於呂之也即魯西亞譯音自南海入大坂洋幕府檄和歌山以下諸藩備之彥根藩井伊直弼發兵四千屯京師本能寺郡山淀膳所諸藩扼洛外各所鹿兒嶋熊本兵相率東上家定尋使直弼守衛宮闕酒井忠義抑澤保得副焉使青山忠良等

分戍京師七口又命和歌山築熕臺於加田德島築於由良岩屋明石築於明石命宮津田邊峯山各嚴海防互相應援十月魯艦退泊紀伊之加田浦無幾來泊下田幕府使政憲聖謨政義及目付松平重古賀謹等接之十二月政憲等會魯使布硈廷許泊下田長崎箱館三港購買欠乏之物魯船之在下田遇海溢幾覆幕吏善遇之脩其破漏魯人喜而去二年乙卯三月家定奉詔令五畿七道銷梵鐘以鑄大小砲惟餘古名鐘宗寺鐘報時鐘不毀既而僧徒訴之知恩輪王二法王事格不行又禁以銅鐵錫鉛鑄佛像佛具及諸器玩墨船至下田請測量海底日使往來華米諸船諳海路以避覆溺患幕府報以俟後命墨量東北海而去六月和蘭人至長崎獻蒸氣船及小銃幕府尋遣矢田崛景藏勝麟太郎等於長崎就和蘭人學操氣船術八月島津齊彬獻昌平船於幕府模西洋製所造也家定賜名刀賞之是歲春幕府命松前崇廣上東西蝦夷爲官地東自木古內村以北西至乙部村以北直隸幕府夏命伊達慶

邦戍東蝦白追以北愈不津根室十越士呂府倶奈尻等佐竹義睦戍西蝦御神居以北眞森添矢及北岸知床等津輕承順守箱館壘戍江刺乙部及御神居以南松前崇廣戍箱館峫江刺峫七重濱木古內及東蝦惣邊津冬奏益開蝦夷命箱館奉行管之又遣清水氏遺臣及士庶千餘人於蝦夷使墾荒經野放畜種樹捕鯨採藥及掘石炭鑿礦山以教化夷民二年丙辰二月幕府始置蕃書調所七月幕府築熕臺二於界浦命高松松江二藩築之於大坂兩川口鍋島齊正亦築礮臺於神乃伊王二島家定賜刀賞之墨使巴爾理士來下田告曰奉國命爲總領事主通商請親謁將軍呈書老中阿部正宏等密議謂既與和親許貸地泊船給物又繼以通商此禁一弛各國踵至親甲疎乙殆生亂階許之慮力不給不許則根本猶弱實國家安危之所繫乃令大小監察評定長崎浦賀箱館下田諸奉行各上議諸吏上封事或曰既破國律接外使事機已誤今噬臍何及十月家定以堀田正篤爲外國事務總裁四年丁巳二月和蘭船長上書曰交際

外國當爭實利勿爭虛名今日時勢誠不能閉關絕人苟開釁於瑣事則城下之盟俯首求和所傷實多老中以爲和蘭所言非於彼我分左右袒使諸藩積怨恐蹈亞細亞諸國覆轍業已許和變寬永以後之法則待之不得不遵寬永以前之規遂決議許墨使入府而欲於下田受書既而下田奉行井上淸直等言巴爾理士必欲見將軍呈書議久不決至五月乃許定期謁見而奏之京師於是齊昭等上疏切諫溜直諸藩德川氏設大老老中二職大老時有廢置老中常執政權又撰諸親藩輪直議政曰溜直又連署諫曰許墨使謁見待遇重於和蘭一等是非幕下失其職掌耶今許見墨夷諸蕃繼踵亦將一一見之操縱由人誠大辱國雖遂事不諫敢別疏利害請再商金澤鹿兒島僊臺熊本等二十一藩亦上書曰寬永以前諸藩來朝者卑遜恭謹今承教依寬永以前例然墨使尊己

國蔑本朝執政阻之不可乃俯首下心聽其要挾某等誠痛憤羞與爲伍請於是日概免銜參德川氏之初與外國通商往往延見外客即商人教士亦引與款接諮詢一切然自祇教釀禍以來遂以鐵鑄耶穌縱民踐踏外船之至槩絶弗通中葉之後國勢愈弱拒人愈嚴其視西人曾禽獸蛇蝎之不若此次墨使之昇諸侯連奏請免銜參其鄙夷弗屑之意蓋可想見然一戰再戰即含詬隱忍俯首求和既而震驚其强又慑然改圖舉一切政體風俗惟西人是尚其視西人又有如仙佛賢聖之高不可攀者噫嘻何前倨後恭之一至於此也乾隆四十一年刑部上廣東巡撫李質穎譏英吉利商人喻等獄辭　高宗皇帝諭曰漢唐宋明之季多昧於柔遠之經當其弱而不振則藐忽而虐侮之及其强而有事則又畏懼而調停之因循姑息卒至釀成大釁而不可救聖人之言明見萬里大哉言乎比年物價騰貴諸藩疲於會同請自今限十年就國以勸農講武富國强兵而備萬一有水戸人二名夜潛入番書調所欲刺巴爾理士事覺處刑巴爾理士既來江戸詣堀田正篤邸告曰我合衆國以攘人土地爲大禁但輪船所至萬里交通孰敢以一丸泥封關者日本當從通例許合衆國駐全

權公使於京縱商船入港互市二者不翅本國請東西各國所望也日本之所患在英英與魯交惡恐日本爲魯所併亦欲得差我廉及蝦夷以横絶魯軍開市結約得互相維持東印度爲英所併坐不與泰西結約故也約成則國不亡且戰艦火器均可應貴國需通商亦有利關稅所餘足贍國用惟鴉片產於東印度英挾其强力强人購買他國有受其毒者爲之歲糜四千萬圓與英往來須禁此物合衆國於人民習教聽從所好此亦世界之通義日本開市以我國公使晉之諸國遣使約事則答曰既與合衆國約如此必莫有爭者嚮者僕會英將於香港告奉使日本率氣船五十艘往江戸要約若不許將自我動兵英與佛聯盟佛必與偕遲未至者有事於他國故也方今國是不如許互市吾飛告英佛以約成則蒸氣艦之來亦一二而已信

吾言則僕爲安全媒貴國之幸也十一月正篤令土岐賴旨川路聖謨等質問其言二十一日將軍家定延見巴爾理士於牙城受書賜以時服並饗之昌平黌十二月正篤見巴爾理士謝其忠告巴爾理士再上書申前請家定使林煒及目付津田半三郎西上奏事林煒等見傳奏菅原聰長藤原光成曰近世萬國盡事互市今墨使請置公使開十港幕議欲許之使臣等上奏傳奏曰俟他日再議鍋島齊正上書曰我邦自神武肇基二千餘年未受外辱今乃爲墨夷所刼虧損國威曲狥其所求得寸進尺若王室何非我族類其心必異外託通好内則窺隙一旦變作諸臣之肉足食乎今一意主戰暫勞永逸與先安後危孰得孰失縱令入寇列藩當敵王所愾奮力卻之不必以煩廑下臣世辱鎭西重任聞墨夷入見意如敵破後門請在國以十

有八年爲期足食足兵緩急從事時諸藩亦多詣營言事是年夏幕府命講武所都肄海軍令高松松江二藩守攝海松山守神奈川冬齊昭造軍艦成名曰旭丸家定賜黄金百枚時衣三十領賞之五年戊午正月家定命老中堀田正篤西上奏事請敕許川路聖謨岩賴愿等副焉二月正篤入朝獻黄金五十枚及金香鳳凰准后及關白大閤傳奏亦有獻遺帝召大臣以下參議以上三十餘名會議蜂須賀茂韶私上疏劾正篤因循誤事狀且曰臣見外夷近狀覬至神京天步艱難危急日逼又呈書前關白政通曰神州安危在今日幕府不容衆議殿下寧聽之耶於是聰長光成傳旨曰前敕以不許泊畿内近海今能不開武庫港耶曰開數港建商館溪壑無厭必漸次乞求保毋反覆正篤對曰古者外舶入界浦而市南蠻寺亦在京師故彼以固乞然今許開武庫仍禁其入京畿十里内猶勝於前夫條約以約無事我不背理彼安敢亂今如不

和則變起眉睫何以因應故自今生聚教訓圖內強以袪外患策無上於此者三月巴爾理士至江戶促條約押印曰聞日本政權在江戶不圖游移曠日至此若不得命吾直入京師得其要領幕府飛書於正篤促之帝初令擬旨有外事處置一依幕府之語既而廷議譁然乃改草召正篤傳敕曰墨夷之請神州安危之所係將軍變祖宗法失兆民心何以保萬世許開下田前事已誤今若如所奏則國威墜地幕府其使三家諸侯更議而奏之正篤等乃奉敕還四月幕府移敕書於列藩正篤召巴爾理士告以京師衆議曰固欲保兩國歡然背違羣議事終不濟巴爾理士曰兩國相約而以人心不合延期天下萬國之所無前史所不見也政府不能鈐印直詣京師決之請刻日以報是月幕府以井伊直弼爲大老五月家定答墨書略曰承二國

相親之意感荷無已然宜草章程見示待我闔國會同之期而後定議巴爾理士奉以還下田六月魯艦入加奈川墨艦復突入小柴巴爾理士來告曰英佛二國乘得勝之威馬首欲東行有日矣我憂日本不耐誅求待其至而議已緩不及事苟聽我請署印於約我當告二國以同盟之國居間圖無事幕府危懼大老直弼等謂事已危迫徒俟敕允必開戰端乃使清直忠等與巴爾理士計參酌舊約定互市則十四條鈐印授之將鈐印巴爾理士復曰此約中所載寓居日本商民歸我領事官管轄以我國法處斷實不同泰西通例本非我合衆國所樂爲然東方刑律重於泰西桁楊刀鋸非西人所堪均不願受治於貴國之法英法諸國所不願獨合衆國爲之亦恐貽旁觀之笑滋吾民之怨請自今發奮自强改從西律俟日本法度脩明再改此條合衆國必爲諸國倡今日勢不得已幸諒恕之七月外國長崎箱館諸奉行亦會魯英蘭佛四使定約署印皆准墨例五國從同其條曰永相和親曰自明年六月始互市至七月開神

奈川以代下田曰自今後四十月而置市場於江戶五十月而開武庫置場於大坂苟新瀉不便則別開西州港居武庫神奈川箱館地各十里但武庫之十里內不許入京畿長崎限公有地曰禁糴米麥缺乏乃給曰貨幣互行國內曰銅錢不許出口曰嚴禁鴉片烟第一款英國君主日本國太君議定兩國及兩國屬民永敦友誼世世勿替第二款英國君主可派欽差大員或秉權大員駐劄日本國京城並派領事官並署領事官駐劄日本國現今所定通商各口所有英國欽差領事等員可任意到日本國內地各處日本國太君亦可照派欽差大員駐劄英國京城并派領事官或署領事官駐劄英國各口所有日本國欽差領事亦可任意到英國內地各處第三款日本國箱館神奈川長崎三口議於一千八百五十九年七月初一日起准英屬通商新瀉一口議於一千八百六十年正月初一日起准英屬通商倘此口船澳不便即改換西洲海濱一口武庫一口議於一千八百六十三年正月初一日起准英屬通商以上各口英屬人民皆可永遠居住亦可租地買屋並起造棧房但不准設立礮臺以及一切武備凡英人起造房屋日本國官僅可常往查看所有各口英人住居之處以及船澳章程應由各處地方官會同領事商議若有不合禀請英國欽差與日本國王家核辦凡有英人住居之處日本人不准在周圍

築墻砌壁以阻英人出入英屬人民可任意在以下所定界內來往如在神奈川至六鄉川止周圍以十里爲界在箱館周圍以十里爲界武庫亦以十里爲界惟西京不在界內此城相去十里之處不准來往凡有英國水手船隻不准過豬名川此河在武庫大坂之間出口以上里數皆自各口官地量起每里以四千二百七十五英碼爲準在長嵜英屬人民可任意在鄰近各處官地來往在新瀉或改換之處其界當由英國欽差會同日本國王家酌定江戶京城議於一千八百六十二年正月初一日起任英人居住大坂城議於一千八百六十三年正月初一日起任英人居住但爲通商而已二城之內英人租屋之處以及往來界限當由英國欽差會同日本國王家酌定第四款凡有英屬人民在日本通商各口居住其身家悉歸英國王家管轄第五款凡日本國人民得罪英屬人民當由日本國王家挐獲照日本國律例嚴辦凡英屬人民得罪日本國人民或他國人民悉由英國領事官或其他秉權大臣照英國律例究辦兩國人務須秉公了結毋得稍涉偏私第六款凡英屬人民欲控日本國人應先禀明英國領事領事應得從中勸息若日本人欲控英人英領事亦當聽其訴明從中勸息若必不能息訟須會同日本官秉公判斷第七款凡日本國人拖欠英人銀錢無力歸還以致逃避日本官務須盡力查挐追還欠項如英人欠日本人銀錢逃避者英官亦當盡力查挐追還欠項但兩造所欠之項官可代追卻與官不涉第八款凡英人雇日本人爲一切不犯法之事日本國王家不得阻止第九款凡英屬人民住於日本者應聽行教並准於無礙之處起造教堂第十款外國

各色銀錢皆可在日本通用以日本國分兩爲准凡英國屬民經商兩國銀錢皆可交易但外國銀錢用於日本國須俟多年方知貴賤故日本國每從新開通商一口日本官先將銀錢照輕重與英人兌換外國銀錢不照銀色高低亦不得扣折以開口後一年爲限所有日本國金銀錢皆准出口惟銅錢不准第十一款凡英國兵船所用雜物准進神奈川箱館長崎等口起岸收入棧房歸英官掌管並准免稅若在日本國發賣主應照稅則納稅第十二款凡英國船隻在日本沿海地方碰壞擱淺船上人等逃至日本無論是否通商地方地方官查知立即設法妥爲照料護送交就近領事官查收第十三款凡英國商船欲進日本國通商各口可任意雇引水船帶入若船在口內已經完清稅餉亦可雇引水船帶其出口第十四款所有日本國通商各口皆任憑英人由本國裝運各色無例禁之貨進口銷售並可在日本各口買日本無例禁之貨完清稅餉裝運出口惟軍械等貨只准賣與日本王家及西洋人凡洋人與日本人交易各貨日本官不得與聞日本人與英人買賣貨物收棧皆聽自便第十五款凡英人在日本海關報貨倘以所報價值不合該貨可由海關照値定價貨主若不肯照海關所定之價售賣即當照海關所定之價納稅若肯賣關上應即買入立即付價不得扣折第十六款凡英人運貨進日本國通商各口已照則完清稅餉任憑日本國人轉送日本內地各處銷售不得再加捐稅及內地等捐第十七款凡英船載貨進日本通商各口已經完清稅餉日本海關應給憑單註明某貨已經完稅字樣若原貨載往他口無須再行納稅第十八款日本官應

在通商各口設法查究漏稅走私之弊第十九款凡條約中所定一切罰款以及入官之貨應歸日本國王家任意辦理第二十款條約後所定通商章程兩國官民當與條約一律遵守倘章程未臻全備當由英國欽差會同日本國王家隨時酌議以便永行勿替第二十一款現在所定條約皆以英文日本文荷蘭文書寫彼此一意但以荷蘭文爲準嗣後凡有英國欽差領事官與日本官文件俱用英字書寫暫以荷蘭文或日本文配送五年後即免配送第二十二款兩國大員議明將來若要修改條約須至一千八百七十二年七月初一日方可舉行並須於一年前知照第二十三款今後若日本大君與他國一切利益之事英國官民無不同其美第二十四款此條俟英國君主日本大君批准之後以一年爲期在江戶京城對換現下兩國大員先行畫押並蓋用關防以昭信守英國降生後一千八百五十八年八月二十六日日本國安政五年七月十八日訂於江戶京城水野筑後守永井玄蕃頭井上信濃守堀織部正岩瀨肥後守津田半三郎英國公使葉留燕押所附通商章程內載英船輸入鴉片如逾三斤之數即取以充公若有設法密謀輸入者每一斤罰十五元輸入各貨如造船修船各器具漁鯨各物鹽漬各料鳥獸食物又鉛錫石炭及造屋之材料蒸氣之機器暨棉布毛織均值百取五一切酒類值百取三十五其他均值百取二十

嗣以朝議紛紜諸藩齟齬各國游士方且倡尊王以攘夷之說內外交訌幕府不得已遣下野守竹內石見守松平能登守京極使英復議鎖港英不納惟許新潟兵庫江戶大阪開港之期遲延五年而嚴禁日本人阻擾外交者仍減輕洋酒玻璃各器之輸入稅於文久二年五月即一千八百六十二年六月定約於倫敦約日本大君因國內阻擾外交各黨一時未能鎮定甚難如期開港屢商之駐劄日本英使茲復遣使詳陳於英國政府英國念日本大君內治之難曲意承諾允將前訂約章第三款新潟兵庫開港互市及江戶大阪許其居住所定期限均自西歷一千八百六十三年一月一日起算延期五年而長崎箱館神奈川三處業已開港應遵約妥辦嚴禁各節一稅關干預商民買賣者二禁止外商雇用工匠教習僕役者三官吏拒止各藩搬運貨物於通商口岸者四司稅官役干涉商務從中漁利者五止遏一切齊民貿易者六杜絕與外商往來親密者以上各弊如日本大君不爲革除無論何時英國得仍照前約促令開港日本使臣回國應請將對馬島通商並許減輕酒稅又玻璃各器照值百取五稅則又於長崎橫濱設立存貨棧房派關吏專管以便外商存貨其已賣者繳進口稅復出口者僅納棧租以表明日本拓充商務之意云云日本使臣竹內松平京極英國外部大臣伊爾路塞押又遣筑後守池田伊豆守河津相摸守河田使法法亦拒其說仍責償長門轟擊法船償款復減輕各種機

器及鐘表珍異之品粧飾家用之物之輸入稅於元始元年五月即一千八百六十四年六月定約於巴黎第一款西歷一千八百六十二年七月間日本長州藩轟擊法船日本許賠洋銀十四萬圓十萬圓由日本政府四萬圓由長州藩支給第二款日本政府應設法鎮壓俾法船經過下關海峽不再滋事如不得已須用兵力法國水師願爲襄助第三款兩國在江戶所訂約章凡懸挂法旗之一切運進物應遵最後所訂減定稅則而行凡包裝茶葉所用各品許其免稅又片鉛鉛蠟地氈石炭籐及畫繪所用油藍照值百取五稅又酒精白糖鐵鐵片各種機器機器所用各件麻布鐘表袖珍表表鎖玻璃器件藥材及玻璃鏡陶器玉飾各具香料肥皂兵器小刀書籍紙張雕刻物件畫繪均按值百取六收稅第四款此款應附一千八百五十六年十月九日兩國所訂約章而行無庸俟本國批准即時施行日本使臣池田河津河田法國外部大臣杜爾灣路易押遽因長藩毛利氏力主攘夷屢礮擊外船英法荷美遂糾合四國之師以圖報復長人大敗既於下關訂約償金三百萬圓四國復聯銜要挾幕府同訂減稅約於慶應二年五月即一千八百六十六年六月定約於江戶約曰據日本國安政五年即西歷一千八百五十八年日本政府與英法美荷四國訂立約章內附通商章程第七款所載四國公使各

奉本國諭旨求更定日本國輸入輸出稅項又因日本慶應元年十月西歷一千八百六十五年十一月四國公使至大坂時日本政府准按價每百抽五改定稅則今政府特簡水野和泉守與英法美荷四國公使訂定十二款第一款此次新訂稅則應附約照行將舊則更易神奈川港應從日本慶應二年五月十九日西歷一千八百六十六年七月一日起長崎箱館二港從是年六月二十一日即西歷八月一日起辦第二款新定稅則應俟六年後方許更議惟絲茶二項可準三年間平均貨價每百抽五課稅於二年後更議又木料稅可於釘約六個月後隨時商改第三款原約附載通商章程第六款所云准單費應行免徵第四款日本政府應蓋造棧房於通商各口以便外商存貨如輸入之貨照則徵稅若將貨運往他處勿庸繳輸入稅但收棧租第五款日本貨物從內地運至通商口岸應繳陸路或水路卡稅外不得苛求第六款前訂約章載明凡外國貨幣應照日本同種貨幣同量通用墨銀一百元即抵日本一分銀幣三百十一個現值日本國自鑄貨幣以省交換之弊撥收取各項未鑄銀塊改鑄此項應徵雜費彼此俟後商定第七款現因各口稅署辦理稅務及起卸貨物傭使工役時時涉訟各口地方官應與外國領事官妥酌章程以便遵守第八款凡日本人民均得在通商各口及外國購買各項載客運貨各式風帆船火輪船但兵船非日本政府允准不許代購第九款日本商民得在通商口岸與外商貿易或遵該約第十款出洋貿易各任其便毋庸官吏檢察且日本商民遵章繳稅外無庸繳納別項稅目又各藩所屬人等除定章繳稅外無庸政府官吏檢驗

日本國志卷七　三十

任便在各口與外國貿易第十款日本民人得稟明政府請領准單前赴外國通商或學習工藝又得在訂約各國船隻內幫辦各種職藝外國人傭雇日本人前往外國應呈稟通商口岸地方官乞政府准單第十一款日本政府應設燈臺浮標木標等以便行船第十二款該約既經全權大臣訂定無庸兩國政府批准應從日本慶應二年五月十九日西歷一千八百六十六年七月一日起辦日本使臣水野和泉守英國特派全權公使巴克斯法國全權公使路塞斯合衆國代署公使葡路度滿荷蘭公使兼署總領事葡路士布路克押此皆幕府末年所定之約當美約定議時但以城下之盟隱忍曲從期暫紓目前之禍以待後舉而治絲愈紛燎原愈烈每改約一次則外人愈得利日本愈受損而當時君臣上下挾全力以爭約者固未之知也

外史氏曰泰西諸國互相往來凡此國商民寓彼國者悉歸彼國地方官管轄其領事官不過約束之照料之而已唯在亞細亞理事得以已國法審斷己民西人謂之治外法權謂所治之地之外而有行法之權也治外法權始於土耳其其當回都全盛時西滅羅馬劃其邊境與歐人通商徒以厭外政紛紜遂令各國理事自理已民固非由威逼勢刼與之立約者也故其弊猶小而今日治外法權之毒乃偏及於亞細亞余考南京舊約猶不過曰設領事官管理商賈事宜與地方官公文往來而已未嘗曰有犯事者歸彼懲辦也蓋歐西之人皆知治外法權為天下不均不平之政故立約之始猶不敢遽施之我迨戊午歲與日本定約遂因而及我載在盟府至於今而橫恣之狀有不忍言者當日本立約時幕府官吏未諳外情任其鼓弄而美國公使為定約稿猶諄諄告之曰此治外法權兩國皆有所不便而今日不能不爾願貴國數年後急改之其後岩倉大久保出使深知其弊亟亟議改而他國皆謂日本法律不可治外人遷延以至於今夫天下萬國無論強弱無論小大苟為自主則踐我

日本國志卷七　三十一

之土即應守我之令今乃舉十數國之法律並行於開港市場一隅之地明明為我管轄之土有化外之民干犯禁令掉臂遊行是豈徒臥榻之側容人鼾睡乎條約之言曰領事與地方官會同公平訊斷無論其徇情偏縱也即曰執法如山假如以外國人鬬毆殺吾民各交付其國領事則英律禁獄三年佛律禁錮百日罰佛狼百美律徒刑八十日俄律徒刑一年蘭律徒刑三十日而我國殺外國人則論抵命且責償金矣同罪異罰何謂公平假又華商英商同設一銀場負債甚鉅閉店歇業彼英商者以一紙書告其領事曰家產盡絕彼即置身事外而華商則監獄追逋或且逮其妻孥及其兄弟矣同事異處又何謂公平既已許之不由地方官管轄刑罰固有彼輕此重之分禁令又有彼無此有之異利益又有彼得此失之殊彼外人者蓋便

利極矣而我之不肖奸民冒禁貪利圖脫刑網輒往往依附影射假借外人以遂其欲彼南洋諸島寄寓之華人不曰英籍則曰蘭籍更何異於爲叢毆爵乎此誠我之大不便者也不公不平之事積日愈多則吾民之怨憤日深通商以來三十餘年耦俱相依猜嫌不泯而士大夫細民論外事輒張目裂眦若爭欲剚及於外人之腹而後快心者雖由教士之橫煙毒之深亦未始非治外法權有以招之也此亦似非外國之利也雖然明知其不便今欲改而更張之彼外人者習於便利狃於故常必有所不願且以各國人情風俗宗教政治之不同一旦強使就我其勢又甚難而現行條約隱忍不改流毒之深安有窮期竊以爲今日之勢不能強彼以就我先當移我以就彼舉各國通行之律譯採其書別設一詞訟交涉之條凡彼以是施我以是報

我採彼法以治吾民彼雖橫恣何容置喙而行之一二年彼必嚣然以爲不便然後與之共商略倣理藩院蒙古各盟案件以圖禁罰贖代徒流笞杖定一公例彼此照辦或庶幾其有成乎若待吾國勢既強則仿泰西通行之例援南京初立之約悉使商民歸地方官管轄又不待言矣至於近日租界之案有華人與華人交訟彼領事亦靦然面目並坐堂皇參議聽斷者有烟館賭博我方厲禁而租界爲逋逃主萃淵藪肆無忌憚者斯又法外用法權外縱權爲條約之所未聞章程之所不及我總理衙門與英法公使議有洋涇濱設官章程十條 是皆由於地方官吏巽懦瞻徇一若舉租界之地方人民亦與別國領事共治之吾恐各國外部且不料領事之縱恣如此也莫急之務尤亟當告之公使達之外部掃除而更張之

日本國志第[illegible]　卷之八

出使日本參贊官黃遵憲編纂

鄰交志下二

泰西

自美約鈐印於是慶恕慶篤慶喜慶永等初德川家康封其諸子於尾張於紀伊於水戶爲三親藩使輔翼宗家班列三百諸侯上仍稱德川氏秀忠又封其兄子及其子於越前於會津別爲松平氏世以德川氏爲宗族松平氏爲支族慶恕後更名慶勝爲尾張後慶篤慶喜皆齊昭子水戶後慶永爲越前後建言請廢條約奉敕旨而諸藩烈士草莽激徒倡尊王攘夷之說者紛然起矣七月幕府乃黜齊昭慶篤慶喜命慶恕慶永退居時帝屢詔徵三親藩及大老將軍奏令老中間部詮勝西上奏曰慶恕齊昭慶篤并蒙譴餘則幼弱耳諸番雖至外事冗劇大老亦未得西今遣詮勝西上及其入朝請垂容問八月家定薨家茂任將軍大老井伊直弼益專擅帝乃特降内旨於齊昭曰將軍

與外國私締條約雖事不得已然未嘗奏取進止如此大事不以上聞非弁髦王章而何往日徵三親藩於輦下且敕使奏列侯意見將軍依違不奉敕乃使老中詮勝西來如此則患不在外國而在蕭牆聞水尾越皆有罪外患逼切而窮羽翼奈人心向背何朕欲合羣策羣力以謀國是汝宜竭股肱力糾合衆議以禦外夷侮初齊昭素主攘夷議改革藩政練兵鑄礮以備海防家慶賞以黃金寶刀既而有譖之者幕府遽令退居及美國規盟幕府起用齊昭齊昭獻大礮七十二門然卒以主戰不與議合終廢黜齊昭既黜憤懣不得志於是其京邸監鵜飼吉左及安島帶刀鮎澤伊太夫等與鷹司家臣小林良典近衞家婢村岡諜周旋諸公卿間左大臣忠熙内大臣忠香前内大臣實萬權大納言齊敬忠房乃同奉敕草詔遂齎歸江戶時直弼諜悉其狀又偵知諸藩臣遊士贊成朝論誹議幕政乃大索執安島帶刀等二十七人十月詮勝入京與關白尚忠所司代酒井忠義謀責令關白政通前内大臣實萬削髮執王人紀正恒等三十五人尋入朝

奏曰主上欲絶夷狄幕府敢不奉詔然王室霸府苟懷貳心事必無濟願姑緩之十二月幕府檻致京因於江戸命寺社奉行大目付鞫之初幕府修大阪城夷天保山以置熕臺是春成令彦根起寨於數馬口正篤之告東歸更敕曰須命大藩嚴太廟京師守及磨墨入港幕府又命高松松山桑名三藩起寨沓掛八幡鷹峯命安濃津備京師非常岡山鳥取高知戍大阪荻戍武庫枷川戍界浦福井戍神奈川二本松戍富津六年己未二月幽粟田宮尊融親王命伊達宗城退居山内豐信亦告老三月忠熈并辭官削髮一條久我萬里小路皆黜皆以降攘夷詔於齊昭故也明年八月幕府斷水戸獄大老等數齊昭以密奏京師私請敕書等罪遂禁錮之水戸并幽其子慶篤慶喜屏居太田資始黜作事奉行岩瀨忠震軍艦奉行永井尚志西城留守川路聖謨等尋斬鵜飼吉左等八人餘禁錮流竄初直弼議刑老中太田資始諫之曰此輩所爲亦出憂國至誠宜從寬典板倉勝靜佐佐木顯發亦諫曰若處極刑爲衆怨府必生亂階直弼不從遂獨斷行之株連甚衆時人謗其濫刑比之漢黨錮明東林禍而人心益憤處士謀殺外人陰刺朝臣之禍疊作矣五月帝賜黃金於尚忠政通忠熈輔熈實萬及兩奏職事諸公卿以慰外事

之勞因敕曰嚮侍從詮勝入奏朕傳旨幕府再三今且欲觀幕府措置天下物情卿等其注意幕府尋奏獻金五千兩充御用頒遺金二萬兩於公卿親王朝臣加關白尚忠職俸五百苞采邑一千石三月水戸臣及鹿兒島臣刺殺大老井伊直弼於櫻田數以擅許條約諸罪水戸佐野光明齋藤監物等暨鹿兒島有村兼治等伺直弼入朝邀殺於道提首而去或鬬死或自裁有自首者八人連署上書曰直弼挾幼主恣威福擯斥親枝廢錮忠臣殺戮義士幽囚親王而反昵夷狄不待敕許擅訂條約臣等不能與此賊共戴天爲天下誅之敢待斧鉞是春下令從諸商於神奈川至夏開横濱長崎箱館三港許人民貿易頒五國條約於全國禁以律書兵書公鑑武鑑城郭地圖及銅屬賣於外舶又令諸海舶帆用白布艫上樹畫日白旗以別外舶遂爲全國徽志初畫日於幖惟幕府輸漕用之及令列藩摸造洋艦許用此幖萬延元年庚申正月初英墨遣使促日本使節赴二國家茂遂延見佛使至是遣外國奉行村垣範正新見正興軍艦奉行木村某目付小栗某等

二百餘人於墨乘島津氏所獻太元船及墨人蒸氣船而發至十月復命幕府遣使節於海外是爲嚆矢明年遂遣使英佛墨蘭魯普六國七月英人入江戸議設館於殿山品川家茂延見墨英二使尋見佛使英人二十餘名上富嶽幕吏百餘人從之遂浴熱海温泉自下田港去普魯斯使至江戸請條約不聽八月前中納言齊昭卒年六十餘齊昭嘗請開蝦夷語其臣曰往時太獻公戒長崎奉行曰内地爭戰楚得齊失要不出區寰苟寸壤尺土沒入於外夷則我日本之國辱莫大焉夫蝦夷千島本我神州地而鄂人傲然據之豈啻尺寸實千古悲憤故當講鎮撫之術畫開拓之策移内地民從事於開墾以固北門鎖鑰維新之後卒用其議又嘗上疏曰造三檣船數千百艘鑄大熕數百萬門往來外國互市今海内共有四十七萬一千八百四十寺毀諸寺鐘以鑄軍礮則兵足用足其論攘外謂當以組練之師分屯衝要使彼就陸地決戰乃可以逞吾志亦深合時勢齊昭紹光國遺志常欲尊王請修山陵復謚法攘夷之論實其首倡其己未發江戸詩曰白髮蒼顏萬死餘平生豪氣未全除寶刀難染洋夷血却想南陽舊草廬有識爭誦之及卒浪士三十餘名夜詣薩州邸呈書曰水戸既死海内除貴藩無可依賴者願屬貴藩爲攘夷先鋒問其姓名皆不答薩藩啟之幕府幕府命置之其邸其後倡尊攘論者多其遺臣甚至奉齊昭木主以稱兵

焉八月有人要殺墨使書記比由斯堅於三田幕府大索之不獲明年幕府與洋銀一萬元於其母十一月箱館奉行堀利熙屢諫老中安藤信正不聽遂上書以死諫畧曰墨使日詣貴邸專論我政務閣下共被同餐尊之如師又結爲兄弟懽與之刑典數部彼贈衣帛球玉閣下酬以慶長金保金一萬鎰彼以憫醉挑侍婢閣下佯爲聾瞽而不問殿山築館卧榻鼾眠閣下亦許其無他甚則渠論廢帝事閣下使國學者索舊典僕竊聞之血淚灑雨鐵腸若裂天下士皆欲食閣下肉彦根元老豈非前鑑是僕所以爲閣下肝腦塗地而不辭也臨絶之言幸鑒哀鳴死且不朽文久元年辛酉二月水戸藩士子弟脱籍屯長岡驛嘯聚無賴至千八百人移檄曰紹故黄門遺志以舉義旗一將率水軍襲横濱燒館塵夷一將率陸軍入江戸誅吏之許互市者江戸戒嚴命慶篤追捕又遣小普請講武所士三百餘人於横濱守蕃館命諸侯備東禪濟海善福諸寺皆洋館也五月水戸亡命有賀重信榊鉞三郎等十四人襲東禪寺英館揮槍傷英卒三人幕吏

及郡山西尾衛士驚起互鬬殺傷衛士十餘人幕府賞衛士命水戶捕餘黨（既而召諸藩議水戶獄重信鬬死外斬大關某等五人）英使責老中安藤信正曰政府萎薾不能制彼亡賴我自問其罪（先是戊午七月亦有人殺魯人三名於橫濱）與佛蘭兩使將以兵逼信正等力懇事裁乎自是英留兵橫濱戎裝赤目曰赤隊明年與英死者親族洋銀三千元六月幕府命新庄桑名松山守神奈川蕃館尋命姬路松代守橫濱七月英人來請曰自神奈川至長崎箱館洋多暗礁願測量海底幕府許之令外國奉行屬吏入英船與俱告沿海諸藩縱英人上陸及圖成頒於諸藩二年壬戌正月有人要擊老中安藤信正於阪下門傷之亦斥其親昵夷狄等罪（信正多攜家臣自衛傷肩僅免刺客七人格鬬皆死檢屍各懷書畧曰安藤承井伊氏後奸謀詭計過之十百蔑侮朝廷親昵洋夷與京尹酒井謀幽公卿正言者廢君臣父子之大倫溺夷狄禽獸之污俗又命國學者索廢帝古例將使大將軍蹈北條足利輙大逆無道臣等爲國家誅之）

當是時朝廷決計攘夷幕府逼於強敵不敢奉詔乃大張威焰削親支錮公卿戮志士又諷令諸侯之持異議者退隱（辛酉十一月令鍋島齊正退隱）於是朝野皆失和三月長門藩毛利慶親上書幕府謂王霸相和本也諸港開鎖末也國本立則開鎖之權在我請翼戴天子協和衆心以固國本又見老中久世廣周曰自黜鍋島氏大藩失望各自爲計萬一有挾天子以號令四方者何以應之廣周等愕然慶親睨視少頃曰爲今之計有春岳（慶永）爲大老刑部卿（慶喜）爲輔佐以洗弊政耳慶親因薦其臣永井雅樂孰於京人幕府召雅樂厚遇之授密旨入京師四月雅樂上書於議奏大納言忠能陳時勢不可已請敕許條約不聽（雅樂頗有學術所條陳洞悉時勢然當時脫藩士輻輳京畿出入搢紳門交詆雅樂遂不得要領而東歸長人在京者亞雅樂欲刺之雅樂謀知取道中山道來原良藏爲雅樂副及歸屠腹遺書曰誤停王霸卒以扞格自許忠義今反爲不忠不義故以死謝明年雅樂亦以事自裁）時薩摩藩島津久光亦密奏入京上疏曰戊午以來幕吏恣許互市親如三家尊如上公持攘夷議者輒加屏黜志士亡命結黨或刺大老或戮醜虜遂欲起義兵幕吏肆其威棱苛猛如虎而士氣益激勢日益甚臣恐其釀亂陷夷術中與諸臣議將東建言於幕府途遇處士欲迎臣舉事臣諭令竢命敢請處分朝廷因留久光鎮京師（初浮浪魁平野國臣轟武兵安積五郎有馬新七等三十餘人倡尊王攘夷之說於攝播同盟至數百人相謀曰烏合舉事孰與依賴大藩久光將赴關東過姬路國臣等投之曰近日幕府蔑朝命親外夷臣等憤激將戴我公以解諸公卿幽屏撲大坂彥根二條三城下令七道奉皇駕於函嶺東問罪幕府并殲滅醜夷請公察微衷奏之朝廷久光諭留伏見自以士卒千餘人入京師既而薩之亡命在大坂者憤久光過鎮重與諸浪士相率將逼京師久光乃遣藩士要之伏見遂激論鬬爭有馬新七以下死者八人藩士亦蒙創初所司代酒井忠義呈書傳奏曰今聞西國亡命嘯聚於大坂兵庫唱暴戾之說苟公卿密通其謀必有不測變萬一有過輦下規威刼者下官當竭力誅夷之及伏見變起上下騷擾忠義等倉皇遁由是所司代威令墜地處士橫行殺伐之風大起）詔曰關東奏請限十

年絕外夷汝其奉旨運謀以張國威既慶親復上書幕府曰近日列藩游士不經幕府而直奏天朝苟有奉詔要關東者當釀羣雄割據之勢將軍宜朝京師會列藩議國是大事奉詔以行使天下皆知公議所在將軍尊朝廷則天下皆尊幕府矣五月蜂須賀茂韶亦上書幕府畧曰昨日之歷今日不可用許外人互市亦非失算而恨其不當窾何也先拒而後許彼既以要挾遂志則所求皆挾勢而來何怪彼之傲很不馴乎茂韶恐我清淨土陷爲腥羶域今游士嘯聚闕下人心向背亦已可見側聞敕使東下王室之親疏皇國之安危係矣轉禍爲福在今日生釁釀亂亦在今日事機一去間不容髮請選非常之人以處非常之事若松平春岳鍋島閑叟藤堂高猷伊達春山皆宜使之參朝議麾下之故源齊昭故島津齊彬前所建白多可參酌宜

引三家三卿以陳意見優待大藩以備諮詢又曰海防大事請命海外各國造十數艦使麾下士人就學操船或巡視北邊魯西亞境或航朝鮮廣東香港呂宋爪哇諸島以熟海路置造船鑄砲場於五畿七道每道三所使工人學習技巧如此庶可與內治而禦外侮（又曰將軍宜入覲謝擅降之恩曰皇宮供御宜倍舊額曰宜修歷朝山陵曰四方游士憤受外侮遂犯幕法其情可恕其跡可憫請寬假之使各歸其藩其餘尚數條）藤堂高猷亦請入朝以慰天下望權宜以寬游士罪攘夷以盡將軍職幕府皆納之時有詔召慶親西上與島津氏同鎮處士島津毛利氏既居京東西相周旋家茂乃先後釋慶恕慶喜慶永及山內豐信伊達宗城罪尋奉詔解粟田宮鷹司近衛一條久我萬里小路等幽屏朝廷又遣左衛門督大原重德奉詔東下島津久光及毛利家宰等從之五月十日詔至略曰今外夷益猖獗幕吏誤措置天下

騷然萬民將墜塗炭朕仰恥祖宗俯愧蒼生幕府奏曰近以人心不協故不能舉膺懲之師苟降嫁皇妹則齊心協力以攘夷朕特許所請幕吏乃連署奏曰限十年必奏攘夷功朕甚嘉之親禱諸神以待其成客臘和宮東下朕告國政仍舊委幕府惟外事實關國體故使奏聞而後定且命二三大藩參預其謀幕吏依違未奉行既而薩長列藩及西海南海各處士蜂起建議凡所密奏雖畢出於忠誠憂國而事甚激烈朕召老中久世廣周西上又遲遲未行幕吏因循偷安失撫馭術恐國家傾覆立至矣朕日夕憂懼朕欲使德川氏恢祖先功業張天下綱紀因命三事其一使將軍率諸大名（謂諸侯日本通稱）入朝議治國家攘戎夷上慰祖靈下順民心其二依豐臣秀吉故事令沿海大藩五國爲五大老以整武備其三使一橋刑部卿（謂慶喜）輔佐將軍越

前前中將（謂慶永）任大老職行內外之政則必不受左衽之辱將軍宜擇其三事以行其一家茂因理裝西上是月英人上書幕府言小笠原島非日本有幕府先已遣水野某巡察乃引證據答之六月松本臣伊藤軍兵殺英人二名於東禪寺而自殺幕府罷松平光則警衛出軍兵屍以謝英尋以洋銀三千元與死者族（軍兵居常慨光則警備洋夷欲以事致仕會更戍之日英人無禮軍兵憤恚遂及難）八月敕使重德西歸島津久光護之先發途過生麥英人馳馬衝久光前驅衛士誰何不聽怒馬直過衛士遂殺之（長人桑原良藏入橫濱欲斬外夷見捕自殺）十一月又敕三條實美東下詔曰朕於攘夷議萬變弗渝然人心不一則事不集朕欲布攘夷詔於天下若策略則將軍職掌其集思竭慮家茂對曰攘夷臣職也然須令列藩養銳待賊臣明春入朝再奏方略三年癸亥正月會人來江戶告曰英佛將舉

兵來而諸浪士在京攝間者方以攘夷促慶喜慶喜曰待將軍入朝浪士扼腕而退遂殺千種家臣投首於慶喜館曰爲攘夷血祭又殺池內大學梟首於大坂難波橋榜曰是通夷賊又投一首於山內豐信館書曰是亦助惡者今攘夷詔下公之舉措安危係焉微者之首敢供轅門肥後人轟武兵長門人久坂元瑞寺嶋忠三郎土佐人武市半平太等詣關白邸逼之曰慶喜慶永已入京而屢延攘夷期朝廷亦置之不問臣等憤激之餘或不能顧尊貴欲血及以祭軍神關白大驚報之各藩大納言實德中納言季知少將實麗大藏卿隨資等亦促關白以攘夷關白報之慶喜慶喜與容保慶永豐信答之曰待將軍入朝而後決尋詔公卿及在京諸藩早奏攘夷功又用武兵等言詔洞開言路遴選參政特置關國事一官擇當時公卿有名望者爲

之三月英佛軍艦相踵入橫濱十九日以書逼曰願獲島津三郎否則取償金六十萬圓於政府別取三萬圓於鹿兒島區區者不余畀則當以礮火鳴冤請自今限二十日賜答江戶戒嚴命閣部詮實守殿山津輕朝澄岩城某守越中島松平信庸久世某守濱苑安藤某守羽田山内豐福淺野某守大森事報京師詔在京大名曰英人至橫濱問生麥事有藩屏任者其各就國整兵乃令前田齊泰備京師軍根毛利慶親備對馬援兵軍根因罷其武庫戍松平慶倫龜井玆監中川久昭代之德川茂德戍二見浦與安濃津同讓大廟池田慶德督攝海諸戍兼守隱岐是月十三日家茂發江戶三月四日至京帝幸上下加茂廟親祈攘夷家茂率諸侯扈從初家茂未西豫詔在京限十日以攘夷期逼也既英事日急有燒品川高輪之說東人日勸家茂東歸德川慶恕上疏曰君臣和而夷可攘諺曰去者日遠臣恐釁開不如綏將軍東歸慶喜容保亦說輔熙實美請留家茂帝燕見家茂待之優渥

曰業既委萬事當在此指揮大名家茂感喜島津茂久臣本多某獻十策於闕下日築大阪外城引淀河爲塹渠其規模倍豐臣氏四面起熕臺諸門設大統數十日尼崎岸和田兩城爲大阪羽翼倣阪城制開周池築熕臺集攝之兵於尼崎泉之兵於岸和田曰岬築八砲城亦徵不沿海諸國之兵守焉曰自安治川木津川至山崎八幡岐連築熕臺曰令武庫界浦市人徙京師曰紀伊阿波淡路遣公卿各一人巡視其海防作圖奏之曰沿海各國建土著戰守之策勿勞奔命曰武庫界浦等處及其他要港置軍艦其十請大將軍留京指揮列藩至是島津久光奏曰臣獻鄙見以論時事而讒口間之媒孽者多臣言不行久居闕下慮有不虞且攘夷期近願賜數月暇因留書明日就國以諸藩在京或有議嶋津氏執事者也四月詔家茂令十萬石以上三藩同戍京師代以百日家茂詣闕朝廷決以五月十日爲攘夷期家茂勉奉詔布告諸藩而心知不可既而帝行幸男山欲親授攘夷節刀於家茂關白輔熙左大臣忠香等皆扈從焉家茂臨期稱病因召慶喜欲授之慶喜窮蹙俄稱病下祠浪士等聞之怒曰咄惰夫不足與有爲遂請帝親征願爲先鋒朝廷賢慰藉之既而慶永爲浪士所逼知

攘夷難行上書辭總裁職遽歸就國山內豐信伊達宗城等皆就國時英國償金議久不決薩人上書幕府曰聞英人逼政府欲得吾族三郎而甘心苟授首而解難固所願也然英人失禮於我我故斬之曲在彼而反求償何外也三郎欲授首於兵間敢請命公卿亦主張不償之說既有傳聞英佛寇攝海者時德川茂德留守江戶驛騎絡繹促家茂東歸既而慶喜長行等小笠原長行亦幕府老中奉攘夷詔東下英佛益逼幕府老中欲俟家茂歸五月老中多稱病無一人視事茂德乃親自西上慶恕又使人要之途茂德入名古屋城亦稱病幕吏已再四延答期欲再延則無辭老中松平信篤井上清直等遂授償金券於英人會長行至欲先鎖港而後償金老中不聽長行獨至橫濱告各國公使曰我邦獨立久矣邦人皆不喜外交故京師命幕府鎖港止貿易公使等答曰吾輩奉國命通商

此非吾輩事當遣使本國議之然結約復破各國將問背盟罪日本何不達宇內形勢之甚幕府慮英佛生變宜布市民市民爭逃避舟車搬運府下大騷慶喜在途聞償金議決飛騎止之既知勢不可挽乃入江戶出償銀四十萬圓於英事始平京師聞報公卿譁然秉燭會議徹旦不決先是毛利慶親奉朝命大修下關堡是月十日戍兵發庚申艦礮擊墨船於田浦洋中墨船亦發熕入夜大雨海面昏黑彈多不達戍兵又放一艦交戰數刻墨人有死傷者遂遁家茂時巡坂攝海防及歸京攘夷過期東報未至兩奏議幕府慶恕等對曰遣使促之倘遷延則命將軍東下慶喜亦自東上書曰臣未見攘夷勝負幕吏疏臣爲包藏禍心臣內外煎逼恐負聖恩請辭職朝廷不允六月三日家茂入朝詔乃許東歸初下關兵與蘭船戰互有死傷是月墨艦來襲破庚申艦礮臺亦毀尋

佛艦突入毀赤馬關壇浦杉谷諸礮臺上陸放火前田村長人短兵横衝其隊伍苦戰僅卻之幕府令中根一之丞等乘朝陽艦至長詰問長人不服并殺幕使當長人礮擊墨艦小倉對岸不援墨亦不侵長人責小倉日鄰國之義緩急相援今閉戶不救是背攘夷詔也此後我礮擊夷艦對岸咫尺不保彈丸不及願勿責我小倉八日將軍在職幕命乃敕命不敢為輕躁之舉彈丸之及不得從命自是倉長有隙一之丞等過淡路岩屋洋德島藩長坂貞治誤認為外艦發礮後貞治屠腹謝罪一之丞等將抵小倉過田浦長人礮擊之下小艇詰問長人答曰幕艦模洋式故擊之不則誤認洋船以為我艦可乎一之丞與鈴木八十五郎入詰長事長重臣答曰奉朝命幕旨焉爾何敢擅乎拘留二使遂暗殺之幕府遂大惡長藩當是時朝廷已下攘夷詔幕府密主和議而長人已開兵端乃詔賞長人果斷特賜紅白御旗於毛利慶親賞之又命以少將正親町公董為監軍傳攘夷應援之詔於諸藩曰兵端已開苟袖手旁觀非皇國臣民諸藩其一心敵愾互相聲援以雪國恥遣公董於長防及鎮西水戶會津伊達細川池田山內有馬等親兵從之尋筑前肥前諸藩驛使至萩城曰貴國復有寇必致援軍淺野茂勳亦欲

援之請就國又遣禁裏付小栗某下江戶責幕府速舉兵又詔讓幕府私盟曰鎖港限三十日苟七國不退則攘之老中信篤正直等謂事難施行且并絕和蘭何也七國謂英法墨魯蘭及葡萄牙普魯士六月二十七日英人帥七軍艦抵鹿兒島曰生麥之事已與政府平然主謀無罪事不平請贖金三萬圓養死者妻孥不則得主使者薩人對曰殺人者死萬國所同併捕獲亡命敢不伏辜然衛大名鹵簿我亦有法禁與足下辨曲直而後議養妻孥七月朔英人奪蒸氣船三及琉球船二焚之薩兵大怒乘大風雨邀戰英艦一不動其六折旋自如指岸礮擊丸無虛發碎礮臺及礮數十火及鹿兒島市延燒數百戶薩兵亦礮傷其艦殪二將死傷者數十人薩士乃乘飛舸入英船乞和英人即止戰薩士附英艦至横濱請金二萬兩於幕府與之事乃平初薩摩撰壯士五十名偽賣菓船謀分入英艦刺其船將陸兵應機一擊慶之以風浪大

不得近計終不成及戰英一艦不退拔錨絕纜而去薩人奪錨至和成乃返之英艦過攝海時鳥取人襲擊之英不戰而去後鳥取將亦屠腹謝罪云八月詔大坂城代曰番艦如來急擊勿失幕府下教曰既奏請見許必勿浪戰時詔教幽嚴率如此毛利慶親已開戰欲須攘夷親征詔於天下奏請行幸大和帝遂詔曰拜神武天皇陵駐蹕春日山議親征自帝命薩長土三藩留鎮京師諸侯望風朝者八十餘國幕府奏請以松平容保為守護職帝亦命留鎮而薩長土勢最強相傾軋朝臣各分左右祖又恐浪士主戰者縱橫聳毅會行幸議決忽有流言謂長人當乘行幸火大內奉駕函嶺東征幕府朝議忽中變是月十七日夜半親王尊融左大臣忠熙以下盡朝決議召守護職所司代徵兵備非常議奏傳命鎖九門令薩摩會津因幡備前阿波米澤淀分守之停公卿十三人參朝召大納言實德大納言實愛中納言

光愛等尊融傳詔曰議奏國事等信長人詭激矯詔旨圖不具天皇震怒親征非敵旨也十八日遂詔停行幸免長人戍兵長人乃挾中納言三條實美等西去容保等仍備非常詔曰近者詔令眞偽錯出十八日以來詔乃實出朕意四方其體之九月命親王熾仁為攘夷別敕使既以關東奏鎖港停之十一月朝廷詔諸藩曰鎖港待幕府指揮勿輕舉妄動主攘夷者聞之不懌曰朝議復陷姑息矣相率奔長是月家茂遣外國奉行池田某河津某目付河田某等於英佛諸國圖鎖港事先至佛說鎖港佛不容某等目擊海外交際日盛有所悟遂不歷說各國明年八月歸具陳其由幕府責其辱命削官祿十二月二十七日家茂復乘軍艦入朝元治元年甲子正月十五日家茂入京總裁松平直侯等從之二十日家茂率諸大名朝獻詔家茂曰朕愛汝如子汝親朕當如父醜夷不可不懲然不可輕舉暴

勤宜以實心行實事汝上策畧朕詳察可否以定不拔之國是
又曰暴虎馮河非朕所好而三條實美等不察大勢矯詔親征
欲討幕府長人遂礮擊夷船暗殺幕吏勾引公卿其罪大矣然
皆朕不德所致自今海内一敵愾絶外交以副朕意其他賜詔
者四十餘藩時謂之翻覆綸旨自三條實美等西去詔褫實美爵禁長人入京慶親父子上書曰臣尊攘之志始終不渝聞親征詔下距躍三百欲爲先鋒何圖詔停行幸罷臣宿衛臣爲讒言所中傷九天爲誣無以自明臣今不敢詣闕自陳惟堅奉前詔一意攘夷以死報國島津久先入朝亦奏曰八月之事臣不勝悲痛朝令夕改衰世積習請察時勢人情建不拔之基臨事紛紜長法奇策徒屬無用幸詔列藩決大計池田慶德奏曰嚮臣聞之大臣兩卿信攘夷之詔始終不渝叡慮一惑天下得窺九重淺深而不信朝命夫七卿毛利氏之觸朝譴雖非無故然要之遵奉叡旨爲攘夷嚆矢足以償越境之罪苟奉詔攘夷者蒙嚴譴則人人解體將曰不如因循姑息之爲愈是自開釁陷於夷術中也敢請許七卿及毛利氏入京以明示積年攘夷之旨一海内人心長岡護久與其弟護美奏曰要港已開而夷欲無厭朝廷主決裂幕府主游移至於鉏公卿戮志士而國内之隙開矣慶親初念在協和幕府以戴王室顧朝旨幕命未盡善是以激烈之徒說七卿等輒

轉相激爾如聞長人困執十八日前詔爲眞敕十八日後詔爲僞敕然則其不奉幕命必矣請召慶親父子或重臣于大坂下敕諭之使奉幕命然後責其罪彼必低首屈服否則釀成内訌恐外人乘釁其餘上疏論事者三十餘人四月詔家
茂曰汝入覲列藩亦會同今後宜政出一途以示人歸嚮攘夷
鎖港必奏爾功若實美慶親等處置一委之汝先是朝廷置參豫以忠熙齊敬尊融及容保慶永久光豐信宗城護久等爲之既而更詔有事乃參朝議以委將軍一政權也六月大納言實
愛奏曰朝廷下攘夷詔而將軍以鎖港奏公卿諸侯東西奔走
皆志在攘夷將軍與慶喜既奉詔然入則奉書出則忘戰臣不
解其故大原重德亦奏曰今天下洶洶懼叡旨中變臣決知其
不然特請變鎖港爲攘夷布告中外以示必戰定民志不報八
月幕府下教征長門初長藩士屢上書乞宥慶親父子罪弗省諸士決議曰除君側惡餘無別策於是其老福元僴等率兵犯闕容保糾諸侯兵討平之七月十七日下征討詔奪削慶親父子爵部署肥筑薩藝等
二十一藩以德川慶勝爲總督時各國欲寇長報怨公使會議

於橫濱及聞幕師征長遂命將先攻是月五日有英佛墨蘭艦
十八艘入豐前洋寇馬關礮擊前田壇浦燒臺長人應之彈丸
交注礮煙蔽海日暮交綏六日再戰長人不利徹守走四國兵
上陸進至板谷長人襲敗之殺十數人七日四國兵據山狙擊
長人力拒迭有勝敗而長人鉛硝既盡不得已約和各國船長
責前事長人對曰奉朝旨幕命耳出證左謝之乃定約撤戍罷
築礮臺曰嗣後縱外船來往下關許購石炭薪水食糧遇颶風
許上陸償金則俟與四國公議處以公法媾乃成既而各國公
使逼幕府曰長事須償金三百萬圓取之長人乎抑問政府答
曰政府取彼與之各國公使日夕督促既幕師攻長長人伏罪
明年正月遂徹西征之師慶應元年乙丑五月幕府以長人内
訌再征長家茂親督師於七月入京九月各國公使自橫濱航

入攝海老中阻之不可徑入武庫佛公使上書幕府曰訂約久
矣以王朝諸侯持異議内亂騷擾馴致遷延今薩長已通好於
英均許開港而政府反議鎖港何也英使欲面議將軍將軍不
遽諾故不得不以師從佛深爲貴國寒心今不許條約則遣艦
鑄艦之術不傳其何以强兵一敗再敗勢不可問不如請敕許
即開武庫以解諸國惑家茂大恐因奏請讓軍職於慶喜別疏
曰今宇内互相往來萬里之大彈丸之小無一國能閉關拒人
者獨我國遷延退避畏之如虎何以持國體自墨使入下田迄
奉聖旨拒絶外交然臣家茂亦面奉明詔戒輕戰於今八年矣
西征事起臣入阪城不圖夷艦突進武庫要條約敕許今内憂
外患逼於臣身非啻臣身皇國臣民同此禍厄海防何者足恃
與各國戰幸而小勝環海皆寇生靈何辜臣身存亡即置之不

問臣誠不敢知實祚安危如何臣不勝痛哭頤賜赦允以紓目前之禍疏已具令德川元同入京家茂遽發大阪至伏見治歸裝諸將士視急爭從道路繹騷慶喜在京聞之大愕卽夜與容保定敬單騎馳赴伏見面議而還十月慶喜容保定敬長行等亦連署奏請敕許詔問諸藩多許之者五日家茂乃入朝令傳奏飛鳥井雅典野宮定功賜敕於家茂允許條約然猶不許開武庫幕府宣告中外外艦乃去幕吏以敕示各使英使見書中兵庫仍不許開港語遽起取書怒裂之擲於地曰使臣之職遵約而已他非所知幕府乞援於佛使請爲調停於是老中連名作書曰兵庫開港其責在大君已委水野和泉守請至江戶再商各使乃歸橫濱自戊午結約朝野謗議至是乃得敕裁家茂遂駐大坂命將西征有佛艦過馬關曰佛已與政府盟不得不援政府討叛者今將赴長崎請歸路報我及長攻小倉佛人詰長人長人曰幕府屠我大島燔我聚落殺戮亡辜小倉

負鄰交啟東軍我何得唾面不報會英船來居間和解佛人乃去或曰幕府私囑佛以劫長也尋英人率軍艦及測量船各一泊宇和島伊達宗城遣吏按之對曰政府無悔約意英豈有異志二年丙寅七月十一日將軍家茂薨於軍布告列藩旋罷西師詔以慶喜爲將軍十二月帝患痘崩今帝慶應三年丁卯五月詔開武庫港先是各國公使自武庫至大坂賀將軍襲職且促開港慶喜奏請曰曩先帝明察俯允條約然猶禁開武庫先臣家茂豈敢違旨而不以布告者以開港之期載在盟府不可渝也苟或失信各國將以兵戎問背盟之罪我中世以還羣雄割據互相吞噬歃血爲盟然當城下臨門祇求和親以爲姑許紓禍以待後圖當歃血之初已萌背約之意故已盟復寒視爲無足輕重之事然不可施於今之外國惟今萬國交際首

重締約一語已下山可移海可覆而約不可廢故約中一字之誤萬民之膏血係焉利害所關不可不慎今之條約誠有失便宜者而非開武庫港之謂也臣聞英美魯佛各相往來環球而居雖異宜異俗而橫目圓顱均是人耳既無彼此卽謂之同胞可也萬國和會我日本乃欲獨立海中閉門拒絕能乎不能一締條約互相維繫強不得淩弱大不得併小故西人謂條約尊於法律法律所以治一國條約所以綰萬國鄭重如此臣敢披赤心保其無他伏冀陛下詳古今之變察宇內之勢從已許條約特開武庫以昭國信揚皇威朝議以先朝所禁詔詢列藩淺野茂長池田茂政池田慶德稍持異議其他均謂可許遂許之幕府乃定本年十二月爲開港期後又改期明年三月方是時幕府大政皆仰朝旨而慶永齊正豐信宗城久光等各參大政

尋豐信上書幕府曰比年以外交釀內亂東西分擾無他政出二門也方今大勢一變不可墨守舊規宜奉還大政於朝廷與萬國並立基業十月將軍慶喜遂奉還政權十二月九日朝廷下詔曰今日以往大小政令自朝廷出明治元年正月十二日令四方曰曩德川慶喜怏怏失望敢以兵逼京師今以親王熾仁任征東大總督授錦旗東征初慶喜之叛諸國公使在兵庫下局外中立令禁其人民勿援東西師勿鬻兵器及慶喜東走又告公使曰日本天皇親執政權自今以京師爲政府二月會各國公使於大阪本願寺文武諸官盡列外國事務官少將東久世通禧少將伊達宗城傳命曰政府新置外國事務局責在吾輩自今日始請遇事協議以慎邦交我天皇欲見諸卿 公使等其待後命公使等答曰固所願也然聞征東師起吾曹將避亂

横濱倘天皇賜謁願勿延宗城曰余爲外國人居留者保無虞莫以爲念公使曰然不欲曠日或曰延夷於闕下如物議何參謀等笑不對三月朔英佛米蘭諸公使入朝拜謁天皇賀大政復古盛典是日儀畢帝臨太政官以五條會諸侯盟誓其末曰求知識於寰宇以振起皇基遂布告全國於是外交事畧定京人相賀而是時攘夷之說未息當各使集兵庫時備前藩王過神戶或犯其前驅遂發礮攻擊互市場各國咸怒盡奪諸藩輪船之泊於神戶者土佐藩兵守界浦又毆擊佛國十六人或死或傷佛國聯各使以五事要朝廷概徇其請曰急戮暴徒曰償金十五萬圓曰外務長官亟致書謝罪曰土佐藩主亦謝罪曰不許土佐藩士佩刀入市場三日不允則徑行吾意廷議處闕覺遂執土藩士二十人賜死於妙國寺佛人亦來監刑各以次就死屠腹如劃水佛人不忍視至十一人合掌退去及英使入朝又有刺客要擊於途傷護衛兵即擒暴徒處以梟示先是以攘夷得罪者敕令自裁依舊例引刀剖腹暴徒視死如歸轉以爲榮犯者踵起及是從英使言告例士籍處梟刑以示辱也維新以後此風仍未已有張示於日本橋者曰外人近益跋扈縱馬橫馳往往傷人不顧見之而不拔刀即非日本男子甚至大學南校所延英人教師駐劄箱館之獨逸領事亦遭害政府嚴禁始息各開港場仍屯兵守護幕府時所設名曰別手組維新後仍不撤至明治五年始廢而英佛二國各留兵千五百人於橫濱以保護已民至八年始撤去維新之始管外事者內外交譎而東久世通禧伊藤博文後藤象次郎等竭力彌縫漸覺相安於是朝廷益銳意外交先下令有約各國凡有往來國書及宣告公文君主之國概稱皇帝民主之國稱統領當鎖港時沿舊習見外人輒目爲夷狄或所爲異類將軍自稱爲日本大君稱他國曰某國主及是盡廢君主之稱概尊爲大皇帝或大統領者爲令所有前禁耶穌天主二教之在地蹈像當道豎牌概撤廢先是幕府於長崎設耶穌像令登岸者踐踏之又通衢大道皆有豎木牌示曰禁止切支丹宗門王政復古更書曰禁止切支丹耶教各使請刪去耶字又改曰切支丹宗門仍依例其耶教應嚴禁遂改約論起各國復互相議曰日本法律仍禁耶穌教背宗教自由之義實爲文

化半開之國豈得比於泰西得平等權利乃將所豎禁牌撤去仍無他禁明文其依照天主教法行葬禮者仍不許當舊幕時禁教極嚴教徒皆潛匿不出及外舶締盟死灰復然遂邀集教徒數千人於長崎之浦上村公然聚會幕府捕繫之佛人力請釋放乃分配三千餘人於各藩責令約束雖教師復請之公使求爲赦免而政府謂天草之亂教門實爲國政之蠹不能曲從其後漸次寬禁亦以外使諍論故也既廣開各國語言文字學校復遣子弟之秀異者官吏之諳練者留學於外國已通商矣有吉田寅次郎欲私附外船往各洋幕府猶處以禁錮後漸弛此令幕府先遣榎本武揚德川昭武往外國名曰留學生而薩長大藩亦選俊才竊往中加伊藤博文井上馨鮫島尙信森有禮吉田清成輩皆在其中學成歸朝値變革之際咸破格擢用維新之初各朝貴侯封爭遣子弟往學明治元年海外留學者五十人二年至百五十人至五年大抵千餘人初改兵制練海軍變刑法研醫學架電線敷鐵道創辦之始爭聘外人爲先導外人應募而來踵趾相接幾徧於國中自政府屬官遠於私學校各社會各製造所苟採用西法者咸雇西人此輩來者咸稱御雇教師明治初年意謂取長以補短遠三四年則皆欲舍舊而謀新風氣所趨聘書絡繹明治六七年間所聘外人大約六百人以上至十一二年漸少猶在二百人以下俸臘之費約計殆過千萬圓云外務日繁政府乃分駐公使領事於各大國明治三年以森有禮使美鮫島尙信使歐洲是爲遣使之始而後遣派公使凡九國爲英佛米蘭獨魯及澳大利亞意大利二國又分駐領事於英之倫敦新嘉坡魯之哥爾薩浦鹽斯德米之桑港紐約佛之馬塞獨之伯林等處已漸察外情思恢復已失之權利而外人尙干預內政或故犯日本條規或強迫日本遵行如游獵規則外人多游獵內地者日本制令民人繫集之區林木掩蔽之處不得妄發銃犯者得拘禁之而巡查拘而致之領事者多以無罪免防疫法明治十二年長崎疫證流行卽霍亂吐瀉西語名爲虎列刺者也此病最易傳染日本仿西法以定規則凡有船由長崎來橫濱者先泊相州之長浦遣醫驗視用各種消毒法驗明無病者乃放行商之各使無異議惟獨逸有船來不服檢查破例駛入謂所定規則未善也外部不得已復與各使協議將規則改定各使乃布告其民使遵行此案出而日本論者譁然皆謂外人侮我不啻奴隸我邊鄙我云日本均不得行其志然整理內政頗有規模外客來游者如英國皇子二年魯國皇子五年伊大利皇族六年德國皇孫十一年美國前總領格蘭脫優加敬禮頗獲聲譽格蘭脫臨別告國皇曰願日本日益富强卓然獨立毋使外人干預內政並願與英米諸紳設立東洋友會力禦外侮云外政亦有

進步如割樺太全界與魯西亞尚易取千島初壬戌秋竹內某松平某使魯以樺太一地委奴以色列兩種人分處欲限北緯五十度定兩國界魯人爭曰烏得以此地爲貴國有以輿論言之謂之滿洲屬島可也且四十八度以北未見委奴人種乃欲分五十度乎此土無界可定然疆場之邑或彼或此亦非我所好我在下田嘗與貴國約人民雜居貴國置不問日他日目擊實地以議無已今以阿丹和港界之二人察其言有奪全島意然茫乎不辨地勢乃立券約就地勢定界幕府請命熟地理者撿之居五年使節未遣魯遂大起土功拓樺太島事聞幕府大驚乃遣小出石川等至其京都執舊券議就地勢定界魯若爲不知者欲以千島代樺太蓋謬以千島爲魯有也小出等讓其食言魯人曰口舌何益今與貴國隨開隨居不亦善乎小出等議曰雖唇枯舌燥辯之無濟今魯人拓地已及五十度南需者事之賊我國之咎也終復約彼我人民雜居而歸至明治三年託米國政府周旋仍畫五十度爲界魯不允四年副島參議六年岩倉大使等迭議不就及榎本武揚使魯又爭論連年八年冬乃定議割樺太與魯而交換千島歸日本云釋秘魯傭役船經俄皇公斷亦直日本而非秘魯事詳鄰交志上篇其後東京有數百工役應募赴秘魯政府處遇責奴之弊禁止之布哇即華人所謂檀香山也有米人傭雇賤民送致其島幕府不能禁後亦遣吏往布哇檢察不願留者載以歸自秘魯事起日人謂業娼妓掠賣兒女均損人權並禁之其全國君臣上下所最注

意者在改正條約維新之初雖照行幕府舊約已漸知領事管轄外人稅則不能自主之非明治四年特命右大臣岩倉具視爲全權大使參議木戶孝允及大久保利通伊藤博文爲副使專議改約兼察各國政事法律商法教養兵制等事先至米國議不合原約以十年爲期明治五年五月即爲改約期已至米外務卿日此大事非空言可辨必須有實權乃可議遂遣大久保伊藤歸國請全權委任既聞歐洲各國均不願乃中止兩副使仍往米偕行及大使歸朝益銳意改革值西南變亂待事定乃與各國公使協議意欲增加輸入凡內港貿易謂專在一國中來往由此港至彼港也不許他國船侵占旋與米國議改明治十一年吉田清成議於華盛頓約稱所有海關收稅章程由日本政府自定日本內港貿易專屬日本人復言此約俟各國改約後即日施行然此各國未就範故不能實施云至十二年又將關稅改正稿出示各使英使詢於橫濱兵庫大坂之英商商會議覆曰舊約非不可改但當訂正細條目已耳其大綱不得廢也謂增加輸入稅旣輸入矣已入日本人之手而重課之楚人得而楚人失何利之有因加稅而輸入驟減吾輩之害也已

加稅而輸入如故於彼又何利焉利不百不變法何改作爲謂廢棄輸出稅以此勸工以此務財以此課農使物產日盛彼之利也若以此抵償輸入所加之稅示惠於外人殆不其然日本絲茶價之高低悉操於歐洲市場於東洋成本之重輕無與也吾輩但從中逐什一之利耳所減之稅不能認爲吾輩沾出之利也海關稅則之權由日本自定誠慮日本政府謀已而不顧人如美國之保護稅竟値一而取二年來貿易已漸覺減色如施行此政行且閉關矣若兩國協議准物之精粗價之高下以定一平均稅則猶之可耳前定關稅以日本舊行之一分銀抵算殊滋不便今日本已自造金銀貨望以各國同等同量之貨一體收用日本政府欲自專本國內港貿易之權商船來往多則貨物之轉通易官民均受其福今三菱會社自專其利而以外船之搬運爲禁一商會之利耳於全國何利焉多開新港以通商此兩國公共之利而現行規則不許外人在內地居住貿易望並弛其禁均許其自由庶與歐美無異日本內地尚多可開之礦應興之工業願移外人資本以代興大利至於外國已經注册之貨有名之牌號獨賣之權利願極力保護毋使日本人僞託妄爭年來日本紙幣製造甚濫願設法限制勿使搖動市場有礙貿易此皆吾輩所望各公使忠告於日本者也日本大藏卿亦詢於東京大坂長崎之日本商會亦議復曰現行條約內外皆受其害舉國所共知也增加輸入稅以減輕地租保內港貿易之權毋許外人船舶使占庶可紓民困而廣商業初結約時海關收稅以幕府之一分銀計算外人貨幣不論其成色之輕但以分量相准彼以攙銅之貨易我足銀受損多矣嗣

後定制以一分銀之三百十一個當洋銀百圓准此計算我政府仍復失利今日本貨幣加上海香港新嘉坡皆邀信用泰西通例本國祇用本國之貨請嗣後收稅概用日本貿易銀其他一概屏棄之可也維新之始國人見舶來之物無不垂涎盡取其累葉之所積蓄傾瀉一空爭相購取故明治三四年以後商務日盛一日至十年而衰頹矣其盛也非實狀也民浮故也其衰也亦非實狀也錢荒故也苟條約得宜貿易且日盛安得加外人所謂有害商務耶紙幣價低非政府濫發之故乃金銀濫出之故銀價不定商業實岌岌可危然日本無法以補救則皮之不存毛將焉傅使日本全國有楮幣而無真銀外人又何所藉以爲利耶故日本今日之政當開通道路興造船舶以利轉輸廣開通商之港增加輸入之稅竭智盡力以保我國本有之利增吾人輸出之品其要全在於改稅則改條約云云十三年再將條約改正稿分致各使請轉呈各政府委權於東京各使以便協議今猶未定、

日本國志卷八

日本國志第三　卷之九

出使日本參贊官黃遵憲編纂

天文志

外史氏曰自地而上皆天也日月之照星辰之明天之覆萬國者莫不同也蒼蒼者其正色耶舟車之所至人力之所通海之所際地之所載萬國之觀天亦莫不同也所未同者各國推步之法耳余觀中國之誌天文者有二一在因天變而厲修省自三代時已有太史所職在察天文記時政蓋合占候紀載之事而司以一人故每借天變以儆人事春秋本舊史而紀日食後世史志因之因有日食修德月食修刑之說前代好諛之主有當食不食及食不及分諷宰相上表率百寮而拜賀者其謬妄固不必言而聖君賢主明知日月薄蝕躔度有定數千百年可

推算而得然亦不廢救護之儀省惕之說者誠以敬天勤民實君人者之職而遇災修省之意究屬於事有裨故亦姑仍舊貫而不廢舉行此中自有深意也彼外人者不足語此遂執天變不足畏之說概付之不論不議矣一在即物異而說災祥自伏勝作五行傳班孟堅以下踵其說恒雨恒暘恒燠恒寒恒風皆附會往事曲舉證應其他若熒惑退舍宋公延齡三台告坼晉相速禍以及德星之聚潁川使星之向益州客星之犯帝座皆一一徵驗若屈伸指而數庭樹毫釐之不爽者何其妄也夫星辰之麗天爲上下四方前古後今之所共仰而人之一身不啻太倉之一稊米乃執一人一時之事以爲上應列宿有是理乎余觀步天之術後勝於前今試與近世天文家登臺望氣抵掌談論謂分野屬於九州災異職之三公必有鄙夷不屑道者蓋實驗多則虛論自少也若近者西法推算愈密至謂彗孛之見亦有纏道亦有定時則占星之謬更不待辯而明矣日本之習天文者甚少日月薄蝕以古無史官闕焉不詳而星氣風術之家中古惟一安倍晴明精於占卜後亦失傳故占驗均無可言即有之要不足道也今特專紀其授時之法考日本舊用中歷今用西歷皆襲用他人法其推步又無可稱述第畧誌其因革耳若乃體分濛澒色著青蒼則劉知幾有言今之天即古之天也必欲刊之國史施於何代不可也余亦以爲外國之天猶中國之天也苟欲限以方隅誌之何地亦不可也作天文志

日本亦用夏正自推古以前統稱之爲太古歷（新井君美曰本朝用歷盡取太初四分三統乾象景初等法其用何法史無可考）先是應神之世百濟始貢博士王仁繼體七年六月又貢五經博士段楊爾十年九月貢漢高安茂

請代段楊爾至欽明十四年六月敕令百濟所貢博士等宜依番上下又以卜書歷本及藥物爲付送明年二月百濟所貢五經博士王柳貴歷博士王保孫等皆依請交代是歲甲戌當梁元帝承聖三年也當時歷博士徵之百濟依番上下第襲用漢歷而已未嘗習學其術也後四十八年推古十年十月百濟僧觀勒來獻歷本及天文地理等書亦兼通其術敕命諸生就學陽湖史玉陳傳其歷法十二年歲次甲子正月朔始用新歷是歲當隋仁壽四年觀勒所獻乃宋何承天之元嘉歷也後八十六年持統四年十一月始行元嘉歷兼儀鳳歷蓋兼用二歷之法是歲庚寅爲唐嗣聖七年儀鳳歷唐所謂麟德歷也行之數年至文武元年遂廢元嘉歷專用儀鳳歷後六十七年孝謙天平寶字元年十一月勅令歷算生講習漢晉律歷志大衍歷議

九章六曹周髀定天論等書七年八月又廢儀鳳歷用大衍歷是歲癸卯當唐廣德元年大衍歷僧一行開元中所作也後十七年光仁寶龜十一年遣唐錄事從五位下行內藥正羽栗臣翼獻寶應五紀歷曰今大衍歷唐既不用用此新法明年正月天應紀元已敕頒行本朝司歷猶用大衍未習五紀謹上此經請爲檢察然因當時無習推步者卒格不行五紀歷凡四十卷唐寶應元年所作也後五十五年爲仁明承和三年頒歷以七月爲小月博士等議互有差午廷議遂據七曜歷法改爲大月餘亦改其大小初後漢光和中劉洪作七曜術爾後陳隋及唐所述凡二十九家廷議蓋兼採其法後二十一年文德齊衡三年陰陽頭從五位下兼行歷博士大春日朝臣眞野麻呂又奏請用寶應五紀歷廷議以爲國家據大衍法造歷尚矣去聖已

遠義貴兩存宜暫相兼不得偏用後三年淸和貞觀元年會渤海國大使馬孝愼獻長慶宣明歷奏稱大唐新法三年六月眞野麻呂復奏曰以彼新歷比校大衍五紀二經且察天文且參時候二經之術實似粗疏令朔節氣均有差誤臣有唐開成四年大中十二年等歷詳加參校實用新法知渤海大使所言不謬歷儀曰陰陽之運隨動而差差而不已遂與歷錯夫大唐開元以來三改歷術本朝天平以降猶用一經靜思事理似不宜然請停舊用新欽若天步詔從之始用長慶宣明歷法後七十五年朱雀承平六年十月權歷博士葛木宿禰茂經奏議以博士大春日朝臣宏範所呈明年丁酉歷本殊多差謬七年十月乃命宏範茂經共議明年戊戌歷二人所議不合因命大宰府寫呈唐歷依照而行是歲丁酉爲後晉天福二年時後唐已亡

天下擾亂大宰府亦無所得自是以往司歷所業不精僅有賀氏傳其家學而已考後醍醐帝時所頒延喜式有陰陽寮一官內稱凡每歲進歷具註御歷二卷納漆函安漆案頒歷一百六十六卷納漆櫃著臺俱於十一月一日供進又七曜御歷一卷正月一日進御凡天文博士常守觀候每有變異日記進奏寮頭助共勘知密封奏聞寮中學生共三十人陰陽生十人歷生十人天文生十人得業生陰陽二人歷二人天文二人均選性識聰慧者令專精學業具名申官給衣食其成業年限則依令云云據此則日本亦有授時之典占驗之術習學之生殆以所業不精遂失其傳歟皇室漸衰遂失厥職民間所行唯用宣明歷法耳逮夫後西帝寬文末始有建議請改歷法者至靈元貞享元年甲子十月取用元授時歷以造新歷名曰貞享歷自長慶宣明歷法流行至是凡八百二十三年而廢矣貞享歷行之七十年將軍德川吉宗頗習天文特於江戸神田建天文臺製簡天儀知授時法又有差違奏請考驗後桃園寶歷三年長至日遂敕陰陽頭安倍泰邦立表測景幕府天文方澁川某西川

某等皆與其事授時法果有誤遂詔改歷明年頒行名曰寶歷歷時已兼用西法後四十四年光格寬政九年十月又詔天文博士安倍泰榮改歷十二月成名曰寬政歷是歲八月築天文臺於朱雀三條後四十五年仁孝天保十三年九月又詔陰陽頭安倍晴親改歷名天保壬寅歷其節氣一遵寶歷之舊百年之間改歷者三蓋以推步漸精易知差謬故也德川氏之初以禁天主教凡舶來之書言及西學概加塗抹方許流布至德川吉宗解禁人始得窺泰西天文之學是時有麻田剛立間長涯攻星歷之學及西書流布寖微入神星工傳爲大寶乃與剛立所發揮若合符節而間長涯所闡天行方數諸曜歸一之理亦合於西術及是遂同究西法當時耆論已欲廢太陰歷而用太陽歷云王室維新明治五年十一月九日詔曰朕惟我邦通行歷書以太陰朔望立月合太陽纏度故二三年間不得不置一閏置閏之前後季候有早晚推步亦從而差而太陽歷從太陽纏度立月雖日子多少之差無季候早晚之變每四歲置

一閏日七十年後僅生一日之差比太陰歷最精最密其便否固不待論自今廢舊歷用太陽歷要使天下永世遵行之百官有司其體斯旨是日遂行改歷禮祭太廟及歷代皇靈太政官又布告曰今奉旨改歷以是年十二月三日爲明治六年一月一日自今以後每一年凡三百六十五日分十二箇月每四年置一閏日凡記時用晝夜平分之法卽以今日子刻至明日子刻爲一晝夜其中分爲二十四時每一時分六十分每一分分六十秒由子至午稱爲午前十二時由午至子稱爲午後十二時所有從前祭日當以舊歷月日比照新歷月日校定須行考西洋用太陽歷始於羅馬教主該撒儒略名爲儒略歷先是羅馬王羅慕路所創歷法以三百零四日爲一年分爲十月而寒燠四時不能相應至努馬本比流改令一年之內增加二月及儒略又改以三百六十五日六時爲一年始行於耶蘇紀年前之四十五年至耶蘇紀元一千五百八十四年已積差十日是年春分應在三月二十一日而誤置於三月十一日教皇格力哥

里第十三覺其差謬遂作新歷以三百六十五日五時四十九分爲一年卽刪棄十日以是年十月五日爲十月十五日又預防後來之差定以每四年置一閏日每一百年又停一閏日每四百年仍置一閏日是爲格力哥里歷又稱新歷泰西奉教諸國次第遵行今惟俄羅斯仍用舊歷故比他國差十二日考太陽繞地球一周爲三百六十五日五時四十八分五十秒弱以三百六十五日爲一年是爲平年其餘數五時四十八分五十秒每積四年則置一閏日是爲閏年然每一日積共有一千四百四十分此每年餘數四年合計僅有一千三百九十五分二十秒猶不足一日是四年一閏每年多十一分零十秒積一百年爲一千一百二十六分四十秒故每一百年宜停一閏日然百年停一閏日又有不足三百一十三分二十秒合四百年又積一千二百五十三分二十秒故四百年仍置一閏日以此法推算積四百年僅差一百八十六分四十秒耳可謂精密至極昔魏默深作中西歷法異同表敍謂西法再積三千餘年當以春分爲元旦萬年以後元旦將在炎夏蓋僅據太陽行分六十七年差一日之說而推而未考其置閏停閏補閏之法也遂須新歷每年以一月三月五月七月八月十月十二月爲大月各三十一日以四月六月九月十一月爲小月各三十日唯二月獨二十八日每四年置一閏則二十九日其歲首必當中歷長至後十日蓋取太陽過宮最卑行最疾之日與

中國冬至太陽在赤道最南之日殊科其閏年必當中國子辰申歲也又仿古七曜之法以七政紀日曰日曜日月曜日火曜日水曜日木曜日金曜日土曜日亦仿西法以日曜日爲安息日官司均給假舊例以一六日爲假日則當中歷之房虛昴星四宿也尋又以神武紀元之年爲紀年之始稱是年爲二千五百三十二年以神武卽位之日稱爲紀元節史稱神武卽位當東周惠王十七年辛酉正月庚辰朔今推算西歷應在新歷二月十一日遂詔於是日稱紀元節所有舊歷之正月八日三月三日五月五日七月七日九月九日均令停廢惟所頒新歷附註舊歷於下以便農時而農家以沿用夏正已久頗爲不便旣又編太陽歷授時表布之民間而於內務省之地理局特設測量一課於西京長崎廣島和歌山各設測候所每日誌其寒暖晴雨及氣之壓力以玻璃管盛水銀記分數於管外於管之彎曲之處開一小孔以吸天氣氣自外入其力能壓水銀視管中水銀之高低以驗天氣之厚

薄如天欲風雨則氣之壓力重而水銀必低此風雨表蓋創於意大利人他里塞利今所通用其製如時表以尖針指定度數者則英吉利乎佸所造也空氣之溫度用表以測空中之氣溫度幾何日本所用寒暑表均普魯斯人華連海所定之度地中之溫度是在地掘一窟以寒暑表驗之日中之溫度是在太陽地用寒暑表驗之無氣中之日溫度用玻璃筒將氣吸盡在太陽地驗之空中之濕氣是驗空氣含水一百分之中有水多少水之蒸氣水受熱其氣上騰爲蒸氣亦以驗寒溫水氣之漲力空中之氣內含水氣考水氣與空氣相合其力幾何露之點用鑵盛水置空氣中內之水冷外之氣熱水受氣蒸則濡濕於外用表考之有多少度而成露雨之量用器量雨以觀多少雲之形質驗十分雲晴雲幾分雨雲幾分並其形狀若何風之方向與速力驗其東西南北來去之處每一時行多少英里每月則編誌布告以便於民而附紀於歷中者則有日月食及日出入之時刻日赤緯之度數謂太陽與赤道距離之度數也月之盈虛出入潮之滿乾其每歲二十四節氣概有定日雖有差違不過一日並附誌焉余在日本與一友論改歷事余意改歷似可不必其人以爲此乃維新第一美政太陽歷歲有定日於制用頒官祿定刑律均精核畫一絕無參差比之舊歷便益寔多余

謂中東兩國沿用夏正已二千餘年未見其不便且二國均爲農國而夏時實便於農奪其所習而易之無怪民間之譁然異論也彼又謂此第一時不習耳日久則習而相安矣且三代之時三正迭用改易正朔乃有國者之常予不議古人而斷斷於是不亦拘乎余無以難之也旣而其人又謂置閏之法本出於不得已若不必置閏而歲歲齊盡其法實精中國特無人創論及此耳苟有之未必不變法也余乃舉沈存中用十二氣爲一年之說以告之謂中國特不欲更改並非無人及此其人愕眙良久亦無以應我也今附錄于此以塞專尙西法者之口其說曰歷法見於經者惟堯典言以閏月定四時成歲置閏之法至堯時始有太古以前又未知如何置閏之法先聖王所遺固不當議然事固有古人所未至而俟後世者如歲差之類方出於近世此固無古今之嫌也凡日一出沒謂之一日月一盈虧謂之一月以日月紀天雖合名然月行二十九日有奇復與日會歲十二會而尙有餘日積三十二月復餘一會氣與朔漸相遠中氣不在本月名實相乖加一月謂之閏閏生於不得已猶構舍之用磹楔也自此氣朔交爭歲年錯亂四時失位算數繁猥凡積月以爲時四時以成歲陰陽消長萬物生殺變化之節皆生於氣而已但記月之盈虧都不繫歲時之舒慘今乃專以朔定十二月而氣反不得主本月之政時已謂之春矣而猶行肅殺之政則朔在氣前者是也徒謂之乙歲之春而實甲歲之冬也時尙謂之冬也而已行發生之令則朔在氣後者是也徒謂之甲歲之冬乃實乙歲之春也是空名之正二三四反爲實而生殺之實反爲寓而又生閏月之贅疣此殆古人未之思也今

爲術莫若用十二氣爲一年更不用十二月直以立春之日爲孟春之一日驚蟄爲仲春之一日大盡三十日歲歲齊盡永無閏餘十二月常一大一小相間縱有兩小相併一歲不過一次如此則四時之氣常正歲政不相陵奪日月五星亦自從之不須改舊法唯月之盈虧事雖有繫之者如海胎育之類不預歲時寒暑之節寓之歷間可也借以元祐元年爲法當孟春小一日壬寅三日望十九日朔仲春大一日壬申三日望十八日朔如此歷術豈不簡易端平上符天運無補綴之勞予先驗天百刻有餘有不足人已疑其說又謂十二次斗建當隨歲差遷徙人愈駭之今此歷論尤當取怪怒攻罵然異時必有用予之說者

太陽歷授時晷表 每年節氣無甚差異

小寒　一月六日　桑始肥　寒暑表自五十六度至四十二度以上

伏日　一月八日　欵冬華

大寒　一月二十一日　浸蠶種但寒暑表在四十度以上則不宜

立春　二月四日　黃鳥鳴

節分　二月三日　踏麥苗惟有雨不可踏宜接梅櫻桃杏諸樹宜插柳枝

雨水　二月十九日　烟靄靉靆多陰少晴

啟蟄　三月五日　宜伐薪無蟲蛀

三月十八日　宜種牛房胡瓜番椒茄子甘薯早稻扁豆瓢瓜之類宜植蘘荷種西洋野蔬宜移植梅杏枇杷南天竹等宜植馬鈴薯種楊花蘿蔔春菘

春分　三月二十日　彼岸櫻始開華

三月二十八日　宜種冬瓜西瓜玉蜀黍紫蘇蓼藍烟草鶯菘等類又宜插林禽梨葡萄柏宜移植柿栗桑及漆桑種芋

清明　四月四日　是節蛇出穴雷始發聲

四月八日　所接諸木始見木芽宜以時加減

伏日　四月十七日　櫻花盛開宜種麻

穀雨　四月二十日　桑始抽芽宜種扁豆大角豆甜瓜之類宜植柑柚橙之類

四月二十九日　牡丹華宜種春蒿麥植蒟蒻　寒暑表自五十八九度至七十四五度

八十八夜　五月一日　宜種大豆麻木棉植芋魁是時竹始抽芽

立夏　五月五日　宜植松樹

五月十二日　宜植葱種木棉胡麻夏蘿蔔早稻小豆　浸稻種

小滿　五月二十一日　蠶起食桑

五月二十四日　植杉宜陰雨忌晴乾始植常青之樹

五月二十八日　浸種方闌早蠶事訖茄子華種牛房

芒種　六月六日　蠶事正忙宜植甘薯惟忌北風宜植櫨櫧檜柑山茶花枇杷竹之類

六月九日　蠶事訖刈早麥宜扦種巵子枇杷之類種胡蘿蔔

六月十九日　初夏蠶方化蛾　春蠶始爲蛾

夏至　六月二十一日　初夏蠶盡化蛾　春蠶方作蛾　宜播種大豆於田畔

六月二十四日　始插秧　春蠶盡化蛾　宜種粟

半夏　插秧　寒暑表自七十六度至九十度以上

小暑七月七日　插秧　宜種胡蘿蔔
七月十八日宜種稗子澆芋
伏日七月二十日　種蘿蔔自是月至立冬勿移植樹木
大暑七月二十六日　百合華　宜種粟　寒暑表自八十度至九十度
七月二十五日刈麻
七月三十日宜摘胡麻木棉之抽嫩枝者種二回馬鈴薯
立秋八月七日　種蘿蔔　赤蜻蛉始出
處暑八月廿三日　宜種蕎麥油菜
八月二十八日早稻華柿始紅　種油菜事訖
二百十日八月三十一日　種蕎麥事訖　早大豆小豆並熟
九月六日粟子始熟晚稻華
白露九月七日　宜種蕪菁秋菜洋葱

九月十日宜種菠薐菜　自是節宜東桑樹
九月十二日種晚蘿蔔水菜菘菜葱罌粟等類　晚大豆亦熟
九月十八日造烏柿菌蕈生宜種葱韭大蒜冬菘芥子
秋分九月二十三日　栗子熟宜移植常青樹木
寒露十月八日　宜種三年牛房小豆蠶豆之類
伏日十月二十日　菌蕈栗子盡熟　稗皆熟
霜降十月二十三日　種大麥小麥蘿蔔
十月三十一日種小麥事訖　宜種蠶豆豌豆冬菘植百合根
十一月三十一日柚子黄栗皆落實楓葉始紅宜掘芋掘甘薯刈早稻
立冬十一月七日　刈晚稻自是日宜移種冬凋之樹若根不繁榮之大木等類其移植尤宜三月
十一月十九日植油菜造醃菜
小雪十一月二十二日　宜覆蜜柑香橙但忌寒暑表四十度以上

大雪十二月七日　宜拔蘿蔔澆大麥
十二月八日宜拾落葉伐薪且不可久留
冬至十二月二十一日　自是日至立春忌耕操陸田水田但不妨澆肥

日本國志卷九

日本國志第四　卷之十

出使日本參贊官黃遵憲編纂

地理志一

外史氏曰於茫茫大地之中畫疆分土而名之爲國其壤地莫不相接其疆埸莫不相奪其强弱大小無定形則有日闢國而日蹙國者上下千古橫覽九州莫不然矣而日本之爲國乃獨立大海中曠然邈然不與鄰接由東而往凡歷一萬五千餘里乃至美利堅由西南而往凡歷二三千里乃至上海臺灣卽最與鄰近之朝鮮亦歷數百里而後能至自神武紀元以來二千五百有餘歲未嘗舉尺寸之土與人亦未嘗得尺寸之土於人雖近日開拓蝦夷交換樺太吞滅琉球似有異於前之版圖者然蝦夷本羈縻之州樺太非固有之地琉球乃甌脫之土得非

果得失亦非失蓋自有日本以後卽守此終古一成而不變不亦奇乎余聞歐西有瑞士山水清華士女明媚以介居諸大閒各謀保護不相侵擾世人比之桃源而東方之日本乃以遠隔强國自成樂土天殆故設此二國使之東西並跱歟自德川氏以禁教故尤泥封關謝絕外客子孫世守其法膠柱拘泥二百餘載無所見於外者無所羨於內無所聞於內者亦無所懼於外當是時也上以武斷爲政下以卑屈爲俗熙熙穰穰娛樂無事而歐洲諸國鷹瞵鶚視强弱相併鬬一爭戰則國步日進北則有彼得加他鄰明毅果斷氣吞南溟西則有若拿破崙雄才偉略諸侯稽首又西則有若華盛頓艱苦卓絕獨立一洲或英人吞併五印度撫有而國或俄人建萬里鐵道以通浩罕輪船電綫爭騖紛起機巧奪天工人智欺鬼神凡西人兵威宗教幾乎彌綸地球而無所不至而日本閉門自守無見無聞瞢然未之知也直至堅船巨礮環伺於門乃始如夢之方覺醉之甫醒雖曰鎖港逐客國體如此亦未始非地勢使之然也嗟夫事變之極開闢未聞以日本四面瀕海古稱天險二千餘載絕無外患而自輪船鐵路縱橫於世極五大洲之地若不過彈丸黑子之大各國恃其船礮又可以無所不達昔林子平有言日本橋頭之水直與英之倫敦法之巴里相接古所恃以爲藩籬者今則出入若庭戶矣言念及此地險足恃乎余觀亞細亞諸國印度覆矣土耳其仆矣安南緬甸又傾踣矣日本自通商以來雖頗受外侮而家國如故金甌無缺猶得以日本帝國之名捧載書而從萬國後壤地雖曰褊小其經營籌畫卒能自立亦有足多矣然而日本論者方且以英之三島爲比其亟亟力圖自

强雖曰自守亦頗有以小生巨遂霸天下之志試展五部洲輿圖而觀之吾誠恐其鼎舉而臏絕地小而不足迴旋也作地理志

全國四面瀕海統四大島而爲國所屬小島凡一千八百餘西北隔日本海遙與朝鮮相對北有樺太島隔尼哥勞斯海峽遙與魯西亞相接東北千島諸島或斷或續直與魯西亞之堪察加相連東南面太平洋西南爲琉球諸島與中國之臺灣等處相對長凡五百餘里廣凡三十餘里或至六十餘里地形修長山脉自北而起至陸羽之間曠與高峻旋分數脉皆蜿蜒西走而趨於東海東山北陸三道其至於信濃者爲淺間山至於甲駿之間者爲富士山此山挺立於東海中又分脉南出爲伊豆半島與海南羣島相連北陸道之一脉至加越之間者爲白山

立山其至近江者又分爲兩支一經伊勢太和聚集於吉野山而趨紀伊一西走分山陰山陽二道而至西海道經筑豐諸國而南折有阿蘇霧島等數峯盤踞肥後日向之閒繼復參差出沒則琉球羣島也山陽及紀伊之餘脉由淡路島而至於四國爲雲邊山石鎚山諸山淡路島以西山陽四國之間島嶼碁布是爲瀨戶內海其東口爲明石峽其東南口爲鳴門峽其西北口爲下關峽云東海北陸之大川皆發源於東山其東流者爲利根川其北注者爲信濃川其南注者爲天龍川西注者爲木曾川由近江湖而發則爲淀川云山陰道有江川四國有吉野川西海道有筑後川皆海內之巨川也全國多山惟武總之際平坦膏美所謂沃野千里之地故今爲帝都氣候寒暑大率中正北方早寒多雪極南恒煥物產豐饒尤富五穀上古名大八

日本國志卷十　三

洲神武天皇起於日向定都於大倭之橿原賜功臣椎根津彥等以地名曰國造疆域日闕至成務朝隔山河而分國縣隨阡陌以定邑里以東西爲日縱南北爲日橫凡爲國百四十四推古以降兼置國司及孝德朝各州徧設國司郡司諸吏多以國造任之於時漸省國爲郡文武帝之大寶中又因山海形勢分六十六國內稱畿內外分七道國司限年遷任治所稱爲國府至嵯峨朝大國十三上國三十五中國十一下國九凡四等共六十八國於是古制一變而爲郡縣昇平日久藤原氏世專國權國司多在京以吏代治公卿之莊園皆以家人爲地頭徧於七道治體漸變及源賴朝開府鎌倉執兵馬之權裂地以授家臣文治元年奏請置守護地頭往往世襲國司復不赴任於是封建之勢漸成建武中興命以功臣爲守護使就國司治所至

足利氏分國郡而封家臣稱爲守護三管領四職以下皆以地傳之子孫正平四年置關東管領以鎭鎌倉統八洲及奥羽於是形勢一變而爲封建應仁以降天下大亂羣雄割據諸道互相吞滅織田氏興畧定東海東山畿內山陰諸地豐臣氏繼之海內盪平羣雄服從其大者六姓德川島津毛利上杉前田佐竹其次三十餘家慶長五年關原役畢德川氏統率諸氏分封其子弟功臣其後加削增減頗易舊封慶應中凡二百七十一藩王政革新更建藩十四旣而分奥羽爲七國改蝦夷稱北海道分十一國明治四年廢藩置縣復爲郡縣之治凡五畿七道七十三國二京三府六鎭三十六縣移都於東京設開拓使以經理北海道封琉球爲藩王此古今沿革大畧也自設府縣離合分併朝令夕改而古來所分國郡雖迭經羣雄割據各以威力跨三四州或

日本國志卷十　四

八九州而國郡舉沿用舊名未有變革數百年來莫不皆然今仍以國分敘別以府縣沿革編之爲表而附以地理諸表焉

畿內日本少名山巨川而平岡細流乃不可勝數今第錄山之較高者水之較長者其關於名勝居於衝要者附及焉

山城　東至近江西至丹波攝津南至伊賀太和河內北至丹波東西凡六里南北凡一十五里東北西三面羣山環圍別有山脉自近江太和而來者又擁抱其南西南稍坦美加茂宇治等諸水會淀水而南注景致秀麗名祀大剎勝境頗多風俗儉嗇作業尤勤都人皆約飲饌而喜服飾自桓武帝延歷十三年奠鼎以來歷朝之皇都也郡數凡八村數四百三十四曰葛野村數八十愛宕村數六十一乙訓村數五十紀伊村數二十四町數一宇治村數三十九久世村數三十七町數四綴喜村數五十五町數一相樂村數八十八田圃凡一萬九千一百七十二町五段一畝二十四步六釐三毫其山嶽有嵐山葛野郡大野川之西雖不

甚高而以櫻花得名愛宕山北叡山如意嶽其河渠有賀茂川木津川一名山城川發源於伊賀名張川自相樂而來容上野川西流而受布目布當等諸水至木津而北流及綴喜郡八幡而會淀川又有鞍韓川泉川之名自伊賀界至於八幡長凡十三里闊五町四十間淀川宇治桂川二水至淀而合流稱爲淀川西南流至綴喜乙訓兩郡之間而合木津川經河內攝津二州之界過大坂入海詳於攝津淀至州界二里二十八町闊三町

太和　東至伊賀伊勢西至河內南至紀伊北至山城東西凡一十餘里南北凡二十五里全州山嶽居其半南方一帶疊嶂連亘其平坦處有北山十津二水縈紆其間而達紀伊北方頗平曠肥腴吉野太和二水橫貫之神武初都橿原卽葛上郡柏原村登山而望曰美哉國乎其如蜻蜓之點水乎故國又名蜻蜓洲其後子孫累遷都多在鄰邑然此爲肇基王迹之地魏志漢書稱爲耶馬臺國卽太和譯音也至桓武帝乃遷於山城以歷世王都所在勝區古蹟殆徧州內風俗簡素足觀昔日勤儉之化郡

數凡一十五村數一千四百八十九町數五曰添上村數一百四十町數一添下村數七十四町數一平羣村數八十三山邊村數一百四十八宇陀村數一百三十九町數一城上村數五十六城下村數五十三十市村數八十五廣瀨村數三十四高市村數一百二十一葛下村數八十六忍海村數二十葛上村數六十二町數一宇智村數六十三吉野至大之郡蓋居全州之半村數三百二十五町數一田圃凡三萬四千九百八十四町零段七畝一十七步九釐其山嶽有月瀨山在添上郡以梅花著名梅林凡三十町三國山並跨伊賀伊勢三畝山凡二里東南亘伊勢金平山鷹巘山多武峯葛城山二上山並跨河內吉野山一名金峯山最多櫻花樹山上嶽稻村嶽彌山七面山釋迦山大臺原山東南兼跨伊勢紀伊高見山其河渠有太和川有二源一發於山邊郡並松村一發於城上郡金平山各自西流至同郡和田村二水相會至山邊郡之小島村而合布流川經城下廣瀨葛下三郡之北畧又併奈良川富之小川飛鳥重坂葛城生駒等諸川西入於河內長八里十四町餘王子渡闊十三間上流爲初瀨川云吉野川源發於吉野郡大臺之原山西北流而經入之波和田大瀧菜摘立野至於上市又西流入宇智郡過阿陁鄉五條上野

至相谷村而入紀伊長十六里三十一町闊三町深一仞下流詳於紀伊丹生川發源吉野郡之吉野山及赤瀧山西流至丹生村有瀑布其高凡三十丈經加名生村而西北流至瀧村又有瀑布是爲王瀑云終入宇智郡靈安寺村而合吉野川長九里十七町闊五十間十津川發源吉野郡山上嶽西流至坂本村漸南流經十津川鄉諸村至七色邑村而入紀伊之熊野川長二十二里九町八間闊一町上流名天之川下流詳於紀伊北山川發源大臺原山之巴淵西南流經北山鄉至河口村而入紀伊再從竹筒村來終注於熊野川長十一里闊一町三十間

河內　東至太和西至攝津和泉南至紀伊北至山城東西凡四里南北凡一十三里峯巒擁於東南淀河繞於西北太和川貫其中央土壤膏沃民俗純樸力於稼穡女子概爲紡織及製茶之業郡數凡一十六村數五百三十四町數八曰交野村數三十九讚良村數三十四町數一茨田村數六十九町數二若江村數六十四町數一河內村數二十八高安村數一十四大縣村數一十一安宿村數四町數一志紀村數二十二澁川村數三十三町數一丹北村數四十五丹南村數五十二八上村數一十一古市村數一十三町數一石川村數四十六町數一

錦部村數四十九田圃凡二萬四千八百七十二町四段四畝一十九步三釐其山嶽有金剛山石川郡之東南自山下森屋村至千早村凡三里三十二町又二十八町乃達山頂半腹有千早城故址葛城山其河渠有淀川自山城來西南流經交野茨田二郡之北而入攝津西成郡源委長闊均詳於山城攝津太和川自太和來西流經大縣安宿二郡界而貫志紀郡合船橋村之石川而至丹北郡枯木村入攝津住吉郡長三里五町十八間闊二間源委詳於太和攝津

和泉　東至河內紀伊南至紀伊北至攝津西至於海東西凡四里一十四町南北凡六里東南憑山西北負海土地雖狹小而甚爲膏腴宜於五穀有魚鹽之利風俗柔和流於華奢但山居之民猶存敦厚之風云郡數凡四村數三百三十三町數七曰大鳥村數一百零三町數二和泉村數八十二町數一泉南村數七十三町數二日根村數七十五町數二田圃凡一萬三千九百五十町零五段一畝二十七步一釐五毫其山嶽有槇尾山自和泉郡平井村始凡一里十四町山中有四十八瀑布三十六洞七越嶺凡一里十五町

山從繞境七盤而上其河渠有石津川有二源一發大鳥郡之牛峯名上神谷川一發同郡陶器山名美井川至草部村而相合又名草部川西流經毛穴上石津諸村至下石津村而入海長七里十一町四十五間闊三十間

攝津　東至河內西至播磨南至和泉及海北至山城丹波東西凡一十二里餘南北凡九里平野開於東南羣峯連於西北淀水橫貫其中海灣抱擁其外當坂府海陸之衝百貨貫輸人民富庶中州之樞紐也風俗優柔頗流於奢靡古名浪速國自仁德帝都高津宮今東成郡高津小橋孝德帝又都長柄豐崎宮西成郡長柄村治承中平清盛奉安德帝徙都福原今兵庫未半歲復還舊都元歷元年平氏再奉帝居此無幾奔於讚岐蓋古來一大都會及豐臣氏興築大坂城而居之高壘深濠雄視諸國及其亡也德川氏復修故城設城代置及騎步卒以防戍今亦設軍營駐鎮臺焉郡數凡一十二村數九百四十五町數十七曰東成村數五十八町數一西成村數

一百四十二町數二住吉村數五十六町數二十島下村數一百零三町數二島上村數六十町數二一豐島村數八十七町數一能勢村數四十河邊村數一百七十八町數二武庫村數五十六町數一菟原村數五十一八部村數三十八町數二有馬村數九十四町數二田圃凡三萬五千二百五十七町七段三畝一十步零六釐三毫其山嶽有箕面山自豐島郡平尾村始凡一里餘最多紅葉素稱勝地武庫山一名六甲山自武庫郡上原新田始凡五里其河渠有淀川自山城來西南流過本州及河內界至島上郡唐崎而容芥川分注神崎中津諸川經東成西成二郡之中繞府城之北自難波橋下而分南北南稱爲土佐堀北爲裏川又稱唐島川云去西流及中島而相會至江子島再分而爲安治川木津川遂入於海由山城界至是凡八里三十三町五十三間自近江琵琶湖口勢多橋下始并宇治川通計共十九里二十五町十六間闊十間或七町四十間府下有三大橋天滿橋長百十五間幅三間餘天神橋長百二十二間餘幅三間難波橋長百十五間餘幅三間太和川自太和出經河內西流入本州住吉郡過同郡及和泉界而入於海自河內界始凡一里三十町三間海口闊二町十間上流詳大和河內由此越和泉界築一太和橋長八十間餘猪名川一名池田川發源能勢郡丹波界宿野山稱大路次川至坂原村容栗栖山田二水南流至河邊郡園崎村容倉垣川稱爲庫川復至畝

野村合多田川東南流至豐島郡木部村受久安寺川稱爲池田川及河邊郡田能村而分爲二派東爲猪名川西爲藻川各南流至戶內村共入神崎川源流共一十七里餘闊一町四十五間武庫川發源丹波界有馬郡日出坂至井澤村會眾水名鹽田川南流至三田稱三田川至生野村容南臨田川舟坂川及波豆川稱爲生野川或生瀨川云過武庫郡容眾水至鳴尾村而入海源流十三里餘闊五町餘

東海道

伊賀　東至伊勢南至太和西至太和山城北至近江東西凡七里南北凡九里四山攢合沿河之地稍爲平坦居民以薪炭爲業者多風俗輕薄郡數凡四村數一百八十八町數二曰阿拜村數六十八町數一山田村數二十六伊賀村數五十一名張村數四十三町數一田圃凡七千一百四十五町四段六畝一步零七釐六毫其山嶽有高旗山大山嶽一名首嶽自伊賀郡始凡一里十四町東西南三方兼跨伊勢布引山其河渠有伊賀川有二源出伊勢鈴鹿郡加太者名之拓植川出近江甲賀郡信樂谷者名之河合川至阿拜郡河合村二水相合西南流至服部村容服

部川至波野田村併長田川而稱伊賀川入山城遂會木津川長凡十五里闊凡一町服部川出山田郡布引山長谷川出伊賀郡大山嶽云名張川一名梁瀨川有二源分東西二川東川發源伊勢一志郡太郎生村西流至夏見村而併河內川西川又名宇陀川出太和宇陀吉野郡界山谷入本州名張郡安倍田村北流併數小河至梁瀨鍜冶町與東川相會爲名張川西流及山城相樂郡大河源村而合伊賀川長凡十二里十八町闊凡一町餘

伊勢　東南皆海西至近江伊賀太和東南至志摩西南至紀伊北至美濃尾張東西一十二里狹處四里南北凡二十七里餘西南山嶽連亘東南則面大洋土壤肥沃鱗介殊富習俗喜騁便巧其服賈者最稱慧黠郡數凡一十三村數一千三百零七町數一十曰桑名村數一百六十六町數二員辨村數一百一十二朝明村數六十九三重村數一九十町數一河曲村數三十八町數一鈴鹿村數八十四町數二奄藝村數五十六町數二安濃村數八十二町數一一志村數一百三十町數一飯高村數一百零八町數一飯野村數四十四多氣村數一百三十度會村數一百九十八町數一田圃凡五萬七千九百四十三町零段九畝

二十二步八釐四毫其山嶽有鎌嶽二里十八町與近江爲界御在所嶽二里十八町與近江爲界堀坂山局嶽白猪山以上三山爲本郡高嶽舟人之望標也其河渠有木曾川自尾濃界而來及桑名郡油島村而合揖斐川成爲二派繞長島而至桑名入海川口闊十二町五十間其東派與尾張佐屋川相會稱鍋田川泉川繞諸新田而入於海上流詳於信濃美濃尾張雲出川發源一志郡八知谷及川上村丹生俣村等東北流併大村川八手俣川諸水至久居之南東流經島貫須川二驛之間自矢野村而入海長十二里十二町闊三町二十八間宮川發源伊勢大和紀伊之州界大臺源巴淵合多氣郡滿川度會郡大內山川藤川東流而至圓座村受橫輪川往小林村而入海源長三十二里八町闊二町

志摩　西北至伊勢東南及北三面臨海東西凡三里南北凡七里地脈自西北而來海表則盤互曲折港灣環抱船舶必由之所也土壤褊少薄瘠但頗饒鱗介之產風俗良樸居民勉於農漁郡數凡二村數五十八町數一曰答志村數三十九町數一英虞村數一十九田圃凡一千七百五十八町八段三畝一步五釐其山嶽有日和山

日本國志卷十　九

自答志郡鳥羽町始一里三十間餘直立一百九十二尺舟人每登山巔量風雨卜陰晴以定開帆云淺間山在英虞郡逈子村之東北直立六百八十尺

尾張　東至三河西北至美濃西南至伊勢南至於海東西凡八里南北凡一十九里地勢平衍並無高山木曾川繞其西北雖頗有灌漑之利而不能無泛濫之患東方一帶受三濃諸峰之餘脈岡阜起伏突出南海土質膏沃米穀豐美知多一郡最稱富饒風俗溫和作業尤力郡數凡八村數一千零九十五町數一十曰愛智村數一百五十六町數三知多村數一百四十八町數二春日井村數二百零六町數一丹羽村數一百三十一町數一葉栗村數三十七中島村數一百六十二町數一海東村數一百四十六町數二海西村數一百零九田圃凡七萬三千三百二十八町八段一畝一步九釐其河渠有木曾川發源信濃筑摩郡至本州丹羽郡分爲五條川自美濃州界而南流經伊勢州界自中島郡野田村而東分爲佐屋川末流又分數派而入於海由美濃界始凡十二里闊凡十町源流詳於美濃玉野川美濃之多治見川土岐川三河之猿投川等相會而名爲玉野川西南流至春日井郡福德村併矢田川爲庄內川南流經愛智郡至永德新田而入海源長凡二十二里闊凡三町二十間

三河　東至遠江西至尾張北至美濃信濃南至於海東西凡一十六里南北凡一十七里山脈連於東北渥美郡之地勢如伸臂然與尾張之知多郡相對又如拱抱者州內有矢作太平豐川三大河故以名州云土壤肥磽相半風俗純厚居民力農德川家康創業之地也郡數凡八村數一千四百五十四町數一十曰碧海村數一百七十九町數三額田村數一百八十六町數一賀茂村數三百五十三町數二幡豆村數八十四町數一寶飯村數一百一十八設樂村數二百三十町數一八名村數七十四渥美村數一百三十町數二田圃凡四萬六千四百二十三町五段八畝五步其山嶽有猿投山本宮山其河渠有矢作川一作矢矧發源美濃惠那郡阿賀瀧山西南流而入本州賀茂郡又南流至渡合村合足助川經額田郡岡崎之西過碧野郡河野川島等之東至前濱新田入海長凡二十八里餘闊

日本國志卷十　十

凡三町二十八間豐川發源設樂郡神山之麓西南流爲設樂郡及八名郡之界至有海村合寒狹川南流經渥美郡豐橋而入海長凡十七里十八町闊二町四十五間

遠江　東至駿河西至三河北至信濃南至於海東西一十八里南北二十里北方一帶山脈自信濃而來頗爲深阻迤南漸平坦大井川限其東天龍川貫其中瀕海衍沃多川澤時憂漲溢風俗樸陋其民專以茶楮爲業氣候溫燠但平時多風七十里洋航行最稱危險云郡數凡一十二村數一千一百五十七町數一十三曰濱名村數二敷智村數一百四十六町數二引佐村數五十町數一麁玉村數六長上村數一百二十六豐田村數二百七十一町數三盤田村數一町數一山名村數一百零九周智村數九十五町數一佐野村數九十五町數一城東村數一百一十六町數一榛原村數一百四十町數三田圃凡四萬零八百二十零町八段七畝二十五步三釐九毫其山嶽有粟嶽一名無間山山勢秀拔海路之望標也黑法師嶽凡六里朝日嶽凡七里其河

渠有大井川川有二源發於信濃甲斐界之白峯爲東俣川西俣川合流併諸瀾水西貫本州榛原郡東貫駿河志太郡之界直南流至榛原郡川尻飯淵兩村之間而入海源凡四十六里餘海口闊十八町此河爲遠江駿河之界洪水每至川瀨每變是以榛原郡之十數村今在河東也天龍川發源信濃諏訪郡諏訪湖自豐田郡川合村而來南流從州之西北隅而貫中央至同郡小川村合氣田川至渡島村又合阿多古川分流抱瀨崎等數村及松木島復合至掛塚村而入海自州界始長凡三十里餘闊七町半源流詳於信濃氣田川者發源周智郡山住村長凡十六里大田川發源豐田郡三倉村南流至周智郡大鳥居村而併吉川經森町水始稍大至豐田郡向笠村而合敷智川乃名大田川至山名郡中村併原野谷川由大島村而入海長凡十五里原野谷川又名二瀨川諸井川發源同郡居尻村長凡十里

駿河　東至相模伊豆西至遠江北至甲斐信濃南至於海東西一十八里南北一十二里富嶽北方挺立山脈與相豆相連西北諸峯自甲信而來富士川貫其中央土性黑磽頗宜茶麥甲信接壤之處立夏每隕霜菽麥不育瀕海之地稍平曠有魚鹽之利其俗和易流於惰慵郡數凡七村數七百九十九町數一十曰志太村數一百二十八益津村數三十六町數二有渡村數一百零九町數一安倍村數一百二十五町數一庵原村數八十三町數二富士村數一百五十三町數二駿東村數一百六十五町數二田圃凡三萬零一百五十町零七段六畝一十七步五釐四毫其山嶽有富士山跨居富士郡及北甲斐都留八代二郡國中第一高山也直立凡一萬四千一百七十尺其狀如芙蓉四面皆同四時藏雪浩浩積白蓋終古不化十三州皆望之本噴火山山巔猶有巨洞在駿東郡須走村凡五里在富士郡村山村凡八里在甲斐都留郡吉田村凡十里七峯其河渠有安倍川有三源一出安倍郡梅島名大河內川云一出井川鄉大日嶺之北名中河內川云一出橫澤名西河內川至下落合而合中河內川三口澤又合大河內川稱爲安倍川南流及向敷地村容藁科川至有渡郡中島村而入海長二十里餘闊五町三十八間

甲斐　東至相模武藏南至駿河西至信濃北至於信濃武藏東西凡二十五里南北凡二十五里餘位居富嶽之陰四山環峙地勢險厄中央平坦多美田富材木蠶桑諸水皆會富士川而南流風俗慓悍郡數凡四村數六百六十町數六曰都留村數一百零七町數三

山梨村數一百四十町數一八代村數一百五十町數一巨摩村數二百六十二町數一田圃凡三萬七千九百三十九町一段零二十三步六釐九毫其山嶽有奥仙丈山在山梨郡凡七里餘本郡極北諸山聳冒與仙丈之名云金峯山凡六里駒嶽凡八里白峯在巨摩郡蘆倉村凡十里本州第一高山有三峯北方之最高者稱爲白峯其河渠有笛吹川一名子西川發源山梨郡德輪山南流至八幡南村勢頗湍急及大野村而受重川至一町田中村而合日川西南流至落合村又會金川西流及巨摩郡二川村而合荒川至八代郡市川大門村名富士川長二十里餘闊四町十間釜無川發源巨摩郡駒嶽北流及大武川穢教來石東南流至宇津谷而受鹽川及上高砂村又容御敕使川至八代郡市川大門村而名富士川長十七里闊六町富士川笛吹川釜無川蘆川之三水至八代郡市川大門村巨摩郡今福之間而相合名富士川南流併早川至八代郡榮村而入駿河由大門村至州界長十三里闊六町四十間下流詳於駿河桂川發源都留郡山中村山中湖本北流至境村而東流及花笑驛而合篠子川又東北流至猿橋驛兩岸相縮湍流尤急過鶴島村入相模遂爲相模川云自源至州界長三十里闊一町四十間下流詳於相模

伊豆　北至駿河相模東西南皆至於海東西七里一十二町南北一十四里餘山脈自相模來南走至半島而止餘脈入於海或起或伏而成百餘島嶼焉土地磽确民俗質樸概以薪炭獵漁爲業郡數凡四村數二百八十二町數二曰君澤村數七十町數二田方村數七十那賀村數一十七賀茂村數一百二十六町數一田圃凡八千三百零四町四段零三步三釐二毫其山嶽有箱根山在君澤郡由山頂至相模界凡三里餘天城山古名狩野跨州內四郡直立凡四千七百餘尺多產良材烏帽子山一名御嶽又名淺間山在賀茂郡雲見村直立一千八百尺高峻之極不可攀躋以地瀕海故航海以爲望標其河渠有狩野川發源天城山下水生池至田方郡湯島村名爲湯島川又合猫兒川而北流至加殿村復合大見川修善寺川經大仁三福南條原木韮田諸村及君澤郡御園長福二村而至駿河駿東郡由沼津驛而入於海長凡十里闊一町其島嶼有大島有八丈島周四十餘里海岸巉岩深三四楹至六七仞殊不便碇泊西有徽峯峯巔常噴火直立二千八百四十六尺居全島三分之一物產豐殖氣候溫燠若別一天地言語風俗亦殊於內地云八丈島之南爲小笠原羣島大小八十九島最大者爲父母二島餘兄弟姊妹諸島比肩

齊列若環立者全島山谷深邃地質磽确然氣候恒煥能蕃殖茂木衆草古無人居文祿中小笠原貞頼航海始尋得故名以其氏後屢謀開拓終不果文久中德川氏派使巡測議墾闢以事中止其後英人上書言此島非日本所有幸以遣使故援證答辯英人乃不復爭今改隸於東京府其山嶽有旭山（島中最高山）其河渠有八瀨川（在北袋澤本島第一之川流也闊凡十五間八所溪澗相合西流入海水深不測舟楫可通夏秋之交時虞漲溢）

相模　東至武藏西至甲斐駿河南至伊豆及海北至武藏東西凡一十四里南北凡一十一里西北多山與三州連亘東方則坂阜起伏斗入於海與房總諸州相對江戶灣之門鑰也南方稍平衍諸水順下酒匂尤宜於灌田馬入每有洪漲之患西南地味肥沃頗饒米穀魚介西北之民專以採薪養蠶爲業風

俗穩和稍不免於輕薄自源頼朝開府鎌倉以管領關東諸國卽鎌倉郡是也其陪臣北條氏執權廢立將軍者六世然歷世自稱相模守卽此州守也郡數凡九（村數六百五十九町數十一）曰足柄下（村數八十六町數一）足柄上（村數九十四）淘綾（村數一十九町數一）大住（村數一百一十九町數二）愛甲（村數四十二町數一）津久井（村數三十）高座（村數一百一十一町數一）鎌倉（村數八十五町數二十）三浦（村數七十七町數三十）田圃凡五萬零五百九十九町七段三畝七步九釐一毫其山嶽有箱根山（西南跨伊豆由小田原至山頂伊豆州界凡四里餘然路狹不容人一夫當關萬夫莫敵爲東海道第一險要德川氏設關於此以譏察往來行旅明治以後乃廢之云）其河渠有相模川（發源甲斐都留郡山中湖名桂川入本州津久井郡小淵名倉二村之間乃東南流至厚木町而合中津川小鮎川又南流經高座大住郡界至大住郡馬入村爲馬入川至須賀村高座郡柳島村之間而入海在洲界長十八里餘馬入村渡口闊三町十六間上流詳於甲斐）其湖沼有蘆湖（在箱根山頂周迴四里餘深四十六仞下流爲早川東流凡五里至小田原而入於海）其港灣有橫須賀（在三浦郡港口凡十町水深二仞至二十仞今設造船廠於此）

武藏　東至下總西至信濃甲斐南至相模北至上野東北至下野東南至於海東西凡二十六里南北凡二十五里利根川繞其北境江戶川限其東北山脈自西而來地勢隨而東有秩父多摩諸山南北闊曠野數十里大逵四達人烟相屬其東南隅卽東京皆古所謂武藏野之地也全國最稱坦沃初江戶屬於扇谷氏後爲北條氏所滅北條氏亡德川氏遂遷居焉先是德川家康起三河豐臣秀吉語之曰江戶霸氣之所鍾子宜築城爲根本地家康既從居築石爲城高壘深濠一如大坂任將軍統列藩者凡十五世及德川氏還政參與大久保利通以山城地狹請擇地遷都明治元年乘輿東臨遂因幕府爲宮殿焉物產五穀豐饒兼有魚鹽蠶桑之利風俗則都邑以輕佻豪俠自喜流於侈靡惟僻邑猶存樸實之風郡數凡二十二（村數二千九百

四十二町數三十五）曰豐島（村數一百零二町數三）葛飾（村數二百八十八町數一）足立（村數四百零五町數一十）埼玉（村數四百二十四町數八）新座（村數三十三）荏原（村數九十二町數一）入間（村數二百五十町數一）高麗（村數一百一十七）比企（村數一百六十二）橫見（村數四十七）大里（村數三十九町數一）男衾（村數二十六）幡羅（村數五十九）榛澤（村數七十四）兒玉（村數六十町數一）賀美（村數二十七）那珂（村數一十一）秩父（村數八十四町數一）多摩（村數三百九十四町數三）橘樹（村數一百二十三町數三）都筑（村數七十二）久良岐（村數五十三町數二）田圃凡二十四萬三千五百一十町八段一畝二十九步二釐八毫其山嶽有三峯山（在秩父郡合雲採白雲妙法嶽而稱三峯山方三里許由山麓始凡一里十六町）慈光山（在比企郡與地峯遠一山見性山合而稱慈光三山東南望房總諸山甚宜憑眺）其河渠有荒川（發源秩父郡古大瀧村木賊谷眞澤等處東流過寄川大宮北流至小椋村而容赤平川北折又東北向經男衾榛澤二郡之界入大里郡明戶村過熊谷驛之南又東南流入橫見足立郡界至比企郡松永村而容市川及上老袋村又合入間川至東京之北南流乃名爲隅田川過府下入海長凡七十里餘闊熊谷驛邊凡十二町二十間東京箱崎町邊二町四十間府下架五大橋永代橋長百四間）

幅六間新大橋長百八間幅三間三尺兩國橋長九十間幅六間廐橋長八十六間幅三間二尺大川橋長八十四間幅三間三尺千住驛亦架大橋長六十六間幅三間**中川**古在埼玉郡佐波外野之間從利根川之南而分流天保中築堤以後利根川分支之細流數條相合而爲一河至川口村合會川注琵琶溜井入南流過葛飾郡戸崎之西經埼玉郡所村足立郡六木新田之間與荒川之分流合爲綾瀨川至葛飾郡新宿抵砂村新田而入於海戸崎村之上古名利根川下名中川長二十一里十七町三十七間闊凡一町半**入間川**發源秩父郡名栗村東流一里許入高麗郡赤澤村至野村經高麗入間二郡之界又東北流至平塚新田入入間郡御居村又東流而合越邊川及上老袋村又合荒川上名栗川下稱入間川長凡十八里闊凡一町餘**多摩川**一作玉川發源信濃入甲斐都留郡黑川村東流而至丹波山村有黑川一瀨川丹波川之稱復東流入多摩郡留浦村而名多摩川至青梅村下曲折六十八盤入秋川至稻荷新田之間而入海長凡三十八里最闊處八町二十間下流名六鄉川近頃架一橋長六十間幅三間上流凡四町餘因蒸氣車通行之故又架鐵橋長六十六間四尺幅四間二尺四寸

安房　北至上總東西南皆至於海東西十里南北七里北方一帶山脈橫亘以爲州界支脈南走而貫州中蓋趨於半島之地也地勢險阻西邊稍平曠土壤肥磽相半風俗樸陋民業農漁相雜魚介之産殊饒海濱萬石起伏峭壁萬仞純骨無肉蓋飽經風濤日刓月剝故成此狀石匠麕集伐石爲材以輸運東京鎚鑿之聲遠近相應故土人又多以鍥工爲生計郡數凡四村數二百九十二町數三曰平羣村數七十五町數一安房村數九十町數二長狹村數六十三朝夷村數六十四田圃凡一萬零二百一十三町二段五畝二十二步一釐

上總　南至安房北至下總東西至於海東西凡一十四里南北亦同南方負山迤北而漸平衍與下總曠野相接東方一帶海磧亘於三郡有九十九里濱與下總連漁業最盛之處也地質埴堅又有斥鹵風俗頑悍郡數凡九村數一千一百七十三町數八曰天羽村數七十六周淮村數一百零八町數一望陀村數一百九十三町數一市原村數一百八十七町數二

夷隅村數一百七十町數二埴生村數四十八長柄村數一百二十九町數一山邊村數一百三十一町數一武射村數一百三十一田圃凡六萬二千四百九十八町九段七畝一十八步零六毫其河渠有**夷隅川**一名大多喜川發源安房州界夷隅郡臺宿村北流十餘里過大多喜又東折從大禰原兩經長柄郡界入於海長凡二十里闊一町**一宮川**發源長柄郡笠森村東流埴生郡界遂併長柄郡小林味莊千代丸及埴生郡茗荷澤之原五村之水至一宮本鄉而入海長凡二十里闊一町**養老川**發源安房清澄山背經夷隅葛藤村入市原郡西北流至五井而入於海長凡二十里闊二町三十間**小櫃川**一名久留里川有二源一出安房清澄山一發望陀郡香木原村共與川俣合經久留里而西北流至久津間而入海長凡二十里闊一町餘**其港灣有九十九里濱**自長柄郡至下總上郡摠稱爲九十九里長凡十五里海瀠平淺灣如一弓魚鰛之利尤多一綫所獲積如山阜居民賴之殊爲富饒云

下總　東至海西至武藏上野南至上總及海北至常陸下野東西凡二十二里南北凡一十七里餘州内無山原野居四分之一利根川分派在西北二方界亘浸灌之漕輸頗便然沿河之地時被水患其土赤埴少石五穀皆宜風俗澆薄郡數凡一十二村數一千六百二十一町數一十一曰千葉村數一百二十六町數一葛飾村數三百三十一町數三猿島村數八十町數一結城村數五十一町數一豐田村數七十九町數一岡田村數五十三相馬村數一百三十四印旛村數二百四十町數一埴生村數六十二香取村數三百零八町數二海上村數七十五町數一匝瑳村數八十二田圃凡一十二萬零二百四十九町四段一畝二十一步一釐三毫其河渠有**利根川**發源上野利根郡藤原村之文珠山東下至本州葛飾郡中田驛及武藏葛飾郡栗橋驛之間名爲上利根川分流爲南北二道南派由栗橋驛至本州葛飾郡川妻村之間經武總之界出國府之西向河岸村江川新田之間名爲權現堂川長二里二十二町四十五間闊二町三十五間又東北流名逆川受赤堀川而東流卽利根本流也赤堀川卽由中田而分有北派至關宿之北山王村及猿島郡境町之間而合逆川長二里二十一町十九間闊二町五十五間合本流二水其闊倍增東流容葛飾沼猿島郡長井戸沼市谷沼鵠戸沼之水并相馬郡鬼怒蠶養之兩川至南相馬郡江藏地新田北布川驛之間栗橋以下名爲中利根川長十里二十二町四十一間闊二十一町從此以下爲下利根川併印旛郡手賀沼印旛沼埴生郡長沼之水過安西新田計由布

川至此長六里十三町三十五間闊七町二十七一間遂入香取郡谷大浦沼又併田浦及常陸浪逆浦北浦等諸水至銚子港而入海從安西新田至此長凡十五里十一町闊二十五町二十間源委通長七十餘里爲日本第一大河故以坂東大郎稱上流詳於上野權現堂川由閘循之南江戶町南折而爲江戶川又從香取郡中島村烏原新野之間分而橫出常陸霞浦牛堀別名潰利根川之支流也自葛飾郡向河岸村及閘利根川云江戶川宿之南江戶町之間分派南流經武藏州界至堀江村而入海長十七里三十三町五十間闊一町五十七間云**鬼怒川**一作絹川自下野來南流經結城岡田豐田三郡至相馬郡大木新田會中利根川從州界始長十一里二町三十一間闊九町三十八間上流詳於下野**蠶養川**一作小貝發源下野鹽谷郡高谷村經常陸眞壁筑波二郡而南流至相馬郡平沼村而東流及高須村復南流至小文間村會中利根川從州界始長十四里三十三町七間闊十町五十間上流詳於常陸

常陸　西至下野下總南至下總北至磐城東至於海東西凡十一里一十八町南北三十里一十町磐城之諸山分岐而南走那珂久慈二水劃而東流筑波峯突起其東南山勢迤北與下野諸山連南方多平原衆水西來滙於霞浦而注於海地宜

桑楮海濱曠漠魚鹽頗富民俗勇悍褊固之敦厚之風郡數凡一十一村數一千七百三十七町數一十二曰筑波村數一百七十三町數一河內村數一百四十四町數一信太村數九十四新治村數一百八十九町數二行方村數八十二町數二鹿島村數一百三十一町數二眞壁村數二百六十二町數一茨城村數三百零二町數二那珂村數一百二十七町數一久慈村數一百四十一町數一多賀村數八十三田圃凡一十三萬八千七百五十七町四段六畝二十七步六釐五毫其山嶽有筑波山跨筑波新治眞壁三郡雙峯對峙西爲男體東爲女體直立凡二千二百二十六尺其河渠有蠶養川一作小貝川發源下野鹽谷郡高谷村南流經本州眞壁郡繞筑波郡西南界入下總相馬郡而注中利根川長凡二十三里十八町闊二十間或至五十間**那珂川**自下野來東南流至那珂港而入海入本州長十二里闊一町三十八間或至二町四間舟楫能通凡十里久慈川亦同上流詳於下野**久慈川**發源八溝山經磐城白河郡本州久慈郡東南流至久慈村入於海源長二十四里闊四十間其張溢至二町餘云其湖沼有霞浦橫亘河內信太行方四郡及下總香取郡周迴三十六里東西七里十町十間南北六里三十三町下流爲逆浪浦併北浦合利根川而入海湖中多產魚蝦尤饒景物

東山道

近江　東至伊勢美濃西至山城丹波南至伊賀北至若狹越前東西凡一十二里南北凡一十九里山勢自濃越來分東西二脈各南走爲四鄰之界大湖居於州之中央波光嵐影上下映帶眺觀佳絕其地控帶畿內當三道之要衝土肥民富風俗恰悧頗長於商賈郡數凡一十二村數一千四百五十一町數一十曰滋賀村數七十八町數三高島村數一百二十九町數二栗太村數一百一十甲賀村數一百三十四町數一野洲村數七十八蒲生村數二百一十四町數二神崎村數八十六愛知村數一百二十六犬上村數一百一十町數一坂田村數一百八十五町數一淺田村數一百四十四伊香村數七十七田圃凡六萬六千四百八十二町二段八畝四步零八毫其山嶽有比叡山屬滋賀郡跨居山城直立二千一百六十尺比良峯在比叡山之北直立二千八百八十尺石山自滋賀郡山麓始凡六町奇石怪巖青白相間其下縈帶勢多川殊有美景御池嶽山上平坦有三十餘池在

愛知郡幷跨伊勢其河渠有橫田川發源甲賀郡諸山及伊勢鈴鹿山西流合田村川松尾川杣川入野洲郡稱野洲川至川田村而南北分流南經水保村之南而至木濱北爲吉川至吉川村而入湖長十五里闊二町至於五町其湖沼有琵琶湖以形似得名又有淡海鳰海之稱亘十一郡國中第一大湖也容八百八水末流入勢多川而注山城周圍七十三里東西五里南北十五里近年湖中設小汽船以通往來

美濃　東至信濃飛驒西至近江伊勢南至尾張三河北至越前飛驒東西凡二十六里南北凡一十九里東北山嶽連續亘南走而入三河西北山脈自越前而來爲江勢之界中央及西南多平原木曾川貫流其中殊有灌漑之利地味膏腴五穀皆宜風俗質直好勇西南之民頗喜豪華郡數凡二十一村數一千四百五十二町數一十六曰石津村數七十三町數一多藝村數六十一町數一不破村數四十六池田村數六十九大野村數一百一十八町數一安八村數一百五十二町數二海西村數二十六中島村數三十一羽栗村數六十二町數二厚見村數五十七町數二本巢村數六十七町數一席田村數

九方縣村數五十三山縣村數四十七各務村數三十八武儀村數八十町數二郡上村數一百六十四町數一加茂村數一百零一可兒村數七十四土岐村數四十九惠那村數七十五町數三田圃凡六萬三千八百四十五町零二十一步四釐其山嶽有惠那嶽一名菰舟山自惠那郡中津川村始凡四里與信濃筑摩郡接在信濃名熊野山云其河渠有木曾川自信濃來西流入惠那郡至加茂郡川合村而會飛驒川過各務郡從羽栗郡而南流爲尾張界至中島郡又分流而入美濃名佐屋村其一至小藪村合長良川入尾張伊勢由桑名而歸於海由信濃州界至桑名長凡三十五里中島郡大浦村渡場闊八町三十間大田川鵜沼川起川秋江川等各因其地而有數稱源詳於信濃下流詳於伊勢美張長良川發源郡上郡大日嶽南流合郡上武儀郡等諸流漸西南流經山縣厚見方縣本巢郡又南流至安八郡堀津而有二派東過海西郡至中島郡小藪村而入木曾川有郡上川可渡川墨股川之數稱長三十二里闊六町餘西爲大榑川過安八郡至土倉村而會揖斐川揖斐川發源大野郡德山谷南流爲大野池田二郡界合安八郡諸流歷石津郡入伊勢自桑名而歸於海有株瀨川呂久川澤渡川等數稱長三十里闊凡五町

飛驒　東至信濃西至加賀美濃南至美濃北至越中東西凡

一十七里南北凡二十里地勢最高萬山四周西北兼峻嶺險流棧道編筏僅通往來雖乏米穀而產良材工匠以養蠶爲業風俗樸陋郡數凡三村數五百一十三町數三曰益田村數一百二十五大野村數一百五十九町數一吉城村數二百二十九町數二田圃凡九千一百九十一町八段七畝一十六步其山嶽有乘鞍嶽橫亘三郡而並跨信濃自益田郡靑屋村始凡九里餘槍嶽在吉城郡凡六里十八町其河渠有益田川發源益田郡乘鞍嶽大池西流從大西村之邊而南流過大野郡復貫益田郡入美濃武儀郡而名飛驒川至美濃州界長三十里闊四十間下流詳於美濃宮川發源大野郡宮村及川上嶽合川上川小八賀川諸流北流經吉城郡至谷村會高原川入越中婦負郡爲神通川至越中州界長二十二里十八町闊一町十間下流詳於越中白川有二源一發大野郡寺河戶村山中爲上白川北流一發白山白水瀑爲大白川東流至平瀨村而相合北流入越中礪波郡爲射水川至越中州界長十八里闊一町下流詳於越中

信濃　東至甲斐武藏上野西至美濃飛驒南至駿河遠江三河北至越中越後東西凡二十三里南北凡四十里餘山脈自東北始南與武甲相連起中央者南分二脈西南至木曾諸山最峻奧多產良材北陸南海二道之三大河皆發源其間而南北分流可見其地勢之最高也河中島一帶稍爲平曠土性磽瘠民多以養蠶爲業物產之富本州推爲第一風俗頑樸郡數凡十村數一千五百零一町數一十六曰筑摩村數一百零三町數二伊那村數一百一十町數三安曇村數一百零一町數一諏訪村數七十九町數三更級村數一百一十三水內村數三百一十一町數三高井村數一百七十町數一埴科村數四十九町數一小縣村數一百九十二町數一佐久村數二百七十三町數二田圃凡七萬九千九百二十町八段四畝二十一步五釐四毫其山嶽有茶磨嶽在木曾村凡八里餘穗高嶽在安曇郡凡七里餘四阿山在高井郡凡六里入上野者稱爲吾妻山淺間山噴火山也在佐久郡追分驛居地之最高處本州第一高山也其河渠有木曾川發源筑摩郡荻曾村之西西南流經福島合王瀧川南流經三十餘村而容衆水自山口村入美濃過尾張伊勢而入海至美濃州界長十一里餘闊凡四十六間下流詳於美濃尾張伊勢天龍川發源

諏訪湖西南流過伊那郡合三峯川大田切川大橫川等諸水貫遠江而入海至遠江州界長凡三十里餘闊凡二町四十間下流詳於遠江千曲川發源佐久郡南甲斐金峯山西北流經佐久小縣二郡沿北國驛路遂北流至更級郡川合村而會犀川兩川之間名川中島又北流爲水內高井二郡界入越後爲信濃川至新潟而歸於海至越後州界長凡六十里最闊處凡七町四十間餘狹處一町三十間下流詳於越後犀川發源筑摩伊那郡界駒嶽上流爲奈良井川北流合田川女鳥羽川經安曇郡界而會梓川遂過川中島而入於千曲川長凡三十里闊凡一町二十間其湖沼有諏訪湖在諏訪郡高島之邊橫亘數村周回四里餘深凡七仭世人稱爲鵝湖有八勝之名下游卽天龍川也

上野　東至下野西至信濃南至武藏北至越後岩代東西凡二十三里南北凡二十五里山勢自岩代越後來連於信濃西北最重疊利根川發源於其極北衆水會同號爲洪流東下爲武藏界東南夷沃饒於蠶桑長於織纖勤於商賈繁富之區也風俗健黠郡數凡一十四村數一千一百八十六町數一十二曰吾妻村數八十五碓氷村數七十四町數一羣馬村數一百九十三町數二甘樂村數一百三十三町數一片岡村數三多

湖村數三十八綠野村數四十六町數三利根村數一百十三町數二勢多村數一百七十一山田村數六十町數一那波村數五十四町數一佐位村數三十八町數一新田村數一百町數一邑樂村數八十八町數一田圃凡九萬七千七百零八町六段八畝二十七步三釐四毫其山嶽有妙義山一名白雲山在甘樂郡中嶽一名金洞山在妙義金鷄二山之中峯巉巖聳立以奇秀聞御街鋒山東西有二峯跨甘樂多湖綠野三郡其河渠有利根川發源利根郡藤原村之奧文殊山下南流及月夜野町而合赤谷川及硯山中而合發知川薄根川過沼田會片品川及羣馬郡白井又容吾妻川至新町又合廣瀨川分派循有數派過前橋稍東下及那波郡沼上村而會烏川至中島再合橫瀨川東流至邑樂郡大久保村而入武藏至埼玉郡本鄉會渡良瀨川經下總而入海下流詳於下總自歷利根勢多羣馬那波佐位新田邑樂七郡會合諸水漸成巨流至武藏州界長凡二十八里餘闊四町四十間名之爲上利根川云片品川發源利根郡戶倉村山中尾瀨原南流及東小倉村而受大尻沼之下流併合坌川平川利根川自穴原村而西折自沼田新町而入利根川長三十里闊三十間神流川發源甘樂郡濱平村山中東北流合野栗澤川思川至綠野郡笛木新町而會烏川長二十里闊二十五間

下野　東至常陸西至上野南至上野武藏下總北至岩代磐城東西一十九里南北二十五里大山脈界於西北西方最險峻至日光極其秀拔州之中央地勢平衍官道如砥絹川貫流之但地半磽瘠民多植苧麻製紙漆布帛之産與上野相伯仲風俗頑陋郡數凡九村數一千三百七十三町數一十四曰安蘇村數四十六町數一足利村數四十三町數一梁田村數二十七都賀村數三百八十二町數七寒川村數一十三河內村數二百零三町數一芳賀村數二百四十一町數一鹽谷村數一百五十二那須村數二百六十六町數三田圃凡一十一萬八千四百七十四町三段一畝六步九釐九毫其山嶽有日光山在都賀郡又名二荒山最高者黑髮山直立六千四百八十尺德川氏竭國力營廟於此金碧樓臺窮極壯麗西客來遊足跡必至之地也茶臼嶽噴火山也其北有月山等總稱爲那須嶽其西有大倉山皆山脈相連其河渠有鬼怒川一作絹川古名爲毛野川發源鹽谷郡川又村衣沼山之玄沼東流及川沼村合五十里川至河內郡大渡村合大谷川南流而入下總終會利根川長凡三十里闊一町四十間那珂川

發源那須郡男鹿嶽頂之男鹿沼東南流及寒井村而合黑川南流經黑羽及佐良土村而合箒川漸東南流過烏山及野上村而合荒川又東流至芳賀郡小深村而入常陸由源至此長凡三十里闊一町四十間下流詳於常陸渡瀨川發源都賀郡日光山安蘇郡庚申山之間南流過足尾入上野又東南折而再入本州及足利村小俣村而容桐生川東流及都賀郡下宮村又合安蘇川而入下總至古河與思川共入利根川長凡三十里闊凡二十間

磐城　東至海西至岩代羽前南至下野常陸北至陸前羽前東西凡二十二里狹所五里餘南北凡三十三里餘山脈南走而連下野又向東支出界常陸地形與岩代犬牙相錯阿武隈川貫流之西隅接陸羽之大山山谷幽邃地勢窿窪不一磽确居半瀕海一帶稍平遠有魚鹽之利而港灣淺小不便漕運風俗樸陋孱弱郡數凡一十四村數一千零八町數八曰白河村數一百零六町數一白川村數九十二町數一石川村數七十五菊多村數六十一磐前村數一百一十二町數二磐城村數五十一田村村數一百四十一町數一楢葉村數四十標葉村數六十四行方村數一百

二十一宇多村數五十町數一亘理村數二十六伊具村數三十六町數一刈田村數三十三町數一田圃凡七萬五千五百零八町八段零一十步九釐其山嶽有旭嶽自白河郡鶴生村溫泉始凡五里餘並跨岩代直立凡二千五百九十尺其河渠有阿武隈川發源白河郡旭村及甲子山中雄瀑東流凡九里過白河町入石川郡北流而入岩代谷諸水漸成巨流至田村郡復貫岩代之安達信夫伊達三郡之間迤東而入伊具郡又北流至陸前州界東折至亘理郡荒濱而入海長凡五十里闊十町詳於岩代

岩代　東至磐城西至越後南至上野下野北至羽前東西凡二十里餘南北凡二十一里餘陸羽之山脈蜿蜒來自北一西折轉南界羽越又鬱積接二野一南走貫州中入磐城其東爲阿武隈川北流通漕運但時有秋漲之患猪苗代之巨浸同衆水注於西疆亦便漕運河干之地大槩廣坦宜於蠶桑風俗樸摯福島近傍亦有浮薄之風郡數凡九村數一千四百一十九町數一十四曰會

津村數三百零八町數二大沼村數[illegible]十一河沼村數二百四十五町數一耶麻村數三百一十一町數二岩瀨村數八十三町數一安積村數四十八町數一安達村數六十七町數一信夫村數八十七町數二伊達村數一百零九町數四田圃凡八萬二千六百三十二町七段四畝二十八步二磐其山嶽有燧嶽直立二千三百餘尺駒嶽直立二千一百尺朝日嶽直立二千八十尺朝草嶺峯尖奇險又名鬼面山直立二千五百一十尺猩猩森山直立二千九百五十尺荒貝嶽直立二千八十尺七森嶽直立二千一百六十尺背炙嶽直立二千五十尺御神樂嶽直立二千五百九十尺盤梯山直立二千零六十尺飯豐山直立三千九百九十尺赤崩山直立一千八百三十尺高陽山直立二千二百一十尺高曾根山直立二千六百八十尺東吾妻山直立三千二百尺安達太郎山直立三千尺鬼面山直立二千尺朽人山直立二千尺其河渠有日橋川舊作新橋川發源耶麻郡猪苗代湖西流又經耶麻郡鹽川之南至河沼郡沼上村而容黑川及立川村而會鶴沼川自耶麻郡眞木村而北流至松野村之邊復西流至菅原村會只見川爲阿賀川而入越後至州界長凡二十里餘闊一町五十間舊名會津川云下流詳於越後鶴沼川一名大川有二源一發會津郡鶴沼西流一出同郡山王嶺北流至田代村小野村之間而相合北流自蘆牧村爲會津大沼二郡界及上米塚村而分二派本流經飯寺盤川村入河沼郡至立川村而合日橋川長凡二十一里餘闊四十間西派仍過大沼郡界至和泉村者入河沼郡至東青津村者入日橋川云只見川發源會津郡尾瀨沼北流爲越後界及只見村而合伊南川入大沼郡至木沼村之邊稍東折及早戶村而容沼澤川東北流經河沼郡耶麻郡館原村而會日橋川長凡三十七里十八町餘闊五十間餘阿武隈川自磐城來入岩瀨郡而北流及安積郡爲磐城復貫安達信夫伊達三郡之間迤東再入磐城達於海過本州長凡二十七里餘闊凡一町四十間餘自福島至海凡二十三里漕舟可通源委詳於磐城松川發源羽前置賜郡五色溫泉之奧十三澤東流入信夫郡經李平村之南至本內村五十邊村之界而入阿武隈川長三十里餘闊平水二十間磧州一町四十間其湖沼有猪苗代湖亘居會津耶麻安積三郡以湖之中央爲郡界周回凡十六里二十一町

陸前　東至海西至羽前羽後南至磐城北至陸中東西凡二十五里狹處二里南北凡四十里狹處一十九里山脈連亘西北劃陸中羽前南連岩代北方二郡地勢狹長委折隨海牡鹿二郡曲出東方而抱港灣松島羣嶼則碁布其西南而中央土壤平衍阿武隈川限其南北上川來自北有運輸之便田塍萬頃米穀之產頗饒風俗頑樸郡數凡一十四村數七百零一町數一十二曰柴田村數三十五名取村數五十九町數一宮城村數七十八町數二黑川村數四十九加美村數三十八玉造村數二十二町數一栗原村數九十六町數一志田村數六十四町數一遠田村數五十八桃生村數六十六牡鹿村數五十九町數一登米村數二十一町數一本吉村數三十二町數二氣仙村數二十四町數二田圃凡九萬二千三百七十一町二段二畝二步二磐其山嶽有太白山俗名鳥兒峯雖不甚高舟人以爲望標日和山東南臨海舟人必以之卜陰晴其河渠有鳴瀨川一名三本木川有二源一發加美郡小野田本鄉不動瀑東流至志田郡石森村折而東南一發黑川郡吉田村山中過品井沼及桃生郡禰田村而相會至野蒜村入於海長二十五里餘闊一町四十間餘江合川一名玉造川發源羽前界玉造郡中山村東流經鍛冶屋澤下宮之南至桃生郡和泉村而入北上川長凡三十里餘闊一町五十間餘迫川發源栗原郡沼倉村栗駒山下東西流名三迫川合一迫川二迫川等水

逕登米郡界至遠田郡猪岡短臺村入北上川舟楫可通長凡三十七里餘闊一町二十間餘北上川自陸中來經登米郡而南流至桃生郡小船越由源至是長凡七十三里最闊處六町二十間分爲二流一南流入海名追波川一東北流入海共有舟楫之便上流詳於陸中其島嶼有松島屬宮城郡南至千賀浦北至磯崎小島數百海上散布悉生青松奇麗美秀與丹後天橋立安藝嚴島名爲日本三勝云

陸中　東至海西至羽後南至陸前北至陸奧東西凡三十七里南北凡三十三里廣處凡五十里陸奧之大山脉分二歧南走其西者劃羽後其東者巑結中央北上川貫其中間全地原隰曠遠多磽确盛江以南稍爲沃壤閉伊九戶二郡瀕於東海有魚鹽之利風俗陋弱郡數凡一十村數七百二十六町數一十四曰磐井村數八十六町數一膽澤村數三十七町數一江刺村數四十一町數一和賀村數六十九町數二稗貫村數六十七町數一紫波村數七十四閉伊村數一百三十八町數五岩手村數八十五町數一九戶村數五十九町數一鹿角村數七十町數二田圃凡五萬七千三百二十八町七段

七畝二十六步其山嶽有酢川嶽八幡平自鹿角郡谷内村始凡六里山頂方六里大國平亦在鹿角郡凡七里其河渠有北上川發源岩手郡御堂村南流合松川雫石川壞石川和賀川及諸支流至黑川尻水勢漸大貫流岩手紫波稗貫和賀四郡凡四十里餘至膽澤郡相去村合猿内川膽澤川等又南流入陸前登米郡遭追波便源長七十六里餘闊二町餘下流詳於陸前能代川一名米代川自陸奧來入鹿角郡北折合大湯川毛馬内川等由大欠村而西流入羽後下流詳於羽後馬淵川發源九戶郡遠別嶽西北流而入陸奧下流詳於陸奧

陸奥　南至陸中及羽後東西北皆至海東西凡三十九里南北凡四十餘里東西二隅曲折相拱容海隔津輕峽對北海道山脉起中央南走支脈西折劃羽後東方曠野相接多不毛之地西疆土壤稍肥民勤耕種兼習獵漁風俗鄙野郡數凡四村數二千三百一十五町數凡七曰津輕村數一千零七町數四北村數四百五十四町數二三戶村數五百九十五町數一二戶村數三百一十九田圃凡五萬五千三百三十一町二段

二畝四步其山嶽有八甲田嶽跨津輕北二郡各七里赤倉嶽戶來嶽其河渠有岩木川一名宏前川發源津輕郡泊嶽北流併岩木山溪澗諸流容平川淺瀨石川等注十三瀉而入海長二十二里闊五十間舟楫可通者十餘里馬淵川亦同馬淵川發源陸中九戶郡遠別嶽西北流入二戶郡北流合淨法寺川至三戶郡大向村容原野川相內川等又東流至八戶湊村而入海長二十五里闊一町四十間能代川一名米代川發源二戶郡田山村山中西流入陸中鹿角郡下流詳於陸中羽後

羽前　東至磐城陸前南至岩代越後北至羽後西至海東西二十二里南北三十五里山脉綿亘東南界岩代連越後最上川之左右頗平曠肥磽相半田川郡獨有魚鹽之利風俗樸強以蠶桑爲業郡數凡四村數一千二百三十九町數二十二曰置賜村數二百九十五町數五村山村數四百三十九町數十一最上村數八十五町數一田川村數四百二十町數五田圃凡七萬九千三百四十五町一段二畝七步八釐四毫其山嶽有吾妻山一名大日嶽跨置賜郡及岩代之耶麻郡由置賜郡至東大嶺凡四里由畑村至西大嶺凡四里五所山十里餘月山自置賜郡羽黑山麓之手向村始凡九里直立五千三百四十尺其河渠有最上川上流名松川發源置賜郡大平村大日嶽北流至中田村容羽黑川及洲島村受鬼面川經津久茂村等數村又合諸流凡十八里餘入村山郡杉山村始名最上川經佐澤東流至小鹽村分爲二派北名新川及長崎村再相合容酢川北流至仁田村合寒河江川等大石田村遡南容丹生川入最上郡西流容小國川經新莊之南會鮭川至酒田港而入海長凡六十二里闊三十町二十間

羽後　東至陸前陸中南至羽前北至陸奧西至海東西凡二十五里狹處一十九里南北凡四十九里山勢來自陸奧劃東北二方鬱結中央產材極多能代川注北疆御物川貫南方男鹿島突出西方而擁八郎瀉地味磽薄不宜果穀沿海頗有繁盛之區風俗頑陋郡數凡八村數一千三百二十町數二十曰飽海村數二百八十四町數二由利村數二百四十町數四雄勝村數八十六町數三平鹿村數一百一十四町數二仙北村數一百七十九町數二河邊村數五十九町數一秋田村數二百八十二町數四山本村數七十六町數二田

圃凡七萬一千六百一十二町六段四畝二十九步八釐其山嶽有鳥海山屬飽海郡亘由利郡直立六千四百六十八尺在飽海郡九里在歲网村九里在由利郡六里在矢島六里御駒山阿彌陀嶽朝日嶽其河渠有御物川發源雄勝郡院内銀山町東安嶽東北流至橫堀村合役内川自逆卷村而北流及角間村又合岩崎川仍北流至角間村容橫手川入仙北郡至花館驛合玉川又西流北流至秋田郡土崎巷而入海長三十里餘闊二町四十間玉川古作副川發源陸中岩手郡界仙北郡田澤村大深嶽南流合小和瀨川大仙立川生保内川西南流至小館村容鰍瀨川至神宮寺驛會御物川長凡二十七里十八町闊凡一町餘子吉川發源由利郡鳥海山下東北流合諸小流繞西北而經矢島合薯蕷川西流至古雪港而入海長凡十八里餘闊一町四十間能代川一名米代川發源陸奧二戶郡過陸中入秋田郡西北流至川口村合大館川西流合阿仁川而入山本郡及荷上場村容藤琴川至能代港而入海長二十五里闊一町四十間餘源流詳於陸中陸奥大阿仁川發源仙北郡界秋田郡荒瀨村立又容小又川北流至李臺村合小阿仁川及麻生村而入米代川長三十里餘闊一町餘上流爲大又川下流爲大阿仁川云又有小阿仁川出於同郡南澤村河邊郡界龍峯北流入大阿仁川長二十里餘闊五十間稍爲小綻大鋌岩石巉峭水流險惡舟人視爲畏途

日本國志第四　卷之十一

出使日本參贊官黃遵憲編纂

地理志二

北陸道

若狹　東至越前近江南至近江丹波西至丹後北至海東西凡一十二里南北凡四里山勢自東走西連於丹後瀕海岬嶼錯出疆壤狹隘甚少平地土質磽瘠風俗樸陋而能勉耕漁郡數凡三村數二百七十八町數二曰三方村數六十二遠敷村數一百四十四町數二大飯村數七十二町數一田圃凡七千四百二十九町七段三畝一十二步八釐六毫

越前　東北至加賀東南至美濃南至近江西至若狹西北至海東西凡一十九里南北凡一十七里白山之脈聳於東南西北漸低三河貫其中會同一港西南一隅以木芽嶺爲屏障海表灣曲土壤膏腴五穀皆宜其民勉於耕織業工商者亦多風俗慧黠郡數凡八村數一千四百九十二町數一十二曰敦賀村數七十九町數一南條村數八十一町數二今立村數二百零二町數二丹生村數二百三十六足羽村數二百五十七町數一吉田村數一百二十七町數一坂井村數三百五十六町數三大野村數二百五十四町數二田圃凡三萬八千四百九十二町零二畝二十二步五釐七毫其山嶽有越智山在丹生郡之西自山麓至巔一里十四町直立一千八百八十七尺其河渠有日野川發源南條郡岩屋村近傍諸山谷西北流沿武生之東北流至丹生郡在田村合天王川至清水尻村之東容志津川及足羽郡角折村而會足羽川名爲安居川云又北流及吉田郡高屋村合九頭龍川於是三川會同至坂井港而入海上流自白川村渡口至坂井港長十一里舟楫可通源長凡二十四里十八町闊凡三町二十間足羽川凡四源皆在今立郡一出田代山一出漁見坂其二出部子嶽相合而北流及足羽郡境寺村合羽丹生川及獺口村容蘆見川稍西流貫福井街衢至角折村會日野川福井市中有九十九橋長八十八間幅三間半爲石造半爲木造尤稱奇工自足羽郡前波村至福井長二里十八町自福井至坂井港長六里十三町七十三間舟楫可通源長凡二十五里闊凡四十五間九頭龍川有三源皆發於美濃州界大野郡一出油坂嶺爲油坂川西流一出白山之別山名石徹白川西南流共至朝日村而相會西北流一出下秋生村蠅帽子嶽外三所而北流名秋生川又稱眞名川及土布子村而合流過勝山之西併西流數小河過舟橋稻多之間至高屋村會安吉川自坂井郡鳴鹿村至坂井港長十里餘舟楫可通源長凡三十二里闊三町二十間舟橋稻多二村之間有舟橋長百二十間四十八隻橫亘以鐵鎖繫之天正中柴田勝家之所剏造也

加賀　西南至越前東至飛驒越中北至能登西北至海東西凡一十里南北凡一十八里白山聳其南隅山脈左右分走與二越飛驒三州相連河水概發源於此北流而入於海時令不調物產殊乏風俗優柔而不免偏執郡數凡四村數一千零九町數一十曰江沼村數一百四十町數二能美村數二百六十四町數一石川村數三百三十六町數五河北村數二百六十九町數二田圃段數未詳其山嶽有白山北陸道第一高山也爲日本三山之一跨越前美濃飛驒諸國有三峯南稱別山北稱大汝中央稱御前最高峻登其絕頂俯瞰六州直立凡八千四百尺御前峯後又有劍峯其狀如植五劍積雪四時不化故總稱白山自能登郡凡九里自牛首村市瀨凡四里自金澤凡二十里三十三町自越前大野郡勝山凡十五里八町釋迦嶽在牛首村凡七里妙法山屬石川郡凡十里其河渠有手取川有南北二源皆發白山自大汝嶽出者名中又川又稱尾添川北流漸折而西北爲能美石川二郡之界自別山出者名白山川西北流共容數小河從牛首村而北流至河原山村相會名爲手取川仍北流至河合村從大日山發者與北流之大日川合過石川郡鶴來之南漸西流至湊美川之間而入海長凡二十里餘闊五町大聖寺川發源江沼郡大日山之西麓西北流經九谷西流自我谷村而北流至河崎村漸西流經大聖寺至鹽屋浦而入海長凡十八里闊五十間

能登　東接越中加賀餘皆至海東西凡一十一里南北凡一十八里加越諸山之餘脈斗出於北海而爲半島東面抱一大灣北海第一巨港也土壤薄瘠風俗龐樸郡數凡四村數八百六十五町數四曰羽咋村數二百三十九町數一鹿島村數一百九十六町數一鳳至村數三百一十八町數二珠洲村數一百一十二田圃段數未詳其島嶼有能登島俗名島之地居鹿島郡周回十

四里十九町餘居民概以煮鹽爲業近旁有小嶼數十

越中　東至越後及信濃南至飛驒北至加賀西北至能登北至海東西凡二十一里餘南北凡一十九里餘立山之山脈東西累疊連於飛信北方沿海之地稍爲平坦以四大河貫流故頗有灌漑之利地質豐确相半多物產尤饒水族民俗樸陋郡數凡四村數二千四百四十四町數一十一曰新川村數一千零四十一町數四婦負村數三百六十五町數二礪波村數七百零一町數二射水村數三百三十七町數三田圃凡八萬七千五百七十二町六段四畝一十九步其山嶽有立山自新川郡蘆峅寺村始凡十里直立五千零四十尺其高峻與加賀白山相伯仲劍嶽在立山之北其脈連續不斷自新川郡伊折村始凡五里鷲羽嶽夫婦山其河渠有射水川一名雄神川又名莊川發源飛驒者爲白川北流經礪波郡及射水郡米島村而合小矢部川注新湊自州界長凡四十里闊五町上流詳於飛驒小矢部川者源出礪波郡大門山東北流至射水郡米島村而合射水川長凡二十一里闊一町二十間神通川發源飛驒名爲宮川北流經富山之西注

東南瀨港入州界長凡三十里餘闊凡四町十間富山之西北架舟橋總六十四隻橫亘以鐵鎖繫之長凡四十四間四尺餘幅六間二尺上流詳於飛驒常願寺川發源藥師嶽上嶽寺地山等處西北流繞新川郡之西仍北流而注水橋港長凡十八里闊凡五町四十間黑部川發源鷲嶽合諸溪澗貫新川郡之東方北流至北野村分東西二派東自高島新田西自荒俣村而入海長凡二十里闊凡八町二十間以上四河及加賀手取川越前九頭龍川越後信濃川世稱之北陸道七大河

越後　西至越中西南至信濃南至上野東至岩代東北至羽前西北至海東西凡六十二里南北凡一十七里陸羽之大山脈來自東北蜿蜒繞其南方連於信野洪水縱橫州內運輸極便其土廣衍其產富饒巧於機織民多優裕俗較柔惰冬春之間積雪丈餘於簷下通路河冰以橇行郡數凡七村數四千二百五十二町數四十曰岩船村數二百四十九町數二蒲原村數一千七百八十四町數二十三三島村數一百八十一町數四古志村數三百四十八町數二刈羽村數百八十六町數二魚沼村數四百一十一町數二頸城村數一千零九十三町數五田圃凡一十六萬零六百四十一町一畝二十七步零四毫其山嶽有鷲巢山以形似故里人稱爲越之富山飯豐山在蒲原郡跨岩代羽前有五峯中央名三國嶽高凡三千九百九十尺風倉山一作笠倉亦在蒲原郡高一千二百尺大日嶽亦在蒲原郡西有烏帽子嶽高三千尺又有蒜場嶽高二千二十尺皆大日嶽之連峯也御神樂嶽高二千九百五十尺蓮華山朝日嶽一名大蓮華其南有鑓嶽又有雪倉嶽統稱爲蓮華三峯其河渠有信濃川一名千曲川入本州乃名信濃川發源信濃來魚沼郡宮原羽倉二村之間合志久見川中津川等諸水東北流及卯木村而容清津川至川口村合魚沼川東北流至地藏堂驛分一派而北流稱爲西川本流及尾崎村合苅谷田川至八王子村分中口川與須頃井土卷等七村相抱至三條町合五十嵐川漸北流及酒屋村容小阿賀川西北流及大野町再會中口川至平島村更會西川北流至新瀉而入海其他容大小數十流故俗有八千八水河之稱源長凡百餘里入州界凡四十里最闊處八町新瀉港口西町十間舟路泝西南至魚沼郡十日町二十九里又經魚沼川至六日町三十四里泝東經阿賀川可至岩代耶麻郡其他諸流舟楫多可通者惟至信濃一路激湍險阻不便行舟上流詳於信濃魚沼川一作魚野川又名上田川輪奈澤川有二源一出魚沼郡土樽村小富士川一出谷後二流相會而北流從湯澤東北流容東方諸

水至小出島驛合佐梨川西流及四日町村容破間川至川口村而會信濃川長二十一里闊一町二十間阿賀川發源岩代來至蒲原郡新渡村合實川日出谷川至津川町合室谷川西南流及安養寺村合早出川西北流至澤海村西南分一派名小阿賀川與信濃川相通水流漸北折至津島屋村合新發田川加治川至松崎村而入海入州界長二十餘里闊凡六町川口三町二十間亦有舟楫之利舟路泝東北入加治川至三日市驛八里餘上流詳於岩代三面川發源岩船郡三面村以東嶽西流至下中島村合高根川及下渡村合相古川至瀨波町而入海長二十餘里闊一町十間川口闊五十間荒川有二源一出信濃水內郡戶隱山一出頸城郡燒山東北流及關川驛并信濃野尻湖之下流至妙香山爲苗名瀑從大鹿村漸北流及稻增村合別所川及長者原村合矢代川及今池村合關川過高田之東西北流至直江津與保倉川相會而入海長凡二十里闊一町西十間上流至於高田有關川之稱

佐渡　在越後新瀉之西少北越海一十一里餘而至其地一大島也周回五十三里一十町五十二間半東西凡七里餘南凡一十一里地勢南北橫拓中央漸窄縮左右皆港灣土壤平衍魚稻之鄉也而土產金銀爲一國之最其民力作兼以鑿礦

爲業風俗頑固郡數凡三曰雜太村數二百四十五町數七羽茂村數八十九町數三加茂村數六十二町數一田圃凡一萬一千零一十五町六段五畝一十一步其山嶽有金北山跨雜太加茂二郡直立凡四千尺

山陰道

丹波　東至山城東北至近江西至但馬西南至播磨西北至丹後南至攝津北至若狹東西凡一十四里一十八町南北凡一十二里山脈自近江若狹而來縱橫分布地形隆高南北二鄰諸水多發源於玆東北樹密谷邃西南稍平曠地質肥瘠不一民俗樸陋多業耕樵郡數凡六曰桑田村數二百二十町數一船井村數一百五十九町數六何鹿村數一千零五多紀村數一百三十六町數一冰上村數一百七十七町數一天田村數二百十三町數一田圃凡二萬九千三百二十七町四段七畝二十一步五釐六毫其河渠有保津川發源近江州界桑田郡山谷入山城愛宕郡之北境復來桑田郡及周山村而合弓削川西南流入船井郡容大谷園部二水漸南折而過桑田郡龜岡之北至保津村名大堰川東流入山城葛野郡而名桂川下流詳於山城源至淀川長凡五十五里閏三町三間和知川發源桑田郡佐里村山谷西南流至島村合椰野川西流入船井郡容高屋川西北流至何鹿郡山家合上林川又西流至天田郡福知山名福知川又名音無瀨川會土師川又北流至丹後名由良川由源至丹後州界長凡二十三里閏一町下流詳於丹後

丹後　東至若狹西至但馬南至丹波北至海東西凡一十三里餘南北凡一十一里餘東西二隅兩灣相抱山脈自丹波來州內散布而走西北爲但馬界地勢迤北漸卑諸水皆北流港市之地頗爲繁富景勝亦多地味磽薄居民農暇多業蠶織風俗樸野郡數凡五曰加佐村數一百五十一町數一與佐村數九十五町數三中村數三十四町數一竹野村數七十二熊野村數五十三田圃凡一萬二千二百五十八町四段四畝二十七步二釐六毫其山嶽有由良嶽在加佐郡里俗稱爲丹後富士其河渠有由良川一名大川又名大雲川丹波福知山之下流入加佐郡日藤村東北流經二箇村地頭村等北流至由良神崎二村之間而入海上至丹波福智山舟楫可通川口名由良港碇泊之所也其港灣有天橋立沙洲也東南橫出二十七町四十間幅三十二間南端與文殊村相對蒼松一帶蓊蔚加畫與松島岩島共稱三勝其灣稱爲岩瀧灣深十一仭而港口至淺僅通小船而已

但馬　東至丹波丹後西至因幡南至播磨北至海東西凡一十五里餘南北凡一十二里山脈自丹波播磨而連因幡西方一帶山谷險隘殊少平地其東邊河流縈紆足資灌漑民業農商相半風俗純樸猶存古風郡數凡八曰城崎村數六百五十六町數四美含村數七十二二方村數五十六氣多村數一百一十七十八町數一出石村數八十五町數一養父村數一百零四朝來村數八十二町數一七味村數六十九町數一田圃凡一萬三千一百五十七町七段一畝二十五步五釐二毫其山嶽有三開山在城崎郡篠岡村跨出石郡高凡三町俗稱爲但馬富士名其河渠有朝來川發源朝來郡圓山村之邊合諸水北流至養父郡及上田村容絲井川西北流至舞狂村合廣谷川西入木川曲折迴旋終復北流及城崎郡佐野村會出石川沿豐江市防之東合六方川抱津居山而入海長凡十六里閏二町餘

因幡　東至但馬西至伯耆南至播磨美作北至海東西凡一十二里餘南北凡一十二里一十八町餘瀕海一帶平沙縈回以港灣少不便泊船東南山嶽累疊連亘播磨中央沿河之地稍覺平闊土性磽瘠風俗固陋郡數凡八曰岩井村數五百六十一法美村數六十二町數一邑美村數三十一町數四八東村數八十九高草村數八十三町數一氣多村數八十三町數二八上村數六十二智頭村數九十九田圃凡一萬三千五百九十五町零八步三釐五毫

伯耆　東至因幡西至出雲南至備後備中美作北至海東西凡一十七里南北凡八里大山中央挺立支脈左右蜿蜒州之

西北一隅斗出與出雲之東隅相對而擁抱中海西北平坦稍爲沃饒風俗野鄙郡數凡六村數七百六十八町數七曰會見村數一百八十一町數四日野村數一百七十八汗入村數七十五町數一八橋村數一百零八町數一八來村數一百一十九町數一河村村數一百零七田圃凡二萬二千四百七十六町二段二畝七步其山嶽有大山自會見郡尾高村始凡五里十八町橫亘日野汗入八橋三郡其河渠有日野川又作簸川發源日野郡之西南隅上萩山新屋野組湯谷四村之溪東流九里餘至州河崎村北折更西北流至古市村容二部谷川又北流經野殿河內諸村至觀音寺村合尻燒川及皆生村今村之間而入海長十七里餘闊三町十四間

出雲　東至伯耆西至石見南至備後北至海東西凡一十七里餘南北凡一十五里山嶺層疊亘於南方與山陽有背脊之分西連石見北方地勢狹長橫出東對伯耆而抱大海西方帶湖松江在湖海之中央市廛鱗次湖山映帶山陰第一之勝地

也風俗柔靡郡數凡一十村數五百七十四町數七曰島根村數五十六町數二能義村數九十六町數二意宇村數四十七秋鹿村數二十四楯縫村數三十六町數一出雲村數三十二大原村數六十五仁多村數七十一神門村數八十五町數二飯石村數六十二田圃凡二萬二千八百一十町三段九畝六步七釐二毫其山嶽有嵩山古名布自枳尾高山在島根郡高凡二千七百尺船通山古名鳥上山又稱簸河上在仁多郡並跨伯耆高三千餘尺彌山古名出雲御崎山在神門郡高三千六百尺佛經山亦在出雲郡高一千七百五十尺古神名火四山之一也朝日山在秋鹿郡高二千三百尺亦古名火四山之一也其河渠有大川一名簸川發源仁多郡船通山合龜石谷之水西流爲橫田川又合室原川西北流容龜嵩川馬木川阿井川等諸流爲斐伊川至湯村又北流經飯石大原二郡之界合飯石郡深野川三刀屋川大原郡久野川阿用川牛尾川至神原村西流及出雲郡出西村又北折分派爲新川更東向至出雲郡坂田村合二流而共入宍道湖長凡二十里十一町闊二町三十間神門川一名乙立川又名古志川有二源一出飯石郡琴引山名小田川西流一出同郡女龜山名赤名川北流共至上[illegible]島村西相合又西北流合頓原川西流經獅子村北流入神門郡合吉野伊佐川東村川等水自八幡原村而東南迴繞復入飯石郡合畑川再入神門郡經乙立村東北流合小野川稗原川及馬木村又西北至西園村北折而入海長凡十九里五町闊一町二十間其湖沼有中海古名意宇海周回十六里十一町五十二間深三仭或至四仭半

石見　東至出雲東南至備後南至安藝周防西至長門西北至海東西凡一十一里南北凡一十三里自東北亘西南凡三十里山脈自南方來州內連亘嶂巒相望少平坦處江川在其東北縈紆貫流山陰第一之巨流也海濱低鹵運輸不便風俗頑樸民多以紙麻製鐵爲業郡數凡六村數五百五十四町數六曰安濃村數三十町數一邇摩村數四十七町數二邑智村數一百零六那賀村數一百三十六町數一美濃村數一百一十八町數一鹿足村數一百一十七町數一田圃凡二萬八千六百一十七町零三畝一十五步零三毫其河渠有江川一名石見川古名可愛川發源安藝之石見界九嶺山繞備後爲三次川西北流入本州邑智郡至下口羽村合出羽川北流至川戶村合熊見川又西北流復西折從明塚村迤南至原村乃西南流及因原村合矢上川漸復西流至小田鄉川戶村合市木川又西北流而入那賀郡至渡津而

入海長凡五十里餘舟楫可通者二十里闊三町十九間上流詳於安藝備後

隱岐　知夫島在出雲島根郡加賀浦之正北相去一十一里三十町周回六里三十一町一十九間東西一里一十五町南北二十五町西島隔東北一峽與知夫島相對周回二十里二十六町五十六間半東西三里二十町南北二里中島在西島之東相去一十二町周回一十六里二十一町一十一間東西一里三十町南北一里二十四町以上三島名爲島前島後一島在中島之東北相去三里餘周回三十里一十七町五十四間半東西四里南北四里三十町自島前海士郡知知井村至島後穩地郡都萬村海上直徑四里三町位居出雲之正北合四島嶼以爲一州島前則三小島鼎立島後爲一大島中間礁嶼相接地質磽确風俗陋愚居民農餘多從事於漁蜑郡數凡

四村數六十一町數一曰知夫村數五海士村數八周吉村數三十二町數一穩地村數一十六田圃凡四千零三十八町六段零三步

山陽道

播磨　東至攝津西至備前美作北至因幡但馬東北至丹波南至海東西凡二十里南北凡一十四里餘攝丹之山脈連亘其背以爲山陰界瀕海之地大抵平衍且港泊至便山陽要津也上壤膏腴田疇大闢又有魚鹽之利風俗慧敏或流於柔惰郡數凡一十六村數一千九百五十六町數一十二曰明石村數一百五十三町數一加古村數一百一十四町數二印南村數一百三十一町數二飾東村數七十二町數二飾西村數一百六十一美囊村數一百四十九町數一加東村數一百五十二加西村數一百二十八多可村數一百三十神東村數七十九神西村數六十九宍粟村數一百四十七町數一揖東村數一百四十四揖西村數一百一十三町數二赤穗村數一百二十七町數一佐用村數八十七田圃凡五萬九千

一百九十七町九段一畝四步三釐五毫其山嶽有笠形山跨神東加西多可三郡本州最高山也其河渠有揖保川發源但馬因幡州界宍粟郡四箇山南流爲宍粟川至東安積村合三方川至神谷村合西谷川經山崎稍西折復南流入揖東郡至佐野村合栗栖川經揖西郡龍野之東爲龍野川至正條之東東南流及上川原村合片吹川分爲三派各入海長凡十五里闊凡二町三十間

美作　東至播磨西至備中伯耆南至備前北至伯耆因幡東西凡一十四里南北凡一十一里山嶽四疆連亘自爲州界南方地勢漸低河水盡注備前地味膏腴米麥能熟北方反之民俗樸陋郡數凡一十二村數六百一十町數四曰吉野村數六十英田村數五十六町數一勝南村數六十九勝北村數五十五東北條村數三十一東南條村數一十三西北條村數二十二町數一西西條村數五十一久米南條村數六十三久米北條村數五十四大庭村數四十六町數一眞島村數九十町數一田圃凡二萬一千六百九十九町五段三畝九步四釐四毫其山嶽有那岐山自勝北郡高圓村凡四里六町北爲因幡之界其河渠有津山川發源西西條郡上齋原村恩原澤南流合羽出川中谷川經黑木村東南流至古川村合香美川又東流過津山之南復東南流合久米川加茂川新田川江見川諸水過勝南郡高下村入備前赤坂郡爲東大川在州界長十九里三十五町四十七間餘闊一町二十四間高田川一名西川有二源一出大庭郡上德山村龍王池一出同村鷲溪東流及下長田村漸南流爲大庭眞島二郡之界及眞島郡小童谷村合藤森川及豐榮村容本莊川曲折而繞眞島至高田村合神代川又東流從大庭郡久世村而東南流及平松村合目本川又合鶴田川弓削川等過久米南條郡福渡村入備前津高赤坂二郡之間爲西大川在州界長二十四里十八町四十七間餘闊一町四十六間二水下流共詳於備前

備前　東至播磨西至備中北至美作南至海東西凡一十二里南北凡一十一里東西兩河自美作來貫流州內兒島一郡抱海灣而連備中島嶼碁布接於讚岐運輸殊便北方山多而平地少南方稍衍沃瀕海之民兼營漁業風俗浮薄頗好修飾郡數凡八村數七百六十八町數七曰和氣村數九十七邑久村數八十六町數二上道村數

一百一十六町數一御野村數七十九町數一磐梨村數六十五赤坂村數一百零二津高村數一百二十六町數一兒島村數九十七町數二田圃凡三萬零一百六十二町七段一畝三步五釐其河渠有東大川美作之津山川東南流來赤坂郡周匝村至和氣郡合吉井川西南流至上道郡沖新田而至於海在州界長十一里闊一町四十四間西大川一名旭川美作之高田川東南流爲津高郡之東北界及豐岡村之小森合忍木川南流至金川村合宇甘川東南屈曲爲上道御野二郡之界西南流經御野郡北方村而南流過岡山之東再東南流至福島村而入海在州界長十三里二町闊三町十四間二川上流詳於美作

備中　東至備前西至備後北至伯耆美作南對讚岐而隔以海東西凡一十一里南北一十七里餘地形至北漸縮崇嶺連於作伯大川貫流其中央瀕海土壤膏沃人民富贍北偏寒冱殊乏米麥惟採礦之利頗饒風俗慧黠喜競新奇郡數凡一十一村數九百六十九町數七曰小田村數一百零三町數一淺口村數七十二下道村數四十七窪屋村數八十四町數一都宇村數一百二十二賀陽村數一百一十町數二上房村數九十九町

數一　阿賀村數一百零五町數一　哲多村數八十七　川上村數八十七町數一　後月村數五十三　田圃凡四萬二千四百零五町四段三畝二步六釐四毫其河渠有大川上流名高梁川又稱松山川下流稱河邊川發源伯耆州界之阿賀郡茗荷嶺南流及阿賀哲多二郡之界合新見川少頃復東折過新見之西而合哲多郡之川轍川至阿賀郡下唐松村又合唐松川東南流至上房郡今津村合島井川又南流經高梁之西會成羽川復南流東折從賀陽郡淺尾而分支流東出會坂倉川從下道郡上秦村轉南流至川邊村合小田川及窪屋郡古地村又分東西二道一南流自四十瀨村從備前兒島郡藕田村而入海一西南流至淺口郡西之浦村而入海長二十八里餘闊凡四町餘

備後　東至備中西至安藝北至伯耆出雲西北至石見南至海羣島相連直接伊豫東西凡一十三里南北凡一十九里羣嶺北方聳峙東南稍平曠土壤膏腴瀕海有魚鹽之利漕運之便西北諸郡民產薄瘠多以採礦爲業風俗質直亦不免頑陋郡數凡一十四村數五百五十八町數九　曰深津村數三十五町數一　安那村數三十　神石村數四十　沼隈村數四十四町數一　品治村數二十一　蘆田村數二十八町數一　御調村數九十町數二　世羅村數四十九町數一　甲奴村數三十二　三谿村數三十八　三上村數一十八　奴可村數三十九町數二　惠蘇村數四十一　三次村數五十三町數一　田圃凡三萬五千六百二十九町九段五畝二十五步九釐六毫其河渠有三次川有二源一出神石郡古川村名田房川一出甲奴郡小塚村名本鄉川共西流至梶田村而北折及木屋村而相會西北流至三谿郡仁賀村合木村川西北流至向江田村合南川及西川經江田川内村合和知川漸西北流入三次郡至三次町合西城川總南而會安藝之吉田川及日下村又容櫃田川西流爲安藝州界繞門田村而北流入石見之邑智郡而名爲江川長三十一里八町闊二町餘下流詳於石見　櫃田川一名高野山川發源惠蘇郡上湯川村俵原西流自和南原村而西北流過高暮村又南流入三次郡櫃田村自西入君村而西南流至日下村入三次川長二十里十町餘闊凡四十五間

安藝　東至備後西至周防北至石見南至海東西ヶ二十里南北凡一十六里有巨川分流於南北境北擁層巒南[illegible]嶼碁布與伊豫之羣島相對舟路必由之所也港灣之地百貨輻

湊商業頗盛戶口亦極繁庶風俗優柔但田土磽瘠不宜播種郡數凡八村數五百三十一町數六　曰豐田村數九十町數二　賀茂村數九十二　安藝村數五十　高宮村數三十五町數一　高田村數五十九町數一　山縣村數七十四　沼田村數四十五町數一　佐伯村數八十六町數一　田圃凡三萬一千三百零一町一段七畝一十一步四釐九毫其山嶽有野呂山跨居賀茂郡十四村舟人名鍋蓋山以爲望標云　其河渠有大田川一名八木川有二源一出佐伯郡吉和村山中北流一出山縣郡八幡原村刈尾山中南流漸東折及戶河內村才原而相會東流至加計村容瀧山川南流及坪野村合佐伯郡之水內川又東流至穴村合西宗川入沼田郡久地村漸東南流又繞入木村而南折及高宮郡中島村容三田川爲安藝郡界至牛田村及沼田郡新莊村之間分東西二派東派及廣島一本木北端分爲燕尾狀一名京橋川南流自安藝郡皆塞新開于本杭而入海一名猿猴川東流自仁保島瀨崎浦而入海西派至廣島中島町慈仙寺之北亦分派一名本川又稱猫屋川自沼田郡江波村而入海長凡二十三里餘闊三町十五間一名本安川自吉島新開而入海西派自楠木村之南又分一派西流名爲横川又分爲小屋川川田川已斐川各南注而入於海　吉田川一名山縣川發源石見州界山縣郡大塚村芜瀨山東南流自川東村而南流至王生村容志路原川東流入高田郡再東南流經土師長屋入江諸村又東北流及吉田町而合多治比川及小原村而合本村川至粟屋村又會三次川西繞而爲備後界自川根村又北流入石見名爲江川在州界長二十六里餘闊凡二町下流詳於石見　其島嶼有嚴島在佐伯郡大野村之東周回一里三十一町五十九間有山名彌山又有七浦各安神社山重雲沓懷秀抱麗爲日本三勝之一

周防　東至安藝及海西至長門北至長門石見南至海東西凡二十里餘南北凡一十二里餘山嶽聳峙於東北而連亘西北西南頗有平衍之地大島羣嶼東與伊豫諸島相接沿海港浦相連三田尻最饒煮鹽之利山間之民多以製紙爲業風俗質直褊狹郡數凡六村數二千六百四十三町數一十一　曰吉敷村數四百六十七町數一　佐波村數四百九十七町數三　都濃村數四百八十五町數三　熊毛村數五百一十八町數二　玖珂村數三百四十四町數二　大島村數三百三十二町數一　田圃凡四萬三千七百九十町零二畝一十五步二釐七毫其河渠有錦川一名岩國川發源石見州界都濃郡大潮村山

中東南流過鹿野大向諸村自長穗北折又東流自中須村而北流入玖珂郡廣瀨村東流及四馬神村合出市川東南流及小川村合長谷川又東流至南桑村合生見川南流經下村東流至御庄村合御庄川漸成巨流及岩國庄分爲二派一名今津川經今津而入海闊二町七間一名門前川經門前村而入海闊三町二間共長二十四里至廣瀨村凡九里舟楫能通岩國庄錦見橫山二村之間有橋名錦帶橋俗稱爲算盤橋長凡百二十五間

長門　東至周防石見南至周防及海西北至海東西凡一十九里餘南北凡一十三里山脈自石見而來爲周防之界西南隅與豐前相對海門逼窄山陽要害以此稱最赤間關爲衆船碇泊之所民戸富贍土壤膏腴宜於播種東北磽确沍寒五穀不熟風俗殊樸郡數凡六村數二千二百三十一町數七曰阿武村數五百九十九町數三大津村數二百九十三町數一美禰村數四百二十五厚狹村數二百四十一豐浦村數三百一十町數三見島村數三田圃凡三萬五千九百二十一町八段九畝零六釐其河渠有阿武川一名萩川又名大川發源石見鹿足郡界阿武郡片俣村山中東南流自德佐

郡而西南流過渡川村稍北流及藏目喜村合大山川西流入川上村合佐井川西南流合明木川又西北流自椿鄉而抱川島莊西北各分派西即本流自椿鄉西分經山田村玉江浦至荻之西而入海闊凡二町二十六間北爲松本川自椿鄉東分雁島繞鶴江臺又左右分而入海闊凡一町十七間長共十五里至高瀨村凡四里舟楫可通

南海道

紀伊　北至和泉河內大和伊勢東西南皆至海東西凡二十七里廣處凡八里南北凡三十里狹處凡七里包擁大和之三方而突出海表後闊前銳狀如箕舌吉野之山脈來自東北戍熊野高野之諸嶺熊野川貫流中央紀伊川注其北疆西北衍沃田野大闢東北幽僻民多寒窶而海濱廣斥魚介殊富且柑橙之產最饒風俗樸直郡數凡七村數一千四百一十三町數七曰名草村數一百五十七町數二海部村數六十二那賀村數二百五十六町數一伊都村數一百六十町數一在田村數一百四十町數一日高村數一百七十八牟婁村數四百六十町數二田圃凡三萬七千三百七十九町零四畝一步一釐八毫其山嶽有葛城山橫亘伊都那賀名草海部四郡之北爲河內和泉二州之界有根來山土佛山雲山峯大福山等連峯凡二十里高一里餘龍門山一名勝神山以形似故又名紀州富士高野山在伊都郡高峯圍繞有數名山上曠原周回三里餘故名曰高野大塔峯在日高郡木守村之東溪行五六里乃至其麓山頂分二峯北爲一之森南爲二之森州中第一峻嶺也其巔莫能窮至山根蟠亘廣袤殆亘十里其河渠有紀伊川發源本州及大和伊勢二州界之大臺原山名吉野川自大和吉野郡入之波村伯母谷村而貫郡中歷宇智郡西流自相谷村來本州伊都郡始稱爲紀伊川會合諸水至名草郡分爲數堰仍西流至海部郡湊村而入海長三十里餘闊八町由河口至州界十三里舟楫可通上流詳於大和在田川發源伊都郡高野山西流至在田郡日物川村南流合山保田石垣諸莊之澗水自栗生村而西流至宮崎莊北湊村而入海長二十七里十八町闊五十間至松原村舟楫可通凡五里日高川發源在田日高二郡及大和州界之山西南流及日高郡東村合丹生川自柳瀨村而北流至小家村合寒川又西流至和佐村容江川由北鹽屋浦而入海長五十五里十八町闊五十間至瀧本村舟楫可通凡四里餘山地寒川諸莊曲折最多富田川發源大和十津川之界牟婁郡兵生村安堵峯南流及鮎川村容愛賀川至中村而入海長二十五里闊二町至眞砂村舟楫可通凡九里上流爲

岩田川安宅川又名日置川牟婁郡廣見川熊野川前川將軍川等之衆流至合川村而相會至南日置浦而入海長凡二十五里闊二町古座川發源牟婁郡大塔峯之東松根村東南流至大川村合佐本川臼立合村而東流及川口村容小川至古座浦而入海長凡二十七里十八町闊二町至大川村舟楫可通凡六里大田川發源牟婁郡大雲取峯口色川村上流爲色川東南流至小色川村合高野川至下里而入海長二十二里闊二町舟楫可通凡四里熊野川發源大和名十津川入牟婁郡南流至熊野本宮容音無川東流至請川村合笠川及宮井村會北山川漸成巨流又南折至日足村容小口川東南流及鮒田村容大野川至新宮而入海長三十五里闊三町自河口至州界十二里二十六町舟楫可通上流詳於大和

淡路　四至皆海北對播磨東南對紀伊西南對阿波幅員三十六方里周回三十八里二十五町一十四間東西五里二十一町南北一十二里二十八町橫亘瀨戶內海之東成三面之海峽大坂灣及內海樞要之地也無高嶺巨流土性膏腴稱爲魚稻之鄉風俗質樸郡數凡二村數二百六十七町數四曰津名村數一百三十四町

數三三原村數一百三十三町數一田圃凡四千八百八十六町六段四畝二十四步四釐八毫

阿波　東至海西至伊豫西南至土佐北至讚岐東西凡一十八里三十三町南北凡一十六里六町雲邊寺之山脉劃為北方更東南折而為土佐界地勢西隆東低吉野川及諸水皆東流而至於海土沃民富風俗寬裕郡數凡一十村數六百一十八町數一十曰板野村數一百三十五町數一名東村數五十二町數二名西村數三十八阿波村數三十一麻殖村數三十一町數一美馬村數二十六町數一三好村數三十二町數二勝浦村數四十六町數一那賀村數一百四十八町數一海部村數七十七町數一田圃凡五萬五千三百一十七町其山嶽有劍山跨麻殖美馬二郡自山麓至山險路凡二十五町至劍神社又二里三町乃達絕頂其西北脉亘美馬郡有黑笠山三峯等名雲邊寺山又名佐野山跨伊豫讚岐二國云其河渠有吉野川自土佐來入三好郡北流至末貞會伊豫川至川崎村而容松尾川白地村而合佐野川貞光村而容一宇川及穴吹村又合穴吹川至名西郡第十村分流為別宮川北折東流稱為北川至高房村又分南川繞北而至中喜來浦再分為撫養川本流稱廣戶川東流至豐久新田而入海由州界至此長凡二十六里闊四町上流詳於土佐那賀川又名長川有三源一出海部郡木頭北川村幸瀨山名北川東南流一出折宇村勢河谷名南川東北流及西宇村而相會東流一出那賀郡岩倉村鎗戶山東流至日眞村而二水相合至中島浦而入海長二十八里十二町闊三町二十間

讚岐　東至阿波西至伊豫南至阿波北至海東西一十八里一十二町南北一十里狹處二里二十八町南方負山北面瀨戶內海羣島繡錯連於三備景勝之地殊多島民率舟居營業州內陂池數千宜於灌溉瀕海平夷肥沃兼有魚鹽之利風俗溫順郡數凡一十一附島三村數三百九十町數一十六屬島二十五曰大內村數三十一町數三寒川村數二十七町數二三木村數二十山田村數三十三香川村數四十九町數三阿野村數三十六町數二鵜足村數三十町數一那珂村數四十六町數二多度村數二十四町數一三野村數三十七町數一豐田村數四十五町數一小豆島村數九屬島二直島屬島一十一鹽飽島屬島一十二田圃凡四萬七千二百八十三町三段八畝九步三釐其山嶽有五劍山如五劍直立之狀其一今已傾倒飯山一名九山在鵜足郡坂本村直立一千四百五十尺

伊豫　東至讚岐東南至阿波南至土佐西北至海東西凡三十五里南北凡一十五里狹處五里石鎚之山脉連亘東南截土佐界支脉走西北橫貫州中北方島嶼錯列直接山陽西方灣嘴參差而對西海道道後四郡田野大闢地味腴沃米麥豐饒風俗質直惟未免固陋之弊郡數凡一十四村數九百七十七町數一十五曰宇摩村數五十六町數一新居村數二十四町數一周敷村數三十九町數一桑村村數三十一越智村數一百零六町數一野間村數二十九町數一風早村數八十四町數一和氣村數二十四町數一溫泉村數三十四町數二久米村數二十九伊豫村數三十八町數一浮穴村數一百零三町數一喜多村數八十五町數二宇和村數二百六十五町數二田圃凡六萬五千四百三

十四町三段八畝二十六步二釐其山嶽有石鎚山俗作石鉄又稱為伊豫高根在周敷郡跨新居浮穴二郡直立四千三百五十尺自九十月即戴雪至四五月乃消

土佐　西北至伊豫東北至阿波南至海東西凡三十五里南北凡一十八里西北以伊豫為脊山嶽連沓東西兩岬南海斗出如灣月之狀地勢迤南漸低大抵山谷林叢居其三分之二但中間土壤不宜種藝海濱力於漁業風俗木強未免頑固郡數凡七村數一千一百九十三町數十曰安藝村數一百二十九町數一香美村數一百一十五町數二長岡村數一百五十四土佐村數一百一十七町數一吾川村數一百二十四町數一高岡村數二百二十六町數三幡多村數二百八十八町數二田圃凡八萬零六百二十六町九段七畝二十七步二釐五毫其山嶽有三椄示山一名三峯在長岡郡跨阿波伊豫二國山脉西走為伊豫界箕峯亦在長岡郡凡十里十八町三椄示山之西脉也三瀧山在土佐郡本州第一高山也手筥山山勢峻拔邊與伊豫石鎚山對峙其河渠有物部川發源香美郡槇山鄉

白髮山西南流自山崎村稍西流至大橋村會久保川再西南流有瀨村至合川口川至楠木村又分爲山田川本流南折至物部吉原二村之間而入海長凡二十五里餘闊二十三間仁淀川古稱嘗殿川又名神河發源伊豫浮穴郡石鎚山之西麓西南流稱面河川東南流入本州東流至吾川郡菜野川村而容岩屋川及森川經高岡郡野老山村又合分德川至今成村合黑岩川繞北東流及能津村宮谷容吾川郡之八川東南流又合日下川南流至新居浦而入海在洲界長凡十九里餘闊三町餘渡川一名四萬十川發源高岡郡四萬川村津山南流及檮原村川口合檮原川至川井村合北川至幡多郡田野村與上山川相會西北流及大野村而合鳥川又西南流至下山村與從伊豫來之吉野川相會至津野川村又合伊豫之大宮川東南流至不破村合有岡川及角崎村容佐岡川南流至下田浦東折而入海長凡二十里餘闊五十五間海口干町餘

西海道

筑前　東至豐前南至豐後筑後肥前西至肥前及海北至海東西凡一十八里南北凡一十七里豐前山脉南走更趨西北沿海之地岬嶼島嶼參錯相望雖少曠衍之地而東有遠賀川

南有萬年川灌溉運輸兩得其利土宜富贍紡織頗工其俗南鄙質實瀕海之鄉有輕薄捷給之風郡數凡一十五村數八百七十四町數十四曰志摩村數五十一怡土村數六十三町數一早良村數五十三町數二那珂村數七十七町數一席田村數九御笠村數五十七町數一糟屋村數八十五町數一穗波村數六十一町數一夜須村數五十二町數二下座村數四十三上座村數三十四嘉麻村數六十四町數一宗像村數六十二鞍手村數六十九町數一遠賀村數九十四町數三田圃凡五萬三千六百五十六町九段八畝一十七步零三毫其山嶽有浮嶽俗稱筑紫富士又名吉井嶽十坊女嶽之二山左右相連并跨肥前其河渠有千年川古名一夜川俗名上座川以筑後州內最長之流故世稱筑後川有二源一出肥後阿蘇郡小國山一出豐後直入郡九重山及日田郡而會同自上座郡穗坂村來西流容比良松川林田川志波川至下座郡長田村又合三奈木川古江川遂入筑後竹野郡又合夜須郡之依井川秋月川御笠郡之蘆木川等自入筑後併爲一川由水源至州界穗坂村共十七里餘自穗坂村至長田村四里二十二町五十八間闊一町四十間上流詳於肥後豐後下流詳於筑後肥前

筑後　東至豐後西至肥前南至肥後北至筑前西南至海東西凡一十一里南北凡八里山嶽亘於東南洪流繞於西北沿河迤南土地平衍海灣相接五穀豐饒兼有運輸之便但洪水氾濫不免爲害民產頗富風俗質直溫厚郡數凡一十村數七百五十五町數凡一十曰三潴村數一百六十二町數三御井村數五十一町數一御原村數三十六町數一山本村數三十竹野村數八十七生葉村數五十七町數一上妻村數一百一十五町數一下妻村數三十七山門村數一百一十町數二三池村數七十町數一田圃凡三萬七千九百一十七町一段九畝一步五釐其山嶽有御前嶽本州最高山在豐後又名權現嶽其河渠有筑後川千年川自豐後來西流經筑前入本州竹野郡床島村合三牟田川少頃又南流至山本郡常持村容巨瀨村西流入御井郡名御井川至久留米又西南流爲肥前國界至三潴郡黑田川合甘木川及城島村容正原川繞大野島之東西而入海源委通計凡三十五里餘在本州十八里餘闊五町五十間西海第一之大川也世以比關東利根川故有筑紫次郎之名又此河及肥後玖摩川薩摩川內川稱爲筑紫三大河源流詳於筑前豐後矢部

川發源上妻郡北矢部村黑塚山西流至新轉院村容星野川及下妻郡長田村分爲二派一西南流至山門郡鳥堀切村而入海闊四十間一西流經柳河之北南流至端地村而入海闊三十六間長共十五里餘別有一派名平松川自上妻郡津江村而分至三潴郡下向島村而入筑後川亦長十五里闊八間餘

豐前　東南至豐後西至筑前東北至海東西凡一十六里南北凡一十五里山脉自北而起東西分走爲筑前豐後之界州之北角僅隔海峽與長門相對爲西海道之要衝地味豐腴五穀皆宜風俗純茂郡數凡八村數九百一十九町數一十三曰企救村數二百四十九町數二田川村數九十一町數三京都村數七十二仲津村數九十二町數三築城村數八十六上毛村數八十一町數二下毛村數九十八町數一宇佐村數一百五十町數二田圃凡三萬五千九百零二町四段零二十二步六釐其山嶽有戶上山在企救郡直立一千七百七十八尺

豐後　東北至海南至日向西至肥後筑後筑前北至豐前東

西凡二十三里南北凡二十七里豐前之山脈自北來綿亘屈折劃西南二方地勢險隘肥瘠不一而東方岬灣相錯有港泊之便其佐賀關遙對伊豫御崎爲內洋之一海門民產頗贍風俗陋樸甚爲佞佛郡數凡八村數七百九十二町數一十五曰國東村數一百一十八町數一速見村數五十九町數三大分村數一百四十二町數二玖珠村數二十六町數一日田村數五十町數一直入村數六十八町數一大野村數一百六十二町數二海部村數一百六十七町數三田圃凡六萬四千一百九十三町五段九畝二十二步三釐其山嶽有黑嶽在直入郡直立凡二千一百尺大船嶽又稱九重前嶽直立二千七百六十四尺九重山又名三俣嶽直立二千二百二十六尺祖母嶽又作嫗嶽直立三千二百六十四尺桑原嶽在大野郡直立二千七百六十尺其河渠有大野川有二源一出直入郡九重山下南流名久住川至下坂田村合稽葉川及市用村合志土知川東流稱爲飛田川一出肥後阿蘇郡之山谷爲山田川稗原川各東流入直入郡岩瀨村而相會名玉來川及吉田村惠良又合吉田川名阿藏川經岡之東南與飛田川相會至狹田村十川容狹田川南流入大野郡又稱大野川又合緒方川矢田川會岩戶川東北流合赤嶺川品川容柴化川會野津院川入大分郡漸北流有大飼川利光川之稱入海部郡夾大津留村東西分流各復出大分郡東爲山川西爲乙津川其經鶴崎而入海源長凡三十四里山川闊二町十四間乙津川闊一町四十四間三隈川又名日田川有二源一出肥後阿蘇郡小國名杖立川云北流合津江川稱大山川一出直入郡大船山女池合諸水西北流入玖珠郡名玖珠川合町田川田代川龍門川西北流合森川至日高村與大田川相會過隈町分爲二流繞隈山再相合又合花月川西流爲筑前筑後二州之界名筑後川自女池至此長凡十七里闊一町十二間下流詳於筑前筑後肥前

肥前　東至筑後北至筑前及海西南及西皆至海東西凡二十一里南北凡二十五里東北負山東南帶河地勢分二支西南斗出海其西北一支爲平戶島連五島羣嶼其南方一支更分兩脈左抱鯛浦右擁佐賀灣之北方平衍土壤肥沃冠九州物產豐饒民俗巧慧頗流於狡猾郡數凡一十一村數二千六百二十二町數二十九曰基肄村數二十二養父村數四十四三根村數三十四神崎村數一百五十一八佐賀村數三百五十二町數四小城村數一百三十八町數二杵島村數一百六十九藤津村數一百一十六町數一高來村數二百八十一町數六彼杵村數五百一十町數九松浦村數七百九十九町數七田圃凡一十萬九千一百二十三町六段三畝一十六步九釐二毫其山嶽有多良嶽又作大郎在藤津郡兼跨三郡本州最高山也八郎嶽又作河原山在彼杵郡直立一千九百七十尺國見嶽在松浦郡高一千五百七十五尺安滿嶽高一千七百九十二尺其河渠有千年川一名千隈川又名筑後川俗又名境川自筑前筑後之間而來西南流爲筑後之界至基肄郡容秋水川經養父郡合安良川至三根郡南流夾佐賀郡大中島大託間島及筑後大野島西爲諸戶三重津東爲筑後若津小保分流而入海長凡九里闊五町五十間川上川有數源至佐賀郡三段田村相合水勢漸大南流過川上村名嘉瀨川至南麥新江而入海此川往年有疏鑿之舉爾來灌溉之利尤多多布施川三溝川蘆里川小寺川等之支流繞佐賀舊城至今宿江分流而入海武雄川發源杵島郡矢筈村東流經永野村合潮見川自佐留志大戶二村之間而入海長二十一里二十町闊十五間

肥後　東至豐後日向南至日向薩摩北至筑後豐後西至海

東西凡一十九里南北凡二十八里三面重嶺綿亘東南殊峻險幽邃多人迹不到之所西方天草羣島錯峙對肥前島原爲肥筑裏海之門鑰河流徧州內水利亦多惟海濱淺斥不便碇泊土壤膏沃民物繁庶嘉穀之產隣州之所仰給風俗樸直勇敢郡數凡一十五村數四千九百八十四町數二十八曰玉名村數五百七十九町數四飽田村數三百四十五町數三山鹿村數三百七十九町數二菊池村數二百町數一阿蘇村數七百八十三町數二合志村數一百六十七町數二山本村數一百二十三町數二託麻村數八十八町數一上益城村數六百一十六町數一下益城村數三百九十九町數一宇土村數一百九十三町數一八代村數三百零四町數一葦北村數二百六十一町數二球摩村數四百一十五町數一天草村數一百三十二町數四田圃凡一十萬二千四百八十一町五段零一十六步四釐其山嶽有木葉山一名靈兩山直立一千八百二十尺阿蘇嶽最高者名高嶽一名雲生山又名赤膚山山脈分跨隔爲阿蘇五嶽即明成祖建鎮國碑之所也國見嶽凡六里月見嶽凡六里鶴掛嶽

在葦北郡其南脈名赤松太郞嶺西南脈稱佐敷太郞嶺共當九州衝要山尤險峻其河渠有菊池川一名山鹿川又名高瀨川發源菊池郡原村深葉山北流容廻間川至山鹿郡合合志川漸西北流經湯町西流入玉名川至下津原村南流出滑石村而入海長十九里十八町闊二町三十間河口有小港名曰晒云白川又名高橋川發源阿蘇郡南鄉白川村西北流合黑川又西少南流復過熊本南至飽田郡小島村百貫石而入海長凡十五里餘闊二町三十間河口有小島港頗有運輸之便綠川發源阿蘇郡南鄉河口村三方山西流合橫野川男成川釋迦院川數流又北少西河合御船川仍西流會加勢川又曲折迴繞至二町村而入海長凡二十一里餘闊四町球摩川有二源一出八代郡五箇莊縱木村名縱木川西流容山中諸小經椎原村南流名椎積川一出球摩郡江代村片尾山西南流至揃瀨村與椎積川相會西流合胸川繞人吉之北經數郡西北流至麥島村南彌寺而入海長二十四里二十町餘闊八町二十間自人吉至海凡十六里餘舟楫可通河口有小港名八代港西少北一里十二町有可賀島入港之望標也

日向　東南臨海西至肥後大隅薩摩北至肥後豐後東西凡一十七里南北凡四十里地形南北修長沿海之地委蛇折轉而亘東南多平田沃壤山脈繞西北南走支脈散布州内西境

尤爲峻奥風俗質樸郡數凡五村數三百九十四町數一十曰臼杵村數七十七町數二兒湯村數五十三町數二諸縣村數一百五十町數二宮崎村數三十四町數一那珂村數八十町數三田圃凡五萬八千零三町四段一畝二十五步二釐二毫其山嶽有霧島山在諸縣郡噴火山也東西分二峯並跨大隅東嶽一名矛峯直立四千八百一十六尺卽古之高千穗峯也西嶽一名韓國峯小松山在那珂郡跨居數村高凡四千一百六十五尺其河渠有五箇瀨川發源臼杵郡鞍岡村山中北流合肥後阿蘇郡菅尾鄉諸水又東南流至岩戶村合篠戶川及岩井川村容日影川及七折村合網瀨川至北方村而東流經數村至南方村又南北分流一稱五箇瀨川廻延岡舊城之北一名大瀨川延岡之南抵區高村再相會至川島村東海港而入海長凡三十里闊一町四十間漕船有七里可以泝達別有北川發源豐後大野郡宇目鄉山中至川島村而會五箇瀨川長凡十九里闊一町二十間餘漕船有五里可通美美津川名一耳川發源臼杵郡那須椎葉山東流經山陰村漸東南流至美美津川而入海長凡二十八里闊三町二十間漕船五里可達水漲時有十三里可以通舟云大丸川一名高鍋川又稱蚊口川發源臼杵郡椎葉山津賀尾中山谷東南流經兒湯郡川原村東流至高鍋川蚊口浦而入海長凡二十五里闊四十八間一瀨川一名二瀨川發源臼杵郡大川内村

高塚山南流入兒湯郡米良谷爲米川及村所村容板谷川東南流自橫野村而東流至越野尾村合小川至中尾村合眼鏡川又東南流至黑生野村合河原江川東流至下田島村德淵港而入海長凡三十里餘自海口上流二十町川身最廣處抱中洲嶼北派闊一町十間餘南派闊四十間餘有渡場大淀川一名赤江川有二源一出肥後球摩郡皆越谷中南流來諸縣郡須木村名岩瀨川漸東流又名野尻川至笛水村長凡十五里闊三十間一出諸縣郡南之鄉石原山中名橋野川西南繞入大隅吉永村北流再來諸縣郡名竹下川闊二十五間過都城及前川内村合安永川及繩瀨村而合霧島中嶽所出之水名繩瀨川闊四十間稍東北流至笛水村與野尻川相會東流及系原村會綾川東南流至那珂郡下別府村福島村之間而入海源長凡二十五里闊三町二十間漕船六里可通本州第一之巨流也

大隅　東至日向西至薩摩北至日向薩摩南至海東西凡一十里南北凡二十八里東西北三面山嶽回抱南方尖長橫出海表西抱裏海遙與二大島相望澗壑雖深阻而氣候極暖草木頗能暢茂風俗樸魯郡數凡八村數二百五十四町數七曰菱刈村數一十四桑原村數三十三姶羅村數三十九町數一囎唹村數四十五町數三肝付村數四十三町數一大

隅村數四十七町數二熊毛村數一十五馭謨村數一十八田圃凡三萬四千一百五十九町二段四畝七步其山嶽有國見山在肝付郡郡中一覽可盡而險阻頗難登陟其南脈又名北嶽高凡三千二百四十三尺櫻島嶽噴火山也屹立於大隅郡櫻島之中央高三千六百三十六尺有二峯曰南嶽北嶽南之巔有白水池北之巔有御鉢池中央有兩中池兩中池水盈虛與海潮相應云八重嶽在馭謨郡屋久島全島皆山總名爲八重嶽宮浦嶽高六千三百四十五尺永田嶽高四千一百九十二尺栗生嶽高六千二百五十二尺三峯鼎立四時戴雪海上數里皆望見之

薩摩　東至大隅日向及海北至肥後西南至海東西凡一十里南北凡二十七里東北連山環擁爲肥後日隅界地勢循海南走又勾屈東拱對大隅爲一大灣山脈斷續散布州内川内川貫其中央西方一面大小洲嶼遠近環峙沃野甚乏五穀之產不足養州内人口民性勇悍居僻境者極其樸質郡數凡一十三村數三百三十三町數一十一曰鹿兒島村數二十五町數一谷山村數八町數一給黎村數

一十二揖宿村數一十七町數二十穎娃村數一十四州邊村數三十八町數二十阿多村數二十三日置村數五十五薩摩村數三十一町數一高城村數一十一町數一伊佐村數四十六町數一出水村數三十九町數二甑島村數一十四田圃凡四萬一千六百二十七町四段九畝五步其山嶽有開聞嶽亦稱爲薩摩富士在穎娃郡直立凡三千零七十尺野間嶽又名竹島在州邊郡三面臨海直立二千二百一十二尺長屋山亦在州邊郡橫亘數村東西凡三里南北四里其河渠有川內川有二源一出肥後球摩郡白髮嶽南流入伊佐郡名山野川及金波田村合市山川又名羽月川一出日向諸縣郡飯野鄉狗留孫山中南流自飯野而西流過眞幸名眞幸川南流入大隅綾川郡又西北流入本州伊佐郡牛鄉山下殿村而會羽月川由源至此長凡十三里西流至鶴田村合金山川南折及時吉村合穴川西流及虎居村合豐川及薩摩郡久住村合樋脇川過東鄉而南流至平佐復西流自薩摩郡高城鄉久見崎而入海長凡四十六里間一町四十間由海口溯大艮鄉凡十六里舟楫可通

二島

壹岐　在肥前之西北周回三十五里一十五町五十九間東西三里一十二町南北四里六町自肥前松浦郡呼子浦至石田郡鄉野浦海上直徑七里一十二町島爲肥前北角餘脈四面海灣皆有港泊之便土性膏沃果穀成宜鱗介亦富風俗柔和農暇兼營漁業郡數凡二村數一百二十六町數二曰石田村數五十九町數一壹岐村數六十七町數一田圃凡三千二百七十四町二段零二十六步六釐九毫

對馬　在壹岐之西北分爲二島南稱上島周回五十里一十四町二十一間東西二里二十八町南北五里二十町北稱下島周回一百三十五里三十一町一十九間東西四里六町或二里二十八町南北九里二十六町自壹岐壹岐郡勝本至下縣郡嚴原海上直徑一十二里二十町居日本海之西北隅島形東西狹而南北長中央劈開成一大灣能容大艦巨船島內

峯巒相接地多薄瘠不宜播殖居民食穀仰於內地惟多採海利與朝鮮互市以爲營生本業風俗固陋郡數凡二村數一百一十四町數一曰上縣村數五十二下縣村數六十二町數一田圃凡三千三百七十一町六段一畝一十四步其山嶽有三嶽御嶽本州最高山又作御嶽山有三峯並峙數村白嶽在下縣郡直立一千六百七十尺有明山古名島根山直立凡一千八百尺矢射立山直立二千一百十八尺龍良山亦在下縣郡二峯對峙名雌山雄山直立凡一千六百六十尺

北海道

東至千島州對得撫島北隔北見州宗谷海峽而對樺太南隔渡島州津輕海峽而對東山道陸奧東西凡一百六十六里南北凡一百二十里幅員五千零五十六方里七八周回五百八十三里三屬島一十五其幅員五十方里零九二渡島南向陸奧其狀如伸頸張頤宛折趨東北爲膽振後志當石狩負脊之要天鹽北見日高十勝排於南北爲左右翼釧路爲其臀根室之地岬角左右相望爲其股千島曳尾其後石狩十勝之二高山對峙全道之中央支脈四布諸大川大率發源於此衆水分流西爲石狩川西北爲天鹽川北爲常呂川南爲大津川土人業漁獵不知稼穡石狩十勝等處原野曠漠雖土壤肥沃而產業未開風俗鄙樸言語衣服皆異內地此道舊爲蝦夷地古時陸奧出羽之北境夷種雜居凡渡島以北之夷總稱爲蝦夷景行帝時日本武尊武內宿禰巡察北方曾至夷地其後叛服不常齊明帝時命將北伐設治於後方羊蹄及一條帝蝦夷作亂陸奧人安倍國東代定之源賴朝之征陸奧以安倍氏後裔安藤季信爲津輕守護俾世管蝦夷至享德中若狹人武田信廣航至松前島夷咸服永正中其孫義廣徙居松前後降豐臣

氏慶長中以福山城爲治所稱松前氏寛政之末德川氏遣吏經理東夷收松前氏所領之東部猶命管西部享和之初置箱館奉行文化四年徙松前氏於陸奥并收其西部置松前奉行摠管全島王政革新明治二年八月稱全島爲北海道分十一州設開拓使以治之

渡島　南隔津輕海峽而對陸奥北至後志膽振東西共至海東西凡二十一里二十町南北凡二十三里一十八町郡數凡七村數一百一十一町數三　臼茅部村數一十七　龜田村數二十九町數一　上磯村數一十七　福島村數六　津輕村數一十三町數一　檜山村數二十一町數一　爾志村數八　田園凡一千四百三十二町九段六畝一十八步其山嶽有惠山噴火山在茅部郡高一千九百二十尺　大川嶽亦噴火山在茅部郡高一千九百二十尺　古部嶽高二千零二十尺　熊泊嶽高二千零四十尺　駒嶽高三千二百二十尺　濁川嶽高二千七百尺以上皆在茅部郡　橫津嶽在龜田郡高三千五百三十尺　三森嶽亦在龜田郡高二千五百二十尺　烏嶽在磯上郡高二千尺　知內嶽在福島郡高二千五百三十尺　千軒嶽在津輕郡高三千三百五十尺　遊樂部嶽在爾志郡高四千一百尺

後志　東至膽振石狩南至渡島膽振西北至海東西凡一十六里南北凡三十二里三十一町郡數凡一十七村數一百零七町數一　臼久遠村數九　太櫓村數四　瀨棚村數五　島牧村數一十五　壽都村數八　歌棄村數六　磯谷村數四　岩內村數六町數一　古宇村數六　積丹村數八　美國村數五　古平村數六町數一　余市村數八町數一　忍路村數四　高島村數四　小樽村數五町數一　與尻村數四　田園未詳其山嶽有八內山在岩內郡高二千八百尺　雷電山在磯谷郡並跨岩內郡高三千二百五十尺　積丹嶽在積丹郡高五千四百尺　其河渠有後志川發源膽振虻田郡當沸登西流遶後方羊蹄山之腹至磯谷郡磯谷村而入海長凡十八里閒一町四十間　利別川發源膽振山越郡蠻寒嶽等處至瀨棚郡瀨棚村而入海長凡三十里閒凡一町

膽振　東至日高西至後志南至渡島及海北至後志石狩東西凡四十四里二十五町南北凡一十四里三町郡數凡八村數四十八町數一　臼山越村數二　虻田村數四　有珠村數五　室蘭村數七町數一　幌別村數五　白老村數三　勇拂村數十六　一千歲村數六　田園凡四百五十八町九段七畝一十五步其山嶽有昆保嶽在虻田郡高三千三百尺　有珠嶽噴火山跨有珠虻田二郡高三千四百四十尺　白老山在白老郡高三千三百尺　紋別嶽在千歲郡高二千六百尺　漁山亦在千歲郡高亦二千六百尺　其河渠有遊樂部川發源渡島爾志郡遊樂部嶽東流至山越郡遊樂部而入海長凡三十四里閒凡五十間　長流別川發源有珠郡山中西南流至長流村而入海長凡十六里閒凡五十間　鵡川發源勇拂郡山中西南流鵡川村而入海長凡二十里閒凡四十五間

石狩　東至釧路北見南至膽振十勝西至後志及海北至天鹽東西凡四十三里二十二町南北凡二十五里三十町郡數凡九村數三十八町數二　臼札幌村數一十七町數一　石狩村數三町數一　厚田村數一十　濱溢村數八　樺戶以下五郡村名未定　夕張　空知　上川　雨龍　田園凡七百三十五町五段三畝一十三步其山嶽有斜芳嶽在原田郡周回凡七里　其河渠有石狩川發源上川郡石狩嶽大瀑布屈曲西南流合諸水至石狩郡而入海長凡一百六十七里閒三町四十二間

天鹽　東及北至北見南至石狩西至海東西凡三十里南北凡三十九里二十七町郡數凡六村數一十五　臼增毛村數五　留萌村數五　苫前村數五　天鹽以下村名未定　中川　上川　其山嶽有辨花片山在天鹽郡高一千六百四十尺　其河渠有天鹽川發源上川郡十勝石狩二嶽之北西南流合諸水經中山郡至天鹽郡天鹽而入海長七十里餘閒三町

日高　東北至十勝西至膽振南至海東西凡二十九里十四町南北凡二十一里二十二町郡數凡七村數一百零五　臼沙流村數一十八　新冠村數一十一　靜內村數一十六　三石村數八　浦河村數二十　樣似村數二十三

幌泉（九村數）田圃未詳（以下七州皆同）其河渠有厚別川（發源新冠郡之二高山西南流合諸水至沙流郡厚別而入海長凡十五里闊五十間）新冠川（發源十勝州界之諸山西南流至新冠郡高江村而入海長凡二十六里闊一町）染退川（發源十勝州界西南流合東枝川西枝川及諸水至靜內村下方村而入海長凡十五里闊一町十五間）

十勝　東至釧路北至石狩西至日高南至海東西凡三十里二十二町南北凡四十七里一十八町郡數凡七（村數五十一）曰廣尾（村數一）當緣（村數三）十勝（村數六）中川（村數二十二）河西（村數一十二）河東（村數五）上川（村數二）其山嶽有神威嶽（在河西郡兼跨日高靜內峻峯峭拔巉岩磊砢）其河渠有大津川（發源上川郡十勝山脈信滿山東南流經河西中川諸郡至十勝郡大津而入海長四十四里餘闊二町十六間支流爲十勝川至十勝郡十勝而入海）

釧路　東至根室北至北見西至十勝石狩南至海東西凡四十七里二十一町南北凡二十九里七町郡數凡七（村數四十七町數二）曰白糠（村數二）釧路（村數八）厚岸（村數一十七町數一）阿寒（村數五）上川（村數五）網尻（村數六）足寄（村數四）其河渠有久壽里川（發源釧路郡釧路嶽東南流合阿寒瀨釣二川至釧路而入海長三十七里闊二町）

根室　西及南至釧路西北至北見東至海南北兩角斗出而對千島東西凡一十九里一十八町南北凡二十九里二十七町郡數凡五（村數二十三町數一）曰花笑（村數七）根室（村數六町數一）野付（村數四）標津（村數二）目梨（村數四）其河渠有西別川（發源釧路上川郡西別嶽東流過根室野付郡界而入海長凡三十里闊一町餘）標津川（發源標津郡標津嶽東流標津村而入海長凡十六里闊三十間）

北見　西至天鹽南至釧路東南至根室西及北至海隔宗谷海峽近與樺太相對東西凡七十八里南北凡一十七里七町郡數凡八（村數三十）曰宗谷（本郡及枝幸利尻禮文皆村名未定）枝幸紋別（村數一十）常呂（村數七）網走（村數八）斜里（村數五）利尻禮文其河渠有富別川（發源天鹽二高山之間北流合數水至枝幸郡富別而入海長凡十五里闊一町餘）常呂川（發源石狩高山東北流至常呂郡常呂村而入海長三十里闊四十間）

千島　根室州之東北羣島合稱爲千島幅員五百七十二方里八大者有二島東爲擇捉西爲國後皆地形狹長國後幅員一百零四方里周回凡七十一里自西南至東北凡三十里東西廣處凡八里根室野付岬相距凡五里擇捉幅員四百六十八方里七六周回凡一百五十三里自西南至東北凡五十里東北廣處凡十里在國後之東北凡三里餘此島之東北與得撫羣島相連直接魯西亞所隸之堪察加焉郡數凡五（村數一十五）曰國後（村數五）擇捉（村數二）振別（村數二）紗那（村數四）蘂取（村數二）

日本國志卷十一

日本國志第四　卷之十二

出使日本參贊官黃遵憲編纂

地理志三

府縣沿革表 維新之後變封建爲郡縣其分合興廢蓋朝令夕改月異而歲不同有難於一一分載者故志中仍分國敘事而別以府縣沿革著之此表凡府縣所轄之國或屬一府縣或屬兩府縣均分別揭載所轄之郡則隸於一府縣者從略分隸於兩府縣者詳記其名

府縣	國	郡	沿革
東京府	武藏	荏原 豐島 葛飾之內 多摩之內 足立之內	明治元年閏四月分各地方爲府藩縣五月置江戶府既而權置大總督府並設南北市政裁判所以經理府事時置府之令未達江戶暫設武藏知縣事但未有縣名七月改江戶稱東京以江戶府爲東京府八月罷市政裁判所併於東京府二年正月置小菅縣二月置品川縣七月令京都東京大坂三府以外悉改爲縣四年七月廢藩置縣十一月東京府及小菅品川二縣均廢置本府
京都府	山城 丹波 丹後	何鹿 船井 桑田 天田	慶應三年十二月命膳所篠山龜山三藩管理舊日町奉行之事稱市中取締明治元年二月置京都裁判所閏四月改裁判所爲府尋罷市中取締四年七月廢藩置縣十一月京都府及淀龜岡園部綾部山家五縣均廢而置本府九年八月廢豐岡縣其所管丹後及丹波天田郡改隸於本府
大坂府	攝津	住吉 東成 西成 島上 島下 豐島 能勢	明治元年正月置大坂鎮臺以管理民政未幾旋改爲裁判所五月再改爲府四年七月廢藩置縣十一月大坂府及高槻麻田二縣均廢而置本府

府縣	國	郡	沿革
神奈川縣	武藏 相模	久良岐 橘樹 都筑 多摩之內	明治元年三月置橫濱裁判所六月改爲神奈川府九月再改爲縣四年七月廢藩置縣十一月神奈川六浦二縣均廢而置本縣又廢韮山小田原荻野山中三縣而置足柄縣於相模國九年四月廢足柄縣其所管相模改隸本縣
兵庫縣	攝津 丹波 但馬 播磨 淡路	八部 菟原 武庫 河邊 有馬 多紀 氷上	明治元年正月置兵庫鎮臺旋改裁判所移於但馬尋廢之閏四月置久美濱縣於丹後五月改裁判所爲縣二年正月割大坂府地而置攝津縣五月改稱豐碕縣八月併入兵庫縣尋置生野縣於但馬四年七月廢藩置縣十一月久美濱生野宮津篠山舞鶴福知山出石柏原豐岡峯山村岡十一縣均廢而置豐岡縣姬路明石龍野赤穗三日月三草山碕安志林田小野十縣均廢而置姬路縣尋改飾磨縣旋廢兵庫尼碕三田三縣而置本縣九年八月豐岡飾磨二縣又名東縣所管之淡路均改隸本縣
長崎縣	肥前 壹岐 對馬		明治元年二月置長崎裁判所閏四月置富岡縣於肥後天草郡五月改裁判所爲府八月併富岡縣於長崎府二年六月改長崎府爲縣四年七月廢藩置縣九月移佐賀縣廳於伊萬里稱伊萬里縣以嚴原縣併隸之十一月長崎島原平戶大村福岡五縣均廢而置本縣伊萬里小城唐津蓮池鹿島五縣均廢而置伊萬里縣五年五月復移伊萬里縣於佐賀稱佐賀縣九年四月併佐賀縣於三潴縣八月三潴縣廢其所管肥前改隸本縣
新潟縣	越後 佐渡	頸城 古志 三島 刈羽 魚沼 岩船 蒲原之內	明治元年四月置新潟裁判所尋改爲越後府又置佐渡裁判所尋亦改爲縣七月置柏崎縣既而改越後府爲新潟府柏崎縣併入之二年二月又改爲縣再置越後府併入佐渡縣尋又復之改越後府爲水原縣以新潟縣併入之八月割水原縣而復柏崎縣三年三月廢水原縣復新潟縣四年七月廢藩置縣十一月新潟新發田村上村松峯岡三日市黑川七縣均廢而置本縣柏崎高田與板清崎椎谷五縣均廢而置柏碕縣改佐渡縣爲相川縣六年六月併柏碕縣於本縣九年四月又併相川縣於本縣

埼玉縣

武藏　下總

埼玉　横見　入間　秩父　大里　榛澤　加美　幡羅　比企　新座　那賀　兒玉　高麗　男衾　足立　之內　葛飾之內

明治元年六月大總督府暫置武藏知縣事但未設縣名二年正月置大宮縣九月改稱浦和縣四年七月廢藩置縣十一月浦和忍岩槻三縣均廢而置本縣

千葉縣

下總　上總　安房

千葉　印旛　匝瑳　埴生　香取　海上　葛飾之內　相馬之內

明治元年七月大總督府暫置上總安房知縣事八月置下總知縣事但未設縣名二年正月置葛飾縣於下總尋置宮谷縣於上總四年七月廢藩置縣十一月宮谷鶴舞松尾菊間長尾花房久留里大多喜飯野佐貫鶴牧一之宮加知山館山櫻井小久保十六縣均廢而置木更津縣葛飾佐倉古河關宿結城曾我野生實七縣均廢而置印旛縣六年六月木更津印旛二縣復廢而置本縣八年五月廢新治縣其所管下總三郡之地改隸於本縣

茨城縣

常陸　下總

豐田　岡田　猿島　結城　相馬之內　葛飾之內

明治元年六月大總督暫置常陸知縣事但未設縣名二年二月置若森縣於常陸四年七月廢藩置縣十一月若森土浦松川石岡多古龍力崎志筑牛久麻生高岡小見川十一縣均廢而置新治縣水戶笠間松岡下館下妻宍戶六縣均廢而置本縣八年五月又廢新治縣併入本縣

羣馬縣

上野

明治元年六月大總督府暫置岩鼻縣於上野四年七月廢藩置縣十月岩鼻前橋高碕沼田安中伊勢碕小幡七日市八縣均廢而置羣馬縣十一月又廢川越縣而置入間縣六年六月羣馬入間二縣復廢而置熊谷縣九年八月移熊谷縣廳於上野高碕改稱為羣馬縣

栃木縣

下野

明治元年六月置眞岡縣於下野二年二月置日光縣七月併眞岡縣於日光縣四年七月廢藩置縣十一月日光館林壬生佐野足利吹上六縣均廢而置本縣宇都宮烏山黑羽茂木大田原五縣均廢而置宇都宮縣六年六月又廢宇都宮縣併於本縣

堺縣

和泉　大和　河內

明治元年正月置大和鎮臺尋廢之五月置奈良縣於大和六月置堺縣於和泉七月改奈良縣為府二年正月割大坂府所管地而置河內縣七月改奈良府為縣八月併河內縣於堺縣三年三月置五條縣於大和四年七月廢藩置縣十一月奈良五條郡山高取小泉田原本柳本芝村櫛羅柳生十縣均廢而置奈良縣堺岸和田伯大吉見丹南五縣均廢而置本縣九年四月廢奈良縣併於本縣

三重縣

伊勢　伊賀　志摩　紀伊

牟婁之內

明治元年七月置度會府於伊勢二年七月改為縣四年七月廢藩置縣十一月津龜山桑名長島神戶菰野六縣均廢而置安濃津縣度會久居鳥羽三縣均廢而置度會縣五年三月改安濃津縣為三重縣九年四月廢度會縣併於本縣

愛知縣

尾張　參河

明治元年四月置三河裁判所六月改為縣二年六月併伊奈縣四年七月廢藩置縣十一月豐橋西尾岡崎重原刈谷半原舉母西端田原西大平十縣均廢而置額田縣伊奈縣所管參河之地併隸之尋廢名古屋犬山二縣而置名古屋縣五年四月改名古屋縣為愛知縣十一月廢額田縣併於本縣

靜岡縣

駿河　遠江　伊豆

明治元年二月東海道先鋒總督府暫置駿府城代五月置駿河藩後改靜岡藩六月置韮山縣於伊豆四年七月廢藩置縣十一月靜岡堀江二縣均廢而置靜岡濱松二縣九年四月廢足柄縣其所管伊豆併於本縣八月濱松縣復併於本縣

山梨縣

甲斐

明治元年二月大總督府暫置甲府城代九月又開甲府鎮撫總督府置府中市川石和三縣十月三縣廢置甲斐府二年七月改甲斐府爲甲府縣四年十一月廢甲府縣置本縣

滋賀縣

近江　若狹　越前敦賀

明治元年三月置大津裁判所於近江閏四月改爲縣三年十二月置本保縣於越前國四年七月廢藩置縣十一月小濱鯖江二縣均廢而置敦賀縣本保福井丸岡大野勝山五縣均廢而置福井縣大津膳所水口西大路山上五縣均廢而置大津縣彥根朝日山宮川三縣均廢而置長濱縣十二月改福井縣爲足羽縣五年正月改大津縣爲滋賀縣二月改長濱縣爲犬上縣九月併犬上縣於本縣六年一月併足羽縣於敦賀縣九年八月廢敦賀縣其所管若狹及越前敦賀郡改隸於本縣

岐阜縣

美濃　飛驒

明治元年四月置笠松裁判所於美濃閏四月改爲縣五月置飛驒縣尋改高山縣四年七月廢藩置縣十一月笠松大垣郡上加納岩村今尾野村苗木高富九縣均廢而置本縣九年八月廢筑摩縣其所管飛驒改隸本縣

長野縣

信濃

明治元年八月置伊奈縣於信濃三年九月割伊奈縣置中野縣四年六月改中野縣爲長野縣七月廢藩置縣十一月高山伊奈松本高遠高島飯田六縣均廢而置筑摩縣長野松代上田飯山岩村田小諸須坂七縣均廢而置本縣九年八月廢筑摩縣其所管信濃改隸本縣

宮城縣

陸前　柴田　名取　宮城　黑川　加美　志田　遠田　玉造　栗原　登米　桃生　牡鹿　本吉

磐城　亘理　伊具　刈田

明治二年七月置桃生縣於陸前八月置白石縣於磐城登米縣於陸前改桃生縣爲石卷縣十一月移白石縣廳於角田稱爲角田縣三年九月併石卷縣於登米縣四年七月廢藩置縣十一月登米角田仙臺三縣均廢而置仙臺縣五年正月改仙臺縣爲宮城縣九年四月廢磐井縣其所管陸前改隸本縣八月廢磐前縣其所管磐城三郡改隸本縣

福島縣

岩代　宇多　白川　行方　標葉　田村　磐城　石川　菊田　白河　磐前　楢葉

磐城

越後　蒲原之內

明治二年五月置若松縣於岩代七月又置福島縣八月置白川縣於磐城四年七月廢藩置縣十一月福島白川二本松三縣均廢而置二本松縣棚倉中村三春磐城平泉湯長谷六縣均廢而置平縣又廢若松縣而更置之尋改二本松縣爲福島縣又改平縣爲磐前縣九年八月廢磐前若松二縣併於本縣

岩手縣

陸中　磐井　江刺　膽澤　和賀　稗貫　紫波　岩手　閉伊　九戶　氣仙

陸前

陸奧　二戶

明治二年八月置九戶江刺二縣於陸中又置膽澤縣九月改九戶縣爲八戶縣尋復改三戶十一月併三戶縣於江刺縣四年七月廢藩置縣十一月膽澤一之關二縣均廢而置一之關縣江刺盛岡二縣均廢而置盛岡縣尋改一之關縣爲水澤縣五年正月改盛岡縣爲岩手縣六月移水澤縣廳於登米八年十一月復一之關稱磐井縣九年四月廢磐井縣其所管陸中改隸本縣

青森縣

陸奥

津輕　北　三戸

明治四年七月廢藩置縣九月館斗南八戸七戸黑石五縣均廢而併於弘前縣尋移縣廳於青森稱青森縣十一月廢青森縣而更置之

山形縣

羽前　羽後

飽海

明治二年七月置酒田縣於羽後三年九月置山形縣於羽前而廢酒田縣四年七月廢藩置縣八月併天童縣於山形縣十一月山形新莊上山三縣均廢而置本縣廢米澤縣而置置賜縣大泉松嶺二縣均廢而置酒田縣八年八月移酒田縣廳於鶴岡稱鶴岡縣九年八月又廢置賜鶴岡二縣併於本縣

秋田縣

羽後　陸中

雄勝　平鹿　仙北　由利　河邊　秋田　山本　鹿角

明治四年七月廢藩置縣十一月秋田本莊岩崎龜田矢島五縣均廢而置本縣

石川縣

加賀　能登　越中　越前

南條　丹生　今立　足羽　大野　吉田　坂井

明治四年七月廢藩置縣十一月金澤大聖寺二縣均廢而置金澤七尾二縣廢富山縣而置新川縣五年二月改金澤縣為石川縣九月廢七尾縣而以能登隸本縣以越中一郡隸新川縣九年四月併新川縣於本縣八月廢敦賀縣其所管越前七郡改隸本縣

島根縣

出雲　伯耆　因幡　石見　隱岐

明治二年二月置隱岐縣八月置大森縣於石見以隱岐縣併入之三年正月移大森縣廳於濱田改為濱田縣四年七月廢藩置縣十一月濱田鳥取二縣均廢而更置之松江廣瀬母里三縣均廢而置本縣九年四月併濱田縣於本縣八月又併鳥取縣於本縣

岡山縣

備前　備中　美作

明治元年五月置倉敷縣於備中四年七月廢藩置縣十一月廢岡山縣而更置之津山鶴田眞島三縣均廢而置北條縣倉敷福山鴨方足守庭瀬高梁新見生坂成羽岡田淺尾十一縣均廢而置深津縣五年六月移深津縣廳於備中笠岡改為小田縣八年十二月小田縣併於本縣九年四月北條縣又併於本縣

廣島縣

安藝　備後

明治四年七月廢藩置縣十一月廢廣島縣而更置之併管備後八郡九年四月割岡山縣所管備後之地隸於本縣

山口縣

周防　長門

明治四年七月廢藩置縣十一月山口岩國豐浦清末四縣均廢而置本縣

縣	國	郡	沿革
和歌山縣	紀伊	日高 有田 伊都 那賀 海部 名草 牟婁之內	明治四年七月廢藩置縣十一月和歌山田邊新宮三縣均廢而置本縣
愛媛縣	伊豫 讚岐		明治四年七月廢藩置縣十一月高松丸龜二縣均廢而置香川縣松山今治西條小松四縣均廢而置松山縣宇和島大洲吉田新谷四縣均廢而置宇和島縣五年二月改松山縣爲石鐵縣六年二月神山石鐵二縣又廢而置本縣併香川縣於名東縣八年九月割名東縣再置香川縣九年八月香川縣復併於本縣

縣	國	郡	沿革
高知縣	土佐 阿波		明治四年七月廢藩置縣十一月高知德島二縣均廢而置高知名東二縣九年八月廢名東縣其所管阿波改隸本縣
福岡縣	筑前 筑後 豐前	企救 田川 京都 中津 築城 上毛	明治四年七月廢藩置縣十一月福岡秋月二縣均廢而置本縣久留米柳河三池三縣均廢而置三潴縣豐津中津千束三縣均廢而置小倉縣九年四月併小倉縣於本縣併佐賀縣於三潴縣八月廢三潴縣所管筑後改隸本縣

縣	國	郡	沿革
大分縣	豐後 豐前	下毛 宇佐	明治元年閏四月置日田縣於豐後四年七月廢藩置縣十一月日田岡臼杵杵築佐伯日出府內森八縣均廢而置本縣九年八月改福岡縣所管豐前之地隸於本縣
熊本縣	肥後		明治四年七月廢藩置縣十一月熊本人吉二縣均廢而置熊本八代二縣五年六月改熊本縣爲白川縣六年一月併八代縣於白川縣九年二月又改白川縣爲熊本縣

縣	國	郡	沿革
鹿兒島縣	薩摩 日向 大隅		明治元年閏四月置富高縣於日向八月廢之而併於日田縣四年七月廢藩置縣十一月廢鹿兒島縣而更置鹿兒島縣廢飫肥縣而置都城縣廢延岡佐土原高鍋三縣而置美美津縣六年一月又廢都城美美津二縣而置宮崎縣九年八月併於本縣
開拓使	渡島 後志 石狩 天塩 北見 膽振 日高 十勝 釧路 根室 千島		明治元年四月置箱館裁判所閏四月改裁判所爲府二年七月廢箱館府而置開拓使八月改蝦夷稱爲北海道分設十一國八十六郡三年二月置樺太開拓使四年八月併於北海道開拓使

周圍里數表（表中末位例作單數，既見凡例。間有小數，附列於此表尾字之旁。各項數其上乃爲一百千萬餘倣此）

地名　項別	屬島之數	本地周圍里程	屬島周圍里程	周圍里程總計	本地面積	屬島面積	面積總計
五畿東海東山北陸山陰陽及紀伊	八九三	九五一八〇	六三四四九	一五八六二九	一四四九四九	七六二	一四五七一一
四國	二三三	四五一一二	二八〇八八	七三二〇〇	二五二二四	三〇一八	二八二四二
九州	五六〇	八六〇二三	八八五六八	一七四五九一	一三三一八六	二〇七八九	一五三九七五
淡路	二	三八七〇	三三〇	四二〇〇	三六五五	〇一八	三六七三
壹岐	一七	三五四三	八七三	四四一六	八五五	〇二六	八八一
對馬	八二	一八六三七	一九四四	二〇五八一	四三九五	〇三八	四四三三
大島（九島）		一六〇八一		一六〇八一	一〇一〇二		一〇一〇二
隱岐	三二	七四七〇	六九六	八一六六	三一八八	〇一七	三二〇五
佐渡	五	五三三〇	一〇〇	五四三〇	五六三三	〇〇一	五六三四
北海道本地	一六	五八三三三	八〇九一	六六四二四	五二五六七八	五〇九二	五三〇七七〇
國後	一	七一九七		七一九七	一四〇三		一四〇三
擇捉		一五三八二		一五三八二	四六八七六		四六八七六
千島（二十八島）		三四四八		三四四八	四二三四		四二三四
小笠原島（七島）		三七三六		三七三六	四六五		四六五
沖繩（五十五島）		三二五〇六		三二五〇六	一五六九一		一五六九一
總計	一八三八	五三三七五九	九八一三八	七三三八六七	二四四三〇四	三六六一九	二四七九六三

經緯度表

國名　地名	北緯	東西經	國名　地名	北緯	東西經
山城　京師改歷所	三十五度〇三十秒	東西經度之中度	越前　敦賀西濱町	三十五度三十九分半	東〇二十分
大和　奈良橋井町	三十四度四十一分	東〇五分	加賀　金澤尾張町	三十六度三十四分半	東〇五十七分半
河內　守口驛	三十四度四十三分半	西〇十分半	能登　所口町	三十七度二分半	東一度十六分半
和泉　堺市之町濱	三十四度三十四分半	西〇十六分半	越中　富山一番町	三十六度四十一分半	東一度三十一分
攝津　大坂長堀富田屋町	三十四度四十分	西〇十五分	越後　新潟古三町	三十七度五十五分半	東三度十五分半
伊勢　山田妙見町	三十四度二十九分	東〇五十七分	佐渡　相川濁川町	三十八度二分	東二度二十五分
志摩　鳥羽藤野鄉	三十四度二十八分	東一度五分	丹波　笹山二階町	三十五度四分半	西〇三十一分
尾張　名古屋玉屋町	三十五度十分	東一度十八分	丹後　宮津保屋町	三十五度三十二分	西〇三十分半
三河　岡崎傳馬町	三十四度五十七分	東一度二十三分	但馬　豐岡中町	三十五度三十三分	西〇二十二分
遠江　濱松旅籠町	三十四度四十二分	東二度五十八分半	因幡　鳥取元鍛冶町	三十五度三十分	西一度三十七分

國名　地名	北緯	東西經	國名　地名	北緯	東西經
駿河　府中傳馬町	三十四度五十八分半	東二度二十分	伯耆　湊村橋津	三十五度三十九分半	西一度五十分
甲斐　府中柳町三丁目	三十五度三十九分	東二度四十一分	出雲　松江末次本町	三十五度二十七分半	西二度四十分
伊豆　下田町	三十四度四十分半	東三度十分	隱岐　島前知夫里村	三十六度二十秒	西二度四十三分半
相模　小田原本町	三十五度十五分	東三度二十四分	石見　濱田新町	三十四度五十三分半	西三度二十分半
武藏　江戶測量所	三十五度四十一分半	東四度三分	播磨　姬路二階町	三十四度五十分半	西一度一分半
安房　洲崎村	三十四度五十八分半	東三度五十六分	美作　津山堺町	三十五度三分半	西一度三十六分半
上總　富津村	三十五度十八分半	東四度一分半	備前　岡山下之町	三十四度四十分半	西一度四十八分
下總　銚子湊飯沼村	三十五度四十三分	東五度六分	備中　松山本町	三十四度四十六分半	西二度十分
常陸　成田村	三十六度十六分半	東四度五十六分半	備後　福山深津町	三十四度二十分半	西二度二十二分半
近江　彥根傳馬町	三十五度十六分	東〇三十一分	安藝　廣島堺町	三十四度二十四分半	西三度十七分
美濃　加納三丁目	三十五度二十四分	東一度二分	周防　山口西川前町	三十四度十分半	西四度十五分半
飛驒　高山三之町五丁目	三十六度八分半	東一度三十三分	長門　萩濱崎町	三十四度二十五分	西四度二十分
信濃　善光寺大門町	三十六度四十分	東二度三十六分	紀伊　和歌山湊久保町	三十四度十三分半	西〇三十四分半
上野　高崎元町	三十六度二十分	東三度十七分半	淡路　洲本五丁目	三十四度二十六分	西〇五十分
下野　宇都宮池上町	三十六度三十三分	東四度十一分	阿波　德島新魚町	三十四度五分	西一度十分半
陸奧　仙臺國府町	三十八度十六分	東五度十六分	讚岐　高松東濱町	三十四度二十分半	西一度四十一分半
出羽　山形旅籠町	三十八度十三分	東四度四十四分半	伊豫　松山府中町	三十三度五十一分半	西二度五十七分半
若狹　小濱本町	三十五度三十分	東〇一分	土佐　高知種崎町	三十三度三十四分	西二度十分半
豐前　小倉船頭町	三十三度五十三分半	西四度五十一分	薩摩　鹿兒島上町內車町	三十一度三十六分	西五度四分半
筑前　福岡簀子町	三十三度三十五分半	西五度二十八分	壹岐　勝本浦町	三十三度五十一分	西六度二分
筑後　柳川瀨高町	三十三度十分	西五度十八分	對馬　府中中須賀町	三十四度十二分	西六度二十五分
豐後　府內櫻町	三十三度十四分半	西四度五十五分半	蝦夷　松前	四十一度二十八分半	東四度四十四分半
肥前　佐賀吳服町	三十三度十五分	西五度二十二分	仝　箱館	四十一度四十七分	東五度二十三分
肥後　熊本新二丁目	三十二度四十八分	西四度四十七分	仝　江橋	四十一度五十三分半	東四度四十九分半
日向　高鍋十日町	三十二度七分半	西四度七分半	仝	四十五度二十六分半	東七度二分
大隅　[illegible]	三十一度一分	西四度五十六分	仝	四十三度二分	東九度五十分

廣袤及寒暖表

國名　項別	廣袤里數 東西	廣袤里數 南北	沿海里數	暑極	寒極
山城	六里	一五	里分	九五	三二

大和	一〇	二五		九六	三五
河內	四	一三		九三	三九八
和泉	四	六	一四七	九三	三九八
攝津	一二	九	一五一	九〇	四〇
伊賀	七	九		九〇	二九
伊勢	一二	二七 北南	三三五	九〇	三〇
志摩	三	七	三六五	九五	三三
尾張	八	一九	三〇六	九三	三三
三河	一六	一七	五三三	九五	三四
遠江	一八	二〇	五〇七	九三	三三
駿河	一八	二二	二四三	九三	三五
甲斐	二五	二五		九六	三三
伊豆	七	一四	五一九	九三	三三
相模	一四	一一	四三一	九四	三五
武藏	一六	二五	二二六	九四三	三五四

日本國志卷十二　廿三

安房	一〇	七	二九八	九五	四〇
上總	一四	一四	三三二	九〇	三四
下總	三	一七	一〇三五	九〇	三〇
常陸	一一	二〇	三四	九三	三〇
近江	三	一九		九三	三五
美濃	二八	一九		九三	三三
飛驒	一七	一〇		九〇	二〇
信濃	二三	四〇		九三	二八
上野	二三	二五		九六	二八
下野	一九	二五		九六五	二六七
磐城	三	三三		九三	二二
岩代	二〇	三		九二	二九
陸前	二五	四〇	四四三	九三	二九
陸中	三七	三		九二	二〇
陸奥	三九	四〇		九〇	一七

羽前	三	三五		九〇	二〇
羽後	二五	四九	一〇三〇	九二	二五
若狹	二	四	三二九	九五	三〇
越前	一九	一七	三三九	九三	三〇
加賀	一〇	一八	一八八	九四	三三
能登	一一	一八	八八八	九一	三三
越中	二	一九	二〇四	九三	三五
越後	六二	一七	七三三	九四	二七
佐渡	周同	五三三	五三七	九三	三〇
丹波	一四	二		八三	二七
丹後	三	一一	五三三	九三	三〇
但馬	一五	一二	二〇	九三	三〇
因幡	二	一二	九〇	九三	三〇
伯耆	一七	八	二七九	九〇	三三
出雲	一七	一五	四八二	九三	三三

日本國志卷十二　廿四

石見	二	三	三六九	九一	三三
隱岐			三一〇四七	九〇	二〇
播磨	二〇	一四	二七〇	九六五	三〇
美作	四	一	一	九三	三一
備前	三	一一	九七	九二	三五
備中	一	一七	四三二	九四	三三
備後	三	一九	一八九	九四	三五
安藝	二〇	一六	五四八	九四	三四
周防	二〇	三	六六八	九五	三四
長門	九	三	七八七	九四	三三
紀伊	二七	二〇	三九〇	九六	三三
淡路	五	三	三八八	九〇	三三
阿波	一八	一六	七三九	九四	三八七
讚岐	一八	一〇	六六五	九四	三六五
伊豫	三五	一五	一九〇	九二	四六〇

土佐	三五	一八	一〇八六	九六	四〇
筑前	一八	一七	七五九	九五	三五
筑後	二	八	一九五	九六	四〇
豐前	一六	一五	四二五	九五	三六
豐後	三三	一七	一三五八	九四	三八
肥前	二	二五	二三三七	九八	四〇
肥後	一九	二八	七二五	九六	四二
日向	一七	四〇	九三三	九六	四二
大隅	一〇	二八	七六三	九六	四二
薩摩	一〇	二七	三〇五	九七	四二
壹岐	周回	二五	三四四	九二	三五
對馬	上島周回 下島周回	五〇 一二五	上縣四七七 下縣一二六〇	九〇	三〇
合計	一二三周回	一三三四 二七三三	三五八一四		

郡區町村表 據十二年十二月查核之數

府縣別	區數	郡數	役所數	町數	村數	產米數
東京	一五	六	三	一四〇三	三六七	一六四八五七五
京都	三	一八	一九	一〇三九	一三八一	五七九一七四
大坂	四	七	二	五三四	四九六	二四五八二七
神奈川	一	一五	一五	一〇七	一二九七	五一七八二五
兵庫	一	二二	二九	三七七	三〇一	三三六七〇一
長崎	一	二〇	一七	二一四	九六	七一七九七一
新瀉	一	一七	一六	五五八	四三〇七	三六八六五五
埼玉	〇	一八	九	四一	一八七二	九一三一〇六
羣馬	〇	一七	一五	一〇九	一二一〇	六三六三一七
千葉	〇	二二	一〇	五〇	一三九一	九七三六六〇
茨城	〇	一八	一四	二四	二〇五三	二七五八一
栃木	〇	一〇	八	五一	一二四七	七六二八五七
界	一	二五	一〇	四七八	一三一〇	九七三九九六
三重	〇	一二	一五	一三	一五七三	八八〇六二七
愛知	一	一九	一七	三六四	一九四四	三三七四八
靜岡	〇	二三	一三	四八七	一〇八〇	七〇八二二九九
山梨	〇	九	九	二七	二八六	三二二八二五
滋賀	〇	一七	一六	四〇〇	一七八三	九七二四三三
岐阜	〇	二五	一六	一三五	一二九八	七八六八五一
長野	〇	一六	一六	三三	六七八	七八六四二二
宮城	一	一六	一三	一三八	七〇二	七七二五八六
福島	〇	二三	一八	八九	一七七六	三三三四九三
山形	〇	一一	一一	三三六	一三一九	一〇二五三四二
秋田	〇	九	九	二九〇	九一四	五二四七八三
岩手	〇	一九	一八	〇	六〇四	四七八二一八
青森	〇	八	八	六	八二六	四〇八七一八
石川	一	二〇	一八	二三八	五〇四八	三三五九三四六
島根	〇	二四	一三	一〇	二〇六七	九六三二三
岡山	一	三一	二三	一五三	一六三八	一〇五二六五四
廣島	一	三三	一五	一四八	一〇〇六	六三〇五四六
山口	一	三	一三	二九	一〇三	一〇一〇三〇四
愛媛	〇	二〇	一三	三二〇	一三八七	七五三六七〇
高知	〇	七	七	五二三	九八七	八二三一八三
德島	〇	一〇	八	二七	六〇	
和歌山	一	八	八	四二七	一三〇二	四〇八二三〇
福岡	一	二三	一九	三五八	一八二三	一三三二七六六
大分	〇	一二	一三	八	一二二九	五八七九五五
熊本	一	一五	一五	一八五	一三五九	八五二三三七
鹿兒島	〇	二二	一三	一八四	一三三六	一五五六三三四
合計	三六	七〇九	五七〇	一二四〇	五七一五五	三三四四六四

名邑表 據十一年十月查核之數

國名/類別	五千人以上	六千人以上	七千人以上	八千人以上	九千人以上	一萬人以上
山城	一					一
大和						一
和泉				一		

攝津	伊勢	尾張	三河	遠江	駿河	相模	武藏	下總	常陸	近江	美濃	信濃	上野	下野
	一			一		一	一	一	一	二	二	二		
一		一		一		一		二	一	一		二		
		二	一				一					一		
一	一		一	一					一					
							一	一					一	
二	一	一			一		三	一			一		一	一

磐城	岩代	陸中	陸奥	羽前	羽後	若狹	越前	加賀	能登	越中	越後	丹後	但馬	伯耆
一	一	一		二	一			一		三	六			
			一	一	一		一				一		一	一
一									一		二			
					一				一	一	一			
			一		一		三					一		
	一		一			一				一	五			一

出雲	石見	播磨	備中	備後	周防	長門	紀伊	淡路	讃岐	伊豫	土佐	筑前	筑後	豐後
				一		一		一	三	二	一	一		三
		一	一		一		二		一					
一	一	二					一							
													一	
							一							
		一		一					一	一		一		一

肥前	肥後	日向	大隅	薩摩	合計	河川表	國名／類別	山城	大和	河內	和泉	攝津	伊賀	伊勢
三	一				四六		五里以上	一		一	二			一
一		一		一	二六		六里以上		一					
一	一	一			一七		七里以上		二	一	一			一
一				一	三		八里以上		一					
一	一		一		三		九里以上		一					三
四			一	七	四二		十里以上	一	三		三	三	二	三

尾張	二
三河	三
遠江	三
甲斐	六
伊豆	一
相模	二
武藏	五
安房	
上總	五
下總	四
常陸	四
近江	二
美濃	三
飛驒	三
信濃	七

上野	五
下野	四
磐城	五
岩代	八
陸前	五
陸中	五
陸奧	三
羽前	二
羽後	五
若狹	
越前	三
加賀	四
能登	
越中	四
越後	五

佐渡	
丹波	三
丹後	
但馬	二
因幡	一
伯耆	一
出雲	二
石見	二
播磨	四
美作	二
備前	二
備中	二
備後	四
安藝	四
周防	二

長門	四
紀伊	八
阿波	四
讚岐	
伊豫	三
土佐	八
筑前	二
筑後	三
豐前	二
豐後	五
肥前	三
肥後	二
日向	七
大隅	
薩摩	一

合計					
二六	一八	二八	二五	一四	二六

湖沼表

國名／類別	湖 三里以上	湖 四里以上	湖 五里以上	沼 三里以上	沼 四里以上	沼 五里以上
山城		一				
尾張	一					
甲斐	二	一				
相模		一				
下總						二
常陸			三	一		一
近江			一			
飛驒	一					
信濃	一	一				
上野				二		
下野			一		一	
岩代			一	一		
陸前				二		一
陸奥			二			二
羽後	一		一			
越前			一			
加賀	一		一			
越後	一					
佐渡		一				
因幡	一					
出雲			二			
長門	一					
筑前	一					
薩摩		一				
合計	二	六	三	六	一	六

島嶼表

國名／類別	周五里以上	六里以上	七里以上	八里以上	九里以上	十里以上
志摩		一				
伊豆	二	一	二			二
播磨	一					
備前			一			一
備中	一					
備後		一				一
安藝	一	一	二	一		三
周防			一		二	一
長門		一			一	
阿波	一					
讚岐						一
伊豫	二	一	一			三
肥前		一	二	二		九
肥後	二	二				三
大隅		一			一	三
薩摩	二		一	一		七
對馬						一
合計	三	一〇	一〇	四	三	三五

港灣表

國名／類別	十町以上	十五町以上	一里以上	二里以上
攝津	一			
伊勢	一	三	一	
志摩		一		
尾張		二		
三河	一	二		
遠江	一			
駿河		一		
伊豆	一	一		
武藏				二

安房	二			
上總				一
近江		一		
陸前	二	一		
陸中		三		
陸奥	一	三		
羽後	一			
若狹		一		一
越前		一	一	
能登		一	一	一
丹後			二	
播磨	一			
備前	一	一		一
備後	二			
周防	一	三		
長門	一			
紀伊	二	一		
淡路	一			
讃岐	一	三		
伊豫	一			
土佐	一	三	一	
筑前		一	一	
豐前	一			
豐後	一			
肥前	二	二		二
日向	一			
大隅		一		
壹岐	一			
對馬		一	一	
合計	二四	三四	七	九

開港市場及居留地坪數租額表據十二年一月查核之數

府縣／類別	開港場·港	開港場·市	居留地坪數	居留外坪數	小計	地租金米
東京		一	一二三八二坪	二九四七一坪	四〇八五三坪	八一八七圓
大坂		一	六九九五	四五一八	一一五一四	二二四九
神奈川	一		二九三四二	三〇九三	三三四四五	五四〇八三
兵庫	一		六一六五七	一一七五〇	七三四〇七	一二八三六 米二九四六〇〇
長崎	一		三〇三三八	九三三	三一六〇	九三三七
新潟	一			二六七	二〇六七	一〇三
開拓	一		一七三〇	一八二六	一九九二六	二八一三
合計	五	二	四〇四三三五	八九〇二七	四九三三七三	八一二二一 米二九四六〇〇

官地表據十三年十二月查核之數

太政官	六三二一坪	埼玉	四四四二一圓
外務省	三三四九〇	千葉	三三四八二
內務省	一八八五五六〇九	茨城	七三〇八八七
大藏省	二三〇七四七	櫟木	五四〇二三
陸軍省	二八八二九六九	羣馬	一七九二四
海軍省	七六九四五六	堺	一七七四七
文部省	三三八三三九	三重	七八二〇四七
工部省	九五七九六一四	愛知	五七四二二
司法省	二三四三三	靜岡	三三八九
宮內省	七八八	山梨	一八一四九
元老院	三九九一	滋賀	三〇三六九
大審院	三〇六三	岐阜	五八六三三
開拓使	三〇〇九三	長野	三六九〇七
東京	一六五〇一〇	宮城	九一六四九
京都	一〇〇六六三	福島	四八八九〇
大坂	三八七〇〇	岩手	一〇一〇六四四
神奈川	三六九四九二〇	青森	一〇五七六五
兵庫	五九九六二	山形	三六八五三三

長崎	五三八四
新潟	三五三五
島根	七二二八
岡山	四〇九九八
廣島	三九二〇九
山口	一九六八二
和歌山	三九六五〇
德島	一三九五七
愛媛	七九二一五
秋田	九三三五六六
石川	三七〇八四
高知	二六九〇五
福岡	八七五三八
大分	三五八三
熊本	四六六〇
鹿兒島	四四二三
冲繩	四六四
計	六三〇五五九七三

官林箇數表據十一年七月查核之數

國名/領別	一等	二等	三等	禁伐	額外	合計
山城	三六	五八	三〇	一八	五〇	一九二
大和			三六			三六
河内			八			八
和泉			三四			三四
攝津	六八	九二	一九	八二	九二	三五四
伊賀	三一		五			三六
伊勢	二五六		六六			三二二
志摩	一〇		一九			二九
尾張	一五	七二	一七八	三六	三三四	六三四
三河	三九	一〇九	二八	一九	一〇〇	三八五
遠江	四九	三〇	一七九	三八	七〇六	一〇〇二
駿河	四九	三〇	四七	五一	一七	一九四
甲斐	八二		七六			一五八
伊豆	二七		四八	四		一〇〇
相模	五三	七四	二五	三三	二三四	四〇九
武藏	九六	一〇五	八二	二七	九九七	一三九四
安房	三	六	四	一五	三	四〇
上總	二二	二〇	六二	三八	三七八	五二一
下總	五七	三五	三三	二〇	三三五	四六〇
常陸	三三八	二六三	一七七	一八二		九六〇
近江	五九	五三	八六	二六	七八	三〇二
美濃	一二六	七八	七〇	三三		三〇七
飛驒	[illegible]	二七九	一五	九四	二五四	九四三
信濃	五四七	三三八	二四九	六五	七八	一二七七
上野	七一	五三	七三	二	四七	二四六
下野	六九	六七	七八	一〇	一七五	三九九
磐城	一〇二	二七六	二五二	一八一	三三六	一二四六
岩代	一四六		四五六			六〇二
陸前	一一〇	一八九	一〇二	二二	二五八	一六七九
陸中	二六三	一一	三五八六	一	一六三	四〇二四
陸奥	[illegible] 二三四	一〇四	一五五	九二		五八五
羽前	二六四		七九			三四三
羽後	一九八	五一	一六七	一六	一八五	六一七
若狹	一七	一〇	七	六	三六	七六
越前	敦賀 一一七	二	六		一六	一四一
加賀	二五〇		一四六			三九六
能登	一〇一		二四四			五三五
越中	不詳	仝	仝	仝	仝	
越後	五八		七六			一三四
佐渡	七		一六七			一七四
丹波	三五	九八	一四	五	一六九	三二一
丹後	五	四三	一六	一	五九	一二四
但馬	四	二三	一三	五	五四	九九
因幡	二	一七	八	五八		八五
伯耆		一四	四	三六		五四
出雲	四五	二三	二〇	二九		一一七
石見	九	二九	一〇六	二八		一七二
隱岐		一	一	一		四
播磨	九八	三四四	八	五四	三六三	八六七

美作	三〇	二四	一八	一九	五八	一四九
備前	六六	三四	一五	二八	七九	二二二
備中	三三	七七	七〇	一六	一八〇	四〇五
備後	八	一八八	三四	二二	二四	二五五
安藝	七〇	二九四	三二	一〇三	二六	六二四
周防	四二	一七		六〇		一二〇
長門	一六	二		四五		七三
紀伊	三六	九三	一五	三八	一〇四	三〇六
淡路	五	五		一二八	一五	一五三
阿波	二	三	三	三二		四〇
讚岐	一七三	六〇		一七	二四二	四九二
伊豫	一四〇	三七	七九	一〇一	三三三	七七〇
土佐	四七六	一二〇一	二四〇	三〇五		二一三二
筑前	九	二九九	八八	三八九	三八二	二九六七
筑後	四	一八三	二六	四四	二八八	五四五
豐前	二	七四	四五	五五	七〇七	八八三
豐後	三三		八二〇四			八四三五
肥前	一一五七	六〇一	一六五五			三四一三
肥後	八七三		一三五三			二二二六
對馬	五八		六			一一九
合計	一五九三五	六〇八七	二一八二六	二九三九	九六五四	五六七四一

官林段別表　據十一年七月查核之數

國名　類別	一等	二等	三等	等外	禁伐額外	合計
山城	一六五一町	一〇一五町	三三三町	二九一町	一九町	三三〇九町
大和			七三			七三〇
河內			一			一
和泉			九			九
攝津	一七二四	八二〇	三八三	七〇五	[illegible]	三六五九
伊賀	三七一八		一七			三七三五
伊勢	五五六〇		三四八			五九〇八

志摩	一二三		七五〇			八七三
尾張	一六〇三	四〇七九	四四三〇	二五三	三三〇四	五四九二九
三河	四四八七八	六〇三七	四四九五五	八〇四	六〇九	五六一〇三
遠江	三三八三六	五三五七〇	四八二四	一一九	二六一	九三六一〇
駿河	二八四二〇	四四七三	一二一六六	一八二	五三	四四一八四
甲斐	二五六一		六三〇九			八八七〇
伊豆	一六〇七一	六〇四四	三三六六三	一一		四五〇八八
相模	三三五〇	九二六	一一九六一	二四	三六	二二三九七
武藏	五三五八五	一六二五	二六六一四	一七九	二四七	五八一四〇
安房	二五〇	二二	二三五	三	三	三〇二
上總	二四三	一二五	三二六	二九	六四	三五八七
下總	五四〇	一八七	九九	六八	六八	九六二
常陸	五三四六	三三九四	一七四一	七三		一〇二一三
近江	二七九六	三三〇四	三九四	三三七	一七	一〇五四八
美濃	四二九〇〇	一三二七	四〇三四	七三五六		六六六〇七
飛驒	一〇五四三八	五五四一〇	一八三九	五九	五八	一六二八〇四
信濃	四七五七四八	九二一〇八	四一三四〇	三三九	二六	六〇九五六一
上野	三三七九四	四五七	一四四一	二五三	三三	二九六六八
下野	二〇二四	三〇九五	五六五八一	二七	二九四	六〇〇六
磐城	二八四五一	八九三一四	四八九四	二四五四	八五	三八五一九八
岩代	五四四六六		四五一八			九九八四
陸前	一一九六七五	一六六五七	五〇七六〇	四三三	一五	一九一三三〇
陸中	七〇八四八	九三	三一四三		五六	七四〇四八
陸奧	四五九九三五	八一四二七	三八二九九九	四九三		九二九七四
羽前	四一四〇		九六〇			五一〇〇
羽後	三七一〇五	三九六七	三七五七	二八四三	七一	四〇六四三
若狹	三四一	三五三	三三	九	九	七四四
越前	二六一〇	一九	一三八六		二	三九一七
加賀	九五四		一六〇			一一一四
能登	三〇七		三三三			六四〇

越中	不詳	仝	仝	仝	仝	
越後	一、五〇三		五六八			二、〇七〇
佐渡	一、六八〇		二、二七四			三、八五四
丹波	一、〇二七	五九九	一二〇	一二五	四三	一、八三三
丹後	二八五	四一九	一五三	一一	一九	八八七
但馬	九一五	一一三	一七〇	一七	一〇	三二五
因幡	三四三	二九〇	二六	三二〇		八七九
伯耆		一二八	一五	二九		一八二
出雲	五三六	八五	五七	三六二		一、五〇〇
石見	五〇五	五〇、一六二	四三、九一三	二三六		九四、八一六
隱岐		一六	二	一六		三四
播摩	五、八四三	四、三四四	一六九	七四六	一四一	一二、四三
美作	四、八一二	六七三	四四九	一、〇三四	二七	六、九八四
備前	七、四五三	一、六九一	三七五	六二三	五二	一〇、八二
備中	九六七	一、二六七	三、一五八	一、〇二六	三六	五、七三四
備後	三九九	七、九五四	二、八八三	一四六	四六	三七、三五九
安藝	七、七一九	九、六三〇	一五、〇二四	三、七三	七四	三三、七一九
周防	二、八六	四、八三		二〇九		七、二一七
長門	八二三	六四		一八六		一、〇六三
紀伊	二、七三〇	二、三六五	二四八	一、四六五	六一	一五、七六九
淡路	一一九	一一		二四三	二	三七五
阿波	三一六	五	二一七	四六		三、三九四
讚岐	一、三五六	四三九		八六	一二	一、九〇二
伊豫	八、〇〇三	二六、四七八	三二、〇〇八	一〇、三八	九〇八	一四一、四三五
土佐	一三四、六五〇	四一、〇三三	一八、四四六	四三三		一九四、五六一
筑前	八六	三、一七七	二、三八七	五、三九八	五、三五一	一六、〇九九
筑後	一、四六二	一、四九三	四四五	三八	二六五	三、七一〇
豐前	三九四	八九七	五、〇〇八	五八一	三、〇九	九、〇八九
豐後	二、一八五		一〇、二七八			二、四八三
肥前	二〇、一六三	一、七九二	五、七九九			二七、七五四
肥後	一二、三五二五		六二、六四			二一、九六八九
對馬	八四七一		八二			九二八二
合計	三五四、〇二三	六〇、〇五四	九〇六、二三	四三、四五三	一四九、六二	一四八一、八〇四

官林段別及木竹表 據十三年三月查核之數

府縣名	段別	木數	竹數
東京	五二町	一、七八四三本	九四九七本
京都	四、七二七	二、四八六、八三六	二五二、〇〇二
大坂	二、三九	二九五九六六	四五、〇八〇
神奈川	一、八八五六	三、八五七四〇二	三一、八〇三三
兵庫	二三三五三	六四七七三六〇	二一四六五
長崎	四七九八六	五〇九一四、〇二三	四六一、〇四三一
新潟	三、一九四一	一九五四四、六七八	一九九八九七
埼玉	八八八三	二、八四五九九三	二六九七一
千葉	四八八九	四、〇九一、六四〇	六一、〇二六
茨城	一〇七三	五七七五一〇〇	二六一、七〇八
櫔木	六二四一八	一九九五〇、八九三	一三三八一
羣馬	二九七五五	七三〇〇四一五	七九五
堺	三三五五	二、〇九三八〇	〇
三重	三四、七一〇	三六五五六、五九七	〇
愛知	二七二、〇八	四四四〇、一四二	二、六八八
靜岡	一八五八七三	二四六四七五五三九	四八八七五
山梨	三一、〇八〇五	一三三〇七、五五七六	〇
滋賀	一三八〇五	一五六九、〇二七	〇
岐阜	二八八三九四二	三〇八五一二四一	四〇二四
長野	六六三九二三	四八七八三八八九	一、七九九
宮城	五四二六五〇	二三二五七八〇	四一九三五
福島	四五六一二	五九三七、九〇	一〇七六四
岩手	九二四〇九六	一一八三六九一三七	一八三五三
青森	九八三〇五〇	三四一〇二一九	二四八一七
山形	六三三四二五	八九七四三八六五	〇

秋田	五四四、九八	二五三三〇、九六六	四〇、七九五
石川	一三三九三四	二〇四三三、三五八	二〇六七二〇
島根	五二七〇二	一四、〇九二、一三九	〇
岡山	三一六三三八	一二四八七五九九	〇
廣島	八九八一四	一三三五二、〇五五	四六二二五六
山口	八二九九	七三九八七五五	〇
和歌山	一三六二三	一二五一、〇〇七	五二〇九四
愛媛	一五四二一五	三五一七八七一〇	〇
高知	二一六三三	二五三三六〇七〇四	三三四〇
福岡	五四六三〇	三三四六四一〇四	四〇六五五五〇
大分	八五九一〇	一〇七五七四四三七	四六一四五六一〇
熊本	一八二三五〇	一〇二九八四三	一二八七七四〇
鹿兒島	九二九九五	三一八九七三一二	四六五四、一五四
合計	七、六六七三八二三	二〇二六六五三四八九	三〇八五五四四八九

民有耕地宅地段數表 據十三年查核之數

府縣類別	水田	陸田	宅地	市街宅地	段別合計
東京	一三、九一〇町	一六、九五六町	三、〇三一町	二、六一四町	三五、七二一町
京都	四〇一九四	一三一一四	三八四七	二〇七	五七三六二
大阪	一六九二五	六二七六	一八〇五	八四四	二五八四九
神奈川	二八三〇〇	七二五五〇	八九八〇	二四一	一一〇〇七二
兵庫	一〇四四一四	二五九〇九	九二七一	六〇二	一四〇一九六
長崎	八〇六四五	六九三六一	八五三三	四四八	一五八八六六
新潟	一五九三九四	六九三八八	一三四四四	一〇二二	二四三二四八
埼玉	六五九九八	九七六〇三	一六八一七		一八〇四一八
羣馬	二八九三三	六八九三六	九八四二	三三	一〇七九三三
千葉	一〇〇〇五三	六九一三六	一五三〇八		一八四四九七
茨城	八〇二一九	九二一七三	一五九九三	一三	一八七四一七
橡木	四八九四五	五五三九三	一二一〇		一五三四八
堺	六六〇三四	二〇五三七	五八一〇	三三五	九二七〇六
三重	七三六〇四	二四〇六〇	六九四九	一五四八	一〇五一六二

愛知	八四三八二	五六九〇七	一二六三七	一〇六五	一五三八八七
靜岡	五九〇〇一	四四〇一七	八九〇一	四四〇	一一三三五九
山梨	一九三三九	三四〇二一	三九八二	一〇一三	五七四三六
滋賀	七三二三六	一二六三六	六四五二	三八六	九一六一〇
岐阜	六〇五六七	三三三七九	七八五六	一三三	一〇〇八三四
長野	六六一七六	七七三七二	九五七九	三八三	一五三四一〇
宮城	七八一八五	三六八三六	九〇八三	三一五	一二四一一九
福島	八八六四〇	五九九一四	八九三七	三〇五	一五七七九六
山形	八〇三一三	三四三三五	七一三六	九八八	一二二七七二
秋田	九七一四八	三三九三九	七六八六	五四	一三九三一四
岩手	四九〇三三	八二六五九	九六五七		一四一三四八
青森	五五四二六	五〇五九〇	五五五六	五八九	一一一一六一
石川	一六四五五五	三九五〇一	一三七六八	一三八三	二三九一〇七
島根	八三七七六	三七九八九	七四九三	五〇四	一二九七六二
岡山	七六二三二	三三五九三	七三七五	三三六	一一七五三四

廣島	七二八七五	三五五〇八	六八六九	四二九	一一五六八一
山口	四九六一七	一九七八五	四〇一七	五四	七三四七三
愛媛	八三九一三	五〇五二七	九四二九	五五五	一四四四二四
高知	三五五一四	三九四二五	三四〇九	一八二	七八五五二
德島	三三二一四	二四九八四	五〇九五	三三五	六三六二八
和歌山	三三四五〇	一三六〇一	三三五四	三〇六	四九六六一
福岡	九七四〇〇	二九九九八	八三五三	六四〇	一三六〇三二
大分	四五五二七	四三一八七	五九八九	六九	九四七七二
熊本	五七八六一	七四二一〇	八四八〇	四〇五	一四〇八五六
鹿兒島	八四〇一七	一五二四七二	一七〇八八	三四二	二五三九一七
總計	二六二四三二三	一八四八二五五	三三七六九九	一八〇八八	四八一九三五五

地租改正未完民有耕宅地表 據十三年查核之數

地名類別	水田	陸田	宅地	市街宅地	合計
新潟	四三九町	町	町		四三九
鹿兒島	四一六六	九三二一	二七三二		一六二一九

千葉	三一三	四六八	四五	八二六
石川	三七六四〇	九八二三	二九三〇	五〇三九三
總計	四三五五八	一九五三三	五七〇六	六八七九七

開拓使設置前北海道開墾地據十二年查核之數

類別／地名	札幌本廳所轄	函館支廳所轄	合計
水田	町	八七四町	八七四町
陸田	七	三五〇九	三五一六
宅地	二	六八三	六八五
海場		一八一	一八一
總計	一九	五三四七	五三六六

開拓使設置後北海道開墾地據十二年查核之數

類別／地名	札幌本廳所轄	函館支廳所轄	根室支廳所轄	合計
水田	一	四五四		四五五
陸田	四一〇九	三〇九九	五八	七二六六
宅地	三六二	四九二	六八	九二二
開墾地		三四六七		三四六七
牧場	七二八九	九七四七		一七〇三六
海產場	七三	一五	五四八	一三七五
總計	一三四七三	一七二七四	六七四	三〇四二〇

日本國志卷十二

日本國志第五　　卷之十三

職官志一

出使日本參贊官黃遵憲纂

外史氏曰世儒議周官或眞或僞紛如聚訟其詆之尤力者則曰劉歆以媚莽蘇綽以亂周王安石以誤宋一若藉姬六典苟襲其說必貽亂階者夫莽之矯揉造作侮聖蔑經不足論矣宇文氏特借周官官號以粉飾治具耳於國之治亂無與也若夫荆公當北宋積弱以後慨然欲濟以富强又恐富强之說爲儒者所排擊於是附會經義以閒執儒者之口其誤宋也乃借周禮以堅其說幷非信周禮而欲行其道也然而世之論者紛紛集矢於經矣宋歐陽公者號知治體其論周禮謂六官之屬見於經者五萬餘人而里閭縣鄙之長軍師卒伍之徒仍不與焉

王畿千里之地爲田幾井容民幾家王官王族之國邑幾數民之貢賦幾何而又容五萬人者於其間其人不耕而賦將何以給之則疑其設官之繁如此或者伸其說又謂周禮舉市廛門關山林川澤所有鳥獸魚鼈草木玉石一切貨賄之屬莫不設之厲禁而盡征之入市有稅入門有稅入關有稅避而不入卽沒入之地所從產又官守而以時入之是則天之所生地之所長人之所養俱入朝廷不留一絲毫之利以與民雖王莽之虐恐其力亦不能悉如書中所載以盡行其厲民之事則又疑其賦斂之重如彼然以余觀泰西各國其設官之繁賦斂之重莫不如是而其國號稱平治者蓋舉一國之財治一國之事仍散之一國之民故上無壅財國無廢政而民亦無游手然則一切貨賄之稅卽以養此五萬餘人以是知周禮固不容疑也泰西

自羅馬一統以來二千餘歲具有本末其設官立政未必悉本於周禮而其官無淸濁之分無內外之別無文武之異其分職施治有條不紊極之至纖至悉無所不到竟一一同於周禮乃至卄人之司金錫林衡之司材木匡人撢人之達灋則誦王志爲秦漢以下所無之官而亦與周禮符合何其奇也朱子謂周官如一桶水點滴不漏蓋綜其全體考其條目而聖人制作之精意乃出苟執其圖便已私之說以貽誤責周禮周禮不任受過也嗟夫聖人制作之精後世襲其一二語以滋貽誤或遂詆爲瀆亂不經之書斥爲六國陰謀之說古人有言禮失而求諸野則曷不舉泰西之政體而一證其得失也日本設官初仿唐六典維新之後多倣泰西今特詳誌之以質論者作職官志

神武時有將有相有國造有縣主至成務帝始置大臣國郡置長縣邑置首又置屯倉首其他有倉部物部土部販部等名世遠莫得而詳云仲哀帝加置大連與大臣列孝德帝時始廢大連定置左右大臣亦加置內大臣終置太政大臣天智文武之際官制大定蓋自推古舒明始通隋唐至是摹倣六典日趨於文時以冠服采色定官位級推古帝創十二階冠孝德帝制七色十三階冠天武帝改爵位號定朝服采色至稱德帝一變官名仁光乃復其舊其沿革損益今不悉記特誌其歷世相仍者自一位至三位各分正從爲六階自四位至八位各分正從而正從又各分上下爲二十階從八位下之下有大少初位各分上下爲四階凡三十階以敘諸臣別有自一品至四品四階以敘親王別有勳十二等第一等准正三位第十二等准從六位下凡位階皆以少者爲貴位階之略如此曰神祇伯曰太政大

臣曰左右大臣曰內大臣曰納言曰參議曰外紀曰左右辨納言辨皆有大中少三等是爲內文官曰近衛府曰兵衛府曰衛門府皆分左右近衛將有大中少三等曰左右馬寮曰兵庫寮是爲內武官曰太宰府曰按察使府曰國守曰郡領是爲外文官曰征夷將軍曰鎮守府將軍曰國團曰牧是爲外武官曰彈正臺曰左右京職而伊勢齋宮寮曰加茂齋院司曰修理職而勘解由使曰檢非違使曰鑄錢司曰左右修理宮城防鴨河造寺施藥院四使曰獎學純和學館三院別當曰內豎所內教坊內膳御厨子大歌所樂所七別當曰記錄所曰藏人所齋宮以下是爲令外之官曰妃曰夫人曰嬪曰宮人宮人之下有十二司曰內侍曰藏曰書曰藥曰兵曰闈曰殿曰掃曰水曰膳曰酒曰縫是爲後宮官曰東宮傅曰東宮學士曰春宮春宮之下有四監曰舍人曰主膳曰主藏曰主漿有五署曰主殿曰主書曰主工曰主兵曰主馬是爲東宮官曰文學曰扶曰家令曰從曰書吏是爲親王官曰大別當曰執事曰年預曰判官代曰主典代曰官人是爲院官百寮之政統諸八官曰中務曰式部曰治部曰民部曰兵部曰刑部曰大藏曰宮內謂之八省屬中務省者十有三官曰侍從曰舍人曰內記曰監物曰主鈴曰典鑰曰中宮職曰大舍人寮曰圖書寮曰內藏寮曰縫殿寮曰陰陽寮屬式部省者一官曰大學寮屬治部省者三官曰雅樂寮曰元蕃寮曰諸陵寮屬民部省者二官曰主計寮曰主稅寮屬兵部省者一官曰隼人司屬刑部省者一官曰囚獄司屬大藏省者一官曰織部司屬宮內省者十有一官曰大膳職曰木工寮曰大炊寮曰主殿寮曰典藥寮曰掃部寮曰正親司曰內膳司曰

造酒司曰釆女司曰主水司八省之政統諸太政官太政官有
三局少納言左右辨是也左辨管中務式部治部民部右辨管
兵部刑部大藏宮內左右辨局左右大吏掌之少納言局外記
掌之凡百官屬皆分四等諸省曰卿輔丞錄諸職曰大夫亮進
屬諸寮曰頭助允屬諸使曰長官次官判官主典諸國曰守介
椽目彈正臺曰尹弼忠疏四府衞曰督佐尉志太宰府曰帥貳
監典鎭守府曰將軍副將軍軍監督曹獨諸司三等曰正佑令
史諸省之輔丞錄諸職之進臺之弼忠疏四衞府之尉忠太宰
府之貳皆分大少遣唐使征東大使征夷將軍之類皆臨時所
命在此外焉官職之略如此位曰敘官曰任諸官所敘之位大
抵太政太臣爲正從一位左右大臣內大臣爲正從二位近位
大將彈正尹大納言中納言太宰帥爲從三位神祇伯參議左

右大辨八省卿四衞府督藏人別當及頭東宮傳諸職大夫諸
使長宮概爲正從四位上下少納言侍從監物大上國守鎭守
府將軍諸寮頭親王家令槩爲正從五位上下大外記左右大
史大內記近衞將監諸司正概爲正從六位上下其他可以類
推焉其除目則春秋二次秋除京官春除外官太政官式部省
司之大納言大辨八卿四督彈正尹太宰帥之類係敕任其餘
皆係奏任大納言以下皆有權官以德行才藝勞効三者及上
上至下下九等考課之以秀才明經進士明法等科選舉之非
三位以上不得昇殿而四位五位或特賜昇殿秀才明經上上
第者進士甲第者皆授八位明法甲第者授初位藤原氏以門
地爲敘任有攝家淸華名家羽林家等之號其敘任各有定例
百官之制至此始壞焉院政以降再壞焉大凡百官之田祿凡

十四等一品八十町二品六十町三品五十町四品三十町正
一位八十町從一位七十町正二位六十町從二位五十町正
三位四十町從三位三十四町正四位二十四町從四位二十
町正五位八町婦女繫位者減三分之一焉謂之位田又有職
田太政大臣四十町左右大臣三十町大納言二十町職田止
於重職職之重者莫若太政官蓋上古始有大臣仲哀加置大
連四五員以分其權因之十餘世孝德初置太政官以皇子司
之稱曰知太政官事廢帝孝謙始任以大臣曰太政大臣而至
文德以後則藤原氏以外舅世襲焉後乃有攝政關白及內覽
宣旨准三宮等之號大臣之外職尤重權尤隆者爲大將上世
大臣兼大將之職軍國一致而以重臣握兵柄不無太重之獘
故別置近衞府立大將以抗大臣分其左右多立其屬而皆轄

諸帝然及至藤原氏盛時有自爲太政大臣而以其二子爲左
右大臣大將者藤原氏衰而平氏興其所爲皆倣藤原氏平氏
滅而源氏興爵位不及二氏而威權過之先是源平氏雖有武
功不過四位國守白河以還乃至刑部卿至中納言至太政大
臣至世襲征夷大將軍而兼右近衞大將而後國勢一變矣爾
後八省百官悉屬虛器而諸國司有守護莊園有地頭舉國之
民厭朝官而喜守護地頭之武斷其所在不決者亦皆取決於
鎌倉府府開廳受之賴朝初置公文所及其爲右近衞大將則
政曰政所政所之官三曰別當曰令曰寄人又置問注所問注
所之官一曰執事又置侍所侍所之官一曰別當政所掌太政
問注所掌四方訟訴皆主公文北條氏承之世以四位相模守
輔將軍攝政自稱執權後定政所曰評定所廢問注所置引附

番每番有頭人旣而復問注所與引附參焉承久之後置府京師六波羅俾子弟掌之以監京師又置評定所焉遣宗族一人於筑前號鎭西探題鎭西海一道事務又遣一人於長門號中國探題鎭山陰山陽二道事務又數遣使諸道察守護家人之貪廉鎌倉官制大抵如此足利氏較諸鎌倉稍爲詳備尊氏義詮之際東國有管領以宗族爲之西京有執事以舊臣之習政治而親信者爲之後改稱亦曰管領爾後百度頗具義滿分其宗族舊臣及諸牧長之門第爲十二級曰一族曰大名曰守護曰外樣曰評定衆曰御供衆曰申次曰番方曰國人曰奉行曰末士別置探題檢斷二官以管遠地又立三職七頭撰舊臣充之皆世襲焉後終爲管領所制管領日驕僭又爲管領之家臣所制制度之紛窮而後織田豐臣二氏出而糾之織田氏分其

家臣討略四出而一蹶不起無復官制可言豐臣氏之世置五奉行其三人掌法憲一人司度支一人管僧祝嗣箇天下牧長尤强大者五氏稱五大老次强大者三氏稱三中老分麾下兵爲十二組組猶部也乃置十二頭五奉行之所不決決之五大老五大老與五奉行不合則三中老調和之官制可槪見者如此而已德川氏嗣興封建之制大定其於王畿特設所司代以司監察分藩二百餘國各聽其設官自治而與奪黜陟一操之將軍稱曰幕府有令稱曰幕令將軍之下設大老職如宰相有大事則會尾張水戶紀伊三親藩會議而後行其要職有曰目付曰代隨事而設專職麾下士卒曰某番曰某組其長曰頭官有曰扈從馬迴卒有曰與力足輕大槩多本武營之職而立名將軍已廢初詔稱大政復古專倣古八省之制規模畧如中葉時後改稱維新於是多參用西法今專就現在官職條舉新制其因革紛繁僅述其畧云爾

等級

凡官職分十七等一二三等爲敕任進退黜陟出自朝旨四五六七等爲奏任諸省長官舉其材能敘其資格擬其名以上聞而太政官依而行之自八等至十七等爲判任則諸省長官得自辟寮屬升降與奪自操其權但舉其名達之太政官而已十七等之下復有等外吏四等凡官之同等者曰相當官（如陸軍會計監督與少將同等稱曰相當官又有某等相當之名）兼攝者曰兼官代理者曰權官凡官皆實授其在員額外者曰某等出仕曰某官補曰御用掛准某任（或準奏任或準判任）海陸軍將佐官則別有非役之名（詳海陸軍志）其不列於官而給以公費令襄事務者則曰傭雇亦準官等而給俸焉

官等表上

官省／等級	太政官			書記局	參事院	檢查院	賞勳局	統計院	修史館	元老院	外務省	
一等	太政大臣	左大臣 右大臣	參議		議長		總裁 副總裁		總裁	議長 副議長 幹事 議官	卿	
二等											大輔	特命全權公使
三等						長 副長	議定官				少輔	特命全權公使 辨理公使
四等	大書記官						主事		監事 一等編修官	大書記官	大書記官	代理公使
五等	權大書記官						一等秘書官		二等編修官	權大書記官	權大書記官	一等書記官
六等	少書記官						二等秘書官		三等編修官	少書記官	少書記官	二等書記官
七等	權少書記官						三等秘書官		四等編修官	權少書記官	權少書記官	

總領事　領事
內務省卿　大　輔少　輔大書記官權大書記官少書記官權少書記官
警保局
地理局
戶籍局
社寺局
土木局
衛生局
圖書局
會計局
庶務局
取調局
監獄局　一等獄司
往復局
大藏省卿　大　輔少　輔大書記官權大書記官少書記官權少書記官

書記局
議案局
租稅局
關稅局
國債局
出納局
造幣局　大技師同中技師同少技師
印刷局
常平局
記錄局
調查局
銀行局
陸軍省卿　大　輔少　輔
裁判所　裁判長評　事權評事
將官大　將中　將少　將

參謀科　大　佐中　佐少　佐大尉一二等
憲兵科　大　佐中　佐少　佐大　尉
步兵科　大　佐中　佐少　佐大尉一二等
騎兵科　大　佐中　佐少　佐大尉一二等
砲兵科　大　佐中　佐少　佐大尉一二等
工兵科　大　佐中　佐少　佐大尉一二等
輜重科　大　佐中　佐少　佐大尉一二等
會計科　監督長監　督一等副監督二等副監督監督補軍吏一二等
軍醫科　總　監軍醫監一等軍醫正二等軍醫正軍醫一二等
藥劑監一等藥劑正二等藥劑正劑官一二等
馬醫科　馬醫監馬醫一二等
軍樂部

海軍省卿　大　輔少　輔
裁判所　評　事權評事
將官大　將中　將少　將大　佐中　佐少　佐大　尉

軍醫科			軍醫總監	大醫監	中醫監	少醫監	大軍醫
秘書科				大秘吏	中秘吏	少秘吏	大秘書
主計科				主計大監	主計中監	主計少監	大主計
機關科				機關大監	機關中監	機關少監	大機關士
文部省	卿	大輔	少輔	大書記官	權大書記官	少書記官	權少書記官
教員			教授		助教		員外教授
農商務省	卿	大輔	少輔	大書記官	權大書記官	少書記官	權少書記官
書記局							
農務局							
商務局							
工務局							
山林局							
驛遞局			驛遞總官	一等驛遞官	二等驛遞官	三等驛遞官	四等驛遞官
博物局							
會計局							
工部省	卿	大輔	少輔	大書記官	權大書記官	少書記官	權少書記官
鑛山局							
鐵道局			技監	大技長	權大技長	少技長	權少技長
燈臺局							
電信局							
工作局							
營繕局							
會計局							
倉庫局							
書計局				大書記官	權大書記官	少書記官	權少書記官
司法省	卿	大輔	少輔	大書記官	權大書記官	少書記官	權少書記官

大審院長		判事					
			檢事長			檢事	
上等裁判所		長					
地方裁判所		長					
宮內省	卿	大輔	少輔	大書記官	權大書記官	少書記官	權少書記官
			一等侍講 侍醫	二等侍講 侍醫	侍從長 三等侍講 侍醫	四等侍醫	侍從 五等侍醫
			皇太后皇后宮大夫	皇太后皇后宮亮			
式部寮			頭	權頭	助	權助	
				一等掌典	二等掌典	三等掌典	四等掌典
女官		尚侍		典侍	權典侍	掌侍	權掌侍
開拓使長官		次官		大書記官	權大書記官	少書記官	權少書記官
武官				准陸軍大佐	准陸軍中佐	准陸軍少佐	准陸軍大尉
警視廳			警視總監	警視副總監	一等警視	二等警視	三等警視
府			東京知事	知事		大書記官	少書記官
							東京區長
縣				令		大書記官	少書記官

官等表下

	八等	九等	十等	十一等	十二等	十三等	十四等	十五等	十六等	十七等
太政官	一等屬	二等屬	三等屬	四等屬	五等屬	六等屬	七等屬	八等屬	九等屬	十等屬
書記局										
參事院										
檢查院										
官報局	一等屬	二等屬	三等屬	四等屬	五等屬	六等屬	七等屬	八等屬	九等屬	十等屬
統計院										
修史館	一等掌記	二等掌記	三等掌記	四等掌記	五等掌記	六等掌記	七等掌記	八等掌記	一等繕寫	二等繕寫
元老院										

外務省　一等屬　二等屬　三等屬　四等屬　五等屬　六等屬　七等屬　八等屬　九等屬　十等屬
副領事　一等書記生　二等書記生　書記一等見習　書記二等見習
內務省　一等屬　二等屬　三等屬　四等屬　五等屬　六等屬　七等屬　八等屬　九等屬　十等屬
警保局　警視補一等屬　警視補二等屬　大警部三等屬　權大警部四等屬　中警部五等屬　權中警部六等屬　少警部七等屬　權少警部八等屬　警部補九等屬　警部試補十等屬
地理局
戶籍局
社寺局
土木局
衛生局
圖書局
會計局
庶務局
取調局
監獄局　一等獄司　二等獄司　一等書記守長　二等書記守長　三等書記守長　四等書記守長　五等書記守長　六等書記守長　七等書記守長　八等書記守長

往復課
大藏省　一等屬監吏　二等屬監吏　三等屬監吏　四等屬監吏　五等屬監吏　六等屬監吏　七等屬監吏　八等屬監吏　九等屬監吏　十等屬監吏
書記局
議案局
租稅局
關稅局
國債局
出納局
造幣局　一等技手　二等技手　三等技手　四等技手　五等技手　六等技手　七等技手　八等技手　九等技手　十等技手
印刷局
常平局
記錄局
調查局
銀行局
陸軍省

裁判所　大主理　中主理　少主理　大錄事　中錄事　少錄事　一等捕部　二等捕部
將官
參謀科　中尉
憲兵科　中尉　少尉　曹長一等　軍曹二等　伍長一等
步兵科　中尉　少尉　曹長一等　軍曹二等　伍長二等
騎兵科　中尉　少尉　曹長一等　[illegible]
砲兵科　中尉　少尉　上等監護　[illegible]二等　[illegible]　伍長二等
[illegible]一等　鞍工長　鞍工下長
[illegible]一等　鐵工長　鐵工下長
監護二等　木工長　木工下長
[illegible]　銃工長　銃工下長
火工長　鑄工長　鑄工下長　火工下長
工兵科　中尉　少尉　上等監護　[illegible]　軍曹二等　伍長二等
輜重科　中尉　少尉　曹長二等　軍曹二等　伍長二等
會計科　監督副　軍吏　軍吏補　[illegible]
軍醫科　軍醫副　軍醫　軍醫補
獸醫　獸醫副　獸醫官補　[illegible]

馬醫部　馬醫副　馬醫補　[illegible]
軍樂部　樂長　樂次長　樂師　一等樂手　二等樂手
海軍省　一等屬　二等屬　三等屬　四等屬　五等屬　六等屬　七等屬　八等屬　九等屬　十等屬
裁判所　一等主理　二等主理　三等主理　四等主理　五等主理　一等書記　二等書記　三等書記　四等書記　五等書記
將官　中尉　少尉　少尉補
[illegible]
警吏　警吏補
一等筆生　二等筆生　三等筆生
掌砲上長　掌砲長　掌砲次長　掌砲長屬
水夫上長　水夫長　水夫次長　水夫長屬
[illegible]中端舟長
大端舟長　小端舟長
甲板長　甲板次長　甲板長屬
檣樓長　檣樓長屬
按針長　按針次長　按針長屬

信號長 信號次長 信號長屬
帆縫長 帆縫次長 帆縫長屬
造綱長 造綱次長 造綱長屬
船艙長
木工上長 木工長 木工次長 木工長屬
軍醫部 中軍醫 少軍醫 軍醫副 病室厨宰 看病夫長
秘書科 中秘書 少秘書 秘書副
主計科 中主計 少主計 主計副
機關科 中機關士 少機關士 機關士副 機關補 火夫長 火夫次長 火夫長屬
文部省 一等屬 二等屬 三等屬 四等屬 五等屬 六等屬 七等屬 八等屬 九等屬 十等屬
教員 訓導 助訓
學校
書記局
學務局

商務局
工務局
山林局
驛遞局
博物局
會計局
工部省 一等屬 二等屬 三等屬 四等屬 五等屬 六等屬 七等屬 八等屬 九等屬 十等屬
鑛山局
鐵道局 一等技手 二等技手 三等技手 四等技手 五等技手 六等技手 七等技手 八等技手 九等技手 十等技手
燈臺局
電信局
工作局
營繕局
會計局
倉庫局

書記局 一等屬 二等屬 三等屬 四等屬 五等屬 六等屬 七等屬 八等屬 九等屬 十等屬
司法省 一等屬 二等屬 三等屬 四等屬 五等屬 六等屬 七等屬 八等屬 九等屬 十等屬
大審院 判事 檢事補
上等裁判所 判事 判事補
地方裁判所 判事 判事補
宮內省 一等屬 二等屬 三等屬 四等屬 五等屬 六等屬 七等屬 八等屬 九等屬 十等屬
一等馭者 二等馭者 三等馭者 四等馭者 五等馭者 六等馭者 雜掌
式部寮 一等屬 二等屬 三等屬 四等屬 五等屬 六等屬 七等屬 八等屬 九等屬 十等屬
一等掌典補 二等掌典補 三等掌典補 四等掌典補 五等掌典補 六等掌典補 七等掌典補 八等掌典補 九等掌典補 十等掌典補
一等伶人 二等伶人 三等伶人 四等伶人 五等伶人 六等伶人
女官 命婦 權命婦 女嬬 權女嬬
開拓使 一等屬 一等警部 二等屬 二等警部 三等屬 三等警部 四等屬 四等警部 五等屬 五等警部 六等屬 六等警部 七等屬 七等警部 八等屬 八等警部 九等屬 九等警部 十等屬 十等警部
武官 [illegible]
警察廳

府 一等屬 一等警部 二等屬 二等警部 三等屬 三等警部 四等屬 四等警部 五等屬 五等警部 六等屬 六等警部 七等屬 七等警部 八等屬 八等警部 九等屬 九等警部 十等屬 十等警部
區郡長
縣 一等屬 一等警部 二等屬 二等警部 三等屬 三等警部 四等屬 四等警部 五等屬 五等警部 六等屬 六等警部 七等屬 七等警部 八等屬 八等警部 九等屬 九等警部 十等屬 十等警部
區郡長

俸祿

制祿之法有月給太政大臣八百圓左右大臣六百圓參議諸省卿大將判事判事自一等至九等均有是官凡敕任官之判事自每年金四千五百圓至三千五百圓各隨其勤勞以爲區別開拓長官均五百圓以上一等官賞勳局副總裁諸省大輔中將判事次官尚侍均四百圓以上二等官議定官諸省少輔驛遞總官少將軍醫總監監督長警視總監判事檢事長會計監督長一等侍講一等侍醫式部頭東京府知事均三百五十圓以上三等官內閣書記官長大書記官監事一等驛遞官警視副總官大佐監督軍醫監藥劑監技監大醫監大秘吏會計監督機

闕大監大技長判事檢事凡奏任之判事檢事自每年三千圓至六百六十圓各隨其勳勞以爲區別二等侍講二等侍醫典侍一等掌典折給一百圓式部權頭府知事縣令均二百五十圓以上四等官權大書記官一等秘書官二等驛遞官大技師一等警視巡查總長中佐一等副監督一等司契一等軍醫正一等藥劑正大匠司中醫監中秘吏會計一等副監機關中監權大技長三等侍醫二等掌典折給八十圓侍從長式部助權典助均二百圓以上五等官少書記官二等秘書官三等驛遞官中技司二等警視巡查副總長評事少佐會計二等副監督軍吏正二等軍醫正二等藥劑正馬醫部長上官馬醫監中匠司少醫監少秘吏主計少監機關少監少技長四等侍醫三等掌典折給六十圓式部權助掌侍府縣大書記官均一百五十圓以上六等官權少書記官三等秘書官四等驛遞官三等警視巡查副總長少技司消防司令長權評事大尉會計監督補司契副會計軍吏軍醫劑官馬醫少匠司大軍醫大秘書大主計大機關士權少技長五等侍醫侍從四等掌典折給五十圓權掌侍府縣少書記官一等獄司均一百圓以上七等官一等屬一等掌記五十圓四等警視方面監督一等警察使消防司令副長一等監吏警視屬中尉大主理軍醫副會計軍吏副馬醫副劑官副一等師大師中軍醫一等主理中秘書中主計一等機關士一等技手其尤者或七十圓或八十五圓或一百圓一等馭者命婦一級掌典補折給四十圓二等譯官警部二等獄司均六十圓以上八等官二等屬二等掌記四十五圓五等警視二等警察使警視屬二等監吏中主理少尉會計軍吏補軍醫補劑官補馬醫補中師二等師二等主理少軍醫少秘書少主計少機關士二等技手其尤者或六十圓或七十五圓或九

十圓侍從試補二等馭者權命婦二級掌典補折給三十五圓二等譯官警部消防大司令二等獄司均五十圓以上九等官三等屬三等掌記四十圓三等書記生警視屬三等監吏少主理少尉補軍醫試補軍吏試補軍樂部准士官上等監護樂長少師掌礮上長水兵上長木工上長軍醫副秘書副主計副機關士副三等師三等主理三等技手其尤者或五十圓或六十五圓或八十圓判事補檢事補自月給四十五圓以下至二十圓各隨其勳勞以爲區別三級掌典補折給三十圓警察副使消防大司令三等馭者三等譯官警部一等書記一等守長均四十五圓以上十等官四等屬四等掌記三十五圓四等書記生巡查長警視屬警察副使大錄事四等監吏四等主理四等師四等技手其尤者或四十五圓或五十圓或七十圓四級掌典補折給二十六圓四等馭者四等譯官警部二等書記二等守長均四十圓以上十一等官五等屬五等書記生五等掌記三十圓警察副使巡查長警視屬消防中司令中錄事五等監吏五等主理五等師五等技手其尤者或四十圓或四十五圓或六十圓五級掌典補折給二十三圓五等馭者五等譯官警部三等書記均三十五圓以上十二等官六等屬六等書記生六等掌記二十五圓巡查長消防中司令警視屬六等監吏少錄事一等工長一等書記六等技手其尤者或三十五圓或四十圓或五十圓六級掌典補折給二十圓警部四等書記均三十圓以上十三等官七等屬七等書記生七等掌記二十圓巡查副長消防中司令警視屬二等工長七等監吏二等書記七等技手其尤者或三十圓或三十五圓或四十圓七級掌典補折給十七圓雜掌女孺內掌典二等伶人七等譯官警部均二十五圓以上十四等官八等屬八等掌記十八圓八等書記生省掌巡查副長警視屬八等監吏三等工長三等書記八等技手其尤者或二十五圓或三十圓八級掌典

補折給十四圓權女孀三等伶人權内掌典警部六等書記均二十圓以上十五等官九等屬大舍人一等繕寫九等書記巡查部長消防少司令警視屬九等監吏一等捕部四等工長四等書記九等技手其尤者或十六圓或十七圓或二十圓九級掌典補折給十二圓四等伶人警部七等書記均十五圓以上十六等官十等屬二等繕寫十等書記生一等警視屬五等工長二等捕部巡查部長五等書記消防少司令十等技手其尤者或十三圓或十四圓或十五圓十級掌典補折給十圓五等伶人警部八等書記均十二圓以上十七等官有年給一等官之賞勳局總裁修史館總裁年三千圓議長六千圓副議長四千八百圓幹事四千五百圓四千圓議官三千五百圓三千圓考元老院議長幹事議官職尊而事簡給俸較薄惟以一等官下同二三等官議官中又分三等其給俸少者乃同於四等官故變爲年給二等官之特命全權公使一萬七千圓至一萬五千圓駐英法俄美均一萬七千

圓駐德一萬六千圓駐意澳及中國均一萬五千圓按全權公使以交際之官有關國體給俸特優惟以二等官比太政大臣左右大臣幾多逾一倍故亦變爲年給三等官之特命全權公使辦理公使一萬五千圓至一萬三千圓駐英法俄美均一萬五千圓駐德意一萬四千圓駐中國一萬三千圓皇太后宮大夫三千圓四等官之一等編修官二千四百圓代理公使一萬一千圓至九千圓駐英法俄美一萬一千圓駐德意澳一萬圓駐中國九千圓總領事駐上海者六千五百圓皇太后宮亮一千八百圓五等官之二等編修官一千八百圓一等書記官四千八百圓至三千八百圓駐英法俄美四千八百圓駐德意澳四千圓駐中國三千八百圓六等官之三等編修官一千二百圓領事六千圓至五千五百圓駐上海六千圓駐倫敦馬耳塞紐約桑港香港廈門天津均五千五百圓二等書記官三千八百圓至二千八百圓駐英法俄美三千八百圓駐德意澳三千圓駐中國二千八百圓七等官之四等編修官一千圓八等官之副領事五千二百圓至三千圓駐上海三千圓駐倫敦馬耳塞紐約桑港香港廈門

天津均五千二百圓駐羅馬三千五百圓一等書記生二千六百圓至二千圓駐英法俄美二千六百圓駐德意澳二千三百圓駐北京上海香港廈門天津二千圓駐倫敦馬耳塞紐約桑港二千四百圓九等官之二等書記生二千二百圓至一千五百圓駐英法俄美二千二百圓駐德意澳二千圓駐北京上海一千六百圓駐倫敦馬耳塞紐約桑港二千圓駐香港廈門天津一千六百圓凡月給定於每月十七日支領新任在十五日前者給全額在十五日後者給半額昇等增給者準之其降等免職在十五日前者給半額在十五日後者給全額既免職復再任者前官之俸給半額後官之俸給全額一月之内再三轉任者於支俸之日在職之廳準額支給在十八日後者照增額給一官而兼數任從其多者支給若兼任同等官不給兼官之俸凡奉職遠地者每三箇月給俸一次其公使領事書記等官之奉使外國者每六箇月給俸一次既領俸而免職者按月追繳凡免職而因事留任者

照給舊官月俸三分之一得請歸鄉者給月俸之半因病不能奉職者在四箇月中給全額以後則照給三分之一因公私事解任審問者在十五日中給全額在十五日後者照給月俸五分之一其無罪者補給處刑者停給凡年給仍準月俸之法按月分給月給之外又有日給凡海陸軍官自佐尉以下各照領次等相當官月俸而以日計算有事則加俸爲若額外吏之傭僱者亦以日計算凡依願免官及在職病故者計其奉職久暫給予賜金曰滿年賜金惟因私罪免職處懲役一年以上者不給自明治六年制定官祿稅敕任官課十分之一明治十年命課十分之二奏任官課二十分之一惟海陸軍官及公使領事並工部省之技監官不稅明治十三年詔普免之

勳位

官等之外有品以別親王有位以敘諸臣有勳章以旌有功有記章以獎軍士親王之品曰一品曰二品曰三品曰四品惟諸王有列五品者敘位曰正一位曰從一位曰正二位曰從二位曰正三位曰從三位曰正四位曰從四位曰正五位曰從五位曰正六位曰從六位曰正七位曰從七位曰正八位凡十五級位階與官等不相附麗太政大臣左右大臣得敘一二三位而正一位仍不得授參議諸省卿大將議長雖列一等官僅敘正從四位一二等官以下僅敘五六七位若八等官以下則無位焉凡敘位以資格之深淺不以官等之崇卑免官之後仍帶位階惟有罪褫職者并奪其位記亦有身後追贈者勳章凡八等（古以武功爵爲勳凡十二等明治八年定制仿照西人寶星之法給以賞牌九年乃改爲勳章）勳章之制以金銀爲章上繫以紐紐之上爲環佩之以綬勳一等者金日章（又名旭日大綬章）徑二寸五分以赤佛蒜嵌光線以白佛蒜嵌紐亦金製爲桐葉形上爲桐花三枝中央七花左右各五花花以紫佛蒜嵌葉以綠佛蒜嵌環用金圓形綬幅四寸紅白交織勳二等者金銀日章（又名旭日重光章）徑三寸（日及光線用佛蒜均如一等制）無紐無環佩以銀針無綬勳三等金日章（又名旭日中綬章）徑一寸八分紐如一等環用金橢圓形綬幅一寸亦紅白交織勳四等金日章（又名旭日小綬章）徑一寸五分紐如一等環用金圓形綬幅一寸勳五等金銀日章徑一寸五分紐亦金製爲桐葉形上爲桐花三枝中央五花左右各三花（花紫葉綠均用佛蒜如一等製）環用金圓形綬幅一寸勳六等銀日章徑一寸五分紐如五等環用銀圓形綬幅一寸勳七等銀桐章徑一寸葉綠花紫花中五而左右三其式如紐而不別繫紐環用銀圓形綬幅一寸勳八等亦銀桐章花葉皆以銀不嵌佛

蒜其他均如七等凡佩帶勳章之法勳一等者必兼佩二等章三等以下祇佩一章凡一等勳用廣綬自右肩上斜佩左脇下二三等無綬用針夾佩右肋上三等纏綬於領佩於領下四等以下皆佩於左肋邊凡勳章佩於禮服者常服代用略綬綴之左襟鈕口以表等級明治十年又改制一曰大勳位菊花大綬章章用金日日之四圍有菊四枝日赤光線白花黃葉綠均用佛蒜紐亦用菊仍以黃佛蒜嵌環用金圓形綬幅三寸八分紅紫交織二曰大勳位菊花章章用金銀日徑三寸日赤光線白（二重）菊黃葉綠均用佛蒜無紐無環無綬佩用銀針敘勳一二等者亦許其佩帶惟大勳位不輕授人今惟敘親王一人而已凡敘勳一二等者國皇親授敘三等者太政大臣奉授敘三等者賞勳局總裁奉授四等以下則總裁送致之諸省卿長以轉授之外國臣民之得勳章者由外務卿轉授焉其自外國政府得有勳章者敕奏任官具狀於外務省判任官及華士族平民各由其管轄廳具狀於外務省轉達於太政官經賞勳局核准亦許佩帶焉若從軍記章不論將卒貴賤不問軍功有無凱旋之後即普賜之以爲徽志其式銀章圓形徑一寸中刻紋爲桐枝裏記年號紐用銀綬幅一寸綠白交織

章服

明治六年始仿西制改定章服有大禮服其分別等差曰帽（帽敕奏任均同惟以飾毛之有無剌繡之精粗爲別）曰上衣（上衣之飾章敕任官在襟背胸袖側囊脊端奏任官在襟袖側囊脊端判任官僅在襟袖）曰下衣曰袴曰等級標條（等級標條在兩袖飾章之邊其條線闊一分中間以八釐）凡敕任官帽用黑絨飾以白毛左側章用黑天鵝絨五七桐御紋一個（桐蕾小唐草按蕾即桐花中央七左右五故名五七桐其五三桐仿此）周緣電紋闊

三分鈕釦徑七分金製亦刻五七桐上衣用黑絨飾用繡以金線御紋以五七桐桐蕾才唐草緣飾以電紋線闊三分大鈕釦徑七分金製亦刻五七桐下衣用白絨小鈕釦徑五分亦以金製數無定制袴用白絨兩側施電紋線闊一寸一等級標條一等官金線三條二等官三條三等官一條凡奏任官帽用黑絨飾以黑毛左側章用天鵝絨五三桐御紋一個桐蕾中唐草周緣單線闊三分鈕釦徑七分金製亦刻五三桐上衣用黑絨飾用繡以金線御紋以五三桐桐蕾中唐草緣飾以無地單線大鈕釦徑七分金製亦刻五三桐下衣用鼠色絨小鈕釦徑五分亦以金製數無定制袴用鼠色絨兩側章施無地單線闊一寸一等級標條四等官金線四條五等官三條六等官二條七等官一條凡判任官帽用黑絨無毛飾左側章用黑天鵝絨五三桐御紋一個桐蕾大唐草周緣單線鈕釦徑七分銀製亦刻五三桐上衣用黑絨飾用繡以銀線御紋以五三桐桐蕾大唐草緣飾以無地單線大鈕釦徑七分銀製亦刻五三桐下衣以紺色絨小鈕釦徑五分以銀製數無定制袴以紺色絨兩側章施無地單線闊一寸一等級標條八等官銀線七條九等官六條十等官五條十一等官四條十二等官三條十三等官二條十四等官一條十五等官無凡等外吏用通常禮服惟一等至四等各以其袖端施等級標條一等白線四條二等三條三等二條四等一條凡非役有位者四位以上准敕任五位以下准奏任惟飾章除桐蕾唐草合繡之制僅以脊端附圓徑二寸之御紋一個而已其皇族大禮服徽章用菊飾章用日他亦如諸官惟海陸軍軍官尊卑之等職務之別或以色或以式各不相同云凡大禮服必佩劍劍約長三尺敕任官之劍柄用金劍之頭環爲卵形表裏三個桐蕾密鏤劍之覆輪緣爲雲頭劍之鳥頭爲鳳劍之鍔爲卵形一個桐蕾密鏤劍之鞘用黑革劍之鞘口爲雲頭帶劍之鞘舌爲葉形劍之鐺爲桐蕾密鏤劍之帶以金線裝劍之運轉環以金劍之鉤帶以金線裝帶之釦以金奏任判任官制多從同惟所鏤桐蕾較疏奏任官之帶以銀線裝判任官之柄用銀帶用黑革而已

黜陟

官人之法盡由薦舉考海陸軍武官多出於兵學校學生既卒業試而得選有敘佐尉官者蓋兼用考試之法其他學校雖選擇其尤給以理學法學士之名誇爲得第於官人無與也自封建廢而世祿亦廢維新之始詔徵各藩貢士於京多邀顯權今當路諸公皆維新功臣非舊京華族即巨藩要人今之參議等官多通西語蓋幕府末造各藩爭選英俊厚給資裝俾受業於泰西歸值維新崇尚西法遂各據要津云若奏任諸官則由各省卿長舉其所知上之太政官太政官權而用之明治元年八月鎮將府布告曰苞苴私謁官途積弊緣是而推舉登用寔損國體而惑人心今政體一新嚴禁此弊物雖薄微與受同罪二年又布告曰選舉爲當今之要務出處爲終身之大節若懷挾私意徇親忘疏賢何以升不肖何以退汝百官有司宜考賢否之寔蹟去愛憎之私意同心協力以扶植皇基四年三月又詔曰濫舉人才寔乖政體自今諸官省幷地方官凡選舉判任官須以其人之行狀才識詳呈於管轄官然後登用七年又詔院省使及地方官凡擢用奏任官須將其人之性行履歷事業詳細記於別紙申之太政官察核而後用焉自維新之初務以網羅賢才收拾人心爲務一切崇尚寬大並無課吏考官之法多濫賞而薄罰黜升而愼降明治九年始定官吏懲戒例其法除私罪外凡官

吏有誤事瀆職者本屬長官得行懲戒之法懲戒之法三一曰譴責長官指示其事給予譴責書二曰罰俸少則半月多則三月凡罰俸之法每月限領月俸之半以其餘數送遞大藏省三曰免職以懲戒免職長官具狀奏請免奪位記但必由長官諭令本人自請免職方免追奪凡懲戒之權諸省長官於所屬奏判任官太政大臣於府縣奏任官府縣并警視廳長官於所屬判任官司法卿於四等之下之判事均得專行惟府縣之兼判事者於所屬判任官須與其他府縣奏任官協議然後得行又府縣長官警視長官於所屬判任得專行譴責其罰俸免職者速申之內務卿兼判事者速申之司法卿然後得行凡官吏有心故造入於私罪者若仍係公務失誤本屬長官得囙司法官移會專行其處分凡官吏犯罪除律例載明專條外別無官吏處分之法惟官吏不許營商凡買之於人賣之於人或買人物產加以製造以營利者一槩禁

止惟開掘礦山及購買田地或貸其田地家產於人以收屋租地價或貸金銀於人以收利息或舉其田地所生物產加以製造以營利者在所不禁若其家族欲為商賈者宜分籍別居然後就業又明治八年定例凡官地官林及公用物品以投票法斥賣者其管轄廳所屬官員不許投取又明治十二年太政官布告凡為官吏不許聚會公衆以政治學術講談演說以煽惑人心違者均治罪此數者為官規其他槩同平民

日本國志卷十三

日本國志第五　卷之十四

出使日本參贊官黃遵憲編纂

職官志二維新以來設官分職廢置紛紜若各官省所隸之局因革損益隨時變更尤不可勝載今專就明治十四年冬現有之官分條臚舉其仿照西法為舊制所無者特加詳焉

太政官　一　孝德帝時始置左右大臣尋設八省百官以規橅唐制天智登極始置太政大臣以皇子為之百寮有司咸隸而受職體制崇重禮絕羣臣自文德以後外戚擅權世襲其位駲有關白攝政准三宮之號蓋一國大權之所歸侔於人主矣逮乎將門主政百官盡屬虛器太政官亦存空名慶應丁卯太政復古盡廢舊稱並及武門所設傳奏守護職所司代諸官乃設總裁議定參與之職明治元年戊辰正月以三職統八課八課者曰總裁曰神祇事務曰內國事務曰外國事務曰海陸軍務曰會計事務曰刑法事務曰制度事務二月改八課為八局

閏四月改局稱官復分總裁局為議政官行政官議政官有議定參與議長皆主立政行政官有輔有相皆主行政之名視事於內閣別置集議院使行政長官會討得失然行政長官奉命而已辛未七月更分太政官為正院即內閣左院議長與參議兼任右院諸省長官會集之所然右院勢弱乙亥四月廢三院更立元老院專議政事而元老院亦無權國家政事悉出於大臣參議各省卿長類以參議兼任於是太政官權益重其時參議板垣退助極陳參議兼卿之弊謂議政行政不可歸一左大臣島津久光韙其說大臣三條實美執持不可樞府分黨浸成瑕隙初參議木戶孝允使歐美歸欲劾其政體所議每與內閣齟齬遂與板垣退助俱退歸樞府漸成水火井上馨憂之於八年一月要說木戶板垣大久保伊藤諸君於大坂以調停異同世人名之曰大坂會議木戶板垣仍任職及板垣退助之建議也會閣朝鮮擊雲揚艦事三條實美欲待事定再議退助執不可左大臣久光力贊其言於是內閣大臣會請勅裁國皇詔曰分離論不可

行左大臣所奏不可納島津板垣遂辭職物議紛紜都下譁然尋久光退助皆辭職政體暫定五年少所變革庚辰二月復解參議所兼卿職專任參議而各省卿長擇員別補然未幾太政官中旋設外務內務軍事會計法制司法六局仍命參議董其事若於諸省卿長之上復設統轄官者既又分設書記局參事院檢察院賞勳局統計院修史館以大臣參議兼充其長而諸省卿不以參議兼然制雖稍殊而權未嘗下逮也

太政大臣一人主輔弼一人襄理萬機創制庶政進退百寮有司章奏裁決可否由大臣用御印凡國中律例格式悉以太政大臣名布告於四方左右大臣各一人參議無定員為之貳率屬而從事焉大書記官權大書記官少書記官權少書記官無定員官等詳表諸省書記官屬官職制皆同其不同者別詳之主撰擬草案勘校文書督率員吏

分任職事屬官一等至十等無定員官等詳表掌繕寫文書檢查檔案受發文移奔走事務凡隸於太政官者曰書記局曰參事院曰檢查院曰賞勳局曰統計院曰修史館

書記局凡二局以大書記官為長專司內閣文書檔案

參事院先是太政官中置制度事務局後改法制局國家制度皆議而後行自明治八年設元老院凡立法之事悉委於院而太政官仍有法制局至十四年始改為參事院議長一人以參議兼充副議長一人以一等官充議官無定員以二三等官充議官補無定員以四等至七等官充議官補無定員其支領某等官月俸者曰某等官相當官員外議官補無定員以諸省書記官兼充書記生無定員以八等至十七等官充其支領某等月俸者曰某等相當官凡屬於官事者曰職制章程繫於民事者曰規則條款關於刑法者曰法律因革損益由內閣具草交元老院議定復呈本院參詳而行之其官省疑難之事及政事得失所關有持論異同紛紜不決者皆經本院議定而後行

會計檢查院明治十四年始設院長一人以二等官充副長一人以三等官充檢查官無定員以四等至七等官充檢查官補無定員以八等至十七等官充凡歲出歲入之科目豫算決算之報告國庫出納之法官物管理之方皆分別科條創定規制諸省官吏司會計之任者咸遵其法上其數經本院檢查而後頒告焉

賞勳局總裁一人以太政大臣兼充副總裁一人以一等官充議定官無定員以二等官充主事一人以四等官充一等秘書官一人以五等官充二等秘書官一人以六等官充屬官無定員自六等至十等凡考績則敘階官等有定而位階無定現任官循其舊階而陞進之亦有解官華族以特旨敘位者旌能則賞物有操行奇特者或賜銀杯或賜木杯或賜米或賜帛酧勞則賜金獎勳則錫章詳勳位條皆由議定官議其事上之總裁核而頒給焉

統計院明治十四年始設幹事兼檢查官一人以一二三等官充書記官無定員屬官無定員凡國中之土地戶口農業工作商務船舶財政兵力刑法文教督令司職者詳查其事確稽其數編次為表上之本院本院統而編之其表多為方罫形或為圓圖或為旁行斜上之式使覽者瞭然於國力之盛衰政治之得失俾樞府諸臣得握其要而施治焉考統計之法蓋如史家之表太史公曰吾見周譜旁行斜上故因而作表今泰西統計之學悉詳考數目分編為表而由表之法變而為圖圖為方圖為縱橫上下之線使覽者不煩尋索而是非得失瞭然於胸中則其學愈簡愈明愈精愈細矣當泰西千七百年間始有此名碩學鴻儒討論掌故特創此法以便於記憶耳人猶未知其於政治有大益也及佛蘭西路易十四世拿破崙一世之時變更政體乃舉一切施政之方條分類別表而明之由是歐洲各國迭相慕效蓋其法借算數以求實事即舉實事以考利弊如記人民婚姻生死之數可以知戶口之虛旺記農業百工物產之數可以知物價之高下記兵力厚薄可以知國勢之強弱記商業盛衰可以知國力之盈絀記犯罪多寡可以知刑罰之輕重操之至約執之至簡而一國情形如視諸掌焉誠秉國鈞者必不可少之書也泰西之業是學者謂上古有夏禹

（王審以統計之法創爲一書並列於鼎實爲統計學者之祖蓋謂禹貢與九鼎也余因考周禮一書大司徒掌人民之數九州地域廣輪之數而職方氏一官並及財用九穀六畜之數苟非綱舉目張俾居是職者博稽而詳核焉烏從而知其數哉賈生有言帝王之治天下也極之至纖至悉而無不到信矣哉）

修史館總裁一人今以大臣兼充編修（無定員凡四等）監事一員掌記（無定員凡八等）繕寫（無定員凡二等）凡官省使院之事見於布告者繫日誌之若國有大事則記其本末查訪而類編之（若西鄉隆盛叛之類）

元老院　古無此官初明治戊辰四月於太政官中設議政局十二月置公議所於東京己巳七月廢公議所置集議院十二月閉院庚午三月開集議院九月閉院辛未併集議院於太政官其時太政官之權特重議者欲仿西法開議院以分其權是年參議副島種臣板垣退助等連名上書請起民撰議院大學頭加藤宏之駁論謂民智未開於時未可然世論紛紜未已壬

申二月詔曰朕即位之初會羣臣以五事誓神明定國是賴祖宗之靈羣臣之力致今日小康顧中興日淺未臻上理朕乃擴充誓文之意更設元老院以定立法之源置大審院以鞏立法之權又召集地方官以通民情圖公益漸建立憲政體欲與汝衆庶俱賴其慶汝衆庶其毋泥舊習毋蹈輕進以翼贊朕旨於是遂設元老院

議長一人副議長一人主監臨議場整頓院規幹事一人理院中會計庶務議官（無定員）掌會議議案定決可否書記官（無定員凡四等）主宣讀議草纂修奏稿書記生（無定員凡十等）主文書檔案議長議官皆特旨擢任第一華族第二敕任奏任官應昇者第三於國有勳勞者第四明於政治習於法律者凡制定新法改正舊章皆由內閣草具議案以敕命交付本院（議案有應行議商者有止應檢視者亦由內閣分別交付若其事急應施行者先由內閣隨時布告再交本院檢視亦可）議官約三十員議事之日會集諸員必逾三分之一乃得開議議論既畢專以人數之多寡決事之從違凡諸省所上之事已經內閣具案亦得委員至本院陳述其意見以備參酌凡大臣參議省使長官均得於議事日至院會議惟不入於決議員數之列凡人民於立法創制有所建白本院得受其書而理之每歲會議開院閉院均奉敕旨以行開會之日乘輿或親臨焉

外務省　中古有鴻臚寺以待遠賓然所司迎送饋勞之事而已德川氏時設長崎奉行官理互市迨泰西諸國遣兵要約於下田箱館浦賀各設奉行爲外務所緣起明治戊辰二月德川氏還政始建外國事務局閏四月廢局設外國官七月復廢外國官建外務省幕府末年曾遣筑後守池田使英法國是爲遣

使外國之始庚午六月設特例辦務使閏十月置大中少辦務使正權大少記分遣於泰西理通商事及留學生十一月又設領事官（官凡四等）壬申十月廢辦務使及大少記置公使書記官書記生等定爲今制

外務卿一人大輔一人少輔一人凡訂條約遣信使通市舶之事卿率其屬以定議大事上之小事則行以慎邦交書記官（無定員凡四等）主譯文書通言語款賓客具草案或分國或分事各專其責屬官（無定員凡四等）承辦庶務凡朝會宴饗外務卿班在鄰國公使上公使入國先謁外務卿示以國書稿而後覲見有事則折簡約公使會商於本省（亦有遣大輔少輔與使館書記官議商具草而後卿與公使定之者）凡鄰國領事莅任公使具其姓名告之卿卿假以文憑曰認可狀得狀乃視事領事踰越法度者卿得以其罪狀達其國外務請撤之

歸凡地方官與他國領事交涉財產屬之府縣官鬬爭屬之警視局訟獄屬之裁判所課稅屬之稅關長然皆隸於外務若兩國爭執以其事申之卿卿告之公使而會議焉凡國中律令格式宣告於四方者亦達之公使凡鄰國大賓來則設領客使接伴掛以周旋之凡駐外公使領事皆受外務卿指揮公使領事旬月必有報書記官譯而編錄之使周知他國之政治風俗爲

特命全權公使（一駐中國北京一駐美國華盛頓一駐英國倫敦一駐俄國彼得羅堡一駐意國羅馬一駐奧國維也納一駐德國伯林一駐法國巴黎一駐日國馬得力一駐和國海牙）主修鄰好覘國勢護商旅所駐之國條約內事皆任其全權而事仍隸於外務若國家大事則受外務卿指揮而後行凡彼國有事必報達外務辦理

公使（官職小者）代理公使（公使歸國以書記官代理者）任事同而職稍殺惟因事派遣授以全權者受命而出事得專行（辛未四月命大藏卿伊達宗城爲欽差全權大臣來使於我以右大臣岩倉具視等爲特命全權大使往美利駕歐羅巴各大國丙子十月以開拓使黑田淸隆爲特命全權辦理大臣使朝鮮結約甲戌八月以內務卿大久保利通爲欽差全權辦理大臣來使於我議臺灣生蕃事皆所謂頭等公使）凡特命全權公使多以二等官充拜命則解本官歸國若不授別官仍隸於外務在任無定期公使館屬官書記官（凡二等）書記生（凡四等）書記見習承辦諸務

總領事（一駐中國上海一駐朝鮮元山津）領事（在中國者駐天津廈門牛莊之罘多兼任駐廣州者每以駐香港領事兼任在法國者駐馬耳塞在美國者一駐紐約一駐桑佛蘭西斯哥在伊國者駐米蘭在朝鮮者駐釜山）主保護商民管理貿易所駐之國凡寄寓商民留學生員歸其編審商船之往來者亦歸其稽查其在亞細亞者凡爭訟並得以已國法審斷已民大事皆報之外務省若與地方官爭議則申其事於公使領事署屬官書記生書記見習承辦諸務

內務省　古爲民部省戊辰正月設八課有內國事務課二月改課爲局閏四月廢之己巳四月建民部官七月廢官改省八月合併於大藏省庚午七月復改民部大藏爲二辛未七月又廢民部省癸酉十一月再置內務省如今制

內務卿一人大輔一人少輔一人凡安家國審戶籍正疆界之事卿率其屬以定議大事上之小事則行以敷邦治書記官（無定員）屬官（無定員凡四等）分所司而承其事本省所轄凡十二局

警保局以書記官爲局長主監稽警察（初警視廳爲本省分局後雖別開官廳而仍隸本省此局專司其事）

地理局以大書記官爲局長主測繪地圖

戶籍局以大書記官爲局長主編審戶籍

社寺局以大書記官爲局長主神社佛寺之事

土木局以大書記官爲局長主家屋墳山之事

衛生局以大書記官爲局長其職在保護人民使無疾病凡糞除街衢疏通溝匽潔淸井竈皆督飭府縣官及警察官使地方人民掃除汚穢以防疾病凡醫生必經試驗給予文憑方許行醫凡通都大邑必有病院以收養病民院長時察其病況上之本局凡有以丹膏丸散營業者必以化學剖驗無有毒害方許發賣凡人民獸畜有傳染時疫者必速由地方警察所電報於本局而設法以豫防焉

圖書局以大書記官爲局長其職在獎勸著述以圖公益凡欲以著作及翻譯之圖書刻板者先以草稿繕呈本局本局察其有益於世給予執照名曰版權許於三十年間自專其利他人不得翻刻盜賣以撮影寫山水人物之形名鏡寫眞者亦如之其摹測地圖編錄政表者亦如之凡新聞紙每日刊印必以印

本呈本局有犯新聞條例及讒謗律者本局察而罰之

會計局以書記官爲局長主本省會計

庶務局以書記官爲局長主本省庶務

取調局以書記官爲局長主調查諸務

監獄局以大書記官爲局長凡罪犯已經裁判官宣告其處徒刑流刑懲役禁獄禁錮拘留者悉收於獄獄成隸於本省不與司法官相關凡獄中之房室飲食衣服工役皆有定則分設監獄於府縣命監獄長司其事而以本局監督之焉

往復課以書記官爲課長主收發文書

大藏省　古亦名大藏省戊辰正月設八課有會計事務課二月改課爲局閏四月廢之旋建會計官已巳七月廢官改省八月與民部省合併庚午七月民部大藏復分省如今制

大藏卿一人大輔一人少輔一人凡課租稅權出納造錢幣之事卿率其屬以定議大事上之小事則行以制邦用書記官（無定員凡四等）屬官（無定員凡十等）分所司而承其事本省所轄凡十二局

書記局以大書記官爲局長主撰擬文書

議案局以書記官爲局長主編纂章程

租稅局以大書記官爲局長主催收租稅

關稅局以三等官爲局長主稽查關稅凡通商港口分設稅關關長以大書記官充副關長以少書記官充（其事務較簡者不設副關長或以屬官充關長）所屬有屬官（無定員凡十等）監吏鑑定役（能識別物之美惡價之高低者）各執其事而以本局總司稽查焉（分設諸關曰橫濱曰神戶曰大坂曰長崎曰函館曰新潟）

國債局以大書記官爲局長主清釐國債（國債詳食貨志）

出納局以書記官爲局長主出納錢幣

造幣局以大書記官爲局長自明治四年始於大坂築造幣局倣西人錢式金銀銅三貨並鑄凡貨幣別其性質（凡金二十圓十圓五圓二圓一圓者皆金九銅一銀一圓者銀九銅一銀五十錢二十錢十錢五錢者皆銀八銅二）準其分量（金二十圓重八錢八分七釐三毫六絲十圓重四錢四分三釐六毫八絲五圓重二錢一分一釐八毫四絲二圓重八分八釐七毫三絲一圓重四分四釐三毫六絲八銀一圓者重七錢一分七釐六毫其他皆有定式）判其名稱（一圓千分之一爲一釐百分之一爲一錢十分之一爲十錢）精其式樣（皆圖式刻爲龍鳳花草之形）皆由本局督令工匠隨時製造以須行於世焉（詳食貨志貨幣條）

印刷局以大書記官爲局長主印刷紙幣（紙幣詳食貨志）

常平局以書記官爲局長主平準貨物

記錄局以書記官爲局長主勘錄檔案

調查局以大書記官爲局長主勘查算數

銀行局以書記官爲局長凡銀行名曰國立核其資本檢其股分計其利益查其簿記皆由國家制定條例而本局以時遣員巡察焉

陸軍省（沿革詳兵志）

陸軍卿一人大輔一人少輔一人凡選將校給兵餉飭軍律之事卿率其屬以定議大事上之小事則行以整邦武所屬將校分所司而承其事本省所隸凡六局

卿官房以參謀大佐爲房長主參贊軍務

總務局以大少輔爲局長主總理庶務

人員局以大佐爲局長主步兵騎兵事

礮兵局以大佐爲局長主礮兵事

工兵局以大佐爲局長主工兵事

會計局以會計監督長爲局長主會計事

陸軍武官曰大將中將少將是爲將官曰大佐中佐少佐爲佐官曰大尉中尉少尉爲士官士官之下爲准士官准士官以下曰曹長軍曹伍長爲下士凡佐尉以下官皆分科隸習曰參謀科曰憲兵科曰步兵科曰騎兵科曰砲兵科曰工兵科曰輜重兵科曰會計科曰軍醫科曰馬醫科曰軍樂部

陸軍省所轄官署

砲兵會議所以少將爲議長主講求砲制

軍醫本部以軍醫總監爲部長主醫治疾病

病院以軍醫監爲院長主調養傷疾

士官學校戶山學校以將佐官爲校長主教習士官

教導團以大佐爲團長主教練兵卒

砲兵各方面以佐官爲提理主修造鎗砲

工兵各方面以佐官爲提理主調製器械

軍馬局以佐官爲局長主支發馬匹

病馬院以馬醫監爲院長主保護馬匹

憲兵本部以佐官爲部長主整飭軍政

參謀本部以將官爲部長主贊畫機務

監軍本部以將官爲部長主監督戰事

近衛局以將官爲都督主警衛王畿

六鎮臺以將官爲司令主防固巖邑

陸軍裁判所主問罪懲囚有裁判長評事大主理中主理少主理大錄事中錄事少錄事均無定員官等詳表一等捕部二等捕部凡陸軍軍人軍屬皆別設軍律不同凡民有犯律者裁判長率屬而按律懲辦遇大獄則選派將校開廳而會議焉以上陸軍諸官皆別詳兵志

海軍省沿革詳兵志

海軍卿一人大輔一人少輔一人凡造船舶派將校固港岸之事卿率其屬以定議大事上之小事則行以固邦防書記官無定員凡四等屬官無定員凡十等分所司而承其事

海軍武官曰大將中將少將是爲將官曰大佐中佐少佐爲佐官曰大尉中尉少尉爲尉官士官以下爲准士官准士官以下曰掌砲長曰木工長曰水工長爲下士凡佐尉以下官各分科隸習曰軍醫科曰秘書科曰主計科掌軍艦會計曰機關科掌軍艦機器

海軍省所隸官署

兵學校以將官爲校長主教習將校

造船局以將官爲局長主製造船艦

水路局以將官爲局長主巡測海路

海軍裁判所官如陸軍以上海軍諸官皆別詳兵志

文部省古爲式部省明治戊辰三月開學習院六月命開舊幕府所設昌平校八月開大學寮己巳三月建教導局六月改昌平校爲大學校七月建宣教使廢教導局十二月改大學校稱大學辛未七月廢大學建文部省爲今制

文部卿一人大輔一人少輔一人凡修文教建學校育人才之事卿率其屬以定議大事上之小事則行以敷邦教書記官無定員凡四等屬官無定員凡十等分所司而承其事考明治十三年所頒文部省職制章程本省分局有官立學務局地方學務局編書局報告局會計局惟十四年冬職官錄不錄各局長故畧之

文部省所隸學校

東京大學校校長曰總理分教有教授助教授教諭助教諭

東京師範學校

東京女子師範學校

東京外國語學校

大坂英語學校

農商務省　古無此官戊辰閏四月建會計官管驛遞等七司旋置商法司既又廢之己巳四月建民部官管驛遞物産五司六月又置通商司七月廢官改民部省八月民部與大藏省合併庚午七月又分省辛未七月廢民部省於大藏省中置勸業驛遞各司八月改稱勸業寮爲勸農寮癸酉十一月置内務省命管勸農局驛遞局既又增置博物局山林局惟商務局仍隸於大藏省辛巳五月始割内務大藏兩省所隸之局爲農商務省如今制

農商務卿一人大輔一人少輔一人凡殖物産便民生圖公益

之事卿率其屬以定議大事上之小事則行以阜邦財書記官（無定員凡四等）屬官（無定員凡十等）分所司而承其事本省所轄凡八局

書記局以大書記官爲局長主撰擬文稿

農務局以大書記官爲局長職在勸農務凡諸國郡邑以時遣員巡行察歲之豐歉農之勤惰田之墾荒以周知其數凡風雨水旱旬日必試驗之以上之於卿而普告於衆局中有農學校凡農家種植之法畜牧之方及蔬菓花木之異種耰耡耒耜之新器則傳其種摹其形譯其書募生徒而教授之凡絲茶棉糖彙全國所産比較而試驗之褒其精良而禁其奸僞局長咸率其屬而從事焉

商務局以大書記官爲局長職在興商務凡通商之物辨其陸産（米麥絲茶之類）坑産（銅鐵鉛炭之類）水産（魚介鹽貝之類）製産（酒醬陶漆之類）分別天然之品與製造之物計其數自權其價格別之以結約諸國區之以通商各港核其每歲輸出輸入之多寡而總權其金銀貨幣出入之數以考其盛衰求其盈絀局長咸率其屬而從事焉

工務局以大書記官爲局長職在興工務凡以人工製造或本國自有之物或外國新來之品皆辨其良楛驗其精粗衡其巧拙特開勸工場以教人其有新器異法則摹其形譯其書而廣其傳若尤異者特褒賞之以勵衆工局長咸率其屬而從事焉

山林局以大書記官爲局長職司山林凡有林木之處無論官有地與民有地皆檢其地段稽其叢數別其材木禁民間毋得翦伐以保萌櫱而滋生長其林木種植之法培養之方亦廣求善法以教人材木之良者則裁爲方寸驗其質而考其宜局長咸率其屬而從事焉

驛遞局驛遞總官一人（三等官）驛遞官四人（凡四等）屬官（無定員凡十等）職司郵政凡全國分局三千九百有奇在東京者爲總局其餘各府各縣各郡各區皆有分局凡書一封重二錢以下者無論遠近皆取貲二錢重二錢以上至四錢四錢以上至六錢每加重二錢則加收二錢惟在一城市内往復者減半其郵寄外國書函如寄上海香港美國每重十五具（法國權量之名每一具即日本二分六釐六毫强十五具即三錢九分九釐也）收税五錢由南洋至歐羅巴收税二十錢有奇由大東洋至南北美利堅者收十錢有奇局中別造精紙方廣七分許鏤刻精美名曰印紙書其上曰郵便税寄書者自購而自粘之別有方廣三四寸之紙表裏兩面一面書寄所姓名一面書事收税亦減半凡街衢衝要之處人烟輻輳之所徧設郵筒高尺許方廣六寸謹鎖其蓋蓋留一縫寄書者隨時隨地投納

其內每半時許局中人開函取之錄記於簿旋以墨污印紙以杜重用之獘復蓋一小印書府縣名即行分遞凡收受遲誤得查問之其書留之函（加重其稅自行投局登記於簿名曰書留）遺失罰金償之若新聞紙若書籍皆露封每新聞一紙重十六錢以下稅一錢三十二錢以下稅二錢四十八錢以下稅三錢重逾此數與書籍等書籍每重八錢稅二錢重十六錢稅四錢遞加皆準此價惟國家大政事民生大利害人民有上書建白者經管轄廳交局轉遞不課稅其關涉農務或質問或應答無論圖冊重十六錢以下者或穀種或木樣重三十二錢者亦不課稅（重逾三十二錢比照物稅其圖冊逾十六錢者與書籍等）凡物品均許遞送每重八錢課稅二錢遞加皆準此價惟尺寸有定限（重以三十兩爲限大小以曲尺一尺二寸闊八寸厚五寸爲限）不得逾越凡有由此地寄銀彼地者以紙幣入函內大約每五圓稅三錢

道較遠則稅遞增（如在二十五里以內稅三錢五十里以內稅四錢百里以內稅六錢二百里以內稅十錢其他準此）金較多則稅遞減（如五圓稅三錢十圓稅四錢二十圓稅六錢每封不得過五十圓之數）其由局中給券匯兌者則毋拘遠近每三圓稅三錢（五圓課五錢十圓課八錢二十圓課十二錢三十圓課十五錢每券一紙不得過三十圓之數）凡驛遞局所在無論都鄙無論老幼有欲以金銀錢寄留本局者本局許爲存留每人自三錢以上即許存寄每歲取息六分（如金十圓每一歲取息六十錢每六个月取息三十錢每一月取息五錢）願支回者隨時聽便惟每人每月存寄金不得越三十圓之數凡書函或沈沒或開封或阻留惟驛遞總官得獨行其權局中官吏傭役供奔走投遞之役者或遲誤或疏失均課罰其擅行開封及阻留或盜竊者並重課其罰凡改易章程剔除獘竇皆由總局上其議於卿核定而須行之局中庶務驛遞總官咸率其屬而從事焉

郵便線路里程表

年度／類別	線路	各年增減	延長里數	各年增減
明治五年	四二〇		一二六八六二〇	
明治六年	五三七六	二三五六	二一八七一四七	一〇一八五二七
明治七年	一〇〇八七	四七一一	四五七六四一四	二三八九二六七
明治八年前半年	一〇六五〇	五三七四	二四二三七七	一三五五三〇
明治八年度	一三六六一	三〇七四	五三六二四四六	七八六〇三三
明治九年度	一三七四五	五八四	五七五八二五二	三九五八〇六
明治十年度	一三八一八	七三	八六三九〇三九	二八八〇七八七
明治十一年度	一四四二二	六〇三	九〇二九五六〇	三九〇五二一
明治十二年度	一六九一八	二四九七	九五七四〇一六	五四四四五六

郵便局表

局名／年度	五年	六年	七年	八年	九年	十年	十一年	十二年
一等局			七	一〇	一三	一三	一四	二六
二等局			六〇	九六	七七	七七	六五	六六
三等局			五九	五一	五三	五六	五七	五八
四等局			一〇四	三一七	三八三	三八四	四二五	四九三
五等局				三〇四	三〇九	三四九	三〇四	三七八
無等局			一九四	一三	一四	一四	二六	一七
通計	二	五〇	三一四	三九一	三七四	三九二	三九七	四二七
郵便收受所	一三八		八三	一二四	一五	一五四	一六三	一〇七
郵便印紙賣所	三五	三六五	六七	八三	九六六	一三六三	九一六	一四八六
郵便函	一三八	一六五	四五六	七三	八六六	一三四六	四三三	一八九七

日本未設郵政以前凡官中文書皆驛馬飛遞其民間往復書函有代人郵遞者名飛脚屋自明治四年始仿歐美各國之制設驛遞局今十年矣以余所聞泰西百年之前亦猶古時驛站之制遞公文不遞私函而郵驛交馳人與馬俱糜費殊甚民間一函費錢者千託之親友猶有經年累月沈滯而遺失者舉凡苦之而未有善法也自議以官民公私合爲郵局而費省事捷法簡政敏上下便利所收郵費復有盈餘足以利國遞年講求法益美備至特設郵政部以經理其事其職與戶兵工刑相同近年以來復聯合萬國結郵政約俾諸國一律互相維護則其事益重大矣余嘗讀其章程所以求利便而防獘害者細微無

不備惟專以郵寄之權屬之政府嚴禁人民私自營利甚至遠道經商四方作客親友託帶者或一城市內折簡詢問者亦令交局一經搜獲責令補稅否則畀彼炎火付之浮沈而不顧其行法似乎刻薄然亦勢之不得不然者也寄書之外復代遞金銀其惠行旅而便轉輸尤爲善法而驛遞分局並許人存金取息俾勞苦力作之人積細微之金以圖衣食者有所倚恃以爲生沐浴恩澤更非淺鮮今考明治十一年日本郵局凡三千九百二十七所於局中代遞金銀者四百零四所存寄金銀者五百九十五所一歲郵便物合計五千五百七十七萬五千二百六個所發匯兌券二十四萬九千四百二十九通其金額三百七十萬四千三百八十三圓是年六月現存寄留金三十九萬三千九百八十三圓支出息金一萬五千三百零三圓總計是年經費八十二萬六千三百七十八圓收入金額九十四萬九千三百五十七圓觀此可以知其便益矣

博物局以大書記官爲局長職在博陳物品以啟人智識凡植物（米麥草木之類）動物（鳥獸魚蟲之類）金屬（金銀銅鐵之類）石屬（石炭硫礦之類）化學鍊造之物（酒醬油鹽之類）人工製造之類（絲棉陶漆之類）暨動植相合之質（貝蛤海菜之類）化工攙和之品（鹽麵之類謂天生之物畧以人工製造者）皆部分區別舉其名陳其類肖其形詳其法臚陳於館以縱人觀覽若內外國開博覽會並司其事有送物於本館郵物於外國者應爲之經營收發局長咸率其屬而從事焉

會計局以大書記官爲局長主本省會計

工部省　古無此官戊辰閏四月建會計官管營繕司七月改銅會所爲鑛山司（先是四月設銅會所於大坂）己巳七月建大藏省命管鑛山司八月民部省與大藏省合併庚午七月民部大藏復分省大藏省仍管營繕司民部省管鑛山鐵道電信燈臺諸司閏十月始建工部省如今制

工部卿一人大輔一人少輔一人凡建輪路製器械營河防之事卿率其屬以定議大事上之小事則行以飭邦材書記官（無定員凡四等）屬官（無定員凡十等）分所司而承其事本省所轄凡九局

鑛山局以大書記官爲局長掌全國鑛務凡鑛物別其性質（有天然一類之質兩類攙和之質）區其名稱殊其品類（凡金銀銅鐵鉛錫之類爲有鑛質屬第一類凡石油石炭琉黃綠礬瑪瑙水晶之類爲無鑛質屬第二類）統名曰坑物凡坑物見於本國者總爲國家所有應由政府便宜採用凡人民有欲試掘者上書於本局苟爲地主許其自掘如地屬他人許地主索取償金彼此爭論則本局協同地方官以公平之價裁決有欲借區開坑者先度地之廣狹業之大小上書於本局經本局巡驗則植表以誌給予工部全權之證曰借區券（以十五年爲定期）既經開坑有造倉庫通道路及洗鑛鎔鑛諸事（凡開坑必兼製鑛方得允許）必需之地許償金地主如有異論本局亦協同地方官以公平之價裁決開坑之後如欲通洞（於坑中穿鑿小坑開縱橫道之外有於地底橫截開一大坑以便疏水運物者名曰通洞）若非借區中所有地則繪圖具說上之本局經本局勘驗亦給予證書或轉移方向伸縮距離仍經本局勘驗而後行凡通洞時有

涉於他人借區者令彼此互商凡借區人至通洞時以乏貲廢業如有他人接辦亦令彼此商辦不得拒人凡開坑必令於坑中支柱若值房屋鐵路河流街衢要害之處必令設計遠避於所請開掘坑物之外有掘得別種者必報知本局每歲一月七月應將所掘坑物斤量價格及製造之品分析之品營業日數工役人數詳報於本局凡採取有鑛質之物坑區面積五百坪每年稅金一圓無鑛質者減半（鐵雖鑛物與無鑛質者等）其採掘廢鑛者遞減如常稅名曰借區稅凡所採金屬及諸物於賣價中少則稅百分之三多則稅十分之二（其稅額視鑛業之盛衰隨時由本局制定）名曰坑物稅均納於本局既試掘而廢業或轉賣均呈請本局而後行凡本國坑物不許外國人干預有私與外人聯合會社從事開掘者查悉將所有物入官並禁止營業其延請外國鑛學家襄助者

必先以草約呈本局經本局驗其學術檢其履歷方許僱入凡開坑人乏貲借金外國不得指坑物抵押所訂私約視爲廢紙凡本局有創定新規變更故例皆由局長撰擬上於卿而頒行之局長咸率其屬而從事焉

官有鑛山表第一 表中末位惟金銀二類係兩數其餘皆係實數日本以一百兩爲一貫

年／類別	金	銀	銅	銑	鉛	石炭	
明治九年度	四九二四〇	一五三三五八四	一〇八〇九七		二五三二四	一六三七三七	八九六
十年度	八七四三二	二〇〇七二九	一三七一五		三八九七七	一八〇四七三三	一八六八
十一年度	五三五三二	一五九〇〇三	一〇七四五		三〇四三	二三六八九四二	三三五八二
十二年度	五〇二三〇	三八六八六二	八五七〇〇	一六〇三六	三五三二七	三六九三〇八	八九八八四
總計	二〇二四五	六四〇一八〇	四〇八二五八	一六〇三六	一三六三三	九九五六三	一四九六三二

官有鑛山表第二

鑛山名／類別	金	銀	銅	銑	鉛	石炭	
生野鑛山	九〇四	二九九七五					
佐渡鑛山	二七三七三	五三三七五九					
阿仁鑛山	三〇二	一三八二八五	八五七〇〇		三五三二七		
院内鑛山	三五三九	三四六〇九一					
中小坂鑛山				一六〇三六			
三池鑛山						三六〇二二四	八九八八四
油戸鑛山						九〇八四	
總計	五〇二三〇	三八六八六二	八五七〇〇	一六〇三六	三五三二七	三六九三〇八	八九八八四

民有鑛山表

類別	重量	類別	重量
金	一九二三三	雲母	七〇二七
銀	一〇五八六二八	山鹽	九八四
銅	一〇二六八六〇	石油	七五六八二一
錫	一七四六	黑鉛	七三二四一
鉛	四一八一四	石炭	一五六八九四五〇四
生鐵	七九二一三二	煽炭	二五三二五九一〇
銑鐵	四七七一五三二	岩木	四六〇八
鉧鐵	三七二八四四	酸化滿俺	一二三八〇
鋼鐵	一三七九七三	耐火粘木	七二〇
白目	一九七	珪[illegible]	六〇
約雀露	六八	水晶	四二七
安質母尼	四五二八四	瑪瑙	六〇
硫黃	五七三八一二	蠟石	四七五六五
明礬	四九四	寒水石	五五八〇八
綠礬	二三四六〇四	珪石	二六七三〇
丹礬	一〇一七七	斑石	三八六四九
紅柄	四二七七	燧石	二六五八三
礜石	一〇八六	陶土	四五三九五五四
礦脂	三七六	硝子石	三五〇〇
土瀝青	一三四〇	雄黃	三九〇

鑛山之利人盡知之而以地學測驗以機器開掘以化學分析其便利尤前古所未聞而或者顧以風水之說國體之說聚衆難散之說沮之夫青烏之術固荒渺不足憑柳楊曾廖賴之書盛行於南不甚行於北今山西之鐵山東之金雲南之銅皆甲於五部洲而其民溺於風水不甚深苟倡其利則趨之如鶩矣不必以鑿殘地脈爲慮也斷斷然持國體者謂開鑛即與民爭利耳不知日本借區開坑之法皆聽民爲之官特爲設法以保護派員以經理歲課其稅十一二而已小民難與圖始誠使官倡其利召募豪商糾集貲本明示大信與民共之使人人知其利益將荷臿者雲趨裹糧者鱗集官經其始而享其成不必官爲開採也況夫鑛王則人衆鑛衰則人少鑛絕則人散有利則赴無利則逝此民之恆情固無庸鰓鰓代爲謀也國家大兵大役何事不聚衆者豈有慮其難散而不敢使聚者乎又況一經開坑則開掘需人冶鑄需人轉運需人小民藉手足之力資以謀生者不知凡幾吾聞飢寒而盜賊者矣未聞富足而盜賊者也論者徒泥明末閹宦專權礦使四出之害是何異因噎而廢食懲羹而吹齏乎恭讀康熙五十二年　上諭曰天地自然之利當與民共之不當以無用棄之要在地方官處置得宜毋致生事乾隆三年八月　上諭曰兩廣總督鄂彌達議覆提督張天駿之奏據稱銅鑛鼓鑄所需且招募附近居民聚則爲工散則耕作並無易聚難散之虞地方大吏原以整頓地方豈可圖便偷安置國事於不問四年六月　上諭曰銀亦天地間自然之利可以便民何必封禁其詳議以聞四十二年二月　詔曰金川之雍中剌麻寺有金頂則產金自屬不妄若所產金沙果王不如官爲勘驗試採爲兩金川設鎮安營之費益我　聖祖　高宗皆以開鑛爲利矣然其

時國家太平庫帑充盈行不行無關國計至今日其亟亟矣余考周官卄人掌金玉錫石之地為鑛利之始然歷世所用金銀於民間開采之方官府征斂之法史冊未之聞即唐宋金明偶一開採亦為數無多而不久即廢此蓋天地菁英之氣古今積累之採蓄而有待留貽至今適以供今日至急之需雖有鎡基不如乘時今日之謂矣　國家歲取至微國用至儉今司農竭蹶源無可開流無可節惟此造化自然之利又有泰西開掘之方使其利可不勞而獲操券而得轉移富強之機不在此乎余聞泰西鑛務英之炭俄之金皆富冠歐洲然開掘日久菁華半洩法國學士儒蓮嘗論中國開鑛之利謂譬如一富家千箱萬倉蓄積至厚然而環四鄰而居者皆窮餓乞丐眈眈然垂涎於此即欲緘縢固鐍終閉不出而勢恐有所不能嗟夫聞此言者其勿以規為瑣而懸置之於耳也

鐵道局以大書記官為局長掌全國鐵道凡軌道之添築橋梁之修造機器之更換房屋之增營車箱之運送以及乘客之費運物之價別其道里區其物品凡運物珍奇貴重之品以斤計其粗重者或以立方計或以物數計或以車計若有損失則政府償之而定其數有毀損車器欺匿賃金者嚴查而懲罰之其民間聯合會社以鐵道營業者並由局監督局長

咸率其屬而從事焉

鐵道表

年度	地名／類別	里程	線長	乘客	賃金	貨物賃金	雜收入金	收入合計	營業費
八年度	東京橫濱間	七三一九		一六五六六八	三〇七七五	三七三五七		四八九七二	二五〇五九二
	大坂兵庫間	八〇七八		一〇〇六四	二三五三六八	一七八四		二三三〇二	一四三三四
	總計	一五三九七		二六六〇五三	三六八七三	五五三三		六〇四三五四	三九九三六
九年度	東京橫濱間	七三一九		一三八九九六	二四六四五二	四八六八		三九六五九	二一七九三七
	京都兵庫間	一九二二〇		一四七五四二	三六七四〇四	三〇六六一	一八三〇	四六六三五	三三〇六四二
	總計	二六五三九		二五六六五九	七三九三五	七六八〇九	一八三〇	八〇八〇四	四三五七九
十年度	東京橫濱間	七三一九		一五六三五五	三六六九二	四八〇四	一〇九三六	四〇七五五	二六五六八七
	京都兵庫間	一九二二〇		一四八四九五	四三六六八五	三三二八	六九七二	五〇九五七	二三八一九七
	總計	二六五三九		三〇〇〇二	七六七三七七	七八五五	七〇九三四	九〇九四六	四九三八八四
十一年度	東京橫濱間	七三一九	一七〇〇五	一六〇四七九	三六七四〇八	三七七八〇	五三五四	四三五三三	二九三九〇一
	京都兵庫間	一九二二〇	二四六三六	一六六九五七	四九三八	八〇四〇	二五六八	五八〇九六	二六三二五
	總計	二六五三九	四四四六九	三三〇七六六	八〇九五六六	一四三一〇	七九三二	二〇一七二八	五五二二六
十二年度	東京橫濱間	七三一九	一七〇〇五	一七六〇七七	四七六六	六〇六〇	二三六六	四八六六四	二三四八七八
	京都兵庫間	一九二二〇	二四六三六	三二〇五七	三六〇三八六	六六七九四	一〇二七	七〇四九	二三五二七
	京都大津間	四六二							
	總計	三一五〇	四一四六九	三〇三三四三	三〇四三六	一五〇六四	四八六三	一八六七六三	四八九一五

自明治八年至十三年六月	地名	創業費總額
	東京橫濱間	三〇三八六七二
	京都兵庫間	七二四一四〇六

鐵路之利於漕務鑛務賑務稅務為益無窮而於用兵一事尤為萬不可少之舉必不可緩之圖識時務者莫不謂然矣論者每疑鐵路一興必有損於小民生計不知英國初建鐵路議院亦以為疑小民紛紜爭執竟至斬木揭竿以撓阻其事然其後政府一再試行而小民之藉任輦車牛肩挑負戴以謀生者其利乃百倍於昔蓋輪路縱橫街衢四達而貨物因之雲集乃至於窮鄉僻壤廢材滯穗亦且負車輪四出以謀利百物已無棄材而運輸來往需役日眾民之輾轉移執事以為業者乃益多鐵道之便生民興國產益利之尤大者矣西法之有利無弊莫鐵路若西人之覘國勢編政表者每比較鐵路之長短以衡論國計民生之盛衰各國政府爭設法興造其有民間合力以是營業者政府必假之地利給予事權甚有得利較微而政府

為之籌款彌補俾歲得七八釐之息以獎其成者彼工於謀國者固籌之熟矣余嘗考日本鐵道建築之費用與夫歲入之利息而知中國鐵路并可獲大利日本西京大坂間之道其造創之費數倍於尋常然綜計今日之息每百圓猶可得七圓有奇若準以美國鐵路之價每中國一里需費不過萬圓以日本乘客之數運物之數每歲支用之數計之每百圓竟可獲利三十餘圓而中國工役價值之賤貨物轉輸之多又勝於日本則其利更不可勝計即使召募洋債歲息八釐以三百萬圓建三百里之道計每歲還利以外可完本銀十分之二五不及數年本利俱清而數百里之鐵道竟能以贏餘得之數年之後又將贏款以擴充他道華民見利爭趨經營恐後如是數十年鐵道交徧於國中可計日待也語有之曰不習為吏視已成事何不一考日本鐵道之事而計其得失乎

燈臺局以大書記官為局長掌全國燈臺凡沿海港汊淺處及礁石所藏必築燈臺泊燈船或附以浮標礁標凡燈臺辨其方向別其顏色表其距離時有更易築造則布告於眾以便航海局長咸率其屬而從事焉

燈臺燈船浮標礁標表

燈臺名稱	設置地	點火	形質	燈明等級光差別	光遠距離
觀音崎	相模	明治二年正月一日	煉化石造	第三等不動白色	凡十四里
橫濱波止場	橫濱西波止場	明治二年正月十四日	白色燈竿	不動赤色	
品川	品川海第四礮臺	明治三年三月五日	煉化石造	第五等不動赤色	凡九里
樫野崎	紀伊大島東岬	明治三年六月十日	白色石造	第二等旋轉白色每半分時一發閃光	十八里
城力島	相模	明治三年八月十三日	煉化石造	第五等不動白色	凡九里
神子元島	伊豆下田港南	明治三年十月十一日	白色石造	第一等不動白色	二十里
野島崎	安房	明治二年十二月二十日	白色煉化石造	第一等不動白色	十七里半
劍崎	相模	明治三年正月十一日	白色石造	第二等旋轉白色每十秒時一發閃光	十六里半
江崎	淡路島北岬	明治三年四月二十一日	御影石造	第一等不動白色	十八里半
伊王島	長崎港口	明治三年七月二十日	白色八角鐵造	第一等不動白色	二十里半
石室崎	伊豆極南之地	明治三年八月二十日	白色八角木造	第六等不動赤色	凡八里
佐多岬	大隅極南之小島	明治三年十月十八日	白色八角鐵造	第一等不動白色	二十一里
六連島	長門下之關海峽之西	明治三年十二月二十日	御影石造	第四等不動白色	凡十二里
部崎	豐前之北關海峽之東	明治四年正月二十二日	御影石造	第三等不動白色	凡十六里

辨天島	根室根室灣	明治五年六月二十日	白色燈竿	不動赤色	凡六里
苫力島	紀伊和泉海峽之東	明治五年六月二十日	御影石造	第三等不動白色	凡十九里
納沙布崎	根室	明治五年六月十二日	白色八角木造燈標	不動白色	凡六里
天保山	大坂安治川口	明治五年八月二十九日	白色四角木造	第四等不動白色	凡十二里
和田岬	神戶港西南	明治五年八月二十九日	白色八角木造	第四等不動赤色	凡十二里
鍋島	讚岐	明治五年十月十五日	御影石造	第四等不動白色	十二里
安乘崎	志摩的矢港口	明治六年四月一日	白色八角木造	第四等旋轉白色每半分時一發閃光	凡十五里
御前崎	遠江極南之地	明治六年五月一日	白色煉化石造	第一等旋轉白色每半分時一發閃光	十九里半
釣島	伊豫	明治六年六月十五日	御影石造	第三等不動白色	二十里
菅島	志摩鳥羽港口	明治六年七月一日	白色煉化石造	第四等不動白色	凡十五里
白洲	豐前藍島之西南	明治六年九月一日	白色四角木造	第五等不動赤色	凡十里
汐岬	紀伊極南之地	明治六年九月十五日	白色八角木造	第一等不動白色	二十里
石之卷	陸前	明治七年十二月二日	白色燈竿	不動白色	凡六里
青森	陸奧青森港極南之涯	明治七年十一月一日	白色燈竿	不動白色	凡六里
犬吠崎	下總極東之山嘴	明治七年十一月十五日	白色圓形煉化石造	第一等旋轉白色每半分時一發閃光	十九里四分之一

羽根田	東京灣	明治八年三月十五日	螺旋鐵柱造	第四等不動綠色	八里
烏帽子島	肥前壹岐二國間之孤島	明治八年八月一日	白色八角鐵造	第二等不動白色	十九里四分之三
角島	長門油谷港口	明治九年三月一日	御影石造	第一等旋轉白色每十秒時一發閃光	十八里
尻矢崎	陸奧津輕海峽之東口	明治九年十月二十日	白色煉化石造	第三等不動白色	十八里半
金華山	陸前	明治九年十一月一日	御影石造	第一等不動白色	十九里半
新潟	越後信濃川之南岸	明治十年三月十五日	黑色六角木造	不動白色	凡里未定
神戶	神戶外國居留地之東	明治十年八月十五日	白色燈竿	不動綠色	凡六里
島原	肥前島原港北口之小島	明治十年九月一日	煉化石造	不動白色	凡六里
堺	和泉堺港波上塲之極南	明治十年九月十五日	白色六角木造	第五等不動綠色	十里
伏木	越中伏木港傍川之西北岸	明治十年十月十日	白色六角木造	第五等不動白色	十里
木津川	大坂木津川口之東岸	明治十一年五月一日	圓形煉化石造	第六等不動赤色	八里
觀音崎副燈	相模東京灣口	明治十一年八月五日		不動赤色	七里
鹿兒島	薩摩鹿兒島港之北	明治十二年四月十五日	白色燈竿	不動赤色	六里
大瀨崎	肥前五島極南之島	明治十二年十二月十五日	白色圓形鐵造	第一等旋轉白色每半分時一發閃光	二十一里半
口之津	肥前島原灣口口之津之西	明治十三年五月十日	白色煉化石造	第六等不動白色	凡八里

燈船

船號	位置	下碇年月	形質
本牧戒礁丸	橫濱港之東南本牧山之外方	明治二年十一月十九日	赤色木造有二檣前檣之上揭赤球標
箱館戒礁丸	箱館港阿那崎突出之洲之極北方	明治四年四月二十六日	赤色木造有二檣前檣之上揭赤球標

浮標

位置	形質
橫濱港之北方神奈川礮臺突出洲邊	鐵造赤色頂作球形水面高一丈
橫濱港南方洲北邊	鐵造赤色頂作球形水面高一丈
東京灣羽根田洲之外方極南	鐵造赤色頂作球形水面高一丈
東京灣羽根田洲之外方極北	鐵造黑色頂作球形水面高一丈
東京灣富津洲之西	鐵造赤色頂作球形水面高一丈五尺
下關海峽之東岩之南	鐵造黑白橫線高一丈
下關海峽之東中之洲	鐵造黑白橫線高一丈
下關海峽之東中之洲之東邊	鐵造黑白橫線高一丈
長門元山之東南	鐵造赤色頂作球形水面高一丈

礁標

位置	形質
下關船路之東方與治兵衛岩上	石造赤色圓錐形高二丈
下關船路之北方洲上	石造白色圓錐形其頭爲倒壺狀高二丈
下關船路之北方岩上	石造圓錐形畫黑白橫線頂作球形高二丈
相模橫須賀口之東	鐵造赤色頂爲球籠水面高三尺
備後瀨戶細島之北	石造圓形畫赤白橫線高二丈三尺

下關海峽之東口鐵造黑色頂作球形水面高一丈二尺二寸肥前平戶海石造圓形臺赤白橫
下關海峽西口慶崎嶼之上鐵造黑色頂作球形水面高一丈二尺二寸峽之南綠高四丈
下關海峽之北鐵造赤色頂作球形水面高一丈二尺六寸口肥前長崎港石造圓錐形頂如球
陸中釜石港之中央鐵造黑色頂作球形水面高八尺五寸之南陸中釜石港鐵造赤白橫綠高四丈鐵造赤色三角形頂如球其基礎爲石造

電信局以大書記官爲局長掌全國電信凡電信分別官報官省院使府縣關於公事之信及同盟各國之大臣長官海陸軍元帥暨公使領事等互相贈荅之信 局報總局分局關於電信事務之信 私報官報先發局報次之凡電報通行文字及秘辭暗號均許傳遞國內通信和文以片假名字母二十字歐文以字母二十語爲一音信每增十字十語則遞加半價電局寄信以遠近分別有價表現在通價雖相距極遠最東之小樽局每一音信和文不過四十八錢歐文不過二圓五十錢最西之鹿兒島局每一音信和文不過四十九錢歐文不過二圓五十錢 凡發信人與受信人住所姓名和文毋論字數多寡距離遠近每一通納金五錢歐文則準字計算凡文字中句讀點讀點有讀點有小讀點有句終點 連讀點謂聯綴字母爲字作點別之 不另算若括弧括弧謂作起訖如〔〕之類 若旁線謂字旁作勒帛如丨之類 若字下線謂止乙其處如丨之類 若轉倒句讀謂字旁作挑剔如〳〵之類 若清濁音點如和文中八字加點作パ爲濁音ヒ字加點作ビ爲半濁音 皆作一字或二字算其用代數者謂以一二三四代文字每三字作一字算 或於和文中間入歐文雜用代數每一字照片假名一字算 或以片假名爲代數照片假名算 又於歐文中間入代數每數以一語算 或以代數中用分數點謂一二三四五分析其數於二字下或三字下作點之類每點作一字算 用讀點或於代數中間入文字每一字作一字算 皆別算凡電信必將住所姓名書明受信之局照先後次序無分晝夜到卽分送或交本人或交其家族必取回收票以爲證其住所姓名不分明者存信於局必揭示於榜於新聞紙其住所較遠距電信分局二里以內者每一通別收送信費一錢五釐在二里外者或交郵便局電信交郵便局送照郵便規則 或遣專使每一里費十二錢 皆別收費凡電報務求急速期無

謬誤無差池於通行電報外有至急私報至急私報於私報中先爲傳遞比常費三倍 有先交回信報發信人欲得受信人回信先交回信費比原信價三倍 有照校報每局送受之際必反覆校對加收常費半額 有受信報知報受信人受信之後卽將其收受時刻回報加收一音信之費 有書留報照校報與受信報知報二事兼併名曰書留比常費二倍 有追尾報發信人與受信人處其或轉居他所或有故旅行預開甲乙丙各住所交局採送名曰追尾應將郵便稅先交若採悉受信人又須由電轉寄其費向受信人徵收如傳送之後仍不分明費向發信人補收 有同文報同一報於同一城市人或一名而送數家或數名而送一家惟甲處照收費金其乙丙丁各謄寫一通每和文金七錢歐文金二十五錢 皆別定價凡發收電報或遲延或差謬如失在本局則本局將收費交還電報當既送現送及既受之後有請爲改正補缺者局長得徵其費由局報中傳遞或受信人請爲尋問或發信人請爲更改照字收費惟許於局報中傳送名曰課金局報若謬誤在局還金本人 凡電信中有妨國安悖國法者局長得以其權抑留禁止遇有事故或暫停一時通信或暫停某處通信皆奉政府命而行凡電信皆係官局其民間以私費或商費請架私線者亦聽惟必與官線相接續必與官線無障礙凡建築一切機器均由本局處置所有收費章程必遵電信局定規所收費與官分算凡人民有毀損立柱通線匣盎管筒及一切器物者察而嚴罰之其與萬國來往音信照同盟諸國所定電信公法而行日本於明治十二年一月於俄國聖彼得堡同訂萬國電信盟約同盟者凡二十二國有萬國條約書頒行凡二十一條 局長咸率其屬而從事焉

電信表

年並地名　類別	局數	距離	線條延長
十　中央區	五七	一二三	三二三
二　南線	五七	七六〇	二〇四三
年　北線	二四	四九二	九二〇
六　北海道	六	一一九	一四九

	月	十三年六月					十三年十二月					十一年度	十二年度	自明治四年至十三年六月興業費總計
	合計	中央區	南線	北線	北海道	合計	中央區	南線	北線	北海道	合計			
電信之數	一四四	六〇	六八	三七	七	一七二	六〇	七三	四四	七	一八四	一二九七六八四	一八〇六二〇四	
收入金	一四九三	一二八	八三〇	六五四	一一九	一七三一	一二八	八三一	六五四	一一九	一七三二	五三七九三九	七八八五六八	
營業費	三四三四	三六七	三三三	一〇六	一四五	三八四一	四〇六	二五九四	一三〇一	一四五	四三四六	五〇八五七二	六一八六四二	三三六五八九五

工作局以大書記官爲局長主興造官物
營繕局以大書記官爲局長主繕修宮室
會計局以大書記官爲局長主本省會計
倉庫局以大書記官爲局長主儲蓄材料
書記局以大書記官爲局長主撰擬文書

司法省　古爲刑部省彈正臺戊辰三月建刑法事務局閏四月廢局稱官管監察鞫獄捕亡三司己巳五月廢監察司建彈正臺七月廢刑法官建刑部省辛未七月廢刑部省建司法省旋廢彈正臺八月改捕亡囚獄事務屬於地方官如今制

司法卿一人大輔一人少輔一人凡釋律意選刑官請恩赦之事卿率其屬以定議大事上之小事則行以愼邦刑書記官無定員凡四等屬官無定員凡十等分所司而承其事考明治十三年十二月所頒司法省職制章程於省

大審院　壬申八月詔設大審院乙亥五月始定大審院職制中分議事刑事民事三局惟十四年冬職官錄不錄各局長故畧之章程如今制

院長一人以一等判事充主平反重案裁決異議指揮判官判事無定員皆以敕奏任官充掌審閱死罪鞫問犯官及裁決不服之案內外交涉之事檢事長一人以敕任官充檢事無定員檢事補無定員主檢彈非違告發公訴屬官無定員掌勘錄簿書分辦庶務凡各裁判所有違法偭規及擬律差誤越權處分者民人以不服上訴則受理之或由本院自行審判或令他裁判所審判不合者釐正其兩可者合本院諸員會議而判決焉凡自上等裁判所送呈罪案審閱批可而給還之其否者亦令本院諸員會議擬律而還付焉凡諸員會議分兩岐者決以多數兩議平

分者院長自決之凡官犯除違警罪及國事犯詳刑法志皆不經他裁判所本院直受理之凡法律有疑義有闕失則辯明而補正之陳其意見經由司法卿而上奏凡各地方以時遣派判事分道巡察受理人民之上告者曰巡回裁判

裁判所

上等裁判所長一人以敕任判事充承司法卿命隨時開廳以聽理民事刑事各案判事無定員掌覆審控訴決判死罪判事補無定員受判事命承審諸案檢事無定員掌檢發公訴屬官無定員掌分辦庶務全國分設上等裁判凡四所曰東京曰大坂曰長崎曰宮城

地方裁判所長一人以奏任判事充承司法卿命掌地方審判判事無定員掌審判民事初審之案刑事懲役以下之案判事補

無定員受判事命承審諸案檢事無定員掌檢察公訴屬官無定員掌
分辦庶務全國裁判凡二十三所曰東京曰京都曰大坂曰橫
濱曰新潟曰神戶曰函館曰長崎曰水戶曰熊谷曰宏前曰仙
臺曰福島曰靜岡曰松本曰金澤曰松江曰松山曰高知曰廣
島曰熊本曰名古屋曰鹿兒島

宮內省　古爲宮內省式部省己巳四月置內辦事管宮內事
務五月建內廷職建留守官庚午十二月留守官併入本省辛未七月廢留守官七月廢
內廷職建宮內省丙子九月以式部寮屬本省如今制

宮內卿一人大輔一人少輔一人掌皇室之事凡講讀侍從起
居服御及朝會宴饗祭祀巡狩暨修理陵墓警衛宮闕以逮母
后國后太子皇族一切供億卿與輔督率式部頭以定議大事
上之小事則行以佐王理內政書記官無定員凡四等承辦專差屬官

無定員凡十等分理庶務
侍講無定員凡三等主侍立講筵管理圖書
侍從長侍從侍從試補均無定員掌出入侍從傳宣奔走
侍醫無定員凡五等掌診候醫藥醫員無定員掌調劑藥劑
馭者凡四等掌御車調馬
雜掌掌宮中雜役
皇太后宮大夫皇太后宮亮皇后宮大夫皇后宮亮均無定員掌宮
中事
式部頭一人式部權頭一人式部助一人式部權助一人掌一
切典禮屬官無定員凡十等分司庶務掌典無定員凡四等分司祀典掌典補
無定員凡十級各襄事祀典
伶人無定員凡五等各執事音樂

女官典侍權典侍掌侍權掌侍命婦權命婦女孺權女孺內掌
典權內掌典皆襄事祭儀佐理陰敎

開拓使　北海道古爲蝦夷地叛服不常日本視爲羈縻之國
而已享德中武田信廣航至松前結以威信島夷咸服其孫義
廣徙居松前稱松前氏以福山爲治所世領其地德川氏之季
諸國兵船游巡北海幕府乃遣吏經理收松前氏所領東部地
享和初置箱館奉行文化四年徙松前氏於陸奧並收其西部
置松前奉行文政初復封還安政中再收其地置箱館奉行以
總管全島王政革新明治己巳八月稱全島爲北海道設開拓
使以治之

開拓使長官一人次官一人凡北海道中開墾土地分畫疆界
繁殖人民振興物產勸勵工業之事長官率屬以定議大事上

之小事則行以佐王理邦屬書記官無定員凡四等屬官無定員凡十等分所
司而承其事凡管內分四大部以札幌爲本廳函館根室爲支
廳於東京別設理事所皆由長官命所屬督理焉

警視廳　古爲彈正臺明治壬申五月始於東京府下置邏卒
三千人置邏卒總長七等官邏卒權總長八等官等官八月於司法
省中置警保寮定官等有警保頭四等權頭等官十月增置巡查
甲戌一月於內務省設警保寮又於東京置警視廳設警視長
三等官大警視中警視等官乙亥三月制定行政警察規則十月
命各府縣置警部悉改邏卒爲巡查丙子改廳稱局仍隸內務
省辛巳三月又改稱警視廳仍於內務省中設警保局領其事
而別開官廳改稱爲警視總監設副總監以下官如今制

警視總監一人副總監一人受內務卿命統司全國警察之事

以保安民生維持國法若事關朝廷則受太政官指令關於各省院並奉各卿長命而行警視官凡五等警視屬凡八等警察使凡三等警部凡七等主分司各署督察庶務巡查總長巡查副總長巡查長巡查副長巡查部長凡五等主督率巡查巡查主巡行各區查察庶務書記屬官掌局中會計文書凡警察職務在保護人民一去害二衛生三檢非違四索罪犯考西法有行政警察其職在保民衛國防患未然若既經犯罪搜索逮捕之事則有司法警察司之今日本亦名行政警察其職制曰凡行政警察豫防之力所不及有背律犯法者則搜索逮捕悉照檢事章程並司法警察規則而行蓋以行政兼司法也凡地方有殺人放火者鬪毆傷者强竊盜者及反獄越檻者僞造貨幣者誆騙掏摹者博奕者奸淫者見則捕之有人民告發則訴其事於長官執票拘捕之搜索不得則狀其年貌或懸其人之鏡寫眞以求之凡行道之人勿論天災人事逢急難者則趨救之醉人瘋癲人

則送致其家老幼婦女及外國人皆加意維護之凡所轄區內大小往來之道路市街村落之位置必一一詳知所住人民必熟知其身家品行若無業人及異色人常默察之凡處士橫議聚黨結社誹謗朝政煽惑人心者禁之罰之凡政府有新布政令則潛察人民之信否以上聞凡俳優游戲巫舞歌唱傷敗風俗者禁之凡市街喧雜之所聚會擾攘之處則彈壓之凡車馬往來碍行旅者傷人物者禁之凡賣飲食物贗造腐敗者禁之凡疫獸狂犬則殺而棄之凡道途污穢溝渠淤塞則告之戶長使清理之凡遺失物則留存以還其人凡公地官物有破損者則以上聞凡失火則敲鐘以傳警齊集消防部以救其災並多派巡役以防竊盜衛災戶凡巡查所司事每日有報上之警察署警察署彙其事每月有報以上之長官凡巡查皆服西服持

短棍以自衛攜呼笛以集衆懷手帖以記事日夜分班計日請代毋得聚飲毋得吸煙毋得私鬪閧爭毋得踞坐毋得貸借毋得洩漏毋得虛揑毋得淩辱人毋得受賄凡屬警察官吏皆毋得貪功毋得報人家隱徵小惡非持有長官令狀不得徑入人家凡巡查月給多者十二圓少者四圓飲食出於私衣服取之公勤者有賞賜金死者有弔祭金病者有療治金計明治十二年警視局費一百三十一萬六千八百二十圓府縣一百十六萬九千六百三十二圓此皆出自國庫其他以地方稅支給者一百五十二萬三千六百三十二圓合計四百一萬八十四圓餘凡全國警察在東京於警視廳畫方面設分署又置出張所猶言値宿所交番所各府縣皆設警部亦畫區置署大約戶數二萬以上三萬以下設一出張所在東京警視廳計警視警部八百四十八名巡查五千一百十六名在各府縣計警部一千一百五十名巡查一萬五千八十五名合計二萬二千一百九十

九名皆受轄於警視總監以各從其事焉余讀周官有司救掌萬民之衺惡過失而誅讓之以禮防禁而救之有司市掌司市之治教刑政量度禁令有司虣掌憲市之禁令禁其鬬囂與虣亂出入相凌犯者有匡人掌達灋則匡邦國而觀其慝使無敢反側以聽王命有撢人掌道國之政事使萬民和說而正王面有禁殺戮掌司斬殺戮者攘獄遏訟者有禁暴氏掌禁庶民暴亂力正者撟誣犯禁者言語不信者有野廬氏掌國郊及野之道路宿息井樹而誅相翔者有修閭氏掌比國中宿互㯻者禁徑踰者與以兵革趨行者馳騁於國中者今之泰西警察官吏蓋兼是數職云余考歐洲警察之制太抵每一萬戶則設一分署一分署有警察數十人其在通都大邑廣衢要路則持棍而立者遠近相望呼應相接是故國家出一政布一令則警察吏奉命而行極之至纖至悉無不到人民犯一法觸一禁則警察吏伺其蹤察其迹使不得或逃法網地方有關失風俗有敗壞則警察吏指摘其失匡救其惡而整理之蓋宣上德意以下行察民過失以上聞皆警察吏之是賴中國自秦漢以下設官以肅風紀捕盜賊如司隸校尉如京尹如游徼皆世有其官然如周官之達法則道政事以禮防禁者則未之或聞嘗觀漢唐中葉時政令廢弛君民暌隔非無一二賢聖之君剛明之吏勵精爲治綜覈名實而所布令甲率以空文從事雖慈祥愷惻之言駿厲嚴肅之語而行賞則屯膏施罰則漏網小民皆褎如充耳如未嘗聞何則耳目疏闊上下否塞無人焉以宣導之也若民間巨奸大憝適逃淵藪上之人或昧而不察卒至釀成巨患而後思所以補救亦坐

無警察吏以防制於未然消弭於無形故也中國唯北魏時設置候官數千人職司伺察名曰白鷺其人皆微服雜居於府寺間以與今之警吏相類然行之數十年又詔廨候官千數重罪受賄不列輕罪吹毛發舉悉令改置謹直吏胥弄智玩法例以民爲魚肉命之巡街巷即以擾閭閻固有必不可行者乎然今者泰西諸大無一國無一處不設警察其於巡查皆防維甚至不得受賄不得報人家隱惡非持有長官令狀不得徑入人家民間咸習其便安而不聞其縱擾蓋已予之權復立之限故能積久而無弊也余聞歐美諸國入其疆皆田野治道途修人民和樂令行政舉初不知其操何術以致此既乃知爲警察吏之功然則有國家者欲治國安人其必自警察始矣中國有衙役有汛兵苟悉行裁撤易以警察優給以祿而嚴限其權爲益當不可勝計也抑余考日本警部多以陸軍武官兼任一旦有事援以兵器編爲軍隊足以當一方面蓋亦常備兵之一種也歟

府縣　自德川將軍奉還政權戊辰正月薩長肥土四藩請還版籍奏上列藩多傚之廷議未決至己巳五月乃敕令改藩爲府縣以舊藩主充知藩事名爲府藩縣一致之制而政府所轄之地於丁卯十二月置市中取締役所於京都戊辰正月置鎮臺於大坂二月於京都設裁判所置總督五月於江戶置鎮將

府於甲斐置鎮撫使七月廢鎮臺府置鎮將府設議政行政二局十月廢之改屬事務於行政官己巳七月又建按察使既漸變郡縣之制矣庚午春尾張肥前阿波因幡四藩上郡縣議國皇親諭各藩知事命皆罷職七月遂廢藩爲縣如今制

府知事一人縣令一人受内務卿命總理所部内之行政事務若其關於朝廷者奉太政官命關於各省院者並奉各卿指揮而行考日本全國分三府三十七縣論所轄地與中國之分巡道相等因其爲一州之主職制類於巡撫與外人交涉亦譯稱巡撫惟考其行事不過承流宣化而已於國家政令毫不能有所損益於其間蓋大權悉操之政府重内輕外於勢較便也

書記官凡二等每府置大書記官一員每縣於大少之内置一員惟開港地方之縣則與府同　屬官凡十等分所司而承其事凡知事令之職在守法律宣命令惟因地置宜得隨事設立規則以布告於民其規則必上呈於各卿若所頒規則有違法則背命令及越權限者則太政大臣及各卿長直命註消　凡徵收地方稅於所部内支用者其豫算決算皆報告於内務大藏卿而下付於府縣會議員凡府縣會開議或召集或中止均得便宜行事府縣會決議之後或可或否亦任便宜行事凡屬官判任以下地方郡長以下進退黜陟得以時指揮監督焉凡地方兵事屬之鎮臺刑事屬之裁判所稅務屬之收稅吏皆與知事令無涉惟遇有事故得以時商請各官並稟請上官辦理如遇有非常事變得請於鎮臺隨時處分遇有水旱之災得請將租稅延納　其餘劃郡區權經費檢開墾興土功查官地管鑛山及外人居留之處游歷之所暨法律中指明應由地方官辦理者有舊章則隨時料理若章程所不及稟請各卿長而後行凡地方官每年一度召集至京會議憲法名曰地方官會議若長官未能親詣命書記官代理　開會之日國皇親臨議長以特旨揀派所議之事以多寡決從違焉現在府知事三人曰東京皆三等官餘四等曰

京都曰大坂府縣令三十七人曰神奈川縣曰兵庫縣曰長崎縣曰新潟縣曰埼玉縣曰羣馬縣曰千葉縣曰茨城縣曰櫔木縣曰三重縣曰愛知縣曰静岡縣曰山梨縣曰滋賀縣曰岐阜縣曰長野縣曰福島縣曰宮城縣曰岩手縣曰青森縣曰秋田縣曰山形縣曰石川縣曰福井縣曰島根縣曰鳥取縣曰岡山縣曰廣島縣曰山口縣曰和歌山縣曰德島縣曰高知縣曰愛媛縣曰福岡縣曰大分縣曰熊本縣曰鹿兒島縣

警部自一等至十等受知事令之命主管内警察

郡長每郡一人主承奉號令分理郡務凡郡長以府縣本籍之人充其俸給由地方稅支辦郡書記區長區書記戶長皆同郡書記十等至十七等無定員主襄助郡長

區長每區一人主承奉號令分理區務區書記主襄助區長

戶長每村町置一人主承奉號令分理各町村事務

府縣會議員以本籍民人所選舉者充其法依郡區之大小以定多寡大概每一郡區多不過五人議長副議長即於議員中公選經知事令允許而上其名於內務卿凡議長副議長議員皆不給俸惟會期中之往來旅費滯留日用即於議會中議定支給凡投票之人及被選之人均擇其有家貲有品行者除官吏外滿二十五歲以上男子其籍在本府縣住居過三年以上歲納十圓地租以上者許充議員滿二十歲以上之男子其籍在本郡區歲納五圓地租以上者許為投票人其犯懲役禁獄一年以上及倒產者瘋痴者均不得與焉府知事縣令豫期布告於某月開選舉會至期投票公選撰舉人及被選人住所姓名年齡均書明於紙定日彙交於郡區長以投票數多者為應舉人數同者取年長年均者定以鬮投票已終郡區長查核選舉簿而布告其名於眾議員每四年一任已踰二年則

改易全數之半以抽籤之法令其人退任議長副議長每二年則改撰凡府縣會每年以三月開議有通常會有臨時會定期開會曰通常會非時開會曰臨時會凡臨時會除特議之事之外亦得兼議他事議事草案總由知事令交付凡府縣費以地方稅支辦者其豫算之額數徵收之方法皆經府縣會定議凡會議議員必須半數以上臨場方得開會其所議之事依過半之數以決可否若兩議同數則決於議長凡會議均許人民聚集傍聽惟府知事縣令及議長欲禁傍聽亦聽其便議場別有規則亂雜者禁凡議員於所議事往復討論無所不可惟不許毀敗他人議員若喧譁紛擾有背規則經議長禁止不聽即逐出議場其涉於強暴者得交警察官吏處分　凡通常會期中於府縣內大利大害議員有所建白則草案會議議同者過半得以議長名上議於內務卿凡地方稅會議議決之後經知事令允可即付施行知事令以為不可則具狀於內務卿請其指揮凡會議中論

說有妨礙國安及背法律違規則者知事令得命其罷議具狀於內務卿請其指揮如內務卿依知事令之請得令其散會待改撰議員而後再議府縣會議之制仿於泰西以公國是而伸民權意甚美也日本維新之初國皇會羣臣設五誓首曰萬機決於公論壬申二月設大審院元老院又詔稱朕今漸建立憲政體期與汝眾庶俱賴其慶由是國會之論紛紜起矣當征韓論後參議副島種臣板垣退助連名上書請起民撰議院或者駁論以為未可然而眾口囂囂叩閽求請促開國會者踵趾相接其勢若不可止遏政府不得已始有府縣會議員之設是制之建人人皆謂政出於民於地方情弊宜莫不洞悉坐而言起而行必有大可觀者然余讀明治十二年府縣議事錄吾未知其果勝於官吏否也雖然為議員者已由民薦而不當民自任之苟害於事民亦自受且府縣會之所議專在籌地方之稅以供府縣之用官為民籌費而民疑民為民籌費而民信民自以為分官之權謀己之利而官無籌費之名得因民之利以治民之事其所議之當否官又得操縱取舍於其間終不至偏菀偏枯使豪農富商罔利以為民害故議會者設法之至巧者也民可使由不可使知聖人以私濟公而國大治霸者以公濟私而國亦治議會者其霸者之道乎

外史氏曰自將軍奉還政權其時主少國疑未能收太阿之柄

歸於獨斷不得不仍以西京世族強藩巨室參與政事故太政官之權特重日本官職不敘正一位當中葉時國皇每親臨政所裁決萬機蓋太政官中即以國皇居首坐然其事出於御裁者少矣副島板垣之請起民撰議院也謂方今政權上不在帝室下不在人民而獨歸於有司此論一倡眾口囂囂羣欲仿西法以開國會或斥為巨藩政府或指為封建餘威雖出於嫉妒怨忿者之口然薩長肥土皆於國家有大勳勞一國之大權必有所歸勢重者權歸之固有不得不然者在乎今特譜維新以來大臣參議更替表俾覘國勢者覽觀焉

明治維新以來大臣參議更替表

年月	任免	氏名	族籍
二年七月八日	右大臣	三條實美	京都人　華族

二年七月八日	大納言	岩倉具視	京都人	華族
二年七月八日	大納言	德大寺實則	京都人	華族
二年七月八日	參議	副島種臣	肥前人	
二年七月八日	參議	前原一誠	長門人	
二年七月二十二日	參議	大久保利通	薩摩人	
二年七月二十三日	參議	廣澤兵助	長門人	
二年八月十六日	大納言	鍋島直正	肥前人	華族
二年十月二十日	大納言	中御門經之	京都人	華族
二年十二月二日	免	前原一誠		
三年二月五日	參議	佐佐木高行	土佐人	
三年五月十五日	參議	齊藤利行	土佐人	
三年六月十日	參議	木戶孝允	長門人	
三年九月二日	參議	大隈重信	肥前人	
三年十月十二日	大納言	嵯峨實愛	京都人	華族
三年十月十二日	免	鍋島直正		

三年十月十二日	免	中御門經之	
四年正月九日	殁	廣澤兵助	
四年六月二十五日	免	德大寺實則	
四年六月二十五日	免	嵯峨實愛	
四年六月二十五日	免	木戶孝允	
四年六月二十五日	免	大久保利通	
四年六月二十五日	免	大隈重信	
四年六月二十五日	免	佐佐木高行	
四年六月二十五日	免	齋藤利行	
四年六月二十五日	參議 初陸軍元帥後陸軍大將近衛都督	西鄉隆盛	薩摩人
四年六月二十五日	參議 後文部卿	木戶孝允	
四年七月十四日	參議 後大藏卿	大隈重信	
四年七月十四日	參議	板垣退助	土佐人
四年七月十四日	免	岩倉具視	
四年七月二十四日	免	副島種臣	

四年七月二十九日	太政大臣	三條實美	
四年十月八日	右大臣	岩倉具視	
六年四月十九日	參議 左院事務總裁	後藤象次郎	土佐人
六年四月十九日	參議 後司法卿	大木喬任	肥前人
六年四月十九日	參議	江藤新平	肥前人
六年十月十二日	參議 內務卿	大久保利通	
六年十月十三日	參議 外務省事務總裁	副島種臣	
六年十月二十四日	免	西鄉隆盛	
六年十月二十五日	免	副島種臣	
六年十月二十五日	免	後藤象次郎	
六年十月二十五日	免	板垣退助	
六年十月二十五日	免	江藤新平	
六年十月二十五日	參議 初工部卿後內務卿	伊藤博文	長門人
六年十月二十五日	參議 海軍卿	勝安芳	靜岡人
六年十月二十八日	參議 初外務卿後文部卿	寺島宗則	薩摩人

七年四月二十七日	左大臣	島津久光	薩摩人	華族
七年五月十三日	免	木戶孝允		
七年八月二日	參議 左院議長	伊地知正治	薩摩人	
七年八月二日	參議 陸軍中將初陸軍卿後參謀本部長	山縣有朋	長門人	
七年八月二日	參議 陸軍中將開拓長官	黑田清隆	薩摩人	
八年三月八日	參議	木戶孝允		
八年三月十二日	參議	板垣退助		
八年四月二十五日	免	勝安芳		
八年六月十日	免	伊地知正治		
八年十月二十七日	免	島津久光		
八年十月二十七日	免	板垣退助		
九年三月九日	免	木戶孝允		
十一年五月十四日	殁	大久保利通		
十一年五月二十五日	參議 陸軍中將初文部卿後陸軍卿	西鄉從道	薩摩人	
十一年五月二十五日	參議 海軍中將海軍卿	河村純義	薩摩人	

十年七月二十九日　參議初工部卿後外務卿　井上馨　長門人

十二年九月十日　參議工部卿議定官　山田顯義　長門人

日本國志卷十四

日本國志第六　卷之十五

出使日本參贊官黃遵憲編纂

食貨志一

外史氏曰余讀歷代史食貨諸志於戶口之編審田畝之丈量賦稅之徵收府庫之出納錢法之鑄造亦祇言其大概於國家全盛則曰家給人足於國家未造則曰比戶虛耗苟欲稽其盈虛盛衰之況則無所依據以確知其數至於一國之利害與外國相關繫如通商出入金銀濫出之事則前古之所未有尤歷史之所不及余觀西人治國非必師古而大率出於周禮管子其於理財之道尤兢兢致意極之至纖至悉莫不有冊籍以徵其實數其權衡上下囊括內外以酌盈劑虛莫不有法綜其政要大別有六國多游民則多曠土農一食百國胡以富羣工衆

商皆洌之府欲問地利先問業戶是在審戶口惟正之供天經地義灑血報國名曰血稅以天下財治天下事雖操利權取之有制是在覈租稅權一歲入量入爲出權一歲出量出爲入多取非盈寡取非絀上下流通無壅無積是在籌國計泰西諸國盡負國債累千萬億數無涯際息有重輕債別內外內猶利半外則弊大是在考國債金銀銅外以楮爲幣依附而行金輕於紙憑虛而造紙猶敝屣輕重由民莫能梍止是在權貨幣輸出輸入以關爲口利來利往以市爲藪漏巵不塞勢且傾踣雖有善者何法能救是在稽商務六者兼得則理財之道得而國富矣六者交失則理財之道失而國貧矣日本維新以來尤注意於求富然聞其國用則歲出入不相抵通商則輸出入不相抵而當路者竭蹶經營力謀補救其用心良苦而法亦頗善觀於

此者可以知其得失之所在矣作食貨志

戶籍

中古時有戶籍每歲閱口造計帳六歲大比而造戶籍每戶以家長爲戶主五家相保戶或逋逃則責五保所計之籍里上之郡郡上之國而告之官統其事於民部省凡戶籍五比則遞除遠年之籍其年老應免庸調者咸注於冊自將軍主政封建制定各君其國各私其民惟世祿之家例有編籍其取之於民無制戶籍之法遂不相統一逮其末造游士以浮浪名者日本名無籍游蕩之士曰浮浪輻輳於京坂江戶之間卒奉強藩以覆幕府民皆輕去其鄉戶籍益蕩然無紀舊俗專尚世族貴賤懸絕諸藩士卒隸於麾下者皆仰食於平民而不與平民通婚嫁凡平民禁乘馬禁着屐禁衣絲絨別有穢多非人之族又不得與平民齒然農

工商賈皆平民之業其他藩主藩臣逮於神官僧侶皆游手而坐食不啻農之家一而食粟之家六已也維新以來廢藩爲縣凡舊藩諸侯改稱爲華族藩士之食世祿者改稱爲士族廢穢多非人之名概稱爲平民舊日制限悉皆解禁明治五年四月太政官布告曰編審戶口當務之急國有政府固所以保護人民然不察民之多寡何以施治凡民所以能養生送死安然無憾者實由政府保護之故今之民多有脫籍漏籍不得蒙保護者謂之非國民也可中葉以還分畺畫界東西距離國多異政戶有殊俗而戶籍之法亦從而淩雜於是人民出彼入此來往無制沿襲之久已成習慣今特製定全國戶籍之法將使全國人民知上下通義汝衆庶其體斯意毋忽於是創編戶籍後數有更改統分爲八族曰皇族曰華族曰士族曰卒族即舊藩時之充兵卒

者別有所謂地士乃舊藩平民因其勤勞或賞其材能特超擢之使與藩臣等列名曰地士其後此二類皆改編爲平民曰神官曰僧曰尼曰平民分爲五事曰農曰工曰商曰雜業統官員學生醫生神官僧人各類曰雇人其法隨各府各縣分定某區每區或四五町或七八村因地之宜聽從其便每區分編號數每號爲一戶有一戶兼二三號亦有二三戶合編一號隨其住宅之大小而分戶有戶主區置戶長副戶長而統轄於府縣廳官吏戶長依式徵收戶籍由戶主呈送將其家親屬姓名生年月日職業及氏神宗門一一開載存戶長處別繕二通又作總計表及職業表並呈管轄所縣廳謂距離府縣廳較遠之地別置一所分派吏員以管理之管轄所達之府縣廳準戶籍式作管內總計表及職業表將戶長所呈一通存廳事一通押印並表每六個月呈之太政官每年正月晦日戶長據現在人數自二月一日始限一百日詳爲查檢此百日中有增減於明年正月中訂正之每六年則重爲編審注之於冊屆六年期每府縣復詳細檢查自二月一日始至五月十五日止凡一百日凡人民生死生者以時報之戶長死者並其葬地亦以時報之戶長移

徙其因事舉家移徙者由鄰保戶長達其事由於本貫所轄官廳官廳受其文達知所住官廳令編入其籍有故而還原所者送籍如其初或舉家移徙不願改籍者權認爲暫住注於所居地之暫住冊若同一管內自甲區而入乙區則由戶長達管轄所管轄所達移住戶長改注甲籍於乙籍均注於籍其旅游暫住者各攜文憑以時查核過三月以上則當注於所居地之籍凡傳舍住宿必注名簿每七日由派出驛員查覈自餘由戶長稽查凡住宿三日以上即告知所居地之戶長其暫住者於管轄所臨時注冊編入暫住表以稽出人觀增減間月檢查達知府縣廳年終彙呈太政官若三府五港輻輳之處時時由戶長稽察上告官廳每間一月即呈之太政官行之數年法益精密今列戶籍諸表如左因其業農者幾及半數並附耕地平均表以便稽其每人耕地之數若工若商並注於表至物產工藝則別詳各志中

戶籍表第一明治十年十一年無調查確數故暫闕十二年係據一月一日調查之數表中所列數目最末者爲單位其上爲十其上爲百其上爲千其上爲萬其上爲十萬其上爲百萬其上爲千萬累至九位則爲億萬如第一表中之合

數三五七六八五八四即係三千五百七十六萬八千五百八十四人也餘倣此

年＼類別	男	女	合計
明治五年	一六七九六一五八	一六三一四六六七	三三一一〇八二五
六年	一六八九一七三九	一六四〇八九三六	三三三〇〇六七五
七年	一七〇五〇五二一	一六五七五一五七	三三六二五六七八
八年	一七二五〇四二〇	一六七四七〇二九	三三九九七四四九
九年	一七四一九七八五	一六九一八六一九	三四三三八四〇四
十二年	一八一三七六七〇	一七六二四五三九	三五七六八五八四

戶籍表第二

類別＼年	五年	六年	七年	八年	九年
社數	一二八一二三	一三三〇七五	一三一八〇六	一五三〇三七	一六二七八二
寺數	八九九一四	八八四二三	七九二二〇	七四七八四	七一九六二
戶數	七一〇七八四二	七〇五〇九二二	七〇六一五三四	一四〇三〇四	七二〇八一四六
寄留戶數		五〇四〇九	六九五五六	八〇二五四	八四九六四

戶籍表第三

族別＼年	皇族 男	皇族 女	皇族 合數	華族 男	華族 女	華族 合數	士族 男	士族 女	士族 合數	卒族 男	卒族 女	卒族 合數	地士 男	地士 女	地士 合數	舊神官 男	舊神官 女	舊神官 合數	僧 男	僧 女	僧 合數	尼 男	尼 女	尼 合數	平民 男	平民 女	平民 合數	總計 男	總計 女	總計 合數
五年	一四	一五	二九	一三〇〇	一三六六	二六六六	六三四七〇一	六四七四六六	一二八二一六七	三三四四〇七	三二四六六七	六五九〇七四	一七二五	一六〇一	三三二六	五二一四一	五〇三三六	一〇二四七七	一五一六七七	六九三六九	二二一〇四六		九六二二	九六二二	一五六六〇二〇三	一五二一九四六六	三〇八七九六六九	一六七九六一五八	一六三一四六六七	三三一一〇八二五
六年	一四	一七	三一	一三八七	一四四二	二八二九	七六七七七一	七八〇七九七	一五四八五六八	一七三六五四	一七〇三二七	三四三九八一	一七四三	一六二八	三三七一	三八七三〇	三七三九九	七六一二九	一四八八〇七	五六八六二	二〇五六六九		九三二六	九三二六	一五七五九六〇四	一五三四九〇三八	三一一〇八六四二	一六八九一七三九	一六四〇八九三六	三三三〇〇六七五
七年	一五	一七	三二	一四〇五	一四八六	二八九一	九三八七三四	九四四五三一	一八八三二六五	三七六九	三四七七	七二四六				四五六九	四三四五	八九一四	一四二三九〇	五七〇四五	一九九四三五	三	七六七七	七六八〇	一五九六〇六三六	一五五五五六七九	三一五一六三一五	一七〇五〇五二一	一六五七五一五七	三三六二五六七八
八年	一七	一七	三四	一四〇四	一四九二	二八九六	九四八一六二	九四八二一〇	一八九六三七二	三一〇〇	三二〇六	六三〇六				一三九七	一三六八	二七六五	一二七七三七	五四二九二	一八二〇二九	一	六一八五	六一八六	一六六九五〇三三	一五七三三三九九	三二四二八四三二	一七二五〇四二〇	一六七四七〇二九	三三九九七四四九
九年	二〇	一七	三七	一四三二	一五三三	二九六五	九四九〇四九	九四五七三五	一八九四七八四							四九	六七	一一六	四三七一〇	二三七二〇	六七四三〇		一七三三	一七三三	一六四二五五二五	一五九四五八一四	三二三七一三三九	一七四一九七八五	一六九一八六一九	三四三三八四〇四

戶籍表第四

類別＼年	戶主 男	戶主 女	戶主 合數	夫婦	出生 男	出生 女	出生 合數	死亡 男	死亡 女	死亡 合數	棄兒 男	棄兒 女
五年	六八三〇九九五	二七六八〇二	七一〇七七九七									
六年	六八〇七六九三	二五九一八三	七〇六六八七六		二九〇八六三	二七八一九八	五六九〇六一	二〇八〇九二	一九七三一二	四〇五四〇四		
七年	六八五〇三三七	二七九六一〇	七一二九九四七		四四四四二九	三九五〇五八	八三九四八七	三四〇八七二	三一九八二二	六六〇六九四		
八年	六九四五五六五	二九〇七二三	七二三六二八八	六五七三三六	四二六八〇四	四〇九三二九	八三六一三三	三五七七五九	三三八八九四	六九六六五三	一九二四	一七六八
九年	六九八六三二九	二九七九九七	七二八四三二六	六七八二八八	四四五五一八	四二三六〇八	八六九一二六	三三八一七一	三二六八九一	六六五〇六二	二二五一	一九三八

合數	脫籍 男	脫籍 女	脫籍 合數	無籍 男	無籍 女	無籍 合數	八十歲以上除籍 男	八十歲以上除籍 女	八十歲以上除籍 合數
				三	七	一〇			
	六六一七四	二〇五六〇	八六七三四	五		五			
三六九二	八九八五	二九四一	一一九二六	六	一	七	四三	一九五	六七
四〇九八	一〇九二	二五七	一三四九				六四七	三三五	九八二

戶籍表第五

職別／年	農 男	農 女	農 合數	工 男	工 女	工 合數	商 男	商 女	商 合數	雜業 男	雜業 女	雜業 合數	雇人 男	雇人 女	雇人 合數
六年	八一二一〇六〇	七二七五四一〇	一五三九六四七〇	五一九七六五	二五三七二四	七七三四八九	八〇八九五一	四五八四五〇	一二六七四〇一	一〇〇九五七二	七四五四九一	一七五五〇六三	一八一一八八	一一九四二五	三〇〇六一三
七年	八〇六九五四五	七二八四二二九	一五三五三七七四	五三二五三三	一六〇八五四	六九三三八七	八二三四三七	四五九三二六	一二八二七六三	一〇二九四三八	七五五〇七二	一七八四五一〇	一七三三七一	一一一八六二	二八五二三三
八年	七九六八一八〇	七二三四二五七	一五二〇二四三七	五四八二九八	一六一二六二	七〇九五六〇	八三三八〇五	四六二六九一	一二九六四九六	一〇四九三六二	七八〇七六八	一八三〇一三〇	一七三一八五	一一六三九七	二八九五八二
九年	八〇三七六八一	七二九八四三二	一五三三六一一三	五五四七一八	一八〇五九二	七三五三一〇	八四八三二二	四八九八四八	一三三八一七〇	一〇七八三五三	八〇六三〇八	一八八四六六一	一九〇三三五	一三〇一二六	三二〇四五一

戶籍表第六　十二年一月一日現在之數

府縣名／類別	男	女	合計
東京	四七九二七四	四七四五一七	九五三七九一
京都	四〇八四七〇	四〇五七八八	八一四二五八
大坂	二八六九七〇	二九一三〇〇	五七八二七〇
神奈川	三八五二〇一	三六九四〇九	七五四六一〇
兵庫	六九九二六〇	六七一四六〇	一三七〇七二〇
長崎	六〇五〇九一	五八七〇四三	一一九二一三四
新潟	七六五四四九	七六五三六三	一五三〇八一二
埼玉	四五八四三三	四七一五〇六	九二九九三九
千葉	五五八八八二	五四〇七九四	一〇九九六七六
茨城	四四九六八二	四三八二七五	八八七九五七
羣馬	二八八二二五	二八五七五九	五七三九八四
栃木	二八五九五六	二八四八八七	五七〇八四三
堺	四八二六一二	四七三二三六	九五五八四八
三重	四一八〇九七	四一六七九六	八三四八九三
愛知	六四四二一四	六五一二三八	一二九五四五二
靜岡	四九七四五七	四八三三〇九	九八〇七六六
山梨	一九五〇四九	一九六〇七四	三九一一二三
滋賀	三六一七三七	三六八一五六	七二九八九三
岐阜	四二三二四一	四〇八七四六	八三一九八七
長野	四九六九七三	四八九一〇四	九八六〇七七
宮城	三一九二八九	二九七五九二	六一六八八一
福島	四一〇八七一	三九三九九五	八〇四八六六
岩手	三〇五三三八	二八六九五六	五九二二九四
青森	二四二〇〇九	二二六五〇八	四六八五一七
山形	三四五二三三	三三七六四七	六八二八八〇
秋田	三三七三三七	二九三八九三	六三一二三〇
石川	九三六六七五	九一六三三六	一八五三〇一一
島根	五三〇九三〇	五〇三六五一	一〇三四五八一
岡山	五三三〇九八	四七八一二三	一〇一一二二一
廣島	六一九五七五	五八八三七二	一二〇七九四七
山口	四四八二九二	四二七三二五	八七五六一七

和歌山	三〇四一三三	二九七九四二	六〇二〇七五
愛媛	七三七七四二	六九四九一三	一四三二六五五
高知	六一四八七八	五七〇八八六	一一八五七六四
福岡	五五三八〇三	五三四八〇一	一〇八七六〇四
大分	三六九三〇五	三五八八一〇	七二八一一五
熊本	四九〇六四三	四九〇六九八	九八一三四一
鹿兒島	六三六五一八	六二九〇一六	一二六一九〇九
冲繩	一五四三九四	一五六一五一	三一〇五四五
開拓使	八〇〇八九	七八五三六	一五八六二五
小笠原島	一四五	四九	一九四
總計	一八二三七六七〇	一七六二四五三九	三五七六八五八四

每國人口及農口表（表中所稱總人口據明治九年一月一日調查之數）

國名	總人口	農民男	農民女
武藏	二〇七六九七七	三一四四四四	三三〇四六七
越後	一四〇四一三三	三三七五〇二	三三七五〇三
肥前	一一〇〇一二九	二七四七一〇	二五六六六五
肥後	九七六七五三	二五七九〇六	二五七〇〇六
信濃	九五五九一三	二六九八六三	二五九八八三
伊豫	七九三九八七	二一〇九四八	一八七五三七
攝津	七五三四二一	八三二三七	五八四三九
尾張	七四九八九七	一八九五〇七	二〇〇六一六
安藝	七〇〇九九八	一九二三七〇	一五九一五三
美濃	六九三三一八	一九五〇一六	一八一九〇七
常陸	六七九四八三	一九八三九八	一九〇〇七八
下總	六六五〇七三	一八四六二一	一八四五四〇
播磨	六五九六四三	一七八一八五	一四一〇二九
羽後	六五七三八三	一七五三三一	一五九九〇八
越中	六四九四五八	一四四四三三	一三一三六一
紀伊	六三九六九六	一一七八四六	九四〇九七
阿波	六二〇二三五	七七九九八	二〇三七

國名	總人口	農民男	農民女
伊勢	六〇一六九五	一四六三七八	一三七二五九
薩摩	五九六六三三	一六〇五一〇	一五九九〇一
讃岐	五九一五八四	八八二七六	三六八九
近江	五八九七四七	一四二四五四	一四七一〇一
豐後	五八三七四〇	一七五〇八九	一七一二三六
羽前	五七八六六六	一四五五七六	一三七七八九
陸前	五五七九八二	一五四〇七一	一四七〇九一
上野	五四〇四七七	一四二七五五	一三三五六〇
下野	五三四三六三	一四七五六五	一三六八一九
土佐	五三三三九七	一三三六〇四	一〇八四九六
陸中	五二四六九四	一二四一五七	七二一一八
周防	五〇七八二六	一二八〇五七	一二一九八八
三河	四九四八一四	一四一七七九	一五四四三三
陸奧	四八九三四五	一一三二一三	一〇一〇一五
備後	四七五七〇七	一五六〇九六	一四四一九二
越前	四六六九三六	八四一五〇	七九七三三
筑前	四五七三三五	九〇四三八	八三七三〇
岩代	四四九三三六	一三六六三八	一二〇一九一
山城	四三六三八六	四六八七八	三八九五六
大和	四三三九三八	九八二四一	八七六七二
上總	四三三〇四六	一三九九九〇	一三五五四七
加賀	四二四六〇九	六八五九二	五六三三三
遠江	四二一三四二	一〇五三三六	一一一二三七
備中	四一〇九二三	一三三〇四九	一一七五九五
筑後	四〇〇五〇四	八六〇九〇	七二六七五
日向	三八八五〇八	一〇二三四〇	九五七二二
駿河	三八二八一四	九八六一五	九三五六七
甲斐	三七四三五〇	一〇三四九一	一〇七六四
相模	三二二五〇	一〇七五一九	一〇一五三五
磐城	三六九一九四	一〇七一七七	八八七二

出雲	三四二六二一	七七六四六	七四二〇三
備前	三七七四四	八二三九三	四九三一
長門	三三六七二四	七六一九四	七四四二〇
豐前	三三二一五六	八七七五三	八四四四六
丹波	二九七三七〇	八六六二六	八二九三九
能登	二七一八二〇	六七四〇七	六〇二二五
石見	二七〇八〇四	七三三九〇	六七五〇〇
河內	二四九六三四	七三四四三	六五六一〇
大隅	二三四〇二三	四九九三	四四八九二
和泉	二三〇九六二	四六二八二	四一四三一
美作	二二八六〇五	六四四九一	五五八三三
伯耆	一九八九八〇	五九八八〇	五六五八九
但馬	一九二二四〇	四九二〇五	四二九二七
因幡	一六七〇二〇	三八四三七	三六五五五
淡路	一六六九二五	三三一九四	二一六六三

丹後	一六二九八八	三八三九四	三八五二五
安房	一五六三四二	三〇八五三	三三二四六
伊豆	一五五三四八	三八四一四	四一五五三
佐渡	一〇四七六四	二六一〇八	二六五三〇
飛驒	一〇一六〇〇	三〇二〇六	二七五九九
伊賀	九八五二八	二九七四八	二九五九二
若狹	八六四八九	一四九〇六	一一八〇五
志摩	四九六五四	一一八〇一	一三三七
壹岐	三三三〇四	六四四八	五六三三
對馬	三〇一〇五	五〇七三	四八二〇
隱岐	二九六三三	七五一三	八〇四三
琉球	一六七五七三	四五二二四	四五九五八
北海道	一四九五五四	九五八三	八六九三
計	三四三三八四〇四	八二三七六八三	七三九八四三一

農民每一人耕地平均表

表中有點皆略段位下爲畝畝下爲步如表中六一〇〇即六段一畝五六二五即五段六畝二步五釐也餘倣此

使府縣	每一人勻分耕地段別	內分水田	陸田
高知	六一〇〇	一八二三	四二二八
岩手	五六二五	二〇二三	三六〇二
青森	五四二六	二八二一	二六〇五
埼玉	四六〇三	一八二九	二七〇五
東京	四五二九	二〇〇七	二五二二
秋田	四三〇四	三一二八	一一〇五
宮城	四〇二四	二六一六	一四〇八
大坂	三九〇二	二八一五	一〇一七
福島	三八〇〇	二三〇〇	一五二九
櫪木	三七〇〇	一七〇五	一九二四
山形	三五一六	二四二六	一〇二〇
羣馬	三五一五	一〇一五	二五〇二
茨城	三四一〇	一六〇四	一八〇六
鹿兒島	三四〇〇	一三三九	二一〇〇

開拓	三三一〇	〇二〇四	三〇一六
新潟	三三〇四	二三一三	〇九二一
石川	二九二七	二四〇五	〇五二三
千葉	二九〇六	一七一九	一二〇七
福岡	二九〇六	二三一九	〇六二六
長野	二七〇六	一二一六	一四一〇
長崎	二七〇二	一四一七	一三一五
神奈川	二六二一	〇七一四	一九一七
熊本	二六一六	一三〇〇	一四一六
滋賀	二六〇一	二三〇五	〇三三六
愛媛	二五三三	一七〇七	〇八一五
山梨	二五三三	一九〇九	一六〇三
三重	二五〇一	一八二八	〇六〇四
岡山	二四一七	一六二七	〇七二〇
和歌山	二四〇七	一七一七	〇六一九

島根	三三三	一六〇九	〇七一五
靜岡	三〇一	一三一八	〇九三
大分	三二一	一〇〇	一〇二
岐阜	三〇九	一三七	〇七一
兵庫	三〇七	一七〇〇	〇四〇六
堺	三〇九	一六〇〇	〇四九
愛知	三〇二	三〇六	〇八〇七
京都	一九六六	一五〇〇	〇四二六
廣島	一六三三	一一〇八	〇五一四
山口	一七〇四	三一六	〇四一九
平均	三〇九七	一六九五	一三六八

外史氏曰古之時土滿今之時人滿古之時地利未盡闢物產未盡殖天下皆有用之民故民寡者國弱民衆者國强今之時土地不足以容衆物產不足以給人天下多無用之民而民之

衆寡乃無與國之盛衰余嘗考古戶口之數偏安小霸者無論矣漢唐元明之極盛不過六千萬夏禹時人口千三百五十五萬三千九百二十三周成王時千三百七十萬四千九百二十三漢孝平元始二年五千九百五十九萬四千九百七十八東漢和帝永興元年五千三百二十五萬六千二百二十九晉武帝太康元年千六百一十六萬三千八百六十三隋煬帝大業二年四千六百一萬九千九百五十六唐明皇天寶十四載五千二百九十一萬九千三百九宋英宗治平三年二千九百九萬二千一百八十五元世祖至元二十七年五千九百八十四萬八千九百六十四明神宗萬歷六年六千六十九萬二千八百五十六此皆一代極盛之數也雖曰計口算賦唐宋有司或不能行法相率隱漏然加倍其數亦不過十千萬而止矣我

大清受命以來

列祖

列宗天覆地載涵濡生育乾隆初年戶部奏各省人口之數既踰億萬乾隆二十五年正月奉上諭今日戶口日增而各省田土不過如此不能增益正宜思所以流通以養無籍貧民是年五月又奉上諭國家生齒繁庶自乾隆元年至今二十五年之間滋生民數不下億萬而堤封止有此數餘利頗艱古北口外一帶沿邊內地民人前往種殖成家室而長子孫其利甚溥設從而禁之是厲民矣今烏魯木齊闢展各處屯政方興客民既源源前往將來阡陌日增樹藝日廣於國家牧民本圖大有裨益等因而東之三省西北之列藩尚未計也嘉慶據嘉慶十七年十八省戶籍已有三億六千一百六十九萬三千一百七十九丁口而在京之八旗及各駐防人丁不與其數道光以至今日統滿蒙漢回乃有四億二千餘萬之衆於戲盛矣哉開闢以來之所未有也然而

列聖宵旰於上百辟承宣於下而海內之民猶若困頓無聊汲汲不能謀生者謂非由此極盛之民也乎哉日本之地居我二十五之一其人民乃居我十二之一可謂夥矣土非不饒物非不豐而民多憔悴困窮則亦人滿之患耳承平日久兵革不聞疵癘無患民生其間者日增而月益蓋十倍於中古數十倍於

上古而地之所產華實之毛藪澤之利則自若也譬猶陳一臠之肉於俎上一人食之而果腹數人則不足聚數十人則紾臂得食猶不能飽矣均田畫井以授民三代下既萬不可行逮今爲尤甚民無恆產則不得不詐僞奸宄競爭刀錐之末爭之愈甚求之愈難益相率爲目前苟且剜肉補瘡之計經久之大利反不能興物產乃愈窮而愈絀天下之耕而食織而衣者百之一耳天下之不士不農不工不商者比比皆是其黠者夤緣官吏魚肉豪富或抱其刀筆筐篋之技醫卜星相之術餬口於四方其愚者潦倒乞食羣聚賭博或結黨爲盜甘觸刑網而不顧爲上者兢兢然以法維持之僅及於無事稍或懈弛則大亂作矣故極盛之後百數十年必一亂亂之所由生亦勢之所使然非必綱紀之敗壞政事之闕失也彼歐羅巴全州之境不及我

國而其民善於工商無所不至又得阿美利駕又得澳大利亞皆窮古不毛之地移民墾闢卒興大利其富也亦土滿人稀之故也嗟夫古之善治民者患其寡也則爲之謀生聚於是有胎養之穀生子之賞養老慈幼之政老女寡婦之禁慮其滿也則爲之設禁防於是有三十而娶二十而嫁之限使分田畫井得計口而給仁術乃不至於窮及其既盛乃不得不鑿山通海廢阡毀陌以興自古未興之利此皆已然之迹也逮夫今日又不足以給故山林藪澤不能封鑛穴寶藏不能秘奇技淫巧不能禁卽其貿遷流散四出於海外者亦不能止非不知其不可時勢之所趨有不得不然者在也惟歐羅巴人知之故恐驅游民使治曠土惟日本人今亦知之故力闢蝦夷廣興農桑彼不知者猶拘拘古制藉口於生聚之謀休養之德亦未嘗致古而準

今而欲匠人之以枝爲楹以枘容鑿也

日本國志卷十五

日本國志第六　卷之十六

出使日本參贊官黃遵憲編纂

食貨志二

租稅

租稅別爲二課全國人民以供一歲國用輸納之大藏省者爲國稅其目曰地租曰海關稅曰鑛山稅曰官祿稅曰北海道物產稅曰酒稅曰烟草稅曰證劵印紙稅曰郵便稅曰訴訟罫紙稅曰代言人準照稅曰船稅曰車稅曰諸會社稅曰銃獵稅曰賣買牛馬準牌稅曰度量衡稅曰賣藥稅曰版權執照稅曰海外護照諸稅此皆現行稅則舊幕府時有防川國役金歲以防河爲名課人民徵收者此外雜稅有曰冥加金有曰小役稅凡千五百餘種明治初年尚沿舊收納至七年停止明治之初又有蠶種生絲稅絞油稅家祿賞典祿稅僕婢車馬駕游船稅現皆停廢故不再錄國稅之外有地方稅由各府縣徵收輸納之各

府縣以供地方之用其目曰地租曰營業稅曰雜種稅曰計戶稅別有各郡各區所自課收以爲各郡區用者名曰民費收稅各立期限逾期不納如地租過三十日爲逾期營業稅過一日爲逾期則官押勒其財產器具令之變賣以償或由官公賣若猶不足國稅則官受其損地方稅則同府縣受其損令設法別課

地租　自崇神時始制貢賦迨孝德中倣唐租庸調之法凡租田一段古法五尺曰步長三十步廣十二步曰段十段曰町稻二束二把義解云段地穫稻五十束束稻舂得米五升二束二把卽一斗一升庸者每丁凡男子十六曰中二十曰丁次丁每二人準一正丁歲役十日不役者出其力所值爲庸一日布二尺六寸如加役至滿三旬則租調皆免調者隨其鄉土之產絹絁六丁調一匹長五丈一尺廣二尺二寸爲一匹正丁各八尺五寸絲綿布二丁調一絢十六兩一屯二斤一端五丈二尺廣二尺四寸每一丁調絲八兩綿一斤布一丈六尺其餘雜物如鹽鐵魚藻麻紙油漆

等物各有差中古行均田法計口班田曰口分田給口分田男二段女減三之一每六年一頒田惟生五年以下者無給所私墾者曰墾田墾田世其業又有位田一品八十町二品六十町餘各有差有賜田特敕所賜有功田大功世世不絕上功傳三世中功傳二世下功傳子諸田分給外有餘曰公田國司隨鄉土估價或賃或租送價於官以充公用收稅曰地子比常稅加八九倍自藤原氏世相於內官皆世祿莊園徧於國中田不足給而均田之制壞及源賴朝興諸國置守護莊園置地頭每段別課八升以充兵餉每遇軍興則加賦兵休而賦不除所有守護地頭一切以武斷行政甚有身死名存舉鄉分任其責者至於豐臣氏乃遣令發使分巡邦國以正經界平租稅爲務然古者每段三百六十步裁爲三百步仍課稅如故而賦益增矣其制田之法隨地廣狹分三等三百步爲大步百五十步爲中步百步爲下步見其不能百步則捨而

不稅謂之見捨其定疆界於林木叢植處北起於所不露滴南至於所不庇蔭賦取十之四謂之四公六民逮德川氏定國分藩施治貪官污吏務以壞制所謂見捨之田且不肯貸林蔭露滴咸入田籍其誅求貪巧歲益苛急大率皆五公五民甚者六公四民七公三民民困極矣自廢藩令下明治六年古來日本土地盡國家所有人民不得賣買明治五年始解此禁聽人民買賣惟不許賣與外國人是年頒發地券始行證券印稅無幾又下地租改正之令從租稅頭陸奧宗光之請也七月詔曰租稅者國用出入之大經人民休戚之所係也比者法制不一寬嚴輕重不得其平朕欲加釐正乃博採有司羣議地方官衆論更與內閣諸臣辯論制定使歸畫一今頒布地租改正法庶冀賦無厚薄之弊民無勞逸之偏主者奉行大政官又布告曰現今釐正地租歷代田畝納貢之法皆廢而不用惟考覈各地券以其地價百分之三以充地

租其條例具如別錄凡從前官廳郡區所課民費此謂由地方官吏郡區長課收以充地方公用者自今幷宜課地價其額不得超過正稅三分之一其條例曰現行改革地租法因時因地各有緩急難易勢難一律施行此後有已經改正者卽陸續施行曰凡地隨原價以課稅爾後雖豐年不增雖凶年不減曰從前地稅與物品稅房屋稅合而爲一今當劃分地稅定爲地價百分之一然物品稅額未定不得已暫收地價百分之三待物品稅逐年增收額及二百萬圓則地租仍減爲百分之一曰有不願改正者皆依舊法雖輕重不平一切不許申訴其從前所定免地今再檢丈量以定稅則曰改正以後買賣地價或有增減自改正日始準於五年閒照最初所定地價收稅於是設局經理率課地價百分之三田地準每歲收穫以定地價令各地主自行申報乃派員丈量詳記畝步給以地券其宅地準是處耕地平均價或準近邑宅地價以定若市街池澤山林原野學校貧院或私有地或公有地皆定相當地價以收稅惟隄防墳墓等不稅由邑里所定地價若地主以爲過重再行查勘如仍不服則行投票法以定地價任人買取其始人民守舊頗有囂然不願服從者行之四年漸歸整理十年一月又詔

曰朕維維新日淺中外多事國用實不貲而兆民猶在疾苦中未沾厚澤曩者改制稅法定地價百分之三今親察稼穡艱難吾民無以休養其更減稅額爲地價百分之二分五釐汝有司其省嗇國用以稱朕意大政官又布告曰今奉旨減地租額所課民費亦宜減省自明治十年不可超過正稅五分之一由是農民易以養贍明治六七年間肥山等處有揭竿倡亂者卽以改地租易正朔爲名十年三月西鄉隆盛之叛亦以減租之事鼓動羣愚而歸附者甚衆寔則改正地租比舊幕府大爲輕減第以人情守舊執迷故一時有不願從者近歲日本農民頗足贍養云凡收納地租之法陸田水田各分期立限陸田於本年七月一日起十二月十五日止分三期水田於本年十二月一日起至明年四月三十日止分三期逾期不納則沒收田產實係凶歲災重許其延納遇水旱非常凶災遣員查勘如災至五分則將所損五分分五年納租若災及十分則分十年如延納限中再罹凶災俟舊額分年完納後乃及新額初改地租皆令納金至明治十一年凡屬水田許以米代金納半額其願納

米者地方官於是年十月一日至十一月三十日六十日中米價確實查核乃平均以定一價申報大藏省所有運輸之費仍照舊日貢納之法當明治八九年間歲課地租五六百萬圓減租之後歲收約四百萬圓云

海關稅　海關於輸出輸入貨物均課稅值百之五其章程詳條約中考泰西各國國用海關稅最爲大宗輸出多不課稅其輸入貨物如平常日用麻麥米豆之類值百收稅約二三十如珍異玩好煙酒紬緞之類值百收稅約五六十若已國方興之產慮他國之物以價低相衡拒者則重課他國物名曰保護稅有值百收稅至二百三百數倍其物價者收稅之權皆由自主或輕或重以時損益他國不得干預獨泰西與中東兩國條約將海關稅則均約而行訂明某物課稅多少寔非萬國通行之例蓋由當時訂約未熟情形亦以左執干戈右陳槃敦威迫勢劫有不得不從之勢也日本於外交利弊考求頗熟於明治四年即遣使周歷各國欲免輸出稅而加輸入稅所有收稅之權改歸日本自主惟西人既得之利雖於遠失卒不得要領而歸其後商之美國先改美約然約中聲明俟諸國一律改約後乃得施行現今商議此事尙未就緒云

鑛山稅　凡採取有鑛質之物每坑面積五百坪每六尺爲一坪年稅金一圓名曰借區稅例於每歲一月納之鑛山局若採鐵及無鑛質之物鐵之爲物用廣而價賤故與無鑛質之物相等每坑面積五百坪年稅金五十錢若採掘廢鑛面積千坪照常稅例納其於官有地掘取土石者硯石砥石版石築石磐石灰石碑之類照一年賣價以百分之一納稅

官祿稅　敕奏任以上官於每月俸額照則徵收次月五日納之租稅局凡敕任官課祿稅十分之二奏任官月俸百圓以上者課稅二十分之一惟海陸軍武官免稅明治六年始行祿稅九年改例凡元老院議官年俸每月分計未滿三百五十圓者減爲課收二十分之一出使海外之公使領事官書記官書記生等皆準免稅十二年三月又改工部省中技監大技長權大技長少技長權少技長亦免稅

北海道物產稅　凡北海道物產穀類酒類鑛屬燐紙生絲不在此內無分官用私用海陸軍用物免稅按原額百分之四課出港稅於輸送所至之地令船主開報輸納日本古蝦夷地維新以來改稱北海道其地曠漠無垠荒蕪不治故別設開拓使移內地居民以經營之海產甚富地利亦饒將來開拓可得大利政府課稅特較常稅爲輕所以保商務廣殖產也

酒稅　凡以稻米雜穀果實釀酒以營業者申報管轄廳領受準牌日本謂之鑑札刻木爲牌詳載某府縣某國某郡某村某區某町某號地某姓名乃許發賣名營業稅每酒一種年納金十圓其販之釀酒家賣於賣酒店爲販賣以販自一釀酒家爲限若又販之別家每一家納稅十圓賣與自飲人者爲零賣年納金五圓每年十月一日至翌年九月三十日名爲一期此一期內無論何時創業均納一期全額領牌造酒所造石數每年派員檢查令納釀造稅每酒一石價高者納金三圓價低者納金一圓明治四年定例每石稅價值十分之一十一年九月改定新例分酒高低以定多少大概不止十之一也每歲四月三十日納半額至九月三十日全納於每一期造酒石數例於十月申報管轄廳當官檢查時令酒人自占於盛酒器標識多少有腐敗者禁不許賣其清酒釀具官封以印請之於官乃許

再用既領造酒準牌又販酒於人及於釀造所外別設賣店者仍令納販賣稅既領販賣準牌又分設賣店者別令納販賣稅凡準牌不許假借與人每歲檢查烙印干支字於牌上未領牌而私造私賣酒及酒具皆沒收於官并每石別科罰金其借人準牌者同罰以準牌貸與人者令繳準牌仍科罰金若釀造石數占不以實以多報少則沒收其所造酒賣得金仍再科罰造酒之外又課麴稅領準牌者每歲納金五十圓營此業者於計簿詳記其石數并購求者姓名居處年月至翌年十月申報於官以待檢查漏稅者有罰凡以漏稅告發於官審寔以所沒收物所罰金十分之一賞之

烟草稅　以烟草營業者申報管轄廳領取準牌惟種烟草人以自種之物賣與商人不在此限發賣者歲納金十圓零賣者歲納金五圓賣與商人爲發賣賣與自用者爲零賣受領準牌者須別領小牌每牌金十錢買賣烟草時必攜

之在身以待檢查納稅每歲分二度（前半年以一月三十日爲限後半年以七月三十一日爲限）所賣之烟草別製印紙分別印紙價準烟草所值貼而用之（印紙者以極精之紙鏤刻花草蟲魚人物由官賣給例須納印紙稅者必購買貼用泰西收稅多用此法）凡賣烟草價未滿五錢者用一釐（一錢十分之一爲一釐卽銀一圓之千分一也）印紙五錢以上未滿十錢者用五釐印紙十錢以上未滿二十錢者用一錢印紙二十錢以上未滿三十錢者用二錢印紙三十錢以上未滿四十錢者用三錢印紙烟草或盛以箱或裹以紙或束之如書卷必粘用印紙於一經折開必致損破之處又須於印紙上鈐用店主名號（欲塗滅之以杜復用也）其不領準牌與借貸準牌者罰則大槩同酒稅商人不攜小牌而買賣者罰金二十倍不用印紙準價罰金二十倍用印紙而不足稅額者（謂如値價三十錢以上乃用一錢印紙之類）科罰十倍若剝取印紙而再用者贋造印紙以充用者均課

重罰經人告發審寔以科罰金之半額賞之

證券紙印諸稅　凡人民以財產相授受所有文憑計簿之類必須用官造印紙界紙（印紙界紙均由官製造發賣印紙購而貼於自書文契之上界紙以紙畫爲欄分行如冊卽用之以書文契）以爲據其不用者若有訟事訴之於官官不受理印紙分以色淡黑色一錢薄赭色五錢青色十錢黄色二十五錢橙黄色五十錢紅色一圓深紫色五圓深紅色二十圓界紙分三種大者七釐中者五釐小者三釐凡買賣貸借典質傭雇寄頓搬運（搬運謂爲人轉運貨物之類）大概每十圓以上至二十圓則稅一錢其數屢加則稅遞增惟支取單較重（此謂酒食之類由賣店出單憑單以支取者其中或以供賭博或以充餽遺大約價浮於常時故收稅較重每値價二十五錢以上則稅一錢其他類推）而替換單較輕（以金易銀以銀易錢以金銀錢易紙幣之類自五十圓以上未滿百圓者課稅一錢其他類推）凡帳簿分爲三類典質寄頓之類百圓以上二百圓未滿則課一錢買

賣貸借之類百圓以上三百圓未滿則課五錢搬運之類每一年課稅二十錢印紙已經貼用者必鈐名印以塗滅之凡計簿每滿一年應將出入多寡之數記於簿司事者鈐印以上以待檢查凡應用印紙界紙而不用者罰漏稅銀二十倍（如界紙定價三種平均爲五釐科二十倍則爲十錢）受者同罰其以少爲多不足稅額者罰漏稅銀五倍計帳之類已經核算多寡貼用印紙訖復以其簿內餘白陸續塡寫不再用印紙者罰漏稅銀十倍或六倍四倍不遵規則不鈐名印於已用印紙者剝取以再用者贋造以充用者均重科罰金告發之人審實以所罰金之半額賞之（考泰西諸國惟於海港入口及鄰國毗連之地設關課稅其在本國則隨處通行並無關隘其稅商也惟課坐賈不課行商有計店以課稅者如日本之營業稅卽中國之牙行帖也有計物以課稅者如日本之釀酒稅賣烟稅卽中國之落地稅也幾於無物不稅無店不稅若珍異玩好之類非尋常日用所需者則課之尤重大率準値價之十取其一二以爲常則卽烟酒之類是也至於文憑計帳之類

以印紙界紙爲稅者則統一切買賣貸借典質之事莫不有稅比之宋人手實法尤爲精密可謂利析秋毫矣然大槩由十圓至二十圓則稅其一錢尙不及千分之一則取之也似微官但刊刻印紙界紙每區每村令商人領受而發賣需用者可以隨處購取則購之也甚便聽人自行貼用並無督責催促等事則輸之也又甚易然不用印紙有訟事告於官官不爲理則人皆不肯吝小費以貽後患金銀交易之事必有一二人與其間有受者同罰之例有告者給賞之條人又不肯惜微費以受重罰故人人不敢不遵例而納而在官人員除稽查帳簿以外別無吏役奔走之煩無關津留難之患無胥徒檢核之擾操之至約而取之甚溥可謂善已）

郵便稅　郵寄之事官爲設局經理刊刻印紙聽人購買自行貼用凡書函收送皆官局之人司其事凡在本國內書函往復無論近遠每書函重二錢以下稅二錢由二錢至於四錢稅四錢由四錢至於六錢稅六錢以上每加重二錢則增重二錢其在一城市內往復者減半（如東京駐居之人寄函東京駐居之人之類）其郵寄外國書函遠近不等如寄上海香港美國者每重十五具（法國權量之名每一

貝卽日本二分六釐六毫强十五貝卽三錢九分九釐三毫收稅五錢其由南洋至歐羅巴者收稅二十錢有奇其由大東洋寄南北美利堅等國者收稅十錢有奇此外新聞書籍各有價詳職官志郵便局內

訴訟罫紙稅　折紙如書式刻爲方罫形外圍以欄書訴訟用紙等字由官令人發賣凡關於訴訟之告訴狀答辯書證憑鈔寫本必須購用不用者官不受理事各分類紙各分色一金穀之類有黃色罫紙所訴之事金不滿十圓米不及五石者用之每一頁一錢黃綠色罫紙金十圓至百圓米五石至五十石用之每一頁二錢橙黃色罫紙金百圓至五百圓米五十石至二百五十石用之每一頁三錢綠色罫紙金五百圓至千圓米二百五十石至五百石用之每一頁四錢黑色罫紙金千圓以上米五百石以上用之每一頁五錢二人事之類謂立嗣養子雇人訴訟之事用青色罫紙每一頁一錢六釐三土地家屋之類謂地所境界田土房屋訴訟之事用紫色罫紙每一頁一錢六釐四雜事之類於上三事外一切訴訟之事用紅色罫紙每一頁一錢二釐一文告

之類如裁判所之傳喚狀及町村役員之知會之類用赭色罫紙每一頁五釐以上皆每頁十六行每行十五字卽裁判所用以傳喚原被告人證人者名傳喚狀案經裁判所判決所用堂判發付於訴訟人者亦用罫紙亦各分類分色分類分色如上惟價較重其原被告人自用之外所需傳喚狀及堂判依照定價俟案結後令理屈者負償限三日內與其他裁判費一并繳納凡罫紙均官發商賣不經官許而賣者科罰金百倍知情而買受者科罰金五十倍并沒收其紙贋造者重科罰金告發之人審實以罰金之半額賞之

代言人執照稅　凡考充代言人者代言人猶中國代書惟西例最重此輩無論原被告非有代言人不得定案蓋謂法律非人人所曉而法廷嚴肅易生敬畏必有不能肆辯論盡蘊與者故必用代言人申明其說俾無枉抑代言人必經司法省試以律法通曉律意乃給照令充此輩已博聲譽又例許收受謝金故特課執照稅納金十圓於司法省給予執照許充一年其欲接辦者每歲納金爲

執照稅

船稅　日本船容百石以上歲納金一圓西洋式船容一百噸以上歲納金十五圓例於管轄所領取準牌入港之處呈牌查驗未領準牌者罰常稅金五倍其漁船及搬運船不問容石多少由舳至艫長三間每六尺爲一間每歲稅金二十錢加長一間增稅十五錢烙印於船以便查驗漏稅者罰金五倍

車稅　二馬之車年稅金三圓一馬稅二圓搬運馬車稅一圓人力車乘二人者稅二圓乘一人者稅一圓牛車稅一圓搬運牛車大七大八稅一圓大六以下稅五十錢所載之物縱橫相乘積十四坪以上爲大車稱大六以上未及十四坪者爲中小車稱大六以下有車者報知管轄所編列號數烙印於車漏稅者罰金五倍車無論官私必須納稅唯御車不稅海陸軍省所用車亦許免稅始課車稅皇族及各省廳所用車不徵地方稅至明治九年一律課稅

各商會社稅會社者卽商人糾股集貲以爲買賣俗所謂公司者也國立銀行於所領紙幣歲稅千分之七領紙幣千圓稅七圓米商會所所以諸米商集貲爲會所凡米穀時價由其酌定於所得利金歲課十分之四證票買賣會社如國家負債所給之證憑商人集貲所得之票據均可將已所有賣之與人其價以時起落此會社卽以買賣證票爲業者也於所得利金歲課十分之一

銃獵稅　凡用小銃獵鳥獸爲生業者曰職獵爲遊樂者曰遊獵均須領照爲憑申報於官乃許出獵職獵稅一圓遊獵稅十圓每歲十月十五日起至翌年四月十五日止爲一期執照限用一期執照內載明姓名年齡居所籍貫不領照者有罰再犯倍罰不得借貸不得買賣違者有罰

牛馬買賣準照稅　以牛馬買賣爲業者例以一鼻綱牛馬共七匹爲

一鼻網領準牌一枚爲行商者通七四以外則領牌二枚每一準牌年稅金一圓未領牌而私賣私買者沒收其牛馬并罰漏稅金十倍

度量衡稅　凡度量衡均不許私造私賣爲此業者申報於官官爲檢查烙印於器方許發賣其課稅之法以製器之價作爲百分再加二十四分以二十四分之一爲稅譬如製秤一柄材料工作合金一圓爲百分加百分之二十四分爲金二十四錢合爲一圓二十四錢即以二十三錢爲製賣者之利益以一錢爲稅

賣藥稅　凡丸藥膏藥煉藥水藥散藥煎藥或其世傳之方或由醫生自製稱有功效以發賣者日本并無藥材店醫生必兼賣藥亦無開具藥方配合君臣以購藥者每藥一劑必有定價必將藥味分量用法服量功效申報於管轄廳經官檢查給予準牌稱爲營業稅方許發賣當檢查時見其配合藥或有毒質不許給領已給準牌續查出藥有毒品亦將準牌收繳停止發賣其非由自製販之於人而發賣者販賣者必與營業者商允偕同申報官廳乃許給牌及令人肩挑背負賣於城市村

區者均須領牌名曰行商或由營業者派人或販賣者自賣亦須申報官廳賣藥營業稅每藥劑一方年稅金二圓又準牌每藥劑一方例領一枚納金二十錢販賣者不拘藥劑多少每一枚納金二十錢負販者不拘藥劑多少每一人一枚納金二十錢領取準牌者以五年爲限過期則將舊牌繳換新牌未領牌或借牌而私賣者將己牌貸與人者過期不換牌者均沒收其品負販者科罰金五圓販賣者罰金十圓未領牌而營業者僞造準牌及贗造他人藥者所製藥與賣得金均沒收之每藥劑一方分別科罰私以毒品和合者沒收其藥及賣得金勒令繳牌重科罰金告發者審寔以罰金之半額給之

版權執照稅　凡以著作及翻譯之圖書刻版者許於三十年間他人不得縱賣名爲版權若其圖書於世有益者限期已滿得請展限欲得版權者先以製本三部納之內務省許給執照者即以其書六部之價爲稅刻版必以每部定價多少載於書內未領照而私賣沒收其所刻版及賣得金若勦襲他人之書畧爲點抹塗改以射利者重課罰金沒其所刻板及賣得金給予有版權者其以撮影寫山水人物之象名鏡寫眞者即影像亦給予版權大概條例同於圖書

海外旅券等稅　旅游海外諸國者由管轄廳給照護行名曰旅券唯奉國命出使以官費留學者例不納稅此外每照一紙納金五十錢每人限持一張唯五歲以下小兒隨其父母者記於其父母照內不別給照若執照失去則於所赴之國之日本公使館領事館補領每照納金二圓歸國之日繳照於所領官廳凡附外國船往來日本諸港者於船未開行之前備書姓名籍貫附載某國船往某處必須本人自請於管轄所求給公憑每一人限公憑一紙每一公

憑限用一次到岸之日交還警察官吏若中途一時登陸如由橫濱至長崎必停泊神戶於神戶上陸之類警察官有所查詢必須將照呈驗其不領公憑竟自附載外國船者照違式罪處分考泰西各國輪船來往無所不至然由此國屬港至彼國屬港則兩國船舶互相通行若於一國所部之內由此達彼則必以己國之船運載不許他國之船來往日本通商以後本國輪船如三菱會社之類日漸擴充已合富商巨賈醵貲集力復以國家公款籌謀津貼其維持商利擴充船務可謂至矣然外國船舶往往互爭攬載甚有虧本減貲以相競奪者日本欲示禁而勢有不能欲鬭力而力有不敵乃爲此領憑規則必須本人到官領憑不領者查覺有罰欲使附載外船之人畏其煩難退而阻止則其利仍歸於本國船也意固不在稅也聞此例行之後卒有効云凡外國船舶入港以引水爲業者必須申報內務省試以港路沙綫入選者給予執照方許營業其領取執照須納金十圓限用一年次年仍執此業每歲納金一圓其未領照而擅爲嚮導或既領照而不爲嚮導者事覺均科罰此條亦兼以保護行旅稽察奸宄泰西諸國多有此例如前數年英俄因阿富汗爭地事互有違言其在華地出上路之俄國官吏先行示禁

凡外國兵輪商船欲入境必以防之海軍武官爲引水所以防敵船突入者此亦一扼要之事也

地方稅 收之本府縣地方以供地方費（一警察費一河港道路橋梁堤防建築修繕費一府縣會開會諸費一流行病豫防費一府縣所立學校費及小學校補助費一郡區吏員月給旅費及廳中諸費一病院及救育所諸費一浦役場及遭難船諸費一本管內布告揭示諸費一勸業費一戶長以下月給及戶長職務諸費）應收稅目由太政官布告預立制限曰地租限國稅五分一以內曰營業稅凡分三類一諸會社（如國立銀行米商會所既課國稅者不再徵收）及居賣商（俗所謂發行者）稅金十五圓以內一販賣商稅金十圓以內一零賣商及裸商稅金五圓以內（以一店兼營數業則稅其額之最多者）曰雜種稅分各種類以定稅額若船（如漁船擺運船之類）若車限國稅半額以內若諸市場演劇場遊覽所稅其所得金額百分之五以內若諸遊戲場如揚弓店（詳禮俗志游讌類）射的所（立鐵爲的以鎗銃習射以爲娛樂者）稅金二十圓以內若料理屋（以割烹爲業者日料理）茶屋（以供游人住足之所者）游船芝居茶屋（即戲

場毘連之茶店）稅金十二圓以內質屋（即當店）兩換屋（即兌換金銀之所）稅金十五圓以內故衣廢金書畫骨董旅舍飲食店（惟賣一食品如鰻屋鮓屋蕎麥屋之類）稅金十圓以內浴堂薙髮店稅金十五圓以內相撲人賣藝人稅金十二圓以內優伶每人稅六十圓以內藝妓每人稅四十二圓以內（操業愈賤則課稅愈重亦泰西課稅通例）乘馬每一頭稅一圓以內屠牛每一頭稅五十錢以內此皆由政府定制凡府縣徵稅不得逾限（如限十五圓以內者自一圓起至十五圓其可推不得稅至十五圓零一錢）若制限之內徵收多少由各府縣隨時立例曰漁業稅曰採藻稅從各地方舊例徵收曰家屋稅則於本管內所有房屋一概課征無論爲業主與賃人令現住現用者納稅其法由府縣因地制宜大概隨需用之廣狹製造之美惡地方之優劣而定稅則（譬如東京十五區內每一戶紛計其房屋倉庫等需坪多少然後分別石造磚造土造木造分爲種類又按其地方是否衝要抑係僻偏別爲等第乃相乘而定稅額假如地一等百分其石造者乘爲二十則爲二百分又其地方居於一等乘爲五則爲一千分每百分課金一圓則千分爲十圓其他依此類推）凡地方稅由府縣會議員照例會議議決呈之府知事縣令知事令視察其業之盛衰可以取捨增減令之再議凡稅額以一年爲限徵收之期由知事令核定或各因時地之宜準據年額分爲月稅日稅亦無不可例以本年七月至翌年六月爲一周年度其年二月府知事縣令將其地方費用豫算多少以定稅額交府縣會議決之後呈報之內務卿大藏卿一歲用畢若有餘歸於翌年若不足亦翌年補納知事令將出納計查製精算帳及統計表呈報之內務卿大藏卿若各町各村各區所收之民費限於一區一村一町內支用聽其區內村內町內人民協議徵收不在此限

國稅表第一（表中銀數均以圓計未位例作單數一概從同不復復註間有變例別行註明）

類別／年期	地稅	海關稅	開港場諸稅	雜稅	防川國役金	[illegible]	酒稅	郵便稅	船稅	絞油稅	證券印紙稅	生絲印紙稅	西洋形船稅	[illegible]
第一期	二〇九〇四	七〇八六七	一〇一七三四	三四七七七	一九一九									
第二期	三三五九〇四	五〇六一七	九四〇〇四	四四六三三三										
第三期	八三〇九六九	六四八四五三	五五六四七	一〇三六八四	一〇一九八八	九五三三三								
第四期	三三四九〇四	一〇七六〇三	一四三六五五	三三三七六	五三八六六	七九五三								
第五期	一〇五七四	三三三五六〇	三三六四四	一八〇五四四	九二一九四	一〇三七九	一六〇〇八	一九六〇	七八〇三	一九九四				
第六期	六〇四四三	一六八五九七五	一三六九六八	四三七六	一三四〇四	三五四〇〇	九六〇三	八八八八	八三一三	七三二四	三二九二〇三	三五一七六	八九四四	一九四二〇
第七期	五九四二四九	一四九八三八	七六五七〇	一〇四七五	一四五六三	三四七〇〇	一六八五〇	一八〇七一	三五六七七	六六三四	二九八九	四〇七一	六七三四四	七〇一九三
第八期	六〇七六〇四七	一〇三八〇四	四三五三五	一四五七六八	三三四七七	三六三七	三三〇三八一	三九九〇一	一三三三六	六二九七	三九五三六	一七二九	七四九五	三二五五

	銃獵稅	牛馬賣買並牌稅	琉球藩貢納	官祿稅	鑛山稅	家祿並賞典祿稅	車稅	合計
								三五七三三
								四一九八三六
								九三三九〇
								三八五〇三四
								三八四〇三
	七八四二	六四四八八	四三五八四					六五四六九三
	四五九九三	七〇三四五	二一九〇八	五九六八二				六五三三七
	三六四〇九	六三三五	六一七四五	六四一六四	四四四九三	三〇四六八九	九六五七八	一六五三六〇

國稅表第二

類別／年度	地稅	海關稅	醬油及生絲諸稅	酒稅	郵便稅
第八年度	五〇三四五三八	一七八七三三	一三九〇五八	三五五五五五	五八〇三六六
第九年度	四三二三四二六	一九八八〇六八	一五六〇一四	一九二一六三九	六六九〇三九
第十年度現計	三九四五九〇四六	二三五八〇四	一七九六八	三〇五〇三二七	八〇九八三
第十一年度現計	三九八三四〇	二〇三五一六五		五〇九八〇六	九四八六〇〇
第十二年度豫算	四〇〇〇九〇〇	二八二三〇		四五〇七三	一〇五〇〇〇〇
第十三年度豫算	四〇九〇四四一	二五六九四六〇		五九六五〇三九	一四〇〇〇〇〇

類別／年度	船稅	證券印紙稅	銃獵稅	牛馬賣買並牌稅	琉球藩貢納	官祿稅	鑛山稅	家祿並賞典祿稅	車稅	北海道物產稅	煙草稅	訴訟罫紙諸稅	代言人准照稅	度量衡稅	版權執照稅
第八年度	一二八五一五	四九八三三八	四六九二二	九〇八三三	四八一九〇	九三六三二	七四三二	一〇七五一一八	二三一九三	三四二五二六	二〇六七四八	六三三四六四	二五〇	二〇二〇	五一九八
第九年度	一三三一九	四三四一五五	四六六三二	六〇八九九	三六九四五	七六六八一	八九〇三	三三〇一八七	三三四九〇二	三八四五八四	二四四四九	八〇一七四	四四二〇	二七二〇	二四五九
第十年度現計	一九四七三八	五〇五六三五	四二四〇五	六三三九	四八一五	七〇五九六	九三三九		二六一六六四	三六一二三	三二七〇八〇	七六四八二	七四〇〇	一〇九七七	三三七八
第十一年度現計	一三二七三二	五八六三三八	四八五四二	六八三三四	五二三九四	七七二八五	一〇五六八		二八九〇〇〇	五〇九〇六	二七四三〇九	七六九〇	五四四〇	二六九三	三八三〇
第十二年度豫算	一三八三五七	五三九一六八	四五六五三	六〇五七八		八一九九二	一一五三七		二七〇三四八	三六三九七一	三四八六七四	八五四一五	九五〇〇	二九三五	三四〇九
第十三年度豫算	一四六二七〇	六五〇〇一〇	四五九一七	六七五八九			一三五四		三〇九二七〇	六六〇九七九	三四八六七四	八五四一五	一〇〇〇〇	三〇〇六	三五五六

	海外旅券諸稅	諸會社稅	賣藥稅	合計
	二七七四			五九六六〇二
	五七四一	四五七三四	二八四五五	五一七三〇六三四
	四八一八	一三三七八	八七〇八九	四九〇〇五三二
	二七一八	四〇〇七三	七四二四七	五〇八九七九六
	二五七〇	五〇〇〇〇	七九一三	五五三八三八九
	三三六〇	三〇〇〇〇	一六五八七九	五五五八六四

地方稅豫算表　十三年度

府縣／類別	地租	營業稅	雜種稅	漁業採藻稅	計戶稅	合計
東京	一〇八五一三	八七八〇二	一八三四二〇		二一〇三三六	四八九〇七〇
京都	六〇四三九	一二一九九三	八三六八七	二九一	六〇二七八	三一九八七八
大坂	五九五九〇	一五九八八八	一一八六七八	三七〇	二一八七六	三六〇四〇二
神奈川	一〇五八〇八	三六五五五六	六三三三六	四二五三	七五〇二七	二八四九八九
兵庫	三三六八〇一	三九一八七	四四一六九	二六四	九七〇七六	五〇七五〇六
長崎	一八七九六六	二三四二九	二五二七三	八三〇〇	三七八〇二	三七三七五九
新潟	二七二三八五	三九二三五九	一九七六〇	八三七三	七〇三三	四一〇〇〇〇
埼玉	一九〇四二五	五〇五六七	四二三四五	七六四	八三八九六	三六五九九七
羣馬	一一九九〇〇	四六九九六九	三三八八四		六〇〇〇〇	二六〇七五三
千葉	一九三〇九	五三八六四	一九六三五	五〇〇〇	五五九五五	三三六八三
茨城	一三七〇四	四一三三	三〇三二	一七六九一	五五〇〇四	二八一九三四
櫔木	九一七三四	六三三三四	三五四〇四	五八六〇	二二八五三	二一九三四
堺	一四五九八九	六〇九三六	二六四二〇	三三四	九二〇七〇	三三五七三九
三重	三〇三〇八	二〇九八六	二九三三九	三三六五	七九七八〇	三三五四七八
愛知	三〇八八七八	四八三三一八	五〇五七六	三三六五	八三六八四	四九三七二二
靜岡	二三三三三八	三六一三六	三四四三三	九八四一	七三六七六	四〇六〇四三
山梨	八三九〇三	一四五八二	一三八九四	一五三三	五八三三八	一七二一五〇
滋賀	三三八八七九	三四三四〇	七一九〇六	二九〇	一五八〇一四	五一五一四〇
岐阜	一六〇七五八	三七三〇六	一七三七一	一三三七	四七八〇六	二六四二七八
長野	一六三八五五	六〇五三三	三三四一三	一三三四	五七四三九	三一三四六三
福島	七七〇九二	三七七六七	二九九三三	三七八五	一二五一〇二	二六〇六七九
宮城	二一八二一八	四八六五七	一六二六三	一五九八三	九四一六二	二九三一八一
岩手	八〇八三八	一〇一三三	一六四八九	四一三〇〇	一〇四五六	二五〇四〇五
青森	九一三六二	二三三三九	二四三四八	六九八〇	四〇〇〇〇	一八五八〇八

秋田	一三四九六二	三五一二一六	一二五五九	二〇七三	七三三七七	二四七〇八五
山形	一六七四三六	四五六〇六	二三三〇三	一六九八	五三八〇七	二八九八九九
石川	三三八八七九	三三四三四〇	七九〇九	一九〇一	一五八一四	五二五一四五
島根	二四二三八七	一八〇二	一三六六七	一八八三	六〇二六八	三三五二二六
岡山	二八六三四六	四四八三六	三三六三八六	一八五五	三三五三五	三九一九五八
廣島	三五一八七七	二〇一三九	二〇六九八	六六三	二六五一七	三三五八五三
山口	八〇一六一	二七四〇〇	四〇三〇一	四四一九	四三八六七	一九六〇四八
和歌山	一二三一九四	三五〇六三	二〇一五〇	一七三五六	四五五〇四	一三三三五六
高知	一〇三三九〇	一一五六五	二五三〇〇		三四七六六	一六四九二一
德島	九五八九八	二四〇六六	三三七八七	九一〇	三三〇六七	一八六七二八
大分	一三五二五二	三八六五七	二一二三五	四〇五八	三七四二	三三六五四
福岡	一四〇九六六	三七四九〇	三九五九七	三九五四	一一九八七八	三六一八八五
鹿兒島	一六三三六八	一六七三三	二一九五四	五〇〇	六六六六七	二五九一二
熊本	一五〇〇〇	二八一〇〇	二三三六二	二七二〇	一〇六四八	三〇八六四
愛媛	二八七三三四	二九三三四	二三四七九七	七八七七	九四四七	四五三五五九

日本國志卷十六　十六

租稅戶口平均表

十三年一月調計此表中每戶每口正租條內二圓等字係圓數以二四三即每戶二圓一十四錢三釐以下準此

府縣名	正租	雜租	正雜租合額	戶數	人口	每戶正租	每口正租	每戶雜租	每口雜租	每戶正雜租	每口正雜租
合計	二六三六八九〇八	二七五四四二七	二四七三〇三〇	三一八五八	三七三三六六五	三四三七五四八					
東京	五三四七七七	一七四〇五〇	七〇九四二六	二四九五五五	八七七〇二七	二圓 一四三	六〇	七〇〇	一九九	二 八四三	八〇九
京都	七八四〇五〇	一三三〇一一	九一七四三	一九〇九五八	八九二一〇七	四 一〇八	九九〇	六九六	一六七	四 八〇五	一 一五八
大坂	三七一九七七	一〇三三三	七七六一四九	一五〇七二二	五五三九五五	三 六三八	一 〇三六	一 二七三	三六二	四 九一一	一 三九九
神奈川	七三三二三	一九七八七	八五三九〇	一四〇四〇八	七〇七三一三	五 一八〇	一 〇三六	八四六	一六九	六 〇二八	一 二〇五
兵庫	三七三三三	三五一〇四	一三七八三五	三一八五二	一三四三七五八	六 三七三	一 五〇八	一 一〇三	二六一	七 四七五	一 七六九
長崎	二七八四四八	一一三〇五六五	三九九一四	二四〇三〇八	一一〇七三六七	四 七六五	一 〇〇九	四五四	九六	五 二二〇	一 一〇四
新潟	一六六五三四〇	一三三七五四	一七九八九九	二七二九一一	一五三〇八六二	五 六八五	一 一一〇	四五三	〇八八	六 一三八	一 一九八
埼玉	一四〇一三二	一八四六八二	一六〇四七二四	一六九五六四	九〇一七二四	八 三七五	一 五七五	一 〇八九	二〇五	九 四六四	一 七八〇
千葉	一三六三三三〇	一三八五四〇	一四九八七〇	一九八四一八	一〇七二一四三	六 三六七	一 一七九	六九八	一二九	七 〇六五	一 三〇九
茨城	一二〇一五八九	一三五六八〇	一三三七三七	一五九四四四	八六七〇一	六 九〇九	一 二七〇	七八八	一四五	七 六九七	一 四一四
群馬	七五八四八	三三六四三	八九〇〇九一	一三三九六〇	五四七九九一	六 一六八	一 三八四	一 〇七一	二四〇	七 二三九	一 六二四
櫪木	七四八三二	一一三三〇四	八六〇五三六	九六三四七	五四三三四五	七 七六六	一 三七七	一 一六六	二〇七	八 九三三	一 五八四
堺	五一〇八一	二八〇三三	六九一二三	一〇二六五	九二七三八	七 四五八	一 六五七	五八三	二三九	八 〇四〇	一 七八七
三重	一四三〇二一	三三三四九六	一五六六五二八	一七二四〇七	八一八八七七	八 三一二	一 七五〇	七七四	一六三	九 〇八六	一 九三三

日本國志卷十六　十七

府縣名	正租	雜租	正雜租合額	戶數	人口	每戶正租	每口正租	每戶雜租	每口雜租	每戶正雜租	每口正雜租
愛知	一七六〇四八一	二四九四九九	二〇〇九八〇九	二九三〇六五	一三五〇八三九	六 〇〇七	一 四〇七	八五一	一九九	六 八五八	一 六〇七
靜岡	二九七二九二	一〇六〇七二五	一三〇三三六七	一九一九三二	九六八八四	六 二三八	一 二三六	五五三	一〇九	六 七九一	一 三四五
山梨	四一二四三四	五三七九〇	四六五三三四	七九五五八	三七七九四四	五 一八三	一 〇九一	六六三	一四〇	五 八四七	一 二三一
滋賀	一三四四四四	一〇九二六八	四五三七一三	一六五四九八	七二一八〇二	八 一一二	一 八八六	六六〇	一五四	八 七七三	二 〇四〇
岐阜	一〇八三〇一	一〇七二六八	一一九〇四八〇	一六六二七六	八〇九五八	六 五一四	一 三四四	六四五	一三三	七 一六〇	一 四七七
長野	九九〇七〇三	一七八〇九	一一六八八二	二〇五三六七	九六五三七	四 八二四	一 〇二六	八六七	一八四	五 六九一	一 二一〇
宮城	五九一六五四	五八〇二四	六四九六七九	九九九八三五	五九一五三四	六 一八七	一 〇〇〇	六〇七	九八	六 七九三	一 〇九八
福島	一〇一七三九四	一一七〇三	一三三四三九七	一三四五五七	七六五一五	七 五六一	一 三三〇	八六九	一五三	八 四三〇	一 四八三

岩手	五〇五九六九	三五九三三	五四一九〇二	一〇三三七	五七八八九七	四	一	九四九	八七五		三五一	六二一	五	九	三〇〇	五三七
青森	四五七〇四五	三七二三	四九四一六七	七七八〇七	四六二八六五	五		八七四	九八七		四七七	八〇	六	一	三五一	〇六八
山形	八五六四二	七一八八七	九二八三〇九	二一三五〇	六五七六三	七	一	五六九	三〇二		六三五	一〇九	八	一	二〇四	四二
秋田	六八一四八九	四〇八六三	七三三五三	一〇九八七	六二三六九	六	一	一九六	一一一		三七二	六七	六	一	五六八	一七八
石川	三五四三六三	一七五〇三八	三三九四〇二	三七八二〇〇	一八〇六五九	五	一	六九六	一九三		四六三	九七	六	一	一五九	二八九
島根	三五七三三	八七七八四	三四五〇一七	三三〇〇〇	一〇七三六	五	一	四六六	二三六		三八二	八六	五	一	八四八	三三二
岡山	四九六九〇	一三六五四二	六六三六三	三三六六〇	九七六七六	六	一	六〇一	五三三		六〇二	一四〇	七	一	二〇三	六七一
廣島	三三八六九〇	二一〇九六八	三三九六五九	二五九九六	一九〇六九	四	一	七三五	〇三三		四二八	九二	五	一	一六三	一二六

山口	五六〇八〇九	一一九〇九一	六七九九二〇	一九一七七六	八五〇六〇八	二		九二四	六五九		六二一	一四〇	三		五四五	七九九
和歌山	七八〇〇六五	七三三四九	八五四三三五	三三九九一九	五八四九七六	六	一	〇二〇	三三七		五五六	一二四	六	一	五七六	四六〇
愛媛	四三三四九	一九三七三	三六一三四三	三〇〇六五〇	三三九四〇九一	四	一	七二七	〇一九		六二九	一三八	五	一	三三六	一五七
高知	三三七〇四八	一三五五一八	三五五六六七	二四八八九七	二三六〇三三五	四	一	九三〇	〇五八		五〇四	一〇八	五	一	四二四	一六六
福岡	四六〇四八一	二三六七〇七	三五三二八九	二〇九〇八九	一〇六四〇五〇	六	一	七七四	三三		六五四	一二八	七	一	四二八	四六〇
大分	七三三九五五	八六九八一	八一〇九三六	一四七七〇七	七三四三三四	四	一	九〇一	〇一四		五八九	一二二	五	一	四九〇	一五五
熊本	九九四五〇三	九五五八	一〇八六〇九三	一九五七四三	九八〇〇四三	五	一	〇八〇	〇一四		四六八	九三	五	一	五四九	一〇八
鹿兒島	三三五八六三	三八九七八	三四八〇〇	二五七八〇〇	三三八三八	四	一	八七一	〇三二		一五一	三二	五	一	〇二二	〇六二

沖繩															
開拓															
合計	四三四六一九五	四七五六四	四六六五八三四	七三〇二六一	三三三九四九	五	一	六九一	一九九		六五一	一三七	六	一	三四二	一三六

右表所計據租稅所入以全國戶口平均計算每戶六圓有奇每口一圓有奇然國稅之內如海關稅郵便稅等類未便以府縣分計者尚不在內

外史氏曰嘗稽日本榷稅之數益嘆吾民之鑿井耕田眞不知帝力之何有也日本一島國耳國家歲入之款至五六千萬圓府縣之費又數百萬供之國者征斂之重不待言供之府縣者乃下至一飲一食之細一技一藝之末莫不有之極古人所謂逮及纖悉者非民脂民膏何自來乎設以吾民當此必疾首蹙頞以相告爲士大夫者又或微言刺譏咏歌而嗟嘆以爲苛政

之猛於虎矣顧余嘗考歐羅巴人之治國大抵如此彼執政者惟皇皇然慮金錢之流出若國中所用必豫計其歲出之數悉徵之於民彼以爲取吾國之財治吾國之事仍散之吾國之民令行政舉非惟無害而損富以益貧調盈以劑虛蓋又有利存焉徐而考其每歲出入之表宮府所用皆有定數果無蘊利厚藏之患及詢之歐羅巴人亦終無一人怨其國之横征暴斂慽然悲嘆者也日本之人承舊藩六公四民七公三民虐政之後故十取二五倘如出水火而登衽席特以變法之過驟行法之稍苛亦間有投書納匭揭竿斬木以訴窮困者然卒不爲害士大夫之不喜新法者每生謗議獨未嘗以此責執政也嗟夫普天率土各子其民昏荒之國蠻貊之邦皆若有急公愛國之心况我中土素習禮教報四千億萬之赤子竭力以事上猶若虞

不足者臣嘗求其故而不得既乃知爲取之過輕徵之又不如額之故也唐虞三代取民之制皆十一爲準白圭議二十取一孟子以爲不可三代下治世稱漢唐宋明然口賦丁錢之外漢有鹽鐵利唐有間架税宋有月椿錢明有金花銀裸賦尙不可勝數獨至我
朝仁厚之政遠邁三五綜饒瘠之地不過四十取一而東南粟米之征西北力役之征尙不相兼於戲德可謂至也矣名臣若靳輔孫嘉淦皆嘗謂取賦過輕耗羨不可撤然以
聖祖
世宗
高宗聖聖相承日以損上益下爲心故免租賜逋叠下
恩詔又許令州縣徵及七成者免議是皆曠古未聞之舉臣考

是時太平百餘年無兵革之患無旱潦之灾司農所儲乃有七千餘萬之多斯固千載一時不可多得之會也承平日久生齒日繁物力日絀歲之所入征收又不如額則益不足以用故普賜田租普免逋賦可行於康熙乾隆之世不可行於今設關抽釐之舉始亦出於不得已而咸豐同治之間非是則不足殄巨寇平大亂誠以國用匱乏入不敷出故也今司農竭蹶天下所共知而永不加徵之諭
皇祖有訓載在方策事固萬萬不可行然獨不能稽田賦之額耗羨之數淸查而實徵之乎東南之沙坦西北之荒地未及升科者隨在而有亦當一一淸釐會典所載如互行税落地税或亦可申明舊章倣照西法擇要而行之取舊有之利袪中飽之弊還於朝廷而公於天下可以舉百廢濟貧民安在其不可行

也夫國之爲國非如人之一身一家之有恆產者可比故欲以一國之財治一國之事舍租税之外更無他法世人徒見英俄法美船礮之多金帛之富而不知其歲入租税至七千萬磅之多英國歲入約七千一百萬磅俄國歲入約六千六百萬磅法國歲入約七千二百萬磅德國歲入約七千八百萬磅惟美國近年歲入以次減少然亦在三千萬磅之間假使中國歲入得有此數比今日常税驟增五六倍卽鐵甲輪路一切富强之具咄嗟而辦亦復何難正爲歲入不足之故無論外務卽內國政令亦不得不苟且敷衍能靜而不能動謂非取之過輕之故歟嘉慶道光以來
聖主所以勵名臣良民所以頌賢吏者未嘗不曰任勞任怨陶文毅之理漕糧胡文忠之興釐務甯使怨歸於己必不使餉絀用匱貽朝廷寇亂之憂其用心可謂獨苦三十年來封疆大吏之肩荷艱鉅實心任事者往往綜覈名實淸釐弊竇以脩舉庶

政蓋其勢不得不然而不便己私者輒騰怨言以言利之臣苛酷之吏譏之抑亦寃矣若自詡爲催科政拙者偏隅或蒙小惠以博一己忠厚之名則可相率而效尤國何以立乎士夫讀書徒見古君子之議薄賦斂未嘗考其時之狗彘食人餓莩載道當時所取幾何舉古人之十取三四以議今日亦兢兢然議減漕議減釐搢紳寡識間又上書言事相聚乞恩若惟知
朝廷應設官以衞民不知百姓應竭力以奉公者豈非不達時務之甚乎上稽百世以上旁考四海以外未有如我
大淸之輕賦者於此猶欲欠糧匿税則可謂天地之大而猶有所憾矣

日本國志卷十六

日本國志第六　　卷之十七

出使日本參贊官黃遵憲編纂

食貨志三

國計

當舊幕府時國用出入一出於計吏之手多寡不可得知大概以歲入不足爲常諸藩亦多入不敷出然當時太平無事國帑所費只土木與驕奢耳省嗇而用或改貨幣或增貢納猶足彌補嘉永六年以後美使叔盟頗用意海防自是府藏空虛年甚一年迨幕師征長內訌外侮紛集迭起卒以糧匱師老不利而罷而幕府亦隨而傾覆矣王室維新明治二年始以一歲出入付之布告於時國家多故費用繁浩出入不相償每歲不足米一百二十六萬餘石乃作會計表詢之諸藩令各陳意見其後

廢藩令下理財之法歸於一途乃稍稍就緒然自元年至八年例外歲出爲欵至巨一曰征討費幕府遣命官軍征東及佐賀之師臺灣之役等欵也共一千三百九十四萬有奇一曰廢藩費即王室維新廢藩爲縣所有舊幕舊藩諸費凡一千四百九十四萬有奇一曰官工費即鐵道電信鑛山造幣燈臺等欵凡二千八百三十四萬有奇一曰政費自乘輿遷都官吏出洋及其他計畫家國勸業開務等欵凡七百八十五萬有奇一曰借給費國家借給諸藩米石并其餘繁殖物品勸助工業等欵凡三千一百三十六萬有奇一曰秩祿費即華士族秩祿奉還賜給以金之欵也凡一千一百四十三萬有奇共費一億六百八十六萬有奇不得已發紙幣募外債以充之當明治六年五月大藏大輔井上馨三等出仕澁澤榮一上書政府論求效太速民力疲弊之害且言歲計不足殆一千萬而國債至一億四千萬之多書既上井上澁澤相率辭職其書略曰國家隆替雖曰氣運亦關人事維新以來未十年庶職就緒萬方向化內則振興數百年之紀綱外則折衷五大洲之刑政律則兼萬國之公法議則盡四境之輿論學則八區以導無智之民兵則置六鎮以懲不逞之徒達遠則舟車

非難蒸氣之力報急則海陸同飛電線之機其他務財訓農通商惠工大而造幣製鐵燈臺鐵路小至街衢屋舍器用衣服日改月革駸駸乎進開明之域有駟馬不及之勢如此不止不出數年與歐洲諸國相抗應亦無慚色凡有心國事者孰不忭舞相慶然而臣等不免竊竊有所憂也夫所謂開明者在民力不在國政在實際不在文飾歐米諸國之民皆崇實學務實事人人以不能力食爲耻而我邦之民則異是士惟知食祖父餘祿而不究文武之科農惟知依鄉土慣習而不考蕃殖之術工唯知尋常器械而不能習奇巧商惟知目前錙銖而不能廣貿易是皆非不能力食者乎其所謂才者則欺詐百出誣罔萬變破產亡家者比比皆是欲驅令此輩一朝達開明之域是猶見卵而求時夜見彈而求鴞炙不太亟乎方今在官之士足未蹈歐土目未見米政僅閱畫圖讀譯書且奮然興起欲比各國若曾游海外親觀其富則益尊信崇仰之不啻凡外國之可以資我文明者雖纖毫之微莫不求備曰英曰法曰蘭曰普相與目營心醉口講指畫而不已若唯恐其模倣之不似者雖然徒取其形似而不重實際則政事民情互相違背外强者中乾先笑者後咷臣恐所望未遂而國已陷貧弱中矣雖有善者末如之何國其何以爲國此人人所喜而臣輩所憂也海內晏安二百餘年於茲爲上者不知教化法律爲何物惟按故據例一以武斷取決民之困於壓制者已極卑屈固陋因襲之久反以爲常然一旦外交事起其害不可收拾志士仁人爭取競趨殺身爲仁卒以挽回維新中興之業當是時誠不得不鋭革舊習更張廢政一以勇猛果決新天下耳目今又數年矣譬如良醫治病病

方劇則先投劇藥及其稍平則宜用溫補之劑而俟其元氣之復爲天下之術猶如是今施設政事宜步步逐序事事竭誠若計不出此猶倣曩昔輕佻百事躁進此臣等之所未解也更始之際政府以搜羅人才爲務天下人士雲集麕至政府亦姑以爵祿羈縻之夫官多冗員必好興作好興作必求急效政府不注意民力而專力政治百官急於趨事成功勢不能無捨寔騖虛之弊自院省使寮司至諸國府縣苟有小利喋喋言之有投隙容悅衒新競奇以要寵遇者彼輩特欲貪其功增其官以謀一時之榮耳是以百端輻輳萬事蝟集互相抵觸政府亦不知所以措手也且冗員多則費用廣朝廷終不能使天雨粟地流金以濟國用則不得不徵求人民人民已疲弊矣雖欲徵求之不復可得矣臣謂政治之要以理財爲第一義苟理財失其法惟增租稅重賦斂使斯民不得安息國亦隨而凋弊民疲國獘安得獨立政府可不寒心哉今概算全國歲入總額不過得四千萬圓豫推本年經費雖無凶年饑歲一切變故尚應出五千萬圓然則比較出入業已一千萬圓不足若維新以來國費多端每歲所負將及一千萬其他官省舊藩楮幣及中外負債殆及一億二千萬圓是以通算政府現今負債寔有一億四千萬圓之多償之之法未立何以使民之信之哉一朝有不虞之變誠恐因頓跛蹇噬臍無及今政府曾不念此反務百事更張强求開明嗚呼保護斯民之道抑安在哉議者或謂歐米諸國重斂賦稅蓋使民勞而後民富噫何其言之謬也歐米諸國之民概優於智識其君民互參政議猶人之一身其相保持猶手足護頭目凡利害得失明於中政府不過護其外而已我民與於

是偏倚固陋進退俯仰唯尊政府之命耳凡所謂權利義務未然爲何物也政府有所令舉國奉之政府有所爲舉國擬之風習言語服飾器用之微莫不爭先恥後摸擬其所尚上之所好下有甚焉故互市之際輸入器玩什具年多一年而輸出之品不過十之六七詩有之曰母教猱升木民之陷於貧弱是卽政府教之也古人有言視民如傷今也政府反以法制束縛之以賦稅督呵之有加於昔日者戶不得無籍里不得無社諸宅不得無地券人不得無血稅有訴訟之費有違註之罰乃至物貨販鬻之事逮於奴僕六畜各有嚴律是以每一令下民皆惘然失措不知所嚮凡百租稅取於農取於商取於工取於襍業民不堪其多破產失居者比比相踵其凋衰有倍於前者而政府愈進於開明之域民庶愈陷於蠻夷之俗上下相距何啻霄壤臣聞政治之要以因國俗適民情爲貴故施政者不可不審時度宜量出而制入量入而制出臣謂今日有司宜省費而用務減經費使歲出無超歲入自院省使寮司至於府縣考量其施設之順序而確定其額不許分毫出於限度如其負債紙幣宜裁冗費省冗祿支消兌換漸次行之事不逐其序則不進不求其寔則無效但使斯民得以蘇息國步亦隨之而進可企足而俟矣臣等無似久承乏於理財之政於施爲之事雖無寸效而親驗躬履不敢謂一無所知故敢佈悃衷盡言極論冀望政府有所回　顧云云政府雖屏棄其言然其稿已流布於世內外人民以爲大藏官吏所上書言必確寔物議囂囂先是在倫敦募集外債

當時公布歲出入表頗有贏餘謂將以此金爲債款然據今所上書則大有差異外人疑懼將有迫政府速償之意於是以參議大隈重信爲大藏省事務總裁更作會計豫算表是歲歲入總計四千八百七十三萬六千八百八十三圓歲出總計四千六百五十九萬五千六百十八圓後又作決算表以明治元年至八年六月彙爲一冊於歲出歲入統分爲通常例外兩款其意以爲歲入款之不足由例外費之過多然通融劃計政府負債僅二千餘萬不可謂巨決算表於十二年十二月呈太政官自明治元年至八年六月總計歲入凡四億六百三十五萬八百五十三圓此內通常歲入爲二億八千二百八十七萬八百七十一圓例外歲入爲一億二千三百四十七萬九千九百八十一圓總計歲出爲三億五千九百四十四萬六千六百八十二圓此內通常歲出爲二億四千二百八十萬一千六百五圓例外歲出爲一億一千六百六十四萬五千七十七圓出入相抵外仍有歲入贏餘四千六百九十萬四千一百七十圓然是時發行紙幣七千三百三十二萬五千四百四十四圓外國債未償總數一千四百八十九萬三千六百七十九圓合共八千八百二十一萬九千二百四圓大隈重信之言曰此八千餘萬圓卽八期間歲入不足之數政府所以負債之故出於例外費過多然而支銷例外費巨款歲入仍有贏餘四千六百九十萬四千餘圓若減少例外費則歲入不足之八千餘萬可變爲歲贏餘一億二千餘萬矣且加外債未償之數則有士族奉還之祿以之還償每年本利而有餘就國庫歲出入觀之卽謂之不負債亦無不可蓋現行紙幣雖有七千三百三十二萬五千四百餘圓然有決算贏餘四千六百九十萬四千一百七十圓以之相抵僅有二千六百二十四萬一千二百七十三圓之不足是乃維新以來不足之實數也抑自明治元年王師征東之後舉凡廢藩置縣討逆征番華士族祿之奉還海陸軍兵士之豫備以及鐵道電線燈臺之創建教育裁判警察之普設其他襍業之金借給之款凡於國步有進益者百事具舉而於歲入中削除舊時苛稅凡二十餘種又停徭役改地租使全國人民無復繁襍偏苛之苦其成蹟昭昭如此僅負債二千六百餘萬不得不謂之少矣當時以此言比井上上書大相徑庭又局司大藏事務而推算不等上下囂論互分左右袒或曰井上上書論歲入極少之時大隈上表論歲入最多之日一則專舉其濫用之弊一則專論其作業之利井上以支銷紙幣國債爲先務以興起國益爲後大隈以興起國益則國債紙幣自可銷還二說各有所見云然自明治八年以後鹿兒島征討費驟增四千二百萬圓金祿公債增一億七千四百餘萬圓起業公債增一千二百五十萬圓詳國債類中合之金札交換紙幣

發行之數當十三年時計有三億五千餘萬之多金銀漸匱紙幣日賤物價日昂上下交困艱難極矣當路者乃汲汲謀補救以償國債減紙幣爲主義既增加雜稅復廣儲準備數年之後當可收效歟自六年始頒豫算表其後每歲公布出入在五六千萬圓之間償還國債本利歲需二千餘萬經常歲出僅三四千萬而海陸軍費用幾及一千萬最爲巨款其他款目亦不下一百萬圓云初豫算表之公布世人猶未敢信繼以決算表數益精核乃不容疑而政府亦益講求會計之法設會計檢查院專司其事歲出歲入概分爲經常臨時二款卽所謂通常例外也別設備荒儲蓄一款以補凶年租稅未納之項十四年又改定一切會計之法其法以本年七月一日至翌年六月三十日爲一年度甲年收支不得混入乙年分歲出歲入爲常用準備二部常用中又分常用減債爲二部歲入出諸款分別科目著

為定例凡會計起於豫算由是而出納而決算豫算之法各官廳先就科目揭載額數製豫算表（并記前年度豫算額及前二年度現計額於其傍）申牒大藏省大藏省檢核後送交會計院檢查於内閣決定各廳欲於豫算外臨時增費則申其事由於大藏省轉呈之太政官經太政官允許則并告檢查院每歲四月十五日開檢查會議議畢送之太政官經審查決定後每歲七月將豫算表布告於衆出納之法在國庫則大藏省管理凡歲入欵依例定期限以時徵收歲出之欵在京各官廳每月使府縣每三月在外國公館每半年則支給其他於寔應支銷之日交付國庫每日出納詳記其數目科目事由翌日即報告會計檢查院歲入出決算後如有贏餘歸大準備金其各廳出納由各廳管理凡歲入欵彙集各項收額於本廳納之大藏省歲出則自大藏省受領而

分領各項（不得以歲入之數移用於歲出）經費決算之後如有贏餘還之大藏省至作業金之出納區分為興業營業二類興業編入歲出部營業則於經始之日領資本金以其營業所得為常欵有餘為益金收入於大藏省（如資本不足於歲入中補領）出納已定各廳應將每年收支經費製出納精算簿在京各官廳每月使府縣每三月在外國公館每半年將簿呈大藏省及會計檢查院大藏省每三月別編租稅簿及國債償還紙幣支銷準備金收支起業金收納貸與金交還等簿送之會計檢查院凡一周年間出納限於七月開辦翌年八月閉鎖（各廳未及決算者申其事由於會計檢查院至翌年決算若其賬簿檢查未確或有差遲者其金額計於閉鎖後四個月內出納）決算之法各官廳於出入諸欵清釐後凡歲入欵如租稅則依期徵完作皆納簿（將簿先呈大藏省大藏省又彙集各簿作皆納簿）如作業益金及收入稞欵作決算報告書於歲出欵

則彙集領單收據作決算表統呈之會計檢查院（其建築經費以年初豫算表開載全數若未能竣工遲至翌年者可以請將正項決算延期然不得混入翌年）大藏省彙編決算表送之會計檢查院經查核後由太政官公布於衆歲入科目曰租稅曰作業益金曰雜收入是為經常歲入曰諸還納欵曰雜收入是為臨時歲入歲出科目曰國債償還曰帝室及皇族費曰賜金恩給欵曰官省院使局費曰營繕土木費曰府縣費警察費曰神社費曰備荒儲蓄曰補助營業資本欵是為經常歲出曰興業費曰雜支出曰各廳營業資本曰豫備是為臨時歲出（其小科目詳於表中）

歲出入總計表（表中作◎者為贏餘無者為不足）

年度別	歲入	歲出	餘/不足	出入相抵外餘額數
第一期（自慶應三年十二月至明治元年十二月）	三三〇八九三三三	三〇五〇五〇八六	◎二五八四二四八	二五八四三二八
第二期（自明治二年一月至九月）	三四四三八四〇五	二〇七八五八四〇	◎一三六五二五五五	一六三三六七九三
第三期（自明治二年十月至三年九月）	二〇九五九四九九	二〇一〇七六七三	◎八五一八二六	一七〇八八六一九
第四期（自明治三年十月至四年九月）	二二一四四五九八	一九三三五一五八	◎二八〇九四四〇	一九九九八〇五九
第五期（自明治四年十月至五年十二月）	五〇四四五一七三	五七七三〇〇二五	七二八四八五二	一二七二三二〇七
第六期（自明治六年一月至十二月）	八五五〇七二四五	六二六七八六〇一	◎二二八二八六四四	三五五四一八五二
第七期（自明治七年一月至十二月）	七三四四五四四四	八二三六九五三八	八八三三九八四	二六七一七八六七
第八期（自明治八年一月至六月）	八六三二一〇七七	六六三三四七七二	◎二〇一八六三〇五	四六九〇四一七三
明治八年度	六九四八二六七六	六九二〇三三四二	◎二七九三三四	四七一八三六〇六
明治九年度	五九四八一〇三六	五九三〇八九五六	◎一七二〇八〇	四七三五五六八六
明治十年度	五二三四四四〇三	四八四五三四九五	◎三九〇九八〇九	五二三六五四九五
明治十一年度	六二八六二〇一〇	五九六一五三〇九	◎三二四六九〇一〇	七三七三四五〇五
明治十二年度	五五六五一三七九	五五六五一三七九		
明治十三年度	五九九三三五〇七	五九九三三五〇七		

此表所載自第一期至九年度為決算之數十年度十一年度為現計之數十二年度十三年度為豫算之數表中所謂歲入贏餘蓋以紙幣發行之數列入歲入欵故生贏餘實則不足也

歲入表第一

科目	第一期 自慶應三年十二月至明治元年十二月	第二期 自明治二年一月至九月	第三期 自明治二年十月至三年九月	第四期 自明治三年十月至四年九月
地稅	二〇〇九〇一四	三三五五九六四	八二一八九六九	一一三四〇九八四
海關稅	七二〇八六七	五〇二八一七	六四八四五三	一〇七一六三二
各種稅	四二七四二九	五四〇五三四	四五六五四三	四三九四二〇
官工收入		三三五三四	三七八四九	一一八九二七
通常貸出金還納	一二四五三三	五五六九七	一二〇二二九	三六六九九
官有物所屬收入	五〇一九四	四九八二三	四七二〇三	二〇一一六
通常雜入	三三二七五五	一二七六八七	四八九二八一	一七九二九六
通常歲入合計	三六六四七八一	四六六六〇五五	一〇〇四三六二七	一五三四〇九二三
紙幣發行	二四〇三七三九〇	二三九六三六一	五三五四五一三	二一四五四八八
借入金	四七三二四八二	九二一五〇〇	四七八二四〇〇	
臨時貸出金還納	一〇六三七	四四九八八七三	一七四一四一	四三一七三〇
舊藩獻納及舊幕金	三六二五四三	一四七一〇	一六九一三	六〇三三六
臨時雜入	二八一四八二	三六四六五六	四四一九〇五	二八〇七三三
例外歲入合計	二九四二四五三三	二九七七三二四九	一〇九一五八七二	六八〇三六七六
歲入總計	三三〇八九三一四	三四四三九三〇四	二〇九五九四九九	二二一四四五九九

科目	第五期 自明治四年十月至五年十二月	第六期 自明治六年一月至十二月	第七期 自明治七年一月至十二月	第八期 自明治八年一月至六月
地稅	二〇〇五一九一七	六〇六〇四二四二	五九四一二四二九	六七七一七九四七
海關稅	一三三一五六〇	一六八五九七五	一四九八二五八	一〇三八〇四
各種稅	四六一六二六	二七三四四七六	四三九三五八二	七七二九一〇
官工收入	一四三九六五	二〇〇三五一四	一九八七八八五	一四五一四三九
通常貸出金還納	六〇二〇九七	六七九八三五	二五九九八七	三四二六六五
官有物所屬收入	二九七八七九	三三三〇一七	一二〇七五〇一	三三七五三七八
通常雜入	一五三三六九八	六四一六二八	二四三二八三九	一三八二一三三
通常歲入合計	二四四二一七四二	七〇五六六八七	七〇九〇四八二	八二〇八〇五七五
紙幣發行	一七八二五四四四			
借入金		一〇八三三六〇〇		
臨時貸出金還納	五三五九二六八	八四八五八五	八一九四九四	五〇五三七二
舊藩獻納及舊幕金	二五二九七一三	三一〇六四五〇	一四〇一六五	一四七一八二五
臨時雜入	三〇八〇〇五	二〇二九三	一二五三〇四	一二六三九四
例外歲入合計	二六〇三四三〇	一四九四五五七	二三五五〇六三	三三四〇五〇
歲入總計	五〇四四五一七三	八五五〇七二四四	七三四四五四五	八六三二一〇七六

歲入表第二

科目／年度	八年度決算	九年度決算	十年度現計	十一年度現計	十二年度豫算	十三年度豫算
地稅	五〇三四五三三六	四三〇二三四二六	三九四五九二四六	三九六八三四四	四〇〇〇九五〇	四二九六四四一
海關稅	一七一八七三三	一九八八六六八	二三五八八五四	二三五六二五	二一八三一〇	二三七九四六二
各種稅	七三二九九七一	六〇七八五四〇	六〇三三二六二	八六七三八八〇	八〇〇五六九	一〇〇八七四〇一
作業益金	三三三四二二八	三〇七二〇三五	一二六八六七三	一六八六三〇七	一五九四九四〇	一四〇七六四七
雜收入	三六八二二七	二五二三二八	二三八六〇九	二五三二六五	二四九七三	六五〇九五六
經常歲入合計	六二七八六五八七	五五六〇四九九七	四九九〇〇五四四	五三七七七五五一	五五三六九七四一	五五六六六九〇七
諸還納金	二六五七六二四	一〇四一八二八	一〇九六六四〇	七〇七七五	八一三三〇四	八一六二一七五
雜收入	三〇三八四五五	一二七五五三二二	一四四二二〇	八三七六八四	一二四五三三	二〇五〇〇二五
臨時歲入合計	五六九六〇八九	二三九六〇二五九	二五四五七六〇	九〇八四五五九	一九五八八〇七	三三二六〇〇
歲入總計	六九四八二六七六	五九四八〇三二六	五二四四五〇四	六六八六二一〇	五五六八五三九	五五九九五〇七

歲出表第一

科目	第一期	第二期	第三期	第四期
各官省經費	一六七五三七七	二四三四八六三	二八四七四四五	二七八九六八五
海陸軍費	一〇五九七九八	一五四七九六六	一五〇〇一七四	三三五二九六七
各地方諸費	九三八二三四	一五七〇八八七	一三六九三五四	九七九四三一
在外公館費		四〇三九八	三八三三	五五九六〇
國債本利償還				四三九三三七
諸祿及扶助金	三三九六七七	一七一〇五二三	三三四〇五〇二	三一四八六〇八
營繕堤防費	七八六九五〇	一四四七八一九	八八一九四九	九〇四四二
恩賞賑恤救助費	四九二九六二	四六二二八四	七一〇五七一	四四八四三一
通常雜出	三三三三六六	一五五五〇二	一九六一八七	二〇七五三三
通常歲出合計	五五〇六三五四	九三六〇三三	九七五〇〇四	一三三六三八二
征討諸費	四五一九三三	一三三五六四三	一三三七四一四	九九五二九
舊幕舊藩諸債費	一〇三二一三	五六九七四三	一四五七九八六	一二五一七九五
官工諸費	六九五二〇七	一〇一七三三四	三三九二三六六	一五一八二〇三

科目	第五期	第六期	第七期	第八期
遷都改政勸業諸費	一五二三七一	一三一九五九三	六三四八六三	七三九五七〇
臨時貸出金	一八五七二八〇	四五〇七一八〇	六六一六七八	八二三六八七四
借入金償還及還祿賜金	四六〇九三〇	一七六八一五三	三五四〇〇三	一五五五一八二三
臨時雜出		二七九六五五	五五三三〇	三三五三
例外歲出合計	二四九九八八二三六	一二四三五六〇九	一〇三五七六六九	七〇〇八七七六
歲出總計	三〇五〇五〇八七	二〇七八五八四〇	二〇一〇七六七三	一九三三五一三九
各官省經費	四五一八六〇〇	五四一七七二九	五九一五六二九	三〇五〇五四四
海陸軍費	九六六八三九一	九六六八〇六七	一〇四一八四二三	一〇七八四八九八
各地方諸費	七六九七五六八	八九六六三八九	一〇五二七六八四	六八〇五三三
在外公館費	一四三九六三九	五〇八二九五	五四五二四九	七六四〇〇
國債本利償還	四三九三三七	二九九六〇三九	三三五四一四〇	一五九三二〇八四
諸祿及扶助金	一六〇七二六一七	一八〇四五五九九	二六四九七六四三	二七〇九五六四九
營繕提防費	三三四二〇三三	三〇九五三三	三〇九一二一五	一六六三二一七
恩賞賑恤救助費	八六六一七六六	七四二八三〇	四四六四〇八	八六五六一九
通常雜出	九二〇六二八	二七九三八二	三〇五五三五	九〇七〇五
通常歲出合計	四二四七四九一九	五一六三九五三二	六〇〇一九一六	五三八四二三四八
征討諸費	三六三八	八二四〇四	三三九八七九	一四七四五〇六
舊幕舊藩諸費	四五四四四四六	三三四七五七八	三二七九一二四	二七七一〇四
官工諸費	四七七六四三	六六五〇三三	六九四九六三〇	二四七九九六七
遷都改政勸業諸費	一七三三七八八	八七八六七〇	八六四七九五	一六五五九九四八
臨時貸出金	四一六五三三四	八六六八九〇	一三五〇三六五	一七〇五三七一
借入金償還及還祿賜金			七六五八六二	四〇四〇八九九
臨時雜出	四〇三六六	七九三九三	三五三〇七	一六五四六二八
例外歲出合計	一五三五一〇五	一三〇三九〇四八	三三六七六七六二三	二三三九三四三
歲出總計	五七七三〇〇二四	六三六七八六〇〇	八三三六九五三八	六六三三四七七一

歲出表第二

科目／年度	八年度決算	九年度決算	十年度現計	十一年度現計	十二年度豫算	十三年度豫算
國債本利償還	四六四五三〇三	四九五三〇七九七	一六七五三五九八	二六六四〇三六	三二一〇二八一	三三一四八九〇七
帝室及皇族費		一六二七五〇〇	九〇九七九三	九八〇三〇二	八七〇〇〇〇	九六〇一〇〇

科目	八年度決算	九年度決算	十年度現計	十一年度現計	十二年度豫算	十三年度豫算
年金恩給賑恤	一七七九八八三	一七七三六九〇七	一二三一九〇九	五五〇四四一	五四三七六三	五九六七四四
官省院使廳費	三五六六二九八一	一五四〇八七七	九八五三四八	九六八七七〇四	九九〇〇四四	三八八五四〇四
海陸軍費	九七八五五七一	一三三九八二七	八二九四三九	九二四六〇五	九六二六四五	二三六八〇〇〇
勸業補助費			一四三四九八	一五四〇七〇	二四〇四九一	一〇三一七二
府縣費	五〇七五四三三	三一七〇九三九	四三九二五四三	四三六六五七一	三七六六七〇〇〇	四五三六八〇
警察費	一六八六〇三六	一〇八二一〇四	三〇四八三五九	二九九三八六六	二四〇六四五三	三五七五九六
神社費	三〇五〇七	一九八二六一	一六九一一四	一二四七六七	一三五〇〇〇	一三五〇〇〇
府縣營繕費	一五六六三六六	一五三九六一五	一七四二九九二	一九三五四七八	一九八七二〇〇	一八四四一五
營繕堤防費					一〇〇〇〇〇	三〇〇〇〇〇
經常歲出合計	五六六二三七	五六八〇五三三七	四五八〇三八二	五六四〇四三五二	五三九二三三三	五六四〇四六三
興業費	三三四〇	一五九二九三	八〇〇一八九	六一七三三	七六四五九三	三三一五五九
秩祿奉還賞金	七六二六九一〇					
雜支出	一六八五三五八	一六〇三九七	一九三三〇二四	二五三三四九四	一九三四五五	六〇七三三五
豫備					一五〇〇〇〇〇	五〇〇〇〇〇
臨時貸金	一三九五八九七	一七三二九四一				
臨時歲出合計	三三九三〇五	二四九三六二三	二七三三三二三	三三〇八一六	三四五六〇四八	三四三八八四
歲出總計	六九二〇三四二一	五九六三八九五八	四八四五三四四九五	五九六五一〇九	五五五六五三七九	五九九三三〇七

歲入豫算累年比較表（表中作◎者爲減無者爲增）

科目	十三年度豫算（圓）	十二年比較（圓）	十一年比較（圓）	十年比較（圓）	九年比較（圓）
租稅	四三三六八三二四 〇〇〇	三三七五四三五 〇〇〇	三〇六九三三三四 四八	六〇四八〇四三三二 〇三	二六七三六七〇 二七一
海關稅	二三五六九四四三 〇〇〇	三八二五三 〇〇〇	二一七六二七三九 〇	二〇八〇八 四四九	二五〇七〇九四 三三五
地稅	四三七四四四 〇〇〇	九〇〇四九一 〇〇〇	二〇七九九七〇 〇一	一四六二三六四 八八〇	◎一〇二三九八四 七〇四
鑛山稅	二一三五四四四 〇〇〇	一〇〇七 〇〇〇	一九七五 六三二	三二〇四 九〇二	三六四〇 六〇四
海運稅	六六〇九七九 〇〇〇	二九七〇〇八 〇〇〇	五六九七二 三九七	二五九八六五六 一八五	二七六五九五 二三五
酒類稅	五九七九五〇九 〇〇〇	一四五七七五七 〇〇〇	八六六六七六八 三〇一	二九四〇七二 三三三	四〇五三三八九 七三五
烟草稅	三四〇八六四 〇〇〇	〇	七四三三六四 八二一	三三五九三 六〇	一〇四五三五 三三三
證券印紙類	六六五〇〇〇〇 〇〇〇	二〇八四三 〇〇〇	六六二八七三 三九一	一四四三八五 二七五	三三五八五四 七五八
郵便稅	一四〇〇〇〇 〇〇〇	三六〇〇〇〇 〇〇〇	四六〇九九九 九二七	六〇一六七 四三七	七一〇七七一 三九七
訴訟罰贖類	八五四一五 〇〇〇	二九三 〇〇〇〇	六六三五 〇〇五	八九三三 五四四	五〇二四〇 八〇五
貸金返納	一〇〇〇〇〇 〇〇〇	五〇〇〇〇 〇〇〇	四五六〇 〇〇〇	二六〇〇 〇〇〇	五五八〇 〇〇〇

科目	十三年度		十二年比較		十一年比較		十年比較		九年比較	
船稅	一四八八七〇	〇〇〇	九一三	〇〇	三三五六八	三八	◎四八四六八	二〇三	三一五〇	九八八
車稅	三〇五〇七〇	〇〇〇	三八九三	〇〇〇	二〇六九三	三五	四七六〇六	四五	七四三六八	三六、
諸會社稅	三〇〇〇〇〇	〇〇〇	三〇〇〇〇〇	〇〇〇	◎一〇〇二三	三八	一八六七二	八〇七	一五四六八二	三五、
銃獵稅	四五九一七	〇〇〇	二六五	〇〇〇	◎二六三四	四八	三五二一	七四	◎七四一	七、
牛馬賣買準證稅	六七五八九	〇〇〇	四〇二一	〇〇〇	◎六四五	三五	五三四九	九三	六九〇四	九、
賣藥稅	六五八七九	〇〇〇	一三三五三	〇〇〇	◎八三六八〇	三五	三三一〇	一七三	三七四四	三六八、
度量衡稅	三〇六	〇〇〇	八一	〇〇〇	三三	九三	一〇二九	三九三	二八六	〇八
版權免許稅	三五五六	〇〇〇	一四七	〇〇〇	◎二七四一	一〇四	一七八	〇六	一〇九六	七五
海外旅券諸稅	三三六三	〇〇〇	六九三	〇〇〇	五四五四	〇	◎一五五四	九七三	◎二四七八	九五
官祿稅	〇		八一九九二	〇〇〇	◎七三八五	二二	◎七三九六	四三五	◎七六八一	二八
琉球藩貢納	〇		〇		◎五三九四	三五八	◎四二八四	三八	◎三六四四	九六
舊稅追納	〇		〇		◎二〇七二	四五	〇		一	
證券印紙稅	〇		〇		〇		◎二五九八八	四五	◎三三三	九四五
家祿並賞典祿稅	〇		〇		〇		〇		◎二三二〇八七	三五
[illegible]	〇		〇		〇		〇		◎三四五六	九六
生糸賣買準證稅	〇		〇		〇		〇		◎三九三	五〇、
作業益金	一四八七四七	〇〇〇	三二七二八六	〇〇	◎一〇八六九	五三〇	◎三四二五三	九二三	◎三九五四四	〇六四
內務省製作	二六五三	〇〇〇	六七	〇〇〇	◎一二六	〇三八	◎一九三	三四四	◎四九九六	六六八
大藏省準備	四四	〇〇〇	◎七六〇	〇〇〇	◎四七六四五	七四九	◎四〇六八四	八〇三	◎七六〇三七	一三
大藏省印刷	三〇〇〇	〇〇〇	〇		◎七二三八五	八六五	◎四七二四	三〇三	◎四三〇八	一九七
海軍省造船	一五〇〇〇	〇〇〇	二八五四五	〇〇	◎三五九五八	〇五九	一三四九六	五九一五	一三六〇五	三六八
海軍省石炭	九三	〇〇〇	三九	六八〇	三六二	三〇七	九三	〇〇〇	九三	〇〇〇
工部省鑛山	二四三九	〇〇〇	三三九	〇〇〇	一八四三	七七九	九二八六	一七	◎三六九五四	六八
工部省鐵道	六六八七六三	〇〇〇	三五六六	七七九	一六〇三九	九七	三三六三	七六一	◎二九三	三七
工部省電信	三五〇七一	〇〇〇	三六七一	〇〇〇	五七〇四	五五	一五九四六一	四一	◎三六六四	五三九
工部省工作	八八九	〇〇〇	◎三四三六	六五三	八九五	三九一	三六六九	三三六	◎一二四四	八四、
開拓使諸收入	三三一四一	〇〇〇	三三一四一	〇〇〇	三三一四一	〇〇〇	三三一四一	〇〇〇	三三一四	〇〇〇
內務省山林	〇		◎一〇〇〇〇	〇〇〇〇	◎九〇〇〇〇	〇〇〇〇	〇		〇	
內務省牧畜	〇		〇		◎四〇四六	〇〇四	〇		〇	
廣島紡績所	〇		〇		〇		◎二三	五一	◎三六八六	〇六〇

科目	十三年度		十二年比較		十一年比較		十年比較		九年比較	
雜收入	一六九八八六	〇〇〇	四四九八二	一九九	三九八九九	〇七九	四三七四二七	〇六六	三九八六七	六三
森林收入	四五三四六	〇〇〇	四五三〇四六	〇〇〇	四五三〇四六	〇〇〇	三六八六九九	九八	三五七五四三	九八
官有物拂下	二六四三	〇〇〇	二五五一四	五一	◎三五六三	三〇八	◎四八一七	五〇	◎四一八三	九五
開拓使諸貸金	八六八	〇〇〇	九四五〇	八五〇	八三六八	〇〇〇	八三六八	〇〇〇	八三六八	〇〇〇
經常歲入合計	三五六九七	〇〇	二九四五	〇八五	二六五九四六	六八〇	六七四一	四九	九三九〇	二九〇
諸返納	八六三五	〇〇〇	二九七〇	三六〇	一八四九九	九四	◎二三五三四	八六	◎三三五三四	六〇
舊藩貸金返納	三五三七	〇〇	三六四六	四三	三二〇七	三八	◎三三六四	七〇	◎三四七九	〇四
賑恤貸金返納	六七六六	〇〇〇	◎七五八四	三五	◎三〇八五	四一	◎一四四八	三三	◎四九四六	〇九五
[illegible]	七〇三二	〇〇〇	◎一〇九一	五七八	◎一八六八一	四七三	◎三一七	八六	◎四三〇二	六四
雜收入	五三三五	〇〇	三四九三	三	◎三六九九	三九三	一五九八四九	三四	◎一五八八六二	四
官物拂下金	五〇六五三	〇〇	三〇六	三〇	◎四三三四九	三八五	三六八四〇	三	◎三四八〇	七三
雜入	一九九七二	〇〇〇	三五九六	三九	◎三四三九〇	〇八	七九五八三	六〇〇	九五七二	四八
臨時歲入合計	三三六〇〇	〇〇〇	三五九六八八一	三九	◎五七九九	三九	七二八四〇	二一四	◎四九四四	四四
歲入總計	五九八六三七	〇〇〇	四八三七九六	六九	◎九八八六三	六九	七四八九三〇	三五四	四四四七〇	八六

歲出豫算各年比較表

科目	十三年度 圓		十二年比較 圓		十一年比較 圓		十年比較 圓		九年比較 圓	
國債償還	三八七三六	〇〇〇	三三七〇三六	三三	◎四九五七六八	五	三九七六七九四	九四	三八七九九八	五三
內國債	三九七六	〇〇〇	三四〇六六	三三	二七七五二〇	八三	六九五二七	六七	一八〇四二	六〇
外國債	八二九三六	〇〇〇	三九三六	〇〇〇	◎八三〇四一	六六七	一〇八六四七	四七	六五四四七	九三
紙幣消卻	三〇〇〇〇〇〇	〇〇〇	〇		◎三五六八六	〇〇〇	三〇〇〇〇〇〇	〇〇〇	三〇〇〇〇〇〇	〇〇〇
國債利子	三五三三六	〇〇〇	一二八三三	六八	◎三三五三三	三五三五	三五八一	八三六	三三六三	〇三
內國債利子	四三八三七	〇〇〇	七八六八	八〇	六八八一	一四	九四四三	六三	三六七五三	三五三
外國債利子	七九〇四九	〇〇〇	◎六六九九	四〇〇	◎二八三五〇	四五	◎二六四四三	六三六	◎二六八三三六	五〇六
外國債償還	八八三	〇〇〇	四六四三八	三	◎三三五三	三〇	◎二二八	三〇	◎一一〇九	〇四
帝室並皇族費	九六〇	〇〇〇	八三一〇	〇〇〇	◎二一〇一	九九	五三〇七	六三	三三六〇	〇〇〇
年金恩給祿	三九七四四	〇〇〇	五三九八一	〇〇〇	四八三九	七三	四三八四五八	一	◎七四〇六三	六四
賞勳年金	五三五七二	〇〇〇	二九三	〇〇〇	九三三	〇〇〇	五三五七二	〇〇	五三五七二	〇〇〇
軍人恩給	一七八六二	〇〇〇	◎八八〇四	〇〇〇	◎三四九三	八四	一七八六二	〇〇〇	一七八六二	〇〇〇
社寺祿	一〇四四	〇〇〇〇	◎三〇八八	三〇〇	◎三〇三〇九	三八七	◎一八五〇九	四九三	◎一五九三	三五四
沖繩縣士族金祿	一六六一〇	〇〇〇	一六六一〇	〇〇〇	六六一〇	〇〇〇	一六六一〇	〇〇〇	一六六一〇	〇〇〇

賞典禄	〇		〇		〇		〇		◎一五六六五七四	五九〇
官省院使府廳	三一五五四九	〇〇〇	三三四九八四	八二三	四三六〇四〇	二九三	四七五三三四一		◎三〇七三〇九四四	八五
大政官	五〇〇〇〇〇	〇〇〇	一九九四〇〇〇	〇〇〇	五八六三三	八七	三三〇二一九五八一		七七〇九七六一	
外務省	二一〇〇〇〇	〇〇〇	三一〇〇四〇	〇〇〇	◎一八五三	八〇	五四一二三五	六〇	四七一八七	四七
內務省	五四七五	〇〇〇	三七六五〇	〇〇〇	六三三七五	七四	四九八五六八	七四	◎一三〇八四一	一四
大藏省	一四八七〇〇〇〇	〇〇〇	◎一七六〇〇	〇〇〇	三九五六	八二一	六〇三二〇七	〇〇二	七二六九一	二五五
陸軍省	八二五〇〇〇	〇〇〇	九六九〇〇	〇〇〇	七三六八四	一五九	二〇四六〇八	五三〇	一三四六七一	〇九
海軍省	三〇一〇〇〇〇	〇〇〇	三七八七〇〇〇	〇〇〇	一九七五四〇	六九九	◎五三八七七	六〇六	◎四九九九七	七二
文部省	二六〇〇〇	〇〇〇	四一一三	〇〇〇	四三三七	六六七	一六八〇二	五七	◎五四二一	〇六
工部省	五四五八〇	〇〇〇	◎四五四四〇	〇〇〇	◎一六三七五三	五〇六	◎八三五三三	九七三	◎三九七四三	四八三
司法省	一七八〇〇〇〇	〇〇〇	四七〇〇〇	〇〇〇	五七〇三九	九〇〇	四八五四一	二一九	三九五四〇	六六〇
宮內省	三四八〇〇	〇〇〇	三九三〇〇	〇〇〇	二五四五四	八八五	八五〇六	一八一	五七三〇三	八〇七
元老院	一八四〇〇〇	〇〇〇	四一五三〇	〇〇〇	四一六七四	六〇三	四四〇二九	六八八	九四七四	四〇八
工部省鐵道	三九〇〇〇〇	〇〇〇	◎一〇〇〇	〇〇〇	九五九〇	一三三	◎五四七七〇	四〇二	三九〇〇〇	〇〇〇
工部省工作	一五〇〇〇〇	〇〇〇	九五九八	〇〇〇	五九二五七	六〇七	九一五七七	三二	一五〇〇〇	〇〇〇
工部省採用	一五〇〇〇〇	〇〇〇	一五〇〇〇〇	〇〇〇	一五〇〇〇〇	〇〇〇	一五〇〇〇〇	〇〇〇	一五〇〇〇〇	〇〇〇
開拓使諸經費	一三〇〇〇〇	〇〇〇	一三〇〇〇〇	〇〇〇	一三〇〇〇〇	〇〇〇	一三〇〇〇〇	〇〇〇	一三〇〇〇〇	〇〇〇
內務省牧畜	〇		◎三三四五六	〇〇〇	◎三三七九七	四三五	◎四三六九五	六六五	〇	
大藏省造幣	〇		◎五〇〇〇〇	〇〇〇	四九九八八	九九〇	〇		〇	
大藏省印刷	〇		〇		〇		◎四〇四三一	三七〇	〇	
雜支出	六〇七三五	〇〇〇	◎五八六三九	九八四	◎一九八六八	五八四	◎三三五六九八	六六六	◎一八六六一五	七七
豫備	五〇〇〇〇〇	〇〇〇	〇		五〇〇〇〇〇	〇〇〇	五〇〇〇〇〇	〇〇〇	五〇〇〇〇〇	〇〇〇
臨時歲出計	三四三六八八四	〇〇〇	◎一九一六三	九八四	三〇六八	六九	七五六〇二	六五〇	九四五三五三	三三
歲出總計	五九四三三四	〇〇〇	四三八二三七	九六六	三三八二九八	三三二	二三九六〇二	四四八	六四五五〇	五三二
歲入殘餘	〇		〇		◎三四六九七	〇二二	◎三九六九八	四五四	七三〇七九	七一六

國債準備貸借合編表

國債爲濟人欵貸借爲借出欵準備乃出入欵中所儲餘故合編於此備蓄一欵十四年所創辦因並列其目

科目	十三年度 圓		十二年度 圓		十一年度 圓		十年度 圓		九年度 圓	
內國有利息債	三五三三九八六五	〇〇〇	三六六三〇	〇〇〇	三三〇三八五	〇〇〇	三六九四〇五	〇〇〇	三六六三〇五	〇〇〇
新公債	二六五五六五	〇〇〇	二三三七五五	〇〇〇	二五九四二五	〇〇〇	二四八六五	〇〇〇	二八〇七五	〇〇〇
金札引換公債	四六〇三〇〇	〇〇〇	九三三七〇〇	〇〇〇	二〇五九五	〇〇〇	二〇五九五〇	〇〇〇	三三八五五	〇〇〇
秩祿公債	二六〇二六九五	〇〇〇	一四〇六九九〇〇	〇〇〇	一六九八三五五	〇〇〇	一六五四〇三五	〇〇〇	一六四〇八五	〇〇〇
金祿公債	一五五五六八二九	〇〇〇	一五三八五五	〇〇〇	一四三九五	〇〇〇	一四四八四〇	〇〇〇	〇	
舊神官配當祿公債	四三三三三五	〇〇〇	四三三三三五	〇〇〇	四三三三五	〇〇〇	〇		〇	
起業公債	三五〇〇〇〇〇〇	〇〇〇	三〇〇〇〇〇〇	〇〇〇	三二五〇〇〇〇	〇〇〇	〇		〇	
征討費借入	一五〇〇〇〇〇〇	〇〇〇	一五〇〇〇〇〇〇	〇〇〇	一五〇〇〇〇〇〇	〇〇〇	一五〇〇〇〇〇〇	〇〇〇	一〇〇三〇〇〇〇	〇〇〇
內國無利息債	九三二七七六	〇〇〇	九四三九三	〇〇〇	九六九三六	五〇〇	九六八四九五	〇〇〇	九〇四四三	六五
紙幣流通數	一〇八六〇三〇三	六〇〇	一三四五九二	〇〇〇	一二〇九七〇九	〇〇〇	一二一四七二	〇〇〇	一〇三七〇七	〇〇〇
內國債合計	三五四七三五四七	六〇〇	三五四九八八四	〇〇〇	三五〇三六四	五〇〇	三四九八六六〇	〇〇〇	三三七九六九六	六五
外國舊公債	九八七六〇〇〇	〇〇〇	一〇四五六四〇〇〇	〇〇〇	一九九〇	〇〇〇	二四四〇〇〇〇	〇〇〇	二九八〇〇	〇〇〇
外國新公債	一〇三三六六九六	〇〇〇	一〇三六六三	〇〇〇	一〇六〇六九三	〇〇〇	一〇九六九〇六	〇〇〇	二三三七三三	二〇〇
外國債合計	二〇三三六九九六	〇〇〇	二〇八二九二	〇〇〇	二二六〇四〇七三	〇〇〇	二三三九六〇六	〇〇〇	四〇五五三三	二〇〇
國債總計	三五五八四二九	六〇〇	三六五三三七四四	〇〇〇	三七五四三二五	五〇〇	三七三三六一七	〇〇〇	三八九五七四	三六五
準備	五三三五五五五	一四四	五〇六九八〇七	六〇一	五三六九六八〇	一三八	三〇六三三〇八	〇九九	二〇八四四〇六	〇〇〇
貸借	七三〇八〇三二	〇八三	七四四五三一二	一六三	八一〇五九二	四三一	八〇六七三九五	七四九	九三六四〇五	〇〇〇
儲蓄									一	

國債準備貸借累年比較表

表中作◎者爲減無者爲增

科目	十三年度 圓		十二年度 圓		十一年度 圓		十年度 圓		九年度 圓	
內國有利息債	三五三三九八六五	〇〇〇	五八四〇五	〇〇〇	◎二八〇二〇	〇〇〇	一〇三三六二〇	〇〇〇	一六〇四四五七四	〇〇〇
新公債	二三五〇六五	〇〇〇	◎七五〇二五	〇〇〇	◎四四六〇〇	〇〇〇	◎二九八〇三〇	〇〇〇	◎六四九〇〇	〇〇〇
金札引換公債	四八〇三〇〇	〇〇〇	二六九九六〇	〇〇〇	二四九七三〇	〇〇〇	二四九七三五	〇〇〇	三三六〇三〇	〇〇〇
秩祿公債	二六〇二六九五	〇〇〇	◎三三四〇三九	〇〇〇	◎四三七〇四三五	〇〇〇	◎四三六二七五	〇〇〇	◎四八九〇	〇〇〇
金祿公債	一五五五六八二九	〇〇〇	三五〇八六〇	〇〇〇	◎五八五三五	〇〇〇	◎五〇三四〇	〇〇〇	一七五六六五	〇〇〇
舊神官配當祿公債	四三三三三五	〇〇〇	〇		〇		四三三三三五	〇〇〇	四三三三三五	〇〇〇
起業公債	三五〇〇〇〇〇〇	〇〇〇	〇		〇		三五〇〇〇〇〇〇	〇〇〇	三五〇〇〇〇〇〇	〇〇〇
征討費借入	一五〇〇〇〇〇〇	〇〇〇	〇		〇		〇		一五〇〇〇〇〇〇	〇〇〇
內國無利息債	九三二七七六	〇〇〇	◎三七九五六	〇〇〇	◎四四七四八四	五〇〇	◎四五六八六九	〇〇〇	◎八〇二九四四	〇〇〇
紙幣流通數	一〇八六〇三〇三	六〇〇	◎四四四六八	四〇〇	◎二三四〇五	四〇〇	◎三三七五七	四〇〇	一四九六〇七三	五三五
內國債合計	三五四七三五四七	六〇〇	◎四四〇三九	四〇〇	◎五五三六八九	九〇〇	◎五七九〇六〇	四〇〇	三三六四九三五三	五五
外國舊公債	九八七六〇〇〇	〇〇〇	◎四八〇〇〇	〇〇〇	◎九八七六〇〇〇	〇〇〇	◎四九〇〇〇	〇〇〇	◎五九三〇〇〇〇	〇〇〇
外國新公債	一〇三三六六九六	〇〇〇	◎三三八四二四	〇〇〇	◎六〇三三三七六	〇〇〇	◎九三三一	〇〇〇	◎二九四一七二	〇〇〇

各國債合計	[illegible]	[illegible]	[illegible]	[illegible]	[illegible]	[illegible]	[illegible]
國債總計	[illegible]	[illegible]	[illegible]	[illegible]	[illegible]	[illegible]	[illegible]
準備	[illegible]	一四四	[illegible]	[illegible]	[illegible]	[illegible]	一四四
貸借	[illegible]	[illegible]	[illegible]	[illegible]	[illegible]	[illegible]	九七
儲蓄		〇					

外史氏曰天生民而立之君使司牧之亦惟以天下之財治天下之事而理財之道得矣泰漢以降君尊而民遠少府水衡瓊林大盈天子各謀其私藏凡以供聲色宴遊之費者惟内官宦寺得司其出入雖宰執未嘗過問爲百姓者不知國用之在何所但以爲日竭膏脂以供上用而仁人智士深知財聚民散之害又深惡以聚斂病民者盡出於懷利事君之小人由是相引爲大戒有國家之責者君不敢復問有無臣不敢復言興利而先王治國理財之道反盡失矣財也者兆民之所同欲政事之

所必需者也竭天下以奉一人固萬萬其不可誠能以民之財治民之事以大公之心行一切之政則上下交利而用無不足秉國鈞者其何可諱而不言余考泰西理財之法豫計一歲之入某物課税若干某事課税若干一一普告於衆名曰豫算及其支用已畢又計一歲之出某項費若干某款費若干亦一一普告於衆名曰決算其徵斂有制其出納有程其支銷各有實數於豫計之數無所增於實用之數不能濫取之於民布之於民既公且明上下孚信自歐羅巴逮於米利堅國無小大所以制國用之法莫不如此臣嘗讀靳輔籌餉裕民之疏謂我

朝理財之道尚未復三代之古蓋入關定鼎之初薄賦免徭務在寬取而節用卽明知官吏俸薄亦尙沿勝國俸鈔折價之弊姑仍舊貫而無所變革然國用實有不足爲官吏者終不能毀家以紓國竭私以報公究不得不仍取諸民不過於常賦之外變爲火耗秤餘一切之陋規封疆大吏知地方税輕不足用官吏俸薄不足贍有明知其非法而不忍裁撤者陋規極多之地每省有十數州縣彼處脂膏以自潤者飽囊盈橐一若分所應得若磽瘠之地上官憫其貧必爲之調劑而貪饕官吏侵吞乾沒之不已更百端爲例外之求彼以枵腹從公爲名輒巧取橫征屢倍於正供朝廷一無所利而小民實受其害余竊以爲不如清查耗羨核減陋規明取之之爲愈也臣伏維

聖清家法至仁極儉内府之所需曾不以問諸戶部成憲昭垂二百餘載大公無私可謂至德矣然而小民未之知也乾隆以後協餉日益繁兵糧日益多雜税日益免河工宗祿名糧之數日益鉅當嘉慶中葉已屢

詔廷臣集議籌餉咸同之間羣盜毛起逮乎克平費餉蓋不可勝數至於近日又籌海防雖增加關税釐金而國用猶入不抵出然而小民亦未之知也我祖若父蒙

國家深仁厚澤久矣誰非赤子具有天良往歲大亂之後追念平日簞食壺漿以迎王師者不知凡幾足見

朝廷恩德維繫於民者至深然蚩蚩者民胼手胝足日竭其力以供租税而國用所在曾不得與聞謗以爲吾民膏血徒以供上官囊橐一旦有事設法課税令未及下而小民驚相告語已有惘然失措者上下阻隔猜疑橫起欲謀籌餉勢處至難古人有言曰藏之人思防之帷之人思窺之余又以爲不如舉國用之數公布之於民之爲愈也臣考三代以來損上益下寡取薄斂未有如我

大清者然國用不足亦以今日爲尤甚雍正乾隆間議以耗羨爲養廉蓋實有見乎用之不足不得不取之如額而卅年以來二三名大吏有通提一省襍供儲爲公用者亦以通籌統計勢不得不爾勢不得不爾則不如分別朝廷之上計州縣之留支核需用之額明取之卽舉應用之款寔銷之並列所用之數公布之以脩庶政以普美利以昭大信一舉而數善備焉是在謀國者經理之而已余昔讀周禮見夫天官地官之司財貨者幾於無地不賦無物不貢無人不征無事不稅極至纖至悉有後世桑宏羊孔僅蔡京王黼之徒不肯爲者始疑周公大聖不應黷貨至此旣而稽六官所屬五萬餘人無員額者尚不在內乃知大府頒賄凡官府都鄙之吏轉移執事之人在官受祿者如此其多以某賦治某事又有定式則一一仍散之民朝廷固未

留絲毫以自私也竊意其時以歲終制用之日必會計一歲之出入書其貳行縣之象魏使庶民咸知彼小民周知其數深信吾君吾上無聚歛之患凡所以取吾財者舉以衣食我安宅我干城我則爭先恐後以納租稅矣君民相親上下和樂成周之所以極盛也日本近倣泰西治國之法每歲出入書之於表普示於民蓋猶有古之遺法焉譬若一鄉之中迎神報賽歛錢爲會司事者事畢而揭之曰某物費幾何某事費幾何鄉之人咸拱手奉予錢且感其賢勞矣此理財之法之最善者也嗟夫古昔封建之世官物輸之民力役徵之民上之人垂拱其上彼小民之事宜若可聽民自爲而自古聖人必爲之經理無端而料民身家徵民粟帛多取而民不爲怨亦信其以我之財治我之事故耳三代聖王平天下理財之道不過舉流通之財行均平

之政無他道也況夫今日凡百官府之用力役之征無不出貲而購之頒祿以養之國用之繁蓋十倍於古人誠使以大公之心行一切之法卽令小民懷私有怫欲而逆情者尙當强而行之況又沿習陋規小民旣已收納第取官吏之中飽爲朝廷之正供卽以分給民之奉公者吾民若之何不願乎夫三代之良法美意秦漢後之不欲行者舉所用以普示之民則不便君上之行私故也以本
朝至公之家法其何憚而不行
祖宗知用之不足而安於寡取者開創則民信未孚承平則國帑未匱勢不極法不變故也以今日値多事之秋屢至艱之會則不變其何待彼不願核出入之數明取之實用之公布之者不謂此爲紛擾多事卽謂此爲聚歛言利殆爲相沿之陋規陰

便其額之無定得以上下其手百端侵漁陽利其用之不敷得以推諉敷衍無所事事坐視政事之弛廢國家之貧乏小民之困窮而漠然不顧如秦越人之視肥瘠焉而天下之患將日久而日深矣嗟夫

日本國志卷十七

日本國志第六　卷之十八

出使日本參贊官黃遵憲編纂

食貨志四

國債

慶元偃武以降大平驩虞二百餘年然理財之道則自幕府逮於諸藩以歲入不足爲常慶長之初頗造金貨後遇國庫匱乏輒改鑄貨幣減輕雜僞以敷衍一時各藩不能鑄錢則增賦稅課獻金猶不足者上借之幕府下借之富商或在其管内發行紙幣以充國費國債既萌芽於此矣德川十三世將軍家慶憂各藩苦於負債嘗下負債不償之令於是舊藩得免負累一時以爲德政然歲入不足如前日仍賴借欵以資彌補外使刼盟海防事起逮元治慶應司農竭蹶拮据甚矣舊藩諸侯各負債

累及廢藩命下各藩力不能自償政府處縣廢逋債恐失人心乃分別欵項其應還者作爲政府公債自宏化甲辰迄於慶應丁卯凡舊藩所借用者稱爲舊公債自明治戊辰迄於辛未廢藩壬申置縣凡諸藩縣所借用者稱爲新公債各給以證書證書猶曰憑票舊公債無利息自明治五年至五十四年限五十年間分年償還其數共一千九十八萬二千七十五圓新公債自明治五年至二十九年限二十五年間償還每歲給四分利四分利即每一百圓一年給利四圓明治八年始以抽籤之法分償本金其數共一千二百三十九萬二千五百五十圓凡金額分爲五種曰五百圓曰三百圓曰一百圓曰五十圓曰二十五圓證書亦分爲五類其新公債證書別用國字伊呂波編爲四十七部證書之内詳記債主姓名籍貫金額種類並號數於證書之末附以小札記一年應還之欵應給之息俟每期本金利息支給之日將小札裁截收還以爲憑令各債主申繳契約經大藏省查核之後記於簿册照額編列證書鈐勘合印送致於各債主所居地又於各地方設公債局備各簿册照依大藏省所頒證書加用官印給與其人舊公債每年於十二月一日至十五日給予是年應償之欵新公債於每年六月一日至十日至十二月一日至十五日給予是年應得之息其本金聽大藏省便宜或每年或間年用抽籤法以償其法先由大藏省懸示本年應還新公債若干何種何類各若干乃於證書最多之地或東京或大坂由國債寮遣員會同地方官招集債主十名以上乃行抽籤其籤亦分編伊呂波四十七類某類又分號數與證書相同抽籤得相應號數者卽於本年償凡收藏新舊公債證書可傳授子孫典質買賣亦任其意其買賣者甲乙偕報官聽官聽公債課受其書親加印記給與買者其以證書典質與人者富支給本金利息時官亦照給如典質過期不贖則準買賣例若證書罹水火災收藏人詳記顚末及號數金數申報大藏省準換新證或盜竊或遺失亦如式申報大藏省大藏省照錄其號數金數懸示此項證書不得買賣典質見者速報於官如閱七个月不悉所在則造新證書交與本主凡證書有挑剜割裂塗抹穿破黏連等弊照其證書金額十倍科罰其贋造摸寫或變換證書内文字圖書并藏有類似刷版紙料圖書者事覺均論如律維新之際以王師東征歲入不足當日決算表自慶應三年至明治元年不足五百餘萬例外歲出至二千五百萬乃從由利公正之言製造紙幣名曰太政官金札後以太政官金札過大不便流通換爲民部省小札明治元年閏四月布告曰皇政維新之際將建立富國基

礎乃以一時權宜製造金札限於元年戊辰至十三年庚辰通用國内二年五月又布告曰自今製造紙幣器械一概焚毁以三千二百五十萬圓爲限由本年冬迄於壬申將造銀貨聽人交換有未換者則每月給以五銖利每月五銖卽一年六分也六年三月又布告曰現因政府有事所發官札未能如約付以利金今自本年三月十五日以公債證書交換有藏官札者宜遵此例於是金札一變而爲公債名曰金札交換公債限於十五年間通用過十五年則政府收買年給六分息發給證書四年後亦以抽籤之法分償本金其數爲二百二十三萬八千五百五十圓此項證書分爲二種一曰記名公債證書於證書内記收藏人姓名有買賣之事則請太藏省更書一稱利札公債證書僅記收藏人姓名於簿買賣之際不必更名其他條例同於新舊公債初將軍奉還政權薩長肥土四藩亦上表請奉還藩籍後改府藩縣一致之制令藩主藩臣以各藩租入

之數給以十分之一爲世祿然不足贍養頗有改爲農工商者（華士族既改祿制其租入少者不能自贍三年有請改歸農商籍者政府聽其請給予資金其歲租八石八斗者給金三百圓七石者二百五十圓大概算予五年全額此項資金當時共費一百二十餘萬云）廢藩令下士失常職益無以謀生當時有請奉還世祿者政府慮其失恒產生異心未敢遽許然人人以素餐坐食爲愧物議囂囂冀政府有所處置至明治六年（先是有内藤政擧水野忠敬等五十餘人先後請納家祿及賞典祿以抵償舊藩債外國債并充官廳費朝議許之其後頗有請奉還者）乃決議募外債以收家祿有自請奉還者給以六年應得之祿其半給以通貨其半作爲公債給予證書是爲秩祿公債年利八分發給證書三年後限七年間以抽籤之法分償本金其數爲一千六百五十九萬二千二百二十五圓（初許奉還令華士族於奉還後有再請土地山林者減地價之半僅繳半額仍令管領旋停止奉還至八年八月又布告秩祿公債條欵略有增改大概同新舊公債）初政府之許秩祿奉還也聽人自便

請者乃給故其數不多從前制祿有家祿（世食之祿自畿内王官得世祿者皆於維新時改定祿制多者六萬餘石少者數十石食祿者凡二十九萬餘人）有賞典祿（因功而得祿者自江戸追討迄函館平定凡於王室有勲勞者概給以賞典多者二萬石少亦百石得賞者凡二萬餘人）其中又有永世祿（世世給予）終身祿二代祿年限祿（限年給與）之別至九年八月遂廢奉還令所有華士族平民之家祿賞典祿舊日祿制概改爲公債其永世祿在七萬圓以上者（合家祿賞典祿計之）給予五年全額（即三十五萬圓）銀數較少則年數較增（如千圓以上未滿二千五百圓者給予七年半全額）由七萬至千圓均爲五分利由千圓至百圓爲六分利由百圓至二十五圓爲七分利其終身祿照永世祿年限十分之五給利之法亦同年限祿則十年以上者照永世祿十分之四年限較短則給數較少（如二年限照永世祿十分之一五給之）給利之法亦與永世祿同是爲金祿公債（日本給祿之法概以米石計後改爲俸金此項家祿賞典祿本額亦係給米既乃平均米價折算以金故曰金祿考日本秩祿支給爲歲出第一巨欵自明治元年至明治八年總計九千五百餘萬自改爲公債歲出之常欵變而爲國債之利息矣）發給證書六年之後限三十年間以抽籤之法分償本金其數爲一億七千四百二十一萬九千五百一十五圓（其他條例同新舊公債惟證書不許買賣當時政府之意欲華士族歲仰餘息易於謀生故創立銀行使便以存寄證書歲收其利至十一年九月解證書買賣之禁然猶恐其以低價販賣賠陷於困特設法保護凡證書百圓五分利者價六十四圓六分利者價七十三圓七分利者價八十二圓十分利者價百圓大藏省許爲受買以故證書價亦不低及十二年大藏省停止買受而公債證書之價日就低下矣）自收還華士族平民采地之後其舊日神官所管社地皆沒收於官以其社地租入十分之二給之後平均米石改給以金及金祿改公債後神官之祿亦給五年全額換予公債證書是爲舊神官配當祿公債（本非官祿第擧社寺所入配合相當之額而定祿制故名曰配當祿）年利八分限十一年間清償其數爲四十二萬三千三百二十五圓當明治元年始頒太政官金札由利公正欲以其

贏餘貸與各藩爲振興農業之助然不果行至明治十一年四月太政官布告曰今欲謀國中公益繁殖物產擴充貿易乃決議募内國債以一千二百五十萬圓爲限遂由大藏省發證書年利六分自募債三年後限二十三年間以抽籤之法還之召募未幾應者紛集是爲起業公債其數爲一千二百五十萬圓（其實爲一千萬圓當時以八十圓之額給予一百圓證書云初募此債特遣澀澤榮一等往說大坂豪商商人以八十圓本金歲可得六圓息故應者紛集殆及二倍以限於額滿特給還之）明治十年西南征討之費大藏省已發紙幣二千七百萬又令第十五國立銀行募集以應軍需各給以五分息限二十年間清償是爲征討費公債其數爲一千五百萬圓此皆内國債也（以上國債之數據明治十一年六月大藏省查定其中如金祿公債金札交換公債有於是年後始行核定者始行交換者聞其額尚有所增加云）至外國債有舊公債明治三年於東京橫濱間建造鐵路借之橫濱外商者也凡九

分息五年後始還本金限十年淸償爲數四百八十八萬圓(即英國一百萬磅當時經手人別有禄費每年二百二十五磅云) 有新公債明治六年因收買秩禄借之英國倫敦者也凡七分息二年後始還本金限二十年淸償爲數一千一百七十一萬二千圓(明治五年收買家祿之議既決特遣大藏少輔吉田淸成借米國人字伊理耶年到米國募債時駐劄華盛頓少辦務使森有禮以爲不可曰必不得已募外債不如募內債且收買士族家祿奪人財產毋乃類賊淸成曰募外債不如募內債此何待言然今日國勢不能募內債買收家祿使其人便於營業耳且家祿固非恒產收之亦無不可君駐居外國妄誹毁政府爲賊且以未經公布之事告之外人獨拒朝議毋乃不可有禮又告耶年曰足下受聘日本以審人情量國力爲要今爲此事而來事成則貽書莫大余甚不解耶年曰此事余未到日本已決議矣余唯受日本朝議而來安得容喙可否其事哉有禮於是上書政府詳言內債之利外債之害并及買收家祿之非吉田淸成以有禮堅持異議米國必不願應募必不成乃寄書參議西鄕隆盛大藏大輔井上馨遂去米國到英國倫敦銀行募債而歸云) 自維新以來僅十年間負債之巨至於如此考明治十二年六月除償還外仍有二億五千二百三十五萬二千五十九圓可謂夥矣(紙幣發行之數是時共有一億四千八百六十二萬七千六百七十八圓合共爲三億九千餘萬) 明治六年有青森縣士族橋瓜某上書政府請以頭會之法令全國人民分償外債(其時外國債僅一千六百餘萬以全國戶口計每一人不及五十錢按現在國債總數以明治十一年一月查明全國戶口之數勻計每人應負債一十圓零五錢六釐然比之歐美各國英國每人一百一十四圓有奇佛國每人一百零一圓有奇俄國每人三十四圓有奇西班牙每人一百六十三圓有奇伊大利每人七十二圓有奇澳地利每人六十九圓有奇葡萄牙每人一百零八圓有奇和蘭每人九十七圓有奇日耳曼每人二十圓有奇瑞典每人一百圓有奇美利堅每人七十二圓有奇秘魯每人九十六圓有奇日本尙不爲多也) 政府卻之謂國家負債無令人民償還之理然租稅以外亦別無償法也十二年大藏卿議決增賦節用專以歲出入贏餘金償國債從明治十二年始限二十八年間悉皆銷淸此內統計本利金額共六億二千六百三十萬圓有奇每年平均在二千二百萬圓間幸而國家無事爲疾用舒則綽綽有餘裕償還之期猶可減短云

國債種類數目表(紙幣亦國債之一故並列其目其詳具貨幣類中)

種類	發行年號	償還年限	利息	本額
舊公債	明治五年	五十年	無利息	一〇九八二〇七五
新公債	明治五年	二十五年	每年四分	一三三九二五五〇
金札交換公債	明治六年明治七年	十五年	每年六分	一三三八五五〇
秩祿公債	明治七八年	九年	每年八分	一六五九六二二五
金祿公債	明治十年	三十年	每年五分六分七分十分	一七四三二九五一五
舊神官配祿公債	明治十一年	九年	每年八分	四三三三二五
起業公債	明治十二年	二十五年	每年六分	一二五〇〇〇〇〇
征討費借入	明治十年	二十年	每年五分	一五〇〇〇〇〇〇
外國舊公債	明治三年	十一年	每年九分	四八八〇〇〇〇
外國新公債	明治六年	二十五年	每年七分	一一七一二〇〇〇
紙幣發行	明治元年至明治十年		——	

國債每年償還額數表

科目	九年度決算	十年度現計	十一年度現計	十二年度豫算	十三年度豫算
國債償還	一九四二六三八四四八	一八三九〇四〇九六	一〇七八九二四四八〇五	五五八〇五三五三八〇	五八〇七五三八〇〇〇
內國債	一二六七二六四〇	一〇〇五五七七三	一七〇六五七七六八	二七六四二一二六八	二九七八七八〇〇〇
外國債	七七三九三三〇〇八	八二八四八二五三	九三二四〇二六七	八六四二四〇〇〇	八二九三六〇〇〇
國債利子	三〇九五八九五九	一四九五三五四八〇四	一五八五〇九二五五五	五六九七四五三三	二五三三三六九〇〇〇
內國債利子	一九三五四八四四九	三六八〇七〇三一七八	四七六九四四八九	四七五四五八三〇〇	四八〇三三二七〇〇〇
外國債利子	一〇七三七三五三六	一〇五四九〇二六五	一〇七〇六五九五五	八〇七三八四〇〇	七九〇四九〇〇〇
外國債雜費	九四二〇二四	九九五二一五〇	一〇九八六五五二	八三六八七三	八八〇三〇〇〇
紙幣消却	〇	〇	七〇六六八〇六〇〇〇	二〇〇〇〇〇〇〇〇〇	二〇〇〇〇〇〇〇〇〇

國債歷年增減表上

年月／種類	舊公債	新公債	金札引換公債	秩祿公債	金祿公債	起業公債	舊神官配祿公債	征討費借入	計
七年上半季	[illegible]	[illegible]	[illegible]						[illegible]
七年下半季	[illegible]	[illegible]	[illegible]	[illegible]					[illegible]
八年上半季	[illegible]	[illegible]	[illegible]	[illegible]					[illegible]
八年下半季	[illegible]	[illegible]	[illegible]	[illegible]					[illegible]
九年上半季	[illegible]	[illegible]	[illegible]	[illegible]					[illegible]

年下半季	[illegible]	[illegible]	[illegible]	[illegible]				[illegible]
十年上半季	[illegible]	[illegible]	[illegible]	[illegible]			[illegible]	[illegible]
下半季	[illegible]	[illegible]	[illegible]	[illegible]			[illegible]	[illegible]
十一年上半季	[illegible]	[illegible]	[illegible]	[illegible]		[illegible]	[illegible]	[illegible]
十一年七月	[illegible]	[illegible]	[illegible]	[illegible]	[illegible]	[illegible]	[illegible]	[illegible]
八月	[illegible]	[illegible]	[illegible]	[illegible]	[illegible]	[illegible]	[illegible]	[illegible]
九月	[illegible]	[illegible]	[illegible]	[illegible]	[illegible]	[illegible]	[illegible]	[illegible]
十月	[illegible]	[illegible]	[illegible]	[illegible]	[illegible]	[illegible]	[illegible]	[illegible]
十一月	[illegible]	[illegible]	[illegible]	[illegible]	[illegible]	[illegible]	[illegible]	[illegible]
十二月	[illegible]	[illegible]	[illegible]	[illegible]	[illegible]	[illegible]	[illegible]	[illegible]
十二年一月	[illegible]	[illegible]	[illegible]	[illegible]	[illegible]	[illegible]	[illegible]	[illegible]
二月	[illegible]	[illegible]	[illegible]	[illegible]	[illegible]	[illegible]	[illegible]	[illegible]
三月	[illegible]	[illegible]	[illegible]	[illegible]	[illegible]	[illegible]	[illegible]	[illegible]
四月	[illegible]	[illegible]	[illegible]	[illegible]	[illegible]	[illegible]	[illegible]	[illegible]
五月	[illegible]	[illegible]	[illegible]	[illegible]	[illegible]	[illegible]	[illegible]	[illegible]
六月	[illegible]	[illegible]	[illegible]	[illegible]	[illegible]	[illegible]	[illegible]	[illegible]

國債歷年增減表下

年月　種類	舊公債	新公債	計	內外債合計
三年下半季	四八八〇〇〇〇		四八八〇〇〇〇	四八八〇〇〇〇
四年上半季	四八八〇〇〇〇		四八八〇〇〇〇	四八八〇〇〇〇
下半季	四八八〇〇〇〇		四八八〇〇〇〇	四八八〇〇〇〇
五年上半季	四八八〇〇〇〇		四八八〇〇〇〇	四八八〇〇〇〇
下半季	四八八〇〇〇〇		四八八〇〇〇〇	四八八〇〇〇〇
六年上半季	四八八〇〇〇〇		四八八〇〇〇〇	四八八〇〇〇〇
下半季	四三九二〇〇〇	一七二〇〇〇	一六〇四〇〇〇	一六一〇四〇〇〇
七年上半季	四三九二〇〇〇	一七二〇〇〇	一六〇四〇〇〇	三五六二〇六八一
下半季	三六〇四〇〇〇	一七二〇〇〇	一五六六〇〇〇	三六五五二一二四
八年上半季	三六〇四〇〇〇	一七二〇〇〇	一五六六〇〇〇	四八〇五〇七二一四
下半季	三四六〇〇〇	一四七七六〇	一四八九三七六〇	五二七八一八五五
九年上半季	三四二六〇〇〇	一四七七六〇	一四八九三七六〇	五五六〇七八〇五

年下半季		一九二八〇〇〇		一三三七一三三		一四五五一三三	五三七四三一〇〇四
十年上半季		一九二八〇〇〇		一三三七一三三		一四五五一三三	六八七〇五九三八
下半季		一二四四〇〇〇〇		一〇九五九〇一六		一三三九九〇一六	六七六六七九七八
十一年上半季		一二四四〇〇〇〇		一〇九五九〇一六		一三三九九〇一六	八〇八七八四七六
十一年七月	一	一九五二〇〇〇		一〇六七二〇七二		一二六四〇七二二	一六九三〇八六一
八月		一九五二〇〇〇		一〇六七二〇七二		一二六四〇七一	二四〇八〇三二九三
九月		一九五二〇〇〇		一〇六七二〇七二		一二六四〇七一	二四七四五七一六
十月		一九五二〇〇〇		一〇六七二〇七二		一二六四〇七一	二四六二四八九
十一月		一九五二〇〇〇		一〇六七二〇七二		一二六四〇七一	二四五九二七四
十二月		一九五二〇〇〇		一〇六七二〇七二		一二六四〇七一	二五一〇一五五二四
十二年一月		一九五二〇〇〇		一〇六七二〇七二		一二六四〇七一	二五〇八七五六四六
二月		一九五二〇〇〇		一〇六七二〇七二		一二六四〇七一	二五二六七〇四三
三月		一九五二〇〇〇		一〇六七二〇七二		一二六四〇七一	二五二五八〇八六八
四月	丶	一九五二〇〇〇		一〇六七二〇七二		一二六四〇七一	二五二五三五六九三
五月		一九五二〇〇〇		一〇六七二〇七二		一二六四〇七一	二五二三六〇七七七
年　六月		一九五二〇〇〇		一〇六七二〇七二		一二六四〇七一	二五二三五二〇五九

外史氏曰中國未聞有國債也周既東遷王室衰微赧王負債至築臺避之天下後世以爲恥笑而周室亦隨而傾覆矣顧余考泰西諸國莫不有國債債之巨者以本額計至八億萬磅之多以利息計乃至歲出二千七百萬磅以全國歲入計乃至盡五六年或七八年或十餘年猶不足以償以全國戶口計乃至每人負債一百一十餘圓可謂夥矣歐羅巴古時遇國庫匱乏則豫擺其租稅所入借之富豪以應急需其償期甚迫給利甚重此特出於一時濟急之方耳其後意大利共和政府始立方法以借國債西班牙佛蘭西倣而行之及荷蘭叛西班牙廣借國債以應軍需卒收其效而成獨立之國於是國債盛行西歷一千六百八十八年英國亦募債戰爭迭起積年增多至一千八百七十年英吉利負債八億萬磅佛蘭西五億五千萬磅俄羅斯三億萬磅美利堅合衆國五億三千二百四十萬磅其他各國莫不有債即以英國而論歲出利息二千四百二十七萬磅歲入租稅七千一百四十五萬磅計十一年全額乃能償清當時全國戶口三千八十萬人每人分計負債有一百一十餘圓之多云世人皆

謂西戎樂戰窮兵黷武唯意所欲蓋由於府帑之充溢金穀之富饒此其說誤矣既而知其國債之巨又謬疑府藏空虛國計窘迫一若負債累累不可計長久者抑又非也泰西諸國必預計一歲出入之欵量出爲入無所蓄積國家一旦有大兵革大政事乃大開議院議加征重賦重賦加征之不足於是議借債余嘗考其故大概有二一則内憂外患紛爭迭起因以師旅重以饑饉當全國人民安危之所繫則議借債此則暫紓目前之急不得已而爲之如荷蘭之叛西班牙米利堅之拒英吉利是也一則瀛車鐵路治河墾田經始大利必集鉅欵爲全國人民公益之所關則議借債此則豫計後來之利有所爲而爲之如日耳曼之開礦山俄羅斯之造鐵路是也夫有國家者既不能如人之一身有恆產有生計亦不能竭國家所有而抵償於人

負債既重終不能不分其負擔於人民取償於租稅租稅過重民不能堪國必隨弱故國債一事非出於治窮無術則實不應舉荷蘭因負債過鉅橫征暴歛以還國債卒以弱國雖然因軍事而借則譬如祖父艱難拮据爲子孫圖生業所負之債已不能償而責償於子孫爲子孫者自不得辭由公益而借則譬如工場田野荒蕪不治召集農工爲之墾闢卽以其墾闢所得之利以養農工農工亦與分其利故因一時窘迫勢出於不容已偶一爲之亦不妨也泰西政體君臣上下休戚相關富家巨室知國家借債所以衛我室家謀我田廬而同袍同澤并力合作之氣一倡百和未嘗不簞金輸粟爭先而恐後則其稱貸也不難逮夫事既平定出貲者歲給餘息尚有徵利與自營生計無異則其徵償也亦不迫既爲諸國習見之事又非計日促償之欵第分其歲入之一二

以爲子金則其供息也亦不甚累又況富商巨室展輸於公則下之於上患難與同憂樂與共相維相繫之義日益深而國本日益固西人每謂社稷可滅而國不可亡國債亦居其一端是故内國之債雖高如山阜浩如淵海西人視之若尋常不爲怪也若夫外國之債則泰西之譚經濟者皆比之蠶蠱動色相戒卽時會方殷後益極大猶不敢不周詳審重極之計窮策盡而後舉事蓋内國債雖有利有害楚人失之楚人得之其利害繫於一國外國債則利在一時而害貽於他日且利在鄰國而害中於本邦但使借債過一千萬則每歲供數十萬之息比之古人和戎歲幣猶有甚焉近者如土耳其如埃及皆以負債之故國庫匱乏岌岌可危其覆轍可鑒也而或者西人乃謂弱小之國利於借債負債愈重則所借之大國慮其損失必加保護而

國可賴以不亡嗟夫有國家者設想至此是所謂自暴自棄不足有爲者矣尚足與言哉尚足與言哉

日本國志卷十八

日本國志第六　卷之十九

食貨志五

出使日本參贊官黃遵憲編纂

貨幣

顯宗時始造銀錢式如銅錢中有孔無文外無輪廓徑一寸重一錢八分後歷十八世二百餘年至文武帝乃造銅錢元明嗣位之和銅元年銀銅並鑄文曰和銅開珎銀錢徑八分重二錢一分强銅錢徑八分重一錢帝大炊時復造金錢有文曰開基勝寶天平寶字四年鑄徑八分重三錢一分强同時造銅錢曰萬年通寶徑八分重一錢二分其後屢造銅錢稱德帝曰神功開寶桓武帝曰隆平永寶嵯峨帝曰富壽神寶以上皆徑八分重一錢或八分仁明帝曰承和昌寶曰長年大寶清和帝曰饒益神寶曰貞觀永寶宇多帝曰寬平大寶醍醐帝曰延喜通寶村上帝曰乾元大寶以上皆徑六分重五六分

不等爾後不復鑄錢當足利氏顓政時屢上表於明稱臣國銅錢耗失公私索然請賜錢詔屢賜之永樂錢遂通行國中以銅質純良至以一文當古雜錢四一貫當黃金一兩市民擇錢屢興訟獄將軍義植嘗下令禁惡錢然猶聽用永樂宣德錢之破毁者而定其價值迨慶長中將軍德川秀忠令禁用明錢以民多爭用明錢故也先是相模守北條氏康令民專用永樂錢錢多歸關東至是禁之行永樂錢二百餘年矣猶用京錢京錢漢古襍錢也後陽成帝天正年間嘗鑄銀錢銅錢曰天正通寶銀錢徑七分五釐重一分五釐銅錢徑八分重八分五釐然流傳不多於時始鑄大判金橢圓無孔無輪廓爲日本鑄造大判之始縱四寸九分五釐橫三寸零五釐重四十四錢七分爲無名大判金又有天正大判天正菱大判太閤大判古大判大佛大判其式不一大概縱在四五寸間橫在二三寸間重在四十錢內外多有花押或模字或有十兩字此皆豐臣秀吉所鑄德川氏以後有縱三寸餘橫一寸餘重二十二錢者世稱爲駿河五兩判縱二寸餘橫一寸餘重二錢餘者世稱爲半兩判縱二寸餘橫一寸餘重四錢餘者世稱爲天正小判縱一寸餘橫九分餘重二錢世稱爲二分判其縱橫輕重同小判而有花押者世稱爲武藏墨判又有駿河墨判其重僅一錢縱橫在一寸間者稱爲雛丸桐一分判徑六分重一錢爲渾圓形者稱爲圓一分判縱六分橫三分重一錢餘作長方形者稱爲大阪一分判又有金錢鑄永樂通寶字如永樂錢式徑八分重一錢一分同時又造銀判有駿河銀判有駿河銀五兩判有丁銀世稱古丁銀丁銀亦略圓形惟首尾署尖模刻花押及葵花葵葉亦有永樂通寶文祿通寶銀錢輕重大槩如金判金錢慶長以後德川家康爲將軍時益鑄金銀判有慶長大判慶長小判縱橫輕重同天正時所造其作長方形者曰慶長一分金又有慶長丁銀慶長豆板銀豆板銀者圓如豆無紋縱六分橫五分重三錢五分以後所鑄縱橫大槩在五六分間其式畧同或加一二文字而已又鑄慶長通寶銀錢後復鑄銅錢後水尾帝曰元和通寶明正帝靈元帝時均曰寬永通寶有徑七分重九分者有徑八分重九分者當德川秉政歲入常不足週國庫匱之則改鑄金銀判減其分量襍以僞質以資周轉元祿寶永年間德川綱吉爲將軍時改鑄金銀元祿時所造有元祿大判元祿小判元祿一分金元祿丁銀元祿豆板銀元祿二朱金縱四分橫二分餘重五分餘表有文曰二朱裏有花押寶永時所造有寶字丁銀寶字豆板銀及德川家宣嗣位又改鑄在寶永時有永字丁

銀永字豆板銀三寶丁銀三寶豆板銀乾字小判金乾字一分金在政德後有四寶丁銀四寶豆板銀武藏小判武藏一分金德川吉宗又復改造享保年間所造有享保小判享保一分金享保丁銀享保豆板銀享保大判元文間所造有元文小判元文一分金元文丁銀元文豆板銀、稱名同者縱橫輕重畧如古式德川家治執政別造長方形五錢銀有輪廓表文曰銀五錢裏文曰常是世稱明和五錢銀縱一寸五分橫七分重五錢南鐐銀表文曰以南鐐八片換小判一兩裏文曰銀座常是縱八分五釐橫五分重二錢七分又鑄鐵錢文仍曰寬永通寶及德川家齊主政之末年海防事起國計益窘因又改造金銀判文政中所造有文政小判眞字二分判文政一分金文字丁銀文字豆板銀文政南鐐銀文政一朱金草文二分金逮天保初年有天保大判天保五兩判天保二朱金天保小判天保一分判天保一分銀天保丁銀天保豆板銀並造天保當百大錢以充用橢圓形有孔有輪廓表曰天保通寶裏曰當百縱一寸六分橫一寸重五錢五分現今通行值寬永錢八文猶不值新鑄貨一錢也嘉永以後美使刼盟徵調紛起益以緊貨於是將軍家定又改造貨幣有嘉永一朱銀安政二分金安政大形二朱銀安政小判金安政一分金安政一分銀安政丁銀安政豆板銀家茂繼之有萬延大

判萬延小判萬延一分金萬延二朱金以上所鑄金銀貨明治七年由太政官布告因其本質以定價格有表例
後別鑄鐵錢仍曰寬永通寶又有文久錢質益粗劣元治慶應間將造紙幣
時小栗上總介力阻其事卒不果行而幕府亦亡矣王政維新
特於大坂設造幣局於明治四年始金銀銅三貨並鑄特以英人麻汝
留致禾爲首長監督其事既成頒發新貨條例命上下通用又定與新舊金銀外國貨幣交換之制凡民人所藏金銀塊及摩
損燒燬願鑄新貨者許爲代鑄一倣外國之式其稱謂從圓數起由一圓而二
圓三圓至於千萬億皆以圓計一圓百分之一爲一錢千分之
一爲一釐自釐以下不復鑄造其計算之法則繼之以毫絲忽微纖云釐十爲一錢錢十爲
十錢十錢者十則爲一圓金貨有值二十圓者重八錢八分餘其質金九銅一
有輪廓表爲升龍伏龍形周圍有文曰大日本明治三年二十圓裏紋有菊花桐葉交互樹蔓旋有值十圓者
式皆同上文曰十圓重四錢四分餘有值五圓者式皆同上文曰五圓重二錢二分餘有值二圓者
式皆同上文曰二圓重八分有餘有值一圓者重四分餘裏式同上唯表面不作龍形中有一圓字周圍曰大
日本明治四年銀貨有值一圓者初於明治四年發行一圓銀表爲雙龍升降形周圍有文曰大日本明治
三年一圓裏有菊紋桐葉中作星彩明治七年復改圖畫表曰
大日本明治七年附以洋文裏之中心改鑄字曰一圓是二種
皆重七錢一分七釐六毫然比洋銀較輕不便於用至明治八
年又改鑄增重爲七錢二分五釐六毫裏作隸書曰貿易銀考
泰西各國本國通用貨幣必依本國所自鑄造者其他國錢幣
不許通行雖輕重相等而價格較低此通例也惟日本開港以
後多用墨西哥米利堅銀錢所鑄新貨反不如洋銀價高乃改
增爲七錢二分有奇而通商市場猶不能與洋銀相等其散布
於香港等處者明治十三年香港知事燕臬士來遊外務卿請
其布告香港商民日本銀錢一體通用燕臬士許之然至今香
港所用日本銀價猶畧低云有值五十錢者值二十錢者值十錢者值五錢
者式皆同上唯一圓銀銀九銅一五十錢以下則皆銀八銅二也銅貨有值二錢者式畧同銀錢裏有文
曰五十枚換一圓有值一錢者式亦相同裏有文曰以百枚換一圓有值半錢者式亦相同裏有
文曰二百枚換一圓有值一釐者表作菊紋裏有文曰一釐以上金銀銅三貨徑寸重量性質有表具於後自
開局鑄造至明治十三年共鑄金貨五千二百五十萬一千二
百零八圓銀貨二千八百六十五萬八千九百七十五圓銅貨

四百八十四萬九千七十八圓共值八千六百一十萬零六十
一圓云當幕府末造欲造紙幣而未果明治元年閏四月始造
太政官金札十兩五兩一兩二分一分二朱一朱七種當時布告謂以一時權宜製
造金札限於十三年間通用而未定所造之數二年五月命將
製造紙幣器械概行焚毀以三千二百五十萬圓爲限旋以太
政官金札紙式過大不便流通於民部省別製小札以交換大
札於時布告亦稱以一換一不得踰原額然交換之外旋又增
發共有五千六百三十二萬七百零七圓此明治四年查核之數維新之
際各藩自造紙幣名曰藩札明治二年十二月令各藩紙幣經
舊幕府許造者速以其數上申毋得踰限濫製維新後所私造
不許通行三年復申前禁四年七月布告曰貨幣者上下流通
宜定一式從來諸藩所私製藩札多寡大小參差不一今廢藩
令下乃製新札以換私札於是令民交換其數爲二千四百二
十萬八千八百四十六圓是年大藏省又製眞金兌換證券以
五百五十萬圓爲限命民人持證券者得交換新鑄貨幣十月
又布告曰大坂造幣寮方鑄新貨然數千萬圓一時難造暫製
三種十圓五圓一圓紙幣以通用國內宜與貨幣同價有請以紙幣換
貨幣者以舊貨幣給之無幾開拓使復援大藏省例製兌換券
二百五十萬圓於是合大藏省所造爲數九百三十萬圓自金
札行世以後都邑豪富每結商會以買賣貨幣又請於官許令
自發金券猶銀行之銀單錢店之錢票也三都五港新券之行累年增多至明
治七年漸換券爲幣金券不復行共發三百萬圓蓋政府意欲全國發
一式紙幣不復許商人自發金券也初發紙幣爲本國所造紙
墨雕刻未能精好易於作僞乃令日耳曼雕刻師製於德國其

式長三寸廣二寸別製精紙刻爲雙龍雙鳳形白地藍紋中有文曰金十圓金五圓金一圓七年始發行八年一月命大政官金札民部省小札與新紙幣交換限於是年五月通用後屢延期至十二年猶未盡換命與官札省札藩札各種交換是爲新紙幣換札之外十年西南之役又增發二千七百萬圓初設銀行以謀減紙幣然其後銀行以每歲五分息借紙幣於政府於是又增發銀行紙幣三千二百三十五萬七千四百三十五圓至十二年六月合計各種紙幣爲一億四千八百六十二萬七千六百七十八圓云初太政官之發金札也命與金貨同價納租供稅上下通用然未及數月金札一圓僅値六十六錢懸爲厲禁而令不行乃令以金札百二十圓換金貨百圓租稅亦從而增額由是物價驟昂札價愈減明治二年春至以金札一圓換金貨四十五錢四月又示禁金貨金札不許二價

無幾札價忽昂與金貨比蓋是時各藩私鑄金貨體粗質惡凡十五六種多以銅製或銅質鍍金價不及十分一民間以爲與其得贋金不如用紙幣故紙幣驟歸本價當維新喪亂之際各藩爭造贋金充溢廛肆政府乃下函館平定以前所造僞貨概置不問之令三年六月定僞造寶貨律犯者斬決然贋金流布既多雖設法驅禁於三都五港設廳檢驗而不可勝檢因以紙幣三十圓買贋金百圓限日收清而贋金乃絕然當局者亦知其不可恃將製金貨以減金札二年令曰自今冬將鑄造新貨幣期以五年更換五年後有未換者則一年給以五分利是時紙幣之數猶未多也明治三四年間大久保利通爲大藏卿以井上馨澁澤榮一爲輔頗以消減紙幣爲主義乃議裁國用冗費發公債證書以所發金札改爲公債換予證書給以利息蓋使人人可收蓄以謀生計變流通之物爲收藏之物固消滅紙幣之一方也創國立銀行銀行者集貲爲商會歐洲各國莫不有之凡金銀兌換交滙借貸寄頓皆銀行司理國家每總其利權而稽其出入蓋貨財以流通爲貴設銀行以資周轉俾之無壅一無匱亦裕國便民之一事也先是

明治三年大藏大輔伊藤博文自赴美國討紙幣消滅之法歸朝建議以爲宜創立銀行井上馨等贊成之於是頒發銀行條例其條例稱銀行貲本令商人集貲爲之貲本分爲十分其十分之六爲金札交換公債證書納於政府爲抵押物政府給以紙幣聽之通行其十分之四爲眞金儲之銀行名預備金所發紙幣聽人便宜隨時交換蓋政府之意增民間銀行紙幣則減少國家紙幣云汲汲謀補救然明治五年承廢藩之後歲入不足凡七百餘萬又增發紙幣八百餘萬大藏省發兌換證券六百餘萬開拓使繼之又發證券二百餘萬至是年之冬合之舊藩札已有八千餘萬矣六年遂發公債設銀行初詔以金札換金貨至是以國庫匱乏卒寢不行是時布告現因政府有事所發金札未能如約給利故今改爲分償須給證書云其他大藏省開拓使所發證券亦未能換給眞金而所設銀行以公債證書爲資本上下賴以周轉時國立銀行僅有四行如第一國立銀行貲本金二百五十萬圓所發紙幣僅一百五十萬圓而已時井上馨等上書論理財艱危卒辭職去改以大隈重信爲大藏事務總裁然是時紙幣金貨尚無二價加以造幣寮所鑄

金銀銅貨有六千餘萬流行於世人見市場黃白充溢竊計從此不患匱乏而不知金銀輸出積年增多至七年五六月間金貨漸貴八年之末益甚富商儲積日有損失小民生計漸以艱難而銀行以預備眞金交換紙幣耗折過甚連署請之政府乞以紙幣爲通用政府不許及九年六月金祿公債證書發行驟增一億餘萬於市乃又改定銀行條例改定銀行條例凡貲本金分爲十分其十分之八爲公債證書納於政府以易紙幣其十分之二爲眞金儲之銀行爲預備金照紙幣發行之數之四分之一須以眞金留蓄以便民人交換云先是銀行之紙幣價輕多有虧折訴之政府政府不得已借給紙幣俾之謀利及銀行條例改定以後有第十五銀行乃華族集資爲之者請於政府借給紙幣以每歲五分之息供政府政府許之各銀行援以爲請由是設銀行以減紙幣之意變爲設銀行而增紙幣矣卽以金祿公債爲銀行貲本意欲使華士族就恒產且使國民易以求貲遂不顧紙幣增發之患專以勸立銀行爲急而銀行陸續遞增至百四十餘紙幣又增三千餘萬

矣重以十年鹿兒島之役增發紙幣二千五百萬至十二年合共紙幣乃至一億五千餘萬之多此數年中金銀輸出泛濫無制大藏省準備金以外計全國流通眞金銀殆不過二千萬十二年時銀價米價相隨昂貴金貨一圓值紙幣一圓四十四錢銀貨及外國銀一圓值紙幣一圓二十五錢米價一石值紙幣七八圓十三年三月騰上益速銀貨一圓值一圓四十二錢至四十六錢米價一石值八圓八十錢至九圓五十錢至四月銀米益昂紙幣勢將墮地人心恟恟舉國危懼銀貨值一圓五十四錢米價值十圓五十七錢於是政府出大藏國庫所蓄金輸之市場以淺草米廪所儲米賣之商賈以挫折其勢然徒歸畫餅卒無大効是時賤商壟斷射利居奇專以銀米價爲買賣類於博徒所爲並非買賣銀米第虛指後期交結定銀預擬價之昂低以謀利即上海近年所謂買空賣空者大藏卿乃又請禁以虛價爲買賣者一切停閉又復無効無幾復解禁既而復禁旋又罷之由是世人咸知物價之昂貴實由於金銀之

流出紙幣之濫造矣而政府乃議增租稅節費用以銷紙幣爲主期其効於數十年之後云日本之談經濟者謂維新之初無暇計利害製造紙幣乃出於不得不然其後謀減紙幣志不果遂而張脉僨興暴動輕舉增發過多貽今日財政之困不可謂之無過若論紙幣功過則維持新政征討叛徒整頓海陸軍之兵經營華士族之產創電信鐵道鑛山之業爲訓農通商惠工之益皆其功之大者也然於騰貴本國物價增加外品輸入使國民溺於驕奢陷於困苦而不自覺是則其害之大者也蓋國家蒙其益而小民實受其害云自十三年後世人爭咎紙幣過多而論商務者乃謂紙幣爲一國流行之物多亦不足爲害苟使裁損減少反無以資民謀生今日非紙幣過多之害乃輸入過多金銀濫出之害也其言非不扼要然紙幣者實則輔金銀而行者也既不能與金銀價離而爲二則今日十僅值三四明日十僅值五六紙幣無定價物亦無定價使全國用紙幣者日受耗損民將何以安其生乎是不得不謀所以消滅之方矣

古金銀貨價格比較表

種類	價值	種類	價值
慶長大判	七十四圓七十一錢八六	享保大判	七十四圓七十一錢八六
天保增鑄大判	七十四圓七十一錢八六	元祿大判	五十九圓二十七錢一〇
新大判	三十八圓二十六錢六八	元祿小判	六圓八十六錢五七
慶長小判	十圓零六錢四三	武藏小判	一圓六錢四三
乾小判	五圓十五錢六三	享保小判	十圓十一錢五八
元文小判	五圓七十五錢八九	文政小判	五圓零三錢九二
天保小判	四圓三十六錢六二	五兩判	十八圓七十錢四四
安政小判	三圓五十錢五一	安政新小判	一圓二十錢四三
慶長一分判	二圓五十錢六	元祿一分判	一圓七十七錢六四
乾一分判	一圓二十八錢九一	享保一分判	三圓五十二錢八九
元文一分判	一圓四十三錢九七	文政二分	三圓五十二錢三六
文政一分判	一圓二十五錢七三	文政二分判	三圓二十七錢二七
天保一分判	一圓零九錢二五	安政一分判	八十七錢六三
安政二分判	九十五錢零三	安政新一分判	三十二錢六一
安政新二分判	五十四錢三二	武藏一分判	二圓五十一錢一
元祿二朱判	八十五錢八一	文政一朱金	十六錢零一
古二朱金	三十六錢四五 一圓零十九	安政新二朱金	十三錢六一
安政二朱銀	四十錢二六	文政二朱銀	二十九錢六七
安政一朱銀	十錢三五	古一分銀	三十七錢七零
壹朱銀	七錢四零	壹分銀	三十一錢一七
安政二朱銀	四十六錢五一	安政大形二朱銀	四十六錢五一

新製金銀銅三貨表

金貨					
種類	二十圓	十圓	五圓	二圓	一圓
徑	曲尺一寸一分五厘七毛	曲尺九分七厘一毛	曲尺七分八厘七毛	曲尺五分七厘七毛	曲尺四分四厘六毛
重量	日本八錢八分八厘八毛 英國五百一十四克林四	日本四錢四分四厘四毛 英國二百五十七克林二	日本二錢二分二厘二毛 英國一百二十八克林六	日本八分八厘八毛八 英國五十一克林四四	日本四分四厘四毛四 英國二十五克林七二
配合	金九銅一	金九銅一	金九銅一	金九銅一	金九銅一
貨 種類	一圓	五十錢	二十錢	十錢	五錢

銀貨 徑	曲尺一寸二分四厘	曲尺[illegible]寸四厘	曲尺七分七厘	曲尺五分八厘	曲尺五分
重量	日本錢[illegible] 英國四一六克林	日本錢[illegible] 英國[illegible]克林	日本錢[illegible] 英國七七克林二	日本錢[illegible] 英國三八克林六	日本錢[illegible] 英國一九克林二
配合	銀九銅一	銀八銅二	銀八銅二	銀八銅二	銀八銅二
銅貨 種類	二錢	一錢	半錢	一厘	
徑	曲尺一寸五厘	曲尺九分	曲尺七分七厘	曲尺五分二厘	
重量	日本錢[illegible] 英國[illegible]克林	日本錢[illegible] 英國[illegible]克林	日本錢[illegible] 英國五五克林	日本錢[illegible] 英國一四克林	

金銀銅貨幣發行額數表

年月／種類	發行數 金貨圓	銀貨圓	銅貨圓	合計圓	既發合額 金貨圓	銀貨圓	銅貨圓	合計圓
明治四年	[illegible]	[illegible]		[illegible]	[illegible]	[illegible]		[illegible]
五年	[illegible]	[illegible]		[illegible]	[illegible]	[illegible]		[illegible]
六年	[illegible]	[illegible]		[illegible]	[illegible]	[illegible]		[illegible]
七年上半季	[illegible]	[illegible]	[illegible]	[illegible]	[illegible]	[illegible]	[illegible]	[illegible]
七年下半季	[illegible]	[illegible]	[illegible]	[illegible]	[illegible]	[illegible]	[illegible]	[illegible]
八年上半季	[illegible]	[illegible]	[illegible]	[illegible]	[illegible]	[illegible]	[illegible]	[illegible]
八年下半季	[illegible]	[illegible]	[illegible]	[illegible]	[illegible]	[illegible]	[illegible]	[illegible]
九年上半季	[illegible]	[illegible]	[illegible]	[illegible]	[illegible]	[illegible]	[illegible]	[illegible]
九年下半季	[illegible]	[illegible]	[illegible]	[illegible]	[illegible]	[illegible]	[illegible]	[illegible]
十年上半季	[illegible]	[illegible]	[illegible]	[illegible]	[illegible]	[illegible]	[illegible]	[illegible]
十年下半季	[illegible]	[illegible]	[illegible]	[illegible]	[illegible]	[illegible]	[illegible]	[illegible]
十一年上半季	[illegible]	[illegible]	[illegible]	[illegible]	[illegible]	[illegible]	[illegible]	[illegible]
十一年七月					[illegible]	[illegible]	[illegible]	[illegible]
八月	[illegible]	[illegible]	[illegible]	[illegible]	[illegible]	[illegible]	[illegible]	[illegible]
九月	[illegible]	[illegible]	[illegible]	[illegible]	[illegible]	[illegible]	[illegible]	[illegible]
十月	[illegible]	[illegible]	[illegible]	[illegible]	[illegible]	[illegible]	[illegible]	[illegible]
十一月	[illegible]	[illegible]	[illegible]	[illegible]	[illegible]	[illegible]	[illegible]	[illegible]
十二月	[illegible]	[illegible]	[illegible]	[illegible]	[illegible]	[illegible]	[illegible]	[illegible]
一月	[illegible]	[illegible]	[illegible]	[illegible]	[illegible]	[illegible]	[illegible]	[illegible]
十二年二月	[illegible]	[illegible]	[illegible]	[illegible]	[illegible]	[illegible]	[illegible]	[illegible]
三月	[illegible]	[illegible]	[illegible]	[illegible]	[illegible]	[illegible]	[illegible]	[illegible]
四月	[illegible]	[illegible]	[illegible]	[illegible]	[illegible]	[illegible]	[illegible]	[illegible]
五月	[illegible]	[illegible]	[illegible]	[illegible]	[illegible]	[illegible]	[illegible]	[illegible]
六月	[illegible]	[illegible]	[illegible]	[illegible]	[illegible]	[illegible]	[illegible]	[illegible]

紙幣流通數目表

年月／種類	太政官札圓	民部省札圓	大藏省兌換證券及開拓使兌換證券圓	舊藩札圓	新紙幣圓	銀行紙幣圓	合計圓
明治元年	[illegible]						[illegible]
二年	[illegible]	[illegible]					[illegible]
三年	[illegible]	[illegible]					[illegible]
四年	[illegible]	[illegible]	[illegible]	[illegible]			[illegible]
五年	[illegible]	[illegible]	[illegible]	[illegible]	[illegible]		[illegible]
六年	[illegible]	[illegible]	[illegible]	[illegible]	[illegible]	[illegible]	[illegible]
七年上半季	[illegible]	[illegible]	[illegible]	[illegible]	[illegible]	[illegible]	[illegible]
七年下半季	[illegible]	[illegible]	[illegible]	[illegible]	[illegible]	[illegible]	[illegible]
八年上半季	[illegible]	[illegible]	[illegible]	[illegible]	[illegible]	[illegible]	[illegible]
八年下半季	[illegible]	[illegible]	[illegible]	[illegible]	[illegible]	[illegible]	[illegible]
九年上半季	[illegible]	[illegible]	[illegible]	[illegible]	[illegible]	[illegible]	[illegible]
九年下半季	[illegible]	[illegible]			[illegible]	[illegible]	[illegible]
十年上半季	[illegible]	[illegible]			[illegible]	[illegible]	[illegible]
十年下半季	[illegible]	[illegible]			[illegible]	[illegible]	[illegible]
十一年上半季	[illegible]	[illegible]			[illegible]	[illegible]	[illegible]
十一年七月	[illegible]	[illegible]			[illegible]	[illegible]	[illegible]
八月	[illegible]	[illegible]			[illegible]	[illegible]	[illegible]
九月	[illegible]	[illegible]			[illegible]	[illegible]	[illegible]
十月	[illegible]	[illegible]			[illegible]	[illegible]	[illegible]
十一月	[illegible]	[illegible]			[illegible]	[illegible]	[illegible]
十二月	[illegible]	[illegible]			[illegible]	[illegible]	[illegible]
一月	[illegible]	[illegible]			[illegible]	[illegible]	[illegible]
十二月	[illegible]	[illegible]			[illegible]	[illegible]	[illegible]

二十年三月	八七四三五四	三七三五五[illegible]	九三八七七五九八八九四八四[illegible]
四月	八七三四九八	三五九五九	九三八七三八九七[illegible]
五月	八七三七四二	三五五八四	九三八七三八八九七[illegible]
六月			[illegible]

外史氏曰楮幣可以便民不可以罔利者也苟使持數寸脆薄之物使天下之人饑藉以食寒藉以衣露處藉以安居則造之易而齎之輕天下之至便無過於此矣無如其不可何也金也銀也銅也是亦寒不可以爲襦饑不可以爲粟穴處不可以爲屋而天下之人奔走而求之且萃五大部洲嗜欲不通言語不達之輩不約而同以此爲利則以布帛菽粟之不可交易乃擇一物之貴而有用者爲幣以適用而金銀銅實爲適宜若以楮爲幣則直以無用爲有用雖以帝王之力設爲金銀銅交易之禁嚴刑峻法驅迫使行而勢有所不能且夫在唐有飛券在宋有鈔引今銀行錢店羅列於市廛人亦爭出其寶貨以易空楮經商四海者携尺寸之券雖在數萬里海外悉操之則獲不異於載寶而往於是禁飛券禁鈔引必嚣然以爲不便而歐洲各大國又有國家公立之銀行富商巨室舉其家所有之金銀大者牛車小者襁負寶輸於其中子一張之紙則珍寶而藏之日本初用楮幣也值相等者價或重於眞金蚩蚩細民給予錢則拒給予紙則受亦安在楮幣之無用今曰不可行者何曰以楮幣代金銀則可行指楮幣爲金銀則不可行也有金銀銅使楮幣相輔而行則便於民無金銀銅憑虛而造浸無限制吾立見其敗矣輓近以來物侈用糜錢之直日輕錢之數日多直輕而數多則其致遠也難成色有好醜鑄造有美惡權量有輕重民有交易奸詭者得上下其手以肆其詐僞而金銀銅之便以用

者又悄其繁重矣代以楮幣則以輕易重以簡易繁而人爭便之雖以中人之貲設市易銀紙幣尚足以行況以國家之力有不翅之若驚者乎誠使國家造金銀銅約億萬則亦造楮幣億萬示之於民明示大信永不濫造防其贋則爲精美之式救其朽則爲倒鈔之法設爲銀行以周轉之上下俱便此經久之利也日本自明治四五六年金銀銅三貨並鑄計値六千餘萬當時紙幣八千餘萬雖其數既浮民尙利之既有薩摩之亂驟加紙幣二千六百萬加以銀行之增發公債之充溢核楮幣之數過於眞錢幾億萬卽使金錢不流出而增造無藝浮數過鉅勢不得不賤況又益以輸入過多金銀溢出之害乎前之以一圓易金銀貨一圓者浸假而十一浸假而十二至今則十三四乃能易矣金元明之行鈔不過百年及其弊也鈔百貫値錢一文耳乃至不足償楮墨之費美利堅之行紙幣法蘭西之行紙幣皆爲時不久値千値萬之紙幣至不能謀一醉今日値十之三四將來殆不可問也尋前明及美法之弊終至拉雜摧燒廢棄不用轉而用金銀吾稽日本新鑄之貨多流出海外存於國中者不可問也全國上下所流通者紙幣已耳一旦不用殆將轉而易布帛菽粟矣紙幣日賤物價日昂貧民之謀生者日難於一日旣有岌岌不可復支之勢然以本國之幣購本國之産自相流轉尙可强無用爲有用購他國之貨則非以貨易貨不可矣若或不幸饑饉洊臻敵國乘隙終不能復舉無用之楮幣以購菽粟以儲槍礮誠未知其稅駕之何所也詩有之曰譬彼舟流不知所屆其今日日本紙幣之謂乎吾將拭目以觀其補救之方也

日本國志第六　　卷之二十

出使日本參贊官黄遵憲編纂

食貨志六

商務

古無商賈第以有易無而已至顯宗時鑄造銀錢商業蓋權輿於此自通使大唐唐物麕聚特於太宰府設唐物使一官船至則遣藏人檢查貨物命出納司辨給價值其珍異之品朝廷或以獻上皇以告山陵而特禁買估不由官司私相交易者蓋當時所重遠方難得之物不在通商也脩好中絶宋明之間偶通商舶而貿易不盛又以海寇肆擾每禁通商德川氏之初規模宏遠嘗許荷蘭英吉利葡萄牙西班牙呂宋安南暹羅互市外舶至者輒給以印票許持票再來其時坊津長崎平戶和泉界

浦海帆雲集而日本商人亦造巨舶出海德川氏定爲二十家船名曰硃印船禁教之後入海者必奉牒而行又謂之奉書船然卒以天主教倡亂悉絶互市並禁造大舶禁帆用三桅漕船外不得過五百石著爲永例外船抵港不許上陸而國民出海雖遭風難民歸亦處斬二百餘年兢兢墨守專以鎖港爲國是終德川氏之世唯長崎開港許中國與和蘭通商而已當時輸入之貨綿糖紬緞書具文籍爲多輸出之貨銅爲大宗餘則昆布鰒魚及銅漆雜器耳而德川氏中葉屢減船數限出入貨物值數故商務日以衰微事詳鄰交志上下篇中蓋亞細亞諸國重農而不重商但恐貨物匱之或無以養人之欲給人之求故立之制限使貨不濫出則價不騰貴意在保民不在通商古來政體如此與今日泰西諸國廣興商務以爭利益迥不侔也及美艦俄船迭來刼盟乃訂條約通鄰交以橫濱箱館大阪神戶新瀉夷港長崎築地爲通商市場而海禁大開國勢一變矣既開互市外

商鱗集輪船帆船聯絡繹東來西往日本亦頗有出鉅貲以營商業者先是日本舊習爲商賈者僅以一二人私財權子母以圖微利未有如西人之醵貲集錢以聯合力結爲商會者既與西商爭利知私財緜薄不如集貲商會之力之大由是商人合力聯結會社然操術不工往往鋭進輕舉不量力不慮勝先笑而後咷明治七年小野組既破家小野爲豪商之首組者謂組合爲商即商會也島田組又報傾產亦豪商當時二家破産連累甚廣官庫虧損亦及九十六萬餘圓日本之商勢益衰薾其經營之業如蠶卵紙屢取敗屈蠶卵紙歐洲中原購以爲種輸出甚盛商人貪得製日苟且聲價漸輕政府慮其濫造特設規則立制限商民譁然謂不便外國公使亦生異議政府不得已於七年解禁諸國蠶種概供輸出一時萬餘人聚於橫濱減價爭賣莫不虧本於是豪商六人協力出八萬餘圓購五十餘萬枚而燒之乃畧復原價此時失貲破産者不知幾千百人或曰此收買之策乃政府出貲陰遣商人爲之云至十年又復敗失商法會議局收毀三十餘萬枚而卒無效其他若三年之豕五年之兎八年之薔薇十

年之萬年青皆以無足重輕之物張脉僨興騤起高價乘機者居爲奇貨及價落而物歸無用因而破產者又比比相踵明治三年有豕白腹者或詫爲異物購而去俄而出貲爭購各以肥腯誇亨爲貨商人負利甚至寄電報購之香港廣東薔薇萬年青因一二華族購而玩賞效尤競起一花一葉竟費中人之産擔不能得其殊異者兎爲日本所無外商乘機謀利乃至每頭值數百金商民之愚昧者傾家購取以僥倖一時之利既而價落破産者殊衆且有人自殺云西商有以銀米物價限期爲買賣者其法實類於博簺日本自結商會爭効此風頗有朝猗頓而夕黔婁者譬如米價每石值五圓則懸期訂約糴米萬石或十萬石既至期而米價值六圓則每石得利一圓十萬石得十萬圓矣或每石值四圓則每石損一圓十萬石損十萬圓矣第指其虛價預擬低昂以決勝負而米仍積於倉廩未嘗買賣也其他若油若豆若金若銀無不如是此風盛行豪富有大力者鬨或聯集衆貲盡擧市場之米概行收買而自定其價以博厚利與之鬭力者復出他策以決勝敗市價無定往往一市鬨動云而各商會樹黨相爭又每每操同室之戈使外商得漁人之利以故利權盡歸於外商日本十不及一政府頗厭苦之其後豪商有識者

乃集合衆商開商法會議所設商法學校以振興商務至十三年因賣絲事與外商爭始稍稍有效爾後當能恢復商業歟州蠶紙耗損以後日本學製紅茶又因濫製爭賣而不得利輸出之貨絲最爲大宗商人又慮其敗也乃聯合衆絲商結一生絲轉運局凡外商買絲必至此局據式樣定價值乃許發賣日本絲商不得自與外商私相交易自設局後外商怨然不願請於公使公使商之外務外務辭以此商人之事非吾輩所得干預外商乃停止買賣相持數月卒以歐洲絲價甚昂外商乃不得已而從其章程蓋內商與外商爭權此爲第一次云　而政府自通商以來力以殖物產興商務爲人民提倡既廣開官工場屬內務省者有千住製絨所愛知紡績所廣島紡績所砂糖製造所屬大藏省者有造幣局印刷局屬海軍省者有橫須賀造船所唐津石炭所屬工部省者有佐渡生野阿仁院內三池之鑛山有赤羽深川兵庫長崎之工廠屬開拓使者有水車器械製造所木工所鍊鐵所麪粉製造所麥酒釀造所葡萄酒釀造所魚油製造所燧木製造所

昆布精製所魚粕製造所鑵魚製造所招集羣工日事興作復舉國家所有輪船付之三菱會社歲給貲金使爭內外航海之利生蕃之役購以載兵役運軍器者共十三艘事平屬於大藏省改爲商船以謀海運命三菱會社代司其事八年七月改隸內務省九月盡舉諸船付之三菱且每年由政府給金二十五萬圓以資助之考泰西各國商民創建輪船鐵路國家有以官船給之者有以官地付之者有歲出官金以資助之者有借給經費免收利息以助之轉運者甚有與商人訂約歲得四分五分利苟經營不足此數籌款以彌補之者蓋輪船鐵路爲一國公益所關國家遇有軍務賑務既便徵調尤便運輸且民間重滯難運之物若煤若鐵尋常人力不便營運者苟輪船能通鐵路能到不難變廢棄之物而爲貲財化窮谷之鄉而爲富庶非獨利商實則裕國又況各國皆有而我國獨無則利權盡爲外人佔據但使創立一輪船商會無論其得利與否此商會中有十餘艘輪船每歲所得轉運之貲及一百萬則此一百萬金仍歸於吾民不至爲外人奪去國家安得不設法保護之乎凡創辦之事根本甫立外人爭攬利權者又往往傾貲以爭競設策以搖撼故得利甚難國家出貲助之亦勢之不得不然者也三菱會社既設卽於是年購美國船四艘以外走上海旋又與英國彼阿會社爭日本沿海之利英船卒讓之獨行十年麑島之亂盡舉輪帆諸船以供國家調兵運糧國家亦賴其利蓋辦理已有成效矣　以官工所開炭山付之

長崎商社以勸民人開鑛之業復於勸農局商務局揀派官吏往中西各國考求種殖之法孳養之方製造之事歸以教人於直隸購羊千頭於紐約購馬數十匹於歐洲諸國購葡萄木棉烟草及其他奇花異卉開農場設學校日討國人敎以務財訓農通商惠工諸事又設共進會若綿若絲若茶若糖各令商人出品每物不下千餘種分別其精粗優劣上者給以龍紋賞牌次鳳紋賞牌次花紋賞牌又次給以褒賞之章以內務卿監臨其事拔其尤者以勸衆人明治十年又開內國勸業博覽會萃全國物產工作比較而賞拔之則國皇與后均親臨會場以示盛典而米利堅費里地費亞百年大會澳地利維也納之萬國博覽會佛蘭西巴黎斯之大會皆特命卿輔總裁其事俾督率商人齎物以往得褒賞者歸而誇示以爲榮米國百年大會派命內務卿大久保

利通爲總裁繼改命陸軍中將西鄉從道澳國大會特命議官佐野常民皆令親赴會場歸上其事於政府法國大會亦命內務卿伊藤博文爲總裁　復於中國之上海天津廈門英之倫敦新嘉波法之馬耳塞俄之華地雲士鐸美之紐約桑佛蘭須斯果分設領事命以時呈報商務而政府以本國製造物如綿織物絲織物絲棉交織物衣服陶器磁器七寶器漆器竹器銅器鑞器紙扇子團扇於十二年布告一概免稅許之輸出凡有可以拓商業攬利權之法皆依倣採擇一一舉行然而通商十餘年惟明治元年及九年輸出多於輸入其他則輸入過於輸出者爲數甚多也蓋自維新以前各藩學習西洋兵法以戎衣勁服從事遂以洋服爲便稍有摹擬者德川末代將軍曾著洋服人爭誹訾外交漸開既勢力自審不敵遂豔羨其事事物物無不盡羨明治三四年間各藩士多用洋服脫刀劍者其時東西衣服並用

奇裝異飾招搖過市外人頗爲嗤笑三年令士民散髮脫刀一任其便（於時地方官諭令人民或以散髮有益於養生爲言或設不遵斷髮之令甚有令結髮課重稅者於是士民之頭髮靡然一變云）未幾國皇斷髮皇后亦廢棄薙眉涅齒舊習逮明治五年制定文武官禮服一用洋式而服色一變矣房屋舊皆以木製幕府之末惟一延賓館築之以石蓋亦以館賓者旣而官廳學校工場皆效西式層樓傑閣穹窿壯麗驚人耳目五年東京火災政府命於京橋新橋間創造市街牆磚屋瓦一依西俗特借給經費以助成之而居處又稍變矣上行下效靡然從風爲官吏者限於禮制無論也豪富大賈故家世族學士文人亦頭戴氈笠足踹皮靴手執鞭杖鼻撑眼鏡若入而居家不以巴黎斯之葡萄酒古巴之淡巴菰餉客輒若有慚色而巨室大家更且牆被文繡地鋪氍毹矣卽下至窮鄉陋邑小戶下民偶有餘蓄亦購猩紅氈爲褥碧琉璃嵌窗以之耀鄉里以故外物叢集大而輪船機器巨礮利鎗小而氈冠革履手拭襟飾連檣累舶日新而月異外商之工於謀利者又且以英美之物效日本之制輸入之物每年累加設關以來浮於輸出者遂不下億萬矣輸出入貨值旣不足相抵金銀日益濫出自安政五年橫濱開港迄於明治四年凡十三年間溢出金銀大約及八千萬圓通商之始未諳外情所訂條約以貨幣互換爲言政府乃定以洋銀一枚三分之一換金一兩之制外商不勞而獲厚利百方交換其時流出者蓋不知凡幾（美國條約云外國貨幣與日本貨幣種類同輕重同許其通用聽兩國人民互相交換又云日本人民未習用外國貨幣開港之後凡一年間官於各港設經理所所有日本貨幣悉聽米利堅人求請照價交換英佛俄蘭諸約皆同而政府是時未知外國貨幣價格也乃定以洋銀一枚三分之一換金一兩之制外商以兌換之間驟得美利日夕持銀責官吏互換官吏乃限每日每人許換之數外商又雇人互換行之一年而後已按當時

價值每洋銀一圓僅值日本金一兩十分之七五云）以各稅關未經查核故未悉其確數然自慶長鑄金以後累世積蓄傾瀉殆盡云明治五年以後稅關始稽金銀溢出之數至十三年輸出過於輸入凡六千六百餘萬其中有新鑄貨幣五千餘萬綜計通商至今爲數凡一億四千餘萬云若通商各國輸入之貨以英爲最多輸出之貨以美爲最多其與中國通商則近歲輸出入之數各在四五百萬圓間不甚懸殊也

金銀輸出入比較表

年／類別	金銀輸出額（千圓）	金銀輸入額（千圓）	金銀輸出超過（千圓）	金銀輸入超過
明治五年	四五二四	三六九一	八三三	
六年	五一二六	三〇八〇	二〇四五	
七年	一三九九五	一〇七一	一二九二三	
八年	一四七一五	三三五	一四三八〇	
九年	一〇六九七	八二七一	二四二五	
十年	九四六八	二二八〇	七一八八	
十一年	八四八五	二一八九	六二九六	
十二年	一三一三五	三一三五	九九九九	
十三年	一三七六〇	三六二九	一〇一三〇	
總計	九三九〇八	二七五九五	六六三一三	

新貨幣輸出入超過表

年／類別	金貨過出（千圓）	金貨過入（千圓）	銀貨過出（千圓）	銀貨過入（千圓）	金銀貨過出（千圓）	金銀貨過入（千圓）
明治五年	一四二		二一		一六四	
六年	一九七七		一八		一九九五	
七年	七五九六		九三〇		八五二六	
八年	八二〇四		八二五		九〇三〇	
九年	三三四七			九八	三二四九	
十年	四七八九		一四八五		六二七四	
十一年	三〇一七		一二八〇		四二九八	

年/類別	金貨過出	金貨過入	銀貨過出	銀貨過入	金銀貨過出	金銀貨過入
十二年	三六二九		三七二四		七三五四	
十三年	五二九〇		四七六四		一〇〇五四	
總計	三八二九五		一二九五四		五一二五〇	

舊貨幣輸出入超過表

年/類別	金貨過出（千圓）	金貨過入（千圓）	銀貨過出（千圓）	銀貨過入（千圓）	金銀貨過出（千圓）	金銀貨過入（千圓）
明治五年	一五四二		二七五八		四三〇〇	
六年	六〇〇		一〇六五		一六六六	
七年	五二八		一五三一		二〇五九	
八年	一七五八		一四七七		三二三六	
九年	八九〇		二八九		一一八〇	
十年	八八九		四九九		一三八九	
十一年	一一三三		五〇七		一六四〇	
十二年	二五〇		二四四		四九五	
十三年	一八		一八九		二〇八	
總計	八六二二		七五五四		一六一七七	

外國貨幣及金銀塊輸出入超過表

年/類別	金過出（千圓）	金過入（千圓）	銀過出（千圓）	銀過入（千圓）	金銀過出（千圓）	金銀過入（千圓）
明治五年				三六七五		三六七五
六年		一九七七	三五八			一六一九
七年		一	三三三八		三三三七	
八年	五一三		一四八四		一九九八	
九年	一〇二二			二九三三		一九二〇
十年	三八〇			七七七		三九七
十一年	四五〇			二五〇	二〇〇	
十二年		六二	一六五六		一五九二	
十三年	五五八		二一八		七七六	
總計	八七四			一五八〇		七〇八

海關輸出入總計各年比較表

年/類別	輸出（千圓）	輸入（千圓）	輸出超過（千圓）	輸入超過（千圓）
明治元年	一五五五三	一〇六九三	四八六〇	
二年	一二九〇八	二〇七八三		七八七四
三年	一四五四三	三三七四一		一九一九八
四年	一七九六八	二一九一六		三九四八
五年	一七〇二六	二六一七四		九一四八
六年	二一一四二	二七六一七		六四七五
七年	一八七八〇	二三九二四		四一四四
八年	一七九六七	二九三三三		一一三六四
九年	二七三三五	二三四七八	三七四六	
十年	二三九七六	二七〇六二		四〇八六
十一年	二五五二四	三二五六三		七〇三九
十二年	二七三八八	三三五〇八		五一一九
十三年	二七四二三	三六一七八		八七七四

五萬圓以上輸出品

年/類別	米 量（千斤）	米 價（千圓）	麥 量（千斤）	麥 價（千圓）	麥粉 量（千斤）	麥粉 價（千圓）	海菜 量（千斤）	海菜 價（千圓）
明治元年							二四七	六二
二年							三三	六六
三年							二七三	九六
四年							二八二	一〇八
五年							三三三	七八
六年		五三八	三三六三	五一	一九	二	三六四	一〇二
七年	一四〇七九	三三三		九六			五六六	一三四
八年		一八			〇	〇	七五六	一〇一
九年	四六五五〇	八〇	三〇	〇	五四三	七	二七七	一三三
十年	一〇四三〇	三六九	九二三〇	一四八	八九	三	二二〇	二四五
十一年	一九八四二	四六四四	四八三三	八二二	一六二六	六五	二三九	一三七
十二年	二三五九七	四六	五八九四	一三三	四九二	一四	二六九	二六九
十三年								

年/類別	茸類 量（斤）	茸類 價（元）	茶 量（斤）	茶 價（元）	番茶 量（斤）	番茶 價（元）	粉茶 量（斤）	粉茶 價（元）

類別		明治元年	二年	三年	四年	五年	六年	七年	八年	九年	十年	十一年	十二年	十三年
煙葉	斤量	三六四	三四五	四四六	四九二	五九	五九	五三五	六二五	八五	八七八	七六六	八四八	
	元價	一六	一四二	一五五	四七	一〇六	一五三	二四	二五〇	三五五	三二九	二五六	二四五	
乾鮑	斤量	七四三九	六四四	一〇八六	一三三八	一三七九	一三〇八六	一七八六三	一九三六九	七七三三	七八八三	一九五三四	二五八三八	
	元價	三三四	一九五四	四四三	四六二	四二四	四五六	七九三	六七四五	五三五〇	四八八	四三九	七三五	
鯣	斤量	一九五二	一〇六	一〇二八	九六五	一五〇七	八五〇	九〇四	一二八八	一〇七五	五九五	三四	五五八	
	元價	二二	一四四	六八	二九	九三	八八	四九	八八	五九	一八	二一	二二	
煎海鼠	斤量	七三五	一五四	四九九	三四三	四八七	四〇二	三六二	八二二	四二六	三四三	二九〇八	三〇五	
	元價	二四	四	一二	一〇	九	八	九	二八	四四	六七	六二	七一	

日本國志卷二十　九

類別		明治元年	二年	三年	四年	五年	六年	七年	八年	九年	十年	十一年	十二年	十三年
大板昆布	斤量	二〇七	四三〇	六四	三六五	三三〇〇	二六六六	五四四六	四四五六	九二七	三〇六	九九七	四四	
	元價	一〇	二八	四六	九六	四〇六	二七三	二七三	一八四	七九	二〇九	一〇六	四〇	
刻絲昆布	斤量	二〇	三三	三六八	四三五	三九〇	五六四	七四	六三三	六八	五六〇	九〇二	一〇七	
	元價	六四	一〇二	一〇	二五	九三	一四四	九〇	一六九	一九四	一七〇	二七九	二八九	
禽獸類	斤量	六四三	八五	二三	一〇九	一七三	一六二五	二六五〇	一七六七	一四三四	一四五八	二五二五	一〇六八	
	元價	三五	一七三	一九五	二四	一八七	一八二	二八二	二四三	三三三	四四	三七九	五五三	
鱶鰭	斤量	一五三	二七四	二六九	二四八	三六六	四八二	五二二	三六七	五五五	三五九	四八四	四五九	
	元價	五四	二二	三二	九七	四四	一三三	八八	五一	九七	六八	五八	一〇七	

類別		明治元年	二年	三年	四年	五年	六年	七年	八年	九年	十年	十一年	十二年	十三年
鮑貝	斤量	七九三六	二八四二	二七七八	一五〇三	一三三五五	三三〇八	一九六七七	四五三二	一九九一六	一六七六三	三三三九	三五七三七	
	元價	一六三	四四四	四五	四二三	二九六	三九七	三三九	二八四	三九七	三三九	四七九	六二六	
乾貝	斤量	一三四四	二三三	二〇九〇	二〇七三	三三四三	四五六	四八六	一八六三	二三六六	二四三三	三三五	三五五	
	元價	五	一二	八九	八八	一七	三九	二八	二七	一三	七六	一〇五	二八	
銅并潰銅	斤量		二											
	元價	〇	五三	〇	四	一	一	二	二	〇	〇	一	一	
丁銅	斤量	四五	一九	一六	二五	六三	一〇四	一〇三	九七	二七	一七	一〇八	三五九	
	元價	二一	一七	二四	一七	三〇	二〇	二九	二七	三九	三四	三三	五一	

日本國志卷二十　十

類別		明治元年	二年	三年	四年	五年	六年	七年	八年	九年	十年	十一年	十二年	十三年
銅線并銅板	斤量	一五	六八	四七八	一〇	三三七	二八	四五〇	五四〇	三二〇	四三四	七九二	一〇六九	
	元價			四	四	二	三	八	二	八	一七	三七	八五	
鐵	斤量	四八	三六		四〇〇	四六	二九四	一八六	三八	二六	二五二	一八		
	元價	九	五	四	三六	五六	六	三	二九	一八	一五	二八	二二	
銅鐺潰	斤量	一〇九	六三	五三〇	四三四	五七〇〇	一八二	三〇四六	一四二八	四六八	五〇四	三三六	二三七	
	元價	一九	三〇	一〇六	六二	九二	二八	四八二	二〇四	一〇三	九四	五七	三三	
鐺	斤量					一〇九七	一五八二	七	二三三	一八二	一六六八	三〇四六	三五四	
	元價					二〇一	三〇七	一	五四	三九	三二八	五六二	四三六	

年／類別		明治元年	二年	三年	四年	五年	六年	七年	八年	九年	十年	十一年	十二年	十三年
鉛	斤量						四九	三五		六八	七九	九五	四四	
	元價	五二		七三	一〇七	二	四九	二四		六	一六	一八	八三	
石炭	斤量	五三		一八七	三五		一四六	九九	四〇二	六六九	九三	一二六六	一七四四	
	元價	八		一六	三七	一九六	二三	一七	八〇	三三	一六四	一〇六	三七八	
蠶卵紙	枚		四	七〇		八三	三三	一〇〇						
	元價		〇	五		一〇三	三九	二						
屑蛹	斤量			一〇	三		一〇四四	四五						
	元價			〇	七	一四四	一七五	八〇						

年／類別		明治元年	二年	三年	四年	五年	六年	七年	八年	九年	十年	十一年	十二年	十三年
売蛹	斤量	六八八	二	四		三六	一六三	三三	五					
	元價	三五	〇	〇		二八	九三	一〇	〇					
生糸	斤量	三七六五	五五六五	九〇九三	一〇七四	四〇三	三三九四	九七五五七	三三五二		三七〇五五	三四三四	三八九四六	
	元價	八四	一八三	一九八	三三四	一八〇	六六八	五三五	一〇〇	七七六	七三五	八八三	七七	
玉糸	斤量	一八八六	三七七	三九七	四〇〇	三八七	四〇	三三	七七	一〇八	二七六	八八七	八三	
	元價	三七二	二五〇〇	三五六六	三八五	三四七	三〇八三	七三一	四七四	九三二	三四六	六五〇	五八三	
熨斗糸	斤量	一〇	三	二	四		三	三	一九	五三	七	三	六九	
	元價	二	四	二	一		一〇	五	六	五三	二	三	二	

年／類別		明治元年	二年	三年	四年	五年	六年	七年	八年	九年	十年	十一年	十二年	十三年
屑糸	斤量	五六	一八八	三八	三八三	四四	三四三	三七三	三五三	三八九	三四八	二七三	四七七	
	元價	七八	一四	六四	九三	三五六	三四五	一四八	一四八	四八三	三五六	二三	四七	
真綿	斤量	二三三	七六	六八三	三三	八九五	三〇三	九九	二八	一八九四	一七三三	一四五二	一六三七	
	元價	六五三	五七〇	四七八	八〇四	五三五	七一〇五	五三〇三	五四三四	三三九七	九六六六	七六八九	九七三四	
樟脳	斤量	八四	〇	三	五	五		〇		一	一	二		
	元價	一七	一	九	五	三		〇		二	二	四		
牡丹皮	斤量	六三	九三	一四	一五	二七	一三五	九六	一三	五三	九〇	二四	四五	
	元價	六二	九六	八三	三七	二〇五	一七	八五	一二八	一三八	八七	二四四	五七八	

年／類別		明治元年	二年	三年	四年	五年	六年	七年	八年	九年	十年	十一年	十二年	十三年
人參	斤量	一三九	三三	一〇三	二三三	三五	一四四	三六〇	三〇〇	五九	五三	八八	一〇六	
	元價	一九	四八	四四	六三	八八	八三	一〇七	三三	三七	一七四	三四四	六七	
薬種	斤量	三三	七九	一〇二	四八	一三三	八五	七七	三五	五八	九〇	四三	三二	
	元價	六五	四	九七	三七	一六八	一七九	一三	八三	一二	一六八	七四	一八五	
碗酸	斤量	四八	六八九	五六〇	九一〇	六三七	四四五	一三三	一〇七	一三八三	一五六七	二〇〇四	三五〇四	
	元價	七七	一五	三五	一二九	八八	六八	五三五	三八	一七四	三八	三三	四五五	
漆器		九三	一〇二	三三九	一九五	一八三	三〇八	二九八	一八七	一六八	五三	一三四	一七	
	元價	二〇	二四	三〇七	四一	二〇	七	五	一〇	六	五	五	九	

類別		明治元年	二年	三年	四年	五年	六年	七年	八年	九年	十年	十一年	十二年	十三年
陶器	箱數		一三	一三	八九	六五	七六	一四	一八	一六五	二八三	五三五	五〇七	
	元價		八八	六〇七	七五	九九	三八	一三	一〇七	一八三	九〇七	九六	八八	
扇子	數	七三〇	四三	六〇〇			六二	三九	七六〇	一四〇	二八三	三五	六四三	
	元價	一三	一	二四	二五	三	三四	三	二八	二四	一	一	一九	
雜物									三〇	六五三	二五四	二九九	七〇八	
	元價							〇	一	三五	七四	八六	一〇〇	
木蠟	斤量													
	元價	一七	一	四三	六〇	八八	一五九	三三	一六七	一六	一八五	四八	三七	

日本國志卷二十　十三

類別		明治元年	二年	三年	四年	五年	六年	七年	八年	九年	十年	十一年	十二年	十三年
下品紙	斤量	七〇三	七六		二〇四									
	元價	三	四	六	三	四五	六	一〇八	三	七三	一〇	一六九	二五七	
材木	數		三		二		二五八	三八			九五五	七四九		
	元價		〇			一九	四九	九〇	一三	三	三五	一五四	三九	
板	數													
	元價					六六	二三							
		三七三	五〇二	四〇八	九三三	一七九〇	二五四〇	一八九三	二〇八三	三三八	四四	七〇二	九六五	
		三〇八	九三	一〇三	二〇七	三七	四九	三七	一八	一八	六三	九九	三九	

十萬圓以上輸入品

類別	明治元年	二年	三年	四年	五年	六年	七年	八年	九年	十年	十一年	十二年	十三年
米	二七	二〇〇	一六九	一七八	二六八	二三五	二五七	二三六	二三四	一九八	三八	三	
	三九	五	二六	三三	五〇	五五	三九	四〇	四二	七	三六	二〇	
豆					一四								
	三六	四三	三五	二六	六	一〇	四七	六三	九五	一〇	三	九五	
麥						二六〇	〇						
粉					四八	六〇	〇						
洋													
酒													

日本國志卷二十　十四

類別	年	明治元年	二年	三年	四年	五年	六年	七年	八年	九年	十年	十一年	十二年	十三年
火	斤量	二九七七千斤	一六〇七二	五三七〇	四九五七		一九〇九	一二七五	一〇二八	一八	一	二	一三四八	按打辰爲英國計物之名每一打辰爲十二件
酒	元價	四三五千圓	四四三	四五九八	一六〇		一九	一四	三		〇	〇	一四八	
卷烟	斤量	八六二一千斤	四九八五	四〇七七	九九〇三		三〇三	八六	五七五三	四九六九	七三	九七	三五八〇	
草	元價	一五三千圓	九一	二〇	一三	〇	三八	一三	二七	一〇二	四	九	四五	
食	斤量	五〇四千斤	二九三	二六三	一八七五		一〇八〇	九七五	三八三	一三四五	一〇五	一〇八二	一九三	
料	元價	二三三千圓	一七	一三	一九		四四	四三	四八	五〇	四八	四五	四四	
赤盬	打辰											一七		
砂糖	元價	一六七千圓	一〇三	二七	二七〇	一九三	一四六	四三	二三七	二三	五八	二三〇	一九	

年	白砂糖 打反	白砂糖 元價	氷并棒砂糖 斤量	氷并棒砂糖 元價	熟皮 元價	鼈甲 斤量	鼈甲 元價
明治元年			一四	四五	五三	一七六二	五五九
二年			一八	三五	九〇	一三五三六	一〇九〇
三年			二二	三五	八二	三五七七	三三七
四年		一	四五	四七	一〇四	五二九三	二八八
五年				一二	一三五	三三〇一	二五六
六年	三	九二	三三	五七	一七六	三七〇六	一五九九
七年	七〇	三六	三六	六六	一四六	四〇一九	一八八八
八年		六四		五二	一四四	六三三六	二五八二
九年	四五	七	二九	四三	一三五	五〇六七	二八五
十年	四三	六六	二七	四一	一二七	四五五三	二〇五
十一年	七〇	一〇	三	四三	一二五	四五八六	三三三
十二年		六四	三	四四	一五四	四九七三	一三七五
十三年							

日本國志卷二十　十五

年	珊瑚 斤量	珊瑚 元價	黃銅 斤量	黃銅 元價	熟鐵 斤量	熟鐵 價	鉛塊 斤量	鉛塊 元價
明治元年	五四六八	三四三	五二二	四五	三三四	二三	三	一〇
二年	六九二〇	五九	八二六	一三三	九四	二〇	一三	三〇
三年	八八五三	七七	六二一	八二	一二一	二七	七	三七
四年	一〇七〇七	八二七	六九	八九	三六五	一〇五	一一	三八
五年	八二五九	五四	六四三	九五		六九		四九
六年	八二四〇	五五八	九〇	一二四		一六五	九	五一
七年	九一四三	六六四	九二	八九		三〇二	一五	七七
八年	二四七〇	八三三	一〇二七	七七		二九四	一四	八六
九年	八三六八	五七〇	九二三六	九二		二五〇	一六	八〇
十年	八四九九	六七七	八五五	八八	一〇二七	三七四	一九	七
十一年	七五七八	八二七	一〇四七	一二〇	九〇四	二四四	二	一〇〇
十二年	一〇七九八	九四八	一二四一	一二四	八八	三二	二五	八三
十三年								

年	鋼 斤量	鋼 元價	石炭 斤量	石炭 元價	傘骨 斤量	傘骨 元價	銕器 斤量	銕器 元價
明治元年	〇	五	一四	二	二六〇〇	一七五	二〇七	一〇七
二年	〇	一	八二	一三	五五三六	三九九	一九〇九	一三四
三年	〇	一二	五五	一〇	五八九三	一二五	七七一	三〇
四年	二	四九	九六	一七	六三四四	五六	二〇三	七
五年		二八	七七	三	七九七	三六		
六年		二五		一八		五五九		
七年	二	三七		三	五三八	六六六	三	一
八年	二	三		一四	一七四八四	六四三	三四三	三三
九年	二	二四		六	四五六六	五五五	八六八	六三
十年	三	八五		四八	三〇三	六六九	四六六	二八七
十一年	三	二五	六二五	一三五	二八二九	八二三	三三三	一八七
十二年	四	一〇四	四	〇	二七九八〇	六六五	三一五	一〇四
十三年		三						

日本國志卷二十　十六

年	馬口鐵 斤量	馬口鐵 元價	繰綿 斤量	繰綿 元價	木綿 打反	木綿 元價	糸原色白布 元價
明治元年	六六	三	六六三	一三			一五
二年	一九九	一三	二八四	九六			五
三年	九二	四	九四〇	二四			三四
四年	五一	三	一五二六	四五			五三
五年	一七六	一九					五一
六年		一二		二三六		一七	八七
七年		二五		九九		六	五八〇
八年		五四	二三五四	四七		四七	二六
九年		二二	三九四三	一九三		七五	二三
十年	六一	四六	三七三三	一五九	七九	八二	一七九
十一年	一九五九	二八	六〇七四〇	一五七	二七	三八	一〇
十二年	二三四六	二二	二五	一四四	一九六	一七八	六
十三年							

年	染布 箱	染布 元價	紅布 斤量	紅布 元價	綾布 斤量	綾布 元價	印花布 碼	印花布 元價
明治元年	〇	三	二六七	四二一	三五八	三九	四一九七	一五〇四
二年	一	一〇	三五三三	一〇八七	五九六	三四八	八一九七	一六六六
三年	三	二〇	三四四	六六八	八〇二	四五三	三〇八七八	一七七
四年	〇	一	八二三	一〇六	七六六	三五一	五五四〇	四〇二
五年	[illegible]	一	四八六	八五	三〇三	五三〇		三六
六年		二〇	二七二	二六五	九五二八	二四〇		三四
七年	三	二四	八四〇二	一〇九一	一〇四八八	三五四三	六九四〇	三五四四
八年	二	二一	二八〇〇	三七一	三四九三	四〇五八		二四五
九年	五	二〇	三三〇	四五六	四六六九	四五二	五四五三	二八七
十年	七	四〇	二七五三	四〇八	五〇三五	四〇八四	三四〇六	一八三九
十一年	二	八三	二〇三	二八七	二七五四	七二〇五	三六三三	一八八一
十二年	三	一〇〇	八〇八	一〇二	三三七二	六〇九	六七六七	三九
十三年								

年	白紗 碼	白紗 元價	小幅布 碼	小幅布 元價	緞布 碼	緞布 元價	布 碼	布 元價
明治元年	六〇四	八〇四	五六〇	八〇			八二三	七七
二年	九八二	一四四			二〇	三	八二〇	一〇九
三年	二五九	二五六	二八	三	二六	四	一七九六	二〇〇
四年	二〇七	二五九			八八	八	二六二〇	二六
五年		三三			一四			二〇九
六年	一四〇九	一六八	三六九	一三	八六	二六	二八一四	五〇六
七年	三三五	二〇七	三五四	一四	二九九	二二	三五一〇	一〇四
八年	三四〇	二五一	二〇七五	一八八		六七	二七九二	一五五
九年	五七七	一〇二	三四四	二〇五	八二三	六八	二六〇五	二〇七
十年	二九一	二〇八	三五四四	二六七	二六六八	二〇	二六三七	一九六
十一年	二六二五	二四	七五二〇	五三五	三六四九	九〇	二六四七	二八二
十二年	一四七五	一〇九	九五八二	六〇七	三五五	一〇	二六六二	一七九
十三年								

年	綿天鵞絨 碼	綿天鵞絨 元價	帆布 碼	帆布 元價	綿布 碼	綿布 元價	雜類麻布 碼	雜類麻布 元價
明治元年	一五七	二	二九五	二六五	一	〇	一四九	二五四
二年	四八	四	四三	三六	五	一	五九	一三五
三年	五三	四一			〇	〇	九〇六	一四五
四年	八〇四	九八	五五	五			三五〇	二九七
五年		三九						二七
六年	一六九〇	四九	五〇	三	一五三	二四	一三三	三九
七年	五六四	四二	二三七	四六	四七五	七四	一七四四	四六
八年	一九九八	六二	一六九	一二	四六四	二八	一九八二	三九三
九年	一八二七	四八	一九八	一四	四五一	二〇	四六〇	一〇〇
十年	三三四	八〇	二八六	一六九	二〇六	二七	六六八	一二一
十一年	一九七	一〇九	二七五三	一七	二七五	二九四	二八四	六八
十二年	三四五	一七四	三五三	一五	三九三	三〇六	三三八	五四
十三年								

年	呢 碼	呢 元價	佛蘭絨 碼	佛蘭絨 元價	絨緞 碼	絨緞 元價	絨 碼	絨 元價
明治元年	一〇〇	二五八	一〇〇	三三			一〇	五
二年	二〇八	三七五	七三	三三	二八五	二五	六七	一
三年	三〇七	五四八	一〇八	二二	三八三	四六	四	一
四年	六七五	一七五	三三	六六	二六六	四五	二三	一
五年		二四五		六五		二〇		三四
六年	二八五	八〇三		四六		一七		一〇
七年	一七九三	四五九		五四		一二三		二四
八年		七五三		一〇九		一九八	二四六	二八
九年	二八三	五六六		五〇	一八〇四	一六七	三三	八
十年	二七七	五七八	六二〇	三五	二七七五	四三	八九	一七
十一年	二九五五	七六三	七四五	四二	一七七六	二四六	一六	四二
十二年	二六三四	四九〇	四五九	八九	一三三七	九七	六九	一四
十三年								

年	絨 碼	絨 元價	綾吳呂 碼	綾吳呂 元價	英國吳呂 碼	英國吳呂 元價	繻吳呂 碼	繻吳呂 元價
明治元年	一九四	三三五	三九	一〇	三	七		
二年	四六二	六七六	一四	五				
三年	四三七	六九五	六	八				
四年	四三六	八〇四	二〇	八				
五年		三六八		一〇五	七〇	三六六	八四	五七
六年		三一〇		三四	六八五	一〇九	九九	一六五
七年		三二	一〇八	一〇	七三	七六六		
八年		五〇〇		四五				六二
九年		五九四	一三	三九	二	五	一五三	一四四
十年	四〇九	六六四	四九九	一〇			一九七	一九六
十一年	五〇三	七二	六三	七〇			一〇八六	二七
十二年	一五七	三三	三六	三四			一七四	三九
十三年								

年	素吳呂 碼	素吳呂 元價	羽緞 碼	羽緞 元價	牀毯 碼	牀毯 元價	羽織 碼	羽織 元價
明治元年	八三	四三			一三四八	四〇三	三四七	七三
二年					一八四五	五四六		
三年					五三五	三五		
四年					二六七	三五		
五年				九〇		四九	一二	七九一
六年			八	二	三三	四六八	五〇三三	一〇七六
七年	三〇五	三五八	三	八	一三三	三四	四〇五三	九八
八年					二五	五六	一〇九七	三五三
九年			三〇三		五二	三三	一八九	三六三
十年			三四		九〇	二四	一九〇二	三七三
十一年			六三三		一〇一	三五	一三六六	三六九三
十二年			五七	一〇三	三三	六	七三〇二	三三六
十三年								

按吳呂爲英語蓋以絲織針絨有花者如中國線縐而質較薄

年	羽綿布雜類 碼	羽綿布雜類 元價	絹 碼	絹 元價	緞絹布雜類 斤量	緞絹布雜類 元價	絨氊 碼	絨氊 元價
明治元年			一三	二	三三八	一七三	四八	三七
二年					八一七	五五七	六五六	四七八
三年			一〇六	四三	二五	九一	三三八	六六八
四年			二四	一七	三五	一七	三九〇	九五三
五年					六二六	二七三	二六	一八三
六年			五八五	一五五	六七三	四四		三三
七年			二〇五	五〇		九〇		一九
八年	五六八	一三		二四		三五八		三九
九年	三三	六	七四	一八八	二四七	一二七	四八八	九七
十年	二七三	五〇	二〇九七	四九六	九六〇	四六〇	三八	八一
十一年	三七	五三	一五三〇	三三九	七五八	三三九	一三四	四七
十二年			二〇八九	六五二	三九	一七四	二八四	四三
十三年								

年	帽子 碼	帽子 元價	緞布褲 反	緞布褲 元價	窗硝子 反	窗硝子 元價	襟卷 反	襟卷 元價
明治元年	四七三	九三	〇	〇	四	一四		
二年	二三五	六六六			四	三		
三年	五〇三	三三	〇	二	一	五		
四年	六五七	六〇	〇	一		五		
五年		二五五		三〇		三		三五
六年		四六		四〇		三八		八四
七年	五〇一	三八五	四	一九		四三		一〇
八年		三八		四八		三八		三八
九年		四七	三	五六	一	四〇		四七
十年	一六三四	五六八	一	三	五	一六九		一六
十一年	二七五七	八〇	四	七	〇	一四八		四八
十二年	二〇三七	五七	三	六八	二	一七九		三三
十三年								

類別	年	明治元年	二年	三年	四年	五年	六年	七年	八年	九年	十年	十一年	十二年	十三年
茶	打辰						六○	四		三	九	二	四	
鉛	元價	○	三	○	一		一六八	二八	二○	三七	八四	一○二	四六	
靴并長靴	打辰	七	一三	一三	一八	三	九八	五八	八	八	二	三	二	
	元價	六○	二八	七三	七五	一六三	七六六	三○七	六三	三五	四四	五三	八	
時辰表	箱	三	四	四	六	三					三六	三九	二九	
	元價	一○	一九	一五	三三	四五二	一○三	五七	五八	一○○	九	一○二	六八	
傘	打辰						五三	二	一○	三	二○	二五	四	
	元價						一五一	一九	一九	九	四八	五三	八	

日本國志卷二十

類別	年	明治元年	二年	三年	四年	五年	六年	七年	八年	九年	十年	十一年	十二年	十三年
小時辰表	斤量						九四		一○八	八二	三四	五七	一八○	
	元價	三○	九四	七九	四九		八五	七○	一六六	一六八	一○	一三三	一三六	
硝子器並水晶器	足	三三	一八	一五三	二二			一五	一六		二	四	三	
	元價	四九	二三	四八	二三	一九六	二六	三三	二五	一七	一七	九	八	
洋紙	數	一	一	五	二					八七	四六	三八	七六	
	元價	七	二四	三七	二三	二六	九	二三	三三	二六	二七	九九	一八七	
文具	打辰	○	一	○	○		五四			五	四	三	一	
	元價	三	四	六	九	三八	四二	一七	五○	九四	三三	三	九	

類別	年	明治元年	二年	三年	四年	五年	六年	七年	八年	九年	十年	十一年	十二年	十三年
器械類	數						八	一七	二○	三	三○	四	三	
	元價	三	四	二	二九	三八	九三	三九	四八	四四	九七	三七三	一○八	
小銃														
	元價	二	三	一六	三三	八○	二六	五八	六八	一○八	四五	七○	六三	
施條銃														
	元價	○	○	九	二四	四	三四	七○	九四	五七	七二	三六	八七	
大礮	箱						四							
	元價	七	二	三	二四	五八	三三	九三	一○九	三九	七八	六五	五○	

日本國志卷二十

類別	年	明治元年	二年	三年	四年	五年	六年	七年	八年	九年	十年	十一年	十二年	十三年
彈丸		三七	一七	四五	七二									
	元價					一八○	三九	四九二	五二	三八	四三	三四	四九	
裝藥														
	元價					八六	一六	一○	四六	五三	一五六			
火藥	數											九	一	
	元價											一○三	一九	
蒸氣船	數								○					
	元價					一	二六	九七	一六三	○	八	一三四	二	

類別	年	明治元年	二年	三年	四年	五年	六年	七年	八年	九年	十年	十一年	十二年	十三年
軍用品	箱						○	○						
	元價						○	○	九六					
帆船	數						八四八							
	元價					一七	三		七	○	三三	二五	四	
藥種	斤量						○							
	元價					○	○	九	五八	○	三	二三	一九	
製藥	艘									二	一一	二	四	
	元價								五九	七一	一三六	一○○	三九	

類別	年	明治元年	二年	三年	四年	五年	六年	七年	八年	九年	十年	十一年	十二年	十三年
紅花														
	元價	二七	六○○	一二	五三		四	一九	一八					
染料	艘									一	八	七	一三	
	元價								七	六	六八	六五	一三	
朱	斤量	二八八	八二二	八二九	二九九					四三	三三七	二九四	二八	
	元價	八二	五○	八一	一二○	一七○	一七五	一二九	一二五	八二	五二	八一	一○六	
石炭油														
	元價	一五	四四	三五	九六	一三二	一六一	一五七	二六九	一五九	三五二	四六	三五四	

類別	年	明治元年	二年	三年	四年	五年	六年	七年	八年	九年	十年	十一年	十二年	十三年
豆油	斤量	五一	九三	一四	一六八	二○七	一二三	二七○		二九七	二六○	二六五	二五九	
	元價	三三	八三	一○	一二四	一五五	八四	一八八	三五	一九○	一八二	一六一	一六九	
油粕	斤量	三三	六四	四○	六五		一五五	一六○		一五九	一三八	二二七	二五七	
	元價	二○	三八	五六	五○	一○五	二○五	九二	二三	一二五	一六六	二五二	二○四	
油類	斤量	一八	二五	三○	三五	三六	四四	四八	八九	八八	三二	七六	九九	
	元價	三	一三	三○	四八	四○	五二	九○	一二四	七二	四○	五二	六六	
	斤量	一五五	二八	二五六	七四三		四八七九	六九四	一三五九	四○八二	三○八一	五三○二	八八九八	
	元價	七	一	二	七二	一六○	三三○	三○六	五七三	四四四	六○五	一八○二	二八五	

類別	年	明治元年	二年	三年	四年	五年	六年	七年	八年	九年	十年	十一年	十二年	十三年
	斤量						三三五	一三六	二一		二九四	八三		
	元價		二八	九○八			一五一	六	○	○	一二	六二	一	
	斤量					一五五	一○七	二三○六	三八二		二	一六五	八二六○	
	元價	○	○	五○	一○二	○	一	二四	○	○	○	二五	一八	
	斤量													
	元價	四八	二五五	一三六	一二三	四六四	四二	○	九	二○	一九	二一	二八	

輸出入貨値國別表一

	輸入六年	輸入七年	輸入八年上半季	輸入八年度	輸入九年度	輸入十年度	輸入十一年度	輸出六年	輸出七年	輸出八年上半季	輸出八年度	輸出九年度	輸出十年度	輸出十一年度
英吉利	一三八〇三六六	一〇四六八八〇	七三七三六	一三一〇五八〇	一三七三七六五	一九七七六〇	一六三五〇二	五六九五三	三三二六五	八〇八〇一	三五八六三	七六五三五九	六〇〇七〇八	三四三六八五
米合衆國	三三五八三三	一〇〇三五九	六六五七八六	一六〇四三八	一三三六〇	三七五五九	三四三五六八	四三六二六三	一四六四八四三	三三五四九	六八八七三七	五四四三七	五六七八〇二	一四三五六七
清	二〇六四八五六	八三六四四	二七四四五六	四三四六〇五	四九〇〇九八	四八〇〇三三	四五三九一七	四七九三三	三六五五〇〇	一三二七三	二六四九四五	二九五八七四二	五四四七三	五六九三三
佛蘭西	三五三四四	一六八七八二	三三四九七	三五六四五	三六七四三	三〇七七六	三三五三七	三六五六四	三九四六	一三六六八	三〇四九八	四五九一五	五三四五八	六〇〇三八
印度及暹羅	一三一三	二八〇五三	三七九			七〇八四	九九五八六	七九		一〇〇七			一五六九五三	四三三八七
日耳曼	三六八四三	七三七四	五二四三	四九三五	四四六五	一三四三七	一三六七〇〇	一六九七四	六三七八	一〇七九	六六五	三三四三	五三三九	八四三四

	輸出入合計六年	七年	八年上半季	八年度	九年度	十年度	十一年度
英吉利	一七三五五三八	一三八五五三	八〇五二二七	一四七六八八二	二〇〇六三二四	三五五三五四〇	一九六五五七八
米合衆國	五三六九五三	八四七三〇二	三四九八二五	八六八七四五	六六八四八七	七八五三五六〇	一〇八七三三五
清	一五〇五〇八七	二〇五四四	四〇五六三九	六八五六五三	七八九七四	一〇三七四四	一〇二三五〇
佛蘭西	六九九二三	四四四三三九	三四八五六五	六六九五五三	一〇六三九五八	八〇五三二七	九三五八五
印度及暹羅	一三八四三	二八七五三		一九七九七		三七八四〇	一四九九六八六
日耳曼	三四六三六	七六五七九三	五三五五一	五四五七〇	五六七八五	一八六七六	二〇〇六四

輸出入貨値國別表二

	輸入六年	輸入七年	輸入八年上半季	輸入八年度	輸入九年度	輸入十年度
伊大利	一九四三八		一一三八	三三五三	四六七	二九六七
澳斯多剌利亞			二〇四七			五〇八二
白耳義		三三〇二	二八九二			一四六三五二
瑞士		一四三五	三六〇五〇			六六九八五五
和蘭		七三八六	四三九八			一三四五六
魯西亞		六九五三	八三			七三八〇

	輸入十一年度	輸出六年	輸出七年	輸出八年上半季	輸出八年度	輸出九年度	輸出十年度	輸出十一年度	輸出入合計六年	七年	八年上半季	八年度	九年度	十年度	十一年度
伊大利	九五八六〇	三六五四八〇	五四七六五七	一〇八一七三	四三六八九	一六六五五	八八一二九	七〇三二二	三五五四八〇	五四七六五七	一九三〇	五〇六八八	一〇五七七	九八七一七	七六九七三
澳斯多剌利亞	九二三四			一七〇八			一七八九六八	一七三六七〇			三七五五			一八四〇三〇	二七三三四
白耳義	一九〇九〇			四〇			一四〇	三五		三三〇二	二九三二			一四六四九二	一九二三五
瑞士	五六六九三		三三六五	三〇			六〇三五〇	六八〇七四		五六八五〇	三六〇八〇			八七三三五	一二五二〇六
和蘭	三六一八一		九〇四八三	五三四五			八五九	五一〇八七		一七〇六八	一九五四三			一四五二五	一〇九四八
魯西亞	七八九七		二五九九	二八七五三			四四四三	五四三九九		九五九一	一九五七五			四四四三	五四三九九

輸出入貨値國別表三

	輸入六年	輸入七年	輸入八年上半季	輸入八年度	輸入九年度	輸入十年度	輸入十一年度	輸出六年	輸出七年	輸出八年上半季	輸出八年度	輸出九年度	輸出十年度
西班牙		七三				一三三三	一〇一八八						六三六四
秘露						四五	八五三						六七六
墺地利		一七四七				一八四四二	一七八九五		三四七六	七七四三			三六八六
瑞典及諾威						五五三九	九三七三						二七
土耳格						一四五九	三四一〇		一〇				二一三
丁抹		五九四三	三三三			一五七三	二八八〇		一八四三	二〇			一二四

十一年度	三九五一	三五四五	一三三四五		四八	九二
出 六年						
七年	七三		二〇九三		二〇〇	七三五六
入 八年上半季			七七四三			三三五二
合 八年度						
九年度						
計 十年度	一四三八七	七八一	四〇二八	五五六六	一六七一	一五八五六
十一年度	四二二九	三七四五	二〇四〇	九三七三	三四五八	一九七三

輸出入貨值國別表四

	布哇	葡萄牙	英領海峽殖民地香港及新嘉坡		其他諸洲	計
輸入 六年	三三八				六五七三二	二九八九三七
七年					一八〇七四二	一三三五四八
八年上半季	四九七	九九九	一六三八八四	三五五六	三四四〇	二五四三九八
八年度			三三七四九三四		六八二九	二五九四七二九
九年度					四四七〇二	二五三三八七五
十年度		四八五			六三五六	三九二七九五六
十一年度	一〇二	三三八			四九五一	一九八五三四三
輸出 六年					四二一六二	三四九五九七
七年	一五〇				一三一七四	一八二四〇九
八年上半季	五五	四〇	五三二三六	一三三	三三八二	六五四四六二
八年度			一三五〇八九三		二九五〇	一三五九七八八
九年度			六二三三		六九六七八	二七九九〇四
十年度		八四			九五八八	五六三九〇三
十一年度	三八〇				三四三三	二四三〇二九
出入合計 六年					一七八九四	四九四八八四
七年	三三七八				三三五六	四四六八七
八年上半季	一五五二	一〇一九	二二三四二〇	四八七九	五八三五	三二五五七四〇
八年度			三七七五八二七		七七七九	四三四五四五七
九年度			四〇五四〇六		六六六七八	三三三二八八九
十年度		五六九			一〇二一七四	五六三三七三九
十一年度	一八三五九二	三三八〇			三六三八三	二四〇五四二

外史氏曰古所謂理財之道所以諄諄然垂戒者要不外乎財聚民散蓋天地生財止有此數上盈則下虛上益則下損民膏民脂日竭於上饑寒交迫父不能有其子君不能有其臣天下之大亂作矣自古聖帝明王未有不以聚歛爲戒者也雖然鹿臺之財武王因之瓊林之庫唐祖因之失國者以聚歛得國者即以其聚歛散之於民而四海猶不至於困窮事變之極遠夫今日乃有禍患百倍於聚歛至於民窮財盡雖有聖賢實莫如何者是則堯舜禹湯文武周孔之所不及料所不及言者也是何也曰金錢流出海外也輓近之世弱肉强食彼以力服人者乃不取其土地不貪其人民威迫勢刼與之立約但求取他人之財以供我用如狐媚蠱人日吸其精血如短蜮射影日中其茶毒以有盡之財塡無窮之欲日朘月削禍深於割地數倍於輸幣百倍於聚歛又不待言也既經明效大驗者印度則亡矣埃及則弱矣土耳其則危矣歐洲大國皆知其然必皇皇然合君臣上下聚族而謀之欲我國之産廣輸於人國則日討國人以訓農以惠工於是有生財之道欲我國所需悉出於我國不必需者禁之絶之必需者移種以植之效法以製之於是乎有抵禦之術欲他國之産勿入於我國則重征進口貨税使物價翔貴人無所利於是乎有保護之法凡所以殫精竭慮析及秋毫者誠見夫漏巵不塞十數年後元氣剝削必將胥一國而爲人奴矣日本自開港通商以來其所得者在力勸農工廣植桑茶故輸出之貨驟增其所失者在易服色變國俗舉全國而步趨泰西凡夫禮樂制度之大居處飲食之細無一不需之於人

得者小而失者大執政者初不料其患之一至於此也邇年來杼柚日空生計日蹙弊端見矣全國上下知金錢流出之大害乃亟亟然議改條約欲加進口之稅免出口之稅庶以廣財源而節財流而大勢敗壞不可收拾悔之晚矣雖知其既晚挽回於將來補救於萬一及今猶可為也今核明治五年至十二三年海關出入之數先詳貨幣次臚物品次別國名皆為提綱擇要比較數年以來使天下之人曉然知其得失利害之所在嗟夫日本與諸大國馳騁而十年之間流出金錢乃踰億萬之多其何以支痛念兄弟之國窘急若此不禁為之大息而流涕也而或者猶曰是第據五港關吏報告之書尚有流出金錢不具於此者則益非余之所敢知矣

日本國志卷二十

日本國志第七　卷之二十一

出使日本參贊官黃遵憲編纂

兵志一

兵制

外史氏曰開創多尚武而守成則尚文亂世多尚武而治平則尚文列國多尚武而一統則尚文自昔然矣然而弛備者必弱忘戰者必危自古右文之朝莫如周成周之初三監胥靖四夷賓服而周公之戒成王曰其克詰爾戎兵以陟禹之迹以行於天下言備之不可以已也況於今日之列國弱肉強食眈眈虎視者乎歐洲各國數十年來競強角力迭爭雄霸雖使車四出槃敦雍容而今日玉帛明日兵戎包藏禍心均不可測各國深識之士慮長治久安之局不可終恃皆謂非練兵無以弭兵非備戰無以止戰於是築堅壘造巨艦鑄大礮日討國人朝夕訓練務使外人莫敢侮東戍巴邱則西城白帝務使犬牙交錯之國度權量力相視而莫敢發中國之論兵謂如疾之用醫藥藥不可以常服所謂不得已而用兵也泰西之論兵謂如人之有手足無手足不可以為人所謂兵不可一日不備也余嘗矚觀歐洲近日之事益嘆古先哲王以窮兵黷武為戒其用意至為深遠澳德意法稽其兵籍俱過百萬假使驅此數百萬之兵俾就業於農工商豈不更善夫竭百農工商之力僅足以養一兵必使億萬之農工商竭蹶於畎畝之中競爭於錐刀之末徒以之坐耗於兵筋力疲於鋒鏑金銀銷於礮火而爾猜我忌迭增其數尚無已時自非好武佳兵其弊烏至於此然而事變之極已至此極雖使神聖復生必不能閉關而治無閉關之日即終

不能有投戈講藝解甲歸田之日雖百世可知也嗟夫今日之事苟欲禁暴戢兵保大定功安民和衆豐財非講武不可矣非講武不可矣日本維新以來頗汲汲於武事而其兵制多取法於德陸軍則取法於佛海軍則取法於英故詳著之觀此亦可知歐洲用兵之大凡作兵志爲目三曰兵制曰陸軍曰海軍

日本古兵制兵與農合迨孝德朝依倣唐制始設兵部省特置兵團四分每國之丁而取其一衞京戍邊（在京曰衞士在防曰防人）一年而更邊疆有事則下尺一之符調發沿道事止則散歸卒伍無列屯而坐食者及王政弛廢藤原氏世相於內源平氏世將於外兵之隸將家者號曰武士源平二氏各私其武士曰家人互相呑噬源氏既得志命其家人爲諸國守護地頭使各自守守其土而食其毛農食六分兵食四分兵農之勢隱然既分然其兵

則尙皆土著也降至足利氏仍源氏北條氏守護地頭之舊而漸成封建之制時家國多故軍役煩興諸國武士稍離其故土東西轉徙以就其將帥而舉國之兵漸不土著及其衰也雄豪割據務競進取往往招集亡命之徒以爲爪牙取其奉養於農農不足給又使其徒略取鄰境以自封隱然成侯國之勢及織田氏豐臣氏興幕下將校之封朝暮紛更曾無定所是以常聚其兵於城府以便分遣於是兵之不土著者一定而兵與農全分矣當時所謂士者自非職事官皆分番直宿略如古之衞士士之下有徒有卒士有扈從馬迴之目卒有足輕與力同心之目區分部伍置長領之此類槪謂之兵士與徒皆襲世祿卒之簡黜罷免一任其頭長便宜爲之及德川氏定國亦因織豐二氏之轍分割六十餘州封羣雄及子弟功臣自百萬石至一萬石統稱曰藩藩各有士舉國兵士之隸於德川氏麾下自不滿萬石至百石數十石或食采邑或仰廩給總其衆號曰八萬此八萬之衆各皆世其祿俸畜其妻孥臣僕仰食於平民自年十五就役至六十免役以三四十年間爲服役之限而此二百餘年中太平無事兵備懈弛所稱武士者耳不聞鼓鼙目不見旌旗惟饜膏粱服羅綺以奢侈相競即所謂騎射擊刺亦惟習華法兒戲兵既無用而欺陵良懦大爲民害積弱之極不可復挽及其季世西舶東航皆束手不復能戰雖各藩知銃礮之用頗有簡練之師而其勢不能統一及大政歸於朝乃盡收列藩兵權廢武士世祿至明治五年十一月詔曰朕賴天地祖宗之靈行吾邦二千餘年未有之變革封建之制復爲郡縣海陸兵制亦不可不因時而制宜往者太阿倒持兵權歸於將門迨乎季

世將驕卒惰國亦隨弱朕心痛之今源本吾邦兵農合一之制斟酌海外各國之式設全國募兵法以保護國家無疆之基汝百官衆庶其體朕意於是太政官復諭於衆曰我朝上古之制舉國無非兵者有事則天子爲之元帥率而征不庭寇平則解甲歸田復爲農工商固非如後世之佩雙刀糜厚祿甚至睚眦殺人官不敢問其罪者也昔神武天皇以珍彥爲葛城國造設軍團定衞士防人之制至神龜天平間六府二鎭之制始備保元平治以後朝綱解紐兵權歸武門始隱然有封建之勢而兵農亦分矣浸淫日久弁髦王章奴隸民人弊不忍言今列藩奉還圖版王政維新舊日武門坐食之士削其祿脫其劍俾四民與之等夷此固國家所以平均上下無有差等之意也夫如是則食毛踐土莫非王民可不思所以報國乎天地之間一事一

物莫不有稅以供國用為吾國人則應竭致其身以報吾國西人謂之血稅謂灑其生血以報家國也且夫家國有難民人共之衞國卽所以自衞矣有國卽有兵有兵卽不得不以吾民充其役乃天地古今之通義也泰西諸國數百年來所研究實踐編定兵制法極精密然而我國政體地勢稍有不同今不能悉採用輒取其所長補古昔軍制立海陸二軍取全國四民男至二十歲者皆編入兵籍以備緩急爾鄉長里正依此意告諭民庶務使知保護國家之大本遂頒行徵兵令數十條大概分三種一為常備兵一為後備兵一為國民兵行之四年至明治八年復有所更正行之又復四年至明治十二年十月太政官又廢舊令定為今制凡分八章統七十一條

凡徵兵以全國丁壯充之四分陸軍為常備豫備後備國民軍各從其身材分屬之步騎礮工等部海軍則別設令徵集之常備軍選男子年二十歲者徵集於各軍管下國郡抽籤選定乃編隊伍俾服役三年分置於所管鎮臺其有未及三年精熟技藝者特恩許其畢役其身材強壯品行方正能曉暢技藝者在管六箇月擢為近衞兵使服役三年既畢編入豫備軍已經二年六箇月編入後備軍有願充士官者照檢查例合格送之入士官學校及教導團能熟技藝及有異才者亦可優擢下士官輜重輸卒及看病卒並工人等雖募其願充者若或員缺則身不合格或合格亦可依其所為業使宜徵集之使服其役以輜重輸卒徵集者六箇月間服常備軍役既畢編入後備軍看病卒並工人等服役與諸兵同常備軍在屯營中日給額俸凡被服飲食皆由官支給豫備軍以常備軍畢三年役者編制之亦定三年期惟平時在家遇有事變乃編列常備軍使從軍每年一回召集於屯

營使演習技藝後備軍以豫備軍滿三年者編制之更定四年期遇有事變徵集在豫備軍之次每年一回召集於便宜地方使之演習豫備後備軍當演習時例於十日前由鎮臺宣告隨里程遠近給於路費凡兵役雖期限既滿若遇戰爭卽不得解役國民軍查全國十七歲以上四十歲以下男子盡編入兵籍當全國大舉時臨時編列隊伍以充守衞案舊制男子二十而徵為常備軍廿四而編為第一後備軍廿六而編為第二後備軍廿八而編國民軍在營三年應役者四年四十而免新制則男子二十而為常備軍廿四而編豫備軍廿七而編後備軍三十而為國民軍在營三年應役者七年舊制第二後備無須演習新制後備與豫備同比舊加三年應役增五年演習蓋兵之為道非習不精苟弓硬手生倉卒呼集反恐誤事而每歲一回召集亦不至大妨民時故雖民情所不喜亦強增之所以重軍政也自五年發令以來物情嗷嗷或謂驅一國執耒耜操弓箭之子弟使之三載入營既恐染武夫習氣又恐荒學業而廢家政所以多方隱匿百計逃避常有徵不及額之憂此次新制特設未及三年精熟技藝特恩許其畢業之條使有志者發奮勉勵得以早日歸休所以順民情也

凡男子有終身免兵役者一曰廢疾不具不堪兵役二曰經徵役一年以上之罪犯經禁獄一年以上之國事犯詳刑法志案中國古制屬兵於農未有甄擇流品之文其後越用罪囚秦發謫戍漢有大征伐往往赦死罪從軍至周世宗乃盡募盜賊殺人亡命者卒以之拓疆土霸諸侯蓋強梁惡少驍健奔命倚以殺賊偶亦收效司馬法所謂使貪使愚者此也然此輩本皆無賴習慣為非故駕馭稍疏動輒叛衆虜掠因事鼓噪甚至戕害將帥劫易人主無所不為兵以弭亂反以生亂使天下之人視如蛇蝎動色以養兵為戒豈非以不肖之徒羣聚其中螙且自五代籍為兵者皆文面涅手夫黥刑所以治有罪者也今集盜為兵又待兵如盜葉適所謂黥卒老兵賤而可羞當世以為罵詈之詞輕之也如此冀其有用得乎泰西徵兵之法幾於人盡為兵獨至罪犯不得錄用其所以重兵卽所以強兵也矣有國民軍外免兵役者一曰戶主凡注於戶籍為一戶之主總不徵集惟於應徵年紀以前分為兩戶或女戶主以贅壻分家或旣絕戶以繼嗣再興或未及五十歲遜讓產於其養子繼嗣為戶主者不在此限二曰獨子嗣子獨孫承祖之孫三曰五十歲以上者其嗣子或承祖之孫但應徵年紀以後以嗣子或承祖之孫分家者或五十歲以下之養子非有不得已事故者或已絕戶以立嗣再興或女戶主以贅壻分家或於衆子孫中以應徵年紀以前更定為嗣子或承祖之孫者均

不在此限四曰年五十歲無嗣子者其養子謂贅壻或繼嗣五曰未及五十歲而廢疾不具不能事生產者其嗣子或承祖之孫及養子繼嗣六曰判任以上之官吏其准官吏及試用員與傭人雖不許免役但現理要務可具狀於太政官請裁汰兵役及教導職以上之僧官并戶長七曰府縣會議長副議長及議員八曰公立學校之教員及文部省所轄與省府使所屬之官立學校教員有平時免兵役者此類編為第二豫備徵兵年在三十歲以下者當戰爭有事召集後備軍以充兵時亦使編入隊伍或以供輜重役一曰年五十歲以下之嗣子或承祖之孫但應徵年紀以後以嗣子或承祖之孫分家者或五十歲以下之養子非有不得已事故者或已絕戶以立嗣再興或女戶主以贅壻分家或於衆子孫中以應徵年紀以前更定為嗣子或承祖之孫者均不在此限二曰陸海軍生徒及海軍兵器局造船所所傭工藝人三曰在海陸軍役中死亡罹病及負傷其兄或弟一人四曰通醫術既得開

業文憑者五曰公立師範學校之卒業生徒係各使府縣所設立者下同六曰公立中學校及公立專門學校之卒業生徒七曰文部所轄及省使所屬官立學校之卒業生徒八曰留學外國過二年有卒業文憑者九曰航海之船長運轉手機關手既經試驗得文憑者十曰為海船傭工執水火之業經三年者有平時許延一年徵集期限者次年徵集之至時猶應延期則再延一年至第三年猶應延期於平時免兵役一曰願充海軍兵員者二曰兄弟同時徵兵偶數之半數奇數之寡數謂三人取其一人五人取其二人三曰海軍常備在役中之下士卒其兄或弟一人四曰海陸軍生徒之兄或弟一人五曰父兄或不知蹤迹或廢疾不具其人闕一家生計者六曰文部所轄省使所屬之官立學校及公立師範學校生徒有一年課程者七曰公立中學校及專門學校生徒

有三年課程者八曰因學術及商業駐留外國者九曰身未滿定尺及有疾者十曰為刑事被告人裁判未決者所有應免役或延役之人應詳記事由由戶主上戶長遞呈郡區長使府縣廳於徵兵檢查時核其是否然後施行凡免役延役有年歲期限如滿五十歲之嗣子嗣孫及三年卒業之生徒之類須於每歲九月十五日以前呈核若過期方為滿歲仍應徵集若有偽作年紀揑造父母兄弟有無或故傷身體佯託疾病冀免徵兵者查出依律處斷戶長及郡區長扶同徇隱者同坐惟例許捐金免役如本年應徵者納金二百七十圓在平時免役者納金二百三十五圓準於國民軍之外特免兵役此外咸使徵集

凡全國分七大徵兵區隸各軍管徵兵區為軍管徵兵區軍管所轄分各師管師管所轄分各旅管旅管所轄分各聯隊聯隊所轄分各大隊大隊所轄分各中隊各從所轄分畫徵兵區惟

旅管以下徵兵區尚未設置現從使府縣轄地為使府縣徵兵區使府縣所轄地跨兩師管界者每使管各設一徵兵區案徵兵各區尚未設置而先布之令甲者誠以分劃各區則軍旅師隊小大相維如枝幹之貫如指臂之使既使應徵之人無多寡不均之患而以此區之人充此區之兵平日共井同鄉及至逐隊聯鑣自易收出入相友守望相助之効又凡兵皆土著則家室田園親族各有其繫戀之故亦不敢逃亡背叛相率為非益一舉而兼數善故令中先及之也其不與府縣之疆域同者則以分土治民與分營治兵各有所宜故耳

每歲二月由陸軍省揀派徵兵使以佐官一人充之徵兵副使以尉官充之每師管派三人徵兵醫官陸軍軍醫任之徵兵副醫官軍醫副以上任之徵兵事務官後備軍人員之駐在使府縣者任之徵兵書記陸軍下士官十等屬以下任之使巡按諸部至地方官亦派出使府縣徵兵事務長官以地方長官或書記官任之使府縣徵兵事務官地方屬官任之郡區徵兵事務官以郡區長任之地方徵兵醫員由地方官揀充每徵兵八十名或百名用一人筆生由地方官揀充每檢查所置二人凡事皆商議而行

自頒徵兵令以來地方官期順民心務爲姑息民之希圖免役者官吏輒化爲袒護化爲掩覆以市恩於民因是徵不及額此次新制地方徵兵官之權較重於昔蓋使之任責乃能協同軍官盡力從事也先期一年之九月凡年十九應徵者使其戶主呈報於戶長遞呈於使府縣總編爲壯丁名簿每歲限九月一日至十五日戶主依式作上告書呈戶長是月廿五日以內呈郡區長郡區長限十月十日呈使府縣限十一月二十五日以內呈所管鎮臺其寄寓他使府縣者或於本籍應徵或於寄屬應徵者聽唯於寄籍應徵須覓保人具結預報官聽候核准不籍乃進行除除役免役延役各名外凡應除役免役延役人於徵兵使巡行時其疾病者或引之到署或就其醫員仍加檢查其關於官職軍籍及學業者必使呈所受文憑關於家事者使親戚加保結當徵兵使巡部之前先告各府縣每區刻日期限人數若干名使應徵者由戶長帶到先期又由使府縣廳交付書罫之紙分授本年應徵者各自朱書姓名產地生年月日族籍職業及戶主名與其父母祖父母兄弟姊妹妻子及氏神此謂記其何地何神社之所轄也宗門此謂佛教之何寺何宗派也日本人有神佛二教凡生卒祭葬皆神官僧官主之

作爲人別表人各一葉於檢查之日持到至日徵兵使地方徵兵事務官列坐其席依徵集名簿唱名引到陸軍軍醫及地方醫員各審查其身幹尺度如何礮兵定五尺四寸以上然三十以上亦可用騎兵工兵輜重兵定五尺三寸以上然五尺二寸以上亦可用步兵定五尺以上輜重輸卒看病卒役人尺度無定骨相如何詳誌眼耳口鼻各樣體格體質如何宜徵爲何兵礮兵取其身幹最强目力尤佳者其人舊業機關工雕刻工時表匠者均宜採用騎兵取善於騎馬者工兵取其素業木工石工竹工船工車工鍛工桶工鞴工泥工馬具工家具工造屋匠塗飾工等分依其業撰之輜重兵取其善騎馬稍讀書通算術者步兵不拘其職業有無技藝但堪於兵役者悉採用之輜重輸卒取其少疾病能耐勞苦者看病卒取其少疾而性情溫和者役人隨其所業取之詳誌於檢查簿檢查役竣乃據人別表及檢查簿標注合於充役之員稽核本年應徵之數乃行常備抽籤之法抽籤之日作籤籤載號數納於籤箱調集徵丁區分兵種使各從所宜自抽各種之籤據檢查簿如此人宜礮兵令抽礮兵籤宜騎兵令抽騎兵籤之類有典籤委員監視其正否詳記

其抽出之號將籤仍授之本人假如有籤丁五百名則製自一號至五百號之籤逐次抽取本年當舉常備徵員二百名補充徵員百名則自一至二百爲常備兵第二百一至三百爲補充兵餘爲落籤補充兵者許其在家治生一年之內遇常備兵闕員時其鎮臺循抽籤號數次序傳到使補兵缺準服役年限仍依常備本兵入營初日起算作爲三年畢役若一年之內無缺應補準平時免兵役落籤者平時免兵役此二種免役者編爲第一豫備徵兵年在三十歲內遇有事召集後備軍充兵時亦使之充兵或供輜重役抽籤既畢復據籤簿與人別表製印票票中載某人充何兵何兵種何號數與籤簿比附鈐勘合印召致本人使各將籤換票每歲四月二十日至五月一日由各區戶長引之入營方入營時或因疾病或因犯罪不能來者詳記其事由上呈其罹病者必以地方醫師診斷書爲憑由戶長捺印速訴之鎮臺至於十月一日猶不能入營則俟下次徵兵檢查時再行檢查比尋常徵兵先令入營凡徵兵官員於四月十日復命所有關繫一切徵兵文書均繳呈於陸軍省

第一軍管東京鎮臺常備步兵三聯隊騎兵一大隊礮兵二大隊工兵一大隊輜重兵一小隊海岸礮兵三隊總員七千二十人此中一歲徵員二千三百四十人管下府縣東京神奈川埼玉靜岡山梨羣馬千葉茨城櫪木長野新瀉第二軍管仙台鎮臺常備步兵二聯隊礮兵一大隊工兵一中隊輜重兵一小隊總員四千二百六十八此中一歲徵員千四百二十八管下諸縣宮城福島青森岩手秋田山形第三軍管名古屋鎮臺步兵二聯隊礮兵一大隊工兵一中隊輜重兵一小隊總員四千二百六十八此中一歲徵員千四百二十八管下諸縣愛知岐阜石川靜岡縣内遠江滋賀縣内越前國一郡長野縣内信濃國四郡第四軍管大坂鎮臺步兵三聯隊礮兵二大隊工兵一大隊輜重兵一小隊海岸礮兵二隊總員六千七百八此中一歲

徵員二千二百三十三人管下府縣大坂兵庫堺和歌山京都滋賀三重岡山島根縣內因幡伯耆隱岐第五軍管廣島鎮臺步兵二聯隊礮兵一大隊工兵一中隊輜重兵一小隊總員四千三百四十八此中一歲徵員千四百四十六人管下諸縣廣島島根山口高知愛媛岡山縣內備中全郡第六軍管熊本鎮臺步兵二聯隊礮兵二大隊工兵一大隊輜重兵一小隊海岸礮兵二隊總員四千七百八十八人此中一歲徵員千五百九十三人管下諸縣熊本鹿兒島大分福岡長崎沖繩第七軍管海岸礮兵一隊現今屬第二軍管總員八十八人函館海岸礮兵設備以來明治十年始行徵兵方法因所轄之地狹隘僅有函館福山江刺三所故應徵者僅有八十三名而體格不良可用者僅十四名故第七軍管現併於第二軍管此中一歲徵員二十六人管下開拓使管下函館支廳管下以上總計三萬一千四百四十八人此中一歲徵員一

萬四百八十八人但輜重輸卒看病卒及職工等未定徵額故今不算於此

自明治六年始行徵兵令連年所徵常不足額第一第四軍管常備兵每不足額以他管補充兵補之至十一年常備徵兵之額既足補充兵亦能敷用獨第六軍管不足乃並採用未滿五尺之四尺九寸以上者猶缺二十二名是年全國二十歲丁壯共二十九萬六千零八十六名應徵者僅五萬三千二百二十一名屬於免役者乃有二十四萬二千八百六十名內嗣子十五萬五千六百五十九名戶主六萬六千五百九十二名未滿定尺者一萬三千九百八十四名其他六千六百二十五名明治十年全國二十歲丁壯共二十九萬四千二百三十一名附九年應徵遲延一年者七千零二十八名合三十萬零一千二百五十九名應徵者僅五萬一千四百八十六名屬於免役者二十四萬九千七百七十三名

內嗣子十六萬一千零二十名戶主七萬二千零二十四名未滿定尺者一萬零八十名其他五千六百五十七名而此應徵各員中有疾病事故逃亡或應歸翌年徵募者及檢查不合格者又有三萬零七百七十七名可以採用者僅二萬零五百零九名查是年應徵定額止有一萬四千五百三十七名今有總員二萬名似無不足然各軍管下所徵彼此多寡不等以之分配猶有不足之患以三十萬丁壯徵萬五千人而不足益

日本自德川氏主政承平日久習於安逸其所謂武士皆世祿之家尋常百姓不知當兵爲何物初下血稅之令展轉訛傳謂朝廷習西法將絞吾民膏血以爲用疑惑恐懼屢激成斬木揭竿之變數年以後雖稍稍安習然執無知小民日告以人生報國分所當爲雖諄諄無益而父兄不免溺愛農商不無失時故人人冀免於役日本人民多質弱而身短其不堪役者固多而

年來民益狡詐其强者則逃避而遠之四方其弱者則餓餓而不出門戶各隨其性質以弄狡獪甚至毀傷肢體斲削手指或故罹法網冀爲罪囚或僞造文書揑作免証而嗣子戶主免役二條或讓分家產各立門戶或指擇衆子俾受家財或詭名爲興絕族之家或托身爲入贅之壻規避之術愈出愈奇政府頗厭苦之故此次新令於戶主嗣子二條先爲預防後又頒行徵兵令補遺稱令中戶主嗣子免役各條所謂應徵年紀以前以後即以徵兵令頒行之日分前後此令發行以前已爲戶主或五十歲以上之嗣子嗣孫并五十歲以上之養子繼嗣并未及五十歲之嗣子準其照例免役若在新令發行以後總使應徵云云則防範更爲嚴密矣而其他設計規避者嚴懲其罪自十二年十月頒布新令以來此十三年徵兵即爲舉行新令之首令行日淺疑惑尚多而此年常備補充均足額其捐金以免役者驟增至四百餘名之多此輩皆圖規避者以新法網密術無可施乃不得不捐

家貲以免兵役也則其効已可覩矣今列表於後可知其概初下徵兵之令外議嘵嘵謗言載道然日本自願充兵者咸不過數百人自願充兵者仍經檢查然後錄用明治六年僅六百十六人明治十年全國共二百八十四人而已苟不徵調且患無兵故政府諸人斷行己意其後草寇竊發屢次削平置議者不復容喙然起數百年之衰廢而變更舊制要非容易觀於八年之間改令三回逐漸整頓則當路諸君黜浮議而勤遠略汲汲圖强有足多矣

十三年徵兵第一表

軍管 類別	二十歲丁壯總員	徵集名簿人員	二十一歲丁壯翌年再徵名簿人員	丁壯總員中先入兵名簿人員
第一	六三四〇八	四五三	四四八	八〇七
第二	二八四八二	三九〇七	二六五	四七四
第三	三五三七	三二九	一三二	三三二
第四	五六八〇七	三六〇七	一三四	三五三
第五	四四九三	四五四	二三四	四〇八
第六	三五四三	三三五	四八	六
第七軍管內函館	二六八	一〇	一五	六
計	二六五五八六	二八〇〇	一三七五	三二七五

軍管 類別	丁壯總員中 第二隊備徵兵名簿人員	免役名簿人員	除役名簿人員	計	徵集名簿人員 常備 步兵	騎兵	礮兵	工兵	輜重兵	輜重輸卒	補充 步兵	騎兵	礮兵	工兵	輜重兵
第一	一九〇七	三七六八	一四〇八	六三四〇八	三〇五五	一〇〇	一三三	七六	三九	一五八五	二六八	五五	一二三	六六	一三
第二	二〇九八	二四九三	一三四六	六八四三	七八一		五三		一七	三三七	七四四		六三		九
第三	八八三	三〇五七	六六六	三五二七七	一一〇		四三		五	八八六	九三		五		九
第四	一二七〇	三五四七	八八	五六八〇七	一九四八		一六九	八五	三	二〇六	二二五		一六五	七七	一七
第五	二六七	二九二五	九九	四四九三	二一七		三七		八	一七八二	二四〇		四〇		二〇
第六	八八三	二三〇六	二六五	三五四三	三二五五		七二	八三	八	三三四	二四		五四	四八	一〇
第七軍管內函館	六八	四九	二〇	二六八		一〇	一〇								
計	一七四二七	二六四四三	三三二七	二六五五八六	八二四	一〇	六一四	二四四	二一〇	八二四四	二六〇	三二	四五〇	一八六	一〇六

軍管 類別	徵集名簿人員 補充 輜重輸卒	翌年再徵名簿中 第一隊備徵兵	計	常備下士卒兄弟	陸海軍生徒兄弟	願充海軍兵	教導團生徒合格者	官立及公立學校生徒	身幹矮小	因父兄有事故者	有事故未查確	有病	藏匿	他行	兄弟同時徵兵
第一			四五三	六六				三		八一	一六七	二六			二
第二			三九〇七	二七			三	六		五〇			一	六七	二
第三			三二九	二〇	一			一〇	五	二七				二	一
第四			三八〇三	二三	三			四		四七	二			九	二
第五			四五四	四六	一	一	一	六	二〇	五〇	八				
第六			三三五	四〇		七									
第七軍管內函館			一〇	一					二						
計			二八〇〇	二三八	五	八	四	四七	二七	二六五	一七三	二六	一	八二	七

軍管 類別	他管在籍或寄留未查明	或應免役或係規避未查明者	疾病資不堪勞役者	裁判未決	外國寄留	計	先入兵名簿人員中 逃亡	他行	詐僞	期限內不申告者	徵集規避	犯罪拘留中	無故不到	計	第 五十歲未滿嗣子
第一			七五	八	一	四四八	八五				一		一	八〇七	六八五五
第二			一〇	八		二六五	四四七							四七四	六九五五
第三			四	三		一三二	三三〇		二					三三二	四〇五
第四			一三	二		一三四	三四五			八				三五三	一〇九九
第五	三	一	七五	三		二三四	三六〇	四四	一	一	一	一		四〇八	六七六
第六					一	四八			六					六	五二三
第七軍管內函館			三	四		一五	六							六	四八
計	三	一	三九	三六	二	一三七五	三三九	一四	九	九	二	一	一	三二七五	四三三五三

二豫備徵兵名簿人員中　五十歲未滿養子	九三	四四三	四三	九三	四八三	三五四四	一四	二五六三
五十歲未滿繼嗣	三五	四三	五二	三	一五七	三四	二	一二七
陸海軍將校下士卒	一六	一						二九
陸海軍生徒	三三	一六	一六	五	三	一六		九八
海軍水兵			三三		一九	三三		九五
海員雇入已滿三年者	一							一
因公務死傷者之兄弟	一〇	二	五		八	二		三六
官立及公立學校卒業者	一六	七	八	四	三	三		六八
外國二年已上學科卒業	一							一
內務省允准開業醫	三			五	一			九
徵兵未施行之地全戶寄留		一					四	五
燈臺看守人		一						一
定傭職工	一六		一					七
計	一九三〇七	一〇九九八	八八三	一二七〇	一三九〇	八八八	六八	七二三七
免役名簿人員中　戶主	三三七	三五三九	一三四九	三四四	三三五八	三三五〇	八四	八六九六

役名簿人員中　獨子獨孫	二六八	一四〇九	六四三三	三三〇	二九九	三二七		三八六
五十歲以上嗣子	八三五	一五六四	五三五三	七五三	八六〇	六四三	五三	三九七九
五十歲以上承祖孫	三三	一〇	七八	八七	三八	一四	三	七三
五十歲以上養子	四三三	三三六	三〇	四八三	三四五	二六〇	六	一九八三
五十歲以上繼嗣	二六	八	二	六	八	五	一	八五
父母疾病等嗣子養子繼嗣	三	一七五	四	八	三三	一三		三四
公立學校教員	三三	五三	二九	三三	三三	三三		三三
官吏等外吏及戶長	九	九	四	一五	八	九	一	三三
教導職試補以上	五三	六三	六三	二四	八七	五三		六八
捐銀免役	三	六	八	二六	二	四三	三	三八三
計	三三六八六	二四九三	三三七	三四四七	三九三	三三六	一四九	三五九四三
除役名簿人員　廢疾	三三五	六四	四二三	一七六	五四	三七	一	一六七
不具	八三	一九	二四	九六	四〇〇	一〇		八三
犯罪	三三	八	二〇	八三	四九	四八	三	三四
人員　檢查不合格	六〇七	二三五	一	一六六			二六	三七四

中計	二四八	二四六	六九六	八八一	九九一	二八五	二〇	五三二七
除名人員　事故					三			三
前應免役漏未查明	一							一
計	一				三			四

十三年徵兵第二表

類別／軍管	前年送名簿總員	前年送名簿人員　二十一歲	二十二歲	二十三歲	二十四歲	二十五歲	二十六歲	二十七歲	計
第一	五三	一〇	四	五					九三
第二	二七八	六四	四〇三	三九	四七三	三七〇	四〇三		二七六八
第三	二七九	七九〇	七四〇	五〇	二六八	四四	三〇	一〇	三七九
第四	二六	四四	六	二					三六
第五	三九五	一六七	一〇	七三					三六五
第六	一三〇	四四三	三八	三九	九三	六五	五二		二三〇
第七軍管及函館	五三	三〇	八	四					五三
計	七四〇三	三六八	一五七	三〇六	九四六	六九九	五八五	一〇	七四〇二

徵集人員　常備　步兵	六九	七三	三〇	一六	一八	三〇		五三八
騎兵	二							二
礮兵	七	八	九	四		三	四	五四
工兵	四			三		二		九
輜重兵		一	五	一		二		九
輜重輸卒	三四	八七	三五	三	三	五三		三五四
補充　步兵	四	一〇	三六	二	三三	二九		一四九
騎兵	一							一
礮兵	二	二	四	六	四	二		二九
工兵				一				一
輜重兵		一	六	一				八
輜重輸卒								
第一豫備徵兵								
計	一三三	一九四	八〇	三七	五七	二四九	四	一四九四
常備下士卒見習	一	二	二	三	一			九

翌年再徵人員									徵兵不赴名籍不明至期始查明者					第二
順充數圖生徒始查合格	因父兄有事故者	疾病後不堪勞役者	延期再延不許免役者	徵集時漏開	有事不到	事故	犯罪拘留中	計	逃亡	他行	犯罪	僞詐	計	徵兵令改正前五十歲未滿養子嗣子繼嗣
	六	二				三三		四一	二				二	
一	一六	一六	四		二	四	三	四六	三九	一六	一	一	三三	八
一	三	三	五六			二	二	六六						
	七	一〇				三	四	二七	三				三	
一	三	八		一				三	一六	二三			三九	
						二〇三		二〇三	二六三				二六三	
		六				一		七	四	六			一〇	
二	六三	六四	一〇七	一	二	二六六	九	一四五	三九	九七	一	一	二六八	八

日本國志卷二十一　廿六

隊備徵兵人員				免役人員										
海軍士官室從僕	公立師範學校卒業生	常備年期過檢查時限者	計	戶主	獨孫	五十歲以上嗣子	五十歲以上養嗣子	官公立學校教員	教導職試補	徵兵令改正前等外吏	海兵服役艦隊	定尺未滿	捐金免役	計
		三	三	二		二	二	一					二	九
	一	八二	一〇二	六					一		一	一	一	一〇
		一三〇	一三〇	三	一	三八							四〇	九二
		三六	三六											
一		八	九	四		一				一				六
		二八	二八	七									三	五
		六	六									三		三
一	一	五三	五三三	二二	一	四一	二	一	一	一	一	四	五五	一三九

十三年徵兵第三表

類別	除役人員					除名人員					入營延期前年送名簿者	入營延期	
管	廢疾	不具	犯罪	檢查不合格	計	戶籍錯誤	事故	他管轉籍	死亡	計		二十一歲	二十二歲
第一管			一	三	四						九七	五四	三
第二	二	一	四	三九	四六		一六	一六	一六	四八	七六	一六	七
第三	二七	一	三		四						六六	三	三
第四			三	五	八	三			二	五	三六	四〇	四
第五	二		一		三						一五七	五七	三
第六			一	二七	二八				一〇	一〇	四八	一四	二
第七管內函館		一	一	七	九			三		三			
	五〇	三	一四	九一	一五八	三	一六	一九	一八	六六	五〇四	二〇五	六九

日本國志卷二十一　廿七

期前年送名簿總員					徵集人員							翌年再徵		
					常備									
二十三歲	二十四歲	二十五歲	二十六歲	計	步兵	騎兵	砲兵	工兵	輜重兵	輜重輸卒	計	因父兄有事故者	疾病後不堪勞役	事故
三				九七	三	二	四			六	一五	二	七	
三六	三	二	二	七六	六				一	四	一一	二	五	一
三	五	五		六六	一一		一			二	一四	一	三	一
一四				三六	二五		七		二	一	三五	一	五	一
一六				一五七	六四		四		三	一三	八四	二	五	
一六	三	二	二	四八	八		三	三		三	一七			三
一〇六	二	九	四	五〇四	一二五	二	一九	三	六	二九	五四	八	二五	六

管別	人員 他行	人員 犯罪拘留中	人員 計	前期逃避延至次期合先徵者 逃亡	前期逃避延至次期合先徵者 他行	前期逃避延至次期合先徵者 計	第二豫備徵兵人員 五十歲未滿繼嗣	第二豫備徵兵人員 兄弟海軍下士奉職	第二豫備徵兵人員 延期再延準平時免役者	第二豫備徵兵人員 常備年期過檢查時限者	第二豫備徵兵人員 計	免役人員 戶主	免役人員 五十歲以上嗣子	免役人員 五十歲以上養嗣子	免役人員 教導團入團	免役人員 計	除役人員 廢疾	除役人員 不具	除役人員 犯罪	除役人員 檢查不合格	除役人員 計	除名人員 事故	除名人員 計
第一			九	五四		五四	一			四	五		一	一		二				四	四		
第二	一		九	四〇		四〇				一	一									七	七		
第三	五		一四							一四	一四	一				一	一		二		三		
第四		一	八	一〇		一〇				二	二				一	一				一	一	一	一
第五		一	八	一三	九	二二				七	七	一				一	二	二	一		五		
第六			三	一四		一四		一	二		三									二	一		
第七																							
計	一〇	二	五一	一六一	九	一八〇	一	一	二	四八	五三	二	一	一	一	五	三	二	三	一三	一二	一	一

十三年徵兵第四表

軍管別	前年送先入兵名簿實數	前年送先入兵 二十一歲	二十二歲	二十三歲	二十四歲
第一	二四五	五五	六四	四八	六五
第二	四	二		一	
第三					
第四	二八二	一六九	一三九	五九	一五
第五	二六四	一三〇	一〇一	四四	九
第六	三	五	四	六	二
第七直管內函館					
計	四七六	二五一	一四九	一〇八	六三三

名簿總員 二十五歲	名簿總員 二十六歲	名簿總員 二十七歲	名簿總員 計	徵集人員 常備 步兵	騎兵	砲兵	工兵	輜重兵	輜重輸卒	計	當徵兵期不報名延至次 逃亡	他行	父死後喪中	疾病不堪兵役
三七	一〇四	四二	二四五	七五	四	一四	一	四	七	一〇五	三九七			一
一			四	三				一		四				
一三六	六四		一八二	七三		九	一〇	二	一〇	一三三	一〇三			
一二五	一〇二		二六四	一五六		一三		九	六六	二四八	一七九	九五	一	二
四			一三	八		一	二			二	一〇			
三三三	二七〇	四二	四七六	三二四	四	二七	一三	一六	一〇五	四八九	四三九	九五	一	三

期始當籍調查者 他管在籍調查中	犯罪拘留中	事故	計	除役人員 廢疾	犯罪	檢查不合格	計	除名人員 他管轉籍	死亡	計
	一	二	一〇	二	二	五	九			
			一三		三	八	二	九	八	七
一	三		一八三	二五			二五			
			一〇							
一	四	二	三七	二七	五	三	四五	九	八	七

徵兵捐金免役比較表

歲次	軍管 第一	第二
六年		
七年全額	五	
七年半額	二四	
八年	一	二
九年	八	一
十年	七	二
十一年	七	
十二年	八	五
十三年	三	一九
計	八三	二九

第三		一	九				一		五十八	七十九
第四		七	十七	三	一		三	三	六十八	一百二
第五			一		一	四	二	三	二	二十三
第六		四		五	三		九	九	五十五	八十五
第七內函館							一		三	四
計		十二	二十六	二	十四	十三	二十三	二十八	四百三十六	六百四

考捐金免役者以十二年爲最多然僅二十八名此次乃多至四百三十六人蓋因新令精密無可規避則不得不出於此也故別作比較表以覘其槩

外史氏曰中國三代寓兵於民無事則耕有事則戰其不用也舉天下皆力農桑之民其用也舉萬乘皆決射御之士兵與食俱無不足其規模可謂善矣然自戰國以後齊有技擊秦有銳士即已兼用召募之法暨唐府兵制壞用張說之議遂專用募兵自是以後民出食以養兵兵出力以衞民相沿至今而兵與

民遂不可復合儒者好言古制徒見唐宋養兵蠹國病民驕惰無用遂慨然思復三代之舊不知募兵之害固大以言乎徵調軍書所至雞犬爲空邑里蕭條田園蕪廢觀於新安折臂之翁石壕捉人之吏民困於役如此其甚法安得而不變夫古人用兵之日少兵食出於一即兵與民不必分後世用兵之日多兵食不得不分即兵與民亦不能復合徵兵之變爲募兵益亦世變所趨不能不爾非獨中國天下萬國亦莫不然也然余考歐洲近日兵制乃又由募兵而復爲徵兵其法男子二十使應徵四十五十而免役少者壯而老者退職老者退而少者又入營故兵無羸弱之憂其常備之兵有定額即養兵之費亦有定額然歷三年即一人之餉得三兵之用歷六年即一兵之餉得三兵之用故糧無虛糜之患當爲常備民即爲兵訓練既精兵復爲民無事則全國之兵皆農工商有事則全國之農工商皆兵故國無虛耗之恐觀其按籍而稽應時而調同於古人料民之法然所謂之兵僅徵其力役而兵之衣糧器械皆別取其奉給於民益斟酌於徵兵募兵二法各去其流弊而用其長而又以時而訓練分年而更代此非數百年窮研實踐未易得此精密之法也日本仿此法行之八年雖未嘗爭戰於鄰國而削平內亂屢奏其功數年之後必更可觀亦可謂善變矣中國自唐宋至今多用募兵而募兵之法固有不可驟變者將旗一樹萬夫雲集不患無兵亦自有不必行此法者余特以爲抽換教練之法似可採而用之也國家歲糜千餘萬兵餉以養綠營迨洪楊事起乃至胥天下之兵無一可用當事者有懲於此始創爲練勇爲兵之法近年以來稍稍精強然國家既竭餉以養有用之

勇仍糜餉以養無用之兵其何以持久且今日之勇固皆百戰勁卒可爲干城然再歷十年則此輩又且衰老更何以善其後耶嗟夫今天下萬國鷹瞵鶚視率其兵甲皆可橫行有國家者不於此時講求兵制籌一長久之策其可乎哉

日本國志卷二十一

日本國志第七　卷之二十二

出使日本參贊官黃遵憲編纂

兵志二

陸軍

日本上古文官曰臣武官曰連有物部連者世為宿衞掌環列之尹兼司刑官後兵與刑分有大伴連統率元戎警衞宮城然此皆世官未有官制逮孝德朝倣唐制設兵部省始有專官其在內禁近之兵則有近衞府以領羽林軍（古名為靫負部謂負盛箭室以衞宮門也後設左右近衞府等官）在外屯戍之兵則於筑紫設太宰府（筑紫邊西海新羅百濟任那諸國自古有此官暨唐時使臣往來皆由於此故設鎮以備之及源氏秉政有蒙古之患復於此設九州探題命北條氏世掌之）於陸奥設鎮守府（置鎮守將軍日本東北古為蝦夷地叛服不常時時寇邊輒命將征之養老神龜之間設征夷將軍持節大將軍並臨時封拜未授正官惟鎮守將軍則有府治焉）自王綱不振兵權歸於

武門源賴朝起東北拜征夷大將軍足利尊氏繼起遂以將軍世其家將軍威福過於人主國家失其兵權者七百餘載頃王室維新德川返政即於明治元年戊辰二月建軍防事務局閏四月廢之更建軍務官二年七月又廢軍務官設兵部省皆兼轄海軍四年二月別設海軍省始改兵部省為陸軍省又於東京置近衞局（辛未二月置親兵壬申三月改為近衞局）於各營設鎮臺（辛未四月始置鎮臺於東山西海二道癸酉正月定為六管鎮臺）比年以來益增兵設官規制益廣而所有各官廨各軍營初皆統轄於陸軍省於是陸軍卿之權又偏重後於明治十一年十二月置參謀本部十二年一月又設監軍本部分轄六軍管（監軍本部平時司檢閱戰時充團長有事乃設現無官署）定為今制

官職（凡分為二途一曰武官猶將軍提督等官一曰文官猶兵部）

陸軍文官官等表

	等	陸軍省
勅任	一等	卿
	二等	大輔
奏任	三等	少輔
	四等	[illegible]
	五等	[illegible]
	六等	[illegible]
	七等	[illegible]
判任	八等	[illegible]
	九等	[illegible]
	十等	[illegible]
	十一等	[illegible]
	十二等	[illegible]
	十三等	[illegible]
	十四等	[illegible]
	十五等	[illegible]
	十六等	[illegible]
	十七等	[illegible]

裁判所：裁判長　評事　[illegible]評事　大主理　中主理　少主理　大錄事　中錄事　少錄事　一等補部　二等補部

陸軍武官官等表

勅任　奏任　判任

官	等							
將官	一等	大將						
	二等	中將						
	三等	少將						
上長官（又佐官）	四等	[illegible]大佐	憲兵大佐	步兵大佐	騎兵大佐	砲兵大佐	工兵大佐	輜重兵大佐
	五等	[illegible]中佐	憲兵中佐	步兵中佐	騎兵中佐	砲兵中佐	工兵中佐	輜重兵中佐
	六等	[illegible]少佐	憲兵少佐	步兵少佐	騎兵少佐	砲兵少佐	工兵少佐	輜重兵少佐
士官（又尉官）	七等	[illegible]	憲兵大尉	步兵大尉	騎兵大尉	砲兵大尉	工兵大尉	[illegible]
	八等	[illegible]	[illegible]	[illegible]	[illegible]	[illegible]	[illegible]	[illegible]
	九等		憲兵少尉	步兵少尉	騎兵少尉	砲兵少尉	工兵少尉	輜重兵少尉
準[illegible]	十等							
下士	十一等	[illegible]	[illegible]	[illegible]	[illegible]	[illegible]	[illegible]	[illegible]
	十二等	[illegible]	[illegible]	[illegible]	[illegible]	[illegible]	[illegible]	[illegible]
士	十三等	[illegible]	[illegible]	[illegible]	[illegible]	[illegible]	[illegible]	[illegible]

會計部上長官　[illegible]　會計部士官　[illegible]　軍吏補　會計部下士　[illegible]　監獄一等

軍醫部上長官　軍醫監　[illegible]　軍醫部士官　[illegible]　軍醫補　軍醫部下士　[illegible]

藥劑監　[illegible]　藥劑官補

馬醫部上長官　[illegible]　馬醫部士官　馬醫部下士　[illegible]

火工長　火工下長　鞍工長　鞍工下長　銃工長　銃工下長　木工長　木工下長　鍛工長　鍛工下長　鑄工長　鑄工下長

馬醫監 一等馬醫 二等馬醫 馬醫補

軍樂部准士官 軍樂部下士

樂長 樂次長 樂師一等 樂手二等

凡列一二三等者曰將官敕任進退黜陟太政官主之列四五六等曰上長官又稱佐官列七八九等曰士官又稱尉官爲奏任進退黜陟陸軍卿奏而行之十等以下爲判任進退黜陟陸軍卿專行之凡武官各分其職事參謀科在考察地圖窮究韜略凡有征伐臨機計畫皆聽其指揮要塞科在屯戍險要凡內國城堡瀕海砲臺皆飭其固守憲兵科在維持風紀糾察非違務使軍人各守軍律步兵科以統步兵騎兵科以統騎兵砲兵科以統砲兵工兵科以統工兵輜重兵科以統輜重兵會計部又分四課曰會計課掌計算出入曰糧食課掌支給糧食芻秣及囚獄徒刑場事務曰被服課掌支給被服營具曰病院課掌病院會計事務軍醫部分二科曰醫官曰劑官醫以視病劑以配藥凡軍士疾病傷夷皆命之調治馬醫監在分配軍馬保護獸病凡陸軍官身在行間有所統屬者曰隊附其他曰隊外在定額官員中奉職或別任公務與臨時差使者曰在職其額外者曰待命列將校班次一時無事者曰待命在額外無職事者曰非職駐居各府縣以備有事調遣者曰後備軍人員統稱之軍人其在陸軍省之文官及外吏統稱之曰軍屬凡士官出身必於士官學校中旣經卒業得有文憑者或下士以下有出羣材能非常勞績亦許拔擢下士以下則以教導團旣經卒業者或於尋常兵士中有材能者亦可選用所有遷轉必考其材能察其勤惰仍視服役之久暫循資以升不得越級凡武官月俸將官分三等金

四百圓至二百五十圓佐官亦分三等一百九十六圓至九十六圓尉官亦分三等五十八圓至二十四圓准士官以下分四等二十五圓至二圓八十錢其屬近衛官與屬鎮臺者俸有差異步騎礮工兵各科亦稍不同礮兵較多步兵較少若戰時則按其額俸增加五分之一其有事歸鄉者仍得本額三分之一名曰非職俸旣經解職仍在服官之地者仍得三分之二名曰待命俸此外別有賞恤一爲服役滿年在指職二十五年以上者得之一爲罷役恩賞自准士官以上服役十五年以上者許得之其額視服役之長短一爲罷役俸自准士官以上服役十一年以外未滿十五年者許得之至傷痍疾病亦有恤金給之終身所給之額視受傷輕重及其官職何等服役幾年以分差等其歿於王事者其寡婦孤兒各有恤金給額視其夫與父之官階與死亡事由以分差等凡武官賞功有以竹帛書功者曰褒賞別製精紙記其勤勞以賜之有以章服錫庸者曰勳章凡分八等視其功績之大小官位之高下以爲差別其得金銀標章者終身別給以年俸多者八百四十圓少者二十四圓有以金帛酬勞者曰賞金俸給之外別賜金額有曰從軍記章則不問功績之有無曾經身在戰塲悉給與之凡武官有罪新設軍律其主刑曰死刑無期徒刑有期徒刑無期流刑有期流刑重懲役輕懲役重禁獄輕禁獄重禁錮輕禁錮其附加刑曰剝奪公權剝官停止公權禁治產監視沒收皆於陸軍裁判所糾問其罪按律科斷不同於尋常官吏處分之法詳下軍律條中考此軍律軍人軍屬一同科斷輕禁錮者若係將校多附加剝官

軍人軍屬現在總員表據十三年六月調查之數

階級種類		人員	計	十三年六月三十日比較 增	減
將官及同等官	在職	七			
	非職	八	五	三	三
	隊外	四三		六	

軍						
上長官	隊附	步兵	[illegible]七		一七	
上長官	隊附	騎兵	一	二四四		
上長官	隊附	砲兵	六			二
上長官	隊附	工兵	二			一
上長官	非職		三		一	
上長官	隊外		六三		七四	
士官	隊附	步兵	三三五		九〇	
士官	隊附	騎兵	三二		六	
士官	隊附	砲兵	一六〇		四六	
士官	隊附	工兵	五四	二四三	五	
士官	隊附	輜重兵	三九		三	
士官	非職		八三			三八
士官	海外留學		一〇		二	
士官	後備軍人員		三		一三	
士官	電信隊附		五		五	
准士官	隊外		二〇			一七
准士官	隊附		二	三	一	
准士官	隊外		七六六		五五	
下士	隊附	步兵	三九三		五五	
下士	隊附	騎兵	七四		二	
下士	隊附	砲兵	四一四		一〇〇	
下士	隊附	工兵	二四八		九一	
下士	隊附	輜重兵	九四		四三	
下士	隊附	軍樂	四三		八	
下士	豫備軍人員		一		一	
下士	後備軍人員		二〇		二〇	
下士	電信隊附		九		九	
下士	隊外		四四七		三五	
諸	隊	步兵	三六七三三			
諸	隊	騎兵	四〇五		三	

人						
卒	附	砲兵	[illegible]九四	[illegible]	一七	
卒	附	工兵	八六七	三〇二		九
卒	附	輜重兵	四八二		二四三	
卒	附	軍樂	四五		二四	
卒	附	電信隊建築	三〇		三〇	
卒	豫備軍		三四七三	三六八五五	九六〇	
卒	後備軍		六六二		九三五	
職工	隊外		一七			
職工	隊附		四七	六四	一七	
海外留學生			三四	三四	三四	
士官幼年教導團諸科學校諸工軍馬局諸職工[illegible]各部[illegible]生徒			三六八	三八		六三四
軍	奏任		一〇			
軍	准奏任		三	三	一	
軍	判任		四四六	五三〇		五
軍	准判任		八四		六〇	
屬	等外		一〇			三六
屬	准等外		三六	四六	三	
屬	雇		七	七		三
屬	役使		九九	九九		三九

合計總員七萬三千三百二十三名

陸軍省

陸軍省凡進退兵官支給軍需整飭軍律申警守備討論武學則掌焉卿一人以將官任之統理省務凡所管事務利害得失許陳明於大政大臣許於元老院會議時辯論凡武官士官以上文官奏任以上進退黜陟皆具狀上申判任以下得專行之省中事務凡設立規制卿以其意見奏請報可而後行一曰改革徵兵令中條款二曰改革軍律中條款三曰布達諸軍士號令四曰諸局諸官廨或設立或廢或合併五曰制定諸局諸官廨之條規六曰命將校司某職課七曰用會計監督長軍醫總監及敕任以上文官司某職課八曰軍人軍屬有賞典及特赦寬省之事九曰判決士官閥門以上之罪十曰處決下士以下之犯軍律死罪者十一

曰派遣部下官員生徒於外國十三事曰儲外國人十四曰小凡創設新制變更舊規此皆奏請然後施行其他則專決
事則徑決大輔亞卿之職掌少輔又亞於大輔皆以將官任之各局各
課咸率其屬而從事焉省內分局局內又分課在卿官房有房
長一人參謀大佐任之副房長一人參謀中佐任之傳令使五人課寮數人其
總務局分八課曰庶務課曰徵兵課曰軍法課曰武學課曰勲
章課曰記室課曰報告課曰翻譯課各有課長課寮課長多以中少佐任之局長
一人將官之任大少輔者任之副長一人以參謀大佐任之次長一人以參謀中佐任之傳
令使一人以中少尉任之分司其事人員局分二課曰步兵課曰騎兵
課各有課長課寮課長以步兵騎兵少佐任之局長一人步兵大佐任之次長一人步兵或騎兵中佐任之分司其事礮兵局分二課曰人員課曰材料課各有課長
課寮課長以礮兵少佐任之局長一人礮兵大佐任之次長一人礮兵中佐任之分司其事
工兵局分二課曰人員課曰材料課各有課長課寮課長以工兵少佐任之局長

一人工兵大佐任之次長一人工兵中佐任之分司其事會計局分四課曰庶
務課曰計算課曰糧食課曰被服課各有課長課寮課長以一等或二等副監督任之
局長一人監督長任之副長一人監督任之次長三人一等副監督任之分司其
事卿官房之房長參卿之謀議課寮任卿之書記傳令使任卿
之傳宣總務局長位權亞於卿卿有事則代理其務日巡各局
檢查各局長之賢否諸員之勤惰行事之遲速文書之當否人員礮兵工兵及會計局長雖直隸於卿而於日行常務亦受轄於總務局長每日總務局長至於卿官
房與卿議要務而後集人員礮兵工兵會計各局長及房長於
官房共議分派收受文書布告條令及支給財物繳納器用各
事於各局施行之各局長受其事分命之課長課長奉行之有
所可否則商之局長課寮所司在蒐集案卷檢校文書謄錄稿
本各局各課雖區分其事然遇諸務叢雜時卿得令甲局人員
兼任乙局亦可調他局人員互相援助諸官員例以午前九時
到省午後四時退省每夜以課寮一人值宿諸員退省時必局
文書嚴管鑰尋常人不許入省雖官於陸軍必奉使令乃得至
局否則嚴禁局員將文書鈔與外人密事告之友朋者嚴禁處
罰凡文書滙於卿官房課寮收受文書以朱墨記其日期事由
分致之各局每七日彙收於記室其待卿處辦者呈之房長房
長呈之卿其祕密事房長記之於祕密日記若未能遽決者記於別冊每年一月四月七月十月各局長編稽緩錄聚未決文書註明其故凡應發書牘經課長局長擬稿呈之總務局長及
卿經鈐印乃得施行已施行每七日亦彙收其稿於記室上奏之本房長記之於密事日記凡記室分爲新舊二庫其十年以前者藏之舊庫
十年以內者藏之新庫凡未決文書各局長寫其目致之記室課記室每月照目促局長送交有借覽記室文書必書借券限三日繳還不得踰七日其舊庫文書限八日繳還凡創辦新政更改舊章由

太政官交議者卿集各局長各課長使獻替可否並諮及其他
將校商議已決局長作草案呈之卿卿許可乃告總務局長若
無異議即施行若謂未可再商之卿其過誤皆責之總務局長
所有陸軍諸官廨長官直隸於陸軍卿者曰近衞都督戶山學
校長士官學校長教導團長軍醫本部裁判長礮兵各方面提
理礮兵工廠提理工兵各方面提理軍馬局長馬醫監

陸軍省各局課寮書記定員表

官等級：七等　八等　九等　十等　十一等　十二等　十三等　十四等　十五等　十六等　十七等

課名＼職名		課	寮	書	記	計
總務	庶務課	三	四	五	六	十八
	徵兵課	二	三	四	五	十四
	武學課	一	二	二	二	七
	軍法課	一	二	二	二	七

	局				人員局		礮兵局		工兵局		會計局			
課名／官名	勳爵課	記室課	報告課	翻譯課	步兵課	騎兵課	人員課	材料課	人員課	材料課	庶務課	計算課	糧食課	被服課
軍吏	一	二	一			二	一	一	一	二	四	五	二	三
軍吏副 軍吏補 軍吏試補	二	三	二	無定員	三	三	二	二	二	二	五	十三	四	九
一等書記 二等書記 三等書記	二	四	三		四	二	二	三	二	二	二十一	三十八	十三	二十八
	三	五	三		八	三	一	一	二	二				
	七	十四	九		十七	十	六	七	七	八	三十	五十六	十九	四十

參謀本部

參謀本部置參謀本部長以陸軍省中參謀長任之統轄陸軍參謀科將校凡邊防征討之事是其專責有關於軍令皆由參謀長籌策奏聞已經御定乃下陸軍卿行之有軍事時別置監軍本部或特命司令長官其軍令經朝廷裁定下之於監軍中將及司令長官仍令與參謀長互通謀略所有陸軍省近衛局六管鎭臺皆有參謀將校與焉參謀本部置總務課又置管東管西二局管東統東部以東管西統中部西部以西所分諸課在考究地理一曰測量均用飛鳥圖法察其經緯線若干度若干分一曰檢察視其地之險夷高下如何安營壘如何便運輸均分派屬員司其事在編輯兵書一曰編纂聚日本及漢人之古今兵事考其何以勝何以敗一曰翻譯將歐美各國現行之兵器兵制譯而圖之驗其若者精若者粗旁及地方之治體各國之政要在製造圖版一圖地理將各國舊行之圖及新測之圖舉凡都會要區沿海港汊均圖而刻之一圖器物將本軍應用之器當備之物以及堡壘之營築礮鎗之鑄造均圖而刻之亦有用鏡寫眞法影而像之者自明治七年二月設立參謀局以來十一年十二月改稱參謀本部規模日益拓大每年刊刻圖籍至三四十種印刷至五六萬部軍用電信隊隸於參謀本部有事之日分派之師旅團各部提理一人以中少佐任之總理其事

近衛局

近衛都督以將官一人任之統御近衛諸兵隊幕中置參謀部以贊畫兵機佐理軍政又置副官傳令使文庫武庫官以司兵書兵器之出納又置會計部分被服計算糧食三課以督其務凡有徵

調都督申之陸軍卿參謀本部長奏請朝旨乃下都督行之其他官位進退經費支給皆受陸軍卿命近衛兵選擇各鎭臺兵之身材强壯品行方正能曉暢技藝服役滿六箇月者充之分爲步兵二聯隊騎兵一大隊礮兵一大隊工兵一中隊輜重兵一小隊軍樂兵一隊專以護衛京城非有特旨不應徵發守衛隊分爲二宮廟府庫曰儀仗守衛園庭館廐曰通常守衛專以步兵依次更替以步兵大隊一人爲司令如遇行幸車駕以騎兵從徒御則以步兵從凡改革守衛法陸軍卿參謀本部長下都督議議上奏請朝裁京師戒嚴所有守衛方略由參謀本部長規畫進奏請旨行之若變起不意由都督臨機籌畫事定後具申之陸軍卿參謀本部長凡元正之朝會天長節之拜賀及國有慶典若國皇登極皇后皇太子冊立之類國有大喪近衛兵均備儀仗

若外國君主皇族特來朝會其警備道路護守客館亦命近衛兵司其事每年定期檢閱必車駕親臨監軍部及都督率諸隊兵以供御覽事畢分別賞罰若遇近衛兵屯駐各軍營內可與各鎮臺兵會行大練兵式及閱兵式有事亦與鎮臺兵會合

近衛兵額表

兵種	隊數	每一隊人員	總員
步兵	二聯隊（即四大隊）	六百七十二	二千六百八十八
騎兵	一大隊	百五十	百五十
礮兵	一大隊（即二小隊）	百三十	二百六十
工兵	一中隊	百五十	百五十
輜重兵	一小隊	八十	八十
合計			三千三百二十八

六管鎮臺

分全國地爲七軍管與三府三十六縣相峙以保安管內（北海道爲第七軍管現隸於開拓使尚未設立故祇稱六軍管）其區分之法第一軍管爲東京鎮臺第二軍管爲仙臺鎮臺第三軍管爲名古屋鎮臺第四軍管爲大阪鎮臺第五軍管爲廣島鎮臺第六軍管爲熊本鎮臺軍管之下分十四師管（軍管足以興一軍師管足以興一師故名）師管之下分四十一營所並師管爲五十五所（分管之地詳於表內凡鎮臺所在即爲師管之一故共五十五所）各畫區域分鎮其地尚有要地須分營駐札俟兵額增加再行配置（凡屯營轉徙皆受陸軍卿節制若有緩急牒知地方府知事縣令選便宜之地權移於此即告之陸軍卿）其統轄之法每二軍管兵隸一監軍部第一第二隸東部第三第四隸中部第五第六隸西部此三部之參謀部及本鎮臺之參謀部與參謀本部之管東管西二局相通爲全國陸軍經緯每一鎮

臺置司令長官少將一員以統督管內諸政隸於監軍中將有事之日奉敕指揮軍隊其監軍充師團長司令官即充爲旅團長以當一面平時監軍中將檢閱兵隊（每年定期監軍中將交換其部巡回檢閱）司令官悉遵其令呈尉官以下拔擢名簿於監軍聽其黜陟每年歲末司令官會陸軍卿參謀本部長近衛都督及各局長於省堂撰定將校進級表以便次年奉行自鎮臺司令官以下師管隸於軍管分營隸於師管軍令下行公文上呈必依其序其官員之職制司令長官平時於軍人黜陟經費經畫之事皆受陸軍卿指揮（除軍令外以申請陸軍卿爲常）管下諸兵軍伍隊列之分合因時宜有所變更由監軍部上陳於陸軍省凡軍中士氣之强弱兵法之生熟軍政之利害軍紀之張弛兵士之疾病若何關涉地方民情若何無隊將校之服職若何營所諸隊司令官報之鎮臺

司令長官司令長官例以三箇月經監軍部報告其況於陸軍省凡管下屯營病院囚獄暨庖厨廨舍司令長官時時巡視凡需用物品由鎮臺監督照成規支取修繕諸工問工兵方面支給軍器問礮兵方面仍牒陸軍省受卿之指揮其兵士之分業曰參謀部曰要塞部曰憲兵部（各軍管憲兵尚未設立將來直隸於陸軍省但憲兵屯駐於軍管內者有要事當報之司令官）曰步兵曰騎兵曰礮兵曰工兵曰輜重兵其戰守之事在禦外侮靖內患有事時受命於監軍本部管內警報關涉外國者非奉朝旨宣戰不得動兵惟事出危迫速爲戰備一面馳報管內有盜賊竊發府縣已上報仍聽監軍部陸軍省參謀本部指揮若事機已發府知事縣令求援可應其請其草賊有禍患不測者司令長官商之府知事縣令遣人偵探急陳其形勢容致監軍部及陸軍省參謀本部管內有劫賊地方警

察部求援可應其請其衞送之事凡因朝儀祭典讌會賓禮派兵警衞或以兵護送要囚輸送彈藥各衙門有所申請由司令長官遣派其紀律之事管下諸兵出入有程飲食有程起居有程日就操練除操練場外不許侵擾他地如欲實發彈丸演習曠野由鎮臺選定一地與所轄府縣商議經監軍部告陸軍省受其指揮凡軍隊中有逃亡者使其隊伍長或同隊兵士蹤迹捕拿不得則具報鎮臺移牒其本管府縣嚴加搜捕每月報之陸軍省凡軍人軍屬犯罪隨時開軍法會議在東京者無論輕重致之陸軍裁判所嚴密審理

六管鎮臺表

鎮臺	營所	所	常備諸兵	常備合計	
第一 東京	第一 東京	小田原 靜岡 甲府	步第一聯隊 騎第一大隊 砲第一大隊 砲第二大隊 海岸砲 品川一隊	步三聯隊 五千七百六十人 騎一大隊 二百四十人 砲二大隊 四百八十人 工一大隊 二百四十人 輜重一小隊 六十人 海岸砲三隊 二百四十人 平時七千二十人 戰時一萬二百人	
	第二 佐倉	木更津 水戶 宇都宮	步第二聯隊 工第一大隊 橫濱一隊		
	第三 高崎	新發田 高田 新潟	步第三聯隊 輜重第一小隊 新潟一隊		
第二 仙臺	第四 仙臺	白川 水澤 若松	步第四聯隊 砲第三大隊 海岸砲	步二聯隊 三千八百四十人 砲一大隊 二百四十人 工一中隊 一百二十人 輜重一小隊 六十人 海岸砲一隊 八十人 平時四千三百四十人 戰時六千四百一十人	
	第五 青森	盛岡 秋田 山形	步第五聯隊 工第二中隊 輜重第二小隊 函館一隊		
第三 名古屋	第六 名古屋	豐橋 岐阜 松本	步第六聯隊 砲第四大隊 工第三中隊	步二聯隊 三千八百四十人 砲一大隊 二百四十人 工一中隊 一百二十人 輜重一小隊 六十人 平時四千二百六十人 戰時六千三百一十人	
	第七 金澤	七尾 福井 敦賀	步第七聯隊 輜重第三小隊		
第四 大坂	第八 大坂	兵庫 和歌山 京都	步第八聯隊 砲第五大隊 海岸砲	步三聯隊 五千七百六十人 砲二大隊 四百八十人 工一大隊 二百四十人 輜重一小隊 六十人 海岸砲二隊 一百六十人 平時六千七百人 戰時九千八百人	
	第九 大津	津	步第九聯隊 砲第六大隊 工第四大隊 川口一隊		
	第十 姬路	鳥取 岡山 豐岡	步第十聯隊 輜重第四小隊 兵庫一隊		
第五 廣島	第十一 廣島	松江 濱田 山口	步第十一聯隊 砲第七大隊 工第五中隊 海岸砲 下關一隊	步二聯隊 三千八百四十人 砲一大隊 二百四十人 工一中隊 一百二十人 輜重一小隊 六十人 海岸砲一隊 八十人 平時四千三百四十人 戰時六千四百一十人	
	第十二 丸龜	德島 須崎浦 宇和島	步第十二聯隊 輜重第五小隊		
第六 熊本	第十三 熊本	千[illegible] 飫肥 鹿兒島 琉球	步第十三聯隊 砲第八大隊 砲第九大隊 海岸砲 鹿兒島一隊	步二聯隊 三千八百四十人 砲二大隊 四百八十人 工一大隊 二百四十人 輜重一小隊 六十人 海岸砲二隊 一百六十人 平時四千七百八十人 戰時六千九百二十人	
	第十四 小倉	福岡 長崎 對馬	步第十四聯隊 工第六大隊 輜重第六小隊 長崎一隊		

總計			
鎮臺	六		
師管	十四		
營所	四十二		

常備兵合計	平時	戰時
步兵十四聯隊（即四十二大隊）	每隊六百四十人	每隊九百六十人
騎兵一大隊	每隊一百二十人	每隊一百五十人
砲兵九大隊	每隊一百二十人	野砲兵每隊二百六十人 山砲兵每隊二百三十人
工兵三大隊	每大隊二百四十人	每大隊三百人
工兵三小隊	每小隊一百二十人	每小隊一百五十人
輜重兵六小隊	每隊六十人	每隊八十人
海岸砲兵九隊	每隊八十人	每隊一百人
	共三萬二千四百四十人	共四萬六千零五十人

近衛各鎮臺諸隊人員表 據十三年六月調查之數

所管	近衛					東京鎮臺						仙臺鎮臺	
隊數／附級	步兵二聯隊 四大隊	騎兵一中隊	砲兵一大隊	工兵一中隊	計	步兵三聯隊 九大隊	騎兵一大隊	野山砲兵二大隊	工兵一中隊	輜重兵一中隊	計	步兵二聯隊 四大隊	山砲兵一大隊
上長官	八		一		九	四	一	一 一			一七	七	
士官	一〇六	八	一七	七	一三八	一三四	六	一七 一五	三	九	[illegible]	一〇五	九
下士	[illegible]	一七	四六	[illegible]	四〇七	[illegible]	[illegible]	[illegible]	[illegible]	一九	[illegible]	[illegible]	一七
兵卒	[illegible]	[illegible]	[illegible]	[illegible]	[illegible]	[illegible]	五二	[illegible]	[illegible]	[illegible]	[illegible]	[illegible]	[illegible]
生兵						[illegible]	[illegible]	[illegible]	八八	四四	[illegible]	[illegible]	[illegible]
職工		四	四		八		五	三 四			三		二
計	[illegible]	[illegible]	[illegible]	[illegible]	[illegible]	[illegible]	[illegible]	[illegible]	[illegible]	[illegible]	[illegible]	[illegible]	[illegible]
增（十二年六月三十日比較）		一	[illegible]	三			[illegible]	[illegible]	[illegible]	[illegible]			[illegible]
減	[illegible]				五	[illegible]					[illegible]	四七	

鎮臺	隊									
	函館礮隊		五	一七	四四	二五		九	九	
臺	輜重兵小隊		五	三		內輸卒三 六四	二	一〇三	一〇三	
名古屋	計	七	二四	三六九	一八四	九九	四	三六七	一〇	
	步兵二聯隊六大隊	八	一〇四	五〇八	三五三	三〇八		四三三		二五〇
	山礮兵中隊		一〇	一八	七二	五三	二	二四	五六	
	輜重兵小隊		六	二		二〇	二	二九	二九	一
大阪	計	八	一八〇	二五七	二四五	三〇	四	四二五		二五五
	步兵三聯隊九大隊	一五	二五二	七五八	三五七四	一〇四九		六六四		三
	野山礮兵一大隊	一	五 五	四九 三六	一三四 四一	一〇〇 九七	二三	一〇三 二九一	二五	
	工兵一大隊	一	三	六〇	三五	九六	一	三〇七	八	
	輜重兵一小隊		六	五	內輸卒三 一〇五	一七	二	三五	六七	
廣	計	一七	二五四	九九	四八九	一九五九	八	七六六	三	
	步兵二聯隊六大隊	八	一六〇	五三	三六六	三三三		四二五		二六〇
	山礮兵中隊		一〇	一八	七二	五〇	一	五三	六〇	
	輜重兵一小隊		六	二		一五	二	二四	二四	

日本國志卷二十二　十五

鎮臺	隊									
島	計	八	一八三	五四〇	二四九	三七八	三	四六六		一八六
熊本	步兵二聯隊六大隊	九	二六〇	五〇八	三五四	三七三		四〇二		三〇
	野山礮兵一大隊	一	一五 六	四七 三七	四七 三九	九五 三二	二三	一〇八 一九六	四〇	
	工兵一大隊	一	三	六〇	五三	八〇	一	三七	二四	
	輜重兵一小隊		七	一六	四〇	二〇	二	八五	六	
	計	二	三三	六八七	二六三	一六五	八	五〇七	十	三三
合	計	七七	一四五	四四七	三二七	九二五	四七	二五九		五二五

憲兵歐洲兵士往往結黨橫行恃力擾害或於道上使酒滋事地方警部欲拘引之則又聚黨與之鬬毆莫敢誰何各國因別設一部名曰憲兵取兵士中之品端性良者充其選意以彈壓兵士其職掌介兵士警部之間日本兵士近年亦往往與巡查爭鬬竟有聚衆數十意若開戰者論者因謂憲兵之有益明治十三年三月始設憲兵一部於東京其他府縣猶未設立

憲兵居陸軍之一部專以巡查軍人非違兼任行政警察司法警察又分隸司法內務海軍三省（關係軍紀屬陸軍省關係行政屬內務省關係司法屬司法省）又兼受警視總監府知事（東京有警視總監與府知事無與）縣令及上等裁判地方裁判所檢事之指揮分常務爲二平時巡邏視察曰巡察有時特遣偵探曰檢察憲兵巡視之時遇軍人醉酒酗暴於市或憑武力凌侮人得逮捕之（指在軍營外犯法者若在營內該管官之責）又見有人受軍人損害者可將人證告發海陸軍之隊伍潛匿於市伍者可請海陸軍官廨之命逮捕之如遭數軍人暴動不能悉捕則捕其造意或倡首一人遇有警部乞援即與之協力（遇巡查捕軍人非違者請而受之見常人犯違式註違罪者拘之交於巡查）見現行犯罪者不論軍人常人得逮捕之（捕現行犯罪之常人即送之警察署或致之巡查）惟非有特命不得驀入人家逮捕常人拘引貨物不得妄用兵器（遇拒捕非兵力不可者不在此例）不得入外國公館如地方有賊徒竊發憲兵偵知其事速報之上官遇有水溺火災及變死人又有老弱婦女急病者瘋癲者罹危害者憲兵應扶助之憲兵選拔於近衞鎭臺常備豫備後備各

日本國志卷二十二　十六

軍取其年自二十二至三十身長五尺以上能讀書作字品行端方者五人爲伍有伍長一人（選拔他兵科服役六月以上者後選憲兵服役六月以上者）二伍有軍曹一人（選憲兵伍長服役六月以上者）十伍有中尉或少尉一人四十伍爲一分隊一分隊有大尉一人分隊六爲一隊一隊有中佐一人掌其司令（現在編一隊內有中佐一人任隊長六尉副官一人大尉六人任分隊長中尉少尉共二十四人准士官下副官一人曹長六人軍曹百二十人伍長二百四十人兵卒千二百人會計軍吏一人軍吏補及副一人軍醫若干人軍曹伍長兼任書記二人會計或二等或三等書記六人其自曹長以上皆選之憲兵本部）隊長即爲本部長統率部下憲兵監視其勤惰遇有非常之事速報之內務陸軍司法各卿及警視總監每月收各隊長報告檢覈之關係行政司法分呈之內務司法二卿及檢事亦呈之陸軍卿其係於海軍者專呈之海軍卿分東京府下爲六管區每各管區設若干屯分遣二伍以上兵屯駐隊長以時巡視各管區各屯

所副官輔助隊長分隊長各司其部下之事亦以時巡視各分屯分隊長據各屯報告每七日呈之隊長中尉少尉分任各管區事司各屯報告兵卒巡察每日記之手簿以供報告若遇有外患內變時其服役法別行編制

日本國志卷二十二

日本國志第七　卷之二十三

出使日本參贊官黃遵憲編纂

兵志三

陸軍

編隊

凡步兵五人爲伍四伍爲一分隊二分隊爲半小隊二半小隊爲小隊二小隊爲中隊共一百六十人四中隊爲一大隊共六百四十人三大隊爲一聯隊共一千九百二十人其編制之法由中隊起每一中隊內有上等卒九人分隊長八鍬兵長一一等卒三十六人銃卒三十二喇叭卒二二等卒一百十五人鎗卒一百四又五又六此三等卒共一百六十人此兵卒數也伍長九人分隊長八司炊事一軍曹九人半隊長八司被服一曹長一人小隊副長小隊長四人少尉二中尉二隊長一人大尉此兵官數也合四隊爲大隊卒則倍加其數官則酌加其數三大隊爲聯隊官又酌加焉騎兵以百二十人爲大隊礮兵以百二十人爲大隊工兵以二百四十人爲大隊輜重兵以六十人爲小隊海岸礮兵以八十人爲一隊積伍而成隊均同於步兵其每隊人數多寡不同則因各種兵所事之繁簡而分之近衛兵額編隊之法較多於鎮臺亦因地而置宜故也在平時編制之法因時地之宜分各種兵而爲屯營或有步無騎或有步兵礮兵而無工兵合各種兵而爲軍營各種兵均有惟隊數多寡不同每屯營軍管師管必有軍吏以司財用有軍醫以司醫藥有工人以司工役謂銃工靴工縫工之類又有參謀部以司指畫要塞部以司屯戍受轄於司令官而統於監軍本部參謀本部陸軍省在戰時編制之法亦因時地之宜以步兵二聯隊或三聯隊騎兵一小隊礮兵一大隊工兵一中隊輜重兵一中隊或專以步兵編制合爲一團曰旅團以二旅團或三旅團合

爲一師團以二師團或三師團合爲一軍團軍團師團旅團各設本營各有團長而統於軍團長其所隸有參謀部以贊機宜凡部署兵員進退師旅偵探敵情測繪地圖編錄日誌賞罰士卒量度軍需查明死傷皆其所司有礮兵部以司礮彈凡礮銃彈藥及其他兵器營造之事收貯之事支給之事修理之事皆司之以時查察多少俾無匱乏有工兵部以司工作凡器械材料及一切軍用營造之事收貯之事支給之事修理之事皆司之以時查察多寡俾無匱乏有會計部以司出納部中分計算糧食被服病院郵遞五課凡貨幣糧餉衣服芻秣藥材計算之事支收之事分派之事皆司之以時查察多寡俾無匱乏有裁判官以司軍律軍人軍屬有犯罪者審議其罪送之囚獄有憲兵部以司軍紀要在勿使地方民人或受兵擾凡追索犯人護送囚徒管理囹圄皆司之有傳令騎兵以司命令凡傳遞命令送致文書皆司之有時兼充護衛并及斥候有軍用電信隊以司電報凡電綫架設之事撤收之事修理之事通信所開閉之事皆司之務使各旅團師團軍團之間互相聯絡又使工部電綫與軍用電綫相接續有輜重部以運輜重凡進軍退軍移軍運用物品皆司其運輸有病院以司病傷分治療藥劑二課病院即置之營後若病者多又設分院亦可分致

之地方醫院有病馬廄以司馬病營中馬及所食獸肉有病皆療之并司其屠殺之事保護之方有馬廠以司馬匹凡需用馬匹皆司之并司其保育之方補充之事有運輸部以司運輸凡軍營一切器用自陸軍各地送於軍營皆司之預備輸卒馱馬車輛分派課察書記役人以濟其事務使無違無誤軍中有病者死者傷者亦由其運之內地惟由此軍達彼軍由軍營達戰場則輜重卒之事有補充營以司補隊凡補充隊中補缺之事編隊之事皆司之其後備軍人員之待缺者病愈人員之堪役者亦隸其中凡軍人之列於豫備後備軍籍者遇有事變即行召集編爲補充兵其法有二一則直編豫備兵於常備兵以充實其隊假如常備兵以百六十人爲中隊即改以二百人爲中隊或二百四十人爲中隊是也一則於常備兵之死傷疾病者補充其闕假如常備兵病傷十人即補十人死亡十人即補十人是也又常備兵之新入營者未卒業者以豫備更易之使新兵生兵入補充隊以時訓練其督率豫備後軍者即以將校之非役解職者任之分轄旅團旅團以鎮臺司令官爲長受轄於師團師團以監軍中將爲長受轄於軍團軍團以監軍大將或中將爲長

陸軍編制表

階級	官名	中隊各官兵	大隊各官兵	聯隊各官兵	一聯隊統計	騎馬 大隊	騎馬 聯隊
佐官	大佐			長一	一	一	一
佐官	中佐						
佐官	少佐		長一		三	一	三
尉官	大尉一等	長一		副長一	七		一
尉官	大尉二等				六		
尉官	中尉一等	第二小隊長一	副長一	鍬兵司令一	一六	一	三
尉官	中尉二等	第四小隊長一			二		
尉官	少尉	第一第三小隊長二		旗手一	二五		
下士	曹長一等	小隊副長一	下副官一	計官附屬一	一〇		
下士	曹長二等				六		
下士	軍曹一等	半小隊長四 司被服一	司書翰一 計官附屬一	司武器一 書記一	六六		
下士	軍曹二等	半小隊長四	鍬兵長一	喇叭長一	五九		
下士	伍長一等	分隊長四 司炊事一	司武器一 書記一		六〇		
下士	伍長二等	分隊長四	知病院事一 喇叭長一		六〇		
兵卒	上等卒	分隊長八 鍬兵長一			一〇八		
兵卒	一等卒	[illegible]卒三二 [illegible]卒二 喇叭卒二			四三二		
兵卒	二等卒	[illegible]卒一〇四 [illegible]卒五 [illegible]卒六			一三八〇		
上長官	二等軍醫正			醫官一	一		一
士官	軍吏			計官一	一		
士官	軍吏副		計官一	副計官一	四		
士官	軍吏補						
士官	軍醫		醫官一		三		
士官	軍醫副			副醫官一	一		
士官	軍醫補						
職工	銃工長			一	一		
職工	銃工		二		六		
職工	縫工		一		三		

工
靴工　一　三
合計　八四　六　三　三六九　二　九

步兵兵卒以百六十人爲一中隊此表中中隊內所列上等一等二等卒共百六十人即其數也其餘爲統兵之官四中隊爲一大隊三大隊爲一聯隊兵卒之由小隊而中隊由中隊而大隊以倍數算統兵者由小隊而中隊由中隊而大隊以遞加之數算大隊格內所列一十六人專記統兵之官至兵卒之數第比中隊增加一倍故不復記聯隊格內依例推之

戰時軍隊各官編制表

部分	軍 職	階級	員數	師團 職	階級	員數	旅團 職	階級	員數
參謀部	長	中少將	一	長	大佐	一	長	大中佐	一
	副長	大佐	一	副長	大中佐	一		少佐	一
	屬寮	中少佐	二	屬寮	少佐	一	屬寮	大中尉	一
		大中尉	二		大中尉	一		中少尉	一
	將校			將校					

部分	軍 職	階級	員數	師團 職	階級	員數	旅團 職	階級	員數
	副官	少佐	一	副官					
	次副官	大中尉							
	傳令使	少佐大中尉	三	傳令使	大中尉	二	傳令使	中少尉	一
	書記	下士		書記			書記	下士	
	圖畫			圖畫					
	譯官			譯官					
	軍樂隊								
礮兵部	長	大佐	一	長	中佐	一	長	少佐	一
	屬寮	大中尉	二	屬寮	中少尉	一	屬寮	少尉	一
		下士	三		下士	二		下士	三
	礮廠長	中少佐	一	礮廠長	大中尉	一	礮廠長	大中尉	
	屬寮	大中少尉	二						
		上監護	一		上監護	一		監護	一
		下士			下士			火工長	一
					諸工			銃工長	一

部分	軍 職	階級	員數	師團 職	階級	員數	旅團 職	階級	員數
								鍛工長	
								木工長	
								鞍工長	
工兵部	長	大佐	一	長	中佐	一	長	少佐	一
	屬寮	大中尉	一	屬寮	中少尉	一	屬寮	少尉	一
		下士	二		下士	二		下士	
	工廠長	中少佐	一	工廠長	大中尉	一	工廠長	大中尉	一
	屬寮	大尉	一	屬寮					
		中少尉	二						
		上監護	一		上監護	一		監護	一
會計部	長	會計監督	一	長	一等副監督	一	長	二等副監督	一
		軍吏	一						
		軍吏補	二		軍吏副補	一		軍吏副	一
		軍吏副	二						
		書記			書記	二		書記	二

部分	軍 職	階級	員數	師團 職	階級	員數	旅團 職	階級	員數
	計算課長	副監督	一	課長	二等副監督	一	課長	軍吏	一
	糧食課長	副監督	一	課長	二等副監督	一	課長	軍吏	一
	被服課長	副監督	一	課長	三等副監督補	一	課長	軍吏	一
	病院課長	副監督	一	課長	三等副監督補	一	課長	軍吏	一
	郵便課長	副監督	一	課長	軍吏副	一	課長	軍吏	一
		課僚			課僚			課僚	
		書記			書記			書記	
裁判官		評事權評事	一						
		大中理	一		大中主理	一		中少主理	一
		大少錄	一		少錄事	一		少錄事附	一
憲兵		大尉	一						
		中尉	二		中尉	一		中尉	一
		少尉	二		少尉	一		少尉	一
		軍曹	八		軍曹	四		軍曹	四
		司給[illegible]曹	一		司給[illegible]曹	一		司給[illegible]曹	一

傳令騎兵
喇叭卒 四｜喇叭卒 二｜喇叭卒 二
監獄卒
會計卒 一
伍長 十六｜伍長 八｜伍長 四
卒 八十｜卒 四十｜卒 二十
兵 半大隊｜兵 半中隊｜兵 半小隊

軍用電信隊
提理 中佐 一
副提理 少佐大尉 一
輸送長 少尉 一
計官 軍吏副補 一

輜重部
長 大佐中佐 一｜長 少佐中佐 一｜長 少佐 一
屬僚 大尉｜屬僚 大尉｜屬僚 少尉中尉 一
卒 一大隊｜下士｜下士 二
卒 一小隊｜卒 一中隊

病院
長 軍醫監 一｜長 一等軍醫正 一｜長 二等軍醫正 一
軍醫正 一｜軍醫 一｜軍醫 一
軍醫 二｜軍醫副補 一
軍醫副補 二
保護卒人 一｜保護卒人｜保護卒人
治療課長 軍醫 一
藥劑課長 軍醫副補 一
保護卒人

馬廠
長 騎兵少佐 一
屬僚 騎兵中少尉 二
下士
工長

病馬廠
長 馬醫監 一｜長 馬醫 一｜馬醫
馬醫 一｜馬醫副 一
馬醫副補 二｜馬醫補 一｜馬醫補 一
馬醫生 三｜馬醫生 二｜馬醫生

運輸部
看馬卒
長 中佐 一
屬僚 少佐 一
大尉 一
中少尉 四
下士
保護卒

補充營司
令 中少佐 一
副 大尉
附屬 中少佐 二
下士
養所生

戰時軍用電信隊編制表

官等｜本部總員計（人員 馬匹 人員 馬匹）｜第一電信隊（本部 人員 馬匹｜一小隊 人員 馬匹｜總員計 三小隊 人員 馬匹）｜第二電信隊（本部 人員 馬匹｜一小隊 人員 馬匹｜總員計 二小隊 人員 馬匹）

參謀中佐 提理 一 乘馬一｜一｜一
少佐 副提理 一 乘馬一｜三｜三｜隊馬一 乘馬一
大尉｜小隊長 乘馬一｜一｜二 隊馬一 乘馬一｜小隊長 乘馬一｜一
中尉｜十五 七｜技監 一｜十 五｜技監 一｜四 二
少尉 輸送長 一
曹長 書記 一｜建築長 一｜建築長 一
軍曹 器械掛 一｜輸送掛 書記 一｜一等建築師｜一等建築師
伍長 書記 一｜書記 二｜通信所長｜二等建築師｜通信所長｜二等建築師
六十｜三十九｜六
一等技手
二等技手｜八十｜通信手 十｜五十｜通信手 二十五｜三十
三等技手
一等建築卒
二等建築卒｜四十三｜建築手 十六｜八十｜建築手 二十六｜三十二
一等卒
二等卒｜百三十七｜傳令步兵 九｜傳令騎兵｜六十 一十五｜傳令步兵｜傳令騎兵 乘馬｜四十二 十七

軍吏副																
軍吏補	計官一	一														
合計	七	二	二百十四	三十八	五	一	四十七	四	二百四	三十二	五	一	六十七	七	百二十七	十五

教習

有教士官者曰士官學校曰戶山學校明治元年七月始設兵學寮改士官學校為幼年學校生徒十月設士官學校七年一月設戶山學校至八年五月廢兵學寮改士官、戶山學校隸於陸軍省別有幼年學校後併於士官學校為幼年生徒皆以少將一人為學校長又置佐尉官並大小教官分司教職士官生徒兼用華士族平民先呈誓願書履歷書並有保人入校之初問其年十五歲以上廿五歲以下驗其身強弱何如考其材能曾讀書否能作文否通算數否合格乃選取之入校分部學習臨入校之年分深淺學術精粗而分之其幼年生徒所習學科曰佛學分翻譯地理作文歷史正字法文典書法讀法八目曰漢學分講解作文二目曰數學分數學代數幾何三目術科曰體操身體運動第

三部生徒所習學科曰數學幾何學理學化學地學畫學圖學佛語學術科曰新式生兵學撤兵學射的謂立的以鎗銃射之以驗其準否體操乘馬步兵內務書摘講新式步兵摘講操典生兵摘講第二部生徒所習其特科謂特科不分科者並步騎兵科之學科曰理學化學圖學畫學佛語學立體幾何學標高幾何學馬學地學測量學臨時築城學礮兵學兵學地理圖學建築圖學特科並騎兵科之術科曰騎兵操典步兵生兵學小隊學乘馬演習騎兵陣中軌典講義騎兵內務書講義騎兵操典講義野營演習六周時每周為七日第一部生徒所習其步騎礮工兵科之學科曰化學理學佛語學畫學圖學重學代數學軍人衛生學地學馬學法度給養學軍路學射的學兵學築永久城學地理圖學礮工兵科加課曰礮兵學二面幾何學步騎兵科加課曰築城學數學其騎礮工兵科之術

科曰騎兵操典乘馬小隊學大隊學騎藝騎兵陣中軌典講義騎兵內務書野營演習其步兵科之術科曰新式步兵生兵學半隊學中隊學寔地演習軌典野營演習六周時各分其等級第其深淺而受業焉學術二科之分類生徒受業隨時不同此特舉其大綱耳凡在校中習業有程起居有程飲食有程遊息有程不守規矩者有罰自暴自棄者禁錮情重者則除名焉所受之業教師為講解凡城壘建築之法地勢測量之法銃礮製造之法隊伍分合之法步伐整齊之法馬騎控御之法彈丸發送之法圖繪摹寫之法器用修理之法皆繪以圖貼以說說所未盡者復分析其形模造其體揑紙搏泥刻木鎔蠟鑄鐵肖其形體而作之昔沈括使遼以蠟木作地圖肖其山川高下林野險夷之勢今西人學校多用此法務使諸生徒心目了了以盡其術又於野營演習時召試之以練其材以觀其能有考試之法每月有

小試教師校其人之勤惰業之進退而定級每半年有中試校長出臨每科各以一教官參列其席期年則大試或陸軍卿或參謀部長親策問之已滿學期則大試學期以六年卒業士官學校現於十二年十月大試分給卒業文憑試而入選者給以入選之文憑校長以時簡拔以補充陸軍各科將校下士官之闕乏拔其尤者使留學泰西諸國亦有別遣士官附居使館以時考究諸國兵制或遇戰事則特遣使往觀焉戶山學校大槩同於士官學校但其生徒採用常備各隊之士官及下士又不分礮騎工兵等科而分生徒為士官下士二種所業術科較多於學科有教伍長者曰教導團明治二年改兵學寮始設教導團八月廢兵學寮改隸於陸軍省為陸軍下士生徒即教以下士學術生徒採用陸軍諸卒華士族平民願入學者亦考驗而採用之凡生徒分為六科曰步兵曰騎兵曰礮兵曰工兵曰輜重兵曰各兵喇叭別有軍樂生徒已卒業分任各兵伍長屬常備隊各鎮臺諸卒在團卒

業者還舊鎭臺充下士補闕近衞及鎭外生徒暨華士族平民在園卒業者分配之本籍鎭臺諸隊充下士補闕其下士任職中願入士官生徒學校者許其考試入學在園修業時願爲士官生徒者能立品勤學經團長允許亦可就試有教礮者隸於東京礮兵工廠初名礮兵本廠明治十二年十月隸於東京礮兵工廠分火工木工銃工鍛工鑄工各爲專門之業火工學製大小礮之彈藥及火具火箭銃工學鍛鐵鑪研製機璧筒嵌床製劍木工學籃匠車匠並䃮事鍛工學鍛鐵鑢研鑲嵌鑄工學摹形鑄造以數學圖畫學佛語學爲學之兼業以大小礮使用射的爲術之兼業有教醫者曰軍醫學舍專習軍醫考其治療之方藥劑之法解剖之術有教馬政者曰軍馬局馬醫學舍明治五年十月始設馬醫學舍十三年四月改隸於病馬廠以蹄鐵工生徒爲專科謂馬蹄所嵌之鐵兼習飼秣之方保育之事治療之法解剖之術有教電信者明治十三年始設隸參謀本部爲電信生徒考其替代之字句讀之法傳遞之方是皆專設學舍以教人者其在近衞各鎭臺之兵各設操練場每日伍長率其隊伍以時操

練猶有餘暇並及戲躍以壯其力若投石超距蹴鞠千秋之類教習之外又有演習由近衞鎭臺糾合其軍管師管之兵謂之小演習由監軍部糾合二軍管之常備豫備軍並合近衞兵爲師團旅團之式謂之大演習擇曠野適宜之地先期派審查官定時日場地屯所方略呈參謀本部長部長繪其圖請旨裁奪下師團長施行之每爲兩軍對敵之狀凡引軍出軍偵探發哨布陣施令交戰圍困追逐得勝遠於撤隊收軍其中糧餉之豫備器物之分給輜重之運輸醫藥之治療器械之修理電信之交通以及臨時堡壘之營築橋梁之架設皆一一與戰時無異事畢而還演習之時所悉利弊記之於冊詳議而酌改之

士官學校生徒現在人員表據十三年六月調查之數

階級：上長官（少佐）｜士官（大尉、中尉、少尉）｜下士（曹長、軍曹、伍長）｜十四年生徒（生徒少尉）（砲工、工）｜三年生徒（工、步騎、礮工）｜二年生徒（步騎特科、兼科）｜計

現員	一	三	五	五	四	九	二	四	二	一	一	一四六	三	三	七三	三〇五

教導團諸隊人員表據十三年六月調查之數

隊數／階級	上長官	士官	准士官	下士	生徒	樂生	兵卒	計	十二年六月三十日比較 增	減
步兵一大隊六中隊	一	四〇		一九七	五六八		四	八一〇		三二四
騎兵一中隊		八		二一	三〇		一	六〇		二
礮兵一大隊	一	一六		四七	一二五		二	一九一		五九
工兵一中隊		八		一九	一〇		一	三八		七四
軍樂二隊			一	四三	一六	四四	一	一〇五	二	
計	二	七二	一	三二七	七四九	四四	九	一二〇四		四一六

軍用電信隊現在人員表

官等	士官 大尉	中尉	軍吏補	下士 曹長	軍曹	伍長	電信技手 一等	二等	三等	生徒	生兵	計
現員	二	二	一	三	八	四	二	一	一	四〇	三〇	九四

礮兵工廠諸工生徒現員表據十三年六月調查之數

生徒種類	人員	十二年六月三十日比較 增	減
火工	四二		五
銃工	四		九
木工	五		五
鍛工	五		二
鞍工	三	三	
鑄工	三		二
計	一〇〇		三九

蹄鐵生徒現員表據十三年六月調查之數

階級／生徒	人員	十二年六月三十日比較 增	減
一等	四		七
二等	三	四	
計	七		三

海外留學生現員表據十三年六月調查之數

國名／科目／官等	參謀	步兵	礮兵	工兵	醫學	無科	語學	計	十三年六月三十日比較 增	減

獨 中尉	獨 少尉	獨 出仕	佛 中尉	佛 少尉	佛 學生	清 學生	朝鮮 學生 二級	朝鮮 學生 三級	朝鮮 學生 無級	浦潮斯德 學生	計
一											一
				一							一
	一		二	二							五
			二	一							三
		一									一
					二						二
						一六	一	一	八	五	三一
一	一	一	四	四	二	一六	一	一	八	五	四四
一		一	四		二	一六	一	一	八	五	三八
				一							

檢閲

每歲監軍部奉詔命檢閲全國諸兵分為東西中三部（東部軍管第一第二中部第三第四西部第五第六）而陸軍省參謀本部監軍本部裁判所軍馬局病馬廄亦分屬三部例於十月一日始十一月三十日畢（惟陸軍省各官廨之在東京者依時宜先後無定期近衛隊必以車駕親臨爲定期）特命監軍部長一員監軍部參謀佐官二員傳令使一員以步騎礮工兵會計軍醫馬醫諸官爲隨員各鎮臺營管先條理其所轄之事作爲簿牒曰號令布告紀錄曰將校以下黜陟賞罰錄曰人員馬匹簿及表曰兵器馬具書籍襍器物及表貨幣糧食薪炭衣服營具簿及表曰藥劑器具簿曰城壘營廨倉庫地界紀錄及圖呈之監軍部長部長檢閲之法各分其事一隊伍之檢閲（兵之體格馬之骨相兵之被執之法馬之裝束之法車馬器具之配置之法親檢視之以觀軍容）二曰部署之檢閲（將校以下賞罰進退人員之遷轉馬匹之增減親點視之以觀軍政）三曰學術之檢閲（凡學科技術摘義以問令之作文製圖親考驗之以分優劣）四曰操法之檢閲（曰操練曰射的曰體操以觀生熟）五曰材料之檢

閲（凡軍中需用一切器品據牒點其數之多少驗其器之良楛）六曰會計之檢閲（凡軍中出納一切財貨據牒蹟其數之多少查其算法之疏密并所有劵契有無僞造）七曰城寨營廨倉庫之檢閲（舊者有無損壞新者能否堅固）八曰醫術之檢閲（病人病馬之景況治療藥劑之方法）部長到其地見其地方府知事縣令及東京警視本署並上等裁判所地方裁判所官長詳問屯駐之兵與其地方人民有無擾害能否和合然後分事檢閲已畢則集合所在之兵行觀兵式由部長時宜惟近衛諸兵必待車駕親臨乃行部長有意見告之於司令官其將官各呈隊下之拔擢名簿於部長部長獎其勤能黜其懈惰記之於簿以待還轉部長覆命必奏各管所閲之情狀以供御覽其敕任以上諸官則陸軍卿會參謀本部長監軍部長及各營長官各廨長官議定其拔擢名簿奏聞以取進止

豫備

各兵所用兵器以礮兵工兵爲多兵器不可以倉卒備故別設礮兵方面又於東京大坂分設礮兵工廠（初稱礮兵本廠礮兵支廠至十二年十月改稱礮兵第一第二方面并分設工廠）工廠以司製作方面以司支發東京工廠所屬有小銃包火藥製造所（共三處）有火工所大礮修理所大坂工廠所屬有製礮所（未落成）製彈所製車所有火工所小銃修理所別有小銃製造所方事建築尚未落成（十三年六月時約成十分之八）銃包製造所亦未落成（計十四年六七月間可以竣工）火藥製造所一在東京府豐島郡之坂橋爲舊廠一在羣馬縣下上州岩鼻營築方始將來竣工每一日可造火藥六百基（法國記數之名每一基當日本一千五百九十五貫餘約當中國一萬斤）礮兵所屬兵器庫凡四處（均在東京）火藥庫凡十七處（分設東京大坂府堺縣和歌山縣滋賀縣鹿兒島縣石川縣等處）又倉庫凡六處（均在東京）作硝場一處（在鹿兒島縣）兵初用來福鎗至明治九年十月近衛鎮臺始換用士乃

得鎗亦有換馬梯呢者明治十二年間在歐洲購買馬梯呢鎗一萬二千九百十二枝十年二月後來福鎗全廢不用或以供軍中演習之用礮兼用克虜伯及諳士突郎布魯憂士現在工廠未能製大礮而馬梯呢士乃得之鎗均能製造有礮兵大佐村田某以新法製銃經礮兵會議所議用名爲村田銃礮兵會議兵器彈藥之式樣礮兵之制規議定乃行工廠中遂摹造施用此村田銃曾經陸軍省分貺各國其工事亦頗有進步矣日本弓矢頗爲擅長喜以强弓勁矢詩人弓長凡七尺五寸有所謂十人張者卽合十人之力以挽之矢長凡十五束每束二寸五分合三尺七寸有奇鏃長四五寸許天下萬國弓矢無如此之長者源氏之興卽以善射鳴戰國以來士夫無不習射者自鎗礮與而弓矢無用遂成廢物亦有甲冑刀劍今皆廢棄不用附識於此工兵所司凡營壘城堡之建築橋梁道路之修理以及軍人駐居之室埋葬之地皆其所司工兵所用器械皆由工兵方面製造支給分工兵爲六方面計明治十二年七月至十三年六月工兵營造房屋凡一百一十

一所其既竣工者七十八所凡工兵所用器具出於日本舊式者僅十之二出於歐洲新式者凡十之八

日本國志卷二十三

日本國志第七　卷之二十四

出使日本參贊官黃遵憲編纂

兵志四

陸軍

經費

明治二年始設兵部省定額每月金六萬圓米八百十石三年亦同定額四年自三年十月起至是年九月止定額一年米三十萬石此內米二十八萬石當時米價値金一百八十七萬七千八百二十六圓又增額外金一百五萬四千九百六十七餘圓又增親兵費三十三萬二千七百餘圓合二年三年兩歲之額猶有餘金二千五百八十餘圓交還大藏省五年定額金自四年十月起至是年九月止八百萬圓是年支用七百七十三萬零七百四十六圓餘金二十六萬二千七百餘圓交還大藏省六年定額金九百二十三萬六百圓本係定額八百萬圓因五年改歷將五年十一月十二兩月併入是年故有此數又額金十一萬五千四百餘圓御親兵解隊費十四萬七千五百餘圓是年支用六百九十四萬零

六百零九圓餘金二百零二萬八千六百四十圓交還大藏省七年定額金自正月至十二月八百萬圓是年支用金七百九十三萬三千一百四十圓餘金六萬六千八百五十五圓交還大藏省八年半年內定額金四百萬圓是時支用三百八十九萬八千三百十五圓餘金十萬一千六百八十四圓交還大藏省八年度自八年七月至九年六月稱爲八年度是時由大政官頒行會計法皆從本年七月起至明年六月止爲一年以後稱爲某年度者準此定額金六百九十四萬六千二百七十五圓是年支用六百七十七萬四千一百十五圓餘金十七萬二千一百五十九圓交還大藏省九年度定額金七百二十三萬一千八百六十九圓是年支用六百七十七萬八千一百五十八圓未經決算金十七萬九千四百十四圓餘金二十六萬五千二百九十五圓交還大藏省十年度定額金五百八十五萬圓是年支用金六百一十二萬六千三百五十一圓十一年度定額金五百七十四萬三千一百圓是年支用金六百四十二萬四千一百四十五圓十二年度定額金七百一十九萬零一千圓別有增額金臨時費金合共八百三十一萬四千一百二十二圓是年共用八百一十四萬三千四百三十一圓未決算費二萬三千四百九十圓餘金一十四萬七千二百零九圓交還大藏省十

三年度豫算金八百一十五萬一千圓維新之後每歲遞增十年之間合計已用六千餘萬圓而明治五六兩年福山等九處暴徒鎮撫費明治七年佐賀征討費凡用金九十一萬六千二百八十四圓及是年臺灣之役凡用金七百七十一萬八千三百十四圓八年朝鮮之役凡用金四十九萬五千六百二十三圓十年鹿兒島征討費凡用金四千二百一萬圓不在其內凡經費豫算一年所用呈之太政官經太政官核定支給名爲定額金定額之外有一時費有臨時費亦豫計其數請太政官支給名爲額外金總稱爲豫算每一年則開列支用款目呈之太政官有餘繳之大藏省一時未能淸算名曰現計一切淸款名曰決算若有征戰非常之事則別支巨款不列於經費今將明治十二年度經費列表於左可知其經常費用之大概云

陸軍經費出入表

收入欵	圓		圓
定額金	七九〇〇〇〇 〇〇〇	增額金	三五六三三 〇〇〇
虎列剌病豫防費	三五三八 九三八	正貨交換差額費	三六四一 〇〇〇
戶山學校養馬費	六三一 〇〇〇	負傷病者費	六五〇〇〇 〇〇〇
海岸防禦費	三〇〇〇〇〇 〇〇〇	金澤步兵營營繕費	三六三五三 九六〇
兵器購入費	二五三九五 二三六	興業費	二九〇二六〇 三三六

總計八百三十一萬四千一百二十二圓四十六錢二毫

支出欵	圓		圓
本省	一〇四五〇七 二四七	砲兵會議	一九九九二 〇四七
近衛局	四二七六二 〇一〇	士官學校	一三七三八 〇二六
東京鎮臺	八九三三三 三八七	仙臺鎮臺	三六七三四五 九三四
名古屋鎮臺	四八六六 三五七	大阪鎮臺	八五四七三四 五三三
廣島鎮臺	四七八六三 九九二	熊本鎮臺	六三五九六三 八八八
戶山學校	四三五四七 四一八	教導團	二七二九九二 一四七
軍醫本部	九〇〇五三 三三三	裁判所	三三〇三八 三一六

	圓		圓
砲兵方面第一	二六八九二 四五二	砲兵方面第二	八八九二三 二五一
東京砲兵工廠	四五九二 六四〇	大阪砲兵工廠	二六四〇 二〇〇
工兵方面第一	三六五六八六 六八〇	工兵方面第二	五四四〇七 八六八
工兵方面第三	九四八二四 八五七	工兵方面第四	四四八八五 二一四
工兵方面第五	四〇三六 六〇七	工兵方面第六	五六三三八 六六〇
軍馬局	三二〇一六五 三八九	病馬廠	三三〇一四 〇六三
興業費	二九〇六〇 三三六	負傷病者費	五九七二三 三九六
海岸防禦費	五〇二八六 二三五五	參謀本部	二三五六〇七 〇八九
監軍本部	五八〇四三三 五五七	經費共計	八〇四三三四 二三五九
未決算費	二三四九〇 六二〇	餘數還大藏省	一四〇七九 〇五八二

總計八百三十一萬四千一百二十二圓四十六錢二毫

定額各款	圓		圓
俸給	七二一三三 〇五七	給與	二三五二四九 〇三
旅費	二一七八〇 四三	被服費	七四九九五八 四二一
廳中費	三六五四五七 八四	陣具費	三六九〇 八八一

野營行軍費	一〇四九五九	二七五 兵器費	五五五九六三 九五一
彈藥費	二七六九二四	三六一 廄費	一八六二六九 五三七
內國生徒費	二六七八〇	二七五 外國生徒費	二〇四九八 二五九
徵兵費	六六〇〇〇	〇〇〇 外國人諸費	五八六六六 四四五
後備軍費	一〇七五三七	五三五 患者費	五五八八七 一一三
徒刑費	一九四五二	三三三 囚獄費	一六三五六 八八四
營繕費	三七七七四	五二〇 步兵隊費	三八四五九 六〇四
騎兵隊費	一四三二九	三四四 砲兵隊費	三八三七五八 三一六
工兵隊費	三三三三八	五四四 輜重隊費	七六四三三 〇八七
軍樂隊費	一〇六八三	六三三 虎列剌病豫防費	三五五五九 七一〇

額外各款	圓		圓
俸給	一五九九一	二三三 給與	三七五五〇七 六三七
旅費	四七四三三	二三六 廳中費	五四三九 二八八
外國生徒費	四七七三	〇九四 外國人諸費	一四九三 〇〇〇
患者費	一六七九	四六九 營繕費	一五一五九 〇四一

臨時營繕費　一七八〇六　二五　興業諸費　二九〇六〇　三三六

定額額外總計八百一十四萬三千六百一十圓

軍律

凡軍人軍屬皆別設軍律不與凡民齊從前所行律其處分將校者曰自裁曰奪官曰囬籍曰停官曰降官曰閉門曰謹慎處分下士兵卒之律曰死曰徒曰戒役曰黜等曰降等曰杖曰笞曰禁錮至明治十四年四月司法省既改頒法律因亦改正陸軍軍律（凡軍人軍屬皆受治於此律惟在豫備後備軍籍者除召集時及有特例外不依此刑法處斷）總分為重罪輕罪二種重罪之主刑（本律猶曰）一死刑二無期徒刑三有期徒刑四無期流刑五有期流刑六重懲役七輕懲役八重禁獄九輕禁獄輕罪之主刑一重禁錮二輕禁錮其附加刑（亦曰閏刑）一剝奪公權二剝官三停止公權四禁治產五監視六沒收（以上各罪

名皆詳刑法志中）凡於陸軍法衙處死刑者皆銃殺之非奉陸軍卿命不得行惟行軍合圍之地有特權者亦得行之徒刑不分有期無期發遣島地使服役（滿六十歲者免苦役酌派相當之役）有期徒刑十二年以上十五年以下流刑不分有期無期幽於島獄（無期流囚已過五年行政官得因其人品令出獄在島內居住有期流囚過三年亦如之）不服役有期流刑十二年以上十五年以下懲役入內地懲役場使服役（滿六十歲者免苦役酌派相當之役凡服役囚人所得工錢從監獄規則分之若干以供獄費若干以給囚人但服役不滿一百日不許分給）重懲役九年以上十一年以下輕懲役六年以上八年以下禁獄入內地獄不服役重禁獄九年以上十一年以下輕禁獄六年以上八年以下禁錮入禁錮場服役輕禁錮不服役禁錮不分輕重皆十一年以上五年以下仍各就本條區別長短於陸軍法衙依通行刑法應罰金科料者（詳刑法志）限內不完納則換禁錮拘留其坿加

刑之處分有既科主刑即科坿刑者如處重罪刑即剝奪終身公權在刑期內禁治家產處禁錮者即剝官在刑期內即停止公權處輕罪刑付監視者在刑期內即停止公權是也有減輕主刑而科附刑者如處重罪刑者已過期三分之二則付於監視（如有期徒刑十二年之三分二即八年）有既免主刑而後科附刑者如徒流禁獄者既出獄而仍付監視是也（凡監視者行政官得因其品行酌量假免之）大概同通行刑法惟下士諸卒犯通行刑法雖處禁錮於常備豫備後備之役限中仍不免役又下士諸卒犯此刑法及通行刑法應付監視者亦不付監視又本律無正條者得引通行刑法處斷惟犯此刑法殺傷人者照通行殺傷律從重處斷此律之綱領也其通行刑法中所載刑期計算假出獄期滿免除復權諸例皆依行之（詳刑法志中）其用之以行刑法者有曰加減例（加重者自無期徒刑

以下雖加不得入死刑）有曰不論罪及減輕例有曰自首減輕例有曰酌量減輕例有曰再犯加重例（但非再犯陸軍刑法不論）有曰加減順序例有曰數罪俱發例有曰數人共犯例（軍人與非軍人共犯罪軍人依陸軍刑法處斷非軍人依通行刑法處斷惟非軍人而犯軍法者不在此限）有曰從犯例有曰未遂犯例其處置之法亦大概同於通行刑法至軍人軍屬所犯之罪統分為八類一反亂軍人（凡稱軍人統將官及其同等官上長官士官下士諸卒而言）結黨執兵器為反亂者其倡亂魁首及指揮羣衆管理樞要者皆處死（情狀輕者處無期流刑）司諸職事資給軍用（統兵器彈藥及軍需諸物）於亂黨者刦掠軍用者將校處死刑餘處有期流刑（情狀輕者處禁獄）襄助其事服從其事者處輕禁錮軍人謀亂故殺鎮撫官及妄毀家屋船舶倉庫者處死刑軍人為利敵軍以所部兵隊所有軍用及關於軍事之土地家屋船舶付於敵者燒燬關於軍事之家屋船舶鎗礮及其

他物品毀壞可供戰用之道路橋梁瀛車電綫村落森林者指告要害或開示密書暗號漏洩軍機者於受圍之地欲令其司令官（凡稱司令官謂一軍一團其他一部長之任司令者）降於敵者爲敵募兵者在敵前誘隊兵潰散阻隊兵集合者致軍用缺亡者叫呼喧嘩造言飛語者通信於敵者誘助容隱間諜者放縱俘虜降人或刼奪者皆處死刑（欲犯諸罪爲豫備者照本律減一等雖經豫備於事前自首者免本刑付監視將校加剝官）爲犯罪人會議貸與家屋者處輕禁錮軍人抗違上官命令（凡稱上官者謂同任一事官等居上者或雖同等而職事居上者凡在其部内皆稱上官雖上等卒其部下亦準之）在敵前處死在臨戰合圍之地處輕禁錮（若二人以上共犯在敵前皆處死在軍中或臨戰合圍之地首從分別處治）二擅權受司令官停戰命令猶浪戰者背司令官命擅進退兵隊者皆處死擅募人充隊伍者處輕禁錮三辱職要塞司令官及堡壘司令官臨敵不盡職而遽降者舉所轄之地予敵者處死司令官在野戰之地率兵隊降敵者處輕禁錮其不盡可盡之職者處死刑（勢窮力竭出不得已而後降者僅輕禁錮備可有爲而不爲乃處之死同一降敵而輕重懸殊所以儆人情警軍職也）將校在敵前不盡職而遁者處死刑將校當部下兵徒擾亂不盡法以鎮撫者處輕禁錮四暴行軍人對上官爲暴行處輕禁錮（二人以上同犯首從分別處治）若當上官行公務時犯者加一等其用兵器凶器者處死軍人對哨官（凡稱哨官謂兵隊之備儀仗者司巡察者守衛者）爲暴行處輕禁錮用兵器凶器者處有期流刑（二人以上共犯首從分別處治用兵器凶器魁首處死刑首魁雖不自用兵器凶器而使人用之者亦處死）軍人對同等或其下等當行軍務時爲暴行處輕禁錮用兵器凶器處重禁獄（二人以上同犯首從分別懲治用兵器凶器首魁處有期徒刑）軍人集衆爲暴行者首魁處重禁錮餘分別懲治當官吏行職務時犯者加一等集衆相鬬毆者首魁處輕禁錮餘分別懲治軍人刼奪俘虜降人以暴行逼

脅致令逃走者處重禁獄軍人在戰場褫奪受傷人衣服財物者處重懲役若殺傷者處死刑軍人毀壞軍用之工廠船舶及貯藏軍需之倉庫及可供戰用之房屋壘柵橋梁瀛車電綫者處重懲役放火者處死刑軍人於敵前軍中及臨陣合圍之地放火於覆藏鎗銃彈藥芻糧被服等處者處死刑在其他之地處重懲役軍人毀棄鎗銃彈藥被服芻糧諸物及殺傷馬匹處重禁錮哨兵衛兵妄發銃礮者軍人於操練時或發禮礮號礮時妄以他物襍入者皆處輕禁錮五侮辱軍人罵詈上官或侮慢者處輕禁錮當上官行公務時犯者加一等軍人流布文書圖畫或會衆演說誹謗上官者軍人於哨兵或罵詈或侮慢者軍人對同等或下等者當行軍務時爲侮慢或罵詈者分別刑期長短皆處輕禁錮六違令軍人對哨兵犯哨令者軍人擅發哨令或違之者哨兵擅離守地者哨兵因睡眠或昏醉不省事者皆處輕禁錮在敵前或臨戰合圍之地及他處分別刑期長短以處之軍人服軍務擅離其地者在敵前皆處死刑在軍中或臨戰合圍之地及他處分別處輕禁錮長官或司令官犯之加一等軍人戰時在軍中合圍之地有急呼號礮不來者掌軍用器具無故缺亡者司令官不從命令於長官部署變更不從又不申報者或因事改更暗號不申報者軍人漏洩軍事機密者皆處輕禁錮徵兵無故後期者歸休兵及豫備兵在軍籍者無故而後期者皆處輕禁錮在戰時加重軍人黨之犯者同罪軍人知有反亂不申告者軍人在敵前軍中或合圍之地爲造言飛語者皆處輕禁錮軍人使俘虜人脫走者處輕禁錮看守護送而犯之者處重禁錮又給予兵器指示逃走之法者處輕

禁錮看守護送而犯之者處輕禁獄其看守護送疏防而逃走者處輕禁錮其明知而隱匿之者處輕禁錮（但親屬不論）七逃亡軍人擅離職役過六日爲逃亡（新兵入營不滿三月者減一等）在戰時軍中合圍之地過三日爲逃亡軍人得允許而赴他方過歸期十日爲逃亡在戰時軍中合圍之地過五日爲逃亡軍人在公務中擅離職役因公務赴他方後於歸期過六日爲逃亡在戰時軍中或合圍之地過三日爲逃亡在敵前偶離職役者即爲逃亡皆處輕禁錮（若軍人四人以上共犯逃亡罪者首魁在戰時軍中合圍之地處輕禁獄在敵前處死刑其他各案律處斷）逃亡走於敵者處死刑八詐僞軍人掌糧食妄以有害養生之物分配者處輕懲役因而有致死者處有期徒刑受斥候偵察之命爲僞報者詐傳命令者處重禁錮陸軍醫官爲疾病傷毀之僞証者處重禁錮軍人受囑託者亦同罪軍人僞疾假傷圖免兵役處重禁錮歸休兵及豫備兵後備兵在軍籍而圖免召募者同罪凡軍人軍屬有罪無論告發察覺在東京交陸軍裁判所審斷在各鎮臺選數將校開軍法會議其糾問口供推鞫証據法同常律罪大者由陸軍卿奏聞而後定之

行刑表（自明治十四年四月始頒新律其犯罪人之多少現猶未知今姑錄明治十二年七月至十三年六月行刑表以覘其槩）

刑名	本省 上長官	本省 士官	本省 下士	本省 卒	本省 等外以下	本省 徒刑人	本省 計	近衛 上長官
奪官								
回籍								
停官								
降官								
閉門	一						一	
謹慎			一	四	二		七	
死								
準流								
徒						二	二	
戒役								
黜等								
降等								
杖								
笞								
錮								
計	一		一	四	二	二	一〇	
比前年度增	一				二		一	
減		三	三	二			五	一

刑名	近衛 士官	近衛 下士	近衛 兵卒	近衛 計	士官學校 士官	士官學校 下士	士官學校 生徒	士官學校 等外以下	士官學校 計	東京鎮臺 上長官	東京鎮臺 士官	東京鎮臺 下士	東京鎮臺 兵卒	東京鎮臺 計
奪官	一			一										
回籍														
停官														
降官														
閉門														
謹慎	二			二	二				二		三			三
死													一	一
準流			一	一									二	二
徒		一	七	八		三		一	四			五	三六	四一
戒役		三	三	二五								四	四七	五一
黜等		五		五								三		三
降等		二		二								六		六
杖			三四	三四									三三	三三
笞			八	八									三	三
錮		八	三	二〇								一四	九八	一一二
計	三	一九	[illegible]	[illegible]	二	三		一	六		三	四三	[illegible]	[illegible]
比前年度增					二	二			一		一	二		
減	四	二九	三	二五			三						六四	六三

刑名	仙臺鎮臺 上長官	仙臺鎮臺 士官	仙臺鎮臺 下士	仙臺鎮臺 兵卒	仙臺鎮臺 等外以下	仙臺鎮臺 計	名古屋鎮臺 上長官	名古屋鎮臺 士官	名古屋鎮臺 下士	名古屋鎮臺 兵卒	名古屋鎮臺 徒刑人	名古屋鎮臺 計	大阪鎮臺 上長官	大阪鎮臺 士官	大阪鎮臺 下士	大阪鎮臺 兵卒
奪官																
回籍																
停官		一				一										
降官		一				一										
閉門																
謹慎	一			一		二	一					一	一	二		
死																三
準流										一		一				一
徒			八	四	一	一三			二	九		一一			四	四七
戒役				二		二			一	九		一〇				二九
黜等			二			二			三			三			三	
降等			五			五			六			六			四	
杖				四		四				二〇		二〇				三〇
笞				五		五				一〇		一〇				一七
錮			一〇	二九	一	四〇				六〇		六〇			二九	三六
計	一	二	二五	四五	二	[illegible]	一		三	[illegible]		[illegible]	一	二	三〇	[illegible]
比前年度增	一	一	八	七	二	一九				七		一〇			四	[illegible]
減								三	三				一	一		

	1	2	3	4	5	6	7	8	9	10	11	12	13	14	15	16	17	18
臺 徒刑人									四							四		三
臺 計						三	二	一	奀	元	三	四	亖	乇	亞	兗	坌	
廣島鎮臺 上長官						一										一		一
廣島鎮臺 士官						一										一		三
廣島鎮臺 下士									一	一	八	七			二	二六	五	
廣島鎮臺 兵卒									三〇	九			三九	三	夫	兗	九	
廣島鎮臺 以下等外																		一
廣島鎮臺 計						二			三	一〇	八	七	三九	三	八七	兗	九	
熊本鎮臺 將官						一										一		一
熊本鎮臺 士官					一	五										六	二	
熊本鎮臺 下士						一		一	二	一	五	二	一		四	七		七
熊本鎮臺 兵卒						二		三	三	六			三七	三六	五五	[illegible]	二	
熊本鎮臺 以下等外													一		二	三	一	
熊本鎮臺 徒刑人									一							一		
熊本鎮臺 計					一	九		四	四四	一七	五	二	三九	三六	七七	三四		二

	1	2	3	4	5	6	7	8	9	10	11	12	13	14	15	16	17	18
戸山學校 士官																		一
戸山學校 學生												一			二	三	三	一
戸山學校 生徒																		四
戸山學校 計												一			二	三		二
教導團 下士									二		三				二	四		八
教導團 生徒								一	六	四			二	九	六	兲		三
教導團 兵卒									一	一			一		一	四	二	
教導團 以下等外													七			七	二	
教導團 徒刑人													一			一	一	
教導團 計								一	七	五	二		二	九	九	四四		五
軍醫本部 下士																		二
軍醫本部 卒						一										一		二
軍醫本部 計						一										一		四
裁判所 上長官																		二
裁判所 士官																		二

	1	2	3	4	5	6	7	8	9	10	11	12	13	14	15	16	17	18
裁判所 以下等外						一										一		
裁判所 計						一										一		三
翼第蓄 下士						一			一							二	二	
翼第蓄 計						一			一							二	二	
工兵第六方面 士官																		一
工兵第六方面 下士																		一
工兵第六方面 以下等外															一	一	一	
工兵第六方面 計															一	一		一
軍馬局 下士															一	一	一	
軍馬局 生徒									一	二			二		一	六	二	
軍馬局 兵卒										二						二	一	
軍馬局 以下等外													二			二		二
軍馬局 計									一	四			四		二	二	三	
監 上長官						三										三	三	
監 士官						一										一	一	

	1	2	3	4	5	6	7	8	9	10	11	12	13	14	15	16	17	18
軍團 下士									一							一		
軍團 兵卒								一	六							七	七	
軍團 以下等外																		七
軍團 計						四		一	七							三	四	
總計	一		一	一	三	兲八	三	二	亖五	五亖	五二	亖	亖	二〇	亖五	亖七		四四

統計受刑人員將官一名上長官八名士官二十名下士二百十五名學生三名兵卒二千一百九十九名等外以下十九名徒刑人八名總計二千五百零七名比之十二年之二千六百五十一名爲減百四十四名比之十一年之一千六百八十九名乃增八百十八名又是年未決罪四三百七十名合計既決未決兵二千八百七十八名查日本軍人軍屬總員止有七萬餘名是二十餘人即有一人犯罪者可謂多矣此中犯擅歸鄉里之逃名律者爲最多幾佔總員之半次則犯脫營游蕩者爲多六營中以東京犯罪者爲最多次大阪次熊本次廣島次名古屋次仙臺云

軍醫

於陸軍特立軍醫一部以治軍人軍屬之病者凡兵卒之應徵者生徒之入校者皆先驗其身軀之强弱疾病之有無然後採

用各軍營所皆有病院，有軍醫爲之長，以統滙於軍醫本部。醫官分二種：曰醫官，以司治療；曰劑官，以司藥材。凡病察其流行病（謂傳染之病，如疫症之類）與土質病（謂因所居之地汚溼乾燥而生病者），有豫防之法（在通溝渠，除穢務，使汚氣不相傳染。有所謂虎刺列病，即霍亂吐瀉之尤重者，其防之之法尤嚴，每有患者，即移置其人於別院，不使其親戚相見，即以發病之處爲病地，病未息時，所有往來之客皆停留境外，不許入境），有保護之法（謂飲食之物、居處之地，擇與其人其地相宜者），有治療之法。病院中必清必潔，看病卒必勤必慎，院長以時巡察而董正之。每歲紀其病之種類、患病之人數，分別其全愈、半治與不治者，條上之本部。部中以時開軍醫會議所，商衛生去疾之法。若遇戰爭，則多派醫員於軍中，治其傷夷者。凡軍士受傷不堪役者，別有恩給，必以軍醫察驗，以其診斷書爲證。

患者病類區分表

科	病類	前年殘患	本年新患	舊新患者總數	延療日數	全治	死亡	不治除役	半治退院	現未痊治
內科	呼吸器諸病	二一	二二四八	二二六九	三三五三	一三四三	八〇	九六	七二	一四〇
	血行器諸病	三	五九	六二	二三五九	三四	三	一七	一	七
	消食器諸病	三七	二六九三	二七三〇	九八七二	一三〇七	三五	一九	三五六	三四
	生殖器諸病	五	一九	二四	二八三	九	五	五	一	四
	神經器諸病	四二	二二六	二六八	四八五五	一七〇	一八	三四	六	四〇
	皮膚病	四九	一三九五	一四四四	二七〇三	一二三六			二九	一七九
	運動器械病	五七	一四四三	一五〇〇	二六七八	一四二〇	三	三	二五	四九
	急傳染病	七三	二七六二	二八三五	三五九六	二五七八	一六二	一	一二	八二
	中毒病	一	三九	四〇	八〇	三六				四
	全身病	一〇	一〇八	一一八	三三二八	九二	一	一七		八
	腳氣病	五三	九〇〇	九五三	二六八四〇	六九七	三七	一五六	九	五四
	計	三五五	四四六八	四八二三	五〇七二〇	三九八〇	三五四	三六六	二六九	六五三
外科	炎症病	三五	一〇六六	一〇九九	一六八三三	一〇五四	三	二四	一四	一二
	異物贅生病	二	四八	五〇	八三三	四六		一		三
	外傷	六八	一五五七	一六二五	九七二二一	一四七〇	二〇	四五	四一	一〇六
	梅毒病	九六	二四五六	二五五二	六三九九	二四一〇		五	二	一二
	耳病	五	三五八	三七三	五二六	三二七	一	一四	一	一〇
	眼病	二〇	三四二	三六二	六三九二	三二七	一	三八	四	五三
	畸形病		四五	四五	九九	四一			一	三
	計	九八	三三一五	三四六二	二五三四七	二九三三	二五	三七	七一	九八
總計		三五四	七八〇〇	八二七四	九五五四〇	六八九二	五三九	四〇三	四八〇	一八六〇

各隊下士兵卒及諸學校生徒幷囚獄病者表（明治十二年七月至十三年六月。表中所著黑圈如作●，即爲單位）

所管	種類	人員日平均	患者總員	患者區別計	明治十二年度比較增減	施療日數	痊癒	死亡	不治除隊	事故	未愈
近衛東京鎮臺	下士	一二七三五〇·六三	一三九七	七六二	[illegible]	[illegible]	[illegible]	[illegible]	[illegible]	[illegible]	[illegible]
	兵卒	八三六七·三五六	一三四七								
幷教導團	豫備後備	六八七·八五五	三五三八								
陸軍諸學校等	生徒	五六三·〇八一	四四四六								
	囚獄	三五四·三八四	一七三五								
仙臺鎮臺	下士	三三二·五四	四七二	八九	[illegible]	[illegible]	[illegible]	三	一〇		八九
	兵卒	三六〇·三五〇	二五四七								
	豫備後備	七四·五八九	二八七								
名古屋鎮臺	下士	四七·九八三	二三六	[illegible]	[illegible]	[illegible]	[illegible]	一四	八六	一三三	一五〇
	兵卒	三七四·六九四	六八八								
	豫備後備	六五八·五八二	三九八								
大阪鎮臺	下士	七八九·五五	九九九	四八九	[illegible]	[illegible]	[illegible]	三五	五五	四三	一六六
	兵卒	四四六·二八	六〇二								
	豫備後備	四六四·六四	三三三								
	囚獄	一八四·〇四	五〇八								
廣島鎮臺	下士	一四八·六五三	八六六	六九九	[illegible]	[illegible]	[illegible]	四三	四四	二	五〇
	兵卒	三三六·九六	六四七								
	豫備後備	九二六·三二七	三二九								
熊本鎮臺	下士	五五四·〇九九	一〇七	七二三	[illegible]	[illegible]	[illegible]	三	三五	九八	二五三
	兵卒	三六八·五七八	八三六								
	豫備後備	一〇四·〇二七	三三七								
	囚獄	一〇·九一七	二五〇								
總計	下士	四四七·二五八	五五四〇	三三四七	[illegible]	[illegible]	[illegible]	五九二	一五八	四六二	一〇九〇
	兵卒	四四七二·三六	四三二六								
	豫備後備	一六七三·九五三	一五七九								
	生徒	六八三·八一一	四四四六								
	囚獄	六九〇·三三五	一四八三								
患者百名中								同	同	同	同

馬政

凡馬考其産地，問其年，辨其種，分其色，講求所以飼養之方，芻

秣之法調護之宜治其病而紀其死亡之數發賣之數凡各營所需馬匹告之軍馬局軍馬局調查其數以時分給以備軍用

軍馬局有總監官率所屬以司其事焉

軍馬增減表

官廨	事項		馬數	前年度比較 前年增	前年減	前年增	前年減
軍馬局調馬廄	增數	購求	六〇〇	二五六			二三六
		返納	二四三		二二五		六六〇
		計	八四三	三			五二四
	減數	支給	六〇〇		二四八		一三八
		賣却	二四八		二九	四三	
		斃死	一七		一〇	二	
		解剖	三		三		一七
		計	七六八		三〇〇		二〇〇
近衛各鎮臺諸隊及諸官廨	增數	購求	五		二〇		二〇
		請求	六〇〇	二四八			二三八
		計	六五五	二九九			二五八
	減數	返納	二四三	二二五			六六〇
		賣却	八八	三三	二〇		
		斃死	四二	一七	三		
		計	三七二	四三三			六八

軍馬局調馬廄馬匹現在表 據十三年六月調查之數

所管種類	馬數	計	十二年六月三十日比較 增	減
本局種馬事馬	六九	六九	一	
調馬廄	二〇七	二〇七	七三	
計	二七六	二七六	七四	

近衛各鎮臺諸隊及諸官廨馬匹現在表 據十三年六月調查之數

所管種類	參謀部	諸隊 步兵	騎兵	砲兵	工兵	輜重兵	衛戍	備附	貸下	計	十二年六月三十日比較 增	減
近衛		一六	一三三	一九七	三					三四九	二	
士官學校			一					一〇〇	一	一〇二		
鎮臺 東京		一五五	一四〇	一三三	二六	二六	四			六五三	四七	
仙臺	三	三		一九		二七	二			八三	一三	
名古屋	三	一九		一九		二七	三			九二	二七	
大阪	四	二六		一三三	二四	八二	二			二五六		三
廣島	七	一六		六八		二四	二			八七	二七	
熊本	五	八		一六六	二四	七〇	二			三五五	四	
諸官廨其他 戶山學校												四
教導團								三九七		三九七	三	
砲兵第一方面								四		四		
工兵第一方面								一		一		
無隊將校									九六	九六	六五	
外國教師									二	二		四
參謀本部								二七		二七	七	
監軍本部								九		九	二	
諸縣種馬									九四	九四	二	
計	二二	二二	三五九	九五五	八六	四三〇	一五	四三八	一九四	二〇三二	二三四	

廢死馬匹表

官廨 \ 事項	廢除	斃死	計	前年度比較 前年增	前年減	前年增	前年減
近衛	一三	四	一七		三		四七
士官學校	九	二	一一	四		五	
鎮臺 東京	五二	七	五九		四四	三	
仙臺	一		一	一		一	
名古屋		一	一				
大阪	一四	一〇	二四	三		九	
廣島		二	二	二		二	
熊本	一八	二四	四二	三		二六	
教導團	一五	四	一九	三			五
軍馬局	一一	一六	二七		二〇	四	
病馬廄	九	二三	三二		一〇		一五
計	一七三	九三	二六六		四一	三三	

病馬現在表（據十三年六月調查之數）

所管 \ 種馬	近衛	士官學校	鎭臺 東京	仙臺	名古屋	大阪	廣島	熊本	教導團	軍馬局	計
在所管 騎兵	四		三						四		一一
砲兵	三		二五	三		九	二	四〇	二〇		一〇二
工兵	二		一					四	二		九
輜重			一六		三	八	四	八			三九
豫備附		七								六三	七〇
計	九	七	四五	三	三	一七	六	五二	二六	六三	二三一
在病馬廐 騎兵	一		一						一		三
砲兵	五		六						六		一七
工兵											
輜重			四								四
豫備附		三								二七	三〇
計	六	三	一一						七	二七	五四
總計	一五	一〇	五六	三	三	一七	六	五二	三三	九〇	二八五
增（十二年六月三十日比較）			一四		一	三	五	一六	四	二二	六五
減	二	一		六							

日本國志卷二十四　二十六

日本國志卷二十四

日本國志第七　　卷之二十五

出使日本參贊官黃遵憲編纂

兵志五

海軍

日本古無海軍安政二年六月和蘭人始獻蒸氣船德川將軍家定遣矢田堀景藏勝麟太郎等於長崎就和蘭人學操氣船術復遣榎本釜次郎赤松太三郎等往和蘭國習海軍法又購觀光艦於和蘭其後相踵購幡龍咸臨朝陽富士山開陽諸艦於和蘭於美利堅慶應丁卯德川氏還政設三職隸八課始有海陸軍務之名而未設專官明治元年戊辰二月改為軍防事務局閏四月復改為軍務官二年七月又改為兵部省皆以海軍隸其中而別設海軍大將中將少將等官四年四月復置大

日本國志卷二十五　一

中少佐大中少尉諸官八月於兵部省中分陸軍海軍二部各設分局遂五年二月始廢兵部省與陸軍分專設海軍省六年六月重定官職沿為今制

官職凡分為二途一日文官循兵部一日武官循水師提督副將等官

海軍文官官等表

勅任　奏任　任判　任

一等	二等	三等	四等	五等	六等	七等	八等	九等	十等	十一等	十二等	十三等	十四等	十五等	十六等	十七等
卿	大輔	少輔	大書記官	權大書記官	少書記官	權少書記官	一等屬	二等屬	三等屬	四等屬	五等屬	六等屬	七等屬	八等屬	九等屬	十等屬

裁判所

			裁判長	評事	權評事	大主理	中主理	少主理	大錄事	中錄事	少錄事
[illegible]	[illegible]										

海軍武官官等表

勅任　奏任　任判　任

日本國志卷二十五　二

一等　二等　三等　四等　五等　六等　七等　八等　九等　十等　十一等　十二等　十三等　十四等

將　官　上長官　士　官　下　士

大將　中將　少將　大佐　中佐　少佐　大尉　中尉　少尉

[illegible]

警吏　警吏補

一等筆生　二等筆生　三等筆生

[illegible]

掌砲上長　掌砲長　掌砲次長　掌砲長屬

水夫上長　水夫長　水夫次長　水夫長屬

大端舟長　小端舟長

甲板長　甲板次長　甲板長屬

[illegible]

按針上長　按針長　按針次長　按針長屬

信號長　信號次長　信號長屬

帆縫長　帆縫次長　帆縫長屬

造綱長　造綱次長　造綱長屬

船艙長

水工上長　水工長　水工次長　水工長屬

[illegible]工長

塗工長

桶工長

曹長　軍曹　伍長

樂隊長　樂隊次長　[illegible]

樂長　樂長次　樂師

海兵部　[illegible]　主計科

少將　大佐　中佐　少佐　大尉　中尉　少尉

[illegible]　[illegible]　主計副

[illegible]　秘書副

[illegible]

艦內厨宰

艦內割烹

艦內厨宰[illegible]

病室厨宰

看病次長

日本國志卷二十五　三

機關科

[illegible]

機關士副　火夫長　火夫次長　火夫長屬

鍛冶長　鍛冶次長　鍛冶長屬

兵器工長

海軍武官月俸日給表

以上勅任

以上奏任

以上判任

月俸　一等　二等　三等

非役　二等　三等

將　官　上長官　士　官　准士官　下　士

大將　中將　少將　大佐　中佐　少佐　大尉　中尉　少尉　少尉補

[illegible]

警吏　警吏補

掌砲長　掌砲次長　掌砲長屬

水兵上長　水兵長　水兵次長　水兵長屬

[illegible]

中端舟長　小端舟長

甲板長　甲板次長　甲板長屬

檣樓長　檣樓長屬

按針長　按針次長　按針長屬

信號長　信號次長　信號長屬

帆縫長　帆縫次長　帆縫長屬

造綱長　造綱次長　造綱長屬

[illegible]

木工上長　木工長　木工次長　木工長屬

[illegible]

軍醫科	月俸一等	月俸二等	裴一等	裴二等
	三百五十圓		二百五十圓	
大醫監	二百圓	百八十圓	百三十圓	百八十圓
中醫監	百五十圓	百三十圓	九十圓	七十八圓
少醫監	百圓	九十圓	六十圓	五十四圓
大軍醫	七十圓	六十五圓	四十五圓	三十五圓
中軍醫	五十圓	四十五圓	三十圓	二十五圓
少軍醫	四十圓	三十五圓	二十圓	二十五圓
軍醫副	三十圓	二十五圓	十八圓	十五圓

秘書科	月俸一等	月俸二等	裴一等	裴二等
大秘史	二百圓	百八十圓	百圓	九十圓
中秘史	百五十圓	百三十圓	七十五圓	六十五圓
少秘史	百圓	九十圓	五十圓	四十五圓
大秘書	七十圓	六十圓	三十五圓	三十圓
中秘書	五十圓	四十五圓	二十五圓	二十三圓
少秘書	四十圓	三十五圓	二十圓	十七圓
秘書副	三十圓	二十五圓	十五圓	十二圓

樂長	三十五圓	三十圓	二十三錢	二十錢 十五錢
樂長補	二十五圓	二十八錢	二十三錢	十八錢 十三錢
樂師				
樂手				
樂生				

主計科	月俸一等	月俸二等	裴一等	裴二等
主計總監	二百圓	百八十圓	百圓	九十圓
主計監	百五十圓	百三十圓	七十五圓	六十五圓
大主計	百圓	九十圓	五十圓	四十五圓
中主計	七十圓	六十圓	三十五圓	三十圓
少主計	五十圓	四十五圓	二十五圓	二十三圓
主計副	四十圓	三十五圓	二十圓	十七圓
	三十圓	二十五圓	十五圓	十二圓

機關科	月俸一等	月俸二等	裴一等	裴二等
機關總監	二百圓	百八十圓	百三十圓	百八十圓
機關監	百五十圓	百三十圓	九十圓	七十八圓
大機關士	百圓	九十圓	六十圓	五十五圓
中機關士	七十圓	六十圓	四十二圓	三十五圓
少機關士	五十圓	四十五圓	三十圓	二十五圓
機關士副	四十圓	三十五圓	二十圓	二十二圓
機關士補	三十圓	二十五圓	十八圓	十五圓
火夫長		九十五錢	八十三錢	五十二錢
火夫長次			三十七錢	
火夫			三十三錢	

大中少將為將官大中少佐為上長官大中少尉為士官少尉補及掌礮水夫木工三上長為准士官下士以下凡分五等共十五等（表中不及第十五等官吏故十五等一等姑闕）自少尉補以上以在海軍兵學校既經卒業者選舉之循資格而遞升不得越級三上長及下士則於卒夫中拔擢凡海軍武官專以備指揮船艦之用平時將官皆不在艦惟有事乃受命焉上長官（佐官充艦長者居艦中）與士官其在職者按月給俸使之乘船則有加俸或駛往外國及遇有戰爭又加俸焉其不在職者名曰非役武官受每月俸金五分之三下士以下亦有非役者受其日給四分之一或增立新軍添置巨艦則召募之以備舟楫之材遇戰爭則徵集之（按日本海軍章程均依倣英國非役官甚多國家均給以薪此種人員於兵學校中經試業入選者既不能偏授以事故給祿以縻之一以收干城之用蓋兵之所繫在將將之不明以卒予敵況航海一事尤非素習不能者乎國家不惜糜費以養之所以儲將材也查武官俸金比文官為少非役更少然既博聲譽又復優游無事而外國政府已國商船或延請之亦得就其聘故人亦多樂為之也聞英國非役士官在商船營業每歲必以二十八日歸海軍教練云）艦長專司一艦之事整飭船械教練水夫皆其專責所有諸艦彼此輪替互相調易每艦必有軍醫以視疾病有秘書以典文簿有主計以司錢穀有機關士以司機器（其餘按針信號帆索鼓樂各司其事）現在未命大將自中將至少佐現共五十八人（中將四人少將五人大佐四人中佐十八人少佐三十五人）士官準士官共三百二十一人（大尉五十二人中尉九十人少尉一百二十二人少尉補五十七人）軍醫秘書主計機關列奏任以上者共一百八十四人（軍醫自少軍醫以上四十八人秘書自少秘書以上共三十人主計自少主計以上共六十人機關自少機關以上共四十六人）考明治七年奏任以上武官有二百二十二員八年之間增二百八十餘員矣初設海軍多延西人為之駕駛爾來艦長能不假他人手而航迴之間時損機器每觸暗礁蓋於此術猶未能精也

船艦

凡船艦必次第其等級辨其製造之新舊分其種類驗其材質度其首尾之長短中幅之廣狹船與身喫水之深淺測其全身之重量所容受之噸數審其機關之運轉別其車輪之明暗算其馬力之虛實眡其裝礮之多少較其煤炭之容積與費用區其官兵之數目為表如左（舉其現在所有者查日本尚有雲揚第二丁卯鳳春河內武藏和泉等艦今皆廢毀不著於此）

船艦表上

船名	等級	製造年	製造著	船種	船質	船長	船幅	船深	喫水
扶桑艦	第二	一千八百七十七年	英國	二等嚴艦	鐵甲	二百二十六尺	四十八尺	二十八尺	前十七後十八尺
金剛艦	第三	一千八百七十七年	英國	巡邏船	半鐵甲	二百三十三尺	四十一尺	二十一尺	前十六後十八尺
比叡艦	第三	一千八百七十七年	英國	巡邏船	半鐵甲	二百三十一尺	四十二尺	二十一尺	前十二後十二尺
龍驤艦	第三	一千八百六十九年	英國	巡邏船	半鐵甲	二百零七尺七	三十六尺五	三十九尺七	
淺間艦	第三	一千八百六十五年	法國	巡邏船	木製	二百三十四尺	三十一尺五	二十四尺五	
富士山艦	第三	一千八百六十四年	美國	舊砲船	木製	二百零六尺	二十九尺	一十五尺	前十五後十四尺
東艦	第三	一千八百六十五年	法國	撞船	鐵甲	一百九十六尺	三十六尺二	一十九尺	前十六後十七尺
筑波艦	第三	一千八百五十一年		巡邏船	木製	一百八十二尺	三十五尺三	二十四尺五	
清輝艦	第四	一千八百七十五年	日本國橫須賀	舊砲船	木製	一百九十八尺	三十尺	一十五尺五	前十二尺零八後十四尺零五
日進艦	第四	一千八百六十九年	和蘭國	舊砲船	木製	一百一十尺	二十八尺	二十六尺六	前十二後十四尺

船名	等級	製造年	製造著	船種	船質	船長	船幅	船深	喫水
春日艦	第四	一千八百六十三年	英國	舊砲船	木製	二百四十尺	二十七尺九	一十三尺一	前十二後十三尺
迅鯨艦		一千八百七十七年	橫須賀	御船	木製	二百四十七尺五	三十尺零七	一十九尺三	
攝津艦	第四			砲船	木製	一百七十尺	二十六尺三	二十尺五	
天城艦	第四	一千八百七十七年	橫須賀		木製	二百一十七尺二	三十一尺	一十九尺零七	
鳳翔艦	第五	一千八百六十八年	英國	砲船		一百二十尺	二十三尺八	九尺二	前七後八尺六
孟春艦	第五	一千八百六十七年	英國	砲船	木鐵皮	一百三十一尺	二十一尺二	二十尺三	前後八尺
第二丁卯艦	第五	一千八百六十七年	英國	砲船	木製	一百一十三尺八	二十一尺八	十尺九	
乾行艦	第五	一千八百五十九年	英國	砲船	木製	一百七十七尺七	二十二尺四	十二尺	
雷電艦	第五	一千八百五十七年	英國		木製	一百四十八尺	二十二尺		
蒼龍艦		一千八百七十二年	橫須賀		木製	一百五十五尺四	三十尺零七	二十四尺四	
千代田形艦	第六	一千八百六十三年	日本國石川島	砲船	木製	九十七尺	二十尺	六尺四	前五尺四後七尺
磐城艦	第五	一千八百七十九年	橫須賀	砲船	木製	一百五十五尺			

船名	等級	製造年	製造著	船種	船質	船長	船幅	船深	喫水
海門艦	未成				木製				
天龍艦	未成				木製				
高雄丸	第五	一千八百六十九年	英國	運送船		二百二十三尺七	三十二尺六	十五尺	九尺四寸
肇敏丸	第七		美國	運送帆船		一百三十七尺	二十九尺七	十七尺	
快風丸	第七			運送帆船		一百二十三尺		十尺	八尺六寸

船艦表下

船名	全身重	所容噸數	機關	車輪	實用馬力	推算馬力	裝砲	煤炭容積一日費炭額	官兵
扶桑艦		一千八百七十九噸		雙暗輪	三千三百四	五百四	十二		三百零五名
金剛艦		一千七百八十		暗車	二千五百四	四百六十五	十三		三百零四名
比叡艦		一千七百六十二		暗車	三千五百四	四百五十四	十三		三百零七名
龍驤艦	九百九十二噸四三	一千四百五十九	直動横置	暗車	八百四	二百八十四	十四	六十萬斤　八萬斤	二百七十五名
淺間艦		一千一百二十	雙塔形			三百四	十二	五十萬　六萬	三百七十五名

船名	全身重	所容噸數	機關	車輪	實用馬力	推算馬力	裝砲	煤炭容積一日費炭額	官兵
富士山艦	一千噸	八百					十三	四十萬　四萬	二百四十名
東艦	七百噸	一千八百	直動横置	雙暗車	五百四	三百四	三	七十萬　七萬	二百三十五名
筑波艦	九百六十噸三八	一千九百七					十二	三十五萬　三萬七千	
清輝艦		八百九十六		暗車	一千二百二十四	一百八十五	五		二百三十五名
日進艦	三百九十一噸	七百八十四	直動横置		四百七十四	二百五十四	十三	四十八萬　五萬二千	二百四十五名
春日艦		一千二百六十五	振動	外車		三百四	八	四十五萬三千　七萬	一百二十名
迅鯨艦				外車	一千四百				一百十名
攝津艦		七百						二十五萬　四萬	
天城艦		九百二十六		暗車	七百二十四	一百八十五	九		
鳳翔艦		一百七十三	直動横置	暗車	一百六十四	ノ	四	一十一萬　一萬五千	六十五名
孟春艦		三百	直動	雙暗車	一百五十四	五十二四	四	九萬八千　一萬五千	六十五名
第二丁卯艦	一百二十五噸	二百五十	直動		六十四		五	七萬五千　一萬五千	六十五名

乾行艦	五百二十三噸	三百八十						一
雷電艦		二百		暗車		四		一
蒼龍艦	一百五十二噸		振動外車				二萬四百[illegible]八十	一
千代田形艦		二百五十六	直動暗車	六十四	三十二匹	三	三萬三千八千	三十九名
磐城艦	六百十噸六三四	三百[illegible]	暗車	六百[illegible]匹	一百二十匹	三	二千五[illegible]	七十四名
海門艦	一千三百八十噸〇三八	[illegible]	暗車	三千二百[illegible]匹	三百五十匹	八	[illegible]	
天龍艦			暗車	三千二百[illegible]匹		七		
高雄九	一千二百四十噸九七		外車		二十五匹			
肇敏九	四百四十六噸	六百						
快風九								

凡軍艦等級分爲七階統官員兵士以四百五十五人以上爲一等三百十五人以上爲二等百七十人以上爲三等百人以

日本國志卷二十五　八

上爲四等六十五人以上爲五等四十人以上爲六等三十九人以下爲七等其鐵甲船不問大中小以一二三等軍艦之官兵充補至運送船則容載八百噸以上總稱爲四等五百噸以上爲五等二百噸以上爲六等以下總稱爲七等軍艦三等以上稱曰大艦六等以下稱曰小艦其間二等稱曰中艦大艦以大佐中佐爲艦長中艦以少佐爲艦長小艦以大尉爲艦長合諸軍艦編爲艦隊亦分三等大艦隊概以十二艘中艦隊概以八艘小艦隊概以四艘每艦隊必以運送船一附屬焉大艦隊以將官指揮中艦隊或以少將或大佐指揮小艦隊以大佐指揮是爲常法然若以將官指揮不問其所乘之艦列於何等皆稱曰旗艦若大佐所乘則稱曰指揮艦此亦倣英國制度其爲此名者蓋以大將指揮則於大檣上揭一小旗中將則揭旗於前檣上少將則揭旗於後檣上艦皆曰旗艦將亦曰旗將若大佐則揭大帶旗以示分

別蓋大佐以下宫專司一艦爲艦長若聯合艦隊小艦隊得令其指揮中艦隊以上則必大中少將有故乃能代理焉　平時軍艦除停泊之外時於内海近港巡回測量間亦駛往外國

先是萬延元年遣咸臨丸往美國彼國水兵頗爲輕侮至明治八年筑波艦復往則皆稱贊之後於十二年遣龍驤艦往土耳其十四年復遣之往澳大利亞焉

日本海軍之興爲日尚淺明治十年悉索諸賦購扶桑金剛比叡三艦於英國稍能成軍扶桑價銀九十六萬七千五百圓金剛比叡各六十三萬七千五百圓此外則龍驤二十七萬圓清輝等皆十六萬圓　當路者謀欲擴充之而力未能也考英國水師兵船有用之運師糧者有用之貯軍實者有用之運官兵者此種船皆下等或兼用帆船日本之高雄肇敏快風皆是也　有用之測量者有用之教練者此多以次等船及舊式船爲之日本之筑波富士山淺間乾行今皆在水師學校爲教練船　有用之守港者有用之撞突者船頭有鐵錐極銛利可以撞擊敵船西語謂之蘭母譯言牡羊喻羊之以頭觸物也

日本國志卷二十五　九

華人謂之蚊子船日本謂之東艦是也　有用之攻擊者此爲專用大礮每船礮不過三四尊西語謂之根鉢譯言礮船日本之攝津鳳翔孟春丁卯乾行千代田形磐城皆是也　有用之侵内河小港者此種船多用一枝檣西語謂之斯魯樸日本譯爲舊礮船其富士山清輝日進春日皆是也　有用之巡擊外洋者用以往來海面擒敵國各船保己國商船者西語謂之科魯色爾譯言巡邏船日本之金剛比叡龍驤淺間筑波皆是也　至名曰戰船則可攻可守可戰皆船堅而礮巨其三等者西語謂之廓非梯二等者謂之富力結特艙多分兩層上層有礮臺日本之扶桑亦此類也　其尤者爲第一等戰艦英語謂之施樸阿富蘭譯言列陣船謂其可成列而戰如營陣之堅難於搖撼也此種船多用三層上層有礮臺日本無之　若英之因富列謝布鐵甲厚至二十四英寸載重三千一百五十五噸船長至三百二十英尺寬至七十五英尺鐵甲之内復有鐵城形高十二英尺半入水中半出水面寬七十五英尺長一百一十英尺機關蒸氣鏵器械彈藥礮臺皆在城牆内此城牆厚四十一英寸中有鐵厚十六至十七英寸不等餘皆以印度堅木爲之表裏此牆外距船頭船尾各一百五英尺下距船底十八英尺牆脚之下以木爲殼取易浮也船中機輪機關皆修兩副以備更換礮重至

八十一噸容藥三百磅彈重至一千六百五十磅船中鐵城之內有礮臺兩座分列左右與尋常安置前後者不同臺高十二英尺內徑二十八英尺八十一噸重礮共四尊蓋自帆檣易爲車輪而風檣失其利板木變爲鐵甲而木舟失其用逮乎近日各國爭强角力日進日新鐵甲之不已復益以鐵城直無異建銅牆鐵壁於海中而與人爭地宜乎無敵不摧無城不克矣雖然輸之攻有盡墨之守無窮礮過重則舟不勝舟過重則水不勝故船堅礮巨不能無止境而海底之水雷岸上之礮彈則其力不可限量也又況費用過巨製一因富列謝布船之費可以造礮船六艘當中國購龍驤虎威諸礮船時美國機器長某上書其政府以爲得策曰苟礮船有三十六噸八百磅之彈則樂四礮船之力足以敵一鐵甲綽乎有餘裕此亦一理也竊謂中國有

十數大鐵甲雄鎭海口其他則多造礮船與巡邏船爲宜日本海軍規模未備特舉英國海軍大凡以告知兵者至於機關之微車輪之巧礮彈之精是皆專門之學不盡著於篇

兵卒

兵卒統稱曰水兵多募壯勇充之據徵兵令曰海軍別設方法以徵集蓋海軍之役自屬專門欲於人民賦兵撰充甚難且年限較長人數較少故用賦兵不如募壯兵也考各國水兵章程不一然大概二種一曰募兵亦謂自奮兵一曰役兵則使海岸人民編入兵籍强之充役若遇戰時凡國中商船水夫皆應歸調遣海軍別有徵募規則一曰凡願充水兵者年歲限十五歲以上二十五歲以下二曰曾在西洋式之帆船及汽船營業者不拘年歲亦可採用三曰海軍在職之期限定七年或五年期限中不得他往考英國章程凡水兵在船遵守軍律非經官吏允許不得上岸否則直以逃亡律處斷近來有終身充兵者以十年爲期期滿再任許假期二十一日然後再移他艦四曰期滿之後如願再充準其續任三年五曰在期限中不得離船即父子兄弟有疾不得告假往視六曰當奉職時家族許量給以扶助金案英國海軍章程水夫與水兵歧而爲二此法未善英國亦屢欲更改而未及舉行也其充水兵者海陸並用此中多屬礮兵凡被服器用操練方法皆無異於陸軍據其一千八百七十九年之數駐岸水兵六千八百人此種皆習水者時與在船水兵互相更替在船水兵六千二百人而水夫則共三萬五千一百人尙有水師僮僕五千三百人都共五萬三千四百五十人此皆常備兵之數也外此尙有三種留兵一海防衞兵此種兵本是守衞海岸兼在巡船以嚴查商賈漏稅者後無此患故變爲海岸衞兵分英國海岸爲十一州隸於各海軍艦長麾下艦長之次復有士官監督之或屬礮船或屬巡艇以時查察港汊此兵頗能自如每在近傍海岸經營小舍常時駐居有事乃下船以供職若遇戰爭則皆使服役軍艦此隊殆有七千五百人一曰海防自願兵在海軍猶民兵也此於海岸貿易及船舶供事之人盡編兵籍每歲亦酌給以銀一年中於二十八日間歸海軍衞兵士官麾下受其教練有戰爭時則應募限二年期在軍艦服役此隊現有五千五百人又一曰海軍留兵稍似乎海防豫備兵其所以異者平時在航海船戰時應募於五年供役在軍艦此隊殆有一萬六千人云附識於此

經費

自明治元年至明治八年六月海軍省費共金五百六十七萬五千一百三十三圓八十六錢又買軍艦費一百七十七萬一百八圓六十四錢購兵器費一百七萬四千二百七十九圓八十三錢明治八年自八年七月起至九年六月止下同費共金二百七十萬圓九年費三百五十四萬九千七百圓十年費三百二十一萬七千五百圓十一年費二百六十四萬一千六百圓十二年費二百六十三萬六千三百圓十三年費三百零六十五萬圓

日本國志卷二十五

日本國志第七　卷之二十六

出使日本參贊官黃遵憲編纂

兵志六

海軍

海軍省

海軍卿之職統率屬官以理海軍事凡部下官員奏任以上官進退黜陟皆具狀上申判任以下得專行之省中事務凡設定制度卿以其意見奏請報可而後行（一曰定海軍編制之法二曰定諸徽章三曰撰定營兵之地四曰布達諸軍士號令五曰諸局諸官廨或設立或廢或合併六曰制定諸局諸官廨之條例規制七曰命將官司某職課及除局長與廨長八曰軍人軍屬有賞與及特赦恩減之事九曰判決士官閉門以上之罪十曰處決下士犯軍律死罪者十一曰凡關涉外國人軍屬犯罪處分之事十二曰派遣部下官員生徒前往外國十三曰凡製造船艦購買軍器與外國人結約之事十四曰派船往外國十五曰備外國人十六曰創設新制變更舊規此皆奏請然後施行其他則專行）小事

則徑決大輔輔卿之職掌（卿有事得代理）少輔又亞於大輔書記官各受卿之命分營庶務率屬官而從事焉本省所屬有裁判所等官以整軍律而兵學寮造船局水路局皆附屬之環海分為東西二部各設鎮守府以守護南海自紀伊國潮岬以西為西部北海自能登岬以東為東部現東海鎮守府既設於橫濱其西海鎮守府尚未設立故海軍船艦皆歸東海鎮守府管轄焉

海軍裁判所

裁判所以中將為長官其屬有評事權評事主理書記等官凡處分將校之律曰自裁曰奪官曰回籍曰停官曰降官曰閉門處分下士之律曰死刑曰徒刑曰戒役曰黜等曰降等曰禁錮處分兵卒之律曰死刑曰徒刑曰戒役曰杖刑曰笞刑曰禁錮其中亦分輕重差等律所未備者又有閏刑（蓋日本海軍軍律尚未編定此舉其現行者言之）海軍犯罪皆分別輕重其輕者各歸所轄將校隨時懲罰其重者將校犯閉門三十五日以上之罪兵卒犯禁錮一百日以上之罪無論告發察覺均送裁判所審斷凡鞫問罪犯口供甘結既上裁判所乃與同席之將校共判決之（謂旁坐觀審之員多寡無定或四人或八人準罪犯階級上之一二階級者）其罪大者奏聞而後定（此亦仿泰西各國之法西法凡海陸軍人犯罪者不與平民等軍律比法更加嚴密如平民竊盜贓百圓以上依國法不過懲役五年軍律則處死蓋兵士易於為罪不得不加嚴此固萬國所同也）

海軍兵學校

兵學校有校長教師助教學舍分三種一曰幼年一曰壯年一曰專業幼年取十九歲以下十五歲以上在學以五年為期壯年取二十歲以上二十五歲以下在學以三年為期專業則不論長幼不拘年限每年四月海軍召募生徒有願學者具狀上

申每年八月入校入校之始有檢查之法筋骨強壯與否能作書信否（幼年壯年皆問）曾讀書與否（幼年問其能備通史略否壯年問其能備通日本政紀國史略否）合格乃撰取之入校之後有科目之條幼年以前二年名為豫科（猶曰初科）生徒所習曰英學曰漢文曰數學曰騎馬曰體術（謂引施腰體動諸關節如蹴跼跳舞之類）後三年為本科生徒（每科各有目）所習曰英學曰航海學（海上測量及船具運用）曰礮術（附築城學）曰造船學曰蒸汽機關學曰兵學曰軍律曰化學大略曰海上各規則曰醫學壯年所習曰英學曰數學曰航海學曰礮術築城學大略曰蒸氣機關學大略曰造船學大略曰銃礮曰體術曰泳水專業生徒所習曰筆算曰海上測量學曰船具運用學曰礮術曰蒸氣機關學曰造船學各分其等級第其淺深而受業焉凡在校中習業有時起居有時飲食有時遊息有時（每日曜日及大祭日許休業每日於習業暇時許其遊步凡有疾告假必

以醫師之診視狀爲憑或父母有疾歸省亦必以親戚書函及醫師診狀爲憑據不守規矩者有罰自暴自棄者禁錮情重者則除名焉所愛之業教師爲之講解繪以圖繋以說說所未盡者復摶泥刻木模形而作之務使諸生徒心目了了以盡其術業之小成本科生徒三年內之後二年半壯年學生三年內之後一年半使之在蒸氣船帆船每年四月十月間俾究其實用復使之演放大礟練習小銃每年三月一度九月一度以試其技以練其藝有考試之法自入校之始每月有小試敎師校其人之勤惰業之進退而定級每半年有中試兵學校長出臨每科各以一敎官共列其席期年則大試海軍卿親策問之預科生徒二年既卒業試而合格者陞爲本科生徒幼年本科生徒又滿三年及壯年生徒學滿年者皆大試試而入選者海軍卿給以入選之文憑預科期年大試之時落第者俾入壯年學舍壯年學舍生徒明年大試時落第者翌年三月再試仍落第俾入專業學舍其不

日本國志卷二十六　三

在海軍官學肄業自行習業者亦可求試入選亦給以文憑焉校中分官學生私學生二類官學生於入校之始自呈誓文願終身從事海軍不營他業費用皆由官給惟幼年學校僅二習豫科業者應於入校之始納金五十圓壯年生徒亦於入校之始納金五十圓專業生徒無之現在官學生定額運用礟術科百十二人機關科三十六人合計百四十八人官學生成業後拔其尤者使留學泰西諸國亦有別遣士官附居使館以時考究他國兵制或遇戰爭如近日荷蘭亞齊之戰普佛之戰俄土之戰皆特遣官吏俾往觀焉

日本自明治九年定例凡在航海人必須海軍試業給以文憑然後準行爾來人益衆合計前後官私學校試業既入選者共有一千二百餘人爲表如左

內外海員技術給憑等級表　明治十二年七月至十三年六月

稱名	船長 內	船長 外	一等運轉手 內	一等運轉手 外	二等運轉手 內	二等運轉手 外	一等機關手 內	一等機關手 外	二等機關手 內	二等機關手 外	給試小船機關手 內	給試小船機關手 外	合計 內	合計 外
第一則實授文憑	四	三	九	一九	三		一	三	二六	二			六九	五六
第二則實授文憑	一							四					一	六
第三則暫給文憑	三五	二	二九	六	三	三	一〇	二	二七	四			一〇四	一七
給試小船技術文憑	一〇四										二八		一三二	
合計	一四四	三	三八	二五	三〇	二五	二	一八	四七	三五	二八		三〇六	二八

內外海員技術給憑等級年度人員比較表

給憑技術等級年度	船長 內	船長 外	一等運轉手 內	一等運轉手 外	二等運轉手 內	二等運轉手 外	一等機關手 內	一等機關手 外	二等機關手 內	二等機關手 外	小船給試機關手 內	小船給試機關手 外	合計 內	合計 外
第一則 實十二年	四	三	九	一九	二九	三三	一	三	二六	二			六九	五六
第一則 授十一年	四	一	二	二	三	二	三		九					
第一則 文十年	三	三	一	四	八	二	三	五	二					
第一則 憑九年	二	二五	一	八	三	二	一	二〇	一	六				
第二則 實十二年	一	二						四					二	六
第二則 授十一年									一				一	一
第二則 文十年	三								三				三	三
第二則 憑九年	四	一〇							四				四	一四
第三則 暫十二年	三五	二	二九	六	三	三	一〇	二	二七	四			一〇四	一七
第三則 給十一年	五						三	一	四				三	一
第三則 文十年	八	二	二	五	二	一	二	一	五				一九	九
第三則 憑九年	七	五	一〇	一	一〇		一	三	九	二			三七	二
小氣船 技十二年	一〇四										二八		一三二	
小氣船 術十一年	五五										四七		一〇二	
小氣船 文十年	九八										八七		一八五	
小氣船 憑九年	六六										八七		一五三	
合 十二年	一四四	三五	三六	二五	一七	三三	二	一八	四七	三五	二八			八八
合 十一年	六四	一	一	二	三	一	六	三	三三		四七			二〇
計 十年	三	一四	三	九	一〇	三	五	九	七		八七			二五八
計 九年	八七	二〇	二	九	三	二	三	三七	一〇	八	八七			三三六

日本國志卷二十六　四

此二表中所列外國人即爲泰西人僑居日本在日本海軍學校試驗得有文憑者此種人即在日本海往來駛船平居及有事皆可募用故并及之

海軍水路局

水路局以少將爲之長專以航海水路布告於衆凡已國人國内港外海海路之變更港勢之遷移燈臺之築造浮標之建設礁石之發見廢船之梗塞必詳記其經緯之度分杪數俾航海者知所趨避凡海船所至均有圖書其舊者繙譯圖板而刻之其所新知者據他國之圖板船長之報告圖而刊布之凡港口之扼要者復以時遣船測量或近日有所更易或舊日未能精確亦更定之凡航海所用有羅盤以定方向有風雨針以測天變寒暑表以測時候有旗幟以表信號有燈球以防衝突水路局皆造其器指其法以便航海

海軍造船所

造船所在神奈川縣下相模國之横須賀慶應元年始建明治五年歸海軍省管轄所用地面積五千八百三十六結羅米特法國量地之尺每一結羅米特當中國三百二十九丈二尺强當日本五十八町七段四畝一步有第三船渠一明治五年六月始築七年正月造成皆用堅石築造長八十八米特每一米特當中國三尺二寸九分廣十四米特此渠四面石墻層積五級如羊腸道爲工人上下之地渠底排石作雁柱形以支船底有小溝溝水左右流穿渠旁而出外有鐵閘以爲儲洩之用滿潮時積水七千八百噸以三十六匹馬力之機器唧筒二事歷四時半可以吸盡自渠告成内外國船入渠脩繕凡百九十六艘又有第二船渠一明治十三年七月始築未成亦用堅石造長一百四十米得爾廣二十八米得爾深八米得爾滿潮時積水三萬六千噸以七十六匹馬力之蒸氣機器唧筒七事歷七時可以吸盡式皆如第三渠惟四面石墻分九級渠之中間多設一水閘分爲内外渠蓋少此一閘則遇修理小船時空處容水過多殊費汲引之力故多設可將中間水閘關閉使水不侵入以省力也遇修理大船則撤之船渠之外有艦材庫七以儲木廐一以養馬製帆所一製罐所一即蒸氣水罐鑄造所一組織所一謂名種工事造就於此組織而成也船渠工役場一煉鐵所一整飾所一謂塗飾骨車所一模形所一製爲小模形陳設之所也端船所一船上小艇謂端之舟故名船端鋸廠所一營繕工役場一製綱所一製造繩索之所船具所一官廳一倉庫一學舍一警察吏當直所一醫室一造船所長以中將董其事日本之清輝艦迅鯨艦天城艦蒼龍艦磐城艦海門天龍皆此廠所造也

日本近年以來西式商船日益增加今附表於後以備參觀

日本西式商船表

噸數	船別／年度	三年	四年	五年	六年	七年	八年	九年	十年
百噸未滿	滊船	三	四	二十五	三十五	六十	八十	九十三	一百五
	帆船	一	二	十五	十七	八	十四	二十四	三十六
百噸以上五百噸未滿	滊船	十六	二十四	二十七	十九	二十九	十三	十四	四十四
	帆船	十八	二十八	三十三	三十三	二十四	二十三	三十八	四十六
五百噸以上千噸未滿	滊船	十	二	三	三	二	三	三	三
	帆船								二
千噸以上	滊船	三	二	四	四	六	十	三	二十六
	帆船						一	二	三

十一年	三	九七	四○	七	一○	二	三	一
十二年	三三	四	四四	九七	一○	三	三	一
小計	一七五	三五	三九	四三	三三	七	八三	八
合計	一○六六		八三		一八○		九七	

外史氏曰：英吉利之海軍蓋天下莫强焉。當羅馬彊盛時，英王僅能備兵分戍海岸，其後多爲三十對四十對之小棹船，數至五六千，以之稱强。及第七世顯理王（西歷一千四百八九十年間）始造大船。第八世顯理王始專設海軍省（一千五百十二年），爲近日海軍兵制之權輿。迨第一查勒士（一千六百二十年間），遂造巨艦，能備巨礮百尊。及王維廉，遂有兵船一百七十三艘（一千七百年）。女王安尼嗣立，復與法戰，其數益增。自蒸氣之用廣，移之於行船，一變而爲車輪（一千七百七十年始用火輪船），再變而用螺旋船（自火輪船出，海軍爲之一變，然車輪夾船不便於戰，若遇敵舟連發巨礮，則已船爲輪匾所礙，每至傷敗。後螺旋船出，英國於一千八百四十三年特造舟試之，知其裨益甚多，乃定螺旋爲常備艦。螺旋即暗輪，分作三四瓣，每瓣具向背之勢，如螺旋焉）。自造礮之技愈精，船身薄不足禦，一變而爲蒙鐵（當英法助土攻俄之戰，競用蒙鐵船爲浮礮臺，其法以鐵板蓋覆外面。至一千八百六十年，乃用之航海船，傅以厚四英寸之鐵，法國創之，英國效之。及與美國戰，常用此艦，他船終不能敵，於是各國爭相效倣矣），再變而爲鐵甲船（其始不過厚四英寸五英寸之鐵，而各國競造大礮，乃又加厚焉。現在英國一等戰艦六號，其尤者十六至二十四英寸，其次者十二至十四英寸；二等戰艦十一號，其尤者十至十二英寸，其次者八至十二英寸。若四五寸之鐵，今又列爲五六等戰艦矣）。自戰艦之製日堅，礮力薄不足摧，一變而用巨礮（始多用百餘尊、四十五十尊之礮，然礮多勢必輕小，輕小則彈近而力薄，是一船雖收多礮之用，曾不能敵一巨礮之中。於是礮船與焉，礮不必多，不過四尊，亦或二尊，而礮重至三十八噸。當南北美利堅合戰時，北專以巨礮勝南也），再變而用環擊礮（從前船上備礮多在左右，然專轟一偏，運轉不得自如，近多置於船之首尾上下四旁，可轟擊。英國之雅窩丹艦創爲之）。夫英之海軍固已强矣，然余觀數十年以來，屢變屢遷，日新月異，苟泥守其舊制，烏能强盛如此乎？其船堅礮

利，固天下所共知。余考其所以致勝之由，又有三焉。一曰兵權統於將。夫設險守國，阨要分屯，此乃陸軍之制耳。若茫茫大洋，曾無畔岸，飈輪飛馳，瞬息千里，苟事權不統於一，則顧此失彼，擊首遺尾，鮮不敗矣。英之海軍均歸海軍卿節制，平時之巡察各洋，保衛屬土，戰時之分遣諸將，統率艦隊，雖在數萬里外，海電信飛傳，報頃刻即達，莫不如身之使臂，臂之使指，其將旗所翻，包舉四海，有如此者。一曰將材出於學。古所謂運用之妙，存乎一心者，以言乎兵法之不可泥古耳，非謂兵之不必學也。況今日造礮駛船，皆屬專門，苟以不教民戰，雖有礮，雖有船，不舉而委之敵、棄之水者幾希。即曰借材異國，而爭戰事起，皆守局外中立之條，咸解約去矣。倉猝遣將，能不誤事？英則自太子親王貴族子弟，皆使受兵學，風聲所樹，人人尚武，以得隸兵籍爲榮。其教之之法既詳且備，而量能而授，循格而升，復無人不稱職之弊。一遇有事，在商船、在外國者，咸在尺籍，應歸調遣，其家頗牧而戶孫吳，材不勝用，有如此者。一曰器用儲於國。非木無以成材，非鐵無以濟用，有木與鐵，而無諳熟之工匠，重大之機器，寬宏之船塢，亦無以紓急。戰事一起，各國咸居局外，不得濟軍需，敗則不可復振矣。英則官用既足，而平時日討國人以蒐軍實，故民間造船之廠、鑄礮之局，林立於國中。當與俄交戰時，六年之間，公私並舉，共造大小戰艦礮船二百三十餘號，其取諸宮中，用無不足，有如此者。夫是以權西班牙，敗法蘭西，蹴俄羅斯，伏和蘭，吞印度，侮我亞細亞，無往而不利也。日本三島之國，有似乎英，欲如英之强，固萬萬其不能。然當今之時，列國環伺，眈眈虎視，故雖艱難拮据，亦復費二千萬之金銀，竭蹶經營

以成此一軍可謂知所先務矣英國國會上院上其國王書曰西歷一千七百七年欲英吉利安富尊榮願吾王於萬機中以海軍一事為其急之務至要之圖嗟夫有國家者其念茲哉其念茲哉

日本國志卷二十六

日本國志第八

卷之二十七

出使日本參贊官黃遵憲編纂

刑法志一

外史氏曰上古之刑法簡後世之刑法繁上古以刑法輔道德故簡後世以刑法為道德故繁中國士夫好談古治見古人畫象示禁刑措不用則睾然高望慨慕黃農虞夏之盛欲挽末俗而趨古風蓋所重在道德遂以刑法為卑卑無足道也而泰西論者專重刑法謂民智日開各思所以保其權利則訟獄不得不滋法令不得不密其崇尚刑法以為治國保家之具尊之乃若聖經賢傳然同一法律而中西立論相背馳至於如此者一窮其本一究其用故也余嘗考中國之律魏晉密於漢唐又密於魏晉明又密於唐至於我

大清律例又密於明積世愈多即立法愈密事變所趨中有不得不然之勢雖聖君賢相不能不因時而增益西人所謂民智益開則國法益詳要非無理歟余讀歷代史西域北狄諸傳每稱其刑簡令行上下一心妄意今之泰西諸國亦當如是既而居日本見其學習西法如此之詳既而居美國見其用法施政乃至特設議律一官朝令夕改以時頒布其詳更加十百倍焉乃始嘆嚮曰所見之淺也泰西素重法律至法國拿破崙而益精密其用刑之寬嚴各隨其國俗以立之法亦無大異獨有所謂治罪法一書自犯人之告發罪案之搜查判事之豫審法廷之公判審院之上訴其中捕拿之法監禁之法質訊之法保釋之法以及被告辯護之法證人傳問之法凡一切訴訟關係之人之文書之物件無不有一定之法上有所偏重則分權於下

以輕之彼有所獨輕則立限於此以重之務使上下彼此權衡悉平毫無畸輕畸重之弊窺其意欲使天下無冤民朝廷無濫獄嗚呼可謂精密也已余聞泰西人好論權限二字今讀西人法律諸書見其反覆推闡亦不外所謂權限者人無論尊卑事無論大小悉予之權以使之無抑復立之限以使之無縱胥全國上下同受治於法律之中舉所謂正名定分息爭弭患一以法行之余觀歐美大小諸國無論君主君民共主一言以蔽之曰以法治國而已矣自非舉世崇尚數百年來觀摩研究討論修改精密至於此能以之治國乎嗟夫此固古先哲王之所不及料抑亦後世法家之所不能知者矣作刑法志

日本古無刑法上古有罪去爪髮誦禊詞而已神武已平東國使天種子命祓除人民所犯罪害稼穡污齋殿謂之天罪姦淫蠱毒謂之國罪皆從其輕重徵贖物使請神祇而解除之至應神時有探湯聽訟之法（以泥置釜中煑沸令訟者手探之直者不傷手曲則手爛）雄略時有焚殺黥面之刑而武烈帝用刑峻酷遂至刳孕婦之胎射殺人於樹自古刑無專官用刑則令物部司其事（物部古為掌兵之官蓋是時兵刑不分職）亦無律法及推古時上宮太子攝政始作憲法十七條後世以為造律之祖然法中僅為禁飭語尚非刑名律也逮孝德朝依倣唐制始設刑部省省中分二司曰贓贖司曰囚獄司於是始有刑律律分十二一曰名例二曰衛禁三曰職制四曰戶婚五曰廄庫六曰擅興七曰賊盜八曰鬬訟九曰詐偽十曰雜律十一曰捕亡十二曰斷獄亦用五刑別有八虐（即後世律所謂十惡常赦所不原者）六議（即議親議故諸條）等條大概同唐律其時遣唐學生頗有習律者歸以教人而法制頗詳明矣及王政衰微將軍主政刑罰或輕或重惟長官之意並無頒行一定之法數百年來政尚嚴酷竊盜誹謗往往罪至於死近年王政維新復設刑部省明治三年十二月乃採用明律頒行新律綱領一書詔曰朕敕刑部改撰律書乃以新律綱領六卷奏進朕與在廷諸臣議宜令頒布內外有司其遵守之六年五月又頒改定律例一書詔曰朕曩敕司法省本國家之成憲酌各國之定律修撰改定律例一書今編纂告成朕乃與內閣諸臣辯論裁定命之頒行爾臣僚其遵守之比新律綱領頗有斟酌損益然大致仍同明律八年五月改設大審院諸裁判所其職務事務章程及頒發控訴規則上告規則乃稍稍參用西律十年二月又有更改自外交條約稱泰西流寓商民均歸領事官管轄日本欲依通例改歸地方官而泰西各國咸謂日本法律不完不備其笞杖斬殺之刑不

足以治外人於是日本政府遂一意改用西律敕元老院依擬佛律略參國制以纂定諸律至十四年二月遂告成頒行曰治罪法曰刑法

治罪法第一編總則（凡分六編每編分章章或分節節又分條惟編列條數自初編起至終編止連貫不斷每章每節各有標題獨第一編不分章節此總則二字即其標題也下倣此）公訴以證明罪犯依律處刑為主檢察官按律分別行之（第一條謂犯罪者斷損公益擾亂治道則檢察官自為公眾原告人以護公益保治道故曰公訴公訴者自告發裁判所而言）私訴以賠償損害歸還贓物為主為照依民法聽被害者自便（第二條謂罪質有止害公益擾治道不係私益者若謀反謀叛偽造寶貨是已有公私俱害者若鬬殺傷強竊盜是已至私訴原係民事要償與不要償應聽被害者自主故與公訴求刑者有殊賠償歸還謂欠債者須賠償失物者須歸還也）公訴非待被害者之告訴而起又不能因被害者之不訴而止（謂檢察官惟認犯罪不得阻止）但法律有專條者（謂如犯姦誹謗須親告乃坐之類）不在此限（第三條）私訴無論金額多寡得附帶

於公訴之刑事裁判所得附帶公訴起私訴者謂刑事裁判所或因私訴併得罪證又因要償可助公訴於公務有便益而被告人於民刑二事可并用一辯護人亦有便宜但法律所不許者不在此限又私訴得別起於民事裁判所第四條公訴私訴裁判要依親管裁判所現行法律所定訴訟次序為之第五條謂如違警罪輕罪重罪於該管裁判所又如一人犯重罪及輕罪則於重罪裁判所或犯輕罪及違警罪即於輕罪裁判所又如犯情重大事係皇室國家外患或犯者貴顯之於高等法院裁判之類公訴私訴並發於刑事裁判所或並發於刑事民事兩裁判所不得將私訴先於公訴裁判違者不成為宣告第六條此為回護被告者而發謂先宣告賠償還贓勢有不免迸及公訴裁判之累宣告者謂案經判決對衆宣讀宣告猶曰宣判云已在民事裁判所起私訴若非檢察官有所起訴不得更起於刑事裁判所謂檢察官起訴得移轉於刑事裁判所既令原告人得公訴附帶之便又令被告人得兼民刑兩事辯護之益故檢察官得為之惟刑事重於民事理不得先輕後重故民事原告人不能擅便於刑事裁判所為私訴者得遞同被告人請降其訴起於民事裁判

所第七條要通同者所以防原告人擅圖自便亦為回護被告者而發被告人雖得免訴或無罪宣告免訴謂初開豫審事涉疑似犯證不白或被告事件不成罪如親屬相盜或公訴期滿或確定裁判或大赦或法律例合原免之類依從民法不得令被害者所要之償還有所妨礙第八條如被告竊盜證明係誤認人雖無罪其財不得不交還之類公訴之權權字為泰西通語謂分所當為力所能為出於自主莫能遏抑者也有消滅者一被告人身死二律須告訴乃坐者被害人棄權或私和三確定裁判謂判定後已過上訴限期及案經上訴業已判定不可復動者四既犯罪後須行法律廢停其刑者五大赦六期滿免除第九條期滿免除由時日彌久證佐不白或公衆遺忘其罪不復介意無再犯之患而起犯有輕重期有長短若下條所云私訴之權有消滅者廢刑大赦雖殺公訴之權不得消私訴之權賠償之責係於財產者居多本犯雖身死受遺產者不得不任其責是私訴所以異於公訴也一被害者棄權或私和二確定裁判三期滿免除第十條公訴期滿免除之期限違警罪六個月輕罪三年重罪十年第十一條私訴期滿免除期限設使被害者無能為力謂幼

稚瘋癲及禁治產業者之類或於民事裁判所起訴亦與公訴期限同謂民事期滿免除期限雖稍加延長然同此犯罪公私一源公訴證左不白私訴證左亦不白若於公訴既經處刑宣告者則仍依民法所定期滿免除之例第十二條謂未過期限既經宣刑則犯證已屬明確應從民事通例公訴私訴期滿免除日期從犯日起算其繼續犯罪者從終犯日起算第十三條檢察官與民事原告人已於刑事裁判所起訴或經豫審或經公判得將期滿免除期限中斷其正犯從犯及民事干連人未發覺者亦同此條所以回護公衆之權利謂犯情之不可寬恕者恐因期滿免除或至貽害公衆其中斷期滿免除期限者從豫審停訴或公判決定最後之日再起算期限但不得通算前後超過第十一條所定期限加倍之數第十四條此條乃所以防閑被告人之損害謂隨起訴隨停訴永保公訴之權則律中期滿免除一語將屬空言害彼告人者亦復不少起訴及豫審公判有違規則者不成為中斷期滿免除期限謂加檢事求豫審須交付證憑參考物件及指示犯處犯名等如第百九

條所云否則為背規則惟裁判官之所管誤者不在此限第十五條謂被告人所管方起訴之初有難於遽辨者故有誤所管雖違規則不得謂被告人為無罪被告人得免訴或無罪之宣告其告訴告發之人若係出於民事原告人之惡意特稱民事原告人者謂檢察官為原告人律不得要償也過失重者得要求其虧損之償被告人雖受處刑宣告其告訴告發之人若係出於民事原告人之惡意其所告之罪過於所犯之實者亦如之過實謂如告誤殺傷以謀故殺傷之類若民事原告人經豫審及公判宣告而不服上訴自取敗屈者被告者得要求其因上訴而受虧損之償要償之訴在本案未經決告以前得於該管裁判所告之第十六條謂本案既經宣告即失附帶之質不得訴於刑事裁判所蓋因要償為刑事所不管理也被告人雖受無罪宣告不得向裁判官檢察官書記及司法警察官為要償但各該管官故意損害謂如擅監禁人刁難勾留或責囑受賂之類或犯刑法所定之罪者不在此限第十七條本律

所稱期限以時者從登時起算以日者不算初日期盡日若當休假不算入限內（謂非休假則算入限內）但期滿免除期限不在此限（謂期滿免除專爲被告人發者計期限亦屬另例）稱一日者以二十四時稱一月者以三十日稱一年者依歷（第十八條不日以三百六十五日者不分歲月大小閏差概以一週年）本律所定路程期限每陸路八里算與一日雖未滿八里者三里以上亦同島地及外國路程之算法於別律定之（第十九條島地專指北海道流配地）凡經過本律所定訴訟期限者除特異事故外即爲失訴訟之權（第二十條特異事故謂如交付宣告書不載上訴期限或訴訟關係人遭水火厄災至逾上訴期限之類）訴訟關係人不於裁判所所在地居住應當權設僑居申報書記局違者雖文書遞交不到不得容異議（第二十一條訴訟關係人謂若檢察官民事原告人及被告人民事干連人之類）將文書遞交於訴訟關係人於律無別條者書記應造冊令該局使丁遞交其應受領文書者在裁判所管外

得將其事件囑託該管外裁判所之書記（第二十二條因官吏之權不越所管故也）遞交文書要開造二通將一通交付本人若不能交付本人應於其家交付同居親屬及雇人其遞交人要令受領者於二通文書上署名捺印不能署名捺印者須附記事由其不得交付同居親屬及雇人及不肯受領者得交付該處戶長戶長要僉印文書速付之本人遞交人要於二通文書上記載受領者之名氏處所及時日其違本條規則者不成爲文書遞交遞交人應繳納該書一通於書記局該局要爲憑信以保存之（第二十三條）休假日及日出日沒前後不得行文書違者不成爲遞交但本人承允受之者不在此限（第二十四條謂假日人多不在家或致交書遲延而日出入前後屬人家靜息時間故憚擾之）官吏文書要使用本屬官印記載年月及處所署名捺印又每葉鈐印其不得用官印者須附記事由違者不成爲

文書其非官吏文書要本人親自署名捺印不能署名捺印者除官吏對面所造外要令對同人（凡律中所謂對同者猶俗云在場在見人下倣此）代署附記事由（第二十五條）凡造作訴訟文書正本及謄本不分官私不得輒改竄文字其有將文字添入及刪除或記註欄外者要僉印之刪除者須存其字樣記載原數以便觀覽違者不成爲增減更字（第二十六條本條爲關防僞造文書而設）凡豫審及公判規則其犯罪在本律頒布以前者仍得引用訴訟次序在本律頒布以前者不違現律亦得用之（第二十七條）將來有頒行新法改定豫審及公判次序其犯罪在改定新法頒布以前仍得引用本律但有所牴觸者不在此限若犯罪在改定新法頒布以後者亦不在此限（第二十八條）凡應以陸海軍軍律處斷者不得引用本律（第二十九條）本律稱親屬者依刑法第百十四條第百十五條之例（第三十條）

第二編刑事裁判所區別及權限第一章通則通常刑事裁判（稱通常所以別特異如軍事裁判所之類）得與民事裁判在同一裁判所合其權（第三十一條）一定裁判所位置及所管區域司法卿奏聞取自上裁（第三十二條謂位置區域隨時變換有難豫定者其裁酌地勢便否事務繁簡而定之司法卿仰之上裁）裁判所置檢察官一名或數名（第三十三條檢察官所以代公衆爲原告者不置此官卽不成結構）檢察官之刑事職務一搜查罪犯（謂止搜查有無犯罪不及檢覈犯情）二向裁判官請求審查犯罪之實及援引應用之律（謂豫審判事須檢察官請求乃始爲豫審）三傳示裁判所命令及其宣告四於裁判所保護公益（第三十四條謂於訴訟上有關公益者輒得陳言其爲被告人有所請求亦是）檢察官要一名對同於公廷（第三十五條謂檢察官於關係事件不容不陳自意見若不對同爲不成裁判然檢察官只司檢察公廷審斷之權不得干預故只令對同不能竟稱爲官會同陪同）裁判所置書記一名或數名（第三十六條）書記要於豫審及公判時到堂開造文案鈔錄公判暨其餘一切訴訟文書（謂書記之於裁

判所監要亦同檢察官若不到堂亦不成裁判又要保存裁判宣告及其餘一切文書第三十七條從罪名分定裁判所所管違警罪於違警罪裁判所輕罪於輕罪裁判所重罪於重罪裁判所其一人犯重罪及輕罪或犯輕罪及違警罪二罪俱發者雖非附帶之罪從其重者併管於上等裁判所第三十八條謂併輕於重非特愼重裁判兼有簡捷之利附帶罪者一人或數人同處同時犯數罪二人以上通謀異處異時犯數罪爲圖便自已而連他人犯罪或圖免本罪更犯別罪第三十九條謂附帶罪質雖互有異同而犯情株連罪脈相纏故得附著本罪一併裁判於裁判所同等者將犯處之裁判所爲豫審及公判所管其犯處不明白者以逮捕地之裁判所爲所管第四十條以犯處定裁判所管既無朦朧牴觸之弊又於蒐索證憑推問證人最爲便宜彼此裁判所管內同時犯罪或繼續犯罪以逮捕地裁判所爲其所管彼此管內犯罪謂如於各管交界中間犯罪之類其數罪俱發者亦如之第四十一條於犯

處之外裁判所管內逮捕者要押送附近該管裁判所謂如於西京及大坂犯數罪者捕之滋賀管內押送西京捕之神戶管內押送大坂之類其以令狀逮捕者押送發令之裁判所第四十二條若於彼此裁判所所管內不能逮捕及法律所不許逮捕者如違警罪止該罰金之類將最初之豫審及公判裁判所爲其所管第四十三條從犯從正犯所管之裁判所若正犯係彼此裁判所所管者有數名將最初之豫審及公判裁判所爲其所管其屬高等法院及陸海軍裁判所所管於法律有專條者不在本條之例第四十四條謂如正犯軍人軍屬而從犯乃平人或員人之類在外國犯罪應依本國法律處斷者逮捕之內地將逮捕地之裁判所爲其所管自外國解到者將解到地之裁判所爲其所管其應行闕席裁判者將被告人最後所居裁判所爲其所管若所居不明白者須起定裁判所所管之訴第四十五條闕席裁判謂非兩造對質如被告人未就縛捕僅原告人到

案之類於商船內犯罪者其所管及訴訟次序別有定律第四十六條裁判官行豫審者不得干預公判其先行豫審又行公判者除於哀訴及闕席裁判之實有事故者二事外不得干預其上訴裁判違者不成爲裁判第四十七條謂裁判官一立成見不免執拘但哀訴及闕席裁判之實有事故者不令前官干預則有難於審明者裁判所於受訴事件有自行判決應否管理之權但檢察官及自餘訴訟關係人於其判決雖本案既屬終審仍得依常規上訴第四十八條第二章違警罪裁判所以治安裁判所爲違警罪裁判所裁判其管內所犯違警罪第四十九條違警罪裁判所判事職務治安裁判所之判事行之判事有故判事補行之第五十條違警罪裁判所檢察官職務該處警部行之第五十一條不置檢察官而令警部攝行者由事犯輕小故也違警罪裁判所檢察官要每月造已未決事件表發呈輕罪裁判所裁判之弊莫大於耽延故每月必納表上官供其檢閱其

事件表要違警罪裁判所之判事僉印若有意見則附記之第五十二條要判事僉印者所以表其確實附記意見者所以辨明延滯之由違警罪裁判所書記職務治安裁判所之書記行之第五十三條第三章輕罪裁判所以始審裁判所爲輕罪裁判所裁判其管內所犯輕罪又得行輕罪及重罪豫審謂裁判管內罪犯雖爲裁判正規而係於本案附帶罪者雖在管外亦得裁判之又裁判於其管內違警罪裁判所之始審裁判爲控訴者第五十四條本所即違警罪控訴之所經此即不得再控輕罪裁判所判事職務該所長於初審裁判所之判事一名或數名依次命之以一年爲滿更替職務仍限以期年者所以令裁判官熟習職務且防作弊也又得再加一年繼續其職第五十五條豫審判事職務司法卿於始審裁判所之判事命一名或數名以一年爲滿謂不拘次序拔擢命之又得再加一年以上繼續其職第五十六條以豫審判事欲極習熟故得繼續職務至於數年判事有故其他判事或判事補行其職務判事補得

對同預審及公判陳白意見（第五十七條惟不得干預議決）輕罪裁判所檢察官職務始審裁判所之檢事或其所指命之檢事補行之（第五十八條）輕罪裁判所書記職務始審裁判所之書記行之（第五十九條）東京警視本署長及府縣長官各於其管內兼爲司法警察官有搜查罪犯之權並與檢事同但東京府長官不在此限（由東京戶口稠密事務繁劇特置警視局爲其專任）左開各官吏輔佐檢事受其指揮要從第三編所定規則爲司法警察官搜查罪犯（各該官吏雖各有所屬然行警察職務不得不聽從主管檢事之命）一警視警部二區長郡長三治安判事四未有警部之地方戶長（第六十條）司法警察官檢察官及裁判官若受他管同職官所囑須蒐集其管內合爲證憑及可供參攷之事物以供其審查（第六十一條謂官吏之權不越所管不得不更相囑託）檢事要每二個月造豫審及公判已未決事件表發呈控訴裁判所之檢事長（不限每月造表由事情差涉重大也）又要併違警罪裁判所檢察官之事件表一齊發呈若有意見則附記之事件表要裁判長僉印有意見亦附記之（第六十二條）

第四章控訴裁判所

控訴裁判所置刑事局裁判於輕罪裁判所之始審裁判爲控訴者但要判事三名以上判決（第六十三條控訴裁判頗涉鈎棘尤難明辨故必要判事三名以上）刑事局判事職務裁判所長依次命該所判事以一年爲滿又得再加一年繼續其職（第六十四條）刑事局判事有故裁判所長合民事局判事行其職務裁判所長聽從便宜爲各該裁判長（第六十五條所長以職在統轄不分民刑故隨便執權）刑事局檢察官職務該裁判所之檢事長或其所指命之檢事行之（第六十六條控訴裁判所不及檢事補者以其事較繁重故也）檢事長於該裁判所管內得兼攝輕罪裁判所檢事及司法警察之起訴職務亦可令其所部檢事行之其起訴及他項職務須行移於該管內檢察官凡檢事

長應監督該管內檢察官及司法警察官（第六十七條）檢事長要每三個月造豫審及公判已未決事件表一齊發呈司法卿又要併輕罪裁判所檢事之事件表一齊發呈司法卿若有意見則附記之（第六十八條）刑事局書記職務該裁判所書記行之（第六十九條不置書記補義與第六十六條不置檢事補同）

第五章重罪裁判所

重罪裁判所裁判其管內所犯重罪（第七十條）重罪裁判所每三個月一爲開設（謂不常置）若事件浩繁日不暇給由控訴裁判所長及檢事長申稟司法卿須其允可臨時開廳（第七十一條謂前期既閉廳後再有重犯事件繁多且裁判要急速不容待後期之類）重罪裁判所於控訴裁判所或始審裁判所開設（第七十二條）重罪裁判所須左開職員裁判 一裁判長一名控訴裁判所長就該所判事中命之二陪席判事四名於控訴裁判所該所長就該所判事中命之於始審裁判所以該所長及前任判事選充（第七十三條重刑於人所關匪輕裁判尤要愼重故判事必須五名務揀選老練者）重罪裁判所檢察官職務控訴裁判所之檢事長或其所指命之檢事行之（控訴裁判所雖次於重罪裁判所然非位居其下者故該所檢事長得兼行檢察官職務又得令他檢事行之）若於始審裁判所開廳檢事長得令該所檢事行其職務（第七十四條）重罪裁判所書記職務該裁判所之書記行之（第七十五條書記較裁判官檢察官責任稍輕故從便宜）控訴裁判所檢事長要於閉廳後造已決事件表發呈司法卿（控訴裁判所檢事長雖非於該所開廳然重罪裁判所亦監察之造其管內事件表固係其職不言未決者重罪裁判所不容未決也）事件表要控訴裁判所長僉印若有意見則附記之（第七十六條）

第六章大審院

大審院置刑事局裁判左項條件一上告二覆審之訴三定裁判所所管之訴四移裁判所所管之訴（第七十七條）刑事局非具判事五名以上不得爲裁判（第七十八條）刑事局判事職務司法卿奏聞

請旨以命該院判事若判事有故民事局判事循其舊次以行職務第七十九條刑事局檢察官職務該院之檢事長或其所指命之檢事行之第八十條刑事局書記職務該院書記行之第八十一條檢事長要每三個月造豫審公判已未決事件表發呈司法卿事件表要院長僉印有意見則附記之第八十二條第七章高等法院高等法院裁判刑法第二編第一第二章所揭重罪謂關皇室國事外患之罪又裁判皇族所犯重罪及合該禁錮輕罪或敕任官所犯犯重罪因皇族不坐罰金之刑故特名曰合該禁錮輕罪前二項正犯及從犯不問身位何如一體於該院裁判第八十三條謂共犯雖身位相殊不得析為二件開高等法院司法卿奏請取自上裁其應裁判事件及開院處所亦如之第八十四條高等法院以左開職員為裁判一裁判長一名陪席裁判官六名每歲預就元老院議官大審院判事中奏聞得旨定之

二豫備裁判官二名置豫備官者由論辨日久或未及判決而該官有故事將闕曠故豫備代員以參坐論辨亦依前項式則命之第八十五條豫審判事職務奏聞取旨命大審院刑事局判事一名或數名第八十六條不豫命者謂豫審判事職止判斷有無罪證不豫本案故臨時選充亦無妨高等法院檢察官職務大審院之檢事長與司法卿所指命之檢事行之第八十七條高等法院書記職務大審院書記行之第八十八條不得向高等法院裁判為上訴但於左項條件得挈訴該院一於闕席裁判實有事故者二哀訴謂法不應刑而受處刑宣告或受重刑過當之宣告或過上告期限裁判已定者該院檢事得以上告三再審之訴第八十九條謂希冀改正判事之所判如被告事件浩繁或裁判再審之訴應別置職員第九十條謂如謀反犯罪黨羽累非常員所得審理之類再審裁判不得用前員另置委員高等法院訴訟次序依照通常規所第九十一條雖高等法院然訊證辨論對質等次序毫與常則無殊第三編罪犯搜查起訴及豫審第一章搜查謂搜索有無犯罪但知其犯罪則收拾現證旁證或搜尋犯身所在為起訴次序耳非探偵隱情推問證人勒押物件之明檢察官緣告訴告發各原由或識認或推測有現行犯罪者要搜查其罪狀證憑及犯人蹤跡照依第百七條以下規則行起訴次序第九十二條謂檢察官除現犯准現犯情狀緊急之外其他驗檢證憑推問搜索等事非其主職第一節告訴及告發告訴謂被害者訴其罪告發謂非被害者發其罪有犯重罪或輕罪受害者不論何人得就所犯之地及犯人所在之地訴之於豫審判事檢事或司法警察官受告訴者不止犯處官司而被告人所居住之官司亦受之不止判事檢事而警察官亦受之所以廣言路密方法然其告訴與否任從被害者主意故曰得不曰要豫審判事受告訴要照第百十四條以下規則區處檢事受告訴要照第百七條規則區處司法警察官受告訴要將其文書速移送檢事謂警察官無取舍之權又無審查之權要特移送主管其係違警罪者得告訴犯處該管之裁判所檢察官若司法警察官受告訴要移之該管檢察官第九十三條違警罪犯情輕微不慮逃亡

故以犯處為其主管告訴人要將其足為證憑及可備參攷者申告謂犯名犯處時日事實並檢察官所必須備不知之不得搜查故要與告訴一併申告又告訴人得照第百十條以下規則為民事原告人第九十四條告訴止申告罪犯為搜查根柢耳為民事原告人乃得起公訴私訴告訴人要於書面署名捺印呈之告訴人亦得用口陳但官吏受告訴者須面造文案朗讀訖證明所錄是實方偕署名捺印若告訴人不能署名捺印要附記其由官吏要將受理憑單交付告訴人第九十五條官吏行職務時因識認或推測有犯重罪或輕罪者要速告發於該處檢事官吏當職有所告發固屬分內與常人殊故曰要不曰得然其在職外所發見者亦與常人無殊其為告發要用署名捺印之文書務將其足為證憑及可備參攷者附列申告官吏告發必須文書不許口陳不欲其離職役也其係違警罪要告發於違警罪裁判所檢察官第九十六條不分何人或認識或推測有犯重罪或輕罪者得照第九十四條

第九十五條規則於所犯之地或犯人所在之地告發於豫審判事檢事及司法警察官吏受告發者要依第九十三條規則區處第九十七條告訴告發得令代人但若九十六條所云者不在此限謂官吏告發係其分內不得委之他人者無能爲力者令法律所定代人爲之謂幼稚之父母或後見人癡癲之保管人之類亦成爲告訴第九十八條告訴告發得降其請或更其詞然照第九十六條規則不得拒辭被告人要償之訴第九十九條降其請更其詞謂先告重罪後降輕罪先告輕罪後降違警罪之類然嫌於起滅自由故被告人以要償爲訴不得拒絕也第三節現行犯罪現行犯罪謂現方犯罪及現既犯訖即發覺者第百條犯罪有現行非現行之分現行犯顯證明白無有冤枉之恐若稍緩之則事情稍晦又有逃亡之虞故不分何人得直行逮捕若非現行之犯必須從事及民事原告人之請始爲審查有犯重罪輕罪如左項者准現行犯一被一人或數人以罪名追呼者二攜帶兇器贓物及其餘疑有犯事物件者三家長向官吏請求驗檢其家

宅內犯罪或逮捕其疑似該犯者第百一條謂宅內之事爲家主所應知以其知之親切故得准現行犯論司法警察官及巡查當行職務時認識有現犯重罪或輕罪之人不待令狀與命令要將犯人逮捕若現犯係違警罪要問明其人名氏居處告之該管裁判所檢察官倘其名氏居處不明白又恐其逃亡者得引致之違警罪裁判所第百二條巡查無造作文案之權故所逮捕者要直行交付之司法其司法警察官受交付者要造作逮捕及告發文案第百三條司法警察官逮捕現犯人或收受巡查交付之現犯人得權爲推問及檢證第百四條謂現犯以事要急速始許推問檢證然以非其固有之權不得令證人宣誓或起發令狀有現犯重罪或輕罪不分何人得直行逮捕第百五條常人雖有應捕之權不得責以逮捕故曰得不曰要如前項逮捕犯人者要送交司法警察官若不能送交可將自己名氏職業居處及逮捕事由陳述權且交付巡

查其交付犯人於巡查者要速爲告訴及告發但犯人及巡查得求逮捕人偕詣官署逮捕人非有切要事故不得拒絕第百六條第二章起訴起訴有二有檢察官爲公衆者有被害人自爲者裁判官非據其一不得審理第一節檢察官起訴檢事既經搜查犯罪者要如左項處分一推測所犯係重罪可起豫審判事求其豫審二推測所犯係輕罪要隨其輕重難易求其豫審或直向輕罪裁判所訴之謂重且難者求豫審輕且易者直求公判三推測所犯係違警罪當將所有證據並附記意見送交違警罪裁判所檢察官四推測被告人身分及所犯之罪犯罪之地非其所管者當送致於該管裁判所檢察官若推測被告事件不成爲罪或公訴不應受理者不須起訴第百七條不應受理者謂如因期滿免除確定裁判大赦等類公訴之權已經消滅者或律須告訴乃得受理而無人告訴之類如前項檢事既經告訴要將其處分通報被害者第百八條被害者即他日原告人翹望檢事處分何

如因情所不免故要通報檢事求豫審要將足爲證據及可備參攷之事物一併送交又當告知應行臨檢應行逮捕之處所及可爲原被告證人者第百九條第二節民事原告人起訴爲重罪或輕罪之被害者須將附帶公訴而起私訴於告訴中並陳既經告訴則將其事陳於豫審判事併私訴告訴申陳者司法警察官亦得受之既爲告訴後爲私訴者非判事或檢察官不得受豫審判事若有被害者自爲民事原告人可直受其申訴雖未經檢察官起訴可併公訴於私訴而受理之謂止爲告訴者與告發無殊一起私訴則公訴亦隨之故不在檢察官所見何如自當爲應分審判豫審判事已受被害爲原告人之申訴必將其事通知檢事第百十條被害者當公訴本案始審終審至於裁判宣告無論何時可爲私訴且得變更其所要求謂民事原告之權除期滿免除制限外不得抑遏又得於請降私訴之後再爲申訴且得變更其所要求第百十一條謂私訴原屬被害者請降固任其便雖請降其訴非棄其權故再訴亦

任其便被害者得委他人代爲私訴及請降其訴或自棄其權謂法廷之受詞訟不過以伸民權不必本主自出公廷其被害人之無能爲力者要委代人爲之第百十二條

第三章豫審

豫審判事除現犯重罪或輕罪外須遵前章所定規則非有檢事及民事原告人求請不得遽行豫審若違此規在請求以前所審作爲罷論第百十三條謂裁判官以不告不理爲定則故不由起訴而爲豫審者一切均屬徒勞豫審判事因重罪或輕罪直受告訴及告發者得發傳喚狀提問被告人若案須頻煩調查頗費探索者可將其事件送交檢事第百十四條謂豫審判事直受告訴告發勾問犯人本係另例其爲勾喚亦不能勒限聽令便宜到案仍將事件送交檢事者照依常規由檢察官告發之義也豫審判事受告訴及告發若事件不容稽緩得直將拘引狀發付被告人又推問之後可發付拘留狀謂犯情緊急或慮逃亡者不得不直行拘引拘留此乃常規外處分但要速報檢事移送足爲證據及可備參攷之事物若檢事雖得通報

不於一日內起訴豫審判事要速將被告人放免但他日起訴亦無妨礙第百十五條檢事與判事殊其所見雖得通報以爲非應起訴則判事准以不告不理法不得不解放被告人違者爲擅自監禁被告人所在之地豫審判事直受告訴告發或由檢事送交被告之事件若事不容緩要照常規勾問被告人又若經檢證之後要將足爲證據及可備參攷之事物移送犯罪之地該管之豫審判事若推測應該禁錮以上刑者得將拘留狀發付被告人第百十六條該罰金之刑者不須發付檢事於豫審中不論何時得請判事驗視本案詞訟文書但要限二十四時間還付又有緊要處分得以隨時求請第百十七條

第一節令狀

豫審判事因檢事及民事原告人起訴受理重罪或輕罪要先發令狀傳喚被告人但自傳單送達其被告人投案至少要假與二十四時謂事係嫌疑未至判定罪犯故不得勒限急提但令狀記載投案處所日時與公判勾喚無殊其被告人到案者

要隨卽推問極遲不得過本日內第百十八條豫審判事於應受傳喚被告人不在管內居住者可將應行推問之條件移交被告人所在之地該管之豫審判事託其處分第百十九條謂事涉嫌疑者不濫爲傳喚令勞於奔命豫審判事於傳喚被告人逾限不到者得直發拘引狀第百二十條豫審判事得直發拘引狀者如左　一被告人居住無定所者無可傳喚故直爲拘引　二被告人有湮滅罪證又恐其逃亡者　三被告人犯未遂罪或脅迫罪且慮其遂犯重罪者第百二十一條謂不止害公衆又且滋其罪拘引之乃所以保護之執行拘引狀者要將被告人押致於該管豫審判事拘引狀執行者謂如巡查之類其被告人被拘引者要限四十八時內推問若經逾時限非更發拘留狀須卽釋放第百二十二條不日隨卽推問首押致時日有難預期者拘引狀無二日以往拘留之權故非再行拘留卽不得不釋放被告人於未發拘引狀之前既離該管豫審判事之地得就被告人所至之地求所

管豫審判事若要權宜拘留被告人當速通報之於本管豫審判事第百二十三條謂管外判事未受本管判事請託則無由詳實固不得推問然鈐束乃不得不爲故姑拘留之以候本管處分如前項本管豫審判事可向他豫審判事卽權爲拘留被告人者明示所推問條件託其處分或請將被告人照拘引狀押送移還其豫審判事受託者可先爲推問報之本管豫審判事並叩其意見或將被告人放免抑依前發之拘引狀宣告押送第百二十四條被告人受傳喚或受拘引者若係患病或有他由不能投案有確實證據者豫審判事當就被告人所在推問他由謂如祖父母父母疾病侍藥餌之類但被告人若在所管外要就該處豫審判事託其推問第百二十五條拘留狀除被告人逃亡及第百二十三條所揭外非既經推問酌度應該禁錮以上刑者不許發付第百二十六條豫審判事自發拘引狀經過旬日要交換收監狀及

照第二百十九條規則責付被告人（謂拘留限以十日收監則無定期令狀中尤重者）被告人須責付者檢事得向豫審判事暫求停止更加十日間拘留（第百二十七條但檢事雖有請求取捨惟判事所擇）收監狀非既經將豫審開辦通知檢事且叩其意見之後不得發付（第百二十八條）收監狀要開載左項條件一被告事件及加重減輕概略二法律正條三檢察官既經會商（第百二十九條）令狀要開載被告事件及其名氏職業居處但除傳喚狀外其名氏有不明白者要將被告人容貌體格明示（謂傳喚狀以發付本主或親屬必要名氏居處若拘引拘留收監狀其名氏不明白者止記註物色）又要將發付年月時日註記豫審判事及書記並署名捺印拘引拘留及收監狀並令巡查執行（第百三十條）傳喚狀照第二十三條規則令書記局使丁送付被告人及其所居（第百三十一條）拘引拘留收監狀施行於本邦版圖內有時製正本數通分付之巡查數人執行

前項令狀者要向被告人先示正本後下付謄本照第二十三條內第二項第四項規則（第百三十二條謂拘引狀以往所及極廣但從甲管涉乙管執行者不得不互相囑託）巡查執行令狀者推測被告人潛匿其家或他家要請戶長及鄰右二名以上對同搜索（謂房屋人所棲息闖入侵擾事係非常故不得眼同不許搜索）巡查於搜索時不論被告人在否要造搜索文憑偕對同之人署名捺印入人家宅搜索日出日入前後不得擅行（第百三十三條）豫審判事覺察被告人潛匿他管內及推測其所潛匿於事件不容稽緩者得將令狀付巡查帶行（謂潛逃固犯人常情雖逃於他管不容捨而不問況事情緊急者苟知其所在要派遣應捕人）其巡查要就被告人所在之地向豫審判事檢事及司法警察官示以令狀隨即執行（第百三十四條）豫審判事不能覺察被告人所在得將被告人物色狀轉達各控訴裁判所檢事長請其搜查及逮捕其檢事長受請者要令其管內檢事為之搜查及逮捕（第百三十五條）向陸海軍之在營軍屬發付令狀者要將令狀先示之該長官該長官既得令狀除有他故外要速依令狀將該犯解交行軍之際亦如之（第百三十六條）被告人受拘留狀或收監狀者要速拘致於令狀所載之監倉如不能引致所載監倉得姑拘致於附近監倉其監倉長不論何等事情要檢閱令狀將被告人收受交回收證（第百三十七條）巡查執行令狀者要將能否執行事由註明於令狀正本但巡查要將執行令狀時之關係文書納之書記局書記須交回收證（第百三十八條）被告人該受拘留狀或收監狀者既入監倉或獄舍書記要將其犯罪事由發付本犯並記載於令狀正本及謄本之內（第百三十九條）被告人除密室監禁外照監獄規則得值官吏在場時接見親故及代言人所有尺牘書籍及其餘文書非經豫審判事點檢不許

被告人與外人私相授受但豫審判事得收留其文書（第百四十條謂檢視其有無弊書可否授受）豫審判事推度犯情非應該禁錮以上刑者豫審中不分何時得將拘留狀收監狀取消但收監狀必要預先諮商檢察官而後定（第百四十一條謂收監狀初由檢察官而發故收之亦必商檢察官）凡監倉內要有刑法治罪法二書隨被告人請乞借與（第百四十二條謂被害人熟讀法典講明律意則自曉其權利所在能為辯護自少頑梗執拘非理上訴之弊）第二節密室監禁豫審判事豫審中已經驗實必須密室監禁者得因檢事求請或以其職權將特禁密室之令向拘留收監之被告人宣告（第百四十三條謂本犯與共犯及他罪犯襍居又接見親故代言人不免有通同掩蔽之患故權宜設此法然非商之檢事意見相同不得遽行）被告人受密室監禁宣告者每一名置之別室非得豫審判事允許不得接見他人及授受書緘貨幣其他物件雖食物飲料藥餌及其他監倉應給物品仍由監倉長指揮給與（第百四十四條）

密室監禁不得逾十日但每十日得更命留禁謂密室監禁勸自由故不得不限其時日若過其期尚要監禁須更爲宣告不然不免爲擅自監禁若更命留禁要將其事由報告裁判長謂防措置或涉恣橫審理有陷延滯豫審判事於十日間至少要二回推問照常規造調查文案第百四十五條謂少要二回推問則其數回推問法律所望違此規則被告人得求其放釋或向判事爲要償之訴

日本國志卷二十七

日本國志第八　卷之二十八

出使日本參贊官黃遵憲編纂

刑法志二

第三節證據凡於法律不得以被告事件之大概推測而定其罪其被告人供招及官吏驗證文憑又證據物件或證人陳告鑒定人申禀自餘諸色徵憑並任從裁判官所判定第百四十六條謂斷罪雖須徵憑而不必執一條所揭爲斷定必於對問辨論之際以裁判官有所明確覺察者爲要豫審判事要因檢察官民事原告人及被告人之請求或以其職權蒐集本案證據徵憑爲驗實所必須者第百四十七條證據謂證之確有據者徵憑謂證之差有憑者豫審判事臨檢及搜索家宅勒押物件或推問被告人證人必須書記對同書記要造審查文案偕判事連署捺印若在裁判所外急遽之際無書記對同要有別員二名對同其就監倉中推問者要與該監倉官吏一名對同豫審判事如前項辦理要自造審查文案朗讀訖偕對同人員共署名捺印若無書記與別員對同不成爲處分第百四十八條第四節被告人之推問及對質豫審判事例須先問被告人但因爲驗證或推問證人不容稽緩者不在此限第百四十九條豫審判事令被告人供招不許用恐嚇及詐騙第百五十條書記要登錄所推問及答述向被告人宣讀豫審判事要先將書記所錄向被告人問無錯誤否問訖令被告人署名捺印不能署名捺印者須附記其由謂豫審甘結與他日公判陳述相爲比照或有以豫審終結宜告爲上訴者故關緊要書記要記載係照本條例式而行偕豫審判事署名捺印第百五十一條被告人欲於所陳述有所變更增減者要更爲推問照前規登錄所推問及答述再朗讀訖令其署名捺印第百五十二條被告人得求見所錄陳述書之謄本第百五十三條

謂被告人辨護之權不得阻遏故欲驗其供狀如何則不得不下付豫審判事於同一案件此被告人與彼被告人所供不符欲證明一切情狀可令此被告人與彼被告人與及證人暨其餘案內干係之人當堂對質第百五十四條謂豫審本係密問對質非其本旨然若本條所云亦不得不用書記要登錄對質人所供及於對質時供出一切事件將其本末向對質人宣讀第百五十一條及第百五十二條規則對質時亦用之第百五十五條被告人或對質人聾者問用紙筆啞者答用紙筆聾者啞者並不識文字要用通事其不通國語者亦如之第百五十六條通事要用正實通譯者先發誓而後用之書記要將審查文憑向通事宣讀令署名捺印第百九十三條第百九十三條及第二百條規則於本條亦爲適用第百五十七條第五節檢證及勒押物件豫審判事有關於重罪或輕罪確爲必須臨檢者可親臨犯處檢驗其有檢事請

求者不論何等事情必須臨檢第百五十八條豫審判事要將證明之情形事狀日時處所及被告人並非誤認等情開造文案又所檢情況有便益於被告人者亦須登錄第百五十九條謂豫審判事非特證明被告人罪犯其應行回護者亦要證明豫審判事於臨檢之處所發見物件察其情形足證明被告人非誤認並可以推知所犯情實者要押勒僉印開具目錄其監護及遞送所押物件爲書記責任第百六十條物件謂如兇器衣片及名氏勒記器具之類豫審判事臨檢及搜索家宅勒押物件等項不及即日完結者得閉鎖其週匱令人看守第百六十一條豫審判事得臨檢被告人所居又他人所居疑有藏匿可爲案證物件者亦得臨檢其被告人及藏匿物件者不在其家要同居親屬對同親屬不在要戶長對同謂搜索人家事係非常故家主不在則須戶長親屬眼同第百三十三條內第三項規則本條亦准用之第百六十二條被告人於判事臨

檢搜索時得自身對同或令人代替謂家居搜索關被告人身家者非輕故不得拒其眼同若被告人受拘留不得躬自對同而豫審判事要其對同者仍許對同如前項民事原告人及其代人亦得眼同但豫審判事不得因其同檢轉致豫審遲延第百六十三條豫審判事於家宅搜索時可照第百六十條規則勒押物件若勒押物件要將其目錄謄本交付對同人第百六十四條謂示不奪物件所有之權故判事若不付謄本則對同人得自求之豫審判事不論被告人曾否對同可將勒押之物件出示被告人令爲辨解其所推問及陳辨要錄載文案第百六十五條豫審判事在臨檢之處欲聽證人陳述可令書記對同隔別推問第百六十六條豫審判事當前數條處分中不論何人得禁出入若有犯禁者得逐斥之及抑留之第百六十七條豫審判事雖係在所管內者得因便宜將臨檢搜索之事囑託該地之治安判事第百六十八條豫審判

事將開檢被告人及豫審干連人或由他人所發付之文書電報及物件確爲驗實所必須者得向驛遞電信鐵道諸官署及其餘會社謂如海漕陸運等之類通知其事由令送交各件接受開閱但要交回收票若前項文件收閱後不再用者並要還付原處第百六十九條第六節證人訊問豫審判事於檢事民事原告人及被告人所指名之證人可傳喚訊問其原被告證人名數夥多者要循其所指次序又擇其最足驗實者輕罪事件各限五名重罪事件各限十名先傳喚之若驗實必要多人者不在此限又豫審判事知有可爲證人者雖原被告所不指名亦得以其職權傳喚作證第百七十條證人須豫審判事用己名傳喚其所發令狀要遵第二十三條規則若證人在管外要將令狀託該地輕罪裁判所之書記代傳第百七十一條證人不於裁判所鄰近地方居住

者豫審判事得將其推問託其所居處之治安判事謂事情輕小者雖在管內而居處稍遠則不必自遠勾喚若證人在管外者得將其推問託該地豫審判事或治安判事其受託傳喚狀之判事要用己名經裁判所發交第百七十二條傳喚狀內要將證人之名氏居處及職業載明又要將投案時日處所及不遵傳喚應科罰金且有時拘引各例分別登載傳喚狀遞到與投案之間至少須假與二十四時第百七十三條路程稍遠者隨其距離又須假與應分時日證人因疾病或公務與其餘事故不能投案有確證者豫審判事要就其所在推問第百七十四條應爲證人者如係陸海軍營內軍人軍屬稱營內蓋以別非役者將傳喚狀由其所部長官發交該長官要隨卽令其投案若於職務有礙要向豫審判事陳明事由請其延期第百七十五條證人除前二條事故外有不服傳喚者豫審判事商之檢事宣告二圓以上十圓以

下罰金受罰者不得有違更爲控訴爲證人者辯白事情不令犯人漏法網與無罪者陷冤枉不翅爲民生公權亦爲衆庶義務故不行義務者得罰之豫審判事得向證人再發傳喚狀並附罰金宣告狀或直發拘引狀所須諸費令該證人負擔若證人再不服傳喚應加倍罰金且發拘引狀第百七十六條豫審判事於證人不服傳喚至一再次若係傳喚狀有違第百七十三條規則或該證人實有不能投案事故一時未能豫知者查有確據可商之檢事註消罰金宣告第百七十七條證人因傳喚投案者要將其傳喚狀交還書記若有遺失要證明其實非別人第百七十八條豫審判事要向所傳喚證人問訊名氏年齡職業居所及係第百八十一條所開載者否第百七十九條豫審判事要令證人將無愛憎無畏懼秉公作證之意當堂陳誓豫審判事將證人之宣誓文朗讀訖令署名捺印若不能署名捺印要附記其由其宣

誓文要附於訴訟文書存案第百八十條有不許爲證人者但有所陳述可採其言以備參考一民事原告人二民事原告及被告之親屬三民事原告及被告之後見人及受其後見者後見猶曰監也謂人故後攝理其家政者家主係幼痴廢疾則例置之日本方言也四民事原告及被告之僱人第百八十一條亦有不能爲證人者一十六歲以下幼者二知覺精神不足者三瘖啞者四被剝奪公權或停止公權者五有重罪事件受移轉重罪裁判所宣告者及事雖輕罪合該重禁錮既付公判者六就現應申陳事情曾受人訴訟以證憑不明得免訴宣告者第百八十二條謂其曾受訴訟所有罪狀情況並與現應申陳事件相同故雖得免訴宣告事涉嫌疑不得爲證人有證人不肯宣誓及雖宣誓而不肯申陳者豫審判事可商之檢事遵刑法第百八十條宣告罰金受罰者不得有違更爲控訴醫師藥商穩婆及代言辯護代書公證諸人或神官僧侶

其所職業係受人密託者不在前項之例第百八十三條謂本項諸人於職業上所知隱情雖掩覆之非法律所罪蓋此種人所業在此苟或洩露有妨職業乃勢處於不得不然故不以爲罪也然因傳喚言之判事亦不爲漏洩刑法第三百六十條可以參看凡證人要與他證人及被告人隔別推問有必須互證始明者乃令對質第百八十四條謂證人混同則有扶同作弊之患然其所陳述有牴牾者又須對質方得明白豫審判事如重輕罪所犯處及其他場所有須令證人同行始能陳述確實者得偕證人同往若證人不肯同行可照第百七十六條規則宣告罰金第百八十五條第百五十六條第百五十七條規則亦可用之證人第百八十六條謂證人係外國人則判事書記不解外語必不得不用通事聾啞亦如之證人係皇族或敕任官豫審判事要與書記俱就其所在聽其陳述第百八十七條書記要將證人所陳述分別造文案該文案要登載證人曾否宣誓事由第百八十八條豫審判事要令證人知其所陳述有無錯繆可命書記朗讀文案證人

於其所陳述得請求變更增減書記要於文案上登載其請求變更增減條件與豫審判事及證人偕署名捺印若證人不能署名捺印當附記其由第百八十九條證人得隨即要求投案路費與日給費用謂為人證佐雖屬民生義務若其費用非可自負故得要求若證人以逐日所得為生計者得除路費日給外更要求其每日所應得金額本條二項費用先自裁判所給與刑事由官給民事待裁判案結之後令理屈者辦償之如本條豫審判事要算定其金額而宣告之第百九十條第七節鑒定豫審判事為驗明罪犯狀有必須鑒定人者要令專習是件學術職業者一名或數名到堂鑒定第百九十一條謂如係毒殺者解剖屍體分析毒質毆傷者視察輕重驗覈器物偽造貨者溶解分析以驗混和物皆非判事所能必要醫師化學礦學者鑒定人要由書記局以令狀傳喚其式須登錄命其鑒定及不服傳喚應科罰金等語若鑒定人不服傳喚照第百七十六條規則處斷但不得再發拘引狀

謂鑒定人設不服傳喚得復命他人與證人必要其人者殊故止命罰金不許拘引第百七十七條規則亦適用之第百九十二條鑒定人要將秉公鑒定之言宣誓該式從第百八十條之例書記要於鑒定令狀紙尾登記鑒定人所行宣誓而將宣誓文附載之第百九十三條鑒定人不肯宣誓或雖宣誓而不肯鑒定者豫審判事可商之檢事照刑法第百七十九條宣告罰金受罰者不得有違更為控訴第百九十四條第百八十一第百八十二條所開載者不得命其鑒定但急遽關人得委其鑒定以備參考第百九十五條豫審判事要對同鑒定人鑒定第百九十六條豫審判事得因鑒定人之請及以其職權增加鑒定人或改命別人第百九十七條鑒定人要自造鑒定帖詳錄其次序及所檢覈與其時候若檢覈未定要將其所推測者登錄若鑒定人各殊意見要各自造鑒定帖或於一鑒定帖中登錄各人意見第百九十八條鑒定

人要於鑒定帖上開載年月日署名捺印及契印又豫審判事要於鑒定帖上登記收領年月日與書記偕同簽印鑒定帖要附載其令狀若外國人為鑒定要將裁判所所命通事譯文併附入鑒定帖第百九十九條鑒定人及通事要給與路費雇工錢及其餘費用第二百條第八節現行犯豫審現犯治罪本貴急速以防犯人逃亡證憑湮滅故設此一節以示變則豫審判事於檢事未告之先知有現犯輕重罪者而事要急辦可不俟檢事求請得徑行通知事由先開豫審豫審判事得直發令狀臨檢犯所及遵此章所定規則為豫審處分第二百一條謂推問被告證佐鑒定諸人搜索家宅勘押物件等事並得行之豫審判事如前條所云雖無檢事起訴既造檢證文案作為受理公訴即要將現犯係重罪或輕罪記載豫審判事要速將文書致送檢事但檢事所見以為該豫審不宜再審亦要依通常規則結審第二百二條若檢事

先豫審判事知有現犯輕重罪者不須豫審判事可一面通報事由直臨犯所檢查暫假行豫審判事之處分但不得發罰金宣告謂檢事無判決罪犯之權故雖臨時為判事處分不得向證人鑒定人宣告罰金得聽證人及鑒定人陳述但不用令其宣誓第二百三條檢事如前條辦理要將意見書附證憑文書速送之豫審判事第二百四條謂檢事本代判事權攝其職不得擅決也第二百三條所假檢事職務司法警察官亦得權攝之但不得發行令狀司法警察官亦要將意見書附證憑文書併被告人送之檢事第二百五條其被告人或警察官自捕或從巡查接受均要送交檢事收受被告人要限二十四時內推問犯人造作文案無論曾否發拘留狀須將請求書附一切文書移送於豫審判事若認為不合起訴者即要放免被告人第二百六條豫審判事要二十四時間推問被告人其檢事所發拘留狀解否任其事宜第二百七條豫審判事得

就檢事及司法警察官之所措置更爲查審但檢事及司法警察官所送文案要附於訴訟文書第二百八條謂檢事警察官雖係就現犯爲豫審措置然或不密或違式亦不可知故判事得更爲查審推其所送文書則當備文案以供參考檢事於現犯輕罪者無論曾否發拘留狀曾否推問被告人若推度此罪不須豫審得徑行傳喚於輕罪裁判所第二百九條

第九節保釋保釋者得保證而解釋也凡被告人未至定讞宣刑之間待其人以無罪是爲治罪要義一許保釋二許責付保釋以金圓保其出廷責付推責之其人二者惟在判事所命耳但時不免有在逃或湮證之懼於是不得已而拘留耳豫審判事於豫審中得因被告人受拘留狀或收監狀者之求請商之檢事令其人以文書保證不論何時有傳必到而後允其保釋若被告人無能爲力得令親屬及代人請求保釋第二百十條謂幼癡瘋癲不得自理財產者不能出保證金故令別人代請前條文書要納之書記局若於保釋中傳喚被告人到案要於訊問二十四時之前豫爲通報第二百十一條允其保釋者要令被告人以金圓保證到案但豫審判事須定其金額記註於保釋宣告狀第二百十二條謂保釋不止納證單必令以金圓者以防在逃之患耳若其金額則事有輕重人有貧富不可概定故臨時定其額其爲保證要被告人或別人將保證金或貯金預所受人財貨稱貸收息者與銀行之受金證書納之書記局惟預所及銀行證單許充眞貨凡私相借貸文契皆不許用又住在裁判所管內饒有貲產者亦可代納應充金額之保證書第二百十三條被告人保釋中應就傳喚而無故不到者要沒入保證金全額或幾分第二百十四條沒入不同由情由不一沒入保證金豫審判事要商同檢事爲宣告所沒收如非全額則還付剩餘若保證單則兌換眞貨有餘則應還付不足更要徵收若係別人保證要照民事規則徵收第二百十五條謂照證書徵收金圓若不肯出則訴之民事裁判所亦可豫審判事既沒入保證金要註消保釋宣告既消保釋則不得不拘留固已乖前約不免有他日不到之虞又豫審中註消保釋宣告最爲緊要要商同檢事方得註消第二百十六條豫審

判事於保證金沒入後訊明乃應絕訴或當移違警罪裁判所或只合罰金輕罪當移輕罪裁判所應行宣告並要商之檢事還付既沒之金圓第二百十七條謂在法律罰金以下輕犯不許拘留況於免訴乎此條係判事當初誤爲措置其後覺察乎反者豫審判事爲前條宣告或註消保釋宣告要還付保證金第二百十八條豫審判事不分有無請求保釋商同檢事得將被告人責付其親屬或故舊第二百十九條謂保釋殊於責付者保釋必要請求保證責付不必請求亦不要保證特其所任責在親故耳蓋被告事件雖罪該禁錮以上係顯貴或財產有力者自無逃亡之虞故特責付之其人耳

第十節豫審終結豫審判事以被告事件爲非其所管指罪質犯所及被告人身分又推度本案爲無可再查要行豫審終結之處分可商同檢事意見令將一切訴訟文書送交檢事要將意見及訴訟文書送交限三日內還付之第二百二十條檢事以豫審有所不合得就該條件更求審查若豫審判事不許則檢事所交之意見書及訴訟文書限二十四時內還付第二百二十一條豫審判事不問檢事意見何如可依後條所記載宣告終結豫審第二百二十二條假如檢事認爲重罪判事以爲法律所不問則宣告免訴亦唯其所爲然檢事以爲不當固有上訴之權豫審判事以被告事件認爲非其所管要宣告其由如要拘留須保存前發令狀及新發令狀將該事件交付檢事第二百二十三條謂判事雖拘留被告人而已認爲非管則關係既絕故要送付該件如左項豫審判事要行免訴宣告而被告人受拘留者須放免一犯罪證憑不明白者二被告事件不成罪者若親屬相盜之類三公訴屬期滿免除者四經確定裁判者五經大赦者六在法律全免其罪者如本條被害者不經由民事裁判所不得爲要償之訴第二百二十四條謂豫審止判斷有無罪犯不及讞決曲直是豫審之所以殊公判也故不得行私訴裁判若被告事件推度係違警罪要行移轉違警罪裁判所宣告而被告人受拘留者要行釋放宣告第二百二十五

條若被告事件度係輕罪要行移轉輕罪裁判所宣告被告人受拘留度係該罰金者要行釋放宣告（謂罰金之刑不許拘留）度係該禁錮者得允保釋及責付若被告人未受拘留得發行令狀（第二百二十六條謂該禁錮以上之刑者）若被告事件度係重罪要行移轉重罪裁判所宣告若既允保釋或責付要註消其宣告移轉重罪裁判所宣告狀要將現候控訴裁判所檢事長指揮姑於本所監倉將被告人監禁等語一併記載（第二百二十七條）豫審終結宣告要照事實及法律附白其理由其以非其所管宣告或合行拘留被告人者要明示其原由其行免訴宣告要明示被告事件不成罪或公訴不應受理各原由其犯罪之證憑不明白者亦同其行移轉違警罪輕罪或重罪裁判所宣告要明示罪質犯狀證憑明白者及所犯律文正條（第二百二十八條）前條宣告狀要照第百三十

條規則明揭被告人名氏（第二百二十九條）書記要將豫審終結宣告狀謄本速分送檢事民事原告人及被告人但各人不服得照第二百四十六條以下規則向之翻控（第二百三十條翻控謂求覆審於會議局循公判之有控訴也）被告人未就逮捕可行移轉重罪裁判所宣告或合該禁錮輕罪可行移轉輕罪裁判所宣告均要於該狀上記註其由惟被告人非現受拘留不得更為上訴（第二百三十一條謂豫審判事認為非其所管不分被告人就捕與否要為移轉宣告不得翻控及為上告）如前條檢事及民事原告人得向民事裁判所請求勒押被告人財產（第二百三十二條謂被告人典賣財產一則恐資其潛匿一則恐喪其賠償）一行豫審終結宣告豫審判事要向裁判所長速報告其理由又每十五日要將豫審未決事件摘錄申報（第二百三十三條）第四章豫審上訴如左項豫審未及終結之間檢事及被告人得不分時日為上訴一棄却非其所管申陳者二違法

律發令狀及不發令狀者三違法律行保釋責付及不行者四有越權處分者若民事原告人惟於第四項得就私訴翻控（第二百三十四條謂民事原告人止要賠償無關公訴之權故除私訴處分之外不許翻控）欲翻控者要向該管裁判所書記局納詞狀有翻控者書記將其詞狀謄本送達對手人對手人得限三日內納答辯書豫審處分不因翻控停止施行但因保釋責付而檢事不合者即停止其施行（第二百三十五條因人情難測翻控不必出於公正故不停處分但保釋責付則停止處分以待會議局判決）其翻控者要於該管裁判所會議局會判事三名以上依詞狀答辯及其餘訴訟文書與檢事意見書判決（謂向公判闕席裁判翻控者雖合前官管理而豫審翻控不許前官干預然豫審固無原被告對辯之法故會議局判決亦專據文書）會議局宣告須速施行但待經豫審終結宣告之後方得向之為上告（第二百三十六條謂非經豫審終結宣告不能辯終判之是否非理故不許半途上告）如左項當豫審終結檢事被告人及民

事原告人得請豫審判事迴避一豫審判事及其伉儷與被告人被害者及其伉儷係屬親姻者二豫審判事為被告人及民事原告人之後見人者三豫審判事及其伉儷收受民事原告人被告人與其親屬贈遺及聽許者（第二百三十七條）迴避要陳之豫審判事但其所陳須將詞狀二通納書記局書記要將詞狀送交豫審判事豫審判事要自受狀日起限二十四時內將其是否附記詞狀紙尾一通收藏書記局一通還本人（第二百三十八條）豫審判事拒絕迴避之請陳請人得為翻控會議局要依翻控詞狀及豫審判事辯明狀依理判決（第二百三十九條）豫審判事雖有人請其迴避者及拒絕所請致起翻控者豫審次序尚要繼續循辦但不得行終結宣告若事件不須急速者可停止豫審次序（第二百四十條）會議局不理迴避翻控者得為上告但非經豫審終結

之後不得上告第二百四十一條 豫審判事自認有第二百三十七條內所定原由及自揣應行迴避者要向會議局陳請迴避迴避陳請要於會議局判決第二百四十二條 在會議局允其迴避裁判所長要更令他判事爲豫審該判事雖有前判事處分得因檢事及其餘訴訟關係人之求請或以其職權更爲審查第二百四十三條 書記得自行迴避或由檢事與其餘訴訟關係人陳請會議局令其迴避第二百四十四條 檢察官不得因被告人及民事原告人迴避但自揣應行迴避者得向會議局陳請謂協察官須要證明罪犯的用其刑原被告原無迴避之理但事係親故不得不迴避然其可否倘俟之會議局 檢事補自揣應行迴避者要陳之檢事檢事要允其請第二百四十五條 檢事得向豫審終結宣告再行翻控民事原告人就私訴上有越權處分得向豫審終結宣告翻控被告人得向移轉重罪裁判所宣告翻控而移轉

輕罪及違警罪裁判所宣告自非豫審判事非管越權及移轉裁判所爲非其所管不得翻控第二百四十六條謂重罪利害所關甚鉅故不問原由得以翻控輕罪以下差薄故立之限制 翻控者限一日間自宣告狀到達之時起算第二百四十七條 檢事民事原告人及被告人翻控者要將詞狀納書記局書記須速通報於對手人翻控者要限三日間將詞狀納書記局書記將詞狀速交對手人對手人得限三日內納答辯書第二百四十八條 有翻控者對手人經其判決不分時日得起附帶翻控附帶翻控謂賴他翻控對手亦附帶而起他件不服之訴 有起附帶翻控者書記要將其詞狀送與對手人對手人得限三日內納答辯書第二百四十九條 豫審終結宣告之翻控期限內有翻控者其翻控之訴未及判決時所有宣告之事卽應停止施行謂宣告移轉重輕罪裁判所之類不得移轉宣告無罪免訴之類不得放免 但於拘留被告人及註消保釋責付宣告不得停止

施行第二百五十條謂向宣告起翻控由宣告或有不確當者耳但因恐在逃而爲拘留由輕罪移重罪勾消保釋責付者不拘此限 書記要將翻控詞狀答辯書及其餘訴訟文書納會議局第二百五十一條 會議局要照第二百三十六條規則行其判決於豫審判事宣告或依其宣告或全行註消或將其多少勾消更行宣告又得行將被告人保釋責付及拘留宣告第二百五十二條 會議局以翻控爲點要要令判事一名更爲豫審及就其所指條件更行審查發其報告狀第二百五十三條 會議局於審查之際發見非管越權及公訴不合受理等項得以職權註消豫審判事宣告第二百五十四條謂凡爲裁判官者不訴不理爲原則然事情重大有係公益者法律中特立變則此條卽其一也 會議局於翻控審查之際發見有共同犯罪或附帶罪未經豫審等項要因檢事求請或以其職權令判事一名爲豫審發其報告狀謂正從犯符同犯罪若彼此罪情相纏結者合併審理則易於判決故雖無檢事請求要爲豫審 檢事要

納意見書會議局要憑報告狀及其餘訴訟文書併行判決第二百五十五條 已經判決要速將其宣告謄本發付於檢事民事原告人及被告人第二百五十六條 檢事及其餘訴訟關係人得向會議局宣告再爲上告第二百五十七條 發付被告人終結宣告狀要將應得上訴之期限載明其無登記者非照規則再付宣告狀被告人雖逾限仍不失上訴之權第二百五十八條 第三百十一條至第三百十三條規則豫審上訴者亦適用之第二百五十九條 移轉重罪裁判所宣告一定檢事要將一切文書附其宣告狀速送交控訴裁判所檢事長檢事長要將一切文書證據物件及將被告人移交重罪裁判所等處分命之檢事除重罪裁判所以外所有移交各裁判所之宣告一定檢事要速爲施行第二百六十條 被告人於豫審得免訴宣告或宣告已定雖有變更罪名者但係同一事

件則不更受訴惟別有新發證憑者不在此限其有新發證憑者檢事送之會議局會議局要判決應否再准起訴第二百六十一條必定之會議局所以慎重其事也

第四編公判由豫審判事送到罪案直句喚於裁判所推問辯論而行判決名曰公判公之云者稠人環聽中以公是判決之謂第一章通則訴訟事件要照書記局檔簿所錄之先後次序以爲公判謂若錯亂前後恐訴訟人有幸不幸之差裁判長得將未定拘留日數之案以其職權變更次序謂拘留非若保釋責付之得以自由故期日未決定者裁判長得爲短其日數變換次序又事係重要檢察官及其餘訴訟關係人有所求請亦得變更次序第二百六十二條重罪輕罪違警罪之推問辯論及裁判宣告均要於公衆中行之否則不成爲宣告第二百六十三條是爲治罪要義苟非獨人耳目所屬則嫌有涉於偏私也被告事件有害公安及涉猥褻虧風俗者於裁判所得因檢察官之求請及以其職權於推問辯論時

禁人傍聽至於行裁判宣告應仍照常規許人傍聽第二百六十四條禁人傍聽乃法律變則必由裁判所之命然非裁判長一人所得擅斷故曰於裁判所又非民事原被告所得請求故特係之檢察官被告人在公廷不得束縛身體但有時須置守卒謂被告人在公廷外雖或受鈕索一入公廷必須解釋惟有逃亡躁擾之虞者始付看守被告人合該禁錮以上刑者非有疾病事故而不肯到案得拘致之如該罰金拘留科料者不必拘致或人雖到案不肯辯論則應作爲對審已明直行裁判宣告第二百六十五條被告人因爲辯論得用辯護人此條最爲本法中要旨蓋法廷之嚴肅自生長慍有不能肆辯論盡蘊奥者故不分罪之輕重聽用辯護人以盡其情實辯護人要就裁判所所屬代言人中選用但得裁判所特允者雖非代言人亦得爲之第二百六十六條謂諸裁判所例置代言人熟諳律典不致疏繆然被告親故或有請自爲辯護得其允可者亦不妨許之被告人在公廷暴亂或喧嘩妨礙辯論裁判長再三戒諭仍不聽從者得因檢察官之求請或以其職權飭令退廷或拘留之如前項

卽作爲對審已明不必復爲辯論得行裁判宣告若辯論須涉二日者仍許被告人再出公廷第二百六十七條被告人因精神錯亂或疾病不能出廷者當俟其痊愈暫停辯論若方在辯論之際被告人精神錯亂要待其痊愈另起辯論其有罹他疾者要續其餘論准於五日間停止辯論若檢察官及其餘訴訟關係人有所求請要別起辯論若被告事件及法律定擬一切辯論既畢則痊愈之後不須更爲審查可行裁判宣告第二百六十八條被告人合該禁錮以上刑者雖公判之日不到案然非有豫審終結宣告狀及傳喚狀發付本人之證憑不可遽行闕席裁判雖不到案然所有本條所載之官文書被告人苟未收受未必卽屬逃亡藏匿或因錯誤亦未可知故不得遽行闕席裁判限禁錮以上者義與第二百六十五條第二項同其豫審終結之宣告狀及傳喚狀未能發付本人者謂如豫審若公判之際被告人逃亡之類要定假與期限將期限內苟不到

案應爲闕席裁判之意傳單告知該親屬或戶長第二百六十九條闕席裁判之被告人不許用辯護人但其親屬故舊得證明被告人不能到案事由若裁判所認其事由爲確當得商同檢事延宕裁判之期第二百七十條被告人內一名或數名雖未全到要就其投案者照常規爲對審裁判第二百七十一條裁判長在公廷要諸事嚴肅犯者應有處分本條以下係公廷嚴肅處分有喝采誹謗及其餘妨碍辯論者得禁止之或令退廷第二百七十二條有於公廷患輕罪違警罪者謂如傍聽人詬罵裁判官吏之類苟被告人犯之須并入本案照數罪俱發之例處斷不論何人要以裁判長命拘往商同檢事官直行裁判或行附於他日公判宣告書記要就犯罪事件及裁判長處分卽造文案第二百七十三條如前條在違警罪裁判所卽以違警罪爲終審裁判輕罪爲始審裁判在輕罪裁判所及其餘上等裁判所卽以輕罪爲終審

裁判第二百七十四條謂於裁判所現犯者莫便於即在該所直行裁判所以裁判所管有此變例也有於公廷犯重罪者裁判長要推問被告人及證人造作文案商同檢察官照常規爲裁判行解付豫審判事宣告第二百七十五條因重罪須裁判官五人方合裁判故不得用變例必依常規於裁判所見爲理不受訴之事件不須裁判但於辯論中所發見附帶之事件及於公廷內犯罪者不在此限若附帶事件必須先爲豫審者得暫停本案裁判第二百七十六條因兩案重疊判事難爲審查故姑閣本案檢察官被告人及民事干連人無論始審終審迄於本案裁判宣告之日無論何時得爲裁判非其所管及公訴不合受理之陳訴民事原告人不過有賠償請求之權故不與此件裁判所得以其職權爲裁判非其所管及公訴不合受理之宣告第二百七十三條於裁判所棄却前條不必待本案裁判宣告可直爲控訴及上告而停止本案辯論第二百七十八條一經控訴上告則裁判是非未有所歸宿故姑停辯論

檢察官其餘訴訟關係人認有第二百三十七條所載原由得向違警罪輕罪控訴及重罪各裁判所之裁判官與書記局陳請迴避歷舉各裁判所者所以別大審院惟大審院裁判官不得迴避裁判官爲豫審又干預公判及爲始審裁判又干預終審裁判者亦同第二百七十九條迴避之請迄於本案裁判宣告之日無論何時准其申請有陳請迴避者即延遲本案辯論第二百八十條申請迴避及爲迴避判決照第二百三十八條至第二百四十五條所定規則第二百八十一條若不准迴避要繼續前審停止以後之次序但已經五日停止辯論者要新起辯論新起辯論者義與二百六十八條第二項同其因災變厄難停止訴訟次序者亦同第二百八十二條凡證據可用之豫審者皆可用之公判第二百八十三條裁判長得因檢察官與其餘訴訟關係人之求請及以其職權將豫審中該管官吏所作之文案及驗證文書令

其朗讀謂豫審判事所造文書極爲完全精確故公判之際不復須審覈惟取其文書朗讀足矣上開文書與原被告證人所陳述同一關要第二百八十四條開造文案之司法警察官自檢察官暨其餘訴訟關係人證人皆得傳問或以裁判所之職權而傳問之豫審判事欲令其說明文案自檢察官暨其餘訴訟關係人得因裁判所之職權求其允許而傳問之第二百八十五條謂判事不得由訴人傳喚若文案中有不明則必須裁判所公權或公許方許傳問於豫審時既經推問之證人得復傳喚之謂公判以對面辯論爲本旨與豫審專據文書爲判決者有殊故公廷朗讀之際或令傳到口陳其豫審中所錄之證人陳述書無論證人曾否傳喚抑不服傳喚欲比較其所陳述得因檢察官及其餘訴訟關係人之求請或以裁判長之職權令朗讀之第二百八十六條第百七十八條以下規則亦可用之於公判證人第二百八十七條證人不許互交言語又不許於陳述之前先爲辯論第二百八十八條證人

要循左方次序推問一因檢察官所求請而傳問者二因民事原告人所求請而傳問者三因被告人及民事干連人所求請而傳問者第二百八十九條證人有數名要逐名氏目次推問謂原被告證人次序雖若前條所云而原被證人各有數名則就中亦各依次序但裁判長得因傳問者之意變更次序第二百九十條證人及被告人非裁判長不得推問陪席判事及檢察官得請裁判長推問證人及被告人訴訟關係人得將辯論之最關緊要者向裁判長求推問證人第二百九十一條證人陳述故不以實酌度罪該禁錮以上刑者在裁判所要因檢察官及其餘訴訟關係人所求請或以其職權拘住隨發拘引狀解付豫審判事宣告其證人所陳述要令書記登錄移送豫審判事如本條在裁判所得因檢察官與其餘訴訟關係人所求請及以其職權將本案事件及裁判延期宣告第二百九十二條證人

不服傳問者於裁判所要隨卽商同檢事宣告左項科料罰金但該證人不得有違更爲控訴一係違警罪事件者科料金十錢以上一圓九十五錢以下二係輕罪以上事件者罰金二圓以上十圓以下若被告人闕席雖證人不服傳問不得宣告科料罰金（第二百九十三條）前條宣告狀要書記隨卽發付本人其受宣告者限三日内得證明其不能到案之事由裁判所要商同檢事官註消科料或罰金宣告但在重罪裁判所閉廳之後者要向現開裁判所申訴（第二百九十四條）證人不服傳喚得因檢察官及其餘訴訟關係人所求請及以裁判所職權行公判延期宣告檢察官不躬自請求者要將公判延期之意見陳述（第二百九十五條）證人再受傳喚不到要商同檢察官宣告加倍前額科料罰金及償再次傳喚費用亦得照前條再延公判但延期之後要向

其證人發拘引狀（第二百九十六條）第百九十一條以下規則公判所命鑒定人亦適用之其不服傳喚者要照第二百九十三條規則處分傳喚鑒定人說明前所鑒定事件要照所定證人前數條規則處分（第二百九十七條）被告人係聾啞及不通國語者依第百五十六條第百五十七條規則（第二百九十八條）被告人有數名者要裁判長先出主見又商同檢察官及其餘訴訟關係人意見以定推問次序但裁判長因推驗事實有必須更改者得以職權變易其次序（第二百九十九條）證憑查完之後要檢察官民事原告人被告人並辯護人及民事干連人依次發言（檢察官爲擬律民事原告人爲要償須依次發言）檢察官及其餘訴訟關係人其陳述不得有所阻礙檢察官及其餘訴訟關係人得互爲辯論但於辯論完時要令被告及辯護人申訴（第三百條）檢察官雖廢棄公訴而裁判所可就本

案行其應分裁判（第三百一條謂公訴爲公罪而起者故雖檢察官中間不理裁判所仍不得不識其案是公訴所以殊於私訴也）辯論中就公判次序或生異議裁判所可商同檢察官徑爲判決若有翻控及上告者非經本案裁判宣告後不得輒行（第三百二條）民事干連人無論始審終審及何等時日得干預其訴訟又民事原告人得令民事干連人干預其訴訟若有人起異議不待本案裁判宣告直爲翻控及上告者要待彼裁判所判決未判決時應將本案辯論停止（第三百三條）於裁判所行處刑宣告要依事實及法律明示其確有憑證所以定斷之各理由（謂不特示事實律條又示一切證憑者亦以明裁判公正不涉偏私耳）行免訴宣告亦同（第三百四條）行無罪宣告者要向被告人明示以無犯罪憑證所以無罪之理由（第三百五條謂律文無無罪正條故以證憑不白及無可作證爲斷）裁判所要將公訴裁判與私訴裁判同時宣告私訴審查未精確者得於公訴裁

判後別行其裁判宣告（第三百六條謂如未能定賠償多寡之類）被告人當受處刑宣告要以裁判所職權令全出公訴之裁判費及應出幾分并行宣告受免訴及無罪宣告者公訴裁判費要官自償私訴裁判費依民事規則要理屈者還償（第三百七條）被告人已受宣告不論處刑與否其勒押財產不應沒收者雖本主未經求請要行還付宣告（第三百八條）於本案裁判宣告之上訴期限内有上訴者其上訴未及判決時要停止裁判施行（第三百九條義與第二百五十條同）受禁錮以上處刑宣告者若有逃亡非現卽就捕不得爲上訴（第三百十條）受拘留者爲上訴及求保釋要將其詞狀申送監獄長監獄長納之該管裁判所書記（第三百十一條）訴訟關係人及其代人因非常災變厄難致逾上訴期限若能證明其由得回復既失之權利但已免災變厄難之日於通常期限内要將其證據卽附詞

狀爲上訴第三百十二條書記要將前條詞狀速送交對手人對手人得限三日内納答辯書於上訴之裁判所在會議局要商之檢察官判決其上訴應否受理謂訴訟關係人及代人果否係罹災厄抑係自誤期限皆不得不豫查故與通常上訴直爲受理者殊判決應受理者要令書記將其由通報訴訟關係人照常規行本案裁判判決不合受理者非有他由要即時施行裁判第三百十三條裁判宣告當辯論既畢之後於公廷即日或次日行之其裁判宣告狀要裁判官先作宣告共書記署名捺印裁判宣告狀要登載該管裁判所與年月日及經手檢察官名氏第三百十四條訴訟關係人得用小費求裁判宣告謄本或其鈔本但爲上訴而求者書記要於二十四時内下付第三百十五條於對審裁判行處刑宣告裁判長向其受宣告者應告知如有不服得爲前條之請及控訴與上告之期限若於闕席裁判行處

刑宣告要宣告狀内登載應得再控及其期限若不依常規登載又不告知期限雖逾上訴期限仍不失上訴之權第三百十六條書記要逐件分別開造公判始末文案登載左項條件及其餘一切訴訟次序一公行裁判及禁止傍聽宣告並其事由二推問被告人及其所陳述三證人鑒定人所述及其宣誓或不肯宣誓事由四原被告證據物件五辯論中異議以後所陳告事件及檢察官與其餘訴訟關係人前件意見與裁判所判決六辯論次序及令被告人最後發言第三百十七條公判始末案卷要前條記載之外並開載該管裁判所年月日裁判長陪席判事檢察官及書記名氏辯論涉數日者要將其緣由及是否裁判官一人承審記載謂裁判官若已換人按法須從頭更爲辯論故裁判官之換否大係辯論終結之遲速辯論中須豫備判事代替要將此旨登記檢察官及書記亦同第三百十八條謂事係重罪辯論涉二日以上者置豫備判事爲常法公判始末案卷自裁判宣告限三日内整理要裁判長及書記署名捺印裁判長未署名捺印之先要將公判始末文案檢閱若有意見附記紙尾第三百十九條裁判宣告狀及公判始末案卷正本要該管裁判所書記局保存若有上訴裁判長及書記要將裁判宣告狀及公判始末案卷謄本捺印附入上訴文書第三百二十條謂雖有上訴止以謄本解送恐底本散佚也

日本國志卷二十八

日本國志第八

卷之二十九

出使日本參贊官黃遵憲編纂

刑法志三

第二章違警罪公判在違警罪裁判所所應受理者一書記局從檢察官之求請而發傳喚狀於被告人者二因豫審判事或上等裁判所判決宣告移轉於本管者第三百二十一條上等裁判所謂初認爲輕罪既經審判更認爲違警罪移之本管裁判所之類傳喚狀要具載所傳喚者名氏職業住所到案時日被告事件及得雇用代人等語謂被告事件係違警罪不必本人到案即令代人亦可若不登載被告事件致被告人不及帶同證人到案則公廷告知事件之後爲覓證人及辯護人得求展限二日第三百二十二條傳喚狀解到與投案之間少要假與二日第三百二十三條違警罪裁判官以被告事件須要速決得因檢察官與其餘訴

訟關係人之求請及以其職權於開審之先徑行驗證不必對手人對同第三百二十四條謂違警罪事情輕微不必豫審故事要速決則先公判得爲驗證並驗證亦一豫審也證人之傳喚狀解到與到案之間少要假與二十四時有未受傳喚自行投案於推問之前向書記通名刺者裁判所得聽其證人之所陳述第三百二十五條書記於各事件要唱呼訴訟關係人名氏若有不應唱呼者則待他件裁判之後方裁判其事件第三百二十六條違警罪裁判官承訊被告人可先問其名氏年甲身位職業居處籍貫官吏所造案卷及詞狀要書記朗讀檢察官要將被告事件陳述第三百二十七條檢察官爲原告人於朗讀之後仍陳其要領違警罪裁判官要向被告人推問被告事件招承與否若被告人令代人首服要進其所署名捺印之文憑第三百二十八條被告人自承者不須別舉證憑但裁判所得因檢察官民事原告人之求請及以其

職權令其舉證若不招服要推問原被告證人及其他證憑提驗第三百二十九條檢察官要將適用之法律酌擬陳述民事原告人可將被害之事件證明以要償之旨申請被告人民事干連人及其代人可爲答辯第三百三十條若於刑事則民事干連人及其代人不得爲答辯被告人民事干連人及其代人受傳喚而不到者可聽檢察官及民事原告人之請舉行闕席裁判民事原告人不到案者亦同第三百三十一條闕席裁判宣告狀要因檢察官及其餘訴訟關係人之求請向闕席者暨其居所發付受闕席裁判者欲行翻控自宣告狀解到限三日內要向書記局納詞狀第三百三十二條該管裁判所要先判翻控應否受理若事應受理者書記要將其翻控之由及合行公判時日通報該對手人發付傳喚狀但其解到與到案之間少要假與二日又要將合行公判時日前一日報知翻

控人第三百三十三條受理翻控詞狀要照第三百二十六條迄第三百三十條規則更爲裁判於其時又闕席不到者不得再行翻控第三百三十四條犯罪證據不明者裁判所要行無罪宣告又於第二百二十四條第三項以下事情要行免訴宣告第三百三十五條被告事件係違警罪且證據明白者要從法律行處刑宣告第三百三十六條被告事件係重罪或輕罪要行非其所管宣告將其事件移送輕罪裁判所檢事但得向被告人發拘留狀第三百三十七條謂雖無管理之權而既係輕罪以上不得不權爲拘束以免逃亡受違警罪裁判所裁判宣告得控訴於輕罪裁判所者有三一被告人受拘留宣告者二民事原告人被告人及民事干連人於要償宣告較治安裁判所之終審其金額有超過者三檢察官及其餘訴訟關係人於非管越權擬律錯誤並背裁判規則者第三百三十八條如以私訴裁判先公訴或不公行裁判之類

凡此數項訴訟關係人非係自受損害不得爲控訴將爲控訴者要向原審裁判所書記局納詞狀但其期限於對審裁判付宣告後限三日内於闕席裁判則自宣告狀解到本人及其住所之日限五日内第三百三十九條訴訟一切文書檢察官要移送該管控訴裁判所之書記局若檢察官卽係控訴人或爲對手人要向該管控訴裁判所檢察官陳其意見書第三百四十條該管控訴裁判所要待書記局向訴訟關係人發付傳喚狀後方行裁判傳喚狀解到與到案之間少要假與二日證人傳喚狀解到與到案之間少要假與一日第三百四十一條控訴之對手人迄於受裁判宣告日不論何時得爲附帶控訴但附帶控訴可直於公廷爲之第三百四十二條義與第二百四十九條同控訴事件要照依輕罪裁判所所定規則而行裁判檢察官及其餘訴訟關係人非得裁判長允許不得傳喚新證人及始

審時證人第三百四十三條謂始審時已得證佐事已明白者不再傳喚所以省繁冗除擾累也並非設令禁止之謂受控訴之裁判所可照行原判宣告或將原判取消更行裁判宣告被告人有所控訴不得比原判處刑再行加重謂被告人控訴欲求輕減反加重之則乖許其控訴之原旨由私訴而起之控訴裁判照民事常規辦理第三百四十四條第三百三十一條以下規則於控訴闕席裁判亦得照行第三百四十五條檢察官及其餘訴訟關係人得向違警罪終審裁判之宣告而爲上告第三百四十六條違警罪雖輕然裁判乖法則不得不上告而釐正之

第三章輕罪公判

輕罪裁判所所應受理者一書記局從檢察官之求請而發傳喚狀於被告人者二因豫審判事或輕罪裁判所會議局及上等裁判所判決宣告移轉於本管者第三百四十七條傳喚狀照第三百二十二條第三百二十三條規則第三百四十八條被告事件合該罰金者要於傳喚狀中記明得用代人民

事原告人及干連人均得用代人第三百四十九條證人傳喚狀解到與投案之間少要假與一日第三百五十條第三百二十四條規則輕罪事件未經豫審者亦適用之第三百五十一條謂輕罪事件最輕者有時不經豫審直付公判故爲要豫審者設此條檢察官要經裁判長問明被告人名氏年甲職業居所籍貫後陳述被告事件民事原告人要證明被害事件其有案卷及詞狀者要先令書記朗讀訖聽原被告證人陳述將證據物件示被告人令爲辯解被告人及民事干連人可爲答辯第三百五十二條檢察官要將適用之法律酌擬陳述民事原告人要將要償之意申請被告人及民事干連人得更爲答辯第三百五十三條被告人合該罰金者若照第二百六十九條規則應爲闕席裁判其傳喚期内不到案者亦要爲闕席裁判第三百五十四條第三百三十一條至第三百三十四條係闕席裁判規則此章亦

適用之第三百五十五條被告人於闕席裁判受禁錮刑宣告者迄於期滿免除得爲翻控惟左項所開列者不許一被告人於本案裁判前豫辯訴其事件者謂本案裁判之前被告人已豫行辯訴則被告人所執之理緣已說明雖公判之日闕席不到亦作爲對審看二將裁判宣告狀解付本人者宣告狀已付被告人則彼告人業已知悉應依常規爲控訴期限三被告人知有處刑宣告實有證迹者義與上條同第一項自宣告狀解到日第二第三項自知有宣告日限三日間得爲控訴第三百五十六條本條之意因被告人闕席不到雖經裁判仍慮其或有冤抑故將控訴期限展寬至於期滿免除之日爲止若此三節則闕席裁判仍與對審裁判無殊故控訴期限亦依常規於裁判所有爲驗實本案所必要者要因檢察官其餘訴訟關係人之求請或以其職權傳喚新證人與鑒定人或爲臨驗但爲此處分須照第三編第三章所定規則又案件未經豫審者得令豫審判事就所指示條件審查且發其報告狀第三百五十七條犯罪證據

不明者要於裁判所行無罪宣告又如第二百二十四條第三項以下事情要行免訴宣告如本條事情被告人受拘留者要行放免宣告第三百五十八條被告事件係違警罪要行終審裁判宣告被告人若受拘留要行釋放宣告第三百五十九條被告事件係重罪要行非管宣告若未經豫審卽行解付豫審判事宣告被告人不服拘留者要發拘引狀訴訟文書及證據物件要自檢察官解付豫審判事第三百六十條被告事件既經豫審要行解付該裁判所會議局宣告於會議局要照第二百五十三條第二百五十五條爲審査行將被告人解付該管裁判所宣告第三百六十一條因會議局宣告而受理事件新有發見證憑認爲重罪者要行非管宣告謂會議局雖認爲輕罪輕罪裁判所知爲重罪者不得復還付會議局亦不得裁判故要行非管宣告檢事要向大審院爲請定裁判所所管之訴第三百六十二條如前二

條未經會議局或大審院判決之時得因檢察官之求請及以裁判所職權行將被告人拘住該所監倉宣告又得照第二百十條以下規則聽許保釋第三百六十三條被告事件係輕罪且證憑明白者要照法律行處刑宣告被告人受禁錮刑宣告者保釋責付自屬消滅但於上訴中得更求保釋第三百六十四條謂保釋禁錮以上刑者不待更行宣告自不能保釋責付但在上訴中則裁判未定故得更求之檢察官其餘訴訟關係人得向本裁判所宣告而爲翻控於控訴裁判所者有四一檢察官以爲應無罪免訴而行處刑宣告者又以其處刑宣告認違警罪爲輕罪者二被告人除違警罪宣告外受處刑宣告者三民事原告人被告人及民事干連人於要償宣告較始審裁判所之終審其金額有超過者此及下項義與第三百三十八條第二第三項同四檢察官其餘訴訟關係人以本裁判所爲非管越權擬律錯誤並背

裁判規則者第三百六十五條控訴自裁判宣告限五日內爲之受闕席裁判者迄於期滿免除不論何時得爲控訴但依第三百五十六條限五日內第三百六十六條此所謂五日內者謂闕席裁判之被告人無論何時知有此項裁判卽從知之之日作爲尋常宣告之日苟於五日內不爲控訴者卽失其權向公訴裁判宣告爲控訴而被告人受拘留者檢察官要移之控訴裁判所之監倉第三百六十七條謂控訴係求覆審必要被告人對質故不得不徙置之控訴裁判所所在地方第三百三十九條至第三百四十二條及三百四十四條規則此章亦適用之第三百六十八條於輕罪裁判所檢事爲控訴又於檢事長爲附帶控訴若被告事件係屬重罪要照第二百五十五條規則由會議局行移轉重罪裁判所宣告第三百六十九條謂被告人爲控訴者雖不得加重原判而檢事及檢事長有控訴者不在此例於本管闕席裁判而起翻異者照始審闕席裁判之起翻異者所定規則第三百七十條檢察官其餘訴訟關係人得向

本裁判所終審裁判宣告及控訴裁判所之對審裁判宣告而爲上告第三百七十一條稱對審者所以別闕席裁判

第四章重罪公判

重罪裁判所所應受理者一因豫審判事或輕罪裁判所會議局判決宣告移轉於本管者二因控訴裁判所或大審院判決宣告移轉於本管者第三百七十二條違警罪裁判所輕罪裁判所皆因檢察官之求請而受理此獨無者因重罪裁判所只有送移及定管裁判乃受而理之不由檢察官求請義詳於下條蓋重罪特重其事以檢事長作公訴狀故不係於檢察官求請也移轉重罪裁判所宣告一定要照左所區別作公訴狀於控訴裁判所開重罪裁判所宣告一定要檢事長作公訴狀於始審裁判所開重罪裁判所要檢事作公訴狀或令檢事之兼行該所檢察官職務者造之第三百七十三條公訴狀要開載左項條件一被告事件始末及加重減輕情況二被告人名氏年甲身位職業居所籍貫三豫審時所搜集原被告證據四罪名法律正條及移轉

重罪裁判所宣告概略第三百七十四條公訴狀除移轉本管宣告狀以外不可記載被告人他事第三百七十五條於移轉重罪裁判所宣告狀若於一被告人開載並非附帶之別起重罪檢察官得分別各造公訴狀向裁判長求請令分別爲辯論謂由各起重罪同一恐審查混淆其附帶罪則不須分別作訴狀也裁判長於一公訴狀內開載并非附帶之別起重罪得以其職權令分別爲辯論及將數通公訴狀所載事件同時令爲辯論第三百七十六條書記要於被告人赴審五日以前先將公訴狀謄本交付謂假與五日間光陰令被告人爲辯護之備以其重罪假日較多愼重之意也若被告人有數名要將謄本分別交付第三百七十七條重罪裁判所長及受其委任之陪席判事自公訴狀解到二十四時後要與書記對同將被告事件推問被告人且問其有無辯護人若不具辯護人要以裁判長職權就該所所屬代言人中選

充被告人及代言人不生異議得令代言人一名兼理被告人數名辯護同一事件而被告有數名者用辯護人非經三日後不得卽開辯論第三百七十八條欲令被告人與代言人精細諮詢不敢屈故假與三日光陰辯護人有故被告人申告事由可別行改選若被告人不自改選裁判長要照前條規則選充但改選辯護人又要三日間停止辯論第三百七十九條書記於第三百七十八條所開載要造推問文案照依格式登錄選具辯護人辯論中改選辯護人及停閣辯論要將其事由登錄於公判始末書第三百八十條若無罪宣告雖不具辯護人亦無損於被告者故特於處刑宣告言之不具辯護人而爲辯論者不成爲處刑宣告已起辯論之後雖有違第三百七十七條至第三百七十九條規則者被告人不得生異議第三百八十一條謂恐被告人應言而不言中道起議希圖延捱裁判故設此制限以預防其弊辯護人於第三百七十八條擇定之後得與被告人接見又得

於書記局閱覽一切訴訟文書且鈔寫之詞訟文書不許竊出局外故曰得於書記局閱覽自移轉重罪裁判所宣告日至裁判宣告日除辯護人外不分何人不得與被告人接見但被告人現在之裁判所長允許者不在此限第三百八十二條因檢察官及民事原告人之求請所傳喚證人名氏目錄要於開審一日之先送付被告人因被告人之求請所傳喚證人名氏目錄要同一期限內由書記送付檢察官其因民事所傳喚者送付民事原告人第三百八十三條不豫將證人名氏通知者自非爲參驗事實不得聽其陳述但對手人若無異議亦得聽之第三百八十四條謂裁判長爲事實參驗以其職權聽其陳述者不在此限證人傳喚狀其解付與到案之間少要假與二日第三百八十五條裁判長開廳之日要在公廷當陪席判事檢察官之前將應行開廳之故陳述但不須傳喚被告人第三百八十六條裁判長推度辯論

應需二日以上者得令重罪裁判所同地判事一名爲豫備陪席判事第三百八十七條豫設陪席判事以參辯論雖裁判官中間罹病而不煩更代以省反覆延滯之患也裁判官檢察官及書記各就坐位之後要隨卽起推問及辯論裁判長要先諮問被告人名氏年甲身位職業居所籍貫若其答詞有與豫審中所陳述齟齬不合者然於公訴狀所揭載之被告人並無違誤仍應接續辯論第三百八十八條書記要唱呼所傳喚證人名氏其應名到案之證人要置之別舍臨當陳述依次呼入第三百八十九條裁判長當令書記朗讀公訴狀要向被告人告以潛心詳聽第三百九十條重罪公訴狀尤屬緊要訟庭辯論皆從其朗讀而起被告不得不傾聽而答辯第三百七十四條所云云是也裁判長要待書記朗讀訖乃方始推問被告人被告人將豫審中所招服事件謂非確實並名欲除消要令辯明其事由被告人雖自招服仍不得不爲審案宜第三百九十一條雖經招服然人情萬變或有爲而

庇親故或有故而自誣服者亦復不少要必參究其實方可終結公判裁判長推問已完之後要向被告人告知並出證憑自爲辯解苟有利於被告人可作反證者亦應告知之第三百九十二條謂雖有辯護人而裁判長舉有利被告者以指示之亦其職務之一也裁判長於每一原告證人陳述訖要向被告人質其意見第三百九十三條證人既陳述之後要祇候別舍但由裁判長允其退廷者不在此限陪席判事檢察官被告人及民事原告人得求請再問證人並令與他證人對質裁判長得以職權爲前項處分第三百九十四條謂證人陳述或有所齟齬則不得再命證人或互相對質或重新陳述故雖陳述既畢不許隨意退廷裁判長推度證人當被告人面前有存愛憎畏懾之念不敢吐實者得於陳述時因檢察官民事原告人之求請或以其職權令被告人退出謂公判以面決爲常法然若此條所云亦一時權宜出於不得已者裁判長於證人陳述既畢之後要命被告人再入公廷告知其條件且令申其意

見第三百九十五條裁判長於第三百條所定次序既完之後要將公訴上辯論完結之意宣告第三百九十六條其檢察官求刑原告人要償者更開辯論檢察官及原告人得就辯論中所發見條件求爲豫審若裁判所准其求請要令所開重罪裁判所內判事一名爲豫審且發其報告書第三百五十七條第一項規則本條亦適用之第三百九十七條有辯論完結宣告者檢察官要將適用之法律酌擬陳述被告人及辯護人得以檢察官所見不合者續爲辯論第三百九十八條終前條辯論之後民事原告人要就私訴陳其所請被告人辯護人及民事干連人得爲答辯檢察官要就私訴陳述其意見謂檢察於賠償既非原被告陳其意見特由職務耳故於最終方爲陳述於裁判所得延推私訴辯論之期謂不得伺二裁判如第三百六條第二項所揭者之類但要閉廳以前判決之第三百九十九條謂重罪裁判所不常置故不容不於閉廳之前判決被告事件係重罪且證憑明白

者要照法律行處刑宣告又如第二百二十四條第三項以下事情要行放免宣告且放其人第四百條犯罪證憑不明白者要行無罪宣告且放其人又就原被告要償要照第三百九十九條規則行裁判宣告第四百一條原被告要償謂如第八條及第十六條所云之類辯論中發見他項重罪或輕罪非附帶公訴狀所揭載事件者若有檢察官求請要令重罪裁判所內判事一名爲豫審於本會或次會併入本案一體裁判第四百二條謂非本案附帶者不在裁判所管理權內故須有檢事請求令更爲豫審而後從數罪俱發從重之例檢察官其餘訴訟關係人得向重罪裁判所對審裁判之宣告而爲上告第四百三條重罪裁判爲終審例不許控訴惟許爲上告稱對審者所以別闕席也闕席裁判裁判長要令書記朗讀公訴狀及豫審文書緊要者又須聽原被告證人陳述檢察官可就定擬法律陳其意見而民事原告人要將要償之意申請民事干連人得爲答辯第四

百四條謂干連人不分本犯在不不得免要償之旨故得爲辯論闕席裁判宣告狀要因檢察官其餘訴訟關係人之求請發付本人及其居所第四百五條於闕席裁判處刑宣告非檢察官不得上告謂闕席者之不到案由於自取故不許上告民事原告人及干連人得向私訴裁判宣告爲上告第四百六條在闕席裁判受處刑宣告者迄於期滿免除不論何時得行翻控但已就緝捕卽要限於十日內翻控第四百七條謂闕席裁判既不經本人辯論又不經辯護人幫助非斷不可復動者故本人有翻控之權申陳翻控要於前定闕席裁判之重罪裁判所爲之於重罪裁判所要判決其所翻控應否受理判決所控應行受理者要於本會或次會更爲裁判第四百八條若在闕席裁判重罪裁判所閉廳之後要向其所屬之控訴裁判所爲翻控於控訴裁判所判決應行受理者要照常規行再由本管裁判之宣告第四百九條

第五編大審院職務第一章上告（上告者最終之上訴也謂豫審及公判宣告有違律乖規者乃求破毀釐正苟別有矯正之道不許輒爲上告大抵行於終審裁判者爲多其始審不爲控訴及終審闕席裁判不行翻控者並失上告之權）檢察官及被告人向豫審或公判宣告如左項條件得爲上告一違背法律不受迴避申請者二違背裁判所結構規則者三所行宣告以所管爲非管或以非管爲所管及移轉於裁判所乃爲非管者四違法律而用不得用之規則者或有違法律雖當堂駁辯不肯認許者（謂如合令被告人發言而不令發言直行裁判違第三百條所云之類）五違背法律而受理公訴或不受理者六於法律所定條件不商之檢察官者（若如第百二十八條第百七十六條第百八十三條第百九十四條第二百二十條第二百七十三條第二百九十三條第三百二條所定凡稱以其職權者不在此限）七於裁判所不判決人所請求事件（謂可理則理之不可理則郤之凡有所請求者不容不受）又非合以職權應得判決之事而判決未曾請求事件者（謂違不告不理之本旨）八不公

行裁判宣告及案闕禁止傍聽而不公行推問及辯論者（謂應禁傍聽而不禁傍聽又不公行推問辯論及雖爲傍聽禁止而不公行裁判者亦同如第二百六十四條所云是也）九所宣告不列事實及律條與有所齟齬者（謂如第二百二十八條及第三百四條所云之類）十有擬律錯誤者（謂將輕罪科重罪及擅爲輕重加減之類）十一有越權處分者（第四百十條謂以恐嚇詐僞誘致成招或勸制被告人身體之類）已行免訴及無罪宣告就令有違庇護被告人規則不得爲上告其犯所有誤所管者亦同（第四百十一條謂行免訴無罪宣告既利被告人則不用辯護人雖爲違規然無害於被告人若犯處搜查罪情易爲豫審尤有紛擾與犯質身位之誤所管者大不相同所以有此特例也）民事原告被告人及干連人得向私訴豫審或公判宣告依第四百十條所定條件而爲上告（第四百十二條）上告對手人不分何時迄於大審院判決日均得爲附帶上告大審院檢事長亦得爲附帶上告（第四百十三條）上告以三日爲期限但豫審自宣告狀解付日起算公判自宣告日起算（第四百十

（四條謂豫審不面爲宣告故與公判算法有殊）有向豫審或公判宣告而爲上告者除拘留保釋責付釋放及放免外均停止施行（第四百十五條謂死者不可復生損者不可復補無論宣刑即於豫審亦不得施行）將爲上告者要將其申請狀納於原審裁判所書記局（以上告期限甚短而申請本院往往使訴訟人愆期失權故令之直請於原審裁判所以歸簡易）上告申請狀要自申請時限二十四時內書記送達於對手人（第四百十六條）上告申請人要自申請時限五日內將其上告詞狀納於原審裁判所書記局書記要自收受詞狀時限二十四時內送達於對手人（第四百十七條）對手人要自接受上告詞狀時限五日內將答辯書納於原審裁判所書記局書記要自收受其答辯書時限二十四時內送達於上告申請人（第四百十八條）檢察官所納上告詞狀及答辯書要各造二通一通納之大審院一通付之對手人訴訟關係人向私訴裁判宣告納上告詞狀及答辯

書亦同（第四百十九條）書記於經過前數條所定期限之後要速將訴訟及上告文書納於該管裁判所檢察官檢察官要將其文書限五日內納大審院檢事長且將意見附記檢事長要向院長請求將上告事件登載於刑事局檔簿（第四百二十條）上告申請人及對手人得用代言人（本條所謂上告及對手人專據被告人民事原告人及干連人而言而檢察官不與焉蓋檢察官不分上告對手一有上告檢事長代述其趣旨及爲答辯固無用代言人之理若上告各人多不慣詞訟者恐多費閱辯徒曠時日故令自擇代言人出院是爲大審院要則）受重罪刑宣告而爲上告或檢察官以爲合該重罪刑而爲上告若不自選代言人要以院長職權就該院所屬代言人內選充（第四百二十一條）院長要就刑事局判事中命專任判事一名專任判事要檢閱一切文書造報告狀（謂大審院既不須審查事情推問證人又不須原被對辯特案上告及答辯趣旨判決擬律之當否耳故命專任判事精密審覈）但不須附記其意見（第四百二十二條）上告人及對手人詣專任

判事納報告狀又得經由大審院書記局納辯明狀以闡發其意見謂上告爲終極上訴故許之再三申說以盡情實若專任判事既收報告狀之後所納辯明狀要附於該狀第四百二十三條因辯明狀直納書記局未經判事觀覽故也書記要於開廷之先三日將其時日報知上告及對手人代言人第四百二十四條開廷日要專任判事在公廷朗讀其報告狀檢事長及代言人要各辯明其意見謂檢事官爲上告人則檢事長代之若受處刑宣告者則代言人辯明之於私訴上告要檢事長最後陳其意見第四百二十五條上告人及對手人不用代言人者可直行判決第四百二十六條謂用代言人與否聽其自便但應用而不用者爲自棄其權利故仍爲對審判決若大審院以上告爲無理要行棄卻宣告第四百二十七條若大審院以上告爲有理要將原定豫審及公判之宣告直破毀之將其事件移轉他裁判所但如後數條所開載者不在此限第四百二十八條因擬律錯誤及違背法律而受理公訴

與不受理公訴而破毀原判宣告者不須移其事件要於本院直行裁判宣告第四百二十九條謂如因將犯罪及圖免罪而故殺人者合處死刑誤依刑法第二百九十四條處之無期徒刑又將公訴消滅者誤受理之將未經大赦者誤爲經赦而不受理之類豫審或公判決序雖有違規則而無害於人者不須移其事件僅要破毀其次序第四百三十條謂如豫審處分雖闕書記對同於被告乃無所害及被告人臨公判雖應有迴避而不爲申請乃裁判官自行迴避之類有向豫審及公判宣告內之一類爲上告而不關他類者於大審院要破毀其上告所陳之件照依法律行分別裁判宣告及將其事件移轉於他裁判所第四百三十一條謂一事而有數類宣告中有服而願遵者有不服而上告者其願遵者毋庸議其上告者要分別裁判於大審院破毀原判宣告直行裁判宣告者要令原裁判所及他裁判所施行第四百三十二條謂被告人雖至上告尙勍從原裁判功則令該所施行宣告爲便宜然原判若係重罪其犯所則或有先上告判決而閉廳者故令他裁判所施行亦爲不妨於大審院將破毀事件移轉他裁判所要移於接近

原裁判所之同等裁判所但其事件專係私訴者要移之民事裁判所第四百三十三條謂公訴裁判既定則要償事件不得與刑事相干預經大審院判決所引用法律當認爲確定謂裁判所受其所交事件於法律上不得更其判決受大審院移交之裁判所其所裁判宣告仍得照常規更爲上告第四百三十四條法不當罰而受處刑宣告或法不應重罰而受失入之重刑宣告於期限內不上訴算爲裁判確定者大審院檢事長得因司法卿之命及以其職權無論何時爲非常上告有非常上告要破毀原裁判宣告由大審院直行裁判宣告第四百三十五條如左項檢事長及其餘訴訟關係人得向大審院裁判宣告哀訴於該院至大審院爲上告終極之路於此而認爲非理則控訴更無門可入只得仍就大審院上訴耳故曰哀訴一大審院不照行前條所定式則者二受訴訟關係人所申請條件不爲判決者三同一裁判宣告彼此有相齟齬者第四百三十六條將爲

哀訴者要自裁判宣告日限三日間申請書記局書記要自收受申請書時限三日間解送於對手人對手人限三日內納其答辯書大審院要照上告常規判決哀訴第四百三十七條大審院裁判宣告自宣告三日間又有哀訴者將其判決停止施行第四百三十八條

第二章再審之訴謂既經控訴上告或未經上訴而裁判宣告有害被告者判定之後得求再審爲此訴者既無定期又不分時日再審之訴如左項得因重輕罪處刑宣告爲庇護被告人而爲之但非經裁判決定之後不得行一受人命重罪處刑宣告之後而審爲所殺者其人乃生存或其人於犯罪前死亡證據明白者二同一案情又非共犯而異其處刑宣告者謂與裁判宣告相牴牾二者之中無罪必居其一非共犯云者共犯或有首從之分故也三案發前所造公正證書足證明其人不在所犯之地者公正證書謂官吏在官署所造文案之類四因被告人陷害而受處刑宣告者謂有受陷害者則宣刑之不允亦足證焉如裁

判檢察警察諸官受貨賄及挾怨仇又證人鑑定人陳述詐僞以陷害被告之類五以公正證書證明訴訟文書有僞造及錯誤者第四百三十九條應得爲再審之訴者如左項一宣告處刑裁判所之檢察官二該裁判所所屬控訴裁判所之檢事長三大審院檢事長但要因司法卿命或以職權爲此訴四受處刑宣告者五受處刑宣告者已亡則其親屬亦得爲之第四百四十條再審之訴無論罪刑消滅不分時日均得爲之第四百四十一條謂求再審者原欲糾謬誤洗冤枉無有拘刑期時日之理欲爲再審之訴者要將原裁判宣告謄本及證憑文書附詞狀納之原裁判書記局此與下節係指前開第四第五項人之求再審者原裁判所檢察官要將意見書附其文書納之大審院檢事長原裁判所檢察官及控訴裁判所檢事長欲自爲再審之訴者要照前項章程納其文書第四百四十二條大審院要因檢事長之求請速令專任判事一名爲其審查而發

報告狀第四百四十三條大審院要停閉他案集會刑事局判事全員於會議局依據專任判事報告狀及檢事長意見書而爲判決第四百四十四條謂再審極要鄭重故須判事全員又以停止施刑事關緊要故停閉一切事件先爲判決大審院以再審爲有理要破毀原判宣告再審公訴私訴而將其事件移轉於同等裁判所受移之同等裁判所要照常規爲裁判第四百四十五條謂受其移交者不拘非管要依常規死者親屬爲再審之訴而大審院審爲有理不須將其事件移交他裁判所要直行破毀原判第四百四十六條謂不以死者復爲被告止破毀原判而已其係於私訴者於民事裁判所爲之因再審裁判宣告無罪將前條宣告破毀要爲湔雪將其宣告狀揭示於衆或付之公告第四百四十七條謂揭貼於申明亭公告於新聞紙所收罰金及裁判費皆要還付之

第三章定裁判所管之訴謂裁判所管律有定則雖不容有誤然有時問官迴避及異常事變而親管裁判所不能管理者故設此章以開審判請求之路

凡裁判所不分通常特別行非管宣告或因問官迴避及異常事變本管不能受理訴訟事件者檢察官其餘訴訟關係人得爲定裁判所管之訴大審院檢事長得因司法卿命及以其職權受其所訴第四百四十八條欲爲定裁判所管之訴者要將訴訟文書附其詞狀納之大審院書記局第四百四十九條於大審院要集會刑事局判事五名以上於會議局依據專任判事之報告狀及檢事長之意見書判決定裁判所管之訴而將管理裁判所定示第四百五十條

第四章爲保安或避嫌移轉裁判所管之訴

因罪質身位人員及地方民心其餘重大事情而本管裁判有紛紜危險之恐者得爲保安而將其事件移交他處同等裁判所第四百五十一條謂如罪關國事信從衆多或內黨聯結恐有煽動之類爲保安而移轉裁判所管之訴要大審院檢事長因司法卿命於該院爲之第四百五十二條於大審院會議局要不俟訴訟關係人申請速行判決前條

之訴第四百五十三條因被告人身位地方民心及訴訟情況而該管裁判有不能保持公平之恐者得因嫌疑將其事件移交他處同等裁判所第四百五十四條謂事係貴紳巨族富豪大戶或因其犯罪而被害者多之類因避嫌而移轉裁判所管之訴本管裁判所檢察官其餘訴訟關係人均得爲之謂裁判官不公之疑近接人所易知而非司法卿所親覩所以異於四百五十二條也裁判所於民事原告人有庇護之嫌者亦得爲避嫌而移轉他所然被告人不生異議本案既起辯論則不得爲前項之訴第四百五十五條爲嫌疑而爲移轉裁判所管之訴者要將其詞狀二通納原裁判所書記局書記須速將其一通解送對手人對手人限三日內納答辯書第四百五十六條於大審院要照第四百五十條規則判決前條之訴第四百五十七條有因嫌疑而移轉裁判所管之訴該管裁判所要停止其訴訟次序第四百五十八條

第六編裁判施行復權及特赦第一章裁判施行重罪輕罪違警罪非經裁判決定之後不得施行第四百五十九條由拘留至死刑一經施行則不可自新故必經盡上訴及閱完期限左始爲確定不可變動者 死刑宣告一定檢察官要速將訴訟文書納於司法卿謂死刑非奉司法卿命必不得施行故雖宣告一定仍要呈上文書而待其命論 司法卿有死刑施行之命要限三日內施行第四百六十條 除死刑之外處刑宣告一定要卽日施行第四百六十一條 行刑要因原裁判所之檢察官或自大審院所命之裁判所檢察官指揮而爲之罰金科料裁判費及沒收物件要依檢察官命令狀而徵收之合破毀及廢棄沒收物件亦要檢察官處分第四百六十二條 死刑施行要書記造其始末書照行刑規則與對同官吏俱署名捺印其他行刑詳細條目別立規則定之第四百六十三條 裁判宣告一定該裁判所書記要造已決罪表登載左項條件但大審院所宣

告要行刑裁判所之書記造之一犯人名氏年甲職業居所及籍貫二罪名刑名三再犯四裁判宣告年月日五對審裁判或闕席裁判第四百六十四條 已決罪表要造二通將一通解送司法省一通貯藏其裁判所書記局違警罪已決罪表要造一通貯藏其裁判所書記局第四百六十五條謂非於同一裁判所所管內再犯則不以再犯論故不將罪表送司法省 受處刑宣告者於其宣告有所疑及其施行生異議要於該管裁判所裁決之第四百六十六條謂如宣告中不明示刑之輕重長短之類非該裁判所不得告論 受處刑宣告者逃亡後就捕而該犯以爲誤捉者要解送前日斷罪裁判所以辨認之其裁判所不能認定本犯者得爲驗實參考提質留預此案之裁判官檢察官書記及原被告證人第四百六十七條 如前二條要在公廷令受處刑宣告者申陳及商問檢察官意見始行裁判宣告惟已受宣告後不許上訴第四百六十八條 斷

定賠償及應償訴訟關係人各費與裁判所公費其宣告施行照通常民事規則第四百六十九條 第二章復權復權之請於刑法第六十三條所定期限經過後要受處刑宣告者稟之司法卿求請復權書要本人署名捺印呈之現住地方之始審裁判所檢事第四百七十條 呈請復權書要附左項文件一裁判宣告狀謄本二本刑滿期特赦或證明其爲期滿免除文書三假出監獄及現免監視證書四已繳還賠欵與裁判費用及免其責任證書其免責任謂如夫婦訴訟雖斷令離婚仍責令出贍養之類 五從前及現在住所又有何生計記載之書第四百七十一條 檢事要檢覈該犯品行及其餘要件將意見書附前條文書送之控訴裁判所檢事長第四百七十二條 檢事長要更行檢覈將意見書附求請復權書呈之司法卿第四百七十三條 司法卿檢閱所請復權書認爲可許者要迅速上奏第四百七十四條

因敕裁或司法卿意見不准復權之請要由司法卿行知控訴裁判所檢事長檢事長行知始審裁判所檢事如前項非經過刑法第六十三條所定期限之半數不得更申其請其再爲復權之請者亦照前數條規則第四百七十五條 有復權裁許者要司法卿將其裁許狀飭送於控訴裁判所檢事長檢事長解送於始審裁判所檢事檢事要將裁許狀謄本下付本人又要將裁許狀謄本解送原行處刑宣告之裁判所該裁判所要記註於裁判宣告狀第四百七十六條 第三章特赦特赦於處刑宣告決定之後不論何時得由檢察官及監獄長具述本犯情狀申請於司法卿監獄長申請特赦要經由檢察官但檢察官須附意見書有特赦申請要司法卿將意見書附其文書上奏第四百七十七條謂特赦申請司法卿亦不得可否惟仰上裁所以與復權殊也 司法卿於處刑宣告決定之後不論

何時得爲特赦申請除死刑之外雖有特赦申請仍不停止處刑施行第四百七十八條若不准特赦申請司法卿飭知行處刑宣告之裁判所檢察官第四百七十九條若特赦裁許者要司法卿將特赦狀發交行處刑宣告之裁判所檢察官照第四百七十六條規則第四百八十條

日本國志卷二十九

日本國志第八　卷之三十

出使日本參贊官黃遵憲編纂

刑法志四

刑法第一編總則第一章法例凡罪名分爲三一重罪二輕罪三違警罪第一條以刑輕重定罪輕重違警罪卽其最輕者 法律無正條雖所爲有不合者不得遽行其罰第二條刑法爲一國公法官民所共守未有正條而遽罰之似爲非理然而舊法條例未備不得不別設不應爲一律以備臨時擬議新法既刪此條并明示此語所以防濫縱也 新法未頒以前所犯之罪不得以此法行罰若頒布以前所犯未經判決者比照新舊二法從輕處斷第三條 凡應以海陸軍軍律處斷者不得引用此法第四條軍律有正條者據軍律無正條而常律有正條者據此法擬斷 刑法無正條而別設規則有刑名者則從其規則謂如稅關郵便賣藥等諸規則 若於別法無專條者從此總則第五條 第二章刑例第一節刑名刑總稱主刑附刑主刑必宣告附刑於法有宣告者有不宣告者第六條有宣告主刑則不必別行宣告而卽科附刑者又有必須宣告乃科附刑者 重罪之主刑一死刑二無期徒刑三有期徒刑四無期流刑五有期流刑六重懲役七輕懲役八重禁獄九輕禁獄第七條無期者終身也有期謂歲月有期因罪輕重以定期之長短禁獄卽入獄徒刑懲役以待常事犯流刑禁獄以待國事犯 輕罪之主刑一重禁錮二輕禁錮三罰金第八條禁錮拘置於內地禁錮場也輕重以服役不服役定之不以歲月長短故有輕禁錮而長於重禁錮者重禁錮而短於輕禁錮者罰金謂收金二圓以上者 違警罪之主刑一拘留二科料第九條拘留拘置於拘留所也無服役科料亦罰金惟不及二圓指一圓九十五錢以下者 附刑一剝奪公權凡國民固有權力曰公權剝奪之最爲損聲名喪品行者 二停止公權停止謂限時日停止之 三禁治產其人所有財產不許自治別設管理者攝治之 四監視謂其人主刑滿期後猶監督視察其行止作爲 五罰金同主刑罰金但行此附刑必要宣告 六沒收第十條謂沒收其犯法之物非謂沒收其家產故輕於罰金 用刑及檢束犯罪人別有詳細方法此宜參觀治罪法第十一條 第二節主刑處分

死刑絞行之於獄中照職制所定官吏（謂檢事書記監獄長等）監察其事（第十二條）死刑雖既定非有司法卿之命不得行（第十三條）大祀令節國祭本日停行死刑（第十四條）孕婦定死罪待産後一百日決行（第十五條）死囚遺骸親戚故舊有請者則付之但不許行通常葬禮（第十六條）徒刑不論有期無期發配遠島服役有期徒刑十二年以上十五年以下（第十七條）婦女處徒刑不發配島地置内地懲役場服役（第十八條）徒囚滿六十歲免苦役服體力相當之役（第十九條）流刑不論有期無期幽於島獄不服役有期流刑十二年以上十五年以下（第二十條）無期流囚既過五年行政官得令出獄限在島内居住（行政官謂若監獄長之類奉行政令者稱此所以別於司法官也）有期流囚過三年亦如之（第二十一條）懲役入内地懲役場服役但滿六十歲從第十九條例重懲役九年以上十一年以下輕懲役六年以上八年以下（第二十二條）禁獄入内地獄不服役重禁獄九年以上十一年以下輕禁獄六年以上八年以下（第二十三條）禁錮拘置禁錮場重者服役輕者不服役禁錮刑期不論輕重皆十一日以上五年以下仍就各本條分定長短（第二十四條短期起十一日者長期止一月或二月起一月或二月止一年或二年起一年或二年者止五年爲例）凡服役囚人工錢從監獄規則分之若干以供獄費若干以給囚人但服役不滿一百日者不在給予之限（第二十五條罪囚積歷年歲滿期出場毫無資金以圖生計則往往不免再陷於罪故設此法以示寬典若未滿百日則入獄日淺理不應給）罰金限二圓以上仍就各本條分定多寡（第二十六條多數無限大抵起二圓者止二十圓起三圓者止三十圓起四圓者止四十圓起五圓者止五十圓起十圓者止百圓起二十圓者止二百圓其餘至五百圓者又如僞造貨幣條及諸罰則等不可豫計其數）罰金自裁判決定之日（宣告之後已過控訴上告期限乃爲決定）限一月完納至期未完納則一圓當一日折算易輕禁錮其剩數不滿一圓者亦算一圓換禁錮以罰金者判官不待更判因檢察之求請直命行之但其限期不得過二年（罰金多數無限若以一圓算一日禁錮或至數年恐失輕重權衡故豫爲之限）其禁錮限内若又納金扣除所過日數免減金額親戚代納亦許（第二十七條）拘留拘置拘留所不服役刑期一日以上十日以下仍就各本條分定長短（第二十八條）科料五錢以上一圓九十五錢以下仍就各本條分定多寡（第二十九條多數止於一圓九十五錢惟加重得至二圓四十錢然猶稱科料不稱罰金）科料自裁判決定罪之日起算限十日完納至期未完納照二十七條易以拘留（第三十條）

第三節附刑處分剝奪公權一國民特權（國民所特有權力）二就官之權三得勳章（自第一等至第八等）年金（謂從文武官勳功大小每年定額所賜金）位記（凡十八等敍位必賜之）貴號（皇華士族稱號）恩給（恩給從軍人）之權四許佩外國勳章之權五編入兵籍之權六在審廷爲證人之權但僅係陳述事狀者不在此限七爲後見人（謂因戶主幼少或癡瘋癲等假使管攝家事者）之權但得親屬允許爲其子孫謀者不在此限八爲破産者之管理人或管理會社及管理共有財産之權九爲學校長教官學監之權（第三十一條）處重罪刑者不待宣告剝奪終身公權（第三十二條雖遇特赦免主刑若非別有復權宣告不得免附刑）處禁錮者不待宣告現任官即奪職於刑期内停止公權（第三十三條雖得期滿免除限内猶不得行公權）處輕罪刑而附於監視者不待宣告於刑期内停止公權免主刑而止付監視者亦如之（第三十四條雖得期滿免除附刑監視不在免除之限）處重罪刑者不待宣告於刑期内禁自治家産（第三十五條但免主刑則此刑亦免）流囚出獄行政官得酌寬其治産之禁（第三十六條所謂限島地内居處者酌寬之云并非除禁之謂但酌量減寬不行嚴禁云爾蓋行政官之權僅止於此）處重罪刑者不待宣告約本刑短期之三分一則付於監視（第三十七條如有期徒流刑十二年之三分一即四年重懲役禁獄九年之三分一即三年）附加輕罪之刑付於監視者必應宣告但本條無明文者不得付於監

視第三十八條死刑及無期刑得期滿免除者受宣告而遁逃者經歷歲月不復就捕官亦不復發令逮捕則死刑三十年無期徒流刑二十五年而免其罪名爲期滿免除詳下第七節不待宣告於五年間付於監視第三十九條監視期限自主刑滿期之日起算主刑若期滿免除則自就捕之日起算若其免主刑而止付監視者自裁判決定之日起算第四十條付於監視者行政官因其情狀得酌量假免之第四十一條附刑罰金必行宣告一月內不完納照第二十七條例換輕禁錮待主刑滿期行之第四十二條沒收如下所揭物件必行宣告而收入於官但別法有專條者各從其法

一法律所禁物件謂僞造貨幣諸證券及毒藥度量衡賭博器具等

一犯罪所用物件謂兇器及僞造之器械等

一因犯罪所得物件第四十三條謂贋貨所換眞金賭博所得金錢及收受贓賄等類

法律所禁物件不問何人所有皆籍沒如犯罪所用之物及因犯罪而得之物除係本犯所有或無主物外不得沒收第四

十四條

第四節徵償處分

刑事裁判費科本案全額或幾分於犯人但其費額多寡別設法定之第四十五條裁判審罪要證明事實則不得不用證佐人評價人鑒定人及醫師化學各人費金亦隨而加多謂之裁判費所科費金有多寡者如初認爲重罪鄭重其事多傳證人終歸於輕罪自不應科其全額也犯人雖處刑或赦宥其被害者所請追賠之贓物不得不償第四十六條若數人共犯裁判費及償還費使共犯人連帶辦之第四十七條連帶者同任而非分賠之謂如甲無資財則使乙呈繳費用或甲已死亡亦可使乙償還全額此類皆然裁判費及償還費應待被害者求請第四十八條是治罪法第四條所謂附帶公訴之私訴也因問官不得審判被害者請求以外之事故必待其求請乃審判之於刑事裁判所若贓物在犯人手不待求請直使還付

第五節刑期計算

計算刑期稱一日者以二十四時稱一月者以三十日稱一年者從歷謂一周年一受刑初日不論早晚卽算一日放免之日不算入刑期中第四十九條以滿期之翌日爲准凡刑非裁判決定後必過控訴上告期限不得行第五

十條刑期自宣告刑名之日起算但上訴者從左例一犯人自行上訴者當理則自前判宣告之日起算若不當則更自後判宣告之日起算上訴當理曲在判官不可使上訴者爲之受害若不當則曲在犯人由後計算乃爲允當二檢察官上訴者不論其當不當自前判宣告之日起算當與不當不由犯人故也三上訴中得保釋或責付者其間日數不得算入刑期中第五十一條保釋責付詳治罪法中刑限內逃走再就捕者除逃走間日數通算前後受刑之日第五十二條

第六節假出獄

假出獄是處置悔悟悛改者之恩典卽行政官特權假免其刑使之出獄處重輕罪刑者謹守獄則有悛改之狀則行政官得待其過刑期之四分三假許出獄無期徒刑過十五年亦如之若流囚應照二十一條免其幽獄不在此例第五十三條徒囚雖許假出獄仍使居住島地第五十四條是係行政官假行或有復使入獄之事故限居島地得假出獄者行政官得酌寬其治產之禁但於刑期內仍付特定監視

第五十五條特定監視者通常監視之外所別定者殊爲嚴密例以限其居地不許漫出或禁往某地等類蓋雖得假出仍在刑期內則後日難保不復令入獄故不得與常人同假出獄中再犯重輕罪者直停其出獄而出獄間日數不得算入之刑期中第五十六條例如處重懲役十年者悔悟悛改過刑期之四分三爲七年六个月而得假出獄乃經一年又再犯罪則直止出獄仍令懲役二年六个月通算爲十年刑限內又犯重輕罪者不再許假出獄第五十七條

第七節期滿免除

期滿免除有二曰公訴期滿免除是爲免除刑事之訴者詳治罪法中此項滿期免除乃處刑之期滿免除因經過法律所定期限而免除之也應處刑而遁逃者兼宣告後遁逃者與處刑中遁逃者言之已過法律所定期限則得滿期免除第五十八條遁逃經過十數年歲月而不問其再犯罪則宜認爲悛悔且世人亦漸遺忘其事免之無害於公衆而却爲適於人情主刑得滿期免除定年限如左一死刑三十年二無期徒流刑二十五年三有期徒流刑二十年四重懲役禁獄十五年五輕懲役禁獄十年六禁錮罰金七年七拘留科料一年第五十九條附刑之剝奪公權停止公權付監視者

不得期滿免除但禁錮中之停止公權從於主刑者亦得免除附刑之罰金從主刑者亦得期滿免除與主刑罰金定年限者不同沒收者過五年則得期滿免除但法律所禁物件不在其限第六十條謂如僞造度量衡僞造貨幣僞造藥物及賭博器具等類留之無益犯者而有害世人故不得期滿免除期滿免除年限自逃刑之日起算既就捕而再逃者則自其再逃之日起算受闕席裁判則自宣告之日起算第六十一條凡犯罪待原被對質而後裁判然被告人藏匿不出則不待其出直由原告等請求宣告刑名謂之闕席裁判其法詳治罪法中蓋受對審裁判者宣告後得爲上告乃不爲上告而自行逃走則應自其遁刑之日起算至闕席裁判被告并未就捕無由定上訴期限故自宣告之日起算其逃走後就捕者前日免除年限算爲中斷故再逃走則自其再逃之日起算年限中屢發令逮捕則自其最後發令之日起算第六十二條蓋期滿免除年限自非於其期內安全無事不得如期滿免除若其犯罪較重者官屢發令逮捕則發令之日即爲期滿免除中斷之日至於不再發令乃以最後發令之日爲期滿免除起算之日第八節復權復其所既失公權其法詳治罪法中被剝奪公權者自主刑滿期之日經過五年得因其品行

情狀開復以後公權既過年限認其人爲改過復善則許請求復權由司法卿上奏待朝旨允許但復權不得溯既往如剝奪中年金恩給不能補領主刑得期滿免除者自其監視初日過五年亦如之第六十三條遇大赦而免罪者直許復權因特赦而免罪者非於恩赦狀揭載則不得復凡許復權者監視亦隨而免除第六十四條復權非經朝旨不許第六十五條第三章加減例於法律本刑可以加重減輕者照次條以下諸例加減但不得加至於死第六十六條死刑可減不可加故加重至無期刑而止重罪刑照左等級加減常事犯罪一死刑二無期徒刑三有期徒刑四重懲役五輕懲役第六十七條闕國事重罪刑照左等級加減一死刑二無期流刑三有期流刑四重禁獄五輕禁獄第六十八條當輕懲役而可以減輕者處二年以上五年以下重禁錮爲一等從前二條例宜日減輕懲役處重禁錮爲一等然重禁錮短期有僅止十一日者今減輕懲役處重禁錮最短之期則爲過輕失於權衡故日處二年以上五年以下重禁錮爲一等下文倣此當輕禁獄而可以減輕者處二年以上五年以下輕禁錮爲一等第六十九條當禁錮罰金而可以減輕者減各本條所揭刑期金額四分之一爲一等可以加重者亦加其四分一爲一等輕罪刑不得加入重罪但禁錮得加至七年第七十條從重罪刑例可減入輕罪輕罪可減入違警罪然減入違警罪可也若由輕罪加至重罪甚爲不可故別設此加減四分一例以處之例如本刑係二月以上四年以下重禁錮者自首減一等爲一月十五日以上三年以下再減二等處十日以上一年以下重禁錮又本刑六月以上五年以下重禁錮者再犯加一等爲七月半以上六年三月以下仍以其犯者二人以上加一等宜爲九月以上七年六月以下依此類推加至七年而止若罰金則無此制限減盡禁錮則處拘留減盡罰金則處科料減禁錮罰金短期至十日以下寡數至一圓九十五錢以下亦得處拘留科料第七十一條所減輕之刑長期多數猶在輕罪內而短期寡數既入違警罪內則判官得以權進退之情重者處禁錮罰金情輕者處拘留科料當拘留科料而可以加減者照禁錮罰金例加減其四分一爲一等違警罪刑不得加入輕罪

但拘留得加至十二日而不得減至一日以下科料得加至二圓四十錢而不得減至五錢以下第七十二條科料加重止此以輕罪別有罰金也拘留科料不得減至一日以下五錢以下者刑雖可減不得直行放免也加減禁錮拘留而刑期生奇零不滿一日者則除棄之第七十三條以四分一算之故生奇零附刑罰金從主刑加減其額之四分一爲一等若減盡則止科主刑第七十四條附刑罰金不許減至科料何也蓋減主刑入主刑可也減附刑入主刑不可也又此例不及他項附刑者以其他附刑有不能加減者亦有無須從主刑加減者故也第四章不論罪及宥恕減輕遇威逼強制而力不能抗拒致作非意之事者不論其罪罹天災事變不可逃避之難出於防衛自己及親屬身體者亦如之第七十五條所屬官奉本管上司之命出職事而犯者不論其罪第七十六條謂在其職則不可不從其命如劊手之從檢察官使令刑役囚人巡査之從判官令狀逮捕犯人是也若其非職事所關而聽從他人使令者非在此例無意犯罪而誤犯者不論其罪但法律

別有專條者不在此限謂如第三百十七條以下他則例所定過失殺傷者及不知爲有罪之事而犯者不論其罪罪本應重而犯時不知其重者不得從重論例如不知爲官吏或祖父母父母而毆打殺傷之者仍以凡論亦不得以不知犯律爲無犯罪意第七十七條國民之於法律雖不能悉知然亦爲不可不知者且法律所罪皆不善事也今雖不知法律必知其事之爲善不善而居然犯之故不得爲無罪犯時迷亂精神不辨是非者不論其罪第七十八條是雖特爲瘋癲人而設凡犯時情神錯亂者皆然然平時雖精神迷亂而犯時復常則不得免罪犯時不滿十二歲者不論其罪但滿八歲以上者得因其情狀至滿十六歲時使入懲治場第七十九條是非刑罰也他日再犯罪不得以再犯論國制滿二十歲以上爲丁年以下爲幼年然幼年間又智識體力從年而異不可一視故分爲三期十二歲以下爲第一期十二歲以上十六歲以下爲第二期十六歲以上二十歲以下爲第三期此條記處置第一期幼年法犯時滿十二歲以上未滿十六歲者審案其所行能辨別是非與否果不能辨別則不論其罪但得因其情狀至滿二十歲時使入懲治場若能辨別

是非則酌宥其罪就本刑減二等第八十條此條記處置第二期幼年法犯時滿十六歲以上未滿二十歲者酌宥其罪就本刑減一等第八十一條此條記處置第三期幼年法啞子犯罪者不論其罪但得因其情狀於五年間使入懲治場第八十二條同一廢人而不及聾瞽者何也蓋瞽者自中歲而始聾者亦能辨別是非獨啞子自生時或一二歲耳聾不聞人語故口亦不能言惟目能覩耳是以犯罪亦不得不與第一期幼年者同視犯違警罪自十六歲以上雖二十歲未滿者不得宥恕其罪違警罪刑之最輕者其事雖出於微細而罰之亦輕故雖幼年已滿十六歲以上仍不得宥恕之滿十二歲以上十六歲未滿者宥恕其罪就本刑減一等未滿十二歲及啞子不論其罪第八十三條此節所舉外別有不論罪及宥恕減輕特例者各於本條記之第八十四條例如第三百九十條以下所揭毆傷宥恕不論罪等第二節自首減輕犯罪未發而自首者就本刑減一等但係謀殺故殺者不在自首之例第八十五條其他人已告官及官已深知者無論犯人自首時知與不知亦不及減輕之限犯罪因財

產總稱竊盜及拾得遺失物不還事主及倒產之人藏匿財物等諸罪而自首者已還贓物償損害則自首減等外更減二等通減三等雖不全額償還至半額以上亦減一等第八十六條通減二等犯罪係因財產而自首服於被害者與自首於官同照前二條處斷第八十七條此節所記之外其本條別揭有自首例者各從其例第八十八條第三節酌量減輕總則及各條有宥恕自首諸減輕例其法既備然犯罪情狀千變萬化或有事實可憫者不得不更行減輕而亦不得豫設之制故一任判官所見隨時酌核所以與他減輕例不同不論重輕罪違警罪其所犯情狀可原諒者得酌量以減輕本刑雖在法律可以加減但應行酌量者仍得減輕第八十九條凡可酌量減輕者於本刑減一等或二等第九十條不得減至三等第五章再犯加重再犯有可加重者有不可加重者可加重者如此章所揭是也其不可加重者一初犯無期刑再犯重輕罪二初犯重罪再犯違警罪或初犯違警罪再犯重罪三初犯輕罪再犯重罪四初犯輕罪再犯違警罪五初犯再犯共違警罪而犯時不同一年及犯處不同一所是也前處重罪刑者再犯

重罪則就本刑加一等第九十一條但前處無期刑者無可加重止可因獄則加罰或不許假出獄等耳前處重輕罪刑者再犯輕罪亦就本刑加一等第九十二條初犯輕罪而後犯重罪不加重初犯重罪而後犯輕罪加重何也蓋前刑輕而後刑重雖不別加重處亦足以懲戒若前刑重而後刑輕則既經重刑而猶未悛改非加重何以懲之所以此加等而彼不加等也前處違警罪刑者再犯違警罪則就本刑加一等但非於一年內在同一裁判所管內重犯不以再犯論第九十三條再犯加重非初犯判罪決定後不得論第九十四條雖經宣告刑名苟未經過上訴期限不得作爲處刑人若有於其間復行犯罪者以數罪俱發論刑期內再犯罪而宣告其刑則先服役者次及不服役者若初再犯皆應當服役或皆應當不服役則先其重者先行初犯刑後及再犯刑順也然前刑若輕於後刑則後刑未行前或遇赦典而免刑是因再犯卻免重刑也故不問所犯前後先服後或重者應當罰金科料不論次序各徵收之第九十五條經陸海軍裁判所判決者再犯重輕罪其初犯非照常律處斷者不以再犯論第九十六條雖陸海軍裁

判所判決其初犯據常律處斷者仍以再犯論遇大赦而免罪者雖再犯不以再犯論
第九十七條如特赦期滿免除自首免罪等類皆不得從此例雖三犯以上加重之法同再犯
例第九十八條加一等外不得別加重第六章加減次序因犯罪情狀以加減應
照總則其同時加減者從左開次序以定刑名但從犯與未遂
犯及各條所揭加重減輕卽以其加減之刑爲本刑一再犯加
重二宥恕減輕三自首減輕四酌量減輕第九十九條不定次序則判官隨意先後
恐有從此失權衡者然先加重後減輕亦非無一二爲犯人不幸但大抵屬於寬宥例如無期刑加重不入於死則止從原刑
減輕爲有期刑等例可以見矣第七章數罪俱發犯重輕罪不經論決而二罪
以上俱發從一重者處斷重罪刑以刑期長者爲重刑期相等
則服役者爲重輕罪刑從其所犯情狀最重者處斷第百條輕罪刑有期
長而輕者有期短而重者其處刑多與罰金並行故不得不由情重者擬斷違警罪二罪以上俱發
併科各刑若與重罪或輕罪俱發從一重者第百一條一罪先發已

經論決餘罪後發其輕相等者不論重者更論之通計前刑以
充後數但應當罰金科料已完納者照第二十七條例折算以
通計後刑一圜換一日就後刑期中扣除其所納金額日數止科其剩期若其罪當判決前罪
時未發而後與再犯罪俱發則與再犯罪比較從一重者而不
通算前罪刑第百二條再犯可加重如其俱發之罪重於再犯罪亦可從其重者而通計前刑扣除所經年月或
反有輕於再犯者之刑故不通算數罪俱發雖從一重者其沒收徵償仍從各
本條科之第百三條第八章數人共犯第一節正犯二人以上共犯
罪者皆爲正犯各科其刑第百四條教誘人而使犯重輕罪者亦爲
正犯第百五條教誘或以詐欺或以脅迫或以贈遺或以威權罪皆同等就正犯之身應特加重
者不得施之他正犯從犯及教誘者第百六條例如子毆其父母加凡人例二等而不得
以此例施之他共犯人由犯人多數而應加重者不得通計教誘者以充
其數第百七條例如一人教誘已決囚徒而二人應之通謀逃走若算之爲三人不得不依第百四十五條例各加一等

而不算入教誘者則止照第百四十二條例擬斷不加等如指畫方法以教誘人其應者乖
其教誘及其所指畫之外例如教之毆打人而至殺傷人者或其所現行之事
與教誘者之指畫殊者例如教之竊盜而犯人乘所教爲強盜照左例處斷教誘
者一所犯重於所教誘罪止從其所指畫罪科刑例如教誘爲竊盜而犯者
乃爲強盜處教誘者止於其所指畫竊盜罪二所犯輕於所教誘罪則從其所犯之
罪科刑第百八條例如教誘爲強盜而犯人止竊盜亦處教誘者以竊盜罪第二節從犯凡從犯止重輕
罪不及違警罪知其犯重輕罪而給之用具或誘導指教如爲竊盜者指示事主門
戶及財貨所在等或豫爲準備如爲強姦者誘致婦女於犯所等以幫助正犯使其易
於犯罪者爲從犯於正犯刑減一等犯人現犯罪時爲其耳目手足幫助之者皆爲正犯
不得爲從犯但正犯所行重於從犯所知則止照其所知罪減一等
第百九條若正犯所行輕於從犯所知亦照其所知罪減一等由其人地位應加重者爲從犯
則從其重者減一等例如從犯於正犯刑減一等爲常例然其所犯毆打致死罪在犯人乃爲父母自不

得從尋常從犯例照其重者卽本刑死刑減一等爲無期徒刑雖由正犯之身應減免時其從
犯之刑不得從輕減免第百十條例如正犯竊夫財物雖得免竊盜罪其從犯仍爲竊盜照本刑卽二
月以外四年以內重禁錮減一等爲一月十五日以外三年以內重禁錮第九章未遂犯罪雖謀犯
罪如立意決犯一罪而料其獨力難成與同志議其方法或豫爲準備例如欲犯罪已携凶器懷毒藥或深
夜持鋸鑿近人家之類未發於行事者自非本律別有專條者不科其刑
第百十一條謀犯罪者止發於心而未顯形迹固無端緒可尋至豫爲準備則形迹已顯非不可窮究然其間或恐有威曲
從等事故不得竟科其罪然事關內亂外患所係在國家安危又不得與尋常犯罪同視故亦別揭其條例卽如第百二十五
條第百三十三條是也犯人雖已行其事然意外生妨礙如持刀將殺人而爲旁人所奪
不得斫下或欲竊取財物而爲主人所覺逃去或舛錯如欲殺人已發銃而不中或竊取財物而當日直被奪還而
不遂者於既遂者之刑減一等或二等第百十二條將犯重罪而未
遂者照前條例處斷將犯輕罪而未遂者自非本律別有專條
不得照前條之例處斷將犯違警罪而未遂者不論其罪第百十三

條　第十章親屬例此刑法稱親屬者揭示如左一祖父母父母夫妻二子孫及其配耦配耦者兼男女三兄弟姊妹及其配耦四兄弟姊妹之子及其配耦五父母之兄弟姊妹及其配耦六父母之兄弟姊妹之子七配耦之祖父母父母八配耦之兄弟姊妹及其配耦九配耦之兄弟姊妹之子十配耦之父母之兄弟姊妹第百十四條　稱祖父母者高曾祖父母外祖父母皆同稱父母者繼父母親父母皆同稱子孫者庶子曾元外孫皆同稱兄弟姊妹者異父異母兄弟姊妹皆同律中單曰親屬總稱此條所揭者若特稱某某則不得統稱親屬如第三百七十七條等是也養子於所養親屬亦與親子同例第百十五條日本風俗有女無子者即以贅壻稱爲養子並冒其姓承其宗祀食其世祿源平以後此風盛行養子等於親子因俗施政不得不爾也第二編有關於公益重罪輕罪公益謂其事所關甚大者如國家安危衆民利害是也第一章對皇室罪危害天皇兼太上天皇三后太皇太后皇太后皇后皇太子及

將危害者皆處死刑第百十六條言涉至尊理宜隱諱然總則中既有法律無正條不得行罰之語故豫立之法以防之對天皇三后皇太子爲不敬者如罵詈侮辱誹毀等處三月以上五年以下重禁錮附科二十圓以上二百圓以下罰金對山陵爲不敬者謂毀壞發掘等事亦如之第百十七條　危害皇族者處死刑將危害者處無期徒刑第百十八條　對皇族爲不敬者處二月以上四年以下重禁錮附科十圓以上百圓以下罰金第百十九條　犯此章所揭罪而處輕罪刑者付六月以上二年以下監視第百二十條　第二章關國事罪關係全國安危存亡利害所及極大故雖未遂犯亦科其罪然其事大抵出於憤世憂國之意亦有可憫諒者故亦或寬於常事犯也第一節關國亂罪謀覆政府或僭竊邦土或紊亂朝憲以釀起國亂者從左例處斷一首魁及教唆等處死刑二指揮群衆及主管樞要者處無期流刑其情輕者處有期流刑三資給兵器軍需及管理諸職者處重禁獄其情輕者處輕

禁獄四乘人教唆附和隨行又應使令供襍役者處二年以上五年以下輕禁錮第百二十一條是即數人共犯罪之大者然不用其例別揭此條者蓋由國事犯不可同於常事犯也　欲釀起國亂刼掠兵器彈藥船舶金穀及可供軍用諸物者與亂人同刑第百二十二條　以變亂國政之意謀殺人者雖未至舉兵與亂人同論其教唆者及下手者皆處死刑第百二十三條比之資給兵食附和隨行如第一百二十一條所載者非無小異要其意在變亂國政則亦不得不依例處斷　前三條犯罪在未遂時則科本刑第百二十四條　徵募兵士或收藏兵器具備金穀爲起亂而準備者照第百二十一條例各減一等凡謂照同何條係一條一項者其謂照同何條例係一條內有二項以上者　陰謀起亂而未爲準備者各減二等第百二十五條　雖陰謀起亂或爲準備未舉事前自首於官者免本刑止付六月以上三年以下監視第百二十六條自首減輕例所載專指未發覺前自首者此例則犯人未舉事不問已發覺與未發覺及知之與否皆許免刑何也蓋常事犯成否止一身一家利害至國事犯皆關係公衆

國家安危而其人自首防大害於未萌其爲益實不尠是處刑之所以特異然猶付之監視者未知其果眞悔悟與否故也　知起亂之情而故給與集會處者處二年以上五年以下輕禁錮第百二十七條　乘國亂而對他人之身體財產犯重輕罪者照通常例從重處斷第百二十八條對身體財產罪並詳下條從重惡其乘亂也　第二節有關外患罪背本國潛從外國比之國亂罪可惡尤甚然徵之古今史乘其犯罪多因攻事故亦列於此爲國事犯之一與外敵抗本國或內外交戰中凡謂交戰不專指戰時總稱兩國失和既宣戰令以後抗我同盟國同盟國是非謂平時和親結約之國謂其戰時聯絡協力者及背叛而屬敵者並兼未抗本國者而言處死刑第百二十九條　交戰中誘敵人入我管內或以我國及同盟國之都府城寨兵器彈藥船艦暨其他可供軍用之土地家屋物品交付外敵者亦處死刑第百三十條　漏洩我國及同盟國軍機密情於敵或通知屯兵要處道路險夷者處無期流刑誘導敵人間諜入我管內或藏匿者亦如之第百三十一條　奉陸海軍之命供給

物品及工作於交戰之際通謀敵國或受其賂遺違背命令以致軍備缺乏者處有期流刑第百三十二條私與外國不問敵國與同盟國開戰端者處有期流刑其止為準備猶未開戰者減一等或二等第百三十三條當外國爭戰時我國布告局外中立之令而違背其布告者如將兵器彈藥等物賣於外國者處六月以上三年以下輕禁錮附科十圓以上百圓以下罰金第百三十四條凡犯此章所揭罪處輕罪刑者兼稱原係重罪刑而宥恕減輕為輕罪者付六月以上二年以下監視第百三十五條第三章害靜謐罪謂妨害人民安靜以下係常事犯罪第一節兇徒聚衆罪兇徒聚衆共謀暴舉官吏已說諭仍不解散者首魁及教唆者處三月以上三年以下重禁錮附和隨行者處二圓以上五圓以下罰金第百三十六條雖至暴舉如服從官吏說諭即行解散則不論其罪兇徒嘯聚多衆喧鬧官廳強迫官吏或騷擾村市及為暴行者首魁及教唆者處重懲役相從

煽動以助勢者處輕懲役其情輕者減一等附和隨行者處二圓以上二十圓以下罰金第百三十七條乘暴行之際殺人或燒毀家屋船舶倉庫等其下手者及放火者處死刑首魁及教唆者知情而不禁制亦如之第百三十八條如毆打創傷逮捕脅迫毀壞家屋物品者等皆止以暴行論不別罰其罪第二節妨害官吏職務罪當官吏奉職行法及施行官司令命而暴行脅迫出身抗拒者處四月以上四年以下重禁錮附科五圓以上五十圓以下罰金縱令官吏所行或越職或誤舉亦不許免罪蓋奉行官吏只從上官使命故不能以越職或誤舉責之其人也暴行脅迫使官吏強為其不可為之事者罪亦如之第百三十九條例如強迫計吏違期給祿強迫獄吏釋放罪囚之類犯前條罪因而毆傷官吏者照毆打創傷各本條加一等從重處斷第百四十條例如毆傷人二十四日間致罹疾病者照第百三十一條例更加一等處一年三月以上三年九月以下重禁錮而比之前條反為從輕故聲明從重處斷謂比較兩例從其重也對官吏職事直以言貌侮辱者例如判官聽斷

時訴訟者或旁聽人對判官罵詈等類處一月以上一年以下重禁錮附科五圓以上五十圓以下罰金其以書畫刊行其事或登場演說其事對衆人以行侮辱者罪亦如之第百四十一條第三節囚徒逃走及藏匿罪人罪雖只關囚人及藏匿者一身之事然使罪囚得以免罪則多害良民故亦以為關公衆罪之一囚徒已決後逃走者處一月以上六月以下重禁錮若毀壞獄舍獄具如連鎖檻車等或暴行脅迫以逃走者處三月以上三年以下重禁錮第百四十二條此條係專指有期刑囚徒若無期流刑而逃走者原刑重於禁錮不用此例無期徒刑止從獄則加罰且不許假出獄耳已決囚徒雖犯逃走罪不以再犯論其刑期內再逃走者以再犯論第百四十三條刑期內逃走依總則宜為再犯不以再犯論者以其身帶有原刑科逃走罪已足示懲故不以犯他罪者同例然至其科逃走罪刑期內再逃走則亦不得不以再犯論也未決囚徒入監中逃走者同第百四十二條例但至其判決原犯罪時照數罪俱發例處斷第百四十四條若原犯係無罪止科逃走罪囚徒止稱囚徒兼已決未決三人以上

通謀逃走者照第百四十二條例各加一等第百四十五條欲令囚徒逃走而指教其法或給與兇器及他用器者處三月以上三年以下重禁錮附科二圓以上二十圓以下罰金因令逃走者加一等第百四十六條刼奪囚徒或以暴行脅迫助囚徒逃走者處一年以上五年以下重禁錮附科五圓以上五十圓以下罰金若其囚徒係重罪刑者則處輕懲役第百四十七條看守罪囚或護送中故令逃走者亦同前條例第百四十八條犯前數條所揭輕罪而未遂者照未遂犯罪例處斷第百四十九條是所謂總則外別揭專條者詳第百十三條看守或護送中因懈怠故不覺罪囚逃走者處二圓以上二十圓以下罰金若其囚徒係重罪刑者處三圓以上三十圓以下罰金第百五十條雖處重罪刑者如其未決仍依前項處斷知其為犯罪人罪迹發覺未就捕者或逃走囚徒既就捕而未決或已決者及被監視者本刑滿期或免刑者而藏匿隱避之者處十一

日以上一年以下輕禁錮附科二圓以上三十圓以下罰金若其囚徒係重罪刑者加一等第百五十一條欲圖免罪隱蔽其可爲證左物件者處十一日以上六月以下輕禁錮附科二圓以上二十圓以下罰金第百五十二條犯前二條罪者係犯人親屬不論其罪第百五十三條第四節遁附刑罪被剝奪公權或被停止者私行其權處一月以上一年以下重禁錮附科二圓以上十圓以下罰金第百五十四條處主刑而逃走者其刑僅止一月以上六月以下重禁錮而遁附刑者反處一月以上一年以下殆如失輕重者然附刑易犯而防之甚難且其詐僞之情亦不與尋常逃走有可憐憫者比故其刑亦不得不重於彼付監視者背違其則例如乘夜私出擅移居處等類處十五日以上六月以下重禁錮第百五十五條前二條罪非刑期內再犯不以再犯論第百五十六條此條律意與第百四十三條同第五節私造軍用銃砲彈藥及私藏罪不由官命官許而製造可供陸海軍用之銃砲彈藥及爆烈性物品者如地雷水雷等處

二月以上二年以下重禁錮附科二十圓以上二百圓以下罰金其輸入者亦如之輸入謂由他國購買輸入於本國私販賣前項所揭物品者處一月以上一年以下重禁錮附科十圓以上百圓以下罰金第百五十七條此二項皆不問其所以製造止就跡斷之耳若明知其志在謀亂則照第百二十五條第百三十條等處斷雖犯前條罪其人係職工雇人止供正犯使令者各照本刑減二等第百五十八條欲犯前二條罪而未遂者照未遂犯罪例處斷第百五十九條前二條皆輕罪刑故從例別揭此條私藏統稱已有與受托於人借貸於人而言第百五十七條所揭物品者處二圓以上二十圓以下罰金第百六十條製造第百五十七條所揭物品之器械獨可供其用者謂製造他物所不堪用與不須用者製造銃砲等物已有明禁故亦視爲法律所禁之物不論何人所有悉行沒收第百六十一條是特例即總則中所謂別揭者也第六節妨害通行音信罪通行即車船橋梁人所通行之類音信即郵書電信也毀壞道路橋梁河溝港埠以妨害通行者處二月

以上二年以下重禁錮附科三圓以上三十圓以下罰金第百六十二條僞計威力以妨礙郵信或阻止者罪亦同前條第百六十三條毀壞電信器械柱木或切斷條綫以致電氣不通者處三月以上三年以下重禁錮附科五圓以上五十圓以下罰金雖毀壞器械柱木條綫妨害電信而未至不通者減一等第百六十四條此條及第百七十條外凡關電信犯者總依電信條例欲妨礙滊車通行毀壞鐵道及標識或障礙致危險者處重懲役第百六十五條此條及第百七十條外凡關鐵道犯者總依鐵道條例欲妨礙船舶通行毀壞燈臺浮標及保安航海標識或點揭僞造標識者亦同前條第百六十六條凡於前數條所揭罪自第百六十二條至第百六十六條官吏及雇人職工自犯者各照本刑加一等第百六十七條犯第百六十二條罪因而殺傷人者照毆打創傷各本條從重處斷第百六十八條雖非故意殺傷然實因毀壞道路橋梁而至有此事是不得爲過失殺傷亦不得爲故殺傷故以毆打創傷論之犯

第百六十五條及百六十六條罪因而顚覆滊車覆沒船舶者處無期徒刑致人死者處死刑第百六十九條雖官吏及雇人職工犯之亦不別加重處此節所揭罪若在關國亂等犯者依各本例處斷不用此例欲犯此節所揭輕罪而未遂者照未遂犯罪例處斷第百七十條第七節侵他人居處罪白晝無故而入他人居宅或入有人看守之屋舍者如官署學校等處十一日以上六月以下重禁錮若如左所記者加一等犯一項或俱犯二項三項亦止加一等耳不與第三百七十九條特稱每犯一項加一等之文相同一踰越壞損門戶牆壁或啟鎖鑰而入者二携帶兇器及可供犯罪器具而入者三暴行而入者四二人以上共入者第百七十一條夜間無故而入他人之宅或入有人看守之屋舍者處一月以上一年以下重禁錮若如前條所揭而加重非爲者加一等第百七十二條無故而入皇居禁苑離宮行在所及山陵內者照前二條例各加一等第百七十三條第八節棄毀

官署鈐印罪棄毀官令所緘封屋宅倉庫及他物品鈐印者例如官封倒產者之家屋倉庫及可爲犯罪證佐之書冊物件及犯罪人之器具記印等處二月以上二年以下重禁錮若看守人自犯者加一等第百七十四條棄毀官鈐印盜取物品或毀壞者照盜罪毀壞各本條從重處斷第百七十五條看守人因懈怠故不覺犯者棄毀官鈐印或被盜毀壞物品者處二圓以上二十圓以下罰金第百七十六條第九節扞拒公務罪官吏職務及工商等奉命所爲之業暨人民義所當爲之事總謂之公務陸海軍將校遇官司有可請出兵之權者有事請其出兵府縣廳及檢事局等遇其管內起亂或聚衆者則得乞陸海軍出援以征討鎮定無故而不肯者處二月以上二年以下輕禁錮附科五圓以上五十圓以下罰金第百七十七條當陸海軍徵兵應編入兵隊之人毀傷身體假裝疾病以圖免役者處一月以上一年以下重禁錮附科三圓以上三十圓以下罰金此二條似關軍律然要求出兵者係行政司法職不係軍

職至應徵之兵所犯係屬出役以前之事故揭之常律也若囑託他人令詐稱名氏代應徵募者照第二百三十一條例處斷第百七十八條醫師化學士等受官命以其職業解剖分析鑑定例如加毒殺人不知其原因判官命醫士解剖死體命化學者分析毒品或不知品物眞僞傳喚業此之人鑑定等類無故而不肯者處四圓以上十圓以下罰金第百七十九條裁判廳命爲證人知其所訴事實者或判官原被告認爲知其事實者等陳述證左無故而不肯者亦同前條第百八十條當傳染病流行之際若船舶中疑有此病入港之際醫師受命檢驗病客或行消滅法無故而不肯者處五圓以上五十圓以下罰金獸畜傳染病流行之際獸醫犯此條者減一等第百八十一條第四章害信用之罪第一節僞造貨幣罪僞造國內通用金銀貨及楮幣行使者處無期徒刑如古金銀非當今所通用其僞造者以詐僞取財論若改造行使者處輕懲役第百八十二條如剪削金銀貨或將楮幣挑挖描改等事僞造國內所通用外國金銀貨行

使者處有期徒刑若改造行使者處二年以上五年以下重禁錮第百八十三條僞造官許發行紙幣兼外國銀行紙幣如方今橫濱所發行洋銀券等或改造行使者從內外國之別照前二條例處斷第百八十四條僞造國內通用銅貨行使者處輕懲役若改造行使者處一年以上三年以下重禁錮第百八十五條前數條所揭僞造改造貨幣已成未行使者各照本刑減一等其未成者減二等若豫備僞造之器械而未造者各減三等第百八十六條是總則所謂別揭刑例者知僞造改造之情而被雇作工者照前數條所揭正犯所受刑各減一等若照總則宜共爲正犯然其刑過重恐權衡失當故此條別揭刑例下皆準此若帮助職工供其穠役者照職工之刑減一等或二等第百八十七條知僞造改造之情而給貸房室者照僞造改造本刑減二等第百八十八條以僞造改造貨幣於外國製造者輸入國內者與僞造改造同刑第百八十九條未用者同第百八十六條知僞造改造之

情而受其貨幣行使者照僞造改造行使者之刑各減二等其未行使者各減三等第百九十條犯前數條所揭罪處輕罪刑者付六月以上二年以下監視第百九十一條是亦總則所謂別揭者僞造改造貨幣及輸入收受者未行使前自首於官免本刑付六月以上三年以下監視是亦總則所謂別揭自首例者意同第百二十六條若職工穠役及給貸房室者未行使之前自首者免本刑第百九十二條不付監視收受貨幣之後知其爲僞造改造而行使者處其價額二倍罰金但不得降至二圓以下第百九十三條即行使價額不過數錢亦科二圓罰金第二節僞造官印罪兼御璽國璽及印影記號僞造御璽國璽使用者處無期徒刑第百九十四條僞造各官署印記何官何某者亦同使用者處重懲役第百九十五條僞造所捺土產商品等官印記號而使用者處輕懲役僞造所捺書籍什具等官印記號而使用者處一年以上三年以下重禁錮第百九十六條此條係土官物

言其私物㨾官印者亦同盜用御璽國璽官印記號印信影蹟者照前數條
所揭僞造刑各減一等第百九十七條其監守盜用者不得減等僞造改造官所發
行各印紙界紙印紙以極精之紙刻花草禽魚如方印形有例須貼用印紙者必貼之以爲信即如證券印紙
烟草印紙毒藥劇藥印紙須照印紙之類界紙者畫紙爲欄分行如郢其文書不能將印紙貼用者乃合書之界紙即如證券
界紙訴訟用界紙之類及郵便券貼郵書印紙爲郵便券若知其情而使用者處一
年以上五年以下重禁錮附科五圓以上五十圓以下罰金第百
九十八條是皆輕罪故不分僞造改造與受而行使者若其多寡長短一由判官臨時處斷再用先已貼用
之各印紙郵便券者處二圓以上二十圓以下罰金第百九十九條欲
犯此節所揭輕罪而未遂者照未遂犯罪例處斷第二百條是關人民信用
者雖未遂不得付之不問故別揭此條犯此節所揭罪處輕罪刑者付六月以上
二年以下監視第二百一條是亦依總則別揭者第三節僞造官文書罪謂詔書官
署文書公債證書地券等僞造詔書或增減變換者不待行使處無期徒刑其毀

棄詔書者不問全書與一半罪亦同第二百二條僞造官文書或增減變換
而行使者處輕懲役其毀棄官文書者罪亦同第二百三條僞造公
債證書官發於民之債券謂之公債證書即如新舊公債證書秩祿公債證書金祿公債證書等地券及官
司所用執照或增減變換而行使者處輕懲役若其證書係無
記名者即不記所主之氏名者如起業公債證書等是也加一等第二百四條既無一定主名所用殊廣故
僞造增減被害不貲而察出亦難所以加重也官吏僞造其所管文書或增減變換而
行使者照前二條例各加一等其毀棄文書者罪亦同第二百五條
因僞造官文書而併僞官印或盜用者照僞造官印各本條從
重處斷第二百六條犯此節所揭罪因減輕而處輕罪刑者付六月
以上二年以下監視第二百七條此節所揭皆重罪故減等而始爲輕罪第四節僞造私
印私書罪是對官印官文書而言即謂人民所用印信文券等僞造他人私印而使用者
處六月以上五年以下重禁錮附科五圓以上五十圓以下罰

金人民緊要文書必捺印以爲證左故僞造印爲害不貲然雖屬僞造而猶未使用未可爲罪必已冒他人氏名捺用行
使始爲有罪所以與僞造官印雖未行使即爲有罪者異也若盜用他人印影者減一等第二
百八條僞造交引交引猶古言交子今言匯票或署名背面可以賣買文書甲欲
賣文券於乙記其賣與之事於券之背面而乙亦記其自甲買得如此則其券可以遞轉附人及可以交換金
銀契證或增減變換者處輕懲役其僞署文契關書背面以行
使者罪亦同第二百九條僞造賣買借貸贈遺交換及關於義務權
利諸文契或增減變換而行使者處四月以上四年以下重禁
錮附科四圓以上四十圓以下罰金其僞造他項私書如手簡領票等
或增減變換而行使者處一月以上一年以下重禁錮附科二
圓以上二十圓以下罰金第二百十條此條所揭皆民間緊要文券比前條更有重者然其券皆本
主所有轉移他人者甚少而前條所載直可與金銀交換賣買則詐僞易爲害衆亦大所以前條特重而此較輕也欲犯
此節所揭輕罪而未遂者照未遂犯罪例處斷第二百十一條同第百四十九

條等犯此節所揭罪處輕罪刑者付六月以上二年以下監視第二
百十二條同第百二十條等第五節僞造準照準牌凡職業得特許或允許始得營爲者官必附以
準照或準牌準照即允許狀如版權允許狀航海允許狀醫術開業允許狀等是也準牌即烙印木牌世謂之鑑
札如醸酒營業鑑札牛馬賣買鑑札俳優藝娼妓鑑札等是也及病患證狀罪種痘或傳染病要醫師保證者
必自醫師出書以證其眞僞輕重謂之病患證狀僞造官準照或準牌行使者處一月
以上一年以下重禁錮附科四圓以上四十圓以下罰金但其
僞造官印或盜用者照僞造官印各本條處斷第二百十三條詐稱籍
貫謂其門籍所屬府縣國郡村驛地位人身本分地位即謂華士族平民戶主非戶主等之別氏名或詐
爲詭譎以得準照準牌者處十五日以上六月以下重禁錮附
科二圓以上二十圓以下罰金未得者依第二百三十一條處斷該管官吏知
情而下附準照準牌者加一等第二百十四條欲避公務詐冒醫師氏
名僞造病患證狀而行使者不問自爲與爲人皆處一月以上

六年以下重禁錮附科三圓以上三十圓以下罰金其非避公務而僅圖自利者不在此條例限醫師受囑託造僞證者加一等第二百十五條但囑託人未行使不問其罪欲免陸海軍徵募僞造病患證狀而行使者及醫師受囑託造僞證者照前條例各加一等第二百十六條止假粧疾病而不僞造證狀者依第百七十八條增減變換準照準牌及病患證狀而行使者亦同僞造刑第二百十七條

日本國志卷三十

日本國志第八　卷之三十一

出使日本參贊官黃遵憲編纂

刑法志五

第六節僞證罪凡民事刑事商事各裁判廳所命證人必先依治罪法誓明其所陳述出於公正乃所陳述反背誓言變亂黑白使官民兩受其害是不得不罪之也爲刑事證人被傳喚上審廳而曲庇被告人即犯罪人掩蔽事實以詐證者照左例處斷一欲曲庇重罪而僞證者處二月以上二年以下重禁錮附科四圓以上四十圓以下罰金二欲曲庇輕罪而僞證者處一月以上一年以下重禁錮附科二圓以上二十圓以下罰金三欲曲庇違警罪而僞證者依違警罪本條即第四百二十五條末項處斷第二百十八條其僞證免應得之刑則照僞證例各加一等第二百十九條欲陷害被告人而詐證者照左例處斷一欲陷人重罪而僞證者處二年以上五年以下重禁錮附科十圓以上五十圓以下罰金二欲陷人輕罪而僞證者處六月以上二年以下重禁錮附科四圓以上四十圓以下罰金三欲陷人違警罪而僞證者處一月以上三月以下重禁錮附科二圓以上十圓以下罰金第二百二十條欲曲庇者使其幸成亦不過使判官審斷不當耳至於陷害則其計得施不特使審斷不當又使罪人含冤茹枉其所受處分亦不可追償其爲害殊甚所以特重此罪也至被告人因僞證受刑後發覺僞證罪應反坐僞證者以其刑若反坐刑輕於前條僞證刑照前條例處斷例如陷人於違警罪處五月重禁錮若反坐其僞證者於同刑則反輕於前條欲陷人於輕罪者故仍依前條處六月以上二年以下重禁錮附科四圓以上四十圓以下罰金被告刑期內發覺僞證罪得照經過日數減反坐刑期例如被告受十五年有期徒刑既經過九年則反坐刑不坐十五年亦得照其所經過日數即爲九年重懲役但不得減降於前條僞證刑第二百二十一條被告人因僞證處死刑是指僞證人無欲陷於死刑之意而至死者則反坐刑減一等未行刑

前發覺者減二等欲致被告人死而僞證者反坐死刑未行刑前發覺者減一等第二百二十二條關民事商事凡民間事係繼嗣婚姻契約等者爲民事係商業者爲商事當行政裁判而僞證者處一月以上一年以下重禁錮附科五圓以上五十圓以下罰金第二百二十三條是刑不分曲庇與陷害何蓋民商事等本原被告相對利於此則害於彼勢不得分故與刑事異刑欲令爲鑒識通事而傳喚於審廳者若欺詐陳說照前數條僞證例處斷第二百二十四條賄賂或行其他方法如詐欺脅迫結約等以囑托人爲僞證或令鑒識通事爲詐欺者罪亦同僞證例第二百二十五條犯此節所揭罪者於未裁判宣告前而自首者免本刑第二百二十六條是總則所謂別揭自首例者第七節僞造度量衡罪僞造度量衡或改造販賣者處二年以上五年以下重禁錮附科十圓以上五十圓以下罰金止僞造改造而未販賣者非此條所問若僞造官司記章印信或盜用者照僞造官印各本條從重處斷

第二百二十七條知僞造改造之情而販賣其度量衡者依前條減一等第二百二十八條商賈農工私自增減其度量衡者處一月以上三月以下重禁錮附科二圓以上二十圓以下罰金若使用其度量衡而得利者以詐欺取財論第二百二十九條受人囑托僞造度量衡或改造者照其囑托人所受刑各減一等第二百三十條第八節詐稱身地位罪卽人身本分地位詳第二百十四條但此節地位兼言貫籍氏名年甲職業官位服章等對官詐稱不論以言語與文書貫籍地位氏名年甲職業者處二圓以上二十圓以下罰金第二百三十一條詐稱官職位階僭用官服飾官吏大禮服軍將等正服徽章菊花章或內外國勳章者處十五日以上二月以下輕禁錮附科二圓以上二十圓以下罰金第二百三十二條第九節僞造公選投票罪例如府縣會郡區會議員等公選之日謀己或朋友親戚中選僞造投票或增減彼此員數等僞造公選投票或增減其數者處一月以上一年以下輕禁錮附科二圓以上二十圓以下罰金第二百三十三條此罪關國故不與他常事犯同故處刑亦比國事犯行賄賂令投票及受賄賂投票者處二月以上二年以下輕禁錮附科三圓以上三十圓以下罰金第二百三十四條賄賂行之害所及廣矣故其刑重於前條但其不以賄賂不受賄賂者非此條所問撿視投票及算其數者若僞造其投票或增減之處六月以上三年以下輕禁錮附科四圓以上四十圓以下罰金第二百三十五條作甲乙簿報告投票結案者甲乙簿者投票既畢彙聚而點核多寡票最多者爲甲其次爲乙增減其數或區畫涉於詐僞處一年以上五年以下輕禁錮附科五圓以上五十圓以下罰金第二百三十六條甲乙簿已成其餘投票總廢棄是公選中最緊要事故增減詐爲之者刑更重於前數條罪第五章害養生道罪是謂關全國人民養生者如止關一人或數人揭之於第三編第一節關阿片烟罪輸入阿片烟及製造或販賣者處有期徒刑第二百三十七條輸入吸阿片烟器具及製造或販賣者處輕懲役第二百三十八條稅關

官吏知情而輸入阿片烟及其器具者照前二條刑各加一等第二百三十九條給貸可吸阿片烟房舍以圖利者處輕懲役其非以圖利者照次條吸阿片烟者從犯處斷引誘人吸阿片烟者罪亦同第二百四十條與阿片烟令受者吸之罪亦同吸阿片烟者處二年以上三年以下重禁錮第二百四十一條私有阿片烟及器具或受寄者處一月以上一年以下重禁錮第二百四十二條第二節污穢飲水罪供飲淨水因污穢致不能用者處十一日以上一月以下重禁錮附科二圓以上五圓以下罰金第二百四十三條投入傷生物以變水質或致腐敗者處一月以上一年以下重禁錮附科三圓以上三十圓以下罰金第二百四十四條若由其所業僞注其所用品渣滓偶然至變水質者別有規則處斷犯前條罪因致人疾病或死者照毆打創傷各本條從重處斷第二百四十五條其事若出於故意毒殺依第二百九十三條處斷第三節關傳染病豫防規則罪船舶入港者違背豫防傳

染病規則上陸或搬輸物品於陸地處一月以上一年以下輕禁錮或處十圓以上百圓以下罰金第二百四十六條船客多日航海入港輒欲上陸是人之常情非別有破廉損恥之行故或處輕禁錮或處罰金總任判官所見耳若犯人原非故意違犯實因風波等事不得已上陸亦不得加之以罰船長自犯前條罪及知有人犯而不制止者於前條刑加一等第二百四十七條當傳染病流行時違背豫防規則由流行地方出往他處者處十五日以上六月以下輕禁錮或處十圓以上百圓以下罰金第二百四十八條其他違背豫防規則者總依第四編違警罪規則當獸畜傳染病流行時違背豫防規則送出其獸畜於他處者處十一日以上二月以下輕禁錮或處五圓以上五十圓以下罰金第二百四十九條第四節關危害品如火藥硝石石油等一切有破裂性者傷生物如煤氣製藥製革等凡有惡臭毒氣者製造規則罪別有此規則不得官准創建危害品製造所者處二十圓以上二百圓以下罰金若其創建傷生物製

造所者處十圓以上百圓以下罰金第二百五十條雖得官准創建前條所揭製造所其違背豫防危害保護康健規則者別有此規則照前條例各減一等第二百五十一條非前條所謂製造人而犯之者依第四編第四百二十五條第四百二十六條處斷犯前二條罪因致人疾病死傷者照過失殺傷各本條從重處斷第二百五十二條第五節販賣傷生飲食及藥劑罪礦製顏料食品及毒藥劑藥等混和可以傷生物於飲食品以販賣者處三圓以上三十圓以下罰金第二百五十三條如販賣腐敗飲食品者依違警罪本條違背規則所謂藥品賣買規則販賣毒藥劇藥者處十圓以上百圓以下罰金第二百五十四條犯前二條罪因致人疾病或死者照過失殺傷各本條從重處斷第二百五十五條第六節私營醫業罪醫關人民生命非術精道熟不得行世故必經官准以後乃得爲業不得官准而業醫者處十圓以上百圓以下罰金第二百五十六條若一時止疾治方投藥劑尚未以醫爲業者非此條所罪其誤治人致人死傷者照過失殺

傷各本條從重處斷第二百五十七條第六章敗風俗罪敗壞民間風俗其流弊甚大故設刑防之公爲猥褻之行如姦淫及露體等者處三圓以上三十圓以下罰金第二百五十八條於公衆所共居或於公衆所共覩者而後名爲公行其他不問公然陳列敗俗圖書及猥褻器具圖書如摹寫淫狀及春畫等器具如摸擬陰具等或販賣者處四圓以上四十圓以下罰金第二百五十九條如陳私室之中及秘藏者非此條所問開張賭場以圖利或招結博徒者處三月以上一年以下重禁錮附科十圓以上百圓以下罰金第二百六十條現以財物賭博者處一月以上六月以下重禁錮附科五圓以上五十圓以下罰金雖賭博非當時發覺及未行者不在此限知其情而給貸房舍者罪亦同其賭飲食者指便可飲食之餽與酒肉等品其以飲食爲名及以米穀爲注仍以賭博論勿論凡賭博器具骰子骨牌之類財物現在其場者皆沒收第二百六十一條行醵集財物探籌贏利之業者像醵集金錢探鬮得之中者集金與之不中則併棄所已出之金謂之富籤處一月以上六月以下

重禁錮附科五圓以上五十圓以下罰金第二百六十二條對神祠佛龕墳墓及他禮拜堂公然爲不敬之行者謂於衆人所共覩侮慢神佛或汚穢敗壞等類若非人所共見非此條所問處二圓以上二十圓以下罰金若妨礙其說教神官僧侶聚衆說法謂之說教及拜禮者處四圓以上四十圓以下罰金第二百六十三條第七章毀棄死屍及發掘墳墓罪毀棄應行埋葬死屍者處一月以上一年以下重禁錮附科二圓以上二十圓以下罰金第二百六十四條知有死屍而不告或私移於他處者依違警罪例發掘墳墓見棺槨或死屍者處二月以上二年以下重禁錮附科三圓以上三十圓以下罰金因竊取墓中財物者從二罪俱發例處斷因而毀棄死屍者處三月以上三年以下重禁錮附科五圓以上五十圓以下罰金第二百六十五條欲犯此章所揭罪而未遂者照未遂犯罪例處斷第二百六十六條亦同第百十三條參第八章妨礙商業及農工業罪用僞計威力妨礙賣買稻

穀如米麥豆粟黍等類及民生需用不可缺食品如醃豉酒醬茶等類者處一月以上六月以下重禁錮附科三圓以上三十圓以下罰金妨礙前項所揭外物品他食品及薪炭膏油等者減一等第二百六十七條用僞計威力妨礙他人競賣或射買者處十五日以上三月以下重禁錮附科三圓以上三十圓以下罰金第二百六十八條同一賣買物品而此條輕於前條者何蓋前條二項所關甚大例如閒米穀將輸入恐其價低下設法妨礙致米價湧貴其害將及全國不如此條止害賣買人所以刪亦有輕重也用僞計威力妨礙農工業者罪亦同前條第二百六十九條是謂總關農工公益者如其關一人稼穡植物等事依第三編害動植物之罪處斷農工雇人欲增傭值或變更所業如增加休暇時日或更改營業法等用僞計威力妨礙雇主及他雇人者處一月以上六月以下重禁錮附科三圓以上三十圓以下罰金第二百七十條雇主欲減傭值或變更所業用僞計威力妨礙雇人及他雇主者罪亦同前條第二百七十一條傳播虛論僞說令昂低米

穀及民生須用物品價直者處十圓以上百圓以下罰金第二百七十二條假令傳播虛說不至使物價昂低者非此條所問

第九章官吏瀆職罪

第一節官吏害公益罪凡此編所揭無非關於公益者然其所犯概兼常人與官吏而言獨此節專舉官吏所犯之罪故別設此目

官吏於所司法制不以公布施行例如大臣奏狀經裁可後令主任官吏行之而官吏承命而不行或府知事縣令受某省令而不公布之管內之類或妨礙他官吏公布施行者處二月以上六月以下輕禁錮附科十圓以上五十圓以下罰金第二百七十三條地方官吏遇有騷亂應得請發官兵如府知事縣令等詳第百七十七條註及請管兵官如海陸軍將校等彈壓鎮定而不能區處其事者處三月以上三年以下輕禁錮附科二十圓以上百圓以下罰金第二百七十四條官吏違背規則謂明治八年四月第六十五號布令等而營商業者處二十圓以上五百圓以下罰金第二百七十五條但如販賣私地所產土地或貸金起利或教授技術以得利者不在此限

第二節官吏待人民之罪

官吏擅用威權使人民強行不可爲之事例如警察官吏以力迫人使拘引無罪等事及妨礙其可爲之事者例如力制投票人使其不得選舉某氏等事處十一日以上二月以下輕禁錮附科二圓以上二十圓以下罰金第二百七十六條人民身體財產有爲人所犯害者如第三編所云對身體財產罪各條官吏謂豫審判事檢事警察官吏受其告報不速爲區處及保護者處十五日以上三月以下輕禁錮附科二圓以上二十圓以下罰金第二百七十七條逮捕官吏謂豫審判事檢事司法警察官巡查等不遵守法律所定程式規則卽治罪法中所定規則如警察官吏等非攜帶豫審判事所發令狀則不得逮捕是也而逮捕人及非理監禁人者監禁謂幽閉一室不得出處十五日以上三月以下重禁錮附科二圓以上二十圓以下罰金但其監禁日數每過十日加一等第二百七十八條此條以下所行出於心術不正與前二條所揭少異故皆處重禁錮司獄官吏總稱掌監倉監獄事官吏監禁犯人不遵守程式規則謂囚人入獄及接引等規則及囚人應出獄時不放免者罪同前

條第二百七十九條前二條所揭官吏及護送囚人者若屏去其飲食衣服及苛刻接遇者處三月以上三年以下重禁錮附科四圓以上四十圓以下罰金因而致囚人死傷者照毆打創傷各本條加一等從重處斷第二百八十條當水火地震之際管獄官吏懈怠不輒解囚人監禁因而致死傷者照毆打創傷各本條加一等第二百八十一條若故意致死傷者依第二百九十四條處斷蓋拘束罪囚本欲使悛改善良也且未決囚人其罪之有無尚未可知監護者自宜小心保守使不受害而怠惰致死傷固不得以過失殺傷論所以依毆打創傷例也裁判官檢事及警察官吏審問被告人而施暴行或凌虐者處四月以上四年以下重禁錮附科五圓以上五十圓以下罰金因而致被告人死傷者照毆打創傷各本條加一等從重處斷第二百八十二條裁判官檢察官無故不受理刑事訴牒及還延不審理者處十五日以上三月以下輕禁錮附科五圓以上五十圓以下罰金

是謂知告訴告發有理而故不受理者若以不受理爲宜者非此條所問第二百八十三條 官吏聽人囑託受贓及允許受贓者處一月以上一年以下重禁錮附科四圓以上四十圓以下罰金因而非理處事者加一等第二百八十四條 裁判官當審理民事得贓及允許受贓者處二月以上二年以下重禁錮附科五圓以上五十圓以下罰金因而枉法判斷者加一等第二百八十五條 裁判官檢事警察官吏當審理刑事不專指刑法統舉犯他項罰則規則而言得贓及允許受贓者處二月以上二年以下重禁錮附科五圓以上五十圓以下罰金因而故出入人罪者處三月以上三年以下重禁錮附科十圓以上百圓以下罰金其故入人罪者處二年以上五年以下重禁錮附科二十圓以上二百圓以下罰金若其所枉斷之刑重於此刑照第二百二十一條第二百二十二條反坐之第二百八十六條 裁判官檢事警察官吏雖不受贓而徇情挾怨以故出入人罪者罪亦同前條第二百八十七條 前數條所揭贓已受領者皆沒收之消費者追徵其價附刑不如其所得贓金之多故特設此條以防之

第三節 官吏對財產之罪

凡官吏監守財物而自盜金錢糧穀物件者處輕懲役因而增減變換官文書簿冊及毀棄之者照第二百五條例處斷第二百八十八條若非其所管仍依第二百五條 官吏徵收租稅及各襍稅如收稅委員稅關官吏郡區戶長等正額外多征金穀者處二月以上四年以下重禁錮附科五圓以上五十圓以下罰金第二百九十條 犯此節所揭罪處輕罪刑者付六月以上二年以下監視第二百九十一條此條所揭罪皆出於卑汙無恥故雖處輕罪者仍不得不付此長期監視

第三編 對身體財產重罪輕罪

第一章 對身體之罪此罪有二曰有刑罪曰無刑罪有刑罪直關身體生命者謂殺傷毆打脅迫墮胎等無刑罪關名望聲譽者謂誣告誹毀等

第一節 謀殺故殺罪

蓄謀殺人者爲謀殺處死刑第二百九十二條 施用毒物殺人者以謀殺論處死刑第二百九十三條如一時乘怒投用毒物宜以故殺論然用毒物其害不止一人或有及數十人者且形迹難知無由防範施用最爲容易故雖一時之怒仍以謀殺論 故意殺人者爲故殺處無期徒刑第二百九十四條舊律謀殺故殺同處死刑然故殺者當臨殺之時猝乘憤激驟起殺意比之謀殺人於未殺以前蓄念積慮者情寔較輕故故殺之刑於謀殺之刑減一等然若如下二條所揭與尋常故殺異則亦不得不處死刑 故殺人支解割碎及其殺狀慘刻者處死刑第二百九十五條 因財利犯重輕罪例如爲強竊盜恐其不遂故殺主人或監守人等 恐人發覺追捕而故殺人者處死刑第二百九十六條 蓄殺人之意詭言誘導擠陷危險而致死者例如橋梁朽損不堪渡人而詐稱牢固令人過渡以陷溺致死等類以故殺論其豫謀者以謀殺論第二百九十七條 欲謀殺故殺而誤殺他人者仍以謀殺故殺論第二百九十八條

第二節 毆打創傷罪

毆打創傷人因而致死者處重懲役第二百九十九條 毆打創傷人瞎其兩目聾其兩耳及折兩肢斷舌毀壞陰陽致

喪失知覺精神羅篤疾者處輕懲役雖併犯此條二事以上亦同處輕懲役但以刑期長短分輕重耳 其瞎一目聾一耳折一肢及殘虧身體以致廢疾者處二年以上五年以下重禁錮第三百條併犯此條二事以上除損一手一足之外亦同前項註 毆打創傷致人罹二十日以外疾病不能營職業者處一年以上三年以下重禁錮若傷疾不至二十日處十一日以上一月以下重禁錮第三百一條 若豫謀毆打創傷人致其人罹篤疾或至死者照前數條所揭載各加一等第三百二條 欲爲不法之事而毆傷防其非爲之人或自犯輕重罪名圖免罪掩迹因而毆打創傷人者亦同前條之例第三百三條 因毆打人而誤傷他人者仍科毆打創傷本刑第三百四條 二人以上共毆打傷人從現下手者分別輕重各論其刑若其創不辨甲乙所爲照重傷之刑減一等但教唆者不在減等之限第三百五條 二人以上共毆打人雖一人

未行毆打而帮助致成傷者與現毆打者同罪而減一等第三百六條　施用可害健康物品使人疾苦者與謀毆打創傷人者同刑第三百七條　雖意非殺人而詐僞誘導令陷危害致其人疾病死傷者照毆打創傷例處斷第三百八條　第三節關於殺傷暴行人者宥恕及不論罪因已身受人暴行不得已憤怒致殺傷暴行人者宥恕其罪但因行爲不正自招暴行者不在此限第三百九條　毆打彼此創傷不能分下手先後者各宥恕其罪第三百十條　本夫知其妻與人姦通於姦所殺傷姦夫或姦婦者宥恕其罪但本夫先係縱容姦通者不在此限第三百十一條　若有晝間無故而入人家或欲踰越損壞門戶牆壁因防拒之而殺傷犯人者宥恕其罪第三百十二條　前數條所記載有可宥恕者照各本刑減二等或三等第三百十三條　正當防禦自已身體性命時出於不得已而殺傷暴行人者不

分爲己爲人不論其罪若自己行爲不正致招暴行者不在此限第三百十四條　左列三件出於不得已致殺傷人者不論其罪　一防止放火及其他暴行有傷財產者　二防止盜犯及欲奪還盜贜者　三防止夜間無故而入人家或欲踰越戶牆門壁者第三百十五條　雖防衛身體財產非不得已而加害於暴行人又危害已去仍乘勢加害於暴行人者不在不論罪之限但酌量情狀照第三百十三條例得宥恕其罪第三百十六條　第四節過失殺傷之罪　疏虞懈怠不遵守規則因過失致人於死者處二十圓以上二百圓以下罰金第三百十七條凡耳目所不及思慮所不到爲過失，不守規則謂於有人處演習槍銃之類　因過失使人創傷至廢疾者處二十圓以上二百圓以下罰金第三百十八條　因過失而使人創傷至疾病休業者處十圓以上百圓以下罰金第三百十九條　第五節關自殺之罪　教唆人使自殺又受人囑託

爲自殺之人下手者處六月以上三年以下輕禁錮附加十圓以上五十圓以下罰金其他爲自殺人帮助者減一等第三百二十條　圖自己之利教唆他人令自殺者處重懲役第三百二十一條　第六節擅逮捕監禁人之罪　擅逮捕人又監禁私處者處十一日以上二月以下重禁錮附加二圓以上二十圓以下罰金其監禁若過數日或十日應算日數加一等第三百二十二條　擅監禁束縛人或毆打拷責又屏去飲食衣服施行一切苛刻事者處二月以上二年以下重禁錮附加三圓以上三十圓以下罰金第三百二十三條　犯前條之罪致人疾病死傷者照毆打創傷各本條從重處斷第三百二十四條　擅監禁人臨水火震災之際不解監禁致人死傷者亦同前條罪第三百二十五條　第七節脅迫之罪　以殺脅迫人以放火脅迫人皆謂以言詞恐嚇人處一月以上六月以下重禁錮附加二圓以

上二十圓以下罰金其以毆打創傷或焚燒財產毀壞家屋徑行刼掠等事脅迫人者處十一日以上二月以下重禁錮附加二圓以上二十圓以下罰金第三百二十六條　携帶凶器而犯前條罪者各加一等第三百二十七條　以加害親屬相脅迫者亦同前二條例第三百二十八條　此節所揭載待受其脅迫者或親屬等告訴而後論罪第三百二十九條　第八節墮胎之罪　懷胎婦女以藥物及其他方法墮胎者處一月以上六月以下重禁錮第三百三十條　使人以藥物及其他方法墮胎者亦同前條因而婦人致死者處一年以上三年以下重禁錮第三百三十一條　醫師產婆及藥商等犯前條罪者各加一等第三百三十二條　威逼懷胎婦女又誆騙令墮胎者處一年以上四年以下重禁錮第三百三十三條　知爲懷胎而毆打暴行因致墮胎者處二年以上五年以下重禁錮其非有墮胎之意者處輕

徵役第三百三十四條 犯前二條之罪致婦人篤疾或死者照毆打創傷各本條從重處斷第三百三十五條 第九節遺棄幼兒及老者病者之罪遺棄未滿八歲幼兒者處一月以上一年以下重禁錮不能自謀生活遺棄老者疾病者亦同第三百三十六條 以未滿八歲幼兒或老者病者遺棄於曠野無人之地處重禁錮第三百三十七條 得人之給料受人之依託力可保養者犯前二條罪各加一等第三百三十八條 遺棄老幼因而致廢疾者處輕懲役若至篤疾者處重懲役至死者處有期徒刑第三百三十九條 已所有地看守所及之處有遺棄幼兒老疾者知而不扶助又不申告官署者處十五日以上六月以下重禁錮若有罹疾病昏倒者知而不扶助不申告者亦同第三百四十條 第十節畧取誘拐幼者之罪畧取誘拐十二歲未滿幼者或藏匿或交付他人者處二年以上五年以下重

禁錮附加十圓以上百圓以下罰金第三百四十一條 畧取十二歲以上二十歲未滿幼者或藏匿或交付他人者處一年以上三年以下重禁錮附加五圓以上五十圓以下罰金僅誘拐藏匿或交付他人者處六月以上二年以下重禁錮附加二圓以上二十圓以下罰金第三百四十二條 畧取誘拐幼者爲僕婢又假設名稱以使役之者照前二條例各減一等第三百四十三條 前數條所揭待被告者及其親族告訴而後論罪惟幼者或至長大婚姻之時而遵禮從式者不論第三百四十四條 畧取誘拐二十歲未滿幼者交付與外國人者處輕懲役第三百四十五條 第十一節猥褻姦淫重婚之罪對十二歲既滿男女爲猥褻之事又對十二歲以上男女以暴行脅迫爲猥褻之事者處一月以上一年以下重禁錮附加二圓以上二十圓以下罰金第三百四十六條 對十二歲未滿男女

以暴行脅迫爲猥褻之事者處二月以上二年以下重禁錮附加四圓以上四十圓以下罰金第三百四十七條 强姦十二歲以上婦女者處輕懲役其以藥酒等物誘令迷亂而姦淫者以强姦論第三百四十八條 姦淫十二歲未滿幼女者處輕懲役若强姦者處重懲役第三百四十九條 前數條所揭載待被害者及其親屬告訴而後論罪第三百五十條 犯前數條罪因而致人死傷者照毆打創傷各本條從重處斷但由强姦因致廢疾篤疾者處有期徒刑致死者處無期徒刑第三百五十一條 勸誘十六歲未滿男女已爲媒合者處一月以上六月以下重禁錮附加二圓以上二十圓以下罰金第三百五十二條 與有夫之婦姦通者先是明治六年改正姦律姦無夫之婦者不論罪故此律特指有夫之婦考泰西和姦之罪均處禁錮佛律二年以下德律六月以上經其夫告訴而後論罪若無夫之婦無告訴者均置不問蓋信重於禮情重於理其律意大抵如此也處六月以上二年以下重禁錮男女同

罪此條待本夫告訴而後論罪但本夫先係縱容姦通者雖訴不論第三百五十三條 有配偶者重結婚姻處六月以上二年以下重禁錮附加五圓以上五十圓以下罰金配偶兼男女而言第三百五十四條 第十二節誣告及誹毀之罪以不實之事誣告人者照第二百二十條所載僞證例處斷第三百五十五條 雖爲誣告於被告未推問之前而自首悔過者免本刑第三百五十六條 因誣告致被告人受刑照第二百二十一條第二百二十二條所載之例處斷第三百五十七條 摘發惡事醜行誹謗人者不問事寔有無照左例處斷一公然演說誹毀人者處十一日以上三月以下重禁錮附加三圓以上三十圓以下罰金二公布書冊圖畫又作爲褋劇偶像誹毀人者處十五日以上六月以下重禁錮附加五圓以上五十圓以下罰金第三百五十八條 誹毀已死者若非出於誣罔不得照前條之

例處斷第三百五十九條前條所載即事實非誣亦依律論罪蓋名譽榮辱關人大節且曖昧之事非人所應知乃公然對衆誹毀且以書冊圖畫雜劇偶像形容其狀不加禁遏將造言飛語見事風生即毛卵鉤鬚烏有之事亦不難抉摘裝點以快己私其事伊於胡底中國通例有造匿名揭帖以誹謗人者除其事立按不問外犯者審實擬狡所犯之罪雖與此有殊而律重誅心用意則一也醫師藥商穩婆代言人辯護人代書人等及神官僧侶受人委託因得知其陰私而漏告於衆者以誹謗論處十一日以上三月以下重禁錮附加三圓以上三十圓以下罰金但由裁判官傳喚令其陳述事實者不在此限第三百六十條此節所記載誹毀之罪待被害者及死者之親屬告訴而後論罪第三百六十一條

第十三節對其祖父母父母之罪子孫謀殺其祖父母父母者處死刑闕自殺罪照凡人之刑加二等第三百六十二條子孫對其祖父母父母犯毆打創傷其他監禁脅迫遺棄誣告誹毀之罪者按各本條所載照凡人之例加二等其致廢疾者處有期

徒刑致篤疾者處無期徒刑致死者處死刑第三百六十三條子孫對其祖父母父母不給衣食缺奉養者處十五日以上六月以下重禁錮附加二圓以上二十圓以下罰金致疾病或死者亦同前條例第三百六十四條對祖父母父母犯殺傷罪者不得用宥恕例但犯時不知而誤犯者謂離別日久相逢不識以小故鬬毆至於殺傷又深夜昏黑誤爲他人以凶器拿捕至於殺傷之類不在此限第三百六十五條

第二章對人財產之罪

第一節竊盜之罪竊取他人物品者爲竊盜罪處二月以上四年以下重禁錮第三百六十六條乘水火震災之變爲竊盜者處六月以上五年以下重禁錮第三百六十七條踰越牆戶或毀壞或開鑰而入人邸舍倉庫犯竊盜者亦同前條第三百六十八條二人以上共犯前三條罪者各加一等第三百六十九條攜帶凶器入人住宅爲竊盜者處輕懲役第三百七十條雖係己物已典付他人又有官司之命令他人監守而竊取之者以竊盜論第三百七十一條於田野竊取穀類菜菓及其他產物者處一月以上一年以下重禁錮第三百七十二條於山林竊取竹木鑛物及其他產物又於川澤池沼竊取所生養魚鼈及關人營業產物者亦同前條第三百七十三條於牧場竊取牧畜獸類者處二月以上二年以下重禁錮第三百七十四條此節所揭載輕罪欲犯未遂者照未遂犯罪例處斷第三百七十五條犯此節所記之輕罪處刑者付六月以上二年以下監視第三百七十六條此節所載推攜帶凶器入人住宅爲竊盜者處輕懲役以其實有盜心故科以重罪其他處重禁錮皆輕罪也或本非爲竊之人或實無作盜之意偶然貪得中亦有可憫諒者但乘水火地震不及防範之時當山林田野易於攫取之地而公然爲盜其人之心術不端已可概見故雖科輕罪仍付監視祖父母父母夫妻子孫及其配偶者又同居兄弟姊妹互相竊財物者不以竊盜論若與他人共犯而分取財物者仍以竊盜論第三百七十七條

第二節強盜之罪以暴行加人或脅迫人而強取財物者爲強盜處輕懲役第三百七十八條強盜罪有左開情狀者每一項加一等一二人以上共犯者二攜帶凶器者第三百七十九條若二人以上共犯各又攜帶凶器共加二等強盜傷人者處無期徒刑致死者處死刑第三百八十條強盜強姦婦女者處無期徒刑第三百八十一條常人犯強姦罪處輕懲役犯強盜罪亦處輕懲役今以強盜犯強姦其情節尤可恨惡故不用二罪俱發從一科斷之律直處以無期徒刑考日本舊律強姦強盜各處死刑此律雖較舊法爲輕而在本律中則從其最重者矣竊盜得贓而走爲人拒止因而以暴行脅迫者以強盜論第三百八十二條用藥酒等使人迷亂而盜取其財物者以強盜論處輕懲役第三百八十三條此與上條同一以強盜論而獨揭明處輕懲役者以其用藥迷人情節可惡故特處之重罪若竊盜拒捕出於一時圖免己罪其中情節或有可宥恕減輕者故不以一律論也犯此節所載之罪或因減輕而處輕刑者付六月以上二年以下監視第三百八十四條

第三節闕遺失物埋藏物之罪拾得遺失及漂流物隱匿不還於其主又不申告官司

者處十一日以上三月以下重禁錮又處二圓以上二十圓以下罰金（第三百八十五條）於他人所有地掘取埋藏諸物私自隱匿者亦同前條（第三百八十六條）犯此節所載之罪若係第三百七十七條所揭載親屬不論其罪（第三百八十七條）第四節關家資分散之罪（分散者破產歇業不能償債傾家所有分之與人故曰分散此律爲中律所無而西律所重泰西通例凡營業耗折身負重債力不能償則請之於官領家資所有分與償人官爲立一經理人先檢點其貨財蒐集其契約并懸示限期凡負某人債者悉數繳官其某人所欠之債各呈憑據以待分給然後悉索所有按數計成一一分派產盡而後已其人已報破產者不許再營生業此通例也中國以追債告官每日錢債細故實因沿用舊律而古來貿易未盛借貸較少即有負借多出於親屬之情不容已朋友之義不容辭勢難以負債之故沒人家產自商務大興有無相通如銀行商會之類乃有以日積月累所得奇而取息者亦有舉盈千累萬之數借以謀生者一人破產萬衆嗷嗷若無法以維制之則隱匿逃遁竊人脂膏而自潤與白晝大都殺人而奪之金何異而受害者餬口無資茹辛含苦又不待言也日本近年商會若小野島田之倒產歇業官亦負累及百萬故依倣西律創立此條邇來中國亦有此事恐亦不能不設此律矣）家資分散之際有藏匿脫漏其財產又增加虛僞負債者處四月以上四年以下重禁錮知其情而承諾虛僞契約或爲其媒介者減一等（第三百八十八條）家資分散之際所有簿記之類或藏匿毀棄至分散決定之後依託一債主或二三債主私償於人以致害及他債主者處一月以上二年以下重禁錮（第三百八十九條）第五節詐欺取財之罪及關受寄財物之罪欺罔人又恐喝人騙取財物證書類者爲詐欺取財罪處二月以上四年以下重禁錮附加四圓以上四十圓以下罰金以詐欺僞造官私文書或增減變換者照僞造各本條從重處斷（第三百九十條）乘幼者愚蒙又乘人迷亂與以不正證書或授與財物而行誆騙者以詐欺取財論（第三百九十一條）當販賣物品或互相交換乃僞其物質減其分量交附與人者以詐欺取財論（第三百九十二條）竊冒他人之動產不動產販賣交換者或抵當典物

者以詐欺取財論雖自己之不動產已爲抵當典物又欺隱賣與他人或重爲抵當典物者亦同其罪（第三百九十三條）犯前數條所載之罪付六月以上二年以下監視（第三百九十四條）消費受寄之物借用之物典質之物及其他受人委託之金額物件者處一月以上二年以下重禁錮若騙取拐帶及爲其他詐欺之事者以詐欺取財論（第三百九十五條）雖係已有經官司差押而藏匿脫漏者處一月以上六月以下重禁錮但家資分散之際犯此罪者照第三百八十八條之例處斷（第三百九十六條）此節所載之罪欲犯未遂者照未遂犯罪例處斷（第三百九十七條）犯此節所載之罪如第三百七十七條所揭載親屬不論其罪（第三百九十八條）第六節關贓物之罪知爲竊盜贓受而收藏之或買取之及爲牙保者處一月以上三年以下重禁錮附加三圓以上三十圓以下罰金（第三百九十九條）犯前條罪者付六月以上二年以下監視（第四百條）知爲詐僞取財及其他犯罪物品受而收藏之或買取之及爲牙保者處十一日以上一年以下重禁錮附加二圓以上二十圓以下罰金（第四百一條）第七節放火失火之罪放火燒燬人家者處死刑（第四百二條）放火燒燬空宅及其他建築物者處無期徒刑（第四百三條）放火燒燬廢宅及藏寄柴草肥料之屋舍等類者處重懲役（第四百四條）放火燒燬載人之船舶滊車者處死刑若放火之人同坐船舶滊車處重懲役（第四百五條）放火燒燬山林之竹木田野之穀麥或露積之柴草竹木及其他物件者處輕懲役（第四百六條）放火燒燬自己家屋者處二月以上三年以下重禁錮（第四百七條）犯放火之罪處輕罪刑者付六月以上二年以下監視（第四百八條）誤失火燒燬人家屋財產者處二圓以上二十圓以下罰金（第四百九條）用

火藥及其他暴烈物品致煤氣井蒸氣鑵等破裂毀壞人之家屋財產者分別故意過失照放火失火之例處斷（第四百十條）第八節決水之罪決潰隄防又毀壞水閘致人家漂失者處無期徒刑若空宅及其他建築物漂失者處重懲役（第四百十一條）決潰隄防毀壞水閘致田圃礦坑牧場等荒廢者處輕懲役（第四百十二條）欲損他人利益圖自已便宜因決潰隄防毀壞水閘及其他妨害水利者處一月以上二年以下重禁錮附加二圓以上二十圓以下罰金（第四百十三條）因過失致起水害者照失火之例處斷（第四百十四條）第九節覆沒船舶之罪衝突載人船舶致令覆沒者處死刑但船客無死亡者則處無期徒刑（第四百十五條）衝突未載人之船舶致令覆沒者處輕懲役（第四百十六條）第十節毀壞家屋物品及害動植物之罪壞人家屋及其他建造物者處一月以上五年以下重

禁錮附加二圓以上五十圓以下罰金因而致人死傷者照毆打創傷各本條從重處斷（第四百十七條）毀壞人家之墻壁及圍池之裝飾田圃之樊園牧場之欄柵等類者處十一日以上三月以下重禁錮又處二圓以上二十圓以下罰金（第四百十八條）毀損人之稼穡竹木及其他需用之植物者處十一日以上六月以下重禁錮又處三圓以上三十圓以下罰金（第四百十九條）毀損土地之經界標柱及移轉之者處一月以上六月以下重禁錮附加二圓以上二十圓以下罰金（第四百二十條）毀棄人之器物者處十一日以上六月以下重禁錮又處三圓以上三十圓以下罰金（第四百二十一條）殺人之牛馬者處一月以上六月以下重禁錮附加二圓以上二十圓以下罰金（第四百二十二條）殺前條所載以外家畜者（犬猫鷄鴨之類物較微細故處刑亦輕）處二圓以上二十圓以下罰金仍待被害者告

訴而後論罪（第四百二十三條）凡有關於權利義務證書類（謂如官吏之位記軍人之賞牌醫生之執照商人之準牌之類或關於名譽或關於生業是皆經官允許者其他文書若受人委託而付之權經人延聘而理其事此類皆是也）毀棄滅盡者處二月以上四年以下重禁錮附加三圓以上三十圓以下罰金（第四百二十四條）第四編違警之罪犯左開諸件者處三日以上十日以下拘留又處一圓以上一圓九十五錢以下科料一不遵規則於市街中運搬火藥及其他暴裂物品者二不遵規則貯藏火藥及其他暴裂物品者三不經官許製造烟火及私行販賣者四人家稠密場所濫放烟火及其他玩弄火器者五建造蒸氣器械及其他烟通火竈修理掃除違背規則者六家屋牆壁壞損經官勸督已不平毀又不修理者七不經官許擅解剖死屍者八知自有地內有死屍不申告官司潛移他所者九毆打人不至創傷疾病者（毆打人至創傷疾病

具於毆打創傷律內此專指街衢市肆以薄物細故偶生口角致成毆打者）十窩自賣姦又為其媒合者（凡娼妓注籍月給稅金是為官許不在此限）十一潛伏於空宅空室者十二住居無定又無營生產業而徘徊諸方者十三於官許墓地之外私行埋葬者十四欲曲庇違警罪而為僞證者但被告人因僞證免刑則從第二百十九條之例（第四百二十五條謂照僞證罪本條科斷也）犯左開諸件者處二日以上五日以下拘留又處五十錢以上一圓五十錢以下科料一於人家近傍又山林田野濫行放火者二值水火地震之災官吏令其協同防禦而傍觀不理者三販賣不熟之菓物及腐敗之飲食物者四違背保護健康規則及傳染病豫防規則者五於通行道路有危險之井溝及凹地等不為防圍者六於路上嗾犬及其他獸類驚動行人者七家有發狂人怠於看守使徘徊路上者八有狂犬猛獸等怠於繫鎖致

放出路上者九變死人(謂溺死壓死焚死及自行服毒之類)不受檢視濫自埋葬者十毀損墓碑及路上神佛又污瀆者十一污損神祠佛堂及其他公立之建造物者十二無端而罵詈嘲弄人者但此項待人告訴而後論罪(第四百二十六條)　犯左開諸件者處一日以上三日以下拘留又處二十錢以上一圓二十五錢以下科料一濫將車馬疾馳而妨害行人者二衆人羣集之地牽行車馬不受制止者三夜間疾馳車馬不用燈火者四路中堆積木石等不設防圍又不用標識及怠於點燈者五投擲瓦礫於道路及家屋園囿者六路上棄擲禽獸死體又不除去者七於路上及家屋園囿中投擲污穢之物者八背違警察規則爲工商之業者九醫師穩婆無事故不應急病人招喚者十有人死亡不申告於官而擅自埋葬者十一造爲流言浮說以誑惑人者十二妄言吉凶禍福或爲祈禱符咒等以惑人圖利者十三私有地外濫設家屋牆壁又濫出軒楹者十四不經官許於路傍河岸開設牀店者(牀店謂於路旁支榻鋪席以憩游人而圖利者)十五毀損道中標柱街市常燈及厠場者十六道路橋梁及其他場所有禁止通行或指示道路之道標等類而毀損之者(第四百二十七條豎木爲標於人不能至之地榜曰禁止通行或於歧路交互易於迷惑之處指示方向之類謂之指道標)　犯左開諸件者處一日拘留處十錢以上一圓以下科料一所販之物經官署定有價值而增價販賣者二渡船橋梁等經有定價而私行加索又故阻通行者三渡船橋梁經有定價不給值而徑自通行者四於路上爲商業有如賭博之類者五不經官許開劇場及其他觀物場違背規則者六毀損溝渠下水雖受官署督促而不浚溝渠者七路傍羅列食物及其他商品不受制止者八不經官許放獸類於官地又牧畜者九身體刺文者及爲刺文工業者十他人所繫牛馬獸類而擅爲解放者十一他人所繫之舟筏而擅爲解放者(第四百二十八條)　犯左開諸件者處五錢以上五十錢以下科料一於橋梁隄閘保護水害之地而擅繫舟筏者二橫放牛馬諸車堆積木石薪炭及其他物品於道路有礙行人者三並牽車馬有礙行人者四於水路連舟並行有害舟行者五投棄冰雪塵芥等於道路者六經官吏督促不肯掃除道路者七不受官吏制止遊戲路上有礙行人者八牽牛馬者不繫繩而有礙行人者九於禁止出入之場而濫行出入者十犯禁止通行之標示而濫自通行者十一路上放歌高聲不受制止者十二醉臥路上或喧噪者十三消滅路燈者十四貼紙於人家牆壁或妄書者十五毀損邸宅之號數標札招牌及租屋賣屋之招帖與其他報告標示等類者十六入他人田野園圃採食菓菜及採折花卉者十七犯公園規則者十八亂行他人田園又牽牛馬入他人園圃者(第四百二十九條)　前數條所載外因各地方之便別定有違警罪規則犯者各從其罰則處斷(第四百三十條)

日本國志卷三十一

日本國志第九　卷之三十二

出使日本參贊官黃遵憲編纂

學術志一

外史氏曰余觀周秦間儒者動輒曰孔墨曰儒墨以昌黎大儒推尊孟氏謂不在禹下而亦有孔必用墨墨必用孔之言竊意墨子之說必有以鼓動天下之人使之尊信者今觀於泰西之教而乃知之矣余考泰西之學其源蓋出於墨子其謂人人有自主權利則墨子之尚同也其謂愛汝鄰如已則墨子之兼愛也其謂獨尊上帝保汝靈魂則墨子之尊天明鬼也至於機器之精攻守之能則墨子備攻備突削鳶能飛之緒餘也而格致之學無不引其端於墨子經上下篇當孟子時天下之言半歸於墨而其教衍而爲七門人鄧陵禽猾之徒且蔓延於天下其

入於泰西源流雖不可考而泰西之賢智推衍其說至於今日而地球萬國行墨之道者十居其七距之闢之於二千餘歲之前逮今而駸駸有東來之意嗚呼何其奇也余足迹未至歐洲又不通其語言文字未由考其詳顧余聞東西之人盛稱泰西者莫不曰其國大政事大征伐皆舉國會議詢謀僉同而後行其薦賢授能拜爵敘官皆以公選其君臣上下無疾苦不達之隱無壅遏不宣之情其人皆樂善好施若醫院若義學若孤獨園林立於國中其器用也務以巧便勝其學問也實事求是日進而不已其君子小人皆敬上帝怵禍福其法律詳而必行其武備修而不輕言戰余初不知其操何術致此今而知爲用墨之效也余讀墨子諸篇每引堯舜禹湯之事以證其說其說之善者容亦有合於吾儒而獨其立教之要旨專在於尚同兼愛

則大異彼謂等天下而同之撽遂萬物而利之天下之人喜人人得自伸其權自謀其利故便其說之行而樂趨之交相愛則交相利苟利於衆則同力合作故事易舉無所甚親於父兄無所甚厚於子孫故推其愛於一國而君臣上下無甚差別相維相繫而民氣易固學問則相長也工巧則相示也故互相觀摩互相競爭而技藝日新而又慮其以同褌同無所統而易於爭亂也故稱天以臨之使人人知所敬而不敢肆由是而教誡修焉明法以範之立義以制之使人人知所循而不敢逞講武以防之使人人有所憚而不敢犯由是而政令肅焉由是而武備修焉彼欲行其尚同兼愛之說而精詳如此行之者其效又如此胥天下而靡然從之固無足怪然吾以爲其流弊不可勝言也推尚同之說則謂君民同權父子同權矣推兼愛之說則謂

父母兄弟同於路人矣天下之不能無尊卑無親疏無上下天理之當然人情之極則也聖人者知其然而序以別之所以已亂也今必欲强不可同不能兼者兼而同之是啟爭召亂之道耳幸而今日泰西各國物力尚豐民氣尚樸其人尚能自愛又恃其法令之明武備之修猶足以維持不敗浸假而物力稍絀民氣日囂彼以無統一無差等之民各出其爭權貪利之心佐以鬬狠好武之習紛然其競起天之不畏法之不修義之不講卒之尚同而不能强同兼愛而無所用愛必推而至於極分裂極殘暴而後已執尚同兼愛以責人必有欲行均貧富均貴賤均勞逸之說者吾觀歐羅巴諸國不百年必大亂當其亂則視君如弈棋視親如贅旒而每一交鋒蔓延數十年伏屍百萬流血千里更有視人命如草菅者豈人性殊哉亦其教有以使之

然也前夫今日爭亂之事吾已見之矣後乎今日無道以救之吾未知其爭亂之所底止也然則韓子之用墨舉其善而言之也孟子之闢墨舉其弊而言之也日本之學術先儒而後墨余故總論其利弊如此作學術志　一漢學二西學三文字四學制

漢學

日本之習漢學蓋自應神時始時阿直岐自百濟來帝使教太子菟道稚郎子以經典十五年又徵博士王仁（帝謂阿直岐曰汝國有愈於汝者乎曰有王仁者邦之秀也遂徵王仁）仁始齎論語十卷千文一卷而來（應神十五年當晉武帝太康五年考李暹千文注曰鍾繇始作千文此蓋鍾氏千文也）至繼體七年百濟又遣五經博士段楊爾十年復遣漢安茂於是始傳五經（據日本記以禮樂書論語孝經爲五經繼體七年當梁天監十二年是時始傳書經相傳日本有逸書者謬矣日本於孝武先武時均通驛使及魏並封王賜詔而崇神時有任那國入貢垂仁時有新羅王子歸化當時均不聞齎歸漢籍至君房所齎之書更荒遠不可考矣歐陽公日本刀歌曰徐福行時書未焚逸書百篇今尚存令嚴不許傳中國舉世無人識古文亦儒生好奇想像之辭耳）然漢籍初來時僅令王子大臣受學第行於官府而已及通使隋唐典章日備教化益隆逮夫大寶益崇斯文自京師至於邦國莫不有學（京師有大學學有博士國博士每國一人學生大國五十人上國四十人中國三十人下國二十人自神龜以降令博士兼三四國）學必藏經典（神護景雲三年太宰府言此府爲天下一大都會其學徒稍衆而府中惟蓄五經未有三史正本志在涉獵道尚不廣伏請列代諸史各給一本以興學業詔賜史記漢書後漢書三國志晉書各一部可知五經等籍國學皆藏之也）才必爲貢人其教之之法有周易尚書周禮儀禮禮記毛詩春秋左氏傳之七經（七經皆立之學官易立鄭康成王弼註書立孔安國鄭康成註三禮毛詩立鄭康成註左傳立服虔杜預註禮記左傳爲大經毛詩周禮儀禮爲中經周易尚書爲小經）而孝經論語則令學者兼習（孝經立孔安國鄭康成註論語立鄭康成何晏註寶字元年特敕令天下家藏孝經一本若有不孝不順者配諸陸奧出羽貞觀二年敕孝經用明皇御註敕曰大唐開元十年撰御註孝經作新疏三卷考世傳鄭註比之他經義理殊非又稽之鄭志康成不註孝經安國之本梁亂而亡今之所傳出自劉炫事義紛舊誦習尤難故元宗爲之

訓註冀闡微言乃敕學士僉議可否碩德儒林咸共嗟伏應曰令立諸學官考日本唯公穀二傳不列於學後有遣唐使直講博士伊與部家守傳二傳以歸於是家守初講三傳然未建以爲例延歷十七年式部省奏竊檢唐令易書詩三禮三傳各爲一經今請以二傳准小經永聽教授詔允之）此外有算學（以孫子五曹九章海島六章綴術三開重差周髀九司各爲一經）有書學（以巧秀爲宗不講字體）有律學有音學（日本之傳漢籍有漢音有吳音漢音蓋王段博士之所授者吳音則傳於百濟尼法明初來對馬以吳音誦經故吳音又呼爲對馬讀有唐人袁晉卿者於天平七年從遣唐使來歸通爾雅文選音因授大學音博士延歷十年詔令明經之徒習音十七年又詔諸讀書一用漢音勿用吳音）有天文陰陽曆醫等學其養之之法於大學置勸學田數百町以資費用於大炊寮每日給百度飯一石五斗以賞其勞其取之之法有秀才明經進士明法書算其大學生取五位以上子孫及東西史部（謂漢直河內文首各姓之類漢直之先爲阿知使主文首之先爲王仁皆出劉漢之後累世繼業或爲史官或爲博士因賜之姓總謂之史部史部所居在帝城左右故曰東西）以補於式部國學生取郡司子弟以補於國司國司既試則隨朝集使造於官至則引見於辨官並付式部試而得第則敘官而朝廷之上自帝王以至公卿皆喜爲詩文以相提倡文武帝嘗謁學行釋奠禮清和帝並詔修釋奠式於五畿七道以示尊崇聖教之意（大學國學皆以歲時祀先聖孔子初稱孔宣父神護景雲二年亦諡曰文宣王大學配以先師爲顏淵從祀者九座則閔子騫冉伯牛仲弓冉有季路宰我子貢子游子夏也國學專祀先聖先師惟太宰府學三座爲先聖先師閔子騫）所有典章制度一倣唐制而遣唐學生所得學術歸輒以教人以故人材蔚起延喜天曆之間彬彬乎稱極盛焉王綱解紐學校漸廢及保元以降區宇雲擾士大夫皆從事金革源平迭起互爭雄霸一切以武斷爲治無暇文字惟足利氏嘗建一校彙藏古書而已（世所謂足利學校是也）爾時惟緇流略習文字國家有典章詞令皆命僧徒充其役斯文一綫之傳僅賴浮屠氏得不墜地者三百餘年逮德川氏興投戈講藝專欲以詩書之澤銷兵革之氣於是崇儒

重道首拔林忠於布衣命之起朝儀定律令忠出藤原肅之門時尚未有講宋學者忠年十八遂聚徒講朱註於西京博士舟橋秀賢曰自古無教許不得講書朝紳猶然況處士抗顔講新說乎議欲逐之家康聞之曰林某可謂特達之識遂召見破寵遇俾世司學事爲國祭酒及其孫信篤遂變僧服種髮稱大學頭而儒教日尊先是文藝之事一歸於僧徒藤原肅始倡程朱學然初亦爲僧及林信勝出有僧人知其聰穎强其父命之剃度信勝堅執不可德川氏既定國儒者乃別立名目然猶指爲制外之徒禿其顱不列於士林信篤慨然以謂儒之道卽人之道人之外非有儒之道而斥爲制外可謂敝俗乃請於德川常憲始許種髮此元祿四年正月十四日事也幕府既崇儒術首建先聖祠於江戸德川常憲自書大成殿字於上鳥革翬飛輪奐俱美諸藩聞風倣傚各建學校由是人人知儒術之貴爭自濯磨文治之隆遠越前古自藤原肅始爲程朱學肅字斂夫號惺窩播磨人初削髮入釋後歸於儒時海內喪亂日尋干戈文教掃地而惺窩獨唱道學之說先是講宋學者以僧元惠爲始而其學不振自惺窩專奉朱說林羅山那波活所皆出其門於是乎朱學大興物茂卿曰昔在邃古吾東方之國泯泯乎罔知覺有王仁氏而後民始識字有黃備氏而後經藝始傳有菅原氏而後文史可誦有惺窩氏而後人人知稱天語聖四君子者雖世尸祝乎學宮可也

師其說者凡百五十八人尤著者曰林信勝一名忠字子信號羅山西京人林春勝一名恕字之道號鵞峯信勝子林信篤一名戇字直民號鳳岡春勝子林衡字德銓號述齋本巖村城主嗣林氏爲信勝八世孫木下貞幹字直夫號錦里西京人新井君美字在中號白石江戸人室直清字師禮號鳩巢江戸人柴野邦彦字彦輔號栗山讚岐人那波觚字道圓號活所播磨人山崎嘉字敬義號闇齋西京人淺見安正字絅齋近江人德川光國字子龍號常山水戸藩主安積覺字子光號澹泊齋世仕水戸藩貝原篤信字子誠號益軒世仕筑前藩中井積善字子慶號竹山大坂人佐藤坦字大道號唯一齋江戸人尾藤孝肇字志尹號二洲伊豫人古賀樸字純風號精里世仕佐賀藩古賀煜號侗庵樸子賴襄字子成號山陽外史安藝人爲陽明之學者凡六人中江原爲之首原字惟命號藤樹近江人年甫十一日讀大學至壹是皆以修身爲本慨然曰聖人豈不可學而至乎初治程朱學既而喜陽明王氏之說教誨弟子以勿泥格套去膠柱之見以體認本心入以孝經爲標旨揭出愛敬二字藤樹爲人溫厚無賢愚皆服其德嘗遇盜告以姓名賊皆投刃羅拜乂之京師道中與輿夫說心學輿夫感動流涕一時稱爲近江聖人

其徒之善者曰熊澤伯繼字了介號蕃山西京人又有伊藤維楨字原佐號仁齋西京人初潛心宋學既而有疑乃參伍出入沈思有年恍然曰大學之書非孔氏之遺書凡明鏡止水沖漠無朕虛靈不昧以及體用理氣諸說皆佛老緒餘非聖人意也其學專以論語爲主孟子次之平居教學者以明道術達治體乃爲有用之材而以流於記誦發於空文爲戒廣開門戸來者輻輳信者以爲不世偉人疑者以爲陸王餘說仁齋處乎其間是非毀譽怡然不問專以繼往開來爲任不甚喜宋儒而講學自樹一幟其徒七十人尤著者曰伊藤長允字元藏號東涯維楨子物茂卿之學荻生氏名雙松以字行號徂徠又號蘐園江戸人其先有仕南朝爲物部者以官爲族稱物部氏或單稱物氏初伊藤仁齋倡古學於平安徂徠乃著蘐園隨筆以距古學既而讀明人李王之書有所感發以古文辭爲古經階梯創立一家言自稱復古學曰古言不與今言同徧采秦漢以上古言玩味六經則宋儒之妄章章乎明矣又曰道者文章而已六經亦此物舍此而他求後儒所以不知道也又曰孔子之道先王之道也其教則詩書禮樂四術自子思孟子與諸子爭乃降爲儒家者流矣其教人讀書六經之外專以史漢謂其言近古易以識古人之意其詩文專宗李王以步趨盛唐視宋元人文不啻如仇讐也所著有論語徵辨道辨名等書大詈宋儒并及思孟其門人安藤東野山縣周南之輩從而鼓盪之聲號藉甚震撼一世嘗題孔子像贊自稱曰日本國夷人物茂卿拜手稽首云

由史漢以上求經典學識頗富近伊藤而指斥宋儒空談則過之門徒六十四人尤著者曰太宰純字德夫號春臺信濃人服部元喬字子遷號南郭西京人龜井魯字道載號南溟筑前人帆足萬里字鵬卿號愚亭世仕日出城主更有古學家專治漢唐註疏共六十人尤著者曰細井德民字世馨號平洲尾張人豬飼彦博字希文號敬所西京人中井積德字處叔號履軒大坂人藤田一正字子定號幽谷水戸人藤田彪字斌卿號東湖一正子會澤安字伯民號正志齋水戸人松崎復字明復號慊堂肥後人安井衡字仲平號息軒世仕飫肥城主鹽谷世宏字毅侯號宕陰江戸人此外則爲史學者有源光國著大日本史賴襄著日本政記日本外史巖垣松苗著國史略爲古文之學者有物茂卿賴襄鹽谷世宏安井衡齋藤謙字有終號拙堂伊勢人古賀樸皆卓然能成一家言餘外則林孺字長孺號鶴梁江戸人柴野邦彦尾藤孝肇室直清太宰純服部元喬山縣孝孺字次公號周南長門人中井積善中井積德木下貞幹新井君美安藤煥圖字東

（壁號東野野州人）佐藤坦　安積信（字思順號艮齋陸奧人）　柴野允升（字應登號碧海邦彥子）　古賀煜　藤田彪　伊藤維楨　伊藤長允　中江原　松永遐年（字昌三號尺五堂西京人）　熊澤伯繼　安積覺　山崎嘉　湯淺元禎（字之祥號常山備前人）　皆川愿（字伯恭號淇園西京人）　賴惟寬（字千秋號春水襄父）　貝原篤信　龜井魯　千葉元之（字子元號芸閣西京人）　龍公美（字君玉號草廬山城人）　細井德民　齋藤馨（字子德號竹堂仙臺人）　長野確（字孟確號豐山伊豫人）　藤森大雅（字純風號宏庵江戶人）　藤澤輔（字元發讚岐人）　廣瀨謙（字吉甫號旭莊豐後人）　篠崎弼（字承弼號小竹浪華人）　坂井華（字公實號虎山安藝人）　野田逸（字子明號笛浦丹後人）　青山延于（字子世號拙齋水戶人）　青山延光（字伯卿號佩弦齋延于子）　中村和（水戶人）　貫名苞（字君茂號海屋阿波人）　摩島宏（字子毅號松南西京人）　松崎復　太田元貞（字公幹號錦城加賀人）　太田[illegible]（字叔復號晴軒元貞子）　朝川鼎（字五鼎號善庵江戶人）　龜田興（字公龍號鵬齋上野人）　山本信有（字喜六號北山江戶人）　秦鼎（字士鉉號滄浪尾張人）　春田翯（字九泉號真庵）　蘇我章（字子明號耐軒江戶人）　大橋順（字順藏號訥庵江戶人）

佐久間啟（字子明號象山信濃人）　為詩詞之學者有新井君美（著有白石詩稿）　梁田邦美（字景鸞號蛻巖江戶人有蛻巖文集）　祇園瑜（字伯玉號南海紀伊人有南海集）　秋山儀（字子羽號玉山豐後人有玉山詩集玉山遺稿）　菅晉師（字禮卿號茶山備後人有黃葉夕陽村舍詩稿）　賴惟柔（字千祺號杏坪安藝人）　廣瀨建（字子基號淡窗豐後人）　賴襄　梁孟緯（字公圖號星巖美濃人有星巖集）　市河子靜（號寬齋上毛人）　大窪天民（號詩佛有詩聖堂集）　柏木昶（字永日號如亭信濃人有晚晴堂集）　菊池五山（有五山堂詩話）　著述之富汗牛充棟不可勝數今特取其說經之書備誌於後三百年來國家太平優游無事士夫每立一義創一說則別樹一幟如宋明人聚徒講學之風為之黨徒者若蟻慕羶以千百計及其黨羽已盛名望已成則王公貴人列藩侯伯爭賫束帛饋兼金或自稱門下或冀得其尺牘手書以為榮其上者拔之草茅命參機密其次者廣借聲譽亦得溫飽而此徒彼黨往往負氣不相下各著書說昌言排擊即共居一門亦有同室操戈兄弟鬩墻以相狎侮者甚則師弟之間反顏相向或隙末而削籍或師死而背去又比比然也既各持其說無以相勝則曲託賈豎郵呈詩文於中國士大夫得其一語褒獎乃誇示同人榮於華袞而朝鮮信使偶一來聘又東西奔走求一接謦欬以證其所學之精其騖聲氣好排擠日本之習漢學其弊有如此者惟是將軍顓政歷數百載舉國士夫不復知有名義自德川氏好文尚學親藩德川光國著大日本史隱然寓斥武門崇王室之意其後高山彥九郎蒲生君平賴襄概以此意著書立說子孫徒黨繼續而起浸淫漸積民益知義逮外舶事起始主攘夷繼主尊王以攘夷終主尊王皆假借春秋論旨以成明治中興之功斯亦崇漢學之効也維新以來廣事外交日重西法於是又斥漢學為無用有昌言廢之者雖當路

諸公知其不可而漢學之士多潦倒擯棄卒不得志明治十二三年西說益盛朝廷又念漢學有益於世道有益於風俗於時有倡斯文會者專以崇漢學為主開會之日親王大臣咸與其席來會者凡數千人云

經說書目

讀易私記一卷讀易圖例一卷周易義例卦變考一卷周易經翼通解十八卷復性辨一卷辨疑錄四卷聖語述一卷讀易圖例一卷論孟古義標註四卷中庸發揮標釋二卷大學定本釋義一卷語孟字義標註二卷周易傳義考異九卷四書集註標註六卷春秋胡氏傳辨疑二卷經說二卷經學文衡三卷詩經說約二十八卷詩經正文二卷大禹謨辨一卷（伊藤長允著）較定孝經一卷經義掫說一卷經義掫說緒餘四卷古文尚書考十卷

中庸辨一卷經說十卷大學弁三卷論語正義無卷數孝經集覽二卷經義書一卷古文尚書勤王師三卷春秋孔志一卷李鼎祚易解義疏十八卷三禮古器考三卷論語說五卷易象義解五卷書叢十卷尚書勤王師無卷數學庸正義無卷數（山本信有著）四書鈔說十二卷周易程傳鈔說四卷孝經示蒙句解一卷四書示蒙句解二十八卷詩經示蒙句解十八卷小學示蒙句解十卷筆記周易本義十六卷筆記易學啟蒙四卷筆記讀易要領四卷筆記書經集傳十二卷筆記詩經集傳十六卷筆記春秋胡傳四卷筆記禮記集說十五卷筆記大學或問一卷易學啟蒙翼傳一卷家禮訓蒙疏五卷孝經集解一卷（中村欽著）大學略鈔二卷大學要旨一卷四書五經要語鈔三卷論語摘語一卷大學鈔一卷論語解無卷數（自學而至里仁）大學解二卷中庸解三

卷春秋劈頭論一卷四書集註十卷周禮三卷儀禮三卷孝經一卷孟子養氣知言解一卷周易手記六卷四書集註鈔三十卷七書講義私考八卷三禮諺解二卷（林信勝著）古文孝經標註一卷古文孝經參疏三卷大學古義一卷中庸古義一卷大學解廢疾中庸解廢疾古文尚書考疑尚書類考左氏獨得論語徵膏肓孟子說均無卷數合刻四書四卷論語正文二卷孟子正文七卷毛詩正文三卷古文尚書正文二卷禮記正文五卷（片山世璠著）四書序考四卷大學啟蒙集七卷孟子要略四卷朱易衍義三卷小學蒙養集三卷孝經外傳一卷孝經詳略二卷孝經刊誤附考一卷四書點十四卷孝經點一卷小學點一卷五經點十二卷周易本義十卷易學啟蒙二卷論孟精義二十八卷洪範全書六卷（山崎嘉著）古易斷十卷古易時言四卷古易精義一

卷古易一家言一卷古易一家言補一卷古易通無卷數周易精蘊無卷數易學類編三卷易學小筌一卷梅花心易評註一卷古文孝經發三卷書經通考國字箋左國易說論語彙考詩經解廣易學必讀均無卷數（新井祐登著）周易本義首書七卷周易私考十三卷孟子諺解三十三卷論語諺解三十一卷易啟蒙私考四卷大學諺解一卷詩經私考書經私考春秋私考禮記私考周易私考周易程傳考周易程傳翼周易新見均無卷數（林春勝著）周易繹解十卷易原二卷著卜考誤弁正一卷書經繹解六卷詩經繹解十五卷詩經助字法二卷左傳助字法三卷儀禮繹解八卷大學繹解一卷中庸繹解一卷論語繹解十卷孟子繹解十四卷易學開物無卷數（皆川愿著）論語古訓外傳二十卷詩書古傳三十四卷朱氏詩傳膏肓二卷周易反正十三卷易

道撥亂一卷古文孝經孔安國傳一卷古文孝經正文一卷論語古訓十卷易占要略一卷春秋三家異同春秋擬釋例六經略說春秋歷均無卷數（太宰純著）冢註孝經一卷孝經和字訓一卷冢註論語十卷論經羣疑考十卷冢註家語十卷冢註詩經五卷冢註尚書六卷冢註六記六卷孟子斷二卷國語增註六卷大學國字解一卷中庸國字解一卷（冢田虎著）尚書證一卷孝經證五卷中庸證六卷論語證四卷詩經證三卷易學簡理證論語人物證尚書人物證詩經人物證九經釋例麟經探概爾雅證均無卷數（高橋女閔愼著）繫辭詳說二卷三論異同一卷論語大疏二十卷大學考三卷易解無卷數壁經辨正十三卷論語作者考六卷論語名義考六卷中庸說二卷中庸考二卷九經談十卷（大田元貞著）五經圖解十二卷書經天度辨四卷書經天文圖說二

卷周易指掌大成無卷數周易一生記五卷周易日用掌中指南一名本卦指南五卷梅花心易掌中指南五卷八卦掌中指南四卷易學啟蒙圖說一卷斷易指南一名初字擲錢鈔十卷馬場信武著易術夢斷二卷易術傳十卷周易解五卷易林圖解二卷左傳占例考二卷易術明畫二卷易術便蒙一卷易術手引草一卷易術妙鏡六卷片岡基成著易述書經述詩經述二禮述春秋述孝經述論語述家語述禮記述均無卷數赤松弘著論語徵餘言周易約說周易古斷繫辭傳辨解書經考詩經考左傳考國語考均無卷數戶崎哲著周易說尚書說毛詩說春秋說禮記說孝經說論語說毛詩品物考均無卷數古屋鼎著孝經集說一卷大學古義一卷易學弁疑二卷經義折衷一卷經義緒言一卷論語集說三禮斷左氏傳筮說一卷井上立元著論語新註四卷論語攟一卷論語會意

六卷禮記說約十五卷禮記節註六卷孝經餘論一卷詩鑑無卷數豐島幹著大學小解一卷中庸小解二卷論語小解七卷孟子小解七卷孝經小解二卷易經小解附卦原七卷大學或問一號經濟弁三卷孝經外傳或問二卷熊澤伯繼著四書之部十卷四書之序六卷孝經之部一卷小學之部五卷詩經之部八卷經典餘師六經用字例無卷數溪世尊著孝經啟蒙一卷大學啟蒙一卷大學解六卷大學考一卷中庸解一卷論語解一卷鄉黨篇翼傳三卷中江原著大學定本一卷中庸發揮一卷論語古義十卷孟子古義七卷論語字義二卷周易乾坤古義一卷春秋經傳通解三卷伊藤維楨著卜易通商考一卷增補周易通商考一卷周易卦爻象解二十卷周易風俗通一卷周易彖解一卷易林獨步無卷數吉川祐三著辨大學非孔書弁一卷批大學弁斷一卷大戴禮

記三卷詩藪十卷小學講義六卷喪禮小記一卷淺見安正著四書俚諺鈔十卷四書集註俚諺鈔五十卷孟子井田弁一卷孝經增補首書二卷孝經評略大全四卷易學啟蒙合解評林七卷毛利瑚珀著大學解二卷中庸解二卷論語徵十卷論語弁書四卷辨道六卷辨名一卷荻生雙松著詩經國字解十卷詩經古註標註二十卷古文尚書標註十三卷左傳纂疏六十卷左傳曾歷考一卷宇野成之著易學通解二卷易學時考指南二卷易學卦象自在三卷易學餘考一卷歲卦斷一卷井田龜學著周易鄭氏註三卷易乾鑿度二卷尚書大傳五卷儀禮逸經傳一卷訂正爾雅十卷木村孔恭著三禮口訣二卷四書集註十卷五經十一卷小學句讀四卷孝經大義一卷貝原篤信著詩經大訓詩經小訓詩經夷考毛鄭異同考均無卷數詩經古傳五卷細井德民著魯論愚得解一

卷洪範筮法一卷讀易雜鈔四卷書十一篇傍訓一卷入易門庭一卷萩生道濟著周易解十卷書經二典解二卷詩經毛傳補義十卷孟子解七卷左傳觽十卷岡白駒著讀易要領無卷數讀詩要領一卷孟子考證一卷大學衍義考證十卷中村明遠著周易講義四書講義均無卷數周易新疏十卷大學新疏二卷中庸新疏三卷室直清著平氏春秋二卷讀論語十卷大學考十卷易筮探賾六卷孝經考一卷諸葛氏著大學考中庸古註書今文定本春秋三傳比考小爾雅均無卷數南宮岳著五經集註首書五十七卷小學集說鈔六卷春秋胡傳集解三十卷四書事文實錄十四卷松永遐年著經學要字箋三卷四書國字解五經國字解均無卷數穗積以貫著大學證大學考證四書考證均無卷數星野璞著增註大學三卷增註中庸一卷國語訂字一卷岡島順著毛詩徵一卷論語譯

論語闕無卷數龍公美著學庸解二十卷論孟解至誠一貫之圖均無卷數手島信著四書便講六卷大學全蒙釋言一卷孟子盡心口義二卷佐藤直方著易手記二卷堯典和釋一卷古本大學校一卷三輪希賢著論語室二卷論語堂五卷孟子選二卷河合元著論語何晏集解活字本菅氏古鈔本二卷論語集解考異四卷經籍通考無卷數吉田坦著詩經古註二十卷左傳異名考二卷周易古註校十卷井上通熙著左傳音釋二十卷四書集註點十卷五經十一卷後藤世鈞著周易音義二十卷尚書音義一卷國語略說四卷陶修齡著大學諸註集覽四卷中庸諸註集覽四卷論語朱氏新註正誤十卷鈴木行義著左傳白文校七卷儀禮圖鈔無卷數服部元喬著四書大全二十三卷四書存疑點十五卷鵜飼信之著四書句讀大全二十卷七書諺解三十八卷山鹿義臣著大學明德之圖一卷四書詳論無卷數山岡元隣著

春秋七草一卷左傳名物解無卷數後藤光生著詩經名物辨解七卷周易本義國字解五卷江村如圭著詩經圖一卷經說無卷數新井君美著易學啟蒙諺解七卷書言俗解六卷榊原立輔著孝經古點大學古點無卷數久川資衡著韓文公論語筆解考二卷論語徵正文二卷伊東龜年著論語說藪經論珠璣無卷數入江平馬著鄭註孝經一卷孝經引證一卷岡田挺之著論語撮解一卷大學私衡一卷龜田興著鼇頭四書集註十卷小學詳解十四卷宇都宮的著論語考六卷左傳考三卷宇野鼎著左傳輯釋二十二卷論語集說六卷安井衡著四書通辨八卷伊藤元基著詩經小識五卷稻生宣義著大學養老編三卷入江忠圖著詩經古義無卷數西湖小角著虞書歷象俗解二卷西川忠英著七經孟子考文補遺三十一卷山井鼎著荻生觀補遺鼎字君彝觀字叔達茂卿之弟故又自稱物氏日本上毛有參議小野篁遺址足利氏興因其地建學校頗藏古書鼎偕其友根遜志往探獲七經孟子古本蓋唐時所齎來者又獲宋本五經正義遂作考文物茂卿爲之序享保中官命觀等搜集諸本爲之補遺此書已錄四庫書目故特詳之四書唐音弁二卷岡島明敬著通俗四書註音考一卷那波方後著春秋傳校正三十卷那波師曾著易林集註鈔二十四卷名古屋元醫著禮記王制地理圖說六卷長久元珠著三禮儀略四卷村士宗章著五經旁訓十四卷清田絢著古文孝經國字解六卷宮瀨維翰著五經童子問無卷數人見壹著書反正三卷伊藤長堅著孝經齊氏傳二卷齋宮必簡著春秋紀要無卷數岡崎信好著四書大全頭書二十二卷藤原肅著孝經翼一卷中村和[illegible]著

外史氏曰日本之習漢學萌於魏盛於唐中衰於宋元復起於明季迨乎近日幾廢而又將興蓋自王段博士接踵而來於是有論語五經而人始識字隋唐遣使冠蓋相望於是習文章辭賦而君臣上下始重文惟中間佛教盛行武門迭起士夫從事

金革不知有儒漢學一綫之延僅賴浮屠氏得以不墜而迨德川氏興投戈講藝藤林諸人卓然崛起於是有爲程朱學者有爲陸王學者有爲韓柳之文王李之詩者益彬彬稱極盛焉夫日本之傳漢學也如此其久其習漢學也如此其盛而今日顧幾幾欲廢之則以所得者不過無用之漢學芻狗焉耳糟粕焉耳於先王經世之本聖人修身之要未嘗用之亦未嘗習之也自唐以來唯習詩文自明以來兼及語錄夫辭章之末藝心性之空談皆儒者末流之失其去道本不可以道里計而日本之學者乃唯此是求千餘年來豈謂無一人焉欲舉修齊治平之道見之施行者而以武門竊權仕者世祿之故朝廷終不能起儒者於草莽破格而用之儒者自知其無用亦唯窮而在下者區區掇拾而逐其末舉國之人以讀書者少羣奉爲難能可貴

而儒者以少爲貴遂益高自位置峻立崖岸詡詡然誇異於人曰吾通漢學而究其拘迂泥古浮華鮮實卒歸於空談無補有識之士固既心焉鄙之一旦有事終不能驅此輩清流使之誦經以避賊執筆以却敵復見夫西人之槍礮如此輪船如此聞其國富强又如此則益以漢學者流爲支離無足用於是有廢之之心其幾廢也夫亦彼習漢學者有以招之也雖然坐井觀天曰天小者非天小也彼徒見日本之學者亦遂疑漢學不過爾爾至使狂吠之士詆諆狎侮以儒爲戲甚且以仁義道德爲迂闊以堯舜孔孟爲狹隘而孝經論語舉束高閣其見小不足與較吾哀夫功利浮詐之習中於人心未知遷流所至也且即以日本漢學論亦未嘗無用也今朝野上下通行之文何一非漢字其平假名片假名何一不自漢文來傳之千餘年行之通

國既如布帛菽粟之不可一日離即使深惡痛絕固萬萬無廢理況又辭章之末藝心性之空談在漢學固屬無用而日本學者正賴習辭章講心性之故耳濡目染得知大義尊王攘夷之論起天下之士一倡百和卒以成明治中興之功則已明明收漢學之效矣安在其無用也耶此其事當路諸公宜若未忘吾是以知漢學之必將再興也方今西學盛行然不通漢學者至不能譯其文年來都鄙諸黌爭聘漢學者爲之師而文人學士亦不如前此無進身之階漢學之興不指日可待乎吾願日本之治漢學者益騖其遠大者以待時用可也

西學

西學之濫觴蓋始於寶永年間德川將軍家宣云自耶蘇教作亂於天草設爲厲禁教士悉加驅逐西書概行塗抹及是有羅馬教士若望至幕府命新井君美就詢海外事君美始著采覽異言一書寶永戊子洋船來薩州載教士一人置之夜久島而去既而出乞食土人捕得送之長崎尋送到官有司歷問海商和蘭以爲羅馬國人也時家宣爲儲副以問君美君美答曰彼來求我苟不通言語何以達其志然彼亦人耳豈同鳥語獸言莫能悉其意也家宣既嗣位遂命送致江戶使君美按驗之君美就之咨諏方俗其人出懷中小冊檢閱以答蓋西人所譯日本方言也久而益熟日本語君美於是筆其所述作采覽異言即西學之始也君美又著有西洋圖說西洋紀聞西學推問西學考略和蘭紀事阿蘭陀風土記諸書既而和蘭船主至君美復奉命私問之嗣後船主間歲一入覲君美輒就問沿爲例復續爲後語世始知有和蘭學尋命醫官桂川甫筑儒官青木文藏長崎人西川如見等從蘭人習其語言或醫術曆算等學而前野良澤杉田元白等諸子各研究其術由是西學漸行於世自君美始倡和蘭學然以和蘭字蚊脚蟹行未易通解文藏以爲其說必有可取特往長崎習其書始得蕃薯請於官種之各島民感其惠稱曰甘薯先生文藏又習種痘方所著有和蘭文字畧考三卷和蘭話譯二卷前野杉田皆習蘭醫前野氏所著有和蘭譯文畧蘭

譯筌蘭語隨筆杉田氏所著有解體約圖解體新書行於世有小石元俊者嘆其精絕特從前野杉田討論蘭學名醫山脇東洋素疑蘭醫論臟腑與漢說異召元俊使弟子數十人論難元俊依問辨析竟乞於官解剖刑餘屍以徵之自臟腑位置形狀及骨節微細之處一如蘭醫所說於是東洋及弟子乃服闕以西據蘭說以解屍以是爲始其後西京大阪蘭學之行則元俊首倡之也大槻元澤六物新志曰和蘭學一塗草創於新井白石中興於青木文藏休明於前野蘭化隆盛於杉田鷧齋近世以蘭學著者賁淵源於四先生云大槻氏亦精蘭學所著有蘭學階梯泰西醫說蘭說夜話蘭譯要訣環海異聞泰西新話諸書延享元年將軍吉宗始建天文臺於江戶神田又製簡天儀後迭經廢置更於淺草建二臺九段坂建一臺凡曆算推步之事悉命司掌處士若間長涯麻田剛立輩亦頗習西術故當時遂採西法以改曆焉外舶迭來海疆多事當路者皆以知彼國情取彼長技爲當務之急文化八年始置翻譯局於淺草天文臺中特舉蘭學者數名專譯和蘭文書稱爲蕃書和解方安政三年丙辰又改稱翻譯局爲蕃書調所更於翻譯之外講授蘭

書幕府尋諭凡士人願入學者聽又諭諸藩士有願入學者亦聽未幾英吉利法蘭西普魯士魯西亞諸書並令講授漸次設置化學物產學數學等三科又命編纂英和對譯書文久二年壬戌又改為洋書調所六月遣教授手傳津田眞一郎西周助於和蘭留學後二年乃歸朝遣生徒留學外國以是為始八月更改校名為開成所癸亥又遣生徒市川文吉小澤圭次郎緒方四郎大築彥五郎等於魯西亞留學慶應二年丙寅又遣生徒箕作奎吾箕作大麓外山捨八市川森三郎億川一郎等於英國留學是年特聘和蘭人特馬為理學化學教師延外國人為教授蓋於此權輿明治元年將軍奉還政權當幕府時所習西學以天文歷算醫術為宗率以荷蘭人為師逮其末造兼及他術並師他國然一二西學學校皆為官學諸藩猶未之知當時諸藩若薩

摩若長門皆力主攘夷既麑島馬關戰輒失利則爭遣藩士擇其翹楚厚其資裝俾留學外國今之當路諸公大率從外國學校歸來者也維新以後壹意外交既遣大使巡覽歐美諸大國目覩其事物之美學術之精益以崇尚西學為意明治四年設立文部省尋頒學制於各大學區分設諸校有外國語學校以英語為則先是習外國語者多從傳教士習學通計全國教士書塾不下數百及是官立語學校民間聞風慕效爭習英語故英語最為盛行有小學校其學科曰讀書曰習字曰算術曰地理曰歷史曰修身兼及物理學生理學博物學之淺者益以罫畫唱歌體操謂秋千蹴踘之類所以使身體習勞者諸事有中學校其學科亦如小學而習其等級之高者術藝之精者有師範學校則所以養成教員以期廣益者也自學制改習西學苦於無師舊日師長唯習漢經史而於近時之地理歷史治理算術知者甚稀故文部省議以養成教師為急務美國有師範學校所以教為人師者特倣其學制並聘其國人開師範學校凡

小學教師者於是撰取焉有專門學校則所以研窮學術以期專精者也庚午十一月始議置專門學科先於所聘外國教師中舉其尤者為專門校長壬申正月遂開專門學校場則置於舊靜岡藩邸大募生徒既以生徒應募者不多姑令閉場三月國皇始臨御學校召集師生親加詢問癸酉又改校名為開成學校四月設立法學理學工學諸藝學鑛山學為專門五科定以法理工之三科以英語教授諸藝學以佛語教授鑛山學以獨乙語教授五月建築專門講習校於錦町甲戌九月改正教規更以法學化學工學分本科豫科別編課程於是生徒得入本科總計二十四人法學九人化學九人工學六人是專門生徒嚆矢也乙亥八月選拔文部省本校生徒十一名命留學各國米國九名佛國一名獨國一名命各於所習之學科分門研究此專門學生留學外國之始也有東京大學校即舊幕府時之洋書調所維新以後改稱為大學南校庚午四月令以大坂洋學所化學所屬於南校七月大政官分諸藩舉年十六以上二十以下之俊秀入南校稱為貢進生其制十五萬石以上大藩三人五萬石以上中藩二人一萬石以上小藩一人既而罷之學中制度程課亦改革不一至明治六年定為法學理學文學三學部於是學中規模頗近似歐美大學云分法學理學文學三學部各科課程分為四年生徒堦級亦分四等定制將來用國語教導唯現今暫用英語且於法蘭西日耳曼二語中兼習其一唯法學部必兼學法蘭西語法學專習法律以日本法律為主並及法

蘭西律英吉利律唐律明律大清律並及公法若列國交際法結約法航海法海上保險法之類理學分為五科一化學科二數學物理學及星學科三生物學科四工學科五地質學及採鑛學科其第一年課程各科所習無甚異同後三年間則各隨其體質專修一科文學分為二科一哲學謂講明道義政治學及理財學科二和漢文學科皆兼習英文或法蘭西語或日耳曼語凡習文學科者第一年課程大同小異第二年即分科專修其東京醫學校併隸於本校焉此外有工部大學校以教電信鐵道鑛山之術有海陸軍兵學校以教練兵製器造船之術天文中葡萄牙船來大隅始得鳥銃島主種子島久時命工摸造之而不成明年船又來乃得其法其後薩摩得之雄於九州北條氏得之遂併關八州慶安四年將軍家綱命北條正房就和蘭人學戰法及大礮火箭之法正房錄為一書以獻然以時方治平無講求其術者迨海疆事起蘭學者流爭譯礮術諸書以傳其法當時水戶藩源齊昭最重其器有請銷梵鐘悉以鑄礮之疏信濃人佐久間啟當作礮卦仙臺人大槻磐溪亦習礮術皆鑄而試之有效幕府既知西國兵事之精乃遣矢田堀景藏勝麟太郎於長崎就和蘭人學操船術又遣榎本釜次郎赤松太三郎往和蘭學海軍大鳥圭介往法國學陸軍蓋爾時已習西法矣維

新以後日以擴充遂溥設兵校餘詳兵志中有農學校以教種植教之物性教之土宜教之地質教之栽種之法培養之方於勸農局設植物園羅聚五洲種植之品親試驗之日本自開蘭學亦有爲本草學者第舉外國異種辨其名與其性耳未及種植之法也明治七年澳國開博覽會委員津田仙從農學家荷衣伯連得三新法一日氣筒一疊磚如筒藏於地中俾大氣吸入土中則地質增肥物益茂盛一曰樹枝偃曲法凡果實花時取其枝之向上以繩縛之令其偃曲而傾下使一枝減生力則本幹長大新芽發生花實穰盛一一皆如意所欲一日配合法亦於果實初花時用蜂蜜各物塗於花使雌雄蕊合如此則結果大而多施之穀類收穫亦數倍歸試於國頗有効云商學校以教貿易教之算數教之簿記教之欵接酬酢之法投機射利之方日本不慣營商其術殊拙維新以來始有士族豪家從事於此者近日商學校甚盛工學校以教技巧多習西人以機器製作之法凡金石草木之工變更利器亦多摸西製女學校以教婦職多習纂組縫紉之工並及音樂初開拓次官黑田清隆歸自美國極陳教育婦女之要政府從其言選女子五名命以官費留學美國又於東京設女子師範學校其後各地慕傚女學校益多凡學校無論官立出於官費者爲官立公立各地方郡區町村聯合而設立者爲公立私立出於私費者爲私立皆受轄於文部學規教則命文部卿監督之朝廷既崇重西學爭延西人

爲之教師明治六七年間各官省所聘府縣所招統計不下五六百人初徵諸藩貢進生留學外國既乃擇專門學生大學生學之小成者以官費留學初遣留學生擇年少聰穎未嘗學問者而其中輕佻浮躁之徒未有進益先染惡習政府以所費多而所得少乃悉召還再以學優者遣往而各府縣子弟以私費學於外國者尤衆既廣開黌校延師督教朝夕有課講誦有程而隸於學校者有動物室植物室金石室古生物室土木機械模型室製造化學諸品室古器物室羅列各品以供生徒實地考驗之用各官省爭譯西書若法律書農書地理書醫書算學書化學書天文書海陸軍兵書各刊官板以爲生徒分科學習之用外交以後福澤諭吉始譯刊英文名西洋事情世爭購之近年鉛製活板盛行每月發行書籍不下百部其中翻譯書最多各府縣小學教科書概以譯書充用明治五年倣西法設出板條例著書者給以版權許之專賣於是士夫多以著書謀利益者現今坊間所最通行者爲法律書農書及小學教科書云復有書籍館彙聚古今圖書以縱

入觀覽統計全國官私書籍館爲數十六所藏和漢書凡二十三六萬九千六百餘卷洋書十八萬三百餘卷館中各有章程有願讀某書者悉許入覽惟不許攜出博物館陳列歐亞器物以供人考證辛未五月始於九段坂上物產園開小博覽會以物產掛田中芳男等董其事是爲博覽會之始自是年至十一年六月所開博覽會共四十五處新聞紙論列內外事情以啓人智慧明治十二年計東京及府縣新聞紙共二百三十一種是年發賣之數計三千六百二十八萬零一百二十三紙在東京最著名者爲讀賣新聞東京日日新聞郵便報知新聞朝野新聞東京曙新聞多者每歲發賣五百萬紙少者亦二百萬紙云先是文久三年橫濱既通商岸田吟香始編雜誌同時外國人亦編萬國新聞明治元年西京始刊太政官日誌蘭學者柳川春三又於江戶刊中外新聞米國人某亦於橫濱著藻鹽草然爾時世人未知其益也四年廢藩立縣改革政體新聞論說頗感動人心其明歲英人貌刺屈作日新眞事誌始用洋紙與歐美相類繼而東京日日新聞報知新聞等接踵而起日肆論說由是頗誹毀時政摘發人私政府乃設讒謗律新聞條例有毀成法害名譽者或禁獄或罰金然購讀者益多發行者益盛乃至村僻荒野亦爭傳誦皆謂知古知今益人智慧莫如新聞故數年驟增其數至二百餘種之多計其中除論說時事外專述宗教者二十六官令法律六理財通商二十九醫學工藝二十六文事兵事十九多每日刊行者亦有每旬每月刊布者又洋文新聞英文三種法文二種當政府設立

新聞條例之初有萬國新誌係以英人編纂和文犯例而不甘受罰謂外國人按約無遵奉日本法律之理政府告之英國公使謂苟如此則日本新聞假名於外人例將爲虛設公使從其言乃布告英民除英文新聞外如以日本文刊行者即應遵日本罰則云附識於此由是西學有蒸蒸日上之勢西學既盛服習其教者漸多漸染其說者益衆論宗教則謂敬事天主即儒教所謂敬天愛人如己即儒教所謂仁民保汝靈魂即儒教所謂明德士夫緣飾其說甚有謂孔子明人倫而耶蘇兼明天道者論義理則謂人受天地之命以生各有自由自主之道論權利則謂君民父子男女各同其權淺學者流張而恣之甚有以綱常爲束縛以道德爲狹隘者異論蠭起倡一和百其勢浸淫而未已若夫國家政體多採西法則他志詳之矣

外史氏曰以余討論西法其立教源於墨子吾既詳言之矣而其用法類乎申韓其設官類乎周禮其行政類乎管子者十蓋

七八若夫一切格致之學散見於周秦諸書者尤多余考泰西之學墨翟之學也尙同兼愛明鬼事天卽耶穌十誡所謂敬事天主愛人如己他如化徵易若鼃爲鶉五合水火土離然鑠金腐水離木同重體合類異二體不合不類此化學之祖也均髮均縣輕重而髮絕不均也均其絕也莫絕此重學之祖也一少於二而多於五說在重非半弗斮倍二尺餘尺去其一圜一中同長方柱隅四讙圓規寫攴方柱見股重其前弦其股法意規圓三此算學之祖也臨鑑立景二光夾一光足被下光故成景於上首被上光故成景於下鑑近中則所鑑大遠中則所鑑小此光學之祖也皆著經上下篇墨子又有備攻備突備梯諸篇韓非子呂氏春秋備言墨翟之技削鳶能飛非機器攻戰所自來乎又如大戴禮曾子曰如誠天圓而地方則是四角之不揜也周髀註地旁沱四隤形如覆槃素問地在天之中大氣舉之易乾鑿度坤母運軸蒼頡云地日行一度風輪扶之書考靈曜地恆動不止而人不知春秋元命苞地右轉以迎天河圖括地象地右動起於畢非所謂地球渾圓天靜地動乎亢倉子曰蛻地謂之水蛻水謂之氣關尹子曰石擊石生光雷電緣氣而生可以爲之淮南子曰黃埃青曾赤丹白礜元砥歷歲生澒其泉之埃上爲雲陰陽相薄爲雷激揚爲電上者就下流水就通而入於海鍊土生木鍊木生火鍊火生雲鍊雲生水鍊水反土中國之言電氣者人詳矣機器之作後漢書張衡作候風地動儀施關發機有八龍銜丸地動則振龍發機吐丸而蟾蜍銜之元史順帝所造宮漏有玉女捧時刻籌時至則浮水上左右二金甲神一懸鐘一懸鉦夜則神人按更而擊奇巧殆出西人上若黃帝既爲指南車諸葛公既爲木牛流馬偒么既爲輪舟固衆所知者相土宜辨人體窮物性西儒之絕學然見於大戴禮管子淮南子抱樸子及史家方伎之傳子部藝術之類且不勝引至天文算法本周髀蓋天之學彼國談幾何者譯稱借根方爲東來法火器之精得於普魯斯人爲元將部下卒彼亦具述源流近同文館丁韙良說電氣道本於磁石引鍼琥珀拾芥凡彼之精微皆不能出吾書也蓋中土開國最先數千年前環四海而居者類皆蠻夷戎狄鶉居蛾伏混沌芒昧而吾中土既聖智輩出凡所以厚生利用者固已無不備其時儒者能通天地人農夫戍卒能知天文工執藝事得與坐而論道者居六職之一西人之學未有能出吾書之範圍者也西人每謂中土泥古不變吾獨以爲變古太驟三代以還一壞於秦之焚書再壞於魏晉之淸談三壞於宋明之性命至詆工藝之末爲卑無足道而古人之實學益荒矣

大淸龍興

聖祖崛起以大公無私之心用南懷仁湯若望爲臺官使定時憲經生之兼治數學者類多融貫中西闡竭幽隱其精微之見於吾書者皆無不樂用其長特憾其時西人藝術猶未美備不獲搏採而廣用之耳百年以來西國日益强學日益盛若輪船若電綫日出奇無窮譬之家有祕方再傳而失於鄰人久而迹所在或不憚千金以購還之今輪船往來目擊其精能如此切實如此正當考求古制參取新法藉其推闡之妙以收古人制器利用之助乃不考夫所由來惡其異類而並棄之反以通其藝爲辱效其法爲恥何其隘也夫弓矢不可敵大礮槳櫓不可敵輪船惡西法者亦當知之特未知今日時勢之不同古人用夏變夷之說深入於中誠恐一學西法有如日本之改正朔易服色殊器械以從之者故鰓鰓然過慮欲并其善者而亦棄之固亦未始非愛國之心顧以我先王之道德涵濡於人者至久

本朝之恩澤維繫於人者至深所謂天不變道亦不變終不至盡棄所學而學他人彼西人以器用之巧藝術之精資以務財訓農資以通商惠工資以練兵遂得縱橫倔强於四海之中天下勢所不敵者往往理反爲之屈我不能與之爭雄彼挾其所長日以欺侮我凌逼我終不能有簪筆雍容坐而論道之日則思所以扞衞吾道者正不得不藉資於彼法以爲之輔以中土之才智遲之數年卽當遠駕其上內則追三代之隆外則居萬國之上吾一爲之而收效無窮矣曾是一慚之不忍而低首下心泄泄晛晛爲民吏羞乎且器用之物原不必自爲而後用之泰西諸國以互相師法而臻於日盛固無論矣日本蕞爾國耳年來發憤自强觀其學校分門別類亦駸駸乎有富强之勢則

卽謂格致之學非我所固有尚當降心以相從況古人之說明明具在不恥術之失其傳他人之能發明吾術者反惡而拒之指爲他人之學以效之法之爲可恥旣不達事變之甚抑亦數典而忘古人之實學　本朝之掌故也已

日本國志卷三十二

日本國志第九　　卷之三十三

學術志二

出使日本參贊官黃遵憲編纂

文學

日本古時文字或曰有或曰無紛如聚訟（世傳日本元有國字至推古朝尚存藏於卜部家惟據古語拾遺曰上古無文字故事口耳相傳而已大江匡房筥崎記曰我朝文字實始於應神時此二書皆去古未遠說當可據）考漢籍未來之先固無文字然亦有造作形體以記事者世傳有肥人書有薩人書如一二五作丨川川之類今猶有存者蝦夷之地今尚沿用其五字之外或亦有變換點畫如羅馬數字或畫作○口或作鳥獸草木形之類然俱不可考近世倡神學說者謂神代自有文字所據鎌倉八幡寺河内國平岡寺和州三輪寺額有字不可讀者有體不可辨者有如科斗書者有如鳥篆書者僅亦粗具字形蓋上古國造或各以其意制作以代古來結繩之用然書皆同文文能記事則漢籍東來後而後乃知其用也自王仁齎論語千文來帝使教太子以言語殊異甫立文字各指示實物以教之如教草木則指草木教禽獸則指禽獸一切有形之物皆指喻而後能通然後教之以音教之以義教之以訓蓋其難矣然當時文字祇此一種漢籍之來僅十餘年高麗王上表表文不遜皇子稚郎子讀而怒裂之卽能通文義矣爾後博士段揚爾漢安茂等接踵而來傳授百餘年至履中四年遂置國史於諸國以記時事於是又能作文字矣又二百年爲推古帝遂遣使於隋自通使隋唐表奏章疏皆工文章然語言文字不相比附故僅僅行於官府而民間不便也天武之世嘗造新字四十四卷其體如梵書蓋佛教盛行

其徒借梵語以傳國音創爲新體然此書不傳蓋以不便於用而廢之也其後遣唐學生吉備朝臣眞備始作假名（靈龜二年眞備從遣唐使多治比眞人縣守遊唐歷十八年爲天平五年乃歸賜姓爲吉備朝臣眞備在唐請從諸儒授經詔四門助敎趙元默就鴻臚寺爲師獻大幅布爲贄所得之物悉質書以歸）名即字也（周禮外史掌達書名於四方註曰古曰名今曰字稱名蓋本於此）取字之偏傍以假其音故謂之片假名片之言偏也（伊爲イ呂爲ロ波爲ハ仁爲ニ保爲ホ邊爲ヘ止爲ト知爲チ利爲リ奴爲ヌ留爲ル遠爲ヲ和爲ワ加爲カ與爲ヨ多爲タ禮爲レ曾爲ソ津爲ツ禰爲ネ奈爲ナ良爲ラ武爲ム宇爲ウ乃爲ノ井爲ヰ於爲オ久爲ク也爲ヤ末爲マ計爲ケ不爲フ己爲コ江爲エ天爲テ阿爲ア左爲サ幾爲キ由爲ユ女爲メ美爲ミ之爲シ惠爲ヱ比爲ヒ毛爲モ世爲セ寸爲ス）僧空海又就草書作平假名即今之伊呂波是也其字全本於草書以假其音故謂之平假名平之言全也（簾中鈔以爲上半截空海所作下半截釋護命所作然頓阿高野日記三東密要鈔以爲空海所作又出雲神門郡鹽冶神門寺有空海眞迹伊呂波則爲空海之作明矣）自假名既作於是有漢字雜假名以成文者有專用假名以成

日本國志卷三十三　二

文者其用漢字之例有二一則取其義而不用其音一則用其音而不取其義漢字假名相襍成文者今上自官府下至商賈通行之文是也日本中古時所著國史概用漢文惟詔策祝辭之類間借漢文讀以土音以爲助語旁註於句下自假名作則漢字假名大小相間而成文蓋文字者所以代語言之用者也而日本之語言其音少（其土音祇有四十七音四十七音又不出支微歌麻四韻一切語言從此而生）其辭繁（音皆無義必聯屬三四音或五六音而後成義既不同泰西字母有由音得義之法又不如中國文字有同音異義之法僅此四十七音以統攝一切語言不得不屢換其辭以避重複故語多繁長如稱一我字亦有四音稱一爾字亦用三音他可知矣）其語長而助辭多（日本語言全國皆同而有上下等二種之別市井商賈之言樂於簡易厭其語之長每節損其辭以爲便而其語絕無倫理多有不可曉者故士大夫斥爲鄙俗凡士大夫文言皆語長而助辭多一言一句必有轉聲必有餘辭一語之助辭有多至十數字者）其爲語皆先物而後事先實而後虛（如讀書則曰書讀作字則曰字作之類）此皆於漢文不相比附強襲漢文而用

之名物象數用其義而不用其音猶可以通若語氣文字收發轉變之間循用漢文反有以鉤章棘句詰曲聱牙爲病者故其用假名也或如譯人之變易其辭或如紹介之通達其意或如瞽者之相之指示其所行有假名而漢文乃適於用勢不得不然也自傳漢籍通人學士喜曰引經籍於是有漢語又以尊崇佛教兼習梵語地近遼疆並雜遼人語（王段博士所授遠不可考然其人來自百濟或近北音唐時音博士所授名爲漢音僧徒所習名爲吳音今士夫通漢學者往往操漢音吳音大概近閩之漳泉浙之乍浦而漢吳參錯閩浙紛紜又復言人人殊其稱五爲訛稱十爲求沿漢音而變者也稱一爲希多子二爲夫帶子此土音也市廛細民用方言十之九用漢語亦十之一此外稱男子爲檀那則用梵語也稱婦人爲與姑則用遼人語也其他倣此）日本之語變而愈多凡漢文中仁義道德陰陽性命之類職官法律典章制度之類皆日本古言之所無專用假名則辭不能達（凡漢文中同義而異文者日本皆同一訓詁同一音讀寔字如川河之類虛字如永長之類皆然故專用假名而不用漢文則同訓同音之字如以水濟水莫能分別矣）用假名則不得不雜漢文亦勢也漢文傳習既久有謬傳而失其義者有沿襲而踵其非者又有通行之字如御候度樣之類創造之字如鞆（繪水作旋渦形以禳大災名之曰鞆）梅（地名）畠（有此畠畠田諸姓讀猶圃字）榊（神木名以之供神故名）之類於是侏離參錯遂別成一種和文矣自創此文體習而稱便於是更移其法於讀書凡漢文書籍概副以和訓於實字則註和名於虛字則塡和語而漢文助辭之在發聲在轉語者則强使就我顛倒其句讀以循環誦之今刊行書籍其行間假字多者皆訓詁語少者皆助語其旁註一二三及上中下甲乙丙諸字者如樂之有節曲之有譜則倒讀逆讀先後之次序也專用假名以成文者今市井細民閭巷婦女通用之文是也日本古無文字而有歌謠上古以來口耳相傳漢籍東來後乃借漢字之音而塡以國語如古萬葉集所

日本國志卷三十三　三

載和歌悉以漢字塡之既開後來用音不用義之法然漢字多有一字而兼數音者則審音也難有一音而具數字者則擇字也難有一字而具數十撇畫者則識字也又難自草書平假名行世音不過四十七字點畫又簡極易習識而其用遂廣其用之書札者則自閭里小民賈竪小工逮於婦姑慰問男女贈答人人優爲之其被之歌曲者則自朝廷典禮士官宴會逮於優人上塲妓女賣藝一一皆可播之聲詩傳之管絃若稗官小說如古之榮華物語源語勢語之類已傳播衆口而小說家簧鼓其說更設爲神仙佛鬼奇誕之辭狐犬物異怪異之辭男女思戀媟褻之辭以聳入耳目故日本小說家言充溢於世而士大夫間亦用其體以述往迹紀異聞近世有倡爲國學之說者則謂神代自有文字自有眞理更借此伊呂波四十七字以張皇

幽渺眩惑庸衆焉其字體如春蚓秋蛇紛紜蟠結不習者未易驟識讀書人或鄙爲俚俗斥爲諺文然而人人習用數歲小兒學語之後能讀假字即能看小說作家書甚便也考日本方言不出四十七字中此四十七字雖一字一音又有音有字而無義然以數字聯屬而成語則一切方言統攝於是而義自在其中蓋語言文字合而爲一絕無障礙是以用之便而行之廣也四十七字之外有五十母字譜其音不出支微歌麻二韻其發端之五音爲阿衣烏噎嘔次爲加基苦結喏其他準此細別之有十五音（正喉淺喉深喉舌頭舌上卷舌縱脣縫脣重脣輕脣牙腭正齒半齒半舌半舌半齒）一音各含五聲合爲七十五聲開合疾徐輕重清濁有定而無定出入靈動可以極一切之音雖鶴唳風聲雞鳴犬吠雷霆驚天蚊虻過耳皆可以譯五十字外別有ン字讀若分（合口以鼻轉）是爲鼻音即ム撥音之別惟尾聲有此音凡東江陽庚元文刪先侵覃鹽咸諸音以ン字助音亦能得其音（國語不出支微歌麻音其讀漢文凡東江陽庚元文刪先侵覃鹽咸諸聲皆以ウ字收聲ウ即烏也故非用ン字則不能成各種音韻）亦有二字合音之法惟三合則不能成音凡漢文之不解其音者則譯註其旁以便通解近多習英文其地名人名事名物名概以此譯音亦殊便也五十母字相傳爲吉備眞備從遣唐使留學其師王化言所定（據唐書吉備所師爲四門助教趙元默豈以化言精於音韻特受其傳歟新舊唐書無所見其詳不可考）或謂出於悉曇傳教空海二僧亦從遣唐使留學當唐貞元年間並受悉曇學於梵僧故其徒相傳授以至於今云（考金剛頂經字母品文殊問經字母品大湼槃經文字品莊嚴經示書品大日經具緣眞言品及字輪品並說五十字母書史會要所載天竺字母亦五十則與日本相符今按悉曇字記曰西域記梵王所製原始垂則四十七言今國音字母亦五十而除伊烏咽三字重出者則亦四十七言且長阿短阿短伊長伊短歐長歐短靄長靄短奧長奧短暗長痾十二韻及迦者吒那波麼也羅縛等字次第綦有相似者矣又悉曇

三密鈔以梵文書五十母字其說曰悉曇字母四十七字其初十二字謂之摩多摩多即母也又謂之韻其三十五字謂之體文今國音五十母字則阿伊烏噎嘔爲韻猶梵書摩多也加沙多那發麻藥落話九字爲聲猶梵書體文也以五韻九聲合爲十四音則生其他三十音故五音爲母九聲爲父三十六聲爲子其法畧同云云則五十母字出於悉曇殆無可疑惟日本所謂字母實異於他國各國字母或合二三音合四五音而成字縱橫變化生生不窮所謂母以生子也而日本僅一字一音又有音無義必數字相待而後成義並非數音相合而能成字也所謂母者假借之辭耳蓋當時留學諸生作爲假名文字則取之漢字聲音則假之梵音二者相攣以成章所以與悉曇相似而不得全同也）

外史氏曰文字者語言之所從出也雖然語言有隨地而異者焉有隨時而異者焉而文字不能因時而增益畫地而施行言有萬變而文止一種則語言與文字離矣居今之日讀古人書徒以父兄師長遞相授受童而習焉不知其艱苟迹其異同之故其與異國之人進象胥舌人而後通其言辭者相去能幾何哉余觀天下萬國文字言語之不相合者莫如日本日本之爲

國獨立海中其語言北至於蝦夷西至於隼人僅囿於一隅之用其國本無文字强借言語不通之國之漢文而用之凡一切事物之名如謂虎爲於菟謂魚爲陬隅變漢讀而易以和音義猶可通也若文辭煩簡語句順逆之間勉强比坿以求其合而既覺苦其不便至於虛辭助語乃倉頡造字之所無此在中國齊秦鄭衞之詩已各就其方言假借聲音以爲用況於日本遠隔海外言語殊異之國故日本之用漢文至於虛辭助語而用之之法遂窮窮則變變則通假名之作借漢字以通和訓亦勢之不容已者也昔者物茂卿輩倡爲古學自愧日本文字之陋謂必去和訓而後能爲漢文必習華言而後能去和訓其於日本顛倒之讀錯綜之法鄙夷不屑謂此副墨之子洛誦之孫必不能肖其祖父又謂句須丁尾坌坿字句以通華言其禍甚於侏𠌯鴂舌意欲舉一切和訓廢而棄之可謂豪傑之士矣然此爲和人之習漢文者言文章之道未嘗不可苟使日本無假名則識字者無幾一國之大文字之用無窮卽有一二通漢文者其能進博士以書驢券召鯫生而談狗曲乎雖工亦奚以爲哉余聞羅馬古時僅用臘丁語各國以語言殊異病其難用自法國易以法音英國易以英音而英法諸國文學始盛耶穌教之盛亦在舉舊約新約就各國文辭普譯其書故行之彌廣蓋語言與文字離則通文者少語言與文字合則通文者多其勢然也然則日本之假名有裨於東方文教者多矣庸可廢乎泰西論者謂五部洲中以中國文字爲最古學中國文字爲最難亦謂語言文字之不相合也然中國自蟲魚雲鳥屢變其體而後爲隸書爲草書余烏知夫他日者不又變一字體爲愈趨於簡

愈趨於便者乎自凡將訓纂逮夫廣韻集韻增益之字積世愈多則文字出於後人創造者多矣余又烏知夫他日者不有孳生之字爲古所未見今所未聞者乎周秦以下文體屢變逮夫近世章疏移檄告諭批判明白曉暢務期達意其文體絕爲古人所無若小說家言更有直用方言以筆之於書者則語言文字幾幾乎復合矣余又烏知夫他日者不更變一文體爲適用於今通行於俗者乎嗟乎欲令天下之農工商賈婦女幼稚皆能通文字之用其不得不於此求一簡易之法哉

學制

以全國地爲七大學區第一東京府神奈川縣琦玉縣羣馬縣千葉縣茨城縣橡木縣山梨縣第二愛知縣靜岡縣石川縣岐阜縣三重縣第三大坂府京都府滋賀縣堺縣和歌山縣兵庫縣高知縣第四廣島縣岡山縣島根縣山口縣愛媛縣第五長崎縣熊本縣鹿兒島縣大分縣福岡縣第六新潟縣長野縣山形縣第七宮城縣福島縣秋田縣青森縣巖手縣分司其事於府知事縣令而受轄於文部卿全國學校直轄於文部省以官費支給者稱官立學校（卽東京大學東京師範學校東京女子師範學校東京外國語學校大坂英語學校是也）以地方稅或町村公費設置者曰公立學校其一人或數人以私費設置者曰私立學校但開設之方仍依文部省所頒教育令而行公立學校之興廢必經府知事縣令裁許其教則必經文部卿查核私立學校則具報於府知事縣令而已統計全國學校（據文部省報告明治十年之數）小學校凡二萬五千四百五十九其係於公立者凡二萬四千二百八十一中學校三十一專門學校十八師範學校九十二外國語學校五女子手藝學校五十

八總計蓋有二萬六千二百六十八所凡兒童自六歲至十四歲名爲學齡必使就學學齡就學爲父母戶長者任其責苟有事故必陳述於學務委員兒童在學齡間就學之日極少不得過十六個月教員則無論男女必在十八歲以上統計全國教員凡六萬二千一百七十名其中六萬三百四爲男子一千八百六十六爲女子生徒凡二百二十萬三千五十名其中一百六十二萬七千九百三十八名爲男子五十七萬五千一百十二名爲女子云凡學校皆有規則其教科之書必經文部省查驗現今小學需用者共一百七十四種文部省官板五十八種各官省官板二十八種私板八十八種以地理書史略爲最多其他則物理書動物植物學之類性理書修身行善之類經濟學言治生理財之法化學農商學算學文法學字學言作文書字之法中學校教科如小學唯所業較小學爲精專門學校專

習一門則法律學理學文學農商學之類也詳西學篇凡生徒既入學歲有學期每歲約以九月入學六月畢業學期或分爲三冬期休業十餘日春期休業數日夏期休業凡二月凡祭日新嘗祭春秋皇靈祭之類慶日紀元節天長節則給假日曜日則給假每歲授業多不過二百六十日少不減二百二十日每日授業多不過六時少不減三時教師有口講有指畫以粉書木板懸之於壁指以教人其教地圖之法亦以地圖懸壁間令諸生一一記誦別有暗射地圖僅施闌廓分著采色凡某水某山某郡某邑悉削而不載而書一二三四數目於其上教者指其處詢此何地彼何地令一人應聲答之同學者是之則曰是非之則曰否既能識形勝又便記名稱甚善法也有筆削有親驗講求化學光學之類必親試其事以教人依生徒所業分類而教之生徒有階級隨其業深淺分爲數級授以各科教書能者越級而升次則循級以進暴棄者則降級焉有考試每三月則教師鑒其勤惰察其進退而爲小試周年則大試或以校長監臨既卒業

則府知事縣令親試之而給以卒業文憑名曰證書小學既卒業進之中學又進之專門學大學有法學士理學士文學士醫學士之名則由東京大學校校長試而給予稱號焉其尤異者以官費留學外國或就試於各國大學校既得高第亦執其憑誇以爲榮唯取士官人之法則不繫乎此官學之費咸給於官公學之費每歲五百三十六萬四千八百七十圓有四百萬以地方稅町村費及各處捐助金支給者此皆出之人民各府縣於管內學費金歸各學區自爲料理有設賦課法者有不設賦課法者聽其便其中有八十二萬七千一百七十三圓爲公學公積銀之利息隨各府縣斂集金錢貸之銀行歲收其息是爲公學公積銀計息支用不得支及母銀現計母銀七百五十二萬一千四百五十九圓歲取其息以爲學費後來擴充當日益增加又有五十四萬五千五百零四圓給於官庫名爲小學補助金由文部省發各

府縣使分給焉頃以公庫支絀此欵既停給矣考西洋各國學校之費每人與軍事費比較多少以全國人民計口分算米國學校費每人二圓零二錢軍費每人一圓二十九錢瑞西學校費每人八十八錢軍費每人一圓英國學校費每人六十六錢軍費每人三圓八十六錢德國學校費每人五十一錢軍費每人二圓二十九錢澳國學校費每人三十四錢軍費每人一圓三十九錢佛國學校費每人二十九錢軍費每人四圓零五錢意國學校費每人一十三錢軍費每人一圓五十七錢依此法計算日本則學費每人二十錢軍費每人三十一錢其中唯美國學費多於軍費云凡七大學區各令建立學校其僻陋小邑無力設置小學校者則聯合數學校共設一教員俾巡迴教授各町村分設小學校必令町村人民薦舉學務委員府知事縣令擇而任之學務委員受轄於府知事縣令舉凡兒童之就學學校之設置皆令司掌而申報於府知事縣令知事令以時查察管內學事申報於文部卿文部卿又以時發遣吏員巡視諸學區察其實況分年編報以公示於衆其海外留學生則別有監督司其事焉

七大學區學事統計表

大學區		第一	第二	第三	第四	第五	第六	第七	總計
小學區數		八三五五	七六四九	五七七三	八四三二	六〇一二	二四八〇	三五三九	四九三三
人口	男	二九八八〇二	二八八六七四四	二七七三四〇	二八〇七三	二五八二三三	一七六六九二	七四三七七	一七四二七七
	女	二五一三五三	二八八五〇三	九四三	二六六九九	二三八六五八	一五四五九六	四七四〇八	六〇九六六
	全數	五九八六六五五	五六九六九	六六八六六	五四三七七	四九八七九二	三三五七	三四九九	三四四三
學齡人員	男	四四六九七〇	四五九五六	四〇二〇三	四四五四六	四九七〇	二〇四七〇	三五八七七	二二六六九七
	女	四四四三七	四〇〇三九	四三四四九	四五二三	四二三五四	三九九七	二三四四	二五三三四
	全數	八八五八七	八九七〇	九〇五四	八八六九	八三三九	四六四七	四九六三	五九五六〇七
學齡就學	男	二七六六	二四四九	二五四	三三三	二三六九七	一四八二	一四四〇三	一五六九七
	女	二六八七二	三三五九	二〇八	七六八九	五八五九	四一三	二七〇三	五八六七三九
	全數	三五〇七	四六八	三九八六	一九三〇	二六二六	一八九四	七三五	二六九四八
學齡不就學	男	一七四五四	一五二五六	二一〇七二	二三四五	二三六〇八	九四六八九	二四七六	二九九六四
	女	二九六六六	二六〇二七	三四四〇	三四七三四	三四八五	一八〇八五	二八六八	一九五八九六
	全數	四七三〇	四二〇三三	五五六四三	五五三九	五六八五三	三五五四	三三九八	三五八七〇
六歲以下就學生徒	男	四三三二	二三六八	四二九九	四四九九	三八七四	二七七七	二四二	二五〇一
	女	二〇七六	一五九七	一九八二	一九五二	一三八	一〇三二	三三三	一〇九六
	全數	六四〇八	五三五五	六二八〇	六六九〇	五二二	一七六八	四六四	三五三九七
十四歲以上就學生徒	男	三五三	九九七	五五五五	四三九五	一〇八〇	三二七	六二六	八九四五
	女	三〇七	九三三	五三九	一三三三	九九〇	二八〇	一九八	一四四四
	全數	二五八〇二	八八六〇	二六八四四	一五七八	一二〇七〇	五五五五	六四四	九四三九
人口百中就學生徒		七〇八	七〇六八	六六七	五八〇	五九六〇	六〇九	三六八	六〇四九
小學	公立	四九六	三九九二	四五六六	三八五	三八一	三三〇	三二八	二四八〇
	私立	六四四	八四	九七	三三	五四	五	三	一七八
中學	公立	一	四	三	七	七	五	一	三
	私立	三四	四	三六	八二	一	一	三	一五八
大學	官立	一							一
專門學校	公立	九	四	一	一	二	一	一	一八
	私立	九	四	二	九				二四
小學師範學校	官立	二		一		一		一	五

大學區		第一	第二	第三	第四	第五	第六	第七	總計
小學師範學校	公立	一七	三	三	四	八	一〇	九	九二
中學師範學校	官立	一							一
	公立		一						一
外國語學校	官立	一		一					二
	公立		一	三			一		五
	私立	四	三	一〇		一	一	二	二一
女子手藝學校	公立			五六					五六
	私立			一八五					一八五
學校全數		五七三	四一九	五五二	四二〇	三三六	二三六	二三四	三六八八
公立小學生徒	男	二五四九三	二八三五四	二七三七七	二四二七	二七八四	二五四九三	一四七九二	一五五三四〇
	女	九三六六	一三四四	三二七	七四四五	五三三九	四三三八	二七六二	五四三八
私立小學生徒	男	二四九	四九九	五四四	三六二	二六〇	一七五	六六二	四四三三
	女	二七三七	三三七三	二七三	七〇	三三三	一〇四	四四	二四四五
小學日日出席生徒平均數		二九五九九	二〇八七七	二八八三五	二〇六六六	一七四三三	二六二〇九	二〇九〇五	一五三二四
公立中學生徒	男	一〇〇	三三六	七五六	八九二	五五三	二七〇	一九二	三〇七九
公立中學生徒	女		一	一八九	二				一九二
私立中學生徒	男	一〇五三五	四八四	一六三五	三五〇三	六九	一〇七		一六三三三
	女	八六二		四八	二				九一二
官立大學生徒	男	一七五〇							一七五〇
公立專門學校生徒	男	七三	三三四		六六	二九七	二八	五〇	一四八七
私立專門學校生徒	男	一三七	五三	四六	五三三				一七四八
	女	三六	四五	四	四一				一二六
官立小學師範學校生徒	男	一三		一三		九〇		九七	四三三
	女	三四七							三四七
公立小學師範學校生徒	男	二三九	一三二	三六八	七〇四	八六六	四七二	六四一	六八〇
	女	七〇	九七	一六	二五		四	六八	三八〇
官立中學師範學校生徒	男	五五							五五
公立中學師範學校生徒	男		一三						一三
官立外國語學校生徒	男	三四〇		一九二					五三四
公立外國語	男			一九		九五			二八五

學校生徒 女	[illegible]	三五	二八					六三
私立外國語學校生徒 男	七八	九二	二五六		二八	二四	九六	五八三
學校生徒 女	二		五五					五七
公立女子手藝學校生徒			二七四					二七四
私立女子手藝學校生徒			二〇六三					二〇六三
學校生徒全數	四二五〇	四三〇九	四二五二	三八五一	二〇五五六	一九八〇七	一五六四一	二三〇一五〇
公立小學教員 男	九五五	一〇三四	九九六	八九二	六五五	七七七	四三五	五六八五
女	一八五	四四六	一三	二八二	一〇八	六二	七二	一三七五
私立小學教員 男	六八	一〇九	二五	一五八	一三	七	二九	二六九
女	二三六	二二	七	六	六	二	四	二八三
公立中學教員 男	一八	三五	七	三三	四〇	二五	九	一八七
私立中學教員 男	四二	三	六六	一四	三	四		七三
女	二			二				四
官立大學教員 男	九二							九二
公立專門學校教員 男	二一	三五		四	一三	六	三	八二

私立專門學校教員 男	六三	四	二	一〇				七九
官立小學師範學校教員 男	二二		一〇		八		一〇	四八
女	九							九
公立小學師範學校教員 男	三六	三八	五〇	七七	九六	四四	六二	七七
女	四	六		一			四	一五
官立中學師範學校教員 男	一〇							一〇
公立中學師範學校教員 男		五						一五
官立外國語學校教員 男	三六		一七					五三
公立外國語學校教員 男		一	七			五		一三
女		一	一					二
私立外國語學校教員 男	五	二	一五		一	三	二	三七
女			三				一	四
公立女子手藝學校教員 女			七四					七四
私立女子手藝學校教員 男			四					四
女			一八二					一八二

教員內外全數	二九三三	一〇九九九	一〇八五六	八七九九	七一五五	九九二八	四五五〇	六〇七〇
官立幼稚園 保姆	五							五
生徒 男	一〇二							一〇二
女	五七							五七

日本國志卷三十三

日本國志第十　　卷之三十四

出使日本參贊官黃遵憲編纂

禮俗志一

外史氏曰五帝不襲禮三王不沿樂此因時而異者也百里不同風千里不同俗此因地而異者也況海外之國服食不同梯航遠隔者乎驟而觀人之國見其習俗風氣爲耳目所未經則驚駭嘆咤或歸而告諸友朋以爲笑謔人之觀吾國也亦然彼此易觀則彼此相笑而問其是非美惡各袒已國雖聚天下萬國之聖賢於一堂恐亦不能斷斯獄矣一相見禮也或拱手爲敬或垂手爲敬或握手爲敬或合掌爲敬一拜禮也或稽首爲禮或頓首爲禮或俯首爲禮或鞠躬爲禮或拍手爲禮究其本原之所在則天之生人也耳目口鼻同卽心同理同用禮之節

文以行吾敬行吾愛亦無不同吾以爲異者禮之末同者禮之本其同異有不必論者雖然天下萬國之人之心之理既已無不同而稽其節文乃南轅北轍乖隔歧異不可合并至於如此蓋各因其所習以爲之故也禮也者非從天降非從地出因人情而爲之者也人情者何習慣是也光岳分區風氣間阻此因其所習彼亦因其所習日增月益各行其道習慣之久至於一成而不可易而禮與俗皆出於其中是故先王之治國化民亦慎其所習而已矣嗟夫風俗之端始於至微摶之而無物察之而無形聽之而無聲然一二人倡之千百人和之人與人相接人與人相續又踵而行之及其旣成雖其極陋甚弊者舉國之人習以爲然上智所不能察大力所不能挽嚴刑峻法所不能變夫事有是有非有美有惡旁觀者或一覽而知之而彼國稱之爲禮沿之爲俗乃至舉國之人展轉沈錮於其中而莫能少越則習之囿人也大矣古先哲王知其然也故於習之善者導之其可者因之有弊者嚴禁以防之敗壞者設法以救之秉國鈞者其念之哉作禮俗志爲類十有四曰朝會曰祭祀曰婚娶曰喪葬曰服飾曰飲食曰居處曰歲時曰樂舞曰遊讌曰神道曰佛教曰氏族曰社會

朝會

新年朝賀　元日皇帝受羣臣朝拜是日禁闕諸門近衞兵皆白毛帽執槍銃守衞如儀參賀羣臣大禮服午前七時十二分參列八時式部頭奏請御正殿帝正服御寶座宮内卿輔書記官侍從長侍從皆大禮服立列寶座之右北面西上卿輔外柱侍從内柱皇后就寶座之左位後宮大夫亮及女官立列其左

皆南面大夫亮西上宮女東上大夫女官外柱亮内柱式部頭班殿南東羣臣拜位之傍斜嚮式部助班殿柱外北面皇族親王暨大臣參議諸省卿以下敕任官麝香間祇候華族等以次進拜帝及后折旋退禮畢帝還御午前九時三十分外國使臣參朝式部頭奏請帝御正殿皇后就寶座之左位諸官立列如前外務卿書記官班殿東北公使拜位之首斜嚮式部頭傳旨引公使外務卿相率就拜位首班公使奏祝辭帝敕曰方此佳辰與卿等同慶禮畢還御午前十一時諸省及在京奏任官朝拜儀同前同日各省判任官於各省參賀省卿奏之各府縣地方敕奏官上賀表二日文武非役勳六等以上從六位以上朝拜同日非役有位華族朝拜二十日神官奏任以上教導職六級以上朝拜二十一日各宗教導職六級以上朝拜

新年宴會　一月五日黎明裝飾正殿開新年賀宴大召文武百官午前十一時式部頭奏請御正殿帝正服御中央寶座皇族諸親王大臣參議麝香間祗候大政官元老院諸省卿并敕奏官東京府以下各府縣在京敕奏官皆大禮服班位依次參列於寶座之左右每一人安食臺椅子賜酒及饌伶人奏舞樂百官歡醉帝還御樂止宴畢衆退

紀元節宴會　以二月十一日爲紀元節卽神武天皇卽位之日也設宴慶祝式儀同前惟舞樂奏久米舞神武所作故於祭神武時用之

天長節宴會　十一月三日爲今帝生日名曰天長節質明裝飾正殿午前十一時式部頭奏請御正殿帝正服御寶座受賀皇后陪坐寶座之左位皇族親王暨大臣參議以下麝香間祗候文武敕任奏任官皆上萬壽行最敬禮禮畢還御賜羣臣酒饌儀同前此間奏歐樂宴止衆退以上三大節全國臣民每戶揭旭光旗章以表慶賀

每月賜宴附　每月定日帝於便殿召大臣參議及有勳勞於國者賜以酒食或奏國樂或奏西樂序坐歡語以舒君臣相悅之情制以每月土曜日爲定例以上今禮自明治元年三月參與大久保利通上表曰中世以還天皇垂簾拱手步不履地九重深邃得近御座者公卿數人耳所謂堦前萬里其隔閡可知也夫尊君敬上人心所同然尊之失其道天理乖戾上下否隔是古今之通弊請破俗論勿飾邊幅以從事於簡易輕便朝議采之舊儀繁重者大半刪棄今考延喜式所載元正朝會名曰大儀節錄如下以備參考元正前二日大藏丞錄率史生藏部等懸繡額於大極殿緣著緋絲一約前一日殿東南庭設皇太子及大臣輕幄諸門懸屏幔東西廊門南左右并諸門懸屏幔內匠寮官人率木工長上雜工等裝飾大極殿高御座蓋作八角角別上立小鳳像下懸以玉幡每面懸鏡三面當頂著大鏡一面蓋上立大鳳像總鳳九隻鏡二十五面幔臺一十二基立高御座東西各四間又鑿立南庭白銅大火爐二口中階以南相去十丈東西之間相去六丈兵庫寮與木工寮共建幢柱管於大極殿前庭龍尾道上率內匠寮工二人鼓吹戶四十人構建寶幢從殿中階南去十五丈四

尺建烏像幢左日像幢次朱雀旗次青龍旗此旗當殿東頭楹右月像幢次白虎旗次元武旗此旗當殿西頭楹柱去各二丈許與蒼龍白虎兩樓南端楹平頭立鼓鉦大極殿東南階大木臣幄西南去一丈立鉦又南去一丈立鼓鉦加角鼓二柄鼓木總二柄擊人各一人長一人次會昌門外東去九丈自廊一南去五丈立鉦又去一丈立鼓次棲鳳樓西南角壇以西相去一丈立鼓以北相去六尺立鉦次朱雀門內東去十丈自垣北去七丈立鉦又去一丈立鼓至日主殿頭率寮下掃治御前及宮掖所所史生左右各二人禮服官袷袍表緋裏白白袴帶鼻切履執威儀物殿部左右方十一人一人執梅杖二人紫纖三人紫蓋二人菅繖三人菅蓋右准此其裝束各黃帛袷袍一領圖書寮於大極殿前庭左右設火爐欄一腳官人四人各著禮服分自東西廊門當爐欄相對立中務省輔省淺紫褠金銀裝腰帶金銀裝橫刀烏皮靴策著幘及丞并內舍人皂緌緋褠挂甲白布帶橫刀弓箭麻鞋其日依時刻輔丞各二人相分率內舍人大極殿前庭近衛陣以南隊之各居胡床兕蠹幡二流鉦鼓各二面寅一刻擊裝束鼓三刻列陣鼓卯一刻進鼓凡供奉儀官人裝腰帶布帶橫刀弓箭兵部省於平旦命丞錄各一人東西相分將史生省掌等共入八省院檢校兵庫幢旗諸位儀仗及隼人等陣間外大臣就朝集堂召兵部省卿丞入受命出令兵庫寮擊外辨鼓兵庫寮分配擊鉦鼓人及執夫於大極殿及會昌以外三門別擊鉦鼓各一人執夫四人中務擊鉦鼓人各三人執夫八人諸衛別擊鉦鼓人一人執夫四人擊鉦鼓人著平巾冠緋大袖袍綠褠子帛博帶大口帛袷袴白布襪烏鳥執鉦鼓夫著皂縵頭巾皂緌朱末額緋大纈袍白布帶白布袴緋布脛巾麻鞋擊鉦鼓節羣官陣列畢閤外大臣仰兵部省令寮擊外辨鼓平聲九下諸門依次相應開門畢寮頭進中閤內大臣令擊殿下喚鼓雙聲九下諸門依次相應左右近衛府於其日寅二刻始擊動鼓三度度別平聲九下卽令裝束大將著武禮冠淺紫襖錦裲襠將軍帶金裝橫刀靴策著幘及中將武禮冠深緋襖錦裲襠將軍帶金裝橫刀靴策著幘及少將武禮冠淺緋襖錦裲襠將軍帶金裝橫刀靴策著幘及將監將曹並皂緌深綠襖錦裲襠白布帶橫刀弓箭白布脛巾麻鞋卯一刻擊列陣鼓三度度平聲九下卯三刻擊進陣鼓三度度別九下仗初進時擊行鼓三度度別雙聲二下皆就隊下中將率將監以下列隊於大極殿南階下大少將率將監以下隊於中務陣以北龍像纛幡二旒鷹像隊幡四旒小幡二十四旒鉦鼓各一面將監率將曹以下隊於大極殿以北後殿南並居胡床左右衛門府於其日寅刻近衛府始擊動鼓以次相應卽令裝束督著武禮冠深緋襖繡裲襠將軍帶金裝橫刀靴策著幘及佐武禮冠緋襖繡裲襠將軍帶金裝橫刀靴策著幘及尉志并皂緌深綠襖錦裲襠白布帶橫刀弓箭緋脛巾麻鞋府生門部并皂緌緋襖挂甲白布帶橫刀弓箭白布脛巾麻鞋衛士皂緌末額桃染布衫挂甲白布帶橫刀弓箭白布脛巾麻鞋卯一刻近衛府擊列陣鼓以次相應卯三刻擊進陣鼓仗初進擊行鼓各一相應如前皆就隊下督率尉以下隊於會昌門外左鷲像纛幡一旒鷹像隊幡二旒小幡四十九旒鉦鼓各一面伴氏五位一人率門部三人入自掖門居會昌門內左廂依時刻令開門佐率尉

以丙隊於應天門外左隊幡二旒小幡四十五旒尉一人率門部三人居門下門開門畢還本陣又尉率志以下隊於朱雀門外隊幡二旒小幡四十旒志一人率門部五人居門下開門畢還本陣自朱雀門外至於第一坊門路傍衞士隊之又尉率衞士已上隊於龍尾道以南諸門外小幡四旒志率衞士已上隊於東西諸門及餘掖門左右兵衞府於其日寅二刻近衞府始擊動鼓相應裝束督著武禮冠深緋襖繡裲襠將軍帶金裝橫刀靴策著緌佐武禮冠緋襖錦裲襠將軍帶金裝橫刀靴策皆幟殳尉志并皂緌深綠襖錦裲襠白布帶橫刀弓箭緋脛巾麻鞾府生兵衞并皂緌緋襖挂甲白布帶橫刀弓箭白布脛巾麻鞋卯一刻近衞府擊列陣鼓以次相應卯三刻擊進陣鼓仗初進擊行鼓各相應如前皆就隊下督佐率尉以下隊於龍尾道東階下虎像纛幡一旒熊像隊幡四旒小幡尢十六旒鉦鼓各一面又尉率志已下隊於北殿門左小幡十八旒志率兵衞以上隊於北掖門東廊門隼人司官人三人史生二人率大衣二人番上隼人二十人今來隼人二十人白丁隼人一百三十二人分陣應天門外之左右羣官初入自胡床起今來隼人發吠聲三節其官人著當色橫刀大衣及番上隼人著當色橫刀白赤木綿耳形鬘自餘隼人皆著大横布衫襟袖著兩面襴布袴著兩面襴緋帛肩巾横刀白赤木綿耳形鬘執楯槍并坐胡床式部元日丑一刻楮部寮設輔以下省掌以上座於便處輔以下就座省掌置版位五位以上服禮服就版受點其禮冠親王四品已上并漆地金裝以水精三顆琥碧三顆青玉五顆交居冠頂以白玉八顆立櫛形上以紺玉二十顆立前後押鬘上其徽立額上一品青龍尾上頭下右出左顧二品朱雀右出左顧三品白虎尾上末卷頭下右向四品元武纏蛇所纏并右出左顧凡立玉有莖并座居玉則有座無莖諸王一位漆地金裝以赤玉五顆綠玉六顆交居冠頂黑玉八顆立櫛形上以綠玉二十顆立前後押鬘上二位以白玉一顆綠玉五顆交居冠頂以赤玉八顆立櫛形上自餘并准一位三位以黃玉八顆立櫛形上自餘并准二位四位漆地縉形櫛形押鬘玉座皆金裝自餘銀裝以赤玉五顆綠玉六顆交居冠頂以白玉十顆立前押鬘上以青玉十顆立後押鬘上不立櫛形上正五位漆地銀裝以黑玉十顆立前押鬘上以青玉十顆立後押鬘上自餘准四位其徽為鳳三位已上正位正立側頭從位正立低頭正四位上階左出右向下階右出左向從四位上階左出右顧下階右出左顧五位准四位諸臣一位以紺玉八顆立櫛形上自餘并准王二位准王色交居王臣各異二位以綠玉五顆白玉三顆赤黑玉三顆交居冠頂以赤玉八顆立櫛形上自餘准一位三位以黃玉八顆立櫛形上自餘准二位四位以赤玉六顆綠玉五顆交居冠頂自餘准王四位五位以綠玉五顆白玉三顆赤黑玉三顆交居冠頂自餘准王五位其徽為麟正從出向皆准諸王羣臣入就位畢兵部省於殿下擊褰御帳鉦平聲三下乃開御帷圖書寮主殿先進修火爐齊官人左右各一人進就据下共燒香一舉畢帝安宛出御大極殿御座女嬬十六人導引宸儀分侍左右此時中務省內舍人之供奉駕前者分就胡床左右近衞左右衞門左右兵衞之供奉駕陣者咸就本隊整官依拜禮畢駕還中務省左右近衞左右衞門左右兵衞各供奉如初兵部省於殿下擊下帳鉦鉦平聲三下殿下即擊退鼓雙聲九下諸門依次相應羣官退出訖外門擊鉦五下諸門鉦依次相應然後近衞擊退隊鼓三度度別九下餘府依次相應還入本府各擊鉦五下解陣

祭祀

新年祭　一月一日帝親祭賢所（祭三種神器之一神鏡處）皇靈（安祖宗以來歷代皇靈處）神殿（祭天神地祇處）午前四時裝飾尊廟宮內省式部寮官人就座掌典進開扉（賢所皇靈以內掌典開扉內掌典女官也）伶人奏樂內掌典及掌典補供神饌樂作掌典奏祝詞五時式部頭奏請出御帝冠冕束帶步行近衞將校警衞左右侍從執炬前導宮內卿以下扈從至廟侍從執御劍候於階上帝親奉玉串（繫木棉於木端名曰玉串）拜禮式部頭贊相祭儀皇靈神殿同一祭儀惟拜賢所時別有內掌典引鈴之儀拜畢還御宮內省式部寮官敕任奏任判任以次就拜位行拜禮畢撤神饌伶人奏樂掌典閉扉樂止衆退所供神饌賢所皇靈用折敷高坏六本立（謂有足之簋凡六事也）折櫃二十合神酒二瓶神殿用洗米神酒二瓶餅一重海魚川魚海菜野菜果製果鹽凡十臺二日三日（賢所皇靈神殿每月祭祀均以朔日惟新年限至三日）祭賢所皇靈神殿奏祝詞供神饌同一日式但式部寮主其事帝不親祭并無奏樂

元始祭　一月三日元始祭式午前八時裝飾尊廟宮內省式部寮官就座內掌典掌典進開扉伶人奏樂掌典供神饌及御幣物九時在京諸省敕任官咸集帝冠冕束帶至尊廟皇族親王暨大臣參議宮內卿輔書記官等從帝親奉玉串於賢所（內掌典引鈴如常）拜式部頭奏告文皇靈神殿同奏告文此間陪從諸臣及在京諸省敕任官宮內省式部寮奏任判任官以次拜禮畢還御撤神饌幣物伶人奏樂掌典閉扉樂止衆退十時宮內省

式部寮官就座掌典開扉皇太后皇后拜禮奉玉串十時三十分爵香間祗候參拜各㕔在京奏任官神官奏任以上敎導職六級以上有位華族等皆參拜至十二時拜畢閉扉衆皆退神饌賢所皇靈如一日之儀神殿飯餅海魚川魚野鳥水鳥海菜野菜果製果鹽水御杯凡十一臺酒二瓶所供幣物錦一卷紅白絹各一匹晒布二端載之一臺

祈年祭　二月四日帝遣敕使式部寮官奉幣於伊勢皇太神宮豐受大神宮及兩大神宮之別宮祭告祈年皇太神宮供五色絁各十匹白絹十匹錦一端木綿十兩麻十兩幣帛料金若干神饌料金若干豐受大神宮供幣同前皇太神宮別宮荒祭宮供幣帛五色絁各一丈木綿二両麻二両金若干神饌料若干又月讀宮月讀荒御魂宮伊佐奈岐宮伊右奈彌宮瀧原宮瀧原幷宮伊雜宮風日祈宮供幣帛幷幣帛神饌料金若干豐受大神宮別宮多賀宮土宮月夜見宮風宮供幣帛幷幣帛神饌料金若干祭日神宮各神官咸集兩大神宮供神饌勅使進奉幣帛奏祭文文曰天皇昭命使臣式部頭某敬告伊勢度會天照皇太神之廣前五十鈴河上巍巍乎建宮殿於磐石之根大柱堅立千木高揭威靈赫赫照古耀今玆當祈年之辰恭奉幣帛虔祈年穀仰賴天恩俾神國聖世同磐石堅千世萬世與天壤無窮天皇大命庶垂降鑒臣誠惶恐懼敬白豐受宮各祝詞大抵如前同日於宮内祭皇靈同日式部寮班幣帛於各府縣官幣國幣社各有等差令地方官及神官於郵遞到日奉之以脩祭祀官幣大社京都府賀茂別雷賀茂御祖男山八幡松尾平野稻荷堺縣大神大和石上春日廣瀨龍田丹生川上牧

岡大鳥大坂府住吉生國魂兵庫縣廣田琦玉縣氷川千葉縣安房香取茨城縣鹿島靜岡縣三島愛知縣熱田滋賀縣日吉和歌山縣日前國懸島根縣出雲大分縣宇佐鹿兒島縣霧島共三十社官幣中社京都府八坂鹿兒島縣鹿兒島京都府白峯山口縣赤間大坂府水無瀨神奈川縣鎌倉靜岡縣井伊谷京都府梅宮貴船大原野吉田北野共十二社官幣小社鹿兒島縣鵜戸開拓使札幌別格官幣九社堺縣談山京都府護王熊本縣菊池兵庫縣湊川島根縣名和石川縣藤島京都府豐國橡木縣東照陸軍省靖國國幣中社三重縣敢國靜岡縣淺間神奈川縣寒川千葉縣玉前岐阜縣南宮長野縣諏訪兩社山梨縣淺間羣馬縣貫前橡木縣二荒山福島縣都都古別伊佐須美宮城縣志波彥鹽竈山形縣大物忌月山滋賀縣若狹彥若狹姬氣比石川縣氣多射水新潟縣彌彥京都府出雲籠兵庫縣出石島根縣宇倍熊野水若酢兵庫縣海岡山縣中山安仁吉備津彥廣島縣嚴島山口縣住吉和歌山縣熊野坐兵庫縣伊弉諾德島縣忌部大麻比古愛媛縣田村大山祇高知縣土佐福岡縣宗像三社（沖津宮邊津宮中津宮）香椎高良大分縣西寒多長崎縣田島熊本縣阿蘇鹿兒島縣宮崎長崎縣住吉海神共五十二社國幣小社愛知縣砥鹿靜岡縣小國岐阜縣水無岩手縣駒形青森縣岩木山山形縣出羽湯殿山石川縣白山比咩新潟縣度津島根縣大神山日御崎物部廣島縣沼名前山口縣玉祖愛媛縣事比羅福岡縣英彥山大宰府鹿兒島縣都農牧聞開拓使函館八幡共二十社

春秋季皇靈祭　春三月二十日秋九月二十三日祭歷代皇

靈裝飾尊廟供大眞賢木神木如恒例先朝祭次午祭後夕祭朝祭於午前九時式部頭主其事開扉奏樂供神饌奏樂奏祝詞撤神饌閉扉奏樂均如恒儀至十時宮內省式部寮官先集內掌典開扉伶人奏樂掌典供神饌及幣物又奏樂次神殿供神饌及幣物掌典奏祝詞告祭祀又奏樂此時皇族親王大臣參議在京敕任官皆就座式部頭奏請出御帝冠冕束帶至尊廟到拜位親奉玉串於皇靈廣前御拜自奏告文次賢所御拜無奉玉串鳴御鈴之事次神殿御拜亦奉玉串親奏告文親王大臣以下以次進拜畢還御伶人奏東遊舞蹈乃撤神殿幣物及神饌閉扉奏樂樂止衆退十一時三十分皇太后皇后拜禮奉玉串次一品內親王代拜奉玉串十二時三十分麝香間祗候參拜午後一時官省院使府縣在京奏任官神官奏任以上并教導職

六級以上有位華族皆參拜乃閉扉各退至四時行夕祭儀如朝祭亦式部頭主祭事

新嘗祭　新嘗祭定於十一月二十三日午後二時裝飾尊廟四時式部寮官就座掌典新設神座供寢具於神座之上式部頭檢視訖五時四十分掌典點忌火御燈於殿之四隅殿前各所設庭燎光明如晝六時親王大臣參議以下及在京敕任官齋集祗候帝著祭服出御常殿侍從二人左右秉燭式部頭宮內卿恭引宸儀行導御前侍從奉劍璽親王大臣參議以下敕任官宮內式部奏任官扈從御後帝着尊廟御座侍從一人奉寶劍一人奉神璽立殿上簀席式部頭候幄外供奉羣臣各就幄舍掌典行神降儀乃捧進神饌掌典二人執燭掌典一人執削木稱警此時羣官皆與伶人奏神樂歌本拍子伶人末拍子伶人笛伶人篳篥伶人和琴伶人皆歌掌典一人執蝦鰭槽掌典一人執多志良加陪膳采女執楊枝筥後取采女執巾筥采女一人執神食薦采女一人執御食薦采女一人執箸筥采女一人執枚手筥掌典一人執御飯筥掌典一人執鮮物筥掌典一人執乾物筥掌典一人執菓子筥掌典一人執海藻汁漬掌典一人執鰒汁漬掌典二人執空盞掌典二人舁羹八足机掌典二人舁酒八足机掌典二人舁御粥八足机掌典二人舁御直會八足机次供奉官捧盥漱水帝親供進新神饌是年新熟米親奏告文親祭之儀臣下不得窺見次御直會乃撤神饌供奉官捧盥漱水捧神饌者各司其事次第退於是親王大臣及諸敕任官於殿前庭上拜禮宮內式部之奏任判任官亦拜禮畢掌典行神昇儀乃還御儀如初至十時麝香間祗候華族皆參拜

祭禰廟　祭陵　每歲於一月三十日祭孝明天皇儀如皇靈祭二月二十一日祭仁孝天皇十二月十二日祭光格天皇十二月六日祭後桃園院天皇儀如元始祭即四親廟同日即遣敕使祭山陵敕使暨隨員均大禮服祭文納之錦袋或隨員掛於首或敕使捧於手派警部四騎隨從二騎導前二騎護後至日地方官裝飾陵前供神饌敕使進奏祭文禮成復命以上今禮從宮內書記詢問得之名日現行假例謂舊時所行非典制也明治以來百度脩明獨於祭祀之禮闕而未備蓋中興日淺庶政草創有所未暇抑亦視之不甚重也考古來列於大祀者爲踐祚大嘗祭七月以前即位者當年行事八月以後則明年行事其年預令所司卜定天下國郡爲齋郡命之供器具供營繕供調使名日悠紀主基卜定即下知依例准擬八月上旬遣大祓使於諸國已發使復遣使供幣帛於天神地祇下旬又遣祓使於左右京五畿內各國帝於十月下旬臨幸川上行禊禮頒告諸司自十一月朔至晦散齋一月自丑至卯致齋三日大嘗會祓用料稻命齋郡每國充正稅一萬束拔穗田每國六段遣官到齋郡大祓卜定在田及在齋場襍色人等又令拼備多明米三十斛充酒料與穗稻同領送別令於參河國織神服令河內和泉尾張三

河備前供神御䉾器且由加物又令紀伊淡路阿波三國造由加物凡舂米造酒採木製器等事均以卜定之咸肅恭將事於齋郡設齋院所供物別構屋宇收之齋送經由之國皆掃路祓承至京又設齋場所供物別構屋宇貯之又命於縫殿織御祭服內膳司備御料理自神祇伯以下皆別給齋服前祭七日造大嘗宮於朝堂院東西掖門內之龍尾道南庭分造東爲悠紀院西爲主基院宮垣南北各開一門內樹屏籬東西各開一門外樹屏籬二院中垣之南端開一小門將柴爲垣押椊八重垣末柱將推枝諸門編楉爲扉悠紀院所造正殿一宇萱置堅魚木八枝著高博風構以黑木葺以青草以檜竿爲天井席爲承塵壁蔀以草表裏以席地敷束草上加竹簀其室簀上加席又上敷白端御帖帖上施坂枕戶懸布幌主基院殿與上相對又於大嘗院北造迴立宮正殿一宇又於南北門建神楯二枚戟八竿又於朱雀應天會昌等門建大楯六枚戟十三竿十一月中寅日以前內外庶事整齊已畢卯日平明神祇官班幣帛於天下諸神座別絁五尺五色薄絁各一尺倭文一尺木綿二兩麻五兩四座置一束八座置一束楯一枚槍一竿裹葉薦六枚庸布一丈四尺是日中臣官人率卜部於宮內首卜諸司小齋人訖各還私舍沐浴齋服走集別差中臣忌部官人各一人率縫殿大藏等官人奉置衿單於大嘗宮悠紀殿率內藏官人奉置御服并絹幞頭於迴立殿主殿寮供奉御湯三度一度大齋湯於常宮供之二度小齋湯並於迴立殿供之諸位立仗諸司陳威儀物如元日儀石上榎井二氏各二人皆朝服率內物部四十人著紺布衫立大嘗宮南北門神楯戟門別楯二枚戟四竿訖即分就左右楯下胡床門別內物部二十人左右各十人五人爲列六尺爲間伴佐伯各二人分就南門左右外掖胡床待時開門左右近衛中將以下各引隊仗分衛大嘗宮左右兵衛督以下各引部隊分衛其方左右衛門督以下各引其隊分衛其方及門門部糾察諸門出入集人司率隼人分立左右朝集堂前待開門乃發聲中務輔丞率大舍人寮及舍人宮內輔丞率主殿寮掃部寮殿部掃部等並公服執威儀物左右分陳式部設皇太子以下版位於大嘗宮南門外廷已時主殿寮供奉大齋御湯同時兩國供物發自齋場向大嘗宮悠紀在左行主基在右行其行列神部四人左右前驅着青褶衣執賢木神祇官一人在中頭當色著木綿鬘次神服長二人分在左右著青褶衣執賢木神服宿禰一人在中頭當色木綿襷日蔭鬘次繒服案納以細籠置以案上神服二人舁之著青褶衣次神服男七十二人分在左右青褶衣日蔭鬘次神服女五十人分在左右青褶衣日蔭鬘男女各執酒柏以弓弦葉插白竿四重重別四枚次悠紀國前驅四人分在左右青褶衣執賢木次稻實卜部一人在中頭當色木綿襷日蔭鬘執青竹次造酒兒細布明衣日蔭鬘乘素輿輿夫四人次御稻輿納稻布袋擔夫二人稻實公青褶衣木綿襷日蔭鬘次戴御膳案女八人細布衫木綿襷日蔭鬘垂髮次御酒案一脚擔夫四人次黑酒二瓶夫各八人次白酒二瓶夫各八人已上四瓶各載黑木輿飾以蘿葛次由加物八輿輿別夫四人納以明櫃置以大案次切机四脚加納刀子折櫃二合裹以曝布以案爲一荷荷別夫二人次火爐一荷納筥二合吳竹爲足覆以絲縑夫一人次臼一腰納以

布袋結以布帶覆口以白木盤裹以細席夫二人次杵四枝納以布袋吳竹爲足夫一人次箕二枚裹以曝布吳竹爲足夫一人次薪十荷兩端裹以細席夫十人次火臺四荷塗以白土覆以細席荷別夫二人次捻明四荷兩端裹以細席夫四人土火爐四荷構以椿木塗以白土覆以細席荷別夫四人次擲葉二荷裹以結席夫二人次食薦并匙簀一荷裹以曝布納以明櫃置以大案夫二人次韓竈一具納以明櫃置以大案覆以緋油單夫六人次水六瓶覆口以白木盤蓋以黑木輿飾以草木葉夫各四人已上并神御物皆插賢木次禰宜卜部在中頭當色木綿襷日蔭鬘次國郡司分在左右并當色日蔭鬘其國司親族相助者各監獻物左右分列絲襖青褶衫次酒盞案一脚夫四人次黑酒十缶夫二十人次白酒十缶夫二十人次飾酒十瓶瓶別夫八人次倉代物四十輿輿別夫八人黑酒以下黑木爲輿飾以美草次襍魚鮨一百缶夫二百人檜木爲足以曝布覆口次肴果十輿輿別夫四人次飯一百櫃夫二百人次酒一百缶夫二百人次襍魚并菜一百缶夫二百人擔夫皆青褶衣已上并多明物其主基國次第亦如之阿波國忌部所織麁妙服即神語所謂阿良多倍預於神祇官設備納以細籠置以案上四角立賢木著木綿忌部一人執著木綿之賢木前行四人舁案并著木綿鬘未時以前供物到朱雀門下神服部在前如初阿波國忌部引麁服案出自神祇官就褶服案後立定待內拜畢衛門府開南三門如元日儀神祇官一人引神服男女等到於大嘗宮膳殿還柏酒出又神祇官左右分引兩國供物參入除神御物之外皆留朝集院庭中各分安置東西堂到大嘗宮南門外即悠紀左迴主基右迴共到北門神祇官引神服宿禰入奠褶服案於悠紀殿神座上次忌部官一人入奠麁服案於神座上訖共引出乃兩國獻物各收盛殿訖衛門府閉門神祇官侍於北門內左掖造酒兒先舂御飯稻次酒波等共不易手舂畢伴造燧火兼炊御飯安曇宿禰炊火內膳司率諸氏伴造各供其職料理御膳宮內省官人左右分引大膳職造酒司各陳其所備供神物高橋朝臣一人安曇宿禰一人各掌多賀須伎其膳部酒部亦依次立並入大嘗宮共外殿就案頭立定前頭先奠案上自餘以次手傳奉奠訖相顧退出明日撤亦如之酉時主殿寮以寮火設燈燎於悠紀主基二院院別二燈二燎伴宿禰一人佐伯宿禰一人各率門部八人著青揩衫於南門外通夜庭燎悠紀主基二國進御殿油二斗夜別五升燈盞盤各八口燈心布八尺夜別二尺炭八石日別二石績松三百二十炬長各八尺夜別八十炬薪一千二百斤日別二百斤戌時天蹕始警臨迴立殿主殿寮供奉御湯即御祭服入大嘗宮其道大藏省預鋪二幅布單掃部寮設葉薦且隨御步數布單上前敷後卷宮內輔以上二人敷之掃部允以上二人卷之布不敢蹈還亦如之宮中道並庭以八幅布單八條敷大臣若大中納言一人率中臣忌部御巫猿女左右前行大臣立中央中臣忌部列門外路左右宸儀始出主殿官人二人執燭奉迎車持朝臣一人執菅蓋子部宿禰一人笠取直一人並執蓋綱膝行各供其職還亦如之御悠紀嘗殿小齋群官各就其座訖伴佐伯氏各二人開大嘗宮南門衛門府開朝堂院南門宮內官人引吉野國栖十二人楢笛工十二人并青揩布衫入自朝堂

院東掖門就位奏古風悠紀國司引歌人入自東掖門就位奏國風伴宿禰一人佐伯宿禰一人各引語部十五人著青摺衫入自東南掖門就位奏古詞皇太子入自東西掖門諸親王入自西門大臣以下五位以上入自南門並就幄下座六位以下在暉章修式二堂後依次列立羣官初入隼人發聲立定乃止進於櫃前拍手歌舞五位以上共起就中庭版位跪拍手四度度別八遍卽神語所謂八開手皇太子先拍手而退次五位以上拍手六位以下相兼拍手亦如之訖退出唯五位以上退就幄下位坐定安倍氏五位二人六位六人左右相分共就版位跪奏侍宿文官分番以上簿訖薦悠紀御膳亥一刻進四刻退行立次第最前內膳司膳部伴造一人執火炬撲盆次采女司采女朝臣二人左右前騶次宮主卜部一人著木綿鬘執竹杖次主水司水取連一人執蝦蟇盥槽水部一人執多志良加次采女十人一人執刷筥一人執巾筥一人執神食薦一人執御食薦一人執枚手筥一人執飯筥一人執鮮物筥一人執乾物筥一人執箸筥一人執菓子筥次內膳司高橋朝臣一人執鰒汁漬安曇宿禰一人執海藻汁漬膳部五人一人執鰒羹坏一人執海藻羹坏二人執羹埦案惟一人守棚不入行列酒部四人二人舁酒案二人舁黑白酒案皆依次而立薦享已訖撤亦如之子時神祇官引內膳膳部等還於主基膳殿料理神御饌宸儀還迴立殿其儀如初供奉御湯訖易御服遷御主基嘗殿其儀一如悠紀又國栖等奏古風並皇太子以下拍手等並同悠紀儀寅一刻薦主基御膳進退如前辰日卯一點還迴立殿其儀如初易御服還宮警蹕侍衛如常儀祭事已畢百官各

退伴佐伯氏人閉門二點神祇官中臣忌部引御巫等鎭祭大嘗宮殿其幣如初訖卽令兩國民壞御後鎭祭所平訖卽鎭其地料絹布四段木綿二斤麻二斤十兩鍬八口米八升濁酒八升鰒四斤十兩堅魚十斤六兩海藻十斤六兩册一斗六升鹽四升瓶坏各八口其御服衾單被帖短帖席并運立殿及供奉御湯之屬并給忌部等一物已上所用襍物經火之物給宮主卜部自餘一物已上及襍舍等悉給中臣四點神祇官准例仁壽殿又悠紀主基兩國御代等襍物列立於豐樂院庭中先祭是所司預掃除豐樂院悠紀主基二國各設御帳於殿上悠紀在東主基在西諸司內外張設如常儀式部預置版位辰二點車駕臨豐樂院御悠紀帳諸衛陳列如常皇太子入自東北掖門待親王以下就位畢乃入五位以上入自南門各就版位六位以下相續參入立定神祇官中臣執賢木副笏入自南門就版位跪奏天神之壽詞忌部入奏神璽之鏡劍退出次辨官五位一人亦就版位跪奏兩國所獻供御及多明物色目訖退出皇太子先拍手退出次五位以上俱拍手六位以下相兼拍手如前儀以次退出式部取版位出宮內引大膳職造酒司所備多賀須伎比良須伎等物進見於庭訖將去是時大臣侍殿上喚五位以上俱入就顯陽承歡二堂座六位以下以次參入就觀德明義二堂訖悠紀國別貢物參入已一點悠紀國薦御膳給饗五位以上如宴會儀兩國多明物並分辨官班給諸司悠紀國獻當時雅味次闕司引歌人入奏國風訖撤朝膳未二點遷御主基帳皇太子以下亦就主基座別貢物參入獻當時鮮味薦御膳奏國風等並同前事訖悠紀國給祿已日辰二點御

悠紀帳三點薦御膳次奏和舞其召五位已上給饗及六位已下參入奏風俗樂等並同辰日未二點御主基帳供御膳之後奏田舞庶事同前儀事訖主基國賜祿午日卯一點御兩國帳所司裝束尋常御帳辰二點御此帳召五位以上及六位以下參入同前日四點敘悠紀國司及氏人等敘位人數依敕處分已二點所司薦御膳供其器具便用前日兩國所供御膳之具奏久米舞吉志舞申一點奏大歌並五節舞三點供奏解齋舞先神服五舞數限四人次神祇官中臣忌部及小齋侍從以下番上以上左右分入造酒司人別給柏卽受酒而飲訖卽爲變而舞之酉二點皇太子已下五位已上給祿各有差又諸司六位官以下及兩國驅使丁以上給祿神祇伯大副及齋部少領以上加給馬一疋其悠紀主基兩國主典以下諸郡司主帳以上把笏者別敕敘位者依臨時處分是日小齋侍從以下於宮內省解齋歌舞如常大膳大炊造酒及兩國司給酒食訖脫齋服復常云云蓋古之大嘗祭繁重如此嵯峨帝時右大臣藤原冬嗣上言聖主相續頻御大嘗天下騷動人民多疲其勞費可知自王綱解紐諸政廢弛及將軍執政則皇宮供億尚有匱乏何況祭祀近年大政復古初亦下詔稱祭政一致期復舊規然若此隆儀大典一時固未暇舉行也今特節錄其儀以徵舊典

外史氏曰余考日本開國以來國之大事莫大於祀有大祀有中祀有小祀有四時祭（每年定日行之）有臨時祭（常祀之外應祭者隨時祭之）每帝

踐祚必舉大嘗祭典禮最重卽位之後卽簡內親王（帝女也若無內親王依世次簡女王卜之）爲伊勢大神宮齋主曰齋宮又簡內親王爲賀茂大神齋主曰齋院以奉祭祀凡時祭名有十三行之十八日祈年（欲令歲災不作時令順序）曰鎭華（三輪狹井之二祭也春日華散疫癘流行乃祭以鎭）曰神衣（伊勢之祭也其神服部齋戒精潔以織神衣其絲用三河赤引之神調麻績連亦織敷和之衣以供神明）曰大忌（龍田廣瀨之二祭也欲令山谷之水變而爲甘澤潤苗稼有福祥焉）曰三枝（率川之祭也其祭酒之樽飾以三枝之華）曰風神（龍田廣瀨之二祭也欲令沴風不吹稼穡滋登）曰月次（若庶人宅神祭焉）曰鎭火（卜部之徒祭於宮城四隅以防火災）曰道饗（卜部之徒祭於京城四隅以遮鬼魅饗遏路上使不內入）曰神嘗（神衣祭日卽行之）曰相嘗（大倭住吉大神穴師恩智意富葛木鴨紀伊日前神等是也其神主各受官幣帛而祭之焉）曰鎭魂（陽氣曰魂招其所離以鎭於身體中也）曰大祓（除不祥也）祈年於仲春鎭華於季春神衣於孟夏孟秋神嘗亦於孟秋大忌於孟夏孟秋三枝風神於孟夏月次鎭火道饗於季夏季冬相嘗鎭魂於仲冬（祈年月次最重百官集於神祇

官中臣氏宣祝詞忌部氏班幣帛凡六月及十二月晦日大祓東西文部上祓刀讀祓詞訖百官男女咸聚祓所中臣氏宣祓詞卜部氏爲解除若其他臨時之祭蓋不可勝數也如霹靂神祭鎭竈鳴祭鎭水神祭御竈祭御井祭鎭御在所祭鎭土公祭御川水祭鎭新宮地祭八衢祭行幸時祭路次神祭堺祭大殿祭宮城四隅疫神祭祈雨神祭遣使時祭遣使造船木靈并山神祭之類考延喜式載神列於祀典者蓋三千一百三十二座之多凡神宮有神戸其調庸田租槩充神宮裝飾及供神調度所需財物所供幣帛出於官若大祀則令國司供納以卜定之其祭物有絁絲綿布米豆酒稻魚菜鹽果及坏盤案席弓馬刀楯之類所司長官親加檢校必令精潔毋許穢別有御贖祭所供物有鐵人像二枚衣二領袴二腰被二條等事謂贖罪於神令移禍於鐵人也御贖祭有一世一行者有歲行之者司祭祀者有中臣卜部忌部世其官有禰宜物部猿女内人御巫司其事皆給以祿祭之先分頒祭衣祭之後別給賞祿凡齋戒大祀一月中祀三日小祀一日大祀散齋一月致齋三

日散齋期内諸司不得弔喪問疾不得食肉不判刑不作樂所司預告於官官於散齋日平旦應告諸司俾得齋戒凡供物禮儀有定式有差等中古特設神祇省一官神祇伯之職掌祭祀之典領邦國之祝凡祝部神戸名籍皆隸於此視御巫之禱神祇式九月神嘗祭十月鎭魂祭則御巫與其事知龜卜之令凡灼龜占吉凶是卜部執業而隸於神祇省總判其官事大副少副爲之貳率其屬而從事焉神祇伯班於百寮之上其奏事列於諸務之先蓋所以重之者如此自王政衰微祀典疏怠逮乎近日則諸教盛行各宗其說如耶蘇教視一切神明皆若誕妄則有以古人之祭典爲鄙陋爲愚昧者民智益開慢神愈甚雖然以古先哲王之仁之智而以禘嘗治國以神道設教自有精義蓋其時人文草昧所以化民成俗不得不出於此上以恪恭嚴肅事神下以清靜純穆報上固有非後世之所能及者

矣嗟夫

婚娶

自諾冊二尊見脊令飛鳴始制婚媾中古多本唐禮保元平治之後喪亂薦興禮制湮廢至足利義滿時有能阿彌鑑岳者始制諸禮以後小笠原氏小笠原氏禮最通行有開女塾以教女流者其拜跪折旋言辭謦欬下至拂塵插花均有法度云伊勢氏世習其儀今所用大率本二氏明治以來稍稍廢矣而民間猶存舊典古帝立后又立中宮置九嬪諸侯妻曰御臺所亦曰某君士大夫妻曰奥姑遼史國語解凡納后卽族中選尊者一人當奥而坐以主其禮謂之奥姑蓋遼人語也妻呼夫曰檀那沿梵語也平民妻曰女房曰山神僧妻曰庫裏曰大黑瓊瓊杵尊娶木花笑耶姬姬爲富士山神以美稱故妻爲山神司財之神曰大黑蓋謂司內職者僧房曰庫裏亦謂主庫云僧家眞宗外舊無蓄妻者近日釋禁爭迎娶矣諸侯妾曰部屋士大夫平民皆曰妾外婦名曰幃妾生子則爲乳母不稱母不得配廟

聘妾不備禮不與親族交有非妻非妾者曰權妻亦不與親族交訂月輸值朝張暮李聽人去留生子或留予去母後有爲妻者設讌饗親族名曰披露必設假父母以生母賤也娶妻不避同族如帝子男爲親王女爲内親王制惟親王許娶内親王至於五世之王仍不得娶諸臣許娶五世之女王其四世以上女親王均不得娶凡皇子皇兄弟皆爲親王自親王至於五世則有王名舊制限帝族自相爲婚親王與内親王相婚配惟延曆十二年九月詔曰見任大臣良家子孫聽娶三世王惟藤原朝臣奕世相承相王室特聽娶二世王蒲生秀實日長婚姻有禮以男女有別無相狎也以尊卑有等不苟合也禮名賢文古今不同上世兄弟相娶自今視之如無別者然猶遠同母則無有狎者存焉王姬之貴不肯釐降諸臣所以特貴天孫也然二世之王女藤原氏獨以相家得娶焉則不苟合者存焉禮在無相狎而不苟合其義與儒家異亦何足傷也儒家以不取同姓爲禮禮記載之名爲周道則周以前之婚禮當亦不避同姓矣歷世相沿由貴族遠於庶民皆如此近世乃有禁同族爲婚者足利氏之後諸侯無子者卽贅壻爲子嫁之以女俾承

宗祀幷從其姓贅壻之風大行因有男子嫁人之名至今猶沿其俗蒲生秀實曰自足利氏後天下亂子多以男嫁人而無子將擇後者必先議其幣多少而後定議云云自贅壻爲子之風盛行兄妹爲婚之禁又起或有妻死繼室以妹者有司議曰爲人後者爲之子妻妹即其妹是兄妹爲婚也不可或又曰女夫謂之壻已所生謂之子今既併於一人之身於姊謂之壻於妹謂之子何分歧爲且父母於姊妹均謂之女未嘗稱配嗣子者爲婦已女而不婦姊妹何擇焉可議禮之家紛如聚訟焉凡男子弱冠其父母將迎婦先立媒人名曰肝煎肝煎周旋二姓間或看花或燒香驂車某寺泛舟某橋使兩小相識肝煎與婦家爲約名曰架橋既諾乃詣官告婚官許之遂用紅定謂之結納白髮一以白麻製之長數尺如白髮熨斗一製以鰒魚長數尺以藁縛魚雙用赬鯛魚或鯉或用鳧鴈酒一樽衣一領帶一圍其他數種貧富有差肝煎相攜到婦家親戚咸集揖讓禮終新婦出曰妾不敏願賜教既而開宴卜日至日壻受父母命與肝煎到婦家迎之女父母初見壻授以刀劔二名引出物拜跪禮

終設酒宴歡飲而去即夜婦輿入肝煎從親戚皆從先出父命之母申之母爲結束盤五綵縷於髻裙屐皆新乃設庭燎爲送死之禮表不再歸也輿將入門數女迎之名待女郎在堂上周旋新婦及爲酌者一升堂先拜家廟就席北面坐衣必用素以繭覆面頭髮皆去飾但妝紅粉而已壻禮服南面坐肝煎行酌應酬盃用三肴盛高盤盤上飾以松竹梅鶴龜皆以繡或以金銀紙製象蓬萊島也名曰島臺肴必用乾烏賊羹用蛤壺飾以雌雄胡蝶以金銀紙爲之以三盃夫妻相酬爲九獻於時肝煎唱古謠高砂曲高砂在播磨國古有老松松精化爲翁媼戲於松下後人爲曲合巹必謠之曲曰高砂兮重重亭亭兮蒼松上有偕鳳兮下有騈龍枝當葉對兮無不雙衆皆拍掌又歌曰錦屏四圍兮珊瑚交支燭影迷離兮酒波參差夜既央兮客未歸釵挂冠兮袖拂衣形影兮相隨託微波兮通辭在天爲比翼兮在地爲連枝三千一百三十二座大神兮百千萬億化身菩薩兮爲我盟司山摧海爛兮心不移新婦頫首衆益飛觴懽聲雷動又歌曰今日夫婦兮他日公婆熨斗溫兮相摩抄白髮千丈兮曳以拖夫夫婦婦兮如琴之和子子孫孫兮如蟲之多今夕何夕兮奈樂何歌未畢促合巹飯夫妻禮終舅姑與新婦三獻兄弟親族各一獻歌謠甫停禮飯既終復團圞飲肴核襍陳百戲迭興婦乃理髮插笄更衣而坐待女郎亦更衣夜徹晨尚點燭飲宴未終新婦與壻入後堂共牢而食新婦執贄舅家白髮一熨斗一酒一樽魚雙壻服一領遺舅姑及兄弟親族臣僚各以物有差新婦所攜單司納衣服長持藏寢具黑棚陳列妝具廚子列書籍及器物釣臺廚間諸具及平生所用什具富家多以描金箱黑髹具貧丈黃竹箱一對而已大家嫁女更衣十三色先白最後黑衣畢

乃登輿壻家禮飲亦屢更衣新婚之夜以更衣多爲華媵妾老女或更一二飲酒以過量爲祝醉倒亦不妨聚飲者以殘炙餘餚攜去歸以遺細君也二日招親戚內子及姊妹開讌各攜酒肴來如前日三日招朋友相知過三月歸寧母家肝煎從焉名曰里入一宿而歸壻爲客於外家曰初客肝煎又從遺物有差有身五月爲帶祝遺赤飯於肝煎生子每別築產舍曰生衙既而舉兒七日命名設宴招親族若男也以端午爲祝日女也以上已爲祝日此禮今已廢矣初生逢五月製旗如鯉高插門楣以祝多子

喪葬

垂仁帝時始造石棺帝賜之官建眞利根始造石棺獻之帝帝賜姓曰石作大連公後多用石棺臨葬冠服刀劍珠玉酒飯及平生所愛器玩皆以殉其

厚葬可知（盜掘舊陵多有得寶玉者金椀寶刀大抵同秦漢以上制）如古帝陵大者周圍七八里小者亦過千步穿塹注水使人跡不能至然中葉以後大抵荒蕪（考古治部省有諸陵司諸陵正及佑掌陵墓之令喪祭之紀土部從贊凶禮焉又喪葬令凡先皇之陵置陵戶若陵戶不足募百姓充役十年一替凡兆內毋許臣庶埋葬及耕牧樵採又諸陵式凡陵墓之側有原野者案仰守戶並移所在國司豫爲除禁毋使失火延燒凡垣溝有損壞者令守戶修理官人巡加檢校歲十二月遣奉幣謂之荷前祭親者曰近陵疏者曰遠陵供幣之數亦有差等凡祭之上旬寮錄其事供諸國山陵使姓名及驛鈴等數以告於治部省省告於官然後頒幣即日遣奉云云然自王室衰微歷代帝陵多不可考近世蒲生秀實極意搜採作山陵志一書然尚十不能得五六也）佛教渡來之後都用梵法貴賤惟樹一碑而已中古天子廢誄用佛家法死者例爲釋徒（考古治部省有喪儀司喪儀正及助一掌凶事儀式及葬具又喪葬令凡葬具一品則鼓百大角五十小角倍之幡四百二品則鼓八十大角四十小角倍之幡三百五十三品則鼓六十大角三十小角倍之幡三百皆有鉦鐃各二楯各七以護葬其發喪以三日惟一品及太政大臣別有方相太政大臣則鼓百四十大角七十小角倍之幡五百鉦鐃各四楯九以護葬其發喪以五日一位及左右大臣皆準二品二位及大納言皆準三品惟除楯耳三位則鼓四十大角二十小角倍之幡二百鉦鐃各一其發喪以一日若轜車自一品至五位皆得用之其他葬具及遊部並有定式云又考古記云遊部在太和高市郡其家祖傳有圓目王者娶伊賀比自支和氣之女先是凡大喪比自支氏必分二人掌奉殯事一日禰禰義謂負刀持戈一日余比謂持刀及奉酒食供奉於內其所陳之辭例不使人知之及長谷天皇崩比自支氏亡以是七日七夜不奉御食詔諸國索其氏之人或曰唯圓目王之妻即比自支之子也召問之荅曰妾族已絕唯妾一人在有救使負刀持戈辭曰兵器非婦人所能供奉乃命圓目王代其妻執事焉詔令其子孫永襲其職因名遊部君凡送葬之日於野中古市所在歌垣亦合遊部人爲之又考古有土部其祖曰野見宿禰當垂仁帝世母弟倭彥命薨近臣從殉數日不死晝夜啼泣宿禰進曰殉葬不仁臣請易以土偶乃召出雲土部一百人取埴造人馬及衆物形獻之帝大喜名之曰埴輪又名立物下令曰永停殉葬以此代人帝賜宿禰以鍛地任土部職故姓土部自是土部氏世掌凶儀其年位高者爲大連次爲少連並紫衣帶劍蓋中古喪儀如此自佛教盛行都用梵法一切廢棄矣）平民全用火葬故有棺無槨其制甚薄無大小斂不齊不衰不哭不踊唯招僧讀經供蔬飯而已始死告之官及僧曰某以某病死年某甲醫師具書狀一僧來檢屍親族相集焚香點燭唱佛名徹夜翌修葬具木棺直

立如龕僧以藥水拭其體使尸軟如泥乃令死者合掌趺坐衣皆用素刀劍（木製）二扇一念珠一或爲旅裝布襪麻鞋一杖一笠表到佛國也棺糊以紙覆以白布書南無阿彌陀佛六字或南無妙法蓮華經七字爲幢四流各書佛語供以香爐花（以金銀紙或白紙剪爲蓮花）菓二盂團子一盂龍燈二一宿或三宿葬焉僧數人讀經鳴鉦或奏樂乃作偈讀之投龕中又添血脈書（書釋迦弟子之系於死者爲釋迦幾傳弟子蓋繼釋迦血脈者）葬之日嗣子奉木主先柩行親族兄弟各禮服送之列紙幡二三十亦書六字七字如棺和撒錢而行曰買路錢至寺嗣子行香次兄弟親戚朋友各有序僧又讀經向柩大喝唱偈謂之引導禮終饗僧及送者親戚陪食冷酒野蔬饗終送野付荼毘編竹爲化人城主人多置草履會葬者易履入城出易履歸焚用木或佐以檀香翌收骨盛小甕埋之墓下或分送紀列高野山眞宗則收於西京之東山七日僧來說經饗之親族兄弟詣寺行香四十九日而止乃謝僧以衣服貨幣若干及死者遺物曰布施僧必爲之諡如曰綠樹院重陰四鄰居士或曰月落烏啼菴主菴主三金居士五金寺僧撰諡以價多寡定之始死告之寺僧僧曰以金幾何圖葬之商定布施乃誦經讀無量壽經價若干法華經若干大般若經若干皆有價諺曰來世苦樂因布施厚薄至五十日親族兄弟初飲酒食肉曰精進落與平日無異近年以七日爲限喪葬禮終供之家廟眞宗最極壯麗有邸中築一堂儲僧護之者有構一室以七寶莊嚴者凡一戶必一廟中央安釋迦或阿彌陀觀音勢至等左右列木主不復序昭穆朝夕必供饌如德川氏之塔世世建一廟金鋪銅沓窮極華麗諸侯大夫多有家廟每祭設壇修佛事招

數十僧作無遮大會精饌供僧然後實菓布施山積每歲七月爲盂蘭盆會十三日夜招魂家廟安木主樹青竹四隅敷蒲席數重有以野蔬象牛馬者或編柳爲車削竹爲輪謂幽魂駕而來也設餅朝夕供之招僧讀經燈光滿室幢幡四垂設庭燎鳴鉦鼓十五日夜舉幢幡投之流水至十六日飲酒啖肉開讌招友每歲掃墓於清明素服隨往插花澆酒或以楊枝灑水洗碑不設供饌期年三年七年十三年十七年二十三年二十七年三十三年三十七年五十年百年丁忌辰爲祭祀亦延僧誦經招客飲酒作大會上古尚殉死自垂仁帝時使土工作俑代人詔禁殉然此風不絶至武臣顓政時尤貴殉死主死則臣僚爭屠腹至有數十人駢死者死輒從葬及德川家康嚴禁之然蒙殊寵者猶殉今則止矣夫死亦有妻妾殉者凡夫死妻剪髮去

首飾從佛法者更名用謚號稱某院謂之後室曰後家俗曰赤信女葢以碑面鐫夫妻謚號其未亡人嵌以朱故有此名也又有神葬自歛至反哭皆以神官主持柩類舁輿圍以葦索垂旗四流（象青龍白虎朱雀元武）榊（木名似椿榊係日本字）二枝劍履香花親戚僚友禮服送野臨葬柩前供酒二壺餅一盆蔬數種乾魚一豆神官讀祭文冠紗襪而登席中立拍掌持榊小枝拜拜訖擲枝柩前會葬者各執花枝前供鞠躬進退伶人奏樂樂終再拜乃下柩喪子不親祭憑穴不哭泣樹木主曰某官某墓家廟奉木主供酒餅蔬果乾魚上圍葦索神官及嗣子讀祭文拜畢饗親族僚友以酒食無齊衰大約七日而卒忌舊幕府時五十日間不剃頭不出門朝夕供饌事木主如事生飯一盂蔬五種或七種糕果數種凡父母喪以十三月爲服祖父百三十日祖母九十日曾祖父母九十日高祖父母三十日子九十日嫡孫三十日諸孫七日曾孫七日妻爲夫十三月夫爲妻九十日伯叔父母九十日兄弟姊妹九十日（服之內有忌日服十三月者忌五十日服百三十日者忌三十日服九十日者忌二十日服三十日者忌十日服七日者忌三日凡忌日不治事不會親友不出門）近學西法有大喪或大臣喪則半懸國旗以示哀他國亦如之以示弔葬日鳴喪礮隨其官等級如一等官十九聲二等官十五聲會葬者皆大禮服如吉禮惟佩劍蒙以黑紗

日本國志卷三十四

日本國志第十　卷之三十五

出使日本參贊官黃遵憲纂

禮俗志二

服飾

古衣服　古衣服有冠有帶有裳有褌有手足纏惟衣皆左衽制畧狹小耳近世論古衣服曰長不過腰袖僅容手下有褌窄僅容足正如今泰西服蓋曲徇時尚據土偶坿會其說也古多泥塑然地各殊製其年代不可得考惟筑後人筑紫造磐井所造及藤貞幹六種圖考與好古日錄所載其形奇古足觀古製固非如後世之博袖寬袍惟古事紀述剌取熊曾事取其衿之交處其不甚窄狹可知且衣袖雖不寬古事紀敘進解衣先帶次衣裳次褌後手纏可知手纏環褲於腕在懷袖中屈信自在若如西人服則狹不能容矣

冠　古之冠不爲禮服但以巾裹頭上耳至推古帝始定冠位分十二堦曰德仁禮信義智各有大小以冠色分等史但言以當色之絹縫之不言何物爲當色大率以紫赤青緋黑綠分濃淡色爲十二等後又隨冠色着髻華大德小德用金大仁小仁用豹尾大禮以下用鳥尾

孝德益爲十三堦曰大織冠最尊惟有大勳乃特授惟鎌足一人得之而已小織冠大繡冠小繡冠尋常亦不以除授大紫冠小紫冠大錦冠小錦冠大青冠小青冠大黑冠小黑冠建武冠又益爲十九堦紫冠以上如舊曰大華小華大山小山大乙小乙各分上下最卑爲立身冠天智又益爲二十六堦更華曰錦錦及山乙上下外又加中建武分爲大小天武又改冠號以漆冠爲朝服後又改制自一品至五位頭巾用皂羅初位用皂縵五位以上各有禮服冠其製各別如親王四品以上並漆地金裝以水精三顆琥碧三顆交居冠頂以白玉八顆立櫛形上以紺玉二十顆立前後押鬘上其徽立額上一品青龍二品朱雀三品白虎四品元武之類各有等差戰國以後禮冠乃廢維新之初未改服制曾見大臣冠髻高及尺冠後拖一漆版下垂如虹以帶繫之頷下近日禮冠皆狹長前後銳而中尖以白黑羽爲飾朝會皆以免冠爲禮冠或肘挾或手執而已

瓠花　上古男子分髮爲二左右結之飾以貫珠命爲美珠羅神功紀后沐髮分爲二作男子裝云今農家所種豇豆其細而長兩分垂地亦曰美珠羅蓋像髻名之也日本紀注古俗年少兒十五六間束髮於額十七八間分爲角子額髮古事紀稱爲瓠花後世名爲髻福

元服　元服本加冠之名顏師古注漢書昭帝紀曰元首也冠者首之所著故曰元服而俗謂剃額爲元服蓋在昔士庶皆有冠禮故因剃額存其名歟剃額之前州去頂髮一二寸許作髻於額謂之前髮迨弱冠後削去前髮所以有元服之名耳使琉球紀曰男女不剃胎髮男至二十將頂髮削去惟留四餘撮一髻於前額右傍簪小加意如意亦分貴賤品級此亦前髮之類也

月題　剃額上髮數寸命曰月代僧西行撰集鈔已有月代之名則亦已舊矣月代猶言月樣也蓋削去額上髮圓如月樣故

或曰代當作題以國音近誤按莊子馬蹄篇曰加之以衡扼齊之以月題陸德明釋文云月題馬額上當顱如月形者此其所以取義也宇士新嘗稱爲黃鸝頭世傳室町氏之時有十河一存者始爲之故又名十河額蓋戰國之餘習而取便於冑耳後遂併鬢鬚剃之

男子剃面　維新之前公卿以下皆剃面不蓄鬚髯蓋如僧俗多武峯護國院所藏鎌足公像大織不退轉法輪寺所藏業平像河內道明寺所藏菅公像皆有鬚髯似當時未剃面又德川家康謂加藤清正曰公有三可惡一美鬚髯則三百年前皆已不蓄鬚矣士庶不鬚則始於德川氏時土佐又平所畫人物皆有鬚髯則當時士庶未剃面可以見已近學西俗以髯爲貴年三四十唇上頷下離離若竹輒摩弄自喜或零星不出則設法藝之其形如八字以手撚之使其末向上作掀騰之勢蓋東人西服所未似者在此得其似者超越等流矣

婦人剃眉　黑齒　婦人已嫁剃眉以墨畫於額上亦多不畫

者猗覺寮雜記曰今婦人剃去眉畫以墨蓋古法也釋名曰黛代也滅去眉毛以代其處也婦已嫁則涅齒使黑如漆魏志漢書有黑齒國名此風久矣明治初年下令革舊今則齒如貝編眉如蛾彎矣

文身　文身舊俗今猶有存胸背手足刺爲鳥獸鱗介花卉果木之形亦或繪人物故事涅之以藍光怪陸離不可逼視其象蛟龍者作鱗之而軒騰若生云入水可辟水怪圉人僕御十人而九士夫以上罕爲之者

丹朱坋身　後漢書稱丹朱坋身或古男子喜剃面傅粉搔頭施朱如梁朝貴遊子弟耶今女子多傅脂粉襟廣微露胸肩脊亦不盡掩亦傅粉如其面然坋身之說殆謂此歟否則古之文身用丹朱不用藍也

肩衣　即直垂之除袖者也直垂素襖之類本田獵服保元已降始有此稱迄足利氏時朝士多服之山槐記所謂遊鞍馬寺途遇右少將維盛直垂小袴行縢獵歸是也後遂爲常服東山氏時茶會盛行其茶室不過方丈故除袖以便周旋耳

罩甲　武弁之服有陣端折其製半身除袖折襟分裾以便於騎馬即罩甲也有名襯甲者仍用長袖冬日則用夾裡裝綿亦謂之端折貴賤通服之即是古之半衣繡披襖諸于繡䙅之遺象蓋其製半身則如半衣披襖子袴褶短衫子缺胯襖子之類除袖則爲繡襠齊肩半袖半臂背子裲襠之類對襟分裾則爲袿衣對襟衣缺襟袍四襖衫之類考始皇元年詔宮人及近侍服衫子亦曰半衣取便於侍奉隋大業末煬帝宮人百官母妻等緋羅蹙金飛鳳背子以爲朝服又曰披襖子蓋袍之遺象也漢文帝以立冬日賜宮侍承恩者及百官披襖子多以五色繡羅爲之或以錦爲之始見其名通雅曰呂範自請爲孫策都督出便釋褠著袴褶師古曰褶謂重衣之罩在上者其形若袍短身而廣袖正謂今之罩甲半臂而短戎衣也開元禮皇太子正至受羣臣賀若服袴褶羣官及宮臣皆袴褶呂種玉言鯖曰今制隨駕文武官皆著缺襟袍短袖子蓋從軍之服也按唐書高祖武德元年詔諸衛將軍每至十月一日皆服缺胯襖子自隋時詔武官服之今亦其遺制通雅又曰諸于繡䙅半臂也光武紀三輔吏士東迎更始見諸將過皆冠幘而服婦人衣諸于繡䙅莫不笑之元后傳獨衣絳緣諸于師古曰諸于大掖衣即袿衣之類是今之披風敞袍也說文作諸衧繡䙅字書所無智按唐說載韓晉公見少年單練䙅與郎同謂今之半臂也戎衣有罩甲所謂重衣在上而短者前似袿衣或肩有袖至臂膊而止今曰齊肩邊闕號曰褙襦又謂之袖子漢以無袂衣曰褙則今呼正與古合又戒庵漫筆云罩甲之制比甲稍長比襖減短正德間創自武宗近日士大夫有服者按說文無袂衣謂之褙趙宦光曰半臂衣也武士謂之蔽甲方俗謂之披襖小者曰背子即此製也魏志揚阜傳阜嘗見明帝著帽被縹綾半袖問帝曰此於禮何法服也則當時既有此製事物紀原曰實錄曰隋大業中內官多服半臂除卻長袖也唐高宗減其袖謂之半臂今背子也江淮間或曰綽子士人競服隋始制之同話錄曰近歲衣制有一種如旋襖長不過腰兩袖僅掩肘以最厚之帛爲之仍用夾裡或其中用綿者以紫皂緣之名曰貉袖以其便於控馭耳日知錄曰大祖實錄洪武二十六年三月禁官民步卒人等服對襟衣惟騎馬許服以便於乘馬故也其不應服而服者罪之今之罩甲即對襟衣也通鑑曰武德元年馬周上議請襴袖褾襈爲士人上服開胯者名缺胯衫庶人服之即今四䙆衫衫釋文曰䙆衣裾分也通雅曰上馬衣分裾曰四䙆唐宦者衫侍從是也按之今制其有袖者則今之馬褂類無袖者即今之背心類也

半褂　蒙於袍上比袍短數寸冬用紬夏用紗士庶皆以爲禮服亦對襟襟縫結以帶其本族徽志刺繡於袖或一或三於背非是不見客亦罩甲類也

襲　羃䍦　帽絮　蓋頭　襲女服也古事紀曰淤須比萬葉集間載之延喜式帛意須比八條長二丈五尺廣二幅蓋以蒙全身也故如許長婦人出門蒙單衣以蔽障全身謂之蒙衣即詩絅衣儀禮加景隋唐羃䍦之類也通雅曰加景即幪儀禮士昏禮加景注景之制如明衣加之以行道御塵智謂非禦塵以爲蔽也北齊納后禮有所謂加景去幪即此字今俗親迎羃其首名曰蓋頭詩絅衣一作顈衣褧衣景衣加景亦尚絅之遺又曰羃䍦障面也山簡著白接䍦羃䍦似帽巾羃則似罩耳今人眼罩是也今按羃䍦即幪之類障蔽全身方密之以爲眼罩誤矣眼罩乃面衣之類耳崔豹古今注曰唐武德貞觀年中宮人騎馬多著羃䍦而全身障蔽至永徽年中後皆用帷帽施裙到頸漸爲淺露至明慶年中百官家口若不乘車便坐擔子至神龍末羃䍦殆絕其羃䍦之象類今之方巾全身障蔽羅帛爲之百年前貴賤者乃著高頂笠子於蒙衣上今

巾女笠是也後來晴雨皆用傘無戴笠者已而用蒙衣者漸少或有以絮爲帽者漢史所謂冒絮也漢書周勃傳曰太后以冒絮提文帝注應劭曰陌額絮也晉灼曰巴蜀異物志謂頭上巾爲冒絮師古曰冒覆也老人所以覆其頭或有以方帛斜折覆頭垂其端結之頷下者其制亦不一又有老婦尼姑所著稱花帽子者乃唐帷帽宋蓋頭之類也唐書車服志曰初婦人施羃羅以蔽身永徽中始用帷帽施裙及頸武后時帷帽益盛中宗後乃無復羃羅矣宮人從駕皆胡帽乘馬海內傚之至露髻馳騁而帷帽亦廢矣孔氏襍說曰唐永徽以後皆用帷帽若今之蓋頭事物紀原曰唐永徽之後用幃帽後又戴皂羅方五尺亦謂之幞頭今曰蓋頭清波襍志曰士大夫於馬上披涼衫婦女步通衢以方幅紫羅幛蔽半身俗謂之蓋頭蓋唐帷帽之制也或以幅紗打疊自項繞兩鬢交加蓋髻者亦謂之帽子其小裁蓋髻者謂之阿傑帽子方言所謂紗績郭璞謂之結籠燕京謂之雲髻古謂之幗者蓋此類也瑯邪代醉編曰詩有頍者弁士冠禮注滕薛名蔮爲頍今未笄冠者著卷幘頍象之所生也輿服志夫人有紺繒幗古畫婦女有頭施紺羃者卽此制也諸葛孔明以巾幗遺司馬懿巾幗女子未笄之冠燕京名雲髻蜀中

名雲籠蓋笑其堅壁不出如閨女之匿籠也幗音與憒同古對切通雅曰因幗巾而有幧頭卽幓頭也一曰袹首說文帞一幅巾也後漢馮衍幘巾降光武魏時作縑巾又造白帢橫縫其前以別後名曰顏帢六朝白紗巾其介幘則公服也謝安傳理髮遲緩取幘桓溫曰令司馬著帽進此以可證方言絡頭陌頭也紗績鬢帶髮帶帑幪幧頭也或謂之承露或曰覆髮郭璞注今結籠是也陌上桑詩脫巾著幧頭向栩絳綃頭周黨著穀皮綃頭綃當作幧儀禮注如今著幓頭自項交額繞髻數十年前有帽子上戴垂簷白莞笠者後來莞笠皆用平頂一字無有垂簷婦女多露髻間有著帽絮及阿傑帽子者惟縉紳世家用蒙衣而已近同西法女亦著帽或用面衣三才圖會曰面衣前後全用紫羅爲幅下垂襍他色爲四帶垂於背爲女子遠行乘馬之用亦曰面帽按西京襍記趙飛燕爲皇后女弟昭儀上襚三十五乘有金花紫羅面衣則漢已有面衣矣

曳地衣、女子盛飾衣長曳地或二三尺室必有席或璮故不患塵污折旋俯仰窸窣有聲行道則於腰間摳而扱之娼妓亦有曳地衣舞蹈回旋尤具姿態考漢書文帝紀愼夫人衣不曳地蓋言其儉然則古之貴人衣必曳地可知也中國自用高几而曳地衣盡廢矣

綵衣　貴賤之服舊頗懸絶朝會錦衣繡裘明王志堅有倭錦袍歌天吳紫鳳恍忽似水底鮫人親自織其華美可知也童男幼女或錦或絹或布多喜爲柳枝蘭花梅點着以薄色或織或印淸麗可人

島田髻　天神髻　蛇盤髻　鬟分兩翼如雅髻名島田髻或如蜂腰名天神髻女也作蛇盤髻爲一撮婦也橫亘以櫛多用玳瑁

釵　珊瑚簪　宮裝皆披髮垂肩及背以綵縷約之而已故無首飾民間盤髻亦不插花玳瑁櫛而外僅一小珊瑚粒以金若銀爲枝斜插髻旁珊瑚圓而紅者爲貴價有數十金者舊亦有釵或金或銀飾以碎珠交加互插高殆尺許鬌雲髻山凡十二

枝後惟妓家用之

領巾　護領　日本紀崇神紀有取天香山土褁於領巾之語延喜四時祭式云領巾紗八尺又太神宮式長五尺用二幅齋院式領巾各九尺走孀用七尺古時因貴賤分長短今不爲禮制但圍頸以護寒巾概長數尺領下結之半垂於胸護領卽偃領褔領帖領護油也又名領掛戒菴漫筆曰宮女皆以紙爲護領一日一換欲其潔也類書纂要曰護領又曰護油通雅曰帖領曰偃領禮記被穎黼注刺黼以爲領如今偃領矣說文褔褔領也智按謂偃領也

珠鬘　手玉　足玉　珠鬘纏首及頸手玉足玉手足飾也都用管玉曲玉金環管玉形如管中通小孔以穿線曲玉又曰勾玉形如玦環又似蝌斗一端有竅可穿線後世時時出於古墳中又有釧名比知萬伎纏臂上飾以小鈴古事紀素戔嗚尊左纏五百个小瓊蓋男子裝然今世婦人手乃無釧耳亦不環

涎掛　小兒用之以潔飲食使不污衣卽𧝓褧袼襴嘴幃涎攡咽饞袷頭𧝓次裹衣涎衣也揚子方言曰褧袼謂之𧝓郭璞注曰卽小兒次衣也博雅曰褧袼𧝓次衣也類書纂要曰襴嘴小兒涎衣也言鯖曰幃涎以方幅繫小兒領下謂之涎衣通雅曰方折領曰攡咽禮記曲袷注謂方領也疏曰如今攡咽若小兒衣領但方折之宋曰涎衣俗名饞袷褊衆衣一曰頭𧝓一曰次裹衣次裹衣卽涎衣也

腰襻　圍裙　臂繩　貧賤女子多習操作裂帛爲片幅裙圍於衣前以辟污染謂之圍前以帛爲帶交結胸前後謂之腰襻又或用小帶巨繩繫袖於臂盤衣於膊交叉橫斜結於半腰蓋襟袖寬博迴旋多礙汲井上竈不得不爾也臂繩古謂之絭漢書揎絭注孟康曰與絭同區顧切攘臂繩也又賈誼傳曰白縠之表薄紈之裏緁以偏諸顏注曰偏諸若今之織成以爲腰襻及褾領者也腰襻卽日本俗所謂三尺帶之類也圍裙或謂之圍前言鯖曰今吳中婦女衣外加布裙以績苧上竈謂之圍前

帶　古用布帛武烈紀有御帶結垂之語因結而垂兩端故曰多羅志譯卽垂也今男子帶結束衣表結之餘者攝而不垂女

則帶寬咫尺圍腰二三匝復倒捲而直垂之若襁負者用綴按腰帶卽腰巾亦曰腰絲古今注曰袜肚謂之腰巾以緇爲之宮女以絲爲之名曰腰綵至漢武帝以四帶名曰袜肚靈帝賜宮人蹙金絲合勝袜肚亦名齊襠正字通曰袜與襪通女人腰帶也

佩刀　舊幕府時藩士以上概佩雙刀長短各一長者二尺餘短者尺許漆鞘金裝用其族徽志作爲花草蟲鳥之形如藤原氏用藤花德川氏用葵花嵌於刀鞘出門橫插腰間登席則執於手就坐置其旁朝會亦有容刀或以木製刀式較長裝飾更麗維新後尋常佩刀下令革禁然倣西制文武勳臣遇朝會大典仍佩西式劍

裳　上古女裳男袴神代紀大神結髮爲髻縛裳爲袴日本紀纂疏下衣曰裳脛衣曰袴男女通用今女既不裳男子以裳爲禮服其制繫於衣表周圍無襞裳之下方有襠分跨兩足有似今華人袴惟襠在上在下不同耳着裳由下而上繫帶於腰蓋今俗足無袴跪坐於席兩膝着地時或露踝以裳圍之則不復露故以爲禮服也

褌　袴　中單　在表曰裳在裏曰袴卽日本紀疏所謂下衣曰裳脛衣曰袴古事紀矢漏於褌知爲褻衣袴或作褌有外見者古事紀賜赤衣褌又王子服布衣褌又以布遲葛一夜縫衣褌蓋亦脛衣而外露者也雄畧紀歌詞袴有表裏然古雖有袴要不過脛衣以布裹足耳實無袴襠今俗男女皆不袴女衣裡有圍裙禮所謂中單漢書所謂中裙是也今五部洲惟日本不著袴聞者驚怪然按說文袴脛衣也逸雅袴兩股各跨別也袴卽今制三代前固無張萱疑曜曰袴卽褌古人皆無襠有襠起自漢昭帝時上官宮人考漢書上官后傳宮人使令皆爲窮袴服虔曰窮袴前後有襠不得交通是爲有襠之袴所緣起惟史記敘屠岸賈有置其袴中語戰國策亦稱韓昭侯有僘袴則似春秋戰國既有之然或者尚無襠耶觀馬縞古今注曰袴蓋古之裳周武王以布爲之名曰褶敬王以繒爲之名曰袴但不縫口至漢章帝時以綾爲之名曰口所稱周制不知何所據然亦可知有襠縫口之袴起於漢無疑也漢魏以來殆遂通行日本蓋因周秦之制不足怪耳

足結　古之旅行及爲農業者結束袴端便於步行名曰足結或有著小鈴爲飾者蓋行縢之類也

韈　舊幕府時賤者不許著韈今亦解禁近穿革履無不韈者宮官家居時或跣足亦出見客韈皆分歧爲兩靫一靫容拇指一靫容衆指

屐　出必屐至人家脫之戶外舊幕府時禁庶民不許穿屐止穿草履近解此禁屐有如丌字者兩齒甚高又有作反凹者織蒲爲苴皆無牆有梁梁作人字以布緶或紉蒲繫於頭必兩指間夾持用力乃能行故襪分兩歧考南史虞玩之傳一屐著三十年蒵斷以芒接之古樂府黃桑柘屐蒲子履中央有絲兩頭

繫知古製正如此也

繖　倣西洋製名蝙蝠傘謂張之其翼如蝠也女子出門無春夏晴雨必攜以爲飾製以靑羅或有用絹者

摺疊扇　摺疊扇一名聚頭僩竹爲十三行長三四寸插之腰間貴賤皆用武人披甲冑亦攜以爲飾亦有長二尺者用泥金紙烏木柄惟女流用之泰西婦女爭購以飾手圍坐笑語卷舒自如柄有用象牙者紙有易以毛羽者易以絹紗者（張東海集稱永樂中倭國以充貢成祖分賜羣臣又倣其製以供賜予遂遍用之蓋源義政稱臣於我以之充僊篚者也然宋時既有流傳東坡謂高麗白松扇展之廣尺許合之止兩指許又江少虞皇宋類苑云熙寧末遊相國寺見賣日本扇者琴漆柄以鴉靑紙如餅揲爲旋風扇淡粉畫平遠山水筆勢精妙卽摺扇也）

被　有兩袖長九尺有奇卧則覆於上更以其半覆足詩禮所謂衾論語所謂寢衣正與此同

西服　日本舊服皆隋唐以上遺製當時遣唐之使冠蓋相望上至朝儀下至民俗無不摹倣唐制逮將門顓政稍趨簡易然不過損益舊制大同小異宋明以下新改服色乃不復相同維新以來競事外交以謂寬袍博帶失則文弱故一變西服以便趨作自高官以至末吏上直退食無不絨帽氈衣腳踹烏皮靴手執鞭杖鼻撐眼鏡富商大賈豪家名士風氣所尙出必西式然日本舊用布用絲變易西服槩以毳毛爲衣而全國向不蓄羊毛將焉傅不得不傾貲以購遠物東人西服衣服雖槩杼軸空矣又日本席地跪坐西服緊束膝不可屈殊多不便故官長居家無不易舊衣者

飲食

火食　上古有竈神澳津彥澳津媛以竈名之則火食久矣古事紀云饗大汝神以燧臼燧杵鑽火爲爨炊造火之法如此然日本自習佛教戒殺生飯稻羹魚之外多食蔬菜亦喜食生冷

稻飯　自古貴稻逾他穀蓋日本於稻最宜故有千五百秋瑞穗國之名全國皆食稻飯用瓦釜以米和水煮之無用蒸飯者然古時亦嘗作蒸飯故釜額上有三橫畫者俗謂之飯釜以存甑形也（以箪著甑底入米安釜上候罯熟沃水再蒸謂之炊飯毛詩所謂餴說文所謂饙均謂一蒸米日本不用此法）食飯每以湯澆飯或以茶淘飯（名曰飧古謂之飧玉篇曰水和飯也釋名曰飧散也投水于中解散也李時珍曰飧水飯也）飯後必進湯謂之飯湯再蒸宿飯爲溫飯貧家於晨餐一熟後至日中日晡取而再煮或以湯沃而食之亦有食冷飯者以羹澆飯曰饡又名汁加結飯以魚肉襍味調和混於飯面曰盤遊飯亦曰團油飯亦曰骨董飯亦曰肉齏飯日本音曰箇麼若多喜以鰻魚和之不用魚肉襍味以荷葉包飯蒸之名

曰荷飯中元以供祖先用赤豆芋栗等和稻煮之爲合飯團以充旅食者曰搏飯又造飯團用脫印爲正方角曰角飯名曰幾利飯奈良人作茶飯取蒸米一升置沸湯裏勿令過熟出着新籮內俗呼爲奈良茶飯

醬油　味噌　造醬油法大豆熬去殼炒小麥同蒸熟罨黃曝乾和熟鹽水入大桶內日拌攪凡七十日候熟窄去滓再煮取用或臨熟挹取其清者曰多末釐考和名類聚鈔有煎汁無醬油意當時作和羹唯用煎汁（本朝式曰堅魚煎汁俗云加豆乎以呂利）今雖用煎汁待醬油而後爲味矣味噌卽豆醬也製法大豆一斗煮熟舂千杵入麴一斗鹽三升拌之再舂缸藏凡七十五日臨用和水擂爲湆以煮魚鳥蔬菜味噌或作味醬其法傳自高麗故又有高麗醬之名（和名類聚鈔曰楊氏漢語鈔曰高麗醬美蘇味噌乃高麗語云醬也宋孫穆雞林類事曰醬曰密祖薛俊

(日本寄語曰醬曰彌沙蓋彌祖美蘇味噌味醬彌沙與音相近皆一音之轉訛耳)味噌有赤白二品又有五斗味噌大豆一斗煮熟糟一斗米糠一斗醬油滓一斗鹽一斗合擣缸藏和名類聚鈔有志賀飛驒二品今有名護屋味噌

魚醬　所造魚醬有蝦醬海膽醬鰒魚醬堅魚醬烏鯽醬沙噀醬諸品俗謂之嗜烏加喇蝦醬俗云阿彌時烏加喇備前所造最佳海膽(膽俗作丹)此云烏彌出越前及對馬者香味最美和名類聚引漢語鈔曰棘甲蠃和名宇仁乃蚌螺之類殼如盂外密結刺內有膏黃色鰒魚醬出於相模小田原鰒肉名殼名石決明此云阿話備堅魚名加追沃漢名未詳堅或作鰹(爾雅疏曰堅即鰹也大者名鰹小者名鯢殊非加追沃之類大和本草曰古事記萬葉集皆作堅魚後世合爲一字耳)大者只餘小者九寸許味美無毒能調和百味久病衰極之人常食無妨此魚

爲海味上品自王侯而下至黎庶之家聶而爲膾鹵而爲腒風而爲挺漬而爲醢煎而爲膏函封甕閉苞苴千里無日不享其用而挺之用最廣歲時吉席無此不成禮飲饌調和無此不成味其利遍域中沿海諸州所在有之而土州勢州者最佳春夏之交漁人削鹿角爲鈎距隨投隨獲至得數十萬頭(鰹又見徒然草和名鈔作鰹魚式文用堅魚二字淡海作分亦曰堅魚盍簪錄曰僧兼好小說記鎌倉海有魚名鰹土人不甚珍之鄉耆老言此魚從前不上鼎俎僕隸下人不肯嚼其首世趨末造今亦充膳羞可見當時猶不重此魚也距今四百年而此魚馳晦如此加追沃朝鮮謂之松魚東醫寶鑑曰松魚性平味甘無毒味極珍肉肥色赤而鮮明如松節故名爲松魚生東北江海中又中山傳信錄曰佳蘇魚削黑饅魚肉乾之爲腊長五六寸梭形出久高者良法以温水洗一過包芭蕉葉中入火署煨再洗淨以利刀切之三四切皆分斷第五六七始斷每一片形如蘭花漬以清醬更可口佳蘇魚即加追沃也形如蘭花者俗呼花加追沃)堅魚醬出阿波味極甘美烏鯽醬越前人稱伊加黑造烏鯽此云伊加切肉和墨鹽而醬之故云黑造沙噀此名曰谷生者曰

那麻谷腊者曰伊利谷那麻谷煮食不如作膾之佳洗淨滌其腸縷切澆以薑酢味極脆美其醬則取腸臟鹽而醃之亦爲魚醬中之佳品伊利谷即海參也(五雜俎曰能溫補足敵人參故曰海參醫林四書曰海參出海中長岐島夷人稱海蛆有黑白二色長二三寸大十寸許周身有肉刺而黑者爲佳一種無肉刺色帶白名爲肥皂參次之按長岐即長崎之誤蓋漢人不知伊喇谷之製海船歲來長崎得之因名曰海參海蛆亦當作海鼠和名類聚鈔引崔禹錫食經曰海鼠似蛭而大崙名古)

魚膾　喜食膾尤善作膾以生魚聶而切之以初出水潑刺者去其皮劍洗其血鮭細劊之爲片紅肌白理輕可吹起薄如蟬翼兩兩相比薑芥之外具染而已入口冰融至甘旨矣又裝膾必插花果於中央名曰軒蓋古者以肉片大者裝中間近人代以花果亦襲用其名耳(軒見內則通雅曰膾大者曰軒細者曰劊)有鯉魚膾有鱸魚膾鱸至夏益肥出雲丹後二州并有松江鱸極肥美意地因鱸

得名也有鯽魚膾以琵琶湖所產爲上土人名源五郎體促肉肥金作之而批鱗削肌繽紛霧隨世甚珍之有鯛魚膾鯛日本紀謂之赤女延喜式謂之平魚今通用鯛字讀如台(說文曰鯛骨端脆也)(今之鯛魚亦味豐在首和名類聚鈔引崔禹錫食經曰鯛味甘冷無毒貌似鯽而紅鰭鱗名太比)鱗蟲之屬味無過之者凡朝會嘉禮以此充大牢亦名爲棘鬣(閩書曰棘鬣魚似鯽而大其鬣如棘紅紫色嶺表錄異名赫鬣泉州謂之髻鬣又名奇鬣或曰過臘莆人謂之赤鬃興化府志曰赤鬃似曲鬣而大則二魚也棘鬣與赤鬃味豐在首首味豐在眼恐酒爲珍十月味尤佳層本喉海錯疏過臘頭類鯽身類鱖又類鰱肉微紅味美尾端有肉口中有牙如鋸好食蚶蟛來春去故名過臘泉州府志曰奇鬣一名髻鬣肇慶府志名臘魚)有水母膾水母有知識無耳目渾然一物下有如懸絮者俗謂之足大者如覆帽小者如椀常有蝦寄腹下咂食其涎以蝦浮沈故曰水母目蝦以鹹水渣滓爲母鮮煮之輒消釋出水又名海月(和名類聚鈔引食經曰海月一名水母似月在海中故名)食膾之餘以膾餘之頭尾爲羹曰遏膾

羹又加以薑辣曰解醒湯
蒲燒　炙鰻魚謂之蒲燒割有法燔有法浸用美酒柔用佳醬江戶最工爲之諸國名曰江戶香
山鯨　古事紀云以毛麤物毛柔物鰭廣物鰭狹物爲人民之食是肉食已久然自佛教盛行天武四年禁食獸肉自非餌病不許輒食世因名曰藥食又隱名曰山鯨所鬻之肉皆苞苴藏之店家懸望子畫丹楓落葉者鹿肉也畫牡丹者豕肉也近年解禁多學西人食法國不產羊人家亦不畜鵝鴨官舍因是頗講求孳養之法矣
蕃薯　本呂宋國所產元祿中由琉球得之關西曰琉球薯關東曰薩摩薯江戶婦人皆稱曰阿薩店家榜曰八里半（栗字國音同九里此謂其味與栗相似而品較下也）煨而熟之江戶八百八街每街必有薯戶自

卯晨至亥夜竈烟蓬勃不少息貴賤均食之然竈下養婢打包行僧無告窮民尤食其利益所費不過數錢便足果腹也
豆腐　亦有豆腐以焗炕之使成片爲炕腐條而切之爲豆腐串成塊者爲豆腐乾又有以醬料同米煮或加鷄蛋及堅魚脯謂之豆腐雜炊缸面上凝結者揭取晾乾名腐衣豆經磨腐以其屑充蔬食曰雪花菜
餅餌[illegible]　碎雜米蒸曝爲乾餱陸奧人製以充方物河內道明寺所製最精如雪之白可稱爲瓊粻以蒸米擣爲餈通謂之餅正月三日貴賤皆食餅其圓如鏡者曰鏡餅粘柳或枯柴如貫珠者曰餈花皆以供神佛又壓匾曙乾之薄切成片曰霰子終歲蓄之炙以爲茶素嚼之有聲或亦謂之爲鳴牙餅以粉米作爲團曰團子以供餽遺大有及尺者以粉麪黍豆糖蜜之類合蒸

爲糕五色者爲錦糖餅白者爲白雪糕蒸糖者爲外郎餅和豆爲豆粉餅和栗爲栗子餅以油煎者曰油鎚火炙者曰焦鎚亦名串團子籠上牢九曰白玉其粉糕有餡者壓匾於鐵上炒熟曰鶉燒以燒痕如鶉羽也以赤豆煮熟放盆內和以沙糖翻轉團子以襯之曰牡丹餅糁以豆屑曰黃粉餅採諸花果竹樹葉用粉米或用黍以葉裹蒸之曰外郎糭又有麥糭葛糭三色糭諸品藉以槲葉有槲葉餅綴以櫻花有櫻花餅擣嫩艾葉和之有艾糕以薑橘冬瓜金橘佛手柑天門冬之類漬以糖者爲糖漬煎以蜜者爲冥果散米熬稻作之使散如花或以麻子大豆炮而裂之即馓也以糖作花果禽魚之形紅白間道爲間道糖成條子者曰糖通空其心者曰吹糖曰繭糖曰窠絲糖曰乳糖實心者曰糖粒曰糖爪以糖纏胡桃紫蘇橘皮之類曰糖纏又

曰龍纏果子以糯米糖滷和劑成餅曰牛皮餅以赤豆去皮和糖滷煎練成餅曰羊肝餅以糕如拇指大扭作捻絲狀者曰白絲作爲索粉者曰水線以模印作方圓斜長之形各以形名之作斜方角者曰菱餅（陳侃使琉球紀畧有象眼糕即此也）或有作夾餅樣裝餡於陷中折而掩之有捻斷如蓮瓣者有如杯盤者作錢形以繩貫之爲光餅以豆粉和餳作品字形名洲濱餡其名目益不可勝數大抵以粉麪黍秫紅棗諸豆和以餡糖鷄蛋或加以椒桂薑蘇胡麻芥子槪用甜食無用葱及肉者其法多自漢人得來或自高麗人得來亦有從泰西人得來者古者無糖惟用酥油飴餳調和後世無不用糖者古今異名者十八九據和名類聚鈔曰餢飳（和名布止郎齊民要術所謂餢鍮束皙餅賦名曰餢飳蓋以水溲麪發酵而蒸之即炊餅也）曰糫餅（楊氏漢語鈔形如葛藤和名萬加利）曰結果（漢語鈔形如結果和名加久乃阿和）曰捻頭（漢語鈔和名無木加）

太以上云物名因命名其實一物也曰餅餤及餛飩菜煮而方子曰餺飥漢語鈔謂搓麪子曰煎餅漢語鈔以油熬麪餅也曰餲餅四角字名麪作蝎形曰黏臍曰切者餢飳曰饅子曰歡喜團一名團喜以梅枝桃心黏臍餢飳子團喜謂之八種唐果子考證和名鈔云譬如酥麪蜜薑胡椒蓽茇蒲萄石榴或桃核子如是和合名歡喜丸蓋是和合無歡喜丸蓋其製如此八種唐果子亦見拾芥鈔稱曰唐果子必是當時自唐人傳來也曰粔籹和名於古之古女考文選注謂以蜜和米煎作也曰乳麪陶隱居本草注乳成酪酪成酥酥成醍醐色黃白作餅甚甘美今人多不知其法或不識其名

麥麪　以作饅頭皆用豆沙餡皮有黃綠白色餡亦有黑綠之別麥麪其品頗多或去二層薄皮者曰朧饅頭中古有漢人傳其法今公私醼享不可闕此物西京烏丸街有饅頭町傳爲漢人所居之處切麪謂之切麥亦名水引餅以麪合魚肉鷄蛋薯蕷香蕈麪筋葱栗等調和之呼爲喃礴即合羹也亦有索麪西京阿波伊豫備後美

作並製之秋田稻庭麪店有以秘製者長二尺許細如綫最爲名品又有蕎麥麪供爲常食横街側市往往直至徹曉此外有以葛爲粉以蕨爲粉

瓊芝菜　即石花菜生海石上性寒夏月煮之成凍延喜式名凝草和名鈔名凝海草漢語鈔名大凝菜市人製作縷其法作匣方寸餘長尺許長一邊爲櫺底以極細黃銅綫織如麗眼切此菜准匣大小納其中以木桿築送之則溜出如縷冰潔可愛用甜醬油芥子澆食所恨差有腥氣其曝乾者再煮爲凍全不聞腥或醮糖滷味殊佳或於煮時瀉下糖滷仍逐旋令融化帶熱盛行筒以籜封其口浸井中候冷以供謂之水玉又如造水玉法加梔子汁取出傾入盆内凝結如金珀謂之琥珀糖

酒　製酒之法同於中土應神帝時有酒人名仁番自外國來釀酒獻帝帝喜作歌於是釀法始精然殊少佳品今通行者色如今之紹興酒而味又不如然倭人嗜飲酒每歲產酒值銀數千萬圓課稅可得五百餘萬圓

茶　宏仁中得茶於唐詔令畿内及諸州植茶其時煎茶而飲和鹽用薑一同唐人其後僧榮西歸自宋植於筑前脊振山將軍源實朝有疾榮西獻茶及喫茶養生記將軍飲之而愈榮西又贈茶實於釋明惠明惠種於栂尾山後分種之宇治至今宇治實稱茶海自足利義政始尚點茶於是茗宴盛行詳遊讌類中人無貴賤無不嗜茶邇年種植益盛每歲西人購買值銀約四百餘萬圓

淡巴菰　慶長十四年烟草始來日本初亦設禁卒不能行名曰淡巴菰沿西人語也男女皆喜吸之居家各攜一小筐筐有

抽屜旁置火爐唾壺齒籤織悉俱備菸管僅三四寸富貴家鑲以金銀行則插之腰間

居處

穴居　冰木　足一騰宮　上古穴居神武東征有名土蜘蛛者以棲於土窟故名當時土穴各有名如忍坂大室均可容數十人始有宮室於地之中央立柱上以乂字形木交互結縛而覆以茅名曰冰木古之伊勢神宮及大嘗祭殿皆如此今神廟棟上猶用之爲飾至顯宗仁賢之際屋上始覆以蘆葦結以葛藤又有樹一柱於地以諸柱連結架造之爲休憩所名曰足一騰宮

堅魚　鴟尾　屋角鴟尾名曰堅魚古惟宮殿得用之雄略帝見河内志幾縣主造私第用堅魚乃命焚之後許模造尾張名古屋之天主閣上有鴟尾以黃金鑄之慶長中加藤清正所施維新以來輸之於官曾陳於澳國博覽會場今在西京大内後雖許模造而用者甚少蓋日本宮

室多不用飾屋頂無用火珠者楹柱多以木亦不雕漆並無丹楹刻角山節藻梲之制間有用銅爲罘罳者以銅絲編如雞眼懸於簷下亦不用木刻也

屋花　用瓦甚少多以葦席覆之村居貧民多茅屋或於屋上塗泥厚及一尺雜植以草花春二三月山行望之如錦蓋因草根盤結可以禦雨故也

鳥居　榪　於神社佛寺門外樹柱如𠄘名曰鳥居於宮舍外樹木以懸榜者曰榪

門　籬　富貴家門槪髹以黑油偶亦用朱皆以白桑板數寸懸於棖曰某位某官某姓名貧家則白板扉二扇門小而矮多鞠躬而後能入門之旁設籬或竹或木亦有編爲鹿眼籬者

牆壁　皆木屋巨室屋外圍牆偶有用土者室中則皆木板或

以黃泥及五色泥塗飾亦堅澤可鑑古人蓋編葦席爲壁今大嘗宮尙沿其遺製近日始有用磚壘牆者呼磚曰鍊化石

樓　好爲樓居紙窗竹屋類皆光明客至每延客登樓點茗獻酒往往吟嘯終日

園林　巨室必有園林松竹梅而外多喜植櫻花貧家亦喜爲園亭留一二弓地花木竹石楚楚有致門設常關窺其門閴然如無人者而每日灑掃潔無纖塵

室　其制始於韓人室皆離地尺許以木爲板藉以莞席入室則脫屨戶外中人之家大率湫隘舊藩世族則曲廊洞房畸零而繚曲每不知東西南北之何向室內無復門戶窗牖皆以紙爲屏下承以槽隨意開闔四面皆然室之隅必留席地以其半架爲小閣掩以紙屏以庋器物以其半爲古時牀第之製以懸書畫陳器玩寢處無定所展屛風張帳幔則就寢矣室之外有尺許地爲簷其左右爲廁卽於近壁處爲廁牏者史記張耳傳要之置廁索隱曰隱側之處漢書劉向傳居霸陵北臨廁註曰廁側近水也張釋之傳上居外臨廁注岸之邊側也汲黯傳上踞廁視之註床邊側也古多謂廁爲側蓋古之居室於室外左右邊側名爲廁卽於隱處置行清因亦沿其名爲廁後世沿習乃專以廁爲匽溷漢武之踞廁見衞青蓋以寢室之側非延見之所故爲不敬師古謂床之邊側不如室之邊側爲確觀於東人居室可知其義也

席　蒲團　褥　氊　地衣　室中例設莞席每席寬三尺長三四尺以布爲緣名曰疊國語曰踏踏美每室橫直交加室之廣者容二三十席其狹者三四席而已古人或以獸皮絹帛爲之有曰海驢皮疊絁疊蓋在未鋪莞席之前今則例於席上設坐褥敬客之禮有敷數重者或用虎豹狼皮或用錦用絹製爲方形佛敎渡來之後沿用梵語均名曰蒲團然亦有用蒲草爲圓形者

近日多用紅氍毹富貴之家易莞席爲地衣月支罽毲五色綵染光怪陸離艷奪人目舊例客至必脫屨戶外自易用地衣穿革履者許之升堂橐橐靴聲時聞於戶內矣

几案　舊無几案間有於露居時設胡床爲座者室中則例不設几有君命乃設几使者宣詔畢亦就地坐坐起皆席地兩膝據地伸腰危坐而以足承尻後若蹲坐若趺坐若箕踞皆爲不恭考漢書賈誼傳文帝不覺膝之前於席三國志管寧傳坐不箕股當膝處皆穿後漢書向栩坐板坐積久板乃有膝踝足指之處朱子又云今成都學所存文翁禮殿刻石諸像皆膝地危坐兩蹠隱然見於坐后帷裳之下今覩之東人知古人常坐皆如此蓋古人無几故不能垂足而坐高坐之設萌於趙武靈王興於六朝盛於北宋而通行於元三代之前憑則有几詩所謂授几有緝御孟子所謂隱几而卧皆是也寢則有床詩所謂載寢之床易所謂剝床以辨皆是也然床几或以憑依或以庋物或以寢處皆非坐具至應劭風俗通云趙武靈王作胡床乃以爲坐然漢時猶皆席地賈誼傳不覺膝之前暴勝之登堂坐定雋不疑據地以示尊敬皆可知也東漢之末有斲木爲坐具者其名仍謂之床或謂之榻如管寧向栩所坐或以地上加板

未必離地咫尺也魏晉後觀魏志蘇則傳文帝據床拔刀晉書桓伊據胡床取笛作三弄南史紀僧眞詣江斅登榻坐斅令左右移吾床讓客狄當周赳詣張敷就席敷亦令左右移床遠客鄴中記曰石虎所坐几悉漆雕畫則似爲高坐然皆高客貴人始有之語林曰孫馮翊往見任元褒門吏憑几見之孫請任推此吏曰得罰體痛以橫木挾持非憑几也夫門吏不許憑几則知所謂移床遠客者非尊敬之客不許坐也又其時坐榻坐几尚皆跗坐梁書侯景傳升殿踞胡床垂腳而坐史特記之以爲殊俗駭觀知雖有床几亦不如今坐耳至唐又改木榻而穿以繩名曰繩床演繁露穆宗長慶二年見羣臣於紫宸殿御大繩床然不名椅子至宋初乃名之丁晉公談錄竇儀雕起花椅子二王銍默記徐鉉見李後主卒取椅子相待此後諸書屢見椅子如貴耳集云今之交椅古之胡床也今諸郡守倅必坐銀交椅桯史載荷葉交椅曲洧舊聞有錦椅背至宋時頗加緣飾殆已盛行與然觀古圖畫唐以前人物無坐椅者宋畫亦不盡設几案疑胡床本西俗趙武靈王始學爲之元入中國因其舊習乃通行耳日本制度多半仿唐唐時尚席地故亦無之近十年來亦有矣

屏風　以雕象牙雕木爲屏風貴人家偶有一二扇而已尋常皆用紙以木爲廓漆而飾之大槩六曲亦有八面四幅二扇者曲折可疊隨意舒卷如摺扇然相連處以銅爲環紐或用金泥或用銀光多圖山水畫折枝每室中有之既便取攜又妙遮飾

倉庫　以木屋故多火災富家別爲石室或傳以鐵以藏器物玩好

妻屋　喪屋　產殿　古迎妻必造屋名曰妻屋古事紀所謂以天御柱建八尋殿即妻屋也又有喪屋因喪而築室又有產殿古事紀有覆鵜羽作產殿之事今人亦有別築一室以居產婦者

歲時　凡係於朝儀者別錄此專紀民間風俗民俗亦四方各異今特紀京師風俗以覘其概

正月一日謂之元日夙興拜天地神祇祖先長幼以次拜賀日本風土記朔日賀歲曰云華盎華盎按華盎乃少字譯音盎祝其不老也　進齒固齒固猶言膠牙也以白餈爲之其狀如鏡故俗呼餈曰鏡累積飣盤以爲看食進屠蘇酒又炙餈合蘿菔牛蒡芋魁昆布豆乳等爲羹謂之雜煮親戚故舊來賀者亦進屠蘇酒供雜煮元日至三日如之歲首以柑橘橙柚榧栗朱梅霜柹海藻昆布草薢龍蝦鰒魚削脯之類飣桌上插松竹於其上爲看食謂之蓬萊或謂之山棚有賀客先供之元日後士庶互相慶賀各戶置白紙簿及筆硯於几上賀客不通謁直記姓名或插名刺於簿間去元日至十四日懸囊索於戶上索以稻秸爲之每寸出其端尺餘下垂如條插讓葉及穗長草於其間謂之司命索讓葉蓋楠之類或以爲交讓木未詳當否穗長草或以爲格注草相似差異　又植雙松於戶外懸以司命索裝串柹橙橘及炭龍蝦之類按串柹音日九子賀喜橙音日代代橘音日好事蝦俗名海老蓋取義偕老或云肖其體以祝康健也炭以避邪惡即本草綱目所謂白炭除夜立之戶外以避邪惡也或曰炭音爲住言安居於是　謂之門松元日市民皆不開正戶世傳在昔僧狂雲元旦掛髑髏於杖頭行告市人曰警悟警悟市人皆閉戶回避三朝不開正戶蓋自是始

元日已後親舊以酒食相邀以爲節故亦謂此月爲睦月元日俗不除塵土元日後至十六日少年輩不執業冶遊行樂握槊攤錢投瓊賭彩以爲戲兒童分朋拋木毬以彩杖格而過之以爲輸贏謂之毬杖讀如吉兆見顯昭袖中鈔或謂之玉打女兒團綿爲毬繡以五綵謂之手毬又插羽於木欒子以彩板承而跳之翩翩如蛺蝶謂之羽子板是月也市店羅列毬杖手毬羽子板徧爛若錦優人提鼓三絃胡琴以度新曲使妖童持木偶馬頭踏舞巡門乞利物謂之春駒以禱蠶神也七日以七種菜爲糜公事根源曰正月上子日內藏寮及內膳司進新菜自寬平中始延喜十一年正月七日進七種菜一日那岔即薺二日發谷別落即繁縷三日捨梨即芹四日青菜即蔓菁五日五行又名母子草或名五行蒿即鼠麯草六日須聚詩落即蘆菔七日佛坐又名多婢落谷即雞腸草此日爲羹食辟邪禦病　十五日食赤豆粥是日取門松及司命索積庭中竪竹於其四旁燎之謂之散鬼杖杖讀如兆蓋爆杖之遺　或謂之焠

度（焯度猶言焯焠也火熾貌）二月十五日寺院懸臥佛形像爲涅槃會茶棚酒店糖果之鋪藏擫吞刀舞盤沙書聚觀戲場在在叢集士女託袪香遊觀者道路接踵俗以黃黑諸豆襍霰子糕炒之以供佛薦祖先自春分前五日凡七日謂之彼岸浮屠爲彼岸會俗多供佛嚫僧三月三日謂之上巳以艾糕爲節物是日家有女兒必陳綵勝（按日本以綵勝爲雛是日兒女陳人勝遊戲謂之雛遊古以正月爲此舊事記敏達帝二年正月侍從進雛像是也近世衣之以繡飾之以金珠一對價或至五六十金德川氏嘗嚴禁之）供艾糕赤豆飯置酒飲讌謂之雛會因以上巳爲女兒節四月八日寺院爲浴佛會以盆坐銅佛浸以甜茶水（甜茶即干歲藟）覆以花亭隨喜者以小杓灌佛五月五日謂之端午插艾及菖蒲於門簷飲蒲酒食糉始服布葛是日賀茂廟前走馬謂之競馬士庶得男必竪彩旗陳武像及木刀槍以飲讌（舊制五月五日駕幸豐樂院觀騎射宴羣臣文武官皆插菖蒲於冠延喜式曰

是日登場校射將監就標下注甲乙此日近衛兵衛門諸府皆陳甲冑於門此蓋其遺俗也又貝原氏歲時記曰在昔兒童束菰爲馬翦紙爲人揉木片爲冑削竹木爲刀槍尖眉刀陳戶外近則人馬多以木雕或以紙脫施五彩或有用帛者）是日藤社神會擐甲走馬亦謂之競馬（藤社廟祀弓兵之神也諸社根元記云兒童以菖蒲飾冑名菖蒲冑）凡三月三五月五七月七九月九謂之節供（供俗作句以國音近誤耳）拜節往來畧如歲朝中元京師神會四月有稻荷會五月有藤社會今宮會六月有祇園會八月有御靈會其最盛者莫祇園會若焉六月七日迎神十四日送神儀衛極繁盛先期街上設山棚山車陸船弄織鼓吹喧闐動魂褫魄遍街燈燭焯煌如晝戶戶金屏猩氈紬簾褰幕張飲盡驩會日棚車過門之家賓客蟻會鱗崒士女塡街溢巷袂雲汗雨不啻此盛五月晦及六月十八日在鴨河四條橋東洗淨神輿謂之御輿洗是日也鴨東茶坊娼戶結夥醵錢飲翠裛香演襍劇戲文故事其人物則

皆扮娼妓爲男裝謂之泥黎毛氈又纏結爲棚謂之治臺樂則有三絃胡琴提鼓鉦鼓細腰鼓謂之囃子珠翠錦綺香紈白苧艷裝濃抹以勾引無賴子弟自六月七日至晦日夜夜鴨河四條橋南北涼棚茶店鱗次櫛比兩岸一帶皆妓館分茶酒鋪羹店襍錯其間小腳店則有泥鰌團魚之羹紅鬣青鱗之鮓諸色海味諸色素食下酒下飯零碎作料不托水引河洛合羹胡餅鋏子牢丸包子糖糕糍糕諸色糖果西瓜甜瓜林檎杏桃楊梅諸色水菓琉璃店則魚餅葫蘆鼓鐺鐵馬燈碗各色盞碟襍賣則煙管煙袋各色摺扇梳篦髮朶釵朶香囊彩勝水上浮紙畫兒遠視畫凡兒戲之物泥孩陶犬惜千千類叫子之類名件甚夥不可悉數伎藝則走索戴竿吞刀弄丸藏擫觔斗傀儡角觝口伎影伎獼猴貓鼠之戲演史學鄉談說諢話種種無所不有

竟夜火炬燭天絃歌鼓吹嘈嘈鼎沸驩笑海湧遊者不覺達旦七月七日謂之七夕是夕婦女懸彩絲於竹竿陳酒饌瓜果以祈牽牛織女謂之乞巧翼六日之夕兒女題詩於楮葉及彩牋繫竹枝懸燈毬數十讙呼至鴨河投之因亦以六日之夕爲七夕十五日謂之中元爲荷葉飰士庶互相拜賀畧如歲朝俗自十四日至十六日具麪餌百味以荷葉貯蔬果祀先靈嚫僧尼展掃墳墓謂之盂蘭盆因以中元爲盆節遂有盆前盆後之稱十五十六兩日近郊農戶各相結夥敲鉦擊鼓來往於市中或有請延者則團聚街上唱佛名鉦鼓喧闐殆聵人耳謂之陸齋僧尼於水次竪紙旛具百味擊銅鈸諷經乞施物於檀越謂之施餓鬼中元後家家設燈籠前是市是售各色華燈六稜萬眼菡萏毬子人物馬騎紗綃琉璃品類不一十六日之夕城外諸

山設火字東則如意嶽自北而西則松崎鹿苑舟岡清瀧諸山迤邐相次其字或畫皆積薪排定一時燃之一畫長或數十丈如意嶽爲大字書法最遒勁傳爲僧橫川所製字蹟畢砌石爲溝云十六日晚臨水次燃麻稭送先靈謂之送火自十五日至晦日每夜亘索街上懸燈籠數百兒女袨服靚粧爲隊舞蹈達旦謂之踊名沃度黎漢人所謂合生之類有歌以爲之節者謂之音頭樂則有三絃細腰鼓八月一日謂之八朔中原康富記曰八朔之儀始於後鳥羽帝末年或云起於鎌倉氏士庶互相拜賀饋送飲食爲節謂之田實節十五日謂之中秋爲看月會灑酒啖芋自秋分前一日凡七日謂之彼岸九月九日謂之重陽以粟爲節物或作餠若糕或蒸食之十月謂之上無月上無日本律名本名鳳音樂家相傳爲應鐘應鐘十月律也故名亥日謂之元猪士庶作糍糕以相饋送是月二十日商賈罷市各具酒饌讌集謂

之蛭子會蛭子神名所在廟祀祈福是日鴨東建仁寺街蛭子廟繁華浩閙醉人載途又四條街東有誓文神祠是日士女膺至首過祈福謂之誓除十一月謂之霜月冬至之日醫家作赤豆餠爲神農會十二月謂之四極又曰極月是月丐者爲潑寒胡戲或丹墨塗面裝成鍾馗登門呼跳驅祟索錢乞米家家掃塵名煤除廿日後家家舂餈具飲饌之料以爲新年之儲歲終舂餈之聲比屋相接市肆有以舂餈爲業者其餈圓如鏡者曰鏡餈以餈粘柳枝或粘柴如貫珠者曰餈花以供神佛又細切如方解石者曰霰子曬乾至二月十五日褋豆炒之以供佛薦祖先或以爲茶素醫人製屠蘇袋送平日所往來歲暮親友相猳飲宴謂之忘年又互相饋遺以賀卒歲除夜謂之大歲天地神佛祖先竈井牖戶以至溷厠燃燈煇煌達於旦立春前一日謂之節分至夕家家燃燈如除夜炒黃豆供神佛祖先向歲德方位撒豆以迎福又背歲德方位撒豆以逐鬼謂之儺豆老幼男女啖豆如歲數加以一謂之年豆街上有驅疫者兒女以紙包裹年豆及錢一文與之則唱祝壽驅邪之辭去謂之疫除日本追儺之儀始於慶雲三年陰陽家誦祭文侍中執桃弓葦矢大舍人寮裝厲鬼方相氏執矛率侲子二十人徧巡宮門送疫出四門今民間疫除所唱極鄙俗然亦甲作食殃之類也

日本國志卷三十五

日本國志第十　卷之三十六

禮俗志三

出使日本參贊官黃遵憲編纂

樂舞

倭樂　和歌　國俗素有歌舞新井君美曰本朝之樂有聲樂有舞樂其始出於祭天神孝經緯曰東夷之樂曰韎持矛助時生樂元語曰東夷之樂曰朝離萬物微離地而生樂持矛而舞助時生也唐賈公彥以謂樂有二名此間之樂亦有是象每奏樂舞則陳之但其所始莫可考證其後得高麗新羅百濟及渤海等技東西交聘又得隋唐樂更有西涼龜茲疏勒天竺林邑扶南等樂而其所傳者多俗部胡部及散樂雜戲故用之於歲時朝會宴享而郊天祭先則用國樂其用之朝會祭祀者有五節舞淨御原帝之所制相傳帝御吉野宮日暮彈琴低徊之間前岫之下雲氣忽起疑如高唐神女髣髴應曲而舞獨入帝覽他人莫見舉袖五變故謂之五節有久米舞神武紀所載來目歌是也神武征東國兄猾已伏誅弟猾大設牛酒獻饗軍士帝設燕作歌爲來目歌有田舞有吉志舞三代實錄貞觀元年天皇御豐樂殿宴百官多治氏奏田舞伴佐伯兩氏久米舞安倍氏吉志舞又見踐祚大

嘗祭式曰本紀神護元年所稱企師部舞即此吉志舞本居宣長曰吏部王記云昔安倍氏先祖伐新羅有功報命會大嘗因奏此舞故相傳爲大嘗會舞有隼人風俗歌舞蒲生秀實曰古者諸國風俗歌舞其國造常於朝覲時奏之如大歌所之職集諸國之歌以知其國風此隼人所奏風俗歌舞蓋薩摩大隅之歌舞也隼人式悠紀主基時群官入隼人司官人率彈琴及吹笛擊百子拍子歌舞人等從興禮門參入御在所屏外北面立奏風俗歌舞又有筑紫舞續日本紀天平三年定雅樂寮雜樂生員筑紫舞二十人諸縣舞八人村尾元融曰即小墾田舞之類皆其地風俗舞技也用之宴集者有歌日本紀顯宗元年三月葛井船津文武生藏六氏男女二百三十人供奉歌垣其服皆著青摺細布衣垂紅長紐男女相并分行徐進每歌曲折舉袂爲節續日本紀天平六年天皇御朱雀門覽歌垣男女二百四十餘人五品以上有風流者皆交襍其中正四位下長田王等爲頭以本末唱和令都中士女縱觀極歡而罷賜供奉歌垣男女等各有差又天平二年天皇御大安殿百官主典以上陪從踏歌且奏且行引入宮裏考和歌本民間歌謠上古無文字口耳相傳迨伊呂波作乃借漢字音填之句長短無定今通行五句三十一言之歌始於素戔嗚尊八雲詠初五言繼七言繼五言繼七言又繼七言其聲哀而怨古歌本以合樂其後乃校文字工拙萬葉集所載有歌仙歌聖之名今內廷尚有歌會每月合詠或名之曰國詩曰國風其曲有曰難波曲日本紀天武四年教大倭河內等國選所部百姓能歌男女而貢上谷川氏曰

蓋采其國風所謂難波曲倭部曲近江水莖諸曲之類是也有淺茅原曲淺茅原地名有八裳刺曲其樂器有笛有和琴有拍子今祭猶用古歌舞民間所歌隨時撰曲布之管絃所用樂器三絃及鼓而已隋七部樂有倭國伎其聲容若何今不可考

樂律

一曰一越調二曰斷金調三曰平調四曰勝絕調五曰龍吟調別名下無六曰雙調七曰鳧鐘調八曰黃鐘調九曰鸞鏡調十曰般涉調十一曰神仙調十二曰鳳音調別名上無俗工相承以一越爲黃鐘斷金爲大呂平調爲大簇勝絕爲夾鐘龍吟爲姑洗雙調爲中呂鳧鐘爲蕤賓黃鐘爲林鐘鸞鏡爲夷則般涉爲南呂神仙爲無射鳳音爲應鐘物徂徠云諸華夏燕樂有越調雙調般涉調仙呂調皆調名而非律名也龍吟聲即唐長鳴三聲之一鳳鸞鏡乃琵琶曲破之名而斷金勝絕鳧鐘絕無所考或當字誤上無下無爲此方所命獨巢笙平調子爲林鐘仙呂管爲夾鐘者實以命律然不復與此方所傳者合謹按本邦之樂

原周漢遺音律亦周漢之律而第八黃鐘調實乃周漢黃鐘也按昔黃帝軒轅氏命伶倫始制律呂而度量衡皆生焉三代相承歷秦逮漢莫有改作後漢以來尺度訛長魏杜夔承喪亂之後莫所稽考其制律以應鐘爲黃鐘一律始失矣晉時荀勗妙解音律取協古器隨正舊宋齊暨陳一皆因之中間梁武時嘗議訂正尋值亂離未及改造比終北南之朝周漢音尚存也此時中原沿胡而胡尺長大胡音重濁拓拔氏乃以夷狄崛彊之習事不師古妄意制作以新一時耳目東魏以中呂爲黃鐘蓋互換歌奏也宇文周以南無之間爲黃鐘隋承周統因以南呂爲黃鐘皆以協胡音也及其平陳之後始獲宋齊舊樂高祖善之謂爲華夏正聲別置清商署以管之號曰清商三調所以謂之清商者其樂以南呂爲黃鐘則宋齊黃鐘爲夾鐘五音之序大簇爲商夾鐘高一律故謂之清商此以其樂觀宋齊舊樂故云爾唐以宇文周玉尺造律亦以南無之間爲黃鐘始變古制爲八十四調又有清樂燕樂二十八調於是周秦遺音遺制皆亡滅不傳焉其後五代周時王朴造律其黃鐘在黃鐘大呂之間宋建隆時和峴以應鐘爲黃鐘崇寧時魏漢津以夷則爲黃鐘明洪武時冷謙以中呂爲黃鐘此歷代改律之大概也其未施行者宋李照范鎮以林鐘爲黃鐘劉幾同唐制明鄭世子同崇寧制此皆在古樂散亡之時莫有所稽考妄以己意飾以衆黍者也村瀨之熙祖物氏之說徵引十證以證第八黃鐘調聲爲周漢黃鐘又曰古樂正聲宋以來諸儒所未嘗識特傳於我邦而古音得復明豈非千古大快然今考日本之傳雅樂實始於唐時自隋文帝平陳得華夏正聲置清商署以爲古音尚

（存清商調唐武后時猶存[illegible]曲自唐[illegible]亂離而古音盡亡謂日本所傳爲隋以前曲調則[illegible]漢古音尚存不爲無理然日本伶人所用管色乃正與燕樂譜相合則唐樂之所無日本安得獨有故管色之辨並詳下條）

管色　伶官所傳三管字譜各不相合笙譜十七字一曰千（龍吟甲）二曰十（雙調乙甲乙謂清濁也）三曰下（龍吟乙）四曰乙（平調乙）五曰工（鳳音乙）六曰美（鳧鐘）七曰一（盤涉乙）八曰八（平調甲）九曰也（雙調甲）十曰言（鳳音甲）十一曰七（盤涉甲）十二曰行（黃鐘甲）十三曰上（壹越甲）十四曰凡（壹越乙）十五曰乞（黃鐘乙）十六曰毛（斷金）十七曰比（神仙）蓋笙管古制十有九十七字之外卜字爲勝絶斗字爲鸞鏡十二調備矣後世除卜字斗字二管止存十有七而毛字也字二管無簧所用止十有五而有九調耳横笛譜七字一曰六（閉下第一孔爲壹越）二曰下（閉上五開下二爲鳳音）三曰中（閉下一孔開上六爲盤涉）四曰夕（閉下二開上五爲黃鐘夕讀如尺蓋尺之省筆宋俗樂譜亦省作工）五曰上（閉下三開上四爲雙調）六曰五（閉下四開上三爲龍吟）七曰丁（閉下五開上二爲平調）篳篥譜十字一曰丁（第一孔黃鐘甲）二曰一（第二孔龍吟）三曰四（第三孔平調）四曰六（第四孔壹越）五曰凡（第五孔神仙）六曰工（第六孔盤涉）七曰五（第七孔黃鐘乙）八曰丄（背上孔雙調）九曰ム（背下孔即勾省筆按體源鈔曰獨開此一孔應笙之比背上下孔皆開應笙之美比爲神仙美爲鳧鐘然今質之伶官則云上下孔并無別調云）十曰舌（九孔皆閉爲舌音即勝絶）亦如今之樂部所用五六工尺上四合乙凡也（宋史燕樂書十字譜曰合四乙工凡上勾尺六五今以較此横笛第一孔爲壹越調用六字燕樂書乃以六字爲黃鐘横笛黃鐘調用夕字夕即尺字燕樂書尺字爲林鐘聲則伶官相傳壹越譜爲黃鐘黃鐘調爲林鐘者即與燕樂十字譜相同且如篳篥譜以黃鐘爲林鐘則平調爲大簇神仙爲無射盤涉爲南呂鳧鐘爲蕤賓今大簇平調并用四字無射神仙并用凡字南呂盤涉并用工字蕤賓鳧鐘并用ム字凡此數者皆相合蓋日本所傳多唐樂而燕樂譜亦唐樂故東西相符若乃據徂徠之說以黃鐘爲周漢黃鐘則字譜無一相合有以知其不然矣）

伶官　古有雅樂寮隷於治部省設歌師四人歌生三十人歌女百人舞師四人舞生八人笛師二人笛生六人笛工八人（蒲生秀實曰此間樂[illegible]其唐以正諸樂吹笛之人各在其樂生中）唐樂師十二人横笛師二人合笙師一人簫師一人篳篥師一人尺八師一人箜篌師一人箏師一人琵琶師一人方磬師一人鼓師一人歌師一人舞師一人樂生六十人又高麗百濟新羅樂師各四人樂生各三十人又伎樂師一人（職員令義解曰謂吳樂腰鼓亦爲吳樂器也）腰鼓師二人伶官皆世祿世守其業至今尚有存者

唐樂曲　由唐時傳授樂曲有萬歲樂回波樂鳥歌承和樂河水樂菩薩破武德樂蘭陵王安樂鹽三臺鹽甘州胡渭州慶雲樂想夫憐夜半樂扶南小娘子越天樂林歌孔子琴操王昭君折楊柳春庭樂柳花苑赤白桃李花喜春鶯平蠻樂千秋樂蘇合香輪台傾盃樂太平樂打毬樂還京樂蘇芳菲長慶子一團嬌採桑秋風樂賀皇恩玉樹後庭花泛龍舟破陣樂拔頭諸樂

然傳其譜不傳其辭所謂制氏能記其鏗鏘鼓舞而已且伶人多不識字故曲名亦多謬誤如白紵誤白柱張胡子誤朝小子景德誤雞德烏曰誤烏向蘇幕遮誤蘇莫者西涼州誤最涼州康老子誤小老子大酺樂誤大補樂小飲酒誤胡飲酒安世樂誤安城樂尚有五常樂物徂徠謂即五行舞即周大武漢謂之五行舞（平調曲有五常樂和名類聚鈔作五聖凡古樂有序聲破聲急聲全備者無幾而此曲有序有詠有破有急蓋伶工相承獨崇重此曲故物徂徠疑即韶樂村瀨之熙曰古來常讀如韶韶舜樂也五即虞字之轉訛吾邱壽王水經注作虞邱王應麟詩攷曰騶虞或作騶五見劉芳詩義疏五常即虞韶之誤也南齊書樂志曰凱容舞本舞韶舞漢改曰文始魏復曰太韶又造咸熙爲文舞晉傳元六代舞有虞韶舞宋以凱容繼韶爲文舞即此五常樂也）荆仙樂（物徂徠云疑即慶善樂）賀殿（和名類聚鈔曰承和中遣唐判官藤原貞敏以琵琶傳此曲然唐時樂府無此目村瀨之熙曰疑是河傳以國音同故訛今按郭茂倩樂府詩集曲歌辭有金殿樂當是金殿之訛也）春鶯囀（物徂徠云無所見今考樂苑曰大春鶯囀唐虞世南及蔡亮作又有小春鶯囀并商調曲轉當是囀字之訛）金麞（物徂徠云無所見今考當是黃麞之訛）

酒胡子物徂徠云疑是酒家胡溢河鳥物徂徠云疑是倭樂十天樂裹頭樂陪臚物徂徠村瀨之熙皆云疑是伴侶勇勝物徂徠云無所見今考襍曲歌舞有戰勝樂河南浦央宮樂感城樂海青樂一弄樂拾翠樂青海波宗明樂仙遊霞竹林樂物徂徠并云未詳或伶人謬記或華夏失傳均未可知其太平樂及蘭陵王破陣樂均爲舞樂破陣則戴假面具上場有發揚蹈厲之概太平樂四人對舞皆緋衣佩金魚袋俯仰揖讓渢渢乎雅音樂作時伶人十數披裲襠衣跪坐席外旁列樂器先擊鼓鼓停舞者四人出笙篔管籥諸樂襍作一人吹笛抑揚抗墜極和而緩舞止樂亦止余飲巨室家巨室召宮內供奉伶人爲此余親見之

樂器　有尺八尺八五孔一孔出其背孔各有名一曰眞懷二曰角錄三曰賢仁四曰舌捍後一孔曰後蠱音皆孔名見豐原統秋體源鈔統秋應仁中樂官也與馬融所賦長笛形制全同特長短不同耳融賦云易京君明識音律故本四孔加以一君明所加孔後出是謂商聲五音畢管絃記亦云似卽今之尺八而李善注文選乃云七孔長一尺四寸此乃風俗通及說文所謂豎笛七孔者以注融賦誤矣古尺八之制凡六曰黃鐘切曰盤涉切曰壹越切曰雙調切曰平調切曰新黃鐘切切者國語謂調律裁管也最短者爲壹越切長曲尺一尺一寸最長者爲平調切長曲尺一尺四寸日本曲尺同明營造尺卽唐常用尺也最長之平調切以晉後尺校之恰當一尺八寸弱想卽古所謂尺八然向有最短之壹越切者何也考唐書呂才傳稱才製尺八凡十二枚長短不同與律諧契據此知尺八但以五孔之故名曰尺八不必尺寸相符也世傳唯壹越切一管近世尺八笛盛行而壹越切亦廢日本人物史曰大森宗勳號策翁自幼好音律特以尺八著名於時常登樓奏曲有黃鳥來鯑之天正中奉詔製五調之尺八至今言尺八者以宗勳爲法尺八之外又有笛有簫又有橫吹笛大和法隆寺所藏上宮大子遺物有笛管長曲尺一尺四寸五分六孔其一在背南都東大寺又藏聖武孝謙遺寶圖有笛凡四管其一六孔長一尺四寸五分與法隆寺所藏相似案西京襍記云高祖入咸陽宮周行府庫有玉笛六孔

王子淵所賦洞簫亦六孔文獻通考云簫管之制六孔旁一孔加竹膜焉或謂之尺八管或謂之豎笛或謂之中管馬貴與並以尺八簫管笛爲一類然今據日本古器則尺八爲五孔笛乃六孔也遼史樂志有長笛短笛尺八笛之目日本雅樂家亦分橫笛簫尺八爲三知非一物矣古今樂器損益不同杜子春註周禮謂篴蓋今時所吹五空竹篴按融賦則古乃四孔風俗通云笛出羌中七孔說文云笛七孔角也又云羌笛三孔今笛爲六孔則孔數不同如此至其長短之制晉劉和之東廂長笛長四尺二寸爲最長文獻通考稱和峴論太樂手笛長九寸爲最短尺八蓋在長笛短笛之間故謂之中管長短不同又如此古笛皆豎其橫吹者謂之橫吹笛簫本編管其單管者一類笛而名簫無底者謂之洞簫則形制不同又如此要之本屬一類後乃變遷制殊而名亦異矣有笙有琵琶唐時藤原貞敏學琵琶於唐人劉二郞二郞妻以女贈以紫檀琵琶紫藤琵琶各一面歸爲朝廷重器今猶現存傳樂曲甚多瞽者多業琵琶俗謂之琵琶法師徒然草戴信濃前司行長著平家物語使瞽者生佛唱之今所傳卽生佛遺音猶宋之平話也有箏有三絃三絃名三味線以象牙爲撥撥如斧形上下通行瞽師業此者曰職曰檢校曰句當曰都檢校句當皆僧官名瞽者僭擬之以檢校任久者爲十老職卽其第一老也瞽者本名建業疑爲建業人所傳故名近世瞽者兼業琵琶三絃箏胡琴其流派有曰山田生田女師之流派有曰長歌曰豐後互立門戶各爭微妙有胡琴胡琴二絃有大皷廣尺而短棬有小鼓卽細腰鼓有橫胴似小鼓挾而拍之詳下猿樂條三絃及此三鼓歌舞伎所必用有瑟瑟二十五絃古無此器近始傳之有琴古有精者而後失傳物徂徠云伯近寬家有猗蘭琴譜乃隋人作桓武以前筆迹其譜與明朝琴譜大異別有三絃琴不用彈撥以左指按之右指冠決捺而成音有六絃琴雅樂式云和琴一面長六尺二寸和名鈔萬葉集云梧桐日本琴一面體似箏而短小有六絃今亦失傳有篳篥有拍子卽樂節有敔余至士巨室家召女師操樂有器形似伏虎背有齟齬然以竹爲之而虛其中擊之以木其齟齬可上可下因以成音考郭注爾雅曰敔如伏虎背上有二十七齟齬刻以木長尺櫟之籈者其名也三禮圖云唐禮用竹長二尺四寸破爲十莖於敔背橫櫟之今樂器之敔如三禮圖竹木相櫟毫無音韻而日本所用居然成音殆爲古器蓋郭注狀其形而不言中虛後人誤而圖之歟

猿樂　散樂名曰猿樂俗謂之能蓋起於中世戰爭之間北條

氏時又有田樂（從猿樂出俗謂猿爲申田卽申之省字）至足利氏鹿苑慈照二相國皆好猿樂名伶觀世氏最工此技而猿樂復盛田樂遂衰寬正中觀世氏舞猿樂於糺河原實爲後來勸進能之權輿及豐臣氏擊朝鮮聚優人於名護屋親自學之猿樂益盛行王公貴人皆丹朱坋身上場爲巾幗舞與優人相伍部中色長曰大夫副曰㖰基師副末曰狂言師歌工曰地謳其曲詞多出於浮屠類幻妄不經樂器有橫笛三鼓以節歌舞三鼓一曰大鼓廣於羯鼓而楬甚短下有小牀斜架置膝前擊用兩杖二曰小鼓似細腰鼓左手捧在右肩上以指拍之作朋肯之聲三曰橫胴似小鼓而較大挾在左脇下亦以指拍之其聲甚震三鼓並不詳所始其制與腰鼓都曇荅臘諸鼓頗相似也（案通典唐散樂用橫笛一拍版一腰鼓三此三鼓蓋出於腰鼓而殊其制耳又通志樂畧腰鼓大者瓦小者木皆廣首而纖腹都曇鼓似腰鼓而小以槌擊之毛員

鼓似都曇而稍大荅臘鼓制廣羯鼓而短以指揩之其聲甚震俗謂之揩鼓）

芝居　演戲國語謂之芝居因舊舞於興福寺門前生芝之地故名（平城帝大同中南都猿澤池側土昭吹煙觸者卽病乃舞三番叟於興福寺門前生芝之地以禳其祓故名曰芝居古謂之歌舞伎或曰男舞或曰白拍子）闢地爲廣場可容千餘人（寬永初年猿若勘三郎始請於官創開戲院其後優人次都市村山村氏等各開塲世守其業）場中爲方罫形每方鋪紅氍毹坐容四人場之正面爲臺場下施大轉輪輪轉則前齣下場後齣上場矣場之階下爲橋亦有由階下上場者場護以巨幕綽板亂敲徹幕而戲作每一齣止幕復下垂每日始卯終酉鼓聲始震例爲三番叟舞七福神舞猩猩舞（皆有伶人世其業者）次演古事場中陳列之物一一皆惟妙惟肖卽山林樓閣亦復架木插樹以擬似之優人有舞而無歌場側設一小臺別有伶人跪白其所演事如古之平話聲甚凄厲樂器止有三絃笛子鉦鼓而已戲

場之外一帶皆酒樓茶館凡數十家遊人麕聚意闌興倦則擅於是飲於是必至夕乃散觀者多携家室婦女最多每演至妙處則拍掌喝采之聲看棚殆若震陷或演危苦幽怨之事婦女皆揮涕飲泣以助其哀其鐵石心腸之人每每含辛以爲淚否則衆訾其無情優人聲價之重直與王公爭衡（舊日優人列之下等無與交遊者近學西俗優人出入巨室公然抗禮矣）婦女無不傾倒者

楊花　設肆賣曲者爲楊花其色長曰大夫（所奏曲多男女怨慕之辭有曰淨瑠理物語織田氏侍女小通所著檢校岩舟氏製其曲節調之於琵琶蓟瀧澤角野以三絃律之後有南無右衛門慶長中嘗以伎破微拜爲大夫爾後薩摩土佐山本宇治伊藤出羽都豐竹諸氏各分流派今則竹本氏一流最爲盛行）曲院垂簾析響簾捲大夫粧飾端整坐紅錦褥欹銀鏤案三絃調定徐徐而歌女而男喉婦而女粧聽者輒滿座貧家婦女多業此以覓衣食伎藝稍佳驅使其母如奴婢諺有言曰生女勿吁嗟盼

汝爲楊花

踊子　西京俗於中元後迄晦日街童市女各盛飾綵衣某街某坊揭旗爲識口唱中冓猥褻之詞所在相聚且舞且歌號曰踊子例以十六人爲班多至六十四人其倡而導行者謂之音頭折旋進退曲盡姿態觀者追逐舉國若狂四方盛稱謂之都踊至京師者必留觀之

影繪　影戲謂之影繪紙障一面淡墨無物笛響鼓鳴忽見樹陰一人出右揮鈴左開扇左顧右旋應笛揚鈴合鼓翻扇迷離惝怳若有若無人影暫滅閧賽祭鼓聲殿宇高聳和表矗立揚紅白幟大小燈無數賽人來往抛錢祈福既而鼓歇夜深有叱咤聲則狐羣排行徐徐進步各荷蒲席銜炬火擔木持竿俗所謂狐嫁女是也行過神殿狐化爲人席化筐筥火化提燈竿化

鎗木化輿奇變莫測燈滅狐匿又爲幽鬼作祟之圖爲鬼影爲僧影爲佛菩薩影影戲亦能寫花草鳥獸之形然喜爲幽寂奇幻之境大概如此亦有傀儡有牽絲傀儡有杖頭傀儡有水傀儡

落語　演史　口技　演述古今事藉口以餬口謂之演史家落語家手必弄扇子忽笑忽泣或歌或醉張手流目踦膝扭腰爲女子樣學傖荒語假聲爲形虛怪作勢於人情世態靡不曲盡其狀語必使人捧腹絕倒故曰落語樓外懸燈曰某先生出席門前設一櫃收錢有彈三絃執拍子以和之者亦有口技技人僅一綽板藏於帷內能爲一切風聲水聲火聲禽獸聲絃管聲老幼笑怒聲紛紜雜沓一時並舉而聽者自能分別了了

揚弓肆　鋪氊於地縛絲爲棚中蒙以皮竹弓紉箭相去尋丈

中者鏗然作聲雛姬供奔走擊鼓以判勝負冶遊子弟以賭酒食東京隨處而有顏之曰揚弓肆

相撲　分朋角力謂之相撲亦曰角觝世稱有雷方二神角力於上世垂仁帝七年野見宿禰當麻蹶速奉詔試力卽相撲之祖聖武帝時至遣部領使廣徵天下力士文德帝欲定儲嗣乃令名虎善雄鬬力以勝負決之江家次第公事根源又稱帝御南殿觀相撲左右各三十人烏帽狩衣徒跣不著袴左勝則奏拔頭右勝則奏高麗樂納蘇利若右先勝則奏納蘇利左奏蘭陵王蓋中古時極重此伎近世所謂勸進相撲始於山州光福寺僧設以斂錢至寬永元年明石志賀之助請於官創行於江戶四谷鹽街爾後繼續日益繁盛每日黎明擊鼓上場觀者皆蓐食而往力士分朋互相比較類長身大腹筋骨如銕中分土豚各據一半蹲而蓄氣少時神定一喝而起銕臂石拳手手相搏賣虛弄巧鑽隙取勝蓋鬬智鬬力鬬術兼而有之觀者分左右袒互張聲勢髮欲上衝司事人秉軍扇左周右旋以判贏輸舉扇一揮衆皆喝采爭擲金帛以賞其勞又有婦人與瞽人以相撲爲戲者

走索　上竿　戴竿　縛繩於柱飄然凌空處女脫兔索上相逢摩肩而過勢若不容是爲走索或名繩度都盧尋橦窮至極巔侲童逞材跟挂腹旋翩然鳥墜如肉飛仙是爲上竿卽竿木戲也肩背頂額皆能戴竿有兒如猴上緣其端翻轉蜿蜒莫能控搏是爲戴竿卽唐梯也

蜻蜓翻　拗腰　踏肩　拔河　躍圈　蜻蜓翻卽翻觔斗委頭於地俯翻而反據旋折腰而仰翻之累四五翻而不止又疊案高七尺騰空而翻超越而過往復再四如旋風焉拗腰卽所謂弓腰反折其身五體皆至於地以口銜器然後起立其腰之柔軟若無物者踏肩戲一人挺身矗立繼一人飛登肩上亦矗立累至三四人高不可登繼至者則攀肩踏臂如緣梯狀至十餘人望之可接霄漢又有三四人排立於地居其上者分跨兩

人之肩居其上者又分跨兩人之肩積四五層望之如山拔河戲用巨絙長數丈兩頭繫小繩分東西兩朋兩句齊挽崖巨絙中間樹旗爲界震鼓叫口便相牽引以却者爲輸躍圈編竹爲圈長可五六尺許插蠟燭於中躍身過之或圈大僅可容身伎人乃又戴笠兩手亦持笠銜擲來往者再又名曰籠脫

跳丸　跳鈴　躍劍　抛球　擲碣　每物以五六事往復擲之其法全在手敏當其妙處不往空中不落地上不在手裏不在三處亦不在一處諸物皆同一法但所用或丸或鈴或劍或球或碣各異其伎耳

轉桶戲　叠枕　臺上設一高牀鋪紅氊安囊枕小童出拜客有人抱上牀令之横卧雙脚上豎乃舉一桶置其上旋運之蹴弄之投承縱横魚驚鳥躍俄而加一大桶童子一蹴小桶飛於

傍人之手而大桶下黏於踵又提一數歲兒置之桶上轉運投承亦猶桶然當其急如旋風觀者莫不目暈最後累小桶卄數高可一丈累卵積棋傾搖欲倒而數歲兒凝立於其巔絕叫一聲卵崩棋倒兒則翩然下墜復住脚上枕戲則伎人出場操木枕枕寬寸餘高長各三四寸累至數十高及七八尺伎人據物直上其巔仄足鵠立衆咸危悚而其人整暇獨蹺一脚示有餘地旋又伏躬以手代踵兩脚倒豎俄而飛下別植一梯於旁雙脚鉤梯級倒身墜挂以頭頂枕折旋之間梯與足離而其人倒豎於累枕之上良久良久乃始跳下其他以手足弄物者甚多有弄車輪米苞石臼者謂之力持或謂之曲持要以此二種爲絕伎

旋盤　弄椀珠　以竿標承盤任其翩翻終不失墜以繩繫椀以椀盛水繩轉椀旋椀中之水毫不滴漏

履火　吞刀　履火名曰掇火僧人習爲之蓋出於梵俗吞刀之伎亦出於西域刀寬及寸長過尺當其吞咽必先昂頭使口與喉直相融貫略無迴曲然後舉刀插之刀僅餘柄復拔而擲之於地刀鋒入地鏗然有聲或疑有幻術余以爲亦練習神熟而已

教走獸　教飛禽、教蛇、教蟲蟻、皆教之爲戲弄猴者尤多余嘗見籠雀數頭案上列摺疊扇五枝分書一二三四五等字籠前團紙内亦分書一二三四五等字觀者至隨手取一扇伎人問雀曰客所取其數云何雀若爲不知也者伎人曰汝其小之遂燒香持兕雀跳躍躑躅似有所思既而口銜一紙則紙中之數與扇相符名曰雀卜（杜陽襍編稱飛龍衛士倭人韓志和善雕木作鸞鶴雅鵲凌雲奮飛復臂蠅虎子使獵蠅舞涼州曲是書固多誕辭然其詭託倭人亦可知倭人之善技巧有由來矣）

游讌

賞花　自桓武嵯峨二帝好游讌屢幸大臣第賞花花時公卿百官例許給假故賞花之游特盛德川氏都於江戶江戶益爲繁華淵藪墨江一水自西北來截武藏上總下達於海築堤四五里徧植櫻花花爲五部洲所無東人名爲花王有深紅有淺絳亦有白者薄者一重厚者八重開則爛熳滿樹如雲如霞如錦如荼花時游人蟻集自卯至酉紅塵四合宮娥結伴翠袖紫裙濃抹淡粧各撚花枝以爲笑樂書塾女師率童男女分衣色爲數隊咸戴翦花使丫髻小女擊柝導行來往游戲舊藩華族或携婦女或挾娼妓各披葵葉藤花衣杏黃衫白桑屐携榼挈廚逐隊而行又有古服儒者腰佩瓢酒高品僧官身掛雨衣時販軍士手搖鞭杖下至賤商小豎村婆街婦亦高笠新屐挈酒行歌且歌且行擁塞於道魚貫蝸旋莫能展步偶或高軒橫馳怒馬直衝輒傾跌讓道然車夫亦動色相戒按轡徐驅不敢馳驟別有高人逸士於朝霞未升新月既上避囂而來者笛聲簫韻隔江互和往往徹旦（隄上木母寺有一墳名梅子塚世傳古有美人梅若翁以三月十五卒是日若雨都俗謂之淚雨名流賞花必弔其墳）墨江左右酒樓茶屋游舫小車必數倍其價村人結木爲小廬鋪紅氍毹爲游人憩息之所有賣櫻飯者以櫻和飯有賣櫻餅者團花爲餡或煎或蒸諺有團子貴於花之謠有賣櫻茶者點櫻爲湯少下以鹽人謂可以醒酒有賣花枝者或插於帽或褁於袖或繫於帶游客歸時滿城皆花矣

朱雀帝天慶七年冬十月爲菊合（凡分兩朋以角優劣謂之合扇曰扇合鬬畫曰繪合鬬歌曰歌合鬬詩曰詩合鬬雞曰雞合當時語也）王公以下各賜物嵯峨帝常爲菊花賦

朗詠集云當時文人喜誦元稹此花開後更無花之句故歷朝尤賞菊菊遂爲皇族徽志今御苑尙栽菊數百盆每盆開花有至五六百枝者花時必招各國使者及諸省院長次官爲竟日之遊宮內卿司其事乘輿偶出間設肴饌步立花下溫笑款語宮內卿又贈符節於使館聽其出入禁苑自行看花并無酬酢禮惟歸時各餽以菊餅二枚而去註墨水而外有東台櫻東京以名勝聞者又有木下川之松日暮里之桐龜井戶之藤小西湖之柳堀切之菖蒲蒲田之梅花瀧川之楓皆良辰美景遊屐襍沓之所也

茗宴　茶具有風鑪有筥有炭檛有火筴有鍑有交牀有紙囊有碾有羅合有則有水方有漉水囊有瓢有竹夾有熟盂有畚有札有滌方有滓方有巾其法碾茶爲末和湯煮之候火揀泉吹沫點花辨味侔色皆有妙理凡運筅擊拂謂之立茶茶多湯

少運筅旋轍再添湯擊拂者爲濃茶茶少湯多爲薄茶寮之廣狹鑪之位置柱橑牕櫺之設各有成規茶寮謂之數奇屋國語謂嗜爲數奇好和歌者古名數奇好茶者因借以名之或謂之圍居招客曰茗宴宴之前後有謝請謝會客凡數十人而茶屋僅容數人一茶博士一主人二三客而已主人必親自點茗敬客由貴逮賤前退後進俯仰折旋具有法度雖平日爾汝之交亦肅然如對大賓偶誤禮法訕誚交集自僧千光遊宋齎茶歸初栽之青振後遂蔓行北條泰時嗜茶世始崇尙逮足利義政使珠光僧珠光以茶術受知其所賞玩書畫及茶具後八購以千金沽眞能能阿彌號春鷗齋善畫亦以工賞鑒命掌庫中寶玩眞藝眞能子襲父職眞相子藝號松雪齋亦工賞鑒時東山相國營銀閣閣中所陳設及諸器位置皆出其手藻鑑茶具創定茶儀至豐臣氏使千宗易修飾之號利休居士以茶術仕豐臣氏置茶博士官賜祿三千石子孫世其業或費千金求其訣不可得及德川氏每春遣使齎甕收茶曰御茶壺藩屬望塵拜趨道路自王公逮庶人無不崇尙優游無事月或數招苟時逢戰爭鼙鼓震天茶室卽爲密謀所賓主相對悄然無聲而茶博士卽因是竊權賣爵無所不至凡室忌華器忌新然珍木怪竹朽株瘦枝搜求之幽巖邃谷之中或歷數十年而後得得其一以獻貧兒爲富翁矣器必用苦窳缺敝之物曰某年造某匠作乃至一破甌一折匙與夏鼎商彝同貴重積金盈斗不可償因是而興大獄者有之因是而釋戰爭者有之蓋初則品茶繼乃鬬器近年此禮稍廢蓋僅有存者

烟火　每歲例以五月二十八夜爲始放烟火之期至七月下旬乃止際晚烟火船於兩國橋南可數百武橫流而泊霹靂乍響電光橫掣團團黃日散爲萬星旣而爲銀龍爲金烏爲赤魚

爲火鼠爲蝙蝠爲蜈蚣爲梅爲櫻爲杏爲柳絮爲楊枝爲蘆爲葦爲橘爲柚爲櫻桃爲藤花爲彈爲毬爲箭爲盤爲輪爲樓爲閣爲佛塔爲人爲故事爲文字千變萬化使人目眩兩岸茶棚紅燈萬點凭欄觀者累膝疊踵橋上一道喧雜擁擠梁柱撓動若不能支橋下前艫後舳隊隊相銜樂舫歌船彌望無際賣果之船賣酒之船賣花之船又篙櫓橫斜譁爭水路直至更闌夜深火戲已罷豪家貴戚各自泛舟納涼絃聲歌韻於杯盤狼籍中嘔啞啁哳逮曉乃散

茶會　毬燈張於門琉璃盤燦於室國旗懸於堂花交於瓶樹葉繞於柱酒盈於尊肴饌溢於案鼓樂陳於幕主人主婦拱立於門內先期數日折簡邀諸賓曰某日某夕於某所設茶會芝山之離宮濱之延遼館霞關之鹿鳴館皆爲東京盛會之所客多至二千少亦數百至時箱車

遂車絡繹於道隱隱雷動銜尾馳至入門與主人主婦或握手爲禮或磬折致敬靴聲橐橐軒然以昂顧盻笑語媚婦而傲人泰西諸客也勁服戎裝博衣道履如飛鳥依人藹然可親則海陸軍教士耶蘇教教士也長裾曳地薄紗籠面袒臂露胸（西俗有慶典婦女以袒臂露胸爲敬雖嚴寒亦然）手揮金扇牽曳而至者西婦也身短趾高氊衣革履百僚趨奉領之而已諸省院長官也公鬚如戟乍撚乍弄旁若無人懽笑溯洄則次官也下車則趨鞠躬而入門喁喁私語各呼其羣諸省院屬僚也被髮至背足踹烏靴錦椅繡褥左右列坐皇族婦女也雪衣花帽如西方之人勝常萬福操語如英長次官眷也此喚檀那彼喚奥姑或靴或履紛紜雜還逐羣而笑語衆賓婦也東酧西酢甲詢乙諮巡簷倚柱若有所思新聞館記者也既而喇叭厲響腰鼓初鏜男女相攜各就舞

場舞場拓地爲數百弓以白地錦爲地衣紅男綠女各求其耦枝當葉對凡十數雙鼓聲漸發男抱女腰女挽男肩起而跳舞如穿花蛺蝶翩翩幡幡疾徐俯仰宛轉迴旋應樂之和無不中節樂舞正酣忽而雷驚電流紅霞灼天火光中現一車輪輪廓有字曰極樂世界萬頭蠕動伸頸爭看牆外幼童老婦之看煙火者咸拍掌歡笑舞場爲之震動貫珠碎玉火戲未已於時羣賓各自行樂有看月者有看花者有吸烟者有蹋毬者有竝坐談者有攜手行者有羣立而語者有爲葉子戲者少頃時鐘已報十聲乃就食案案長數丈羅以花布酒人司酒庖人司庖或司杯盤或司刀匕或司果餅或司水司凌牛羊豕雞鵞鴨鳩雀魚蝦各爲乾肉桃李梅杏林檎蘋婆荔支櫻桃舍利無花果之屬餅餌粢粉餳饊粔籹之類如山如阜堆積於盤酒則葡萄酒

麥酒花酒果酒香迸酒淺紫深紅淡黃縹碧色香四溢客至所司者問所須於是啟瓶聲切刀聲擲叉聲杯聲盤聲傳呼聲飲食聲拂拭聲款笑聲紛紜交作舄履互錯而門外轔轔之車僕夫叱馭已有貴客散會而去者矣夜漏四鼓盡歡乃散是爲茶會

戲馬　犬射　流鏑馬　馬各有名各以色分以年分以產地分以良駑强弱肥瘠大小分乘馬者亦以長短輕重分其衣服亦以色分王公貴人有馬癖者飲飼調護每歲養馬之貲不啻中人之產競馬之先司事者奔走周旋量度配耦使某馬與某馬耦某乘者與某乘者耦布告於衆鬬馬者各拚巨注以爲賭分左右袒者又各分其朋牽連附及每注有至萬金數萬金者至期百官皆給假諸省長次官至者十八九競馬場周二三里

場側設臺以憩觀者揚旌以爲界擊鼓以爲節鼓起而馬馳勝者及界則追風躡影超越而先之場內外觀者皆鼓掌鳴得意矣本泰西俗也日本舊有犬射編竹爲城城內設臺諸客憑而觀焉縱犬於城內馬馳逐而射之皆公卿貴人親執鞶狩衣草屨妝束古樸其磬控縱送均有法度或名曰犬追物又有流鏑馬馳馬鳴鏑以競敏妙猶古馬射戲此皆戰國武士之所崇尚近學西俗多廢而不舉凡西人遊戲之事若蹋球（以足蹋之）若拍毬（以木板承而跳之）若打毬（毬案長及丈磨石爲毬以杖格而擊之）莫不有之

温泉　相模之箱根伊豆之熱海皆有溫泉均在山頂林樹村落棋布於下朝嵐夕霞氣象萬變而夏日晴雨不時戶牖間時有雲氣往來村民以竹爲筧引泉至浴室溫煖如湯因山之磴高高下下爲浴樓酒館層層重複幾如蜃樓海市俗本喜浴溫

泉云可治疾浴者益多西俗官省例於夏月給假避暑日本仿之寮吏多盡室行者箱根有一西洋樓傑閣三四層庖湢藩溷飲饌牀笫均如西式長官多喜往焉而伊香保之雙角峰北對丈夫山抱兒山人謂靈泉宜子故挈眷遊者多至香山（仙窟源有二瀑曰雌瀑雄瀑雌瀑溫雄瀑寒雙角峯下有吐硫黃氣處鑿作窟室以蒸病者名曰蒸湯）皇后亦曾一至其地有一遊雷柱卽恩旨賜造者也每至盛夏來往襍沓遊人如織必豫告樓主人乃得留一席地斜陽在山缺月上樹浴客餘暇則南亭絲竹北亭謳唱東樓書畫西樓棋酒聚爲樂國有溫泉處多有赬尾魚似焦爛者又有菱花枝莖如枯槁蓋硫黃氣所薰蒸故也土人輒詡爲仙跡遊客每攜歸以餽友朋

博奕　角觝競馬千人會（詳祀會中）皆以博錢其他博戲有雙陸其排馬之法分三道每道五馬合十五馬移馬之法亦照擲骰點

數多少而行（惟骰子置竹筒內以手搖之）其勝負與中國同有圍棋亦用十九行三百六十一子惟行棋不行棋雖勝負之法亦有別者（以圍佔所得敵棋各收拾於盤待局定乃各將所得敵棋填敵手所佔空格內彼此填滿則爲和局如彼此填空不滿點數多少以分勝負如有一著不能填滿爲負如填滿尚餘一着則爲勝）圍棋最多高手豪富子弟風雅士夫無不習之者良朋夜宴酒酣興豪則楸枰羅列矣局皆用楸木高七八寸下有四足棋子黑者石白者多以牡蠣殼爲之有象棋棋子上尖而圓下平而方上薄而下厚有王將玉將（皆主將一爲玉將一爲王將其餘同）金將銀將桂馬香車飛車角行步兵之名棋局以中間爲界橫共九行直亦九行亦有直行斜行之異（行棋先行步兵逐步序行金將銀將則坿王將逐步斜行桂馬斜行香車直行角行行四角飛車直冲四路越界則有陞級如銀將陞金將香車桂馬亦陞金將角行陞龍馬飛車陞龍王之類）其勝負視主將（此主將亦許越界彼此越界爲和局敵將四面追逼則爲負）亦有格五其法布子成行以得五者勝亦有彈棋

山車　山棚　陸船　俗重祭祀於六月爲山王神會九月爲明神會是日例有山車山棚陸船數至數十各有寓人爲武內宿禰上宮太子菅相公源義經役小角之類山棚中央多樹松山車峻如樓中竪一柱高於浮圖金花錯落刻鏤藻繪秦蜀之錦蠻貊之繡燦爛奪目上鳴鼗鼓鐘使侲童華冠寶衣節腰鼓而舞蹈陸船縛竹木爲船形飾以繒綵舁之而行每爲波臣朝天之象魚服鮫綃巍巍翼翼車船之外又有弄纖纖之浮圖上立金鳳皇四邊垂以流蘇錦綺交錯舞旋以爲戲別演襍戲謂之坿祭曰冶臺曰挽物曰泥犂一舁一索各具鼓吹觀者自四方來咸盛妝飾錦衣不絅耀諸路人都下豪富於門下施欄欄值數金張紅鋪罽然賽會者過則踐踏毀之或奪其材而去又累空樽數百高過於簷各綴以燈事罷亦毀棄之家家必炊赤

飯千倉萬箱炊烟并起至夕則燃紅燭陳綠酒肴核狼戾歌唱蜩螗蓋舉國之人皆若狂也

酒樓　茶屋　遊舫　酒樓隨處而有每有小園樹松竹梅數株花下建石燈塔一座以照來客方丈之室拂拭瑩潔金爐燒麝銅鼎沸笙時花供瓶三絃掛壁架木爲閣不事修飾光澤堅緻可以鑑人例以少女當罏客至則拜迎門外引之上樓旋抱蒲團紅褥爲客坐有所需則拍掌喚之趨走嫺熟惟多食生冷苔葅梅脯蔬筍氣重最喜魚膾游鱗鰓鬣聶而切之具染而已火食者飯稻羹魚而外無他物也近多倣西法牛心羊脚每以供客矣茶店以品茶以茶瓶茶杯之良者爲貴有曰瀨戶磁以地得名有曰樂燒其祖宗慶傳業十餘世以專家得名德川氏之季有石工寶來龍山者所製風爐瓦竈以天然石雕飾有弟

子左六右六得其妙將軍嘗造觀焉當時茶店與酒肆爭多近日茶屋不復品茶不過供杯茗糖果爲游人憩足地而已然徧市皆是雖三家邨亦必有茶店也僅支一蓬者爲館舫有門有窗有床有席者爲屋舫館舫多用於觀烟火納涼屋舫則於花於雪於月於楓葉於蟲聲棹於淩瀨（淩瀨在墨水上游爲游人聽秋蟲之地）浮於墨河於本所觀羅漢於龜戶拜天神皆載絲竹攜酒榼而往每遇佳節必先期訂約乃得傭買別有豬牙船以形名之快櫓翦波其捷如飛亦遊具也

吉原、慶長十七年庄司某上書請合散居各青樓萃於一花街元和三年官如所請給一地於葺屋坊側以其鞭蘆覆蕢名曰蘆原後更名吉原相連五坊互建樓館佳麗三千如鶯比鄰德川氏以來令諸侯質妻孥於江戶間歲則會同於京凡諸侯

至京及其藩臣子弟縱令遊冶金吾不禁以故吉原遂爲歌吹海銷金窩每當暮靄抹柳新月微黃諸樓銀燭如星絃聲嘈襍娼妓列坐於門其幼少者分坐於壁於籬闌近世有懸鏡寫眞於楣者遊人鱗集格子外意指目擊品騭評鳳樓中例設銀紙屏風紅氍毹銅爐銕銚樓外懸紅燈然燭達旦每歲例於三月栽花七月放燈八月陳舞爲三盛會櫻始含苞令花人移植於街半開之蕊合抱之木捆載而來培根覆土妙於橐駝旬日之間頓成春海花時則六街絢爛如諸天雨華如平地起樓臺使人疑爲神施鬼設至花落復移樹而去不留一枝盂蘭會前後各樓張燈或圓或渾圓或橢圓或方或長方或角方或勾或彎或弧或三角肖爲魚蟲花草禽獸之形各傳以色又喜爲胡蝶夗央鳳皇芍藥蓮藕紅豆及一切并蒂之花比翼之鳥牆頭簷

額虛懸倒挂直豎橫嵌無所不有入市則光明大放城開不夜蝦蟇更盡殘燭猶光遠望則參差錯落若銀花萬點與樓閣林園相輝映宛然畫圖八月之舞專競新衣先期商度具有程法例以六街爲六隊隊各一色旗幟燈綵悉如其衣色榜曰某樓某閣擇少女殊艷者爲押隊或爲觀世音爲佛爲天神爲宰官爲僧爲神官爲武士爲古美人美男子擊鼓導行又縛綵爲亭上陳眾樂以鴉髻女兒舁之周旋六街至六街合隊則蹈舞齊作金釵橫斜寶屧競響迴旋穿插若整若散樓上下觀者纏頭爭擲高與山齊矣此外三月三五月五七月七九月九各度佳節坊例有盛會舊曰深川亦爲狹邪居近則散居於柳橋新橋爲多娼妓例注籍於官每月稅金三圓

外史氏曰後漢書言倭人嗜飲食喜歌舞至今猶然余聞之東人大抵絃酒之貲過於飯蔬遊讌之費多於居室云自桓武嵯峨好遊賞花釣魚調鷹戲馬月或數舉上行下効因襲成風德川氏承戰爭擾攘之餘思以觴酒之歡銷兵戈之氣武將健卒皆賞花品茗自命風流遊冶之事無一不具二百餘載優游太平可謂樂矣然當其丸泥封關謝絕外客如秦人之桃花源與人世曠隔雖曰過於逸樂而一國之人自成風氣要亦無害及歐美劫盟西客襍處見其善居積能勞苦當路者始驚嘆弗及朝廷屢下詔書兢兢焉以勤儉爲務佚蕩爲戒族長以勉其子弟官長以教其人民雖風氣漸積難於驟挽然可不謂知所先務乎

日本國志卷三十六

日本國志第十　卷之三十七

出使日本參贊官黃遵憲編纂

禮俗志四

神道

自天祖大日靈尊治高天原爲天照大神考神代史所載開天創世闢地造人諸事一出於神其言類幻妄離奇不可勝錄惟據史稱天照大神爲降居神國之祖今姑以託始焉大神之子正哉吾勝勝速日天忍穗耳尊娶高皇產靈尊之女栲幡千千姬生天津彥彥火瓊瓊杵尊天祖既命武甕槌經津主二神平定下土乃使皇孫降居葦原中國而爲之主賜以八坂瓊曲玉及八咫鏡草薙劍曰豐葦原瑞穗國是神國王地今以予爾爾宜就而治焉於是瓊瓊杵尊離天磐座降於日向高千穗峰遂到吾田娶大山祇女木華開耶姬生彥火火出見尊尊娶海神豐玉彥女豐玉姬生彥波瀲武鸕鷀草葺不合尊尊娶玉依姬乃生神武天皇神武既平東國先是甲寅歲西國既平東國未服長髓彥奉饒速日命爲主兄猾弟猾八十梟帥兄磯城弟磯城等割據所在不相統一帝慨然有創平之志謂諸兄及皇子曰昔我天神高皇產靈尊大日孁尊舉此豐葦原瑞穗國而授我天祖彥火瓊瓊杵尊於時洪荒草昧運遊之地猶未霑王澤遂使邑有君村有長各自分疆用相凌轢抑聞之鹽土老翁曰大東有美地中有乘天磐船飛降者余謂彼地足以恢宏大業光宅天下歟飛降者謂饒速日歟何不就而都之乎諸皇子對曰誠然請速發冬十月帝親帥三兄五瀨命稻飯命三毛入野命及手研耳命航海東征乙卯歲春三月入吉備國駐蹕三年戊戌歲夏四月勒兵步赴龍田路險隘不得并行乃還欲東踰膽駒山而入中州長髓彥聞之曰是必奪吾國乃發兵徼之孔舍衛坂皇師不利五瀨命中矢衆不能進帝憂之沈思曰我是日神子孫而向日征虜是逆天也不若退還示弱禮祭神祇背日而進則虜自敗矣衆然之乃引還六月至熊野神邑海上俄遇暴風御船飄蕩稻飯命嘆曰吾是神孫神何爲困我拍劍投海三毛入野命亦沒帝獨與手研耳命進至荒坂津時有神吐氣作毒皇師昏眩不能起熊野人高倉下夜夢天照大神謂武甕槌神曰葦原中國未得平靜汝往征之武甕槌神對曰降臣平國之劍則臣雖不往國自平矣大神許之武甕槌神顧高倉下曰吾有劍名韴靈今置之爾庫中爾獻之天孫明日高倉下入庫索之果有劍倒立乃獻之帝帝忽然寤曰予何長眠如此衆亦悉寤乃進赴中州山路峻峭不可行帝夢天照大神誨曰朕遣頭八咫烏鄉導頭八咫烏適至帝大悅從八咫烏前驅遂達菟田下縣兄猾弟猾據菟田帝遣使徵之弟猾即至兄猾窮蹙自踣機壓死九月八十梟帥據國見邱置女軍於女坂男軍於男坂兄磯城亦據盤余邑距塞道路夜禱之神夢神誨曰取天香山土以造天平瓮八十枚并造嚴瓮敬祭天神地祇則虜自平矣時弟猾亦奏言倭磯城邑有磯城八十梟帥高尾張邑有赤銅八十梟帥皆欲距戰臣竊爲天皇憂之請取天香山土造天平瓮以祭羣神然後擊之帝益異之令椎根津彥敝衣蓑笠裝爲老人弟猾被箕爲老嫗狀敕曰爾至天香山取土來基業成否以此卜之椎根津彥乃祈曰我皇能定天下道路自通不則賊必禦我矣乃去虜見二人大笑爲之開路二人得取土而還帝大悅即造八十平瓮八十手抉嚴瓮親祭神祇於丹生川上祝曰吾用八十平瓮無水造飴飴成則吾坐平天下不假鋒刃飴果成又祈曰吾沈嚴瓮於川魚醉而浮出則吾業成矣魚果浮出帝大悅乃取川上眞坂樹以祭諸神又親祭高皇產靈尊敕道臣命爲齋主冬十月帝嘗嚴瓮之糧勒兵而出擊八十梟帥於國見邱破斬之十一月帝將大舉攻磯城遣頭八咫烏召兄磯城不至召弟磯城弟磯城歸順帝令弟磯城曉諭兄磯城及兄倉下弟倉下皆不降乃踰墨坂表裏合擊大破之斬兄磯城等十二月進討長髓彥連戰不克適天雨冰有鵄集帝之弭金色煜煜如電虜皆迷眩不能戰長髓彥遣使曰吾奉天神之子爲君曰饒速日命何乃更稱天孫欲奪人地帝曰天神之子亦多爾主果天孫耶必有表物宜以相示長髓彥取饒速日天羽羽矢一隻及步靫示帝帝曰事不虛也亦取所御天羽羽矢及步靫示之長髓彥見之意沮然不肯降饒速日命惡其狠愎欲殺之帥師歸順帝褒賞之賜其子可美真手命以韴靈劍即位橿原宮之元年建神籬祭八神以鎮護國家天富命率諸齋部捧天璽鏡劍奉安神殿天種子命奏天神壽詞神籬即神廟八神後世所祭神祇官八神即高皇產靈神神產靈神魂留產靈神生產靈神足產靈神大宮賣神事代至神御產神是也壽詞即祝詞也饒速日命率內物部執矛楯嚴儀衛道臣命大久米命執兵器護宮門又使天種子命天富命掌祭祀及朝政可美眞手命獻十種天瑞寶及韴靈劍四年詔曰我皇祖之靈自天降臨光照朕身今諸虜平定其郊祀天神以申孝道乃築靈畤於鳥見山以祀皇祖天神崇神天皇六年百姓流離有背叛者帝憂之請罪神祇前是祭天照大神及倭大國魂神於殿内神物官物同此寢處帝懼其瀆使皇女豐鍬入姬還奉神鏡劍於倭笠縫邑磯城神籬別摸

鑄鏡劍爲護身之寶明年詔曰孤不天獲咎於神祇屢降鞫凶其命龜卜於是帝幸神淺茅原祭八十萬神親卜之神憑倭迹迹日百襲姬曰帝誠憂國宜祭我帝問曰何神曰我是倭國域內之神名大物主帝乃祀之然卒不獲福帝齋戒沐浴以祈曰朕禮神有所未盡耶何爲不享是夜夢神誨曰使我子大田田根子祭我內國自靜平外國亦來歸倭迹迹日百襲姬大水口宿禰伊勢麻績君皆夢神誨曰使大田田根子祭大物主神使市磯長尾市祭大國魂神倭大國魂神一云倭大神憑依大水口宿禰曰太初之時與天照大神期曰大神宜治高天原皇孫尊宜治葦原中國八十魂神我親治地神云云乃太平矣帝聞之大喜詔求大田田根子獲之茅渟縣陶邑乃使伊香色雄以幣物聘之使根子祭大物主神使長尾市祭倭大國魂神後又祭八十萬神定置天神廟地祇廟及神地神戶於是疾疫始息歲豐民和

八年以高橋邑人活目爲大神掌酒又使大田田根子祭大神明年帝感夢以赤盾赤矛祀黑坂神以黑盾黑矛祀大坂神垂仁天皇二十五年詔曰我先皇翼翼小心禮祭神祇是以安乎康樂朕以否德謬纘神緒豈得有怠三月使女皇倭姬代豐鍬入姬掌天照大神祭祀於是倭姬求祭地初詣菟田篠幡過近江經美濃至伊勢終以神夢定廟於伊勢之五十鈴川上名曰五十鈴廟以中臣祖大鹿島命爲祭主明年又遷神廟於渡會以後遂以伊勢爲大神宮每世例遣皇女侍神宮朝廷每歲遣使奉幣二十七年將以兵器爲祭幣納之神廟卜之吉乃納弓矢刀劍於諸廟以兵器祭神始於此更定神地神戶以地奉之神廟令其地所出物產其人民所供租調悉以充神廟之費歷世所封神社例有神戶三十九年皇子五十瓊敷命鑄劍一千口藏之石上神廟帝使五十瓊敷命掌神寶八十七年五十瓊敷謂女弟大中姬曰我老矣女代我掌神寶大中姬辭曰吾女弱安能登神庫五十瓊敷命曰寶庫雖高我能造梯大中姬不肯遂使物部十千根掌之於是物部連等世世得掌神寶考延喜式伊勢大神宮有神寶二十一種曰金銅多多利二基高各一尺一寸六分土居徑三寸五分金銅麻笥二合口徑各三寸六分尻徑二寸八分深二寸三分金銅賀世比二枚長各九寸六分手長五寸八分金銅鑄二枝莖長各九寸三分輪徑一寸一分銀銅多多利一基高一尺一寸六分土居徑三寸六分銀銅麻笥一合口徑三寸六分尻徑二寸八分深二寸二分銀銅賀世比二枚長九寸六分手長五寸八分銀銅鑄二枚莖長九寸三分輪徑一寸六分梓弓二十四枚長各七尺以上八尺以下塗赤漆弼纏縹組征箭一千四百九十隻長各二尺三寸鏃長二寸五分以鳥羽作之鏃塗金漆筈塗朱砂又箭七百六十隻長二尺四寸鏃鋒箭以鷲羽作之以襪丹漆畫之玉纏橫刀一柄柄長七寸鞘長三尺六寸柄頭橫著銅塗金長三寸八分片端廣一寸五分片端廣一寸頭頂著朴鏁一勾徑一寸五分玉纏十三番四面有五色玉著五色組長一丈阿志須惠組四尺柄著勾金長二尺著鈴八口號碧二枚金鮒形三隻長各六寸廣二寸五分著緒紫組長六尺袋一口表大暈繝錦裏緋綾帛各長七尺須我流橫刀一柄柄長六寸鞘長三尺其鞘以金銀泥畫之柄以鵄羽纏之柄勾皮長一尺四寸裏小暈繝錦廣一寸押鏡形金六枚柄枚押小暈繝錦長

三寸一分廣二寸五分四角立乳形著五色組長一丈阿志須惠組四尺金鮒形一隻長六寸廣二寸五分著紫組長六尺袋一口表大暈繝錦裏緋綾帛各長七尺襪作橫刀二十柄櫻柄長六寸五分鞘長二尺七寸漆塗節褁緋帛並倭文柄以鳥羽纏之節別纏小暈繝錦阿志須惠長各三尺三寸廣各一寸二分著緋紺帛緒長九尺廣二寸五分姬敷二十四枚長各二尺四寸上廣六寸下廣四寸失剌口方三寸九分以檜作之以錦黏表以緋帛著裏著緒四處并用紫革長各二寸廣一寸三分箭四百八十隻以鳥羽作之蒲敷二十枚長各二尺上廣四寸五分下廣四寸以檜作之編蒲著表以鹿皮著項以丹畫裏著緒四處并用紫革長各三尺廣一寸箭一手隻以鳥羽作之革靫三十四枚長各一尺八寸上廣四寸五分下廣三寸八分以調布黏之塗黑漆著緒四處并用紫革長各二尺廣一寸箭七百八十六隻以鷲羽作之鞆二十四枚以鹿皮縫之胡粉塗以墨畫之納檜麻笥二合徑二尺六寸五分深一尺四寸五分著緒六處用紫革長各一尺七寸廣三分楯二十四枚長各四尺四寸五分上廣一尺三寸五分下廣一尺四寸厚一寸梓二十四竿長各一丈二寸鋒金八寸五分廣一寸五分徑一寸四分本金長二寸八分徑一寸四分本未塗金漆鶡尾琴一面長八尺八寸頭廣一尺末廣一尺七寸頭鶡尾廣一尺八寸蓋郎歷代之所崇奉每歲遺人修飾檢藏之仲哀天皇九年有神告神功皇后曰海西有寶玉國曰新羅帝往征之則能襲不討自服帝不從出師失利

㬥崩皇后傷帝慢神乃命羣臣造齋宮於小山田邑皇后親為祭主使武內宿禰奏琴以中臣武賊津使臣爲審神者請天神曰向教示天皇者何神願聞其名禱祈七日七夜神憑人告名且垂誨后遂發師西征航海祝曰吾奉天神言越海遠征苟捷有功則波臣當手梳吾髮分爲二浴於海如其言遂結兩髻如男子至新羅驚爲神人新羅王面縛降及凱旋到筑紫從神誨立祠於穴門山田邑祭表筒男神中筒男神底筒男神自神武創業崇神肇基神功遠伐皆託之以神而神道益尊及允恭天皇四年帝憂羣臣氏族錯亂詔設鼎於廟誓神探沸湯僞者皆手爛遂以神道聽訟顯宗天皇三年月神日神迭憑人謂阿閉事代宜以地獻高皇產靈事代備奏之帝遂奉以田使壹岐縣主對馬縣主侍廟又以神道行政舊事紀天月神命者壹岐縣主遠祖也天日神命者對馬

縣主遠祖也是皆天孫降臨之時隨從者即三十二神之一也欽明天皇十六年百濟王奏國亂帝使蘇我稻目喻之曰昔雄略帝時爾國受攻於高麗帝使神祇伯籃之神命之祭建邦神師藉神威果獲大捷夫建邦神者天地剖判時草創國土者也爾舉族祀之國必復興則又以神道警勸外國是時疾疫大作風雨爲災卜者曰賀茂神所爲祟也乃選日祭之五穀蕃殖民得無恙於是有賀茂神之祭後世極重此祭每世例以皇女內親王爲齋院司祭祀焉用明天皇二年詔禮神祇行新嘗祭於磐余河上於是有踐祚大嘗之祭公事根源稱新嘗始此然據日本紀上古既有新嘗蓋自是始重其禮耳自後每帝踐祚爲大嘗祭最爲祀典之大者孝德天皇大化元年帝詢羣臣以治民之要大臣蘇我石川麻呂奏請先祭神祇然後議政事於是有神祇事務先於庶政之典爾後凡帝踐祚治事必首神事每年政始每月奏事亦先神事凡奏神事帝必起立未畢帝不得退朝天武天皇元年賜中臣忌部及神官

人國郡司以下奉大嘗者祿郡司並賜爵一級於是有神官與祭普賜爵祿之例嗣後每遇踐祚大嘗所有中臣忌部及神官郡司諸與祭者例有賞祿今不備錄二年八月詔四方行大解除令國造輸祓具於是有國司輸祓之例令國造輸祓具馬一疋布一常郡司各刀一口鹿皮一張鑼一口刀子一口鎌一口矢一具稻一束每戶麻一條其九年秋敕天下大祓又令國造等各出祓除奴婢一口凡祓除令國造輸祓具亦沿爲例輸奴婢則非恆例九月神官奏新嘗大祭卜以尾張山田丹波訶沙爲齋忌於是有國郡齋忌之例凡踐祚大嘗令郡國輸祭費與祭事以卜定之一曰悠紀二曰主基造殿供具皆責令經營每祭則各郡騷動王嵯峨時藤原冬嗣奏請省費從之三年春普奉幣於天下諸社以祈年穀於是有每歲祈年之祭公事根源曰祈年祭始於此後亦沿爲例不具錄十三年始遷奉神寶於伊勢兩大神宮於是有神宮遷宮之儀先是二年遣忍壁皇子於神宮以膏油瑩神寶至是詔每二十年改造兩大神宮行遷宮儀著爲永式朱鳥元年帝不豫卜之草薙劍爲祟即日祀之尾張熱田社初日本武尊已平東陸留草薙劍於宮簀姬家宮簀姬祀之熱

田天智帝時新羅僧道行盜劍逃去風雨晦暝不能進而還爾後藏於宮中今又祀之熱田也持統天皇三年百官會於神祇官奉宣天神地祇之事六年神祇官奏上神寶書四卷文武天皇大寶元年頒行神祇令遣泉內親王侍伊勢齋宮於是有女王侍齋之典自崇神帝始令皇女豐鍬入姬奉還寶器至垂仁時使皇女倭姬營伊勢神宮掌天照大神祭嗣後諸帝每遣皇女司祭事中葉以後皇女封內親王每帝踐祚必簡內親王之未嫁者卜之定爲齋內親王即遣敕使於大神宮祭告擇日百官爲大祓先於宮城內便所爲初齋院祓禊而入至明年七月齋於此院更卜城外造野宮八月吉日臨河祓禊入居野宮自還入日至明年八月齋居此宮九月吉日臨河祓禊乃入伊勢齋宮有裝束使有護送使沿途設祭甚多及居齋宮有年料有月料有給物例以伊豫正稅一千斛充新居之費亦有別給於官者每歲於六月祭度會宮祭大神宮朝廷遣使奉幣隨祭其儀六月十六日祭度會宮十七日祭大神宮十五日黃昏以後禰宜率諸內人物忌等陳列神御襍物訖亥時供夕膳丑時供朝膳禰宜內人等奏歌舞十六日平旦齋內親王參入度會宮至板垣門東頭下輿入外玉垣門就座於東殿門內東西各有一殿東殿設齋內親王座左右設命婦等座西殿設女孺等座訖即神宮司執鬘木綿入外玉垣門北向而跪命婦或女孺出受以奉齋內親王拍手而執著鬘神宮司又持大玉串入外玉垣門而跪命婦亦

轉奉齋王拍手而執榛入內玉垣院門就座席命婦或女孺二人陪從避席正前再拜兩段訖王串授命婦命婦受轉授物忌受執立瑞垣門西頭齋內親王還就本座然後禰宜乃著明衣衣冠並用生絹大神宮司著當色衣并執大玉串禰宜立前大神宮禰宜立左宇治內人立右次宮司次幣襖物并馬單行陳列次朝使進入外玉垣門當內玉垣門并皆跪先使中臣申詔命次宮司宣祝詞訖物忌內人等舁幣帛案入奉置瑞垣內財殿齋內親王并衆官以下再拜拍八開手次拍短手再拜如此兩遍既而衆官退出即使及宮司以下向多賀宮再拜兩段拍短手兩段退就解齋殿給酒食訖入外玉垣門供倭舞先神宮司次禰宜次大內人次幣帛使次齋宮主神次寮允以上一人酒立女一人持柏一人持酒每舞了人令飲柏酒次禰宜大內人妻訖齋宮女孺四人供五節舞次鳥子名舞十七日參大神宮其儀一同度會宮元正天皇靈龜四年令文武百官率妻姊妹會於祓所命中臣氏世領其事於是有命婦會祓之禮（後世稱其祝詞曰中臣祓）孝謙天皇神護景雲二年始賜伊勢宮禰宜季祿其官位準從七位度會宮禰宜正八位於是有神官敘位之例（凡神宮禰宜等皆敘官位後不具錄）蓋中古以來所以崇神重祭者如此其隆重惟自欽明時百濟傳來佛像當時物部尾輿中

臣鎌子謂拜蕃神恐干怒國神帝雖從其請命毀佛像棄經卷而佛教卒行爾後百餘年至聖武帝益敬信佛教至削髮稱爲三寶奴及孝謙帝寵任僧道鏡命爲太政大臣禪師詔百官拜賀道鏡恃寵驕僭遂懷覬覦有太宰主神阿蘇麻呂媚附道鏡矯八幡神教曰令道鏡卽帝位天下自太平道鏡喜益自負帝惑之召從五位下和氣清麻呂於御牀下曰朕昨夢八幡神使來云大神欲憑尼法均有所告朕答曰法均女弱不勝任使請以清麻呂代之汝今宜往受神誨臨發道鏡謂之曰神意欲使我卽位所以召卿卿勉之富貴決不相負清麻呂詣神宮歸乃奏神語曰我國家開闢以來天日之嗣必立皇緒敢有他人妄竊神器者戮之無赦道鏡大怒貶清麻呂官改其名爲穢麻呂而其謀卒沮然自佛教盛行莫能兩大祭典漸湮神宇多壞而

神官祇圖爵祿祭事唯尙奢華蓋敬神之意日以弛怠矣桓武天皇延歷二十五年中臣忌部二氏各相訴中臣氏云忌部本造幣帛不讀祝詞是忌部不宜爲幣帛使忌部氏云奉幣祈禱是忌部職也幣帛使宜屬忌部中臣宜充祓使詔曰據日本書紀天照大神閉天磐戸之時中臣連遠祖天兒屋命忌部遠祖太玉命掘天香山之五百箇眞坂樹上枝懸八坂瓊之五百箇御統中枝懸八咫鏡下枝懸青和幣白和幣相與祈禱然則祈禱之事兩氏宜共之神祇令云祈年月次祭中臣宣祝詞忌部頒幣帛踐祚之日中臣奏天神壽詞六月十二月大祓中臣上御祓麻東西文部上祓刀讀祓詞訖中臣宣祓詞常祀之外赴諸社供幣帛者皆取五位以上卜食者充之是常祀之外奉幣之使宜互用兩氏餘一據令條平城天皇大同二年二月從五

位下忌部廣成上言草薙神劍實是神璽自日本武尊凱旋之年留在尾張熱田社外賊偷竊不能出境神物靈驗以此可觀然則奉幣之日應同致敬而久代闕如不修其禮何也尊祖敬宗禮教所先故聖皇登極受於文祖類於上帝禋於六宗望於山川徧於羣神天照大神惟祖惟宗尊無二日自餘諸神乃子乃臣孰敢與抗而今神祇官班幣之日敘大神宮於諸神之後何也其他論神祇典禮之事凡數千言帝不報嵯峨天皇宏仁十年右大臣藤原冬嗣大納言藤原緒嗣奏言聖主相續頻御大嘗天下騷動人民多疲然神事不可得廢請去文飾省冗費帝曰神事何須華靡乃令中納言良岑安世等爲檢校使以治部省廳爲行事所宮內省爲悠紀所中務省爲主基所停金銀刻鏤務從儉素標以榊造之飾以橘及木綿書悠紀主基字著

其未所用正税悠紀主基各十萬從國司請各減五萬然其後仁明天皇天長十年御八省院脩禋祀之禮御豐樂院悠紀主基皆立標造日月雲霞神仙麟鳳之形悠紀樂標造巨象形搆小臺於其背令兩童子迎耆隨障後設機隨舞人進蹈而舉舞名其奢麗猶如此淸和天皇貞觀六年七月敕曰前令五畿及伊賀伊勢志摩遠江相模上總等國云鎭護國家消伏災害是敬神祇欽祭祀之所致故格制頻下警告懇懃今諸國牧宰不愼制旨專任神主禰宜祝等令神社破損祭禮疏慢神明由是滋怒國家以此受殃朕意欲令諸社新加華飾而經年踰月未有修造宜早加修飾勿致重怠八年公卿奏言六月十二月諸家必有祓除神宴絃歌醉舞欲悅神靈而諸衛府舍人放縱之徒不待主招每結黨伍侵幕突門徑自闌入初貪酒食後責贈

遺所求不給則忿訟詈辱或託神語恐喝主人濫惡之甚不異羣盜雖豪貴之家尙無所憚是而不糾何云國憲請嚴令所司一切禁遏詔令禁之醍醐天皇延喜十四年式部大輔三善淸行上封事曰朝廷每年二月四日六月十一日於神祇官立祈年月次之祭齋肅禱神以乞豐熟其儀公卿率判官及百官參神祇官每社設幣帛一裹淸酒一甕鐵鉾一枚陳列棚上社或有奉馬者（祈年祭一匹月次祭二匹）亦皆左右馬寮率列神馬神祇官讀祭文畢以祭物頒諸社祝部使奉本社祝部須潔齋捧持各以奉進而皆於上卿前卽以幣絹插著懷中拔棄鉾柄唯取其鋒傾其甕酒一舉飮盡曾無一人持出神祇官之門者況乎神馬則市人於郁芳門外皆買取而去然則所祭之神豈有歆饗乎若不歆饗何求豐穰伏望申敕諸國差史生以上一人率祝部受

祭物必致本社以存如在之禮其時祭神之意雖頗懈弛而歷代典章猶沿習修舉朝旨每以是申警戒廷議亦以是論得失蓋猶重之嗣後王室衰微覇府僭竊祭典舉廢莫或置議逮於近年德川氏奉還政權朝廷下太政復古之詔明治三年一月三日詔曰朕恭惟天神天祖立極垂統列皇相承繼之述之祭政一致億兆同心惟治教明於上故風俗美於下而中世已降時有汙隆道有顯晦今也天運循環百度維新宜亟明治教以宣揚神道朕故特遣宣教使布教天下汝羣臣衆庶其體斯旨是月又詔曰朕恭惟天祖創業崇敬神明愛撫蒼生祭政一致所由來遠矣朕以寡弱夙承聖緖日夜怵惕惟懼天職之或虧曠今朕敬祭天神地祇八神暨列皇神靈於神祇官以申孝敬庶幾使億兆有所矜式乃復設神祇二官以司祭祀其後併神

祇省於太政官至今猶有教導職諸官

外史氏曰神武之開基崇神之肇國（崇神尊稱曰御肇國天皇）神功之遠征一以神道行之余考其創業垂統仗劍而出師造甕而事神則兵事出於神劍曰神劍矢曰天羽靫曰天靫則兵器出於神以禊詞洗罪（素戔嗚尊得罪於天祖羣神定議去其爪髮使天兒屋命宣解除祓詞以逐之根國根國謂下界也神武既成帝業使天種子命祓除國中人民罪惡害稼穡汙齋殿謂之天罪傷人姦淫蠱毒謂之國罪皆從其輕重使請神祇而解除之）以探湯定訟（應神帝時武內宿禰爲其弟甘美內宿禰所譖帝使二人請神於磯城川上探湯其法以泥置釜中煑沸使探之甘美內宿禰手爛武內遂得伸寃其後允恭帝以姓氏溷淆亦命探湯以定眞僞）則刑法亦出於神因祀而制貢調出於射曰弓端出於技曰手末（崇神帝始因祀神課男女調役）則賦稅亦出於神因祀而設齋藏沿其後而有內藏沿其後而有大藏則庫藏亦出於神（古語拾遺云當此時帝與神相去未遠同一寢殿神物官物未有分別宮內立齋藏令齋部人世掌之應神朝以三韓貢獻更建內藏於齋藏旁以分收官物令阿知使主與百濟博士王仁

司其出納更定藏部至雄略帝時秦造酒領百八十種勝以納貢貢物充物庭內自此而後諸國之調年以盈溢更立大藏命蘇我麻智校三藏而秦氏司其出納東西漢部勘錄其簿是以秦漢之族世爲內藏大藏主鑰此藏部之緣也因祀而有祝詞凡踐祚則奏壽詞凡大會則奏國風則禮樂亦出於神歷代詔書每曰祭與政出於一國有大事若遷都若遷宮若與外國爭戰必告於神所得吳織唐幣及新羅玉帛必供於神時有水火旱潦疾疫荒歉必禱於神固不獨三種傳國神器之赫赫在人耳目中也余觀上古之世清靜沕穆禮神重祭萬國所同而一切國政皆出於神道則日本所獨世所傳方士徐福之說殆非無因歟自崇神立國始有規模計徐福東來已越百載凡百政事概緣飾以方士之術當時執政者非其子孫或其徒黨歟曰劍曰鏡曰璽皆周秦制也君曰尊臣曰命曰大夫曰將軍亦周秦語也或曰日本上古蓋無文字所謂劍鏡璽及大夫將軍之稱皆於傳習漢文之後譯而名之不足

爲秦人東來之據然考日本之傳論語始於晉時其編輯國史在隋唐間既不用商周以前之稱又不用漢魏以後之制則上世口耳相傳必有父老能言其故者況若鏡若璽明明秦物固有可據乎或又曰果使徐福東來當時應齎文字何待數世之後百濟王仁始行傳授余又以爲徐福方士不重儒術其所携三千男女盡屬童年不習文字本無足怪又其時挾書有禁自不能徑携卷冊而行斯說也亦不足爲難也爾後國政以出納屬之秦造以禊詞屬之東西漢若有特重於秦漢人者當亦有故也抑余考日本諸教流行獨無道教蓋所謂神道者即爲道教日本固早重之彼張魯之米教寇謙之符籙杜光庭之科儀反有所不必行矣

佛教

佛之入日本也欽明帝十三年十月百濟國王獻佛像及經論大臣蘇我稻目捨宅爲寺名曰向原寺按大繇志曰廣嚴寺舊名向原寺一名建廣寺在高市郡豐浦村三代實錄曰散位從五位下宗岳朝臣木村言建興寺是先祖大臣宗岳稻目宿禰所建此佛寺之始也因天下大疫旋毀除之大連物部尾輿中臣鎌子奏曰國家自古祭祀天神地祇今禮蕃神恐國神爲怒帝曰令稻目私禮拜之既而大疫尾輿鎌子奏曰是災也以禮蕃神故也請速廢之帝乃敕有司棄佛像於難波掘江悉燒毀佛寺敏達帝十三年鹿深臣佐伯連齎佛像自百濟還蘇我馬子宿禰稻目之子入鹿之祖父復創佛寺造塔於大野邱北此造塔之始也大繇志曰在高市郡繇田村礎石猶存請還俗僧高麗慧便師之鞍部村主司馬達度其女嶋爲尼更名善信時年十一從之爲尼者二人一曰禪藏一曰慧善按尼此云阿摩本是梵語北齊白羊諸阿摩姑謂也註曰太原公主嘗爲尼故曰阿摩姑南山道宣四分律行事鈔曰阿摩母也尼者女也宋靈芝元照資持記曰阿摩尼即佛名姨母之號今案此二號乃女流通稱達子多須奈崇峻帝時剃落更名德齊時爲尼者三人爲僧者八人此僧尼之始也其所宗有華嚴三論法律宗俱舍成實等神皇正統紀曰華嚴僧朗辨傳於唐僧杜順創立東大寺故東大寺又名大華嚴寺三論孝德帝時高麗慧觀所創即羅什三藏所傳也後僧道慈在大安寺衍其法與華嚴並行法相興福寺所傳僧定慧遊唐受之元奘三藏定慧即大織冠鎌足之子也後僧正元昉遊唐學泗州僧智周智周元奘之法孫也律宗唐僧鑒眞天平勝寶中所敕爾後南都有恩圓北京有我禪俱舍成實道慈律師所敕天台始於傳教傳教

大師名最澄延歷中創立止觀院於北叡山延歷二十三年從遣唐大使藤原葛野朝臣游唐受密教於天台道邃詳見神皇正統紀及元亨釋書按宋史日本傳曰葛野與空海大師及延歷寺僧澄入唐詣天台山傳智者止觀義當元和元年也佛祖統紀道邃傳曰貞元二十一年日本國最澄遠來求法聽講受誨晝夜不息書寫一宗論疏以歸眞言始於空海宏法大師名空海從葛野朝臣遊唐受法於慧果大同中歸奏建眞言院於宮中賜東鴻臚地建東寺又創金剛峯寺今之高野山是也詳見神皇正統紀及元亨釋書舊唐書日本傳曰貞元二十年遣使來朝留學生橘免勢學問僧空海谷響集引諸宗志曰不空弟子有慧果者元和中日本空海入中國從果歸國盛行其道禪宗始於榮西僧正葉上名榮西號明庵又號千光法師仁安三年從商舶遊宋登天台得天台新章疏三十六部歸文治三年再游宋受禪法於天童虛庵建久三年在筑前香椎屋郡創建久報恩寺六年又建聖福寺於博多後鳥羽天皇賜宸翰額曰扶桑最初禪窟建仁二年將軍源賴家創立建仁寺以榮西爲開山此禪宗之始也詳見元亨釋書及東鑑榮西西遊當趙宋時禪僧之來歸及遊學於宋者絡繹不絕五山十刹五山十刹歷應中所定京師鎌倉位次歷朝不同今以京師天龍相國建仁東福萬壽等寺爲五山而南禪寺獨冠五山於是建立爾後源空以念佛爲宗號淨土宗親鸞創立本願寺號一向宗又號本願寺門徒日蓮以唱法華經題目爲宗故

俗呼為法華宗亦相繼㧞宗門皆在鎌倉氏時指歸雖各異其源出於天台至晚近支流餘裔不復止此其倡為宗教者大概亦宗釋氏之說惟日本最重神道而最澄空海則謂日本某神即某佛菩薩化身推佛於神復援神於佛於是日本之神無不佛矣釋氏務絕俗累而親鸞則謂不必離俗不必出家但使蓄妻子茹葷酒而此心清淨即為佛徒於是日本之民半為僧矣源空之淨土專以宣佛號為事日蓮之法華專以唱法華經題目為宗皆謂口念佛即心奉佛心奉佛佛必以其法力鑒臨而護庇之其說皆卑邇易行故信從愈衆於是日本之國化為佛國矣王公貴戚之歸佛姑不論也僧人有官銜者各法其法職其職民間啞羊鳥鼠之徒規取飽食煖衣者都會之間動以萬數蓋中世已降無度牒之制度牒始於養老四年今謂之度緣其廢不詳自何時今京師東福寺有正和二年度

牒駿河久能寺有承久元年度牒是以闒茸之民貪婪三塗屑越四恩靦然稱佛氏之徒者往往有之所謂釋氏之糟糠法王之社鼠內戒所不容國典所共棄也禪家之支流有虛無僧者以普化為祖五燈會元曰鎮州普化和尚者不知何許人也師事盤山密受真訣而佯狂出言無度暨盤山辭世乃於北地行化或城市或塚間振一鐸曰明頭來明頭打暗頭來暗頭打四方八面來旋風打虛空來連架打唐咸通初將示滅乃入市謂人曰乞我一個直裰人或與披襖或與布裘皆不受臨濟令人送與一棺便受之乃辭衆自擎棺出北門外振鐸入棺而逝郡人揭棺視之已不見惟聞空中鐸聲漸遠身不著僧衣頸挂袈裟及方便囊戴深檐藺笠吹尺八笛登市門化米其徒頗蕃關西隸京師妙安寺關東隸江戶一月寺然不誦經不戒行不巔落故無賴之徒多歸之佛寺之在西京者五百三十九區統海內寺宇禪宗一萬九千三百八密宗一萬一千一百一遍教六萬七千一百源空教十四萬二千融通派一千五百一向派本願門徒四萬五千東本願門徒八萬八千三百九十四專修門徒七千五百二十日蓮教八萬三千二十合共四十六萬四千九百四十二寺可謂佛國矣此寺數據萬延元年德川齊昭所上防海疏維新以來頗有減損考北魏一萬三千寺唐武宗即位廢浮屠法毀寺四千六百招提蘭若四萬而宋景德中天下二萬五千寺元祐三萬九千寺見孔平仲談苑元至元二十八年天下寺宇四萬二千三百一十八區見續文獻通考然尚不及日本十分之一也僧徒盛時上自公侯下至庶民不建寺塔不列人數堂宇之崇佛像之大工巧之妙莊嚴之奇有如鬼斧神工又令七道諸國建寺各用其國正稅於是舉國之費十分而五一寺度僧嵗三四百人舉國之民禿首過其半多家蓄妻子口啖腥膻甚至群聚為盜竊鑄錢貨黨徒相攻敢刦關白之第入太政大臣家掠財物及莊園且率徒黨發山陵入宮殿刦神輿後宇多帝時至毀闔截簾破行事障子帝乃御腰輿逃匿內大臣私第暴亂淫縱天下所未有也維新之後佛教

較衰僧徒田產多沒入官明治六年下令僧徒均許食肉娶妻山伏蓋出於真言家乃在家奉佛者其祖役小角大和葛城茆原人或稱役行者又稱役優婆塞翻譯名義集曰優婆塞肇曰義名信士男淨名疏云此云清淨士亦云善宿男雖在居家持五戒男女不同宿故云善宿壯入葛城山居巖穴三十年結蘿為衣拾果為食能持禁咒役使鬼神凡國中名山大嶽足迹殆遍外從五位下韓國連廣足嘗師事之後害其能誣奏之朝遣吏收之小角騰空而去乃繫其母小角不得已就囚配伊豆嶋續日本紀文武帝之三年五月也居三歲放還後奉母入海云見元亨釋書及扶桑隱逸傳今諸山多祠之而金峯山香火最熾奉其教者曰山伏或曰修驗冠寸許小冠於額上俗謂之斗巾被髮跨戒刀振鐸鳴螺每春秋入金峰山修法持戒極嚴其法本於真言而其說猶道家也小說所謂解魔法師之類耳其官全同僧家皆隸聖護三寶二

府又有一等在肆市臨路設店挾巫覡卜筮風鑑相形拆字之術以禳災解魔賺錢財者都會之地最多

外史氏曰昔韓昌黎以諫迎佛骨貶潮州其時關東西則有丹霞然圭峯密河北則有趙州諗臨濟元江表則有百丈海溈山祐藥山儼嶺外則有靈山顛其師友幾徧天下皆以超世之才智絕人之功力津梁後起以合於菩提達摩之傳當公之闢佛為佛極盛時故極為其難然自公之闢佛人人有公闢佛之說據於胸中所謂功不在禹下者此也是說也余聞之陽湖惲子居云余考日本之僧其倡為宗教者尤多俊傑日本以神建國排神說法勢所不行於是乎最澄空海推佛於神援神於佛以佛為體以神為用體用歸乎一源斯說一行而混糅神佛舉國之神無不佛矣食色性也拂人之性亦勢所難行於是乎親鸞

不離俗不出家蓄妻子茹葷酒謂煩惱者骸而清淨者心學佛在心而不在迹斯說一行而道俗無別舉國之民無不僧矣若夫源空之淨土日蓮之法華第以口唱佛號即為佛徒愈卑愈簡愈淺愈近愈易修而愈溺入日本之於道既無周公孔子倡明之於前又無昌黎力闢之於後彼僧徒者鼓其說以煽動羣倫其化日本為佛國亦無足怪也宋人之闢佛也精昌黎之闢佛也粗然僧徒不畏宋人而恨昌黎則以昌黎焚其廬火其書之說行而佛教自絕也中國之說佛也精日本之說佛也粗然中國佛教不如日本之盛則以親鸞不離俗不出家之說行而人人得以自便也夫天堂地獄之說因果報應之談愚夫愚婦之所易惑天下愚夫婦多而賢士大夫少知愚夫婦之所敬信迎其機而導之順其情而誘之因其利便而徇之而吾說自無不行之數僧者其宗指不同而其因國俗順人情以施教則無不同可不謂聰穎桀黠之士歟近日耶蘇教之盛徧於五洲其所謂待人如己於吾儒之道彌近理而彌亂眞者也然其教行於中國竭智盡力僅能誘愚夫婦而不能惑士大夫蓋其教以祀祖先奉神祇為大禁以中國聖帝明王四千餘年世世相傳之禮欲一旦廢已而從之勢固萬萬有所不能故也嗟夫以彼國勢之强教徒之盛寺宇之莊嚴布施之廣大其財力可以無所不至廑賴此祀祖先奉神祇之習得互相搘柱而柅之不行謂非厚幸歟苟使彼教之徒有最澄空海親鸞其人者從吾俗以行彼教吾未知其所底止也雖然佛教詆祆教為魔祆教亦以佛教為陋凡佛教之崇偶像遈神通至於戒殺出家無不與祆道相扞格相水火者而今之印度信祆道者居十之五是耶

蘇一教竟不難居佛之國變佛之俗而奪而有之矣念及此不禁為之惴惴危懼也

氏族

神武東征都於橿原班功胙土於是有國造縣主之號子孫世守為得姓之始國造之外（各居其國掌國事謂之國造古有國造百三十餘）有伴造（謂諸部君長首直吏之類也）縣主之下有村主稻置等各以官為姓其後置大連大臣即以臣姓為大臣連姓為大連皆世其官并令統領氏族（若大臣闕官使大連統臣連二姓至推古帝時始制官位乃廢世官連臣伴造專為姓稱矣）洎天武帝十三年詔定八等之姓曰眞人曰朝臣曰宿禰曰忌寸曰道師曰臣曰連曰稻置以牢籠姓氏所以明源委分貴賤使人知氏族之所主（紀傳謂之尸按尸主也詩召南誰其尸之又古者祭祀皆有尸以依神亦以為祭主也今以眞人朝臣之類為尸者蓋以為一族之主刑部親王姓氏錄曰源朝臣信弟妹凡八人宏仁五年各賜姓以信為尸其義可見又姓氏錄序名）

爲氏骨骨之爲言主也氏骨者言氏族之所以爲主也眞人朝臣之類受之天子者爲尸尸即姓也如源平紀橘藤原清原之類或身自爲之者則爲氏世或以源平紀橘藤原清原之類爲姓者誤矣國史書曰賜姓曰眞人曰朝臣曰宿禰曰連又有連姓氏書之者曰賜姓源朝臣曰賜姓橘宿禰未有稱賜姓源賜姓橘者矣可見朝臣宿禰是姓因實冐官賜得賜之氏則不必受之天子人人有之參顧炎武曰言姓者本於五帝見於春秋者二十有二黃帝子二十五人得姓者十四而已姓則受之天子也故魯左氏傳曰天子建德因生以賜姓胙之土而命以氏諸侯以字爲謚因以爲族官有世功則有官族邑亦如之公命以字爲展氏氏則稟之時君也士會之帑處秦者爲劉氏伍員之子在齊爲王孫氏知果自別其族爲輔氏則身自爲之也日本姓氏之別蓋畧同於三代云其命氏有以國者吉備飛多是也以邑者小野菅原是也以官者刑部采女是也以事者錦部酒部是也以功者治田垂水是也以居者栜本田邊是也通雅曰後世或氏於國則齊魯秦吳於謚則文武成宣於官則司馬司徒於爵則王孫公孫於次則孟孫叔孫於氏則展氏臧氏騶氏國氏於居則東門北郭於志則三烏五鹿青牛白馬於事則巫乙匠陶蓋亦與華同後世子孫傍支別屬俗謂之苗字苗字即族也其

後氏族派衍愈繁要不離乎以地以官以事以物其尤僻異者曰手塚曰股野曰田麥股曰夏目曰肝付曰橋瓜曰池尻曰腹卷曰一色曰是枝曰豬野曰鳥尾曰犬飼曰鹿伏兔曰小鳥遊曰鵜飼曰矢土曰孕石曰二瓶曰纐纈曰酒匂曰兒玉曰妻木曰哥枕曰夫妻木曰可兒曰妹尾曰神鞭曰九鬼曰鬼越曰甲乙女曰左乙女曰望月曰小花曰四十住曰五十嵐曰十八女曰四月朔日曰七寸五分曰萬里姉小路其有一氏分爲數族者若藤原氏分爲近衞鷹司三條等族是也近世二字若三四字氏族多省爲一字其字不雅馴者取偏旁或通音易之如藤原氏也省曰藤安藤齋藤遠藤近藤族也皆省曰藤又省曰滕源流不辨矣瑯琊代醉編曰今之稱複姓者皆從省文如司馬則曰馬諸葛則曰葛歐陽則曰歐夏侯則曰侯鮮於則曰於如此之類甚多相承不已複姓又得混於單姓矣日知錄曰洪武元年詔衷服衷語衷姓一切禁止如今之呼姓本

呼延乞姓本乞伏皆明初改而并中國所自有之複姓皆去一字氏族之紊莫甚於此日本氏族之變遷亦與華同也蓋日本以世官故氏族最重臣連伴造以官爲姓其後賜姓命氏自垂仁始然至允恭時既家誣其祖人僞其氏乃使諸姓人盟神探湯以別眞僞孝德帝嘗詔云今有苟冐人姓妄其所自出而臣連伴造國造之弱宗劣族遂以神名王號爲賄庶民賤種竟亂巨族其釐正之然自蘇我氏之亂圖籍灰燼姓氏失譜故天智時爲制氏上氏上猶宗子也天武因之令諸氏上未定者官爲理之族大寵多者分宗立氏上使糺率其族百官系譜舉藏之圖書寮治部省立解部主窮問諸姓譜第以解其訟其舊家世族概廢世官別製新官定冠位分爲八品姓又分三別以天神地祇裔爲神別皇子王孫爲皇別漢人及韓人來居者爲蕃別使有升降若爵命然名曰寵號氏之寵號既定宏仁姓氏錄尚載舊姓有一千一百八十二氏自諸藤專

朝不與他族而物蘇伴秦舊姓淩遲式微多降爲皂隸矣源平迭興枝葉之蔓分宗立長其長者猶古氏上其族人稱家子郎黨綿延國內古之氏上遂亡逮足利氏興而贅壻冐姓即欲討其宗派亦不可得蓋源平以後尚武競爭各固黨羽義兒假子動至百十此假子混冐者一也寡男無耦妻以女子贅爲齊壻即奉先祀此贅壻混冐者一也蒲生秀實曰源平以來家子郎黨常致之股肱或爲之死生如和田氏之亂舉族殲焉新田氏義舉亦舉族赴之當時宗族相保如此多養假子以强宗也又曰天下餘子多以男嫁人冐姓其婦家而世之無子養人子爲後者必先議其幣多少而後定議封建之世官以世功爵以世襲侯伯嗣絕例應削國故必養子以圖繼世下至大夫食采羣士食祿莫不皆然此養子混冐者又一也少孤幼寡隨母改嫁謂他人父即後其宗此隨母混冐者又一也此外則避諱改易移宮換羽避仇逃匿將甲作乙又其一也因是混亂不可復別

大抵數百年來藤橘源平最爲望族故混言亦最多凡故家世族各爲徽幟以自表異用花草禽獸繪其二於袖或一或三於背名曰紋如藤原氏爲藤花菅原氏爲梅花德川氏爲葵葉之類使人望而知爲某族也維新以來許平民與士夫相婚嫁有擢用爲官者不復如前之重望族然舊藩侯猶爲華族藩士猶別爲士族云　有名生子則七日命名古之搢紳世家蔭子五歲命名奏之天子則賜五位三公則賜四位謂之敘爵敘爵而冠謂之敘爵元服禮冠而字此則冠而名矣有通稱有字有別號古來有名無字學士輩仿唐人偶爲之而多用單字合姓呼之如菅三紀寬三耀之類是也然平日無所用之故古人少命字者近世儒生輩皆命字間有三字四字者又有別號甚有多至十數者如藤原肅字斂夫又號柴立子廣胖窩如林信號羅山又號浮山羅洞四維山長胡蝶洞梅郁花夕顏巷瓢瓠巷懶眠雲母溪尊經堂然唯施之其輩流而已人間應酬概用通稱蓋通稱似小字然亦小同

大異兵部民部大學元蕃之類謂之百官名非士以上不得稱其他曰左右衞門曰左右兵衞曰大夫曰內內舍人也曰藏藏人也曰丞曰輔曰佐曰助曰介亦官名也大郎二郎三郎之類輩行也各冠以一兩字或以氏及行自士大夫迨民間僕豎皆以此爲稱呼考元史名脫脫者十五脫歡者十三伯顏者九豈亦源右衞門平兵衞之類乎秦通雅曰士文伯是士鞅之族亦名匄魯仲嬰齊莊之孫即公孫嬰齊之從祖鄭公孫段字子石而印段亦字子石古人自不爲嫌琅琊代醉編曰魏安釐之父名屈子亦名屈周厲王名胡而僖王名胡齊衞穆公名遬而成侯亦名遬鄭武公名掘突而厲公名突周襄王名鄭衞成公與之同時亦名鄭晉定公名午而同時邯鄲大夫亦名午衞侯名惡其臣亦名惡蓋周人雖重諱不如後世之甚故多同名也又春秋左氏所稱氏族名如祭封人名足字仲或稱曰祭足曰祭仲曰祭仲足曰祭封人仲足士會字士季初受隨後更受范或稱曰隨季曰范會曰季氏曰范武子曰隨武子瑕呂飴甥或稱曰瑕甥曰陰飴甥之類與漢以後之稱謂大不相類且其命名如黑肩黑背黑臀兕頑杵臼賓媚人鬬穀於菟有僻陋可笑者蓋一國而古今不同風猶如此況東西殊域其俗豈得無異然其源流變遷大概從同斯亦奇矣

社會

社會者合衆人之才力衆人之名望衆人之技藝衆人之聲氣以期遂其志者也其關於政治者曰自由會自由者不爲人所拘束之義也其意謂人各有身身各自由爲上者不能壓抑之束縛之也曰共和黨曰立憲黨曰改進黨皆主改革政體爲君民共主者曰漸進黨意亦主改革政體但以漸進爲義凡會必推一人或二三人爲總理次爲副理次爲幹事會中有事奔走周旋聯絡通氣皆幹事司之凡入會者書其姓名於籍例有開會儀推總理爲首席總理舉其立會之主義以告於衆衆人者亦以次演述其所見每月或間月必招集會友互相談讌每歲則彙敘所事會計所費刊告於衆會中或論時事駁政體刊之新聞紙苟他黨有不合者摘發而論之則必往復辯論務伸其說而後已其大概也有關於學術者曰天文會曰地理會曰斯文會漢學家之會

曰蘭學會治和蘭學曰英學會曰詩會曰歌會關於刑法者曰明法會曰講律會曰代言人會熟於法律代人理詞訟曰代言人關於宗教者曰佛教會曰某曰某佛教中又分宗派也曰神道會曰某曰某神道中又分支派也曰耶蘇會曰天主會曰希臘教會各曰某曰某耶蘇天主中又各分流派也關於醫術者曰醫術會曰漢醫會曰洋醫會曰剖解會洋醫中之講求剖解支體者也關於農業者曰植物會曰動物會曰要術會關於商賈者曰商法會講求商法教人以記數諸法曰某物某物會皆各就其所業以講求其術會友有所疑則發問有答辯之者有所知則告人有引伸之駁論之者此外商人斂資合夥以爲商均各就其事名曰某會某社其總理以投票公擧之每歲擧其商業之盛衰盈虛普告於人所得之利按股而均分凡商業之大者均係斂貲無以一二人獨力爲之者有關於術藝者曰書畫會曰名磁會曰雕

刻會曰七寶會曰女紅會曰錦織會曰銅器會有關於玩賞者曰古錢會曰觀古美術會曰珍寶會此則襍陳古人名物及今人巧手以考其精妙猶博覽會意也有關於游戲者曰競馬會曰角觝會曰千人會爲二牌一曰原牌一曰影牌限數至一千每牌限若干錢四散鬻之共得若干金至期盛原牌於匣匣上有孔引錐剌而出之以原牌對影牌得第一者得大采餘采輕重有差至百爲止猶今呂宋票也國語名之曰富此皆斂錢以爲博者有關於人事者曰親睦會或同官或同鄉或同業或同社醵錢以飲食晏樂名曰親睦會猶今之團拜也曰輔助會曰布施會曰一錢會作大會每月每人斂一錢有疾病死喪則會中扶助之猶今之善堂也凡日本人無事不有會無人不入會此略舉其凡耳其國家設立以啟民智勸工業者曰博覽會自天象地圖以及飛潛動植之物製造述作之事風火氣化之學耳目之所未見日用之所必需無不部別區分陳其物摸其形別其品書其名使觀者一覽而知之有共進會又名競爭會舉

人工製造之物互相比較謂共期進步也若絲若茶若綿若糖皆就一物設爲專會使業此者各出己物陳於會場記物之名與製造之名審查而考覈之每物出品至二三千校其氣候土質之宜否種之良楛栽植之同異培養之肥瘠器具之工拙以及製造之方收藏之法捆載之宜搬運之便總其出品之精粗美惡別爲等第其尤者賞以金牌次者賞以銀牌又其次者給以褒獎使人人勉厲爭自濯磨最善法也西歷一千七百七十九年佛蘭西首相經弗紗迢以山林樹木日事採伐苟不講求種植之法必致匱乏遂創爲競爭會臚列諸品拔其尤者賞而勉之試之數年有效諸國遂互相倣行如農器穀食獸畜之類爭先設會一千八百年英國初設農桑會其上等至賞銀八千圓邇年諸國開會沿革損益法益精良遂爲國家一大政事先期築會場籌費用布告萬國令諸國人咸來爭賽如佛之萬國博覽會美之百年大會其尤著者也

外史氏曰天之生人也飛不如禽走不如獸而世界以人爲貴則以人能合人之力以爲力而禽獸不能故也舉世間力之最巨者莫如聯合力何謂聯合力如熾炭然散之數處或數十處一童子得蹴滅之若萃於一爐則其勢炎炎不可嚮邇矣如束箸然物小而材弱然束數十百枝而爲一束雖壯夫拔劍而斫之亦不能遽斷凡世間物力皆有盡獨聯合力無盡故最巨也余觀泰西人之行事類以聯合力爲之自國家行政逮於商賈營業舉凡排山倒海之險輪船電綫之奇無不藉衆人之力以成事其所以聯合之故有禮以區別之有法以整齊之有情以聯絡之故能維持衆人之力而不渙散其橫行世界莫之能抗者恃此術也嘗考其國俗無一事不立會無一人不結黨衆人習知其利故衆人各私其黨雖然此亦一會彼亦一會此亦一黨彼亦一黨則又各樹其聯合之力相激而相爭若英之守舊黨改進黨美之合衆黨民主黨力之最大爭之最甚者也分全

國之人而爲二黨平時黨中議論付之新聞必互相排觝互相偏袒一旦爭執政權各分遣其黨人以圖爭勝有游說以動人心者有行賄以買人心者甚有懸擬其黨人之後禍抉發其黨人之隱惡以激人心者此黨如是彼黨亦如是一黨獲勝則鳴鼓聲礮以示得意黨首一爲統領爲國相悉舉舊黨之官吏廢而易置之僚屬爲之一空美國俗語謂之官吏逮捕法謂譬如捕盜則盜之黨羽必牽連逮捕之也舉舊日之政體改而更張之政令爲之一變譬之漢唐宋明之黨禍不啻十百千倍斯亦流弊之不可不知者也

日本國志卷三十七

日本國志第十一　卷之三十八

出使日本參贊官黃遵憲編纂

物產志一

外史氏曰物產之盛衰國民之勤惰係焉田野之蕪治係焉而國家之貧富强弱無不係乎此宇內萬國自古迄今昭然若揭矣今海外各國汲汲求富君臣上下并力一心期所以繁殖物產者若伊尹呂尚之謀若孫吳之用兵若商鞅之行法其竭志盡力與鄰國爭競則有甲弛乙張此起彼仆者其微析於秋毫其末甚於錐刀其相傾相軋之甚其間不能以容髮故其在國中也則日討國人朝夕申儆教以務財力農畜工於已所有者設法以護之加意以精之於已所無者移種以植之如法以倣之廣開農商工諸學校以教人有異種奇植新器妙術則摸其

形繪其圖譯其法而廣傳之凡絲茶棉糖之類必萃其類區其品開博覽共進之會以爭奇競美褒其精純禁其飾匿而進而勸之而猶慮他國之產侵入我國吾之力微不能拒也則重征進口貨稅使人物騰貴無相侵奪而吾乃得徐起而收其效於是乎有保護之法泰西一千八百四十四年美國初興鐵利其時英國輸入鐵條每一噸值三十六圓課稅二十四圓又英國輸入鐵塊每百磅值三圓三十錢亦課稅三圓蓋重課人稅使價重於我國產乃可以銷流俟國產王稅乃遞減西人名曰保護稅而猶慮己國之產不售於人國吾之利薄不能盛也則分設領事徧遣委員使察其風尚之所趨人情之所習而依倣其式以投其好於是乎有模造之法又其甚者商務不競繼以兵戰一遇開釁輒以偏師毀其商船使彼國疲敝不能復振而吾乃得壟斷以罔其利如英之於荷蘭則尤爭鬪之甚者矣泰西百餘年來累世講求上自王公貴人下至傭販婦女皆

必知其急上以是爲保富之方下以是爲報國之務泰西人有恒言疆埸之役十戰九敗不足慮也若物力虛耗國產微薄則一國之大命傾焉元氣削焉彼蓋籌之精而慮之熟矣譬之一豪農之家環四鄰而居者以所居近市各出其瓜瓠果蓏之美以圖朝夕升斗之利而爲之主人者一聽其賤傭下婢栽培灌溉曾不一問欲以是爭利不亦難乎不亦難乎日本維新以來亦兢兢以殖產爲亟務如絲之售於英法茶之售於美海產之售於中國則尤其所竭精敝神以求之者可不謂知所先務與管子曰本富爲上末富次之太史公曰善者因之其次利導之其次整齊之其次教誨之有國家者能勿念諸作物產志

絲

日本之絲由來遠矣應神帝時既遣使於吳求織縫女山海經云歐絲

之野在大踵東有女子跪據樹歐絲則上古既有之與至雄畧帝命秦公酒統領養蠶蠶大蕃息賜姓爲禹豆麻佐先是秦人弓月自稱是始皇後於應神時自百濟來迨其孫普洞以製繭功賜姓波陀秦公酒其後裔也既知養蠶之利國中亦能自織紬絹近年與泰西通商英法諸國爭購其絲遂爲國產第一大宗其浴種飼養分薄入簇諸法亦同於中國多於山中掘坑藏種名曰風穴至夏初取出蠶卵用格子裝疊置之煖處候十餘日乃用小帚掃撥蠶子於竹筐內揀嫩葉切細條飼之再六七日方食大葉飼毋失時又歷八九日則吐絲矣當吐絲時授以器物使緣器布絲絲盡成繭於烈日中曬之如遇陰雨則取繭置箱以火蒸一二時再置於當風處令之吹乾惟其色潔白不及日曬近學於佛國兼用蒸燥二法仍不失色澤云擇繭繰絲則以鐵鍋煮熱湯將繭蒸軟每人司一鍋一車左手取繭四五枚右手轉車其最初抽出者曰屑絲次曰熨斗絲三層曰生絲四層曰僞棉絲大柔弱且爲蛹汚染洗之以水曬之以日以其似棉故名凡繭尤粗大者中必有二蛹抽出其絲如線名曰玉絲若繭爲蛹破絲寸寸斷不能作絲者名曰

真棉製法以木稿燒灰搖取鹵汁復澄而清之用以煮繭再用清冷水淨洗曬乾其式如豬肚故又名曰豬肚棉其蠶家欲留蠶種不蒸不曬聽其破繭出蛹名曰繭殼碎屑者曰屑繭又擇取壯繭別藏於室聽其破繭而出配以雌雄則互相粘合至十日外卽能散卵用硬紙一片長一寸濶六寸散布其上名曰蠶卵紙中國名曰蠶連計每一蠶卵紙可出繭七斗每斗可造絲四斤半凡繰絲多用女工每一人能抽絲三斤半以紙條粘縛成總每總重八九錢以四十總爲一束每束三斤或二斤半以二十八束爲一包每包約重五十五六斤近年多以機器製造機器有水火二法水用木器火用鐵器鐵器爲上木器次之初明治三年民部省之庶務司議於上野國富岡開機器製絲場於佛國購買機器雇男女工師五年十月開場並募內國女工傳習其法受業者凡二千餘人至明治十年一歲間通計出絲四千九百五十四貫七百零一錢並屑絲等項値價金二十八萬六千九百二十四圓除費用之外實有利益金十萬零四千八十二圓爾後逐年經營益以恢廓其民間商會以機器營業者甚多尤著者曰岩代國二本松製絲會社

絲尤精美名曰娘絲工場役人凡二百二十餘每歲製絲一萬二百九十餘斤陸羽七州爭倣其製應之如響曰上野國前橋研業社創於舊前橋藩士族深澤雄象速水堅曹諸人於明治三年特聘瑞西人爲師傳習意大利繰絲法易提抽之法爲燃捻質美而價高人爭慕倣有曰桐華組日盛社皆規模極大其上野之碓氷精繰社則專以水車繰絲凡十數組每組各分一室別有上野桃井會社亦用水車皆最有名又有參酌水火機器別製手車以省人力者武州八王子驛內藤左右衛門創製一人獨繰之製絲器械每一機値銀四圓又矢島某自製踏車器械所出絲皆價勝於常常陸國西村文平創製人力運轉車每一人之力可充十六人之用又加賀國白峯社創製單繰車其法多模擬水車代以人力日本產絲凡四十餘州山城攝津武藏相模伊勢上總下總常陸三河尾張甲斐駿河遠江伊豆近江美濃飛驒信濃上野下野岩代磐城陸前陸奧羽後羽前若狹越前加賀越中越後能登丹波丹後但馬石見備中長門周防伊豫紀伊豐前豐後筑前肥前肥後日向皆有之以上野爲最多武藏次之絲之佳者奧州之濱付岩代之掛田武州之八王子驛皆有名而

機器所製若上野之富岡前橋岩代之二本松尤爲擅美常絲價每百斤平均約五百餘圓而機器絲有値七八百圓者繭以岩代國伊達郡所出爲全國之冠伊達郡有丹治梅吉者精於蠶事專以輸出海外爲業既廣求善種又分遣敎師於諸國習飼蠶之法精益求精遂爲傑出其蠶卵紙一種則信濃國爲最多近年以來絲業益盛國家既於富岡開機器製絲場以爲民倡復開屑絲屑繭紡績所以收遺利向來屑絲屑繭僅以充綿尤下者付之棄擲明治六年委員某在意國講求其術歸請於朝乃開紡績所其法藉水車之力以屑絲爲精絲更以蒸氣機織絲品質色澤竟能與精絲彷彿民間仿爲之遂有輸出海外者開製絲試驗所以驗人工在東京內藤新宿仿意國機器以一人兼數工驗絲之強弱與細大等事又於勸農局中講求蠶事廣採新法歷驗利病以刊告於衆如將蠶身內外形器解剖爲圖以驗其利病又分爲清冷室清溫室盛熱室溫煖室乾寒室濕寒室每日每時測晴乾陰雨及風之方向與蠶之食度桑葉之多少以驗卵之生育繭之造就病蠶失蠶之多寡明治十二年開繭絲共進會凡出品者一千一百二十二家一千三百二十六品內絲八百零四品繭

五百二十二品乃精撰委員一一審其包裝便否結束良否裝飾宜否光澤佳否價格高否細大均否取絲四百條稱準分量又分爲四各一百條以評校之絕斷之多少以機器試驗疵類之大小取絲百條攤爲平面以分別計算强力之多少取無疵之絲以試驗伸度之長短設一定則驗其過不及以定度再繰之難易辨其絡交之齊否粘著之多少鑷口之有無以分難易然後考其機器之力使役女工之數及製造之額擇其尤者而褒賞之民間靡然從風豪富鉅商爭結社會與外商相爭抗多有直輸外國不假外人手者先是蠶卵紙一種明治初年每枚價約一圓九十錢四年落至九十餘錢至明治八年諸國競相製造驟增百餘萬枚而是年意佛兩國購者甚少初擬價高者每枚二三圓其後僅値二三十錢甚則僅値二三錢棄之幾如土苴政府乃命豪商數人以金八萬圓購而焚之復嚴設規則以防濫造至明治十一年値價猶不過七十錢而已現擬設法以禦挽回焉向來日本絲商祇運出通商港口西商購而自運回國然往往驗貨定價輒飾詞退回而日本絲商以爭先競賣時有虧折至十四年日本乃聯合諸商設一社會名曰生絲存貯所議令商人運絲先到公所公所爲之分別等第西商欲購買者自到公所預交定銀然後出絲所有悔約競賣諸弊概

子華除西商譁然不遵約束爭持數月訴之於公使公使告之外部外務辭曰此商人事非政府所得預也久之西商策窮俯首聽命聞此事日本政府力爲維持云

其勢方蒸蒸日上云

蠶絲歷年輸出價量表

量

	生絲	屑絲	熨斗絲	繭	売眞綿	玉絲	屑繭	繭	合計
元年	一三二五五三	二三九六六	六〇七九	三五六五六	三三七四九	八四四八	一〇二九	三二〇	一三六八三三
二年	七三六四四	二三八一三	八三六〇七	一八八六七	七五九五九	六三五	三四九		一二四六六
三年	六〇三六二	一〇三四七	二四五八	三八〇一〇	一〇二六八	三〇六	二三六	一五三	一一〇二〇
四年	三三四三三	三三五二四	一五三一〇	八三六九	四八三六	五九一	一四四九	四五〇	二三五八三
五年	八〇五七〇	三五三三	二一七八九	四四〇四九	三三六八五	一五七〇七			三三〇一二
六年	二〇一三四	二四四六五	三五四五	二四四三	六〇四〇二		三〇四		三三五二
七年	九九五三	二五〇二八	九六六〇二	三七九九二	七七八二	五五	三七五	三〇〇	三九九七
八年上半季	二三九五三	一六五三六	四三三三	四六一八	三三三二		二四五四	二四	七九五〇
八年度	二四六一八	四八一二四	一〇八九五	一〇八五四	四三五六八	九〇八	四三六一	二六〇	三一三七八
九年度	[illegible]	四八〇九九	一六六六二	三五五三	四九八五	二五八二	二五四〇	四九二〇	三三九九五

	生絲	屑絲	熨斗絲	繭	売眞綿	玉絲	屑繭	繭	合計
十年度	[illegible]	[illegible]	[illegible]	[illegible]	[illegible]		[illegible]	[illegible]	[illegible]
十一年度	[illegible]	[illegible]	[illegible]	[illegible]	[illegible]	三〇一〇	[illegible]	[illegible]	[illegible]
計	[illegible]	[illegible]	[illegible]	[illegible]	[illegible]	[illegible]	[illegible]		[illegible]

價

	生絲	屑絲	熨斗絲	繭	売眞綿	玉絲	屑繭	繭	合計
元年	[illegible]	[illegible]	[illegible]	[illegible]	[illegible]	一七二八六	[illegible]	[illegible]	[illegible]
二年	[illegible]	[illegible]	[illegible]	[illegible]	[illegible]	一五五〇	四〇七		[illegible]
三年	[illegible]	[illegible]	[illegible]	[illegible]	[illegible]	九九六	[illegible]	八	[illegible]
四年	[illegible]	[illegible]	[illegible]	[illegible]	[illegible]	[illegible]	四七	[illegible]	[illegible]
五年	[illegible]	[illegible]	[illegible]	[illegible]	[illegible]	[illegible]			[illegible]
六年	[illegible]	[illegible]	[illegible]	[illegible]	[illegible]		[illegible]		[illegible]
七年	[illegible]	[illegible]	[illegible]	[illegible]	[illegible]	四一	[illegible]	一七	[illegible]
八年上半季	[illegible]	[illegible]	[illegible]	[illegible]	[illegible]		[illegible]	[illegible]	[illegible]
八年度	[illegible]	[illegible]	[illegible]	[illegible]	[illegible]	一〇八	八四	[illegible]	[illegible]
九年度	[illegible]	[illegible]	[illegible]	[illegible]	[illegible]	[illegible]	[illegible]	[illegible]	[illegible]
十年度	[illegible]	[illegible]	[illegible]	[illegible]	[illegible]		八五	[illegible]	[illegible]
十一年度	[illegible]	[illegible]	[illegible]	[illegible]	[illegible]	[illegible]	四七	一九〇	[illegible]
計	[illegible]	[illegible]	[illegible]	[illegible]	[illegible]	[illegible]	[illegible]	[illegible]	[illegible]

蠶絲類各種平均百斤價表

	生絲	屑絲	熨斗絲	繭	売眞綿	玉絲	屑繭	繭
元年	圓五五四六八	圓一四一八	圓九八四七	圓四九八九	圓一九九五四	圓一〇二四七	圓一〇九九	圓八一九
二年	七八七五	二九四七	一五二〇	六六二一	一七八六二	二四〇〇	二八四	
三年	六六三三	四三〇七	二〇四	四四九五	一九二五	二〇四八	三三六六	五三九七
四年	六四〇〇	二七〇七	四〇九	五〇二六	四七二七	二五五九	二〇四	五二九〇
五年	五八二七	二五六六	九四三	五七五八	一四九三四	一〇四一		
六年	五九四〇	三三六六	八六九三	七五五	二四六四		三〇八一	
七年	五四四七	二九七三	八八四	六六五五	二五五六	二五七九	二五一六	五四三
八年上半季	四七六四	三四〇	二四五五	六五六二	一七六九		三三六二	一八六九
八年度	四四七三	二六九八	九四三八	七八五	一六四九	一三三	一七八五	八〇七
九年度	七六二九	四八〇七	一五六六	二〇四五	二五三七	三三六八	二七四四	二四六
十年度	五三六六	三六六九	九九二二	七三二七	一七三九		一四七六	五八二
十一年度	五五七四	四四五	一〇五五三	七六四七	一五三四	二四三三	三三七	三三〇

蠶卵紙歷年輸出價量表

	數	價	平均一枚價	百分比例 數	百分比例 價
元年	一八八六三二〇	三七三三五一	圓一九七	一二二强	二五七一弱
二年	一三七七四九三	二五〇〇五六	一八二	一五五强	三八五弱
三年	一三九七八四六	二五六六七九	一八四	一五七强	三九五弱
四年	二四〇〇〇二七	二二八五一八九	九二	一五八弱	一九八弱
五年	一三八七三四六	三三四七三六五	一七五	一四五弱	三四八弱
六年	一四一八八〇九	三六八三〇三七	二六	一六〇弱	四七一强
七年	一三三五四五五	七三三五七八	五五	一五〇强	一二三弱
八年上半季					
八年度	七三七四六三	四七四九二〇	六五	八二弱	七三强
九年度	一〇八五三五	一九〇二七〇	一八七	一二五弱	二九三弱
十年度	一一七六一四二	三四六九九八	三〇	一三三强	五三强
十一年度	八八八二六七	六五〇二六〇	七三	一〇〇	一〇〇
計	一三九三三五三	一九四八〇八三	一四〇		

茶

日本植茶蓋始於嵯峨帝時或云聖武時既知飲茶但事不可考惟考日本凌雲集載皇太弟秋日御製詩云院裏滿茶烟桓武帝御製詩云吟詩不厭搗香茗又經國集載嵯峨帝與海公飲茶歸山御製詩有香茶罷酌日云暮句可徵當時風尚史稱嵯峨宏仁六年幸近江國之韓崎有崇福寺僧都永忠自煎茶獻帝及皇太弟永忠曾於寶龜中入唐留學得製茶及栽培法延歷中歸朝自試其法并傳於人及是帝遂命畿內及近江丹波播磨諸國植茶蓋始於延歷盛於宏仁也其後中絕及後鳥羽院文治中僧千光游宋齎江南茶種歸分栽於背振栂尾諸山茶事復盛千光種之筑前背振山建保二年將軍源實朝有疾千光知其宿酲獻茶及喫茶養生記二卷將軍飲之頓愈又饋茶實一壺於釋明惠明惠種之栂尾山故栂尾山又名茶山其後分種之宇治近代栂尾種殆絕而宇治實稱茶海應安以來以足利義政嗜茶舉世咸尚之後義政命僧珠光僧休心通曉茶事義政聘之命其臣能阿彌相阿彌等學習休心自結茶室號珠光菴其子宗珠其徒引拙古市等傳習其道鳴於南都眞能即能阿彌號春鷗齋眞藝眞能子眞相即相阿彌號松雪齋藻鑒茶具潤飾茶儀及豐臣氏使千宗易修飾之千宗易和

泉人稱千阿彌仕豐臣氏號利休居士於是王公以下逮於庶人咸尚茶術至德川氏每春遣使於宇治齋甕收茶而宇治之名益著日本初傳古法特尚煎茶惟良春道和出雲大守茶歌有云空林下清流水紗巾仍漉銀鎗子獸炭須臾炎氣盛盆浮沸浪花起鞏縣垸商家盤吳鹽和味味更美煎罷餘香處處薰飲之無事臥白雲是當時所尚在煎茶薛能詩云鹽損添常戒薑宜著更誇觀此知用鹽是古法也煎茶廢而點茶興點茶之法始於陸羽宋人盛行之考大觀茶論蔡襄茶錄知日本點茶即同其法凡運筅擊拂謂之立茶立茶謂粥面聚也茶多湯少運筅旋撇再添湯擊拂者謂之濃茶茶少湯多者謂之薄茶蓋碾茶爲末注之以湯以筅擊拂以觀其色澤法以抄茶一錢匕先注湯調令極勻又添注入迴環擊拂湯上盞可四分而止眎其面色鮮白著盞無水痕者爲絕佳其後茶儀盛行又專以鬬茶器結茶室務爲奢靡矣行之數百年若製茶之法則近來較精將新採之葉用泥爐鐵鑊煑熱湯以竹籠蒸之俟其葉軟取出用竹簟攤開以扇扇退熱氣然後用鐵檑糊紙於泥罏上烘焙隨焙隨撚到葉捲身乾再用篩分出粗細揀去茶梗翻覆焙乾乃用箱裝運凡穀雨前後所採者爲頭春葉肥嫩而味濃厚夏至前後所採爲次春葉老而味薄至大暑前後所採爲尾春每年出產頭春居其六次春居其三尾春居其一云有曰宇治製有山本嘉兵衞者西京人鬻茶於江戶至四世

嘉兵衞時元文三年山城永谷宗七郎自製二種美色茶販之山本氏山本氏賞其奇雅與之結約令再製當時諸侯俱賞之有天上地下第一之名由是山本氏之名大噪名曰宇治製有曰玉露製天保年間山本氏已獲巨利於宇治綴喜之間共有十八所茶園至六世嘉兵衞號德翁由宇治至小倉村宿於木下吉左衞門家戲於焙茶時以手攪和茶葉如團珠木下氏思之德翁轉奇其狀購以重價更令多作齎歸江戶名曰玉露人爭購之當時一斤值銀四十五錢爾來漸次翔貴值至七十五錢尤擅香名其製造較粗者曰番茶多粗品製工尤草率僅以太陽曝乾而已下總常陸之間多有之碎屑者曰粉茶近年以來學製紅茶明治七年勸業寮創編紅茶製法一書頒布諸府縣民間始有學製者八年駐剳上海領事官特聘我國人二名於肥後之山鹿豐後之木浦等處學製而未能得法又遣委員多田元吉往湖北江西安徽等處學習栽培製造諸法並購覓良種齎歸其後日本三井銀行與一西商又延請華人四十餘名於近江大津郡製造初頗如法後以製造過多不能得利云又學作磚茶初明治九年多田元吉游歷中國湖北咸寧及漢口等處齎回磚茶遂於勸業寮中以綠茶粉末擬造用器械壓榨而未能堅實十年元吉又入江南福建模擬其器齎歸十一年全權公使榎本武揚由俄國東部陸路歸朝聞俄人素嗜磚茶購數種攜歸至十一年元吉與上林熊次郎又如法製造贈之美商茶商田川某亦傳其法俄人遂與定約購買云又有學作印

度茶者印度種茶起於泰西一千八百三十四年至今五十餘年矣先是侯爵某上書政府首倡其議英國從其言遂選英人及印度人十三名爲委員阿朔普州舊有茶樹當印度未入英國版圖時於千八百二十四年緬甸之役鐵船長官巡察其地并攜茶種歸告政府及是所遣委員遂於阿朔普州先建數所茶苗園并開小製場至三十七年暫通製造焙煉諸法又遣員往中國福建廈門購種種之漸及東北諸州其後政府決議以移植中國種爲便又往安徽杭州寧波福建武夷山購覓良種植於西北諸州爾後考論工拙爭以金牌爲賭物植物家又考究樹質佳否土宜如何一一論究中國培煉之法政府并譯其書布告於衆凡種茶之地雖在絕域深山政府皆開通道路以便運輸人民亦爭自奮發益求良法佐以機器至千八百六十九年印度茶之名競噪於世今核印度近年輸出之茶每歲已逾三千一百萬磅賣價一千三百萬圓出產不過中國八分之一然茶價之高幾倍於中國矣日本自明治七年遣富田冬三往桑港經東印度聞其茶美至明治九年遂遣多田元吉爲製法視察委員石川正龍爲器械視察委員梅浦精一爲商務委員均往印度研究其法及歸遂以高知縣下取自生茶製以印度之法果投西人嗜好乃將其製法徧告各府縣并設傳習場受業者凡五百餘名云日本產茶徧於全國以宇治爲最良開港之先惟中國商人於長崎購九州茶回國再製以充西商之用又有和蘭商人齎茶樹五百本移植

於爪哇然西人未有購茶者及安政六年橫濱開港米國商人始稍稍購茶此時茶一百斤不過六七圓僅以當時十二三方之一分銀賺取一分銀值英圓銀半圓後增至十六七圓其後輸額遞加栽植益盛至明治二三年適因中國紅茶有僞造者爲美人所厭忌而日本綠茶乘機得以銷售至明治十一年輸出至二千八百餘萬斤之多售於美國者十之九於英國者十之一然以製造稍濫得利轉微政府頻年設法維護於明治十二年開共進會凡出品者八百四十六家一千一百七十二品特撰委員審查其**形狀**以黑漆盤盛茶葉置於案外映日光以鑒別茶葉之長短緊疏伸縮如何**色澤**於玻璃窗外施有色屏障透入日光仍以黑漆盤盛茶葉以辨其潤澤枯燥純青碧黃駁襍等事**火度**以茶葉盛盤嗅其香氣以別火度之強弱爐焦能否適當**水色**茶葉重八分置之茶銚注以熱湯經五分時間傾其液汁注於純白茶碗中以審定清濁黃碧如何**茶滓**將茶滓傾入白碗注以清水細審其形況性質有無混淆他物**香**如前法滲出茶液咀含於口以辨其薰蕕強弱**味**亦如前法辨其味之甜滑苦澀如何**收藏**即茶葉之香味色澤以審定其收藏保護之善否**價格**即是年茶價以辨高低**性質**以每縣每區分別品質以考其土宜物性**原價**據各家出品人申告書考其工役費用之多寡以審定其價**分別**八等以定優劣其尤者給以賞牌民人奮勵爭進其豪農富商自種茶園有闢地五十餘町之廣製額二萬餘斤之多者比之從前大有進境云明治十二年既開製茶共進會勸農局長復勉勵業茶者曰當就現狀以卜來勢日本產茶雖逐漸拓充然其利實不足恃有可慮者六地之廣大物之豐饒中國印度非我所及一也此二國者輸出之多價額之高又非我所及二也紅茶氣餒壓倒全歐尚之者十八假令美國轉移嗜好趨重紅茶則我之綠茶將棄之如土苴如敝屣三也加非一物美人以供飲料實居首位仍慮茶爲所奪四也印度政府於產茶一業殫精竭慮以期進境未知其所底止即論今日印度茶價既挺然特立高出諸國之上則其效已可睹矣五也中國之從事茶業者雖比之印度當讓遜三舍其政府亦未嘗加意保護然商人能協力同心互相聯絡以趨赴事機近來益矯宿弊改圖精良以廣開英美俄澳各國販賣之路六也今之產茶祇中國印度日本三國然茶之爲物雖產於溫帶實宜於熱帶假令他日產茶益廣又有第二印度世界現出亦未可知是亦不可不思也方今商務萬國競爭有如此大敵如此要事豈得以日本產茶爲天之所授國之特產而安坐逸居以圖之乎期所以保此天授享此特產者在吾民手段何謂手段官民協同一心以實驗徵實效自培養製造以至貿易苟有利益則急起以圖精進不已務使貨美價廉無復餘術則庶幾其可也日本自通商以來當路諸人專以殖物產興國益爲務觀此可知其概矣

附錄於此

茶歷年輸出價量表

	製茶 量	製茶 價	製茶 平均百斤價	番茶 量	番茶 價	番茶 平均百斤價	粉茶 量	粉茶 價	粉茶 平均百斤價
元年	[illegible]	[illegible]	圓四四九七	[illegible]	[illegible]	圓[illegible]	[illegible]	[illegible]	圓三三四
二年	[illegible]	[illegible]	[illegible]	[illegible]	[illegible]	七五	[illegible]	[illegible]	[illegible]
三年	[illegible]	[illegible]	[illegible]	[illegible]	[illegible]	[illegible]	[illegible]	[illegible]	[illegible]
四年	[illegible]	[illegible]	[illegible]	[illegible]	[illegible]	[illegible]	[illegible]	[illegible]	[illegible]
五年	[illegible]	[illegible]	[illegible]	[illegible]	[illegible]	六二	[illegible]	[illegible]	[illegible]
六年	[illegible]	[illegible]	[illegible]	[illegible]	[illegible]	[illegible]	[illegible]	[illegible]	二八
七年	[illegible]	[illegible]	[illegible]	[illegible]	[illegible]	[illegible]	[illegible]	[illegible]	[illegible]
八年上半季	[illegible]	[illegible]	[illegible]	[illegible]	[illegible]	[illegible]	[illegible]	[illegible]	[illegible]
八年度	[illegible]	[illegible]	[illegible]	[illegible]	[illegible]	[illegible]	[illegible]	[illegible]	[illegible]
九年度	[illegible]	[illegible]	[illegible]	[illegible]	[illegible]	[illegible]	[illegible]	[illegible]	[illegible]
十年度	[illegible]	[illegible]	[illegible]	[illegible]	[illegible]	[illegible]	[illegible]	[illegible]	三〇
十一年度	[illegible]	[illegible]	[illegible]	[illegible]	[illegible]	[illegible]	[illegible]	[illegible]	三八
計	[illegible]	[illegible]		[illegible]	[illegible]		[illegible]	[illegible]	

三種茶合計比較表

	三種計 量	三種計 價	百分比例 三種計		製茶		番粉茶	
元年	[illegible]	[illegible]	四三弱	六八弱	三強	六三強	一強	四強
二年	[illegible]	[illegible]	三六強	四〇弱	二七強	三七弱	九強	三弱
三年	[illegible]	[illegible]	五三強	八五強	四六弱	八四弱	六強	二弱
四年	[illegible]	[illegible]	五九強	八八強	五四弱	八七強	六弱	一弱
五年	[illegible]	[illegible]	六二強	八〇弱	五四弱	七八弱	八強	二弱
六年	[illegible]	[illegible]	五六強	八八弱	五二強	八六強	五強	二弱
七年	[illegible]	[illegible]	八一弱	一三七弱	七五強	一三六弱	五強	一強
八年上半季	[illegible]	[illegible]	三一弱	四六弱	二七弱	四三強	四強	一弱
八年度	[illegible]	[illegible]	九三強	一三七弱	八三弱	一三四強	九強	二強

九年度	一六九一六五〇八	五三四〇八	八七強	九五弱	七六強	九三弱	一二強	一二弱
十年度	二八〇三〇六	四四九七六四三	九三強	六四強	八二強	八三弱	一二弱	一二弱
十一年度	三三九七六四三	五三五六八三	一〇〇	一〇〇	九七強	九九弱	一〇弱	一強
計	八〇七六三五九	一六四四七六七七	量	價	量	價	量	價

棉

日本有棉未詳所始古謂之筑紫棉萬葉集沙彌滿誓有詠筑紫棉和歌稱爲筑紫棉護景雲三年始勅太宰府歲貢棉迄延歷十九年有崑崙人齎種來始傳其種類聚國史曰延歷十三年七月有蠻船漂流至參河其人以布覆背左肩掛紺布狀似袈裟詢之崑崙人也其資物有棉種十九年頒紀伊淡路贊岐伊豫土佐及太宰府諸州播種中世久絕至永祿天正之間又來自西域或云天文十一年葡萄牙商船至豐後貿以棉種贈大友宗麟然其時並未栽布爾後播種殆及全國始製棉花以明和中周防國人村本五三郎爲佳後以東海畿內二道爲多也然未知產額至明治七年始調查內地產額計自明治八年至十一年內外供給共二億四千七百六十四萬四百三十一斤

其中輸入之數凡一億三千二百零三萬七千九百十九斤價值四千四百餘萬圓自英國輸入者十之七自中國輸入者十之二各國輸入者不及十之一云

明治十一年棉產額表

山城	二〇五二九五	武藏	七二四六一九
大和	一〇二六八九〇	安房	二五一六四
河內	三〇〇九一〇五	上總	一五〇六五一
和泉	五六七四六一	下總	三九七四四〇
攝津	三二五五〇九四	常陸	一二四七〇〇九
伊賀	七七九三八	近江	一四七二四一
伊勢	五七〇〇九八	美濃	三六八一八五
志摩	一八四七	飛驒	
尾張	一六九一八七五	信濃	三五九一五八
三河	二六六二九九	上野	二八七七一五
遠江	六五〇六二	下野	七七八一三
駿河	七〇九二	磐城	一九九三八
甲斐	五七四三六六	岩代	一八七六四六
伊豆	一八九七三	陸前	
相模	一六四七五六	陸中	四三
陸奥		出雲	五一五三九二
羽前	一〇三八五五	石見	三三一〇八〇
羽後		隱岐	
若狹	五八二四	播磨	一六九二〇六九
越前	一三四八五〇	美作	二九一七三五
加賀	八四五三二	備前	七六四二六五
能登	八一二五	備中	一三二五六五四
越中	一二〇三〇	備後	八六四三四八
越後	三六五九六	安藝	一三〇〇五二七
佐渡		周防	三九二八六九

丹波	三三四五三八	長門	五七八九
丹後	二二二四〇	紀伊	五〇三二九五
但馬	三七二二四	淡路	三四五〇一
因幡	三三八六六	阿波	一五六七五
伯耆	八七一三四六	讚岐	一〇七九七一四
伊豫	三七五四五七	肥後	一二二六八七
土佐	一〇一二二	壹岐	四〇〇
筑前	三〇三三二	對馬	四四
筑後	五三四七	薩摩	一八四六五
豐前	五五九一九	大隅	二二三七〇
豐後	六九七九七	日向	三六八〇七
肥前	一〇六三三	計	二九九七五七七二

糖

初享保年間德川氏命薩摩國徵蔗苗於琉球始令栽種關東

東海西海南海諸國然未諳製糖之法先是慶長中有大隅國大島人直川智漂入漢土携蔗苗歸始學製糖亦未得法至寶歷中有讚岐人研究其術製糖較精寛政中讚岐人向山周慶所製尤佳諸國遂爭相倣傚然安政通商以來輸入之額逐年加增自明治元年至十一年輸入共五億六千五百餘萬斤値價二千餘萬圓自中國輸入者十之九他國輸入者十之一故近年政府商議改約亟欲重課糖税爲保護國產計焉據明治十三年沙糖共進會報告日本全國每年費糖須九千萬斤以全國戶口計每人每歲須用二斤六分而內國所產僅足供半額云

明治十一年沙糖產額數量表

大和	一三四三
河內	七〇九二七
和泉	七二一七八九
駿河	八〇三三六三
相模	二八〇一五
尾張	二五三六
三河	一九九七九
遠江	六六四一四
讚岐	三六四四二六
伊豫	一四七〇八九七
近江	二七三
若狹	二〇〇
播磨	三五六七二
美作	一四四
備前	五〇七五三三
備中	二五九二
安藝	七八五〇一三
周防	四八三八
紀伊	一〇五八三六
阿波	一八二〇七五八
土佐	一七五一四七
筑前	一〇五四八五
筑後	一七〇五五〇
豐後	一二一二七〇
肥前	三三八〇五〇三
肥後	五二二六二八
薩摩	四〇〇〇
大隅	一七三三九〇
日向	二二二七五
計	四八二四八一九〇

沙糖輸入價量表

年/類別	赤沙糖	白沙糖	棒沙糖	冰沙糖	菓子并沙糖漬	合計
元年	一〇六二六三	三四八八五三	五三三四九			一三七一三六四
二年	三三五三六三六	六九六〇五五三	八六八八			三三二八三五九
三年	五三七七二一九	八八九二四四	六二二四四		一	六三三〇八〇七

量

年/類別	赤沙糖	白沙糖	棒沙糖	冰沙糖	菓子并沙糖漬	合計
四年	五三九三八四	一〇七七四九六	六九九六六			六三五九九六
五年	三三三三七八	八五九一九〇	六四六四			四三〇七五三
六年	三七九八三三	八四九〇〇	九〇七五三			四四八三五
七年	四七〇九九〇八	九四三四八	九一〇九四			三七〇七四四
八年上半季			六三九七	三六九六		三五九〇七三
八年度	六三三二九三	一〇四八九五	三三七五六六	九五八五〇		六四四四六六
九年度	五三四八四三	八四九三五	一六四八七	七七六六三		六〇八四三八
十年度	四三〇八八七七	八八七八	一三八〇九一	八〇七三一〇		五三四四八五〇
十一年度	四三四三七六	八六七四六	三三九四	七四五三九七		五三三九四三三
計	四八三〇二六八四	九三八四三九六	五八九一五七	三〇三九六六		五五三七八三三
元年	五九三三	三四三四九六	四五九六九			九八七七
二年	一〇九八九三	五九七二一	一〇三四九六		三六八	一七四四六六
三年	三三七九二〇	七〇七八三	八三三四			三〇七九五七
四年	三八八三四	八三七三八	八九八五		一〇一	三〇六四八
五年	一五六九七	五一四七二	九三九八三			一七六五三一

價

年/類別	赤沙糖	白沙糖	棒沙糖	冰沙糖	菓子并沙糖漬	合計
六年	一五九九五九	五五八二	一四四八七		九九五	三三七四三四六
七年	一八八八九四	六五四〇六	八九六六		九六五	三七三一七三
八年上半季	一五〇三七	三四八五	八〇七〇	三〇六二	一四四九	一九三五三七三
八年度	四〇四六六	七〇三〇七	一四九九	八七三	三〇六一	三三九〇五
九年度	三五九六六八	五八八三四	三七九九	七三八九	三八七三	三四三四〇三
十年度	三六六三四六	七三六〇九一	一五〇〇三	八八六四	五一七〇	三九六五四
十一年度	三三三四二	七〇四八九一	三六〇九一	八〇一九	三三五〇	三五四三九三
計	三三四五八六八	七三六三九四	七三三四	三六五四五六	一〇三四	三九六〇八九六

沙糖類平均百斤價表

年/類別	赤沙糖	白沙糖	棒沙糖	冰沙糖
元年	三圓一〇	六圓二五	八圓九九	
二年	四四四	七五一	三五三	
三年	四四〇	七九六	三四五	
四年	四九	七七三	四四九	
五年	三四七	六三三	四四五	

六年	[illegible]	四九	六七八	三三五七
七年		四〇二	七五七	九七九
八年上半季				
八年度		三八七	七〇〇	
九年度		四三三	七三三	
十年度		五三五	八三三	
十一年度		四九一	八六三	一一〇五	二五四

米穀類

日本全國皆食稻米其土宜稻故古名爲瑞穗國豐年每有輸出然遇歉歲亦不足自給每每仰食於外國米穀之類有粳米有糯米有大麥有小麥有稞麥有蕎麥有粟有豆有甘薯有馬鈴薯有玉蜀黍皆農民所資以爲食者余在東京時使英大臣郭嵩燾函詢日本旱稻云近年印度苦旱移植頗宜曾向故內務卿大久保利通索取今譯其說曰旱稻有粳三種有糯五種性宜腴沃瘠土塉田則宜培糞之分苗插秧深耕易耨法與他種同擇地以英吉利人華氏所製寒暑針二十度以上爲宜播種於穀雨立夏前其收穫也早在九月遲在十月若六七十度熱地則春種夏收歲可兩熟其地多雨雖暑及百度可無傷否則擇卑濕處久旱亦不至枯槁凡三百步地歲穫二石四五斗大熟可得六七斗粳宜作飯糯宜造餅云余客日本知其瀕海多雨其土又宜種植故因山爲田梯級雲上亦不憂旱荒今謂種於旱地宜擇濕土則大旱仍慮無裔若五嶺以南或者瘠地能良也

米輸出入表

輸出	商米 量	商米 價	商米 平均百斤價	船用米 量	船用米 價	合計 量	合計 價
元年					四〇五		四〇五
二年					七五		七五
三年					一八		一八
四年					四八七		四八七
五年					八		八
六年	一六四三三四	五三三四七	三四	一七二五四三	五五五八	一六四三八七	五三八六八
七年	三九八六八九	三六〇三五	三六	三七七四〇七	六〇四五	四三八八二五	三三二〇七
八年上半季	[illegible]	一六〇五〇	一九六	六〇三一五	一八〇七〇	[illegible]	一九三一〇
八年度	[illegible]	[illegible]	一七六	[illegible]	五〇三	[illegible]	[illegible]
九年度	[illegible]	[illegible]	一九七	九三	八	[illegible]	[illegible]
十年度	[illegible]	[illegible]	二七	[illegible]	一七〇	[illegible]	四七三九八
十一年度	[illegible]	[illegible]	二六〇	[illegible]	二四三	[illegible]	[illegible]
計	[illegible]	[illegible]		[illegible]	[illegible]	[illegible]	[illegible]

輸入	量	價	平均百斤價
元年	二〇九七七二一〇	四三五九五五	二〇八
二年	一六二〇七〇三三三	四四三八八六	二七四
三年	五三三七七一〇七五六	一四五九八二一四	二七二
四年	四一九五七八〇六〇	一三六〇二七八	三〇〇
五年			
六年	一九〇九三〇三	二九七八四	一五六
七年	一二七五三三四三	二四三六六	二〇七
八年上半季	一〇五六二〇	二四五三	三三
八年度	九三五八九	二〇八八	二二六
九年度	一四六九三	三四四	二三五
十年度	四一〇〇	一三一	二三〇
十一年度	三八八五〇	八七四	二三五
計	七六六九〇〇四七	二〇八〇四三七三	
總計輸出不足額	三七八二四四〇〇	一九四九三四一	

考日本向例禁米輸出近年以擴充商務爲急因亦解禁雖然米之豐歉爲人民性命所關有未可與尋常商物一律視者日本人民凡三千四百萬口假一日一口須米四合一歲所需之米凡四千九百六十四萬石此斤數凡一百零一億七千六百二十萬斤若一歲不登缺十分之一即缺十億零七百六十二萬斤自明治六年以後輸出之米頗占巨額共三億餘萬斤然較之前算不足額不過三分之一耳明治二三年間歲偶歉收村落細民多有以草根樹皮果腹者然仰給外米猶七億餘萬斤此七億餘萬斤較之前算不足額亦十分之七而已人第見豐歲盈餘糾集外出得此巨金遂謂米可輸出他日歲凶亦購外米固無患也不知頻年輸出之巨額猶不足當一歲凶歉之所需則不便輸出其明證矣又況輸入之米其價貴其品劣其由入運費利皆歸於外商之手則何如儲蓄以待不時之需乎近來講求商務專以增益輸出爲要務惟米之一物自古以來

解禁輸出要亦有故未必詐果作而今果是也

海產類

海產所出從前多在西海自開拓北島則壹意經營以期拓充多出於北海道矣內國所用不及十一歐美諸國不以海物供肴饌亦鮮購之者所銷售者中國而已聞北海道海產取之無禁用之不竭近以人工培育益生生不窮其輸入中國亦逐歲加增遂為國產一大宗所輸出多乾脯之類近學西法以熟肉盛錫罐中竟能千里齎行不至餒敗云其法用薄鐵罐取魚肉割切洗滌盛之罐中以鑞木一匙注入即將罐封固納以蒸器以英人華氏所製驗溫度驗之熱至百二十度以上經歷一時許取出以錐刺蓋之中心使穿一孔以洩熱氣仍閉其孔再納蒸器中又歷一時間取出浸之冷水中俟鐵罐膨漲之處一一收縮乃拭以布巾置之冷室或大氣流通之室則永久可以不敗

海產輸出斤數表上

年　類別	板昆布	刻昆布	鯣	乾鮑	海菜	煎海鼠	鱶鰭
元年	九三六八三〇	三三四三三	六〇四三四	一三〇四〇	三〇七五七	一五三六三	四五三六四
二年	三四〇七〇	三三二六九	八五三九七	三三三四五	三三一七	三四四六	九九五三
三年	二七八〇三五	二〇八〇三	二三三〇四	三六八六六	二七三三七	三九四四	七六八〇
四年	五五〇三四四	三七三八〇二	一〇三六八〇三	四五五五七九	二八三六〇六	四八三六	五三五三八
五年	三三五五三七	三五四九九	一七三三三	三九九一〇	三三三三五九	三三六八五	六三六四
六年	三三八〇四四	四〇五九九	一六五〇八六	五六四五九	三三四八六	四六三九四八	一四〇三〇
七年	九六七七六九八	四八八〇四八	三六九七一六	七四〇三	五六六三六四	五三六八三	一〇三三三
八年上半季	五四〇七三九	八〇四八四	五〇〇八五三	一三三九三	七三六八三	一五一七〇四	五九三四九
八年度	三三〇五五六九	一四七七〇七	一〇六九八四九	七〇七五〇九	二七五四三五	四九七五三八	一九六七〇
九年度	五〇四四四一	三五三二五〇	二六九八六三	六七六三三三	八九三六〇	五四八九五	一〇七三九
十年度	七八〇四四〇六	三七三〇九八	三三七三三五	六六六〇四八	一〇三三一八	四三〇六九	一〇七九六
十一年度	三三六三五五三	三九三六九七	一〇四四九二	九〇三八一	三〇九八五	五四三三八	三八四四七
計	六八三七四〇三六	三九六〇五四六	二九六〇九三三〇	六四七四八九	七三三七四九三	四三四四三三六	一〇四九五九六

海產輸出斤數表下

年　類別	乾魚	乾海老	乾貝	貝柱	淡菜乾	蛤	十三品合計
元年	一七六〇七	四三〇〇					
二年	六七〇九八	一九四九八					
三年	一六七四五	三三〇〇			四六七		
四年	三三一〇〇	四九六五			三六四五		
五年	一〇三五六	四九五三			六〇五二		
六年	一九八二二	五三〇七〇			三三〇五		
七年	三三〇六	四九〇七二					
八年上半季	三〇九四五	四三七四	七三二〇	三三七六八	二〇四		
八年度	七六九八二	七四五五	一〇四八二	六五三八〇	三八〇六六		
九年度	三六三三六	七三一〇	五九二三三	六八九六	七四三三	八〇三九	
十年度	一〇四八三〇	一五七五六	一八〇三七	一四九五三	一六七四	五三〇五三	
十一年度	六〇五八四	三三五七八	九六五五六	三六〇五	一三五四	一三三六二	
計	三三四七九三〇	八〇五五三		二四九三三			

海產輸出價格表上

年　類別	板昆布	刻昆布	鯣	乾鮑	海菜	煎海鼠	鱶鰭
元年	一六三四四八	五〇八五三	三三九八五三	六〇四三四	六三六九	五四〇一	一五八二
二年	四三四三六	三三四〇七	一七三五八五	一〇〇七〇	六〇六三三	二三四五二	一七三八
三年	四五三〇	八九〇七	一九五六〇二	一〇三九	九八二〇	三三五六	三四五三
四年	四三九八	八八四八	一〇四四五四	一三五五〇	一〇八三〇〇	九七六五四	一七〇八
五年	九六四三三	二七八三	二七八九	九三三四三	七八六六	一四四〇九	二〇二七
六年	三九七四〇七	三九七〇〇	二八〇〇九	一四四〇三	一〇九二〇	三三六三五	三〇九八
七年	三五九六〇	三八五四四	三八三七三七	九〇〇五〇	三四三四三	一八八五六	二九六六二
八年上半季	七八三六八	三四一二	六〇四八	三三五四九	一八二五〇	五七三九	一五二一六
八年度	三四八三〇五	六〇三五九	二九三五	一〇三九五六	三〇七五四	一八五九三〇	三六八五六
九年度	三五八六六	七五九	三五五八	一八七五三四	一九八九一	一八三七五六	三三〇一
十年度	三六七五八	八八〇〇	四九七五三	一〇〇三九〇	二八〇七	四六〇三〇	三三九三四
十一年度	五四九八六	一三五三八	三三〇四三	二七四八五	二六九四	一八三七九六	四〇五六八
計	四六三六五九	一〇〇八二八	三三九三三八五	一七三四〇六四	一八〇八二三	一〇八〇八八	三〇九五七五

海產輸出價格表下

年別	乾魚	乾海老	乾貝	貝柱	淡菜	乾蛤	十品合計
元年	五五五四	一九六三	九〇〇				五五五三三五
二年	三三三五	五三三八	五〇三五		五九〇七		一〇八一六七
三年	五五四三	六〇五七	四四八三		四八〇七		一〇七六七三七
四年	九六六	八八四〇七	二六〇八〇				二六〇二三五
五年	四九九一	七二七〇	九三三〇		七六七八		一四〇四八三
六年	一二四〇	七六八一	三二四三		一三九三		一三八〇五四七
七年	一六〇八	六六六四	三三九〇〇		九八三		一二七三二六
八年上半季	三九九九	六〇〇	四〇〇〇	六二一八	七	四三五五	四九九四八
八年度	三七二〇六	一〇五三八	三〇二三	一〇六二七	二九四三	七五三一	一五三一〇五五
九年度	五六六一七	九三六	六五七三	九四六四	七五五四	四六三三	一四〇九七三
十年度	四三五八八	二〇六八四	一九七八一	六三一九	三七四三	二五八八	一六〇四〇〇
十一年度	二四八四六	一八七九	三五二五	一四八九八	一〇六九九	六〇四〇	一八九四八七
計	七〇三二〇	三三三九三	三二五五三	四七三三六	六七三七	二四八六七	四九二三四四九二

海產各種平均百斤價表

年別	板昆布	刻昆布	鯣	乾鮑	海茶	煎海鼠	鱶鰭	乾魚	乾海老	乾貝	貝柱	淡菜	乾蛤
元年	二〇六圓	四〇九圓	一九六〇圓	三〇七圓	二五三五圓	二五三圓	二五五九圓	三二圓	二八五圓	圓	圓	圓	圓
二年	三八四	五七四	二〇三五	三九〇	二九八八	四〇二	二五三	四九二	二〇三八			一三二	
三年	三五三	四三七	一七五七	二九八八	三六〇四	四四四	三八八	三三	一〇九			三三九	
四年	三三五	四〇九	一六六六	二七五六	三八三	三五四	三三八	四三一	一七三				
五年	三二一	三三三	一五七〇	三八五	三四五	四七九	三三三	四八〇	四六六			二六九	
六年	一七二	一九四	一七三四	三六一	二八五	四九九	二九四三	五七六	四〇五			九五〇	
七年	三三二	二六九	一四八三	三六四	二三七	三六九	二八八九	五〇三	二三三				
八年上半季	一四三	二七九	三四七	三五三四	二五八	三七三	二五五	四三三	二九六	九一五	八一二	八〇三	
八年度	二五一	三四五	一三五〇	三八八二	三六八	三九七六	二〇三	四八二	四五三	一四五	二一五	七七三	
九年度	一七八	三〇六	一四五四	二七三	二三八	三九七	二九五〇	五二二	二〇六三	一一〇	三三三	一〇八	五一八
十年度	二〇六	三三五	一五八七	三四九	三四	三二九	三四	四一六	三八七	一〇五一	四六〇	八二	五〇七
十一年度	三三九	三一八	二六三四	三〇九	二〇三	三三七	三五五	五一六	二九	二三九	四三五	八〇二	四五七

石炭

石炭自長崎高島諸坑用西法開掘亦為國產一大宗

石炭輸出表

年別	量	價	平均百斤價	百分比例 量	百分比例 價
元年	二七七六九〇七九	八四二八〇	三〇	八強	一〇強
二年	五五八〇五〇四〇	一八二五八一	三三	一七弱	二三弱
三年	九四〇九二六七三	三九八三四三	三三	二八強	二六弱
四年	一〇七一七四八五五	三三四九八一	三〇	三三弱	三九弱
五年	九七八九七三〇三	三三五九一五	三四	二九強	四〇強
六年	二四五八四八五一	六二八〇八九	二六	七三強	七五強
七年	一九七五六七九六〇	五五五三四〇	二八	五九弱	六七弱
八年上半季	六三〇五四四五三	五四七六二七	八七	一九弱	六六弱
八年度	三三五〇八三九一八	九三一〇〇四	三〇	九四弱	一一三弱
九年度	二三三九四三五八	五九〇〇九四	二七	六六強	七一弱
十年度	三四七五〇六四六三	九二一六五一	二七	一〇四弱	一一〇強
十一年度	三三五二六六八六五	八三四六〇四	二五	一〇〇	一〇〇
計	三〇九三〇七七一八	六二三四五〇九	三〇		

銅鐵鉛

未通商前惟中國與和蘭在長崎互市其時乍浦購銅之船每歲一至惟德川氏主政時歲限船額限銅數所購亦不多至近年來間一購買而已鐵鉛二物國產不足供用外國多有輸入者

銅鐵鉛輸出價量表

量

年類別	丁銅	銅絲	板銅及銅線	銅及鐵	銅器及鐵器	鉛	鐵	礦物	合計
元年		五三七六		一〇九五三六		六八一三五	三二八〇〇		
二年				六三六六	四五〇〇	三四四〇	二六八〇〇		
三年		一八七六六		五五五〇九八	八五九三	四〇〇〇	三三三六		
四年		二五三三七三		四四九四五三	三六三四			一六〇〇	
五年		二六七〇八〇		三六六三九九	二三三四四	三六六六三〇	一三〇〇	一三六八五	
六年		二四〇七六		四一七七六	二四七九九	一六六四九九	一九〇三	二三六四	
七年		九九四七三三		三八五〇四	五四六九七〇	三三六五		三八二八	

價

八年下半季	一五五九	四〇三〇	九五二	八〇五七		五三六八	三〇五五	三四九二	
八年度	九五三七	三三六六	一	九〇四六八	三六〇六	一〇	六〇五五	三〇七三	
九年度	七三三四九	八〇五三		三五三〇四	一三四		三三〇	三〇五三	
十年度	三五八六〇三四	八〇五六〇五		四〇五三三	[illegible]		五三	八〇六八	
十一年度	四〇四六六八	三〇〇五三	三二七〇	三二四五八	一五九八			三五九八	
計	六〇五八七	六九七〇八		六〇三五五			三〇三三	八〇三九	
元年		八六六		一九四〇		三五〇六	一〇七		一〇六九
二年				一〇六九	五五五	一九七	八三三		三三〇四
三年		二六〇	七〇五七	一〇五三	六〇九	二六〇	三三〇五		三〇五五
四年		三五三五七	一七八九	[illegible]	一七三四			六〇	九三五八〇
五年		一五四〇八	三九〇	八六五八	四〇三三	二六六六	三四	三三七	三三六七〇
六年		三三五六	三七〇三	八〇六八	三五五六	八三九	四六〇	三三五六	八三四〇九
七年		一三六九	三六〇	二三五五六	九四七	二〇八		一〇三	六五五五五
八年上半季	三八七	三三九九	三〇〇	二三三七	八〇一	二三五	七三	六〇四	三四〇二
八年度	三〇五〇七	一〇三四	一〇六	三四〇七	七〇五	八	四〇七	一四〇七	三三七八五
九年度	一六〇五五	一三五八〇五五	一〇七〇二	六〇六八	二〇		五六〇	五九	四〇七五五
十年度	四〇二九	一四九〇五五	一三三六六	七三〇七〇	四三〇		九	三〇四	七〇三〇七
十一年度	四五五四九	三〇〇五三	六〇三八	五〇五三	三四三			四九三	七四〇三四
計	三八〇五七	三〇七四三	八〇八〇五	五〇五〇三	六〇三〇四	六七六三	三〇四九	三八七	七〇三三

日本國志卷三十八

銅鐵鉛類平均百斤價表

年／類別	丁銅	鑛銅	銅板線	銅濱	銅鑲濱鑲	鉛	鐵	礦物
元年		圓一六四四		圓一七八四		圓五三三	圓二〇〇	圓
二年				九九九	三三四	七七九	五三〇	
三年		五三二		九三六	七〇三	七五	四三	
四年		四八一		三三六六	八〇三			二四
五年		五五〇		五五九	二五四	五〇	六五	一〇
六年		七〇三		五〇三	五五〇	五七	二四	三三
七年		七三		五九	三九三	四八		一五八
八年上半季	三六七	一九二	二八四	二九三		五〇	三〇	一六六
八年度	一〇三六	一〇八		三三〇	九三八	八〇	三五	

九年度	三四七	[illegible]		九六	六三		三六	三三
十年度	一八四	一八六八		一〇四	三九五		一七九	三三三
十一年度	一八九三	一六三三	一九八四	一八六八	五三			一四九

諸細工物類

所出漆器木器銅器多精雅工緻足供翫賞中西諸國多喜購之然性不堅牢不堪用也西人喜其華美頗以充几案間物故亦爲輸出一宗

諸細工物類輸出價格表

年／類別	陶器	扇子	鑲器	屏風	漆器	傘	竹器	銅器	合計
元年	三〇四		三三	六〇四	一七〇五		四六二	五八六	四八〇四
二年	四七三	一五三		四二	一九〇九	一〇四	二八七	一〇四	七九〇
三年	五五五		八〇五九	三七	四三九八	三六	三五三	九八六	一四〇三
四年	三三五四	三〇五四	一三五四	一七五	六三三六	三八	五三九	二四六	九五六
五年	四三三三	一九四三	一五三	一六三	八〇六八	七〇四三	一〇七九	一〇五三	一九九八
六年	二六四〇	四六〇五	四四九	四八四	一三四三	一〇五三	一三五六	一九七二	四〇三〇
七年	一〇六〇五	九九七	一四九六	三八九六	三三〇	三三三六	四五三	四七八	四八〇三
八年上半季	五〇七三	三五四六	一八五〇	三〇九九	九〇七	一〇三三	一〇〇〇	一四八〇	三三〇九
八年度	一〇三四	三〇三五	一三六八〇	四八四	三三九九	八五六	三〇三	三九八	三五六九
九年度	七五三三	三〇七五	一四五五三	五三二	三〇三三	五四九	三三九	三〇六六	三六九四
十年度	一四五三	三五三五三	三六三	一〇三五	一四五四	八〇五六	五四三四	五三三四	五五三〇
十一年度	六九六八	三六八三	一三三九	三〇四	一五四五	九四三	五八八	五八〇	三七六一
計	九四六八	七〇五六	一八〇七四	四九三	三〇三六八	九三六八	三〇四三	三〇〇八	三四〇四三

計

日本國志卷三十八

全國物產

自明治七年飭令諸國調查物產編製爲表故每歲國產可知其概合全國物力計歲出五億餘萬而已凡輸出巨欵既分條臚載其餘各物今據明治八年所編表具列於左俾令覘國勢者知其盛衰焉輸入之物如絨氈之類每歲耗費金銀不下千萬皆購自歐美諸國爲日本國所無者已錄食

中今不載

明治八年府縣物產金額增減比較表

府縣名	金額		前年比較 增		前年比較 減	
東京府	九五一〇五九三	四八五	五三一五九五〇九	九八七		
京都府	一〇六七八七〇四	〇六九			五六〇三一九	八六九
大坂府	六八六六〇四四	八〇一			二六九八七四三	四三五
神奈川縣	四一八四六一七	五六四			一四〇三七七	三九六
兵庫縣	三四一九五八三	四二七			三八三九九	七四三
長崎縣	六〇三九二八九	四五三	二五三八三〇	六七五		
新潟縣	一六九七三七一五	六三三	三六九一三七	一〇九		
埼玉縣	五五九八〇〇	七四九			一八三九三九	六五五
足柄縣	三六一三九六九	七三八			四三一一九	五四三
千葉縣	九一五三三八	一九八			五三九〇八三	五九五
茨城縣	八一六八三三七				一九四五三五	三一九
熊谷縣	一三五七三七六六	五六四			四七七一八八	七四七
栃木縣	八〇三〇〇四	六七七			一四四四〇四五	八七二
奈良縣	五九一〇四一二	〇三二			一七六〇九五九	四三二
堺縣	四三九六六九八	九九九			一〇〇六四六七	九
三重縣	五三九七四三五	七〇四			七八九七六	一六四
度會縣	二八〇三三七	四五八			二一五一六五	六
愛知縣	一二六六八一一九	七六九			三五八〇八七	二四一
濱松縣	三三〇四七七六	八〇四			五三三三三	三七七
靜岡縣	三七五三八四三	一九五			三六一九二六	八五
山梨縣	五九一七〇二一	三三	八四八〇一〇	二六九		
滋賀縣	七四〇二一六九	三三八			八三二四四九	〇一七
岐阜縣	七三九六二四〇	二三三			五三五三〇一	四九三
筑磨縣	五五六九二〇五	八一八			九五二六三五	〇三七
長野縣	五〇三〇八一四	八九二			七一一〇九九	四七
宮城縣	四〇八八四五三	五九五	九七三一六	〇六一		
福島縣	四四〇七一六七	七八三	九八九九〇四	九二八		
磐井縣	一七一五〇八七〇	八三	三八〇八四三	七五九		
若松縣	二七三二七三五	九八三	三八六六一	二八七		
舊磐井縣	二九七二一五八	九六八			一四一七九五九	三
岩手縣	三二四〇八一八	〇三二			三〇八三五五	一一五
青森縣	二七二一〇四四	四五八			四三二一四五	一一三
山形縣	三三五〇一〇三	一二三			一四一五三一	〇〇六
置賜縣	二四三九九八三	二九三	二〇四五一九	二三五		
鶴岡縣	八五〇二一	二四四			一三八二五三〇	五六六
秋田縣	五五〇三七八	三一			三〇六九二	七八
敦賀縣	六四八七三一	九二			九一九四〇八	五三六
石川縣	五九七五〇三七	四五六			六七二四三二	五〇五
新川縣	六八五一六二五	〇七二			七四四八三	六三九
相川縣	六六五六〇一	八九二			四三八一六	三五一
豐岡縣	四三二五三三〇	三一七			八九六八八	八九三
鳥取縣	三一八〇〇七七	六〇二			一八三九六八	八〇七
島根縣	三四九三九〇八	〇一	六五三〇七	一〇六		
濱田縣	三三三四一七四	二〇六			二七五七四七	五四五
飾磨縣	六七九九九三五	一〇六			一二九七一七四	八七五
北條縣	三六六九一〇六	九七二			五六一〇三五	七二四
岡山縣	八五四五八一〇	四四八			八四一九〇三	三〇七
廣島縣	六六〇一八八一三	五六五			一四七三九一三	二八七
山口縣	一五三七七九	三八五			二六六九一九	〇三三
和歌山縣	三八九九二二	〇〇二			一〇九三四	五四五
名東縣	一〇三六五九四四	九一四			三三一一七二	〇八二
香川縣	五四三八一〇九	六四六				
愛媛縣	六八三四八一七	三三九			二〇七一五七	三三
高知縣	五八二一〇四三	五五七	三八七五七	五八		
福岡縣	四〇六六一四五	四五八			一六五五八四四	三八一
三潴縣	三六九〇四三一	九〇六			一三〇八八六	四三三
舊小倉縣	二六〇九三六一	二四六			三一二七八	五九三

大分縣	四六〇四三五八七	九五六	五六六二九	四四五		
佐賀縣	三九二四六七六	五九二			五三六三四九	一五三
熊本縣	八〇五七四四四	八四九	一〇九八五一五	五七九		
宮崎縣	四一九二五四〇	〇五四			一〇四八九七	一八五
鹿兒島縣	二〇二三四〇	六七一	一七五二七四	四八七		
合計	三四七二八三八五	〇七七			三三六六一五九	一三八

明治八年全國物產種類金額總計表

穀類	一五八〇二五三七	五〇五	粉類	一七〇七四四四	四
蔬菜類	一〇四七六八六六	四三三	種子類	六三〇九八三八	二五三
菓實類	一〇七一八九二	三六三	菌類	二〇〇三三〇	七〇四
海藻類	三三〇五二八	九五四	藥種類	三五九八四二	八六
製藥類	五八〇三〇二三	〇八一	釀造類	三六九五七九二〇	二二四
油蠟類	五八七六七六五	六〇九	鳥類	一〇八八〇〇八	一七六
獸類	五五九四〇八一	九六八	蟲類	二七二七	〇三五
魚類	六四六三五〇二	六八九	甲貝類	三九七七三五	九九五
飲食類	一六四三三八九七	四〇六	金銀銅鐵類	一八五七三七九	八〇三
五石礦土類	一〇八三三四九		神器佛具類	一〇三三一九	〇六六
農具類	九七七九一六	八二八	工具類	二三三三一七	一五五
器械類	一四九三六六	七八九	金屬製造類	三一〇三四二	七七五
舟車類	五七五〇四九	三八一	蠶絲類	一〇〇一三四八	七五三
綿類	六〇六三〇〇	一六八	麻類	九三七八一七	七九五
製絲類	三一四九七四	四二一	織物類	一四二九六六三六	五〇九
縫物類	一七三九〇九九	四八一	染物類	二三六一六四九	〇五六
脩粧具類	二三〇〇四五	八二二	染具類	二八二七四六二	四二一
繪具類	四八五二四	〇四五	膠漆類	一三六九四六	一二六
文房具類	五四二七四八	五一三	圖書類	七〇五二一七	三六六
漆器類	九一五四八一	二〇六	陶器類	一七〇三四五八	二二三
氈席類	七一〇四〇五	二三三	建具類	五三八六三〇	〇九六
指物類	六六九七四〇	〇五九	挽物類	六〇九八九	五七八
籐竹製器類	三六一七三	〇九六	蒿草類	一二七三〇四四	一四
桶樽類	[illegible]八六〇七七〇	八六八	曲物類	二六四二四	二〇九
竹木類	三六六二六六	〇〇八	植物類	一四五〇四三	九三二
皮葉類	六四七九八六	四一	紙類	四四二〇一五五	九四二
皮革羽毛類	三三五三七六	四九七	履物類	二〇五七五三	六三二
綱繩類	三二一九〇七	二〇四	薪炭類	一二六六五〇	八一八
玻璃類	六六四八〇	九八九	肥培飼料類	四六八一六九二	四九一
玩物類	一八二八二	〇二四	雜類	二五二二四二	四九四
總計	三四七二八三八五〇七七				

日本國志卷三十八

日本國志第三十九　卷之三十九

出使日本參贊官黃遵憲編纂

物產志二

全國物產　金　銀　銅　鐵　鉛　石炭　硫黃　水晶　米　麥　豆類　菜蔬　煙草　茶　花卉　樟　松　杉　檜　櫪　櫻　梅　竹　柿　蜜柑　鹽　魚介　海參　乾鰒　鰹節　鷄　鶩　雁　鴨　鶴　牛　馬　猪　豚　錦　綾　縮緬　絲　紙　酒　鹽　醬油　蠟　油　樟腦　銅器　漆器　螺鈿細工　陶器　刀劍　扇　團扇　錦繪

山城國物產　砥石(葛野郡及相樂郡木屋村)　石(愛宕郡白川村相樂郡木屋村)　黃土(紀伊郡深草村)　大蘿蔔(愛宕郡聖護院村及近村下同)　大蕪菁　水菜(葛野紀伊二郡下同)　芋　慈姑　蓴菜(大池)　藍(葛野紀伊二郡)　芍藥(久世綴喜二郡下同)　薄荷　天門冬　茶(宇治紀伊久世綴喜各郡)　梅實(久世綴喜二郡)　栗(葛野郡下同)　杉　竹(乙訓葛野二郡)　筍(乙訓葛野紀伊宇治各郡)　松蕈(乙訓葛野愛宕宇治紀伊各郡)　鯉(宇治淀川下同)　鯽　年魚(桂川)　織物(京都下同)　繡物　染物　絲條類　針　金銀銅錫器　金銀箔　漆器　陶器　紙類　石炭(各郡)　白粉(京都下同)　光紅　木偶人　毛植細工　扇　團扇(京都及伏水)　土偶人(伏水)

大和國物產　水晶(吉野郡[illegible]川村)　白石英(同郡下同)　黃石英　礦石　蛇骨石　磁石　辰砂　馬腦(山邊郡)　石(添下郡下同)　白堊　雲母砂(宇陀郡)　磬石(宇陀吉野二郡)　滑石(平群郡下同)　水瀧石　禹餘糧(添上平群二郡)　綠青(添上郡下同)　銀雲母　白砂(十市郡)　金剛鑽(葛下郡下同)　金剛砂　蕪菁(廣瀨郡)　佛掌薯(宇陀郡)　百合根(添上添下吉野城上高市山邊六郡)　牛蒡(添下郡)　葱(葛下城下高市三郡)　豌豆(添上郡)　蒟蒻(吉野郡)　葛(吉野廣瀨宇陀城上四郡)　菜種(平群郡東安堵村)　西瓜(葛上葛下吉野城上十市山邊六郡)　甜瓜(城下郡)　胡瓜(高市郡清水谷村)　山葵(十市郡櫻井村)　茶(各郡下同)　烟草　藍(平群添下葛下宇智吉野宇陀城上城下高市十市十郡)　紅花(十市山邊二郡)　麻苧(宇智宇陀高市三郡)　藺(平群廣瀨添下三郡)　茯苓(廣瀨郡古寺村)　人參(吉野郡)　芍藥(吉野城上山邊三郡)　當歸(葛上葛下吉野高市十市五郡)　地黃(葛上葛下忍海宇陀城上城下高市山邊八郡)　川芎(宇陀城上二郡)　吳茱萸(葛下宇陀二郡)　大黃(宇陀郡下同)　黃芩　龍膽(宇陀郡菅野村)　獨活(平群宇陀高市山邊四郡)　桔梗(葛上忍海十市三郡)　防風(宇陀山邊二郡)　牡丹(吉野郡出谷村)　木附子(宇智郡)　櫧(葛上葛下宇智吉野十市城上宇陀山邊八郡)　材木(添下吉野城上高市四郡)　榧(吉野郡)　梅(添上郡桃香野月瀨二村十市郡大福村)　桃(添下平群廣瀨葛下四郡下同)　梨　李(廣瀨葛下二郡)　柿(添上添下山邊宇陀城下高市葛上葛下廣瀨平群九郡)　石榴(葛下郡壇壁村)　橙(葛下郡笛根村)　枇杷(平群廣瀨葛下忍海十市山邊六郡)　蜜柑(平群葛下忍海城上高市山邊六郡)　棕櫚(城上郡金屋村)　菩提子(平群郡)　椎茸(吉野宇陀二郡)　岩茸(吉野郡)　松蕈(添上平群廣瀨城上宇智吉野山邊六郡)　水苔(山邊郡)　鹽(山邊郡丹波市村)　年魚(宇智吉野二郡下同)　鯉　鯽　鮭　鹿(添上郡)　木棉(各郡綛木綿縞及紺織地類)　曝布(添上添下二郡)　足袋(添上郡奈良)　酒(添下城下十市葛下四郡)　霰酒(添上郡奈良)　燒酎(廣瀨郡川合村葛下郡新莊村)　醬油(廣瀨葛下城上三郡)　油(添上添下平群葛下葛上忍海城下山邊八郡)　綿實油(城下葛下宇智吉野四郡)　柏油(宇智吉野二郡)　索麪(添下城下十市三郡)　乾瓢(平群葛下城上城下高市十市山邊六郡)　葛粉(宇陀吉野二郡下同)　蕨粉　葛菓子(吉野郡吉野山下同)　櫻漬　奈良漬(添上郡奈良)　氷豆腐(葛下宇陀吉野二郡)　鮎煎餅(吉野郡下市下同)　鮎鮓　陀羅尼須計(同郡洞川村)　前挽鋸(宇智郡)　銅眞鍮鋲類(添下郡下同)　陶器　瓦(添下葛上宇智十市四郡)　莚(廣瀨郡廣瀨村)　紙(宇陀郡)　杉原紙(吉野郡下同)　漆漉紙　漆器(吉野十市二郡)　松炭(廣瀨葛下二郡)　櫟炭(山邊郡)　墨(添上郡奈良高市郡觀覺寺村)　筆(添上郡奈良添下郡郡山)　膠(高市郡)　漆(添下宇智吉野三郡)　皮籠(城上郡馬場村)　吉野膳(宇智郡)　團扇(添上郡奈良)　雨合羽(高市郡八木村)　革沓(添上郡奈良)　雪踏(同所及高市郡)　草履(葛上十市二郡)　土偶人(添上郡奈良下同)　鼓皮　角細工(添上郡)　籠細工(十市郡田原本村)

河內國物產　金剛砂(古市郡飛鳥村石川郡春日山[illegible]村)　蠶豆(高安郡)　甜瓜(茨田

郡下同西瓜乾瓢志紀郡木本村茄子交野茨田二郡蓮根茨田郡蓴菜丹南郡狹山池紫草石川郡山田村下同茜草實綿澁川郡植松村麥門冬錦部郡小鹽村薄荷石川郡富田林村茶錦部郡柿同郡天野山下同松蕈鯽茨田郡點野村鰻鱺讚良郡堀溝村繰綿澁川郡植松村及諸村下同打綿紡絲合絲染絲白木綿茨田若江高安錦部四郡諸村稱爲河內木綿俗三宅縞木綿丹北郡三宅村糒志紀郡道明寺村俗名爲道明寺索麪交野郡津田村及諸村氷豆腐石川郡千早村胡粉河內郡神井村團扇志紀郡小山村

和泉國物產

青石日根郡箱作淡輪二村丹大鳥郡堺市之町赤小豆日根郡日根野村烟草日根郡新家村茶和泉郡下同蜜柑松蕈魚類大鳥郡堺浦其他三郡諸浦摟鯛最爲名產云白木綿大鳥郡諸村紋羽日根郡樽井町模樣織段氈大鳥郡堺車町袋眞田大鳥郡及和泉郡大津村下同酒酢泉南郡綿實油大鳥郡諸村白下砂糖日根郡諸村庖刀堺陶器大鳥郡湊村泉南郡津田村日根郡深日村生白粉堺甲斐町下同唐土荒粉線香堺町諸所木櫛日根郡澤村

攝津國物產

御影石菟原郡住吉村蕪菁東成郡天王寺村蘿蔔西成郡天滿豐島郡椋橋村莊慈姑島下郡吹田村西瓜西成郡市岡新田烟草島下郡服部村草綿住吉郡平野村蘆島上郡鵜殿村及西成郡諸村茶菟原郡岩屋村及武庫有馬二郡種樹自豐島郡細川谷輸出池田村松蕈菟原八部二郡鯛海濱下同鯧鱧牡蠣鱸西成郡野田牛神戶帆木綿西成郡酒河邊武庫菟原八部有馬五郡其中池田伊丹富田茨木灘等最有名下同燒酎味淋河邊菟原八部三郡酢河邊八部有馬三郡醬油河邊菟原有馬三郡氷砂糖大坂下同鯛味噌油住吉郡遠里小野村及河邊武庫二郡池田炭豐島郡池田村黑燒藥大坂高津邊紙有馬郡名鹽村陶器島上郡古曾部有馬郡三田菅笠東成郡深江村傘大坂下同煙管鯨細工籐細工竹細工有馬郡湯山町唐弓弦東成郡玉造村

伊賀國物產

雲母名張郡下比奈知村磨砂山田郡蓮池村石灰阿拜郡上柘植村伊賀郡瀧村年魚阿拜山田名張三郡五棓子山田伊賀二郡薯蕷山田伊賀二郡下同蒟蒻芍藥川芎木通茶阿拜伊賀二郡藤柿各郡白椎阿拜郡西山村松蕈阿拜山田二郡葛粉[illegible]菜子油[illegible]郡陶器[illegible]丸柱村傘阿拜郡上野

伊勢國物產

水晶員辨郡石榑鄉橫谷水晶尾三重郡水澤山輕粉飯野郡射和村石灰員辨三重鈴鹿度會四郡米各郡下同麥蜀黍粉度會郡道行灶楗栦浦俗名養老粉云菜種各郡蕨多氣一志二郡薯蕷多氣郡五佐奈油夫二村蘿蔔度會飯野二郡葱度會郡土路西條村茄子同郡樫原村瓜類度會一志二郡諸村乾瓢度會郡高向來二村山葵同郡大郎生村蔦多氣郡楠村一志郡八知村荏度會郡山田外數所藍度會飯高飯野一志四郡煙草度會多氣飯高一志四郡蒟蒻飯高一志二郡苧麻飯高郡舟戶村當歸同郡田引外諸村芍藥同郡神殿外二村茶各郡蜜柑飯高多氣二郡枇杷多氣郡山大淀村柿度會多氣二郡澁柿度會郡三村桃一志郡二村下同椎楮油桐度會郡諸村薪度會多氣飯高一志四郡諸村下同材木松蕈度會郡諸村椎蕈多氣一志三郡鹿角菜度會郡諸浦下同和布鹿尾藻石花菜青海苔鷄卵紙三重郡八王子村魚類度會多氣飯高一志四郡諸浦下同海鰕熨斗鰒時雨蛤桑名郡桑名三重郡四日市縐子紗安濃郡清水內多二村木綿織各郡下同綿

生絲員辨三重飯高三郡酒各郡酢度會郡山田外二所味噌各郡下同醬油鹽多氣飯高度會三郡索麪鈴鹿三重二郡鰹節度會郡諸浦油多氣郡齋宮外二村漆一志郡八知興津二村鍋釜桑名奄藝二郡陶器朝明郡小向村萬古燒三重郡四日市支氏野燒及飯高郡下村土器度會郡世古村瓦各郡麩度會飯高二郡苫飯高郡諸村竹火繩鈴鹿郡關驛菅笠多氣度會二郡春慶塗漆器度會郡山田炭多氣飯高一志度會四郡松煙三重鈴鹿二郡紙飯高郡深野村形紙奄藝郡白子寺家村紙煙草袋多氣飯野度會三郡雨衣多氣度會二郡石張皮籠度會郡

志摩國物產

茶英虞郡鵜方外五村和布各郡下同荒布鹿尾藻神仙菜[illegible]鹿角菜答志郡石花菜英虞郡鯛各郡下同鰹鰹節英虞郡坂手外十一村下同鰮魣魚答志郡鳥羽浦外二村海鰕各郡下同海參鰒熨斗鰒眞珠英虞郡貝類答志郡

尾張國物產

紫石春日井郡玉野川床石丹羽郡磨砂愛知知多二郡蘿蔔中島海東三郡蓮根海西郡甘藷春日井郡藍海西海東二郡下同蒲穗茶葉栗丹羽春日井知多四

郡渥美春日井郡最　鯛海東知多郡下同　鰺　鰛下同　郡海參　海鼠腸　乾鰕大野

木綿織知多及諸郡　鳴海絞纈愛智郡鳴海及名古屋知多郡有松　名古屋織袴地愛智

郡名古屋　結城棧留織中島愛智二郡　佐織縞海東郡　春夏蠶白生絲葉栗丹羽二郡

綿海西海東中島葉栗丹羽愛智知多七郡以愛智爲最　縐絲海東及諸郡　鹽知多郡　味噌海西海東

葉栗丹羽五郡　醬油諸郡　酒愛智知多海西海東葉栗丹羽春日井七郡以知多爲最　保命酒

知多郡　忍冬酒丹羽郡稻置　酢知多郡　絞油海西海東中島春日井四郡以春日井爲最　荏油

丹羽春日井二郡　麩海東郡津島　乾溫飩知多郡名和　藥種類春日井郡　陶器春日井郡瀨戸

赤津丹羽郡稻置知多郡常滑　七寶燒海東郡諸村　豐樂燒愛智郡名古屋　陶器畫藥春日井郡

玉藍中島海西海東三郡　扇愛智郡名古屋　團扇海東郡津島

三河國物產　雲母額田郡　御影石賀茂郡　鍾乳石設樂郡下同　名倉砥

石粉賀茂郡　甘藷碧海寶飯八名三郡　茶各郡以幡豆爲最　楮皮賀茂八名二郡　海苔寶飯渥美三

郡　乾䰽寶飯渥美二郡　海參碧海幡豆寶飯渥美四郡　海鼠腸以上二品幡豆寶飯渥美三郡以

佐久島爲最　春蘭　青白絲碧海郡　綿幡豆及諸郡下同　木綿　縐絲碧海幡豆二郡　味

噌額田及諸郡　鹽碧海幡豆二郡　醬油碧海及諸郡下同　酒　酢碧海郡下同　索麵　絞

油額田渥美二郡　漆賀茂八名二郡　紡錐幡豆寶飯二郡　燧金額田渥美二郡　陶器幡豆郡　麻繩

額田郡　紙賀茂八名二郡　炭賀茂額田八名三郡　魚籠八名郡

遠江國物產　石腦油榛原郡海老江平田東中菅谷四村由秣場湧出　石灰敷智引佐粗玉

豐田周智榛原六郡　大角豆佐野郡下同　茄子　白甜瓜　乾藷長上郡　茶各郡下同

蜜柑　楊梅城東郡　柿佐野郡　松蕈敷智郡大草山城東郡小笠山　椎茸敷智郡大野村　海

苔同郡濱名裏海　和布榛原郡相良下同　石花菜　年魚諸川下同　鰹　石斑魚大井

川　鰻鱺敷智郡新居　鰺海濱諸村下同　鯛　鰒　馬鮫魚榛原郡本州之名產　鴨各郡　木

綿織各郡　葛布佐野郡掛川　白砂糖城東郡橫須賀　黑砂糖敷智郡下同　納豆　葛

粉佐野郡　疊表敷智郡三箇日佐久米二村　琉球疊表引佐郡氣賀刑部二村　蒲筵敷智郡十

軒新田上島村

駿河國物產　黑水晶[illegible]　馬蹄石安倍郡藁科　富士石同郡　甘藷有渡

郡　山葵安倍郡有東木村及富士郡　毒荏各郡　煙草富士郡　藍各郡下同　茶　楮三

椏　蜜柑　橘　竹有渡郡　松蕈安倍郡羽鳥村有渡郡有渡山　松露有渡郡三保村　椎

茸志太安倍駿東三郡　山椒各郡　濱梨富士山　芝川水苔富士郡芝川　海苔有渡郡三保

年魚富士川狩野川安倍川等　方頭魚庵原駿東二郡又名興津鯛　江豚有渡郡清水湊　鮒乾各郡

海濱下同　鰹節　鮎　鮫志太益津二郡　馬駿東郡愛鷹山　賤機木綿織靜岡　酒各郡下同　味

淋　沙糖志太有渡安倍三郡　鹽益津有渡庵原富士四郡　紙志太有渡安倍庵原富士五郡　漆器靜岡

下同　竹細工　寄木細工　志朶細工志太郡

甲斐國物產　水晶巨摩郡御嶽　硯石巨摩郡雨畑村　磁石巨摩郡金峯山　硝石

山梨郡青田村　馬鈴薯各郡　葡萄山梨郡勝沼村八代郡岩崎村　苧麻巨摩郡逸見筋　煙草山梨巨摩

三郡　藍山梨八代巨摩三郡　白朮都留郡吉田村下同　紫根　五味子　黃連吉田村及巨摩

郡駒嶽下同　黃蓍　半夏　甘草山梨郡上於曾村　杉巨摩郡宮本村　榧巨摩郡河內領　胡

桃山梨八代巨摩三郡　柿山梨巨摩二郡　栗山梨郡萬方筋　梨巨摩郡　肉蓯蓉都留郡富士山　松蕈

巨摩郡　繭都留山梨八代三郡　蠶卵紙山梨八代二郡　蜂蜜都留郡鳴澤村　年魚諸川　猪膽巨摩

郡　眞綿山梨八代二郡　生絲都留山梨八代三郡　木綿織山梨八代巨摩三郡　皆生絹都留郡下

同　黑八丈絹　琥珀織　繻子　絽　傘絹　綟子　大布

紬　絣縞布山梨八代二郡　井鹽巨摩郡奈良田村　荏油山梨八代巨摩三郡　漆各郡　鴉片

巨摩郡平岡村　紙八代郡市川大門村　炭都留郡

伊豆國物產　石各郡　砥石田方郡大仁村賀茂郡箕作村　白石脂賀茂郡大賀茂村下同

溫石　白土賀茂郡梨本村　七色土賀茂郡熱海村　山葵田方賀茂二郡　柴胡君澤郡戸田村

天門冬賀茂郡下田村　藤蔓賀茂郡青野村　麻柄君澤郡古奈村俗名市皮　茶各郡　材木天城山下

同　薪　椎茸田方郡湯島村　石花菜賀茂郡白濱稻取二村　海苔君澤賀茂二郡海濱　魚介

妻良子浦諸港及諸島下同　乾魚　鰹節郡賀賀茂二郡　打鰒賀茂郡田牛村　猪各郡　牛大島　八

丈絹八丈島下同　八丈紬　藤布賀茂郡伊濱村　雁皮紙賀茂郡熱海村　色吉紙君澤

郡[illegible]修善寺村下同薄墨牛切紙挽物君澤郡熱海村炭天城山

小笠原島物產玉蜀黍甘藷馬鈴薯甘蔗芋水芋葱蘿蔔蕪菁西瓜蕃椒芭蕉煙草水蠟樹鳳梨椰樹椶櫚桫欏天仙果鯨鱶黑鯛鰡大鰕手長鰕章魚海龜硨磲紫貝牡蠣海栗大蝙蝠鵝鷄信天翁野豚野羊別一種之羊

相模國物產硫黃足柄下郡箱根山中下同明礬切石足柄下郡土肥鄉六村煙草足柄上大住二郡柴胡足柄上下鎌倉三郡梅實足柄下郡下同蜜柑材木各郡薪足柄上下二郡諸山鹿尾藻三浦郡浦賀下同和布藺津久井愛甲二郡山生魚箱根山中年魚相模川酒勾川等鰕三浦郡章魚鎌倉郡江島下同鰒烏賊魚鰹三浦郡下同鯛鱁鮧足柄下郡猪足柄上下二郡諸山下同鹿生絲津久井愛甲二郡織物津久井郡漆足柄上下二郡漆器足柄下郡挽物細工足柄下郡湯本筆管足柄下郡小田原下同煙管

竹水飴三浦郡浦賀梅乾足柄下郡下同粕漬梅粕漬鰒鎌倉郡江島透頂香足柄下郡小田原俗名外郎香炭足柄上下二郡諸山貝細工鎌倉郡江島

武藏國物產糯米埼玉郡下同葱牛蒡梅田村甘藷入間足下諸郡薯蕷足立郡中丸村下同百合蘿蔔豐島郡下同茄子駒込菘三河島蕃椒內藤新宿蘘荷早稻田生薑谷中甜瓜又瓜類數種苧麻多摩郡紫草各郡煙草秩父郡茶豐島入間多摩諸郡桑各郡梅久良岐荏原諸郡桃埼玉郡大澤町梨橘樹郡鶴見村邊及荏原葛飾諸郡柹都筑足立秩父諸郡漆秩父郡下同楮竹各郡海苔荏原橘樹諸郡藺各郡下同藍種鯉利根川中川荒川鰻鱺江戶灣之產味最美鱠殘魚豐島郡佃島下同鼠頭魚鱸豐島郡下同鯊魚鯽年魚多摩川比目魚橫濱灣黑鯛江戶灣下同鱵青魚鰶車鰕芝鰕海鼠久良岐郡蜆隅田川蛤江戶灣下同牡蠣[illegible]豐島葛飾諸郡下同鴨生絲織物多摩郡八王子驛原町田村五日市織多摩郡五日市村綿布足立多摩埼玉入間幡羅高麗兒玉比企秩父諸郡絹秩父郡下同布青梅綿多摩郡青梅村紫染東京酒足立埼玉諸郡下同味淋醬油鹽橘樹久良岐諸郡索麪入間比企埼玉諸郡菓子東京紙多摩足立比企高麗橘樹秩父諸郡炭都筑郡黑川村邊及多摩秩父二郡鑄物足立郡川口村瓦豐島郡今戶村葛飾郡小梅村多摩郡河邊村煉化石東京下同竹器筆煙管袋物足袋木履革細工鼈甲細工蒔繪細工團扇錦繪白箬秩父郡浦山村麥藁細工荏原郡大森村

安房國物產白土一名房州沙平羣郡水仙平羣郡下同柹石花菜安房朝夷二郡諸浦年魚平羣郡瀧田山中小流鯖安房郡布良下同鰺鰛青串魚鰒井鹽安房郡神餘村白牛酪長狹郡峯岡團扇竹

上總國物產蓴菜長柄郡下同蓮根薯蕷夷隅郡煙草周准郡茶山邊郡東金三春栗山邊郡下同茯苓海苔年魚夷隅郡下同鯖鰛武射郡九十九里濱下同鰛搾粕蟹鰒蛤蜊山邊武射二郡下同白蛤鹽吹貝張貫茶壺望陀郡木更津

下總國物產鐵砂香取郡海濱海上砥海上郡石切藍匝瑳海上二郡西瓜匝瑳郡新町茶葛飾相馬猿島結城豐田岡田六郡柴栗香取郡梨子葛飾郡茯苓匝瑳香取二郡海藻海上郡葛西海苔葛飾郡鬱種匝瑳香取相馬猿島結城岡田六郡乾鰛匝瑳海上二郡下同鰹節魚粕乾白魚海上郡下同鰹鹽辛牡蠣千葉海上二郡海濱馬小間子牧等生絲匝瑳香取二郡木綿匝瑳郡及結城郡結城町紬結城郡結城町下同紹銚子縮海上郡銚子酒香取郡佐原下同燒酎玉液酎葛飾郡流山下同味淋醬油葛飾郡野田町海上郡荒野鹽葛飾郡本行德及匝瑳海上二郡魚油匝瑳海上二郡蒟蒻印旛郡佐倉海藻蒟蒻海上郡乾溫飩結城郡結城町煉化石香取郡高岡村蠣灰千葉郡海濱佐倉炭印旛千葉植生三郡

常陸國物產御影石新治郡本鄉山紫石茨城郡木葉下村筳斑石久慈郡町屋村下同紅葉斑石霜降斑石鼈甲斑石砥石茨城多賀二郡燧石久慈郡諸澤村煙草茨城那珂久慈多賀四郡蘭草新治郡防風眞壁茨城那珂久慈四郡下同桑茶

筑波河內眞壁茨城那珂久慈多賀七郡楮茨城那珂久慈三郡海藻鹿島郡蠶卵紙筑波新治眞壁茨城那珂久慈六郡水鳥霞浦下同鯉　鯽　白魚　公魚　鰻鱺　櫻鰕　鮏那珂川鰒鹿島久慈多賀三郡海濱乾鰛鹿島郡下同魚粕　生絲筑波新治眞壁茨城那珂久慈六郡木綿筑波郡晒木綿眞壁郡下同水振木綿　彩雲紙茨城郡水戸藤柄町西內紙那珂久慈多賀三郡鹽鹿島郡酒新治郡石岡町醬油石岡町及土浦魚油鹿島郡粉蒟蒻久慈郡

近江國物產　水晶野洲甲賀郡界三上山近傍白石粉出甲賀郡黃瀬村等以裝瓷器硝子石栗太郡荒張村白石山今方試鑿白石犬上郡大洞虎斑石硯高島郡阿彌陀山石質亞於長門赤間關礪石各郡石灰坂田郡石部高島郡海津米穀穀種出丹波播磨之上蕪菁坂田郡尾花川鼠大根坂田郡下同膽吹艾　防風　當歸　桔梗　刈安　煙草蒲生郡中野村茶甲賀郡土山信樂政所皂莢坂田郡漆　柿伊香郡杉野村油桐高島郡海津極多以其實製油竹滋賀郡園城寺山松蕈同郡黑河茸比叡山石山野洲郡三上山鯽湖中多產

冬月獲者名紅葉鯽味尤佳大者名鰌鯽又名源五郎鯽云鯇野洲川姉川安曇川鯉勢多橋下產甚佳下同鰻鱺　冰魚似鮎子魚出滋賀郡比良小松之邊鱎魚滋賀郡和邇蒲生郡沖島蜆勢多橋下產甚佳長濱糸坂田郡下同縮緬　天鵞絨　絹羽二重　絹縮　龍門絹　蚊帳坂田郡及蒲生郡八幡高宮布一名生平以製麻出犬上郡下同木綿縮　帷子地　兵主縞布野洲郡下同曝布　雁皮紙栗太郡伺生村靑花紙栗太郡山田村油紙　合羽坂田郡鳥居本信樂陶器甲賀郡長野神山二村鑄器甲賀郡辻村瓦甲賀郡松本村鞦野洲郡守山二浮吳座野洲郡表蒲生郡奧島八幡水口笠甲賀郡水口葛籠細工水口及犬上郡葛籠町村櫛甲賀郡土山竹鞭栗太郡草津池川鍼滋賀郡算盤大谷村雪踏滋賀郡大津煙管滋賀郡坂本名闇子張鯽魚鮓湖邊所製大津繪滋賀郡

美濃國物產　磁石加茂郡飯池村紺靑石土岐郡土岐口下石高山三村白堊可兒土岐惠那三郡砥石各務郡鵜沼村加茂郡加茂野村燧石多藝郡白石村石灰石津郡澤田村大野郡稻富村武儀郡上之保村米各郡甜瓜本巢郡眞桑村細根蘿蔔厚見郡島方名長良大根綿羽栗中島厚見各務厚見羽栗二郡藥草數種各郡煙草武儀惠那二郡茶各郡梨不破郡福田村惠那郡日比野村枝柿加茂厚見二郡松蕈不破武儀郡上可兒土岐諸郡岩茸武儀本巢二郡馬惠那郡鯉墨股川等年魚長良川鱒木曾川飛驒川生絲武儀郡上惠那三郡下同眞綿　羽二重羽栗山各務二郡下同壁羽二重　畫絹　飾絹　綟子　紋縮緬厚見郡下同蛹縮緬　烏帽子縮緬　養老酒外銘酒數品皆出多藝郡根古地村島田村年魚酢岐阜紙類凡三十三種武儀郡諸村及本巢郡根尾谷山縣郡富永村惠那郡等陶器土岐郡刃物武儀郡關村石細工不破郡赤坂村金生山疊表山縣郡

飛驒國物產　硫黃益田吉城二郡硝石大野吉城二郡下同砥石　切石大野郡水晶大野郡鳩谷村白土大野郡松本村下同磨砂　黃土大野郡松本村粘土大野郡三福寺村淺黃土益田郡甲村礬砂吉城郡三川村大江石吉城郡大江村孔雀石吉城郡和佐保村下同綠靑　石灰大野吉城二郡豇豆各郡木賊大野郡三谷村岩茸各郡下同藥草類　茶益田郡栗各郡下同榧子　胡桃　銀杏　楮　材木　竹皮

益田郡蠶種各郡下同年魚　鰻鱺　鱒大野吉城二郡馬各郡羚羊皮角大野吉城二郡熊皮各郡下同熊膽　猪膽　鹿皮角益田郡生絲各郡下同眞綿　絹　苧麻　布　春慶塗　批目細工類大野郡高山町下同水松俗名一位木檜　椹細工類　乾蕨大野吉城二郡下同蕨粉　蕨繩　漆　黐　油　萱　筵

信濃國物產　水晶筑摩郡駒嶽水晶谷德原村高井郡上條村寒水石筑摩郡御嶽蠟石伊那諏訪佐久小縣四郡貝石伊那郡下同硝石西高遠町黑石英阿知村硯石宮所村溫石伊那郡長谷村八方鑿遠山長石駒嶽石綿筑摩郡日義村佐久郡大河內村螢石伊那川亞鉛諏訪郡下諏訪砥石筑摩郡宗賀村安曇郡大町村鐘乳石伊那郡長谷村安曇郡安曇村石碧筑摩郡宗賀村伊那郡上飯田村磁石佐久郡大河內村礬石筑摩水內二郡硫黃筑摩郡御嶽高井郡米子灰野二村蕎麥筑摩伊那水內佐久四郡馬鈴薯各郡胡蘿蔔伊那高井小縣佐久四郡麻伊那水內[illegible]郡藍筑摩伊那更級水內四郡煙草筑摩伊那安曇更級高井埴科六郡藥種草木類各郡下同

桑楮胡桃桐茶伊那郡下同沙羅樹樺皮杉檜材欅木筑摩伊那二郡栗伊那高井二郡柿筑摩伊那諏訪三郡竹伊那郡箕竹水內戶隱山松蕈伊那更級水內佐久四郡岩茸伊那郡蠶卵紙各郡每歲輸出之多本州爲海內第一蜂蜜伊那郡鯉天龍川下同年魚鯽鰻鱺鰕鱒千曲川蜆諏訪湖雉各郡下同鷄卵鹿角筑摩伊那二郡下同熊膽駒筑摩郡羚羊高遠生絲各郡與蠶卵紙輸出絹紬數品各郡下同白紬眞綿木綿縮緬筑摩郡松本伊那郡高遠綿絽高遠綵纈木綿數品松本同足袋手巾木綿小倉織松本及諏訪郡上諏訪諏訪平上諏訪山繭絹高井郡中野村上田縞小縣郡上田麻布筑摩高井佐久三郡鹽伊那郡大鹿村有鹽泉閣村賣用之菜種油各郡石腦油水內郡蜜蠟伊那郡漆筑摩伊那安曇三郡紙類伊那安曇更級水內高井五郡有奉書紙糊入紙宮木紙大判紙中折紙中判紙杉原紙各類蠶卵原紙小縣郡長瀨村乾瓢筑摩郡松本伊那郡川下鄉乾饂飩松本蕨粉木曾水餅安曇郡大町諏訪郡高島氷蕎麥大町及水內郡戶隱山漬蕨佐久郡漆器筑摩郡陶器伊那郡茶

日本國志卷三十九　十一

盆類筑摩伊那二郡下同竹器櫛筑摩郡元結伊那郡飯田

上野國物產　砥石甘樂郡中小坂村採出一年凡一萬五千三百二十貫砥澤村凡一萬六千三百二十貫吾妻郡本宿村凡二百四十貫上澤渡村凡一千貫利根郡小日向村凡五百六十貫穴原村凡二百貫共六所一年合三萬三千六百四十貫又甘樂郡菅原村碓氷郡川浦村方在試鑿燧石甘樂郡白井雁喰豆利根郡葱甘樂郡下仁田町藍綠野郡新町宿煙草片岡郡寺尾村利根郡沼田茶甘樂山田新田吾妻邑樂五郡桑苗吾妻郡原町白目竹群馬郡高崎町蠶種各郡以佐位郡島村爲最繭蛹各郡年魚利根川烏川蕪川等鱒利根川下同鯉生絲各郡以群馬郡前橋町甘樂郡富岡町勢多郡水沼村爲最織物各郡以山田郡爲最生絹綠野多胡二郡諸村大織縞佐位那波二郡諸村眞綿佐位郡境町紵甘樂吾妻二郡諸村

下野國物產　水晶鹽谷郡玉生村明礬都賀郡小那須郡湯本村丹礬都賀郡小曾戶村下同礬石硫黃鹽谷郡鹽原村那須郡湯本村切石河內郡荒針田下二村蠟石都賀郡足尾村磁石那須郡須賀川村砥石鹽谷郡川又村門森澤紫土鹽谷郡鹽原村石灰芳賀郡梅

內村鹽谷郡鹽原村都賀郡安蘇郡各村麻都賀郡乾瓢河內郡宇都宮近村煙草那須郡人參都賀河內芳賀諸郡黃連都賀郡日光山鹽谷郡栗山村茶安蘇芳賀那須諸郡楮芳賀那須諸郡漆鹽谷那須諸郡石楠花都賀郡日光山中下同水松斧折木茸類鹽谷郡鹽原村栗山村蠶種梁田足利安蘇都賀河內芳賀諸郡下同繭年魚絹川那珂川下同黃骨魚山生魚都賀郡日光山鹽谷郡鹽原山慈悲心鳥都賀郡日光山中生絲梁田足利安蘇都賀河內芳賀諸郡下同眞綿下同木綿織曝布芳賀郡眞岡紙那須郡烏山近村陶器芳賀郡益子村足利郡樺崎村漆器都賀郡日光木地塗物鹽谷郡栗山村鍋釜安蘇郡佐野蒟蒻粉那須郡羊羹都賀郡日光下同紫蘇卷蕃椒

磐城國物產　水晶白川郡饗田村山中硯石磐前郡西小川村有小玉石名饅頭石白土磐前郡白土村山中以代煉化石之用木葉石白河郡田子山中櫻化石出菊多郡勿來關址近傍沙磧大一禹餘糧出白川郡常世北野村山中又名金壺石米各郡大豆白川磐前磐城石川宇多刈田六郡菜種菊多磐前磐城三郡蒟蒻白川郡諸村藍菊多磐前磐城伊具宇多亘理等數郡人參白河

日本國志卷三十九　十二

郡鶴生村等數村煙草白川菊多石川磐前田村五郡茶白河白川菊多磐前宇多五郡桑苗田村郡乾柿各郡乾栗菊多磐前磐城田村標葉五郡椎蕈菊多磐前二郡松蕈磐前磐城二郡海苔菊多磐前二郡蠶種田村郡小泉村等以阿武隈川近村爲良孫太郎蟲刈田郡齋河村治小見五宿有效蜂蜜菊多石川標葉行方等數郡五棓子白河白川二郡鰹節沿海諸村小名濱中作等處所製鰛沿海諸郡乾鰒磐前菊多二郡鮭鮫川田川宇多川阿武隈川等諸川鱒菊多標葉二郡鰻鱺菊多磐前磐城行方宇多五郡馬全州皆有出以田村郡爲最生絲白河田村二郡白紬田村郡縮織標葉行方宇多三郡紙布刈田郡白石本鄉延紙一名上遠野出磐前菊多二郡料紙刈田郡白石本鄉伊具郡數村鹽沿海諸郡犬榧油菊多郡山中陶器名相馬砂燒出宇多郡中村磐城郡赤井村標葉郡大堀村楢葉郡井出村等藺筵菊多郡山田村磐前郡金成村等菅笠田村郡諸村炭白河菊多磐前磐城田村楢葉標葉行方數郡

岩代國物產　硯石會津郡上添村硝石會津郡砥石會津郡瀧澤村大沼郡大谷村耶麻郡日中村安積郡布引山硫黃安達郡安達太郎山採出一年凡三萬一千二百五十斤信夫郡吾妻山方試鑿又出耶麻郡白木城村白土大沼郡砂子原村雲母會津郡蓋野原村山鹽會津郡鹽澤村耶麻郡大鹽村土

硫黃耶麻郡白木城村及安達信夫二郡 麻苧會津大沼二郡 藍會津大沼河沼耶麻四郡 紫蕨會津大沼二郡 乾瓢岩瀨郡 諸藥草會津郡 煙草會津大沼岩瀨安達四郡 桑安積安達信夫伊達四郡 茶耶麻岩瀨伊達三郡 楮安達伊達信夫三郡 栗會津郡下同 剝胡桃 柿河沼耶麻二郡 乾柿信夫郡下同 林檎 梨 林木會津大沼二郡下同 松露 松蕈 藺各郡 蠶種耶麻安積安達信夫伊達五郡 鮏各郡諸川下同 鱒 鯉 鯽 年魚 鷹會津郡下同 山鷄 馬 熊 熊皮 熊膽 生絲各郡安達郡針道爲第一等小濱亞之 眞綿耶麻安達信夫伊達四郡 綿會津大沼河沼耶麻四郡 白紬信夫伊達二郡 大織安達信夫伊達三郡 羽二重伊達郡下同 龍門絹 斜子絹 繪絹 平絹 紋織絹信夫伊達二郡 白木綿會津大沼耶麻三郡 麻布大沼郡 綟子會津郡下同 荅布 信夫摺信夫郡 蚊帳地大沼郡 青苧會沼大沼二郡 品繩會津郡 金引苧大沼郡大栗山村 雨合羽信夫郡 陶器會津郡慶山村大沼郡本鄉村安積郡福良村安達郡二本松及岩瀨信夫二郡 漆器會津郡若松耶麻郡塚原村 銅器若松 紙大沼河沼耶麻伊達四郡安達郡川崎村 藺座若松及耶麻郡稻川上田村 蠟燭會津郡 蠟大沼耶麻二郡 漆會津耶麻二郡 刃物會津郡下同 正阿彌細工物 鍋 釜會津岩瀨安積伊達四郡 鐵瓶安積郡日和田村 油會津耶麻二郡 伽羅油若松 木地會津大沼河沼耶麻信夫五郡 氷豆腐安積郡日和田村 氷餅安達郡深堀村 索麪會津郡

陸前國物產

硫黃玉造郡鳴子村採出一年一千三百八十貫栗原郡鬼首村一百六十貫共二所一年合一千五百五十貫 明礬玉造郡鳴子村採出一年四百五十六貫 石膏加美郡宮崎村採出一年四千貫 米各郡下同 大豆 甘藷名取郡前田村 苧麻栗原郡下宮野村 藺宮城名取柴田三郡 藍上同又栗原玉造氣仙三郡 川芎名取郡 澤瀉宮城郡 煙草宮城名取柴田三郡 茶宮城郡仙臺桃生郡飯野川村名取郡根岸村 楮名取柴田栗原氣仙四郡 桑宮城名取柴田三郡 實竹宮城郡 椎蕈桃生牡鹿氣仙三郡 海苔本吉郡氣仙沼本鄉 和布氣仙郡海濱 昆布即海帶本吉郡海濱 鹿角菜本吉氣仙二郡海濱 蠶種遠田郡各村登米郡米谷村 鱒名取川下同 年魚 鯉志田遠田二郡 鱸牡鹿郡海濱下同 鯛 鰹 鮪 鰤 鮫 鰛 鰑 章魚 鰒 蠣宮城郡海濱 馬黑川加美玉造氣仙四郡 生絲各郡 眞綿本吉氣仙二郡 精好織俗名仙臺平出宮城郡仙臺下同 玉川織 八段掛織 宮城織 八橋織 綾織 羽二重 鹽宮城桃生牡鹿本吉氣仙五郡諸村 味噌仙臺下同 糒 魚油本吉氣仙二郡 魚粕宮城牡鹿本吉氣仙四郡 雲丹本吉郡水戶邊村 銅鐵細工仙臺 陶器玉造郡上目村 漆器仙臺 理木細工名取郡 紙仙臺 氣仙行李氣仙郡上有住村 疊筵類名取郡笠島栗原郡諸村 編笠仙臺 菅笠宮城郡澤邊村 漁網仙臺

陸中國物產

水晶磐井郡摺澤村 硯石磐井郡猿澤村一年採出凡二萬貫餘 砥石上同一年採出凡二萬貫又岩手郡御明神村 徍粒磐井郡細谷村 藍磐井郡中尊寺村長坂村膽澤郡下衣川村及岩手縣管內數村 煙草磐井郡下同 苧麻 藺草 藥草數種岩手縣管內山野 紅花和賀郡北上川 紫草鹿角郡及岩手郡岩手山下 楮磐井郡 漆稗貫郡內川目村 檜岩手郡下同 楢 鹿角菜閉伊郡沿海下同 昆布 蠶種磐井郡一之關村二之關村 鮭磐井郡狐禪寺村等北上川上流閉伊郡小本川 鱒磐井郡狐禪寺村岩手郡丹藤川 鱈閉伊郡沿海下同 鮪 鰮 魚粕 乾鰒 乾鰑 海參 馬州郡北方多產 牛閉伊九戶二郡 生絲磐井膽澤江刺稗貫四郡下同 眞綿 縮緬岩手郡 大布稗貫紫波岩手諸郡 茜染木綿鹿角郡花輪町毛馬內町下同 紫染木綿 紙磐井郡 罌粟殼鹿角郡花輪町毛馬內町 蕨粉和賀郡猿橋村下同 蕨繩 疊表紫波郡北上川西方諸村及稗貫郡下仙內村 魚網膽澤江刺二郡

陸奧國物產

硫黃北郡田名部奧恐山中明治六年採出凡二十八萬貫 大豆二戶三戶二郡 薯蕷二戶郡福岡 百合北郡田名部城澤 狗脊二戶郡下同 蕨 檜北郡諸山 昆布同郡下同 鹿角菜 鮭三戶郡市川津輕郡十三湊 鱈津輕北二郡下同 海參販賣之利頗多 海扇貝 乾鰒三戶北二郡 牛北郡下同 馬 殼塗漆器世俗名津輕塗出津輕郡宏前 漆二戶三戶二郡下同 晒蠟 山慈姑粉二戶北二郡下同

羽前國物產

砥石村山郡風間村 寒水石置賜郡小玉川村 菊面石同郡小國町十四森 米田川郡下同 菜種 麻村山郡狸森澤口二村下同 臬 紅花村山最上二郡 白葡萄田川郡櫛引鄉 薄荷置賜郡砂塚村 煙草置賜郡米澤館山及山上李山二村村山郡東根關山二村 楮村山郡長崎土橋金澤三村 桑各郡下同 茶 蠶種各郡以置賜郡北條鄉下長井鄉中鄉爲上品 熊

膽置賜郡小國 鮏最上川下同 鱒 生絲各郡下同 眞綿 絲織置賜郡下同 精好
織下同 數寄屋織 縐綾織最上郡新莊 縫糸置賜郡 青苧置賜郡大塚伊佐澤二村
燒麩田川郡鶴岡下同 乾温飩 酒 漆村山最上二郡 生蠟村山郡白岩村 蠟燭同郡
山形町 花紋燭田川郡鶴岡 紙村山郡山形上山町双月村 筆置賜郡大塚伊佐澤 漆器置賜郡米
澤 繩席田川郡各村

羽後國物產 硫黃仙北郡上檜木內村雄勝郡高松村 石材秋田郡寒風山仙北郡勝樂村大威德山蛭川村雄勝郡關口村 砥石秋田郡 石磐雄勝平鹿仙北河邊秋田山本諸郡 藍各郡下同以秋田郡獨枯村爲最 蕗 烟草雄勝郡各村 杉材木各郡秋田山本二郡最多 檜材木仙北雄勝二郡 虎斑竹飽海郡麓村山中 蠶種各郡 雷魚俗用鰰字出秋田河邊山本三郡沿海男鹿尤夥下同 鱈 乾鰕 乾鰛飽海郡沿海 八月鰻最上川 馬由利雄勝平鹿仙北河邊秋田山本數郡 生絲各郡 畝織秋田郡秋田町下同 八丈縞 鹽河邊由利二郡沿海各村 味噌飽海郡下同 油粕 乾温飩飽海郡酒田町雄勝郡稻庭村由利郡龜田町 蕨粉河邊郡船澤村 春慶塗物山本

日本國志卷三十九 三十五

郡能代町 漆器飽海郡酒田村雄勝郡大館村 曲物秋田郡大館町 樺細工仙北郡角館町 樗筵飽海郡 菅笠仙北郡角館町秋田郡扇田村

若狹國物產 瑪瑙遠敷郡遠敷村 硯石同郡 黑碁石大飯郡高濱村 石炭各郡大飯 藍 苧遠敷大飯三方三郡 茶遠敷三方二郡 蜜柑各郡下同 油桐 櫨實 海藻大飯郡海濱 蘘荷各郡 鯉三方郡三方湖下同 鯽 鰻鱺 鱒遠敷郡北川 鯖同郡小濱 鰤三方郡丹生浦 比目魚遠敷郡小濱下同 蒸鰈 鹽靑 海參大飯郡高濱村下同 烏賊名尺八烏賊 生絲各郡下同 絹 酒三方遠敷二郡 索麵遠敷郡小濱 葛粉遠敷郡熊川村 厚紙遠敷郡 漆器遠敷郡小濱下同 釘 蠟燭遠敷郡熊川村

越前國物產 砥石足羽郡淨教寺村 青石一名笏谷石足羽郡加茂河原村 燧石坂井郡一瀨田頭二村 石炭敦賀郡泉村赤崎浦及大野郡 菜種各郡下同 牛蒡種 葛南條郡今莊 麻足羽郡及諸郡 烟草大野郡勝山出額一年凡百萬斤 瓜蒂吉田郡繆田村坂井郡御簾尾村丹生郡大田村 茶坂井足羽及諸郡明治五年製出凡十萬斤餘 桑各郡下同 油桐 梨子今立郡 茯苓坂井郡

郡瀨赤尾三村 黃連大野坂井二郡 黑海苔一名雪海苔丹生郡菅生浦 繭今立郡各諸郡下同 蠶種 鱈敦賀丹生坂井諸郡海濱下同 鯖 鰈 乾鰛 蟹 雲丹各郡海濱以丹生郡菅生浦爲最 生絲各郡下同 苧縺 木綿縺絲坂井郡丸岡 奉書紬足羽郡大野郡 蚊帳今立郡栗田部 大野 木綿苧丹生郡石田村 白木綿坂井郡丸岡及諸郡 布各郡 眞綿大野郡 銅線大野郡大野製 南條郡武生足羽郡福井大野郡大野 油團福井 油各郡 漆今立諸郡 陶器丹生郡吉田諸郡坂井足羽 銅器同所製出二千九百六十貫 鎌鍬庖丁類敦賀武生 帳紙丹生郡及下同 半紙類 大高紙坂井郡 奉書紙丹生郡 鳥子紙丹生郡敦賀下同 筵類各郡以丹生郡爲最 䉤筵敦賀郡沓見村 火口足羽郡置出二千五百貫 蠟燭足羽郡 草履 敦賀

加賀國物產 切石能美郡鵜川村河北郡戶室山石川郡相合谷村 瑪瑙江沼郡那谷村菩提寺村等 木葉石江沼郡大土村 烟草江沼郡菅谷村石川郡河合村 茶能美郡今江村江沼郡高尾村 黃連能美郡白石麓諸村下同 半夏 蠶卵紙金石町能美郡山田村

日本國志卷三十九 三十六

先村 鮏手取川犀川淺野川等 鯛同海濱諸村下同 乾鰛 鷄金澤下同 鶩 熊膽白山 生絲能美郡大杉村外數村 木綿能美郡小松町外數村 加賀絹能美郡及江沼郡大聖寺町 半紙能美石川河北三郡下同 黑梅 染石川郡金澤下同 菊酒 落雁名果 索麵河北郡高松町 杉 原紙 漆器江沼郡山中村 陶器能美九谷燒出江沼郡 吳座能美郡吉村外二所 石筆 象眼細工 扇名河北郡 菅笠河北郡金澤及能美郡 枸子江沼郡 金砂羽咋郡

能登國物產 酸化滿庵羽咋郡出一千六百八十貫 石花菜 白藻 黃連 礦草 黑海苔 半夏 茯苓 鯨 海參 木綿 布 索麵 漆器 建具 燕鰒 鹽 酒 馬

越中國物產 硝石 硫黃 砥石

村瑪瑙礪波郡大西村才川七村石炭新川婦負礪波三郡諸村茶婦負郡追分茶屋村外五村煙草新川郡吉野村愛塲村黃連礪波郡安居川黃耆新川郡伊折村外二村枝柿婦負郡八尾町礪波郡福光村蠶種婦負郡八尾町礪波郡井波城端今石動町等繭同上所及礪波郡福光村乾鮎新川郡富田町鮏新川郡泊町及射水郡大門新町鰛新川婦負二郡海濱及射水郡氷見町新湊町爲最俗名氷見鰛鱈新川郡魚津滑川及射水郡新湊町下同鰑鰤新川婦負射水三郡海濱乾琵琶魚新川郡魚津滑川烏賊黑作新川郡魚津下同鰍鯛魚津及生地村滑川水橋町等猪礪波郡五箇山熊膽新川郡立山下同熊皮生絲婦負礪波二郡下同眞綿吳郎丸布礪波郡福光村外數十所絹礪波郡城端井波布礪波郡福野村外二所苧紬礪波郡中田村外二所棧留縞礪波郡福光村外二所八講布礪波郡秋元村外數十所白木綿新川郡魚津町外數所山慈姑粉新川郡境村外二所葛粉新川郡龜谷村蕨粉新川郡舟見村鹽新川郡宮崎村反魂丹富山下同一角丸金銀銅鐵諸器新川郡富山射水郡高岡等下同象眼細工縫針射水郡氷見漆器新川郡魚津礪波郡津澤射水郡高岡紙類半紙八寸鳥之子笠紙數種出婦負郡野積谷礪波郡五箇山傘射水

日本國志卷三十九　十七

郡高岡菅笠礪波郡福光村外二所蓑礪波郡五箇山和田煙草入礪波郡村田新町

越後國物產

瑪瑙蒲原郡笹目村朴木澤自明治五年一月至七月採出六百六十五貫八百錢鑿石蒲原郡川內村切石蒲原郡田上村砥石蒲原郡彌彥村笠堀村仙見村上三光村岩船郡大內淵村荻川村紺青蒲原郡岡澤村石腦油蒲原三島刈羽頸城四郡石炭頸城岩船二郡菜種蒲原郡蒟蒻蒲原郡小瀰村蕨蒲原郡蓮根蒲原郡諸湖下同菱蓴菜煙草蒲原頸城魚沼三島四郡下同藍葉藥草諸品茶蒲原郡村松町新津町黑川町岩船郡村上町山邊里村波瀨町大月村岩嵜村漆蒲原郡新發田町栗蒲原郡下同梨桃柿林檎材木蒲原郡及岩船郡下同椎蕈雪海苔粟生島下同和布神馬藻繭蒲原魚沼古志三郡蠶卵紙魚沼古志二郡鮭蒲原岩船二郡外諸河湖下同鱒鯉川鱸八目鰻公魚鯽魦鱚鯋鮎鯇年魚鱉蜆鯛海濱諸町下同鰤鯖鱈鰺石首魚海鷂魚鮟鱇鰛鮫章魚鰕蛤牡蠣鰒粟生島最多榮螺乾魚三島刈羽頸城三郡

鴻蒲原郡下同雁鳧山鷄小鳥漬松村町熊蒲原郡及岩船魚沼二郡生絲蒲原岩船魚沼古志四郡麻苧蒲原郡諸村縮布魚沼刈羽頸城三郡精好平絹蒲原郡五泉郡及岩船郡山邊里村魚沼郡十日町紬蒲原古志魚沼三郡絹縮蒲原魚沼二郡麻布蒲原郡絲織蒲原郡五泉町下同白絹白練綾繭紬蒲原郡太平村纐纈木綿蒲原郡白根町木綿蒲原頸城二郡足袋五泉町蠶種古志魚沼二郡酒蒲原郡諸村三島郡與板燒酎蒲原郡新潟沼垂鹽岩船郡角田村水飴蒲原頸城二郡越雪蒲原郡新潟古志郡長岡葛粉蒲原頸城魚沼三郡銅器蒲原郡燕町鍋釜蒲原郡長同津川鐔頸城郡高田漆器蒲原郡新潟陶器蒲原郡村松外三村瓦蒲原郡笹岡村紙蒲原古志刈羽三郡生蠟各郡蠟燭蒲原郡津川町下同伽羅油桐油蒲原郡新潟岩船郡村上町金引苧三島郡與板疊蒲原郡新潟下同明荷葭簾竹器蒲原郡村松町下同網白箸蒲原郡小須戶町鍬柄蒲原郡吉平村團扇蒲原郡白根町及三島郡與板

佐渡國物產

無名異雜太郡相川密佗僧相川製錬塲化石羽茂郡新保村砥石加茂郡上新穗半夏雜太郡畑方村加茂郡新穗村榧實羽茂郡細辛各郡下同黃連茯

日本國志卷三十九　十八

苓蒼朮雜太郡小倉村羽茂郡小木村竹加茂前濱藻化各郡下同石花菜荒布和布海苔蔓藻雜太郡二見村羽茂郡豐田村鰛各郡下同鹽鱈鹽鰤烏賊乾河豚乾鰄乾鰒海鼠牛外海部諸村裂織外海部諸村葛粉雜太加茂二郡下同山慈姑粉網端繩無名異燒陶器雜太郡相川下同瑪瑙細工鑄物細工雜太郡五十里本鄉

丹波國物產

砥石桑田船井二郡燧石桑田郡山階村多紀郡笹見村氷上郡戶坂村外諸村石灰桑田船井二郡及氷上郡小倉村外二村大豆桑田船井二郡黑豆桑田船井多紀氷上天田諸郡百合桑田船井三郡蒟蒻船井郡諸村甘薯氷上郡牧山草綿多紀氷上天田三郡及船井郡八木村煙草各郡黃連桑田郡及氷上郡牧山茶各郡柿桑田船井何鹿三郡及氷上郡久下莊栗船井郡及氷上郡久下莊山椒何鹿郡及多紀郡奧畑村氷上郡久下莊椋葉船井郡杉材桑田船井二郡下同薪斑竹氷上郡柏原外諸村松蕈桑田船井二郡蜂蜜桑田郡年魚保津和知二川生絲各郡貫縞織氷上郡佐治町綿布何鹿郡綾部及近傍諸村蕨粉桑田郡桑酒船井郡八木村海

菜桑田郡犬甘野村　藺席船井郡諸村　陶器多紀郡立杭村　木地挽物桑田船井何鹿三郡　桐油天田郡　炭桑田船井二郡

丹後國物產　硯石中郡小原山近時鑿出　赤小豆中郡長岡村　蜜柑加佐郡由良村　海草類沿海諸村　鰻鱺竹野郡淺茂潮小濱湖　鰤與佐郡伊根浦　鰮與佐郡岩瀧村　白乾烏賊　魚與佐郡宮津　乾魚沿海諸村　鯨無骨與佐郡龜島村　海鼠與佐郡伊根浦　撰絲各郡　縮緬與佐竹野二郡以中郡峯山爲最上品　紬縞與佐郡岩瀧村　帳紙與佐郡畑各村加佐郡北原村熊野郡神谷河梨櫟谷三村下同　上紙　半紙　漆各郡　蠟與佐加佐二郡下同　桐油

但馬國物產　紫水晶出石郡與野村四極山有之然甚稀　葡萄　蠟石養父郡加保村　砥石二方郡諸寄村氣多郡三原村　温石養父郡中村　苧麻氣多郡及諸郡　煙草朝來郡岩屋谷村八代村　串柿出石郡藥王寺村大河內村　山椒養父郡朝倉村　城崎海苔城崎郡及海濱諸所下同　諸海草美含郡宇日村以田久日村爲最佳有石花菜海藻荒布鹿尾菜海蘊和布數品　蜂蜜養父氣多二郡諸村　鱒豐岡川氣多川下同　鮭　年魚出石川氣多川朝來川養父川以養父郡八木川所出爲名品俗名八木大郎頗

巨大頂孚北海有起肉魚中　牛七味郡小代谷諸村　生絲養父七味朝來氣多四郡　眞綿養父郡及諸郡　綿養父郡大屋谷八木谷村　麻絲氣多郡　縮緬出石郡中山村　布七味郡　紙出石郡畑山村木村大田村市場村美含郡桑野木村林村出上紙巾紙帳紙文庫紙等又城崎郡畑上村出杉原紙　陶器出石郡出石　漆器朝來郡竹田　柳行李城崎郡豐岡　蕨繩養父郡諸村　針二方郡濱坂村　麥稾細工城崎郡湯島村

因幡國物產　硯石岩井郡長谷村八東郡諸鹿村　砥石氣多郡酒津村　白珊瑚岩井郡浦留村　苧麻八東智頭二郡　藍各郡　煙草八東郡　黃連八東智頭二郡　羌活各郡　茶智頭郡下同　栗材　杉木八東智頭二郡下同　杉板　木槿皮智頭郡　岩茸八東郡下同　松蕈　海藻沿海諸村　蜂蜜八東智頭二郡　鱒邑美高草八上三郡　年魚八上智頭二郡　鰻鱺高草郡湖山村　煉熊膽智頭郡大內村內方村野原村　生絲各郡下同　木綿　絹布法美郡神垣村八東郡市塲村　漆各郡　紙高草氣多智頭三郡　蠟法美郡宮下村邑美郡鳥取町氣多郡志加奴村智頭郡加瀨木村　疊表八東郡　柳行李智頭郡用瀨　葛粉智頭郡

伯耆國物產　白珊瑚河村郡　水晶河村郡鐵田村會見郡寺內村池野村日野郡蘇屋村印賀原村　砥石日野郡上崎村久米郡北尾村富海村會見郡葭津村　紫石英日野郡蘇屋村　雲母久米郡倉吉　無名異八橋郡三本杉村　石灰日野郡多里　胡麻各郡下同　甘藷　苧麻　綿　藍　紅花　竹節人參日野河村二郡　御種人參汗入久米會見日野四郡　黃連汗入日野二郡　羌活各郡下同　山歸來　艾汗入郡　椎蕈各郡　茅蕈久米日野二郡　海藻沿海諸村　和布八橋郡逢束村　鰻鱺河村郡東鄉池　鰤八橋郡松谷村　鯔會見郡渡村　車海老同郡米子　海參沿海諸村　熊膽河村郡沙原村日野郡船塲村　木綿各郡　半紙日野郡　漆各郡下同　蠟　乾温飩　乾瓢汗入日野二郡　砂糖會見郡葭津村渡村　索麵會見郡米子　稻扱久米郡倉吉　鐵鍋久米郡若土村　鎌久米日野二郡下同　鍬

出雲國物產　瑪瑙意宇郡玉造村花仙山下同　消石　砥石　磁石　水晶玉造村馬春山　蕎麥能義神門二郡　蕪菁仁多郡　蘿蔔秋鹿郡下同　牛蒡　甘藷各郡　下同　人參　煙草　楮大原仁多二郡　蜜柑各郡下同　栗　梨　桃　十六島

海苔楯縫郡十六島鼻　和布神門郡日御崎　年魚意宇神門二郡　鱸宍道湖神西湖下同　鯉　鯽　鰻鱺　鯛沿海諸郡下同　鰺　鯖神門郡下同　鰤鹽島　鯔鵜峠浦　丸鰒神門郡下同　串貝　海鰕島根郡本莊下同　海鼠　牛各郡下同　馬　繰綿能義意宇出雲神門四郡　下同　實綿　木綿各郡　荒苧大原仁多飯石三郡　桐實油島根楯縫神門飯石四郡　紙類意宇大原二郡　生蠟各郡下同　蠟燭　繩　瓦島根秋鹿飯石三郡　陶器島根郡西川津村能義郡富田村意宇郡布志名村　玉細工意宇郡湯町村

石見國物產　礬石邇摩郡銀山下同　無名異　蕃薯邑智郡粕淵村等　甘藷安濃邇摩那賀美濃四郡　蕪菁安濃郡志學村　山葵鹿足郡田野原村安濃郡池田村美濃郡紙祖村　麻邑智郡　藍各郡下同　茶　楮那賀美濃鹿足三郡　柿各郡下同　栗　棕櫚　桐美濃邑智鹿足三郡　椎蕈美濃郡匹見村紙祖村　香蕈那賀郡今市村邑智郡井原村　和布那賀郡及諸浦　海苔邇摩郡温泉津美濃郡高島　蜂蜜鹿足美濃二郡　年魚江川高津川　魚波根湖　鰺那賀郡及諸浦下同　鯖　鰹　鰑　乾鰮　乾鰒　鹿皮那賀鹿足二郡　牛皮那賀郡淺井村鹿足郡後田村　絲

邑智那賀鹿足三郡山繭絲那賀郡木綿那賀郡濵田扱苧邑智美濃二郡紙布各郡半紙那賀美濃鹿足三郡漆邑智鹿足二郡蠟各郡桐油邇摩邑智二郡魚油那賀郡諸浦葛粉邑智郡西田村鹿足郡津和野等瓦那賀邇摩二郡石細工邇摩郡溫泉津福光天河內仁萬二村

隱岐國物產　馬蹄石周吉郡津井村樅板周吉隱地二郡各村下同桑板杉板和布各郡下同荒布鯖各郡下同鯑鰯海參乾鰒牛馬

播磨國物產　切石印南郡龍山蠟石神東郡福本村硯石宍粟郡小屋村陶器素石飾東郡山脇村蘿蔔揖東郡網干浦外諸郡瓜揖東郡林田村乾瓢揖東郡網干浦印南郡志方外諸郡乾蕨宍粟郡煙草明石宍粟佐用諸郡黃連多可郡冶屋村種人參神東郡西光寺村茶飾西郡山之內外諸郡杉板神東郡笠谷外諸郡下同櫸板松蕈飾西郡書寫山神東郡瀨加村外諸郡青海苔揖東郡網干浦下同昆布海苔黑海苔飾東郡下中島村蠶種明石加古飾西諸郡年魚瀧野加古揖保諸川鰻鱺多可郡丹波川并諸川鯛明石郡明石并諸浦下同玉筋魚鰛揖東郡家島章魚加古郡二見村明石郡明石海蘇花明石海參揖東郡家島

蠣加古郡二見村明石縮明石郡博多織多可郡大屋村高砂染飾東郡姬路下同晒木綿帆木綿明石郡明石杉原紙加西郡三原村靻革飾東郡高木村揖東郡廣山村革細工飾東郡姬路揖西郡室津陶器飾東郡山野井村名東山燒明石郡大藏谷名舞子燒鍋釜鐃飾東郡姬路釘飾東郡松原村鋸鑪鑿鋏剃刀俱出美囊郡三木町下同算盤明石玉明石郡明石阿膠飾東郡高木村揖東郡和久村炭宍粟神西二郡鹽飾東郡宇佐崎村印南郡的形村大鹽村赤穗郡赤穗燒鹽赤穗氷蒟蒻多可郡杉原谷

美作國物產　綠礬久米北條郡坪井上村立野山保出凡六千十六貫硯石眞島郡竹原村砥石吉野郡五名村大庭郡目木村溫石勝南郡周佐村眞島郡田口栗原二村石灰英田郡萬善村東北條郡青柳村蘿蔔眞島高田二郡山葵眞島郡庭神村獨活西西條郡上齋原村眞島郡星山村煙草大庭郡德山村眞島郡茅部村久米南條郡荒神山山之上二村茶英田郡海內村西西條郡中谷村楮大庭眞島二郡松蕈勝南郡明見行信藤田諸村西西條郡貞永寺村年魚眞島郡高田見尾二村熊膽東北條郡下津川村雲齋木綿西北條郡津山大三折紙英田郡海田南海海內諸村半紙三折眞島郡若

代月田二村燒酎久米南條郡弓削村搗栗東北條西西條大庭三郡葛粉東北條大庭二郡鑄物西北條郡津山吹屋町炭西北條郡越畑村

備前國物產　水晶兒島郡鷲羽山雲母津高郡畠田豐岡二村磁石津高郡野口村蠟石和氣郡三石野谷二村眞石邑久郡犬島煙草和氣赤坂津高三郡下同茶楮赤坂津高二郡竹磐梨津高二郡海苔兒島郡藤戶村龍鬚菜和氣郡西片上村邑久郡小津村小島郡胸上村鰻鱺邑久兒島二郡海濵諸村下同鯛馬鮫魚鱠殘魚水母望潮魚烏賊海參和氣郡日生難田二村邑久郡蟲明村海鼠邑久郡蟲明尻海二村生綿各郡小倉織兒島郡下同眞田織雲齋織紙和氣赤坂御野三郡刀劍邑久郡長船村陶器和氣郡伊部村疊表御野郡諸村漆和氣郡諸村阿片和氣郡伊部村鹽兒島邑久二郡酒各郡下同醬油砂糖和氣赤坂津高三郡

備中國物產　綠礬川上郡坂本村砥石淺口郡小坂東村蕎麥哲多郡畑木村芋川上郡神原村下同牛蒡胡蘿蔔賀陽郡槁村茶賀陽上房阿賀哲多川上五郡下同煙草柿

上房郡楠小田郡高島松蕈都宇郡香蕈哲多郡鯛淺口郡小島沖下同比目魚八目鰻阿賀郡牛各郡綿小田淺口下道窪屋都宇賀陽六郡鹽淺口窪屋二郡索麪上房窪屋二郡蒟蒻賀陽哲多二郡柚餅子小田郡矢掛町紙上房賀陽二郡檀紙上房郡高梁東村疊表小田窪屋都宇賀陽四郡下同柳行李鑄物賀陽郡阿曾村炮烙淺口郡新莊村團扇賀陽郡撫川村

備後國物產　白石英奴可郡平子村三次郡上作木村貝石奴可郡福代栗田大屋三村三上郡庄原宮內二村惠蘇郡下門田村綿石奴可郡大佐村切石御調郡尾道蘿蔔御調郡蕨惠蘇郡奧門田川北竹地谷三村麻奴可甲奴二郡煙草神石御調甲奴奴可三次五郡諸村茶神石郡龜石村楮御調郡河面村桃世羅郡田打村串柿御調郡三庄村乾栗奴可郡油木森脇栗田三村香蕈世羅奴可惠蘇三次四郡年魚御調惠蘇三次三郡鮠世羅郡向江田村和知川鱸御調郡尾道鯛沿海諸村以沼隈郡田島爲最牡蠣出向島名日歌嘴鹿皮三次郡生絲深津郡福山惠蘇郡大月村繰綿福山木綿御調郡向島因島鹽御調郡三原町酒御調郡尾道町三原町保命酒出沼隈郡鞆津又有忍冬酒菊香梅酒不老酒養氣酒味淋本直各種燒酎酢鞆津尾道索麪福山奉書紙三上郡庄原村下同

杉原紙鐵器錨及農具等鞆津尾道柿漆御調郡大濱三庄諸村戸障子類甲奴郡矢
野村世羅郡別迫青近二村甕表出沼隈御調二郡諸村俗名備後表以沼隈郡山南村為最千羽三次郡三
次町即疊表之粗者花呉座沼隈御調二郡諸村菅笠三上郡庄原村惠蘇郡山內組諸村

安藝國物產

綠礬沼田郡久地毛本二村一年採出凡五千二百貫又八木後山二村均有採出石
英豐田佐伯山縣高田四郡白石豐田郡東野村浪石豐田郡荻路村砥石山縣郡土橋村石灰豐田
賀茂安藝三郡茶豐田山縣二郡煙草山縣高田二郡實綿豐田郡木鄉村麻沼田山縣二郡藍高宮沼田
二郡楮各郡柿高宮沼田山縣高田四郡桃豐田郡大長村梨高田郡上入江下入江二村蜜柑安藝郡浦
刈島大棗高宮郡可部町人參山縣郡諸村山葵佐伯山縣二郡蕨山縣郡戸河內村椎蕈山縣
郡松蕈高田郡香蕈山縣高田二郡蒟蒻山縣郡海苔安藝郡仁保島沼田郡江波村材木
山縣郡下同薪山繭山縣高田二郡浮鯛豐田郡能地村出平鰈安藝郡阪村及瀨戸倉橋二島
目張魚安藝郡浦刈島年魚大田川鰛佐伯郡蠣安藝沼田佐伯三郡海參安藝佐伯二郡乾
海老安藝郡雁高宮郡可部町下同鴨牛馬皮沼田郡生絲沼田佐伯山縣三郡麻絲

沼田郡扱苧高宮山縣二郡繰綿沼田郡廣島山繭紬高宮郡下同晒荒苧木綿
豐田郡忠海町安藝郡諸島佐伯郡能美島蚊帳地布賀茂高田二郡蠶綠布高宮郡玖村奉書
紙佐伯郡下同半紙塵紙諸口紙佐伯山縣高田三縣疊表山縣高田二郡呉座
沼田郡、鑄物山縣郡大朝村鐵線山縣郡鐵釘沼田山縣二郡鐵鍬沼田郡廣島下同藥罐
傘漁網賀茂安藝二郡檜皮繩豐田郡石方村明炭山縣郡枝炭佐伯郡吉和村漆
山縣郡戸河內村鹽豐田賀茂二郡砂糖安藝郡江田村飴安藝郡乾柿高宮高田二郡蕨粉山縣
郡戸河內村索麪豐田郡瀨戸田町下同乾溫飩

周防國物產

水晶吉敷郡臺道村佐波郡德地村玖珂郡岩國紫水晶吉敷郡臺道村蠟
石都濃郡長穗村磐石佐波郡三田尻中之浦砥石熊毛郡室積村玖珂郡椎野村硝子石吉敷郡仁
保村蛤石佐波郡柚木村木葉化石柚木村及大島郡平郡島綠礬玖珂郡山代禹餘糧吉敷
郡仁保村石灰都濃郡笠戸島油拔土熊毛郡室津村茶碗藥土吉敷郡小郡南原煙草佐波
郡德地村半夏吉敷郡小郡白松茯苓吉敷郡佐波山茶佐波郡船路村奧山村都濃郡鹿野村玖珂郡高森

村櫟材佐波郡德地滑山、椎蕈玖珂郡山代蜂蜜玖珂郡山代海參熊毛郡上之關長海
鼠都濃郡串濱辨慶蟹吉敷郡秋穗乾瀨戸貝大島郡大畠浦乾榮螺熊毛郡上之關縮
布玖珂郡岩國下同縮木綿、縞縮木綿縞木綿大島郡下同投網絲
蚊幮玖珂郡岩國燒鹽佐波郡三田尻熊毛郡上之關半紙出玖珂郡山代佐波郡德地村有小半紙小杉
紙寸廣紙奉書紙美濃紙牛切紙傘紙、櫨蠟都濃郡德山

長門國物產

銀石阿武郡須佐村金井金色沙豐浦郡瀧部村紫金石厚狹郡平沼田
村長谷紫線石厚狹郡森廣村紫眼石厚狹郡蔣物師屋村紫斑石豐浦郡一脫村大峯下同青
雲石以上五石可充硯材石鍾乳美禰郡秋吉村金剛砂美禰郡長登村岩綠青長登村及阿武
郡藏目喜村下同岩白綠青岩紺青岩空青岩白空青紫根
美禰郡下同纈草煙草茶阿武郡杉材阿武郡滑石石花菜大津郡乾鯣
大津郡川尻浦下同乾鰒乾烏賊厚狹郡埴生平家蟹豐浦郡壇浦日月殼豐浦郡室
津浦絞鹿子阿武郡萩紙阿武美禰二郡五色鹽豐浦郡豐浦蠟大津郡深川村陶器出阿武郡

萩名松本燒出大津郡深川村名深川燒鯨熨斗大津郡川尻浦鯨細工阿武郡萩竹細工豐浦郡豐
浦

紀伊國物產

砥石牟婁郡那智黑石牟婁郡佐野村海濱瀑布石牟婁郡東山村
古屋谷白石海部郡大崎浦白神磯綠礬牟婁郡眞砂村土硫黃牟婁郡湯峯村石灰名草在田
二郡大麻在田郡蘿蔔名草郡中島村薇伊都在田日高三郡甘藷名草海部二郡芋牟婁郡蒟
蒻伊都那賀二郡葛各郡西瓜名草郡布引村甘蔗各郡以那賀為最煙草伊都日高牟婁三郡茶
各郡下同杉高野槙伊都郡櫨日高牟婁二郡棕櫚那賀在田二郡梅海部郡柿那賀伊都
二郡枇杷在田郡蜜柑名草海部在田三郡下同以在田為最橙楊梅名草郡茯苓伊都
日高二郡竹牟婁郡薪材牟婁伊都在田日高四郡以牟婁為最松蕈名草那賀伊都三郡椎蕈日高
牟婁二郡下同石茸茅蕈伊都日高牟婁三郡海苔海部日高牟婁三郡以海部郡和歌村為最青
苔在田日高牟婁三郡和布海部郡加大海藻數種名草海部日高牟婁數郡鱉各郡以伊都在田為
最蜂蜜牟婁郡年魚名草牟婁二郡鯉紀伊川、鰛海部郡加大及和歌山近海鰒牟婁郡下同

鰹　鰹節　鯛（海部郡）　大灘魚（牟婁郡和深浦）　鯨（牟婁郡古座太地諸浦）　海參（海部郡）　牡蠣（海部郡和歌村）　鱁鮧（牟婁郡田邊）　海獺（海部郡海獺島）　鶴（下同）　水喜鵲　雁　（各郡下同）野猪　絲（名草海部二郡下同）　縐絲　木綿布（各郡）　韈織（日高郡御坊村）　紋羽　織（和歌山及那賀郡野上村）　雲齋織（海部名草二郡）　足袋（和歌山）　高野紙（伊都郡）　神野紙（那賀郡）　花井紙（牟婁郡花井村名為十文字紙）　保田紙（在田郡山保田）　山地半紙（日高郡）　忍冬酒（和歌山鷺森）　酢（那賀郡粉河村）　醬油（在田郡有玉井醬俗名金山寺味曾）　魚油（牟婁郡）　奈良漬（和歌山）　鹽（名草郡）　砂糖（名草海部二郡）　葛粉（牟婁郡田邊）　氷豆腐（伊都郡高野山）　瓦（名草郡下同）　陶器（稱為名草燒）　蠟燭（在田郡湯淺村）　漆（各郡以在田日高二郡為最）　炭（牟婁伊都在田日高四郡以牟婁為最）　松煙（在田郡山保田日高郡山地牟婁郡田邊）　懷爐灰（和歌山）　檜木笠（日高郡龍神村牟婁郡本宮）　栩細工（牟婁郡田邊）　椀（名草郡黑江村下同）　折敷　團扇（那賀郡粉河村）　傘（出和歌山名松葉傘）　煙管（那賀郡粉河村）

淡路國物產　黃土（各郡）　御影石（津名郡）　平林石（津名郡平林村可供盆戲）　溫石（三原郡沼島浦）　砂利土（津名郡）　白檜土（三原郡池內村）　茶（各郡）　海髮（由良浦下同）　板和布　白海苔　乾鰶（津名郡假屋村）　海藤花（津名郡室津浦）　海參（三原郡福良浦）　馬（機浦及近村）　縐絲（各郡）　陶器（三原郡伊賀野村）

阿波國物產　礎石（那賀郡大井村）　甘藷（美馬三好二郡）　藍（板野名東名西阿波麻殖美馬三好七郡）　煙草（名西麻殖美馬三好四郡）　茶（名東名西美馬三好勝浦那賀海部七郡）　黃楊（那賀郡）　和布（板野海部二郡諸浦）　海蘊（小鳴門）　年魚（吉野川勝浦川）　鱸（瀨海諸郡）　鯛（鳴門）　馬鮫魚（瀨海諸郡下同）　鰡　牛尾魚　鯊魚（名東郡）　鰕（名東那賀二郡）　海參（那賀郡）　鰹節（海部郡諸浦）　煎鰛（那賀郡橘浦）　鷄卵（阿波麻殖美馬三好四郡）　絨織（名東郡）　神代縞（麻殖郡）　瓷器（板野郡）　漆器（美馬郡半田村俗名半田椀）　紡車針（阿波麻殖二郡）　紙（麻殖美馬二郡）　鹽（板野名東那賀三郡）　砂糖（板野阿波那賀三郡）　氷豆腐（麻殖郡山田村）　索麪（美馬郡）　葛粉（美馬三好二郡）　炭（三好那賀海部三郡）

讚岐國物產　石（山田郡庵治村小豆島豐島）　黃土（寒川郡是宏村）　蘿蔔（三木郡原村香川郡中村）　煙草（香川郡安原村鵜足郡勝浦村外各郡）　山椒（寒川郡田中村）　朱欒（那珂郡）　松蕈（寒川郡長尾村那珂郡鹽入村）

日本國志卷三十九　五十五

海松布（寒川郡志度浦三野郡詫間浦）　青海苔（多度郡白方村）　年魚（香川郡安原村鵜足郡常包川）　鯔（大內郡安戶浦）　鯛（香川郡高松三野郡大濱村鹽飽島下同）　馬鮫魚　鰛　鱁鮧（大內郡引田村寒川郡津田浦）　海參（大內郡引田村寒川郡鶴羽村香川郡高松）　木綿（三野豐田二郡）　保多縞（香川郡中村）　葛布（鵜足郡勝浦村）　鹽（大內郡松原村三木郡牟禮村山田郡鴻元村阿野郡板出村鵜足郡宇多津村外諸浦）　醬油（大內郡引田村三田郡仁尾村）　砂糖（各郡以大內郡引田村為最良）　飴（那珂郡琴平）　索麪（大內郡引田村香川郡百相村那珂郡琴平村小豆島）　瓶（香川郡御廐村）　炭（三木郡津柳村）　團扇（那珂郡丸龜）

伊豫國物產　砥石（浮穴郡砥部採出一年凡六萬六千挺）　蠟石（浮穴郡久萬山）　切石（溫泉郡）　片石（新居郡荒川山村）　赤蕪（溫泉郡下同）　牛蒡　蒟蒻（和氣郡太山寺林）　甘藷（越智郡大島）　芋魁（新居宇摩二郡）　生薑（宇摩郡寒川村）　山葵（新居郡藤之石山村）　藍（宇摩喜多宇和三郡）　茴　麻（新居郡）　當歸（浮穴郡太平村）　煙草（宇摩喜多浮穴三郡）　茶（喜多新居浮穴三郡）　楮（新居郡水見村）　棕櫚（宇摩新居二郡下同）　材木　薪（新居郡古川村）　香蕈（宇摩郡關之戶）　椎蕈（宇和郡目黑吉野松丸諸村）　年魚（新居喜多二郡）　章魚（新居郡西條）　乾鰮（宇和郡）　鰹節（宇和郡又海浦）　海參（越智宇和二郡）　鰑（宇和郡三崎浦下同）　乾鰛　蛤（新居郡西條）　鷹（石鎚山）　鶉（宇摩郡）　綿（宇摩新居周敷野間伊豫五郡）　木綿（越智郡）　木綿縞（溫泉郡松山）　鹽（野間郡波止濱和氣郡新濱新居郡壇生村多喜濱越智郡岩城島弓削島津倉木浦）　砂糖（宇摩郡及伊豫郡黑田村）　索麪（溫泉郡道後村宇和郡松丸村）　紙（喜多浮穴宇和新居桑村宇摩諸郡）　櫨蠟（喜多浮穴宇和三郡）　漆（宇摩郡）　鼈甲（宇和郡久吉浦）　陶器（浮穴郡）　木地（浮穴郡久萬山）　扶桑木細工（溫泉郡道後）　瓦（野村郡新間）　簾（浮穴郡父之川村）

土佐國物產　珊瑚珠（安藝郡室戶岬及幡多郡三崎沖八幡瀕柏島沖有之幡多郡伊佐松尾大濱等數十村時有採出）　水晶（幡多郡頭集村伊佐浦）　蠟石（吾川郡椗八山村椅山西津賀才村西龍山皆未鑿）　砥石（安藝郡甲浦高岡郡谷地村幡多郡津藏淵村）　硯石（安藝郡元浦高岡郡宇佐浦）　礎石（土佐郡一宮村）　溫石（長岡郡豐永鄉土佐郡本川鄉）　禹餘糧（高岡郡谷地村）　石鍾乳（長岡郡十市村土佐郡宏瀨村）　雲母（土佐郡本川鄉）　石灰（長岡郡下田村）　茶種（香美郡韮生鄉長岡郡山鄉吾川郡茶野川鄉）　藍（香美郡楠目村）　茶（安藝郡內原野香美郡山田野地村韮生鄉長岡郡豐永鄉土佐郡本川鄉吾川郡茶野川鄉池川鄉高

日本國志卷三十九　五十六

岡郡津野山鄉大野見鄉 煙草長岡郡豐永鄉 桂香美郡山田野地村吾川郡長濱村 樟腦各郡 櫨實安藝土佐幡多三郡 楊梅皮高岡郡久禮浦外諸村 七度栗幡多郡一瀨村 材木各郡下同 薪 椎蕈 秋節土佐郡本山鄉戶中村 石花菜安藝郡元浦幡多郡諸浦 鯨安藝郡津呂浦幡多郡窪津浦 鰹安藝郡津呂室津浦吾川郡浦戶御疊瀨高岡郡宇佐須崎久禮幡多郡清水等諸浦下同 鰹節 年魚安藝郡奈半利川土佐郡鏡川吾川高岡郡界仁淀川幡多郡渡川 五倍子香美郡韮生鄉長岡郡本山鄉吾川郡森鄉 眞珠高岡郡浦內村 鷄卵香美郡 馬高岡郡戶波鄉幡多郡利岡村具同村川登村等 鱁鮧幡多郡清水浦外諸浦 蜂蜜長岡郡豐永鄉土佐郡本川鄉吾川郡池川鄉高岡郡津野山鄉 生絲吾川郡宏岡村高岡郡佐川村 大布長岡郡豐永鄉本山鄉吾川郡池川鄉 紙吾川高岡幡多三郡以高岡郡戶波鄉半山鄉幡多郡上山鄉下山鄉江川村為最 砂糖安藝吾川高岡幡多諸郡 鹽長岡郡十市村仁井田村 蕨粉幡多郡下山鄉 葛粉吾川郡八川村 上漓安藝郡魚梁瀨村外諸村 炭各郡

筑前國物產 米夜須上座鞍手三郡最良 菜種各郡下同 蕨 牡丹 菊博多 艾御笠郡 煙草上座郡 茶早良那珂二郡 石楠花那珂郡 玫瑰花各郡下同 櫨實 柿

栗 蜜柑志摩怡土二郡 杉各郡下同 楠、黃楊夜須郡 松各郡 茯苓夜須郡 材木各郡下同 竹、香蕈、松蕈怡土早良糟屋夜須各郡 岩茸御笠夜須二郡 松露早良那珂糟屋各郡 索麪 苔宗像郡 和布諸島下同 諸海藻、蜂蜜各郡 鯉千年川遠賀川 年魚那珂川 鱸那珂川遠賀川 麪條魚早良川多良川 鯛沿海各郡下同 鰡 鰤志摩宗像二郡 鯖沿海各郡下同 海鰛、海參 鰒、蛤志摩郡 淡菜志賀島 鶴遠賀郡 鷹糟屋鞍手那珂三郡 鶩各郡下同 雉 鶉鞍手郡 馬志摩郡 野牛宗像遠賀二郡 唐織帶那珂郡博多下同 木綿絞 練酒 鹽諸郡海濱 紙御笠夜須上座鞍手四郡 樟腦夜須郡秋月 蠟燭博多下同 農具 鍋釜 陶器早良郡麁原村糟屋郡須惠村 葛粉夜須上座嘉麻穗波四郡 索麪博多 熨鰒宗像郡 壽泉苔夜須郡秋月

筑後國物產 燧石生葉郡池山 木葉石上妻郡 鸚鵡石同郡北矢部村 溫石御井郡 白土上妻郡白木村 甘藷上妻三池二郡 蘿蔔御井郡小森野村 胡蘿蔔御井郡下同 牛蒡 蓮根久留米近村 菜種各郡 蒟蒻芋生葉上妻二郡 藍御井郡西原村 燈心三瀦

郡蒲池村 茶上妻郡鹿子尾村所產最生葉郡星野村亞之 楮上妻郡 櫨實御原御井二郡 柿生葉竹野山本上妻數郡 蜜柑竹野山本二郡 香橙御井郡 竹皮生葉郡星野村山中 鯉筑後川下同 鱭魚 年魚筑後川矢部川 鰻鱺三瀦郡 海茸筑後川口深泥中所產介類也 鵜池織上妻郡鵜池村 木綿絞久留米 酒各郡下同 油 蠟生葉御原二郡 蠟燭各郡 紙上妻郡祈禱院村下妻郡溝口村 鑄物三瀦郡榎津町下同 水車 瓦三瀦山本山門三郡 牛田土鍋下妻郡水田村 傘各郡 蓙三瀦郡 七島蓙三瀦郡下田蘆塚二村

豐前國物產 水晶企救郡貫村京都郡馬嶽 磁石田川郡畑村 硯石名門司關硯出企救郡白野江村大積村 粗砥京都郡松山村 石灰企救京都二郡 大豆下毛郡 茶田川下毛二郡 紫草企救郡新道寺村 昆布 海苔筑城郡湊村 杉材田川郡彥山下毛郡山國谷下同 椎蕈 松蕈 和布企救郡 鱸筑城郡松江濱 乾小鯛企救郡長濱浦 鰈企救郡濱下同 海參 蟶 小倉織小倉及中津豐津 紙企救宇佐二郡 鹽企救郡門司村宇佐郡高家村等 生蠟各郡 陶器田川郡上野村 七島蓙上毛郡久路土村 百合粉企救郡道原頂吉呼野小森諸村 葛粉

同上 三官飴小倉

豐後國物產 明礬速見郡鶴見村鐵輪村玖珠郡湯坪村 硫黃速見郡鶴見村直入郡有氏村玖珠郡田野村 柴石速見郡野田村 石灰大野海部二郡 菜種大野直入二郡 大豆日田郡 葛玖珠日田二郡 苧麻日田大野三郡 煙草日田直入大野海部諸郡 人參直入日田二郡 生薑速見海部二郡 茶國東玖珠日田大野海部諸郡 楮玖珠日田直入大野海部諸郡 櫨各郡 棕櫚日田直入二郡 蜜柑海部郡 竹國東速見日田三郡 材木各郡下同 椎蕈、石花菜海部郡下同 鹿角菜 天藻 蜂蜜日田郡 乾鰛國東速見海部三郡 白乾鰈大分郡 鰹海部郡下同 鰑 海鼠國東速見海部三郡 牡蠣速見海部二郡 鰒海部郡下同 日月穀、海鹿毛海部郡 蠶絲速見郡 綿海部郡下同 疊緣布、木綿國東大分二郡 馬尾織大分郡 鹽國東郡 生蠟國東大分日田三郡 鰛油海部郡 樟腦大野郡 炭各郡 藍玉速見郡 蕨粉玖珠日田二郡 紙類大分日田直入大野海部五郡 鑄物鍋釜農具類出國東速見大分三郡 七島筵國東速見大分大野四郡 氈笠大分郡下同 傘 蓑玖珠郡下同 檜物器 煙管大分郡

肥前國物產　雲母彼杵松浦二郡　粗砥松浦郡平戶　米各郡下同　麥　粟　蕎麥　菉種　豆　甘藷彼杵松浦二郡　野芋彼杵郡長崎　藍彼杵郡大村高來郡島原　生薑大村下同　紅花　煙草彼杵郡　茶各郡下同　櫨　松大村島原下同　杉　椎蕈　海藻彼杵松浦二郡　年魚川上川松浦川　鯨彼杵松浦二郡下同　鯛　鰤　鮪　鰺　鰛　水母子　乾河豚　鰹節　鰑　乾鰒　海參　牡蠣佐賀　青魚子彼杵郡野母村　海茸佐賀杵島二郡海濱　鷄高來松浦二郡下同　鵞　牛　馬　馬皮大村島原下同　猪　豚島原長崎　木綿大村　紙神崎佐賀小城松浦四郡　酒各郡　砂糖大村島原　葛粉神崎郡　索麪各郡下同　蠟燭　魚油彼杵松浦二郡下同　炭　樟腦神崎小城二郡　陶器養父郡白石村藤津郡志田村松浦郡有田村大河內村平戶島等　玻璃器佐賀郡佐賀　七島莚大村島原　釘大村長崎　針長崎下同　線香

肥後國物產　硯石八代郡水島　陶土天草郡下同　陶土粉　砥石　明礬阿蘇郡小國　石灰八代上益城下益城玉名四郡　硫黃阿蘇郡阿蘇山貳所採出一年六千三百三十六貫

日本國志卷三十九　卅九

唵的摩尼天草郡高濱村採出一年九百六十貫　米各郡下同　粟　麥　大豆　蠶豆下益城八代玉名三郡　唐黍飽田上益城阿蘇三郡　甘藷各郡下同　菜種　牛蒡　薯蕷　蒟蒻芋　乾蕨葦北郡佐敷　麻苧各郡下同　藍　煙草　織突煙草　茶　櫨實　櫧天草郡　楮各郡下同　棕櫚　柿　梨　蜜柑飽田上益城玉名八代葦北五郡　竹皮上益城下益城玉名阿蘇葦北五郡下同　筍　椎蕈八代上益城葦北阿蘇菊池球摩六郡　木耳八代葦北二郡　海人草天草郡下同　鷄冠苔　鹿角菜　青莎　鹿尾藻　和布天草宇土二郡　川苔菊池八代二郡　水前寺水苔託麻郡　山繭玉名郡南關合志郡大津下益城郡砥用　鰹節天草郡下同　乾鰆　乾鰛　乾章魚　鰑　乾鰩魚　乾鰒　乾鰕天草葦北二郡　鷄上益城下益城山本阿蘇葦北五郡下同　鷄卵　牛上益城阿蘇天草三郡　馬上益城合志阿蘇玉名天草五郡　牛馬皮各郡　繰綿八代郡高田葦北郡田浦佐敷　酒各郡　酢山鹿菊池玉名八代飽田五郡　醬油各郡　鹽宇土玉名八代天草四郡　砂糖山鹿宇土天草三郡　麪類熊本及玉名郡南關　曬葛上益城下益城託麻八代山鹿五郡　朝鮮飴熊本　蠟飽田託麻山鹿玉名八代五郡　紙類各郡　陶器八代玉名宇土上益城山鹿天草六郡　鐵器託麻山鹿合志天草四郡　炭各郡　藺莚山本八代宇土三郡　七島莚飽田下益城宇土八代葦北五郡　藁莚飽田葦北天草三郡　竹器阿蘇山鹿合志玉名四郡　團扇山鹿郡山鹿　笠飽田上益城阿蘇菊池葦北五郡　革煙草入熊本

日向國物產　唵的摩尼兒湯郡米良山村諸縣郡四家山　玉蜀黍臼杵郡高千穗　菜種兒湯宮崎那珂三郡　苧麻臼杵兒湯那珂三郡　柴胡諸縣郡下同　人參　白朮　萬年青都城　煙草臼杵兒湯諸縣三郡　茶臼杵兒湯諸縣那珂四郡　楮皮臼杵兒湯那珂三郡　椎皮臼杵兒湯諸縣那珂四郡下同　杉材　松材臼杵郡　櫧材那珂郡　斑竹諸縣郡下同　孟宗竹　椎蕈臼杵兒湯諸縣那珂四郡　石花菜臼杵郡　年魚綾南川綾北川　斑魚綾瀨川　文鰩魚那珂郡福島村　梭魚諸縣郡　鰹節臼杵那珂二郡　乾鰛臼杵郡　雲丹兒湯郡　鶉諸縣郡　羚羊臼杵郡　猪臼杵兒湯諸縣三郡下同　鹿　紙延岡高鍋佐土原飫肥及諸縣郡高岡倉岡等　生蠟延岡高鍋佐土原飫肥福島等　樟腦臼杵兒湯二郡　櫓木臼杵那珂二郡及霧島山產爲上品　炭臼杵兒湯諸縣那珂四郡　蒲葵笠諸縣郡蒲葵島下同　蒲葵扇

日本國志卷三十九　卌

大隅國物產　明礬桑原郡下同　硫黃　硯石屋久島　加治木石始羅郡　甘藷各郡　蘿蔔大隅郡及櫻島　煙草囎唹桑原始羅三郡以國府鄉爲第一　百合肝付郡　萬年青高隈嶽　仙人脂　甲蘭大隅郡大種子島屋久島　鐵蕉大隅郡及種子島　茶桑原囎唹二郡　蜜柑大隅郡及櫻島下同　枇杷　龍眼樹大隅郡下同　橄欖　榧各郡下同　櫧　蚊子木　竹柏大隅郡及屋久島　杉屋久島　瑞聖花大隅郡及種子島屋久島　映山紅囎唹郡　江南竹大隅郡　香蕈囎唹大隅菱刈三郡及屋久島　海苔始羅郡及櫻島　石花菜大隅郡　鮹囎唹始羅大隅肝付四郡及櫻島下同　鯛　鰤囎唹始羅大隅二郡　火打魚始羅囎唹二郡　鰹大隅肝付二郡及屋久島　鯥大隅郡　海鼠始羅郡　鱲屋久島下同　鷄　鵞　馬囎唹郡及屋久島　猪各郡下同　鹿　牛馬出種子島馬首牛身之獸也　海馬屋久島俗名四足　砂糖肝付郡　種子醢種子島　煎脂屋久島　生蠟肝付郡　紙始羅大隅二郡　陶器始羅郡下同　墨　鳥銃種子島　蒲扇肝付郡下同　蒲莚

薩摩國物產　硫黃穎娃郡及硫黃島　硝石川邊郡　硯石甑島　白土揖宿郡　玻

璨石川邊郡　甘薯各郡　西瓜頴娃郡下同　蕃椒　麻伊佐郡　藍高城郡　煙草頴娃揖宿出水三郡　牡丹鹿兒島下同　蘭諸種　仙八脂甲蘭黑島　柴胡　桂枝出水郡　茶各郡以出水郡阿久根爲最　蜜柑鹿兒島下同　香橙　文旦　大朱欒出水郡　龍眼樹揖宿郡下同　佛桑花　夾竹桃　蒲葵竹島　孟宗竹鹿兒島郡　紛竹硫黃島

松露日置郡及長島　香蕈日置伊佐二郡　玉蕈日置郡　海人草甑島　石花菜竹島　和布日置川邊長島下同　鹿角菜　鯛鹿兒島及各郡　鮪日置薩摩揖宿谷山川邊五郡　鰹甑島硫黃島　鰤日置川邊頴娃三郡　勒魚日置郡及甑島　金線魚日置出水二郡　海鼠出水郡及甑島　車鰕出水郡　海鱉卵日置郡　意大臘貝給黎頴娃二郡　豚鹿兒島　鹿各郡下同　馬　木綿紅染鹿兒島

燒酎出水郡　砂糖長島　硫黃硫黃醋島　山茶油出水郡及硫黃島　煎脂川邊郡諸島下同　樟腦　生蠟阿多郡　紙伊佐頴娃二郡下同　火繩　煮扱苧伊佐郡　陶器鹿兒島及日置郡苗代川村薩摩郡　玻璨器給黎頴娃二郡　藺席高城郡　籠火鉢薩摩郡下同　籜笠　竹器竹島　櫛鹿兒島下同　箸　櫓木各郡下同　柞灰

州南諸島物產　滑石喜界島下同　雷斧　石灰石　甘藷各島四時常以充食　豌豆喜界島下同　落地生　甘蔗各郡　山藍大島下同　杪欏　鐵蕉凶年亦以根充食　羅漢松　阿咀呢樹名　櫧材各島　竹大島　海魚數種各島　永良部鰻永良部島　鷄大島下同　鶩　鹽豚　青螺　硨磲　瑇瑁　上布大島及各島下同　芭蕉布　縞紬　縞木綿　砂糖　百合粉　燒酎　棕櫚繩　桄榔繩　尺筵

壹岐島物產　砥石壹岐郡諸吉村　大豆二郡　牛蒡石田郡筒城村武生水村　瓜壹岐郡箱崎村　防風二郡諸村　箭竹石田郡諸吉村栅江　和布瀬海諸村下同　石花菜　鹿尾藻　鯨瀬海諸村下同　鰒　鰑　海參　雲丹　魚介數品　榮螺　蛤壹岐郡諸吉　鶴二郡諸村下同　鷄　木綿二郡諸村　鐵器石田郡志原村　竹器壹岐郡住吉村鯨伏

對馬島物產　砥石下縣郡　陶土嚴原宮谷町清水山　甘藷二郡諸村　煙草佐須豆酘二鄉　茶與良鄉　櫧實與良豆酘二鄉一歲所得各四百石以備凶歉　木耳二郡諸村下同　椎蕈　和布二郡瀬海諸村下同　鹿尾藻　石花菜　鹿角菜嚴原　蜂蜜與良佐須豐崎仁位四鄉　鰮鴨浦佐須奈　鯖瀬海諸村下同　平鰤　乾烏賊　海參　乾鰒　雲丹　蛤　雉二郡諸村下同　鹿　黑砂糖佐須豆酘二鄉　燒酎二郡諸村

日本國志卷三十九

日本國志第十二　　卷之四十

出使日本參贊官黃遵憲編纂

工藝志

外史氏曰形而上者謂之道形而下者謂之器形而上者自上古以來逮於堯舜禹湯文武周公孔子其所發明者備矣形而下者則自三代以後歷漢魏晉唐宋金元明猶有所未備也余觀開闢之初所謂聖智不過製醫藥立宮室制衣服作器用此皆後世所斥爲工藝之事而古人以其開物成務尊爲聖人成周之制官有六職工與其一而歷世鐘鼎奉爲宗彝令子孫寶用蓋古之人所以重工藝者如此後世士夫喜言空理視一切工藝爲卑卑無足道於是制器利用之事第歸於細民末匠之手士大夫不復身親而古人之實學荒矣今歐美諸國崇尚工

藝專門之學布於寰區余嘗考求其術如望氣察色結筋搦髓破腹取病極精至能則其藝資於民生窮響物性考究土宜滋榮敷華收穫十倍則其藝資於物產千鈞之礮連環之鎗以守則固以戰則克則其藝資於兵事火輪之舟飛電之線雖千萬里頃刻即達則其藝資於國用伸縮長短大小方圓製器以機窮極便利則其藝資於日用舉一切光學氣學化學力學咸以資工藝之用富國也以此强兵也以此其重之也夫實有其可重者在也中國於工藝一事不屑講求所作器物不過依樣葫蘆沿襲舊式微獨不能勝古人即漢唐之後若五代之紙墨宋之錦明之銅鑪瓷之今人亦不能爲所謂操刀引繩之輩第以供人之奴役人之鄙夷亦無足怪也雖然以古人極重之事坐令後世鄙夷之若此此豈非士大夫喜言空理不求實事之過

乎今萬國工藝以互相師法日新月異變而愈上夫物窮則變變則通吾不可得而變革者君臣也父子也夫婦也凡關於倫常綱紀者皆是也吾可得而變革者輪舟也鐵道也電信也凡可以務財訓農通商惠工者皆是也今之工藝顧可忽乎哉作工藝志

醫

允恭帝之初徵醫於新羅新羅王遣金武來始知醫方其後欽明帝時百濟國遣醫博士奈卒王有稜陀採藥師施德潘量豐固德丁有陀齋書籍藥品來考三韓紀略魏景元元年百濟設官十六品第六品日奈卒第八品日施德第九品日固德推古帝時百濟又遣僧觀勒獻歷書及天文地理遁甲方術之書帝命山背日並立受其方術於是漢籍傳播日廣良工輩出先是有吳王照淵孫名善那於欽明時來歸獻儒釋醫書帝賜號和藥使主雄畧帝時百濟醫德來

歷徵而至子孫世居難波因稱難波藥師及桓武帝時有和氣廣世後二百餘年有丹波康賴康賴本姓劉氏出於後漢靈帝世居丹波矢田郡因賜姓丹波病補此二氏者子孫世守其官號爲名家康賴之孫雅忠最負名高麗王妃疾賜書太宰府以厚幣求之雅忠謝弗往復書有雙魚雖達鳳池之波扁鵲豈入雞林之雲之語世以爲美談中葉倣唐制設典藥寮有典藥頭有助有允有屬有醫博士女醫博士鍼博士侍醫權侍醫醫師醫師得業生施藥院使及主典史生等職天平寶字二年詔使醫生講太素甲乙脈經本草鍼生講素問鍼經明堂脈訣延喜式日講醫經太素經限四百六十日新修本草三百十日明堂二百日八十一難經六十日凡太素經准大經新修本草准中經小品明堂八十一難經准小經天歷元年又詔課試醫道學生蓋醫有專官有世業故所業較精著述亦不乏治瘡記一卷大村直福撰攝養要訣二十卷物部廣貞撰金蘭方五十卷菅原岑嗣等奉敕撰藥經和氣廣世撰醫心方三十卷丹波康賴撰一日難忠集註太素經三十卷小野藏根撰大同類聚方百卷安部貞定出雲廣貞等奉敕撰難經開委一卷出雲廣貞撰養生鈔七卷掌中方一卷倭名本草並大醫

博士源輔仁撰萬安方五十七卷頓醫方十卷梶原性全撰壺蘭集細川勝元撰以上書目見於日本朝醫考皆當北宋以前近人撰述茲不備錄王室衰微醫失其官咸窮落著直裰其供職幕府者敘法印法眼法橋等位皆僧官名實爲僧員而不隸僧綱德川氏之季始有不剃髮稱爲儒醫者維新之後別設醫學館東京大學醫學與法理文三學並尊然其術頗兼西法矣自足利氏失馭海內鼎沸醫學亦廢醫家唯專守宋和劑局方以固陋自安有曲直瀨正慶者出始宗李東垣朱丹溪之學參以諸家造詣極深一時翕然崇尚正慶字一溪平安人長遊足利學校博通羣書時四代三喜授李朱之術周遊四方正慶從而學焉術成人爭乞治正親町帝徵見賜號翠竹院又詔上所著啟迪集敕僧策彥撰序以行於世於是國手之稱一時翕然將軍侯伯莫不崇禮年老豐臣秀吉德川家康皆眷愛之四方問業者盈門幕府醫官咸執贄焉子正紹孫親純壻正琳秦宗巴皆有名自後醫方一主穩重其弊至迂拘膠泥姑息養癰而不自知於是名護屋元醫後藤達北山道長香川脩德吉益爲

則等先後崛起倡復古之說以革除舊習專宗仲景以上溯靈素醫道爲之一變元醫號丹水平安人少通經壯始學醫得翰氏書而讀之發憤泝古直以仲景爲師嘗曰吾用藥不問病因之陰陽虛實唯見證施治頭痛治頭痛腹痛治腹痛咳治咳喘治喘如此而已較近方法細碎多歧有志者宜考古後世憑臆之論一切廢棄可也於時方宗朱李丹水務排之衆譁然相詆醫家有古方後世之目自丹水始也達字有成號艮山江戶人其論醫謂百病生於氣滯故以順氣爲治療之綱要又曰欲學醫者宜先察庖犧始於羲皇菜穀出於神農知養精必賴穀肉攻疾始藉藥石然後取法於靈素八十一難之正語舍其空論雜說及文義難通者又涉獵於張機葛洪巢元方孫思邈王燾等諸家不惑乎宋以後陰陽王相府藏分配之說而能識百病生於一氣之留滯則思過半矣道長號友松其父本明人避亂至長崎因家焉至道長改氏北山少受鼎湖神書於明異人又受長沙心法術道長學極博卜筮風水無不兼綜而尤粹於醫廢棄時論一以長沙爲準脩德號脩庵師後藤達達謂之曰二千年來醫說失緒紛紜日甚欲擯斥多端使古道復明於今日非眞積力久則不能我老矣是子異日之任也於是勵精專志講求累年著藥選行餘醫言等書以推衍而說而古道益昌焉則號東洞世業金瘡產科一日慨然曰胎產婦人之常金創者外傷也不足盡我術於是徧讀諸書斷然取則於扁鵲考方於仲景而一掃宋以後溫補諸說曰萬病一毒藥亦毒以毒攻毒毒去體安未嘗損元氣何補之云乎子欲亦

以醫名本萬病一毒之說而引伸之曰人身氣血水循環不已而病毒之生由於三者停滯失常故毒一而毒之所因者三乃本仲景證候治方分類諸證配之三者推病候以辨其主客審病位以辨其急逆虛實以明萬病歸於三者之變作氣血水藥徵爲則之名益著弟子著籍者三千餘人然徵創太過或失武斷末學承流徒守言筌而其弊至攻下泛投草菅人命於是有荻野元凱福井輗和田璞多紀元德多紀元簡輩一矯其弊精心覃思折衷今古補瀉溫涼無所偏執醫道又爲一變元凱號台州金澤人中年得吳有性書大喜治法多本吳氏醫者用達原飲自元凱始然不專一說所著有吐法篇刺絡篇瘟疫餘論等書輗號楓亭奈良人普采歷代方法擇其精確者次第論選以爲施術之根據與當世古方家流師心鹵莽者大異其指趣璞號東郭攝津人受業於吉益爲則而其術自成一家日歷代方書猶鄭箋朱註各有一長不可偏廢醫者取古人成法而取舍在已要以治爲主若拘泥舊聞辯守一見一孔之論不足與譚醫也元德號藍溪名醫康賴之裔世業醫少好張介賓方後溯長沙其術益精初其父元孝請於將軍創躋壽館以爲學舍元德繼其志規模益拓既而幕府命加修飾凡醫官子弟悉就學仍以元德爲教諭於是變家塾爲國學舉世榮之元簡字桂山元德子受父學記性絕倫一覽終身不忘專以聿脩先緒啟迪後學爲任取素靈諸經次第整釐爲之箋釋凡

古今文字言涉醫事者悉推其根柢而究之出試諸疾輒收奇功先是諸家厭五行經絡之說互相詆毀大抵臆造之說勝訓詁之義徵自元簡書出講醫籍者識所率由而前世蠱鹵武斷之風始除云逮夫近日西學盛行惟一二漢醫如淺田宗伯名惟常號識此信濃人天資豪爽學問該博凡醫家之書莫不搜索貫穿取長舍短蓄積浸涵若已有之其診病也應變投機不膠一說少負盛名慶應初法國軍將某患沉痾乞醫於將軍命宗伯療之不出數旬而愈明治四年美利堅學校彙聚諸國醫籍日本以宗伯所著皇國名醫傳應之所著醫書凡三十四部一百七卷尊聞行知守道不變而後進晚出咸以西醫爲依歸矣凡業醫者例兼賣藥醫者攜一藥囊出門診疾診畢給藥無論何劑概有定價診脈之法同於中國或兼診腳別有腹診一法竹田定加名醫竹田昌慶之孫昌慶於明初隨貢使至明受學於明醫金翁金翁妻以女成祖后產難留命昌慶治之松江意齋始創其術其後北山道長著診腹法堀井直茂著腹診書淺井惟寅著診脈秘傳高村良務著腹診秘傳皆善道之然皆局於臟腑配當左右分位未免附會至香川脩德吉益爲則乃直據腹之硬輭弛張

及跳動拘急塊磊等狀以辨虛實死生十得其九及瀨邱斑益斑字長圭江戶人吉益爲則稱爲東方一人常曰腹疾與外證相爲表裏然外證多歧而易惑腹候專一而不爽故腹候爲先又曰醫有三極方極證極診極診極謂腹診也因名所著曰診極圖說同時有多賀谷安貞著腹診秘訣稻葉克著腹證奇覽和久田寅著腹證奇覽翼皆祖斑說焉闡發微旨無復餘蘊近世咸師之本草之學因中國之名以證日本之物頗有參差至向井元升號靈蘭肥前人著和名本草貝原篤信號益軒世仕福井侯著大和本草始親驗物產以考物名既而稻生宣義字彰信仕金澤侯著庶物彙纂一千卷其徒承而精之又有阿部照任特以此學顯照任號將翁南部人少時乘漕船赴江戶遇颶漂入福建留十八年得本草學而歸幕府命采藥於東海北陸諸州三至蝦夷所得物品甚夥石藥尤多前人未道者後之道本草者皆祖稻生阿部二氏婦人科古隸於治創家有中條氏最著名女醫稱爲中條流至賀川元悅蛭田克明而術益顯元悅字子元爲彥根世臣導精產術常養丐婦有身者以試之久而術成稱爲神工其術無所師承亦不本古人其言子在胞中頭實嚮下益前人

所未發也所著產論名儒皆川愿爲覩草及產論盛行於世元悅見愿輒涕泣握手以謝門人岡本元迪著產論翼亦顯於世克明字至德白河人謂孕育常理本非疾病唯保護失方乃致死耳其教人設十日而無傳書門人等著孕家遵生田子產則全書以述師說鍼灸之術則有杉山流古有鍼博士後廢德川常憲嘗下令曰醫法唯鍼術不明其圖所以振勵之於是杉山和一受命而興鍼學和一大和人幼師各鍼科兼得所長復禱於神夢神授以鍼管於是創造鍼管以試其術補瀉迎隨漸覺應手精慮沉思終詣神妙術既成設講堂爲教習所門人繼之一國凡設四十五所是爲杉山流有意齋流松岡意齋慶元間以善鍼聞以金銀製鍼取其溫柔也其術以小提打入膚內提形圓而區下鍼不過數處而無病不愈是爲意齋流有駿河流加茂福官駿河吉成父子皆師事意齋稱良工是爲駿河流有吉田流吉田意休出雲人嘗往明學刺鍼於崔林杏留七年盡得其法著刺鍼家鑑授其子孫世居越前福井是爲吉田流別有三鍼法垣本鍼源平安人精刺絡所用鍼有三小爲毫鍼次爲大鍼最大爲韭葉鍼非一葉以取瘀血多瘀血者先用其所製烟天散服之然後用鍼凡諸瘤疾雖衆醫斂手亦鍼到病除女茂登繼其業古鍼法管沼長之攝津人善用鐵鍼常曰鐵鍼刺皮內甚利而不傷氣血我伎足以破諸家之妄矣因以鍼灸復古自任世目其術曰古方針瘍醫則有鷹取流播磨鷹取秀次傳古法著外科細塹及新明集驗名於天正慶長間是爲鷹取流有南蠻

流鷹取之法治平以後漸廢長崎諸醫傳外國法者盛行是爲南蠻流仕於幕府者前有杉本忠惠西元甫後有栗崎正材吉田昌全村山自伯皆以術顯又有楢林流皆負名長崎又有楢林豐重者以荷蘭通事學治瘍於蘭醫頗精其術世名之爲楢林流若近日西醫於未通商前既有前野達號蘭化中津人杉田翼號鷧齋小濱人宇田川普號槐園津山人等講究洋學而以桂川國瑞爲至精國瑞號月池曾祖以外科仕幕府國瑞通蘭學外國亦聞其名洋學之興國瑞尤有力焉然醫術唯用之治瘍門人有吉田某據西法爲內治國瑞禁之曰西洋萬里風土既殊人秉賦亦異治法藥物亦必異宜不當以彼概此且本邦內治方術既備何必徙標新異以駭觀聽某不從國瑞遂削其弟子籍然當時第得之口傳手習今則朝廷所尊洋學日闢直就原書以研覈其理必有兼中西之長擅內外之治以其術鳴於世者矣

農事

凡農家種植耕耨培溉收穫之法多同於中國惟種樹者善於移樹雖合抱之木尋丈之樹移之輒無恙法於未移之前就舊

樹周圍開溝深約尺許凡根外向者皆盤曲其勢使抱本根日以水澆溝中使土受滋潤根易脫離所移之處亦預掘一穴既並根移植多覆以土別用木爲架交义枝格束縛牢緊使受風不搖則無礙生理植物家又謂物性喜接植如以桃接李以李接杏則果實轉盛其法於盛夏時用鋒利小刀就樹削皮約離地二三寸高之處縱一寸至一寸二三分橫亦畧削深數分如女人簪式勿傷木心所接之芽枝取新長榮盛者亦約長八分至寸許於側面插入旋用棉絮等物纏縛堅緊微露出枝經半月乃解釋之明春則合生矣若所接之枝慮其凋枯將原樹枝芽槩行摘去則接枝較易生育此舊法也近世農學家於歐洲得三新法一曰氣筒用陶器如烟突式偃埋地中使外吸大氣則土質肥饒輕鬆可以省耕鋤之勞爲滋生之助草木之性皆賴炭氣以生惟尋常空氣地內吸入僅及一尺四五寸之深今設此筒以引外氣無論深淺易於培養一曰樹枝偃曲法

凡草木之枝下傾者則根茂而實遂故師其法以人事偃曲樹枝使根幹敷榮花實繁茂澳國人荷衣伯連其父爲植物學名家每教以尋求物理一日游歷俄羅斯之西北利亞深山中見喬松插天高出雲表枝皆下傾四旁雜樹居於松下者枝皆向上忽悟枝强則幹弱枝弱則幹强之理由是徧歷幽崖窮谷取各種草木分類考驗莫不皆然乃創爲樹枝偃曲法其法於樹枝平列中徵樹其枝使稍向下以角度一百十二度五十分爲準益設爲圓圖以正東爲百度正南爲二百度正西爲三百度正北爲四百度所謂百十二度五十分即以圓圖之中間爲百度由百度起又稍低爲百十二度餘借以指喩之辭也凡樹將花時以棕繩縛之令稍向下則所縛之枝驟減生力不復長大而新芽怒生果實穫盛輒倍於常試之果樹尤有奇驗云一曰雌雄配合法凡花果草木皆有雌雄亦交合而後結子以蜜爲媒助則結實較盛而收穫倍常草木之類有一花内具雌雄雙蕊者花心中如蜜者爲雌蕊其周圍所帶黃粉爲雄蕊如麥之類每花具雌蕊二雄蕊三稻之類每花具雌蕊三雄蕊六梨及林檎每花具雌蕊五雄蕊二十是皆一花而具雌雄者若玉黍蜀瓜之類又薯蕷銀杏之類則雌花雄花雌木雄木根性全別其配合之法雄蕊所含黃粉爲風鼓盪與雌蕊之蜜粘著然後結實故花時遇暴風雨則粉穉而實稀法用尋丈麻繩以羊毛爲辮長約尺許橫排條繫每十條中繫以鉛丸使其力下墜再

用蜜薄塗於辮及鉛丸之上輕輕摩擦以期徧潤如麥圃花時命農夫三人引牽此繩橫絆而過所有外散花粉必粘於辮與雌蕊相觸則花粉與花心相粘矣其收穫比尋常可多至一二倍近歲法國有賣此器者五穀之類皆可用若梅杏花時直以蜂蜜塗於花則其效可計日而待且荷衣伯連創此法種植家多倣之荷衣伯連又言凡一樹而雌雄各別雖相隔甚遠亦能以氣相合歐洲中有一種葎草製麥酒者用之爲味其草有雌有雄一經交合則香薄味遜人見雄草輒芟除之若有一根雄草雖隔數里外經一二時百萬株之雌草悉結實而無用矣故種此草者結爲會社每家每戸時時檢查專以除去此害爲務又如麻苧之類貴於本質堅靱亦宜分別雌雄禁其交合其理蓋如騸馬宦牛云是又一理附識於此試之皆有驗近歲又有掘井一法不用淘掘專以杵築土使之陷下深至一二丈再挖其四旁深約一尺以竹竿插入則水漿溢出由竹管引而向外可以無須汲引聞邇年村鄉盛行其法云凡以人工製造之物易於腐敗不能行遠者如竹筍松菌蜜煮桃李熟魚獸肉之類皆以鐵葉鑵封固使外氣不侵則歷久不壞以沸湯煮熟再引錐刺鑵使熱氣外洩復用鐵密封使内無復熱外無衞氣自能久而不壞日本農家向來惟墨

守舊習膠執成法相沿千數百載維新之後國家既開勸農局復設植物園時以新法刊告於衆風氣爲之一變

織工

應神帝三十七年遣阿知使臣都加使臣於吳求縫織工有兄媛弟媛吳織穴織四人來始學作錦繡考拾遺記稱員嶠山有冰蠶長七寸黑色有角有鱗以霜雪覆之然後作繭長一尺其色五彩織爲文錦入水不濡以之投火經宿不燎唐堯之世海人獻之堯爲黼黻是書多神仙誕妄之辭固不足據顧府續編采杜詩集註稱漢武帝時日本貢麒麟錦十端金花炫目亦不言書所自出考魏景初中賜倭女王以絳地交龍錦五疋紺地句文錦三疋女王即應神母后又越數十年乃始遣使求縫工則漢武時貢錦之說亦不足憑也雄畧帝時又有手末才伎漢織吳織來於時秦公酒獻絹賜姓爲禹豆麻佐蓋中古時既能習織工矣自通使隋唐學爲蜀錦如眞紅天馬錦眞紅飛魚錦雙窠錦青緑瑞草雲鶴錦青緑如意牡丹錦宜男百花錦穿花鳳錦鷲黃水林檎錦並沿其

名西京所產最爲美麗製錦之外能爲絹爲紬爲綾爲縐紬如今之縐紗縐紬者引之則伸放之則縮多繪爲柳絲梅點竹竿桃葉清麗宜人別有一種名綴錦其法不用大機取熟色經于木檔上作花草禽獸樓閣以小梭先疏其處用雜色綫綴於經緯之上合以成文承空視之如彫鏤之象亦如中國刻絲法也

刀劍

日本之刀名於天下中古以前特重劍天叢雲劍又名草薙劍爲傳國三器之一又天羽斬素戔嗚尊以之斬蛇韴靈高倉下以獻神武帝者又名平國劍皆古劍有名者上古祀神則造劍獻於神社垂仁帝皇子五十瓊敷命居茅渟菟砥川上宮造劍一千口名曰川上部又曰裸伴藏於石上社歷朝所藏劍存宜陽殿者三十四柄中有二神劍曰破敵曰守護鏤日月五星十二神破敵則遣將出征必授此器謂之節刀又有號大刀契者長或三尺或二尺

有一劍鐵北斗龍虎傳為百濟國所獻二寶劍之一皆歷世寶之源平迭興將士皆重佩刀劍工亦專造刀良工始出源氏之鬚切膝丸源滿仲嘗曰武夫輔衛皇室非名刀不可乃命劍工造刀皆不稱意或曰筑前三笠郡有良工何不召之滿仲如其言既成復不稱意工憂之禱八幡神七日鍛鍊六旬造二刀長二尺七寸滿仲大悅試斬死囚鋒利無比餘勢一斷其鬚一斷其膝因名鬚切膝丸子賴光傳之呼鬚切為鬼丸膝丸為蛛切及傳孫為義二刀夜自鳴又吼為御兒丸丸後歸賴朝平氏之小烏拔丸平氏二刀小烏大和天國所造拔丸伯耆大原眞守所造世傳桓武帝時有烏啣此刀至南殿因名小烏平忠盛嘗晝寢有巨蛇來窺刀自拔逐蛇故名拔丸後傳於清盛賴盛其尤著者及後鳥羽帝好刀劍召國中劍工更番造刀山城有國友國安備前有則宗延房宗吉助宗行國助成助延備中有貞次恆次次家皆極一時之選帝令次家造刀樸親焠之號御所鍛刀鏨雕菊花號御菊作快利無比多賜武臣先是劍工以備前為盛武備志平壤錄所謂備前刀者也有高平助平包平皆古之良工世謂之備前三平一條帝時嘗召備前友成

造刀友成之刀多銘君萬歲三字名將如源義經平教經皆佩其刀又有正恒刀名纏切源義經討義仲以刀截水底纏故名世為幕府重器後世名此數家刀為古備前至鳥羽帝時則宗最有名銘作一字世名為一文字刀子助宗號大一文字孫助則號小一文字其他子弟或居福岡或居吉岡因有福岡一文字吉岡一文字之目鳥羽有菊丸雁丸二寶刀即助宗所造北條氏之據鎌倉也聚一時良工助眞國宗自備前往皆擅絕技助眞在鎌倉惟康親王召見問其技助眞曰百鍊之鋼精神鍾焉故其器靈異能動神明佩之泛海則蛟螭伏佩之夜行則魑魅逃尚倉卒鍛冶不異凡器何以有靈親王稱善備前之長船多劍工世名長船鍛冶而以光忠長光為巨擘焉織田信長好光忠刀蓄二十五口一號實休長二尺三寸豐臣秀吉賜光忠刀於伊達政宗政宗手及人并斷鐵燭架後名燭臺長光為世所寶者足利氏重器名大般若織田信長所藏名鉋切立花宗茂所佩名水田紀伊藩所有名腰帶嘗試斬人斷而不僵擡以刀鞘乃仆水戶藩所有名香西其在京師則來氏世稱良工來

國行名太郎所造刀鍾鍊一百日而成精光溢發全浙兵制稱日本刀日鐵匠能制利及非獨取鋼為利生鐵久鑄久鍊成而復毀毀而復成朝專鍊鋼暮入逕泥如此一百二十日工成其刀可以吹毛削鐵云云考日本刀劍錄惟稱國行造刀經一百日殆即因此而復傳與其刀上鏨不動佛像者名不動國行世傳國行刀號新身益謂鏗鍔不損歷久若新鍛云子國俊刀銘國俊名者皆得意之作號二字國俊國光增國村世居肥後菊池南北之亂菊池氏因族勤王雄於西海故國村子孫造刀皆雕南朝年號銘曰延壽國俊增國次其刀號鎌倉來浮田秀家所佩國次刀號鳥飼皆傳其業國俊弟子備前光包號中堂來攝津國長號中島來以光包為著當鳥羽時良工聚於京師粟田口國友國友稱藤林蓋藤原其姓林其氏也國安國友弟已負名國吉今川範國所佩名日八八王俗語謂胄為鉢鉢八讀椎通謂其刀曾割二胄也國光大友義宏所佩國光刀號防長言周防長門二國不足以易此刀也遞為世寶至後宇多時粟田口藤四郎吉光以絕藝鳴精妙無匹吉光國友之孫父則國兄國吉國光皆不墜家聲至吉光益推神品今粟田口天王祠旁有吉光宅址世名其池曰鍛冶然所造不過小刀

大友氏傳吉光寶刀號骨喰長一尺九寸六分豐臣秀吉藏寶器至多嘗語德川家康以吉光刀為第一多賀豐後佩吉光刀或請多賀割鶴置鐵箸於腹多賀佯為不知并箸斷之因名庖丁吉光既擅名關西其後關東相模有正宗刻意鍛冶欲集大成遂周遊諸國討問諸名工家法年八十歸神而明之遂臻絕詣自古論刀劍者語其利曰剸犀切玉語其文曰龜文龍藻正宗無所不能蓋曠世名刀舉國良工皆出於其囊籥名將健士莫不愛重正宗擅盛名其刀流傳亦多三好長慶所佩號三好蒲生氏鄉所佩號會津本多忠勝所佩號中務或以姓或以地或以官各名以已名此類甚多古之相刀劍者惟相吉凶至論工拙辨眞偽正宗尤極其妙弟子守其法由是刀有定價正宗以相刀法傳貞宗貞宗傳秋廣秋廣傳齋藤彈正彈正傳宇都宮三河三河事足利義政當是時海內擾亂將士有功而地不足給義政憂之乃命三河相古今名刀各定其價以賞將士刀有定價自是始也古制營造軍器皆令鐫題年月及工匠姓名而後世刀劍多無銘識故相刀劍法益盛後之相正宗刀者謂正宗內堅外柔切鐵如泥而芒不頓有金線有玉光有閃電有

流星有迴瀾細觀乃得之其氣象溫潤而澤縝密而栗彼鋒鋩外露若不可逼視者僞也受業弟子徧於通國正宗晚年薙髮名五郎入道鎌倉有宅址稲荷祠猶存世呼曰刀稲荷正宗子貞宗能繼家聲弟子稱十哲越中鄉義宏氏顏子義宏越中松倉鄉人武夫而造刀者也然諸名工皆不及世稱吉光正宗義宏曰三絕作義宏刀流傳於世者三好長慶所佩號三好鄉加藤清正所佩號肥後鄉鍋島勝茂所佩號鍋島鄉前田利光所佩號北野鄉富田知勝所佩號富田鄉皆各以巳名名之其刀皆長二尺二三寸古名刀較長後世往往截短見之於史者有四尺六寸刀五尺七寸刀六尺三寸刀七尺三寸刀至織田信長令步兵持刀三尺餘柄則四尺置之前隊以便衝突謂之長卷刀蓋以其便擊刺耳豐臣氏朝鮮之役日本兵皆荷長刀朝鮮望見駭怖當時諸將相語曰明人之勇不出我軍下唯其所持則純刀所擐則皮甲故我軍數得大捷苟令彼甲堅刀利則我軍安得至此蓋利鈍所分勝敗因之矣平壤錄述日本刀曰其大而長柄者乃擐導所用可以殺人謂之先導即指長卷之類也附識於此此外越中有則重則重居越中御服山下從鄉義宏學造刀號御服鄉後從正宗學其刀酷肖正宗義宏云筑前有源左源左祖西蓮父實阿皆爲僧善造刀自源左受業正宗其技益精源左刀皆銘左字世呼曰左文字又曰左刀備前有兼光上杉輝虎所藏兼光刀號

竹股爲越後三寶刀之一初越後農人佩此刀嘗擔豆而行囊綻裂豆墜爾鞘輒斷怪視之鞘破及微露輝虎將竹股參河守聞之曰天下利器也乞而佩之後歸於豐臣秀吉豐臣氏滅德川家康以黄金三百板購求之不得兼光刀極爲犀利世傳足利尊氏走西海路經備前召兼光造刀試欲兜鍪應手兩斷尊氏嗟賞名曰兜割長義亦備前人大久保忠世傳長義刀號老杖嘗斬盜三人一擁悉斷其股乃呼曰六股美濃有志津兼氏兼氏初名包氏大和劍工後徙美濃居志津稱志津三郎其地有田儀山山有大石方數十尺極秀潤兼氏有石癖常遊詠石上後人重其刀呼曰志津石金重亦美濃人山城有長谷部國重國重本鎌倉劍工後徙京師父曰新藤五國光亦良工也石見有直綱皆及門弟子所造刀氣象不同人以比曾閔諸賢至相模之秋廣廣光則兼受業於其子者也自正宗擅譽後世良工莫能出其範圍雖一二名手如當麻當麻大和當麻劍工以來國行爲始祖青江青江備中劍工以安次爲始祖備中之水多名青江蓋方言謂水之清爲青江良工淬刀劍必用淸水鎌倉正宗宅址有井曰上金水造刀者多用之青江亦其類也信國來國俊曾孫其祖曰了戒亦善造刀波平薩摩人以行安爲始祖各有師傳亦兼習其法慶長以後偃戈不用新造者名新刀新

刀則以山城國廣肥前忠吉大坂井上眞改爲巨魁眞改刀最爲世貴名之曰大坂正宗全漸兵制曰上古倭刀以年久者爲貴邇來新鑄之刀儘爲利矣蓋指國廣等刀也承平以來無復名手日本士夫例佩雙刀當戰國時各將士挾以爲重爭相寶貴故名工如林近世改易西法戰事所重惟鎗銃尋常亦禁佩刀而名刀絕響矣然古所流傳購之猶動稱千金自歐陽公作日本刀歌聲價頓重徐氏筆精竟稱胡宗憲有歎倭刀長七尺卷之詰曲如盤蛇舒之則勁自若陳恭尹詩亦稱鑄爲寶刀能屈伸屈以防身伸殺人余客日本以其刀擅名今古每就故家世族訪求寶刀所見亦不少大概鋒利精悍寒芒四射令人把玩不釋然絕無所謂屈伸刀近世青山延光作刀劍錄搜索故實頗爲賅博亦無以屈伸刀爲說可知文人好奇揣摩影響之詞不足據也考夢溪筆談有云錢塘人有一劍用力屈之如鉤縱之鏗然有聲復直如弦所言較近理然此爲中國之所有非日本所有也至梁佩蘭日本刀歌云相傳國王初鑄時金生火尅合日期鑄成魑魅魍魎伏通國髑髏作人哭是又詩人之語不必譏其夸誕也

銅器

鑄工來自百濟崇峻帝時百濟遣鑪盤博士將德百濟官名白昧醇來始習鑄工佛教盛行造作巨像逮於鐘磬鐃鈸工作滋繁際銅不可勝計而絕無名品婚嫁例用銅鏡多鑄爲高砂翁媼拜旭日圖高砂播磨國地世傳有老松成精爲夫婦其壽無量故取爲祥徵繫以五男二女千秋萬歲諸吉祥語所見古鏡當唐宋時者多刻鏤工巧亦不爲世寶當戰國時刀劍之外甲冑兜鍪概用鐵葉連環鉤結每鍊精鋼以備矛矢故世重鐵工惟假面具用銅製僅露眼光繫帶於耳其形奇醜今猶頗有存者慶長以後武夫健士以賞花飲酒相娛樂强藩巨室每造一器有窮年累月而後畢工者於是燕賞之器益精宴饗之禮倣古尊罍彝鼎蟠虁盤龍雕鏤精整又喜供花學古器物觚壺瓶洗各式用以插花造瓶尤佳瓶多作褐色所作鎗金陷銀刻畫成凹其細如髮其薄如皮以金銀絲

片嵌入作花卉翎毛形光彩射人雖巧畫手有不如者按詩周頌鞗革有鶬釋文鶬七羊反本亦作鎗鄭箋云鶬金飾貌趙希鵠云夏時器多相嵌訛為商嵌稗史類編云余嘗見夏雕干戈銅上相嵌以金蓋此法流傳古矣相嵌或作商嵌古謂刻謂商金商銀古有是稱張懷瓘書錄作搶金曹昭以為刻金楊用修以為鏤金七脩類藁又作戧金鶬搶刺鏤戧商一音之轉耳宋志百官鞍勒有陷銀元志作簡銀品字箋謂即今之鈒銀鈒之細者日絲鈒片者日片鈒考廣韻鈒亡范切張衡東京賦金鈒鏤鍚正字通謂俗名馬鞍日鈒銀事件即此物也陷銀之法即本於戧金皆中國古法日本蓋師而用之耳日本席地而坐故其器多高而粗造瓶有高至三四尺者間造銅鶴以備供設拳足側立意桒生動燈檠亦高數尺以蓮花為盤別用荷葉柄以護燈光或柱於地或挂於壁皆有古意其他鴨鑪獸鐶茶銚香盒以供几案間用者式皆精雅

陶器

雄畧十七年始命土師連造清[illegible]器即陶器也先是有新漢陶部高貴來能作旋盤等具帝命教陶工及崇峻時百濟遺麻奈父奴陽貴文陵貴文昔麻帝彌四人來稱瓦博士世亦習其法陶之佳品稱尾張瀨戶肥前今利盤金描花者推加賀九谷搏泥甫就先用銅絲嵌作山水樹石花草翎毛之形俟著色時施藍作地別以青綠諸色圖肖物形毫髮悉備所著色皆用藥料光豔照人神采如生別有一種名七寶燒亦用銅絲作匡廓雜采雲母琉璃螺紋貝錦諸物以作采色斑闌陸離其光熌熌而雕嵌入微拭之無痕此又本銅器商金漆器螺鈿之法而用之於磁器者也亦能作青花足利氏時有伊勢五郎者曾至景德鎮專學青花年七十歸攜其手造者款曰五郎大夫所製七種香盒以畫愛蓮周茂叔像為最佳紙薄聲磬幾類定汝賞鑒家極寶之日本陶器論其純白雅素實不如中國而近日兼習

佛蘭西法於所造器巧搆式樣屢變不窮所繪花鳥又時出新意不習藍本著色亦花豔奪目故西人喜購之為輸出一大宗

漆器

作小器物盤有圓方八角絲環四角牡丹瓣等式匣有長方渾圓六角等式有一盤中分作大小數具者又有裏為小盒表為大盒層累容積至七八合乃至十數合者皆以木為質以漆為飾漆皆退光黑可鑑人其碎金作泥如繁星點者為泥金以金描山水臺樹魚鳥花果者為描金用金泥以筆揮灑作雪片作冰紋者為灑金村瀨之熙謂漆內雜金為灑金今考漆內雜金乃泥金別法如古銅鑪兼金漆二色非灑金也黑漆為地以金銀彩漆描作圖畫再髹以黑漆磨揩再四以出其文者為漂霞彩漆日本謂之磨出摸金村瀨之熙謂即漂霞彩漆考此數法皆出於日本七脩類稿日古有戧金而無泥金有貼金而無描金灑金有剔紅而無漂霞彩漆皆起自本朝因東夷或貢或傳而有也描金灑金浙之盜波多倭國通使因情熟言餂而得之灑金尚不能如彼之圓故假倭扇亦盜波人造也泥金彩漆漂霞宣德間遣人至彼傳其法又日天順間有楊塤者明漆理各色俱可合而於倭漆尤妙其漂霞山水人物神氣飛動真描寫之不如愈久愈鮮世號楊倭漆其以螺鑲嵌者名螺塡欲紅光者以胭脂欲翠光者以黛綠皆染裏面其純白厚膩者尤佳各擘片如紙浸釅醋中一夕螺乃受刀削作花草諸形紛切細片再以針劃器作凹處如仰瓦形細嵌入微以手摩拭不著痕迹者為貴泊宅編日螺塡器本出倭國物象百態頗極工巧非若今市人所售者考游宦紀聞日宣和六年李資德嘗獻上螺鈿硯匣格古要論日螺鈿器皿出江西吉安府廬陵縣宋朝內府中物及舊做者俱是堅漆或有嵌銅絲者甚佳通雅日宋內府有細螺即螺鈿也遵生八牋宣德有塡漆器皿有漂霞砂金蝸嵌堆漆等製以新安方信川所製為佳蓋中國舊有此法惟呂種玉言鯖作羅殿日牂柯蠻國其王號鬼王其別帥日羅殿王在辰交之間即今雲貴界外世用其蛤飾器謂之羅殿今江西徽州工人以製杯盤屏匣精工細巧實出於此俗謂之螺甸乃羅殿之誤也其說較詭異然亦不言來自日本日本村瀨之熙日此方所製螺塡殊不及漢製者蓋其所用螺蛤品類不一而佳者絕不產此方漢產螺四面皆有光國產者止一面有光故雖有巧工必取漢產螺蛤製之觀此知螺塡之法

乃本於中國與泥金描金灑金出自出本者有殊泊宅編所云蓋誤傳也亦能作剔紅俗名堆朱其品目頗夥曰剔紅紅漆為地以硃漆堆起三十餘層刻人物樓臺花卉翎毛及連環曰堆紅硃漆黑漆層層堆起刻痕有紅黑絲繞繞曰堆烏黑漆中層層有細紅絲多刻作連環曰堆漆全用黑漆刻作連環及花卉曰桂漿黃漆為地以黑漆堆起黑漆中有三層細紅絲曰紅葩綠葉用彩漆刻花卉翎毛曰金絲黃黑硃漆重疊堆起曰剔金黃漆黑漆重疊堆起曰犀皮或名松皮硃黃黑漆重疊堆起罩以黑漆刻連環差袭且漫江戶有楊成者世以善雕漆隸於官據稱其家法得自元之張成楊茂云遵生八牋曰宋人雕紅漆器多以金銀為胎有錫胎者有蠟地者有用五色漆胎刻法深淺隨妝露色元時有張成楊茂二家技擅一時格古要論曰剔紅器皿無新舊但看硃厚色鮮紅潤堅重者為好宋朝內府中物多是金銀作素者元朝嘉興府西塘楊匯有張成楊茂剔紅最得名但硃薄而不堅者多日本國琉球國獨愛此物楊成之法蓋本此二家也

扇

所作扇有上平下圓如古之便面者有作方體如古之方麵者有伸如手掌微作拱勢如今之掌扇者通行則用團扇皆削竹為柄其一節細剖成絲以繩牽制之使分張如翼外糊以紙間或繪山水人物其價至賤每柄不過數錢盛暑時堆溢廛肆有購物者輒舉一二柄贈人其舊習也若可以摺疊者一名撒扇又名聚頭扇中古時將士臨陣變古人羽扇之制用以指揮軍士其柄繫以流蘇世傳將軍源義家軍扇以竹為骨凡十二行長一尺二寸表裏用朱銀分繪日月後有用鐵骨者足利氏稱臣於明每以充貢中國頗盛行摺疊扇本始於東人宋時既有流傳自明以來盛行於世據劉元卿賢奕編張東海貴耳集謂永樂之初惟僕御下人始用之及成祖徧賜羣臣內府又倣其制以供賜予遂盛行於世云高麗諸國亦習其製今製長僅三四寸竹皆十三行或有數十行者柄或用烏木或用鯨骨象牙近日又喜聚羽為扇鵲翅鷺羽雀翠雕翎長或二尺貫以綵繩繫以明珠光采射人西國婦

女喜購之又徧傳於泰西矣

紙

造紙不以竹用構用楮之法同於中土更有用芫花蕘花瑞香花製者瑞香或黃或白皆可製以蕘花製者名雁皮紙至薄極韌色潔白無纖毫垢以之鉤摹碑帖實上品也近倣西法多以敗絮為之間樹根草皮蒸之成漿者均可造紙紙名至多不可勝錄也

筆墨彩色工

推古帝時高麗僧曇徵來教作筆墨彩具筆工據姓氏錄稱右京諸蕃製十一種因賜筆姓蓋亦漢人教之然殊無佳品

畫

雄畧帝時百濟送畫工白加來推古時有黃書畫師山背畫師之名今所傳唯法隆寺有上宮太子像衣褶神采皆唐以前舊法古之畫工多摹唐宋院體後分數家有土佐家藤原經隆土佐人五雜俎言倭畫無皴法但以筆細畫縈迴環繞細如毫髮即土佐一派也有雪舟家僧等揚號雪舟游於明始傳北宗一派也有狩野家狩野元信最有盛名及吳中沈南蘋客長崎始以南北合法相授受有邊華山椿椿山得惲氏眞本於是又傳沒骨法近日則兼學洋畫矣

雜工

上古喜佩玉繫於領下有曲玉管玉勾玉聚為雜佩古事紀有造玉者名天明玉世襲其職其裔孫世居出雲每歲貢玉然近世不問有玉工水晶一物亦無以之造物者格古論云倭國水晶第一七脩類稿亦云日本國有青水晶紅水晶然余客日本絕不聞有水晶器皿或云南海道諸島間有出產然並無佳品珊瑚高至一二尺色多淡白品不甚貴工人取鮮紅者琢為圓粒為女

人齎偏於通國其枝柯扶疏者或作爲盆供（能成枝柯者絕少大槩用釘插釘定鎔紅蠟粘接宜細看之）玳瑁削片爲葉（玳瑁形似龜鼈首嘴如鸚鵡背負十二葉黑白斑文間雜老者甲厚而黑白分明小者甲薄而花片模糊取用必倒懸之用滾醋潑潑則逐片應手而下）以作小盒軟熟如紙聯接無縫亦用漆器描金漂霞之法着色尤斑駁可喜國無象牙取大鯨骨碎鋸細切作連環圓球及書刀齒鑯諸物法如治骨角而不甚光滑其他文木雜竹諸器諸國多善工大概質而潔樸而雅云

日本國志卷四十

日本國志後序

中國人寡知日本者也黃子公度撰日本國志梁啟超讀之欣懌詠歎黃子乃今知日本乃今知日本之所以强賴黃子也又懣憤責黃子曰乃今知中國知中國之所以弱在黃子成書十年久謙讓不流通令中國人寡知日本不鑒不備不患不悚以至今日也乃誦言曰使千萬里之外若千萬歲之後讀吾書者若布眉目而列白黑登廟廡而誦昭穆入家人而數米鹽也則良史之才矣使千萬里之外若千萬歲之後讀吾書者迺以知吾世審吾志其用吾言也治焉者榮其國言焉者輔其文其不能用則千萬里之外若千萬歲之後軺材諷說之徒咨嗟之太息之夫是之謂經世先王之志斯義也吾以求諸古史氏則惟司馬子長有取焉雖然道已家事者苟非愚騃蒙崽之子莫不

靡靡能言之深周隱曲若夫遠方殊類邈絕倜佅之域則雖大智長老聞言未解遊夢不及況欲別閨闥話子姓數米鹽哉此爲尤難絕無之事矣司馬子長美矣然其爲史記也是家人子之道其家事也日本立國二千年無正史私家紀述穢雜不可理彼中學子能究澈本末言之成物者已鮮矧乃異域絕俗殊文別語正朔服色器物名號度律量衡靡有同者其孰從而通之且夫日本古之彈丸而今之雄國也三十年間以禍爲福以弱爲强一舉而奪琉球再舉而割臺灣此土學子鼾睡未起睹此異狀撟口結舌莫知其由故政府宿昔靡得而戒焉以吾所讀日本國志者其於日本之政事人民土地及維新變政之由若入其閨闥而數米鹽別白黑而誦昭穆也其言十年以前之言也其於今日之事若燭照而數計也又甯惟今日之事而已

後之視今猶今之視昔顧犬補牢未爲遲矣孟子不云乎有王者起必來取法斯書乎豈可以史乎史乎目之乎雖然古之史乎皆有指義其志深其指遠啟超於先生之學匪敢曰深知顧知其爲學也不肯苟焉附古人以自見上自道術中及國政下逮文辭冥冥乎入於淵微敢告讀是書者論其遇審其志知所戒備因以爲治無使後世咨嗟而累欷也光緒二十二年十一月朔新會梁啟超敘

日本新政考二卷（卷一）

〔清〕顧厚焜撰

《日本新政考》二卷，清顧厚焜撰。厚焜字以崇，號少逸，江蘇元和（今蘇州）人。光緒九年（一八八三）進士，任刑部主事，十三年受命赴日本、美國、秘魯、巴西、西班牙屬古巴等處遊歷。是書分洋務、財用、陸軍、海軍、考工、治法、紀年、爵禄、輿地九部，部下設七十四細目，以軍事與財用爲重。據上海圖書館藏清光緒十四年排印本影印。

顧少逸比部著

日本新政攷

明遠署

日本新政考自敘

日本與中國世通朝聘宮室衣服概遵唐制明治維新以來遷都江戶改名東京諸藩納土西法盛行橫濱神戶長崎大坂築地新潟箱館夷港等口各國商船林立兵艦亦絡繹不絕時政遂爲之一新我朝遣使駐京又分派理事駐各口保護商旅藉以聯絡邦交禮至隆意至遠也丁亥秋傅楙元雲龍駕部與厚焜奉派游歷日美等國八月出京九月到長崎十月抵東京歷觀海陸兩軍及大藏司法等署並學校製造工廠工場局廠公園船塢等處旋承出使大臣徐孫麒星使移會是邦外務大臣伊藤博文給予游歷內地護照歸於十一月初十日送至適屆是邦年節各官有事未遑照拂時徐星使任滿回京新任出使大臣黎蒓齋星使履任星使會駐日三年深知日政得失暇時時加指示厚焜乃遲至十二月初二日坐輪車至內地靜岡名古屋琵琶湖滋賀西京大坂神戶等處徧觀學校商務軍制製造工作諸新政所過地方民情安謐風俗簡樸天氣和煦雖候值嚴冬頗似中華春日無觱發栗烈氣象遊覽既周由神戶坐輪舟回東京時正月十五夜也居數日復于正月下旬及二月間陸續往橫濱橫須賀旺子等處覆觀學校船塢工作諸新政二月杪小住東京細檢日記竊謂是邦天時地利風土人情本與中國不甚相遠無如維新以來易藩屬爲府縣而政一新易寬永天保錢爲金銀銅幣楮幣而政一新易額兵爲徵兵而政一新易舊歷爲西歷而政又一新新開口岸則各國之船雲集輸入各貨則歐米之物日增道遠難行通以鐵道信遠難達通以電線國債積而國庫匱漢文輕而洋文重舊都廢而新都興有志者撫今思昔謝職歸

田往于種瓜蓺菜之餘欷歔不已而當軸且以善規西法爲得計一若謂非盡棄舊政萬不足富國萬不足强兵噫是何言歟是何言歟厚焜澄觀時變乃以昕夕所識者編成新政考二卷蓋慨西法之轉移國俗何如此之速也又慨是邦之輕棄成憲何如此之易也雖然時局之奇至今而極事物之變亦至今而極處今日而必謂西法可屏而不用豈篤論哉亦期用所當用而已海陸軍之電埽風馳槍礟制之日新月異郵筒萬里藉電線以飛馳地寶五金類礦師以辨別是誠法所可用者也若夫歲歷之推遷守其舊則農民稱便衣冠之制度率其常則國體自存日人乃好異矜奇竟一變而無不變也是誠何道也抑亦思一姓相傳歷世已一百二十二歷年已二千五百四十八一旦舉法度典章一一棄若弁髦豈得謂是邦之福哉

光緒十四年歲次戊子仲春之月元和顧厚焜自敘于日本東京永田町寓舍

日本新政考序

元和顧君少逸比部奉

命游歷日本美利堅巴西祕魯等國以光緒丁亥秋首經日本明年三月成新政攷二卷因赴美有日先以所撰排印成編代鈔胥之役屬余爲序余惟日本之與中國名雖隔海其實自西人通商以來輪船履洋面若平地迨今日觀之直庭戶間耳方唐之盛時彼國數遣信使往來慕效華風制度一準唐法行用至千數百年亦稍稍習見增厭矣適會歐美各邦款關互市別開生面明治改元遂舉唐制廢之一尙西法因時制宜不可謂非善變君子之觀於人國也第取其長而已今君居游半載遂能提綱挈領掇其國之大政都萃而條列之凡爲部有九曰洋務曰財用曰陸軍曰海軍曰考工曰治法曰紀年曰爵祿曰輿地九部之中又分細目七十有三不繁言費辭使全國維新治迹燦若列眉簡約能賅眞大輅之椎輪也庶昌兩次奉使於此亦思有所記述而因循未爲讀是編實滋愧赧矣若君者殆無忝行人之職歟光緒十四年春暮黎庶昌序於

日本東京使署

日本新政考例言

一是編專言日本新政故從前事蹟不及詳誌

一是編現分九部編成二卷始於光緒十三年十月十四年三月告成爲功太迫諸多未妥網羅闕失考核異同姑俟異日

一凡經度由日書譯出者從東京起由英文譯出者從英京起是編俱從其舊倚裝怱促未及改歸一律

一日書半用漢文半用本國文其用漢文書又復文義倒置日文錯雜驟閱頗難明晰是編考訂字義則賴同里王茂才肇鋐搦搉其事辨正文法則藉繙譯沈生忠銘金生城山之力居多

一日本山川港灣現用西法測準丈尺鑛泉亦用西法測準溫冷尚未工竣今將已測者詳細羅列歸入新政

一日本一姓相傳二千五百四十八年至今未改近由西京遷都江戶衣服正朔俱舍舊法師泰西蓋學其學者即思人其人也故世系一門亦歸入新政

一是編採譯形勢總覽地誌提要貨幣沿革考各鑛山出入表海陸兵志燈臺表師船表明治政覽御系圖官署攷諸書蒐輯成帙志在核實不敢誇多

一日本一里計中國六里八零其里法六尺爲間六十間爲町合中國三十六丈三十六町爲里合中國一千二百九十六丈是編里數俱已核准其從英文譯出者仍用英里計英一里合中國三里有三

一日本一貫計中國百兩一匁計中國一錢

一日本一坪計中國六尺方地

日本新政考目錄卷一

洋務部

財用部

陸軍部

海軍部

日本新政考卷一

賜進士出身派赴日本美利堅祕魯巴西美利加英吉利屬地西班牙屬古巴等處游歷官刑部主事顧厚焜謹呈

洋務部

奉使考

中日交涉日繁輯睦邦交保護商旅職在使臣查使節駐各國京城自光緒二年始其初膺駐日使節者則何子峩如璋正使張魯生斯桂副使也嗣後星軺疊至贊隨偕來兩國商務各沾利益實賴使臣力謹錄其姓名官階及到任年月如左

職	姓名	官階及到任年月
使臣	何如璋	二品頂戴翰林院侍讀光緒三年十一月到任
	張斯桂	三品銜知府[illegible]
	黎庶昌	二品頂戴記名道光緒七年十二月到任旋丁憂
參贊	黃遵憲	五品銜揀選知縣光緒三年十一月到任
	郭慶藩	道員用知府未到任
橫濱兼築地理事	范錫朋	候選同知光緒三年十二月到任
	陳允頤	四品銜候選同知光緒七年十二月到任
神戶兼大阪理事	劉壽鏗	候選同知光緒三年十二月到任
	馬建常	內閣中書光緒七年十二月到任
	黎汝謙	揀選知縣光緒八年十一月以隨員接任
長崎理事	余瓗	員外郎銜內閣中書光緒三年十二月到任
	余瓗	光緒七年十二月調任
箱館新潟夷港副領事		

徐承祖 二品頂戴特用道光緒七年十二月到任

黎庶昌 二品頂戴記名道光緒十三年十一月到任

李經方

汪鳳藻

裕庚 光緒廿一年七月到任

陳明遠 員外郎銜中書科中書光緒十年十一月到任

楊樞 知府銜分發補用直隸州十年十一月到任

陳明遠 鹽運使銜廣東候補知府光緒十三年十一月逕任

錢德培 四品銜江蘇候補直隸州光緒十三年十一月到任

阮祖棠 江蘇候補同知光緒十年十一月到任

羅嘉杰 三品銜道員用江蘇候補知府光緒十三年十一月到任

曾紀壽 世襲騎都尉中書科中書光緒十三年十一月任隨員十四年二月乘嘗終地[illegible]

徐承禮 福建候補鹽大使光緒十年十一月到任

蹇念咸 候選同知光緒十三年十一月到任

蔡軒 福建大挑知縣光緒十年十一月到任

楊樞 鹽運使銜分發補用知府光緒十三年十一月調任

劉坤 四品銜候選通判十二年五月以隨員兼任

劉慶汾 州同光緒十三年十一月以繙譯連差兼任

未到任使臣

許鈐身 二品頂戴直隸候補道　丁憂

許景澄 二品頂戴翰林院侍講　丁憂

李興銳 二品頂戴記名道　足疾

何任隨員

陳文史 戶部郎中

廖鴻恩 候選教諭

沈文熒 陝西直隸州

陳衍範 候選布經歷

黎任隨員

楊守敬 教諭

藍文清 湖南知縣

姚文棟 直隸通判

謝祖沅 同知銜

徐任隨員

淞林 翰林院筆帖式

陳衍蕃 江西通判

嚴士琯 江蘇縣丞

梁繼泰 江西縣丞

黎任隨員

莊兆銘 候選道

張晉 廣東鹽大使

孫點 拔貢直州判

蔣子蕃 舉人教諭

張鴻淇 候選通判　潘任邦 候選同知　劉坤 同知銜候選布理問　吳廣霈 候選縣丞　伍敬和 州同銜　楊樞 戶部主事　楊守敬 教諭

何定求 鹽大使銜　馮昭煒 布理問銜江蘇候補縣丞　沈鼎鐘 候選鹽知事　張宗良 候選縣丞　梁殿勳 候選州同　蔡國昭 監生

張沆 州同銜　沈鼎鐘 候選鹽知事　郭萬俊 內閣中書　蔡國昭 監生　張宗良 五品銜知縣　沈鐸 戶部主事　方濬益 前江蘇知縣　陳瑞英 州同銜

梁殿勳 知縣用州同　江長桂 浙江補用知縣　陳嵩泉 江西知縣　黃超曾 附貢　羅星垣 三品銜刑部郎中　于德楙 從九品　杜紹棠 府經歷銜　鍾進成 學生

謝傳烈 增生　陳家麟 拔貢　姚文棟 直隸同知　葛能存 州判　沈鐸 候選直隸州　梁偉年 江蘇縣丞　盧永銘　羅庚齡 州同　樊淙 縣丞　劉慶汾 附貢

陳嵩泉 江西直隸州　徐廣坤 工部員外郎　解錕元 府經歷　于德楙 知縣　鍾進成 學生　徐致遠 附生　張晉 廣東鹽大使　楊錦庭 從九品　蔡霖 福建縣丞　陶大均 鹽大使銜

李昌洵 州同銜　鄭汝騤 從九品　陶大均 鹽大使銜　梁殿勳 分省直隸州　沈鐸 候選直隸州　羅培鈞 州判　徐廣坤 三品銜工部郎中　梁佟年 知府用戶部郎中　左元麟 福建鹽大使　盧永銘 監生

蕭瓊 候選未入流　徐致遠 附監縣丞　廖宗誠 附貢　金采 附貢　劉漢英 舉人教諭　黎汝恒 附生　楊錦庭 從九品　許之琪 分省知縣　羅庚齡 州同

各國使臣致

朝鮮 閔泳駿　代理 金嘉鎮　英國 日茶土布、溫吉土、　代理 波日兒、土連知、　葡國 熱日打、古斯他　代理 熱日打、若兒維、路列路、

丹國 外交事務 船尼司、日哥布斯飯的兒波土　檀香島 路拔土、我客耳文　俄國 日美土利、息維知

日斯巴尼亞 熱日、的拉拔土、伊耳亞　代理 背土路、土、客列列、伊、連貝　荷 喘飯的入、衆哪波土　德國 風會、列便

美國 日茶土、便尼土、哈怕土 義國 列拿土、土耶耳知諾 奧國 昆土、沙兒兒、沙兒斯知、代理安日土、西波兒土、

法國 熱日夫、亞貴、先久知、代理耳尼斯土、兒尼熱日夫亞土利安、鋭兒我列兒 秘魯 熱安、費里古月莫、 比利時 熱兒熱、內土、

通商攷

從前日本通商亞洲祇我國新羅百濟朝鮮泰西則祇葡義英荷數國其時所謂通商專指交聘貢獻諸事未及互市考史載貿易之事始於孝謙天皇神護景雲二年我國唐代宗大曆三年賜錦帛於左右大臣大納言等使其易買新羅交關之物是爲同洲通商之始仁明天皇嘉祥二年唐宣宗大中三年唐船來泊於太宰府在筑前國醍醐天皇延喜三年唐昭宗天復三年國禁私買唐物我國唐時初來之物名曰唐物近稱西洋物亦統曰唐物時例載有與外人私行交易者其罪以盜賊論後奈良天皇天文十年明世宗嘉靖二十年葡人來於豐後神宮寺浦與國主大友宗麟互相立約是爲泰西通商之始後寬永十三年明懷宗崇禎九年幕府因禁西教遂與歐洲及西南諸國謝絕惟荷蘭以有功於國許仍通商且借以探海外消息至我國朝鮮則通好如初嗣後孝明天皇嘉永六年國朝咸豐三年美國來請互市政府拒之越歲美英輪船同至又越年美國遣水師提督不禮統兵輪四艘來俄國兵船亦至安政甲寅乙卯丙辰咸豐四五六年間敵船時集以勢要盟始許泊舟供給缺乏戊午夏與美定約十四則秋與荷英俄立約並指定通商口岸另立條款彼此信守是時幕府德川氏秉政自審國小民弱非西國敵謂與其失地撓師不如開關互市而輿論沸騰力主尊攘說奪德川權歸王家政維新後變制度改法律易正朔別衣服各國罷師行成是爲歐米各國通商之始我國與日貿易最早初無盟約明治四年同治十年七月始定修好條規十

八條是爲中日締約之始商賈往來從此日增爰攷其開港年月及締盟各國暨進口出口貨物歲額如左

通商各港

橫濱方言猶哥哈媽	神奈川縣東海道	咸豐九年安政六年六月二日	箱館方言哈穀達的	北海道廳	咸豐九年安政六年六月二日
長崎方言南埃薩几	長崎縣西海道	咸豐九年安政六年六月二日	築地方言築几入	東京府東海道	
神戶方言可排	兵庫縣畿內	同治六年慶應三年十二月七日	新潟方言呢牙達	新潟縣北陸道	同治七年明治元年七月十五日
大阪方言五薩甲	大阪府畿內	同治七年明治元年七月十五日	夷港方言愛皮司米那得	新潟縣北陸道	

通商各國

大清國	同治十年明治四年七月廿九日	普魯士	同治元年文久二年十二月十三日	瑞典哪威	同治九年明治三年十一月八日
英吉利	咸豐九年安政六年六月十二日	瑞士	同治四年慶應元年五月十四日	德意志	同治八年明治二年正月十日
俄羅斯	咸豐九年安政六年七月十一日	比利時	同治六年慶應三年八月十二日	奧地利	同治十年明治四年十二月三日
法蘭西	咸豐九年安政六年八月二十六日	義大利	同治六年慶應三年九月六日	檀香島	同治十年明治四年七月四日
荷蘭	咸豐十年萬延元年二月九日	丹國	同治六年慶應三年九月四日	秘魯	同治十二年明治六年八月二十一日
美利堅	咸豐十年萬延元年四月三日	西班牙	同治九年明治三年三月八日	朝鮮	光緒二年明治九年八月二十四日
葡萄牙	同治元年文久二年三月十日				

出口貨　十八年

大清國

參　五四一,六八〇　鯣　八〇二,四一七

乾鮑　二九七,四八二　酢海鼠　二〇五,一六六

木菌類　三三一,八一八　煤　三九一,六五四

昆布類　三四五,七四一　磁陶　一二二,一八

銅　八二〇,二七八　樟腦　二六九,三六一

參　八六,九〇九　硫酸

木蠟　一六三,三八一　漆器　一五一,四六九

板木　七〇,七四七

十八年合計　四,四九〇,三六二

十九年合計　九,五九四,九〇七

法國

磁陶器　八一,〇五七　真綿殼蛹屑絲類　一,四三八,一七八

生絲　七,七七九,五一六

紙　七一,八二六

漆器　八一,〇八二

十八年合計　九,四五一,六五九

十九年合計　九,六三二,九〇二

美國

茶　五,九四〇,六二四　生絲　六,〇五一,六七三

磁陶器　一一八,〇三六　真綿殼蛹屑絲類　二〇〇,二七九

樟腦　三〇〇,四三二　漆器　六六,五四七

硫黄　七一,一六六　扇子

十八年合計　一二,七四八,七五七

十九年合計　一九,九八八,二一六

印度

鐵銅熟銅銅漬銅　三〇五,二一五

十八年合計　三〇五,二一五

十九年合計　六四九,一二三

出口貨　十八年

英國

米　六〇,八七〇　烟草　一六五,六六三

茶　磁陶器　一二〇,〇六九

魚油　八〇,六一三　生絲　一,二八八,四七八

木蠟　七〇,六三六　紙　八二,〇四六

真綿殼蛹屑絲類　六一四,六七七　鮑貝

竹器　七〇,四五七　漆器　一三五,一〇二

屏風　五一,二四七

十八年合計　三,七三九,八五八

十九年合計　四,一九五,三五五

德國

米　五七,五一〇

漆器　五二,二八一

十八年合計　一,〇九七,九一

十九年合計　八六四,四五八

義國

羅紗紙　八三,六五〇

扇子　六三,七〇二

十八年合計　一四七,三五二

十九年合計　一八一,二〇〇

秘魯

米　六三,一九五　二〇三,七五三

濠州　木蠟　一二六,九〇〇

十八年合計　四三三,八四八

十九年合計　九〇〇

朝鮮

鐵銅熟銅銅漬銅　六七七,七七〇　生金巾　五三九,九四七

鉛　一五二,〇八一　寒冷紗　三三三,九四七

十八年合計　一,七〇三,七四五

十九年合計　八二九,三一六

入口貨　十八年

大清國

豆	六六、三五九	紅花	五七、六二七
赤白砂糖	四三、七八、四九九	熟皮類	七七、五六八
棉花	二四七、五〇五		
十八年合計	四、八二七、五五八		
十九年合計	七一、二三八、五一一		

法國

縐緬吳呂	一、三五六、八七一
十八年合計	一、三五六、八七一
十九年合計	一、三一〇、九一三

德國

生熟鐵	八八、二九九	縐緬吳呂	二五〇、〇四二
羅紗	六八、五四七		
十八年合計	四〇六、八八八		
十九年合計	二、三一三、六五九		

義國

珊瑚類	一一七、六三二
十八年合計	
十九年合計	一一九、五五七

朝鮮

豆	二九六、八四七	綿布	七二、九三八
生牛皮	二七〇、四九五		
十八年合計	六四〇、二八〇		
十九年合計	五六三、四四七		

瑞士

鐘表類	一〇九、八六六
十八年合計	
十九年合計	二六三、四四六

入口貨　十八年

英國

煤	六四三、三四一	亞鉛	六二二、二一〇
鉛塊	一二五、六一〇	生熟鐵	九〇五、四〇四
茶餅	六三、六五二	金巾類	二、〇三二、六九八
木棉絲	四、〇六五、九四〇	雲齋木綿	一二三、八〇四
汎木棉	七一、六一四	羅紗	一二〇、一四四
寒冷紗	一三七、二〇一	綾吳呂	
綿繻子	一五二、〇五九	毛繻子	九四八、一八七
綿天鵞絨	二四四、四六七	紙	七八、七五〇
蒸氣船			
十八年合計	九、一九五、〇八五		
十九年合計	一二、七一三、二四八		

美國

煤油	二、四五六、二六一	鐘表類	一一八、二一一
熟皮類	五六、六五二	旋條銃	六三、一五一
十八年合計	二、六九四、二七五		
十九年合計	三、五六一、三一九		

印度

熟皮類	六九、四三六	鼈甲	
木棉絲	二、〇九八、七八〇		
十八年合計	二、一六八、二一六		
十九年合計	三、五六一、三一九		

比利時

生熟錢	九七、九五八
窗硝子	九五、六三六
十八年合計	一九三、五九四
十九年合計	五一、七九八

俄國	十八年合計 十九年合計	入一三一、一四六	出二三一、六九五
澳地利亞	十九年合計	八、六四五	四六九、九一四
荷國	十九年合計	四四、四七八	七一、七八八
土耳其	十九年合計	入　一八二	出　七七八
丹國	十九年合計	入　三一、三四七	
諸小國	十九年合計	入　九二、八八〇	出四一九、五一二
檀香島	十九年合計	入	出　二五、四三一
比利時	十九年合計	入　詳前	出
日斯尼巴亞	十九年合計	入　三九、三七一	出　一、七一七
瑞典	十九年合計	入　一三二	出　二八九
葡國	十九年合計	入　二、六七六	出
秘魯	十九年合計	入　五、五三五	出　詳前

共　入　三二、一六八、四三二　出　四七、三四、七二〇

明治十九年輸出入物品價　八一、〇四四、六九五　輸出價　四八、八七六、二六三　輸入價　三二、一六八、四三二

比十八年　比十八年增一一、七三八、九一六　比十八年增二、八一一、四六三

輸出物產攷絲茶陶器諸雜物水產

生絲	玉絲	熨斗絲	屑絲
番茶	粉茶中美	蜜臘	麥麴中
絹衣服	莨入用紙中歐美	龍吐水中	扇子中高歐美
黃連中印	烏頭	花生	吳茱萸中
棕梠皮	繰綿	膠	瀨戶貝
錫	乾田螺	乾牡蠣	海扇柱
魚蠟英法德美	乾鰛中	鯡油美德法	棒鱈中
樟腦歐美中	樟油	木蠟	葉莨歐美

殼蛹	真綿中英法美德義	鹽紙美	製茶中英法歐美	荒銅	製銅	銅線中高歐美	銅器	青銅器中高英美法印	提燈	日傘中美歐	漆器中歐美印	辛子種歐美	乾蛤
書物用紙歐美	手拭地	木綿織物中	絹織物中歐美	大豆歐美	藥參中	馬鈴薯中歐美	胡麻中	形附革	形附紙歐美	象牙細工	寄木細工	押繪中法德布印	乾蜊
團扇中高歐美	人力車中	礦寶中印	乾栗中	牡豆皮	桂皮	茯苓	蜂蜜中	金銀細工	釣竿中歐美	切乾大根中	蕈中德法美	山漆中	布海苔
束髮印	橙油美	薄荷油英德荷	鉛中	齒磨粉	植樹	屏風	玩物	竹細工中歐美	麥藁真田美	麻	水晶	乾百合中	雞冠草
乾蝦	鱶鰭中	醬油	鱶皮歐美	陶器	七寶燒	錦繪	古書畫中歐美	鹿角中歐美	鹿胎子中	馬尾美	桐水油歐美	磨砂中	硨渠貝歐美
牛邊咁柱中	水鳥毛歐美	鯨油	鰮油英法德美	檫附木中高	雲母中	根鞭英美	木附子中美德	土百合英美	銀杏中	絲瓜歐美	牛蠟歐美中	牛革歐美	獺革
肝油歐美	乾鰈	披鯛	鹽鯛中	鹿革	狐革	狸革	貉革中歐美	鹿足筋中	小鳥中歐美	刀中德意印	小銃中	材木中法德意印	木鼠革歐美中
刻莨即刻烟草	元米中高歐美	小米中	石炭中歐美	匪敷紙歐美	皮紙中英美	牛脂中美	內國製硫酸	甲烏賊中	淡貝歐	鯨鬚	鯨筋中	真珠中歐美	板昆布

海參	鰒魚貝	乾鱆中	鹽鰊	膃肭臍革	海獺革	鮑貝殼英法	刻昆布中
乾鮑	田作魚中	寒天中歐美	鈹鰊中	海豹革歐美中	臘虎革歐美中	眞珠貝歐美	潰銅中高歐美
鐵	硫黃中歐美	小麥中	菜種歐美	屑布美	椎茸中	木茸中	岩茸中
硝石中	礦石中形美印	麥粉中俄	菜種油美	醬油中英	大麥中		

商賈戶數攷

據各府縣地方稅賦課經調查諸商業之卸賣商仲買商小賣商及營專業者戶數核實總計以備考證謹詳攷其數如左

卸賣	十三萬三千二百戶	小賣	八十九萬六千五百五十八戶
仲買	十萬四千四百三十三戶	合計	一百十三萬四千百九十一戶

貸屋	三萬六千三百四戶	旅人宿	八萬四千四百七戶	湯屋	八千三百五十八戶
兩替屋	六百九十三戶	屋入受宿	二千二百一戶	戲園及茶屋遊船宿	一千五百三十六戶
古着古金古道具商	六萬千四百四十三戶	料理屋	一萬九千七戶	雜商	四萬六千三百十四戶
書畫骨董商	七百六十三戶	諸飲食店	十萬七千二十四戶	合計	三十七萬九千九百三十七戶
海陸運送店	六千七百五十二戶	損料貸	五千百三十五戶		

商輪攷

尾張丸專赴天津　橫濱丸　東京丸　薩摩丸專赴上海
豐島丸　長門丸　元武丸　名古屋丸　和歌浦丸　東海丸　芳野丸
廣島丸　山城丸　高砂丸　新潟丸　近江丸　相模丸以上專赴本國各港

國中共有西洋汽船三百九十是攷所詳係商船之大者其他著名兵輪已入師船攷此外尋常汽船不及備記又西洋風帆船四百十九本國貨船一萬五千四百十九解魚船及海川小廻船四十六萬二千四十五大則颿輪風疾小則漁艇帆揚商業之逐漸振興意在斯乎

海里攷

通商以來設立公司輪船時至我國上海通貿易而橫濱公司船又與美公司輪船之來往橫濱金山者時時相接商務漸興而英法公司船之經過橫濱者亦復颿輪接踵克期可至海里之遠近朗若列眉作海里考

長崎至天津海里一千二百卌六里日本六百六十八里
長崎至上海海里四百三十七里日本里二百六里九町
長崎至香港海里一千二百七十四里日本里六百里零三十三町
長崎至安南柴棍海里二千一百六十七里日本里一千里零二十七町

長崎至新嘉坡海里二千七百八十一里日本里一千三百十七里十七町

長崎至錫蘭海里四千二百九十一里日本里二千零二十九里十九町

長崎至亞刺比亞亞丁海里六千四百二十五里日本里三千零三十五里二十七町

長崎至埃及蘇士海里七千六百三十三里日本里三千六百五十二里十八町

長崎至義太利那不兒海里八千八百五十里日本里四千二百二十六里十二町

長崎至法國馬塞海里九千三百四十六里日本里四千四百六十里七町

長崎至德國漢堡海里一萬一千七百四十六里日本里五千七百七十里三十一町

長崎至朝鮮釜山浦海里百六十二里日本里七十九里五町

長崎至朝鮮仁川海里四百五十八里日本里二百十五里三十四町

長崎至朝鮮元山津海里四百六十里日本里二百四十四里二十四町

長崎至俄國浦潮斯德海里六百五十五里日本里三百八里二十町

橫濱至檀香島海里三千二百四十三里日本里千五百二十九里十一町

橫濱至美國桑港海里五千一百五十六里日本里二千四百二十八里二十町

橫濱至美國華盛頓都城海里七千七百九十一里日本里三千四百七十九里

橫濱至英國倫敦都城海里一萬千五百七十二里日本里五千四百六十三里

橫濱至西班牙海里九千九百二十四里日本里四千六百八十五里

燈臺攷

燈臺之設所以利船艦之行雖月黑風狂不虞迷路顧船艦往來以認明鍼路爲主燈臺建置尤以測準度數爲主度數既準則針路得所指示矣維新以來海口疊置燈臺經緯度未盡測準茲將已測準者詳列于左未測準者與浮標燕標附後

一品川　在東京府東海道武藏國東京灣第二砲臺　北緯二十五度三十七分東經百三十九度四十六分光達九里不動白色

一羽根田洲　在東京府東海道武藏國東京灣　北緯三十五度三十二分東經百三十九度四十八分光達十里不動綠色

一橫濱　在神奈川縣東海道武藏國橫濱波止場　東經百二十九度三十八分北緯三十五度三十二分光達六里不動赤色

一觀音崎　在神奈川縣東海道相模國東京灣口　北緯三十五度十五分東經百三十九度四十五分光達十七里不動白色

一觀音崎副燈　在神奈川縣東海道相模國東京灣口　北緯三十五度十五分東經百三十九度四十五分光達七里不動赤色

一劍崎　在神奈川縣東海道相模國東京灣口　北緯三十五度八分東經百三十九度四十一分光達十六里半螺旋白色

一城島　在神奈川縣東海道相模國一島　北緯三十五度八分東經百三十九度三十七分光達十里不動綠色

一神子元島　在靜岡縣東海道伊豆國賀茂郡下田港　北緯三十四度三十四分東經百三十八度五十六分光達十九里半不動白色

一石室崎　在靜岡縣東海道伊豆國賀茂郡長津村極南地　北緯三十四度三十六分　東經百三十八度五十一分　光達十里不動赤色

一御前崎　在靜岡縣東海道遠江國榛原郡極南地　北緯三十四度三十六分　東經百三十八度十四分　光達十九里半螺旋轉白色

一菅島　在三重縣東海道志摩國鳥羽港口　北緯三十四度三十一分　東經百三十六度五十五分　光達十五里不動白色

一安乘崎　在三重縣東海道志摩國的矢港口　北緯三十四度二十二分　東經百三十六度五十五分　光達十六里螺旋白色

一樫野崎　在三重縣東海道紀伊國大島東岬　北緯三十三度二十八分　東經百三十五度五十二分　光達十里半螺旋白色

一汐岬一名潮御崎　在三重縣東海道紀伊國極南　北緯三十三度二十六分　東經百三十五度四十六分　光達二十里不動白色

一苫島一名友島　在三重縣東海道紀伊國和泉海峽東　北緯三十四度十七分　東經百三十五度一分　光達十九里不動白色

一堺一名友島　在大坂府畿內和泉國堺港　北緯三十四度三十四分　東經百三十五度二十九分　光達十里不動綠色

一木津川　在大坂府畿內攝津國大坂　北緯三十四度三十八分　東經百三十五度二十八分　光達八里不動赤色

一天保山　在大坂府畿內攝津國大坂砲臺　北緯三十四度四十八分　東經百二十五度三十七分　光達十二里半不動白色

一和田岬　在兵庫縣畿內攝津國和田岬　北緯三十四度三十九分　東經百三十五度十一分　光達十二里不動赤色

一江崎　在兵庫縣南海道淡路國北岬　北緯三十四度三十七分　東經百三十五度　光達十八里半不動白色

一釣島　在愛媛縣南海道伊豫國　北緯三十三度五十四分　東經百三十二度二十九分　光達二十里不動白色

一部崎　在山口縣山陽道長門國北方下關海峽東口　北緯三十三度五十七分　東經百三十一度二分　光達十七里不動白色

一六連島　在山口縣山陽道長門國下關海峽西口　北緯三十三／東經百三十度五十九／五十三分光達十五里不動白色

一博多　在福岡縣西海道筑前國博多港　北緯三十三／東經百三十度三十六／二十四分光達十里不動白色

一白洲　在福岡縣西海道豐前國藍島西南　北緯三十三／東經百三十度五十九／四十八分光達十里不動赤色

一烏帽子島　在長崎縣西海道肥前壹岐兩國間孤島　北緯三十三／東經百二十九度四十一／五十八分光達二十里不動白色

一佐多岬　在鹿兒島縣西海道大隅國極南小島　北緯三十／東經百三十度五十八／三十分光達二十里半不動白色

一鹿兒島　在鹿兒島縣西海道薩摩國鹿兒島港　北緯三十一／東經百三十度三十二／三十分光達六里不動赤色

一角島　在山口縣山陽道長門國油谷港口　北緯三十四／東經三十度二十一／五十分光達十八里螺旋白色

一立石崎　在福井縣北陸道越前國敦賀灣口　北緯三十五／東經百三十六度四十五／一分光達十五里不動白色

一伏木（一名射水川）　在富山縣北陸道越中國伏木港　北緯三十六／東經一百卅七度四十七／三分光達十里不動白色

一新潟　在新潟縣北陸道越後國信濃川南岸　北緯三十七／東經百三十九度五十六／三分光達十里不動白色

一青森　在青森縣東山道陸奥國青森港　北緯四十／東經一百四十度五十一／四十五分光達六里不動赤色

一函館　在北海道渡島國函館港　北緯四十一／東經百四十一度四十七／四十三分光達十里不動紅色

一葛登支岬　在北海道渡島國函館港西方　北緯四十一／東經百四十一度四十四／三十五分光達十七里明滅白色

一辨天島　在北海道根室國根室港　北緯四十三／東經百四十五度二十／三十五分光達六里不動赤色

一鷹島　在長崎縣西海道肥前國呼子港口　北緯三十三度三十三分　東經百二十九度五十四分　光達八里不動白色

一大瀨崎　在長崎縣西海道肥前國五島極南一島　北緯三十二度三十七分　東經百二十八度三十六分　光達二十三里旋轉白色

一伊王島　在長崎縣西海道肥前國長崎港口　北緯三十二度四十三分　東經百二十九度四十五分　光達二十一里半不動白色

一蔭尾島　在長崎縣西海道肥前國　北緯三十二度四十二分　東經百二十九度四十九分　光達八里不動赤色

一口津　在長崎縣西海道肥前國島原港口　北緯三十二度三十六分　東經百二十度十二分　光達八里不動白色

一日和山一名救自志岬　在北海道後志國高島郡極東岬　北緯四十三度一分　東經百四十度三十分　光達十五里不動白色

一宗谷岬　在北海道北見國北端　北緯四十五度三十一分　東經百四十一度五十五分　光達十七里閃光白色

一尻矢崎　在青森縣東山道陸奥國津輕海峽　北緯四十一度二十六分　東經百四十一度二十八分　光達十八里半不動白色

一金華山　在宮城縣東山道陸前國北上川口東岸　北緯三十八度十六分　東經百四十一度三十六分　光達十九里半不動白色

一犬吠崎　在千葉縣東海道下總國　北緯三十五度四十三分　東經百四十度五十三分　光達十九里旋轉白色

一納沙布崎　在北海道渡島國函館港　北緯四十三度二十六分　東經百四十五度五十二分　明滅白色

一本牧燈船　在神奈川縣東海道武藏國横濱港　北緯三十五度二十六分　東經百三十一度四十一分　光達十里不動赤色

一野島崎　在千葉縣東海道安房國崎東　北緯三十四度五十三分　東經百三十九度五十四分　光達十七里半不動白色

一四日市　在三重縣東海道伊勢國四日市港　北緯三十四度五十七分　東經百三十六度三十九分　光達八里不動白色

一龍頭崎　在高知縣南海道土佐國浦戶港口　北緯三十三度三十分　東經百三十三度三十七分　光達十里不動白色

一神戶燈竿　在兵庫縣畿內攝津國神戶港東稅關波止場　北緯三十四度四十一分　東經百三十五度十一分　光達六里不動綠色

一鍋島　在愛媛縣南海道讚岐國與島南端接小島　北緯三十四度二十三分　東經百三十三度四十九分　光達十五里不動白色

一三津濱　在愛媛縣南海道伊豫國三津濱北波止場　北緯三十三度五十二分　東經百三十二度四十二分　光達六里不動白色

一島原　在長崎縣西海道肥前國島原海北口小島上　北緯三十二度四十六分　東經百三十度二十五分　光達六里不動白色

一鞍崎　在宮崎縣西海道日向國大島南端　北緯三十一度三十分　東經百三十一度二十四分　光達二十四里閃光白色

一祿剛崎　在石川縣北陸道能登國極北東地　北緯三十七度三十分　東經百三十七度十九分　光達十八里不動白色

一石卷　在福井縣北陸道陸前國北上川口東岸　北緯三十八度二十五分　東經百四十一度十九分　光達六里不動白色

一贄崎　在三重縣東海道伊勢國津港　北緯三十四度四十二分　東經百三十六度三十二分　光達六里不動白色

一福浦　在山口縣山陽道長門國彥島　北緯三十三度五十五分　東經百三十度五十四分　光達四里白色

一御手洗　在廣島縣山陽道安藝國大崎下島御手洗港　北緯三十四度十分　東經百三十二度五十二分　光達　里　色

一魚見崎　在長崎縣西海道肥前國田助港北角　北緯三十三度二十一分　東經百二十九度三十三分　光達　里　色

以上經緯度已經實測

一民設波止崎　在兵庫縣畿內東稅關波止場光達一里不動白色

一又高砂　在兵庫縣畿內加古郡高砂港光達四里不動白色
一又尼崎　在兵庫縣畿內川邊郡尼崎港西波止隄頭都光達三里不動紅色
一又今津　在兵庫縣畿內武庫郡今井村波止字西濱光達三里白色
一又二見　在兵庫縣畿內加古郡東二見港波戶光達三里白色
一又洲本竿燈　在兵庫縣畿內津名郡洲本港南波止中央光達五里白色
一又高燈籠　在兵庫縣畿內飾東郡飾磨港波止崎光達五里白色
一築地　在愛知縣東海道　光達　里白色
一成巖　在愛知縣東海道　光達　里東北白色西紅南青
一中洲　在愛知縣東海道　光達　里白色
一洲崎　在愛知縣東海道　光達　里赤色
一前芝　在愛知縣東海道　光達　里赤色
一形原　在愛知縣東海道　光達　里白色
一牟呂　在愛知縣東海道　光達　里白色

浮標燈標攷

一川崎　在神奈川縣東海道東京灣羽根田洲極南鐵造圓錐形高一丈
一神奈川　在神奈川縣東海道横濱港北方鐵造圓錐形高一丈
一横濱　在神奈川縣東海道横濱港南方鐵造圓錐形高一丈
一本牧　在神奈川縣東海道横濱港本牧沖荒洲東端鐵造圓錐形高一丈
一中根　在神奈川縣東海道相模國横須賀灣口東方鐵造圓臺形高三尺
一富津　在千葉縣東海道東京灣富津洲西端鐵造圓錐形高一丈五尺
一現權洲　在愛知縣東海道尾張國知多郡半田灣内鐵造圓錐形高一丈
一平磯　在兵庫縣山陽道明石海峽東口北方鐵造圓錐形高一丈五尺
一鹿瀨　在兵庫縣山陽道内海播磨洋江崎燈臺旁鐵造圓錐形高一丈五尺
一神田島　在山口縣山陽道長門國厚東郡極南鐵造圓錐形高一丈五尺
一本山　在山口縣山陽道長門國南御崎南方淺洲鐵造圓錐形高一丈
一中洲東　在山口縣山陽道下關海峽東方鐵造圓錐形高一丈
一中洲西　在山口縣山陽道下關海峽中洲西鐵造圓錐形高一丈
一飛洲　在山口縣山陽道下關海峽部崎燈臺沖飛洲鐵造圓錐形高一丈

一金伏　在山口縣山陽道下關海峽中金伏岩南鐵造圓錐形高一丈

一門司　在山口縣山陽道下關海峽門司灣內鐵造圓錐形高一丈

一大碇根　在山口縣山陽道下關海峽大碇根東南鐵造圓錐形高一丈二尺五寸

一藍島　在山口縣山陽道下關海峽藍島北鐵造圓錐形高一丈五尺五寸

一室津礁標　在兵庫縣畿內攝西郡室津港暗礁上中央塗色木質

一海門標同　在兵庫縣畿內川邊郡尼崎港東波止隄頭部木竿直立附球高五尺

一平磯同　在兵庫縣山陽道明石海峽東口北方石造圓錐形高三尺五寸

一角石同　在愛知縣東海道尾張國師崎水道日向賀島西方礁上鐵造三叉架高二丈五尺

一長太夫同　在廣島縣山陽道備後國瀨戶細島北方岩上石造圓錐形高二丈三尺

一與治兵衛同　在山口縣山陽道長門國下關海峽航路東方岩上石造圓錐形高二丈

一鴨瀨同　在山口縣山陽道長門國下關海峽航路北方礁上石造圓錐形高二丈

一組同　在山口縣山陽道長門國下關海峽航路北方岩上石造圓錐形高二丈

一平瀨同　在長崎縣西海道肥前國長崎港口岩上石造圓錐形高二丈

一伏瀨同　在長崎縣西海道肥前國平戶海峽南口南方礁上石造圓錐形高四丈

一釜石同　在岩手縣東山道陸中國釜石港内航路東方南中瀨岩上鐵造方錐形高二丈六尺

鐵道攷

各港通商以來輪船風馳電線林立轉運既捷音信無阻然便在水路何與陸日本倣歐美制疊營鐵道或官辦或民辦逐漸增添聞二年後可由橫濱徑達琵琶湖而至西京大坂神戸五年可達長崎今將已成者之緣起里數停車場詳考如左

	英里（每英里合中里三三）	起工年月	完工年月	停車場	建設工費	每里工費
東京新橋至橫濱	一八	同治九年日本明治三年三月	十一年五年九月	七　新橋　品川　大森　川崎　鶴見　神奈川　橫濱	二、八四四、二八五	一五八、〇一六
神戸至大津	五八	九年三年七月	十三年七年五月	一八　神戸　三宮　住吉　西宮　神崎　大阪　吹山　茨木　高槻　山崎　向日町　京都　稻荷　山科　大谷　馬場　石塲　大津	七、七五〇、二五〇	一三三、六二五
神戸至大坂		十二年六年十二月	光緒三年十年三月	六　神戸　三宮　住吉　西京　神崎　大阪　曾根崎		
西京至大坂		光緒四年十一年七月	六年十三年七月	七　京都　向日町　山崎　高槻　茨木　吹田　大阪　曾根崎		
敦賀至大垣	四九	五年十二年十月	九年十六年十一月	一五　敦賀　疋田　刀根　柳瀬　中郷　大本　高月　河毛　大寺　長濱　上阪　春照　關原　垂井　大垣	三、三二七、五四一	六五八、六八〇
大垣至半田	四八		十二年十九年		一、六三四、一七二	一四、〇五四
高崎至直江津	三八		十一年十八年		一、二四八、一七二	三四、六七一
大宮至宇都宮至白川	八〇	十三年二十年		九　大宮　蓮田　久喜　栗橋　中田　古河　小山　石橋　宇都宮	一、六二九、一二一	二〇、二三九

宇都宮至鹽竈				二〇 宇都宮 長久保 矢板 那須 黑磯 豐原 白河 矢吹 須賀川 郡山 本宮 二本松 松川 福島 桑折 白石 大河原 岩沼 仙臺 鹽竈
上野至前橋	六八	八年（十五年）五月	十年（十七年）八月	一五 上野 旺子 赤羽 浦和 大宮 上尾 桶川 鴻巢 吹上 熊谷 深谷 本莊 新町 高崎 前橋
新橋至赤羽	一六	八年（十五年）	九年（十六年）	八 新橋 品川 目黑 澁谷 新宿 目白 板橋 赤羽
橫濱至國府津			十三年（二十年）五月	七 橫濱 程谷 戶塚 藤澤 平塚 大磯 國府津
北海道手宮至江別	三五	六年（十三年）正月	八年（十五年）六月	八 手宮 住吉 朝里 錢函 輕川 琴似 札幌 江別
江別至幌內	二一	八年（十五年）六月	八年十一月	四 江別 岩見澤 幌內 太建

電線攷

通國電線架之設始于同治八年（明治二年）橫濱辦天通燈臺寮本町裁判所繼之九月東京築地亦設數架明年八月神戶大坂長崎逐漸興修近則各府縣無處無之其由海線達外國者則有我國上海香港美國舊金山俄羅斯琉球等處合計境內所成線條紆回曲折積成二萬三千零六十三里謹詳攷如左

一同治十一年（日本明治五年）成線條三十四里　一同治十三年（明治七年）成線條千三百二十三里

一光緒二年（明治九年）成線條二千二百十四里　一光緒四年（明治十一年）成線條三千三百八十里

一光緒六年（明治十三年）成線條四千四百八十四里　一光緒八年（明治十五年）成線條五千五百二十三里

一光緒十年（明治十七年）成線條六千九十五里

東京橫濱間　本線七里十二町三十八間　複線七里十二町三十八間　高崎橫川間　本線七里十三町三十間　複線無
直江津關山間　本線七里十七町十間　複線無　神戶大津間　本線廿三里三十四町八間　複線七里十四町廿七間
敦賀大垣間　本線二十里六町十七間　複線一里三十四町　武豐木曾川間　本線十六里十八町七間　複線無
手宮幌內間　本線廿三里七町三十五間　複線一里廿八町四十五間　上野品川前橋間　本線三十三里十町廿六間　複線無
大宮黑磯間　本線三十二里三十一町四十一間　複線無　堺大坂間　本線一里三十四町三間　複線無

以上十處電桿所竪之地即汽車必由之路近年鐵道日增將來汽車來往更捷與電信迅速相輔而行商賈利便其殆庶幾乎

府縣電信局攷

東京　中央局木挽町　日本橋　兩國　淺草　本鄉　四谷　赤羽　赤坂　深川　新橋　品川　大森
京都　京都　同七條　同伏見　丹後宮津　丹波園部
大坂　西部中央局大阪梅田停車場　大坂高麗橋　同川口　同心齋橋　和泉堺　攝津神崎　同高槻
神奈川　橫濱本町　同停車場　神奈川　同停車場　川崎　鶴見　八王寺　相模小田原　同函根　同橫須賀　同浦和
兵庫　攝津神戶　同三之宮　同西之宮　同兵庫　播磨明石　同姬路　淡路須本　但馬出石　同豐岡　同生野
長崎　肥前長崎　對馬

新潟　越後新潟　同高田　同直江津　同糸魚川　同柏崎　同出雲崎　同長岡　同三條　同小千谷
同新發田　同村上

北海道　渡島函館　同福山　同森　同七重　同江差　後志壽都　同岩内　同小樽　同余市　石狩札幌　日高浦川
同幌泉　膽振室蘭　同苫小牧　釧路厚岸　同濱中　同釧路眞砂町　十勝大津驛　根室根室本町

埼玉　武藏浦和　同熊谷　同本庄

群馬　上野高崎　同桐生　同伊勢崎　同大間間　同前橋

千葉　下總千葉　同佐倉　上總木更津

茨城　常陸水戸　同佐原

橡木　下野足利　同橡木　同宇都宮

三重　伊勢桑名　同四日市　同津　同松坂　同山田　志摩鳥羽

愛知　三河豐橋　同岡崎　同西尾　尾張名古屋　同半田

靜岡　駿河靜岡　同沼津　同藤枝　同淸水　遠江掛川　同森町　同見附　同濱松　伊豆熱海　同下田

山梨　甲斐甲府　同猿橋

滋賀　近江彥根　同長濱　同八幡　同水口　同大津

岐阜　美濃岐阜　同中津川　同大垣　同關村

長野　信濃小諸　同上田　同松代　同長野　同松本　同稻荷山　同上諏訪　同福島　同伊那　同飯田

宮城　陸前仙臺　同野蒜　同石之卷　磐城白石
福島　磐城白川　同三春　岩代若松　同二本松　同福島　同郡山　同須賀川
岩手　陸中一關　同盛岡　同釜石　同宮古　同花卷
青森　陸奥八戶　同青森　同弘前
山形　羽前米澤　同小出　同山形　同鶴岡　同酒田
秋田　羽後橫手　同秋田　同能代
福井　越前武生　同坂井　同福井　同敦賀　若狹小濱
石川　加賀大聖寺　同金澤　同小松　能登七尾
富山　越中魚津　同富山　同高岡　同伏木　同東岩瀨
鳥取　因幡鳥取　伯耆米子　同境
島根　出雲松江　石見濱田
岡山　備前岡山　備中玉島
廣島　安藝廣島　備後尾道
山口　周防德山　同三田尻　同山口　長門萩　同赤間關

和歌山　紀伊和歌山

德島　阿波德島　同撫養

愛媛　讚岐丸龜　伊豫今治　同松山　同大洲　同八幡濱　同宇和島

高知　土佐高知　同須崎

福岡　筑前福岡　筑後久留米　同柳川　同三池　豐前大橋

大分　豐前中津　豐後大分

佐賀　肥前佐賀　同柄崎　同伊萬里　同唐津

熊本　肥後熊本　同八代

宮崎　日向延岡　同宮崎　同飫肥　同都城

鹿兒島　薩摩鹿兒島

奈良　大和奈良

時刻攷

日本東京正午十二時爲我國京都午前十時二十六分五十六秒太陽由東而西彼此度數不能強同據是以推而日本境內各道與歐美各國時刻均可實測矣謹詳考如左

大淸國京都午前十時二十六分五十六秒
奧國維也納午前三時四十六分八秒
東京正午十二時
法國馬賽午前三時二分二十八秒
札幌午後零六分二十五秒
法國巴黎午前三時十六秒
仙臺午後零四分二十八秒
義國羅馬午前三時三十二分五十六秒
函館午後零三分五十三秒
荷國唵特坦午前三時三十二秒
新潟午前十一時五十七分九秒
土國君士但丁四時三十六分五十二秒
名古屋午前十一時四十八分二十八秒
日斯巴尼亞馬德里午前二時二十六分八秒
西京午前十一時四十四分二秒
丹國哥本哈牙午前三時廿一分廿秒
大坂午前十一時四十三分四秒
瑞國斯得哥爾摩午前三時五十三分十二秒
兵庫午前十一時四十一分四十四秒
那國基督亞尼亞午前三時卅四分五十二秒
廣島午前十一時三十分四十七秒
葡國里斯本午前二時四分四十秒
熊本午前十一時二十三分四十七秒
俄國彼得羅堡午前四時四十二分四十秒
長崎午前十一時二十分二十七秒
美國費拉地費午後九時四十分十二秒
英國倫敦午前三時二十分四十秒
美國華盛頓午後九時三十二分四十八秒

德國伯林午前三時五十八分三十二秒　美國紐約午後九時四十五分

法國巴黎午前二時五十分二十秒　比國比律悉午前二時五十八分廿四秒

新聞攷

新聞紙之設泰西盛行日本仿之幾乎無府不刊無縣不刊而東京尤盛蓋臣民輻集之地覩者寔繁有徒也謹詳考如左

朝野新聞在京橋區銀座四丁目

東京日日新聞在尾張町一丁目

郵便報知新聞在日本橋區藥研堀町　以上東京五大新聞

讀賣新聞銀座一丁目

改進新聞京橋區南鍋町

繪入自由新聞三十間堀二丁目

目醒新聞元數寄屋町二丁目

國民之友赤坂區榎坂町五番地民友社　每月二張

團團珍聞神田區雉子町團團社

每日新聞在尾張町新地七番地

時事新報南鍋町二丁目

公論新報京橋區彌左衛門町

插畫新聞

今日新聞山城町

東京繪入新聞尾張町二丁目

繪入朝野新聞銀座一丁目　心危張畢日不刊

東京經濟雜誌京橋區彌左衛門町七番地東京經濟雜誌社

輿論新誌京橋區尾張町新地七番地嚶鳴社　以上三家七日一張

法學協會雜誌神田區錦町二丁目二番地　東洋學藝雜誌神田區裏神保町

統計集誌京橋區山城町六番地　以上三家每月一張　交詢雜誌京橋區南鍋町　每月一張

女學雜誌京橋區日吉町八番地　七日一張

財用部

歲入歲出攷

日本新例豫量今歲所出之數若干先權今歲取給於民者若干數務使有贏無絀茲据明治戊子歲入歲出各款并將丁亥歲入歲出各欵臚列比較如左

歲入	廿一年	廿年
第一部		
第一款 內國稅	六三、二八九、八九〇	六二、三九七、五七〇
第一項 地租	四二、〇八九、一四九	四二、五五九、四四一
第二項 所得稅	一、〇一二、三七六	
第三項 國立銀行稅	二二一、八五〇	二二一、八五〇
第四項 證券印紙	六二七、四一二	六五四、八二一
第五項 訴訟用印紙料	三三四、一三四	三九八、七〇二
第六項 北海道水產稅	二〇九、八〇二	二〇〇、〇〇〇
第七項 米商會所稅	一二二、五二四	二六四、八二四
第八項 株式取引所稅	八八、三四五	四九、三二〇

歲出	廿一年	廿年
第一部 國債勳祿恩給		
五款十三項合計	二〇、九八六、三五〇	二〇、八五五、〇〇〇
第二部 帝室費		
二款九項 合計	二、七五二、一六五	二、七五一、九一一
第三部 內閣所管		
一款七項 合計	五五二、三六七	六〇五、一三六
外務省及在外公館所管		
二款十四項合計	八三三、九五四	八四〇、一八七
內務省所管		
五款五十項合計	八、四八一、三一四	八、九一四、一二三

第九項　酒稅　一四、二二六、六八〇　一三、六九七、七二三
第十項　醬麴醬槳稅　二五、八六〇　二七、八一〇
第十一項　醬油稅　一、三二〇、一六八　一、三七三、二一〇
第十二項　菓子稅　五四三、九二五　五四三、九二五
第十三項　煙草稅　一、二四四、六〇八　一、二四四、〇〇一
第十四項　賣藥稅　四三三、五五一　四三三、五五一
第十五項　船稅　二四七、九五一　二四七、九五三
第十六項　車稅　五二四、七三三　四八五、三〇五
第十七項　度量衡稅　一、九七九　一、六五八
第十八項　牛馬賣買免許稅　六五、四二八　六五、四二八
第十九項　銃獵免許稅　四九、四〇六　四九、四〇六
第二款　關稅　二、九九九、六八五　二、七〇四、五五三
第一項　海關稅　二、九九九、六八五　二、七〇四、五五三
第一部合計六六、二八九、五七六　合計六五、一〇二、一二三
第二部
第一款　免許及手數料
第一項　免許料　一九、四二六　二六、五八二
第二項　手數料　二〇九、六三四五　二三四、三六〇一
第二款　郵便電信收入
第一項　郵便收入　二、二三三、四八八
第二項　電信收入　三、二二七、五四八　八六三、二〇九
第三款　森林收入
第一項　貸下料　一三、八七三　一三、〇一八

大藏省所管
十款廿九項合計　一〇、一三四、八二五　一〇、七二一、二六九
陸軍省所管
三款二十三項合計　一二、一五六、四七四　一二、〇四五、九四四
海軍省所管
四款二十項合計　一一、二五六、五五五　一二、〇〇六、〇五二
司法省所管
二款十二項合計　三、一六七、〇三六　二、七九一、六九六
文部省所管
三款十四項合計　八五四、八三五　八八八、三二六
農商務省所管
二款八項　合計　四八六、二〇二　五三八、四七五
遞信省所管
三款廿五項合計　四、四一一、五九七　三、五九二、四五〇
元老院所管
一款四項　合計　二八二、四八一　二八五、三一二
會計檢查院所管
一款四項　合計　九二、四四一　九二、四四一
鐵道局所管
一款五項　合計　一八、七六八　一八、七六八
北海道廳所管
一款十六項合計　二、〇六六、一四九　二、一八八、二五九
第三部合計　五四、八〇四、五九五　五五、五二八、三八八

第二項　拂下料　五六三、三八六　三九七、一六四
第三項　雜入　七、四二一　六、六〇一
第四款　官有物貸下及拂下代
第一項　貸下料　二二五、〇三六　二二二、八〇五
第二項　拂下料　一〇五、五六〇　八三、五四一
第五款　貸付返納金　三一二、三二八　四一一、七一八
第六款　雜收入
第一項　礦山借區稅　二二、三三〇　一八、二〇五
第二項　官報賣下代　二二一、二四〇　一七七、五四〇
第三項　懲罰及沒收金　三九四、一八二　三四七、九六三
第四項　辨償金　九、一八七　九、六二〇
第五項　雜入　三七八、六四六　三七四、三〇九
第七款　官業諸收入
第一項　官業益金　九九七、二二四　七九五、三〇三
第二項　官業收入　九九七、二二四　七九五、三〇三
第二部　合計　六六二、八九、五七六　六五、一〇二、一二三
第三部
第一款　海軍公債募集金五、三五七、九一〇　六、四八六
第二款　操越金 防海費獻納金　五三五、九六三
第三部　合計　五、八九三、八七四
歲入　總計　八〇、七五五、九二三　總計　七九、九三六、八七〇
較廿一年少八一九、〇五三

第四部　皇居神宮官衙法律博覽會砲臺海防水雷等費
七款十八項合計　二、二〇四、七四二　七六九、六五九
第四部合計　二、二〇四、七四二　七六九、六五九
歲出　總計　八〇、七四七、八五三　總計七九、九三五、五五二
較廿一年多八一二、三〇〇

比較連年國債攷

維新以來國用日繁國債日積日廷力振商務講求賦稅逐年清釐國債冀由多而少由有而無其謀國者之苦心可見也茲据明治二十一年準備之國債與連年數目比較之孰增孰減可一覽而知矣謹詳考其數如左

名目	二十一年	二十年	十九年	十八年	十七年
國債	二四五,九二二,二〇七元	二四一,四九一,二四九元	二四五,四二七,三二九元	二三九,〇五二,九二六元	二三一,二九四,六五三元
新公債	一〇,五七一,二七五	一〇,五九一,二七五	一〇,五九一,二七五	一〇,六五二,八五〇	一〇,七五二,四五〇
金札引換公債	四,五一八,四五〇	五,七六六,〇五〇	五,七六六,〇五〇	五,八八四,九五〇	六,〇七〇,三五〇
金札引換無記名公債	七,九二九,九〇〇	七,九二九,九〇〇	七,九二九,九〇〇	一,四三三,〇〇〇	一,二五〇,〇〇〇
金祿公債	一二二,二一五,八七五	一五四,九三五,六八五	一六四,八六二,五三五	一六八,八三五,三八五	一七一,八三五,八三五
起業公債	一〇,七三〇,三五〇	一〇,七四〇,三五〇	一〇,七六〇,三五〇	一〇,九九六,二五〇	一一,三三一,九五〇
中山道鐵道公債	二〇,〇〇〇,〇〇〇	二〇,〇〇〇,〇〇〇	二〇,〇〇〇,〇〇〇	一五,〇〇〇,〇〇〇	一二,〇九一,六〇〇
海軍公債	一一,〇〇〇,〇〇〇	五,〇〇〇,〇〇〇	〇	〇	〇
整理公債	三四,四九九,四〇〇	一,三二五,〇五〇	〇	〇	〇
外國公債	六,九九四,五〇四	七,五二二,〇三二	七,五二二,〇三二	八,〇一五,四〇〇	八,四七六,〇七二
征討費借入金	一〇,〇〇〇,〇〇〇	一〇,〇〇〇,〇〇〇	一〇,〇〇〇,〇〇〇	一〇,〇〇〇,〇〇〇	一〇,〇〇〇,〇〇〇
舊公債	七,四六一,四五三	七,六八〇,九〇七	七,九〇〇,三六二	八,一一九,八一六	八,三三九,二七一
舊神官配當祿公債	〇	〇	九四,八二五	一一五,二七五	一四七,一二五
紙幣	五五,二六三,〇六四	六七,二六三,二七四	七六,九三四,七二七	八九,九〇九,二三〇	九三,四一四,三六〇
準備	二四,八八五,三〇九	三七,〇四三,四一九	四三,八六五,四〇八	四五,九七一,五三五	四七,四〇三,一五六
貸付	一〇,九九七,一四九	一八,二四二,一六九	一八,三一六,八二三	二〇,〇八五,〇二五	二三,六九六,一二八
官業資本金	六,〇九四,一二三	〇	〇	〇	〇
中央儲蓄金	三,四五三,一二三	三,〇六九,七〇一	二,七一〇,九四七	二,四一二,七五四	二,二三〇,五五四
別途金	一,三六七,九七二	一,二九〇,六五六	一,二六一,六七七	一,〇四三,一一三	一,〇〇〇,〇〇〇

貨幣攷

上古以珠玉龜貝爲貨幣中古作金銀銅錢文曰半兩及五銖又大錢五十元明帝和銅元年（我國唐中宗景龍二年）八月廢銀錢專行銅錢文曰和銅通寶錢幣以年號爲文始此嗣後隨時變革貨幣之名甚繁明治二年（同治八年）廢貨幣司置造幣寮四年（同治十年）改稱造幣寮紙幣寮十年（光緒三年）廢寮改局此近年製幣情形也案今之東京紙幣局即昔之紙幣寮也今之大坂造幣局即昔之銅會所也局經始於明治元年（同治七年）至三年（同治九年）乃成所鑄錢三品雖非舊制然較紙幣之補苴目前似已遠過之紙幣雖亦通行日人固深望國用充足則將來金銀銅幣可日增即紙幣可日減也爰攷其鑄錢之法如左

工場各所機械數（共四百十個職工小使共四百二十六名）

試驗分析所（三十七個）鎔解所（七個）　伸金所（三十一個）　秤量所（五十六個）　極印所（廿二個）　機關所（八個）

鎔銅所（六個）　伸銅所（二十個）　銅極印所（十六個）　銅機關所（七個）　雕刻所（十個）　工作所（十五個）

製作所（六十六個）　精製分析所（九十六個）製造瓦斯場（十三個）

工場鎔解爐反射爐燒生爐蒸汽機關瓦斯機關數

金地金鎔解爐（十二座）　銀地金鎔解爐（四十七座）　鎔銅反射爐（四座）　燒生爐（七座）　蒸汽機關（五臺一百八十八中馬力）　瓦斯機關（一臺三馬力四分）

軋銅片化銅板數

鎔銅所每日鑄造銅貨幣棒約一千五百丈

撞銅片機器成銅模數

伸銅所每日伸延銅棒截得圓形如截二錢圓銅模可得五十萬四千枚如截一錢或半錢圓銅模可得六十七萬二千枚

伸銅所附屬機械數　伸銅機二臺　截斷機四臺

印錢數

銅極印所每日壓印銅貨幣總數約三十五萬三千四百五十二枚 二錢銅 八五、〇九〇　一錢銅 八五、〇九一 半錢銅 一八三、二七二

銅極印所附屬機械數　壓印機十三臺

需煤需枯煤數

工場各所每日需炭 石炭三萬一千六百二十五 骸炭〇〇四千三百二十 磅

鎔銅坩鍋强水油紗鋼鐵等各雜件需用銀數

銅錢場各所每日需費約三百四十六圓

局中官吏司事並一切公費數

長一名技術官三十九名屬官四十名等外吏八十六名外國人二名大藏省兼勤本局事務一名共一百六十九

名明治十八年七月一日至十九年三月三十一日九個月間局費二十六萬七百八十一元四角三分九厘

銅鐵中和入白鉛數

銅貨幣一百分中配合銅九十八分錫亞鉛各一分

局中屋數

事務諸課　地金課（計算出納）部會計課（調度納拂）部（物品綜記）部文書課營繕課庶務課（警察治療）部（雜務部）

工業各所　試驗分晰所（附化學試驗所）鎔解所伸金所秤量所極印所機關所（以上六所爲鑄造金銀場）鎔銅所伸銅所銅極印所銅機關所（以上四所爲鑄造銅場）　雕刻所工作所製作所精製分析所製造瓦斯所製造骸炭所

銅並白鉛價值數

價隨時增減現在市價延丁銅一百斤價十四元亞鉛七元二角錫四十二元零

原購機器價

機器漸次購買其原價於明治十九年三月估定約值二十五萬九千餘圓

刊刻鋼模工匠數並工食費數

雕刻極印之技術者十一名職工十二名其工費每人每月七圓至三十五圓不等

錢之分量大小圓徑每錢值銀若干數

二/一錢銅重二/一百二十/十釐徑一寸零五/九分二釐日本尺　半錢/一釐銅重五十五/十四釐徑七/五分二釐　以上所用之釐英國廛利因所譯每釐抵

日本一釐七毫二絲五忽

貨幣有本位錢定位錢之別日本銅貨幣即定位錢政府爲人民便一圓以下銅貨之授受爲補助貨幣故其所含地金價不及貨幣表面價格現在局鑄貨幣以舊銅貨天保錢爲材料故所差無多儻欲準市價而購買下銅則價稍昂矣計二/一錢銅一個地金價三釐五/一釐八毫強　半錢/一釐銅一個地金價九毫弱/二毫強

鑄金銀銅三種錢全副機器價

金銀銅鑄造場機器價約九萬二千餘圓但有混合金銀之地金總不純粹地金不經精鍊分析不足以供鑄材故本局別有精鍊之一場名爲精製分析所所屬機器價約八千二百餘圓

專鑄銅錢全副機器價

銅鑄造場機器價約四萬五千二百餘圓

專鑄銅錢鍋爐需用煤斤數

約每日需用石炭一萬四千三百五十八磅

專管鑄銅錢工匠數並工食數

現用工人九十六名月支工食七百四十八圓

如鑄有孔之錢銅中和入白鉛若干方能合用

百分中約銅六十五分亞鉛三十五分

地金課

本課領收所爲造幣衙門或内外人民輸來之金銀銅地金準據造幣規則及造幣處務須順序鑄造後再領收將所鑄造之貨幣交付輸來之人總以統轄地金及貨幣出納之計算爲主務

試驗分析所

本所以試驗所爲造幣衙門及内外人民輸來之金銀地金及金銀混合物地金或金銀棒或既鑄造之各種貨幣之品位爲主務

鎔解所

鎔化所需試驗之金銀地金成塊以鑄造貨幣棒爲主務

伸金所

伸延貨幣材金銀棒爲板更應以貨幣之種類穿截大小圓形物

秤量所

量金銀圓形及所既成之貨幣之重分別其正量者與不正量者

極印所

壓縮各種金銀圓形之輪廓又洗去膩垢壓畫極印爲貨幣

鎔銅所

精製銅地金爲貨幣之材料或爲所供他用之純銅又或混合定規之參和物而造貨幣棒

伸銅所

以壓伸貨幣材銅棒爲板應貨幣之種類穿截大小圓形壓縮輪廓之業爲主務

銅極印所

洗去各種銅圓形物之膩垢壓畫極印爲貨幣

彫刻所

彫刻貨幣之極印爲主務

精製分析所

金銀地金及金銀混合地金中有不適於造幣者本所以精製分析爲主務

工作所

應局內各所或人民之請求製作西洋形秤量等器之精巧者或修繕之

製作所

管掌局中諸器機及蒸氣機關之運轉又能應局內各所或他人之請求製造諸機器或修繕之

製造瓦斯所

專供點火用之煤氣

製造骸炭所

製造工場使用之骸炭

各所機器名目個數

試驗所即分析所

秤量器　三十七個　秤錘　五組

鎔解所

壓車器械　一臺　剪截機　一個　秤量器　五個　秤錘　一組

伸金所

伸金機　十臺　截斷機　十一臺　秤量器　九個　秤錘　一組

剪截機　一個

秤量所

自動秤量器　十五臺　秤量器　三十九個　削減器械　二臺　瓦斯機關一馬力四分之三　一臺

秤錘　二組

極印所

壓印機　十二臺　施綠機　三臺　壓搾器　一臺　乾燥盤　一臺

小旋盤　一臺　秤量器　三個　秤錘　一組　極印琢磨機　一臺

彫刻所

螺旋壓搾極印機　一臺　極印製造用周旋盤　六臺　金剛砂砥石　一個　秤量器　一個

極印琢磨機　一臺

工作所

金剛砂砥石　一個　穿孔機　二個　銅伸延機　一個　秤量器　五個

鏇床　四個　車齒割器　二臺　蒸汽機關二馬力半　一臺

製作所

汽鑵　二個　蒸汽機關二十馬力　一臺　轆轤盤　十二個　截斷機　二臺

人力捻切盤　一個　穿孔機　四個　削平機　三個　剛金沙砥石　三個
裝型機　一個　水力鐵類試驗器　一個　剪截兼穿孔器　一個　貝珂氏吹子　一個
車臺付起重機　一個　同間智　一個　油質試驗器　一個　蒸汽機械實驗馬力器　二組
特別喞筒　一個　汽罐給水煖濾器　一組　斯苦劉日苦　二個　海士路立苦日苦　二個
秤量器　四個　捲揚器械　五對　曲板器械　一個　蒸汽消防喞筒　一組
人力消防喞筒　一組

鍛工場

蒸汽鑪槌　三個　水力壓縮機附喞筒　一組　水力剪截機　一個　水力剪孔機　一個

鑄工所

鑄鐵鎔解爐　一個　鑄造用起重機　二個　梁頭運動起重機　一個　水力荷揚器械　一組
特別喞筒　一個

金銀貨幣鑄造機關場

蒸汽機關六十六馬力　一組　汽罐　三個　鐵製水溜　一個　特別喞筒　二個
堂幾喞筒　一個　汽罐給水煖濾器　一組

銅貨幣鑄造機關場

蒸汽機關八十馬力一組　汽罐　三個　鐵製水溜　一個　堂幾喞筒　二個

特別喞筒　一個

煤氣製造場

瓦斯溜　二個　同度量器　一個　同火力試驗器　一組　同精製器　五個

同聚縮器　一座　同燒生竈　三座

鎔銅所

壓窄器械　一臺　風管　一個　秤量器　四個　秤錘　一組

伸銅所

伸金機　六臺　截斷機　四臺　施緣機　三臺　剪截機　三臺

金剛沙砥石　一個　秤量器　五個　秤錘　一組　蒸汽機關二十馬力　一臺

銅極印所

壓印機　十三臺　錫片乾燥自動器一個　轆轤機　一個　秤量器　一個

秤錘　一組

精製分析所

汽罐　一個　壓車器機　一個　水力壓機　一個　水揚器機　一組

煤氣測量器（米突瓦斯）　一組　精製分析釜　二十個　丹礬煮詰釜　十二個　銀沈澱函　十二個

硫酸煮詰釜　四個　丹礬結晶函　十五個　水溜　一個　乾銀釜　一個

送風蒸汽器機　一個　堂幾喞筒　一個　汽罐給水器　一個　木製沈澱函　四個

木製丹礬結晶函九個　秤量器　十個　秤錘　三組

紙幣增減考

政府紙幣自明治元年（我國同治七年）創行後其額逐年增加以六年一月調查爲最多自七年至十年漸少十一年額復大增邇來年年減少茲將今日流通之額詳考之

銀行紙幣明治五年（我國同治十一年）創行後其額歲歲增加以十三年爲最多邇來漸漸減少茲將今日流通之額詳考之

政府紙幣		
明治二年正月朔日（我國同治八年）	二千四百三萬七千三百八十九圓
仝六年正月一日（我國同治十二年）	九千九百三十六萬五百五十三圓
仝九年七月一日（我國光緒二年）	九千四百五萬七百三十一圓
仝十一年七月一日（我國光緒四年）	一億二千九十二萬七千二百九圓

（我國光緒十一年）明治十八年十二月三十日　八千八百三十四萬五千九十六圓

銀行紙幣
（我國同治十三年）明治七年一月一日　一百三十六萬二千二百十圓
（我國光緒六年）明治十三年七月一日　三千四百四十一萬五千六十四圓
（我國光緒十一年）明治十八年十一月三十日　三千三十二萬六千五百十三圓

政府及銀行紙幣流通額合計一億千八百六十七萬千六百九圓

附錄六合陳逸士家麟日本貨幣論曰日本鑄造貨幣始天武天皇白鳳三年對馬島貢白銀持統天皇五年置鑄錢司旋廢元明天皇和銅元年鑄造銅錢廢銀錢桓武天皇延歷九年又置鑄錢司鑄造之物凡十餘種元龜年間諸侯私造金曰小判及各種貨幣然未能流通又有砂金板金不便攜帶故不足供軍國用及豐臣氏執政始鑄造金貨大判五兩判小判半兩判二分判銀五兩判丁銀等然其制度不一固未盡善德川執政在慶長六年始設銀坐大改貨幣制度鑄造判金丁銀豆板等行之各道民多稱便貨幣至是大備元祿八年下令改鑄金銀大更舊制是爲貨制變更第一回其改鑄貨幣輕重如前然品質粗惡民咸患之旋又下令停慶長金貨有藏古金者宜獻之官以新金易之民弗聽於是幣政大困寶永二年又下令許新古金並用越明年復又下令改鑄貨幣以新金換古金是爲貨制變更第二回其貨色較第一回更粗民益厭之寶永五年更鑄寶永通寶以一當十民多不便越一年廢之寶永七年又改鑄貨幣是爲貨制變更第三回而寶永銀色較前粗惡又作乾字金者雖比元祿金質稍佳而

分量不及考貨幣逐年粗惡之由因政府好奢國用不足屢改鑄貨幣製造惡品以應急用當時大小諸侯奢侈費財然無改鑄金銀權遂發銀票施封內所謂藩札是也幕府專權百十餘年三變貨政又使諸侯作銀票此事始于元祿寶永間寶永之末德川家宣將軍深知貨幣紊亂納新井君美之議正德四年遂改鑄之此金色倣慶長舊制是爲貨制變更第四回德川吉宗將軍執政改鑄金銀其貨色出慶長上所謂享保金銀是也是爲貨制變更第五回四回五回之舉世皆稱善然不能行之久遠元文元年改鑄貨幣其貨色低劣縮小所謂元文金是是爲貨制變更第六回在昔四回五回之舉善則善矣然原金缺乏不能續鑄商賈恒私秘之安永元年改鑄二朱銀文政中改鑄小判一分判丁銀豆板等又創鑄異文二分判銀色皆不佳七年創鑄一朱銀改鑄二朱銀十一年更鑄草文二分判十二年更創鑄一朱銀是爲貨制變更第七回天保三年鑄造二朱金八年鑄造五兩判一分銀又改鑄小判一分判金貨丁銀板銀等色質較前益不見佳是爲貨制變更第八回考舊記內載天保十四年癸卯八月十七日盤查國中通貨所有五兩判天保判一分判一朱金天保大判一分銀共六種合計一千五百一十五萬三千八百零二兩此外古金銀存于世者計金貨九百五十三萬八千九百八十五兩銀貨二百五十一萬八千五百九十七兩丁銀板銀二十三萬七百九十五貫四百目計天保貨制行于世者二十年安政初年又變是爲貨制變更第九回六年又變嗣嘉永元年美國使船來江戶於是該國急講武備各欵需費除改鑄貨幣之外殊無妙策安政元年以舊銀貨鑄一朱銀次年又下以新金銀換古金銀之令購索古金銀乃價值不平民不應命是時政府適與各國訂

約將開港通商故後有改鑄金銀之舉色甚低惡市價無常流弊之深日甚一日政府患之又新鑄一分銀其銀色與洋銀等世稱之爲弗銀然屢變更均未得當皆由各藩諸侯發行銀票所致明治元年幕府還政權而貨幣之制又變撿查大藏省所報明治元年通貨成數計舊金貨六千四百萬兩舊銀貨五千萬兩銅錢六千貫卽六百萬千銀票各藩侯所發三千萬元維新後效法泰西君民皆形不足設造幣寮製造紙幣又設鑄錢局製造銀洋自百圓五十圓十圓五圓至二圓一圓降而至於半圓曰五十錢二百文曰二十錢一百文曰十錢皆紙幣爲之其零星用度仍以紅銅鑄小洋𣑆式當五曰半錢當十曰十錢當二十曰二十錢二十年正月上令廢十錢易以銀洋皆描龍於上面書明治某年等字作爲找補考從前鑄錢之制不一其式有圓有橢圓有滙圓有方有長方皆無輪廓重或數兩縱橫六七寸小則二三分輕數銖而已今所用者尙有寬永文久天保現天保一當八諸名日漸行都邑負泰西債一千餘萬之鉅國內債三億餘萬其各海關煤鐵徵收現銀間僅敷充作利息耳

又日人倉敎貨幣論略曰日本上世以珠玉龜貝等爲貨幣蓋如中華之古云明帝和銅元年始專行銅錢文曰和銅通寶按錢幣以年號爲文以是爲始嗣後屢鑄各種銅幣文曰太平通寶萬年通寶又有金銀錢數種詳古錢譜爾後中華銅幣交行于世及室町氏時明永樂通寶錢多行于世當時錢價太貴而物價極賤應仁後諸侯割據各自爲軍國之政隨意造貨幣就中甲斐州多產金銀故武田氏所著造貨幣最著于世其幣今尙有珍藏者金幣有數種曰板金曰壹兩曰貳分曰壹分曰貳銖銀幣亦准此至德川氏甲州尙模造古幣末幾廢先是豐臣氏造金幣數種

曰板金曰大判曰小判德川氏初年又大造貨幣大判小判二分一分銀幣亦有各種銅幣曰慶長通寶當時仙臺侯造鐵幣文曰仙臺通寶以其質惡劣故不復通用于世寬永中銷大佛像以造錢幣文曰寬永通寶爾後每鑄錢錢文皆同於是錢價漸低後更鑄大錢文曰寶永通寶天保中又鑄大錢文曰天保通寶金銀幣亦屢改造然隨造隨惡較古金銀劣甚蓋覇府國用不足故銷兼金造惡幣以補不足也諸侯亦往往造楮幣行封內年久價益賤甚至千文之幣不能當百文明治維新之際政府造紙幣與金銀銅幣並行而錢法遂從此一新已

國立銀行攷

銀行始於國立銀行頒布條例時明治五年（同治十一年）十一月五日也邇來陸續設立至百五十餘之多雖然此皆擁小資本乏同業連絡之道故全國運用多澁滯政府乃倣歐州各邦例設立中央銀行（即日本銀行也明治十六年六月二十七日頒布條例）令支店流通貨財無令澁滯正金銀行者貿易權衡不得平準因而市場權力常爲西人所占於日本財源有害得政府允准有志者起而設立民皆稱便茲據明治十八年調查表或併合或閉店各於號數下誌明謹詳攷如左

號數	地名	資本	票根
第一	武藏東京	百五十萬圓	百圓
第二	橫濱	五十萬圓	百圓
第三	武藏東京	百萬圓	百圓
第四	越後新潟	三十五萬圓	百圓
第五	武藏東京	三十萬圓	百圓
第六	岩代福島	二十五萬圓	百圓
第七	土佐高知	十五萬圓	百圓
第八	三河豐橋	十五萬圓	百圓
第九	肥後熊本	十二萬圓	五十圓

第十	甲斐山梨	廿五萬圓	百圓
第十一	尾張名古屋	二十萬圓	百圓
第十二	越中富山	三十三萬圓	百圓
第十三	攝津大坂	五十萬圓	百圓
第十四	信濃松本	二十萬圓	百圓
第十五	武藏東京	千七百八十二萬六千百圓	百圓
第十六	美濃岐阜	二十萬圓	五十圓
第十七	筑前福岡	二十萬圓	五十圓
第十八	肥前長崎	二十五萬圓	百圓
第十九	信濃上田	二十萬圓	五十圓
第二十	武藏東京	二十五萬圓	百圓
第二一	近江長濱	十萬圓	百圓
第二二	備前岡山	三十萬圓	五十圓
第二二	豐後大分	二十萬圓	五十圓

第二四	信濃飯山	十五年閉店	
第二五	若狹小濱	十三萬圓	百圓
第二六	攝津大坂	十六年四月閉店	
第二七	武藏東京	三十萬圓	百圓
第二八	遠江濱松	三十萬圓	百圓
第二九	伊豫川之石	十五萬圓	五十圓
第三十	武藏東京	三十五萬圓	百圓
第三一	岩城岩松	十萬圓	五十圓
第三二	攝津大坂	三十六萬圓	五十圓
第三三	武藏東京	三十萬圓	百圓
第三四	攝津大坂	二十五萬圓	百圓
第三五	駿河靜岡	三十萬圓	五十圓
第三六	武藏八王子	二十萬圓	五十圓
第三七	土佐高知	二十五萬圓	五十圓

第三八	播磨姬路	三十萬圓	五十圓
第三九	上野前橋	三十五萬圓	五十圓
第四十	上野館林	二十二萬圓	五十圓
第四一	下野栃木	三十萬圓	百圓
第四二	攝津大坂	二十五萬圓	百圓
第四三	紀伊和歌山	二十萬圓	五十圓
第四四	武藏東京	第三台併東京	
第四五	同	十萬圓	五十圓
第四六	美濃多治見	三十萬圓	五十圓
第四七	上總八幡	九萬五千圓	五十圓
第四八	羽後秋田	十萬圓	五十圓
第四九	山城京都	二十萬圓	五十圓
第五十	常陸土浦	十萬圓	五十圓
第五一	和泉岸和田	十萬圓	五十圓

第五二	伊豫松山	十五萬圓	五十圓
第五三	石見津和野	八萬圓	五十圓
第五四	駿河沼津	合併靜岡第三十五	
第五五	但馬出石	五萬圓	五十圓
第五六	播磨明石	十三萬圓	五十圓
第五七	越前武生	五萬圓	五十圓
第五八	攝津大坂	二十萬圓	百圓
第五九	陸奧弘前	二十萬圓	五十圓
第六十	武藏東京	二十五萬圓	五十圓
第六一	筑前久留米	二十萬圓	五十圓
第六二	常陸水戶	十萬圓	五十圓
第六三	信濃松代	二十五萬圓	五十圓
第六四	近江大津	三十萬圓	百圓
第六五	攝津兵庫	七萬圓	五十圓
第六六	備後尾道	三十六萬圓	五十圓
第六七	羽前鶴岡	二十五萬圓	五十圓 廿五圓
第六八	大和郡山	八萬圓	五十圓
第六九	越後長岡	三十五萬圓	五十圓
第七十	山城淀	五萬圓	五十圓
第七一	越後村上	十萬圓	五十圓 廿五圓
第七二	羽後酒田	八萬圓	五十圓
第七三	攝津神戶	十四萬圓	五十圓
第七四	武藏橫濱	四十萬圓	五十圓
第七五	加賀金澤	十萬圓	五十圓
第七六	美濃高須	十四萬圓	五十圓
第七七	陸前仙臺	二十五萬圓	五十圓
第七八	豐前中津	八萬圓	五十圓
第七九	攝津大坂	二十萬圓	五十圓
第八十	土佐高知	十萬圓	五十圓
第八一	羽前山形	十萬圓	廿五圓
第八二	因幡鳥取	二十萬圓	百圓
第八三	伊賀上野	五萬圓	五十圓
第八四	加賀大聖寺	九萬圓	五十圓
第八五	武藏川越	二十萬圓	五十圓
第八六	備中高梁	八萬圓	廿五圓
第八七	筑後大橋	十六萬圓	五十圓
第八八	陸中一之關	五萬圓	廿五圓
第八九	阿波德島	二十六萬圓	百圓
第九十	陸中盛岡	十萬圓	五十圓
第九一	越前福井	五萬圓	廿五圓
第九二	同	二十萬圓	五十圓
第九三	磐城三春	十二萬圓	五十圓

第九十四	播磨龍野	五萬圓	廿五圓
第九十五	武藏東京	二十萬圓	百圓
第九十六	筑前柳川	八萬圓	五十圓
第九十七	肥前小城	九萬圓	五十圓
第九十八	下總千葉	十二萬圓	五十圓
第九十九	肥前平戶	七萬圓	五十圓
第百	武藏東京	二十萬圓	百圓
第百一	岩代梁川	十一萬圓	五十圓
第百二	對馬嚴原	五萬圓	五十圓
第百三	周防岩國	八萬圓	五十圓
第百四	常陸水戶	十二萬圓	百圓
第百五	伊勢津	八萬圓	五十圓
第百六	肥前佐賀	三十萬圓	五十圓
第百七	岩代福島	三十五萬圓	百圓
第百八	岩代須賀川	十六年四月閉店	
第百九	豐後佐伯	六萬圓	廿五圓
第百十	長門下關	六十萬圓	五十圓
第百十一	山城京都	十五萬圓	五十圓
第百十二	武藏東京	十萬圓	百圓
第百十三	渡島函館	二十萬圓	百圓
第百十四	讚岐高松	九萬圓	五十圓
第百十五	伊勢龜山	七萬圓	五十圓
第百十六	越後新發田	十五萬圓	廿五圓
第百十七	信濃飯田	十一萬圓	五十圓
第百十八	武藏東京	合併半田第百卅六	
第百十九	武藏東京	四十三萬圓	五十圓
第百二十	下總古河	十萬圓	五十圓
第百二十一	攝津大坂	二十萬圓	百圓
第百二十二	伊勢桑名	十五萬圓	五十圓
第百二十三	越中富山	合併富山第十二	
第百二十四	遠江見附	合併靜岡第三十五	
第百二十五	羽前米澤	八萬圓	廿五圓
第百二十六	攝津大坂	明治十五年閉店	
第百二十七	土佐高知	十五萬圓	五十圓
第百二十八	美濃八幡	五萬圓	廿五圓
第百二十九	美濃大垣	七萬圓	五十圓
第百三十	攝津大坂	二十五萬圓	五十圓
第百三十一	美濃加納	合併大坂第三十二	
第百三十二	武藏東京	七萬圓	廿五圓
第百三十三	近江彥根	十萬圓	百圓
第百三十四	尾張名古屋	十五萬圓	百圓
第百三十五	肥後宇土	八萬圓	五十圓

銀行	所在	資本	株金
第百三十六	尾張半田	十七萬圓	五十圓百圓
第百三十七	丹波笹山	五萬圓	五十圓
第百三十八	遠江二股	十五萬圓	五十圓
第百三十九	越後高田	三十五萬圓	五十圓
第百四十	羽前山形	合併鶴岡第六十七	
第百四十一	伊豫西條	五萬圓	五十圓
第百四十二	下總銚子	合併大坂第三十二	
第百四十三	八街	合併東京第三十	
第百四十四	日向飫肥	五萬圓	廿五圓
第百四十五	日向延岡	五萬圓	廿五圓
第百四十六	安藝廣島	八萬圓	廿五圓
第百四十七	薩摩鹿兒島	四十萬圓	五十圓
第百四十八	攝津大坂	二十萬圓	百圓
第百四十九	渡島函館	東京合併第百十九	
第百五十	陸奥八戶	十萬圓	廿五圓
第百五十一	肥後熊本	六萬五千圓	五十圓
第百五十二	薩摩鹿兒島	十三萬圓	五十圓
第百五十三	山城京都	合併京都第百十一	

現在銀行　總計　百三十九　資本　四千四百四十五萬六千百圓

正金銀行　資本　三百萬圓

日本銀行　資本　四百萬圓

以上所有國立銀行之票根茲就其族籍分考如左

華族　一千八百四十萬八千圓　士族　一千八百九十萬五千四百七十五圓

平民
- 農　一百八十九萬七千五百七十五圓　工　六萬五千七十圓
- 商　一千五十九萬四百五十圓　雜種　二百六十七萬八千九百圓

私立銀行攷據明治十八年調　※印本年中廢業攷正

府縣	名稱	資本
東京	三井銀行	二百萬圓
	丸家銀行	十五萬圓
	安田銀行	二十萬圓
	菱川銀行	十萬圓
	川崎銀行	三十萬圓
	東京置藏銀行	二萬圓
	明辰銀行	二萬圓
	東京旨蓄銀行	一萬圓（公債證書）
	東京置錢銀行	五萬圓
	東海置金銀行	二萬圓
	東北銀行	十萬圓
	東京置金銀行	三千圓
	日東銀行	十萬圓
	平松銀行	五萬圓
東京	壬午銀行	二十五萬圓
	中井銀行	十萬圓
	田中銀行	三十萬圓
	東濃銀行※	八萬圓
京都	竹原銀行	三萬圓
	京都銀行※	八萬圓
	綾部銀行	三萬圓
	明瞭銀行	三萬圓
	三立銀行	八萬圓
	龜岡銀行	七萬圓
大坂	逸見銀行	十萬圓
	谷村銀行	二萬圓
	川上銀行	五萬圓
	木原銀行	十萬圓
大坂	富岡銀行	三萬圓
	水野銀行	二萬五千圓
	樋口銀行※	十萬圓
	山縣銀行	二萬圓
	虎屋銀行	五萬圓
	日下銀行※	三萬五千圓
	大西銀行	三萬圓
	見山銀行	二萬圓
	小田銀行	十萬圓
	有魚銀行	八萬圓
	丸三銀行	三十五萬圓
	鎌田銀行	六萬圓
	谷井銀行	一萬圓
	喜永銀行※	十萬圓

府縣	銀行	資本
大坂	清水銀行	五萬圓
大坂	鹿喰銀行	二萬圓
大坂	岡田銀行	一萬五千圓
大坂	富林銀行	一萬圓
神奈川	上溝銀行	五萬圓
神奈川	八王子銀行	三十萬圓
神奈川	武藏野銀行	十三萬圓
神奈川	旭銀行	四萬圓
神奈川	青梅銀行	八萬圓
神奈川	東海貯蓄銀行	十萬圓
神奈川	江陽銀行	五萬圓
神奈川	武相銀行	十萬圓
神奈川	玉川銀行	五萬五千圓
神奈川	日野銀行	五萬圓
兵庫	南丹銀行	三萬圓
兵庫	姬路銀行	十萬圓
兵庫	篠山銀行	六萬五千圓
兵庫	神田銀行	五萬圓
兵庫	古市銀行	三萬圓
兵庫	柏原銀行	五萬圓
兵庫	惠美酒銀行	十萬圓
兵庫	多紀銀行	一萬圓
長崎	蓄積銀行*	一萬圓
長崎	玖島銀行	九萬圓
長崎	三友銀行	十八萬圓
長崎	諫早銀行	八萬圓
長崎	相樂銀行	三萬五千圓
函館	山田銀行	十萬圓
埼玉	川越銀行	十萬圓
埼玉	埼玉銀行	十萬圓
埼玉	松山銀行*	五萬圓
埼玉	金山銀行	十五萬圓
埼玉	入間銀行	五萬圓
埼玉	明壤銀行	二萬圓
埼玉	横見銀行	一萬圓
埼玉	足立銀行	三萬圓
埼玉	稱隆銀行	三萬圓
埼玉	扇町屋銀行	三萬圓
埼玉	小川銀行	五萬圓
埼玉	比企銀行	五萬圓
群馬	大間間銀行	五萬圓
群馬	碓氷銀行	二十萬圓
群馬	松井田銀行	十萬圓
群馬	澁川銀行	七萬圓
群馬	沼田銀行	三萬圓

千葉	千葉銀行	五萬圓
	東金銀行	五萬圓
茨城	平潟銀行	二萬三千圓
	常陸興産銀行	十萬圓
	太田銀行	五萬圓
栃木	佐野銀行	七萬圓
	葛生銀行	十萬圓
愛知	伊藤銀行	十萬圓
	半田銀行	八萬圓
	一宮銀行	十萬圓
	佐田銀行	五萬圓
	名古屋銀行	三十萬圓
	寶飯銀行	十萬圓
靜岡	中泉銀行	七萬圓
	掛川銀行	四十五萬圓
靜岡	伊豆銀行	三十二萬五千圓
	笠井銀行	十二萬圓
	藤枝銀行	十五萬圓
	福田銀行	五萬圓
	袋井銀行	六萬圓
	掛塚銀行	八萬圓
	清水銀行	十萬圓
	三島銀行	六萬圓
	金指銀行	五萬五千圓
	向笠銀行	二萬五千圓
	相樂銀行	五萬圓
	横山銀行	六萬圓
	宮口銀行	五萬圓
	野崎銀行	五萬圓
	池田銀行	三萬圓
靜岡	山梨銀行	三萬圓
	燒津銀行	七萬五千圓
	横須賀銀行	八萬圓
	匂坂銀行	二萬五千圓
	森町銀行	五萬圓
	山名銀行	七萬圓
	小島銀行	三萬五千圓
	大宮銀行	三萬二千圓
	吉原銀行	八萬圓
	岡崎銀行	一萬圓
	西豆銀行	五萬圓
	靜岡銀行	五萬圓
	大居銀行	三萬圓
	御厨銀行	六萬圓
	益津銀行	五萬圓

府縣	銀行	資本
靜岡	飯田銀行	三萬六千圓
	士盛銀行	一萬五千圓
	東遠銀行	十三萬圓
	西遠銀行	十萬圓
山梨	富士銀行	十萬圓
	甲府銀行	十三萬圓
	巨摩銀行	五萬圓
滋賀	八幡銀行	十萬圓
岐阜	北方銀行	三萬圓
	本田銀行	四萬圓
	岐阜銀行	十二萬圓
	今渡銀行	四萬圓
	大垣銀行	三萬圓
	蘇東銀行	三萬八千圓
	南濃銀行	二萬八千圓
岐阜	古川銀行	三萬圓
長野	長野銀行	五萬六千圓
	鹽尻銀行	十一萬圓
	長野貯藏銀行	一萬圓
	稻荷山銀行	八萬圓
	手塚銀行	一萬八千五百五十圓
	佐久銀行	十五萬圓
	小諸銀行	十一萬圓
	布施銀行	七萬圓
	信濃貯金銀行	二萬五千圓
	貯積銀行	三萬圓
	松本銀行	二十五萬圓
	上田銀行	十萬圓
	諏訪銀行	五萬圓
	鹽田銀行	五萬六千圓
長野	南佐久銀行	六萬圓
	屋代銀行	三萬圓
	須坂銀行	十五萬圓
	宮川銀行	五萬圓
	上諏訪銀行	三萬圓
	小諸貯金銀行	二萬圓
	南條銀行	三萬六千圓
	金剛寺銀行	二萬圓
	原銀行	五萬圓
	東山銀行	三萬圓
	依田銀行	五萬圓
	協入貯金銀行	一萬圓
	布施貯金銀行	一萬圓
	浦野銀行	三萬千五百圓
	豐里銀行	二萬圓

長野	信濃勸農銀行	二萬千三百圓
福島	福島銀行	十五萬圓
	信夫銀行	十萬圓
	白河銀行	三萬圓
	鳥渡銀行	五萬圓
	飯坂銀行	五萬圓
青森	八戶節儉儲蓄銀行	公債證書三千圓
	階上銀行	十萬圓
山形	共立銀行	三萬圓
石川	江沼銀行	二萬圓
	大聖寺銀行	二萬圓
	金澤銀行	十五萬圓
	北陸銀行	三十五萬圓
	北國銀行	三十萬圓
	錦城銀行	五萬圓
富山	富山銀行	十萬圓
	富山眞成銀行	三萬圓
福井	丸岡銀行	三萬圓
	本多銀行	十萬圓
	南越銀行	六萬圓
岡山	津山銀行	十萬圓
	明十銀行	五萬圓
	甕江銀行	五萬圓
	鶴首銀行	二萬五千圓
	有信銀行	三萬圓
	福井銀行	一萬圓
	倉敷銀行	一萬圓
鳥取	倉吉銀行	五萬圓
島根	濱田銀行	五萬圓
和歌山	山崎銀行	八萬圓
德島	久次米銀行	五十萬圓
	德島銀行	七萬圓
愛媛	宇和島銀行	十萬圓
	丸龜銀行	五萬圓
福岡	筑紫銀行	十二萬圓
	福州銀行	六萬千圓
	金島銀行	十萬圓
	深井銀行	三萬圓
	吉井銀行	六萬圓
大分	豐後青莚銀行	五萬圓
	鶴崎銀行	三萬圓
佐賀	伊萬里銀行	三萬七千圓
	榮銀行	十一萬圓
	三省銀行	八萬圓
	志保多銀行	六萬圓

長崎	古賀銀行	十萬圓
	唐津銀行	三萬圓
熊本	八代銀行	二萬六千五百五十圓
宮崎	都城銀行	四十萬圓

銀行總計　二百二十六　資本總計　一千九百二萬四千六百圓

右銀行外有名稱會社其實類銀行者合計七百四十有一其資本一千五百十四萬二千七百四十八圓云

陸軍部

陸軍兵制攷

兵制今與古異茲据寬永元年（明熹宗天啓四年）幕府調查之兵員數目考之舊制尚存足與近制相印證謹詳攷如左

大名　廿五萬二千二百十九人

馬上　一萬一千七百七十騎　鐵炮　一萬六千八百十四挺

鑓　四萬二千三十六本　弓　八千四百七張

旗　二千五百二十二本

馬上　七千百四十騎　鐵炮　一萬一百九十五挺

一門　十五萬二千九百九十七人　鑓　二萬五千四百九十五本　弓　五千九十五張

旗　一千五百三十本

馬上　六千六百九騎　鐵炮　九千三百挺

旗本　十四萬一千三百八　　鑓　二萬三千四百六十四本　弓　四千六百卅張

旗　一千三百九十五本

馬上　二萬五千五百十九騎

合計　五十四萬六千五百十六人　　鑓　九萬九百九十五本　鐵炮　三萬六千三百十三挺

旗　五千四百四十七本　弓　一萬八千百五十六張

明治十六年（我國光緒八年）十二月定徵兵令後軍營疆域改定新制茲據明治十八年五月改正鎮臺條例揭自明治十四年至明治十六年每歲臘月調查兵員數目以備考證謹詳列如左

各軍分管疆域

軍管鎮臺	師管營所	分營	
第一東京	第一東京	高崎　小笠原島	武藏（十四區廿五郡）相摸甲斐伊豆上野信濃（九郡）
	第二佐倉		武藏（二區四郡）安房上總下總常陸下野
第二仙臺	第三仙臺	新發田　佐渡	陸前（一區二郡）磐城岩代羽前越後佐渡
	第四青森		陸前（十二郡）陸中陸奧羽後
第名古	第五名古屋	豐橋	尾張（一區六郡）遠江三河駿河信濃（七郡）伊勢志摩紀伊（二郡）

三	屋	第六金澤		尾張三郡美濃飛彈
第四	大坂	第七大坂	大津	攝津四區二郡紀伊一區八郡山城大和河內和泉近江伊賀
		第八姬路		攝津一區十郡播摩淡路若狹丹波丹後但馬因幡伯耆美作備前
第五	廣島	第九廣島	隱岐	安藝備後備中出雲石見周防長門隱岐
		第十松山	丸龜	阿波讚岐伊豫土佐
第六	熊本	第十一熊本	大島沖繩	肥後日向大隅薩摩沖繩
		第十二小倉	福岡對島五島	豐前豐後筑前筑後肥前壹岐對島
第七				渡島後志石狩天鹽北見膽振
				日高十勝釧路根室千島

常備豫備後備軍人員

年次	士官以上	下士以下卒生徒職工	合計
光緒七年明治十四年	二千六百五十四人	九萬九千二百四十六人	十萬一千九百人
八年十五年	二千七百十三人	十一萬六千八百四十一人	十一萬九千五百五十四人
九年十六年	二千八百五十五人	十三萬六千五百九十七人	十三萬九千四百五十二人

陸軍人員總數

年次	軍人 上士官以上	軍人 下士以下卒生徒職工	軍屬 奏任以上	軍屬 判任以下	軍人軍屬合計
光緒七年 明治十四年	二千六百五十四人	九萬九千二百四十六人	十六人	一千八百廿三人	十萬三千七百三十九人
八年 十五年	二千七百十三人	十一萬六千八百四十一人	五十六人	二千百十九人	十二萬一千七百三十二人
九年 十六年	二千八百五十五人	十三萬六千五百九十七人	五十七人	二千二百四十五人	十四萬一千七百五十六人

近衛及各鎮諸隊兵員

鎮	所	兵種隊數	人數	合計
近衛		步兵 四大隊　砲兵 一大隊　騎兵 一中隊　工兵 一中隊		三千七百四十六人
東京鎮臺	本臺	步兵 三大隊　野砲兵 一大隊　工兵 一大隊　騎兵 一大隊　山砲兵 一大隊　輜重兵 一中隊	三千六百二十三人	八千百七人
營所	佐倉	步兵 三大隊	二千二百三十九人	
	高崎	步兵 三大隊	二千二百四十五人	
仙臺鎮臺	本臺	步兵 三大隊　工兵 一中隊　山砲兵 一大隊　輜重兵 一小隊	二千九十三人	三千九百二十九人
營所	青森	步兵 三大隊	一千七百四十八人	
	函館	砲兵 海岸隊	八十八人	
名古屋鎮臺	本臺	步兵 三大隊　工兵 一中隊　山砲兵 一大隊　輜重兵 一小隊	二千五百七十五人	四千七百八十四人
營所	金澤	步兵 三大隊	二千二百十九人	

大坂鎮臺
本臺
步兵　三大隊　預[illegible]一大隊
山砲兵　一大隊　工兵[illegible]大隊
輜重兵　一小隊
三千百六十八人　合計　七千五百九十九人
營所
大津　步兵　三大隊　二千二百二十七人
姬路　步兵　三大隊　二千二百四人

廣島鎮臺
本臺
步兵　三大隊　山砲兵　一大隊
工兵　一中隊　輜重兵　一小隊
二千五百七十九人　合計　四千八百三十一人
營所
丸龜　步兵　三大隊　二千二百五十二人

熊本鎮臺
本臺
步兵　三大隊　野砲兵　一大隊
山砲兵　一大隊　工兵　一大隊
輜重兵　一小隊
三千百九十五人　合計　五千四百二十九人
營所
小倉　步兵　三大隊　二千二百三十四人

總計
步兵　十六聯隊　四十六大隊　三萬三千百八十五人
騎兵　一大隊　一中隊　四百九十人
砲兵　十大隊　海岸隊　二千八百八十三人
工兵　三大隊　四中隊　一千二百七十一人
輜重兵　一中隊　五小隊　五百九十六人
合計　六十大隊　六中隊五小隊海岸隊　三萬八千四百二十五人

其他共計　士官學校生徒四百三十一人敎導團生徒一千四百四十八人憲兵一千四百五十三人電信隊一百十五人諸工生徒五十八人屯田兵四百七十五人與鎮臺諸隊兵合計總數共四萬二千三百八十九人　軍馬共計三千二百五十四頭

憲兵攷

日本新政考　卷一

本兵於明治十四年（我國光緒七年）一月十四日置于陸軍部內是年九月十五日施行十六年十一月二十日又置憲兵于大坂

東京　大佐以下至少尉　三十一人　曹長以下至兵卒　三百六人　合計　一千二百三人

大坂　大尉以下至少尉　五人　曹長以下至兵卒　六十一人　合計　二百六十一人

徵兵攷

總數　三十萬八千七百二十三人　先入兵　二萬一千九百九十一人

徵集人員

常備兵	二萬三千六百九人	第二豫備徵兵	六萬一千七百五十九人
補充兵	八千四百二十九人	免役	十六萬六千二百二十人
第一豫備徵兵	七千九百八人	除役	八千九百四十八人

翌年回　九千八百五十九人

礮臺攷

品川海　六座　東京府東海道武藏國荏原郡

大坂天保山一座　大坂府畿內攝津國西成郡

兵庫港　二座　兵庫縣畿內攝津國武庫郡

長崎港　六座　長崎縣西海道肥前國西彼杵郡

鹿兒島　六座　鹿兒島縣西海道薩摩國鹿兒島郡

函館　六座　北海道廳北海道渡島國龜田郡

野見港　一座　高知縣南海道土佐國高岡郡

和歌港　一座　和歌山縣南海道紀伊國海部郡

由良港　一座　兵庫縣南海道淡路國津名郡

對馬島　長崎縣西海道對馬國

五島　長崎縣西海道肥前國南松浦郡

佐世堡　長崎縣西海道肥前國東彼杵郡

按大坂府天保山礮臺十三座係四十年前舊式與新式不同兵庫礮臺二座外內周四十五三十七米突六七十珊知外內經四十十二米突五十珊知總內面積一百六十五十三平方米突高十三米突安礮十一門臺基頗完固輪船未進海口先見崇臺誠守險之要圖也聞他處新築之臺制多倣此

海軍部

海軍兵制攷

海軍現役兵以沿海島嶼之人充當或爲水兵或爲火兵或爲職工者定以抽籤法又海軍志願兵徵募規則海軍兵士不拘前法雖年未滿二十如願請爲兵士者亦許之其兵制隨時變更增易今將明治十九年定設額數考正無遺作海軍攷

提督府二所

第一提督府駐靜岡相模國三浦郡
第二提督府駐鹿兒島薩摩國鹿兒島郡

海軍兵隊

海軍提督二二四內長官二六上官一七七下官三五二水火工夫一、五八五海軍本部水兵共一、六一〇內長官一〇上官一一二砲隊三八四銃隊九四七樂隊六六鼓隊九一合計三、七五七人

師船礮門兵數攷

艦名	等級	製造年	製造地	船種	容積	馬力	砲門	士官以上	下士以下諸卒	人員合計
扶桑艦	二等	光緒三年明治十年	英國	鐵甲	一、八七九	五〇〇	十	四十七人	三百五十六人	四百三人
金剛艦	三等	同	同	同	一、七六二	二、五〇〇	十三	三十八人	二百八十三人	三百二十一人
比叡艦	同	同	同	同	同	同	同	同	同	同
日進艦	四等	同治八年二年	和蘭國	常備	七五五	四七〇	十四	二十一人	百五十三人	百七十四人

天城艦	同	光緒三年 十年、	相州横須賀	同	九二三	六五四	十	二十二人	百四十九人	百七十一人
磐城艦	五等	四年 十一年	同	同	三〇三	六五〇	七	十三人	百二人	百十五人
孟春艦	同	同治六年 慶應三年	英國	同	二〇〇	一五〇		十二人	八十人	九十二人
第二丁卯艦	同	光緒三年 明治十年	同	同	一二五		八	同	同	同
雷電艦	同	道光三十年 嘉永三年	同	同	二四〇		四	十二人	七十六人	八十八人
龍驤艦	三等	同治四年 慶應元年	同	鐵甲	一、四六〇		十五	三十八人	二百八十一人	三百十九人
清輝艦	四等	光緒元年 明治八年	相州横須賀	常備		七二〇	十	二十二人	百四十九人	百七十一人
迅鯨艦	同	二年 九年	同	御召		一、四〇〇	四	五人	二十二人	二十七人
淺間艦	三等	同治七年 元年	法國	航海練習	一、一〇四		十四	二十五人	百五十八人	百八十三人
筑波艦	同	道光二十八年 嘉永元年		同	一、〇四三	三五〇	二十	三十三人	二百七十五人	三百八人
富士山艦	同	同治三年 元治元年	米國	繫泊練習	一、一〇四		二十	十七人	百二十五人	百四十二人
千代田形艦	六等	同治二年 文久三年	武藏石川島	同	一五八	三二	四	七人	三十五人	四十二人
石川丸	七等	光緒二年 明治九年	同	同	二〇一			八人	三十七人	四十五人
鳳翔艦	五等	同治七年 元年	英國	淺間附屬	一七三	一一〇	六	十二人	八十六人	九十八人
東艦	三等	同治三年 元治元年	法國	鐵甲	六二三	三〇〇	七	十六人	百二十九人	百四十五人

春日艦	四等	同治二年文久三年	英國	修覆	八八八		六	二十人	百二十八人	百四十八人
蒼龍艦	七等	同治十一年明治五年	相州橫須賀	豫備		五二		五人	三十人	三十五人
海門艦	四等	光緒三年十年	同		九二五		十一	二十九人	二百九人	二百三十八人
筑紫艦	三等	同治十年四年	英國	鋼鐵	五七二	二、四〇〇	十	二十九人	百六十七人	百九十六人
天龍艦	三等	光緒四年十一年	相州橫須賀			一、二二〇	十六	二十八人	二百一人	二百二十九人
葛城艦		二年九年	同	鐵骨木皮				三十一人	二百十九人	二百五十人
大和艦		元年八年	神戶小野濱	同	一、〇〇〇			三十一人	二百十九人	二百五十人
武藏艦								同	同	同
浪速艦	二等		英國					四十七人	三百四十六人	三百九十三人
高千穗艦	同		同					同	同	同
高雄艦								三十三人	二百三十人	二百六十三人
愛宕艦								十五人	百人	百十五人
摩耶艦			神戶小野濱	鐵		七〇〇		同	同	同
鳥海艦		光緒十一年明治十八年	武藏石川島					同	同	同
赤城艦		同	相州橫須賀	鐵		九〇〇		同	同	同

海軍人員總數攷

年次	軍人		軍屬		軍人軍屬合計
	上士官以上	下士官以下	奏任以上	判任以下	
光緒七年明治十四年	七百二人	四千五百十一人	三十四人	千四百四十二人	六千六百八十九人
八年十五年	八百五十六人	四千六百七十七人	五十九人	千五百七十七人	七千一百六十九人
九年十六年	八百八十九人	四千六百三十九人	七十四人	千七百四十三人	七千三百四十五人

海軍省徵募各府縣水兵及諸工夫數

光緒七年明治十四年　五十二人
光緒八年十五年　四百六十四人
光緒九年十六年　三百五十四人

鐵甲船攷

船名	長	濶	艙深	入水深	壓水力	馬力	速率	鐵甲厚	砲位	造成年分	雜記
扶桑艦	二百廿一尺五寸	四十七尺十寸		十八尺四寸	三千七百十八噸	三千八百廿四匹	十三海里又十之一	九寸至八寸	二十四生的四尊十七生的二尊	光緒二年	

右船覆炮房之屬一號

船名	長	濶	艙深	入水深	壓水力	馬力	速率	鐵甲厚	砲位	造成年分	雜記
比叡艦	二百三十一尺	四十尺八寸		十七尺四寸	二千二百噸	二千四百五十匹	十三海里又四之一	四寸四分		光緒三年	仿英歐拍快船式增用水線甲容煤二百八十噸
金剛艦	二百三十一尺	四十尺八寸		十七尺四寸	二千二百噸	二千四百九十四匹	十四海里又十五	四寸四分		光緒四年	

龍驤艦	二百十三尺三寸	五十九尺二寸		十七尺四寸	一千四百五十九噸			六寸	十七生的二尊七十磅彈六尊		購英舊船
東艦	二百五十七尺六寸	廿六尺十寸		十三尺一寸	七百噸	一千三百匹	九海里	四寸四分至三寸二分	九寸徑一尊六寸二分徑四尊		購美舊船有[illegible]一朵臺边漸朽壞

右水線帶之屬四號

按日本五船其三船皆造于英廠圖式爲英前監船官爾利德所定扶桑一船仿土斐梯布命德之製爲甲艦純式若金剛比叡以木質傅甲底包銅片乃有甲快船之例船甲太薄在今時已難適用龍驤東艦器惟求舊蓋無識矣

巡海快船攷

船名	長	濶	艙深	入水深	壓水力	馬力	速率	鐵甲厚	砲位	造成年分	雜記
筑波艦	一百九十六尺十寸	二十九尺二寸		十五尺一寸	一千三十三噸	七百匹			四寸徑六尊廿四磅彈二尊三十磅彈二尊		購英舊船現作練船
淺間艦					一千一百四噸						
富士山艦					一千噸					同治四年	
海門艦	二百尺一寸	二十九尺二寸		十六尺四寸	一千四百九十噸	一千二百五十四匹	十二海里		十七生的一尊十二生的六尊	光緒八年	
天龍艦	同	同		同	同	同	同		同	同	
筑紫艦	二百九尺十一寸	三十五尺一寸		十五尺一寸	一千五百噸	二千八百八十七匹	十七海里		十寸徑二尊五寸徑四尊哈乞開目四尊	光緒八年	船有撞嘴

船名	長	闊	艙深	入水深	壓水力	馬力	速率	鐵甲厚	砲位	造成年分	雜記
高千穗艦	三百尺	四十六尺		十八尺四寸	三千六百噸	七百五十匹	十八海里		二十六生的二尊十五生的四尊格林二尊電筒四具	未成	在英廠造
浪速艦	同	同		十八尺四寸	同	同	十七海里又十之三		同	同	同
畝傍艦	三百廿一尺	四十二尺十一寸		十八尺八寸	三千六百五十一噸	六千匹	十五海里		二十四生的四尊十五生的七尊哈乞開目十二尊	同	在法廠造鋼製下艙鋼面一寸四分
日進艦	二百卌五寸	二十八尺十寸		十四尺一寸	八百七十四噸	一千二百七十四匹	十一海里		七寸徑一尊三十磅彈六尊		以下爲偵報之船
天城艦	百九十六尺十一寸	二十九尺六寸		十三尺九寸	九百八噸	七百二十匹	同		十五生的一尊十二生的四尊		
磐城艦	百四十六尺四寸	二十五尺三寸		十二尺一寸	六百噸	六百五十匹	十海里		十四生的一尊十五生的二尊		
清輝艦	百九十尺三寸	二十九尺六寸		十三尺一寸	八百十噸	七百卄匹			十五生的一尊十二生的三尊		
春日艦	二百四十二尺九寸	二十六尺六寸		十尺六寸			十一海里				明輪式
蒼龍艦	一百二十五尺	二十一尺十一寸		七尺十寸	三百噸	二百七十匹	十海里			咸豐六年	以下二船國主自用
迅鯨艦	二百四十六尺一寸	三十尺十寸		十三尺九寸	一千二百四十噸	一千四百三十四匹	十四海里			光緒三年	明輪式

右巡海快船十六號

砲船攷

船名	長	闊	艙深	入水深	壓水力	馬力	速率	鐵甲厚	砲位	造成年分	雜記
第一丁卯艦	一百三十一尺七寸	十八尺十一寸		七尺二寸					六寸徑一尊十四生的一尊		

船名	長	闊	艙深	入水深	壓水力	馬力	速率	鐵甲厚	砲位	造成年分	雜記
第二丁卯艦	同	同		同					同		
鳳翔艦	一百四十四尺四寸	二十二尺三寸		六尺十寸	三百七十三噸				七寸徑一尊 五寸四分徑一尊		
孟春艦	同	二十一尺七寸		六尺六寸	三百五噸				同		
千代田形艦					一百噸	六十四			五寸四分徑一尊		
未知名	一百三十一尺三寸	十八尺一寸		七尺二寸					十六生的一尊 十四生的一尊		

右砲船六號

雷艇攷

船名	長	闊	艙深	入水深	壓水力	馬力	速率	鐵甲厚	砲位	造成年分	雜記
大雷艇一號	一百六十五尺八寸	十九尺四寸					十九海里			未成	在英國造汽機鎗兩旁綱板一寸

小雷艇　計六號

財用部補遺

外國貿易並比較連年貿易攷

輸出入品價額	年次	輸出	輸入	輸出入	超過
有稅品	光緒四年明治十一年	二六〇八〇	三三〇五六	五九一三八	入　六九七六

無稅品	
船用品	
內國產	
外國產	
輸出	五二,四○七,六八一
輸過去年	八一三,四二九
輸入	四四,三○四,二五一
輸總出入	九六,七一一,九三二
輸出比入多	八,一○三,四二九

五年十二年	二八,四○○	三三,五六四	六一,九六四	入 五,一六四
六年十三年	二八,八四○	三七,八九六	六六,七三七	入 九,○五五
七年十四年	三二,五五七	三二,五六三	六五,一二一	入 五
八年十五年	三九,二二二	三○,七六九	六九,九九二	出 八,四五二
九年十六年	三八,三七九	二九,五○二	六七,八八一	出 八,八七六
十年十七年	三二,九八○	二九,七○三	六三,六八四	出 四,二七七
十一年十八年	三七,一三七	二九,三五六	六六,四九四	出 七,七八○
十三年十九年	四八,八七○	三二,一六八	八一,○三八	出 一六,七○二
十四年二十年	五二,四○七	四四,三○四	九六,七一一	出 八,一○三

	二十年輸出	增 十八年	十九年
書籍紙類	一八一,三三九	四一,○○○	八,○○○
藥料製藥染料彩料類	一,六七九,六四五	五九○,○○○	三二○,○○○
穀物食物類	六,○九四,六五五	一,五七○,○○○	一,二五○,○○○減
五金類	二,二九五,五二四	一八○,○○○	五○○,○○○減
蠶絲繭綿類	二一,九二○,九○一	七,四四○,○○○	一,六二○,○○○

皮毛類	二七一、七七五	五七、〇〇〇	五四、〇〇〇減
布帛衣裳材料類	一、八〇四、六〇八	一、二九〇、〇〇〇	六六〇、〇〇〇
煙草類	七八、七一一	二六五、〇〇〇	五六、〇〇〇
雜貨第一類	三、〇五〇、三二〇	六〇〇、〇〇〇	三五〇、〇〇〇
雜貨第二類	六、一八〇、〇〇〇	三、四一〇、〇〇〇	二、二一〇、〇〇〇
油蠟類	三七八、九二六	一三〇、〇〇〇	四〇、〇〇〇
茶類	七、六〇三、三四一	七四〇、〇〇〇	一一九、〇〇〇減

国家出版基金项目
NATIONAL PUBLICATION FOUNDATION

海上絲綢之路文獻集成

總主編　陳支平　陳春聲

歷代史籍編 36

主編　范金民

海峽出版發行集團
THE STRAITS PUBLISHING & DISTRIBUTING GROUP
福建人民出版社

本册目次

日本新政考二卷（卷二）

〔清〕顧厚焜撰

日本新政考目錄卷二

全國經緯度攷　府縣廳建置轄地方里距離東京里數民數攷　東京至各府廳縣里程攷　人口一萬以上都市攷

全國面積及周圍里數攷　鑛山攷　鑛泉攷　海平面千尺以上山嶽攷

海面二千尺以上山嶺攷　大川攷　周回三里以上湖沼攷　船舶出入港灣仭尺攷

對馬島攷　北海道近事攷

日本新政考卷二

賜進士出身派赴日本美利堅祕魯巴西美利加英吉利屬地西班牙屬古巴等處游歷官刑部主事顧厚焜謹呈

考工部

東京海軍兵學校攷

東京海軍兵學校在築地夕溜同治十年立日本明治四年地八萬一千八百五十九坪有校長一人主之次長副之有總理敎務有副總理學術主任敎務有砲術敎授砲術助敎水雷術敎授運用術敎授航海敎長機關學敎授機關學助敎普通學敎授海軍敎授海軍助敎生徒分隊長勤務大軍醫等官此外又有練習所設所長分隊長分隊士准士官及機關師等職專曾練習之事共計武官准士官以上四十一人下士十四人文官判任以上二十六人內奏任十一人判任十五人英國敎師一人名馬約英國下士一人名哈馬奴有敎室爲敎誨學生之地有臥室爲學生憩息所飯廳容百七十三人現有學生二百八十人學規以四年爲滿再加運用一年學生每日操演一次有船塢塢有學生操演水師法之夾板船魚雷房內置魚雷二砲房二間一皆舊式砲上有樓樓上置小火船式帆船式備學生觀覽俾悟運用之法一皆克虜伯砲共八尊密臨大海憑欄觀海中砲臺六座約距二里

東京砲兵工廠攷

東京砲兵工廠地大十四萬坪汽罐二個馬力共一百九十烟囱六至高者十二丈大屋十座小屋林立鎔鐵竈九

座工二千六百人以器用言則有化銅器製菸器截銅器六個刮銅器抽銅線潤丸蠟鍋壓銅器洗銅鍋造火藥器鑄線作丸器造丸線去銹器等名以工場言則有雷管場鐵工場造槍處鉛丸場製造銃包所製造小銃所火工所等名以製造言則以光緒六年（明治十三年）日人村田所製槍爲規則槍中有小件七每日可造一百二十支多則百五十支此外丸子及三角藥小子亦隨時製造火藥則歸板橋岩鼻兩所製造又有大砲修理所專司修理鑄砲則大坂砲兵工廠中有製砲所專司其事不由本廠辦理

大坂砲兵工廠攷

大坂砲兵工廠在大坂府攝津國東區杉山町同治九年立（日本明治三年）地十萬八百七十四坪汽罐十六馬力共二百四十四大屋十八座小屋三十一座工一千二百人每日用煤一萬二千五百斤有製砲所製彈所製車所火工所等處機輪激盪工匠奔馳鍛冶房冶鐵爐林立方煙筒五高六七丈鑄砲倣義大利式聘義人三在砲廠辦事一充少佐二充工士又聘一法人充工銅有二種曰熕銅曰唐銅唐銅者倣中國鎔銅法而鎔成者也廠中曾鑄二十噸重砲力能穿二十四珊米（約中國一寸）鐵甲有油壓器又有水壓器水之彈力比油稍遜然大者定有四百噸重力則借水力以運機軸其功用定與氣相敵現造大砲十餘尊已成小銅砲十餘尊尚未工竣其規模視東京砲兵工廠較大均歸陸軍省管轄

長崎飽浦機器局攷

飽浦機器局在長崎我國理事府對河同治十一年日本明治五年現係英司圖督日人本山脇主其事而歸三菱公司汽船會社不歸官辦大屋六座小屋十座機軸三付二付均二十馬力一付十馬力鑄房螺房機軸所萃也餘皆日人自造有鍛冶房鎔鐵房造式様房先用木爲機器式以刀切木極速鍋房造釘機器二付去烟煤爐鑄煤圖一紙黑色者用鐵黃色者用木水筒喞局中烟囪高七尺白烟囪俄船在此修時光緒丁亥十月也

長崎造船所攷

長崎造船所在飽浦之南三里地名立神大屋六座小屋三座有船塢長四十二丈入口之幅八丈九尺高潮之時閾上水深二丈七尺寬十二丈地坑深十尺置戽水機器二付五十馬力修船引船入塢用此有組立場結構也船上所需器械業已造齊在此裝配成就木廠儲松木長者七丈二尺鋸木廠四鋸齊下抵十四馬力頃刻大木成板飽木機器左右林立門外有大石二當門兀立夏日可踞石避暑有高樹數株石井圍二丈餘汲六里外清水備飲食之需

川崎造船所攷

川崎造船所在兵庫縣神戶區東川崎町原係歐人造船地光緒十二年日本明治十九年借立地一萬二千七十四坪六合屋佔二千三百六坪七合汽罐六馬力共一百零一工八百五十三人船架盤木二一長二十九丈幅二丈五尺一長二十丈幅二丈每日需煤一萬四千斤

小野濱海軍造船所攷

小野濱海軍造船所在兵庫縣攝津國菟原郡葺合村光緒十年立（明治十七年）地一萬五千二百六十七坪屋佔三千六百十八坪屋五十二座汽罐一馬力三十九職工等六百三十七人每日需煤炭一萬一千五百斤現造一鐵舟未成夾板船一已成又造水雷船二十未成極長者十一丈五尺工作甫興閒歲事尚須時日云

横須賀海軍造船所攷（附船臺船渠表）

横須賀海軍造船所在神奈川縣相模國横須賀港首南東隅同治四年立（日本慶應元年）舊爲幕府船廠同治三年（元治元年）十一月日人與横濱駐劄法國公使略文盧碎司商議此地可爲大船廠乃聘請該國技師略文爲而泥審定此地巖巒圍繞風濤不驚故灣內修理船繫留場外尚有巨艦十餘只安穩寄泊沿岸淺處浮標十一個初立時僱法人四十餘名管理工業傳習技術後漸次減去光緒四年（明治十一年）全辭法人現官吏以下工夫使役二千八百餘人專管製造修理船艦機械地五千八百三十六坪盧此造船所之緣起也所設廳舍工場等所一官廳二官舍三黌舍四醫局五製圖所六船臺工場七塡隙工場八船渠工場九製帆工場十製綱工場十一船具工場十二錻鉋工場十三製檣工場十四端船工場十五滑車工場十六煉鐵工場十七撓鐵工場十八整飾工場十九製罐工場二十製管工場二十一鑄造工場二十二摸型工場二十三旋盤工場二十四鑢鑿工場二十五組立工場二十六營繕工場二十七築造工場二十八船材儲蓄場二十九倉庫三十火藥庫又有三十顯陸上起重器十五顯水上起重

器曳船及運送用小汽船此工場及機軸之大略也其造船所章程共六十一條其四條以日晷之長短定工人就業時之早晚三月一日迄十一月初四日午前六時三十分起業二月四日迄九月三十日午後五時三十分止業十一月五日迄二月二十八日午前七時起業十月一日迄二月三日午後五時止業又午前十一時三十分迄午後十二時三十分爲午餐之時例得歇工此工作之時候也二十一條云泊塲在港中央水深七尋半至八尋底質泥處此船渠之丈尺也港之淡水造船所以樋管納走水村之水計距六里場內設水溜蒸汽供其他用水此運水之法則也港內人口五千八百人電信分局警察署俱備商家櫛比雲連橫濱船日來日往他處船舶鮮至一年船舶出入約三千六百隻輸出物全額三百五十萬元輸入物較多于輸出之數此官署船舶度支之數目也港隣深浦灣其西半島爲二水門東水門即横須賀港此港北東角附近放破島容易認識西側爲吾妻鼻吾妻山高起海面三百五十五尺樹林繁茂亦易辨認港東側諸角附近數沙嘴外界水深十丈至十二尺此船成行海實測之情形也日本四面皆海保守疆圉自以海防爲大事海軍爲急務欲固海防首重兵士欲練海軍首重船艦船艦無兵士不行兵士無船艦曷戰日人處心積慮急欲自强不僅在造船一事而造船特其尤著者耳

入渠艦船尺度

名稱	長	幅	從平地到渠底深	從海潮面到渠口底深	渠底斜度	
第	全長百廿二美突託魯五百咪利	渠內九美突託魯	渠內九美突託魯	最大潮七美突託魯一百咪利	設斜度	於盤木上最長大九十八美突託魯

名稱	船渠 第一	船渠 第二	船渠 第三	船 第一	船 第二
長	第一戶當 上部 百九十美愛託魯五百咪利 下部 百十五美愛託魯	全長 百五十六美愛託魯五百咪利 第一戶當 上部 百五十三美愛託魯百廿三咪利 下部 百四十七美愛託魯百廿三咪利	全長 九十六美愛託魯五百咪利 第一戶當 上部 九十四美愛託魯 下部 八十八美愛託魯三百咪利	全長 百十六美愛託魯八百咪利 於陸上長 五十九美愛託魯四百咪利	全長 百廿八美愛託魯四百咪利 於陸上長 七十美愛託魯八百咪利
	渠口 上部 二十五美愛託魯 下部 二十三美愛託魯八十三咪利	渠內 三十二美愛託魯 渠口 上部 二十八美愛託魯七百八十咪利 下部 二十五美愛託魯二百八十咪利	渠內 十八美愛託魯 渠口 上部 十三美愛託魯八百咪利 下部 十一美愛託魯八百咪利		
幅	渠口 八美愛託魯八十六咪利	渠內 十一美愛託魯六百咪利 渠口 十美愛託魯二百五十三咪利	渠內 七美愛託魯六百咪利 渠口 六美愛託魯九百咪利	盤木幅員 六美愛託魯五百咪利	仝 七美愛託魯
深	大潮 六美愛託魯九百咪利 小潮 六美愛託魯六百咪利	最大潮 九美愛託魯 大潮 八美愛託魯七百咪利 小潮 八美愛託魯二百咪利	最大潮 五美愛託魯六百五十咪利 大潮 五美愛託魯四百五十咪利 小潮 五美愛託魯百五十咪利	自水中臺尾至高潮面 四美愛託魯七百五十咪利	仝 四美愛託魯六百咪利
	於渠底水平	一美愛託魯伸五咪利	一美愛託魯伸十咪利強		
斜度	吃水 最大潮 九美愛託魯五百咪利 大潮 六美愛託魯三百咪利 小潮 六美愛託魯 盤木之高 一美愛託魯二百咪利	盤木上最長大 百四十美愛託魯 吃水 最大潮 九美愛託魯 大潮 八美愛託魯七百咪利 小潮 八美愛託魯二百咪利 分全渠爲二區 前部 六十美愛託魯 後部 七十美愛託魯	於盤木上最長大 八十二美愛託魯二百咪利 吃水 最大潮 五美愛託魯四百五十咪利 大潮 五美愛託魯二百五十咪利 小潮 四美愛託魯九百五十咪利 盤木之高 九百咪利	一美愛託魯中八咪利	仝上

臺

第	三
全長	於陸上長
百二十美愛託魯	六十三美愛託魯三百咪利
全	
六美愛託魯四百咪利	
全	
四美愛託魯七百咪利	
全上	

表中美愛託魯咪利係法國語一美愛託魯計日本曲尺三尺三寸一咪利計日本曲尺三厘三毫每一千咪利合一美愛託魯

東京千住製絨所記

東京千住（力皆織入）製絨所（方言學古如學）地大二千七百坪光緒二年立（日本明治九年）大屋八座小屋十座汽罐三具二百馬力者二二十五馬力者一每日織絨四十反計二千六百四十尺用煤炭一萬六千斤男女工四百七十八有熨絨室彈羊毛室極熱上顏色室洗洋毛室織絨室置機四十八張屋一座共六十間發彩室屋六間上色後壓絨機軸在焉晚工用電氣燈羊毛來自天津及澳斯祿羅利亞（即澳大利亞）兩地有乾絨器乾羊毛器縮絨器起毛器紡毛器經線器整經器用風力乾線器刷絨器剪絨器發彩器剪經面器磨搓器羅列各室有仍泰西之名譯數次而始明其義者所織爲小絨絹經小絨蓋西洋之絨極寬四尺八寸日本所織祇寬二尺二寸絨即洋呢華人稱之曰呢日人稱之爲絨耳其工毛場毛布製造所機械据工場皆有圖又有絨鑑五册備各種絨式焉

東京旺子造紙局記

東京旺子造紙分局屋六座汽罐三分均十五馬力烟筩二高一百尺局中分製紵造紙兩科凡造紙須先以紵製

紙料約以苛性曹達及酒粉爲主有製造硫酸器煎熬硫酸室造礬室造石灰竈六座又有硫酸食鹽鹽酸尾斯鹽酸尾斯即鹽酸氣也極熱入水稍涼製石灰必用此物造紙之法以第二酸化滿加（藥名）及格魯兒加兒（藥名即苛性曹達）練分關紙質即融化未成紙之質也以硭硝石灰發酸石灰燒成初製堂酸曹達俗名黑灰用黑灰造苛性曹達煮紙之原質蓋先用苛性曹達練分關紙質再用酒粉煮二次即成白色也以破布洗淨加藥水入大鍋煮之即化成紙料大鍋共有八個煮紙料時熱湯沸騰不能近視工男女一千一百人

大坂硫曹製造會社記

大坂硫曹製造會社在北區天滿橋光緒十二年立（日本明治十九年）內分二所曰硫酸製造所地九百九十七坪曰曹達製造所地一千一百五十四坪共二千一百五十一坪汽罐二馬力共五十硫酸即礦強水法用硫十分硝一分同燒去濁氣取清水成硫酸又用硫硝各十分同燒爲硝酸又用硫十分石灰十分高島粉百分合製爲粗性曹達又用粗性曹達與食鹽同入水成化水曹達一名結晶曹達其化水者爲苛性曹達供洗濯之用如中國胰子以硫十分鹽六分爲硫酸曹達其水爲鹽曹達案硫酸之功用甚大而外國人尤多以之製各種藥品其功用有直接間接之別直接之功用以硫酸製藥與藥直接而藥成間接則以硫酸與藥相隔絕以氣相摩盪而藥亦成曹達上品亦可入藥次者或供染皁或供洗濯皆日用不可少之物日本造此社以來聞獲利頗厚云

大坂製燧社記

大坂製燧社原名摺附木社同治十三年立（日本明治七年）光緒八年（明治十四年）更今名地三千九百坪屋佔一千零八十九坪男工五十人女工六百人歲貨值四萬九千五百元製法用赤燐沙粉鹽酸加里三物合成須臾工竣聞鳥取縣但馬大和亦有此社日人之務啓利源真錙銖不遺也已

大坂硝子製造會社記

大坂硝子製造會社在北區天滿橋硝子即玻璃法以硅石爲主葯硝石爲煤葯益以曹達入火鍊成如有碎玻璃粉亦可攙入專造玻璃瓶碗杯壺盆等物造瓶以軟玻璃燒紅入模中立刻成瓶另有一人做瓶塞亦極速有三層食盒高九寸圓徑一尺二寸者光滑可鑑問其價洋銀七元歲貨值七萬五千元社立于光緒三年（日本明治十年）汽罐一馬力五地六千四百九十二坪屋佔二百五十五坪大屋五座小屋三十九座工二百六十五人爐竈林立大烟筒五小烟筒十餘每日需煤二萬斤

磁器陶器記略

名古屋新道町升內忠兵衛七寶製造所專製仿古各種磁器月製二次燒二日俟冷取出南武平町松村陶器製造所專製陶器兼仿西法西京白川橋東錦光山崇兵衛製造陶器碗及花瓶俱備富小路摸古銅器白川橋東七寶燒銅器日人效西法以磁製花瓶等物摸銅器望宛之然逼真價值不非大抵販之西人至販入中國則多尋常磁器然近年消售頗廣日商之漸有起色雖不僅由此然此亦致富之一端也

織綢織呢記略

西京小川下長者町西陣機業會社北川平八紋織會社專織綢錦織法仍舊制與中國同其提花之梭子則采西法取其稍捷也川原町二條織物會社知惠光院東織物會社專織絨絨即中國所謂呢也幅寬二尺二寸與中國甯綢同細堅不如洋呢價亦不昂然有此則國內所需無庸購諸他國亦未始非省錢之計也

大坂紡織會社記略

大坂紡織會社在西成郡三軒屋光緒八年立明治十五年地一千九百八十坪汽罐二馬力共五百五十購自英國各種機軸四百廿二付抽線壓棉彈棉等工用之男工五百零二人女工七百零五人共一千二百零七人每日需煤二萬二千斤

治法部

學校總論

通商開埠以來學校盛行通國多至三萬一千七百九十二所教員九萬六千八百三十三人男女生徒三百三十二萬九千九百七十七人俱隸文部省以規模最大者證之東京大學則有法科大學醫科大學工科大學文科大學理科大學等名又有高等師範學校第一高等中學校第二高等中學校在仙臺第三高等中學校在大坂第四高等中學校第五高等中學校山口高等中學校東京商業學校東京職工學校東京高等女學校東京美術學校

東京音樂學校東京訓盲啞學校東京學士會院月課歲試均漸有成效此外各府縣倣此辦理男女長幼及廢疾皆得從事于學所學英文多于漢文蓋自明治維新以來日人力求西法故學者益專志西學耳

學校章程攷

全國學校三萬餘處有官立者有私立者其學舍學生之大小多少各各不同其章程則大略相同以東京高等學校證之一爲理化學課程三年卒業一教育二倫理三英語四數學五物理六化學七手工八圖畫九音樂體操二爲博物學課程三年卒業一教育二倫理三英語四機化五鑛物地質六植物七動物八生理九農業十圖畫十一音樂體操三爲文學課程三年卒業一教育二倫理三國語漢文四英語五地理歷史六理財七哲學八音樂體操其女學校課程則以四年爲期一倫理二教育三國語漢文四英語五數學簿記六地理歷史七博物八物理化學九家事十習學圖畫十一音樂十二體操此男女學規之大略也日本學校無學不有英文無學不練兵練兵一科歸入體操體操者每日運動手足以振作其筋力也原爲養身而設今本是以練兵則兵力亦較易奮發練法均手執洋槍一教師導之步伐井然可觀女學校有體操無練兵余謂女子以柔順爲主日事體操則身強力大不知其何所取意也又試以高等商業學校證之是學專習商業不練兵分二科一爲別科其課程一和漢文二習字三作文司往復文記事四數學五地理（本國及外國地理）六歷史（本國及外國歷史）七英語一爲主計專修科其課程一和漢文二書法三作文司往復文記事及論說四算術五簿記六經濟七英語學成後爲商則本國與外國情形皆熟諳焉日人之有志

富強于此可見一斑已

學校沿革論

上古學校之制無攷應神十六年（我國晉武帝太康六年）王仁之獻論語十卷千字文一卷是爲儒教入日本之始距今約千七百年中古各州皆有學校所在必建聖廟文武大寶元年（我國唐中宗嗣聖十八年）二月丁巳始釋奠先聖先師于大學寮嗣後各州歲時必行此禮至保元平治之際（我國宋高宗紹興年間）朝權替武臣興學校漸廢而知漢學者惟留僧侶而已及德川康開覇府始置儒士至元和（我國明神宗萬歷光宗泰昌熹宗天啓年間）偃武之後乃置振學校境內人士漸知文尚學諸侯往往設學校令子弟就學寶永中（我國康熙年間）覇府更創造學宮于神田阪維時諸侯競設學校建孔廟歲時行釋奠禮駸駸乎日新月盛焉今雖徧地皆學而西文日盛非復當日漢文盛行景象有志者蓋不勝今昔之感云

通國學校教員生徒攷

稱類	學校數	男女教員	男女生徒
公立	二九、五八九	九〇、五	三、一九二、五九九
小學校私立	五六七	一、一三六	四四、九〇八
合計	二〇、一五六	九一、六三六	二、二三七、五〇七
官立	一	一九	二一九

中學校公立	百六六	一、〇五五	一三、九二九
私立	六	三	六一五
合計	百七三	一、一〇七	一四、七六三
官立	一	六一	一〇三
高等女學校公立	六	六一	三四九
合計	七	一	四五〇
官立	二	四六	二六四
師範學校公立	七〇	六四二	六、五三五
合計	八〇	六八八	六、五六九
大學校官立	三	二〇二	一、八一六
官立	一七	四八九	二、九一六
專門 公立	四三	三三〇	三、六七五
私立	三五	二〇一	三、八三四
合計	九五	一、〇二〇	一〇、四二五

公立	四〇	一二九	二、七八〇
各種學校私立	一、二三〇	二、〇二二	五五、六六七
合計	一、二七〇	二、一五一	五八、四四七
通共合計	三一、七九二	九六、八三三	三、三二九、九七七

足利學校攷

足利學校在櫔木縣足利郡足利鄉舊址凡一町四方環以小隍中有大槐樹數十章維新後剪伐殆盡今植桐木遺址之半改爲小學校旁有孔廟天長元年建（我國唐穆宗長慶四年）歷年千餘矣其書籍目錄云淳和帝天長元年大内記參議小野篁奉勅建後漸荒廢僧快元與復舊在國府野後移今地乃足利氏所治處也和漢三才圖會云學校初建于小野篁篁小野朝臣永見孫岑守子也欝學校于諸國置孔子及十哲像令儒學盛行後繼起無人唯存當國一所且守廟乏人乃召釋氏入廟令兼習儒足利義兼再興堂社招僧理直住持國史云篁初讀書下野足利鄉後人造黌舍于其地所謂足利學校是也廟供木像相傳爲中土所作門榜學校二大字明蔣龍溪書案永享中（明宣德正統年間）上杉憲實馬上興曾修是學聖堂之製櫺星門名入德中門區學校廟門四足名杏壇重簷兩階四丈正方對楔兩楹步廡後廊其他雖非文榱華梁亦不致妨帽礙眉也旁有兩楹供小野篁遺像文化八年（國朝嘉慶十六年）僧宗和奉勅賜金修大成殿門廡文庫寶坊倉廩祭厨寮舍復舊觀其時距天長元年已閲九百八十二紀至今又隔七十八年廟

庭廡應規制依然書庫存書維新後頗多散佚存者皆數百年前物堪寶貴內有梁皇侃論語義疏十卷我國星使已遣人前往鈔錄咨呈總署蓋因校長確守學規古本書籍不願借出也夫聖人之道古今莫能外即中外莫能踰自西法盛行後謗毀吾道者有之掊擊吾道者有之廢棄吾道而甘入異端甘背倫理者有之殊不知西教與吾道各不相涉即各師其師可也彼謗毀掊擊廢棄者果何爲哉況西法以練兵開礦通商製槍砲建電線等事爲國本款闢求市祇二十年而彼國所長我國皆因地制宜而斟酌用之以期漸臻于美備將來地球各國軍實充足府庫充盈必有爭願偃武修文而樂附王會之圖者則聖道之大必將上暢九垓下泝八埏也豈特日本足利一隅哉

附錄六合陳逸士(家鼒)日本學校論曰通商開埠以來學校大行分門別類節目繁多曰師範曰開成曰理法曰測算曰海軍曰鑛山曰技藝曰農商曰醫曰光曰化曰各國語言曰女師範更有公立私立之大學校中學校小學校等更僕難數原其法皆取效泰西小兒五七歲時入小學讀伊呂波字四年卒業授證書入中學校或外國語言學校聽人自便語學每日只一二時餘時則有法律氣學重學光學化學鑛學算學畫學天文地理植物機器各學及史學英漢文學擇性之近者學之五年卒業授證書入師範學校其願赴東京大學校者聽五年卒業給證書許爲學校師如願往各國者則曰海外留學生以備各國使館之選近文部省刊有學校章程除月給數日假(即禮拜日)日給數時假其餘課程皆有定則至女子亦於五七歲入小學讀書識字並學描花刺繡各事凡草木花卉鳥獸蟲魚及日用器皿皆令剪紙揑土藉開知識暇時置絨毬鞦韆使其運動以活其機卒業有願學各國語言及各種氣學光

學者聽明治九年日后集華族女子百人特設女師範學校學成給證書令爲女師是法一本泰西聞卒業時日后臨其地命婦拜其門誠極一時榮寵矣語云無人不學無地無學無事無學日本有焉特未知名果副實否耳

刑罰攷

一死刑絞首致死

二無期徒刑發遣遠島服役婦女發內地監役場服役滿二十五年免除

三有期徒刑同上滿二十年免除

四無期流刑同上滿二十五年免除

五有期流刑同上滿二十年免除

六重懲役重禁獄十五年期滿免除

七輕懲役輕禁獄十年期滿免除

八重禁役內地服役刑期九年以上十一年以下

九輕禁役同上刑期六年以上八年以下

十重禁錮刑期五年以下監禁錮場服役

十一輕禁錮遞減一等

十二罰金視所犯之輕罰金贖之

十三拘留刑期一日以上十日以下

十四科料自五錢起至一元九十五錢止

重輕罪犯處斷人數攷

	犯罪者	死刑
十六年	一三三,二九四人	八四
十七年	一三六,七二〇人	一一三
十八年	一五一,〇六八人	一四九

	輕禁獄	罰金
十六年	無人	五,四〇七
十七年	無人	六,七九二
十八年	三人	五,八八五

無期徒刑	二三	三三三	四八一
有期徒刑	八五七	一、〇四一	一、一九七
重懲役	五八九	九二一	一、〇六二
輕懲役	五六五	九四四	一、二八七
重禁錮	九四、六七五	八三、三九五	九六、三一九
輕禁錮	六〇五	六三六	七四八
科料	一、二四〇	二、九〇八	一、〇三七
棒鎖	四三	一九	九
拘留	一、七〇七	一、四三二	一、三三〇
減等無科	一二	一〇	三
無罪	五、四七四	七、六二四	七、五九三
免訴 全免	一、九二五	二五六	一一一三 一八七

附錄六合隙逸士（家藏）日本刑罰論曰日本古無刑律犯罪者償謂之解除罪重者逐放謀爲不軌者殺謂之死刑死刑有時贖之爲赦又有黥刑懲役（履中紀）沒官（顯宗紀元年）降官（允恭紀二年）左遷（允恭紀二十四年）火刑（神功紀元年）梟刑（崇峻紀二年）等名目皆不可爲後世法推古帝時設十七憲法定笞杖徒流死五等職官則設官當免所居官免官除名諸律謂之閏刑又爲老疾婦幼設收贖法據唐律酌量是謂大寶律其後間有變革自文治至慶長代笞杖以禁獄代徒刑以追放流死二刑依舊設梟首與磔罪爲極刑又有罪三族者又閏刑有召籠勅勘解官除籍召禁過怠改易所職永不可召仕召放所領等罪名又庶人閏刑有剃半髮捺火印闕所過料等罪名法律漸備仁安中刑法頗酷皆武夫所爲至德川氏開府江戸大改刑律定敲追放遠島死四名目而以敲分輕重二等追放中則有輕追放中追放重追放之別死有斬罪火罪獄門鋸挽等又閏刑有引迴入墨晒闕所四律又有非人手下遠國非人手下諸名士族閏刑有逼塞

閉門蟄居改易切腹等律婦女有剃髮爲奴諸律明治元年除火罪鋸挽各苛刑闕所入墨諸酷法三年十二月定新律綱領以笞杖徒流死五者爲正刑士族閏刑設謹慎閉門禁錮邊戍自裁諸律知廉恥者廢爲庶人六年五月復改刑律廢笞杖徒流代以懲役又廢士族閏刑代以禁錮其他改革甚多十二年廢梟首刑十三年改刑律即今所行刑律是觀於廢斬爲絞之類益知今刑律非舊律比矣

紀年部

世系攷

上古稱神代神代第一世曰國常立尊（尊者上古君上尊稱）闢闢元始之天神也（猶中華天皇氏地皇氏）歷數世至天照太神（一稱大日孁尊女王）太神平治海內德協無疆故及人皇世尊崇以配太陽稱曰日神又數世至神武天皇是爲人皇第一世天皇以前時方鴻荒但有舊事記古事記等書（書皆聖德皇子所著）可考按舊事記天照太神起自伊勢州遷都於日向州天皇乃起自日向率舟師東征遂平定境內元年辛酉春正月庚辰朔即位于大和（州名）橿原時我國周惠王十七年也王辛子嗣一姓相傳至今未改雖其間北朝分據幕府專權不無政柄旁落而國祚究未嘗或移蓋自神武天皇元年辛酉至明治二十（丁亥）年計二千五百四十七年傳世百二十二此日本世系之大畧也維新以來尚西法去舊都遷江戶稱東京築新宮西都父老咸深望歲之思云

第一世　神　武　（名神日本磐余彥火火出見尊彥波瀲武鸕鶿草葺不合尊子周惠王十七年立在位七十六年）

第二世　綏靖　名神日本川耳尊神武子周簡王五年立在位三十三年

第三世　安甯　名磯城津彥玉手見尊綏靖子周靈王二十四年立在位三十八年

第四世　懿德　名大日本彥耜友尊安甯子周敬王十年立在位三十四年

第五世　孝昭　名觀松彥香殖稻尊懿德子周元王元年立在位八十三年

第六世　孝安　名日本足彥國押人尊孝昭子周安王十年立在位百九年

第七世　孝靈　名大日本根子彥太瓊尊孝安子周赧王二十五年立在位七十六年

第八世　孝元　名大日本根子彥國牽尊孝靈子秦始王三十三年立在位五十七年

第九世　開化　名稚日本根子彥大日日尊孝元子漢文帝後元七年在位六十年

第十世　崇神　名御間城入彥五十瓊殖尊開化子漢武帝天漢四年立在位六十八年

第十一世　垂仁　名活目入彥五十狹茅尊崇神子漢武帝建始四年立在位九十九年

第十二世　景行　名大帶彥忍代別尊垂仁子東漢明帝永平十四年立在位六十年

第十三世　成務　名稚足彥尊景行子東漢順帝永建六年立在位六十年

第十四世　仲哀　名足仲彥尊景行孫成務姪東漢獻帝初平三年立在位五年

第十五世　應神　名譽田別尊仲哀子晉武帝泰始六年立在位四十一年

第十六世　仁德　名大鷦鷯尊應神子晉愍帝建興元年立在位八十七年

第十七世　履仲　名火兄去來穗別尊仁德子晉安帝隆安四年立在位六年

第十八世　反正　名蝮瑞齒別尊履仲弟晉安帝義熙二年立在位六年

第十九世　允恭　名雄朝津間稚子宿禰尊反正弟晉安帝義熙八年立在位四十二年

第二十世　安康　名穴穗尊允恭子晉武帝孝建元年在位三年

第二十一世　雄略　名大泊瀨幼武尊安康弟晉武帝大明元年立在位二十三年

第二十二世　清甯　名白髮武廣國押稚日本根子尊雄畧子齊高帝建元二年立在位五年

第二十三世　顯宗　名宏計尊履仲孫仁賢弟齊武帝永明三年立在位三年

第二十四世　仁賢　名億計尊顯宗兄齊武帝永明六年立在位十一年

第二十五世　武烈　名小泊瀨稚鷦鷯尊仁賢子齊東昏侯永元元年立在位八年

第二十六世　繼體　名男大迹尊應仁五世孫梁武帝天監六年立在位二十九年

第二十七世　安閑　名廣國押武金日尊繼體子梁武帝中大通六年立在位二年

第二十八世　宣化　名武小廣國押盾尊安閑弟梁武帝大同二年立在位四年

第二十九世　欽明　名天國排開廣庭尊繼體子安閑弟梁武帝大同六年立在位三十三年

第三十世　敏達　名渟名倉太珠敷尊欽明子陳宣帝大建四年立在位十四年

第三十一世　用明　名橘豐日尊敏達弟陳後主至德四年立在位二年

第三十二世　崇峻　名泊瀨部若雀尊用明子陳後主禎明二年立在位五年

第三十三世　推古女主　名豐御食炊屋姬崇峻姊隋文帝開皇十三年立在位三十六年

第三十四世　舒明　名息長足日廣額敏達孫唐太宗貞觀三年立在位十三年

第三十五世　皇極女主　名大豐財重日足姬舒明女唐太宗貞觀十六年立在位三年

第三十六世　孝德　名天萬豐日皇極弟唐太宗貞觀十九年立在位三年年號大化五白雉五

第三十七世　齊明　皇極重祚唐高宗永徽六年立在位七年

第三十八世　天智　名天命別開舒明子唐高宗總章元年立在位四年

第三十九世　宏文　名大友皇子天智子唐高宗咸亨三年立旋崩

第四十世　天武　名天渟中原瀛直人天智弟唐高宗咸亨四年立在位十四年年號朱鳥第十四年改

第四十一世　持統女主　名高天原廣舒姬宏文姊天武后唐中宗嗣聖四年立在位十年仍號朱鳥

第四十二世　文武　名天之直宗豐祖父天武孫唐中宗嗣聖十四年立在位十一年年號大寶三慶雲四

第四十三世　元明女主　名日本根子津御代豐國成姬持統妹草壁皇子妃唐中宗景龍二年立在位七年年號和銅七

第四十四世　元正女主　名日根子高瑞淨足姬文武妹唐元宗開元三年立在位九年年號靈龜二養老七

第四十五世　聖武　名天璽國押開豐櫻彥文武子唐元宗開元十二年立在位二十五年年號神龜五天平二十

第四十六世　孝謙女主　名阿倍聖武女唐元宗天寶八年立在位十年年號天平勝寶八天平寶字二

第四十七世　淳仁　名大炊大武孫唐肅宗乾元二年立在位六年年號天平寶字六

第四十八世　稱德女主　名高野孝謙重祚唐代宗永泰元年立在位五年年號天平神護二神護景雲三

第四十九世　光仁　名天宗高紹天智孫唐代宗大歷五年立在位十二年年號寶龜十一天應一

第五十世　桓武　名日本根子皇統彌照光仁子唐德宗建中三年立在位二十四年年號延歷二十四

第五十一世　平城　名日本根子天推國高彥桓武子唐憲宗元和五年立在位四年年號大同四

第五十二世　嵯峨　名神野平城弟唐憲宗元和五年立在位十四年年號宏仁十四

第五十三世　淳和　名日本根子天高讓彌遠嵯峨弟唐穆宗長慶四年立在位十四年年號天長十

第五十四世　仁明　名日本根子天璽豐聰嵯峨子唐文宗太和八年立在位十七年年號承和十四嘉祥三

第五十五世　文德　名道康仁明子唐宣宗大中五年立在位八年年號仁壽三齊衡三天安二

第五十六世　清和　名惟仁文德子唐宣宗大中十三年立在位十八年年號貞觀十八

第五十七世　陽成　名貞明清和子唐僖宗乾符四年立在位八年年號元慶八

第五十八世　光孝　名時康文德弟唐僖宗光啓三年立在位二年年號仁和三

第五十九世　宇多　名定省光孝子唐僖宗文德元年立在位十年年號仁和一寬平九

第六十世　醍醐　名敦仁宇多子唐昭宗光化元年立在位三十三年年號昌泰三延喜二十二延長八

第六十一世　朱雀　名寬明醍醐子後唐明宗長興二年立在位十六年年號承平七天慶九

第六十二世　村上　名成明朱雀弟後漢高祖天福十二年立在位二十年年號天歷十天德四應和三康保四

第六十三世　冷泉　名憲平村上子宋太祖開寶元年立在位二年年號安和二

第六十四世　圓融　名守平冷泉弟宋太祖開寶二年立在位十五年年號天祿三天延三貞元二天元五永觀二

第六十五世　花山　名師貞冷泉子宋太宗雍熙二年立在位二年年號寬和二

第六十六世　一條　名懷仁圓融子宋太宗雍熙四年立在位二十五年年號永延二永祚一正歷五長德四長保五寬弘八

第六十七世　三條　名居貞花山弟宋真宗祥符五年立在位五年年號長和五

第六十八世　後一條　名敦成一條子宋真宗天禧元年立在位二十年年號寬仁四治安三萬壽四長元九

第六十九世　後朱雀　名敦良後一條弟宋仁宗景祐四年立在位九年年號長歷三長久四寬德二

第七十世　後冷泉　名親仁後朱雀子宋仁宗慶歷六年立在位二十三年年號永承七天喜五康平七治歷四

第七十一世　後三條　名尊仁後冷泉弟宋神宗熙甯二年立在位四年年號延久四

日本新政考　卷二

第七十二世　白河　名貞仁後三條子宋神宗熙寧六年立在位十四年年號延久一承保三承歷四永保三應德三

第七十三世　堀河　名善仁白河子宋哲宗元祐二年立在位二十一年年號寬治七嘉保二永長一承德二康和五長治二嘉承二

第七十四世　鳥羽　名宗仁堀河子宋徽宗大觀二年立在位十六年年號天仁二天永三永久五元永二保安四

第七十五世　崇德　名顯仁鳥羽子宋徽宗宣和六年立在位十八年年號大治二大治五天承一長承三保延六永治一

第七十六世　近衛　名體仁崇德弟宋高宗紹興十二年立在位十四年年號康治二天養一久安六仁平三久壽二

第七十七世　後白河　名雅仁近衛兄宋高宗紹興二十六年立在位三年年號保元三

第七十八世　二條　名守仁後白河子宋高宗紹興二十九年立在位七年年號平治一永歷一應保二長寬二永萬一

第七十九世　六條　名順仁二條子宋孝宗乾道二年立在位三十年年號仁安一

第八十世　高倉　名憲仁二條弟宋孝宗乾道五年立在位十二年年號嘉應二承安四安元二治承四

第八十一世　安德　名言仁高倉子宋孝宗淳熙八年立在位五年年號養和一壽永四

第八十二世　後鳥羽　名尊成安德弟宋孝宗淳熙十三年立在位十五年年號壽永五建久九

第八十三世　土御門　名爲仁後鳥羽子宋寧宗慶元五年立在位十二年年號正治二建仁三元久二建永一承元四

第八十四世　順德　名守成土御門弟宋寧宗嘉定四年立在位十一年年號建歷二建保六承久三

第八十五世　仲恭　名懷成順德子宋寧宗嘉定十五年立在位四月年號良應一

十三

第八十六世　後堀河　名茂仁高倉孫宋甯宗嘉定十五年立在位十一年年號貞應二元仁一嘉祿二安貞二寬喜三貞永一

第八十七世　四條　名秀仁後堀河子宋理宗紹定六年立在位十年年號天福一文歷一嘉禎三歷仁一延應一仁治三

第八十八世　後嵯峨　名邦仁土御門子宋理宗淳祐三年立在位四年年號寬元四

第八十九世　後深草　名久仁後嵯峨子宋理宗淳祐七年立在位十三年年號寶治二建長七康元一正嘉二正元一

第九十世　龜山　名恒仁後深草弟宋理宗景定元年立在位十五年年號文應一宏長三文永十一

第九十一世　後宇多　名世仁龜山子宋恭宗德祐元年立在位十三年年號建治三宏安十

第九十二世　伏見　名熙仁後深草子元世祖至元二十五年立在位十一年年號正應六永仁六

第九十三世　後伏見　名胤仁伏見子元成宗大德三年立在位三年年號正安三

第九十四世　後二條　名邦仁後宇多子元成宗大德六年立在位六年年號乾元一嘉元三德治二

第九十五世　花園　名富仁後伏見弟元武宗至大元年立在位十年年號延慶三應長一正和五文保二

第九十六世　後醍醐　名尊治後二條弟元仁宗延祐六年立在位二十一年年號元應二元亨三正中二嘉歷三元德二元宏三建武二延元三

第九十七世　後村上　名義良後醍醐子元順宗至元五年立在位二十九年年號延元一興國六正平二十二

第九十八世　長慶　名寬成村上子明太祖洪武二年立在位五年讓位于後龜山年號正平二建德二文中一

第九十九世　後龜山　名熙成後村上子明太祖洪武六年立在位二十四年年號文中二天授六宏化三元中九

北朝	光嚴	名量仁後伏見子元甯宗至順三年立在位二年
北朝	光明	名豐仁光嚴弟元順帝至元三年立在位十一年
北朝	崇光	名興仁光嚴子元順帝至正九年立在位三年
北朝	後光嚴	名彌仁崇光子元順帝至正十二年立在位二十年
北朝	後圓融	名緒仁後光嚴子明太祖洪武五年立在位十一年
第一百世	後小松	名幹仁後圓融子明太祖洪武十六年立在位三十年年號明德一應永十九
第一百一世	稱光	名實仁後小松子明成祖永樂十一年立在位十六年年號應永十五正長一
第一百二世	後花園	名彥仁崇光孫明宣宗宣德四年立在位三十六年年號永享十二嘉吉三文安五寶德三享德三康正二長祿三寬正五
第一百三世	後土御門	名成仁後花園子明憲宗成化六年立在位三十六年年號寬正一文正一應仁二文明十八長享二延德三明應九
第一百四世	後柏原	名勝仁後土御門子明孝宗宏治十四年立在位二十六年年號明應三永正十七大永六
第一百五世	後奈良	名知仁後柏原子明世宗嘉靖六年在位二十一年年號大永一享祿四天文二十二宏治三
第一百六世	正親町	名方仁後奈良子明世宗嘉靖三十七年立在位二十九年年號永祿十二元龜三天正十四
第一百七世	後陽成	名周仁正親町孫明神宗萬歷十五年立在位二十五年年號大正五文祿四慶長十六
第一百八世	後水尾	名政仁後陽成子明神宗萬歷四十年立在位十八年年號慶長三元和九寬永六

第一百九世　明正女主　名興子後水尾女明懷宗崇禎三年立在位十四年年號寬永十四

第一百十世　後光明　名紹仁明政弟明懷宗崇禎十七年立在位十二年年號正保四慶安四承應三

第一百十一世　後西院　名良仁後光明弟國朝順治九年立在位八年年號明曆三萬治三寬文二

第一百十二世　靈元　名識仁後西院弟康熙二年立在位二十四年年號寬文十延寶八天和三貞享三

第一百十三世　東山　名朝仁靈元子康熙二十六年立在位二十二年年號貞享一元祿十六寶永六　當作在位二十三年

第一百十四世　中御門　名慶仁東山子康熙四十九年立在位二十六年年號寶永一正德五享保二十

第一百十五世　櫻町　名昭仁中御門子乾隆元年立在位十二年年號元文五寬寶三　元文五寬寶三止八年耳既云在位十二年則尚有四年之年号

第一百十六世　桃園　名遐仁櫻町子乾隆十二年立在位十五年年號延享四寬延三寶曆十二

第一百十七世　後櫻町女主　名智子桃園姊乾隆二十八年立在位八年年號寶曆二明和七

第一百十八世　後桃園　名英仁桃園子乾隆三十六年立在位九年年號明和一安永八

第一百十九世　光格　名兼仁東山孫乾隆四十五年立在位三十七年年號安永一天明八寬政十二享和三文化十三

第一百二十世　仁孝　名惠仁光格子嘉慶二十二年立在位二十九年年號文化一文政十二天保十四弘化三　按建元年号当作在位三十年

第一百二十一世　孝明　名統仁仁孝子道光二十七年立在位二十一年年號弘化一嘉永六安政六萬延一文久三元治一慶應三

第一百二十二世　明治　名睦仁孝明子同治七年立

爵祿部

官制考

內閣

總理大臣一員秘書官書記官奏任判任官一等至十等爲屬員凡大臣原稱卿明治十九年一月改

舊有參事院正副議長議官今改

宮內省

宮內大臣一員次官式部職書記官秘書官大膳職內藏主殿圖書內匠主馬諸陵各寮御料侍醫華族各局奏任判任官同上又有顧問官及女官一等至七等爲屬員

舊有內廷職二年五月置七月廢留守官二年五月置今廢知事卿大輔少輔等官今改

內務省

內務大臣一員次官秘書官參事官奏任官判任等官同上爲屬員

舊有內國事務科元年正月十七日置科置督主之輔佐之二月三日改內國事務局督輔如舊二年四月八日建民部官置知事副知事議定參與等官七月八日廢改建民部省置卿大輔參議等官四年七月二十七日廢六年十一月十日置內務省

外務省

外務大臣一員次官秘書官參事官奏任判任等官同上爲屬員

舊有外國事務局管外國交際條約貿易拓地育民後改外國官管外國交際貿易疆土開拓明治元年我國同治七年九月二十日移外國官於東京二年二月二十三日置諸開港通商司管貿易事務七月八日廢外國官置外務省管外國交際貿易事三年二月十五日管各開港場規則稅務四年八月二十八日轉屬大藏省五月三日置文書司閏十月二日置大中少辨務使正權大少記駐劄英法普三國五年十月改置全權公使辦理公使代理公使書記官是年五月二十八日本省管朝鮮國交際事務十月十五日置我國上海香港福州三口領事館

大藏省

大藏大臣一員次官秘書官參事官奏任判任等官同上爲屬員

舊有會計事務科元年一月十七置科有督有輔有議定副總裁議定參與等官二月三日改局官制如前閏四月二十一日廢局置官有知事副知事等官二年七月八日廢官置省置卿大輔參議議官等官又置造幣寮管出納租稅監督通商鑛山五司四年二月十五日開造幣寮十一年十二月改造幣局爲紙幣局印刷局十三年五月八日置銀行局

陸軍省

陸軍大臣一員次官秘書官奏任判任等官同上爲屬員

舊有海陸軍事務科元年二月三日置以督主之旋改軍防事務科置督輔四月二日廢改置軍務官置知事副知事二年七月八日廢改置兵部省置卿大輔五年二月二十八日廢改置陸軍省

海軍省

海軍大臣一員次官秘書官奏任判任等官同上爲屬員

五年二月十八日置舊有大輔卿參議等官今改

司法省

司法大臣一員次官秘書官參事官奏任判任等官同上爲屬員

元年正月十七日設刑法事務科二月三日改科爲局閏四月二十一日廢建刑法官管監察鞫獄捕亡三司二年七月八日廢刑法官建刑部省四年七月九日廢改建司法省舊置督輔知事副知事大輔卿等官今改

文部省

文部大臣一員次官秘書官參事官奏任判任等官同上爲屬員

四年七月八日置舊有知事副知事別當大少監大監大輔卿等官今改

農商務省

農商大臣一員次官秘書官參事官奏任判任等官同上爲屬員

遞信省

十四年四月七日置舊有卿大輔參議少輔等官今改

遞信大臣一員次官秘書官參事官奏任判任等官同上爲屬員

元老院

議長副長議官及書計等官

八年四月十四日置七月五日制定新法改正舊法

警視廳

總監副總監參事官奏任判任等官同上爲屬員

七年七月二十八日制定司法警察規則十月四日以警視事務委任警視廳

臨時建築局

事務官奏任判任等官同上

始審裁判廳隷司法省

長判事奏任判任等官同上

五年二月三日置東京開市場裁判所八月三日裁判所分臨時司法出張府縣各區五種

舊諸侯二百七十五人

藩主每歲領地草高及領地現石多寡不等所部士卒祿如之

舊公卿七十八

二年六月十七日稱公卿廢華族官位舊祿高現穀高多寡不同

華族

二年六月十七日廢公卿諸侯稱華族

五爵

公十一侯二十四伯七十六子三百二十四男七十四

各府縣

知事一書記官及奏任判任學校長郡區長等官爲屬員

二年七月二十七日定府縣奉職規則四年七月十四日廢藩置縣十月二十八日定府縣官制轄地隨時更改

十六年增置北海道廳

北海道

長官一理事官及奏任判任警察教授郡區長等官爲屬員

遣外職員

	公使	領事	書記	交際	貿易	參事	領事書記生
清國	一	九	二	三			九
英	一	三		五		一	一
俄	一	一	一	一	一		二
和兼丹	一		二				
法	一	一	一	四			一
德	一	三	二	三			
奧	一	一	一	三			
檀香島		二					一
美國	一	二	二	一			三
朝鮮	一	四	三				廿二
義	一	四	一	二		二	
比		二					

官署攷

內閣 賞勳局 法制局 會計檢查院 鐵道局 記錄局 會計局 官報局 統計局 修史局 文官試驗局

宮內省 侍從職 式部職 皇太后宮職 皇后宮職 大膳職 內藏寮 主殿寮 圖書寮 內匠寮 主馬寮 諸陵寮 御料局 侍醫局 調度局 華族局 皇族職員 宮中顧問官 女官 學習院 華族

女學校　博物局

外務省　官房　總務局　通商局　取調局　繙譯局　記錄局　會計局　無任所外交官　外遣職員

內務省　官房　總務局　縣治局　警保局　土木局　衛生局　地理局　社寺局　會計局　各集治監

造神宮使

大藏省　官房　總務局　主稅局　關稅局　主計局　出納局　國債局　金庫局　銀行局　預金局　記錄局　會計局　造幣局　印刷局　各稅關　鑛山局

陸軍省　官房　總務局　騎兵局　砲兵局　工兵局　會計局　醫務局　憲兵本部　屯田兵本部　砲兵方面　東京砲兵工廠　大坂砲兵工廠　工兵方面　近衛監督部　各鎮臺監督部　參謀本部　第一局　第二局　第三局　測量局　以上四項歸參謀本部　大學校監軍部　副官部將校校學監騎兵監砲兵監工兵監輜重兵監砲兵會議工兵會議士官學校幼年學校戶山學校教導團砲兵射的學校以上數項歸大學校監軍部

近衛　東京鎮臺　仙臺鎮臺　名古屋鎮臺　大坂鎮臺　廣島鎮臺　熊本鎮臺

海軍省　官房　軍務局　艦政局　小野濱造船所　會計局　吳鎮守府建築委員　佐世保鎮守府建築委員　將官會議造船會　兵器會議　兵學校　機關學校　水路部　督買部　衛生部　醫學校　會計檢查部　兵器製造所　火約製造所　主計學校　横須賀鎮守府　横須賀造船所　軍港司令部　常備小

艦隊　各艦隊　參謀本部第一局　第二局　第三局

司法省　官房　總務局　民事局　刑事局　會計局　大審院　東京控訴院　大坂控訴院　名古屋控訴院　廣島控訴院　長崎控訴院　宮城控訴院　函館控訴院

始審裁判所　通國共四十六所

文部省　官房　總務局　專門學務局　普通學務局　編輯局　會計局

帝國大學　法科大學　醫科大學　工科大學　文科大學　理科大學　高等師範學校第一第二第三第四第五高等中學校　山口高等中學校　東京商業學校　東京職工學校　東京高等女學校　音樂學校　訓盲啞學校

美術學校　東京學士會院

農商務省　官房　總務局　農務局　商務局　工務局　水產局　山林局　地質局　鑛山局　專賣特許局　會計局　東京農林學校　富岡製絲所　千住製絨所

遞信省　官房　總務局　內信局　外信局　東京電信學校　爲替貯金所　工務局　燈臺局　管船局

會計局　各遞信管理局　各郵便電信局

元老院

臨時建築局

警視廳　書計局　第一局　第二局　第三局　會計局　警察本署　醫務部　消防本署　監獄本署

警察署及警部巡查總數

年次	本署	署	分署	合計	警部	巡查
光緒五年明治十二年	一	三百三十八	千七百二十七	一千五百六十六	二千九十三人	二萬一千六百十六人
光緒七年明治十四年	四十一	四百十八	千三十七	一千四百九十六	一千九百五十八人	二萬一千四百三十七人
光緒九年明治十六年	四十七	四百三	千五十八	一千五百〇八	二千四百六十八人	二萬三千九百十七人

對警部巡查一人比較全國人口	
十二年	一千五百十五人
十四年	一千五百六十六人
十六年	一千四百二十三人

祿制攷

高等官員祿制

歲計			
勅任官	內閣總理大臣	九千六百元	
	各省大臣	六千元	
勅任官一等	上五千元		下四千五百元
勅任官二等	四千元		二千五百元
奏任官一等	上三千元	中二千八百元	下二千六百元
奏任官二等	二千四百元	二千二百元	二千元
奏任官三等	一千八百元	一千六百元	一千四百元
奏任官四等	一千二百元	一千一百元	一千元
奏任官五等	九百元	八百元	七百元
奏任官六等	六百元	五百元	四百元

巡查官俸制

等	一等	二等	三等	四等	五等	六等	七等	八等	九等	十等
薪	上七十二元 下六十元	五十元	四十五元	四十元	三十五元	三十元	二十五元	二十元	十五元	十二元

陸軍武官俸制

官	薪
大將	六千元
中將	四千二百元
少將 監督長 軍醫總監	三千六百元
參謀官大佐 憲兵大佐	二千二百五十二元
砲兵大佐 工兵大佐 軍醫監	二千二百十六元
騎兵大佐 輜重兵大佐	二千二百八十元
一等監督 步兵大佐	二千二百四十元
參謀官中佐 憲兵中佐	一千七百五十二元
餘官以次遞減 最少者	三百元

海軍武官祿制

官名	薪 甲	乙	丙
大將	八千元		六千元
中將	五千五百元	四千八百元	四千四百元
少將 軍醫總監 主計總監	四千六百元	四千元	三千六百元
大佐一等佐 機關大監仝 軍醫大監仝 主計大佐仝	三千元	二千七百元	二千五百元
少佐 機關少監 軍醫少監 藥劑官 主計少監	一千七百元	一千四百八十元	一千二百八十元
其餘以次遞減最少者	四百元		

裁判官檢察官大審院控訴書記官祿制

官等		歲計		
		年俸五千五百元		
勅任	一等	上五千元		下四千五百元
	二等	上四千元	中三千五百元	下三千元
奏任	一等	二千八百元	二千六百元	二千四百元
	二等	二千二百元	二千元	一千八百元
	三等	一千六百元	一千四百元	一千二百元
	四等	一千一百元	一千元	九百元
	五等	八百元	七百元	六百元
	六等	五百元	四百元	三百元

警視廳警部警部補消防司令消防司令補看守長看守長補祿制

官等		警部	消防司令	看守長	警部補	消防司令補	看守副長
		月計					
判任	一等	四十五元	四十五元				
	二等	四十元	四十元				
	三等	三十六元	三十六元				
	四等	三十二元	三十二元				
	五等	二十八元	二十八元	二十八元			
	六等	二十四元	二十四元	二十四元			
	七等	二十一元	二十一元	二十一元			
	八等				十八元	十八元	十八元
	九等				十五元	十五元	十五元
	十等				十二元	十二元	十二元

撫任所外交官祿制（係曾任使臣回國候補之員）

公使 勅任一等上	三千元
一等下	二千三百元
辨理公使 二等	一千七百元
參事	一千七百元
書記	一千四百元
又	一千一百元
又	一千元
交際	七百元
又	六百元
又	五百元

在外國公使館陸軍武官祿制

	大清國	俄國	英國	法國	美國	德國	義國	奧國	荷國	朝鮮
大佐	三、一〇〇	三、七五〇	三、七五〇	三、七五〇	三、七五五	三、七五五	三、六五六	三、六五五	三、六五五	三、一〇〇
中佐	二、八〇〇	三、五〇〇	三、五〇〇	三、五〇〇	三、五〇〇	三、五〇〇	三、四〇〇	三、四〇〇	三、四〇〇	二、八〇〇
少佐	二、五〇〇	三、二五〇	三、二五〇	三、二五〇	三、一五〇	三、一五〇	三、二五〇	三、一五〇	三、一五〇	二、五〇〇
大尉	一、九〇〇	二、六〇〇	二、六〇〇	二、六〇〇	二、六〇〇	二、六〇〇	二、五〇〇	二、五〇〇	二、五〇〇	一、九〇〇
中尉	一、六〇〇	二、三五〇	二、三五〇	二、三五〇	二、三五〇	二、三五〇	二、二五〇	二、三五〇	二、三五〇	一、六〇〇
少尉	一、三〇〇	二、一〇〇	二、一〇〇	二、一〇〇	二、一〇〇	二、一〇〇	二、〇〇〇	二、〇〇〇	二、〇〇〇	一、三〇〇

地方官祿制

官等	勅任二等	奏任一等
知事	上四千五百圓 下四千圓	上三千五百圓 下三千圓

官等	一等	二等	三等	四等	五等	六等	七等	八等	九等	十等
收稅屬	五十圓	四十五圓	四十圓	三十五圓	三十圓	二十五圓	二十圓	十五圓	十二圓	上十圓 下八圓

輿地部

全國經緯度攷

東經基礎東京葵坂地理局測量課
經度基礎東京舊本丸地理局測量課內天守臺

土地	經度極點、地名	經度極點、度數	緯度極點、地名	緯度極點、度數
本州	極東　陸中國閉伊郡閉伊岬	東經　二度十三分	極南　伊豆國青岡島南端	北緯　三十二度三十八分
	極西　長門國豐浦郡蓋井島西端	西經　九度一分	極北　陸奧國北郡辨大島北端	同　四十一度三十三分
四國	極東　阿波國那賀郡伊島東端	西經　四度五十六分	極南　土佐國幡多郡沖島南端	同　三十二度四十二分
	極西　伊豫國宇和郡佐多岬	西經　七度四十六分	極北　讚岐國小豆島金箇崎	同　三十四度三十四分
九州	極東　豐後國海部郡大島東端	西經　七度四十一分	極南　大隅國興論島南端	同　二十六度五十九分
	極西　大隅國興論島西端	西經　十一度三十一分	極北　豐前國企救郡出之浦	同　三十三度五十八分
北海道本地	極東　根室國花咲郡太瀨庫島東端	東經　六度二十二分	極南　渡島國松前郡小島南端	同　四十一度二十一分
	極西　渡島國松前郡大島西端	西經　零度卅四分	極北　北見國宗谷郡宗谷岬	同　四十五度三十分
千島	極東　占守郡占守島東端	東經　十六度四十七分	極南　國後郡計羅武威岬	同　四十三度三十八分
	極西　國後郡庫曾氣山西端	東經　五度三十六分	極北　占守郡矮獺衣托島北端	同　五十度五十六分

府廳縣建置轄地方里民數距離東京里數攷

道國郡區之制由來已久維新後廢封建爲府縣分轄道國郡區近人著書詳於道國郡區者居多而府縣往往轉從略者何也以新政甫興府縣之改置移置未定也兹据明治戊子各府縣一覽表證之得府三廳一縣四十一沖繩係琉球故地未敢列入分轄既定則凡府廳縣所管之地建置之年與夫方里民數及距東京里數皆可實測矣謹詳考如左

府縣	道	國	郡	區	方里	民數	距東京里數	建置
東京府	東海	武藏 伊豆	六 七島	三	五二	九九九、〇〇〇	東京日本橋	同治七年 明治元年置
京都府	畿內 山陰	山城 丹波 丹後	六 五 五	三	二九六	八四〇、九〇〇	一八九	七年 元年改
大坂府	畿內	攝津 和泉 河內	七 四 十六	四	三一七	一、五八五、〇〇〇	九四一	七年 元年置
神奈川縣	東海	武藏 相模	六 六	一	二二九	八〇〇、九〇〇	五〇	七年 元年改
兵庫縣	畿內 山陽 山陰 南海	攝津 播磨 但馬 丹波 淡路	五 十六 八 二 二	一	五五六	一、三四三、〇〇〇	一、〇〇八	七年 元年改
長崎縣	西海	肥前 壹岐 對馬	七	一	二三五	六九七、〇〇〇	二、三〇六	七年 元年改
新潟縣	北陸	越後 佐渡	十四 二	一	七八六	一、五八六、〇〇〇	五九八	十年 四年置
埼玉縣	東海	武藏	十八		二六五	九七〇、五九八	四〇	十年 四年置

千葉縣	東海	上總 下總 安房	八 八 四		三二六	一、一二四、〇八五	六八	十二年六年置
群馬縣	東山	上野	十七		四〇七	六一三、〇四一	二三五	十二年六年改
茨城縣	東海	常陸 下總	六 六		三八五	九二〇、八七六	二、〇〇七	十年四年置
栃木縣	東山	下野	十		四一一	六〇九、〇〇〇	一七八	十年四年置
奈良縣	畿內	大和	十五			四七六、〇二九	九四九	光緒六年十三年置
三重縣	東海	志摩 伊賀 伊勢 紀伊	二 十三 四 二		三六八	八七〇、一三七	七四〇	同治十一年五年改
愛知縣	東海	尾張 三河	十九	一	三一二	一、三五四、九九六	六三八	十一年五年置
靜岡縣	東海	伊豆 駿河 遠江	四 七 十二		五〇三	九八五、八八一	三三	十年四年更置
山梨縣	東海	甲斐	九		二八九	四一〇、二八六	二三八	十年四年置
滋賀縣	東山	近江	十三		二五八	六二九、九六一	八五五	十一年五年改
岐阜縣	東山	美濃 飛驒	廿三 三		六七一	八六八、三三三	七〇四	十年四年置
長野縣	東山	信濃	十六		八五三	一、〇三三、九六九	三九三	十年四年置
宮城縣	東山	陸前 磐城 岩代	十四 三 一		五四〇	六三三、一九四	六五四	十一年五年改
巖手縣	東山	陸中 陸前 陸奧	十七 一 一		八九九	六一一、七三五	九四〇	十一年五年改

福島縣	東山	磐城 岩代	十三 十		八四六	七八五、六四二	四七二	十年 四年改
青森縣	東山	陸奥	八		六〇七	四八八、五〇五	一、二七〇	十年 四年更置
山形縣	東山	羽前 羽後	十 一		六〇〇	六九五、五三三	六〇四	十年 四年更置
秋田縣	東山	羽後 陸中	八 一		七五四	六三三、二〇三	九六二	十年 四年更置
福井縣	北陸	若狹 越前	二 八		二七二	五八二、二一〇	一、〇〇一	十年 四年置
石川縣	北陸	加賀 能登	五 四		二七〇	七三二、四九七	八〇四	十年 四年改
富山縣	北陸	越中	五		二六六	六九三、九四七	七三五	光緒九年 十六年置
鳥取縣	山陰	因幡 伯耆	八 六		二二四	六七四、九八四	一、二八四	同治十年 四年更置
島根縣	山陰	隱岐 出雲 石見	四 九 七		四三五	一、〇二九、五六七	一、三五九	十年 四年更置
岡山縣	山陽	備前 備中 美作	七 十一 十二		四二〇	一、二五二、〇八一	一、二七四	十年 四年更置
廣島縣	山陽	安藝 備後	九 十三		五二〇	八九〇、一八三	一、五五二	十年 四年更置
山口縣	山陽	周防 長門	六 六	一	三八九	六一〇、一八二	一、九五四	十年 四年置
和歌山縣	南海	紀伊	八	一	三一〇	六四九、六一六	一、三九四	十年 四年置
德島縣	南海	阿波	十		二七一	一、四九一、六一四	一、二〇三	十年 四年置

愛媛縣 香川縣	南海	讃岐 伊豫	十二 十八		四五四	五四九,一八四	一,五九五	十二年置六年
高知縣	南海	土佐	七		四五四	一,一二八,三八九	一,六〇六	十年更置四年
福岡縣	西海	筑前 筑後 豐前	十五 十 六		三一七	七四六,四一二	二,〇四五	十年更置四年
大分縣	西海	豐前 豐後	十二		四〇二	五一四,一七八	二,一四五	十年更置四年
佐賀縣	西海	肥前	九		一六〇	五一四,一七八	二,一一六	十二年改六年
熊本縣	西海	肥後	十五	一	四六五	九九七,八三〇	二,二二〇	十年更置四年
宮崎縣	西海	日向	五		四八七		二,四八〇	十二年置六年
鹿兒島縣	西海	薩摩 大隅	十五 九		六〇二	一,二九一,五八六	二,五七五	十年更置四年
北海道廳	北海	渡島、後志、石狩、天鹽、北見、膽振、日高、十勝、釧路、根室、千島	八十六		五,〇八三	二〇五,六三五	一,五一三	十六年置十年
合計 三府四十一縣一廳	七道	八十四國	七二一		一四,五七二	三七,五一四,〇二六		

東京至各府廳縣里程攷均與中國里數核算

東京至神奈川縣里程 日本橋 十四里 品川 十六里半 川崎入神奈川界 十五里半 神奈川縣

東京至静岡縣里程 日本橋 四十六里 神奈川 八里 程谷 十六里半 戸塚 十一里半 藤澤 廿三里 平塚 五里半 大磯 廿八里 小田原 廿九里 箱根 廿

三里三島入静岡界九里沼津九里原廿一里吉原十七里半蒲原六里半由比十六里興津八里半江尻十七里静岡縣

東京至愛知縣里程日本橋二百五十六里静岡九里丸子十四里岡部十里半藤枝九里島田七里金谷十里半日坂十二里半掛川十五里半袋井九里半見附三里中泉廿二里濱松廿一里半舞坂八里新居十里白須賀九里二タ川入愛知界十四里豐橋十七里御油三里赤坂十五里藤川十四里岡崎廿三里池鯉鮒廿一里鳴海十里熱田九里名古屋愛知縣

東京至岐阜縣里程日本橋五百七十一里熱田在前往愛知至此分路廿二里[illegible]田十四里前須九里桑名入三重縣界十七里香取村廿一里高須入岐阜界十四里勝村十四里竹鼻廿一里加納四里半岐阜縣

東京至三重縣里程日本橋六百十一里桑名在前往岐阜至此分路廿二里四日市十九里石藥師七里莊野十四里龜山十一里關五里楠原六里椋本十七里窪田十一里津三重縣

東京至滋賀縣里程日本橋六百八十三里關在前往三重至此分路十里半坂下十七里半土山入滋賀界十九里水口廿二里石部十八里草津廿六里大津滋賀縣

東京至京都府里程日本橋七百九十六里大津十九里京都府

東京至大坂府里程日本橋八百十五里京都十六里伏見九里淀八里半橋本十六里枚方入大坂界廿三里守口十五里大坂府

東京至奈良縣里程日本橋八百三十一里伏見在前往大坂至此分路十二里宇治五里廣野八里長池九里玉水十三里半木津十三里奈良縣

東京至兵庫縣里程日本橋九百零二里大坂十七里神崎入兵庫界十二里尼崎十一里半西之宮廿九里神戸兵庫縣

東京至岡山縣里程日本橋九百十九里兵庫三十五里明石三十八里加古川十九里御着十一里姬路廿九里正條三里半片島廿四里有年廿一里三石入岡山界十九里片上三十二里藤井十五里岡山縣

東京至德島縣里程日本橋九百五十四里明石在前往岡山至此分路十四里岩屋十七里假屋廿三里志築廿三里半洲本十二里中筋廿六里福良廿一里撫養入德島界十三里半大寺十八里德島縣

東京至愛媛縣里程日本橋一千一百廿六里岡山十八里板倉六里半庭瀨十八里倉敷十里天城十三里神田村十五里下津井四十二里半丸龜入愛媛界六十九里川江一百二十七里今治七十六里松山愛媛縣

東京至高知縣里程日本橋一千三百五十九里川江在前往愛媛至此分路十三里半半田十五里馬立廿三里立川入高知界十九里川口廿五里戶手野廿三里領石十六里石淵九里半高知縣

東京至廣島縣里程日本橋一千一百廿六里岡山十七里板倉廿二里川邊廿五里矢掛廿一里七日市十九里神邊入廣島界三十三里今津十四里尾道廿四里三原廿一里本鄉廿七里田萬里十八里西條廿里上瀨野廿里海田市十五里廣島縣

東京至山口縣里程日本橋一千四百十二里廣島廿四里廿日市三十一里玖波十九里關戶入山口界三十里玖珂十九里今市廿一里花岡十二里德山十四里福川十九里富海十四里宮市十四里鯖山市十九里山口縣

東京至福岡縣里程日本橋一千六百零五里宮市在前往山口至此分路三十五里小郡十九里半山中廿里半船木十里厚狹廿里吉田八里小月十七里豐浦十一里赤間關十里大里入福岡界十一里小倉廿二里黑崎廿二里木屋瀨八里直方廿七里飯塚廿四里內野十二里山家十一里二日市三

十里福岡縣

東京至大分縣里程日本橋一千八百八十二里山家在前往福岡至此分路廿一里甘木廿三里志波五里久喜宮三十里半日田入大分界三十四里戶畑十四里森四十三里川上三十里別府十四里大分縣

東京至佐賀縣里程日本橋一千八百八十二里山家在前往福岡大分至此分路九里半原田十五里田代入佐賀界六里轟木十一里半中原十七里神崎十里半境原十一里佐賀縣

東京至長崎縣里程日本橋一千九百五十六里佐賀十七里牛津十五里小田十六里北方十里柄崎廿五里嬉野十九里彼杵入長崎界二十二里大村十九里永昌廿七里矢上十七里半長崎縣

東京至熊本縣里程日本橋一千八百八十二里山家在前往福岡大分佐賀至此分路廿里松崎廿一里府中廿二里羽犬塚十七里瀨高十三里京町十四里南關入熊本界三十一里山鹿廿七里植木廿一里熊本縣

東京至鹿兒島縣里程日本橋二千一百四十四里熊本十五里川尻十四里宇土七里松橋十九里小川廿九里八代十七里日奈久廿二里田之浦十五里佐敷三十四里水俣廿五里米津入鹿兒島界廿五里米津十七里出水廿二里阿久根廿三里西方廿七里向田廿八里市來廿四里伊集院三十一里鹿兒島縣

東京至和歌山縣里程日本橋七百廿三里三重十五里雲出十七里松坂廿里明星十八里山田十六里田丸十七里半相鹿瀨村廿一里粟生村廿四里阿曾村廿一里間弓村廿二里長島村廿二里半馬瀨村廿二里中井浦廿一里三木里村十里半曾根村十四里半新鹿十四里木本

廿五里半岡田和十九里新宮入和歌山界廿一里濱宮廿八里半浦神九里下田原九里半西向八里姬村十二里江田十里和深十五里見老津九里

半和深川村十里周參見十三里半安居村廿三里富田廿三里田邊十四里半南部十九里半印南二十里小松原三十二里湯淺十里宮原十三

里加茂谷十四里內原十里半和歌山縣

東京至鳥取縣里程日本橋八百十五里京都十九里樫原廿二里龜岡十八里八木十四里園部十三里須知廿六里半下大久保八里菟原中村

十四里生野九里半長田九里半福知山十一里立原十五里半小野原十里久畑入兵庫界十四里小谷十九里出石廿一里豐岡十四里手邊十三

里宿南十里八鹿十一里八木十二里關宮十二里福岡九里村岡九里半和田十里春來十四里湯村十四里千谷十四里蒲生村入鳥取界八里岩井十

六里細川村三十里鳥取縣

東京至島根縣里程日本橋一千二百四十五里鳥取十里湖山十七里半新町十六里半潮津十一里半泊十五里半長瀨十九里由良

十九里赤崎十七里下市十一里御來屋十七里淀江十八里米子廿一里安來入島根界廿三里出雲鄉十三里松江島根縣

東京至埼玉縣里程日本橋十九里下板橋十五里蕨入埼玉界九里埼玉縣

東京至千葉縣里程日本橋廿六里市川入千葉界五里半八幡九里船橋十二里馬加三里檢見川十六里千葉縣

東京至茨城縣里程日本橋十五里千住十一里新宿八里半松戶入千葉界十二里小金廿里我孫子十一里取手入茨城界十二里藤代七里若柴七里牛久

十四里荒川五里中村七里土浦八里中貫六里稻吉十二里半石岡九里竹原九里片倉八里小幡十一里長岡十四里水戶茨城縣

東京至福島縣里程日本橋二百十七里茨城六里枝川七里田彥八里佐和九里石神外宿六里大和田七里入沼十一里半下孫九里助川十三里

日本新政考　卷二

半小木津十二里伊師五里高萩十五里半下櫻井九里半神岡十三里關田入福島界八里植田十二里田部村十三里半湯本十三里平廿一里四倉八里久野濱廿里廣野七里木戶廿一里富岡十里熊川十五里新山九里半濱江十七里半小高十八里原之町十二里大原村十七里八木澤村十一里半草野村十六里枚橋村十五里川股十二里秋山村十七里半渡利村六里半福島縣

東京至宮城縣里程日本橋五百四十二里原之町在前往福島至此分路十三里鹿島廿一里半中村六里岩井九里駒嶺七里新地十四里坂木入宮城界十一里山下十五里亘理十六里半岩沼十四里增田五里中田六里半長町七里仙臺宮城縣

東京至山形縣里程日本橋六百八十里長町在前往宮城至此分路九里鈎取九里半茂庭八里赤石八里碁石十里小野七里川崎八里野上十六里笹谷十五里半關澤村入山形界四里半新山村十六里山形縣

東京至岩手縣里程日本橋六百八十七里宮城十四里七北田十七里半富谷十一里吉岡廿四里三本木十里古川町九里半荒谷十一里半高清水十七里築館四里宮野十三里澤邊四里金成十五里有壁十四里一之關入岩手界四里半山目廿三里前澤廿里水澤十二里半金崎廿一里黑澤尻廿三里花卷三十三里日詰三十一里盛岡岩手縣

東京至青森縣里程日本橋一千零七里岩手三十三里澁民廿九里沼宮內三十五里小繫廿三里一戶十四里福岡七里半金田市廿二里三戶入青森界廿四里半淺水十里半五戶十一里半傳法寺六里半藤島八里三本木十九里半七戶三十六里野邊地三十一里小湊三十二里野內十四里半青森縣

東京至新潟縣里程日本橋百九十四里高崎入群馬界十九里金古十九里半澁川五里金井六里橫堀廿里中山十二里塚原八里布施四里須川六

三十五

里相俣 十里永井 廿里淺貝入新潟界 十五里二居 十七里三俣 十五里湯澤 十里關 十三里鹽澤 六里半六日町 十二里五日町 十一里浦佐 十七里

堀內 十五里川口 二十三里半妙見 二十三里長岡 二十三里今町 二十五里三條 十三里半新飯田 十二里半白根 二十一里大野 十八里

新潟縣

東京至羣馬縣里程日本橋 三十四里蕨入埼玉界在前往埼玉至此分路 九里浦和 十里半大宮 十四里上尾 七里桶川 十四里鴻巢 三十一里熊谷 廿七里中瀨

九里境町入群馬界 七里伊勢崎 十二里駒形 十四里前橋群馬縣

東京至山梨縣里程日本橋 十四里新宿 十四里高井戶 十五里布田入神奈川界 十二里府中 十五里日野 十二里八王子 十八里小佛 十里小原 十

里半吉野 五里半關野 七里上野原入山梨界 三里鶴川 八里野田尻 六里犬目 九里鳥澤 五里猿橋 七里半大橋 二里花笑 九里初狩 十二里篠子 十六里駒飼

十里勝沼 六里栗澤 十一里石和 十一里甲府山梨縣

東京至長野縣里程日本橋 四百十二里半浦和入埼玉界在前往群馬至此分路 一百五十二里半高崎入群馬界在前往新潟至此分路 八十八里追分入長野界 二十二

里小諸 十六里半田中 十七里上田 二十一里坂本 九里下戶倉 十一里半屋代 六里篠井 十四里丹波島 九里半長野縣

東京至富山縣里程日本橋 四百十二里長野 八里新田 十八里牟禮 十二里大古間 一里柏原 七里野尻 六里關川入新潟界 十九里關山 十九里半

新井 十八里高田 十四里中屋數 十里長濱 六里有間川 十二里名立 二十二里能生 十六里梶屋敷 八里半絲魚川 十二里青海 十七里歌 二里

半外波 十三里半市振 十七里泊入富山界 十六里舟見 十一里浦山 十二里半三日市 十六里魚津 十五里滑川 二十八里半富山縣

東京至石川縣里程日本橋 七百七十一里半富山 二十四里小杉 十七里半高岡 二十八里半今石動 二十里竹橋入石川界 七里津幡 十二

里森下十二里金澤石川縣

東京至福井縣里程日本橋八百九十二里石川十四里野野市九里松任九里半柏野十一里粟生四里寺井十一里小松十四里月津六里

半動橋五里作見九里大聖寺六里半橋八里細呂木入福井界十二里半金津十五里長崎十二里船橋十一里福井縣

東京至秋田縣里程日本橋七百九十一里山形廿二里半天童十七里六田八里楯岡十三里半土生田十一里尾花澤十一里蘆澤十三

里船形十六里新莊廿六里金山廿三里及位廿三里院内入秋田界廿八里湯澤三十三里横手十四里金澤十一里六郷十九里六曲四里花館七里

半神宮寺五里北猶岡十二里半刈和野十六里上淀川二里境廿二里和田五里戶島廿三里久保田秋田縣

東京至櫔木縣里程日本橋十五里千住十七里草加入埼玉界十三里半越谷十八里粕壁十三里杉戶十里半幸手十四里半栗橋一里中田入茨城界

十一里古河五里半野木入櫔木界十三里間間田十一里小山廿一里櫔木縣

東京至北海道廳里程日本橋一千三百五十八里青森一百九十五里箱館廿九里半七飯五十一里森八十四里室蘭三十五

里幌別四十八里白老三十九里苫小牧四十九里千歲廿八里島松四十里札幌北道道廳

人口壹萬以上都市攷

武藏東京	九十二萬三千九百五十九人
同品川	一萬三千八百九十九人
同千住	一萬四千百二十八人
武藏橫濱	五萬九千百九十六人
同神奈川	一萬二千三十人
同八王子	一萬四千百八十一人
武藏川越	一萬二千五百六十八人
相模小田原	一萬四千四百五十人
上野前橋	一萬八千八十八人

上野高崎　一萬五千四百十四人
下野宇都宮　二萬五百四十一人
同足利　一萬四千百五十人
下總銚子　二萬七千二百三十四人
常陸水戸　一萬九千三十八人
山城京都　二十四萬八千四百六十八人
同伏見　二萬六百三十九人
大和奈良　二萬二千五百八十八人
同郡山　一萬三千百九十九人
和泉堺　四萬九千九十三人
攝津大坂　三十萬九千百八十人
同神戸　一萬六千七十三人
同兵庫　三萬八千三百三十人
同西宮　一萬千九十一人
同尼崎　一萬三千八百八十人

伊賀上野　一萬二千五百七人
伊勢津　二萬六千百七十九人
同山田　二萬八百九十三人
同桑名　一萬五千四百二十五人
同松坂　一萬一千七百八十一人
尾張名古屋　十二萬四千四百六十一人
同熱田　一萬六千九百五十六人
三河豐橋　一萬二千六百四十六人
同岡崎　一萬五千三百九十七人
遠江濱松　一萬二千六人
駿河靜岡　三萬九千七百四十七人
甲斐甲府　一萬五千九百九十四人
近江大津　二萬百五人
同彥根　二萬六千八百卅三人
美濃岐阜　一萬三千八百七十八人

美濃大垣　一萬四百三十四人
飛驒高山　一萬五千三百二十六人
信濃松本　一萬六千六百六十三人
同長野　一萬五千十人
同上田　一萬六百五十三人
岩代若松　二萬四千三百七十八人
陸前仙臺　五萬四千八百八十三人
陸中盛岡　三萬三百六十六人
陸奥青森　一萬三千四百八十七人
同宏前　三萬二千六百二十一人
同八戸　一萬五百七十人
羽前山形　二萬三千八百八十五人
同米澤　三萬一千三百七十四人
同鶴岡　二萬千八百二十六人
羽後酒田　一萬八千三百六十九人

羽後土崎	一萬一千八十四人
同能代	一萬三百三十九人
同横手	一萬七百四十九人
若狹小濱	一萬五千三百一人
越前武生	一萬二千五百二十人
同福井	四萬二千四百人
同敦賀	一萬五千三百卅九人
加賀小松	一萬千五百二十七人
同大聖寺	一萬五十四人
同金澤	十萬九千六百四十一人
同金石	一萬二千人
越中高岡	二萬七千百八十一人
同新湊	一萬九千八百六十七人
同富山	四萬六千百六十六人
同魚津	一萬一千二十八人
越後新潟	三萬九千二百三十一人
同三條	二萬四千八百四十四人
同長岡	二萬一千七百二十二人
同栢崎	一萬一千六百九十九人
同高田	二萬四千五百九人
同新發田	一萬七千五十七人
佐渡相川	一萬一千九百七十八人
丹後宮津	一萬一千二百二十一人
因幡鳥取	三萬四千七百五十九人
伯耆米子	一萬一千三百四十四人
出雲松江	三萬八千六百七人
播磨姬路	二萬九千百九十九人
同明石	一萬九千九百九十四人
美作津山	一萬四千九百四十一人
備前岡山	三萬一千九百七十七人
備後福山	一萬六千八百七十四人
同尾道	一萬六千二百四十五人
安藝廣島	七萬五千七百九十九人
周防岩國	一萬二千百八十九人
同德山	一萬一千七百九十三人
同山口	一萬一千百七十五人
長門赤間關	二萬七千四百七十五人
同萩	四萬三千六百三十四人
紀伊和歌山	五萬六千八百八十七人
同田邊	一萬二百十三人
阿波德島	五萬八千百六十六人
同撫養	一萬一千六十六人
讃岐高松	四萬五千九百七十人
同丸龜	一萬二千九百七十六人
伊豫今治	一萬四千四百五十八人

伊豫松山　二萬九千一百三十三人
同宇和島　一萬二千四百四人
土佐高知　四萬二千八十五人
筑前福岡　二萬千七十三人
同博多　二萬四千四人
筑後粱川　一萬八千三百九十七人

筑後久留米　二萬二千十六人
豐前中津　一萬一千五百二十三人
豐後大分　一萬四千四百四十六人
同臼杵　一萬二千三百廿三人
肥前長崎　三萬三千七十三人
同佐賀　二萬一千七百二十人

肥後熊本　四萬二千二百十七人
薩摩鹿兒島　五萬四千四百八十二人
渡島函館　四萬一千四百七十一人
同福山　一萬八百七十九人
同江刺　一萬四千百五十一人
石狩札幌　一萬三千八十一人

全國面積及周圍里數攷

本州　周圍二千四百八十四里三八　面積一万四千五百七十一方里一二
佐渡　周圍五十三里三零　面積五十六方里三三
隱岐　周圍七十五里九七　面積二十一方里八九
淡路　周圍四十里八八　面積三十六方里六九
四國　周圍六百七十五里七六　面積千百八十方里六七
九州　周圍千八百四十五里八一　面積二千六百十七方里五四
總計　周圍六千六百九十八里六五　面積二万四千六百三十八方里

壹岐　周圍三十七里二五　面積八方里六三
對馬　周圍二百零六里二二　面積四十四方里七二
北海道本地　周圍六百五十里四八　面積五千零八十三方里八七
千島三十一島　周圍五百九十一里二四　面積千零十一方里四九
小笠原島十七島　周圍三十六里三六　面積四方里六五

鑛山攷

日本官鑛歲產金一二〇、九六二元銀六三〇、九四六銅二五〇、五六四鉛一、〇六一鐵七二、〇〇一煤三三三、四九九民鑛歲產金八、八七八銀四七〇、二七八銅二四三、一七三鉛二八、〇七五錫一三、四二二鐵一八〇、〇〇〇煤二〇、一二六、六三八石油一〇六、六六八硫黃一四〇、四二二陶土屬二一、七五二其民鑛地名大小千餘處未易周知前將官鑛所產數目詳列于左

	金		銀		銅	鉛	鐵	煤
	貫	匁	貫	匁	貫	貫	貫	貫
佐渡	二三	三〇一	九四四	六	一、四三六			
但馬生野	一一	一九二	四〇五	八六〇	二、六一六			
羽後阿仁	六一一		一五一	二九八	八二、三七三	三五、九一六		
羽後院內	一九六	九五	四七三	五三				
陸中小坂	二六七	五五	九九五	五一一	二三、一五四		一、四四〇、五三一	
安藝廣島								
筑後三池								四四、六一九、三六一
石狩幌內								四、六五〇、五七六
羽前油戶								一、九〇四、七九二

鑛泉攷

鑛泉內服外浴能療疾病保强健其泉質有數種冷溫不同一泉不必宜萬疾視人體質强弱有適有不適今先記總數如左細數附後

泉質	溫泉	冷泉
單純泉	六十三	三十四
鹽類泉	九十一	六十一
酸性泉	三十九	十三
硫黃泉	七十九	二十五
炭酸泉	四十一	三十五
未詳泉	二十四	十九
總計	三百三十七	一百八十六

縣	國	鑛泉名	郡名	村町名	泉質	溫度
青森	陸奧	大鰐	南津輕	大鰐	鹽類	百六十六度
		嶽	中津輕	常盤野	硫黃	百八十三度
		湯段	同	同	鹽類	百四度
岩手	陸中	繫	南岩手	繫	硫黃	百六十九度
		臺	稗貫	臺	鹽類	百五十八度
		大澤	同	湯口	單純	百四十六度
		志戸平	同	同	鹽類	百六十五度
		鉛	同	鉛	同	百十八度
岩手	陸中	湯田	西和賀	湯田	鹽類	百九十六度
秋田	羽後	泥湯	雄勝	高松	酸性	百六十七度
		櫻湯	由利	金浦	硫黃	五十九度
		大瀧	北秋田	十二所町	鹽類	百四十五度
宮城	磐城	鎌先	川田	藏本	同	百二十度
		古湯	刈田	小原	同	百四十七度
		鎌刈田	同	宮	鹽類炭酸	百三十四度
	陸前	青根	柴田	前川	鹽類	百二十七度

國	溫泉	郡	村	性	溫度
宮城陸前	御湯	名取	秋保	鹽類	百三十一度
宮城陸前	澤湯	同	同	同	百十一度
宮城陸前	新湯	宮城	作並	同	百三十二度
宮城陸前	台森	黑川	吉田	同	六十六度
宮城陸前	瀧湯	玉造	鳴子	硫黃	二百十二度
宮城陸前	鰻湯	同	同	鹽類	同
宮城陸前	赤湯	同	大口	同	百前廿五度
宮城陸前	川度	同	同	炭酸	百二十三度
宮城陸前	荒湯	同	鬼首	硫黃	百四十五度
宮城陸前	溫湯	栗原	花山	鹽類	百二十七度
福島磐城	母畑	石川	猫啼	單純	五十一度
福島磐城	玉湯	菊多	遠野 町村	鹽類	五十七度
福島磐城	三函	磐前	湯本	同	百二十七度
福島磐城	獨古	同	米野	單純	四十八度
福島岩代	熱海	安達	高玉	鹽類	八十九度

國	溫泉	郡	村	性	溫度
福島岩代	深堀	安達	永田	酸性	百五十度
福島岩代	下之町	信夫	土湯	鹽類 炭酸	百十三度 百九度
福島岩代	微溫	同	櫻木	酸性	百度強
福島岩代	熱海	同	庭坂	同	百十三度
福島岩代	瀧之湯	同	同	同	同
福島岩代	同	同	飯坂	鹽類	百三十四度
福島岩代	鯖湖	同	上飯坂	同	百五度
福島岩代	新湯	伊達	湯野	同	百九度
福島岩代	橋本	同	同	酸性	百十六度
福島岩代	沼尻	耶麻	蠶養	硫黃	百五十度
福島岩代	西逵	同	磐根	鹽類	六十度
福島岩代	熱鹽	同	熱鹽	同	百四十七度
福島岩代	大畑	同	同大畑	同	七十五度
福島岩代	居平	北會津	湯本	同	百三十四度
福島岩代	狐湯	同	同川向	同	八十二度

山形羽前	鶴脛	南村山	上之山	鹽類	百二十五度
	酸川	同	高湯	酸性	百二度
	藥研	最上	大堀	鹽類	百五十四度
	田川	西田川	田川湯村	同	百十一度
	溫海	同	溫海	硫黃	百五十一度
	湯野濱	同	湯野濱	同	百十七度
	赤湯	東置賜	赤湯	同	百二十度
	五色	南置賜	板谷	鹽類	九十五度
	小野川	同	小野川	同	百四十度
	高湯	同	關村	同	百二十度
新潟越後	湯澤	岩船	湯澤	未詳	百三十度
	高瀨	同	同	單純	百五十度
	瀧谷	北蒲原	瀧谷	炭酸	同
	月岡	同	月岡	未詳	六十五度
	出湯	同	出湯	鹽類	百三度

新潟越後	村杉	北蒲原	大室	未詳	八十五度
	論瀨	中蒲原	論瀨	同	六十五度
	田上	南蒲原	田上	同	未詳
	如法寺	同	如法寺	鹽類	六十度
	矢田	同	矢田	單純	同
	北潟	同	北潟	同	同
	關屋	西蒲原	關屋	未詳	同
	湯澤	古志	田井	同	七十六度
	成願寺	同	成願寺	單純	五十度
	片平	古志	村松	未詳	六十度
	寺尾	三島	西谷	同	七十度
	湯澤	南魚沼	湯澤	單純	百二十度
	貝掛	同	三俣	鹽類	百度
	橡尾又	北魚沼	上折立	黃硫	未詳
	大湯	同	大湯	單純	百二十度

新潟	越後	關山	中頸城	關山	炭酸	未詳
		春日山	同	中屋敷	未詳	六十四度
		松山	東頸城	湯本	同	百三十度
栃木	下野	日光湯本	上都賀	同	硫黄	百四十九度
		那須	那須	同	酸性	百七十二度
		相湯	同	同	鹽類	百二十九度
群馬	上野	伊香保	西群馬	伊香保	同	百二十一度
		湯上	同	湯上	單純	六十一度
		新和氣	同	西明屋	鹽類	八十七度
		澤渡	吾妻	上澤渡	同	百二十七度
		四萬	同	四萬	同	百八十三度
		草津	同	草津	酸性	百四十八度
		鹿澤	同	田代	炭酸	百十六度
		藪塚	新田	藪塚	鹽類	六十度
茨城	常陸	大菅	久慈	大菅	單純	六十度
茨城	常陸	袋田	久慈	袋田	單純	九十三度
埼玉	武藏	山田	秩父	山田	未詳	五十九度
神奈川	相模	湯本	足柄下	湯本	單純	百度強
		塔澤	同	塔澤	鹽類	百十一度
		宮下	同	底倉	同	百四十度
		堂島	同	同	單純	百十八度
		底倉	同	同	鹽類	百四十七度
		木賀	同	宮城野	同	百度
		蘆湯	同	蘆湯	硫黄	百一度
		姥子	同	元箱根	鹽類	百十三度
		仙石	同	仙石原	未詳	未詳
		湯河原	同	宮上	鹽類	百六十三度
靜岡	伊豆	熱海	加茂	熱海	同	二百廿六度
		伊豆山	同	伊豆山	同	百四十四度
		修禪寺	君澤	修禪寺	同	百四十度

靜岡 伊豆	古奈	君澤	古奈	鹽類	百三十一度
伊豆	吉奈	田方	吉奈	單純	百五度
遠江	根堅	豐田	根堅	未詳	五十四度
山梨 甲斐	三藤	西山梨	愛宕町	鹽類	六十六度
	新湯	同	大宮	同	九十二度
	要害	同	相川	單純	五十二度
	鹽山	東山梨	七里	未詳	六十四度
	川浦	同	釜川	同	百十三度
	岩下	同	平等	單純	八十九度
	下部	西八代	富里	未詳	九十一度
	湯島	南巨摩	湯島	同	百二十度
	澁湯	南都留	寶	同	四十四度
	尾垂	同	瑞穗	單純	五十七度
	明見	同	明見	同	同
長野 信濃	澁湯	下高井	平穩	酸性	百四十一度

長野 信濃	安臺	下高井	平穩	鹽類	百三十二度
	湯田中	同	同	硫黃	百六十三度
	角間	同	佐野	鹽類	百四十二度
	野澤	同	豐鄉	硫黃	百四十八度
	小谷	北安曇	中土	炭酸	百二十一度
	白骨	南安曇	安曇	同	九十五度
	上淺間	東筑摩	岡本	單純	百十九度
	下淺間	同	同	同	百二十六度
	白絲	同	里山邊	鹽類	百五度
	下諏訪	同	下諏訪	同	百五十三度
	上諏訪	同	上諏訪	硫黃	百二十五度
	澁湯	同	北山	同	八十度
	西內	小縣	西內	鹽類	百四度
	小倉	同	沓掛	炭酸	九十七度
	那須	同	田澤	硫黃	百五度

長野	信濃	院内	小縣	別所	硫黄	百十三度
長野	信濃	大湯	同	同	單純	百十二度
岐阜	美濃	湯洞	武儀	立花	鹽類	五十八度
富山	越中	下苕	婦負	下苕	單純	七十六度
		山田	同	山田	鹽類	百度
		西明寺	礪波	西明寺	炭酸	六十度
		安樂寺	同	安樂寺	單純	六十四度
		大牧	同	大牧	未詳	百一度
		小川	下新川	山崎	炭酸鹽類	二百十五度
		西鐘鉤	同	平澤	單純	未詳
福井	越前	天谷	丹生	天谷	鹽類	六十七度
石川	加賀	湯湧	石川	湯湧	同	百度
		辰口	能美	辰口	同	七十八度
		粟津	同	粟津	硫黄	百十六度
		松寺	河北	松寺	炭酸	五十三度

石川	加賀	深谷	河北	深谷	鹽類	五十三度
		山中	江沼	山中	同	百十八度
		山代	同	山代	同	百六十五度
石川	能登	和倉	鹿島	和倉	同	百八十度
		藥師野	羽咋	新宮	未詳	未詳
愛知	三河	夏燒	北設樂	夏燒	炭酸	五十度
三重	伊勢	潮湯	多氣	丹生	鹽類	五十八度
		菰野	三重	菰野	單純	八十五度
		御館	同	西坂部	炭酸	六十度
和歌山	紀伊	湯峯	東牟婁	湯峯	鹽類	百六十八度
		瀨戶鉛山	西牟婁	瀨戶鉛山	炭酸	百二十六度
京都	山城	嵐山	葛野	上山田	同	五十七度
		天龍寺	同	同	同	六十七度
		木津	竹野	木津	同	九十度
兵庫	攝津	湊山	八部	奧平野	同	七十一度

兵庫	攝津	諏訪山	神戶區	山本通	炭酸	七十一度
		有馬	有馬	湯山町	鹽類	百度
	但馬	湯島	城崎	湯島	同	百三十七度
鳥取	伯耆	三朝	河村	三朝	炭酸	百三十七度
		吉岡	高草	吉岡	鹽類 硫黃	百三十四度 九十二度
		岩井	岩井	岩井驛	鹽類	百十七度
島根	出雲	玉造	意宇	玉造	同	百四十九度
	石見	志學	安濃	志學	同	百八度
		溫泉津	邇摩	溫泉津	同	百十五度
		上有福	那賀	有福	單純	百十四度
岡山	備前	西山內	賀陽	西山內	炭酸	六十六度
	美作	湯鄉	勝南	湯鄉	鹽類	九十六度
		湯原	大庭	湯本	同	百二十二度
		眞賀	眞島	仲間	炭酸	百四度
		鄉錄	同	本莊	鹽類	九十四度

廣島	備後	油木	奴可	油木	單純	七十二度
山口	長門	湯本	大津	深川	同	九十二度
		湯町	同	俵山	同	九十三度
		鍵湯	豐浦	川棚	鹽類	九十一度
		持世寺	厚狹	吉見	單純	未詳
	周防	湯田	吉敷	下宇野令	鹽類	百十度
愛媛	伊豫	道後	溫泉	後道	單純	百十度
		宇和川	喜多	宇和川	炭酸	六十四度
		魚成	東宇和	魚成	同	六十五度
福岡	筑前	武藏	御笠	武藏	單純	百十四度
		脇田	鞍手	脇手	同	八十二度
		楠田	上座	林田	未詳	六十一度
		東古賀原	下妻	尾島	單純	六十四度
		藤田	上妻	藤田	同	六十二度
		葛尾	御井	高良內	同	五十九度

大分 豐後	別府	速見	別府	炭酸	百三十九度
	濱脇	同	濱脇	同	百十六度
	觀海寺	同	南立石	鹽類	百四十二度
	上田	同	同	酸性	百二十二度
	堀田	同	同	炭酸	九十六度
	鐵輪	同	鐵輪	酸性 鹽類	百十一度 百二十七度
	平田	同	龜川	鹽類	百三十六度
	地藏	同	鶴見	酸性	未詳
	湯坪	同	川上	炭酸	百二十五度
	湯平	同	谷川	鹽類	百九十七度
	寒地獄	玖珠	田野	硫黃	五十九度
	筋湯	同	湯坪	酸性	百四十五度
	寶泉寺	同	町田	鹽類	百五十二度
	天瀨	日田	湯山	同	百四十五度
	六迫	北海部	藤河內	未詳	五十九度

佐賀 肥前	柄崎	杵島	武雄	炭酸	百十八度
	嬉野	藤津	下宿	同	二百三度
	熊川	小城	上熊川	單純	二百度
	古湯	同	古湯	同	九十六度
長崎 肥前	溫泉嶽	南高來	小賀	硫黃	百四十九度
	小濱	同	同	鹽類	二百十二度
熊本 肥後	山鹿	山鹿	山鹿野	硫黃	九十三度
	大坪	同	熊入	單純	九十六度
	平山	同	平山	同	同
	地獄	阿蘇	湯陽	炭酸	百四度
	滿願寺	同	滿願寺	同	同
	杖立	阿蘇	下城	鹽類	百九十九度
	日奈久	葦北	日奈久町	炭酸	百四度
	湯出	同	湯出	鹽類	百十四度
	舟川	球摩	宮原	炭酸	七十八度

熊本	肥後	林	球摩	林	鹽類	百四度
熊本	肥後	中村	宇土	中村	未詳	六十度
宮崎	日向	湯元	西諸縣	昌明寺	炭酸	百二度
宮崎	日向	遠穴	北諸縣	西嶽	同	七十四度
鹿兒島	薩摩	六反田	揖宿	十町	鹽類	百三十二度
鹿兒島	薩摩	長瀨	川邊	坊村	酸性	六十七度
鹿兒島	薩摩	犬牟田	同	鹿籠	鹽類	六十六度
鹿兒島	薩摩	湯浦	阿多	伊作鄉	炭酸	百五十二度
鹿兒島	薩摩	市來	日置	市來鄉	鹽類	百十八度
鹿兒島	薩摩	木場 柴垣	薩摩	副田	炭酸	未詳
鹿兒島	薩摩	市比野	同	市比野	單純	七十四度
鹿兒島	薩摩	湯田	高城	湯田	單純 硫黃	百八度 百二十八度
鹿兒島	薩摩	同	伊佐	宮城鄉	單純	七十三度
鹿兒島	薩摩	湯川內	出水	武本	同	九十九度
鹿兒島	大隅	栗野嶽	桑原	木場	單純	百九十三度
鹿兒島	大隅	鉾役	桑原	三休堂	鹽類	百三十九度
鹿兒島	大隅	關平	同	同	同	百二十七度
鹿兒島	大隅	硫黃谷	同	下中津川	硫黃	百四十一度
鹿兒島	大隅	明礬山	同	同	同	百五十四度
鹿兒島	大隅	榮尾	同	同	同	百六十七度
鹿兒島	大隅	栗川	同	中津川	鹽類	百五十二度
鹿兒島	大隅	鹽浸	同	宿窪田	炭酸	百二十八度
鹿兒島	大隅	平落	同	同	鹽類 炭酸	百三十七度
鹿兒島	大隅	安樂	同	同	同	百二十九度
鹿兒島	大隅	新湯衆之	同	宿窪田	同	百二十九度
鹿兒島	大隅	山湯	同	嘉例川	同	百二十八度
鹿兒島	大隅	米丸	始羅	米丸	同	八十三度
鹿兒島	大隅	木坊	贈唹	內村	同	百十八度
鹿兒島	大隅	敷根	同	麓村	單純	六十度
鹿兒島	大隅	福山下宮	同	山浦町	硫黃	六十八度

鹿兒島大隅		
福山（宮臨）	古里	有村
贈於	大隅	同
浦町	櫻島	有村
硫黃	鹽類	同
六十八度	百十三度	百二度

鹿兒島大隅		北海道渡島
有村（新鑛泉）	飛岡	龜田
大隅	同	
有村	海潟	
鹽類	硫黃	
百十三度	八十四度	

海平面千尺以上山嶽攷

山嶽高度據地質調查局測定其測法或以晴雨計觀測難保一無差謬茲姑將已測者詳考如左

國	山名	高度
山城	愛宕山	二千九百四尺
	比叡山	二千七百二十三尺
	笠取山	一千三百八十六尺
大和	高見山	四千二百九十九尺
	生駒山	二千七百二十八尺
河內	葛城山	三千九百六十尺
	金剛山	四千二百九十尺
	春日山	一千九百八十尺
	信貴山	一千六百五十尺

國	山名	高度
河內	音羽山	二千九百七十尺
	多武峰	二千六百九十九尺
	小壺山	四千百四十尺
和泉	大鳴山	五千八百十五尺
	和七越山	五千九百二十九尺
攝津	二上山	一千三百二十尺
伊賀大和	大臺原山	四千二百一尺
伊賀紀伊	春日峰	二千三百十尺
伊賀	荷坂嶺	一千七百六尺

國	山名	高度
伊勢	思坂山	二千九百六十尺
	尼嶽	三千百二尺
	局嶽	二千三百十七尺
	白倉山	四千四十八尺
	東宮山	一千百四十五尺
	朝熊山	二千十三尺
	望坂山	三千七尺
	朝倉山	一千二百七十三尺
	釋迦嶽	三千五百九十尺

伊勢	総峰	二千四百九尺
志摩	青峰山	二千十三尺
志摩伊勢	山伏嶺	一千三百二十尺
尾張	本宮山	一千七十三尺
三河	本宮山	二千六百二十七尺
遠江	黑帽子山	七千九十尺
	秋葉山	三千七十尺
	粟嶽	一千六百九十九尺
	大日山	二千三百二十五尺
	光明山	一千五百九尺
	惠那山	七千三百九十二尺
	粟木山	二千九百九十六尺
駿河	愛鷹山	四千七十尺
	富士山	一萬二千三百六十五尺
	寶永山	八千二百三十三尺
駿河	龍爪山	二千六百二十尺
	高草山	一千五百九十四尺
	高山	一千五十五尺
	鷲津山	一千三百六十五尺
	白根山	一萬二百十二尺
甲斐	八岳	八千九百九十一尺
	金峯山	八千三百八十四尺
	七面山	七千二百二十尺
	圓山	一千三百二十尺
	地藏岳	八千八百五十七尺
	駒岳	八千九百八十五尺
	萱岳	五千八百七十四尺
	金岳	五千四百七十八尺
	御嶽	二千九百十二尺
	身延山	三千三百二十八尺
甲斐	大群山	四千八百二十一尺
	七面山	五千百五十五尺
伊豆	天城山	四千五百八十三尺
	伴次郎岳	五千二百三十四尺
	本岳	三千百九十八尺
	達摩山	三千百二尺
	巣雲山	二千三百二十六尺
相模	圓澤山	五千九百六十九尺
	二子山	三千四百八十五尺
	硫黃山	二千三十一尺
	鞍嶽	二千八百九十四尺
	小地藏	二千百六十五尺
	冠岳	四千百二十五尺
	大山	四千二百二十五尺
武藏	武甲山	四千三百二十三尺

武藏	雲取山	六千九百六十七尺
	八人山	一千百五十二尺
	三峯	三千五百四十八尺
	御嶽	二千八百四十九尺
	大洞山	六千三百十五尺
	大嶽	三千八百九十八尺
	三頭山	四千三百八十五尺
武藏上野信濃	三國山	二千三百八十五尺
安房	清澄山	一千二百九十三尺
	峰岡	一千二百三十五尺
上總	鹿野山	一千百六十八尺
常陸	七曲山	一千五才五尺
	西明寺山	一千四百尺
	筑波山	二千八百九十七尺
	彌太郎山	一千四百八十四尺
常陸	高鈴山	一千九百九十三尺
常陸磐城下野	八溝山	三千二百六十二尺
常陸下野	鷲子山	一千三百九十二尺
近江	比良山	四千五十五尺
	蓬萊山	四千三百九尺
	伊吹山	四千四百九十七尺
	衣笠山	一千六百五十尺
	甲賀山	四千九百六十五尺
	三上山	一千九百八十尺
	赤坂山	二千八百五尺
美濃	惠那山	七千三百九十三尺
	高賀山	四千九百六十五尺
	三墓山	三千三百十七尺
飛驒	乘鞍岳	一萬四百五十尺
	硯山	四千七百五十尺
飛驒	漆山	五千八十尺
	橫手山	七千九百五十四尺
	小岳	七千二百六十四尺
	笠岳	七千八十八尺
	金山	三千三百六十三尺
信濃	赤石山	一萬二百二十四尺
	蓮花山	九千八百六十六尺
	國師岳	九千八百九十尺
	岩菅山	八千三百尺
	淺間山	八千二百三十尺
	高妻山	八千三百二十尺
	城山	三千八百一尺
	經岳	六千六百六十六尺
	駒岳	七千八百八尺
	笠松山	四千百五十九尺

信濃	甲山	三千二百八十一尺
	小岳	七千二百六十四尺
	笠岳	七千八十八尺
	黑姬山	六千九百十三尺
	加加良山	五千百二十五尺
	前岳	九千百八尺
	乙女山	五千七十七尺
	蓮花山	九千八百九十九尺
	錫杖岳	九千二百四十尺
	高戶山	四千七百九十七尺
	立科山	八千五百五十二尺
	高峰	三千九百六十尺
	豐岡山	六千四百五十尺
	矢立山	四千四百五十五尺
	橫手山	六千五百五十三尺
上野	中吾妻山	六千四十八尺
	赤城山	六千三百二十五尺
	荒船山	五千五百四十五尺
	穗高山	六千六百尺
	十二山	四千百八十六尺
	黑檜山	六千百七十九尺
	三峰山	二千六百四十尺
下野	大平山	一千八十四尺
	晃石山	一千百二十一尺
	高原山	五千四百十三尺
	那須山	六千三百四十二尺
	男體山	八千百七十尺
	白山	千百三十五尺
	羽黑山	一千四百九十八尺
	大眞名子山	七千五百九十尺
下野	小眞名子山	六千六百尺
	丸山	六千二百七十尺
	白根山	七千九百二十尺
	外山	三千三尺
	膽累山	四千六百二十尺
磐城	蓬田山	二千九百七十六尺
	八溝山	三千三百三十三尺
岩代	駒岳	六千八百二十尺
	燧岳	六千五百三十四尺
	赤安山	六千四百二十尺
	西吾妻山	六千四百十八尺
	磐梯山	五千八百六十四尺
	博士山	四千八百八十一尺
岩代羽前	藏王山	五千九百六十尺
羽前	禿嶽	四千六百二十三尺

國	山名	高
陸前	三峰山	五千六百八十九尺
陸中	駒岳	五千四百三尺
	巖手山	六千七百九十七尺
	姬嶽	三千五百三十八尺
陸奧	八甲田山	六千五百五十三尺
	磐城山	五千二百六十一尺
	七時雨山	四千七十六尺
	釜臥山	三千二百九十八尺
	大盡山	二千二百十一尺
	赤倉山	六千七百十二尺
	岩木山	五千二百六十尺
	名久井嶽	二千六百七十尺
羽前	鳥海山	七千百十八尺
	月山	六千五百六十九尺
	葉山	四千九百七十六尺

國	山名	高
羽前	船岳	四千四百二十二尺
	吹越山	二千七百七十二尺
	白鷹山	三千四百七十五尺
	羽黑山	三千八十五尺
	溫海山	二千三百七十六尺
	麻耶山	三千九十八尺
	朝日山	六千三百三十九尺
羽後	森吉山	四千八百十尺
	寒風山	千百四十一尺
	本山	二千四百八十八尺
	鳥海山	七千二百二十八尺
	大平山	六千八百九十七尺
若狹	三十三間山	二千七百二十三尺
	西方山	二千四百三十一尺
	國見山	二千二百九十一尺

國	山名	高
若狹越前	榮螺山	二千二百十一尺
越前近江	野坂山	二千五十三尺
近江	白谷山	二千八百三十五尺
若狹近江丹波	三國山	三千三百尺
越前	鐵冀山	四千七百尺
	荒鳥山	四千二百五十七尺
	大平山	一千九百八十七尺
越前飛驒美濃	大日岳	五千九百六十九尺
加賀	白山	八千九百四十七尺
	小兵衛山	二千二百七十七尺
	笠山	二千四百四十二尺
	高倉山	二千五百八十一尺
能登	寶達山	二千二百六十五尺
	城山	二千六百七十尺
	黑峰山	千六百七十八尺

國	山名	高
能登	山油山	一千三百二十尺
	別所山	一千六百五十尺
	石動山	一千七百四十九尺
越中	蘆谷山	一千九百三十一尺
	膀越山	三千四百二十五尺
	庵山	二千七百八十九尺
	夫婦山	一千三百六十三尺
	名名池山	一千七百八十二尺
	大瀧山	二千四尺
	大高山	二千七百九尺
	志馬山	二千六百五十尺
	高坪山	一千八百七十八尺
	大蓮花山	九千八百七十一尺
越後	燧岳	八千八百四十五尺
	立科山	八千八百二十二尺
越後	御月山	七千百十二尺
	苗場山	七千百十二尺
	割引山	六千四百六十七尺
	大烏帽子山	六千四百六十四尺
	柄澤山	六千二百八十一尺
	朝日山	六千百尺
	入道山	六千二十一尺
	大日岳	五千九百六十六尺
	鋸山	二千四百四十一尺
	駒岳	四千九百五十六尺
	米山	三千百三十一尺
	管名山	二千八百十四尺
	彌山	一千九百四十六尺
	石動山	千七百六十尺
	淺草山	五千三百五十一尺
越後	入海山	六千百五尺
	唐澤山	六千二百八十尺
	馬下山	二千八百十四尺
	十寶山	一千九百四十六尺
佐渡	東教山	二千百三十三尺
	金北山	二千八百二十三尺
筑前	鳥居山	二千三百十七尺
	宗像山	二千四十尺
豐前	彥山	三千三百六十六尺
	蘇岳	一千九百四十七尺
豐後	涌蓋山	四千八百五十一尺
	黑岳	六千六百九十九尺
	鶴見山	五千九百四十尺
	由布山	五千三百十三尺
	兩丁山	一千七百十尺

國	山	高
豐後	扇鼻山	四千六百二十尺
肥前	溫泉岳	四千九百六十三尺
	笹山	一千二百七十七尺
肥後	子浦岳	千百四十一尺
	虛空藏山	二千三百十尺
	天山	三千六百九十六尺
	釜伏山	三千七百二十九尺
	八郎岳	一千九百八十尺
	白髪岳	四千五十九尺
	甲佐山	一千二百二十一尺
	金峰山	一千九百八十尺
	根子岳	五千二百八十尺
	阿蘇岳	六千二百三十七尺
	八方岳	三千二百一尺
	鞍岳	三千三百六十六尺
肥後	六本山	二千七百六尺
	胡摩山	二千九尺
日向	小松山	四千百五十八尺
	鈴岳	二千七百六尺
	東霧島山	五千百十五尺
	法華岳	三千五百九十七尺
	尾鈴山	四千九百八十三尺
	祖母岳	五千八百四十三尺
日向豐後	杉越	四千六百二十尺
日向肥後	江代山	三千五百六十四尺
大隅	北岳	三千二百四十三尺
大隅日向	西霧島山	五千二百八十尺
薩摩	金峰山	二千六百七尺
	開聞山	三千二百三十尺
	野間岳	二千百七十八尺
薩摩	紫尾山	四千七百八十五尺
	國見山	一千九百八十尺
	金山	一千三百卄三尺
	大岳	一千五百九十四尺
壹岐	岳嶺	一千八百六十尺
渡島	横津嶽	三千五百三十尺
	三森嶽	三千五百三十尺
	二股嶽	二千七百尺
	絲川嶽	二千二百尺
	古部嶽	二千二十尺
	熊泊嶽	二千四十尺
	駒嶽	三千二百二十尺
	濁川嶽	二千七百尺
	於保古嶽	二千尺
	七嶽	三千尺

渡島	知內嶽	二千五百三十尺
渡島	千軒嶽	三千五百五十尺
渡島	原口木無嶽	二千六百六十尺
渡島	八幡嶽	二千尺
渡島	乙部黒嶽	二千八百尺
渡島	見市嶽	三千尺
渡島	游樂部嶽	四千百尺
渡島	冷水嶽	三千尺
後志	毛無嶽	二千五百七十尺
後志	太魯嶽	三千六百尺
後志	幌目名嶽	三千尺
後志	本目名嶽	三千尺
後志	蟹寒嶽	二千八百尺
後志	狩場嶽	三千九百尺
後志	大平嶽	三千四百尺

後志	折川嶽	三千尺
後志	黒松內嶽	二千四百尺
後志	幌別嶽	二千二百尺
後志	天狗嶽	二千四百五十尺
後志	雷電山	三千二百五十尺
後志	後方羊蹄山	八千尺
後志	幌內山	二千五百二十尺
後志	幌登山	二千五百二十尺
後志	硫黃山	三千六百尺
後志	西强登山	二千五百二十尺
後志	千勢登山	二千百六十尺
後志	金峰山	二千百六十尺
後志	朝里山	三千五百尺
石狩	手稻山	二千九百五十尺
石狩	武稻山	三千四百五十尺

石狩	阿曾岩山	二千八百尺
天鹽	暑寒別山	七千二百尺
天鹽	雄冬山	三千四百五十尺
天鹽	羽幌山	六千百二十尺
天鹽	幌尻山	六千百二十尺
天鹽	辨花片山	七千二百尺
天鹽	晚花片山	六千四百八十尺
膽振	熊根嶽	三千尺
膽振	昆保山	三千三百尺
膽振	有珠嶽	三千四百二十尺
膽振	於名振別山	三千三百六十尺
膽振	室蘭嶽	二千尺
膽振	幌別山	三千尺
膽振	來馬山	二千八百尺
膽振	白老山	三千三百尺

國	山名	高
膽振	漁山	三千四百尺
膽振	絞籠山	二千六百尺
日高	保奴加良山	五千四百尺
日高	安保似山	五千四十尺
日高	猿留山	二千五百二十尺
十勝	廣尾山	三千六百尺
十勝	樂古山	四千六百八十尺
十勝	音調律山	二千百六十尺
十勝	安取山	三千六百尺
十勝	葦牛山	三千二百四十尺
十勝	雪城山	三千二百四十尺
十勝	歴舟山	二千五百二十尺
十勝	十勝嶽	二千一百六十尺
十勝	佐幌山	二千八百八十尺
十勝	神威嶽	五千四百尺
十勝	美波色山	三千六百尺
根室	羅臼山	五千四百尺
千島	羅碓嶽	三千二十尺

海面二千尺以上山嶺攷

嶺之高低不同茲據地質局調査表揭明丈尺謹詳考如左

國	山名	高
大和伊勢	高見	二千七百八十五尺
駿河相模	橡縄	二千三百四十三尺
駿河	長尾	三千九十三尺
駿河甲斐	明神	三千九百五十七尺
甲斐	鶴籠	三千六百九十尺
甲斐	上平	四千百八十八尺
甲斐	燒野	五千二百七十二尺
甲斐	柳澤	四千七百九十三尺
甲斐	橡窪	四千九十二尺
甲斐	多良加	三千七百六尺
甲斐	山伏	三千八百八十四尺
甲斐	砂山	四千三百九十八尺
甲斐	笹子	三千四百九十尺
甲斐	櫻	二千八百十五尺
甲斐	骨越	三千二百八十七尺
甲斐	大嶺	四千六百四尺
甲斐	小嶺	四千五百六十尺
甲斐	川尻	三千四百八尺

甲斐	門野	二千六百四十二尺
	御坂	五千三百七十四尺
	釜火臺	三千七百四十六尺
	雛鶴	二千八百三十六尺
	穴地	二千九百六十六尺
	案下	二千二百四十九尺
	大菩薩	六千三百八十九尺
伊豆	猫子	三千百二十四尺
	盲女	二千六百四十九尺
相模駿河	乙女	三千三百六十八尺
相模	刈野	三千三百十五尺
武藏	西口	三千八百五十四尺
	白井差	四千五百三十二尺
	風間	三千七百二尺
	風張	三千七百六十二尺
武藏	雁坂	六千八百六十九尺
常陸	笹走	二千三百四十三尺
美濃飛驒	炭	二千二百三十七尺
飛驒	山吹	四千二百三十九尺
	小鳥	三千八百二十五尺
	大坂山	三千二百七尺
	樽木	四千六十四尺
	野麥	五千五百八十五尺
	松木	三千六百三十尺
	牧洞	三千三百八十三尺
	宮	二千六百九十七尺
	輕荷	四千十四尺
	小金	三千三尺
	雁安	二千八百二尺
	駒鼻	三千九百三尺
飛驒	猪鼻	四千三百八十三尺
	今村	二千六百二十一尺
	保	二千七百十九尺
	平湯	五千五百三十四尺
	天生	四千三百九十九尺
信濃	和見	三千二百六十二尺
	和田	五千二百七十二尺
	拔尾	二千六百五十六尺
	鳥居	六千四百五十九尺
	太刀	三千三百九十六尺
	猿番場	三千百七十四尺
	鹽尻	三千五百一尺
	酒井	四千八百三十尺
	天	三千八百三十七尺
	大森	二千十一尺

日本新政考　卷二

國	嶺名	高
信濃	野尻	二千三百二十三尺
	小川路	五千五百九十四尺
	神坂	二千六百八十三尺
	刈原	三千百八十一尺
	笠取	三千百二十五尺
	金澤	四千五百九尺
	平澤	四千九百九十九尺
	谷粉	四千三百二十八尺
	檜	四千七百四十六尺
信濃遠江	青崩	三千四百十二尺
信濃	柏木	三千九百七十一尺
	愛戶	三千百三十八尺
	大門	四千八百尺
	大明神	三千四百三十二尺
	富士見	三千二百一尺

國	嶺名	高
上野	碓氷	四千三十尺
	鳥	三千四百八十一尺
	與倉	四千百四十六尺
	鳥渡	五千二百七尺
	天神	三千六百二十五尺
	玉原	三千九百五十七尺
	須賀尾	三千四百五十二尺
	小瀬	五千八百五尺
	下野	二千百六十八尺
	板本	四千六十六尺
	烏見澤	二千四百十五尺
	萬騎	四千百七十四尺
	劍鋥	四千七百二十九尺
	川浦	四千三百六十四尺
	勝坂	二千九百九十尺

國	嶺名	高
上野	小吹野	三千五百九十一尺
	小手屋	三千五百八十七尺
	金勢	六千八百二十二尺
	高麗	五千百十二尺
	水木岩	二千五百七十一尺
	石神	二千五百十五尺
	地藏	三千四百九十尺
	大明神	二千六百九十七尺
	大道	四千六百五十六尺
下野	精盥	三千二百十四尺
	日光	四千百十四尺
	古峰原	三千九百三十七尺
	細見	三千九百八十三尺
	疋尾	四千百十四尺
	富士見	六千八百三十一尺

下野	飽路	三千七百九十七尺
信濃甲斐	黒森	五千二十尺
岩代越後	[illegible]	三千七百六十六尺
陸中	仙人	二千九百三十三尺
羽前	尾越	三千六百二十八尺
陸前羽前	清水	三千二百三十一尺
羽後	仙巖	二千三百四十三尺
越前	油坂	二千六百三尺
越後	清水	五千三百八尺
	三國	四千二百五十一尺
	掛之冢	二千三百二十四尺
	二居	三千百三十七尺
越後	白坂	四千四百三十九尺
	小瀨	三千二百一尺
	城	二千四百五十五尺
越前美濃	大日	五千九百六十九尺
美濃加賀	谷	三千十尺

大川致

河流初未測量確定茲據地誌提要著名大川詳揭源流並誌里數其他凡流長十五里以上者亦皆詳考如左

利根川	發源於上野國文珠山下過武藏至下總入海	七十四里
最上川	發源於羽前國大日嶽至羽後入海	凡六十二里
木曾川	發源於信濃國筑摩郡秋曾村西過美濃尾張至伊勢入海	四十六里餘
信濃川	發源於信濃國佐久郡南甲斐金峯山爲千曲川入越後爲本川入海	凡百里
天龍川	發源於信濃國諏訪湖至遠江入海	六十里餘
大井川	發源於信濃甲斐之疆白峯過駿河至遠江入海	凡四十六里

富士川	發源於甲裴併諸川至駿河入海	凡十八里
多摩川	發源於信濃國巽旅葭嶽過甲斐至武藏入海	凡三十八里
阿武隈川	發源於磐城國旭嶽及甲子山中雄瀑至岩代入海	凡五十里
北上川	發源於陸中國岩手郡御堂村至陸前入海	七十六里餘
淀川	發源於近江國琵琶湖併自丹波來桂川經山城攝津入海	十九里二十五町餘
吉野川	發源於大和國大台原山入于紀伊爲紀伊川入海	四十六里
吉野川	發源於土佐國龜森山南麓至阿波入海	四十一里餘
筑後川	發源於肥後國小國山豐後國九重山入于筑前爲千歲川至筑後入海	凡卅四里餘
球摩川	發源於肥後國五箇莊縱木村又片尾山併諸川入海	凡卅四里餘
川內川	發源於肥後國白髮嶽及日向國狗留山中至薩摩入海	凡四十六里
石狩川	發源於石狩國石狩嶽之大瀑布至石狩郡石狩入海	百六十七里餘

大和	伊賀	伊勢
十津川	伊賀川	宮川
二十二里餘	十五里	三十二里

伊勢	三	河
櫛田川	矢矧川	豐川
十七里	二十八里	十七里

遠江	駿河	甲斐
太田川	阿部川	笛吹川
十六里	二十里	二十里

甲斐	相模	武藏
釜無川	相模川	荒川
十七里	十八里	七十四里

武藏	中川	二十一里
	入間川	十八里
上總	夷隅川	二十里
	一之宮川	同
	養老川	同
	小櫃川	同
常陸	鬣養川	二十三里
	久慈川	二十四里
近江	横田川	十五里
美濃	揖斐川	三十里
	長良川	三十二里
飛驒	益田川	三十里
	宮川	二十二里
	高原川	二十里
	白川	十六里
信濃	三峰川	二十里
	犀川	三十里
	千曲川	六十里
	梓川	十八里
	高瀬川	十六里
上野	片品川	三十里
	吾妻川	十六里
	神流川	二十里
	蕪川	十六里
下野	鬼怒川	三十里
	那珂川	同
	渡瀨川	同
磐城	鮫川	十七里
	鎌田川	十六里
	大瀧根川	同
磐城	白石川	十八里
岩代	日橋川	二十里
	鶴沼川	二十一里
	只見川	三十七里
	南川	十九里
	瀨川	十五里
陸前	廣瀨川	十五里
	鳴瀨川	二十五里
	江合川	三十里
	追川	三十七里
	和賀川	十五里
陸奥	岩木川	二十二里
	馬淵川	二十五里
羽後	御物川	三十里
	玉川	二十七里
羽後	子吉川	十八里
	能代川	二十五里
	大阿仁川	三十里
越前	日野川	二十四里
	足羽川	二十五里
	九頭龍川	三十二里
加賀	手取川	二十里
	大聖寺川	十八里
越中	射水川	四十里
	神通川	三十里
	常願寺川	十八里
	黒部川	二十里
越後	魚沼川	二十一里
	阿賀川	二十里
	三面川	同

越後	荒川	二十里
	姬川	十七里
尾張	玉野川	二十二里
丹波	保津川	五十五里
	和知川	二十三里
但馬	朝來川	十六里
伯耆	日野川	十七里
出雲	大川	二十里
	神門川	十九里
石見	江川	五十里
播磨	加古川	十九里
	揖保川	十五里
	千種川	十五里
美作	津山川	十九里
	高田川	二十四里
備中	大川	二十八里
備後	三次川	三十一里
	西城川	十六里
	櫃田川	二十里
安藝	太田川	二十三里
	吉田川	二十六里
	木野川	十五里
周防	錦川	二十四里
長門	阿武川	十五里
紀伊	在田川	二十七里
	日高川	五十五里
	富田川	二十五里
	安宅川	同
	古座川	二十七里
	太田川	二十二里
紀伊	熊野川	三十五里
	紀伊川	三十里
阿波	勝浦川	十五里
	那賀川	二十八里
土佐	物部川	二十五里
	仁淀川	十九里
	渡川	二十里
筑前	千年川	十七里
筑後	矢部川	十九里
豐後	大野川	三十四里
肥後	菊池川	十九里
	白川	十五里
	綠川	二十一里
日向	五箇瀨川	三十里
	美美津川	二十八里
日向	大丸川	二十五里
	一之瀨川	三十里
	大淀川	二十五里
膽振	游樂部川	三十四里
	長流別川	十六里
	鵡川	二十里
天鹽	天鹽川	七十里
日高	厚別川	十五里
	新冠川	二十六里
	染退川	十五里
十勝	大津川	四十四里
根室	標津川	十六里
北見	富別川	十五里
豐後	三隈川	十七里
肥前	武雄川	二十一里

後志	後志川	十八里
後志	利別川	三十里
釧路	久壽里川	三十七里
根室	西別川	三十里

周回三里以上湖沼攷

山城	巨椋池	四里十一町
尾張	入鹿池	三里
甲斐	川口湖	四里十八町
	山中湖	三里十八町
	本栖湖	三里
相模	蘆海	四里三十町
下總	印旛沼	十二里
	手賀沼	
常陸	霞浦	三十六里
	北浦	十五里
常陸	牛久沼	六里六町
	涸沼	七里
	太寶沼	三里九町
近江	琵琶湖	七十三里三十一町
信濃	野尻池	三里三十町
	諏訪湖	四里二十町
上野	尾瀨沼	三里
	板倉沼	三里卅二町
下野	中禪寺湖	八里
	赤間沼	四里
岩代	猪苗代湖	十六里
	尾瀨沼	三里
陸前	大沼	三里卅三町
	長沼	三里五町
	品井沼	五里廿四町
陸奧	十三潟	六里十八町
	十和田湖	十里
	小河原沼	十三里二十四町
	鷹鳥架沼	六里廿三町
羽後	八郎潟	十五里
羽後	田澤潟	三里
若狹	三方湖	六里
越前	北方入江	五里廿二町
加賀	柴山潟	三里廿二町
	河北潟	六里二十町
能登	邑知潟	三里廿二町
越後	福島潟	三里卅一町
佐渡	加茂湖	四里廿三町
薩摩	池田湖	四里廿九町
筑前	蠟洼田池	三里二町

船舶出入港灣仭尺攷

和泉	堺	一仭半
攝津	安治川	二仭餘
攝津	木津川	一仭五尺餘
	大坂	一仭五尺七寸
攝津	兵庫	一仭至九仭
	神戶	三仭至五仭
伊勢	四日市	四仭至五仭
	阿漕浦	二仭至四仭

國	港	深
伊勢	大口	六尋
	大港	三尋
	五所灣	四尋至十尋
	磯港	八尋餘
	贄浦	五尋
	神前	十一尋
	方座浦	十尋
	古和浦	七尋至八尋
志摩	鳥羽	三尋至五尋
	的矢	六尋四尺餘
	濱島	五尋至九尋
尾張	熱田	三尋二尺
	龜崎	三尋二尺
	師崎	十五尋
	大井	七尋
遠江	濱名	平五尺五寸
	掛塚	同一尺餘
	福田	同三尺
駿河	清水	十五尋
	沼津	四尺至二尋
	江浦	十二尋
伊豆	戶山	十八尋
	安良里	九尋餘
	田子	十五尋餘
	子之浦	五尋
	妻良	五尋餘
	長津呂	十三尋
	下田	六尋至八尋
	外浦	十二尋餘
	須崎	五尋餘
伊豆	網代	六尋至十三尋
相模	眞鶴	三尋四五尺
	橫須賀	二尋至十二尋
	浦賀	五尋至十尋
	三崎	六尋至九尋
	小網代	三尋
武藏	江戶灣	四尺至三尋
	橫濱	二尋至六尋
	金澤	一尋至三尋
安房	館山	三尋至九尋
上總	木更津	二尋餘
	勝浦	四尋
下總	銚子	二尋三尺
常陸	那珂	一尋至八尋二尺
	平潟	一尋至五尋二尺
磐城	九面	一尋四尺
	中之作	三尋二尺
	小名濱	三尋
	荒濱	一尋至二尋
陸前	寒風澤	三尋至六尋
	石濱	九尋至十尋
	潛浦	七尋
	石卷	五尋至十二尋
	折濱	六尋至七尋
	小淵浦	三尋至四尋
	氣仙沼	八尋
陸中	宮古	二尋至三尋
	釜石	五尋至六尋
	山田	十五尋
陸奧	青森	八尋

陸奥	三廐	十仞
	小泊	三仞至六仞
	小三村	二仞
	鰺澤	五仞
	野邊地	七仞
	安渡	二十八仞
	川内	十仞
	佐井	十仞
	大間	五仞
	鮫港	十五仞
羽前	加茂	二仞三尺
	鼠關	四仞四尺
羽後	酒田	一仞一尺
	古雪	一仞三尺
	土崎	二仞三尺
羽後	船川	二仞三尺
	戸賀	三仞二尺
	能代	一仞餘
若狹	小濱	二十仞
越前	敦賀	四十五仞
	坂井	一仞四尺
加賀	安宅	一仞三尺
	美川	一仞三尺
	金石	三尺
能登	七尾	三仞至六仞
	麥浦	十仞五尺
	乙崎	六仞四尺
	福浦	八仞
	輪島	四仞一尺
	宇出津	六仞四尺
能登	九十九	八仞至十四仞
	鯑島	五仞
越中	東岩瀨	一仞二尺至四尺
	水橋	一仞一尺至三尺
	新濱	一仞三尺
	新港	五尺至二仞
越後	新潟	三尺至五仞
	荒川	一仞二尺
	瀨波	五尺至一仞二仞
	寺泊	一仞至二仞
	出雲崎	[illegible]仞至一仞四尺
	直江津	五尺
佐渡	小木	五仞二尺
	多田	一仞至三仞四尺
	澤根	一仞至三仞二尺
佐渡	二見	五仞至十仞
	鷲崎	三仞至八仞
	夷港	一仞至八仞
	水津	一仞至十仞
丹後	舞鶴	八仞二尺
	宮津	八仞至十仞
	平田	八仞
	久美濱	淺水
但馬	津居山	一仞餘
	丹生	三仞
	諸崎	十六仞
因幡	田後	二仞至三仞
	網代	二仞四尺
	賀露	一仞二尺至四尺
伯耆	境浦	四仞至五仞

國	港	深
伯耆	米子深浦	一仭一尺
	淀江	二尺餘
	赤崎	三尺至五尺
	松名浦	四尺至一仭五尺
出雲	美保關	五仭至十三仭
	加賀浦	同
	安來	一仭至五仭
	宇龍浦	二仭至五仭
	鷺浦	四仭至九仭
	江角浦	一仭至十二仭
石見	大浦	十仭
	溫泉浦	十二仭
	外之浦	同
	瀬戶島	五仭二尺
	長濱浦	八仭
隱岐	知夫	十一仭一尺
	浦鄉	六仭一尺
	知知井	十尺
	西鄉	同
	加茂浦	五仭五尺
	福浦	二仭至九仭
播磨	飾磨津	二仭
	家島	七仭
	室津	四仭四尺
	坂越	四仭
備前	兒島灣	不詳
	片山灣	同
	大多府	一仭四尺
	牛窓	六仭四尺
	下津井	二仭
備前	日比	三仭
備中	笠岡	一仭至三仭二尺
	玉島	五尺至二仭
安藝	忠海	五仭二尺
	御手洗	六仭二尺
	竹原	二仭
	宇品	二仭至九仭
	廣島	不詳
	鹿老渡	六仭
	草津	一仭一尺
	嚴島	二仭至三仭
周防	秋穗	二仭半
	大海	三仭二尺
	西津	五仭
	中關	四仭二尺
周防	三田尻	五仭
	笠戶	十仭
	室積	九仭
	室津	七一仭半
	上關	四仭二尺
	三浦	十八仭二尺
	地家室	三仭二尺
	小泊	十尺
	油宇	十一仭四尺
	新港	二仭四尺
長門	赤間關	三仭至十仭三尺
	特牛	四仭五尺
	福浦	二仭
	大浦	五仭
紀伊	加太	五仭

紀伊		
紀伊川口	二仭三尺	
鹽津	五仭	
大崎	八仭	
下津	五仭	
廣港	二仭	
由良	六仭	
比井	五仭	
印南	四仭	
田邊江川	二仭	
瀨戶	八仭	
周參見	十仭	
江田	三仭	
有田	二仭三尺	
二色	四仭	
大島	五仭	

紀伊	
浦神	六仭
勝浦	七仭
宇久井	三仭
二木島	十六仭四尺
賀田	二十六仭四尺
九木	十一仭四尺
尾鷲	十六仭四尺
名倉	八仭
須賀利	六十仭
錦浦	五仭

淡路	
由良	一仭至五仭
福良	二仭

阿波	
撫養	四仭至五仭
津田	二仭二尺
小松島	九仭
橘浦	五仭至二十仭
椿泊	六仭至十四仭
由岐	四仭至五仭
大島	十二仭
加島	二仭
那佐	十仭

讃岐	
小田	六仭
志度	三仭至四仭
坂出	四仭至六仭
丸龜	一仭
多度津	一仭至二仭三尺
草加部	八仭
坂手	十一仭四尺

伊豫	
波止濱	三仭至十三仭
由良	七仭一尺
宇和島	一仭六尺

土佐	
中泊	二十五仭
甲浦	四仭至十三仭
室津	一仭一尺
浦戶	四仭半
宇佐	七仭
須崎	十四仭
下田	二仭
清水	十四仭
古滿目	十仭
安滿地	十八仭
泊浦	七仭
小筑紫	五仭
湊浦	十仭
宿毛	二仭至七仭

地	港	深
筑前	岐志浦	二仞二尺
筑前	福岡	四仞
筑前	相島	十仞
筑前	蘆屋	一仞四尺
筑前	若松	五仞
筑後	若浦	六尺至二仞二尺
豐前	小倉	二仞
豐前	田野浦	三仞
豐前	門司	六仞
豐前	鵜島	二仞一尺
豐後	竹田津	二仞
豐後	深江	三仞
豐後	日出	四仞
豐後	別府	一仞一尺
豐後	佐賀關	四仞至六仞
豐後	下江	七仞
豐後	臼杵	一仞七尺
肥前	諸富	四仞
肥前	早津江	五仞
肥前	鹿島	三仞二尺
肥前	鯛浦	十二仞至十五仞
肥前	長崎	五仞至十六仞
肥前	瀨戶	七仞三尺
肥前	茂木	五仞
肥前	樺島	八仞
肥前	口津	六仞
肥前	島原	二仞至九仞
肥前	唐津	五仞
肥前	呼子	五仞至八仞
肥前	名護屋	七仞至十一仞
肥前	伊萬里	三仞
肥前	平戶	三仞
肥前	田助	六仞
肥前	河內	五仞三尺
肥前	網上	八仞四尺
肥前	奈留島	十四仞
肥前	富江	三仞二尺
肥前	玉浦	三仞二尺
肥後	水俁	六仞
肥後	袋村	五仞
肥後	富岡	四仞四尺
肥後	崎津	五仞至六仞
肥後	牛深	九仞四尺
日向	細島	十四仞
日向	東海	三仞二尺
日向	島浦	十仞
日向	美美津	二仞三尺
日向	油津	四仞
日向	外浦	七仞
大隅	內浦	三十仞
大隅	大泊	七仞
薩摩	鹿兒島	十三仞至二十仞
薩摩	山川	二十仞
薩摩	片浦	十二仞
薩摩	坊津	三十六仞
薩摩	京泊	五仞
薩摩	阿久根	二十三仞
壹岐	鄉浦	七仞三尺
壹岐	渡良浦	二仞至三仞
壹岐	印通寺浦	二仞三尺

壹岐	
勝本浦	四伋四尺
湯本浦	八伋
瀨戶浦	二伋

壹岐	對馬
八幡浦 二伋	大口浦 八十伋
	佐須那浦 十三伋

對馬	
鰐浦	六伋
鴨居瀨浦	三伋
嚴原	二十伋

對馬島攷

對馬島者雄峙朝鮮海峽中央之一大島也南東約距壹岐島二十四里半北西約距朝鮮南海岸二十七里半其長自北北東至南南西三十七里闊平均約六里島之中腰劈開而成一深灣名竹敷浦足容大艦巨舶而潮漲滿時由該灣分島形爲兩部南曰上島北曰下島島岸概多岬角灣澳除竹敷浦外尚有嚴原網代鴨居瀨阿須等諸港灣又島之南西端曰豆毆崎北端曰神崎此兩角附近有二三岩礁此外非濱岸接近處絕無隱險故得行距岸一里半處上島長十四里中有明山高一千八百尺山之南西有矢射立山高二千一百十八尺島北有尖頂雙峰南曰白嶽一名加志嶽高一千六百七十尺北曰遠見嶽自南東望之形如驢耳下島長二十三里有一高山曰三嶽爲對馬島第一高山有三峯西峯平頂曰太平中曰雄嶽東曰雌嶽山南東方沿海岸有日暮山鏡山又踰其南西之連山外有一山曰竅山然此島地形低于上島初見恰如平坦之地全島山多地瘠不宜播殖居民利在海產通商朝鮮以營生戶數六千三百人口三萬零六百餘人以泰西度地法讚之是島分爲上縣下縣地勢南北五十五英里東西十五英里或有六英里之處氣候溫和山多原野少全島面積三百二十四英方里五分四釐外有五

小島其面積不過四十英方里物產海魚歲產麥約二萬石又產栗大豆蕎麥甘薯兩端廣可通巨船東端狹水涸時步行可渡首府名嚴原于此地連續釜山呼子港之間海底電線人口約七千人對壹岐勝本四十六英里距長崎二百餘英里至釜山八十英里去朝鮮國境最近地僅四十英里案嚴原港在上島東側位于北緯三十四度十一分東經一百二十九度十六分實測處曰志和崎下島北東角鰐崎有網代灣位于北緯三十四度三十八分東經一百二十九度二十六分寔測處曰雷崎此對馬島之大略也亞洲東畔險要以此島爲最中國與朝鮮與日本皆以此爲藩籬宜各築砲臺于此島以互相聲援藉以各壯聲勢免致爲歐墨各洲之國所覬覦則海東之屏障可萬古不撤已

北海道近事攷

北海道開闢未久規模初備歷年整頓商賈漸有起色凡學校工場次第振興鑛產動植物產次第搜羅有蒸蒸日上之象謹詳列其目如左

教育

農學校　演武場　化學場　書庫　農黌圃　溫室　家畜房　小學教科傳習所　小學師範科　公立小學校　私立小學校　私立商船學校有技術運用數學航海等科別置英學漢學科　病院　醫家教授所

製物工場

麥酒製造所　製酒試驗場　麪粉製造所　製油所　製網所　鑵詰製造所　魚卵孵化所　偕樂園種育場

製物試驗場　博物場　溫室二所　牧畜場　養豚場　札幌官園　家畜房　紡織場　養蠶室　桑園

工作場　活版局　監獄署製品　氣候測量所　製革所　煉化石製造作　鱈肝油製造所　燧木製造所

玄紅場　公園博物場　監獄署授產場　根室官園　物產賣捌所　七重勸業試業場　桔梗村牧羊場　屯田事務局　醬油製造所　馬具製造所　製冰所　造船場　漁業會社　健全社　度量衡製作所

全道電信事務歸箱館支廳管理

鑛產

砂金銀銅鉛亞鉛、鉛鐵、鐵沙、石炭、泥炭、火燧石、石灰石、葡萄石、軟石、砥石、十勝石、硫化亞鉛、雲母石、干水石、石黃、石膏、版石、硫黃、貝化石、鹽花石、樣似石、木化石、木葉石、集合、雷斧石、石磐、琉化鐵、瑪瑙石、粘土質鐵、材木石、蠟石、

岩內郡茅沼炭坑品質最良地大四十萬坪（五萬英里）數量三千八百五十五萬噸數年前開採此外各鑛產石炭硫黃亦多

動植物產

米穀　蔬菜　樹木　草　海草　菌蕈　鳥　獸　魚　甲介蟲

製造

絲　織物　紙　器械　草茹器械　種蒔器械　各種農具　車　鐵具　陶器　網　船舶　酒　油　粉

西洋農馬器具

全道戶數

本籍　三三、三五四　寄留　四、九一五　合計　三八、二六九

民數

本籍　一五、八五六　寄留　四七、〇六七　合計　二〇五、六三五

箱館居留外國人戶數

中國二戶　英十四戶　米二戶　丹二戶　俄二戶　德一戶　法一戶

民數

中國男廿八女三　英男十三女七　米男一女二　丹男二　俄男二女二　德男二　法男二女四　合計男五十女十八共六十八

東隅瑣記一卷

〔清〕李濬之撰

《東隅瑣記》一卷，清李濬之撰。濬之（一八六八—一九五三）號響泉，山東寧津人，曾任山西靈丘知縣。清光緒三十一年（一九〇五）十月，受其舅父張之洞委託，自天津東渡日本，至大阪、東京考察文教、工業、商務、農業及社會風俗，凡五閱月。後又於光緒三十二年秋自津赴申，折青島而濟南，記上海、青島、濟南之産業、工藝現狀，歷七十餘日。李氏有感其時中日之差距，遂將考察聞見集爲是書，尤詳於日本之人才培養、工業運轉等。據上海圖書館藏清光緒三十二年排印本影印。

東隅瑣記

甯津李濬之述

客秋　南皮撫帥派遊日本、辭不獲已、乃由天津東渡、往返凡五閱月、自恨聞見無多、旋里措資復自津赴申、折青島而濟南、是役也又七十餘日、管窺所及、拉雜記之、

記東遊航路中

乙巳十月初旬、由津門起程、乘汽車赴塘沽、賃日本郵船、放洋東渡、約一晝夜、至芝罘、(卽煙臺)又行四日、忽見列岫相迎、海面爲隘、少頃已至馬關、有日人語曰、對岸春帆樓、卽李文忠議約處、四面危峰插天、松杉滴翠、回憶中土童山濯濯、皆不講森林之故、爾時歡迎凱旋、山麓飾萬歲字樣、取山呼意也、又有砲臺軍艦、布置周密、洵爲天險、次日抵神戶、登陸乘汽車行一鐘許、至大阪市、地爲巨埠、乃日本工商會萃之區、

記航業之關係

初乘郵船、乃賃之英國者、及回國搭大阪商船會社之大智丸、載一千八百噸、其買辦係廣東人、以銀五千圓、存儲日本銀行、始獲經理其事、共九華人、月得薪水二百餘圓、

如有錯誤、即以儲款作抵、由大阪直航天津、每半月往返一次、據船中人云、常時神戶炭每噸三圓餘、自日露戰後騰貴、甚至八九圓、該船日需炭七噸、（每噸一千六百八十斤）費雖較鉅、餘利尚多、故彼國航業日盛、各地汽船會社林立、東亞航路、四通八達、輸彼貨物、剝我膏血、即此東隅所失、已不勝計、況有百倍於此、如歐美各國者乎、假使東渡者集合旅費、自製一艘、同舟共濟、豈不甚便、或與購運洋貨之華商聯合、立一汽船會社、尤屬易事、不然租賃船隻、以華人經理之、亦可練習航業也、況汽船與鐵路、皆交通世界之要政、與海軍大有影響、中國招商公司、爲汽船領袖、更宜留意圖之、

記大阪農學校

大阪府立農學校、在東區鶴橋村、參觀時、校長井原百介氏極歡迎、校內有中國留學生二人、先導觀各校室、其課程年級、一一標示各室門側、次至標本室、儲東西洋各式農具、其鋤鍬犂耬、製法與我國大同小異、兼有極大者、未免笨重、有小巧者、又恐單薄不能經久、蓋地有平原山水之分、故器亦異狀、有噴水器、用壓力如唧筒、以防霧災、刈

禾器式如剪刀、並飼蠶抽絲各具無一不備、附哺雞器、木製、形如方櫃、中有屜板數層、用置雞卵、下燃一燈、以發生熱度、其法較用人力、未嘗過之、但不致有礙衛生耳、又陳列各植物圖畫標本於一室、並禾麥受災後各變相、各蟲鳥之有益有害、略爲區別指示、至穀稻菽麥籽種、與中國略同、惟蔴棉種類極多、其優等乃歐美所產、又冒雨至試驗場、地極闊大、內穀棉蔬果茶桑各類皆備、令學生分任培養、每歲列表、如某麥稈高幾尺、穗重幾許、一穗計若干粒、以次記之、但時値冬際、草木凋落、場中已無足觀、又至家畜豢養處、凡牝牡交尾閹騸斷尾切蹄、事事實驗、牛凡數種、有宜水地耕種者、有乳最良者、皆圈木柵中、入獸醫室小憩、因出示其療治畜病器具甚多、適有馬患目病、方闗入暗室內療之、並有病猫病犬、皆市人送去療治者、聞之初頗詫異、及至東京、見有專立家畜病院、始知雖一畜之賤、亦不能聽其自斃、可謂仁至矣、復至一處、有學生數人、方按一牛一馬、操刀剖解、詢之係硏究生育之理、及病死緣由云云、

記大阪高等工業學校

大阪北區玉江町官立高等工業學校、其科目一曰機械、凡物理蒸汽重力與製造織紡糖油各機械屬之、一曰應用化學、研究一切聲光化電石油瓦斯鞣皮製紙石鹼蠟燭等事、一曰染色、所用顏料、皆實地試驗之、一曰窰業、凡陶磁玻璃鍊瓦七寶燒均隸之、一曰釀造、試造靑醬豆腐酒醋各物、一曰冶金、取鑛質搗碎、入罐鎔解、驗其優劣、一曰造船、一曰舶用機關、共八科、始於明治二十九年、開創經費五萬餘圓、計占地六千六百五十九坪、(每坪方六尺)現有學生四百餘人、每日午前上堂授課、午後至各工廠實習、教習之外、復佐以技師、余參觀二次、皆由天津留學楊君實君紹介、計講堂二所、鐵工場分鑄造、鍛冶、製罐三處、其木型、窰業、染色、釀造、冶金、化學、各占一區、當時周歷各場、見諸生執業、左右奔馳、儼若藝徒、切磋琢磨、取礪取鍛、或削木作模型、或范砂爲胚胎、一時耳目所接、爐火風生、碪錘競響、幾忘其爲學校也、又化學分析室、舊式水皆分貯火用酒精燈、時方新搆一堂、每案排比皆有自來水、並瓦斯發生機管、隨意取用、尤爲利便、至冶金一科、附設鑛物見本室、甯波孫君海環、特爲分別指示、羅列五金鑛質、纍纍數千、各有標題、但恨平素無此學問、終未能了然於胸中也、聞校中曾經畢業生、已有二百五十餘人、至各會社局廠、分任事務、有駒井氏、現充天津工藝學堂教習、內中國留學數十人、尚無畢業者、

記高等商業學校

大阪高等商業學校、創於明治十三年、初爲商業講習所、數經沿革、改稱今名、計分本科、豫科、甲種科、每科修業各以三年爲限、生徒定額本科豫科三百名、甲種二百名、教師三十四人、薪水二萬餘圓、以及各項經費、每歲支出之款三萬有餘、計收學費不滿萬圓、其國家補助三千六百圓、餘款皆爲市內所擔負、當經參觀時已傍午、各堂多下班者、教諭加藤彰廉君、導觀商品陳列室、凡製造原質、如蔴棉皮毛各料悉備、製成貨品、以機織物爲大宗、其出產之國、購物之價、皆標註明晰、以便比較貴賤、研究優劣、各國幣制之沿革、分繪圖畫、張貼壁間、使人一覽無餘、五洲工商地理、汽船火車路線、亦皆有圖有表、廳事居中、爲實踐室、假設稅關銀行、郵局各所、每到星期六、教習督飭各

生、分班往來交涉、就地實習、不合宜者、隨時糾正、其課程以商業道德、作文、算術、經濟、財政、爲根柢、旁及日本工商歷史地理、萬國工商歷史地理、又有商法、習字速寫、會話、繙譯各課、於中英語言尤爲注意、用中英兩國教員直接教授、以免舛誤、亦教珠算、取便用也、據云校內學清語者百五十餘人、自立校以來、總計生徒逾三千之數、日本商業之盛、於此已可概見、我華習俗、鄙薄貨殖、甚至加以奸商市儈等惡名、從未言學校教育也、以云商戰、有不立敗者乎、校長福井氏、並出示各種稅法印紙簿記格式、臨別又指壁間懸挂數遺像語曰、此校中學生、從軍征露陣亡者、特留爲榮譽記念耳、是日風雪交作、歸寓後衣盡霑濕、回憶我國積弱、倍覺愴懷、

記愛珠幼稚園

日本教育之普、無孔不周、其幼稚園、尤爲務本探源之法、規制完善、以大阪愛珠爲最、園設東區今橋三丁目、特往參觀、入應接室、招待者呈一册、令自書姓氏於上、以爲紀念、次導至遊戲場、見男女幼兒二十餘爲一班、一保姆握稍長者之手、緩步唱歌、徐徐

前導、羣兒依式隨後、附而和之、周折旋轉、皆能循規蹈矩、旁一保姆、撫按風琴、與之相隨、音韻悠揚、疾徐合拍、因詢歌中大意、乃演兒童睦鄰合羣之事、其舉止容儀、禮讓嫺雅、具見爛熳天眞、次至開誘室、室凡四所、分課諸事、簡單字畫而外、如談話、分修身庶務各類、又有積木、板排、環排、箸排、皆寓規矩於戲具、藉方圓曲直、種種形式、使會悟遠近大小廣狹高低之位置、又有畫方、剌紙、縫取、剪紙、摺紙、織紙等目、使練習運用臂指、又用細竹穿豌豆、肖樓臺橋塔之狀、摶土作各物形式、名豆細工、土細工、以細繩扣結各花樣、名繫方、按日分課、藉以觸發手技、爲將來模倣搆造物理之用、所謂體育、智育、德育、兼而有之、又縱覽標本室、陳列各課戲具、美其名曰恩物、並圖書標本、幼兒手製之物、保姆八田嘉志出示吳摯甫先生題贈蒙以養正四字、並張季直殿撰書贈一軸、又述園初創時、因模倣泰西、多疑爲惑於西敎、幼兒少應募者、嗣建神殿、保姆率幼兒膜拜之、羣疑始解、園中規則、幼兒自三歲以上、六歲以下、日授課四五小時爲限、月納保育費數角、每歲入園者、約有數十人、須已種痘者、有入園願書、並保育證書、凡保姆數員、分任保育各事、始於明治十三年、已閲二十餘載、園內經費歲需二三千圓、組織創建者、爲豐田文三郎、屢經沿革改作、約費八萬餘圓、今大阪工商繁盛、爲日本全國之冠、當以此園爲造就國民之基礎也、回憶華人、當幼稚時代、爲父母者、每因家務繁多、無暇訓教、甚至惑於舐犢偏心溺愛、使幼兒在家、諸多惡戲、終日穢汚鄙瑣、飽食習慣、以致身體脆弱、心性不良、遺誤終身者不少、有子孫者、亟當集資開園、聚羣兒、請保姆代爲教導、用補家庭教育之缺陷、就良知良能涵養啓發之、十年教訓、未始不突過日人也、

記師範學校

大阪師範學校、在南區天王寺間、予與貴州徐君葆常、偕往參觀、入應接室、道來意、知事黑木君、以次導觀各學科、每室容六十餘人、室皆二門、教習學生、分別出入門之側有黑漆小牌、書科目學年等級、日間課程鐘點、一教習講博物學、手執龍蝦、(日本水產)剖其腸胃、一一取示諸學生、又於黑版上、分畫形狀、詳註名稱、學生排坐於前、二

人一案、案各有盤置一解剖之蝦、以便詳視、一室方授漢文、課本乃選中國短篇古文、教習與某生、有所辯難、某即起立應答、一教外國語言、方授英語、其畫圖科、適教習取帶葉蘿蔔作稿本、練習陰陽向背設色之法、口講筆畫、令各生侍立左右、注目視之、其手工科、有技師數人、銅錫鐵木之外、並有泥摶紙糊與銅鐵絲編造之物、見一生刨一木、其尺寸格式、皆詳註黑板上、如課題然、標本室儲動植各物、礦石鑛質、一切儀器之類、嗣閱自修室、圖書室、閱報室、後至附屬小學校音樂科、因彼軍凱旋、演習歡迎唱歌、教習先啟口爲倡、手執一竿、隨聲作抑揚、學生各執歌詞印紙、徐徐和之、每一句必反復數次、及音節合拍、乃再易一句、歌之如前、就視其詞、略謂俄人驁横、終不敵日兵猛烈、寓激發士氣之意、又至寄宿舍、每室置木床七具、各標一牌、書學生班次姓名、床皆鋪以洋毯、陸軍槍械、皆置於側、演操時結束服裝、水瓶丸袋、一如軍人、見教習亦舉槍致敬、宿室外間、貼壁有長條木板、置放牙刷石鹼、並分記姓氏於上、其盥洗所在長廊下、盆用亞鉛製之、式如圓筒中剖、兩端各有鐵軸、外飾木框、安置磚甃臺上、用則仰之以貯水、畢乃覆之、水即沿溝流出、盆臺之上、有通長自來水管、於各盆間、分設螺旋銅柱、以手拈之、則注水於盆內、院中隙地、區分數畦、令各生分植卉木、取空氣流通、且留生意耳、時值多疫、校內張貼街道地圖、凡有患病處所、用硃筆標示、使衆避之、以防經過傳染也、食堂中排列長案、分置碗箸、以至炊事場與浴場、病室、皆秩序井然、旁設便門、備意外之警、並使各生習救護之事、如消防隊、立法可謂周密矣、

記大阪控訴院暨裁判所

日本全國計控訴院六、大阪其一也、如中國之按察司、凡裁判所不能審決者、可到院呈控、訴訟法分民事刑事、公庭乃一巨室、室之側有二門、一在前、爲訴訟律師諸人所出入、一在後、專爲問官而設、參觀者即由此門入、門內飾以地板、高約三尺許、可俯視一切、前設弓形之長案、判事五人、以次列坐、其左與右、一爲檢事司查引證據、一爲書記、繕寫供詞、余坐於判事之後、其下右側對坐者、爲辯護士、（即律師）問則起立以對、恂恂如也、原被告立於左側、寂無一語、有佩刀巡查二人、再前有長椅數排、皆旁聽者、

雖數十人、靜坐無一唾涕之聲、隨至裁判所、規制亦略同、惟三判事會審耳、刑事罪犯、用長索束縛腰臂、戴以草笠、遮其面目、恐喪失廉耻、難於悔悟也、

記掘川監獄

大阪監獄、在北區掘川之右、地勢寬敞、時適防疫、門外噴以藥水、內分數區、先至典獄室、出示日計表數紙、並一簿、題曰參觀者心得、閱其大綱、分徒刑、流刑、輕懲、重懲、又輕禁錮、重禁錮、皆自一月至六月、一年至五年、初犯再犯至五犯、幼年未丁及成丁、各有等差、「一靜謐害罪」凡抗拒公務、私造鎗彈、兇徒聚衆、逃走皆隸之、「一信用害罪」僞造貨幣印文、札狀證書、度量衡、與欺詐投票者附之、「一康健害罪」凡關係衛生、如傳染病、危害物品、飲食不潔、及私醫販賣藥劑均附之、「一風俗害罪」則賭博之類、並毀屍掘墓、「一妨害農工商業罪」「一官吏瀆職罪」「一個人身體對於祖父母之罪」如謀殺、故殺、自殺、毆傷、拐誘、誹謗之類、「一對於財產之罪」竊盜、放火、失火、決水、沈船、家資分散、遺失、毀壞動植物是也、「一刑法違警罪」「一海陸軍刑法」共計九門、嗣以次

導觀各處、皆以黑色長條木板爲牆、設大鐵栅爲門、又開小門於下、以便出入啟閉、防疎虞也、各有警察巡視、院之中心爲監獄、乃極大之屋、一一間隔之、門各有牌、書記號數、附書犯人姓名於背面、凡初入監者、衣袴恐有不潔、用熱度蒸之、易以杏紅粗布之衣、編記字號、使充灑掃各役、其女犯分任洗濯縫紉之事、據稱另有習藝工場、內初犯數人、宜養其羞惡之心、不便來賓閱視、監中附設病室、浴場、並有教室一、授課形式、如小學校、又令僧人於每星期宣講佛法、以勸化之、於典獄官所居室後、特設一圓廈、式如傘形、中間一柱、旁用木板界分之、每段可容一人、周圍之牆高僅及肩、留出入之口、爲各犯與其家屬會面之所、如欲寄信、並有人代爲書之、體恤罪人、可謂法良意美矣、

記住友伸銅場

日本五金鑛產、以銅爲最多、大阪北區住友伸銅場、尤爲製造銅業之巨擘、因該場主人住友吉氏、爲大資本家、其營業如銀行、鑛山、倉庫、鑄鋼、各支店、計四十餘所、此場乃其一部分也、場中所需原料、由住友自開別子鑛山、運輸挹注、皆不取諸鄰、共機械二

十餘部、引擎七百五十匹馬力、用造粗細銅絲條板等類、內附壓榨製造機械、購自美國、兼製鍋瓮各什物、一日之間、所出銅數約重萬斤、其製法先鎔化銅質、傾鑄方圓長扁各式之胚、再依式分入各機、次第軋之、或條或板、種種皆備、至銅條伸長之法、取一端穿入鋼板之孔中、用一鉗式之機、掛牽鋼索上、索扁形、横繞輪軸間、如皮帶然、索隨輪轉、銅即由鋼孔徐徐引伸而出、與中法拔絲工作相似、但遲速良窳不同耳、並造銅幣圓胚、皆爲中國所定購、較雲南價廉、而質未甚精、據稱銅絲多爲電燈電話之用、板則爲鐘表船底砲彈所需、其餘輸售我國尤不計其數、該廠銅絲銅板、曾赴巴里賽會、獲獎金銀等牌、日本勸業博覽會、亦陳列之、得邀賞名譽銀牌、並登錄商標、

記川崎鐵工場

大阪川崎鐵工場、凡二區、一製機械、其形式略似滬津各局、一造汽船、規模較大、其生鐵鋼板多取之西洋、兼用湖北漢陽之鐵、因彼國鐵鑛無多故也、有二船塢、深二百尺、可容巨艦、據稱創造汽船、該廠最爲得法、時方造一大鍋爐、約千匹馬力者、其製造之

法、先取徑六分厚之平鋼板、依式割截、次用長杆橫伸之汽鑽、沿邊穿孔、再徐徐迴折如瓦式、以恰合眼孔之釘、分段聯合之、嗣用起重機懸掛離地數尺、逐次鎚擊釘之末端、使極堅牢、以至笨重之物、兩人推轉綽有餘力、亦云巧矣、其造船之工、先從船底起手、次第用鋼柱、及工字三角各鋼條、立架再於四周上下、加釘鋼板、爾時爲兩江代造魚雷艇四艘、其二艘已將竣工、長徑一百三十一英尺、排水力八十九噸、每小時能行二十三海里云云、以我國鑛產之富、因工藝未興、動輒借材異地、可恥孰甚焉、

記大阪阿部製紙會社

日本機器製紙之業、如東京福島凡數處、阿部特其一也、該廠係合資創立、始於明治二十三年、(光緒庚寅)原有機器一部、因日漸發達、閱七年至乙酉、大加推廣、更由英德兩國、添購新式機器二部、兼造最薄之紙、凡捲煙、火柴盒、皆可用之、原料以楮桠雁皮、亂麻、爲最佳、次則破布、襤褸、稻草、麻稈、木柴、等物、先用水淘淨、加以藥料、入汽鍋蒸之使爛、用大軋機、碾軋極細、再加漂白之劑、去其渣滓、提取汁漿、輸入抄紙機池內、機

闊約四尺餘、長徑二丈許、橫排粗細輪軸數十本、其粗者中空、噓以熱度、以助乾燥、並有兩軸平列、距離甚近、軋紙使平且亮、用極長之細絨布、上下纏繞各軸間、機關一啟、汁料自然噴瀉布上、各軸相隨運轉、布至機之末端、紙已與布脫離、有刀以次切截、紙乃徐徐平鋪機下、厚約寸許、即移置他處、再爲摺疊打印成包、該廠一日間、可出新聞紙重二萬磅、普通印刷紙二萬磅、各種薄紙一萬磅、據云、輸入我國之連史紙、年約十餘萬捆、每捆二簍、每簍一千四百餘張、價約六圓許、聞日本共造連史者四處、每年銷中國者、計四五十萬捆之多、今上海機器製紙、僅有綸章一廠、勿論歐美、即與日本比較、已覺相形見絀、欲圖抵制、是在繼起之營斯業者、

記東洋硝子製造業

玻璃利用之普、於陶業內占一大部分、自石油暢銷、僅洋燈一端、灌輸內地、已是絕大漏卮、查日本硝子工場林立、得參觀者、如大阪之島田、手島、東京之系永製造所、硝子株式會社、製造酒瓶、杯盤、洋燈、各器物、其營業規模、雖不一式、而製法略同、先將原料

砂質、配合納入爐內坩堝、（土製之罐）或鍊以煤火、或用瓦斯、（即自來火）候鎔解後、以鐵吹筒攪出吹之、成空心之泡、如造燈罩、依式再用鐵鉗、回轉摶摩、製出上下兩口、酒瓶則入瓶模吹之、至大口厚質各器、皆以鐵模壓之、詢其技師、月支日銀七八十圓、其小工計器之多寡給價、又詢其鐵模出售處、皆秘不余告、嗣從各商店設法探尋、始知專賣者爲本所區鏦治善太郎、至業平橋、上杉製壜所、購其一具、以作標本、其大壜型、用足踏自然開合者、每具十六圓、附屬活嘴瓶口鉗子、二圓五角、托瓶長柄鉗子、一圓八角、吹筒一元、鐵臼三元、皆係劄引安價云云、（日語格外從廉也）

記石鹼製造所

華商山東黃縣王君、邀至粉川町、參觀春元石鹼製造所、該廠洋皂、銷路甚暢、查詢原料、所用各油、多由中國輸入、先鎔解分析、使油質清淨、再用鐵鍋煎熬、以候油汁漸濃、傾出之、候冷、凝結如黃蠟、復置機內、徐徐旋轉、削成薄片、又入一機、口上仰如斗式、中有機輪、磨片作屑、並噓以熱度、隨以壓力軋之、使細膩柔軟、自下端鐵管吐出、即成二寸許扁方之條、每長二尺許、斷爲一截、另有軋花機器、鑲嵌銅模、方圓大小、隨意換用、機之兩端一輕一重、取其俯仰自然開合、再將扁條切作小塊、納銅模內、用足踏機、即印成各式花樣矣、其精製者、裝以彩色之綾、次者亦包裹以華美之紙、外各飾以紙函、多銷售中國云、

記燐寸製造業

燐寸（即火柴）爲日用所必需、各國製造、以法美輸出爲最多、日本次之、實業日本（書名）所列之表、明治三十七年、輸出清韓印度及各海峽、額金九百餘萬元、內計中國四百餘萬元之多、其所購原料、如赤燐黃燐松脂等物、比較燐寸之價、不過十分之四云云、華商王巍占介紹參觀大阪製造燐寸場、機械多木製、其木柴之棍、初極散亂、入機整齊鉗束之、蘸以膠水、次及藥料、置架上乾燥之、至裝盒成包、多係女工、工資甚廉、故流銷愈廣、但質料殊不佳耳、其國內自用者、名安全火柴、免致碰損發火、誤食中毒、法於匣之側面、塗抹燐質配合之膓藥、木柴及匣、係在產木之區、就近製造、聞甯波

孫君實甫云、舊法刨木爲平片、堆疊以刀切之、如中國之切麪條、新式機械、截木爲短節、用利刃横旋之、如長帶形、出數既多、木質亦順、更爲優勝、

記大阪電燈會社暨東京瓦斯會社

大阪電燈會社、創始在北區中島近因需用者日多、又於西區安治川口間、分設新場、裁判所繙譯官橋本良哲爲紹介、先導觀舊場、內多製造大小電燈、電氣各種機械出售、嗣至新場、地勢宏敞、中央一極大之樓、其下層安置鍋爐八只、時已日暮、一齊燃燒、據云日用炭六七萬斤、有新式大引擎二具、所磨電力、每具可發生萬枝燭光、其大輪二、約徑二丈許、半出樓上、半伸樓下、於爐火電光之下、雙輪疾馳、輕如蝶翅、廻轉之聲、如雷震耳、中心怦怦、兩目爲眩、其引電之線、自上而下、按區分排、密如蛛網、洵巨觀也、聞燃八支燭光之電燈、一月出費七八角、西京更有創用水力者、費可減半、我華依山背水之地、大可倣行也、又電氣之外、其最利用者、爲石炭瓦斯、（即自來火俗稱煤汽）日本東京瓦斯會社、在神田錦町三丁目、附有陳列場、其各式之燈、及大小煖爐廚竈

等具、以數百計、價廉物美、凡瓦斯汽管所至之處、即可隨意安置、至一切實業工場、各機器之原動力、亦可取用、較電氣不相上下、山西煤礦甲於五洲、惜尚無創設者、

記造洋釘工場

日本所用洋釘、多由英美販運、今大阪市內、僅有一場創造、仍購西洋粗細鐵絲爲原料、但用小鍋爐引擎一副、運轉大小機車十餘部、大者闊尺許、長三尺許、可造粗如黃豆之釘、日出百餘斤、次者長二尺餘、闊不滿尺、又其次者、用造細小各釘、其質既輕、所出斤數以次減少、其製造之法、取鐵絲盤置機下、引其一端、穿入機內、輪軸馳轉、始用猛力排擠、碰出釘頭、次將末端截作銳尖、輪再迴轉、釘自墮落、凡機一開合、約不逾二抄鐘時、亦可用極細銅鐵絲、造成小釘、短長粗細、祇隨意改換零件、故一機可兼造數種、詢其價値、據稱自五百元至二百餘元不等、査此機形式單簡、如購一二具、作爲模型、當可倣造試辦、雖購料於歐美、猶屬得寸則寸、較勝於因噎廢食也、

記西村鐵工場

西村鐵工場、專造鋼鐵螺旋釘、在東京牛込區小川町、西村清氏獨資營業、用五馬力石油發動機、購價七百五十圓、日本石油價廉、小工廠多用之、以代汽機、內有新式大機車一部、造一切螺旋鋼釘、大小隨意、尤極靈巧適用、每一鐘時、可出一百六十枚、據云購自美國、價銀三千圓、該場所製之釘、係專爲海軍指名製造、即此可見伊國官商聯合一氣、且專攻一藝、故易臻精美、我國預備立憲、一切製造、凡可分工之事、艱鉅者官爲創始、輕簡者招商承辦、庶幾衆擎易舉、款不虛縻矣、

記銅螺旋釘製造所

東京山本熊太郎螺旋釘場、在小石川小日向台武島町、彼國黃銅螺旋釘、由伊創始、計自英尺二分、徑長至五寸、凡數十種、每一百四十四本、自日銀數角、至十餘圓不等、物既適用、價亦較廉、屢得賞牌、登錄商標、凡建築木工、多取用之、機器雖用蒸汽、尚不繁重、現芝區內、有倣行者、機車輕簡、但手搖足踏、僅數人已可製成、誠土法改良之簡便法門也、

記藤井製藥所

藤井製藥所、在東京南葛飾郡、深川釜屋堀、其執業者爲寺部喜與君、製造尋常工業藥品、時方造硫酸鐵、取廢鐵作原料、入釜中以蒸汽蒸之、次將水放入池內、候冷即結爲晶塊、每磅售日銀二分、染黑色用之、即中國之皂礬也、又造漂白液、取粗陶磁徑七八寸、高尺餘之筩、接合高八九尺、如烟筩狀、分甲乙丙丁四筩、相距各尺許、另有橫筩、使各通氣、每筩之上端置小缸、缸底穿細孔、其下穴地以甕承之、旁置蒸汽罐、汽管通入各筩、用石灰調水分貯缸中、徐徐漉之、罐內置硫黃、使硫黃瓦斯蒸發、貫串薰入各筩、漉下石灰濃汁、即爲漂白液、每磅售日銀三分、至灰與黃配合之量數、詢之再三、不肯直告、但云須實地試驗、乃可有效、附製硫酸曹達、及副生之曹達灰、並芒硝所製之炭酸曹達各物、時皆停工、未得參觀、 又山東某君述漂布法云、用鐵鍋一口、貯水六分滿、入苛性曹達、化開調勻、以手撚發滑爲度、取綿布先以水濕透、置內煮之、水少隨添、煮一點鐘、將水傾出、另換清水、重加苛性曹達、比初次微少、仍煮一點鐘時、將布取出、隨取漂白粉、裝布袋內、置水中漉出粉汁、以清水變白色爲度、浸布於內、經一晝夜、再以淨水洗濯、至水極清、即成漂布矣、又漂白粉如用多、恐傷布之原質、即加少許之硫酸水以化解之、硫酸有烈性遺毒、須加醋酸水以淘之、

記絞線繩工場

東京小石川西丸町、有絞線繩工場、其絞繩車乃用木製之架、其下脚安四小木輪、置木條軌道上、架之中心、一徑三尺餘之大木輪、厚約六寸許、架之上端平列小木軸三十本、軸中貫以鐵錐、其一尖作鉤、以鉤拗掛線縷、用線繩三十條、形如中國之紡車弦、略似洋機器之皮帶、自大木輪牽繞小木軸上、大輪有短柄、柄一搖轉、牽動各小木軸、隨之旋轉、其鐵錐鉤挂之線、即可次第絞合成繩、據稱細繩、每日一人約得四五百目、中等七八百目、粗者約重千目內外之數、(日本一目即中國一錢)較之我國舊法、可速數十倍、

記商品陳列所暨勸業協會陳列場

大阪商品陳列所、在北區堂島三丁目、所陳之物、以日本國內出產製造者爲多、凡織物、竹木、陶器、金屬、鑛產、以及日用必需之品、各分一部、由右側入門、第一室雜列歐美製造各種精品、光怪陸離、目爲之眩、一室榜曰特別參考室、列中國服用各物、率皆粗惡者、並有紅纓官帽、繫繩於金項以懸挂之、其尤不雅觀者、爲婦人之弓鞋、又設建築各式雛形、內有中國之魁星樓、木雕偶像、形狀頗肖、題字云、此怪主支那(卽中國)文明、可謂惡作劇矣、然謬種流傳、所望羣起而革禁之、又東京日本橋兩替町、勸業協會、陳列其內國物品、規模雖遜於大阪、其淸潔華麗則尤過之、至化學藥料、印刷用品、與水產飲食各物、較爲完備、皆註明價格、以便購取、且資參考也、

記東京帝室博物館

上野帝室博物館、以國費營造、重樓高聳、規制壯麗、中央陳列爲天產部、石之類多禽獸鱗介所腐化者、尙有鳥趾、貝殼、魚骨、象脛各形狀、有木化石、長四五尺、前人云、松化爲石、可見並非臆說、其金屬化學鑛質、以數千計、細閱各種鐵鑛、赤色者六、褐色者七、

砂質十八、雲母二、磁鐵鑛十有一、有凹凸地圖、解剖鑛山模型、動物標本有鸞鳥、狀類雉雞、修尾長三尺餘、色深黃、翎有相連如錢之圓花斑、頗雅觀、又有麟、略似牝鹿、頸細而長、全體之毛、白紋黃質、如界畫者、有一角魚之角、白似象骨、粗徑二寸許、上端極鋭、長五尺餘、一歷史部、儲用石時代之斧、鎗、鏃、棒、刀、鏡各石器、貨幣類、計中國古幣六十餘種、錄其鐘形文字不經見者二十一品、磬幣、藕心各式皆備、圖書有虞舜及白居易像、查嗣瑮周煌戴明說行書各一軸、其本國文字、以光明皇后書樂毅論墨蹟、大和國奈良市石拓爲最、有蘇州寒山寺瓦、長城與圓明園之磚、又陳蝦夷所用鳥羽服飾、草履戈矛之類、並埃及古棺、印度念珠、藉以參考外國風俗優勝劣敗之理、其尤可耻者、內設吸煙器具、並倣造婦人赤足、彼雖揭我之短、又不能置辯、不禁痛心疾首、始欲隱忍不言、而又不能已於言也、一御物部、用示當王之制、以堅其愛國之心耳、其美術工藝、陳列之品、尤更僕難數、凡周覽二次、以時迫心拙、未獲詳記爲憾、又帝室圖書館、蒐集各國書籍、聞有一千餘萬卷之多、今新搆書樓、極力擴充之方興工營造、停止參觀、

記教育品陳列館

東京本鄉湯島三丁目、教育品陳列館、附於孔子廟中、一在大成殿前、一在廟之左側、凡試驗聲光化電各儀器、演解地球行星所用諸物、測度各式量規表鏡、人體解剖、飛潛動植、一切圖畫標本、建築製造各種形式、以及金木各工之機械、區分類別、除羅列簡單器物之外、或倣製模型、或繪列圖表、俾得就性之所近、逐類研究、啟發心智、莫善於此、余一時博涉泛覽、覺目眩神昏、心滋愧也、今天津創設陳列教育各品、頗有可觀、惟風氣甫開、參考者尚不甚多耳、

記農商務省陳列所

東京農商務省陳列所、在京橋築地間、蒐集世界各國製作之物、分部陳列之、細大不捐、凡農林水陸各業、一切日用所需、無不悉備、有清韓貿易參考室、陳我華及高麗習俗所用之品、並歐美銷售兩國貨物、蓋使其工與商、揣我所好、以便倣造研究也、又特設一區、專陳其國內發明創製之器械模型、皆特許專利者、有灌田水車、名揚水機、乃

木製大輪、臨流旋轉、即可挹彼注茲、有織草席綢布各機、各式廚爐、洋燈、澆製蠟燭模型、並有糊紙函之木胎、狀如鞋楦、以三尖木板湊合之、石油瓦斯燃燒器二具、余未明其理、監視者特檢說明書示之、其餘各物、不能枚舉、內捕鼠具極多、因疫每附鼠流行傳染、故捕鼠之令最嚴、照例捕得一鼠、送交警察、給與數錢、我華近年多疫、使倣行之、亦衛生一道也、

記東京動物園

動物園、乃上野公園之一部分也、森林蓊鬱、一望無際、就土阜之高下、分為數區、羅致五洲禽獸罕見者、以備遊人購券入內縱覽、為博物多識之助、其獸之猛者、如虎豹象熊、皆檻以鐵柵、有牝牡二獅、其色蒼黃、頭頸甚巨、繞頸皆長毛、身長五六尺、前闊後狹、尾略似牛、狀極雄偉、然時常閉目伏地、至起立則伸腰長吼、令人聞之震恐、今我華以老大帝國、雖欲自强、尚在過渡時代、人以睡獅譬之、果能振刷精神、不生阻力、何難一雪前恥、倘有不測、受人檻制、則惟有長睡而已、此獅可為借鑒、熊凡數種、一白熊、尤兕

猛、產北冰洋、性耐嚴寒、時値歲杪、栅內一池注水、尙躍入洗浴、其野心悍性已可想見、餘如犀牛、猩猩、袋獸、麋麖、駝羊、羚羊、以至各家畜、無不具備、鳥之屬、以駝鳥、鷲、鵰、鷹、鴟爲雄健有力、美觀者、爲鶴與錦雞、孔雀、鸚鵡之類、不可枚舉、其長尾雞、尾約六七尺、但呆立架上、如木雞然、又鑿池蓄水、植以樹木、結草爲巢、周圍編以鐵絲巨網、中聚水禽數十種、鷺立鷗眠、各適其性、又砌磚爲數小池、一面穴地深數尺、嵌以玻璃、並分置汲水管、以便新陳交換、上覆以屋、名觀魚室、臨池賞玩、大有濠梁之想、

記植物園

小石川御殿坂、有植物園、爲東京大學所附設之試驗場、余購劵入觀、時値冬暮、草卉多已枯落、其盆植者、皆窖藏之、有玻璃室、用爐火嘘以蒸氣、每星期乃售溫室劵、因與婉商、始得縱覽、內多熱帶所產之物、奇形詭狀、目所未覩、其尤異者爲猩猩樹、色艷麗如珊瑚、又例售水陸各植物之籽種、以廣興樹藝之利、非徒供玩賞也、乃選購十餘種以歸、

記東京大激戰油畫室

油畫室者、乃一大圓形之板屋、內張挂大油畫於四壁、而開窓於屋頂、使日光射入、映照繪畫於中間搆造一臺、縱目觀之、則遠者愈見其遠、近者益顯其近、其法始創於歐美、今日本戰勝紀念、於淺草上野、並九段坂間、皆建築之、遊者購劵入門、螺旋而上、初極黑暗、前行數十步、忽透光明、見山嶺重重、海濤滾滾、其載沈載浮者、乃被擊之俄艦也、其洞胸斷臂、屍橫遍野、則陸軍之敗績也、以至地雷炸彈、皆極繪影繪聲之妙、慘目驚心、有不堪言狀者、蓋藉此壯國民尚武之精神、寓教育於遊戲耳、若我華將國恥繪爲巨畫、倣造數室於通都大邑、使人知恥知懼、激發愛國之心、是或一道也、

記游就館

日本靖國神社、祀維新時之死於國難者、旁爲游就館、陳列伊國歷代軍裝、以資考證兵制之沿革、有油畫繪元兵攻擊日本人之慘狀、又映照甲午之戰、受傷軍士、折足斷臂各肖像、詳註姓氏於上、記其忠烈、以示永久不忘也、館之側有廣廈數區、分陳奪獲

中國並俄軍戰敗之魚雷、鎗械、旗幟、匾額甚多、稱戰利品、皆書明某國某物、且有庚子華人頌德牌傘、美其名曰國光觀、凡我國人見之、未有不先慚後怒者、然徒怒且慚、亦復何益、

記日俗之儉樸

日本以三島之國、地多山水、每患經濟之不足、故於日用飲食、尤爲注意、力崇節儉、如爐竈之專賣者、有富貴竈、文明厨爐、各式風呂、輕便蒸籠等物、凡鐵釜、質皆極薄、斂口大腹、木蓋厚徑二三寸、取壓力重則氣不外洩、又有耐火磚所砌行竈、可隨地搬移、總之以便利適用、無害衞生、減省燃料爲佳、至洗面皆用冷水、每飯乃飲茶湯、所以脾胃調和、血氣壯旺、且身無重綿、足多木屐、甚至髡首赤脚、和服無袴、習勞耐冷、試與華人相較、其省費何啻霄壤之別、我國生齒日繁、一有偏災、每致米珠薪桂、經國者可不預爲留意乎、

附記南現長料理店

日本飲食、絕少美味、其差强人意者、名雞乃燒、大阪鹽場有南現長料理店、(即飯館)華人蒞阪者、尤嘖嘖稱之、一日友人邀午餐、至則短垣及肩、衡宇甚狹、步入中庭、見疊石爲山、雜蒔花竹、亦頗幽雅、山下一池、畜鯉數尾、以供客食、四面遊廊迴繞、一厨娘導客前行、足踏廊板、忽發清響、恍如絲竹互答、及入室、仰視承塵上、嵌大小蛤殼、內飾象牙、刻山水人物、精美絕倫、柱雕朱漆爲之、門窓編以斑竹、鑲藍質白花透光硝子、窓後臨河、推窓一覽、櫓聲帆影、近接几席、少頃陳杯盤數具、用平式小鐵釜、置炭火鉢上、取生雞脯、雜拌葱菜醬油、炮炙食之、頗似家鄉圍爐景況、勞人草草、一時偷安、飽食之下、殊覺慚愧、酒名菊正宗、余素不能飲、絕不知味也、飯畢入厠所、其便溺輸下穴孔、飾以彩磁、周圍平鋪厚玻璃版、墊以細紅珊瑚、約三四方尺之地、厠外另置小解磁筒、下飾五色玻璃管、壁間皆裝花玻璃、又室之下層、修造假山洞一區、四壁巉巖、几磴皆石、有玻璃天窓、透入光線、窓之上、清且漣兮、以泳以游、乃池中之魚與水也、奇想天開、窮奢極欲、世所謂響屧廊與迷樓、恐亦不是過矣、謀所以羈縻旅客、聞更有甚於此者、華人

因之墜廢志氣、不思自奮、多謂此間樂、竟致流連忘返也、悲夫、

記上海製造局

我華製造軍械、滬南局廠、當首屈一指、丙午秋初至上海、嘉定夏頌來君、函致局員蔡君綏之紹介往觀、局距埠甚遠、在縣治西南五六里許、規模宏敞、一切製造、內分鍊鋼、造船、鑄砲、製鎗、鋼引、水雷、砲彈、鎗子、黑藥、栗藥、無烟藥、鍋爐、翻砂、共計十三處、今以節省經費、併為七廠、初用洋技師八人、今已裁去其七、計大小工約三千餘人、附設一大船塢、並工兵學堂、學生六十人、教授西文英語、繪圖測算等課、適值總辦張觀察甫經接辦、清釐庶務、修改機器、鎗藥廠正在停工、遂先閱視鍊鋼廠、其原料係購取外洋廢鋼、參和本國生鐵鑄之、一爐可鎔鋼十五噸、所鑄鋼胚、自五噸至十數噸不等、鋼胚既成、另入爐中鍛之、次用極大水力之鋼機壓之、此機渾以鋼鑄、式如方礎、大約二方尺、厚亦如之、上下各二、夾以鋼柱、起落皆以機輪撥轉、四隅各有蒸汽管、全藉水之熱度以助壓力、據稱我國機器壓力之大、此為第一、每方寸之力、重三千噸、殊駭聽聞、運轉

鋼胚、皆有起重車、故能上下左右、悉如人意、凡胚之大小厚薄闊狹、各有程式、依類製造、次第鍛鍊、分入各式鋼軸碾軋之、其成條者、或方或圓或扁或工字形、於建築工程、橫平用之、或三角形、爲裝修器具包角用之、其造船之鋼版、自二分半至五六分、凡五六種、製法逐次以大平面鋼碾碾之、鋼版切斷之機、闊八九尺、而運用之妙、如剪刀之裁割然、所鍊鎗鋼、質最細膩、砲鋼次之、其試驗之法、以機引其兩端平拉之、用馬力若干匹、乃可斷裂、即知鋼質之良窳、大抵鍊就之鋼、每噸約需銀百兩、所鍊者名西門司鋼、與鄂局之畢司馬、各有所長、開辦經費二百餘萬、已逾二十年矣、每歲開支二十餘萬兩、製出之鋼、尚能收回銀五六萬兩、廠工現約二百人、次至造砲廠、砲之身口、及彈子大小不等、其彈子重三磅者、口徑一寸七分、六磅者口二寸二分、十二磅者徑三寸、四十磅者四寸六分、百磅者徑六寸、距華里二十里、可命中也、一百八十磅者徑八寸、現存一具、係開平兵輪沈沒之物、經撈出者、其二百五十磅者、口徑九寸、八百磅者徑十二寸、可擊至三十里、以上二砲、局中現無存儲、僅陳列子彈耳、各砲皆數節螺旋結合而成、膛中俱有來復線、其子彈有實心者、攻堅用之、有子母可炸裂者、禦敵用之、其鎗彈鋼子、用薄鋼板加碾光亮、再一機鑿爲圓片、又入臼形之機、壓成鋼殼、後置電池內以鎳鍍之、則經久不致銹澁、按軋鋼之碾、與日本製銅之法、頗有相似、以此類推、如晉省產鐵之區、創設一廠、用製鐵條鐵板、以及掘土之鐵揪、鋤地之鋤頭、就日用必需、行銷最廣者、改良土法、當亦未嘗不可也、

記華興麪粉公司

華興麪粉公司、在上海老拉圾橋北、乃怡和洋行經理人無錫祝蘭芳集資創設、並有洋商股本、滬上機器磨麪粉者凡七廠、此其一也、該廠全部機器、以五層樓分布安置、據稱包修全廠、需銀四萬兩、計磨十四部、用舊式引擎、馬力一百六十匹、鍋爐二只、每晝夜可磨麥九百數十石、每石一百六十四斤、每一磨出粉九百磅有奇、（磅重十二兩）每麥兩石、磨頭號麪粉一包、二號五包、三四號共一包、每包重五十磅、時滬地市價、頭號麪每包二圓三四角、二號兩圓二角五分、三四號則不滿二圓、按購麥運滬、每

石以四圓計之、獲利頗厚、該廠機乃新舊參用、半英半美、麥初入廠、有三機相連、一篩去砂石塵土、一揀出柴草、一擇出稗粒、各由一口輸出之、再入機內拭淨泥垢、次揀出蟲蝕空殼、並夾雜之五穀、再搓脫其靠皮糠屑、此糠可充鴨豚食料、且去此則麪粉毫無黴毒、有益衛生、各物亦皆分口輸出、其第一部揀麥機、並有吸鐵鋼、將金類之物提出、以上經過之機、計十一次、乃至麥磨、磨由頭號起、又分五等、麥麩既脫、次入麪粉機、亦分五次、以次篩過、另入一機、以熱度烘之、隨入扇風器內吹之使冷、裝入包內、絕無潮濕之患、該廠成包烘乾各機、在樓最上層、工作尚不便利、聞中興麪廠、新裝十四磨之機、價銀六萬兩、係花旗製者、其工作自上而下、尤爲得勢、蓋因美國產麥最多、故研究機器愈精美也、總司機之洋人、月支七百圓、華人機匠、充當工頭、僅四十圓、以外小工四十人、總計工資、尚不及一洋人之多、中華膏血、爲若輩所吮吸者、於此可見一斑、振興實業、尚可緩耶、又查詢小辦之法、麥磨部數、尚可減少、或十二部、或九部六部均可、因地制宜、亦可變通辦法、但欲握必勝之權、則多多益善、機器一道、類如此耳、

記上海集成紡織公司

集成紡織公司、內分華盛、日新、南北兩廠、初爲官立、因本虧售歸商辦、盛杏蓀宮保出資最多、海上李君盤新乃宮保舊幕、與偕往至楊樹浦參觀、廠基百數十畝、圍牆數仞、樓房拱峙、花木扶疎、溪流迴繞、時方秋熱、甫入其中、頓覺清爽、中央洋樓三層、乃盛公之甥、總理陳君詠珊所居、晤談甚洽、少頃監廠吳君作陪、周覽各廠、其軋花機一百三十部、每一部十二點鐘可軋子花五百磅、附剝花子短絨機四部、鍋爐二只、引擎二百四十匹馬力、嗣將花衣入清花機、(卽彈花機也)此機計分三號、共十九部、外附一機、彈廢紗之頭、並有洗油花之筒、將花次第彈熟成捲、再置鋼絲機、刷爲細絨、自一端噴出、遂成棉條、徐徐收縮筒內、此機共一百零六部、次將六綿條、合併爲一、入併條機、引而伸之、自第一次至三次、計分三號、共機三十餘部、條既細膩、嗣以紡粗紗機紡之、成頭號粗紗、粗如綠豆、共二千一百餘錠、再紡之爲二號粗紗、共錠五千之譜、再紡之爲三號粗紗、共錠一萬二千餘枚、此後入細紗廠、共計六萬四千餘錠、以十六支紗計之、每晝夜出紗三萬餘斤、約百餘包、其各錠之紗、須用搖紗車搖之、每車可容四十錠、隨束扎成支、再打成每重十磅之小包、復併四十小包爲一大包、兩廠大引擎二部、共一千七百匹馬力、鍋爐七只、每十二點鐘、約用煤二十八九噸、計每年約需煤二萬餘噸、每噸價銀四五兩許、附電燈機七部、共燃十六枝燭光之燈、六百餘盞、並附屬機器製自來水、重衛生也、且取用便利、經費較省、又有水龍數具、以防意外、其工頭月支四五十圓、生火工日五六角不等、小工日二角五六分、司軋車紗車等女工、每二角許、織布廠、自絡紗起、次漿紗、次漿紗、次穿棕、次織布、每機日出布一疋、售洋五圓許、布做花旗、機五百餘張、每一女工管機二部、外有刮布、摺布、打印、打包、各機、不可枚舉、滬上紡織規模之大、無出其右者、

又裕源紗廠在叉袋閣、廠主江西朱觀察、曾少卿觀察、特爲紹介參觀、機器多英製、其細紗機、共二萬六千錠、據稱每日夜出紗五十包、引擎七百三十匹馬力、鍋爐三只、其彈廢花機、軋花機、打小包機、皆購自東洋、取價廉耳、其餘各機、與華盛相倣、而出紗之

數、獲利之豐、則較爲優勝、商辦故也、適總辦他出、未獲細問一切、

又鴻源紗廠、在黄浦之東、沈君耕莘爲紹介、總理朱君導觀一切、該廠機器、爲德國製造、鍋爐引擎、皆係新式、據稱初經創設、乃中西合股、嗣華股因獲利較遲、多售之西人、現時經理甚善、而我華人已不得利益均沾矣、內併條機、如有一棉條偶斷、卽自停歇、待人接合、故出紗極匀、其細紗機、各有計數表以稽查工之勤惰、又有蒸紗使光亮之法、甚屬秘密、未獲一覽、廠中運送紗支、樓上有機車旋轉上下、以省人力、外設有單條鐵軌懸挂廊下、貯紗於竹筐、繫以鐵輪、鈎挂軌上、往復推送、尤覺輕便、西人云、但能使作工者省却氣力、卽不憚設法安置、初雖糜費資財、將來受益甚多、誠見道之言、

又滬上紗業創始者、爲復泰紗廠、開設已歷十八年之久、總辦蔡晉臣君、帮辦葉夢熊君、皆甯波人、引擎三百五十匹馬力、鍋爐二只、日夜用炭八九噸、用電燈四百盞、該廠機器、皆係舊式、彈花車四部、鋼絲車三十二部、併條車六部、頭號粗紗車五部、二號九部、三號十三部、細紗車二十八部、計一萬數百餘錠、其紗錠粗徑一寸七八分、輪轉較

遲、新式者一寸一二分、質輕故出紗較多也、且木管細而長、纏繞紗多、則省替換工夫、其搖紗車六十部、皆用人力、該廠機器雖因陋就簡、而經理得人、歷年獲利甚豐、近又於軋花織布逐漸擴充、添設新廠、布機三百五十張、每張洋二百餘圓、又詢其彈花車、第一部車半日可彈花二百噸、第二部車、每點鐘出彈熟之花七捲、每捲重四十磅、計鋼絲車六部、配併條車一部、廠屋深長四十四尺、闊十二尺、可容細紗車二部、每部計三百六十四錠、鍋爐用六分厚之羅馬鋼板爲最、紗機英國弗蘭太廠製者佳、四百盞電燈之機器、約値三千兩、每燈燃六七點鐘、約費二十餘錢、人工既省、且無火險、萬錠鍋爐、每點鐘約需水五六千磅之譜、其總理房懸一牌、書列表目、如引擎房、彈花房、錠花房、(即併條)粗紗房、細紗房、搖紗房、成包房、皆分頭班二班、標列人名小木牌、按日夜輪流、更替稽查、

查紗業利源極大、故海上工廠林立、除華人創設各廠之外、德營瑞記、鴻源、英設怡和、老公茂、並振華新廠、現包修廠屋、用銀四萬餘兩、可容一萬五千錠之機器、外埠

如崇明、通州、無錫、蘇州、湖北、蕪湖、漳德、約十餘廠、近聞天津　道憲、亦欲提倡北地紗業、已禀商　督憲、特派孫繼伯大令、蒞滬調查、擬集欵一百二十萬兩、購四萬錠之機廠設保陽一帶、及晤張季直殿撰、亦言紗業極有把握、但得人則治、否則虧累亦甚、並承允許果有意創辦、定購機器、可以相助、又云、經理之法、但得有志之士、到大生廠中、實地練習、亦不甚難、熱心如此、所以能成我華之大實業家也、

記大德油廠

滬上棉子榨油之業、以楊樹浦大德廠爲首創、亦最得法、廠中總理朱君志堯、近又獨創求新廠、製造機器輪船、理事邱君子昂、於各種機器、素所研究、中國圖書公司、聘請兼辦印刷之事、張君慕麟、特邀往參觀、原動力用一鍋爐、引擎馬力七十匹、據稱全部機器、約銀四萬兩之譜、每晝夜榨花子九百擔、每擔重百斤、可出油十斤、或七八斤、花子一擔、購價一圓三角左右、油百斤、售銀六七八兩不等、棉子初經入廠、在樓下開包、用升斗機提升樓上、篩去土屑、（此屑可作肥料）再入風箱、箱有磁鐵數塊、狀似馬脚、

外蓋鐵板、如有鐵物經過、爲磁鐵吸住、不致他機被害、轉至剝棉絨機、每子一擔、可剝花絨十兩、剝下之絨、可以爲絮、惟絨頭略短耳、又至剝殼機、機形半圓、中有輪軸、附方口鋼刀十三柄、外有二十四柄、軸之兩端輪上用皮帶、旋轉極速、內外鋼刀、彼此相離一縫、棉子過縫、軋碎入篩、花仁與殼分清、殼另有木管輸出爐側、用以代煤、甚有火力、故該廠需煤甚少、餘殼出售、每百担値洋二三十元、可以代薪、飼牛羊、其仁轉入五輪軋床、使細如粉屑、自下而上、還入蒸桶、桶有三套、横列樓下、中有輪齒旋轉、使熱度均匀、並有熱水管、使粉屑滋而易熟、二桶蒸熟、歸於一桶、放至空心鐵屜、入製餅機、機上皆鋪蔴布、將蒸熟花仁、承熱分攤於上、次第擺入榨床內、汽機撥動、榨板自然徐徐上托、油卽滲滲滴下、較之土法、油質旣清、出數亦多、又詢棉子一擔、除殼與油、尙得餅四十斤、售銀三圓許、計榨棉子一石、得贏餘數角、利已豐矣、所用蔴布、初購自外洋駝毛製者、甚貴、現已自行倣織、附有修理機器之廠、如有損壞、均可自修、又製新式榨豆油機器、其餅與牛莊無二、總機匠頭一人、月支洋五十圓、分司各機者三十餘人、各數十

圓、合計執業大小工約一百三四十人、

記蘇滬各工業

江蘇夙稱富庶之區、今之上海縣、尤爲通商巨埠、宜其工業發達、不意亦多墨守舊法、其織造綢緞、雖有特色、與杭州相較、則瞠乎其後、顧繡平金、較北京價廉、而精緻遜之、聞之東西各國、每購求華人名畫花鳥人物、研究美術、爲各工業製造花樣稿本、推廣銷路、我與彼交通數十年、竟不知投其所好、已覺失計、乃又相率而爲粗劣之物、何自欺之甚也、見製銅器者、除水旱鴉片各煙具外、其他什物、殊屬罕見、鐵工亦惟小本營生、如晨星落落耳、有造剪刀者、頗鋒利、余囑其改良擴充、據稱租界內、例不得造尖刃之刀、且疊加租稅、並此業勢亦不能久延、又玉器作所用磨玉砂、初皆本國所產、近多洋商販運者、凡寶石穿眼、及鑽劃磁器玻璃、須用天寶石、(即金鋼鑽)先亦不取諸鄰、今則借材異地、無他、皆不求搜採鑛產之故、其楠木工作、與雕刻象牙技藝、頗極精巧、但木多來之呂宋、牙則購之暹羅、仍屬爲人作嫁、况金玉錦繡、亦不如布帛菽粟美利

可以普及、又蘇州素用人工製鐘、與廣東相倣、但價昂滯銷、似宜添購機器倣製東洋之木鐘、亦可稍杜漏巵也、

記青島安美隆機器窰

由申北上、乘英商怡和公司德生輪船、計行三十六點鐘、抵青島、訪同鄉李興三君、（名振元）偕至小抱島之孟家溝、參觀安美隆機器窰、窰係德人創設、專製西式紅色磚瓦、內設一鍋爐一引擎、牽引造磚瓦機車數部、所用赤色粘土、（即俗稱焦泥）性極粘濡燥急、調水和泥、悉用機器杷梳多次、故能十分勻熟、減却生性、各式磚瓦、皆用鐵木爲笵、亦有與土法相似者、至取泥作胚、全用機器壓力、人工既省、磚質亦異常堅實、所含水氣較少、角棱齊整、其匠心獨運、精益求精、有鈎心鬬角之妙、成胚後不令遽見風日、但陰乾之、以防燥裂、窰圓式砌於大屋中、蓋防熱度隨風散洩、避陰雨便工作也、窰門如北地之柴竈、周圍凡六七處、分置磚瓦之胚、燃火各窰口、皆在窰頂、旁架板梯、以便升下、數窰環拱、磚隨出而胚隨入、以次用煤循環燒之、不致忽作忽輟、旋冷旋熱、

故火力足而煤炭省、且不用注水悶窰之法、使火候匀透、氣不耗散、其質純陽、所以特別耐久、現洋窰技師、欲包攬建造窰業利權、兼傳習製造各法、已登膠報、可謂無利不搜矣、場內雖用華人、而參觀則一概謝絕、因李君與司鍋爐者相識、又適洋人他出、故得閱視一周、查詢紅磚千枚、售銀十三四圓、青島工作繁興、遂價昂如此、而土人業此者、竟不得與之分利、惜哉、

記德華書院

青島之北、爲小抱島、有德華書院、李君振元、校中畢業生也、因導往參觀、校高踞山巔、俯視一切、心目爲暢、院之四圍、矮松廻繞、蒼翠之色、清空之氣、噓人眉宇、且距離島埠較遠、無繁囂紛擾之嫌、洵佳境也、爲耶穌教會牧師臺錫恩創設、已歷九載、校內中西兼課、略似中學堂程式、而德文德語、格致理化、多西人教授、並有中國漢文教習數人、凡來學者、不拘年歲、與讀書之多寡、但有人介紹保送、即收入之、亦無強人入教之意、無論教內教外、絕不歧視、查閱所定章程、亦尚妥善、寄宿每室二人、飯食米麥各半、學

期以五年畢業、每年飯金三十二圓、分四季交納、入學以暑假年假爲期、此外尙有禮賢書院在小抱島之西、工課畧同、並有德華學堂、專收入敎子弟、

記青島德國水師工務局

德人經營青島、不留餘力、商場之外、復佐以水陸兵備、設有水師工務局、特託帮辦司帳平度人於迺兆、導入參觀、局中一切機器、皆用電力、其原動力僅需一鍋爐、日約用煤一噸左右、可運轉磨電機車二具、一備各廠機器之用、一但爲電燈而設、引擎馬力二百四十匹、較之汽機、費省用捷、地勢依山面水、附有繕修兵艦之船塢、規製頗極完善、且各廠之機、多係新式、所有電氣機關、隨意啓閉、輕便靈巧、其鋸木廠、有帶鋸輪鋸之別、以便因材施用也、又鎔鐵爐之吹風車、以一具分吹二爐、翻砂廠有碾砂雙輪鋼碾、爲他廠所未見、招華人爲藝徒、約千餘人、入廠即薄有工食、第一年月給銀六圓、次年七圓、三年八圓五角、以次遞加、有升至工頭者、月支六七十圓、初以六年爲限、今展爲八年、前二年僅充苦力、如技藝與年俱進、辛資方可遞增、惜乎在廠華人、多貧民無

告者、已入牢籠、即難脫羈絆、楚材晉用、以矛擊盾、良可歎也、近聞有寒士數人、到廠習藝、頗負志願、但不堪其苦、旋即告退、體育之不講、遂致心有餘而力不足、如鄙人者、何若是之多耶、

記膠濟道中

乘汽車由青島赴濟南、路過膠州高密至濰縣、共四百八十里、又經青州府青城、至淄川屬之張店車站、軌道分爲二股、一西向九十里抵博山縣、一北行九十里爲周村鎭、再經王村明水抵濟南、其鋼軌橫枕、用空心瓦鼓鋼版製之、以代枕木、工堅經久、我華修路、尤宜取法、查路線延長約千里之譜、用以運輸華洋貨物鑛產、非常便捷、且東省人稠地窄、往來行旅、雖附近三四十里、亦皆辭勞就逸、故利權日見發達、但旁落他人之手、無計挽救、此外未修之路尙多、何遲疑觀望、不知引前車爲鑒也、竊謂修路籌款、較爲易辦、蓋鐵路利益、最有把握、使風氣開通、固不難招集股本、不然、官爲主持、挪用公款、如倉穀變價、學堂的款、廟產、學田、及一切發商生息之項、充爲股本、計月給息、公

舉紳商、分段修築、衝要之區、不過百里、已可獲利、諺云、利之所在、人爭趨之、再陸續勸導集股、勢如破竹矣、

記山東工藝傳習所（附廣智院）

濟南工藝傳習所、在趵突泉西南、內以機織物爲大宗、花素各布、織法略如天津實習工場、皆用洋線、故未能獲利、其鐵工廠安置旋床鑽床數具、用輪軸牽引皮帶、以人力搖轉、尚極輕便、以及虎鉗鎔鐵爐、皆粗有規模、現製小水龍、並軋花機器、與北洋勸業鐵廠相似、所鑄煤爐、取用洋鐵、未免價昂、又絨毯較京津織造不相上下、每尺售銀圓九角、有縫衣機器數架、初用成衣匠月支二十兩、所教藝徒既多、工資遂漸減、鐵工頭月支亦二十兩、木工倣西式製造棹椅、共二百餘人、其繡花科頗出色、現繡立軸畫一幀、乃三秋圖、秋海棠與芙蓉菊花也、配色雅淡、風韻可觀、據云經百日之久、乃得竣工、初有織綢科、並照像一藝、今皆停辦矣、其左偏乃陳列所、多東省製品、有泰安府所造紅氈斗篷、細膩頗似大呢、可稱特色、又有博山所製玻璃絲鑲嵌屏幅、亦美術之一格

也、外有教養局、共八百餘人、製造布衣、綫帶、鞋、帽、氈毯各粗物、尙皆適用、但株守土法、未能改良、殊滯銷耳、又基督教會創設廣智院、陳列各種禽獸、水產、鑛石、及製造一切標本聲、光電、化各科學、試驗物品、頗爲完備、於四壁張挂圖表、以比較各國山河、人數、礦產、貨物、瞭如指掌、我華地大物博、而兵艦、鐵路、製造、學校、皆相形見絀、時往觀者甚多、或交相稱羨、或引爲慚愧、並有數人相聚論說、甲曰、我華教育未能普及、所以諸事不能發達、乙曰、皆民智不開所致、丙曰、因提倡無人之故、余側詢之、一則學堂教習、一則省垣聽鼓者、一則商人耳、噫、此三人者、皆中華之一分子、使各盡義務、未必無所短長也、

濬幼而失學、廿有七歲、始博一衿、嗣遊山右、每賦閑居、重以病厄、光陰虛擲、慚憤交集、且思我生不辰、初際捻匪之亂、再經甲午之創、加以新舊相傾、拳教交閧、已往之年、行將四十、失之東隅、追悔何及、尙望將來有所憑藉、聊竭棉薄、不僅如此行之徒託空言、則幸甚矣、再者質鈍材疎、不諳日語、動輒筆談、困難尤甚、記中抄寫排印、無

心舛錯恐所不免統乞

鑒裁

濬之謹識

附上山西撫憲條陳節略

謹將晉省亟應籌辦事宜、略就管見所及、開陳數條、恭呈　鑒核

一鐵工亟宜提倡也、查鐵爲百工之母、無論中法西法、皆以鐵鋼爲利器、製造之法、參用機器、則工速而物美、小試其端、宜就機器局添設軋鐵機數部、用造平片、並圓扁各式鐵條、以儲製造材料、使寬窄厚薄、各適其用、取造農具及日用器物、自然工省價廉、此製造熟鐵之急務也、再者平盂生鐵、性質枯脆、熱度漲發、易致破裂、其熔鍊之法、急宜講求、以圖進步、但緩不濟急、可暫取湖北生鐵、鑄輪鑽煤爐水車吸水小喞筩壺鍋等常用之物、以期經久耐用、或添造洋釘、仿日本取英美鐵絲以爲原料、或用洋銅板仿製煤油燈口、或試造銅鐵螺旋釘、其大小機器、多則數千圓、少則數百圓、購一二具以爲模範、先爲試辦、所謂欲善其事、先利其器、工業要素、莫過於此、

一水利亟宜興辦也、查晉地高亢、旱災時聞、溝洫古制、漸就淤廢、至山水發源之處、又多係石田、除汾河沿岸、洪洞趙城等處、厥土與水、二者不可兼得、然土重難移、水可

導引、擇源流最旺之區、測量高下、加以疏鑿、以有餘補不足、即可爲萬世利賴、此興利之上策也、至掘井次之、蓋山西地質深厚、汲取較難、非水甘泉旺、不合灌田之用、今津京所鑿洋井甚多、有用小蒸汽機汲引者、取用便捷、上年晉省試鑿無效、事竟中止、抑或工有巧拙、遷地弗良、亦未可知、前在京曾與日人相商、招伊來晉查驗地質、給以往返川資、所費無多、倘有成效、則不無小補、至土法之井、得水無幾、如雨暘僭期、可仿照直東旱田播種之法、分區澆之、用水較省、亦救荒之一道也、再者自來水爲衛生要政、凡人烟稠密之處、較之電燈自來火、利益尤能普及、亦宜設法招商舉辦、

一森林亟宜設法開採、隨時補種也、查晉中天產、煤鐵之外、如繁峙岢嵐沁源吉州等處、森林尤多、但因山磎深險、遂致棄材於地、殊爲可惜、可集合公司、與以專利、資助官本、使相度地勢、設法採伐、招募鋸工、兼用機器輪鋸帶鋸、就地截爲梁柱、裁製條板、或搭架木橋、用起重機、或安設空中鎍道、及小鐵軌、以便運輸、較開掘各鑛、尤有

把握、聞泰西通例、伐樹一株、補種三株、晉中曠土童山、舉目皆是、宜破格獎勸、各就土性、不拘桑榆槐柳、以及苜蓿蘆葦、皆可廣爲種植、以收自然之利、

一可實驗水力以代汽機織紡製造也、查晉中山水力猛、安設機器頗爲合宜、日本神戶岡崎西京等處、或用木質紡機、以紡粗紗、製造段通地毯之類、或織造番布、或設立電燈會社、多取用水力、甚屬便捷、山西仿照創辦、尤爲天成利益、

一玻璃陶器宜改良試造也、查山西窰業、素無匠心、習於樸陋、當此工戰之際、尤不宜聽其窳劣腐敗、前工藝局、招交城工匠、試造玻璃燈罩、因未諳入爐冷却之法、以致不適於用、事遂中止、平定砂質、本極細白、且能耐火、用製壺鍋、尤爲相宜、但形式粗笨、燒時又不納入罐中、以避烟氣、殊不雅觀、昔陳曼生爲陽羨令、手製茗壺、人多取以爲法、習創巧述、由此可以類推、

一機織之物宜變通改良也、自洋紗盛行、內地織品、多取洋紗爲原料、已屬絕大漏巵、近來官立局所學堂、竟購用合股洋線、以織造布疋縧帶、每致價昂滯銷、似有礙提

倡工藝之旨、今日本常用之布、仍多窄面者、其織機尚用舊式、蓋窄布線縷緊密、堅實耐久、於山居儉樸之俗、尤爲相稱、所有織科官局、可購南洋華廠、自紡十碼粗紗、添設漿紗機器、仿織土布、猶可稍挽利權、以免虧蝕經費、

一軍裝宜分工製造也、中國軍人、多無恒產、一經裁革、輒虞飢寒、除操練外、宜各就性之所近、分班教授一藝、或縫衣服、或製靴帽襪帶、務使各有技能、將來歸農、不致失所、如一切原料、能由本省工藝局備辦、不取諸鄰、則尤爲保守權利之道、

一宜推廣動植各物也、以日本蕞爾島國、山地磽薄、民無凍餒者、皆習於勤儉、無曠土少游民耳、山西地瘠民貧、一切土產、尤宜設法蕃殖、如蒲州平陸之竹與靛草、似可移植於洪趙、遼州漆樹、蒲屬之茶、河曲之蔴、與各山野中參芪等藥草、未必不可普種、以至池魚原蠶蜜蜂家兎洋雞之類、凡有益小民生計者、皆可擇地畜養、事雖瑣屑、於教養之道、實有密切關係、

一宜派人赴各地練習製造也、今欲振興工藝、已分派學生留學、並委員調查矣、但留

學與調查、雖有會心、尚少實驗、恐臨事未必盡能得心應手、惟有選擇勤儉樸誠、心靈手敏之工匠、因材器使、就其所長專習一藝、籌給資費、派赴各省或外洋工場實地練習、遲則數年、速則數月、俟確有把握、即行回省、使創辦一切急需工業、以收弓冶箕裘之效、所謂百工居肆、以成其事者是也、

一宜助資獎金以爲策勵也、中國之大、豈少聰明材智之士、特無所獎勸、則寂然一無感觸耳、且仿製一物、勢必曠廢工夫、銷耗材料、經屢次斟酌增減、乃中規矩、僅給以名譽賞牌、尚恐得不償失、不如獎以重金、或借以營業資本、使擴充製造、以廣流銷、則具有匠心者、皆將聞風興起矣、

以上各條、事屬輕簡、較易舉行、且利益最普、尚無流弊、謹縷細陳之、伏乞

憲裁

附記上海慶祝立憲事

立憲兩字、我華未之前聞、近由學界報館、交相傳播、與海外華僑、豔羨稱頌、人始稍稍

有所感觸、自澤端諸大臣使節所指、到處歡迎、遂爲立憲先河之導、迄七月十三日諭旨頒行飭令預備、此雖過渡時代、使由此漸達實行目的、誠一大紀念也、時寓滬上、學堂商會、始約於廿一日、懸旗慶賀、奈阻雨未獲一申瞻仰、至廿八日、時報申報等五館、開會於味蒓園、是日至者爲商約大臣呂鏡宇尚書、滬道瑞莘儒觀察、學界商界、來賓凡千餘人、先由主席宣布開會祝詞、滬道乃誦頌詞、又鄭蘇龕京卿、馬湘伯觀察、以次相繼演說、隨和以軍樂、並佐以烈士投海等新劇、懿歟盛哉、嗣於八月十九日、寰球中國學生會、假頤園舉行祝典、蒞會者約有二千人、沈仲禮觀察、演說國民應擔之責任、張君汝舟、演說學生對與國家之義務、痛快淋漓、鼓掌如雷、復有海圻兵艦之軍樂隊、約翰書院學生演劇部、並顧、龔、史三女士之風琴、以次間奏、終之以合唱、會長李君登輝有聯云、「匹夫責任匪輕、當我國憲政胚胎、文明大啟、各宜實力研求、培養個人資格、」「同志事功未竟、念本會週年成立、形式苟完、尤賴熱心扶助、發揚全體精神、」具見滿腔熱血、一次濟濟皆親詣會所、側聞緒論、但以不能詳述爲憾、謹略記形式、藉以

誌幸云爾、

附記蘇州虎邱山暨李公祠吉公祠

丙午中秋、由滬赴蘇、寓穿珠巷同鄉任輝卿邀遊虎邱、出閶門、乘小艇、沿山塘而東、約七八里、復登岸步行數十武、乃至山門、門額書虎阜禪寺四字、又二門懸路接天閶額、皆聖祖御筆、路旁有試劍石、山半有憨泉、千人石、劍池、各名跡、並有顏魯公書虎邱劍池四大字石刻、劍池之東、有問泉亭、懸山右田國俊聯云、天然亭榭緣坡起、畫裏溪山入鏡來、再上一坡、小有庭院、爲靈瀾精舍、眺覽姑蘇全景、有如畫圖、張文達題溪山圖畫四字額、頗具雄渾之氣、乃公之得意作也、歸安朱修庭福清聯云「韻事紀金閶、小有園亭、任憑量七里鶯花、五湖蝦菜、)(雅遊懷玉局、重開圖畫、儘領取寒潭劍氣、古寺鐘聲、」並有潘伯寅題迸青簃三字、此外康熙乾隆兩朝　御筆甚多、並宋人石刻、剝蝕已甚、殿宇半就傾頹、其荒烟蔓草之中、一塔巍然尚存、時桂已半開、山僧折贈數枝、山之左爲李公祠、山塘咫尺、背山面水、似天爲文忠留此勝境、恩藝帥壽、聯云「長源動重、臨淮功多、四十年艱鉅特膺、指數里山塘、想見令公壁壘、)(吳家草青、秦池劍碧、百卌尺峯巒無恙、增一時名勝、試瞻丞相祠堂、」祠後小園新闢、疊石爲山、疏鑿池沼、隨地添築重樓平榭、水閣遊廊、分植松桂、雜蒔花竹、招來裙屐、扇影衣香、致饒幽趣、俞曲園先生、題隸書靖園二字、並繫以詩云、昔公遺表上聞時、忠靖深蒙聖主知、　賜

諡曰忠眞不愧、名園以靖亦其宜、緬懷勘定三吳日、實切謳吟百世思、此後山塘留勝景、遊人爭賦靖園詩、蓋實錄也、並題有看山樓、鬬鴨欄、水竹居、春玲瓏館諸匾額、其聯句云、四面雲山餘虎氣、一池水月伴鷗眠、又云、山翠雨餘滴酒盞、櫓聲風過動荷池、今曲老已八十有六、因重宴鹿鳴、故自號兩度月宮遊客、又曰蓬閣再來人、初由翰林、視學中州、致遭吏議、時論惜之、今優游林下、頤養天年、又多豔羨者、是知偶有所失、未嘗不爲計之得也、世之患得患失者何其險、再西二里許、爲故撫吉勇烈諱爾杭阿公祠、丹青荒落、院宇塵封、塘水瀠洄、階礎俱潤、維時衰柳殘荷、與蒹葭秋草、一望無際、旁有

老桂數十株、花已盛開、適有數女攀枝採擷、風送濃香、鼻觀如薰、其廳事懸成月坪桂、聯云「宛在水中央、洄溯伊人、常共荷香緬高節」「來看花四壁、追陪盛會、每逢茶熟作清談」頗與此景相稱、

附記蘇州八旗會館

姑蘇八旗會館、在東北街、即拙政園故址也、同治壬申、南皮張文達撫吳時集資建築、其正廳名近光堂、文達聯云「異地快談心、聯鄉誼於畿外畿中、依稀枌社」「名園欣聚首、願吾儕歷江南江北、蔽芾棠陰」俞曲園聯云「勝蹟冠吳中、有梅村詩句、衡山畫圖、坐對茶花思往事」「名流來日下、是豐沛故家、金張貴姓、好憑酒盞話昇平」其後園山石卉木、修竹流泉、妙景天成、與留園怡園可稱鼎足、其花廳有文達聯云「想名流雅集昔年、興廢幾更、臺榭重尋當日蹟」「幸我輩來遊勝地、規模式煥、樽罍喜話故鄉情」又聯云「曲水崇山、雅集逾獅林虎阜」「蒔花種竹、風流繼文畫吳詩」潘曾瑋聯云「相國名園留寶樹、皇州春色滿蘇臺」廳前爲南軒、又有香月亭、清華閣、再北

爲復園、以便種植盆卉、遊廊下題雪香霞蔚四字、尤擅一園之勝、又西水之中央、爲荷香四面亭、亭北爲見山樓、陳曼生聯云「掃地焚香盤膝坐、開籠放鶴舉頭看」樓後一帶、竹林茂密、翠靄横鋪、前卽藕香榭、渡小橋而南一小樓、有桂數株、高與檐齊、推窗小憩、香風滿座、壁間懸文達賢阮張樞所書吳梅村詠拙政園山茶詩、時値微雨、菊畦花徑、風韻尤佳、石磴廻廊、緑苔濕潤、屐齒爲滑、因憶坡公笠屐圖、雅與此景相似、暇時當倩人一爲寫照耳、

附記卽墨鄉談

潛祖籍卽墨、人丁繁盛、自明初遷居甯津、久已不通聞問、茲於膠濟汽車中、留心問訊、得悉故鄉風俗樸厚、但地狹人稠耳、縣境分三千六百町、八十五鄉社、今德國攫去之地、南北徑五十里、東西約百里、經撫憲奏請、減去地丁銀八千餘兩云云、又據稱卽墨西關李氏係舊族、今有號敬閣、名忠典者、官四川知縣、又拔貢生、名忠淇、縣城東鄉十五里有達村、李姓亦最多、山之大者、以勞山爲最、多奇峰勝景、古樹遺蹟、有九宮八觀、

七十二名庵、俗諺、蒲留仙勞山道士之寓言、有由來矣、眷懷桑梓、不禁神往、

附記山東大明湖

旅次濟南、近接明湖、偶以餘暇出遊、由雪花橋乘舟、穿蘆蒲而西、旋北折抵李文忠公祠、祠乃新闢、又爲明湖增一勝境、周玉帥馥有聯云、「天爲斯世生才、旋乾轉坤勳業邁西平而上、」（民到於今受賜、禦災捍患廟祀與東岱齊休」洪蘭揖觀察舟聯云、「不見皖公山色、夢繞煙嵐、問潭水桃花、風物何如前度、」（近依丞相祠堂、眷懷桑梓、看明湖秋月、天涯猶似比隣、」又東去乃小滄浪亭、有葉芸士圭綬集宋吳思道楊誠齋聯句云、「金碧亭臺雲水地、荷花世界柳絲鄉、」張舲甫祥河聯云、「萬荷入看水如罫、千佛當前詩亦禪、」又有阮文達題水木明瑟、楊心齋題悠然見南山諸額、皆妙契實地之景、正院即鐵公祠、江南秦寅聯云、「從容就義、慷慨捐生、」（一席名山千秋俎豆、」中州周古息聯云、「事君以忠見危授命、」（爲臣不易殺身成仁、」鐘祥聯云、「與古爲鄰、名教自餘樂地、」（斯人可作、山水猶有清音、」覺羅吉慶聯云、「撥一轉一片寒

鑌、看汗簡煇煌、四百載至今如昨、)(留得住滿腔熱血、任形骸齏粉、萬千刼雖死猶生、」近時黃岡嚴惺叔正瑱聯云、「湖尚稱明、同燕子龍孫、不堪回首、)(公眞是鐵、惟景皮卞血、差許同心、」詞嚴意重、不讓前人、又前廳臨水、小坐騁懷、眼界爲之一拓、鐵梅庵尙書聯云、「四面荷花三面柳、滿城山色半城湖、」桐城吳太尊寶三聯云、「湖比莫愁、倘添滿郭樓臺、便神似六朝煙雨、)(山臨千佛、妙有遶堤楊柳、更香團一座蓮花、」崇語舲中丞恩聯云、「碧皺秋色、紅抹夕陽、畫本偶然傳歷下、)(花底盟鷗、松間領鶴、夢痕誰與話滄浪、」其跋語略云、首聯八字、乃自述詩句、妙合此地風景、下聯乃憶舊日宦遊吳門滄浪亭也、今復移使金陵、故誌別云云、陳都轉錦聯云、「故里亦湖鄉、每懷鑑曲荷花、蘇堤楊柳、)(此間多宦蹟、想見南豐冠蓋、北海琴樽、」佛公祀院之東偏、一老學究課讀於內、再東爲北極廟、拾級而登、遙覽千佛、俯瞰全湖、胸次頗覺清暢、廟廊下、張松小夢觀察年、所作老子麻姑二畫像、筆墨頗具雄渾之氣、又東北隅、乃張勤果公祠、劉錫渠聯云、「偉績竟黃河、西溯昆侖東至海、)(崇祠壯靑岱、遙連鵲華近憑湖」善化湯聘珍聯云、「生時徧號萬家佛、崇祠俯瞰大明湖、」張上達聯云、「河水安流、海水不波、保齊魯巖疆、獨擎一柱、」「鐵公大節、佛公異政、合古今名宦、並峙三祠、」勤果祠南、爲匯泉寺、內有文昌閣、額乃劉文清公所書、閣下有關聖像石刻、桂未谷題隸書一段、欲覓購拓片未獲、寺之南相距里許、別有庭院一區、縱橫百數十武、四圍楊柳依依、宛在水之中央、所謂古歷亭也、全湖之景、以此爲最、其外門榜何子貞聯云、「海右此亭古、濟南名士多、」中有　聖祖　高宗題句石刻、其正廳崇語舲聯云、「風雨送新涼、看一派柳浪竹煙、空翠染成摩詰畫、」「湖山開晚霽、愛十里紅情綠意、冷香飛上浣花詩、」運司鄭蘭聯云、「勝景畫圖開、憶杜老當年、豪氣縱橫傾北斗、」「酒痕襟袖滿、自杭州到此、風光娟似西湖、」蕭質齋培元聯云、「雲藍水碧之間、看楊柳樓臺、荷花世界、」「樹綠山青而外、認聖賢桑梓、齊魯封疆、」西廊祀太白工部各畫像、一小樓翹峙、便登臨也、中懸寶則民彝聯云、「空水倒涵孤塔碧、萬山齊拱一樓青」王祝萱敬勸聯云、「山色壓城青到地、湖光涵月碧浮天、」天津徐昉梅世光聯云、「客到此間消熱念、天能容我作閑人、」陳治南景亮聯云、「桑柘幾家湖上社、芙蓉一里水邊亭、」　高宗御題歷下亭三字額、何子貞書重修碑記時已向晚、未暇細閱、並聞有磚刻石鼓、亦未及摩挲一觀、門外泊畫舫二、金冬心聯云、「一帶綠楊沽酒處、滿身香雨採菱人、」又姚伯昂聯云、「粉白荷邊風定處、澹黃柳上月痕初、」寫景如畫、與此間神肖、　查湖地共九頃十八畝、每畝二百四十竿、價値京錢四百餘千、歲租二三十千不等、近在負郭、尤爲難得、竊思我華溝洫制廢、河道淤塞、水害日多、水利愈少、直東平原、春苦亢旱、夏多積潦、習以爲常、山右雖有山泉、無力疏鑿、聞張宮保撫晉時、曾有開河之議、迄未實行、殊爲可惜、抑知惟水與火、使設法以取用之、則利益甚普、徒恃拒絕防杜、則爲禍愈烈、蚩蚩者氓、亦猶是耳、且更進一說、華人錮蔽因循、自私自利、甚至老死不相往來、習俗相沿、積數千年矣、今欲開通多數人之知識、聯合多數人之財力、思潛移默化、鼓舞而啓發之、莫善於各就所有名園祠宇、創設公園、陳列普通利用物品、機械模型、博物圖書、使人人縱覽之、因勢利導、由淺而深、以徐徐引人入勝、卽不難激觸其腦筋思想也、再以餘地、招集商廛、如日本上野芝區各公園附屬之勸工場、並立演講立憲會所、或遇鄉鎭有劇場廟會、紳董提倡招待、前往陳列演說、亦可於此研究音樂、練習體操、風琴唱歌、兼設幻燈、寫眞雙眼鏡等類、凡可借鑒者、如中外實業、製造工廠、軍艦鐵路、種種照片、以及軍隊合操、慶祝立憲各勝景、並京津陷落、旅大敗績諸慘狀、各備一像、酌售入覽券、藉充經費、寓教育於遊戲、庶幾因地制宜、輕而易舉、其觀感之捷、有益社會、功效當不在學校下也、管見所及、並附識之、

長崎紀聞一卷

〔清〕童華撰

《長崎紀聞》一卷，清童華撰。華（一六七五—一七三九）字心樸，浙江山陰（今紹興）人，雍正貢生，歷官真定、蘇州、漳州知府。雍正七年（一七二九）至九年任蘇州知府，督辦銅務，多涉中日長崎貿易事務。其時清廷鑄幣所需銅料多賴日本進口，而日本方行海禁，僅以長崎爲口，華商或自上海、或自乍浦、或自寧波出海，船行至長崎，以貨易銅而歸。是書即童氏遊日歸後所著，記述長崎貿易及中日交往情狀。與陳倫炯《海國聞見録》、汪鵬《袖海編》並稱「長崎三書」。據中國國家圖書館藏清乾隆間《童氏雜著五種》本影印。

序

三吳名勝甲於天下朱輪五馬昔人所榮自唐宋以來文學侍從之臣風流爾雅之士得守蘇州者莫不望若登仙傳爲佳話迹其始末不過詩酒自適流連山水之間而已其間竭誠殫力爲國旬宣如古名公郇伯轍跡

所至愛及甘棠比之陰雨者范希文況伯律諸人而外無聞焉豈非文學則有餘政事則不足與

皇上御極之七年以江南爲財賦重地而民間舊欠積至千百餘萬之多未必盡欠在民也

命總理大臣四員會同督撫徹底清查各府設分查大員一人各州縣衛設協查官一人分司其事限以兩年爲期將官侵役蝕民欠一一釐定而蘇州一府錢糧尤重積欠尤多

聖心軫念

特簡臣華由直隸正定知府調任前往親承

聖訓而出隨復奉

旨將蘇州分查大員印務交華兼理吳中爲東南衝要之區往來迎送趨走如鶩公庭判斷之餘吏人林立堆案盈几口授耳聽目覽手批夜以繼晝華少壯時嘗依人幕邸刻燭萬言頗稱敏給及登仕版日含瓦礫無斯須泰

逸時竊慕百里奚身爲秦相年逾七十然且勞不坐乘暑不張蓋以此知政在勤民若夫不勞而致上理非華所能也夙夜匪懈不敢怠遑臣子之常分安有遺棄一切寄意山水詞翰間號爲名高而民被其澤者耶以故墨入硃出之外不暇更作一字期年而百廢漸舉民集而安之雖文學不逮前人而政事則庶幾無愧焉辛亥季冬清查事竣壬子春引

見

乾清宮奉有宣力西陲之

命叱馭而往勤事邊城督理南山屯政討鑿山開洞十餘里引水逆行工程危險閱三載始告成中間攝行酒泉郡事軍務倥偬比之在吳時更爲勞勩餐風沐雪面黧髮白積勞成病乙卯春乞解郡務仍以不善事上官被劾羈留足不出戶彈琴靜坐之外苦無書可讀乃追思在蘇時曾辦洋銅百萬於各商交銅之際詢以長崎風土至今猶能記憶因信筆錄出名曰長崎紀聞蓋華在吳二年辦銅多而爲日久故問之詳而知之悉附以銅政條議合成一書冀於

國家公事不無小補非如古人好奇問外國山川風物欲自附於閎覽博物君子之末也於以消永日而戢戒心

亦善處憂患之一道與

雍正十三年中秋前三日會稽童華

題於酒泉客舍

長崎紀聞

日本即倭國有島七十二長崎其一也去國城二千餘里在江浙之正東江之上海浙之查浦寧波皆可出口約三千五六百里順風六七日可到以其地近中國洋商至彼辦銅設爲貿易之所長崎不產銅亦無田可耕居民萬餘戸賴商船以給衣食有將軍一員操生殺予奪之權其國中亦有將軍一員一切政令皆以兩將軍

主之國王備位而已長崎島將軍往來各島所轄不止一處管商船交易者名爲王家其國王之親屬宗支也歲一易不帶家眷如中國欽差例管地方供應者曰土王無權而世襲產銅之山名大坂去長崎甚遠海運至國自國至長崎商人以貨易銅而歸

五島爲長崎門戸在長崎外五百里許其上設鎗炮爲守禦計土民依島而居有田地商船出

入必經五島順風一日可到長崎遇逆風收泊其西長撥小船二三十隻拽水縴逆行而上十餘日纔到小船一隻日取銀五錢每夜必有水口可泊不令登岸其男婦田廬望見之云

倭人以中國爲大唐初通洋時見客商甚敬畏遇唐人於塗皆匍伏候過遠然後敢起入其室則男子俯走而避獨留婦女倭俗無禮禁雜坐淫謔聽客所爲甚至乘機竊物始爲倭人所輕

客商中奸黠者復陰附之敎以書字爲立法禁於是漸制唐人矣初洋商到倭分住各街往來無節繼則止令住大唐街一處而街之居民復厭苦之乃置土庫一所名曰唐人館實土牢也三面背山一面臨海洋船到岸搜査明白人貨俱入庫中重門嚴守不聽出入每歲以正月三月九月許看花遊廟一次每船派費百餘金以作佈施倭人帶刀前後監守名曰出遊實利其財貨耳

紅毛國人以大舶載貨每年至長崎與倭人交易設有紅毛館與唐人館對峙海口而不相見以條銅給唐商以片銅給紅毛并以唐貨互易之

西南洋近者曰廣南即安南也稍遠而呂宋而暹羅又遠而喀喇八而馬城再遠而紅毛喀喇八馬城皆紅毛之屬境也紅毛在長崎之西南

蓋萬餘里獨與倭人交易以其不尊天主敎也此外惟高麗去倭最近順風一二日可到兩國往來通市常和好云

康熙五十年後長崎始給倭照以船之大小定銅數之多寡大約每船七百箱者居多大者至千八十箱千二百箱而止每箱百斤其照用蠟紙寫宋字字甚端楷定銅數塡商名用其國年號鈐譯司印譯司者通事也凡九姓大都皆商

種也司貿易之事商人無照者船不得收口貨不得入市一時江浙囂然大照一張值七八千金小照四五千金以質子錢家亦可得一二千金責逾拱璧矣新商無照者租一照約輸銅一百二十箱仍須舊商同去供驗明白方准收貨其照三年一換逾期而往則銷燬不給各商求如期而出以奉倭法始有鑽謀求託之弊島中給照燬照之權俱在通事於是通事至唐舘踞

首座頤指氣使直呼商名少不如意輒罵詈而去商人蠖行鼠伏媚詞泉涌自同奴隸積威約之漸也

商船置貨出口皆有定則以絲紬爲主藥材則土茯苓大黄之類雜貨則紅毡磁器之類新奇異物不許私帶倭人給銅之外附以海參鮑魚每斤作價一二兩進口發賣十不得三四有名無實皆此類也

銅商本無貲本所號爲殷實者皆虛名耳有倭照一二張者即爲殷商憑照領銀計七百箱之照可領萬金租船裝帶之費約至二千餘金此外俱置貨而出不以贍家償債在島不嫖賭即爲實商亦有本商不去另聘行商出洋者數年之後與倭人熟識一時不能更換勢必任其花銷故選擇行商不可不慎之於始也

從前洋銅價值每箱九兩商船來回不過一年

故有獲利二三千金者其後倭人增價十三兩至十四兩而止來回或至年半商人謹身節用無意外之險僅得數百金多不過千金今則每箱又加增矣在倭人以銅鑛愈深多費工本爲詞而於商貨略不增價又來回必至兩年之外計出洋一次每船必虧折千金以上此所以畏縮不前也各省承辦官在蘇僑寓購商領運急於星火於是束縛之迫脅之藏匿逃竄無賴者

出而承領則那新掩舊花用去半不出數年而銅政大壞必至之勢也倭奴既以銅爲奇貨藉以僇辱商人商人無利可圖而外受呵叱内逼追呼誰復有寄性命於風波之上者乎

長崎食物之貴倍蓰内地稻米每石賣價十兩鵝鴨每隻二三兩鷄每隻肉每斤賣銀五錢皆故昂其價以病商人島中有街八十餘條每街分值一船船到其街人運貨上岸日給薪水皆取重值街人終歲之需俱出於商商人住島一

年計用千金以上住日久則商日困矣

長崎有寺七十餘以金陵寺漳州寺泉州寺爲最號爲唐三寺皆昔年商人所建其住持皆南僧年老則另延中國僧人替之寺甚修整有几榻掛畫焚香庭中佳卉羅列倭人甚敬南僧僧至唐舘則通事皆拱立迎送商人頗爲吐氣餘寺皆住倭僧有妻子與俗人無異其佛像與中國同

有至聖先師廟大成殿明倫堂櫺星門規模全倣中國而精麗過之先師四配十哲七十二賢牌位皆由内地錄寫至彼以洋漆描金裝成之蓋唐人初至倭時教之立廟也其將軍王家俱在櫺星門外行禮叩頭至地以脚底反向上爲敬

島中祀關帝觀音天妃其道教祀林九舍相傳

吕宋欲襲長崎有閩人林九舍知風密報倭人預爲之備吕宋船到不能上因告倭人曰此必林九舍泄吾國事若以見予當全軍而退否則惟有決一死戰耳倭人不予九舍聞之挺身前往曰以吾一身而息兩國之爭吾何惜一死吕宋戮九舍而歸倭人德而祀之靈爽頗著

西洋皆尊天主教聞天主爲吕宋人與長崎爲世仇興兵搆怨間有日矣倭人以銅板鏤天主

像置海岸唐商至島俱令跣足踐銅板恐其有受天主教者也正月初三日島人男女皆跣足踐銅板以爲勝會唐人踐板以一足島人雙足踐之紅毛人上岸亦令踐板而入

長崎三面濵海一面陸路通其國城冬不寒偶霏微雪少塵土花木鮮麗屋宇精潔糊以倭箋冬月以哆囉鋪地春夏易以紅毛籐席男女跣足脫屨戶外席地而坐男子拔鬚剃頂留邊髮

束諸腦後而剪齊之冬夏不冠長衣平袖佩刀佩兩刀者爲兵婦女曳長衣不裙不袴施脂粉不穿耳以藥染齒黑如漆無金銀珠翠之飾玳瑁爲梳刻雲物着頂上垂髮成鬟髮長委地光可以鑑性好潔雜諸香爲湯間日一浴女閭七八百名曰花街居樓上者以奉唐商樓下以待水手妓至商館終年不去從婢一二人或三四人皆鮮衣美食取給於商商船瀨行司計者籌其日用并夜合之資一妓動需五六百金又索贈一二百金求商本無虧不可得矣商人冒風濤棄家室以兢錐刀之利乃日與此輩爲伍言語不通瘡毒易染貲財性命委之異域豈不可惜倭妓年十三四以上至二十一二而止無夫以客爲夫生女仍爲妓生男送南寺學唐書習爲譯司年二十三以上不復見客始嫁名爲出花樓富貴家娶爲妻妾以其粗識禮文善酬應

也既嫁之後遇舊商至島仍往欵候留數宿而去其男子不禁也利其必有所得以歸耳

倭人不騎馬有馬甚小止供馱載而已其貴官出則坐轎轎前竪長鎗一桿轎止一槓安頂上狀如中國食盒獨開前一面箕踞其中兩人舁之離地不盈尺內河有小船銳前方後可漁可遊軍器以鎗砲爲上弓長八九尺坐地而射其矢無翎射不出二十步倭刀佳者值百金漆器

輕薄不堅牢索價甚重洋錦於中國薄紬上椎金作畫彈指可破其餘奇技淫巧之物不適於用吾無取焉

倭俗用金片每片重四錢八分刻有字記有鉗金炎金之別鉗金只五六成每片作銀四兩炎金七八成每片作銀六兩價貴於內地銀止八成每兩易千錢錢小字畫不明粗具肉好而已

按倭國卽古之倭奴國其地東西南北各數千里西南至海東北隔以大山統附庸國百餘自漢武滅朝鮮倭遣使通於漢其大倭王居邪馬壹國光武中元初始來朝貢後國亂國人立其女子卑彌呼爲王又以宗女壹與繼之其後復立男王歷魏晉宋隋皆來貢稍習夏音唐咸亨初更號日本自以國近日所出故名開元貞元中其使有願留中國授經肄業者久乃請還故唐人有贈日本僧使諸詩宋雍熙後累來朝貢熙寧後以僧來元初遣使招諭不至命范文虎等率兵十萬討之至五龍山暴風覆舟無功而還終元世竟不至明初國王良懷遣使朝貢自永樂以後其國君嗣立皆受冊封然明代江浙被倭患數十年不息蓋中國人導之使來亦沿海兵備廢弛故也五龍山疑卽五島云

唐初伐高麗百濟新羅諸國龍朔二年劉仁願征百濟百濟求救於倭仁願大破百濟於熊津開元貞元中倭使留學中國日久始畏其威後被其敎故至今以中國爲大唐人有由來矣

東遊日記一卷

〔清〕沈翊清撰

《東遊日記》一卷，清沈翊清撰。翊清（一八六一—一九〇八）字丹曾，福建侯官（今福州）人，两江總督沈葆楨長孫，沈瑋慶長子。光緒十五年（一八八九）舉人。光緒二十四年三月得旨發往四川補用，留充船政提調。次年日本集兵於㮾木縣秋訓，歐美各國派員往觀，翊清亦奉命偕提督丁鴻臣帶同隨員二十五名赴閱兵操。是書係其考察日記，首載謝章鋌尺牘及戴鴻慈、孫詒讓序。自九月三日乘山城丸輪自滬啓行，經五日抵長崎，至十一月十一日乘日輪西京丸號抵滬，凡四月餘。其間非惟軍事，舉凡典章物産、新式教育、政黨攻訐、器械製造、金融工業、近代科技等，靡不究心留意，周咨宏覽。據上海圖書館藏清光緒二十六年刻本影印。

東遊日記

東遊日記

陳寶琛題

光緒庚子三月刊于福州

謝賭棊師賜札

丹曾世講吾賢足下讀大箸東遊日記殊覺欣愜近來諸君所作紀程僕頗見多種大抵鋪張應酬綴以篇什猶是前人入蜀記吳船錄承平行役之故步於實事求是之學無當也若賢者求益者乎足下筆墨明潔自不待言且此行爲閱操耳於兵制尤宜詳悉可謂語不離宗學制爲兵制之源亦復采摭無遺此作可刻可傳非阿好也僕於書中所載有感而增重者則黎蒓齋星使也蒓齋在東之日正西學得氣之時而乃能倡率領事使孔子廟歸於我而其所刻古逸叢書皆趙宋以前專家絕學板寬字大勝於岳本僕九世族祖在杭方伯所著五雜俎及文

海披沙明代日本皆有翻刻覺人曾購以寄贈其刻潦草且旁繫以日本字雖其意珍重流傳而實不知所以珍重也若蒓齋則不知費幾許心花幾許金錢矣遵義自莫猶人提倡漢學而諸子朋徒爭自洗濯日進於古蒓齋閩風而起胸有定識其行爲乃能若此可敬也東國學規分時分班分年歲諸法此亦古道如此但中國妄用虛費恐未必有此財力時事不知所屆人才見異思遷日見委靡然不可謂無人才也否極乃泰有志者貴有定力耳君命僕作序但僕拘方之內不足言方外之得失或刻時即以此信附卷何如友生謝章鋌拜手

聖清德威翔洽垂二百餘載侏離卉服梯航鱗萃輶車使者遐騖乎方外凡夫國是朝章物產風俗靡弗周諮閎覽攷覈同異以及遊歷之員弁學習之生徒以時造往將以集衆長資多識審沿革遞嬗之故明盛衰倚伏之幾固非徒探奧殫紘炫奇沈墨已也日本爲古隅夷域大小島嶼星羅碁布雄峙東海之中其初制沿周漢文同斯邈士女秀異頗類中土蓋陬區而擅靈氣之鍾焉自權臣姦命禍患迭更法制糾紛莫可紀極爰乃廢
上將軍耑握朝柄百度修舉埽除而更張雖改朔易服不免忘
祖之識而踵武泰西寔事求是富强之效駸駸與諸大國相抗衡未嘗不歎其奮發爲雄而變通鼓舞之機如是其神且速也

己亥之秋　沈觀詧丹曾偕丁雁廷諸君子櫛書東渡洪濤駭浪相與同舟入其境而問俗馳驅晨夕閱時兩月餘而返經歷所及筆諸記載其從事也以閱秋操故於軍制特詳至語其製造則日新月異有抽妍騁秘之觀驗其學校則別類分門有極深研幾之致若夫藥石之辨證聾瞽之振育禽魚之潛躍草木之蕃蕪亦皆殫洽見聞紛羅駢坐洵乾坤之秘籥陬澨之鉅觀也曩讀徐氏瀛環志畧四域之外罔不窮究竊怪於東瀛同洲之國僅述元明用兵始末典章人物語焉不詳魏氏海國圖志加翔寔矣或疑惝恍不可盡信惟近人嘉應黃氏日本國志括三島之要成一家之言而櫛帙頗繁未易卒讀是編詞質而不蕪事近而彌确條分縷晰開卷了然古云百聞不如一見韙哉夫道亘古而不易法與時爲變通宰世者惟師其實而不徒慕其名探其本而不必齊其末則是編其亦南鍼之指也夫光緒旹庚子夏六月閩學使者通家愚弟戴鴻慈拜手謹序

光緒已亥秋日本大治兵於其國之櫪木歐美各國觀戰者四集而閩　沈丹曾觀察以蜀帥奎公檄往四閱月始歸記其所見爲書一卷於兵事外旁及工藝商務而於學校尤詳蓋　觀察以喬木世臣負經世之學故此行於審敵自鏡之道尤所致意而以興學與治兵理相通貫則其義尤閎深非一曲之士之所能識也詒讓不習兵事而少治周官經嘗謂周之六軍出於六鄉七萬五千家遠郊之內地不逾四同而立鄉學六州學三十黨學百有五十國學郊學尚不與焉其學制之詳如是斯非學校與軍制相輔之義證乎孔子曰以不教民戰是謂棄之教之云者謂納之庠序而以德行道藝督課之非第習擊刺進退

已也百年以來西國驟强日本亦奮於東其學堂之盛與兵力之强適相應而吾　國以不識字之將率頑獷窳拙之卒以應之宜其不相當也自甲午款議成後深識之士始知興學爲自强之基中外學堂林立而論者不察猶或斥爲西法新法不知以學校治軍本於周禮乃中國二千年前之古法也余讀　觀察此書既終卷輒揭其微恉而摭周官學制軍制以證明之冀爲討論國聞者之助豈徒侈遊觀之奇哉庚子五月世愚弟孫詒讓謹敘

東遊日記

侯官沈翊清丹曾

光緒二十五年六月初二日奉　奎督憲五月二十九日電船政局沈道臺丹曾本年日本秋操川省允派文武二員前往閱看武派丁提督鴻臣文官借重長才七月由滬逕往盤費由川籌滙閩惟見有船政局差如能抽身即電復以便寄札等因隨稟　許督憲復　奎帥遵電前往

十二日奉到　許督憲飭知六月初八日准　四川督部堂奎帥電開日本請派員赴彼國閱視兵操學制擬委沈道翊清丁提督鴻臣七月前往沈道現在船廠除咨札並備文咨照轉飭

外合先電達等因

七月二十五日奉　奎帥札委文

八月初一日奉　奎帥札准　總署復文

初五日復奉　許督憲札現船政學堂內已遴選學生六人赴東游學並籌撥經費支領矣應由該道順差隨帶出洋俾沿途照料一切該道即便遵照辦理等因

十五日卸船政提調得燮蒼家叔電知雁廷軍門已來滬

十六日雁廷軍門來電知偕日本陸軍大尉井戸川辰三初八抵滬井戸川訂十九行以學生款未領電請展緩一禮拜

二十二日稟辭　許帥赴馬江是日法監督杜業爾魏季渚觀

察均治餞晚上海琛船
二十三日午開船風大是晚停輪十二點復開計同行者福建閱操官崔祥奎又守備官四人文案一人閱礮臺官法文繙譯張啟正英文繙譯賈凝禧東文繙譯大田原總次隨員林黻貞英文留學生王麒張哲培華承德許崇儀許崇智馮耿光東文自備資斧留學生林棨劉崇傑弟永清見覲平僕從薙髮匠共二十五人赴滬
二十五日午海琛抵滬往長發棧拜丁雁廷軍門拜日本署領事松村貞松繙譯爲船津辰一郎雁廷交來王方伯文一並協同信滙票銀貳千兩因聯轡拜井戸川商明日西京丸船行止

並拜協同信(在後馬路)掌櫃趙君是夕前閩報館井手三郎大東公司石山巖正金銀行成田練之助等治餞因薄暮行李未安置諸事棼如且兌換銀票亦虞舛錯遂決請雁廷並井戸川先行已留爲學生整裝與仁平結伴九月初三期山城丸同行同人住永安街萬安樓
二十六日九點鐘赴虹口西京丸船爲雁廷井戸川送行雁廷約於神戸或橫濱相候是午順泰洋行吉田順藏治餞
二十七日拜井手三郎並正金銀行大東公司順泰煤行諸君子
二十九日泰來洋行裴乃格來拜

九月初一日駐滬日領事小田切乘山城丸到因往拜之
初二日　十二叔父自金陵來
初三日十一點上山城丸船日官商在滬者自領事以下均來送十二點展輪
初四日船行甚穩
初五日早五點鐘至長崎候驗疫官來進口七點鐘同崔子良上岸拜理事張太守子豫(廣東人)前代理事蔡大令詠南(江西人)繙譯唐君(粵人)因託電致東京李星使並丁軍門仁平招到憲兵屯所晤屯所長立川吉太郎安島政位大尉是日崎市賽會各戸懸旗張燈遊公園至諏訪社松森神社天滿宮飲富貴樓脫屨

客皆坐席獻酒菜者跪而進又到警部張所觀劇晤部長山田知秀兵不熱食以棕葉裹飯置諸懷袖如行軍狀安島復引至港務局長河村宏貞家觀廟會途中遇鄉人以福淸縣爲多有怡德棧葉鶴皐引觀八閩會館及孔子廟廟本屬日國當西學昌盛時有議毀孔廟之舉星使遵義黎君蒓齋與領事張子豫倡議令商人醵資歸諸我
初六日五點鐘到馬關馬關海面較寬於長崎惜泊舟止四點鐘未及上岸門司煤商千住喜作來見吉田順藏弟也門司與馬關對岸岸上有塞門德土廠礮台二座藏萬松密處港內魚雷船四艘計自上海至長崎行四百八十英里長崎至馬關一

百五十英里均外海馬關至神戶二百四十英里行內海神戶至橫濱三百六十英里亦外海共一千二百三十英里午讀戰術學南洋公學譯書處步兵大尉稻村新六譯送也稻村住上海西華德路隆慶里

初七日七點半鐘到神戶理事官歐陽中翰述字笠齋遣人來迎以得東京電知之並聞鈴川鐵道壞丁軍門井戶川住靜岡靜岡離橫濱百餘里仁卞約遊楠公山楠公名正成元明之際與足利戰於湊川歿以義烈稱明治初修葺祠墓過中華會館爲李伯行星使修建屋宇宏敞路經湊川水微涸川南爲神戶川北則兵庫縣也笠齋招飲於氣象萬千樓伊籐侯書額觀礦

泉前田又吉造有銅像登諏訪山稻荷神社晚同崔子貝並繙譯官李儀亭名鳳來步歸與子貝囘船睡

初八早笠齋儀亭來候十點開船閱井戶川自靜岡與仁卞書有原田正作者海軍中尉在龍田兵艦福州舊友也因鐵道壞亦附山城丸行

初九日舟過伊豆江望熊野山聞徐福墓在焉十點見利島東有富士山高一萬二千五百丈盛夏猶雨雪西爲大島卽火焰山常地震三點到橫濱海口約寬中里九里劃平兩島爲礮臺港面之窄如閩江南北毗形又於口外作船澳雖澳外風浪極大而澳內平穩如故壘石灌以洋灰所費不貲上岸已五點鐘理事鄒小春大令遣繙譯官朱伯玉來迎參謀部福島大佐亦派田中大尉來迎是晚宿山崎屋旅館

初十九點鐘由橫濱登汽車來東京計英里十八嘜十點鐘到東至遂偕丁軍門崔州牧謁李木齋星使李使留學生住使館崔賃住劉子貞太守舊屋余與雁廷住厚生館在東京新橋區木挽町五百二十五番地參謀部派陸軍屬末吉保馬外務省派小林光太郎在館招呼意殊可感

十一日曜日自上海開船日起均晴今日始雨聞東人言東國雨水多數日必一雨松本菊熊及原田來見松本末吉友也原

田井戶川友也均操華語午福島安正過候言自俄國新囘知西伯利亞鐵路三年將成並云我兩國爲同文同洲之國輔車相依務須及早整頓我國三十年前本爲西人蔑視維新以來逐漸改革足下與丁軍門晤及外務參謀陸軍三大臣後按日閱觀學堂兵制便知其詳如有采擇儘可歸報督帥倘須敝國帮忙之處無不相助爲理也參贊官黎覺人孝廉亦來答拜

十二日西歷十月十六晨雨旋晴拜參謀部晤部長大生定孝大佐福島安正問大將大山巖因本日有會議事故與內閣總理大臣山縣有朋陸軍大臣桂太郎外務大臣青木周藏均未在署各投刺而已順晤礮兵少佐柴五郎外務省政務局長內田康哉

陸軍士官學兼高等師範學講師川島從速來拜前文部大臣榎本武揚電話來詢擇日晤譚井戶川代答以連日須閱視學堂再訂日期敬圖良晤

聞外務省政務局長內田康哉言日廷已派西德二郎使華前任俄使及外務大臣於俄國情形極爲熟悉此次派來中國殆因目下日俄情形以西伯利亞鐵路爲關鍵也

十三日貴族院議員宮島誠一郎遣其子宮島大八來誠一郎爲東國古文家與前使者黎蒓齋善大八學於武昌張聯蘅先生現設立善鄰書院李木齋星使湖北監督學生委員陳省三昌基姚孝敷煜陸軍少佐齊籐力三郎並來候十點鐘過參謀

大佐大生定孝及陸軍中將大迫尚敏家大生大迫人甚勤懇無非勸中國練陸軍開學校之意下午二點鐘松本菊熊邀觀博物館

博物館

博物館在上野御輿御床衣服裙袴器皿刀矛弓劍書畫悉備皆古物下有鱗介鳥獸之屬以及各國風俗所用常器同行者賈紫庭張明甫曾到英法各國謂西國較有大觀也四點鐘散

是日爲籐寅松陰忌日松陰先生於幕府未歸政以前憤英法荷米各國要求與澁木生謀駕夷船航海外察形勢事覺見捕著幽囚錄照顏錄此變法之始也國人哀之故忌日祭於神社門下前農商務大臣品川彌一郎年六十爲言其故事並以遺書寄贈

十四日觀陸軍成城學校取衆志成城之義爲公立學堂明治十八年創係士官學校預科日高籐吉郎力居多初由水師官襄助日皇見其善發帑給之現學生一千餘人華生四十九人浙三鄂二十蘇十四北洋八鄂體操又四人近因陸軍多需兵弁官官學不足取諸成城凡立學堂八一英文二算法幾何三博物植物學四理法化學五地輿萬國誌六代數七化學實驗即手做八日文並學用機械庫礦質電學格致蟲獸骨螺蚌人身筋骨頭腦無不賅備又操演洋鎗又寄宿舍又體操場練力跳架翻槓木馬華人到此九箇月者聽師長教授已能答問自如其堂中每日起居章程列左

起牀五點　朝食六點　診察有病否六點三十分　自習七點八點至中食十一點五十分

入浴午後一點至七點　夕食四點三十分　散步自夕食後至六點三十分　自習自六點三十分至七點三十分

就寢八點三十分　消燈九點

附成城學校課程表

禮拜一

班數	七點	八點	九點	十點	十一點	十一點半	一點二點
一班		歷史	平面幾何	日文	物理	教範	體操
二班	教範	日語	圖	日文	化學		體操
三班	教範	代數	日語	圖	地理	日文	體操
四班	教範	日語	圖	平面幾何	化學	日文	體操

禮拜二

班數	七點	八點	九點	十點	十一點	十一點半	一二點
一班		平三角	生理	日語	代數	教範	體操
二班	教範	地理	日語	代數	日文		體操
三班	教範	化學	平面幾何	日語	地理	日文	體操
四班	教範	地理	代數	日語	日文		體操

禮拜三

班數	七點	八點	九點	十點	十一點	十一點半	一二點
一班	教範		日語	平面幾何	物理	平三角	體操
二班	教範	地理	平面幾何	化學	代數	日文	體操
三班	教範	日語	代數	日文	化學		體操
四班	教範	地理	日語	化學	日文	代數	體操

禮拜四

班數	七點	八點	九點	十點	十一點	十一點半	一二點
一班		畫學	代數	日文	平面幾何	教範	體操
二班	教範	日語	畫學	代數	日文		體操
三班	教範	日語	地理	平面幾何	日文	畫學	體操
四班	教範	日語	畫學	日文	代數	平面幾何	體操

禮拜五

班數	七點	八點	九點	十點	十一點	十一點半	一二點
一班	教範	歷史	平三角	生理	物理	日語	體操
二班	教範	地理	日語	日文	化學	平面幾何	體操
三班	教範	代數	日語	日文		地理	體操
四班	教範	地理	代數	日語	化學	日文	體操

禮拜六

班數	七點	八點	九點	十點	十一點	十一點半	一二點
一班		代數	物理	日文	歷史		體操
二班	教範	地理	日語	代數	日文		體操
三班	教範	日文	平面幾何	化學	代數		體操
四班	教範	地理	日語	平面幾何	日文		體操

是日參謀部元帥總長侯爵大山巖外務大臣青木周藏陸軍中將男爵大迫尚敏全權公使外務政務總長內田康哉步兵大佐大生定孝均來拜

日本報館論外國辦事專說權力之所至日本勤懇請中國閱操視學及派學生肄業者冀敦友朋師弟之情於兩國有所裨益

執政自自由黨板垣退沮罷後進步黨大隈重信用事改憲政黨名號雖異冰炭如故中因某職告退應用自由黨大隈易以憲政黨自由黨攻之遂辭職繼之者山縣有朋則介兩黨之間者也然意實右自由黨現請用自由黨數人明治帝尚未允伊

籐侯品望最高備朝廷顧問雖不與黨列其女壻在自由黨意或有所專注

日本始惡天主教目下所以無教案者以西人至此傳教無異服之譏鄉曲小民不爲駭愕又辦外交事極快國家根本全在吏治修明而後再講交涉凡辦民教不和之案當訊鞫時不妨坐教士於訟堂之後以聽我公道與否渠縱有意見退後許向我辨駁數語問時不能參末議此西例以吏治爲外交之本也青木大臣頗爲議院政府所言謂辦外交事大弱故廈門事最認眞木齋星使云不特陸軍學生宜來肄業如辦交涉亦當派牧令到此遊歷便通中外之情

日本近徵稅每年二萬五千萬元較中國幾倍之

十五日視地方幼年學校士官學校之預科也創於明治八年官立非公立凡學徒百五十餘人童子六歲入幼稚園十三至十六歲入地方幼年學校十七至二十入中央幼年學校學生均武員子弟衣膳官給年需費三萬元學堂分倫理國文算學漢文幾何數學植物佛蘭西德意志俄羅斯各國語校長關谷銘二郎少佐贈訓育部生徒須知地方幼年學校教則生徒心得各書所載綦詳學堂之外所歷卧室食堂庖廚自習室均規模宏敞東京之外大阪熊本仙臺名古屋廣島各設一學

視中央幼年學校亦士官學校之預科學生在地方學校者二年在中央學校者三年共三百餘人分六班在學二年者法德語誦讀方會話算學習幾何代數東文讀本邦史繪圖倫理在學三年者本邦文讀國文法算學習三角漢文習古文德語法語習譯解文法習作文鑛物習化學兼習西洋史餘同第二學年每日授課自習八點鐘所閱各學堂講習繪畫畫山水雜景物理化學燃輕氣法中國輿地論明初治亂明初封建有圖官制六部則例重學各國量衡比較日歷史及馬廄有馬百二十八匹馬何邑何名及僕夫名書其上另調病馬所刮馬毛所化學試驗所理化學器械室礦質地球儀器格致器具行電器具化學天秤分設房屋安置各種爽若列眉又跑馬塲劍術塲操塲洋槍步法體操翻槓登臺跳竿木馬縋索跳躍所用洋槍係明治二十八年自造哈乞開司式重十斤羅該學校屋宇甚多明治帝每年駕臨一次中設便殿

有院長約二千三百五十丈濶約千五百丈校長伊崎艮熙送日課表一

以上兩日叅謀本部均備午飯並馬車來迎擬力辭之三點回拜陸軍中將寺田正毅未遇又拜東京教育監部諸君

十六日雨視戸山學校取既作士官後之武人習戰術演槍劍術體操各學每聯隊派官一員計五十員學戰術每旅團派官一員計二十五員學演槍每師團派官一員計十三員學劍術體操而劍術體操又另派下士官八十人統共一百六十八員更有教導隊由全國團隊中挑出品學兼優者學成爲全國各團之師範每年經費十萬其教習各官等薪俸仍由各團撥給

故無多費每年大操兩次五箇月一調換洋槍用本國自製名爲明治三十年式（如德國小口毛瑟）並攷究外國槍學本年四月湖北派武官四員附焉余先看中國四員體操次日本下士官體操演槍分一小隊一中隊一聯隊式均步伐整齊次看軍樂隊九排共四十八人奏樂一闋作進兵曲（軍樂隊爲全國軍樂之根本各軍司樂者皆由此出）樂器（大鼓一中鼓一銅器一作曲長形未詳何名銅號二銅茄銅笛）奏時每人夾譜一紙（西字）於樂器上隊長二人一旁立一執短圖用小木棍導樂之節奏次看劍術射擊術另用木製如撱圓形爲擊刺次西洋劍術每術演兩次先理法後攻擊裝二人作對敵狀戴以鐵帽胷前圍竹甲或帆布裏棉者以衛身手穿皮套互有勝負校長發令則止（戶山學校之設大旨欲全國武員知新法棄舊法有志者則令遊習泰西）

校長步兵大佐依田廣太郎少佐杉村愿簡豬狩哲夫中佐山田忠三郎一等軍樂長古矢宏政款待甚好

是日內閣總理大臣元帥侯爵山縣有朋介小林光太郎來答拜

十七日視軍醫學校各師隊軍醫皆由此出在大學校或專門高等學校先學五年在此祗四閱月高等者七閱月現由大學校派來者三十餘人高等學校送來者二十餘人校長一等軍醫正醫學博士谷口謙三等醫博士芳賀榮次郎一等醫學士牧山建吉引先觀圖書庫計標目凡十三（書一書器一條例一字書一醫報一病理一內科一外科一內國雜誌一衛生一歷文統計一產婦皮裁醫一眼科一喉科耳科鼻科附焉）又年覽理化藥劑中毒及細菌傳染病又解剖生理

次講堂以玻璃匣貯人身頭腰腿背脊被槍傷各骨驗火器之利鈍與傷之輕重

次衛生學業室以蒸餾水驗土（驗土質多少）以煤氣火煉土（煉去其壞質存其善質）爲行軍取水免遭毒物之用

次校長室內有攜糧審查器具（驗行軍糧食有無毒物之藥）又平時病人臥牀（西人臥牀式）又戰時病人運搬具（外鐵中箱帆布配鐵練卅火車行甚便）又野戰器具箱（大鐵方櫃隨軍醫士馱馬背行）又隨軍糧食樣（牛肉豆麵等細研成粉）又傷餘殘骨又假製全人形體又醫愈名人小影又行軍各種用料用器又竹製廣島病院式驗疫院式

次鏡室極大顯微鏡一具視物可較目力七百倍

次秤室量藥秤六具極準一洋購五自製

次細菌學業室玻璃管內貯瘟蟲所食藥水另造一玻璃櫃內氣度與人身同驗以毒蟲種於鼠身鼠死剖視臟腑求治法

次教場用顯微鏡多具分驗各種病蟲一黑死蟲（即鼠瘟蟲紅色如花椒形）一瘈瘲蟲（紅色如石塊形）一驚風病蟲（黃色大如芝蔴）一痧蟲（紅色形如芝蔴）豬瘟蟲（形如紅血條）傷寒蟲（紫色形如小豆）優曇花蟲（小孩病蟲藍色兩大塊）

次器械室（即西洋製曷克司電光器能照人身筋骨者）闇室取兎一目以電光驗之

視畢乞題名並貽服務內規醫學一覽衛生學教科書軍醫學

校業府書四種一點鐘告别
拜前農工商務大臣品川彌一郎及文部大臣樺山資紀未遇
步兵大佐田村怡與造並福嶋來訪亦相左謁李使交閲生經
費日銀千八百元閩惲心耘觀察以厦門租界事開鈌
十八日曜日同閑院宮親王並王妃（日語迭也司托擱鹿）往隅田川觀漕
艇部會（郎操舢舨）此亦成城學校校長所𥿄謂陸軍既興不可不講
求海軍也晤海軍大佐玉利親賢寺垣豬之陸軍一等監督平
澤道次步兵大尉大森狷之介體育會臨時擴張委員丸田近
方大久保田讓親王（爲明治帝兄子）邀同影相三點鐘返
十九日乘火車到澀谷觀陸軍騎兵實施學校先晴後雨步行
四五里泥滑殊苦校長未在學接待者騎兵少佐淺川敏靖白
石千代大郎
騎兵學校設於明治十九年費年十萬元學徒八十餘人（內下士官二十餘人）皆學校畢業已授職者十一箇月完課
一演馬園　學馬隊第一隊馬八匹第二隊馬十二匹先聯隊
作魚貫行並直斜方圓各陣後分二隊演習如前演畢復作跳
牆躍籬各法
學騎馬有馬三匹第一騎人登馬背馬高低跳躍人作前俯後
仰式第二騎人登馬背馬打圜作各種馳跑式第三騎人躍登
馬背復躍下地上下數次又作左右側騎各式

二馬廐　有廐四座只觀一座內有馬十餘匹馬之高大分上
中下三等闔校內共馬三百匹
三病馬廐　病馬醫治之所內有病者九匹
四草料所　存貯馬糧芻茭如麥稿野草之類草料經看驗可
食者入此所附存截草機器
五穀豆所　存貯穀豆之處內有布袋百餘每袋約盛穀一升
備馬夜食
六馳馬塲　馬隊二十四演習過夾道跳短垣躍藩籬上坡下
坡過河各法
七電報室　學發電報有發電機四具恐行軍時被敵損壞故
騎兵帶電機隨安隨發
觀獸醫學校
一講堂　紙馬一匹各部位均可分拆閲視眞馬骨一匹木馬
一匹
二講堂　講授騎馬法有駿馬圖八幅馬骨一匹又分拆零碎
者一匹
三展覽所　有各種馬鞍約三十具鐙六十餘具蹄鐵五十餘
具鞭二人骨一具剪馬毛快機一具又中國并德義二國木偶
騎兵三人服式
廊間副官出示中國北口馬蹄鐵一具長約八寸濶六寸以其

偉大無朋故詢問中國之馬身高幾何中國馬以西口爲最高日人勤於攷究類此獸醫學校係坿騎兵學校之內

二十日視近衛師團步兵第三聯隊接待者步兵少佐志賀範之步兵大尉深堀順藏又大佐吉田精一井戸川師也每年一聯隊雜用共三萬餘元各兵零用每人一年九十元每年一兵製軍衣三件並日食均國家另籌兵額據稱三千餘人按黃氏遵憲日本國志每中隊上等卒九人一等卒三十六人二等卒一百十五人共一百六十人四中隊爲一大隊共六百四十人三大隊爲一聯隊共一千九百二十人戰時加增無定額今閱該聯隊確係三大隊每大隊確係四中隊而兵數驟增

想今昔章程不同耳

一聯隊軍務處　掌文案之室

二各隊給養房　卽兵丁住房在第三層樓房內每房宿十六人卧牀一小木架僅容被褥每兵之物分官私安置井然

三置槍所　槍分二種一連發槍明治十年製舊式一明治三十年製新式新式較快

四各隊給餉班卽支應處

五厨房　每一大隊一庖厨各兵輪日煮飯無伙夫

六戰用炊具庫　一中隊六鍋六竈竈用鐵板五片臨用時鑲配上半層貯飯鍋下半層貯熱湯初次煮飯祇需十幾分鐘常炊更速

七戰用糧秣庫　用鉛鐵罐貯各食物

八縫工場　製軍衣之工兵每日造作內有拉線機器

九靴工場　製戰靴所內有機器三副

十銃工場　修理壞銃所內有甎砌火爐一座

十一造銅帽工場　製操時所用之銅帽露處以防火也

十二各隊被服倉庫

十三各隊兵器庫卽火藥庫

十四酒保　凡隊兵應用茶酒食物各種由長官派員統購諸市而零賣於兵若貿易焉所得贏餘以充公費惟各兵每日買

物有限制章程不得任意

十五下士集會所　爲下士官宴談之地如中國官廳

操時四小隊陣中央四小隊陣左方每小隊六十四人一人執劍三掌號總隊長一人司令先演反正陣法次追馬隊次避礮兵次連環槍次彈竭退兵各陣式又觀槍刀隊十二人對敵式士官十二人體操式小隊遠行唱軍歌忘之式全隊軍號手四十八人合吹式　凡軍號一催全軍早起二點名三煮飯四令有病者就醫有譜一本內列接各將官曲譜不及盡演打靶式在二十步內子用鋼帽兵三人一跪一立一卧皆能命中武官換次自演不及其兵飯後作聞警全軍盡出操法不先知會計三十分鐘間兩大隊已能整齊又一大隊是日出外操演隊長二人騎馬

小隊長八人執劍操畢司令官召其來前若分別賞罰之式另
軍醫隊八人裝一卒作受傷狀令其急治如法而止
又往觀近衞師團騎兵聯隊接待者騎兵大佐澀谷在明
營房半係前二十餘年建築尚堅固
經費一馬月費十元共馬四百匹
武官二十四人　兵四百名按黃氏志騎兵以百二十八人爲大隊三大隊爲一聯隊只三百六十人四百名想係續增
一酒保　制同步兵而並賣雜物先列物價於外內設櫃臺分
入錢出貨兩門如中國質庫焉
二士官會議所　內列高櫈聽講兵法及忠義語凡士官在隊

習練八年以外方能調升
三馬廐　共六所每所畜馬六十四匹
四養馬所　剪毛供料皆兵爲之不另僱馬夫
五裝蹄場　製造馬之蹄鐵所亦兵爲之
六雨天調馬所　上有臺以看演習
七兵房二所在樓上每所房十棡任一百八十人
八縫工場制同步隊
九靴工場制同步隊
閱新入之兵演習乘馬諸技馬皆不設鞍鐙有躍坐馬背者有
倒騎者有側卧者有直立者韁頭一人拉定地復布沙以壯膽

不受傷也又於馬道中設低欄約一尺高士官馳馬躍過有一
人躍者有三五人同躍者躍勢不猛而整
晚東亞同文會幹事田鍋安之助來候
二十一日赴中野閱鐵道大隊有工兵三中隊每隊百二十人
二隊學鐵道一隊學電報備戰時鋪設鐵道運送軍士糧械並
用電信傳遞軍情兵丁只學工作蓋工程隊所用工餘兼習槍
法非製造專門之學俶於明治三十年年費八萬元
一電信隊三十人各掛皮袋中貯零件七人執電桿五人肩電
線餘或執鐵槌或抬木樁以及梯鏈椎剪之屬自營前起每距
十丈之遠立一電桿桿頂有銅叉口電線卽掛其上隨豎隨掛

以時錶計之每點鐘可豎四里餘或云約日里一里則合中里
七里兵官並什長卽就地發電報通電話
一鐵道隊約七八十人在道旁工作有鋪木座者有安鐵軌者
有以鎚釘木板者釘畢用單輪小車演習搬運蓋料件須先備
齊道路須先鋤平兵丁不過演習鋪設而已途中並看以炸藥
毀鐵道各樣
是日步行中里七里迺乘火車回營觀電光燈聚電機吉見精
大佐並邀看畜鴿舍蓋此營專爲通軍報而設也其兵丁寢舍
縫靴體操各場與第三聯隊同
橫濱中華會館董事孔雲生來拜浙之甯波人

念二日乘火車往赤羽閲近衛工兵大隊前係中隊屯東京明治二十五年改爲大隊屯赤羽全隊兵四百八十八武官二十八分派大學校並礮工隊各處學習留營者少隊長中佐佐川耕作云每年經費祗操演一項約二千元全隊年六萬元兵士營中功課一年畢業二年自習凡有操演與臨敵同

一無線電機　電機一座有架旁貯零件機器大小兩木箱機内藏電光燈旁置取太陽影鏡前圓鏡吸取對面電光用法以機器兩架隔百步外以電光運電力由此達彼與電線異曲同工機動斯回電至惟須無物障隔白晝用太陽代電黑夜純用火光據云空地可達中里三十五里　按此機創自泰西得十

四叔父倫敦信已集有公司將通行各國矣

二戰具器具庫　内貯斧鑿鏟鍬叉棍各件皆工兵臨敵急需之物有小鋼鋸製最輕巧中分數節可開可合以便攜帶並有規矩各器爲測量所需者

三兵房　每房十間每間五榻

四架橋器具材料庫　内貯麻繩帆布橋板橋梁扶欄等件又有鐵板拘曲湊成三塊爲戰時倉卒架橋未成造舟濟人之具每馬一匹行軍時可馱三塊惜兵士赴操初回之甚未及演觀也

五山上空地營一座　濠壘坑塹悉如中國戰地營制中挖地營並一蔽開花礮彈之障臺

回往上野觀動物園在上野公園内園中畜各種鳥獸除常見外有乳虎一豹一象一果然浣熊狠狽每種二三大蛇一鱷魚二瑇瑁一白鸚鵡一白鶴二孔雀二火雞一餘泰西所産者多標西名未悉載

念三日到世田谷閲近衛野戰礮兵聯隊接待者聯隊長大佐隈元政次初屯東京明治三十一年移此始成三大隊分爲九中隊又分爲二十七小隊計野戰礮兵二大隊過山礮兵一大隊共六十大礮每小隊二礮選師團軍士身量長大者充當礮兵兵九百餘人馬三百七十餘匹較場在營門前週約四里餘

每年動費二十四萬二千元

一野戰礮隊（只觀一中隊）　有礮六尊長五尺餘口徑七珊米（即德國所謂生的）明治十九年在大阪礮兵工廠造每礮配藥彈箱一箇馬六匹兵七名哨官一員礮與藥彈箱各駕於二輪車上六馬在前挽行兵卒四名乘車三乘馬哨長另乘馬一匹演雁行魚貫各陣演畢哨長與兵卒離車下馬將礮向前馬退後分兵三名管馬四名管礮聽總帶官口令作放礮攻擊式（空演未裝藥彈）

二過山礮隊有礮四尊長約三尺半口徑七珊米明治三十一年在大阪礮兵工廠造每礮配馬四匹器具箱一藥彈箱二兵卒十名哨長一員一馬挽礮車居首一馬背器具箱居次一馬

腰左右掛藥彈箱居三一馬空行兵卒步行三人管礮三人管車二人管器具箱二人管藥彈箱開礮時用四人一兵望準頭一兵開礮門一兵執藥彈一兵拉火繩隊長另乘馬一匹先演雁行魚貫各陣後停馬作放礮攻擊式演畢將礮與車分拆一馬背礮一馬背車仍一馬背藥彈箱一馬背器具箱而撤隊先前一馬空行者所以備馱礮車用也

三藥彈備用隊有藥彈四車馬八匹四馬各駕二車兵卒六名四騎二步哨長一員乘馬亦演雁行魚貫陣

閱畢順途拜叅謀部總長大山巖大山總長云漢唐以來中國以漢文爲日本開風氣茲日本所講求各國武備如可采擇亦

所以報中國也大山元帥魁梧奇偉談吐亦温雅又拜伊瀨少將未遇

念四日閱橫須賀船廠慶應元年建即同治四年也廠大面積五千八百三十六鵶敦二十四我五十八町七反四畝一步內有廠十八船隖三左隖閘內法尺八十尺合中國二十四丈中隖法尺一百六十尺合中國四十八丈右隖法尺六十五尺合中國一十九丈五尺船臺四另雷艇臺四上砌石下有甎洞工匠三千八百人現船臺上造礮船名千早長八十法尺合中國二十四丈明年四月可下水甎臺上造魚雷艇四艘該廠總監工指引閱視各廠如輪機廠鑄鐵廠鍋爐廠木模廠打鐵廠大小各一甎廠繪事院醫院等處與閩廠略同經費視製船大小多寡分配不能豫定並往視各船爲日本之最大者

一富士軍艦　係二等鐵甲艦明治三十一年由英國阿木士郎廠造囘長四百英尺儎一萬二千噸機器馬力二萬匹喫水二十六尺深速率十八海里甲厚十四寸通船人數六百七十名魚雷艇二艘小輪船二艘舢舨十二隻大礮四尊前後各二安放圓鐵臺內用人力水力電氣汽力皆可旋轉每重四十九噸口徑十二寸礮彈能及遠七十里中礮十尊作邊礮用艙面左右各三尊二層艙左右各二尊口徑六寸又名快礮每分鐘可放五出小快礮十八尊作邊礮用前後望臺左右各三尊二層艙船頭船尾各二尊口徑三寸每分鐘可放二十響彈子重二十磅船頭水底魚雷管二具三層艙左右魚雷管各二具船外可張魚雷網前

後桅盤上小機礮各二尊口徑四十七米厘

一淺間軍艦　係一等巡洋艦明治二十九年由英國阿木士郎廠造囘長三百五十英尺儎九千五百噸馬力一萬二千匹喫水二十六尺四寸深速率二十一海里甲厚九寸配人數六百名魚雷艇二艘魚雷網一具小機船二艘舢舨十隻

大礮四尊　前後鐵臺內各二重十八噸口徑八寸旋轉與上仝恐尺寸有錯

中快礮十尊　艙面左右各四尊二層艙左右各三尊口徑六寸餘與上仝

小快礮十尊　前望臺四尊後望臺二尊二層艙四尊口徑三

寸餘與上仝
小機礮十二尊　前後梔盤各二尊艏面左右各四尊口徑四
十七米厘餘與上仝
魚雷管配與富士同
是日接待者横須賀鎮守府司令長官海軍中將相浦紀道大
佐鹿野勇之進少佐大立龜吉造船大監工山口辰彌山口曾
學於法國者
念五日瞿日既雨而晴午後大雨發雷傍晚復晴到横濱晤曾
卓軒益豐洋行鄭曉初正金銀行孔雲生萬泰錢庄九點歸東京
念六日閱礮兵工廠慶應乙丑元年創邇漸充拓每年需費八

百萬元官長二十員工匠六千人每日出槍四百枝每枝費約
二十五元非本國陸軍所用則需三十元廠地周圍中里八里
內有後樂園爲武弁監工公退會議宴遊之地水戶藩侯舊邸
有明人舜水朱之瑜題額廠名礮工實製手槍及應配各項傢
伙聞大礮廠尚在大阪
一礮具塲　儲造槍桿之胡桃木及松炭熟煤
一槍身塲　內統數廠有造銷身木胚者有將鐵胚伸成螺絲
紋者有專製小銅管者有專製小螺絲者有鑲配槍身各零件
分別已成之槍式檢數者其槍式長屬步兵短屬馬兵
三槍刀塲　專製槍刀

四製器塲　拉鍊條打錬板以爲槍之胚胎機器大小均備
五鑄銅廠　內列白銅黃銅電氣銅䥫素錫板五種製出銅片
爲彈子殼用另有刨光機器
六火工塲　製槍彈火藥之所有一種白藥即無煙藥
七槍包製造所
八藥莢所　二項共有數廠皆製槍彈銅帽有鉛鋼大小各式
樣一廠製大銅帽式之彈一廠製小鋼帽式之彈一廠製槍彈
內之螺絲有將小銅條拉成空心之機有將空心銅條截成小
銅帽式之機蓋填藥用也
九填藥工塲凡三廠　內有機器二具上置火藥下置彈子自

能旋轉塡實機內有電鐘　又有秤藥機一具秤彈機一具彈與藥
分兩不足者該機自能剔出一係將藥彈裝入木箱之機
十鏡室　貯知遠鏡數副
十一射塲　設三靶於千尺之地中隔二圓洞甎門三十年式
槍成逐日試之且以演打靶優劣有士官監視
又學校兩處一教本廠藝徒一住各團隊派來藝徒學造者成
藝仍撥回營以備修槍之用
又電氣塲　夜工時燭照塡藥彈廠不便留火也此外有貯
水大甎池一口裏火藥係用女工名曰紙函所並鍛工塲鏇工
塲等處

按槍廠槍子廠曾於上海龍華廠閱過製槍彈機器較造船礮略細自製礮桿起迄塡藥演放止易數十手而槍始成此廠經費工匠出槍數目較滬廠爲多並聞年來兼作夜工本日觀者只三分之二因局中總辦某大佐有會議之事未及陪待邀觀者係櫻井少佐聞日國於此事與船廠頗爲秘密云

又往觀東京衛戍病院院設於明治六年爲近衛東京兩師團內軍士學生養病之所每年經費十三萬元醫士上下等共一百三十四名病重者入院輕者歸各學校營隊軍醫自治由院每日按查各處病人多少爲表記之院內分內外兩科共有十三番病室現病人在室者每室不下數十人餘有驗蟲劑藥手術等處與軍醫學校略同院中醫官分三等一診病一製藥一管事

晚同文會置酒紅葉館舞扇歌衫皆西京人物同席者子爵長岡護美男爵船越衛及末永純一郎又田邊爲三郎顧問官陸軍少將佐藤正失其一足聞係甲午戰事爲吾礮傷廢手島知德池邊吉太郎弓削田精一中井喜太郎吉田房二郎岸田吟香田鍋安之助宮島大八浪島從速中島裁之均在焉

念七日即日曆十月三十一號閱青山練兵場試演天長節日皇駕臨觀兵陣式係近衛東京兩師團合演先排橫隊環列場之四週場中以繩劃界爲御蹕駐所一兵執槍植立其前以象鹵簿遠望旌旗肅然鐃吹漸動司令官並各隊長馳馬而過則法駕將臨候也須臾樂作軍樂隊先至御前即屯對向而後各軍隊魚貫徐行先戸山學校七排隊次近衛師團第一旅團第一聯隊中第一二三四大隊每大隊分八排師團長及吹軍號者在先馬七旗一與旗同行者六人此旗爲臨陣時志在必死雖礮如雨下仍不能避故日皇憐而敬之旗過日皇及百官皆爲禮次近衛師團第二旅團第三四聯隊次東京師團第一二旅團各三聯隊因各有一聯隊在外故未與次工兵各一大隊次鐵道各一大隊次山礮各一大隊野礮各二大隊馬隊各一聯隊近衛執旗駐京師團背槍腰刀爲別又近衛師團輜重各一大隊各隊兵官乘馬至御前爲禮勒馬肅行俟本隊行過始馳馬而去各隊行過仍屯原地軍樂隊奏樂送駕還宮各隊長立馬中央下馬候監督部大將野津道貫處分各執筆記載而散是日日皇派宮內省文武官二員先來校閱又有宮內省司馬寮文服乘馬者十餘人營盤約中里六里場外許民間縱觀惟不入界內而已此舉係第一師團長中將川村景明知會來閱

午後閱赤十字社明治十年設初名博愛院二十年改今名規模漸拓內醫員幹事等共四十四人病室分五等外人入治者按等納貲一等日需費四元五角貧不計貲者准以二十人爲限侍病者多婦人服白衣冠取潔淨之意該社爲日皇后出貲

所建雖兩國交兵各為其主彼此均可醫治所有社員給朝廷勳章分三等每員按年捐銀二十五員至三員不等門口設櫃願作善舉者投錢不拘數目社內有標品室器械室外來人診察室婦科診察室眼科診察室手術室會計室看護婦室醫員室病室餘與各醫院同有斷臂人就醫者視其治法聞以生疽已脫三禮拜矣

晚踐參謀部大山大將參謀會議所之約蓋陸軍宴會地也是夕雨

念八日與雁廷到使館並候崔子良終日雨

念九日視農工商品陳列館館設於明治三十年陳列本國並外國物產如米穀茶煙綢緞布氈織繡油畫皮革羽毛骨角漆磁草木竹紙五金珠石各品並玩物文具等類樓大四楹寬三座館長佐籐顯理引視其售賣物品皆有紙牌註明定價可隨意購買若僅供觀覽者則不註價中國物產以絲茶磁漆為多若英德法俄美義諸國則取其品物之新奇者物品共分六部第一部農產物第二部林產物第三部水產物第四部礦產物第五部工產物第六部特許物（如新奇物品國家特許專利者）其規模與博覽會相似是日偕小林光太郎井戸川大尉同往二點拜第一師團長長谷川好道

十月初一日為日皇天長節八點鐘至青山練兵場少頃日皇至從車四乘親王與太子前導從馬前後不過十餘匹日皇乘馬車戾止接見各國使臣及各大臣即乘馬拊循兵隊一周旋立馬於場中有石為誌各大臣立馬於後帶隊者至御前執刀高至鼻端為禮所操即念七日陣式禮畢日皇下馬坐帳下受羣臣參謁還宮日皇相貌奇偉顧盼不凡乘馬背微俯聞年五十矣晚赴外務大臣帝國旅館之約客千餘人跳舞作樂鐘十一下大餐餉客酒肴山積男女雜坐席中遇高島嘉右衛門從四位松浦厚高島治易經始鐵車路家有鉅貲伊籐侯博文姻婭也

初二日天長節後三日例不辦事

初三日覺人楢原來談楢原十四啟行農商務大臣曾禰荒助書記官美濃部俊吉近衛師團參謀長礮兵大佐牟田敬九郎來拜

大田原為言近衛師團第一旅團司令部副官小松崎清職此次派大操差事可為我招呼已說定我們在近衛陪日皇閱操此外在第一師團操場在櫪木縣及宇都宮等處先期秘密不敢預宣

閩中劉林二生在牛込區山吹町二百九十一番地同文會學堂肄業教習中西重太郎大隈伯私立政治學校所出也

日本常備兵除衣食國給外零用月一元五角預備兵一元後

備兵九角
初四日趨謝外務青木大臣答拜楢原均未遇四點鐘招橋本齋太郎大尉井戶川小林諸君飲於偕樂園橋本明日啟棹赴閩
初五日小林井戶川兩君邀觀幼稚園尋常高等小學校高等女學校女子高等師範學校五處實一處也小林並示學校階級圖甚晰
幼稚園男女三歲以上六歲以下入學者每月束金一元定額二百三十人現男七十三人女七十四人功課爲說話行儀手技唱歌遊嬉六歲以上則入尋常小學校

一順序運動會　結藤棚於曠地蔽日光引天氣園以布幃畫繩爲界四隅列小長杌以坐羣兒一人鳴琴二保姆導之行隊進退左右居然應節此息彼作參伍錯綜亦復不亂尙有用手高下左右各種遊戲款式甚多
一常習室三所　几案皆小方坐聯坐重叠坐皆導之整齊室懸木板畫開方三角淺近算式置各種玩物剪紙編竹積木粘土皆功課也日設動物形一種於案上呼名詔之
一貯物室　多小兒玩器之新奇有意想者
一遊嬉室　備雨天運動之地
尋常高等小學校　內分三部第一部爲女子第二三部爲男子尋常功課分脩身讀書作文習字算術手工圖畫裁縫唱歌體操四年畢業高等功課加增地理歷史理科三項二年畢業學額五百人現男一百十一人女三百八十人每月束金二元又補習二年爲女子高等學校預科每月束金自一元半至二元學額三百人現已逾額補習者四十七人
一教禮節室
二教烹飪室
三教裁縫室
四教體操室　轉動手足進退有節口號亦如兵操
以上三處附屬於女子高等師範學校

女子高等師範學校明治七年創今需經費每年七八萬元校長教習男女職員八十餘人學額生徒三百人現只一百九十九人分文科理科技藝科功課爲倫理教育國語漢文外國語歷史地理物理數學化學博物家事體操習字圖畫音樂肄業生徒由高等女學校已畢業者選充或地方官薦舉每月給薪五元每年給衣服價十二元年限未滿退學者繳還學資畢業之後給予校長印據執照備充各處女學校並本學校教習保姆之用現因各處教習尙少復選舉資品較佳者習各專門師範之學曰專修科間有自備資斧者曰私費專修科有以所學未精畢業後再留研究者曰研究科其有志箸述訓蒙教授各

書再留肄業者曰撰科年限皆在二年以上四年以下
一自習室大廳可坐數十人
二卧室五牀一室
三浴室
四飯廳洋琴一張將飯奏樂
五圖書縱覽室　貯漢文東文和文書數十櫃標品分目教習生徒隨意就閱借觀取檢者定有章程汚壞令償
六衞生學教室
七格物教室
八博物教室　教人體生理學考究動物學本日功課爲繪水

族形體
九習字教室　草書
十圖畫教室　設色
十一文科第二年學室　讀朱子小學
以上六處皆講堂文科學室遞分學年尙多觀者只此
十二歷史標本室　貯歷史書籍
十三地理標本室　貯地理書籍圖器
十四庶物標本室　貯理化格致所用各名物圖器
十五植物園　植各種草木以備考究摹繪
以上各處凡入學者皆具保證結履歷結由學內醫師驗查身

體及畢業後超擢高等學校其功課學術皆有考驗規則甚周

初六日視單級小學校明治二十年設置單級者無分門教習卽普通學各門統歸一人教授蓋窮鄉僻壤經費不充不能設立專門學校故特設單級小學京師人才薈萃亦設此學者使師範學生見之知其規模也學內不收學生束修分尋常高等兩科尋常小學科男女自六歲以上十歲以下額限一百名修業四年教以脩身讀書作文習字算術唱歌圖畫體操裁縫高等小學科男女自十歲以上十二三歲以下額限八十名修業四年教以修身讀書作文習字算術日本地理日本歷史理科圖畫唱歌體操裁縫兩科共有男女生徒一百四十餘人其年限已

滿不能卒業者准補習二年卒業之後以該生等家貧無力進入徒弟學校及工商等藝俾得速成也

幼稚園教育博物館明治六年設以備小學生徒觀覽其中萬物皆備有原形者有省形者有圖畫者以及九流三教諸子百家無不畢具蓋幼年說理難知而圖形易曉故凡農工等事無不繪畫成圖鳥獸草木無不象形以資觀覽索於虛不如徵諸實也

孔子廟明末德川第三代家光建迄今將三百年大門額曰入德門儀門曰杏壇殿曰大成殿中設孔子像明季朱之瑜奉像東來特爲倣塑左右設四配像特顏子有鬚耳殿外兩廊今改

作博物陳設館爲中學生徒觀覽之所內分物理數學星學地學化學動物生理植物實業圖書音樂體操等科

中學校係明治二十年由師範學校分設凡高等小學男徒卒業者再入中學校肄業六年學習歷史國語方言物理星學地學化學動物生理植物實業圖畫音樂唱歌體操等科下午功課完畢作歌數闋以暢肢體曲調節奏皆書於版

高等師範學校明治五年設爲中學校生徒卒業者升階肄業之所限四年現有生徒三百九十七名校中分二科

文科如倫理　人倫道德脩身之類

教育　普通特殊應用衛生練習之類

國語　講讀文法作文學史之類

漢文　講讀

方言　講讀

歷史　本邦東洋西洋

地理　本邦及外國政治地理地學概略

哲學　心理論理哲學史

經濟學　經濟學大意

法學　卽刑法法學通論中國憲法行政汎論教育行政

言語學　詞令大意

體操　普通兵式

理科如數學　算術幾何代數三角解析幾何微分積分大意

物理　力學物性熱學音學光學電學磁學天文實驗

化學　通論無機有機理論實驗

地學　鑛物地書地質實驗

植學　形態構造生理分類

動學　普通比較解剖組織發生

生理　生理及衛生

農業　土壤作物家畜經濟

手工　木工金工

圖畫　臨畫寫生

按文部各學與陸軍學校不同然師範學校女子各學校均有體操高等師範且習鎗法可見國家尙武故風氣爲之一變兎罝之野人曰赳赳武夫公侯干城卽此意也其柔道法卽滿洲之手搏以練筋力所唱歌闋古名人辨慶所製爲軍中進兵闋亦雖在文事不忘武備之旨視木工廠蓋形上謂道形下謂器斯手工尙焉有理必有物有物必有形格物窮理之功莫大乎是人莫不資穀食穀之始華生莖成穗粒米無不分辨詳晰知此者無粟麥不辨之譏矣觀畢校長伊澤脩二檢舊著臺灣十五音字母贈閩臺人聲重濁喉音爲多其苦心審認並作臺語字典以日本字母分部通臺語者無不通日語也其十五音字

毋卽戚參軍柳邊求氣低之法

初七日同李星使丁軍門二點赴赤阪離宮觀菊花會先期外務省向李星使致意初六宮內省柬來略謂宮內大臣奉皇帝皇后兩陛下命敬致意某國某官某人閣下九日午後二時赤阪離宮御苑催觀菊會招請等語文係和文並觀菊會入苑證一紙爲入苑時之憑據此地係太子所居泉壑樹木極爲幽邃秋景紅葉特佳菊花種比內地較大標明品類以資鑒賞有一株可生三百朵蓋植物研究之功也少頃日皇日后從便道來日皇腰刀穿步軍服日后西服從者彰仁親王閑院宮親王各王如偕至是日客到三千人日皇以次點頭接見西客脫帽爲禮華官鞠躬示敬以重外交之意四點日皇駕旋客散是夕井戶川大尉招飲

初八日上午櫓原訂觀內閣印刷局局長得能通昌西鄕元帥戚屬也明治三十一年設規模全備蓋廠購機費銀八十餘萬元職員男女工匠七百六十五人專造國家定制各式銀元並電信郵政等票亦外攬各銀行公司商業票證券據惟石版印室兼及官用簿書圖籍現其政府新定割增勸業債券一百萬元以賑貸貧民之無力爲商者使開勸工場得利限期納還中國湖北銀元局亦定製一元銀票九八制錢鈔票角番二角小票各一百萬張票式略長上有雙龍文紙背刻湖廣督撫曉諭

民間通行字樣准其完糧納稅工料等費每一萬張需二萬餘元局中人謂票張大銀數少而泥於一式不如改小爲便想鄂省票大銀少旣便通行復絕僞製必有深意也局內閱雕刻課共四所

一出圖室　畫大小方圓各種票印花紋極精緻另存由局製出各種票式印紋數十張備攷

一手工雕花室　工師數人或雕字或雕畫用器旣利藝學俱優

一機器雕版室　機雖靈巧而規矩方員仍操諸人故司機匠亦需技藝素優者

一藥洗票版室　有數水斛各浸顏料一包設自來水管置薄銅票版於下此版係鉛和蠟鍍成用藥粉調水洗過特浸於藥水盆中紋色倍顯又有小塊鉛條刻郵電佛頭小票之版於火爐上烘洗

刷版課共四所

一製印泥室　機器十餘架傾芝麻油幷應用物料於上鍊成各色印泥從滑而出以筒承之

一印票機室　機器十六架上有滚圓碾輪如中國染坊捲布石者數層先漬各色印油於上雕版旣竣安入機中一轉而泥已勻於版將紙放入再轉而票成矣其黑字票內欲加紅印者

另有機器數具上用壓力鐵板將印文反雕空花如陰文焉置機下加厚紙舒票於上一壓而顯

一石版印室　此機中國報館所有係用藥水影字入石加壓力機印成聞每日可出二千分

一乾庫　票既印成而潮溼不可查檢乃設密室藏湯汽熱度置票於有孔櫃內以微烘之其乾甚速

尚有一室無滾圓鐵樑以人工捺印泥於版上遞入機內印成因工程浩大機不敷用故助以人力也

調查所約數處皆用女工有裁紙者有裱票者有用機釘票者有包票者有查票者有覆查票者查票每紙一數覆查票五紙

一數皆速而不忽有司手機加各種小印者有司手機鑿佛頭之密孔者有司裁票機器者女工費每人日二百或一百五十文伙食自備

另官報局　印官局新聞報並各種書籍字據內有新式印報大機器二副一副每點鐘出報一萬二千分小機器十餘副每點鐘祇出一千分機器上層套活字版局內活字版多副其餘包釘緘檢皆用女工與印刷局同並見做洋簿沿斜行彩色法以水調油上數顏料勻而不紊

色料製造場　無機器用水火爐水以浸之火以烘之能製各種顏料

下午赴淺草區觀東京工業學校明治十四年文部省創經費四十萬元常年八萬元生徒現三百一十七名內有韓國學生七名二名學化學四名染織一名學機械印度學生一名學化學該學校謂之特別學生入學生徒每年學費定額百元現稍加增又有校友會金化學用料各費每年數元

一應用化學科

分析室　以化學諸器教生徒分析物之定性定量

天秤室　亦分析物量之用此器安置案上地取其平外加玻璃罩避潮溼并人身炭氣

實驗室　見驗各種酒質各種鐵質

教官實驗室　教員自習之地

第三年生實修室　見製成椰子油麪蠟胰皁蠟燭各料

煤氣總機　化學所驗物鍊物多用煤氣咸出於此

一染織工科

試染器滾光機　如中國染坊捲布石

染布機　置靛水於下左旋右轉勻而速

印花染機　雕花樣嵌機內先碾布後入靛而成花布

脫水機　圓形大小兩重裏重有密孔軸轤旋轉可以透風染布入此水氣盡去

撚線用合機　撚各色染線

木棉織機　織布
絹用織機　織羽緞
手織機　卽中國尋常織布機架
繻珍女帶機　如綑條汗巾之類日人爲女人腰帶謂之倭幣
五點鐘可織一丈
尚有手機多副織出口各種綢布絨緞工場內列各種物品有絲織山水一片最佳皆西京實景有中國織造各種綢緞布匹之樣以備考究
一窯業工科
窯科分析室　以煤汽火錬出分析磁器源流

實驗室　取各種泥捏尖式小塊驗其耐火力量驗後調數種爲一種以算學計其分量恰好乃送入模
驗水泥針　驗土質由溼而乾之遲速爲製水泥之用
試驗燒窯爐　試驗成磁時候約三點鐘
手工捏模　雕琢各式泥樣或畫晴花過釉入窯經火而花乃顯凡磁器外質爲釉內質爲泥釉光而泥麤
入土水榁　浸各種土於內
漉泥手機　如風琴式中隔以布機轉則水去而泥乾可省日曬之力
藏泥地窟　泥亦不可太乾漉畢乃藏於窟使受地氣燥溼得宜
甎窯五座　前用松柴後改用煤改時窯色略黑經考究乃白有磁器如飯甑式送物入窯口封丸泥火候到則拆封取窯器
聞該科能製水泥卽塞門色土　玻璃甎瓦磁器四種
一機械工學科
五十噸試驗鐵力機一副　置打成見方四英寸之鋼條於機內用電力拉斷驗出此鐵得七噸三力機上有表
試驗煤氣熱量機
驗壓力機
驗用機器油多少機

以上三機皆有表用電力
一電氣工學科
電氣總室　內有蓄電池壁上大小電燈數十具聞電燈內線係用竹絲所製竹絲黃有金色可以通電
電氣鍍金所　白蠟作胚中鑲黑鉛藥水鍍出與古銅無異
電氣漂物　取三杈樹皮以電氣漂之潔白如絲絮可作紙料
電氣鑄物　鑄五金各件范土爲模以電力鎔之
工業教員養成所　明治十七年文部省創設以儲工業學校教習之材年歲限十七以上二十五以下三年畢業功課爲金工木工染織窯業化學圖按等科淺於工業學校

又有金木機織陶器漆工速成科以便工民子弟學成自營其業者故畢業祇限一年或二年不足者補習年歲限二十以上三十以下閱時生徒已散祇見工具材料各室并第二年學生所製木器漆器各色陳列品生徒補習夜課學室六十八分二班隔日教授外有體操塲

附屬職工徒弟學校工業中之小學校也工課亦淺四年畢業年歲皆十二以上十六以下學貲每月日金二十五錢學校因去年失火尚在起蓋其校長辦事室建築未成

初九日視高等商業學校明治十八年設有生徒三百餘人專教中外一切商務爲商業學校總管並教習之用或另充公私

商務董事會計各職本科肄業三年每年束修二十五元豫科肄業一年束修二十元又畢業之後特設專攻科一年學習專門商務本科功課係商業文商業算術簿記機械工學商品商工地理商工歷史經濟學統計學財政學商法國計法商業實踐體操並中韓英法俄德義日八國語言豫科功課係商業道理書法作文算學簿記應用物理應用化學並以上八國語言

校長奈佐中行引觀

圖書室　中外書籍圖畫

商業實踐室　中分東西二部買賣科並銀行鐵道稅關保險郵政電報倉庫各科

英語講堂　以英語講解貿易法

中語講堂　學華語教習係江蘇人

格物室　各處土產用化學攷驗

輿地室　講解各處出產之物

衛生室　中貯洋槍備體操用

診察所　驗病之所

商品陳列所　中分四部第一部爲工藝品第二部爲農商及水產品第三部爲礦學品第四部爲鐵器機械及建築材料品更有出入口貨物表出口之物以蠶絲爲最棉絲次之石炭羽毛綠茶又次之入口之物以米爲最棉花次之沙糖苧蔴生鐵

又次之

東京外國語學校學習中韓英德法俄義日西班牙八國語言文字將來尚須推廣現有生徒三百餘人學業三年歷觀各國語言講堂中韓俄三國教習係三國人其餘教習係本國人教俄文者月二百五十元華文月八十元或百元韓文月八十元

晩雨

初十日曜日曉雨旋晴八點往使館隨班祝

皇太后萬壽順拜檜原陳政內務大臣西鄉從道檜原夫人同其女出見西鄉大臣念　先祖在臺交誼抱病握晤意殊殷拳檜原十五年前同入何子峩宮詹幕下舊友也

十一日閲陸軍士官學校明治七年創學生七百餘人分四班皆尋常中學校各生之已習普通學者選入各聯隊學習半年乃入此學校一年畢業升爲下士官功課分戰術軍制築城地形兵器學馬學衛生學外國語學鐵道電信營堡外兼兵操體操劍術鎗刀術之較精者

一第一講堂　教戰術軍制築城地形四科教習爲大尉官

一第二講堂　教枝隊兵碁圖是日圖係八王子地形得五千分之一列方案上另紙區別圖中山川原田各形色日符號表製磁子小者爲小隊中者爲大隊大者爲聯隊按各軍隊服色分東西布置要隘爲兩軍對敵勢以教學生攻取策應之略學

生亦分東西兩班先後教授

一第一中隊生徒自習室　共三所中有罰席犯規者坐此有各項功課教程書其外國語學分中英法德四國人習一國各從其志

一卧房

一飯廳

一浴室

一馬廄

一兵器庫　列各國各種彈式各種鎗式製小礮置案上機械畢具以教生徒考究

一鐵道教室　木製鐵道式置案上内有運車臺止車臺各種旗號燈號

一營堡教室　木製數處全堡形勢並各式礮臺各式地營各式行營各式兵廠各式坑形各式壕形大小畢具

一橋船教室　教各式橋船爲濟河造橋梁用

是晚檜原留別宴於築地一番地以十五日從西公使之北京座中晤張香帥孫世兄剛侯在東華族教習院學習畢業後將習陸軍留學一年能操東語矣

十二日送檜原行同井戸川以參謀部意囑聘教習事與雁廷聯名電稟　奎帥午後由上野坿汽車三點鐘至櫔木住旭町

豐倉旅店參謀部派警察二員照料夜司令部員大塚全兵衛等來拜

十三日晨由櫔木車塲附汽車至富山觀南北軍騎兵衝突戰法按日本兵操自聯隊以至師團皆演習兩軍對敵之勢今年爲各師團尋常演習予等所閲則在近衛師團從日皇觀也其各聯隊内小操已於十二日竣事自今日始將一師團演爲南北兩軍北軍爲客南軍爲主分别紅白服色其軍制由司令官或枝隊官臨時編派此次南北皆係步兵二聯隊野戰礮兵四中隊騎兵二中隊工兵一中隊南軍從和田多中來北軍從宇都宮來北軍自宇都宮前發河内郡至西川田一帶爲侵入勢

南軍駐羣馬縣木崎地方由安蘇郡佐野町前進爲防禦勢其最近戰場並合隊觀兵之處則在下都賀郡壬生町是日先演騎兵北軍先行隊與南軍本隊遇於富山左近鎗聲隆隆馬若游龍是地樹木陰翳演埋伏包抄各陣式約一時許各退未分勝負未刻回櫔木車場同人往迎明治帝車駕頫首爲禮行在所設櫔木尋常小學校内此次各國來觀者英二員俄美法德各一員晚師團長長谷川好道犒以酒

十四日辰由櫔木附車至巖舟行十四里登山一望是山在叠岡三谷之間聞礮聲北軍營叠岡南軍營新里旋從日皇駕登新里山麓觀南北軍礮隊接戰在犬伏町小野寺中間關川地

方相距約千五百步猛攻一時許北軍退向小金井南軍仕櫔木子等以次謁明治帝行三鞠躬禮隨卽從往巖舟山上觀南軍步隊分道進攻陸續掩擊之勢未初回櫔木旅店是夜月明如晝

十五日辰往壬生町觀南北軍步隊接戰出櫔木町里許卽見南軍枝隊魚貫而行騎兵先到往來馳驟各隊長輒登高屋執測遠鏡以覘前敵叉行數里叢林中有北軍偵探一小隊開鎗遠擊約三十分鐘卽行敗退似作誘敵狀南軍騎兵尾之甚速而步隊祇在小倉川橋梁左近良久不前知有伏也其地河流冬涸沙磧畢露左右岸曠野深林兩軍屯處約略可辨過柳原橋予與英將章森倚橋立靜候兩軍調動日皇帳幄亦在其間少頃過古川橋登高阜礮聲齊發南軍以礮兵五中隊分布上流開礮挑戰其勢甚猛礮煙中遙見小隊零星似欲渡河之意而北軍應礮聲緩似已悉其聲東擊西之謀回望下流潛渡者果已過半登岸後南隊循環如牆而進北軍已據高原旁襲側擊馬隊從後趨到禦應備周而後山礮聲猶未絕兩軍相距益近鎗聲如鞭爆百步內負鎗而立則止戰令下樂聲作矣旋卽合隊折回壬生町布列觀兵陣式儀如天長節惟由日皇自行宣諭評論兩軍得失諸統師及陪觀各國官員拱立肅聽各兵官晉謁受賞申刻禮畢日皇駕還櫔木行宮予亦歸店

是役也南軍得而復失緣北軍據高臨下南軍兵皆露行一一在其目中故轉敗爲勝余親見北軍掘地道卧伏以避礮礮兵掘地道以藏礮用心甚苦適南軍渡河舉鎗迎之馬隊復奔馳而前南軍不得任意揉上勢處窪下也兩軍車礮甚得力可及遠四五里方事之殷途中遇參謀部大迫尚敏

明治帝居櫔木小學校夜放煙火娛覽比戶獻燈爲歡各軍到縣民居接待如賓客官只許借一火爐一棉被而百姓供應飲食惟恐不周蓋兵由抽丁非招募今日他縣兵到此以禮相待他日吾鄉兵至他縣彼亦必不漠視取往復報禮之意也

吾旅居隣赤十字社社中醫藥護婦無一不備號牌至謂某兵

負傷則解衣驗之綑手足卧行牀敷藥劑如眞傷狀天雨淋溼透身背亦不得動軍令之嚴如此

去年大操在大阪抽調第三第九師團爲北軍第四第十爲南軍謂之特別大演習今年分近衛一師團爲南北兩軍謂之小操一切儀文悉從簡省第一師團以下各自操演余與雁廷兩人仍歸參謀部招呼隨員以下均自備

十六日辰送日皇還蹕午後偕周孝懷副貢林肖蜦訓導附火車往日光鐵道直至山麓萬松森立紅葉凋矣夜住神山旅屋屋後小園水木明瑟樓居枕山月上霜淸風景幽絕散步日光市街至神橋而返

十七日辰登山游東照宮宮爲第一代德川家康祠廟金碧崢嶸仿佛西山樓觀寢殿中配食豐田秀吉源賴朝二人左向大猷院爲德川第三代家光之廟拜能久親王墓覽大日堂地藏庵諸寺觀遂上男體山觀瀑輿行十餘里（輿用竹籃穿一木槓兩人抬之內施墊褥可卧不可坐未知於古制如何）乃見裏見瀧相生瀧兩處舍車而徒層巖高聳匹練橫飛倒映日光時有虹氣澎湃如砰雷急雪皺石四錯小橋下橫徙倚其間儼在廬峰頂上惜中禪寺未往只目遊而已歸過含滿淵見唐宏大師投筆處戌刻車回上野去東京六日矣

十八日上午觀第一高等中學校生徒九百餘人肄業三年預備升入大學學習專門者此校創自明治初年曰大學預備科十餘年後改名高等中學復因各道增設高等中學六所故京都特名第一高等中學校長狩野亨吉新從熊本中學來也

英文講堂　教習英人名曾梅星

身體試驗室　攷驗身體之所

身體講堂　講解身體之所教習出傷肝病蟲置顯微鏡內並海鮓子身蟲傳觀

標本室　陳列動植各物

礦物室　陳列各種礦質

書籍室　分十類一哲學二法律政治三歷史地理四文學五

數學六理學七工藝產業八辭書九叢書類書十圖志另有各種新聞報紙

格致講堂　教習試驗聲浪相待法以煤氣管置銅線紗下相離三寸許紗上燃燈而紗下無焰人離燈丈餘或噓氣或拍掌燈皆滅而復明蓋拍掌時聲浪及燈故滅迨聲浪既過故燈復明也又用四面方鏡中映燈影以輪轉鏡口呼八音而燈焰亦變八式以知音之所異者乃聲浪之不同也凡石投水中水皆有圓紋漸漲漸大至力盡乃止而聲音亦然聲一出口其空氣亦作波紋聲大則波紋亦大聲小則波紋亦小此遠近聞聲之理也至於力盡浪靜斯不聞其聲矣

機械室　陳列格致器具
漢文講堂　講聖賢之學
體操場　操槍並連環對敵陣
寫生室　中分二等一用筆隨意摹畫二用畫具量繪
電燈房　中有電燈機二副燃照本校之用
化學講堂　講化學分合之理
天秤室　天秤十餘具有外國製有本校學生自出心裁所製
定量分析室　亦化學室專爲分析物質輕重者
定性分析室　亦化學室爲攷究物性分析之理者
查考室　教習偶有遺忘可到此室查考

下午觀工科大學校爲日本大學六科之一　農工醫理文法六科而工科又分數等如
建築學列品室　有宫室厦屋劇場寺塔等小模並泥塑人物及建築各種利器
造船學列品室　有中外帆船明暗輪船兵商輪船並船身分段小模及卧立摇定雙漲力三漲力等汽機
工學列品室　有鹽田煮鹽池風磨水車水碓火車汽機抽水機清水機
工學試驗所　有煤氣機電燈機水汽機轉輪機驗鐵性力機並火車所行橋梁

應用化學科
工業實驗室
定性分析室
天秤室
定量分析室
列品室
吹玻璃室
研究室
暗室　洗電用
製圖室

窯室
蒸餾室按玉篇餾飯氣蒸也說文餾飯氣流也
採礦及冶金列品室　開礦運甎木用駝架法重物可由繩索轉遞不須鐵道又燒礦産鐵爐煉鋼爐煉金銀鋼鐵爐礦産磨礦質碓礦産篩礦燈籠抽水機並各種礦質煉成未煉成者均備
電氣列品室　電燈電汽車靜電流電電話電報電力各機器並音學光學熱學噏學重學各器俱備
十九日辰往士官學校觀小松宫親王考校畢業生徒向例明治帝親臨故親王代閲儀衞用御蹕將佐尉官陪觀者百數十

入學生家屬扶老攜幼准其入校閱看王至操場行觀兵禮如靑山操場惟皆小隊而已觀畢入講堂前坐諸將分班列坐高几冠軍一生向王朗誦戰策次觀騎兵生徒演習場中設布幄如箭鵠然數騎馳上高坡復超乘而下人挾一旗至幄急投有入幄者有力不及者旗易三色馳三次然後改演馬隊陣法隊長居中餘三十二人或分四排或分八排參伍錯綜人馬皆不稍亂演畢主客上下按等設茶會既食諸生復列隊場中王亦肅立分給各生徒畢業劵證隊長四人邀前作禮捧劵退授各本隊生徒人得一紙高材生八人自按名至前受賜八人內步兵三騎兵一礮兵二工兵一輜重兵一劵內有候補士官字樣其隆重武備之意與臨軒策士同一恩榮校中有高麗生二十一人尚未卒業

二十日上午觀理科大學內分七科 附科二

算學科　算法幾何代數平三角弧三角曲線微分積分

天文科　有天文臺測量氣候七曜星宿臺離東京二十餘里改日另觀

格致科　電學音學光學熱學磁學 即翕學 重學

化學科　化學實驗物理實驗理論實驗圖書室講義室藥品室研究室

地質科　觀地質陳列館分地質礦質千餘種橱內剖一石中有樹葉形甚顯理學士考究以葉落黏泥泥久成石故石有樹葉紋不知爲何代物矣

動物科　觀動物陳列館內多螺蚌珊瑚蟲蟻鱗介禽獸之類最奇者有蟻穴如鐘蟻王身大如蠶其次口有大牙如剪東人呼爲蟻兵備攻戰之用再次身小色白呼爲蟻民

植物科　東京無隙地植物園在千葉縣未觀

人類附科　攷究上古中古人類及北海道蝦夷臺灣生番各種有室一所陳列上古中古器用皆數千年物也幷見瓦棺一具

地震學附科　研究地震之理有各種儀器量地震之久暫遠

近大小遲速通地球地震之多無如日本攷究地震之學亦日本最精蓋日本火焰山多火焰上騰或曰主鼓動之意或曰土見火收縮中必空虛故易震後漢張衡有地震儀日本繪形張壁以資考究

下午觀醫科大學

藥物學分室　製煉藥料之所並考究有毒之物如蝮蛇河豚之類

分析室　人身各部位並臟腑浸於藥水之中使歷久不壞以資考究

解剖室　貧人無力延醫可往醫科大學醫治愈者不計資費

死者尸留校中考驗不准家屬領葬室內有尸十餘生徒剖解以資實驗並考究致命病源皮肉未腐血色猶紅想人死未久也亦有貴族身死遺命子孫將尸交校中攷驗者此日本之風氣欲增長學問也

病理學教室　講解醫理

衛生學教室　攷究病蟲之所凡百病皆有蟲蟲生徧體病始不治故究殺蟲之法先以毒蟲種於馬身馬愈以馬血製藥便可殺蟲

產婦病院　產婦醫治之所

小兒病院　小兒醫治之所

老年病院　老人醫治之所

壯年病院　男人醫治之所

內科病院　醫五臟損壞所

外科病院　跌打損傷瘡結醫治之所

自老年病院以下以薄暮未觀

是日晤大學校長菊池大麓按大學校長爲一等校長可與國之大臣比肩喜華人劇談良久

念一日九點鐘晤外務大臣青木周藏談至十二點鐘始返青木大臣一謂中國不必仇視天主耶穌教教中自有道理可助國家辦事至民教不和及借教爲護符者此乃地方辦理不善與教無涉一謂中國須多派京師大員赴各國游歷以資攷究一謂中國練兵急於開學堂開學堂培才其效甚緩不如急以治標速於經武卽易於强國一謂大連灣旅順各國將開一歐羅巴通商大馬頭而亞西亞不與此乃亞洲宜求進步之事須合力經營

按青木所言款款深深深悔前此一戰之非計日本辦事上下一心究之在上明理者謂强亞所以制隣此不易之論也而在下者謂甲午一戰可以易視中國意旨頗殊矣

念二日視郵便電信學校明治三年創有電信無郵便二十三年增廣而改今名現學生一百八十餘人經費年五萬餘元或

攷充生徒或召習各局在事人員或各營局官自願來學者初創時各局不知其便近則無不用此中之學生矣蓋郵政通行旣久局章稅則較繁一切寄存金銀滙兌款目與地理傳遞遠近均須熟悉故需學者學分三科曰行政科教會計法規經濟財政商業地理之學兼外國語曰技術科教電學工學圖算物理兼外國語曰通信科教電氣通信製機實驗商業地理兼外國語其學精於各處電報局郵政局速成之學生行政科生徒多調用各局供差人員學成出爲各局監督教習其學舍歲久傾圮更築未竣祗閱數處

一行政科第一年級　教英文

一行政科第二年級　教日本地理
一技術科第一年級　教德文
一技術科第二年級　教法文
一東京郵便實踐室　分二處一各局派來供差人員一本校生徒其習電信之法分樓上下爲全國電信度數置機多具以單線通之或打或接以驗其藝之精否有不視電碼以耳力聆電機默寫不訛者此法甚新即八音拍掌之理另有習海底電碼者較陸電爲難校中陸電碼文從斷海電碼文從連以爲區別
一電氣實驗室　教學生製造各種電機先繪圖後鑲配樓上

一所有明治二十三年自製各種電信機並英字母電信機電話近機遠機試電機海底電線
校長湯川寬吉言該國遞信省內有郵便電信博物館其中列品將擇尤送入萬國博覽會一藝之能其竭力專精如此郵政局亦明治二年創
下午觀學習院明治十年皇族華族捐貲創設始祇二族子弟肄業繼以向學者少乃准士族入學以愧勵之惟士族須納學資每年自九元至十八元不等以示限制學內分五科
曰初等科功課爲本國語歐文數學理學藝術學生自六歲至十二歲六年畢業
曰中等科功課爲本國文漢文歐文歷史地理數學理學藝術武課學生自十二歲至十八歲六年畢業
曰高等科功課爲本國文漢文歐文歷史地理政學哲學武課學生自二十一歲至二十四歲三年畢業
另有海軍豫科學海軍戰法全院現六百餘生內親王五人中國留學者一人即南皮尙書文孫也校中不計學資甚爲優待校長近衞公爵游歷中國未回
一初等學科二年級教動物植物置魚於案攷究其形以詔之
一初等學科六年級二所一教英文一教日本地理
一高等學科體操場較他學校多盤槓鞦韆二項

一圖書室中國經史子集四部具備皆近衞公手置
一理科器械室
一武器庫
弁閱馳馬劍術柔道術略如各學校
晚赴富士製紙社長村田一郎之約
念三日上午觀警察監獄學校本年九月間新設爲巡查弁司獄官兵講習法律之所先觀警察科講堂生徒百五十餘人靜聽講師解說法律次觀監獄科講堂生徒百二十餘人聽講師宣講犯法之原內分七條一瘋癲二欺詐三風俗即賭博四殺人五竊盜六一般罪犯七普通人每條有表表分三項一父母

年二十以下所生子女犯罪多少攷二父母年二十以上四十以下所生子女犯罪多少攷三父母年四十以上所生子女犯罪多少攷三項相較第一項人最少第三項人最多東人倣西法婚嫁遲故也次觀操演塲教習爲陸軍武官生徒有三四十歲者每禮拜操三點鐘止練習步法

下午觀天狗煙草製造廠主人巖谷松平幼從西鄉從盛作武官後改業商經營二十三年遂致巨富有廠數十座傭工三萬人其煙遍行本國並中西各國年輸稅五十萬元每紙捲易五十餘手始製成歷經煉煙葉裁煙絲捲煙條裝煙匣等廠力輕者用女工重者用男工

念四日曜日下午觀東京商業會館落成大七百十五坪一坪約二席位去年七月經始本年七月工竣費銀元二十一萬會長澀澤榮一立祭壇前敘述立會之由次則齋主奉神教者如釋道之流祭員進神饌祭文會長農商務大臣府尹市長以次讀祝奏樂三呼萬歲禮畢退會員各行樂作乘馬打毬曲乘諸戲贈漆杯一事爲記念觀者千六百餘人足見東京商業之盛至勸工塲之設以養無業貧民其法借二十元者日繳子息二文即中國因利局辦法列肆數百如旋螺紋左入右出標價目於各貨上示無二價

是夜往紅葉狩戲園觀劇戲子皆古裝演罷一齣閉布屏重演復開維新後禁淫戲所演多壯士刺客故事

念五日上午晤陸軍大臣桂太郎下午同中島裁之觀盲啞學校明治八年彰仁親王岸田吟香等八人公立現共盲生六十餘人啞生二百零九人盲生功課彈琴唱歌鍼灸按摩啞生功課裁縫圖畫雕刻指物而皆使識字通文審形辨物其苦心教育有足多者

一盲生識字教室　盲則腦力不傷故靈敏强記教法照英字母別製細點字母凸形橫讀使捫其稜而識之其字則用盈尺之銅中爲兩橫行方格以細錐爲筆按格刺之書整而速教習以字碼緇子等姓名使按讀之而音不訛

一歷史地理教室　或鉛或漆製各種凸形地圖置案使按由麤而細由合而分久而識之可知全國地形大概

一針治按摩教室　製人身全體形脉穴筋節皆有表記亦使按而教之

一琴教室　教彈琴箏之類教師亦瞽者

一講堂　彈洋琴教唱歌捫譜審音羣瞽相和

一校長室　內有造盲生所讀書機器大小二具印字機一具可省鑽刺之力又盲生寫信機一具機盤列英字母置紙於上下動則上印極便極速以上屬盲

一啞生學語室　啞者有生而聾不聞自無從學語不盡喉舌

之病也教法詳辨五音書一字母動脣喉齒舌以教之必音合而後已每教一字音使對鏡視脣喉齒舌動形而自習久之識字多知音亦多知併字亦知併音是以能語惟五音輕重之閒辨析極微非善誘難於會意有華族幼女最慧教習書漢字用東文切音使念朗然成誦

一識字教室　知音而不知義猶不識字也法先教以名物實字舉形詔之天文倫理之類則以圖

一圖畫教室　標畢業生名畫甚多

一裁縫教室　內有已能女紅自食其力者

一雕刻指物教室　嵌木雕花陶器塑像有極工巧之品經美

術會評定給獎教習二人皆啞者以上屬啞

另有一室　聚泰西各國盲啞癡兒學校製物標品陳列以資考究若米之繡德之畫皆非庸手所及

念六日上午去東京二十餘里觀駒場農科大學校在叢林平野中地十六萬九千七百八十四坪東尺六尺一席二席一坪明治十三年始改爲大學校去年失火房舍更築有未竣者每年經費九萬元教習月薪在外現學生二百四十餘人南洋公學亦派金姓一生來習功課分農學林學獸醫學農藝化學

農學科

一動物實驗室　凡害樹木果實菽麥若螟蝗蟊賊各蟲種類四玻璃匣各國蠶繭式三匣據云蠶種之盛仍推中國又取蝦魚苗若豆形養以藥水放鐵鍬上以水漂之十日生魚蓋可造以人力云

一養蟲室　鐵絲爲籠驗蟲之變化辨其質性投所好而觀其害物緣起以求剋治之法屋外並畜害水產物諸蟲

一養蠶室　蠶序已過僅見竹架竹篩熱度地爐等物蠶性喜潔畏寒凡瘟蟲傳染多自微塵而來有煤火手機燻木精水可治之木精水味極難聞按閩人鄭守箴譯法國喝茫蠶書稱蠶病多先天所受故以擇種爲要蠶瘟蟲種亦不一今見紫色大點者一種似椒瘟蟲

一畜舍　擇六畜異種者若荷蘭之牛安南之雞牛乳日得六升雞子年得五六十箇又有山羊亦多乳餘畜野兔鵞鴨之類

一農具置場　耡耰製與中國同惟犂以人力能左右轉並有馬車犂穀物播畦器刈禾機脫穀機滚地木機各物以教生徒備考究若民間常用仍係舊法蓋機器價昂既難盡購農夫亦未習慣也

林學科

一林學實驗室　內統地質學教室林學教室植學以地學爲本縣全國寒温帶及初霜晚霜期節圖攷其地質氣候之不同分色標別如紅色爲琉球一帶極暖之地隆冬木葉不凋藍色

者凋葉使知土宜並滙樹木果實約五百種驗以化學求灌漑栽培之術又取各種杉松木質攷究其易長大者有植學應用各機器圖式如剪刀可資穫刈之類

一植物園　櫸槲檜柏均相似松類爲多有羅漢鳳尾各種又凋葉之松殊不常見學生所植小樹以竹扇護之天寒畏霜也

一林物產試驗室　樟腦（日本樟樹少從前以樹根熬膏近則並葉納銅鍋內蒸之）松脂木炭木精木醋及各製造所用蒸餾機爐數座

獸醫科

一病理試驗室　驗各獸病蟲見羊瘟膿血所化蟲牛炭疽蟲（紫黑色）馬牛腸內條蟲又牛腸蛔蟲（紫黑色如豆大）

一標品器械室　製馬牛羊全體形分體形見牛胎數種以月分多少別之及牛胃丸馬齒馬爪筋馬腸內病塊塊若石卵如臺灣鹿肚石形繪醫獸病各種藥草圖又畫馬分伶俐癡鈍傲慢悍鶩懦怯六種

一解剖室　見馬腦標品分定脈動脈

一藥室　見試驗牛乳裝玻璃管內以機轉之輕質上浮重質下墜

一蹄鐵場　製打鑲配蹄鐵之所

一病畜舍診察所　內有盲病牛坐蓐馬瘟病犬

一外科手術場

農藝化學科

一教授分析室

一學生分析室

一學生秤量室

一取物室

一燃燒室

一淘汰分析室

一肥料室

一脂物浸出室

一顯微鏡室

一器械藥室

一講議室

一暗室（即用電所）

晚飲福島大佐家福島出示隣邦兵制考各行省蒙古滿洲均備福島曾從俄入華過烏里鴉蘇台晝騎馬夜宿蒙古包（外氊內皮）四十餘日井戶川言參謀部以吾二人囘國在卽奏請日皇擇日再見以行期已迫與雁廷敬爲辭謝閑院宮親王亦訂於下月初六日治餞因順路游西京婉謝之王將取道中國赴法觀賽會而達俄京

念七日到橫濱鄒筱春領事辭行晤同鄉商人在埠者據云日

本近稅重進口貨有稅租地有稅每年買賣若干有稅贏餘有稅故百物極貴

念八日到成城學校并同文會學堂與八生話別看體操而返晚陸軍大臣桂太郎招飲於永田町官邸并即告辭

念九日上午往各處辭行晤大山西鄉兩元帥川村吉田兩將佐晚與雁延宴客於帝國旅館到者大山元帥文部樺山大臣外務省高平次官內田全權公使通商局長杉村濬秘書官三橋繙譯官小林光太郎陸軍大生定孝田村怡與造福島安正上原勇作吉田精一諸大佐西川政成柴五郎宇都宮太郎諸少佐井戶川辰三大尉使署黎覺人參贊官羅保森繙譯官共

十八人尚有期而未至者數人

三十日西鄉大臣野津大將樺山大臣暨將佐等均來送行薄莫往使署晚木齋星使覺人參贊來談

十一月初一日宮島議員與倉喜平大尉等來送下午六點鐘由新橋上火車參謀次長大迫尚敏大佐福島近衞師團第三聯隊長吉田精一并使署參贊繙譯各官送至火車道外務大臣介繙譯官小林平巖來亦送至車道井戶川中嶋原田三人同行

初二日上午九點至西京住三條麩屋町俵屋曉琴樓到東本願寺谷了然方丈與其子大谷光瑩出見皆伯爵也日俗和尚不茹素有家室寺建在二百年前明治十五年燬於火二十八年工成費金錢三百萬緡登圓山有温泉可瞰全京民居五十萬文人學士退官者多居焉路仄電氣車以鐵桿扶電線而行不敢快也是夜雨

初三日上午前農商務大臣品川彌二郎邀觀川島織物所西京織工甲全國中有一幀織日本甲胄衣服古來所有諸物將赴巴黎爲賽會陳設之用主人川島聚中西及本國各故物舊譜翻新最能生色有撰及二千年前織錦於米國用多金購之以資研究下午到西本願寺則三百年舊寺也寺鉅富積貲建大中學堂兩座以助國家鄂生范思浦皖人徐美韶浙人由自強學堂選入文學寮肄業有園一區與東寺之涉成園皆故太

尉豐田秀吉故址旋觀三十三層塔登清水寺最高處金鑾禪師遺塚在焉望鴨川溯源於琵琶湖灌川入海歸途過舊宮宮門深鎖聞由東京宮內省派人看守宮外樹木蓊蔚馳道潔淨路不塵囂但見鄉人掃落葉而已當日皇居西京時左右二京肩摩轂擊近則右京夷爲民田辦事大臣廳舍爲兵燹所蝕并舊址無之是日來候者太田得證甲斐寬中皆曾游於中國

去西京四十里伏見町駐第六師團一聯隊千餘人

日本極力規倣泰西以西人有天主耶穌二教因遺僧到各國傳佛教並來中土中日之佛無二教也殊恐將來辦教案者又

多一國唇舌木齋星使云中國條約並無此層還以不認作傳教爲是

初四日九點辭品川先生赴大阪太田得諳徐范二生均送至車道十點至埠住佐佐木渡佐堀旅館大阪駐第六師團萬餘人因觀前諸侯豐田太尉舊城至其軍參謀礮兵大佐大迫尙道出見大迫尙敏弟也陸軍參謀二大臣均發電至礮兵工廠接待余輩觀廠少將太田德三郎爲言其事因邀觀各工場廠係明治三年創經始費一千萬元維新後諸藩所設機廠統併爲一價值不貲算常年經費四百五十萬元工匠三千餘人廠地十三萬坪內造攻城野戰過山海岸各種礮彈火具並零件兵器每年出大礮六尊次者三十尊又次五十尊再次百餘尊其海軍用礮由廣島別製廠內有運礮水道可通外港

一礮身礮架製造工場　製造各種礮身礮架其重至三十噸者可及遠八千密達（一密達合中尺三尺八千密達共約中里二十里）該礮若購諸西國須三萬餘金自製可省半費此外重十五噸至五噸之礮爲多其礮身第二工場內右爲俥光工作左俥礮內來復線上有起重機下有深坑圓洞爲箍礮身外層之機爐又設地窖因霉天銕有漲力礮欲俥光不能鑲入機器先用火於窖熯之

一礮架組立工場　合攏各式礮架礮盤鑲配應用各機件礮盤上護機鋼甲厚至一英尺

一礮身鑄造工場　一所六爐下有地道鎔銕入模一所專鑄生銕用富士山產者

一彈丸製造所　製大小各式彈子大可四百餘觔小名榴霰彈其頂圓中多螺旋紋又有機拉銅條爲彈子用另見製成炸彈數箱其中心鑲配皆用算術較量凡射擊遠近炸裂時候皆有定量

一彈丸鑄造所　有大火爐鎔銕汁先倒銕鍋上用起重機運動挨次傾入各銕模便成麤胚模在水中先已按號編列爐旁有出火汽管防熱度過甚或致暴炸

一藥莢製造工場　銅片用機製成大小各式火藥筒筒薄而蓋厚其速放野戰礮藥筒一種可裝棉藥七噸半大者可十二噸

一信管製造工場　製彈子內銅管螺絲各件

一輭過爐　鍊鋼鐵使柔

一打鐵爐　用水力機爐上大鎚壓力重八噸

一鍊鋼火爐　火氣極烈工人執木牌嵌藍色玻璃障眼以衞目力並覘火色

一飯盒工場　機器製鉛銕盒上層貯小菜下層貯飯軍士隨身最便盒刷黑色油用女工此與鑄礮無涉因係軍用特附於此

據稱該廠共有大工場二十二所內製礮身者三製礮架者八製彈丸者四製火具者七其餘鍜工各兵器零件不計每日用煤一百噸

初五日午後雨是早造幣局長長谷川爲治得外務高平次官電邀觀造幣局明治元年創四年成工匠二百五十餘人專製金銀銅三品錢並國家勳章賞牌每日工作八時應出值二十元金錢一萬枚共二十萬元值十元金錢一萬枚共十萬元值五十錢銀錢八萬枚共四萬元值二十錢銀錢十五萬枚共三萬元值十錢銀錢二十萬枚共二萬元值五錢白銅錢十五萬枚共七千五百元值一錢青銅錢十二萬枚共一千二百元

一文書課　掌案卷之所

一參考列品室　滙各國古今金銀銅錢陳列以備考究中國古錢頗多

一雕刻課　有機器置尖式輭鋏於上圓式硬鋏已雕成之模於下三壓而模縮小倒印於輭鋏上可省手工

一地金課　收各處礦產考驗

一試金部　量以大秤鎔以大爐引風力從內煽試銀之法以玻璃瓶貯鹽硝水和銀粉置機上皷搖數分鐘重質沈下斯爲淨銀試金者鎔金砂鍋如小酒盃大置爐火中以驗暒色

一精製場　分析金銀體質製造各種金銀磚塊出示高麗金一塊內攙銀質未經分析者又見銀磚數十塊云係福州銀圓局所購至金質多購中國及各國日本礦產以北海道薩摩國爲佳

一鎔解場　鋏模數架一模二十二孔傾金液於內鑄成金條每條可製值銀十元之金錢三千五百枚一枚重二錢二分五釐金條鎔就入水洗之即時鑢光

一伸延場　以已鑢光金條入拉機內漸拉漸長分寸恰好乃入輥圓機內壓成圓塊

一極印場　鑄成銀錢圓塊入大鍋爐內蒸洗色先黑淨以清水乃白淨畢烘乾入捲沿機次入印模機兩面受印極快每錢金九成銅一成

一秤量室　成錢後秤以天秤下有櫃錢之銖兩不稱者自能剔出如槍工場秤槍藥法數錢之盤方式有柄盤內百格如錢大以手搖之如格勻分省力而速

一包銀所　分三項先數錢次打包次檢查內天秤一有機用手力壓之輕重立見

一庫房　用磚壘成見金磚數十塊每塊重五百兩值銀一萬七千五百兩凡金銀錢打包後先入庫房再發銀行

一監察掛　散工時搜檢工人嚴防偷漏之所內設盥口壺木架等件

按日本自收回大銀圓後改用金錢並鈔票國中搭用小銀錢銅錢每銀百元須用中國上海規銀七十七八兩方能兌換分計甚微統算則甚大其印票用人面如英國用佛頭法因製票雖工而利之所在難保人不揑假惟人面雖畫工撮影前後均出一手尚難畢似故造幣用之縱有贋鼎易於辨僞據局長云福州銀圓局機器多伊代辦三年前有永福力孝廉鈞者來此至今尚隨時通信其鑄銀圓之法則各省均已設局大致相同鑄金錢則中國不受鎊價漲落之虧似宜亟講也大阪山水明秀街衢清潔爲全國之冠是局臨流結屋花木楚楚有致尤爲大阪之冠

大阪居留地中國商帮凡四一北帮（天津山東）一三江帮（上海甯波）一廣帮一建帮（福州廈門）廣帮因商景不佳移至神戸留者只三帮福州居貨者僅六家多城東水部人不於海口而於內地者以向與琉球通市義不忍捨出口魚翅鮑魚海參及各海菜進口則茶紙爲大宗均由大阪偎氏船渡海五日至冲繩近內地雜居則往來自便矣行貨者福清有五十餘人攜綢緞入內地買與女人爲倭幣者北帮三江帮米麥豆爲多商業頗暢旺夜間有六鄕人來談

初六日九點鐘由火車至神戸住西村旅店旋上西京丸船該埠有黑死病即閩粤鼠瘟日死十餘人井戸川云得參謀部電吾政府要兩日員到北京練兵因問余二人在途已否登舟

初七日十點鐘開輪川崎造船所社長松方幸次郎來候問福州船廠製船事松方大藏省大臣子也

初八日七點鐘到馬關下午四點鐘展輪是日未登岸晚雷雨

初九日雨七點鐘到長崎晴訪鄕人葉鶴臯飲福聚樓閱蘇報知李相簡各國通商埠攷察商務大臣六點鐘開船

初十日晨風大午後讀陸軍大學詳説

十一日午十二點鐘到滬

日本學校共二萬八千四百五十三處教官八萬七千八百五十五人學生四百十六萬八千七百十七人全國統算每百人內約有六十六人入學校者卒業學生五十七萬三千七百九十六人

小學六年　六歲入學至十二歲

中學五年　十三歲至十七歲

豫科三年　十八歲至二十歲

大學校三年或四年　二十一歲至二十四歲

長白賈凝禧
同里林啟貞　參校

福州吳玉田刻刷

東游日記不分卷

〔清〕蔣黼撰

《東游日記》不分卷，清蔣黼撰。黼（一八六六—一九一一）字伯斧，江蘇吴縣（今蘇州）人，曾官清學部候補郎中。此書又名《浮海日記》，係其赴日考察西式教育之日記，前有張祖廉、羅振玉題詩二首。光緒二十九年（一九〇三），偕友人張謇等，聘日人森村要爲譯者，於四月二十七日乘博愛丸號離滬，次日抵長崎，六月初六返滬。居日期間，游歷長崎、神户、大阪、西京（即京都）、名古屋、東京、横濱、青森、北海道等地，獲大阪府知事廳、北海道廳、朝日新聞社等日本官私機構協助，得以詳細考察日本幼稚園、各級學校，涉及學制、科目、教室、體育、美育、茶道等。又於日本工商實業甚爲措意，尤留心農業、鹽業等。據中國國家圖書館藏清光緒間刻本影印。

東遊日記

東遊記

稗海尋津逮康衢問楬櫫懸勲立漢幟辛苦閉門車油素揚雄字行縢汜勝書雞鳴黯風雨歸去意何如

讀伯斧東游日記竟書此歸之 祖盦

先後浮槎兩少年遠追徐市海東邊攜歸丹訣無人信縷紙親鈔意惘然

上虞羅振玉

東游日記　吳縣蔣黼

光緒二十九年二月初九日在淮安由羅君來日本博覽會總裁平田東助氏請帖邀往大阪觀第五回內國勸業博覽會叔蘊云此次東游熟人甚多可結伴同行

四月二十五日曇午後抵上海晤叔蘊知同游諸友皆已先期出發惟張君季直後至尚未行因約定後日同舟東往

二十六日曇午前九時至郵船會社購船券船名博愛丸自上海至神戶一等室往復券計墨銀八十二圓五角又至正金銀行以墨銀易日幣計墨銀一圓易日幣八十七錢七釐零歸寓檢理行篋午後訪季直十時登舟

二十七日即日曆五月二十三日晴午前七時半開輪同舟者季直之外有沈小沂張玉濤鳳岡兄弟皆舊識也季直又攜日本人森村要為舌人

二十八日晴午前東風稍大舟略簸蕩嘔吐數次午後風平浪靜舟左島嶼連續秀色如畫詢之知為五島即長崎口外之羣島也與季直散步船面見舟旁浪花日光照之現七色半規形季公曰此即虹之雛形也九時抵長崎停輪惜昏黑不能看海口風景但見兩岸星火而已

二十九日晴天明醫生來驗病午前八時登岸訪郵船

會社司帳張濟度張君派人導游東明山寺寺為華商所建大殿有隆武己丑年總理招討太師威虜侯黃斌卿匾額按斌卿生平未嘗至日本且隆武無己丑己丑乃魯王監國四年蓋斌卿嘗以戊子年遣其弟孝卿至日本乞師留長崎逾年荒於冶游日人輕之遂無出師意是時斌卿據舟山不納魯王故仍奉唐王正朔耳嗚呼吾華人之見輕於鄰國也久矣山上有私立鶴鳴女學校規模不大生徒僅數十人又至伊良林尋常小學校一觀長崎有小學校九此其一也此校去年新落成頗宏敞校長一瀨秀太郎

建築費三萬圓　地價一萬圓

男女生徒六百餘人每人每月出脩金十二錢

教員十八人　脩金自十二圓至三十圓　飯食在內

每年經費四千餘圓除收生徒脩金八百餘圓外由市稅補助三千餘圓

長崎居民十四萬人學齡兒童萬一千八人內猶豫者四百餘人

觀畢至華人所設之第一樓酒肆午餐又至丸山散步道旁屋宇極精潔榜其門曰貸坐敷營業詢之森村則皆娼寮也長崎市在山麓故街衢繚曲不甚寬廣市肆亦不甚高大勸工勸商場甚多其制每一縣

或一國爲一區設一大肆令各商陳列其中任人縱覽選購陰寓比賽之意卽博覽會之濫觴也肆中守者多女子無事則手一編或閱新聞紙或習外國文字舉止頗嫺靜午後三時回舟四時三十分開行海濱山上皆墾爲梯田其不能耕者則林木蔥鬱無一峯一巒濯濯者夜間見波濤爲舟所激卽發陰焰知此處海中燐質甚多也

三十日晴天明抵馬關停輪上煤馬關之對岸曰門司日本產煤之埠也般運之工人多用婦人取其工價較廉面目衣服皆與煤同色此等苦力中國婦人所不爲者蓋日本婦人多能自食其力無待哺於男子者也發電致孫實甫告以明日將抵神戶並請其代覓寓屋午前十一時開行午後行瀨戶內海山水秀絕

五月朔晴天未明舟抵神戶口外六時驗病畢乃泊馬頭實甫來迓將行篋交田中旅館託其代至稅關開驗日本稅關凡外國來之箱籠無不開驗見有應稅之物卽令納稅雖餅餌數包稅金在百文內者亦不能免然隨到隨驗絕無留難需索及勒罰充公等事十時偕季直游楠公廟前水族館入觀者人納金三錢館內以玻璃爲大函砌入屋之四壁函中畜水疊石俾水族游泳其內上通天光人在側面視之纖悉畢見牛渚然犀恐無此奇觀也又有海驢鰐魚印度大蛇等則別畜池中張以鐵網觀畢謁楠正成墓觀源光圀所書碑（文曰嗚呼忠臣楠子之墓）碑陰有朱舜水所撰文悤悤未能一讀午刻東源號主人李光泰招飲同坐有慈谿人吳錦堂（名作鏌）現爲本埠商董言論甚明白懇至午後四時偕實甫季直至三之宮驛登汽車五時到大阪梅田驛下車寓高麗橋清賓館此館爲今年春阪神二埠華商捐貲租賃專備赴會華客居住不收房金屋舍幾及百間窗明几淨客懷甚適館中理事金島文四郎（號瑞園）以博覽會便覽見贈

初二日晴午前十時偕季直實甫坐人力車至博覽會先至事務室取優待票（凡有請帖者會中贈優待票得自由出入會場不取游貲並得游觀東西京諸離宮）午後至江鄂出品事務所訪李拔可大令（宣龔）實甫有事返神戶故請拔可導游先觀美術館次加奈大館次參考館參考館者陳列各國物產之所也英法等國陳物雖寥寥可數然多新發明及改良之製作中國陳物之地僅三十六坪（每坪方廣六尺）分爲二區一曰江鄂一曰四川而山東福建附焉出品中惟錦繡景泰瓷雕牙器等差強人意餘無甚精彩因各省官場皆於去冬得日本請帖後方委員購辦爲時既促鮮定造之貨更何論發明改良哉委員於工藝本隔膜不過隨意購取以供點綴耳又觀教育

館工業館六時歸寓

博覽會地大物博分門別類非更僕可數日本人刻有專書而華客之赴會者亦多有記載茲不贅述

初三日晴午前十時實甫有電話來約同訪大阪府知事因與季直至川口三十二番益源號晤實甫同往大阪府廳知事未來晤書記官山田新一郎及大阪府農會技師富岡治郎山田氏詢東游宗旨告以觀會之外擬考察教育農工諸事山田氏允爲紹介富岡氏贈余大阪府農會會則及會報害蟲驅除法害蟲驅除報告大阪府農業地圖等農業地圖者將本

游記　五

府境內特產之農作物（如某處產蜜柑某處產葡萄某處產煙草之類）及農業機關（如某處有農學校某處有農事試驗場某處有蒸汽瀨僑某處有販賣組合之類○試驗場共十一處）一一標明地圖之上附以圖說及一覽表其作物之產額價額詳列表內以備調查農事研究土宜之用午後在寓讀農會報知大阪農會每年約用萬圓而國庫補助金約三千五百圓府補助金四千五百圓市補助金八百圓餘則會員所出之會金也大阪府農會即設府廳之內會中有與農人關涉之事會員議定後即由府廳揭示各郡村俾遵而行之不率者董之○日本官制府縣知事不親刑名錢穀之事刑名隸裁判所錢穀隸役所皆有專官知事職

司牧民凡地方教育衛生農政工業諸事皆分部治理部各有長而總其成於知事焉晚王荃士李拔可先後來談荃士名宰善上海人爲東京商業學校留學生

初四日雨午前十時同季直至肥後橋朝日新聞社訪西村時彥不値至其家晤之西村氏爲朝日新聞執筆己亥春日曾相見於滬上午刻歸寓午後一時小池信美來訪小池氏與西村同事昔年久在中國能華言故西村介紹之因與約定後日同往閱各學校各工場二時至江鄂出品事務所晤劉聚卿觀察及拔可仍偕拔可往看博覽會之農業館林業館五時

游記　六

至朝日新聞社晤其社長上野理一此社爲上野及村山二氏所設日本人謂之合名會社（日本會社有二種一日株式會社即股分公司一日合名會社即兩三人合設之肆也）西村小池二君導觀排字處做紙模處鑄板處印刷處此新聞日售十五萬紙爲日本第一大報二君又出請帖二函係大阪市教育會長小山健三請余等明日午前九時至城南練兵場觀大阪市小學校創立三十周年記念式帖中附贈銅鑄紀念章一枚聞日本皇太子適在大阪將親臨焉

端午雨八時小池西村二君來約因與季直同往練兵場場上編柏爲門內列三棚中爲演說臺左右爲賓

客休憩所執事者以花朵及菓子爲贈場之四隅樹四色旗大書東西南北區號小學校生徒萬餘人分區肅立臺下設軍樂一部有頃樂作太子及妃同乘馬車而來有棲川親王參乘屬車三則女官及侍臣也馬車繞場一周官紳學生皆免冠爲禮太子亦微舉其冠以答之生徒年長者十五六歲幼者七八歲整齊嚴肅絕無喧譁時大雨如注皆衣製鵠立無一張蓋者太子去後會長及大阪書記官山田氏等先後登臺演說演畢樂又作礮三鳴生徒呼萬歲者三乃散午後實甫藤澤元造先後來談元造之尊人南岳名恆年六十餘漢學家也頃在會場見之故遣其子來訪並約明日導游各學校

初六日晴七時藤澤元造來約因偕季直同往先至愛日尋常小學校校長高橋季三郎導游各教室

東西教室共十七間　每室生徒四五六十人不等

生徒六百餘人男女相半男生東室女生西室　教員亦男女分任

科目爲修身體操國語唱歌算術裁縫六科　每日五時

別有補習科生徒百餘人

高橋氏因予等不解東語故令女生徒暫停他科先爲唱歌科女教員鼓洋琴以節之藤澤告余曰所唱爲國歌及大阪市歌也日本國歌名君之代歌其詞曰君之代兮千代而八千代兮砂礫變爲巖而蒸苔兮高橋氏又令全校女生至生徒接所即雨天游戲之室廣袤約四丈爲客行禮禮畢留六十餘人爲游戲課其步代進退亦節以洋琴而和以歌曲無參差不齊者觀畢延至容儀室爲女生徒習容儀之所令女教員行抹茶敬客禮抹茶者卽唐宋人之點茶也湯鼎茶具皆有定位安置畢酌水滌甌抹之以布復自襟前取赤色帛抹茶匙抹法亦有定式抹畢以匙取茶葉著甌中茶皆碾成細末以勺挹湯注之以筅攪之攪成後現碧色上浮細白沫膝行而前進於客拜而退其儀文之周至舉止之端莊令人肅然起敬又出示學生所

書大字紙用中國連史與洋紙表合而成者大小如楹聯字徑六七寸雖七八齡兒童而筆頗清勁復導觀男生徒運動場場上立一竿上懸橫木兩端垂赤白二筐若天平然筐離地約八九尺生徒二隊戴赤白帽分立場之左右教員撒赤白球於地號笛一聲兩隊生各拾與帽同色之球投於筐有頃白筐重而下垂號笛又鳴兩隊皆復位教員獎白帽生之多中白帽生齊聲呼萬歲教員去二筐及橫木易於竹製之斗貫於竿如中國旗竿之斗斗距地亦八九尺號笛一聲兩隊生皆拾球投於斗號笛又鳴仍復位乃取而數之命一生以粉書於版曰白球百十九赤球百二十

四教員又獎赤帽生赤帽生亦齊呼萬歲兩隊各鞠躬而退高橋氏謂余等曰女子宜端肅男子宜壯勇也復以本校各種表格爲贈乃同往愛珠幼稚園今日園中行開園二十三年紀念儀式園長鹽田吉兵衛延入客坐小憩導觀各保育室惜今日休暇不能觀其保育法十一時行禮遊戲室中（此室猶學校之講堂）設御座旁設園長座及洋琴左爲賓客坐西面下設幼兒坐北面幼兒凡百八十人先向御坐行鞠躬禮保姆鼓琴幼兒唱國歌畢乃就坐賓客中有一人起立御坐旁演說數百言然後園長演說演畢洋琴又作幼兒唱園歌歌爲福羽美靜氏所作多梅稚氏（大阪師範學校音樂教員）所譜曲也多梅氏於音樂學甚有名大阪各校校歌多出其手歌畢撤去坐具保姆率諸兒爲游戲之課其節奏仿佛尋常小學校鹽野君留余等午膳坐客十餘人膳畢至攝生室小坐亦行抹茶禮又贈幼稚園新聞一紙（此新聞今年所出每月二回）本園沿革志一冊知此園始於明治十三年六月朔初立之時羣疑其爲傳習西教乃相與誓於神社羣疑稍釋時僅有幼兒四十餘人今已半爲學士矣近年日增月盛園地凡三易每易必廓其屋宇今之新園建於前年春間云

建築諸費八萬六千餘圓　歲費約三千五百圓

保姆七人　幼兒百八十人　男女相半

午後復偕季直藤澤至天神橋筋東二丁目島田硝子製造所晤所主島田孫市導觀工場此所立於明治二十年四月本爲官款所立後將款提還遂爲島田個人之私產現在成本三十萬元將來擬廓至七十五萬圓工人五百名內有女工四十八人一切工作皆用人工惟磨鑢雕鏤乃用引擎革帶（僅三十匹馬力）廠內兼設煉瓦窯（煉瓦即磚也日本古時無磚屋宇皆用板壁自與西洋互市後採用西國屋式始燒磚爲牆）其一切火力皆用瓦斯（華言煤氣）故較通常煤火之力尤大此島田所發明也島田由工科學校出身故於製造理化多有心得因問若派生來學幾年可卒業答曰須七年然不通東語者不能學也閱畢游泉布觀觀爲造幣局之別墅樓屋二重皆西式昔年嘗爲行宮今則陳列各珍物供人游觀每人納金五錢第一處爲千瓢會陳列古今名瓢千餘枚中有一瓢屈曲如蟠蛇上有康熙之寶四字不知何時流傳至此次爲豐臣太閤遺物鎧仗翰墨器皿玩具畢備明代所封日本國王誥命亦在焉後樓爲工藝陳列所小小之勸工場也夜雨聚卿拔可來談

初七日雨午前八時藤澤來約觀大阪市東區第一高等小學校因同季直往晤校長岡村增太郎及東區學務課長米田的道導觀各室

教室十八間男十女八　生徒千二百八人男六百五十女五百五十

學級凡四年

科目修身國語算術國史地理理科
圖畫唱歌體操遊戲裁縫英語

十二科

每年用款萬一千四百餘圓除收生徒學費六百圓餘均市區公費

計大阪東區市立之各學校及幼穉園共四十一處每年共用十九萬餘圓學生所出者僅二萬七千圓耳餘悉由區費補助豈不偉哉岡村氏亦邀余等至容儀室令女學生行抹茶禮此室專爲女生徒習禮之所抹茶之外又有進食禮每一週間行禮一次令各生徒迭爲賓主而教員監視之又贈余等各種表

格及本校史等書余與季直將其三十六年四月末調查表手鈔一紙攜歸余嘗問內藤湖南曰貴國公立學校每歲費鉅萬皆取之民初時得勿怨讟否內藤云初時經費亦無今日之鉅當時嚴禁家塾强入公學政府藉黜霸之餘威故不恤怨讟之浮言耳午後同季直訪藤澤南岳君筆談良久昨日南岳君贈余以所著萬國通議和陶飲酒詩余以王子安集注緯學考及墨壽閣詞報之南岳又贈余探奇小錄一冊爲其昔年遊吉野山水之日記也又訪西村君於朝日新聞社詢以此地幼穉園開辦之初如何發端西村云此事當問之友人清水氏因招清水君來詳述其事先是日本人有譯德國幼穉園書者後有德國婦人嫁與日官松井氏明治九年東京開幼穉園聘此婦人爲教習且養成保姆十一年大阪派出女生二人往習保姆學十二年學成而歸卽開一府立之模範幼穉園愛珠幼穉園之保姆卽在模範園傳習者也至十三年六月乃開愛珠幼穉園十六年府立之模範園停辦而幼穉園已徧域中矣昔往東京習保姆學之二人今有一人尚在姓氏園名鋹子年五十餘歲任保姆者二十三年所養成之保姆學生極多今在府立女子師範學校附屬之幼穉園爲保姆長其子現爲東京大學之學生季直欲延一保姆至通州因訂定明日同清水君至女子師範學校訪氏園氏晚實甫來談

風雨一首贈南岳翁

風雨城南路同游講武場衆中未申意今日喜登堂箸作通歐米丰裁儼晉唐元黃方力戰珍重魯靈光

初八日晴八時同小池西村季直至桃山女子師範學校

此校立於明治二十三年

本科學級三年　本科之外別設小學校教員講習所　又附屬小學校幼穉園各一

科目修身教育國語漢文歷史地理
數學理科家事習字圖畫音樂

體操十三科

開辦時止有教育漢文科（修身附）歷史地理五科而已校長一員　教諭七員（內一員兼小學校主事一員兼舍監）助教諭三員（內二員兼舍監）訓導六員　書記三員　教員心得三員（卽準教員也）保姆二員　學校醫一員本科生徒百二十八大阪府籍及外府縣籍各半（開辦時止有三十人）講習科生徒四十人　小學校兒童二百八十人　幼穉園幼兒九十人

校地五千八百十四坪（合中國三十四畝零）屋舍居十分之二

建築費十三萬餘圓每年用款二萬四千圓

晤校長大村芳樹及漢文教諭桑山國五郎保姆兼

準教員氏園鋹子坐定後清水氏亦至先導游幼穉園之游戲室幼兒數十列坐室之三面一保姆坐東北隅鼓風琴鋹子立室中導諸兒游戲先令對客鞠躬次唱園歌次鋹子令一兒出室外乃取一竹圈藏諸兒之背令此兒入室覓之覓得羣鼓掌賀之又令一兒出如前法令覓徧覓未得羣相譁笑此兒沈吟良久乃周歷羣兒之前察其色一兒色動乃搜其背得之羣兒復鼓掌以賀之鋹子率羣兒連臂踏歌周旋皆合節又令四兒交手作門狀自率羣兒互相牽衣連爲一串由門下走過小池曰此演汽車過隧道之狀也演畢羣兒歸保育室凡爲室三或教摺紙或

教累木種種遊戲復導觀師範生體操八人爲一團共五團初演西人舞蹈之戲繼而參互錯綜陣法變換而每行一步必微伸其足小池曰此名爲羣雀戲乃大村君新發明者因日本人骹短故特注意於足之運動冀改良其種族之體質也又偏觀各教室及裁縫室余問所作之衣其物料是否校中購備曰非也卽各生所自服或其家人之衣耳此校諸生皆寄宿校中有寄宿室十寢室與自修室共之每室十二人其臥具晝間皆藏複壁室中惟矮几三及小書廚三四人共一几書廚亦分四格此外香几一花缾一餘無他物室外有長廊可以散步有理髮室有食堂

（在炊室之外四人共一几）亦有浴室有便所（凡十所每室之人共用一所）大村氏復贈予等本校一覽及教育狀況並大阪府學事一覽比歸已午後一時矣飯後同季直至難波驛坐汽車至堺市觀水族館此館爲博覽會之附屬因此處近海取水便也一切設置仿佛神戶所見而規模較大五時歸至博覽會門前下車游動物館此館爲民間私立入者人輸金五錢其中南洋羣島所產者爲多禽類有鸚鵡（產濠洲種類極多有紅綠白紫等色）秦吉了食火雞珠雞大鴿獸類有虎豹獅象印度牛豪豕麝熊靈貓栗鼠懶猴婆羅內亞之猩猿（種類極多）海獺蟲類有各種大蛇又有一處置婆羅內亞土人之器物觀畢至各

府縣賣店中游覽賣店者各府縣人既將最精之物產陳於博覽會其餘普通者則各設店於會之門外以供游人購買晚至豐樂園邀聚卿拔可小飲聚卿未來

初九日晴午前未出門午後一時同季直至朝日新聞社偕小池氏至北區玉江町觀高等工業學校此校爲文部省所直轄除東西二京外並此而三校長工學博士安永義章導觀者書記中島義光也

此校立於明治二十九年　擴張於明治三十五年

科目　機械　應用化學　染色　窯業　釀造　治金　船體　機關　共八科

三年畢業

校長一員　教授十五員　助教授十六員　書記三員　學校醫一員　執役者十餘名　生徒三百六十名

每生每年學費十圓　自製衣服等二十圓　書籍等十八圓　膳費八十五圓　雜費三十圓

合計百七十餘圓

校地六千六百五十九坪 約中國四十畝 屋舍居三之一

又至常安町觀大阪府立醫學校校長及書記皆他出門者導觀各處有標本室皆病人各體剖解洗淨浸酒中又至剖解實習室見生徒數人方共剖一男子屍又至細菌室各菌種皆藏玻璃管置暖箱中觀其發生之度有德國所製一千三百十五倍顯微鏡觀畢訪聚卿拔可不值遂歸晚至近處散步觀古玩店及中川藤八所設幼穉園恩物店其恩物較前歲叔蘊所代購者爲多皆中川氏新增也高麗橋東有夜市雜陳花草骨董器用等類購零物數事拔可來談

初十日晴午前十時西村小池約觀造幣局局長長谷川爲治他出文書課長中村勤導觀各處曰地金課收各處送來金銀處也曰精鑄部鎔鑄地金處也曰試金部化分成色處也曰溶解場將已試之金鑄成

金棒也曰伸延場將金棒壓成扁片也曰極印場鑿成圓形及印出文字也曰精製場稱其輕重處也未印之前先稱一次重者削之輕者回爐印成之後又稱一次稍有輕重皆回爐重鑄又有一人專司聽聲以幣投鐵板聲稍啞者亦重鑄之曰雕刻部專雕鋼模凡鋼未淬則柔已淬則剛柔時受雕受壓淬後則可壓各金類矣舊例先雕一陽文母模然後成子模以子模壓各幣然雕刻之跡終不能盡泯而字之稜角亦不甚峭厲故近日本新法先彫一陰文之祖模以之壓成陽文母模然後琢磨精美務使鋒稜嶄然無絲豪雕刻之跡方以壓陰文之子模故日本之

幣文字工緻私鑄絕跡此中國所當仿行者也又觀參考室則日本古幣及各國貨幣皆備中國則有五銖以下諸錢及萬厤年元寶一枚上有刻字云重五百兩日本古錢有白雉通寶及楷書和銅開珎皆素所未見者也又至應接室出硯匣及來賓錄請自題姓名見前二葉有貝子載振及侍郎那桐等十三人題名此外華客之題名者先後約數十人觀畢西村氏邀至其家午膳膳用西式極精潔皆其夫人手治也因問何以能此曰有西洋料理書仿照書中之法加以揣摩即得之矣日人嗜學雖小事亦刻意摹仿若此午後偕小池季直至天王寺南河堀町觀大阪府立師範學校

此校立於明治八年　移建於明治三十四年師範學科之外別開甲乙丙三種之小學校教員講習所又有附屬之小學校有高等尋常單級諸種

校長一員　教諭十六員內一員兼附屬主事二員兼舍監　助教諭五員內二員兼舍監　訓導十三員　書記五員　教員心得二員　雇一員　學校醫一員　柔術擊劍弓術教員一員

本科生徒三百二十名　甲種講習科四十名

乙種講習科四十名　丙種講習科四十名　附屬小學校兒童五百七十名男三百餘名女二百餘名

校地萬五千九百四十三坪合中國九十五畝零　屋舍約居六分之一

建築諸費二十一萬餘圓

校長森本清藏氏導觀各教室及附屬之小學校惜爲時已晚不能見其授業又觀教員會話處各教員問日齊集於此商搉教育之法又觀生徒寢室自修室食堂庖湢寢室在樓上八人居一室臥榻衾枕皆仿西式日間亦不卷去非若女子師範生之純用日本舊式矣自修室在樓下十二人居一室校外有農事試驗場校內有工業教室生徒除本科外以此爲隨意科又觀生徒擊劍及柔術擊劍者二人皆著鎧戴鐵面具此本中國古戲然自宋元以來已成廣陵散矣柔術即徒手相搏也五時歸

十一日晴午前訪南岳翁午刻至豐樂園小飲午後游博覽會工業館購瓷器數事日本之瓷本不及中國近年極力研究不但可以亂眞直欲駕而上之矣又觀機械館時已薄暮機輪皆停晚飯後又入場觀夜會電燈萬盞恍如白晝噴水亭內更以七色電燈旋轉其中望之如天半彩虹焉

十二日曇午前十時小池來約觀日本佛蘭內羅即佛蘭絨株式會社在天滿橋北羊毛皆來自濠洲先漂之次染之次乾之次彈之次紡之次經之次漿之然後上

機既下機又漂之乾之刷之初織時無毛及用機器刷之乃成絨共用
鍋爐三坐馬力二百疋男工百人女工四百人每日
焚石炭三萬斤用羊毛七八百斤午後至博覽會觀
機械館有織布織紬打米磨麪做燐寸等機械其價
皆在百圓內外又有石油發動機華言引擎自二馬力至
十六馬力價自三百五十圓至千五百圓此等機械
價廉工省最便內地小本工商家之用又觀通運館
新式舟車甚多有布造小艇可容兩三人不用時可
以摺疊價亦在百圓以內又觀農學試驗處皆以鉼
片爲筒分別各品類及各種栽培法又有園藝場苗
木場暖室周覽一過已六時矣

十三日晴午前未出門午後朝日新聞社主人村山龍
平上野理一及西村氏招飲於網島之金波樓俗稱
鮒宇樓據淀川之上風景絕佳屋舍陳設純用日本
舊式精潔雅飭有名園氣象主人澤氏自豐臣執政
時已設酒樓於此今其十七世孫矣五時入坐同坐
除季直及余外有小山健三號春卿前文部次官今爲三十四銀行頭取大
阪市教育會長島村久前駐布哇公使今爲鴻池銀行頭取土居通夫前判事今爲大
阪商業會議所頭取兼辦電燈會社關新吾號半田前福井縣知事今爲朝日新聞社執筆內
藤虎次郎號湖南朝日新聞執筆久松定憲號澱江朝日新聞執筆小池
信美三主人共十二人飲畢季直賦七律一章余成
一絕

繞閣溪流碧有痕好山無數恰當門暮雲散盡月
初上一片金波落酒尊
十四日曇八時小山健三來訪小山氏於二十年前即
爲長崎師範學校長後又爲東京商業工業各學校
長文部省實業學務局長文部省次官誠教育之泰
斗也因詢當年師範學校狀況君言當初倣米國學
制建師範學校全國止有五校後逐漸增設初延美
國人一二員以日本人之嘗讀西書者副之後則純
用本國人矣九時偕小池季直至鶴橋村觀府立農
學校晤校長井原百介氏
此校立於明治二十一年　內置農科及獸醫科

農科目修身國文數學物理化學博物肥料作物園藝作物病蟲
土壤農具農產製造養蠶畜產經濟氣候林學大意獸醫學大意外國語法
規簿記圖畫體操實習共二十四科
獸醫科目修身國文數學物理化學博物解剖及組織學生理寄生動
物藥物及調劑內科總論蹄鐵及蹄病外科眼科疫論畜產病體剖驗家畜衛
生產科乳肉檢查法農事大意氣候法規外國語圖畫體操實習共二
十六科　學年各三年
本科外附專攻科本科卒業生欲專所研究一二事者入之別科即簡易科
別科目　農土壤肥料作物畜產養蠶病蟲害　獸醫解剖生
理藥物畜產內外科蹄鐵
校長一員　教諭十員內三員兼舍監　助教諭五員內二

員兼舍監員兼書記一　書記二員　教員心得一員　教
員囑託一員　學校醫一員　農科生徒百三十
人　獸醫科生徒七十人
校地三萬六千九百七十二坪合中國二百二十餘畝
每年經費二萬七千餘圓內教員俸金一萬圓除本校每年
入欵四千餘圓外餘均由大阪府補助
井原氏導觀各處校內除各教室外有寄宿舍有養
蠶場校外有解剖場有家畜病院有蹄鐵場有畜舍
有牧夫小屋有農夫小屋有堆肥小屋有種牛舍有
農產製造室有家禽舍有養蟲室有溫室有水禽舍
有實習所校前爲場圃有普通農場有試作地有試
驗地有蔬菜園有見本園有種苗園有植物園有果
園有桑園有茶園有陸田有水田有生徒擔當地令各
生分領而自種之以比較優劣有體操場農科學生每日午前受業
午後至場實習生徒之畢業者或爲各郡村試驗場
技師或自治農業或游學外國亦有願留本校爲專
攻科生徒者觀畢已十二時井原氏留余等午膳且
言校中止有生徒肴饌未能爲客特設殊失敬意其
膳每人飯一小桶炒蛋一碟約兩雞卵內有牛肉屑馬鈴薯二
片鹹萊菔二片感其厚意校例不留客膳此爲破格之設爲之三飯
飯後歸寓金島文四郎約觀築港工程先同至水明
樓旅館約偕游之華友二人一爲方君藥雨一姓楊

方君名若鄞人爲天津日日新聞主筆劉鐵雲之友
彼此聞名不意於海外遇之金島氏爲大阪商船會
社理事故爲特放小輪一艘至築港築港者在安治
川口外海中因海面敞豁不便泊舟於是議築長堤
兩條伸出海中一長九百丈一長一千三百餘丈全
用塞門德爲之每塊寬五尺長六尺高四尺約重萬
餘斤橫斜堆疊不使平正云較平砌者爲有力復用
濬海機船濬港內海底務使極深其土則積置海濱
爲將來設埠之地估工價二千萬圓自明治三十年
開工限三十七年蕆事一切工師船械皆本國人自
任自造無取材於西洋者歸途過大阪鐵工所即造船廠
登岸一覽過川口訪實甫不值夜內藤湖南過訪談
金石學內藤云金石之學不特資翫物乃可徵世運
之盛衰近時泰西崇尚美術者亦同此見但西人不
知書法之爲美術於此一道茫乎無知若在東洋則
百般美術以手法爲重而書法爲手法之尤顯著者
不得舍此而論美術也貴國富古金石十百倍於敝
國而敝國之富古寫經舊鈔書則似過於貴國此宜
參互合證者弟去年游貴國觀房山石經洞之勝其
風格酷肖敝國所藏古寫經此等異同詳加考究極
有味也余謂敝國政治學術至宋以後而大衰即書
格亦隨之卑弱且數百年必有一次兵革故竹帛煙

銷賴有古刻稍存古法近年出土尤多所惜輾轉遷移隨出隨沒此皆無公所藏弆之故惜無人刱設博物館以一國之人守一國之寶校之一人一家之私藏其壽多已內藤云敝國六七百年來往往亦有大亂但國俗尤崇佛法寺院祠廟雖極亂之世每免兵燹唐代之遺物存於今者大抵寺院所藏也明治之初變法之論太盛事事效法泰西而徒採其粗遺其腴加有廢佛之議一時寺院之廢頹殆臻其極所藏寶物亦多運去海外近二十年來當局大有猛省差派專員攷察古寺祠之珍寶五六年來亦有攷定國寶之舉擇古寶玩之尤者定爲國寶一切不得售出古寺觀建造法式可以徵古制者亦皆籌欵繕修以傳永遠此一事爲敝國近年之美事又云奈良古佛像大抵隋唐之遺製又有法隆寺去奈良二驛其堂塔實隋時之建造也唐招提寺（去奈良敝國里一里）有一堂卽當時之朝集堂亦係唐時之遺

十五日曇午前至東區大手町二丁目三番地訪小山君君出寫眞見贈午後觀博覽會之水產館所陳海錯及漁具極多有養蠣法一書自述其法得之支那厦門然近年研究發明出藍多多矣又游不思議館觀影戲及美國女優之舞其法盡閉窗戶室黑如漆此女著白綢之舞衣登臺臺頂用各色電光直射其身黑闇之中忽現彩雲一朶又如萬花齊開又如火烈具舉瞬息萬變令人目迷五色天女散花不足喻其光怪雖游戲之術然光學之奇妙殊可驚也訪聚卿拔可不值夜藤澤元造來談

十六日雨午後二時訪小山君於三十四銀行導觀各營業處此銀行設於明治十一年後漸次擴張并四銀行爲一資本金五百萬圓去年綜計共預金（卽外來存款）九百餘萬圓貸金（卽放出之款）千八萬圓此等謂之勸業銀行專備農工人等借貸興業之用借時須用產業作抵年息七八分（卽中國七八釐）欲預金者自五圓以上皆收之利息分三等常年寄存者每百圓年息五圓零星寄存者每百圓日給息金一錢二釐（卽十二文）隨時可提取者每百圓日給息金七釐（卽七文）凡設此等銀行者將資本備齊後例得出十倍之債券其法譬如有資本一萬圓則出二十圓一張之彩票五千張任人購買擇日開彩得千圓者三張得五百圓者數張其不得者仍以二十圓作爲存欵每年按五釐取息故買者有得無失此例起於法國日本倣而行之（此事據小山君筆談所述如此然小山君短於漢文余等又不能日文小池氏又短於商學故委曲之處終恐不免有誤姑記於此以待考）小山君並允爲書紹介於西京名古屋靜岡北海道諸學校意極殷拳四時西村氏來談

高橋喦吉餉藥

三島神仙宅多藏不死方蛟龍窺玉札山水護丹房九轉參眞訣千金壓客囊不須飲冰雪內熱自清涼

十七日晴本約小池同游有馬遲至日午不至不果往實甫來談午後上街買物晚飯後至藥雨處談

十八日晴午前至東區島町二丁目訪內藤氏筆談良久樓中四壁皆懸中國古刻並出示文政二年森川世貢所刊集古浪華帖及前年在直隸房山所得心經殘石且贈余奈良法隆寺佛光背記及內府所藏右軍眞蹟新刻本及東京筆工勝木氏所製雀頭筆古人以雀頭筆作眞書以柳葉筆作草書今奈良正倉院(即帝室之御府)藏有唐時寫經筆勝木氏仿其製爲之余告以將游西京聞西京博物院有西魏陶仵虎寫菩薩處胎經請作書介紹往觀又至天滿橋北松枝町西村處辭行午後游天滿宮天滿宮者日本先儒菅原道眞之祠也規模宏闊殿屋不用瓦覆以薄板數十層其厚盈尺此日本宮殿制度中國之瑠璃瓦也猶餘屋則用瓦夜實甫來談約定明日同往西京

天滿宮

兒童解誦清涼句婦孺爭祈天滿宮可有英靈來縹緲一庭香雪月明中嘗在某小學校見兒童誦菅公詩曰去年今日侍清涼秋思詩篇獨斷腸恩賜御衣猶在匣捧持日日拜餘香相傳此地昔屬叢林天麻中里人見靈光發林間又屢夢神人告菅公嘗愛浪華梅花云云人以爲公託夢因披荒榛即梅樹下建祠以奉之

至今愚夫愚婦之祈福者香火不絕甚矣神權迷信之難革也

大阪府教育概畧

小學教育　大阪市及旁郡學齡兒童之已達就學期者十八萬七千有奇男九萬八千有奇女八萬九千有奇內就學者十六萬三千有奇男八萬九千有奇女七萬三千有奇其餘因貧困猶豫者二萬二千有奇因疾病猶豫及免除者一千有奇疾病之中盲啞者五十四人已入盲啞學校市町村立小學校四百七十有六經費百三十九萬餘圓內尋常三百七十經費九十九萬餘圓高等五十八經費十八萬餘圓兩等四十八經費二十一萬餘圓穉園四十三公立三十九私立四幼兒六千有奇經費七萬餘圓

養成小學校教員處　除男女師範兩學校之本科外師範學校內附設甲乙丙三種講習科甲種者現任小學校教員入之其目的在復習已學之各科又注入新智識每期五週間每年七期乙種者有尋常小學準教員之資格者入之講習期一年其目的在養成尋常小學校本科正教員丙種者有高等小學校卒業以上之學力者入之講習期五月授以尋常小學校準教員之學力女子師範學校內之講習科則以養成尋常小學校之準教員及幼穉園之保姆爲目的其講習期及入學者之資格則同丙種

中學校　府立者十所私立者一所名桃山中學校此校爲十餘年前居留大阪之英國人所創本爲外國語學校去年正月得文部省之認可作爲中學校其經費除收授業料外皆由英國基督教會補助

女子中等教育　有府立高等女學校二市立高等女學校一郡立高等女學校一此四校最著名此外私立者六其設立之最早者曰梅花女學校創於明治十一年爲基督教徒所立是時日本女學極幼穉而此校嶄然獨立至今談者尚推其篳路藍縷之功焉

裁縫學校　專爲女子之不入中等學校者而設猶男子之實業補習學校也多設於明治三十四五年其學科爲修身家政裁縫刺繡編物造花容儀茶道插花體操或各科全備或止設二三科亦有併設國語算術科者修業年限或三年或四年生徒多者百餘人少者十餘人教員多者三四人少者一人每年經費多者數百圓少者數十圓通大阪府共六十所有特設者有附設於小學校者

專門學校　有府立醫學校一私立醫學校一醫學院一藥學校一法律學校一

實業教育　有官立高等工業學校一府立農學校一市立高等商業學校一私立商業學校二市町村立實業補習學校十二日本人見近年西洋貿易之進步由於工業之發達知手工之不敵機械個人事業之不敵會社也又見大阪爲全國工商業之中權也於是鋭意改良工業明治二十九年下詔設工業學校於大阪及三十三年第一次卒業諸生學力甚佳實業家爭羅致之至去年遂升爲高等工業學校以增進其程度焉高等商業學校則濫觴於明治十三年而亦擴充於上年者也府立農學校之目的在收實際改良農業之效故實習時間與講授時間相半實業補習學校者

專爲甫受小學教育即從事於謀生不能入實業學校者而設其目的在授以切近實業之普通學其學科或工或農或商教授時間或日曜日或夜間或歲中之某季節修業年限或二年或三年各按地方之情形而定每校師生員數及經費之數畧同裁縫學校此等學校多設於明治二十七八年需費省而收效廣最足補普通教育之不及

其他各學校　若陸軍地方幼年學校外國語學校盲啞學校及漢學家所設之書院學塾又有大阪府教育會大阪圖書館等則以行期怱促未遑一一調查焉

十九日晴午前九時偕季直實甫乘汽車十時抵西京先至木屋町二條南島津源吉處略憩島津氏專售學校各種儀器標本於電學尤多所發明所製有聽曲電燈將電綫之一頭通至唱曲之所一頭將電燈旋開則歌曲之音即從光中發出又有電氣煮茶具暖足具暖身褥諸器偕島津往訪染織學校長金子篤壽因今日日曜停課約定明日午前往看至近江樓午餐樓臨加茂川溪聲潺潺對面山如屏障樓閣浮屠參差叢碧間風景絶佳飯後島津導往觀水力發電處日人謂之水利事務所爲前任西京府知事北垣國道仿美國法所剏鑿山爲隧道疏琵琶湖之

水爲運河長九萬四千尺中隔重山凡爲隧道六段隧口爲池湖中之舟由隧達於池然池水尚高於西京平地數十尺乃於池邊爲斜坡鐵道以機關載舟入於溪又於池邊爲水門門口通鐵管以激機輪而而生電廠中凡置電機十餘具共二千二百餘匹馬力西京各工廠及電車電燈皆仰給焉又爲水道通入市中供人汲飲經始於明治二十三年六月告成於二十七年九月縻金錢百四十二萬餘圓皆假貸而來初經營時人咸非之謂湖身高於西京市全恃山爲保障今若鑿之西京將爲澤國北垣氏力排衆議以成之今則每歲以餘利之七成償借款以三成

爲公積預計明治四十二年借款可以還清從此長爲西京市之公產矣市之人感北垣氏之惠將爲立銅象於水次以誌遺愛焉晚宿麩屋町姉小路柊屋旅館

二十日晴午前同島津季直實甫觀染織學校校中今日仍停課無可觀乃觀盲啞院院中男女生徒三百人盲者教以讀書音樂針刺按摩其書用厚紙刺成凸點以手摩而讀之字用五十假名校長令一生試讀兩手齊捫聲隨手向絶無遲誤並令刺五十字母爲贈啞者則教以觀書寫字作畫裁縫諸學其半啞者耳不能聞喉中略能呼聲則教以出聲之法使略能讀惟不甚

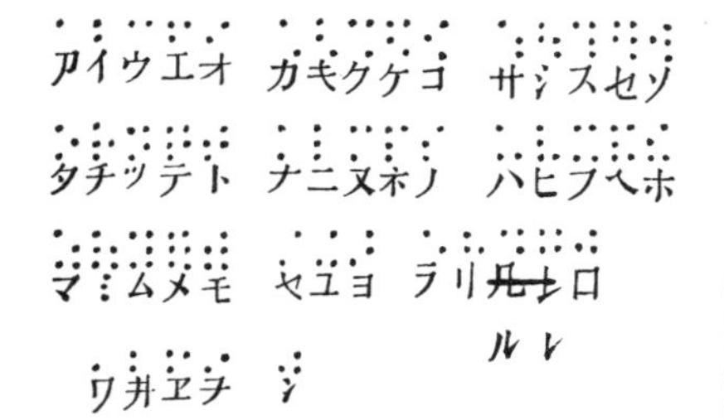

日本京都私立盲啞院盲生田中吉二郎手刺五十假名

清楚耳余購得男啞生小畫幅一紙女啞生畫扇一柄而歸飯後實甫返大阪余等至大學訪圖書館長富岡謙三氏致内藤信請其導觀博物館時大學停課且余等志不

在調查大學遂未請徧觀四時至御所觀覽御所者西京之舊皇居也平時不得入惟持博覽會之優待票得入之守者導觀清涼殿（便殿也東向）紫宸殿（正殿也南向）紫宸殿凡九楹中爲玉坐（其制如暖閣四周以帛爲帷中設御牀玉几）屏障畫中國古賢臣象自唐虞以至李唐凡三十二人（記得有許由管仲及李勣魏徵等）殿上皆鋪席殿前納陛十九級以木爲之殿屋亦覆以薄木板殿東爲上苑水石明秀殿後爲聽政處凡六室（便殿及聽政處之御坐皆席地但比平地稍高）屏障畫昆明池圖蘭亭圖岳陽樓圖十八學士登瀛洲圖爛柯圖導者詳詢此等故事之出處及今之何地爲之一一筆述又其後爲寢殿則門皆扃閉不得入將

出門門衛又出一紙書數字問漢音如何讀法此可見日人無上無下莫不好學也宮不甚大而規模特爲古樸周覽一過恍如身到唐宮矣

二十一日曇午前游博物館晤館長[redacted]拔手[redacted]余請觀寫經二人有難色詭云此本智恩院物今已取歸矣乃導觀各室中國古物有吳道子佛象李龍眠山水用筆皆極瘦硬又有宋徽宗山水及趙昌萃貝圖又有古瓷器漆器皆極精導者察余非傖父乃告余曰魏寫經幸尚未取歸當取出相示乃出經笥韞以重櫝藉以芳芸經凡五冊每冊約七十頁每頁十行共三十八品紙似黃麻第一冊紙色稍白書體亦草率乃後人補書二冊以下則書法遒美然亦非一人之筆第三冊之末有寫經緣起今錄於左

大統十六年歲次鶉火律在挾鍾八日丙寅仏弟子陶仵虔卅人等資光偏懃體耀乘門敬崇玄範淵敷靈敎於陶蘭寺㢠遵沖業㕓大魏國內一切乘藏搜訪盡錄至二年功訖洪基創跱福映三千鏡闢惛沉遐圖万葉願法界四生無復六塵依尋弥鄣俱融覺道

館長又出朱拓數種爲宋孝宗賜明州天童寺敕書及詩刻也觀畢歸寓十二時偕季直登汽車六時至

名古屋寓富澤町二丁目志那忠旅館

二十二日陰雨午前偕季直觀市立商業學校此校立於明治十七年今有生徒一千餘人有本科有豫科有速成科校長市村芳樹漢文敎師齋藤清之丞校之門外懸一扁書曰世界我市場講堂左右懸二扁一曰立國在商一曰育英在學並贈余等一覽表及漢文倫理讀本齋藤氏之所著也午刻登汽車四時至靜岡縣道旁田畝布置極精今詳記如左

一水陸田錯綜法（凡地之不高不低者以爲水田則太高以爲陸田則太低將低處之土培於高處則低者成水田高者成陸田矣）

一稻田開畦種豆法（田宜輪栽然或水田地低不宜陸田植物則開成畦條畦

之溝極深則畦面極高自無水患

一苗代田法日本近因研究害蟲之事極注意於苗代田每村由農會擇定極好地一區爲苗代各家不得私立其田式寬僅四尺以便人在兩邊檢查蟲卵

宿驛旁大東館旅舍晚間商業學校長岡田禎三來訪約定明日同觀製紙工場

二十三日晴八時同季直至商業學校晤岡田君導觀各教室規模略同名古屋而較小生徒四百餘人有本科豫科簡易科學生由高等小學校畢業即可升入先入豫科二年程度同中學校之前二年再入本科三年程度同中學校之後二年是爲畢業儲爲大商人及大商店總理之用簡易科二年畢業即近地普通商人之子弟也九時

至安東村觀靜岡製紙工場主人野村角太郎導觀名處原料專用三椏皮此皮即產富士山下及靜岡近地其長三尺外層黑皮已剝去先用水浸透由女工削去皮上黑斑再加洗滌然後裝入蒸汽罐中加入苛性曹達約蒸六時即腐熟成黃褐色取出再洗之置大桶中用機輪攪爛之移入第二桶加曹達硫酸等藥漂之色即漸白再移入第三桶混以西洋紙料其色純白漂時亦用機輪攪轉女工數人以手揀之有纖毫黑點皆去之然後移至秘密室加藥品再用鐵網濾之乃人漉桶和以水用竹簾或鐵網漉之若欲有花則用鉛片刻成花紋以細鐵絲綴於網漉出覆於佛蘭絨巾上兩巾夾一紙積數十層用壓機壓去水質除去絨巾積七紙爲一帖外加粗紙糊於木框入乾燥室室內有蒸汽管頃刻即乾剔去粗紙送檢查處一一稱量有太厚太薄者去之有小斑者亦去之用機器切齊送研光處每紙夾以兩層極光滑之鐵片用機輪一再軋之則兩面皆有光澤而紙成矣有斑之紙用小刀將斑切去再入漂桶重製太厚太薄者亦然故日本之紙潔白勻淨以不惜人工也觀畢復同岡田季直乘汽車至江尻大田製紙場一觀製法與野村處悉同而規模宏濶大田氏之引擎爲五十匹馬力野村氏僅三十匹耳據云日本製紙本不參西法自政府

立印刷局局中自造紙張始用機械補人工之不足名曰局紙亦稱改良紙然民間無仿製者至明治二十七年始請於政府改歸民造今國中有三處靜岡二處越前一處其純用機械製造西式紙張若王子等廠不在此數餘皆仍用日本舊法參用西藥而已觀畢歸大東館四時登汽車道出富士山下積雪皚然高出雲表山腰已下雲氣繚繞不能見其全體十時抵東京新橋驛同季直至京橋區西紺屋町五番地清淨軒宿

二十四日晴午前作書寄駒場農科大學約路壬甫來談欲訪王惕齋則往大阪矣十時鄞人張伯嚴名之銘來訪伯嚴爲惕齋之友惕齋臨行知余等將至故託

其來招呼遂同往訪聚卿拔可於本區弓町本鄉館二君先數日來此也夜路王甫來談

二十五日午前曇至同町七番地王惕齋家中小坐十時乘汽車至澁谷換乘人力車至駒場農科大學訪王甫阻雨不能往觀試驗場壬甫留在食堂會食其肴仿佛大阪農學校談至日暮雨不止即宿學中（日本中學校以下校規極嚴生徒事事須遵校則惟大學為成材之學生故得自由寄宿舍中可留客食宿）

二十六日晴午前偕壬甫至清淨軒午後遷廣本鄉館五時偕壬甫上街散步

二十七日午前曇偕壬甫游上野公園觀西鄉隆盛銅象又觀博物館規模較西京尤大其中陳列分天然部（動植礦物類屬之）歷史部（古代器皿及各國古今物屬之）美術部（書畫玩好等屬之）中國物類中有雅片烟具及婦人小足模型吸烟人夫婦反目模型觀之恧然日本古樂器中有箜篌一具其形

共二十三絃旁有古畫畫中即有彈箜篌圖其法將上端懸起一手按絃之上部一手彈之至酒肆午膳游勸工場購零物數事歸途遇雨陶惺存來談

二十八日晴午前至臺町二十七番地鳳鳴館訪陶惺存不值午後未出門

二十九日午前雨偕壬甫游淺草公園登淩雲閣閣凡三十二級登者人輸金八錢其高略同吾吳報恩寺墖東京之東部盡在目中矣閣上有檢體重量計人立其上投一錢其孔則針自動予檢得重十六貫三百五十目壬甫檢得十五貫五百目游淺草觀音寺殿宇崇閎男女之祈禱者不絕午後過松山堂書肆小坐至芝區游芝公園有寺名三緣山增上寺基址極大有地二十餘萬坪園即其地為之蒼松夾道康衢中有山林氣象寺西有東照宮德川家康之祠也有池曰辨天池水木明瑟小憩片刻歸遂過神田區田代町十番地鷲田信一家購得日本古泉數種及日本畫錢誕鷲田贈予明治折二錢拓本云是明治初年所鑄今國中絕難得此品已為歐人以十金買去矣

閏月朔陰雨午前訪王惕齋蓋不見者五年矣又至神田區錦町三丁目十七番明淩館訪廖綬青徐佑長張伯嚴綬青留予午膳綬青現在高等工業學校今方休暑假故得暇也午後至松山堂偕其夥友中村氏同至活板株式會社

初二日午前陰偕壬甫步至書肆購書數種十一時至王惕齋處十二時偕惕齋季直壬甫坐汽車至橫濱惕齋邀至酒樓小飲午後同游市街遇惕齋友人潘荻洲（名延初歸安人）現在函館（即箱館）開慎錩棠海貨號此君商於北海道二十餘年矣至海濱散步觀美術肆遇

雨悤悤登汽車夜大雨

初三日雨午前清河人陳贏生名福頤來談陳君現在弘文學院留學又爲留學生會館幹事以會館第二次報告見贈並出捐冊募捐十一時偕季直至牛込區沙土原町訪汪伯唐監督因留午膳飯後至成城學校寄宿舍訪章靜軒名亮元浙江臨海人洪俊卿名傑安徽歙縣人二君皆以今夏卒業行將入聯隊矣此校有華人二百餘人定例月出學費二十五圓一切飲食衣服被褥書籍皆由參謀本部代備卒業之日如有餘款則返之學生校中不留一錢也又至弘文學院訪陳贏生遇彭敏伯名樹滋吳廷翼名翔慶皆吳人此院爲嘉納治

五郎所立專教華人內分警務普通師範三科師範止有速成科無本科其學期爲半年及年半半年者止習教育學年半者兼習普通學皆由舌人傳譯不習東文東語學費每月二十五圓近年內地謀設小學堂者漸多而苦無教習宜令各縣選中文優長略通科學之士三數人申送省城彙送日本學費由各縣自籌以一邑之財力籌千餘圓爲培養教員之費非難事也至浩養館訪高夢旦又至松本館訪姚椰坪不值夜發西村信孫實甫信

初四日雨竟日未出門午後綬青來談夜柳坪來談

初五日晴午前游濱離宮此宮爲德川氏舊苑以居海濱故名屋宇不多山水清曠有天然之趣無殿閣氣

初六日晴午前偕季直至麴町區五番町九番地訪嘉納治五郎午後訪王惕齋並至松山堂購舊書數種夜接孫實甫信檢理行篋豫備明日往北海道

初七日雨晨起九時二十分偕季直壬甫至上野驛登汽車往青森道傍農事不如東海道山水亦無甚奇秀者晚過仙臺驛

初八日雨天明後見道旁之山亦有未闢者居民多用板屋上壓以石以防海風氣象蕭條迥殊東海道上鐵道過兩山間往往支木爲棚詢之日人知其名曰雪覆因山上之雪遇風則積於軌道阻滯汽車故以

此覆之此處冬令極寒前年有陸軍一隊夜行迷路雪深齊肩僵斃百人居民凍死者亦不少八時至青森暫憩中島旅館始著棉袍十一時冒風雨坐舢板登肥後丸渡津輕海峽是處爲日本海流入太平洋之處水流甚駛船略顛簸五時半抵函館寓勝田旅館至仲濱町六番地愼錩榮訪潘荻洲知此處有華人四十餘浙產居多次爲閩人浙商多業海貨閩人則小本貿易也每歲大暑前後海產登市即租英商之舶運往上海每舶可載貨三萬擔每擔賃金三角而中國運來之貨甚寥寥因中國所產之物大都北海道皆有之昔年此間設一領事甲午以後裕公使

爲惜費起見不令駐此僅令居於使館擁領事虛名而已商人與日官交接之事皆自與官場直接不必借重領事也聞此間雪時最久自日麻九月至於五月極多者至七八尺

初九日雨午前九時至商業學校一觀規模遜於靜岡復由校長神山氏介紹往觀堀川私立小學校此校爲堀川道藏所立當年開辦時建築費等共用五千圓皆其父母遺產現在有生徒四百七十八分尋常高等二種尋常生月脩金二十錢高等生月脩金六十錢共得脩金百五十圓教員八人最多者月俸四十圓最少者月俸十圓連地租及各用等月須二百

五十圓出入相抵不足百圓由本區役所補助六十圓由贊成員補助四十圓贊成員共十餘人皆其同窗會中人也午後雨止商業會議所副會頭內野高吉法學士秋谷辰三郎來訪五時潘荻洲招飲於五島軒同坐十餘人皆華商也席間未能徧詢姓字將俟歸來時詳詢荻洲九時登薩摩丸十時開行風平浪靜偕季直壬甫至艙面看月

初十日晴清晨五時抵室蘭氣候如深秋暫憩蛯子旅館早膳七時二十分登汽車途中林木蔥鬱皆濶葉樹而無針葉樹未墾之地甚多稻苗已莳而麥多未秀者午後二時至札幌鷹山形屋旅館出門散步衢路寬直達勝東西二京道旁隙地無雜草皆苜蓿紫雲英也蓋此處昔本空地開拓時始建爲都市北海道廳即駐於此故規畫皆有秩序即一草一木亦皆以人工布置不任其天然蕪穢也至旭館訪孫慎卿名德全葉希賢名基楨孫君鄞人現在錦州大淩河辦天一墾務公司葉君爲東京農科大學留學生坐上遇華人許士泰晚將小山介紹書送至農學校長佐藤昌介處

記許士泰事

許士泰者山東日照縣農人也年二十餘以昆弟多田不足耕爲傭保於之罘日本明治八年即光緒二

年北海道開拓使黑田清隆至山東招農夫十八士泰與焉月俸二十五圓九人者得貲皆飲博冶遊不能自存而歸獨士泰樸訥勤苦盡力墾闢北海道開拓例凡農人願往領墾者官給資斧廬舍農具令其自言墾熟之期期內盡闢者即以與之官不取直士泰遂得盡有其所墾地乃益自策勵注意於選種糞壅諸事所穫菽麥亞麻玉蜀黍等皆穎栗堅好本道開農產品評會士泰屢得優賞擢爲名譽會員先後凡得四等褒賞證二次三等者三次二等者四次一等者二次又得白桃綬名譽章一銀盃一金三圓者一次二十圓者一次

今將其初來時開拓使所給手書及去年所得證狀二通譯錄於左以見概略其歷年之褒賞證十餘通不具錄

長官口達支那人書

汝等應本使之招遠來此地從事墾鉏日夜勤勉不怠實堪感賞今者三條太政大臣閣下巡視本道到邱珠村大稱贊汝等之起業歸京之後將具奏於我天皇陛下是汝等之幸榮也其益勉爾業勵精不止有厚望焉

明治九年九月

特賞

銀盃一個　札幌郡邱珠村　許士泰君

明治八年舊開拓使長官黑田清隆氏至清國山東省僱聘熟練農夫十名立十年之約以實地試驗各國之農業採其長而捨其短爲本業研究之資其當時應募者涉萬里波濤移著邱珠村備嘗艱難辛苦君始終勵精十年如一日不隨同儕歸國斷然確守其志而歸化於本道長官嘉之即以本村清國農事試驗場及家屋物品等悉以付之君自浴此恩命益加奮勉勵精斯業成效卓著以享有此數十町步之耕地足爲本道拓地移民之龜鑑茲特贈君銀盃一個以表彰名譽

明治三十五年三月三十日

北海道興農產會長藍綬褒章佩用者阿部仁太郎（印）

北海道興農產會總裁正三位侯爵菊亭修季（印）

名譽章贈與証狀

白桃綬名譽章　札幌郡珠村通常會員許士泰君

明治八年日本國政府欲試驗清國之農事是時舊開拓使長官命雇聘清國農夫十名以十年爲期君其一也自移著邱珠村清國農事試驗場確守官命十年如一日爲本道盡力卓著成效長官嘉之即以該場及家屋農具悉以付之君浴此恩命益加奮勉勵精斯業值大臣三條公巡視本道

之際稱贊其起業歸京之後具奏上於天皇陛下復蒙益勉爾業勵精不止有厚望焉之訓諭君日夜勵精至於今日敬守恩命保茲家產享有七十餘町步之耕地足爲地方業農者之龜鑑曾於本會第八回物產品評會贈君特別賞銀盃一個茲又依本會之規定寄贈金二十圓列於名譽會員以表彰君之名譽

明治三十五年九月二十四日

北海道興農產會總裁從二位侯爵菊亭修季（印）

士泰居北海道垂二十年易日服娶日婦生子女五今年五十有六歲北海道不恒見華人十餘年

不作華言與之語字句生澀時時雜以日語居然一日本人矣家產除官給之外又自買田數項歲入可千金問其山東家中有音問否答以初來時偶一寄之今已十五年無消息矣來時有昆弟五人今不知存否也察其神情亦殊落落蓋幾視同隔世事矣

記者曰使士泰不遇黑田淸隆終其身爲傭保耳卽使銖累寸積買數畝之田又何以表見於鄉里間哉苟多收十斛麥且不免爲里胥之魚肉安望有今日之榮名耶士泰幼不讀書未聞愛國之義其感激日本之恩遇甘心歸化固其所也獨惜吾

國農夫其樸勤如士泰者奚翅億萬使得賢長官以日本之法提倡而獎勵之其所開拓豈止區區一北海道哉奈何獨使許士泰以上農稱於日本也故詮次其事以告有勸農之責者

十一日晴今日日曜不能觀學校午前佐藤氏來訪午刻招飲於豐平館此館爲當年開拓使公署後嘗爲行在今爲晏集之所同坐爲季直愼欽壬甫希賢及農學教授南鷹次郞午後愼欽來談晚訪佐藤氏不值訪南氏談片刻○北海道自明治二年置開拓使十五年廢開拓使置三縣曰札幌曰函館曰根室十九年廢縣置北海道廳又置支廳八○明治四年調

查人口不及九萬三十年來殖民約百萬人然開闢之地不過全道十分之一耳近年每歲農產千五百萬圓林礦漁業二千餘萬圓若全道盡闢無慮殖民一二千萬人出產四萬萬圓也○蝦夷在文化年間有二萬六千餘人前年調查僅萬七千餘人幸近來生出之數超過死亡之數將來可略望增加也近年慈善家設立保護會專以保護蝦夷爲事會中設小學校以教蝦夷兒童聞入學者有千餘人

十二日曇午前九時偕季直壬甫至農學校訪佐藤南兩君又偕南君至北海道廳晤事務長大塚貢土木課長武井有貞約定自今日午後起派人導觀各處

十一時南氏導觀農學校此校於明治五年爲開拓使所立其初假設於東京芝區增上寺七年於本校設立農學專科八年八月移至北海道稱札幌學校九年依美國阿薩嶋色紫州農學校之規模大加改正稱爲札幌農學校定學期爲四年卒業生授以農學士之學位十五年廢開拓使此校屬農商務省歸北海道事業管理局遂爲北海道廳所轄（今則直轄於文部省）二十年於農學科外更置工業科（後改爲土木工科）是年又設農藝傳習科（後改爲農藝科）招本道農家子弟及立志開墾之人以實習模範農業二十二年更置兵學科於生徒之中選願爲屯田兵士官出身者十人教以關

於軍事之學術（此事今廢）今共設六科

㊀本科　授農理農藝及關於拓殖之高等教育凡四學年豫修科卒業者得入之

㊁豫修科　授以普通學科爲入本科之豫備凡二學年中學校卒業者得入之

㊂土木工科　凡三學年中學校卒業者得入之

㊃森林科　凡三學年中學校卒業者得入之

㊄農藝科　授關於農事之中等教育凡三學年高等小學四年卒業或在中學校二年者得入之

㊅研究科　本科卒業生更欲攻究既修之一學科者入之凡二學年

各科課目極緐不及備列

凡入本科者謂之學生入豫修等四科者謂之生徒入研究科者謂之研究生今錄今年學生生徒數於左

本科學生六十九人　豫科生徒九十一人　土木工科生徒五十六人　森林科生徒四十八人　農藝科生徒九十一人　研究生一人

學生中之學優品端者免出授業料並月給學費七圓謂之校費生生徒中之學優品端者免出一年授業料謂之特待生

先觀動物園

其種類爲牛羊馬驢豕雞鵝吐綬雞

其用處爲試驗及經濟二事試驗用者以本國外國各種飼養之法使學生生徒考究其蕃殖飼養攝生及管理法也經濟用者搾取牛羊等之乳也

○內有美國種之黃牛軀幹極大云值四百圓

次觀農場

此校共有農場八所（約合中國十二萬畝）第一農場專充學生生徒之實習及各種之試驗場第二農場專以歐美大農牧畜耕作之法考其是否適於北海道以爲本道農界之模範第三至第八農場則貸與農夫以施小農之種植場各有長以敎導督課之

今日所觀乃第一農場也

第一農場計地九百三十餘反步（合中國千六百餘畝）內分十一類

㊀水田　有試驗及普通二種試驗田以試　種類　肥料　距離　本數　直播　移植　季節等事普通田則爲學生生徒演習實地耕作之處也

㊁試驗圃　栽培穀菽蔬菜等物用各種試驗法以觀其效果

㊂特有作物圃　專植大麻亞麻商麻苧麻甜菜藷薹等而施以各種試驗

四蔬菜園　以栽培蔬菜爲主其傍則播穀菽類專令農藝生徒栽培之

五生徒試作園　用大農法使農藝科第二第三年生擔當之自耕作收納之方法以至收支之決算悉令該生徒掌之使之實地練習農場上經營之方法

六果樹園　栽培適於本道之各種果樹令學生生徒實習栽培蕃殖之方法且用各種試驗法以觀其效果

七牧草試作園　栽培東西洋各種牧草而驗其適宜與否及收量之多寡

八植物標本園　栽培各種植物使學生生徒實習其性質及栽培法

九普通耕作園　栽培本道普通之作物使學生生徒練習其栽培收穫之方法及馬力農具等運用法

十普通牧草地　收穫乾草以供家畜之飼料

十一放牧地　夏期放牧牛馬及綿羊使學生生徒實習其放牧之法

次觀校舍

校舍原在北海道廳對門以其逼處市街不能恢廓故今年改建於第一農場中已成之教室凡六處一曰農學居正中二曰理化學及地質學三曰圖書館四曰昆蟲學及養蠶學在左方五曰動植物學六曰農業經濟及農政學在右方每處數室或十餘室不等惜值暑假不能觀其授業耳尚有普通教室雨中體操場寄宿舍在建築中計建築費二十六萬圓

周覽一過而遇雨乃在教室小憩南君出櫻桃蛇莓相餉即本校果園産也午後北海道廳命技手農學士佐藤六郎導觀製亞麻會社亞麻原産美洲形如茅而纖維極細覈勝於大麻現在札幌近地産者不少此會社資本八十萬圓計機械三十餘萬圓房屋

四十餘萬圓自原料以至成布悉以機械爲之引擎馬力五百疋日用煤十七噸用麻八千磅男女工人千餘名次觀重谷木材工場專以機械鋸截木料其疾如風引擎馬力百疋不用石炭專用木屑爲薪晚本道農會幹事長屋平太郎來談

十三日曇八時至眞駒内觀種畜場距札幌約日本二里此場始於明治十年由開拓使以北海道地方費設立專養良好畜種以供本道傳種之用其飼養法及建築式多採用美國法牧場面積五千七百六十餘萬坪合中國三十四萬餘畝所畜以馬牛爲大宗羊豕雞次之馬種極雄駿牛皆放牧在山上不得觀場長出遣

酪相餉並贈沿革志歸途値役夫除道車迂道避之阪側輻脫人馬俱仆徒步三四里至平岸尋常小學校少憩此校爲單級簡易敎法生徒共七十餘人敎員止二人男敎員曰柴田菊藏敎第一第二第四學年生月俸十八圓女敎員曰上原コウ敎第三學年生月俸六圓因第一二年兒童初受敎育第四年兒童將卒業皆重要學年故須男敎員敎之上原氏年十六曾入尋常師範學校一年

校舍構造畧圖

兩敎員出敎科書相示乃專爲單級小學校所用每

一課分爲四段以便分授四年學生之用其敎授之法以一學年生爲一行先授學年最先者次授稍後者末授最後者或數組同授一科（如修身唱歌體操）或數組分授各科（如讀書寫字算術）別有一室曰裁縫室專敎女生徒此爲鄉村中最單簡之學校每年經費三百餘圓耳坐片刻馭者借牧場運草車來乃乘之歸午後至農會詳詢長屋氏以農會辦法及當年日本初剏農會時情形長屋氏言明治四年黑田清隆初授北海道開拓使尚未之任先在東京立農事試驗場一所厚價聘外國人爲農師至明治八年東京志士始醵金立大日本農會初立之時農人絕無信之者明治

九年政府始立農學校後乃稍稍開通至明治三十三年國家頒農會法於是全國農會規制大備今約分爲二大類一有系統之會一無系統之會有系統者每歲由國家及地方補助經費不足則取之會員此北海道農會濫觴於明治十四年有民間同志數人設勸農協會置事務所於札幌募金刊襍誌後改稱北海農會近年始依國家農會組織成法定爲道農會其屬有郡農會十六村農會數十每歲用款約萬數千圓由國家補助四千圓地方補助數千圓餘皆各村會員所擔任也無統系者由同志會員組織而成無一定之屬會亦無國家補助金東京之大日

本農會是也且贈余歷年會報六時偕季直愼欽假豐平館請佐藤南二博士晚飲今日爲日厤七月七日壬甫言日人雖改厤法然遇令節仍用舊俗慶賞東京人家今夕亦有陳瓜果拜牛女者又如陽厤八月十五之夜未必有月而羣相晏飲以賞中秋此則眞同告朔之羊矣九時北海道太晤士新聞館記者辻籌夫（號盧庵）來談余問其姓爲何字籌夫曰卽逵之媘俗字也

十四日曇八時至茨戶前田農場距札幌約日里三里餘前田氏爲加賀國藩主菅原氏之後其父改姓前田納土後仍襲侯爵共有農場三處一在小樽一在

輕川一郎此地輕川專植作物此地專畜牛小樽專榨牛乳牛種皆來自美洲最貴者直二千圓最賤者直五百圓產犢則賣之其價如大牛之半農學校種畜場之牛皆此處所產事務長竹內靜勝留余等午膳齋前郎牧草地一望無際風來時作浪紋大木數百株綠陰周匝林表遠山白雲鬖鬖清曠之氣塵襟都滌飯後竹內君出畫幅相示乃菅原氏始祖佐德川氏出征時其夫人爲之餞別之圖被甲帕首英姿颯爽其夫人則薙眉被髮作日本古裝其陪臣某奉命所繪也歸途觀創成川之水門用西法建築不用閘板爲門二扇便於啟閉門上又爲小門用螺旋啟閉以節宣之又過一家園亭停車一觀地頗幽曲菖蒲與芍藥盛開蓋此間天氣彷彿暮春時也口占一絕

東皇眞在蓬山住小暑猶開芍藥花寄語欵春舊徒侶酒船莫怨滯天涯（春間爲友人題欵春圖冊子余有春歸何處去應向蓬山住我欲駕長風尋春東海東之句）

四時南君導觀博物館皆北海道產物有土人服用之物其布以樹皮之纖維織成形如麻布又游植物園左爲木類分科園右爲草類分科園悤悤一覽不能詳考也夜雨至佐藤南氏處辭行佐藤氏未見

十五日曇晨七時登汽車南氏辻氏長屋三君至驛亭相送佐藤六郎同行車中見田內多四五尺長之樹本訝其何不伐淨留此何用詢之知此地伐木每以冬月積雪時行之雪深四五尺則此本埋於雪中夏日雪消故露殘株耳本道林木極多農人絕不愛惜交通不便之處直放火焚之或於其近根處削其四周之皮聽其枯落使樹下可透日光即從而耕植其殘株枯木待其日久自腐或薪炭缺乏時漸漸取用之此等林地下多樹根不宜新式之犁新犁惟草地用之八時抵小樽憩越中屋旅館○小樽本爲一小漁村開拓後漸發達本道鐵路之起點處也爲西北第一良港西北半道之貨皆集於此今有人口八萬與札幌函館並稱謂之北海道三大都會近又以二百五十萬圓築港與函館爲二門戶偕佐藤駕舢板渡海觀築港規模小於大阪所用塞門德土由函館運來而襍以本處之息火山灰及海濱沙石爲之工場即在息火山下故取材甚便火山灰色正黑質類砂石中含種種雜質又至高島水產講習所觀畜鰊池及人工孵化鰊子器其器以玻璃爲之取雌鰊擠出其子又取雄鰊擠出其精於杯中徐徐滴於子上加高溫度自然孵化初出時小若塵芥不甚可辨今日已孵化數日然亦僅如黍米耳聞北海道魚業以千歲場爲最盛昔年曾取人工孵化之稚魚截短腮

蓋骨及鰭放之越三年此標識魚見於石狩北見天鹽之沿岸蓋此等魚踪跡幾繞北海道一周矣此法美國曾試之以標識魚五千尾放之越四五年而捕獲至四百五十尾云○本道農漁各業皆設品評會優者獎以金○午後二時回旅館六時送佐藤登汽車歸札幌九時登釧路丸往函館十一時鼓輪出口

十六日晴天明至岩內停輪三時午刻至壽都又停輪三時晚至奥尻停輪夜半始發今日舟頗顛簸海濱高山往往見積雪

十七日晨雨即止過江差午後晴四時抵函館登岸仍憩勝田旅館訪潘荻洲商業會議所副會頭聞余等至特來荻洲處相訪余等介荻洲往訪各華商計七家曰裕源成主人張尊三號安瀾曰裕大和主人朱英號英表曰豐大主人張毅號忠甫曰同協和主人李長綏曰源茂成主人汪順定曰日新昌主人張鴻森曰愼號主人穆炳榮號生福尚有一家曰長和隆主人他出未往訪晚飯後登駿河丸發青森荻洲父子及張安瀾送至海濱鄭重而別十時鼓輪出口風平浪靜月色甚佳與季直壬甫在艙面徘徊久之○函館夙稱良港又爲北海道最要門戶安政六年開港五處之一其港爲巴字形故又有巴港之稱港中可避八面之風水深八十九尺明治二十九年又以八十餘萬圓濬之又築防沙隄港中可容一萬噸之艦近時往來亞美二洲之航路由瀨戶內海移至津輕海峽以縮短其日期將來兩大陸貿易發達此處實居要衝前途正未可量也計自青森至函館海程六十哩函館至室蘭海程七十九哩室蘭至札幌鐵道百十一哩札幌至小樽鐵道[redacted]哩小樽至函館海程[redacted]哩

十八日晴天明四時抵青森仍憩中島旅館食後偕壬甫至街市散步十時登汽車

十九日曇午前七時至赤羽易車八時抵新橋仍寓清淨軒接佐藤昌介信並介紹書午後持介紹書至本鄉區金助町七十二番地訪農會幹事長田中芳男則往大阪觀博覽會未返又往訪幹事石阪橋樹亦不値道出宮城觀楠正成銅象介冑乘馬英姿颯爽至二重橋過橋卽皇居正門金銀宮闕望見之焉晚飯後偕季直訪汪伯唐談至十一時歸夜雨

二十日陰雨十時至赤阪溜池町大日本農會晤石阪橋樹詳詢農會開辦情形所言與長屋氏略同問其效果若何則曰農人至愚喜新法者甚少會友之躬耕者則多獲新法之益矣午後偕惕齋季直至華族會館訪長岡護美子爵此公長者談話喃喃如老嫗出詩集爲贈又至樂善堂訪岸田吟香岸田氏爲甲午以前之大偵探家先設藥肆於上海後分設支肆於各埠其實肆中夥友皆參謀本部之佐尉職也國

家歲給鉅金以補助其設肆之費及甲午戰捷日皇特以六等之勳獎敘之又至淺草區訪永阪周永阪氏喜吟詠酷摹華俗齋中陳列無一非華式復令其夫人抹茶敬客並贈予檀欒集一冊皆同人唱和詩也至本鄉館訪聚卿晚飯後歸

二十一日曇天明地震不甚劇午前寫佐藤昌介南鷹次郎長屋治太郎信飯後晴至書肆買書四時至本鄉館晚飯後偕季直聚卿拔可往訪嘉納治五郎並晤其外舅竹添光鴻字漸卿號井井漸卿出示其所作左氏會箋用集解例採輯古來至國朝及日本諸注家之說而以己意會通之

二十二日晴午前十時觀高等師範學校此校今年新落成極宏敞由校長嘉納氏導觀各教室現方休假但觀其規模而已有手工教室專教金工木工漆工嘉納氏言此校爲養成全國教員之所其直接之弟子爲尋常師範學校及中學校教員其間接之弟子爲小學校教員中小學生徒將來多有爲實業者故必於受業時植實業之基礎若爲師者但明空理不能實習其事則教授時斷不能詳盡故不論高等尋常師範學校必有手工實習一科也並以生徒所作小物爲贈余得木尺一鐵尺一銅衣鉤一且留午膳嘉納氏又出示明治初年教科書皆直譯西籍或摘錄中國古書不加組織體例遜今本遠矣午後三時訪竹添氏觀其所藏宋元舊本有淳化三年校進本毛詩正義卷首列李沆賈黃中張齊賢李昉等銜名紹興九年紹興府雕造者也聞繆小山編修已謀之竹添氏將影寫重刊又觀唐卷子本楊雄傳一卷自反離騷以下至卷終止紙色類黃麻書體與唐寫佛經一律碻爲當日經生之書五時歸寓接小山君復書

二十三日晴午前至小石川區小日向町三田村觀製紙工場規模甚小僅板屋三楹一爲主人居室其二爲工場作工者僅三四人蒸竈漂桶皆置屋外而所製之紙則殊不惡午後觀高等工業學校晤校長手

島精一校中已休暑假無可觀者但約定明日來觀附屬之職工徒弟學校及實業補習學校歸寓後汪伯唐李拔可先後來談

二十四日晴午前觀職工徒弟學校此校專爲小學校卒業生之欲習手工者而設由本校主事內海靜導觀各處

此校立於明治十九年　內分木工金工二科學年各三年

木工實修科目大工指物三分科建築製圖

金工實修科目鑄造木型鍛冶仕上六分科板金工附鉛工機械製圖

講習科（修身 算術 理科 材料 工具及製作法 圖畫 體操）七科　二科
生徒通習
每週實修時與講習時各半
隨意科（讀書 習字）作文　亦可加外國語
敎員十八人內八人則以高等工學校之敎員兼之餘十人則雇募民間之良工以專敎實修
生徒定員百八十人今有百三十五人（木工三十五人金工百人）每人每月授業料二十五錢
此等學校東京共有二處全國共有十五六處問何不廣設以廓充手工答以昔年國人注意高等工業不甚措意於此近年知其有益乃稍議增設然以經

費未裕故尚未驟增也請觀實業補習學校則云即假此校爲之午前課徒弟午後課補習補習者專爲工人之欲明學理者而設故於午後工畢時來校講習學理一二時不甚注意實修蓋因其所短而敎之也午後二時至小石川區理科大學附屬之植物園赴嘉納氏園游會之招園在山麓樹木蔥鬱池水瀠洄頗有溪山深秀之致嘉納今日之集因近日中國士大夫之來考察敎育者甚多故徧請東京諸敎育家及中國考察敎育各員相見於此並陳列自維新以來各敎科圖書以資研究賓主共百餘人人多時促彼此尚不能徧通姓名遑論探討僅與樞密顧問

官田中不二麿略談當日開辦之法而已田中氏當明治初年爲文部大輔曾親至美洲調查學務者也晚收拾行囊定明日西發
二十五日晴七時半登車季直偕王惕齋至沼津下車往觀機械鑿井予則直往大阪晚九時半到梅田驛下車廣川口益源號與碩甫談至夜分夜雨
二十六日曇午前移寓三江公所午後訪西村小山二君談復至山東出品事務所訪姚古鳳談至上燈後歸夜雨十時季直惕齋至接叔溫信
二十七日雨午前蜀人張式卿（名森楷）來談張君現在合州創辦蠶桑公社故來考察蠶學午後至西村小山

二君處談並晤內藤湖南
二十八日午前雨姚古鳳來談十時偕季直實甫古鳳至博覽會午後偕古鳳閱書肆
二十九日雨檢理行篋午後小池信美山田新一郎先後來談
六月朔午前晴九時至內藤西村二處辭行十時登汽車西村小池古鳳實甫皆送至驛亭約惕齋同行因欲迂道瀨戶海濱視察鹽業故請其爲舌人也十一時抵神戶至東源號小憩午後二時登山陽鐵路汽車途中遇雨晚抵姬路縣至大野町訪井上總兵衛此君改良煎鹽之釜經農商務省特許專賣者也其

釜皆長方式共有六等縱自七尺一寸至九尺五寸橫自一丈五寸至一丈三尺厚一寸釜底塗以粉土則耐久用而鹽色美其價自百八十圓至三百二十圓晚宿日本同盟旅館

初二日午前陰五時登汽車十時至倉敷驛換人力車至味埜村訪野崎武吉郎味埜距倉敷日程四五里途中無奇險之景而水平山遠秀色迎人酷似木瀆光福間及杭州風景中有村落二處一曰藤戶一曰福岡在福岡午餐二時抵味埜晤野崎君野崎之祖爲岡山藩臣昔年味埜爲海濱荒村野崎氏始敎民墾闢且爲興鹽業今則儼然一小小都會而野崎氏

亦爲山陽巨富矣野崎氏在維新以前以功升士族今又以納稅數多爲貴族議員子等因偕其紀綱至海濱觀其鹽田鹽竈觀畢野崎氏邀至其別業逍暇堂小飲屋宇閎暢容百席（縱六尺橫三尺爲一席日人室中皆敷席故度室之廣狹皆以席計之猶有古人度几席筵之意）開軒四望山光海氣照映几案同坐爲其門客高野氏高野能詩怱怱不暇倡和筆談片刻而別四時冒雨回倉敷九時登汽車十一時抵松永驛宿松鶴樓旅館

倉敷道中

山下平疇盡插秧小橋曲水荇絲長峰巒蘊藉松筠秀絕愛風光似故鄉

初三日晴晨起至鹽業調查所晤其技師林庸介導觀鹽田及美國式製鹽廠其旁有測候臺亦林氏主之其儀器半自歐州購歸而風雨寒暖燥溼諸表皆日本所自製也復至機械會社觀堀田信男新發明之二重底鹽釜每具價五百餘圓十二時乘汽車至尾道小憩其地濱海風景絕佳小汽船甚多皆往來四國道者二時登急行車傍晚過廣島甲午之役日皇嘗駐蹕於此其外卽吳軍港也十時抵下之關（卽馬關）易舟渡海峽至門司十一時登汽車卽發

春駒樓

三百年前碧蹏館十九世紀春駒樓遙遙今古兩

息壤安得英雄雪此羞

陰燐

元兵十萬死平戶千古陰燐碧海中壯志直吞三島地全軍不返氣猶雄

初四日晴八時抵長崎（計自青森至東京鐵道四百五十六哩東京至神戶鐵道三百七十五哩二瑣神戶至下之關鐵道三百二十九里二十一瑣門司至長崎鐵道百六十三哩十五瑣）下車至新地三餘號鄞人沈明九處小坐十時登弘濟丸愓齋送至舟中而別午後四時啟椗出口後遇西風舟略動蕩

初五日晴

初六日晴天明抵上海

調查日本鹽業記

光緒癸卯五月游日本大阪觀博覽會見其水產館所列鹽業模型標本列表等甚詳備歸途持大阪府知事紹介書走山陽鐵道徧歷其產鹽各地與其鹺商技師相討論得聞其鹽事崖略因叙次聞見著於篇

產地　日本雖四面濱海然產鹽不多其故有二一因國之北部熱度甚低海水含鹽分少不足供煎熬一因地小民衆國人注意墾闢不欲多設鹽田以妨耕作故通國食鹽皆仰給於瀨戶內海瀨戶內海者自大阪灣以西至馬關海峽之總名也

其中產鹽最著名處在本州者曰播磨國之赤穗曰備後國之味野曰備中國之玉島曰備後國之松永曰周防國之三田尻在四國者曰伊豫曰讚岐其餘濱海之處雖亦偶有煮鹽者然產額不多不足比數也

今將博覽會陳列內國各鹽名目列於左

八家鹽　阪出新齋鹽　東京古積鹽　大鹽
赤穗鹽　赤穗眞鹽　赤穗差鹽　東濱眞
鹽　讚岐眞鹽　讚岐差鹽　灘差鹽　備前
四切鹽　伊豫差鹽　山田鹽　味野鹽　沃
度鹽

製法　擇海濱通潮汐之河旁爲鹽田田間及四周開溝洫河濱疊石爲池池有水門潮至則啟之滿則閉之以達於溝田中滿布石子上覆粗沙粗沙之上加細沙鹹水入田中日光暴之滷氣由石子上沁於細沙又於田中掘地爲鹽井四圍周以板牆方廣四五尺深二尺餘井底布細竹及藁蓆其下通管達於滷池田面之細沙既含滷氣則掃而納諸井以海水淋之而滷成矣大率每田一區廣袤十餘丈則掘四井或六井不等廣斥之地連區數十則數百井矣滷池大者容滷二三千石小者容數百石屋之以蔽雨露滷池之旁爲竈屋竈

高約二尺長方形縱七八尺橫丈餘上施長方鐵釜下掘地爲火道焚石炭釜旁設二鑊池中之滷由管達竈下先實鑊中俟其漸溫移置於釜次第灌注則熱力不虛糜每釜司以四人（二人主晝二人主夜）每人日給金五十錢晝夜成鹽八九次焚石炭約一噸每次用滷十石成鹽約三石云

改良　日本鹽田不多產鹽恆不敷民食不得不仰給於臺灣及英德之鹽於是上下皆注意於改良製法冀增產額而敵外鹽明治三十二年政府設鹽業調查所於松永欲集各國製法一一試驗以採其良分遣學生至海外習鹽業美國留學生

林庸介先歸乃先爲美國式鹽竈其法用唧筒吸池中鹽滷入蒸汽罐蒸去水分成極濃之滷過入木槽沈澱其渣滓再入第二槽此槽內置熱氣管令滷常溫則槽底自然結晶以網漉出堆積板上滴盡餘滷即可收貯其槽內熱氣管之熱力即借蒸汽罐中分出之水氣及爐中煙道熱氣爲之不別加火力也蒸汽罐二具容滷三百石每日用石炭六噸滷槽共四箇日可漉鹽百石於是有掘田信男者以美國式用炭多而成本重也乃斟酌其法爲二重底釜釜形與舊式同惟不用鑄鐵而用鍊鐵深英尺十寸五分上層五寸盛滷下層五寸盛清水如此則釜底可歷久而不蝕竈旁設木槽內實滷水釜底清水沸騰後用鐵管將熱氣通入槽內俟槽內之水漸濃移入釜中頃刻結晶較日本舊法爲良而較美法爲省又有井上總兵衛者亦改良鹽釜其式亦同舊制而加厚焉釜底塗以粉土亦可久而不敝出鹽多而色味佳掘田井上二氏皆注意於重製臺灣鹽者也蓋臺鹽味濃而色不潔日人取之溶以海水濾去其滓而重熬之每鹽一石和海水一石八斗可得鹽一石三斗色味皆佳價格亦高故業鹽者多樂爲之而二氏之釜於此事尤宜又有某氏者改良竈式於竈底置二鐵箱內實以滷二箱之間即爲火道熱氣透入箱內滷中水分已漸減然後入釜則結晶速其用意略同掘田氏又日本鹽田吸滷概用細沙今調查所新發明石炭渣滓搗碎之吸滷之力强於細沙若改用之可使滷味濃厚云

答友人問日本敎育概略書

辱惠書承詢日本敎育概略僕此行往返僅兩月餘耳時日既促參觀不詳不足縷述然竊見近年我國調查彼都學務之員旁午於道舉凡規則制度之大綱課程日表之細目經費出內之繁賾建築食宿之瑣碎以及敎科之本名物之圖莫不付之梓登之鉛槧形式上之事可謂搜討靡遺矣然環顧吾邦之學校其成績殆與彼國相逕庭徒貽頑固者以口實其故何耶得無關於精神上者有未盡耶茲謹就耳目所及寫呈青睞幸敎正之

一曰定一尊　日本自隋唐以來學校之士莫不尊奉孔子維新之初羣議以爲今世之學不盡合孔子之敎不當崇拜孔子當崇拜天皇以天皇爲改良日本敎育之元首也（此舊言也日人不願依傍中國欲自張其國敎而彼國又無宗敎大家足與尼山抗衡故强爲此說其實孔子之道如日月經天江河行地古今制度雖有損益而綱常名敎萬古不易吾國之人不可爲日人所欺）於是偏國學校悉懸帝后御影歲時令節敎員率弟子行禮於前

歌詠聖德詞淺而意摯教科之書首列教育敕語而於今皇之文德武功時時記述俾生徒自幼心目中止有一可愛戴可敬畏之天皇覺天下古今無與比隆者故日本臣民雖在燕居笑語之時談及天皇陛下四字莫不肅然改容視西人之尊耶穌回人之尊摩哈默德不啻過之心悅誠服固結不解如手指之護頭目自然萬衆一心

二曰明倫理　日本大小學校皆以倫理修身冠各科之首所以重德育也或謂吾國學童束髮受書即誦習先聖之言何嘗非注意德育然吾國言倫理失之太高太密中國以學庸爲教科書以宋儒語錄爲繩墨其論正心誠意之學主敬慎獨之旨幾如戒律沙門不稍寬假其實宋儒高深之論皆對成人言也其訓童蒙者自有淺近之小學惜今之學究不能遵守古法循循善誘耳

人非聖賢誰能無過學者不勝其束縛責備不能不爲自畫之地於是不務實踐而盡託空言不知教人之道必就其人之知識能力所可及者而語之則無扞格之苦程明道云「君子教人有序先傳以小者近者而後教以大者遠者」程伊川云「教人未見意趣必不樂學如古詩三百篇其言簡奧今人未易曉別欲作詩略言教童子灑掃應對事長之節令朝夕歌之似當有助」今人日日以致知格物存心養性之言聒之黃口小兒大背昔賢教法矣日本

小學修身書皆舉古人淺近易行之美德分門編次故學童易於領會中學以上始言倫理然亦曲體人情平易切實且慈孝兼盡仁敬並論是眞善言庸德庸行與絜矩之道者日本維新之初所編修身書皆纂輯中國古人之懿訓陳義甚高而收效緩近更以淺近之事編之兒童易解而收效速

三曰重公德　公德者對私德而言也然二者同出一原私德就一己言公德對社會言也古者由親親而推之愛物理本貫澈後人不明此義於是鄉黨自好者持躬未嘗不愼而轉以謀公益爲多事積習所沿變本加厲後生小子公德蕩然羣居廛處爲害尤烈外國不然學校之中編公德爲唱

歌以敗羣爲大辱西國都市公園之花木雖五尺之童絕不攀折小事如此大者可知國者最大之公共物也人民有公德者必富愛國心日本近年亦深注意此事故其團體日固而社會之程度日高

四曰養廉恥　三代教士之法務欲激發其羞惡之心不率教者以終身不齒爲重罰日本士大夫有作奸犯科者則奪其公民之權即不齒於士類學校不施朴責而考試之時有懷挾者合校鄙之此校屏斥者即不能入彼校激厲既深浸以成俗頑廉懦立非偶然也

五曰勗自立　今世青年子弟莫不囂囂然曰國民義務又曰天下興亡匹夫之賤與有責焉及叩其所謂義務與匹夫之責者何在則支離牽合了無宗旨夫國民各有當務之義匹夫各有當盡之責人人素位而行各盡分內之事而天下治矣日本士農工商兵莫不有學入學之後莫不各竭其求學之力以期他日之足以自立而致之者又時時以此意相勗自立之志既堅則僥倖苟且之風自泯是故以之爲民則知守法以之爲吏則知奉公以之處世則知愛羣以知臨敵則知致死此所謂人人具國民之資格也此所以積匹夫之志而成一團體之天下也

六曰作勇氣　中國文武殊途士子不尚勇敢然人皆有血氣不用於公敵則必用於私鬭日本學校體操之時以國旗爲指揮游戲之時以國歌爲節度即市歌校歌國語讀本中無不刻刻訓以有勇知方以作其同仇敵愾之心所以伸民氣而振國恥也

七曰教嬰孩　嬰孩性質如純白之絲一著點汚終身不變染以美色亦終身不變人家父母厭小兒啼哭之煩往往令乳母婢女攜出遊戲乳母等惟恐不當小兒之意乃以種種引誘法使之笑樂於是鄙瑣之語暴戾之行日浸月潤深印於腦貽害匪細近世西國教育家深知其弊一意改良專注意於保育之事日本自明治九年始開幼穉園於東京越三年而徧於全國凡小兒自斷乳以後每日入園保育園中設種種遊戲之法以活潑其天機開濬其智慧耳目所接無惡聲戾色及庸陋苟且之事逮髫齔入學自然性質純良且無扞格厭苦之弊矣

八曰注意音樂　聲音之道感人最深故先王著爲雅頌之音以收移風易俗血氣和平之效中外古今樂器雖殊其聲之感人一也日本沿西洋法

學校之中注意音樂東京專設音樂學校其級視高等各學全國大小學校下至幼穉園皆有音樂以爲歌詠之節步伐進退之度其音或嘽諧慢易或奮末廣賁或廉直勁正或順成和動則視生徒之年齡與學校之程度及歌曲之意以爲準當其一唱三歎之時旁觀者尚不覺爲之動容況生徒陶淑有年正聲與順氣相應易直子諒之心有不油然而生者乎

東游日記

癸卯東遊日記一卷

〔清〕林炳章撰

《癸卯東遊日記》一卷，清林炳章撰。炳章（一八七五—一九二三）字惠亭，福建侯官（今福州）人，林則徐曾孫。光緒二十年（一八九四）進士，授翰林院編修，曾任福建高等學堂監督、郵傳部丞參等。民國時期曾任閩海關監督、福建省財政廳廳長等職。光緒二十九年，福州東文學堂改爲師範學堂，陳寶琛命其婿炳章就便延聘教習，是書即炳章此行考察日記，紀事起於五月初三，止於六月初六。炳章遊日期間，得晤大隈重信、高田早苗、長岡護美等人，考察日本各級學校，於東京各大學以及軍事教育尤多措意。除每日行止外，每言及中國教育之亟待轉型，多有卓見。六月初四，與張謇會於長崎，六日同船返滬。張氏此行亦撰有同名日記，可與是書互參。據中國國家圖書館藏清光緒二十九年排印本影印。

癸卯東遊日記

弢庵爲惠亭題

癸卯東遊日記

侯官林炳章惠亭

自甲午乙未以後士大夫漸知游歷之益顧歐美遠隔重洋旅程累月雖負壯志挈鉅資亦多困於語言風尚之間望洋而返日本維新逾三十年舉凡興學理財練兵治械以及農工商務一一步武泰西俱臻成效相其國制雖未必極達文明而良可導我先路兄同洲伊邇一葦可航文字相通旅行尤便比年以來士大夫之至於是邦者環背相望或稽學制或覽軍容咸有一得以資考鏡予自辛丑奉諱家居即思以暇日遠遊稍擴學識壬寅之夏迺以考察墾務於役南洋歷新嘉坡檳榔嶼婆羅洲各島見其善於殖民雄於商戰喜吾海外民族興盛之可期而悼宗國覊縻之無術周流沿覽凡九閱月而旋愈信百聞不如一見之言古人不欺我也於是南征甫復東望彌殷屬有明治三十六年大阪博覽會之舉會員延攬及余而福州東文學堂改爲師範學堂擬聘教習外舅陳伯潛先生乃命炳章往應嘉招並擇良士爰於四月二十一日就道在申勾留浹旬五月初三日乘宏濟丸東發自登舟即隨日記

錄並誌緣起於簡端云

五月初四日晴黎明展輪同舟陳介庵前輩樹屏顧棨伯大令印愚皆鄂員赴會者又福州東文學堂教習桑田豐藏森原道二君與談日本學務移時是日風猛經大七小七水微黃徐而漸黑距其五島不甚遠尤顛簸不耐坐

初五日晴舟行外海船益震動日人平野貫一郎自烟臺回國聞余先世甚敬慕囑到神戶寓其三井銀行總社並作三信分致其友之在神戶大阪東京者爲余介紹意殊可感晚五時到長崎計由滬至此四百八十英里僅行三

十四句鐘輪停至明晚四句鐘行

初六日晴晨與陳鄧二君登岸（鄧粵產名家讓丁酉舉人曾集貲十萬開婆羅洲沙羅越之新廣東）造長崎領事鄒小村司馬振清承派譯某君導游諏訪山爲此地名勝上有古蘭若數椽景殊寥闃山間隙地茶寮棋布爲遊憩所下卽勝山尋常小學校入晤校長橋本正利知是校創自明治六年學童十二級共千有八十八人附近爲縣立中學校校長信原健三岡山縣人爲言長崎一縣學校官立者有長崎中學校師範學校高等女學校及其附屬等公私立則小學校十七醫學校一按長崎爲古肥前壹岐對馬三國之壤統計周迴不及百五十里地猶隘於吾國一鉅邑而教育規模自師範學校以及中小學校具備吾國自

嚴諭興學以來無論內容卽就表面而觀合文事武備農工商務諸科一省會不過三數學堂旁僻州縣更有一校未立者教育普及不知當在何時耳歸途留飯小村處午後三時回輪海壖微雨爽氣迎人恒恒機聲知展輪時近矣

初七日雨六時到門司（對岸卽馬關）兩山環島人煙樹

影濃蒨橫空一大町村也擬登陸未果下午閱報三册擬明早抵神戶卽由鐵道乘汽車赴東京

初八日晴六時到神戶息裝於潭人所設之捷德行主人相待殊厚聞孫幼穀到埠同介庵造談飯後登車車分兩等急行車無停輪可逕抵東京常車則遇站輒停站旁有賣飯者木筐兩層一飯一殽製殊清潔其名曰辨當東人多不熱食行軍尤尙古所謂簞食壺漿卽類此歟車中無臥具坐達旦殊憊

初九日陰八時抵東京新橋驛下車昨由神戶電約碩田

弟在站相候闊別頁晤握手相慰遂與陳顧二君同寓本鄉館午後偕碩弟訪劉子楷林肖旭託其介紹長岡護美子爵邀觀各學校護美爲日華族精漢文遊歷歐洲十年曾任比利時公使近爲東亞同文會領袖者也訪中表沈雁談於東櫻館雁談亦自桂來會者

初十日晴昨與雁談約觀誠之小學校遂於午前九時同造該學設三十餘年有尋常高等二級男五百餘人女六百人分八班校員二十一人常年經費九千三百餘元收入之保育金一千二百餘元補充金三千五百餘元餘由

市租撥用教員俸給自五十元以次遞降附屬幼稚園學童自四歲至六歲百六十人女教習五人分四班以保姆兼師長凡兒童舉動行止無一不軌於道余至適觀其體操以年幼不用器械然進退前後節有度行則分爲兩列或徐或疾間以歌聲詢之則愛國歌也其嬉戲或使之排七巧圖或使之摹人物畫本或使之以紙編物或使之以籌數豆要所以濬發性靈者無微不至余觀教育家主義不一要其重者不外德育體育智育而其始基則在於童稚幼稚園之用在擇其所好而牖之使於不知不識之中自收陶性怡情之效彼國有一小學即附以幼稚園蓋以輔家庭教育所未備並以養入學之資格吾國比年以來羣言興學獨少注意於幼稚園兒童於未受學之先已受盲瞽者之束縛馳驟教育之不完全於此已見午後觀清華書院院專爲吾國設學生約數十人晤其監督皖人葉某詳述院中規則學課余意今之遊學者多於普通各科根底欠缺每有在日而始讀其文字者失時消費在在可惜宜於沿海商埠特設一校教其語言文字及淺近學問爲遊東之豫備即財政上亦可挽回萬一也

十一日陰偕陳顧二君謁蔡和甫星使鈞請告外部爲觀各學校地也繼候汪伯棠監督大燮回寓得劉子楷函知長岡護美約午後二時於華族院相見屆時往晤詢先世甚殷遂屬譯員某知照外部排日邀觀各學校且告以此係某公曾孫駐日無多宜速盡禮回車順訪留學諸生歸與碩弟談至三鼓睡

十二日晴是日星期各學堂皆停課無可觀訪客於美榮館因過留學諸生會所午後偕碩弟觀博物院院分五部曰歷史曰御物曰美術曰博物曰參攷歷史則列歷代兵

刑儀器以驗進化之源委御物則大自宮殿模型細至冕旒輿輦其備美術則名工之雕塑金石之煆煉書畫珍玩搜羅更富博物則分爲植物鑛物動物三區花木蔬卉鳥獸麟介凡數十百種多不能名者鑛產五光十色尤閃人目蓋以供專家之研究日人寓教育於遊覽之中多類是叅考部則集五洲諸種族之起居飲食日用器物以驗風俗其陳吾國烟鎗女舄廌目令人作惡圖像則自達官以至於傭販惟妙惟肖一若憫其腐敗而爲大聲疾呼者他山之石可以攻玉亦志士所當拜賜也又一所列古今金

銀銅三品泉幣及各國錢模鈔樣其載於吾國金銀錠上曰明治二十七年日淸之戰得來者(即甲午之役)觸目警心奚啻金仙銅狄耶此外所陳磁鐵古器有二千年前物自古墳中得者六時出館歸已上燈矣

十三日晴長岡昨所派譯員佐賀鈴次郎赴外部定觀學校日期來報云自今日下午始陸續邀覽午後觀東京法學院是校爲奥田義人菊池武夫等十八氏創立當明治十八年開學之初本名英吉利法律學校後改今名聞復將改名法學院大學爲日本私立法科大學之一校長菊池武夫云是校本以英美法律教授法政大學本以法國法律教授而近皆趨重德派蓋德國制度本由聯邦幷合而成與日本幕府時勢相等故日本舉國政治首崇德國不止因其國勢之強盛也中國雖一統帝國但各省地勢家闊情形隔閡實與二十二國無殊若考究政治除日本外以德國最爲適合其言切中我國之弊至是校教員多由帝國大學教員兼任故授課恒在下午二時以後專課法律較早稻田不同碩弟擬英語正則學校畢業後即入此校

十四日晴觀東京物理學校校在神田小川町教授數學重學測量物理化學等科修業年限分三學年一學年又分爲二學期是校考驗極嚴故及第卒業者於國中頗有效力其學生程度時或與理科大學頡頏亦私立中之翹楚也我國實質上學問素未講求近今所辦學堂多缺此科竊謂內地中學堂講師若能於是校卒業生中求之貲費既省收效必速且數理化爲實業根源下手正在此着以本國語教演專門正近今學務切要之策也午後觀盲啞學校校長小西信八云校爲公立國中凡十二區此間

年費萬五千元盲啞生二百八十六人其教法盲者以本國字母另編簡易之法鍼刺紙孔成凸形手捫之習久背誦如流作字則以尺界紙按格使刺不至錯雜如塗鴉然穎者習久能作筆札其編書法以機器置紙於下使諗各字母部位上按機而下引紙頭刻成文極形簡便聞某年大學試驗曾以瞽者列第三人收效竟至是啞者授書設一圖詳爲脣喉齒舌輕重之形明辨五音以曉之退則使其對鏡自習且教以圖畫裁縫雕刻等藝校中所陳列出品有巧倍於常者暇則教歌習樂陶寫性眞微特國無棄

才抑已盡彌天憾矣小西談次頗以吾國文字太深宜歸淺顯庶易普通而收成效予告以中國結繩之始蟲魚雲物會意象形亦皆因陋就簡自說文玉篇廣韻集韻韻會正韻諸書歷代遞增至

國朝字典都爲十二集一百十四部字體雖多除奇僻外通用者仍不及萬我

聖祖御序謂古有文字而不知子母識四聲而不辨七音七音傳於西域以三十六字爲母從爲四聲橫爲七音而後天下之音總於是焉是與歐文之以二十六字爲字母中擇五字爲母音縱橫併切宛轉相生者大同而小異矣且名詞有定義類有常變音假借有方視歐文審音之細（西語有音相似而脣喉齒舌輕重緩急之際毫釐千里者故年長口音生硬者難於肄業）疊切之繁（歐文有數字連切反切者非嫻習強記不易會意）義類之紛點畫之瑣猶爲簡捷至於文法體例雖多達辭則一而尙古之習與西人之重希臘羅馬競淵源而稱宗派者又何軒輊人之資力不齊賢不肖所區分雖聖哲不能平其憾貴國和文之創可謂平易近人乃和歌名家和文小說名家有爲庸庸所難幾

及者是亦見淺深之顯殊矣鄙意中國文明之窒一由蒙學不講一由舉業錮人兩獘相因舉國之人心風尙遂日趨浮僞於文字乎何尤今信能均一教規識字則先實後虛釋名而詔其物臨文則名辭語助由淺而入其深更舉經史子集天文輿地名物掌故之大綱輯爲一二三書以導初階而後教以必讀之書課以有用之文進以專門之學則中人以上皆可有成卽村童牧豎比年之間亦可以尙論古今握管而書牛劵矣否則雖有穎異之資引而置村學之間三字經千字文朝夕咿唔亦復奚能上達耶小

西頗譏吾言回寓雨甚雁談來談留榻寓中

十五日雨觀英語正則學校校係私立校長齋籐秀三郎爲英語名家所著邦文英文法初步諸書最適學者據云教授外國語之法須以邦文法兩兩對照先使學者明白大略然後多取讀本用法詳細研究深造而旁通之乃能進步今日世界交通語學極爲當務之急宜造成多數通達之人材以資應用語至深切因思吾國於各國方言考究已久而教授之始多以各國文法原本令之探討以聱牙佶屈之文演曲折深邃之理宜初學之不解也(即如吾

閩船政開辦四十年今日英法文課本尚襲用舊之黃敬民)且前此曾習方言之士類皆於教授法少所講習所授者非失過深即病過繁往往脩學百人及格者不逾二三十似當亟開英語專科於高等師範中課之卒業以後方可充當中學講師午後同介庵碩弟到帝國圖書館館藏五大洲圖書十餘萬卷歐美文字逾五萬卷餘皆漢和文該館雖屬公家而任人流覽日以四百人爲額人費二十錢便入琅環福地伊何厚幸館中檢脩鈔曝皆有傭調查收發各司其事無溷亂無遺損後堂觀書處樓上下數百

人伏案無譁文明可想見已

十六日陰觀東京外國語學校校係官立教授中國及英法德俄意西朝鮮八國語言文字就中區爲三種中國及朝鮮合爲一科英法德合爲一科俄意西合爲一科各三年卒業卒業之後更可入研究科以造精深之詣校長高楠順次郎導觀各教室見校中畫有世界各國語言區域圖詳列各國所用語言而以各國支配之多寡製爲是圖就中以英語爲最多而近年進步之速莫如德語計英語達十一萬人以上德語達七萬人以上較之五十年前日

有增加可想見國勢之盛矣至日本變法之初首重蘭語次重英語最近則研究德語幾合通國之力爲之緣日本學問皆取自西洋而德國政治學術駸駸淩駕各國也吾國之留學者多只解日語故於高尚深奧之科學鮮能注意將來風氣漸開自當直接留學歐美方不至落他人之後午後觀東京府師範學校校長瀧澤菊太郎云是學官立年費五萬餘元教習二十一人學額四百人分十班由小學校畢業者入此學期五年預科一年正科四年畢業後或入高等師範學校或選爲小學校教習其詳有一覽

表可考觀畢與商延訂師範教習兼詢束修之目云至中國尋常師範當百餘元高等則須二百餘元君誠有事於學堂所有教員禮聘校器購置可為力者當極贊助時予以到東未久其大教育家如嘉納治五郎高田早苗諸人尚未遍晤未敢率爾姑支吾而退

十七日晴與佐賀觀法政大學總理梅謙次郎於吾國前途頗為注意談次擬於明歲就本校創立法政速成科以惠吾國來學者將以最著名之講師演政治上最普通之理解十个月畢業期短而效速日本於變法之初延聘通儒以傳譯教授政法等學卒業多能研究有得為良好之官吏者吾國咸同以來派遊學者僅注目於實業一途是以行政上無所改革國勢奄奄不振至於今日吾甚盼梅謙此舉之有成裨益吾國為不鮮也午後遊淺草公園歸途與碩弟飲於會芳樓遂訪高夢旦九時而返

十八日晴與佐賀碩弟觀國語傳習所校係私立在神田三崎町屋舍湫隘規制亦陋以吾國方當研究統一語言之法故順途往觀日本幕府之時諸藩分立雖有字母而音韻漸以淆雜如長崎大阪各處其語言較江戶(即東京

之舊名)迥異維新以來文部省亟圖所以統一之乃令各學堂皆習國語此外如傳習所講習會亦所在多有因思吾國語言為高山大川所限致各省不能畫一閩粵在五嶺以南尤為阻梗誠交通之阻力也午後觀東京府第一中學校校長勝浦鞆雄云校係明治十一年官立教習四十人學生八百人分二十一班無寄宿舍經費年三萬元學費人年二十元不足由官籌補由高等小學校二年級以上生考入已畢業者擇尤升入高等學校或同等各學校有漢文科某教習與余筆談詢先文忠事蹟甚殷且以加勉可敬也回寓與碩弟暢談夜半始睡

十九日晴是日星期早起訪同鄉各學生午後與碩弟遊上野動物園羅致禽獸鱗介並志其土產之域亦研究動物學之一助此地即明治初年與幕府德川慶喜宣戰之區左近有肆列畫圖榜曰上野之戰即陳當日戰績出園散步勸工場日本極意振興工業政府以貲貸民力所不足使萃本國百工製成諸品陳列廣場周轉曲折左出右入觀者如行山陰道上應接不暇雖吝與貧必有所擇東京廣市類此者不下數十處銷路之廣可見此場於工商

兩益且便行旅利小民爲抵制外貨之良法中國極宜仿行回寓與李拔可暢談拔可江南派來觀博覽會順道遊東京亦寓於是館

二十日雨與佐賀耀旭觀東京高等商業學校校長松崎藏之助曾兼早稻田大學財政學講師於中國人招待極厚是校置豫科本科專攻科並附設商業教員養成所由豫科卒業乃得入本科本科最重外國語英語之外必於中國及法西德意俄高擇兼其一中國學生之入學者多爲撰科生以修學上之便利也然近今各國在中國之商務英吉利以外法德與俄亦爲緊要宜於此三國中擇兼其一較資實用午後往謁東京府(官猶順天府尹)適其外出晤參事官鈴木邦義觀其治事分數科農工商民事及學校各有專責工科中又分鐵道橋梁修築等目學務自東京府中學校以下皆受其轄署中列室櫛比彷彿吾國各行政官衙之制最後爲議事所議長及議員六十人皆市民公舉故能聯官民之聲氣尋常年一會有要事隨時提議聞前數日方以更易市長開會似此立法誠足以祛上下隔閡之弊而地方事易於爲理矣西一區日市役所

專設權衡度量爲舉國畫一之程度蓋恐貿易者畸輕畸重不便於民特立之表以爲法則名曰市役意實檢定吾國錢法郵政與權衡度量一切公權之物自都會以及市鎮各爲風氣一任商賈欺朦吏胥高下而莫能正財政之壞無逾乎此傍晚顧榮伯欵佐賀挽爲陪席散後回寓

二十一日晴觀蠶業講習所在府下北豐島郡西ケ原距神田稍遠所係官立教授關於蠶業之智識兼養成教員技手學生入學者皆爲官費生不徵收授業料其宗旨專在試驗故廣開試驗場羅致各國之蠶種桑種詳細比較之據云世界桑種以中國蘇州爲第一適用但蘇桑首年移植尙與在中國時相仿次年以後漸轉而黃瘦同於日本之桑矣日本之地最不宜於蠶桑近經悉心研究反較中國遠勝若中國能仿日本之法而提倡之當可收事半功倍之利午後觀東京府第四學校學科課程與第一略同而建置經營較爲合法蓋東京府立四校惟此校成立最後而最爲完備也晚陪介菴欵讌譯佐賀散席回寓

二十二日雨觀東京美術學校校長正木直彥云中國學生之來日者於美術迄少注意不知日本全國器具其製

造雖出工業而模型多出是校學生之手故近日實業上最爲發達中國器用窳敗品式樸拙若能救以美術當可改良徽校畢業生有在北京者有在湖北者福建如欲從事繪畫雕刻漆工等科徽校儘可爲力導觀各教室見有祼體婦人高踞講壇各生環坐其下或模正面或模側面骨肉毛髮一一神似見客至不愧怍亦不引避蓋教室之中體制應爾固其風俗之習慣亦可見其實習之精矣午後雨甚不外出與同寓諸君子縱談竟日

二十三日晴與佐賀至東京地方裁判所觀審招待者邀

余過刑事部訟庭適在讞其案爲詐欺賭博問官坐堂上五人中爲裁判長左右爲陪審判事一檢事一書記訟者立堂下辯護士數人列於旁觀審者頗衆余以來賓坐問官後其審案也先由裁判長命廷丁傳被告至前詢姓名籍貫職業既悉由檢事訴被告事件裁判長向被告究詰被告陳說畢辯護士復立起爲辨解判長調查各證據再命原被告辨論遂與各陪審官密議下判決出與招待者談詢裁判之沿革及其制度答曰未變法以前行政司法一官兼之至明治十四年始仿法蘭西制設裁判所司法行政分爲兩職其時刑法治罪法亦略備然大抵仿拿破崙法典執筆者亦法國某博士也不甚便至廿三年復仿德國制編制裁判所構成法卽現時實行之制度也裁判有二一特別裁判一通常裁判特別裁判卽行政裁判所陸海軍法會議是也普通裁判有四曰區裁判所曰地方裁判所曰控訴院曰大審院裁判所構成法所規定者僅指通常裁判之組織及其職員之資格而言區裁判所爲單獨裁判所理輕易之事苟判事僅一人則民刑專歸審理有數人則分任地方裁判卽第一審之合議裁判理事

之重大者分爲民事部刑事部民事又分爲動產不動產等部刑事又分重罪輕罪等部每部至少置判事二人卽如東京地方裁判所民事分五部刑事分六部以首善之區事繁故分部多也控訴院爲第二審之合議裁判所其職分在矯正第一審之謬誤以求得公平之裁判也其分部及其組織與地方裁判略同但每部用判事五人每訊鞫必五人同議比地方略詳耳全國共七所大審院爲司法裁判所中之最高者全國僅一所卽第三審之合議裁判所理第二審判決之上告其分部又比控訴院加詳耳

語畢余謝其慇懃而退考日本裁判所構成法及刑民訴訟法兩編所規定民刑兩事分界甚明職任又甚專刑事重在公益尊國家之司法權民事重在私益保護人民之權利其間搜查檢證逮捕及豫審公判判決再審上告諸規條大抵於未開公判以前查之務詳防濫告之弊旣開而後結之務速防被告及各證人久待訟庭之曠業旣結也許之求再審或上控防寃抑之弊故自地方裁判所以上則有豫審且無一不以合議其裁判人員亦遞增遵法律而行無威嚇刑訊務得其情而後已愼重如此至今日其國之學者尙言現行法之不善聞其更正案已脫稿不日可宣布可知立法不能無弊貴隨時而變通耳

二十四日晴與佐賀碩弟觀東京高等師範附屬中學校日本通國中學校以東京府第四中學校及此校最爲詳備校中各教員卽以高等師範上級生擔任而高等師範教員判斷其教授法之良否教者學者均有裨益至其教科書由教員審察生徒之程度性質等時加改正故能詳密明瞭適當於教授上其國中中學校共二百餘多用是校教科書教授蓋日本一般學校恒以官立者爲試驗塲

是校亦其例也高等師範學校皆兼設中小學校尋常師範則只設小學校以爲校生練習地步高等尋常師範學生卒業學年之成績關係於練習者居多旣卒業然後任以教諭訓導等職可見其愼於遴選矣午後遊日比谷公園傍晚與碩弟散步歸

二十五日晴觀東京女子高等師範學校校長高嶺秀夫云校官立內附女子中學校（或謂高等女學校）附屬高等尋常小學校及幼稚園分四等共千三百餘人高等師範女學生三百餘人年經費八萬元學費則女子中學校年六十元小學校月五角幼稚園月一元華族之幼稚園月一元五角均按月納費於官惟師範爲國家培養人才之地學費官給然中產之家非志殷教育者多不願入蓋入師範之始須立誓書學成聽文部省調往各處盡義務五年始能他適且已婚者不許入學畢業二年內亦不許婚惟爲教習之第三年始稍自由故人咸憚其羈紲然學費及衣食咸仰於官則又國家之特待者於貧民爲便總觀諸校課目小學重修身國語體操中學重歷史地理數學理化皆爲他日入專門之預備循序漸進旣不虞乎躐等

諸科悉備更不偏於一途西儒嘗謂國中得數十通才碩學不如人人有普通智識信哉吾國人腦質較諸日人曾不少遜故學其專門諸科時有列於優等者而叩以普通學問則罕有完備是亦言教育者所亟宜改良也高等師範各科則於數者精益求精以備中學教習之選其已卒業仍願留學者則入研究科修學二年至中學校畢業生已選入高等師範肄業擇其優者兼爲附屬小學校教習教學相長且省經費其幼稚園規制與誠之小學校等惟華族與平民稍別故學費亦不同若小學校則爲對國家

應盡之義務有及時不入學子弟即罰其父母故學費無輕重校內執事多用女婦舉女學生中有才品者主會計每星期將所用費列表示衆任此者恒爲諸生信服之人故少齟齬觀體操所習稍與他校不同詢知爲瑞典新法余聞諸同人金邦平伯屛言日人因其種類軀幹短少甚倡改良人種之說欲使體氣堅壯庶於生育有益故年來無論男女各學校皆以體操爲要務惟操法分三等曰柔軟曰器具曰兵操女子不與兵事但學柔軟器具二門（柔軟練習筋骨如八段錦之類器具則用柴棍鉄鈴等物）男學校則三者並習專重兵操過一室則女子高等師範三年級學生方教授修身科女教習於黑板上大書親子温容愛姑勤勞立志報恩等文口喃喃作日語似於此數義闡發盡致者諸學校咸重倫理一科正本端源具有深意彼學者不求實際相習於自由革命之浮辭奚啻買櫝還珠聞絃歌而不知雅意耶最後爲圖書館閱報所非師範生及高等女學卒業者不許濫入蓋高等女學以下學問尚淺按日有課不暇閱覽也次至小學校一級學生分數班教以淺近普通之學或甲班授書畢令其習字遞教

乙班乙班畢令其圖畫再教丙班教員少而學生多且有入學時日不齊零星附屬者以此法行之人雖參差課若畫一蓋單級學校之意是日辰入未出飯於西洋料理（日名酒舘爲料理）散席訪各留學生於會館傍晚始回

二十六日晴星期佐賀邀觀巢鴨監獄獄舍西式空曠潔淨無鬱蒸氣囚所居鱗次列屋按規屋住十人夕八時息燈屋內人一席凡諸用器安置有度面牆睡無偶語辰四時出屋向廣場聚飯後治工終日不得入室咸衣赭獄之東有感化廳廳後爲講堂每星期延高僧講性理道德以

啟之四二十歲以下者按日十時入學十二時以後赴塲治工有不遵法律在獄仍犯者置之暗室罰其跪坐減膳三分之一然室雖暗仍殊吾國圀圄醫生日一驗有病移他所治之愈後再科前罪在監無鞭朴刑病者啖牛乳及白米粥無恙食粗糲同罪初犯者禁二年再犯四年其勸工塲六區區容三百人治蘇鐵絲布磁竹諸貨隨所能督其製造無藝者教之必習一技乃已製成者按品計值在獄食用之外主者存其贏餘俟滿罪時權子母付之俾有所憑藉以爲生計塲中勤有賞惰有罰每區監督數人董

其成病室外另築叢舍處華族子弟之在獄者所以稍別等夷存其廉恥此種囚蒞工時亦特別一區凡囚皆裁判所所審定送入者科罪如係罰工不能以貲鐲免其輕罪繫數日卽釋者不律以治工獄中鐵門四面壁立夜用電燈於火患防之尤密按日應入塲十二時絕無暇晷似此羈縻約束勞以多方立法既允用意復深暴戾者無所用其恣睢游惰者不能安於逸豫改德率行有可必者至脫繫之日恒產恒心兼而有之人非至不肖磨練之餘何樂不爲良善哉吾中國移鄉移遂古有良規自教養失宜用

世者不得不以辟以止辟之言爲治標而忘其本至今日刑名法律繁重之端諸多窒礙微特刑亂用重爲抱薪救火之謀卽尚德緩刑亦畫餅充饑之舉使長此鞭箠刀鋸令出法隨不特廉恥盡亡轉貽外人以口實此數十年來治外法權所以旁落者職是故耳吾願秉國鈞者於人命重大亟宜加意改良也歸廣知張季直丈已到東亦寓是館造談良久聞其此行但觀實業專門學校及各町村小學數日後且爲北海道考察農務之行欲寓教育於實業中而以實力推行者宗旨之精有非遊談者所能夢見也

傍晚散步芝區勸工塲歸作家信

二十七日晴與佐賀碩弟耀旭觀獨逸語專修學校日本近年以來文部省極提倡德語故私立德語之學校所在多有是校在神田西小川町與至誠學院同具特色然比較英語正則學校規模廣狹迥殊入學生徒多中小學已畢業者增修外國語之學識以資實用學費以月計或來或去隨時均可自便而校中就學生徒其勉強學問反在他校之上蓋此種學校來者類皆出於自已之抉擇非有所驅迫故觀其學校人數之多寡卽可決其教師之良否

午後過東亞同文會晤其書記各員略談數語而退歸途與耀旭碩弟同飲宫羽樓

二十八日晴觀高等師範學校校長嘉納治五郎爲日本教育名家云是校今春始落成學額六百人經費年二十萬邀觀一周相其規模及儀器標本比前日所觀女子高等師範尤覺詳備余意考察學校非徒鑿筆紀其外容必須饜聞精理取則良規以資異日力行之本故與嘉納氏所論辨頗爲詳晰嘉納氏論教育之理曰中國教育之難不患無專門大學患無普通小學凡立專門大學必先養

成此項師範人才不得已借才異地亦必妥籌規約一俟學者稍能自致即各遣歸亟圖善後庶不致於泄沓因循終仰他人鼻息其學生不由普通卒習專門有二弊一則巧於自謀務速成爲噉飯地實際自差一即有心教育乎日未嘗他涉一藝自封難資啟發鄙見須舉國有普通學問方可漸推而興大學專門此時惟立尋常師範學校酌聘外國教員一面選本國通才出洋學速成師範俾廣相推引以改良各小學若大學專門則徐俟東西洋留學有志之徒成詣漸多詳考其足作師資再議未晚方今民智

未臻風尚未普紛紛以大學爲重要問題勿論摹盲揣日成效終無即規模科級備極精詳亦徒崖岸自高無益於津梁之渡若故卑其程度以合時宜則又名實相戾余曰普通爲專門之祖師範又小學之宗允爲碻論惟速成師範學期少者六閱月多只一年其程度似嫌太淺對曰小學本重國語倫理二科使所派來學速成者均能擇其才俊則於二者已嫻特未知管理教授各法耳具六閱月資格此中之章程條序皆心通其意回國爲小學教員將固有之本國倫理脩身歷史地理斟酌損益如法行之不難

勝任一年者則於淺近之普通學粗得津涯更易推及中學改良教科數年後師範學堂成才勻布各小學届時再次第而興專門興大學事半功倍矣日本維新之初亦由東京先立師範學校此前事之明驗者其言頗精切嘉納氏又告余以吾國留學生沓來如鯽頗難安置因每年入學定四月九月兩期不能隨時混入故特立弘文書院以爲學者預科且備速成師範之選云語畢已二時辭出並約廿九十時造府再晤順訪雁譚留飯彼處縱談半日觀所購幻燈數十種皆繪庚子之亂京津陳迹回首當年京

國兵塵孤城坐困離亂情形猶爲心悸劉子楷亦至因留宿東櫻館

二十九日晴與佐賀觀警察監獄學校日本學校有不屬文部省管轄者如學習院華族女學校則歸宮內省管轄陸海軍諸學校則歸陸軍省海軍省管轄郵便電信學校則歸遞信省管轄而是校則歸內務省管轄蓋各該行政部專門教育的機關故文部省不能干涉之其餘如政法各專門學校雖歸文部省管轄亦當受司法省之指定體制所在也是校爲養成良好之警察官監獄官學科僅一

年以二者重在實習就職後尚可詳細研究歸寓料理筆墨同鄉諸君有來談者故未外出傍晚與碩弟觀幻燈(日名活動大寫眞)日本維新以後於光學多有發明茲特其一斑耳十一時回寓

閏五月初一日晴十時與碩弟往訪嘉納治五郎以前日晤於高等師範學校面約故也詳詢明治維新以後之教育大略據云維新前亦稍講洋學然不過兵學醫學一二端其教育之主腦仍存漢學維新而後於明治四年始設文部省總括全國學務泒遣理事官於海外調查教育制度遂於次年頒學制於國內是名學制時代之教育(自明治五年至十二年)學制之大略以全國之學制統於文部省分全省爲七大區每區置大學校一所分一大學區爲三十二中區(區人口大約十三萬人)每區置中學校一所分一中區爲二百十小區(區人口大約六百人)每區置小學校一所其大學校七所中學校二百五十六所小學校五萬三千七百六十所各大學區設督學局一所此法令頒布之後雖未能實施然於明治六年公立私立小學校已達一萬二千五百五十八所至明治十二年中學校亦

達七百八十四所(但中學校合工業學校商業學校通辯學校農民學校諸民學校諸種)大學校則自明治十年合併南校東校改稱東京大學當時工部大學校尚歸工部省專轄故大學僅課法理文醫四科十一年於法理又置選科於入大學部置大學豫備科(即今之高等各學校)師範學校明治五年始開於舊昌平校(即今之東京高等師範學校)聘美人爲教師生徒分上下二等置通辯官一人其學科以教授法爲主他學科稱爲餘科修業年限二个年繼則逐漸增加明治八年分設中學小學兩師範科其

課程與今之高等尋常師範相當他如貴族之教育機關則設學習院軍事之教育則有陸海軍各學校屬於各省所專轄者則有電信修技學校(今東京郵便電信學校)東京商船諸學校若教育令時代之教育(自十二年以迄十八年)定各學校教則大綱編緝教科書設小學校圖書審查委員會學事漸歸統一此時代中多輸入西洋之文明故外國教師於十九年末就職文部省所轄學校及府縣公私立者在百三十八以上月俸最低額百數十圓高至於五百圓海外留學生自明治八年至十八年差遣五十

八人卒業歸國者三十八人皆就國中樞要之職自是以後趨於學校令時代之教育(十八年以迄於今)十八年三月發布帝國大學令四月發布師範學校令中學校令小學校令二十三年改正各小學校令而屬於文部省管轄之學校數漸增加(東京美術音樂各學校等)此時代中由英學風轉而德學風(最初重美學風)國粹保存主義漸與歐化主義交戰(先是日本觸接歐美文化鼓吹極盛至是有識之徒常爲國家慮)明治二十二年帝國憲法發布次年有教育勅語之煥發於政治上教育上統一國民思想

定德育之方針二十六年以後兼重實業教育立富國之基礎始成爲純粹國家主義之教育矣嘉納氏又云改革之初有天然之階級中國當同治末年獎勵製造算學恰與日本明治以前相類今興學勅旨雖定而學制未布宜取日本第一期之法令而行之予曰教育大略茲獲詳聞但教育行政機關尙有所疑先生倦矣請俟明日遂訂後期以別下午與碩弟同遊横濱被大雨略事遊覽卽歸

初二日晴雨相間再與碩弟謁嘉納治五郎徐申昨說嘉納云教育行政法以文部大臣爲之綱其下有總務普通

專門等局以管理之又設參事官秘書官書記官視學官圖書審查官學校衞生主事等職以助之其別設之機關一高等教育會議二東京學士會院三學校衞生顧問會四地震調查會學校之種類一文部省直轄學校(除盲啞學校外皆專門以上程度)二府縣知事以下管轄諸學校(中學以下程度)三各行政官衙管轄學校如府縣知事管轄府縣公私立學校兼統督市長郡長管轄郡公私立學校兼統督市町村長市町村長則直管轄市町村立諸學校故府縣以下爲教育行政上極重要之機關教育

分普通專門二種又可別分貴族教育(如華族女學校)與慈善教育(如盲啞學校白癡學校感化院)二種其設立維持之法有官立公立私立之別官立由文部省及他省籌費公立由府縣以下於地方籌費私立則由個人或糾同數人擔任然亦受政府之干涉此教育行政大略也日本教育精神中小學以下視歐美有過無不及其教員待遇之法規定至詳故能養成普通之國民至多設高等中等全等之專門師範實業各校實於中下流社會最爲有益予曾遊歷貴國見人人皆以學博爲己任此種風氣實有

害國家之富強歐美各國教育宗旨皆謂國家得多數博士學士不若得多數實業家與得多數有常識之國民蓋博士學士其責任在發明事物以指導各種社會之改良萬人中得一二人而已足也余曰教育行政如君所言固已洞達但中國今日辦理學校一切多所阻窒如經費之困難管理之棘手生徒趨向之不一老師宿儒之反抗力不知日本維新初年有此情狀否嘉納曰中國國稅皆有一定驟加巨費自慮不給但民情未協固未能遽爾加賦而各項新政相依而行又不止教育一端鄙意先提中飽俟風氣開後人人知新政之不可已然後地方籌款及直接國稅之增加可次第並舉學校管理非洞悉此中之機關種種皆形荆棘蓋教師尚可取材外國而管理員必須本國養成與學生氣質腦質能融會貫通方能操縱惟我也至學校科舉兩不並立貴國但能立即裁撤使國內趨向之途出於一致生徒自可專志於學業新舊交替之際例有衝突持之以寬行之有序十年以往頑固漸以銷亡學究亦能開化內部之行政日起有功矣適其有他客來揖別而退下午過夢旦處暢談晚欵佐賀介庵雁譚幼旭

諸君子回寓碩弟來雨夜聯床甚適

初三日陰佐賀邀觀第一高等學校日本大學之制與德國比較年限增長蓋德國中學卒業後可以直入大學日本則大學中學之間尚有一層高等程度也近日彼邦教育之議論有二一謂宜高大學之程度使國中學問優勝於他國一謂程度宜稍卑使人人得以企及二說相較前說爲長蓋普通學問人人必須注意高等以上不妨高其格以俟俊特之士也國中高等凡七所是校創立最久內分三部第一部有法文科志望者入之第二部有理工農

科志望者入之第三部有醫科志望者入之校長狩野亨吉云是校宗旨以外國語爲最重因東洋情勢與西洋不同故學制亦迥異學者於中學卒業後入此修學三年於第二三國外國語悉能了解乃能入大學以外國語研究西洋精深之學問而無所阻礙又云日本今日於師範學校中學校以下參酌東西之俗成一確當不易之制度雖歐美無以遠過至專門高等以上除醫學法律外理工各科所發明者不過十之五六貴國今從事新學於師範政法必須遊學東方若欲研究實業則仍以歐美爲勝語畢

辭出午後往觀成城學校適未遇其校長略覽一周但聞是校食宿最苦功課甚勞然中國學生在此者多極勤奮向學成效頗著云

初四日晴星期學堂無可參觀迺再過嘉納詢鼓勵教員之法嘉納曰高等以上教員多學博爲之其人資格深學問高且多兼有他職俸給尙厚中小學校以下則身體勞苦俸入不多畢生老於講授人多不願爲者是以日本於鼓勵教員之法最爲詳備師範學校既設官費生充當教員之後又有年功加俸及恩給扶助等料所以安其身心酬其勤苦使得專力教授中國學校初設經費固乏惟此制不定學校無一定之教員中小學斷難進步余曰辦理之初小學教員不足何法以補救之嘉納曰國民普及教育爲世界不可緩之公理所有教員如不及待師範畢業宜於師範學堂附設簡易科限二年四個月畢業縮短尋常師範之功課一面派學速成於日本且於內地開傳習講習諸會擇精通教育之外國人略講其理使於最短時間學成應用日本維新之初於東京設校延歐美人講說教育原理及行政機關中國此時亟宜仿法又問僱用外

國人之法嘉納曰日本初時僱用美人繼則英人多充顧問等職以備諮詢至訂立年限宜由長而短若海外留學生則又宜由短而長如此教育權不致操於外國之手環球文明之國無以外國人轉持教育權者日本今偶有僱用之外國人亦皆服我驅使又問學校以外之教育機關何者爲要嘉納曰在於教育會日本各學校所以進步揆厥原因繫於帝國教育居多蓋調查教育上必要之事項開設教育學藝等之講習會設置圖書館發行圖書雜誌又於各府縣設分會以通總學會之消息時舉行教育品

之展覽會凡此者皆所以助文部省進步之力也語畢辭歸予自到東與嘉納氏談論三日於教育上殊多所得午後重遊淺草公園與子楷步訪雁譚於東櫻館遂留飯

初五日陰與佐賀觀東京市萬年小學校是學官立以教貧民子弟之無力向學者衣食外無他費東京似此三區求入者先有證人再經校員調查實係無力始准來學四年畢業後聽其自謀生計其經費亦取資於市稅因歎吾國義塾之設有美意而無良法殊爲可惜出校食於西洋料理畢至教育博物館觀所陳各國風俗種類列吾華神

冑於野蠻足資激發亦復寒心傍有大成殿一區制頗宏敞維新後鮮過問者正坐及四配尚存兩廡皆撤爲出品陳列所其俎豆儀器移於博物館爲考古資此雖無關宗教興衰亦見日人過趨物競之潮不能以博厚濟高明存松柏於春華之日也然自明治十三四年間尚有斯文會之倡卽邇來以漢學名家者亦時有人而保存國粹注重德育之議論數見不鮮知孔教之精亘古不可磨滅所謂日月經天江河行地非淺流所能增損已歸寓李律閣來談甚酣

初六日晴與佐賀觀高等工業學校其校長手島精一爲法國工科留學生畢業又赴歐美考察回國充工業校長二十餘年明年美國博覽會日廷仍令預會以資考證也日本於工業極注意年來商務進步是其效果聞其附設織工徒弟及實業補習諸學校全國類此者十五六處東京占其二蓋午前課徒弟午後課補習費省效速吾國亟宜仿行也午後與人作扇對數事林肖旭來談碩弟亦至遂不外出

初七日晴觀早稻田大學晤其舍監高田早苗是校原名

東京專門學校現始改稱大學爲伯爵大隈重信所創任者計分大學部專門部高等師範部高等豫科四種大學部與美國施嘎哥大學校互相聯絡學生卒業後可直入其上級法律科與私立各校相等政治經濟科實爲該校之特色其教授宗旨多主應用無專攻學理之獘所謂活潑潑主義者庶乎近之開校之初因與政府不合至嚴限學生出身以破壞之然始終堅持日臻發達卒得其許可今合內外國校友及校內外各生計之約在二十萬以上於私立學校中洵居第一高等師範部各科以地理歷史

科爲最講師山上萬次郎横山又次郎志賀重昂和田和民諸人皆其國著名學博故是科較之各官立尙有精神回寓感薄暑倦甚不外出

初八日雨感暑熱未退仍留寓雁譚子楷耀旭碩弟先後來談論終日購牙章十餘件

初九日陰與佐賀介庵榮伯諸君觀帝國大學日本官立大學東西京各占其一入是學者須由小學中學及高等各學堂畢業後方能循序遞升吾國人來此年齡差長率未涉獵各學堂卽入是校研究學成只能領其脩業照界

限之嚴如此（私立各大學無分此界限）晤其校長理學博士山川健次郎談論頗洽且有數日後舉行卒業式訂來參觀之約遂觀各室中分六科曰文科理科工科法科農科醫科適暑假數日前已散學文法二科只留書籍工科其一切製造機關自開山採礦以及橋堤車軌兵房砲臺凡屬工程皆隸焉器械標本具體而精每科恒數十種類涉歷一周已十二時矣回寓飯後往觀理科聲光化電動植諸學皆有儀器實驗之所校長於稍涉新奇者輒爲演示至礦學地質二門尤多大觀前聞無綫電報之製不喻

其理今觀實驗蓋以兩機相對機有圓鏡一發一收以光代線其理正同惟白晝電光不顯代以日光陰雨則窒相距中如有障電之物則不達雖據云其距可至中里三十五里之遥便於兵事然有隙則人必乘之亦未見其盡善也回寓已五時

初十日雨觀大學醫科實驗室陳人身自頂至踵諸骨幹及婦孕按月之成形貯琉璃者數百盂男女骨十數具無甚分別惟臍下兩腿間男深小女淺寛爲受孕地解剖二室列尸相屬藥水氣充溢死者不名何病剜心剔骨講求

其受恙之原養病所十餘看護皆婦人榻足皆輪機以便運動校長云環球上惟德國醫學最精其次當數彼國飯後觀弘文書院爲嘉納氏特設以待吾國留學生之習普通及學速成師範者學生百八十八人內學速成師範者八十人分兩班程度以六閲月爲率多則一年餘皆待入他校者聞前此學成歸國湖南北及廣東將百人昨山東官派四十人新到未列班其教授用日語以卒業生徐某爲譯蓋速成爲期有限語言不通必須傳譯也弘文學生各行省多寡不符惟吾閩僅有私費生一二人云

十一日陰星期留學生會鄉人於錦輝館茲會月一集討論學校得失演說內外政治新自國來者則須報告內政及本省之近事昨有東來招九時赴會僉請演說遂登壇告以吾閩自戊戌以來許督爲政惟利是圖於學堂一節深用其阻力間或虛應
嚴諭飭張塞責率不足觀學務晦盲否塞者五稔故吾鄉學者較他省知識尤闇今春許去士民稱慶私立則東文學堂前之借人宇下者今已購地興築改爲師範學堂擬聘教習宏整學規官立則增擴鳳池書院以充大學堂且添儀

器購書籍派員來東調查學務他如新立之普通學堂蒙學堂等辨理略能就緒似此於教育實際雖不敢言而諸校前途尚有可望惟師範乏人借才異國費所不給亦學難遍施且非經久之道諸君留學於此或求師範或擅專科雖畢業先後不同其爲他日人才則一所望無歆高論務踐實學他日歸來先從鄉里轉移風氣然後逐漸開通庶於國民德智前途所裨實廣此卽仁人志士犧牲流血之用心爲鄙人今日所責望於諸君者也至內地選派留學之舉回國晤鄉先輩及當道之明達者必力爲贊成演畢而退乃應蔡和甫星使昨訂今日午局之約到使署晤前湘臬胡月舫前輩景桂自直隸來五時散席回寓

十二日陰與佐賀觀慶應大學是校係私立者東京私立大學其程度爲政府所認可者凡六區曰早稻田大學曰法學院曰明治大學曰日本大學曰法政大學曰慶應大學私家擔任官力補助故人才輩出如是校長外出所邀觀之校員曾充高等師範教員與談日本師範生之數對以全國之師範生每縣年添數百人卒業可百人合日本四十七縣計一年約得卒業者三千人然舉國須十萬教

習故仍有乏才之患問經費安出對以官立者除地租地價仍由政府不計外餘於戶口稅營業稅所得稅三項按年勻派所得稅如所得三百圓以上者卽須攤派學費餘可類推故教育之費大縣多至百萬少亦數十按德國近今學制最爲發達通國幾無不學之人日本銳意興學垂三十年統計全國之人入學者仍不過十之七八足見教育之道非可旦夕言功也午後過夢旦閒談遂欵同鄉八人於官羽樓旋偕夢旦肖旭子楷造嘉納與商福州延請師範教習事過訪浙江章宗祥仲和及金伯屛二君留學

中之翹楚一習法律一習政治近年之政法學報多其手筆是夕子楷宵旭留宿寓中

十三日大雨滂沱佐賓未來與同寓李拔可諸君閒談半日午後放舞碩弟至與閒步市塲購圖書十數種而返

十四日雨觀女子職業學校學額八百人由尋常小學四年再入高等小學二年修了者入此分五科曰裁縫編物圖畫刺繡造花專科者二年畢業兼兩科者三年畢業蓋女子入小學六年文字倫理既已通曉乃令其各執一藝然習藝中按日仍課以讀書習字修身三項一兩小時至

第二年級則教以中饋諸職三年級則教以通用算術生計簿記教育兒女諸法日本文明進步女學居其大半此校多華族女子尤爲可貴順道觀同文書院乃同文會爲吾國設者會長近衞公爵副長即長岡子爵院內近百人功課與弘文相埒時已逾午介庵延飲於酣雪亭順道送雁譚行又訪夢旦聞明日亦就道晚歸寓

十五日晴觀大學農事試驗塲晤其師伊東一二遵周各室先入植物驗蟲所凡蟲爲草木五穀之祟者用千二百倍顯微鏡驗視究所從生以求尅制之物次植物標本室置所有受蟲植物而每物旁列其可治蟲者凡數十種標載明晰以資考證又一所爲消毒殺菌室養一種小蟲能消五穀草木之恙冬用湯氣以暖其度夏用鐵網以通其氣使氣候攸宜孳生而利用門外大園列各國植物及彼邦今歲五穀之種以研究其得失中有湖北茶一區技師云種勝於日惜不善培植焙製利所以不廣塲之西爲製茶試驗所自采摘以及焙薰皆用機器技師餉茶一小罌爲所自製之艮者味頗甘美又西北偏爲蠶事試驗塲自驗子以迄繅絲各置機器以備考驗中有蠶種標本室集

全球之蠶繭列盒分記中國繭至數十種技師云浙蠶甲天下惜貴國泥古法不知擇種去瘟薰豬同器故絲不純又到農事試驗塲技師贈農書全集且云其中多著近所經驗新理外間難購亟收行篋以待能者午後觀印刷局與官報局局造國用銀元郵政稅則各票暨商業民生適用劵據官報局則於報紙外並及各項簿書圖籍初入排印塲大小文字數千種鑄字之道有二舊法字咸有模以鉛融化置機壓之新法則一大機聯綴數十小機投鉛個中手按成字尤爲便捷各報及他文件排成鉛字後由此

印刷若鈔票郵便印花則於特別密室印造非得保證券不能擅入余以外務部關照得造觀其票必經數手方能如式有監察處有調查處立法嚴密防弊周匝人事可謂盡矣然世無無弊之法在能隨時糾察不稍因循耳局長得能通昌居此職二十餘年間其廉俸則年約中幣三千元問其局內男女工値則自一元二角至一角五仙等差殊夥有歷充女師二十年者月僅二十餘元云蓋是邦人各自食其力非如吾國之舉家胥賴於一人按今日所觀如出圖雕花雕板洗票印票石版乾庫及製印泥製色料

各處每至一室有歐美購來之器旁必佐以彼邦仿造之機有靑出於藍者有工力悉敵者足見日本雖事事物物步武泰西而一事之末一物之微必竭其心摹手追以求駕乎其上成效則精進不已不以一得自封未成亦勉强步趨不以望洋自餒堅忍若此可畏可師吾國各廠購機置器逾三十年無能仿一機與歐美相頡頏者卽有亦湮沒不彰無爲提倡鼻息仰人漏巵奚底殊可浩歎歸途款諸君於酣雪亭在坐六人回寓作家信

十六日晴觀王子鈔紙部是部專製印刷官報兩局所用之鈔紙資本百萬元爲東京第一名廠所列草木皮且數十種卽至稻管亦足製成粗紙最上爲桐皮質堅厚竹所不及製造所大厦數區次第列數十鐵鍋機爐在外運以皮帶接以鐵管火力彌滿鼓盪全局樹皮自入鍋後次第自轉甲傳於乙乙傳於丙由粗及精煮紙出紙裁紙皆爲一氣呵成所用機多由美國購置者午後觀三井銀行公司內分三區曰三井銀行物產會社鑛山會社會社卽公司也銀行公積千五百萬物產鑛山二者約千萬資本爲是邦冠五洲分行數十處其利銀行年可數百萬物產鑛

山亦相仿行分四層登降用汽機堂宇恢宏蓋昨歲方以百五十萬構成新遷者若其商標著名久矣見總司吳太郞關口精一吳先世籍吾閩泉郡明末遷居於此二十年前嘗一回里曾任印度領事對客操京語甚嫻似猶不忘本者歸寓已五時遂不外出

十七日晴昨得帝國大學來柬以今日爲彼中諸生畢業頒照之期請觀其式八時偕譯往坐有吾國各省來稽學務者九人故事日主親臨登壇宣諭畢傳六科最優生立案前謹領執照左立本校各教習右立外賓及諸學博

來觀者禮畢日主回蹕幹事欵客以西饌今年適日主有疾派某親王恭代於此亦見注重教育之一斑已午後偕耀旭碩弟過京橋購物其地爲商務最盛之場肩摩轂擊聞屐聲不聞喧嘩聲可想見其市廛有政矣

十八日晴晨偕耀旭碩弟往拍小影過書肆購圖籍數種飯後觀淺艸公園畫圖繪庚子拳匪聯軍之戰一一神肖安得移於吾都供達官貴人一覽爲臥薪嘗膽之助耶回寓得長岡子爵明夕臨江樓邀宴之柬

十九日雨在寓清理酬應翰墨比日文部省學校大都周

覽擬觀陸軍須參謀部回訊故未外出午後偕耀旭遊小石川植物園園隸大學理科中植各種林木花卉備格物家參考少憩即赴臨江樓吾國在坐者孔少霑前輩祥霖胡月舫廉訪景桂丁奎野吉士維魯方鶴人觀察燕年劉聚卿觀察世珩李拔可司馬宣龔及余七人彼邦到者多知名宿學之士如重野誠齋治漢學永坂周二大江孝之森泰二郎結城琢菅了法岸田吟香皆詩文名家宮本小一宮島誠一郎關義臣巖谷脩松浦厚咸優文而爲貴族院議員者主賓裙屐萃水朋簪洵一時盛會也席間聯句

賦栢梁體主人首倡云凌雲之筆觀國賓胡孔及余以次和之長岡別贈二律余和之云攬轡扶桑近浹旬荊州一識意逾親輔車珍重論交誼喬木輪囷見世臣坐上酒樽傾北海眼中袍澤說東鄰鴻泥別後應相憶雅集當筵幾主賓政教同洲漫短長調琴獨解早更張考工自挽商鞅起講學終教國步強欲出迷津勞寶筏敢憑鄰火乞餘光鯫生差負澄清志多感周行示我詳結城蓄堂亦贈一律余步韻云君是詞壇老斲輪海山幽勝寄吟身南州冠冕多名宿東道朋樽幾主人瓜蔓相望三島水楊花宜作兩

家春榕陰回首成交臂（蓄堂去夏遊閩適余遊新加坡相左）差喜扶桑話昔塵諸君亦互有酬答不具錄夜十一時散歸得外務部明晚邀宴紅葉館之柬

二十日陰前托譯佐賀投刺外部未親往也今夕既具主儀宜申賓禮遂往謁晤其大臣小村壽太郎及書記官本多旋過同文會未入六時赴紅葉館館在碧山紅樹之間曲水明樓丹楓如障入坐大臣小村氏通商局長杉村濬及外務部各員吾國八九人主客相間中席小村至余坐敘述余先德特敬三酌談久始退視他客若稍優者余

自到東後各報端累次言及旬日之間介紹來訪者實繁有徒引重何堪反躬滋愧九時回寓得胡月舫前輩函云大隈重信伯爵二十三日歟余於其家屬爲先容大隈聞名尚未晤也迺作復柬道如約

二十一日雨外部譯官巖村成允來告余宜謁參謀部定閱陸軍各屬之期遂與佐賀先造長岡子爵旋往參謀本部晤其少將福島安正少佐小山秋作福島短小精悍年逾四十威名籍甚曾九至吾國庚子役即其統兵入都嘗單騎西伯利亞間十有六月經歷內外盟蒙古飽閱風

霜惟一騎俱今蓄是馬於淺草動物園不復御以恤其勞談次遂定明日閱士官學校以次聯隊炮兵工廠四時觀早稻田大學諸生卒業式昨其學監高田早苗有柬來招也是學創於大隈重信大隈主進步黨明治初年爲異黨刺於車下喪一足至今以木質代方晤余遂申其昨托胡君紹介之約禮畢與寔而散與耀旭宰平同訪桑田豐藏以閩函托辭舊教習中西重太郎森原道而另聘師範教習也回寓碩弟來夜話

二十二日晴觀士官學校晤步兵太尉古田義男是學爲武備中學校學生自幼年中央兩校升入期一年畢業後入聯隊教科獨重兵法其技藝入聯隊後再習近擬擴爲兩年畢業因絀於費尚仍舊學額七百人內步兵三百六十人騎兵九十人炮兵百七十人教習員弁約二百人經費年三十萬其課分三項曰兵法戰術參謀寓焉曰器械各項體操寓焉曰工科應用工程寓焉其預科亦分三等曰衛生曰外國語曰調馬惟諸科中均以倫理脩身爲本知此二者始有愛國心有敢死心噫武備但尚武耳而拳拳於綱常名教若此可知子輿氏所云壯者以暇日脩其

孝悌忠信可使制梃以撻秦楚之堅甲利兵爲不誣誰謂市井烏合足當桓文節制桓文節制不可進於湯武仁義哉其工程標本室於築城建台設電製雷鐵道橋梁之類行軍所用皆備焉至練習生馬所大尉告余曰戰馬不易馴種雖良非練習經年必不堪用練法驅馬於一廣場中嚇以多方使習久膽壯庶臨陣不亂若馬種求良則以歐洲之牡馬與日本之牝馬合生駒多駿貴國滿洲一帶馬多良種不必求牝已如日本近今所產但不講調馬之術仍不適用耳因思教育之理雖禽獸何莫不然讀與人一

心之詩可思成功所由致繼至體操場見行橋跳槓之戲又云貴國留學生惟於理化之學不由中央幼年兩校未識普通其餘則較之日本有過無不及去歲已畢業回國百二十人今冬尚有二十五人入選皆可造才也將出大尉贈以是學規則一卷午後與孔少霑胡月舫至大成殿相率行三跪九叩禮昨預告守者故位前列香花二尊瞻仰間見顏夫子像有鬚猶存古制禮畢觀附屬之中學校規制與同等諸學相仿今日少霑偕一譒譯為山東所延高等師範教員月俸中幣三百元其東省師範學堂之費

則年三萬金詰所從出蓋山東全省稅契達部者年只三萬金餘皆州縣中飽經周玉山中丞查提此項年得十九萬金自省中大學堂師範學堂及各府縣之中小學堂均霑此潤談次月舫前輩告余直隸尚不止此年可三十萬金當廷雍任藩司時請四府減輕錢糧每兩折值不照他府例價茲事方行逾年袁宮保蒞任奏復原額聲明四府贏餘提為全省學費計省會大學堂可得十五萬金師範亦得五萬金云余謂費無多寡均足濟事惟在當局者精心果力不辭勞怨與為終始耳直東兩省財力固較雄厚

然苟他省各就權力所及竭厥智能盡其義務未嘗不可各有成就若夫苟且補苴觀望推諉甘讓天下之學務與直東以占先著想有學務之責者所不忍出此也晤重野安譯袖出昨余所贈先文忠公遺照渠繫以跋云雙熒眼兮六尺軀音吐鏗鍧若洪鐘為我患者俄羅斯疾呼大喝警聾聵此聲於今猶在耳何止乎隔舍數重犯我疆兮略我民誰任其責繼林公語頗勁達另錄遺余並約後會回值日人爾津恂來訪爾君前任裁判所讞員來厲三次均相左遂見之

二十三日晴觀近衛師團第四聯隊晤陸軍步兵大尉嚴井艮藏告余以日本舉國步兵五十二聯隊炮兵十八聯隊騎兵十五聯隊工兵七聯隊軍費年三千萬每聯隊分十二中隊額一千七百六十人隊兵三年畢業由士官學校入選其功課重技勇少講堂非如士官專重戰術者歷觀藏衣室寢室器械室至市物場因兵士居此星期外不准出門有事須禀舍監得許可證始放行及課時仍一律傳習不到或故違則監禁數日衆既不能擅出故應用之物特令一販內售欲購者向司賬領券自五仙至一圓卽

以是劵易物按日憑劵給販者惟每人月用若干仍有限制司賬隨時檢查及額則止其用劵不用錢亦具深意蓋若是則軍人所用雖一文無可掩飾舉一切飲博冶遊之事淫佚干禁之物不絕而自絕其兵衣服臥具安排縫袵皆自爲之槍之鏽蝕損壞亦學自修執爨則更番分任不僱役不偏勞參謀部派來導觀之上田小太郎告余曰敝國兵制無論貴賤凡被選合格者均不得免掣籤以爲入隊之先後在隊月餉僅一元三角人亦不以爲苦三年畢業聽其回鄉各營職業二年後再行練習半月爲常備兵

此後四年爲預備兵更後五年爲後備兵預備後備可自由爲各項職業從軍至多不過十二年及瓜更代故均年力精壯方爲常備預備之選戰事起無論何兵均應調其兵餉所以不患寡者以凡入選之人其町村富戶例各視所應用集貲以贍其家國俗既以尚武爲榮富戶亦所樂輸無俟官爲苛勸入伍者無內顧憂自專心志若臨陣死亡又有公家恤欵如量以給之至於舉國之人例充兵一年名曰國民兵故兵備足而民不擾吾兩國輔車相依貴邦若能酌資成法必可改觀且他日兩國同盟以拒外侮

兵事必須一律方操勝算如新舊枘鑿不侔萬難合力談畢赴大隈之約在座月舫少湉奎野及余四人陪者早稻田大學職員二人曩任吾國公使加籐高明議員犬養毅大隈論兵曰武備之學有三級卒伍尙技勇員弁已須稍通兵法將領則非於戰術兵謀融會一貫必不堪任惟三者皆以教育精神爲幹有勇知方必待三年有以矣中國孫吳兵法何嘗無效即泰西今日亦豈能變其宗旨特運用之法雖在一心而技藝器械非就時事之宜日益求新不可若兵制則環球之國舍民主共和而外多行寓兵於

民之法有事則舉國皆兵多勁旅無烏合中國而能仿此數年後合常備預備後備可得百萬精練之師何强之足怵哉其論計學曰今日中國財政之難論者多言加地租增人稅此策似不可行蓋捐欵卒重復非以爲利民公舉在下者自不樂輸勒之則壓制愈甚釀禍愈深惟就固有一切上供之欵由民達部務析毫芒詳列比較杜中飽節漏卮歲終爲表懸之象魏昭示萬民不稍欺飾則每年所得當倍於今而出入之間亦利獘顯然逐漸而知所因革矣且百稅不宜歸地方官徵解歐美董刑名者不司錢穀

任財政者不轄兵民必須另設專司如古租庸度支鹽鐵諸官而擇若劉晏其人者以爲之總或近今難得計學專家不妨借才爲導一面考求俊傑使學專門以資後起苟有成效卽以所入者措施新政數年後民智漸開知徵收賦稅皆爲公利之資非向之羣蝕私銷者比夫而後地租人稅可迎刃而解矣惟中國地大人稠五方風尚各異小民程度不齊一旦欲期其有公心知大義恐非教育家漸摩改革且歷二三十年不敢望也大隈老成練達於隣國情形洞若觀火惟余尚欲爲進一解曰中國今日强必自

教育始富必自實業始自餘皆末也蓋中國兵力之弱非徒募散無常訓練無素器械無恃將帥無能已也其原有數焉國不愛兵兵亦不愛國人皆輕武武亦恒自輕勇者無知而有知者無勇戰者無權而不戰者有權是蓋由二千年來以弱道使民公權特性之牿亡有若死灰而自强之風尤爲南北背馳非攝力之稍輕者所能牽强欲延其絕而袪其錮非乞靈於文字藉資新理且加以苦心孤詣細叚條目工夫積漸而發明之必不可得非若日本武門專政處士橫行百年來國人尚武之心猶炸藥之置地陰

潮汐雖多猶有崩騰之性稍烘而萬爆俱震也今若國民程度未臻卒言改制卽使盡襲常備預備後備之名步伐號令服色器械一準泰西形式而無公心無愛力一旦臨事亦相率奔潰已耳况今者列强淩瞰吾政府復無周知彼己之遠猷必不俟吾軍有覩歐人過半之程而內恃外防已必釁端而使之一擲是猶築室道旁一簣未基毀礎者已環於其後也然則中國今日海陸諸軍不如烏有之爲愈乎非也有其外不如有其內有其末不如有其本有其暫不如有其久何謂內外吾日審吾人心國制之詳

而參酌取裁乎易移教訓之間者內徒汲汲因人欲倉猝而操必勝之權者外也何謂本末吾徐養吾民有大半可以爲兵之程度者本而速成吾兵有可以一戰之資格者末也何謂久暫吾法管子軌里連鄉之教以教民民强於永遠者久而法孫子三令五申之教以教兵兵强於一時者暫也若夫財政之弊大隈知吾內蝕之詳矣而未及於外溢苟中國而猶閉關自守則策財政者但如所論豈非至善無如事勢至於今日列國挾商戰之術相逼如瘵蟲聚吾肺經瘖長潛滋逐加剝削此固由外交內政節節失

策有以致之然亦在於國民元氣未充尅制無具也夫開關交通本為彼此互利中國地大物博尤當偏優而吾乃莫見其利且見為大不利者則以地方人力之未盡耳現時政府雖以積弱受制外人而國中實業尚可依倚於公理公法以自達苟能加之維持去所障礙較其盈絀導以競爭使固有者得所發明輸入者有可抵制藏富於民之效必當日起有功尚何窘乏之足患且一切新政本以扶植實業為先西國憲法類根於商民之公律就實業以驗民情按民情以立國憲國力增長國權亦與之增長此自

然之勢也若不此之務而但鰓鰓然於租稅取求間加意即使極力剔除不遺涓滴而有盡之生計徒供無窮之外溢轉瞬之間利權盡落民氣不揚即欲改絃更張亦將無從措手彼印度埃及之在人掌握者其始何嘗不汲汲自謀財政哉談畢約已三時往訪誠齋與談日本古制及維新沿革大略誠齋年七十五美髯鬚健步履可敬也贈余以所著古文三卷

二十四日晴偕耀旭訪早稻田大學學監高田早苗以福州東文學堂改請師範教員事屬之並告以首開風氣品學為先高等尋常幸為各擇其一渠云日本學界經營締造三十餘年始有今日早稻田校雖私設其程度實與大學相仿若由是學選舉當不辱命即已成議赴閩後如有不合尚可函告鄙人另易其他余云私立之校費不足自在鑒中昨閩函以高等月清幣二百元尋常月清幣一百元為准亦知師資之事不宜計較惟事有為難諸惟見諒對云若由早稻田則權力所及當為貴國從廉商聘余云甚感雲情但僕西歸在即且思遊大阪宜明日定議回國方有以告校長陳閣學合同由林劉二君商訂可也渠云

今午到校考察晚間與桑田妥商明日再覆遂別偕佐賀觀炮兵工廠廠周圍中里六里一製造總區為各分廠機器之樞紐自練鐵練鋼鑄鎗製炮及藥筒彈箱行軍所用者分十餘廠徑路鐵軌自成經緯其少將某云廠立三十年矣開辦經費銀三千萬常年工料經費一千萬工匠三千餘人匠薪日自三元至二角廠中並用男女工男工皆有藝學者俸重女工祇供包藥檢子及轉移執事之用俸輕廠內學校分三級由技術學校至中學校高等學校以次遞升畢業者即以分任各廠教習並可監督匠目之工

程所製皆明治三十年改良新式之槍各軍一律行用其勝於舊槍在配藥彈較多且能一律新槍日出四百枝有事趕製可七百枝廠工資格十年以上卽老耄不能爲及藥彈所中傷者賞恩俸三分之一死則給其孥雖經費極絀之時此款不議減蓋陸軍優恤之例也去歲湖北派三人來學已畢業歸國其槍價值每枝可三十元彈子照配多或千枝少亦五百銅鐵木料皆取諸本國礦產不購於外可尚也比來於陸軍外容已觀大槪上田大尉陪導累日意殊可感臨別稱謝並託致意福島回寓與張季直諸

君同應嘉納治五郎小石川植物園遊會之招會集彼都大教育家及有功維新諸彥羣聚討論以應吾士大夫考察學務之殷坐中與余直接問答者爲樞密顧問官子爵田中不二麿貴族院議員伊澤脩二二君道維新以來學界秩序教育精神滔滔不竭辨才也是日彼邦二十人吾國十餘人茲將會員所論略記其大意如左一教習聘延高等最爲躐等必先養成多數小學教員所有特聘之外人但宜於專門高等兩校日本延外國教習初由荷蘭後則美洲期限始三年繼或六年九年不等當時大學已立

八所迄少成效卽蹈此弊二當日所延外國人乃詢以學校章程資爲師範非專責以教習之任然初時學規新舊參用猶未見功後派通才分往歐美考察得其精理回國先立編書局於文部省舉國不變始有今日三小學以廣普通大學以儲大器而根本仍在以倫理脩身陶淑發明使舉國人咸邀純篤無德智而有藝學未可也僕遊歐洲適普法戰爭時代法挫於普非器械之良窳兵畧之高下特以法人炫於大革命之風潮社黨紛如公心渙散故至顚覆卽日本幕府秉政之時學規亦已改良而不能日進

文明戊辰之後政歸天皇上下一心乃能進化此中有至理焉不足爲譸張者道也四教育以大公無我渾融胞與爲難如新舊之見太明不特無效且多阻力中國此弊尤甚且文理陝義過高門戶私見至重轉移風氣誠非日夕可期貴在主者能措以至公持以定識耳五教育實施尤在多選俊才出洋留學學成歸國用之必當其才無違無負如專恃外人經費既難亦無遠效今日本秉政之大臣皆昔時之留學生也至於學校情形環球上以美德兩國爲最小學莫善於美大學莫善於德此外女學亦宜及時

興辦家庭教育女子居先實操童稚成才之根本不可以其近而忽之也散席回寓結成琢來談贈余一律詩且携未刻詩稿數卷屬爲跋內渡在即謝以異日十時客去余亦就睡

二十五日晴參謀部步兵大尉上田小太郎來候即比日導觀陸軍各屬者也言日本軍制曰凡在士官學校畢業願爲將佐者最難入選入選則在聯隊三年後復入士官一年研究兵法一年五年方得少尉少尉二年升中尉中尉二年升大尉大尉四年升少佐少佐三年升中佐中佐

三年升大佐大佐二年升少將少將以上則以學問功業爲黜陟之階不循資格其薪俸少尉年三百七十二圓中尉四百八十圓大尉八百圓少佐千三百圓中佐千八百圓大佐二千二百圓沒於王事者兵年給八十四圓少尉以上給俸之半無父母則養其妻子（子至二十歲止）若不入選則由士官入聯隊三年畢業後仍聽各回自營生計惟有戰事被召即集其論吾國兵制謂有數獘一軍籍不淸行伍身家上不之察故多無賴充數勝則掠敗則逃無從稽考日本徵兵必嚴流品職是之故二軍不知愛國不視爲應盡義務其從事也若傭之受値値復不厚以數金安得致人死力三督撫將帥畛域各分號令不一兵無專統南北有事如秦越人之肥瘠故渙而無功三者如能變革當可改觀其言雖末然亦治標之要也大尉贈余以其小影及世界政計一覽午後預治行裝四時赴高田早苗之約詢所托事云昨已於校中得二人一向後順一郎一矢澤千太郎向後曾於尋常師範畢業後爲小學校教習三年在家研究三年再入大學之文部三年矢澤係英語專科得有小學中學各畢業證今歲又於早稻田之英語

政治經濟科畢業者二君師範程度向後爲上矢澤次之然余聞之金伯屛則云矢澤係其同班今歲以第二人畢業者平日伏案不預外事實堪師範之選因決意聘此二者高田又言二君予既爲任曹邱當必不至爲羊鶴嗣與縱磨東脩及權限各節定月俸淸弊人各百五十元學規聽校長指揮教習但管功課議楚予致謝遂入席縱談坐中唐秀峰寶鍔金伯屛二君方於是學卒業咸質高田氏以中國財政預計之法對云各督撫須以間年集於中央首善之區商切近應行政策歸而次第實施庶無程度不

齊之弊日本之三府四十七縣亦以時集於東京會議至中國幅員之大逾於日本四倍欲行新法貴能挈領提綱省其繁瑣當少阻力詢及滿洲問題則云辰下尚未可知緣俄法之久成與國近英法聯盟稍分其勢俄又欲滅猶太遺族三千人美政府欲阻之國書未發新任駐美俄公使聞之告美外部曰此我國內政非他人所得與聞是書若致於我政府必將駁還以是深觸美怒起而與俄反對此時俄勢孤當無意外之舉其實中國際此要在令俄退兵政府即無權力可引公法借與國之聲望以遏之日英

二國始終與俄反對者各有切己利害相關不能不力爭如俄得東三省則北京歸其掌握中政府苟且媕阿受制之餘更節節服從其密命於各國邦交利益均有窒礙英於中國通商最久利權最巨俄若得志於中則此消彼長尤深不利日本北海道一島與韓隔岸東三省亡韓亦難保漸且蠶食鯨吞直接吾土此尤成敗關頭不能不全力以爭其始若夫同洲同種交情猶其後也此時中國政府若能力持定見與英日聯爲一氣但於外交公律上極力扶持彼亦當存顧忌或者知難而退不必以兵力相衡蓋

戰無勝負互損實多但能彼此勢力相侔即折衝樽俎之間未嘗無濟否即必至決裂亦不得不以敝邦十數年所注力之海陸軍出而一決但願貴政府勿墮俄之術中即爲幸甚回寓與伯屛氏商訂師範教員合約十數條乃睡

二十六日晴早起訪桑田因昨託高田所薦之二教習在彼相晤也儒雅無浮囂氣遂定聘行裝匆促以商訂合約稿託子楷肖旭擬便寄閩參酌午後束裝到新橋乘火車向大阪同行程郁庭林宰平陳耀旭王彥誠及碩弟六人車中甚囂坐達旦

二十七日雨八時抵大阪換人力車卸裝於博覽會對門戎屋旅館早飯後與諸君入會一覽先購入場券及會圖一紙會內地坪闊潤東西對峙爲商業館工業館農業館林業館水產館轉而西曰美術館參考館台灣館教育館坎拿大館其餘如不思議館之演影戲角藝館之調馬戲類有數區園外之人類館水族館動物園亦三五處是日先觀農業館四十七縣分段羅列每縣所陳五穀蔴苎之類多至數百種大小麥有大如赤豆者赤豆有大如黃豆者各農業曾得褒獎者則標載其上曰某等優賞其中以

北海道所產爲最繼至林業舘陳各種木料並泥木雕塑各縣山林之模範又至水產舘陳海錯如翅鮑螺蝦魚蜃之類裝於琉璃瓶外觀明潔可愛眞珠珊瑚亦隸焉又至工業商業二舘所陳各貨實業爲多皆聚全國之精神考究而得者約畧一周已六時許矣回寓大雨倦甚就睡

二十八日晴復入會先至美術舘舘分樓兩層下列人物牙刻木雕各畢肖如生物美而價昂上陳漆器磁器旁列織繡數十幅圍屏分大小高下數種其上者繡法絕佳無針線迹不辨爲繡疑名畫也油畫毛筆畫亦極研精價皆

不廉出過台灣舘列台島風俗及生番器具蠻野之狀可掬一室塑像爲男女婚禮狀並列華制通用公服常服又僧道像身量如人旁列屛風畫扶箕跳神之類雖土風敝俗蔑國無之而有人心世道之憂者殊不能無愧各舘均西式惟此獨如中國衙署外竪高大桅杆畫門尉內陳綠呢大小官轎陳几案旁設酒肆僱兩土妓爲客行酒噫朱崖已棄風俗猶存觀覽之餘能勿心動耶繼至參考舘專列五洲美術名產歐美諸國多輸各種機器吾國陳物之地僅三十六坪分二區江鄂一區蜀一區齊豫粵附於蜀

聞前月曾以吾閩出品附列於台灣舘曰之居心已可概見幸爲留學生極力爭回亦隸於蜀江鄂出品就中粵之五金牙器已無足稱其餘綢緞多敝敗紙傘圖章棕索尤陋而不倫噫各國聚數十年之精神以興實業求美術精進不已復創爲賽會互相衡鑒中國向於商工之事無人提倡講求聽其自生自長已落人後然使合各省取精擇尤亦何嘗無一二出品足與爭長乃承辦者復多方侵蝕均一綢緞也則舍其新而陳其舊均一圖章也則匿其精而出其粗徇私利辱國體是誠何心哉至所列之區不與

歐美同堂前則高麗後而印度尤令人痛自警省午刻飯於塲內旋觀教育舘學校中應用之品陳列殆備惜無圖說發明耳機械舘則奥國之制居多坎拿大舘則食品爲尚角藝舘之調馬戲以五六齡小孩雄聘角逐有一孩能以兩足立二馬上範我馳驅殊稱神技再過工業商業二舘略爲瞻考出會已六時矣夜蒞塲萬燈如晝表裏通明噴水亭內更以五色電環繞其中望之如天半彩虹發人遐想繼至不思議舘觀影戲及美國女優舞演舞法優著一素錦衣上用各色電光映之瞬息萬變爲之目眩雖屬

遊戲亦考光學之一端也歸寓已十一時矣
二十九日晴入塲觀人類館以臺灣人列於印度土耳其阿非利加之中館列臺男女二人生熟番各一人印度男女各二人阿非利加土人一人其不克羅致之土番各種則繫以寫眞僅具人形所去於禽獸者幾希其館舍各搆所產之形式以居之與豢養牛馬同觀者肩摩轂擊台人尙有愧色印度則酣嬉自如嘵嘵叔寶心肝豈眞全無亦失教育之道而已出過豐樂園午飯往各賣店購物傍晚大雨遂不出

六月初一日晴束裝爲神戶之行計明日可附弘濟丸回國午後一時乘汽車往神戶卸裝於捷德行踐舊約也行主人留飲甚歡出宣紙數束吳綾三方皆前此匆匆去時其友人託求未繕者勉徇其意就揮聯幅十數倦就睡
初二日晴早起復爲友人酬應翰墨數事十時登舟碩弟送至船忍淚而別隨卽展輪船中無事攤書高臥而已是日行內海風浪平
初三日晴六時抵門司同行胡子和甯產在東久以煤爲業勸余上岸一遊遂偕造日本人鍋島家一飯饌殊美午後欲爲馬關之遊已登小輪因雨不果四時啟椗向長崎去是日有微風
初四日晴六時到長崎與諸君上岸過第一樓午飯海味殊佳館主亦閩人與談長崎事頗有條理出購雜物卽返舟適季直丈及蔣伯斧亦由長崎附是船回滬得二君暢談甚慰五時展輪出口頗顚簸夜早睡
初五日晴風稍平然船亦不安日與張蔣談季直云回國擬就日本煮鹽之法酌改鹽政(已購機器數千元)並擬督辦師範甚鋭其言自揣此行毫無實際入寶山而空返有

愧二君多矣
初六日晴六時船抵滬卸裝於全安棧

癸卯東游日記一卷

〔清〕張謇撰

《癸卯東游日記》一卷，清張謇撰。謇（一八五三—一九二六）字季直，號嗇庵，江蘇通州（今南通）人。光緒二十年（一八九四）進士，授翰林院修撰。甲午後提倡實業救國，創辦大生紗廠。民國時任北洋政府農商總長等職。光緒二十九年，日本大阪舉辦第五届内國勸業博覽會，是書即此次赴日考察之日記。起是年四月二十五日，訖六月初六日，述參觀長崎、神户、大阪、名古屋、東京等地經過，涉及工商業、農業、政治、軍事、教育等，尤爲關注明治維新後日本興辦實業情形及工商業學校學制。據中國國家圖書館藏清光緒二十九年排印本影印。

癸卯東游日記

癸卯東游日記

通州張謇自題

四月

二十五日定附日本郵船會社博愛丸東行（日人采用歐美法皆自定主名名必用字之本義華言輪船日謂之汽船汽水氣也聞當時偏繙康熙字典而定此名猶華言公司日謂之會社他似此者不勝數蓋融歐法日俗而括以華之雅言名必從主人亦作事不苟之一癸）自丙戌會試報罷即謂中國須振興實業其責任須在士大夫因先事農桑竭八年辨論抵持爭進之力僅成一海門蠶業甲午後乃有以實業與教育迭相爲用之思經畫紡廠又五年而後著效比時即擬東游考察會世多故讒言高張懼不勝其描畫而止今年正月徐積餘自江甯寄日本領事天野君博覽會請書來乃決

二十六日午後送行裝至博愛丸與叔兄暨先子培蘇堪話別並送至舟子培是夕亦附江輪至九江子培久於刑曹又博識五洲之事國家近改設外務部復議修改法律而子培以江西廣信知府一麾出守

二十七日早七時開行　日人自甲午後創赤十字社造宏濟博愛二丸用日金一百萬圓無事則租與郵船株式會社歲徵租金五萬圓分二十年歸其造本常時修理之費則郵船會社任之聞歐人近造戰船亦用此法有戰事則配礮無戰事則經商國家省平日養船之費兵商有聯爲團體之思良法也二丸寬長與載重均同艙位三等上等墨銀五十五圓往復則七五折二等三十三圓三等十三圓博覽會規則有減二成之說既以往復減折則不加拆同行者章靜軒亮元章中子孚金平季永安徐思潛有臨靜軒故留學成城學校以事歸而復東中子初往學金徐則挈以學工業者也邂逅而偕者將

伯斧嗣故農會友沈小沂兆祉再宜同年之弟也坐上等十三號賴十四號給仕（日語謂使令人）張承訓通語而便承訓十二歲至日今二十四歲中嘗四至美洲又在香港二年供使馴謹而自病其業賤有智識矣行經大七小七水猶微黄色更東則漸綠至水正黑處浪漸大距其五島不甚遠船益震動是日東南風故不猛聞人言凡經此雖極無風必有浪即無風船亦動盪異他處意海至深處猶元史言瑠求之落漈歟

二十八日午後經五島島之西南角有燈塔林木秀茂山上皆有田梯田法也麥已轉黄林際時時見炊煙島絡繹不絕歷一小時許七時抵長崎時已曛黑但見入口處島嶼參錯海色映空樹影森森可辨而已下椗後望見南岸山市燈火上下成列北岸略稀

二十九日黎明關人來驗病二三等艙皆察脈上等立視客而數之符

客單之數即去早餐後與伯斧靜軒諸人登岸訪町村小學校經其東明山寺寺門在山麓頗似杭州靈隱山門內有私立鶴鳴女子學校緣石徑數折而登至一小門日人某先入爲介入見教室女子二十餘人席地坐內向一教員面外立黑板寫菅原去年今日侍清涼七言絕一首口授之一室二十餘人列坐據矮几臨毛筆畫花再內又一室十餘女子事鍼黹蓋特別裁縫教室室皆不大教書室光從右入若回面取左光則又面壁不便教授人故知因地而遷就爲之者市町村小學似此正多女子皆紫裙（日人謂之袴）見客略一定瞬習業如故既又至伊良林尋常小學校校舍皆樓去年落成容童子六百餘十教員教之其校長一瀨秀太郎兼訓導視其一覽表地價一萬三千餘營造費二萬八千餘豫算歲支四千餘教員俸金自每月十二員至三十餘員皆自膳宿直者別有支給教室光綫裁足當其平方面積惟空氣似不足室蓋容三十二坐几几並二人簷與承塵高不過八尺也授業料少者月十五錢不足則取資於地方稅之補助物理標本模型皆簡校長見客處一人供茗茷餘無役人余向謂中國興學之難在學生食宿費多其食宿費多仍由於學校少而從學者多去其鄉也觀此益有徵其西爲師範學校以開船時促未暇往觀東明山寺門內有福建曾氏墓碑而無墓東人死皆火化葬以罐皆附寺寺皆依山葬處占地方或二三四尺大者不過丈上皆有志石如方幢高下不一字皆深刻皆不草草寺殿有明唐王隆武元年太師招討使黄斌卿題牓必其乞援時事也（按順治二年明南都陷江北總兵黄斌卿通歸唐王立斌卿上恢剿事宜唐王晉之封斌卿肅鹵伯令屯兵舟山其至日本當在此時）回時開行海僅微風所見島嶼星羅棋布斜日掩映林木間濃蒼蒨翠下激波

底角力岩中空一門東西洞達安期羨門疑可招手而呼日人治國若治圃又若點綴盆供寸石點苔皆有布置老子言治大國若烹小鮮日人知烹小鮮之精意矣晚過平戶島民燈火數里不絕遠映波面光若浮空不知其爲海上也

三十日晨三時至馬關關人復來驗病如前馬關與門司隔岸相對門司即馬崎之轉音礦煤之出率集於此午刻開行過此入瀨戶內海矣

五月

一日晨三時至神戶關人來驗病如昨四時登岸孫實甫李光泰相迓遂同至東源益源小坐東源光泰所設店益源實甫店也光泰爲置酒見甬商吳錦堂作鎮同席者前江西鄱陽縣知縣陳子豐祥燕子豐壬辰前輩與叔兄稔亦甬人閱報知是日振貝子那侍郎回國與

伯斧同訪楠公社水族館水族數十種小者內障琉璃外距數尺壘石四周中空蓄水上下有小琉璃水管注新泄陳以換空氣鱗介游泳猶在波間能舉其名者十僅二三大者若鱷若瑇瑁若海驢皆各盤小沼蓋之覆以鐵網有一鱷骨長二丈許旁有賣水族一斑圖者三時與實甫伯斧諸人同附汽車至大阪住高麗橋清賓館館爲華商集貲所賃以待中國官紳商之來赴博覽會者實甫惡清韓協會之名特賃是以別之有房八十餘間庖湢具備窗戶脩飭然則猶知愛國者華商也商眞不負國勝貲按中格每晤一席三圓五角寄叔兄訊

初二日早餐後實甫來同至博覽會以請帖易其優待票入場會場在大阪市天王寺今宮爲日本第五次內國勸業博覽會規地凡六十萬餘方尺館舍凡九萬餘方尺聚其國內所產製物品分列農業園

藝林業水產礦冶化學工藝染織工業製作工藝機械教育學術衞生經濟美術及美術工藝爲十門一門之中又各分類以八館處之別列參考館置各國之物品中國止江鄂湘齊蜀閩六省有陳列出品鄂品有漢瓦當唐經幢勸業以開來而此以彰往若移置中國博物院差不倍耳日人自明治十年始以官帑經理民間農工實業爲第一會此後十四二十三二十八年續舉二三四會增長發達自二十八年始皆先於各府縣郡設小會以摩厲之非精能者不以入大會良工不示人以樸之道也中國六省彼此不相侔若六國然雜然而來貿然而陳列地又不足以敷施焉以余鄉而言通州海門墨核雞脚之棉呂四眞梁之鹽皆足與五洲名產爭衡皆不與焉不有朝鮮不知孰殿遇李拔可宣龔同觀美術工業礦冶機械教育衞生數館機械教育出於學校生徒製者最可慕羨美術以繡爲最精畫平

常不足張也訪狀卿不直晚袁伯揆來訪

初三日與伯斧同詣大阪府見其書記官山田新一郎農會技師富岡治郎欲藉府知事介紹以觀農工場也日人居室小而精所居之樓高一百十寸深一百六十四寸廣一百三十六寸覆瓦方尺製作極精居室外有樹皮似舊銅綠色深淺綴之葉老者似夾竹桃而大新者圓高三丈弱詢之日人謂是歐產名油咯利（譯音）材不中用云靜軒中子午後四時往東京爲磐碩寄汪伯唐同年訊

初四日與伯斧訪西村天囚時彥於朝日新聞社不直至其家見之庭宇皆種樹木有樅有杉有松有楓樅則華人所謂羅漢松其對門一松大可兩人合抱高不逾丈而左右橫枝長各三丈許絕可喜亦可觀因西村識小池信美小池曾在上海五年能華語亦朝日社執筆人社報獨盛行日出十五萬紙訪事人則歐美諸大國若英法德若

美若俄皆有之在華者直隸之京師天津奉天之旅順大連灣山東之煙台江蘇之上海湖北之漢口江西之九江福建之福州廣東之香港印機五部今用其四引擎馬力二十八匹排字房女工爲多印用紙模隨時鑄鉛版紙模則烘之三分時而乾鉛則鎔之五分時而融既鑄則裁之刮之鉋之又三分時版皆半圓如瓦長二尺許每一機一版午後六七二小時內各出三萬餘紙印機自明治二十二年開國會之日始先一年津田某往法習印字工藝終歲購機而回轉授國人其人今爲玻璃製造場之總長新聞社長村山津田戚也社長尚有上野理一皆以報社致富矣西村爲言村山善談上野篤實觀上野言論風采西村語固信仍至博覽會農林館其赤豆黃豆大小麥有大倍於華產者北海道開墾圖最詳與通海墾牧公司規畫同者墓地有定屬市道路皆寬平不同者田不蒔方河渠因勢爲曲

折其不同之最有關系而大者北海道故有大林而我犂牧公司地止荒灘北海道無隄而我之犂牧公司地非隄不可伊達邦成黑田淸隆之致力於北海道也最有名然竭其經營之理想勞其攘剔之精神而已國家以全力圖之何施不可甯若我犂牧公司之初建也有排抑之人有玩弄之人有疑謗之人有抵拒撓亂之人消弭捍圉艱苦尤甚是則伊達邦成黑田淸隆之福命爲不可及矣

初五日端午風雨西村小池邀同伯斧冒雨觀大阪市小學校創立三十年紀念會會場在大阪城南陸軍練軍場極寬廣小學校生徒依東南西北四區環列由西北而東而西南正西設台備皇太子坐其左右則官紳集會處設軍樂於左棚客至外闌下車至表門有事務所人驗收請帖與所佩紀念銅章餽餅一合花二片綴花於襟鈕而後入至左棚西村爲介識造幣局長長谷川爲治高等商業學校長福井彥次郎漢學老儒藤澤南岳時風雨大作至十點鐘學童奏洋喇叭軍樂繼作日太子與妃乘雙馬車自東北隅至周北西南東三面徑去有栖川親王陪乘二卒前導侍從車二各駕一馬一卒前導日太子去大阪教育會長府書記官等次第正立講案中外向對衆致祝詞西村言學童之集者四萬人風雨交作而學生行列不亂三十年之成效也若非風雨日太子降車入坐奬其會長而於學童加勉焉甯不益彰鼓舞之用小池偕同先返雨不止衣履盡濕是日華人至者獨余與伯斧藤澤南岳遣其子元造來願爲徧觀各學校之導日人於華人之來觀實業教育者罔不殷勤指示若山田若西村小池若藤澤若三井叅事石田淸直皆可感所願華人慮往實歸無小大各成一績不負此行也　朝日新聞社畫師山內愚僊來爲畫小象其畫以鉛筆就小册爲之頃刻而成行登諸報端云寄上海訊

初六日與伯斧定叅觀之次第先幼稚園次尋常高等小學次中學次高等徐及工廠是日晴藤澤士亨元造來同至愛日小學校校舍若側看工字形教室光綫合度校長高橋季三郎教員十二人男女各半每室授四十或六十人共凡六百人又有補習科生百餘人教科爲修身國語國語中分讀方綴方習字爲三餘則算術體操唱歌女子別加裁縫一科每日五小時叅觀時直男子教室教度量衡算術英文女子教室教唱歌歌以風琴爲節先歌大阪市歌各一闋次游戲唱歌皆女教員游戲歌卽愛日尋常小學校之歌也體操男教員爲之分羣童爲二黨以赤白布帕首東西列當場之中建一木竿高丈許上懸橫木如衡兩端各系一筐高約一尺五六寸圓徑同眼徑寸糊紙亦二色教員吹歐笛爲號別二筐貯紙球如鵝卵大均二色教員先傾球於地羣童鬭笛各如其黨之色拾焉而仰擲於筐筐重者勝勝則呼萬歲次則易筐以竹盤盤中有孔貫竿之中四角繫繩繩撤竿頂教員復傾球羣童拾而仰擲如前鬭笛卽止落繩下盤一一出球各使其黨同聲以報數數竟令一執旂之童記於黑板數多者勝亦呼萬歲操畢各退高橋以粉畫地曰女子宜靜肅男子宜壯勇以是知日人不尙男女平權之說也高橋先令諸女學生集運動場施敬禮觀其游戲唱歌次延至容儀室觀男女生所作眞行書又令女學生行抹茶禮抹茶卽唐人之點茶大約器具名式位置與唐茶經宋大觀茶錄同自奉爐而進卽致禮禮意甚恭士族之家女子大都習之惜言語禮俗皆不相通不知酬答之禮闕略否也次觀愛珠幼稚園園長鹽野吉兵衞園之教室無多一室僅容三四十人四周植紫藤爲棚庭鋪細石數寸爲外運動場內運動場與講堂合頗寬廣課程則唱歌游戲積本摺紙而已是日爲幼稚園開設二十三

年紀念會鹽野高橋導諸兒童先於日皇御影前行鞠躬禮既而演說發達保育之義既肅客置宴既導觀其游戲運動一人奏風琴二保姆導諸童爲種種游戲有演方陣式者有演晨起着衣盥漱早膳結伴赴園式者既復入宴人各木合二肴飯蔬果十品魚二品俗所謂辨當也魚冷而腥色則甚潔食畢行點茶禮臨行保姆同送之門一保姆年十八而教法最敏捷詢其人爲閉中夕（日昔初太）子

午後至造玻璃廠日本謂玻璃爲硝子廠長島田孫市島田初習工科製造學成幹當此廠之事廠以明治二十年四月創立初以官本虧折頗巨繼歸島田籌貲而官補助之今歸島田一人貲本日幣四十萬圓用工男子四百六十名女子四十名引擎馬力三十匹略用引皮帶耳製造大片用炭養二氣不用煤火島田自言由其所發明觀製成陳列之器映光視之尚有細點未淨不逮歐製而價則廉平

日人治工業其最得要在知以予爲取而導源於歐暢流於華遂足分歐之利而與其國然大概工價則過華或倍或二倍我政府而有意於通商惠工也利過於日有五說焉一原料繁富二穀足工廉三訪各國之長使利不泄四鑿民生之好使不願外五與世界爭進文明其要則以予爲取一語賅之　日本凡工業製造品運往各國出口時海關率不徵稅轉運則以鐵道就工廠又不給則補助之國家勸工之勤如是然地少穀貴工貲與製作之工並增均長而言工業者猶務進不已也與世界競爭文明不進即退更無中立日人知之矣次觀泉布觀干瓢會豐臣太閣遺物華人所謂平秀吉日人所謂豐公也

初七日微雨滕澤士章導觀東區第一高等小學校校以明治二十三年依教育衛生程度建立凡東區高等小學校五並十二年後所建始則草創耳此其一也校舍皆樓購地建築五萬一千餘圓過通州矣而屋宇之多不逮東區第一高等小學校員擔區內戶一萬五千一百四十九人五萬七千五百三十三在學兒童男六百四十五女五百四十六教員男十八人女九人收授業料（即學費）以區內外分多寡區內每月金五十錢區外六十錢（以中幣計錢五百六百文）教員月俸男四百四十三圓女一百二十九圓共五百七十二圓約以二十七人侖分之每人月得二十一圓餘其最多者五十最少者十二餘以資望爲差校長皆以訓導兼之一校之中能容生徒如許者無在校住宿之人也校長岡村增太郎學務課長米田的道　午後訪滕澤南岳於東區淡路町一丁目泊書院訪西村小池商詢幼稚園保姆事因晤清水常次郎爲言明治九年日有官吏妻獨逸人明保育事是年創設幼稚園於東京聘爲教習養成保姆十

一年大阪派女子二人往習十二年開府立模範幼稚園即以女子爲教習今存者止氏原鋹子一人年五十餘在幼稚園二十三年於保姆最有名其次則片岡春子年四十餘堺人獨逸人之初教保姆也用繙譯通語而各自觀譯成幼稚園之書蓋亦周折如此今之愛珠幼稚園即前模範幼稚園所擴充西村言幼稚園惟大阪用錢多建築好清水任爲介紹保姆事晚實甫來得叔韞訊說鹽事復電屬顯民審機速定

初八日西村小池偕司伯斧往觀桃山女子師範學校校容師範生一百二十人皆食宿於校自修室即在寢室之內每室十二人室以席度每席長約中國營造尺之六尺廣半之縱六橫七凡四十二席七百五十六平方尺每人占六十三平方尺有奇寢具皆置複壁寢自鋪之起則自收四疊而置焉帳亦臨寢張之一室中除自修几三外

無他物几並坐二人對面亦二人中几有兩面小書架高一尺五六寸以障對坐之人每寢室一所一厠斜溝以排糞浴池約方八尺四圍木匡旁二石池一方約三尺一約四尺貯冷暖水室外橫竹四排以懸巾脫衣之櫝六層五排無門每櫝方約尺餘食堂與厨隔牆通門矮几坐飯器當几之中一几八人對坐人各一碟魚及鹽漬菜菔各二片理髮室與盥漱室連理髮室中設大鏡三旁有梳具箱亦排疊架之此五事皆與華俗不合華人起居占地較多也音樂教室案長七十二寸廣九寸五分略仄內高十六寸外高十九寸坐高十五寸五分廣十三寸五分理化室几案似前小學校而每案皆相間二尺許能容人行又室之三面各有四窗窗皆塗黑其南面窗下層置回光鏡以教授光學教員案右置紙造人體型二一止骨格一自膜以內筋肉絡管皆具外衣白布營造設置過小學校遠矣附屬之幼

稚園教室少而游戲之場多室中案長三十八寸高十九寸廣十五寸坐高十寸廣八寸案面皆畫方罫教習黑板亦畫方罫見教摺紙及積木者又教小兒搜尋藏物一尋即得則羣兒鼓掌賀之否則羣笑之凡所爲皆使小兒以腦力相磨又各寓於游戲之事故一園之中兒童八十人有愉快之容而無愁苦之色美哉次觀女師範生體操操場在屋內廣四丈八尺深六丈操之行伍分中央四隅爲五方每方一隊每隊八人凡四十人有時變爲十隊每隊四人蟬聯接手踏步爲樂名蝨雀舞歐美女子之舞容也次觀裁縫室鍼黹之具皆同有縫衣機一具次觀一室講授教育學者庭有井有衣桁澣濯皆自爲之亦習庖事美哉校長大村芳樹淸水君亦至爲商保姆事許運日商定見荅氏原鋹子月俸十八圓又手當五圓耳　午後乘汽車至堺觀水族館所陳水族校神戶略多次觀其海濱公園有土阜

三數中一阜疊石方丈餘一鐵蕉甚大百年外物也返觀博覽會側之動物館羽之族有鶴有鸛有鴛鴦有鷺有鸚鵡有秦吉了有鸊鷉有鴿有雞雞類不一有火雞有珠雞鸚鵡尤多有白有紅有綠有雜色有大有小鴿最大鶴最美毛之族有虎有豹有象有獅有猿猴有印度牛有羚羊有豪猪皆一牝一牡懶猴據枯枝而睡其揭云性懶貪食飽即睡夜則醒睡蒙其頭醒亦不甚跳躍似天下之養尊處優而媮惰人鱗之族文魚獨多蟒與鰐獨大介之族凡近矣瑇瑁之大不逮神戶與拔可同至會場側豐樂園晚飯

初九日小池導觀中之島高等工業學校日本文部省直轄之學校二十有七此其一也學分八科曰機械曰應用化學曰染色曰窯業曰釀造曰冶金曰船體曰機關其學期則三年書記中島義光導歷各工場唯窯業科某生指示獨詳校長安永義章　次觀醫學校校長

書記皆不見一不通姓名人導觀各教室至細菌科室某君隨問隨示色和而意懇其顯微鏡新自德國購來可自五十倍至一千三百十五倍以視極微茫之肺病瞭然瑩澈矣至剖解實習室見三四人共剖一男屍藥水氣刺鼻不可耐　晚飯後觀高麗橋東夜市猶中國之趁虛趕集也

初十日西村小池導觀造幣局局隸大藏省平日雖內國人不聽入本年以博覽會弛其禁凡華人觀察者指示尤勤歷其地金鎔解伸延極印精製諸場精製場之平量輕重機爲最新式至精極準其貨幣分金銀銅三種而以金爲本位金之幣三二十圓十圓五圓銀之幣三五十錢二十錢十錢白銅之幣一五錢靑銅之幣三二錢一錢五釐凡十等金以中國爲最純良臺灣色黯而質稍劣次之朝鮮色淡多雜質金又次之造金幣者率九金而一銅造銀幣者或九銀或八

銀日人謂九百位八百位者是也華人苦貨幣之困久矣近行銅圓以濟銀窮然不造金幣則金日流於外而日貴且無本位則代本位者勢必有窮非計也我政治家之性質習慣有一大病則將舉一事先自糾纏於防弊不知蟲生於木弊生於法天下無無蟲之木亦無無弊之法見有蟲則去之見有弊則易之爲木計爲法計雖聖人不過如是而我之有立法權者未更未見弊之法先護已無法之弊愼已東西各國辦事人並非別一種血肉特造止法度大段公平晝一立法行法司法人同在法度之內雖事有小弊不足害法是說也嘗與沈子培鄭蘇堪相發明之局書記以來賓錄請題名次觀大阪城內水源局　西村約至其家午飯仿西饌頗有理會其夫人所自治也日人延客以婦女治饌爲敬蓋猶有華風日人自三國時通吳爲交隣之始士大夫雅慕華風故服重吳服國語謂二謂五謂人謂豆

腐直是吳音器重唐木漆重唐塗風俗亦有雜學宋明者自維新變法三十餘年教育實業政治法律軍政一意規仿歐美朝野上下孜孜矻矻心摹力追今男女學生制服亦漸次更變矣孟子以吾國爲仕國余謂日本亦學國也　午後觀大阪府立師範學校校自明治三十四年六月落成規模宏敞生徒定額三百二十名講習科分甲乙丙三種每種四十名凡四百四十名校長及教諭訓導舍監書記四十三人醫員及柔術擊劍教員各一人隨意科有農有工附屬小學校五百七十名有簡易尋常科簡易即單級也教員不住校生徒住校一室八人或九人寢具人各二絨毯下藉厚三寸之布褥中實稻草食堂小於通州者半而容人多於通州者三倍則風俗習慣之不同抑日人之能刻苦也講堂容五百人校長森本清藏附屬小學校主事森川正雄導觀一周日本初效美國學制全國建師範學校五所或云八所延美國教習二人餘以曾讀西書者當之生徒二百許人教科書則文部省編纂頒行今則每府縣各建一師範學校又增建女子師範學校爲廣設幼稚園之本教科書已屢修屢改凡事入手有次第未有不奏成績者其命脈在政府有知識能定趣嚮士大夫能擔任贊成故上下同心以有今日不似一室之中胡越異懷一日之中朝暮異趣者徒誤國民有爲之時日也

十一日復與小池至師範學校觀單級小學校授業見其教員大西奈良松單級者爲町村學童計故合四年生於一班授之此於中國今日最宜主事人應客處外庭絕曠而無樹木驕陽逼人同小池至豐樂園午飯飯後與伯斧觀博覽會機械館是夕爲日人金曜日會場內外電燈盡張士女闐塞衢路屐聲如萬竹齊裂水簾亭以七色鏡旋轉現虹霓之色於光學頗有發明村井兄弟市孔雀標紙卷菸有

聲架一樓四層自上溉下電燈約千計日人工商於美飾事極注意亦其習慣也

十二日巳刻小池來同至天滿橋北織物株式會社專織絨布處也機一百六張汽爐三用二備一引擎馬力二百足飛輪徑約英尺一百三四十寸用煤日五十餘噸（五十恐譯者之誤當是十五）每日早六時開車晚九時止女工四百人男百人工貲自三角至九角不等亦有按織成之數包價者織線有純羊毛有混羊毛混者以棉羊毛雜之純者自濠洲來北海道產少不足供用也別有手織機一張織粗厚五色絨布　午刻實甫來與喬金徐二生學習工業事復至博覽會觀工業館織業最良製筵最精（筵即華人所謂蓆）他如織席舂米製麪榨油鍊糖卷菸吸水造燐寸之機無不具者需本皆不多若得十萬圓可試辦一工業實習學校十年後進步不可限量也

次觀通運館舟車法度咸備最精者環球航路之標本內國山海之模型臺灣模型極精密可異者乃幷我福建諸海口繪入其誌以黃色亦與臺灣同振貝子那侍郎或未之見耶

十三日早起爲人作書贈藤澤南岳翁詩一首　海色西來滿眼前神山樓閣瞰吳船誰知白髮松窗下猶抱遺經說孔傳（翁名恒字君成晚號南岳父亦漢文名家翁著日本通史探奇小錄文筆修雋子元造亦重漢學日人謂翁三世儒家）村山隆平上野理一西村時彥三君招飲網島金波樓席罷賦詩呈同坐諸君（金波樓在淀川曲處隔岸即造幣局土人稱爲觴宇主人澤姓自其先之營此業至今十七世閱三百年矣未嘗遷徙唯前爲平屋明治初變法後始改爲樓庭前老梅幹大幾及尺而中空束以鐵帶橫斜矯健饒有古趣簷角一小松秀出天然百年後異材也宴客之堂廣十八席陳設精雅不似酒肆坐上小山健三諸君皆長者也）淀川川上畫樓多樓外嵐光映叵羅接席相忘天詄蕩岸巾强復醉嵬峨北聽絕徽悲濤涌西望滄溟落日過星月漸明燈漸上從容良會記金波西村君索書復作詩貽之　喜見西村君於大阪　握手重言笑霜華鬢已催艱難五年別辛苦百憂來古義尋僑札當筵識馬枚（謂內藤虎次郎）莫談王霸略且覆掌中盃

十四日小池導觀東成郡鶴橋村農學校校在一山麓四周有水水外皆試驗場場有學生任者（日人謂之學生擔當地）有農夫任者有畜牧場場有治外來患獸有剖解室牧草有本國種有歐美種家畜有華種牛羊豕室不潔無鴨池不廣稞麥因久雨不良觀學生割麥用石油尋治稻秧害蟲校有體操而無音樂學生習農者一百三人習獸醫者七十人學成不入高等聽其散而歸各治其鄉若入陸

軍或他校或別治生業亦聽此我通州所最宜法者初見其書記兼教諭小野田嘉久二繼見其校長井原百介導之周歷各場者校長也至午以學生之飯留飯大小二碟一以雞子雜牛肉屑炒之兼薯片二一鹽漬萊菔片二茶壺一盞餉客如此若學生常膳僅生魚片二或煮小魚二鹽漬萊菔片二都爲一碟日日如此凡日本教育家之言曰當使學生知爲學不求飽而敏於所事不可使飽食而無所用心可謂知本中國學校以飲食滋訟者多矣惜不令一游其校以參觀之也　午後大阪郵船會社金島文四郎具小輪邀同伯斧小池同觀築港本海也築而後有港故名築港當大阪正西南伸股至首合抱相向作蟹螯形左股長約華里七十餘里右股長約華里五十里面廣約一丈二尺底不可測度詢諸金島云先造石船運石沈標築處海底而後下寒門式土所造之大方石出海面五塊或四塊寒門式土建廠自造和土運土皆用機械惟杵築用人二人一杵每石三杵別一人執版下築以齊四邊以英尺計每塊高四十八寸廣六十寸長七十二寸重半噸築石之處上覆木棚棚下可築四石棚有脚架於運土鐵軌每築四石成則移其棚而包石以稻薦至其竣工處觀之隄脚之外亦甃石石長方外平面方尺餘內平面減約十之二三層累而上自成斜度之坦坡他舊石岸亦如此日人初師荷蘭學荷蘭人以建築工名歐洲意仍蘭法也內外側平面方數可以意想坦坡斜度定之近十二年內以大阪水道淀河築港爲全國三大工程築港之舉自明治三十年十月始定三十七年竣工豫算費二千萬圓其水道自二十五年始費三百六十萬圓淀河工自三十一年始費九百十萬圓勤矣哉孔子曰禹無間然卑宮室而盡力乎溝洫禹之明德濟非吾中國所當取法者乎烏乎　回經安治川觀

範多隆太郎所有之鐵工所工場面積六千七百餘坪當中國四萬餘方尺資本一百五十萬圓能造汽船及浚渫機船匠目無歐洲人臺灣基隆有分場我思上海製造局規模之大經費之宏幾幾十倍於此曾未爲農工實業造一船製一械以市於民而收其利以助農商之業而分人以利彼此相較何如也

十五日與伯斧小池詣小山健三小山初爲醫學校理化教習旋爲長崎師範學校長旋爲東京工業商業學校長一爲文部省實業學務局長旋爲次官溫雅篤實人也今爲大阪株式會社三十四銀行頭取（頭取猶華言總辦）從問勸業銀行事例贈銀行事務要項幷照像片日本士大夫爲官商聽其人之志願方爲官則一意官之事及爲商則一意商之事華士大夫則方官而有商略方商而有官式我烏知日人之盡如我云云也以我所目見者言之而已　午後看

博覽會水產館通州可參酌仿行者唯十勝川之魚簍濱名湖之鰲池若養蠣法采自厦門不知甯台之產也宮城之鹽其第一等與餘東同不逮呂四也日本產鹽不足供民食比藉臺灣鹽運入以贍之方庚子後訂各國商約有洋鹽進口之請其時華之鹽官商大譁余謂劉忠誠公是無妨不過私梟中多一洋旂而已若以設廠造鹽之新法行就場徵稅之名言梟且化爲商何有於洋人余意許洋鹽入口宜增華鹽入各國口一條以抵其利益忠誠公謝言無此氣魄夫世界氣魄人造之天之氣魄則搏搏大地高者山而下者澤耳甯便可倚適有所觸牽連記之觀電氣光學不思議館火燄舞既曰電氣光學奚便有可思議應曰非不可思議館

十六日雨小池來談詳詢染織紙業之事染織工以西京爲最良紙業以土佐爲最良靜岡次之王子次之美濃岐阜又次之　午後詣三十四銀行觀其辦事分收付存爲三處三者之中又分零整衆辦事人於一廳而頭取室即在大衆辦事之後隔以屏風而已紙幣與實銀並藏一庫幣藏保險箱三實銀藏小方箱累百小山一一指示局鍵甚牢云防盜也余問警察甚周倘患盜乎小山言警察愈密盜亦愈巧夫弊生於法無古今中外一也日人不因盜不消滅而非議警察知其民智之程度進矣其銀行自明治十一年始本爲國立後屬之商又幷中立共同有魚三銀行而成合貲凡五百萬工商之業官爲民倡有利則付之商不止不奪也而維護之以是知其官智之程度高矣　勸業銀行仿自德意志（日人譯爲獨逸）用株式會社法集本一百萬聽人入貲凡股票五萬張每人入銀圓二十多者亦聽參用抽籤得彩法以鼓舞之凡營農商實業者皆得以不動產抵借產值十借五歲納息七釐至八釐不限還期聽借者之便近乃推

行於臺灣常聞我華官言日人治臺歲費甚鉅而所得蓋寡以爲日人之擲黃金於虛牝也烏乎官之於民也務司牧之而顧朘之又寸寸而度之耶余於去年勸一二知好立銀行於通州以勸助農工商之業尙無成議不知此事終獲幸成否也　從市上度量衡器販賣所買度量衡各一器器爲澀谷製皆鈐官印明治三十年用篆書正字三十二年用篆書定字修覆者用篆書改字字或以火烙或押蓋由官定式而聽民仿造造成呈官檢查合度者鈐印度有四曰制三一曲尺一鯨尺（亦名念弗尺）一女子學校尺曲尺較英尺長五釐土木工用鯨尺較英尺長一寸九分四釐弱裁縫工用學校尺較英尺短一寸四分四釐便女子攜挈曲尺鯨尺皆鈐印學校尺爲教育而設不鈐印仿英制一以非本國之度亦不鈐印曲尺竹木牙骨革布製者一尺以下檢定料五分三尺以下一錢鯨尺六尺以下四

錢金製者三尺以下二錢五分鯨尺六尺以下五錢量木製者二合五勺以下一錢至六錢止金製者二合五勺以下三錢至八錢止皆四方形有定準量米穀者有當鐵爲之方二方横平量面而支其兩隅量油酒者無當概用圓木亦有印檢定料均五分無斛衡有三天秤臺秤桿秤天秤一釐以下臺秤五十貫以下均五十錢臺秤至一百錢止桿秤二貫以下八錢至二十錢止製作脩覆販賣者皆納身元保證金度量製作納三百圓衡納五百圓度量衡修覆納二百圓販買納百圓本末詳度量衡法規往持同度量衡之說久矣以爲是國權之所寄也今姑準日制嬴縮平均通計之每度器一稅二十五文量器一稅四百文衡器一七百五十文華人四萬萬以一萬人人用度量衡各一器初年亦可得錢一萬萬圓以後每歲按三成計亦得三千萬圓即使省之以倍數亦匪細不猶愈於他捐之擾擾乎此其道有三一則有所附而取一反是一則商失其暫時自便張縮之利而士農工得永久共便畫一之利一反是一則證萬國之通例復三代之舊規合於公理一反是利弊得失甯不較然願聞吾言者更平心而計之也

十七日東裝候小山紹介訊候實甫來計金徐二生從學事擬遣金生至西京染織學校徐生至大阪有機紙業及手工紙業工場次第學習爲農商之介欲歸約同志鳩金生息資生徒東來廣習工業不知諸否執筆論事而悔讀書之少臨事需人而悔儲才之遲與世所同余尤引疚　自來大阪逾半月見其衢路遺矢者三見某校女學生以煦水之手摩男學生之頰二事耳而未聞婦女詬詈之聲市井鬭鬥之狀七八歲童子能畫地作圖三四歲小兒亦據地以積木爲鐵道橋梁式得固多於失矣

十八日伯斧往游天滿宮余休於旅舍聽二華生論日人十年內與華人交際情狀一生曰日本風俗由來褊小維新以後直中國政令不修萬事隳廢行其遠交近攻之計士大夫一著歐衣沾沾自喜其心目中遂覺凡支那人無不在其下强暴者無往不爲輕蔑凌侮之舉其用柔術者乃欲攬中國教育之權以中國爲殖民之地觀宏文學院之所爲聯隊西鄉之無行其最顯明者彼自宋以前無一不傚法中國今唯其老成長者猶能言之亦尚有惓惓同洲之意至其政府以迄新進少年殊大不然彼亦學歐美耳我學其似而仍須歐美之眞是學而又須推眉抑顔以受之不若盡中國學子分遊歐美即使歐美人之待遇猶之東人我已權二而省其一不猶愈乎我是以決去日而遊美是說也我思之一生曰登高必自卑行遠必自邇以我普及教育未興之人一蹴而幾歐美是責三尺之童以烏獲之任鮮

不蹶者不若就其猶近我者而借徑焉以爲摧也我之君臣上下誠確有句踐種蠡堅忍自奮之圖亦何嫌會稽持盈定傾節事之待彼驕則我益下彼肆則我益恭以求進於學問下則志苦恭則氣肅進退消長於實業教育程度衡之我果有自立之日今日之受侮皆我玉成之資也苟不自立人即朝摩而夕咻之其恥均耳是說也我思之

十九日挈一衣囊與實甫同附汽車九時啓行十時至西京寓麩屋町柊屋旅館主人西村莊五郎因實甫見島津源吉島津設肆專造學校理化器械標本與學校人頗熟亦略知學校事自其父習藝於美國人源吉兄弟嗣之業益昌導觀水利事初觀水利發電場水自琵琶湖過山隧而來高於機輪處一百二十尺每一分時積水二百五十立方尺（其執事人云水高一百三十六尺積三百三十二立方

尺此據一覽表）用電工業七十九家計馬力二千二百二十三又一分五之三其專用水力者二十四家水量五百六個零八二次觀蹴上至京都市小川頭最低處之舟溜溜左右排鐵軌二道回旋爲用左道升則右道降右升則左亦降其運動機在小川頭最低處一石屋中溜船長二丈許廣不過七八尺溜架校船長廣略加兩旁有闌高五六尺待溜之船浮機上流架由鐵軌沒水迎之架面適承船底漸引而下至下流亦沒水送之船浮而離於架面則人駕之去空架復退回法至便亦美製也往聞蘇堪述之不能曉其法今見之了然矣江浦朱家山口若用之豈不大利次觀水力組繩場和棉場其分水處山特聳起樹木加畫水懸瀉丈餘練飛雪吼有甎石漕受之漕廣六尺循山麓曲折而下以灌溉平原之田凡所見水有用處皆人工也自明治二十三年始鑿山建渠通漕設機用費七十四萬餘

皆京都市捐集創興之始人咸怨之今農工商之利日新而月盛至欲醵金寫像以報始功之人其人則前京都府知事北垣國道也功不在李冰離崔下百世之祀宜哉　訪染織學校長金子篤壽

二十日島津同至染織學校金子導觀各教室工場與商金生留學事訂四五日與叅事議定由島津見復出同至盲啞院盲者教識字母教算教按摩教音樂教歷史地理盲者教之聾啞者教習畫習裁縫習繡習手語習體操啞者教之亦有不盲不啞者助教一啞生籐園畫楚楚可觀爲市其山水小幅一盲生能於小長方銅範中鍼刺字母以一圓獎之與實甫伯斧各納助費十錢院例也彼無用之民猶養且教之使有用乎觀島津所製村田槍云凡中學校以上皆用以習操小學校略小尋常小學校則用氣槍亦用白鐵爲礮使小兒推運演放民間獵戶買槍先至警察署報明請給槍照不聞其民有揭竿事也華民禁藏軍火本是舊令然大梟强盜所用皆新式快槍每一肆虐即綠營之老兵銹槍尚不能敵何況徒手漢吾邱子贛言邪人挾之而吏不能止良民以自備而抵法禁是擅賊威而奪民救也無益於禁姦而廢先王之典使學者不得習行其禮大不便然則政府固宜知古事知今事者矣　午後以小山介紹書抵大學院長木下直木下病氣臥牀見其執事某郎略觀設置大概即返大學院本非我之所欲觀也以博覽會優待票游御所明治天皇維新前之宮也有清凉堂有紫宸殿（清凉漢殿名紫宸唐殿名）殿屏繪中國許由以下至魏徵李勣等三十二人旁殿屏繪蘭亭修禊岳陽樓十八學士登瀛洲諸圖有繪鍾期聽琴王質觀棊皆中國故事殿不瓦累木片厚尺餘蓋之氣象亦宏然以比漢天子之閒館珍臺趙官家之壽山艮嶽相去遠矣　實甫旋大阪小山電問行止別後猶懃懃如此

二十一日伯斧獨往觀其圖書博物館旅館有八雲琴琴二絃略同中國琴製而短窄下承兩足有大小徽二十餘主人謂是日本古風之琴也初止一絃後乃兩之令一小女子鼓一闋不終主人索書寫一絕句付之桓伊到處堪吹笛飲酒公榮與不如況爲八雲成一奏何妨竟作換琴書　小山復來電欲來導詢教育可感可感答電謝之午後去名古屋地屬愛知縣七時即投小山介紹書寓富澤町二丁目支那忠旅館

二十二日八時往商業學校晤校長市村芳樹幷教諭齋籐清之丞校自明治十七年矢野次郎所創建今有其石印小象校舍規模開敞大門有樓榜曰世界我市場門之外一橢圓形小池池之中以沙土凹凸爲地球海陸意將啓發諸生昌其國之商業徧於五洲也無寢室無食堂有商品室理化室商品列華物甚多教室二十球場十扣

所五可容一千五百人觀其統計表現有一千一百餘人三十三年以前每歲入學六七十人三十四年後入學者殆三四倍之學生食宿費一百三十八圓學費十二圓校隣有新築之樓供學生寄宿其統計表較他校加詳市村示其校規加意於信用服從齋籐示其倫理書亦兢兢於私德日本唯商德最下二君注意於此眞對證之良藥市村爲校長已十年觀其題詞頗歷艱苦惟言語不通不獲詳叩通譯者又不能達彼此之意爲可憾耳十二時行臨行得小山靜岡介紹書因附汽車四時至靜岡行經天龍大井二川間見其農田最有法度他處所不及是晚商業學校長岡田禎三來訪小山門下尹公之友亦端人也

二十三日岡田導觀其商業學校規模不逮名古屋復同至安東村野村角太郎造紙工場旋附汽車同至江尻場吉川作之助造紙工場

皆以舊法爲本而參以機械野村自言引擎三十二匹馬力吉川自言引擎五十匹馬力野村工場雜用三椏雁皮楮三種而三椏爲多所謂鳥之子紙其口語則雞卵紙吉川工場全用三椏腐化原料用苛性曹達漂白用硫酸松香曹達等料較舊法製精而出多日人所謂改良紙維新之始政府印刷局用之至二十七年下其法於民間計全國用此法而最大者凡四所靜岡三越前一其他皆手工或以造薄紙爲主或機械少貲本不逮者也各學校專印暗文紙甚多凡日本工商業稍大者其用器皆識其姓名幾成通例以中日大概風俗論日人緻而中人纑日人褊而中人廓利弊各有相因者也岡田願爲介紹於札幌北海道拓殖銀行宇佐美敬三郎午後四時附急行車至東京時已九時三刻靜軒俊卿俟於停車場同至京橋區紺屋町清淨軒

二十四日早起寄影照小象於小山西村二君甬人張伯巖黃桂芬以王惕齋所屬來爲照料旅館門外臨江戶城濠濠水不流色黑而臭爲一都流惡之所甚不宜於衛生此爲文明之累　午後至醫科小幡英之助處修治病齒

二十五日訪森村說井午後以治齒獨在旅館伯斧與路壬甫往觀農科大學

二十六日移寓本鄉區弓町本鄉館館與各學校相近故中國留學生寓此者多聚卿拔可亦寓焉治齒

二十七日與森村說井治齒

二十八日治齒仍與森村說井

二十九日治齒訂購鑿井器議稿得三兄訊知通州師範教習木造以神經病自戕日人在中國自戕者約略記憶似有二三人若在本國

自戕者見於各報幾無月無之了不足異中國之人少見多怪又鬼神禍福之說錮其腦筋不知謠言當作何狀

閏五月

一日至築地活版製造所看造鉛字

二日鑲齒成與伯斧壬甫惕齋同至橫濱被雨略事游覽識浙江歸安人潘延初此君商於函館已三十年

三日雨訪泰興留學生於弘文學院訪章靜軒洪俊卿於成城學校凡學校以成城之食宿爲最苦功課爲最勞留學生之名譽亦以成城爲最美能自立者必先能自苦吾於章洪諸生有厚望矣中國人留學外洋者多喜就政治法律二者之成效近官而其從事也空言而易爲力若農工實業皆有實習皆須致力理化而收效之榮不逮仕宦國家又無以鼓舞之宜其舍此而趨彼矣近年余與蟄先論中國

目前興學之要普通重於專門實業亟於名哲世人漸有嚮應者留學生之志於實業亦日多是可喜已　訪汪伯棠監督伯棠有性情而明於世變政府以公使與學生齮齕置監督以調停之伯棠月助華人所建清華學塾一百六十圓賢於人遠矣而在中國時聞留學生中猶有求多於監督者

四日森村扇四郎復與高野周省來說鑿井器事自去年九月雇日工伊籐淨次郎父子用農井法在通州紗廠鑿井深三十丈見砂石層而無水伊籐引去余必欲竟其事又欲一究地層分數以為通州地質學之始適叔蘊寄示日本駐滬領事小田為森村託售之礦井機器圖欲更試之屬叔蘊詢訪叔蘊以詢錢念劬往復諸議念劬書云定造三百間（日人以六尺為一間）則先付本價三分之一若用其已成之百五十間則說明價值運往試鑿有效付價無效作罷惟

往復運費及工師助手之路費膳貲不論有效與否皆通州任之叔蘊與森村之子名要者議同書來相告且訂先觀其伊豆所鑿成績至上海時見森村要舉止佻蕩目動而言肆及再見即請借墨銀百圓以質叔蘊叔蘊謂渠方圖大或不覬小借無妨余謂日人商業甚無信義十餘年來中人之受誑者指不勝屈君為作保恐受累叔蘊仍謂無妨乃予之而索其借劵至長崎察知森村要狹邪之舉至東京扇四郎來談多與錢羅書不合其神情頗有要刧其名刺稱工師而其友高野周省張之曰是海軍技師長訪之海軍無此人訪之橫濱無鑛業商會其住橫濱戶部町裁三月一子年十八在中學校森村要非其子高野自稱農學士又自稱獸醫訪之警察廳則高野名下僅署一農字訪之農科大學則從前學士中並無其人種種誑罔已無意觀其伊豆之工矣乃索所借百圓以試之父子果相與推諉圖誑語反覆至三四無定則峻辭以謝之以借劵付松山堂書肆代索又考知森村與外務部繙譯小林光太郎善念劬習於小林而不知小林外間之聲名其以圖屬駐滬領事代售或云亦小林為之蛛絲馬跡因原甚多嗟乎日人謀教育三十年春間教科書獄發牽連校長教諭等近百人今察其工商業中私德之腐潰又如此以是見教育眞實普及之難而人民性質遲留於開通有不期然而然之勢然以不信不義之國人而冀商業前途之發達是則大車無輗小車無軏之行矣聞半年來中人受誑於日人者復有數事其甚細者值僅五圓

五日嘉納治五郎遣人來訂相見之期午後買印泥定初七日往北海道屬眾卿從長岡護美子爵求明治初年至二十五年各教科書云文部尚有之可以取觀

六日至鞠町區訪竹添嘉納竹添自朝鮮歸後即辭職居濱海別業著書自娛無子止一女嘉納其壻也方壬午癸未間在朝鮮時與竹添往還竹添置酒嘗令女治饌餌餉客即嘉納夫人也歲月駸駸已二十年彼時余方三十馬山水原行軍之旌旗南壇漢城駐節之幕府閉目凝想猶若見之而國勢反覆殆如麻姑三見東海為桑田矣可勝慨哉嘉納以專究教育有名詢余東來調查宗旨余告之曰學校形式不請觀大者請觀小者教科書不請觀新者請觀舊者學風不請詢都城者請詢市町村者經驗不請詢已完全時者請詢未完全時者經濟不請詢政府及地方官優給補助者請詢地方人民拮据自立者嘉納許余北海道回時詳說

七日早八時啓行至上野附二等汽車往青森途中所見農業頗有不良者桑率荊種間有為地桑之魯種葉亦小而薄麥則穗短而色黯

在田者猶多詢之給仕云七月半後乃可刈蕘此時亟於蒔稻無暇也此已不及中國矣近青森之福岡奥羽間小麥尚未盡黃以是知氣候之殊夜甚涼車無食堂寢臺沿途買餅餌充腹凡一小壺之茶值三十五錢一雞卵值相等過仙臺幷雞卵亦無購處時時經其鐵道雪覆蓋鐵道濱海叢雜山間九月以後天即雨雪架木若隧以防回風飛雪之沒軌也

八日八時至青森寓中島旅館館距鐵道不甚遠有樓望遠風景略似煙台風雨交作午飯後冒雨附肥後丸十一時開行過津輕海峽船顛顛簸峽在青森函館之間緯度與奉天省及朝鮮之圖們江相直日本海水過此而東入太平洋船橫過之故易震盪五時至函館地當朝鮮咸鏡道北爲日本商步之一華商十餘家凡數十人歐商二三家十餘人耳仍雨晴潘荻洲及其子小洲潘與甬人張安瀾尊三

並爲華商董事華商專販海菜魚貝之屬運往上海歲直百萬運來之物甚少間有閩商貨綢緞若其運道則經出對馬島折趨西南四日半達上海華商初來附於英商賃地建屋皆英是賴故至今仍之（此在未改法律以前故有英商租地若改法以後凡外國人居留地止租不買有買者必以日本人出名）無華領事問之荻洲言東京人云華公使館近有函領事標目矣而未見人到各華商儼恪小心敦信守義立於無過之地以保其財產亦不復倚望領事日本自改法通國聽外人居留待華商與歐美無異各商在此猶得與歐美人權勢平均若回華甚澀縮矣聞之心動寓勝田彌吉旅館館後山名臥牛函館港內最大之山也

初九日至官立商業學校私立尋常小學校察視商業學校長神山和雄校有中語英語德語法語俄語其陳列所甚備四時荻洲與諸華商置酒五島軒招飲詢海物運華水脚歲十五萬因勸合力創汽船自運各商逡巡遜謝言先恐華官不許卽許亦不保護日本郵船會社開創至今國家補助未絕也嗟乎畏虎者談虎而色變孰使吾海外辛苦之民變色至於此又念余遵　朝旨與揚通內河小輪猶有阻抑者彼商人之寒心何怪焉附薩摩丸十時行出港後斜月出雲罅光射波面風浪平靜列島遠近風景殊佳

初十日四時至室蘭憩大宇海岸姥子旅館其商標㈠朝鮮人李斗璜題曰圓一樓臆造也附汽車七時行二時至札幌瀕海皆砂磧地頗劣入內山平原豁然極望無際土盡黃壤形勢遠在東西京之上德川氏知之而不能墾宜其覆矣現有之民不過百萬不足墾此土更得三百萬人二十年庶幾無曠土歟有山東日照農人許士泰以光緒元年在煙台爲日本開拓使黑田淸隆招來同來者十人月俸二

十圓其九人無行被斥回華許以勤力獨見信任居石狩國札幌郡丘珠村三十六番地娶妻生二子三女有田當華畝八十餘頃復用福建福淸縣人施新康楊可生鄭孔鏞楊世祺四人爲傭四人者經商折閱流落海外故許得收之北海道之初開拓也募人認墾聽其自占畝數及墾熟年限歲時官督察之至限如其所占有成績者卽以自認之畝數全予之不徵其繳價也許以是得多領田而又能自力迭經三條實美及北海道長官以其應募艱辛勵精農業十餘年如一日奏達天皇明治三十五年由興農產會會長總裁先後賞銀盃及白桃綬名譽章以旌異之狀樸拙口吶吶操日本語而山東音自言山東語不盡能記憶來時家有父母有兄弟五人近十五年不通音問矣世不必讀書治政治家言方爲人才凡能平地赤立而發名成業者眞人才也莫爲之前雖美弗彰彼黑田淸隆所招之十人

中有一許士泰夫置一許士泰於煙台苦工之間何異恒河沙數中之一沙有人爲簸之揚之而許士泰見矣今中國人中若許士泰者何限十百千萬倍於許士泰者亦何限其視政府若九天九淵之隔絕當其一詈而一嘲十百千萬倍於許士泰者也抑聞閩粵之人傭工經商於南洋諸島間者以數十百萬計問閩粵有司有可稽之籍否一許士泰又寧足論其幸不幸哉　札幌街衢廣率七八丈縱橫相當官廨學校宏敞整潔工場林立廛市齊一想見開拓人二十年之心力有詩一人　一人有一心一家有一主東家暴富貴西家舊門戶東家負債廣田園西家傾家永歌舞一家嗃嗃一嘻嘻一龍而魚一鼠虎空中但見白日俄海水掀天作風雨

十一日晴農學校長佐籐昌介過訪招同錦州開墾公司孫愼欽德全飲於豐平館坐中因見農學校教授南鷹次郎佐籐爲言北海道未墾地尙十分之九今歲計魚業農業林業礦業所產値四千萬圓國家定令墾熟之地逾二十年徵稅今止徵郡町村稅郡每一反步徵二錢五釐町村每一反步徵五錢至七錢此郡稅町村稅全供地方警察學校衞生之用國家不利之也以日本一反步計華地一畝八分郡所徵當華錢二十五文町村所徵當華錢五十至七十文亦殊不重合我二十二行省計之如北海道者何止百倍人民之可募而移者何止千倍使盡如此經營於富强乎何有抉其病根則有權位而昏惰者當之矣孫德全之於錦州也其地蓋上駟院之牧場費三十萬金始得領墾猶記甲午年端門外大駕鹵簿之馬柴瘠而黯淡固上駟院之所豢養也然則慮此牧場又不知幾何年晚仿佐籐及南君

十二日晴南君導詣北海道廳事務長大塚貢又晤其土木料長武井

吉貞旋同至新建之農學校及農園試驗場新校樓上下六十間近校之左一區爲理化學教室其右一區爲動植物學教室又外左一區爲農科經濟學教室其右一區爲農學行政教室皆左右對向果園牧場農具牧具一切維備農具牛種果品用美洲者多黃牛有大於華產小種一倍者乳房尤寬聞有百頭雜黃白色者每頭値一二百圓黑白色者每頭値四百圓南君隨事指說略無倦色可敬也午後大塚事務長遣人以馬車導觀製麻株式會社工場工場長爲谷山一介凡紡錘六千五百（日人謂錘猶華人謂錠）引擎馬力五百日用煤十七噸男女工千餘工貲男子之上者日一圓五十錢下二十六錢女之上者四十錢下十八錢日用麻八千鎊大麻千亞麻七千織精粗帆布三千尺布價精者尺二圓五十錢粗者七分子供榨油梳餘之系供塗牆帆布供全國海陸軍及商船用貲本八十萬圓次觀重谷木械工場其技術長荻原直四郎導觀解截機械皆歐製木長短厚薄務中工用有定度亦改良式也場傍鐵道運輸至便引擎二具每具馬力一百汽爐用積屑殘片木之梢皮或剝或截皆以供燒以此省煤亦一法也其鐵道枕木專由歐商販運我之山東直隸以交鐵道司工之歐人雖日人不能直接歐人爲歐如此松板有紅白二種白者良華人喜紅商販嘗塗丹以市云

十三日早往眞駒內觀種育場場自明治十年仿美國法建凡地五千七百六十八萬五千四百九十二坪南面三方皆山而不甚高林木森森引泉爲渠廣僅五尺貫瀉其中柴落井然望之如畫牧草種類最繁盛馬最良皆美產牛亦良按圖知之豕羊皆小種無多雞十二羽耳豕舍穢惡最不如法觀刈牧草刈具亦美製有交尾場其法規凡農民以牝來引種者計頭納賃金有製乳場專取生乳不作罐詰

其校長近方游美求良種一牛一馬之佳者值二千至賤亦五百圓日人食料不重羊豕華產羊豕以江浙之山羊闌豕味尤雋美歐人論畜牧者稱之此亦食性中之公理而日人不取也故言變法不可不先齊習慣自札幌至眞駒內道路極崎嶇回時出種畜場不遠所乘馬車傾折輻轂脫落乃與伯斧步行至平岸觀公立單級小學校校舍止七間前三間較小中爲門左爲特別裁縫教室右爲校長事務室與後中一間相當緊接卽雨中體操場也左右各一間皆教室各容四十二人最多可五十人左室教一二四學年生右室教三學年生校長兼訓導柴田菊藏月俸十八圓教一二四年生其教三年生及裁縫者爲準教員女子上原氏（名爲和音工亡）月俸六圓畢高等小學後曾入北星中學校一年年十六歲客至時奉茶入意爲學生又疑與尋常小學不類不知卽教員也課程有文部頒行之令教科有地方自編之書（地理歷史皆就札幌言之）報告有式稽查有法町村有稅補助有官其教育之廣被宜矣六時與孫蔣合置酒豐平館荅佐藤校長南教授夜九時北海泰晤士新聞社記者辻籌夫來談方在種畜場事務室時見此人蓋欲知余調查實業教育之議論故尾隨而至及中途車壞辻君來下車同步行四五里許亦有心人也問我國士大夫近日滿洲事處置宗旨余言無處置之權力不願張處置之空談二十年來稍留心於實業教育近方稍有著手處是以來遊求增長其知識東士大夫有能以維新時實業教育經驗之艱難委曲見教者願拜其賜他不遑及也辻君首肯

十四日佐藤六郎仍以大塚事務長命來陪至茨戶觀前田牧牛場前田名利爲年僅十八襲侯爵比方從學於東京師範學校故加賀藩菅原之後也自其父始易姓前田犂牧之地在茨戶者一百萬坪在

輕川者三百萬坪本堀基氏業堀基賣於別一前田再轉始爲今前田業牛多美產專以傳種豐乳爲主義飼畜極良農學校一黑白毛色而壯者卽場產問其值與南教授同南君不妄言也牝牛生三歲後一年可交牝牛四十十年而止牝牛生三歲後可歲生一子亦十年而止牧場去事務室約三里在山之坡牛舍視牛爲大小流溺之溝在後窗下距不逾尺若眞駒內種畜場距幾三尺易陷牛足不如此良也緣山麓爲草庫下層在土中上層出地平面木板四周方約丈餘上有氣窗下有一戶似窖云爲冬初儲青草之用儲草必實仍壓以石則草色不變而味略變酸成葉綠素飼料最宜其事務長竹內靜勝留餉午餐食品中有沼養鯽魚東來所僅見惜烹法未精耳比在函館聞潘荻洲言數十年前駒嶽火山崩塌灰石下墜成隄其內窪下處衆水滙注積成大小二沼北海道自此始有沼其內產鯽魚蓴菜絕似華之江浙間不知竹內餉客之鯽何自來也飯後竹內導觀石狩川其處距海當華之十八里寬三四十丈入內漸窄源數百里有汽船行駛北海道之大川也華地似此川者指不勝屈卽通州紗廠前之河溯流而上至淸江浦亦幾千里數大川者尙不及之無怪涎視楊子江流域者目爲陸海惟有之而不自殖殊不可解耳道經一尋常小學校問之亦單級下車觀焉直教體操一教員立而傳令走而指揮見客令諸童行敬禮時已十一時課畢矣竹內爲致參觀授業之意教員令諸童復上堂堂之外一小廈爲門左爲應接室右爲庖所無雨中體操場凡修身讀方歷史地理算術四班參錯並授日人謂班爲組甲組卽弟四學年乙組卽弟三學年丙組丁組弟二弟一學年也授時甲乙爲一組丙丁爲一組如授甲乙組算術時授丙丁組歷史唯同組之中仍分深淺爲二以別之授竟又示諸

生綴方習字其教員石附喜三太亦兼校長供客之茶教員自取之尋常小學校例無小使也其町村學務員亦來凡茨戶町村尋常小學校四高等小學校一每一町村有一學務員所觀之小學校歲費三百圓村農子弟有半年耕半年學者皆無授業料其費取給於町村稅歷觀各單級小學費無儉於此者宜其規模益不逮乎岸矣歸途經創成河側見歐法之木閘閘垛兩旁植大木爲垛閘爲大門二扇門之下有小門二有旋螺柱以升降其小門有二大橫木以啓閉其大門往聞錢琴齋言之不能昭晰羅叔蘊東游時屬其訪查而不得今於無意中遇之可喜也屬佐滕六郎代作模型復經東皐園看芍藥蒿蒲園占地約華之四畝紆曲其徑分區蒔花小石爲界緣以短草果林藤架叅錯其間花爛漫五色著雨彌（大阪時人）主人上島正一老翁也學士巖谷修題榜頗稱許之冒雨至旅館南教授復導觀農學

校博物館司館事者村田莊茨郎館皆北海道物有大熊二一曾搏噬五馬於一夕一曾殺三人毛色黑長過人而無尾鵰有五種首微異耳樓上列蝦夷廬舍器具服物喪葬兵甲之式南教授言蝦夷形狀及食生魚衣鳥羽獸皮之俗與樺太島人相似然則黑龍江土人魚皮韃靼之所移或其種所叅雜乎不能詳矣次觀其植物園左草本右木本皆以歐美人植物分科法區之因雨草草即返有札幌詩一首

札幌　四遠山圍札幌臯荒荒草木萬重毛軒眉未覺東鄰富舉首還看北斗高（通州海門當緯度三十二札幌當緯度四十三）郭太樹顚終懼及管寧廬在未容逃生平倒海傾河意說向中原換結髮

十五日七時行南教授與長屋農會長至驛舍送別佐滕仍以大塚命偕乘汽車至小樽憩越中旅館飯後駕舢板觀築港較其工程止大阪十分之二然已經營六年寨門式土由函館鍊成運來而雜以就地之砂石成人造石至大之塊重二十四噸輕者十四噸升降運送皆以汽機之車若轆轤隄外脚碎石寬二十丈內脚十丈皆標竹爲界櫜舟載石下賓水夫著泅水橡皮衣銅帽入水位石塊而層纍之大阪所未見也工程師某贈防波隄設計圖其比例六千分之一次觀水產試驗場場止一小池屋七八間有溫室孵化鰊魚子視池中之鰊即華人所謂青穿也鰊以小樽岩內產爲最王云午後六時送佐滕至車驛十一時附汽船行

十六日晴天明至岩內港正對西北山上有雪未化午刻至壽都晚至奧尻半夜又行風大舟頗顚簸濱海山巔往往見雪

十七日雨早至江差舟人謂海極深處舟尤震蕩午後晴四時至函館仍寓勝田旅館訪潘荻洲偕詣華商之去時會餞者晤張安瀾商議會長內野高吉書記長法學士秋保辰三郎仍來訪欲爲開懇親會以行遽謝之晚飯後荻洲父子及安瀾來送登舟十時出口月明風靜波濤不興過津輕峽安睡如常與早間之苦天淵矣

十八日四時至靑森仍寓中島旅館櫛浴俱適其弟十五番之房面臨大海庭有小沼蓄紅魚大小數十纖草濃蘸短楓垂柳覆被其上甚怡心目惜行遽不暇一二日住也留題一詩　題靑森中島旅館

靑森旅館推中島最好房櫳十五番牆外羣峰隨海現庭陰一沼覆花繁喜隨客燕尋巢至愁聽飢烏索食喧墨瀋匆匆泥壁上他年留證再來痕　午後十一時登汽車行日本汽車皆三等式廣處不足斷不能如其定額以容客是日一車多至十六人殊擁擠遂坐而假寐以達旦

十九日十時至東京新橋仍寓清淨軒與實甫及徐金二生大阪訊佐

篠昌介南麿次郎佐篠六郎札幌訊晚偕伯斧詣汪伯唐

二十日惕齋同往訪長岡子爵岸田吟香永阪周二三君皆喜接待華人長岡永阪並喜爲詩長岡有自著海雲樓詩集永阪有所輯嘉道六家詩集同人唱和壇欒集訪眾卿

二十一日午後四時伯斧壬甫同至本鄉館晚飯偕眾卿拔可詣嘉納治五郎因晤竹添進一郎君竹添亦名光鴻字漸卿相見甚歡出示所藏宋明本書其最舊者爲唐人卷子本揚雄傳後半卷未暇盡觀也與談教育亦以斟酌習慣合於程度爲難

二十二日十時赴嘉納約觀其高等師範學校校兼有手工教室專教金工木工陶工漆工爲發明實業有與人之規矩不徒恃口舌之空理也其直接之系屬則尋常師範學校及中學校其附屬則尋常高等小學校及單級小學校爲師範生練習教授管理之地脈絡貫通

義類周匝可謂有本末表裏者矣師範者興學之本我國民而有幸福也戊戌後宜有官立師範學校否則庚子後必有之何至使我二十二省之人上者有七聖迷方之歎下者有聾盲揣日之譁略觀其明治五年至十二年文部省審定之教科書五六種理化學用歐書修身雜引我六經諸子語歷史亦用明人所編之十七史略地理聞有擷用瀛環志略者未見其書又聞惕齋言方其農學初興購用農政全書甚多特今日言農學者喜張歐美耳國勢弱則前古人與後來人並受其累亦至言也

二十三日觀高等工業學校時已休假校長手島精一明治初治工學留學法國四年歸國後時時往歐美考察練習一二年即返充工學校長二十餘年明年美國博覽會日廷復遣之往惜時促不能從容諮訪不能罄吾心之所欲問也訂明日觀織工徒弟及實業補習學校徒弟學校習手工專爲尋常小學校卒業者而設聽人自願各占一科每周講習時與實修時相半三年畢業全國凡十五六處東京有二其實業補習即假此校蓋爲工人之欲明學理者設午前課徒弟午後課補習昔年言工業者務趨高等近乃知手工之有益而專談學理之鮮濟故改而注意於此日人素以工業著名其論工學言如此則今日之相校殊絕者可寤已得三兄訊知呂四鹽垣事成有日本伊藤博文代桂太郎復入內閣詩　鳥獸亦有羣朋黨性情事與盜掩耳鐘寗各表其幟日風故任俠黨多自明治道同旅進退明白不曾秘揭來輿論嘵紛紜在國計增稅與募債並策强鄰備忽傳伊藤相號外（日人謂特別新聞賣者搖鈴喚號外）播郵置民附國益險正須洽撫字鄭僑昔爲政本心主恭惠毋使觀樂賓旁慮不堪細

二十四日寄三兄及上海訊詣惕齋商考製鹽事伯斧獨往觀職工徒弟學校徒弟學校以木工科金工科爲二大類以修身爲總綱以讀書算術幾何工業理科爲總目木工以大工指物挽物金工以板金工鑄造鍛冶仕上爲分別實修課以製作材料應用圖畫爲公共主要課學期則豫備一年實修二年共三年授業料月三十錢午後赴嘉納園游會之約至小石川區理科大學附屬之植物園園包小山兼有曲沿會客處廣軒七間面山臨沼喬木隔水含風翳景短卉叢蒲映拂左右蓋園之一隅嘉納以我士大夫之考教育者多不能人人而詳語之故爲此會博延其教育家於一堂任客相通各爲問答實則兩國之人言語不通彼此之懷斷不能盡於俄頃也伯唐招余與伯斧就樞密顧問官田中不二麿訪問創興教育之事其所言教育爲開億萬人普通之識非爲儲三數人非常之才又言國之强不

在兵而在教育皆言教育者不易之大綱習聞之標識惟所言明治初遣往歐洲學實業者五百人歸皆任以所曾習今之秉國鈞負時望者皆當日留學生此宜爲我政府所平心而聽者也田中當日爲文部大輔親至美洲調查教育中至歐洲値德法戰後備聞卑斯麥輩之言故言之成理其所以能大著成效者則明白此事之人卽舉辦此事之人也

二十五日偕行伯斧先往大阪余邀愓齋至鈴川下車復乘鐵道馬車至吉源廚鯛屋旅館飯後同行十四里至大久保村看鑿井其機械購自美國機關手臼井辰之助靜岡縣賀茂郡竹麻村字手石人助手長谷川茂雄福島縣岩城郡草野村字泉崎人井地在山麓石見地面上口鐵管對徑六寸有徑八寸者未用其下皆石故接管不深鑿成已二十丈詢之臼井方至七八丈時卽有泉湧出而不王故益

深鑿石堅則日止尺許若泥沙日可十餘丈至二十丈碎石子可數丈一分時鑿錐起落可二十五六回日用煤四石云臼井月俸二十五圓長谷川月俸二十圓取其鑿出之石砂層十種以備叅考去時步行山路被雨沖壞崎嶇特甚回乃雇村馬乘之有詩　大久保村道中　徑石都齵履林風屢灑襟乏餘知惜馬譯苦愛聽禽殊域嵜辭僻斜陽易起陰富山如謝客障隔萬重深睡後爲蝨蝨所苦中夜屢覺

二十六日早六時附汽車午後十時至大阪川口三江公所得叔韞訊

二十七日晨四川合州張式卿森楷來談式卿創蠶桑公社時中小學校數年尚未著效其所稱艱苦繁難之狀大綱與余同其細目尚不逮余十之六七我國吏民知識乃如一胎而生可怪也飯後與伯斧詣西村小山二君西村言折井夫人已分娩可就保姆之聘內藤君

薦和田喜八郎爲通州師範教習和田與內藤皆秋田縣人曾卒高等師範學業爲其本縣學校教授云就小山考岡山縣兒島郡味埜村製鹽事

二十八日五更大雨與伯斧實甫同至博覽會水產館專考鹽產其有模型可見者一兵庫縣姬路市大野町一香川縣木田郡瀉元村一愛媛縣越智郡令治町一廣島縣松永町津田沼一岡山縣淺口郡玉島町獨味埜村有鹽品而無模型欲盡觀之以廣叅考然香川愛媛在四國島恐行促不能去矣其化分華鹽與英德諸國同列一表頗明晰惟不知於我江浙閩粵燕齊何指抑平均計也（表載支那鹽化曹達七七八九三加里二五七九硰土二二七五石灰不詳硫酸石灰一二五五苦土四七三五加里不詳不溶解分〇二四三水分一一五三一鹽化曹達萬分除水分外夾雜物一四二三〇）復

觀農工器農具中擬購大犂中犂小犂及耙土播種割麥脫粒薙草翻草器各一具工具中擬購織布繅絲織綢織席綯繩吸水精米造燭器各一具

二十九日五更大雨爲方孝遠寄札幌佐籐昌介及函館潘延初紹介訊復至博覽會考察農工應用之器具並購幼稚園恩物（專賣恩物在大阪市東區島町二丁目九十三番中川籐八店其執事爲籐井佐龜雅）屬金徐二生移寓大阪梅田驛下三番朝妻樓實甫處地窄人稠暑天尤不便也

六月

一日九時小池來與伯斧詣內藤話別內籐贈我道咸間夷匪犯境聞見錄此錄不知何人所輯載道光朝夷禍事甚詳日本以安政丁巳再板已四十七年矣由今回溯當時之朝野上下隔於外情今稍有

知識人皆能哂之不能審敵者其不能克敵固宜日本得此錄懸爲殷鑒遇事參校遂獲大益語曰前事不忘後事之師願爲我政府誦之詣西村則已至驛相送臨別甚殷殷十一時抵神戶在東源小憩以行篋屬弘濟丸令孔馴先附之行午後二時惕齋伯斧同附汽車至姬路驛堀田旅館復至五良右衛門町訪改良鹽釜人井上惣兵衛及大野町鑄釜人尾上久三郎釜凡六號四號最適於用一號釜按曲尺廣七尺一寸長一丈一尺五寸深三寸用鹵六百二十五斤成鹽二百五十斤四號廣八尺長一丈二尺深三寸六分用鹵七百五十斤成鹽三百斤六號廣九尺五寸長一丈三尺深四寸用鹵一千斤成鹽四百斤釜坐均高一尺二寸凡煎二小時成一釜一晝夜十釜用三池石炭一千六百斤三池產石炭之良者其劣者須二千斤四號二人一班晝夜更替六號則三人爲一班每人工食每日四

十四錢上鹽一斗計十八斤十二兩值十八錢次十六又次十五臺灣鹽再製與內地鹽上等比重毫鹽鹹味九十六內鹽鹹味九十二其再製之法凡鹽百斤加鹵一百八十斤濾去渣滓成上鹽一百二十斤煎成之度合華氏表二百十度攝氏表一百度

初二日早五時登車十時至倉敷易乘人力車三十里至味埜村或云二十四里中經二村曰藤戶曰福岡皆有小學校訪野崎武吉郎因觀其鹽田田夾琴浦之兩岸石甃爲塘置閘引潮周田四旁潰鹵於砂因淋於井由井通筧以入於池池與竈隔一垣距僅五六尺凡鹽田十坪其井鹵可得十四石五斗一晝夜可煎九次稅則凡鹽田一町三十五圓國稅縣稅地方稅胥賅於此數塘角亦有測候所野崎有釜百蓋商之雄者故爲貴族院議員臨行堅留至其迨暇堂別業小飲索書歸途大雨仍附汽車至松永町宿松鶴樓旅館夜分十一

時已有松永道中有感日本山水詩　山水孕自造物雄蜻洲見者疑人工巖琱谷漱出風雨海色八面磨青銅有時映帶別遠近有時獨秀洪濤中有時危綴樹一粒有時密密樅杉籠乃至梯山與柴落谿橋神社無名瀧一一摹寫有陳本界畫鈎勒殊不同我來未暇事幽討徧尋勝地支吟筇但從舟車目所到欣賞已足酬塵勞神州大陸廿二省各有山水名其封經營位置盡如此圖冊審許更僕窮故知侏儒表一節景物端與政事通山經地志祖禹貢當年疏鑿誰之功推書撲筆仰天歎冥想着我陶輪中

初三日至鹽業調查所晤技師林庸介導觀鹽田及美國製鹽法美法用鎊浦一匹八馬力一晝夜用石炭一萬斤內外鍋爐二容鹵一晝夜二千五百石至三千石成鹽一百石鎊浦間汽爐間晝夜各一人漉鹽挑鹽小工晝夜四班每班二人工貲四十錢其鹵槽容一百石

鹵池容三千石一石重五千二百兩凡淸水雨水四十八貫鹹水五十貫至五十二貫日本鹽法百分中各分及夾雜物七至十四鹽田水一石內有鹽三斗五升或三斗二十度濃汁其全機及廠屋須四五萬圓復詢美法鹽價則日本法鹽一貫目值約四錢美法鹽一貫目值約二錢云別有大木盤十以三盤置泥砂石砂石炭細屑試驗含鹵多寡石炭屑最良次泥砂又次石砂其七盤則驗鹵水之濃淡盤有坐有蓋有軌道晴雨可移第一盤曬一日移第二盤以次至七盤鹹度益濃便可用香川縣所謂無鹽田者意即此法亦有儀器測候風雨燥濕復至堀田信男製造機械會社觀新發明之重底釜蓋因美法而簡之與井上法不同皆良於舊法值五百餘圓然則子卅乘權井上堀田二法皆可試用美法與我時尙未宜十二時附汽車至尾道午後二時易車十時至馬關汽船接渡十五分至門司登車

初四日早八時抵長崎惕齋同至新地二十番華商三餘號小憩主人沈明九鄞人也爲設早餐旋登弘濟丸計初六日抵滬往還恰七十日於調查實業教育間尚有未暇詳者日本醫學發達最先非獨其士大夫所自負德法各國聞亦許之余以玆事繁重非綿力所能辦故絕未注意無從贊一辭就所知者評其次第則教育第一工第二兵第三農第四商最下此皆合政學業程度言之政者君相之事學者士大夫之事業者農工商之事政虛而業實政因而業果學兼虛實爲用而通因果爲權士大夫生於民間而不遠於君相然則消息其間非士大夫之責而誰責哉孔子言以不教民戰是謂棄之夫不教之民甯止不可用爲兵而已爲農爲工爲商殆無一可者然則圖存救亡舍教育無由而非廣興實業何所取資以爲挹注是尤士大夫所當兢兢者矣編紀行二十五首　海上神山不渺茫麻姑親自

見滄桑船過弱水頻前望五島林間麥正黃　朱明隆武紀唐王絕域求援事可傷破缺金甌誰挈汝更堪乞佛拜東方（長崎東明寺佛殿有明隆武元年大師招討使黃斌卿題榜）長崎羣島碧巉巉最好中穹角力岩斷靄流雲封不住夕陽透影上漁帆　平戶村燈列萬星碧波中有戰場燐後人未可輕蒙古印度曾窮拏破侖　是誰亟續貫和篇遺恨長留乙未年第一游人須記取春帆樓上馬關前（乙未定和約在馬關春帆樓旅館）紀功礮彈卓碑題歲月征淸字可稽底事不隨風雨去化爲園屋徧巴黎　愛國先教稚子歌畫沙亦解認山河生憎卅載中朝使浪費揮金鐵甲多　疏鑿琵琶自北垣農工賴澤萬人喧當時謠諑知何限石剜泉飛更不言　百年善政俗方純速化難期哲學神廛市篤崇大黑守町村社饗稻荷神（大黑守猶華俗財神有大槌大黑得鯉大黑等十餘名稱稻荷神

卽狐）始慕孫吳後李唐中於趙宋亦回翔祇今事事摹歐美摹到虯髯兩角張　昨日麥黃今日菁菜花濃處稻齊鍼農時五月兼三月天氣南陰接北陰　煙囪隨處見工場雪覆寒天軌道藏解識衛文興國意未容靈雨止零桑　呂東海氣會山峙越後山光忽海鋪未必噓寒能變燠已知看碧亦成朱　臥牛釜谷（臥牛函館市大山釜谷其內口之岬也）旋鑫口平館翁山建盤鰲若論兵家犄角勢眞宜陸奧著軍艘　津輕東接太平洋中帶江流豆滿長不惜西風摧去緊曉星睒睒有光芒　伐木通山日撫夷國人漸北土人稀黥脣黑齒休相笑烏鵲於今有是非（蝦夷女子既嫁則以針刺脣四圍略似菱角而黛塗之日本女子嫁則染黑其齒）松陰藤角一茅宇萬葉千蒲相向開野老應無錦步障都疑石衛尉家來　日本海中風色愁鯨濤日夜上眉頭誰捐庫頁珍千島同抱珠崖萬古羞

山迎西北雪餘顚冬不來航夏不田岩內年來漁業富家家都有鰊魚船　曉來惡浪過江差夜出津輕月似磨眼底平陂眞一瞬行人不敢畏風波　布帆如雪水如藍樹裏人家水氣含儻得年年魚稻美濱名湖佳勝江南　亦覺陂陀喘汗勞回看衆壑已蓬蒿如何路轉峯逾邃倘有雲中富士高　手枕靈松但見鬪一鱗一爪有雲扶海州千載蒼龍叛成敗憑誰論智愚（海州雲臺山龍松蓋千年物野人以爲神而祀之爇香樹腹遂焚死）百釜熬波積暑霜灘沙成滷石成塼淮南馬鮑今何在儘有豪情追暇堂（味埜村鹹商野崎武吉郎愛客好文有追暇堂其廣百席）鄭四曾談有馬郡旁人復侈日光山何當一策飛雲鞚十日松篁水石間

光緒二十九年八月十五日印行

每部售價大洋一角五分

板權所有

著作者　江蘇通州張謇

印刷所　江蘇通州南門外濠河邊　翰墨林書局

支銷處　上海十六舖老太平馬頭　通州大生帳房

總發行所　江蘇通州南門外濠河邊　翰墨林書局

東游紀念十卷（卷一至卷三）

〔清〕李宗棠撰

《東游紀念》十卷，清李宗棠撰。宗棠（一八七〇—一九二三）字柏蔭，號隱伯、千倉舊主，安徽潁上人。光緒二十七年（一九〇一）至三十四年，先後九次奉派東渡日本考察，乃將旅途日記整理成書。共十卷，曰《考察學務日記》、《查辦學生案日記》、《考察警務》、《商辦游學日記》、《護送游學官紳學生日記》、《送兒婦行日記》、《勸導留學生日記》、《勸募皖賑日記》、《考察礦物日記》，後附《礦夫監督法》等章程。敘述日本各界社情，探討其崛起之因及日俄戰爭前後雙方海軍實力。有關警務礦務之調查，風土人情之記載，士人往來之情形，多他書所未及。據上海圖書館藏清光緒間排印本影印。

千倉舊主屬題

東游紀念

長岡護美

長岡

東游紀念第一

攷察學務日記

安徽省特派官二品頂戴按察使銜湖北候補道李宗棠

光緒辛丑年秋八月奉皖省大府命游歷日本攷察學務捧檄後爲兒子潤官呈請給咨隨赴彼國留學旋往金陵謁劉峴莊制軍條陳變法十款備蒙采納惟整頓鹺綱一節恐有窒礙作毋庸議是月既望抵滬上拜晤日本總領事小田切萬壽之助精通華文副領事岩崎三雄能語英語繙譯井原眞澄熟悉中國情形往返交游極形敦睦駐滬四旬之久在東和洋行旭館兩處皆日本之旅店起居飲食頗覺適宜託小田切君代延繙譯篠原邦威世操儒業品行端方以日人而淸裝漢學素所嫻習遂約之朝夕過從口授筆述獲益良多又賴有引置莊嶽一法且嘗與彼國賢士大夫游閱匝月間學應酬語足敷目前問對斯亦臨時抱佛脚之計然較從前讀英文時不啻事半功倍矣日人旅居滬上者

如菊池謙二郎井手三郎均列東亞同文會正金銀行總辦長鋒郎三井物產會社總辦小室三吉繙譯御幡雅文御酒本德松郵船會社總辦林民雄大阪朝日新聞社堀扶桑西村時實諸君俱識荊於此日井手君字素行向精華語九月中澣邀往高昌廟同文書院由總教習菊池君導觀講堂宿舍自習室公會所等處學生七十八名均日本人年在十六歲以上形貌壯健體力堅强絕無委靡之氣適講師農學士根岸君授經濟學即中國理財事講授間生徒隨時筆記東文間以英文功課甚爲認眞旋命學生畢試擊劍法請觀其院中有一方亭亭內地板光滑兩人赤足露體各持竹劍互鬪面繫鐵架竹邊頭套圍至頸下胸前縛以竹墊手著布套襯有綿絮彼此祗擊胸面等處不致受傷略分勝負即止乍視之幾同兒戲其實運動經絡裨益衛生亦體操法之一種但非幼童所宜耳九月二十三日爲日本天皇萬壽之期予適因事到蘇蘇州領事二口美九柬請挽宴並晤參贊楢本盛太郎繙譯鈴木恭堅郵便局長岡直

孝大東公司海津駒治其他商客游歷學生十餘人良宵聚飲相見甚懽二十
五日回滬仍寓東和洋行
十月初五日即東歷明治三十四年十一月十五日午初攜兒子潤官登西京丸
輪船先期託上海日本領事府代向郵船會社購定艙票頭等艙位由上海至
橫濱五十四元准帶僕人一名坐三等艙不另給資二等三十三元三等十二
元附送粘貼行李票紙數十張與蔡和圃星使鈞同舟東渡偕行者銓燕平林
王省山豐鎬觀察吳瀚濤廣霈劉子衡思鑑卞薇閣綍昌黎枚臣廷輔太守李
右丞盛鑾內翰袁遜初思永司馬王雷夏宗炎施畬孫濟晉張季深子默明府
張祝秋金鑑蕭子文湛恩貳尹李季畬司馬經湘又陳敬如函託兩學生劉楷
民崇澍鄭絳生禮融自備資斧往東京肄業者午後拜客十餘家即辭行晚宿
舟次船上有閱書室預備筆墨信箋陳設琴棋圖畫以供船客之需有吃烟室
向來火禁最嚴是以特設別室案上置每日新聞報紙隨意瀏覽該船二千九

百墩一等室客五十四人二等室客二十四人三等室客百六十人

初六日晴煖晨往日本總領事府郵船會社辭行岩崎三雄井原眞澄菊池謙二郎篠原邦威小室三吉御幡雅文御酒本德松林民雄長鋒郎堀扶桑諸君暨滬上官紳親友三十餘位均來送行俟開船後始各握別井原菊池井手小室筠亭明齋履安徽莊交信四十餘件帶投東京橫濱神戶長崎大浦尾州名古屋門司口之津港大坂中島福岡縣筑後國三地郡等處託人關照上月小田切君回國時業經知會外務省情詞諄諄令人可感船主英國人克布特幹事岩谷定次郎未諳華語晤時操日英語參半問答同舟又有谷口加籐商會遠山靜爾曾習英文現回東京未初二刻鼓輪出吳淞口東南行五六十里許至鴨烏沙罣停片刻領港人由此返滬酉正望大戢山羅針轉正東行夜子過花腦山遂轉東向兼北一字泛大東洋風平浪靜舟行甚穩

初七日晴煖晨起至浴堂吸海水沐浴週身暢適早餐後憑欄遠眺海天如鏡一

望無涯頗得心曠神怡之趣據船主言東行海程由上海至長崎由神戶至橫濱波濤素所不免由長崎至神戶則如履平地此次幸未遇風且又有此好天氣洵屬難得午後同人聚談幾忘置身海上晚餐後又與星使諸公暢話亥正始眠

初八日晴寅初二刻抵長崎港譯言那鉡沙克停泊口外候官醫查驗搭客中有無疾病始准進口緣恐他處瘟疫傳染內地之故醫來時已辰初驗畢船即駛入港內下椗港口寬不滿十丈左右小山對峙絕似金焦兩點入內則羣峰迤邐形勝天然詢之東人指示嶼谷高鉾鼠島諸峯其他不能悉數王菱造船所即在港內飽浦山下由上海至長崎四百六十英里長門距此一百九十英里門司距此一百四十八英里港內停泊兵輪七八艘英法各一本國五六艘貨船甯波釣船甚多往來舢板與華式略有不同率皆平頂淺底粉飾潔淨午初挈潤官坐郵船會社小火輪登岸往附近街市一遊沽酒而歸申正三十分開

行仍出長崎口遥望西南諸山濃烟密布即煤鐵各礦產地晚餐後同席有中村六三郎者年五十餘皇家教育部長現已引退最嗜遊歷能詩善飲談論間有泉石風居住静岡縣駿東郡沿津町城內七十三番地取贈中村氏邸宅圖以誌不忘又三菱合資會社社員鑛山師大木良直現在長崎港外高島炭坑自稱前在東京大學七年卒業後到高島炭坑今擔當其一切業務飯後與二公暨岩谷君談夜半微浪酣臥竟不知覺

初九日陰冷有風巳午微露日光下午微雨寅正抵門司港外譯言莫基停泊辰初醫來驗畢辰正進口兩岸皆山左門司是南岸屬福岡縣向產煤鐵居民約三千戶漸次增多長崎鐵道至此渡海右馬關是北岸屬山口縣岸上有塞門德廠遥見機筒十餘座該處人烟稠密約五千戶沿岸下帆船甚夥未初刻展輪由瀨戶內海過周防洋一望數百里外層巒聳疊宛若畫圖從前日本未與各國通商時祇有本國帆船來往其間外國船一概不准擅自駛入近三十年門戶

洞開久已弛禁商輪因之較便由門司至神戶計水程二百四十英里由長崎至神戶二百四十八英里由神戶至橫濱二百五十英里由上海至橫濱統計一千二百零七英里約合華里三千九百八十三里有附舟至東京者南部球吾現爲三菱會社鑛山部長原係帝國大學工科博士熟悉礦學相與握談出示製鐵廠煉綱廠各國說據言東洋產鐵以新瀉縣赤谷磐平縣釜谷二處爲最佳磐平仙人山鐵礦尤最乞予到京一訪住東京市八重洲町晚與岩谷大木暨南部君談遙見萬家燈火盡是漁舟據言東洋操水產業者大半聚處於此

初十日晴大風寒暑表六十度辰初刻抵神戶譯言科碑醫來驗畢進泊港內巳刻挈潤官登岸至正金道勝兩銀行晤葉鶴林廣東人袁子壯甯波人因滬友有信託其關照又至下山通六丁目中國領事府拜黃伯愚太守以霖蔡詠南司馬薰繙譯馮越甫貳尹闓模午刻設席於諏訪山中華會館星使暨參隨各員同

座飯畢時已申初與星使同乘馬車周遊街市元町街最熱鬧遊補公社從前名將楠木（眞誠）立功甚偉勅建專祠祠內兩旁有勸工場勸商場售賣應用各物六下鐘時三江南北各帮商董吳錦堂（作鏌）浙江慈谿人等公宴仍在會館演放燄火奇巧玲瓏光華奪目第一架現出恭迓行旌指日高陞等字第二架萬民傘第三架九連燈第四架龍鳳齊飛第五架一人登高臺上手持雨蓋流星燃起金玉迴環種種變幻非華人所能及門外觀者如堵莫不鼓掌稱快看畢復張盛筵泰西樂賓主聯歡各致頌詞今日爲我

慈禧皇太后萬壽良辰海外臣民同呼萬歲席散已將亥正各董復邀至商話別所閱覽夜子歸舟錦堂言三江帮商人約二百餘家北帮山東天津等處約八十餘家徽帮祇十餘家華商共約二千餘戶現合貲立一學校中文教習四人東文二人英文一人學生約二百名每年經費約七千元早間教習帶領學生到船見其大半商家子弟自二十以下至八九歲行列整齊可愛可幸在領事署時

適有報館訪事人希瑪沙達來謁乞一片去登岸時遇橫濱旅館山崎屋啓二殷懃款接並告以由電話達知前途云

十一日晴煖無風已正展輪午正過淡路紀伊水道遠望口門內有礮臺五六座扼其要隘沿路帆檣林立上下如梭暮樹晴雲水天一色入夜長行則月白山青遥相輝映此情此景非有輞川妙筆無以紀之寅初微風稍覺顛簸該處暗礁最多素稱危險黎明駛近熊野峽屬境漸入坦途

十二日晴煖卯初停輪因有德國貨船昨夜觸礁十數人輩乘小艇攜太平袋出險攀附此舟得全生命早餐後海面平靜有俄國婦人出首代向同舟廣募郵資頃刻勸集四五百金可謂勇於無善已正抵相摸灘距觀音崎約二十海里過此以往逕入內洋扁舟盪漾絡繹不絕午初二刻抵橫濱（譯言約科哈嗎）候潮水入口俄頃醫來復驗未初二刻泊近海岸東京使館參贊黎覺人觀察（經詰）來接登岸偕歐陽立齋觀察（述）夏第三水部（借復）同坐馬車拜領事鄒小村大令（振）

清

申初同坐火車至東京並晤子爵長岡護美面交滬函兼述來事彼能略操英語談次意頗殷殷閱五十分鐘抵新橋下車經過車站六處神奈川鶴見川崎大森品川東京海灣或依山澗或臨海灘鐵軌循環各由定轍行止均有准時決無翻撞之虞所惜軌道稍窄從前創製未能盡善目今難於變更通國鐵道官商合辦山陽道價額最廉馬關門司等處汽船社與鐵道社聯絡一氣可由長崎購票至東京西京換船處不另給資隨身囊篋每人至多不過兩三件其他當交運送荷物車每件發給銅牌一枚到埠照取如有遺失每件賠償五十圓向有定例此鐵道之大概情形由濱至京所過村落農田與華土無異惟山坡隴畔間多置商店招牌圖字大而丈餘小而數尺直桿高至五六丈許其停輪時路旁有賣新聞紙及烟酒茶食水菓等物者新橋停車場待合室區別一二等另有婦人一等待合室各室中商店招字金碧輝煌或掛屏式或圖鏡式惟三井吳服店尤爲華麗三層樓上有西洋料理晚至使館便飯晤馮孔懷

李少軒曾榮川諸公覺人導至麴町區平河町四丁目三橋旅館板簷矮屋絕無纖塵其楹几間之陳設物品亦各楚楚有致但以席地坐臥殊覺不慣主人殷懃款接特置棹椅於室中館中設有電話即德律風嚮晚行李未到問橫濱山崎屋答以明午送來電話之設東京橫濱神戶長崎等處官府會社而外即尋常商店及住家者中戶以上十有六七每年所費不過五六十元外埠另給電費本處各區設電話局並交換所遞話時電告該局發某處該局即將線接某處俄頃即可對話千里一堂非常便捷上海安設德律風不敵日本百分之一線愈少費愈昂又非國家倡辦所以不能偏設此項利權實足爲電報之輔是我國所亟宜仿行者

十三日晴有風上書和煖下晝寒冷巳初拜晤李木齋星使盛鐸畧談近事允即照會外務省惟聞外務大臣現請病假容再訂期往謁又與立齋覺人孔懷弟三談回寓午餐午後至淺草區今戶町廿八番地訪長岡子爵不值東京街市

廣闊滿布砂鑠殊不可解其意然其寬狹有定制由東京至鎭守府由鎭守府至師團所在地是爲國道寬二十四尺至二十八尺接續各縣及由各師團至分營或由各府縣本廳至支廳及開港各場是爲縣道寬十六尺至二十尺達貫村落由村落至田野河流鑛山工廠神社佛閣之道是爲里道其寬狹則無定制大街甬路安置鐵軌新橋淺草一帶馬車嘗相往來搭客甚多其價最廉每客不過數十錢尋常人力車零僱時無定價住店包天每日一元五角包月每月三十元住家每月至多十七八元雙馬車住店包天每日八元午飯四角晚飯八角照加包月每月一百二十元馬夫車夫人人識字地名人名即有言語不通處儘可筆述酉初回寓晚飯米酒與紹興竹葉清彷彿前在蘇滬時曾嘗風味食物以魚蝦兩種爲常用之品牛肉不如神戶之美湯菜有鹽無油醬油豆腐等類皆仿中國製作日人性最嗜甜我輩不甚適口其餘膾炙大致相同肉片熱食魚參冷食每日三餐乾飯每人每食尋常不過一湯二盞三橋旅

館晚餐另增西洋料理上等每宿一元八角

十四日晴冷辰起檢理行裝午後謁李星使又至厚生館在瀚濤季畬處坐適朱惠之觀察滋澤黃小琴太守邦俊存壽泉太守燾聯翩而至多年舊雨海外相逢聚談兩時之久回寓晚餐後往本町相摸屋旅館訪惠之小琴壽泉並晤糟谷好助及專門學校法學博士高田早苗高等師範學校講師青柳篤恒互易名刺畧話寒暄亥初歸寓覺人立齋第二偕稻村篤太郎蔣掀熙王惕齋來訪在此坐候良久李星使朱觀察及黃存諸公均來拜不值

十五日巳刻帶同繙譯並覺人陪往外務省適大臣未進署晤繙譯官小林光太郎華語華文均稱嫻熟引謁大臣官房秘書官吉田要作暨本多熊太郎備道來意詞色俱懽回寓午飯飯後拜晤三井洋行總辦實垣君暨正金銀行支配人川島忠之助高道竹雄高等師範學校校長嘉納治五郎餘皆不值東京市內麴町區三十六丁神田區百丁日本橋區九十二丁京橋區八十九丁芝區

百零五丁麻布區四十一丁赤阪區二十二丁四谷區三十一丁牛込區六十八丁若川區六十一丁本鄉區三十丁下谷區五十八丁淺草區八十七丁本所區六十一丁深川區九十三丁一丁中三五丁目至十數丁目不等每丁目六十間每間六尺每里三十六丁目每里合二英里六華里官衙共七十三所內閣樞密院宮內省外務省大藏省陸軍省海軍省農商務省遞信省文部省司法省貴族院衆議院會計檢查參謀本部警視廳憲兵本部鐵道局印刷局行政裁判所大審院東京控訴院東京地方裁判所東京區裁判所東京衛生試驗所東京集治監千住製紙所東京衛戍監獄署礮兵工廠第一師團水路部海軍造兵廠海軍火藥工廠近衛師團陸軍監軍部東京府廳東京市區役所十六所警察署二十所著名官公私立學校七十四校病院四十六所新聞報社三十七家各種彙報社會八十一家銀行七十九家株式會社鐵道十汽船六鑛業五紡績七織物五製紙三保險二十二運送十五共七十三家電信

電話郵便交通局二十五所著名辯護士五百餘人皇城門牆與我北京禁城相似但無外垣西式樓屋公廨一律改良學校十分之五六官宅十分之二三民居悉仍舊制

十六日巳刻帶同繙譯往貴族院官舍拜晤議長公爵近衛（篤麿）公爵少時曾至歐美游學又歷中俄內地足跡幾半天下抱負不凡談論間頗有英偉氣攷日本議院之制貴族議員分爲四等首皇族次五爵（公侯伯子男）次派選（即特用人員）次納稅多者（最多之數約一萬二千圓以上）至衆議院議員則不甚拘定職業無論官員醫師辯護士及新聞記者銀行會社社員暨農工商鑛各業與無職者皆得與其列焉其年齡則自三十以上六十以下方爲合格午刻歸寓適有巖崎（董）君來持長岡子爵片來見代道失迓歉忱並約後日至華族會館一聚鄒小村過訪黃小琴來辭午後至公使館晤覺人立齋孔懷詠南傍晚挈兒至丸善書局購書數種並在博文館購明治三十年史及現行憲法等類晚覺人惕齋來

十七日清晨拜賀蔡星使受篆午初外務大臣小村壽太郎率同通譯官小林光太郎來答蔡星使約晚餐紹周仁宇立齋覺人瀚濤同席戌初回寓讀日本新史明治初元今皇率公卿諸侯以相誓曰一宜廣開議會萬事聽之公論一宜上下同心擴張經綸一宜文武並重即庶人亦務使各遂其志俾得民志不怠一宜革除從前陋習開闢後來文明一宜推求智識於現在世界庶大振起厥皇基觀此五誓是即明治立國精神之基礎又選派勳舊及大藩參政往歐美各國游歷遣嘉新親王博經親王赴歐洲留學是時國中學校多守舊法而風氣之隔閡與人情之散漫較我今日之中國殆有甚焉

十八日辰刻至惠之小琴處送行正金銀行晤川島忠之助高道竹雄過使館偕胡君雨卿送潤官至同文書院與監督水谷彬商訂入塾現有中國學生二十一人鄭劉兩生亦與焉午後外務秘書官吉田要作本多熊太郎岡恒次郎書記官山座圓次郎石井菊次郎大地退藏西村賤夫國甫寺新作蔡星使暨焉

孔懷均來答拜未刻赴華族會館長岡子爵之約款以西式茶點出示中國顯貴書贈詩字並持送南清游草暢談兩時皆關繫政治文學語並傳諭同文會事務員成田（與作）囑令書院預備宿舍明日（潤官）入校

十九日巳初送（潤官）入校適近衛公爵遣事務員恒屋（盛服）至即代爲紹介晤水谷（彬）及教習園田（竹熊）午後訪惕齋又過使館略坐晚與東人閒話詢問國俗據言前三十年人情鄙陋文明遠遜中國明治變法大都取效歐美現在服色士大夫胥從西制婦人之改易者仕宦家僅有十分一二惟女校生徒腰下外罩百折裙全國率用紫色間用灰色內服仍舊婦人年在四十以上猶多染齒實不足爲雅觀近歲此風稍絕商賈半多吳服寬領大袖冬衣皆著絲綿向無褻褲而有寢衣今以本國絨織價廉穿緊身褂褲者亦多夏令仍喜赤體緣洋服之與吳服價値貴賤逈相懸殊云

二十日早間嚴露堅冰午前步行街市過楠公社銅像臺由吾妻橋坐小汽船渡

隅田川經馬橋至兩國橋計水程十三丁換坐鐵軌馬車至日本橋仍坐人力車而回購酒精數瓶酒精即火酒係日本製四十二度較西洋製力量約遜十度向由藥店出售未初至上野公園遊覽公園左近有彰義隊義士墓彰義隊義士乃德川氏之忠臣因從南洲而殉死節者墓前建有西鄉南洲銅像公園內有博物館須買遊劵而入館中陳列精品衆多目不暇給古刀古劍及陶冶器種類最夥正遊覽間陰雲密布將有雨勢遂未能盡興而返動物園祇距咫尺相傳有西鄉隆盛犬福島安正馬皆未得一見爲憾燕平來同至仁宇處談晤陸軍步兵大尉井戶川辰三暨參謀本部通譯官末吉保馬晚間潤宦歸宿

二十一日午初送潤宦入校即回寓檢閱學校沿革史及教育圖經蓋教育學爲專門學英美國各大學皆有此專科實昉自德意志云近二十年中日本學校除官立外公立私立男女學校較前十餘年驟增至一萬七千餘所可見教育成效即國家文明進步查文部省第二十七年報告書載明治三十二年全國

學校計二萬八千七百十七所教員十萬一千零零六人學生生徒四百五十一萬三千三百三十四人其卒業生六十六萬四千七百六十七人文部省所屬爲東京大學爲農業教員養成所爲京都大學爲高等師範學校爲女子高等師範學校爲札幌農學校爲高等商業學校爲商業教員養成所爲高等學校第一第二第三第四第五第六第七山口爲東京工業學校爲工業教員養成所爲東京外國語學校爲東京美術學校爲東京音樂學校爲大阪工業學校爲東京盲啞學校爲小學校宮內省所屬爲學習院爲華族女學校陸軍省所屬爲大學校爲士官學校爲中央幼年學校爲地方幼年學校爲礮工學校爲戶山學校爲騎兵實施學校爲野戰礮兵射擊學校爲要塞礮兵射擊學校爲軍醫學校爲獸醫學校爲經理學校爲礮兵工科學校爲軍樂學校爲陸地測量部修技所另立教導團海軍省所屬爲大學校爲兵學校爲機關學校爲軍醫學校爲主計官練習所爲造船工練習所遞信省所屬爲東京商船學校爲大阪商船學校爲

函館商船學校爲東京郵便電信學校以上所列諸校外皆公立私立者

二十二日讀教育史於各項教育外更有盲人教育啞人教育廢人教育貧人教育罪人教育幼稚教育盲人教育係西歷一千七百八十三年創自德意志啞人教育係一千八百十八年創自偕委開廢人教育係一千八百四十一年創自瑞斯國顧孔標貧人及罪人教育係一千八百零四年創自佛連貝斯初設學校於威而阿夫幼稚園爲保兒院係一千七百八十一年創自奧柏靈現在英美德佛各國均已仿行幼稚園之名自一千八百四十一年有斐里愛伯者始易此名晚偕覺人至小林光太郎家商訂視察學校事小林號霞塘洞悉時務尤善外交囑開擬看各校名單送外務省

二十三日嚴霜晴冷大風晨間至文光書肆善隣書院覓購譯本書籍讀日本新史明治五年創建鐵路始則由東京至橫濱一線繼則直達神戶而西京而長崎推之九州北海不數年而全國通行又立郵船會社以與鐵路相聯絡設遞

信省統攝郵便電信之權更編置電話以輔郵便電信所不及此通國中緊要機關也現已逐漸交通幾於無微不達近又修造電氣鐵路及馬車鐵路今惟東京與西京有之凡國家經營之事業擴張正無已時三十年幾與泰西文明諸國並衡說者謂其立國本原非教育之道不至此然其交通機關實先於教育一著午後巖崎董來備道長岡子爵意勸租屋較旅館爲便云晚致書外務省附開擬看各校名單

二十四日己刻往同文塾視潤宫晤水谷午後拜答數客即歸寓閱陸軍海軍各章程陸軍之制兵種有二曰近衛兵曰戍兵近衛師團分駐東京專爲拱衛皇室戍兵設十二師團分駐內國要衝專爲保衛地方陸軍之人列爲五科爲步兵爲礮兵爲騎兵爲工兵爲輜重兵國家定制凡男子年滿二十歲爲及歲須服兵役分爲四種曰常備兵曰後備兵曰補充兵曰國民軍又分常備爲現役爲豫備現役兵三年豫備兵四年零四個月後備兵五年但有曾入中等學校

者准邀徵兵猶豫之特典其軍制則大半仿德意志另立憲兵及警視部以節制陸軍此陸軍之大概海軍之制設鎮守府五處第一在横須賀第二在吳第三在佐世保第四在舞鶴第五在室蘭海軍現設軍人二萬八千三百零八人豫備軍人二千九百九十五人後備軍人一千六百七十八人現在軍艦一百零三艘（較前八年增至七十餘艘之多）海軍軍人有事時則分遣防禦並護送陸軍無事時則保衛海外商民暨國內漁獵者凡海島各地海軍有管理權至測量灣港巡察沿海之事尤爲海軍專責此海軍之大概擬俟外務省排日分看各學校畢再看陸軍海軍各校及聯隊緣陸軍各校屬參謀本部及陸軍省海軍各校屬海軍省統由外務省照會亦可

二十五日繕寄蘇滬甯皖各信午後巖崎約同往看住屋覺人送酒食來晚讀女子教育論盛稱美國女子教育爲地球萬國之冠師範生大半皆女子爲之日本女子教育尙有未盡完善之處所論極是日本婚姻定例大約男子三十而

娶女子二十而嫁猶古制也
二十六日編輯教科書目已刻稻村篤太郎過談晚覺人來辭行
二十七日辰往文部省拜謁總務長官岡田良平將菊池君致書面交並談教育事又至文部大臣菊池大麓官舍暨參謀本部午初偕平若道知往看成城學校由校長岡平則錄中國留學生監督奧山三郎幹事田村松之介引觀教堂分授之所講堂萃聚之所各學生皆起立致敬本國學生五百餘人每室五六十人不等功課分五年級學科科目曰修身曰國語曰歷史曰地理曰博物曰圖畫曰化學曰算術曰生理曰物理兼授英文分門別類各聘專師循序釐班均有定制中國留學生四十二人另編教育課目區爲甲乙丙丁四班最淺者語言外兼習圖畫算術體操則爲同例博物標本室羅陳儀器及動物植物人身生理種種眞行悉各具體而微生徒自習室四人共坐一案每室只一兩案多則四案專爲預備功課而設有暇亦可習他書寢室每室多則八人日課未畢不准擅

自私入每晚監督點名一次不得出外留宿大致規約嚴明飲食居處亦甚安適該校初係私立現在參謀本部竭力贊成准爲陸軍預備校近年聲望頗著與官立實無異午後客來如織參謀總務長官陸軍少將伊地知幸介等來答拜小林光太郎親送外務省商訂視察各學校日期單來幷談及外務大臣小村壽太郎意欲創一大學校專爲支那游學起見不久定可舉辦云酉初二刻至新橋火車棧送李木齋星使及黎覺人歐陽立齋歸國晤蔡星使暨瀚濤燕平諸公

二十八日辰間往同文校潤官已回道途相左當即返寓午餐有市川徹彌者曾充參謀繙譯投刺請見略諳華語情意纏綿下午六時燕平邀赴上野精養軒西洋御料理北京警務學堂監督川島浪速暨平岩道知仁宇瀚濤越甫同席

晚武川君來謁

二十九日清晨小林光太郎來備述前由外務省專派繙譯官堺隅三吉陪看學

校已刻同往神田區一ツ橋通町高等師範學校附屬小學校晤主事教授森本清藏引觀各教室及講堂課程約分三部第一部尋常高等併作六年現今改正適在試辦一曰修身綜道德之要旨二曰國語由發音迄普通文字三曰算術自乘除加減始小數分數及簡易之比例四曰歷史先以庶物直觀教授暨淺近標本第五六年授以本國綱要五曰地理首本邦次外國六曰理科動植鑛物各種現象及人身生理衛生之要七曰圖畫首繪單形次簡易之形體八曰唱歌始平易繼單音國歌而外則用洋琴大半取法泰西所以怡悅性情活潑心地九曰體操由遊戲而普通由普通而兵式第五六年并行不悖男習體操女習跳舞同一運動之法是衛生所最重十曰英語第五六年入人兼習第二部尋常高等合計八年課程大致與第一部相同惟前四年增以簡易手工後四年加分數比例百分算珠算加減地理兼習外國理科推及化術圖畫則有諸般形體暨簡易之幾何畫男習工藝女習裁縫第三部課程與第二部

亦相等前後八年小學始能卒業學生定額第一部尋常科一百六十人高等科八十人其編制之法以四十人爲一級第二部尋常高等二科各百二十人其編制之法尋常第一二學年均三十人爲一級第三四年合六十人爲一級高等科第一二年及第三四年均合六十人爲一級凡十二歲以內者男女同一學級尋常教習卽高等卒業生高等教習卽中學卒業生講授時間有高等教師及中學教師從旁監察附屬之益洵非淺鮮教師出示男女生徒字畫及竹木紙線各手工成蹟物品楚楚可觀教室凡十有一曰第一部尋常科一年生教室曰二年生教室曰三年生教室曰第二部尋常一年生教室曰二年生教室曰三四年生教室曰高等第一二年生教室曰第三年生教室又別有手工教室裁縫教室器械標本室體操器械置場雨中體操場應接所職員室會議室一切布置井然有條該校明治初元就昌平校遺趾創設師範學校六年增設附屬所定規則歷歲改正現已漸臻美善蓋自維新以後臣民無論貧富

男丁六歲必入小學如不願入中學亦須小學六年卒業方准他適否則每年罰金若干女子則稍歧異定例如此雖不能通國遵行若目不識丁者絕無萬分之一然其片假名較中文之難易不啻霄壤日本所習漢文多取古奧假名與我國現在時文本已殊致又以片假名混雜其間顛倒字法同文之文又有不同是不獨方音有別也往往與彼國人交遊雖上士大夫素通漢學者竟不能以時文筆談職此之故閱畢時已過午堺君約赴多賀羅亭西洋御料理午餐並告以昨奉外務大臣命隨時隨地開支公費此後各處參觀均已預備供張再三婉辭不容推讓其鄭重邦交如此令人可感午後復至中學校晤主事大瀨甚太郎遍歷教室唱室操場球場其課程較小學增漢文博物法制經濟算術地文均加深圖書配當亦加多三年卒業兵式體操尤覺認眞現在生徒三百餘人云酉刻回寓巖崎董來述長岡子爵意訂期遊宴辭以連日視學實無暇晷

三十日巳刻堺隅三吉來同往本鄉區湯島二丁目女子高等師範學校晤校長高嶺秀夫主事町田則文庶務掛富岡魁門引觀附屬小學校分三部第一部尋常四年高等二年計六學年第二三部尋常高等各以四年其課程則修身國語算術日本歷史地理理科圖畫唱歌體操女以裁縫男以手工並外國語隨時配當又附屬幼稚園爲本校生徒練習保育幼兒方法其教程如遊戲唱歌談話手技之類幼兒定員凡百二十名另有附屬幼稚園分室專養貧民子女教法更較淺近均三歲入園閱三年入小學校或六年或八年畢業後入中學中學畢業再入高等高等師範本科自十七八至二十一二歲不等課目約分三科一曰文科倫理教育學國語漢文外國語歷史地理家事體操習字圖畫音樂一曰理科較文科增以數學物理化學博物均有實驗一曰技藝科手工裁縫等事餘亦配當同前第二三年學期於附屬學校暨幼稚園試驗實地練習迨畢業後之二年內由文部省派充外屬學校教師官給糈俸不准規避

推諉再三年後始准自由年已二十六七矣另有植物園一所以備試驗植物講堂外有圖書閱覽室歷史地理博物標本各所音樂教室裁縫室剖烹室作法室習字室教室皆極詳備寄宿舍食堂浴室理裝室亦甚淨潔自習室尤軒敞可容二三百人該校規模閎大創自明治七年皇后臨御觀成頒賜內帑且紀之以詠歌於今傳誦其中卒業生分別高等師範學科研究科專修科撰科小學師範學科保姆練習科常年經費皆有豫算視人數以定用款之多寡寄宿各生飲食服御皆由官備每月每人另給零用費一元五角此較優於他校者閱畢時已申正午間外務省預備酒食攜至校中與校長譯官共酌晚巖崎來告租定麴町區土手三番町廿四番地住宅當即付給賃金

十一月初一日巳初堺禑三吉來同往高等師範學校閱本科暨單級小學博物館等處教授主事大瀨甚太郎導觀博物館內有大成殿供孔子像及四配像原係昌平校舊址門內置玻璃櫃內儲昌平學模形並英國小學校模形大殿

左右陳列場物理學數學星學化學動物學人身生理學各圖形植物學圖畫學音樂學體操學教授各用具實業教育用具各國學校生徒並幼稚園幼兒成蹟品褒賞畫品類翫具類歷史地理手工算術及實物示教用具教室及生徒用具家庭幼稚園用具動植鑛物標本及揭圖物理化學器械及揭圖菜園教授用具幻燈用映畫政教科書暨新製各物室中現象及安政地震幻燈映畫保護鳥圖英德法名人像片暹羅寄贈品較他校博物室爲精詳第一陳列場入口正中懸孔子像似油印畫旁懸一十四像上杉沿憲本房宣長態譯蕃山伊藤仁齊加茂眞淵新井白石德川光圀藤原惺窩林羅山菅原道眞中江藤樹貝原益軒德國九人法國一人瑞國一人墺國一人又有軍艦模形陳設其中兩閱時始看畢至單級小學校主事引觀教室講師一人約授五十生徒尋常四學級列四班同處一堂教科課程與附屬小學校單級畧同又至一室係合尋常高等爲一班教法同前統計六年卒業該校多係貧戶子女單級之

法因撙節經費起見輕而易舉簡而易行其講師仍在中學卒業生內選派申初閱高等師範本科分四學部第一學部課目曰實踐道德曰倫理史曰教授練習法曰應用心理學曰文學史曰漢文學史曰英文學曰德語曰法語曰歷史曰哲學曰博言學大意曰生物學曰生理學曰體操兵式訓練其隨意科則爲法制及經濟音樂第二學部課目曰法制及經濟曰歷史曰地理餘略同前其隨意科則爲國語及漢文德語音樂第三學部課目曰數學曰化學曰圖畫曰手工餘亦同前其隨意科則爲國語生物學音樂學第二學年以後增英語第四學部課目曰動物學曰植物學鑛物學曰動力學曰農學餘亦同前其隨意科則爲化學德語音樂第二學年以後增英語校長命講師預備實驗請觀於物理機械室內另有暗室燃起電燈驗視人身骨髓畢現惟鐵木不能透綢布紙皮則皆透過於化學標本室試五金化分化合法又周歷各室閱畢時已申正至公使署與瀚濤談

初二日巳初堺隅三吉來同往東京市赤阪區靑山北町五丁日東京府師範學校校長瀧澤菊太郎陪觀教室講堂實驗室標本室器械室藥品室理化實驗室金工場木工場圖書閱覽室歷史地理參考室體操場銃器室此外食堂宿舍自修室談話室盥濯室履物置場診察室調劑室養病室集會所均無不備規模宏闊敷地一萬二千三十坪五合貳勺建物二千八百八坪貳合五勺敷地買收費六萬五千元校舍建築費弍拾萬六千六百九十二元十六錢二釐水道及電燈布設工費四千一百二十四元六十三錢据付體操器械等費一千八百二十五元七十錢敷地交換差金賠償並家屋移轉費一千三百十四元四十五錢校舍內部備費七千一百三十三元統計弍拾八萬六千一百八十九元九十四錢二釐常年經費預算約五萬四千元本校現在生徒約千二百人本科分四年級第一級遊就館第二學期農業博物館同帝國博物館同理科大學人類學教室同第二級藤新宿御料地第二學期農科大學同千住

製絨所同日本繪畫協會同美術協會同陸軍戶山學校同帝國博物館第三學期礮兵工廠同鐘ヶ淵紡績會社同農商務省商品陳列館同第三級日本繪畫協會第一學期美術協會同西ヶ原農事試驗場同又第二學期天文臺同氣象臺同瓦斯會同芝浦製作所同品川玻璃製作所同陸軍士官學校同王子抄紙部第三學期衛生試驗所同本所區古河鎔銅所同馬氣淺草精行社製造所同帝國博物館同第四級本校卒業生六週間現役從事之師團第一學期東京盲啞學校同帽子製造會社同印刷局第二學期鈴木製造所同人造肥料製造會社同火止石鹼製造所同帝國大學第二學期高等師範學校及女子高等師範學校附屬同小學校幷幼稚園第二及第三學期東京市內小學校同學習院同東京工業學校手工科第二及第三學期其課目則修身教育國語漢文歷史地理數學物理化學博物習字圖畫音樂體操英語農業手工實地授業各類年末成績考驗後平均順番統計分數始予證書以上

生徒均准寄宿費由公籌另設預備科係在外宿自備資斧該校由地方政府籌建並非國家政府庫帑又至附屬小學校主事大戶（榮吉）導觀教室及器械標本室等處尋常學科修身國語算術（男習筆算女習珠算）體操圖畫唱歌男習手工女習裁縫高等學科增以歷史地理理科英語餘則較深修業均各四年閱畢時已申初往同文校視（潤宦）並與張尹兩生談

初三日午刻堺（隅三吉）來同至淺草區藏前高等工業學校拜晤校長工學博士手島（精八）談工藝事旋由各科主事分別導觀學科有六一日染織科二日窯業科三日應用化學科四日機械科五日電氣科六日工業圖案科其染織科有色染分科爲機織大體爲木綿蔴毛絹精練漂白浸染捺染藍建色染諸種實驗有機械分科爲色染大體爲機織練習綜絖篇爲織物解剖組織新案等類其窯業科爲淘磁器爲玻璃煉瓦等類其應用化學科爲顏料藥品之製造糖石油及製草等類其機械科爲蒸汽瓦斯石油水刀發動機紡績機織機械

及其他各種機械類其電氣科有機械分科爲電力之分配爲電氣鐵道電燈等類有化學分科爲電鑄電鍍電氣治金等類其工業圖案科爲木工金工製版漆工窰業染織業等圖案除專修工業科目外其平日學科課目則倫理算數物理化學等科爲必修科修業之期均以三年又至工業教員養成所眡察一切學科有二曰本科曰速成科修業之期本科三年速成一年其本科分爲六科曰金工曰木工曰染織曰窰業曰化學曰圖案其速成科亦分六科曰金工曰木工曰染色曰機織曰陶器曰漆工最終學年分別於附屬工業補習學校東京高等工業學校暨附屬職工徒弟學校練習實地授業工業補習學校及附屬職工徒弟學校之生徒修業之期均以三年該核係明治十四年文部省所創建初名東京職工學校以後幾經更改二十三年改稱東京工業學校二十四年始改今名其工業補習學校及附屬職工徒弟學校皆三十二年所增設也各廠置備機械英美製造居多間有德法及他國之製造舉凡電化機

械染織顏料等類亦多購自西洋添補零件本國可以自行製造惟木工漆工陶器本國較多該校後門即隅田川置有水門以機器汲水入內者閱四時許僅看校中大略又至寫眞室演電氣照像石印法並繪所製圖紙數頁酉初始歸

初四日月曜無事閱日本史明治二年改昌平學校爲大學校尋改大學校爲大學置南校東校四年廢大學置文部省五年始設小學師範學校於東京頒立學校規則是年八月頒布學制分全國爲八大學區後改爲七大學區以東京愛知大阪廣島長崎新潟宮城爲大學本部六年二月定小學校辦法男女六歲以上悉就學七年三月設女子師範學校於東京十月天皇皇后幸華族學校（即學習院）視開業典此皆建置新學之嚆矢歷歲改良乃有今日可見創制之不易晚約川島小林平岩及堺君瀚濤燕平越甫仁宇聚飲亥正始散

初五日因日曜日停校不能閱看學堂平岩韻笙來午後移至新居署門首爲蓬

瀛別墅屋後即火車棧通牛込區飯田町可不換車至新橋往橫濱等處須換車行鐵道直接只要算准時刻卻亦無甚稽遲出入甚爲方便晚市川君與糟谷好助過談

初六日巳初堺爲三吉來偕往小石川區指ケ谷町東京盲啞學校校長小西信八陪觀各教室學科有二分尋常科與技藝科其訓盲字母依照法國巴黎訓盲院卒業生羅意孛來猶原案及本國助教諭石川倉次翻案結點爲之大概以六點相聯貫與打電法相似用銅板夾紙片板孔每孔六點以鐵筆點畫其間或滿或否皆按所製字母配合心領神會即可背誦尋常科課目曰國語曰算術曰講談曰地理用凸凹形地圖暗摸指授技藝科課目曰鍼治法曰按摩法均五年卒業其訓啞法或以手畫或以筆談或以音樂代言尋常科課目曰讀方曰習字曰作文曰算術技藝科課目曰圖畫曰雕刻曰指物曰裁縫均五年畢業體操音樂盲啞同例正視察間有一女啞生年未及笄貌亦粗可竟能

口述字母三十餘字聲音響亮洵爲奇事據講師言訓啞之法難於訓盲多矣所謂十啞九聾十瞎九靈殆非虛語然實有强致之功效耳又至機械室有美國德國所製印字機器數種校長親試二種一係用洋鐵片置機器上手捺字母釘印訓盲字之點畫再將此片另置一機上無論印若干紙瞬息可成印訓盲書最爲便捷此其一種専備訓盲之用又有一種印東文者（イロハ順）板上襯以油墨紙手指捺字母釘每印可透三十餘紙又有一種印西文（愛畢西順）每印一張均甚神速以上三種試印某年某月某日某國某官某人來觀數字六七分鐘已印成數十紙傳示諸生該校生徒現在二百餘人校長出示盲啞學校比例表東京則爲官立從前岸田（吟香）諸君倡議始建此校外埠則西京長崎大阪横濱福島東海高田豐橋岐阜札幌長野函館鹿兒島等處私立共有三十三校外國則英美德法意（澳）西班牙瑞典荷蘭瑞西西抹安耳全丁共和國諸威西印度加奈陀阿非利加濠斯太利露西亞白耳義葡萄牙墨西哥等國中國

則於烟台有之係英國人所設云閱畢塜君偕至精養軒午餐午後至下谷區上野公園內舊函四軒寺美術學校校長正木直彥導觀雕金鍛金鑄金漆工等科乃專習繪畫圖案雕刻工藝之學者均以四年畢業豫備科則分甲乙兩種甲種曰繪畫曰圖按曰漆工乙種曰雕刻曰雕金曰鍛金曰鑄金一年畢業始入專科該校敷地面積一萬二千八百五十四坪六合四勺建物一千五百十二坪九合二勺明治二十一年創設其雕繪法或摹本或臨眞或造型或寫生金工木工皆然最足異者有一室參考人身生理泥塑女型雇一少女祼體坐立教師測量其身體尺寸指示生徒按形作模此室不准外人擅入鑄金室分別蠟形泥形牙雕間有臨眞蒔繪標本成蹟均各陳列其間漆工尤覺精細初模加至三十二次始成玻璃光其三五六次者皆有斜文比較始見純疵圖案原委極其詳備實習之業惟剖解爲獨深現在生徒三百二十餘人每年經費八萬圓創置儀器各項則更鉅矣閱畢戌初始歸寓

初七日丑初三刻地震有聲寢席動蕩據日本人言火山洩力所致並非災異此間恒見惟地震後必有火患入亥後牛込區果報警辰刻堺君偕往麴町區大手町二丁目三番地印刷局局長得能通昌率同各部部長佐田清次等引觀官報編輯所庶務課會計課調查課雕刻課顏料室及印刷各機器工廠該局由官創立觀其第二十七次報告書所載圖定資本四項土地七十二萬九千七百一元五十一錢三釐建物四十五萬七千九百七十九元三十四錢三釐機械四十九萬百二十二元二錢六釐重要器具四千四百七十四元九十二錢六釐總共一百六十八萬二千一百七十七元八十錢八釐運轉資本三十七萬元兩資本共二百五萬二千二百七十七元八十錢八釐常年經費除應用支銷外溢利約得三十餘萬元勅任奏任判任各員皆係多年熟手並無更易印刷種目如官書官報銀券證書電紙郵便公牘雜種及製品費拂代計各類造版片法分別蠟模鉛模電氣再鍍銅鋼繪畫花紋亦用機器嵌以金剛鑽

纖微畢達此等機器購自美利堅居多又有薄紙畫線及釘書切紙各器貼金雖用手工仍置壓機一過又有一種大機器一次可印四十張連切斷橫豎處每分鐘可印千餘張印幾次共若干張機上有對錶數目相符一望而知毫無舛錯又有一連環印刷機器係德國所製造兩頭並刷可印二紙其法尤奇雜色印油本局配合皆用機器蒸磨顏色鮮明另有修整機器室工手人人能之出入運用大件紙張置成鐵軌甚爲便捷本局工手男女一千零九十九人皆由領班約束入廠須更制服以昭一律藉防弊端做摸折紙釘捻核數諸雜務多用女工所有蒸氣機械自六馬力至五百馬力不等蒸氣罐自四馬力至百馬力不等蒸氣力運轉部印刷機械七十九臺雕刻製練摩擦電氣各種百九十二人力使用部印刷機械六十九臺雕刻十臺壓搾鑄造乾燥斷截各種三百二十九水力使用部鐵製水車一臺雜部溶解爐二組西洋形吹子一臺書籍釘綴機械五臺電氣銅板裏付機械一組近來擴張事業歷年尚有增置云

閲畢時已過午局長預備西洋茶點款待殷懃適有前天津領事鄭永昌來遊同座者本局部長四員廳前壁上高懸維新首領三條實美木戶孝允大久保利通諸公遺像歴言廠務辦法幷出示分色拍印各圖及鈔紙製式又命本廠試行救火法號令一聲全廠前後大樓上下之工徒蜂擁而至藥車皮袋限十五分鐘聚齊施放水力甚猛執役之人班次整齊其他工徒等則各由領班帶同鵠立俄頃傳令止息仍各按其原來班次回廠毫無紊亂凡各室內鈔幣要件一物不遺平時如此驗習臨警不致荒張據譯官言匠手以工計賬曠功則必賠錢此法不輕試演是乃局長格外優待之意午後局長親陪至上野同坐火車往王子地方看附屬造紙廠紙料常用之品以桑皮二椏兩種爲最多無論何種均用白礬其紙料標本處有數百種凡樹皮草皮可製紙者甚夥以次攷驗美不勝收松榆之皮亦各適用其驗質以顯微鏡視其絲縷疏密其試力則以測量錶一試直力一試四圍力最爲精細尋常所用造紙機器與上海綸

章廠房鬴大都購自泰西惟置備較多另有修理機器室匠手均能配當耳本國製有兩具現不適用又有新購美國鉅製輪軸比舊式寬至一倍現正添建儲料之室工竣即擬試造云閱畢時已薄暮復陳殽饌啜酒茗戌初始乘火車回東京來往車費一切皆由局長供給情誼肫摯殊可感篆今日申酉間狂風驟起至夜半尚未息

初八日陰冷昨晚略受感冒今日不克踐東京帝國大學之約堺君來送閱章程並略詢其大概工科總目學科有九一土木工二機械工三造船學四造兵學五電氣工六建築學七應用化學八火藥學九採鑛及冶金學理科總目學科有八一數學二星學三理論物理學四實驗物理學五化學六動物七植物八地質學法科分法律與政治法律學科授業曰憲法曰民法曰商法曰民事訴訟法曰破產法曰刑法曰刑事訴訟法曰行政法曰國際公法及私法曰法制史曰比較法制史曰羅馬法曰英法德三國國法曰法理學曰經濟學政治學

科曰憲法曰經濟學曰經濟學史曰經濟史曰財政學曰統計學曰國法學曰政治學曰政治史曰行政法曰國際公法及私法曰法制史曰比較法制史曰法理學曰民法曰商法曰刑法總論文科總目學科有九一哲學二國文三漢學四國史五史學六言語七英文八德文九法文分科大學皆國學之規模教科圖書具有定本學科資格具有定程較公立私立各專門校則加深矣

初九日大雪午初微露日光午後又落小雨數陣巳刻偕堺君往帝國大學專看醫科其學級分四週年各按學級分授第一年解剖及其實習組織及其實習生理病理病理解剖實習第二年解剖實習胎生學局處解剖藥物及其實習醫化實習處方學病理總論病理解剖及其實習病理組織實習診斷學外科婦科眼科內科外科各論第三年局所解剖內外科各論及臨床講義並外來患者臨床講義繃帶實習產科學及其模型演習眼科衛生法醫第四年內外科臨床講義及其外來患者臨床講義外科手術實習產科婦人科臨床講義

及其外來患者臨床講義眼科學及其臨床講義並外來患者臨床講義檢眼鏡實習皮膚病學黴毒學及其臨床講義精神病學及其臨床講義衛生學黴菌學實習法醫學小兒科及其外來患者臨床講義凡實地試驗時認明何點平均點數在六十點以上者始有成績試驗解剖及生理學外科及眼科學內科及產科學三大科目再區別各門類書記官丸山熊男導觀解剖學病理學內科外科眼科小兒科婦科產科及分娩室胎形室生理學皮膚病學癬疥痲爛疹痘瘡痍各項標本實驗之室暨病院各所大半全用泰西醫法尤宗德意志諸名家醫具亦多購自外國蓋無論內外科悉重解剖解剖之學凡病根之所在莫不纖微必辨但解剖時須用麻藥使人無所知覺方能割裂或滌除其積滯或洗濯其污穢然後用藥線穿縫實以藥水醒之其病乃愈至外科醫室適見有一童男約六七齡臍上生一小瘡置鐵床架上用麻藥灌去床下熱氣薰蒸旁置溫度表有四醫生在其側一人持鏡照幼兒面並手試其呼吸兩人

持刀具刮患處一以藥水洗滌之洗滌既盡即用藥線穿縫時不逾十分鐘另有僕婦二人承醫師之手術取携甚捷身皆衣白布衣絕無纖塵室中亦淨潔非常據醫師言此乃最輕瘡症即在醫室中診治如有奇異病患必須大解剖者須在實驗室令衆生徒參觀研究另有一室先將病人用藥水週身洗淨送至解剖實驗室始用麻藥灌下醫師解剖時衆生列坐兩旁天氣稍熱即須赤體室中中間設鐵床高架一具置病體於其上左右高坐七八層皆衆生列坐處又至產婦分娩室室內中間設床架一具產婦卧其上飲以催生藥水醫生手持機管冲濯一切污血倘有難產者或用鐵鈎挖出或用鑽鋸將兒腹刨破先取臟腑再取全身母體自輕易於墜落其意以爲難產之兒必不能生是以顧子體不如顧母體且稍緩則必無濟不得不用鈎鋸等物云又至眼科室適見有一年約四旬之人眼下生一小核刨去核子即於孔內用一象皮管插入二寸許取淨水洗滌後敷以生肌藥據言不用麻藥患處並不知痛又有壯年

男子眼常流淚即漢醫所謂風火疾者端坐椅上醫生持軟鋼絲兩條從兩眼脚下插入二三寸如搔癢狀據言此係通鼻孔處有積塞只要打通關節即愈尋常從鼻中流出者謂之鼻涕鼻塞則從眼脚下流出是爲眼淚其實本一物也患者初治時尙覺微痛閱二三次非此不能暢適殆與華人挖耳同又至胎形室閱視各種胎形自結胎至三月成形以及十月之胎體均以藥水儲之玻璃瓶内十月以外即爲奇胎奇胎共有十數種如葡萄胎鬼胎石胎毛胎等類雙胎亦列奇品據醫師言近年本邦奇胎較前二十年已減三四倍未嘗非衛生教育之功該醫生盡是男子看護多係婦人閱畢時已申正午飱由外務省預備即在校内會議廳與同人共食歸寓已晚聞麴町區有火警過仁宇處晤四川延聘之教習菅眞海

初十日丑正雷聲隆隆地震約三分鐘較前夜略輕午前往拜堺君住芝區愛宕山下對陽館又至正金銀行晤高道竹雄談午後拜晤蔡星使並答平岩君

十一日辰刻偕堺君往麴町區永田町華族女學校拜晤校長細川潤次郎女學監下田歌子教授兼幹事淺田款以茶點導觀中學小學初等高等各教室及附屬幼稚園其學科課目曰修身曰國文曰算術曰實物曰習字曰音樂曰體操是爲公共之學圖畫歐語則爲選科地理歷史自高等小學始以次加深化學物理漢文歐語外國地理自初等中學始以次加深家政則至高等中學時講授人身生理博物繪圖均有標本儀器室點茶插花烹炙裁縫等事無人不習體操運動之法較男子則有異約舉數端一曰疾徐步驟一曰伸縮肢體一曰連環唱歌一曰球彈一曰纖竿所謂小普通門居多有游戲而無兵式變化形容筆難盡述圖畫則分別鉛筆墨筆毛筆水筆教科所用圖書除遵照文部省宮內省頒定之本外參用近時新本按級列表其中學與小學高等尋常修業之期均各三年該校創自明治初年欽奉皇后令旨特建屬宮內省管轄其教育之宗旨務使華族女子能盡婦道職分將來勉爲賢母賢妻以作國人之

矜式耳現在生徒中學與小學共二百餘人
十二日日曜日無事蔡星使偕燕平越甫來賀新居登樓縱覽備話寒暄適潤兒亦假歸檢閱日本近世歷史明治元年即我國同治七年改江戶爲東京奧羽鎭定幸東京分奧羽爲七屬詔蝦夷爲北海道始定刑法廢磔烙二刑大將軍德川喜慶至是歸政柄立藤原氏爲皇后二年易封建爲郡縣除東都東京大阪三府外改府爲縣廢公卿諸侯之稱總稱華族遂都東京改定官制位階討平箱館官軍及蝦夷始設電線當時全國人口三千三百六十二萬餘人改定女官官位相當三年頒布徵兵規則及新律綱領禁華族涅齒點眉始用人力車馬車開皇城西北五門便衆庶往來頒布販賣鴉片烟律大阪神戶間電線始成廢墨刑廢按察使置工部省定制服定親王賜姓制四年廢藩置縣始設郵便於東京京都大阪之間以便文書往復後乃施行全國大阪造幣廠成始以蒸氣機械製金銀幣傭英人以測量北海道始置鎭臺於東山西海二道設傳信機

東京至長崎遂接續海底線通丁抹會社後施行全國諸道五年廢兵部省置陸軍省海軍省頒陸軍刑律定海上里法（一度六十分爲一里當陸路十六町九分七釐五毫）置教導職分級爲十四一級准二等官頒教則三條許僧侶食肉娶妻蓄髮創立國立銀行廢僧官使僧侶稱姓氏東京至橫濱鐵道始竣工車駕臨停車場行開業式日本用汽車是爲始是日許民庶衆觀詔廢太陰歷用太陽歷以明治五年十二月三日爲六年一月一日尋頒太陽歷改晝夜十二時爲二十四時以神武天皇即位年爲紀元以即位日名紀元節詔設全國徵兵制點丁壯悉編入兵籍大別陸軍爲常備後備國民三軍分兵丁爲礮騎兵工輜重五兵因頒告諭書及徵兵令定一人一名之制始設博覽會六年廢五節（人日上巳端午七夕重陽）以紀元節天長節爲祝日置鎮台於名古屋廣島定六鎮台軍營以東京名古屋大阪廣島熊本仙台爲本營擇各地勝境名區置公園許邦人與外國人爲婚姻定其條規天皇斷髮皇太后皇后落黛剃鐵漿定土地名稱爲八種（皇宮地神地官廳地官用

（地官有地公有地私有地除稅地）始發行洋式權衡頒歲計預算表詔改全國地租廢舊法新設地券以本價百分之三爲租禁火葬七年置東京警視廳尋置巡查改正六鎮台職制八年解火葬禁頒讒謗律及新聞紙條例並出版條例定烟酒稅始製洋紙始立郵船會社渡上海九年改定國道及諸道廣狹制度（詳見於前）定地方官任期例日府知事及縣令任十二年每三年爲一期始先試之權官三年其稱職者升爲正官每三年增月俸五十圓以爲敕任經一期任正官者定籍於其縣及十二年任滿而辭職者賞賜十月俸其參事以下無任期按考課殿最賞之製陰陽兩歷對照表頒府縣十年西鄉隆盛反官軍討之平八月始開內國勸業博覽會十一年始定士族功臣列於華族之制始定郡區町村編制之法十二年廢琉球藩置冲繩縣黜梟刑十三年建橫濱正金銀行十四年始營皇居設憲兵於陸軍部內斯時諸國政黨起三月開第二次內國勸業博覽會車駕臨幸設農商務省十五年詔行新法始試點電氣燈十六年始發行官報

建設日本銀行以制銀利之低昂矯正諸銀行之弊害始建鐵道馬車始設高等法院始開水產會十七年國製軍艦始航歐洲詔設公侯伯子男五爵十八年置遞信省十九年置大學院當時全國人口三千八百五十萬七千一百餘人二十年皇居成始册立皇太子二十一年置樞密院二十二年東海道鐵道全通二十三年始開國會並第三次內國勸業博覽會始立電話交換所及火災保險會社二十四年美濃大地震死傷無算詔解帝國議會二十五年選舉國會議員二十六年火山炸裂人畜死傷甚多二十七年行大婚禮二十八年開第四次內國勸業博覽會二十九年三月募集軍事公債三千五百萬圓擴張陸軍增設師團皇后倡建赤十字社大會近來社員已增至五十七萬之多三十年皇太后崩頒定新貨幣形式改正農商務省官制發布新聞紙條例及改正法律三十一年置元帥府頒行戶籍法組織憲政黨三十二年始行商法實施三十三年內務省開地方官會議今乃三十四年觀於維新以後之政略

而知其強盛所由來當必自振興教育始其次則便利交通最關緊要至若擴充工業尤見立國之精神所以進步日良正有未可限量者

十三日晨起嚴霜奇冷已初偕堺君往東京府下駒場大學農科書記官堀忠橋等導觀四學部及試驗各場室初至獸醫科標本室陳列各種標本內有毛球言得之牛胃中者又有圓石言得自馬腸中者又有一種壓搾馬糧分量輕減預備戰陣時便於搬運者室旁有隙地數畝種藥草與煤料以備考驗次至林學科標本林種植各國樹木松樹甚多其美國種松毛有長至一尺二三寸者次至農藝化學科標本室觀其試種之麥十六七種皆儲於玻璃瓶內而盛之以水各瓶水中培養不同生長因有肥瘠又至農學實習場試種之物不勝枚舉或植盆內或植地下亦分別肥料之多寡以試其生質之繁枯有稍加藥品者有全用肥料者遇陰雨時盆中所種則移置玻璃室內是日諸生因有考課暫停實習其農學科課目第一年地質土壤氣象動植物之生理病理實驗昆

蟲肥料農藝物理化學實驗經濟農場實習第二年作物土地改良論園藝畜產學家畜飼養論酪農養蠶及法學通論農業經濟動植物及農學實驗第三年作物農產製造農業經濟獸醫學及林學大意養魚論農政財政學昆蟲生理農學實驗卒業論文其農藝化學科課目第一年有機化學分析化學地質土壤氣象動植物之生理肥料農藝物理經濟農藝化學實驗第二年作物土地改良生理化學醱酵化學家畜飼養論酪農論養蠶論農業經濟及各實驗第三年化學原論作物農產製造學食物及嗜好品農業經濟農政學實驗法卒業論文其林學科課目第一年森林數學測量地質土壤物理最小二乘法及力學森林動植物及植物生理林學通論造林經濟動植物實驗森林測量實習造林實習及各實地演習第二年森林數學化學利用學造林學保護經理法律各學樹病學林政學管理法財政學法學通論理水及砂防工林學總論化學實驗造林學及道路實習第三年森林利用學造林學經理學法律學

林政學養魚論農學大意狩獵術實地演習卒業論文其獸醫學科課目第一年解剖生理組織各學通理通論外科手術學蹄鐵法解剖組織蹄鐵各實習第二年解剖生理兩學家畜飼養論酪農論病理通論內外科及藥物學病體解剖學寄生動物學蹄病論乳肉檢查法調劑法解剖法外科手術蹄鐵法家畜病院各實習內外科診斷法第三年畜產學病體解剖學寄生動物學皮膚病論馬學動物疫論產科眼科衛生胎生法醫黴菌各學獸醫警察法各學實習及內外科診斷法修業之期各以三年本科外有教員養成所乃以養成農業補習學科教員爲目的但須有師範學校中學校卒業之資格者始准入學修業一年免徵學費且給助金蓋師範生大率皆然閱畢至校長室午餐該校校舍並試驗場之基址地廣十六萬九千七百八十餘坪寄宿舍有三處現在生徒三百餘人分別特待獎費貸費等類內有中國留學八人攷日本農產之大宗爲米爲麥爲大小豆爲稗爲黍爲蕎麥爲甘藷爲馬鈴薯爲棉爲大麻爲

藍爲烟草爲桑爲茶爲蔬查明治三十三年米麥產額出米四千一百四十六萬五千石出麥二千零三十八萬六千石按照日本斗斛米價每石約十元大麥每石約四元餘小麥每石約七元餘至若蠶絲之業分輸出與輸入從前中國絲繭輸入最多其輸出品則爲絲織各物近年本邦產絲已足供織物之用閱東京案內所載明治三十二年織物售價一億七千四百九十六萬七千八百五十五元此近年之進步森林所植分國有與民有國有者爲官家之山地皆官種之樹木民有者民間私種之樹木閱農商務省明治三十三年報告書國有林野收入之數一百三十五萬七千八百八十四元云晚潤兒自校中放年假歸寓宿

十四日拜晤蔡星使商留學生建立會館事過燕平處晤瀚濤午初往參謀本部訪福島少將安正並晤末吉保馬又至外務省道謝並晤小林光太郎晚讀泰西教育史而知印刷器之發明創於荷蘭人洛稜司蘭斯脫時一千四百四十

五年一千四百五十年頃與其弟子葛登培格攜此器入德意志業書家大便利之厥後二十年間其器遂通行全歐矣說者謂中國印刷器實始於宋之末葉當在西歷一千二百六七十年間但有印字形模而無印字機關其說確鑿可據當錄記以俟參考又前閱小學校幼稚園章程內載恩物二字不甚得解今乃恍然於其意恩物者即天然生物之義一千八百五六年間德國人佛羅卜爾氏曰腓列達利信創爲兒童練習之物造體數端名曰恩物有五種一曰毯二曰球體與立方體三曰均爲八方之立方體四曰八分爲勾股形平方形之立方體而其形爲煉瓦狀使兒童用於造物之材料五曰分爲二十七個之立方體以其三者小分爲二個稜柱餘三者小分爲四個稜柱復以小棒薄木片造種種之形又附紙片使爲折疊焉此恩物所由來云

十五日午前至使館催詢留學生會館事公使意尙游移晚至偕樂園赴川島浪速之約同座者陸軍礮兵中佐柴五郎高等師範學校校長嘉納治五郎警視

廳總監大浦兼武中國警務留學生監佐藤長次郎小平總治內藤順太郎稻田穰本田增次郎善鄰書院宮島諸君並銓燕平周孝懷李仁宇馮越甫羣客入座主人起致頌詞表揚去年助勦拳匪之事現在仿辦警察最爲中國急務今夕之宴某等將赴北京兩國士夫萍蹤歡聚欣幸無極云余居首席婉答數言歸來時已夜半寒熱大作

十六日陰雨天氣甚冷偃臥竟日讀明治三十年史而知變化時代之風俗及建設時代之關頭其中大有可觀洋房洋物洋菜電報電話電燈以及火車馬車等類久已風行當世男子禮服改從西制亦非一日自舞蹈會婦人慈善會大興男女交際日盛婦人應有禮服間或採用西式於是女子束髮而洋裝大抵出於縉紳仕族最足異者森有禮掌文部時竟倡英語可作國語之議明治天皇不允所請書生聚論動曰西洋西洋猶中國漢儒之習稱子曰子曰維新伊始全國士民傾心於歐美之勢如此其滔滔汩汩若决江河漢學大家幾將廢

絕近來稍復舊俗然仍主男女平權自由結婚等說較多現在演說會紀念會暨各種議會相繼興起極事擴張其後來建設之狀況正有未能懸測者

十七日晴和今覺小愈午前偕馮越甫至參謀本部拜晤第二部部長福島少將安吉暢談一切並託以兒子潤官擬入成城學校當即傳諭屬官知照該校約訂明年開學時入校又過使館晤瀚濤燕平薇閣季審右丞枚臣談歸寓繕寄蘇滬東友賀信

十八日巳刻至公使館並往三橋旅館訪友又至正金銀行晤川島忠之助高道竹雄午後王暢齋偕遊新橋勸工場場屋高樓上下數十椽屋由官造各戶分賃陳設衣服綢布應用器物及各項玩具價值均有定碼現值新年伊邇每購一物必附贈以小品他場之例大率相同略購數物而歸晚間寒熱復作

十九日大風未出門休息之餘閱明治史晚間有日本教育家澁江保者來訪談教育事議論頗中肯綮持贈簡易體操法披閱一過其總論為體操之準備曰

集合曰用意曰運動曰行進體操之法約分八種循序遞推一徒手二啞鈴三球竿四水平桿五並行桿六木馬七鞦韆八梯乘及繩乘棒乘等計一百零六圖其中教練各有次第先教以頭臂胸腳之運動再教以全身之運動推及各種運動是書通俗教育全書之一種也薩君別號幸福散史夙通英文著書甚富惜未得窺其全豹容當於書肆中覓之

二十日即西歷小除夕蓋自明治五年改正朔廢太陰歷用太陽歷並不用正月元日朔日等稱凡大都會地方官商悉遵此例鄉村尚有用舊歷者新年裝飾家家門外種雙松樹夾以綠竹楣首懸挂稻草結有菓品復繫白紙數片此日本之古俗也午前至使館過平河町永田町一帶街市甚形熱鬧聞晚間將有張燈之舉

二十一日讀明治產業史農業之大宗曰米曰麥曰蠶桑曰茶曰牛馬曰農業公司製造業之大宗曰蠶絲及蠶種曰花紗曰織造曰工業公司及各工場商業

之大宗曰公司曰取引所曰銀行曰銀根曰外國貿易鑛務則分別金銀銅鐵鉛煤曰官辦鑛山曰民辦鑛山森林亦分二種曰官有森林曰民有森林水產之業曰製鹽產曰漁業及采藻業觀其歷歲比較表大概自十年至二十八九年計之物價曰見昂貴出產漸臻富饒適足見其擴張事業之進步午後至神田區今川小路俎橋際北上屋商店購眞筆版兩副歸寓試印數種

二十二日卽太陽歷元旦明治三十五年也溯自東洋西洋紀元之始日本神武天皇紀元第二千五百六十二年泰西紀元第一千九百二年是日天氣晴和午前乘雙馬車往政府及各王公大臣邸拜賀市間年景與我中國相似兒童嬉戲率以放風箏踢皮毬爲樂近衛公爵長岡子爵小村外相諸君來答

二十三日讀明治三十年史畢惜無譯本是書分十二編第一學術思想史第二政治史第三軍政史第四外交史第五財政史第六司法史第七宗教史第八教育史第九文學史第十交通史第十一產業史第十二風俗史附以三十年

問國勢進步表約十一部曰人口曰政治曰軍事曰財政曰司法曰教育曰文學曰宗教曰交通曰產業曰人羣比較統計瞭如指掌午後有錦城學校講師若生國榮者來謁能通漢文縱談史事並備述其游歷臺灣情形紀之以詩水谷彬銈燕平先後過訪

二十四日午前至牛込區相馬屋購紙簿等物午後至神田區北上屋晤吉田源五郎看各種眞筆版並考究印刷法歸寓倩市川屬稿作東文信致東京各學校事務所徧索規則先行郵寄市川處晤和田純曾充聯軍繙譯兼通英語貌頗雅秀

二十五日卯正一刻地震約三分鐘印刷致各學校書二百餘紙明日補繕封發

二十六日晨起看書數册午後挈潤官乘火車往飯田町途遇葉生基禎同遊神田區東明館勸工場陳設售賣物品與新橋大致相同惟衣履較多酉初地震約兩分鐘晚飯早眠

二十七日午後大風往謁參謀總長元帥侯爵大山（巖）歸寓後各學校已有覆函二十餘件並寄規則

二十八日拜晤蔡星使並越甫至參謀本部與福島少將談學校事午後挈潤（官）乘火車至牛込區游靜岡館勸工場各學校有覆函幷寄規則

二十九日清晨微雪午後訪惕齋過神田區明治軒勸業場一遊新年陳設較尋常物品稍多

三十日巳刻往平岩處不值見其老翁據稱平岩已隨福島少將至成城學校今日開學午初余亦至焉晤奧山（三郎）田村（松之介）長談留飯菜品與華食同飯畢復導觀潤（官）寢室及自習室均已預備整潔與劉學城（間舅公子）姚鴻法（石泉公子）馬鑒裡（軍時公子）同寢室與周嗣培江爾鶚龔秉權等（皆四川省學生）共八人同自習室申初回寓各學校覆函愈多

十二月初一日清晨送潤（官）至成城學校晤田村君略談午初拜蔡星使復述創

三十二

辦留學生會館事並晤小林光太郎暨燕平越甫遜初季籥諸人湖北游歷官周太史渤來拜

初二日巳正三十分偕市川君乘火車至橫濱過新宿品川換車兩次午正三刻抵濱住停車場前山崎屋旅館飯後至領事館王省山出外與施籥孫談適曾榮川亦至

初三日午初偕市川周游街市在野毛町三丁目百十四番地福田寫眞館同照小相該館寫眞之法較他處尤精善每相連拍兩片擇良印刷至領事館訪王省山留便餐晤繙譯余雲龍市川晚回東京惕齋紫水皆由東京來訪並帶信物

初四日午前往公園一帶遊覽並在書肆中購閱圖書攷橫濱市約分五區第一區曰本町曰海岸通曰元濱町曰北仲通曰南仲町曰辨天通曰境町曰太田町曰相生町曰住吉町曰常盤町曰尾上町曰眞砂町曰港町曰瓦町曰山下

町第二區曰吉田町曰柳町曰福富町曰伊勢佐木町曰姿見町曰羽衣町曰蓬萊町曰松ヶ枝町曰梅ヶ枝町曰讓花町曰長者町曰末吉町曰若葉町曰賑町曰久方町曰足曳町曰雲井町曰長島町曰吉岡町曰駿河町曰山吹町曰富士見町曰山田町曰千歲町曰三吉町曰永樂町曰眞金町曰若竹町曰封町曰松影町曰吉濱町曰扇町曰不老町曰方代町曰翁町曰石川町曰石川神町曰南吉田町第三區曰野毛町曰宮川町曰花柳町曰福島町曰櫻木町曰內田町曰長佐町曰綠町曰橘町曰戶部町曰伊勢町曰宮崎町曰老松町曰月岡町曰日出町曰黃金町曰初音町曰三春町曰英町曰霞町曰淸水町曰西戶部町曰南太田町曰久保町第四區曰高島町曰裏高島町曰平沼町曰村木町曰仲町曰神奈川町曰靑木町曰岡野町曰淺間町曰尾張屋町曰西平沼町第五區曰山手町曰山元町曰千代崎町曰上野町曰諏訪町曰中村町曰根岸町曰本牧町曰北方町自安政六年開港以來於今四十有三

載風俗漸極繁華物產日益饒富查本年戶口册男丁十四萬九千零十六人女丁十二萬七千一百十五人較明治五年增至二十一萬一千五百二十九人之多居留外國人戶口總數五千五百二十九人內中國人男丁二千四百六十九人女丁八百六十二人英美法德等十九國共男女丁二千一百九十八人該港輸出重要貨物之品以生絲絹布棉織海味荒銅爲大宗漆器磁器附焉輸入重要貨物之品綿花綿絲天鵝絨羅紗羊毛毛絲苧蔴米豆砂糖麥粉鋼鐵機械靴底皮熟皮石油洋紙鐘錶等類著名銀行十七家其公廳學校及病院洋房居多如神奈川縣廳（明治初建改稱是名）橫濱港務局橫濱稅關橫濱地方裁判所橫濱區裁判所生絲檢查所郵便電信局電話交換局橫濱稅務管理局稅務支局橫濱海務署海港檢疫所橫濱專賣支局（管理專利事宜以烟草爲大宗）衛生試驗所航路標識管理所鐵道作業局橫濱驛（第一師團第一旅團）橫濱聯隊區司令部橫濱市憲兵屯所神奈川縣農事試驗所測候所監獄署區裁判所神奈川出張

所（即支店之小者）橫濱市役所水道事務所瓦斯局（即自來火公司）商業會議所警察署凡七所郵便電信支局凡三所稅關監視署凡二所橫濱市役所出張所凡三所神奈川縣立第一中學校及高等女學校各一所商業學校商業補習學校及神奈川縣第一尋常中學校各一所公立小學校凡六所私立小學校凡十四所病院凡四所市內著名神社佛閣約二十餘處此橫濱市之大畧也傍晚至橫濱館帝國品物館兩勸工場一遊屋宇雖寬貨物較東京已減色多矣

初五日省山來訪午後至領事館偕余雲龍至正金銀行晤宮川（文次郎）開示絲商茶商各商會絲商如原合名會社茂木商店若屋商店小野商店木村商店同伸合資會社數家茶商則大谷商店爲最著名此外有衆商店製茶及綿布時計賣込麻雜穀肥料取引荒木工商店製石版美術印刷各種及製造酒類鈴木屋專製毛織眞川商店專製謄寫版石川商會內外貿易合資會社村井商店丸星商店皆製雜物並經理外國貿易也又至三井物產會社拜橫濱行

支配人北村七郎人極謙和囑該行同事大木信次郎即刻陪往辨天通原合名會社晤原富太郎款以茶點並擬訂期邀飲原君乃濱中紳士詩酒自娛素好風雅且喜與華人遊接待頗覺殷懃酉初刻歸旅館

初六日午後至領事館署座閒步街市由中國街過野毛町宮川町花笑町福島町櫻木町内田町伊勢町神奈川町尾張屋町龜橋港橋一帶直抵山下傍晚始回惕齋來

初七日巳刻至領事館今日爲東歷新春既望各商店皆休業無可游覽

初八日寅正二刻地震午初至領事館適見南洋公學遣來生徒由滬到濱飯後偕省山畬孫雲龍走訪萬泰錢店内三江董事孔姓不值遂由辨天通大田町住吉町尾上町各商會商店游覽絲茶海味是產貨之大宗此外美術磁器木器竹器漆器等類玩物較多古銅玉石陳列不少過眞川商店購謄寫版較東京所購眞筆版複寫紙用法各有不同眞筆版係用藥水寫字於油紙面再用

印油塗摸版上可傳眞跡複寫紙係用油墨紙夾於素紙內再用硬筆直寫可省印油然只便於留稿恐易模糊謄寫版係用鋼筆寫字於油紙上下襯石版字跡頗清但取便於印刷之件若楷字求工則難出色晚間新聞報館電話探問意欲請見允之有坂口乙磨者來訪乞一名片而去

初九日巳刻至新報社與社長佐藤虎次郎等暢談東亞時事約一鐘餘佐藤盛稱孔孟而駁泰西同座二十餘人無一能通華語者又至三江公所訪孔雲生引觀樓上起坐房屋甚少部置尙精月租極廉據言六幢洋樓每月僅三十三圓公所經費每年進款只千餘圓三江商戶約三百五六十人雜貨幇如海味綿花等類同源泰興泰協泰源東安記興記皆大號家錢莊有五六家萬泰新泰源泰駿發恒大等店此外洋服舖大小十餘家生意頗好云至領事館午飯飯後偕省山畬孫往西洋各商店眡察此間貿易情形不如滬上遠矣戌初二十一分乘火車回東京山崎屋派人送至新橋返寓時已亥初一刻今晚有友

人約往橫濱會館聽演劍舞術及薩馬琵琶因將回京婉辭郤之

初十日昨接近衛公爵長岡子爵來柬今日同文書院移居開校請往觀禮午初至校入門各以握手相見客皆立談其開閉式詳列於下　一號鐘同着席　二幹事開式　三奏樂一同起立致敬　四創立委員報告述新校起工以來之經歷　五會長祝辭　六院長演說　七來賓祝辭演說　八生徒總代答辭並祝辭　九奏樂依開院式　十幹事閉式賓主師生合照一相約五十餘人禮畢赴宴自取殽品各就位次蔡星使率同參隨及錢監督均與焉並晤小田切萬壽之助嘉納治五郎、恒屋盛服伊澤修二午正席散又至成城學校晤田村松之介適有留學生近衛野戰礮兵聯隊第五中隊附見習士官文華號秀峯荊州駐防接談數語

十一日午前至四谷區日進館勸工場一遊晚間有錦城學校教員永井尚行過訪能操英語兼通漢學

十二日午後往芝區訪錢念劬長談薄暮始歸東京數學院院長眞山良來訪晚間留學生章宗祥等十九人同來議捐建會館事夜半大雪

十三日大雪不能出門編譯各學校章程申初潤宧回寓

十四日午前至正金銀行晤高道竹雄過京橋南谷等處勸業場游覽申刻小田切萬壽之助來訪晚與市川君縱飲因伊將往神戶藉以話別

十五日編書臨帖外務省總務長官以書來邀翌酉赴紅葉館宴會當即作復以服制不便婉謝之晚偕紫水往吉野屋小酌爲市川餞別也

十六日午前拜蔡星使談會館事長岡子爵函約今晚在爵邸敘話酉初乘車往與之暢談交涉國勢並出示王灼堂中丞所贈釋奠禮樂記粵省栞本詢原書之顛末並持贈影宋本尚書正義二十卷特設盛饌座無他客款待意頗殷懃邸宅臨隅田川又有櫻花繞屋登樓憑眺不啻身在桃園公固風雅人也戌亥間始歸寓

十七日午初二刻地微震潤宮回寓飯後偕往神田區井谷店照相又至丸善會社及博文館購書晚間客來如織議留學生會館事

十八日稻村篤太郎來午後訪下田歌子下田日本之女教育家也現任宮內女官前相識於華族女學校彼自述其少年游歷歐美四載後始回國遂專注意女子教育創立實踐女學校及工藝女學校近年頗著成效並言深願助我中國倡興女學最爲現時急務云云今午函招至其家所談皆關係女教事約坐一時許尚覺言不盡意仍約土曜日再往談

十九日午前至惕齋處詢問學校標本各物價值並晤松山堂書壓人贈閱圖書目錄據言照碼可照九折代購聞海軍省今日派兵隊往臺灣申初乘火車至橫濱觀其登舟行過海岸時軍容壯麗步武整齊共約三百餘人晚宿高野屋竹田三郎來夜談

二十日午初乘火車回東京編書臨帖夜子初刻地震約七分鐘

二十一日爲孝明天皇祭日各學校皆放假潤官回廎喚寫眞匠來拍喬梓登瀛圖及戎馬書生小影午間偕往西洋御料理便餐繕發蘇皖賀信往訪小林光太郎適在卧病席地略談過平岩處不値留學生洪竹蓀等均來詢會館事

二十二日午初刻地震約二分鐘至使館晤瀚濤遜初諸公午後偕紫水往神田區錦町錦城中學校校長阪元盛德導觀各處生徒起立致敬教室共十七所無寄宿舍教師三十餘位學生八百餘人年齡皆在十二歲以上而有高等小學第二年級同等之學力學科課程即公共之程度曰修身曰國語及漢文曰英語曰歷史曰地理曰數學曰博物曰物理及化學曰法制及經濟曰圖畫曰唱歌曰體操學級均以五年並有特別生不徵學費係在本校業經畢業者但闕標本器械室該校創自明治十三年屢經改良從前矢野文雄曾掌此校云並晤永井尙行若生國榮二君

二十三日川島平岩二君來訪午前往同文書院查閱改正課程校長杉浦重剛

幹事田鍋安之助引觀教場三處自習室寢室較舊校舍寬敞該校本係專課中國學生現在僅有學生十七人其日課時限除午餐外自八時至三時分別甲乙兩組曰讀方曰文法曰會話曰體操曰數學曰英語別課曰英語曰會話曰算術曰物理曰化學其他科目尚未增定廖世綸嘉定人爲特班生從前開校時即入學者又至佐々木旅館訪井手三郎不値午後往下田歌子家談

二十四日作書致蔡星使催辦會館事申刻訪小林霞塘君病少愈參謀本部送閱看陸軍學校及各聯隊排日單來

二十五日至惕齋處看報較使館爲捷便晤佘劬又往銀座勸工場一遊麻布區簞笥町答稻村君午後伊澤修二來訪擬請商助泰東同文局事

二十六日參謀本部大元帥派譯官末吉保馬來寓巳初偕往陸軍幼年學校並派步兵大尉田中新助先期往校等候地方中央兩校同在一處拜晤地方校長步兵少佐桑波田景光暨講師步兵中尉田中岡次郎另有隊長四人輪流

照料校長引觀教場食堂自習室寄宿舍生徒均各起立致敬指點極爲詳細其課目曰倫理曰國語及漢文曰外國語曰算術曰地理曰歷史曰動植物生理曰衛生曰理化示教曰畫圖曰習字分三學年每週授業時數各科約三十時唱歌體操遊戲約十八時每年卒業額五十名挨次遞推現在生徒一百六十八年齡皆在十二歲以上而有高等小學卒業同等之學力或由府縣立之中學校及成城學校豫備科修業一年者准入地方幼年學校其召募之區域東京仙臺名古屋大阪廣島熊本六校每校每年卒業皆五十額均入中央學校中央二年卒業後作爲士官候補生步兵騎兵野戰礮兵等科隊附六個月要塞礮兵工兵輜重兵等科隊附一年始准入士官學校其由府縣立中學校及成城學校豫備科五年畢業者准逕入士官學校修業一年准充見習士官隊附六個月以上擢爲士官再隊附一年以上分授大尉中尉少尉倘有進取之志願須由陸軍大臣試驗審定分遣騎兵實施礮兵戶山經理等校及大學

校此陸軍學校之進級均有定制當以地方幼年爲基礎該校學生中有稔彥親王鳩彥親王久成親王亦列其中功課與衆生同起居稍示優異以崇體制閱畢時已向午校長預備西餐飯後偕訪中央校長步兵大佐伊崎良熙兩校生徒共六百餘人合演體操請觀始以游戲繼以普通更以劍術又有柔道場客歲九月新增此法室內滿鋪地蓆兩人赤足短衣牽手跌蕩據言練習軟力最著奇效中央校則有馬術及器械體操年齡均在十六歲以上兩校同時演習自一時至四時始息復至校長室略坐酉初回寓

二十七日參謀本部大元帥派譯官平岩道知來寓與末吉君輪流值換辰刻偕往陸軍中央幼年學校田中新助已先期在彼等候昨日僅看體操馬術其餘教程未及細閱校長伊崎良熙暨值日官步兵大尉山下五三郎另有隊長二人輪流照料校長陪觀各教場及標本室較地方校規模漸廣學科課目亦略加深並增重學地質學解析學測量學外國語尤認眞延有德法兩國人專教

語言俄文係本國人教習據言現擬增支那語近年陸軍各校除語學外久已不聘外國人充當教習慎重軍事之意也該校屬教育總監部明治三年創設二十九年改稱是名現在校員二百四十四人馬四百十一頭生徒第一學年二百七十六名第二學年二百五十三名內計華族六人貴族則有北白川宮恒久王與地方校同例又將尉佐官同相當官兒子共七十九人陸海軍人之孤兒四十一人修膳悉出官費其他皆由自費從前已經卒業者共有一千六百二十八人如大將桂太郎中將貞愛親王大久保春野少將石本新六伊他知幸介等皆由此校出身云校長留午餐並約飯後往觀野外演習因有他約遂不果往未初偕紫水至明治義會中學校是民間醵資公立者生徒約四百名教員二十餘人學科課程及其規模與錦城中學校可相頡頏動植標本略有具體校舍則亟待修整耳晚間繕寄親友各信

二十八日辰刻末吉君來偕往陸軍士官學校田中大尉已在彼處等候延入大

考察學務日記

客廳略坐值日官步兵大尉兒王象郎接待殷懃俄頃校長步兵中佐本鄉房太郎來略道寒暄卽傳諭中國留學監教官兼將校生徒試驗常置委員磯兵大尉間宮春四郎並派隊長二人輪流照料導觀教室寢室標本室自習室較中央之設備愈廣學科課程亦漸加深中國留學生二十五人同處一堂適在講授理化學科詢其課程據言因其言語未能暢達課程只可隨時編定與彼國學生階級不同是以另開一班過將校室略坐與地形築城學教官工兵大尉田口祥次郎暨諸講師共談出示測量圖畫試驗問題皆中國留學生之功課又至其本國生徒教室閱看地形測量算學諸課英德法三國語言文字均延外國教習支那語係本國教習尋常體操及擊劍外又有一種擊鎗法兩人手持木式洋鎗互鬭勝負其法與擊劍相似觀其生徒演畢隊長命兩教官之素稱善技者互擊請觀又看馬術戰術各奏爾能該校地據高山基址寬闊其操場內岡阜林立操演時登高越遠最得形勢各隊循環奔走如臨大敵標本

室內礮臺營壘鐵道車軌山川樹木等類均以木形製成標本不下千數百種可謂備矣

日本陸軍士官學校章程略譯如左

第一章　總則

第一條　陸軍士官學校撰拔願由陸軍士官出身者爲生徒教之陸軍要用學術

第二條　分生徒爲士官生徒幼年生徒二種其士官生徒授以各兵科（步騎礮工）士官切要之學術其幼年生徒教授將來爲士官生徒豫備科之學術

第三條　編生徒爲步兵科四中隊騎兵科一隊生徒少尉及礮工兵科一隊（特科生徒隊）併幼年生徒一隊其名稱如下　步兵生徒隊　騎兵生徒隊　特科生徒隊　幼年生徒隊

第四條　士官生徒分爲官費生及自費生二種其可充生徒者如下　其一幼

年生徒課程學術卒業者　其二陸軍下士卒年齡二十四年以下者　其三教導團生徒年齡二十四年以下者　其四華士族平民年齡十八年以上二十三年以下者

第五條　士官生徒名爲志願兵自入學之日編入常備兵籍遵陸軍一定規則服役軍務誓在服役軍務期限中必使從事陸軍勿有他志

第六條　士官生徒修學之期步騎兵科以三年爲滿礮工兵科以五年爲滿其礮工兵科生徒於五年內後二年任少尉官稱生徒少尉仍在校中修學

第七條　士官生徒於修學期限中因疾病或不得已事故不能講修豫定學術者仍請延期若干年月以畢其業

第八條　士官生徒入學之初不定何兵科先編入步兵生徒隊學習步兵科學術而騎兵於初年學期礮兵工兵於二年學期考業細察下所列三項然後定其兵科　第一考業之得失　第二該人體格强弱可適騎工礮否　第三該

人志望何科兵

第九條　士官生徒雖依前條定兵科而該人學術不能達該科者須由官命轉就他兵科

第十條　士官生徒修學中不許以該人情願歸省父母或私行退校

第十一條　士官生徒修學中犯下列事項者因其行狀才能及學業程度降等爲下士或飭使退黌送交鎭臺諸隊以爲常兵畢定規服役年限或飭使退校以免議揆量其宜而行之但飭送鎭臺爲常兵者其服役年限須自入士官黌日起算　第一項該人品行不正若紊軍紀或屢犯黌內法則者　第二項該人過怠或才質鈍魯不能卒業者　第三項以病患不能奉職軍務者

第十二條　生徒少尉修學中品行不正乖爲將校之正操者須照陸軍將校免黜條例以處其罪

第十三條　士官生徒修學中每年行二回學術大考試以定其優劣等級

第十四條　士官生徒修學中經第二年學期大考之後就該生徒中選拔雋者爲領隊下士須加其綬章以光其譽

第十五條　士官生徒經第三年學期大考試之後須升任少尉官皆以考業好否定其升降　若於大考試學術劣等或修學中屢受懲罰者時命少尉試補以示懲勸

第十六條　生徒少尉學術優等品行方正特爲衆人標準者於卒業之時察攷試驗優等擇若干名超遷中尉以示風勵

第十七條　生徒少尉名簿順序於卒業時從試攷優劣定其前後

第十八條　士官生徒自費生經第一年學期大攷學術優等品行方正或超補從來官費生欠員或加於新募官費生定員以爲官費生其仍不得爲官費生者須經第二年學期大攷之後照前回以升於官費生

第十九條　士官生徒官費生修學費用其他被服食料等一切皆係官給且另

給若干金自費生除修學費用及寢具外被服食料等費用皆須償納於官但生徒少尉賜本俸三分二故除修學費用外一切食料被服須自代辦

第二十條　幼年生徒選拔華士族平民中陸軍出身志願者定限年齡十四年以上十七年以下者

第二十一條　幼年生徒誓自入學之日從事陸軍决無他志云云須遵守陸軍一定規則故修學中不許歸省父母及私行退校然病患不能卒業者又修學中怠慢學術若品行不正等者須由官命勒令退校　但官給費生徒因怠慢學術若品行不正勒令退校者須將在校中費用償納於官

第二十二條　幼年生徒修學期限爲三年其期限中因疾病或不得已事故不能講習豫定學科者仍得延若干年月以畢其業

第二十三條　幼年生徒修學中每年行兩回學術大考以定其等級列叙

第二十四條　幼年生徒修學中經第二年學期大試驗後就該生徒中選拔雋

者命爲幼年生徒幹事

第二十五條　幼年生徒官給費之法限於戰死陸軍將校並同等官之孤子修學費用及被服食料等一切皆係官給且另給若干金其他生徒在初年學期中除修學費用及寢具外被服食料等費用皆勒令償納而至第二年及第三年學期中被服加恩爲官給食料費用勒令償納　但在第二年及第三年學期中擇學術優等者若干名併被服食料皆爲官給以示勸勵然於爾後大試驗考科表劣等者即止食料官給

第二十六條　生徒召募檢查官及檢查醫官以陸軍將校並陸軍醫官若干名任之又檢查官隨員書記以下士若文官若干名任之

第二十七條　將召募之生徒人員及檢查格例每年擇宜定奪

第二章　職制

第一條　士官學校長以陸軍中少將一名任之直隸陸軍卿以總理校中一切

事務生徒教育方法及定釁內規維持軍紀風紀統轄校中官僚監視其勤惰能否而於其管掌事務對陸軍卿任擔保之責

第二條　校長掌擇士官生徒雋者任領隊下士職及擇幼年生徒命之幹事

第三條　校長掌定每日會報時限使次長受領學科提理及各隊長報告而就軍紀及教育緊重須會議者得依校長意見臨時開議

第四條　校長於一年二回由次長所呈一般生徒考科表詳閱之下附記自己之意見一面上於陸軍卿一面抄錄之頒之生徒保人

第五條　士官學校次長以大中佐一名任之司補佐校長整理校中一切事務

第六條　次長司受領每日報告又自校長已經蒙委任事件及日常瑣末事件直以己見處其是非而後具申其狀况於校長

第七條　次長司經一年二回大試驗後受領自學科提理及各隊長所呈校長之各生徒考試表更製各生徒考科表附記以自己意見然後交呈校長

第八條　庶務課長以少佐一名任之司整理學校本部庶務次長不在之時時爲代理

第九條　課僚以士官若文官任之書記以文官任之分文書文庫武庫等各務各從其事而武庫吏下附屬火工下長一名以聽吏令

第十條　繙譯課不置課長擇譯官中高級者一名主司整理課務譯官以文官任之專司繙譯

第十一條　學科提理以礮工兵大中佐一名任之主司擔保學科部一般事務監督所屬官僚使生徒勸勵適法勉修諸學科

第十二條　提理管理諸學科一般教授方法常考察得失苟有意見直具申之於校長

第十三條　提理須常時巡視講堂學習所等檢察學科教授法良否或會教官諸議教授法等務令廣思集論以使生徒各就其學駸駸有所成就是爲至要

爲

第十四條　提理每年二回大試驗之後使諸教官報生徒學業進步景況附記以自己意見以呈校長

第十五條　學科副提理以少佐一名任之主司補佐提理監任學科部一切事務

第十六條　學科部監事以大尉任之主司監查生徒學術如何及分掌該部庶務　但監事每一名輪次常直校内

第十七條　學科部書記以文官任之分掌該部中文書往復記錄等事務

第十八條　教官以少佐及士官若文官任之主司各學科教授及編纂教程而每各學科置高級教官一名以擔保科中一切事　但礦工兵學教官兼任教授其本科礦工藝科

第十九條　步兵生徒隊長以步兵中少佐一名任之擔保本科學術一般教授

方法以使生徒養成沈毅愨實之性質爲主要
第二十條　騎兵生徒隊長以騎兵中少佐一名任之擔保騎兵科生徒本科學術並諸生徒馭馬術教授方法兼以使生徒養成沈實性質爲主務且督所屬教官助教及蹄鐵工等畜飼馬匹儲藏馬具一切
第二十一條　特科生徒隊長以鐵工兵少佐大尉一名幼年生徒隊長以步兵大尉一名任之擔保學術一般教授方法兼以使生徒養成沈實性質爲主要
第二十二條　各隊長主司統轄部下士官下士嚴遵諸法則維持軍紀風紀使生徒學術駸駸有進焉
第二十三條　各隊長須具申部下生徒學術進步如何於校長又就教授之事有已意見須時稟申且於經每年二回大試後細審生徒學術及容儀品行如何製爲表呈之校長以便檢閱
第二十四條　步兵生徒隊中隊長以步兵大尉小隊長及中隊附屬以步兵中

尉騎兵生徒隊中隊長以騎兵大尉司小隊長以騎兵中尉特科生徒隊副長以礮工兵中尉幼年生徒隊副長以步兵中少尉任之皆主司該隊生徒學術一般教授之事使生徒嚴遵諸規則爲要

第二十五條　步兵生徒隊錬體主事掌司教授諸生錬體之法

第二十六條　領隊大尉一名及下副官一名須每日直宿

第二十七條　騎兵生徒隊領隊諸官之外別置騎兵科教官及助教專掌教授該科學術及諸生徒馭馬術之事兼任蓄飼馬匹錬習馬性等務　但教官須一名輪番當直校內

第二十八條　校中會計部以會計一等副監督若二等副監督主司會計以會計一等軍吏或會計官二三等軍吏任副計官及設會計書記及卒以掌會計一切事務且兼掌各隊給與及炊爨之事

第二十九條　醫官以一等軍醫正或二等軍醫正一名任之主司校中一般衛

生攝養事務兼定日講論衛生學使生徒聽講副醫官以一二三等軍醫任之司補佐醫官而設看護長及看護卒以供醫官驅使

第三十條　馬醫官以一二等馬醫一名任之主司檢察校中馬匹健全否及芻秣良否而設馬醫生以隸屬馬醫官

第三十一條　計官副計官醫官副醫官及馬醫官等會行生徒野外演習行軍演習其他緊要之時須屬生徒隊同行

第三十二條　軍紀會議及教育會議在校長認定必要之時須開會議而校長須任議長校長不在若有事故次長代之可也使議員各竭其慮徹底討論而議長須決是非

第三十三條　軍紀會議及教育會議列議員者如下　次長　學科提理　各隊長　但教育會議時須加學科副提理又因時宜不論軍紀教育會議使庶務課長學科部監事步兵生徒隊中隊長騎兵生徒隊中隊長及諸教官皆列議員之中

第三十四條　在軍紀會議須議事項概如下　其一改正維持校中軍紀風紀至要各規律或係創定各項規律等　其二檢察生徒品行不正若紊軍紀或屢犯法度者或檢察生徒將來不能卒業者命之退校等　其三校內官制等緊要之事校長不能自決須由衆議者

第三十五條　在教育會議須議事項概如下　其一改正教育一切學課方法及每日學課等　其二就諸學術品等優劣而定點數　其三製造或改造係教育要件物具或刷印書籍等　其四檢察生徒怠惰學業者或由不得已事故致學業遲滯者或察事宜延生徒學期使之卒業或命之擯斥退黌等須由會議定奪

第三章　召募定則

第一條　召募士官生徒幼年生徒時由陸軍卿頒令陸軍部內及各府縣分遣檢查官及檢查醫官於各軍管準據格例以檢查就募者就其中擇若干名以

充召募之數而士官學校長至召募生徒之期須豫申之陸軍卿以便頒令
但在東京須在士官學校檢查就募者格例
第二條　陸軍卿已頒召募生徒之令在陸軍部使各官廨須察其志願者製名簿附以志願者攷試表送致之士官學校在各府縣轉頒陸軍卿令於管下收志願者稟狀遵第三條所載行送致士官學校
第三條　華士族平民志願入士官學校者須於頒令之時速呈稟狀併履歷書呈之府縣廳府縣廳於稟狀後署府縣地方官名以證該人確實而後轉呈稟狀併履歷於士官學校
第四條　在府縣已行檢查應合入黌者仍使之抵都在士官黌再攷學術如何及檢身體健否
第五條　欲行再攷命使上都者待其抵京量遠近另給旅費若不第再試行歸鄉者仍賜旅費而在志願士官自費者不給上都旅費而給歸鄉旅費　但在

上京途中由自己失攝生道發病而行歸鄉者不給往復旅費
第六條　行再攷之後就合入黌者擇學術優等之士隨黌內生徒定員逐漸補用　但幼年生徒志願者中係戰死陸軍將校並同等官孤子者已中考試之後不論次第補充生徒
第七條　士官學校長於前條所揭已中考試合格者直使之入黌詳記其所管隊號及族籍一面具申之陸軍卿一面通報之其所管者管轄廳　但自下士蒙命入學者於士官學校先罷該官而後令之入校又自下副官蒙命入黌者由士官學校長申之陸軍部先行罷官而後令之入校
第八條　入學者須以父兄親族或戶主確正者二名以爲保人而呈入黌憑據　但保人二名內一名須用在都人又保人由事辭退保時必索另保且經府縣官署名而稟呈之士官學校也
第九條　士官生徒幼年生徒已經入學者須給憑符以爲據

入學憑符

入學番號　府縣　何族　平民

姓名

陸軍士官學校　印

蒙民士官幼年生徒

年號月日　陸軍士官學校

第十條　士官生徒幼年生徒入學之時須遵第一章第五條及第二十一條所載呈左式誓文使該人署名捺印以明其志操之確實不渝

誓文

某志願陸軍出身今蒙恩入學士官幼年生徒當嚴遵黌規從事陸軍且在學中不論家事一切雖至疾患等决不萌退黌意念今呈誓文以明其志

年號月日　姓　名　印

同

以下從略另詳學校章程

二十九日寅初刻地微震辰刻平岩君來偕往陸軍騎兵實施學校及獸醫學校兩校同在一處田中大尉已在彼處等候拜晤校長騎兵中佐河野政次郎款以茶點略坐引至操場觀古馬演習及新馬調教等術或以疾馳或以徐行或跳溝或越檻或循坡而上下步驟井然各隊科長來見握手爲禮旋又至一教室延坐堂上聽講師演說圖上戰術實施約一時許又至一教場登樓入坐在東半首據校長言中間預備每次天皇御臨座位觀其先演甲乙特種馬皆購自外國者澳州居多最高不過英量七尺印度馬性拙內有德意志馬一頭去年拳匪之亂購自北京者此馬最良又觀其演輕躍乘法尤爲絕技或練軟力或練跳力或則縱馬流走輾轉上下跳躍自如約一時許始演畢又至廐舍畜馬四百餘匹各置木柵柵上懸有木牌三層一書馬名下注某國產某年置幾尺高一書每日食料若干一書馬丁名最可笑者有馬數十頭以山海關保定韃靼等名命之該校費由官備教官皆少佐大尉等職現在學生一百六十餘

人未初刻地微震蔡星使函邀晚宴婉辭卻之潤官同寓度歲
壬寅正月元旦中東官紳來賀辰刻譯官來偕往陸軍戶山學校田中大尉已在彼處等候守門兵舉鎗致敬拜晤校長山田忠三郎值日官鵜澤總司陪坐款以茶點出示預定演習巡覽順序表專爲來觀而設旋卽導至操場該校依山爲壘操場據最上層基址亦甚寬闊大抵陸軍學校及聯隊駐紮處多在山上有自然之形勝該校教官類皆大尉中尉相見行握手禮各隊亦舉手加額演習約分三種一爲中隊教練教導大隊演洋鎗陣散合起伏進退緩急不啻大敵當前司令官持刀居中央各教師則奔走指授之一爲教練射擊卽所謂打靶子此次教練新手只用二百密律一爲體操劍術其中最奇險者有三層高臺一座高約三四丈許又有一高臺計十六級須自最高處躍落平地挺身直立又一高架中繫繩索下有鐵圈手執鐵圈作鞦韆戲須立空中躍下此等體操非淺學者所能其劍術則或鎗擊或劍擊或以刀鎗互擊皆木質所製者校

長復命教官暨高等教師互相演習請觀乂有練習自行車者歸入體操課內順行逆行疾行徐行以及轉身之際種種奇技層出不窮閱畢後校長復問尙欲再觀何術惟命是聽只得婉言謝之旋至會議室調閱册表各項該校費由官備學生皆由各聯隊挑選送入現在戰術科學生五十三名射擊科學生五十六名均四個月爲畢業之期體操劍術學生士官四十五名下士一百十五名士官每日歸隊下士均各宿校閱畢回寓時已申初

初二日乘火車往横濱賀歲卽晚歸來

初三日辰刻譯官來偕往青山近衞步兵第四聯隊田中大尉已先在彼處等候該隊守門兵掣鎗列隊以示敬拜晤總隊長步兵大佐梅澤道治値日官步兵大尉石浦謙三郎陪坐詢問軍制及教練日課一切情形出示中國留學生現充見習士官陳其采等試驗成績各圖說傳諭諸生來見南洋派遣五名湖北派遣一名隊附六個月卽畢業總隊長各官偕臨操塲狂風撲面寒氣逼人立

觀約二三時先看其本國士官教練新兵旋命陳其采爲指揮帶隊操演又命其本國士官及陳其采等四人分四小隊一中隊合操進退頗能合度閱畢時已向午校內預備西餐杯酒間暢論時局及現在東亞之邦交遼東一役如梅澤山田河野諸君皆與其列備述往事歷歷如繪飯後導觀兵士寢室均在三層樓之上兩層床鋪衣櫃與他校中相同其樓下係隊長士官下士所居樓屋悉仿西式另有將校會集所士官會集所備有書笥圍棋暇時可往聚談或有議事之舉亦在此所營中基址廣闊有縫工室專做軍衣須預製七年敷用者有靴工室專做皮靴有鉥工室專修鎗礮此等工匠其入隊時皆是充當兵丁俟將教練一半年後略知軍事各取所長畀以專工臨戰時可應徵補營內又有售物處如烟酒食品及各種應用之物凡隊中人均準購取廚房有總理人及買辦派下士官充之每週間每日三餐菜品皆有預定表由總理人派値事兵隨時購取另立票簿某日某處幾人皆各票記每日統算一目瞭然各學校

中亦大率類此咫丁則於每週間派兵輪流更換亦有常留値事之人但無所謂伙夫長夫者守門兵則於每日一時間一輪替云又看體操中之擊劍擊劍各法短兵相接嫺熟非常較地方中央等校更進而愈上矣閱畢歸寓時已酉初

初四日爲紀元節文武百官暨各國使臣均詣皇宮慶賀學校放假潤官回寓午前偕往神田區鈴木寫眞館皖省同鄉留學生羅會垣等十三人亦後先至同照小影聊誌萍蹤潤兒昨日與諸公預約也吾皖留學共十五人除由江鄂派遣外卽自備資斧者羅會垣履平歙縣人程家檉韻孫休甯人均隸農科大學洪鎔竹孫蕪湖人隸高等工業學校金邦平伯屏黟縣人隸東京專門學校呂烈煌星如旌德人隸明治法律大學校杜淮川將青合肥人隸近衛步兵第三聯隊見習士官吳茂節元概休甯人隸近衛步兵第四聯隊見習士官單啓鵬翼民滁州人隸近衛野戰礮兵聯隊見習士官程垚章述起阜陽人隸成城學

校高逸（曠生）合肥人吳啓孫（辟疆）桐城人戴祺（定之）戴贊（襄甫）均天長人均隸東京同文書院孫培（澤蕃）桐城人預備入校是日吕杜兩君有事他出遂不果到午後微雪一陣卽露日光往公使署賀年卽歸寓末吉君來言礮兵聯隊距伊住宅最近乞予明早過其門

初五日辰刻往世田ヶ谷過青山南町時末吉君已在道旁立候田中大尉先行至近衛礮兵聯隊守門兵舉鎗致敬野戰礮兵聯隊亦同在一處延入將校會議室值日官兩員陪坐俄頃總隊長礮兵大佐隈元（政次）帶同中國留學生盧靜遠來各話寒暄出示留學見習士官教育預定課程大概學術科目表詢以欲看何種操練以便預定順序巡覽旋卽同臨操場留學四人亦隨行操場較步兵第四聯隊稍寬先觀輸運礮車之法本國陸軍現用鎗礮皆明治三十一二年所造式輸運之法並無異能再觀馬術戰術教練亦尋常法又觀萬廷獻等帶領新兵教練馬術營房約十餘所縫工靴工鍒工外有鍜工木工鞍工蹄

鐵工其會集室及寢室廄舍厨房並一切檢查之令與他隊同又有營倉一所類似班房犯罪者置於此室至平日兵丁親友往來訪訊另有面謁所閒人不准混入隊中也該隊地處鄉僻人烟稀少氣候寒冷往返將三十里幸未遇雪歸來甚倦

初六日大雪辰刻平岩君來巳初二十分由市谷區乘坐火車過四谷信濃町至新宿換車又過目白板橋一帶盡是農田民居半多茅屋無異中土造火藥廠並監獄署以及各製造會社均在鄉間巳正十分抵赤羽田中大尉策騎先往已在營門等候拜晤近衛工兵大隊總隊長工兵大佐田村義一道寒暄後先述留學見習士官教育預定課程並出示試驗各圖案意謂學期太促學力難精能再寬限則可見功洵爲至論傳諭章通聲等來見又詢其本國兵隊二三年兵教育學科課程分術科與學科二種其術科以演習行軍應用各術其學科則圖書算術爲最重該隊全隊七百餘人今日適有野外演習出九成隊現

在營中只有新兵二三十人教練對壕坑道等術總隊長率各官冒雪陪觀挖溝堆土諸法又至土工木工應用材料所刀鏟錘鋸各品大致同中國惟有通氣機兩具係挖地坑所用坑道過深必須用此器貫達又有引燃地雷電匣電條數件其備裝器械之鐵箱向皆歸輜重隊又至電信材料所電桿電條電池電斗打電機及德律風無所不備行軍時在野外隨處攀接便可通信云再觀電術修技科適其教授兵士演習打電法及鈔碼法又至寢室閲視一週榻旁懸置隨身攜帶器械預備做工之用如錯鏟斧鑽刀剪等類均有皮套包裹另有手燈一具亦有皮套大都繫於腰背之間也歸來時已薄暮

初七日辰刻末吉君來同坐火車往飯田町小石川礮兵工廠田中大尉已先在彼處等候該廠長西村君有病不能出見總務長官礮兵中佐島川文八郎礮兵少佐本莊會全之接談片刻先由小銃製造所所長礮兵中佐南部茂時引觀製器廠是廠專製造鎗器具並各種花刀樣板鉸刀車內計雙汽缸一部一

百四十匹馬力與第一打鐵廠公用廠中工長一名技手二名助役四名助手四名工匠二百九十二名又至鎗筒廠是廠專造鎗筒共分三十九行內計電汽車一部三十匹馬力雙汽缸馬力一付一百四十匹馬力與造表尺處公用廠中工長一名技手二名助役五名助手六名工匠一百六十四名車床二百零二部每日成鎗筒二百四十枝鑽眼機器三十六部（現用二十一部）工匠十四名每名管鑽頭三根每人每日鑽鎗筒十八根每百根合工銀三圓四角六分鎗筒敲直只分四次即成工匠二十一名每日敲直鎗筒二百四十枝每百枝工銀五圓五角八分第一次敲直外面不算第二次每一工能敲直七十五枝每百枝合工銀七角五分第三次每人每日六十五枝每百枝合工銀九角第四次每人每日五十枝每百枝合工銀一圓八角第五次每人每日五十枝每百枝合工銀二圓一角光鎗筒眼工匠二十五名車床三十二部（現用二十五部）每百根合工銀四圓三角其表尺所技手二名助役五名助手七名工匠一百十三名車

床一百五十四部閱兩三廠時已向午幸有中國留學生鄧志敏程勉二人奉所長諭隨至各廠譯說頗詳尙得略知梗概然爲時若太促仍同走馬觀花日不暇給當與該廠總務長官商酌擬明後日再來分期詳細眡察蒙其概允午刻田村末吉二公偕往本鄉區眞砂町彌生樓西餐未初復回工廠看各廠電車比較機器馬力據言製造之法步鎗馬鎗做法相同不過銃身分別長短現在所造鎗式按照明治三十年式居多鎗彈統歸一律金工木工大半全用機器每鎗費工九百三十六道管理機器工匠一人可管兩架本廠現用匠手二千五百餘人每日出鎗二百枝各匠多係包工如不足數須扣工資如能多做另加獎賞一物一技俱有專司各匠手工另立簿記以便檢查云酉初仍坐火車回寓

初八日巳初乘火車至砲兵工廠仍由總務長官接待並令邱程兩生同行看打鐵廠第一廠大號自來鎚五部小號自來鎚三十一部汽頂鎚六部彈鐵鎚三

部壓灰五部並理毛批刀殼機槽鎗筒零件及回火等事專派工匠十三名料理回火第二廠專爲鎗上各零件鑽火第三廠自來鎚四部汽鎚三部電機一部三十匹馬力專爲修配各零件廠中工長一名技手三名助役四名助手四名工匠三百二十八名又至機關廠是廠專造機槽機筒各種零件內計機器九百八十六部雙汽缸一部三百五十匹馬力電氣車一部八十匹馬力帶電燈約四百盞廠中工長一名技手三名助役二十名助手二十八名工匠五百十八名又至劍頭廠內計機器一百九十二部電汽車二部共一百匹馬力廠中工長一名技手二名工匠二百五十八名又至修理工廠是廠兼造機關礮並小手鎗機器礮初造時無定數小手鎗每日約造三十枝又至木殼廠機工人工各半廠中工長一名技手一名工匠二百一十四名打磨裝配工廠人工較多每日裝成之鎗約二百枝廠中工長一名技手八名工匠七百三十七名閱畢時已申正各廠停工其餘各廠俟諸明日

初九日爲日曜期不能往看工廠中國留學生假坐神田區錦町錦輝館開新年會公議會館章程予因事未克前往

初十日巳初乘火車至礮兵工廠仍由總務長官接待看鎔銅廠鎔銅爐共四十三具專鎔黃銅板白銅板紫銅板三種軋銅廠有新廠有老廠其新廠之第一廠馬力帶共十一副軋銅棍子大號二副小號九副第二廠馬力帶共八副軋銅棍子大號四副小號五副第三廠電汽馬力機器一副刨白銅板車七副又元車兩副拉子帶機器五副壓子帶耳機器五副刨床二副剪床大小六副元車床兩副鑽床兩副洗床一副燒銅板爐兩張其老廠之第一廠馬力帶六副軋銅棍子大號四副小號二副剪銅板機器二副元車四副專磚黃白銅板第二廠馬力帶九副軋銅棍子大號三副小號四副元車五副專磚黃白銅板機器二副燒銅板爐四具第三廠馬力帶專磨軋銅棍子元車六副第四廠小馬力專帶打水機器一部鎔銅軋銅兩廠上等工長一名所謂匠目一等工長一名技

手二名（即副匠目）書記二名助役十一名（即副領手）工匠小工等三百九十七名又至銅壳廠内計大馬力礮銅壳礮銅機器二十副燒銅壳爐四具其檢査銅條之處凡十一所第一所舂床機器十二副第二所又十一副第三所又十一副第四所又十一副第五所壓圜凹機器十副第六所舂床機器十副第七所切口機器十一副第八所壓底機器十二副第九所收銅壳口機器十二副第十所硨銅底並硨銅壳口機器二十七副第十一所鑽火門眼機器十八副其自來火燒銅壳口機器共八副修整銅壳小銅帽室並凹子高底機器四副檢査銅壳凹子高底並外徑機器八副鉸銅壳内外毛口並鉸銅壳小銅帽室毛口機器四十六副上銅壳藥室膠水機器五副掃除銅壳内室汚滯機械二十副檢査銅壳底至大小底溝深淺檢査銅壳長短彈子室之大小及火眼之大小各法俱備廠中上等工長一名一等工長一名技手二名書記三名助役十名工匠小工等共五百二十九名又女工一百六十一名檢査工匠一百九十一名又

女工一百六十一名閱畢時已過午歸寓午飯未刻往外務省商定看海軍學校及造船廠日期申初赴下田歌子之約論女子教育首重衛生次及游藝無非從學問中得來功夫日本維新以前婦人足不出戶與中國情形相似自弛閨禁而習體操衛生學日臻進益是乃女教最要關鍵歐美束腰支那纏足皆有損於天和日本無此積習即女子不著耳環亦深恐傷及元體是以效法泰西轉移甚速勸我中國速興女學俾使教育普及女子能知自立斯亦富強之一大轉機等語予韙其言歷溯古代名媛以告之當今中國非無女教但非普及往往淑德多出於華族通才罕見於平民此等情形各國諒有同然但處今日而欲女教之普及宜必從小學始不十年後我國必大有變革可拭目以俟之者彼此議論頗覺暢洽託延工藝圖算等科女教師彼亦慨然允諾出贈華族女學校學生鉛筆著色人物圖畫二紙精緻絕倫洵不多覯

十一日巳初乘火車至礮兵工廠看元車廠是廠專磚鎗子舂頭模子各種樣板

內計大小元車機器七十四副洗車床四副刨車床五副鑚車床三副砂盤車六副磨刀車二副老虎鉗三十六副打鐵爐五具碎火爐兩具造子袋機器二十六副廠中上等工長一名一等工長一名技手二名書記二名助役五名工匠小工等共約百餘名又至彈子廠專造彈子內計大馬力機器一副舂彈子機器六十副開口機器十三副舂尖頭機器十二副裝鉛彈子機器六副裝頭道口機器六副裝二道口機器七副收口定寸機器七副定徑寸機器九副秤彈子重機器十副壓鉛條機器四副舂鉛子機器八副磙彈子線機器四副磙筒子機器八副又至白藥廠是廠專造白藥內計舂小銅帽機器八副裝錫片機器三副壓小銅帽機器四副廠中上等工長一名技手一名助役一名男工二十八名檢查處女工二十五名又至裝藥廠是廠專管裝藥內計裝藥機器八副檢查外徑大小機器九副彈子裝上收銅殼口機器八副裝小銅帽機器十一副秤裝上藥鎗子重機器二十副（裝好彈子檢查長短檢查小銅帽子高低）廠中上等工長一

名技手二名書記二名助役六名工匠小工等共三百八十六名又至火工廠是廠每年火工軍人派學生約九十餘人來學鎗礮用法裝配開花礮彈葯工課一年卒業一造紙彈子頭一造電氣信管男女工共一百五十八人一造藥線一造鎗子紙合女工一百四十二人一裝操演各樣礮藥一造化成白藥廠中上等工長一名技手一名書記一名助役四名此外雕刻部精密工場鞍工材料所及試驗室實驗室閱歷一週其風車帶多係用綿花帶據言較皮帶價稍廉鍛工場做模子皆用自來錘回火處用炭不用煤所費較昂其硨羅絲用自動機器上有鐵盤置鐵釘於盤內開動機器由斜管內落於盤下之機口自相磨錯十幾轉即鑄成羅絲墜於最下層之盤內矣各廠今日特將所製之器全數陳列如銑床木被彈倉彈鎖子等類不下七八百種自原形至成器無所弗備一時書不勝書過目輒忘有不能記憶其名者至鑽火廠時所長告以此地最爲秘密外國人來參觀從未許可中東邦交格外從優看待云查該工廠

所用機器實有不及我上海漢陽兩廠所用之機器其反能勝我製造者各項有各項之責任一項有一項之檢查此項之人斷不容混入他項如有不合用者隨時提出其木殼材料多取材於本國東海道山內所產且必採用八十年以上一百五十年以下之木方能合用木料只用四邊因中心木性太硬之故考究一切具見精詳閱畢工廠本莊君偕遊後樂園該園現屬於礮兵工廠從前幕府勝蹟明代朱舜水東來時所倡建高山曲澗悉出天然古木斑爛皆舜水所攜種有梅林有荷沼亦有扁舟惜以樓閣稀疏遊人頗少駐足處有茅亭五六椽向無宴會之所別有沙室內置竹桌勾心鬬角組織而成清水觀音堂供佛像得仁堂供伯夷叔齊像八卦堂供德川幕府像又有蓬萊島蜈蚣山等形勝登臨遠眺一覽無遺回寓午餐申初至貴族院拜晤近衛公爵商訂日期往學習院參觀該院與華族女學校專爲華族貴族而設男兒入學習院女子入華族女學校現在推廣章程紳富子弟亦可入學云近衛處遇佐藤虎次郎

十二日午初拜蔡公使尚未起回寓午餐又偕紫水至日本橋區兜町二番地印刷株式會社該社幹事再三邀往深川區東大工町十八番地印刷機器廠參觀廠長星野錫引看各廠印刷機器現有八種鉛模一石印二活字五另有雕刻器做字器鑄模器寫眞器磨印泥配顏料皆本廠所自製閱畢請在本廠照相留贈啜茗閒談出贈印畫數十種並面試所鑄之鉛模紙板等類詢其印刷價目較上海似稍廉並晤該廠監督齋藤章達暨泰東同文局執事人阿多廣介適見有滬人寄閱新編蒙學課本伊等駁斥其參用耶蘇教語殊失孔孟之道其持論與橫濱新報社佐藤君同

十三日午後往神田區和泉町東京衛生試驗所拜晤所長藥學博士田原良純該所隸內務省專爲試驗藥品而設無論內外國所產葯品須經該所試驗加封後始准藥店出售恐滋流毒之故牛肉牛乳亦間有試驗而後准用者導觀驗化各室均置機器玻璃管與大學校醫科相仿另有自來水管數處警察署

嘗有人到此察視稍見污濁電話知會該總廠隨時整理又一室專製鴉片烟治病所用其製法先捻碎末復做成餅再上蒸籠若干度備治頭痛等疾云又與論及醫道據言現在本邦大都會地方自維新後多信西法其內地與各鄉村間信漢醫者亦尚不少若東京漢醫家僅淺田恭悅一人恪守古法其餘概失眞傳矣傍晚訪田中少尉暨末吉君均不値接外務省函稱尊處擬觀海軍各學校及造船工廠一事頃接海軍大臣照覆後開日期准觀即祈閣下如期前往但某日幾點鐘抵横須賀必須由本衙門預先電告該處鎮守府望將擬搭火車時刻預示爲盼至於往觀他校時日請由尊處自行預報各學校可也等語當即作覆函訂一一

十四日早間正擬出門念劬來忽忽一談巳刻往築地海軍省跡海軍大學校由本校副官兼軍醫少監鈴木尙象等引觀醫科教室及實驗標本機械各室較帝國大學約備十分之三四人身熱疾惟蚊毒考驗最詳近由英佛得來新法

收羅各蚊種類用顯微鏡試觀其色纖微無不畢現午飯後校長坂木俊篤來引觀大學講堂及理化學實驗軍艦型模機關計畫等教室並藏書室自習室教官室庶務室會計室現在學生三十人皆官少尉大尉由各軍隊派遣來學者講師延請各高等學校教員分期來教其課目甲種學生科則爲帥兵術曰軍政學一經濟二經理曰用兵學一海軍戰術二海軍圖上戰術三海軍兵棋四陸軍戰術五陸軍圖上戰術六戰史曰法學一國法二國際公法三航海法乙種學生學科則爲專科曰航海術一造船二機關三築城四航海天文五羅針修正六海上氣學七海岸測量學曰礮術一造船二機關三築城四彈道五造兵曰水雷術一造船二機關三築城四海岸測量五攻擊水雷六防禦水雷機關科學生學科則爲本科第一部一蒸汽機關二實地機關三機關計畫四造船學五造兵學第二部一蒸汽機關理論二機械運動動力學三材料構造之强弱四水力學及水力機五電力學及電力機六船體抵抗推進凡豫科各

十餘種由淺及深循序而進其隨意科科目有三曰海軍刑法治罪法曰外國語學曰寫眞術又有印字室三處一製石版一用眞筆版本校教務最關秘要較陸軍爲尤密即尋常講義與刋行之條規皆由本校印刷不假外人之手如此慎重深恐洩漏海軍各校向無外國留學見習之人即欲往校參觀無論內外國人非經海軍大臣許可亦不得擅入也閱畢校長持贈本校校章及照相片兩張鄭重而別

日本海軍大學堂章程譯之如左

第一條　海軍大學堂爲教授高等學術於海軍武員而設

第二條　大學堂置各職員　總理　副總理　教頭　教習　主計長

第三條　總理隸屬海部大臣綜核堂內事務

第四條　副總理承命總理掌庶務

第五條　教頭承命總理監督教務

第六條　教習承命教頭教授各學課

第七條　主計長承命總理管理一切度支事

第八條　本學堂除第二條所列畢各員外另置判任文官若干員承命上官辦理庶務

第九條　入堂武員一律稱海軍大學堂學生

第十條　區別學生爲四等將校科甲種學生　將校科乙種學生　機關科學生　選科學生

第十一條　教授將校科甲種學生以高等兵學暨他藝術爲將來充樞要武員及任高級司令官之用

第十二條　教授將校科乙種學生以礮術水雷術航海術諸課

第十三條　教授機關學生以關機器一切學術

第十四條　選科學生各任意選擇功課而修習之

第十五條　將校科甲種學生拔擢才學德行出羣者如下二式　經本堂學生銓衡員鑒定海軍大臣命入堂　一官秩至大尉而海上服務過二年者　一及第招考者

第十六條　將校科乙種學生如下三式　海軍大臣命入堂　一官秩至大尉而海上服務過一年者　一素給廩食使研究礮術水雷術航海術者　一及第招考者

第十七條　機關學生如下二式　海軍大臣命入堂　一官秩至大機關士而海上服務過一年者皆少機關士而兼備才學者　一及第招考者

第十八條　選科學生選舉自佐官機關監若大尉而服務三年以上者或大機關士海軍大臣命入堂

第十九條　本學堂學生銓衡員將校會議本學堂總理暨海軍大臣協同商議選舉自佐官以上武員特命之員中置員長一名先進將校充之

第二十條　入堂招考程式海軍大臣定之

第二十一條　學堂畢業者給以證書

第二十二條　將校科甲種學生畢業者自證書外更給徽章以表明其及第

第二十三條　將校科乙種學生畢業後從其術技所長或入海軍礮術訓練所或入水雷術訓練所更研究奧義

第二十四條　學生有不勝其任者總理稟請海軍大臣海軍大臣即行斥退甲種學生之不勝其任者先經銓衡員鑒定而後總理稟請海軍大臣

第二十五條　學生在學中有進升官秩者仍可留學以俟畢業

第二十六條　本學堂定員於別表定之

又過國光社印刷局踐阿多廣介之約到社一遊該社活字版機器三十餘架專印報紙書籍價廉工省亦頗獲利贈以本社所印女鑑一本阿多君著列論說甚夥

十五日午初具禮服往參謀本部道謝派員優待等情晤福島少將田中大尉暨平岩末吉君又至陸軍省道謝晤秘書官菊次郎下午六時假座偕樂園邀請成城學校奧山田村二公外務省堺公參謀本部田中平岩末吉諸公便飲入座後起讀頌詞相聚甚歡亥正始歸

十六日午後偕紫水至本鄉區本鄉五丁目十番地美滿津商店看標本部體操部及雜種部各物品　動物學之標本部　一原生動物曰根足蟲類曰鞭毛蟲類曰胞子蟲類曰纖毛蟲類　二海綿動物曰膠質海綿類曰角質海綿類曰磽角海綿類曰石灰海綿類曰玻璃海綿類　三腔腸動物曰波利水母類曰珊瑚蟲類曰櫛水母類　四蠕形動物曰扁蟲類曰紐蟲類曰圓蟲類曰環蟲類曰前屄類曰輪蟲類　五節足動物曰甲殼類曰蜘蛛類曰多足類曰昆蟲類　六軟體動物曰瓣鰓類曰堀足類曰腹足類曰頭足類　七棘皮動物曰海百合類曰海盤車類曰海膽類曰沙噀類　八脊索動物曰半索動物

九尾索動物曰海鞘類曰沙魯怕類　十頭索物　十一脊椎動物曰圓口類曰魚類曰兩棲類曰爬蟲類曰鳥類曰哺乳類　十二脊椎動物骨骼類　十三解剖標本　十四模型類　十五發育順序及比較標本　十六解體類　十七普立怕喇託類　十八普立怕喇託一組標本　植物學之標本部凡植物學標本及放大解剖之模型俱全　鑛物學之標本部鑛物學之各種標本俱全　博物學實驗用諸器材料部　一舶來顯微鏡　二解剖器械　三採蟲用具　四剝製用義眼　五動物火酒漬用壜各種　六植物採集用及其他物　七鑛物採集用具及其他物　人體解剖模型部　一蒸汽礶蒸汽車汽船車艦水雷電車等類　二電機用具類　三地球儀器類　四美術動物模型　五石膏模型　體操部所用器具如弓矢棍棒球鈴等類以及諸遊技品運動會競爭用具戶外運動器械室內體操器械兵式體操器械治力計器水上運動用具體操各種用具俱全外有端艇自轉車體操及運動用書類

其雜種之物品　一裝圖用器具附水彩畫用具　二度量衡器　三樂器及蓄音機　四幻燈及映畫　五雜種　六寫眞器械該店係帝國大學分科畢業學生所創設製造標本體操雜種器具外博物圖書種類甚多專供各學校所購用也閱畢略購礦質鐵軌汽車數種而歸田中大尉來訪持贈陸軍政要類聚一部

十七日卯初往新橋七時二十分乘火車至橫須賀過品川大森川崎鶴見神奈川程谷戶塚大磯鎌倉逗子九時二十分抵賀拜晤鎮守府參謀長海軍大佐向山愼吉海軍大尉齋藤半六略話寒暄傳請造船廠造機科主幹海軍技師箕田亥三治引觀製造各廠門側有防火隊後面即蒸汽唧筒格納所門皆鎖閉旋至畫圖室各人分畫製器之圖樓上畫全船形式於地板上至大者不過三十餘丈又至煉鋼廠鑄鐵廠製罐廠造銅廠修理機器工廠所用機器大件購從西洋小件皆能自製斷鐵用純鋼鋸鐵之厚五六寸許可切斷其法與斷

木無異木工廠造型模及應用各件製造之法始以木模繼加泥質再鑄鐵形現造千五百噸水雷船二隻該廠所造之船至大容四千噸港內地勢甚窄從前闢山成港較江島廣島形勢則藐乎則小矣閱畢齋藤大尉延至水交支社（即將校俱樂部）接待貴顯室啜茗後至大餐房午膳殽酒甚豐陪坐者為機關學校副官少監馬場（惟夫）及箕田齋藤二公午後預備人力車齋藤馬場二公陪赴機關學校總監湯池（定監）相見甚懽款以茶點酒食略坐即率同教頭田邊（男外鐵）暨副官監事等數人導觀講堂教場自習室寄宿舍浴室醫室病室較他校為廣闊新造樓房地臨海岸軒敞非常理化礦電各種標本亦各略備教場共十所現在生徒二百三十六人除教頭外教官二十一人教授囑託三人監事長一人監事九人教員十二人兼務教員十二人雇英國教師一人專授語學該校去年移建於此鑿山闢土填塞海灘工程甚為浩大云其學校程度分三年級曰工業曰英語及英文曰三角幾何曰畫法曰微積分曰製圖曰應用力

學曰蒸汽論曰製造冶金曰機關計畫曰見取圖曰造船學曰物理及化學曰汽罐機械曰電機曰衛生學曰機關實驗法閱畢時已申初齋藤君陪坐小火船至朝日丸兵艦察視一週晤副官海軍大佐內田善太郎引觀將佐尉士各官閱書室及寢室病室飯廳等處體制各有區別旁覩學校規模其礮位之布置與我國南北洋兵艦無異特燃放時皆用電氣引火極其敏捷該船英廠所造容一萬墩置礮十二尊桅桿上有兩層礮臺樓梯甚狹閱畢在大餐房啜茗小憩仍坐小輪登岸該船列隊舉鎗致送如儀申正十五分仍乘火車回東京齋藤君送至車旁候開車後始告別橫須賀以上戶塚以下之車道多係穿鑿山洞黑暗非常車行至此須燃電燈酉正二十二分抵新橋偕譯員吳祿貞在停車場三層樓上西餐戌正歸寓由橫須賀同車來京者有海軍大佐松本和海軍中佐宮地貞辰造船總監工學博士佐雙左仲握手接談

十八日擬赴廣島閱海軍及船廠因昨日微感風寒遂不果往當即電告外務省

及海軍省閱統計年鑑近年製造之業種類繁多撮其大要約十數種曰蠶絲及蠶種曰花紗曰織造曰陶器曰磁器曰漆器曰銅器曰紙類曰蓆類曰酒類曰菜子油曰生蠟曰火柴曰醬油曰餅食曰烟草是也其公司及各工場明治元年約四百家二十五年已增至七千數百家近十年來當可增至萬家其資本統計自五百餘萬圓增至四千四百餘萬圓明治初元以降互市日繁商務寖盛每年輸出輸入之價現在較初年幾增至數十倍於此可見取法泰西之成效

十九日巳初至芝公園郵便電信學校拜晤校長湯川寬吉拜晤幹事兼教授神田選吉岡島光久引觀參考室陳設各種器械又至閱書室除應備郵電專門書籍外歷史地理等類亦各粗備其電氣教場事事皆以實驗教授課目約分四科曰行政科曰財政科曰技藝科曰通信科英語教授則雇用美國人德佛話教授皆本國人另設電信實踐局遞送交換分別由某處至某處收發俱按

實地行事桌上又置集音函或近或遠學生聽機上動聲數目記寫字碼閱畢即在附近三緣亭午餐午後偕雲生遊德川氏家廟門額署台德院每人輸洋一角即可入觀由住特僧人導至殿廷遊覽金碧輝煌其供品內有眞金眞銀花枝瓶上古漆精緻楹柱嵌金雕刻悉出名手從前殿上逢大祭時拜跪各按品級十萬石以上之諸侯始列中級殿旁置一戰鼓據言曩昔征伐大阪所用德川時代自此一戰列國諸侯羣相折服云又看墓塜係德川氏之二代祖墓其一代祖墓在日光山其四代六代諸墓殿即在台德院左側時將薄暮不及徧遊此墓上有石座砌亭閣於石座上用銅板鑲成窗櫺雕工精細漆色光明建立垂二百餘載毫不朽敝過芝公園勸工場一遊該場爲東京第一商品館銅器磁器木器竹器象牙器雕工畫品皆爲美術殊足玩愛然價値則奇昂也

二十日午後往神田區鍛冶町三番地謄寫堂及九段今川小路一丁目六番地北上商屋購謄寫版眞筆版各種印字機器

二十一日巳初至學習院電達貴族院近衛公爵今有他事竟不克來該院幹事有馬能御導觀大學中學小學各科教室其課程則午前教以文學午後教以武術出示本院規則立法甚爲縝密又至博物館各種標本備體五六十種圖書館所藏書籍沂衛公爵自置者附寄於此頗多午後銀座購物並至正金銀行辭行與川島忠之助談

二十二日巳初冒雨赴下田歌子之約至麴町區女子工藝學校實踐學校兩校同在一處是下田所創立者引觀各教室屋宇窄狹生徒衆多功課亦甚認眞有讀書者有習字者有唱歌者大半以縫工繡工絲工花工爲專技預備手藝數十種陳設廳事以待參觀諸女師爭相晉謁各遞職名時任竹木村芳上村百代山中京田島秀時任多計井原茂田副俊太田富田中龜加前木之芽等十一人幹事三員靑木文造武田太郎稻垣吉愼會計一員大藪久雄閱畢贈以綢織相鏡並通草花生頭亦附贈花蕊數十朶殷殷致意以誌不忘今日未

初刻春雷發聲

二十三日午前拜晤蔡星使午後檢點行篋

二十四日巳初往遞信省看試驗無線電信湯川寬吉爲之介紹由執事人引入試驗無線電機室有衆議院議員野尻岩次郎村瀨虎次二君同時參觀技師演說用法即刻實施其法以圓鉛筒二一爲空氣一爲眞空氣長約四五尺繫之以繩懸於室中另有赶電機柱高二尺許置於桌上兩室機器相同赶電機柱針指某處即達某處其受電機電火約距四五分遠能相擊撥彼處電機自動即可逕達矣通電之法要以鉛筒空氣爲關鍵所畫字碼與尋常電報同據言海程相隔百數十里只要能繫空筒通消息甚易易前於横須賀至廣島曾經試驗確乎能行閱畢電機又導觀郵便沿革標本室凡外國與本邦自創辦時至現用各物品薈萃七百餘種內有印度所製之品印度土人馬遞手持軍械以防野獸其最苦者冬天赤體騎一氣袋上匍匐踏雪而行各局遞送情形

均各製成標本寄贈於此又有本邦所製之品其郵路模型或由鐵道或由輪舟凡經過之處山川草木並負荷人形狀以及所用車馬無所弗備惟妙惟肖據言前次法國大博覽會此品亦曾出賽又有山陽鐵道直行郵車標本此車沿路不停路傍置有一柱車邊亦置一柱各繫鈎環郵車來時摩肩而過郵包信件自掛自落有人隨時檢收最稱靈捷此類郵車共有三種大同小異閱畢索贈沿革史及歷年報告書允以明日送去

二十五日接外務省來函明晚在紅葉館餞別婉辭謝之午初赴外務省辭行並道謝怏唔外務大臣小村壽太郎及秘書官吉田要作本多熊太郎繙譯官堺與三吉小村外相臨別贈言於學務尤三致意且言以後如有委商事件但可通函無不竭誠報命云云坐談一時許情意殷殷鄭重而別傍晚往隼町商店參考避雷針建設方法地中板埋伏於下直接導線樹立鐵柱上有突針普通法是單線改良式用雙線隨處皆可建設其價亦不甚昂甲種全副約二十餘

國乙種全副約十四五圓運費荷送等費在外

二十六日巳初往成城學校察看留學生新改正預備科課程大概分爲三科首重武科一年半爲畢業准入陸軍次則理科凡醫學農學工業等類隸之次則文科凡政治法律商業等類隸之均以二年半爲畢業再入專門學校現在留學生五十餘人區爲五班前三班皆注願列於武科其願列理科文科者僅十四人第五班山西新到六人志願未定該校校長岡本君暨奥山田村諸君陪觀晚間蔡星使邀請在署西餐同席者法瑞使館參贊兩人日本陸軍福島少將等十八人其餘參隨四人及錢念劬亥正始散

二十七日外務省派繙譯官堺與三吉來偕往小石川巣鴨監獄署察視一切拜晤署長警視廳典獄神野忠武論述本國法令之沿革據言該獄明治二十八年倡建費金約四十萬元若照現在工料價値相去幾將倍蓰樓屋全仿西式獄中容二千餘人大坂監獄爲全國之最大者此獄次之値日官導觀各監每

室至多能容十人矮門鎖錮按號編聯上懸電燈旁設厠所又有自來水以便盥濯監犯平日在此室中准其觀書但為有益書籍則可並不准看閑書監獄洋房兩所軒敞淨潔規模大致相同監獄內有教務所樓上設大講堂中座供佛向有講師五人以本願寺僧充之訓育道德並讀書習字事三層樓上為會議之所監獄各官每日會議一次將出入各案件隨時册報絕無稽擱之弊樓下有浴室兩所又處罰監一所方室孤懸牢洞嚴錮約有十餘屋另有闇室兩間不見天日每間只容一人不准同犯與之接談此等犯人因犯本監規令置於此室每日減食幾成（尋常犯人口食本有定額）至多不過三五日間即須開釋又病監一所亦係洋房惟是蓆地坐臥有醫務室內監醫二人有葯室各種應用藥品略備十之六七病監有運動場其在監各犯人視處分之輕重定手工之粗細按日均須執業工場共計六所各種工藝或分作或合作井然有差每廠派人專司檢查曰鍛治工曰靴工曰行囊工（郵便口袋之類）曰木工曰木錦織工曰裁縫工曰

藁工均官司業曰紙工曰箪笥工曰麻工曰竹箸工曰洋傘及傘柄工曰修整鈍礮工准其受負官司業者做成之物官買官賣除材料價值外所得利息分別幾成提歸監用幾成充賞但須俟該犯罰滿出監之日一併發給其受負者即自行交易之件不必由官買賣所謂小貨是也亦均有專代經理之人又有磚窰一所現因運費太重業經停止監內掃除夫耕耘夫炊夫洗濯夫理髮夫看護夫（如病監服役人等）均由犯人中揀派凡年在十六歲以內者午前須至教場讀書習字午後須做手工（如織絲帶等工）傍晚尚有體操較學堂功課稍減另有一監皆被告尚未裁判之犯外門鎖禁有人看守亦有浴室及運動場但每日只准出獄一時該獄中見有福建人一名因吸食洋烟定罪禁錮一年閱畢時已過午至牛込區西洋料理午餐後偕堺君往鈴木館寫真又過平岩家辭行

二十八日午初至參謀本部與福島少將田中大尉暨平岩末吉諸公話別其餘各處繕寄郵片告辭恐勞枉送之意申刻往蔡星使處辭行酉正五分至新橋

上火車卽在停車場西洋料理晚餐近衛公爵握談東邦之友送行者二十餘人姓名不及詳載火車坐頭等艙適來陸軍三人和尚二人座爲之傾兼之過站時人聲鼎沸通宵不能成寐

二十九日昨酉開車所經過之鄉村田間多設電桿橫線頗密竟無毀折之虞遙見高山積雪約有二尺餘將近西京地方山洞甚長晝亦燃燈過品川平治大船國府津松田北小山御殿場沼津岩瀨江尻靜岡堀ノ內掛川濱松豐橋岡崎安城大府名古屋一ノ宮木曾川歧阜大垣垂井關ヶ原醒ヶ井米原彥根能登川八橋野測ノ草津馬場稻荷京都大坂神崎三ノ宮午初三十八鐘抵神戶住停車場前吉田旅館卸裝俄頃有又新日報社訪事人佐藤勝三郎來謁詢問行蹤乞一名片而去電話詢子壯仍未回神午後拜晤領事黃伯愚太守繙譯馮越甫貳尹神戶旅館起居飲食與檅相髣髴不如東京遠矣上等每人一圓五十錢午餐另加晚越甫來

三十日午初伯愚越甫暨市川徹彌先後來訪伯愚邀赴岡本探梅適有足疾不能出門遂不果往閱新聞紙登予在東京及抵神戶之狀況甚詳

二月初一日大風足疾少愈巳刻至露清銀行晤楊潤生正金銀行晤葉鶴齡怡生號晤吳錦堂午後領事館略坐適詠南來此接領事任詠南乃和甫星使之介弟也又晤伯愚越甫傍晚回寓市川來晚共飲

初二日晨刻偕市川君乘火車至大坂坐人力車至造幣局御者較東京橫濱神戶皆健足五分鐘可行華里三四里許拜晤造幣局長長谷川爲治黃領事有書介紹也略話寒暄導觀陳列貨幣沿革室本邦製造自始創以迄今制無一弗備外國製造亦搜羅十之四五若銅幣則自秦漢以逮有明十具七八金銀勳章獎牌及紀念牌亦附列焉各國幣制不同其通用之銀錢亦各別　英國錢幣十一種　大金錢重市平二錢二分者名曰色伍崙每枚值中國銀三兩三錢五分六釐八絲易小金錢重一錢二分者名曰哈夫色伍崙二枚每枚值

中國銀一兩六錢七分八釐二絲易大銀錢重七錢者二枚名曰克老恩每枚値中國銀八錢三分九釐二絲易小銀錢重一錢四分者五枚名曰先令每枚値中國一錢六分七釐零八毫四忽易次小銀錢重七分者二枚名曰西本士每枚値中國銀八分三釐九毫二忽易再次小銀錢重三分五釐者二枚名曰色本士每枚値中國銀四分一釐九毫五絲一忽易大銅錢重二錢七分者三枚名曰邊士每枚値中國銀一分三釐九毫八絲易中銅錢重一錢五分者二枚名曰海邊士每枚値中國銀六釐九毫九絲易小銅錢二枚名曰發爾英每枚値中國銀三釐四毫九絲五忽又中銀錢重三錢三分名曰哈夫克老恩每枚値中國銀四錢一分九釐五毫一絲又上中銀錢重二錢八分者名曰福老倫每枚値中國銀三錢二分五釐六毫六絲易先令二枚　德國通用之銀錢一曰打拉每枚値英銀三先令另書門銀行所鑄打拉每枚値三先令四辨士　二曰福祿林每枚値英銀一先令八辨士　三曰馬克每枚値英銀一先

令三辨士另突倍克銀行所鑄馬克每枚值一先令六辨士　四曰新行馬克用赤金鑄成約一百三十九枚半合英金一磅　法國通用之銀錢名曰佛郎脫每枚值鷹洋一角九分之譜可分爲一百勝丁　美國通用之銀錢名曰秘瑣每枚值英銀四先令近年又另造金銀錢通行國內其輕重未詳　俄國通用之銀錢名曰羅布每枚值英銀二先令七辨士每七羅布合英銀一磅又一百銀參般合一羅布（俄國雖以羅布爲通用之銀然民間率用紙幣以紙幣一百張易羅布八十枚至九十枚不等）　意國通用之銀錢名曰賴爾計二十五枚合英銀一磅　荷蘭國通用之銀錢名曰結利特每枚合英銀一先令八辨士十二枚合英銀一磅　葡國通用之銀錢名曰密勒每四枚半合英銀一磅　比國通用之銀錢名曰福蘭格每二十五枚可換英銀一磅　丹國通用之銀錢名曰列斯打拉每九枚合英銀一磅　埃及國通用之銀錢名曰窐京每枚合英銀五先令四辨士又曰批阿斯得每枚合英銀二辨士又曰記斯每枚

約英銀五磅　各國分兩不同總以英權計之

又觀文書課地金課用度課庶務課鎔解場伸延場極印場雕刻場製作場試驗場精製場精煉場及各分室其檢查場最爲嚴密凡工匠出門其身畔皆須搜檢外人來此參觀去後須承局長給以門票守門人始准照出適在前場縱覽時有印度人來觀守門人若將拒之辭色頗覺游移彼竟怏怏而去該局創自明治三年近年製造貨幣總額約在兩千萬圓左右其市面通行者金幣十圓銀幣五十錢二十錢及十錢白銅幣五錢青銅幣一錢二錢及半錢其金幣之一圓二圓五圓及二十圓銀幣之一圓青銅幣之一釐五釐等已停鑄鑄造各法全用機器惟雕刻模型尚用人工至於製煉之細試驗之精悉由電學化學研究得來固非尋常工匠所能語此貨幣之製造及發行其權屬於政府貨幣爲四大宗曰金貨幣曰銀貨幣曰白銅貨幣曰青銅貨幣貨幣品位各有定分金貨幣純金九百分參和銅一百分銀貨幣純銀八百分參和銅二百分白

銅貨幣聶格耳二百五十分參和銅七百五十分青銅貨幣銅九百五十分錫四十分亞鉛十分貨幣量目亦有準數十圓金貨幣二錢二分二釐二毛二五十錢銀貨幣三錢五分九釐四毛二二十錢銀貨幣一錢四分三釐七毛七十錢銀貨幣七分一釐八毛八五錢白銅貨幣一錢二分四釐四毛一一錢青銅貨幣一錢九分八一錢青銅貨幣三錢八分一毛六半錢青銅貨幣九分三釐零毛四其形式悉遵勅令所定其法律按照明治三十年新令施行一圓金貨幣等即從此時廢止云週覽兩時已將過午至大阪俱樂部西餐該處向爲著名西洋旅館原來三層樓屋數十幢前被祝融之厄暫移對門平房二十餘間陳設雅潔座上客亦常滿與市川君縱飲飯後至東區安土町一帶閒步街市在靴鞄商店購物大阪製革廠約十數家牛皮一項來自中國者不少一經製煉精粗悉無棄材靴鞋鞍帶皮箱皮包等類本國早已廣行販運外國不過百分之四五銷中國者居其大半市廛購物價值無定外人交易往往受其欺朦

不如東京遠矣大阪市東西南北四區居民約萬餘家商廛以皮革玻璃爲大宗此外如兒童耍貨及日用食品多有販至他處者戌初仍乘火車回寓過住吉町遇探梅客十數輩聯袂登車均有醉態

初三日辰正四十五分偕市川乘火車往西京過大阪吹田茨木高槻山崎（古之戰場據全國之險要）向日町沿途所過地方其從事農畝者與中國無異情有編插旗幟處因是鄉將唱戲以此廣告鄉閭塚墓類皆聚葬各樹石碑於其上詢之市川據言鄉人仍用古法有棺有槨市人仍有火化儲於磁甕年久可免腐朽聚葬之法自古皆然風水爲害從未聞有此說云午初十五分抵西京即在停車場前乘人力車（車夫有賃錢規大約每日不逾八時單坐車七角五分雙坐車一元五角）遊東本願寺門外有瀑布泉入內則殿宇崇宏僧徒衆盛該寺爲日本大叢林是佛教最初之基其西寺及大阪各處皆其分院日人好佛實有勝於中國每至神社前必免冠舉手以爲禮又至豐國神社內有木雕半截佛像身高三丈餘面闊七八尺從前本是銅佛

因遺回祿現正募修又至三十三間堂主座觀音神像兩廡間三萬三千三百三十三尊佛香火極盛門前有夜泣泉不知何所取義繞出竹林數十重登東山在吉野屋便餐微醉復遊淸水寺造極高臺俯視都宮苑在目前遙望西北諸峯松柏盡蒼蒼然可知東方之木果爾葱蘢又過華頂山知恩寺祇園八坂神社等處夕陽西下無暇流連至琵琶湖疏水便船碼頭看疏水法蓋以導湖水越三山逾高地而灌溉農田水道深不盈尺即潤泉所流出者曲折上下約二十里其高陂兩水斷絕處安置鐵軌用電力曳舟而行另有木床與此鐵軌合轍床置水中船入床內順逆交推至有水處則仍用篙槳是誠陸地行舟之法較中國過閘過壩省力多矣閱畢時已酉初至停車場前晚餐六時五十六分仍乘火車回神戶九時三十分抵旅館西京三面皆山南面濱海市內上下兩區大橋七條東西山古寺林立勝蹟最多惜以行色倉皇未能徧歷欲圖盡興當俟重遊

初四日閱京都旅客重寶第四回內國勸業博覽會場等名所共九十七處非兩三月間不能週遊其花季候著名之地尤不可不知其大略梅花三月一北野二梅之宮三長岡四御苑內五神社天神六若王子七下加茂櫻花四月一祇園二秋垂枝櫻三鞍馬四知恩院五嵐山六清水寺七長樂寺八修學院九平野神社茶摘五月宇治社若五月一東守二梅之宮蓮花七月一西大谷二御苑內三日掠湖荻花九月一南禪寺二梨木神社三高臺寺四大佛紅葉十一月一高屋二梅尾三槇尾四修學院五東福寺六嵐山七若王子八永觀堂九眞如堂京都產物曰西洋織物曰粟曰燒陶器曰清水燒陶器曰染物曰鹿子類刺繡曰絲組物曰銅器曰金屬器曰七寶燒曰漆器曰團扇曰人形曰金銀箔曰茶曰青物百種此其產物之大宗也他若游戲物品不勝枚舉午後至領事署晤伯愚邀甫託購船票晚往商話別所閒坐適有人作彈子戲詢問神戶出口進口貨物調查昨歲比較表其進口約十一大宗曰豆一百零四萬七千

八百六十八元曰米二百三十六萬五千九百二十三元曰條鐵桿鐵一百十萬二千七百零五元曰煤油三百七十萬六千三百五十六元曰白糖赤糖六百萬九千六百二十八元曰棉花三千一百八十五萬六千八百九十二元曰棉紗五百十二萬七千七百四十三元曰斜紋羽綾一百三十七萬一千七百八十四元曰豆餅一百八十萬五千二百九十八元曰各種機器三百六十三萬八千一百五十二元曰各種棉布二百六十六萬五千四百六十二元其出口約八大宗曰茶六百八十萬八千六百十六元曰米四百萬一千六百五十二元曰銅四百二十萬零五百三十六元曰棉紗一千零零七萬五千七百零六元曰火柴三百八十五萬六千四百四十五元曰草蓆二百五十九萬二千五百九十八元曰草帽辮一百五十三萬六千一百四十六元曰樟腦二百六十二萬二千一百三十七元此昨歲之比較也鶴齡邀往中村地方觀其自築之別墅距市約華里三四里人力車行十五分鐘登樓遠眺果爾幽雅再三挽

留一宿遂秉燭作夜遊是樓背山面海清光大來四壁櫻花最宜於春夏間附近居隣皆服事於農畝者主人索題詩詞勉賦聽濤吟四十韻聊助酒興而已

初五日閱神戸之花其全市町村名曰葺合村一脇ノ濱二筒井三熊内四中尾五中村六生田七小野曰神戸部一加納町二北野町三山本通四中山手通五下山手通六花隈町七北長狹通八三ノ宮町九元町通十榮町通十一海岸通十二辨天通十三宇治野町曰中町部一楠町二荒田町三橋通曰福原町三多聞町六仲町通七古湊町八相生町九東川崎町曰兵庫部一中道通二水本通三大開通四塚本通五村板通六湊町七西出町八東出町九川崎町十佐比江町十一北宮内町十二宮内町十三宮前町十四鍛冶屋町十五松屋町十六區町十七小物屋町十八戸場町十九江川町二十永澤町二十一算所町二十二富屋町二十三鹿屋町二十四西宮内町二十五三川口町二十六門口町二十七西柳原町二十八東柳原町二十九神明町三十西仲

町三十一井仲町三十二魚棚町三十三島上町三十四船大工町三十五磯ノ町三十六南仲町三十七切戸町三十八北逆瀨川町三十九濱崎通四十入江通四十一小川通四十二須佐通四十三松原通四十四蘆原通四十五住吉通四十六今出通四十七南逆瀨川通四十八鬮屋町四十九新町五十濱新町五十一新在家町五十二出在家町五十三今出在家町五十四和田崎町曰湊町一奧平野村二石井村三島原村曰夢野村曰林田村一長田村二東尻池村三西尻池村曰御崎村五今和田新曰六吉田新曰七池田村須磨村內學校約分六種曰尋常師範曰尋常中學曰商業曰尋常高等小學曰女學院曰幼稚園病院約有六所商業會社十七處工業會社十處農業及屠畜會社三處燐寸會社十三處各種製造所不計其數銀行六十五國立銀行外十五家神社佛閣最著名者約二十處其舊蹟名勝之地則不勝屈指矣午後市川來同遊楠公社凱旋門內有勸工場又在元町一帶閒覽廣帮衆商麥少彭

等晚間設席於商話別所再三面邀領事繙譯同座二十八人西餐甚爲豐盛戌初始散留市川宿夜飲話別黃伯愚至東京託帶留學生會館捐款交呈蔡星使處餘詳另函

初六日天朗氣清巳初偕市川至郵船會社一過卽登弘濟丸船先期託領事府代購頭等艙票並派巡捕照料行李警察廳水巡捕來乞名片而去麥少彭葉鶴齡馮越甫等均到船送行市川握別後俟展輪已良久仍立海岸免冠遙送該船幹事岩谷定次郎暨買辦諸人皆由西京丸調來者彼船停修之故舊識重逢頗形親密巳正展輪風平浪靜一路山光奇麗春色葱蘢午餐座客十七人泰西居其大半日本外務省派往中國改訂通商航海條約委員日置益君能操英語接談最多又有田口常德往天津陸軍步兵中尉金子新太郎往貴州高山公通往四川者均同舟晚與岩谷談

初七日晴和寅初停輪辰初抵門司上煤下貨約停五時此處達長崎之鐵路至

今未能改良由神戶至長崎走內海向無風濤與我長江相似是以乘舟者多而陸行者少弘濟丸計二千六百三十五噸一等室容四十九人二等室容二十四人三等室容一百七十三人船長長尾惇作略通英語善於周旋據言此船與伊豫丸同式但彼船更有特別三等室飲食一切俱與二等無異由神戶至上海行三晝夜價僅十五元長崎不停係專走香港者午前在閱書室觀畫壁上懸有橫濱海務署外國航路表歐洲線二週一回孟買線四週一回濠洲線每月一回美國線二週一回橫濱上海線每週一回神戶高麗北清線神戶天津線神戶牛庄線神戶浦鹽線均二週一回大概總算如此上海開禮拜六橫濱開禮拜四此本國會社輪船正班之定期也外國公司輪船日期又有不同閱長崎名所案內其市街四方八十七町十一鄉北手之方二十一町一鄉一上築後町二東上町三東中町四小川町五內中町六馬町七爐粕町八八百屋町九勝山町十櫻町十一引地町十二豐後町十三酒屋町十四今魚町

十五本大工町十六紺屋町十七桶屋町十八古町十九今博多町二十火井手町二十一出來大工町又西山鄉東手之方八町五鄉一磨屋町二諏訪町三新橋町四本紙屋町五麴屋町六八德町七伊勢町八新大工町又海農林又櫻花場又中川又夫婦川又片淵南手之方三十町三鄉一西古川町二銀屋町三東古川町四本古川町五榎津町六萬屋町七今鍛冶屋町八出來鍛冶屋町九今籠町十八坂町十一油屋町十二東濱町十三西濱町十四銅座町十五本石灰町十六丸山町十七寄合町十八舟大工町十九木籠町二十新地町二十一梅香崎町二十二廣馬場町二十三常盤町二十四松枝町二十五大浦町二十六東山手町二十七南山手町二十八小曾根町二十九浪平町三十古河町大小島又高野平又十善寺函平之方二十八町二鄉一袋町二本紺屋町三材木町四今下町五本下町六染町七江戶町八出島町九萬歲町十外浦町十一大村町十二平戶町十三本博多町十四今町十五金

屋町十六堀町十七新町十八興善町十九本興善町二十樺島町二十一浦五島町二十二本五島町二十三船津町二十四惠美須町二十五大黑町二十六西中町二十七西上町二十八下筑後町又船津又岩原神社寺院四十餘所學校之制與神戶同

初八日晴暖子初刻即抵長崎候醫來驗始能進口黎明後領事署遣价來迎乘小舟登岸拜晤領事鄒小村大令縉譯唐秀豐同至街市遊覽過梅香崎廣馬場及中國街一帶勸工場規模狹隘較東京則大相懸殊午間邀赴大國亭日本料理暢飲飯畢時巳申初小村暨其令郎午橋復送登舟酉初展輪夜行略有顛簸日置益由長崎已下船

初九日晴暖舟行甚穩夜半霧色迷濛不能前駛遂停泊於新浦濱左近晚與高山金子兩君談

初十日晴暖清晨開行亥初二刻安抵上海

此次調查學務外兼及海軍陸軍並製造各工廠幸承彼國政府格外優待派員陪觀但以日記所載隨地隨時不無挂漏歸舟餘暇盡將篋中典籍一一彙訂成書於學務則編輯日本學校章程一百三十六種分七類目曰大學部曰陸軍部曰海軍部曰中學部曰專門部曰女學部曰小學部圖書館章程附列於後另譯萬國教育源流考六卷藉以知日本教育取法泰西之實證於海陸軍則著有東海觀兵記於製造工廠則譯有礮兵工廠述略日本造幣規則海軍造船大要等類所惜行程忩促未得盡觀姑俟重遊再圖徧歷是編僅就見聞所及拉雜錄存聊以誌雪泥鴻爪之意云爾

稟陳　督憲創辦江皖師範學校節略

謹略者竊職道於上年七月間奉

前皖撫憲王派赴日本游歷考察獨注重於學務留滯東京五閱月參觀學校數十處演速記法作旁聽生譯教育史而彙輯之訪教育家而就正之竟日奔

馳深宵編纂原期歸國仿辦徵諸實行庶不負此隻身跋涉之勞藉有以副列憲提倡之意伏維興學一事首貴端其蒙養尤必賴有師資我國學堂教授誠不如人管理亦未合法是固辦學通弊豈僅江皖爲然果欲救正其弊非先造就師範生不可俟師範衆多時務須廣設小學能從鄉學入手最中肯綮三五年後教育自然普及彼時再籌增設中學堂專門學堂俾獲循序漸進免致躐等現在各府州屬已辦之中學堂似可一律改爲師範傳習所教育或可統一然教員恐缺乏不如暫爲停辦節省此費選派游學或往日本或送上海其已辦之專門學堂當亦無多應即暫仍其舊大概興學辦法須有次第方有效果今欲籌辦師範不得不延聘東西洋教習雇用繙譯需款甚鉅倘或規模狹隘學科何能完備學生何能衆多取材不敷應用絕無披砂檢金之望但就吾皖省籌款款出於官一時不易措備款出於紳獨力斷難支持無論此款爲官爲紳總期持久方免後慮蒙見意謂官與紳合籌地方與府庫合籌咄嗟可辦

事必有濟職道經過上海適見有合肥李府新造洋房二十餘幢坐落車臺閣東首離市較遠境幽氣鮮頗合建校之用曾向該處經理人探詢租價因辦公益商請格外減讓大約每月租金四百兩可以租用教員繙譯職道在日本與上海亦曾訪約英美日本數人皆未定局擬參照日本高等師範學校章程變通辦理定名曰江皖師範學校附屬小學爲師範生實習之地考取學生六百名以江皖人爲正額以外省人爲附額每人每年收學費壹百元書籍操衣一切在內常年經費豫算除收費外約須補助銀三萬二千兩之譜開辦經費由職道自捐銀圓貳萬元如有不敷再認籌墊惟常年經費無著落學生人數無把握未敢決議爲此叩懇

宮保咨商

皖撫憲聶仲帥會籌協濟合兩省之財力辦一師範似尚不致爲難究應如何分撥數目聽候

鈞酌示遵並求

宮保通飭江安兩省各廳州縣分別大中小縣每處選送舉貢生員若干名視路程之遠近發給川資學費按期豫繳此項用費准由學租賓興書院公款等項提用如蒙

俞允俟職道赴皖稟謁

聶仲帥面陳辦法後容再議訂詳細章程附列課表呈請

奏咨立案謹略

東游紀念第二

查辦學生案日記

江南省特派委員丁憂湖北候補道李宗棠

光緒壬寅年秋七月奉　兩江督憲劉峴莊宮保密札派往日本查辦學生滋擾使館事面諭一切初十日由甯至滬十二日乘博愛丸起程巳正展輪午初三刻過吳淞出口風色平穩夜半望花腦山

十三日晴熱與同舟多田貞次郎關口淸夫內籐愛子諸人閒話又有墨爾根人名巴蘭泰而斯者電學頗精談製電法及創造電氣各機械家歷歷可證無線電信發明者爲(馬哥尼)電話發明家爲(克剌謙俾爾)無線電信創行於世不滿十年電話實始於西歷一千八百七十七年爲美國人克剌謙俾爾所創造先是一千八百七十六年華盛頓賽百年大會克剌謙俾爾所製電話西語(得律夫愛)粗具規模乃取以陳設會場任人試演各國所派大員及格物士

皆歎賞爲奇製於是克刺謙俾爾益加研究愈極精良遂漸々通行於國內此後不三四年竟輸入於歐阿澳三洲公署社會鐵道以及居民私宅幾於無處不有亞洲如日本於十五年前亦曾購自美洲專供警察之用彼時民間尚未徧設因電氣及各種器械須取給於外國貲本較重建置較難厥後有從美國游學歸者深得製電造器之法適有冲商會不惜重貲延聘之特開巨廠國家予以專利近五六年全國安設電話即電信電燈及新設之電車及各種應用電氣均由該廠定製其抵制外人者固不少其便益本國者則尤多此我歐美人亦甚欽佩云

十四日卯初抵長崎泊口外候醫來驗病畢始入口登岸至梅香崎一帶遊覽即回船午後四時展輪夜眠極酣

十五日晴微風卯正抵門司午後四時開行

十六日晴巳初抵神戶稅關檢驗行李甚嚴予祇手攜皮包兩個亦皆檢察恐夾

帶鴉片烟及珍貴物也投宿法蘭司飯店

十七日晴午前至正金銀行道勝銀行略坐午後六時乘火車行

十八日晴午前九時四十分抵東京之新橋投宿帝國ホテル午後訪江鄂舊識諸生及長岡子爵近衛公爵外務省小林君小林留飲其家所查事件於此數處探詢情形已略得其大要擬就密電明晨送發歸寓已將夜午

十九日晴近衛長岡小林暨蘇浙皖鄂諸生十餘人先後來答諸生備述此次學界風潮之緣起雖不能盡信其說姑錄之以待識者據言吳孝廉（敬恆號稚暉）係南洋公學之教習來東留學未久此次因江蘇江西浙江三省自費學生九人願入成城學校吳君擬長函反覆婉轉百計懇求公使咨送並聲明由在校學生五人互保一人先在使館出具保證書留存備案時值京師大學堂吳摯甫京卿（汝綸）來東調查學務吳稚暉與之相遇於會館遂託其轉懇公使速即咨送摯公彼即代達此六月初九日之事閱五日京卿復吳稚暉書云五人送

學堂事蔡公使已允可惟囑照會議取五人環保與名單併送謂是使館舊章謹奉聞即乞賜交以便轉達等語照原稿錄吳君得書奔告入校諸人遂由章君宗祥等二十餘人同簽印繕就保證書共八紙送小石川區第六天町伊澤邸由吳君振麟轉交其一紙由章君宗祥攜呈京卿寓第二日送數日後無消息於二十一日傍晚吳君復謁京卿允爲函催次日吳君又往謁學生監督夏君夏君言昨聞此事公使已行文參謀本部矣吳君唯々而退並告入校諸人二十三日晚間吳稚暉忽接京卿手書云參謀本部復蔡公使書奉呈一覽云々原書照來稿錄附錄如下敬覆者頃接來文現由在京貴國留學生章宗祥等保送江蘇浙江江西自備資斧學生九人願入成城學校肄業等因准此惟向例進學均由貴大臣保送方准進校今據來文似有稍與向例不符仍請貴大臣親行保送以符向例是爲至禱再成城學校現值歇伏之期一俟敝歷九月初旬再行開課此時未便即准進學順此附達署理參謀本部第二部長

青木宣純敬具　吳君接閱此書後夜半持書走訪章宗祥吳振麟胡爾霖曾澤霖諸人相約明日偕入校諸人面謁京卿二十四日早即陽歷七月二十八日吳稚暉偕保證人胡爾霖莊君達劉勳臣並入校之人鈕瑗李顯謨劉鍾英夏士驤顧乃珍陳秉忠許嘉澍又有吳棨㽞董瑞熙張懋德閔灝陸輔陸爽俞亮沈綱段彦修吳宗椿吳宗傑沈覲恆沈覲鼎孫揆均朱旋同往吳京卿處京卿知為此事來一見即言參謀本部不准公使又不肯親行保送我不能奈公使何云々同人異常悲憤遂辭京卿而直至使署求謁公使詣使署先謁專管學務之王君宗炎王君詰衆意因何事來衆具告之並求面謁公使王君為之轉達公使因事不克接見王君致詞婉卻衆仍堅求一見公使王君又為轉達良久無復音使館侍者入客座下逐客令於是決裂俄頃使館電話招參謀本部籐青少佐外務省小林譯官至小林君周旋於其間委曲婉轉無微不至終不能解遂辭去相持至傍晚五時仍未得見公使而吳京卿來多方排釋勢成犄

虎衆仍堅求一見公使小林氏去而復來又設法勸導欲使一二人進見其事可寢衆云一二人可見衆人有何不可見吳京卿與小林君出入數十次唇焦舌敝煞費調停候至七時半後忽傳公使派有警察守門言語問答種々牴牾(此下兩段情形未便筆述)延至夜半使館竟招日本警察入內拿吳敬恒孫揆均兩孝廉去(以上情形昨晚小林君面述大致相同故備錄之)據言捕至警署々長頗禮待之願送歸寓而吳孫兩君深以被捕爲辱不肯歸寓次日兩君始歸(六月二十五日)是日午後吳君又至警署與該署長辯論被捕事小林君亦至署長言捕拿非日本警察意乃貴國公使所命爾等何妨往問公使吳君憤極即欲往使館去乃爲小林君勸阻並言三日內禁令不准學生入使署約三日後再去吳君遂歸又言吳君在警署時留學生輩因聞前事有十四五人至使署求見公使入署與警員理論未捕者二十餘人仍捕至署者二十餘人皆稍問即釋其明日即六月二十六日爲　皇上萬壽令節吳君復偕

二十餘人至使署是時警員二三十人排列署前不得進吳君通意於閽人不許遂告明日一人獨去二十七日午後吳君一人獨往又爲警員及閽人所阻從此吳君左右常有巡查偵察六月三十日范君源濂留吳君宿巡查終夜立門外七月初二日早六時忽有一警員至吳君寓約吳君敬恆孫君揆均速至警署並命巡查三人押解到警視廳延入應接室該廳主事菅井誠美出內務大臣內海氏之命令曰清國留在之吳敬恆孫揆均二人查有妨害治安之事即令退去本國傳與本人知之並令次早六時偕巡查乘汽車至神戶即附輪回滬吳孫兩君請緩行竟不許並言貴國公使招警員入使館託警官捕學生非我國之强權爾等勿誤會宜速行云云於是留學傳聞羣情鼓譟有學生秦毓鎏張肇桐吳棨鬯胡克猷楊我江夏士驤許家澍鈕瑗顧乃珍沈宏豫擬長函上公使是七月初九日郵寄之信初十日上書諸生約同往謁公使繼恐公使疑慮不見多人祇秦張二人偕往使署果有巡查詰問告以欲見公使閽人

阻之喝令往見王監督秦張二人正與閽人齟齬適有隨員張季生出秦張告以見公使之故張君允之入內良久出曰諸君信倘未到九人入成城事欽差萬無不允之理惟須待福島回來與之商辦至吳孫退去事是日本的法律張君肇桐聞言怒不可過急與之辯張季生曰欽差今日有事不見有話日後再說秦張只得辭去十一日下午顧鈕二君又往使署見王監督宗炎所說與張季生對秦張同十二日下午秦沈夏三人又往使館求見不獲閽人告之曰明日來領覆諭十三日上書諸生偕往秦君一人先行遇巡査禁不使入旋有閽人出詰問何事秦君曰見欽差閽人曰不見秦君曰見王監督可乎閽人勉曳之入又告之曰欽差說過學生來一概不見那九個人一定不送學生來信沒有什麼回信的入王監督室王監督極意周旋須臾陸續來之九人亦擁入求見公使候至掌燈時不得見齟齬益甚使館召日本警察官二人引巡査七八人入室挾秦君出諸君亦被擁而出出使館門巡査命各散歸衆皆不肯諸巡

查遂帶秦君等至警察署均軟禁於應接室致米湯二壺諸君飲之坐良久一警察官能操漢語者手持一紙命各人書姓名旋招秦君入內署長授以紙筆命自述其犯事緣由署長閱畢有一人操漢語告之曰我們長官都明白這個事情的道理諸君儘可歸去以後如往使館同行不得過三人秦君出復召胡君入亦如是命之乃各釋回時已夜十一時此皆五日前之實在情形近日衆怒愈熾決不輕易干休云又抄來秦毓鎏等上蔡公使書附錄於後

欽使大人節下日前迭來晋謁未覲鈞顏不數日間乃日人遽來干涉有吳孫二君退去之命諸生惶恐莫知所爲不揣冒昧敢竭愚忠爲左右陳之吾國晦盲否塞孱弱極矣內亂外侮環伺迭起兵戈死喪之慘牛馬奴隸之悲中原四顧爲期非遙我生不辰罹此巨厄嗟乎上下之人亦可以知所鑒戒急圖救死矣今同國之人來寓斯土者上有欽使下有學生爲欽使者當如何竭誠盡忠以稱其職爲學生者當如何勉强以成其身而欽使之與學生當如何相勉相

勸期各致其力以報其國家故設欽使漠視學生以學生爲不足恤知己之可以爲力而不爲或爲焉而不力是欽使負學生負學生即負國家也設學生薄視欽使以欽使爲不足恃和欽使可以爲力而不請或請焉而不堅是學生負欽使負欽使即負國家也欽使不願學生負國家學生豈欲欽使負國家哉乃知事有大謬不然者吾國留學生欲學陸軍必入成城學校欲入成城學校必欽使咨送是成例也邇來有私費學生數人求咨送未蒙允竊謂私費留學宜蒙獎勵乃反遭擯斥是何意耶賢者用意良非下愚所知意者節下駐紮是邦職重外交故學生入學一事可置之不問乎然已入成城諸生皆經咨送者也抑官費學生有王公大人之恃當垂青眼私費學生下賤者多宜遭白眼乎然成城諸生未嘗無私費者也抑隆軍定額節下預有成算成城諸生學成而歸巳足干城之選餘者可概置不理乎抑後來諸生均有宿仇不宜輔虎以翼乎數人均小人臆度君子諒不出此然可以爲力而不爲學生等疑惑不解者一

也吳敬恆孫揆均等亦留學生耳熱心愛國不忍坐視於是有聯名環保之議經吳摯甫京卿之請而承節下允准惟不願親自保送遝以環保諸人向參署保送該署因與向例不符卽行駁回而節下不圖更正延擱至今夫始不肯送繼因不得已而送乃又不自保送致參署照例駁回而又不思更正種々阻抑學生等所疑惑不解者二也吳孫二君因此入署請謁而陳衷曲時因欽使適有要公無暇接見吳孫等忍飢以待自午至夜無有倦容既得賜見坐地陳詞未嘗失敬至力爭辭職等語緣節下非喜譽惡直者流故不自居於失言之列況父有諍子君有諍臣古人以爲美談載之史册吳孫之言何以異此上足以追古人之遺風下足以矯當今之諛習乃節下不察始而忿不可遏拂衣而去繼而電召警察押入警署夫學生本國之學生警察外國之警察藉外人之威力欺本國之學生稍有人心當不出此而節下竟毅然爲之是學生等大惑不解者三也翌日復有學生二十餘人相率求見而警察林立如臨大敵被捕者

復有數人辱士辱國莫此爲甚數日前日本政府遽命吳君孫君二人退去警察遮護無異虜囚嗚呼吳孫二君辱學生小事也欽使與學生交涉而日本政府强行干預失國權大事也使退去之令出於欽使之請是欽使唯恐國權之不失而求外人奪我權也是唯恐學生有志唯恐學生熱心已無辭摧殘熱心有志之學生假手於外人以償私志也是唯恐熱心有志之學生忠君愛國君祚長國勢强已不能爲貪官汚吏故挫辱之使無所成也是唯恐熱心有志之學生國家必愛護之辱士辱國之臣子國家必懲罰之誣以國罪治以國法無從爲計故不惜失國權而使外人治之也嗚呼如是者尙得謂之人乎賢明如節下豈忍出此是必外人無故而干預也然事經數日豈不知之而漠不動心一無所謀是學生等大惑不解者四也要而言之學生欲入成城學陸軍學生未嘗自暴自棄以負國家也環求沓遝堅請不已未嘗薄視欽使以負國家也吳孫二君不忍旁觀始而懇求繼而諫諍終至受辱是厚待同學重視欽使熱

心愛國者也而節下始則不允咨送繼則不肯親送是失職也負學生負國家也不責己之不盡職不咎己之不納諫反召外國之警察捕本國之學生及學生受無故被逐之大辱仍袖手緘默若不聞是大負學生大負國家也前事往矣節下忍以之待學生學生決不忍以之待節下來者可追今學生請之願節下允之欽使職重外交非專爲留學生一事而設然欽使自有照料留學生之責成留學生萬無要挾欽使之情理若欽使不失其責成學生何從而要挾欽使苟失其責成學生有懇請之實自不得避要挾之名此次鈕鍰等九人尊諭本云徐圖轉圜但徐而又徐久之又久吳孫二君既冒昧而受巨辱諒節下必不因此而失前言仍請照例咨送俾遂鈕鍰等入學之願書至此又見第二次尊諭因有革斥劣生辭退狂生在內故礙難咨送云云夫無論革逐辭退不當其罪改過卽謂無過古聖明訓夫人知之卽不邀寬容而九人中除劣狂諸生外可不容波及仍請照例咨送至以爲禱以正吳孫等急迫之罪以明節下愛惜撫慰

之心此毓鎏等所懇求者一也吳孫等初次求見有力爭辭職等言是規諫非謾罵也尊諭稱之曰謾罵盍舉其詞以服人心伊等多名列膠庠之士或登桂藉或任方州非若賈豎賤販者流左棄箴筐右管組符之比也況爲入學之事特來請謁以禮列坐長跪謹對毫無失敬之容而尊論中稱之曰突入曰闖入曰索送曰要勒非擬稿者措詞失當卽深文周納藉曰有之而使館爲治外法權之地何損於日人而日人干預之耶至道上行走通衢宏達區々數十學生豈寔不能容而日本政府罪之曰妨害治安竊所不解卽曰妨害數日之內前後趨謁節下者不下百人吳孫所識者僅居其半而獨以妨害爲二人罪是何以故雖然欲加之罪何患無辭此列强外交家之要訣也彼日以進我日以讓得寸則寸得尺則尺涓流不息將成江河心所謂危不敢不告惟有仰求節下具文駁詰聲明前事囑其收回成命彼如不允則力爭力爭不允則要挾以辭職欽使所以盡其職者在此所以報國恩者在此不然學生求見欽使彼卽下

令斥逐求見欽使者益衆被斥逐者亦益衆勢必盡逐而後已學生既盡將繼之以商人商人既盡將繼之以欽使緬想前途惄焉心傷因循任之勢必至此學生等所懇求者二也所陳四惑所求二事容後趨謁台從恭聆訓誨當言不言學生即爲負國之民當爭不爭欽使即爲負國之臣據理而諫以身徇道當仁不讓雖死無悔嗚呼鬻拳要君左氏美之言論自由文明公理國步艱難之日非阿諛諂媚之時矣云云

諸生來時惜小林已去未得參證

同文會議論有指摘參謀本部者然亦以欽使不應借日本法權壓迫學生長岡近衛二君持論甚正晚閱報紙亦載有使館事姑諱言之予奉大府命來東查辦此事既係審查更不得不研究詳情未便拜晤蔡公使及吴京卿異日當能諒我遇訪諸生亦未便誌其姓名

二十日晴清晨往葵町發甯電澄擬密碼已初訪小林君備述蔡公使召警察捕

學生及託日政府驅逐吳孫二人事並言貴國公使一朝之忿何必小題大做驚動滿城風雨此言甚諷彼固熟諳我國語言情態且自命漢家家者午初訪大隈伯爵留午餐談吳孫事極不滿意於公使並言我國遇此等事無此辦法午後過同文會事務與長岡邸電話接談數語渠處得北京電我政府有簡留學生總監督之議渠頗韙之晚與某々六生同飲於綠屋

二十一日晴大隈君來答午前至正金銀行訪川島君又訪某々諸生歸寓後四時長岡電邀晚飲於其邸座無他客主賓對飲論詩

今晨又發一電達峴帥爲前電之補遺

二十二日陰午前至小石川區牛込區訪某々生復訪詢前事其緊要關鍵衆口相同午後接峴帥電詳查學生姓名籍貫並查某々有無實迹抑係被誣等情傍晚至錦輝館詳問一切並無影響又至報館購閱前兩月全分報紙查無證據亦幷無淸國學生開會事又訪犬羊君於橫濱同飲於法國酒店垂問行蹤

告以游歷閒談中詢某々生彼並不知姓氏遂亦未便深究夜半始回東京車中閱朝日新聞又有公使之威一段

二十三日晴濤晨電復峴帥名册面呈某々確係被誣另繕長函備述各事郵寄書留午前長岡子爵來午後松本田中偕往新富座聽戲晚十時歸戲爲野村中將故事均詳日本正史生丑傻旦與中國同但演白話絕少唱工屋宇樹木茶飯酒食色々皆眞如履實境其戲台下有羅絲活盤戲齣畢則遮以布幔隨時活動變移頗有意趣

二十四日晴午後六時乘火車行

二十五日晴九時四十五分抵神戶正金銀行訪青木安部二君談投宿吉田旅館

二十六日晴午前諏訪山沐浴晚服部松方同飲於玉亭購定法公司輪船票較日本船價昂四倍

二十七日陰雨午前元町購物午後六時乘小輪登大船亥初三刻展行

二十八日晴舟載一萬二千餘墩渡洋甚穩

二十九日晴辰正三刻抵吳淞此舟係由神戶直放上海實行三十三小時換乘小火船午初抵虹口住北春江里豐陽館即日往甯銷差

東游紀念第三

考察警務

山西省總理全省營務處督辦警務學堂兼辦機器火藥巡警軍裝等局李宗棠

光緒癸卯年夏五月奉晉撫命聘訂日本警務教習閏五月朔由太原起程越六日間抵正定換坐火車至保定拜晤兩司商詢各事保定警務學堂擬將裁併天津遂由保定至津謁袁慰庭宮保並訪日本總領事官伊集院彥吉副領事官高尾亨天津巡警總辦趙芝庵觀察秉鈞警務學堂總辦沈叔瞻太守金鑑總教習三浦蒸傳副教習原田 網岡德五郎小川勝猪和泉正藏繙譯中島比多吉河崎武諸君迭次會晤參看學堂功課偵察地方情形以及教員成蹟之優劣學生進步之緩速保定正教習村田宜寬暫留天津副教習鎌田彌助請假回國即日旋華三浦村田兩君皆本國警視官學問頗有閱歷嘗與往還討論極言從前創設之難教科課程若盡照日本現行警察法其中多有窒礙勢

必酌度目前狀況且須與人情風俗相宜始能見諸實施是以教科書皆須臨時編譯津保皆然十二日進京見新撫張曉帆中丞稟陳一切候送起節後復返津北京警務學堂總監督川島浪速提調長谷川辰之助總教習稻田穰副教習相蘇清五郎潮村哲次郎阿部精二久松省三繙譯淺井新太郎大田原總次諸君隔年舊識相見益歡於京津間往返兼旬商訂未能就緒電稟晋撫吳贊臣中丞請示辦理奉電復飭令即日東渡并專弁賫送咨文到津當即託天津領事官代向郵船會社購定船票頭等艙位日鈔六十七圓二等艙位四十七圓三等艙位二十圓至神戸如欲馬關上岸換坐火車至神戸鐵路會社與郵船會社相聯絡由船給票無庸另給車價但寢臺飯食賞錢皆在外云

六月十七日即東歷八月九號天氣晴和午正二十二分由天津乘汽車起行箱物預交通運公司代送舟次三浦村田中島等送至車站篤之偕往塘沽未正二刻換坐小火船至大沽口外登高砂丸酉正一刻起椗風平浪靜涼爽非常該

船係專爲裝運貨物客艙不甚寬綽積石數一千七百八十八噸有零一等室容九人二等室容十四人三等室容一百五十人晚晤船長河原（勝治）事務長石田（賴茂）機關長曾（我昌）均能略操英語獨不能解支那語同舟客有田中（慶太郎）及正金銀行三輪永野兩君又有美國人男婦四客略話寒暄夜行極穩有月色

十八日晴午初抵芝罘（即烟台）登岸一遊沿堤馬路週圍約二里許外國人多築室於坡上山下洋行僅有數家入內大街道路不平車轎甚少步行困乏至日本料理瓢亭午餐後即歸舟晚三輪復邀至該處酌酒聞日本人之居留此地者約二三百人絕無大商富賈領事署在山上新建花房現在領事爲水野君

十九日晴午正開行酉初望威海衛戌正後出山東海境晚間陰雲密布夜落微雨

二十日陰傍晚大雨數陣入朝鮮境戌初過木浦山前即仁川島海面小山錯立

其中似無人烟谿徑險狹最易觸礁舟行至此不敢急駛戌正後入大東洋夜露月光繕寄蘇信至門司發

二十一日晴霽波平如鏡亥初行抵六連島距門司三邁路晚月色頗佳與西人縱飲

二十二日晴熱卯正刻醫來驗疫畢駛入口內時已辰初偕田中慶太郎乘山陽鐵道之珠島丸小火船至馬關登岸稅關檢查甚嚴同至鐵道旅館川卯家小憩有大坂新聞報社訪事人安齊垣一郎來訪未正四十分上火車過一ノ宮長府小月埴生厚狹以上皆沿山臨海鑿洞而行有深至百餘丈者或燃燈或暗坐陽氣閉塞人頗不舒又過小野田舩木阿知須嘉川小郡大道三田尻富海福川德山下松島田岩由田布施等處至柳井津時已傍晚又過宮島廣島系崎尾道福山岡山姬路明石夜行快車只停十數次沿路農疇碧茂與中國同惟收成較中國俱稍遲由馬關至神戶計日里一百六十里合華里約一千

零三十六里

二十三日晴卯初四十五分抵神戶寓菊水館閱朝日新聞已將予在馬關登岸情形備載報端訪領事蔡公不值館中僅王姓一人其餘委員皆已裁撤廣生號略坐喚待詔往彼處理髮又往白洲商店訪市川徹彌同店午餐後至稅關取行李由高砂丸運來者內有送人禮物價值珍貴面告關吏請其檢驗照章納稅緣以日本關稅最爲認眞稽查外國人尤嚴不得不據實以告誰料關吏竟許免驗放行此其待外交官之禮遇也申初市川來偕遊街市酉正十五分乘火車向東京進發遇直隸官派赴博覽會員北洋烟草公司工場總董河南縣丞秦煇祖字仲雲江蘇無錫人去年隨吳摯甫京卿初次東渡今奉袁慰帥派來購辦機器云

二十四日晴日曜日巳初三十分抵新橋行李交運送店自賃人力車至青柳館投宿屋宇軒敞較三橋旅館略勝一籌午後拜蔡公使以疾辭不獲見晤湖北

學生監督查玉階(雙綏)暨蕭子文又至神田區駿河臺留學生會館執事人均他出晤浙江官學生蔣君取閱報告書二冊晚致書公使附送晉撫咨文並函達外務大臣小村(壽太郎)及警視廳總監大浦(兼武)備述來意容再訂期往謁

二十五日晴清晨繕寄張中丞吳方伯稟函及蘇滬津各信巳刻便衣往外務省大臣尚未進署小林君亦未來堺(與三吉)已往烟台晤政務局長山座(圓次郎)屬官岩村(成允)暢談詳告此次延聘教習事並晉省農林兩教習現在辦理情形託其照會警視廳及內務省警保局擬往各警署及警察監獄學校巡查教習所等處調查學務並現行警察章程緣警視廳專管東京地方若全國之警察則隸警保局遇有外國人往參觀必須先行照會也晚商業學校學生權量字謹堂湖北江夏人又錢少雲觀察之二令郎先後來見

二十六日清晨微雨一陣即晴午前繕寄張中丞吳方伯稟函午後至麴町區下二番町二十二番地訪小林(光太郎)長談二時詳告以來事渠言此次博覽會

華人男女來者賣票有九千餘張其中亦多重遊之客約略計之當不下四千人數又言本年天長節後又屆本國大操之期業經照會各國公使請派員來看操又至平河町六丁目十一番地訪平岩道知並見其父及其妻外務大臣小村壽太郎來答拜午後訪大浦君不値近來常住鎌倉別所云傍晚遣岡村送各處禮物

二十七日晴閱報紙大浦君由鎌倉歸當即約訂後日會晤旋接蔡公使函晉省公牘業經照會日本政府外務大臣特遣岩村來道謝贈物之情午後至木挽町岡本館訪北洋陸軍軍政司兵備處籌備提調王亨鑒字子精直隸人大倉洋行中根齋並晤皆川廣量及式村君北洋留學生監督趙理泰字康侯合肥人又至四谷區本村町三十四番地答岩村並見其母暢談許久歷述毓將軍前與大浦總監問答數事並言警務首重交通電報電話警署皆應自備此係最要機關不知中國現在情形如何等語出贈東京警視廳一覽表酉刻雷雨

交作冒雨而歸

二十八日晴午前繕寄滬鎭各函近日脚氣大發兩足徧生水泡間有濃血步履甚艱皆川（廣藏）持大倉（喜八郎）高島（小金治）函來邀請晚餐外務省電話告知小村外相明日有要事不克來警視廳電話告知明日午前大浦總監到廳約往會晤酉刻皆川君復來催請並陪往赤阪區葵町緣山而上至大倉君府第入門院落宏敞右側建石臺於平地塑一銅觀音像主人信佛不問可知閽者引登三層樓主人出迎茶座略息導觀家設博物館屋宇高大金碧輝煌與德川氏家廟大殿相仿其中佛像最多有二千年前印度釋迦古佛數十尊洵屬世所罕見室內置玻璃櫃悉儲古器紅雕漆之巨物不少如坑桌鏡臺菓合等類此外泉刀沿革標本以及銅磁各種舊物並本國古時美術品搜羅頗富令人一縱覽間美不勝收又登層樓上臺遙見宮廷風景俯視纖原瞭如指掌據言此樓在東京爲極高處大倉君乃江戶富豪中之巨擘頗有孟嘗君風從前

赤手成家今千數百萬貲財皆八郎所獨創現年六十八歲有一子游學歐美造博物館將來擬輸入官府近又創設商業學校卽在邸園附近經營廣厦尙未竣工大約明春可開校云晚餐入座同席有華人王子楨其餘皆川中根諸人俱門下客杯盤交錯在東餐中極稱豐盛其中魚翅海參諸品實爲享我華人而設內有生鯨魚絲頗珍貴如中國用燕菜然侍女滿前彼國習爲故事酒旣酣矣飯畢主人猶殷殷款留復至前廳簷下納涼有操嘏咪偺者登臺奏曲曲終客亦各散

二十九日晴午前平岩道知來訪十一時往警視廳拜晤總監大浦兼武俄頃岩村亦至並晤警視屬佐伯仲藏黑柳重昌談延聘教習事並商訂查看各警署及消防署並各教習所日期黑柳君導觀標本室所儲關係衛生各物甚多凡銅鐵器及瓦器如鍋壺等類其有毒氣者悉標註於原物上置玻璃櫃內以便隨時參考又有人身全體標本一具及眞胎形數具預備檢疫之需又有消防

各器標本又有盜犯所用刀銃等件四壁所懸像片本國自首創警署之初任總監始以迄今任各像歷年官長服色間有不同並有德國警署贈送之像片中國杭州警署贈送之像片午後蔡公使來答拜晚與小川談

三十日晴涼午前移居麴町區内幸町一丁目五番地旭館旅店午後客來如織使館吳瀚濤袁遜初施畬孫北洋委員王子精臺灣協會學生狩野豐松安徽留學生孫培方時簡先後過談外務省來函改訂查看警署日期有小宮山卯三郎者前充使館僕役今改業販賣雜貨每遇華官到此兜攬貨物從中漁利倩方鶴人介紹持吉沼商店及造畫館等處賣物簿來謁

七月初一日晴今日爲日曜日各官署學校均休業無可參看午前繕發張中丞吳方伯稟函午後往銀座勸工場一遊並與馬車會社訂明包車晚小宮山引造畫館人送各種圖畫來閲

初二日晴熱巳初刻往京橋區警察署參觀適該署長有事他出警部鮫島宗誠

導觀辦事各所入室見各員皆伏案辦公座次俱有定位各員起立致敬予以鞠躬答禮有收呈詞者口訴居多有管戶口簿者有管營業簿者有專管車馬旅店者皆係隨時呈報無論中外人等雜居滯留遷徙等情及其生死年月日時並男女實在人數或爲過客或爲土著或爲流寓或爲行商非由本人通報即由旅店通報不准遺漏如有逾限不報者罰鍰若干有稽查功過表者各町派出所之巡查晝夜輪流執事日曜日不休息月餉自二十五元至十元不等所轄地面每月比較強盜竊賊掏摸詐欺及其他罪犯之多寡以定巡查之功過再以本年案件比較上年之多寡分別列表以爲年終考成此中雖欲瞻徇亦實無弊可作派出所每日將有無各項案件註表蓋印呈於本署本署彙呈警視廳每月各警部及巡查到署會議一次又有專閱各種日報者摘要鈔錄其中如有紕繆或於報律有礙處可由警署諭令禁止有檢疫所凡住本區人家遇有病人應由醫生報知本署派人往驗輕者在家調治重者送入病院皆

由本署主持有訊問所極窄狹問官坐上階置一方桌一便椅審問案情隨時筆記並無站堂人役左右其間犯人坐下階置一小桌一小椅犯人坐待問話時則起立面對或獨訴或對質絕不加以恫喝之狀小事由本署判決大事則送警視廳或轉送裁判所定罪後始送入監獄有留置所共四處每處可容六人暫爾羈留人犯本屬無多此外有休息所應接所閱畢與鮫島君略談據言現在警視官薪水每月六七八九十圓不等百金以上甚少消防夫月支工食約在三圓上下云本區署長警視官（署長皆警視官）一員分署長無（分署長皆警部）署詰（即警部）巡查部長七十三人刑事七人其他一百三十七人巡查計共二百十七人警察書記十五人派出所二十九處又至牛込區砂土原町一丁目二番地訪留學生總監督汪伯唐京卿（大燮）又至藥王廟町訪湖北學生監督查玉階太守（雙綏）在多羅亭午餐午後拜晤蔡公使言浙省所延礦師日本政府確有津貼並晤孔懷遜初諸人晚鶴人來談

初三日早陰即晴炎熱異常巳初往麴町區警察署警署長村島堅及其屬官石井岩治導觀辦事各所並檢疫所留置所訊問所休息所與京橋署大致相同惟屋宇較寬大東京十五區當推此爲巨擘各所外又有擊劍所村島君出示警署辦事日表及各案年月比較表談論約一時許本區署長警視官一員分署長無署詰八員巡查部長五十人刑事四人其他一百一十七人巡查共一百七十一人警察書記九人派出所十八處村島君又爲紹介本區區役所石井君陪往參觀區役所屬市役所入門左稅務掛經理各項營業稅如商店宿屋車馬船舶社會暨諸製造場以及劇場茶屋酒樓妓館各雜業均遵稅則隨時驗納右庶務掛稽查戶口册籍以及兵事課係各有分掌閱明治三十五年六月末調查表本區戶數八千九百八十一戶男丁二萬一千八百六十八人女丁二萬零八百四十七人總計四萬二千七百十五人一時在留人六千二百八十一人外國人一百二十四人內有一室專司衛生之事凡醫師獸醫藥

劑師產婆藥種商牛乳搾取販賣業乳牛頭數搾取乳量及其畜舍並屠獸場獸肉販賣業各種關係衛生物品皆須隨時檢驗閱畢又至神田區警察署拜晤署長向田幸藏導觀各所與他區同又爲電話告知本鄉區警察署長飯後往觀偕惕齋在西洋料理店午餐未初刻往本鄉署拜晤署長永谷隆志略諳此公前經蔡公使任上海道時聘往上海辦新馬路巡捕房不及一年蔡卸任彼亦歸國華語尚未粗通又至本鄉館訪泰馬諸人晚關ケ谷佐吉來

初四日晴熱巳初往芝區警察署側巡查教習所參觀拜晤所長警視廳警部勳七等樋口徽泰暢談一切出示本所規則及其課程豫定表教科書以法令類纂爲正宗此外則以警眼叢書爲初級課本又有摘錄各本附之以表該所現在巡查學生一百人學生初入學時須由各府縣挑送皆中學校曾經卒業者所長導觀各教室及自習室適教師警部陣繼馬上堂講授非常報知機取扱心得堂上置電箋二具卽警署所用電報箋式均係自編符號某區某町某丁

目某番地某事如救火捕盜等情符號各異學生熟識符號遇事則按照符號辨認此項電報外仍有電話近者常用電話遠者電話與電報並行不悖一呼百應是乃警務第一緊要機關東京十五區及各鄉間警署駐在所派出所皆自設有電報電話無論遠近胥聯絡爲一氣近年來警察明效非賴電報電話之力萬不能如此神速陣君講畢樋口君復上堂始而演說予來東京訪察各情作感佩狀繼又講析警察要義一段旋至操場演習警察操練與他學堂及陸海軍不同時將向午不及多備僅演平等相遇及遇長官相見禮節並捕盜法樋口君講說最詳其教法亦頗周密從旁聽受令人醒快閱畢時已過午即在芝區西洋料理店午餐午後訪小林君商酌合同條款晚平岩君來長談茲將巡查教習所章程詳譯如左

巡查教習所規程

第一條　巡查教習所係執行採用巡查之考試及命新任巡查爲受業生而

教以職務上必要之學科及其實務

第二條　巡查教習所職員如左

所長　警部　一員

教習　警部　一員

助教　巡查　五員

書記　雇員　一員

會記　雇員　一員

第三條　所長承第一部長之命以掌理所務監督所員

第四條　所長欲設立有關所務規則之時須受第一部長之允諾

第五條　如左之事項所長皆宜申告第一部長

一　有關命免賞罰受業生之事

二　有關受業生卒業考試成蹟之事

第六條　如左之事項所長隨時辦理後須彙總申報第一部長

一　許准助教以下休暇看護歸省易地調養掃墓之請及命除服出仕等事

二　許准受業生看護歸省易地調養之請及命除服出仕等事

第七條　如左事項所長可以專行

一　與警視部內部署長及郡區市町村長等相照會應答於掌管事務有關之事

二　准駁受業生等之諸種請求

三　禁止受業生外出

四　招用及革除服役等人

第八條　教習承所長之指揮以教育及約束受業學生者是乃責任正教習猶宜兼任會計主席若所長別有他故不克任事之時其所掌事務亦應由

正教習代理

第九條　教習於本職之外如採用巡査檢定考試等事皆得參與

第十條　助教承所長教習之指揮以補助教習之職任此外猶宜承所長之命以贊助書記會計之事務

第十一條　書記承上官之指揮以職掌收發文書及編纂保存統計記錄等事

第十二條　會計承上官之指揮以掌理出納銀錢調度物品及保存豫算調製等事

第十三條　受業生規則由第一部長審定後呈總監認許

巡査教習規則

第一章　學術教授

第一條　教授科目如左

一　警察法
二　刑法
三　刑事訴訟法
四　操練

第二條　警察法者係舉警察法規之要領服役之方法順序而教授之

第三條　刑法刑事訴訟法者係舉於執務上緊要之條項而教授之

第四條　操練者係舉警察禮式及姿勢運動之作法而教授之

第五條　每星期教授之時刻如左

一　警察法　十二點鐘以上
二　刑法　六點鐘以上
三　刑事訴訟法　六點鐘以上
四　操練　六點鐘以上

第二章　實務教授

第六條　實務教授之區別如左

一　瞭望巡回

二　非常召集

三　整列點檢

四　大巡行

第七條　前條所載悉於教授學術時刻之外舉行

第八條　瞭望巡回照巡查派出所服務之法在教習所內不時舉行

第九條　非常召集照非常召集規程在教習所內不時舉行

第十條　整列點檢照巡查點檢規則定期舉行

第十一條　大巡行者原爲熟知地理及諸官署位置起見故可因便舉行

第十二條　前條所述之外可因便加學生於警察巡查部伍之內舉實務而

教授之

第三章　學期及考試

第十三條　學生受業之期以二月爲度分此爲第一第二兩學期每學期之末必舉行考試以驗其成蹟

第十四條　考試成蹟點數以一百爲最高各科平均點六十以上爲合格其不滿六十及一科不滿二十點者爲不合格若平均點數九十以上者列爲優等

第十五條　第二學期考試不合格者予限十五日以內俾資溫習再行考試

第十六條　第二學期考試合格者給以卒業文憑其列於優等者特與以賞狀

第十七條　認明具有警察官之閱歷並素講學術之人可不拘學期滿否一例與以卒業文憑

第十八條　受業生修業之成蹟及平素之勤怠品行之良否宜通知就職之部署

巡查教習所受業生規則

第一章　通規

第一條　受業生當順從所長監督所屬教習之指揮命令

第二條　受業生宜遵守巡查服務心得但服實務之時其應遵守之事項不在此例

第三條　受業生不得互相借貸錢財物器

第四條　受業生於借貸之物品必鄭重視之倘有損汚等事須賠償之

第五條　受業生等受業自習休憩外出起床就寢喫飯入浴之時皆鳴鐘以報

第六條　受業生休暇日期援所有官署之例

第二章　講堂

第七條　各講堂皆置正場長副場長二名以膺堂內整理之任

第八條　講堂內之席次須豫先指定

第九條　所長敎習進講堂之時由場長發令受業生一同起立行禮警視總監警視以及其他長官入堂之時由敎習發令受業生一同起立爲禮

第十條　受業生筆記敎習所講藉供自習若欲質問須起立而詢不許涉於議論

第十一條　受業生不經敎習許可不得擅自離位

第三章　自習室

第十二條　自習室者爲自習及休憩之處每室各置室長一人以當整理之任但室長以場長及副場長兼之

第十三條　自習室內之席次須以豫先指定者爲據
第十四條　自習時限之間須溫習適宜之科目不許濫自離席
但不得已而離席之時須經室長承認而後可
第十五條　自習室內所禁之事如左
一　自習時限中喫烟
二　狂誦雜談
第四章　寢室
第十六條　各室內置室長一名以承整理之任
第十七條　寢室內所禁事項如左
一　使用火氣
二　支給及借貸之被服類與寢具混用
三　往來他室爲無益之談攪人安眠

第五章　容裝

第十八條　受業生著定制服裝操練及休息時著用操練服

第十九條　非加入先任巡查學習實務及非教習率領出隊之時不得帶劍外出

第二十條　受業生佩一定之徽章於左腕

第二十一條　受業生在自習室內惟夏期可脫上衣

第六章　外出及外宿

第二十二條　受業生欲外出之時必告知教習歸所亦然若外出而罹於病以致逾限歸所須禀明其事由並附醫生診斷書爲據

第二十三條　受業生遇有如左事項之時皆得禀准外出

一　祖父母妻子兄弟姊妹重病或死亡之時

二　父母祭日應行致祭之時

三　爲已有病而往醫家之時
四　前項以外有不得已事情之時

第二十四條　受業生遇有如左事項可禀准旅行外宿
一　移地療養若就醫必須外宿之時
二　外出後染病不得歸所之時
三　父母病重須歸看護之時
四　屬於軍籍而奉召集之時
五　父母死於家内之時

第七章　疾病

第二十五條　受業生染病之時須受官醫診斷

第二十六條　受業生染病而休養之例有五分載如左
一　外宿休養

二　病室休養

三　受業時限以外病室休養

四　停止操練

五　脫靴

第八章　食堂

第二十七條　受業生於喫飯時限之外不得出入食堂又不得在食堂外飲食一切但特受許可之時不在此例

第二十八條　受業生喫飯之時宜以肅靜爲主旨不可爲粗暴之言動

第九章　處罰

第二十九條　違背本則或抗違所長教習之指揮命令者三星期以內禁止外出

受業生心得

第一章　行狀

第一條　受業生不拘在所之內外皆宜紀律嚴正不可作有傷體面之行爲

第二條　受業生尙未服習實務之時不得對人民執行法規

第三條　凡捕重輕匪之現行犯救人命防火災等及一切應爲事件儘一己之力量可卽施行勿須猶豫但送有以上事件歸所後宜卽速報教習

第四條　受業生外出之時不得至所到地方之飲食店遊戲場以及其他猥瑣場所

第五條　受業生在所內不得放聲高歌及爲喧噪之行

第六條　受業生不得在自習室及應接所之外喫酒

第七條　受業生在所內無拘何等地方概不準爲痰唾等不潔之行

第八條　日常使用之器具勿論矣在所內無拘何處之書籍器具亦不得稍有汚損

第二章　教授時限

第九條　教授自習休息外出起床就寢喫飯入浴時限列如左表但時限伸縮可因時以爲變通

期限／事項	自三月一日至七月十日	自七月十一日至九月十日	自九月十一日至十月三十一日	自十一月一日至二月末日
授業（學科）	（自午前九時）（至正午十二時）	（同上）	（同上）	（自午前十時）（至正午十二時）
	（自午後一時）（至同三時）		（自午後一時）（至同三時）	（同上）
授業（操練）	（自午前八時）（至同九時）	（同上）	（同上）	（自午前九時）（至同十時）
	（自午後三時）（至同四時）		（自午後三時）（至同四時）	（自午後三時）（至同四時）
	（自午前七時）（至同八時）	（同上）		（自午前八時）（至同九時）

(自習)	(自午後七時)(至同十時)	(自午後九時)(至同十時)	(自午後八時)(至同十時)	(自午後七時)(至同十時)
	(自午前五時)(至同七時)	(同上)	(自午前六時)(至同八時)	(同上)
(休息)	(自正午十二時)(自午後一時)	(自正午十二時)(自午後一時)	(自正午十二時)(至午後一時)	(同上)
	(自午後四時)(至同七時)		(自午後四時)(至同八時)	(自午後四時)(至同七時)
(起床)	(午前五時)	(同上)	(午前六時)	(同上)
	(熱)(午前四時)	(同上)	(午前七時)	(同上)
(喫飯)	(午餐)(正午十二時)	(同上)	(同上)	(同上)
	(夕)(午後六時)	(同上)	(午後五時)	(同上)
	(平日)(自午後四時)(至同五時)	(同上)	(同上)	(同上)
(外出)	(土曜)(自午後二時)(至同六時)	(同上)	(同上)	(同上)
	(休息)(自午前六時)(至午後六時)	(同上)	(自午前七時)(至午後六時)	(同上)

（入　浴）（自午前七時）（同　上）（同　上）（同　上）
（臥　床）（自午後五時）（午後十時）（同　上）（同　上）（同　上）

第三章　講堂自習室寢室

第十條　受業生於授業時刻五分鐘以前齊集講堂以待教習
第十一條　除受業時刻之外不得濫行出入講堂
第十二條　除自習及休息時刻外不得濫行出入自習室所
第十三條　在自習室內於火盆燈火等宜留心防範火警
第十四條　受業生之佩劍帽子外套長短靴文庫寢具以及其他物品皆宜置於指定之場所
第十五條　欲就床安寢之時必須將佩劍帽子持至寢室掛置於指定之場所
第十六條　被服等宜置於臥床內之一定場所俾遇非常召集之時以便速

應

第四章　外出及外宿

第十七條　受業生欲外出之時須將在一定地方懸挂受業生人名札之裏面反向外挂（朱書）歸所後再復其表面於外（墨書）

第十八條　受業生外宿之時須將被服以及其他之給與品借與等品物暫時交還歸所後再行領取

第五章　疾病療治

第十九條　受業生患病之時須間日受官醫診察一次但患重病者急於診視之時可臨時請求

第二十條　患病輕者欲臨時診視之時可自謁醫家求診

第二十一條　須在病室療治者可從教習之指示移入病室

第二十二條　在所患有重病者受業生應輪班看守併可指名派人看護

第六章　掃除

第二十三條　受業生平日須照指定之時刻每朝夕將室內外掃除其區別如左

第一區　講堂及廊下

第二區　自習室廊下及受業生應接所

第三區　教授室廊下及樓梯

第四區　指定之場所

第二十四條　前條所載掃除等事須從教習之指示輪班爲之掃除既畢須受檢查

第二十五條　每星期第六日所有受業生宜從教習之指示大行掃除講堂自習室及廊下皆以水滌洗玻璃窗戶等尤宜拭淨

第七章　食堂

第二十六條　喫飯而入食堂之時須依豫定之次序而入

第二十七條　往來於食堂之時不得疾馳暄噪

第二十八條　就桌之時當依豫定之號次而坐

第八章　雜則

第二十九條　受業生不須帶貴重器並長大物件及其他無用之品來所

第三十條　受業生接見來客宜在豫定之應接所且以授業時刻以外爲限

第三十一條　受業生不得濫用小使廚役

第三十二條　入浴之時須依豫定之次序

受業生實務教習內規

第一條　教授實務係當值之教習及助教擔任其事

第二條　每於講堂內使受業生假作數處派出所人員分而教授之

第三條　瞭望於大門値宿室外或廊下以及其他緊要場所設置巡回惟夜

間依豫定之線路巡回可也
第四條　非常召集每星期執行一次其舉行時日由所長因便訂定
第五條　整列點檢每於星期第六日教授操練之始由所長執行
第六條　大巡行必設有一定之人員及區域由所長因便指定
一　勤務覽一表
二　勤務日誌
第七條　瞭望時所應辦理之事如左
一　書狀受附
二　指示之事項
第八條　巡回及大巡行中見聞之重大事項必需申告
第九條　前各條外有臨時必要事項之時由所長指定辦理
操練規程

第一章　總則

第一節　號令

第一款　號令有豫令（行書爲記）動令（楷書爲記）之別豫令宜嘹喨發唱動令短簡醒快發唱可也又唱發豫令動令之間其音必存有適當之時刻若號令活潑則動作亦隨之活潑故號令無拘若何場所必以同一之方法及活潑之聲音發唱爲要

第二款　規程所載之號令必遵用而以爲法則若號令難盡其意始用命令

第二節　佩劍動作

第三款　當佩劍行進之時必有向前之豫令彼時卽宜將劍柄握起若停止之時則將劍柄由左手放下

第二章　各個教練

第一節　不動之姿勢

第四款　號令

立　正

發此令則宜將膝伸直靠緊兩脚根横於一直線其脚尖撑成矩形稍向外開上身安直腰上稍向前傾兩肩稍向後掣雙臂自然垂下兩掌稍向前面整閉諸指小指緊貼於褲縫之後頭須抬正則頸自挺直兩腿遂與脛部相接兩目不可視地直向前視可也

兩足立正一事甚爲緊要蓋全體姿勢皆賴乎此倘兩足不正則肩部之位置亦必因之傾斜

第二節　休憩

第五款　休憩之時下如左之號令

少　息

此令不須留意於姿勢及動容只以片足置於原立地位而休憩除發少息

號令外操練時不得隨意妄動又休息中亦禁止談話

第三節　轉法

第六款　號令

向右左······轉或半面向右左······轉

左足尖與右足稍向上抬以左踵向右左轉四分之一或八分之一乃收右踵接於左踵列於一線上

第四節　向背後

第七款　號令

向後······轉

將右足向後引過其脚尖接於左脚根稍抬兩脚尖膕須伸直乃以兩脚根轉向背後再撤回右踵與左踵相接

第五節　速步

第八款　速步一步之間約七十五珊知米達珊一珊知米達爲三寸三分其速度一分鐘一百十五步

號令

開正步……走

發豫令之時卽宜將體重量移於右足之上一發動令則將左脚向前灣抬離地無須太高足尖稍向外垂膝腘伸直上身稍向前傾蹈落於離右足七十五珊知米達之處乃將體重量移於其足

左足落地之時卽將右踵離地輕曲其膝如前說左足之法將右脚向前抬出卻蹈於相當之地繼續前行不可兩足交乂此時宜正直頭頸不搖兩肩將兩臂自然振動可也

第九款　號令

全隊　立定

將後足引接前足立定

第六節　退步

第十款　退步用於稍距離之時其速度與速步同

號令

退步……走

速將左足退後伸直膝脛置於離前足半步之處次將右足如前動作相繼退卻

第十一款　號令

全隊　立定

將前足引接後足立定

第十二款　跑步一步長八十五珊知米達其速度一分鐘約一百七十步

號令

跑步……走

發豫令時两手作拳與腰齊兩肘向後移體重於右足

發動令時先出左脚其法脚稍屈僅抬其膝足尖向下蹈落於離右足八十五珊知米達之處右足亦如左足同法動作常移體重於蹈落足上再自然振動其兩肘相繼而行進可也

（全隊立定）令下時即停止將兩手直向下垂

第八節　便步行進

第十三款　此行進法爲欲休憩故用此法

正步前進時下如左之號令

換便步……走

發此號令時則無用守正規步法其速度約如速步或跑步不可姿勢不整（行列不宜紊亂且宜保持劍柄免致搖動若係排列横隊之時相離開八

十珊知米達之遠）以前進可也

第十四款　號令

速步

此令下時步法姿勢步法無用法注意約用速步之速度（行伍不可紊亂）

前進可也（橫隊內無此動作之法）

第十五款　再欲復齊步法之時則下如左號令

速（跑）・步・・・・・走

第九節　搭脚

第十六款　行進時下如左之號令

搭脚・・・・・走

此令不行進步屈其膝兩足交相起落與正步同法

第十七款　再欲行進時下如左之號令

換正步……走
第十節　換脚
第十八款　行進時下如左之號令
換脚……走
此令下時將抬起之足蹈落於前引後足於蹈落一足之後再出前足行進
第十一節　横步
第十九款　現除
第十二節　行進間向右左
第二十款　號令
向右左轉……走
向前蹈住左（右）足將身體轉向右（左）再將右（左）蹈出於新定之方向
繼續行進

第十三節　斜行進

第二十一款　號令

半面向右左轉……走

向前蹈著左（右）足將身體半面轉向右（左）再將右（左）足蹈出於新定之方向進行可也

第二十二款　再欲復其直行方向時下如左之號令

照舊……走

其法如斜行進同只復正面而行進

第十四節　進行間右轉回

第二十三款　號令

向後轉……走

向前蹈著左足迴身向後再收右足於左足乃出左足行進

第二十四款　於爲右轉回時欲使停止則下如左之令

向後立……定

向前蹈著左足迴身向後再收右足於左足立而成不動之姿勢

第二十五款　第十二至本節若用跑步時亦同此法

第三章　部隊教練

第一節　通則

第二十六款　部隊運動時其第一列之正面與第二列之正面以及右翼先頭與左翼先頭固得各不相關而以確實正整爲要

第二十七款　停止間變換隊形及方向之時用正步而進若在行進之間則用跑爲要

第二節　編成部隊

第二十八款　部隊須因身幹之大小順序排成前後二列相離六十珊知米

達之遠其前後之二人是謂一伍各伍中如有身幹長大者則使之立於第一列部隊人員若成單數之時則使單數者立於左翼之第一列其第二列謂之缺伍

立在後列者當與前列者同一方向且當與前相準不得偏斜

各人之間相隔三十珊知米達

部隊各伍由第一列正面之右向左依次發唱號數

部隊之第一列置有嚮導其在右翼者爲右嚮導在左翼者爲左嚮導又有押隊者置於部隊第二列後部中央離第二列二步之處

第三節　整頓

第二十九款　整頓完全之時各人於整頓線上爲制規之姿勢轉頭於整頓本翼之時須以右（左）眼看其右（左）之鄰人再以他眼通視全線就整頓線之時上體不可突出前後其姿勢以立正爲要若足位不正兩肩必不與

整頓線相齊則不獨已受其害且必連及鄰人

第三十款　欲知整頓之要領必先設基礎以整頓之故下如左之號令

右（左）二伍（二人）向前三步……走

右（左）嚮導及右（左）翼二伍（二人）向前進三步其二伍（二人）因嚮導而整頓指揮官爲之正其整頓

次下如左之號令

右（左）……準

照舊

（準）字令下則各人向前進三步其最後一步宜縮稍離整頓線二十珊知米達即止乃廻頭向右（左）乂左手於腰上將臑伸直用小步靜就整頓線上嚮導由與已接近者依次整頓後列當與前列相重並取準距離之度數

（照舊）令下則各人皆轉頭向正面放下左手

第三十一款　現除

第三十二款　使嚮導前進而行整頓之時下如左之號令

嚮導向……線

左（右）……準

照舊

（嚮導向線）令下之時則二名嚮導向前進三步指揮官爲正其位置（準）字令下之時其左（右）嚮導各向其與己附近者之二三名低聲屬其進退以補助第一列之整頓

第三十三款　不動位置而行部隊整頓之時下如左之號令

右（左）……準

照舊

第三十四款　整頓者乃使前後爲平行或斜行者也

第四節　向背面

第三十五款　號令

向後……轉

此令下時部隊皆轉向後面其缺伍及嚮導出就前列

第五節　縱隊之正面行進

第三十六款　行進之時宜向右翼之嚮導取準若須取準於左翼之時則必特爲指示指揮官示行進目標於右(左)嚮導時下如後左之號令

開正步……走

需取準於左嚮導之時下如左之號令

左嚮導

部隊一齊行進之時須與嚮導取準向正面直角而進嚮導無須關涉他人但保待制規之步法速度直向目標而進可也

列員固因嚮導以爲整頓但不可轉頭顧視只注意於鄰人爲要然所有人員於步法速度以及間隔之廣狹必宜保持一律

第三十七款　行進中而須取嚮導於他翼之時則下左(右)嚮導之號令

第三十八款　欲爲背面行進之時則下第三十五款之令以使部隊向後再用第三十六款之令以使前進

第三十九款　正面行進時列員當遵守之規則如左

不拘嚮導在何方列員不得轉頭顧視

由整頓全翼擁來之時則順之擁向反對之方若由反對方擁來時則抵抗之可也

出於整頓線外或不及以及失其間隔之度數可漸次就於整頓線上

若步法誤錯速與嚮導方之鄰人取準

第四十款　長距離之正面行進而動作良美者皆爲部隊運動之基礎

第六節　斜行進

第四十一款　號令

半面向右（左）走

斜行進之方向較正面偏四十五度

斜行進之時各人之肩須與鄰人取平且其頭如與同列之員相掩映以定其度數

第四十二款　欲再復正面行進之時下如左之號令

各人須向斜行之方常自整頓

照直……走

第七節　跑步

第四十三款　正面行進及斜行進純熟之時以跑步而爲運動

第八節　部隊停止

第四十四款　停止部隊時下如左之號令

全隊立……定

列員皆停止前進各向嚮導之方整頓行列頭向正面

第九節　行進間之背面向

第四十五款　部隊行進時不加以停止而執行背面進行之時則照第二十二款及第三十五款施行或因時而下（左嚮導）之令如使爲背面向併停止之時則照第二十四款及三十五款施行列員各自向嚮導方整頓

第十節　退步

第四十六款　退步照第十款及第十一款施行併因時下如左之號令

第十一節　變換方向

第四十七款　號令

向左（右　換向……走

停止間則右（左）翼嚮導爲右（左）向各人半面向右（左）伸開步度走捷路逐次到新整頓線停止向右（左）方整頓若在行進之間則右（左）翼嚮導向右（左）換向前進各人依前項方法用跑步達於新整頓線向右（左）取準繼續前行

第四十八款　小角度換向之時須示新目標於在應換方向處之嚮導照第四十七款施行

行進間變換方向角度微小之時下目標右（左）之號令嚮導向新目標行進各人伸縮步度以就新線

第十二節　側面行

第四十九款　號令

向右（左）……轉　右（左）

開正步……走

（右左）之令下則部隊爲右（左）向其雙數者（單數者）出於單數者（雙數者）之右四人（二人）相並輕接其肘依前列整頓

（開正步走）令下之時則部隊起發行進各人常向前列整頓其在嚮導之後者須正就其足跡前行其他之人依列相重必與前列者之頭相對而行進爲要

側面行進時其前頭四（二）人整頓不正之時必於各列之整頓有害部隊不使行伍重複之時可爲側面行進

第十三節　側面行進間行伍之解合

第五十款　將行伍分解之時下如左之號令

解伍……走

各列中重複之員縮其步度返入已之位置後列者就前列者之整頓

第五十一款　將行伍重複之時下如左之號令

合伍……走

照四十九款以重複其行伍

第十四節　各伍換向

第五十二款　停止或使爲行進之時下如左之號令

各伍向左（右）……走

先頭伍步成一小環形常向旋迴軸之方轉頓以換左（右）之方向其在進行翼者以制規之步法前進在旋迴軸者先收縮數步待各伍排齊後再以同法換向

第十五節　停止及向正面

第五十三款　號令

全隊立……定

向左（右）……轉　正面

（立定）令下則部隊皆停止不動

（正面）令下則向左（右）分解其伍各準於嚮導整頓

第五十四款　使部隊停止時即向正面下如左之號令

向左（右）立……定

第十六節　行進間向右（左）

第五十五款　號令

向左（右）……走

各伍爲右（左）向重復或分解

使部隊復其正面前進之時可因時下如左嚮導之號令

第五十六款　以跑步而爲側面行進之要領如速步則亦無異

第十七節　由側面縱隊而改爲橫隊及由橫隊改爲縱隊

第五十七款　停止或行進由側面縱隊而編成橫隊之時下如左之號令

向左(右)排齊……走

在前頭之嚮導不動或繼續行進各人分解其伍出右(左)肩於前運用步法或用跑步走捷徑逐次就於新線向右(左)整頓或取準以行進

第五十八款　橫隊行進間而使照原方向變成縱隊時下如左之號令

向右(左)轉各伍左(右)……走

照第四十九款及五十二款施行

第十八節　由二列變一列及一列變二列

第五十九款　停止或行進間使二列變一列之時須示明基準伍（通常中央伍）下如左之號令

成一列……走

基準伍不動或接續行進其他諸伍向左右用橫步或爲斜行進取其所應間隔之度數後列員出於前列員之左各向基準方整頓或取準即接續行

進

第六十款　復成二列之時示其基準下如左之號令

成二列……走

與變一列之順序相反以變成二列

第十九節　解列及集合

第六十一款　解散部隊之時下如左之號令

解列……走

列員一齊解散

第六十二款　集合部隊之時下如左之號令

合　隊

列員對指揮者之面順次排成二列各向右方整頓

第二十節　環列及複列

第六十三款　於橫隊停止時示其基準伍（通常中央）下如左之號令

成環列……走

在基準伍之左右者前進於適宜之處作成環列各向基準伍整頓

第六十四款　復為橫隊之時下如左之號令

成橫隊……走

由基準伍相近者復其原舊位置各向基準伍整頓

初五日陰雨繕寄蘇滬各函小松崎茂助持伊父素一君片來謁並呈閱文武官攜帶用器具各表又有吉沼商店店員鈴木籐太郎偕繙譯沈守善號秀蟾浙江鎮海人來訪投贈簿物意在招徠午後挈小宮山往京橋區榮町冲商會電話製造所察看一切晤店員斯波吉郎支配人冲馬吉出見導觀各室分製之器層樓上下約二十餘處此外則在對岸之月島地方就河沿設有一廠容日往觀旋又陪往水谷町本商店內試驗尋常電話及新製陸軍電話臨時安置

極費周旋陸軍電話係借綫法電箧長方約一尺二三寸許背負甚便專備行軍之用若遇消息不通處但有電線隨處皆可附接該廠所製電機與天津所用德國電機微異手捺機關內係用兩銅片較銅針用爲便利且堅固據言傳話清晰與否全在乎此與綫無涉乾電則較水電能經久遠現在日本造電材料悉本邦產無庸購自外國云該廠製造機械品共八十餘種各種電話機送話機受話機自働機交換機通信機巴黎磁石發電機試驗用磁石發電機抵抗器蓄電器海底線通信用電鍵檢電器自働機用鑽孔器音響器等俱能製造閱畢贈以石印機械圖式又至吉沼店購物晚馮孔懷函邀赴紅葉館之約王子清趙康侯袁遜初施禽孫張季深諸君同席

初六日晴涼清晨小林光太郎來訪並薦繙譯辻鐐太郎來旋即同往外務省拜謁外務大臣並晤總務長官珍田捨己備述壹是午後至青山南町二丁目六十一番地訪末吉保馬不值又至四谷谷町訪田中新助徧尋未得晚赴京橋

綠屋飲袁遜初銓燕平施畬孫趙康侯李仲臚張祝秋陳秀峯余雲龍諸君公請客惟予與孔懷子淸三人而已

初七日晴涼巳刻偕繙譯辻君往日本橋區坂本町消防第一分署署長消防士正八位勳七等木籐正三陪觀並晤消防士兼警部寺坂豫洧坐談片刻警視廳派課長消防機關士寶田通經亦至預備救火報警法電報至則捺叫鈴機關士從鐵柱走樓下消防夫一班十人已到齊趕將馬車駕出限二分鐘內備齊另有一車備帶水管容三十袋皆雙馬駕之作馳出狀日本街道徧處皆有自來水管取水較易若遇無水管處即井水亦可用但以來源易竭恐必迫不及待耳試演既畢稍坐即辭去往細川爵邸訪子爵長岡護美不値又往參謀本部拜晤少將福島安正略談回寓午餐午後至日本橋區數寄屋町一番地警眼社購閱警察書籍過關谷店溍水店略坐長岡電話約明早會晤皆川廣學偕小林安之助來

初八日晴清晨福島少將遣末吉君來言新設振武學校係專爲支那留學武備生而設與成城稍區別現屬參謀本部擬新歷九月十一日開校云已刻往華族會館拜晤長岡子爵談及留學生事午後偕辻君至新橋試坐電氣車往品川一行過八ツ山泉岳寺札ノ辻金杉橋四區東京電車前八日始開業車形與鐵道馬車略同可容四五十人車頂樹兩桿道旁徧設電桿中間橫線直線曲折交連車頂之桿頭係用手形緊接直線借電力以行駛每五分鐘約行華里一里許較馬車稍迅速蓋人烟稠密之處實因道路窄狹殊不便於急駛據聞鎌倉江島一帶即比東京較速又見有人乘坐一種自行電車車形與尋常馬車無異可坐四人前無轅轡後置鐵箱儲電機於其內駛行極速然遇小路則甚險戌初歸寓

初九日晴辰刻偕辻君赴新橋九點四十分鐘坐火車往鎌倉由大船驛換車十一點四十分鐘下車同行有島村孝三郎者湖北高等學堂所聘教習兼仕學

院講友人頗年輕略爲接談到鎌倉後至大浦總監別所訪談許久在三橋樓便酌是樓聳立田間面山背海果然蓬瀛仙境每當炎夏彼都人士多避暑於此間高臺廣廈絕少俗塵不禁令人艷羨酉刻仍乘汽車回東京戌初二刻抵新橋

初十日晴巳刻岩村君來並偕辻君同往警視廳由屬吏佐伯仲藏引觀官房及各部課室晤各部長暨官房諸人第二部部長兼內務書記官松井茂曾遊歐美於各國警察法最爲熟悉並有著作總監官房第一課管理文書及往復事件並電信電話第二課管理保安警察與政治上之關係並外交事及檢閱新聞紙雜誌出版物著作物碑文墓誌等事第三課管理出納用度等事第一部第一課管理刑事戶口及遺失物第二課管理警務及特別之警衛第二部第一課管理營業及風俗之關係第二課管理交通機關及保護災害等情第三部第一課管理保健衛生法及豫防病疫之事第二課管理醫及獸醫並分析

檢查關係衛生之物第四部現改歸司法省消防署第一課專管救火事務並調查進退賞罰給助等情及其他之會議第二課管理器械非常報知機及電話機地利水利之調查並修繕及其授受消防機關手消防調馬手關係試驗之事總監官房秘書係一員技師二員課係長各一員課僚秘書屬二員第一課十四員第二課十一員第三課十三員第一部技師一員課係長各一員課僚第一課四員第二課二十七員第二部技師二員課係長各一員課僚第一課十一員第二課三員第三部技師四員課係長各一員課僚第一課三員第二課十一員消防署署長一員課係長第一課第二課各一員課僚第一課二員第二課三員事務各有分掌職員分列三等曰高等官警視總監一員月俸三百三十三圓警視二十七員月俸共二千一百三十二圓技師五員月俸共三百六十四圓警察醫長一員月俸一百六十六圓典獄三員月俸共二百五十七圓合計三十七員月俸三千二百五十二圓曰判任官警部一百六十四

員月俸共五千零八十圓警視屬三十三員月俸共一千一百二十四圓技手二十一員月俸共六百四十圓消防士二十七員月俸共八百五十圓警察醫八員月俸共二百七十圓監獄書記二十四員月俸共七百零三圓看守長十七員月俸共四百九十五圓消防機關士十員月俸共二百七十五圓合計三百四員月俸九千四百三十九圓曰判任官待遇巡查内分四種曰國庫支辦一百零七員月俸共一千四百八十九圓曰府費支辦二千九百三十七員月俸共四萬零五百三十五圓曰請願費二百七十七員月俸共三千八百八十圓曰授業生府費支辦五十八員月俸共四百六十四圓合計三千九百員月俸五萬三千三百三十五圓消防署長現歸第一部長丸山重俊兼管閱畢各分課後消防署長傳令機關士寶田通經等帶領消防隊試驗救火法命駕馬車一爲機器車内有蒸氣火爐隨走隨燃四五分鐘火旺機動即可汲水一爲水袋車容數十具每車十人由機關士督率限二分鐘即配齊駛出套以水袋激水

五丈激越層樓屋頂一分鐘可汲水五六十石頗爲神速又有一車平置層梯於其上梯分三截下有羅絲絞上高約六丈遇有高屋可緣梯而上以便折卸梁架之用此車係本年所新造閲畢又至總監官舍拜晤大浦君託樋口事午後小林光太郎及使館隨員張金鑑學生徐美韶汪瑩子雲公子先後來訪申初遊上野動物園該園爲公家所立每人輸入四十錢任人遊覽園中禽獸較多水族只有龜鼈金魚飛禽中有湖北所産吐壽字鷄臺灣所産各種鳥類仙鶴鷺絲竹鷄鸚鵡鵪鶉皆有數種獨無孔雀走獸中如豺狼虎豹獅象狐狸等類有中國駱駝小驢而無騾子此種皆日本産所缺者西鄉侯家義犬福島少將遊西卑利時所騎之馬皆送入此園内今猶存焉

十一日晴辰刻訪小林光太郎商樋口事午後冲商會約看電話機器製造廠先到榮町本店支配人冲馬吉陪往鐵洲換坐渡船小火輪拖帶至對岸之月島渡河僅二分鐘船内坐位甚清潔登岸即到製造廠廠屋三十餘間近依河岸

取水極便閱視一週該廠所作乾電水電以及鍍銀色做銅絲纏蠟皮等工皆在此廠其餘鐘碗各器均在榮町廠分別製造出示乾電一種係新發明人塚本熊次郎新製乾電近兩月間呈蒙官許專利即日發行本廠所造乾電尚非此種前言現造電氣皆用本國材料無庸購自外國今詢以所用材料及配合法堅不肯說託言惟發明人喻此旋又詢以我國如派學生來學能否傳授渠言可行至少一年學期始能畢業傍晚小林光太郎來蔡公使與汪監督公請晚餐遊歷官張景韓觀察毓琦山東濰縣人福建派來考查農務黎觀察國廉廣東人山東學生監督方鶴人觀察張履三銓燕平同席

十二日晴熱巳刻往看東京新監獄在市谷地方拜晤典獄官籐澤正啓出示數地建築圖及罪犯比較表并警署選人簿册該獄能容二千餘人皆裁判未決之罪犯籐澤君導觀各室樓上各室與巢鴨監獄同室中皆有透光線並有自來水管盥濯便宜淨潔非常樓下有病監有浴室有診察所有理髮所有笔記

所犯人寄信須在此處不准私發一信室中坐位如號舍然每座僅容一人全用板壁隔斷有人專司察驗有運動場犯人每日運動一次有接談所犯人親友探問須先向受付處報名挨照號次傳見來者立於窗外罪人立於檻內隔窗對語其立足處亦與筆記所同有人從旁監視別院有女監獄不許入觀該獄前歲興工今年竣事費金十五萬圓出贈紀念牌一箇午後小林光太郎來王子清約晚餐飲於綠屋參謀本部副官步兵少佐堀內文次郎步兵大尉岡田重久砲兵工廠本莊君等砲兵實施學校教習三井洋行吳永泰之昆仲平岩道知等共十六人及袁遜初趙康侯同席

十三日晴熱已刻往東京地方裁判所參觀適所長未入署晤監督書記堀濱之助書記高柳貞一郎出示歷年刑案比較表分別民事刑事及豫審之件凡營業置產以及家庭故細均隸民事凡命盜竊賊各種刑案均隸刑事無論何案須豫審後始歸大審高柳君導觀控訴院裁判官坐於上層左右側有書記案

下置有桌橙控訴者多口述書記隨時錄詞又至豫審廷據言此處不許旁聽又至大審院坐位與控訴院相似案下亦置桌橙犯人先在屋角檻內坐待依次傳訊坐於案下辯護士亦坐案下問話時則起立對言此處准人旁觀設長橙十餘具小室容坐四五六十人大室容坐百餘人是日旁聽之人不少適在審問竊犯兩案一爲女傭係因侵蝕主人銀洋二十餘圓堅不承認尚未判决一爲內地竊賊訊問尚無實據此皆極輕之案裁判官著黑色外罩帽似烏紗辯護士亦著黑色外罩滾白雲肩訊問之下不聞厲聲左右無站堂役判官外書記二三人而已午後岡田真澄永井喜三郎服部仲藏篠原與作山田佐次郎井倉邦俊平岩道知張景韓壬子淸狩野豐松諸君過訪晚邀飲於綠屋

十四日陰淸晨末吉來談巳初往警視廳調查警務東京警察署之組織市部十五區外有水上警察曰麴町區曰神田區曰日本橋區曰京橋區曰芝區曰麻布區曰赤阪區曰四谷區曰牛込區曰小石川區曰本鄉區曰市谷區曰淺草

區日本所區日深川區日水上另有大井村分署署長各一員署詰（即警部充之警部可充分署長）共九十一員巡査部長共七百二十人巡査刑事共七十一人其他共一千五百三十三人警察書記共一百八十三員派出所共二百八十七處郡部八處分署三處署長及分署長各一員巡査勤怠及所延日數有月份比例表分別勤務疾病給假三項賞罰亦有對表消防署及監獄署之組織總消防署附屬警視廳分署六處署長各一員消防士共二十七員消防機關士共十員雇員二名消防機關手共一百五十名調馬手共二十四名消防手共一千五百二十六名火見番共二十一名總計一千七百六十人消防組數四十組每組四十一人派出所七處常詰所六處分遣所一百零一處櫓火見（即看火處）七處指子火見（即打鐘處）九十處引打半鐘（即總署派出所接續打鐘處）一百七十一處蒸氣喞筒八具驅送馬車六輛手挽輅車一百六十輛腕用喞（從前救火用此喞筒現在多用蒸氣喞筒）七十四具監獄署三處支署兩處一鍛冶橋一巢鴨一市谷又王子及小笠原附屬鍛

冶橋署長各一員監獄書記共二十三員看守長共十七名看守共四百九十八名監獄醫共十四員教誨師共十一員管女監者共十四員押丁共三十七名授業手共三十二員雇員共三十八名總計署員六百八十四人市谷新建監獄一所專爲留置未決之犯在監囚人之刑名曰徒刑曰懲役曰重禁錮曰輕禁錮曰換刑輕禁錮曰拘留曰換刑拘留其中分別初犯再犯及三犯以上刑事被告人及別房留置人之病患死亡等事項均各隨時列表常年經費分別國費與府費警視廳之國費曰俸給及諸給曰廳費曰修繕費曰旅費曰雜給及雜費曰機密費曰肥料檢查費伊豆七島警察費及機密費小笠原島地方費及機密費悉出國費警察署諸費巡查派出所諸費留置所諸費巡查教習所諸費消防費警察機密費請願巡查費警視廳舍修繕費及建築費衛生及病院費勸業費獸疫豫防等費悉出府費地方監獄俸給及諸給並廳費修繕費旅費雜給及雜費在監人費悉出國庫經常費此警視廳之大略也今日移居本

町新設旅店東京館館主小林(易太郎)係千葉縣安房郡平羣村人同寓有大阪每日新聞社訪事人日戶(勝郎)求見

十五日晴午前訪小林君並託送辻君修金又往警視廳會晤第一部長丸山(重俊)官房主事川上(親晴)商訂合同底稿頗費磋磨午後拜蔡公使託代發晉撫憲電報二十一字計日鈔二十二元二角六分係洋文五字碼晚長岡子爵約至邸內小坐偕往日本橋俱樂部夜飲座無他客只有靜岡縣教員落合(兼光)陪座縱談詩文及遊清往事並託購李龜年專集亥初始散

十六日晴午前至惕齋處閱上海報又至神田區關口町六番地柳水館答張景韓觀察午後乘汽車往大森一帶察看野外警務適見車站旁通行道路上有一剪綹小賊爲巡查所緝獲隨時勒令物歸原主但以正言勸責毫無厲色擬將犯人送交警署予從旁詢之巡查此等人犯警署如何處置據言不過監禁數日云但釋放後須將此人姓名籍貫及其行爲佈告附近各巡查仍常施其

監察其相片則揭示於犯事地方之警署也酉刻至橫濱領事館訪燕平畬孫留晚餐亥初始回東京脚氣暴發腹瀉不止

十七日晴病卧竟日自昨夜子初至今夜子正腹瀉五六十遍體氣甚疲延前田君來診田中大尉新助辻鉾太郎趙康侯袁遜初飯島惕齋來訪王子精來辭行午後小雨晚大雨

十八日晴雲病卧不能見客腹痛連二日間未愈

十九日晴病卧竟日悶極延京橋醫院關谷君來診戌初大雨晚接張曉帥來電教習照二年訂合同

二十日陰力疾出門至小林光太郎家約其同往外務省並晤岩村君偕往警視廳與川上丸山兩君酌議合同底稿佐伯仲藏參贊其間午間在精養軒西餐過鶴八處略休憩晤其令兄養源查玉階末吉保馬諸公

二十一日陰在寓休憩鈔寫合同底稿二份與警視廳電話問答數語夜半大雨

二十二日陰又鈔寫合同底稿二份清晨大浦總監遣屬吏佐伯來持贈天鵝絨織富士山圖並西式繡緞桌掛等物長岡子爵投贈蕉堅稿詩集二册是編爲絕海國師所著釋慧蕺編我國明洪武年間絕海和尚曾遊南清集中有豫章延陵唱和之作繙譯徐善笙來

二十三日陰午後至蔡公使處送閱合同底稿又至汪伯唐京卿處託訂繙譯事

二十四日陰午前至警視廳與各部長商酌教習事外務省來電話合同內政務局長須列銜又至汪京卿處談午後張景韓來

二十五日晴腹痛稍愈仍力疾出門較寂處於旅館中尚覺舒暢午前邀同外務省岩村君同往警察監獄學校參觀張景韓觀察亦偕往該校創自明治三十二年九月歸內務省統轄現在校長爲內務總務長官正四位勳三等山縣伊三郎幹事即提調爲內務書記官正六位若林賚藏商議委員六人司法省監獄局長久保田貫一警視總監大浦兼武內務省警保局長安立綱之內務省

參事官兼內務大臣秘書官水野錬太郎　內務書記官久保田政周　司法省監獄事務官小河滋二郎　教授五員帝國大學法科大學教授法學博士岡田朝太郎　兼內務省參事官林市藏　正七位留岡幸助　兼內務省參事官澤田中廣　從七位小秋元三八吉　講師十五員大審院判事士賀康造　司法省民刑局長石渡敏一　大審院判事鶴丈一郎　東京控訴院檢事司法省參事官平沼騏一郎　東京衛生試驗所所長藥學博士田原良純　帝國大學農科大學教授獸醫學博士勝島仙之介　正六位久保田政周　帝國大學醫科大學教授醫學博士吳秀三　正六位小河滋二郎　警視兼內務書記官松井茂　內閣統計局審查官兼高等商業學校教授高橋二郎　監獄事務官眞木喬　內務技師野田忠廣　法學博士有賀長雄　東京區判所檢事兼東京地方裁判所檢事谷野格　教師二員陸軍步兵大尉小籐亨三　陸軍步兵特務曹長渡邊正勝　均按日輪班來校講授校內無寄宿舍諸種設置較巡查教習所略寬綽若林君導觀各室指示

甚詳上堂聽講二次約兩小時出示授業時間表每日不過六小時學科類別大概如下　一警察學　二警察法　三憲法　四民法　五刑法　六行政法　七刑事訴訟法　八司法警察法　九法學通論　十衛生試驗法　十一刑事學　十二統計學　十三衛生學　十四精神病學　十五家畜衛生學　十六操練　持贈校則一册詳譯如左

警察監獄學校校則

第一章　總則

第一條　警察監獄學校爲教授警察官監獄官以必要之學術而設

第二條　學生卒業年限以一年爲度其第一期自三月初一日至七月三十一日第二期自九月十一日至二月末日

第三條　大祭祝日及星期皆休業

冬季休業自十二月二十五日至一月六日

第四條　教授科目及時刻定於別條

第二章　學生

第五條　學生内分有一種生及二種生之别是皆歸廳府縣長官臺灣總督府民政長官及集治監典獄推薦但二種生係備將來採取警部及監獄書記看守長之用故其原薦官廳須認明實堪備選之人始可推薦

一　一種生　隸於警察科者必現任警部及警察官司獄官練習所教官隸於監獄科者必現任監獄書記看守長及警察官司獄官練習所教官要必此等官内有爲之人且年齡不滿四十五歲而身體健全者

有特別事件時雖已經休職之人可由該官廳推薦一例入學

二　二種生　以中學校卒業及有中學校卒業以上之學力具堪爲警部監獄書記看守長之資格而年齡未滿三十歲身體健全者爲限

學生內有闕員時惟二種生可由校長傳補入學

第六條　學生卒業之後其隸於警察科者當就職與警察有關之事務隸於監獄科者當就職與監獄有關之事務應各從事五年是爲義務但其初之三年當在原荐官廳供職

第七條　學生內如有成績不嘉或身體虛弱不堪造就者一經查出其係一種生可咨回原薦官廳二種生則勒令退學

第三章　考試

第八條　考試分有小考試及卒業考試二種

小考試係隨時執行卒業考試則於學期限滿時舉行

第九條　考試以後須將考試成績通告各學生原屬之廳府縣長官

第四章　給與

第十條　學生由入學之日起至卒業之日止每月發給拾元以爲津貼

學生內如有失其資格者於翌日卽停止發給津貼

第十一條　凡係東京市以外官廳所舉薦之學生可照警察監獄學校支發學生旅費規則發給旅費

第十二條　臺灣總督府各官廳所推薦之學生可勿用發給零用及旅費

第五章　職員會議

第十三條　決定考驗成績設定改正教科之科目及校長認有其他之緊要事件可開職員會議以便諮詢

第十四條　職員會議係以教官幹事而組織之

第六章　罰則

第十五條　學生內如有不端品行不守紀律或有污學生體面者可按法懲處如左

一　退學

一　十日以內之停學

一　戒諭

第七章　附則

第十六條　校長除依照第五條傳補學生入校外尚有所希望者之時必認明其有相當之學力可作爲準學生許其一例入學

待遇準學生可無須依照第五條第六條第七條第十條第十一條施行

明治三十四年二月七日內務省訓令第三號

警察監獄學校支發學生旅費規則

第一條　凡係東京市以外官廳所推薦之學生可計其由官廳至學校之路程發給來回旅費但學生在學校肄業年限以內可勿庸發給沿途日用及投宿費現任警察等官因公遠出其旅費及途中日用投宿皆由官署支發此係學生故有區別

第二條　前條所載計算日數一事可照國內旅費規則第十三條施行

第三條　一種生之旅費照國内旅費規則別表四等之額支給二種生則照警察官吏及其他國内旅費概則中號表之額支給
第四條　來京與遄返之旅費須分别支給
第五條　學生在校如有退學者除如第七條所載外概不支給旅費
第六條　本則所定外與支給旅費有關之事可概照國内旅費規則施行
二十六日晴午前至四谷區警察署拜晤署長柏原公敬該署佈置與他署同惟屋舍甚窄狹午後汪京卿來適小宫山吉沼皆在此又有日本人吴泰壽者來謁自稱係三井洋行吴某之弟願充繙譯予告以按日譯書不容間斷渠聞之頗有難色遂怏怏而去
二十七日晴午前往警視廳商訂一切申刻拜晤蔡公使遇小林君及鄒小村在座晚鶴人約在平河町寶亭西餐沈幼霓張景韓趙康侯何翻譯同酌夜大雨
二十八日黎明大雨佐伯君來告合同允照辦理當即填寫銜名年限薪水等字

持往外務省訪政務局長蓋印後又親送蔡公使蓋印午後至正金銀行拜晤支配人川島忠之助談

二十九日陰午前至警視廳送合同請總監蓋印午後柏原公敬寺坂篠楠來見晚繕寄張中丞吳方伯稟函茲將合同底稿錄記如左因日本係同文之國只用漢文不用洋文

大清國山西巡撫部院為聘請警務教習事特派

大清國二品頂戴按察使銜督辦山西警務學堂候補道李　訂立合同今准

大日本國東京警視廳總監大浦　選舉警務正副教習各一員

柏原公敬係警官練習所出身得有修業證書現充東京四谷區警察署長

寺坂篠楠係警察監獄學校出身得有卒業證書現充東京消防士兼警視廳警部

所有議定各款開列於後

第一款　所聘教習應聽　撫憲及本學堂督辦節制

第二款　所聘正副兩教習務須和衷共濟遵照合同認眞辦事不得各存意見致生別項枝節

第三款　所聘教習專司教務並約束學生等責任所有教科應用圖書及學科預定程度應由該教習等與督辦提調會同商酌辦理並由督辦隨時稽查如有教法不合之處應令速籌改良

第四款　所聘教習與中國教習平等相待遇

第五款　本學堂授業時間均係先期預定每日有一准時刻正副教習輪流上堂講授由繙譯官傳述不得稍有間斷儻學生間未盡解析處准其隨時質問

第六款　受聘兩教習由學堂每月按照西歷給予薪水跟丁伙食一併在內其額數如左

正教習每月薪水湘平銀弍百兩

副教習每月薪水湘平銀壹百兩

以上薪水每逢西歷每月一號由學堂提調而交點收取具收單存查不預支亦不遲延按月照付其期限以受聘人由東起程之日起算

第七款　受聘兩教習應在學堂居住房內應用器具由學堂預備所有一切禮遇與日本學校教員應得禮遇相符儻教習有挈眷來者在外另覓寓所本學堂概不支應

第八條　受聘兩教習由日本至山西省城川資每員給日本金洋叁百圓期滿無論回國及往他處當由學堂每員給川資湘平銀弍百弍拾兩如果學堂功課成效昭著畢業多人當由學堂督辦詳請　撫憲　奏請　國家賞給寶星以作紀念並由學堂酌送酬勞銀兩

第九款　所聘教習除講授警察科專門之學外均可兼教日語日文若遇有編譯之件如警察講義及參考各國法律等書應請隨時指授

第十款　受聘兩教習除每星期（即一週間之日曜日）及各令節一律停習外每天授業除操練時刻應以六小時爲率教授功課自宜隨天時之長短以爲伸縮查中外各學堂歇伏度歲皆有休業之例本學堂亦照例停習其停習定日內各教習如欲游歷原無不可惟本學堂概不支給川資並不得逾停習期限之定限若逾定限薪水則按日扣支

第十一款　受聘兩教習自光緒二十九年八月二十五日即明治三十六年十月十五日起以二年爲限俟開辦一年半後如果實在辦有成效當由學堂督辦稟商　撫憲酌加薪水限內無故彼此不得辭退儻有要事自行辭退或因教課不勤及紊亂堂規等事輕則酌罰薪水重則無論限滿與否由學堂督辦稟明　撫憲有辭退之權均祇照第八款川資銀數照給外不另給酬勞銀兩薪水卽以辭退之日截止但限內若因學堂裁撤由學堂辭退時則照此合同限內所餘薪水全數發給不另送酬勞銀兩

第十二款　所聘教習合同限滿彼此意合可以展限留辦再當續訂合同但於所訂限期之內不得改就他省之聘

第十三款　所聘教習遇有偶患時症可由官醫調治如果患病日久據洋醫漢醫合參診驗是否屬實以定退留其辭退後無論回國與否除照給川資湘平銀弍百弍拾兩外另給兩個月薪水或在學堂患病遇有不測除照給川資湘平銀貳百貳拾兩外另給四個月薪水儻因公受傷致成殘廢除照給歸國川資外另給六個月薪水若因公受傷身死按照月薪發給壹年以爲家屬養贍應由家屬具領不另給川資銀兩此係格外體卹之意

第十四款　第十一款所開限內如本學堂督辦有遷調交代之事與本合同無涉

第十五款　本合同繕寫四分存山西警務學堂一紙存日本東京警視廳一紙存兩教習處各一紙彼此收執以昭信守

大清國出使日本國欽差大臣蔡鈞
大清國山西巡撫特派督辦警務學堂候補道李宗棠
大日本國外務省政務局長山座圓次郎
大日本國東京警視廳總監正四位勳二等大浦兼武
大日本國東京四谷區警察署長警視官栢原公敬
大日本國東京消防士兼警視廳警部寺坂籐楠
光緒二十九年七月二十八日
明治三十六年九月十九日

八月初一日陰雨午前答拜栢原教習并電話達警眼社囑送警察書籍至寓晚海軍省某君來予前託其密查日俄水師現時實在船數開示大略如左

日本水師一覽表

艦種	艦名	噸數（萬 千 百 十 噸）	速力（哩）

戰艦	朝日	一五二〇〇	一八
同	三笠	一五一四〇	一八
同	初瀨	一五〇〇〇	一八
同	敷島	一四八五〇	一八
同	富士	一二四五〇	一八
同	八島	一二三二〇	一八
同	鎮遠	七二二〇	一五
同	扶桑	三七一八	一三
裝甲巡洋艦	常盤	九八五五	二一·五
同	淺間	九八五五	二一·五
同	磐手	九九〇六	二〇·七
同	出雲	九九〇六	二〇·七

同	吾妻	九四五六	二〇
同	八雲	九八〇〇	二〇
同	春日	七七〇〇	二〇
同	日進	七七〇〇	二〇
巡洋艦	高砂	四一六〇	二三
同	吉野	四一六〇	二三
同	千歲	四十六〇	二三
同	笠置	四八六二	二三
同	松島	四二一〇	一六
同	橋立	四二一〇	一六
同	嚴島	四二一〇	一六
同	秋津洲	三一二六	一九

同	浪速	三六五〇	一八
同	高千穗	三六五〇	一八
同	知泉	二九五〇	一七
同	須磨	二六五七	二〇
同	明石	二七五六	二〇
同	千代田	二四五〇	一九
同	宮古	一七七二	二〇
同	八重山	一五八四	二〇
同	新高	三三六六	二〇
同	對島	三三六六	二〇
同	音羽	三〇〇〇	二一

海防船及砲船

金剛	二二四七	一三

同	比叡	二三四七	一三
同	平遠	二二五〇	一一
同	濟遠	二四四〇	一五
同	高砂	一七四五	一五
同	葛城	一四八〇	一三
同	大和	一四八〇	一三
同	武藏	一四八〇	一三
同	海門	一三五〇	一二
同	天龍	一五二五	一二
同	筑紫	一三五〇	一六
同	天城	九一一	一一
同	大島	六三〇	一三

同	愛宕	六一二	一〇
同	摩耶	六一二	一〇
同	烏海	六一二	一〇
同	赤城	六一二	一〇
同	磐城	六五六	一〇
同	千羊	一二三八	二一
同	龍田	八五〇	二一
驅逐艦	雷	三一一	三一
同	電	三一一	三一
同	曙	三一一	三一
同	漣	三一一	三一
同	朧	三一一	三一

同	東雲	二七九	三〇
同	叢雲	二七九	三〇
同	夕霧	二七九	三〇
	不知火	二七九	三〇
同	陽炎	二七九	三〇
同	薄雲	二七九	三〇
同	曉	三六四	三一
同	霞	三六四	三一
同	白雲	三七三	三一
同	朝潮	三七三	三一
同	村雨	三七三	三一
同	春雨	三八三	三一

同　朝霧　三八三　三一

同　速鳥　三八三　三一

以上戰艦巡艦　共計五十五隻

驅逐艦　共計一十九隻

以外尚有水雷艇八十五隻及砲艦九隻水雷兵艦一隻

俄國東洋水師一覽表

艦種	艦名	艦長姓名	進水年次 西曆年	噸數 萬千百十噸	速力
戰鬭艦	覺扎列維知號	克列〇〇〇〇	一九〇〇	一二九〇五	一八
同	婆比達號	薩練	一九〇〇	一二六七四	一八
同	堡兒逢窪號	烏斯篇士吉	一八九四	一〇九六〇	一六·三九
同旗艦	彼得路巴夫路克	耶武列武	一八九四	一〇九六〇	一六·八六
同	列得比贊	希前士農維	一九〇〇	一二九〇二	一八

同旗艦	白列斯威得	綦伊斯滿	一八九八	一二六七四	一八
同	西巴斯篤彼爾	覺列希武	一八九五	一〇九六〇	一七
巡洋艦	士倫貝	達比知	一八九二	一二三五九	二〇
同	劉利悉克	圭兒所夫	一八九二	一〇九三三	一九
同	亞斯客利得	禮錢希項	一九〇〇	五九〇五	二三
同	茶那	札黑黑斯知	一八九八	六七三一	二〇
同旗艦	露西亞	阿兒那德布	一八九六	一二一九五	一九七五
同	巴揚	武連	一九〇二	七七二六	二一
同	巴客悉達兒	斯的曼	一九〇〇	六六七五	二三
同	巴耳拉達	哥所維知	一八九九	六七二一	二〇
同	窪利耶克	路士尼夫	一九〇〇	六五〇〇	二三
同	諾威克	馮夜先	一九〇〇	三〇八〇	二五

同	巴耶林	沙里扎夫	一九〇二	三二〇〇	二五	
同	阿拉斯保尼克	市厘斯利文	一八七八	一三三四	一三、二	
同	知雞得	那砂禮 維斯知	一八七六	一三三四	一二	
同	砂比耶㝁	禮比的夫	一八七八	一二三六	一四	
砲艦	婆布兒	布布農夫	一八八五	九五〇	一一	
同	河土窪知奴伊	陀武得夫	一八九二	一四九二	一四、四	
同	克列密亞希某	札格闌斯吉	一八九二	一四九二	一三七三	
同	義里耶克	阿列克希夫	一八九六	九六三	一一	
同	邸布知	勁達	一八八四	九五〇	一一	
同	克列喇	比倆夜夫	一八八六	一二一三	一三、五	
同	滿鳩兒	克倫	一八八六	一二二四	一三、二	

共計二十八隻

但以上所開之外尙有水雷驅逐艦若干隻並水雷艇十七隻

初二日陰雨繕寄蘇甦津晉各信午後遊芝區勸工場購陶器數種酉刻鄒小村來辭行即日內渡

初三日陰汪鐘太郎來辭行赴京津一帶隨某富翁往遊歷午前暴雨午後狂風鐵道電報電話皆不能通袁遜初來據言昨年八月風雨與今相似國府津羅海嘯災大約每年秋初總有暴風雨一二次云閱新報大浦兼武升授司法大臣警視總監後任爲原任內務省警保局長安立綱之法制局參事官有松英義升授內務省警保局長當即郵函致賀

初四日暢晴今日爲秋季皇靈大祭官署學校及大商店皆休業午前湖北學生汪楚生等四人來見坐電氣車同往神田橋換人力車至九段勸業場一遊略購紙札數種在鍛冶町西洋料理店午餐又至東明館一觀未正歸寓過楠公社及麴町公園炎陽之下士女如雲遊人往來較新年不稍減申刻至京橋江

木店照相銀座購書南洋留學生監督沈兆禕使館王宗炎平岩道鉀末吉保
馬鶴人養源何焜號耀文先後來訪
初五日晴午前至警視廳拜晤新總監安立綱之並晤川上丸山佐伯諸君四谷
警察署長因值新舊總監交替至今尚未派出所訂合同須俟本人解職後方
能領受云午後寺坂來談未刻至警察監獄學校訪若林君論警察教育事適
寺坂亦在坐渡邊正勝特出見謝贈扇子與若林君商酌擬自來週間起每日
午前到堂旁聽多則旬日少則星期俾得詳細參觀於管理教授各法亟思學
步當承欣然慨允並出贈本校學生四期卒業式照相片及生徒姓名簿歷年
報告書等令人可感酉刻乘汽車往橫濱定購課本過領事署略坐晤畬孫燕
平發疹避風晚任停車場西洋料理店便餐後回東京同車有日本橋病院院
長醫學士岡本武次稍話寒暄亥初回寓知蘇州領事二口美久及蔡公使皆
來訪

初六日早晴晚陰午前至外務省晤小林岩村拜蔡公使商請客事回寓午飯田中大尉來函並贈書圖等物午後脚瘡復發痛不能行張景韓過談小宮山偕吉沼店夥鈴木來該店開設京橋區傳馬町鈴木爲人狡詐不可與交前有南洋某官被騙千餘金

初七日晴病臥竟日警視廳來電話約明早會議前專關ヶ谷來送圖樣

初八日黎明大雨巳刻力疾往警視廳面交合同總監業經蓋印第一部部長丸山重俊及佐伯仲藏監視柏原公敬寺坂滕楠蓋印商訂行期發晉撫電午初至警察監獄學校聽講適渡邊君教操練回寓午飯田中慶太郎來訪岩村來寓商訂往警保局日期午後至神田區井谷店照相過佐籐店又至江澤富治家並晤其夫人又至本鄉區西片町十番地答蘇州領事二口美久不値見其夫人又至本鄉區三丁目答田中君係文求堂書店主人出閱宋本元板明印各種舊書甚多令人愛不釋手又至小石川區白山御殿町一百九番答沈幼

霓晚回汪讓卿由上海來過談

初九日陰雨竟日巳初至警察監獄學校若林君陪至教室講師田原良純正教授衛生學案上置有試驗器具燃自來火試驗蒸溜水葡萄辣檬捺薩葛林等物薩葛林比白糖甜五倍辣檬捺中多加此品但葡萄辣檬捺視皆紅色實非葡萄本色置絨繩少許於杯中用藥水洗脫色者是眞葡萄如洗不脫色定是染料不免受毒此等水係公衆常用物品關係衛生最爲緊要是不可以不辨東西洋人夏天多飲此水按日本自變法後衛生一道考究甚精於保安警察上尤注意於此其豫防傳染病並約束飲食物及汚穢物無處不求清潔但以保護人民公共健康爲目的起居日用無微弗察皆爲警察責任憶昔警官所談各節有中國所不能通行之事各住戶生幼兒若有暴病急亡即須報明警署派官醫及巡查至其家驗明後監視火化收其灰骨盛以瓦罐命該人家掩理於祖墓之側書明苗裔及其生年月日凡幼殤者多類此斷不准任住戶稍延時日或用

木棺等情因恐惡臭觸人致生瘟疫此衞生所宜豫防即火化之眞原因也

初十日陰微雨早岩村來偕往內務省警保局拜晤局長有松英義談日本全國警察辦法並託鈔簡明章程及歲支出入總數表允飭即日調査錄送午前歸寓發請客郵片及各電話午後至橫濱問燕平疾停車場遇吳瀚濤同行在領事館晚餐與瀚濤同歸東京並購珊瑚鐲舊錦𦅜等物

十一日陰雨午前至警察監獄學校適津田君講警察學即以警察法令類纂摘錄講析午初回寓電話往來二十餘處極形忙碌寫請客各信三十餘封有小室重弘者自命爲著述家特來進謁賦七律詩見贈因即出門未暇與之暢談晚在帝國飯店請客警察監獄學校若林賚藏巡査教習所長樋口秉泰警視廳佐伯黑柳諸君暨柏原寺坂兩教習並外務省小林岩村諸君七時入座讀頌詞畢各舉杯聚飲甚懽樋口歷述感情

十二日大雨閱報紙福島少將升參謀本部次長巳刻往警察監獄學校晤藥學

博士岡田朝太郎論耳模事甚詳據言人身左耳吼之體格萬人人殊孟子云堯舜與人同耳斯言實不足信警察手眼辨認耳吼最爲秘訣日本現行此法即伊所發明者聞歐西亦仿行是不過近十年間尋常照片僅能憑一時之辨認相貌絕無經久不變之理但耳吼之體格弱冠後則必無更易凡有盜賊等犯就獲即將耳吼做一模型標注姓名於其上另塡體格簿式一曰測定欄身長若干曲若干手極若干上身若干頭縱經若干顴骨經若干頭橫經若干右耳長若干左足長若干左中指若干左小指若干左下臂若干左眼第幾號內帶若干外帶若干特記暨年齡若干並生年月生國生地及其外見之年齡若干一曰記錄欄額鼻諸形以及鬚髮等類無所不詳惟左耳爲尤詳均各一一注載此項體格簿並耳模概歸警署收存如遇犯人逃逸或罪滿出獄後有再犯事件將此測定記錄兩項塡寫傳單徧發各處縱本人改名易姓亦可一望而知矣捕拿犯人是爲上策其做耳模時即用石膏和水最易結練並無他物

擬商請綏日試做一次談畢同至教室岡田君講授刑事學爲免囚保護之法此法本係西洋歐米諸國所發明然保護法最困難古來免囚多居暗室雖有尺許窗櫺無透光線往往犯死罪者卽於此室囚之一人有疾必致傳染今因衛生上大有妨害故留置所室中無不用透光線者遂絕無疾病傳染之慮云講授時壁上懸有監獄屋全圖指示一切午刻返寓飯後若林黑柳諸君來謝酒大浦外相及各總長各局長皆有覆信來允帝國飯店之約晚在日本橋區龜島町偕樂園答請使館領事諸君沈趙查方四監督並汪讓卿共十六客亥初散歸

十三日晴巳刻往警察監獄學校聽講適古賀君講授刑法學午初至巡查教習所拜晤所長樋口君談訓練巡查事又至西紺屋町清凈軒答汪讓卿高朋滿座晤朝日新聞記者井倉和欽同文會成田與作佐賀鐵次郎及黃仲弢令姪並楊頌之王惕齋諸人午後移居京橋區元數寄屋町三丁目九番地對鶴館

十四日晴汪楚生黃瑞南平岩關谷小宮山先後來訪午後松本器械店送身計尺來並贈器械圖物目錄張景韓約晚餐在平河町寶亭汪伯唐讓卿沈幼霓方鶴人王雷夏何耀文諸公同席

十五日晴清晨銀座購物至正金銀行辭行與川島忠之助談並爲介紹天津行支配人鈴木島吉又至外務省與小林岩村談又至公使館還電費洋晤瀚濤回寓午餐江澤富治來午後往警察監獄學校拜晤若林君適京都大學法科大學教授勝本勘五郎由西京來略話寒暄緣予前與岡田朝太郎約訂今日來校試作耳模有標本店匠人同來喚該校中小使一人卧於地蓆上敷皮紙於右耳四圍塞綿花於耳內水和石膏塗於其上約四五十分鐘水氣稍乾漸漸結練輕手揭下就此陰文模型再套一層即成陽文模型用刀修飾纖微悉備其陰模於石膏中略加紅色陽模紙用白色兩模材料不致相混此模型之作法也惜此次爲時太促尚未結練實在即將揭下以致原模型稍爲碎裂若

林君出贈本校執事之耳模二枚岡田君贈測量身體及耳形識別法一卷刑法講義一卷刑法講義案第四版第五版二卷巡查教習所所長樋口君來訪託江澤代購鑛產標本兩種其類如下　鑛物標本目錄（元素類）石墨越中國婦負郡清水　自然硫黃石狩國幌別郡登別鑛山　自然金佐渡國佐渡郡相川鑛山　金鑛甲斐國南巨广郡　自然銅陸中國鹿角郡尾去澤鑛山　（硫化物類）輝銀鑛佐渡國佐渡郡相川鑛山　濃紅銀鑛羽後國雄勝郡院內鑛山　輝蒼鉛鑛豐前國田川郡三ノ岳　黃銅鑛下野國上都賀郡足尾銅山　斑銅鑛同上　辰砂大和國宇斐郡宇賀志村　方鉛鑛羽後國山本郡太良鑛山　輝安鑛周防國都濃郡鹿野鑛山　閃亞鉛鑛羽後國北秋田郡阿仁鑛山　輝水鉛鑛甲斐國東山梨郡都留勢村　磁硫鐵鑛陸中國南閉伊郡釜石鑛山　硫砒鐵鑛石見國鹿足郡笠ケ谷鑛山　黃鐵鑛出雲國神門郡鵜峠鑛山　白鐵鑛伊勢國三重郡水澤村　鷄冠石陸前

國栗原郡文字村

（酸化物類）普通石英磐城國石川郡石川山　鐵石

英小笠原鑛山　硅華陸前國王造郡鬼首山　水晶佐渡國佐渡郡相川礦

山　黑水晶美濃國惠那郡苗木　紫水晶磐城國刈田郡小原村　黃水晶

同上　碧玉出雲國簸川郡玉造村　玉髓越后國東蒲原郡笠目村　紅玉

髓越后國東蒲原郡笠目村　燧石常陸久慈郡眞弓　瑪瑙越中國礪波郡

大納村　紅瑪瑙同上　蛋白石加賀郡江沼郡菩提寺村　貴蛋白石同上

玉滴石越中國中新川郡立山村　赤銅鑛飛彈國吉城郡神岡礦山　鋼

玉美濃國惠那郡苗木　青玉同上　紅寶玉外國產　赤鐵鑛美濃國不破

郡赤阪　輝鐵鑛薩中國和賀郡仙人山　磁鐵鑛同國南閉伊郡釜石鑛山

久路無鐵鑛豐後國大野郡鷲谷村　雲母鐵鑛陸中國和賀郡仙人山

褐鐵鑛信濃國小野郡武石村　沼鐵鑛相模國足利下郡箱根山　砂鐵下

總國海士郡銚子　木化硅石信濃國下火內郡富倉村　硅板石紀伊國東

牟婁郡那知村　**錫石**美濃國惠那郡苗木　**軟滿俺礦**後志國瀬棚郡瀬棚
村　**硬滿俺鑛**陸奥國津輕郡深浦　**コパルト土**　**（鹵石物類）**　**螢石**但
馬國朝來郡生野　**（酸鹽物類）**　**石灰石**下野國安積郡葛生村　**糖狀石**
灰石常陸國久慈郡眞弓村　**冰州石**武藏國秩文郡大瀧村　**大理石**美濃
國不破郡赤阪　**方解石**磐城國石川郡石川山　**白雲石**陸中國和賀郡仙
人山　**鐘乳石**備中國土房郡上水田村　**石灰華**伊勢國眞弁郡治田村　**泥**
灰石武藏國西多广郡五日市村　**白堊**陸前國王造郡鬼首村　**硝石**智利
國產　**菱苦土鑛**陸中國和賀郡仙人山　**菱鐵鑛**石見國邇广郡大森鑛山
菱滿俺鑛石狩國余市郡然別鑛山　**霰石**信濃國北安曇郡平村　**スト**
ロンミ恩鑛豐後國大野郡木浦　**藍銅鑛**飛彈國大野郡莊川村　**孔雀石**
羽后國仙北郡荒川鑛山　**重晶石**佐渡國佐渡郡中山峠　**石膏**甲斐國南
互广郡靜川村　**透明石膏**陸前國加美郡宮崎村　**纖維石膏**同上　**雪花**

石膏甲斐國南巨广郡茂倉村　燐灰石獨逸國　燐塊土志广國鳥羽　重
石豐前國田川郡三ノ岳　紅柱石磐城國石川郡石川山　黃玉石美濃國
惠那郡苗木　錄簾石信濃國小縣郡武石村　別須武石豐後國大野郡木
浦鑛山　硅酸孔雀石飛彈國吉城郡神岡鑛山　橄欖石常陸國久慈郡町
屋　柘榴石同國眞壁郡山ノ尾村　柘榴石磐城國石川郡石川山　柘榴
砂夫和國穴蟲　斧石豐後國大野郡郡平鑛山　白雲母磐城國石川郡石
川山　黑雲母魯斯亞產　蛭石甲斐國南巨广郡身延山　蛇紋石常陸久
慈郡眞弓村　綠礬備中國川上郡吹屋村　明礬支那廣東省　膽礬陸中
國鹿角郡尾去澤鑛山　礬土鑛播广國神西郡櫨原　硅灰石美濃國池田
郡小宮神村　輝石甲斐國巨广郡金峯山　軟玉支那　硬玉同上　薔
薇輝石陸中國南閉伊郡大槌町　角閃石信濃國筑广郡蘭村　光線石淡
路郡三原郡沼島村　菫青石下野國渡良瀨川沼岸　石絨磐城國石川郡

石川山　綠柱石美濃國惠那郡苗木　異剎石三河國八名郡富岡村　方滾石伊豆國加茂郡見高　魚眼石小笠原島山　正長石美濃國惠那郡苗木　天河石信濃國東筑广郡田女村　灰長石三宅島　凍石陸中國和賀郡仙人山　粘土武藏國豐島郡田端村　陶土尾張國東春日井郡瀨戸村

（有機物類）琥珀陸奧國九戸郡大川目村　泥炭信濃國北佐久間郡輕井澤　石炭筑後國三池郡三池　無煙灰常陸國多賀郡小豆畑　土瀝青羽後國秋田郡豐田村　石腦油越後國古志郡東山油田　岩石標本目錄

（甲）變性岩類　（一）太古界　（イ）片麻岩系　一角閃片麻岩飛彈國吉城郡茂佐　二花崗質片麻岩信濃國上伊那郡高遠　（四）結晶片岩系　三黑雲母片岩武藏國秩父郡皆野　四雲母片岩同上　五白雲母片岩常陸國真壁郡山尾村　六紅簾片岩阿波國名東郡大瀧山　七同上武藏國秩父郡皆野　八綠簾片岩阿波國名東郡佐古山　九石墨片岩武藏國秩父郡

沓野　十斑點綠泥片岩阿波國名東郡佐古山　十一綠泥片岩阿波國名
東郡佐古山　十二綠簾片麻岩同國德島大瀧山　十三絹雲母片麻岩武
藏國秩父郡沓野　(乙)水成岩類　(一)古生界　(イ)秩父系　十四輝岩武藏
國秩父郡沓野　十五滑石片岩常陸國久慈郡龜作　十六糖狀石灰岩常
陸國久慈郡町屋　十七輝綠凝灰岩武藏國秩父郡蘆ケ久保　十八石灰
岩同國入間郡越生　十九苦土石灰岩陸中國和賀郡仙人山　二十角礫
石灰岩美濃國不破郡赤阪　二十一角礫岩武藏國西多摩郡戶倉　二十二ラ
デオラリア板岩同國秩父郡影森　二十三角岩同國西多摩郡中野　二
十四石蓮蟲灰岩美濃國不破郡赤阪　(ロ)小佛系　二十五砂岩武藏國西
多摩郡檜原　二十六硅岩讚岐國綾歌郡國分　(二)中生界　(イ)三疊系　二
十七粘板岩陸前國桃生郡雄勝　二十八頁岩美濃國可兒郡川口村　(ロ)
珠羅系　二十九魚卵石灰岩磐城國相馬郡上眞野　三十シダリス石灰

岩武藏國西多广郡拙山　三十一砂岩磐城國相馬郡小池　三十二礫岩
武藏國西多广郡中野　三十三粘板岩豐後國大野郡神崎　三十四御坂
礫岩甲斐國南都留郡河口　三十五御坂角礫岩同上　(三)新生介　(イ)第
三系　三十六凝灰砂岩三河國八名郡鳳來寺山　三十七泥炭岩武藏國
西多广郡三日市　三十八頁岩三河國南設樂郡鳳來寺山　三十九凝灰
岩伊豆國加茂郡木鄉　四十凝灰角礫岩伊豆國下田港　四十一硅藻土
陸前國王造郡鬼首村　(ロ)第四系　四十二墟州武藏國北臺摀郡田烟
四十三粘土同上　四十四硅華陸前國王造郡鬼首村　四十五灰華上野
國北甘樂郡星尾　(丙)迸發岩類　四十六花崗岩磐城國相馬郡小池　四十
七黑雲母花崗岩常陸國西多城郡松川　四十八花崗斑岩備前國御澤郡
栅門　四十九石英斑岩近江國蒲生郡長福寺　五十石英閃綠岩同上
五十一斑糲閃綠岩武藏國北企郡小川　五十二斑糲岩安房國安房郡峯岡

五十三橄欖岩常陸國久慈郡町屋　五十四蛇灰岩武藏國秩文郡大淵
五十五蛇紋岩同國同郡皆野　五十六閃綠紛岩甲斐國南都留郡道志
(二)新迸發岩類　五十七雲母粗面岩讚岐國大川郡鶴羽　五十八石英
粗面岩岩代國伊達郡上保原　五十九黑曜岩十勝國十勝川　六十浮岩
信濃國淺間山　六十一英閃安山岩下野國上都賀郡足尾　六十二雲母
安山岩讚岐國木田郡由良山　六十三角閃安山岩美作國勝田郡勝間田
六十四古銅安山岩讚岐國木田郡屋島山　六十五複輝石安山岩信濃
國北佐久間郡沓掛　六十六輝石安山岩相模國足柄上郡根府川　六十
七安山熔岩信濃國淺間山　六十八讚岐岩讚岐國綾歌郡國分　六十九
玄武岩美濃國土岐郡蝦川　七十玄武熔岩伊豆島新島　七十一火山礫
信濃國淺間山　七十二火山灰同上
十六日晴午前江澤吉沼小宮山來午後至芝區挽木町印名片申刻江南湖北

直隸四監督在富士見軒西洋飯店設送別會蔡公使汪總監督及其隨員等並汪讓卿同席主賓二十餘人盡歡而散

十七日晴午前與外務省警視廳各處電話相問答午後訪田中大尉又至佐藤店取相片申刻回寓江澤小宮山持匾額來乞書

十八日陰雨午前寫頌詞並東友乞書各件午後五時在帝國酒店請客遞信大臣大浦兼武外務省總務長官珍田捨己政務局長山座圓次郎一等通譯官小林光太郎繙譯官岩村成允內務省警保局長有松英義警視總監安立綱之官房主事川上親晴第一部長丸山重俊第二部長松井茂第三部長栗本庸勝蔡星使汪總監督繙譯官盧子銘太守入席讀頌詞居首席者答頌詞席散復暢飲菓酒戌正始歸

十九日晴午前往外務省警視廳參謀本部各處辭行均略坐又至査玉階處談遣徐繙譯至柏原家午後至大浦遞相官舍會晤暢話離情臨別贈言勸予戒

酒又至內務省警保局又至公使館拜蔡公使並晤小林子銘又至汪京卿處適蔡公使亦至戌初始歸寓有松川上松井柏原玉階諸公來訪

二十日陰江澤（富治）六時來寓爲原鐵運送店介紹當將行李交付該店運送神戶外務大臣小村（壽太郎）遣秘書官吉田（要作）來送天鵝絨織畫軸等物以贈別長岡子爵張景韓觀察皆來寓小林岩村末吉平岩諸君持贈書籍皮包漆盤等物江澤君夫婦偕來再三邀同寫照留別堅不可卻遂同往二見軒與其夫婦合撮一影午後至正金行結賬酉初刻至新橋停車場松井部長贍自著警察講話集並要論兩種外務省總務長官珍田（捨巳）來送行並述小村外相之言殷殷致意據稱本欲親來話別但以現在亞東時勢於邦交上頗涉影響是以未便親來等語大浦遞相安立總監有松局長警視廳官房主事及各部長並十五區之署長各消防署署長以下各員警察監獄學校若林（賚藏）巡查教習所所長樋口（秉泰）外務省屬各官參謀本部屬各官長岡子爵遣佐賀（鐵

次郎來小林易太郎江澤夫婦均來公使館惟盧子銘張沈三人送行者五六百人途爲之塞其姓氏亦記憶不淸臨上車時惟一一握手而已八時開行同坐寢臺者有天主教二客皆法國人一解日本語一解廣東語晚與柏原寺坂同餐柏原從者陸軍軍曹有馬金次偕行

二十一日晴熱巳初十分抵神戶之三ノ宮投宿榮町三丁目西村旅館有馬金次來見柏原已往和歌山寺坂已往大坂午後至領事館晤蔡詠南酉刻鶴齡來邀至大東和田屋晚餐鋪設殽饌與東京帝國酒店相同飯後步遊街市在元町時計屋略購物品

二十二日子正刻微雨夜不成眠四肢疲倦黎明即起巳刻冒雨乘火車至大坂寺坂教習已在道旁立候同往大坂府警察部晤警察課長兼保安課長警視官桑原忠次郎導觀本署辦事各所一切設置及辦事章程與東京同又至別室四壁懸挂犯人相片樓上玻璃櫃內悉儲犯人凶器及爆發藥物又至一室

登樓察視僞造金銀銅幣及內外國之紙幣門外玻璃櫃內置巡查捕盜時所著衣帶及受傷人之形骸桑原君頗倨傲少謙遜略談數語由該署電語告知巡查教習所及水上警察署派警務課勤務警部小野靜陪往拜晤巡查教習所所長武田愼治郎旋至教室中參觀即所長兼教習坐聽一小時許偕寺坂小野同往西洋料理店午餐午後放晴未初至安治川水上警察署拜晤署長警視官正八位勳七等荻欽三論水上警察事預備實地演習請觀適栢原教習亦至均往小輪船上立觀傳令水夫十二人駕杉板溯流而上復折回至中央作覆舟狀船身甚小寬而尖底一人執舵一人執旂十人盪槳船底船邊皆有小孔以便放水一傾覆閒片刻卽將船身翻轉執事者無不熟諳水性故能運動自如耳閱畢又至南警察署拜晤署長伊藤景則導觀留置所容四十八人已決未決皆在其中此間地方較東京爲繁劇人犯亦較東京爲多距監獄署又稍遠是以留置略多其餘與西署同伊藤君出示比較各表其組織皆與

東京一律又請觀巡查擊劍約一小時伊藤君陪往出入橋試救火法據言此處街道窄狹不能用馬車悉用人力拖行機器車用十六人皮袋車用四人機器購自美國蒸氣車力過百度可激至七八丈高現以火表六十度比較自來水已加三分之一之激力自來水管接入皮袋者約高二三丈蒸氣力約高二四丈閱畢時已申正柏原君約至朝日新聞社晤西村時彥前在上海與予相識導觀印刷各室試鑄鉛模二分鐘做成三字酉初刻與兩教習話別小野君自午前至臨行隨同伺應備極周旋寺坂亦送至車棧五時十五分開車六時抵三ノ宮即回寓晚至杏春樓喫廣東菜價値較上海略貴遇森山元係前在東和洋行管事人投贈菓食同寓有新使隨員彥惠號明允過談

二十三日晴辰初至海岸登春日丸拜晤新使楊星垣京卿暢談並晤參贊馬觀察拱宸有朝日新聞社訪事人某往見予爲通譯數語午刻神戶各幫華商設歡迎會於中華會館主賓五十餘人楊星使暨參贊人等同席西餐申初始散

酉刻往停車場送楊星使赴東京晤兵庫縣知事服部一三粵商陳恩培葉鶴齡等公請晚餐席設於麥少彭家留春別墅石徑幽深芳林叢密神戶華商住宅當推此處爲巨擘卞領事蔡領事正金銀行安部成嘉浪速銀行神戶支店店長松方正雄松方伯爵公子勳六等瀧川辨三吳錦堂等主賓二十餘人備音樂隊作跳舞戲極形歡洽亥正始散主人遣馬車送歸

二十四日晴午前拜兵庫縣知事服部一三又至正金銀行白洲商店領事館訪薇閣詠南適新使隨員到署橫濱總領事外務部主事渠本翹山西人隨員戶部郎中王克敏太常寺典簿張元褒均由滬來午後柏原由大坂回同寓西村旅館江澤君由東京遣山口庄兵衛送人體標本物來三江商量吳錦堂袁子壯鮑翼君等公請晚餐席設留春別墅主賓二十餘人備音樂隊作跳舞戲同座皆昨夕之客添請川崎造船所副社長川崎芳太郎及松方幸次郎亥刻始散子壯詠南來訪

二十五日晴熱兵庫縣知事服部一三松方幸次郎市川篤彌先後來訪午前至正金銀行取船票知西村旅館從中作弊此間客店代購船票向有扣頭與上海情形彷彿該店因余已託正金銀行代購始而央託繼而僞強非獲此利不肯甘心正金勉從其請竟恐予之該店夥持送水菓兩包以酬正金之情余適在彼處目覩此情狀嗜利小人可惡亦可笑也又至喳吖洋行答鮑翼君怡生號答吳錦堂商話別所答陳恩培午後偕柏原往神戶警署訪察一切該署設兵庫縣內拜晤警部長正七位勳六等內村直俊略談警政較東京爲繁劇其辦事章程則大致相同旋即陪往衛生試驗所由技師葉若雄次導觀各種試驗據言鼠害傳染最甚各派出所皆購納之每頭給洋五分輸送該所解剖形體毒氣多注心曹間將此心曹取出置顯微鏡臺驗明何毒何色纖微必察分別標記於其上儲入玻璃管內無論何種毒形一一現露今年博覽會亦將此項陳列本所試驗後凡有毒者某町某家所捕即派人往查設法消除另有一

室專畜鼠兎以備試驗內有一種名海豬者與鼠形相類毛微長色花白近海岸各埠率有此物但神戶爲最多又有食物試驗如牛奶牛肉及各種罐食豆類多有鹽毒又有器皿試驗如鍋碗壺碟泥磁物中之著色者銅鐵物中之挂裏者凡著色之上外光較顏料毒爲尤重又有幼兒耍貨泥形各物皆有毒氣云閱畢又至巡查教習所參觀其學科課授及其程度與東京同閱畢時已傍晚少坐部長持贈警察要訓一册晚偕柏原飲於品芳樓廣東飯館

二十六日陰雨午前步遊街市略購送人之品晚間北幫商董吳鴻富等公請席與前同

二十七日清晨微雨卽晴警部長內村直俊警察部課長海田權藏來送巳初刻登弘濟丸輪船市川德彌攜其子女送至舟次使館隨員張祝秋葉子文陸軍留學生齊國璜字佩之安徽婺源人均同舟晚與柏原寺坂共談有木幡貞子者同舟係往漢口湖南日本郵社攜嬰兒無侍從善操洋琴曾在中等學校畢

業者

二十八日早陰即晴卯正刻抵門司有福岡縣門司水上警察署長警部津留正秀來訪柏原約同登岸一行申初展輪出口

二十九日晴卯初刻抵長崎辰刻上岸拜晤領事卞薇閣太守及張季深早餐後同往梅香崎一帶遊勸工場及各商店此間較東京固不及即比之橫濱神戶亦甚遜領事館預備筵席祝秋子文黃鐵卿謝某共酌午餐後復送登舟四時開行出口後狂風巨浪船身震盪客皆偃卧無可與談余登船樓獨坐烟室中酣飲夜半始眠

九月初一日晴夜半微風渡綠水洋

初二日陰雨夜半進口泊高昌廟卯刻抵滬

此次東遊延聘日本教習兼爲調查現行警務計由天津起程時計至回滬時往返七旬餘日遊覽所經閱歷所得隨時隨地筆之於編除將東京警察監獄

學校規則及巡查教習所章程譯出附錄日記外擬另行編譯警察書數種以採訪東西洋法制參酌我中國情形爲宗旨姑俟異日再就正於有道可耳

国家出版基金项目
NATIONAL PUBLICATION FOUNDATION

海上絲綢之路文獻集成

總主編　陳支平　陳春聲

歷代史籍編 37

主編　范金民

海峽出版發行集團
THE STRAITS PUBLISHING & DISTRIBUTING GROUP
福建人民出版社

本册目次

東游紀念十卷（卷四至卷一〇）

〔清〕李宗棠撰

東游紀念第四

商辦游學日記

山西省特派委員學務處督辦李宗棠

光緒甲辰年夏六月奉　晉撫張曉颿中丞（曾敭）奏派前往日本商辦游學事宜捧檄後十八日由太原起程越三日抵壽陽泥淖載道輿馬艱行平定以下井陘獲鹿雨已成災汪洋一片繞道頗覺崎嶇賴有山村父老導引迷津始得僥倖出險二十五日甫抵正定住會豐棧二十六日乘火車至保定住泰昌棧晉省留學將弁諸生先後來謁詢問學課情形該學堂總教習係日本人多賀君現奉袁宮保命改名賀忠良副教習二員亦日本人學堂學營操練皆三公所教授云二十七日抵天津住佛照樓次日謁慰帥後往日本領事館伊集院君暨高尾君皆往營口晤小村（俊三郎）又訪郵船會社社長中村（克己）正金銀行副辦工藤（金三郎）面託一切並爲監督吳令春康介紹七月初二日移寓津海

關道署唐少川處晤新授雁平道繆恆庵觀察彝初三日往北京訪日本公使內田康哉並晤高洲君懇公使致書日本文部大臣及外務省皆允之初四日回天津接晉撫憲來電即擬復

初五日陰雨清晨囑篤之弟送行李至車站予往郵船會社購船票晤中村社長及其夫人該社近因本社郵船均已調往戰地其通航牛莊大沽芝罘釜山仁川長崎門司神戶橫濱等處之船皆係租賃外國裝貨船向無艙位乘客均寫三等票住貨艙今從特別例購頭等票允將船上事務長室讓給巳正二刻由老龍頭乘汽車起行三浦覺盦來送午初二刻抵塘沽在日本店便飯行李預交運送店已即隨車送到未正刻冒雨坐小火輪至大沽口外登阿魯哥船狂風巨浪坐臥不安過大船上樓梯時非常危險稍不介意即墮足入海中該船係德意志商船裝載不滿三千墩事務長石川鉄次郎橫濱人通英德語同舟相識者三人天津日本駐屯軍中隊長陸軍步兵少佐江頭方種一等軍醫秋

山(春齋)天津洋行川本(忍子)又有那琴軒尙書猶子紹武(號)竹亭年十七齡前曾隨侍在德國八閱月此次赴東游學者又有北京自費生二人邢振鑾孟金鑣

初六日晴午前上貨羊皮最多並有陸軍載回廢用品物午後五鐘開行風濤大作

初七日晴申正二刻抵烟台停泊偕江頭少佐登岸拜晤日本領事水野君(暨堺與三吉)又訪劉子秀觀察塗遇天津警務教習小川(勝緒)及中山洋行主人

初八日陰雨巳刻展輪夜半入朝鮮海

初九日陰雨颶風一晝夜不稍息人皆委頓寢食俱廢

初十日陰雨橫風與前兩日相髣髴晚露月光

十一日晴早餐後波平浪靜漸入坦途未正安抵門司在港外候醫生驗病後即進口停泊有大阪每日新聞記者西村(利之助)門司新聞記者日野(種吉)報知

新聞記者辰巳豐吉到船略與接談數語而去三等客位有一婦人年約三十左右身著華裝並佩耳環舉止確似華人口操東直省音由烟台至門司遂登岸去據同舟人訪詢來歷種種可疑大約實係游倡日人而改華裝由哈爾賓地方逃歸者午後六時展輪入周防洋爲日本之內海舟行極穩

十二日晴戌正二刻抵神戶候醫來即入港時已亥初登岸過稅關一一檢驗夜半始至旅館炎熱非常不克成眠

十三日晴熱偕邢紹兩生拜領事吳偉卿太守又至正金銀行廣生號小坐喚待詔來薙髮又偕往品芳樓午餐飯後復至領事館與偉卿談至酉刻即至三宮車棧乘晚車赴東京遇秋山軍醫同行

十四日晴巳初二刻抵新橋停車場旋雇車至麴町區帝國酒店投宿該店執事人眞下讓二舊識重逢殷懃款接啜茗後即沐浴稍休憩午餐畢電話告知外務省並致書文部大臣及外務大臣旋詣參謀本部福島田中平岩末吉諸君

皆赴滿洲未正往公使館拜晤楊星垣欽使馬拱宸參贊述晉省派游學事據聞振武學校暫歸堀內君代理又訪盧子銘遇竇子深施畬孫諸公在看竹公使處晤湖南商工視察員王莘田（銘忠）辭行回湘又至岩村（成允）家長談聞小林霞塘已物故又訪趙康侯不值因聞其明日內渡即留書詢直隸常年學費事又至柏原教習家見其二令郎（名勳）年十八歲現在中央幼年學校明年畢業云又聞湖南學生與江南監督遽起風潮公使出爲調停

十五日晴外務次官珍田捨巳來巳刻訪馬拱宸畧談又至外務省拜晤小村外相珍田次官山座政務局長述來事託向東京府介紹電話往還旋偕岩村君往府署謁知事男爵千家（尊福）視學官岡（五郎）面托師範生擬入府立師範學校允向校長瀧澤君商酌緣該校係遵文部省之命令而歸東京府所直轄又往文部省拜久保田（讓）文相木場（貞長）次官覆述前事談及內田公使代致各信已達到允向該校商辦午後往警視廳謁總監各官已散衙又往遞信大臣

大浦君官舍拜晤暢談又至本所區松井町寺阪教習家見其夫人及其幼子戍初回寓晚餐後在閱報室閑坐聞街市間有鼓樂聲登三層樓憑欄俯視男女塞途對門鐵道株式會社門檻內種松樹數十株電燈緣牆而設於松枝內發現晚間徧燃光明如晝又有新製花車一具安置空場車頂上用電光嵌祝捷二字車身週圍滿鑲電燈約有三百餘盞花車旁有人手執國旂作搖曳狀適京橋區商民人等舉行祝捷會過此閤區老幼聯爲二十二隊每町一隊每隊百人各導以音樂隊有人高舉抬燈上書某町又有執旂旂上書第幾隊每人手提紅燈均書祝捷二字其中又有極大燈數十具皆大書海軍陸軍大勝利等字樣由東而來向日比谷公園內穿過繞行街市歡呼萬歲之聲如雷震耳洵爲一時盛事夜半岩村君來談據言自旅順第一次報捷後東京已屢次舉行祝捷會其極盛時持燈人約三四萬扶老攜幼舉國若狂此等會事悉由本區人民集貲合辦須先稟明警察署及海軍省陸軍省外務省各衙門允准

後始得舉行近因極東屢獲勝仗祝捷會乃益多幾於無日無之是固國民眞正團體其忠愛之至誠實出於自然流露殊令人豔羨不置

十六日晴午後拜各省留學生監督調查游學經費南洋沈幼沂兆禕住富士見町六丁目十六番地北洋趙康候理泰住牛込區橫寺町六十四番地湖北李子深寶巽住牛込區東五軒三十五番雲南朱一清住九段中坂望遠館四川周子亭鳳翔住神田區猿樂町安田館又過潛水店二見軒小坐

十七日晴清晨接吳監督由京來電坐阿魯戈船來巳刻拜晤楊欽使馬參贊商訂留學生入校事拜江西派送學生之黃棣齋太史大壎住清淨軒午初回寓文部大臣來電話約後天會晤那振鑾關谷佐吉來見午後楊公使馬參贊先後來答酉初刻乘火車往橫濱訪袁遜初施畬孫余雲龍領事館留晚餐並晤西繙譯謝君係蘇州人戌正三刻乘火車回東京同車有女子高等師範學生山田道子略話寒暄頗有親近華人欽服孔教之意

十八日晴日曜日清晨在街市間遇芝區商民舉行奬兵會游行各處約千餘人衣履整齊行列嚴肅前導以音樂隊晝則每人執旂夜則每人持燈大致與祝捷會同竹亭來偕游京橋銀座各區閱新聞紙號外旅順又報捷遼陽已接戰云

十九日晴巳刻赴久保田文相之約談留學生事據言東京府師範校長確有爲難情形另商一妥善辦法緩日再議並勸我嘗省速自立師範校又往內務省拜警保局長有松英義述柏原寺阪兩教習到會情形午後至冲商會訪冲馬吉林五十三調查德律風送話器受話器交換機各種類及其價值並託其詳細核算每日里見方線柱工料共用若干原來中國電線每華里一里柱七根日本東京所用電柱似較密開具清單其交換機自二人用至二十人用大概單線單式壁掛交換機十二人用至五十人用大概復線單式壁懸交換機自二十五人至百人用大概復線單式標準交換機三百人用及四百五拾人用均並列複式交換機此外又有

記錄交換機交換手監督機市外交換機其電話交換機用品之部分別直列複式復線單式形式各按號頭又有管狀表示機自働變極器等項配線盤試驗盤式亦各別其電話機之部有共同電池式有岩田式室內用者或置桌上或懸壁上又有軍用携帶電話其送話器及受話器有歐洲形有美國形有時計形有圓筒形等類共十七種另有自働電話機用受話器現在所用電氣多係乾電電線各按號頭大致檢閱一徧傍晚袁遜初施畬孫柏原勳來答又訪馬拱宸再商師範生事擬與直隷合班晚黑澤商店人來談

二十日陰雨巳初刻往外務省託其轉致東京府師範留學事回寓後接電話珍田山座兩公代向視學官岡君諄切言之明後日須親往該校與校長商酌云午後乘電車遊神田芝區麴町新橋京橋等處道旁徧樹木桿預備張燈之用連日祝捷獎兵義勇忠愛各會非常熱鬧過京橋紀伊國屋商壓小坐適新遣出征軍隊起行由京橋至新橋上火車整齊嚴肅每人背負軍裝及紅氈一條

隻身外無行李雜物所經街市老幼拍掌免冠歡呼萬歲送行者亦絡繹於道

晚孟生來

二十一日早陰午初即晴有松英義來談午初至正金銀行拜川島忠之助並晤都築成一午後偕竹亭至二見軒拍照晚至東京館爲學生定住屋

二十二日大風午初放晴大隈君來談晚偕紹竹亭往日比谷公園納涼飲於松本樓之二階

二十三日晴熱外務省來電話約往會晤山座局長出東京府師範校所議節畧茲譯如左

於東京府師範學校內以速成之方法授清國學生師範教育望承諾照下各項

一於東京府師範學校內祇施教育於學生其宿舍被服食物及通譯等件均應自理本校概不干預

一本件約定以後須五年接續辦理由清國每年派遣學生何省與何省合班本

校亦不干預

一學生定額一回以四十人或六十人編爲一學級其畢業之期限以一年

一本件實施後須由囑託者寄贈創辦費金叁千五百圓於東京府府署

一經常費每年以金二千五百圓須由囑託者擔保

經常費不得以學生人數而爲增減

一以上諸項費用由囑託者豫託於外務省以應東京府之要求而交付之

經常費

一金二千五百圓

內譯

金二千圓　教員俸給及手當

金二百圓　書記及諸傭手當

金百圓　備品費

金一百三十圓　消耗品費
金五十圓　修繕費
金二十圓　雜費
創業費
一金三千五百圓
內譯
金三千九十圓　教室新築費
金百二十圓　教室機四十脚
金五十圓　黑板教壇各一個
金五十圓　煖爐三個
金五十圓　生徒控所腰掛念五個
金七十圓　教員室備品

金五十圓　小使室備品

金十圓　日升降口備品

金十圓　雜品

查閱此項辦法合各省之力尚易爲功就一省而論恐難爲繼旋至使署商諸公使因須使署籌墊一款頗覺爲難事將中止又與拱宸商酌直隸師範生台班午後往牛込區東五軒町訪寶子深適欽使偕拱宸亦至係答拜易新甫

二十四日雨午前至外務省答師範校事又至參謀本部拜晤堀內君暨大本營陸軍管理部陸軍一等主計官德田保太郎面託武備學生入學事振武學校在牛込區河田町教頭木下君主掌一切回寓後弘文學院幹事兼教授三載力太郎奉嘉納校長之命偕繙譯趙孤一郎遼東人來謁述前函所托事並探詢此次晉省游學人數一一婉詞卻之晚飲於日比谷公園松本樓藉以納涼

二十五日晴午前寫信午後偕孟生游新橋銀座兩勸工場略購玩物午後至使

館訪拱宸不值各報館宣布國家公報占領遼陽高樹牌竿大書特書商民人等爭購旂燈入晚則街市間徧燃電光非常熱鬧余著華裝觀場遇幼童數十人狂呼鏘鏘鉢子並言遼陽爲我日本人占領了種種譏訕令人忍辱難受余回寓換着西裝仍往觀場竟無復識余爲支那人矣奇哉可歎

二十六日晴清晨訪拱宸託經緯學堂師範生與直隸合班事並託代發普電回寓繕寄曉帥稟黎覺人來函定期會晤晚在松本樓便飯乘九時三十分汽車往神戶近來汽車因運載軍隊事自陽曆九月一日始改訂時刻夜行甚緩據聞遼陽戰勝後日軍傷亡實有兩三萬人現正調兵赴前敵此車裝兵三千皆陸軍沿途經過各鄉村男女老幼爭相趨送或執旗或執燈道傍高張大幟有書恭送某人出征者有書敬送出征軍者書某人即係本村之人書出征軍統指大衆而言又有大書犒軍祝捷等字樣者更有一般男女小學生由教師率領排班鵠立左右或唱得勝歌或唱祝捷詞從容奏曲頌禱凱旋臨開車時或

免冠或搖巾或舉傘或舉手燈旗燦然狂呼萬歲徹夜間絡繹不絕其停車場皆樹有木牌上書軍用飲料麥湯接待等字任人自取噫所謂國民眞正團體今於日本見之矣

二十七日陰雨日行亦緩所過之地其冒雨送行者殊不減於昨夜又遇有自神戶至東京之汽車滿載病兵道旁皆狂呼萬歲戌亥間大雨傾盆九時十分抵西京投宿於七條停車場前菊岡家旅館夜熱極不成眠與孟生抄寫各件

二十八日早晴八時二十七分乘汽車十一時三十分到神戶住吉田旅館往拜領事吳偉卿託發晉撫帥電偕陳子龍復至大阪購物鞄壓晤水原源治郎在西洋料理屋晚餐十時回神

二十九日晴繕發晉省各信午後往廣生號薙頭修脚晚業鶴君約飲料亭

三十日晴午後微雨訪吳偉卿託致稅關公函爲學生行李上岸事午前偕孟生往郵船會社待合所迎候學生竟日徘徊四時後該社閉門則尙徘於海岸候

至戌初始見阿魯戈船入港戌正吳監督率學生五十五人登岸內有山東自費二人余在稅關一一躬親照料該稅關略爲檢察二五件即放行同至南京街品芳樓支那料理店晚餐後歸旅館吉田山陽兩家分住茲將學生姓名附記於後

速成師範生十名

蘭承榮　年二十二歲大同府大同縣人

蘭承昌　年二十七歲大同府大同縣人

尙光霖　年三十一歲澤州府鳳台縣人

武繩文　年二十六歲蒲州府榮河縣人

劉懋賞　年二十九歲朔平府平魯縣人

李廣勛　年二十八歲大同府陽高縣人

劉肇文　年三十歲寧武府寧武縣人

徐一清　年三十二歲代州五台縣人

馮濟川　年三十九歲汾州府孝義縣人

王桐年　年三十九歲汾州府汾陽縣人

普通生二十名

李慶芳　年二十六歲潞安府襄垣縣人

王國祜　年二十四歲絳州人

李垣昌　年二十歲大同府大同縣人
楊生桂　年二十歲解州安邑縣人
盧昌　年二十五歲大同府靈邱縣人
榮福桐　年二十四歲太原府太谷縣人
王用賓　年二十歲蒲州府猗氏縣人
張起鳳　年二十三歲蒲州府猗氏縣人
谷思愼　年二十三歲甯武府池縣人
田汝翼　年二十一歲大同府渾源州人
楊長溶　年二十三歲蒲州府萬泉縣人
景耀月　年二十二歲解州芮城縣人
耿臻顯　年十六歲大同府渾源州人
李鏡蓉　年二十一歲絳州河津縣人
孟元文　年二十六歲大同府邱靈縣人
陸近禮　年二十四歲平定州人
吳淞　年二十三歲沁州人
馮司直　年二十一歲平定州人
邵修文　年十九歲解州安邑縣人
王祖侗　年二十四歲平陽府洪洞縣人

武備生二十名

顧祥麟　年二十三歲江蘇常州府金匱縣人
王傳琳　年二十一歲河南開封府祥符縣人
武滋榮　年二十五歲山西汾州府汾陽縣人
黃國樑　年二十一歲陝西漢中府洋縣人

閻錦山年二十歲山西代州五台縣人

張呈祥年二十七歲山西霍州趙城縣人

李偉旃年二十五歲山西平陽府臨汾縣人

郭廷康年二十三歲安徽潁州府太和縣人

王寶善年二十一歲山西太原府陽曲縣人

焦滇年二十二歲山西忻州人

馬開崧年十八歲浙江紹興府嵊縣人

田國琛年二十三歲山西太原府陽曲縣人

張肯構年二十九歲解州夏縣人

張瑜年二十一歲山西代州五台縣人

金鳳巢年二十四歲山東萊州府昌邑縣人

焦純禮年二十五歲山西忻州人

李大魁年二十三歲山西平陽府洪洞縣人

喬煦年十八歲山西太原府陽曲縣人

溫壽泉年二十四歲山西平陽府洪洞縣人

吳長齡年二十三歲安徽安慶府桐城縣人

自費生三名

吳肅年二十一歲河南光州固始縣人

王登乂年二十九歲山西平定州樂平鄉人

王致中年二十四歲山西朔平府朔州人

八月初一日晴監視各學生改穿學生服裝午後偕吳監督拜吳領事託發晉電

偉卿談礦股事借美股可得五百萬圓晚七時二十分率學生登汽車該車站開特別門爲學生等出口東人來送行者見學生輩衣履鮮明步伐整肅僉稱他省所未有云

初二日陰雨晚五時三十分抵新橋經緯學堂主事隈本君等會館幹事招待員黎仲蘇邁等及東京館小林君迎至車站投宿麴町區內幸町東京館予亦遷往同居

初三日陰雨偕吳監督謁公使參贊交閱曉帥來電爲張肯構張瑜二生年貌不符事午後同至正金銀行晤川島君及都君

初四日晴繕寄曉帥禀又親往京橋神田區等處代學生購辦物件午後偕吳監督帶同此次游學諸生往銀座二見軒照相並囑印扇爲晉省游學第一次紀念

初五日晴午前率領學生謁公使行三揖禮公使訓說周詳午後至經緯學堂拜

訪明治大學校長岸本辰雄幹事隈本繁吉並晤行政裁判所評定官木下友三郎又至振武學校晤幹事野村岩藏調閱近時課程

初六日陰午前往參謀本部晤德田保太郎商訂振武學校學生入學事並囑託張肯構等准其入學當即隨時電話商酌大致已可允定又至外務省晤岩村君正金銀行晤川島君午後親送師範普通兩班學生入經緯校寄宿舍晤隈本君囑託一切並晤明治大學幹事田島義方教習和田垣寄宿舍監督岡田好樹植田實主事吉田義靜教習江橋秀達等商訂堂規課程並布置寄宿舍該舍原爲榎本館旅店現在租賃共廿九間能容住九十人晚隈本君約學堂同人偕至三河屋西洋料理屋共飲和田君通英語曾遊英法兩國人極和靄

初七日陰雨午前十時親送武備學生入振武學校晤教頭木下邦昌舍監野村岩藏大川淺三郎查閱寄宿舍自習室一週出示現訂規則略譯如左

第一章　宗旨

第一條　本校係爲清國留學生之將來願充武員者而設授以豫備教育即日本語文及普通學科令其後來升進陸軍士官學校或陸軍戶山學校爲旨

第二章　肄業年限

第二條　肄業年限定爲一年三個月

第三條　肄業年限分爲三學期而每學期定爲五個月

第三章　放假日

第四條　放課之期開明於左

每星期

大祭祝日

清國萬壽節及陰曆元日

夏季　自陽歷八月初一日起至八月三十一日止

冬季　自陽歷十二月二十八日起至次年一月初四日止

此外遇有另行歇課隨時牌示

第四章　學科課程

第五條　學科課目及授課回數開左

課程概要

日本語　三百回

先授日本語之組織次授實用之語務期語文之互相聯絡再授細密語法以期談話作文均得合法

日本文　貳百貳拾貳回

自日文教程第壹篇起逐次課授並令由語譯文由文譯語互行反譯以圖語文之聯絡藉令通曉語文之關係及其譯法一俟教至第篇加授由漢文譯日文之法以資講究作文

算術　百八拾貳回

授以總論整數小數諸等數之概要理論及各算法數之性質大要比及比例之諸法開平開立循環小數大要專令熟悉實用之算法爲主至於理論之較深者姑且不授

代數　百四十七回

自代數之總論整式之各算法一次方程式因數分解倍數約數分數等起至一元二次方程式及其性質聯立二次方程式高次方程式爲止均行課授並隨時設題藉令運用其法以圖通曉各理論與法則之活用

幾何學　百拾回

平面幾何則自總論起至直線多角形圓之各論比及比例之概要面積之各論爲止均行課授並令講解淺近問題以期通曉活用之法

立體幾何則自直線與平面相關之各論起至平面與平面相關之各論多面體各論多面體之體積及球爲止均授概要

三角法　四十七回

算角法三角函數恒等式之證明直三角形之解法及任意所設之角之三角函數二角之三角函數倍角之三角函數對數之性質及淺近之實用問題解法均行課授

地理地文　貳拾八回

專令通曉全球地理上淺近之事爲旨首重人文地理即以大清帝國爲中心畧述各國關係之事而地文則教以地球星學概要及地球表面變態之狀務令通曉自然現象與人文發達之關係爲主

歷　史　二拾三回

東洋史則以支那史爲中心首重關係外國事項殊將近代史詳細講授西洋史則教以各國歷代緊要事項略述諸民族及列國之盛衰興亡文明發達之情形務令留心西力東侵之事蹟

生理衛生　三十二回

教以人生之生理及衛生惟生理衹教大要衛生較深並將臨急治法教授而教授之法均用實物模範講明以便易於通曉

化學　五十三回

先教物質變化元素化合物化學式等再教化學各論之概要而教授之法隨時徵之實驗以明理論藉資實用

物理　七十一回

先教理化學之爲何再教力學熱學電氣學磁氣學等隨時徵之實驗將其理論或法則之正確無錯令其了然於心並圖養成推擴其理用之實地之能力

圖畫

畫學教以鉛筆畫先就中等臨畫(書名)令畫簡易器具等件逐漸臨畫緻

審之物俟有長進方令模畫簡易實物

圖學專授幾何畫法

典令教範　百六十五回

授以體操教範之一班及劍術教範之全體並授步兵操典（中隊教練為止）要務令（第五篇行軍之條為止）而教授之法先教訓讀再行講授概要旨義

操　體　二百七十八回

教以柔軟體操之全體器械體操之基本尋常及高等之一班並教步兵教練（各個教練分隊教練小隊教練銃劍術之基本）

掌課回數自屬豫定未免有時或增或減

第五章　考試

第六條　考試分為三種卽月考期考大考是也每試評定優劣記注分數藉令

學生各自反省以資鼓勵

第七條　各種考試所得分數外再將各生平素禮貌品行亦評定分數一併合算以定名次而資鼓勵

第八條　或有疾病或有不得已之事届期實難應試者由學生監酌情辦理再定日期另行考試亦可

第六章　進學及退學

第九條　願進本校之學生資格年在十六歲以上而備有堪修本校所定學科課程之學力者方爲及格

第十條　願進本校肄業者開具入學願書及左開各項文件請由清國政府所派駐京留學生總監督一併轉呈監理清國學生委員長査閱候示

一清國各省有責任官員之咨文

二駐京留學生總監督之保結

三學生東渡前後之履歷

入學願書及保結履歷等本校備有印就款式隨時來校請領塡寫

第十一條　監理清國學生委員長接收入學願書時先定日期飭令醫員查驗該生體質果否及格以定准否其及格者進學日期知會駐京留學生總監督轉達該生以便進學

第十二條　退學分爲二命令退學依願退學是也

第十三條　命令退學者即將該生勒令退學之謂須由學生監將其情節禀請監理清國學生委員長裁奪方行斥退

第十四條　依願退學者即准其告退令其退學之謂如學生遇有不得已之事情願退學者即將事由詳細開具並將曾行咨送之各該有責任官員之咨請退學文憑請由駐京留學生總監督轉呈監理委員長查閱候示

第七章　學費

第十五條　所有學費每年每名定爲日幣三百圓學生進學時先將三個月分以上之學費經由駐京總監督送呈監理委員長查收嗣後每名每月二十五圓限月之二十五日完納爲要

第十六條　半途退學之學費按日核算如有剩餘自應還付

第八章　賞罰

第十七條　一學期間常列優等品行端正者酌給褒賞以示鼓勵而褒賞者爲賞單賞品二種

第十八條　不遵訓誨違背學規者酌情懲辦以肅學規

第十九條　懲戒之法分爲四種

譴責　罰座　禁足　退學

譴責　責其非行以儆將來

罰座　在講堂內另設一座令其就坐

足禁　禁止出門

退學　勒令退學並將情由知會曾行咨送或保送者

第二十條　受罰座禁足之處分者期滿時即由舍監率至學生監面前令其謝罪並誓悛改

第二十一條　本校設置左開職員均歸監理清國學生委員長統轄

學生監　壹員　舍監　若干員

教頭　壹員　教習　若干員

醫員　若干員　醫務副手　若干員

司計　若干員　司計副手　若干員

書計　若干員

學生監總理應辦一切校務督率職員兼任訓育學生之責舍監承學生監之

命整頓校內監察學生勤惰兼任辦理庶務
教頭襄助學生監監督學生訂定課程兼任教授
教習承教頭之命專任教授
醫員承學生監之命掌管診視醫療之事兼辦校內一切衛生事宜
司計承學生監之命掌管一切收支事務
副手承各該專任員之命幇理各該事務
書記承舍監之命幇理庶務

附規

第二十二條　齋房規條另有所定

齋房規條

第一章　班長

第一條　所有學生分爲數班每班設置班長一名

第二條　班長由各該班學生內公舉二名稟請學生監批定一名

第三條　班長之任期定以一學期爲限有時或令限滿續充亦可

第四條　班長承學生監及舍監之命約束各該班內學生其應辦事項概要如左

一維持班內風紀留意衛生事宜

二轉達所有命令告示並監察各生是否遵行

三代領或貸或給物件頒給各生

四保管或貸或班內所備物件

五班內物件過有破壞隨時稟辦

六遞呈班內各生所有上達文件

七班內各生應行事宜隨時指示並行監察

八每夜按照所定時刻飭令班內學生齊集先行點名以備值班舍監隨時查

驗

第二章　講堂及其餘各場所

第一　講堂

第五條　受課時必須容儀端正爲要每値教習上堂下堂均行立正行禮此外非有教習之命無庸行禮

第六條　不許擅自換座

第七條　在講堂所用物件除筆墨紙張外非有教習允准不得擅自攜帶書籍等類

第八條　蒙由醫員診視允穿外套者須將情由稟明教習爲要

第二　自習室

第九條　自習時刻隨時牌示以便遵守

第十條　自習時必須默讀不許發聲關於學科彼此質疑雖屬無妨惟務必低

聲無與別人相碍爲要

第十一條　室內裝飾雖允各隨其便亦須留意風紀以及整頓一切不得雜亂無章

第十二條　室內務須按照左開各項整頓爲要

一書籍等件安排架上務須整齊惟無資參考之書雖屬自有不得收藏

二硯盒無用時必須蓋上端置桌上右邊不可斜歪

三紙張及繪畫器具等件必須收藏桌抽內

四上講堂及出門或就寢等時須將桌上收拾潔淨並將椅櫈挪置桌下

五帽子手巾掃箒撢子蠟台等件必須安置所定處所

六帽架不得妄掛他物

七字紙簍不得投入他物

第十三條　每室設置値班令其遵照左開各項

一每日早餐前將必將各自室內打掃潔淨

二整頓公同所用物件

三聽有息燈號音時細察室內火燭息否並將室門鎖上

第三　寢室

第十四條　每晨聞有起床號音時急速離床照制裝扮並將寢具按式整頓

第十五條　起床後非有就寢號音不得擅自就床就床後必須靜肅不得互相攪擾安眠

第十六條　每室設置值班令其早餐前打掃室內

第四　膳堂

第十七條　每日三餐自有號音早餐及午餐須以半點鐘內食畢惟晚准一點鐘內食畢

第十八條　食飯時不妨彼此間談惟不得喧譁雜亂

第十九條　飯桌各自留心務須潔淨爲要

第五　澡堂

第二十條　每日設有湯浴以備洗澡惟有時或改

第二十一條　洗澡時刻當隨時在澡堂內牌示

第二十二條　洗澡時務須靜肅不得喧譁雜亂

第二十三條　患有皮膚病等傳染於人之病者務須各自謙讓儘後洗澡爲要

第六　盥嗽所及洗物處

第二十四條　臉盆必須安置示定處所嚴禁洗滌汚穢物件

第二十五條　衣物等件洗完時必於示定處所曬乾遇有雨雪之日懸于所備釘子上晒乾亦可

第二十六條　所有須洗物件受課時內不許浸置

第七　飲茶所

第二十七條　流水盤上嗽口或用杓喝水等事一概禁止
第二十八條　所備器具各自留心不可汚毁
第二十九條　喝牛奶者須用自己茶碗不可亂用其空瓶必須安置示定處所

第八　叙話室

第三十條　叙話室除受課自習時刻外均可來此叙話惟自起床時起至有就床號音爲止

第九　會客所

第三十一條　在室内可用茶點惟飲酒或涉喧譁等事一概禁止
第三十二條　會客除特別事出外非日課畢時一概不准
第三十三條　會客須在會客所若引入別室或令住宿一概嚴禁
第三十四條　欲令來客縱觀校内者先行禀請舍監允准爲要

第十　養病所

第三十五條　非有醫員允准不得擅進

第三十六條　功課時間外情願看護病人者禀請醫員允准爲要

第十一　厠房

第三十七條　遇有下痢之患者即速禀報舍監候示不可遲悞

第三十八條　厠房内各須留心不可污穢

第三章　打掃

第三十九條　除每早打掃外每值星期六所有學生協同打掃即將地板壁厨窗戶玻璃等均行擦淨並將寢具晒于日光之下以期潔淨而重衛生

第四十條　星期六打掃已完時須由各該班長報請舍監臨驗爲要

第四章　出門在外住宿回國

第四十一條　出門時限隨時牌示以便遵守惟平常歇課日則早餐後起星期三則完課後起均以晚餐時刻爲限

第四十二條　每星期六打掃告完時由學生監酌看情形允准出門惟晚餐時必須回校為要

第四十三條　遇有不得已之事故於前條所訂時刻外而欲出門者先將事由稟明舍監俟有允准方可出門

第四十四條　遇有不得已之事故情願在外住宿者先將事由及其所欲住宿之家係在某區某町某番地某姓名等事詳細開明請由班長轉請舍監允准為要若出門之後突有事故未暇稟准在外住宿者次日須將總監督或各本省所派監督之文憑呈交監舍以備查閱

第四十五條　因病歇課者非有允准不得出門

第四十六條　凡欲出門者須赴舍監處請領假牌交給門役為憑回校時再由門役取回呈繳舍監

第四十七條　携帶物件出門者先赴辦事處請領憑單交給門役為憑方可

第四十八條　凡欲請假回國者除有左開事項外非有特别事由一概不准

一由督撫咨調回國時

一遇有疾病一時難癒時

一父母病重或逝世時

第四十九條　遇有前條所開事故者卽將事由詳細開具請由總監督轉請監理委員長核准爲要

第五章　服裝

第五十條　學生裝扮務須齊整潔淨從起床至就寢時應照制裝扮爲要

第五十一條　在講堂自習室及膳堂等時不得戴帽又非允准不得擅穿外套

第五十二條　夏冬換衣之期應由學生監定期示遵

第六章　病人

第五十三條　有疾病者報明班長轉禀舍監聽候醫員診視爲要

第五十四條　因有疾病飲食起居實難照章遵行者令其移居養病所以便靜養

第五十五條　有疾病者所有一切衛生吃藥飲食以及洗澡閒步等事必須遵聽醫員指示不得違背

第七章　雜規

第五十六條　公衆之集會宴會以及演說等處非有允准不得擅往

第五十七條　有碍治安之文書及曠悞學業紊亂風紀之書畫或作或藏均行嚴禁

第五十八條　所有物料有危險或易腐爛之虞者嚴禁收藏

第五十九條　巨額貨幣巨價物件均禁收藏倘有收藏者須應交講辦事處代爲收藏領單爲憑方可

第六十條　所有齋内門窗柱壁及各種器具等不得汚壞若悞行汚壞者令其

賠償故意污壞者再加罰科

第六十一條　由外入齋時須將靴底泥土擦凈爲要來往廊下務須靜肅不得亂走

第六十二條　齋內及廊下不得吐痰或抛棄塵芥

第六十三條　除示定處所外不許齋內吃烟

第六十四條　遇有火災及其餘變故時卽由班長率領各該班學生齊集一處靜候學生監及各職員指示爲要

第六十五條　除前開各條所載自應遵守外其餘事項隨時牌示以便遵守

振武學校職員

委員長　福嶋安正

委員長代理　鑄方得藏

委員　掘內文次郎

同　小山秋作
同　小池安之
同　德田保太郎
學生監　木村宣明
舍監　野村岩藏
同　大川淺二郎
同　鍋田猛彥
同　青山政雄
醫員　川地三郎
醫員助手　磯部清吉
司計　矢嶋隆教
同　吉田正吉

教頭　木下邦昌
教員　本多厚二
同　川田鐵彌
同　鈴木重義
同　藤森溫和
同　高木次郎
同　船岡猷治
同　御園　繁
同　田中十三
同　高柳彌三郎
同　橋本武
體操教員　田中登

同　杉山寅次郎
同　寺塢卯太郎
同　川崎平太郎
同　戶崎幸次郎

初八日陰雨狂風大作屋宇震搖辰刻偕吳監督往橫濱迎待直隸游學生領事館午飯晤袁遜初施畬孫余雲龍汪謝兩君及伯芝邢某候至戌初船尚未到遂返東京今日經緯學堂普通班學生開班卽爲該校開業之期因赴橫濱不獲前往觀禮

初九日晴午後發晉撫電並寫信汪楚生程韻生來午後往公使館與拱宸商酌直晉師範合班事

初十日陰雨遣孟生送張榆等入病院午後偕吳監督往公使館晤公使及參贊並直隸護送學生孟輔臣太史慶榮繙譯賀培桐會商經緯師範班事拱宸處

午飯晋省送練兵處學生姚价年二十一歲絳州河津縣人張維清年二十二歲太原徐溝縣人樂炳年二十二歲汾州汾陽縣人昨晚到東京申初往振武校晤木下野村大川諸君據言學生二十名內祗有王傳琳實係體弱眼近不能合格又至經緯學堂晤隈本詢學生入寄宿舍後情形並保送自費生王致中王登乂二人明日入校

十一日陰雨午前岩村成允林五十三偕來留午餐暢談並詳述農林教習事又與林君商購電話器械午後各處往來電話往來不絕江鄂諸生三十餘人先後過訪隈本君來索入學學生願書並商明學費官費生三月一付自費生每月一付

十二日陰擬定留學常年經費繕具清單豫算表比較表午後柏原家代表上野矢能寺坂家代表清水庄次郎來訪晚張肯構等從病院歸

十三日晴午前往公使館孟輔臣太史亦至拱宸留午餐商訂兩省合班節略又

傳直隸師範生十餘人來問話託李伯芝延繙譯寄晉撫稟牘並單表節略

謹將遵議留學經費章程繕具清單呈候

憲核

竊查此次所派文武學生常年經費擬請按照原議章程略爲變通並分別第一年第二年第三年第四年學生定額祇可暫依現派人數以爲豫算詳列如左

第一年　速成師範生十二名

武備生十九名

普通生十九名

以上共五十名

速成師範生十二名

學費月費　照十個月計共日洋四千六百圓

繙譯費 書籍費 醫藥費 照一年發給計日洋二百八十八圓

以上共合日洋四千八百八十八圓

武備生十九名

學費 月費 旅行費 醫學費 書籍費 每年計共日洋七千七百五十二圓

普通生十九名

學費 月費 旅行費 醫藥費 書籍費 每年計共日洋七千七百五十二圓

監督薪水公費每年計共日洋二千六百四十圓

四共日洋二萬三千零三十二圓

約合庫平銀二萬零七百二十八兩八錢

第二年　武備生十九名

普通生十九名

以上共三十八名

如再續派速成師範生經費與第一年同或速成師範畢業生內有留學長期師範者每名約加入日洋四百零八圓旅行費在內繙譯費在外

武備生十九名

學費月費旅行費醫藥費書籍費每年計共日洋七千七百五十二圓

普通生十九名

學費月費旅行費醫藥費書籍費每年計共日洋七千七百五十二圓

監督薪水公費每年計共日洋二千六百四十圓

三共日洋一萬八千一百四十四圓

約合庫平銀一萬六千三百二十九兩六錢

第三年　武備生十九名

普通生十九名

以上共三十八名

武備生十九名　學費 月費 旅行費 醫藥費 書籍費　每年計共日洋七千九百八十圓

普通生十九名　學費 月費 旅行費 醫藥費 書籍費　每年計共日洋七千九百八十圓

監督薪水公費每年計共二千六百四十圓

三共日洋一萬八千六百圓

約合庫平銀一萬六千七百四十兩

第四年　武備生十九名

普通生十九名

以上共三十八名

武備生十九名

學費　月費　旅行費
醫藥費　書籍費
每年計共日洋八千一百零八圓

普通生十九名

學費　月費　旅行費
醫藥費　書籍費
每年計共日洋八千一百零八圓

監督薪水公費每年計共二千六百四十圓

三共日洋一萬八千八百五十六圓

約合庫平銀一萬六千九百七十兩四錢

右按現派人數豫算四年經費如有添派續派等情隨時加入第一二年每人每年約日洋四百零八圓第三年每人每年約日洋四百二十圓第四年每人每年約日洋四百三十二圓旅行費均在內惟速成師範生繙譯費在外如至第五年大略亦屬相同所有留學經費均需按照日洋計算監督薪水公費擬請統照日洋計算俾歸一律

以上各款每年計共日洋若干圓約合庫平銀若干两每圓係按庫平九錢折

銀緣以洋價時有漲落大概總在七錢以外九錢以內由晉匯款祇得照九錢折合平餘之款多寡不等難以豫算准數擬請由監督處另款存儲遇有學生意外之事及異常醫藥費並緩用書籍費等項應准其在此項下開支

監督薪水惟湖北爲最優惟雲南爲最少北洋得乎酌中之數擬請援照此例辦理但各省公費一項多係隨時動用作正開銷似此漫無限制不如明訂章程除學生因患重病必需醫藥或遇意外之事並發緊要電報准其臨時支銷外其常年經費中無論何項支用皆不得逾定額之數擬請每月公費額支日洋八十圓永著爲例

醫藥書籍兩項經費各省互異晉省似宜酌量發給擬請暫定數目以示限制醫藥費分別尋常異常兩種尋常費指衛生藥及患病輕者而言應准其作正開銷書籍費分別急用緩用兩種急用費指講習書而言擬每年額支日洋十二圓緩用費指參考書而言無論何項學生應俟日語日文通解後再由平餘

項下酌提若干以爲津貼書籍之用但第二年後學生如有進專門校者需用參考書籍由監督酌定數目屆時於平餘項下開支每年每人至多不得過三十圓

速成師範生十二名須津貼經緯學堂衣服費日洋七十二圓業經允定此項擬請由平餘項下開支

速成師範生畢業回國時應請發給川資每人日洋一百二十圓外給書藉費三十圓均在平餘項下開支如有不敷另行造報

再查各學生暑假內發給游費以備旅行之用或由學校教習帶往避暑或往內地遊歷所有月費醫藥費書籍費等款自應照給未便扣除但速成師範生向無暑假此次與經緯學堂商訂學期係從暑假後開學至第二年暑假前畢業屆時回國者應給川資此項旅行費可勿庸發給如有留學長期師範者應援照各學生例一併發給合併聲明

原擬暫定章程

監督月支薪水公費銀一百兩

擬請改給薪水每月日洋一百四十圓

長期文武學生四十名每名每年日幣三百圓

仍照原訂洋數惟學生內除提入師範班二名每年實祇三十八人速成師範畢業時如有願學長期者屆時可由監督酌留兩名仍合四十名原額

零用書籍儀器醫藥等費每名每年日幣一百圓

擬請分作四項內計十二個月月費六十圓醫藥費十一圓書籍費十二圓旅行費二十四圓四共日幣一百零八圓照原議每名每年不敷洋八圓照四十名計實不敷洋三百二十圓

暑假游費每名每年三十圓

此項擬請歸併前項照四十名計每年實節省洋八百八十圓

監督月支雜費銀六十兩
擬請改給公費每月日洋八十圓
速成師範班學生學費零用書籍儀器醫藥等費每名每年日幣四百圓
應與長期學生同例但原定一年學期現改作十個月每名計節省洋八十
四圓照十二名計節省洋一千零零八圓又繙譯費二百圓共合節省洋一
千二百零八圓
繙譯一名月支日幣一百二十圓
已改作一百圓現與直隸省合班福建省又附班擬於留學生內選派三人
分任授課其薪水則論時間不論年月共需若干圓三省勻攤每省至多不
過數十圓但我晋省普通班擬倩同學充通譯每月津貼十四元亦在此項
開支如有贏餘由監督處另款存儲隨册造報
速成科開辦經費日幣一千元

現與直隸合班兩省會商與經緯學堂訂立合同開辦經費兩省各認洋五百元福建省作爲附班將來分認繙譯費至開辦費直晉兩省合同已定未便攙入且以爲數零星恐招外人訕笑是以允福建爲附班比照宏文學院計晉省節省洋五百元

以上各節照原議共增出日幣八百二十四元零共減省日幣二千六百零八元兩項冲抵仍節省日幣一千七百八十四圓

晉省留學生經常費豫算表

類別 年限	第一年	第二年	第三年	第四年
學費	每月二十五圓 每年三百圓	同上	同上	上
月費	每月五圓 每年六十圓	同上	每月六圓 每年七十二圓	每月七元 每年八十四元
旅行費	每年二十四圓	同上	同上	上
尋常醫藥費	每年十二圓	同上	同上	上

急用書籍費每年十二圓同上同上同上

繙譯費每月一百圓每年一千二百圓

監督薪水每月一百四十元每年一千六百八十圓同上同上上

公費每月八十圓每年九百六十圓同上同上上

備考

一 學費月費醫藥費書籍費四項應作學生經常費

二 旅行費各省學生皆有此項自應援例發給

三 繙譯費爲師範速成班而設如停派速成師範生時繙譯費亦停止

四 監督薪水似宜與公費分別兩項

五 公費係指租房車馬以及辦公各項雜用而言如有緊要電報以及學生意外之事或患病必需醫藥等項用費較多應請准其臨時支用作正開銷

右表參考各省經常費內諸項名目酌擬金額較大省或不足較小省已見優所有前次擬呈暫定章程應請作廢以上各節宜如何改正施行之處伏候

憲定

中國留學生經常費比較表

省分／類別	湖北	南洋北洋	四川	浙江	山東	雲南	湖南	廣東	江西福建
學費	每月二十五圓	同上	同上	同上	同上	同上	同上	同上	同上
月費	每年由三圓遞加至七圓	每個月六七圓	每月二圓	每月普通班三元高等班六元	每月七圓	每月五圓	每月三圓	每月三圓	無
旅行費	每年三十圓	同上	同上	無	無	無	無	每年二十圓	無
醫藥費	作正開銷	無		無	無	無	無	每年二十圓	無
書籍費	每月七十圓	無		無	無	每年三十圓	無	每年二十四圓	無
繙譯費	每月八十圓	無	每月二百圓	無	無	無	無	無	無
監督薪水	每月三百圓	每月一百四十元	每月二百圓	使館兼理膳三十圓	未定	每月庫平一百兩	無	使館兼理膳津貼三十元	無

公　費作正開銷同　上同　上同　上同上同　上　無　無　無

一　各省常年學費一律相同

二　月費各省互異大概視資格之淺深以爲增減

三　旅行費在學費月費之外例不扣他項雜費

四　醫藥費多係作正開銷惟廣東省擬定數目

五　書籍費惟湖北爲最鉅定數每年七十圓其支用報銷之數實逾數倍

六　繙譯費專爲速成科學生而設其無速成科學生者即不用繙譯

七　監督薪水湖北最優雲南最次但公費皆在外

八　公費多係作正開銷並無限制

擬與經緯學堂商訂速成師範班節略

(一)學級　每班定額以六十人編爲一學級減至三四十人一二十人時如不足額亦只得作一班論無論何省與何省皆可合班應聽各省監督與監

督商酌辦理

(二)開辦費　開辦費係指創業時而言創業以後無論何省派來學生不得例索開辦費此次創業係直隷山西兩省墊款籌辦應於三年內各省勻攤挨次扣還每次開辦費應照全額如左

第一次　壹千圓

直隷五百圓

山西五百圓

第二次　陸百圓

還直隷貳百圓

還山西貳百圓

學堂貳百圓

第三次　四百圓

還直隸一百圓
還山西一百圓
還某省一百圓
還某省一百圓

(三)學期 每年新歷九月十五日始至翌年七月十五日止爲畢業之期須扣足十個月十個月內分三學期

(四)學費 學費統照各學校定章每人每月二十五圓所需被服食料等件以及教育經常費皆在內

十四日陰日本節期學生放假皆來見午後楊公使馬參贊來答洪竹蓀施翕孫亦先後來晚送王傳琳入經緯學堂

十五日晴午後小雨楊公使約中秋宴孟輔臣黎覺人吳博泉易新甫吳茀卿朱孝廉馮繙譯同席飯後與拱宸商訂師範班繙譯羅顧邢程四君及速成師範

課程大略福建省官費生十餘人即作附班
十六日陰雨午前核算常年經費表並酌改課程數種午後柏原勳來
十七日陰午前繕寄晉函午後游上野動物園奇禽怪獸不勝其數忩促間未暇詳紀晚間與孟輔翁公約隈本君及羅顧邢李諸公在富士見軒便酌酉酌教課鐘點亥正始散
十八日晴辰刻偕吳監督至經緯學堂視學師範速成班開學直隸十八名山西十四名福建十名私費附班者十二名岸本校長到堂演說孟輔臣馬拱宸帶同賀鄭南黃廸先並游歷官直隸師範教習步其諧先後至晤隈本君及教習內海弘藏本莊季彥中村久四郎岡田好樹羅履平邢贊廷暨顧君申初賓子申來答拜
十九日晴發晉撫電黎覺人馮越甫寺阪梅子市川信次郎先後過訪午後遊芝區勸工場並看楓葉盆松及各珍物晚至新橋火車站送覺人行

二十日晴午前繕寫寄晉撫稟件午後往公使館商訂合同即回寓有日本人爾津恂者持片投謁片上書寫正六位勲六等詢我中國政治界事最詳並索贈詩詞其人衣冠藍縷言語支離予僞託不通言語彼强與我筆談良久而去

二十一日晴午後偕孟太史馬觀察吳監督往經緯學堂交換合同蓋印抄錄如左

經緯學堂合同底稿

直隸代辦留學生監督馬 師範學堂總教習孟

山西督辦學務處李 留學生監督吳

經緯學堂校長岸本 學監木下公同議定直隸山西速成師範班事宜開列於後

一 直隸山西省派官費學生入經緯學堂肄業習速成師範科以在學十個月爲卒業期限

一 直隸山西因開辦速成師範共給經緯學堂日幣一千圓作爲開辦費此班學

生卒業後如直隸山西兩省續派學生來習師範祇有一班者即照原議不再給費

一　兩省官派學生每人每月應交經緯學堂日幣二十五圓作爲授業料及教科書籍宿舍房飯茶水衣服沐浴油火僕役洗衣等項之費暨學生零用與各處學生一律

一　速成師範應用繙譯其費用由直隸山西兩省公認與經緯學堂無涉

一　預定速成師範學科課程另表列後

十個月速成師範學科課程表

學科＼學期	第一學期 自九月中旬至十二月	第二學期 自一月至三月	第三學期 自四月至七月中旬
西洋倫理	一	一	一
教育學 教育史	四	五	四

論理心理	三	二	
學校制度	二	二	二
學校管理法	二	二	二
教授法教科書編纂法	二	二	四
西洋歷史	二	二	一
地文	三	一	一
音樂大意		二	
博物	三	一	一
物理化學	二	三	三

算術 幾何 代數	三	四	三
法制經濟		二	二
圖畫	四	二	一
日語日文	一〇	四	四
體操	三	三	三
計	三四	三二	二八

第二學期第三學期其本課教授時間外按每禮拜赴各學校及圖書館博物館工場等觀覽倘開隨意講義科係有關於本科學課者使諸生以增實驗而宏智識兩省監督如查有應改學科亦可隨時與校長商酌添改

一原議每班學生以六十名爲額如兩省官派學生不滿此數另有他省官費或自費生請附入此班肄業者須經本監督等承認函送經緯學堂始准其附課其學費由該生等自理與本兩省無涉所有科學須照商定一體辦理

一直隸山西兩省官費生學費由各本省監督三個月彙交一次以免參差

一規定各條不過大概情形如有未盡事宜可由監督與校長隨時商訂

以上商訂各條繕寫漢文三分彼此蓋印爲憑各存一分以便遵守

光緒叁拾年八月二十一日

明治叁拾七年九月三十日

譯費直隸六成山西四成外省附班官費每人一圓自費公送

二十二日晴辰正二刻往橫濱車中遇施畲孫拜晤正金銀行頭取督辦之名稱相馬永肩支配人總辦之身分戶次兵吉調查銀行章程導觀各課收支職掌處該行本年八月新造石室告成係開業以來之創式應接室及食堂有五六處均極寬

啟另有會議室二大間陳設精致相馬君乃法學博士即倡建該行之人歷年佈置井井有條現在每週間仍會議一次有不適用之處仍即隨時改良一年有大會議二次云閱畢略談至領事館留午餐遂初畬孫偕往伊豆屋購物傍晚回京隈本君錄送教員名單照錄如左

速成師範科第一學期擔任教員

倫理　東京外國語學校講師　明治大學講師　吉田義靜

教育學　東京高等師範學校研究移卒業　明治大學講師　高瀨代次郎

心理　東京高等師範學校教授　明治大學講師文學士　吉田靜致

論理　明治大學講師　文學士　深田康算

歷史　經緯學堂教授　文學士　中村久四郎

博物地文算術　大阪府立高等女學校首席教諭　岡田好樹

幾何　東京高等師範學校講師　明治大學講師理學士　林鶴一

圖畫　東京美術學校教授　黑田清輝

日語　第一高等學校講師　金井保三

日語　立教中學校講師 經緯學堂教授　本庄季彥

日語　開成中學校講師 經緯學堂教授　堀江秀雄

體操　東京外國語學校助教授　土田半六

二十三日陰午前拜晤公使參贊並遇孟輔臣袁子壯公使言梅謙次郎印刷政治速成講義余爲晉省認定五十分每月每分二本一時三十分安徽同鄉留學生開歡迎會席設富士見軒會員宣布開會演說會館創立之緣起獎飾逾恆余起答謝並道歉忱未正西餐入座代表洪竹蓀主席首致歡迎來賓詞余起答謝飯畢公同撮影傍夕散歸

二十四日陰雨午初放晴吳監督還寓赤坂溜池町午後繕寄曉帥稟抄寄合同底稿徐獻廷家保仲虎公子由湖北來游歷過訪晚餐後茀丈來

二十五日陰辰刻留學生會館會計四川官費生江翌雲庸來訪約往會館調査近年章程經費午初與警視廳總監通電話約期會晤晚間經緯學堂校長岸本學監木下兩君邀赴上野精養軒西餐孟馬步吳黃賀諸君暨學堂評議員前田孝階教頭和田垣同席頌答如禮商議學堂放假聖誕萬壽三節等期均依中國以爲紀念

二十六日陰雨奇熱午前往拜警視總監安立綱之暢談並詢兩教習事又至外務省偕岩村至冲商會與林五十三訂購電話器械午後振武學生吳長齡何澄等來又至公使館與祺宸商酌請客晚蒔丈約晚飯親手調羹飽嘗鄉味歸寓甚遲

二十七日晴熱經緯校諸生來午初往三井吳服店購絨織品並參觀各美術晤田中忠三郎晚蒔丈及森田來

二十八日陰晨起檢點行篋交系仙運送店遞神戶晚偕蒔丈至牛込加賀町二

丁目五番地憶蒓園便酌

二十九日陰晚與孟馬二君公請岸本木下和田吉田隈本諸君及幹事田島義方田能村梅士會計主任井上正金席設富士見軒頌答如禮

九月初一日陰微雨巳初刻振武經緯兩校諸生並第一高等學校學生王蔭泰王蔭藩景定成等來午刻假座帝國酒店備西餐爲晉省創設同鄉會　一開場演說述同鄉會之起點及余倡議廣派游學意旨並希望整頓將來之結果　二選舉（第一）議定章程起草員（第二）評議員（第三）會中職員如幹事書記會計庶務招待等事　三提議關係晉省學界中事願諸生各抒所見以備採擇　四主席頌詞　五會員答詞　六入席申正始散余所演說及頌詞中無非以勸勉期望爲重忝作先導敢不盡所欲言白話兄長未暇紀載聞諸生中有筆錄之者

初二日陰大風訪孟輔公及賀君皆不値堇館訪伯芝留午餐長談午後至振武

校調查功課日語一門教法太急恐不免有欲速不達之弊諸生亦頗以爲慮

初三日晴偕葬丈至正金銀行日本銀行森田安出三崎各旅館答拜數客神田區三河屋西洋料理午餐

初四日晴巳初往拜嘉納治五郎又至外務省內務省警保局叅謀本部警視廳遞信省等處辭行午後謁楊公使說淸華學校捐款事訪沈幼沂回寓沐浴紹竹亭馬雲卿來

初五日陰霧林五十三商訂電話午前往各監督家曁日本友人處辭行繕發晉津蘇鎭潁固各信

初六日陰微雨午前新宿警察署長宮越正亘來訪述柏原函託爲連觀察延保姆事午後往神田駿河臺留學生會館幹事王榮樹等出見適江蘇新到師範生及游歷員二十餘人在館照相晚偪有松君函邀紅葉館沈幼沂函約寶亭皆辭

初七日陰清晨遷回帝國酒店警保局長有松君復函邀並囑岩村君來面約言今晚紅葉館專爲余餞別宴情不可卻晚六時與偕往同座者爲江叔海太史香川縣知事小野田元熙福岡縣知事河島醇前農商務省次官木內重四郎諸君例有跳舞侑觴數進盡歡而散

初八日陰午前拜晤公使參贊辭行午後至銀座一帶購物五時三十分往新橋候車安徽同鄉會代表洪竹蓀留學生會館代表程韻笙振武經緯兩校全班學生外務省珍田次官山座局長岩村成允內務省有松局長上野矢熊富永治兵衛寺阪梅子峯男正信隈本繁吉植田實江橋秀連吳監督等均至車前送行六時出發

初九日陰午前九時五十分抵神戶之三宮投宿榮町田中旅館訪正金銀行青木鐵太郎

初十日晴午前至領事館晤吳偉卿元町一帶閒遊

十一日晴午前往郵船會社問船期午後至諏訪山常盤庵溫泉沐浴泉在山上有小園林門內休憩室六七間備有茶點浴室分三等特別室每人一間一桶桶長形深二尺桶上置水管二一吸熱水一吸涼水々中有硫黃氣色皆染巾據云係鐵礦之自來泉房內旁置盥而盆々上有清水管取攜自便浴資特別室每人二十錢茶點約二十錢上等卽爲統池每池容三四人再次等則爲大統池男左女右中間有隔板附近居人每日必沐浴有一日入浴二三次者其性愛潔如是

十二日陰雨

十三日陰午前拜晤兵庫縣警部長內村直俊午後諏訪山溫泉沐浴遊神戶商品陳列所漆器木器籐器竹器最多此外如氈薦茶酒飲食器具粉粧具農工商具日用雜具幾於無所弗備標寫定價並註出品人住所姓氏任人縱覽愛者購之其大宗貨物須躉售不能零買本國人及外國人商會諸君往々到此

看様

十四日晴内村警部長遣高等警察課長海江田權藏來答午後四時二十五分乘火車遊西京七時下車投宿祇園中村樓係京都大客店亦嘗有宴會屋宇寬綽晚間天氣奇寒幾致非裘不煖夜半獨飲

十五日陰冷清晨散步出公園緣山而上登清水寺之絕頂游各佛殿山坡下磁器店甚多西京清水燒七寶燒向稱至美略購數種過中野屋午餐又至天滿宮一游勸工場亦在此商廛林立美不勝收有戲園兩家亦極熱鬧儘一日長安能看徧惜無伴侶不耐久居耳

十六日陰雨卯初刻起七時至車站乘車行八時三十分抵大坂在待合所早餐後坐人力車至造幣局參觀一切此次專爲調查極印場所有鑄造金銀銅幣各廠上年業經看過今執神戶喜賓會紹介書前往幷未拜晤局長局中有人導觀又至作山鐵工所詳詢銅餅壓花機器價值大者約三千七百圓重二千

磅裝七大箱小者約二千六百五十圓重壹千二百磅裝六大箱運費在外稟達曉帥並附圖片候示再定午後四時返神

十七日陰元町竹器店購桌椅書架等物

十八日晴訪袁子壯託郵船行李事

十九日晴寶子深由東京來接其夫人明後日可到偕往布引觀瀑布沐溫泉既飢且寒余則飽餐湯麵入浴甚暢彼則掃興枯坐竟未入浴悵々而歸

二十日晴午前至領事館晤吳偉卿傅少連偕子深往品芳樓午餐又游商品陳列所又至諏訪山溫泉沐浴鮑翼君邀飲於西常盤

二十一日晴吳偉卿來午後陳恩培約往鷹取山借麥少彭之別墅携酒與殽乘火車往過兵庫驛鄉景頗雅鷹取地亦濱海消夏最宜

二十二日晴午前暴雨一陣落雹帶雪片往西村家訪子深遇袁子壯吳博泉學莊林貽澍關譽王叔魯王孝先諸君沈幼沂江叔海博泉貽澍先後來訪旋答

叔海晤羅杏農慶昌晚至二宮送子深行晤梅頡雲光羲由鄂護送法政學生並擬留學振武子壯約晚飲於其家

二十三日晴冷早間至正金銀行調查國債票及各種券簿麥少彭陳恩培公請在留春別墅晚酌

二十四日晴濟晨往訊訪山溫泉沐浴葉子衡澄衷公子約至其家午餐晤神戶裁判所繙譯夏見勝之進西菜甚精午後各處辭行

二十五日晴巳初刻乘舢板登船〻名巴比路司比路末初展輪同舟者近籐近子川本忍子日蓮宗從軍布教師僧正脇田堯惇三井物產會社井上好德書畫骨董商神通由太郎住東京〻橋大鋸町十四番地薰隆堂大河原文藏北海道札幌郡江別村人金子倉之助大原美國留學畢業農商務省調查員西澤喜臣東京人前田鎌治東京人中谷整治內田公使親戚該船亦係租船事務長久保田五郎前在芝罘丸

二十六日陰午後四時四十分抵門司

二十七日晴午後一時開行狂風巨浪船身顛震

二十八日晴冷清晨八時抵長崎登岸訪卞薇閣偕李季畬坐人力車走香崎橋新地一帶至皆花園對酌飯後温泉沐浴菊花盛開庭前陳列四百餘種名目繁多不暇紀載内有一種名楊妃笑係紛紅色又有一種名楊妃哭係淡墨色紛紅尚不足奇淡墨實爲罕見申初回船四時開行夜間風濤鼓盪不能成眠

二十九日晴風舟行極緩晚餐後十時入釜山口由長崎至此日里一百六十里由馬關至此日里一百二十里

十月初一日晴冷早間偕西大作川本忍子諸人登岸一遊週行二三里許街市蕭條道路破壞田野荒蕪風俗鄙陋其繁庶處皆日本人所建設住屋皆日本式商屋郵便電信鐵道皆日本人所經營日本居留人有一萬八千餘丁有公立小學校學生千餘人規模宏大又有日本病院及新聞社皆與長崎相似中

國客商往來頗少其居留者只五六十人歐美人則罕至據聞只有稅關雇用之二三人至若朝鮮土人居室其矮小固不必論其汚穢實有難容屋內土地上鋪油紙坐臥於此或有短几及圓几置其上皆極粗惡男女喜着白衣已嫁挽髮髻未嫁未娶則拖髮辮其嫁娶皆極早有十二三四而嫁娶已娶則者釜山所見鄉農居多或負於背或戴於頂半皆苦力午後四時回船即開

初二日晴風平浪靜

初三日晴卯初抵仁川口由釜山至此日里三百九十五里偕同舟諸人乘輪小登岸約距岸華里水程七八里始入港八時三十五分乘火車至漢城即朝鮮之京城過杻峴素砂永登浦大南門十時十分抵漢城永登浦以上十數里均海岸水面甚闊鐵橋約華半里漢城有城門同中國城外草屋多瓦屋少城內街市寬者與北京相髣髴窄者與武昌相髣髴其道路之汚穢甚於中國鄉鎮市中電車係美國人所經造不久日本將購取焉午初往拜許子蘅欽使台身

錢星槎參贊明訓並晤徐楨甫士培黎吉士子祥英文繙譯吳平伯爾昌法文繙譯姚賓生應泰周幼陶陶齋公子陳小山本仁總領事許成侯引之仁川領事使館留午餐旋偕徐周吳姚諸君沿街遊覽步行約四五里過駱洞鐘樓二宮街一帶本地貨品僅見草鞋粗布銅器木几等物中國及日本之貨物亦皆本國所未經見過之極粗惡品取其價廉易售販運至此詢之華商數家據云其輸入品惟洋布夏布粗布爲大宗紗羅綢緞甚少廣幫則多以洋廣雜貨藥材爲業此間華商約萬餘人大字號只三家雙盛泰瑞盛春均北幫同順泰係廣幫北幫較廣幫人多烟台最衆其輸出品惟牛皮紅參爲大宗皮貨中有貂有狐出元山漢城亦難覓得此外朝鮮產物竟爾寥寥游行三時之久茫無所睹購一小銅面盆大潄口盂作游歷朝鮮之紀念四時回公使館留晚餐復長談據云去臘日俄之役先是朝鮮借定俄兵二千人本國備兵七千人極力拒日日人偵知消息預發兵三千人擁往漢城迨俄艦到仁川而日艦已陸續至包圍後路

俄兵束手遂將俄艦擊沈日兵紛紛登陸獨力禦俄此黃海開戰前一二日事也日本商民居平壤者約二萬人家家高懸國徽精練義勇遠望疑必備戰商民安居樂業毫無畏懼俄艦游弋數次竟望風而遁去不敢窺伺其實空城計也朝鮮內政腐敗歷年已久現擬改變服色自本月始外交官暨社會各員皆易裝削髮緣軍人斷髮已久其守舊黨嘗嘲笑之並有不准改裝斷髮之人入大廟等語故爾遲遲公使館係從前吳小軒軍門長慶所創建悉照中國衙署式造其房屋皆華式東院洋房袁任增修云六時三十分至停車場遇同舟諸人偕乘火車至仁川住月尾屋旅館披閱最近地圖摘錄十三道屬府郡如下

京畿道四府三十四郡忠清道南屬三十七郡　北屬十七郡全羅道南屬一牧一府三十三郡　北屬二十六郡慶尚道南屬一府二十九郡黃海道二十三郡江原道二十六郡平安道南屬二十一郡咸鏡道南屬一府十三郡　北屬一府九郡

初四日晴巳刻乘舢板回船午正三十分開行風色平穩朝鮮在北京公使館書記官金均禎齋國書赴北京賀萬壽又有尹公使少君同行與金君談朝鮮文字其字母一百六十六字讀漢書時悉注寫於漢字旁以辨其音作文用法悉同中國云金君通北京語又與日人談朝鮮鑛業金鑛實於世界上居優等地位其鑛山之區域如京畿道之通津安城忠清北道之忠州清州公州文義稷山江原道之春州三涉慶尙北道之慶州星州金城洪川慶尙南之晉州蔚山義城青松全羅北道之全州南原金溝黃海長淵載甯遂安松木平安南道之平壤价川甯遠殷山順安平安北道之義州甯邊宣川原昌雲山咸鏡南道之端川永興甲山長津文川咸鏡北道之青州鏡城富甯等處金鑛約占七分全羅北道之金溝黃海道之載甯平安北道之甯邊咸鏡南道之文川其金質尤純良鑛脉廣大將來未可限量各國報紙常論及之又聞現在美國開採甚爲獲利英人所索鑛地不甚得利擬商同韓政府換地而韓政府尙未允至若商

務則近數十年一無振作實由工藝素不講求之故

初五日晴煖昨夜風平仁川以下海而水雷營有發見船行甚緩夜間停輪亥正始抵芝罘即烟台

初六日陰大風清晨登岸拜東海關道何秋輦觀察彥昇爲學堂用品輸入物乞免稅單午初回船未正展輪

初七日陰雨午初抵大沽狂風不息小輪不能出口

初八日晴卯刻公司小輪破浪來迎候潮方能入港候至過午仍短六寸水不能行復回原船寄宿

初九日晴巳初乘小輪入港午初到塘沽登岸日本飯店午餐傍晚抵津得慶平安

東游紀念第五

護送游學官紳學生日記

山西省督辦學務處兼督辦師範警務學堂李宗棠

光緒乙巳年秋七月奉張曉颿中丞命護送游學官紳暨各學堂學生東渡取道北京是月二十六日至天津分駐三星明遠兩棧適柏原君游東三省歸小金君由神戶挈眷來同寓常盤旅館二十七日購定郵船票二十八日挈諸生乘早車到塘沽村田春堂梓才來送未正登小輪船申初三刻抵大沽口烏魯爾布船該船係日本郵船會社租賃瑙威國船申正展輪該船裝載約二千噸船長仍用西人事務長井上庄太郎游學官四員孫葆之太守振家張仲勷直刺思敬劉念卿紹曾李值庭增榮兩大令紳員二人崔文徵大令廷獻金立侯廣文應豫官費生十一人冀貢泉育堂郭德修子成林鍾漢雲卿石憲文煥卿趙宋際唐胡雋千子張端崇本程存惠可僑增喜雨亭嚴愼修　尹欲仁　農林學

堂學生四人崔潮洄生張聯魁星五鄒文燦子章郭沛豐亭警務學堂學生四人監壽鼎稚田靳桂林鬱五章倬雲聯輝許伯華召園均官費另有咨送自費生八人張樹棫敬齋任鴻鈞陶濱周聲颺舜琴姚秉均和軒張侗季愿王志叙蜀生張杜蘭友芝張之仲同舟又有北京進士館師範班派往之人及自費生共十七人爲梁同岳梁振武李振鵬臧幼臣劉光笏高崇禕鄭聯鵬楊紹宗李成林金天祿張耀曾榮熙曾榘常子模顧德鄰仲康余戟門農部肇昌曾叔度水部儀進解庶常聶觀察又有三井物產合名會社天津支店市川芳雄大倉洋行清水松子

二十九日晴乘風破浪午正抵芝罘申正開行狂濤怒奔船身蕩漾如流星適值氣候炎熱艙位窄狹頭等座僅四室大餐間容十人窗口一榻齊肩危坐夜半納涼忽見浪從窗入頃刻間艙內水深二三尺客搖々如懸旌中坐二人早已倒地抱住大餐棹腿始免滾地余據東角緊握桌腿幸未傾跌船向兩面陡斜

至丈許未遭覆滅之禍亦云幸矣是夜獨飲維斯克酒二瓶忽醉忽醒如在夢中

八月初一日陰大風晝夜不息如昨侍者皆不能起厨房不能備飲食惟食水菓酒當茶耳座客仍不克移寸步

初二日陰微雨風猶如是進行益緩黑水洋浪力甚猛船身受傷幸浪頭從旁面來終日作搖曳狀不致有沈沒之患倘浪頭從船後連撲船頭入水則不可救航路家用避線法因得轉危爲安

初三日陰連日颶風同舟二百餘人未有能起立者啼哭之聲不絕於耳男婦老幼無不狼藉傍晚時遥見山影皆欣欣然有喜色夜間舟行稍穩竟得安眠

初四日陰雨辰正抵長崎諸生皆欲舍舟登陸近數日之風險實生平所未經亦不得不從衆願遂各登岸余投宿日本木テル諸人分住四海樓及下宿屋午後至領事署卞薇閣赴鄂未回代理領事梁居實粵人略坐即回高崇禕來訪

二

保高凌霄大分之公子三井物産會社邀飲於大鶴樓塚本貞次郎市川芳雄等同酌夜大風雨

初五日陰雨淸晨同人均往火車站鐵道昨因風雨吹損暫停往來遂各折回午後偕葆之仲勤念卿偕往皆花園中島温泉沐浴便酌是晚借宿於園中此間本非旅館即浴室之主人兼營料理座客常滿向無留客之例因余舊識慨允借宿取近温泉之地便於沐浴余患腰疼兼有溼熱醫云温泉能舒筋骨姑且試之宿於東樓之南窗近依澗道俯聽泉聲月色松風饒有雅趣衾枕亦頗淸潔知將夢入挑源遙望夾岸櫻花值春末夏初時當更有一番豔景惜未得躬逢其盛耳

初六日晴一日入浴六次浴室分兩等一爲獨浴池每人各房與我國盆湯設置同一爲共浴池々較大浴塲有數池焉男女各别池皆白石水則淸泉與神戶諏訪山温泉不同彼處水赤黃色有硫黃氣色染布巾洗濯不脫此處則皆淸

泉無異味浴後肢體稍覺舒暢欲求急效亦難矣晨起聞間壁有琴聲詢之爲店主人之幼女年甫八齡學彈箏非撫琴箏爲古式十三絃音曲皆譜以日本音其音與琴音相似日人仍稱爲琴午後至酒井商店爲學生購服裝晚間電話問鐵路修繕完否

初七日陰微雨辰正刻挈諸生至車站乘十一時四十五分火車由長崎至東京頭等票二十四圓九十錢二等票十六圓二十三錢三等票十圓二十九錢由長崎至門司頭等票五圓二等票四圓三等票二圓午後九時抵門司即刻登小輪渡海等第坐次仍依火車約行二十分鐘到馬關即上車舟中遇瘋漢有人看護尚未釀禍

初八日陰雨午後六時抵神戶吉田旅館晚餐沐浴乘十時火車行由長崎門司馬關以至神戶鐵道間多穿山洞其洞甚長窗門皆宜緊閉往往夏間偶開一二扇人若酣睡當煤氣逼進時嘗覺氣塞前年余從馬關至神戶曾受此病

初九日陰雨同車有早稻田大學部政治經濟學科學生牧山耕藏略通華語極力周旋此次乘緩車行頗覺沈悶一日食辨當即介子飯四次仍似不足充饑六時十分抵東京新橋吳監督喬梓暨山西同鄉會幹事邵修文並會館招待員黎君中央旅館主小林均來迎余投宿帝國酒店學生住中央旅館安徽地方公費派生留學約五十餘人護送者爲皖南王孝廉亦寓中央

初十日陰午前拜晤楊星垣公使述續派游學事午後隈本繁吉來訪言經緯學堂擬開警察新班吳監督來與商分送學生入校事前數日間日本國民開大會於東京高樹國徽於日比公園因與日俄講和反對號召京外數萬人前五日在公園正開會演說時奉警視廳禁止命令意在解散而來觀者愈聚愈衆巡查拔刀誤傷良民羣情不服竟有兇徒嘯集於內務大臣芳川氏官舍放火縱燒京橋神田兩區警察署皆被焚毀警視廳亦戒嚴其廳內中國留學生星散逃出自前晚始皇城附近掌燈後卽禁止行人所有熱鬧市面照常貿易依

然安堵此等國民舉動無非忠愛之忱所迫原非亂黨肇事可比似不至有意外他變也

十一日陰今日法政諸生有遷入龍濤館者有遷與同鄉合居者巳初範之甥夫婦來見李植庭偕安永昌（鳳階）謝國華（伯成）均四川綿竹人過訪

昨晚牛込區警署又被燒毀聞橫濱市亦將有蠢動傳說國民大會委員如朝日新聞社之社員松村（恆一郎）小川（平吉）恆屋（盛服）細野（次郎）高橋（秀臣）大谷（誠夫）等不日將歸宅云

十二日晴風巳初至範甥處偕其夫婦訪多田（政固）之夫人不値午刻山西同鄉開歡迎會假座清風亭到會百餘人景定成王國祜等演說同鄉會之緣起並歷述廣派游學情形余起答謝並道歉忱而述去志

示以勸晉人游學書如左

運智慮以爲才制行誼以爲德才德之深淺端視所學以爲衡顧學必由博反

約乃能取精用宏否則孤陋寡聞以之課虛或有餘以之徵實必不足況世運遞變物競紛呈智者勝愚者敗拙者弱巧者强尤非空文所能抵制東南各紳商有鑒於此因即分遣聰穎子弟遊學各國善善從長此亦見兎顧犬亡羊補牢之計也山西爲古冀州地河嶽靈長代鍾賢哲其見之經傳歷史者如蒼頡之文字隸首之算數羲和之歷象劉累之豢龍以及師曠之音扁鵲之醫郭璞之數皆能侔造化通鬼神豈今西人所能夢到遊茲土者景其芳徽尙增感發則生於斯長於斯者宜如何興起也乃昔之稱爲最文明者今何鄙陋特甚豈山川之秀獨靳於今歟抑亦晏安者多進取者少耳夫不學將落雖智亦愚聖如孔子尤必多聞多見擇善而從豈好勞哉誠以天下之義理無窮一人之知識有限不特孔子爲然也且即歐西近事而論聖彼德俄皇也遊學於英兵輪矣戈保羅英太子也遊學於法工廠矣若賽爾亞憒其國之貧而不振也因遊學比利時得製造之法而瑞典以富毛瑟爾憤其國之屢挫於法也因遊學於

馬梯尼得製鎗之法而德仇以報可見人無貴賤在自立國無大小在自强矧世會愈降競爭愈烈然競以兵競以商競以工競以農誠莫若競以學蓋兵不學則有勇無謀矣商不學則市利難操矣工不學則遷地難良矣農不學則用力多而獲效少矣歷考地球各國學術明者其人民未有不富學術壞者其人民未有不弱此固天演公例更於今爲烈矣夫以三晉地土之沃礦產之饒人民之質樸而習勞耐苦宜其家給人足矣乃何以凋敝若是非盡無學也蓋學其所學知守舊不知更新求近功而無遠志也豈知游學種種利益有不能以悉數者乎　中丞張公深識晉民受病之故知欲開啓晉省之文化保全晉省之利權者捨此莫屬故極力撙節通籌經費於省垣各學堂學生中拔其尤者五十人咨送日本留學俾其才德底於純全以爲富强之本計其造福三晉之心殷殷拳拳無微不至特以庫款支絀所遺有限欲以全省之大而責任於區區數十學生何異投寸膠於黃河驟望水淸以止渴不亦難乎然則繼續此美

學者不能不重望於鄉紳世族身爲之倡而樹之型譬如濬泉　中丞張公以引其源尤賴諸紳耆之暢其流也或者謂本省大學堂及農林武備警務等校皆延有英美日本教習何必舍近圖遠不知識陋者智淺學隘者才偏試觀派往日本留學諸生未出洋時語以日本政治之善學校之備風俗之美人心之一鮮不疑以爲諛及抵其國入其境目之所見身之所接始歎前言非爲溢美不覺向者狹隘之念化爲恢宏矣偏私之見化爲大公矣非特智識因之而增卽愛國愛人之心亦因而發此泰西各國之皆重游學良有以也且卽日本而論彼其於專門實業各學科現已漸臻美備而士民之游學歐墨者今且尚不乏人蓋學業之道索諸傳聞不如得之親歷又善創不如善因之事半而功倍晉省風氣未開縱不能游學泰西固不妨游學日本以動其觀念效法之情況由晉赴日本只十五六日卽達每人歲費一切不過二百金晉省雖瘠操萬金之貲者當不下數百戶於萬金中歲提一二百金以資遣其子弟不啻太倉斗粟

所費者少而所償者大何至今寂寂無藹往也若以爲道途之遠乎則與我只隔一衣帶水也若以爲異域乎則固與我同洲同種同文也若以爲獨力難任乎則不妨相勸相勉集款生息則衆擎易舉也果能各就本境之內選其資稟靈敏者每歲酌遣三四人通費不過六七百金以一縣之衆籌此區區是不難立辦耳苟其不然惜小費而忘遠圖將不學坐愚由愚而弱不惟無以禦外來之衝突亦且無以保自有之財產此中利害之數得失之端前留學日本諸生勸鄉人游學書已詳言之茲不復贅晉之鄉紳世族誠有心振興桑梓者當不以斯言爲河漢也謹啓

又告以督辦晉省學務處時條陳辦法節略如左

一通省學堂制度宜飭各屬統歸劃一也　學堂辦法須從蒙小學著手是理所必然之勢查　奏定章程內載初等小學堂章程一曰立學總義二曰學堂程度及其編制三曰計年就學四曰教員管理員五曰屋場圖書器具附以蒙養

院及家庭教育法其中大致各省皆能通行但有因地因時必須略爲變通之處自應斟酌盡善認眞改良今我晋省各府廳州縣中小學堂業經次第舉辦但小學堂規制各處不能一律中學堂程度現時未免太低擬請將中學堂均改爲師範講習所並設附屬初等小學堂各縣初等小學堂內均增設師範講習所暫爲現在教員研究之地一俟省城師範畢業派出後各府廳州縣應請統改爲初級師範學堂均附屬初等小學堂所有通省學堂一切制度應由職處遵照　奏定章程參酌本省情形訂明規則詳請

憲台鑒定通飭各屬一體遵照辦理

一本省教科書籍宜就坊本暫行擇定也　各省舉辦學堂或曰無經費或曰無教員殊不知經費非難學堂規模之大小可儘其經費之多寡教員亦非難學堂功課之良否不僅在教員之勤惰若果教科書籍無一定本雖有經費徒供虛糜雖有教員靡所適從今我晋省興學伊始據聞各屬學堂教科所用書籍

參錯不一率多舊本爲現時計非先擇定教科書籍不可查　奏定章程內載
學科程度除讀經講經及歷史地理兩門須臨時編纂外應用教科書籍尚多
近來坊間雖有選本譯本精本頗不易覯若俟　京師頒定仍須時日無以應
目前之急需省城師範學堂簡易畢業須俟後年初級畢業更須俟六七年後
方能有人派往各屬爲明年計萬不能任其坐廢一年應由職處先就坊本中
擇其最精者訂爲課本詳請
憲台鑒定飭發各屬師範講習所及初等小學堂遵用但本省務須統歸一律方
可收效如有公立私立學堂應令按照官辦學堂教科書籍及其學科程度辦
理
一興學經費宜斟酌預算也　各屬學堂經費現已大致籌有的款倘能設法寬
籌預備將來擴充地步更爲妥善當此創辦之始學堂設置只須應有盡有原
不必過事鋪張應由職處飭令各屬開列預算表及決算表分別詳報以備稽

核通省全年學費預算表於每年冬季詳報決算表於每年春季詳報

一查學委員宜輪流派出也　東西洋各國自京都文部以至各府縣皆設視學官有定期調查臨時調查之別晉省似宜仿照辦理應由職處於出洋留學畢業生內挑選數人分期輪流派出調查各屬學務舉凡學科程度及其編制生徒年貌及其班次教員管理員之職名及其成蹟屋場器具圖書及其一切設置皆須列表詳載至若外表如何內容如何應各附注於後以備參考俟查學委員回省後應將各屬辦理情形開列總表詳請

憲台鑒核分別獎罰以示勸懲

一教育研究會宜廣設也　教育之道日有新機非研究不為功是以東西洋各國教育研究會無處不有用能歷歲改良力圖完善今我晉省各屬學堂雖已徧設於教育上緊要關鍵茫不知其所云省城如大學堂與師範學堂亟應聯絡一氣固不待言其他如武備如農林一係專門一係實業其次如官私立各

蒙小學堂凡各學堂職員每月聚會一次置評議員可無論本國人與外國人但須選請精通中外學務者始能勝任擬由職處詳請

憲台批准創設教育研究會先從省城辦起即在職堂每月第三星期開會一次如有提議事件應准另開特別會省城辦有成效再飭各屬照辦

一學堂教授員宜慎選也　省城師範學堂簡易科畢業考試後應由職處詳加覆驗分別等級詳請

憲台批准揀派其初考時人格與文格並重自必慎之又慎加以平日陶鎔品學縱難深悉其堪留畢業者諒有可觀迨覆驗時及揀派時尤以注重人格評定為是萬不能僅憑一日短長之文字耳

一演說會宜切實舉行也　過渡時代惟演說會與白話報最易感人然而白話報不免失之鄙俚不如演說會足以動人聽聞擬由職處詳請

憲台批准舉行演說會於每月第一星期開會一次屆時先期延請各學堂職員

來臨但演說時非與學界有關係事免入會場演說

一印刷社宜急速倡立也　通省學堂置辦書籍由晋至滬路遠費重倘由官立印刷社專爲印刷學堂教科書籍祇供本省之用並不售出外省與版權無交涉於公家多利益於學界增文明洵屬當今急務不得視爲緩圖擬由職處詳請

憲台飭司籌撥官款購活字版機器倡立學務印刷社即附設於師範學堂內之餘房將來教科應用書籍無庸購自外省矣

一體育會宜分期舉辦也　教育界上德育智育尤莫重於體育東西洋各國蒙小學時即以游戲爲教育使能活潑潑地暢其心機實足啓發將來晋人體質素弱各學堂體操學宜從衛生入手由游戲而普通由普通而兵式倘人人皆知體育何患其不能轉弱爲强此體育會之設在晋省則必不可緩擬由職處詳請

憲台批准舉辦體育會於每年春秋二季酌量開會一次較運動會爲有益屆時
先期知會各學堂臨時再爲核定人數

一學務報宜隨時改良也　報由官倡報律應由官定如晉省創設學務報於學界上實有絕大影響但以此項官報體例不可不嚴門類不可不備言貴精不貴多事宜詳不宜略擬由職處酌議章程詳請
憲台鑒定俟刊行後仍參考各省報例隨時改良庶足以垂久遠而杜奇衺

一本省游學會宜加意提倡也　晉省選派游學實始於去歲孟秋非我
憲台提倡之力何能致此所謂手造新山西者盡屬望於我
憲台在晉之日游學諸生抵東不及半載其來函之議論識見與未出洋時前後判若兩人繼又見其勸鄉人游學書並籲告晉省父老書熱心熱血滿紙淋漓是游學有益之明証今又續派官紳及各學堂學生三五年後晉省學界誠有未可限量之地特以寬籌官費苦無的款按縣派生固已頗覺爲難按府派生

亦恐力有不逮擬由職處刊發勸晉人游學書通飭各屬廣爲勸導如有願備資斧出洋游學之人准其取具鄰族甘結選赴省城報名職處再加考驗其合格者詳請

憲台給咨東渡一面由職道致函直達日本各學校爲之紹介天津上海等處延義務招待員以便代辦船票銀票等事如此辦法似尚妥協如蒙

俯准容再備文詳明立案

一外洋留學生宜推誠聯絡也　晉省初派游學不能遽望成材即如初級師範教員目前實難其選聘自外洋不如招自本國招自外省奚若招自本省吾晉官費諸生應盡本省義務萬不能不爲我晉省所用其私費者近年亦頗不乏人果能平日推誠聯絡羅致尚不爲難本省留學生如不敷用祇得延他省留學生亦較聘外國人爲合宜日本東京前經職道倡設留學生會館去年秋於晉省游學經費內節省川資治裝項下捐金五百圓題名山西游學公會爲學

生用聯絡即爲晉省用聯絡是誠中國各省捐金之特色該會館人之對山西省亦當有別種厚誼此後再能推誠聯絡一呼百應晉省何患無教員耶將來如須各項教員擬由職處函致該會館令共公舉數人聽候擇定屆時請示辦理

一戒烟會與戒纏足會宜勸紳商徧設也　晉省男女因吸烟與纏足致有弱種之患於學界上關係實非淺鮮若果官爲設會勸戒立名殊不雅觀擬由職處通飭各府州縣廣勸紳商徧設戒烟會與戒纏足會並發給簿册程式應令按月報告職處以備稽核而定考成

一蒙養院與公立學堂宜飭有司整頓也　東西洋各國皆有幼稚園與蒙養院同義專爲保育教導三歲以上至七歲之兒童蒙養院中具有小學堂之規模以游戲爲教育啓發兒童之智彗七八歲入小學於一切設置上已了然於心目恰能謹守範圍是蒙養院實初等小學之預備科所謂文明基礎當於此三

致意至若公立學堂較私立學堂尤易組織各屬官辦學堂每處至多不過一二所全賴公立私立有以輔官辦之不足即此二者果得賢有司竭力提倡改育嬰堂爲蒙養院勸提戲會貲立學堂似不難於集事擬由職處詳請

憲台通飭各屬酌量辦理

衆復演說爲晋省學界挽留再三余復起而婉辭環坐聚談約兩小時同時安徽同鄉會開歡迎會於錦輝館因不克往預書明片道謝申初過龍濤館訪葆之仲勸途遇文徵暨粱解諸君傍晚至中央館略坐張聯魁崔潮選入農科大學　閱新聞報紙各大臣官舍及小村留守宅桂總理大臣愛妾邸皆已派兵守護國家政府頒戒嚴令遵照帝國憲法辦理凡關係新聞雜誌事件悉受約束關係郵便電信事件悉聽檢查騎兵憲兵與警察人員協力防禦東京官府朝夕惶々而外表間則一毫不驚商務民情照常靜謐

十三日晴午前與隈本電話商酌學生分班事訂期入學午後親送冀貢泉等二

十三人至經緯學堂寄宿舍大學堂王懋昭等亦到往晤隈本主事暨舍監法學士金子喜代助法學士丸毛重典囑托一切晚偕範之在琦華園便酌

十四日晴午前多田止水來答現充麹町中學校兼小學校教員略話寒暄並言日本女學校程度甚低中學以下無漢文故能普及葆之仲勤念卿文徵稚田聯輝諸人過談

十五日陰巳初過公使館留片往茀文處賀節午後銀座購物夜有月色

十六日晴偕井上君往日本稅局查閱印花稅章程譯之如下

第一條　凡財産交涉如新立及推過及改換及注銷一契劵票據又賬簿及財産上關於將來結算之單據須照後開章程一律完納印紙稅

第二條　凡各項單據每件銀數在五元以上者須按萬分之五計算完納印紙稅但印紙稅額自一分起至五十元爲止如證據有奇零銀數還稅不及一分者仍補足一分核算如證據應納印紙稅不止五十元許以五十元爲

限無庸遞加凡單據未書銀數止書物件須將該物件照價核算銀數貼用印紙

第三條　爲替手形即匯票　約束手形即期票　照每紙計數如逾五元以上者即按後開之例完納印稅　一銀數不滿二千元者印紙稅二分　一銀數二千元以上者印紙稅一角此種單據即銀數千百萬者亦只一角爲止

第四條　凡單據契券及賬簿等均照後開各條貼用印紙惟賬簿貼用印紙只以一年爲限須在首頁注明自何年何月起至何年何月止　一委任狀即自己所作之事託人代爲經理所立之憑據　印紙稅一分　一銀行預金證書即銀行收存欵所立單據　一船荷證券即船上收貨之證據　一運送貨物引換券即運送人收條　一倉荷預證券即存棧貨單　一倉貨質入證券即貨物存棧抵押之單據　一保險證券即保險單　一株券即股分票　一債券即債票及常人借據　一株入申込證即預定認買股分之

函據　一地上權即一切地上之產業權　永小作權即佃戶之權　地役權即地基責任事務之權等各契約證據凡批租一切田產地基所立皆是　一使用貸借及賃貸借即賃用屋宇家具貨物無論有無限期與有無賃金之契約　一僱傭即招僱徒弟及僱用工人所立契約　一寄託即保管寄存貨物之單據　一定期金即已載銀數之定單　一定款及組合契約書即各商家議定規約及合夥合同契據　一權利變更之證書即凡有關於權利上更改之證據　一承追承認一切證書即捕認承認一切證據　一送品物始平即憑帖取貨之票　一買賣仕切書即往來之清單發票　一送狀即發送貨物清單　一受取書即收條　一金高記載大支證書即不記銀數單據　一擔保品差入證書即押存貨物受押者所發之單據　一擔保品預證書即懇債主寬限債欵將貨作抵所立憑單　一通帳即取貨送貨之單簿　一判取狀即交貨收貨交銀收銀之蓋印簿以上均取印紙稅二分

第五條　凡免納印紙稅之各種證據賬簿開列於下　一官署及公署發出之證據帳簿　一官署及辦公之人因公務所發之字據帳簿　一支公款所發文件　一善舉以公舉事捐助金銀物件呈報官署局所之證據　一俸給即俸祿給料即薪工手當金即酬勞金年金即長糧賞與金即加賞銀恩給金即恩賞銀扶助金即資助銀旅費金即路費銀救邺金等所書之收領字　一小切手小條憑據如銀存銀行隨時書條付取者　一不滿五元之滙票期票　一無關財產之收條　一銀收數不滿五元或不載銀數之送貨單收條清單　一借約後添附之擔保證據　凡家產貨物押銀書明屆期無償任將所押之物發賣抵塡之單據其正單已貼印紙副單可免　一證劵及銀票背面所批字據　一股分票轉讓與別人時在紙背批明之字據　一擔保銀票之保單如滙票期票有另書擔保該票之字據　一銀票及證據之拒絕證書即批拒不理之時說明不理緣故證據　一銀票及證

據騰出存根抵單

第六條　凡契券單據及帳簿應貼印紙者須照例貼用印紙如滙票期票船上收條提貨單棧單押貨單保險單股分票債票等件或照印紙應還之稅交納現銀將該單據稟請官府蓋用印戳作爲已貼印紙亦可

第七條　凡帳簿每册以用一年爲限如已滿一年仍將舊簿接用者必須再貼印紙與另換新簿同

第八條　凡銀票證據所載銀數如係外國銀數者須按日本銀數合算貼用印紙

第九條　凡貼用印紙之時無論證據賬簿須在紙面上及印紙花紙上蓋印圖章或簽名以杜此印紙重用之弊

第十條　貼用印紙之帳簿清單及發貨單等任憑該稅務官吏隨時查閱不得攔阻

第十一條　凡應貼印紙之單據帳簿未經照貼又未照第六條內所載禀請稅官蓋用印戳一經查出應罰金料科二十倍

第十二條　照第十條所定稅務官吏可即隨時稽查倘攔阻拒絕者應酌量罰銀不得過二十圓

第十三條　照第九條之例若不遵者應罰銀一元九角五分以內

第十四條　凡因印紙稅違背以上各章程者所有刑律內之不論罪減輕再犯再重數罪頒發各條均不援用

附則

第十五條　本法律自明治二十二年四月初一日施行

第十六條　所有明治十一年第十一號告示証券印稅規則自從施行此法律之日起作爲廢紙

第十七條　凡明治十一年第十一號頒發証券印紙稅章程所有之滙票期

票用紙當此法律施行之際若係本人備存未用者雖在章程頒行之後仍准照常行用惟貼用印紙須照新例應貼多少照數補足　單據禀請盖印專條　一凡照第六條所定之例願將單據禀請政府盖戳宜先將該單據應納印紙稅銀繳呈管理稅務署領給將單憑書夾持該單據向東京大藏省禀報可也

以上所譯現行印花稅章程之大畧其有隨時改正者尚待參考

關谷來葆之約往神田味蒓園午餐苐卿仲勷念卿同酌閱新聞紙警視總監安立綱之休職調長野縣知事關清英爲總監

十七日陰苐文約往神田成昌樓午飯々後偕至經緯學堂寄宿舍訪問諸生起居丸毛金子兩君延入接待室略坐又訪隈本君催詢警察開班事申初到印刷局拜晤局長得能通昌叙闊別情詢新出品款以茶點意頗殷殷備述張巽之託雇印刷技手皆應允之囑其自行函達張處

十八日陰雨清晨範之來偕往富士見町訪范源濂不値晤梁和甫君煥均湘潭人略詢湘人創辦女學事至成昌樓午餐閱時事新聞內載外洋華人僑寓紀數錄之如下

（地名）	（人數）
台灣	二百六十萬人
香港	二十七萬四千九百三十四人
澳門	七萬四千五百六十人
日本	七千人
暹羅	二百五十萬人
南北美洲	二十七萬二千八百二十九人
斯達次島	四萬人
高麗	三萬七千零十人

馬拉島　九十八萬五千人
安南　十五萬零六人
澳洲　三萬人
森達　六十萬人
菲律濱　八萬人
歐洲及俄國　二萬五千人

十九日陰雨午前晋省游學諸人聯袂而來偕往銀座二見樓照相是爲晋省游學第二紀念

二十日陰雨午後六時乘火車行

二十一日陰雨九時四十五分抵神戶住吉田旅館

二十二日陰雨囑旅館代購船票頭等坐滿改購二等

二十三日晴霽昨購船票係筑前丸船太小頗不穩改購法公司船票該船載七

千餘墩頭等艙容百四十人二等艙容六百餘人其二等較日本船之頭等艙仍寬綽三等亦皆有艙可容三百餘人云因囑旅館退日本船票扣去二元五角

二十四日晴午後聽戲演德川時代中村少將遺事

二十五日晴午後聽戲續昨事假面傳神歷歷如繪

二十六日晴午前元町略購物件午後六時乘小火船登法公司船亥正展輪

二十七日晴船行極穩飲饌頗佳法人喜食生葱盛以大盤此葱鮮嫩多津卻無臭味每餐例有紅酒甜酒近來規約不甚嚴密有吸煙室有運動場及閱書室而室內竟有吸煙飲酒之人豈故爲寬待華人抑各船不同耶申初遙望馬關風色順利每點鐘可行十三四邁路

二十八日晴風平浪靜丑正過對馬島

二十九日晴巳初刻抵吳淞口外小火輪來接客午初二刻到滬投宿東和洋行

該棧自辛丑至今三易其主今爲樋口（兼三吉）電話七百六十三番

東游紀念第六

送兒婦行日記

江南吏隱千倉舊主

光緒乙巳年秋九月十四日由蘇州起程親送和兒夫婦赴東留學次早抵滬住晋陞棧購定德公司船票頭等七十元准帶一僕往復則一百零五元二等四十元往復則六十元三等每人二十元該船名孛林撒司阿利斯

十六日陰雨午前挈同兒婦輩至何府飯後偕往寶記照相又至百老匯路東洋市屢一遊四時三十分過南順記小坐五時乘小火船船中有大餐房上等客皆坐此適有風船微顛六時開行八時出吳淞口登大舟該舟裝載八千餘噸船中一切建置與法公司船略同而較精頭等艙三百餘號二等艙六百餘號三等艙二百餘號四等可容二三百人皆在貨船艙面露宿落雨則罩以布篷頭等艙有閱書室極寛敞可容五六十人吸烟室亦極大食堂容四百人男女

厠室左右各別有十餘所二三層樓上可隨意運動坐客多携帶有藤椅繫以名牌置於三層樓上二等艙有食堂烟室而無閲書室男女厠所亦各別樓上亦置有藤椅皆客自帶安置順序

十七日陰辰正展輪八點鐘前有茶點九點鐘前早餐十二點半鐘午餐四點鐘茶點七點半鐘晚餐船中備音樂隊十餘人開船時必奏樂每日早餐後作樂一次午餐後作樂一次晚餐時每進一簋作樂一闋約一小時餐畢各散二等艙飲食稍減不奏樂其規約亦甚嚴絶無談笑喧嘩聲桌上置有英法文合璧菜單每餐預備二十餘種任客點食例不備酒雖檸檬水亦須購食例禁房中吸烟飲酒午後微風船頗顛蕩夜半始覺稍平同船有惲莘耘觀察令孫名蕃曾號賡萊年二十二歲又有日人渡部關口菅谷上野内山嶋田諸君多由香港及新嘉坡來者又有小林敬直前充神戸税關監視官任部長十年現已停職在銀行從事

十八日陰微雨逆風船行稍遲午後七時抵長崎停泊口外

十九日陰雨辰初醫來驗畢始泊入港偕憚虞萊登岸往牛島館飽餐而歸四時開行

二十日陰辰初過門司未停泊晚餐後搭客各給賞貲船中有一頭目專管此項沿門收取寢室食堂烟室音樂隊各別頭等寢室侍者六元餘可酌量二等稍減

二十一日陰辰正抵神戸港外候醫來驗畢始入港午初登岸有鶴屋旅館接客人代運行李午後訪森崎君略談六時乘快車行

二十二日陰九時三十分抵東京新橋車站行李交車中運送店予挈兒婦輩至麴町內幸町旭館小憩午餐後偕往牛込區下戸塚町十一番地寄寓々中一切範之皆已佈置清潔傍晚訪吳茀文郎回旭館

二十三日陰往神田區飯田町牛込區一帶購置寓中日用必需之器具大致粗

備晚約孫味漁甥及弼臣姪同至旭館宿沐浴後夜談

二十四日晴午前乘電車至市谷換人力車至下戶塚町挈範甥夫婦和兒夫婦往琦華園午餐味漁弼臣亦至飯後游行京橋新橋一帶復坐電車回寓滿街徧燃各種電燈五光十色夜明如晝新建凱旋門兩座均已落成一建於新橋一建於京橋是日爲東鄉大將率戰艦歸國入港之期全國歡迎大商店及各學校皆休業三日適英吉利同盟國派員率軍艦來賀昨已入港明日天皇御幸橫濱行大觀艦式禮英日海軍合操以誌盛典火車自今早始三晝夜不停班往復票皆減價道中遇各學校男女學生列隊而行有執旗者有唱歌者絡繹不絕途爲之塞

二十五日晴午前率兒婦輩至吳宅遇趙康侯施畲孫談偕蔣文意魯和兒往橫濱觀日本海軍大盛典乘一時四十分車行甚緩因滿載故三時始到適天皇已有回鑾命令道路擁擠無容足地祇得在車站立候俄頃天皇駕至坐活篷

斗車松方伯爵陪坐天皇坐上左首陪坐者在下右首前導只十數騎憲兵警部指揮整肅如傳籌然巡邏至第三次閉人不准前進四旁行人均各肅立相距不過四五丈脫帽高舉大呼萬歲人聲鼎沸如雷震耳是日由東京至橫濱綿亘二百餘里(以華里計)紅男綠女充塞道路約略計之近百萬人有自長崎來觀者有自北海道來觀者附近各處來觀尤衆沿海三十餘里專搭看臺圍以布篷予等本約定往董姓商人別墅小樓火車阻滯爲時已遲遂不克往偕至中國街西洋料理晚餐適畲孫雲龍暨粤商汪君亦至汪君作東道主飯畢即擬回京行至車站柵門已閉候車之人仍有數萬無立足處祇得緊閉柵門疏通驛道予等均立待合所之窗外適有海軍佐官某身挂寶星頭戴禮冠若有命令急欲登車狀窗內有警部守門忽將窗門提起招佐官入予等一擁而進遂得登車後來者仍不准入此窗門最可笑者有一人探進半身守門者揮之出遺落一帽不敢復取問爲誰物不敢應聲竟不知爲何人所遺登車時

已九時男女擁擠幾至氣閉予與意魯坐厠室反扃鍵遂稍安十時五十分始抵新橋歸寓已夜半矣

二十六日陰午前挈和兒往見楊公使馬參贊旋回旭館檢點行裝範之弼臣和溥來送乘六時快車行

二十七日陰九時四十分到神戶住吉田旅館有相生橋警察署詰特務巡查岡田幸成高澤直臣二人來訪盤詰行蹤予還問其署長部長某某並告以前歲在此調查警察狀態渠頗失色午後至廣生號小坐晤鄭惠疇山東濟寧西門大街裕泰恆經理人略談即回寓有新聞記者入江富次郎來訪

前在東京有友人贈閱日本銀行通行條例寓中無事譯而錄之

第一章　日本銀行組織

第一條　日本銀行其責任有一定限制其本行負債賠償等事爲股主所擔負者祇在股金一項之內視其股本爲止

第二條　日本有總銀行及公所（即謂代理店）總銀行設於東京分銀行設於各府縣首邑及緊要地方均得與他銀行締約滙票彼此交通但分銀行公所之設與他銀行締約匯票等事須先稟請大藏省經該大臣允准後始得施行（或大藏大臣以某處須設立分行或公所即可指令分設）

第三條　設分行公所及與他銀行聯合滙票之規則須於銀行重役會決議後經大藏大臣許可始得施行

第四條　日本銀行營業年期自開業之日始以三十年爲限但期滿後如原業主願請寬期嗣續營業必須總會股主議定後始得准其展期接續照舊營業

第五條　日本銀行據實在報告若虧損在資本金半額以上且確有實據可憑如此當著其停辦除前項事件之外若有欲於期限內停辦者須股主總會之臨場人員在四分之三以上且須經有總股半數以上股主之決議並

受政府許可後方准停辦
第六條　日本銀行不問期內滿期若遇如前條之件則停辦之際須於股主總會撰定處分閉店人至所定權限職制仍須受政府許可
第二章　資本金及積立金
第七條　日本銀行之資本金以一千萬元爲定額復將此分作五萬股每股二百元但有時遵政府之命以增加資本金抑或照股主總會之決議後經政府許可亦可得加資本金
第八條　日本銀行資本金之半額乃承領於政府者是可得爲股主
第九條　資本金總額之五分之一卽二百萬元必須於開業五日前上兌
右資本金之分期上兌及其期限如左
第一回金四十元（就一股算）但由明治十五年九月十五日至是年是月三十日之間上兌之事

第二回金二十元就一股算但由明治十六年五月十五日至是年是月三十一日之間上兌

第三回金二十元就一股算但由明治十六年十月一日至是年是月十五日之間上兌

第四回金二十元就一股算但由明治十七年五月十五日至是年是月三十一日之間上兌付訖百元後所有應付訖者須依銀行隨時招集但其應付訖金額一回每股至少不過二十元至多不踰五十元其兌付日期預於兩個月前登諸新報並廣告以具領之法

第十條　開設銀行如有虧損於資本現金額內折減若干時須審明資本如何虧損因何折減之原由准其追募資本殘額金即補收從前資本中未曾收滿之額以充欠款

第十一條　凡有欲擴充銀行有欲增加資本者可補募原收資本未滿之額

第十二條　股主倘於資本上兌期限日內至不上兌之時須增納追募金十分之一謂之過怠金若經兩月仍不上兌者准賣其股票由其所賣金額內扣除追募金額與過怠金並其售賣中一切經費其餘若有羸餘准還訖原主若有不敷亦准追徵之

亦即追募資本中殘額金也

第十三條　股票均記有名姓除日本國人外不得賣買讓與

第十四條　凡欲充日本銀行股主者須由大藏大臣許可方得充銀行股主

第十五條　股票須於銀行設股分賬內均將股票記入若至賣買讓與之際由賣者以書面申請其旨趣於銀行銀行經大藏大臣之許可然後通報本人領此通報後乃可賣買讓與先須二面速即將股票呈出銀行而銀行乃記入賬簿以爲賣買讓與之憑證總裁及文書局長與股分局長須將其股票之裏面著名蓋印股票有一股一份五股一份十股一份百股一份千股

一份等五種交付股主選擇股票種類但股主須付訖規定之經費乃得申請變更股票之種類

第十六條　股主各有銀行之資產至收取利息金亦不問其股之多寡每股悉有平等之權利

第十七條　充日本銀行之股主者須遵守本行之定款及股主總會所決議之事件

第十八條　凡屬於股份之權利義務持有股票者不得不行之不問何人之所有

第十九條　本行扣實利銀總數除每股應分之利外共所餘利銀須提出十分之一貯積銀行之內爲將來彌補之用（一補資本金之虧折　二補股主分銀之不足）

第二十條　記載於前十九條之積立金均可於買回金銀貸地金銀及公債證書時而使用之但由此積立金所生之所得金額須算入銀行之總益金

內

第三章　銀行營業之事

第二十一條

將日本銀行營業要項臚列於左

一　政府頒發之票有手形（可以通行各地無一定期限之票）有替手形（所行不廣有一定期限之票）有商業手形（專行於商人之中）之別凡此皆匯票之類均得就票扣取票息仍可將原票買回

二　賣買地金銀

三　金銀貨及地金銀前來本行抵押借銀者本行可以貸銀

四　與諸會社銀行預爲約定又爲商人集聚手形金

五　有銀存本行者即照存項生息如有金銀貨貴金屬並諸證券寄存本行者亦可保護應取保護之資

六　公債証書或政府發行之銀券及其他政府有保証之諸証券各種本行均可抵押借銀或一時假貸或定期假貸但假貸銀數及應生之息須由本行總裁理事監事等隨時議定並經大藏大臣之許可

第二十二條　日本銀行第十一條載記事件之外所有以下揭明各條於他諸般營業概無關涉

一　凡有不動產及他銀行並諸會社之股票可押入本行借銀

二　股主爲股主貸銀股票可抵當貸金但股主已經抵押之票仍可買還

三　凡諸工業會社之股主無論本主自有之股票與票非本主之票而得自他人者只須關係工業之事

四　開設分行除本行需用物外其他不動產仍歸原主經理

第二十三條　日本銀行因折扣發行之商業手形務必以裏書而授受之且依印稅規則貼連印紙須要資產殷實之人二名以上其付訖期限須在百

日以內但要經銀行總會之決議又有大藏大臣之格外允諾者卽一人之裏書亦准其折扣

第二十四條　折扣息金由依賴人擇其可抵當手形金額之商品抑或有質入商品預證書之際可作爲一人署名捺印亦准其折扣

第二十五條　政府發行之官票例應照票扣息有隨時須付訖息錢者有定限期扣息須於期限內付訖息錢者但此節須稟明大藏大臣於重役集會中決定施行

第二十六條　官票扣息之接辦日期於每月內重役集會時決定若分店公所當從總行指定之某日以爲接辦日期但此接辦日期如遇重役集會時認出是日別有緊要事件亦可變通辦理

第二十七條　充當政府發行官票應扣息錢之金額或因公債証書或因抵當政府之保証等証券應行借出之金額其中利息多寡之不同亦可截長

以補短但須每十日於重役集會決議後復經監事集議允諾並受大藏大臣之許可方得施行

第二十八條　前第二十七條之貸附必須銀行認明有實產業者方准貸附且其限期已定偶爾延長亦不能踰六月以外其貸附金須照當時証券之市價以十分之八爲限

負債主倘至期不償借金准將抵當之物賣去扣除原利若有羸餘仍還與本主倘有不足亦准其追索殘欠但期限將滿時如請展期更換契約只得限期更換契約一次然非銀行格外破格相待亦不得展期更換契約

第二十九條　公債証書及政府發行之官票日本銀行或收買或售出各事於重役集會定議後雖經監事集會允諾不經大藏大臣許可終不得擅自施行然大藏卿許可非經三十日以內之實施其許可仍不足爲據

第三十條　日本銀行有發行兌換銀行劵之權自須遵照第十四條之例然

非由政府別項規則頒布之後不得施行
第三十一條　日本銀行得發行送金手形振出手形及振換切手等項票
第三十二條　日本銀行迎合政府機會從事於料理國庫金
第三十三條　貸金中還辦手形之償還一節若察知其空乏不能償還時抑或應償還時拖欠不淸准將負債者所有之房屋土地及財產限一年內售出設有大藏卿許可亦可隨時出賣不在限內

第四章　實際報告及利益金分配之事

第三十四條　重役集會每年於六月三十十二月三十一等日整理營業上確實之報告須二十日內付之監事集會中其議僉同者衆多始可確定否則決議人少仍應交股主總會決議
第三十五條　創業費營業費其他之諸費用每半年間由決算之總利益金內除之以其殘額爲純益金但創業費須依遞減法爲支銷

第三十六條　純益金以左之割合分配之

第一　總股金照現入之價每年配當割合之數在六分以內

第二　除去右配當金其殘額至少須以十分之一爲積立金

第三　復除積立金十分之一作爲獎勵役員賞金及應酬費但其割合須以內規定之

扣除右三項外其殘額作配當於總股其割合之數尤宜時時受大藏大臣之許可

第三十七條　上半年之割賦金至本年八月三十日止下半年之割賦金至翌年二月二十八日止悉得送於各股主

第三十八條　此割賦金有不及三十六條之割合時內積立金補之然於後半季若超過此割合之時須補足前半季並補足積立金之缺額

第三十九條　上下兩半季之報告損益核算須申牒大藏大臣且於新聞紙

中以廣布告又下半季之實在報告及損益核算其年內營業上之重役報告並監事報告由翌年二月定式股主總會於五日前配送各股主

第四十條　銀行重役調查本支店及出張所約定店等營業上一切之情形每月報告大藏卿一次

第五章　行務綜理之事

第一節　職員之組織

第四十一條　本銀行置總裁一人副總裁一人理事四人以綜理事務總裁副總裁理事之集會名曰重役集會

此銀行因監督事務置監事三人或五人其集會名曰監事集會又置割引委員以審查割分手形

第四十二條　總裁爲勅任副總裁爲奏任其任期各五年任滿後亦可連任辦事但不得於任期中兼任他官

第四十三條　總裁副總裁悉居住於東京府內

第四十四條　總裁副總裁之俸薪及交際費定於政府准由銀行分別開支

第四十五條　理事任期以四年爲限股主總會先選舉候補者兩倍於理事此後由其選舉之中任爲理事但創立之際第一次任期定以五年由大藏卿特命若任期內有缺員之時亦由大藏卿委員酌補以辦其未竣之事

第四十六條　理事於滿任後亦得蟬聯接任辦事理事必住東京府地方

第四十七條　每年於正月一日更換理事一名但更換必順其次序須照明治二十一年八月之股主總會所定抽籤法辦理其翌年即按次順序以爲每年更換之則

理事若有死去或有不時退職者宜選員補缺以辦前任未竣之事

第四十八條　總裁副總裁及理事監事於任期之中均許充他銀行會社之役員

第四十九條　監事集會由會員中選舉會長一名

第五十條　監事任期以三年爲限係選舉於股主總會者但經期滿後亦可嗣選舉期滿之監事又於每年一月之股主總會舉使所選之人更代之

監事如有死去或不時退職者選員以補其缺接辦前任未完之事

第五十一條　非百股以上不能當理事之選非四十股以上不能當監事之選

此股票爲理事監事辦理事務之保証金先存置於銀行雖本人辭退其年度之實在報告非決於監事集會後不得收回其股票

第五十二條　總裁副總裁理事監事因於營業上事件或與他人有訂約等情不得認爲一人之義務

第五十三條　以第三十六條第三項內所定之割合配當半季利益金理事每一名付洋五千元監事每一名付洋二千元若有超過於股主總會亦獲

減少其配當金中之額

第二節　總裁副總裁

第五十四條　總裁准充重役集會銀行總會及股主總會之議長

總裁於此等會議事件准其決議施行

總裁注目銀行全般之事業於條例定款及內規等則均當恪守

關於銀行營業訴訟之事以總裁之名爲主

總裁於重役集會決議時宜簽名蓋印於約定書和解書及其他一切書內

除關於日常細事之外一切營業上之証文及他書類必須文書局長之副印

第五十五條　總裁於重役集會議決事件如有認出不當之時得速開銀行總會咨詢其意見

總裁於各會議雖經議決事件倘遇條例定款有相抵觸之事認明與政府

不利總裁著即停止且申告政府若三十日以内政府別無指令改議仍照
原議施行
第五十六條　總裁遇有事故之時著副總裁代理
第五十七條　總裁辦理日常細事自己親定後即令奪其事件理事代理

第三節　重役集會

第五十八條　重役集會有決議銀行諸般事務之責任於他集會決議已有
成規者不在此限
此集會内准議定接辦行票扣息之件及政府發行之扣息金額並公債証
書等貸與之金額及充收買公債証書之金額等項但此等事件須經監事
集會之承諾始得施行
此集會能議各局役員之進退黜陟並酌定其薪水及元金等之額數於支
店出張所之役員中得以銀行之名義著名蓋印於證書類者須於重役集

會選舉之且予以正式公文

重役集會雖得决議酌定及和解等條件若未經監事承諾之事件仍不許實行於此集會整理一年內之營業報告以備呈之股主總會

第五十九條　重役集會會員無半數以上出席時不得决議此集會之議事宜决以多數若可否各半乃决於議長

第六十條　重役集會所議各事應錄一本以備紀載决議之旨趣並事務之要領須出席之員及文書局長署名蓋印於此

第四節　監事集會

第六十一條　監事監視銀行諸般之業務且檢查諸賬簿之類監事能調查實在報告損益勘定之數並經費豫算等項若果事屬正當亦准其承認但此報告豫算等件皆須於重役集會時調查整齊以便回付

重役集會變更接辦行票扣息之事或增減政府發行官票扣息之金額及

對公債證書與關政府保證等語證券之貸與金又公債證書收買之件決議時須受監事集會之承認然遇事情緊要准照行票扣息然祇由重役集會議定而增減其扣息之多寡其行票扣息限制接辦亦得以重役集會之決議而增減之但須於五日以內受監事集會之承諾

第六十二條　監事集會至少須每月開會一次開席時不到者在二人以上則不能決議議事以多數爲決斷若可否之數相等乃決定於銀行總會若缺席不到者在二人以上以致不能決議之時如遇緊要事件亦得決議於銀行總會

第六十三條　第三十六條第三項所定之監事配當金以半額均分於人員以半額應出席配當之數

第五節　銀行總會

第六十四條　總裁副總裁理事監事之集會名曰銀行總會

第六十五條　銀行總會至少每月須開會一次以商議營業上之得失

此總會照定章內議定屬於職務諸事件總會議定利息照發數目及賞與金額等

總會有擔負保護家產之權並議定辦法等項

重役集會所議之各銀行內規並各分行規則草案由總會裁定各分行中應廢置等件由總會決定

以上四項事件非經大藏卿之許可不得施行

第六十六條　除第六十二條第三項章程外重役監事到席者非過半數以上不能決議議事以多數決之如可否各半須憑議長決定

第六節　割引委員

第六十七條　割引委員至少須派一二人以上由銀行總會選定照出席日數付與手當金（即薪俸）此委員得由監事中兼任

每年役員須更換一半此委員以備充補此數如充補中有不勝任者亦得再爲選舉

第六十八條　割引委員以理事一名爲之長但出席日須照內規所定檢査諸行票後認定許其割引之時宜將其情形申明銀行重役

第六章　監理官

第六十九條　監理官受命於大藏省監理銀行一切事務並監視銀行券發行內外行票扣息等件

第七十條　監理官無論何時均得質問銀行事務一切情形且有檢査賬簿金庫之權

監理官如取銀行事務一覽表之時須銀行重役調製之後且蓋印而呈之

第七十一條　凡重役集會監事集會銀行總會割引委員席股主總會等監理官均得臨席且可陳述意見但可否不能由其決定

第七章　股主總會

第七十二條　股主總會因表章股主總體之權利而設依條例規則凡決議於股主總會之事件雖有缺席或異議者祇可作服從之人

第七十三條　股主總會之會員須於會期六十日前到會以有十股以上者爲限制

會員有未到席者准託他會員代理會社但合及他銀行等處有此銀行之股主者准其以社員一名代理

股主中若爲婦女及有瘋癲白痴並未成之男子亦准其託他會員代理

前三項所定之代理人須隨帶委託證據及他書籍來會亦可

第七十四條　會員須於派往時署名蓋印於出席名簿之上

第七十五條　股主持有股十分者投票利權一次有十一分以上者至五十分之多准增投票權一分縱受多人代理委任其屬於代理之權利者其投

票不得過十分以上但帝室政府及會社銀行等之代理不在例

第七十六條　定式股主總會每年於二月八日第二之土曜日開場此定式總會已揭明於第三十四條內在議定前半季實在報告之可否二月股主總會由銀行重役將前年分十二月二十一日止所有營業報告一律繳呈八月股主總會將年底理事監事應滿期應退職及滿期退職後應選接手人均歸其經理

職員有病故或退職者股主總會於二月八日兩次擇其他員以補其缺

第七十七條　大藏卿若因重役爲緊要無論何時亦可開臨時股主總會或由監事集會請求抑或由股主總會員五十名以上請求無論何時均可開臨時股主總會

第七十八條　開股主總會之時無論其定式與否須於三十日前寄送招集帖於各股友且於新聞紙廣布其開會之旨若認出銀行總會緊要事件欲

開股主總會准其將招集期限推算縮少十五日

第七十九條　招集狀中即載應行商議之事件

第八十條　除總裁副總裁理事監事之外擇當日到市中之股票最多者兩人充當總會幹事如其不願入選則擇次於該兩人股票之數者充當之

第八十一條　股主總會於招集狀中所載事件均應付議至議案則應由重役集會及監事集會送交

若會員至十名以上連名者則於會期十日前重役集會中所交出之議案均可作當日議題

股主總會議事不准議問題以外事件及人毀譽褒貶事

招集狀中所未載事件本不應議如由重役集會中臨時交來會場中知其事關緊要者亦可付議

第八十二條　議事以投票人數之最多者爲准若可否各半則由議長决之

第八十三條　第四十五條內所載選舉理事之候補人員若投票均未過半數則於此未過半數各員中復加辨別擇其數之最多者定候補人員二倍再爲投票之數仍同則以年老者充之監事之選舉如投票亦均未過半數者准其援前例辦理

第八十四條　任期中理事監事有罷職之時須股主總會出席之員在四分之三以上且持有總股半數以上者如非出於同意亦不能決定但理事罷職總須受大藏卿之許可

第八章　總則

第八十五條　議改正定款之時特別開股主總會而所有業經改正各條則記載於招集會員帖內在股主總會出席人員其股數非滿九萬份不得決定其所議之事件

此總會議事出席之員并與投票細數在三分之二以上者同意皆不得決

定所議之事件總會議定之事件非經政府許可不得施行

第八十六條　日本銀行一切事務由政府監督若營業上條例定款有抵觸之處爲政府不利事件經政府認出卽爲設法調停

第八十七條　凡合乎政府需用之各件無論何時均有改正增削定款之權

第八十八條　據兌換銀行券條例第二條第一項充發行準備地金銀除舊金銀之外限於造幣相當以上之品位充同第二項保證者係政府各種借入金限於政府之保證又限於爲替手形約束手形

第八十九條　兌換銀行券條例第二條第一項地金銀之准備價格與第二項公債證書大藏省證券同其他保證價格等項悉由重役集會議定且受大藏大臣之許可

第九十條　據兌換銀行券條例第二條第三項爲兌換銀行券之增發且於其時具陳商況然必經受大藏大臣之許可方得照章辦理

第九十一條　取有兌換銀行券發行數目交換數目及製准備增減出入日表及每週年平均數目表然出納表至翌日午前十時止每週平均數目表至次週水曜日止以呈於大藏大臣至每週平均數目表亦揭載於同日刊行之官報中

二十八日陰午前譯錄昨件午後六時正金行邀飲於花澤西首西常盤青木鐵太郎安部成嘉管沼豐太郎法學士辯護士住大坂市之東區北濱二丁目百三十二番邸粵商會渙洸源源號在榮町一丁目六十四番地邸潘澤生怡昌號和記在內海岸二丁目十三麥少彭怡和陳恩培廣州人合和號楊吉生諸君同座青木善飲侑酒者二十四人跳舞後又唱近來最新軍歌晚閱報紙東京講和反對會又將重起風潮官府嚴禁

二十九日晴午前往諏訪山溫泉沐浴商品陳列所購物餽送親友

十月初一日晴麥少彭約晚飲於留春別墅同座皆前席客有東京商業留學生

黃公權名景軔南海人

初二日晴午前又往溫泉沐浴午後六時乘小輪至德公司船該船卽前坐之孛林撒司阿利斯已由阿美利加回柏林頭等艙位已有二百餘人予有往復票幸得有艙適晚餐遂入座座上有二十五國人男女老幼二百十六座五光十色西婦多寶串三十餘挂加之金綱鑽戒指錶墜一席間寶貴物約略計之亦百餘萬億皆乘法公司船用膳時與數華人同坐在隅小桌遙望中間座皆亞衣禿頭西人固居多數東人亦復不少郤無著和服者而惟我長袍大袖拖辮者叨陪末座深覺赧然法國少婦舉止輕佻常操英語（昆克台而）譯言豬尾德語（史玩嘗）同上嘲諷之令人難堪無論國勢之弱人格之低我國人亦何至爲列邦所不齒殊不知非然也實厭惡一辮之臭味耳今余着洋服覆假髮莫辨揶揄昂然入座竟得列爲上賓是卽左證設我國薙髮之令一變而爲剮髮之令萬國從同斷無慮此惜當道諸鉅公不能微服遠游略嘗忍辱滋味奏

請　宸斷效明治之維新夜不安眠筆述於此同舟有暹羅皇帝陛下法律顧問官日本人政尾藤吉大阪商船會社香港支店長有馬唯一神戶浪速銀行店長松方正雄諸人共談夜十一時開行

初三日晴酉刻遙望馬關

初四日晴辰初抵長崎醫來驗畢入港偕西班牙人海而德福拉阿登岸一遊申正展輪長崎口停泊時商販手持玳瑁日本呼為鼈甲製品來船兜售者甚多其價頗昂其製品多仿西人用物

初五日晴渡綠水洋極穩

初六日晴辰正抵吳淞江換坐小火輪入港住鐵馬路橋東和洋行

東游紀念第七

勸導留學生日記

江南省特派委員二品頂戴按察使銜江蘇候補道李宗棠

光緒乙巳年冬十二月初四日甯寓接奉　督憲周玉山制軍滬上行轅電開日本留學生退學歸國風聲遠播父老疚心玆據蘇皖贛三省衆紳公舉該道暨馬道良梅道光遠前往察看情形妥爲勸導望速來滬等因遵即束裝到滬面謁帥座會晤諸紳住東和洋行候船東渡適考察政治大臣澤公李常卿盛鐸尚方伯具亨三欽使均在滬參隨各員四十六人頭等參贊左子興觀察秉隆廣東駐防二等參贊吳挹清觀察宗濂江蘇嘉定周少樸侍御樹模湖北天門劉惺安給諫彭年直隸天津陳幼庸觀察恩燾福建福州錢念劬太守恂浙江歸安三等參贊壽孔懷太守鴻勳廣東番禺柏峻山商部銳廣東駐防嚴伯玉觀察璩福建侯官隨員關竹明太守景賢廣東番禺曹雲清復賡江蘇元和美國留學生李

符曾駕部焜瀛直隸高陽趙仲宣水部從蕃江西南豐楊仁山商部道霖江蘇無錫戢元成外部翼翬楊味雲商部壽枬江蘇無錫錢念慈商部承誌浙江仁和段芝普太守慶熙江蘇蕭縣夏穗卿直刺曾佑浙江錢塘姚柳屏明府鵬圖江蘇鎮洋楊子書明府燧麟江蘇丹徒劉樸孫明府鍾琳江蘇寶應劉文泉郡佐恩源直隸河間黃笥腴庶常瑞麒湖南善化錢澤農太守錫霖浙江嘉興尚文勳知府漢軍毛侃叔主政慕陶湖北宜昌德文伯筆政奎張季才孝廉允愷直隸豐潤葆伯萱明府椿文小奇灝知府職銜內務府漢軍旗周子榮蘊華歐陽如山祺美國留學生廣東香山楊叔壬孝廉守仁湖南長沙沈簣基廣文觀宸蔣範五履福徐贊廷世襄劉冠亭譯官長禮順天寶坻趙儒楷中翰保泰江蘇長洲供事韓宗瀛護衛榮陞烏拉熙椿另有留滬三人

玉帥十二日起節返甯

十四日陰雨午後一時由英公司碼頭乘小火船行九十分鐘出吳淞口登美公

司船船名卡納載重六千餘噸侍者日粵各半惟包衣長係美國人管理權極疏懈如室內喫酒吸烟皆所不禁殆即所以優待華人馬相伯梅斐漪唐秀峯楊仁山錢念慈楊叔壬文小奇河南游歷官新安縣令言有章號潛伯江蘇無錫人均同舟戌初二刻起椗

十五日陰微風船身不甚平穩客多暈吐

十六日陰大雨午初二刻入長崎港偕斐漪雇舢板登岸有查巡查部長巡查水上警察署勤務江口小太郎到船詢問乘客來歷又有稅關監視部點驗行李索取稅金較神戶關爲嚴密登岸後復至稅關啓驗適有接客人竹內屋廻漕店在樺島町海岸大波止前行李交給代運旋即乘車先往該店午餐店中小樓數椽塵埃滿室款待亦不周全運金食料種種奇昂頗有欺誑外人之意掌燈後偕斐漪叔壬冒雨至停車場乘七時三十一分火車行

十七日夜四時三十分抵門司沿岸泥濘甚滑換坐小火船渡海五時三十分到

馬關乘六時二十分火車行陰雨竟日過幡生一ノ宮長府小月梔生大嶺伊佐四郎ケ原厚狹小野田船木阿知須嘉川小郡大道三田尻富海福川德山下松島田岩田田布施柳井津大島神代由宇藤生岩國大竹玖波宮島廿日市五日市己斐橫川廣島系𩇕尾道福山大門笠岡鴨方金神玉島倉敷庭瀨岡山姬路明石舞子垂水𢡟屋須磨𡍼取兵庫次夜四時三十分抵神戶吉田旅館小憩早餐

十八日陰今早派人往美公司船迎相老巳初登岸午後偕遊街市大雪盈尺六時乘快車赴東京

十九日晴午前九時三十分抵新橋芾丈魯弟及中央館人皆來迎並晤梅顛雲略話寒暄偕相老投旅店午後訪李子申趙康侯不值晤施畬孫又至堇館視渭甥璧姪途遇金立侯李季芝諸人申刻至柳町琦華園延集同鄉留學生小飲桑廡話舊杯酒言情盡歡而散晚挈璧姪歸寓繕發郵片徧邀同鄉會舊職

員及本府留學諸人

二十日晴午前偕馬梅二公謁楊公使出示學界風潮始末記及其往來公牘錄之如下

本年七八月間日本報載文部將頒取締中國學生規則公使即日往詢文部據云無之公使又問各報所言因何而起其次官木場貞長答謂中國學生來者日衆良莠不齊而日本人之不肖者復遍設不完全之學校交相引誘實於我國教育名譽有礙故擬訂一規程以整齊之各報或因是而訛傳耳公使又言整頓學校固所願聞但於我國學生必有關繫請於未公布前鈔稿示商方可施行當准次官承諾而散公使回署後即以問答各節宣告總會俾衆周知至九月杪文部省將規程十五條鈔稿送來其名曰關於清國人入學之公私立學校規程既非清韓並列亦無取締字樣考其內容有爲整頓學校者亦有間接管理學生者然皆實無苛待之意公使即以示總會幹事總會幹事者全

體學生所公舉以代表全體學生者也該幹事等僉言文部用意甚盛惟第九條稍有窒礙公使又以此語轉告文部文部允爲通融旋即公布日本政府以非外交事件並未照會前來僅於官報中見之而已越數日總會幹事來言衆議以第十條亦有不便公使飭將九十兩條不便情由具禀前來當爲轉達文部該幹事等邀集各省同鄉會職員長開評議會數次至十一月初五日始將說帖交來初七日公使即將原禀照會外部轉商文部初八日忽聞路鑛學堂學生停課宏文經緯兩校繼之此倡議停課之人分赴各校把持門外不許他人上課甚有持刀威嚇者公使當即函諭總會速開各省同鄉會詢明停課原由並分別願停課者若干人不願停課者若干人惟其時黨勢彌盛聯合會既已成立每逢省會開議有主維持學界之說者聯合會即往閧散使不得畢其詞聯合會之宗旨在全文取消不取消則全體歸國歸國之後不許一人離滬在滬設一大學堂以收容之其言如此其用意則未可知此兩日間聯合會員

來署兩次請將規程全文取消公使亦往外部兩次據外部次官言如以情誼相商可將第九第十兩條通融辦理如學生要挾則並此兩條亦不能改全文取消一層萬辦不到縱使行文來商本部亦將璧還等語詞意甚決公使歸告學生並云全文取消固辦不到全體歸國亦辦不到不如俟文部省將九十兩條刪改藉此轉圜至十三日外部覆文將文部省說明書送來即日譯成漢文送交總會布告全體學生冀可挽回大局當外部未覆文之先文部特頒一令凡本國學生亦應受校外之監督與第九條相彷彿竊以爲日本待其本國學生尚且如是則所商第九條恐難刪改而文部竟肯通融似亦足償學生初願不意聯合會愈形激烈派糾察員數百人逼人回國又有所謂敢死黨者三四百人聲言有不願回國者殺於是各省同鄉會及總會因以解散學界破壞遂至不可收拾矣迨至二十日後大學高等各校留學生出而組織一維持學界會專以勸人上課爲宗旨一時入會者甚夥前此主持停課者茲亦漸就安靜

公使當於十二月初五日宣諭諸生限於陽歷一月十一日照常上課前事如此爰記其實爾云

附錄

日本文部省規程十五條譯文

關於淸國人入學之公私立學校規程

第一條　凡公立及私立之學校將許淸國人入學之時該入學願書應令其附呈駐紮本邦淸國公使署之紹介書

第二條　凡公立及私立學校其所定之學科如有淸國學生自願減學一科或數科者聽之

第三條　凡收容淸國學生之公私立學校應設教習名簿生徒學籍簿並將往來信件彙存該學籍簿內應將生徒之姓名籍貫年歲住址入學以前之經歷介紹官署之名目分別官費自費賞罰進退轉學之年月日及其學年畢業之

年月日並轉學退學之緣由等項詳載一切
第四條　凡公立及私立之學校將許清國學生轉學或退學之時該願學書應令其附呈如第一條所載該官署之承認書
第五條　凡收容清國學生之公私立學校每年於一月七月應將前此六個月所有清國學生入學人數呈報文部大臣清國學生中凡有轉學退學及畢業者亦悉照此例具報
第六條　凡公立及私立之學校遇有清國學生畢業或退學之時應於一個月以內將該生姓名及令其退學緣由知照該紹介之官署
第七條　凡收容清國學生之公私立學校中如經文部大臣認爲適當者特行選定通知清國政府
第八條　凡公立及私立之學校若欲承受此選定之時應由該校長或校主將左開各項禀請於文部大臣惟既經申明及已得認可之事項不叙亦可

一清國學生教育沿革
二清國學生教育章程
三學校長或學校代表者履歷
四教員姓名資格學務閱歷及分任學科
五清國生徒定額分別學年學級及現在人數
六清國生徒校外監督方法
七清國學生畢業人數及畢業後情形
八教授清國生徒之校地校舍及寄宿舍等圖樣
九經費及維持方法
十教科書教授用物件儀器標本等目録
　以上第二項及第八項如有變更須經文部大臣認可
第九條　凡受選定之公私立學校應令清國學生在寄宿舍或在該校所監督

之下宿等處居住妥爲約束

第十條　凡受選定之公私立學校如遇有品行不端之學生經他校剔退者不得令其入學

第十一條　文部大臣如認爲必要之時遣派吏員赴選定之公私立學校會同試驗或飭其查閱試驗問題及生徒答案

遇有此項事件該奉派吏員如查該試驗問題及方法中認爲不適當之時令其另行更改可也

該試驗問題答案及試績表至少亦應保存五個年

第十二條　凡受選定之公私立學校每年應於學年畢後一個月以內將清國生徒既經教育之事呈報文部大臣

第十三條　既經選定之公私立學校倘有違背此定章抑或辨理不善之時文部大臣可將其選定註銷

第十四條　照本令所定凡有具呈文部大臣之文件應由地方官長轉達

第十五條　本令所有定章凡屬小學校及與小學校相等之各種學校均不在此例

附則

本令自明治三十九年一月一日施行

學生公禀

欽使總監督大人閣下敬禀者竊學生等於明治三十八年十一月二日官報中見所載文部省令第十九號關於使清國人入學之公私立學校之規程十五條自三十九年一月一日施行繹其文意無非爲吾國學生謀學課之改良期教育之完善以使異邦來學者得善良之結果以歸餉其本國其用意至爲美矣夫吾國來此留學者日益加衆而日本所有公私立學校可令入學者其美善者固多其未臻完善者亦非無有此學生等所未能無歉然於心而莫可如何

者今文部省乃起而整齊之是吾國學生之所望而不可得者也故凡見此者莫不感慰惟其中第九第十兩條所規定範圍極廣界限未明將來施行之際吾國學生必有因此而受不利之影響者羣情洶洶或懼因此約束遂有難於久留之勢學生等揣文部省之意原爲吾國學生謀利益起見然一方爲利益一方實有不利益者文部省於吾國學生實在情狀與其困苦之處容或未知而未顧及亦事理之宜然茲特將學生實狀與此二條施行時之利害略一陳述祈

鑒督之

第九條云　於已受選定公立私立各學校當使清國人生徒宿泊於寄宿舍或屬於學校監督之下宿等爲校外之取締

日本人士近日多於東京市內設立各種學校以教授清國學生爲名然其規模狹陋學課不良任學生之來去自由而并不加校外之取締於吾國學

生非徒無益而且有害揣其目的不過以射利爲宗文部省有此規定則是等學校當不在其選定之列且足以令吾國學生之求學者知所趨向誠爲吾國學生之利益矣然日本各校之建設既久規模較大聲名素著者其向來所設之寄宿舍等亦未必盡爲適宜故吾國學生常有不願居住者若一旦爲文部省所選定而一以此規程限制之則吾國學生所受不利益之影響必有如下之數種

一於經濟有損害　吾國來此留學者現已至數千人其中官費少而私費多私費之中裕餘者少而貧困者多以貧困之人勉留於此其衣服居住飲食等事自不能不以價格低廉者爲便利使得自居於下宿屋或數人賃屋合居則可以己意爲節省若必使居於學校之寄宿舍或其監督之下之下宿等則食宿料即有一定之價格凡同校者必皆一律而無等差雖欲擇別以爲去留勢必有所不能如東京各校寄宿舍之學生尙不過其食宿料價

格無貴賤之殊耳除食宿料外其餘衣服冠履等類向皆由學生依其校制自行購備精粗美惡任各人之自由然如某學校者則無論其爲校內或外塾亦無論其爲官費與自費一月必須二十五元其所如此之昂貴者名爲宿料及教科書食衣服冠履等類之費一概在內皆由學校代辦其實則教科書等應發者不發衣服冠履等應製者不製皆必以價廉而粗惡者以與學生學生因書籍之不足以供研究衣服冠履等之不足以閱寒暑而被風雨也求其改良彼殊不問無可如何仍須自出資費別自備辦甚至於洗濯衣服等事每月亦限以次數若欲求多則亦當自出資故凡在彼校者其書籍衣服冠履等之代金已每月照繳於學校而究竟仍須自備凡官費之不得已而居其寄宿舍者已無不因其種種計算而甚苦之若將來自費生亦依文部省之規程而迫以不得不入居則試一計算平日可以支三月之費用者勢必僅以供二月之費用而猶嫌不足學校得此文部省之規程愈可

以迫挾各學生使盡入其範圍以遂其營私之目的將無以異乎專利之下宿屋而學生則以經濟損傷雖欲不棄其求學之目的以失志而歸國亦勢所不能矣夫西洋各國留學外國學生其兼充工人以爲學費者甚多日清兩國學生之留學他國者亦多如此外國留學生之多貧苦固爲事所常然此當爲所在國教育當事者之所憐護而不能以莊嚴之格式求之若西洋各國政府而亦若日本文部省也則日清兩國學生之在西洋者以必居寄宿舍等之故而不能作工勢必不能更留其影響所至與驅逐外國學生者當無以異矣且日本國內學生現今猶多兼販牛乳等事以爲求學之費者此日本教育當事者所共知是學生之貧富不一未能一律遇之而強使相齊者此內國與外國所同然而非吾國學生皆爲裕餘可不爲慮及經濟上之傷損也

二於學問無補益　學校之有寄宿舍必其關於學問上之設備完善使學

生入居於此者可得學問上之補益與居外者迥然不同而後於學生爲有益東京所設各學校其學問上之設備不盡完全如前論教科書應發不發等事即其一端也此外各學校管理若能嚴肅整齊亦可使學生養成善良之習慣然如數月前某省官派學生數十人入居某學校外塾諸學生見其管理太無秩序要求改良彼仍不顧其後諸生乃自擬自治規則以自約束求學校之承認且爲監督施行其校長乃不得已而許之如此等之寄宿舍則不爲於學問無補益且以養成不良之習慣學生即入居之亦何益也

三於衛生有妨礙　以吾國現今之國勢既不能不求學於人國則雖以何等之難苦亦當忍而受之惟以達吾求學之目的其餘皆所不計此稍有識者所能知之而能言之也然各國之習慣亦自有其原來之差别驟强同之轉有生害者如吾國人之飲食自哺乳時與日本殊吾國人之不卧地自數千年而已然何者爲良何者爲惡亦不必論但習慣既久其關係遂有影響

於生理者如吾國學生以飲食不宜而成胃病以臥地潮濕而患脚氣等者時時有之學生之顧惜大體者往往不肯以此等事要求學校懼人之譏我爲求安適也然此等事在日本人則習慣成性而在吾國人謂其無妨礙於衛生實有難言者故此間吾國學生於居學校之寄宿舍及居下宿屋等之外尚多賃屋自居自由布置者於衛生上亦其一原因也若盡强令居於寄宿舍及學校監督下之下宿屋等惟一依學校之布置而學生又恥爲格外之要求卽要求之學校亦可不應則疾病必較加多是可逆睹者也

四於兼學不便利　東京各學校中爲吾國學生特設一班又或於專爲吾國學生設立之學校中別設專科一班者常有之吾國學生不皆人人肄業於一校也其以一人兼赴二三學校聽講者亦常有之其居處必擇二三學校之間適中之地乃能便於奔走若各校學生皆必居寄宿舍及其監督下之下宿屋等則居於甲校者或以距乙校過遠而不能兼學或以乙校因其

不居校舍有違文部省規程而不令通學則學生必以專習一校爲限而兼習之道路已斷既與本人之志望相違反而於吾國學生求學之方法亦爲不利益也

以上四者皆往事之經驗而學生之苦情文部省徒知爲吾國學生謀利益而此種不利益之情况必非所知即令將來爲文部省選定之各學校較此時略爲整齊然如前列四項不利益必仍爲事實上之所難免文部省雖注意監察之亦未見其能徹底改觀也

第十條云　既受選定之公立私立各學校不得使他學校之清國人因性行不良被命退學者入學

吾國學生來者日衆流品既雜良莠不齊欲使各學校之生徒皆能善良之結果自當去其敗羣者此亦洗濯學界之良法實心求學之士無不頌美之者也惟性行不良四字範圍太廣各學校界辦事之人若非實心爲吾代謀

教育則不難利用此規定而以愛憎行乎其間從前各學校或有因學課不良教習不善管理不得其宜等事學生要求改良而犯學校之怒斥令退學且欲通知他校不得收入者夫學生果眞性行不良則本無求學之資格斥退者乃其應受者亦何能以咎學校若其關於學問上之要求則或者以知識之不足未能知教育者之用意乃有之耳若謂之爲性行不良而絕其求學之路則其人以急於求學之厚因而得不能求學之結果亦可冤矣且學生之被斥革者不僅皆爲要求學課之改良而已也即如上列關於經濟及衛生等事而與學校爭議者亦間有之在學生一方之舉動雖未必事事皆合事理然學之不完善則亦事實之所難辭即令將來文部省選定之學校亦未必遽能驟然大加改良而學生之要求或仍在所難免皆事之可逆知者若學校對於學課衛生等之要求而有怒於學生加以性行不良之名目令其退校不得更入他校則學生其何幸之有且如前論學校之寄宿舍及

其監督下之下宿屋不皆可以居住之理由列有四項若學生有以此四項爲言者是否卽爲性行不良亦一疑問若不居其寄宿舍及其監督下之下宿屋等者卽爲性行不良則非爲吾國學生謀居學校之便利直以性行不良之名目盡驅之聚居一處爲奪其居住自由權矣且性行不良之人非不可改悔者若斥革退學之後而性行遂已改良猶不能復入他校則是以一次之過失而絕其終身求學之路也夫各學校之收納學生原可任其擇別其性行良者則收之否則不收豈非至易之事何爲不愼之於入校之始而必窮之於退校以後乎此乃不利益之可見者度文部省之用意未必如上所言然其影響之所至則有必至於此者此雖先事豫言之而可決其非過論也

以上所列乃舉文部省規程中第九第十兩條對於吾國學生可生不利益之影響者特爲述其利害與其苦情以達

鈞覽可否

大力照會日本外務省轉咨文部省請其將規程第九第十兩條允與取消之處

敬乞

裁答若能如此則吾國學生庶得以達求學之目的而無不可復留之疑懼是不僅學生之利益抑亦兩國交際之利益而於日本代爲吾國振興學術之盛心尤爲圓滿無缺者也特此肅稟敬乞

鑒詧而圖謀之不勝引領待命之至

具稟留學生總會幹事長楊度副幹事長范源廉學務幹事陳榥蔣方震陳福頤李宣威邢之襄周家彥籍忠寅顧琅書記幹事林長民傅疆徐志鐸方樞錢旦駿陳應龍劉照復庶務幹事張繼蹇念益姚方榮調查幹事譚學夔劉頌虞陳榮鏡蒯壽樞吳永珊鄧家彥收支幹事梁志宸曾鯤化招待幹事周珍匡一各省分會職員長直隸胡茂如山東王丕煦山西邵修文江蘇高

朔浙江金保康安徽王賡河南曾昭文湖北王鎮南湖南章士釗福建王兆柟廣西譚鑾翰廣東朱保勤四川楊湘貴州韓汝庚雲南張耀曾陝西康寶忠江西徐敬熙暨全體學生謹呈

光緒三十一年十一月初一日稟

致日本外務大臣公函

敬啓者現據敝國留學日本全體學生公稟生等於明治三十八年十一月二日官報中見所載文部省令第十九號關於淸國人入學之公私立學校之規程十五條自三十九年一月一日施行繹其文意無非爲吾國學生謀學課之改良期教育之完善以使異邦來學者得善良之結果以歸嚮其本國其用意至爲美矣凡見此者莫不感慰惟第九第十兩條將來施行之際吾國學生必有因此而受不利益之影響者特爲述其利害與其苦情仰邀大力照請文部省將第九第十兩條允與取消前來到本大臣據此査貴國文部省現定第十

九號規程原爲改良學界起見全體學生固極感慰本大臣亦同深欽服惟其第九第十兩條既於留學生有所障礙又據學生等公稟前情相應將原稟轉咨文部大臣體順輿情酌核見覆爲荷專布順頌

時祉

光緒三十一年十一月初六日

日本外務大臣復函

敬啓者案准中歷十一月初六日第一百八十號貴大臣文開以文部省所定第十九號關清國人留學之公私立學校規程就中第九第十兩條謂與學生有所障礙經留學生等公稟照會前來所有來意敬悉壹是本大臣當即轉咨文部省去後茲如另紙甲號所開致覆前來復有乙號另紙說帖一通係文部省通飭東京各該學校遵照辦理之處合將該甲乙原文兩紙一併送交

貴大臣查照統希

詧諒爲荷耑此佈復敬頌

時祉

明治三十八年十二月八日

文部省說明省令旨趣書

甲號譯文

一第九條所定係令學校爲留學生校外之約束免被不良之徒所引誘於其品行經濟衞生等項各有裨益並爲隣邦留學諸生謀教育功效起見如與以上各項無礙或居親友端人之家由此通學或自行賃屋居住自成一家固非本條之所禁止也如學生稟中所舉各項自無此種不利之累據該生等所稟請之事究係該生等未明本條旨趣遂致轉生疑慮已

一第十條所定專爲性行不良如紊品行害秩序罹刑律等類竟致斥退者而設并爲防範未然起見如係學生實情且於必要之事項攸關靜候陳述其

冀望之處此等自不在性行不良之列如學生禀請之言是誤會本條意義之所致也

乙號譯文

清國人之游學於我國者近來益見加多該留學諸生既經漸次增加若收容該生等之學校及宿所等其設備之內容苟有不完不適之處遂致該留學諸生或不能徑達其目的文部省有見於此擬對此等學校立一相當之規程俾該生等各修其所願學之學術技藝以副其負笈從游之志因於本年十一月二日定此規程矣至於該規程之宗旨原爲監此等學校起見幷非羈束清國學生縱令未能精通我國事情者亦可安心就學各將其肄習之學術技藝悉畢其業冀留學於我國者蔚爲通材該規程之命意所在不外乎是識者所當一望而知之耳茲試就該規程申說其義規程中所最要者如入學轉學退學之際須由清國公館紹介及承認學校應設各種帳簿

學校之選定宿所之制限等類不過祇此數項應將逐項說明如在凡在公立及私立學校將許清國人入學之時其入學願書應令附呈在本邦清國公館之紹介書者是不僅該學校於管理上在所必要且以清國公館本周知該各種學校一切情形各留學生將擇其嚮學之學校之際可得指導之助而不致貽誤之利且於入學後有安全得遂其志望之便至轉學退學之時須令其附呈該紹介書清國公館之承認書者當入學時已經其紹介則轉學退學時亦應請其承認固屬理所當然總而言之原欲使清國留學生得遂其志學之願以達其目的耳

凡許清國人留學之公立學校及私立學校應設教員名簿及清國學生學籍簿係專載教授職員及在學生徒於教育攸關切要事項以管理上所不容闕者凡屬學校乃分所當爲之事是以中學校及認定學校等均有此定規卽令無此定規其稍見整頓之學校罔有不設此種帳簿是爲學校施行

教育所必要者也

凡許清國人留學之公立及私立學校中如文部大臣認爲適當者據該學校申請特爲選定者是欲查察此等學校之當否通知清國政府以供選學校之便俾該留學諸生得受適切教育易見功效既定查察此等學校之適否以之通知清國政府則對此種學校自應於諸學校所關定例之外別立相當之規程本屬當然之事即如專收我國學生之私立學校中就其成績由文部省認定准以某種特權者亦有特別監督之例是不僅於收容清國留學生之學校特設制限已

凡經文部省選定之公立及私立學校令清國學生住居於寄宿舍及學校所監督之下宿等處者是欲令其寄宿於該學校之寄宿舍或住居於該學校所監督之下宿及他處所即如自炊及共同宿所等類不但在不禁之列且將認爲得所惟如普通下宿專以牟利爲心其狡猾者住宿以清國學生

未通我國事情視爲奇貨逞其詭術多方引誘遂致墜此迷途亦在所難免以故令學校指定妥當下宿及他處所歸其監督責無旁貸是在保護學生健全所必要之事而非拘束之意瞭如指掌在我本國學生自通本國事情尙有設立寄宿舍或以公認之下宿令其寄宿之法以便校外監督之事況於未通我國事情之淸國學生行並相當保護監督之舉不可不謂爲當然之措置耳至於因性行不良既經斥退者不許入學一節若令素品行害秩序罹刑律等似此品行不端之徒聽其入學之時將有破壞一般學生風紀之虞究因保護純良學生俾可安全力學起見總而言之關於淸國人留學之公私立學校所有規定該命意之所在原爲保護誘掖淸國留學生令其安全篤學達其目的使該生等各受善良之教育得畢其學術技藝之業庶不負其遠方遊學之志亦足以敦兩國修好之誼此文部省之所深爲留意者也

又至茀丈處留午餐申初歸寓適皖生程家檉等四十六人晉省諸生先後來見又有湖南自費生胡瑛號經武與程君偕來述近日留學界事擬組織調停會在座贊成者居多據言三五日內可望全體上課云

學界調停會意見書附錄於下

以九萬里之大四萬萬人之衆宜可爲世界之第一等國雄駕於地球矣乃拯救危亡之不給者豈非人類之至悲者哉國已垂危種其將滅青年愛國之士負笈海外冠盖相接者尚將萬人對抗省令同聲一吼風雲變色又豈非古今一極痛快之舉耶吾聞諸越王勾踐之雪國恥也外示柔弱內懷剛戾卑心事吳能成大事苟達其願雖降志辱身而不辭偉哉吾先民足以爲範矣中國迄今民氣固不可不伸而求學亦不可不亟聯翩歸國殆二千人或捐貲建校或覓學歐美堅結一心固未嘗不歎吾國民意氣之盛足以爲千古之美譚也乃觀聯合固已如此復顧維持則又如彼審彼內容均莫軒輊和平激烈殊流同

歸事實至此其爲出於愛國之心耶抑其出於求學之誠耶誰爲功首誰爲禍魁淚滴沾襟究之皆我同胞吾何忍默爾而息也回首神洲有酷如燬天禍吾人龍蛇走陸重耳遊齊閱歲十九險阻備嘗卒歸以霸吾人爲救國而求學不爲私人而爭意氣（爲聯合會與維持會互相爭點而言）論走極端莫知所返則不啻懸崖之失御險壑之奔濤事機逼切急不及待雖有智者莫所瓦全同在旋渦利害尤切此所以不得不挺身而起一爲折衷日本雖新起之邦然憲法完備一令不善苛我遠人欲令撤回則彼國民之責徒執不下其爲何益一自思之誠不能無免於代庖之誚然學問自由既爲彼憲法之所公豈有寬於已而薄於我執理以爭亦屬公理未有不爲輿論之所容者則省令在所必爭而學問亦不可中止爭省令與求學兩不相涉者也宗邦之墮閒不容髮求學之急無過今日救時君子其速上課況歷朝之末亡國之故雖不一端而其大者尤在於君子自相傾軋嗟我同學其亦何忍坐此

暫擬簡則四條如左

一本會調停同人於開校時齊往上課而一面猶以廢止清國留學生取締規程爲唯一之目的

一本會事必求其實踐不務極端之論不爲意氣之爭有表同情者本會備有名薄乞臨事務所報名或以郵示亦可

一本會事務所暫設在麴町區飯田町三丁目九番地北辰北鐵柵內程宅

一本會倉促起創其有未能完善之處尚求同學諸君不吝賜教爲禱

晚邀安徽同鄉會舊職員方孝寬方孝遠汪鹿園吳公睦權仰之及渭漁甥等潁府留學程少齋等聚飲於琦華園論取締事僉謂此次風潮激烈派中皖人獨少附從在所不免明後日大約全體上課絕不附和衝突又提議創設兩江留學生會館附屬學校衆皆鼓掌

二十一日晴冷午前訪子申順道至銀座購物歸寓時弟丈坐候良久趙康侯李

植庭梅棐漪金立侯暨晋皖蘇浙鄂豫川贛諸省留學生等一百七十二人先後來訪晚偕舊識諸生飲於偕樂園備述往事如下

取締留學生規則十一月初二日（陽歷）登於官報見者尚少彼時討論之者亦尚不多至十一月二十六日各學校有我國學生者皆揭牌示限至二十九日各學生須將原籍及現居何處年齡及學籍經歷一律開出踰期則有不利益之事云云（此等事已有履歷書具載）全體學生始討論茲事知此規則斷不能受每校之各班各科生皆開小會在學生控所（日校校中無寄宿舍者皆有控所學生至校皆在控所坐候至教授時間則上講堂）演說各舉代表人會議於總會館經緯校始布公啓弘文校先發書於各校路鑛校始發印條件均約於星期日（即華歷十一月初七日）開代表會會於總會館議與總幹事同至使署要求辦交涉必取消此規則然後已總幹事未至各校代表人乃議組織機關必以何人任總機關之事乃有歸宿研議之處一時遽任何人在

總機關以連絡團體亦實不易被時至會者有八校之代表人（弘文經緯早稻田大成成城振武東斌東亞實業八校）乃議以弘文路鑛兩校代表人暫爲第一次連絡機關散會會之前（即星期日午後三時）日人有稱爲某議院議員中村卷治者自通名至會場其時會員未至者多中村卷治出一手寫之册子意欲與學生會話者學生不皆通日語有通東語者乃起爲之譯於是中村卷治依其手寫之册子當衆人演說曰日本今號爲立憲文明之國又新戰勝於俄固戰勝國也立憲文明國固有法律戰勝者固有權利雖然今日文部省忽頒意外之取締留學生規則於文明憲法戰勝權利皆無所當爲且留學於日本者朝鮮印度暹羅皆有人而此規則又獨施於清國今譯其規則之條件若第一第九第十諸條倣國議院以爲於諸君皆必不能受盖諸君求學自由之事也以法限制則不方便轉學退學豈能限制者且他事有限制而學問之事則以發達爲主義使日本而限制則日本無發達矣又限制他人則害及

人之發達豈立憲文明之律戰勝之權雖大豈能占及人之精神界而侵害之日本而果行此於文明戰勝之名譽必皆有所損失於諸君有害不待言大抵講求一國之學必先通其一國之言語講求言語誠非可以限住於寄宿舍者固以散住於人家朝夕聽練進步爲易即此一件爲諸君之不利已可見矣豈惟不利於諸君於日本人更有不利者諸君在東京留學今且萬人人一年計必費五百金（西京大阪者猶不在內）諸君每歲輸入於東京蓋五百萬利益於民間貿易甚多今聞諸君爲此規則無不反對且反對之力甚大敝會議員蓋知之矣諸君爭之不得必漸次盡歸其國已開會決議必要文部省改正不利益於諸君之條諸君在貴國將來之位置必高且能造成在下一般之輿論則勢力必大今使諸君決然而歸國是日本得罪於貴國將來之位置高勢力大者於日本何利且平日所稱中國之教育權與數百萬之金錢自恃已得者皆一朝失去又於文明國戰勝國之名譽均有傷焉吾眞不知文部省何苦而

爲此也敝會議員呈遞意見於文部省呈遞書中之意則大槪如今與諸君所言者惟恐文部省執之甚堅則尤願諸君助一臂之力則堅持反對勿少沮也云云於是遂去衆會員曰中村之言全爲其國之經濟界作調人吾人之目的不在改去二三而在全行消滅此法外之取締規則而已或議停課或爭之以爲不可停課卽歸國最後之辦法也今且請公使急辦交涉或曰請公使辦交涉已多時矣終未得消息今後三星期卽放年假四星期卽實行取締之日至矣急何能待不停課不能得迅速之回復也或曰停課之事終不願贊成外人將笑我智識不在同盟罷工之下也明日十時代表人准至使署請辦交涉遂散會第二日(卽星期一華歷十一月初八日陽歷十二月四日)午前八時弘文校忽發郵片至各學校言該校中本校分校皆已停課各校代表人遂亦主張停課以爲當表同情若某校停某校不停參差不齊於事勢不可行於是八校皆停課其未停陸軍法政商業各校陸軍當別論商業人少未周知法政次

日迫於公論亦停課又警視廳附設之警察科生無如何次日亦停課

湖南新化留學生陳天華因此次日本取締清韓學生規則不能爭回憤激之餘投身大森海灣以死相殉全體學生聞之愈加戰刺

前日陸軍學生當別論者凡陸軍學校歸陸軍省統轄不歸文部省統轄故也取締實行當表同情一例退學以存國體

是日女學生之部亦開會停課實踐女學校學生秋瑾爲全體代表次日華歷十一月初九日並會於富士見樓

惟法政學校一二班尚未停課

又有各代表人揭出學生自治規則交書記員刷布於全體學生如左

一對於日本之個人不宜有惡感情

一在旅館及寄宿舍或下宿屋宜安靜

一不宜於停課期內游公園上料理館飲食並不宜入各勸業場各商店購

買物件

一因要事出外宜自愛重勿致爲警察干涉

又由代表人揭示辦法

一本日由書記員撰定文件送公使

一次日八時各代表人會同總會館幹事楊度至公使館呈遞請與文部省交涉將取締規則取消

一取消後上課否則分次第議退學歸國之方法

以上各件議完散會會中女學生秋瑾演說發揮女子愛國心至痛哭哭已復演說其出校之事原實踐女學校學生本住校內秋瑾提議罷課赴會校長語以罷課即須出校彼時秋瑾同學等十七人皆未有住處而仍出校

西京留學生罷課十一日已至東京

女子學生會開會　商議停課後之職務會在學生總會館之講習室帝國婦

人協會實踐女學校女子美術學校共立女子學校高等女子實修學校三輪田女學校諸女學生大都於十一日至焉

又隨後續布糾察學生自治規約

一無論開會議事及尋常談論不宜喧譁

一各省宜舉巡查員嚴行稽查不自愛之人處以重罰爲自治鞏固之計

一各寄宿舍各旅館宜每日輪派彈正員糾察

一多約分路秘密探查密查有犯前約及續約之人勿辭勞怨輕者極力規勸重者將其姓名報知該同鄉會或總會館以上諸條實行糾察自治之事我輩方以日本取締規則爲侵我主權傷我國體不甘任受罷課爭之如因此閒暇放蕩遊逸令日本有所藉口且彼於此時必令警察嚴加巡查以爲口實稍不自治不惟抵抗無效全國大體個人名譽貽羞無窮故宜格外自治互相勉勖不可不謹

各學生之整歸裝　十一十二十三三日學生之出東京至橫濱趁海船歸國者已復不少

校長約期開會　中國學生最多之弘文校校長嘉納治五郎經緯校校長岸木辰雄及其他校長均訂期十五日午後一時約其校之全體學生會話（十三日）

糾察員之盡職　糾察員秘密糾察各學生自治極爲勤密無寬假至有平素往來順便穿公園過者今亦必繞行公園之外不敢入亦無結多伴行市上者

日本內務省之傳諭　內務省於十二日傳諭東京市各警視廳警察中國學生如有暴動當即干涉　此皆前月事也聞各學校學生今日上課者已有五六成

二十二日晴風午前晋鄂皖豫學生谷思慎等一百三十九人先後來見江蘇通判法政學員潘世杰號偉人涇縣人張小船方伯令孫名家騮號公亮過訪趙康侯約晚餐江西武備學堂監督劉皓如觀察景熙湖北查學員雙松如司馬

梅斐漪李子申吳苐卿施衜孫沈堃和蘇佩卿等同席亥初始散復至新橋購物又往葵町電信局寄　玉帥電稟達學界情形

二十三日晴午前接見學生皖生殷葆田季高合肥程維屏少齋阜陽丁象謙六皆阜陽胡寅旭濟臣霍邱晉麟仁卿亳州汪爔芝鹿園等八十六人蘇生張一鵬陳福頤贏生清河等二十一人晉生章倬雲等二十七人先後來見午後答王叔魯及斐漪又訪岸田博士談本國農商務省預算案明治三十九年預算案之重要事件大概約有四項一獎勵沖繩縣糖業之補助費約計金九萬元　一增設種牛場一所其費用約計金六萬元　一朝鮮中央地設勸業模範所一所約計創立費金八萬元常年費金八萬元　一爲謀國庫之增加歲入於森林收入金約增三百萬元但事業費需增一百萬元　又談朝鮮鑛山事業一任民間自爲即日本政府偶有必要之處亦祇買入一部分或僅掘採其一部分而止現在礦山局正在派員調査俟調査明確後卽當公表於世以供

有志從事者云國家提倡實業擴張大局觀近年之預算可知將來之成效談次頗有驕色

二十四日陰安徽速成師範班學生殷葆田等來見擬請向經緯學堂改訂課程因有增減各科之意見緣該班課程係開班時余與馬監督與該堂商訂載在合同今欲原議人與更訂方孝寬程韵生湯漱風監稚出河南學生監督殷可亭直刺劉皓如觀察均過訪午後往經緯學堂拜晤校長不值與主事樋口秀雄江橋金子諸君商改速成師範第二第三兩學期課程又訪洛川公出示各會意見書錄之如左

各校聯合會對待管理中國留學生通告書

當此二十世紀開幕之初而登場第一齣最慘劇即出現於我東亞之留學界者何以故曰日本有管理中國留學生之規則故嗚呼規則云乎哉一紙之亡國券耳留學生云乎哉少數之亡國奴耳嗟嗟者天曷其有極

雖然雷霆震盪不入者祇聾者之耳夜半深池不駭者惟瞽者之懷我留學生而聾也瞽也則亦已耳不聾不瞽而謂竟能恬然甘受不辭則舍喪心病狂以外殆無以爲解

先是七月中即有此規則耗乃我使署以質諸日本文部省不實爲辭報諸會館同人遂亦置之不意於十一月二日所謂管理中國留學生規則者突發見於官報中同人迺大駭相率研究得其用意之所在而知其計之深心之毒也羣相奔告曰是不可以不抵制是尤不可以不休業以籌抵制大小數十校異口同懷然而有辦法而無團體徒法不能行有團體而無辦法徒體無以立爰以月之五日開全體大會於富士見樓結大團體議對待法以聯合會館同鄉會偕詣使署請向日交涉爲入手第一著以取消全件不得則相率而去爲最竟目的以沉舟破釜之心出之以和平手段爲惟一無二之肆應宗旨此則聯合會組織之所由來也

此次規則原文其悖蔑公理包藏禍心夷我國體削我人格爲我同人榮辱關頭爲我祖國死活問題種種訛謬種種陰謀已見於各國人論駁者不一而足諒留學界中已無不曉然於此規則之關係爲急且鉅者矣故不復綴惟聞尙有以本會停課之舉爲過激及昨日議決之辦法中有特別之件此中情節恐有尙未縷悉者請得爲我同人一陳之

一停課一節論者有謂交涉可辦而課可不停者停課是顯示決裂也有謂我輩來此目的在求學停課不足以劫制他人徒荒一已學業又有謂停課退學歸國爲一串事停課即退學退學即歸國是二是一停課而不退學停與未停等之數說皆若有一理然按之寔際則殊大不爾何也謂停課爲抵抗決裂此就日人於我之方面視之或以爲然若我輩則認爲正當之行爲也蓋天下事惟專乃一一乃成此次交涉複雜已極其有待於研究者實不勝縷指課不停則學課牽掣相率延顧今距彼實行此規則之日已不及一月以極促之晷刻

辦此至煩難之問題課不停何以濟是正當的而非破壞的何決裂之有況奪人公權縛人自由者之顧不認爲決裂而反謂恢復其固有者轉爲決裂有是理乎學問者所以效用於人者也人以有學問爲本而尤以完全人格爲本中之本日本此舉支配我於奴隸部中編屬我於順民旗下內之讐仇政府欲盡鈎黨之誅外之陰鷙同洲藉爲羔贄之具茫茫天壤投足無從此如何最痛恨最慘劇事乃僅得於一彈指間爭此一席地以爲吾輩安身立命所急莫急於此鉅莫鉅於此矣吾戴吾頭來即擲之而不惜甯此區區之學業乃顧不能一割乎雖屬情殷向學其如來日大難彼韓人豈無肄業於其帝國大學所乎曾何救於其此次之亡也哉至謂停課不退學停與不停等試問吾輩此舉其目的爲求其取消規則乎抑爲歸國乎如求歸國則欲歸竟歸夫何待爭且何必爭諸君又何必相率奔告曰必爭必爭是則爭之視線所注固在取消規則也謂規則一一取消而我同人仍可開課求學也仍可開課則我與學校雖絕而

有不徑絕之關係卽謂此次規則以日人金錢主義言之難保其中各校之不無運動然事無確據未能竟指鹿爲馬也總之本會之意以停課爲我輩此次正當之防禦退學回國是我輩此次中心之要點而窒山窮水盡最後之末著當截而二之不可混而一之也故昨經本會公同决議京中限二日一律停畢京外限一週間停畢以劃一團體倘有既停而復請開課者則認爲學界公敵布告全體共擊不貸諸君諸君須念此之一役爲我留學界消長關頭祖國死活問題大家共膽恊心力謀恢復無逞客氣無肆意見牢握方針穩步辦去日人雖極野蠻安必不爲我氣之一奪哉

一自治章程一節語曰止謗莫如自修凡欲不予人以口實舍自治外無由顧或謂我總會館原有自治規則但舊章之窒踐何新令之徒紛不知此次變出非常不得不另籌規則況本會與總會性質各有異點總會性質是同鄉會的本會性質是校友會的性質既殊機關自異故昨經公議舉糾曹長四人分糾

數十人無論退學寄宿各校各班亦各舉糾曹分查校內校外而統其成於總糾曹長非好自標異也世界文明與野蠻之別無他祇此生活於法律動作於法律之點上之一國次之一部落一社會無大無小未有無法則以範之而其局可持久者但成團體即宜官以維之本會亦知我同人以求學之故竟能衝犯飈飄覊棲異國氣豪志壯雖剛柔之質老壯之年容有不同而其同爲愛國國民則一束身自愛本所優爲初何待本會之代爲製錦第人至萬餘難保無一二敗類之賊涓涓不塞將成江河一有玷汚關係全局況近者學課已停向學者固不以此而懈自修第意外之虞亦屬不得不慮茲經各校襄贊特定自治專章但屬一切娛樂及一切不美名譽之事皆懸爲厲禁凡我學界有蹈此者各糾察員得而糾正之不服則告報總會在校者合校友以聲其失校外者待諸總會專員理之再不服則布告各省同鄉會即令停學歸國諸君諸君須知我學界一舉一動皆爲視線所注集尊之至者則責之亦愈周況此際尤爭

上游之日再著汚點則授口實於人將永無脫此羈軛之日矣言念前途曷勝悚慄茲標大旨另有細章倘能寔力踐行而謂我留學界有不成光明淨土者本會所不信也

以上所述謹就近二日辦法大略先行布告我同人至續有手數再行遍知

嗚呼金甌破碎慘哉變色之圖國步周章痛矣無聲之泣西半球之奴圈方開東半球之奴牢又布諸君諸君愼毋誤認賊作子謂日人之果有厚於我而出此也則大局幸甚祖國前途幸甚　各校聯合會停課同人公肅

對待日本取締中國留學生意見書

嗚呼祖國當此龍拿虎攫鷹瞵鶚睨之時局而尙能登二十世紀開幕之大舞臺占一平等國地位者曰惟留學生故惟留學生有自由有熱誠有團體能大聲疾呼於我四萬萬之同胞一齊昂首闊步而不爲奴隸故美約一爭環球震動舉華洋各埠之若男若女若老若幼若士若農若工若商不崇朝而雲集響

應形行影從卽平日之侮我辱我惘我挾我欲刀俎我欲瓜豆我者亦相顧色動睊貽弃告研究此眇爾華工之何以將脫此奴籍也曰惟留學生故惟留學生知公理持公德布公論能使旅居重洋之同胞皆獲生活於法律動作於法律故

吁嗟乎嶮巇哉西半球之奴籍將灰東半球之奴牢又搆其所奴者非民非農非工非商非老大病夫非涼血動物乃日日言自由日日言平等爲五洲視線所環集之青年社會之將作祖國前途之主人翁之留學生也嗚呼黑奴籲天尙知爲奴隸而生不如爲自由而死況我留學生況我留學生

君不見東十一月二日之新聞所登之日本取締中國留學生規則一十五條乎第就表面觀之亦似整飭學校爲顧惜彼國教育名譽計者亦似校外取締爲依據彼國現行法典來者亦似限制留學爲統一彼國學校規則發者而不知其不施諸本國學生又不施諸歐美留學生而專以施諸我是欲高麗我祖

國故先奴隸我留學界也且是規則也置諸文明各國揆之憲法不合揆之私法不合揆之國際法不合

憲法之保障自由權非經國會協贊不能示其制限之義然不得以特別法律更改憲法我國與日本國際平等所享權利除特定例外應受彼國人民同一之待遇彼國一日非奴國即我輩一日同自由是規則之校外取締剝奪我有形的自由也限制退學剝奪我無形的自由也至其剝奪我有形無形的自由留學界已數見不一見矣且無論其非經國會協贊我輩不能服從即使彼以此規則更改憲法其對於我亦無效力也彼雖野蠻我輩不可步野蠻後塵貽笑文明各國也其不合憲法者一

世界交通均採用平等主義私法所規定一切之權利義務除特別之法令條約禁止者外國人均平等享有今特頒取締之規則日本素無此法令也專施於中國之留學生兩國又無此條約也即使定爲法令縮爲條締尚不可闌入

光明赫濯璀璨莊嚴之留學界俾我留學生遵此野蠻法令認此野蠻條約而況非法令況非條約歐西法律發達最先尙不敢編一大不韙之法規以束縛留學界日本何物竟敢悍然不顧攪亂世界之文明是可忍孰不可忍其不合私法者二

以國際法論現今列國之待外人惟與以私權而政治軍事上之權不與給與權利之要件三一照條約二保護三放逐及拒絕按留學生所居地位應在保護之列今日本不惟不保護其自由並奪去平等國人民之人格以奴隸留學界其不顧公法而目無祖國也百喙莫辭且奴隸爲對主國稱謂之頭銜其在外國仍不失爲平等我留學生既非祖國之奴隸更非彼國之奴隸而乃以奴隸其奴隸之奴隸規則以奴隸我世界有此公法哉其不合國際法者三

嗚呼文明之與野蠻其程度在有無法律也自由之與奴隸其資格在有無人格也日本以野蠻之手段滅文明之法律而使我可親可愛可尊可敬可畏可

　

懼之留學生盡行喪失其自由投陷於奴隸視秦政之一舉而阬其居心爲更慘毒矣不必奪其生命更能增我利源此畜奴之目的彼國法學者所切寔研究者也故留學生而甘爲奴隸也則此次之規則不可反對若留學生而不甘爲奴隸也則此次之規則不可不反對

或者曰此日廷爲我政府作倀也姑勿論其無是事也即信有之能施之於東即能施之於西在東留學生占最多數若先奄奄無生氣在西者焉有存理留學界告終祖國全局瓦解矣夫法國大革命倡自由也美國大血戰謀獨立也法對於內國則爾美對於祖國則爾況對國際平等之日本況對國際平等之日本

或又曰反對之結果以全體歸國爲第一要著此正中日之密計也夫留學生之倡自由固見惡於政府留學生之愛國家固不利於日廷政府不必言然日廷可斷無是心也日本蕞國耳歲致金錢數百萬且握東亞教育權名實兩得

之此留學生之大有造於日本也招之恐不來甯肯麾之使去哉其必出此者正以我政府之畏如蛇蝎者惟此留學生我同胞之奉若神明者惟此留學生欲制他人之死命必先試留學生之魔力魔力而不可過者也則姑支那之魔力而不可過也則直高麗之矣不然伊藤至韓小村使我即於此時宣布取締規則狡焉思啓之心尙待問哉

或又曰奴隸固奴隸矣然全體歸國無異出奴入奴奴於日本團體猶在也奴於祖國將若之何不知奴不奴不必問其地只當視其人況與其奴於外人曷若奴於內國各省可辦學堂也歐美可資留學也不留日本而謂天下事竟不可爲未之敢信若謂西人起而效尤又將焉往不知歐美已文明之國也日本初進化之國也彼熟知世界公理公法者甯能出此即作萬一之想然觀歐美之文明發達先後提倡者止數十人耳我留學界至萬餘人結成團體力而謂不能發明新教育組織新世界吾恐非留學生所樂聞也而況造端結果尙不

至此

或又曰終身而爲奴隸也是不可忍也若但爲奴隸數年或稍爲奴隸數月一旦重返故山即可放出奴牢開釋奴籍又何不可不知士可殺不可辱祖國先哲之格言不自由毋甯死西方美人之至訓奴隸徽號即一瞬一息一彈指倘不可浸入稍具人格者之腦袋中況所謂將作二十世紀祖國前途之主人翁之留學生者無使滋蔓蔓難圖也蔓草猶不可圖況奴種奴根雖經七十二化身千百年法眼倘不能磨滅殆盡而可使入光明淨土乎此輩不必認爲公敵但妥籌一切實迅速辦法不使得久作黃帝散類子孫斯可已

抑更有可爲憐惜痛恨者則以謂此次取締規則馨香頂祝禱祀膜拜以求而不得者方感激涕零之不暇而可出諸反對哉嗚呼此種奴隸之而不知者何不幸而出於我支那更何不幸而出於我支那之留學界也然若謂其果不知耶吾意留學界當無是人指監獄而謂志氣薄弱者曰此美室也汝居之彼將

啞然笑臨火坑而謂心神喪失者曰此溫室也汝入之彼將泫然啼取締規則瞭肘也鞭箠也有甚於監獄有甚於火坑而謂留學生果不知此吾不敢信然則甘爲奴隸耶而又不欲受奴隸之徽號耶而姑以白爲黑以非爲是耶使果如是也則蠢蠢動物已耳尤不屑以人類之奴隸視之嗚呼留學界之自由死四萬萬同胞之自由亦將死我等留學生其將何以自處愚等不揣檮昧謹堅握束裝歸國還我自由爲反對不達之最後辦法惟望同學諸君子有以教之爲幸　法政學生李大鈞黃毓蘭謹白

陝西同鄉會意見書

痛哉今日之學界也內競驟興羣力遂弱九仞一簣功敗垂成而一月以來所經營所希望之良結果遂歸泡影日文部讓步矣而取消之目的未達也已歸者二千人矣而全體歸國之目的不能達也嗚呼處今之時勢定後之方針固不得不抑激烈之論作實際之觀以仍婉求達我求學之目的嗚呼痛矣我同

學諸君幸其平心靜氣以聽我一言夫聯合會之立以爭取消爲第一目的而以全體歸國爲第二手續夫爭取消也不甘受壓制之教育也爲求學也全體歸國也非徒歸而已也將與學也是故聯合會之總目的內求學卽吾輩相率停課服從公會者亦莫非以受群之熱誠爲求學之志願是故此次事件求學之目的不達則謂之失敗求學之目的達則謂之成功此理有固然者也夫大局既非聯合會所標之二目的無效也但能婉達求學之目的則失之東隅收之桑榆無效者可作有效且先無效矣若仍恃意氣之盛而不思婉達求學之目的則無效者始眞無效吾輩處今將任其無效乎抑婉求達我之目的乎則不待辯而知婉達目的之爲愈矣欲婉達目的則舍復留學外無他法矣且夫此次之反對非盡無效也文部改正數條少袪切膚之痛所未挽回者國體論耳夫以國體論公理言之勢强必爭以八千之學生抵抗强國之政府豈能謂非愛國之熱誠豈能謂非當盡之義務然以實際言之則國體因國强而始尊

國因學盛而後强則爭國體非能徒空談而已也抑必將以學繼之也惟其然故愈不得不求學愈不得不含垢忍辱以達我求學之目的求學之目的達則國體雖被辱于今而必能揚光於後始不負此次之公憤此次之團體否則辱者當辱耳若處今日而猶曰當不學而必歸則縱全體一致而猶必以興學爲目的也況不能一致乎不一致則歸者自歸而辱自辱也更進而言興學則惟全體一致始能造輿論而事易舉也否則少數容可圖人衆則失學者多矣失學者多則此失學者憤無補而歸何益也是故定今日之方針莫若以已歸之少數興學而未歸之多數留學夫倚人終非長計興學以示不盡恃日本而留此者以國耻之觀念振求學之精神庶幾乎與已歸者行止雖異目的則同聯合公會雖敗猶成而陳烈士所謂可了則了者偶其時乎吾秦人不逾數十學不逾普通學界之位置藐乎小矣然覩此時勢則不能不早定方針區區意見表諸學界非心異初心實勢異昔勢也質之高明以爲何如

各校聯合會公報　（一號）　西歷十二月二十日

清風亭會場紀略〇十八日晚本會開代表會於清風亭當會決議要件擇錄於下(1)各校總代表人每日於九時前齊集會館辦事十二時前散會仍按派四位輪值至晚始散(2)由糾察部舉派糾察幹事二人前往上海組織上海糾察部(3)致書復旦各學堂請其擴充寄宿舍爲同學歸國暫時豫備地步並請特別相待(4)各會員有實不能歸國者由各省同鄉會調查確數若干再由總會設法辦理

同學歸國之確數〇十三日安徽出帆同學之歸國者近三百人十六日法公司輪船出口其數亦如之明今日鎭安出帆尤形擁擠約計不下三百五十人之多現調查各省之先期寫票者恐後爭先東京迴漕各店都有應接不下之勢大概已歸國者已寫票者實逾二千人外矣

橫濱調查員來函〇上州屋主人招待草率種々無禮萬不可再與交涉現有

華人永樂樓主特設之招待所房屋寬大可容一百餘人住宿諸事均極周到以後歸國諸君切勿再向東京各店寫票可將行李交回遭店運至橫濱永樂樓由招待代寫船票妥當之至特此報告

省令撤回之交涉　十八日午後進步黨特開內政部會提議清國留學生問題先由委員合田柵橋兩氏報告與留學生總代表及仲裁者長岡子爵會見之顚末旋卽協議辦法決定如下(1)本會當勸告文部大臣撤回取締規程之省令如不見許則將於開議會時迫請之總以撤回為止(2)清國學生所主張之辦法吾輩所共諒也然欲達學問自由之目的應擇正當的方法以對付此問題同盟休校者不穩當之行為也清國學生之總代表人宜如何注意及之

當時選定政府交涉委員犬養闞合田三氏旋卽散會　記者曰此進步黨對於此問題之辦法也彼黨亦知此次規則違蔑公理有損己國文明之譽故籌所以補救之其於我輩方面不過末着未可遂據以為特也總之此際我同

人祇有堅持初心以求達歸國之第二目的則大局幸甚十二月十九日都新聞譯意

上海商會復電（十七夜十二時到）諸君鑒來電已交商會現正會商日來有無轉機情形何似乞仍電時報館

上海學界來電（同時到）會館鑒取締辱國祈堅持和平力爭學界公電

二十九日發佈第一號

文部省令頒佈取締清國學生規程我學界同聲反對始而聯合會立認定規程純出惡意以不取消即歸國辦學堂爲宗旨繼而會館總會成立亦無聯合會宗旨吻合全體同胞一德一心純抱對外之主義最後有維持學界會出又以不必取消亟亟上課爲宗旨與總會聯合會大相反對以僕等觀之會雖爲三其爲祖國謀則無二致不過所見各殊耳在總會聯合會之意不肯辱國體損主權失人格而欲伸士氣以爲强國之基礎故報告一出大衆樂從在維持會之意以爲我國多事需才孔亟不肯使一般學生半途而廢故報告出而從

者亦有人倘所謂殊途而同歸者非耶無如各執一見底於極端是非不明終無良果此同胞留學異邦漫爲爭競互相攻擊適足貽外人之訕笑僕等觀此現象不忍坐視因組成評議會樂從者多人其宗旨在調停務期和衷共濟勿輒參商同達强國之目的實爲學界幸甚祖國幸甚　中國留學界

規則

(一)本會以聯絡團體勿傷感情爲目的

(二)本會認聯合維持兩會均爲公益務求消融意見不致互相衝突

(三)本會對於兩會研究公理竭誠勸解不得膠執己見顛倒是非

(四)本會擇善而從不挾己見同人如有善策及兩會意見書均交書記保存以便日後從容評議廣告海内

(五)本會舉幹事每日常住會館以專職守

(六)學界此次抗爭既經文部省說明不得謂無成效如此後欲繼續以達目

的不可主張極端手段破壞團體

（七）同學諸君如有公認本會宗旨爲正當者請每日至會館評議會書記室報名共籌辦法

（八）聯合會前所布之自治規則如果擴充改良繼續施行本會認爲有效

總會第二期選舉職員

幹事長　曾鯤化　副幹事長張繼

庶務　王克家　胡瑛　匡一

書記　陳應龍　錢艮駿　王昺坤　韓汝庚

收支科　周珍　吳永珊

調查科　朱劍　曹亞伯　丁厚福

招待科　景定成　劉四　趙保泰

學務科　李鍾奇　胡承喆　廖家淦

公布第二號

臨時條件

一恢復總會秩序

二凡對內對外一切發布事件須經本會承認

三全體會員宜和衷共濟不得互相攻擊作無理之衝突

四不得藉取締問題倡言革命如有粘貼及印行者本會有撤消之權

五各省機關復歸本會統轄

六經費一照平常徵收一由學校量收

七職員須各盡職務不得稍存意見

八凡本會所議決發布條件必期一律實行

公布第三號

第一項　歸國辦法

一全體學生一律准備歸國
二商船開輪一次爲歸國一次每次派招待二人經理船票行裝等事
三每次歸國之學生就中舉代表一人經理一切每二十人以上就中舉糾察員一人整理秩序
四每次歸國時由招待員於買船票時記明姓名報告總會
五每次歸國學生由代表人記録姓名及通信地址交在上海總會假定事務室
六在上海設立留學生假定事務所
第二項　善後辦法
一由本會將歸國理由報告學部但各省學務處由各省各會照本省會報告之理由報告
二要求學部將北京派送留學生之官費給與本會辦理上海專門高等各學

校各省派送留學生之官費由本省分會請領在本省開辦普通學堂但上海學校經費有不足時由各省籌補

三開臨時總會幹事及各職員長合會選舉特派員二人赴北京辦理一切事務由各省分會選舉特派員向本省學務處商辦一切事宜

四推選開辦起草員二人教育起草員六人研究學校辦法及教育方法

五專門高等學校之教育聘外國人充當普通學校教員本國學問之程度最高者充當

六由本會要求公使電致北京及各省認明此次特派員回國之理由及其事件

七全體歸國後即移本會於上海作總機關各省選舉職員爲相屬之分機關以便統籌全局

公布第五號

一凡會員對於公使及各省監督須循常例致敬盡禮交涉事情不得行無意識之要求

二凡退校會員對於其校之辦事人等須如常致禮不得生惡感情

三凡歸國會員須靜俟善後辦法嚴禁造謠登報行排日之運動

公布第八號

本會確認反對取締爲純一事國權問題本不復雜他項現當路諸公誣爲政治上運動欲乘機革命本會必速派特派員徑向政府詳細辨明幷要求將全體學生官費概交本會建設學堂一面要求公使將實在情形電達政府以釋疑團

初九日

公布第三號

初七日午後本會總代表及各校代表人偕同同鄉會館部長楊君度齊往公使館請向日政府交涉一切情形已見第二號公布當晚歸途同人即約楊君

於次日一點鐘來館並楊君所推舉研究法律之張君繼會商辦法詎初八日張君來而楊君竟終日不至本會總代表及各校代表人不能更俟以其夜偕至使署公使始拒不見繼以力請乃出同人反覆辯論駁公使總以祇允取消第九第十兩條今晨八鐘點同人又相率再詣使署陳說百端舌敝唇焦終無効力且公使有言再來必不出見矣是此事已不達我同人目的則惟有行我輩歸國自由之權第歸亦必須要有團體否則一盤散沙貽人笑柄尚望諸君堅持團體秩序井然則雖歸亦不失我留學生人格也歸國章程俟議決再佈

各校聯合會公布

總會二十四日公佈○現距取締規則實行之期只有一週年本會館已經退租懇全體會員速將所有各校特別徽章及鈕子概行撤去未退校者於年底內移居旅館作純粹之居留人以便乘船陸續歸國

諸君毋爲謠言所動○本會對於取締規則所持主義堅定不改始終如一近

聞外間有種種謠言諸君幸毋爲所動

糾察部職員臨時簡約節錄　（續前）（九）總糾察長及各糾察長凡預聞總會要件概不得出外妄談違則議罰（十）糾察調查事件須以勸導爲宗旨方不失文明舉動倘被查人冥頑不靈將其姓名歸而存册議處（十一）自今决議後糾察員先宜自愛恪守公規維持大局

文部愈强硬〇對於文部及淸留學生中間斡旋盡力之長岡子爵二十二日文部省當局者曾宣明意旨今後當益厲行該省令决不廢止勿徒望也長岡子爵之好意遂歸水泡昨二十三日更令人報告顛末於進步黨之調查委員各關係學校均憤慨文部之食言於是亦屬望於政黨文部省際此政變（內閣變動事）似有所顧慮對於進步黨頻來交涉巧設遁辭而避委員之面會

二十五日公報

本日總會幹事長曾君及本會總代表胡韓二君往橫濱謁端戴二欽使詳陳

此次一切情形

糾察部臨時報告〇二十三日午後開糾察全體會於清風亭到會者一百二三十人決議數事節錄如下(一)舉龔君威吳君柟張君懷奇錢君兆湘四人赴滬辦理糾察部事務(二)由本部備置手册散給各糾察員人各一本每届三日到糾察部繳册一次報告事件

陳烈士遺書

於戲我同胞其亦知今日之中國乎今日之中國主權失矣利權去矣無在而不是悲觀未見有樂觀者存其有一線之希望者則在於近來留學者日多風氣漸開也使由是而日進不已人皆以愛國爲念刻苦向學以救祖國則十年二十年之後未始不可轉危爲安乃進觀吾國同學者有爲之士固多小疵可指之處亦不少以東瀛爲終南捷徑其目的在於求利祿而不在於居責任其尤不肖者則學問未事私德先壞其被舉於彼國報章者不可縷數近該國文

部省有淸國留學生取締規則之事須行剝我自由侵我主權固不待言鄙人內顧團體之實情不敢輕於發難繼同學諸君倡爲停課鄙人聞之恐事體愈致重大頗不贊成然既已如此矣則宜全體一致始終貫澈萬不可互相參差貽日人以口實幸而各校同心八千餘人不謀而合此誠出於鄙人豫料想之外且驚且懼驚者何驚吾同人果有此團體也懼者何懼不能持久也然而日本各報則詆爲烏合之衆或嘲或諷不可言喩如朝日新聞等則直詆爲放縱卑劣其處我不遺餘地矣夫使此四字加諸我而未當也斯亦不足與之計較若或有萬一之似焉則眞不可磨之玷也近來每遇一問題發生則羣起譁之曰此中國存亡問題也顧問題有何存亡之分我不自亡人孰能亡我者惟留學而皆放縱卑劣則中國眞亡矣豈特亡國而已二十世紀之後有放縱卑劣之人種能存於世乎鄙人心痛此言欲我同胞時時勿忘此語力除此四字而做此四字之反面堅忍事公力學愛國恐同胞之不見聽而或忘之故以身投

東海爲諸君之紀念諸君而念及鄙人也則毋忘鄙人今日所言但愼毋誤會其意謂鄙人爲取締規則而死而更有意外之舉動須知鄙人所重自修不重尤人鄙人死後取締規則問題可了則了切勿固執惟須亟講善後之策力求振作之方雪日本報章所言舉行救國之實則鄙人雖死之日猶生之年矣諸君更勿爲鄙人惜也鄙人志行薄弱不能大有所作爲將來自處惟有兩途其一則作走報以警世其二則遇有可死之機會而死之夫空談救國人皆厭聞能言如鄙人者不知凡幾以生而多言或不如死而少言之有效乎至於待至事無可爲雖從容就死其於鄙人誠得矣其於事何補耶今朝鮮非無死者而朝鮮終亡中國去亡之期極少須有十年與其死於十年之後曷若於今日死之使諸君有利焉出於功名心者己力不足或至借他力非內用會黨則外恃外資會黨可以偏用而不可恃爲本營日俄不能用焉賊交戰光武不能用銅馬赤眉平定天下況欲用今日之會黨以成大事乎至於外資則尤危險菲律

賓覆轍可爲前鑒夫以鄙人之迂遠如此或至無實行之期亦不可知然而舉中國皆漢人也使漢人皆認革命爲必要則盛如瑞典諾威之分離以一紙書遞過而無須流血焉可也故今日惟有使中等社會皆知革命主義漸普及下等社會斯時也一夫發難萬衆響應其於事何難焉若多數猶未明此義而即實行恐未足以救中國而轉以亂中國也此鄙人對於革命問題之意見也近今盛倡利權回收不可謂非民族之進步也然於利權回收之後無所設施則與前此之持鎖國主義者何異夫前此之持鎖國主義者不可謂所慮之不是也徒用消極方法而無積極方法故國終不鎖而前此之紛々擾々者皆歸無效今之倡利權回收者何以異茲故苟能善用之於此數年之間改變國政開通民智整理財政養成實業人才十年之後經理有人主權還復吸收外國資本以開發中國文明如日本今日之輸進外資可也否則爭之甲者仍以與乙或遂不辨外人有所藉口羣以强力相壓迫則十年之後亦如潰隄之水滔々

而入利權終不保也此鄙人對於利權回收問題之意見也近人有主張親日者有主張排日者鄙人以爲二者皆非也彼以日本爲可親則請觀朝鮮然遂謂日人將不利於我必排之而後可者則愚亦不知其說之所在也夫日人之隱謀所謂司馬昭之心路人皆知即彼之書報亦倡言無忌固不慮吾之知也而吾謂其不可排者何也兼弱攻昧取亂侮亡吾古聖之明訓也吾有可亡之道豈能怨人之亡我吾無可亡之道彼能亡我乎朝鮮之亡也亦朝鮮自亡之耳非日本能亡之也吾不能禁彼之不亡我彼亦不能禁我之自强使吾亦如彼之所以治其國者則彼將親我之不暇遑敢亡我乎否則即排之有何實力耶平心而論日本此次之戰不可謂於東亞全無功也倘無日本戰則中國已瓜分亦不可知因有日本一戰而中國得保殘喘是以堂堂中國被保護於日本言之可羞然事實已如此無能諱也如恥之莫如自强利用外交更新政體於十年之間練常備軍五十萬增海軍二十萬頓修鐵路十萬里則彼必與我

同盟夫同盟與保護不可同日語也保護者自己無實力而當受人擁蔽朝鮮是也同盟者勢力相等互相救援日英是也同盟爲利害關係相同之故而不由於同文同種英不與歐洲同文同種之國同盟而與不同文同種之日本同盟日本不與亞洲同文同種之國同盟而與不同文同種之英國同盟無他利害相衝突則雖同文同種而亦相仇讐利害關係相同則雖不同文同種而亦相同盟中國之與日本利害關係可謂均矣然而國力苟不相等是同盟其名保護其實也故居今日而欲與日本同盟是欲作朝鮮也居今日而欲與日本相離是欲亡東亞也惟能分擔保全亞東之義務則彼將不能專握東亞之權利可斷言也此鄙人對於日本之意見也凡作一事須遠矚百端不可徒任一時感觸而一切不顧一閧之政策此後再不宜於本國矣如有問題發生須計全局勿輕於發難此固鄙人所警動去絕非行共講愛國更臥薪嘗膽刻苦求學徐以養成實力丕與國家則中國或可以不亡此鄙人今日之希望也然而

必如鄙人之無才無學無氣者而後可使稍勝於鄙人者則萬不可學鄙人也與鄙人相親厚之友朋勿以鄙人之故而悲痛失其故常亦勿爲輿論所動而易其素志鄙人以救國爲前提苟可以達救國之目的者其行事不必與鄙人合也鄙人今將與諸君長別矣當世之問題亦不得不略與諸君言之近今革命之論驀力起大鄙人亦此中之一人也而革命之中有注重於民族主義者有注重於政治問題者鄙人所主張固重政治而輕民族觀於鄙人所著各書自明去歲以前亦嘗渴望滿洲變法融和種界以禦外海然至近則主張民族者則以滿漢終不並立我排彼以言彼排我以實我之排彼自近年始彼之排我二百年如一日我退則彼進豈能忘彼消釋嫌疑而甘心願與我共事乎欲使中國不亡惟有一刀兩斷代滿洲執政柄而卵育之彼若果知天命則待以德川氏可也滿洲民族許爲同等之國民以現世之文明斷無有仇殺之事故鄙人之排滿也非如倡復仇論者所云仍爲政治問題也蓋政治公例以多數

優等之族統治少數之劣等族者爲順以少數之劣等族統治多數之優等族者爲逆故也鄙人之於革命如此鄙人之於革命有與人異趣者則鄙人之欲革命必出之以極迂拙之手段不可有絲毫取巧之心蓋革命有出於功名心者有出於責任心者出於責任心者與出於功名之心者異必事至萬不得已而復爲之耳嗚呼痛哉

公使諭帖照錄 原文存總會

照得日本文部所頒第十九號省令本大臣已屢與外務省磋商當於前月十三日接外務省文覆允將第九第十兩條通融辦理解說省令旨趣本大臣當將譯文排印傳觀諸生必已見之嗣於二十八日又接文部文開凡學生入學倘由公使委任之人亦可紹介等語是第一第九第十各條文部均已退讓應足副諸生之望凡爾諸生遠道求學當務其大者遠者勿存褊狹之見勿以意氣用事俟年假後於陽歷一月十一日一律照常上課本大臣有厚望焉除將

開課及報名日期函致各校長及登報通知外特此通諭知之

欽差大臣兼留學生總監督楊樞

光緒三十一年十二月初六日

公使咨文部文照錄

敬啓者本大臣於中歷光緒三十一年十一月二十八日准

貴次官函開及別紙所記凡敝國學生入學應用公使館紹介書或由公使館委任之人所出紹介書同一效力等因查各省監督本由各督撫咨派來又中國留學生會館幹事爲全體學生公舉均可擔負紹介責任相應函覆

貴次官請査照爲荷順頌

時祉

大日本文部省次官木塲貞長閣下

楊樞

光緒三十一年十二月初八日

駁反對黨意見書

今時何時破釜沈舟之時也舍全體歸國外別無良法以爲吾儕之目的也而奴隸死黨乃敢明目張膽肆其狂吠以搖惑我同胞敗壞我團體是眞罪大惡極不容於死者也然彼縱其無恥之邪說矯誣法律謬附眞理不有以指其迷而祛其妄彼且詡々自鳴狂燄日張而游移不定者或且爲之引誘而有執迷不返之一日用是卽其所發布人所共見者辯駁大要于后

按彼意見書前日未見今發現者乃其第六七八三次故就所見者駁之

(第六次開端言心理)駁曰情也者生于理者也理也者生於吾心之所安者也逆乎心而言理々非眞理逆乎理而言情々非眞情理非眞理卽不足以服人之心情非眞情卽不足以動人之感反是以觀其發出之情能動衆人之感而其所持之理合於衆人之心是理卽情之體而情卽理之用離乎理不可以

言情也故夫吾儕之反對取締規則者卽以其不合於眞理也吾儕之慷慨激昂者卽因有此眞理之問題而後動乎感情也大綱乃謂吾儕（醲於感情晦乎眞理感情所激眞理爲蒙）是以感情與眞理爲對待之名詞而不知感情與眞理爲循環之因果其亦不知心理學甚矣不知心理而乃妄談心理以惑人故其所言皆悖乎情逆乎理無俟長言指斥其謬已昭然若揭矣（其第二節云此乃學界上之問題非國際上之問題）駁曰夫吾儕之來日本非因兩國之和約定交涉成而始來留學乎因國際交涉中而許吾儕留學是留學卽國際交涉中之事也須國際交涉中之事之規則而謂非國際之問題乎苟第指爲學界問題是必限於本國之學界然後可今既明々曰清國學生明々曰日本政府猶得謂非國際乎如此而曰非國際是必吾儕盡入日本之籍盡爲日本之學生然後可曰嗚呼卽此二字彼等甘爲日本順民之心已情見乎辭矣（又曰既在人領土範圍內對於其所發命令祇能論其利害得失不能斥

其不當發命令於我）駁曰此言尤荒悖夫吾儕之反對正以見權其利害得失而後乃不受也且利害得失者何即此命令也既已論其利害得失而曰不能斥其不當發布命令於我是則雖知其有害有失亦惟有甘心受之坐聽其發布而已既欲甘心受之則又何必論其利害得失耶況吾儕雖有激烈者亦祇對於內容則然若大日本則惟有請公使轉爭何得云斥乎豈故以此斥字加於吾儕羅致吾儕之罪名以獻媚日本乎誠所不解也（又曰彼直接規律其學校而間接便吾儕受其影響是爲主體者乃學校非學生也）駁曰夫學校者彼國內人雖受規律不過其虛名而吾儕乃實受其束縛者也而曰彼爲主體何其愚也向使文部省一旦發布學校規律而曰爾學校其殺清國學生亦將謂其第規律學校學校爲主體吾輩不過間接而受其殺何必爭乎是何可笑之甚也（又云反對之是使文部省不敢發布命令於留學生之學校是限制其國權也是損其國體也）駁曰凡事祇當爭我之國權我退一步則彼

進一步今乃恐損人之國權而甘爲其奴隸是抑置我伸彼國權何其爲日本謀之忠也且於此而恐限制其國權設或日本政府頒其命令令其將校取我國土隸彼版圖亦必靜以聽之而已何也此固日本之伸其國權也我苟欲保我土地與之相抗是限制其國權矣是損其國體矣嗚呼奴顏婢膝忍心害理至於如此眞狗彘不食者耳

（至其第七次以下之大意謂彼等反對之理由不專在此省令之不能使全部取消實有不可取消者在中略學校專爲金錢吾輩無法以制之惟賴文部省之監督如此次所發省令對於吾國利多而弊少中略我輩所深懼者省令一撤廢我留學生囂憍之氣益增餘略）駁曰夫彼規則之所以惡毒正以字面和平乍觀之若深爲吾輩計而其內容實全以束縛挾制挫折我民氣以使成爲完全之奴隸日本之順民而已不觀其於韓國乎其前日所訂條約之表而非有保全朝鮮君民之語乎而何以今卒致朝鮮於亡蓋以和平政策亡人

家國此近時滅國之新法而日本所挾以自雄者也吾輩豈可受其愚乎此規則中雖有督責學校之諮而亦不過以之愚弄我搪塞我而其雷厲風行者不在此也彼乃爲之辯護且謂寔有不可取消者在亦何喪心病狂至是也且彼既明知日人爲金錢主義矣既爲金錢則無須文部省之監督自能力整其學校以召引吾輩且日本進步黨在政治界上最占勢力此次大以文部省爲不然又如實科學校教習每上講堂對吾國學生罵其文部省凡經文部省檢定之書籍皆鄙棄之以爲文部省毫不知事云云則其學校之改良與否非必文部省之能力爲之轉移也况我等進出自由彼校不佳可以另易彼既無勒限之權則可以隨我心之所願（如成城大成學校累經學生易其教習改其學科彼惟有曲意順承未嘗稍有違抗）何得謂無法以治之何得謂必賴文部省乎若謂恐省令取消益增我輩虛憍之氣則尤胡語之極夫國强然後民氣盛必令民氣消磨爲一純靜覥顏之奴隸而後乃謂爲無虛憍乎天下惟有摧

鋤強敵以長我之氣燄斷未有求受敵國之壓制以自殺其氣燄者也況乎今日尤弱肉強食優勝劣敗之日我苟委靡柔脆以示弱於隣國雖無事之國亦恐起強隣輕侮之心況我國當外交雜複多事多亂之秋乎故夫氣燄者國民對於外人萬不可少之物也而乃曰我所深懼者他人不壓制虛憍之氣日增是何異曰我所深懼者彼不吞噬我不魚肉我則恐我之國益強我之種益盛乎悲夫悲夫留學生而有是言吾國安得不永爲奴隸乎吾讀其言吾不禁爲之痛哭流涕也反對黨乎苟能自知我亦中國留學生讀吾駁論必有以猛然自省廢然自返矣　愛中國愛同胞愛團體者駁言

維持學界意見書

嗚呼我國民之心理進步歟退步歟今者我留學界對於文部省令關於使清國人入學之公私立學校規程極力反對風潮激迅此國民心理之表徵也今欲問此心理視乎疇昔爲進步抑爲退步可一言以明之曰是爲進步何者疇

昔吾國民知有個人而不知有國家今則國家觀念炳然蔚然試叩其反對此規程之理由莫不瞠然曰此國際上問題也此侮我國民也辱我國體也嗚呼試聆此言豈非吾國民已咸有一國家觀念屯於腦中者耶是甯非國民心理之進步已有顯証者耶雖然進則進矣而遂信其欲可久則吾國猶未之敢今舉吾所希望於國民而靳其至又疑其未至者發為一疑問以質我國民曰我國民將為感情所驅遣乎抑以眞理為標準乎夫欲其事之可久必以眞理為標準眞理久而愈見感情迅而易奮並坐深語猶覺感情濃而眞理晦至於稠人廣坐則更然矣慷慨扼腕於國體之蒙羞而吾儕之甘為奴隸縱論深往環而聽者夫孰不奮袂激昂矢之以死以求達其志而談眞理者且將剖析同異商榷是非此其不可以驟解明甚則其身犯羣疑而為衆所塞耳不欲聞殆必然也故一時風氣不容有疑問不容有駁論不僅此也甚至宣言不講道理不講法律猶不僅此甚至宣言將錯就錯錯要錯到底嗚呼感情所激眞理為蒙

而此問題之果爲國際問題與否果有辱國體與否果侮我國民與否遂無過問者嗚呼我國民而尙有辨理心乎則請就此問題一下解決

夫此問題明明學界上之問題而非國際上之問題也然誤解者實多矣一說領彼公私立學校對於本國人固有其規程令吾輩入學不能與其本國人受同一之約束而獨立別規程以對待我是歧視我也是蔑我國體也此說吾將一言以蔽之曰是由任情而不辨理之故夫此規程自第七條至第十三條皆關於受文部省選定之學校之規定也夫文部省既與彼學校有特約矣則固宜有要求之條件此學校與文部省之交涉而非學生與文部省之交涉也夫文部省對於使吾國人入學之學校加以規約以爲國內事件耶抑爲國際事件耶以發此命令之機關而論則文部省非外務省也以受此命令之法人而論則日本人所設立之學校非外國人所設立之學校也即使爲外國人所設立之學校而既在人國土範圍內對於其所發命令祇能論其利害得失不能

斥其不當發命令於我也何也以其非國際條約而國內命令也然則以何理由而指爲國際上問題耶既非國際上問題則於國體何損而齗齗然持國體論耶難者曰彼既規律學校吾輩若入其學校是即受其規律也是又不知直接間接之別者也彼直接規律學校而間接使學生受其影響是爲主體者乃學校非學生也學生受此影響其利害得失誠可宣言而必不可宣言曰汝不當使我受影響譬如是言則是使文部省不敢發命令於留學生所在之各學校也是限制其國權也是日本未嘗欲損我國體而我先欲損日本國體也是故第一說之必不合於理甚明抑吾尤有言者明治三十四年十一月文部省令第十五號文部省直轄學校於國人特別入學規程具見法規大全中夫所謂文部省直轄學校者即官立學校也外國人固有入官立學校者而官立學校非爲外國人而設乃爲本國人而設者也彼學校對於本國人固有其規程而外國人之入學者乃必欲其於此而外尚須受特別之規程此眞與今日之

關於使淸國人入學之公私立學校之規程同一比例者也以此爲辱國體則彼亦辱國體矣而何以當時之外國人未聞有引爲奇恥大辱而反抗之耶夫文部省令第十五號與文部省令第十九號其內容之不同吾當別爲問題以討論之讀前次意見書解釋條文一篇可見其略矣至於語其爲特別之規程則一也而外國人未聞有以爲辱國體今日吾輩以何理由而以爲國際上問題耶第二說曰彼文部省令第十五號言外國人而第十九號言淸國人是歧視我也是蔑我國體也嗟夫是亦無聊之甚矣夫法律由事實而生者也有此事實然後設此法律以應之今日紛然入彼之公私立學校者誰國之人耶使吾輩今日必斤斤然執此以與之爭此所謂一字之爭者耳即使彼肯易爲外國人而內容如故也且即以虛名而論亦未見其外國人云云則獨榮淸國人云云則獨辱也此究於國際何涉耶要之此規程既非於我之國體有損則專爲學界上問題而不稍涉入他之範圍可一言決也第三說曰彼前數月各新

聞喧言文部頒清韓學生取締規則夫韓彼保護國也安可與我獨立國相提並論是明明辱我也此有關國體安可不爭爲此言者又不知此事之顛末者也月前各報喧稱清韓學生取締規則將次發布於是總會往質使館使館往質文部文部復書謂係訛傳實無其事不過對於許留學生入學之各學校施以整齊嚴肅之管理法而已故逾月而此關於使清國人入學之公私立學校之規程發布實十一月一日也逮十二月二日文部省通牒爲一般學生之取締則日本學生亦在其內不獨外國留學生爲然矣是則清韓學生取締云者乃訛傳非寔事也執此以自相驚怒毋乃太勞苦耶

據上所論則此問題明明學界上問題非國際上問題也果爾則但當討論其中利害得失而不必爲取消全部之論據乃今必齦齦然認爲國際問題是認錯題目之所致也夫認錯題目而猶足以風靡一時者由感情用事故也大聲疾呼於衆曰大辱國我輩當以去留爭之生死爭之主動者憤厲其詞盲從者

有若迷信聚數千人絞腦揮涕以鑄成一大錯事後平心思之甯不憮然自失耶此在一二人爲之猶可言也聚五六千人以爲之此於吾國學界有至鉅之影響他日雖悔將不可追我深願國民用其辨理心而勿爲感情所率使至於不可久也

夫論事而徒爲感情所驅遣則眞理必不可見而事之不適於理者將必不足以久存蓋感情易移眞理近晦情殺理瑩將嗒然矣況感情最烈之時其直接間接有害於人之精神者至鉅　一　使人失獨立之精神而墮於盲從之心理在盲從於人者失自信方失自覺心在使人盲從者則因專斷而怙惡此專制國民之特性也　二　不以理折而以威脅脅人者公理之賊被脅於人者自由之賊也此革命之恐怖時代則然也而今日學界擾攘之狀況則正如此國民之心理觸處皆見特以察吾國建設破壞之前途不其恫歟

省令撤廢之利害　讀陽歷十二月十九日朝日新聞載進步黨決議勸告文

部省撤廢此使清國學生入學之學校規程如文部省不聽則於議會迫之云云使此議得行今後我同學者必相慶相慰以爲我輩之目的竟達一鬨之舉動果足以濟事也某等爲反對全部取消說者其反對之理由不專在此省令之不能使全部取消以爲此省令實有不可取消者在同學之主張全部取消者以我留學生不當受日本政府特別之取締爲絕對之理由而未嘗平心靜氣一研究其中之利害關係也不當受日本政府特別取締之一前提已陷於大惑莫解之地且此省令非取締留學生乃取締留學生所入之學校某等已著論痛切言之茲不再辯試舉一問題以質同學諸君日本人爲吾國留學生特設之學校果能盡達我輩求學之目的乎如其不能我輩能勿望文部省監督之干涉之乎今使文部省從進步黨之請而毅然撤廢此省令今後猶能望文部省爲吾國留學生更發一省令以監督干涉爲吾國留學生特設之學校乎若爲吾國留學生特設之各學校有不大利於我留學生者我留學生將何

以對待之公使則不信任總會更無能力同學諸君又將號召全體以停課退學要求其改良乎抑將依賴在野之政黨爲後援而請求其代爲緩頰乎二者如無一可則惟有默爾而息耳來日方長新機頓阻此某等所以悲歎不置也且今日日本爲我留學生特設之學校其組織雖未必盡善然猶不至甚腐敗者亦賴有文部省監督之耳文部省非盡拳拳於我留學生特慮其邦人之舉動有足爲文明國之玷者不能不自盡其責而我輩固亦得受間接之利益（文部自取締使清國人入學之學校規程中有凡爲清國特設之學校其維持經費之法須報明文部省一條最足限制爲吾國人特設之私立學校日本人固甚以爲不便云）今後如文部省一取放任之主義營利者四起爭爲吾國人設立學校內地初來之人無由知其底蘊貿貿然入之遠適異國以求學爲目的而不克收一善果留學生之前途尚可問乎某等敢昌言之曰文部省此次所發之省令對於吾國留學生利多而弊少對於日本各學校責重而利殺

而同學者則囂然曰此辱我也此特別待遇我不平等不自由之苛則也不惜犧牲一身之學業以爭之爭之而不勝也則悻悻然歸爭之而勝也以爲從此可以自由求學自鳴其得意嗚呼舍甘旨而欲飲酖毒之藥去嚴師而樂就姑息之媪何其不思之甚耶此次進步黨爲我學界運動政府撤廢此省令也使我留學生得撤回歸國之成說怡然上課誰不當感其調停之苦心然此省令果撤廢吾學界必受最惡之影響前已詳言之今更當推究日本人今後對於我國人之意見日本人嚮來對於吾國有兩主義一爲侵略主義即戶水寬人輩所提倡者也以爲中國人不可以感情必刼之以威然後可以踋蹶滿志就目前之大勢論此種主義徒張吾人排日之熱挑列强爭忌之心故在今日無甚勢力一爲吸取主義此主義又可細別爲二一則欲吸收金錢者一則欲吸收心理者吸收金錢者心醉吾國之富以同文同種爲名陽爲盡輸入文明之譬助實則以博金錢爲目的此種主義之人專爲一身或一小團體起見防之

猶易爲力且近今學者謂凡事皆有利人利已兩方面譬如我輩留學日本不能不入學校其學校而果善也不必問其設學校之目的在營利與否我輩入其學校固亦因受其利吾國今日內地設學校之教員日本人之學問而果優也不必問其到中國之目的在營利與否吾國人聘之爲教員固亦因受其利豈必惡其營利遂並其學校不入其教員不聘耶吾人苟有別擇之能力正可利用之以救吾國今日之急無可疑亦無可怖也我輩所宜自警者惟彼吸收心理之主義蓋吸收心理主義者欲收攬吾國之人心以增長日本人在中國之勢力其手段則出以和平其方法則以漸進採此主義者之人爲其國之有勢力者及野心家近數年來日本人大隈長岡近衛胥用此主義故吾國人歡迎日本人之熱潮日進而不已今又窺我國政府不爲民間所信用政府之力日以薄弱民間之氣日以膨脹運動政府不如運動民間使一般人民對於日本人之感情如水乳之交融則日本人於中國之所爲一刀一俎無所往而不

利中國朝野勢力消長之問題於何徵之徵之於粤漢鐵路及對美運動之事寔

留學生全體停課之事幾至不可收拾矣而各報之論說一變其機鄙夷之者忽從而假借之矣嘲笑之者忽從而慰藉之矣在朝野最有勢力之政黨且出而調停試問文部省不撤廢此省令留學生即全體回國於中日國交有無關係敢斷其必無然彼政黨何愛於留學生竟以調人自任耶是不難知留學生全體回國則中國民間對於日本人之感情必大惡日本人經營中國數十年之苦心必掃地以盡而後此更無收攬我國人心之法安得不奮袂而起一自謀其國家也省令之發布我政府當謝文部省監督之盛心省令之撤廢我同學又當感進步黨調停之雅意在日本則朝野一致在吾國則上下交歡猶能容我輩一作向隅之泣乎

我輩所深懼者省令一撤廢我留學生虛憍之氣益增日本政府一主放任我

國公使又不敢出而干涉而日本之爲我留學生設立學校者復挾其金錢之目的以樂育我國人我國今日尙乏完善之學校青年之士熙來攘往於日本自由教育之都會今留學者旣七八千人矣政府猶奬勵留學不已循此以往留學生之數殆不可思議他人之干涉旣不任受又未能組織一完全有秩序之團體以謀自治是留學界永無進步改良之望今日之舉動實自塞其發達之途我輩爲留學界前途計故於省令或將撤廢之日力陳利害之關係並詳述日本人對於我國人之意嚮使同學知省令之撤廢不足以自喜實足以自悼速求善後之方以收補牢之效風雨飄搖敢操同室之戈荊棘載途勿蹈前車之轍是所望於同學者也

維持學界同志會公啓

近頃我同學以及反對日本文部省令第十九號事土崩瓦解不可收拾時勢益岌岌僕等迫不得已相與組織斯會謹披瀝悃愊以告我同學曰孟子有言

越人關弓而射之則已談笑而道之無他疏之也其兄關弓而射之則已垂涕而道之無他戚之也僕等雖至不肖辱在同學思兄弟急難之義盡朋友責善之道安得無一言今日爲我留學團體危急存亡之日即微僕等言我同學亦當知之此事關係至鉅(一)是非不定則公理不顯此後率於感情輒盲進而爲破壞後患胡已(二)使吾留學生失信用於國民此後雖欲勸善匡過其道無繇(三)留學生團體一旦破壞直接於吾國學界前途生至大之影響夫此三者不待犀鑑已炳然爲衆所共喻而我同學寂然若不爲意者何也主動者諱過而不欲遽改囂聽者既擾擾而不知所屆而明哲自保者又持重以觀成敗不有挺起而籌障挽之者變幻方長寧可思議故本會聯絡同志以維持學界自任設立事務所以爲機關至其宗旨則有專章其理由則具於歷次意見書茲不贅及我同學鑑其愚悃樂表同情所大願也若宣示反對亦望賜以駁論俾因疑難以獲眞理抑更有言者斯會成立不自今始實權輿於疇日爭點最烈之

時其時慮以一團體獨立易啓閲墻之釁故寧俟我同學之自悟以轉圜於無形今者時勢之危間不容髮計無復出義不反顧苟能拯危爲安雖死無悔無任激迫悲痛之至特此宣告伏祈

公鑒

會章

一　本會以維持學界秩序爲宗旨

二　本會專以研究學界留學生應得之利益而止不涉及政治上及國際上之問題

三　此次文部省規則既經解釋於本會原章之目的已達應即勸告各校同學一體上課

四　本會舉代表若干人理事若干人調查若干人代表本會並司理調查會內會外一切事項其職務由理事會自定

五　本會對於其他團體行動非經公認者概不服從其所生各種關係本會亦不代認其責

六　本會一切行動概不受會外之干涉如有侵犯本會々員自由者本會有保護之義務

七　本會對於留學界一切善後事宜當協助辦理以期增進同學之公益

八　本會章爲臨時規定一俟此次事件辦理稍有頭緒再行開會另擬會章改爲平時組織

附啓者本會自成立以來贊同者日甚盛茲特改定會章設立事務所於牛込市谷藥王寺前町七十一番地如續有願入本會者請將地名住址及原在學校發函通知本會爲幸

陽曆十二月二十四日

維持學界同志會

代表人
江　庸
蹇念益
熊　垓
陳　榥

理事
庶務　會計
黎　邁　張孝準　蔣尊簋
李　穆　熊范輿　譚學夔
李景析　李維鈺　施召愚
熊朝鼎　朱學曾　錢家澄

書記

姚　華　周大烈　汪兆銘
張一鵬　胡衍鴻　許壽裳
朱大符　陳漢第

維持留學界同志會意見書發刊詞 十二月初七日

嘗聞之日人批評吾國留學生之言曰僅々以一知半解主張權利又謂吾國人思想但有具體的觀察不能爲抽象的研究驟聞之惡其以一言而槪我留學生全體繼思之彼或由大量觀察而發我可以引其言以相砥礪而增我留學生之眞價近因文部省發關於使吾國人入學之公立及私立學校規程有關係於吾輩之利害同學咸奮欲與之爭發起諸君非計個人實衛全體熱誠感觸相約停課志非不苦心非不決惜發起時出於保全公共利害之眞誠而結果或反使全體受不可磨之玷辱甚至顧全國體而國體轉損自尊人格而人格不完彼時發起者則無可如何而吾輩亦必各悔不能盡豫防之責覩此

現象證諸前聞此時之舉動謂爲一知半解主張權利或嫌過當謂爲有具體的觀察不能爲抽象的研究實難斷其所論爲太苛自今以往推其潮流所至正不知何所底止數千同胞爲國家出而留學犧牲一身之名譽不足惜犧牲全體之名譽供外人之訕笑而無以自解實可悲卽以事實利害論其規則有無全部取消之必要規程中各條是否於吾輩全不利益皆宜就文字上精神上分別解釋庶可得確實之定論以謀利益而避患害爰約同志組織維持留學界同志會擬定規則先發表維持留學界意見書首辨其規程性質并解釋其條文之意義且以今日欲解決之各問題悉附以意見以質我同學欲使我留學界一轟之時代進而爲研究之時代吾人具體的觀察進而爲抽象的研究借發起諸君之熱誠盡我輩同志之忠告獨拳孤掌自知難鳴誰能助予惟呼將伯倘有同志諸公對於此問題各抒所見詳晰剖解庶他山有可攻錯殊塗亦得同歸能進行有秩序之手段煥發自由之精神不致眞理爲浮言所蔽

多數被少數强迫而團體日見鞏固則我留學界發一言有一言之効果爭一事得一事之利益同志幸甚我留學界全體幸甚

維持學界同志會第一次意見書 十二月初七日

譯釋文部省令第十九號關於使清國人入學之公私立學校之規則程條文

第一　文部省令

文部省令在國法上屬於獨立命令其効力與法律同惟法律必經議會協贊命令則由天皇自發或機關承天皇勅令之委任而發之至其停止取消之方法大畧如左

一凡行政命令皆不能違觸法律且因行政官府上下相繫屬之結果下級官府所發之命令不能抵觸上級官府所發之命令故其命令倘違反法律勅令或越權或反於公益可依行政監督之方法而取消之以期達行政之

目的所謂行政監督者上級官府對於下級官府而行者也故上級之行政官府所發命令無行政監督僅對於議會對於天皇而生政治上之責任耳文部省爲上級行政官廳更無居其上以監督之者惟內閣總理大臣認爲必要之際有使各省大臣中止其處分或命令之權是也雖然其監督權非如通常之上級官廳對於下級官廳之關繫得直接取消其命令或處分也第使之一時中止以候勅裁而已

二行政命令有越權違法之場合認之與否屬於官廳之權限故其所發布者雖違法越權然苟未有以行政監督及其他一定之手續而取消之者則人民不得以違法越權爲理由而拒其服從亦不得訴於裁判所而爭之蓋行政命令與行政處分不同行政處分可以訴願行政命令人民則不得與聞此其大異也

三取消與停止其效果有大差異取消之場合其命令等於未發全歸於無

効者停止之場合僅一時止其命令之執行其命令不全失其効力其停止之之命令失其効力時則被停止之命令即復其効力也

以上節譯織田萬日本行政法論美濃部達吉行政法總論淸水澄行政法汎論

由此觀之則省令之効力及停止取消之方法大要可見聞留學界有希望以議會之力取消此省令者不知議會只能提請撤消其承諾與否文部省固有專權口爭非必有效而以停課退學歸國爲要挾手段者尤不知何所見之

第二關於使淸國人入學之公私立學校之規程

觀此令標爲（淸國人ヲ入學セシメスル公私立學校ニ關スル規程）譯之爲關於使淸國人入學之公私立學校之規程故此規程爲關於使淸國人入學之學校之規程而非關於淸國人入學之規程也常聞人言日本人今以特別法待我輩此言實不中肯日本向有特別法以待外國人外國人中卽有我輩

不待今日至此規程則非法律而其爲特別亦非對於我輩以其規程爲對於日本學校之規程故也抑謂關於我輩所入學校之規程卽爲關係於我輩則日本之立規程以取締我輩所入之學校不自今日始也前此者已有文部直轄學校外國人特別入學規程（明治三十四年十一月十一日文部省訓令十五號）施行既已五年其云外國人卽非日本人而欲入學者皆受其支配無問其爲英爲法爲清爲美也其所別者一爲對於官立學校一爲對於公私立學校耳然則謂日本對於英美之人未嘗設此種規則又未嘗細思之說也故論此規則之性質㈠非法律㈡非對中國人之特別法令㈢關於我輩所入學校之規則不自今日始此乃繼承擴充之者耳至各報有譯以爲取締清國留學生規則而謂取締二字爲對於倡妓施之者甚至有譯之爲法律者此種謬誤眞不可瘳夫此規程誠不能不謂之有取締之性質然論日本取締規則豈惟對於倡妓有之如新聞紙取締如質屋取締種々法令何嘗爲輕褻之意

至近且通牒各學校命對於學生爲嚴重取締此又何說乎取締之義不過管理而已無所爲尊崇亦無所爲卑褻也其謂取締留學生則又坐不通東文之過以盲觸象無有是處此在內地無足爲怪若我輩且從而信之適足騰笑耳

案此規程分十五條其第十四條定一般手續末條爲定本令効力範圍者不具論外可分三部(一)爲入學退學轉學之規定第一條及第四條乃至第六條是也(二)爲在學中之規定第二條第三條之規定是也(三)爲受選定之規定中復分爲二(甲)不關吾於國學生者第七條第八條乃至第十一條第十三條是也(乙)關於吾國學生者第九條第十條是也其內容既有如是之殊則固不可一概論故今逐條爲之解釋

(一)入學退學轉學之規定

第一條　公立又ハ私立ノ學畢ニ於テ清國人ノ入學ヲ許可セントスル氏ハ其ノ入學願書ニ本邦所在之清國公館ノ紹介書ヲ添付セシムベシ

此條譯爲於公立私立之學校而爲欲許可淸國人入學之時當使添付本邦所在淸國公館之紹介書於其入學願書

第四條　公立又私立ノ學校ニ於テ淸國人生徒ノ轉學又ハ退學ヲ許可セントスル氏ハ其ノ願書ニ本邦所在ノ淸國公館ノ承認ヲ添付セシムベシ

此條譯爲於公立私立之學校而爲欲許可淸國人生徒之轉學退學時當使添付本邦所在淸國公使之承認書於其願書

第五條　淸國人ヲ入學セシムル公立又ハ私立ノ學校ニ於テ每年ノ一月及七月ノ二廻ニ其ノ前六個月間ニ入學ヲ許可シタル淸國人生徒ノ員數ヲ文部大臣ニ報告スヘシ前項之規定ハ淸國人生徒ノ轉學者退學者又ハ卒業者ニ關ス之ヲ準用ス

此條譯爲於使淸國人入學之公立私立學校當於每年一月七月二次

報告其前六個月間所許可入學之清國人生徒員數於文部大臣
前項之規定關於清國人生徒之轉學者退學者與卒業者準用之
第六條　公立又ハ私立ノ學校ニ於テ清國人生徒卒業シ又ハ之ニ退學ヲ命シタル𪜈ハ一個月以內ニ其ノ氏名及退學ヲ命シタル事由ヲ本人ノ入學ヲ紹介シタル清國公館ニ報告スヘシ
此條譯爲於公立私立學校而清國人生徒卒業又已命之退學時當於一月內報告其氏名及命退學之事由於紹介本人入學之淸國公館
通觀此四條則入學者要淸國公館紹介書其自請轉學退學者要其承認書爲前此所無有又而今新設之者也在文部省之意以爲中國學生如許無可稽査則入學退學之事將有無窮流弊故令倣官立學校例必經公館之紹介其入學人數報告及轉學退學卒業報告皆對於文部省爲之所以使文部省周知學校狀況便於監督也其卒業命退學必須通告於紹介周知學校狀況

便於監督也其卒業命退學必須通告於紹介之公館者其生徒由彼紹介故也凡此皆所以監督學校者也至以其經公館紹介爲不可則固非可與日人言者何則彼以一私人之資格不如一官廳之資格信用之厚也我之待公館紹介之難易止可以對公使言而不能對於日人言也至論實際則決無能留難我輩之事此可觀於官立諸學校而知者也彼官立學校入學之須紹介書亦既五年何嘗有留難之事乎苟其有之則對於公使之問題非對文部省之問題也

(二)在學中之規定

第二條　公立又ハ私立ノ學校ニ於テ清國人生徒ニ對シ本人之志望ニ依リ其ノ學校所定ノ科目中一科目若ハ數科目ヲ缺カシムコトヲ得

此條譯爲於公立私立學校對於清國人生徒得依本人志望使缺其學校中所定科目中一科目或數科目

此條亦倣於文部省直轄學校特別入學規程者使吾國人得免習無益費時之科目而同時可專修有益之科目爲吾國人計意必受善而其規定爲隨意的得依其志望而抉之則卽不得於不志望者亦抉之也故於吾輩有所便而無所苦也而其抉之者爲學校使之缺非生徒自能使抉故無爲怠惰者便益之病

第三條　清國人ヲ入學セシムル公立又ハ私立ノ學校ニ於テハ八其ノ教育ニ關係スル職員ノ名簿清國人生徒ノ學籍簿出席簿及往復書類綴ヲ備リベシ

前項ノ學籍簿ニハ生徒ノ氏名原籍年齡居所入學前ノ經歷入學ヲ紹介シタル官廳ノ名稱官費私費ノ年月日轉學退學ノ事由ヲ記載スベシ

此條譯爲於使清國人入學之公立私立學校當備關係於其教育之職員之名簿清國人生徒之學籍簿出席簿及往復書類綴

前項之學籍簿當記載生徒之氏名原籍年齡居所入學前之經歷紹介入學官廳之名稱官費私費之區別賞罰入學退學之年月日及其學年卒業之年月日轉學退學之事由等

此條爲普通學校所有之規定其間有一二事項不同者亦無關於重要者也職員名簿生徒出席簿學籍簿皆所以候檢查比較者而往復書類綴所以代生徒收發書信爲便利計也至學籍簿所記事項則皆至易明無俟贅語

(三)受選定之規定

(甲)不關於吾國學生者

第七條　清國人ヲ入學セシムル公立又ハ私立ノ學校中文部大臣ニ於テ適當ト認ムルモノハ特ニ之ヲ選定シ清國政府ニ通告ス

此條譯爲使清國人入學之公立私立學校中於文部大臣認爲適當者特選定之通告於清國政府

此條爲規定選定學校之方法其受選定者爲我輩所入學校固不待言其選定之人則爲文部大臣其選定之條件則認爲適當其選定之効力則通告於淸國政府如是其學校之受選否與吾輩毫無關係者也彼設此規定之眞意雖不可知而據其機關新聞所發表者則謂其學校既受選定則卒業於是者歸必受淸國政府之優待而淸國亦安心多送學生於日本云云是故有此選定則淸政府多派學生學生可得保舉而已無他事也我輩不爲保舉來則何問彼規定否故此條之不足輕重甚明

第八條　公立ハ私立ノ學校ニシテ前條ノ選定ヲ受ケントスルモノハ管理者又ハ設立者ニ於テ左ノ事項ヲ具シ文部大臣ニ申請スヘシ但シ特別ノ規定ニ依リ前ニ開申シ若ハ認定ヲ得タル事項ハ之ヲ省略スルコトヲ得

(一)淸國人教育ニ關スル沿革

(二)學則中清國人教育ニ關スル規則
(三)學校長若ハ學校代表者ノ履歴
(四)教員ノ姓名資格學業經歴及分擔學科目
(五)清國人生徒定員及學年學級現在員數
(六)清國人生徒校外監督ノ方法
(七)清國人卒業者ノ員數及卒業後之ノ情况
(八)清國人生徒ニ充ツル校地校舍及寄宿舍ノ圖面
(九)經費及維持ノ方法
(十)教科書教授用ノ器具器械及標本ノ目錄
前項第二號第八號ノ變更ハ文部大臣ノ許可ヲ受ヘシ
此條譯爲公立私立學校而欲受前條之選定時於管理者又設立者當具左事項申請於文部大臣但依持別事項前已開申若得認可之事項得者

略之

一關於清國人教育之沿革

二關於學則中清國人教育之規定

三學校長若學校代表者之履歴

四教員之氏名資格學業經歴及分担學科目

五清國人生徒定員及學年級現在員數

六清國人生徒校外監督方法

七清國人卒業者員數及卒業後情況

八充清國人生徒之校地校舍及寄宿舍之圖面

九經費及維持方法

十教科書教授用器具器械及標本之目錄

前項第二號第八號變更當受文部大臣之認可

此條爲規定學校欲受認定當具之以申請之事項而非規定學校所爲之行爲故對於此條絕無可爲研究者然而世論往往集矢此條此眞不可以理喻者矣

第十一條　文部大臣ハ必要ト認メタルトキハ吏員ヲシテ選定ヲ受ケタル公立又ハ私立ノ學校ノ試驗ニ立會ハシメ又ハ試驗又ハ試驗問題及其答案ヲ查閲セシムルコトアルベシ

前項ノ場合ニ於テ試驗ノ問題又ハ方法中不適當ト認メタルモノアル氏ハ當該吏員ハ其ノ變更ヲ命スルコトヲ得試驗問題答案及成績表ハ少クトモ五個年間之ヲ保存スベシ

此條譯爲文部大臣所認爲必要時可使吏員立會於所受選定之公立私立學校之試驗又使查閲其試驗問題及答案

於前項場合有認試驗問題方法中爲不適當者時當該吏員得命其變更

試驗問題答案至少當五個年間保存之

第十二條　選定ヲ受ケタル公立又ハ私立ノ學校ニ於テハ每年終了後一個月以內ニ其ノ清國人生徒ノ教育上ノ經過ヲ文部大臣ニ報告スベシ

此條譯爲於已經受選定之公立私立學校當於學年終了後一個月內報告其清國人生徒教育上經過於文部大臣

第十三條　選定ヲ受ケタル公立又ハ私立ノ學校ニシテ此規定ヲ違背シ又ハ其ノ成績不良ナリト認メタルトキハ文部大臣ハ其ノ選定スコトアルベシ

此條譯爲已受選定之公立私立學校而違背此規定又認爲其成績不良時文部大臣可有其取消之事

此三條前二條爲監督後一條爲罰則皆對於學校而防其弊者文義自明無

俟更釋而右五條並第十四條皆日本學校所素已適用今特少加變更而施之關於公立私立學校選定之規則（明治三十二年六月文部省令第三十四號）所規定者與此大同小異而已故受選定者之規定非特有之而素行者也以爲當反對是絕無理由者也

(乙)關於吾國學生者

第九條　選定ヲ受ケタル公立又ハ私立ノ學校ニ於テハ淸國人生徒ヲシテ寄宿舍又ハ學校ノ監督ニ屬スル下宿等ニ宿泊セシメ校外ノ取締ヲナスベシ

此條譯爲受選定之公立私立學校當使淸國人生徒宿泊寄宿舍及屬於學校監督下宿等當爲校外之取締

第十條　選定ヲ受ケタル公立又ハ私立ノ學校ハ他ノ學校ニ於テ性行不良ナル力爲命退學セラレタル淸國人ヲ入學セシムルコトヲ得ス

此條譯爲受選定之公立私立學校不得使於他之學校爲性質不良被命退學之清國人入學

此二條文字易於解釋然論理有不可錯者學生而必住寄宿舍受校外取締不得爲喪失自由性質不良致受命退學不能入他校不得爲横受壓制不然則必以入寄宿舍受取締爲大恥辱日本何以對於一般本國學生又謂性質不良者不得任從更進他校亦理論之不可通也

然此二條誠有不利益於我學界既不利益則我輩不宜默認而宜力爭顧吾輩既言爭之矣亦必不可無理由今試擬說其爭第九條之理由

若曰（吾輩有居處之自由不當定使住寄宿舍及屬於監督下宿不當爲校外取締此條宜廢）　如此則爭猶不爭也蓋現時如成城振武同文等學校皆住寄宿或住受監督之下宿而皆受校外之取締今絕對不認此條以爲縛束自由推此主義必使前列各校皆悉廢棄舊之規程而後可而爲各學生者

不爭自由於前此之各校訂定規程時今獨爭自由於文部省令是不可解而文部省固可藉口而不從吾請矣或又如或人之說曰（日本取內外人平等主義居住有自由爲憲法保護何獨於我而限制之）其言不明法理不考法律日本雖取內外平等主義關於私權使外人同享利益然其中例外甚多今亦不假列舉但姑如或者之言誠爲內外平等則此條更無可及對之理由且以反對而更損害利益蓋此條對於學生寄宿及校外取締爲日本內國學生所共守（按十一月二十九日官報載文部省通牒有云(一)於一般學校明於生徒在居所校外之動靜不怠視察監督(二)使一般學校生徒不入寄宿舍者除自家庭通學者外使集於學校指定之宿所以便視察監督）曰不怠視察監督則受校外之取締可知曰使集於學校選定之宿所則且須集於一處是其嚴重視我之所受者爲甚今使如或者之言求與彼人平等卽亦不必爭矣故欲爭此條必解釋以爲非我利便而吾輩異國求學者當蒙優待則是所持

之理由試問何能出於總會條舉經濟學問衛生通學四者困難之外而既無他之理由必欲反對總會而取消全部不知何所求也

再就第十條研究則有不利於欲撰擇學校處不能爲之辯護顧其文云爲性質不良被命退學者被命退學則與尋常自行退學者異爲性質不良則又與以他故命退學者異非一律限制我撰擇學校之自由也特其間有絕大之流弊則所謂性質不良者究以至何程度爲決定條文於此有闕誠恐有學校藉之而壓制其生徒極之所往而受累或不止性質不良之人故此條亦有不能默認之勢然若今激烈者所主張爲日本有壓制全體留學生之野心則不知彼國人之入學校者亦受此檢定並非獨一苛待於淸國留學生是吾人欲不認此條亦不能出總會所爭之外論事既當平情辦事更期實益兩者不講引爲大不了事譁然一鬨而於全體條文反不研究遂以極端無効爭如不爭此皆理論上解釋之錯悞爲之也

維持留學界同志會第二次意見書　十二月初七日

解決可否全部反對之問題

留學界中多有主張宜反對此規程之全部者吾今就此問題欲一討論請先語讀者毋遽以(奴隸)亡國之民等語相加夫凡此之云皆判斷語非討論語也討論之後廉得情僞乃下判斷則判斷者爲公允而受判斷者爲當服從不然則其判斷徒勞而無當耳讀者而能辨此乎則請相與就此問題一解決之

解決此問題有至要之點則吾人所以全部反對者其理由如何是也

人生天地間無所服從當服從者公理而已公理者人所自由而辨別者也雖然吾所認爲公理者則吾服從之此道德則然也若夫公理所在不止一人當服從之且人人當服從之且不可不服從之者則爲法律故法律者衷諸公理兼有權力者也雖然試問天下之法律果皆適於公理乎恐無敢諾者然則使法律不衷公理而惟備具權力使人不可不服從是法律者囚縶人之具也奴

隸人之具也非喪心病狂者孰能堪此然則對於此規程不問其公理上之當爭不當爭惟問其法律上可爭不可爭此眞奴隸之尤而罪之魁也故吾今所論者爲公理上之當爭不當爭

自吾自規程上之全部而觀之可分形式上實質上二方面以立言請先語其形式上者夫此規程關於使清國人入學之公私立學校之規程也然則首當問者爲文部省當監督公私立學校與否夫國家之對於國民教育有持干涉主義者有持不干涉主義者其良窳善惡難猝斷也然即使持不干涉主義者亦祇謂不可助長耳未嘗謂不當保護之監督之且認其保護監督爲應有之職務者也然則文部省之監督各學校吾輩安能斥其非理

次當問者此規程直接規定學校之準則間接規定吾人入學之準則然則當問吾人入學當受文部省之指令否夫國家之法律命令於其領土之內行之有效無論自國人與外國人也是曰屬地主義凡文明法律無不采此主義以

爲原則是故外國人對於所在國之法律命令有服從之義務惟於其私法依國際私法之結果可以自擇至於公法含有領事裁判權之國外不能脫離關係者也豈惟日本之法律如此若英若美若法若德等國其法律之一般原則莫不如此然則吾人以何理由而欲反抗所在國之法律

次當問者爲此規程對於一般學生而設耶抑對於吾留學生而設耶可不俟言而斷定其爲吾留學生而設是則對於吾留學生而施以特別之管理法也此爲榮耶爲辱耶則請語之曰凡法律命令有爲普通之人與事而設者前者若憲法民法一般人民所適用者也後者若皇室典範新聞紙取締規則對於特種與事而設者也受特別之法令者則當引爲奇辱此其理由眞無從索一解論者曰吾人之留學於英者法者美者德者未聞其政府設特別之規則以取締我何日本政府乃獨爲此不知吾人留學於歐美者少留學日本者多少則可適用現行之規則無須特設亦如戊戌以後今年以前吾國人留學日本

者不多不必有特設之規則也去年以來至於近日吾國之留學日本者日益加多幾至萬人且又多入其公立私立各學校其公立私立各學校之規程又不必整齊畫一故不得不特設是故入於其官立學校如帝國大學等則不在此內入於其官立特別之學校如振武之類又不在此內是惡得執留學歐美各國者以相比例而論其特設規則有無耶

如是則自形式上言決無全部反對之理由

請繼語其實質上者夫吾人之反對此規程也當先研究其利害於吾人者其程度若何持絕對反對之論者謂此其政府之野心也欲束縛吾人之自由以媚清政府也欲判斷此語之眞僞可即其內容一觀察之謂其有野心耶則彼所重者在監督各學校可持是以為證耶謂其束縛吾人之自由耶則其規程之中於吾人之言論自由集會自由出版自由信教自由皆無所規定獨第九條第十條關於居住自由修學自由有所制限此正吾人所當討論者也夫全

部規程祇有兩條爲關於吾人之自由有所規定乃執以反對其全部其理由若何願有以解答之

如是則自實質上言亦決無全部反對之理由

如是則全部反對之說當爲吾人所否認

維持留學界同志會第三次意見書

對待之方法

全部反對之必不可如上所述然則吾人所當爭者惟第九條第十條而已其爭之之理由於解釋條文時已詳論之吾人以爭此爲目的則不可不研究達此目的之手段

現今留學界對待此問題之手段大約有三種

㈠對於日本政府之手段　欲問此手段之可行與否當先知文部省令之效力如何夫省令非內閣總理大臣不能中止之而人民對於行政命令不能反

抗不能訴願於解釋條文時詳之其必不可行甚明也冒昧爲之非唯無効寔足以敗名譽而貽人以口實耳

(二)對於日本學校之手段　夫定此規程者文部省也非學校也吾人對於學校無由有惡感情而一時盛倡停課之說此有影響於學校不小語其得失當有專論無俟鄙言

(三)對於本國公使之手段　此留學生總會所用之方法也蓋吾人對於第九條第十條雖有充分之理由而無由與日本政府交涉可與交涉者獨公使而已亦非法律所許也第基於國際上之情誼而已吾人以正當之理由語諸公使俾從事商榷可有効也即使無効而拂衣歸國不樂居此是非曲直必有能辨之者故吾以此時所當務者當督責總會使促使館與爲交涉此外未有良策也

維持學界同志會第四次意見書　十二月初七日

解决可否休課之問題

休課不休課與反對文部省所頒規則全不相關不唯與主張逐條反對者無關卽與主張全部取消者亦無絲毫之干係夫反對該規則非結合全體留學團體必無勢力欲結合此團體非由各校舉代表人聯合磋商必無頭緒今主張休課得勿休課後可以日々集若干人而聚於一處以商量辦法乎勢必不能也不能則仍只代表聚議商量而休課各員仍無所事々也無所事々則惟有終日悶坐下宿忽思亂想不知所爲必不能伏案用功也否則出外閑游擾々紛々不知所止甚或遇有意見不合者則互相以腕力從事也由後之說則因休課而擾亂學界之安寧由前之說則因休課而擾亂吾人之思想且於精神上有妨害也試換一方面觀之各校舉代表人聯合商磋辦法而上課如故其自願休課聽之則一面上課一面研究對付之法兩不相妨不惟不相妨且能使吾人之思想學界之安寧皆不擾亂况就反對該規則之問題而論既以

逐條反覆磋商爲辦法則非照常上課反不能繼續相爭而達其目的是休課一事不惟無益於反對之目的且有背於反對之目的今更就日來事實上之現象言之各校主張休課其中不必皆有一定堅持之意見隨大勢之所趨而已然有一二校極力主張不休課彼之不休課非不欲反對規則也彼以爲非照常上課不能達反對之目的故其不休課之理由執之甚堅主張休課者動輒以奴隸罵之實不足以服其心彼方謂罵之者毫無意識不屑與辨其上課也如故嗣因休課者出而干涉竟以不能上課於是本其所堅持之意見四處發布遇他校之趨於大勢者則向之反覆詳說其利害聞者因而動心亦因之主持其說甚或運動上課故與休課者爲難推其所極非全置反對規則於度外而惟是同胞之間互相衝突不止然則不休課尚可使全體各校協力同心互相團結切實研究反對之辦法既休課則團體既不能結反使同胞分崩感情惡劣而有不堪設想者之結果也不休課雖主見不同而各持其主見以反

對該規則尙能同以反對規則爲注目之點既休課則彼此所持之主見皆變爲意氣而忘其注目之點何在矣是休課之事無論從何方面觀察之皆無濟於反對該則之問題焉

維持留學界同志會第五次意見書 十二月初七日

解决可否歸國之問題

因反對日本文部省頒布不利於吾輩之規則而歸國此等舉動誰得而議其非雖然同以歸國爲終局而將來歸國之情形如何各各有不同之關係今分爲三段言之(1)未歸國之先就規則條文之不利於吾人者與日政府往復辨論必確定該規則不能侵犯吾人自由而後止若往復辨論後終不能達吾人之目的則聯袂歸國此歸國之一情形也(2)未歸之先以取消全部爲反對規則之據詞向日政府爭論政府不允取消則聯袂歸國此亦歸國之一情形也(3)不問規則之內容如何總不願服從彼規則之下不向彼爭而遽聯袂歸國

此又歸國之一情形也由第一說則以日政府所頒規則有不利於吾人之處吾人爭之不得而歸國吾內地同胞知此歸國之情形必對於日本生絕大之惡感情由第二說則日政府以命令之權外人無干涉之資格而拒絕吾國公使公使在外交界代表一國以一國之代表而受他國冷語之拒絕實於吾國國體大有損失吾輩之歸國是先損失國體而後歸歸國後有用此理由以相詰責者吾輩何以對同胞乎況日本政府對於吾國素懷野心尚恐吾輩留學生出所得之知識以助吾內國同胞以相與抵抗今見吾數千留學均不知兩獨立國不能互相干涉其命令則以爲吾輩知識不過爾々留學生尚如此內國人可知此後彼將放胆爲之肆其野心於吾國內矣然則吾輩之歸國若出於如此情形不唯損失國體且貽害於中國前途也由第三說則因日政府頒布規則之故憤圖自立不欲依賴他人歸而自立學校偉哉雄心不可及已然吾數千人中其艱苦卓絕東來不易者當不乏人今不先與日政府爭而遽勸

其歸國彼必有所不願豈能强之乎卽或强之不先爭而强人歸國是何理由乎故綜觀各種情形由第三說上策也然事實上不能做到由第一說中策也然繼續相爭或能達其目的不至歸國亦未可知由第二說則預先喪失國體貽害前途而後歸其可以稱下策否吾不得而知矣至有用歸國爲爭之之方法者曰數千學生悉數歸國則於日本文明之名譽小民之經濟大有妨碍日政府將取消該規則亦不可必是說也尤爲可怪之至夫吾輩悉數歸國日本不過受苛待中國學生之名聲耳不過每年少三四百萬元之進款耳試問此苛待中國學生之名聲三四百萬之經濟與獨立國權相比較孰重孰輕乎況苛待中國學生之說何足以爲定論日本人豈無辭以自解乎然則歸國一事就關係之利害與實際之現象觀察之不能不以第一說爲當已若以第二說第三說之理由歸國政府則腹誹之社會則揶揄之家庭則交讓之風勢所迫保無再到日本者乎如其有也吾輩將何以處之乎或者曰有來者則殺之噫

是說亦未免容易矣將於彼之來時而殺之乎則沿江沿海各岸是否吾輩皆有警察耶必不能也將俟彼歸後方殺之乎則既歸之後撤於內地是否吾輩亦皆有警察耶亦必不能也則或有上知之者而敢於殺之與否不可知即敢於殺而殺之能遂與否仍不可知是此說徒爲空論矣况有一來者則其他將源々而來目前東渡之機大似不可遏抑彼時能一々殺之否乎此問題之難以解决者二也夫歸國情形其關係之輕重既如前之所云歸國事實其問題之難以解决又如後之所云然則歸國一事將如何設法始能完全無缺憾耶是眞無從解决矣

致各學校聯合會諸君書

各學校聯合會諸君公鑒今者僕等謹披肝膽抒誠款欲就　諸君關於留學界存亡問題一下商榷則先有要求於　諸君者脊令在原兄弟急難際此死生患難之際辱在同氣平日雖甚相違容或許其一言言矣而不聽不敢强也

若先横一不聽其言之決心而挾以臨我使言無由進非天下之至殘且狠度必有徘徊不忍者僕等於進言之際先以此熱望於　諸君自事之起也僕等與　諸君始終立於反對之地位陽歷十二月初七日本會權與意見書亦於是日發布自後矻々不已續有所言其中宗旨理由危言深論度　諸君無不聞見洎乎本日而本會機關已成立更有不能不陳告於　諸君者機關成立之後本會行動微與前殊前者知無不言々無不盡冀以孤懷苦志感動輿論今則窮途絕望時勢相迫欲强固其組織實行其目的是故本會與　諸君和衷共濟挽回狂瀾實在今日衝突忽起團體潰裂騰笑天下亦在今日危機一髮義不反顧五中激迫謹爲最後之哀告並彙本會意見書及會章等致諸左右願　諸君深察其言盡棄所抱將錯就錯々要錯到底錯要大家錯之說衛顧公義以共濟此艱危之局豈惟團體可維持不散即凡有血氣者莫不欽我同學舉動光明能相輔翼沆瀣一氣以上不負祖國下不負所學無窮希望實

繫於此如其否也則後此情狀竟將奈何悲夫悲夫操戈同室事豈忍言哀我同羣艱難百折相將遠適異國亦欲將來對於祖國以謀同舟共濟中道決裂互相仇讐豈復旁觀齒冷實則吾輩先已滅絕愛國之念而後爲此此心豈可自問然若以非理相迫則僕等當殉公義而死寧爲鬩牆之敗類不敢爲學界之罪人矣謹舉所相約者如左

(一)請彼此和衷壹致以挽學界之危阽回復秩序對於文部省令第十九號則以已得解釋爲達留學目的不更生他種問題撓動紛擾

(二)若不肯降心相從亦復各行其是惟留學中人一方歸國一方上課均有自由兩不干涉

(三)本會對於能守秩序熱望修學之人有保護之責任如或不能相諒必相干涉則本會以正當之防衛爲充分之報復卽極衝突不敢辭退

以上三者別爲二項一和衷共濟則如此二各不相擾則如彼請惟所擇不勝

迫切翹企之至敬祈　公鑒

維持學界同志會代表人　江庸　蹇念益　熊垓　陳榥　公啓

敬告會員諸君

啓者本會自成立以來關於上課事宜豫籌一切旋於去月三十日接日本各學校代表人青柳篤恒十時彌來書如左

十二月二十九日弘文學校東斌學堂成城學校大成學館實踐女學校東京同文書院東京警務學堂法政大學經緯學堂亞東實業學校濟美學堂早稻田大學清國留學生部十二處學校會同決議二項開列於左

第一　今回之事件ニ付退學シタルモノガ復校ヲ願出タルトキハ

校則ノ許ス限リ之ヲ許可スル方針ヲ取ルベシ（譯云國今回之事件已退學者聲請復校時如爲校則所許當取許可之方針）

第二　學業之進行ニ法アル場合ハ合班ヲ爲サザル方針ナリ（譯云有妨學業進行之際則不合班）

接書後又據各新聞先後登載各學校皆定於一月十一日開課擬即通告會員諸君旋聞會館幹事謂如能籌得善法使全體上課一切事宜由會館辦理更爲周洽迨至一月八日接使館來書如左

頃據總會幹事曾錕化到署面稱辦理上課善後事宜已有頭緒惟班次尚須調查十一日上課恐難劃一擬請公使展期等語當經稟奉公使面諭展期一節斷難照准至於班次難齊尙屬實情仍於陽歷十一日開學十五日上堂開講可也等因除函達各校查照外爲此函達貴會從速知照各會員屆時上堂以昭劃一

據右所述則全體上課之事已有成議惟開課之期稍有移易然我同學能共一致不相參差固本會所滿足而學界所希望者故亦樂於遷就但此後若有他故以致扞格則本會仍當實行會章第六條凡應爲會員籌及者皆悉心擘畫務獲安全昨已將會員名姓分別錄送各校茲特通告乞會員諸君豫約於十一日赴校開學於十五日上課聽講是所切禱

維持留學界同志會公啓

一月九日

附本會善後方法三條

第一　本會已由理事會公推調查員若干人專司調查各校開班上課一切事宜

第二　本會對於各校有應改良事宜當與各校悉心商酌以謀同學之利益

第三　本會對於此次事件俟上課後當即開職員會籌議改組之法

此次通告因爲日太促印刷無多請互相傳觀爲幸

維持學界同志會第八次意見書

忠告我同胞之同學

嗚呼吾告我同學吾告我同胞之同學吾同胞之同學而必蔽聰塞明冥然悍然不顧是非利害情實而專以意氣用事則亦已矣如其否也則吾尚欲一言曰吾將爲我同學言體面論夫我同學至今日而猶皇皇然作歸計廢棄學問會不少惜者吾不知其何所不安也以爲國際問題或有傷國體耶則吾等已辭而闢之即極端主者亦知其非堅確可樹之義然則反對文部省令應爲學界實益單純必要而省令解釋以後其應用皆有範圍吾人就實際研究已無利害之可言而猶有主張必爭主張停課後之退學歸國之手段者以爲如此而後存我團體保我團體之顏面蓋此次之風潮一體面論與之始終其始以爲國體所在不可不以全力爭此一體面論也繼知其悞解而憚於變其前說

則曰吾人已有激烈於前者不得一當而輒止不可不顧其顏面此一體面論也洎乎脅從者多盲從者亦多於以更號於衆曰吾等不可自爲異論使人譏爲不一致以傷團體之名譽則仍一體面論也於是有停課者則相率停課且欲人人無一不停有退學者則相率退學亦欲人人無一不退今且研究歸國問題以爲已有歸國者亦必相率歸國無一人留矣吾始之聞勸迫停課者輒曰某校已停吾輩只可將錯就錯其有有志之士不易動搖者則哀之曰吾輩皆中國人錯須共錯既停課矣久不得當人思修學則又矢之曰錯須錯到底今日之勸歸國者依然用此三語嗚呼此等格言乃吾國舊日腐敗已極之官場所慣用之熟語不圖今日遇之學界而且一再引述若天經地義之不易眞怪事矣夫既承認爲錯何就之云此不待辨者而以爲非此無以對外則試問以偶然之失而旋即省悟翻然補過之爲辱乎抑以怙非不悛必求文飾自遂大惑終身者之爲辱乎以少數人之悞解而自有不雷同者不能一致之爲辱

乎抑以數千留學盲昧擾攘鑄成大錯無一明者之爲辱乎是其所以爲體面之據點者實大謬戾且爲此論者直私言也始其不知此事之眞相而悞謂爲國體所關猶或可曰非有心假託及知之而復堅持以脅於衆則是旣憚改過而又欲人之分謗也夫爲衆同學計其始不主全部反對者勿論卽其主之而一覩乎是非利害情實之眞又加以文部之解釋制限則自可大悟而且可謂目的之已達何也蓋主張全部取消者無非認爲重要之問題爭其所當爭非好爲無理之舉爭所不必爭也吾人未經注意研究及文部未自解釋以前固有其可爭者今則經研究而知主張理由之太過經解釋而知無濫用之流失則前之爲國體爲學界謀者對於省令皆無庸爭自形式觀之省令未取消吾輩要求本爲未達而自實際觀之則吾輩以爭國體爭學界利害爲眞正目的今已成爲不必爭之問題則吾輩目的可斷言已達夫吾之爲此論非甘言相欺也設如文部省令誠出惡意卽學生之激昂而取消而更發布他種苛政與

之同物則吾人仍無不爲力爭之理何也我之所爭不在形式上之取消與否而實際之害有必除也且文部省今日之解釋未必卽爲發布命令時原有之意義而一度解釋後卽盡失其精神謂吾留學界爭持無大影響殆乎不可惟文部省精神已失而必不肯取消者則亦以體面故然彼之所謂體面論乃於國內行政權有關我已爭得實益而必充類至盡強人以難事固不恕且爲此無理之爭競亦復何樂夫惟彼二三好事之徒始之主張既失之過實而復大言不慚以爲以如何手段如何運動事在必舉聞者既樂贊之且不惜停課退學爲之後援然其運動手段卒亦無效至是而使之勸言修學回復學界秩序以彼客氣之虛憍何顏面以爲之故主體面者以言國家以言團體則大非而以爲極少數私人之計則近是然而奈何欲犧牲多數人之意思自由學問名譽以爲此區區少數人之體面也吾今正告彼人曰歸國之事異於停課前此之停課所以一致者其原因以擾擾者實令學界不甯而一羣之中舍盲從脅

從者外大抵重愛秩序不欲自相衝突以傷感情故甯休校以共論此事之是非至是非既明而後强迫以歸國既與前途關係重大非數日休息之比而士各有志奪其自由至於一再雖野蠻政府猶有不能得諸人民者吾不知彼人將挾何等强力以從其後且前日之愛秩序者既知其將至於不可收拾逼之於險起而衝突釁非我開人所共諒師直爲壯防衛正當勿謂有秩序條理者之皆怯弱無能人也吾所最傷念者則彼盲從之士先入之局已牢不可破而妄誕之體面論又從而砥之一旦拂衣而行歸入故里親戚交好迎門相問必有不能爲道其原因者得無亦稱述種種將錯就錯之讆言强顏自解耶金錢不足貴而最可惜者歲月蹉跎現在慚悔將來吾傷念之恨不能徧提其耳而告之也至於言歸國之人則有既非主動復異盲從徒惡擾攘姑謀引避（彼人高呼歸國者已若干人其實非表同情乃反對於彼者其中官費莫非同使館告假三月而行）如此類者居其多數自好之士吾甯有責焉然而學生者

向負有指導監督國民之義務也今以關係學界重要之事不思救正而但知潔身反使無知者得所藉口此又吾人所不取也嗚呼吾同胞之同學毋以求榮反辱毋以虛名而受實禍毋拋棄自由而徇一二人之私意發憤自強完我獨立迷復不遠所謂體面無以易此嗚呼吾同學其共勉之

維持學界同志會第九次意見書

本會成立與文部省令之延期無關係

本會自陽歷十二月初旬成立以來發刊草章布告學界並爲意見書續布至第六次洎文部省省令解釋登載各新聞後學界紛擾猶未甯止而本會認爲原章目的已達應即勸告各校同學一體上課於是更以二十四日改定會章設立事務所於牛込市谷藥王寺前町七十一番地此本會先後成立之始末也本會宗旨終始一貫對於外部以免實益之妨害而止不爲意外之要求對於內部則熱望秩序之回復而任維持之責此外有他團體行動生他種關係

本會既不負責亦不與聞惟當本會第二次改定會章之時適爲聯合會運動省令延期之日兩相錯迕謠啄斯生以謂本會成立若爲延期請求之障碍也者厥語無根謹辨之如左

一本會非自今日伊始成立月之初七本會即刊訂章程宣告成立而第一章見書亦即於是日發布特以其時爭點最烈懼啓鬩牆之釁故未設立事務所及著手勸告同學上校等手續耳然其時外間尚未爲請求延期之運動也本會既成十餘日而後有請求省令延期者故不問延期之利益若何其事之諧否若何皆不得與本會有關係

二本會不能待延期可否之决定而後勸告上課延期之於學界損益亦姑勿論但其事必經再四之手續而尚在不可知之數如必待其確定始勸告上課爲少數運動人計固甚善也爲多數留學計則將視延期一舉以爲進退

一不得當甯能盡喪我留學前途而相率歸去乎抑隱忍不較而靦然爲修

學之事乎夫省令解釋而後我之妨害既去我之目的已達而必更執他不可知之問題爲必要之期望自取㪷訴未免無聊此本會所以不能更待而率先勸告上課者事實上則然也

三本會未嘗與延期請求之事實有關係本會對於文部省令以得解釋制限適用之範圍爲目的始終不易未嘗有他種涉外之活動即對於各校極端主張者亦非立於正反對之地位凡所發表以明眞理所在及一切利害得失之所存而非爲意氣與戎以求必勝故本會雖聞有爲延期之請求者然事之成否既於本會宗旨無關則聽其自然不過問也彼能使日人有延期之說者自必以極力之運動更端之交涉而得之而我未嘗與日人有所運動交涉則日人必不因我而輸罷其原議也甚明如曰日人見有勸告上課者而即不爲延期是有人既因於一方停課退學者而轉圜又因於一方勸告上課者而固執舉動輕易恐在上者無此政體在下者亦無此輿論也故

欲問本會成立爲省令延期之障碍否則必問本會有涉外舉動爲彼請求之障碍否而此固不待辨也

四延期之請求不承諾不得以本會爲藉口由上言之則延期請求之事直與本會無關而爲延期請求者固不可必得者也不可得而無以自解於其人則不能無所藉口而以其人熱望至堅之事諉爲被一團體之阻碍而無成既可以卸一身之責而又將以挑反對之怒其政策未嘗不工而本會則有種種事實之證明斷不甘受也

括要言之本會宗旨在維持學界增進利益其有目的所不存手段所不及者但求於本會宗旨不相妨害本會亦决不干涉不察本會之苦衷而以本會爲敵一策畫之無功則以爲實生阻力是大戾於情實故本會不惜楮墨竊就一事而竟言之倘亦同學所共諒也

維持留學界同志會第十次意見書

維持留學界同志會之本意

本會以十二月初七日而成立以二十五日而擴充其宗旨單純不駁其目的始終一貫懼客觀者之有所蔽也謹以本意竭誠布告於左

一謀留學之利益　自事之始起也議論即分兩歧一國體論二留學利益論本會之本意即純一主張留學利益論而極排斥國體論者也其認此事無關國體論之理由具詳於十二月十三日第六次意見書　題爲嗚呼我同胞之心理進步歟退步歟其論點在辨此問題爲學界上問題非國際上問題　我同學而猶欲持國體論也必先辨此而後可否則國際論爲不堅易破之說而當爲人人所否認者也　近人多據中村進午氏之論著以爲日本學者亦表同情於我然中村氏所言者在認第一第九第十諸條爲侵害留學生之利益未嘗有一語云有辱國體者是仍留學利益論也　本會既主張留學利益論矣故於文部省令第十九號有損吾人之利益者未嘗不主力爭其與他團體

所主張極相背馳者在爭其全部與爭其各條之異耳主國體論者其結果欲爭其全部主留學利益論者其結果欲爭其各條是故自文部省爲省令之解釋而本會認爲目的已達無他以吾人有關之利益各條其範圍已明確故也此本會所據以爲爭之理由也且主張國體以爲爭者爭之不得則宜全體歸國誠如所謂學問固急國體尤重者也而主張留學利益論以爲爭者爭之不得固可拂衣而去而非本會所極端贊成者蓋吾人之利益莫大於劬學而生活上之自由次之　如居住自由等事夫固有因生活上之不自由而至於不能劬學者矣然一日不至於廢學猶將孜孜爲是故本會之本意雖與之爭而決不至於停課不至於退學不至於歸國何也以吾所認爲最大之利益者惟劬學而已苟能達此甯犧牲其他生活上之自由此比較上則然也故曰本會爲單純主張留學利益論者未嘗稍參以國際上問題也且本會對於國體論者必加以極端之辨距而又抱無窮之憂懼辦距之說第六次意見書詳之至

憂懼之本懷則猶若鯁在喉茹而不吐蓋無關國體之事認爲有關國體而爭之其認錯題目而必至於失敗甚明失敗之後憤然而歸此本會所深哀其誠而甚悔忠告之太晚者若失敗之後窮途望絕而悔昔日之操持過激則禍患中於人心良非淺鮮何也其氣一餒今後雖遇有關國體之事猶將趦趄不前或爭矣而中途悔怠則是并吾人愛國之熱誠而澌滅之也是故本會爲豫言於此今後遇有關國體之問題豈惟將以去留爭之且將以死生爭之而對於此次之問題則在使人人知爲留學利益問題而非國體問題必先辨此而後可語轉圜可語結局否則於國民之心理上將生無窮之障害而爲日本會所必爭者也

二以發揮眞理爲目的　夫事不辨其是非曲直則眞理蒙晦而不可見此事之祇關於留學利益而無關於國體如第六次意見書所述其淺顯若此如上所述其不可不辨也又若此而至於今猶有主持國體論者何也則以起事之

際未嘗討論時代而遽入於決議時代故也夫法律命令最費解釋而命令之解釋尤與法律不同法律可用法理解釋學者對於法文以所主張之法理解釋之不必遵求立法者之意思命令解釋則無法理解釋祗有立法解釋純出於發此命令之人之意思非他人所得而揣測是故對於文部省令第十九號欲爲立法解釋非文部省自爲說明不可　如性行不良之範圍清國公館之所指等是　非吾人討論所能及至於論理解釋文法解釋則吾人所當討論者也乃十二月二三日間路鑛學堂首倡停課之議他學校以次開校友會皆有提議而無駁議發起者純出於愛國之熱腸而未暇研究其內容贊成者亦羣以爲國體所關不容有異議有疑問者輒擾亂以中止之甚或强迫不數日而全體停課矣我同學請平心思之當時曾有懸此省令於心目間而逐條研究以爲論理解釋文法解釋者乎然則眞理不顯亦何足怪夫因此而全體停課所損耗者已不少矣至因此而全體歸國而又以難於實行之故留者自留

歸者自歸其歸國者猶以爲因爭國體而去也其留者則以求遂其學之故至辱國體喪主權損人格猶將忍尤含垢而不辭本欲出其所學以爲國光而今乃若此將何以對祖國又何以對良知耶是故此事所最急者在明辨是非眞理一日不顯公論一日不定本會之迭次意見書不惜危言苦口爲同學告者良以此也而對於持國體論者尤望其勿矜意氣而能受直言藎誤解必不足以獲良果與其折於勢孰若折於理與其折於異國政府之强硬孰若折於同胞之直言此本會同人所爲艱難百折曾以死繼之而必欲達其目的者若以爲憤忠言之不見容而欲矜意氣之獨伸本會同人雖犯此嫌疑而義所必不敢受藎苦衷不白於天下亦何足惜然因而國體論遂若戰勝則於現在將來均有無窮之障害此所以躊躇往復不敢安於中非好辯也

三融和同學之感情　自有留學生團體以來感情之決裂潰散未有甚於今日者也夫同國之人遠適異國而又氣類同目的同其互相愛重本自然之勢

而往往有致齟齬者推其原由大抵關於公共問題意見參差相猜之極馴至相仇而此次感情之惡遙甚於前者更有特別之故我同學試默念當日全體停課之時及其以後之狀況當得謂出於人人之初心固亦有所懾也然此可得行其志於一時而必不足以持久且天下惟情遣理喻乃足以服人若徒恃以力服之適足以寒人心使其解體過此以往將使兄弟變爲仇讎未有能搆而合之者也噫夫來日大難豈惟對於祖國同舟共濟之事業至繁即以留學界而論其須相師友相兄弟者幾若呼吸之相連而中道畔渙若此窮途之慟莫此爲甚本會同人所注意者第一須使反對黨許我有發言之資格第二須能盡吾言而第三之點則在於與異見者肝胆相示意見相質以不白之苦衷相告非第欲早了此問題而已實以擾壤之後感情慘戾痛深者其日久創距者其愈遲求有以融洽之宜使人人各盡其意共喻難言之隱而有以相慰藉事後更當盡於平和之方面將以慘怛惻隱之誠而竭匡救扶持之力舍眞理

所在不敢遷就之外務求有以去相矜之意氣而普相洽之感情庶向於將來有所倚賴且此次持國體論以號召同志應者甚盛其始終明示以立於反對之地位者猶易溝連惟默默之儔乃最可慮鑒於恐怖時代之覆轍其始相避其終相遠親愛情誼將以日疎雖同團體而彼此隔膜不復聯屬是故感情之相戾者固可憂而怵於事變感情冷淡者尤不可無以調和之也是誠吾黨之責也是誠吾黨之責也

以上所述本會維持之本意大略盡是嗟夫事變以來眞有令人感慨無端俯仰自失者本會同人抱無窮之缺憾懷無窮之後悔其尤大者事之始也同人以爲祇學界利益問題而不虞我同學以認爲有傷國體之故熱誠爆發一往難繼事前之綢繆已疎迨事之殷也又不能積誠以感動羣聽所由深自咎責者自今以往惟望我同學念同胞之可親信眞理之可愛相與戮力以維繫此垂危之局學界前途庶有豸乎

致聯合會諸代表第二書

聯合會代表諸公賜鑒昨夜辱承過訪承於和衷共濟一語深相嘉納不勝感佩諸公苦心維持凡在學界莫不悉其熱誠僕等不能調和於事前而又竭蹶於事後所由深自愧赧也日來所最耿耿於心者延期之說已成絕望而取消之說則尚如旁皇九里霧中無所把持而時不待人窮途在即存亡之機繫於一髮不敢不竭誠相告望諸公開豁懷抱萬不可疑僕等有爭勝之意蓋此次僕等實處嫌疑之地位知延期之無望而即以省令解釋爲已達目的與聯合會異其目的之處即似與聯合會爭勝之處也然僕等萬不敢存此心抑萬不忍存此心肇事以來始終斡運其間者惟公等而已團體如是之大影響如是之遠倘其結果堂皇滿足豈惟諸公樂觀其成即僕等始終與聯合會意不同者亦欣欣望之何也目的不同而爲中國人則同吾輩對於外國人一舉一動心所懷企者在有嘉譽而無惡聲個人且然何況團體耶然僕等所以迫不及

待而銳然組織斯會者時日已迫待無可待故也觀夫本會以十二月初七日起點至十二月二十五日而始實施其中遲延之故區區苦心當可相諒今後倘能與聯合會以好機遇而與諸公以助力者無不竭力爲之期相與有成而尤望諸公念大局之垂危爲留學界計爲吾國前途計忍辱負重甯犧牲一時之虛榮則收拾轉圜倍易爲計此心悃不能掬以相示故第一之懷望在諸公不疑僕等爲有爭勝之意也第二之懷望則願諸公毋希望外國人而親愛同胞今日本人自政府以至政黨暨新聞記者等有一可信者耶持侵略主義者則挾壓制政策以爲嘗試持吸收主義者則利用吾等衆望所注而謀有以結其歡心朝三暮四甯可究詰希望助力而陡增熱度迨乎失望則又生無窮感慨如是循環靡有甯晷至於僕等雖不肖辱爲同胞此次立會非欲樹敵無非抱持孤詣求悟羣聽其間或危言深論或哀喻婉諷以至今茲甘犯嫌疑謀有以補救於將來憂心沈鬱言之可傷自與諸公相晤深覺有不我遐棄之意彌

生感戚伏望鑒其苦意開誠布公以爲學界盡力不再存猜疑之念則幸甚幸甚幷乞以此意傳語會員諸君臨書悽愴不知所云　維持學界同志會公啓

維持留學界同志會職員會員公鑒

本會成立以來入會會員日多言文舉動若不注意必致有害同學感情並與本會維持秩序之旨相背茲特舉三事相約如左

一本會職員對於會外團體及個人言論當矢誠忠告不得譏諷嫚罵

二本會職員會員不得以個人意見用本會名義發表文件

三本會職員會員除會外人以暴行相加得用正當防衛之外不可爲非禮之舉動　維持留學界同志會公啓

啓者本會自成立以來入會者已達二千餘人本會既以維持自任當急籌回復秩序並各同學上課事宜茲將近日著手實行最要條件通告如左

一經此次擾攘各省同鄉會及各校校友會多有因生衝突而破壞者請同

志諸君更相聯合重謀組織以恢復舊日之秩序　浙江省等已開會決議全體上課　并彼此轉告爲上課之預備

二已請總監督暨各校校長商酌爲我同學之利便各校各班同時興復有志留學者可就原入學校發書報名即已經退學者亦無限制可一體上課其有專爲我國學生設立之校因歸國有人班次不齊即可要求學校設法改組其新來東京願入校者則照常通名於總監督處

關於上之二節須按切情形分別辦法本會已特派員調查一切但猶恐未盡周洽故更爲此通告同學諸君若有意見尤以不吝教爲望　陽歷十二月二十九日維持留學界同志會同人公啓

評議會發佈

文部省令頒佈取締清國學生規程我學界同聲反對始而聯合會立認定規程純出惡意以不取消即歸國辦學堂爲宗旨繼而會館總會成立亦與聯合

會宗旨吻合全體同胞一德一心純抱對外之主義最後有維持學界會出又以不必取消亟亟上課爲宗旨與總會聯合會大相反對以僕等觀之會雖爲三其爲祖國謀則無二致不過所見各殊耳在總會聯合會之意不肯辱國體損主權失人格而欲伸士氣以爲强國之基礎故報告一出大衆樂從在維持會之意以爲我國多事需才孔亟不肯使一般學生半途而廢故報告出而從者亦有人倘所謂殊途而同歸者非耶無如各執一見底於極端是非不明終無良果以同胞留學異邦漫爲爭競互相攻擊適足貽外人之訕笑僕等覩此現象不忍坐視因組成評議會樂從者多人其宗旨在調停務期和衷共濟勿輒參商同達强國之目的則學界幸甚祖國幸甚　評議會會員公啓

規則

(一)本會以聯絡團體勿傷感情爲目的

(二)本會認聯合維持兩會均爲公益務求消融意見不致互相衝突

(三)本會對于兩會研究公理竭誠勸解不得膠執已見顛倒是非
(四)本會擇善而從不挾已見同人如有善策及兩會意見書均交書記保存以便日後從容評議廣告海內
(五)本會舉幹事每日常住會以專職守
(六)學界此次抗爭既文部省說明不得謂無成效如此後欲繼續以達目的不可主張極端手段破壞團體
(七)同學諸君如有公認本會宗旨爲正當者請每日至會館評議會書記室報名共籌辦法
(八)聯合會前所布之自治規則如果擴充改良繼續施行本會認爲有效

二十五日陰午前接見學生蘇皖川鄂晋豫諸省學生均有人來據言此次學界風潮大概分爲兩派一派主張歸國者一派主張上課者該兩派人互相軋轢遂致勢成猗虎自前十餘日各校學生總代會議决定上課主意後主張歸國

之說者已漸少矣又言陽歷十一月二十八日中國留學生五百餘人設事務所於赤阪藥王寺前町決議歸校互相勸勉自是遂分歸校與歸國爲兩派大生衝突留學生會館內每日聚集兩派學生約數百名互相爭論各於壁上徧貼檄文以冀勸人附入已派於是一派學生所檄貼文又爲反對派學生扯去而焚化之常有於中夜或黎明時私往扯去反對派之檄文而將己之檄文貼於壁上者如此互相扯毀擾擾不已某早六點鐘時有歸校派之學生一人潛往會館意欲貼其檄文於壁上不料已有歸國派之學生八九人在互相爭辯歸校派雖只一人然以其勢甚銳竟得達其目的而去不旋踵而其檄文已爲反對派所扯去紛擾之狀幾至難於形容日前傳言中國政府已在上海預備拘捕歸國學生因此歸國派之氣燄稍衰忽有人主謀派員往滬偵探旋得報告並無此事全屬謠言於是歸國派復倡言於衆凡我同志諸君務當堅力團結勿屈於壓制政府之下且以此數語大書於會館壁上以冀恢復其同志之

氣隊越數日間維持會卽歸校派多附和聯合會亦漸軟弱又有人出而組織一評議會復繼以調停會遂化激烈爲和平昨今調査各學校已上課者有七八成之譜似不致再生枝節耳午初至菫館偕渭甥坐電車神田永興館答殷可亭過成昌樓午餐本鄉伊勢榮館答劉皓如愛宕館答錢念慈文少奇適三欽使隨員到京晤文法和廷楷陳幼庸趙仲宣王侃叔劉模生諸君冒雨而歸屢換電車衣履俱濕

二十六日陰晨起接見皖晉學生又有南通州習薦學孝廉名觀樞山西佐職來謁午間約川鄂留學諸君聚飲於味蒓園告以皖生均上課飯後遊靖國神社及九段勸工場又訪尾崎氏出示請廢警視廳之請願書譯之如左

以警視廳爲不便而議廢止者世論同出一轍故今已無容反覆絮述其廢止之理但就大綱論之可分爲四項試署述如下第一（不伴時勢之進運）日本警視廳之制度在明治初年政府之威權未立當中央集權政治之時化容有

必不可少之處然至進運日新如今日則警視廳制度非但不便實亦無所用之當局者又焉用此贅疣爲第二（有權力濫用之弊）警視廳創設之趣旨已如上所述即使政府隨時勢之進運漸次改良其制度然終視此爲獨立之官衙勢必有濫用權力之弊况乎警察權與凡百行政權異不受法規之束縛往往以保持公共安寧之一言爲藉口之資因毅然行其干涉主義妄用權力致釀不測之危險此等事已數見不鮮今爲革弊計若使此警察事務與各官府同屬知事之掌管則以知事爲凡百行政之樞可以管轄警察事務不使偏倚之弊竇則權限分明庶幾不至濫用乎第三（礙事權之統一）東京外之各府縣每由長官執行一般之行政事務即警察事務亦使之兼掌故其組織簡明有克保統一事務之便獨至東京市則不然府知事與警視廳實兩兩對立不特在事務執行上有多少不便且市民彼此分心莫知所適從其害可知矣第四（無獨立官衙之理由）然政府在今日尚欲保存此無謂之制度其所以欲

保存者蓋爲日本帝國首府不特警察事項爲多且高等警察有不可缺之理由故不得不保存爾然警察之事項誠多亦宜別置一相當之吏員况在東京之高等警察事務有政府直轄之存其利去其弊亦未始不得其宜由是觀之此警視廳爲獨立之官衙固居今日處此國之人所百思而不得其解矣統觀以上四項警視之廢止固已輿論翕然矣使及今不廢不特無以服輿情洽公論其如政府失策流弊無窮何且舊日警視廳頗著威信近今則大非昔比市民對之毫無信賴之感念及時而廢止之亦改良行政事務之一端至此外須整理之事不遑一一枚舉矣

二十七日晴即陰晨起接見皖晉蘇鄂諸生閱朝日新聞載日清條約全文譯之如左

正約

大清國　大皇帝陛下　大日本國　大皇帝陛下均顧妥定光緒三十一年

八月初七日卽明治三十八年九月初五日日俄兩國簽定和約內所列共同
關涉各項事宜玆照上開宗旨訂立條約爲此
大淸國　大皇帝陛下
欽差全權大臣軍機大臣外務部尙書會辦大臣瞿鴻禨
簡授　欽差全權大臣軍機大臣總理外務部事務和碩慶親王
欽差全權大臣北洋大臣太子少保直隸總督袁世凱
大日本國　大皇帝陛下
特派全權大使外務大臣從三位勳一等男爵小村壽太郎
簡授
特命全權公使從四位勳二等內田康哉
爲全權大臣各將所奉全權文憑校閱認明俱屬妥善會商訂定各條款開列
於左
第一款

中國政府將俄國按照日俄和約第五款及第六款允讓日本國之一切槪行
允諾
第二款
日本國政府承允按照中俄兩國所訂借地及造路原約實力遵行嗣後遇事
隨時與中國政府妥商釐定
第三款
本條約由簽字蓋印之日起卽當施行並由
大清國　大皇帝陛下
大日本國　大皇帝陛下　御筆批准由本約蓋印之日起兩個月以內
應從速將　批准約本在北京互換
爲此兩國全權大臣繕備漢文日本文各二本卽於此約內簽名蓋印以昭信
守

大清國欽差全權大臣軍機大臣外務部尙書會辦大臣瞿　鴻禨
大清國欽差全權大臣軍機大臣總理外務部事務和碩慶　親　王
大淸國欽差全權大臣北洋大臣太子少保直隸總督袁　世　凱
大日本國特派全權大臣外務大臣從三位勳一等男爵小村壽太郎
大　日　本　國　特　命　全　權　公　使　從　四　位　勳　二　等　內　田　康　哉

光緒三十一年十一月二十六日
明治三十八年十二月二十二日　立於北京

附約

大清國
大日本國　政府爲東三省地方彼此另有關涉事宜應行定明以便遵守起見商訂各條款開列於左

第一款　中國政府應允俟日俄兩國軍隊撤退後從速將下開各地方中國自行開埠通商

奉天省內之鳳凰城　遼陽　新民屯　鐵嶺　通江子法庫門　吉林省內之長春（即寬城子）　吉林省城　哈爾賓　甯古塔　琿春三姓　黑龍江省內之齊齊哈爾　海拉爾　愛琿　滿洲里

第二款　因中國政府聲明極盼日俄兩國將駐紮東三省軍隊暨護路兵隊從速撤退日本國政府願副中國期望如俄國允將護路兵撤退或中俄兩國另有商訂妥善辦法日本國政府允即一律照辦又如滿洲地方平靖外國人命產業中國均能保護周密日本國亦可與俄國將護路兵同時撤退

第三款　日本國軍隊一經由東三省某地方撤退日本國政府應隨即將該地名知會中國政府雖在日俄和約續加條款所訂之撤兵限期以內即如上段所開一準知會日本軍隊撤畢則中國政府可得在各該地方酌派軍隊以資地方治安日本軍隊未撤地方倘有土匪擾害閭閻中國地方官亦得以派相當兵隊前往勦捕但不得進距日本駐兵界限二十華里以內

第四款　日本國政府允因軍務上所必需曾經在滿洲地方佔領或佔用之中國公私各產業在撤兵時悉還中國官民接受其屬無須備用者卽在撤兵以前亦可交還

第五款　中國政府爲妥行保全在東三省各地方陣亡之日本軍隊將兵墳塋以及立有忠魂碑之地務須竭力設法辦理

第六款　中國政府允將由安東縣至奉天省城所築造之行軍鐵路仍由日本國政府接續經管改爲專運各國工商貨物自此路改良竣工之日起（除因運兵回國耽延十二個月不計外限以二年爲改良竣工之期）以十五年爲限卽至光緒四十九年止屆期彼此公請一他國公估人按該路建置各物件估價售與中國未售以前准由中國政府運送兵丁餉械可按東省鐵路章程辦理至該路改良辦法應由日本承辦人員與中國特派人員妥實商議所有辦理該路事務中國政府援照東省鐵路合同派員查察經

理至該路轉運中國官商貨物價值應另訂詳章

第七款　中日兩國政府爲圖來往輸運均臻興旺便捷起見妥訂南滿洲鐵路與中國各鐵路接聯營業章程務須從速另訂別約

第八款　中國政府允南滿洲鐵路所需各項材料應豁免一切稅捐釐金

第九款　所有奉省已開辦商埠之營口暨雖允開埠尚未開辦之安東縣奉天府各地方其劃定日本租界之辦法應由中日兩國官員另行妥商釐定

第十款　中國政府允許設一中日木植公司在鴨綠江右岸地方採伐木植至該地段廣狹年限多寡暨公司如何設立一切合辦章程應另訂詳細合同總期中日股東利權均攤

第十一款　滿韓交界陸路通商彼此應按照相待最優國之例辦理

第十二款　中日兩國政府允凡本日簽名蓋印之正約暨附約所載各款遇事均以彼此相待最優之處施行

本約由本日簽名蓋印之日起即當施行並本日簽定之正約一經　批准本約亦視同一律　批准

為此兩國全權大臣各奉本國政府合宜委任繕備漢文日本文各二本即於此約內簽名蓋印以昭信守

大清國欽差全權大臣軍機大臣外務部尚書會辦大臣瞿　鴻　禨

大清國欽差全權大臣軍機大臣總理外務部事務和碩慶　親　王

大清國欽差全權大臣北洋大臣太子少保直隸總督袁　世　凱

大日本國特派全權大臣外務大臣從三位勳一等男爵小村壽太郎

大日本國特命全權公使從四位勳二等內田康哉

光緒三十一年十一月二十六日

明治三十八年十二月二十二日　立於北京

午前安徽同鄉開歡迎會於淸風亭余蒞會後演說此次退學之得失及將來

留學之利弊大意注重學生自治規則又提議創辦兩江留學生會館並附屬學校事擬於新年開懇親會徧請三省留學諸生酌議辦法不獨爲外界結團體且欲爲內界泯爭端於學界上影響最捷効果最多衆論翕然皖生原有二百四十八人官費散見於各省所派本省甚少地方公費只四十人私費居其多數現在歸國約五六十人留學約有一百八十九人惟歸國人之姓名尙未調查明晰茲將上月初同鄉會月捐簿姓名抄錄如左

程家檉　高逸　戴贇　方時簡　方時翮　方樞　蒯壽樞

龔圓常　孫方尙　潘贇儀　金家爵　金蘭　石德純　李炳春

陳從義　鄧質儀　汪瑩　程良楷　姚薰　吳和翮　張齡永

汪爔芝　權道涵　張先春　趙宋卿　葉克敷　張祖桐　徐鵬

孫開　范磊　裴豫祥　吳長齡　郭廷康　王天培　孫啓

孫方瑜　李德瑚　王化崇　李乾璜　張登瀛　劉屏周　張家騮

鄭瑞　姚震　朱英　黃崇堅　王賡　施錦淙　余恭保
胡萬泰　虞維鐸　馬林　葛光廷　吳建忠　劉煥　劉金選
孫允珩　史浩然　汪之鈞　潘世杰　王恢善　史悠暹　張基
吳艮駒　張家翰　蘇穎達　程明理　王善達　劉國棟　高蔭藻
傅家珍　丁緒餘　段光融　龔維疆　聶憲藩　孫元　朱含芳
李國熙　張殿魁　陸明友　吳長琥　呂輝獄　汪思全　呂學沅
闞鐸　吳家鈞　徐紹端　趙爾枚　牛弘　王定國　張國鈞
周德堯　鄒賡昌　吳炎世　姚和羹　羅厚焜　方庚源　周儒楷
黃堉元　奚荔生　羅運松　羅會珪　楊嘉紳　汪福壽　胡國鈞
吳光華　王冑坤　張貽惠　后大徑　江洪杰　沈戟　徐夢蘭
光晟　夏道泮　王維琛　徐光煒　段瑞蘭　汪芳績　程立
孫毓新　汪應福　項本源　段雲　張銘三　孫型方　房廷璋

王之楨　朱蔆漢　康達　康尙黃　虞克楝　孔憲延　蘇錫衡
何冐英　吳弱男　吳亞男　時芸芬　方佑艮　裴炊　裴乾鎔
鮑庚　汪開棟　李衡　李克賢　殷葆田　吳驥艮　張瑞麟
章克昭　傅卓夫　謝家鴻　王盛銘　高道源　石亮義　張采臣
晉麟　張起元　張家亨　汪樹德　陳炳徑　李作賓　程恩普
程維屏　丁象謙　茆獻宗　胡清澍　葉艮　劉昭蔭　黃建寅
王榮堂　俞道喧　郭霖　汪紹烝　方震甲　王良弼　單啓訓
潘光祖　汪聿修　張石槎　劉錡　許成才　莊化西　劉屏翰
張堂榮　吳承志　方新　楊轡龍　徐方漢　張海潮　胡宗翰
汪宗堯　汪行恕　劉裕堪　吳景澄　胡遇璜　王作梅　朱正本
孫象震　江煌　金鼎彝　鄭遐濟　葉崇榘　黃璧　宋邦翰
張鼎勳　蒯先承　張壽熙　陸紹武　單啓鶴　張傳禮　徐光模

單師玉　陳龍章　楊立奎　湯松年　韓世英　朱紹文　余繩鎭
潘承烈　段志超　江　誰　胡寅旭　張鴻鼎　趙本照　程杏書
湯　敏　呂烈熙　江　焘　吳隆頤　戴以麟　陶　常　馬光祖
方體華　陸樹藩　吳慶龍　張　珽　汪仁暉　施　普　黃位堃
胡虞賓　周大受　張承典　何炳庚　張少涵　徐本森　葛　鼎
朱成勳　孫　樺　孫　榑

午間同鄉會職員方時簡方時翮王賡汪㦷芝吳炎世權道涵江洪杰孫方尚等暨張公亮公宴於憶蒓園席間商酌新年懇親會發郵片登報紙各事傍晚訪馬相伯中央館住一宿即遷築地法國飯店已往箱根遊日光去矣聞昨日憲政本黨及政友會均開大會於東京訪大隈君談政友進步大同政交及無所屬各黨派交涉會之現狀頗詳常任委員之選舉各部俱聯合政友進步兩黨以圖專據自昨年來在同政會大同會及中立派等人議決一概不得讓權

故近日大同俱樂部鑒此情形大有反對之勢云又出示帝國議會開院詔勅文譯之如左

茲朕奉行帝國議會開院之式告爾貴族院及衆議院各員朕賴文武臣寮及各員之翼贊與民庶之忠誠爰戢干戈以致昇平既與俄國修交隣之誼復與英國協約幾經改訂其他與訂盟各邦之交際日益親厚朕深幸之日本與朝鮮之關係經數次協約交誼愈見密切從今以後益敦友好以盡指導啓發之道卿等其共勉之朕命國務大臣就明治三十九年預算案及法律案均付議會決議卿等克鑒國步之進運期大成於前途其各和衷協贊竭力匡輔以副朕望是幸

日本帝國議會開院式次第　○(一)午前十句鐘兩院議員齊赴各所屬之議院中(一)午前十句三十分鐘東宮並親王王內閣總理大臣暨各大臣樞密院議長及副議長樞密顧問宫齊集貴族院中(一)同時御駕出宮行幸貴

族院(一)衆議院議長兩院副議長書記官長書記官整列恭迎於議院門內(一)貴族院議長恭迎御駕導入便殿(一)駕臨便殿後兩院議員各從其議長指揮依式場圖整列(一)式部長奏請駕出(一)駕出式場式部長先導東宮並親王以下扈從(一)駕臨玉座各員行最敬之禮(一)總理大臣奉進勅語書(一)勅語(一)議長及議員靜聽勅語畢再行最敬之禮(一)貴族院議長進御座前拜受勅語書復位(一)返駕式部長先導東宮並親王以下扈從(一)還幸兩院議長副議長書記官長書記官整列恭送於議院門內(一)還幸後各員始散

貴族院議員心得　○(一)服式有爵者文官現任着大禮服陸軍將校正裝海軍將校正服其餘人等尋常禮服　錦鷄間(宮中地名)侍從之勅任官用大禮服(一)尋常禮服佩用徽章(一)參集之議員午前十時入貴族院門從玄關門進(正堂入口之門)(一)參集之時入玄關門左折至接收名片所投

呈名片然後依定位次各入其室（一）外套必脫置於車中（一）車馬之次序一依守衛之指示（一）各議員從議長之指揮排次從東側門入式場（一）各議員禮畢始退

衆議院議員心得　○（一）侍候錦鷄間之文武官及有位者均穿大禮服其餘人等用尋常禮服（一）有勳章者佩用本綬（一）參集時先在玄關門側投呈名片（一）第一搖鈴齊集議場由議長先導依次入式場（一）禮畢退出第二搖鈴再集衆議院議場

二十八日晴冷昨晚九時四十五分地震約六七分鐘晨起偕吳監督往新橋停車場迎澤公李常卿尙方伯日皇特派花房宮內次官珍田外務次官憲兵司令官警視總監東京府知事東京市長等前往招待東鄉大將亦往迎楊公使陪三欽使乘馬車至芝離宮照皇族例接待預備芝離宮即日皇之別館各員尾隨而至一々接見行屈膝禮鵠立須臾槪未問話巳正二刻各員散歸日本

政府派警察官及巡査守宮門我輩入内皆舉手宮内西式樓閣裝飾富麗花園極其宏闊宮墻外卽東京海灣可通輪舟午初至銀座松島店及日本橋三井吳服店購物又至日本橋區本町三丁目十七番地金港堂暨日本橋新右衛門日本書籍株式會社並至該社東部書館調査文部省改訂教科書新印本購尋常高等小學教科書定本數十種又至京橋區新穀町冲商會晤冲馬吉林五十三購電話電鈴電氣數品過風月堂午餐回寓有晋生送酒食來

二十九日陰閱讀賣新聞報載前日晚間弘文學院　同文書院　經緯學堂　東斌學堂　大成學館　濟美學堂　鐵道學校　早稻田大學　法政大學　成城學校　實踐女學校等代表人十四五人會集於飯田町富士見軒互示中國學生之復校人數其中惟同文學院有三分之二復校此外復校者皆三分之一有餘

又閱日日新聞報載東京府之富力統計　○國民俱樂部之高橋秀臣君曰

來就戰後經營之計劃分本國之富力爲（一）土地（二）家屋倉庫及其餘建築物（三）家財及美術品（四）家畜及其餘動物（五）礦業（六）水產（七）鐵路電信電話電氣及水道（八）船舶（九）金銀貨幣及金銀塊（十）公司銀行事業（十一）各種貨物商品以爲材料將向各府縣次第調查云就中東京府之富力擘分如左

東京府之面積百〇二方里郡八市一町二十村百五十七人口二百五十三萬二千六百七十七人內東京市人口百九十三萬二千九百八十九人

東京府之富力十五億五千七百四十七萬六千三百八十二元九角一分內土地三億三千一百五十七萬九千五百四十二元家屋倉庫及其餘建築物千五百九十二萬九千四百元家產及美術品二億七千五百五十五萬六百三十元家畜及其餘動物六十四萬四千二百八十一元四角四分鑛業無水產八百二十二萬五千四百八十四元四角鐵路電信電話電氣及水道七千

八百二十萬七千八百四十八元船舶四千一百七十四萬七千四百三十五元一角金銀貨幣及金銀塊二千一百六十四萬一千八百八十八元二角公司銀行事業二億三千五百三十三萬七千八百八十五元各種貨物商品三千三百五十八萬一千九百八十八元七角七分

巳初偕茀丈至神田鍛冶町三丁目謄寫堂購印字版印油紙件又至冲商會定製電鈴盤過風月堂午餐又至森田家託定製千倉徽章傍晚孝寬孝遠韵生渭漁璧城來

三十日陰閱朝日新聞報載朝鮮統監府官制業已編定本統監府於統監之下置勅任總務官即擬定前大坂市長鶴原定吉任之又在朝鮮度支部之度支顧問部及朝鮮內部之警務顧問部均應廢去另於統監府下設立財務部警務部及通信部各置勅任之部長聞得財務部長以現度支部顧問賀田種太郎氏充之警務部長以現警務部顧問丸山重俊氏充之云

午後客來循例辭歲晚與葧丈對飲

丙午元旦大雪中東官紳來賀午後一時假座牛込區赤城元町清風亭開新年懇親會先期徧邀三省同鄉到會一百餘人先由幹事王君賡報告本會之緣起予復演說留學生總會館沿革憶自辛丑冬與諸生創設是館彼時我國留學生只二百六十七人吾皖僅十五六人壬癸甲乙四年間余復奉公東渡五次目覩留學界之發達日勝一日迨去冬竟有八千餘衆可謂盛矣獨不解從前少數人而能組織此會館今以多數人而反不能保存此會館且欲將會館退租是誠何心衆口皆塞因又提議創設兩江會館附設學校事意謂總會館是全國留學生的一個大樞紐各省人數既多究竟散漫非各省結成小團體由小團體再結成大團體斷不能成一堅固安穩之團體此分會館之宜急設也總會館所以轄全體分會館所以聯省界其勢實相輔而行至附設學校一節緣以現在游學諸生無論官費公費私費其中達材成德固不乏人然於普

通科學毫無根柢者亦復不少言語不通造詣不同遽入日本學校預備普通科學仍須先習語科其計殊覺失當今我中國各省學堂如果設立預備游學科專習普通科學及各國語言文字立法不難成效甚難教習尤不易聘恐一時未能美備是莫若就外國立一學校祇須經理得人規模定可完善教習就地取材任我選擇脩薪較聘至中國更廉數倍此亦因時變通之法然若奏歸官辦其中窒礙甚多惟附屬於會館或可持永久而圖精良普通班外仍可附設小學注重中文准商家子弟入學讀書將來商家子弟必不致有僅識洋文洋語而不解中文官話之弊是豈獨爲學界與商界聯絡起見且可造就無窮人才現在日本教育專賣家甚多倘有干涉校務商家全體均可出而抵禦是固不得不作預防之計但創會館及學校常年費雖難籌尚有學費可指定創辦費頗不易非賴官力不爲功茲擬稟懇兩江督憲俯賜提倡如能咨商江西江蘇安徽三省協力通籌每省籌五千金合之江甯可得兩萬金再由三省官

商捐集兩萬金作爲開辦經費當可達此目的不識諸君以爲何如當時全體贊成惟江西南康人湯漪號斐予起而反對羣議咸駁斥之或諷刺之彼亦默然無言該生形似瘋癲並非據理辯論不足怪也是日蘇贛兩省人數較少未能決議同鄉會兩幹事意欲來日曜日兩省各自開會便可商定此舉

初二日暢晴午前謁公使及參贊又至芝離宮賀三欽使年晤九懷秀峯幼庸諸人訪趙康侯留午飯子中弟卿皆至飯後同往赤坂增田家同撮小影傍晚汪六園偕姚君震來商日華學生會事小宮送標本畫來閱時事新報載東京維持留學同志會於昨日柬邀長岡子爵梅謙次郎嘉納治五郎等及新聞社記者其餘凡有關係於中國留學生之日本講師等於偕樂園宴會該同志會派留學生代表人數名列席首先由熊垓演說一番初則畧表敬意繼云我輩於文部省令中之一二條雖有不服之點然其後經文部公示其解釋於是不僅我輩之疑念立即冰釋且反悟此令於留學生甚有利益今各留學生已絡繹

復校已達本會之目的此後所希望於收容中國學生之學校長者乃在不以他國人之觀念待我輩當與日本學生同等看待不獨拘拘於物質的教育而當努力於精神的教育也此外所望於新聞記者者乃自今以後凡遇有關於留學生品行之事須詳細記其人之姓氏與籍貫否則同姓者甚多恐他人亦被誤也次由長岡子爵起而演說略謂余甚表同意於熊埮氏所說之詞所望於留學生諸君者此後切勿再有同盟休學之妄動苟有不解日本政府之措置之事則宜按秩序而行事可也云云於是主客咸盡歡而散

日華學生會移檄

吾日華兩國之交際尚矣昔者國家玉帛修好士民縞紵訂交故唐代日本遣留學生史不絕筆自茲以降雖世有隆汚事有得失然于宋于元于明于淸舟楫往來冠蓋相望迨至晚近復尋舊盟朝野臣民相資取善是以華人負笈東航來遊東京者實不下萬人是不亦盛矣哉是時也吾兩國學生之志四方互

相集會披胸襟敍款曲以洽彼我之交情務期貫通兩國事情以速將來文明之進步豈非今日當務之急耶某等有感于此精神若一所謀胥同乃創斯會名曰日華學生會傳曰（善鄰親仁國之寶也）吾東亞兩大國之學生諸君有同感者其速來會俾區々微衷始終而有所貫徹也

明治三十九年一月

日華學生會々則

等一條　本會名日華學生會

第二條　本會以日華兩國學生組織之

第三條　本會圖日華兩國學生之親睦兼以開進相互之智德爲目的

第四條　本會隔月開例會一次但依時宜得以變更之

第五條　本會於兩國學生中置若干委員以經理本會事務

第六條　本會於主重學校爲補助本會之目的起見可置委員

第七條　本會置事務所於左

東京市神田區錦町三丁目　錦輝館

第八條　本會受日華兩國有志者之寄附金以補助費用

日華學生會發起者

日　本

東京高等商業學校　井上筆次郎

外國語學校　川井光太郎

早稻田大學　川勝藏太

慶應義塾　竹內恒吉

東京高等工業學校　中尾遠太郎

東京帝國大學　工藤十三雄

仝　八並武治

東京高等師範學校　有吉牛祐
早稻田大學　三壚熊太
清國
成城學校　屠密
東京高等商業學校　趙保泰
明治大學　張繼
廣島高等師範學校　李祖虞
弘文學院　夏道南
路鑛學堂　韓汝庚
早稻田大學　姚震
岩倉鐵道學校　曾鯤化
早稻田大學　蹇念鑑

成城學校　吳永珊

大成學校　承胡喆

東京帝國大學　周家彥

初三日晴冷午前接見學生有人交閱維持學界同志會告留日同學歸國諸君書錄之如下

自日本文部省令十九號發布以來吾留學界感其不便以停課爭以退學爭甚且以歸國爲最後之手段諸君獨慮空言之不足以動衆乃謀實踐以爲之倡激昂慷慨義不苟留旬日之間歸航者踵相錯此其熱血毅力甯獨吾同人所敬服抑亦日本朝野所屬耳目焉某等雖不肖同爲中國人同爲留學一分子顧當此潮流激動之際所以隱忍容與不敢步諸君後塵者則以某等之對此問題當以恢復利益爲主非於國際有關（其理由詳本會意見書）苟文部省與以充分之保障則吾留學之目的初無所損害又以留學界十年以來

經先後賢哲苦心經營乃達今日之盛一旦務絕其根株爲中國前途計有百害無一利是故甯忍一日之痛以徐俟其轉圜非故與諸君立異也幸而諸君歸後日本之輿論爲之一變日本之政策爲之一轉而留學日本之障害亦遂爲之一洗蓋自文部省令趣旨說明書出而前省令第九第十兩條凡吾人所認爲有害經濟有害衛生有害自由者全失其精神自文部省解釋公館之義通告於公使而前省令第一條吾人所認爲有害求學者僅存其形式某等以爲自今以後吾留學界之利益不特無所遜於前卽謂因此而有擴充之基礎爲未可知也此雖由留東同人奔走磋商之力抑亦特諸君爲後援始有此良好之結果是諸君之有賜於留學界不已多乎乃者開學期迫留東同人將全體上課獨吾任勞任怨之歸國諸君拋荒其有用光陰號呼奔走以謀吾全體之利益者功成而不居利至而弗共徘徊於內地而不能終達其求學之目的此留東同人所寢饋不安者也某等爲諸君計爲大局計有不可不復來者數

端謹爲諸君一忠告焉夫諸君之來也其第一目的非求學乎然而學問之道雖千端萬緒而以始終一貫爲要義今未竟厥緒中道棄之是前此之劬勞精進悉歸無用縱有獨修之志其較之羣聚研究日有常課者不可以道里計此亦無庸諱言也諸君居東之時雖長短不一苟忍之數年期於大成豈不甚易此不可不復來者一也近年以來吾國人士東渡負笈者數倍於前此其於中國前途有無裨益姑不具論第以今日國內之現象比諸數年以前其進步之速率莫不以派遣留學爲前提此有識者所共認也諸君負一鄉之望內地士大夫覩爲學準一旦東身歸國以爲東瀛土地眞不可復居已派者中止未派者絕望而有志苦學不受官費者亦趦趄而不前坐使中國一線萌芽從此中斷諸君能任其責乎此不可不復來者二也策中國者莫不曰教育卽以留學日本計其所費歲不下數百萬使長此依賴不求自立其何能濟諸君之歸國也以自辦學堂爲目的可謂知本矣雖然某等以爲今日尚非其時也諸君學

業足以當教育之任者固不乏人然而茲事體大非深通其蘊奥未易一朝居
也以諸君之才智更閱數年則光大而擴充之豈非更上一層耶此不可不復
來者三也凡此數端皆於中國有至大之關係而於諸君爲惟一之責任諸君
其有意乎某等謹九頓首以俟
又閱新報館載日本定朝鮮統監府及理事廳之官制譯錄如左
第一條　朝鮮京城置統監府
第二條　統監府置統監一人
統監爲親任
統監直隷天皇關於外交事務由外務大臣經内閣總理大臣上奏裁可關
於其餘事務直經内閣總理大臣上奏裁可
第三條　統監在朝鮮代理日本政府除由日本駐劄外國代表者外統轄關
於在朝鮮之外國領事館及外國人之事務併監督朝鮮之行政事務有關

係於外國人者
統監基條約而行監督在朝鮮之日本官憲及公置執行之凡百政務與其餘從前屬日本官憲之一切監督事務
第四條　統監爲保持朝鮮之安甯秩序有時認達必要之際對朝鮮守備軍之司令官得發用兵之命
第五條　朝鮮之行政事務基條約而行有爲履行義務之必要統監可移文朝鮮政府以求其執行但在急施之際可直移文朝鮮當地之地方官憲使之執行後再通知朝鮮政府
第六條　統監監督日本官吏及其餘人等受朝鮮政府之傭聘者
第七條　統監發統監府令得行禁錮以下及罰金二百元以内之罰則
第八條　統監認所轄官廳之命令及處分有違條約或法令害公益及犯權限等情得停止其命令與處分及取消

第九條　統監統轄所部之官吏凡奏任官之進退經內閣總理大臣上奏之判官以下之進退可由統監主之

第十條　統監經內閣總理大臣奏請所部官吏之叙勳

第十一條　統監之下統監府應置之官員如下　總務長官一人（勅任）農商工務長官一人（勅任）警務總官一人（勅任又奏任）秘書官專任一人（奏任）書記官專任七人（奏任）警視專任二人（奏任）技師專任五人通譯官專任十人（奏任）屬人　警部　技手　通譯生專任四十五人（判任）統監府又囑托所轄官廳事務之朝鮮人得爲高等官及判任官之待遇

第十二條　總務長官輔佐統監總理府務

第十三條　統監遇有事故時依統監之所定朝鮮守備軍之司令官及總務長官得代理臨時統監之職務

第十四條　農商工務長官承上官之命掌管農商工及關於其餘産業之事務

第十五條　警務總長承上官之命掌管警察事務

第十六條　秘書官承上官之命掌關於機密之事務

第十七條　書記官承上官之命掌府務

第十八條　技師承上官之命掌技術

第十九條　通譯官承上官之命掌繙譯文書及通譯

第二十條　技手承上官之指揮從事技術

第二十一條　統監得令統監府技師及通譯官與技手就職理事廳

以上職員執行各項職務均承上官之指揮監督而行

第二十二條　朝鮮國内之要地置理事廳理事廳之位置及管轄區域統監定之

第二十三條　各理事廳應置職員如下　理事官（奏任）副理事官（奏任）屬人（判任）警部（判任）通譯生（判任）以上職員之外由統監認爲必要之理事廳時得置警視官奏任行之
置副理事官二人以上理事廳其一人主掌法律事務
理事廳職員之定員另定

第二十四條　理事官承統監之指揮掌管以前就職朝鮮領事所屬之事務並基於條約及法令理事官應就行之事務

第二十五條　理事官爲保持安甯秩序有時認爲緊急必要之際不暇請命監督可直移文駐劄當地日本軍隊之司令官請之出兵

第二十六條　理事官爲朝鮮之行政事務認基於條約履行之義務有必要者且要緊急施行者不暇請命統監可直移文朝鮮當地之地方官憲使之執行後再行通知統監

第二十七條　理事官發理事聽令得行罰金十元以內及拘留與處置之罰則

第二十八條　副理事官承理事官之命掌聽務遇理事官有事故之時得代理臨時職務

第二十九條　統監府及理事聽警視承上官之命掌警察事務

第三十條　統監府及理事聽屬人承上官之指揮從事庶務

午後往冲商會森田屋取物晚間三井吳服店書記山本理三郎送物來

初四日晴冷晨起接見學生午間頴府留學同人程維屏少齋阜陽郭廷康惠臣太和劉屏翰質甫霍邱正陽劉屏周松甫同上葛光廷覲宸蒙城孫象震仲堯亳州晉麟仁卿亳州鄒賡昌仲西霍邱王定國子和霍邱陸紹武伯仁蒙城胡寅旭濟臣霍邱丁緒餘濟臣阜陽丁象謙六皆同上湯松年漱風頴上程恩普稗厛阜陽等開特別歡迎會席設味蒓園並往小林寫眞館共撮小影申刻赴

本鄉座日華學生會晤大隈伯爵青木子爵長岡子爵小笠原伯爵嘉納治五郎尺秀三郎根津一寺尾亨福本日南高橋秀臣諸人來賓約五十餘人兩國學生到者千五百名幹事曾鯤化周家彥趙保泰姚震等周旋其間酉刻散會

茲將大隈青木演說之大概錄之如左

大隈伯爵演說之大略云國家之存亡因乘世運文明之潮流與反對之而分歧所謂適者生存之理亦可適應之於國家之運命者也世界五千年之前有東洋西洋二文明之潮流東洋文明於日本於中國皆因行政者之愚策自過其進路而爲凝滯不進之狀而西洋文明則駸駸然不稍停其步武其勢力遂漸壓迫東洋五十年前我日本乃因其刺戟而覺醒初日本亦不通外國之事態一意恐怖之於是鎖國攘夷之國論沸騰朝野曾試與戰爭數次而卒不能敵外國於是翻然有所覺悟終輸入其物質之文明改革國家組織更變行政機關進而於倫理道德之點亦採用外國之所長日本固有之文明不期竟與

西洋文明相調和得所謂適者之資格自是以後次第見國勢之伸張以至於今日中國今日之狀態恰如四十年前之日本中國今日國勢之不振卽由於不能如日本之速改其國是誠不得不爲中國悲也然朝有明敏之　兩宮陛下在有識者次第知變法自强之要下則派遣多數之留學生於日本上則派遣皇族考察各國政治此狀態恰與四十年前之日本相同當時日本派特派大使於海外且遣數千之留學生一面雇用無數之外人如此輸入有形無形之新智識以之調和於日本固有之文明其結果乃得今日之國勢今後之中國亦可得如日本四十年間之成績故兩國之關係相同亟宜相親相提携以共保將來東洋之平和也或云中國學生之爲學何必限以日本且歐美爲日本學問之本源故不若直接學諸歐美較爲有益云云然其人種異國體異道德之根不同歐美之學問實不能直接行之於中國必須首先以之調和於中國固有之文明故不如學於日本蓋已與日本之文明調和則施諸實際必大

顯其便利之處因日本與中國不獨同文同種且道德之本源亦同係祖述孔子者也既經日本咀嚼之西洋文物施之於中國可毫無不合宜之處況言乎道路則不過一葦帶水何必捨近而求遠哉余甚希望日本學生亦留意此點不誤所以對待中國學生之道也

青木子爵演說之大畧云欲厚中日兩國交誼則不獨求之於皇室或政府之關係而兩國國民尤不可互相親善國民之親善以兩者互相知爲要義中國學生在日本一面賴書籍以求學問一面尤須勉知日本之國情其道乃在親與日本學生相交接互相啓發故予於本會之設立表多大之贊成並望時時開如今日之大會藉以互相接洽敦厚交誼而學問之道以採他人之長補我之短爲要義是以切不可因其爲外國人而生猜疑之心或直因以啓排外之思想此乃尤須謹慎者也中國學生須信日本學生日本學生則須爲言語不通習俗相異之中國學生助力兩兩相待互相補助以爲益友而全睦誼此乃

予之所希望者也

晚間皖省速成師範生殷葆田徐方漢劉昭曦徐本森汪樹德張采臣方新盧衛南莊化西李克賢吳承志張海潮等開特別歡迎會席亦設味蒓園略商吾皖興學方法

初五日晴午前接見學生子申偕橫濱商人何堯階來斐漪至寓同往上野精養軒訪相老不值過勸工場一遊晚邀江鄂皖晉諸生飲於成昌樓

初六日晴午前往芝離宮謁李尙兩欽使述學生事又往公使館暨各監督處辭行小宮森田送物來午後皖晉諸生十餘人來六時乘火車行

初七日晴九時四十五分抵神戶入江君迎於三ノ宮投宿吉田旅館午前往美公司十一番德公司十番法公司十二番英公司十四番各家詢問船期午後發東京電

初八日陰雨竟日已初乘火車往大阪遊覽製皮革商廠及製玻璃商廠毛織絨

織工場略觀大概時已薄暮麥少彭開餐會於留春別墅正金銀行青木安部兩君三菱銀行木村君住友銀行小倉君三井銀行小野君三十四銀行有村君鴻池銀行桑原君北濱銀行吉田君浪速銀行松方君棉花商志方勢七鐘淵紡紗局長尾君同文學校杜孫伯領事長公傳少連胡子卿諸人同席亥初散坐青木君又邀往花潭常盤樓安部志方諸人暢飲醉歸

初九日晴晨起即往大阪訪造幣局長長谷川君又至鐵工場製造玩物工廠一遊未刻回神往德公司購船票

初十日晴午前大雪不能出門陳恩培約晚飲於花潭常盤樓青木松方諸君同席

十一日晴午前訪長壽卿青木安部諸君戌初登公司船々名普魯斯亥正二刻展輪月明風靜穩渡周防

十二日晴申正二刻過門司未停椗

十三日晴辰初抵長崎巳初上岸訪卞薇閣並晤粲君（現在奉調赴俄）未初回舟即開晚餐後與同舟海軍大佐在柏林日本大使館附武官八代（六郎）遞信省技師松長（規一郎）伯林使館隨員小村（俊三郎）山西譯書局總經理（大學堂附屬）竇樂安（英國人住上海虹口靶子路五十三號）諸君共談該船精潔異常伺應亦周食堂飯單桌布寢室手巾等物皆每日一換晚餐奏樂一篇一曲晚餐時有一印度官係留學東京畢業歸國者始以日語接談意甚親近因見我服洋裝操日語遂認我爲日人迨詢我之姓名自不得不以直告彼竟漸露慢容彼印奴尚如此勢利列强正不知如何耳

十四日晴風平浪靜申初過馬鞍山（又名花腦山）夜半抵吳淞口

十五日晴巳刻換坐小火船抵滬和兒梓姪已由蘇來迎同宿普陞棧

稟陳　督憲勸導日本留學生情形由

敬稟者竊（職道）於去年十二月初四日接奉

憲台電調到滬諭以日本留學生退學歸國風聲遠播父老疚心茲據蘇皖贛三省士紳公舉該道等前往察看情形妥爲勸導等因旋奉

飭由上海道庫發給川資遵卽束裝起程十二月十九日抵東連日招集吾皖同鄉諸生相與聚晤桑麻話舊杯酒言歡祇得聯之以情未便繩之以法團結之而後用連絡連絡之而後施勸導此中委曲具邀

洞鑒當亦毋庸贅陳查皖生原有二百三十餘人官費散見於各省所派本省最少地方公費只四十名私費居其多數此次歸國約五六十人現在留學僅一百六七十人當職道抵東時聞各省同鄉會已四散吾皖自應亟圖規復無如舊有職員紛紛告退遂不得不責以公理曉以大義再三勸勉始允協力擔任於是同鄉會散而復合詢諸生以對待各黨派之意見及全體退學歸國之原因據稱皖生安分守己共見共聞値風潮最劇時附和停課不過數人係新到之自費生早已返里其稍知自愛者或守中立或圖暫避皆未嘗有挺身直犯

學堂及公使情事卽就全體而論八千餘衆暴動僅數十名事後勢成騎虎進退兩難是以業經歸國之人未必盡爲甘心退學之人近日已有去而復返者職道詳加訪察均甚確實此時聯合會已漸衰維持會無效力有皖生出而發起調停會爲學界所公認全體贊成乃決議東歷一月十五日卽中歷十二月二十一日各學堂一律上課越一星期吾皖同鄉開特別歡迎會職道演說此次退學之得失及將來留學之利弊大意注重學生自治衆論尙覺翕然職道又於新正元旦開特別懇親會徧邀三省學生爲提議創設兩江會館並附屬學校事意在聯絡省誼不獨爲外界結團體且欲爲內界泯爭端是日盡歡而散又有留學諸生組織日華學生會藉以聯絡兩國學界是日到會千七百餘人日本學生多於我國大隈伯爵青木子爵長岡子爵暨諸名教育家皆蒞會演說此各學堂上課後數日之情形刻已安靜如常職道於本月十一日附輪內渡回甯銷差除面禀外合將勸導學生情形具報並將往返川資雜用等款

據實開摺附呈伏乞
俯准核銷實爲公便
謹略者頃奉
鈞諭飭將開報出洋往返川資摺內洋數合計銀數自應遵照另摺開呈又蒙
飭向安藩司補領銀兩等因仰見
憲恩高厚體恤周摯欽感難名惟職道籍隸皖省此行有當盡之義務本不應
領川資既領川資爲數亦頗不少更不應有不敷緣因聯絡學生起見酒食車
馬未免糜費遂致稍有不敷用款造報又不敢不據實開陳原摺內已聲明除
不敷之數當由職道籌墊以盡鄉誼毋庸補領等語務求
俯如前禀所請據情飭知安藩司毋庸補發俾職道於心稍安得有以對桑梓
實深叩禱感盼之至
禀陳　督憲皖省公費速成師範生留學情形懇請　咨商　皖撫憲設法維

持並懇續派師範生由

敬稟者竊職道此次到東目吾覩皖諸生留學情形有不敢壅於

上聞者查皖生現有一百六七十人歸國約五六十名仍陸續有去而復返官費皆散見於各省所派本省最少地方公費自去年始原來紳舉四十人前往日本留學皆習速成師範迨抵東後改習長期十六名僅存師範二十四名現又歸國九名其原定之經費每人籌給銀三百兩去年七月東渡八月入學應在今年暑假前畢業不料風潮驟起曠課至兩月餘近來雖已上課屆畢業時須否補習誠不可必惟學費刻已預支將盡其預支時公使館撥學費作川資確皆整裝待歸錢已用罄現復留學實屬艱窘若屆期再補習需費更多僉以資斧不繼爲慮職道訪察再三實不得已之苦衷若竟任其半途而廢未免前功盡棄殊覺可惜職道愛莫能助愧悚交深惟有仰懇

憲台咨商

皖撫憲俯恤下情始終成就倘能酌加津貼竭力維持每人補給兩個月學費約五十元由官籌給以現在十五名計祗須洋七百五十元約合銀五百餘兩若有歸國復往之人准以此十五名兩個月學費勻撥不能另籌補給如此辦法該生等畢業歸國各盡義務實受

列憲之賜地方蒙福不僅該生感激已也輙敢尤有所請者興學之事通省自應一體若不廣派游學恐難補救目前現習速成師範十五人速成畢業若科學向無研究工夫亦祇足勝管理員之任況此數員縱令人盡成材豈能擔任全省學務今年暑假後倘能續派若干名分別長期速成兩種專習師範無論官費公費但求按縣派生甯多毋缺選擇尤宜認眞將來畢業回皖通省小學或可同時並舉教育程度亦可不謀而合普及之效其庶幾乎是否有當伏候

憲裁

稟懇　督憲提倡兩江留學生會館並附設學校由

敬禀者竊職道此次到東諸生開會歡迎情殷桑梓職道亦於新正元旦設懇親會徧邀三省學生意在聯絡省界不獨爲外界結團體且欲爲內界泯爭端衆志和融羣心鼓舞在他省人頗羡我三省聲氣相連一時稱最因與提議創立兩江留學生會館並附設學校事贊成者居最多數査日本東京中國留學生總會館係職道辛丑年冬與諸生組織而成彼時我國留學生僅二百六十七人壬癸甲乙四年間職道復奉公東渡五次目覩留學界之發達日勝一日迨去歲冬竟有八千餘衆可謂盛矣總會館是一大樞紐各省人數既多究竟仍屬散漫非各省結成小團體由小團體再結成大團體斷不能成一堅固安穩之團體此分會館之宜急設也總會館所以轄全體分會館所以聯省界其勢實相輔而行至附設學校一節緣以現在游學諸生無論官費公費私費其中達材成德固不乏人然於普通科學毫無根柢者亦復不少言語不通造詣不同遽入日本學校豫備普通科學仍須先習語科其計殊覺失當今我中國

各省學堂如果設立豫備游學科專習普通科學及各國語言文字立法不難成效甚難教習尤不易聘恐一時未能美備是莫若就外國立一學校祇須經理得人規模定可完善教習就地取材任我選擇修薪較聘至中國更廉數倍此亦因時變通之法然若奏歸官辦其中窒礙甚多惟附屬於會館或可持永久而圖精良普通班外仍可附設小學注重中文准商家子弟入學讀書亦足為商界學界聯絡之一端獨是創始維艱需款甚鉅可否仰懇

憲恩登高一呼衆擎易舉倘荷

咨商蘇皖贛三省撫憲通力合籌每省協濟銀五千兩合之甯屬可籌得兩萬金再由職道商懇三省官紳捐集兩萬金作為開辦經費俟學校成立後按照學生名數援日本之通例收費以為常年支用此時藉組織會館之名為補救學生之策是誠學界善後最要要著我

憲台振興教育胞與為懷諒邀

俯察備蒙

批准遵卽函致日本東京學生酌議辦法呈候

鑒核實爲公便至該會館總長及學校校長學監等職應由學生公舉主事可請

憲台處選派主事一職官稱謂之提調品行操守爲重應不拘何省人及何項官

職合併陳明敬請

東游紀念第八

勸募皖賑日記　江南省特派委員安徽教育總會副會長李宗棠

光緒丙午年冬十一月奉　江督端　皖撫恩先後札派勸募皖北義賑並飭赴日本朝鮮一帶廣爲籌集如有樂輸鉅欵者准請專摺　奏奬又奉　午帥派委密査事件

十二月初六日由上海乘春日丸起程未正開行天候嚴寒陰雲密布酉正出佘山口風浪頗大

同舟山西學生張呈祥陸軍改習鐵道挈眷東渡又有農工學堂學生高崇忠陳玉麟宋維城王經邦等三十五名

初七日陰雨風色稍定

初八日風雨辰正抵長崎登岸遇大村町福島屋接客人迎至旅館小憩訪卞薇

閣談賑欵有難色略坐告别晚九時三十分乘快車行

初九日晴黎明到門司候船渡海七時至馬關登岸在濱吉旅館早餐復乘九時二十分快車行夜十一時到神戸住吉田旅館

初十日晴午前正金銀行訪問諸君拜長壽卿領事晤王紹賢聞李子申來神驗收軍艦晚六時乘快車赴京

十一日晴巳初二刻抵新橋苐丈來迎偕至中央旅館投宿客巳滿席無可通融因往苐丈家借居午後謁楊公使不值又至紅梅館視凱臣姪孫堇館視渭漁甥同往牛鳥館晚餐後歸

十二日晴午前謁楊公使述來事午初乘火車赴横濱拜晤領事吳偉卿留飯々畢同訪商人曹卓軒黃槐三諸君商募賑事廣帮允籌一萬五千元三江帮允籌千元晚車回京松島處略坐凱臣來晚繕寄午帥稟述賑欵及密査各節

十三日晴凱臣渭漁弼臣姪先後來帮同料理印制繕發募捐册午後往某處探

某々事發電禀

十四日晴午後至留學生會館々門外設書肆專賣各種新書到館中小坐學生來此閒遊甚多竟無一舊識者又至神田美土袋町中國青年會訪幹事王君治昌議籌賑事

十五日陰張呈祥張聯魁景定成王傳琳等來見午後繕寄午帥禀晚接郵信青年會擬定陽歷來月十一日開救濟音樂會印入場券萬張頭等每位二元二等一元三等五角

十六日雨午前謁公使訪章靜軒（餘事另錄）

十七日雨午前至靜軒處晤成城學生文鉌同至寶亭午餐飯後至留學生會館今日因勸賑開職員會幹事長爲陳君餘皆不相識人數甚多未能一々問名索片（餘事另錄）

十八日陰勸皖賑譯日文倩人登各報紙（餘事另錄）

十九日晴午後謁公使即回寓（餘事另錄）

二十日晴晉省學生王傳彬等十餘人來寓（餘事另錄）

二十一日晴午前寄南京電（餘事另錄）傍晚至新橋停車場茀丈意魯弼臣凱臣已先候於此登樓西餐戌初二刻乘火車行抵橫濱投宿高野屋

二十二日晴午前至神奈川一遊午後訪吳領事詢賑欵事渠言欵皆有着惟曾少卿欲爭此欵歸淮徐海若欲另募皖賑卻不易爲云晚繕寄午帥稟述前情請將橫濱華商捐欵指明向曾追索撥歸皖賑並請　奏獎

二十三日昨夜陰雨夜半大雪早八時三十分乘火車行所過之地雪積盈尺晚九時四十分抵神戶

二十四日陰午前訪長壽卿葉鶴齡約在イスグホテル午餐李子深寓此過麥少彭處談諷訪山溫泉沐浴晚寄韓國總領事馬拱宸函告以不日親往勸募

託向商家先容此間粵商南北帮神坂兩處至多二三萬元伺孚泰勸募日本人零捐一千五六百元又有銀行物產各會社允爲合籌十萬元

二十五日陰接午帥電垂詢旅費

二十六日午繕寫各信午後至商話別所晤粵帮北帮諸商又往布引溫泉沐浴見有蘇婦六人偕往入浴仍服蠻裝衆皆側目

二十七日風雪午後訪長壽卿託爲協勸慨然允助

二十八日曇天余明日朝鮮行約一週間可回函告神坂諸華商預籌定數擬先電滙日商今早交來四萬九千二百元

二十九日風雪午前七時乘火車行晚九時抵馬關頗疲倦投宿春颿樓泥濘載道不克遊行

三十日晴馬關遵奉新歷不見年景其鄉曲間父老多有守舊歷者晚八時登壹歧丸十時展輪快飲酣眠近十年來客中度歲已成習慣天涯地角賓至如歸

頗得隨遇而安之趣

丁未元旦清晨望釜山口九時祇港換坐小火輪赴草梁驛約行十五分鐘十一時乘火車行過龜浦勿禁院洞三浪津密陽榆川清道慶山大邱新洞倭館若木金烏山金泉秋風嶺黃澗永同時巳申正大雪一陣深山幽谷之中寒氣逼人華攝窗口十九度爐旁二十五度道旁堅冰尺許赤地數百里不見一毛其森林之廢弛已可慨見又過深川伊院沃川增若太田新灘津芙江鳥致院全義小井里天安成歡平澤西井里振威烏山餅店水原軍浦場安養始興永登浦鷺梁津龍山南大門至西大門即漢城附近漢有新種植地方圍甚闊將來必成森林盛境但道旁皆建有木牌上書大日本帝國軍用地緣聞從前日韓密約軍用地任聽指定無限制云入城投宿日本旅館櫻家總領事館派巡捕三人迎於車站送至旅館遣其歸去住三層樓上夜深氣寒較東京冷數倍當就寢時爐火正煖漫無覺察着皮小袄覆以大被又加狐裘外罩於其上黎明

夢醒鬚下結一氷旒厚近寸許坐以待旦喚侍女持圍爐爇蒸良久凍始化去此生平所未經豈竟一寒至此耶

初二日晴冷巳刻往拜總領事馬拱宸觀察並晤書記官于筱宋希璟陳秉埜沈明善筱宋君二十年前在先君處辦文案江南舊識海外重逢情意纏綿益形親密拱宸言賑事已爲預籌日內即可定局旋傳電話告知仁川領事館余明日午後到仁開會預告諸商人

初三日晴午前乘火車至仁川投宿怡泰棧領事唐榛封恩桐隨員孔慶璜來備午餐並晤棧東梁綺堂飯後答領事即偕往華商會館各帮商董到者六七十人演說吾國天災流行時事日亟以期激發衆商祖國思想此間商力甚微難望籌集鉅款傍晚游行朝鮮街仁川衆華商設晚餐會於棧中

初四日晴午前乘九時車回漢城與拱宸一晤駐漢衆華商公宴於華商總會演說如前此間本無會館昨年馬領事發起集款創建尙擬附設學校規模亦甚

謹飭晚宿總領事館與筱宋夜談

初五日晴冷蚤起六時赴南大門停車場七時四十五分起行晚六時抵草梁驛即換坐小火輪登壹岐丸棧橋上（棧橋係跳板併合而成中縫甚寬）遇狂風不能立足幾墮入海登舟後八時開行波濤大作行三四邁路即停椗船身仍覺不穩

初六日陰黎明開行乘風破浪晚五時入馬關口濱吉旅館小憩晚九時乘火車行

初七日陰午正四十五分抵神戶所收賑款均囑交由領事館代收訪詢只收一萬六七千元

初八日雪即晴壽卿子申處小坐源源號廣昌隆怡昌和公宴於品芳樓同坐三席

初九日晴日商交來賑款八千八百元午後諏訪山溫泉沐浴步走募粵商十數家得洋七百十元亦囑彙交領事館

初十日晴午後落雪子申來訪同赴品芳樓長壽卿傅少蓮王紹賢公約同座有同文學校校長湯覺頓鄂省派來驗收兵艦委員諸人江粵諸商二席

十一日曇天接楊公使處轉來午帥電開函悉新帥忽有電不願收受洋賑其華商賑款可儘力籌勸等因接電頗費躊躇此次勸募義賑悉憑個人交誼與國際無甚關涉何新帥之拘謹若是須知華僑財力不敵洋商華人團體遠遜外族彼則一呼百應實能集腋成裘我則萬說千言不過積銖累寸今持大同主義視環球爲同胞範圍較廣補助較多日商十萬已有成議零捐不在此數皖撫堅郤余固未便强收其已交來之五萬八千元按戶退還零捐戶數太多斷無退理

十二日陰巳刻潘鄭二君來陪坐火車至鹽屋赴鶴齡別墅之約樓屋西洋建築背山面海天然畫圖英商某君所造押款抵償今歸鶴齡執業午飧洋食浪速銀行小松岩彥爾綏三友商業興信所神戶支店長山崎繁樹同座酉初回神

十三日晴雲郵寄午帥稟及書報（餘事另詳）

十四日晴午後偕壽卿紹賢往觀新建領事館在留春別墅之東

十五日晴走訪粵商催集捐款吳錦堂開晚餐會於中華會館雇音樂隊招有日本藝妓臺灣女優（仍服華裝海式）設檯唱戲兵庫縣知事警部長等二席華客六席賑捐錦堂允助五千少彭允助二千

十六日晴章靜軒由東京來偕往杏香樓午餐廣生號約晚酌（餘事另詳）

十七日晴接馬拱宸文函並電

十八日晴抄錄經收賑款詳細清單函託麥少彭代送各報館登報昭信茲錄其總數於後

一日本東京吳令春康經募日幣二百八十二元十錢

一日本東京留學生救濟音樂會捐助日幣一千八百元

一橫濱華商捐助日幣一萬三千五百五十元三十錢

一神戶同孚泰號經募日幣一千五百五十二元
一神戶三江幇商董吳作鏌捐助日幣五千元
一神戶粵幇商董麥瑞圖捐助日幣二千元
一神戶怡和號經募日幣五百元
一神戶裕貞祥號經募日幣三百五十元
一神戶文發號等經募日幣二百六十四元
一神戶福建公所經募日幣七百六十元
一神戶廣業公所捐助日幣三百元
一神戶商人平江高氏捐助日幣一千元
一神戶粵商葉鶴齡捐助日幣二百元
一神戶粵商藍卓峰經募日幣三百七十八元
一神戶廣生號經募日幣三百三十二元

一神戸領事長福捐助日幣五十元
一神戸領事館隨員二人捐助日幣三十元
一神戸三江公所捐助日幣五十元
一大阪北帮公所捐助日幣一千二百元
一朝鮮華官華商公捐日幣六千元
一長崎三江帮經募日幣一千二百十五元
一長崎粵帮經募日幣三百五十五元
一長崎閩帮經募日幣二百三十元
十九日晴發午帥新帥電並致上海義善源電午後壽卿處辭行晤紹賢款交合
盛元匯滬轉甯
二十日晴午前九時起行乘春日丸回滬

東游紀念第九

攷察鑛務日記

奏派總理江南銅冶山礦務江蘇候補道李宗棠

光緒戊申年春正月禀陳　督憲自備資斧即日東渡視察鑛業俟歸國後再議銅冶山礦務進行辦法　匋帥韙之遂起程

十二日由金陵乘大通船起行遇日本醫學士中村（眞妙東京人住四谷區南伊賀町四十番地）同舟夜談

十三日陰未刻抵滬偕中村君投宿豐陽館往正金銀行購日幣又往古河鑛業會社乞紹介書已由南京領事船津君先致函晤荻野（元太郎）上島（清藏）招待慇懃晚間親送各信來寓並邀飲於六三亭

十四日晴煖巳初登弘濟丸荻野上島兩君趨送中村橫田兩君同行

十五日晴微風船客多暈臥頗覺寂寞

十六日晴辰初入長崎港投宿西洋旅館訪領事赴東京晤譯員陳君略談數語此地無事歸檢行裝未初刻乘火車取道浦上道ノ尾大草早大村松原川南風崎早歧有田武雄北方牛津久保田佐賀神崎島栖換車過田代原田二日市戎初抵博多投宿高島屋旅館入門頗具禮貌余固服歐裝操和語彼亦視爲同族迨擇室甫坐定主人例持投宿人名簿請書當即署名注明先行地予之其職業欄內寫明清國游歷官字樣彼遂漸露慢容詢問來歷極詳並言支那人到境例須立刻報知警察語中似有譏刺余怒斥之復正告以外交警察無論對待何國若誤用強橫手段豈獨自失文明且必遭意外之不測我固深知貴國警察辦法雖北海道極野蠻地亦曾親往視察近來民情馴順旅館人甚敬余余嘗佩服貴國人多受良善教育又告以歷年足跡幾遍日本今獲承教實增閱歷語畢彼竟羞澀退去然亦可見我國游歷官品類不齊近年種種笑柄屢見報端致貽羞及全體眞可浩歎

十七日晴巳初三十分由博多買飯塚火車票起行取道吉塚箱崎香椎古賀福間賀川折尾換車過中間植木直方又換車在待合所坐候甚久折尾以上山勢磅礴松徑幽深遙望其間知有寶藏然森林之發達仍必在鑛產發現後人力培植居多鑛業之與林業確有實在關係未初二十四分抵小竹即下車因途遇嘉穗郡穗波村穗坡坑千葉正初同車略通寒暄告以來意渠云須從小竹下車到停車場古河鑛業會社已派法學士佐藤雄之助來迎邀往社中駐節婉言卻之投宿鞍手郡勝野村花田旅館佐藤君去而復來言社長井上君今日始從東京歸約訂明晨視察鑛場云

十八日晴辰初乘人力車行半里許復步行因沿途安置運煤軌道人力車禁通行距旅館約有華里二里至鑛山古河會社拜晤井上定次及佐藤君備詢鑛事嘉穗郡內本社炭坑現開三處一爲潮頭其方里勝野村五十五萬八千三百三十坪大谷村十萬六千七百五十坪香井田村九千四百五十坪一爲下

山田其方里勝野村九十九萬九千貳百十四坪一爲目尾其方里勝野村鴨十三萬一百十六坪笠松村一萬四千四百坪大谷村五千一百九十坪頴田村三十二萬二百七十八坪潮頭坑深三十餘丈目尾略同下山田坑最深約五六十丈潮頭目尾每晝夜出煤約四百噸下山田則每晝夜出煤約八百噸三處鑛夫現在約四千五六百人此項炭坑三菱會社明治二十八年始業嗣由古河會社於明治三十八年承頂三菱產業大加擴充器械半屬舊置惟下山田之器械多係新添置古河家資本五百萬圓除開辦足尾銅鑛已占多數外共有炭坑八處曰院內曰阿仁曰草倉曰久根曰不老倉及此嘉穗郡之三處嘉穗所產較富院內阿仁等處暫停今就潮頭坑外略觀大概其安設吸水機通風機另有水洞置水管風洞置風管鍋爐設在坑外運道皆用鐵軌方斗車繫以鋼繩直達窿底從轆轤上拖放與湖北大冶山頂軌道相同扱取煤炭輸送材料悉由於此坑外鐵軌與坑內鐵軌緊接以便聯絡九州鐵道其運費

則特別規定各場視察一週見機器上有刻三井物產會社牌字者詢之陪觀諸人因未聞三井能造機器據言三井販賣品多加刻一牌字本山所用機器英德兩國多於美法本國現尚不能製造大件只可修配零星然機器上之技手鑛山不可勝用也

十九日晴清晨往潮頭坑佐籐君來迎適見設有幼兒保育所據言專爲鑛夫保育幼兒由會社雇託保姆三人經理其事鑛夫請願家室偕來男女自食其力各勤工作爲幼兒設保育所人皆無內顧憂鑛山多設此所如銅鑛則每鑛山必設一學堂更必設一醫院以普教育而保生命云偕至接待室略憩息陪觀者有六人換穿藍布緊身衣布襪草鞋手提安全燈入坑內汽水煤渣汚穢極多熱度盛處將及百度坑深約四十丈窿口磚砌如城門洞式寬二丈許長三丈許高約二丈入內則皆尺圍粗松木作撐間有石砌磚砌亦有用杉檜栗木搭架者窿道斜形其鐵坑下鋪枕木貨則車載人則步行較走樓梯自覺危險

行至二十餘丈余忽失足跌倒伏坐枕木上腳骨折斷聞警鈴止運貨衆勸余歸余思遠涉重洋所爲何事若果從此殘廢將終身不能開此眼界豈不徒負此行竊忍痛兩三時决不半途而返乞同人相扶助勉作單足行跳十餘丈至窿底審查一徧約三十分鐘奇熱非常仍循舊道出坑外痛定始知思痛遂急返寓喚按摸人儘通宵力按摸之夜半痛極欲哭按摸人知骨筍尚未斷遂停頓將接續仍用手雙推柔嘗問此處痛否達痛處忽曰痛彼則强用力然痛極時本麻木只覺格裂一聲而骨已投槽彼乃促令起立果爾活動自如時將黎明酣眠良久

坑內採煤處皆係人工鑿石挖土施藥取煤與我國土法相似惟吸水內用水鑽插入土石內或橫鑽或斜鑽繫以皮管（即象皮帶）引入水道不致漫溢窿道窿內人夫約三百餘人運送夫占多數鑛夫工價有包工有記工包工係指定一處之事記工須視出貨之多寡及做工之勤惰量定數目派有檢査專員工

價多者每人每日一元四角少者日需八角其僱傭勞役方法與我國內地無異但鑛夫之性格其誠實者實能勝我百倍彼投身於鑛場若將誓以終老絕無偷惰情弊鑛山倉庫儲蓄甚備開門七件無時或缺百貨均由會社販賣有專司取扱者鑛夫持簿取用或旬結或月結按款勾稽絲毫不苟鑛山除燈油火藥公中濟用外餘皆鑛夫自給所住房舍劃有定限不容混淆日出而作日入而息頗有熙熙皞皞之風令人欣羨

二十日晴晨起早餐步履如常按摸人尙未去神乎技能聲者亦能濟世酬以番佛四尊復再三讓飲以佳釀鄭重而別午初復至鑛山井上君聞余足疾愈亦覺奇快留午餐偕至下山田山坑外一切佈置與潮頭相髣髴惟坑內設瓦斯燈同人因余前在坑內折足堅勸勿入遂徒作壁上觀悵悵而返縱談本邦炭產之前途歷述世界鑛業之進步大慨列表如左

明治三十六年日本炭產出額約計九百六十五萬二千三百噸

地方別	產額
福岡縣筑豐五郡	五一六四六八四（炭坑送出高）
三池郡三池	一、〇九七、八二二
糟屋郡	四七、六一二
朝倉郡	一四四七
宗像郡	二二六
早良郡	六〇
筑紫郡	二〇
佐賀縣東松浦郡	四三一、一六九
杵島郡	三三九、三七二
小城郡	六六、五六二

西松浦郡	二〇、六一〇
長崎縣北松浦郡	二五五、三八四
西彼杵郡高島	一九七、六七八
西彼杵郡	三七、八七六
東彼杵郡	三七、八〇
熊本縣天草郡	四八、四三四
山口縣厚狹郡	一二六、九〇〇
美禰郡	三、九〇九
北海道	一〇五三、八五二
茨木縣	九〇、二三八
長野縣	六、七二五
群馬縣	一、五〇四

富山縣	一、三三八二
愛知縣	七二九
新瀉縣	三九二
栃木縣	三
福島縣	五二四、二七四
山形縣	五、二五〇
秋田縣	八四八
宮城縣	七九
和歌山縣	四〇、〇九八
島根縣	五、六五〇
香川縣	四一七
臺灣	七七、二七六

千九百一年世界鑛業生產額

	圓
石炭	三六、〇〇、〇〇〇、〇〇〇
鐵	一六、〇〇、〇〇〇、〇〇〇
石油	八〇〇、〇〇〇、〇〇〇
金	五三七、五〇〇、〇〇〇
金剛石及他之寶石	四〇〇、〇〇〇、〇〇〇
銅	三〇〇、〇〇〇〇〇〇
銀	二六二、五〇〇、〇〇〇
錫	一二〇〇〇〇、〇〇〇
鹽類	一〇〇、〇〇〇、〇〇〇
鉛	一〇〇、〇〇〇、〇〇〇
亞鉛	八〇、〇〇〇、〇〇〇

稀金屬及雜種	一〇〇、〇〇〇、〇〇〇
合計	八、〇〇〇、〇〇〇、〇〇〇
國別	
北米合衆國	三、〇〇〇、〇〇〇、〇〇〇
英　國	一、五〇〇、〇〇〇、〇〇〇
獨　逸　國	一、〇〇〇、〇〇〇、〇〇〇
俄羅斯國並西比利亞	三五〇〇〇〇、〇〇〇
法　國	三〇〇、〇〇〇、〇〇〇
南亞非利加（一八九九）	二五〇〇〇〇、〇〇〇
白　耳　義	二三七、五〇〇、〇〇〇
澳　國	二、一七、五〇〇、〇〇〇
加　奈　太	一五〇、〇〇〇、〇〇〇

智利	一三七、五〇〇、〇〇〇
墨西哥	一二五、〇〇〇、〇〇〇
西班牙	一〇〇、〇〇〇、〇〇〇
紐薩烏斯烏葉路斯	七五、〇〇〇、〇〇〇
西部濠洲	一七五、〇〇〇、〇〇〇
日本	六二、五〇〇、〇〇〇
伊太利	六二、五〇〇、〇〇〇
英領印度	五〇、〇〇〇、〇〇〇
烏以庫托利亞	三七、五〇〇、〇〇〇
庫以斯拉敦	三五、〇〇〇、〇〇〇
紐濟拉敦	三二、五〇〇、〇〇〇
波利意亞	二五、〇〇〇、〇〇〇

白露	二〇、〇〇〇、〇〇〇
塔斯馬尼亞	二〇、〇〇〇、〇〇〇
庫倫比亞	一七、五〇〇、〇〇〇
瑞典　諾威	一七五〇〇、〇〇〇
阿路濟利亞	七、五〇〇、〇〇〇
他之諸國	一〇〇、〇〇〇、〇〇〇
合計	八、〇〇〇、〇〇〇、〇〇〇

洲別		圓比例
歐洲	三、七三七、五〇〇、〇〇〇	四六、七〇%
北米洲	三、二七五、〇〇〇、〇〇〇	四〇六五%
濠洲	一八五、〇〇〇、〇〇〇	三、五六%
亞非利亞	二七〇、〇〇〇、〇〇〇	三、三八%

亞細亞　二三五、〇〇〇、〇〇〇　二、八二%
中央及南米洲　二一二、五〇〇、〇〇〇　二、六九%

又言山東省青州府淄川縣及博山縣產炭甚富據聞芝罘領事報告現設華德礦務公司係兩國合資創辦正在敷設運炭鐵道自鑾陽坡至張店一帶已完工云

又言英國出炭近年亦頗有增進自一千八百八十二年至一千九百二年二十年間比較大概統計如左

	噸
一八八二年	一五六、四九九、九七七
一八八三年	一六三、七三七、三二七
一八八四年	一六〇、七五七、七七九
一八八五年	一五九、三五一、四一八
一八八六年	一五七、五一八、四八二

一八八七年　一六二、一一九、八一二
一八八八年　一六九、九三五、二一九
一八八九年　一七六、九一六、七二四
一八九十年　一八一、六一四、二八八
一八九一年　一八五、四七九、一二六
一八九二年　一八一、七八六、八七一
一八九三年　一六四、三二五、七九五
一八九四年　一八八、二七七、五二九
一八九五年　一八九、六六一、三六一
一八九六年　一九五、三六一、二六〇
一八九七年　二〇二、一二九、九三一
一八九八年　二〇二、〇五四、五一六

一八九九年　二三〇、〇九四、七八一
一九〇〇年　二三五、一八一、三〇〇
一九〇一年　二一九、〇四六、九四五
一九〇二年　二二七、〇九五、〇四二
合　計　三八八八、九四五、四八〇

輸出之數日多其價格亦漸高約分三種爲粉塊爲切込爲塊炭消售上海者亦不少上海所消售者除英炭外即開平萍鄉各種若日本炭多則七十萬噸少則六十萬噸其石炭商以三井三菱泰茂洋行和布克斯達而商會四家爲最大若裕信治林等洋行及德昌號義盛號皆販賣家消用處大概如左

各紡紗廠　一〇、〇〇〇〇噸
太古洋行　八〇、〇〇〇〇
招商局　八〇、〇〇〇〇

怡和洋行	六〇、〇〇〇
日本郵船大阪商船兩會社	四〇、〇〇〇
美路其耶斯其他漢口綫廠	四〇、〇〇〇
大東招商各流船	四〇、〇〇〇
家宅用	四〇、〇〇〇
造紙廠及繅絲各廠	三〇、〇〇〇
船渠電燈鐵道各會社	三〇、〇〇〇
漢堡阿美利加會社	二〇、〇〇〇
自來火公司	二〇、〇〇〇
無契約臨時購用	二〇、〇〇〇
鎮江漢口蘇州杭州等處轉輸	一〇、〇〇〇

又問我開平唐山出產如何余答以甲午居京津時調査唐山頭等炭每年約

出七八十萬噸若將坑口擴充或可多出兩三倍開平頭等炭每年約出四五十萬噸二等炭每年約出百餘噸三等炭每年約出二十餘萬噸近年有增無減此炭實較九州炭成色遠勝數倍現在正擬整頓將來必駕乎英炭之上

二十一日微雨大風巳初往潮頭佐藤君陪至目尾坑外諸機械如空氣壓榨機械蒸氣起重機膠泥調合機循環鐵索運搬機工場用機關流鎚旋盤穿孔機圓形帶形鋸機械瀛礶給水唧筒等類與潮頭亦相似鑛夫人數較少所產煤色似不勝下山田及潮頭因足疾不得入坑內殊覺悵悵所有坑所建屋假事務所一棟坑夫休息所及素燒煆冶場一棟假洋燈室一棟倉庫六棟分別油類石灰類火藥類另有火藥取扱所消防具倉庫各一棟機械工場一棟木工場二棟此外即沐浴室小使室非瓦葺即亞鉛惟火藥庫係煉瓦土藏所造社宅及役員合宿所坑夫住屋皆板屋居多數惟辦事處西洋式樓數間耳

二十二日風雪巳初乘火車過直方植木中間折尾黑崎大藏小倉大里酉正抵

門司投宿石田屋訪杉本君不値湯野保兵衛來答略話寒暄無可紀述植木道中有三菱鑛業會社社員鈴木貞一附車將往東京互通姓字談論間具俠氣於鑛業三折肱年五十餘曾游歐美現膺三菱顧問據言世界金銀產之出額英藍皮書歷年載有報告比較表近數十年支那產銀獨少皆由阿美利加墨西哥所輸入銀產之富以墨西哥爲巨擘金產之富應推濠洲昨閱明治三十七年冬某領事報告於最近之調査尙稱符合足供我輩辦鑛者之考據因出示日記簿上表列如左

國名	金　弗	銀（市價）弗
合衆國	七三、五九一、七〇〇	二九、三二二、〇〇〇
墨國	一〇、六七七、五〇〇	三八、〇七〇、〇〇〇
加奈陀	一八、八三四、五〇〇	一、七〇〇、八〇〇
亞弗利加	六七、九九八、一〇〇	一八五、三〇〇

濠洲	八九、二二〇、一〇〇	五、二二八、七〇〇
露國	二四·六三二、〇〇〇	八二、〇〇〇
墺國	二、二四五、一〇〇	八七七、〇〇〇
獨國	七〇、五〇〇	三、一四四、一〇〇
諾威	二、七〇〇	一〇六、九〇〇
瑞典	三三、九〇〇	一八、四〇〇
伊國	二六、七〇〇	四三五、四〇〇
西國	五、四〇〇	二、三〇九、一〇〇
葡萄牙	二、三〇〇	
智利	六六六、九〇〇	一、四〇二、六〇〇
カラムビア	二、七二四、四〇〇	六〇九、五〇〇
エクアドル	二七四、四〇〇	

ブラジル	二、三七四、二〇〇	
ヴエ子ズエラ	八四、五〇〇	
英領ギニア	一、六一一、三〇〇	
蘭領ギニア	三七五、九〇〇	
佛領ギニア	二、一〇一、五〇〇	
秘　　露	五九二、六〇〇	九四三、二〇〇
ウルダエー	五一、五〇〇	
中央亞美利加	一、八七五、三〇〇	一、一四二、七〇〇
日　　本	二〇〇二、七〇〇	二九二、九〇〇
支　　那	七、三二四、七〇〇	
グリース		五七三、六〇〇
土　耳　其	二〇、七〇〇	二四七、八〇〇

フインランド	二、〇〇〇	五、二〇〇
佛國		四〇三、六〇〇
英國	七七、三〇〇	七九、〇〇〇
アルゼンチン	三〇、〇〇〇	五〇、〇〇〇
ボリヴイア	一、〇〇〇	四、八四三、六〇〇
韓國	三、〇〇〇、〇〇〇	
英領印度	一一、四二八、九〇〇	
同東印度	一、一七六、二〇〇	
蘭領東印度	五〇一、五〇〇	
合計	三二五、五二七、二〇〇	九二、〇三九、六〇〇

二十三日陰黎明渡海至馬關乘火車行華里約二千一百七十一里零合日里三百二十九里酉正抵神戶投宿吉田旅館此次火車每點鐘行一百八十餘

華里

二十四日晴正金銀行訪靑木君領事館拜長壽卿託致住友鑛業會社函擬從足尾歸途往別子視察銅山日本鑛業四十年前官辦居多耗費鉅萬於民生則深受其益養活億衆於府庫則未獲其利籌給數年貲本明治時代准歸商家領辦國家間有補助近來成蹟卓然可觀銅鑛最著首推古河次郎住友據聞三菱三井現已廢業煤鑛九州北海道筑豐五郡最旺古河住友皆兼營之三菱篠田亦獲效果除此數家而外無甚大貲本家別子取道神戶極便云

二十五日晴昨晚乘火車今晨九時到東京住旭館午後正金銀行訪川島君已調任橫濱總行頭取又至麴町八重洲丸ノ內古河會社拜晤社長男爵中島久萬吉告以來事渠已接滬社電函允即日派員沿途招待隨同前往回寓後電招弼臣意魯

二十六日晴中島男爵來荅派定大橋福松偕至足尾上野乘九時車行午後三

時抵日光投宿金谷ホテル山中氣候寒冷華攝二十八九度室內爐火晝夜不能少息値此隆冬絕無游客問津店中晚間有陳設玩物於一室出售者小竹器小木器畫片票夾皆係印成本山風景無甚佳品

車中閱明治三十八年鑛業月報內載三十四年以降至三十六年全國鑛山統計列表如左

試掘地數及坪數

年別	地數	坪數
三十四年	六、八五九	二、六八〇、三二八、六一九
三十五年	六、四六七	二、四八〇、九二八、六四六
三十六年	五、八五〇	二、二八〇、〇四〇、二二六

鑛區數及坪數

年別	區數	坪數

三十四年	五、七二四	六五四、九七五、三一五
三十五年	五、九〇八	七八八、〇九六、七八二
三十六年	五、八五八	七一九、一七二、六一六

鑛山變異死傷人員累計

	三十四年	三十五年	三十六年
變異回數	三四四	四七二	五四一
即死	二一九	三二八	三〇九
重傷	二二三	二〇九	三四〇
輕傷	三一	二七一	二二五
重傷不明	四	六六	三
死傷計	五七七	八七四	八七七

鑛產物輸出入價格調

年別	輸出	輸入	輸入超加
三十四年	三四、三〇五、六五八	四五、三六四、八八七	一一、〇五九、二二九
三十五年	三一、〇一三、一一六	四二、三〇六、九一〇	一一、二九三、七九四
三十六年	三八、六九二、三九八	四三、五一四、二五一	四、八二一、八五三

全國鑛產高

種別	單位	數量	價格
金	匁	八三三、四七〇	四、三六七、三五〇
銀	同	一五、六二七、二四五	一、九六九、〇三三
銅	斤	五五、二一二、三四三	一七、二〇二、二三九
鉛	同	二、八七五、六〇一	二、〇四一、六八
蒼鉛	同	二八四	九〇八
錫	同	三一、八八六	一九八三三

鐵	同	九、〇一六、三八五	一、二六五、五四一
硫化鐵	同	四、二九八、九三二	二五、七九四
綠礬	斤	一四一、七九〇	一、二七六
紅殼	同	九七、四二〇	二、三二七
砒	同	一〇、四三一	八五五
水銀	同	三四三	四五五
安的母尼	同	九七、二二八	一〇七、八二八
滿俺	同	九、三四四、四八二	三七三七八
石炭	佛屯	一〇〇、八八八四五	二八、九七八、八二九
亞炭	同	四九、八六二	六、八四六一
石油	石	一、〇六五、一一六	二八一九三六二
硫黃	斤	三八、一二三、一七五	五七一、八四八

黑鉛	同	一八九六〇、三	二一、九九四
土瀝青	貫	九五、〇〇〇	九五〇
燐	斤	一三六八三、四	五一七
計			五七、六六三、二四一

此表統計輸入之數超加輸出諸鑛併計各國皆然日本全國鑛業現正擴充未可限量即就近來產物而論銅居多數銀與石炭次之硫黃又次之惜產金尚不見旺造幣所用仍購外國大半耳

又有世界銅產額列表如左

國別	三十七年	三十六年	三十五年
	千噸	千噸	千噸
合衆國	三五〇	三一二	二九四
墨西哥	五三	四五	三六

西及葡	五〇	五〇	五〇
智利	三三	三一	二九
日本	三二	三一	三〇
濠洲	三〇	二九	二九
獨逸	二二	二一	二二
加奈陀	二二	一九	一七
露西亞	一〇	一〇	八
海峽殖民地	七	五	四
白露	七	八	八
諾威	六	六	五
伊太利	三	三	三
ニユーフアウンドランド	二	二	二

ボリビヤ	二	二	二
墺匈國	二	一	二
土耳其	二	一	一
其他諸邦	一	一	一
總計	六三二	五七九	五四二

此表何獨不載支邦雲南所產豈尙不及取五捨四之數抑或包括在其他諸邦之內然所產亦微矣殊難臆解

又有本邦石炭鑛業統計列表如左

石炭試掘地數及坪數 三十六年十二月末調査

地方	地數	坪數
北海道	五一六	二六七、九一九、五八七
青森	六	二、〇五九、五八一

秋田	八	四、〇二五、二七一
岩手	二	四六五、九六〇
宮城	五	二、三五八、六一三
山形	一七	六、三三七、四九四
福島	六六	一二九、六二四、四一八
新潟	一八	五、八〇一、八四三
長野	七	二、八一〇、七八八
群馬	二	一、一九〇、二二六
栃木	一	二〇七八九
茨城	一七	七、一〇二、五七七
千葉	七	三、七一九、一三八
埼玉	八	三、四七一、三八五

山梨	四	一、四五五、〇四二
靜岡	一	三九三、七二五
岐阜	六	二、九一三、八九四
富山	一	二七六、四五六
石川	二	六七二、三三二
福井	二	三九九、三二二
三重	九	三、六一七、四三四
和歌山	五	二、一四二、二九八
奈良	一	三〇七、四五〇
大阪	一	三三〇、六三七
京都	一	三八三、九九三
兵庫	四	二、二四七、八四六

鳥取	三	一、〇八九、五二五
島根	六	二、五九〇、六九八
廣島	三	一、五八八、八六五
岡山	五	二、〇八九、八七九
香川	二	五五九、三四五
德島	四	一、四九三、五二四
高知	三	五一五、四九六
愛媛	二	一、一六六、七九七
山口	六一	二〇、七五二、三一四
福岡	二〇四	四六、五〇六、六二三
佐賀	八六	二八、九四三、四八四
長崎	八六	三一、六九七、一二六

大分	七	三五七九、一七七
熊本	九二	三六、六五三、四二一
宮崎	一	五九三、三五七
鹿兒島	六	二、〇九五、二二六
合計	一二八八	五三三、九六三、二三九

右表石炭試掘地以北海道爲最多福岡縣則次之熊本長崎佐賀福島山口等縣又次之東京神奈川愛知滋賀沖繩一府四縣全無

石炭鑛區劵數及坪數　三十六年十二月末調查

地方		劵數	坪數
北海道	稼業	二三	二〇八、六七六、一六
	休業	九五	四三七、一五三、九四
青森	稼業		
	休業	二	二五四、五五五

秋田	稼業	四	一、一九三、三七九
	休業	一七	二、四九八、五九三
岩手	稼業		
	休業	一	二八九、三七四
宮城	稼業		
	休業	二	二一、○六一
山形	稼業	三○	四、二一三、六六三
	休業	一三	一、三一九、三五○
福島	稼業	三八	九、四八二、七八九
	休業	五四	一三、七九七、一○二
新潟	稼業	二	六六六、二六一
	休業	一一	一、九○六、五五七
長野	稼業	二六	二、九五六、九三○
	休業	一○	二、一五四、三五○
群馬	稼業	一○	六二、五一五
	休業	六	五五、六九九
栃木	稼業	、	一○、五○○
	休業	二	二○五、九二一

茨城	〈祿業	一二	四、〇一二、五七五	
	休業	二九	八、三六八、八三四	
東京	〈祿業			
	休業	一	五三二、七八二	
埼玉	〈祿業			
	休業	四	六二七、一三三	
大坂	〈祿業	一	一四、五八六	
	休業			
京都	〈祿業	二	二六三、五八七	
	休業	一	三八七、三一六	
兵庫	〈祿業	一	五八、八一二	
	休業	五	二、三一一、四七八	
島根	〈祿業	一一	一、二二五、六一八	
	休業			
廣島	〈祿業			
	休業	三	六一六、〇六五	
岡山	〈祿業	二	二八、〇一八	
	休業	一〇	八六〇、九五五	

香川	祿業	二	五四五、七〇二
	休業		
德島	祿業		一六九、一六六
	休業		七六六、〇四四
愛媛	祿業		
	休業	二	一七八、三四八
山口	祿業	七四	九、七三一、一二四
	休業	九四	九、五二九、四四〇
福岡	祿業	一八一	六七、七三六、一二三
	休業	六一五	八九、〇四八、七五三
佐賀	祿業	一二七	一七、七六一、〇二五
	休業	一六四	二九、七六八、二二四
長崎	祿業	一四九	一七、〇九一、〇六七
	休業	二◎八	三◎、七九二、一五八
大分	祿業		
	休業	一	二三、一一二
熊本	祿業	二九	四、八六◎、四七七
	休業	七五	一五、三五七、六九◎

		鑛區數	坪數
宮崎	稼業 休業	三	四六〇、九七九
鹿兒島	稼業 休業	二	三八八、九五三
沖繩	稼業 休業	三	四九五、四七五
合計	稼業	七七二	一六五、六九六、〇二〇
	休業	一、四七六	二六二、五三四、六九一
	計	二、二四八	四二八、二三〇、七一一

右表石炭鑛區數之最多者惟福岡縣占全國三分之一長崎佐賀二縣次之山口縣北海道熊本福島茨城等縣又次之石炭鑛區坪數之最多者亦惟福岡縣占全國三分之一以上北海道長崎佐賀二縣次之若千葉神奈川愛知奈良鳥取高知六縣則全無石炭鑛區

二十七日陰早餐甫畢日光電氣精銅所派員津守豊怡來迎旋偕大橋君冒風

雪行攝影於日光橋畔乘人力車行一時許約有華里六里至精銅所所長山口喜三郎晤談亘久留午餐導觀各場出示足尾場製煉之荒銅塊外面黑色未脫納入釜中鎔成四角式再入輾延機分切長片扁片黑色皆未退淨再將納入電氣分銅池浸三十分鐘黑色將可脫盡遂成精銅（電氣分銅池約有十餘座略分深淺度數）再入大爐燒過鎔化成漿或做錠或做塊或做條無論何式有模便成將燒紅銅漿傾入模中數分鐘時原模拋銅投水堅結成形做銅綫者入輾延機俟輾延後入綫模遂成銅綫（此項多係長扁片燒紅輾延者）鎔製精銅之次第大略如此閱畢仍乘人力車又行十五丁目至細尾町發電所即儲蓄電氣之所此間電氣全借瀑布之力上下達華里六七十里據言有一萬匹馬力水量一百八十立方尺水道高六百四十三尺沿途水道如木擱漏式節節連貫山勢本高水流較遠然皆人力撮合而成我國不難仿造不知長江省分廬山瀑布如何現在日光足尾兩町銅山應用電車電燈電話以及坑內通風汲水各機並

製煉場諸器械場應用之電氣力等類均由此發出電氣云又行二十一丁目至細尾出張所換坐山兜山兜形如大籃係腰圓式中穿獨扛二人肩之而行坐者拳伏籃中不能任意伸縮山道紆折積雪甚深聞輿夫言此間常年罕見晴曦七八月亦常飛雪華攝寒度今在二十度上下身上蓋覆皮斗蓬雪落不化積一尺餘僅口耳間未被雪封尚啖餅餌絕不知有風雪之苦由日光至足尾森林茂盛綿亘六七十里十圍松柏百尺梧桐拔地參天干霄蔽日頗似佛書所稱康鹿山極樂國風景幾疑置身天上與神仙遊是亦人生難得境遇其杉檜之肥美尤中土所罕見據鄉人言初植成林略加肥料三兩年後根深蔕固無賴培養然杉檜非三十年必不能成大幹云由細尾出張所行華里約十八九里六時抵栃木平時已黃昏換坐鐵道馬車七時抵足尾町之渡良瀨古河會社銅山鑛業所副所長井上君已派員迎候於鐵道旁沿途電傳某時行抵某處早已達聞預備供張現訂鑛山俱樂部之東樓爲駐所行至駐所副所

長暨各職員鵠立門外延入客室與井上公二郎副所長接談座客皆鑛社職員挨次詢問姓氏知爲預招陪飲者主人先讓入浴浴罷更衣赴宴西餐盛色勸酒尤殷同座爲坑部課長木部一枝電氣課長高橋本枝製煉課長淺野幸作工作課長藤林德柏調度課長櫻井貫吉庶務課長川地喜三郎庶務係長西牧巽諸人賓主盡歡席罷時已亥初派有專員茂野吉之助留宿招待一切大橋亦善周旋又與圍爐夜談一小時始各散室内陳設雅潔預備周全衣服被褥均係綢製極綿軟且適體與我國被服無異眞有賓至如歸之樂尋常旅館無此被服

二十八日陰井上君暨諸課長清晨即來早餐後陪往坑所先至工作課閲工作機關場鑄工場冶工場鍛煉製造悉備修整機械之用鑽削工場旋工仕上場鑛場需用材料及建築物皆取本山所樹之木工作各有專司審查亦有專員閲畢偕往電氣課看沈澱池及變壓所器械購自西洋員匠雇用本國高橋郎

精究電學者游學習成專門歸來竟見實施俸給並不甚豐責任固覺頗重但
名譽上占優勝故爾樂從我國重官賤商無怪游學雖衆莫不以祿位爲目的
次則舉人進士亦足稱榮未聞有從事工場躬親技業之人良可歎也閱畢工
作電氣行數武即本山學校該校爲鑛社創立兩級小學專授鑛夫子弟樓房
上下十餘間種種設置與村立學校同學生約二百人分四堂又至精製煉場
研究鎔化之次第與選擇之種類其鑛石含質較多即以原鑛石入爐取其精
華棄其渣滓其鑛石含質較少即以原鑛石搗碎滌以淨水做成團餅再分別
煅煉大概𥳑序如左

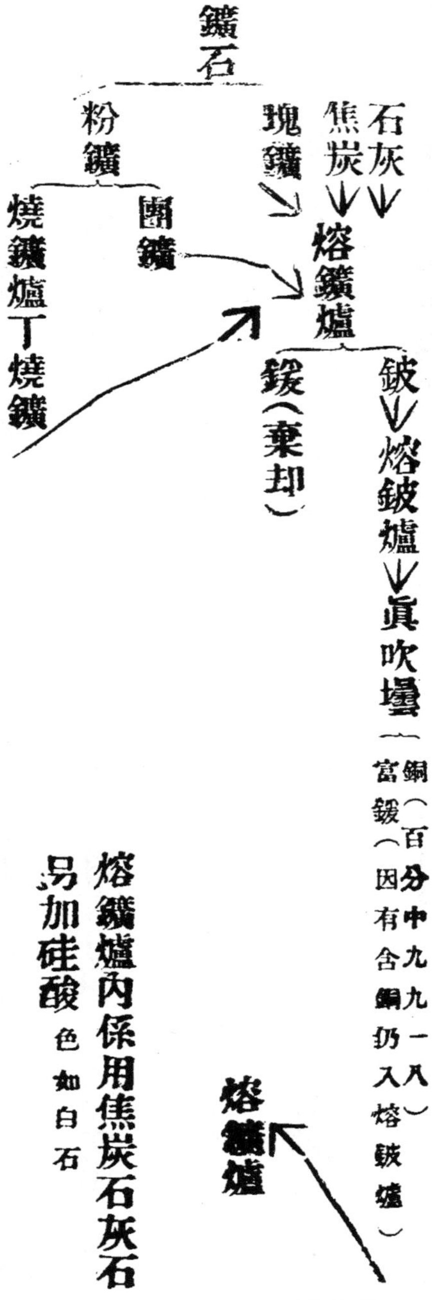

至該處鑛物及土石另有解説書惠贈一册俟歸逆再譯漢文是晚共飲於小瀧酒樓室精殺美且有教坊歌舞幾忘乎身在深山幽谷中暢飲夜半始散

二十九日陰九時井上君及諸課長來導觀選鑛機關場搗鑛場第二選鑛工場細鑛淘汰場水選鑛場手選鑛場受鑛場第二選鑛工場最大樓有五階頂上一層後門通洞內安置鐵軌運鑛石出卽傾入斗箱內落第二層經手選分別

粗細或手選或水選須漏至第五層方能分別精質粗質精質即原質入爐粗質則搗碎後再用水選漏砂團餅如糕形晒乾或烘乾入熔鑛爐水選之法係將鑛質磨碎漏入水池已成細沙有自來管在第五層左右兩管一邊漏出多銅質一邊漏出盡廢砂五層皆電氣力風輪如中國水車式漏石漏砂賴此旋轉之力據言高百十尺建設此廠所費不貲閱畢時將薄暮歸寓休息用膳後與井上君談出示本所事務章程鑛夫僱傭勞役規則鑛夫監督法丁銅解說書多見於鑛物土石解說書銅山共救義會規則數册歸途再譯

二月初一日陰昨日感冒今已小愈井上諸君偕往通洞坑塲在事務所略坐即通洞之坑口小使檢呈藍布衣袴青布襪草鞋換著手提安全燈茶油綿心乘電車洞內鋪設鐵軌安置電綫車形如中國二把手小車上置大木箱長方式只容二人伏坐其中此車係運鑛石并非備人乘坐進光盛第一竪坑洞內行數十步有電燈燈光甚小不能如洞外之明坑內開鑿之狀採銅皆係人工鑿

石挖土及施藥法與中國同洞內有假事務所就洞內搭板屋燃電燈置几席取暖火藥稽察鑛夫員役在此日夜換班室內熱度達九十七八度其窄狹亦只容十餘人啜茗少息井上君體胖亦最畏熱徧體汗已透愈入內則愈熱中途乘捲揚梯即鐵練繫四方形鐵板四圍有練從直洞放上放下至四番坑洞內有機械場即通風汲水機器所用電力發電之所閱畢復乘捲楊梯至五番坑此間因上年被水損壞正在修復屋柱杉木栗樹二種材料甚大且堅據言第六番坑亦被水損壞尚未修復今已停工閱畢復乘此梯到最上層由第一坑至第六坑計深六十丈云坑內鑿岩機汲水管與煤山同仍由事務所乘電車出洞漸交寒度行至坑口寒度二十七八度洞外大雪同人於坑口雪中撮影以爲紀念旋至事務所浴室沐浴更衣圍爐飲酒飯畢歸寓檢閱鑛山坑內部圖鐵軌皆通選鑛工場運載悉用車輛第一第二兩工場選鑛均由粗質分別塊鑛粒鑛粉鑛其運道之形勢及鑛質之次序大概如左

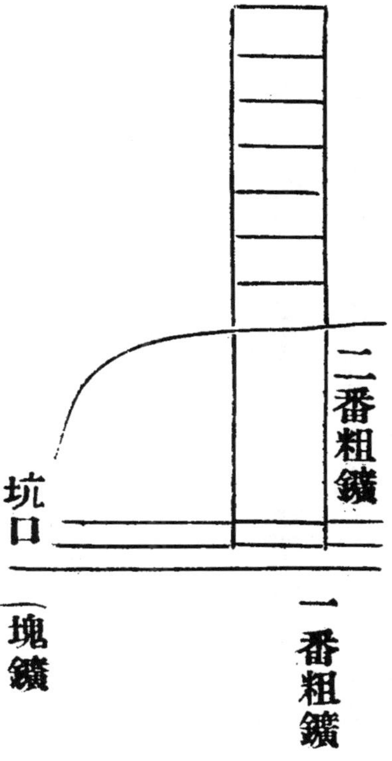

塊鑛　粒鑛

塊鑛　粒鑛　粉鑛

坑內

一番粗鑛　第一選鑛工場

二番粗鑛　第二選鑛工場

初二日陰雪早餐後井上君及諸課長來偕至坑部課視新建築大製煉場鑛架爲楹高一丈五六尺寬六七丈深二丈餘新置熔鑛爐較舊爐加大云同行六人合照一相於風雪中見精神饒有興趣午餐後覆勘製煉第三機關場製煉

送風場製煉機關場製煉汽罐場野燒鑛場等處又至倉庫內部參觀飲食日用諸品儲積甚多鑛夫購用憑簿發給另有取扱所與販賣店無異貨物價値俸給儘可抵償絕無久賒逃欠之慮另有儲積鑛山材料公用品之倉庫如竹器繩具鐵具油類灰類火藥類皆分別儲積之

託高橋君將電氣原働所內部機械及電氣應用各器畫圖見贈允兩禮拜後郵寄南京又託井上君惠寄製煉機器運送器具及鐵索線安置各圖允囑書記測繪出示照片兩册約略觀之銅山消防組病院學校鑛山神社銅山頂嶺之遠景電氣原働所內部電氣原働所水樋高原木水源薪揚之場高原木之景製煉第三機關場製煉送風場製煉機關場製煉汽礶場鎔鑛爐上下部三野燒鑛場燒鑛爐京古內隧道斜鐵道製煉所詰所第二選鑛機關場細鑛淘汰場搗鑛場選鑛機關場水選洞鑛場手選鑛場受鑛場坑部詰所工作機關場鑽削工場旋工仕上場鑄工場冶工場倉庫前之景事務所內部本山事務

所本口斜鐵道之景本山中央之景土水工場之景足尾赤倉町之景製煉所之景古河橋之景細尾出張所細尾鐵索荷扱場鐵索强勾配之景鐵索線路眺望日光之景鐵索線之景地藏坂瀑布地藏坂之景又鐵索荷扱場又機關場又出張所神子未成鐵道橋又未成馬車鐵道線路小瀧支局病院學校又水車水源之景銀山平及坑口之景小瀧製煉送風場又鎔鑛爐又燒鑛爐又撰鑛場又坑口小瀧橋又坑口汽罐場又壓搾機關場又水車原働所又支局之景又中央之景又製煉所之景又表門古足尾町之景鑛業便道唐風呂之景鑛業便道原之景原未成鐵道橋之景中央之景銅碑有木坑口有木機關場有木汽罐場銅山川之景通洞鑛業地之景通洞坑口通洞壓搾器械場通洞出張所簀橋出合坑口及唐岩山之遠景簀橋新口坑簀橋出張所簀橋金龍山之景足尾町之景內籠開運橋渡良瀨之景間籐出張所足尾間籐町之景本山表門坑內開鑿之狀計百餘種持贈鎔鑛爐鐵索線等圖十六片又起

業費處理心得並科目表及各種統計報告表式樣
初三日陰井上諸君偕往有木坑明治四十年鑿入坑洞審察鑛質此坑質美而苗不旺似較遜於光盛坑足尾鑛質以深藍色而質脆者爲最上品所謂塊狀硫化銅含銅百分中之六十其次則墨藍兼白點而質亦脆者所謂黃銅鑛塊狀硫化銅夾紅銅質含銅百分中約四十分孔雀毛色與此相等表皮之一部富化黃銅鑛質稍堅紫綠黃藍雜色夾金星含銅百分中之四十再其次塊狀黃銅鑛視之如黃金箔微含紫綠等色含銅百分中約三十分又結晶之黃銅鑛約兩種一則純黃色小方塊凝結石塊一則老黃色微夾紫綠點小方塊凝結石塊皆含銅百分中約三十分表皮之一部富化塊狀黃銅鑛五色凝結成塊含銅百分中約三十二三分總之藍色獨優紫色綠色略差黃色含銅甚少此等鑛質本山各坑相同惟光盛坑最旺閱畢出洞更衣沐浴循洞口岩壁而行追尋鑛脈果見有白石一大片中露帶形現黃金箔色所謂石英粗面岩或

謂母岩卽最近之鑛脉爲可據之鑛苗深淺厚薄仍不可測
初四日陰井上諸君偕往小瀧坑口通洞處更衣入洞審察鑛質其現在開鑿數處採取鑛石與我銅冶山鑛石成色髣髴據言平日鑿取實屬此類較多優者只有十分之一二足尾地勢深厚羣山環繞鑛脉當必綿亘於地腹中鑿者嘗於横處直追是其慣技泰西鑛學家嘗言深處多於横處未知孰是出洞沐浴後又至燒鑛爐鎔鑛爐撰鑛場研究原質討論化功所用骸炭其色有光其質甚堅與開平萍鄉不同或鍊焦法較精所用硅酸係黑白石據技師說此鑛質的係純銅內含金一萬分之二內含銀一千分之一云回寓時沿途注意鐵索綫之佈置卽傳電法之擴充由某處至某處安置粗柱繫貫鐵綫另用鐵索綳加以鐵鈎傳遞物件每華里不過十餘柱每里停頓三五次以期穩妥其停頓處置機軸於柱上使之挫折便自停頓收放鐵索係用電力設機關於荷扱場繫崇山峻嶺間亦可繞越阻障瞬息交通山道崎嶇若遣足則見遠若凌空則

逼近況此鐵索所經皆取直綫而行故覺神速但只運貨不能載人若非緊要之物難於傳遞木材煤炭最便小包亦可分量不得逾二百斤是固鑛山利用之機關耳晚間主人又設盛饌同人暢飲醉後紛紛乞書大橋西牧磨墨折紙勉塗匾字六方不値一笑

初五日陰九時偕大橋乘鐵道馬車行井上高橋木部淺野篠林櫻井川地西牧諸君送別情意殷殷巳刻至栃木平昨傳電話預備山兜人夫齊全即刻就道深山之中仍飛雪花午後行抵細尾換人力車途中野店竟得飽餐行李小包早從鐵索線遞至細尾出張所未刻抵日光古河出張所即在鐵道旁休息半時乘火車至上野換坐人力車夜十一時到旭館寒熱大作未能成眠

初六日晴華攝三十五度病勢頗劇寫明片招意魯那臣來中島男爵過訪視疾昨在車中閲報紙載西歷一千九百五年各國所產銅數與前覺之表稍有差異因並錄之以備考核

國別	萬千百十〇噸
英國	五四五〇
澳洲	三一四一〇〇
坎拿大	一九六三二〇
南非洲	七五二三〇
紐芬蘭	二七五三〇
美國	三一六六三一〇
西班牙	五六一五〇〇
墨西哥	四八九七六〇
德國	二一七八二〇
智利國	二九〇八六〇
日本	三三二四五〇

秘魯　九四九六〇

俄羅斯　八八一七〇

葡萄牙　六九〇八〇

義大利　四三一四〇

瑙威　四一八〇〇

此表挂漏甚多原不止於支那支那產銅之區豈僅雲南閉塞有年正不何時發現於世界耳

初七日晴病體小愈走答中島回寓又覺感冒作書致神戶領事轉達住友鑛社今因病不能赴別子晚大橋[illegible]松來訪

初八日陰微雨中島男爵函邀晚餐辭不獲允傍夕遣車來迎飲於瓢家外務省珍田次官捨己山座局長圓次郎菅禮之助神津助太郎石井菊同座

初九日陰午前往古河鑛業會社辭行道謝午後三時乘火車起程中島男爵偕

神津君至新橋送別車中酣眠昨日腿際生一筋核微痛遂不著意今夜漲大上昇近於小腹恐因感冒觸發足傷

初十日晴復陰九時到神戶宿吉田館長壽卿偕王紹賢過談延醫中川易太郎診察問症極詳據言外感尚易清理筋核恐是折足時使按摸強接惡血滯氣凝結成核亟宜消散即日乘筑前丸回滬船長御水出重事務長石川君似曾相識船載二千五百餘噸

十一日晴譯錄鑛山章程等件閱日本報紙載有明治十四年本邦鑛產額錄之如左

種別	數量	價額	比較割合 數量	比較割合 價格
		圓	割	割
金	匁 七三五、七〇八	圓 三六五四、七〇二	減〇、七四	減〇、三七

銀	匁	二三一、五一九、一八九	三、八五二、〇四三	一、六七	一、八九
銅	斤	六三、〇六一、一五七	三〇、八〇〇、九六一	〇、七四	一、七一
銑鐵	貫	一一、六一〇、九九五	二、二三七、五八四	一、〇二	一、〇二
鋼鐵	貫	一、二二三、〇二三	三六三、二三八	四、三〇	四、三〇
鉛	斤	五、〇九〇、二四六	五〇二、九一六	一、一四	一、六二
錫	斤	五〇、〇七四	五二、三七一	二、五六	二、八〇
精製アンチモニー	斤	三四三、二一〇	一四五、六〇〇	｜	｜
硫化アンチモニー	斤	一六〇、七八〇	三一、一七七	｜	｜
水銀	斤	九一二	一、一八六	五、〇〇	二、〇〇
硫化鐵鑛（貫）		九、六二〇、二七八	九、八二〇三	〇、〇〇	〇、一九
格魯漢鐵（貫）		一、五〇九、九二八	三一、四八二	二六、四〇二	六、四〇
滿俺	貫	二、七七二、二三六	一〇一、二八七	四、五一	四、五八

砒	斤	七七、一〇〇	五四〇	減二、五二	減二、五三
亞鉛鐵	貫	四、一二四、九八二	七三六、五二八	〇、九〇	〇、九〇
燐鑛	貫	三八七、三九〇	一八、四四七	丨	丨
黑鉛	斤	二九八二六	一一、四四七	減四、九二	減四、九〇
石炭	噸	一三、七一六、四八八	五九、二九六、三七八	〇、五七	減〇、六四
亞炭	噸	六三、五五〇	一〇、六八〇	減一、一〇	減〇、九八
石油	石	一、七七三、一九七	七、三九〇、六八五	二、八七	九、五〇
土瀝青	斤	八一〇、〇〇〇	八、九九三	二、五八	二、五六
硫黃	斤	四七、五一五、五三八	六三一、七五七	〇、三八	〇、四七
計		丨	一〇八、四五七、八〇五	丨	〇、四七

十二日晴淸晨抵長崎舟中手譯章程及解說書四時開行

十三日晴洋面平穩手譯之件未畢夜以繼日竟其功

十四日晴午前十時到滬古河洋行已得東京電派員雇馬車在碼頭迎接仍住豐陽館

鑛物土石類解說書

解說書	
部	
類	
番號	
品名	
出品人	
住所	栃木縣上都賀郡足尾町
職業	古河鑛業會社足尾鑛業所
氏名	鑛業人古河勇之助代理 近藤陸三郎

一產地及發見

足尾銅山在栃木縣下野國上都賀郡足尾町位於北緯三十六度四十分西經百三十九度二十七分鑛區圍繞備前鎗高嶺特許採堀坪計數一百八十八萬二千六百三十坪

當鑛山發見之年歷明記不存無可詳考僅據口碑所傳似在慶長十四年（己酉）即距今二百九十九年前爲土民發見翌年日光坐禪院座主隨申報又翌年經酒井雅樂頭納製銅於幕府即以之創始爾來爲幕府之直轄山慶長十

八年寅設會所於江戶大坂長崎以擴張製銅之販路計輸出蘭國者總額五分之一云後自寬文二年（壬寅）至七年（丁未）六年間年年納丁銅九萬貫於江戶淺草倉庫自延寶四年（丙辰）至貞享四年（丁卯）十二年間設吹床三十二座年出丁銅三十五萬乃至四十萬貫事蹟可期徵爲至斯採堀之業遂連綿繼續矣明治初年尙爲日光縣之管轄地同四年方屬民業至十年始歸現鑛業會社古河市兵衛之稼行是時當山恰值極衰微之際一年之產出額不過僅一萬四千零四十貫經本會社苦心經營漸次改良施業之方法大事擴張賴有隆盛氣運得成現時之狀態耳

一地質

構成本鑛區主要之岩石爲石英粗面岩英閃安山岩等之新火成岩圍繞之者則爲屬於下部古生層之粘板岩角岩及石灰岩蓋二種之新火成岩貫古生層而迸發至後世紀於其附近更有輝石安岩猛烈之迸發隨成西方赤城

袈裟丸庚申山諸峻嶺及北方男體女貌白根山諸連峯以此構成本鑛區之岩盤亦著受影響而龜裂經幾番地殼之撼動溶解鑛物之熱泉沿裂罅以上昇壓力不減鑛物隨爲沈積是即當鑛山之富源所以構成也

一鑛脉

鑛脉之生成第一沈積之鑛物爲石英自其中之二尺變爲薄層乃俗眼所不能見第二黃銅鑛溶液與硫化鐵鑛溶液多少相混上昇於裂罅內在下底其溶液濃厚且因壓力之大鑛物之美其晶生成極鮮但稍稍與多量之黃鐵鑛密相混以上昇溶解即形稀薄因之壓力亦次第減少鑛物之結晶梢爲完全不僅屢屢發現晶洞即其含銅品位亦屬純良幅員狹少處雖不過止其痕迹至其膨大處其原有達七八尺者第三含有硫化飫鑛輝亞鉛鑛輝鉛鑛等鑛溶液塡充於裂罅內其範圍極少至最終仍見石英溶液之再來塡充於鑛脈空所其痕跡可明徵諸實地焉

現時採鑛之鑛床其數有五十餘其他尙屬舊時之稼行將來可望開鑿者不勝枚舉雖然是等多數之鑛床其生成之起源及鑛物分布之狀况概同一轍無甚差異因其走向及傾角可得其自別之二種脈聯

第一種　一般走向六十一度內外者即六十度鑛脈聯屬此種者其主要爲傾於西北方之著明橫間步鏈故即謂橫間步鑛脉聯

第二種　一般走向百度內外者即百度鑛脉聯

屬此種者其主要爲傾於南方之著明新盛鏈故即謂新盛鐵脈聯

於前記之鑛脈聯各所屬鑛脈中之主要者揭如左

第一種　六十度鑛脉聯

鏈名	走向	傾角	傾之方向
橫間步鏈	北五十五度東	七十五度	西北
光盛鏈	同上	自上五番下部六十五度 同上部六十五度	東南 西北

神保鏈	北六十五度東	七十度	西北
弁天鏈	北七十度東	自有木上部八十度 同下部八十度	東南 西北
安兵衛鏈	北四十七度東	七十度	東南
判右工門鏈	北四十度東	同上	東南
小滝永盛鏈	北六十度東	六十五度	西北
蛭子鏈	北六十度東	自本口上部七十五度 自有木上部八十度 同下部七十五度	西北 東南 西北
中峯鏈	北四十八度東	自有木上部 同下部 各七十度	東南 西北
銀盛鏈	北五十七度東	七十度	西北
寶盛鏈	北六十五度東	七十度	西北
足倉鏈	北四十三度東	八十度	同上
足倉奥鏈	北五十五度東	七十度	西北
縱本鏈	北五十七度東	七十五度	東南

競盛⿰金通	北六十度東	七十度	東南
連盛⿰金通	北六十八度東	七十五度	西北
寶盛前⿰金通	北六十五度東	七十度	西北
旭盛⿰金通	北五十五度東	七十五度	西北
第一福盛⿰金通	北六十五度東	六十五度	西北
第二福盛⿰金通	北四十五度東	六十五度	西北
天狗二號⿰金通	北六十五度東	六十五度	東南
遠盛⿰金通	北五十五度東	七十度	東南
七里⿰金通	北六十五度東	七十五度	西北
光盛枝⿰金通	北五十五度東	六十五度	西北
大鍎前⿰金通	北七十五度東	七十度	東南
大鍎奧⿰金通	北六十度東	六十五度	東南

通洞二十五號鏈	北六十五度東	七十度	西北
出會坑鏈	北四十五度東	六十度	東南
通洞六號鏈	北四十五度東	六十五度	東南
持木鏈	北五十五度東	七十五度	西北
直盛鏈	北六十度東	九十度	無
通洞廿九號鏈	北三十七度東	五十度	西北
同卅二號鏈	北六十度東	七十五度	西北
簀橋四號鏈	北七十六度東	七十五度	東南
同五號鏈	北六十九度東	八十度	東南
出會坑下磐鏈	北六十度東	九十度	
簀橋第一上磐鏈	北四十五度東	七十度	東南
同第三上磐鏈	北六十七度東	四十二度	西北

同第四上磐鏈	北四十三度東	五十六度	西北

第二種百度鑛脈聯

本山永盛鏈	北九十度東	六十度	南
新盛鏈	北百十度東	六十五度	同
眞盛鏈	北百十度東	六十五度	同
天狗一號鏈	北九十度東	六十五度	同
天狗鏈	北九十五度東	六十五度	同
卯酉鏈	北八十五度東	六十度	北
中鏈	北八十度東	六十五度	北
太盛鏈	北百度東	六十五度	南
中盛鏈	北百度東	六十五度	南
大切鏈	北九十五度東	六十五度	同

豊盛鏈	北八十度東	六十八度	同
排水鏈	北八十五度東	七十度	同
中玄入一號鏈	北八十七度東	八十度	同
中玄入五號鏈	北百度東	六十五度	同
前卯酉鏈	北八十五度東	六十五度	北
臭卯酉鏈	北八十五度東	六十度	北
光盛前鏈	北九十五度東	六十五度	南
出會坑第二上磐鏈	北九十五度東	六十八度	同
出會坑上磐鏈	北百五度東	六十八度	同

於左在鑛區內之山腹或溪谷露出之鑛脈可因方面列舉其露頭之數如下

方面	鑛脈露頭數	方面	鑛脈露頭數
本口澤	七二	唐澤	一一

外山澤	二六	鈴手澤	二一
水汲澤	三六	天狗澤	三六
笹山澤	二四	持木澤	四
作久澤	二九	有越澤	二〇
文象澤	五〇	合計	三二八

二鑛石

主鑛爲富良之黃銅鑛鑛脉中若塊狀無晶銅狀又在脈石中爲散布之小粒

其純良銅鑛之品位如左

銅	三三〇〇
銀	〇〇二五
鐵	三四九一〇
硫黃	三一一六〇

不溶解物　〇五五〇
合計　九九六三五
比重　四一九〇

然一般產出之鑛石非盡如斯之純良要皆與多少之硫化鐵相混合黃銅之外又有銅鑛所產者為自然銅赤銅鑛黑色酸化銅鑛輝銅鑛孔雀石等但其量甚少

伴髓鑛物之主者為石英黃硫鐵鑛但白硫鐵鑛赤硫鐵鑛硫砒鐵鑛輝亞鉛鑛輝鉛鐵方解石等次之又少量之螢石及燐灰石稀有產出藍鐵鑛者

當山所產之銅鑛多少皆含有銀分其品位自十萬分之五達於一萬分之五又輝鉛鑛及輝亞鉛鑛亦含有銀分往往近於千分之一

銅鑛中亦含有金其量幾不可測定

三採掘法

(子)採掘　在當山之採鑛方法採鑛又開坑之外併用階段法及拔掘法採鑛者爲探索鑛床之存在則開鑿立入坑道開坑者爲便於採掘已發見之鑛床且使運般容易則開鑿縱横坑道用普通高七尺巾四尺之架焉階段法者其幅員高六尺巾二尺五寸以上採收鑛脈中鑛石之全部拔掘法此無一定之架僅採其鑛脉中良好之鑛石焉

坑夫現在人員三千餘其使役則由請負法常一晝夜而三交代之請負法有二種　一　考量鑛物及其品質分量如何方便於採掘而規定其代價以之買上者　一　可採掘之岩石其岩石之堅軟通氣之難易相離之遠近一一詮考因開鑿進行之工程而支予賃銀者坑夫所持之鑿鎚及叺等皆爲自辦鑿徑自六分至八分長自一尺至二尺五寸鎚重量約四百目叺容量十一貫目

爆發藥通常火藥與(ダイナマイト)併用但因時如ブラスチングゼラチ

ン等亦用之

(丑)鑿岩機　於主要坑道及竪坑堀下等則用鑿岩機就此機之成績當鑛山既多年熱心研究或(シユラム)式空氣鑿岩機或(シーメンス)電氣鑿岩機等皆常試用輓近(ライナー)式空氣鑿岩機之發明隨即購入而實驗之其堀進之迅速一交代之鑿程可優得二十個三尺之鑿穴加之此機之特長正鑿時注入鑿中之冷水以可防碎石粉末之飛翔附從之役夫其便不可勝數其優秀要非前二機所得同日而語者是以目下專用此機而以(リットルウヲンダー)式鑿岩機參用之機體輕小運轉簡易以之堀進險處整均枷體頗爲至便今揭目下備用諸鑿岩機之種類及其數量如式但(シユラム)式以下現時皆不用矣

鑿岩機	數量
(ライナー)式鑿岩機	二六召

（リットルウヲンダト）式鑿岩機　一〇台
（シエラム）式鑿岩機　一四台
（シヨー）式（エヤトハムマー）　一台
（シユラム）式（ロックテリヲアー）　一台
計　五二

（寅）坑道　自方面略述坑道之主要如式

（1）本山方面

有木坑道以縱十尺橫十尺之加脊開鑿爲本山主要之運搬坑道此坑道拔出海面自二千五百八十六寸之處沿橫間步鏂開堀坑內之軌道軌隔半美宅路用十八封度軌條布設復線而備曳引鑛物之電車自坑口於西方二千五百二十六尺之處爲橫間步第二豎坑更進西方二千百九十三尺爲橫間步第三豎坑深五百十六尺達於通洞坑道有木及

通洞兩坑道之間通七階之橫坑道有多數採鑛場次去橫間步第一竪坑西方千八百七十尺有橫間步第三竪坑深五百四十尺串通於通洞坑道即在通洞之同竪坑之上部然目下於此方面無甚需要其在有木坑道之捲揚機唯在通洞坑道下部供採堀物運搬之使用焉

本口坑道始以縱七尺橫八尺之加脊開鑿較有木坑道高二百九十八尺之處有坑口同有木坑道沿橫間步鏈而開鑿富有木坑道未貫通時坑道往來頻繁乃於坑内布設單線或復線軌道自坑口西方二千六百三十二尺爲本口捲下竪坑自是至上部備前鏞山頂於千四百四十尺之間有二十餘階之橫坑道下部通四階之橫坑道達於有木坑道而從事採掘

(2)小滝方面

小滝坑道縱十尺橫十尺之加脊開鑿以始在有木坑道之西南隔備前鏞位於其背面沿光盛前六十丈鏈天狗銀及光盛鏈而開鑿之橫坑道現在

小滝主要運搬坑道之坑口較有木坑已低四十五尺然於終點則與有木坑口連絡在坑內布設復線軌道藉電車以搬運鑛物於此坑道之上部八十二階下部六階具設横坑道有數多之採掘處自坑口於東方二千百三十八尺之處開鑿文象竪坑連絡下部通洞坑道此竪坑深四百三十尺是處有上下五階之横坑道

(3)通洞方面

通洞坑道按縱十一尺横十二尺之加脊而掘進於備前鏑之東南有越山麓渡良瀨川沿岸有坑口較有木坑道低四百七十七尺明治十八年方從事開鑿向西北方掘進約一萬尺二十八年中達於本山主要鑛脉之横間走鏈是爲當山現時最低之疏水坑道且以深鑛於各鑛脈下部之目的而開鑿時其進行中鑛脉爲所串通者五十條之多更付於此等諸鑛脉爲現時從事採掘之盛者

自坑口五千九百四十尺會於二十三號鏀沿同鏀左行二千六百八十尺有光盛第一竪坑現時深達六百二十尺尙從事下掘而目下於通洞坑道以下設五階之横坑道光盛天狗連盛光盛前鏀等諸鑛脉皆在採掘自光盛第一竪坑沿光盛鏀東北行二千零七十尺有光盛第二竪坑現時深達三百七十尺尙從事下掘目下通洞坑道以下設三階之横坑道專從事於光盛鈲東部之採掘焉

自坑口八千九百二十二尺會於新盛鏀沿同鏀左行千四百八十二尺達於横間步鏀尙沿此左行三百四十三尺有横間步第三竪坑現因其深達三百二十尺通洞坑道以下設三階之横坑道專從事於横間步鏀新盛鈲等諸鑛脈之採掘焉

簀橋出會坑縱七尺横五尺較通洞坑口高二百五十五尺在作久之沢中腹於其下部設四階之坑道連絡通洞於上部則有六階坑道然該坑口近

以不便審閱自此二百七十一尺之上部卽於九番坑道開口而交通坑內僅於前相向位於南方卽稱南坑口位於北方卽稱本番坑口

以上就全山中主要之坑道而記述之者今卽其延長因方面而分類如下

方面	坑道之延長
本山	
小滝	
通洞	
計	

(卯)竪坑　主要竪坑之位置既已如所記載但其數通全山有七列舉如左

個處	名稱	長尺	巾尺	深尺
本山	橫間步第一竪坑	九、三	九、二	五一六
同	同第二竪坑	通洞地並以上九三 通洞地並以下二一〇	同六〇 同六二	六一〇

同	本口捲下竪坑	九、二	六〇、	二八二
小滝	文象竪坑	一三、七	四、六	四三〇
通洞	光盛第一竪坑	一八、四	六、〇	六二〇
同	同第二竪坑	一二、九	一〇、五	三七〇
同	横間步第三竪坑	九、二	六、〇	三二〇
同	新梨子竪坑	一一、〇	九、〇	一一〇

但其長及其幅用梓內之寸法

新梨子竪坑　表中之通洞新梨子竪坑去通洞坑口西方約二百尺於有越山麓有坑口與通洞第二選鑛場皆爲新築櫓悉鐵製其高六十尺竪坑分二區於（ケージ）一台鑛車二輛裝置可載以行自通洞坑內產出之二番粗鑛及一部之廢石由電車自通洞坑道來此竪坑下以是捲揚而至選鑛場

（辰）斜竪坑　前記竪坑之外在本山斜竪坑有一所在通洞有二所

在本山者自坑口沿同坑道行約二千五百尺於其處有一斜豎坑在下底即稱爲本口斜豎坑於頂上設捲下機因之搬出此部之採鑛物於本口坑道

在通洞者一自光盛第一豎坑沿西南三百三十尺大黑鏂開掘者即稱爲大黑鏂斜豎坑一自通豎坑口六千五百尺會於二十五號鏂沿同鏂左行九十六尺即稱爲二十五號鏂斜豎坑具有電氣捲揚機自其方面下層產出之粗鑛搬出之粗鑛口而供用焉

今於左列記斜豎坑之大及其深

個處	名稱	長尺	巾尺	傾斜尺	深尺
本山	本口斜豎坑	七、〇	三、〇	六〇	三〇〇
通洞	大黑鏂斜豎坑	八、八	三、〇	七五	四三六
同	廿五號鏂斜豎坑	一三、五	五、八	七〇	六六

但其長及其幅用桴內之寸法

以上爲既設之竪坑然就浸浸進步之事業其增設將不待贅言卽於通洞目下工事中已有二處一光盛前鋪竪坑　一簣橋竪坑

光盛前鋪竪坑將來發展之方面處處皆然但最重要通洞坑道以下西部光盛鋪光盛前鋪天狗鋪大黑鋪等爲特殊今光盛第一竪坑專當此方之用但來日頻繁之使用此竪坑終不能堪雖有光盛第二竪坑但距離較遠頗爲不便於是去光盛第一竪坑東南百七十九尺定其位置以永遠掘進之目的而設計焉目下同時於通洞一番二番三番之四坑道孜孜起工從事開鑿其大枠内長二十三尺四寸幅六有ケージ室四人道一俟竣成與光盛第一竪坑併用已決意向此方面發展矣

簣橋竪坑　自通洞坑口沿坑道行四千三百六十三尺左折七十二尺爲簣橋竪坑目下正從事開鑿支柱此竪坑枠内長十三尺同幅六尺因二區（ケージ）台一區人道而成上九番坑卽本番坑地並在計劃開鑿於簣橋方面

搬出已採掘全般之粗鑛而供支用

豎坑之外有許多坑井連絡坑道間是等爲利用之採掘跡每約百尺而設置焉其幅四尺長十五尺劃分三區　一人道　一鑛物捲揚所　一癈石及二番粗鑛落置地

(巳)支柱　坑內以普通兩磐之堅牢即無明支柱困難之感施於橫坑道之支柱末口用七八寸之留木即爲片留打込三梓合掌等坑井之支柱梓組或打込不拘何等皆可張板於內面豎坑者切普通尺角之材應岩質每三尺乃至五尺束一梓而支之支柱用材栗楢松等及其他雜木從事於支柱之使夫員數約達千人

(午)鑛物之運搬　於坑內採掘之鑛物及癈石沿近傍之坑井藉轆轤轉上或落下皆從小滝坑道出而積載於鑛車依軌道藉人力以運搬於各所屬之大豎坑於豎坑設置電氣捲揚機或捲下機若向主要坑道搬出鑛車則有電氣

機關車連結十數輛鑛車以向坑外曳引鑛石則輸送於選鑛場廢石則輸送於堆積場

於本山有木坑道小滝坑道及通洞坑道有設備運搬之電車其在本山及小滝者起工於明治三十年在通洞者成於明治三十四年在電車使用以前各所皆用馬匹今已盡廢所存者僅通洞一部而已

鑛車爲木製容量十五立方尺重量百五十貫可供搭載車體合供可達二百三十貫

坑內各所使用之車輛數如下

所名	輛數
本山	三七〇
小滝	一六〇
通洞	三九五

計　九二五

鑛物運搬主要之機械如下

（方面）	（使用處）	（機械名稱）	（大）	（數量）	（所要馬力）	（摘要）
本山	有木坑道	電氣機關車	長七尺十寸巾二尺六寸高三尺	四	一五	
同	横間歩第一竪坑	複胴電氣捲揚機	捲胴徑六尺八寸巾三尺二寸	一基	二五	一日最大捲揚回數一二〇
同	同前第二竪坑	同前	同前	一同	五〇	同二〇〇
同	本口橋下竪坑	自働捲下機	同七尺同六尺	一同	〇	同前捲下回數二七〇
同	本口斜竪坑	同前	同前	一同	〇	同前六〇
小滝	小滝坑道	電氣機關車	長七尺十寸巾二尺六寸高三尺	六	一五	
同	文象竪坑	複胴電氣捲揚機	捲胴徑六尺八寸巾三尺二寸	一基	五〇	一日最大捲揚回數二六〇
通洞	通洞坑道	電氣機關車	長七尺十寸巾二尺六寸高三尺	七召	一五	
同	光盛第一竪坑	リッジマーウード式複胴電氣捲揚機	捲胴徑四尺六寸巾二尺八寸	一基	一〇〇	同前回數四〇〇

同	同前第二竪坑	同前 同前	同堅四尺 同巾二尺四寸	同	七五 同前	三〇〇
同	横間步第三竪坑	複胴 電氣捲揚機	同堅六尺八寸 巾三尺	同	五〇 同前	三五〇
同	新梨子竪坑	同前 同前	同堅八尺 巾一尺	同	四五 同前	二五〇
同	大黑鏀斜竪坑	同前 同前	同堅三尺 同巾二尺	同	二五 同前	一五〇
同	廿五號鏀斜竪坑	同前 同前	同堅二尺 巾一尺五寸	同	一〇 同前	六〇〇

其他轆轤小形電氣及空氣捲揚機等可得移動者多用之

（未）排水　坑內各所之坑水盡集於有木小滝及通洞三大坑道而排出坑外然最低疏水道於通洞坑道以下或其上部同坑道未串通之部分而湧出於採掘場者則集於其附近之坑道而排之以喞筒爲

使用於此之喞筒如左

方面	使用所	喞筒名稱	筩經	衝程	一分間衝數	揚高	一分間揚水量	所要馬力	摘要
本山	横間步第二竪坑八番坑通	田中製喞筒	七寸	十寸	三五	二〇	一六四	一五	常用

同	同	同	同	同	同	同	同		豫備
通洞	光盛第一竪坑一番坑通	セントリフユーガル喞筒	羽根同十二寸	同巾二寸	一二五〇	一二〇	五〇	五〇	常用
〃	〃	〃	〃	〃	〃	〃	〃	〃	豫備
〃	〃四坑番通	リードラー式喞筒	十寸四分ノ七寸八分ミ	一六寸	八五	四五〇	七〇	一〇〇	常用
〃	〃	〃	〃	〃	〃	〃	〃	〃	豫備
〃	〃	〃	十寸八分ノ七寸十六分ミ	十五寸四分ミ	一〇〇	三五〇	〃	七五	同上
〃	〃五番坑通	イルス式喞筒	八寸	八寸	四二	三〇〇	二八	二五	常用
〃	〃	〃	〃	〃	〃	〃	〃	〃	豫備
〃	光盛第二竪坑三番坑通	ブレキ式喞筒	七寸	十二寸	七六	三〇〇	三五	五〇	常用
〃	〃	イルス式喞筒	六寸	八寸	四二	二五〇	一六	一五	豫備
〃	〃	スペンセル式喞筒	六寸	十二寸	一三二	一五〇	二六	三〇	常用
〃	横間歩第二竪坑一番坑	セントリフユガル喞筒	羽根至十二寸	同巾二寸	一二五〇	一一〇	一〇	五〇	同

〃	二〇〇	デイレ式喞筒	七寸二分ﾉ	十寸	九〇	二五〇	六〇	五〇	同
〃	〃	イルス式喞筒	八寸	八寸	四二	三〇〇	二八	二五	同
〃	〃	イルス式捲下喞筒	四寸二分ﾉ	四寸	一五〇	一五〇	八四	五	同
〃	〃	〃	〃	〃	〃	〃	〃	〃	豫備

尙通洞坑道以下因開掘之擴張湧水亦大增量姑不待言故目下刻刻預防更於此方面增設一分間揚水量五十立方尺揚高四百七十尺之（セントリヒユーガル）喞筒二台一分間揚水量三十立方尺揚高量二用五十尺之（セトリフエーガル）掘下ポンプ二台及五馬力（ノールス）式掘下ポンプ等以備之

以上主要排水器之外一般使用於坑內者爲平動（ポンプ）（ブレーチ式空氣ポンプ掘下ポンプ等但略之

（申）坑內送電裝置　使用於坑內之捲上機ポンプ等悉因電力之運轉自電

氣原働所來一方ポンプ之電氣以供給電力同時如有故障自通洞發電所送電於簀橋依通洞坑內之指揮而使運轉焉

交流電氣之疏送五百（ボルト）線二千（ボルト）線皆用英國製鋼線鎧裝及無鎧裝鉛被覆紙絶縁電纜等其延長實達七千尺

（酉）沈澱銅採收　沈於鑛水中之鐵片採收其可溶性之銅分操斯業始於明治三十一年實施於當山爾來頗著良好之成蹟供其採者如古鐵或如屑鐵等之廢物視爲原料而利用之恆得極有價値之銅末今且略述其方法通過坑內外鑛物存在之場集收其滴下之鑛水於適宜之場以鐵片通過充滿之水槽中可溶性之硫酸銅直起化學之變化使還元銅付著鐵片上以之經數日磨擾之則有細微之銅末剝落可沈澱於槽底今試揭每月產出之沈澱含銅量及日月從事於斯之職工如左

個所	一個月平均產出含銅量	使役職工之數	
		男	女

本山	一九一〇	六五	二〇
小滝	一二九〇	六〇	二〇
通洞	一〇五五	五一	一
計	四二五五	一七六	四一

(戊)通氣　通氣一任自然無須別有機械但於坑內各所裝置板戸調整其通氣之方向及其速度又於他不相連之坑直懸設風樋或起其板張上下其坑道而區劃之

(亥)點燈　坑道中以瓦斯有爆發之虞皆點燈用(カンララ)之裸燈燈油專用種油且又於主要坑道坑內見張所竪坑及捲揚工場等嘈雜處皆設電氣燈

四選鑛法

自坑內各所之採掘物運來之粗鑛有二　一稱爲一番粗鑛於各採鑛物所

得純良之富鑛含銅品百分中不下十一二者　一稱爲二番粗鑛混於脉石中之微細鑛片或浸入於岩脉中之鑛物小塊等之混合物含銅品位百分之內外者前者依一定之規律若買上是等之鑛物者坑夫以之入於叺中卽以刻入己名之木札付之搭載於鑛車而送於選鑛場二番粗鑛卽如斯裝載於鑛車送於選鑛場又除此二等者卽稱爲礙石可徑用之以填充坑內之掘跡餘則搬出坑外棄於堆積而已

今將三十九年中各種粗鑛產出之量揭示於左

種別	鑛量（貫）
一番粗鑛	一一四九七一一三
二番粗鐵	四六四九一一三八
廢石	三九八四八八七二

以上之粗鑛若自有木小滝及通洞之三坑道搬出者選鑛場亦自有三處

選鑛法依產出物之增減技術進步亦恆有多少之變遷就現在實施之選鑛法更系之以圖揭示如左

選鑛場操業順序圖六種

坑內所出之粗鑛運搬於選鑛場或爲對於選鑛方法上作適當高度之捲揚設竪坑或斜面捲揚機

自本山有木坑口在南方約二十間之山麓有斜面捲揚所一以供自坑內出來之二番粗鑛之捲揚在小滝者於第二選鑛場有竪坑一自坑內一番粗鑛及二番粗鑛中所出之一部片歹鑛因工場適當之高度而搬運之在通洞者自坑於東方約十五間之處有斜面捲揚所一自坑內搬出之一番粗鑛更爲向第一選鑛場捲揚而使用之今就是等竪坑斜面捲揚所之大及捲揚機等表記之如左

個處	竪坑又斜面捲揚所	竪坑粹內大又斜面路巾	竪坑深及斜面長並傾斜	捲揚機	捲胴	機數	一台所要馬力	一日最大捲揚回數
本山坑外	斜面（捲揚所）	路巾二五尺	斜面長七〇尺 傾斜四二度	電氣捲揚機	經六尺 巾五寸	一台	八	一二八〇
小滝第二選鑛場	竪坑	長一二〇尺 巾六〇尺	深六〇尺	同	經六尺 巾一尺	一台	一五	三〇〇
通洞第一選鑛場	斜面（捲揚所）	路巾九〇尺	斜面長九三尺 傾斜四五度	同	經三尺六寸 巾一尺七寸	一台	一五	二〇〇

從事於選鑛之鑛夫員數如左

個所	男工	女工	合計
本山	一三八	八九	二二七
小滝	九七	六三	一六〇
通洞	二〇〇	一〇九	三〇九
計	四三五	二六一	六九六

男工晝夜交代或於比較勞力需要之場所而使役之女工因手選之業而使役之

選鑛機械之運轉恆依電氣力今揭在各選鑛場原働機之種類如左

場所	原働機	一台馬力	台數	摘要
本山選鑛場第一工場	電働機	一七	一	常用
〃第二工場	同	五〇	二	〃

〃 廢石運搬用輕便鐵索	同	一二	一	件
〃 第三工場	同	八	一	〃
小瀧選鑛場第一工場	同	六	一	〃
〃 第二工場	ペルトン形水車	一〇五	一	〃
〃 第三工場	同	一六	一	〃
通洞選鑛場第一工場	電働機	六五	一	〃
〃 第二工場	同	一一〇	一	〃

用於各選鑛場之機械名稱及數量如左

場所	名稱	數量
本山選鑛場	斜格子	六
同	手選台	八
同	手選運鑛帶	一

同	運鑛帶	三
同	(クラッシャー)	二
同	(ロール)	二
同	(エレヴェーター)	一六
同	(トロムメル)	三四
同	粗粒(ジッガー)	一三
同	(スタンプ)一台五杵	五
同	水壓分類機	九
同	細粒(ジッガー)	一八
同	三角箱	四
同	(ウヰルフレー)式淘汰盤	五
同	(オーパストロム)式淘汰盤	一

同	（ヱヴハン）式淘汰盤	四
小滝選鑛場	斜格子	二
同	水平格子	三
同	（トロムメル）	一九
同	回轉手選台	二
同	手選台	七
同	（ヱヴッーター）	一一
同	（クラッシャー）	二
同	（ロール）	三
同	粗粒（ジッガー）	一四
同	細粒（ジッガー）	一六
同	水壓分類機	四

同　三角箱　六
同　(ヱヴアン)式淘汰盤　五
同　(カムソット)式淘汰盤　一
同　(オーヴアーストロム)式盤　四
通洞選鑛場　斜格子　三
同　水手格子　一四
同　調帶運鑛機　四
同　(クラッシセー)　一
同　(ロール)　四
同　(トロムメル)　三一
同　手選台　三
同　手選運鑛帶　二

同　粗粒（ジッガー）　二五
同　細粒（ジッガー）　三三
同　水壓分類機　九
同　三角箱　二
同　（ヱレヴエター）　一四
同　（オーヴァーストロム式淘汰盤六
同　（ウ井ルフレー）式淘汰盤　二

選鑛用水　前列操業順序圖系已表明其一班如一番粗鑛卽富鑛用水洗淘汰法爲極少但在二番粗鑛與多量之粘土及岩屑相混故必不可不以多量之清水以洗滌淘汰也

今揭使用於各選鑛場之水量如左

場所　每分時所要水量

本山選鑛場　一六七立方尺
小滝選鑛場　一五一立方尺
通洞選鑛場　二五〇立方尺
計　五七八立方尺

明治三十九年下半季中各種精鑛產出之量揭示如左

種別	鑛量	品位	含銅量
塊鑛	五、六七九、一一五貫	一五、七二%	八九三、三八八貫
粒鑛	一、七一五、七四九	一二、五二	二一四、九一五
粉鑛	六、〇二八、一〇九	一一、四三	六八八、九九六
泥鑛	一七四、九五七	五、九四	一〇、三九六
合計	一三、五九七、九三〇	一三、二二	一、八〇七、六九五

坑部近來之改良事項

於坑内擴張鑿岩機之應用新設光盛前鎚竪坑及簀橋竪坑是等擴張下底之運搬設備就中如光盛前鎚竪坑其規模頗壯大(ケーヂ)間有四區更備最新式之電氣捲揚機每分有一千尺之速度爲最適鑛車之捲揚者又如他坑内之捲揚機爲三十五年以前之舊式複胴電氣捲揚機綱之伸宿甚爲困難其後換現今之(リッヂシヤーウード)式機搬運鑛石於竪坑其機敏甚著

坑内外諸機械之働力從來仰給渡良瀨川直流電氣至冬季河水涸渴屢見働力之欠乏昨三十九年日光水力發電所之完成以來竟得潤澤之供給操業上便益日多

於選鑛場泥鑛之處理至採用(ウイルフレー)式泥鑛淘汰盤不可不謂改良之顯著矣然於將來有偉大之改良即是選鑛方法由來凡大規模之工業熟練難得因人力之所得有限應用器械力其成事則簡便敏捷最爲易於進步但如當山之選鑛殊不謂然現今通洞選鑛之設立其秩序井然採用機械精巧實足

稱選鑛場之模範然就時事之進步與當事者之研究益促其改良而不容緩即如手撰法之可廢適當碎其鑛石附於淘汰機次又以出於淘汰機之鑛滓中多少尚含有銅分者更粉碎之再就而精選焉因種種精細之試驗調查其利害得失將工事之改良有以起發若至該工事之竣工當山選鑛場之面目規模更可一新也

五製煉法

現今施業製煉法如左

(一)納鑛石於熔鑛爐中與煤熔劑而熔解之以製鈹

(二)再熔鈹於熔鈹爐因(ベヤマー)法而製出精銅

(一)原料鑛之種類爲塊鑛粒鑛紛鑛泥鑛沈澱銅塊鑛及粒鑛直可據生鑛熔鑛法熔解之粉鑛之狀衝風即飛散故須與約一割之泥鑛相混和團結必使乾燥又其一部未乾者可儘包之以熔鈹而使乾燥共他

鑛石並煤熔劑加燃料即以長方形水筒式熔鑛爐行生鑛鎔解法

現行所用之長方形水筒式熔鑛爐有四種其最大者於羽口帶內經長十七尺巾三尺三寸高八尺一座其次同長十三尺巾二尺八寸高八尺二座備焉其最大者適應生鑛鎔解法係建設之物

送風之壓力與爐有多少之差異但三十粍以上四十粍以下者裝入物總量有七萬貫目於此所得之鈹之含銅品位百分之三十五 卅五 % 內外

鈹凝固後自循環連鎖捲揚機送於煉銅工場熔鈹爐之裝入場鎔碎爲水入於鍰溜藉斜面捲揚機依電力直立於百六十尺之高處而捲揚之更依搬運於高原亦堆積場

(二)鈹於羽口部入於長經五尺短經三尺高七尺之楕圓形之鎔鈹爐以約百分之七之骸炭熔解之熔鈹依筧注入於外經四尺七寸高七尺

三寸之(コンヴァーター)直直送有五百二十耗壓力之壓搾空氣使鈹中之硫黄及鐵皆被酸化加幾分之硅酸分數回排出其鍰則成精銅及受之於容器鑄入於鑄型即成丁銅沈澱銅可即團結經投入於(コンヴァーター)中亦製爲精銅

精銅之成分如左

金	〇、〇〇〇二六
銀	〇、一一五七三
銅	九九、一六七
鐵	〇、〇五二
鉛	〇、〇二一
(ニッケル)及(コバルト)	〇、〇二四九
砒素	〇、〇二九

安的母尼　痕跡

硫黃　〇、〇一〇

（ゼレニューム）及テルリユーム　〇、一五九

計　九九、五七八八九

製造用品

現今製煉之主要爐及器械如左

堆燒爐　拾座

乾燥爐　拾捌座

專賣鈹團鑛機　貳台

鐵搗團鑛機　壹台

長方形熔鑛爐　六座

(ルーツ)式六番形送風機電力六座
水壓昇降機　壹台
循環連鎖捲揚機　壹台
(コンヴァーター)　四個
同　豫備　四個
空氣壓搾機　(電力)　一台
同　(水力)　一台
(コンヴヶーター)回轉機(汽力)四台
同　豫備　壹台
排烟扇風機　(電力)　二台
鑄型機　二台

六淨水及關於脫硫之作業

木作業屬於庶務課水烟係以明治三十年五月二十七日政府之鑛毒豫防命令爲基管掌除害操業之業務其主要之事項如左

一　關於鑛水處理之事

二　關於硫烟處理之事

三　關於沈澱泥砂處理之事

一　鑛水處理

坑水選鑛排水及脫硫塔排水等加石灰乳攪拌其裝置成於自動給灰機混和機及攪拌機因電働力二馬力使運轉不絕製出石灰乳以攪拌混和於鑛水中於水中溶解之硫酸及金屬之疏酸塩類成爲硫酸石灰及水酸化物導此於砂棄池沈澱池使固形物沈澱更使通過濾過池而放水焉故放水澄清即呈化學的（アルカリ）性或中性

今示各所鑛水量及鑛水混合石灰量如左

但昨三十九年度之平均量

方面	種別	一分間鑛水量	一時間石灰混和量
本山	坑水	五二立方尺	
	選鑛水	四〇	五十六貫目
	脫硫塔排水	四三	
小瀧	坑水	二三	八貫目
	選鑛水	五六	
通洞	坑水	二七三	三十二貫目
	選鑛水	八〇	

專用於除害之石灰爲調度課製出之性質佳良者

淨水裝置之主要物如左

方面	名稱	員數	容積
本山	砂集池	三	九、〇七二立方尺
	沈澱池	六	一九六、三二〇
	濾過池	三	四二、八五三
	乾泥池	五	一七四、二三九
小瀧	沈澱池	三	一五三、一七二
	濾過池	四	六二、二二六
	乾泥池	二	九五、一九九
	上段沈澱池	二	八九、七五六

通洞

沈澱池	四	二二一、〇八五
濾過池	三	九六、一〇〇
乾泥池	四	一四四、六一三

二　硫烟處理

自製煉工場各爐發生之瓦斯（硫烟）入於大烟道通過脫硫塔長五十八尺幅十六尺高四十二尺爲煉瓦造成分割四區於內部使瓦斯分岐於各區於塔上之建屋設石灰攪拌機造石灰乳注之於注水盤面有相等小孔八百十個使之向塔内下滴接觸烟氣時其亞硫酸瓦斯及硫酸被吸入其中排出塔外使合於有木坑水及選鑛排水中更經石灰乳之攪拌導於沈澱池使固形物沈澱於脫硫塔使用之石灰量平均每一時間四十貫

三　沈澱泥砂處理

自各净水池產出之泥砂不拘如何皆搬運於一定之泥砂堆積場堆積場非僅選安全之地倍更用石垣或土坡以使堆積泥砂之不外漏今將對於以上之操業三十九年度延工數沈澱泥渣運搬量及濾過池使用洗砂量揭示如左

延工數

脫硫	男工	四、二一〇八
净水	男工	二六三七五
	女工	四、六二七
	計	三五、二二二

沈澱泥渣運搬量

本山	六〇六、五四〇立方尺
小瀧	三八九、三一〇
通洞	七七、四九〇

計　一四八、七一九

七工作事業

本事業爲處理於工作課者(一)於當山各所掌新設工事之施行(二)應機械器具之製作修繕及定購者

本課之位置劃字下間籐之坦地搆內敷地五千五百坪於此內除事務所一棟外木工場冶工場製鑵工場鑄工場機關工場旋工場仕上場試驗室等皆具備焉

於旋工場新設德國製(ライネッケル)式齒切盤大小各種齒車皆以之製作

工場內之働力併用電力及蒸氣力今因電氣機即如汽力鐵槌亦可藉壓搾空氣而使働故將廢汽力之使用焉

前記各工場之外於本山小瀧通洞製煉及渡良瀨設五處派出所於沢入及

根利二所置派出員以便修繕及製作等事

八電氣事業

於當所設電氣課使掌關於電氣一般之事業於字下間籐設置事務所電話交換所電氣試驗室電機製作修繕工場電車修繕工場電機乾燥室等必要之機關無弗備焉

働力之供給

當山原働力於舊來夏期利用渡良瀨川之流水至冬期更應補助汽力之需用事業發展需用亦加增歲々河川水涸不能不仰他所之供給年來之計劃企圖天惠之大谷川水可爲利用自三十七年來著手工事日光細尾發電所全部將見落成現今之總原働力概舉如左

第一水力發電

工場	落差	水車 種類	水車 馬力數	水車 個數	發電機 種類	發電機 キロワット	發電機 個數	配電所 個所

細尾發電所	三六八尺	（インパルス）（クービン）式	一二五〇二	（シーメンス）式三相交流一萬（ウオルト）發電機	一〇〇〇二	足尾方面全部
〃	六三八	〃	一二五一	（シーメンス）式複卷直流發電機	八〇一	勵磁用
別倉發電所	一九五	（フオイト）（タービン）式	九〇〇一	（シーメンス）式三相交流一百（ウオルト）發電機	七〇〇一	細尾發電所豫備
渡良瀨發電所	三二〇	ペルルトン）式	二五〇一	交流三相式	二二〇一	本山方面
通洞發電所	七八	〃	一五〇一	直流式	六〇二	通洞方面
〃	七八	〃	一五〇一	〃	八〇一	同上
計			四〇七五七		三二〇〇八	

第二水力直働

落差	種類	水車馬力數	個數	配電個所
六四	ペルトン式	一六〇	一	小滝撰鑛用
〃	〃	四〇	一	同
一六一	〃	一四五	一	製煉工場空氣壓搾機用

一六一　〃　四〇一　同送風機用
一四一　〃　〃　〃　細尾栃木手間鐵索通用
九〇　〃　四〇一　沢入山地間索通用
六〇　〃　四〇一　細尾地三坂間索通用
計　五〇五七

如是則自足尾發電所輸送之線路起伏蜿蜒以走山巔深溪十二里對此設三處變壓及變流所於足尾方面共他諸發電所以起交流二〇〇〇、五〇〇〇、二〇〇、一〇〇及直流四〇〇、二〇〇諸電壓於鑛業用諸機械而供給働力

電燈　於當山事務所工場役宅鑛夫飯場長家等其大部設置電燈於須要之街路又主要坑道坑内機械室及見張所等處亦點電燈於近來細尾發電所之落成以其生働力之餘裕今後更普及電燈於全山以使便益因是於本年一月以來電燈使用數共三千五百十七盞其細數別舉如左

種別	本山方面	通洞〃	小滝〃	栃木平〃	合計
弧光燈	二〇	丨	丨	丨	二〇
終夜百卅燭光白熱燈	四	丨	丨	丨	四
終夜五十燭光白熱燈	四〇	丨	一六	ト	五六
同十六燭光白熱燈	五七三	五一四	二八八	三六	一、四一一
同十燭光白熱燈	八六八	五〇八	六二六	二四	二、〇二六
合計	一、五〇五	一、〇二二	九三〇	六〇	三五一七

電話　不問坑內外距離之遠近凡事業上必要之處皆設電話器於下間籐及日光字清滝二處設交換所於下間籐者鑒於鑛山電話使用之情態特種自働表示器百人付復式交換機二座設爲共圖事務進步之敏活乃製坑內專用特種電話器得良好之結果昨春於當地電話交換所之開始加入特設電話於事務所調度課工作課三處其他於總鑛業專用電話規則下則屬於

當鑛業所之作業
今舉其電話工作物之詳細如左
線路亘長　九〇里半
〃　延長　七六五里
電話器目下使用者　一九六台
內下間篠交換所加入者數　一七八（平均一日交換度數　四八五〇）
清滝交換所加入者數　二〇（同上　三六〇）

九調度事業
爲處理本事業而置調度課今分其事如左之三項
第一　關於根利平川之林業
第二　關於物資之仕入仕拂
第三　關於貨物之搬運

(1)當山使用之木材其數量亦甚多以樹種之有限制一般仍應求於市上乃於當所附隨之業務併營伐木之事業以期應日月使用之需卽受國有林千二百七十二町步之豫約拂下於群馬縣利根郡赤城根村大字根利自明治三十五年來已輪伐之更自昨三十九年併同郡東村大字平川之私有林五千六百九十町步及其土地而購入焉開始伐採爾來以根利平川之木材應鑛業用之需要但於前記之林業不得採收之樹種今尙於各地購求焉

(2)於當山應要之物資購入以應必需而每回開付之日常使用之物分一月或數月而購入一次其購入地要爲東京宇都宮栃木邊等處至如機械則向外國定購之時亦不少於物資供給上稍可特筆者對於從事鑛業之社員並勞働者日當食料品因原價而供給之係因當山爲僻陬非公共交通之便地物價自不低廉但一面利用鑛業專用之運搬機關則運賃可低減

於同時爲購入多量之物資其比較之廉價可得而分其需要者

昨三十九年當山使用主要貨物之數量如左

白米	三九、二九三石
味噌	一五八、二一七〆
種油	一、六〇一石
八角タガネ	九、七二五〆
コークス	二、九三七、八二四〆
石灰石	四、一九四、五四五〆
ダイナマイト	八、七六八〆
三番雷管	七七一、七一五
鐵管	三四、〇〇〇尺
鐵材	七六、五六〇ヌ

木炭　一六五、〇〇〇ヌ

薪　七、九〇〇捆

角材及板類　五〇、〇〇〇尺

丸太及坑木　三〇、〇〇〇リ

石灰粉　九六〇、〇〇〇ヌ

(3)當山出入貨物之搬運由最近三年間之調查一年平均曰十萬〇二百廿七噸哩此等貨物之搬運併用專設輕便鐵道及架空索道（鐵道係馬車鋪鐵軌索道係粗電柱繫鐵索線）輕便鐵道創設於明治四年中(一)原始日本鐵道起日光駅而至細尾(二)自地藏坂乃至栃木縣而至掛水(三)自掛水經澁川切幹至於西方群馬縣勢多郡東村大字沢入皆爲幹線以上外尚有四條分岐線一自掛水經古河橋至於本山二自古河橋經製煉場構內至於京子內鐵索場三自切幹分路至簀橋通諸線延長達二十五里餘如是稽貨物之狀況考線路之緩急

馬匹之外牛及電車亦用之於足尾方面別設客車於定時及臨時而發車以便賓客及社員之往復

欲利用細尾峠索道而不能載之重量品及容積長大之物始則由兩毛線大間間驛經水沼花輪輸入於沢入

索道於日光口有二線共起點於細尾一至地藏坂一終點於栃木平皆爲明治二十三年中之創設當初各搬器之搭載量限十五貫目一晝夜之運搬量不過二萬貫爾來索條之選擇支柱之增設聯結搬器之應用等諸般改良之結果一晝夜之運搬量至出四萬貫之上今以十年前之運搬力與現在之運搬力對照列表如左

個所	年次	索條直径	働力	搬器數	一晝夜回転數	貨物一ケノ最大重量	一晝夜搬運量	延長里
細尾地三坂索道	十年前	六分	一五馬力	九六	七	一五ヌ〇	一〇三二〇	二、三九四
	現在	七分	一五	一八〇	八	二〇〇	一五〇〇〇	
細尾栃木平索道	十年前	六分	四〇	一一二	八	一五メ〇	一三、三〇〇	二八七八
	現在	七分	四〇	二〇〇	八	一〇〇メ〇	二五、一六〇	

右兩鐵索之外於平川根利採收之木材可供運搬於平川砥沢間架設（ホドソン）式單線索道於根利平川採伐之木材先集於砥澤更自砥澤至於銀山平延長七里設（ベライヘルト）式索道向銀山平搬送更以搬運廢石於小滝銀山平間之目的隨利用架設之索道爲運搬粘土及石材等於京子內銀山平間則利用創設之索道在本山方面使用之木材及在小滝通洞方面使用者自京子內鐵索經小滝索道聯絡於輕便鐵道

當山製煉熔解劑使用之石灰地方上之採掘者亦曾購入去三十二年於羣馬縣山田郡梅田村字山地買入石灰岩層於山地沢入間以創設四里之單線式架空索道使聯絡輕便鐵道爾來年々採掘之石灰石已近五百萬貫

於是供本山撰鑛廢石之輕便索道使用自在運搬機（アウトマチックトラベリングホイスト）是爲當社技師下村勇助之創案其延長一千

餘尺中間有二基之支柱張一寸之索條於左右兩側爲軌道於此上相對有四輪以懸搬車附經十六分之五寸索條藉電働機六馬力使交走之搬車至於撰鑛所之上自直高約五十尺之下引上九十貫之廢石達軌道於平衡點巧妙機械之作用搬器自然移於軌道上直走一條鐵線而至山神沢白輕覆容器之自働之裝置一時間之搬送量約有五噸

十產出額

最近五年之鑛物產出高如左

年次	一番粗鑛	二番粗鑛	滓石
三十五年	一一、五九五、七三一	二七、八七三、一三六	二八、六六一、四七六
三十六年			
三十七年			
三十八年			

三十九年

十一褒賞

於明治二十三年第三回内國勸業博覽會及同二十八年第四回内國勸業博覽會皆有出品蠶業上之功績被獎賞焉特受名譽金牌於三十五年内國勸業博覽會

十二審查請求主眼

產額及一般之操業法

本山第一選鑛場操業順序

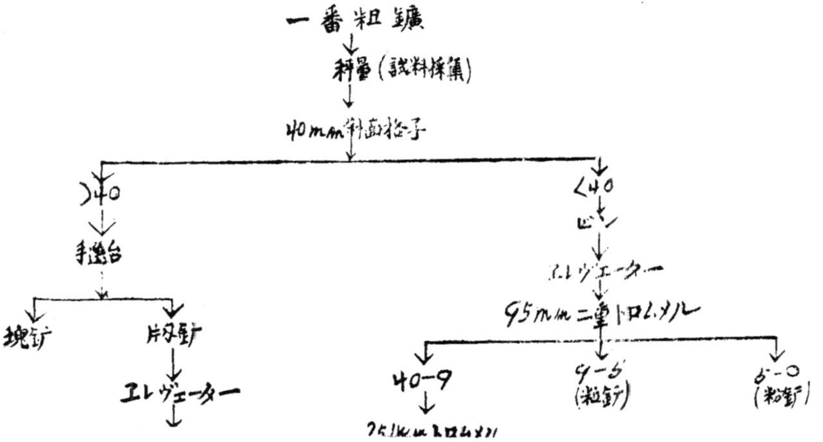

本山第二第三選鑛場操業順序

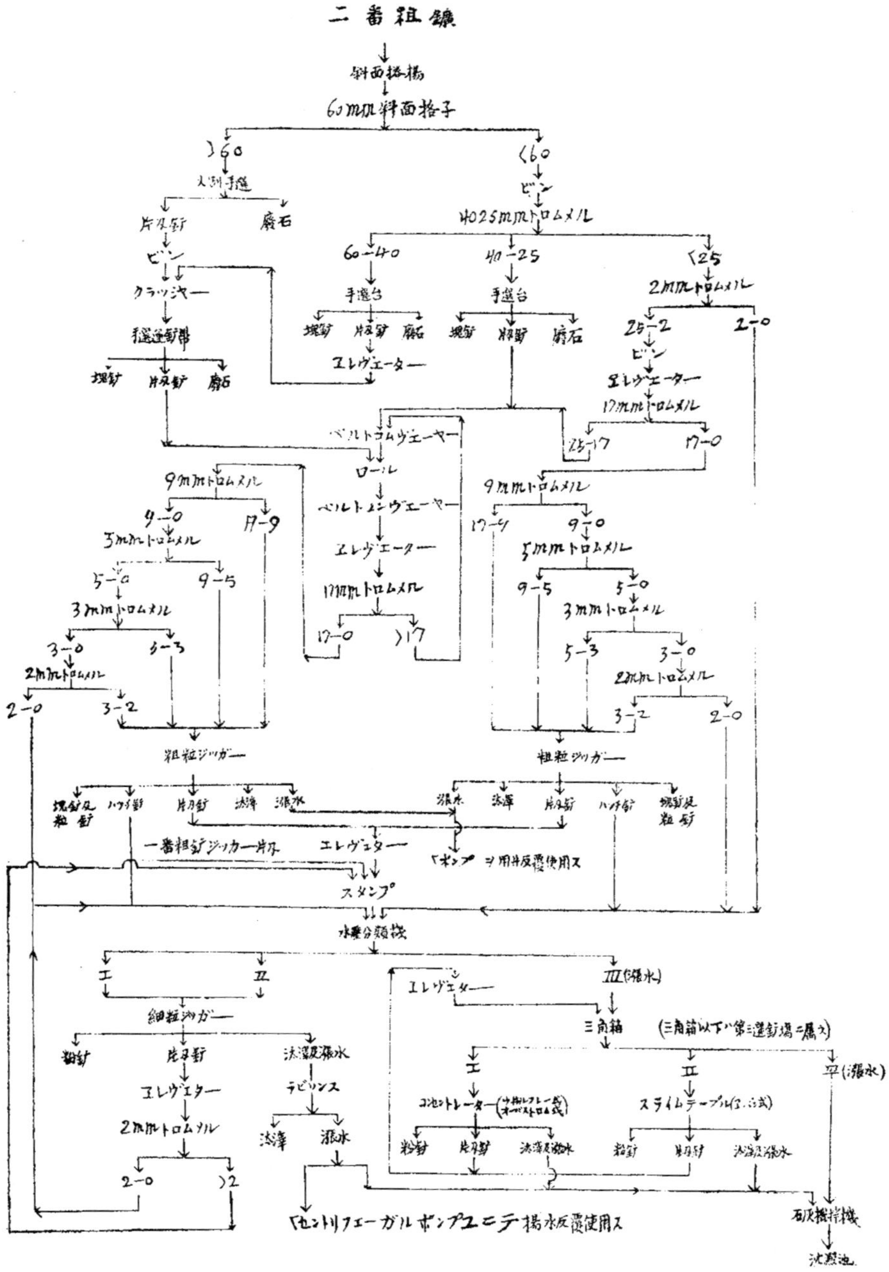

通洞第一選鑛場操業順序

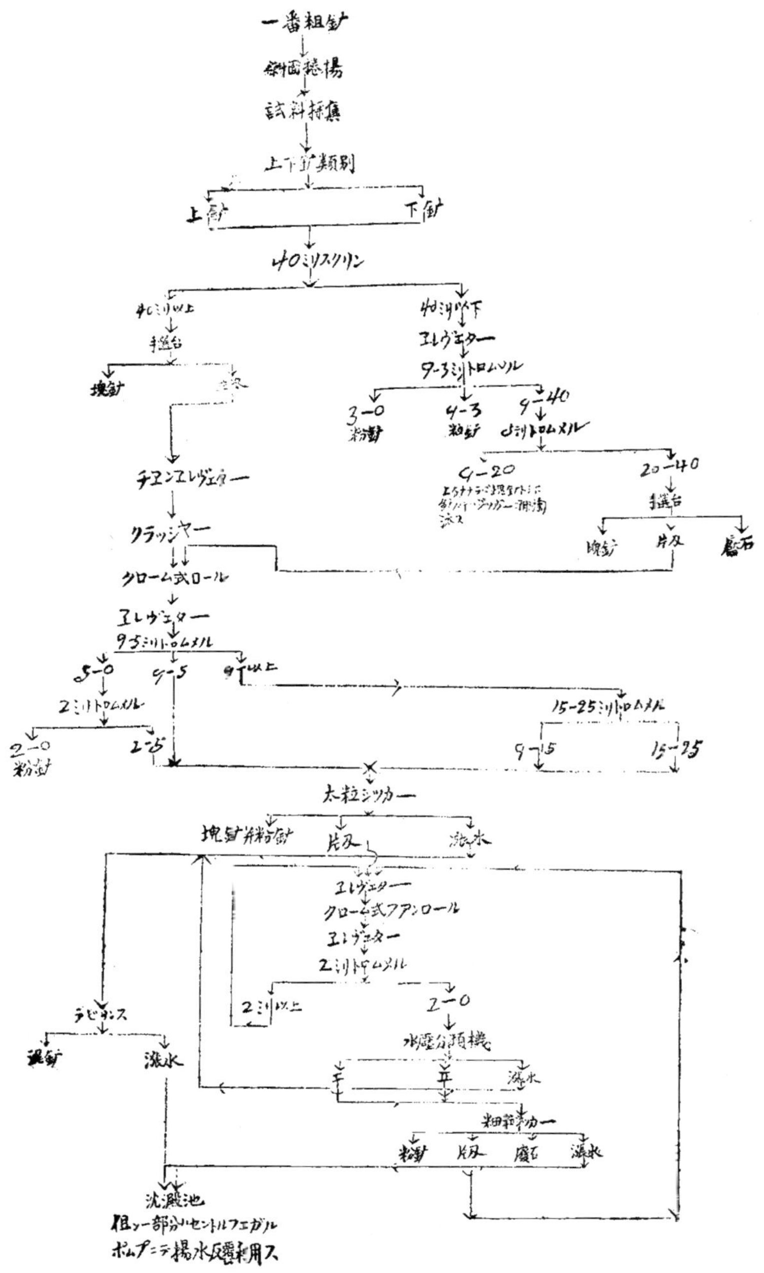

(通洞第二選鑛場

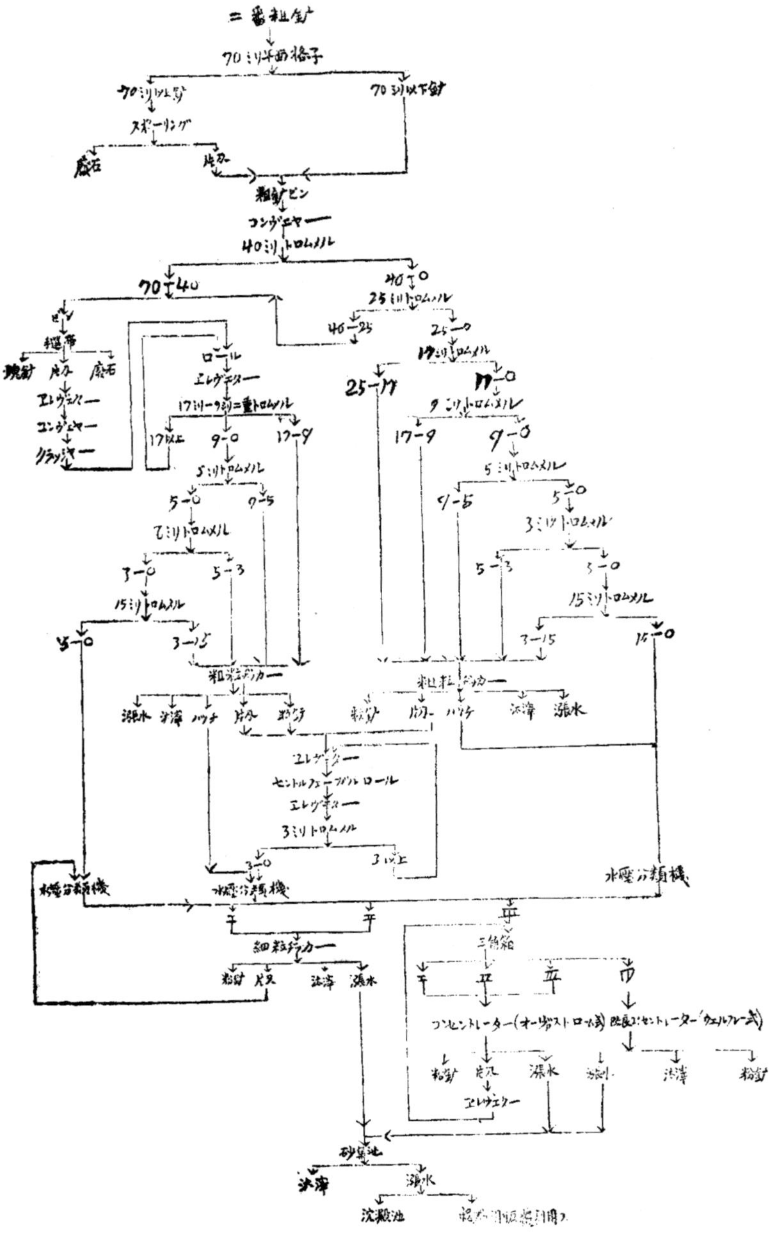
二番粗鉱
70ミリ平面格子
70ミリ以上鉱
70ミリ以下鉱
スポーリング
廃石
粗鉱ビン
コンヴェヤー
40ミリトロムメル
70—40
40—0
25ミリトロムメル
40—25
25—0
17ミリトロムメル
25—17
17—0
9ミリトロムメル
17—9
9—0
エレヴェーター
コンヴェヤー
クラッシャー
ロール
5ミリトロムメル
5—0
9—5
3ミリトロムメル
5—3
3—0
15ミリトロムメル
3—15
15—0
粗粒ジッガー
濁水
沈滓
ハッチ
セントルフューガル ロール
3以上
水壓分類機
細粒ジッガー
三角箱
コンセントレーター
砂泉池
沈澱池

小瀧第二第三選鑛場操業順序

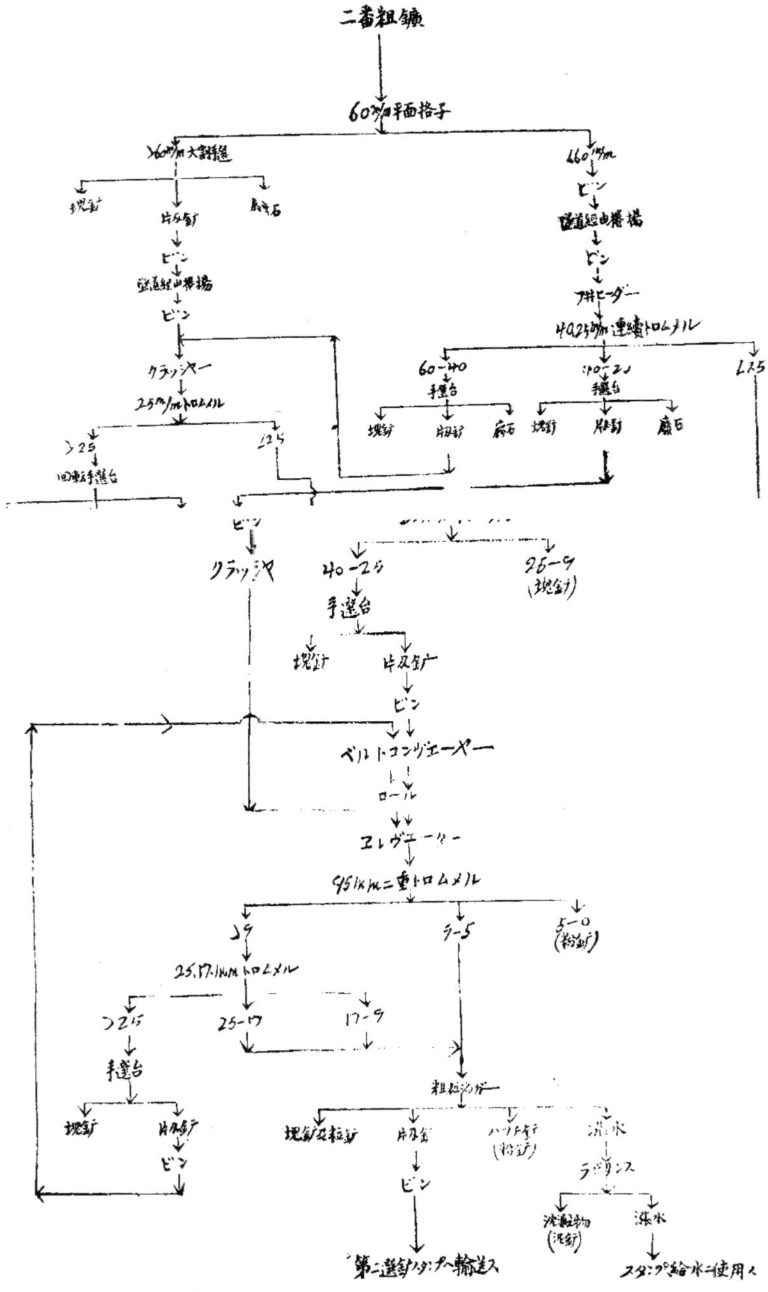

小瀧第一第二選鑛場操業順序

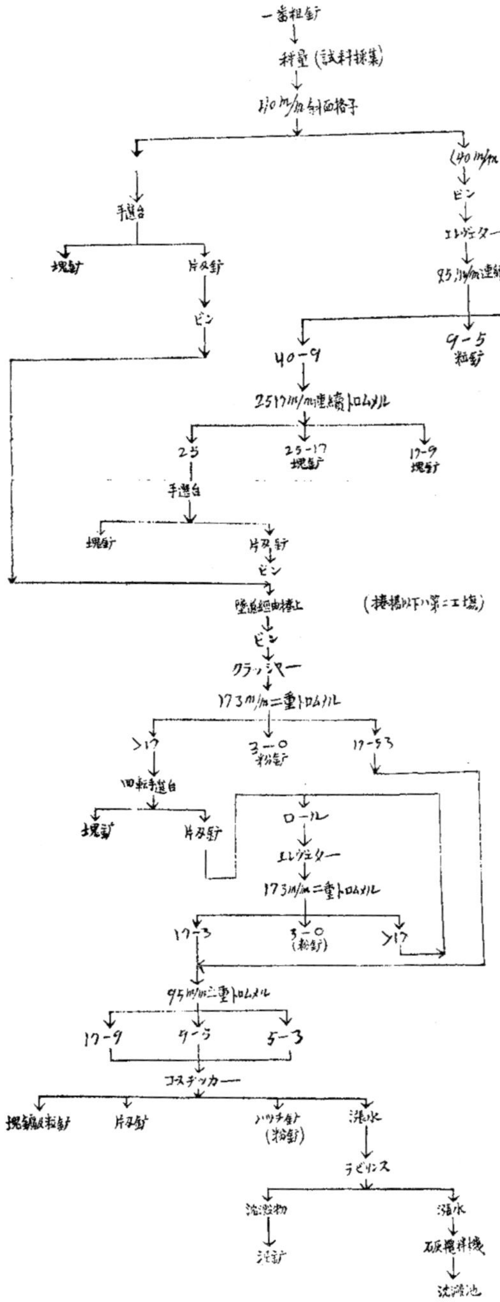

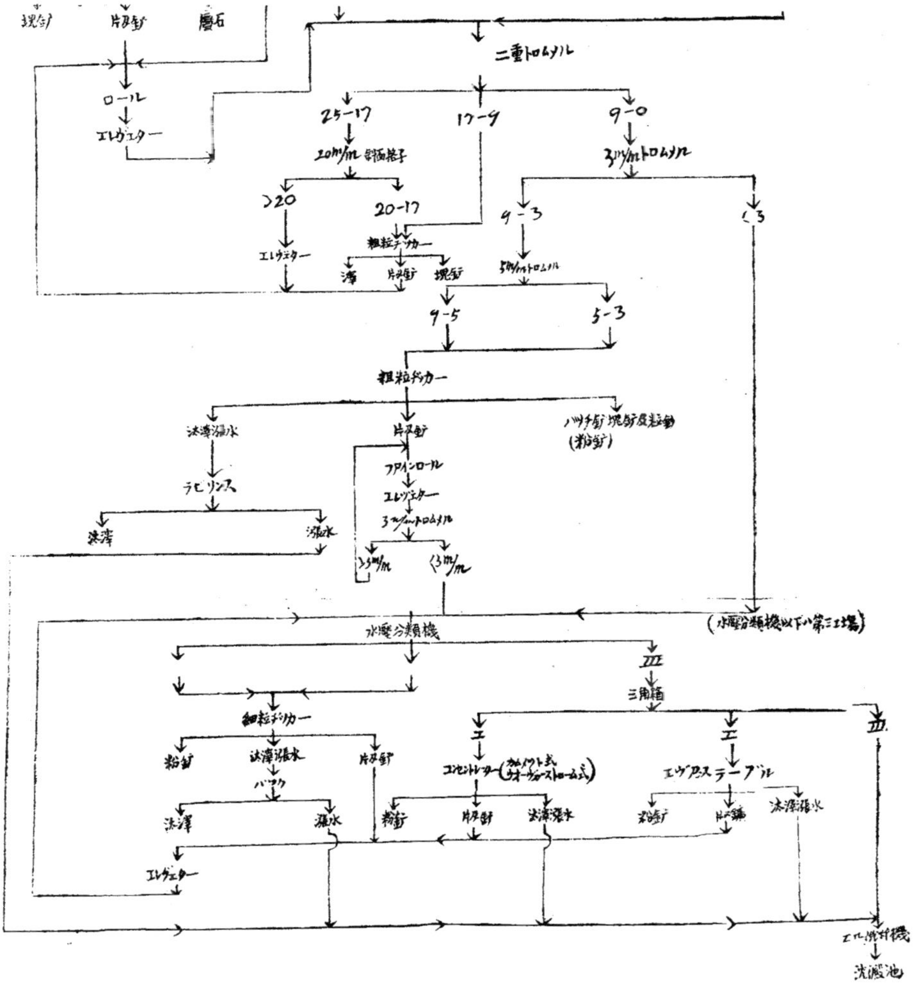
片及鉱
廢石
ロール
エレヴェター
二重トロムメル
25-17
17-9
9-0
>20
20-17
粗粒ヂッカー
9-3
<3
9-5
5-3
粗粒ヂッカー
片及鉱
ファインロール
エレヴェター
沈澱
泥水
水壓分類機
三角槽
細粒ヂッカー
粉鉱
片及鉱
沈澱
泥水
エレヴェター
粉鉱
片及鉱
沈澱池

鑛夫監督法

緒言

今若調查鑛夫監督法則不可不知鑛夫種類鑛夫有二類須鑒別之一因其業務不同處一因其使役法不同處而就其業務不同處之種類記於調查第一項中茲略之就其使役法不同處之種類言之此類分爲二種一直轄鑛夫（一類鑛夫）一屬於承辦組頭鑛夫（二類鑛夫）此外管理鑛夫法則分爲管理作業者及居住動靜者爲二管理作業事項以鑛業所執事人當其責任獨二類鑛夫使組頭當其責任管理居住動靜事項由鑛業所所定章程及鑛業所準行飯場聯合章程及條規由頭役組頭當其責任會社指揮監督使保護管理鑛夫完全而無缺漏又與頭役組頭共協力行之詳細情由述之於後

目次

由鑛夫中選爲管理者　(子)管理者役名及其責任　(丑)管理員名數

第二監督鑛夫居住及動靜

第一　監督鑛夫作業

（甲）管理坑內鑛夫作業

坑內鑛夫作業種類坑夫支柱夫進鑿夫坑內運搬夫及學習夫坑內線路夫坑內沈澱夫車夫手子及石工因其使役及採用法則分爲直轄鑛夫（一類鑛夫）及屬於承辦組頭鑛夫（二類鑛夫）如坑夫中支柱夫進鑿夫坑內運搬夫石工坑內線路夫全部均屬於直轄鑛夫而車夫及手子有屬於承辦組頭者有不然者因一類鑛夫及二類鑛夫管理各有不同之處如一類鑛夫作業時鑛業所執事人直接管理頭役夫頭等輔助之二類鑛夫使承辦組頭當其責任鑛業所執事人直接管理組頭不能直接管理鑛夫

管理鑛夫分爲二種一由會社中派人管理一由鑛夫中選人管理其執事員數職務詳下

（壹）由會社中派人管理者

（子）管理者役名及其責任

管理坑內作業執事人及其責任大概如左

坑部課長　坑部課長係管理本山通洞小滝各坑場採鑛選鑛各種業務執事者

坑場長　坑場長係分掌一坑場採鑛及選鑛事務坑場長之下有採鑛係長選鑛係長均輔佐坑場長各掌採鑛選鑛事務現今採鑛係長並未派人而選鑛事務執事人由管理坑外作業者行之今其細則錄於管理坑外作業條中茲從略

採鑛係員　採鑛係員分爲採鑛方見張方二類

採鑛方　係管理坑內作業各坑場均分四區每區由採鑛方派五名或十名執事人（各區派一人掌管之稱爲區長）各由其所派區內管理採鑛開坑運搬排水等一切坑內事務並掌理坑內保安等事

見張方　見張方之詰所稱爲見張所卽稽查所本山坑內設四所通洞坑內設四所坑口設二所小滝坑內設三所坑口設一所各所派稽查一名或五名見張方者普通稱爲判座員整理鑛夫鑑札以及過時入坑未至時出坑等事究詰其理由以警戒其將來取締出入坑內等事

(丑)管理員名數

坑部課長一名

	本山	通洞	小滝	計
坑場長	一	一	一	三
採鑛係長	無	無	無	無
採鑛係(採鑛方)	三〇	五三	三六	一〇九
係員(見張方)	六	一二	七	二五
計	三七	六六	四四	一三七

以上所述如坑場長採鑛係長採鑛方執事人或由帝國大學或由高等工業以及工手學校卒業生並有多年採鑛經驗者選用之人又採鑛方執事人或由坑夫支柱夫進鑿夫運搬夫等以及多年經驗而有相當之技能者且品行方正而有管理鑛夫才具者選用之

（貳）由鑛夫中選爲管理者

（子）管理者役名及其責任

由鑛夫中爲管理者爲頭役及夫頭輔佐會社派出管理者以及監督鑛夫作業

頭役　專掌部下坑夫支柱夫進鑿夫運搬夫之作業及情形每月有十五天以上入坑督率鑛夫作業並通會社與鑛夫各種情事係當折衝之任而頭役之責任不獨輔佐管理坑内人之責任亦須掌坑外鑛夫居住動靜均詳列於管理鑛夫居住動靜條内

組頭　屬組頭部下有車夫手子但車夫手子如前所述有爲一類鑛夫有爲二

類鑛夫而屬其部下鑛夫中有管理一類鑛夫等事由會社派出管理人當其責任故二類鑛夫由其承辦等事是以管理上不可不常時入坑

夫頭　頭役及組頭其屬下有三十名至百名內外頭役及組頭管理坑外鑛夫作業以及居住動靜等各事並且有保護鑛夫責任夫頭不然不過單受領其部下工錢與鑛夫輪流入坑輔佐會社派出管理者並管理坑內作業

（丑）管理員名數

役名	本山	通洞	小滝	計
頭役	二一	二五	二一	六七
組頭	一〇	一〇	九	二九
夫頭	八	九	四	二一
合計	三九	四四	三四	一一七

以上所述頭役組頭夫頭由多年鑛夫中擇其勤慎且精於事務者及品行方

正且有信用能勝管理鑛夫之任者任用之此係機關管理組織上所觀察管理作業之情形凡關於管理坑內作業大概如此今述其稍關於管理坑內作業採用防坑夫所得工價不等之處（鑛夫所得工價不依本番賃金而依承辦金即受負法定之）當行如何手段

鑛業所直轄鑛夫中坑夫以外者全部均依本番工價獨坑夫動則以承辦法而使役之因此工價中往往有不等之處不可不參考之今試據鑛夫賃金表中所載坑夫一日工價最多二元八角一分七釐最少一日工價八釐平均八角三分六釐承辦作業場所定之方法據抽籤法每月十五日及月末集各坑場長於抽籤前豫指個所定其高低價格當日使頭役爲坑夫代表者入會坑場長爲現場員行之如此不無有坑夫技能之高下及勤怠自然生仕事之多少又不然而因高低價格其基礎如磐石之情形或鑛物之價值爲之生變動者此即鑛業所移動高低價格因此而生高下今不可不研究高低價格當有

更變與否現今在本山坑場採用絶對不許變更之方針在通洞小滝坑場審察之上可許有高低更變現今並用以上二法其成蹟無大差

（附記）採礦石鑑定方法及其係員

坑夫採掘礦石鑑定品位此係選礦員之責任自屬坑外作業今就便宜上記述之鑑定採礦々石品位法則以選礦員眼力鑑定之立會係員記載於採礦帳中稱此方法云（步讀）此類礦石由坑內搬出交與選礦員秤其輕重選礦員取其一二塊礦石爲樣本豫算產出輕重次日命頭役持計算表告知礦夫且鑑定之現場許礦夫隨意到場

（乙）管理坑外礦夫作業

坑外礦夫作業種類選礦夫坑外沈澱夫車夫此外屬調度課工作課電氣課製煉課庶務課之類

使役及採用坑外礦夫法則如坑內礦夫分爲直轄礦夫（一類礦夫）屬於承辦組

頭鑛夫（二類鑛夫）二種

直轄鑛夫與管理坑內鑛夫稍異依業務之種類分設各係係員指揮而監督之不似坑內管理法由鑛夫中選爲管理者而監督鑛夫作業獨頭夫由鑛中選出補佐係員之不足

管理二類鑛夫專由承辦組頭爲之鑛業所係員不過關於工業上直接管理承辦組頭若管理鑛夫必由承辦組頭管理之

管理鑛夫有會社側鑛夫側之區別約分二種

（壹）由會社中派人管理者

（子）管理者役名及其責任

各課々長各係々長坑外管理與坑內管理不同之處容易行之茲不記載

（丑）管理員名數

坑部	製煉	工作	調度	電氣	庶務	合計

課長	一	一	一	一	一	一	六
坑場長	三	無		無	無	無	三
係長	三	一	二	一	一	一	七
役員	一九	二八	二四	一〇〇	二五	六	二〇二
計	二六	三〇	二七	一〇二	二七	八	二二〇

(貳)由鑛夫中選爲管理者

(子)管理者役名及其責任

由鑛夫中出爲管理鑛夫者分爲組頭夫頭二種屬於組頭鑛夫分爲一類鑛夫與二類鑛夫其管理對於一類者不過照應作業並無管理之責對於二類者不獨照應作業並且於各種作業上均有管理責任

凡關於鑛夫居住動靜不問一類二類凡屬其部下均有監督責任與坑內組頭頭役當其責任毫無分別

夫頭輔佐會社中派出係員而從事管理部下鑛夫

（丑）管理員名數

	坑部	製煉	調度	工作	電氣	庶務	合計
組頭	五	八	二七	二五	無	無	二六
夫頭	二	無	一三	三	三	四	二五
計	七	八	四〇	二八	三	四	九〇

右述組頭夫頭由多年鑛夫中有經驗而有信用者選任之

第二　監督鑛夫居住及動靜

前述監督鑛夫作業事項中頭役及組頭監督本屬下鑛夫作業但鑛夫居住及動靜亦不可不監督其頭役及組頭屬下如有獨身無家室者使居住飯場又有家室者使居住長屋共保護及監督之

爲維持風化計現在各飯場定立各種章程以實行之

飯場申合規約拔萃

犯左各項規約不准居住飯場並申告鑛業所請求解傭

一放蕩無賴而怠於業務者

二爭鬬及其他不良行爲者

三不守組合及其他規約者

四不遵頭役等命令及訓戒者

五不在本室內居住者

會社管理以上各種事項另行制定規則以期鑛夫及會社互相關係嚴行頭役鑛夫間之監督

頭役使用細則（參照）

第一條　頭役應遵守鑛業所之指揮並保護及監督鑛夫又代鑛夫爲代表互通意思疏通業務以期實行

第二條　頭役除遵守前條盡自己責任外不可不謹愼品行保持威信

第三條　頭役應鑛業所之命招募坑夫及引薦坑夫並爲坑夫保證

第四條　頭役有代該飯場爲飯場聯合加盟諸義務

第十三條　頭役每月當入坑十五天察看部下坑夫就業情形及監察其勤惰

第十四條　頭役如有不得已事故不能入坑當報知鑛業所斟酌情形始准託人代理

第十五條　支柱夫進鑿夫坑內運搬夫等諸頭役悉當遵照此章

此外會社亦因風化之關係於庶務課長所管之下設立巡視部其中巡視部長三人巡視員三十二人其責任巡視長屋飯場察看鑛夫等生活狀態及其動靜如鑛夫有不良之行爲時命飯場頭役戒飭改正又有集會及出不穩之言動巡視部察其時機相當處置

又鑛夫長屋中如有坑夫及他人來宿泊者當卽時告知飯場頭役轉告事務所如

有不告知事務所者巡視員當常時稽查戶口庶知鑛夫及其家族同居者增減坑外衛生役場於鑛業所內設有衛生組合本組合以會社之役員準屬員（巡視員）與頭役組頭組織之因役宅長屋飯場所在地本山分爲十五區通洞分爲五區小滝分爲七區每區之廣狹大約配布衛生管理役員一人及四人常使役衛生夫掃除糞尿塵埃管理家屋內外之掃除等事此外本會社因衛生上選鑛夫集合處設浴場六所使其入浴便利又布置飲料水道下水道現已如上水道今甚完備可無遺憾

若有傳染病時設立傳染豫防委員以防病毒蔓延

足尾鑛業所事務章程

第一條　足尾鑛業所置六課如左

一　坑部課
二　製煉課
三　工作課
四　電氣課
五　調度課
六　庶務課

第二條　於坑部課置本山坑場小瀧坑場通洞坑場調查係於各鑛場置採鑛係選鑛係使分掌左之事務

一　關於開鑛採鑛探鑛保坑排水通氣運搬等事項
二　關於選鑛之事項

三　關於沈澱銅及廢鑛採取之事項

四　關於廢石處理之事項

五　關於坑內測量之事項

六　關於屬於坑道堀鑿等起業工事之設施事項

第三條　於製煉課置鎔鑛係煉銅係使分掌左之事務

一　關於燒鑛團鑛鎔鑛煉銅之事項

二　關於烟煤及鍰處理之事項

第四條　於工作課置土木係機械係使分掌左之事務

一　關於家屋道路橋梁鐵道鐵索樋管溝渠堤防等築設修繕之事項

二　關於機械器具之製作修繕等事項

三　關於土砂捍止之事項

四　關於測量之事項

第五條　於電氣課置配電係電機係使分掌左之事務

一　關於線路之保全事項

二　關於預備原働所及水路保管之事項

三　關於變壓變流所之監督事項

四　關於電燈電話之事項

五　關於電働機之運轉及製作修繕等事項

六　關於電車之修繕及監督事項

第六條　於調度課置第一倉庫係第二倉庫係運輸係及日光出張所根利出張所使分掌左之事務

一　關於鑛業用品及日用貨下品之仕入仕拂及調製保管等事項

二　關於薪炭石灰石石灰粉煉化用材等之採收製造事項

三　關於森林之伐木製材植樹等事項

四　關於搬運之事項

第七條　於庶務課置庶務係會計係分析係水烟係使分掌左之事務

一　關於所員及諸雇人之進退賞罰並給與徵收之事務取扱等項

二　關於諸規則令達契約之事項

三　關於通信往復及受付之事項

四　關於保管重要文書秘文書及圖書等事項

五　關於官衙公署之文書願届及訴訟並他方交涉事件等項

六　關於來賓之事項

七　關於請願巡查巡視所内取締及消防等事項

八　關於教育衛生醫局戶籍諸事項

九　關於役宅合宿所長屋飯場諸事項

十　關於土地建物之賣買借貸保管諸事項

十一　關於所日報月報事業成績其他統計編纂等項
十二　關於所預算決算之編製及整理諸事項
十三　關於金錢之出納及銀票事項
十四　關於諸預金之事項
十五　關於財產臺帳之事項
十六　關於試金分析之事項
十七　關於鑛物燃材鎔材等之秤量取採收標本之事項
十八　關於檢査權衡器之事項
十九　關於氣象觀測天氣預報之事項
二十　關於處理鑛水烟氣等事項
二一　關於脫硫塔沈澱池濾過池等之操業及整理之事項
二二　屬於其他臨時事務及各課專管諸事項

第八條　各課自第二條至第七條所定事務之外各於其所管内掌理所屬之事務如左

一　保管營造物機械器具等項

二　關於使役及管理鑛夫與職夫之事項

三　關於需用品之受拂保管及鑛職夫之日用貸下制限等事項

四　關於預算决算等事項

五　關於日報月報事業成績及其他統計諸事項

六　關於文書簿册之整頓保管其他庶務諸事項

七　關於工場及其他課内之保安衛生諸事項

第九條　各課對於課長直隸之若干所員屬於各係之雜務可得處理之

第十條　於足尾鑛業所置職員如左

一　所長　一員

二　副所長　一員

三　課長　六員

四　坑場長　三員

五　技師　若干名

六　係長 出張所長　二十二員

七　所員　若干名

但醫員及學校教員得如所員待遇

第十一條　所長依已定之成規則受社長之指示處理一切所務任監督部下各員之責任

第十二條　所長就左之事項專行之後得報告於社長

一　對於官衙公署定例之願屆(卽稟牘等)所關之事項

二　於預算內營業行爲並經費之支出及決算等所關之事項但不動產之買

入重要諸機械及向外國定購不在此限

三　關於月給二十圓未滿之所員進退賞罰及課長坑場長以下各員分掌之任務諸事項

四　其他於成規令達特委任專行之事項

第十三條　副所長於全班所務相關補翼所長所長遇有事故則應爲所長之代理

第十四條　課長承所長命掌理所管事務

第十五條　課長就左之事項專行後應報告於所長

一　經營事務之執行

二　關於採鑛開坑之定目間代等事項

三　關於準屬員以下之分掌任務等事項

四　關於賃金六角錢未滿鑛職夫之進退及懲戒諸事項

五　於其他制規令達所達等特委任專行之事項

第十六條　遇所長與副所長皆有事故可使次席者暫代理之

第十七條　坑場長及技師從所長之命令及課長之指揮擔當所管事務

第十八條　係長出張所長受上司之指揮監督掌其任務

第十九條　所員因上司之指揮而從事於業務

附　則

第二十條　本章程自明治三十八年七月一日施行

足尾鑛業所鑛夫雇傭勞役規則

附關於鑛夫諸規則及法令

總目

[illegible]

足尾鑛業所鑛夫僱傭勞役規則

第一章　通則

第一條　分鑛夫爲左之二種

一類　直接使役鑛夫

二類　屬包工組頭鑛夫

依事業之便宜上直接二類鑛夫時準一類鑛夫之規定

第二條　鑛夫之職別依別表之規定

第三條　應操業上之必要置頭役組頭及夫頭之職頭

第四條　所有頭目就支柱夫進鑿夫坑夫及坑内運轉夫同職中選拔有信用者充之爲組内一般之取締依别定之規程支給資費及酬勞金

第五條　所有組頭就一類二類組内鑛夫中有信用者選任之爲組内一般之取締

二類鑛夫之組頭自己難操作時定代表者聽受許可

第六條　夫頭由一類鑛夫中當該工場名簿上名別最前者任之率部內鑛夫使其各從事業務

第七條　職頭之任免用辭記

第八條　鑛夫應遵守爆發藥取締之規則別定之

第九條　鑛夫因操業負傷罹疾病及死亡等事依別定扶助規則扶助之

第十條　一類鑛夫俱有加入別設之共救義會之義務但女工不在此限

第十一條　鑛夫須守本規則及當所之規則命令從主務管理員之指揮誠實服其職務自不待言更須向當所員及來賓遵守相當之禮節

對於五年以上動蹟品行方正職務忠實之鑛夫審查上可附與善行證明書

第二章　僱傭

第十二條　鑛夫年齡不滿十三歲以上及身體不强健者例不採用女工及十五歲未滿之男工不使其從事坑內或勞働過劇之職業

第十三條　欲當一類鑛夫者有相當之紹介人依第一號書式呈請之

第十四條　依前條之呈請要僱入時須調查其來歷如無不妥當之處試驗後就合格者採用所需人員

第十五條　依前條接閱採用之報告者須有二名以上之確實保證人可呈上第二號書式之誓約書呈上誓約書時登錄於鑛夫名簿使本人自蓋印章而後交付鑑札迨需用時須使其撮影以便識認

第十六條　二類鑛夫雇入之際自其組頭呈請之須依第三號之書式承認前項之呈請時登錄於鑛夫名簿交付鑑札

第十七條　一類鑛夫欲請解僱時保證人連署名備具其事由呈請之聽受許可

二類鑛夫解僱時自其組頭呈請之

第三章　就業

第十八條　鑛夫一日就業之時間爲八時間至十二時間據別表規定之但依工場之便宜臨時或有短縮

前項規定時間外若臨時使役時以時間割合須增賃金可給發之

第十九條　鑛夫就業之際呈交鑑札於主務管理員其終業時當收回而後退場

第二十條　鑛夫就業中發病或因不得已事故欲退場時須其管理員之許可

第二十一條　鑛夫之休業日例定一年中共二十七日揭示如左

月次	定日休假	輪番休假日數
一月	一日、二日、三日、	一日
二月	紀元節（十一日）	一日

三月　一日　一日
四月　三日、三十日　〇
五月　山神祭（十一日十二日）　〇
六月　一日　一日
七月　一日　一日
八月　舊歷七月十六日相當日　一日
九月　一日　一日
十月　一日　一日
十一月　天長節（三日）　一日
十二月　一日、三十一日　一日

第二十二條　鑛夫因患疾病或其他事故難就業時須具事由書報告之但疾病涉三日以上者須使其呈驗醫局診斷書

第二十三條　鑛夫因事故得許可他行經十日尚不歸山者鑛夫名簿削除其名

第四章　賃金

第二十四條　鑛夫依其等級給別表所定之賃金

技倆優等之鑛夫爲特等各本業之一等賃金以上漸次至五割增給之

第二十五條　鑛夫包工使役之賃金不拘前條從其業務之性質及工程隨時定之

第二十六條　專包工使役之鑛夫不定其等級若直接使役時隨時定其賃金

第二十七條　賃金每一個月決算之自翌月十一日至二十日之間就其職別依所定日之順序支給之但對解僱者可不拘何時支給之

第二十八條　鑛夫生計上必要之物品依本人之願認爲確實時後別定之手

續可貸與之於此賃金支給之際扣除代償使納還之

第五章　賞罰

第二十九條　分鑛夫之賞與爲定期賞與臨時賞與及勤績賞與三種定期賞與及勤績賞與依別定之規則給與之臨時賞與就左開各條相當者審查後應其功勞之程度給與之

一　報告事業上有益事件確有裨補之效力者

二　冒危險救人命又當非常之際有拔群之功者

三　防危變於未然又探知報告爲一般事業上妨害之事件者

四　平常謹直誠實精勤業務足以爲他人之模範之篤行者

第三十條　鑛夫如有左開各條行爲依其輕重爲減給降等解僱諸處分

一　背諸規則命令或不從管理員職頭或其他特命監督者之指揮制止又有暴行強迫罵詈等類

二　因故意或怠慢毀損當所之機械造營物成爲事業上之妨害者

三　詐稱職名關於鑑札納受規定違背之者又其他就業之際有欺罔之事者

四　濫入指定以外之處所採掘鑛石又未得許可持去鑛物或工場用品者

五　在工場爭論鬭毆或其他有不良之行爲者

六　違背火藥類取扱規定者

鑛夫就業表

鑛夫	交替方法	就業時間	備考
進鑿夫	三交替	八時間	一、三交替者一晝夜分三等自夜半至翌朝爲第一方晝間之時間爲第二方自夕刻至夜半爲第三方各組每五日其方則順次變更
坑夫	三交替	八時間	
坑內車夫	三交替或	八時間至	二、二交替亦準右方
坑內轉運夫	三交替或	八時間至	
手子	二交替	十二時間	三、交替無者一日之中就業時間則惟晝間一日之中設交替組云
製煉夫	二交替	十二時間	

支柱夫 坑內線路夫	交替	無	八時間
坑內沈澱夫 坑內石工	交替	無	八時間
其他之鑛夫	同		九時間至十二時間
女工及滿十五歲以下之男工	同		九時間至十二時間

鑛夫職別等級賃金表

凡例
一、日給額欄內之數係單位
一、各職名欄內之數分別等級

職名＼日給額	八〇	七五	七〇	六五	六〇
支柱夫 進鑿夫 坑夫	一	一	二	三	四
轉運夫（坑內）	一	一	二	三	四
同上（坑外）	一	一	二	三	四
製煉夫 煉銅夫 分銅夫 伸銅夫	一	一	二	三	四
車夫			一	一	二
撰鑛夫 水烟夫 沈澱夫					一
手子					
雜夫					
電氣夫 機械夫	一	一	二	三	四
大工	一	一	二	三	四
石工（坑內）	一	一	二	三	四
同上（坑外）	一	一	二	三	四
錄路夫（坑內）	一	一	二	三	四
同上（坑外）	一	一	二	三	四
工作夫	一	一	二	三	四
運搬夫					
土工 鳶夫					
山林夫	一	一	二	三	四
鐵索夫 倉庫夫			一	一	二
女工					

五七	五六	五四	五三	五二	五〇	四七	四六	四五	四三	四二	三九	三七	三四
	五		六		七		八		見習一	二	三	四	五
	五		六		七		八		九	一〇	一一	一二	見習一
五		六		七	八	九		一〇	一一	一二	一三	一四	一五
	五		六		七		八		九	一〇	一一	一二	一三
	三		四		五		六		七	八	九	一〇	一一
	一		二		三		四		五	六	七	八	九
								一	一	二	三	四	五
	一	一		二	三	四		五	六	七	八	九	一〇
五		六		七	八	九		一〇	一一	一二	一三	一四	一五
五		六		七	八	九		一〇	一一	一二	一三	一四	一五
	五		六		七		八		九	一〇	一一	一二	
五		六		七	八	九		一〇	一一	一二	一三	一四	一五
	五		六		七		八		九	一〇	一一	一二	
五		六		七	八	九		一〇	一一	一二	一三	一四	一五
五		六		七	八	九		一〇	一一	一二	一三	一四	一五
一		一		二	三	四		五	六	七	八	九	一〇
一		一		二	三	四		五	六	七	八	九	一〇
五		六		七	八	九		一〇	一一	一二	一三	一四	一五
三		四		五	六	七		八	九	一〇	一一	一二	一三
													一

三二	六	二	一六	一四	一三	一〇	六	一一	一六	一六		一六		一六	一六	一一	一一	一四	一
三〇	七	三	見習一	一五		一一	七	一二	見習一	見習一	見習一	見習一		一七	見習一	一二	一二	一五	二
二八	八	四	二			一二	八	一三	二	二	二	二		一八	二	一三	一三	一六	三
二六	九	五	三			一三	九	一四	三	三	三		見習一		三		一四	一七	四
二四	一〇	六	四			一四	一〇	一五	四	四	四		二		四		一五	一八	五
二一		七	五			一五	一一	一六	五	五			三		五		一六	一九	六
一九		八	六				一二	一七	六	六			四		六		一七	二〇	七
一七		九	七				一三	一八	七	七			五				一八		八
一六		一〇					一四	一九	八										九
一五							一五	二〇	九										一〇
一四								二一	一〇										一一
一三								二二	一一										一二
一二								二三	一二										一三
一一								二四	一三										一四

備考

一支柱夫　從事坑內支柱業者

一進鑿夫　使用鑿岩機從事開鑿之業者

一坑　夫　從事開坑採鑛者

一撰鑛夫　從事選鑛者

一水烟夫　從事水烟之除害操業者

一製鍊夫　從事燒鑛團鑛鎔鑛鍊銅等業

一運轉夫　從事水力機蒸氣機電氣機或其他機械之運轉者

一沈澱夫　從事沈澱銅之採取者

一車　夫　從事坑部課所屬鑛車運搬事業者

一手　子　在坑內從事鑛石之選別運搬及其他雜役者

一機械夫　從事鍛冶製罐鑄物仕上（即造成意）旋盤木型及電氣機械之製作修繕者

一電氣夫　從事電線路電力電燈電話等作業者

一線路夫　從事鐵道鐵索水路等之線路建築修繕者

一工作夫　造磚者（原名煉瓦職）泥瓦匠（原名左官）造房者（原名屋根職）漆匠（原名ペンキ職）疊職（鋪地席者）裱糊匠（原名建具職）等類

一鐵索夫　從事索道運搬貨物之裝卸及線路之保全等事

一倉庫夫　從事第一種倉庫品之庫入及庫出等事

一運搬夫　從事鐵道鐵索及牛馬車物品之運搬及貨物之裝卸者

一山林夫　從事用材薪材伐採造材製炭及山林內之運搬等事

一雜　夫　從事前記以外之雜役者（內含衛生夫、測量夫、分析夫、閽者、巡山、馬夫、牛夫、燒磚夫、常用夫、等類）

第一號書式

使役願

府縣　國　郡市　町村　大字　番地

族籍職業　何　某

生年月日

竊投

貴所願充使役蒙試驗後錄用所有

貴所規則命令自當敬謹遵守勉盡職務如有不妥當之行爲任憑

貴所開除又依於當所之便利上雖不關於民法六百二十七條之規定亦聽開除就本人身上各事項一切惟紹介人是問因此連名署印特申此志願也

年月日

本人　何　某印

何組何夫　何　某印

紹介人　何　某印

古河鑛業會社足尾鑛業所御中

第二號書式

誓約書

府縣　國　市郡　町村　大字　地番

士族　平民

當山何組何夫

何　某

生年月日

竊照

令蒙錄用立誓約條項如式

一貴所礦夫雇傭勞役規則並其他諸規則命令謹當遵守勉勵業務不得懈怠
一使役中非有萬不得已之事不得以自身便宜任意解役
一對於貴所如有不法行爲任憑開除又依於貴所便宜上雖不關於民法第六百二十七條之規定亦聽開除決無異議且速退山
一凡貴所生計上必要品不得私自轉賣他處亦不得與他處物品私相交易
一貴所所發職業必要之爆發藥當嚴守火藥類管理規則謹愼辨理其用剩之藥每日必須繳還如管理員有隱藏或使用於職業以外諸事或持往他處等情均聽候　貴所處置
一貴所機械器具及其他造營物自當小心看管不得任意毁損亦不得採取竹木並副產物等
一不得誘導本所職工投往他處
一本人逾支工食或損害賠償之義務相生等均歸保證人淸償不得關礙貴所

一以上數條誓約如有相悖之事任憑　貴所處置決無異議

右以熟覽貴當所諸規則遂立以上各項誓約倩保證人連名署印以誓約書

奉呈

年月日

何組何夫

本人何某印

本籍身分何組某々

保證人何某印

何組職頭

保證人何某印

古河鑛業會社足尾鑛業所御中

第三號書式

使役承認願

本籍身分職業

何某

生年月日

同

何　　某
生年月日

同
何　　某
生年月日

右爲私組內使役承認願既蒙採用於規則等自當堅守特此奉申

年月日

何々組頭
何　　某　印

古河鑛業會社足尾鑛業所御中

鑛夫扶助規則

第一條　鑛夫自己並無過失實因操業負傷罹病或有死亡均依本則扶助之

等二條　分死傷疾病爲左之六等

一等　死亡者（內含即死者及治療中死亡者）

二等　終身不能自營生活者

三等　自己雖能勫作終身不能就業務者

四等　雖能就業務但毀傷身體不能復舊者（失一指以上又準此殘癈者）

五等　治療中不能就業者

六等　治療中不得就業者

第三條　扶助料分爲治療費療養費扶助費及葬祭料四種依死傷疾病之等級照左表給與之

鑛夫扶助規則第三條付屬表　（一類鑛夫）

等級＼種類		治療費（診察料、施術料、入院料、藥價ヲ含ム）	療養料	扶助料（遺族扶助料（一等傷ニ適用ス）本人扶助料（二等傷乃至四等傷ニ適用ス））勤續五年以上	同五年未滿	同三年未滿	同一年未滿	葬祭料
一等	死亡者（即死者、治療中死亡者）	實額（施療）	休業中賃金二分ノ一以上	賃金三百日分以上	賃金二百五十日分以上	賃金二百日分以上	賃金百五十日分以上	十五圓以上
二等	終身自用ヲ辨スルコト能ハサル者	同	同	同	同	同	同	
三等	自巳ノ働作ヲ爲シ得ルモ修身業務ニ就クヿ能ハサル者	同	同	賃金二百五十日分以上	賃金二百日分以上	賃金百七十日分以上	賃金百二十日分以上	
四等	業務ニ就クヿヲ得ルモ身體ヲ毀傷シ舊ニ復スルヿヲ得サル者	同	同	賃金二百日分以上	賃金百五十日分以上	賃金百二十日分以上	賃金百日分以上	
五等	治療中就業スルコト能ハサル者	同	休業中賃金十分ノ四					
六等	治療中就業スルコトヲ得ル者	同						

備考　二類鑛夫準本表支給相當金額

第四條　重傷患者許其在自宅治療時代入院料一日金十五錢以上二十五錢以下給與之

第五條　醫局已許就業圖自己之便宜仍續行休業者對其休業日數之療養料不給與之

第六條　因醫局之診定或本人之希望許可轉地療養者之治療費斟酌負傷疾病之輕重施治之難易等在一日金十五錢以上五十錢以下之範圍內定其額數

第七條　療養料扶助料及葬祭料參酌負傷疾病之輕重及其原因並平素勞役之成績等於規定額之範圍內定其多寡

第八條　依等級賃金表不能算出鑛夫之療養料及扶助料依前三十日間之就業平均賃金算出之

第九條　療養料及第四條之料金每一個月分計算之於翌月十日支給之本

人之扶助料於全癒後支給之

第十條　轉地療養者之治療費及療養料歸山之時支給之但認其事情爲不得已時前給其一個月分之費用

第十一條　辭雇役欲療養之者依醫局之診斷豫定負傷疾病之等級及療養日數積算其相當之扶助金一時支給之

第十二條　遺族扶助料及葬祭料第一配遇者及第二配遇者無時依其死亡者之戶籍內親族周係之順位支給之但有尊族親及卑族親時以卑族親爲先在同一順位者以男子爲先在同姓者以年長者爲先無親族時或親族因異其住所於相當之期間內不能引取死體爲埋葬時不拘前項之葬祭料現爲埋葬之頭役組頭或與本人有緣故者支給之

第十三條　終身不能就業之不具疾病者無引受人時第三條扶助金之外特

追給其扶助料又爲臨時之扶助

第十四條　當非常事變爲拔羣之勞働因而致於死傷疾病者應其狀況第三條扶助金之外特增給其療養料扶助料又葬祭料

附則

第十五條　本則自明治三十八年十月一日實施

火藥類管理規則

第一條　火藥管理員每日於其管理區內豫算其翌日使用之火藥量自調度課之倉庫管理員支取之納於火藥假貯藏所保管之

第二條　火藥類鑛夫就業之際於監查所收其鑑札引換發於各鑛夫一日分應需之重量

第三條　火藥類鑛夫退場之際嚴重監查其隱蔽携帶與否而後方准其通行

第四條　受取火藥類之鑛夫退場之際不問其火藥類殘存與否均須將火藥函納於所管之監查所引換收回本日所存置之鑑札

第五條　鑛夫除現用火藥時之外不得將火藥自函內移於他處携帶之

第六條　鑛夫行爆發時須豫先警告其附近之人若其地爲大道或其附近時須警告其通路之各方面

導火線點著後避於安全之地方且依前項於其警告所有之地方爲

通行遮斷之警告
於裝入後火藥悉爆發時須通告附近之人

第七條　鑛夫鑛業警察規則中關於火藥之規定務須嚴守摘錄如左

第三十一條　當營鑛業使用火藥類之時左之規定適用之

一　略

二　略

三　鑛夫使用火藥類之後有殘餘時直將其還付於所管之火藥管理員

四　鑛夫不得以鐵製込棒裝藥

五　鑛夫除粘土及其他不能引燃發火物之外不得使用易引火之注入物

六　鑛夫導火線點着之後不爆發時不過十五分間不得近於其地

方且當此時不得濫將火藥類掘出之

第三十六條　違背本則之規定者又依本則之規定所發之命令不從者處二十五日以下之罰金

鑛夫賞罰施行細則

第一條　鑛夫不受處罰一定之期間勤務之者據別表第一給與定期賞與金

第二條　前條之賞與對於受第十二條之處罰者亦得給與之

第三條　鑛夫據別表第二給與勤續賞與金

第四條　賞與金給與之際凡既被解傭者概不給與

第五條　其行爲該當左記之一者處以解傭三等以上之降等又三人工以上減給之罰

一　法律命令並當所所定諸規則命令之違背者又不肯受所員職頭及其他監督者之指揮制止者又對是等有暴行强迫罵詈等之行爲者

二　故意妨害事業又惹起危險或有不穩之舉動者

三　故意毀損當所之機械器具及造營物等又與妨害於通信運輸之機關者

四　運搬中之貨物又在作業場之物品擅自指定或備付場所之外持去者
五　火藥類持往作業場以外者
六　自己所採之鑛石以他人之名義或他人所採之鑛石以自己之名義使受鑛者或爲其媒介者
七　保管品供其私用者
八　盜伐樹木又伐採指定以外之樹木者
九　不爲事實之申告而使當所採用自己或他人者
十　將當所之鑛夫周旋於他所或爲其媒介者
十一　失火者

第六條　該當左記各號之一者處罰三等以下之降等或一人工以上三人工以下之減給

一　因怠慢過失紛失毀損當所之機械器具造營物等或向通信運輸之機

闘加妨害者
二　在作業場爭論鬪毆者
三　業務上因怠慢或過失與當所以損害者
第七條　該當左記各號之一者處罰二等以下之降等二人工以下之減給
一　受注意譴責不知改悛者
二　於非採鑛場之地方採取鑛石者
第八條　該當左記各號之一者處一人工之減給
一　故意在自己指定値班以外之作業場就業者
二　就業當時納入鑑札但不就業而俟至退業當時來領取鑑札者
三　半個月間不請准假而休業五日以上者
第九條　該當左記各號之一者處二分之一工之減給
一　就業定時雖納入鑑札然不就業且不來受領鑑札者

二　雖認爲作業者但不在自己値班作業場者
三　毁棄或紛失火藥函又向指定場外持去或退業之際不納入者
四　不將火藥類放入所定之箱内者
五　火藥函納入轉託他人者
六　以他人名義就業者
七　將鑑札貸與他人者
八　濫乘電車者
九　馬丁虐待馬匹者
十　馬丁於徐行區域内故意疾行者
十一　無故立入國有林其他之林野内又不制止家族之立入者
第十條　該當左記各號之一者處四分之一工之減給
一　鑑札之納受託他人或被他人託者

二　毀棄或紛失火藥函不携帶之證又退業之際不將此證納入者

第十一條　該當左記各號之一者處八分之一工之減給

一　不請假休業者

二　未得許可定刻前退業者

第十二條　該當左記各號之一者處十六分之一工之減給

一　遺失或紛失鑑札者

二　就業之際不納入鑑札者

三　不請假於就業定時遲到者

第十三條　本則雖無明文認其爲不法舉動時爲相當之處分

第十四條　調唆者與實行者同一處分之幇助者比主使實行者之處分減等

第十五條　犯數條規定之行爲擇其重者處罰之

第十六條　據本則可處罰之行爲而與損害於當所時尚使其任賠償之責

第十七條　據本則減給處罰二類鑛夫時使組頭任其責

附則

第十八條　本則所謂一工賃額者坑夫以八十錢坑夫見習以五十六錢爲標準

關於一類鑛夫及見習之賞罰據其當時之賃額

關於二類鑛夫之處罰其一工賃額各據其標準賃額

第十九條　勤續賞與金之勤續年數在坑夫進鑿夫自明治三十五年正月起算在其他之鑛夫自明治四十一年正月起算

別表第一

	職名	賞與額	條件
一	支柱夫　進鑿夫　坑夫　運轉夫（坑內）製煉夫	二人工賃額	兩個月間除定假外休暇限定在二日以內
二	運轉夫（坑外）車夫　手子　水烟夫　脫硫及攪拌石灰等事）	一人半工賃額	同

第十九條　爲傷役疾病而請救恤者總之皆據本會醫員當鑛業所囑託醫或爲當所認可醫員之診斷

第二十條　會員中有疾病死傷時可依左之區分

一　對於疾病負傷者治療日數間依第一號表相當之療養日數救恤之

二　疾病傷痍涉二百日以上尚未全愈者依第二號表救恤之

三　傷痍疾病許其歸家鄉療養者依第三號表以一時金救恤之

四　當於第十八條第一項者其療治中療養日當給與外以第四號表扶助金救恤之

五　於死亡者其療治中第一號表日當給與外以第五號表遺族扶助金救恤之

六　得當鑛業所之認可於歸省中許可日限內死亡之時限於有其地之醫師及市町村戶籍役場之證明者給與遺族扶助金

第二十一條　無受第二十條第五項扶助金之遺族之時則給與其最近親族無最近親族時則於本會以該給與金而行葬祭建墓碑若有餘貲寄附於寺院作爲行永遠祭祀之資

第二十二條　依第二十條乞救恤金者以第二號或三號四號五號書式之書面可於全愈或死亡後十五日以內發之但十五日以上長病中逘而乞救恤金者依醫員之證明給與之

第二十三條　會員怠忽稼業流於游蕩而仍釀負傷疾病者則可不給與救恤金於爭鬭而死傷者不給救恤金

第二十四條　依第十條釀出金猶預中死亡又負傷疾病等於受救恤金之時於入會後三月數除其相當救恤金額於猶豫日數扣除其一個月分乘得之金額而給與其殘額

第二十五條　雖無死傷疾病而罹不慮之災其事情可憫諒者於幹事調査上得會長之承認可特救恤之

第二十六條　爲流行病或事變死亡負傷疾病者等多數之時間則於臨時會經會衆決議而變更救恤額

第六章　會議

第二十七條　會議分通常會臨時會

第二十八條　會議會長卽充議長整理議事

第二十九條　通常會及臨時會以左之會務員組成

會長　副會長　理事　監查　幹事長　幹事　醫員（均全員）常務員（若干員）世話役（二十五名）

第三十條　每年三月及九月開通常會關於前年度共救金收支決算會務狀況之報告及將來之會務而會議之

第三十一條　臨時會於會長認爲必要時開會

第三十二條　本會之議事因多數而決可否若可否皆同數則從議長而決

第三十三條　本會規則中要當改正之事項由通常會之決議於有至急之事時則開臨時會而決議之

第七章　會計

第三十四條　本會之會計年度分爲上下二季上季自正月一日至六月三十日下季自七月一日至十二月三十一日

第三十五條　係於本金之資金現金之出納總託於當鑛業所本會之會計僅爲帳簿上之振換勘定

第三十六條　每年收支決算上若有餘金隨預利付保護於當鑛業所計其資金之增殖

附則

第三十七條　本會事務取扱順序別定之

第三十八條　本則自明治四十年十月一日施行

一號表　傷痍幷疾病者療養日當表

醸金年數	一年未滿	一年以上二年未滿	二年以上四年未滿	四年以上七年未滿	七年以上十年未滿	十年以上
金額	十錢	十一錢	十二錢	十三錢	十四錢	十五錢

二號表　傷痍疾病者二百日以上療養日當並日數表

金額	七錢	八錢		九錢			十錢			十一錢
醸金年數	一年以上	二年以上	三年以上	四年以上	五年以上	六年以上	七年以上	八年以上	九年以上	十年以上
救恤日數	三十日	六十日	九十日	百二十日	百五十日	百八十日	二百十日	二百三十日	二百七十日	三百日

三號表　傷痍疾病者一時金表

醸金年數	一年以上	二年以上	三年以上	四年以上	五年以上	六年以上	七年以上	八年以上	九年以上	十年以上
金額	三元	六元	九元	十二元	十六元	二十元	二十五元	三十元	卅五元	四十元

四號表　療疾者扶助金表

釀金年數	金額
一年未滿	十元至三十五
一年以上	十二至四十元
二年以上	十五至四十五
三年以上	二十至五十元
四年以上	二十五至五十五
五年以上	三十至六十五
六年以上	卅五至七十五
七年以上	四十至八十五
八年以上	四十五至九十五
九年以上	五十至一百十
十年以上	五十五至百三十元

五號表　死亡者遺族扶助金

釀金年數	金額
一年未滿	十五元
一年以上	二十元
二年以上	二十五元
三年以上	三十元
四年以上	三十五元
五年以上	四十元
六年以上	四十五元
七年以上	五十元
八年以上	六十元
九年以上	七十元
十年以上	八十元

一號書式

入會誓約書

今般竊投　貴會因有入會志願如蒙許可自應遵守規則特此奉申

現住所
本人
世話役

明治　年　月　日

足尾銅山共救義會御中

二號書式

醵出金猶豫願

會員票第何號　　何課組名職名

何月分醵出金自何月至何月何月間　　何　　某印

右御猶豫相願度候也

明治　年　月　日　　右　　何　　某印

右世話役何　　某印

足尾銅山共救義會御中

三號書式

共救金給與願

會員票第何號

明治何年何月加盟　何課組名職名

（傷痍疾病）明治何年何月何日負傷發病　何　某

明治何年何月何日全愈

療養日數何日間

右救恤金御給與被下度候也

明治　年　月　日　右　何　某印

右世話役何　某印

足尾銅山共救義會御中

四號書式

共救金給與願

會員票第何號

明治何年何月何日加盟　何課組名職名

（傷疾疾病）明治何年何月何日負傷發病　故何　某

明治何年何月何日死亡

療養日數何日間

右扶功金御給與被下度候也

明治　年　月　日　右遺族何　某印

證　人何　某印

右世話役何　某印

足尾銅山共救義會御中

五號書式

共救金給與願

會員票第何號

明治何年何月加盟　何課組名職名

（傷痍疾病）明治何年何月負傷發病　何　某

若干日全愈

仍須歸國療養

右救恤金御給與被下度候也

明治　年　月　日　右　何　某印

證　人何　某印

右世話役何　某印

足尾銅山共救義會御中

六號書式

會員票第何號

明治何年何月何日加盟　何課組名職名

（傷痍）明治何年何月何日（負傷）（發病）

（疾病）明治何年何月何日廢疾

何　某

療養日數何日間

右扶助金御給與被下度候也

明治　年　月　日　右　何　某印

證人何　某印

右世話役何　某印

七號書式

足尾銅山共救義會御中

一金

番號

住所

惠贈人

年月日

記事

第　號　領收證

一金

右爲翼賛本會旨趣之惠贈金領收致候也

明治　年　月　日

足尾銅山共救義會　殿

足尾銅山共救義會規則拔萃另譯全本拔萃從略

第一條

第四條

第六條

第十二條　一、二、三、四、五、

第十八條　一、二、三、

第二十條　一、二、三、四、五、六、

（一號表）

（二號表）

（三號表）

（四號表）

（五號表）

足尾銅山共救義會規則

第一章　總則

第一條　本會爲當山諸職工共同醵金而成以救恤會員中負傷疾病者又死亡者之遺族爲目的

第二條　本會稱爲足尾銅山共救義會

第三條　本會事務取扱所置於足尾鑛業所構內

第二章　會員

第四條　會員爲當山稼業之鑛夫及職夫共爲一類二類之職工但三類爲一家勞働之主得加入

第五條　總之欲入會者添金二十錢於本會醫員或當鑛業所囑託醫之健全證明書並署名且捺印於本會所備之入會誓約名簿或入會誓約書

但有照應役之代印亦可

於遠隔之地無囑託醫時可於出張所或派出所首席者與以健全證明書

第六條　會員由每月所得之賃金每十錢爲醵金其會員已滿十年繼續醵金時以後醵金則不及

第七條　本會會員之證交附會員票於加入者但無會員票者無論何時皆不得有會員之資格

第八條　會員票遺失之時認其事由於書面可請照應役連署再交附焉但此時宜納手數料五十錢

第九條　會員已解當鑛業所之使役及由本會已除名者同即失會員之資格此時會員已醵之金無論如何概不退還

已滿十年之繼續金如以事失會員之資格可依當鑛業所之便經理事會之決議得給與以相當之金額

第十條　會員有不得已之事故不能出金者可依常務掛及照應役之證明稍從猶豫

第十一條　會員平常離山一週以上不歸山者又請假願濟後逾期一月不歸山者卽爲脫會會員名簿除名但三個月以內歸山於照應役之證明添補不在山時之醵金額乃認其相當之申出可特回復其會員之資格

第三章　資金補助

第十二條　本會之資金於會員醵金外作爲補助金如左

一　自會社之寄贈金年額六百圓

二　自鑛業所員之寄贈金各員月給額千分之三以上千分之十

三　贊成本員之旨趣被寄贈之慈善金

揭示金額姓名發七號書式之領收書尙登載記錄永爲本會之記念

四　自當所縱覽人及行商人之義捐金

五　自當鑛業所補助之雜收入金

第四章　會務員

第十三條　於本會置左之事務員

會長	一名
副會長	一名
理事	十五名
監査	三名
幹事長	一名
幹事	若干名
醫員	若干名
常務掛	若干名

世話役即照應人若干名

理事十五名之內六名監查三名之內一名爲自世話役中之囑託者

第十四條　於會長請嘗鑛業所長於副會長請當鑛業所副所長理事監查幹事長幹事醫員常務掛世話役等自所員又會員中會長以之囑託之

第十五條　規定本會會務員之職務如左

一　會長總理會務於公私向本會代表

一　副會長於會長不在時則代理之

一　理事對於本會重要之事項應會長之諮詢

一　監查關於本會之會計監查事務

一　幹事長助會長整理會務會長副會長遇有事故皆出席則代理之

一　幹事受會長幹事長之命掌理會務

一　醫員掌關於本會醫事上一切職務

一　常務掛從事於本會之常務

一　世話役分掌關於組內會員之事務

第十六條　會員皆無報酬

第五章　救恤

第十七條　總之會員自得會票之日卽有受救恤金之資格

第十八條　依本則分受救恤金者爲三種如左

一　由傷痍疾病而成廢疾者

二　以負傷之故休稼業至五日以上而受醫療者

三　以疾病休稼業至七日以上而受醫療者

第十九條　爲傷役疾病而請救恤者總之皆據本會醫員當鑛業所囑託醫或爲當所認可醫員之診斷

前項之食料廿三食代及塾子二個料金在外

第十條　於飯場所賣之副食物及日用品之代價專備鑛業所貸下品之價格別定之

鑛業法摘錄　明治三十八年法律第四十五號

第五章　鑛夫

第七十五條　採掘權者制定關於鑛夫之雇傭及勞役之規則須受鑛山監督署長之許可

第七十六條　鑛業權者從命令之所定須將鑛夫名簿備置於鑛業事務所內

第七十七條　鑛業權者解雇鑛夫時因其請求可給以記載雇傭之期間業務之種類技能賃金及解雇之事由證明書

第七十八條　鑛業權者每月一回以上定期日以通貨支給其鑛夫之賃金

第七十九條　農商務大臣以命令得制限鑛夫之年齡及就業時間並婦女幼者勞役者之種類

第八十條　不因鑛夫自己重大之過失操業負傷得病又死亡時鑛業權者從命令之所定須扶助其鑛夫或其遺族

鑛業警察規則摘錄

第十八條　自動車道及捲揚車道所使用之車輛除管理鑛夫之外他人不得乘車但準第十六條之規定於從事危險豫防之設備時不在此限

第二十八條　採掘權者置保安管理員使掌關於作業之保安事項

第二項（略）

保安管理員認其作業有危險之虞時可中止其作業且遮斷其通行卽刻報告於採掘權者當此際更爲檢查若不認其爲安全之後則不得開始作業及解其遮斷

保安管理員以適當之施設可遮斷作業休止場所之通行鑛夫不得立入通行遮斷之地方

末項（略）

第三十一條　當爲鑛業使用火藥類時適用左之規定

第一號（略）

二、火藥管理員不得發給鑛夫比一日使用預算分量之多量火藥類

三、四、五、六、詳見前篇火藥類管理規則

第三十六條　詳見前篇同上

飯場組合規程　飯場申合規約

於當鑛業所承認之飯場組合規程及飯場申合規約揭示如左

本山(通洞小瀧)坑夫飯場組合規程

第一條　本組合得足尾鑛業所之承諾設立之

第二條　本組合以屬於足尾銅山本山坑場之坑夫支柱夫進鑿夫及坑內運轉夫之各飯場之頭役組織之

第三條　本組合稱爲坑夫飯場組合

第四條　本組合將事務所設置於本山坑場第(何)號飯場內

第五條　本組合規定各飯場之取締方各飯場所屬坑夫之處理方又對鑛業所代表各飯場所屬坑夫疏通相互之意思使業務執行圓滑爲目的

第六條　本組合爲欲達前條之目的實行左之各件

一　制定飯場申合規約使各飯場遵守之

一　代表組下各飯場所屬坑夫之利害對礦業所爲申告及請願之事
一　謀當所飯場組合之聯絡協心竭力互相輔佐之事
第七條　本組合置左之職員
一　組合長　壹人
一　相談役　四人
一　事務員　壹人
但事務員以外皆爲名譽職
第八條　組合長自組合員之內選舉之
組合長之任期爲六個月但不妨再選
第九條　相談役組合員順次交替當其任相談役之任期爲兩個月
第十條　本組合職員之任務如左
一　組合長對於公私代表組左招集相談役會又組合總會爲其議長執行

組合之常務任免事務員

一　相談役輔佐組合長應組合長之招集審擬其諮問事項

一　事務員受組合長之指揮處理雜務

第十一條　本組合員因爲充本組合經常及臨時費用之故應各飯場所屬坑夫之人員每日醵出一定之金額

第十二條　本組合之經常費爲左之三項

一　交際費（奉願帳　死者弔祭金）寄附帳

二　事務員手當（即月薪）

三　諸雜費

第十三條　本組合於每半季之始開組合總會組合長於組合總會報告前半季間之組合事務提出會計收支決算經其認諾

第十四條　組合總會選舉組合長議决關於組合之重要事項於組合總會議

決之事項組合長有執行之義務

第十五條　本則規定之外爲欲達組合之目的必要之規則別定之

第十六條　本規定之更正欲達本組合之目的故新制定之諸規則均須要經鑛業所之承認

本山坑夫飯場申合規約

第一條　各飯場相互以親睦爲宗旨雖新來鑛夫亦須叮嚀懇切待理之

第二條　各飯場公同一致對於坑夫誘拐者常須警戒之

第三條　各飯場所屬之坑夫該當左之各項者自飯場除其名申告於鑛業所請求其解傭

一　放蕩無賴怠業務者

一　暄譁爭論或其他不良之行爲者

一　破壞組合其他之規約者

一　背頭役之指揮又不守其訓戒者

一　在外住宿不歸所者

第四條　各飯場所屬坑夫之課飯場割合就坑夫一人每月金一圓見習坑夫一人金七十錢不得超過此數

第五條　飯場割合充左之諸費

一　組合費(山中交際金)

二　香奠　餞別　慰問金　交際　祝禮

三　飯場電燈　家租　疊料　裱糊料　諸器具料

四　諸雜費　紙燭　燈籠

五　給料　薪貢　禮金

六　薪炭

第六條　對飯場所屬坑夫第四條飯場割之外無論以何等名義不得另課賦

金

第七條　於作業場叺入鑛石之納付人不明時以組合之名納付之其收入金爲組合所得

第八條　第五條所揭之香奠及慰問金以左之割合給與之對飯場所屬坑夫之救助金以左之割合給與之

一　病症慰問十五日以上至六十日止一日米五合

一　死亡

一　本人之時五圓以下

一　妻及其他家屬時三圓以下

第九條　飯場食料定價如左

一　上等食料　每一人月金六圓

一　普通食料　每一人月金五圓四十錢

三	揭他各號一類鑛夫	一人工賃額　同
四	沈澱夫　沈澱女工	一人工賃額　一個月內限定沈澱銅採收量達其豫定量以上者除定日休暇外准休業一日如超過其採收量其豫定量在一割以上者每一割增給二分之一工賃額宛（沈澱工）或一人工賃額宛（沈澱女工）
五	撰鑛女工	二人工賃額　一個月間除定日休暇外祇准休業一日

備考

一　本表勤務日數之計算以一、三、五、七、九、十一月之各一日為起算點

二　見習與其所屬夫同

別表第二

勤續年數	支柱夫　進鑿夫　坑夫	運轉夫（坑內車夫手子坑內石工及沈澱夫線路夫製煉夫水烟夫脫砿及攪拌石灰者	機械夫　撰鑛夫	電氣夫
一年	三圓	二圓	一	一
二年	五	三	｜	｜
三年	一〇	四	三圓	二圓

五年一〇	七	五	三
七年一五	一〇	七	五
十年三〇	二〇	一五	一〇

備考

一　本表之勤續年數以月計算以一月爲起算點

二　本表四種別之鑛夫自某種之鑛夫轉於他種之鑛夫地方例如運轉夫坑夫其轉勤後當以事數算定勤續年數及賞與金額

海上絲綢之路文獻集成

總主編　陳支平　陳春聲

歷代史籍編 38

主編　范金民

海峽出版發行集團
THE STRAITS PUBLISHING & DISTRIBUTING GROUP
福建人民出版社

国家出版基金项目
NATIONAL PUBLICATION FOUNDATION

本册目次

東遊記一卷

〔清〕吴鍾史撰

《東遊記》一卷，清吴鍾史撰。鍾史字伯芳，浙江歸安（今湖州）人。光緒八年（一八八二），美國欲與朝鮮立約通商，李鴻章請於朝，屬馬建忠偕北洋水師提督丁汝昌，領威遠、揚威、鎮海三艦，會同美國全權大臣薛孚爾駛赴朝鮮議約。吴鍾史時備員輪船招商局，亦偕馬建忠等同來，然非爲朝美訂約事，而是赴彼查看商務情形以酌設中朝通商口岸。此篇爲吴鍾史赴朝之行程記録。紀事起於三月十二日受邀，止於四月二十日，記録途中及在朝遊歷見聞及所感，於朝鮮閉關鎖國政策下之困弊情形有詳致刻畫。此外，吴鍾史另有《高麗形勢》、《朝鮮風土述略》、《東遊記略》、《遊高麗王城記》等四篇紀行文字，皆爲此行之撰述，各有側重，可與本篇同參。據《小方壺齋輿地叢鈔》本影印。

東遊記

歸安吳鍾史著

光緒八年歲次壬午三月十二日晴辰刻上海招商總局徐君雨之鄭君陶齋兩觀察來書邀赴高麗察看商務情形以去歲朝鮮翰林院魚允中一齋來華稟請李傅相少荃派招商局員前赴彼國酌設通商口岸以興商務也定議即日起程午後趣裝晚同廣東駐防崔君琴舫登興盛輪船赴煙臺

十三日晴早八點鐘開輪

十四日晴行黑水洋

十五日黎明大霧如雨舟行甚遲十一點鐘霧開行駛如常四點半鐘進煙臺口五點鐘赴招商局晤陳君敬亭及盧伯康仲敏李軔初載之諸君見唐景星觀察書知尚有李活泉張熙堂二君隨同丁禹廷軍門馬眉叔觀察自津來煙同赴朝鮮

十六日霧同陳禮陶赴新沙遜洋行交譚韶東信歸作寄申招商局到煙日期書交利運輪船帶去申譚君來答話陳君敬亭邀飲萬順樓

十七日晴辰李張二君自津到午丁雨亭軍門馬眉叔觀察亦到午後同崔李張三君渡登威遠兵輪謁見丁馬二公約定十九日上鎮海兵輪同行

十八日晴午後李載之伴遊奇山所城週圍不過數里亦有四城門惟不甚高大耳

十九日晴午譚君韶東請同崔李張諸君飲於新沙遜歸即趣裝作寄申招商局赴高日期信晚飯後同赴鎮海兵輪居處甚窄

二十日晴早五點半鐘同威遠揚威兩船啟行午出成山口舟指正東

廿一日陰小雨早起已見朝鮮海中諸山遠望有峰削如壁者有頂平若臺者有上平闊而中束小如方

上海著易堂印行

勝形者舟望東南行復轉向北四點鐘抵京畿道仁川府西海邊月尾島後洋有日本兵輪先泊島旁因於相近處下碇有朝鮮舟載古衣冠人來拜舟形敝陋削木爲筍櫓在船尾左右推拽蠢笨不堪舟無艙面坐者惟蹲於舟底上蓋草薦船首小錨係以木條夾縛石塊俾得重沈於水鍊則以草繩爲之一舟上不見有鐵器也領海船主陸五峰伴其差官李應浚赴威遠船謁見丁馬二公余於晚飯後同崔君赴威遠問赴王城日期謂須俟美國兵輪到後方可定云

廿二日霧午朝鮮差官趙惠人來拜戴圓翅烏紗服圓領大袖紅袍束玉帶履方頭薄底烏鞾鞾幫底皆以皮爲之初以爲俗尚太儉繼知王城係山路砂石瑣碎步履綷䌨有聲非皮則易於擦破也立夏後皆衣夏布袍色用紅青綠不等平民多白色直領長短襖袖窄不過三寸上者穿尖頭薄底皮履淺面單梁前後高而中低幫窄不盈寸中者麻鞵下者草鞵制與中土大同小異袜則不論冬夏皆穿厚綿底郎袜下口以爲之不另托以平片故皷側臃腫形狀累墜已娶者束髮於頂外罩以網網以馬尾染黑爲之云亦華物朝鮮官吏隨從甚多其實無所執事午飯後堅請馬觀察登岸暫駐蟾帷申馬觀察同趙君陸船主及隨從諸人由舢舨渡登彼岸赴仁川

廿三日晴午陸船主歸說仁川地極窮苦居處飲食大改故常荒僻鄉隅尚不至此乃仁川官尚須接丁軍門去一爲瞻仰云午後丁公登陸赴仁川

廿四日晴午丁馬二公自仁川回

廿五日陰小雨午後美國兵輪到說明日拜會既有仁川差備官玄濟倫金久善來舟探問旋赴王城報知國王

廿六日晴是日華美各官拜會

廿七日晴午朝鮮議約正使申櫶副使金宏集來拜接以三礮赴美舟迎送亦以三礮馬觀察問招商局員何日遊歷內地兩使謂須請命國王再定云

廿八日晴朝鮮正副使以請命事專差從官赴王城轉達國王

廿九日晴午後附鎮海入山取水舢舨赴仁川口岸距下椗處約十餘里潮漲時可泊岸石山腳下怪石磈磊極其險峻由碎石危步至山尖踰嶺而下有草屋二三十家觀者蝟集舉步維艱復危步歸舟海邊有平隄土礮洞中藏二尺許舊制田雞礮剝蝕鏽壞不堪動用矣申刻金國使齎國王李熙名片至威遠來拜

四月朔小雨午馬觀察赴仁川答拜金國使

初二日晴午後朝鮮司譯院四品堂官李應浚來舟傳國王命請招商局員赴都遊歷惟共去幾人須開單報知俟命下戶部方可備辦轎馬夫役來接云云余因往返需數日請自出資雇用民夫以免遲延李君謂王命沿路供給均須官辦雖價雇無人敢為承攬且仁川地僻人稀亦無轎馬不如靜俟來接為是乃託其連夜赴都李君允而去晚頭疼不能食

初三日晴大風是日以頭疼臥

初四日晴辰李應浚來說轎馬已候於口岸請即渡登因早飯趣裝僅帶數衣留箱籠於舟同崔李張三君僕人二廚司一及國王派來伴行通事金永淑張鎮邦二名坐舢舨赴仁川口將抵岸時山巔遙望之人已雜沓數皆戴黑紗笠衣白布服立者踞者坐者如無數米蟲蠕蠕山頂泊岸時以觸石故舟子有墜水者幸水淺即得起登岸後轎馬皆集轎略如華式而狹陋無匹土人以平坐故於轎槓下即削平無所有近槓可坐處用皮條架十字作網形以坐人皮條偶脫即從中墜下坐時甚惴惴也轎槓即連於釘皮

之木架上前長一尺後長三尺轎夫以帶套於槓之近坐處肩曳而行途中不能換班行數十步另有左右兩人於轎底橫扛一桿以鬆前後兩人之肩又數十步抽去其桿則前後又任重矣將停時以輿倒豎脫去後帶輿未停人已先仆出矣轎之四圍內則於四角植立半寸方之小木柱斜交兩麻繩以爲衛外罩青布行時揭罩於頂如檻車然馬小如驢崔君以體肥轎馬不能容載不得已仍返舟余等即乘所備轎馬登程途中山路崎嶇高下屈曲約十數里抵仁川四圍皆山中有百餘茅舍向南山麓爲仁川府署署屋數重零落如涼亭府使鄭志鎔迎入署中舍於東館無桌椅入即脫屨席地而坐旋有頂菜桌於首者入於每人前安一桌桌高不盈五寸方不過尺五上高裝食物數盆罩以紙裹去裹則牛肉魚乾雞蛋熟食水果等堆積異常臭味另有銅盌盛椒末肉絲粉麪以爲食瓷罇瓶傾酸白酒以爲飲名下馬宴其實無可下箸也因請勿供晚餐備生物自煮除雞蛋外所供給之牛羊雞豕各肉皆瘦不堪食鍋形如腳鑪烹魚甚不合用土人飲涼水無煎茶器苦渴以洗面銅盆煮茶觀者如堵皆來索飲如乞瓊漿不能徧給申馬觀察陪美國公使來答拜朝鮮議約兩使於府使署約初六日畫押即去晚出署散步見西南最高峰上有烽火一明即熄謂係每晚傳各處無事至都者有事則舉雙火即古人烽火告警遺意仁川至都計有三處云歸署有護送官玄杭山鴻臚名濟倫來見用白紙片自書其名無木刻章約明日早飯後起程昏頭疼僅煮粥食松花蛋閉紙窗席地臥戌刻護送官來請晚安方睡夜大雨

初五日晴辰起護送官來請早安候駕余不能飯食粥而行因轎窄陋易馬而乘一路皆山登高履下危險萬狀遇陡處下馬步行時虞隕越午刻過富平府屬之五柳衕打尖計去仁川三十里其地茅屋數十家富平府使差官接待供宴如仁川因不止宿撤宴後又供飯桌與初宴彷彿多牛血及辣菜等湯仍不能入口飯尚潔白因和自備路菜以充飢腸飯畢復行山路十餘里始得平原四圍崇山峻嶺白石紅泥

中則綠野平疇方十數里惜無人種植僅爲放牧地云過此至楊花津口司譯院三品差備官李容肅字菊人四品差備官吳慶然字菣庵迎於道左同至河干登舟中流過由大路迎接之差官崔玄二君亦同過江兩岸觀者如蟻不知其幾千萬人也過濟物波入臨江亭曰濯纓館止焉屋宇低小問何以不進城謂奉王命迎舍於此以館宇清幽山園水遶足供〇〇天朝人舍館也問離城尚有幾里謂有山路十五里若欲進城可於明日早飯後下午出城亦覺便易余因索紙筆書數行以商之大意謂我等既爲商務而來居宜近市以便察看商務情形今承館於城外幽雅之地遠隔闤闠往返需時諸形不便且暫住不過數日何有郊原遊賞之時務望將此情轉達國王俾得居近市廛出入自便等云李君謂姑俟以此紙稟請首相洪涫穆轉達於王然後聽命余因時日悤促即託吳君當晚進城下馬宴較富平仁川尤豐以彼係當地汛官辦差此則由戶部供給有光祿寺差官漢君在此駐辦然其地亦不過茅屋數十家無物可買除雞蛋外又皆不能用也戌刻李君來請晚安去後閉紙窗席地臥

初六日晴辰李君等來請早安并謂已奉王命即請進城可於早飯後同行惟進城須改乘輿不便騎馬否則恐干款接不恭之咎也巳刻起身前導有差頭青衣紅袖戴黑氈笠拖三眼小花翎跨馬前驅以除道路行萬山叢中十餘里曲屈高下至艾五嶺有清水小坎夫馬打尖役夫等均伏地作牛飲又行數里至南大門外一路引領而望者如站班列隊擁擠兩旁城垣係石砌高約四丈頗雄壯入崇禮門道左人民奔走爭視塵土蔽天大街寬可數丈旁搭茅篷售雜貨狀類中土地攤皆不甚值錢之物須臾擁入道右南別宮云係舊駙馬府即所以館〇〇天使者入宮後封門下鍵內外守者嚴密不得出入因以欲遊歷市衢爲請李君謂俟享宴後請命於王國中事無大小非王命不敢擅便也宴後李君始去歸巳午後雖允入市尚須俟兵部護衛禁兵到後方可出門遲之申末兵尚未齊乃同張君攜數十兵及金通事先

赴左近大街萬民圍視鞭之不開至鐘樓街聚者愈眾日暮返南別宮晚飯無肴可具充飢而已昏李君等來請晚安因往答之談知是日為王世子大婚恩科題為極天下之孝賦八道士子皆來應考又初八日為國中燈節四方來觀者士女如雲故城市倍形熱鬧云兵之服飾一如戲中所扮清兵青布外褂罩直領長背心束帶於腰戴小氈笠前頂銅勇字後曳藍絨條腰懸黃鏽倭刀直廢物耳朝鮮人讀書與華音同土語驟聽似日本細辨之亦華人之方言耳如馬曰馬兒男曰男丁之類

初七日晴辰餐後同張君攜銀帶通事及兵三十入市換錢市中交易皆用國中八道所鑄常平通寶銅錢不知用銀故並無換銀店鋪向造銀器肆中商售之每銀一兩約換得常平錢七百文賤時不過六百文亦有不收者收亦不過數兩其天平與津平相仿換數家只售去銀三兩餘擬買蔘則蔘無店鋪須由官辦每年於出貨時為領華歷官辦赴華京易歸紬段布疋洋貨等物砂金皆由民間私挖亦為領華歷官搜赴華京易貨兩物均無辦處有經紀者來導往紙店入門觀者蜂擁護兵亟闔門以守之登樓高不過五尺梯階止四級非以闊步行之不能上下中間僅留二三尺寬出入之路兩旁即貨房之門以大鐵鎖鎖之外鋪小方席上守一人如坐蒲團狀欲買何物則開鎖啓門門內障以青布帷揭帷取貨出視不合仍藏諸帷內閉門加鎖以守之買者不能見其帷內有何貨物也紙甚麤厚極大者長三尺闊不盈二尺每張價銀五六分貴而不適於用下樓啟門驅散觀者又至紬段鋪啟閉取藏一如紙鋪惟無樓屋中土閃花摹本段銀九錢一尺尺較營造尺加半八兩素紬貴中土三之一土產紗羅紬段遜華物遠甚綿紬如日本綢布價甚昂又至洋布夏布各鋪各貨皆較中土加價三分因俱由華京易歸若裝輪去則水腳售價較廉惟僻陋在夷恐所銷正有限耳宮前兩旁皆部曹衙門門各有額如天官地部春官刑曹等類有京兆府有統理機務衙門即總理衙門總司其事者為王叔李最應年已七十矣宮前數丈大石獅

一　上海著易堂印行

二高幾盈丈再接石欄數丈至宮門門高不及丈銅釘六如拳門樓二層上署光化門不甚高左右亦有門皆裂縫寸許可以望內又有彩畫宮門閉焉宮牆石砌高七八尺時已近午乃遶而別宮消途觀者無數惟婦女則驚避駭竄以國法不許見外國人卽在家中望見者亦閉窗闔戶如畏虎狼也婦女編辮挽髻首裹白布如戲中所扮漁婆狀裝束亦頗近似衣短及腰取物承之以首兩手上捧衣聳乳露有一手托頂上物一手拄拐以行者男則承物以背如粵人之背嬰兒狀彎腰拄拐步履蹣跚想係古者負戴之遺意水夫背扎木架橫以木桿兩頭有鉤以瓢汲水滿兩小桶取套鉤上彎腰而走兩桶不過卅斤負行甚苦孝子衣麻衣截蘆席斗笠大如栲栳手持兩竹片所綳麻布以遮面目不令見人午後閱該國儒州柳得恭所撰二十一都懷古詩自稱曰東國唐堯戊辰歲已有檀君朝鮮周武王封箕子於其地中易十數姓至後唐時王建立改國號曰高麗明初李姓立復曰朝鮮今四百九十八年矣三國時有甘文胡大發兵三十等語原詩云三十雄兵曾大發蝸牛角上鬭千場其國小可想今雖幷其地南北幾二千里東西亦五百里而政治因循風俗固陋當今之世反古之道時勢固有所不能亦正恐爲識者所笑耳申以步行入市爲觀者所圍不能見兩旁擬請乘馬得高覩一切且可徧歷大街李君謂亦須請命於王俟戶部備夫馬方可出門云是日見差備官等各帝地以白紙書余等何時出門遊歷何處等事申報國王及各衙門其忙紙尾皆有爲臥乎事四字問之則謂與中國須至咨呈者相仿云國中官吏多宗室及世襲者國人皆食白蔘以紅蔘爲蒸曬而成專造以售中國者非本色不足重也

初八日晴晨夫馬兵役陸續至早飯後同李張二君帶金通事及兵役馬至東門大街街旁茅篷售食用雜貨皆鋪卽附此中賣書數十本殘缺不全尙不及中土書攤所有者四書五經及綱鑑字典音韻等類瓦屋高不過五尺店鋪無字號招牌無貨物可見莫辨何肆有白粉書朝鮮字於板門者圓轉似清書疏

落似倭文東門大街約長五六里至東大門登陴觀郊原鄉景有平綠數頃向西轉入小街折而往北由山路至東北門門在山上可望王宮之後短牆屈曲皆入目中向西無大路且在山腳乃繞宮後至宮東循宮牆而南有旁門數處曰禁府曰龍鳳院曰東營皆可達內交木爲欄不見守者其內朱楹剝落苔蘚盈徑路東多宗廟迤南有武衛營等處計自宮北至宮南約長三里向西過宮前有衣大紅直領者宮差也淡紅圓領者部辦也迤西二三里轉入小街至西北門向南無大街繞道還南別宮飯後擬上城內南山觀全城形勢李君又達諸王命下余於申刻帶金通事及兵出宮門向東南上南山至半山小憩山甚陡立登鼇頭峰北望全城歷歷在目王宮居城之西北隅自宮門北視惟見高樓五重餘低矮似民居東北半城多樓閣謂係宗廟城築山上門設山凹宮枕仁王山下余所館在城之西南隅城垣繚曲週約四十里四圍皆山中如甕底不足言形勢也歸見丁馬二公及隨從諸人陸續至晚間宮中送來塔式鼎式走馬燈四盞上有萬歲太平字樣以賞燈節登宮後廢園山上四望見滿城燈彩密如繁星閭巷花筒競相然放戌刻王使左承旨趙秉鎬齎名帖來請晚安問晉謁國王期謂須擇十三吉日丁馬二公以不及久待請改近日云當轉達國王再定

初九日晴辰城外日本公館有總理花房官義質來拜丁馬二公因欲出拜客亦俟請命於王頒發輿馬於申刻始出門拜後即歸

初十日晴申刻丁馬二公進宮謁王張長柄邊皮紙傘以爲蓋即中國雨傘之未油者甚別致也酉刻歸戌刻宮中頒到祖筵四大箱係紅衣內監送來每盆高裝尺餘中植竹片外裹以紙再粘以綫魚肉蜜餞雞蛋熟食湯果麵飯無物不有五色繽紛幽香冷豔令人變色而作差備官李君親來代敬謂必受而嘗之勿負王意乃留其棗栗柿梨等各少許是晚經紀辦到上用蝦鬚簾兩掛方約三尺價銀二兩五錢青

黃紅三色紙長二尺闊尺五每張銀五分狼毫筆四五七八分銀不等筆管漆以紅黑若堂上判事所用者姑辦幾種以備行色既有送蘐送書及清心丸紙扇以贈行者求字以作傳家寶者碌碌酬應不能徧及夜半始睡是日李君菊人書扇贈別云飄泊無方了夙緣觚棱戀結日綿綿長衫廣袖三千里馬足車塵四十年注云余屢充貢使今年將七旬矣縱道賢勞能覘國不知時務可談天如今倘得涓埃報買犢歸耕上下田因答一絕云不愛功名不愛田平生只愛小遊仙乘風破浪飄然去邊問程途有幾千李君又另紙贈一絕附序云吳芳伯浙江聞人也今辦商務來吾東余膺迎接之命獲晤於江郊一面如舊識豈非夙緣有定邪明將言旋不勝悵惘勉作鴒吟仍步贈韻其詩云早愛功名不力田如今老大羨遊仙乘風破浪曾何補海內鴻泥留幾千余又答一絕云老當益壯莫灰心積習捐除好及今爲俊傑當識時務名言臨別贈知音

十一日晴早飯後趣裝乘輿出宮前騶尺方藍旗中書巡視紅字如長柄之令旗然吹手音似吹蘆笳沿途伴送各官同行隨觀甚眾過濟物波兩岸觀者如堵易馬至五柳衕打尖請宴如前午後行數里於山上望見仁川外洋盤繞峰嶺兩時許抵仁川又請宴以祖行晚小火船來接潮落不得泊岸用土人小漁舟過渡離岸數尺人物由人負上漁舟舟有魚穢且漏行李浸溼鞋襪亦著水中昏上揚威快船知英兵船到亦欲代爲議約明日不能回華船上居處更窄鋪程又溼和衣而睡聊免席地之苦是日牙疼不能食物

十二日晴牙疼閱通文館志候行期鈔得陳君艷憶詩二十八首及序共數千言

十三日晴牙疼姚君賦秋爲馬觀察借去朝鮮友所贈大典全部

十四日晴申得明日揚威船送中堂稟消息晚赴丁馬二公處辭行威遠船主呂翰堂屬帶致煙臺家書

十五日晴晨朝鮮差官李應浚來附舟由煙赴京送咨報總理衙門與美立約公文八點鐘開輪

十六日晴早十點鐘抵煙臺停輪下椗雇小舟赴招商局午後出交呂賢堂書於合順棨君浴日新園歸閱申報

十七日晴辰與李活泉核造報銷清理物件以待南北分馳午後訪譚君韶東話書朝鮮紙扇以贈之又書一扇贈陳君敬亭并題一絕云漫說朝鮮是海邦此邦人物近洪荒王城卅里同鄉僻那有喧闐貿易場又贈以極貴之金剛直蔘一支謂係到煙十年所未見之無上品云晚崔李二君乘日新赴津張君熙堂以感冒故移寓晚晴館養痾

十八日晴辰豐順過煙午即趣裝登舟一點半鐘開行六點半鐘過成山燈塔

十九日晴行黑水洋

二十日晴午十二點鐘抵吳淞兩點鐘泊下海浦三點半鐘到招商局見鄭陶齋觀察以牙疼故尚未食飯歸家略息

東游紀程一卷

〔清〕朱緩撰

《東游紀程》一卷，清朱綬撰。綬字組豪，江西新淦人，江西南昌經濟學堂學生，主習英文。綬於光緒二十四年（一八九八）夏從英文教習周泰瀛、學堂召集人鄒殿書及學友等十五人，前往日本考察新式學校規制，是書爲遊歷日記。書首有自序，篇末逢舜跋。紀事起於光緒二十四年六月十三日，止於八月二十日。二十日日記後附「日本學校聯絡圖」，即日本新式學制（自幼稚園至帝國大學）。朱綬一行於六月十三日自南昌乘輪船啓程，十八日至上海，留滬數日，其間拜會美國福開森博士未遇，與日本駐滬領事諸井一郎等醼集，維新派領袖汪康年出席。二十五日登日本郵船株式會社神户丸輪，此日自黄浦開洋，二十八日抵達長崎，八月二十日返滬。在日期間一行遊長崎、馬關、神户、東京等處，考察各色學校規程之餘，也觀覽動物院、博物院、銀行、紡紗廠、監獄、醫院等近代城市機構，與在日華商、日本外務省譯官小林光太郎相酬酢。據中國國家圖書館藏清光緒二十五年刻本影印。

東遊紀程

光緒己亥夏
鴻寶堂開雕

東游紀程自序

有客見紀程册因問曰自中外互市局成外人多游中地中人亦多游外地究竟游歷孰爲有益應之曰游歷名同而實異外人之游歷探路者也中人之游歷蕩路者也何謂探路外人之游歷多係教士有教堂爲給資斧每抵一地始寄宿繼購基終遂庀材建堂資用不給可向其國官商籌借籌撥嗣後此地即成外人家闥舉凡徑途曲折人情好尚悉入覼記中隨時又加稽考作成專書寄還本籍供人覽閱久之商船兵船接踵並至矣此所謂探路也何謂蕩路中人之游歷除　廷派公使等員而外有志乘槎者莫沾官俸惟挾己貲每抵一地宿餐昂貴資用稍乏稱貸無門不得不刻定樽節預留後此歸步又不甘徒手歸於是摭取其現制成俗零標瑣記藉證行蹤屆期即束身急歸矣此所謂蕩路也孰益孰否君自思之客曰然則君此次東游爲無益矣何爲不惜費不憚行應之曰余本意爲訪察學校規制向聞東校私建爲多意欲選其規制勸設學堂使吾鄉人獲造就成材備　國家疆圉之需豈不甚善及抵東國逐校察閱始知私建亦須得官建保護方能相濟有成吾華現無官建之校又安容有私建之校乎總而言

之探路之有益外人所獨蕩路之無益中人所同余不得爲異也客日洵如君言中人零標瑣記即受官俸往游歷者亦不過如此然竊見君所標記校制極詳異乎泛恆之紀程何不公諸同好或隱有取法者余沈思良久乃日此行固無益也獨以訪察諸制頗耗心血設異日官建私建一齊並行此紀程册猶在可備參考之列庶亦爲無益中之益也爰徇客請付之剞劂並述一時問答語作抵數行弁冕言時在

光緒二十四年戊戌歲孟冬之月組豪識於硯香精舍

東游紀程

新淦朱　綬組豪甫

光緒二十四年戊戌歲各省多建學堂講求西學我江省則有務實學堂之設規模草創未底於成高安鄒君殿書邀余及同志十餘人別起經濟學堂且約往游東瀛察其學規會所延英文教習共二人一爲周君泰瀛余從之讀英文者業已抵省遂先啟學罷談游事學僅兩月已屆初庚暑候教習循西例休暇余等無所事事鄒君乃重申前約際茲輟業盍即東裝由是東瀛之游迅得成行或問學尙西而游尙東者何應之日日本崛起東瀛今所稱新興國也考其新興由來則在乎學問彼三十年來一切政治工農商兵咸步武泰西派別條分廣設學校而校中規制又復棄短集長務臻美備足爲伐柯者取則且與我土壤同洲載籍同文百聞不如一見往彼游歷當較游泰西諸國爲易獲益矣且近時當途大吏多調遣文武各學堂學生赴東肄習而凡有志之士得藉游學以成材亦莫不從東發軔焉余等相約東游意蓋爲此紀程之作雖誌游蹤實存游意覽者或可無訾乎

六月十三日發足南昌同伴爲鄒君殿書熊君滙庭蕭

君庚春英文教習周君泰瀛及余表姪聶虞臣又學友數人司庖執役數人實共十五人午前發行李交福康公司附澄清小輪是日風逆小輪每鐘約行三十華里五鐘抵吳城鎮停輪添煤因泊宿焉吳城一鎮自昔貿易繁盛爲江省之冠俗諺所云裝不盡吳城卸不盡漢口是也自九江開設碼頭此鎮市面驟至衰落傍晚登眺望湖亭彭蠡胸襟恍挹之於目前可謂故鄉亦有好湖山也旋赴公司晚餐十鐘回船

十四日辰刻發吳城九鐘過沽塘關照章停輪備驗拖

帶之民船驗畢開行望見鞵山屹立湖面即大孤山也以其山似鞵形人喜呼之無復呼大孤者旋過湖口縣聞水聲發於山麓硿硿鞳鞳知已抵石鐘山此處游觀須駛一舸爲往復洄溯庶得互折空洞之致輪船過而不留可勿作探奇想矣四鐘抵九江郡泊龍開河赴電局發京電計十六字

十五日鄒君約往訪美國女博士吴格矩吴年五旬餘德行純粹學識淹通寓華多年現爲九江西女學堂教習既見接談極以此番游歷爲余輩頌茶罷導觀讀書藏書各精室並令女學生鼓洋琴無非爲客蕩滌塵垢之意五鐘買小舟由內河溯游後湖因橋梁下閘被阻莫進登岸散步良久返棹時已月出東山上矣

十六日發九江十鐘上太古公司輪二鐘過彭澤縣迅見小孤山矗立江中與大孤山遙相對峙自大孤改呼鞵山世人但豔稱小姑至謂鞵山乃小姑遺鞵一隻所變成可謂荒謬之極矣夜過大通及安徽省城

十七日辰刻過蕪湖倚欄眺望見山巔矗洋房一所頗據形勝周君泰瀛語余此西人教堂僕曾履其戶

閾矣十一鐘過金陵歷十二圩鄧君智巖者係舍間經理鹺務之友時亦附輪同行本當至十二圩登岸赴淮揚鹺所因念我初次遠行立意伴送抵滬再行返揚我深願多得一伴不阻其意然鄧君則可云不憚煩矣三鐘泊鎮江五鐘啟椗夜過江陰通州諸境

十八日十鐘抵上海黃浦灘偕同伴寓法租界名利客棧內午後鄒君約往遊張氏味蓴園及愚園園中山水林木樓臺亭榭與夫羽翎花卉搜羅宏富位置精工中外顯宦往來多張宴於此平時游人如

織歡笑不疲或奏絲管於瓊樓或列珍饈於綺席洵所謂香車繡轂羅綺生風寶蓋雕鞍珠璣耀日者也余有幸結蓬島之遊無才述華林之勝聊綴數語冀與石兄竹弟標彰雅會印證良緣晩赴鶴鳴茶園觀劇

十九日偕鄒君往觀美國兵輪先取得其國領事海格士函作為介紹既至即有人引導余等徧詣器械鎗礮醫藥監牢卧室各所詳細閲看此人逐件指示並演説燃放格林礮毛瑟鎗速率準點諸法格林礮每分鐘可放千五百子之多毛瑟鎗每分鐘

四

可及千五百步之遠云

二十日往觀機器局造紙紡紗等廠近年製造局廠各處皆有增設而以滬上為最夥是日按準遠近路程分別先後次第每抵一處匆匆寓目比及回寓地球已背日輪通衢朗月繁星藉電氣以流輝吐燄設從天際俯窺當詠作滿地星斗煥文章矣

二十一日偕鄒君往拜美國文學博士福開森未遇而返旋詣二洋涇橋長春棧省視我仲俠平我仲守選都城近以授廣東東安缺回南手足濶別多年竟得於旅邸聚晤真樂事也

二十二日偕鄒君往拜日本駐滬領事諸井一郎晤談閒知余等將赴伊國游歷歡忭異常並允為作函告知伊國當道照料種切其繙譯為船津辰二郎此君嫻悉漢文口操漢語尤熟主賓應接時俱藉此君達意焉

二十三日我仲挈同復遊張園愚園午後邀鳳君永叔熊君滙庭陶君永之鳳君竹孫同往四海春館中餐番菜晩鄒君招飲於鼎豐里

二十四日鄒君約詣東洋酒館常磐長家陪醼日本領事諸井君繙譯船津君郵船會社副辦吹山君同

五

席者為汪君康年鳳君恭寶周君泰瀛醼至夜深始散

二十五日午刻發行李詣日本郵船株式會社確布摩汝亦曰神戶丸（確布摩汝譯即神戶丸丸即船）余與鄒君定上等艙餘人定並等艙此兩等艙位案几帷幄鋪陳精潔下等艙則與長江輪船之統艙無別船中界限綦嚴下艙搭客不得攙越上並兩艙一步上艙資銀錢八十餘圓中五十餘下三十餘此定來回兩次之價定一次者視各價折半而稍增數元來回以三個月為限過期必須换票

二十六日辰刻發黃浦江下午大風雨下椗吳淞宿焉是日暑氣薰蒸出坐艙頂面納涼至四更始入就寢

二十七日早起舟已出吳淞口遙望海水接天一碧萬頃閱兩小時此水變作蔚藍色傍晚過黑水洋乃海中險惡處航者皆慄慄危懼而是時風伯息怒雨師不出波平如鏡船穩如屋可云幸也入夜涼氣襲人澄心遠矚之餘覺肺臟間空空洞洞一切客感朋從與萬籟而俱寂成連移情海上不圖今日得身親之

六

二十八日未刻抵日本之長崎此地東經十三度零七分北緯三十二度四十四分經由中國北京起算緯由赤道起算後仿此距上海四百三十七日里日本里程與中西皆不同法以六尺爲一間六十間爲一町三十六町爲一里核彼每一里當中國六里零當泰西二里零屬彼西海道肥前境酉刻偕同伴登岸問禁直入島是孤懸人煙稀少街道清潔真有物外殊致而山水秀麗上插雲青下照天碧更足豁人心目余初疑通商碼頭衆塵雜沓及履其境門齊巷整有靜謐而無譁囂偶憶唐詩地奇人境別事遠俗塵收二語不禁嚮往深之七鐘回船按日本在隋代遣使來華自稱阿輩雞彌國見杜氏通典原注云華言天兒其方言呼其國曰掘崩與阿輩聲相近後又轉爲日本

二十九日晨起向南叩祝　萱堂誕辰飯後鄒君約往拜駐崎郵船會社總辦大寫君因吹山君有函囑爲照料遠客也晤接數語隨派司事華人導余等至駐崎　大清領事署正領事張君某抱恙不能出戶晤副領事溫君季真茗談良久旋飭親隨引我徧覯崎陽諸名勝如光榮山皓臺寺皆經躡屐繼登笠頭山則一方勝概盡得收入目中矣覯畢造袖海樓館午餐殽蔌雜陳多屬鄉味此館爲粵人開設宜其不致味別也回船後四鐘啟椗及夕

七

余患腹痛叨徐君明卿藥我得愈痛徐君甯波人在神戶貿商二十餘年

七月朔日清晨舟抵赤間關停輪亦曰馬關係西海道與山陽道交界處海面極狹乃因左右夾山左邊市廛即依山而搆粉壁參差約有千家右邊爲門司關屬西海道豐前境距長崎百四十日里即昔李傳相與日相伊籐氏定約處也其地產煤甚富海輪經此必有事於添煤余等欲登岸留屐齒痕乃以啟椗迅速而罷未幾見海中無數小島蜿蜒起伏船則委蛇而進舟人云此播州洋也頃之又

見兩島對列海面島中礮臺半隱半見天然門戶屏蔽東瀛而其蔓埶枝峯又復互相枕帶西人稱東瀛山水爲亞洲冠首余謂東方爲生氣所自彼其山撑空而水叠曲也亦勃勃有生氣耳

初二日辰刻抵神戶此地東經十八度二十二分北緯二十四度四十一分距長崎三百六十日里屬畿內攝津境爲全國水陸衝要之區飯後登岸先就其街衢周覽一遍大抵廛里端直甍宇齊平道路淨潔規畫畧如長崎而繁盛遠過之至其籐蘿闤徑桑柘成村別呈海外之高風亦具巖中之逸趣有鐵路一條工程堅固商賈之輻輳貨殖之流通大半由此想見東國君相經營不遺餘力矣四鐘啟椗

初三日所經海面較播州洋一帶驟覺寬濶海中亦有島嶼羅穿曲洞攢波而出詢知爲熊野洋余按此洋屬紀伊境兼有熊野山昔徐福言海上有三神山卽此矣瀛環志畧云福所居地名徐家村塚在熊指山今不知何地日本志則云福墓在新宮舊城故隴中前有老樟二株碑題秦徐福之墓五字墓北有孤峯土人呼曰蓬萊山蓋因華人言而文飾之者其西有小山山下有飛鳥社社旁有祠祠郞福祠今已久圮僅存礎址等語余案志云新宮卽古所稱神邑本隸熊野境志畧所云熊指山當是熊野無疑古跡湮淪本難徵信以徐福事爲游日本者所必述特錄二志語而參以臆斷如此午間又見有礮臺排列海中地則居金障銀屏製則仿銅牆鐵壁習坎一卦所稱設險以守國者日本洵得其旨乎問地是何名則已近橫須賀海口橫須賀者橫濱也

申刻抵橫濱此地東經二十二度三十七分北緯三十五度二十五分距神戶三百四十七日里屬東海道武藏境余等出游卽指此爲稅駕所旣至舍舟登陸發行李投海關候驗關例無論本國他國客商進去海口隨帶箱籠均須投驗搜查極嚴其稅則大約值百抽五此進口稅也近其外務省建議欲將進口稅漸增至值百收二十將出口稅漸減以至於無尚未成議是晚寄寓高野屋卽此處之旅舍也

初四日袁君子壯來拜袁君甯波人與鄒君有舊現爲橫濱銀行經手友余等未諳東語袁君因派一姓董字忠甫者爲余等效舌人之勞此誠遠遊者所不可少之人也

初五日赴興泰號晤周君熊甫梁君薇垣金君梁材胡君蘊生皆三江幫商董也寓此均經十餘寒暑諳練土俗其時我問彼答不一其事茲特記其大者問在東貿商之華人共有若干答華商約分三幫

日閩曰粵曰三江現寓橫濱有三千餘人神戶大坂有五千餘人長崎有二千餘人問東國銷行中國貨物何者爲大宗答棉花爲最米次之糖又次之又云臺灣現隸其版圖將來糖件可無須資藉我國矣問東人交誼若何答甲午以前待我殊優遇我文人學士尤敬禮有加今則此風稍替矣問洋藥禁令若何答華人犯禁例交　大清領事官遞解回國土人犯禁輕則監閉三年重則永遠禁錮云午後偕周君往觀中華會館即三帮人所合建規模不甚宏大惟庭堂房舍悉仍華式恭桑敬梓之忱我乍對之勃然興感況久居此地者乎會館左鄰爲大同學校乃寓濱華商所設總辦徐君名勤中文教習湯君名叡皆粵東人見余等來歡洽逾恒校內分中東英三館每館可容坐學生百餘人現有教習五人男女學生二百餘人回寓時二君贈學校章程及戒煙會章程各一册

初六日鄒君先往東京午間徐湯二君來答拜談及日本自維新後於泰西藝學俱能研究精微現經譯出之西書有數百種但是東文無差於我華人問讀東文幾何時可卒業答云中東究係同文之國

若已曉暢中文讀東文年餘即可得其要領至於融會貫通則視乎學者之姿性非可執一而論又談他事良久別去

初七日晨起喉痛甚偕舌人詣醫院就診買其藥水漱口數次旋即痊愈晚間友人邀赴御料理即酒館飲啖領畧海邦滋味選妓數人爲備一故事妓人或歌或舞非復向所見聞卻有自然合拍之致

初八日午刻乘火車赴東京申刻告至卸車此地東經二十二度四十四分北緯三十五度四十分距橫濱二十日里屬東海道武藏境向名江戶維新後遷都於此改號東京由橫濱至此火車費上等座銀錢六角可攜行李百磅每磅約中權十二兩零中等座四角行李六十磅下等座二角行李四十磅過重則須照磅加值寓厚生館亦本處之旅舍也

厚生館亭宇精潔案几雅淨客至門外派有女夥鞠躬迎入東俗男女均行鞠躬禮不作揖入至戶外客脫履升堂有女侍即伺候者均少年女向客獻杯茗茗杯小如酒杯飲必三四獻雪茄煙東人名淡巴菰頭之洋酒洋殽陸續奉進繼引入室則坐臥處鋪設齊備壁上張書畫屏壁及窗戶間皆纖塵不染其尚潔也如此按東俗主賓相會皆

席地圍坐客初至必叩首甚恭或一叩或再叩又有叩首時口喃喃道殷勤片晌始起者然後就坐其坐以兩膝據地伸腰危坐而以足承尻後若蹲坐若趺坐及箕踞皆以爲失禮余等遠遊至此於土俗從違幸不苛刻見較然在家寬舒之度在客匆遽之形正不得不稍爲更換也

日本宮室制度攷其國志始於韓人室皆離地尺許以木爲板藉以莞席中人之家大率湫溢若世家舊族則曲廊洞房畸零而繚曲入其室者至不知東西南北之何向室内無復門戶窗牖皆以紙

十二

爲屏下承以槽隨意開闔四面皆然室中例設莞席每席寬二尺長三四尺以布爲緣每室横直交加室之廣者可容二三十席其狹者亦三四席客坐例於席上設坐褥敬客之禮有鋪至數重者室隅必留席地以其半爲小閣掩以紙屏便庋器物以其半懸字畫陳玩物寢處無定所屏風展帷幔張則就寢焉房外有厠所厠口以蓺料爲之旁必置浣器又有澡池可容五六人男女均裸浴習見不避巨室之家必有園林松竹梅而外多喜植櫻花貧家亦喜爲園亭留一二弓地位置花木竹石數種亦楚楚有致也富貴家門屏概髹以黑油亦有用朱者以白桑板數寸懸於棖書曰某位某官某姓名貧家則白板屏二扇而已

東俗向有最可笑之事如男子薙髮不全薙只於頭頂間薙去一片長二寸許寬寸許又有薙作圓形如月樣者明治初下令革舊此風大半已蠲惟内地則間或一見男子向不蓄鬚髯維新後力學西法羣焉以鬚髯爲貴故近來年三四十唇上頷下离离若竹輒摩弄自喜時以手撚之向上必使其形如八字作掀騰之勢蓋東人西服所未似者

十三

在此得其似者則以爲超羣軼類矣婦人嫁必薙眉涅齒此維新前習俗也今則齒如編貝眉如彎蛾矣聞近日孀居者尚有涅齒薙眉之事詳其義則以爲示不二夫去飾毁容此則猶有中古之遺風焉

文身舊俗今猶有存昨見推人力車數人人力車即東洋車土人呼爲戈羅媽其胸背手足皆刺爲鳥獸鱗介花草果木之形亦或繪人物故事涅之以藍奇形怪相吾不欲觀聞有刺龍形於遍身作軒騰之勢者詢其義則以爲入水可辟水怪荒誕不經殊堪噴飯然

余曾以文身之事詢伊國通人據云伊國向有二人相交甚密臨別無以爲念彼此互相刺好事者倡爲情真義摯之說交相引重故相沿至今然此習俗大約圉人僕御十八而九士夫以上鮮有爲之者

東人服飾男女俱寬袍大袖長必如其體婦女腰圍被廣帶雖盛夏不釋帶寬尺許圍腰二三匝復倒捲而直垂之若襁負者東人謂不繫此帶爲失禮男女皆不袴女衣裡有圍裙男則僅以布兜之屐有二種如丌字者兩齒甚高作反凹者織蒲爲其無齒有梁梁作人字以布綆或級蒲繫於屐頭行時必兩指用力夾持方能行動韈皆分岐爲兩歧一歧容拇指一歧容衆指也

案東人自維新後改從西服以謂寬袍大袖失之文弱不若西服便於趨作也故自高官以至末吏上直退食無不絨帽氈衣腳蹋烏皮靴手執鞭杖鼻撐眼鏡富商大賈豪家名士風氣所趨出必西式然日本舊用布用絲變易西服概以毳毛爲衣而全國尚不蓄羊毛將焉出不得不傾貲以購遠物東人西服衣服雖粲杼柚空矣此則東人之流弊不可不知者也

初九日往觀勸工業場場內左旋右轉不止三折九曲之形所謂勸者謂工貨銷斯工業勸乃係深一層取義其實即銷貨場也場中織麗星繁珍奇霞燦各從其類各別爲區乃至沿路皆有攤設路既往復迴環頭頭相接人亦往來交錯面面相窺鬻貨之人男女各半每物發標價目以便游人隨意擇買工業之暢銷若此有不競勸者乎然余特臆解如此或別有勸法存焉亦未可知也

游淺草寺

寺創自何年不可攷前有市肆瓌貨鱗萃名勝地實當熱鬧場大衆所趨香火頗盛旁有花園乃依山爲之鑿池砌石得古松盤鬱其間殊覺幽雅絕俗又有一樓高幾踰尋須螺旋而上層層增勝內懸影攝各處佳山水資人娛目登最高處覽東京全勝則見黃輿蕩蕩四面平坦里閭碁布衢軌茲張真是興旺氣象

初十日偕鄭君及同伴游覽市廛得日本外務省漢繙譯官小林光太郎口講指畫不啻步步引我入勝獲此益友足稱勝遊試畧紀之時則樓臺塵洗襟抱雲開出金市而連鑣入銅街而結駟履縱橫之

馬路既寬且平接絡繹之馬車此來彼往爾乃作現前之指點爲從旁之發揮見夫市肆招牌有書官許字樣者小林云此言已納官稅也有書大勉强字樣者小林云此言格外減價也他如書御料理即酒館料理者調和口味之意御者尊稱之詞猶言尊客所尚用書貸座即妓樓書吳服即綢緞鋪諸如此類一經討論了然於目了然於心較之吾華屬文其字雖異其義實同且吾華屬文向有過書如舉燭尚明錯書錯解類隱語此類尤多不更爲同中之同乎過裁判所此所爲治居民口角細故而設裁即裁决判即判斷也過控訴院此院之權加裁判一等凡裁判所不能决斷者則控訴諸此院也此院又不能理則控諸司法省過警察署此署如西國之巡捕房專稽市面鬬毆撞騙等事情以上一所一院一署較吾華所設官職亦殊其名不殊其義所謂中東同文以中效東爲易於成就者此也

十一日值先資政公忌辰自是日起十三日止俱素食在寓未出

十四日偕同伴往遊博物院院內各室陳設各物係按部而分如天文部爲一室地質部爲一室他如文學武備歷史服制美術動物植物身理數理及聲光電熱化等部亦各爲一室每室派監視一人每物簽識名目並載明此物何地所出何人所製又有各國風俗部總爲一室乃擇取各國日用服食一二品陳之爲閱者增一見地余是時急欲瞻仰吾華風俗及見所陳乃鴉片煙土一物配以煙燈煙鎗煙籤遂成全套此外則有蠟製尖脚一尖鞋一寥寥布設咄咄逼人嗟乎鴉片之禍中國烈於洪水猛獸我中人久知之而深慨之無如風氣大開沾染極易必欲概行斷絶未知何月何年至於婦女纏足中國通人皆深知非宜無如陋俗所趨溺焉不返且難與彼娟娟普爲說法然東人旣取而譏之中人盍懲而改之乎

十五日偕游動物院院依山麓而建高高下下各隨地勢林木蓊鬱悉是扶桑佳產良足助彼繁殖慨我清娛圈有鐵檻毛物隸之張有鐵籠羽物隸之鱗介二物充牣諸池中其池有鑄玻璃爲之者屬目之下面面玲瓏無須燃牛渚之犀已足現龍宮之寶至各物之名目形狀除得之聽聞覩記外院中設有專册繪圖立說如中國爾雅一經可取而觀茲不備列

十六日乘火車赴日光眺覽日光爲寺名以居天然勝境又沿爲地名此地山水雄奇實爲海邦之奥區神臯古木萬章當曦馭旦升孔道朱輝之散射不計幾何年而參差掩映於嶮溪間但覺蒼翠欲滴宜乎都人士女引以爲養神之佛界避暑之仙莊即西人亦多就此租買夏園賃招涼館焉其洛陽橋上風景浦泒縈回峊峯向背尤爲幽雅而秀麗惜余居此日淺未能百遍相過也是夕假寓於小西館館仿西式構屋數楹前植花木擁山嵐之漢漢拂水泉以潺潺迨夜則一輪皓月對照滿窗倚檻凝思不禁有香霧清輝之感矣

十七日鄒君約往足尾銅礦山觀取礦法未與往午刻仍乘火車回東京

十八日遊觀東京城垣由第一重達第二重其三重爲禁城丹楹碧砌僅得從遠處窺見髣髴日皇之遷都於此在明治元年即中國同治七年是爲變法維新之始事跡備載各書茲不贅述其一二重城皆有濠深而且濶水亦明潔兩岸護以松柏楊柳槎枒相交遂成樾蔭早晚經此則覺青淩眉宇翠撲胸懷最爲爽心爽神東人飽受此衛生之益宜其生氣遠出也

六

十九日在寓無事與虞臣討論東文音義虞臣謂東文音義之大概已具於日本字音述解一書此書係鄭君永甯爲曾劼剛襲侯讀東文時而作其書先解明片假名平假名兩種繼解明片假名文平假名附兩種又述明和讀漢讀之分及記號訓點反點之別茲撮舉之片假名者何片爲半也論語註片言猶半言假爲借也名爲字也日本當古昔時有音無字及中國漢代通道始舉漢字五十截取半偏旁如章字截取作サ也字截取作セ類而借土音呼之由是有五十列音音字合列用以記載字情而文生焉是片假名也平假名者何平爲平易又爲平常仍就五十列音變作草體取其草寫平易教導國中男女悉照此法各記其所欲言由是上自君主下至庶人平日皆用此法而文愈生焉是平假名也平假名又通稱りろは文要之片假名楷書也平假名草書也此先解之兩種也何謂片假名文謂有聯續之文也先將漢本字寫就再寫片假名以聯續之由是有文法可尋有文理可究又因用眞體書寫遂亦目曰眞片假名明治新政一切教令記載改用眞片假名嗣後與各國通聘文牘悉循此體日本本無國字至是始定此體爲國字其改用之意惟取文義

九

明晰並不以結搆之真草分敬肆也何謂平假名附謂有旁附以便讀即便用也亦先寫漢本字再寫平假名於漢字右旁以便童蒙之輩容易得知若者宜照訓讀訓即和訓若者宜照音讀音即漢音兩讀分明異日用之不致轇轕含混也似專爲中人此繼以下輩說法解之兩種也所謂和讀漢讀者字皆一字音別兩音日本和古帝都創有和文疑即五十列音所變平易草書傳爲和訓凡漢字用和訓讀即和言用原音讀即漢語也所謂訓點反點記號者如以和言繙作漢文須用片假名楷書仍須用記號記明始無舛錯繙畢

廿

而註和訓於右偏者爲訓點不註和訓僅記一二レ於左偏者爲反點反者猶云反回而讀也此所述之兩讀兩點許多分別也此書作於同治末年書中備言現東國讀中國書或全係和訓或訓音相半或不用反點記號但貼一二活語助字以意解之是謂斯文中人之能事今我輩來遊後著書人又兩星終正不知東國文士別有更倘改造否也余因虞臣言頗詳悉泚筆輯[redacted]錄又認五十列音爲東國字母而取西國字母切合其音冀便誦讀爲標註如左

片假名五十一字母平聲音註

阿加切耶居切威姑切阿這切阿哥切

ア a イ i ウ u エ e オ o カ ka キ ki ク ku

ケ ke コ ko サ sa シ si ス su セ se ソ so タ ta

チ ti ツ tu テ te ト to ナ na ニ ni ヌ nu 子 ne

ノ no ハ ha ヒ hi フ hu ヘ he ホ ho マ ma ミ mi

ム mu メ me モ mo ヤ ya イ yi ユ yu エ ye ヨ yo

ラ ra リ ri ル ru レ re ロ ro ワ wa 井 wi ウ wu

ヱ we ヲ wo ン n

片假名二十五字母仄聲音註

廿一

ガ ga ギ gi グ gu ゲ ge ゴ go ザ za ジ zi ズ zu

ゼ ze ゾ zo ダ da ヂ di ヅ du デ de ド do バ ba

ビ bi ブ bu ベ be ボ bo パ pa ピ pi プ pu ペ pe

ポ po

以上二十五字母記兩黑點及白圈者明此字母係讀仄聲末五字獨記白圈者因此字母與上五字同而須分b p二字切之故爲區別也

平假名四十八字母音註音同片假名平聲

あいうえおかき

くけこさしすせ

そたちつてとな
にぬねのはひふ
へほまみむめも
やゆよらりるれ
ろわゐゑをん

二十日偕同伴往觀成城學校此校爲岡本則錄私立規模宏敞分齋十餘處有教習四十五人學徒九百餘人堂前懸二牌一書校長姓名及設教科目督課程式一書學徒姓名及某時受某科習某課其學科除各國語言文字外有習國史外事倫理算術製造音樂字畫農務動植各學以及聲光電化熱等學者堂內有藏書室博物室化學室農學室動植物學室及各種儀器物理器具俱備以便學徒取用堂外有應接所會議所養病沐浴體操諸所房舍美麗足稱大棟宏梁頃之校長出酒菓見餉意氣懇懇若與有三生石上緣余欲移少陵雅量涵高遠清襟照等夷二語贈之適東國大臣名福島者亦匹馬來遊大臣蓋曾環遊地球一周能操各國官話者與余等言中國維新之善尤望旦夕振興爲東方幸云

二十一日往觀戶山學校規制與成城畧同有教習三十餘人學徒四百數十人余等初至教習舉手一揮諸學徒齊起立敬客旋卽坐定肄業目不斜瞬及將告退起立如前小憩外庭校長藤吉君出冊頁一方請泐姓名爲留念余與鄭君各抒頌語酬主情爛熳餘人則以名附焉藤吉君接閱之餘欣然色喜

二十二日往觀陸軍中央地方幼年二學校此校建在山半寬廣約三四日里（合中國十餘里）選收學徒格式極嚴初至必詢年齒驗身體考材能大抵年幼又兼身强材優者方爲合格入選學科多屬武備有教鎗所教劍所跳牆所跨溝所跑馬圍二所又有山水清幽林木蓊蔚爲學生操練後游息之塲校長平井君先導余等往游跑馬所見羣馬皆無鞍人在馬背隨意坐卧或磬而前或控而後是時賓未跑不過聊試體操校長云跑時不執轡能不跌仆者則試居超等也又導至跨溝所長溝一道寬約丈計是時亦無跨者校長云能縱步躍過國家卽授以將官之職有志登壇者尤樂習之時以分校衆多履行難徧乃同返總校主賓抜襟暢談校長

言甲午之役敝校內建功膺賞者三十餘人臨難捐軀者四十餘人均有攝取之真形懸挂大餐房內卽引進其房果彨班與皇父咸在旋指語客云此某某以鳳凰九連立功此某某以平壤牙山殉難語津津而有味境歷歷而如親余不能悉記悉錄時正晌午留客便餐邀詣中席坐教習及辦事官俱側席坐陪每人前置飯一榼菜四品隨意取用飯後主人續談甲午事一小時余等始興辭道謝焉此校內教習三十七人學徒五百七十餘人

二十三日往觀士官學校此校分文武二科文講法律

三四

史籍測繪諸端武習鎗礮準點及速率諸法東國一命之士半秩之官無不就學更無不尙實學旣不肯蹈周原伯之譏亦不甘受漢馬鄭宋程朱之譽吾服之

二十四日往觀陸軍大學校宏規大起又超出各校而上有教習五十餘人學徒三百餘人學科名目尤多總不離將畧武備余以客子之因依作書生之涉獵萍蹤偶聚僅同印爪之鴻管見頻窺莫得全身之豹縱履太公之奧室罔辨六韜幸諸穆叔之虛衷獲知五善聞此校學徒習業淺深旣示以等差其起居飲食息游高下仍垂爲程限教習諸君詳明指示原無片術之或遺考驗躬親更有五官之並用然教術萬言難盡學規衆目齊瞻凡夫城壘建築地勢測量以及製銃礮脩器械編隊伍控御馬騎發送彈丸各法旣皆繪圖貼說顯示準繩矣而圖繪所難明者則又爲揑紙摶泥刻木鎔蠟鑄鐵肖形肖景造作其物羅列一庭使學徒接於目而明於心焉積以歲時又爲演習之法就曠野布營號召數百學徒到營作兩軍對敵狀如昔孫子之教吳宮人戰三令五申後左右交鋒自出軍

三五

以至收軍與古籍所載無殊所殊者添派斷電線拆鐵路施醫藥及升降紅白旗等類余謂此種演習無異兒戲或當工課疲倦之下偶一行之藉以藥倦鍼疲未始無益若云造就訓練之方全不繫此且余亦未親見其演習只因敘述校規縱筆而及可引佛經一語爲證曰如是我聞

二十五日拉虞臣及董君忠甫詣偕樂園午餐此園東人呼之曰支那料理支那譯言華人（宋史載天竺表伏願支那皇帝云云按天竺實稱中國曰摩訶震旦摩訶語之發聲震旦謂東方日初出國也震旦字譯者恒誤作支那遂有此稱）卽云華人酒館也本爲前星使黎君（名庶

昌之庵人所設自易主後歸於日人然雍巫嬌炙之舊法今猶有存進菰雖以朵頤果蓴鱸之適口惟其外觀體制多已改從日俗酬應之女侍多至數十人此或向時所未有乎時我學友熊君滙庭鄭君舜卿皆在座

二十六日往觀第一銀行乃日本官商合設之行也外皆石砌之堅牆四周悉坦內有石琢之巨柱兩抱方盈既已入內但見左右分設收入付出兩櫃餘無所見緣其持籌布算悉在樓上有司賬室十二所每室皆有十餘人相助爲理別有總辦室應接

室會議室環連洞達客至例分頭二三等邀坐時總辦高田君優待余輩特邀入頭等坐位殊遇也亦夙緣也茶罷道知客平巖君引觀股東議事房及燕會房旋乘拉重活機梯下覽銀庫庫外有巷巷中有鐵軌爲便輪車運銀而設（銀用桶裝當裝入時有兵防範）庫外壁鑲有一寸厚鐵皮內壁相距三尺另有密編之鐵籬籬以內則爲貯銀處旁近安設機器遇盜賊入可發機器引自來水淹斃之庫內黑暗長日皆燃電燈畢覽而出平巖君引觀自來風機器此機器開動一如轉桶桶轉則風習習起由鐵管透達各室冬時則設傳熱機器其桶轉管透與前項機器相同是時且談且行仍回至應接室小憩高田君更設茗菓餉客寶山導我入增來眼福良多珍果勸我嘗滌去襟塵不少若有人兮天一方忠爲衣兮信爲裳此君足當此語余既與辭每遙企百尺樓上人弗置也

二十七日與小林光太郎續談時事小林身爲日官胸富漢文（曾讀漢文十餘年）口熟漢語余自躡橿原之境即識桂性之芳遇程子於途傾蓋偏多絮語接惠施於座忘筌真比漆交嘗向詢日本制度具荷指陳

然皆顯著之科條並非隱探之祕籥可言者與我言友道也不可言者不與我言臣道也言非一日之言事則一類之事茲爲綜列如左

日本官制無定隨時更改維新後紛更尤甚至有一歲中建而又廢廢而仍建者重在治事不重在設官也現在之官制則都內分十二省都外分各府各縣省府縣各治其事不相攙越亦不相鈐束皆天皇一人獨操黜陟之權十二省者一日內閣有總理大臣（如中國宰相）掌全國重權凡內治外交及一切考試事皆隸焉一日宮內省掌皇室內務凡

皇后太子皇族一切供億事皆隸焉一曰樞密院即議院也國有大事則召入院會議剖決其是非此外別無責任一曰內務省凡國內測繪地圖編審戶籍警查監獄及土木衛生等術書籍圖畫出板等項皆理之一曰外務省凡各國交涉事皆理之一曰大藏省係理每歲出入租稅及國債貨幣銀行及各地方有涉生理之事一曰文部省係理脩文教建學校及選舉之事選舉法小學優則入中學再優則入大學再優則援以官間有由大臣保薦得官者然不過萬中之一一曰司法省係理全國訟獄之事一曰陸軍省一曰海軍省凡有關陸軍事者隸陸有關海軍事者隸海一曰農商務省管理種植所宜廢著鬻財所尚一曰遞信省管理郵便電報燈臺浮標以及鐵路等事此都內之官制也府若干縣若干官則統名知事其權與中國督撫埒並非以府行縣以縣承府此都外之官制也通計全國大小官弁在數萬餘人其得官多係欽派間有奏派由選舉而得者欽派也由保薦而得者奏派也其降黜官弁之例只分三等一譴責二罰俸三免職又有一種從公之人可由地方官自行黜陟不關朝命則與中國之書辦無異矣

日本課稅之法逐年有增幾於無人不稅無物不稅考其每年進項約有銀錢八千九百五六十萬圓以制防密而征取多雖曰新興還當不佳國泰民安四字其課稅分二總綱一國稅一地方稅也國稅如地租如銀行如礦山如會社及油醬酒煙草等物及證劵印紙電報郵便訴訟罫紙銃獵及度量衡版權及執照海外護照海關進出口諸進項皆為國稅皆納諸帑藏者也地方稅如戶口居地如妓女妓坊林立均須納稅如船車馬牛及各等雜業進項皆為地方稅皆納諸各府縣者也此稅由各府縣支用報銷不歸帑藏倘不敷支用則發帑藏以濟之各稅中以煙酒稅為最重係明治十八年為擴海軍加重後遂無減諸進項稅為最苛何謂進項稅凡民人財產出息及官商薪俸沾惠歲入銀錢三百圓以上者百取其一入千圓以上百取其一五入萬圓以上百取其二入二萬圓以上百取其二五入三萬圓以上百取其三收稅立有限期逾期不納由官押勒其財產器具諭令變賣以償或徑由官拍賣作抵雀羅鼠掘民間頗切怨咨若是乎使民盻盻也然日本自步法泰西而後整軍造械帑藏久已空虛

設非旅順一役得中國累萬萬償資償款二萬萬讓還遼東加五千萬幾致貧不能國今即寂無戰事而三島處處設備刻刻戒嚴正復在在需費非重取之於民安所得此鉅資哉此固籌國者之所無可如何也甲午中東搆釁日兵衣食由官備辦其月餉每名僅給日銀一圓儉嗇如此其貧可知

日本兵制分四條目其實通國之中民即是兵兵即是民乃全用德意志之法也四條目者曰常備軍曰豫備軍曰後備軍曰國民軍其法凡國中男子年十七以外者皆編入軍籍由民而兵民即是兵○如已在學校肄業及在外游歷之人准其稟請展限然不得過二十六歲之期必須編入先隸諸常

備初到軍之人即爲向在軍之人供服役定以三年之期及期滿其不任武藝者准其出外自營生理擇其尤者而隸諸豫備服役如之亦定以三年期及期滿擇其尤者而隸諸後備服役亦如之更定以四年期及期滿仍退爲國民亦有擢任授官階者○由兵而民兵即是民凡隸在豫備後備二軍之人平時多在家中惟每年須召集屯營地方演習技藝一次遇有戰事下符徵集則豫備在常備之次後備又在豫備之次乃是少者居先壯者居後也如當强敵壓境傾國出師常豫後三軍不敷調撥則查取通國中年四十以內者徵集一處臨時編列隊伍派充守衛是之謂國民軍其始由民而兵其繼由兵而民其終即民即兵兵制之總括蓋如此又常豫後三軍人有服役未滿期或在學校中於法律政治等學有一項能精或學問全體已優領得文部省證據者國皇特恩許其作爲畢役即擢爲近衛兵猶中國御前侍衛之類其役滿得擢者又可類推此陸軍兵制之大概情形也現在陸軍兵弁共有二十六萬九千餘人其海軍兵制亦必多從西法歸期甚促未及詳考又按日人極重武員每有親王之子弟皇室之近支投入海陸軍中服役効勞甘之如飴

日本國制太上皇太后皇帝皇后均稱陛下皇太子皇太孫親王女王均稱殿下民間稱皇帝又稱天皇此外有稱曰兵部曰民部曰大學曰左右衛門曰左右衛兵曰大夫曰內曰藏曰丞曰輔曰助佐曰介皆在官之稱也他如稱某某太郎二郎三郎則猶我國之輩行也有稱某某樣某某殿者則猶我國之稱足下稱閣下也皇儲必立正嫡至民間立嗣不論昭穆兄可子弟祖可子孫姪可子叔娶妻不嫌同姓但擇年齒相當即可締結惟胞姊妹及妻之姊妹則在所必禁其他族法亦與我國

無異

日本喪制父母服十三月祖父服百三十日祖母服九十日曾祖父母服九十日高祖父母三十日子九十日嫡孫三十日諸孫七日曾孫七日妻爲夫十三月夫爲妻九十日他如伯叔父母兄弟姊妹服皆九十日服之內另有忌日如服十三月者忌則五十日服百三十忌三十服九十忌二十服五十忌十五服三十忌十服七日忌三日之類凡忌日不治事不出門不會親友遇有國喪服忌與父母制同葬日必鳴喪礮礮循官階等級爲差別如一等官十九聲二等官十五聲會葬者皆大禮服惟佩劍蒙以黑紗富貴家營葬皆用石棺平民則多用火葬無大小殮不齊不衰不哭不踊惟招僧誦經供蔬而已祭埽無定期有時花品菓則獻供墓前此蓋以薦新（中國薦新在栗主前）省墓（中國省墓爲祀土神）合爲一事也

二十八日觀尋常小學校乃童子捧書上學處也各照各位約五百餘人問其年則自四歲迄十歲內外莫教師發憫快學語以牙牙最喜客來遊得窺探乎面面信是黃童之號名下無虛純然赤子之心個中有味夫其翹材館啟毓秀堂開始而教習派人繼乃童蒙求我但見楊烏之敏齊逞喉嚨不閒竹馬之嬉致批手掌導之識字由東文而漸及西文誘以唱歌卽和讀而分爲漢讀爾乃童心曲引生面別開語記盤中伸示角周之四訓援壇上借參隅反之三就物類而造爲物形循物名而證以物質諸凡取象無異雕龍迫乎日盛月新課以夏絃春誦甘回舌本讀書不患其聱牙巧發心花習算眞如夫布指遂使風傾幼稚觀摩而業勵一庭借詢日課定程首尾而鐘惟四點耳顧或謂彼之爲教也無取師嚴有同兒戲累石卵而造塔滯機悉反靈機砌木塊以成廬呆法頓成妙法任窺圜圄罔非調適其性情縱打鞦韆亦是堅强其筋骨此則襲朱子之畫沙播譽冒程子之箍桶聯談率其虛誕之本懷造作怪奇之故事余則謂樹人百術無過薰陶格物一言偏多附會似此刻意求新之語妄言之敢妄聽之若其敬教勸學之規盡美也又盡善也

二十九日觀美術學校乃丹青及陶鑄院宇也分彩繪油畫泥塑木雕漆鏤金冶諸科凡學此術者先取

生物及已成物置前目察手仿或寫其正面或寫其側面以及背面仰面俯面務使神色畢肖其無生成物可倣者則專憑意匠經營一藝之微亦耗人心精至此幾使我觸發萬物芻狗之感校內有銅鑄楠將軍騎馬像頗爲壯觀將軍身長八尺馬身高稱是人則英姿颯爽馬則駿骨騰騫因憶杜工部有丹青引言畫馬精工并言褒鄂二公毛髮生動今此校中兼有陶鑄諸美術遂戲效工部體作古風一首名之曰陶鑄篇附錄于後

攷日本史楠將軍名正成在後醍醐皇代皇蒙塵賴將軍救護得復闕將軍忠義天性鋭意掃蕩叛臣常日取義成仁死而不厭是忠臣勇士志也後爲足利尊氏軍所圍躬被十一創與弟正季偕死將死發誓願七生人世殄滅凶賊

陶鑄篇

炎炎紅鏡挂扶桑照開第一古戰場伊古英流多戰死遺風不住海波揚海波浩浩何時息我今造訪扶桑國豐臣已往德川亡繼起伊籐襄衮職日本後陽成皇代豐臣秀吉爲將軍屢擾明邊旋亡德川家康繼之十四傳至慶喜當明治初因倒藩而亡伊籐博文字春畝前日本首相也明治新政擴萩津現日皇名睦仁紀元明治國號萩津洲美鄰學步歐效顰明治新政悉效歐洲制度而美洲與日本緯度相對日東即美西球形本相毗鄰練兵造艦興學校凡百工藝變化神梵鐘藩熕熕即炮也倒藩後盡毀其炮悉銷燬獨留銅鑄將軍身將軍昂藏身八尺跨上駿馬威赫奕攷史方知楠正成後醍醐代標柱石後醍醐皇爲將軍北條高時所逼出亡賴將軍救護得復闕是時朝政逼強藩北條雖去足利存將軍功建旋變起忠義拚與同氣敦將軍先與足利尊氏滅北條未幾尊氏稱兵將軍與弟正季俱戰死爾後神器潛靡倣足利持權十三世足利尊氏爲將軍至義昭爲織田信長所幽遂亡時豐臣已起不知像鑄自何朝煙久銷沈雲久翳星移物換七百年此像今偕美術傳此像現貯美術學校內美術者如繪畫雕塑陶冶皆是廣校幸無風雨蝕奇勳那有鼎鐘鐫可惜將軍忠勇備乃以

鬚眉充冶器攬轡但取將軍形安邊誰識將軍意羣藩倒盡朝綱敉鼓動海波戰屢起明治倒藩變法後凡三戰一琉球二臺灣三朝鮮蹙我邊壤括我財我語將軍且休矣古今勝敗本無常何苦同洲生命戕地下將軍如可作九連往事定悲傷謂甲午中東之戰我歎我華甘積弱鐵聚九州空鑄錯舊例偏同蠻觸爭新盟遽恃馬關約戰後李傅相與伊籐伯相在馬關議和約豈知全亞禍結連謂亞細亞洲菁華所聚羣垂涎武功文學宜脩飭藝校工場務究研飯生默察殘棋局悵望中原時一哭此時慟哭亦何爲且偕地主開游矚丹青引爲將軍

吟陶鑄篇爲將軍績

三十日游通商博覽會場程巧致功悉與勸工業場等而場大物博富麗有加所列奇珍自天象地圖及天地生成之物及機器製造所成之物及風火氣化所成之物或爲生平所未覩或爲日用所必需罔不部別隧分譽者兼贏求者不匱並各物皆標寫名目千形萬品無難一覽而知也

游小日光寺實東照寺也以其地佳勝媲美日光特綴小字以別之寺內有娑羅樹高約丈餘葉似叢桂榦如夭桃皮膚間光滑潤澤異乎羣質聞係

從印度移來扶桑島中只此一株其珍貴可想（按載籍所記娑羅樹四方各雙亦名雙樹方面悉皆一榮一枯今不然也）寺前有佛足石一方（寬約二尺許厚約尺餘）石面上佛足印跡極其顯明相傳爲如來佛在三緣山斬蛟時就此石立足爰存印跡其信然耶石旁泐有三緣山佛足石銘詞歷年久遠字多剝蝕不可讀審其字體似臨黃庭帖恰到好處此則東國金石錄之一種也

八月朔日觀音樂學校余欲聞六律五聲八音久矣乃在此間乎步入奏樂室心迹雙清躡上奏樂臺眼界一擴臺上置洋琴一座列扶琴數張一人鼓洋琴則一人扯扶琴以諧其聲此常法也當其率學人肄業之時教習立於臺上最高處指示音節疾徐各次序學人則環座而聽座位一層高一層計可坐五百餘人現肄業者有四百餘人男女各半臺外柱心及樓板多挖空其中而襯以銅絲乃取其傳聲永聲所謂餘音繞梁同一理也所授樂曲多半泰西軍樂余詢小林現所奏者係何佳製答云此海軍水師所歌以頌君上之詞也

初二日觀盲啞學校既盲且啞使我何從觀法乃詢諸不盲不啞者云盲可訓也其始取鋼製字母排印使凸出紙上教之手捫後以繁難不便於用改創爲銅尺一條約五寸之長四分之寬半分之厚就一面挖開十二方孔不透面每方孔中添鑽六小孔使透面授諸盲者教以壓在紙上用禿鍼向小孔刺去紙背便有凸形手摸紙背默記一凸爲某字母自二凸至六凸又各爲某某字母一一記清便合數字母拚成一字由一通萬不但能識兼亦能書此訓盲法也啞更可訓也按準脣齒鼻舌喉五種之音變而爲五種之容教之習容卽知取音亦卽能與人談論此訓啞法也盲學生多習醫理

孤皇坐在金殿上文武兩榜有那行

按摩之術啞學生多習繪畫刻雕之術在校男女有九十餘人教習九人內有一訓啞教習即係瘖者何現身說法之奇也

初三日觀尋常女學校建黌處處無非留意於育材如燕人人各得東身而就範可見東國重陽教亦重陰教也校內除識字讀書外添設裁縫家脩二室既學女事兼習女儀昔法皇拿坡崙有言國家莫大之事在於學校即一小村落亦必應有學塾而且男子固應就讀女子亦不可偏廢本國各事固應周知偏地球一切大事亦不可忽而不講今東國各處設立小學校與女學校大抵即本此意惜乎吾中國不能行也

初四日觀高等女師範學校別乎尋常則為高等皆東語所定也此校分十六學科曰脩身曰教育曰家事曰體操則婦德婦容之事該焉曰國語曰漢文曰西文西語曰史學曰地理曰算學曰物名曰格致曰習字曰繪畫曰裁縫曰音樂則婦言婦功之事括焉有教習二十六人學生二百餘人其教法隨人姿質之高下識見之淺深分別啟迪不為躐等有漢學教習某女士乃福島大臣之令嫒時年

二十五精通中國史漢余等初至適與諸生講漢馬援傳鞏分珠貫有味乎其言之繼而見客畧不發語又英文教習宇野女士年四十許邃於西學惟以東音拚西文七五二字頗難吻合周君泰瀛忍俊不禁輒從旁辨正謂取二字之音宜以舌尖鑽出齒際呼而成音即合肯矣女士唯唯受教敬謝不敏謙謙君子德落落大方家洵足副其師範二字之稱矣

初五日觀男子高等師範學校各校之教習多由此校內出身凡在校者尤皆爭自濯磨以漸進於材全德備是所謂師範也現有四百餘人在此校內或習普通學或習專門學大抵其學分二綱二十四目二綱者文科理科也二十四目者文科目派九合倫理教育國語漢文英語歷史地理哲學理財體操等為九也理科目派十五合數學物理化學動植物生理農業工藝圖繪等為十五併前九目而為二十四目也至於學業之純否品行之優否悉由校長隨時考察果純且優即派出為中學小學等校教習其留在此校與升入此校之人仍復照常肄業總為講求切實有用之學於以育成人

德造就人材爲師師相傳地步且師範立則教化一端總有進而無退風俗一律總有盛而無衰日本自變法以來卽首務及此所由在亞細亞洲面上獨有進步乎按日本知己不如人改從西法遂處處有進步吾華總謂人不如己何從得有進步耶

按學校之名中東皆同而其實迥乎不同中國之學校專爲文教而設各郡縣儒學亦兼管武生名籍然祇如贅疣耳東國則推以教水陸之戰陣有無之貿遷以及藝術也農作也音樂也裁縫也盲瞶啞語也跳舞體操也無一事不設學校也中國以文士專講讀書識字

目爲學校中人其餘則否東國則中外臣工文武員弁大小教習以及新舊之兵行坐之商百業之工四境之農闤闠之淑媛提攜之幼稚殘缺之窮氓無一非讀書識字人卽無一非學校中人也烏乎同哉攷東國學校或由官立或衆力私立或獨力私立而皆轄於文部省校中所需授受各學科書籍亦必由文部省查驗始通用通行如地理史畧物理性理經濟及化學農商算術文法字學諸書籍皆是也惟校內設有動物室植物室金石室古生物室古器物室土木機械模型室製造化學諸品室必須羅列各品物以供生徒實地攷驗之需此則專憑各校自爲主持不過查驗其國家留意教育原建設書籍館彙集各國古今圖書縱人觀覽又設博物館陳列歐亞兩洲器物供人攷證而每日又預購各處報紙分散大中小各校冀以啟迪人之智慧公私一例上下一心專在學校上注重宜其蒸蒸焉勃勃焉日起有功也余自抵東以來剛踰一月見其四歲男女在校者實繁有徒又見其官商庶人下逮奴僕傭工閒暇之時無一人不看報看書嗚呼中國文教之學校安可與彼

同日而語乎彼無科第誘勸不啟僥倖遂致專精吾中國盡爲科第誤耳現綜核其全國學校共有二萬八千二百餘所教習員八萬一千二百餘人學徒三百八十一萬一千七百餘人而總推大學校之規模爲最濶章程爲最備其章程都爲六科曰法科曰醫科曰工科曰文科曰理科曰農科每科之中又分數十條目鉅細畢舉所有教員分科授業生徒專門肄業及年限均附載學校聯絡圖內按圖參觀卽知其門徑矣圖附後

初六日偕同伴詣劇園觀劇園場可容千人就地劃方

到形每方鋪紅氍毹分坐四客其正面爲戲臺臺前設大轉輪此輪轉則前齣下場後齣上場矣臺下有階稍下爲橋伶人或由此階登降臺面護障巨幕綽板在幕內急敲迫幕撤而戲作焉戲止幕復下垂再撤再作輪轉亦遞上遞下所演不外忠孝俠烈四種而惟妙惟肖總覺入情入理所與吾華異者伶人有舞無歌裝束與平時無異靡音纖服一洗而空間有扮作宮粧亦少致飾臺側另設小臺居時有伶人跪白所演故事樂器只有鉦鼓綽板及三絃餘無所用場中陳列品物如山林樓閣即假見眞更復架木插樹爲儗似酷肖所謂點綴生新者也場外則酒樓茶肆魚貫蟬聯朵頤者沓至紛來至夕始散觀劇人婦女最多演入神妙處必拍掌喝采驚聲交發演及危苦幽怨事則皆揮淚飲泣作杜鵑啼否則衆訾其無情云

初七日偕虞臣及董君忠甫往觀株式會社紡紗廠廠內女工作共有三千餘人自軋花捲棉抽條成紗由粗而細並以捲紗捆紗等事千頭萬緒悉假機器之力每日出紗計得一千二百餘磅此較向在滬時所見之廠規模更恢廓聞成本約銀錢五百餘萬圓云

游小西湖小西湖亦名不忍池蓋放生池也山色湖光饒有林逋仙故居景致湖外賽馬場寬廣約一里餘爲東人春秋二季馳逐賽勝之所湖旁有洋菜館房舍澹虛窗几明淨董君邀請午餐味亦可口繼而憑檻遙矚又得少佳趣焉

初八日往觀陸軍衛戍監獄獄中分設飲饌坐卧各所極其潔淨東例凡犯罪人視其罪名之重輕分別在獄年限之多寡其最重者則永遠監禁之現在獄者有九十餘人皆係薄犯軍令其人無拘攣之苦有工作之責其工作大約雕刻織捆之物爲多作成之物呈監獄代爲出售所獲貲財以一半充獄舍經費一半抵各犯日用之需亦仍是自食其力也

初九日往觀京師大醫院院內多女醫士其醫法如係風寒新病則以玻璃曲管貼向病者胸膛或兩脇開聽審何部受恙即飲何等藥水若癰疽贅疣等症必按其脈絡部位用利刃剖開剔去根株再以藥水洗淨如法調理在院伺應病人之人全係女僕悉心照料無使煩苦病人居院中其房間皆有

等第上等房器具及飲食種切皆極精緻鮮美房外植花木房內備玩好什物其並等三等房遞降有差養病信云得所給資無乃爲難緣上等每日需銀錢五圓並等三圓三等二圓也再次亦不取資並有居處之所與飲食之物然而不以貴客見待也

初十日小林光太郎盛設筵宴欵待余等既醉以酒既飽以德余何以堪之筵設在公家饗客處曰紅葉山館地占高塏徧蒔花木瓊樓特起諸勝槪皆得收入目中昔人所謂心曠神怡把酒臨風其喜洋

四四

洋者此境是矣館廳分東西洋二式是時東國某大臣亦在此張宴乃就東廳余等因就西廳中皮長桌乃循西洋格式桌上羃布單潔白侔雪周圍排座椅鋪錦墊每座前置玻璃杯數具瓷盤二具印碟潔長柄湯勺大小各一白銀刀叉新鮮手帨三物亦各一桌中間立二瓷瓶插五色花草及青綠樹枝又列玻璃瓶數具內貯各種料味備飲饌時任客取用須與就坐侍者進菜初進爲西洋饅頭及湯西洋饅頭大如牛腰而長且甚堅硬須以刀剖切嚼啖西人不喜啖米飯大都嗜此物以資果腹湯中則有雞羹鴨雁牛心諸物繼進諸品無非猪羊牛肉及雞鵝鴨雉鴿之類肉除牛肉屑塊外餘俱全體燔炙須用刀割而啖之再進奶醬一盤乃以牛奶搗成醬其色黃其味別不慣食者入口輙嘔吐同伴多取入口獨余置之未食酒凡八九種有葡萄酒梨干酒高虐酒脾酒雪梨酒香葩酒等名目香葩酒爲最上品甜美而香出法蘭西香葩地方價甚昂貴餘酒味皆清厚卻與中國酒味大相懸殊每換酒一種必換一酒杯亦如每進菜時須換刀叉與潔碟也又置荷蘭水汽水二種取用與否任客自便既而進乾菓水菓二十餘碟水菓除中國所常見外多印度佳種又進雞蛋糕一盤高裝七層如塔形四圍護以五色紙鏤空花邊際勻敷白粉畫作迴文如意等像更印有西字譯之

四五

無非吉祥語氣皆西洋俗尚之品也食畢離席侍者進白糖及瓷杯以備飲加非茶按加非樹開白花花落結子色始青繼黃大如荳實摘下時先入鍋炒之使微焦然後研細以沸水沖泡漉去渣滓食時加以白糖可消解滯悶提振精神故近今泰西各國皆以此爲飲料上品此物色黑而味苦飲時必加白糖畢飲又坐片時主人導客往兩國橋亦名二洲橋觀煙火之戲至則霹靂突震電光橫掣圓圍黃日散作萬點星芒倏而金龍躍波倏而銀蛇渡水又或藤花垂房抑又火蠟吐煙頃刻間千變萬化幾使雙雙眸子應接不暇誠煌煌乎巨觀也口福眼福一時兼享非凡敬告主人向聞蓬萊

三島多生不死草藥我來自東寂無所逢果有術焉使我不作塵中之過客而作島上之真仙乎主人笑而不答各各分手散時余等已約定作歸計矣

十一日詣使署及各東友處告辭先是擬由東京乘火車赴大坂以達西京徧考其學制學區（日本明治五年定學制分學區）然後言旋因聞經濟學堂附學諸生急盼余等及教習師回省啟館過遲則恐一堂星散不能復聚於是同伴皆不欲久羈羣起歸與之歎因思此行爲訪學而來亦爲啟學而返驅方開道幸停東館之驂燕竟辭巢行理西江之棹重到秋津洲畔未卜何年折還春申浦邊不過數日此後東瀛日出我當思君於紅葉樓中將來南浦雲翔君合憶我於朱簾閣上（此及回江經濟學堂竟散矣）

十二日廖君宇春張君寶森來寓送程二君我　大清使署隨員一爲東文繙譯一爲東語通事也

十三日辰刻發行李詣火車場東友小林君平巖君等及中友數人先在此處送行我人泛常作別不過道後會有期四字此時竟不能爲此語匆促登車彼此異向巳刻抵橫濱打尖於山畸屋十一鐘登西京丸半時啟椗是夕大霧

十四日抵神戶登岸詣鼎豐號徐君明卿處道謝兼以話別晤蔡君康平亦三江幫商董也二君俱送至海岸

十五日舟次神戶未展輪午後大風繼以暴雨是夕無月佳節思親倍添客感

十六日發神戶猶憶來時夜過高松島諸處見一燈旋轉乍明乍暗光芒仍復遠射至是登艦面眺之竟茫乎未有所覩

十七日辰刻抵馬關停泊數時因添煤而停也一鐘啟椗

十八日抵長崎與同客陳君筱竹潘君關生及虞臣登岸遂午餐於袖海樓又繞行長崎縣署而回舟焉署制仿西式門前寂靜左懸署額四大字門內一竿植立高約百尺乃風雨標察將有大風雨則先期扯上紅色之毯幟使人見之而知所趨避焉

十九日曉起就艦面徜徉時則雪色銀濤平鋪碧落日光金柱湧出紅盆迴視扶桑已纖毫之莫辨穩憑剡木真芥蒂之無存可謂洗眼於雲水光中振衣在滄溟界外者矣昔之浮海者謂所見皆金銀宮闕奇花異草無泥沙污人眼界此特就海畔言也

彼時沙棠畫鷁錦標相烏見雖擴夫一隅情未周於萬國今則鋼輪碾浪鐵甲翻溟堯洋可帶馬而巡舜海直牽龍而渡開經途於水面拆斷鼉橋畫綫界於波心穿通蜃閣是何等眼界耶晚過黑水洋風輪戲與船輪角勝頗逞顛威舟子不直風輪悉力爲機輪助其置身事外者或遂吐棄一切臥而不理我則請告之曰身非當年之楚王何事披拂向我襟中也

二十日辰刻逐潮入吳淞口迅抵黃歇浦頭遊里塾而慨然情深卽前日事覩鄉樹而欣然色喜又今日事身經滄海算曾掛錫而來指顧鄱湖恰好附輪而返矣是遊也爲時僅兩閱月所歷通商口岸三長崎神戶橫濱都城一（東京卽江戶）所接中外之大夫賢人君子筆難枚舉惟是本意專爲訪察學規詳求學制既履其境不厭遊觀又或諮詢諮諏遂多記載旣返滬瀆乃取所記載者彙成一帙藏之篋笥用備遺忘更總括數語以自勵曰要知徧亞歐斐美澳五大洲之域人無異人若僅雜士農工商兵一半解之間我仍故我而已矣

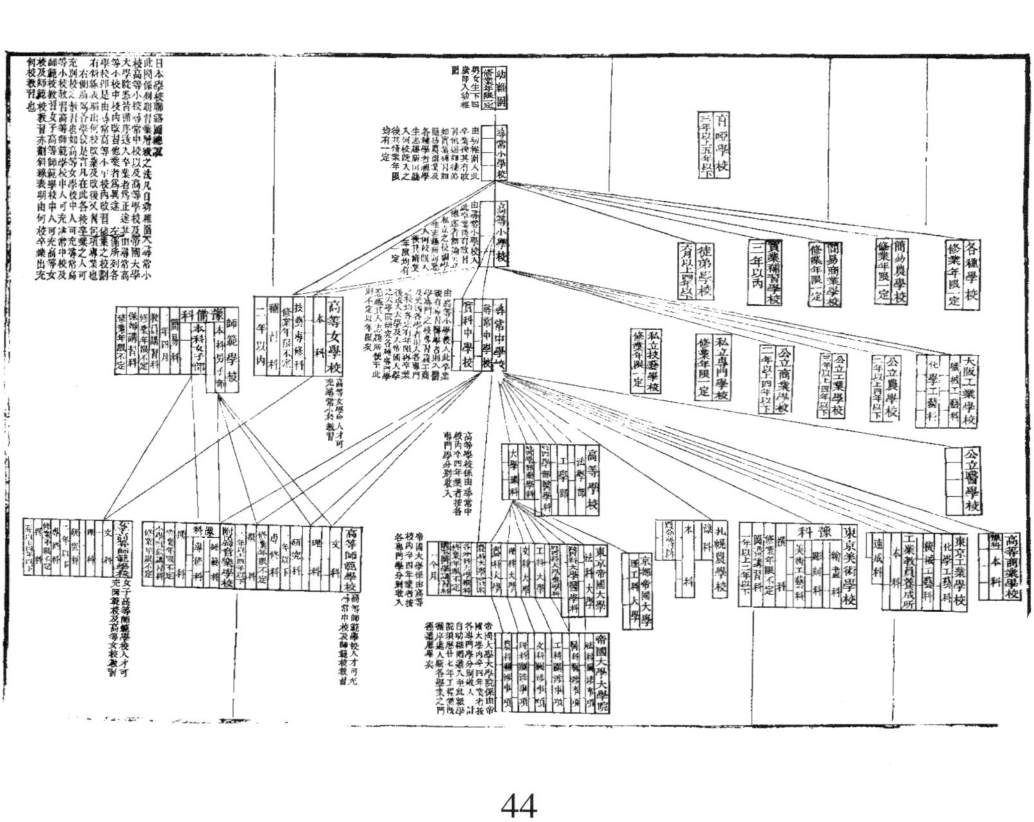

東游紀程跋

游歷之有日記曷昉乎蓋昉於李習之來南錄及歐陽永叔於役志厥後遂爭相沿習矧今五大洲四通八闢舟車所至旬月約爲晝夜萬里縮如咫尺士大夫志趣宏遠者因是莫不喜於遊歷卽莫不作有日記然或則多記山川之名勝或則多記燕會之詩歌甚或多記隨地不同之風雨陰晴往往不失之虛卽失之贅求其留意於究悉他國之利弊隱寓我國之勸懲坐而言亦可起而行者曾不數數覯焉則又何貴乎有游何貴乎有記也余中表叔組豪東游紀程有鑒於此故於所謂不

必記之山川名勝燕會詩歌與夫隨地不同之風雨陰晴雖不必概不一記而要於邦交地理職官食貨兵制刑法禮俗物產工藝諸大政要記之特詳而學術則尤加詳蓋學術爲人材所從出之途苟能戰勝於學斯能戰勝於商斯能戰勝於兵而富而强直操左劵是則尤爲傑識已他日者菲葑見采將民艱國是多有所裨則是游之爲記功又在當事後耶且安知不身親襄贊其間出而補救之耶讀罷樂綴數語於篇終觀是篇者倘弗河漢余言幸甚逢舜謹跋

雲海東遊紀二卷

〔清〕江慕洵撰

《雲海東遊紀》二卷，清江慕洵撰。慕洵字雲海，安徽旌德人。民國時曾任績溪縣知事等職。是書爲慕洵光緒二十九年（一九〇三）供職上海製造局時受觀察劉麒祥之邀，前往日本之遊記。上卷自當年三月二十一日起至五月十五日止，記自上海出發參觀第五届大阪勸業博覽會。下卷自五月十六日起至閏五月十四日止，記往東京遊歷至歸國。其於大阪，除遊博覽會歷敘參考館、工業館、農業館、機械館、教育館、水族館、動物館、神奇館等所見之外，尤詳記前往三井製造法蘭絨公司、大阪造幣局、大阪礮兵工廠、大阪築港工程及大阪堀川監獄、大阪地方法院、大阪東區警察署等處考察經歷。其於東京，則於上野動物園、小石川植物園、帝室博物館、帝室圖書館、巢鴨監獄、東京小石川礮兵工廠等處外，尤多留心參觀其學校，諸如東京府立第一學校、東京陸軍幼年學校、東京府立女子高等師範學校、士官學校、東京電信郵便學校、警察監獄學校、盲啞學校、華族女校等，莫不概説其要。近代以來，中日途轍相異，此記之爲史料，固可與清末諸士東遊記相等，而書中記日人齋藤氏所論工業時代形勢，言中國欲求强大亦當效日本以實業爲先云云，不乏中肯之言。據上海圖書館藏清光緒三十二年排印本影印。

雲海東遊記附卷

雲海東游記

兩卷

張謇題端

雲海東遊紀上

旌德江綦洵雲海

癸卯春三月二十一日丙子土曜日晴束裝隨江楚赴會劉觀察東渡觀察故與余有戚誼稔知余在上海製造局久有志於機械製造之事因約偕行是晨七鐘赴楚北公所謁　先母靈櫬十鐘乘車至虹口登西京丸稚雲送之舟次並晤龍恩午後三鐘展輪

是日無風舟行甚適同行者凡七人一紙商一漆師

西京丸載重二千九百四頓四參

一二三等客室容五十二 二十四 一百六十五人

每鐘速率行十二海里

二十二日丁丑日曜日晴是日舟行過中國洋面坐午餐能登艙頂遠矚醲翠平敷演漾天際時有白鳥掠舟而過紅日綠波相掩映愈鮮明可喜余生平此凡四渡海而風浪

不生寢饋皆適則此實第一次也

自昨午三鐘展輪至今午舟行一百六十五海里

二十三日戊寅月曜日五鐘舟抵長崎以海關檢病之例起而坐待諸客外長崎港口有伊王蔭尾諸島錯綜環互若屏藩然形勢最勝惜陰雨不能登陸一覽也下午四鐘展輪是日微有風浪

二十四日己卯火曜日晴七鐘舟抵馬關對岸曰門司停四鐘起碇行

二十五日庚辰水曜日晴六鐘舟碇神戶登陸坐人力車至山陽旅館稍憩午後乘火車經三宮住吉神崎至梅田換火車抵天王寺今宮悲田院町千七百九十六番地江楚出品事務所室前有樹石池水頗蕭爽可愛是夜頓極早睡寄一號家書

大阪在攝津之東南隅地當東經一百三十五度二十九分北緯三十四度四十一分舊屬攝津河內和泉三國太和奈良倚其北丹波當其南京都拱其東西道兵庫神戶一面枕茅渟海豁敞無敵東乃新築南北兩隄爲船舶寄碇之所其領市二曰大阪市

日攝市其隸郡九西成東成三島豐能泉北泉南南河內中河內北河內地面方積百十八浬（按日本浬合中國六里）人口都一百六十七萬八千四百餘丁其地勢平正通達頗少凸凹惟迤東有武庫箕面信貴生駒金剛葛城藏王諸山交錯盤亙翼障賢南北若屏環然地當一千三百餘年前爲聖德太子所創仁德天皇定鼎於茲鑿道開渠愈臻繁庶至明季晚葉有豐臣秀吉者以平海寇立功此域甚偉並建瀦函蓄水以飲居民去東數里有大阪城亦其修繕之遺跡也

即歸

二十六日辛巳晴木曜日午後赴博覽會參考館工業館一遊璀燦縱橫目迷心眩稍涉博覽會正門設茶臼山麓日本橋東惠美須町第一條門內其正門曰塔門入門左爲工業館（廣五千七百六十六坪每坪合中國方六尺）右爲農業林業水產三館（廣二千八百六十三坪）工業館之東南爲教育館（廣四百四十九坪）農林館之西南爲通運館（九百坪）動物館（六百五十四坪）蓄溫房（八十九坪）冷罨房（一百三十四坪）家禽圈（一百八坪）牧夫房（八十五坪）煮伺房（十二坪）而郵政電信兩局附於是

爲通運之西爲機械館（八百九十二坪）參考館（一千七百零八坪）東南岡阜之上爲美術館（五百五十八坪）是外而事務分局審查局解包局委員房燒茶房以及車厰等靡不備另設樂堂爲協贊會所建與待客廳貴賓會分會相隣循坡而東緣教育館以北則大阪府教育會遊息之所復越北則有演舞場等又別設館二一爲不思議館一爲世界一周館皆以娛遊人者而美術館前茶館櫛比皆爲息趾解渴之地更有椿壽亭澄神亭碧雲亭翠濤庵靜心庵等皆協會所建藉以點綴繁華者也

二十七日壬午金曜日晴聞日皇明日至參考館閱江楚出品及德意志機器品類蓋因其朔日新聞嘗譽此二者故也夜雨

參考館建於通運館東共地一千七百餘坪內列各國來賽之品俾以參較良窳者也其中機械一項以德意志爲最有馬步槍數種其靈捷爲最新之法另有馬槍一種槍筒僅長尺餘後膛機管等均極堅巧外承以木匣用時將木匣綴於槍尾即爲馬槍木匣折下即爲手槍其速率視尋常加半斯誠利器矣價計日幣八十六圓他如輪軸汽

機鋼盂車軌等皆質美品純他國所不能及者又有電力車數具形如馬車四輪皆裹象皮以電力馳之進退縱橫無不如意又有電力腳踏車一種式如常車惟於兩輪進動機間綴皮匣一具中設電力機括前端扶手之下綴以小電匣人坐於上用電力轉動較常輪速率加倍又有發電光機一種其原動力用三相交流電力機計鐙球二百餘盞價僅須日幣一千餘圓方今電學日精其用至閎其害人亦至烈乃近於避雷針外復創避電衣一種用紫銅細絲織成蓋以金性最易傳電可消激擊之力也

二十八日癸未土曜日上午陰雨午後稍霽與同人遊萬側萬華園

萬華園有牡丹數百本分畦並畝如藝蔬然旁圍竹闌覆以油紙棚風日塵沙皆不侵及故花色尤鮮妍且經久也園旁有玻璃小室如長廊兩端熾以火竈內儲溫帶植物有仙人掌作花如美人蕉色丹如榴花瓣叢四五層層八九出蕊獨挺黃白色又有蝙蝠蘭葉似萬年青而厚歧出作三叉形背有背色碧如玉又有海芋葉類茨菇惟較大花白色一瓣捲如束紙上豐下銳蕊似嘗花又有草一本產於印度其莖獨挺葉長尖

如帶而鉤曲葉尖一甕中儲蟲質云可吸養氣以滋本根現已枯死特繪一圖而系之以說以饗遊者茲邦於物理之學蓋習尚矣

是夜博覽會場放電光爵余於晚膳後約同人往觀之蓋會場定例凡土曜日夕特放電以娛覽者其中各屋之檐牙壁面門楄廊牖以及鴟脊獸鋪陛級間無不綴以電光圓球排比鉤畫樓閣亭臺如以電鉛纍成者貝闕琪宮殆不是過大門首一橫額為第五回內國勸業博覽會十字初視亦若磚彫字文乃俄頃間電光透達由字之起畫至於終筆撇捺彫戈次序不紊轉折光芒如善書者之運筆是何奇妙一至於此

二十九日甲申日曜日微雨

四月朔日乙酉月曜日晴午後至博覽會遊

福建賽會物品為閩大府囑日本臺灣之提督兒玉氏代辦者運寄一切皆賴日本故抵阪後設之臺灣館中閩士聞之甚憤憤李宣龔拔可者為閩人江楚賽會劉公所委隨員也亦以是事為國家政權所係乃借閩士之咨是者爭於日本博覽會外事課員

織田氏往復論辯至再至三始遷至參考館中與四川山東兩省同列一室蓋其挽回至不易矣

洵按日人之得臺灣也庶政皆更治之而不易其冠服今見臺民來賽會者皆辮其髮右其襟與華人無異於是議者謂日之待臺民也甚寬噫嘻此果爲寬待也耶近察其各報論說暨私家議畫等靡不以福建爲日本勢力範圍之內則其所以仍臺民之冠服者固尤有深意在也目今五洲並通之世最重海權臺爲閩藩臺失則閩之海道絶形勢所在若天限之爲閩長官宜若何竭智經營力求抵制使不得逞其狡謀以保履冰臨淵之危局而夢夢者猶若此其得不爲吾閩太息也耶

中國各省舉辦新政皆需聘用外人而共種同文價廉易致者莫如日本故各省延用皆以日人爲先洵意閩省則獨不宜用日人而宜用德人何則抵制之策須防於未形若彼已謀侵潤之方而我復開翕受之路則是自萌其蘖也奈何守是者不悟以吾鄰處之即區區賽會一事猶倚彼以爲用則其餘練兵興學勸工諸政萬一舉行必皆柄

四

入其手爲必然之事鬱鬱全閩田海之變當不遠哉

初二日丙戌火曜日午後乘火車至堺市游博覽會水族館

博覽會之水族館因會場地不敷獨遠設於堺市園囿礮臺舊址之北有火車可通館建洋樓二層上級爲游客棲息地下層爲水族槽樓外爲園規制皆仿法國水槽形式各異或砌土爲岩石或劚地爲江湖疏泉引流水族於中各適其生性又蓄諸水禽於池以鐵絲爲網以罥之飛鳴食息其中不啻水雲深處也館外建噴水器二一在園之正中作龍女捧珠形珠用電光鐙球下一圓臺環以龍首八級噴水如瀑電光水氣晶瑩激射一在樓前水池中央一大盤中壘石爲山岩一童子捧蛤殼盤以接龍口之水散珠激玉幾疑爲天花舞也

初三日丁亥水曜日雨竟日

初四日戊子木曜日晴午後與同人游博覽會場之動物園觀琉球女歌舞旁晚歸途遇齋藤氏（爲博覽會事務員）强拉過其居飲麥酒一瓶

動物園可數十畝內蓄獅子二虎二豹三象二熊一猿數十白猿一蟒蛇一鱷魚二海狗一其餘蹏角毛羽之屬皆備或柙之或圈之或籠之或縶之靡不各適其性流覽一周多爾雅山經所未載者有印度產牛無角毛斑而微小豬數頭色狀亦異於中國

齋藤氏之言曰自泰西汽機之理日啟環球上生人之工作一變天地間輸出物產之權限亦一變先時以人工作物產勢均而力匹其巧勝拙敗也有限制也今則人造機器然後以機器製物產則一人所作可抵百人矣先時人取物產其分數須聽命於天地今則天地輸出物產其分數須聽命於機器以機器而操天地物產之權則其來源日闊以機器工作一人而抵百人則其工價日省成額愈夥其來源既闊其工價又省而成額復夥則浸假而灌注其本國已滿之後必溢而至他處自然之勢也夫水無息機力趨於下物產流通亦猶之水也一則日見於盈一則拘守其故高下之勢既形倒注而傾瀉之則不用機器者物產之位置必爲用機器者物產所占奪亦自然之勢也且人於天地間不能一日離物而處位置既失之後事事皆仰之於彼我之勢日詘彼

之勢日伸我之所原有者復將融合於彼所灌注之內即彼不爲拓併之計而我已自翕附之矣故國於今之世界欲爲捍衛保全民生計有非甲兵戰守之術所可奏効者日本自明治以來先覺之士熟察於是力爲尾追之謀以樹抵制之策三十年來富强之業蒸蒸日進人徒驚其練兵理財與學諸政而其實皆工藝之進步機器之實效也今日本擁貲財累千萬者不下十數家其餘自五十萬以上者不可以僂指計披國家財產綜計之表約畧可知而推其致富之由或以墾植或以丱山或以工廠皆恃機器所致數十年前皆賴人子也現時泰西所有之機器日本無不仿爲之凡工藝之事可以機製者無不從役於機器其中沿其法者十之七變通以臻於本土之情勢者十之三如大阪一城試登高望之其機廠煙突叢立於鱗瓦之間者何啻驫樹之喚集也貴國地大物博人民繁庶苟及今反策圖之其進步較日本必速否則居孳智之間而獨渾渾焉拘其文步則將爲衆水之壑矣特機器一事發源於理化而成體於圖算貴國理化競尚性理空談代數幾何亦祇布題術數視爲筹述之虛文不求諸弧線之實用

以至愈演愈元遂以爲學士大夫揮麈之資耳苟幡然求之豈異人任耶敝邦與貴國脣齒相依且共種同文昔日文明胥出上賜迄今日者目覩泰西國力之雄民族之盛靡不根於實業之振興而實業振興靡不恃乎機力其勢其理確鑿可悉因欲以敝邦所已經歷而獲效者推誠以爲中國之先導提挈維持十年以後或可並力以制西族之跋扈而保東亞之太平此敝邦根懷時勢者所日夜默禱者也先生有心人當不以予言爲河漢余乃稱謝拙筆記之以歸

洵按泰西機械既與農工商之進境不啻飛隼之速可想哉日本以三島之微士起而追之上下經營不遺餘力其各學校課程靡不有關算物理諸門與倫理修身並重而負斤斧載簦簦披風塵以習製造實業於歐美之域者踵相接也故今日他國有一新器日本千計百慮靡不得而效法之此次博覽會機械工業諸館中列仿造及自創各機器不下千餘種工藝繁興物產充牣昔之所仰於泰西中國輪舶運載以來者今則倒注於非美印度坎拿大朝鮮支那諸境輪舶捆載以去貨物輸出金銀輸入民富

則國强其斯道乎其斯道乎

初五日己丑金曜日晴午後至博覽會游農業工業兩館旁晚獨歸

農業館在大門之右劃屋爲數十區區爲一縣各以玻璃柜列豆穀麻麥蔬果烟藍之類而視桑蠶爲尤重每縣所列蠶種不下數十品由子而化蠶由蠶而成繭由繭而爲蛾各有標本並將病蠶各種製爲模形以爲業此者之考驗又取各種桑葉以紙骨托之某者用何肥料而榮腴某者不用肥料而瘠瘦皆一一標明而註釋之其附生諸蟲分益害兩種各庋以匣何者爲益蟲可任其滋生何者爲害蟲則教以捉捕翦滅之法雖頑愚無知者一入其室即可知其事領其理矣其耕耨播種諸農具每縣各設數種其有業此而得新理及農學新製之器亦廁列之比較參觀靈拙良楛自易分辨農桑爲國之本不恤其力以鼓舞之提倡之教之以道誘之以利蒸蒸然斯民也其有以哉

館中有畜牧標本如牛羊犬豕雞鳧及蛙蛤魚黽之類由其始生迄於長成各以藥水儲養之並將各種食料排列於旁註明孰宜此孰宜彼以饗業是者

洵按日本爲海島國全國地域僅抵中國十八行省之一二耳其山多石質而常有迸裂噴火之患其田地非斥鹵則沙磧較中國蘇皖南北及襄河一帶膏沃之區殆尤不及十之一二焉乃人力極勤耕耨有法邇來農桑諸業雖不能於西美南澳爭衡而行經其地者見全國無不穀之田無不林之土即火山童阜亦墾而植茶柏松杉諸木嗚呼此與中國襤褸山林蓋何如也日本新闢地爲北海道其墾植之法一效則於泰西以機器肥料相從事化赤土爲膏腴農業之盛爲全國冠洵見農業館北海道一區所儲小麥有大如豆者黃豆有大如指者噫嘻人力所極安見其不能奪天工也

初六日庚寅土曜日晴晡夕與聚叔長譚夜深乃寐以是十鐘乃興午後四鐘與同人至會場乘風船並至不思議館看電氣新機及電鐙活動影戲又觀美國女子電光舞甚樂甚樂

會場之東築高臺一傾板坡以向下而入湖板坡之中建鐵軌二小舟兩刀腹裏鐵葉有凹槽銜於鐵軌以纜挽舟上係於臺顛之短柱舟容八人號笛一鳴纜鉤豁然脫舟

由軌下駛雷奔電掣直入湖濱浪花飛雪濺激數丈其於將落未落時飄然御風最爽襟抱故樂此者屢試而不憊也日人謂之風船云

不思議館中有雷氣玻璃柜一具中承棉薦四角各有細銅管數折以通電氣其中電力熱度生化與人腹中相等中臥一嬰兒云方六月而墮產者蓄此中已兩閱月矣日從機管飼牛乳兩次俟十月足後取出乳育之則成立長大無異足妊而產者兒髮蒙茸口眼時啟閉旁侍白衣婦二三司看護之役據云此理爲美國某醫士所新發明者日本乃師效之吁異哉信如是也斯可補造化之闕矣

又有透物電光鏡一具承以機座其鏡爲一葫蘆式玻璃球口向裏壁沿壁有電線曲折以達電池線端綴一細玻璃管管口與葫蘆口徑對室四隅用厚絨障翳如昏夜機括一動電由玻璃管激迸而出噴薄有聲良久葫蘆球中受電力既滿晶熒朗澈其光作淺碧色如燐火人立於前則血肉通明骨格盡露友人汪君以皮篋中藏銀幣一元照之銀幣分明可見而皮篋則爲輕雲淡霧如有如無蓋此電惟金石與骨類不能

透過其餘草木布縷以暨血肉皮革等物皆無以阻其通明現聞日本醫院及艸植等社會胥備有此電云

初七日辛卯日曜日午膳後三井洋行執事御𤲞雅文偕其友竹下又平來引觀三井製造法蘭絨公司公司在天滿由天王寺坐火車徑桃山玉造津橋櫻宮天神諸驛是日廠執事古川氏先導入汽機室其鍋鑪平列三具每日惟燬一二鑪循環相間周而復始故可歷久不敝汽機購之英廠爲最新式馬力僅二百匹而全局機床千餘具運動之力全恃之繼入染色室其羊毛大半購自中國天津次則澳利加捆載初來污穢雜塵土至是以曹達洗之則潔白如雪染色漂汰皆用沸湯蓋其質地光韌與絲棉等異非因以熱力不受色也次入彈毬暨切綫室其彈毬機以鋼絲布爲大軸旋轉間羊毛敷擦滿軸軸前植一銅絲排帶隨轉隨刷羊毛噴薄而下鬆薄稀勻如皮之脫稍前則鋼同軸六卷每兩軸相倚分上中下三層貫列羊毛由軸中三折而過則研板如[illegible]至尾一木軸卷受之其卷受也疊三四層爲一片順逆迴旋能六十餘丈而無縫合之

八

迹彈成乃從事於切線其機式大畧如彈機將卷受羊毛之木軸架於機端滑車一動木軸自緩緩展以入機中橫貫鋼軸亦六條相倚而轉皆平列中有二軸鑿細齒凸凹相啣鋒利如剪毛片由中度過則切爲數百縷每縷長可七十餘丈一軸切完復易他軸緒引條分不斷不截可謂盡妙者矣室半隅爲紡線機橫鐵如闌寬丈許排植紡線之機軸五百條直立而櫛比丁丁如齒闌前架卷收切線之軸牽線縷縷系於機軸之端闌下有機輪可前可卻其前也則撚合方切之線其卻也則卷收已紡之線鐵闌一移機軸風轉自紡自卷每機紡線足五百縷司此機者共女工五六人而一日所紡竟足供百疋之織亦捷矣哉次入配經暨漿線室以木爲栅植地作偃月形其骨子空處自上及下可安線軸數十具自左及右亦如之按序而理五色相間前一橫軸隨配隨卷如束帛然配成則置之漿線機中機前以木爲半槽滿注膠漿線由下而上自槽中漉過由石軸軋乾以達前氣柜中其氣柜立地高及尋丈下有氣筩以通熱力線入柜中往來三折而後出柜側復有太風扇一具運轉不息汽以熾之風以扇之故乾燥甚

易也又吹入織絨室室列織機數十具機式大畧與織布者同惟織横紋花樣者其梭行之横梘上下作三四格格各一梭梭各一色升降相循次序不紊其有提花者則另有提花臺高踞機頂以紙骨刻小圓孔排成花文或數十頁百數頁摺疊相續如環無端臺中横貫圓鐵條一外套以木軸軸身滿綴小圓丁提紗之線即系於是其圓丁投入紙骨圓孔中則軸因側重而傾轉軸轉則紗提紗提則花出又次入刷毯室以生成有刺之草果（果樣圓如杵周身刺棘如栗針產德國）嵌木軸令滿將絨布圍繞軸外與草果相貼機轉軸旋蒙茸遂起又次入烘熨暨發光室凡布刷毯後噴溼以水置之烘熨機中排正其紗線每幅可寬半寸許其機前一軸後一長柜平如食臺長丈餘寬與布幅相埒臺面以鐵絲布蒙成下臥熱汽管一條鋪絨於上俟乾燥後置之發光機中其機軸以石爲之圍及徑丈以白綑布爲函旁一鋼軸圓滑可鑑緊倚石軸而轉下復通汽管以度熱力絨從中研過則光彩煥發正面毯毛平滑如鏡紗眼交紋皆蒙而不見自是以木版卷之紮紙緘之而法蘭絨之工竣矣是廠每日所業自洗汰羊毛染色起至發光卷束絨

紙止可成絨七十餘匹每匹計長中國尺六十餘丈云

初八日壬辰月曜日陰雨

初九日癸巳火曜日

初十日甲午水曜日

十一日乙未木曜日

十二日丙申金曜日久雨枯坐室中意不懌閱福建高夢旦鳳謙泰西格言集

十三日丁酉土曜日晴午後赴博覽會遊機械館

凡汽機之力一秒鐘舉七十五基勞之重按一基勞合中國七十五斤高至一邁當按一邁當合中國官尺二尺七寸九分爲一馬力因基勞邁當不便稱謂故合稱基邁如舉一基勞高至七十五邁當其馬力亦相同一馬力合七十五基邁之力遠過於活馬之力尋常一活馬祇有四十五基邁之力耳且一日十二鐘活馬至多僅能勞八鐘而已汽機則日夜併作不休故一馬力汽機足抵活馬五頭也

十四日戊戌日曜日晴午後赴市上小步購鐵絲物兩種銅絲物一種去日幣三毫

十五日己亥月曜日午後與召伯砥臣飲於川口豐樂園十二鐘歸

十六日庚子火曜日晴爲友人鐫牙印三枚下午赴川口歸途購倭刀二柄去日幣五圓有奇

十七日辛丑水曜日竟日風雨枯坐室中爲聚叔摹伞牘

十八日木曜日晴陰交半是日小有不適夜早睡

十九日癸卯金曜日晴七鐘與游大阪造幣局并覽泉布觀見豐臣秀吉遺物下午閱礮兵工廠復至大阪城內第四師團駐所一遊見豐臣氏銅像及漆函（日黃金非）是夜紙商曹砥臣歸國同人送之車棧握手而別

造金幣局在大阪城側泉布觀旁地名北區川崎町專造金銀銅三等幣日本全國祇此一區雖東京王畿亦由此處運入蓋國法者國政之主固不可歧出而紛行也其金幣自五圓十圓至二十圓止其銀幣自十錢至五十錢止其銅幣自半錢至二錢五錢

止其一錢抵中國十錢十錢抵中國百錢五十錢抵中國五百錢兩五十錢爲一圓則中國千錢也其五錢者爲白銅和鎳克耳造成餘皆紫銅和鉛爲之銀幣則攙白銅金幣則攙紫銅信用流通本國固通行之即他國商賈流寓於斯者亦必守其圜法不敢錯出他貨以相溷也晨日先遊試金部爲試驗金色處察色質量輕重以爲攙銅多少之準旁一室爲提煉金銀之地用化學將金銀以藥水分折各還原質各歸本類金爲黃沙銀爲白沙復以滑水機柜淘去塵滓使金爲純金銀爲純銀絕無纖毫雜質以掩其眞纔遊精鎔部其鎔鑄金銀也金沙銀沙各冶以砂罐（日入謂之坩堝）鑪火青時澆模內成磚式金重百兩銀重百數十兩黃白燦然寶光發越以車輦之入鎔解場每金十成攙銅約一成餘鎔而澆於紙模以成金銀之長條寬約寸餘厚約六分餘長約五尺餘復以車輦之入伸延場用壓延機研爲圓片厚如幣之度數每研一次置鑪內烘一次故輭熟平匀無厚薄不齊之患研成入極印場然後舂鑿圓胚研印花紋其舂鑿也先於中腰舂鑿一圓胚投諸旁量輕重機上量之必合度始將其片置機中儘情舂鑿否則

或重研或重鑄之其研花紋也用最新之機購之英國者自裝自印機力極準所印花紋無偏斜及模糊者印成以機器搖洗之復入精製場以較量其輕重之度室中共列較量輕重機二十餘具半量金幣半量銀幣其機中一小權尾有漏管管下承以小柜開縫三條與管口相接上一漏覘斜出權上幣由覘入權由權管下墜輕者入第一縫重者入第三縫合度者入中一縫接續流行以類相入旁列坐數十人面置一石黑澤而堅以幣擲於上聆其音啞滯者別置一匣以待重鑄其考較精審爲如是也次遊雕刻部爲雕刻印文鋼模之地其雕刻也機力輔以人力凡鋼未淬火則柔韌易受雕雕成後淬以火則堅剛可研未淬之鋼及他金屬舊例先雕陽文鋼模淬火後用壓力機研成陰文鋼模以印金幣後猶嫌刀削刻畫之迹未盡泯也今則先雕陰文鋼模研成陽文鋼模後用刀鑢削磨光滑無絲毫斧鑿之迹再用以研成陰文鋼模淬火後以印金銀各幣其陽文模則儲諸物庫以爲母模其研求精進又如是也

洵按日本錢幣之制初亦與中國同也自明治三年廷議圖法一政必謀自主之權主

權所歸必須自行鑄造而自造之先非將各國貨幣成色分量分析而考驗之不足以比較而定準信實而流通於是於京都二條金座內先立貨幣分析局一區蒐集各國金銀貨幣相比分析備細考其成色未幾定金銀銅三等幣制請設局自鑄貨幣朝議報可遂於本年四月擇大阪今地爲造幣局十一月開工迄四年二月告成重樓傑閣聳峙當漢南臨澱江修石堤十里許沿堤補以鐵闌規制之壯璧磐之華非他局可擬今所用鑄幣機器均係新式一日造作極夥而舉國關稅出入市肆交易皆準以此貨其三等價值有定格無隨時抑揚漲落之弊每半錢之紫銅貨十枚易五錢之白銅貨一枚白銅貨十枚易五十錢之銀貨一枚五十錢之銀貨十枚易五圓之金貨一枚出入一律無所參差便用流通積弊一淨此亟宜效法者

泉布觀者與造幣局同時並建蓋因造幣而名也至明治二十四年改爲行宮曰皇后時臨幸焉其規模不甚宏麗而俯瞰澱江仰眺生駒葛城諸峯水光山色環映天然蓋以地勝者也廊閣數重中庋豐臣秀吉遺物如冠服刀劍鎧甲筆墨茶酒雜具數十種

另一玻璃長匣中弆一勅誥以赭綾爲題以素絲爲軸墨花朱璽色澤猶新乃勝明萬歷二十三年正月二十一日封豐臣平秀吉爲日本國王之勅誥也此事予憶曾見某集所載勅使爲沈某石某于歸時齎有謝表語極恭順乃視其匣中另有紙幅尺許爲當時某氏跋尾中云豐太閤得此勅時使僧譯和文誦之大怒抵於地明日逐使歸國某乃拾藏之云云則是某集所載爲可疑矣噫嘻使臣萬里歸來飾辭以報固未可爲必無之事而日人素驕倨狙詐好大言以欺世亦不得以是而果據之也是日游人甚夥見豐臣氏遺物皆脫帽致敬予獨爲此黯然長思凝視幾食頃從者攬予袂始覺同顧遊人哆哆然目羣集予身矣乃逡巡而出其下爲園中植櫻花數千本日本以櫻桃與西府海棠接種謂之櫻花花極爛漫春時仕女壺漿駢闐於此爲極勝惜予來遲爲曼吟小杜湖州之句而已

二十日甲辰土曜日晴閱機械館礮兵工廠陳列處下午復游大阪礮兵工廠

大阪礮兵工廠在大阪城之東其提理爲少將太田德三郎是廠專造船台大礮及野戰小礮礮彈彈車無烟藥棉藥等餘暇兼造各汽機及銅鐵鋁質諸用具是日局長導

游各廠幷繪圖一本中以影像法納本廠所造各礮械器具於內其煉鋼鑄模車筒套礮大略皆與中國上海礮廠同惟其鍊鋼之鑪高若崇屋兩鑪背相向前後兩面中施風箱鑪口底鐵槽兩接可上可下置模於槽與槽端相接鍊鋼合度將鑪口一欹鋼由槽流入模一模既滿兩人用長鉗將槽前端提起另換他模如是一鑪所鎔可鑄十數模兩面皆有鑪口皆有槽模工作從容毫無緩急不齊及失時費料之患其製彈套鋼餅先亦如上海特其機壓過之而套至十一二次以壓力機將底壓平並做出凸凹之線後用車刀平其口其車床中一圓軸嵌有一定之尺寸彈殼套於軸上鋸刀輪切不爽毫釐再以機器收束其口搖洗光滑置於量輕重之機上量其輕重合度者自歸一處及是始從事於填藥安彈而其彈藥亦用機器量之千萬一律絕無畸輕畸重之弊故射擊遠率測算皆有把握又其造彈之廠兼造各種雜器如食鍋酒瓶食箱茶碗茶盆叉勺之類皆以造礮彈所有各種車磨諸機而易其杵頭鋼齒刀鑽等物就煉鋼所出之鋁以爲之故措手甚易也又有模範製造場專造各機件之器具如各種螺旋錐

桿齒輪螺針螺釘鋼盂鐵杵之屬其各礮機具之比例規亦製於斯曲折凹凸絲髮無間藝極精密機力與人力相輔其工匠皆曾遊學歐美者又有工師候補生授業場選中小學畢業生於算學物理皆有根柢而有志製造者入而授業逐隊工作爲實行之習練二年畢業於本廠中機器製造諸事既皆熟悉然後遣之歐美諸邦各名廠中考察學習歸後始得有候補工師之資格新舊相待按級以登察其各場工師不下數十人而無一非深明機理兼親覩泰西製造之精神者其工業所以日進也

場中有機器礮一具爲近年新創之利器其口徑約七八分身瘦削長約二尺七八寸後膛機括甚多用棉帶一條排扣礮彈五十枚以一端掛入機括之內入按其機的一按一擊彈殼自出於膛新彈自入於膛連珠並貫迅若風雨據製者云雖綿帶數十丈礮彈千百顆均可魚貫以出其礮身與機括皆極堅純之鋼料爲之不虞熱裂之患而其速率較二寸四分口徑之速射山礮殆十餘倍云

洵是日語其提理太田氏云中國製造軍火之局近有數區機器一切皆購自泰西而

其工師匠作等能深明機理自行倣效製造者實鮮現在如派遣學生至貴國入貴廠學習可乎曰貴廠授業取脩膳有定率乎太田氏曰昔年中國湖北曾派學生五人入本廠肄業每月脩膳約日幣三十圓左右計畢業而歸者已數人矣但以鄙意計之貴國是後如復遣派學生必須先入敝國中學校或東京成城學校習業一年半將機理物理圖算及東文語各學略具根柢然後再入工廠以實行練習則事半功倍聰穎者一年半愚魯者兩年餘即可成業以歸矣洵乃綜計派一學生至日本來往川資需日幣三十圓中學校一年半脩膳每月二十五圓需四百五十圓工廠兩年脩膳每月三十圓需七百二十圓學生零用（如衣履滌濯之類）每月五圓三年半需二百圓總計學生一人共需日幣一千四百餘圓（合中國制錢一千四百餘千）然學成而返造就必圖視今日工廠之匠目皆牢守舊機按年以推塡於位而愚謬昏髦漫不究造詣如何者其爲效當不翅天淵矣

二十一日乙巳日曜日下午赴機械館

館中有石油發動機爲泰西新創之器其機僅一銅汽桶中一引擎前接飛輪弓字軸汽桶之後有銅管尺許綴以納汽之小圓軸用煤油小爐燃於下其引擎即發動最宜工廠之用惟馬力自一匹起約百匹止不得過多每馬力每時僅費煤油一合五勺只須一人司之誠可謂至靈極便者矣

泰西各國近來機學日精凡各工廠所用原動力機有不全恃諸煤火之力者因地所有而用之奇理日興地利日盡其大小種類僂指難數日本事事效法倣造不遺餘力茲就其機械館中所陳列者類記之于左

電力直流動機以摩擦生電以電運機機極簡占地極少

電力機流動機不得過五百馬力

石油發動機不得過百匹馬力小工廠用

人力發動機一人可運動一二馬力

水力發動機如皖南舂米之水碓然特一順一逆耳其動力可至數百馬力

風力發動機用風葉旋輪鼓盪運動最宜曠野農事

二十二日丙午月曜日李汪兩君赴東京予獨留大阪夜風雨大作不能成寐

二十三日丁未火曜日微晴午後赴機械館

鋸木機一方鋼架作井字形架上一工字式圓輪綴引擎一端於輪之近廓處下接鋸刀十條兩旁撐以圓柱柱尾下接弓字横軸迎面有鋼板平出板下滑車齒輪隱機括於覆面凡木材置鋼板上束以鐵鉗以汽機皮帶運動之上端工字圓輪一轉引擎自爲伸縮下層弓字横軸假伸縮之力亦自旋轉鋸刀十條遂作上下之勢而鋼板滑車因弓軸旋動力自將木材送入鋸口緩緩以進飛屑四射一瞬而解十板厚薄分度較人力爲之尤勻稱也

二十四日戊申水曜日晴午後步萬華園側觀往來火車計日本全國現有火車軌道七百餘海浬每浬合中國六里餘夜雨

二十五日己酉木曜日接家書平安爲慰午後觀大阪築港工程

大阪西隅臨茅渟海海面敞豁無港汊島嶼迴曲環護之勢不便泊舟於是有築堤之舉自明治三十年十月開工限以七年竣事豫算經費二千萬圓其築也畫港爲二一爲外港一爲內港外港環以南北兩堤自安治河口南越天保山礮臺西南六百五十間（日本謂相距六尺爲一間）起直抵海中者爲北堤延袤計一千四百九十二間堤末灣曲類羊角狀自天保山礮臺東南一千一百五十間（去尻無河釘叢九百三十間）起轉西北四二十間又迤西一千八百五十五間者爲南堤堤末灣曲亦與北堤等兩堤相望中爲水口以通船隻堤下水深雖潮落時猶二十八尺兩堤底基闊均一百間內港自木津海口南岸起直趨北西三百三十間復轉西北五百八十間而達南隄內港距外港之中新開地一百四十九萬坪以充埠頭街市廨舍之用緣外港一面築地凸凹如櫛齒狀以爲船塢計廣十七萬二千坪外港新地與港口相距一千七百二十間外港水面最闊至八百二十五間內港水面最闊至三百間自外港至內港偏南北通航路一道闊一百間凡海艘入外港必沿北停泊起卸貨物始許入塢就凸出之碼頭寄椗內港止許避風平時

則以爲輪帆各船之航路今工程已見就緒南北兩堤已成大半築地修道指日可成其規模之宏觀者無不驚歎之焉

洵按其築堤也先塡石爲基後以塞門德土模造爲塊厚約四尺廣約六尺長約七尺重約半噸以起重機運而築之層次鋪累彼此相啣下基則愈壓愈實上面則愈累愈崇不以日限亦不以層數限也當其謀築港時先創一製造塞門土廠延泰西工師爲之選國民受業於內今則全廠工師皆本國人而其所出塞門德土除築港外兼資道塗溝洫墉壁橋梁之用考塞門德土係提取石灰之精質和細砂粘土暨植物溼汁而成爲化學之最淺近者中國築堤岸治溝洫向恃土石鬆動之物故積久易傾圮曷不速從事於此是不得不望於有識者

二十六日庚戌金曜日晴偕譯人佐籐氏赴心齋橋購洋燭機模一具去日幣十一圓歸途購琉璃圓鉢一去日鈔四十五錢晚赴山梨縣賣店觀水晶雕刻器

二十七日辛亥土曜日晴赴機械館並至教育館及加奈太館

教育館在工業館之東南隅敷地共二千七百餘方尺內列教育應用新出各器具有計雨表一下爲四方玻璃匣匣中左立一小銅圓筩兩段相翕合上段外面橫綴一針針尖微灣右平立一圓軸軸間蒙以格紙與針尖相逼倚內學機簧左旋以識晷刻左銅筩之上仰以小圓斗斗上接以細銅管貫承座以直透於屋瓦之面瓦面又綴以大銅斗雨由銅斗而入筦由筦而入小斗由小斗以至銅筩之下段則上段銅筩浮起而橫出之針中儲溢水自句畫於格紙上計其分數雖點滴所不差者又有計風表一具其下並立兩圓軸與雨表相類上接銅筦亦上達於屋瓦惟其端綴一圓輪有四風葉斜出輪面屋瓦之下於仰板間亦有輪葉四片殊其色以辨方凡風起時屋顛之輪葉先轉而仰板之輪葉亦因之而轉風由銅筦下壓機軸則伸縮既異橫針之畫於格紙者上下亦異風起則輪動風止則軸定不特風之方向一望而知即風力之大小起息之時刻亦無毫髮爽者兩法皆極簡便可仿爲之又有教授算學簡便器具一種作雙合形如屏風式中間背柱摒立如窗櫺然作十二列上下共橫分五格每格貫以木軸

作三角形可旋轉三面皆書數目上四格書零數下一格書總數左右亦然如第一格書一二格書二三格書三四格書四五格則書十字橫推直看四角中央無不可合者以此課童蒙誠事省而法捷也

洵按日本之教育國民也自農工商士以至海陸軍事醫法物理等莫不有專門學校以養成之卽卑賤力食之人亦另有實業學校徒弟學校手工教室等以教授其藝業俾足贍其終身教育溥及風化日純近來全國竟無一不業之遊民矣是可深羨者也日本教育制度以倫理修身體操算學物理五者爲最重雖各學校之制不同各人學習之業不同而逐日課程中未見有脫乎此五者蓋倫理修身者德育之事體操者體育之事而算學物理二者則智育之事也教育之旨深乎哉

教育館列學生成績品（卽學生所造之物）最夥如金類木類漆類陶類以及雕刻繪畫染織等物星羅棋布各標名義與制法以資業是者之考證吁提倡之鼓舞之教導之整齊之工藝之盛英美所交稱者豈無故哉豈無故哉

二十八日日曜日晴午後獨赴機械館見紡線機暨織二十八股絲辮機機括簡捷彊記歸畫二圖可彷爲之

二十九日癸丑月曜日晴赴機械館

織布機以鐵爲之機架長及中國布機之半寬約三尺餘機後橫三軸一爲繫卷紗經之用平貫機尾其二則稍近腹作上下兩層以爲旋繞紗經之用機前橫兩圓軸作斜入勢一細一肥相倚而轉則爲捲收織布之用軸上橫一鐵梘作凹字形中間紗經所出入處平鈌如板梘後爲織綜綜後爲提紗器其提紗也一橫細鐵條（作弓字形）中貫權圓輪二一參一差輪之面徑與下機架緊接一輪一架架係一索上緣以繫於提紗之器凡輪轉則兩機架自爲升降機架升降則兩提紗器亦自爲起落其織梭置橫梘中梘兩端各直立鐵片一上端以皮帶繫於弓字軸下端以螺旋銅絲扣於機足之底柱藉機架升降之力以梘左端之鐵片打梭向右復以梘右端之鐵片打梭向左循環不窮電掣風行每分鐘梭織可二百四十餘度一日可織布二十餘丈布亦光細勻潔較勝

人工

洵按此機每具計價值日幣八十餘圓外有木架而鋼機軸者僅需四十餘圓其靈捷亦足相匹又汽機每馬力一匹可運機五六具館中所列石油發動機自五馬力至二十馬力不下五六十具其價格自二百五十圓起至二千餘圓止今約計購二十匹馬力石油發動機一具附購織機百具總需不過萬餘圓若織機自爲仿製猶可廉省而於中國棉多紗賤之鄉設一織廠每日可出布二千餘丈其利之豐豈可億計且此機如將橫梘及梭改製瘦削中間織緄及提紗器改製細密亦可兼織紡綢如須間色則將橫梘凹槽作三層或五層層置一梭梭各一色而將橫梘兩端之鐵條易爲活塞每層一塞塞貫以皮帶繫於提紗之機架即以提紗之力帶動活塞以挪梭且機力極準提花交色深淺縱橫井然不紊固較勝人力也洵爲此機研覽數日稍獲窺其奧窔然亦第能畧敘外觀若須明示曲折則容假日繪圖貼說以貿中國與我有同志者

三十日甲寅火曜日晴休息

五月初一日乙卯水曜日晴赴機械館及參考館

製掛麵機以人力搖之每日製麵可兩石餘機一副共器五具一絣機爲和麵粉之機二麵帶機將和成之麵碾爲帶也三研薄機將麵帶研如紙薄也四切線機將麵帶切爲極細之線五烘機將切成麵線掛四架之上以熱汽鐵筦烘乾之附屬切斷機一架斷麵約長五寸許以紙束之綜計各機價値製極細之麵者需日幣二百四十圓據日人云斯機爲眞崎氏所創製其先家本小康以經營此機中落待其機既成稟定專利開廠製售獲贏無算今者綜計財產較先且倍蓰矣

初二日丙辰木曜日晴午後與袁君伯夔同至博覽會觀機械館參考館歸途購靜岡漆器數種去日幣二圓五十錢

初三日丁巳金曜日晴午後赴會場歸途購漆合一具銅盤一具瑪瑙耳絣一支銅鑄器一架去日幣兩圓九十六錢

初四日戊午土曜日陰雨是日爲　先母生忌之辰游子異邦茹痛噤語欲泣中宵不復

成寐聚叔於今午歸自馬關
端午日巳未日曜日陰雨聚叔召至豐樂園午酌至暮乃歸夜爲蚊所擾復不能成寐
初六日庚申月曜日雨
初七日辛酉火曜日晴午後與栗林孝太郎至春元製造石鹼日人呼洋皂爲石鹼場暨住友伸銅場
是日伸銅場執事導觀各工廠細意指示情頗懇摯其冶銅也以瀏鐵柱如鵝頸式上繫溜頭垂鐵鏈鈎巨鐵桶置銅於中其柱可四面圓轉就爐冶化後轉而外向傾於砂模或爲磚形或爲條形極整而捷其爐倚於四壁壁外爲風扇以揚火燄每爐之前則立鐵柱稍中則設砂模次序井然故匠役工作爲極便其伸銅之汽機馬力僅二百餘匹形如長柜後端一大飛輪軸橫出作瓜楞紋飛輪旁綴一小輪以繫皮帶柜前端上下橫貫兩活軸繞大鐵鏈一條牽達於飛輪軸上輪動則鍊亦因之而轉又用鋼板一片中鑿圓孔承以鐵架倚於前端凡銅條銳其首由鋼板孔中穿出鉗而鈎於鏈上輪

轉鏈行則鋼條由孔抽過自然伸短以爲長勒方以爲圓矣如欲再細復取他鋼板之孔較小者重伸之其孔際時敷以梓油蓋取其滑澤易度而無斷裂之患也

其研銅汽機兩具一馬力七百五十匹購自美國者一馬力六百匹爲自造者皆同式中一汽鑪左右兩引擎兩飛輪以運動稍前之機輪機輪盤齒與前面研銅機之下軸相唧輪動則下軸爲轉下軸轉則上軸亦相倚而轉其機平立兩鐵柱方徑及尺許上下軸兩端皆貫於柱而有齒隱相唧接作斜下勢中有鋼簧承兩軸之間上有螺旋柱綴四攀手直貫方柱中凡螺柱右旋則鋼簧之挺力使上軸上升兩軸相離空位寬而研銅板爲稍厚左旋則螺柱壓上軸使降兩軸相合空位窄而研銅板爲能薄凡研銅塊爲板皆先厚而後薄以次而進也其研機平列殆十餘架或大或小或寬或窄或兩層或三層然機括皆無異

洵按住友伸銅場爲其富商住友吉衛門氏所㓻其家自有伊豫別子兩山丱業即取丱出銅砂鎔冶提煉製爲銅板銅條絲線棒桿等售諸本國及外國歲飆頗鉅其鎔冶

提煉之法一宗化學品質極精每日伸銅可七八噸國家官廠亦時購之其所作雜銅器有鍍鎳一法白光艷生無異西洋之噴銀器據云此物每年銷至國外者亦不下數十萬圓云

初八日壬戌水曜日隨聚叔至新田製革場暨製造麻系會社午後復至住友鑄銅場

新田製革場專製機廠汽機所用傳動之革帶其製成之革厚約五六分許韌結乾滑幾不類血肉之品牛皮產地以奧利加及日耳曼等處爲最佳中國直隸山陝湖北諸地次之製法先以硝水浸彌月後刨去其毛復以木質酸澀之汁浸之（檞杞之類皆可用）使其中易於腐蝕之脂肪雜質銷盡再以機器揉之研之機刀切之以爲帶其刀有砧砧有界雖千萬切廣狹一律不爽累黍每帶兩端斜剷其半一表一裏相續以膠長逾數十丈厚薄一律而無綴合之迹帶成塗以蠟油疊兩層或三層以銅丁貫綴其兩緣合爲一其貫合也以機下一鐵砧革帶鋪其上前一圓軸爲卷紓革帶之用上一鐵杵機括甚緊杵中貫熟銅綫一縷露尾而甚銳其杵一落將銅綫刺入革裏及杵起其中機括

已將銅線剪斷而革面仍留銅線三黍許斜銳如錐其杵再落則將革面銅線壓灣屈轉扣入革裏而杵中第二莖銅線又以次釘入機軸運行惟聞杵聲丁丁然不一瞬間可畢數十丈勻直細密緊如貫珠機力之勝人力蓋何如也其帶有圓形一種爲新式汽機凹面飛輪之用以皮四五層膠漆疊合爲方綫及半乾時以機力由鋼板圓孔中抽過則堅結如索又有鏈式一種以皮數層膠合後切爲方柱長每二寸許或五柱或七柱或九柱爲一排齒牙相錯橫貫以鐵索以側面爲正面蓋新式汽機飛輪有凹齒者以此帶嵌之其傳動力較尋常爲尤鉅云是日廠長以帶革價目表分贈並出酒肴饗客情意極篤酒半自述少業革工極貧困嗣遊學於英德諸國歸乃創斯廠請專利迨是廠立後凡本國各工廠其先購帶革於英德諸國者皆漸改而取購于是今則所業日進不特足以抵制外物而且有餘以轉售他國矣

製造麻系會社創立未久其汽機機器皆極新式外觀與湖北略同而規模建制之閎博則猶未逮也據云麻之產地以中國爲最良斯廠所製大半中國產質分青白兩種

白者可爲巾帕暨衣服裝飾之用青者則祇能爲帘毯蔞具之屬製法先以機器揉之其機兩齒軸相啣而轉順逆回旋凡麻之粗皮糙梗皆搓摩以去其質輭熟殆如棉類再以機器櫛之其機上一橫軸懸麻縷如排穗兩面上下齒軸四莖兩端各環以皮帶以竹骨排綴帶上如竹簾然竹骨之上滿綴細鋼針長二寸許密如櫛齒機軸一動則懸麻之幅陡下落於竹簾之內復緩緩由下而上移兩面竹簾陡合齒軸向裏而轉革帶與竹簾又緩緩由上而下移兩勢相湊如櫛髮然紛者理亂者治矣其已櫛者由左而出其未櫛者由右而入接續周轉迅無停機櫛淨後沃以沸湯煮以晝達瀌以旋桶燥以汽筩則白韌光澤幾與絲質無異然後以機拉爲條切條爲縷撚縷爲系紮之紐之束之蔞之而製麻系工以竣其旁有織室數楹織機數十具機以木爲架以鐵爲機杼全用人力運動下有機板以足踏之則橫梘中之梭左右交擲上有溜頭中貫一繩以手攬之則機面提紗之繞自爲起落有織花地者機頂亦用提花臺一手牽絲紙骨自轉與機力運動初無異也所織各品最細者爲絹地可爲夏日衣襦之用勻細光潔

幾同湖州之生絲絹次則爲巾帊臺布楊褥室帘牕障之屬又以白麻系爲緯細竹絲爲經織成牕簾勻潔光明薄若蟬翼精雅劇絕據云大阪有浪花簾者夙著盛名於世此其遺製也按大阪昔名浪花國是廠以製成麻系銷售爲最鉅故于織事猶不甚注意云

住友鑄鋼場與昨日所觀伸銅場同爲其富商住友氏獨力所建者其鋼料自他國輸入至是冶煉煅鑄爲鋼板鋼軌飛輪齒車機軸及各種汽機電機器具等以輸出一吸吐閉歲贏頗鉅剏始甫六年餘機藝日精現已能造汽車輪軸等件其煉鋼宗德法與我上海製造局煉鋼廠外式畧同惟其鑪口以沙罐兼煉罐子鋼爲本廠剉刀鑽削鏇鑢及他項刀劍軍器等之用焠煉有法堅剛不撓倭刀所以著名於當世然其術甚秘不使人知耳其鑄鋼模以細砂搏成砂質纖細如塵作灰墨色黏結緊密毫無鬆動旋裂之弊故鑄器皆光潔完好其搥煉壓搾工廠機鑪位置井然工作進退整齊有法蓋其規地建機皆有算學在也凡鋼煉成先車一圓條對徑約三分餘置電力拉機中以電力拉之視其拉長幾何而中斷復以泰西名廠之鋼車一圓條對徑亦如本廠置拉

機中仍視其伸長幾何而中斷以之比較優劣是日爲予等先拉其本廠一鋼後復拉德國某廠一鋼察其度數不越分寸嗚呼其詣進矣局長復爲予言凡鑄造甲板機輪等鋼以韌力爲尙而造汽車之輪爲尤難必須十分精足方可從事否則懼有貽悞故開廠跨今初能自信也繼呼一工師至將方鑄成之鋼板用機力壓爲對摺形其摺合處毫無斷裂之迹又將一小圓輪用汽鎚撾扁其輪之外徑雖塌陷凹折亦絕無龜裂之迹觀此其所謂韌力者殆不虛矣是日廠長餽圖一册以泰西法影取全廠房屋暨汽機器具各模形聚叔愛而持之余復乞其鋼條一莖攜歸將俟至上海以比較我國所煉者

初九日癸亥木曜日晴隨聚叔至天滿島田硝子製造場午後三鐘觀堀川監獄及大阪監獄

島田硝子（日本訓玻璃爲硝子）料器製造場在大阪區天滿橋東建始於明治二十年初爲官立以折閱後乃歸島田孫市君計貲本金四十萬圓全局汽機馬力共三十匹用男工四

百六十名女工六十名專造各色玻璃及玻璃料器等每年額產共百餘萬圓而銷售於印度暨中國者幾及其全額十之六故其綜計表以是二者爲銷場之巨擘其製玻璃以硝石硅石螢石等原料置於鑪而煅之其鑪爲島田氏發明新創之制爇炭於他處而引活火至此懸火表鑪側以稽火力熱度極準煅諸石融化後以細鐵管長五尺餘攪於鑪管端粘玻璃料一團紅如熾炭軟如黏飴以口吹之氣貫於中空圓如球又掘地爲長坎深約五尺寬約二尺垂鐵管於坎中搖摔之則化圓而爲長稍冷又灼於鑪復吹而復摔之則其球愈長大如五石瓠矣然後另以鐵挺蘸鑪中熱料少許黏合長球之頂拉之成尖再以剪斷其尖洞其頂復烘於爐以刀剖其腹削其附於鐵管者舁而置於烘熨場中其烘熨之鑪倚壁爲之高約丈餘分兩層以鋼板界格於中有機括引之可左右出下層熾以火先將鋼板引出左邊將吹成之玻璃筒置鋼板上引之鑪中用長鐵挺上橫綴石滾軸如丁字形者入鑪滾熨之視其平勻如紙再引鋼板出鑪右邊俟冷取之其鋼板疊合數層此出彼入循轉可無間也其製餅罩鐙珠等皆以

鐵管蘸而吹之外護以模範如兒童之吹糖者然其造盆盎杯缽及他料器等則以鐵勺舀取熱料用凹凸之模研成之另有車光場輪沙磨治亦如中國之治玉石者特用機力耳又有鈎金處用藥水和金屑畫於器上熾以火則其色燦爛而不退據其廠長言近十年來其製造之藝日進已能仿造泰西凹凸車光鏡面暨化學所用各器皿蓋一則瑩澈無塵一則冷熱勿損爲詣之最精者也

洵按中國廣東素出玻璃山東博山亦產料器其原料技藝皆不弱於此也廣東且能造厚數寸之玻璃磚似較此爲尤勝乃一則專力於害人之鴉片煙鎗罩等一則役技於供人玩戲之物品而不求諸日用尋常及抵制洋銷之器具是其可惋可惜爲何如也去歲山東大府曾於博山設一官局欲以改革舊製拓擴銷路乃奉事者不諳愚民無知幾釀大變今亦不知其若何而廣東爲中國開化最先之域富庶甲他省其民素智而有爲見此其將有決拾以起者乎跂予望之

堀川監獄者在大阪北區堀川其地名也與大阪監獄相比鄰一納拘留及監禁十年

以內之罪犯幷暫覊未經判定之人一納監禁十年二十年及終身論死之犯堀川監舍與大阪相等惟工場遜之大阪工場共六區每區足容三四百人其工場次序以精巧役心之工藝爲先以重拙勞力之工藝爲後每場劃爲數區區各監獄一人工師二三人監獄坐於上工師坐於前犯人席地而坐各操所業行列井然余等每至一場犯人皆起立對客鞠躬致敬旋即歸坐低首執業絕無徙倚他顧及叫呶嘻罵者其工藝自雕刻陶漆染織紡紗織席製革縫衣以及金木竹石諸工織屨搥毡舂米索綯諸藝靡不皆備每日每人所作有定額增則豐其食不足則罰減其食監獄每年所需經費太半資於是其犯人衣赭衣短及半身襟口斜綴白條書號數是爲工作之衣早間衣此以入工場晚間則另易寢衣入寢室寢衣與此同色同式惟稍長耳其早晚易衣另有一室有監察者蓋兼寓檢查止弊之意也其寢室上有承塵下有地板木榜高二尺餘穴孔以通空氣無溼患前護以柵門重罪之犯則護以鐵門門中有小穴飾以玻璃便監獄者不時之窺察也室或容一二人或四五人至多七八人以罪之輕重而分也

其寢也下承以蓆上覆以被無事則趺坐於中無鋃鐺之苦另有藏書室縹緗疊架藏庋甚富以供犯人暇時之取覽者室之樓上爲講堂逢朔望日犯人聽宣講之地其宣講也以聖訓爲首及於修身立行諸端諄諄誡而勸誘之也又有教室則以教十數歲之罪童者童衣藍衣示別於他犯也獄舍之旁另建病室軒爽淨潔以居病者有蒸汽室以蒸病者之衣牀榻臥具食器等止傳染也獄中凡烹飪洗濯洒掃縫紉以暨繕治道路修理窗闥器具等皆犯人執役據云此兩監獄之木石工程亦係犯人建築者也其典獄官之待監獄者如父子然其監獄者之待犯人如家人然巽語怡顏不威而服使非赭衣滿目則觀者幾忘爲狴犴之嚴地矣

初十日甲子晴日與竹下又平隨聚叔觀吹田麥酒株式會社午後至梅田觀毛斯倫布製造場波毛斯倫即中國羽毛綢也

吹田麥酒會社專仿造德國之啤酒日人自維新後嗜啤酒者衆每歲德國輸入其值幾及百萬自是會社立後不特足抵制外國之輸入且歲獲所餘以輸出而中國銷場

爲至鉅云其造酒原料爲大麥槐花及酒麴三種其造酒場屋高共五層最上一層爲儲麥倉倉旁置機扇一具以揚麥置機水柜二具以淘麥麥淨乃由機管瀉至第二層屋中其二層爲暖室四壁無罅下承石板光澤可鑑麥鋪於上以機噴水滲之四周圍以汽筦以通熱力麥經十數小時而芽出芽後復烘以火柜篩以機格去芽存質從活楗瀉入第三層釀酒室其釀酒以機釜釜共兩層四周環以汽筦置轆轤於中攪轉不停其沸湯自水管流入上層釜中和麥麴之汁出其汁由水管流入下層釜中蒙以蓋蒸以汽則酒質成既成又和以槐花之汁而酒味乃平於是更由機管流入第四層室中此層爲冰酒及漉酒之處在地窖內上置冷水管數十折疊屋頂如竹簾然冷水流轉刻無息時又置運風造冰諸機於內以增冷力其地寒暑表縮至零度以下凡流酒之筦外皆結有冰棱皚皚然如玉柱室中共列巨桶數十以承流下之酒花膜泡張浮起尺餘冷如冰雪其漉酒以銅匡蒙棉絮凡匡數十層疊立於漉酒機上酒由左而右由絮中橫激以過一切塵滓及纖微雜質皆去蓋橫過較直瀉尤淨也第五層爲裝酒

室側最下之地窨其寒度尤過於上層用鼓式木桶中敷松脂以盛酒封固後復以松脂塗之蓋欲其不滲漏也每桶約盛三百餘磅每日可造八十桶其銷諸外國者即以原桶裝載以去其銷於中國及近地者則另以玻璃瓶盛之凡酒入瓶煮以沸湯封口後又湃以氷蓋去其空氣而酒乃不易壞也斯廠創甫數年聞所贏之利已及三倍是日游畢廠長特約午膳每人飲以麥酒一瓶而歸

毛斯倫廠在梅田驛旁爲海軍所建者專以羊毛織成紗布爲海陸各軍旂幟號衣之用餘或以爲夏日之汗衫及印彩染色以爲婦人襦服等類其彈毛切線紡經織布諸機與三井法蘭絨廠相同惟法蘭絨織成須以有刺草菓刷起毯毛此則織成後以硫酸電火機將毯毛燒去而線經亦一細一粗織法亦一薄一厚爲有異耳

洵按麥酒與毛斯倫布兩物爲言工藝者所不甚注意之事然浸入不已亦一漏巵日人之謀抵制泰西也並此區區者而不忽焉其可爲思深慮密者矣

十一日乙丑土曜日午後詣運潮寺偕御幡雅文竹下又平兩君同觀濱谷造帽公司並

至大阪硫曹株式會社暨阿部製紙場

澁谷造帽公司建地於大阪北區天滿橋側其製帽爲羊毦麥莛兩種羊毛購自中國者爲絲先以機彈之從機端噴薄而出鬆密如絮不斷不裂機前一木軸中豐圓而兩極尖銳形如橄欖輪轉以卷受之卷既滿以刀剪裂爲二使脫於軸復重二爲一始以沸湯煮之繼以機力舂搗之終又膠之糊之汽柜烘之諸事既畢乃排揎之其揎也亦以機植立木條百數十莖團爲一揎緣四周者有齒以御毦帽之外沿以足踏機則木條由合而分由弛而張由縮而伸而凸頂寬緣之式以起凡揎先沃以沸湯俾腝而受揎也揎定又淋以冷水使凝結而不移也於是裁以機刀磨以細砂平其頂卷其沿襲革於裏環條於外而工以竣其麥莛購自中國者白而澤剛紉而有力本國產者黑糙輭怯易斷裂故其製帽也上等者用中國莛次者中國與本國相半最下者則全本國之莛其織莛爲辮也亦以機或購中國織成之辮爲之其紉辮爲帽即以縫衣機器平列數十架紉始於頂而內圈而外緣分工層次爲之紉成置蒸汽釜上蒸熱後以揎揎

之復以烙鐵隔濕布熨之故其帽堅而有骨澤而有光又一種將麥莖剖開熨平寬及指許織爲花瓣爾紋爲帽兩層相合中襯膠紙一層蒸熨後較單層者尤骨梗又有柳木鏍花帽製法亦同而輕潔細密精雅劇絕近年又取台灣龍鬚草織爲帽更精緻可愛

硫曹株式會社者集股爲之（按日本謂集股公司爲株式蓋取衆根一木之意也）專造硫酸硝酸曹達及化學肥料等其技師皆深通化學者其原料爲硫磺礦鐵白鉛石膏石炭石鹽礬石石灰等有蒸汽室十間間方二丈餘以白鉛爲之由鍋鑪支管數折通熱汽於室而逼以冷力皆化爲水每日可得汽水十數萬磅燒硫鐵諸質以攪於內其分煉化合皆化學之事社長土肥百之指示頗哲而究非具此專門學者莫能盡其蘊也有苛性曹達一種關係由硝酸化煉而出最易腐化生植各物爲紙廠及染織等廠所必需者其肥料則即硫曹等之渣滓研合爲之最能殺蟲且中含燐質尤能助發地中長養之陽氣也輪船捆載日無停晷除本國銷售外兼及他境廠旁有農產試驗場一區爲考察肥料地

阿部造紙廠與硫曹會社相比鄰專以破布敗絮亂絲陳縷暨松柳棄木藁稈等用藥水腐化之造爲紙其紙潔白棉紉可爲機器印刷之用製法先以破布藍縷等用機器斯之松木藁稈等用機器屑之化片爲縷析斷爲絲再以汽桶沸湯煮之逍苛性曹達於內不數時間即將布木等質腐化爲紙料又以機水柜漂之去其塵滓潔白如楮復置大機盤中以機軸轆轤攪勻之融如乳汁斛而傾諸紙機之槽內其槽側有縫前通鋼絲紙簾紙簾長二丈許寬四尺許以四楞軸綳平之繞轉如環運行無端簾前爲一鋼軸其下爲熱汽筦折疊作九曲勢鋼軸之前又有兩軸相倚而轉再前復有細圓軸五蔟作瓜楞紋二參而三差橫貫上下爲兩層瓜楞軸之前則一圓木軸以木皮厚楮蒙之以爲卷收紙張之用凡機輪運動則槽內紙料挾水流入鋼簾鋼簾因齒軸以環轉上面二軸復有搖機以振鋼簾作左右掣動之勢紙料由鋼簾漉過則去水而成紙其簾漸轉以下移則其紙自起而上拂由鋼軸以至兩軸相倚之中研滾而過凡未淨之滓水全去而紙亦勻薄細結無毛疵之跡於是由熱汽筦上烘過從三軸下面繞而

至二軸上面以及於卷收之木軸木軸距紙槽才長丈餘而出彼及此一瞬之間已由水料而化爲乾凈潔白之紙其木軸卷紙可受數百餘丈連綴不斷軸滿後以刀就裂之又易他軸卷受每機每日可受十餘軸誠捷矣

洵按是日廠長導觀情甚殷摯既畢謂予等曰聞中國敗布與廢材甚夥且棄置無所用若能運至此處本廠可沽以重價余漫應之而默思中國現在各紙出產日遜於昔市價日張於昔舉凡印報刷書等項用紙駸駸乎有皆爲洋連四及他種洋紙所占奪之勢矣且此後風氣日開學校日興譯書日夥用紙之處愈多若不速求抵制則漏卮日甚至可憂也若能於省會繁庶之地設一斯廠師其造法或於楚豫皖浙素昔產紙之鄉改人工而爲機器則產額可加夥市價可少貶內地流行運費自省我所自有不仰於人庶足挽回權利不使外溢然用機設廠成本匪輕苟無達官巨紳提倡贊導於先則集事誠難如區區一介寒儒亦知之而能言之言之不能行之耳瀕行予詢其資本幾何據云廠地資本原共七十五萬金圓中間遭回祿焚毀幾盡僅餘一二場室遂

勉貸他欵以集事及今數年來原貲已盡復舊而所獲羸利不啻倍蓰於昔者其廠中各機器則購之英國後者皆係自爲仿造云

十二日丙寅日曜日晴隨眾叔觀俄國大曲馬戲夜爲眾叔削牘四鼓始睡

十三日丁卯月曜日隨眾叔至大阪地方裁判所及控訴院爲其繙譯官西島良爾君介紹也西島清語甚佳現兼爲大阪清語學校長午後復至大阪東區警察署

日本府縣知事等官專司民税道路諸政不理刑訟事而於每區設區裁判所一處以理本區拘留輕罪及違犯警察章程等事其拘留罪自三日七日以至十四日止至若一月兩月暨一年十年二十年終身以至罰鍰論死等則謂之監禁罪統歸地方裁判所理之地方裁判所分刑事民事爲二門凡鬬毆命盜奸詐欺僞以及謀不軌害治安等皆刑事有檢事主其案凡戶婚田土債欠漏税逋租諸事則屬民事其所門壁有二牖一額刑事一額民事爲受詞之地凡訴訟者先告於警察警察拘兩造先詢其案由錄辭投於牖有受付者呈之所中檢事檢事者檢其所控之情事而按之於律標釋於

他簡附於控辭呈諸書記書記錄副本以呈之所長所長囑之判事判事者專司聽訟之人也每聽一訟中坐判事長一人判事二人左坐檢事右坐書記判事以案之情節逐細詢之兩造兩造供辭則書記錄之兩造僞飾者則檢事以原案情事暨律令行法折證之下列一几設一坐則兩造所延之辯護士居之檢事折證之言有未直於兩造者則辯護士起而爭之一堂問答辯語相承不特無鞭笞號泣之聲亦且無叱咤喑怒之語嗚呼可謂聽訟也已民事另一堂詢中列判事三人右坐書記而無檢事蓋戶婚土田錢債諸案審實不過罰鍰暫監諸罪不若刑事之貴審察而攸平也然猶恐聽訟之有失也則又設控訴院一區以理之

控訴院緊隣裁判所之左共一門而二室其聽訟受詞一如裁判所凡刑事民事裁判所審判有未當者准犯人至此控訴之其聽訟判事檢事蓋又加精而審焉日制凡民間訟事至控訴院而猶未直者則又上而至東京大審院大審院者制如中國刑部衙門法學博士長官所集者也其定律也凡地方裁判所議罪過情失之於重者則至控

訴院或大審院可得而減輕之失之於輕者雖至控訴院大審院亦不得重議其非而加重故知控訴院大審院皆恤刑之地也然其民知恥而勇挾詐誣控者固無所聞而殺人剸仇自首公庭以甘其罪者且時稱其事直哉斯民苟易其地而行之則枝節糾生不知胡底矣

大阪地方裁判所長　河村善益

檢事正手麈大郎

檢事副安田慶二郎

書記長松尾俊夫

繙譯官西島良爾

大阪一域劃爲東西南北四區區置一警察署以轄治之每居民五百戶布巡警二人置一守舍一人巡於路一人守於舍旁一人則休息寢饋於舍內輪番瓜代日夕風雨所靡輟也署有警察長一人指麾各役稽察勤惰總司一區巡警之命令巡警之上有

內警五六人（即偵探之類）易服微行偵伺於人跡輻輳之處刺探一區之所事內警之上則有書記詢事等或五人七人不等凡命盜以及他等犯法之案出事主告於巡警巡警拘犯至警察署由書記詢事詢其案由由內警訪其事實既具然後並事主所訴者書於牒呈諸裁判所其犯人則暫有拘留所以禁之拘留所布置亦如監室特拘留之期以一日爲限或遇禮拜及他節誕至多亦不得過兩日即以檻車送至監獄之暫羈室以待提訊其設限至嚴者懼生他弊也署中兼居檢疫官一人專理居民衛生之事凡居民患病由巡警報告檢疫官臨視之其有易於傳染之疾者則遷於醫院以治之凡道塗房室有不潔者皆檢疫官所禁也署旁爲消防室爲消防火災而設亦警長兼轄內貯水龍機器滅火藥水及救火諸器具等夫役數十人與消防器寢饋相守高閣聳上三四層置邏視者旁懸一警鐘遇有火警鳴鐘以告以路之遠近分鐘聲之點數與緩急夫役聞鐘則駕救火諸器以出其激水機爲最新式能於五分鐘內將汽力發足運動水力以救火誠至捷哉其巡警冬衣元夏衣白冠襦同色腰刃而手棒警察長則

衣亦衣佩刀惟内警與書記等常服不拘一式其四區警察之上有巡警總長一人居大阪府署中握大阪巡警之總權四區警署一切所事按季塡爲表册纖悉並載呈於總長由總長呈東京警部以達於朝凡山涯海陬人跡所有之處即巡警所至之處網羅密布奸宄胥弭内治之良此其要領也夫

大阪東區警署長谷口武兵衛

十四日戊辰火曜日

十五日已巳水曜日午後五鐘乘火車赴東京

雲海東遊紀卷上完

雲海東遊紀卷下

旌德江慕洵雲海

十六日庚午木曜日微雨上午九鐘至東京寓本郷區弓町本郷館

十七日辛未金曜日晴午後與同人遊上野公園瞻西鄉隆盛銅像並至動物館

上野瞻西鄉銅像口占一截題其石柱

耳餘交末動羣疑走狗無端自觸機我道斯人眞夢夢黃金何事鑄䲭夷

十八日壬申土曜日晴王雷夏來譚

十九日癸酉日曜日晴與同人遊小石川植物園

植物園可數十畝襟帶山河形勢絕勝園植卉木各種分類標明以資研覽有煖室五楹曲折幽深內蓄奇葩嘉木不可悉數有秋海棠十數本長養此中經冬不凋其枝榦漸化爲木質粗如兒臂高及尋丈葉大如盎花極鮮艷四時不輟又有釵石斛數莖肥碩如瓠皆百數稔物也其餘妍綠嬌紅紛羅瓶盎大半不識其名居今日之世而言博

物蓋誠難矣

二十日甲戌月曜日晴午後訪王雷夏不遇隨聚叔謁外部并至宏文學校晤其校長嘉納氏

二十一日乙亥火曜日八鐘隨聚叔觀麴町富士見小學校晤其教長村田猛

富士見小學校

建始明治十年四月改建十八年九月

校長男女各一人訓導男十四女十三人

生徒男七百四女六百六十二人

學級尋常科高等科學期尋常四年高等四年

課程

修身　國語　美術　歷史　地理　理科　圖畫　唱歌　體操　英語　操行

裁縫女子有

坿屬幼稚園
建始明治二十年改建三十年
女校長一人保姆六人
生徒男女共一百五十人
課程
會集　談話　唱歌　游戲　外游　積木　排板　排箸環　剪織紙　豆細工　壘緊方
摺紙　組線

二十二日丙子水曜日晴早八鐘隨聚叔偕和田純觀常磐小學校
常磐小學校坿屬幼稚園
建始明治六年三月
學級尋常高等科坿屬幼稚園　學期尋常四年高等四年
生徒尋常科男女共四百人高等科男六女四百人

課程

尋常科

修身　國語　算學　唱歌　體操　畫圖入學一年後增習

高等科

修身　國語　算學　地理　歷史　理學　畫圖　英文　唱歌　體操

二十三日丁丑木曜日七鐘偕和田氏觀東京府立第一中學校晤其校長勝浦鞆雄午後復至上野觀帝室博物館

東京府立第一學校規地於愛宕山側爲官立第一普通中學校也教員共四十人書記四人皆判任者學生八百人分三十二班每班約四十人教室計二十一間各班輪入以授業遞空一間爲補習科學生肄業之地其入學資格以尋常小學卒業後入高等小學校兩年者選充之其學級分一年二年三年四年至五年而卒業大講堂一區容千餘人牙漆圓頂精整軒塽蓋最合於發光氣度之說者有理化教室以課星電水

重及格致氣化等專科之學旁一室儲藏各應用機器器具標本教員口授而手演析其原理證以實物雖童蒙亦易於領悟者又有博物教室以教物理之學旁有博物標本室自人體以及禽獸魚介植物生物等靡不皆備亦以便授業時之取證也又有圖畫教室則以習輿地畫圖之地有木質凸出地圖張座側凡五洲之山川形勢道路要塞高下俯仰纖悉皆具分區布畫一望而知誠精製也其各科課程以生理爲特別一科惟入校五年生始習之蓋以理化深邃非淺見之童蒙所能參解者是科教習亦另延通人有名學者充之一星期一至校爲體操場在教室之中央大可容千餘人尋常所習爲柔輭體操器械體操兩種有志上進及願入軍籍者則教以兵式體操體操間時復教以擊劍有雨中體操所廣及體操場之半張鉛葉爲瓦以避風雨課程之暇亦事遊戲遊戲分庭球野球武藝三科皆以堅強活動其身體訓練嫻熟其技術另有銃器室一區（日人呼槍爲銃）中儲新式槍六百桿及子彈等項凡生徒入校三年後皆須從事於端槍步伐射擊諸藝以爲異日執干戈衛社稷之用陶鈞所在舉國皆兵三島微彊雄

屹於東土信乎其教育爲之也

中學校課程

修身　倫理　理化　博物　漢學　地輿　三角　代數　幾何　國文　歷史

英文　作文　體操　畫圖　生理五年生習之

洵按是日閱其經費綜計表中有所謂賄費給與費國庫納金手當四項不解所謂詢之校長據云凡教習幹事等爲本校學務公務差幹而出者其車馬衣食行李等費皆本校給之則曰賄費校長教員効殊力於本校者給與以酬其勞則曰給與費教員所得薪水每月以十分之一納之國庫俟年老退職時國庫聚而給之而國家又另酬以所聚數四分之一以贍其殘年則曰國庫納金本校除判任教員四十人外另延有名譽學問者數人或一星期一至或旬日一至教授專科之學而零星給其薪水則曰手當余聞之曰此中蓋亦寓鼓舞勸與之意焉乃坿記之

中學校長㯝雄氏是日導余游華出煙茗待客卒然以詢余曰貴國地大物博文明夙

猶方今以崇尚新政乃采芻蕘於下邦比歲以來考查游歷而至者聯襼相屬蓋已盛矣然以鄙意計之　國家振興庶治其命脈原乎教育而教育之要貴於普及且欲謀普及必先删繁而就簡取精以遺粗以特成一國普通之學庶克有濟僕聞貴國文字之繁幾及數萬似此國民識字一層已非數年莫畢其業若由識字後以修他業恐小學一級已足銷許年之歲月矣昔聞吳摯甫先生言及於是寸心所未能釋然者迄今願子明以教我洵曰中國文字之繁原於後世滋乳形生之漸衆上古結繩以降始造書契之時當亦以音生文以文紀義先聲音而後文字與今東西各國字以母音相生之法同其胚胎故古者竹書漆簡象形記事至爲簡單所謂蝌蚪文者且與西域臘丁字源流闇合惟倉頡下行較佉盧爲異耳乃易世迄今東西各國諧音爲文因文紀事之例背馳然無所靡失獨中國文字則於諧聲外復有象形紀事會義比例轉注諸門以致寖沿寖失漸演漸繁不以音爲統率全文之主而抑揚以同於瑟子之班轉折破碎靡所綱領所以文成數萬浩無津涯讀者惟事零星記誦銖積黍累以致之無怪乎

吾國讀書之士有皓首窮經而不能通貫全體者夾然平心計之文字部葉雖多而爲國民日用尋常身行實踐所必須者亦不過數千文而已足其餘皆繁複衍贅實無所用者吾國現有人欲全廢舊文而以點畫波磔撇捺彫戈十數形以指音然後錯綜變互諸音以成字以期簡便此事無論積習難返勢不可行卽爲一行之而統全國以前數億萬人之素習文字者一旦化爲盲聾上古以來數千百年所傳之經史立地銷作風雲則目前之弊累可勝言鄙意改良之法莫如　國家此時頒明告令將原有之字繁複而無實用者盡芟除之別緝一編追復古法擇取若干字爲拼音而將所有一切之字統系於是以音分類以類相從由近而遠由淺而深由實而虛其音卽以拼字互切以定諸直隸之官音其義卽以淺近俚言直釋其實在之義理俾讀者拼音辨熟後其餘一切字音皆能脫口而出而呼其音辨其文識其義凡以前轉折破碎零星記誦諸弊概不格而自絕似此以文字計之雖繁於各國而一本萬原同流並貫則識字自較昔日爲易而於本國日用紀事各端亦復毫無扞格遺漏之處者也且先生亦祗以

此爲中國患耳不知中國文字之弊更有深於斯者譌引伸論之考文字之用本以紀口之所言而示以身之所行也故鄙擬天下有用之文字謂爲無音之留聲機器不動之軍隊旗幟蓋以人生之與文字關係至密其文既須與言相同其行即須與言相顧如斧之所發機器傳之身之所趨旗幟標之也而中國之事此者埋身於塵腐土壤之中訓詁之假借之反覆之抑揚之吐茹閃爍虛實迷離一著述也則曰藏之名山一議論也則曰質諸大雅夫名山何地大雅何人即揭白之亦何關實濟下焉者曰一語千貌襲與古言行乖離如鼓蒙革虛飾種種視爲故常極而至于奏疏文告案牘呈辭皆關於實[illegible]之文章無一非俳優之面目非戴冠而着履即飾面以爲方夢囈讕言羞恥歇絕舉國之碌碌於斯者嘔其心力於空氣盤旋之內積習相壓終古莫返日自矜爲天壤間特具之文明而不知爲棄實蹈虛之大弊是其可憂爲何如也倘得　朝廷幡然悟之自今令諸天下凡屬文章概歸實敘不用浮文所謂文者即直書所言所謂言者即求諸所行不事掄揚無拘忌諱第須淺近切實而易行不取高古漫衍而無當返

千百年砌累空文之痼疾一歸之於心聲實踐之塲則悠悠舉國之醉生夢死者庶足以振乎且文以道俗中國昔尙此言古如堯典禹謨文義雖極高簡而按之紀事言情可決其當時爲口授筆書之文字不過代易時遷遂覺淺深雅俗之忽異耳然文字不在辭句之淺深而在義理之得失生古人後必欲文躋於古人是何異衣冠之優孟也乃以優孟之笑啼卽視爲楚相之經濟是其偵謬爲更何如也方今西域文字最事淺俚學士蒙童幾無區別而考其所傳於世之箸述皆各有實在之義理可尋非深通哲學者不敢發理想之言非深通理化者不敢揭物性之論非深通政學法學者不敢爲治亂虛實之評蓋愈淺俚愈明白其義理卽愈須切實非如衍文飾字有所蒙而易遁者也邇來中國學士大夫每以興學爲汲汲要務而鄙意須將文字之刪繁就簡返虛入實兩事先力破其錮則庶足以有濟否則昏昏宙合名雖易而其習猶存前浪後波終無實地勞勞者烏足裨耶先生以爲何如輒雄氏乃太息以起曰亮哉子之言乎余亦蘄子之所言異日果行之則府齒之邦亦欣悅而有賴焉洵覥日軌及地乃磬折與

辭以歸因誌簡末敬爲中國有志者告

二十四日戊寅金曜日隨張叔觀東京陸軍（地方中央）幼年學校午後復觀東京府立女子高等師範學校是日日參謀部始遣員來導

陸軍地方幼年學校爲教育陸軍最初之學級全國僅共六區（東京大阪名古屋仙臺東廣島西熊本共六區）每區學校學額一百五十人分三級每年選入學生五十人爲一級三年畢業新陳相引計每年每區可畢業五十人六區凡三百人共升入東京中央幼年學校以肄業焉其學科分教授訓育爲兩類曰教授課程其教員以師範文學士任之曰訓育課程其教習則以陸軍出身之將校充之蓋一則裕其普通之學識一則導以軍事之初基故知地方幼年者尙非軍事專門之學校也其生徒選入資格以年齡在十三以上十五以下曾肄業中學一年者爲合而尤以本生之身體家世志行三者爲要點觀其選入學生檢查耳目有具度量支體有表試驗氣力有衡及既選定復考其世系攷其品誼覘其知識第高下以爲甄擇迨入學時又益以誓書保狀與本生親屬志願之單其遴

選之精審鄭重如此故恒稱者皆干城器也茲校教育宗旨以鼓奮各生忠君愛國之精神為尚次則開通其學識次則嫻練其技術其課程雖區兩科而大率以是為的其升級則地方幼年學校三年畢業後升入東京中央幼年學校中央二年畢業後則升入聯隊以實習軍事中服從命令及部勒戰守諸法聯隊六月或一年期竟乃升入士官學校至士官學校其學生乃謂為陸軍見習之士官其教授乃為陸軍專門之學級觀其階級之叢繁察其教育之完密可知其國於軍旅之事之精嚴慎重者矣茲校學生脩膳諸費平民皆自給惟功勳世胄暨死難後裔由政府給之曰官費生又凡現在效力於軍營之將校暨他士官之子弟則由政府助其金費之半曰半官費生斯二者皆國家所優待者也校中各室場每日洒灑兩三次空氣清潔塵濁不侵各生之衣服冠履器械以暨寢具什物等服御有常時敷設有定式凡飲食坐臥步趨行動一切皆須考查其姿勢之益害蓋習軍事者以體力健充為至要之點也校長幹事教員等皆衣軍衣佩刀校中所有諸役皆學生自給之其命令秩然規則整肅誠為他校所不能

及者也

教授課程

倫理　國漢文　外國語（佛德俄）　歷史（本邦東洋）　地理數學　博物　理科　圖畫

習字

訓育課程

術科（敬禮法　各門教練　柔軟體操　機械體操　部隊教練）

學科（勅諭讀法　服從之定則　尊稱及稱呼　起居之定則　軍人軍屬及其階級　陸海軍之服制　陸軍禮式之大要）

中央學校課程與前同而加精又益以戰術馬術技藝（即越柵跳坑等）擊劍射擊（即打靶）及製造諸學故其制度爲不同校中有馬（廐）銃工場（即修槍廠）蹄鐵工場等有談話室一區壁懸五洲輿地要塞形勢各圖及先時戰死者各像並植物標本等又有沙盤一具長及丈餘方及六尺中鋪細沙旁列數架疊庋木製橋梁舟楫營棚各雜形俾學生等撮沙爲山谷險要之形以練習其戰守進退之策其教室二十四間講堂十二間軍事學應用器

械室四間此外則理科器械室艸物標本室教練場馬術場等又有化學準備室爲生徒習驗化學製法之處其習驗也教員示以題應製何種生徒依法製之教員又依法分析還原則其中出入差池之處皆得究又別有營倉一區其造法與監獄室相等凡校中生徒及給役等有犯過失者皆禁之此處是尤爲他校所無者

是日遊至第二十四教室其教員方課理化中水力原動及聲浪振動之學其課水動力也以兩玻璃圓筩一則豐上銳下而較大一則上下均細如莞兩筩之中續以皮管細如指繞折數疊兩筩以架平列之以水由大筩之口灌入則水由皮帶流入細筩兩筩水面高下一律若將細筩之口縮低於大筩水面之下則水由細筩激出如射蓄水力以原動處之高下爲準原處既高則雖經中間皮莞壓束曲折其流勢而一至末流必與原處相敵此可以悟自來水塔建立之意也其課聲浪振動也以精薄銅片一方以弓字鋼架御於案沿銅片上摻以細砂又以木條爲弓馬鬣爲弦以手指按銅片一隅以馬鬣弓拉之如世俗之弄胡琴者然則銅片發聲清脆可聽銅面所摻之砂由散

而聚自成紋理又將指易他處按之弓易他處拉之則聲音既異而砂之紋理又變蓋聲浪之發實由振動銅面之砂由振動而自移手按之處其振動與他處較異故紋理爲不同此可以悟留聲機器蠟管與鐵針製作之意也

洵按日本凡學校皆言衛生理與課程並重而海陸軍學校則尤重視之中央學校生徒每至禮拜一週必由醫士考驗其身體按日飲食皆由醫生核其體質所宜者以定餚饌之品味服飾作息各有常度暑夏日各室之地板下皆洒以藥汁以禦暑厲不潔之氣可謂慎重者矣其中央學校經費每年需日幣十三萬圓幼年則每年每校需日幣三萬圓六校共需經費十八萬圓兩級合計年費三十餘萬圓云

女子高等師範學校建地本鄉區湯島三丁目（按日本謂街爲丁目）二十四番地當初立時僅女子師範學校後因日后臨幸賜帑以提倡之遂陸續增建附屬之幼稚園小學校暨高等女學校等迄明治二十二年女學之風日熾復重新建築恢擴規模計費日幣十八萬圓規地共三千二百五十餘坪築室一千一百餘坪乃更今名曰（高等師範）學校爲女學

師範最高之級其屋宇修潔甃甓華美器具精雅他校所不及講堂一區敷地九十七坪餘足容七百人精麗軒朗最合于聲浪光線之說大體操場一區敷地八百餘坪寬坦平潔四周隙地悉蓺植樹木雜卉皆生徒藝事之成績也餘如避雨體操場植物試驗場圖書閱覽室博物標本室理化準備室器械室學影相暗室以暨會議室整裝室休養室（有病者居之）等靡不各備其教室則以各科學年級分別秩叙井然其生徒皆衣元帔紫褶裙高髻曳屧進退份份見客皆磬折致敬嘻女學之盛此見一斑矣

其學級本科爲高等師範學次爲高等女學凡高等卒業後可升入師範本科其附屬多級（尋常高等兩科）單級（尋常一科）小學校各一區保育幼稚園一區皆以備本科生徒卒業後即充兩處之教員保姆等以實驗其教育保育之學而設故一校而實兼幼稚園小學高等學師範學四級之制也

高等師範本科直轄于文部省與各大學同級爲女子師範學最高之點生徒以尋常師範學校及他官立私立高等學校卒業生年齡在十七以外二十以內者爲合格四

年而卒業額三百人其課程分文科理科技藝科三門卒業後或出而膺各師範學校高等學校教員之聘或歸而爲綜持家政教育兒女之用各隨其己意又有專修科者則專爲欲任教員者而設其課程學年名額無常制必各校教員闕乏時由國家集議以發起之又有選科者其課程于文理技藝三科中各選數課以習之或二年或四年卒業亦無定制大抵皆名門閨媛學成而歸專爲操持家政教育子女之計與他師範生異也又有保姆練習科者專造就各幼稚園保姆之用以高等女學卒業生而年齡遲暮者充之四年卒業額二十人其課程尤備于各科蓋專注重於保育幼稚之事者也

師範學校有生徒寢室以備遠方生徒寄宿之用有女舍監一人以監起居規制極爲嚴肅又有自習室者爲生徒課暇時溫故知新之地小室數十楹鱗次櫛比在寢室之側湘簾棐几淨潔無塵屏鏡鑪香位置楚楚凡距三五室前各置西洋風琴一座俾樂器數種蓋以備生徒晨夕良時挈伴消閒計也

師範本科課程

文科

倫理　教育　國語　漢文　歷史　地理　習字　體操　外國語　家政　音樂

理科

倫理　教育　國語　外國語　習字　物理　博物　地學　數學　化學　圖畫

體操　音樂　家政

技藝科

倫理　教育　國語　外國語　習字　圖畫　體操　家政

選科課程就各科課程中選擇數課習之以下所列皆選擇所必須者

文科

倫理　教育　國語　漢文　歷史　地理

理科

倫理　教育　地學　數學　化學　物理　博物

技藝科

倫理　教育　家政　習字　圖畫

保姆練習科課程

修身　教育　理學　圖畫　音樂（以上記師範本科）

高等女學校爲研究女子高等學業之地五年畢業生徒額三百人其學級除本科外更有專科（分一二兩部）隨意科選科三級選科生大抵盡止於此不更有進趨之志者學三年而畢業其額則百人

禮議教室一區斜舍三數楹位置一切物置器皿生徒四周環坐教員一人於中以授而身演之進退趨蹌急徐俯仰皆有節奏日本下田歌子家政學云凡家居者倘客至

儀爲主人深辱旨哉言乎

高等女學課程

修身　國語　外國語　歷史　地理　數學　理科　圖畫　家政　裁縫　音樂
體操

專攻科課程

一部

修身　教育　家政　國語　外國語　數學　理科　體操（裁縫　習字　音樂
割烹　手藝）裁縫以下五課謂之隨意課程聽生徒自擇一課或數課以學習之

二部

修身　教育　家政　國語　外國語　地理　歷史　體操（裁縫　習字　音樂
割烹　手藝）裁縫以下聽生隨意選習同徒一部（以上記高等學科）

附屬小學校生徒額共六百二十八男女相半分第一第二第三部第一第二兩部爲多級小學校分尋常高等二級尋常四年高等五年畢業後入本校高等科或他學校其第三部則爲單級小學校單級者祗具尋常一級卒業後改操他業不復入高等

學生徒額共六十人學限亦四年教室共一區分一學年生爲一列教員數人循環教授各學科以次遞及爲最旁附手工教室一區延工師爲教習生徒於單級小學畢業後入此肄業或陶或冶或竹或木或染或織或髹漆或製革一年成藝以歸皆可以贍其身夫入單級學者大抵皆孤苦貧困之子弟其學費既不贍而進取之志亦狹故終之以手工工藝俾免爲無業之游民耳

小學校課程

多級小學尋常科

修身　國語　算術　圖畫　唱歌　體操　裁縫女子有

多級小學高等科

修身　國語　算術　唱歌　圖畫　地理　歷史　理科　體操　裁縫女子有

單級小學課程與多級之尋常科相同（以上記附屬小學）

附屬幼稚園容幼兒百數十人其年齡以及三歲未溢七歲者爲合格爲師範本科卒

業生徒研究體育智育實驗之地凡小兒入此以唱歌和其性情以游戲健其身體以積方交線豆網圖畫等啓其靈明而又合羣聚處言笑跳躑無所拘忌故寧馨諸兒靡不以此爲極樂世界晨光晞時即牽衣結隊偕保姆乳媪等歡笑俱來及乎暮影已差畢學之鐸甫振而一時蛙聚蟻羣猶不肯遽散以去吾觀於此因念吾中國人當小兒時莫不以學堂爲地獄雖迫以父兄夏楚之威而猶遁逃無地暨至入學不啻笠豚牢豕有苦況而無樂機以是較之奚翅天壤也耶究之吾國村塾家庠其中銷磨兒童靈性實亦不知幾許凡民之性如水然順而道之則一決千里逆而持之則激而爲禍如中國之教育小兒不特有寡恩之誚且亦有遏志之虞吾願吾中國之留心教育者宜速加意於此其有濟乎

幼稚園課程

唱歌　游戲　談話　手技　（以上記幼稚園）

校長兼教授一人男　伊籐貞勝

東京教育博物館在本鄉區其中陳列各物皆學校教育所需者分列爲三場附記於後

第一陳列場在門首

幼稚園恩物各種

教訓植物畫譜

本國歷史人物圖

生徒坐立姿勢圖

度量衡標本

體操及遊戲用具

庶物標本

各工場標本

各業工作圖

實業示教圖

體格檢查用具

工業示教標本

圖畫用具

圖畫模形及臨本

幻燈映畫

世界高低分圖日本總圖

地理教授用具

人種圖白色銅色黑色黃色

人身生理圖

地理歷史教授用掛圖

動物圖

博物圖解

人身解剖模型

理科圖各物理總

簡單物理學等器械及材料

小學用物理器械

電信機械圖

物理圖總

汽車機關圖

植物鑛物標本

附帝國大學工科二年生製造品

一等鋼料礮船

幅（助器外向）三十呎　垂線長百七十呎　甲板厚（中央一吋兩側二吋）

汽水十二呎六吋　馬力千三百　速度十四海里半

石炭載量九十七頓　人員百三十人

第一陳列場幼稚園恩物之旁有以綿紙料研成鳥獸人物各模型具全體之半面毛角膚絡刻畫逼眞用以爲蒙童圖畫標本聞係購之法國者

第二陳列場（在大成殿左）

英倫敦小學校模型　舊昌平黌模型　物理製造器具

五洲各圖　理學者像鏡屏　實用幾何模型

星學用器械　星學掛圖　星學地理教授用具

化學器械及藥品　石炭模形　結晶模形

植物學標本器械　地震計　瓦斯溜
物理學器械力重水器
第三陳列場在大成殿右
舊體操傳習所模型　農具雛形及標本
全級學校圖　木工教授用標本　體操器械
染織標本　樂器　塗炭
製作順序標本
地圖五洲全　勾股黑板　絨毛織料見本
圖畫用具　着色名版見本　圖畫臨本
歷史裝飾圖畫　圖畫用模型及臨本類
各工學校生製作品金類　彫刻類　木類　繪畫染織類　陶類
洵按以上各物皆於立觀之頃隨走隨記其中不無錯落遺漏者然大致已備矣

二十七日辛巳早七鐘隨歌叔與和田純至鞠町觀官立印刷局午後至音羽町觀巢鴨監獄

印刷局創於明治十六年間爲國家所立專印鈔票印花郵票郵片及他圖表冊籍等其局長得能通昌氏曾兩次遊美著有美國巡回紀行一錄皆詳言印刷雕板及設局綱維等事當是局創始時機器一切全購之外國馬力人工靈拙省費莫能擇而一切管理者又皆素未學習之輩於是合局用人至二千餘名之多用具經費亦至繁重及五年後專門之學校漸興人藝漸進遊學之工師亦陸續漸歸以受事於是人工漸省較始創時去十之五爲迄今數年全國機器之學日闢工藝之事日進於是一切機器日趨於靈簡今之一機所造者足抵昔之二三機所爲昔之累次而成者今則一次而竣事故以今日機器計之較少於昔者一倍而馬力則加於昔一倍人工復與始創時相埒蓋計每日所業較諸始時已不翅加二三倍矣其進步之速蓋如是也

其局建於鞠町規地二萬二千六百十四餘坪建屋地共七千二百六十餘坪分爲三

部日本局者局長居之一切會計檢查倉庫出入及賓客談晤諸庶務皆綜於此曰印刷部爲雕製銅石各版暨調色印刷之地曰活版部澆製鉛版印刷裝訂之地條分類晰各有技師皆曾遊學于歐美者其匠役及女工等亦皆從專門學校出者

是日先遊印刷部之刷版課第一二室爲印銅版之地時方印鈔幣花地等其銅版花紋皆爲凹入陰綫用橡皮滚軸將油調印色滚入凹痕內另以手醮取石粉將浮面沾染之色揩盡紙覆其上置壓印機下以軟皮軸研之使其紙面擠入凹綫之內吸受其色于是成凸出之陽文凡其色爲油調凝而不散明晰鮮艷無毫髮之模糊者中國印文向以凸凹分朱白泥而不變視此可以悟矣第三室爲印石版之地其照影縮石油墨膠印與上海石印畧同

次觀雕刻課 一室爲雕刻銅版最細花紋之地其雕刻也以機輪軸轉動鋼鑿自遊行於銅版之上方圓曲折疏密縱橫無毫釐之參差一機可雕十數花樣第易其轉動之齒輪耳有轉寫機一具則以之雕刻最細花紋其機直立二架作雙合式右方形左三

角形三角之尖貫以鋼筆下臂橫以銅尺有鋼條尺餘一端具陰榫扣銅尺上作丁字式一端斜出橫過方架中柱而偏向裏尾綴極細鋼鑿鋒銳如棘而鋼筆稍上處復有電線一莖繞角架中柱以達於鋼鑿之上凡刻版時先以鉛片畫一樣本然後算明欲較樣縮小幾倍將套於尺上之鋼條推出幾何以尺寸之近遠爲大小之準率然後以銅版置鋼鑿下以鉛片樣本置鋼筆下人坐於側以筆畫鉛則筆動而鑿亦動筆轉而鑿亦轉點畫縱橫深淺如出一手惟此也如輪彼也如蚩矣據云此機乃購之亞米利加者爲新出之器需金萬圓云其旁一室則爲翻鉛處凡銅版刻成如鈔幣印花郵票等國家常用之品而不能稍易其式者必於此先翻成鉛版其銅版爲凹文鉛版則爲凸文翻成後入第三室以從事於電胎之法其法與電鍍金銀器飾相同以白鐵爲方槽寬深尺許長二尺許中滿蓄電力藥水用二分厚之紫銅版懸諸水中將翻成鉛版懸於銅片之次良久銅片爲電力銷蝕淨盡其銅質全鍍於鉛版之面勻貼平敷如印泥之相合取出以藥水離之爲二則其所鍍銅即自成爲版在鉛版爲凸出之花紋銅

版又爲凹入之花紋其旁復有一槽中注鍍鋼藥水將鍍成銅版懸諸水中鍍鋼一薄層於其面蓋鋼性堅韌不易剝蝕藉以護銅版之花紋也其側又有磁盆一方中注銷鋼電水蓋銅版鍍鋼後印刷累久浮面一層亦終有澌滅之時故於此將其零星未淨之鋼質解去重新鍍鋼一層再事印刷以銅爲骨以鋼爲肉肉可屢易而骨仍無傷故能經久而不失其眞也且其原刻銅版儲之物庫以爲母版雖翻鍍至千百次亦絕無毫釐之微異者胎息相印循轉無窮其術巧哉又旁一室爲手工雕刻室其刻刀或圓或方或三角或三折皆平切斷之磨以爲口故及厚而有力也

次遊刷版課之一二室其間印規程價格稍大之石版等版大而文字少空處多者以紙骨剪空以襯之故空白處絕無污染也有印雙紙機左右兩版中一滾軸一旋轉間此起彼落印紙固速機力亦省蓋新爲變通之精器也

次遊調查課爲檢查印成之物及切紙鑽眼刷膠摺疊諸事惟檢查用人工（女工爲多）其餘皆以機力旁一室專印鈔幣號數其號數之字鑄銅爲之以銅片爲圓輪將號數鑲於

輪之外徑十字之末綴一圓圈以爲零字或五輪或六輪並爲一軸輪中有眼以鐵條貫其中而束其兩端至中以爲柄其輪相並處中有機齒必第一輪十號轉完則第二輪之一號始與其圈齊轉餘可類推其鐵條横折處有絹褁印色臥綴於上凡輪一轉則字從絹褁上擦過即受色可印以手執柄隨印隨轉不煩人力而號數自然以次而增秩然不紊誠便矣哉

次遊刷版課之煉肉場爲製印色地其和色以油凝而不散濃而不滲詢其製油之法秘不語人其調之也以機兩軸相倚下承以槃以印色置其中兩軸研之出而復入數次以後則融和如泥較之人力搥杵者速而佳矣

次遊活版部之澆鉛排印裝訂諸室其澆鉛字也先爲陽文鋼模以研爲陰文銅模再以銅模鎔成鉛字排成版後以紙料敷鉛字上以機壓之以汽管烘之又成爲陰文紙模紙模有平板及半圓柱兩式復鎔鉛澆於上則爲成片之鉛版其紙模收藏得宜可歷久不壞又有西文鎔字機一座其前面有一長方式機盤中列二十八字母人執書

於前循文之次序按之按某字則某字之銅模由機箭中脫出與熱鉛激力相遇即成鉛字又由右而出排列於旁其銅模復由機攝至上層自墮於本類機箭中以待下次復用自鑄自排靈妙無匹據云其中爲電力運動故其曲折有非意可測者此器亦購之亞美利加値日幣九千圓云至其書格及裝訂一切皆以機力既整齊而又便速也

洵按國家既行鈔票印花郵政諸事則印刷局爲萬不容緩之端蓋諸事爲國家主權所在借力他國終不免於弊也是日局長情意極篤余詢之云中國如設此局欲在貴處延聘技師君能爲力否渠極力允之鄙意中國現在財政不足先祇宜設雕刻印刷銅版石版一部專印鈔幣印花郵票等物其雕刻機則購之亞米利加其餘諸機日本已有可購者綜計二十萬金可集事矣閱者其留意焉

巢鴨監獄爲近年新建之工程房室禁室一切數置皆有算學布局之整齊結構之精巧爲全國監獄之冠其禁室爲梅花式分爲五辦每辦甬道一條對面監房約百餘間五辦之中爲一圓堂設案一座一監獄者居之以一人而可察五路之動靜也圓堂上

厨爲講堂則朔望宣講之地又上則爲教室每日教授罪童之所其禁室爲左右兩叢中間一路之甬道可以貫通禁室之前則平列工場六區每區樓上樓下分爲兩層場前場後劃作兩界故六場可抵十二場之用而工師教授監獄督察亦易從事焉其第六場爲造作全獄飲食之地巨釜四五具四周圍以汽管故炊而易熟其飯米麥相雜炊成後以量器量之器底有字覆於碗則號數輕重一望而知以每日所作之工計授餐之多寡及格者授常例食出力與增多者綴賞號於其衣右襟特增其食甚且犒以葷饌以寵異之其懶惰作工不及格者則罰其食數不悛則罰作苦工又不悛而復犯他過失者則禁之別房其別房前爲木栅有監獄督之長跪於中終日不許偏倚假臥以情事之大小分禁之日數若復不遵令則更益其日數必使其知悔而後已賞罰犂然故鞭撲不行而威信能著也其側有病室以居病者有官醫診視之病者不拘以飲食惟其所欲蓋斯邦於衛生爲最重也

洵按西人之刑律與監獄爲天壤間仁政之最著者其刑律除弑逆叛逆謀死人命諸

端論死外餘則統爲監禁罪至重者終身次者十年二十年不等其入獄授藝分場作工固以罪案判等次而尤視其身體年力之如何絕無酷虐強逼以難能之事者其作工所得之贏息於十分中官取其六以爲本獄經費其四分則存之公中俟其監禁期滿出獄時給之故雖賊盜頑梗之徒一入獄後皆化爲有業可操之良民及出獄時復有積款以爲治生之母本衣食既足廉恥乃興夫安肯仍罹於法也洵謂中國刑律監獄爲鋤惡計西國刑律監獄爲化莠爲良計夫鋤惡詎有盡時而化莠轉爲我用相比較之孰優孰劣自可辨矣然而五刑罰鍰之典載在尚書鬼薪城旦之文見諸史事中國古昔科罪論刑亦未嘗不與此相合特後世以刀鋸爲權以殺戮爲威遂積重而難返耳方今海域交通五洲並處各國典章皆同一律而中國獨嶄然以自異於是他國商賈遊歷於此者雖作奸犯科不歸中國論斷此各國治外法權之所由起也而且奸民梗化藉教庇身爲盜殺人逋逃有藪流惡之所歸愈衆則客主之仇怨愈深報復相尋釀爲巨案各國公使領事教士等復藉口於刑律之不齊出而干預其所厚者是以

斯時維中國之刀鋸者皆中國無告無庇之窮民而已茲勢已成則驅魚之力愈速浸淫所及相率而爲既昧食踐之恩詎安服從之義浸假而中國之治內法權亦恐將爲各國之所預矣日本區區三島其先刑律一切皆仿中國乃一轉移間治外法權復歸無論何國居留其土者犯罪皆準其刑律監禁皆入其監獄而察其全國士民無不有君國愛戴之忱無不守孔孟仁義之説雖有他教思浸入之亦無隙可乘嗚呼中國之有識者鑒於此其亦可以知所變計矣

二十八日壬午晴七鐘偕和田純及參謀部員觀東京小石川礮兵工廠中部及銃礮火工所既畢局長導至後樂園小憩歸寓午膳一鐘復至礮兵工廠補觀其未竟處

東京礮兵工廠分三部其中爲造槍廠其左爲造子彈廠（日本名大工銃礮所）其右爲造雜具廠廠長爲少將西村氏督工監察諸人皆軍營將校充之蓋於大學畢業後歷此以爲實驗地也

是日先觀鑄鎗筒場其場室爲長方式橫列熾鋼鑪四排兩鑪背相倚爲一方鑪中留

餘地一條以爲施風扇之地兩爐之面復以半斗形之鐵蓋上共一烟突爐面平立鐵砧三二爲機砧一爲模砧爐左右則設汽錘二架一爐二錘橫以相間一爐兩砧縱以相疊其搥造鋼坯由短而長由粗而細由鬆而緊爐火功候錘砧度數各有標準而工師匠役等各安其位各操其業層次行列井然不淆其建場時蓋經營於圖算者審矣次觀槍筒製造場其車光鏇膛車綫等層次機床皆與上海略同惟精速過之有摩擦槍筒機數具靈妙無匹其機爲一方架高及丈餘頂有雙輪橫貫短軸如工字式中繫皮帶根於汽機兩軸之面各綴引擎一稍上一稍下引擎下端曲而向外橫以鐵桿沿桿排列短筒如齒狀桿兩端復直立鐵桿兩條貫於下端活管內兩輪之裏各有斜齒輪一具輪下直立圓柱一莖柱上端亦有斜齒與齒輪相啣接立柱中段繞以皮帶分達於排列之短筒下層爲一錢座兩面橫綴鵞脛鉗一排脛灣而向外其各鉗口與上短筒之口高下徑對鉗葉裏層有活圓短柱一排在中間立柱之外各柱下端皆有小齒輪彼此啣接惟中一輪稍大與大立柱尾端瓜楞文相倚齒輪之上各綴一卵式橢

圓輪與鉗葉相逼鉗口各夾軟木兩片塗以油和砥灰槍筒車光後上端套短筒內以螺旋束緊之下端套諸鉗口中上層工字輪運動則兩面引緊一伸一縮兩面排立短筒或上或下中間大立柱既旋轉不息短筒藉立柱皮帶之力亦運轉不停外層短柱因齒輪之力復圓轉如飛而齒輪運動鉗葉自然一束一鬆槍筒四面旋轉上下磨擦於油灰之中既勻且速兩面各鉚槍筒或八枚或十二枚或十六枚機器大小亦不一也其槍筒車光後對徑若干磨擦後仍餘對徑若干皆有分數不特其槍筒周身須平直細滑一式其口膛膛線須大小疏密一律其內膛中心量至外徑四周須厚薄一律即其外圍對徑之度數雖千萬桿亦無毫釐之差倘稍有未合則棄而不用精密哉斯器也

次觀機關場及精密工場機關場爲製造槍內機件之地一切螺鑽機件皆機器爲之既速且準其精密工場則以造本廠所用各機件之比例鋼規及他螺鏇機鑽測規等物凡槍身及膛線機鑽雜件每種皆有一比規千規一式毫髮無間凡造槍筒及機關

匠人等手造某件皆置某件之比規於旁造成後以比規量之必針芥相翕無纖細之不合者始呈諸工師工師復以比規量之無異始送至檢查處否則或重爲之或竟棄之不得稍有遷就也兩場工匠皆技藝極熟者而精器工場則尤爲良工萃集之地大半皆游學外洋以歸者蓋二場實其全廠精神所注也

次觀木壳場其製木壳也鋸之車之刨之削之雕空之磨光之皆以機器花屑四散運斤如風每壳皆以兩木中心鑲拼而成合之以筍黏之以膠底綴以銅片外擦以漆油取其堅韌細結歷久而無摧裂之患也

次觀檢查場其場爲樓上下兩層上層以居檢查工師下層則居女工長案數十列面前各置比規及刀鑢砂紙砥布即瓦灰布等物凡槍身以及機關雜件等由各廠造成後不即拼合分類先呈至此地由諸女工以比規復量之并細審其有無毛糙不平之處凹凸不合之地再以刀鑢砂砥等逐細磨擦之使其光澤細滑絕無絲粟與比規無毫髮盧離實距及偏重畸輕之病然後仍各從其類另至樓上由工師檢查之其工師皆上

等熟諳槍理之人逐細搜剔有微疵者皆另置一處檢其精者度量再四匀揉以油然後拼合之以成槍其拼合也隨手掇拾無不入彀蓋鋼筒木托及機關雜件皆千具一式毫髮無異此槍彼托此機彼筒無不合榫而投筍者拼成後以粉筆畫字於上乃運至試槍室中其室面山爲之前列試槍機架一排掘山爲隧道砌以磐石圓如橋甕於數百密達前建立一鵠紅心如月四界以圜線隧上鑿穴通明覆以琉璃逼其光近鵠槍置架上左右高下雖震動後皆不改其測度以新製之彈試新製之槍機觸藥發彈由暗以投明至近鵠處則紅點較大數倍不特速率遲急與力遠近可一望而知即偏左偏右震前坐後諸弊亦可一試而得每槍試以四五響必命中射遠一無疵累者始存儲於軍械庫中否則仍棄而不錄其精核蓋如此也據云每日成槍二百餘桿皆盡各廠機器之能力則每日可造四百桿蓋其所謂造成者皆檢試後精絕無疵之品若統所剔除者並計之則所謂二百桿者不翅三百餘桿所謂四百桿者不翅五六百桿矣

次觀修理廠先爲專事修理舊槍之地今兼造手槍有新式手槍一種連珠六彈後膛連柄剖開作雙合式納機簧於中並合之即可發擊子囊亦連蓬式槍身及機關共計祇九件簡便靈捷較先時機件繁多易於損落銹澀者蓋加精矣是時觀槍廠既畢局長乃導至銃礮火工所

銃礮火工所者即子彈廠也先至鑄造場則煅鋼冶鐵鎔銅澆鉛及鑄造他等雜件之地鑪鉗模範位置井然次至壓延場則爲壓鋼鐵銅鉛爲片爲甲爲彈之地其壓延伸長諸機與大阪伸銅場畧同惟兼造鉛子銅袋由條而壓爲片由片而研爲槽由槽剪斷而收束其口以唧子風行緒引既速且精殊可觀也次至舂銅壳場其舂之層次與中國相埒其機之靈捷有力而平準不移則中國所未及也舂成車齊以機器搖洗其機橫一鐵圓條條首有輪以皮帶運動之以五木箱爲一輪攢合如梅花心貫於鐵條鐵條丈餘可貫木箱兩層銅壳置木箱內拌以砂石及肥皂水等鐵柱運動則木箱旋轉不息翻騰磨洗皆自澄潔搖洗後復以量輕重機權之其機與大阪造幣局畧同惟

較大上一漏斗則銅壳所入也中一機權則試銅壳輕重之標準也下承以櫃櫃面鑿縫三條則銅壳輕重所由分也有權箭頭機亦與此相類

又次至塡藥室其裝藥安箭頭與束口收緊皆一機爲之其機爲一鋼盤四周有槽盤前下層有梘一條斜圓入盤底與槽相合下有挺機盤左之上端則一銅管以玻璃細管綴於下垂之口上仰一漏斗滿貯槍藥管有機括機括一轉則瀉藥一次一次之藥恰與銅壳量數相合不溢亦不竭也盤右上端爲安箭頭之機斗機斗之右則兩細圓鋼杵一短一長斜列下垂可伸可縮短杵下落入鐵盤之槽口長杵下落直透盤底下一圓穴中有束緊機簧一收一放旋轉不息再右又一較長之杵下落以通於櫃皮帶運動機盤自轉銅壳由梘而入立於槽內比附連續排爲一綫轉至玻璃管下瀉藥以實之由左而右則箭頭自塞於口內再右則短杵一落箭頭與藥皆受壓緊又轉至右則長杵下落壓彈下透盤底入束口機中其機口下豎上銳彈因機口一鬆之勢透入其束力恰及於口頸之地盤又稍轉則爲較長之杵壓之以入櫃其盤風旋星移流轉

甚速司此機者惟添銅帽槍藥箭頭三事耳一人一機每日可出數萬餘粒彈既成復有量輕重機以權之其機上之漏斗與下櫃三縫亦如前式特其中機權爲不同其機權以銅條爲一瓜楞式之空心輪中貫以軸直立於中旋轉不息每楞骨柱橫綴一小權一端翹入輪裏尾綴以銅碼（即碼砣也）分量恰合槍彈應得之數而稍歉之一端垂出輪外首橫一銅片作半槽形輪柱之上有三銅條參差排出如箭之立於鵠由短而長以合於三縫之層次條端各有銅片參差下垂則由長而短以及於槽形之銅片槍彈由漏斗橫流以入權首之半槽內輪旋轉以承之過輕者則權尾較重權首上昂權身之度伸而加長長則由最短之銅片掃以入第一縫內過重則權尾較輕權首下壓權身之度垂而縮短短則由最長之銅片掃以入第三縫內合度者則由中一銅片掃入中一縫內此蓋以算學弧線距離之法化而爲之者其彈口收束之力既有一定其子藥分量復歸一律無怪其速率與擊力一經測算後未有分釐之差錯者也游既畢局長遂導至後樂園以果茗飯客而復中午後之約

後樂園者勝明宗室朱舜水之瑜所修繕者也當幕府柄政時曾以賜其愛子某將維新後乃復歸官家就其園外隙地而建今之工場焉其中泉石池亭皆極天然之勝絕無刊鑿造作之跡園有白絲瀧（按日本謂瀑謂之瀧）散珠屑玉由山上而至湖滚雪濺數折最爲勝境阜上有方亭一中祠孤竹二君額曰求仁堂蓋舜水爲明宗室當末造時避至日本築此聊以見志也遊竟歸廳午膳一鐘隨衆叔等復觀其左偏之造雜具場實驗室者爲工師等實驗之地其中儲測遠儀器及他軍械實驗諸器具等又一室爲造表尺規矩各物之所其所需尺度丈以機器爲之輪軸一動鋼鑿遊行毫釐勿爽較人力速而且準旁有木工場則造各模型及槍匣彈箱車輪並他種木器之類其鐵板鋸光刨笴削縫車圍驪容無一非機器而觀其造輪之法爲尤靈妙其法以木中心削爲方條長約一輪對徑之半置沸湯中浸煮數時取出乘熱置曲木機上一機可容數木下一長鐵槽上壓以鐵板鐵板之上有立柱壓於上之橫柱槽板皆寸寸綴成有活樞可向上折而爲圜式兩端各有大鏈一條左達於右右繞於左而總繫於旁之大機軸

上汽機一動則大幅將鏈卷束鐵桿兩端翹而向上作半月形復以細鐵條兩莖各有方眼於一端若兩莖之中有螺旋穴一將兩鐵條之方眼各套於木之一端於中以螺釘捻合之然後鬆其機力以取出則木條如弓鐵條爲弦曬諸日中俟乾後兩木相合即爲一輪雖久歷燥濕而無伸縮移動之患揉方爲圓亘易若此誠哉機力勝人力也洵按方今世界競爭全恃兵力兵力強弱全恃器械而器械各種尤以槍支爲最重不特宜多而且宜精不特宜精而且宜一律日本東京設廠本後於中國上海之局而其始機器亦購之西國乃曾幾何時今者補偏爲全棄粗就精舍楛從良日趨愈上進步之速以每日所業計之較中國上海殆過二十倍雖由財力經營器具全備所致要其人力綜理之規模運導之精神亦有足操其勝算者試將洵所探覽以得者擇要陳之

一各廠有工師候補生授業場也其候補生皆選中學校已明機理之生徒充之在廠中日隨工師習學畢業後復遊學於外洋歸來始得升任爲工師否則雖在本廠工作多年技藝甚精祇增其薪食而不授以大任故凡現在各廠工師不特製造槍械之事

爲所熟習即製造機器之理亦莫不諳練也一工師有保存機器之責任修造機器之機藝也凡各廠機器局長交之工師工師具保存之狀於公有毀壞損落固工師之責即銹澀油污亦工師之咎其有或因用久輪軸鬆動或屬舊式笨拙不靈者工師則須變通舊式而修改之或另創新理以鑄造之必日進於精而後已故綜計其全廠所有機器購於英德者十之五六而自行改造仿造者亦十之四五焉一工廠匠作皆須有的實官商保證方許收錄也其保證存之局長處局長無故不得辭歇匠作匠作無故不得停工而他適技藝漸進則薪食漸增有過則罰薪以示懲禁律森嚴其有因故而逃避者科以盜禁罪故其全廠匠作雖非盡爲創始時之人才而皆屬練習多年之子弟入藝機力所以能相輔而日精也一各廠督工皆以海陸軍將校充之也日本例凡海軍機關學校礮兵學校陸軍學校工程輜重隊等生徒升入大學畢業授職後於其服役公務期內皆需輪番派入各礮兵工廠以實驗之而稽其行止之勤惰驗習之深淺以爲他日升階遲速之券故其督工者無不淸慎自矢兢兢業業爲之蓋其前程所

系也且其由各學校畢業而出凡機器之形理與軍械之關楗早熟審於心較之以尋常耳未聞輪軸之聲目未睹刀鑽之形者自易於得力而若輩實驗既久軍械製造蘊奧皆知他日遇有軍務亦可保無錯亂損廢之弊誠兩益之道也一各廠機器之能力皆訂明爲一表以稽每日之成數也凡各廠外購及自造諸機皆先以極準時表驗之察其一分鐘內輪軸轉動幾次其車刀能車若干其剗刀能剗若干其刀鑢鑽削能爲寬深若干積算至一日某機能造某物若干各書爲表懸諸局長督工工師諸處於每日開工時由廠員綜計本日所造物料交於工師工師分授匠作至放工時工師將本日造成物件成數報告於督工督工稽之於表錄之於牒以呈局長人力機力絕無怠廢虛耗之弊而匠藝既精機力亦準比例有規稽查有所製造雖速仍無不精者一各廠門首皆陳列模範以爲比例也凡各廠以長櫃縱列本廠所造各物架諸門首書明製造之層次標注器件之名色譬如槍身由第一次車坯起至末一次車光止每次陳列一條餘亦相同在事稽察人等一入廠後即知某匠所造爲某件之物某匠所作爲

幾次之工比例以耗毫無遁飾其假公造私省力併工諸弊不杜而絕矣一合廠特設巡警一隊專司守望之責也各廠要區皆置巡警守舍門首路隅皆有巡警布立衣單衣佩刀鵠立警侍以察往來輪番瓜代風雨日夕所不輟也於是偷漏盜賊之患絕矣凡此以上諸端皆游此者所不甚注意之事而尤非敷衍外觀所得而悉者然以鄙意計之其製造進步之速大率獲效於斯洵自庚子避亂南遊乞食於上海製造局迄今四年一介書迂何諳製造而目睹其每年費款百數十萬金所成之槍械既少又窳劣不適於用心竊疑之然揆之其中廠員工師則資格既深崖岸自峻上以是任之下亦以是自負亦若謂木偶居此中三十年即無不深通製造之理者乃今來日本於此觀之始知其積習沈沈墮昏暮中猶未見曉耳方今署江督張部堂方謀遷廠購機之舉亦欲以化腐爲新力求精進然以鄙意論之遷廠購機有款即辦此誠無所難者惟此人力管理之規模與運導之精神立法奉行於中國實非易事苟徒以易一地而爲良則名異實同前浪後波積流如故滾滾頹波依然莫挽夫亦何所裨耶洵熱血迂衷

言之不無過激然亦斷當軸斯地者早爲策計擇善而師之爾是日游全廠畢日已及地乃循途出復見權石煤處製甚便巧蓋其處臨支河旁築瓦舍二楹橫以矮窗其磅煤稱之座盤在窗外嵌地上與軌道齊平其磅秤之立柱與橫表銅權則立於室內石煤起駁以木車載之由軌道拽從座盤上一過則室中人自知磅數其右舍一間則爲寢室及司簿籍之地木車千百輛大小輕重皆一式運煤一車授短籌一枚拽車者過磅至時投籌於窗內蓋以記車數者也

二十九日癸未禮拜三七鐘至士官學校一遊遊畢復至戶山學校校有軍樂一科特爲奏清樂一曲午後至陸軍大學

士官學校爲陸軍高等專門之學校也其下承中央幼年學校及成城學校上接陸軍大學生徒於此名曰候補士官修軍事專門之學其教員分教授訓育兩門皆陸軍將佐及他博學士充之其課程皆關切於陸軍事務者而尤以馬術射擊術兩者爲重其教槍礮射擊術不特講習速率擊力及標準諸端而尤討論其理凡山谷崇下城寨環

曲道路斜直以及藥彈飛線衝力張力高下遠近大小之度數及取擊避擊之方位皆所究心也其生徒寢榻之側排立槍械榻前面壁各黏紙畫圓鵠一百以便其作息有暇時用以端槍眇準者也練馬場一區大可二畝餘敷地以細沙上覆以琉璃瓦場前有樓三楹爲校長遊客御覽之所其場前端排立兩木樁如門式中貫以鐵鏈高及馬首生徒騎馬上不施鞍韂將馬轡束之鏈上教官以馬策前後揚擊之馬躍踢掀播前後揚蹶生徒以兩手控腰端跨於上雖屢跳而不傾躓者爲勝每生操習半點鐘其馬已通體流汗矣場後端則中立一短木樁以長轡御馬繫樁上教官策馬繞場以奔愈走愈速生徒於上作各種技藝或故傾下隨急追躍而上人馬合一步踏並迅飛將軍當不是過也是日見高麗游學生九人方練馬術精悍矯捷殊不讓於日人積弱之邦其將奮而思起乎

練馬場外有騎馬場一區依山爲之高下曲折陵谷環疊旁接坦地一圍大可五六畝畫地方圓以爲界生徒或十數騎或數十騎或百騎聯爲一隊馬術教官爲隊長呼口

令引於前縱轡連騎或由下而上或由上而下或分或合或縱或橫或衝鋒或殿後或綴爲方式或繞爲圓陣控縱有法人馬一心絕無參差錯亂之事蓋於此足徵其習之久而藝之精矣

自習室一區容數百人椅案行列中儲陸軍應用各書籍俾生徒暇時溫習探討之地

又有標本室一區樓上下兩級羅列行軍所用各樣雛形如橋梁舟筏營舍廠舍藥庫馬廐廁竈肩墻營墻濠溝狼穽砦栅門栅蒺藜鐵網茅蓋土堤陷坑槍架礮座築法地雷埋法礮壘築法山陵海岸礮臺築法以及礮膛雛形礮尾機關雛形汽車輪船雛形汽鑪機架起重架雛形並鐵地各機發電各器修築各物原料運載各料方法等無一不備類聚名分一類或數樣或數十樣不等皆標名器物考測形勢詳究用法四壁張木製凸凹五洲地圖以便其證習故雖顓愚無知者一入此室而行軍布地之方畧已可手指而心領之矣善哉斯制乎

士官學校長陸軍少將高木作藏

士官學校課程

教授科

一戰術　二軍制　三兵器學　四築城學

五地形學　六馬術　七衛生學　八外國語學（漢俄佛德英）

訓育科

一教練陸軍方法　二技術（馬術劍術體操）　三服務提要

戶山學校維新後所建以納維新前之軍營將校於中改習西國軍事之地其教法與士官大畧相合其課程分學術兩門學者課其實理術者練其實藝也而尤以射擊及器械體操兩者爲尤重斯校之著名於時者亦以此二藝爲他校所不及也

戶山學校長渡邊謀十郎

教育總監寺內正毅

戶山學校課程

一戰術　二射擊　三體操劍術各分學術兩門

陸軍大學爲陸軍將校造就成材之地其生徒資格階級自啟蒙時起由尋常小學四年畢業升入高等小學兩年升入中學校一年選入地方幼年學校三年畢業升入中央幼年學校二年畢業入聯隊六月升入士官學校三年畢業復入聯隊一年由聯隊長官察其品行驗其身體稽其技藝學術選尤拔萃牒其名於大學大學召試之中式始升入大學又三年而畢業授以證書或選入參謀部至此始得當陸軍偏裨之任嗚呼茲可謂其難其慎矣又日例凡不諳外國語言文字者不得入大學

閏五月初一日甲申禮拜四七鐘隨聚叔補遊女子高等師範學校

初二日乙酉禮拜五七鐘至麴町東京電信郵便學校遊畢復至警察監獄學校一遊兩校學級與大學埒午後大雨

電信郵便學校學額分三科曰電信曰電話曰郵政選各道電局郵局服役已久閱歷有得之青年執事如中國電報學生等等入校課以電氣製造使用之學電器製造使用之法以

及郵政布置綜理立法行政諸事其校中羅致各國製電造器行用方法以及郵政稅則票式並行用諸器具書籍原料等無一不備生徒卒業後授以證書可候補各郵電局技師局長及郵部官吏海陸軍參隨之任其卒業生不特熟諳按機譯碼諸事且深悉感引磨擦之理不特能知出入行駛諸規且深悉通運綱維之法日本郵電兩政此所以日進愈上也

校中有無線電報機一具其發電機前面有兩銅柱柱端各一圓球兩球相對中距半寸餘如盤鉗狀機中綴電線兩條各長二尺餘一立而向上一垂而向下人按其發電機則兩球之中火光穿激由左而右而收電機應矣其收電機前面與發電機遥對處亦綴兩線一上一下其印碼卷紙諸機大畧與尋常電機相同惟輪軸繁多此中亦具有電力焉是日其教員特爲試打五十字母以示客兩機相距約丈餘此按彼收機聲相應號碼分明絕無渾滯方發電時聚叔戚以巾扇掩其上下兩線之端而仍無阻滯據云現在此電已通過太平洋而聽電學奇妙至此蓋已極矣

洵按無線電報一物據其教員及深悉此事者云其爲利固多而其中亦有兩弊不可不知者蓋此電傳達全恃空氣以空氣之疎密爲傳達之遲速或遇天時不宜竟有相距僅千里而竟日未能達者空氣運行之權人無從操之此不如有線者速而能準一弊也又其發收兩機用陰陽感引兩電吸合之力此放彼納故能感應無阻然發者其性同源則收者有觸普應譬如此電向南而發則南去百千里內外無論有收電機若干具皆一律觸動收取碼字不能指定獨發至某一處某一人此不如有線電能準方指里秘而不洩者又一弊也具此兩弊故悉之者皆視爲不甚穩便之物然是理甫與造作尚留缺陷此後研究練習於是者日多必有出而彌其隙化其偏以成爲完全無弊之妙器者請拭目俟之

警察監獄學校創甫數年其生徒選各警署巡警監獄監察之青年聰穎者錄入之課以刑律衛生及體操技藝服務規程訊察方法等一年畢業可候補警長獄官及警部官吏諸任其教員刑律衛生則法學醫學博士充之體操技藝則陸軍將校任之訊察

與服務諸學則警部官吏等教之其醫學考究驗毒及謀死諸理最爲深細教員口析其理且證以實物及器具故顯而易知其詗察方法千變萬化匪夷所思而批郤導窾處處皆準之實理較中國所謂飛鉗鉤距者殆有過之且一則虛而易紛一則實而無遁彼殊有勝於此也其體操專以强身體正瞻視齊步伐爲主而射擊馬劍及踰越跳擊諸技藝亦附習之蓋業是者固不得不兼習衛身之技術也

是日校長謂余等曰警察一事乃一國治亂所關之命脉庶務所係之綱維最爲首要之政夫國家籌兵練將皆儲以禦外敵而不可以之疲於內亂惟此巡警者如網羅如星布建署分丁舉國皆徧人跡所至即巡警所至則盜賊不能逞姦宄不能興此內亂所以弭也下因是不敢欺飾於上上亦因是通達情隱於下興利祛弊之政上下同之抑惡揚善之令官庶共之此庶務所以立也特巡警之利全在得人得人之方全恃教育必愼選讀書明理及品行端方心地明白之士俾入學校以造就之使奮發其忠君愛國之忱與明夫刑律衛生服務諸理而後重其薪禄以養其廉嚴其賞罰以勵其恥

予其升階以正其志教之導之恩之威之根本既具條理復密雖有不善者亦幾希矣非然者羅失業無賴烏合之羣而予之以權恩不足使懷威不足使畏規律為干而實行無一幾何不以衛民者自戕其民也至監獄則尤為國家法律斯民生命所繫苟以不教之民處之其為害尤不堪設想者貴國湖北昔年曾遣學生十數人東來至警部學校學習今已畢業歸矣特其所習為尋常巡警之學未入此校以進脩律法理化及精深完全之業恐奉法則有餘執法則不足倘斯後派遣學生可於警部學校卒業後復入斯校學習一年則歸而出其所學必大有益於貴國巡警建立之政者余聞之乃稱謝而退

校中有玻璃櫥一具中羅列石膏人耳模型數十種其近來巡警章程凡犯人就捕後以石膏依其耳形捻製模型一具以為記認另有記耳圖表一紙上書其耳長寬若干厚薄若干輪廓何樣穴墜何式末系以犯名案由年月時日存儲警署若其人再犯刑律則一望而知無可遁飾者據生理家言凡人五官面貌及手足身體皆可改變惟耳

則毋能師易且生人面貌支體亦間有相同者而耳則人各一種絕無相似者也

初三日丙戌禮拜六八鐘與是日微雨東京有盲啞學校其敎盲者別有字母爲陽文凸出者以六圓點錯互之辨爲某音某字手口相應熟於目睹其敎啞者則以口式手式分別各音口脣張翕手指詘伸皆爲一字晝有分圖張諸敎室啞者學習五年者間能發音呼字惟斷續不能一串耳盲者卒業有彈琴音樂按摩針灸諸科啞者卒業有繪畫雕刻印刷繡織諸藝亦有師範一科則以爲盲啞敎員之用蓋凡其所學皆足以贍其身家也校中有印盲人書籍及每日新聞紙處排鉛敷紙皆屬瞽兒其字亦陽文凸出者以便合校及他處盲生之讀閱通以今古之情事補其天地之缺陷功奪造化斯可謂矣

初四日丁亥晴七鐘隨聚叔至華族女學校一遊並觀其體操其校長下田歌子幹事淺岡一均出見

日本初無女學也自下田歌子遊歐美歸乃創始其事迄今風氣所行舉國皆偏人忘

巾幗之習家有弦誦之聲化脂粉爲詩書導釵裙以禮樂倡隨琴瑟無不知內助之妻脩侍盤匜無不諳家政之婦以是教育子女受持家室其習勤務業者衆而淫逸之風亦少殺焉其極至於體操步伐軍事皆諳助餉執戈忠愛亦具舉全國從前修眉擁髻之儷材皆化而爲衞國戴君之庶子教育所及風氣潛移日本維新之效殆亦强半獲力於斯也耶

日本最重氏族之說自王室宗戚勳貴世胄以及顯官達爵皆謂之華族若詩書舊第列藩舊士則曰士族其餘則統曰民族茲校自公主郡主以及勳貴閨彥皆肄業於中而附以富室之淑女故其規矩爲最肅條理爲最精課程爲最備而體操一門尤爲時所稱其教員爲本國婦人曾遊學於美國畢業者是日爲余等特演斯技柳顛花舞鳳翥鴻翩信極其能事不特步武整齊身口合一爲可觀耳其外國語文教員則聘西婦充之是日方考試於講堂未能縱觀之也校中課程則倫理修身家政禮儀割烹裁縫刺繡繪畫琴歌圖算地輿歷史習字作文物理化學醫術外國語體操運動諸類云下

田歌子能淸語著述亦甚富近新緝有家政學女教科書其於持家宜室之道甚爲精備其課程中各琴歌皆爲其自造此才求之巾櫛中甚不易也

初五日戊子禮拜一至帝室圖書館一遊

圖書館藏庋中外新舊各書三十餘萬卷內設閱書室一區大可容數百人以便讀者就中研覽有執事四五人專司繙檢收發之役其中收藏中國古刻本頗多及庚子一役中國內庫秘籍爲所得者亦甚夥每卷皆標明所自目之黯然是日匆匆一覽惜未能細意繙閱致歉致歉臨行司書者贈所藏書籍目錄一卷與琛叔

附記是日所見宋刻本三種

姓解三册 雁門邵思　宋景祐二年刻大字本每頁十行每行十七字

佛說妙吉祥最勝根本大教經四册 宋淳化五年刻經摺本

大唐西域記 前序損失無年號宋刻經摺本　頁六行每行十七字

初六日己丑五鐘與琛叔乘火車回大阪下午九鐘至天王寺江楚事務所

初七日庚寅雨竟日

煤氣亦能運機法以煤氣空氣俱納閘箱中另設生電機於內機動而電火星出則煤氣空氣均被燒漲推動活閘傳力於外惟此機馬力不能過多多則恐有爇裂之患耳

初八日辛卯微雨是日復遊博覽會並至通運館機械館台灣館加奈太館四處

通運館內羅列舟車郵電運載交通各物之雛形標本其中濬河機船淺水兵輪各種形式最夥有極新之式者標釋詳明以便研究有布造小艇一具張之可容兩三人摺疊之一人可挾以走此誠行軍偵探之利器也

日本工廠現今所用汽機全屬新式場屋建築亦有新法其火鑪用三具每日祇燒二具更番循轉可久用而不易損其汽機中為汽箱活閘而左右兩引擎兩飛輪故一機足具兩機之馬力飛輪外徑立而有凹槽四痕痕剞以齒每輪可繞圓式皮帶四條故兩輪可運動八場之機軸其工場第一間至第八間皆相聯綴屋瓦皆迎面作斜披式不用人字脊後即為壁立之高墻上鑿以穴為皮帶轉環之路下通以門為人貨出入

之塗其占地既少建築之工料亦省而層次接轃脈絡貫通汽機皮帶之力亦毫無所費焉

台灣館建於會場後門之左其中陳列台灣所產各物有茶舍食店兩區奔走給役皆台婦褭足脩眉低顏媚客不忍屬目內有室兩間陳設一切皆中國器具額曰台民客室寢室之式壁懸台民宗服圖一掛詳載五服九族之說而稱名以引義焉側一間又以土塑四人像爲昏禮喪禮模型冠佩齊衰醜狀可掬一望而知爲支那現在之服制也嗚呼觀此而不知憤疾奮興以圖雪斯恥者蓋無人心者矣

台灣向產蔗糖出額本阜日人復糾集公司製以機器其色味愈鮮潔其產額愈益加多全島貨產幾以此爲鉅擘又其地近海素產鹽昔日製以土法故品低而產少乃日人近日導以新法器具有制提煉有術考查有司所產色味形質與洋鹽相埒而每年出產之數較昔幾增十數倍噫可畏哉

加奈太館在參考館之側所列農工及製造各物較他國來賽者獨多故特建館以度

之中有紙料造成器具各種堅固輕便料儉工省而價廉共爲言工藝製造者所最當注意者也又有木料造紙標本數類凡松楊等有膠汁韌紋之木質皆可腐之以爲紙蓋去木外皮解以爲段折段爲片屑片爲絲漂之以藥水擣之以機杵腐之以曹達和之以膠汁而紙成矣其紙潔白韌厚上者其色如玉次者染以五色以爲裝飾裱褙之用日本所産紙有一種專爲裱糊屋宇暨制作屏風用者蓋即仿之斯處云　是夜聚叔復往東京

初九日壬辰陰午後五鐘由大阪束裝歸國七鐘乘火車抵三宮（因行李車是晚不至神戶）復乘人力車至神戶是夜宿山陽旅館

初十日癸巳微雨七鐘興早餐八鐘至神戶港口登弘濟丸海輪十鐘展輪同船袁君道冲（爲徽州袁京卿之公子）左君念康（湘左文襄公孫）聚談甚愜

十一日甲午六鐘抵馬關午後三鐘展輪是日舟行玄海中風浪顛兀甚不適

十二日乙未晴早抵長崎與袁左二君登陸一遊並至勸工場一覽

日本凡繁庶之區皆有勸工場或爲官立或爲市立樓舍連楹分區界地由右而入由左而出道灣如環共一大門額曰某某勸工場其中分陳本地所產所造各物以類而聚標明實價以待沽者蓋即百工居肆之意也東京西京大阪神戸諸闤市往往有之

十三日丙申晴是日舟行入中國海矣午後微有風浪

十四日丁酉晴十鐘舟抵上海虹口登陸午刻至寓

雲海東遊紀下卷終

附跋

綜異邦之聞睹紀法制之條流而以昭晰緻妙之筆達之遂使無微不顯中所論列復自精番類可依據其與中學校長納雄氏推言中國文字一則尤當歸心近世解人雖所見略同然謝附本末稽驗利鈍尚未有及此者也　癸卯八月陳三立讀訖題

憐櫻花奇芳惹嫋濡百沸留探春光何處酌量羈屑海風猫䞑使赤足游博桑訪隱人終朝塵軼恐丁尾厄言航頭斷籍留說總荒唐　機艢捷艦鏈良有飛輪遞接轉軸相當憶合鷗頭薄俗蛙神淫腔姑坐與慣為鄉寫新詞生花江郎儘勸各尤嫪歸來際人豪楮香　調倚壽樓春

葵少事浮辭入客勞生頗悔昨誤吟諷遂輟　守偶自日本歸出東遊日紀屬題未報再三迫之君務其實而不使人以廬目賊是欲襮其短耶吁愧矣

癸卯既秋江都梁葵公約並識

爾我深穉文字刼目眩頭眩鬢都蒼何時力補浮雲障實地莠生作作芒　鼻孔撩天

雲海東遊紀附跋

氣太麤强持箏笛倡鳴嗚與君各出大龍指盡攪凡葩返太虛　公約又題

雲海樓主人幼從其先公宦秦中鹽田白水武關斜谷山川險要營策騎縱覽規畫形勢稍長讀書金陵不屑爲帖括之事而與當世之時務家經濟家縱譚海內外事局於吾國鐵路航業外交商戰咸有論著癸卯春從貴池劉觀察渡東瀛赴賽會鈎稽數閱月於日國製造軍器商術工史搜考靡遺乃纂爲日記一編歸而與余同事於官報日出其所得互相揚攉而載之論譔以餉遺吾國人冀社會之進步而國勢之蒸上也一篇之中三致意焉今將策鞅入都赴引京師萃天下才吾政府方銳意圖進於新治而一掃舊日迂錮之習吾知其必有合也適是記排印成爲述其概畧如左

丙午三月朔丹徒茅謙子貞甫題

丙午扶桑遊記三卷

〔清〕吴蔭培撰

《丙午扶桑遊記》三卷，清吴蔭培撰。蔭培（一八五一—一九三〇）字樹百，號穎芝、雲庵，江蘇吴縣人，清光緒十六年（一八九〇）進士。蔭培時爲廣東潮州府遺缺知府，自費赴日本考察。是書一名《嶽雲盦扶桑遊記》，輯其光緒三十二年七月廿五日至十月廿七日間之日記，載其考察日本期間之見聞。卷首《出洋遊歷回國呈》據其訪日心得，倡言興辦女子師範學校等五大急務；卷一至卷三記七月廿五至十月廿七日間事；卷末附《東遊歸國致都門諸友書》。吴氏對東京、京都、横濱、大阪、神户、長崎、名古屋諸城皆有記述，於日本教育、政治稽考頗詳，風俗民情亦間有記載。據上海圖書館藏清宣統三年（一九一一）刻本影印。

嶽雲盦扶桑遊記

江都于齊慶題

丙午扶桑遊記

出洋遊歷回國呈光緒三十二年十一月

具呈新授廣東潮州府遺缺知府吳蔭培爲出洋遊歷回國
謹陳管見懇請代
奏仰祈
聖鑒事竊職本年三月十二日蒙
恩簡放廣東知府
召對時跪聆
聖訓請先自備資斧赴日本考察政治幸荷
懿旨俞允旋由外務部臣給咨東渡自夏徂冬往來彼國周歷東西
京各都會政界學界一一參觀博采旁諮稍增聞見竊惟中
東國勢不同行政亦異而以彼證我有可借鏡改絃者夙侍
承明備員
講幄冀以芻蕘末論勉效一得之愚妄以爲當務之急厥有五
端謹分條繕列爲
皇太后
皇上陳之
一興女子師範學校及幼稚園也學業始於普通終於專門
中學校以下大抵皆普通學中學校以蒙小學校爲基礎蒙
小學校以幼稚園爲基礎日本幼稚園學生小者祇四五歲
保姆教導分談話手技遊戲等三科事甚淺易而德智體三

育隱寓其中日課惟午前三小時無寄宿舍過午卽歸故胎教外最重家庭教育是幼稚園尤以女學校爲基礎也而欲興女學先重師範竊謂今日興學當以此爲第一事現今京外各省女學漸立上海亦有幼稚園而風氣初開民未篤信似宜

明降諭旨責成各行省徧設女子師範學校及幼稚園以開衆學之先示循序之義按日本女學程度最高者如男子之中學其爲幼稚園保姆者入學不過四年脩値極廉我國創設此學目前尙少師承祇可借材異地一切章程姑爲效法三四年後學旣卒業女學校幼稚園皆不患無師矣

一沿江海各行省酌設水產講習所試驗場也山海之利取資無盡開礦未必皆獲而漁業較有可憑中國佃漁網罟自昔靡興近年新創漁業公司成效漸著然江湖鶩遠涉險爲難沿海數千里北達營口南迄閩廣小民捕釣大都私自經營不由練習養魚不以時取魚不以法習俗使然由來久矣日本水產教育徧於通國府縣或設所講習或開場試驗因地制宜利源日廣似可仿而行之令沿江海行省先爲試驗一切傳習規則彼國有漁撈製造養殖諸科誠能切實設施殆有利無弊者也

一各行省酌設農林講習所試驗場也三推耕籍中國自古重農山虞澤虞各有官守是林業亦並重者也日本各府縣有農事講習所試驗場又有林業事務所課長技手因地設官農科大學中分立林學一科內有林產物製造實驗場所列標本不可勝計蓋同一植物農林皆民生實業不容偏廢自長崎達東京軌道之旁田疇肥美林木蔽天彌望皆是中國水道湮廢斧斤不時人多惰農地有棄利近奉

明詔通飭各直省繪圖造冊報部詳定妥章竊謂當參考彼國條例統設農林講習所並試驗場斟酌地宜責令地方官切實舉辦

一各省試辦儲蓄銀行及郵便局存欵事也民無恆產必無

恆心財產者所以羈縻人心之具也人有貨布多則聚而思存少則用之不惜且以金貸人莫不計及子母而取贏於子者或幷其母錢而失之海內商家鉅萬則可存錙銖則不納小民稍有餘資無可存儲反或揮霍窮則失義何事不爲爲民上者似不可不慮及也日本有儲蓄銀行日幣自十圓起計日生息又有存欵於郵便局者以日幣一分購印花一枚積印花十枚爲日幣一角亦可附存取息滿五圓作公債券政府爲便益小民力任保護之責隨時收放徧國通行是以百姓之財莫非國家之財挹彼注茲不窮應付中國苟仿效之此時以銀圓一角起息究嫌瑣碎似可通融酌增責成度

支部及各省官銀行與著名各票號存欵自一圓起照東國現行章程參酌創辦公家偶有要需亦可提用此來彼往上下流通但使經理得人不特便民亦可裕國當今要政殆無有善於此者

一戲劇改良概仿東西國形式也借古人以自鏡下流社會易生感情戲劇之影響最速日本演劇學步歐美厥名芝居由文學士主筆警察官鑒定幕場所演皆忠孝節義有功名教之事說白而不唱歌使盡人能解也夫演戲一事日新月異中國梨園子弟誨淫誨盜積習相沿今者京滬各處竭力改良而求工於聲調之中婦孺豈能共喻似不如仿日本例

一律說白別建舞臺一切劇本概令警部臣鑒核並調查東西國形式大加變更其從前歌曲者別列一班不必攙混此事雖甚細微社會感人關繫實大故並瀆陳

以上各條費不必盡出

國家但使提倡而維持之

朝命一頒天下響應學校或官立或私立水產農林同為美利可設公司行之數年必皆有明效大驗銀行所以便民戲劇關乎社會目前興辦簡易可行 職 靜念時艱參觀他國禮失求野特類舉上陳如荷

聖明採擇應否

飭下出使日本國臣調取章程分條酌辦請

旨施行 職 為考察回國扼要陳言起見不揣冒昧具呈是否有當

恭請代

奏

皇太后

皇上聖鑒謹呈

附錄兩江總督端制軍摺

奏為知府出洋遊歷回國條陳考察事宜據情代奏恭摺仰祈

聖鑒事竊據廣東潮州府遺缺知府吳蔭培由日本遊歷事竣回籍呈稱職本年三月蒙

恩簡放廣東知府以下云云同上考察所及謹列上陳等語奴才察其所陳各節於教養源流尚有見地該員情殷獻納自當代為上陳以備

聖鑒採擇所有知府遊歷回國條陳考察事宜緣由謹繕摺代陳

伏乞

皇太后

皇上聖鑒謹

奏光緒三十二年十二月三十日奉

硃批各該衙門知道欽此

丙午扶桑游記卷一

光緒三十二年春蔭培奉　　吳縣吳蔭培

命典郡粵東

召對日請先自備資斧觀政日本仰荷

懿旨俞允五月呈請外部給咨出洋六月南歸七月東渡自秋徂冬周歷東西京都會暨橫濱小田原名古屋大阪神戶長崎各境平生酷嗜林壑居東都七十餘日又作日光箱根兩山之游自中元後十日發滬上十月杪回國其間游歷之期逾三閱月隨筆箸錄率不成文排日記之以證鴻雪

七月二十五日庚申霽午後往虹口滙山馬頭登三菱公司山口丸是丸載重三千三百二十噸頭等客同船者祇有侯官蔡君衛世浚餘皆東西國人蔡生係留學東京者爲余通家閩縣方策六駕部兆鼇及門接談甚洽酉初起椗出吳淞口

二十六日辛酉陰舟偏北向正東出黑水洋越黃海行尚平穩

二十七日壬戌霽晨起見肥前五島在船正北巳初由神島達長崎口例於入口時驗疫頭二等艙客祇一見而已午前偕蔡生附小輪船登岸蔡生由鐵道赴東京余挈錢僕游市中長崎爲肥前國境林巒高下樓閣參差拾級登丸山有樟社以樟樹得名大可十抱山半碑碣甚多皆近人題刻下嶺過第一樓小飲係閩人設肆饌之美者有鮮鰒魚龍蝦味俊絕余因遍上三菱

行友有函致裕昌號訪其主人張濟慶鄞人也一見如故申初送余返舟卽起椗行經高麗海境入夜望海中島岸燈光不斷

二十八日癸亥雨晨起已達門司船向東北門司在南其北岸爲赤間關卽馬關也因貨起落泊半日申初始行雨仍不止夜與同舟英人陳姓女士談中學頗識門徑係赴橫濱游歷者

二十九日甲子時雨時止晨閱日本地圖舟行播摩灘其北岸爲須摩舞子明石諸境南爲淡路島一路帶雨看山涼翠欲滴午前將到神戶如長崎例驗疫飯後登岸侯關吏驗行李訖卜寓榮町二丁番地田中旅館臨街築樓脫屨而上席地而坐供役者皆女子潔淨之至晚出門向北行一里許越鐵軌道又西北行經中華會館門晤粵人周姓導登武帝殿其左有廳事規模宏大最東有小園金桂盛開周姓折兩枝贈我抵暮冒雨歸此間山景可人明日擬小作句留往諏訪布引兩山以償游興夜寫家書

八月初一日乙丑霽晨北行三里許登諏訪山西南麓拾級而上爲諏訪山神社東人亦信神鬼不異中華惟廟中無神像但設位供花而已有老媼拈香來此喃喃訴告忽攢眉忽拍手愚誠亦可嗤也神社之東北麓爲公園地平坡高下細徑中通坡上涼亭相望有石碣卓立榜曰金星過日測驗之處明治七年立旁結藤棚二游客往來屐聲不絕東行下山有鑛泉池石參差

依巖結屋賣茶者居之余既游且浴見有銅鑄又吉像伊藤相作碑爲記係創開是泉者此處旅館環築山徑坦平東北車行七八里達布引山麓聞大聲發於巖樹間則雌瀑也寬十餘丈長數十尺玉龍萬疊一瀉不停道旁有招飲荷蘭水者小憩片時心目大快覺泰山水簾洞無此鉅流也過橋再上三里爲雄瀑泉高而狹如一疋布自天而下與雌瀑判然不同有居人設去來軒置茗待客山樓面面隨意憑眺亦佳境也傍晚下山小飲月花亭仍返田中館

初二日丙寅霽晨赴三之宮滊車站往東京即前日所經鐵道也辰初登車即行巳初過大阪又過西京一路脩竹千霄林巒如

畫午後過名古屋巳正過濱名湖此地爲東海第一名湖有松林小島兀立湖中松外無一他樹旋過濱松及天龍川申初過大井川申正穿金谷山洞又過靜岡酉初過沼津此處入富士山境爲此邦第一高山然天暝不能見矣戌初過國府津亥初過平沼距此即入橫濱道旋抵東京新橋時亥初二刻外也暫寓芝區芝口山城館飯於鄰家酒肆中半夜始卧

初三日丁卯霽晨上電車赴神田區擇寓嘗麥於淡路町明月庵即移行李寓猿樂町安田館午前往牛込區袋町埼玉館訪寶山袁叔輿希洛兼晤上海賈季英豐臻叔畬云昨屢逆於新橋彼此竟相左也殷殷欵接留飯而歸晚購書近處市上小飲南

神保町會芳樓　東京徧地電車四通八達市内分區十五中央爲麴町區宮城在焉東日本橋西四谷赤阪南芝區麻布北神田又北下谷本鄉東北本所淺草西北小石川牛込東南京橋深川區外各郡環列與區徑接者東境南葛飾郡西及西北境豐多摩郡北及東北境北豐島郡西南境荏原郡南境東南境皆濱海爲東京灣余初至是邦漫書其大略如此

初四日戊辰雨寓樓潔淨無塵隙地種樹位置頗雅午後携部咨赴麴町區永田町中國公使館晤楊星垣京卿樞談及余此來考察允轉咨日本外務省紹介參觀又言留學風潮近尚未息蓋現在人數逾萬其初級者中無定主誠不免遇事生風耳

初五日己巳雨午前山陰陸亮臣庶常光熙來約往本區味蒓園小酌酒酣暢論時事感慨係之晚楊星老招飲使館同座皆隨員及各省留學監督晤烏程張杏蓀元節仁和朱二貞聰熙元和汪書堂森寶漢軍金子材保權諸人

初六日庚午雨悶甚寫家書午後雨略小往本區後樂館訪丹徒高進齋愼儒談尊人葵北前輩覲昌現攝粤東廉州篆余適奏補是缺進齋言是省匪盜過多廉郡歲戮千人錯節盤根自問本無利器爲之惘然晚往京橋區木挽町厚生館訪同館新任提學諸公夜順道飲花月樓

初七日辛未霽晨往麴町區九段阪上登高眺遠適作家書寄郵

局錄號者彼國女子也昨購東京市圖按圖隨意散步居然無誤歸而袁俶畬高進齋南滙王彰孚曾憲在寓相俟同上電車往京橋區土橋觀五二共進會爲明年大博覽會起點也此會所列標本皆日本通國府縣所產不雜他國器物且各物均標明價值隨意交易其最佳者爲美術品有長二丈餘寬一丈餘日光山圖繡軸繪聲繪影巧奪天工古八露香園遺製尚不逮也門外有屋數椽榜曰臺灣茶室以中華纏足女供役撫今思昔歎息久之時已過午諸君招游下谷區上野公園余先約往三橋亭西餐申初入公園門登石級觀西鄉隆盛銅像及彰義隊陣亡者之墓遂游動物園門面東入門分三路西北路行有

鹿猿馬驢虎獅象駝羊之屬中路行有狐豺貍參羽羨鷲雚角鷲果然山貓蒙古犬之屬又有觀魚室及池有鯢魚金魚鯽魚鴛鴦鶴鵝鴨之屬南路行有綿羊山羊野豬黃鼬猩猩駝鳥鴯鶓珠雞食火雞之屬又有北極熊及雛皆極大平生所未見者不可勝計抵暮出園沿不忍池岸西行殘荷在水風景絕佳余因安田館出入不便彰孚約往本鄉一路擇寓上燈時返夜游市上

初八日壬申霽而陰晨移寓本鄉區五丁目伊勢榮館三層樓西洋室通州徐子山孝廉安仁來談飯後至麴町下谷淺草各區或車或步隨意句留問道往淺草公園鬢影衣香目迷五色入二王門中爲淺草寺亦有佛象其後池石縱橫林塘清潤有噴水機可資眺覽又有動物院淩雲閣諸處時已近暮均不及遊

初九日癸酉雨晨徐子山慈谿王惕齋仁乾同縣潘子欣志憘來午後同館提學使諸公來均晤談晚冒雨往本區彌生町游第一高等學校又至小石川區市中歸而天寒小病遂早臥

初十日甲戌陰昨病雖止晨起勞倦因西洋室北窗受寒移居臨街前房仍從東式也寶山袁仲廉希濂來談俶畬之兄也午前往小石川區餌差町訪武進董綬金同年康南海麥敬輿秩嚴二君均官刑部來此考察法律學者歸寓飯罷到本區帝國儲蓄銀行晤行友西川太平余以所攜川貲暫存可陸續取也又

往厚生館訪長白連蘭亭同年甲竝候汪書堂高進齋於其寓均晤夜王彰孚來

十一日乙亥霽晨往市上卽返潘子欣徐子山通州潘新伯肇元金華郊孝廉圻余通家秀水沈衡山比部鈞儒來午前到牛込區揚場町高陽館答訪袁仲廉又河田町振武學校答訪陸亮臣均晤晚歸飲味蒓園夜往淺草公園常盤座觀劇所演子報父仇名俱不戴天劇本皆彼國文學士所編警察官鑒定說白而不歌唱場內山水樹木園亭第宅一一像眞月色雨聲尤酷似亥正返寓　中國戲劇改良使下流社會感化乃當務之急往者誨盜誨淫風俗傷敗莫此爲甚所望當事者亟起救正之

也

十二日丙子霽昨公使館書來交到外務省咨文晨函約沈衡山潘子欣來午前偕子欣至外務省適書記官巖村成允他出約後二日去同飲於味蒓園晚游九段靖國神社觀大村益次郎銅象夜王彰孚袁俶畬高進齋同縣藍志先公武來談志先肄業帝國大學文科之哲學談吐間時露英氣子欣留學蠶業講習所學蠶業其夫人則學絲布二年後畢業均專門學彰孚在第一高等學校習醫科將來可擢帝國大學仲廉究心法政俶畬專學理化皆吾鄉後來之秀也

十三日丁丑星期晨起雨少頃霽赴九段阪下國光館觀日露戰

事露即俄也遼陽大戰圖入門極黑暗登樓四望如幕兩國交綏血飛肉薄山川城郭望之逼眞館樓圓作塔式欄繞其中外有餘地戒客勿越欄外置勝露時所奪戰具其下卽山石人物皆以布紙設色造之稍遠則繪圖接之惟是眞是幻兩兩交融使人莫辨斯可異耳順道往神田區駿河臺留學會館晤潘子欣及長洲王詠梅李綸同縣蔣墨緣怡章汪味根郁年章立夫世熒一堂皆三邑人子欣爲余代約江陵鄧斯安振瀛明日同赴外務省午前返寓飯罷又到神田區三崎町東洋館訪鄧君得晤擬續游五二共進會客票額溢不出售舍而游日比谷公園茗憩松本樓晤仁和姚稷臣同年文倬談晚吳江殷柯亭直刺柏齡招飲芝區葺手町寓樓依山傍樹地甚淸靜同座晤祥符沈筱眉孫善更餘始歸

十四日戊寅霽晨偕鄧斯安往外務省巖村成允仍未到署晤副領事船津松一郞余將考察淸單交去同返東洋館斯安寓房甚潔三崎地亦適中余有卜居之意因伊勢樓高不勝寒也午後北行七里中國七里合日本一里記中書法均以中里計到王子村西ケ原答訪潘子欣并見其夫人世兄竹籬茅屋遠隔塵囂夜姚稷臣同年招往上野公園精養軒西餐同座連蘭亭同年談及明日與巖村君同往印刷局余亦擬往觀歸寓後因致書巖村王彰孚來談

中秋日己卯陰晨往東洋館晤斯安竭力勸余遷寓允之天又雨

午前返寓接連同年電話已與巖村晤飯後約余同觀印刷局遂冒雨去局在神田區神田橋分二部一活版專印公家出版書契一造幣則通行全國紙幣者也先至官報排印所又至雕刻製肉卽製印泥處刷板調查整理等所男女工共四千二十餘人工資男優於女男最多者日給國幣一圓外最少者半之女最多者日給國幣半圓最少者亦半之工作之勤局中一律其最新者官報所有鑄字機一座一人手捺字母頃刻間字模已成又有排字架如取天字則第二天字隨第一字出用千萬字不亂雕刻所有大小刻銅版二相距三四尺此以人司彼以機運具體而微不爽毫髮此奇之又奇者閱畢晚往本鄉區一丁目

本鄉座觀劇係演人臣之盡忠致身者亥正返寓
十六日庚辰雨晨移寓東洋館主人齋藤姓以中華肴饌供客余所處樓容席十二窗外綠陰前後均通空氣此後可久居矣午前到日本橋區本兩替町日本銀行偕連同年考察有支店長詰所理事室營業局國債局貸付割引處出納局公債證書室發電室此外有標本室日本數百年前銀幣楮幣及我國西洋各國銀幣楮幣羅列完備其出入分國債及本銀行兩項收欵發欵截然不紊井井有條又有藏書室專儲各國銀行專書約一時察看畢返寓晚冒雨到近處小酌聚豐園天氣驟寒早卧
十七日辛巳陰晨沈筱眉來又與鄭斯安彼此過從午刻高進齋招飲味蒓園同座朱二貞曾游箱根甚稱林壑之美暢談而散抵暮天又雨
十八日壬午晨起陰少頃雨接外務省嚴村成允來書又紹介參觀書午前訪董綬金同年談綬金以新譯監獄講義相贈並留飯晚往王子村訪潘子欣不晤冒雨東行由上野公園之北徑鐵道一路過谷中墓地及東叡山寬永寺之門覓路返寓夜雨甚大
十九日癸未陰午後往本鄉區彌生町成學館偕王彰孚到湯島町女子高等師範學校課事已散同遊上野公園帝國博物院岑樓廣厦萬彙包羅內分歷史地質動物風俗人種圖畫等凡

六部古今中外一名一物並蓄兼收目不暇給有古代遺骸二具外衾雖朽體式尚存乃千餘年物又有棺作橢圓式亦古制皆爲陳設品其他萬怪千奇莫可殫述晚歸潘子欣袁俶畬來
二十日甲申霽星期晨袁俶畬來約同往本鄉區湯島町教育博物館入門第一陳列場多教育用具成績品中爲大成殿左右第二三陳列場亦皆教育用具有圖書閱覽所游客紛至徘徊片時遂同赴淺草公園入動物院有牝牡兩獅熊羆虎豹獮猴之屬大略與上野同惟另有狒狒一形似猴而身極肥且强大有力又有鱷魚及膃肭臍一喜伏一喜躍皆他處所未見者院中有日本象形極大人物演彼國故事以鮮花葉爲衣五官爪膚逼眞無異甚爲適觀又有木偶戲及留聲機器蓋日人善於生計故設此攬客也其西北爲淩雲閣閣十二層登其頂眺望全京俯視一切又東行到水族館初入門甚暗四圍置水櫃於壁玻璃發光魚無遁影櫃内設管徧通空氣間以草石水族皆欣欣自得也午飯於淺草雷門牛鳥館飯後俶畬他去余再游傳法院晚觀日露戰爭圖與前國光館所見略同返寓接潘子欣函已訂定排日偕余參觀諸友　凡出洋游歷者例延舌人繙譯余至日本觀政所晤同鄉諸君皆願盡義務者子欣爲余約定王詠梅袁俶畬王彰孚藍志先江甯劉賓如家愉同縣馮心支世德課餘分日偕游可感也

廿一日乙酉霽晨通州潘丹仲孝廉恩元及王詠梅來同到麴町區西日比谷町東京府第一中學校所謂第一者因東京外尙有三中學也生徒八百餘人課程分修身國語漢文外國語歷史地理數學博物物理化學法制經濟圖畫唱歌體操十二科教室分甲乙丙丁戊五組有一二三四五年生校長勝浦鞆雄教諭文學士雛田作樂出見談及中學校系統凡小學校尋常科七歲至十歲四年畢業升入高等科十一歲至十四歲亦四年畢業第三年卽可升中學校先後共五年畢業然後升專門科遞遷至大學爲止雛田吐屬甚雅自云平生心服孔孟遇中國讀儒書之人輒欽羨不置余謂孔孟之教萬世不廢中外從

同中國尊綱常西學重倫理一也彼此筆談相說以解午刻往神田橋三河屋西餐飯後到本鄉區女子高等師範學校晤教務員柴宮平八導觀各教室及博物圖書等標本室其中講堂兼自習室規制極大除教員旁聽生座外每案二人縱二十二橫七凡案一百五十四共容學生三百八人講堂後卽體操場柴宮隨處指導觀體操場及跳舞畢始出其高等女學小學校幼稚園約明日再往晚答訪袁俶畬

廿二日丙戌霽晨袁俶畬賈季英沈衡山袁仲廉來余與俶畬再往女子高等師範學校先入唱歌教室又觀用器體操畢往幼稚園有游戲手技談話三科學生祇四五六歲教員卽本校四年學生充之謂之保姆游戲一科一二年最幼者先習步伐畫地爲圈保姆用兩小旗作導幼者能各就範圍無一踰越稍長者一保姆鼓洋琴一保姆宣口令或離合或錯綜楚楚可觀體操之法在是矣其手技爲積木摺紙談話則教之善言此三科游戲體育手技智育談話德育也高等女學校及小學校一一往觀大致與高等師範相類午後赴日本橋區本石町常盤小學校訓導金子艮助導觀各處有二十教室學生分尋常高等二科皆四年畢業附屬有幼稚園一切課程大略同他小學校惟高等科有商業一門此其獨異者晚返寓留俶畬小酌飯後往本鄉區丸山新町訪藍志先并晤劉賓如談

廿三日丁亥霽而陰晨往本町安田支館答訪王詠梅又爲同鄉留學事到使館與楊星老談午刻約王彰孚同赴本鄉區元富士町帝國大學先到本部投外務省函大學分科六曰醫曰法曰文曰理曰工曰農農科大學另設於青山外駒場在本鄉者祇五科余先觀醫學入解剖室屍室解剖處列十餘屍或剜肌或檢骨或驗肉五官四體大都截開屍經藥水鍊養故無氣味一切臟腑皆儲玻璃筩陳屍處別列一室余所見二人亦經藥水所養面色已變且略膨脹未免動狐兔之悲繼思犧牲一人而能利濟萬物化無用爲有用亦似有理導者云各屍或購自貧家或病者自願也附屬病院九所余到外科有講堂爲學生

聽講處卽爲病者實驗處又有外科小手術室消毒室繃帶室又觀一二三等病室一二等一人一室三等衆人合室均有看護婦隨時調護又至電學實驗室有玻璃泡圓如西瓜接以皮圈使通電氣用片紙界之以手掌貼近於紙掌中但見筋骨不見皮西學治病所謂實測者如是也晚往淺草公園側擬觀劇不得燈下看活動寫眞而返

廿四日戊子雨晨在寓料理各事午後往本鄉區追分町榮林館訪劉賓如同到帝國大學工科先觀建築列品室有古今東西各種房屋模型其餘一切工作陶瓦諸器不可勝計又至化學機械學採礦及冶品學列品室目不暇給余等欲往實驗室竟

不得門而入買櫝還珠未免自愧晚賓如偕余回寓余設酒肴欵之上燈時訂後約而去

廿五日己丑霽晨藍志先來同往淺草區御藏前片町高等工業學校晤長洲王拱之頌賢嘉定徐季清家瑞導往各處詳觀細察應接不窮校中學生千人分電氣機織窰業化學染色建築繪圖電力機械九科皆有實驗工場又有化學分析室釀造製糖室製版工場製漆工場木工場各工皆以機輪運動皮帶而統以最大之蒸氣機關及氣罐唧筒散則萬殊合則一本靈妙如此王拱之云機器之精者大半購自歐美本國所造僅粗者而已入窰業標本室所儲日本磁器不逮西洋而我國江西之磁僅陳其下等者不知何故校外附設織工徒弟學校又工業補習學校亦有教室工場惟學成後只爲中下等工師不甚發達也午前返寓飯後答訪袁仲廉又至麴町區富士見町木田館答訪潘丹仲晚到志先寓同往下谷區上車坂町巖倉鐵道學校晤幹事員榊原浩逸贈我學則並報告併再三陳說校中分建設機械業務三科自辰至未初教正科學申刻後教高等學建設科卽建築課工事落成後改稱保線課機械科卽汽車課業務科卽運輸課三者備而鐵道行矣學生人數查明治三十八年平均數九百六十餘人有機械科生彭祚斑我國湖南人近年考績列第六他日可期大用上燈時與志先出小酌聚

豐園並同返寓小作清談而散

廿六日庚寅霽晨潘子欣徐子山來同往小石川區指谷町盲啞學校又往帝國大學均停課改赴下谷區上野公園東京美術學校晤直隸黃二南輔周一一導游校中分科七大編爲日本畫科西洋畫科圖案科雕刻科金工科鑄造科漆工科黃生習西洋畫先導入教室有一男子裸體立各生用木炭爲筆臨摹有神似者又入日本畫教室畫學遠不逮我國以不知用筆也又入圖案科室則寫建築形以界畫專門者又入雕刻科木雕石雕牙雕及鑄造科金工漆工諸教室大抵雕琢之工無不窮形盡相惟妙惟肖三四年生較一二年生程度自異又入陳列

蒔繪髹漆標本學生成績品室內有中國雕漆物又有漆盒一事據云二千餘年前物不知確否也午刻與子欣至精養軒西餐旋返寓晚子欣又來藍志先沈衡山王詠梅崑山張芝生應奎均至衡山約余及子欣等赴品川芝濱館小酌臨海結樓可風可浴品川在新橋南電車往來計三十餘里亥正始返

廿七日辛卯霽星期晨往本鄉區團子坂觀菊花人形活動戲劇藝花者七八家皆築臺揷花下設輪軸可以旋轉升降劇中皆日本故事也午前到赤坂區氷川町答訪錢塘吳子修慶坻德化劉幼雲廷琛諸公留飯而出順道至京橋區西紺屋町王惕齋家清談惕齋遨遊東國已數十年熟悉商情洞達時務入都

留有建白爲當軸所知其言可採用也晚到日本橋區龜島町偕樂園小酌

廿八日壬辰霽晨偕王詠梅再赴小石川盲啞學校徐子山亦至晤校長小西信八導觀各教室教盲以指代目教啞以手代口盲生尋常科四曰國語算術講談體操技藝科三曰音樂鍼治按摩啞生尋常科六曰讀方習字作文算術筆談體操技藝科四曰圖畫雕刻指畫裁縫皆五年畢業小西君贈余洋鐵刺孔板一其字母文曰光緒三十二年八月廿八日吳蔭培王季綸徐安仁來觀東京盲啞學校將以實驗盲生認字者是日因五二共進會盲啞生製物出品開大親睦會諸生大半停課是以余未目驗此會發起者監督靑山武一郎衆賓雜遝有伯爵德川達孝主辦並延余等觀監督各教員及啞生之畢業者一律以手演說忽喜忽憂局中人不言自喻特吾輩不知耳監督贈余食料券飯罷聽盲生鼓洋琴盲啞生同唱歡迎軍士之歌（因日俄戰事軍士有傷目致盲者因作歌迎之）應絃合節響遏行雲其歌曲係校長等所撰又觀啞生卒業者演劇十餘折如日本軍樂隊日露戰爭及滑稽大酒宴等劇雖不能言自然入妙別有活人畫登場時五官四體寂然不動亦特色也同座者晤西京盲啞院長鳥居嘉三郎爲言西都山水之佳勸余游覽與之訂後約而別晚與詠梅飲會芳樓夜游本區東明館南明館及九段勸業場

廿九日癸巳霽晨藍志先來偕余往豐多摩郡帝國農科大學由赤坂區靑山西行約二十里始抵駒場學中分四科一農學一農藝化學一林學一獸醫學余先觀獸醫學科入蹄鐵室有歷朝蹄鐵有各國蹄鐵而中國亦有焉有最大最重者彼云近年戰時所用此物我邦未免忽視而彼竭力鋪張亦有理也次觀林科通國林木攝影圖徧懸四壁其餘標本皆日本所產有新製綢帽諦視不知是木另有人造絹其細若絲則產自德國者可以織爲帷幕惟不能作衣耳觀農學科各國農具畢備植物處有温室玻璃作屋羅列羣芳果則香蕉草則蘭蕙皆温帶種也又觀農藝化學科有教員德人出半寸小玻璃二片視其上

似有小點毫釐莫辨以千倍八百倍顯微鏡照之其一爲豬肉上微生蟲長約現一寸餘寬約現五六分據云人生食之必斃惟煮熟可免其一爲血筋鮮紅中明析如畫各科均有標本列品室目不暇給另有圃場徧植各國樹木皆標名木牌爲誌有北美利產大王松鍼長一尺餘時已未初校中不及徧歷歸路過溜池町楓亭酒家小酌夜董綬金麥敬輿招飲寓齋

三十日甲午霽而陰晨袁俶畬來偕往大森大井村體育會中觀運動會電車南行約三十里抵其處天忽雨忽止此邦體操每習兵式故競走之會不多而教練之隊不絕有荏原郡女童近千人女教員導之旅行是爲郭公不知其取義也又有名滑稽

大行列者或上面具或改常服種種游戲不可名狀余因午刻有潘子欣上野公園精養軒之約遂辭諸人返東京電車瞬息間已抵上野同座晤汾陽王書衡學部儀通震澤錢自嚴崇威同縣王軼海愼賢兩太史未正返寓天氣轉晴晚往本鄕區九山一路散步天又雨遂返

丙午扶桑游記卷二

吳縣吳蔭培

九月初一日乙未霽晨往麴町區富士見町私立法政大學因是校中國人甚多余遂獨往校不甚廣除教室外祇有圖書館學生一千人內中國學生數百人分兩部一大學一專門又分四科一高等研究一大學豫備一外國語專修一法政速成此外又有補修科速成補修科均爲吾國人留學而設有名田中政吉者神戶人能通華語與余晤談並導至四班學堂聽法學博士高野巖三郎講財政公正釐則免稅特權一段有大學專門部楚北人何姓作繙譯余援旁聽生之例參坐其間斷章取義亦能領會是校新築寄宿舍田中君導往一觀乃不日落成者

返寓飯罷偕劉賓如往小石川區大塚窪町高等師範學校晤校長嘉納治五郎係有聲學界者是校規制之宏整教法之完全爲東京第一屋分三座皆有高樓右一座爲校長及接待室中爲講堂左一座爲教室四面結樓中則操場其後一座爲實驗室若圖畫若地理歷史若物理化學若化學若植物學若動物學若礦物地質學若農學每室均有標本另有化學講堂居各實驗室之中教員座後設玻璃厨內置別種化學物因有毒氣另開孔洩之不使之傳染入校立法極密三座之外旁有手工科木工金工諸室又有寄宿舍甚寬大晚飲賓如於味蒓園夜散步神保町市中

初二日丙申霽晨馮心支來同往神田區一橋高等商業學校生徒皆出外旅行約改期再赴到帝國大學理科入機械實驗室教員以玻璃小長管置電火上燒之少頃玻璃質忽軟用兩手曳之細若毫髮又將管之首用力吹之其末立卽成圈有凸面凹面鏡各一凸者光聚故照人面小而遠凹者光散故照人面大而近又入動物學室羽毛鱗介無不具備較上野博物館尤多又入地震學室內列地動機數具形式不一有用筆界於紙上畫直綫者稍震則直者曲矣以此測地震度數不爽別有標本陳列室動植物不可數計又赴內科病院因前日足迹未及也規制與外科同學中病院凡九所余入婦人科病院有孩兒

標本室自一月至九月胎無不陳列此外有兩頭孩及無腦孩厥狀甚奇觀畢到本區萬花樓飲午後赴女子高等學校因運動會停課再至帝國大學觀法科文科講堂又入文科心理室所見皆測量之器是科形上形下合而爲一以機運器卽器驗心如催眠術法蓋亦具大神通者又入化學室晤江甯顧石臣琅亞遼太史弟也有圖書室藏本國及中外各書數萬卷中國如圖書集成通鑑廿二史暨各省志皆備主辦者請余署名於觀書簿而出晚再到團子坂看菊花夜往牛込區鶴卷町東北館答訪方策六及閩縣李石芝景銘兩通家談

初三日丁酉霽而陰晨偕藍志先同往深川區越中島水產講習所晤監督松原新之助爲言學生大槪分漁撈養殖製造三科三年畢業後復有研究科漁撈畢業入遠洋漁業科程度稍次者入現業科習魚油罐法此所爲實修而設漁撈場在千葉製造場在山田原書記山田德助導觀標本室羅列模型及中外水族甚多有北海道鮭人工孵化場模型又有牡蠣鮎鰻鯉鱧生長順序分瓶置之眞珠壳寬長二寸以內其餘瑇瑁海狠皮鯨鬚溫肭臍等不計其數其漁具若餌若鉤若網形式不一觀化學室有鹽田模型此外有應用化學室分析化學室天秤室動植物室則有養殖魚病圖細菌學室則實驗微生物殺細菌者又有試驗部羅列魚油及食物標本有冷藏庫乃暑天用阿

摩尼亞化海水以造冰藏魚者有乾燥室係借火力以烘乾各物者有沃度製鹽處則以海草製物者山田德助云是所學生共一百七十六人開辦費十四萬銀圓常年費八萬銀圓皆政府主之其鄰卽商船學校順道卽往晤事務員大塚錄四郎導觀各船雛形室或全形或分析各物具備又往式場（卽講堂）場後有圖繪各國出洋艦旗數十最大者爲英國旗載重二萬餘噸他國以次遞減獨中國無之此眞相形見絀者也又至製圖室航海教室機關教室自習室寄宿舍病室診察所食堂賄所（卽廚房）浴場滊鑵室鑪鑿所器械室武器庫因地制宜秩然各當學生分航海機關二科每科分甲乙二種甲種小學校高等畢業

者入之乙種尋常畢業者入之常年經費銀圓九萬二千以上是校與講習所竝列深川海濱有明治九一艘專備學生研究之用遇粵人陳復興志先爲友係北洋賫遣來此者導登明治舟一覽歸途飲志先於本區廣昌和夜往本鄉區千代田館答訪元和江晴佳彤談

初四日戊戌霽而仍陰晨往神田區神田橋和强樂堂江蘇全省同鄉歡迎會午刻同人次第演說攝影而散天又雨同館丹徒支芟青恆樂東莞陳子礪伯陶同到余寓暢談晚西北行十里赴北豐島郡巢鴨學校内宏文學院生運動會雨甚余到時會將散矣晤校長嘉納治五郎執旗授賞環集生徒見案頭有古

詩一章係彼都人觀會所作盛稱中國人材發達國家可轉弱爲强詞氣間似甚推許我者寄語學界同人宜各努力也夜赴鄰店金子家鷄酒小飲

初五日己亥雨晨到本鄉區市上卽返寓飯後雨止赴外務省訪巖村成允談及余考察是邦各署可偕提學諸公同去遂往厚生館與支芟老約定週五二共進會門有以活動寫眞箱招人寓目者箱上有細孔内藏機括投銅幣一錢以手搖箱外之柄其中攝影瞬息變換若不投幣則機閉不開雖竭力搖之暗無所覩其法與自動電話同往京橋區南鍋町風月堂西餐主人曾游學法國東京肴饌當首屈一指晚順道往深川區經永代相生二橋探東京灣形勝卽歸天又大雨

初六日庚子陰雨連綿不止晨往本區春日館早點竟日客窗聽雨悶損異常晚張芝生王詠梅來接巖村來書竝開單約排日往觀各局署

初七日辛丑雨晨再往印刷局學部及提學諸友均至局長得能通昌出見一切規制均前次所寓目有同鄉奉賢褚生及湖北某生留學局中皆專習化學者言及先學應用化學再學顏料導至化學實驗室用硝鏹水入杯内紅黃青白濃淡淺深頃刻變色始晤海水之變換非本色也又有診察課專爲醫全局中人而設則前遊所未至者得能君言是局明治廿三年前郵片

銷五千萬枚現今銷五億萬枚成效已著導至其家其夫人亦出見以茶點酒果相欵竝出示所藏日本前人字卷及日本全國名勝圖情意周至午後赴興業銀行距印刷局咫尺晤總裁祕書役村田俊彥導觀一切行中分十項曰貸付曰割引曰預金曰有價證券曰仕拂曰收納曰株式曰債券曰保護預曰信託各司其職另有庫倉託信室係外人所託寄藏劵票每人一櫝月費銀圓四角而已地不甚大有運動場備行中人練習又有標本室則羅列鑛石者行主導登樓列坐爲言興業是行爲日本銀行中央機關現在工業農業發達銀行極爲重要中國如辦銀行是邦人甚願助理其宗旨在招徠盖商家之言也遂

各散晚冒雨赴芝區訪德川達孝伯爵於其邸與之筆談上燈時返夜雨甚大

初八日壬寅霽晨董綬金同年約觀地方裁判所折獄期於公使館張杏蓀處取齊偕往裁判所在麴町區西日比谷町與控訴院大審院同設樓閣毗連規制宏大晤所長判事渡邊暢茶話片時是日有大久保時三郎殺人鉅案借控訴院第三法廷質訊是廷共五大間案桌中一左右二如新月彎形案高於地者約二尺中座問官爲島田及某某等三人左右座各一人一書記一檢事也面問官坐者辯護士三人觀審之人約二百餘又有各報館記事之人皆設座下至犯人亦然惟重犯另設一檻

耳余等坐辯護士後犯人以草笠障面警察巡查監之另有承值案上下者公堂丁也是案午前詰問約三時島田不動聲色反復推求被告亦從容陳訴然一時未能定案午刻余等出院張杏蓀招飲楓亭飯畢到日本橋郵便局是局爲東京郵政總會地有通常郵便室有保險室叉附設電報局電信之重要者爲軍務電分海軍陸軍兩項此外有海底電若電池室電力板均可一一入覽余所見日本各局各院中國絀於財力驟難學步惟此局則爲現行之政然權操於稅務司則仍退聽外人也是邦多儲蓄銀行爲便民善政郵便局亦有儲金之例民間以銀一分購一印花積十印花易銀圓一角已可起息積五圓爲公債國家公欵不足即以公債挹注彼此流通不窮應付惟郵便局儲金定章有限制其最少者爲五圓公債劵非如儲蓄銀行存欵無定限也余索其小章程而返夜潘新伯金莘郊來談

重陽日癸卯陰而仍霽晨再往日本銀行一切皆前游所到惟適值金庫開時得入一觀由隧道進庫外設重門大如深巷各闢專室分甲乙等字編號入口出口判然兩途旁爲發電室有空氣通庫中其下設水管遇警撥機水立至役員野井政也出見言是行存本大都爲國家欵有外股千餘每股日金七百經大藏省許可得作存欵大藏省庫欵亦併入此行并言本行以現金換票無甚利益惟有保證發引法凡借出之金極少月息七

釐此較獲利耳公債因戰事而起爲數計十億以上本國紙幣通行國民而不行於他國遇出欵時甚爲支絀從前抵公債一爲煙草專利一爲關稅此後設再有不足只好抵鐵路矣其言竝不鋪張亦彼都人可取者午飯於風月堂飯後赴麴町區錢瓶町電話交換局是局設於明治三十一年先入交換室任事者大半女工皆高等小學校三年畢業者前列屏板後藏電機各家通話時電鈴一搖屏板間電鐙即顯每屏編列百號一女工司之耳聽電筒（以兩電筒分懸兩耳）目視屏號（每號各有銅片電話至時銅片自開話止則銅片既閉電燈亦息）手司皮帶（分插各號）口告兩家五官並用瞬息不停有電力室其旁又有電池萬綫交橫筦於一本東京交換局五所此

爲總局市内郊外劃然分司觀畢晚往芝區市上購雨衣歸途過九段坂上有富商某家因作六秩壽以布造假富士山於園林間遂往一游

初十日甲辰霽晨再往高等師範學校校長嘉納治五郎招觀運動會都盧尋橦麽彌建艣赳赳武夫彬彬文士一人兼之眞令人不可思議午飯畢與甘泉張雲門孝廉鶴第同赴赤坂區西南澁谷赤十字社病院晤山上兼善導入管理室標本室見藥水中肢體甚多另有大手術室爲病人開刀時專室白磁鋪地潔無點塵四面玻璃中通空氣病人及醫生至此必浴而進恐外來濁氣侵入也山上云每歲經費國幣二十五萬圓戰時軍

士受傷者入社其費國家任之平時雖軍人亦收費一切規則與西洋各國同病室甚多大略如醫科大學有看護婦教場散時天色近暝卽返寓

十一日乙巳霽星期出寓門北望甲武電車道咫尺卽在目前晨起乘輿登車由四谷赤坂區西行遂徧游新宿市上午前由原路返張芝生潘子欣高進齋馮心支劉彬如來談飯後往小石川區白山御殿町植物園係帝國大學理科附屬者爲學生實驗而設萬木蕭森下連峻阪一卉一樹各有標名門向西南入門北行長約一里自東至西寬約三四里前中後分三路後路植檜柏中路植花菜地皆平坦前路植蓮竹有池石之勝其上坡陀磊落覆以松陰尤爲幽絕園之正北有溫室內植赤道下所生花木較農科大學略少園中座落無多而豐草長林令人不暇應接眞大觀也晚遊芝區芝公園小酌芝山紅葉館

十二日丙午霽晨往牛込區本村町陸軍中央幼年學校分科二本科二年豫科三年由高等小學校第四年生升入又五年升士官學校教授部教普通訓育部教軍事初級學生七百餘人科學與他校略同有課漢文一科仍以東語授之有器械室內列化石巖石等物有硝子製金剛鑽模型又有寶石模型自脩室中設教員座諸生環坐左右威儀肅然午後赴陸軍士官學校與幼年學校毗連分科五爲步兵騎兵礮兵工兵輜重兵本

國人由幼年學校三年畢業者先入聯隊然後升此我國人入振武學校三年畢業後升級亦如之學生千一百五十八門外東南隅有二十八珊米榴彈礮三校中分中東西三路中爲食堂前則操場極大兩旁爲寢室東爲教室西爲自習室規制嚴密時時操演余到時方過午聯隊早已陳列錯綜變化步伐整齊抵暮不息門外爲野戰礮車廠各學生又演試礮礮上有轉折千里鏡可以對準頭發則必中西校有模範室羅列模型有狼穽釘板小坑種種不可枚舉吾輩所見不過形式而如此戰備鄰國何能不戒心耶返寓後寫家書夜赴本鄉購櫻味噌寄蘇充高堂甘旨

十二日丁未霽晨上電車赴新橋換瀛車往橫濱計日本程九里合中國五十餘里不及半時即到往橫濱稅關晤稅長某爲言稅關分六課一監查課進口報告由關監查二檢查課查貨優劣以定稅則三徵收課因貨多少以定價值四貨物課入口必加印無印不能入關五監視課查入口煙酒等秘密物六庶物課一切雜事如建築等有統計室又有保稅庫備商家存貨有抵當物可存一年傢置倉商家建築料到埠存關例在九十六鐘內逾此另存倉庫如例納費據稅長云從前建造倉庫費僅國幣三百萬圓現在政府以八百萬圓添建尚未工竣至日本國出口貨大半取道橫濱據明治三十八年報告出口貨三億二千一百萬橫濱出者一億五千萬占全數之大半若進口貨神戶較橫濱尤多三十八年報告神戶入者四億八

千八百萬遇戰事時如軍用品格外加多今年較上年略少矣午刻出稅關往租界山下町訪領事粵東吳偉卿仲賢於公廨京華舊友也相見歡然午後到正金銀行一切與日本銀行相似而宏麗過之樓上飯廳客座隨處休憩建築之美過於皇居火鑪採歐美各國式無一同者有金庫由隧道入重門邃室內設電燈門開則明又有保護預品庫亦在隧道之下有保險鐵櫃專備外人寄儲庫中另有小房數間因外人寄物時有秘不示人者可入室藏匣然後置櫃此櫃莞鑰兩事一存行一交本人不合從不能取閱也觀畢各散余覓路遊伊勢山俗名野毛山在橫濱停車場西南山頂爲太神社有明治十年西征陣亡軍人之碑山不甚高可眺全海之景其下爲野毛寺又有明治三十六年海員悼逝碑抵莫下山購橫濱圖於市中即登車戌初返東京

十四日戊申霽晨再至裁判所晤所長判事渡邊暢談及日本全國裁判遞分四項一區裁判判小事一地方裁判判事之大者一控訴一大審訴訟分民事刑事二項民事視欵數如在金二百圓以內區裁判問之多則屬地方裁判刑事歸區裁判者以六閱月爲期過此期亦屬地方裁判此尋常裁判通例也更有民事特別者如皇族有事可逕達控訴院遞達大審院刑事特別如謀叛及反抗政府者控訴院亦不能問必大審院乃可此

特別裁判通例也所中官僚判事而外有檢事又有書記一官必兼通文法者充之其下有折達隸如中國差役亦必試驗其資格向未犯罪者方任之此外廷丁在折達隸下係値雜事者訟費有定限不能多索有開廷日劄黑板榜於門寫明何日何時訊何案案由書法民事用偏假名寫刑事則據實直書兩造名各載於下一望瞭然余等先入裁判所又赴控訴院均觀其問案而出午飯於芝區市中飯後到麹町區八重洲町警視廳日本警察現行者分二類一行政一司法條目甚多余先往參考陳列室昔之倡辦警務者皆有圖象其餘名物紛繁有小兒玩具及婦女花線均係染色中實驗有毒特一一標列又有長

刀係從前殺大久保者此外列假票各式及繩縛罪人各式皆有標本又往消防署即附屬廳内者徧觀消防各具若救火天梯高六十丈分三層升降有機輪可以旋轉又有蒸氣水龍若四輪車形上列兩表一視蒸氣一視出水署長云一分鐘時可出水七擔神速之至矣中國人就學者現有七十人分高等警業衛生三部時已抵暮若電信房巡查講習所均不及入觀即返寓

十五日己酉霽晨赴麴町區山下町勸業銀行此行係農工業改良發達爲資本計國幣一千萬圓明治二十九年創立是日儲蓄債券開彩來客紛集余等隨衆同觀其法用大鐵網籠一具

下設機輪可以旋轉中置竹丸標明號數兩人搖之另用木器插入籠中取出竹丸即爲得彩近年鄂省彩票規制聞亦從同午刻道出巢鴨村飯於勝陽樓午後赴王子村抄紙局復晤局長得能通昌及其夫人徧觀各室各廠凡麻藁麥藁椏皮楮皮雁皮桑皮竹皮以及纖維藍縷各有標本皆可爲紙造紙從前用舊法明治四年始改良男女工人一千餘人傍晚演習水龍嚴肅整齊羣力奔赴瞬息間如降大雨夜與王書衡同訪潘子欣長談飯而歸

十六日庚戌大雨即霽潘丹仲金莘郊來偕余再赴青山農科大學一切皆前遊所到惟入動物養蠶室春夏秋皆有蠶每日有育蠶記事表比較涼熱度數如溫度七十六數十四日即出蠶天涼則借火溫之爐火皆設於室板之下不直接也桑葉藏樓底霜雪不侵防其枯槁運以空氣法至善也晚到外務省訪嚴村成允丞晤又往王暘齋處夜高進齋藍公武張芝生袁傚畬諸人至明日爲天長節公使館送觀兵式參觀證來

十七日辛亥霽天長節日乃　日皇御誕晨衣冠赴青山觀兵場場中分設三幄北爲　日皇及太子幄次皇族諸大臣暨各國公使幄次遊歷各官幄辰正軍樂齊鳴　皇輿莅止與宮内省大臣同乘而來次太子次諸臣儀從甚簡入幄皇族諸大臣各公使以次鞠躬參見　日皇一一答之即上馬挈陸軍大臣四

五人巡行兵場一周立馬幄前視步隊馬隊礮隊輜重隊及兵衛師團等排列而行約計二萬餘人步伐整齊如荼如火巳初巡畢　日皇登輿還宮國民觀者皆嵩呼而退余順道往青山下駄谷村訪金子材於其家主人留飯午後返寓與潘子欣約往本鄉座觀俠豔錄新劇係是邦文學士近日編定者亥正劇終

十八日壬子霽星期偕袁傚畬同游芝公園登芝山坡上又遊德川家廟規制崇閎廟後即其先代墓也午後在芝區河屋西餐叔畬有事先歸余獨上愛宕山頂登塔觀海隨意遨遊而返

十九日癸丑霽晨往牛込區西五軒町宏文學院校長嘉納治五

即屬經會晤相見甚歡是院爲中國留學生而設計學生一千六百餘人有普通科有速成普通科有速成師範科有夜學速成理化科及警務科有夜學日語科並有電器標本室又松輪標本室羅列啎產水母等物甚多章程亦尚完備惟是校學生論者每多訾議則以速成非美名耳嘉納君設西餐留客並貽所著教科書數種及校生攝影圖彼此握手而散飯後往小石川區茗荷谷町東亞鐵道學校是校如宏文例皆中國留學分豫科本科及高等豫科又特設入高等工業專門學校科學生二百三十餘人內本科四十八人校長笠井愛次郎云開辦費彼獨力自任常年以學費作經費不足則彼補助之蓋亦熱心

敎育者晚到馮心支寓中上燈時返

二十日甲寅霽天寒晨起往巢鴨村巢鴨監獄入典獄室晤獄長某君導觀六大工場左右分列予所見各工如裁衣製皮結履編帶織布紡線鋸板造傘作箱糊匣打鐵劈竹搓繩磨米中爲燒磚煮飯所旁爲浴室即以洗米水灌入之獄分十監亦左右列左監五中設瞭望案每監三十室室皆容八席居八人樓上爲講堂右監五亦如之此外有診視室病人室藥室監犯二千餘人管事者二百餘人內分五部一庶務二管理罪人三檢存罪人工物四醫務如衞生等事五敎務典獄長一人監視長十五人醫員五人敎員九人警察二百人獄長云是獄祇監禁之

汪以文　年二十八歲順天府大興縣人指分山東試用典史前充北京北洋官立第一小學雜務司事接充北洋種植園巡查兼鈔寫司事

犯（定死刑者另入東京監獄不令工作）皆責令工作工本由官欵自備勤者賞惰者罰賞不一格優者售出物價給十之六最少給十之一罰則減其食照常食給三之一自來社會教育發達及家庭教育完全者罪人必少各國皆然現在日本通國之民不識字者百不及十然犯者近來人仍不少且有一犯再犯者此由出獄後無敎導之人以至再陷於罪耳童孩犯罪者自十六齡迄十二齡以下全數教育不重作工惟年長者歸實業教育晨起皆入工場夜則歸獄獄房院落寬大花樹成陰一切建築樹藝概由罪人興作獄外有看守教習室又有製品陳列室閱畢余往近處植物園購得津久毛草花種（日本音ツクモ）取道本鄉區飯於萬花

樓飯後赴王子村訪潘子欣擬觀蠶業講習所遇於途遂同往入標本室有講習生製作品標名爲記入病蠶類陳列室有蠶蛆經過模型及各病蠶并營繭模型入生絲類陳列室或列絲或列繭各國絲繭皆備而中國之繭爲最日本有良者次者名類不等入養蠶室每室下開方窟上覆鐵下生火隨時列表記溫度晰宵無間又有蠶病試驗室繭子取扱場繅絲場他如器械檢查室肉眼檢查室皆爲驗絲色而設一切規制井然子欣習養蠶其夫人習繅絲亦晤見彼此各專其學汲汲如恐弗及將來歸國爲吾鄉倡亦佳話也子欣告余飛鳥山公園楓葉頗多因同行半里許登之然青紅尚未一色山如培塿平而不高

徘徊片刻即下抵暮到王彰孚處暢談並留飯夜遊靖國神社是日爲大祭日人如山海觀猴犬劇甚奇

廿一日乙卯霽晨往靑山御料場實踐女子學校晤校長夏田歌子爲彼都女子中著名人也校中除日本人外另設中國女學生規則分速成中學并速成師範工藝兩科又設豫備科凡入中學師範工藝等科者先入學習之中學分科十二爲修身讀書會話作文漢文算術地理歷史理科圖畫唱歌體操二年卒業師範分科十一爲教育心理理科地理歷史算術圖畫唱歌體操日語漢文工藝分科十爲教育理科算術唱歌日語漢文刺繡編物圖畫造花與師範皆一年卒業余見唱歌者有蒙古

女二人隨衆和聲亦能合節可見有教無類也午刻往外務省訪嚴村成允訂定余陸續參觀各處並交出介紹書未初飯於市中晚到麻布區笄町東斌學堂是堂係本月新設中國學生百餘人分兵學豫備及兵學二科年限各一年半通以三年畢業余到時諸同人將散堂長寺尾亨請同赴芝區觀其分設處有高樓可望東京灣遂往茶憩而散抵莫爲觴客事赴芝公園三緣亭茗憩夜闇通家方第六等邀飲味蒓園

廿二日丙辰霽晨往神田區錦町經緯學堂是堂明治三十七年創設皆中國學生分普通高等二科又別設法學商業警務師範四科現在學生有普通科六班警務科三班福建師範科一班都八百十三人與公立明治大學毗連普通科年限二年畢業考取者可入明治大學專門科高等科年限一年畢業考取者可入明治大學本科連日參觀各校大抵彼都人士刻意招徠而校中一切內容究不知有無實濟不及細攷也又往駿河臺南甲賀町明治大學學生共三千餘人內中國學生五十餘人學分法律政治文學商業四科余等小坐食堂有小松五六株一盆翠陰普覆係校長岸本辰雄自植者午後到本町大成學堂規制甚隘內日本學生五百餘人別有中國學生二十餘人則入中學速成科者湖北鐵路學堂學生肄業者四十人亦在於此又往雉子町高等警務學校學生四百八十皆中國人

教科分午前午後夜晚三部一年卒業本科分科三爲高等研究爲警察高等爲警察普通別科分科二爲憲兵爲日語日文晚順道往留學生會館與同鄉諸友晤夜到芝公園三緣亭觴嚴村成允張杏蓀金子材殷柯亭王惕齋麥敬輿陸亮臣諸人

廿三日丁巳陰晨往振武學校先晤陸亮臣庶常是校宗旨在培植將材首重軍事教育卒業後可升入士官學校中國學生四百餘人委員長陸軍中將福島安正亦出見言及我國人體格皆好而精神散越者多稍不逮日本此由每日功課七時鐘或嫌力乏以後擬減一時課又出示諸生成績册圖畫一科有土爾扈特王所繪聞王現歸國挨其眷屬亦留學於此者此後滇

北風氣或漸開歟是校之旁卽成城學校順往一觀學生共八百人中國二百八十人教科則日語日文英語英文算術地理歷史博物衛生化學物理圖畫體操大略與振武同福島君留飯於振武校中謂卽以學生所食者饗客示大公也午後到下谷區眞島町東京警監學校校立於本年三月學生六百餘皆中國人分本科速成二科修業以二年爲限聞校中繙譯未有善者學生不諳日語仍以講義爲師吾鄉有留學是校者所述如此余等詰校中理事小松貝亦不能諱也晚再往團子坂看菊歸後藍志先沈衡山來談

廿四日戊子霽晨往豐多摩郡戸塚村早稻田大學晤講師渡俊治方生策六爲我介也學中分設中學校實業學校學生八千餘人分部四爲大學部爲高等師範部爲專門部爲中國留學生部內中國專門者二百八留學者八百人中學校三八有圖書館如帝國大學閱畢往本鄉區第一高等學校先期與王彰孚約會得入化學物理學講堂及實驗室晤物理學教員友田君導入第一器械室有銅質震動板用沙糝板上另以麻磨銅板中邊板不動而沙走中成十字形四中成半規形又有鐵質震動弦綫用小白紙四五條界弦上有動而下者有不動者可測算定之別有窺光移之鏡執鏡者手動一分前面光移五六尺又入圖書館觀活版寫眞畫冊陳列甚多午後東北行過淺

草區吾妻橋赴本所區遊向島隄上有花月華壇臨隅田川亭臺樹石結構極佳懸想櫻花開時正不知若何繁盛也又有百花園林陰蔽翳小有池亭近人詩碣刻石者甚多有萩樓門壽星梅竹亭之勝主人佐原平兵衞出見其子梅吉尤好客出素紙乞書並以是園攝影片及燒料磁鴨見貽余許書楹帖報之夜歸王詠梅袁儆盦高進齋蔡君衞華亭陸坎生龍翔來談至亥正始散

廿五日己未霽星期晨起因俗事過多赴鄰近酒家靜坐苙爲王詠梅囑閱近箸也午後到本鄉區市上購物卽返晚往會芳樓觴同鄉涵子欣袁儆盦王彰孚藍志先馮心支王詠梅劉賓如及沈衡山諸人二鼓後散

廿六日庚申陰晨自上野附瀛車作日光山之游辰正三刻發西北行經王子村又東北行經古河小山至宇都宮是爲栃木縣境換車西行經鶴田鹿沼轉西北行經文狹今市到處田疇肥沃林木蕭森午正三刻抵日光町卜寓小西旅館之別館館倚山岡門前有紅樹二株風景幽絕飯後乘人力車出遊將入山但聞水聲潺潺自西南來此大谷川也爲日光山全境脈絡四通八達上流自中禪寺湖貫注溪壑縱橫到處入勝一路依山塡土磴道坦平路斷處接以木板或通小橋車行甚穩過東照宮及輪王寺門時已抵暮不及入徘徊片刻卽返連日奔波夜

卧酣甚三鼓後雨

廿七日辛酉晨雨已初始止泉聲風聲滿山不絕誤以為雨聲也早飯畢作中禪寺湖之遊人力車一人挽兩人推西行入鳴蟲山境先過含滿淵即大谷川溪流之一臨崖結屋下瞰飛濤中有巨石刻槭滿二字望之不甚可辨而水勢轟若奔雷白如捲雪眞異觀也對岸有佛座環列坂上舊有小亭明治三十五年因水患衝去又西南行過清瀧村至此分二道西北為中宮禓元道西南為足尾銅山道余車西北行過馬返村又過深澤上山或西北或東南盤礴而行先經女人堂到劍峰下茶室觀般若方等二瀧般若狹而直方等寬而曲恰好相對又上地皆平

衍至白雲瀧華嚴瀧雲氣漫山蓊然不能諦視惟見玉龍捲地石破天驚而已抵暮達中禪寺湖入山已造深處而豁然開朗忽覩洪流奇絕不可思議小憩臨湖樓迴望男體山其巔尚在高處令人作更上一層想天色已暝只好明日出遊矣樓北倚男體山南俯中禪寺湖眺覽極暢浴罷遂卧

廿八日壬戌霽晨起見朝陽在山為之色喜辰刻飯罷即買舟遊湖西北行達上野嶋踞湖水中央有勝道上人納骨塔元祿十五年立其下又有四石塔一慈眼大師塔餘不可辨塔畔有高松一株鍼細而短舟人云二百餘年前物又往寺崎有一小堂供藥師如來在臨湖樓西南岸與男體山恰相對又西行往歌濱有勝道上人立木觀音堂又有勝道趺坐處及泉水沃面處三年前曾被水災僅存舊址返舟登岸往二荒神社散步時已午正發臨湖樓由舊道行先經華嚴瀧特再往遊是瀧為中禪寺湖水所瀉高七十餘丈寬數丈有近人小野長愿瀑布歌刻石形容頗肖過白雲瀧上有一亭乃山人築此留客者下亭千步始達鵲橋水勢尤極噴薄瀧分兩股一西南一正西余始在亭畔但見西南旁派咫尺相望不知正西別有鉅流也立鵲橋上萬珠濺衣幾難駐足又往馬返諸地達清瀧村改道北行至泉澤步行一二里赴裏見瀧地非孔道瀧水隱兩厓間浩瀚與白雲瀧同天已抵暮仍取道泉澤返日光橋達小西別館夜膳

時食品有名クコ者即望潮魚也

廿九日癸亥晨霽即陰乘人力車遊東照宮乃奉祀德川家康之廟也覓導者（日本名案内人）購遊券入自表門而御唐門而陽明門而拜殿表門內有三神庫其西為御手洗屋又有御廄及馬御唐門崇閎壯麗陽明門尤過之倘有唐代制度門外有南蠻鐵燈籠暨蓮燈籠又有朝鮮鐘則明崇禎朝製者自陽明門外東行上阪下御門內石階轉入東照宮後山為奧宮其後最高處為家康墓塔余仍原路出表門西行達二荒山神社登拜殿神樂適作笙簫笛管大略與吾華同又西南行往大猷廟乃祀德川三代將軍家光公者入二王門又入夜叉門唐門迄拜殿本殿

均與東照宮相似入皇嘉門歷奥院出過龍光院石燈塔不可勝數又西南行登坡陀訪慈眼堂入能久親王御廟觀所藏一切寶器其上又有梶氏墓不及往東南行到輪王寺登三佛堂入寶物所堂後有相輪塔其下有唐銅御燈二遊事既畢過日光町市上購漆器數事返小西館飯後發日光山小雨未正上滊車申初達宇都宮飯於車站白木屋申正易車行戌刻抵東京

粵東羊城學院前
錦書堂刊印

丙午扶桑游記卷三

吳縣吳蔭培

十月初一日甲子雨赤阪離宮開觀菊會昨張杏蓀交來宮內省招待券係公使館紹介者如天長節例中國游歷官得與焉午後至杏蓀處取齊兼晤楊星翁未初同赴宮中入門樹色千重蔚然深秀松竹之外楓林如花眞畫境也而紅葉千林偶間黃葉一樹尤爲畫所不到菊花分棚標種計十餘棚有一本千百花者有一本一花者皆彼國所僅見有二棚各列菊三本標名如小春霞袒路山雲雀玉樓臺之類花分七百十餘輪枝張十尺五寸高四五尺而其本不過周圍寸餘離地尺許始放花葉無花不綻無葉不齊此一奇也又有一棚菊分四十二行每行

七本計植二百九十四本皆一本一花花大如八寸之盆數百花如一花無一小蘂亦一奇也別有九山一路種菊數棚有大如荷瓣者亦菊種殊形詭狀不可思議雖由人力却奪天工花棚之北另設食棚觀菊者例入宴皆西餐上品有宮內省屬員主辦是晚　日皇未至此邦內外諸臣隨意游眺古人後苑曲宴賦詩釣魚其樂不過如是也申正出宮酉刻返寓

初二日乙丑霽晨馮心支來再往神田區高等商業學校講堂教室商品陳列所圖書館大略如常例學生一千三百餘人中國留學者五六十人豫科一年本科三年專攻科二年皆畢業東京市上服賈者無不自商學校中來此大較也又往麴町區永

田町宮内省學習院女子部皆華族之女女學有小學中學專修三科專修科又分文學技藝兩部六歲自幼稚園而小學又六年而中學又三年而專修學學業已備余所見者或作文或圖畫或供花或刺繡皆彬雅可觀也又往是區有樂町東京府廳晤廳屬河邊榮養談及府中内務部分三課第一部土木會計庶務衛生第二部學事兵事民籍社寺第三部農工商度量衡檢定余先入度量衡檢定所技師小林萬藏出見導觀第一室天平第二室尺第三室衡第四室量尺寸合式者火烙印一定字其他醫師量藥者凡杯匜之屬一一校準加印蓋民間所造度量衡例呈府檢核也小林因是日午後停工親携磁杯用

機器印一定字相示余與河邊君約後日再至府遂偕心支游日比谷公園飯於松本樓晚到京橋區築地活版製造所觀私立印刷局晤野村宗十郎周覽一切與官立局大略從同夜袁仲廉俶畬昆季王彰孚招飲偕樂園

初三日丙寅微雨天陰星期晨往日本橋京橋購物午後返寓寫酬應字半日潘子欣袁俶畬王彰孚高進齋陸坎生上海陸建三定來夜到王詠梅處

初四日丁卯陰晨偕王詠梅赴神田區一橋共立女子職業學校是校雖分設學科御注重技藝學生甲乙兩科計七百二十餘人課程分修身國語算術家事理科體操共六類藝科分裁縫編物刺繡造花圖畫共五類此外另有割烹科余入應接室見製作品甚多幹事淀三樹大郎云本校經費除學生納金及製作品出售外概不取給公家同鄉潘子欣之兩女皆肄業於此余入造花教室見諸女各執一枝對花彷造一葉一瓣翦染精工較他藝尤可觀也又往東京府入議事堂並至度量衡檢定所重閱各室器物羅列劃然不紊至市役所與東京府署聯屬有内記課庶務課會計課調度課教育課衛生課土木課水道課課各有長全市又設掃除監督長各區掃除污物有監督巡視諸官又有衛生試驗場係隸衛生課者余入第一化學分析室凡各區自來水察驗其有無妨害逐日報告第二顯微鏡室

設鏡照微生蟲有名ペスト者藏於瓶色黄導者用點滴上玻璃浸藥水燒之置鏡下照之如小蚯蚓狀聞食物中豬肉類甚多人誤食之立斃余前在農科大學所見者與此同又有驗鼠疫室人入其中必先薰藥水自衛始免傳染有傳染病豫防法規刊書見贈又有淨水池在新宿之淀橋隸水道課府中尤出手札介紹往觀午刻與詠梅飲風月堂飯後往京橋區役所亦府中紹介者晤掛長内川義章出示區域所章程計分掛七爲庶務掛戶籍掛兵事掛稅務掛衛生掛會計掛水道掛一室中案牘紛繁人衆絡繹大抵東京官制府統乎市市統乎區故區役地小而事較多然區與民最親民事實無所不括也晚往警

視廳託其通電話於芝區警察署約明午前往再入陳列室一觀天又雨即返寓夜詠梅來談

初五日戊辰雨晨潘子欣來同往本鄉區弓町女子美術學校美術凡八類爲日本畫西洋畫雕塑蒔繪刺繡編物造花裁縫學生六百餘人分三科爲本科選科研究科本科內又分普通高等預備三科凡小學校高等卒業者得入普通科中國學生有六人又有附屬料理法講習所則學割烹者入下谷區上野公園東京音樂學校學生百六十人皆高等彼都學校大概有中國人獨此校無之蓋所學既躋優級我邦人每不屑從師而彼能精益求精觀摩不厭此則大可嘉者學科注重歌樂而豫科

嶽雲盦襍著　卷三　四

兼國語英語本科兼中西詩文倫理體操兩門二科皆有余入講堂有美國教員獨操洋琴衆學生唱和之曲終而韻不盡教者以手揚起如挽留然知其教人皆於虛處著力爲上乘者說法也午刻往麴町小憩即赴芝區警察署署中辦事分類七爲遺失拾得爲司法爲營業爲交通與衞生爲戶口簿爲違警罪件簿爲功過簿有留置場有訊問所有消防署又有練習擊劍處此外有巡查講習所學警察者有百五十人昨已領憑卒業有所長統之余入是所彼特令其操演步伐一切如式其講習者爲法律爲警察法有操演場凡高等小學已歷三年者講習二月即竣入私立大學及中學校三年者亦可入所講習一切

章程極形詳密晚與子欣小酌風月堂又往京橋區購物夜返寓藍志先王詠梅來談

初六日己巳霽晨登甲武鐵道電車往南豐島郡新宿淀橋淨水場即東京全境自來水廠也晤技手小林幸太郎筆談甚久是場明治廿五年興工三十年始竣事水源自西多摩郡大字羽村引入沈澄池再轉入濾池又再轉入淨水池然後由機器捲入鐵管以達各區計沈澄池三濾池十八淨水池六池皆居高四圍築隄若阜水過淨水池其旁爲機關室中有環洞如隧道左右各有環洞下爲淨水出入口其外屋列機器四後設火鍋十二（余是日所見機器運動者二火鍋燒者三餘皆設而不用）以吸水入管晝夜不停小林

嶽雲盦襍著　卷三　五

繪圖演說指示極詳午前返寓飯後上新橋瀛車赴橫濱因吳偉卿函約往閱橫濱監獄也到時已過未初偉卿署距獄尚遠不及往晚游橫濱植木株式會社林亭之中雜蒔花草酉正返東京潘子欣藍志先馮心支招飲會芳樓亥初始散　觀東京府化學分析室及此淨水場衞生之法美矣備矣濾池之外密布鐵網水放於下然余所見網上尙有蟲鼠淹沒水面可見辦事之難也

初七日庚午霽昨與偉卿約本日再赴橫濱順道即作箱根游留錢僕居守余則獨自旅行也午正上新橋瀛車至神奈川換車未初到橫濱偉卿署馬車已駕偕其繙譯官浙人余雲龍亨嘉

登車行五六里始達監獄之門蓋在橫濱西南境也典獄長有馬四郎助出見導入第一課室爲存儲各犯罪案所每犯有照相有表有案由統列一冊編號爲記閱者一望瞭然又入第二課室乃各獄官辦公之地獄中有雜居監六人一室都二百十二間已定罪者居之有分房監一人一室都一百八十六間未定罪者居之別有室居歐美人犯者較本國人尤完美設桌而兼榻者一又有病監四人一室都十間此外工場共七處分竹木金土藁靴等工大略如巢鴨余所至印刷工場織工場各犯均俯跪相接嚴肅異常又至操場每日各犯例操一時以舒氣體行列亦甚整齊有炊事場有浴場前後分二樓各犯每晨登前樓脫監衣入浴浴後達後樓易工藝衣晚則仍易監衣入號歸號後尚有夜工如編草帶之類此則與巢鴨異者獄之第二重門左右榜曰男拘置監男懲治場其外爲監視者學堂及辨護士室刑事被告人接見所獄門東向北爲男監南別有女監則設女小學校有馬君云每年經費國幣十三萬圓罪人工作物出售者約得三萬圓餘則出自公家有馬以監獄報二冊及監圖相贈抵暮始返吳偉卿招飲衙齋座客甚多大半東京使署及粤友夜留宿偉卿齋中

初八日辛未霽而陰晨爲偉卿友寫屏聯數事飯後上滊車赴國府津偉卿以馬車相送申初到國府站登電車過小田原微雨

達湯本時已上燈雨止乘人力車入山少頃抵塔澤寓環翠樓長橋寬澗泉石縱橫潺潺之聲不絕夜浴溫泉四體俱適浴後與同寓鈴木重一（小田原人）清談渠載酒索詩遂書游日光山詩二章是樓依巖結屋燈窗高下如在仙山有鳥賞花合紅梅天竹爲一佳品也是日爲王詠梅作所著木鐸詩序

初九日壬申霽晨登寓樓憑眺四圍岑翠排闥而來余所居樓窗面東西北爲塔峯東北爲湯坂山城山下有溪流一道通玉緒千歲二橋泉石秀美到處入畫午飯後驅車入山自太平臺宮下底倉小涌谷取道達蘆湯松坂旅館宿余過小涌谷時爲車夫所誑誤入小路舍車而徒者三里許遂覺汗流浹背夜浴琉黃泉較塔澤之溫泉臭味有別天氣寒甚以地近山頂故也

初十日癸酉霽晨起喚人力車爲蘆湖箱根之游嵐翠迎人中通一徑西南傍二子山行達湖上湖較中禪寺略狹而秀美過之東岸爲元箱根村南行沿湖濱有松坂支店登嶽影樓茗憩多時塵襟盡滌過此爲置關所係幕府時代禁人往來者又過塔島離宮在馬湖西南岸爲箱根町小有街市歸路訪箱根神社高距山半在湖正北其右爲曾我社與松坂嶽影樓遙遙相望下山循故道返蘆湯飯罷又浴晚因覓車不獲徒步發蘆湯由小路達小涌谷抵暮宿宮下奈良屋寓樓面對鷹巢山亦卧遊勝境是處亦以溫泉名惟熱度太過如遵化之泉非挹注涼泉

不能浴也
十一日甲戌霽晨起游市上登養食山即在宮下路旁不甚高也返寓浴畢西北行過底倉之早川有板橋名萬年橋下爲大闍石風呂豐臣秀吉征小田原時來浴處也車行山路甚幽達木賀巖瀑高飛瓏琤不絕人家傍山結屋湯泉極多有以宮內樓榜其門者中有泉名羅衣瀧刻石崖上過此爲宮城野村坂路益峻北爲明星岳西北爲明神岳有茶家可小憩仍循原路下山由宮下太平臺塔澤抵湯本寓太和屋時方亭午西南行訪玉簾瀧水晶萬疊飛沫縱橫絕壁自饒勝景其地小有園亭名彌榮館余略坐即行返寓再浴上電車赴小田原易人力車北

行往橫濱分監係近年創設有馬君以片導觀者晤教誨師平塚龍馴徧歷各處獄中置東京一府暨神奈川埼玉羣馬千葉靜岡五縣之幼年犯各習工業如木工籠工農業學業兵式與普通體操是也亦有成年犯則作工分類十日木工鍛冶工纂工土工石工竹工洗濯工炊事掃除與石運搬工是也有講堂圖書室教場操場領置庫尋問所水連所又有病室醫室浴場炊場洗濯場蒸室規模小於橫濱卻近完備戌初再上電車達國府津夜附汽車返東京
十二日乙亥雨午前甯波孫愼卿德全來余言目前中國便民善政莫如法日本儲蓄銀行及郵便局存欵事貧家可以積錢育小無從盜竊公債票行彼此挹注上下流通便民即裕國也彼謂儲蓄一事如備本三萬金中國即可試辦惟須俟農工商發達民有餘資方易積欵否則恐無濟云云愼卿寓東有年財政事調查極熟也飯後赴兩國橋乘小汽船渡隅田川往向島百花園晤佐原平兵衛以楹帖贈之其子梅吉殷勤接待貽我所植花種並冒雨導游櫻堤歷白鬚神祠又偕往堤畔言問亭茗談以糰子餉客乃是亭著名食品也抵暮返入夜雨止
十三日丙子霽晨再往上野公園東京音樂學校因月初參觀時未徧歷也學生分處各室鼓琴自習歌聲鏗然是校每年經費日幣五萬一千餘圓學生衣食學費每人平均計之歲出日幣

二百十餘圓校中人所述也順道過帝國圖書館購劵始入東人閱書者絡繹皆按底冊另紙署名取書隨閱隨繳余亦檢宋版書數種有陳暘樂書楊萬里作序係宋徽宗時獻於朝者又雜檢明版書數種繙閱一過即出重遊動物園又往淺草雷門購物飯於仲見世常盤樓晚返寓潘子欣來談
十四日丁丑霽而陰定明日發東京先旅行名古屋再作西京大阪之遊晨往本鄉丸山藍志先馮心支處均晤午飯於九段阪下新漢樓飯後往使館辭行並取護照晤張杏蓀談晚赴日本橋京橋購物即返夜潘新甫高進齋王彰孚袁仲廉方策六李石芝來話別

十五日戊寅霽晨起赴新橋停車場匆匆即發送行者多不及晤王惕齋候於車站潘子欣來送余同上瀛車握別殷勤意尤可感辰初二刻首涂同車遇伊篠統監府書記官金山尙志又海軍大軍醫上村淺次郎筆談甚相得入夜抵名古屋愛知縣境也寓車站下桝屋旅館夜東行踏月遊納屋橋街衢大如東京市集亦繁盛之至

十六日己卯霽晨東北行入名古屋城其北為離宮餘則駐師團各兵地也出城遊東照宮建中寺附電車東至千種而止午刻返寓飯罷遊若宮八幡社博物館大須觀音寺又購券入黃花園看菊園中以菊花結輪或橋形或扇形或船形隨意造作新奇絕倫又有電光菊燈戲編菊為人演彼都故事如東京團子坂而遺勝之舞臺有二電燈瞬息變換其最多者有八十餘燈令人目眩神搖不可逼視

十七日庚辰陰晨上瀛車命錢僕逕赴神戶午後抵西京寓麩屋町押小路澤文旅館地在市內偏北距御苑甚近遂乘車入寺町御門北行過桂宮祐井松竹成陰門內有碑石扃不得入望之而已西行瞻紫宸殿其東南為大宮規模宏整林木蕭森蓬萊佳氣若離若即晚仍由原路返夜遊新京極四條橋市上萬燈照電華美異常

十八日辛巳霽晨往釜座椹木町盲啞院訪院長鳥居嘉三郎因

在東京時有約也導觀各教室大抵與東京盲啞學校同學生尋常高等共二百五六十人課程之外盲習按摩鍼按音曲啞習繪畫裁縫木工總以教技藝為主余欲觀西京大學鳥居君允作書介紹適大興朱石堅瑛至彼此罄談午後西行過二條離宮赴鐵道上瀛車至西山上嵯峨村易人力車先遊五臺山清凉寺一路竹林極多又往小倉山二尊院過角倉了意墓入祇王寺是邦人墓碣林立有石碣書妓王妓女佛刀自之舊跡書法不甚可解去之西南行入天龍寺地極寬廣寺內有後嵯峨院天皇及龜山院天皇兩帝陵又有嵐山及法華塔石碣出寺過琴聞橋沿溪有臨川寺（即三會院）其西嵐山下有渡月橋橋下水甚清澈過橋登山為法輪寺有智福山額後陽成天皇御題僧云亦名虛宜藏山余小飲山畔花月亭憑眺極暢京都西境諸山愛宕山在北龜山小倉山在西嵐山在西南名最著山亦蔥蘢秀美佳氣鬱蟠山下有溫泉距此里許不及往循原路上瀛車返夜遊祇園新地小憩酒家市集亦盛

十九日霽晨再赴盲啞院晤鳥居君出西京大學紹介書筆談甚久余以昨遊嵐山告彼云君好遊此間西山幽秀東山豐麗當並往因開示東境名勝各所又以院中啞生畫扇相贈情意肫摯頗有彼此惜別之感余遂先往大學校書後有書記官石川一導觀法科大學教室電氣工學科教室高壓實驗室蓄電池

室發電所瓦斯製造所鍛工場木工場工學製圖室礦學標本室及陳列室採礦冶金學教室圖書館運動場一切規模較東京略小已設者理工科及法科文科若醫科大學另設於是學西南農科則尙未及也午刻順道遊東山東南行過應天門太極殿規制宏麗明治廿八年建以祀桓武天皇者又號平安神宮考桓武改元延歷十三年遷都平安城卽今西京也又南行古刹甚多遊知恩院門有華頂山三字額係後奈良天皇御筆伽藍極大院東南有經藏及鐘樓石徑通幽林陰蔽翳又南道出圓山公園訪高臺寺亦有池石之勝又上淸水坂折而東入淸水寺爲音羽山境外則天梯石棧內則華闕朱堂俯視西京

一覽無盡爲眺遠最佳處山下有音羽瀧泉流不絕遊畢飯於山家一路以淸水燒磁器出售者市店紛集下山過豐公廟又過博物館門時已近莫不及入廟中有見返松一株蒼秀如畫又過豐公神社從耳塚下行返寓夜移寓七條停車場小林亭館往市上一遊卽歸

二十日癸未霽晨飯畢上電車西北行至北野先遊天滿宮北野神社門前有影向松道西又有銅馬作飛行狀社內銅牛銅虎對立甚多天滿宮者彼都人祀菅原道眞處宇都醍醐天皇時人也平野神社在天滿宮西北地亦開拓有冬櫻一株始花又西北行遊金閣寺一名鹿苑寺在衣笠山之下金閣三層下臨池石前有九山八海石右有入龜出龜島其北山有龍門瀑鯉魚石又有虎谿橋夕佳亭諸勝此外雲根石陸舟松彼都人喜標名目類此者不可枚舉也山僧供茗果筆談出寺行數十步過不動尊堂在東北巖上午後返寓到新京極購物畢晚上滊車赴大阪寓停車場靑山亭旅館喚人力車遊心齋橋市中滿街燈火如入不夜之城歸飲於武藏屋

廿一日甲申霽晨赴東區大阪城外因第四師團守城未入門是城乃豐臣秀吉所建以壯麗著名者也往東橫堀河畔博物場入陳列室所見舊書畫甚多然精品實少有後鳥羽天皇手跡及宸翰其北有篤慶堂係臺南劉氏宗祠道光初題額尙存明

治三十三年恢拓能久親王宮自臺移築於此壁有劉李二姓婚書世變滄桑殊可歎也動物植物園在場之南有兩虎一豹一象及魚鳥之屬點綴其中遊畢浴於市中午後往道頓堀五花街各處市集皆盛又南行訪住吉公園相距道遠約日本二里許合中國十三四里余不知也人力車到時已申初天忽雨遂茗憩片時園中地極淸曠林陰亦緐余因雨不及徧遊北行折而東過天下茶屋豐太閤往來地也流水板橋景物秀美村落人家編紅白茶花及羅漢松爲籬或分或合樹頂皆齊余遊大阪當推此地爲最勝歸路上關西鐵道滊車過四天王寺往歲博覽會地也由此東北行至梅田驛返靑山亭寓夜往西區

訪大阪府廳遊中國街市飲聚樂園而返　余赴東國出遊必携南鍼入境先購地圖故所至皆如熟識住吉公園及天下茶屋不載大阪圖中余不知路之遠近一往直前幸天雨卽止又附瀛車歸不至竭蹶書此以自儆且戒以後不可浪遊也

廿二日乙酉陰卯刻上瀛車半時卽達神戸訪愼泰號主趙壬齋王惕齋友也錢僕寓海發盛棧安置余行李亦來迓余往少坐卽北行赴諏訪山浴於鑛泉又西行遊廣嚴寺（一名楠寺）入寺門有古梅老幹如鐵東人立碑識之寺中諸墓林立南行入楠公神社遊客頗多其旁有勸商場又有水族館較東京不逮也過湊川新橋堤上午後返寓飯罷移行李上宏濟丸晚登岸小飲月

花亭夜仍返舟中

廿三日丙戌陰晨游神戸市上茗點於杏香樓再至愼泰少坐巳刻登舟卽行一路看山目不暇給

廿四日丁亥陰晨達門司停舟半日申初行風浪大作入夜始安

廿五日戊子霽晨達長崎登岸東北行登諏訪山遊公園茗憩六角堂望海又往勸商場及商品陳列所因星期不開門去之返至裕昌號訪張濟慶談晚上船濟慶殷殷相送申初行

廿六日己丑霽海水無波舟行甚穩四鼓達吳淞口外

廿七日庚寅霽而陰晨舟達滬上行李移月中桂午飯於九華樓晚附鐵路返蘇上燈時抵家

東遊歸國致都門諸友書

自出都門航海返里樹雲迢隔忽忽半年鄙吝復生離索增感扶桑東渡歷秋徂冬始達長崎繼涉神戸諏訪之山布引之瀑客路所經一一登眺八月初吉舍舟而車湖訪濱名嶽瞻富士轍迹一日卽抵彼都同鄉後進開會歡迎舍館初定聯翩過從此主東道彼作舌人學界政界次第攷察橫舍萬千扼要周歷禮失求野我宜改紘當務之急先興女學胎教所本風氣實開有幼稚園蒙養斯盛學有統系此爲基礎其他行政各有可師水產農林效法尤易或講習所或試驗場實業旣興大利迺溥宜民之事更有兩端銀行儲蓄戲劇改良風俗轉移實受影響從來社會當救下流民

不積產必無恆心樂可感人何藉歌曲（日本演劇皆忠孝節義事說白而不歌唱下流社會最易感化）參觀他國足導我邦擬效芻言特陳當軸神山名勝隨處雲遊日光箱根泉石尤美西都嵐山大阪茶屋軌路旣通屐齒亦徧乘槎乍返枌社依然　母老倚閭幸侍膝下　祖庭舊德崇祀一鄉爨舍入祠親朋肅拜節逾長至部勒行裝指日圖南捧檄色喜長安北望如見故人山水子期風月元度尺書千里聊布所懷蔭培頓首

東行初録一卷續録一卷三録一卷

〔清〕馬建忠撰

《東行初録》一卷《續録》一卷《三録》一卷，清馬建忠撰。建忠（一八四五—一九〇〇）字眉叔，江蘇丹徒人。第二次鴉片戰争後，建忠憤於外患日深，始習西學。曾協助李鴻章會辦招商局、組織織布局等；多次出使各國，於洋務卓有建樹。其外交使行記録乃生前編定，題爲《適可齋記言記行》，本書收入該書卷四至卷六，係光緒八年（一八八二）建忠出使朝鮮平定朝鮮壬午内亂之記録。蓋光緒八年美國欲與朝鮮立約通商，李鴻章請於朝，屬建忠偕北洋水師提督丁汝昌，領威遠、揚威、鎮海三艦至煙臺，會同美國全權大臣薛孚爾駛赴朝鮮議約。時朝鮮國政紊亂，高宗生父大院君李昰應利用兵變推翻執政之閔妃集團，朝鮮載籍多稱「壬午軍亂」。亂軍攻擊日本公使館，迫使駐日公使花房義質出逃返國。花房返日後迅即興問罪之師赴朝，建忠等處置得宜，報請清廷出兵牽制日本，廣東水師提督吴長慶與統領水師提督丁汝昌提淮軍六營入朝，不久後清軍逮捕大院君，幽禁保定，並敉平兵亂，亦使日本稱兵朝鮮喪失口實。日記於使行之事記録周至，要言不煩，頗詳於歷史細節。據《小方壺齋輿地叢鈔再補編》本影印。

東行初録

丹徒馬建忠著

光緒八年壬午春三月我東方屬土朝鮮國始與阿美利加合衆國立約通商其國之政府以不諳外交願得中國大員莅盟於是合肥傅相請於○朝以建忠行北洋水師統領丁禹亭軍門因巡洋之役率兵船三艘曰威遠曰揚威曰鎮海以偕至煙臺同美國全權大臣薛孚爾駛赴朝鮮議約十四日自析津起程同行者爲呂秋樵孝廉丁軍門以事暫留余偕友人乘鐵龍小火船先行至大沽船塢勾當公事十六日午刻丁軍門乘鎮海兵船來會午後登舟先有一客在焉詢諸禹亭知爲駁軍分統朱試程軍門附船歸登州防次者遂乘潮鼓輪出口是日潮漲丈有三尺風平

十七日晨微霧緩輪行七點鐘至登州蓬萊閣下以舢舨送朱試程登岸忽有煙如雲自閣東出旋起旋滅諦視之則平原淺草間健兒林立知爲陸營槍操旌旆飛揚軍容甚盛舢舨回復鼓輪東駛天亦開朗鐘報十二點舟抵煙臺美國兵船名舢島者在口内望見水師提督旗幟站舷申敬入口後渡登威遠兵船俄而舢島船主哥貝來謁云薛使還滬即夕可返英國水師提督頃赴析津聞亦將迎威妥瑪往朝鮮議約而水師總教習葛雷森至舟亦述新報載有英法德三國調集兵艦將赴朝鮮議約而日人亦有兵船直指漢江之語無何哥貝辭去復有四人來見詢知爲招商局友附船東渡者告以行期既定令鎮海管駕官知會登舟晚膳後海月東升萬象呈露偕友人憑高眺望見島嶼環列有若屏障之罘文登榮成諸山則皆有始皇之遺蹤在焉方其勒石紀功德入海求神仙亦自謂駕諸帝而淩往王矣卒之祚不過二世地不越萬里長城甫就而阿房已灰徒令後之勤遠略者引爲著艦我○朝龍興艮埧東西南朔延袤九萬里幅員之廣超越前代而風氣所開猶復不可遏抑嘉道而後乃更創來賓之局宏柔遠之模舉宇内五大洲諸國罔弗梯航來集九垓八埏如在庭戸誠亙古所未有之盛也是夜憑眺至漏三下乃寢

十八日晨報薛孚爾至專人賫傳相書法附以洋文一椷訂相見期隨偕丁軍門登岸拜東海關道方佑民觀察歸途遇哥船主謂薛使候於寓與禹亭改道訪之促譚甚久薛使謂在烟臺宜捐棄往拜升礮繁文以免譁屬且頃聞英法德日四國咸將調集兵艦齊至朝鮮果爾則定議遂難宜乘間先期往遂訂我舟於二十日辰刻起椗美船於二十一日辰刻起椗陸續進發瀕行與貝船主約午後在汕島船會議入漢江口停泊處所俾先後來集於是三點鐘偕丁軍門往晤哥貝於其船船長二十八丈廣五丈有奇船主艙在舵樓下陳設都麗相與披圖指定於漢江口虎島旁下椗䜺過此則水淺溜急輪舟不能停泊矣虎島屬朝鮮京畿道仁川府治去王京九十餘里回舟繕稟上傅相並抄述程日則

十九日早膳後開單購外洋酒點暨中國果菜以此去漢江不無酬應之需故也午後丁軍門傳令各船管駕官於詰旦五點一刻起椗東渡首威遠次揚威次鎮海各距八百碼魚貫而進速率每小時行八邁半前舟豎旗於旗桅懸速率表夜縱燈毬以為後舟耳目諸習流軍將往觀東瀛風景令下之後整篷理索踴躍歡欣

二十日晨五點一刻起椗東駛風平浪淨如拭九點一刻過劉公島一點鐘邁成山岬自此迤東偏南太半度行直指漢江口仙俠島外小島距水程一百七十邁先是海道往朝鮮無入漢江口者隋書開皇十八年伐高麗以一軍自東萊泛海趣平壤城唐書貞觀十七年上親征高麗以張亮為平壤道行軍大總管帥戰艦自萊州泛海趣平壤平壤箕子故都漢書所稱王險城者是也今屬平安道據大同江上流則皆進大同江無疑宋徐明叔宣和奉使圖經云由定海乘南風北行五日程可歷大青島入急水門則亦由大同江進又唐書永徽五年命蘇定方為神邱道行軍大總管帥師伐百濟定方引軍自成山濟海百濟據熊津江口以拒定方進擊破之熊津在今忠清道公州下流由舒川入海則又自舒川口進而以一

帆東渡直指漢江記載以來都所未有蓋其口外島嶼甚布水淺灘急沙線無常處巨艦至此率以觸礁擱淺為慮故往時泛海者至大青島成山岬二處皆分道南北而去同治中法國水師提督羅斯駛往測驗繪圖極審為海船指南始稍稍有知漢江口者○國朝魏默深聖武記謂旅津江即漢江係誤今旅津與漢江相距遙甚從前地圖簡略經緯不明雖通材亦不能無誤也午後微雨霧露迷生不敢疾駛速率一小時行八邁約遲明可見仙俠島外小島

二十一日晨四點鐘舟指仙俠島微霧島霧沒不可辨綫輪緩行有汽船自南來辨煤煙知為日本兵船有頃霧斂微雨五點二刻過仙俠島外小島八點鐘過仙俠島島嶼四合如行江中水青若澱[illegible]急潮流上日船道熟先駛相距已十邁矣十二點三刻過江岐島份小貓島舟折而北右掠小阜島左[illegible]燕與島已復迤東衆北行鐘報三點望見日本兵船已於虎島旁下椗四點鐘我舟相繼至下椗與日船鄰其副船主剌舢板來與我舟管駕官相慰勞衆詢所來故亦遣大副剌舢板答謁日船名盤城自內海口下關被駐紮朝鮮公使花房義質來途中行十日程道泊釜山巨文島各數日其船大與鎮海埒俄而小艇二復自山隙出張滿帆駛附鎮海以遊鏡覘之見有烏帽藍袍倚舷而立者則朝鮮四品鴻臚李應俊也應俊前以約事至析月之初旬令鎮海送至鴨綠江口歸國者故識之鎮海管駕官旋以舢舨送之來則與偕者又有三品鴻臚韓文奎五品鴻臚高永周登舟寒暄畢筆談數則即以登岸為請言其國王已令於仁川掃除行館派二品參判趙準永為伴接官明晨來謁迓李應俊等辭去丁軍門傳令三船仍燕泊以待

二十二日午前十點鐘李應俊諸人與趙準永先後至準永以登岸請余以美使未來而朝鮮議約大臣亦未派至適館無所事事因辭準永等復固請乃允於午後三點鐘登岸留準永等同飯舟中飯畢準

永謂曩游日本識日使花房義質請往訪於其舟命舢板送之去約二點鐘回威遠同行李應俊別借諸人往觀揚威快艦鐘報二點二刻應俊等歸自揚威準永猶未返余遂偕秋樵率鎮海管駕官陸倫華及習流軍八名與應俊等別乘舢舨先行中流見準永自日舶下花房義質亦刺舢舨至威遠艤意將往謁丁軍門及余焉三點鐘抵埠仁川都護府使鄭志鎔迎謁道左兼以肩輿來迓輿如車箱狀趺坐其中四人舁之行導以青旗皂蓋輿隸呵殿漫聲長謠前後互答遞邐循山麓行景色明秀如在江南道中村人扶老攜幼來觀者以數百計越嶺者五約十許里見兩山環抱中嵌茅屋數十家詢之即仁川府也府無城郭官廨在東山之麓正對文岳令即以為賓館入門則棟宇剝落儼若古剎廳事側小室三四間備余輩棲息室陿比如蜂房地薦蒲席壁障紙屏無几案牀榻給事者先於門外解屨乃入其俗略似日本而簡陋過之坐甫定府使以矮几獻食殊粗惡穢氣觸鼻欲嘔者再婉辭乃撤去晚令從者煮粥以食食已邀李諸人相繼至各筆談數則而去獨趺席地就寢穢氣襲屋猶存而室後山松因風作濤三鼓盡方睡

二十三日晨起陸倫華回舟李應俊辭赴王京催派議約大員趙準永等相繼來問訊因與筆談將乘間覘其朝議而準永等狡甚語涉政府輒諉不知乃告以傳相奏請大皇帝派員來此原為調護勵落起見分宜推誠相待安用是模棱為準永等悚慴謝過午後無事方欲偕友出遊而丁軍門策馬來知美舶未至因聯騎遊山岡巒廻合林木叢茂雖無雄奇險怪之觀而平遠深秀殊足引人入勝因念中原山水在通都大邑為冠蓋所往來者固皆登諸誌乘繪為圖畫而荒遠僻左之區自唐宋以來亦率有遷客騷人為之搜奇選勝作為詩文以寵之傳流傳宙合蓋一邱一壑能自拔奇於嶽瀆之外迄於今湮沒不影者抑已尠矣朝鮮山水之勝無異華土徒以越在東隅屐齒罕至數千百年卒無好事者從而表章俾得附宇內名勝之列地望限人豪傑所慨山水亦有然與方與攬轡流連而通詞尾至喘汗雨下叩馬躇遂謂

余與屏從微行設有蹤失渠等罪且不測爰循舊路緩緩歸村人集道旁觀者益衆皂隷亦踪跡至先驅清道以行返館小憩復與高永周筆談詢其政治風俗與夫古蹟之沿革遂留之晚膳膳畢而二品參事堂備官金景遂至自王京云已派定經理機務衙門事申櫶為議約大員越日當馳至京遂年六十餘其國王於派定議約大員後遣之來知其胸中已有成竹以筆談紙之詞氣桀黠隱然有輕視中國之意因責其應對失禮立傳接伴官飭賀明備輿馬回舟漏三下準永等猶來[illegible]留

二十四日晨起金趙諸人復來因留晚飯謝之丁軍門先行時余將登輿而日使花房義質策馬往王京道出仁川過館請見與語甚久出館各分道行至舟美船仍未至雖迎晨霧阻而後期至三日恐別有事故爰與丁軍門議賀明道鎮海返至煙臺沿途探視因以一稟上傅相令就便資回直隸就報見美國兵船入口時已晚七點鐘爰登舵樓以遠鏡窺之則於口門下椗相距猶三十里

二十五日黎明美船未起椗午前丁軍門邀赴揚威閱操午後二點鐘美船駛至威遠下椗金景遂李應浚等亦來威遠遂歸自揚威而我所以照會呂翰自美[illegible]回[illegible]船在口外阻霧停四十八點鐘故失期薛使致聲謂明日十點鐘來答煙臺之拜景遂等翌入見謂申櫶今夕至詞氣頗抑非復前日數語後應浚踐衣請閒遂引入別室詢恐王京議論歧出與寶沢李昰應頗非外交景遂甚有前日之言因與筆談數則而出應浚等請往款接薛使適美船船主來答呂翰之問稱薛使兩日內不理公務乃議期告景遂諸人五點鐘辭去

二十六日九點鐘美船船主請以來外十點鐘薛使來拜寒暄畢薛使謂全權字樣譯出俱備有咨行朝鮮總理機務衙門公文一通以此次未攜繙譯不能華洋文有無舛錯為點勘允之有頃辭去余與丁軍門議翌夕七點鐘邀薛使晚宴翌日二船主晚膳旋繙發洋文請旦薛使辭以疾二船主答書如約三點

鐘趙準永率李應浚諸人持其大官總理機務事申櫶副官經理機務事金宏集與從事官機務副主事徐相雨三刺來問訊訂明日十點鐘登舟晉謁大官總理大臣之謂下國陪臣不敢稱大臣降而稱大官禮也未幾鐘報四點往其船答辭使并準永等留待舟中辭使出國書與全權字據華洋文各一通爲校閱畢辭使商於余謂條約未定不便遞國書擬先以公文咨朝鮮政府國書俟約定後再呈余謂國書呈遞先後無關輕重第先將全權字據咨行朝鮮政府使可會議辭使因問朝鮮正副二使有無全權余謂其國王既特派議約諒無不予全權且我傅相所議約稿內載明全權字據彼政府遂作格避非有堅礙不敢易也旋辭回舟復與準永筆談語及全權事李應浚復隨往別室求代擬諭旨一稿攜去

二十七日九點鐘丁軍門邀同點行九點二刻辭使來商請議約時在近岸支立帳房不必往仁川行館並問朝鮮正副二使登舟升艦幾時余謂近岸議約我免涉跋彼省供億計誠兩得少頃當與朝使會之升艦則按中國禮用三響爲十點鐘時李諸人先至十一點二刻申金二使率徐相雨及申櫶之子政熙孫德均登舟舟師站隊以迎升艦後余通詞傳語陪臣某某入艙先行三跪九叩禮代國王恭請〇〇〇皇太后〇〇皇上聖安然後行賓主相見之禮於時余偕丁軍門屏息旁立櫶宏集行跪叩禮畢乃與相見送茶後方問其國王安櫶宏集亦方問傅相安周旋之間頗極歡洽蓋自二十三日回舟小示決裂彼乃知中朝士大夫不可狎玩嗣是從遊諸人及凡來自王京者罔敢稍有褻越兩使臣則又偃僂益恭云就坐數語遂留飲與金宏集筆談甚長申櫶則光緒初與日本議約者年七十餘雖步履甚艱而風度頗復端凝金宏集年逾四旬望之似三十許人通達識時務嘗與日本議加稅則章程聞皆其所定洵國中翹楚夜飯畢偕赴其船拜辭使辭使待之禮有加焉已而周視礮位放礮無已四點鐘回舟申櫶辭先歸余復與金宏集筆談甚久六點鐘始以小火輪送之去七點二刻英日二船主來謁答拜繼而散已九

計二刻矣

二十八日晨起無事檢點筆談午後四點鐘仁川府使鄭志鎔以牛一頭豕二肩暨雞魚等物致饋美船避通詞登舟請示且言李應浚復往王京面陳機務因中國派員在此故雖投附之微不敢不告亦恭順之一端也初志鎔亦數以禮爲饋余與丁軍門皆既辭卻之一無所受以體○國家優卹藩服之意

二十九日舟中無事與友人縱談朝鮮國祚與廷郡邑沿革晚五點鐘國王遣承政院右副承旨金晚植賫名柬來勞問柬貯匣中襲以紅綾跪而進獻余長揖受之啟視則右側下方書朝鮮國王李熙六字細若蠅頭與筆談數刻囑歸告國王蔵事後詣王京晉謁煩先容請與丁軍門各附銜刺璧柬晚植復跪而受之因順令轉囑仁川府使明日備輿馬至濟岸伺候與丁軍門往行館答拜中金諸君

四月初一日雨美船船主哥貝將薛使命來催訂議約則十點鐘促其解纜後偕丁軍門登岸則仁川府使已派候道左進肩輿乘之行亂山經雨風景欲活綠蘿越嶺涉歷險巇十一點二刻至館與中金諸君相見畢就坐筆談良久二點鐘進食食時接談晉金宏集主筆率以米穀出口於朝議民情有礙須設法議禁爲請余謂見薛使時當相機爭之四點二刻辭歸復往美船以米穀出口一條與薛使往復辨論七點鐘回舟作書以所議告中金兩使

初二日晴專弁赴仁川致書去後倚舵樓看諸船發帆中美日五舟星羅如聯珠而威遠適當其中亦一奇觀也亭午致書人猶未返一點二刻李應浚持中金二使復函來訊悉聞歸自王京文件均攜至副使金宏集於明日謁商數是招商局五人已言於朝允即飭人護送至王京察看商務訂後日起行且總其國王致願見之忱請余與丁軍門蔵事後赴漢城一遊云已令館人除室以待三點鐘應浚辭去薛使在仙鶴船望見朝鮮人來遣隨員至我舟謁議約期答以俟明日金宏集來舟議定再告

初三日午前閱日本淺根坂郎所撰朝鮮國圖志二點鐘金宏集率徐相雨李應俊來舟宏集以文件遞交已復筆談良久四點鐘辭去是夕余以約事粗定至朝鮮且半月尚無一紙抵津恐傳相眷注因與丁軍門議令鎮海兵船於初五日賫稟先歸

初四日晨起申金二使令應俊來以國王命犒還衛東頭致牛一頭豕十蹄雞五十卵二百白粲五石以犒我軍士故受之十二點鐘薛使赴仁川答申金二使拜郎校閱余權字據邀與偕行遂登岸同至行館申金二使與薛使出全權字據互相校閱畢訂初六日在近岸支立帳房會集畫諾四點鐘薛使先歸余復與金宏集筆談良久宏集等留飲出樂侑觴六點鐘回舟繕稟上傅相並附筆談日記二冊交鎮海管駕官陸倫華令遲明起椗賫至煙臺後沿途探投稟云忠於去月二十三日因薛使失期不至恐有事故擬遣鎮海輪船回至煙臺沿途探視並將抵朝鮮後一切情形縷悉具稟稟甫繕就而美國兵船已至故未即報茲特附呈鈞鑒將二十三日以後情形撮舉大概爲憲臺陳之薛斐爾二十三日入口次日抵港二十五日彼此往拜議及約內第一條彼終謂有礙平行體統且電復未至斷難擅允詢以何天爵在京所譯第一條洋文則謂未經攜來亦並不知所譯是何言語詞意之間甚爲決絕若必欲以此條列入約中勢將以固執廢事不得已議令朝鮮國王於約外另備照會一通聲明爲中國屬邦則在我既存藩服之名在彼亦無礙平行之體薛使謂應在煙臺答中堂書時曾許令朝鮮設法聲明茲既不列入約中則亦無所不可忠因思此項照會內須寫明係於未經立約之前先行聲明則美國於此條雖未允列約內而約先既許聲明似即與認明朝鮮爲我屬邦無異惟朝鮮自受日人嬲惑以來雖未敢箕踞向漢而亦不無狡展之心自二十日回舟小示決裂始知中朝人士不可玩狎由是稟遂請入及後之來自王京者皆爲恭謹而其國王亦遂遣承旨官賫帖來拜其狡展之心似已非復前日茲若以聲明屬邦一節愷切

詳論令其遵照辦理以理勢揆之似不至或有違悖然萬一中於贊鼓稍涉支吾則美日二船瞻視非遙
深恐於國體有礙爰欲略參權變之術以駕馭之遂於二十七日其所派議約大官申櫶副官金宏集登
舟來謁時令先站隊升礮以振吾威復傳令陪臣某某代國王行三跪九叩禮恭請○○○皇太后○○
皇上聖安以折其氣然後以筆談所裁諸話從而紆徐引掖使之樂就夫範圍已乃爲代擬照會一稿寬
假以自主之名實申明其屬邦之實金宏集等閱之乃皆欣然願從即於次日命李應俊賫回王京請其
國王照稿繕用繼復議及他款大都無甚出入第米糧出口一條申櫶金宏集均謂於其國朝議民情有
礙堅欲議禁辭使則堅不允禁相持廢日金宏集乃議添註惟仁川口不準出米一語忠以語涉含混擬
代改爲惟于仁川已開之港各色米糧概行禁止運出較爲周密經與辭使輾轉商量適渠亟欲歸國極
思約事早蕆因迫於速成之心外屈於婉商之誼遂已勉强允行初二日李應俊返自王京初三日將照
會賫來照稿謄寫一字未易擬存忠處俟定約時與國書條約交辭使一並賫回頃辭使邀赴仁川已與
申櫶金宏集等約定於初六日在濟物浦會集押約茲恐仰累宸慮特先其稟並日記筆談等件交鎮海
兵船先行賫呈忠於蕆事後擬赴王京一行答其國王專帖之拜約初十内外當可起椗西渡矣
初五日風午前八點鐘李應俊來舟請國書答復款式爲屬草以去九點鐘丁軍門遣軍士至濟物浦助
支帳房午後朝鮮議約大副官與美師遣人持漢洋文約本各三冊來請校勘閱畢遣還已六點鐘矣復
接兩國使臣函謂詰日簽訂事兩不相諳乞登岸蒞盟焉
初六日風定午前九點鐘偕丁軍門減從登岸美船四艇偕行花旗颭風銜尾而進至濟物浦有朝鮮官
備肩輿來迓詢知帳房在山陽因辭輿步行越嶺見遙揭崖麓環繩爲衛守之以兵美使率水師官弁十
餘人火器兵二十人蹌至偕行甫及帳申金二使趨出肅迓入帳送茶畢卽爲指授儀節請兩國使臣中

南清河王氏鑄版

與行事余偕丁軍門退居他室以待約本漢洋文各三冊悉當場鈐印簽押冊尾年月均以漢文塡寫朝鮮開國若干年即中國光緒某年月日字樣畢申金二使復起立以其國王致美國伯理璽天德約外照會一通授交薛使託賫歸轉呈於時哥船主於帳房燃火箭一枝俄而美船升礮二十一聲致敬朝鮮國王諸臣各脫立以竢已復升礮十五聲致敬丁軍門及余威遠亦升十五礮答之礮聲止余偕丁軍門出室稱賀因邀薛申金三使暨趙準永徐相雨李應俊等至我舟宴集爲敦槃之會申櫶辭以疾趙準永因事不赴餘人悉至登舟巳十一點二刻小憩入座與宏集筆談甚長薛使即席邀余與丁軍門暨金徐諸人翌午會飲金徐以復命辭席散薛使辭去金宏集復與余筆談四點鐘宏集辭登岸且謂頃聞薛使云於初八日起椗請順至美船送行因邀我舟官屬皆偕之往美船升礮十五聲致之六點鐘申金二使復遣李應俊以其國王命持答美國伯理璽天德書二冊來請余酌用書中一列名一不列名余謂照會既無國王名則答書亦不必列名以歸畫一應俊即以一冊留舟中託代致美船

初七日午前九點鐘日船花房義質來拜詢知昨夕歸自王京談次因賀余約事贊成之速余謂此由美使無甚要求故介紹亦易易耳復以約款爲問則答以初次立約務從簡略不過粘通情好而已俄而花房辭去升十三礮送之十一點二刻偕丁軍門赴美船宴花房已先在相見畢余以朝鮮國王答書轉交薛使花房詫爲奇特既而入座暢飲花房復舉觴向薛使以約事速成爲賀薛使謂此由中國李傅相主持之力又得馬觀察等爲介紹故便利若此花房聞之詞色瀕沮散席回舟李應俊復持其特命總理機務衙門大臣金炳國照覆薛使公文一通來請轉致蓋薛使於校閱全權字據時曾以照會抵朝鮮執政故炳國覆之應俊謂昨金宏集復命王京與花房義質遇諸途花房詢明約款宏集謂換約後乃可宣示花房頗有不豫色云四點鐘偕丁軍門答拜花房於其船薛使亦至坐定其船主趨來道歉位不備不能

行致之敬蓋西洋水師成例凡兵船升礮者必有還礮六門日船僅還礮四門於例不能升礮也少頃回舟遣管駕官持金炳國照覆公文送交美船是晚檢點行裝擬遲明赴朝鮮王京

初八日晨發八點二刻偕馬學軍門及秩樵率傔從六名差弁四名營流軍十二名發濟物浦舍並輿儀衛如初赴仁川時增以鼓吹一部行三十里過星峴山山隸富平府治高約百丈輿夫登陟喘汗雨下前驅軍士按轡徐行蠕蠕然若蟻緣垤又十五里至梧里洞食已十二點矣飯畢復登輿行二十里歷楊花津抵漢江江無巨艑以小舟四艘兩兩比脇四隅設柱上覆以頂如亭式紆徐而渡北岸波側石壁嶻嵲臨江屹立崖巔樹影中飛宇窕然隱約可見者即江亭館也復行十五里抵漢城城爲古朝鮮馬韓之域因山爲下甃石以城北枕華山南襟漢江左控關嶺右環渤海百濟中葉曾都於此有門八東曰興仁西曰敦義南曰崇禮北曰肅淸東北曰惠化西北曰彰義東南曰光熙西南曰昭義是日余由崇禮門入市廛荒陋民居湫隘都人士觀者如堵而婦女絕少間有一二老嫗皆衣褻衣蒙頂側立遥視懸里許至南別宮居焉宮在南部會賢坊本小公主宅從前詔使舍於太平館在西部養生坊壬辰兵燹公私廬舍蕩然灰燼此宅以倭將所居見遺癸巳四月李提督如松復京城館於此遂爲詔使所止今稱南別宮屋宇宏敞擬於王宮余與丁軍門各處一室皆布席敝地中設公座座後列屏爲障左側爲臥室中懸紗幔室內置榻高不及尺圍以短屏榻前列矮几一上度木匣貯文具以備筆談盤盂爐鼎均備入館少頃伴接官趙準永及李應俊諸人先後至因偕丁軍門先以銜柬往候國王訂翌日進謁晚九點鐘國王遣左承旨趙秉鎬持帖起居詢諏吉於十三日初見余謂事冗不克久留無已則以初十日爲期託其轉達國王趙秉鎬辭去韓文奎復以國王命求覲銜柬是日適值佛誕國俗以其夕爲燈節黃昏後火樹銀花滿城開放而國王與其世子亦遣內侍持宮燈四懸來貽

初九日晨登明雪樓與眺覽禎宇閣木刻楹聯列皆從燕則皇華流止時留題篇什其詩多道國家綏靖藩封之意與朝鮮服事上國之忱想見其國之君長累世恭順宜一日有事○朝廷不忍以度外置也十點鐘日使花房義質遣參贊近藤眞鋤過館請來見期余謂即日出拜申金諸人當順道往訪近藤眞鋤辭去一點鐘申金二使來與金宏集筆談通商事宜宏集呈條約冊子詢未諳各節手批答之二使聞余將往拜因辭余謂輿馬已備無庸固辭且余亦將假此一出遊覽耳於是一點鐘遂偕丁軍門先出敦義門訪日使於清河館館在盤松洞門外得泉噴流爲池廣約數畝新荷出水午解館凮館內正室曰西爽軒公使居焉左曰天然亭右列四字隨員及差備官通辭舍之後一樹曰淸漪閣可供遊息地勢居高臨下俄觀城中數萬家如在几案顧犀字狹小遜南別宮遠甚坐談少頃復命駕至申櫶宅則金宏集徐相雨俱在蓋爾君恐余往拜故均集櫶宅迓阻相與問訊畢櫶率其子若孫遊其後園亭園有晚香堂御書樓見山亭聞琴堂諸勝纖翳樹不多而水木明瑟頗饒野趣其刻孫年十一歲著茜彩隨行問讀何書曰通鑑問經書卒業否曰東國訓蒙之法童子入塾首讀史略與千字文次即授以通鑑經書則俟文理略通後乃發云六點鐘歸館九點鐘國王遣右承旨金晚植持帖請翌日申刻相見余語晚植歸告國王前已由陪臣代請○○聖安此次相見第行主賓揖而已

初十日陵晨金宏集以國王命來館議商事件延入筆談良久金曰小邦地褊民貧邇來經用實絀欠項頗多日人或有願借之意然此事既出於不得已則無寧仰請於上國耳忠曰借貸之事所係甚重用之善則國受其利不善則反受其害以國之債其法創自外洋往往藉此以富國亦有因之以弱國者但外國借債借之於民即向他國借債亦借之於他國之民從未有向他國政府告貸者向一國政府告貸勢必受其要挾由此以觀則日人願借之意其屬可慮我○中朝歷有洋商欲借款項而政府屢却之者既

後患也然我國緊富籌款甚易貴國貧瘠欲求富强不得已而出此一舉實以時勢使然然告貸之先當籌所以告貸者所辦何事果爲民興何善舉知所辦之事果爲民有益可以裕商則願貸者不乏其人雖千萬百萬可以一呼而至且利息甚微何則以貸者知異日之必能償還故也金曰所教周悉籌款事惟礦山可議日人自立約後即要求開礦然敝邦恐其欺挾至今不准總請中國礦師設法創行忠曰貴國富有沉金礦日本俄羅斯久已垂涎創始之先必須詳勘着實何處有何礦何處礦苗最旺然後擇其易於開採者先辦如是而後可籌款以爲興辦貴國貧瘠特甚欲藉此法以爲富强聞之不勝欣喜歸當禀請傅相先遣礦師數人踏勘礦山礦山果旺必當爲貴國籌一至當無損之道以借款項百萬千萬措借亦易易也金曰現領選使在津所辦谿誡若得傅相求一方便法俾有臂資尤幸敝邦包蔘稅有歲課亦可按年歸償耳忠曰包蔘之税何處撥還金曰包蔘稅係義州府柵門接界所徵收耳忠曰領教但借款一事不可不慎爲貴國謀切勿墮日人計至囑至囑丁軍門借友人策馬往遊南山宏集去徐相雨來復與筆談因留之飯方舉箸而丁軍門歸頗述南山之勝飯後三點鐘伴接官趙準永偕司員四人來請赴王宮遂偕丁軍門著行裝登輿行二里許至新宮入門兩旁古樹參天中擁石道過勤政殿至協陽門降輿入次次以屏風支成如兩室狀於次進茶果二道從官呈接見國王與王世子儀註四冊導入便殿至東楹外國王出就西楹東向立揖讓而入登殿行揖禮畢就坐提調進擇巾尋跪獻茶果兩道進退周旋均以樂節之譯官四人著四品服奔走傳語所言者寒暄而已殿中袍笏森立金宏集趙秉鎬趙準永均在國王年三十餘冠翼善冠服袞龍袍龍四爪甚灑落提調行禮有參錯者輒親加指示且時與近侍及諸臣談笑諸臣亦得於王前偶語狀如家人父子蓋其風氣近古故上下之情易通凡白事者夜三漏猶接見爲須臾禮畢樂止起坐辭出國王送至楹外視余與丁軍門出門猶拱手以立至協陽門入次小坐

金超諸人均來問訊王叔與寅君李昰應與王弟載冕亦至次歘語少頃復出至王世子處行禮與國王同世子年九歲眉目頗秀被服如國王二中官擁之坐問答聲均自座後出禮畢復至協陽門登輿歸而王與世子均遣中使送筵席至羅列盈室臭味不可嚮邇繼復饋方物固辭不獲乃受數種時已十一點鐘矣方解衣就寢而中使又至詢之則國王遣慰留少住數日者亟起辭之使者去復臥則中使復以國王命持千金爲贐余倦甚偵知丁軍門已醒令人囑其起辭峻拒再三乃肯持去而牆外雞聲腷膊爭唱蓋夜漏已五下云

十一日晨六點鐘遣人持銜柬至國王與王世子處辭行國王與王世子亦遣趙秉鎬賫帖來送無何金宏集徐相雨諸人先後至館候送申櫶以老病遣其子來代之九點鐘起程至漢江渡時日使花房亦遣隨員持刺追送十二點鐘至梧里洞食三點鐘至富平易轎而馬疾馳三十里四點一刻抵濟物浦丁軍門躍馬先至知英國兵船二艘一名味齊則至自長崎十二點鐘下椗一名賽得落至自津門一點二刻下椗尋登舟而英國駐京參贊懋德偵余歸先以一書請見未幾即擕傅相函至叩余行期答以遲明即發則固留余謂俟讀傅相函後再定行止懋德辭去讀悉書意旋至味齊則兵船答拜懋德兼晤其議約使臣水師提督韋力士告以暫緩起程韋使略詢辭斐爾先後議約情事與所擱口岸小坐回舟七點鐘伴接官趙準永登舶送行留之晚膳本傅相意作書致申金二使俾轉達國王交準永今星夜賫去

十二日晨七點鐘李應俊至先是國王以條約照會等稿備文令應俊附便舶至津齎呈禮部及北洋通商大臣衙門比至舟知英舶東來議約遂立回王京面陳十點鐘韋使來拜余與丁軍門并託向朝鮮代購兩舶食物行時升十五門礟送之十一點鐘申金二使及趙準永以禮來餽辭卻之午後二點鐘懋德來舟索觀美約洋文稿檢出予之談次因述其舟甫至時日船遣人叩東來故答以與朝鮮議約將俟

上海著易堂印行

馬觀察回舟請爲介紹日人聞之慚恧而去

十三日舟中無事午後偕丁軍門刺小艇往遊舜雌島返至永宗島有僉使在焉爲言島中舊有城壘酋首永宗鎭以守七年前日人因約事尋衅以巨礟轟塌之今永宗鎭遂移居山巓四點鐘回舟英船賽得落忽起椗駛出詢知將至大青島謌測量船來朝鮮測量海口晚七點二刻偕丁軍門赴韋使宴席間談笑甚歡韋使欲將美約略爲增減余堅持不得一字更易其後竟如余言歸時已九點二刻國王復遣譯官奎高永周來舟挽留幷條詢英約各節知其國已派兵曹判書官一品趙甯夏爲議約大官偕副官金宏集從事官徐相雨伴接官趙準永即日馳至仁川訂翌午登船而語極冗甯夏年三十餘大王后之姪與國王爲中表兄弟

十四日晨英參贊懋德來商條約事件十二點鐘朝鮮議約大官趙甯夏副官金宏集率從官譯人來舟留之飯與甯夏筆談李應俊尋賫其國王咨北洋大臣暨禮部文件內有轉請奏留持辦等語至自王京二點二刻偕趙金諸人赴英船拜韋使議及條約辯論再三乃定韋使謂俟繙譯官自申至即訂期畫諾同舟復與甯夏筆談先是傅相手諭謂諸日由津門啓節南旋玆朝美事蕆而英約亦大概將成因議令揚威快艦於暹明駛赴烟臺以迎節並乘便添備食物趙金二使請順擕李應俊賫文前往許之晚膳上傅相稟并鈔呈筆談略云忠於本月初四日雕泐寸稟交鎭海兵船賫送回津旋於初六日高美兩國使臣就濟物浦支立帳房會集畫押當將朝鮮國王照會與國書條約等件並交美使美使即於初八日起椗歸國忠亦於是日偕丁提督同赴漢城初十日見朝鮮國王於便殿行賓主禮十二日申刻回舟則英國使臣韋力士先於日午乘兵船駛至漢江口傍我舟下椗尋遣其參贊懋德來詢行期告以明日起椗遂殷殷挽留囑爲介紹並交出韋台鈞函莊誦之餘藏函中大意即夕書囑申金二使臣囑其轉達國

王妥速計議嗣復與韋使論及約內第一條韋使謂威使在津與中堂言明一切條約均照美國辦理至朝鮮爲中國屬邦素奉中國爲主美國如何辦理英國亦應照辦若必列入約內則未奉本國君復斷難擅允忠因思條約僅係兩國使臣所議照會則由朝鮮國王向英國君主自行聲明似尤覺正大且此條美國既不允列入約內使英國允之則不特於平行有礙亦且將貽笑他人度其意斷難聽從計不如仍依美國成例令朝鮮國王於議約前先備照會聲明而朝鮮國王亦甚欲約事速成卽於十三日派兵曹尙書趙甯夏爲大官經理機務事金宏集爲副官來與英使會議今午後登舟來調施與同赴英舶與韋使相見韋使初膺使事諸務未諳狐疑特甚云美國約略舉大概似涉掛漏擬從中添註數條以期周密忠告以此係初次立約僅能略舉大概俟五年後彼此交誼較熟然後乃可商量損益同來各國立約均係如此因爲之反復開陳其參贊懋德亦明決善斷復從旁代爲剖晰於是韋使乃無異言大約一切可照美約定擬惟俟英國繙譯官到方可擇期畫押耳

十五日晨六點鐘李應浚來尋附揚威西渡交到津海關道周玉山觀察書由陸路遞來乃上月二十一日自津門封發者八點二刻丁軍門乘小火船往測漢江三點鐘韋使遣隨員來告賽得落兵船將至至郎遷赴煙臺尙有信件可便將去因以一函答玉山觀察四點二刻韓文李持其國王照會英國君主公文至暫留余處俟簽押日復由朝鮮議約大副官交韋使齎歸五點鐘賽得落兵船進口尋卽駛去六點鐘英國測量船名飛魚者至自大青島八點二刻丁軍門回舟道漢江兩岸風景劇佳而江華居民稠密亦復不減漢城云

十六日午前九點鐘英參贊懋德來舟問訊繼還美約洋文稿謂繙譯失期不至焦急殊甚午後無事乘小火船趁潮偕友人往遊江華初應舞雌島次下鴿舞次虎島島當一礁石狀若伏虎日本所繪朝鮮圖

以虎島當漢江口係屬舛午漢江口右側大島蓋永宗島也次西湖里村落綴山麓蕭疏淡遠殊有畫意

次至上羈舞山窮水盡前若無路復行四五里則兩山對峙中通一水曰孫突項爲漢江入海關鍵朝潮夕汐至此一束峽勢峭立如門戶水經其間不得速出奔騰噴薄聲殷怒雷且其下暗礁林立利同劍鋩三南稅船（全羅忠清慶尚三道在朝鮮南境國人稱爲三南）至項外必俟潮滿乃過否則率遭觸損號稱天險相傳朝鮮太祖嘗乘舟至此欲鼓棹逕過舟人皆諫不聽有孫姓者自斷其手以進太祖懼乃候潮而渡故至今以孫突名

爲越項則江面陡狹兩岸皆山甃石爲壁間以礮壘如長虹起伏三點一刻至鎮海樓登岸入石壁門距江華猶十里無輿馬緩步以進陟高嶺見雉堞參差知爲江華城郭尋迤下行山谷中雞犬連村桑麻被野殊有太平景象十餘年前佛郎西人嘗兩入其境今乃完善如此意當時因未甚蹂躪與未幾入城其門額曰江都南門城中亦皆茅屋過閱武廳憩焉小憩索三馬乘之至留守署踞山腹廳事軒敞周覽城郭皆因山高下爲之如漢城制山之最高者曰牟尼峯府置留守官爲一品大員非親貴不得居任此者恆處漢城歲中間至其邑而已今留守李載元王從兄也蓋江華自我〇朝龍興時以兵伐朝鮮國王嘗兩遷其地遂爲重鎮防禦之嚴爲國中第一時有從官崔姓者來見具酒食款留以日暮策馬去至鎮海樓已六點鐘矣適潮落小火船駛甚遲八點一刻回舟

十七日十點鐘趙甯夏遣韓文奎來假小火船赴通津訪友十一點鐘英參贊懋德來議約事一點鐘偕友人刺舢舨游月尾島見五色芍藥竊數枝歸供膽瓶晚接趙甯夏書謂午疾作未赴通津火船遣還謹以一函附謝云嚮夕雨

十八日大雨竟日無事

十九日晴九點一刻懋德復來議事十點鐘登舵樓見煤煙一縷自天際起以遠鏡測之知爲揚威入口

十二點一刻揚威下椗葛雷森來攜家書一封謂知十五日起椗後於次晨四點鐘駛過成山岬緩輪行十點鐘至煙臺採悉傳相乘保大輪船於昨日三點鐘出攔江沙迆旋順而南不入煙臺口故途次相左因以文件交文報局寄津投制憲復設輪東渡煙臺食物購至乃邀英提督韋力士參贊懋德及其水師官三員於翌午宴敘

二十日晨趙金二使遣韓文奎高永周來問訊十二點鐘復見汽船進口一點鐘韋使等來赴宴甫入座則報法國兵船至矣旋接其駐津領事狄龍書謂攜有北洋大臣函件請來舟面交韋使聞法船之至恐其後來居上遂不及待繙譯即席訂翌午簽押二點二刻客散狄隆來謁余兼拜禹廷軍門交到制憲函件略談辭去余即登岸晤趙金二使於仁川館爲告法船東來意并語以明日朝英簽押事宜與兩使筆談甚長七點二刻辭回以日暮易輿而馬疾馳以歸至舟已九點鐘矣無何狄隆復來訪與促談良久而去

筆談忠曰朝使一聞法國之名即皇皇然以傳教爲慮隱有不願與貴國立約之情蓋朝鮮最懸傳教故現與日本重訂通商章程有一款內載將以教書與鴉片煙並禁如有攜入各口者罰其物主併將其物當衆燒燬之語且貴國先有傳教士潛入朝鮮以致同治七年入踞江華之事後經余再三勸導謂法國此來非爲傳教志在通商求好朝使方允將貴國行將締約之意轉告國王定議後朝使又云貴國此來雖以通商爲名禁教之事不得不設法聲明云云狄曰禁教一事吾國萬萬不能允行欲以吾國萬萬不能允行者惟外提明豈非明明逼我乎忠曰禁教之事若在十年以前貴國固難允從但刻下貴國政已不變上下驚惶中雖護傳教者寥寥數人而秉國政者多非其黨若與朝鮮立約載明禁教一節貴國政府必不深咎狄曰吾國政府雖予傳教一事不甚緊切然若以禁教二字形諸公文必致激成吾國人民之公忿故欲致者必不能允行也忠曰子知貴國民情之可慮而知朝鮮民情之尤可慮乎前日往游江華府與其官接談偏以貴國前踞江華之事爲憾且謂此皆由曩教所致余居此一月與其官員來往無不以傳教鴉片煙爲大戒前國王禁教甚嚴外洋教士屢遭殺戮至今猶謹遵之今則時局一變其國王有意外交而老臣皆以爲非王叔李昰應尤力持以爲不可幸國王明決已與英美立約故遣來議約者頗皆少年心腹之人國之老臣頗不與議今貴國來此朝鮮臣民皆知貴國以傳教爲務若不明爲禁止則有幾朝野公論矣狄曰事雖如此傳教之事可如英美約內不必提明如欲提明微特吾國難以允從即歐美各邦莫不以爲大恥若悉照英美條約定議余即可暫行代貴公使簽押忠曰現在朝鮮使臣專派與英議約豈敢與貴領事簽押況暫代秉權大臣簽約並未見有公法載及者狄曰簽約不能還乞貴道請朝使致一函內稱須與吾國議約其約款悉照英美定議云云忠曰朝使非奉國王特命不敢私與外人交談況致書乎狄曰若國王已允吾國議約朝使即可致書于我乎忠曰彼非奉有國王特諭與某國

議約決不致以書札相往來也無已甚願芈致余亦照會余即以照會之意函致朝使俟朝使復余後余再移晉貴願事是爲正辦狄曰此法頗善俟日朝明至舟乞由貴道引余一晤旗河回覆演大人謂至此已面見朝鮮官員矣至禮至禮忠曰俟朝使明日至舟時當婉爲介紹

二十一日晨九點二刻懋德來議兩國使臣官銜字樣十點一刻偕丁軍門答拜狄隆於其船略談即歸十一點三刻趙金二使率從官來舟款以飯與之筆談甚長一點二刻兩使先辭去至濟物浦賬房候押三點鐘韋使率舢舨四艘向岸疾駛余亦偕丁軍門乘舢舨尾至登岸入帳內小憩兩國使臣尋中坐簽押一切俱與美國定約時押後韋使向余再三申謝英船未升礮以舟小礮位不備故也六點鐘回舟晩膳後狄隆來訪探問其事十點二刻去解衣就寢而朝鮮人復至持交閔玉山觀察書詢知爲李祖淵由陸路攜來者

二十二日晨四點二刻英提督韋力士乘味齊門兵船駛去十點鐘金宏集偕徐相雨諸人至知趙甯夏於昨日簽約後即馳回王京復命幷啟國王以余不日西渡之信初國王遣派趙金二使與英國議約諭中即有飭二臣固留上國星槎之語後復另諭飭留茲余欲廻舟故甯夏返漢城稟命云因留金宏集午飯宏集向余詢商務又出與日使花房義質所定通商章程一冊手批答之飯時報鎮海至自津門無何陸營駕倫華持玉山觀察函至閱悉津門近狀一點鐘狄隆至舟余即引與宏集相見坐間以法語爲宏集代譯壹是良久狄隆乃去復與宏集筆談言英美和約已由中國介紹如他國踵至宜以轉請中國先容辭之方不受其欺挾宏集稱感不已時又報有英國兵船名基得落斯者自長崎至已下椗矣未幾英國駐日神戶領事亞斯登持懋德一函來見詢係駐日公使遣之西來襄贊約事與味齊則遭於道故懋德作書令其來見亞斯登攜有朝鮮人衣日本服色者宏集等見而惡之屏弗與語五點二刻宏集辭歸仁川而港內英船三艘法船一艘知我於質明起椗各船主皆相繼來送余即剌舟答拜亞斯登談次知

其在神戸已與家兄相伯相識尋回舟而日本領事近藤眞鋤至自王京投刺請謁微詢英美約本余以他語掩飾之因即辭去初日本朝聞中國派人襄理朝美約事特遣花房公使馳至意在居閒市惠一月之閒美英事藏而約本尙未一見數廹朝鮮政府出示均以未經批准不便宣示辭之故日人悵悒殊甚七點鐘狄隆復來云其兵船於詰日逕赴長崎欲附我舟西渡飭揚威備客艙居之七點二刻伴接官趙準永來舟送行是晚各國兵船皆鼓樂酬歌以賀成功云

二十三日凌晨三點二刻趙甯夏遣人持函來云回自王京國王仍飭留閒星槎即發弗敢再瀆惟冀不日重臨則敝邦邀福無量頃以道路奔馳委頓已甚冏克趨送謹獻數物將意與禹廷軍門答刺辭之五點鐘起椗威遠停泊匝月船隨潮汐轉鏈纏於錨十數圍倉卒莫能遽解鎭海駛稍緩且潞水不深可運行取疾丁軍門升旂令先行六點鐘日本兵舶起椗絕駛而過無何我舟錨解鼓輪進發揚威尾之行數里見日舶停輪乃軼過之蓋日舶錨鏈未解欲爭先他國弗顧而駛卒以牽掣難進天下事有欲速反遲者皆日舶類也法舶亦相繼起椗十二點一刻出口雨風自船尾來浪靜舟穩

二十四日晨三點二刻至成山岬十一點至煙臺停泊添煤繕稟上傅相略云朝美約事定議後曾上一稟飭揚威快船賫呈該船於十六日駛抵煙臺憲臺已前一日鼓輪逕南當將稟件交文報處賫投振憲轉遞矣前稟發後原議俟英繙譯至朝鮮便可簽押乃遲之數日繙譯不至因復略生枝節欲於約外另備照會一通聲明約內未及詳載者三節忠查所開各節尙無違礙而測量一事尤於中國有益蓋朝鮮各口此後皆中國兵船所至得英人測量後繪一詳審海圖便可坐享其成遂爲轉告朝鮮趙金兩使兩使亦請於國王照准咨復二十日忠邀英使韋力士在舟午飯忽報法國兵船進口韋使恐法人後來居上遂不復待繙譯即將所定於次日畫諾忠尋由法國領事狄隆處奉到振憲書函謂寶使遣狄隆東來先

達通好之意囑忠設法先容並指示朝鮮將該國傳教為難情形詳細告知狄隆俾回稟寶使商定辦法然後再赴朝鮮立一通商妥約而不及傳教以免日後衅端忠遵於是日往晤趙金兩使於仁川行館代達法船東來大意且謂朝鮮既與美英通商似難獨拒法國好在刻下尚非立約若其間不使之匱儲可向狄頒事先期直陳兩使謂朝法向無往來且言語不通雖欲有陳無由自達忠因議令趙金兩使以一書與忠云忠既為狄隆向兩使代達通好之意故兩使亦覆書以所答之意託忠轉報狄隆為惟禁教一節辦理頗為棘手是晚歸自仁川即與狄隆反覆陳說謂朝鮮所以不願與法國立約者徒以傳教一事今欲立約必須禁教狄隆謂教可不傳而明禁字樣斷不能形諸筆墨無已則照美英辦法彼此均不提及乃可忠因思教事最為西國所重若以明禁字樣形諸筆墨徵特法人引為深恥即美英各國亦皆必不允行誠有如威使在津所言者然若仍照美英辦法彼此均不提及又恐法人將來乘隙而入致滋後患遂於二十二日邀朝使與狄隆共集舟中將朝鮮傳教為難情形當面代以法語詳細告知而函內則第稱朝鮮向來未通外交國事民情多有與他國不同之處此英美國二約均於朝鮮國事民情毫無窒礙法國若要與朝鮮立約照悉照美英約本定議而換約後所行各節則皆按照約內議定條例辦理如此則於法國體面無礙而朝鮮不准傳教之意已隱寓其中昨已將書函抄稿移交狄隆令歸報寶使而英朝約事亦已於二十一日在濟物浦支帳簽押其聲明屬邦照會亦如與美國定約時一並交英使賫歸朝鮮國王恐他國踵至固留忠暫緩回舟為之終始其事忠以美英約事已蕆而法德俄議約使臣亦均未至居留以待似於體統有失遂於二十三日起椗西渡瀕行前一日語朝使令轉告國王云刻以要務暫歸如他國續來即告以朝鮮不諳外交約事多由中國主持今欲與朝鮮立約可先赴津門商請北洋大臣派員莅盟方可定議照朝鮮為中國屬邦之義亦將於是益明矣計此後續來各國中如法國大

局已定自由中國主持德國亦與朝鮮言語不通文字不同斷難對面立約惟或邀至朝鮮邀日人介紹乃爲可慮願念德國如照英美成約定議則日人必不肯代達若仿日約成例則朝鮮亦必不肯允行勢非仍請中國莅盟不可俄國或未必來請於我然忠已將利害語之將來俄人雖不來請朝鮮亦必來請也今已於二十四日駛至煙臺復接振帥來函抄示總署又十九日函稿內云寶使於十六日遣繙譯官至署請函致張制臺再將法朝議約照美約不增不減不改之意加函寄交馬道本署答以寶大臣既託威使與北洋大臣商定辦法可不必再由總署寄信寶使聞言始而忿爭繼而婉懇請此事始終求託威使一字伊從中招贊誤我要事所說不足爲據惟求總署再將此意詳致北洋大臣相與辨駁許久寶使堅辭相求此事法朝議約照美約而不提傳教辦法前次函商諒蒙鑒詧早經聞悉希將此意函飭馬道等語十七日函稿內云英德既云悉照美約法使今亦有照美約之言若與於法國添入不准傳教條款無論法國傳教士最多且用意最專必不答應且即勉强答應而美英德等國亦各有教士見法獨添此一條將謂斬於法而不斬於我轉滋糾轕不如准其仍照美約依樣葫蘆渾然無迹飭忠遵照函內事宜開導朝鮮與狄領事相機商辦茲忠已返至煙臺而狄隆亦已歸報寶使其如何辦理之處當俟回津後再聽振帥與總署商定第念忠前當甫行東渡之時於照會聲明一事深慮朝鮮不遵美國不收乃抵朝以後辦理俱皆應手而英法續至亦復無甚齟齬肘此殊可幸耳

東行續錄

丹徒馬建忠著

壬午夏五月朔復奉東行之檄初余之西渡也朝鮮國王知約例既開請款者必且踵至咨商北洋大臣張制軍樹聲請余遍蒞諸盟制軍據情入告朝議允之故於德國使臣巴蘭德之東復檄余偕丁禹廷軍門率威遠揚威超勇三船以往與巴使會於煙臺於是初二日晚十點鐘與友人呂秋樵乘鐵龍小火船啟行

初三日晨五點鐘至大沽船塢巡視廠棧勾留半日丁軍門已先在是日東南風勁威遠兵船泊攔江沙外午後二點二刻邀禹廷偕乘招商局利達輪船出口三點二刻過攔江沙薄威遠以登兩船掀簸小有觸損旋飭蒸汽於六點鐘開行舟簸如箕入夜尤甚

初四日晨六點鐘過廟島一點鐘抵煙臺巴使已先一日乘士島什兵船東渡南洋登瀛洲兵船前以總署之調泊煙臺備遣至是其管駕官葉伯鋆來謁請從往覘朝鮮海道因念南洋諸船尚無識漢江口者登瀛洲間泊煙臺據之東渡使乘便識一海口或亦南洋諸當道所深韙也爰命添煤儲食備初六日開行

初五日晨起偕丁軍門拜訪佑民觀察於其署兼商登瀛洲東渡事午後回舟飭呂管駕購辦中西酒菜備漢江宴客之需鐙下繕稟上合肥傅相與制憲報起程日期

初六日午前十點鐘起椗登瀛洲尾行駛二十餘邁升旂告機器損壞難進威遠綏輪以俟其大副旋刺舢板來請入威海衛停泊修理威遠亦駛入待之二點二刻進口口深可容巨艦百餘艘當口有山曰劉公島居中屏立東西分爲二口艤舟者多由西口入東口形如箕張東風甚則不利泊焉下椗後偕禹廷刺舢板登西岸岸有市衢室整潔狀若新造以石代磚斑駁可愛衛城在市南緣岸散步入城橢方形因

山盤石以成頗雄拔民居整潔如西市灣碞回舟遣視登瀛洲機器還報夜十點鐘修理可竣因令侵曉起椗緩輪行蓋自此至朝鮮仙俠島距水程一百七十餘邁必質明乃可駛入故無取疾行云

初七日晨六點鐘起椗九點鐘過成山岬風靜舟穩波紋平帖如熨每小時行八邁夜復緩輪行六邁約遲明見島

初八日晨四點鐘大霧咫尺莫辨計自成山岬至此已行百三十餘邁距島當僅十許邁遂停輪嘘汽八點鐘霧斂則四面皆島以昨晚風水助順軼行十餘邁故駛入旁島亟正向折行九點鐘入口午後三點鐘傍月尾島下椗德國士島什兵船佐領官刺舢板來旁問知巴使與其統領德國駐紮大東洋兵船總兵貝勗格先二日在口外迷霧一晝夜乃入至即以文抵朝鮮政府請款即午得報謂修好固所願顧本國素昧外交往者美英二約胥上國派員涖盟茲貴國兵船東來計使槎不日亦將續至屆時再議未晚也德船二艘其一名烏爾弗是夕余作書致趙金二使飭仁川府使專弁飛遞王京

初九日雨仁川府使鄭志鎔修迎謁禮阻風濟物浦遣通詞以手版來告

初十日微陰不雨午前九點鐘偕丁軍門往觀登瀛洲兵船十點鐘余獨棹小舟往訪巴使以德船前至故先施之其兵弁站舷申敬談次巴使訂翌日午飯小坐辭歸見天際煙起知超勇揚飆入口先是二船赴旅順勾當公事故後期至朝鮮副主事尹泰駿由津門附超勇東渡登舟來謁仁川府使鄭志鎔亦至與泰駿筆談數則去四點鐘巴使來報謁語及約事因告以此次約稿自應用德漢文字顧余不諳德文儻參用英文或法文爲副本俾使校對巴使謂英文約本係美國所訂字句生澀不若以法文爲副本惟約內須加註他日設有文詞不明之處以法文爲正一語余答以中西條約已有此例此次可援用焉

十一日曉晴四舟張帆以暴十點二刻超勇取水舢板歸自濟物浦 朝鮮通詞附函持刺登謂所派議

約大副官於雞鳴馳至館近埠花島別將署先以名紙起居并請飭小火船午後赴埠俾乘以謁覲其刺則大官趙甯夏副官金宏集伴接官趙準永從事官李祖淵鴻臚官韓文奎高永周等諸君皆議約舊人新派者祖淵一人而已爰告丁軍門令揚威小火船午後二點鐘赴埠以候十二點二刻刺舢板赴巴使召席問略談約文飯畢同舟小火船自埠返則趙金諸人外復有右承旨朴泳教以國王命持帖來舟慰勞與禹廷以銜柬答之旋與趙金二使筆談盡紙累幅不覺日暮遂留之晚膳復以小火船送歸忽日本參贊近藤眞鋤自濟物浦寄書至謂頃自王京來見阻風浦岸請明晨六點鐘假小艇以濟因飭呂管駕明晨備舢板應之蓋日使花房義質居漢城與朝鮮重議通商條約款朝鮮國王派金宏集與之辯論閱月迄無定議而美英二約已先後集事花房心常怏怏今聞德船續至即令近藤眞鋤來意將從旁偵探不知約事已議過半矣

十二日晨八點鐘近藤眞鋤乘我舢板至於舵樓見之近藤眞鋤出花房公使刺起居與丁軍門以刺答之語間乘間請觀約稿余謂美英二使均與朝鮮使臣約換約前不得以約稿示人余處雖有底本然係咨行我北洋大臣及禮部存案之件未經秉命亦未便私以相示無已則昨於德使巴君處見有中德已印約文與朝鮮新約大略相似索觀甚便且巴君曾使貴國或者不忘舊好慨然以新約錄贈亦未可知君盍往試之近藤唯唯欲行余復謂少頃將偕朝鮮使臣往拜巴使旋返敝艦議事用是莫克久陪顧君館浦岸行人無乃不給於食請飭揚威快艦備飯以待事畢可往過焉近藤致謝往拜巴使十點二刻趙金二使傘與偕者有侍講院弼善李重七至王京以王世子名刺來候亦與丁軍門以銜柬答之尋偕二使赴德船至則德軍站班由敞坐定各出全權字樣校閱畢趙金二使起立以國王約外聲明照會捧交巴使請賚呈德皇復就坐開示彼此官銜即由余定於十五日午前十點鐘仍於濟物浦支帳房簽押巴

使喜出望外導趙金二使徧觀兵艦已復為影相以誌鴻行巴使請升十五礮送之且謂余水師定制凡兵船入他國口岸未經升礮致敬其國之君臣者則他國官員登艦不得升礮送迎前君在願照站礮而未升礮者職是故也他日重來則補升礮以敬余謂此細故耳余向來不競繁文殊未以是介意顧頃以水師定制為言詎未識朝鮮照會聲明之意而以其國與中國等量齊觀耶雖然君他日再過我亦必以礮答為施儀趙金二使返中流德船升礮十五響停輪以待至舟款二使飯飯間筆談通商各務金安集復出其與花房義質所議通商章程六册囑暇時代為點勘余與丁軍門因以所備饋貽國王與世子禮各八色託二使賫呈其他諸相識各以紈扇詩箋為贈揖別大別持近藤真鋤刺來謂十點鐘近藤與從人至舟飯畢即登岸返王京留刺以謝四點鐘余偕秋樵暨趙金兩使挐小舟登岸初朝鮮乘馬無鐙勒不良馳騁此次由津海中西鞍轡四具至彷留八配齊與秋樵騎行趙甯夏自恃善騎棄馬請從行里許勒馬回視已失所在蓊草瞠乎後矣因先馳越嶺數重道旁穉松森立映日呈翠約五六里至花島別將署存頃趙金二使繼至進茶以款小坐辭出繞道回至舟則巴使以所譯法文約稿暨另紙照會底稿存請校定燈下為拈出法文不符者八處照會底稿亦略加删削邀弁持還并順邀巴使與其參贊爾慈德統領德國駐紮大東洋兵船總兵貝爾格明日午飯

十三日晨十點鐘偕德使答拜趙金二使於花島別署巴使以照會交趙金二使并向余謝改訂之勞少敘各別一點鐘德使偕爾慈德貝總兵等來宴甚驩席終余私謂巴使云丁軍門以提督統領水師貝君以總兵統領水師按各國水師定制總兵與提督遇當先謁提督何貝君猶未修此禮耶巴使以語貝貝謂曩在粵東福州吳淞各口與中國兵船均未往來意者中國水師尚未與萬國水師公例歟余謂此南洋諸口則然若北洋則凡各國公使暨水師提督之入大沽口者固罔弗按禮升礮馬巴使亦謂誠然

於是貝朗將謝過訂晚五點鐘戎服來拜辭卽辭去三點鐘國王與其世子復遣中使李敏和命奎復以箑來贈余與丁軍門以其價值甚微且係方物遂受之分賜兵弁四點一刻偕次入登岸策馬至花島與趙金二使筆談二使出照覆已使底稿爲改訂數語趣行寄覆謂頃奉政府命邀登瀛洲官弁十七人至王京遊覽先是登瀛洲管駕官葉伯鋆請假赴仁川遊覽仁川僻陋無可觀復請往王京一覘形勝謂他日舟回庶有以告兩洋當道余爲告之趙金兩使請於朝故有是命旋辭出取別徑越嶺數重至一處從者曰此往仁川道也爰乘輿馳至府署見葉管駕猶在語以西溯朝令於王京毋久留復乘月疾馳返抵浦障泥汙濺如經驟雨通詞云此行往返約五十里許回舟視鐘已八點一刻

十四日午前九點鐘丁軍門往答貝總兵之拜且觀鎗礮帆索各操均極齊整歸時德船升十五礮送之十一點鐘還小輪艇赴浦岸迎趙金二使至則代接官趙準永亦以國王命來壁衙東尋去二使偕舟午飯飯畢留宴以國王命豁致密詢內政設關開港電綫採礦諸節屏左右筆談累幅筆談中曰細考密詢臨節關係甚大當密察我傳相代爲籌定惟其大端可約略言之首節云外交之際內政爲先此言深中肯綮蘇子云憂在內者本也憂在外者末也今貴國與歐西各大邦講信修睦不過欲杜强鄰之覬覦此憂在外者也國民貧困商務不興官冗職褻此憂在內者也僕謂至貴國見民俗結習土地肥美而蓋藏不足興利無從欲者其不均之道歟孔子曰不患貧而患不均均之之道在物貨流通而無遏窒不行之患其法宜因民之利大去禁防使民得自謀其生自求其利在上者務保民除害設法教無令民興藝於民衆絕運而不自知昔人謂善者因之其次利導之其次教誨之其次整齊之最下者與之爭凡設法布網合民不得自主皆有禁防之而興之學者也草野之民苟可自求其利飽食煖衣亦何禁而爲不法以蹈罪戾故日有西產者有舊心此言信證不也民苟自足君孰與不足粟逆各國其始亦皆多設禁防民不聊生後乃默然變計縱人顯苟致皆民得自主而國富兵强內外無憂有心世道者亦可議致治之本矣禁防毋去宜興學校設就人才人才既得而後可登用官職若古服不懲取其爾要不必效日人惑孟而去其入漏笑至貴兵之道則當法其辦用留其壯宜律一事最宜至要其端卽在大去禁防而已渭港設關置官此乃懲行之事而嚴緩郵遞則無寧亟亟他日商務興盛自然水到渠成矯不可數日人事事動繁西法至於今電線大軍雖設而國若宅願遂令議答說其外國中發爲勝誤路埠英人之急計在通商條約以五年後限限滿後視仁川之埠設果有環商務然後再開法既開採礦沙乃需財之一法非理財之急務至知何期深與刪深次籌及鄰採集貸前已遺告無議另籌議之貧國王微念時局變遷哉思南以政經費張此乃吾東方之援源念宜邦立國迄五百年以區安於故頗若躁議英變易啟釁隙當因勢利

導之使民日趨於化而不覺雖然有治法無治人法亦徒立貴國識時俊傑國不乏有然古來大有爲之君率用他國之人與共功名百里奚虞人也用於秦而秦霸伍子胥楚人也用於吳而吳強其他楚材晉用者史傳所載更難僕數近世泰西諸國亦然德之強也先用法人互代總用丹人爲羽根爲大將遂盟長日耳曼俄之強也藝用法人從人德國水師之初創也參用英人英之致富也以用法人都爾鄂何者國君欲思變法或重用其本國之人本國之人必等畫說之無以大服其心故令出難行也由是觀之則貴國不求富強則已貴國而求富強宜參用西人征收關稅講論理財之道而西人有才者類皆傑踪又非貴國所可役使僕意宜由貴國王請一精明正直之華人暫時商酌各事並延數西人令司關權而以華人董其綱然後細加考訂與時變通此貴國最要之急務也凡此皆僕之私見尚未稟聞傅相如貴國王不以爲非歸當稟請示相爲貴國善處一人此人乃貴國王所聘非由上國遣派方不擬於貴國內政外交皆由自主之權僕所以亟亟思歸者無非欲密稟傅相爲貴國物色其人一有回論定加遣船密函飛報誰思築宅必計其值前所云致請舉人雇用西人建立學校設立國權大約初行二年稅歲須費回五萬金以役關稅日旺自彌補其闕吾國初設關歲入不過七八百萬今已加至千六百萬矣不識初二年每年四五萬金之費國王以爲何若曾曰因五萬金之費雖爲不貴亦富真明所以措辦之道五

且爲批答與日使花房義質所議通商章程旋已使送法文約本三冊請校趙金二使辭歸因偕至其館爲先校華文約本三冊回舟復爲巴使閱法文約本無誤隨遣還之附函詢詰朝需撥兵弁若干巴使答書謂率軍士三十名武弁十餘名并邀余與丁軍門於落照後至船午餐爰商諸西廷明日登岸飭帶兵弁如數蓋德人誇武亦用以耀我軍容爲十五日晨六點鐘我揚威兵弁擕帳至濟物浦支立九點鐘水師官領習流軍三十名駕舢板二艘鼓棹前導余偕丁軍門率威遠揚威超勇登瀛洲諸船員弁各腰劍刺二舢板銜行登岸整隊槍劍兩行耀日并進抵帳則德國兵弁先在我兵居左德兵居右分立帳外如張兩翼趙金二使率從官出帳肅迎德使亦相繼至坐定議簽名次第余謂漢文則朝鮮二使先德使德文則德使先朝鮮二使法文三冊則留於朝鮮者朝使先之賫往德廷者德使先之三使均首肯於是各升座僉名鈐印余飭從者酌酒以賀朝鮮二使復以照覆交德使德使向余致謝旋偕丁軍門德使朝鮮二使暨二國官弁旁立影相以誌其盛影畢各握手歡散一點鐘偕丁軍門赴德船宴宴闌巴使謂亞洲各國外交朝鮮最後十餘年前法船駛入漢江兵損其半英船至其南投書不報美船三至而三不利今則數句之間成約者三非中國傅相之

力不及此壓客齊聲稱諾席散同舟德斯復升旗十五響敬余三點鐘貝總兵至揚威觀艙礮各操余乘潮登岸至花島晤趙金二使二使一使謂與寅君報北洋大臣書詰朝可至乞余齎呈余復邀二使明日至舟午餐話别

十六日午前九點一刻朝鮮國王與其世子還道中使賚帖送行并贈餽禮亦以衛東答之十一點鐘趙金二使偕趙準永李祖淵來舟賀賚致與寅君復我北洋大臣書旋款以飯飯畢拂箋醫墨邀二使書聯二使書皆取法松雪筆劃可立求者爭攫取新派五品鴻臚官金爽準能縣腕作壁窠書尤勁健軼羣未移時長幀短幅布滿艙內五點鐘書畢辭歸余復登岸偕至其館始言留别并囑將國王咨北洋大臣及禮部文件攜回甚多以約事已竣借瑪廷邀各船船主大副夜宴萬廷舫遲明七點鐘展輪首威遠次超勇次揚威登瀛洲來自南洋如經籌之策可取道逕歸上海

十七日晨六點三刻起椗四舟魚貫約未里許霧起德船先二刻行已下椗我舟亦相繼暫停八點鐘霧斂復起椗行未十里又霧前後船不相見各停輪嘘氣以警應二刻稍解緩行十一點霧旋散三點二刻出口正向風自左舷來漲帆駛十邁半而登瀛洲與德國島爾弗兵船已在舟後其總兵乘巨艦名仕島仟者先行五點鐘亦追及之後九點鐘漸後不復可見

十八日晨五點一刻過成山岬下午二點鐘至煙臺下椗

南清河王氏鑄版

小方壺齋輿地叢鈔　第十帙

一

上海著易堂印行

東行三錄

丹徒馬建忠著

壬午夏五月下澣德朝款成建忠歸自三韓六月既望以北洋大臣張振帥命赴甬中謁合肥傅相言事十九日行次歷瀆奉電諭截留蓋以是月初九日朝鮮亂黨圍攻日本使館並及王宮日人有死者蛉島君臣議將大集兵艦莅朝查辦我駐日大臣黎蒓齋星使電告振帥請派員酌帶兵輪至漢江觀變振帥以應否派忠前往商諸總署故先行截留

二十一日奉電諭謂總署信已飭即回津其明日復[illegible]奉電諭令毋庸回津即至煙臺會同丁禹廷軍門率舟師東渡遂於是晚登海宴船質明起椗

二十五日晨三點鐘駛抵之罘晤禹廷交到函札各件議定翌午兩點鐘開行當作稟交海宴寄呈振帥晚晤東海關道方佑民觀察於其署託以後路是日各船購辦糧餉裝載煤炭通宵未止

二十六日十二點鐘佑民來答三點鐘偕丁軍門乘威遠先行次超勇次揚威銜尾而東

二十七日午後入仁川口初與丁軍門約進口後中道至立岐島停泊以覘動靜比入口內則漁舟來往如常遂徑駛至月尾島夜十點鐘下椗而日本巨艦名金剛者已先在矣我舟至以舢板來問遣答如禮時朝鮮校理官魚允中在超勇快船立招來舟囑隨從朝人至近岸花島別將處詳探一切二點鐘人還未得要領因令另遣心腹明日至王京續探

二十八日晨六點鐘允中自超勇寓書道國亂甚亟八點鐘新任仁川府任榮鎬遣派軍校與花島別將先後來舟皆白衣冠詢爲何人持服以王妃薨對問何以薨以爲亂黨所驚對與之坐各筆談數則而去十點鐘日本參贊近藤眞鋤偕管領相浦紀道來謁謂其海軍少將仁禮景範以病弗克並至談次言及初九日遇變時事與所聞近日情形有可與允中書辭印證者胥默識之有頃辭去登艦聲十五礮禮丁

軍門我舟答礮如數亦發十一響以禮其海軍少將海軍少將者三等水師提督也午刻復召允中來筆談其長於此事錄得梗概允中筆談曰國王由支派入承正統其私父曰大院君性貪財色國王入承之時攬國權事恣肆入貨嗜殺人又與日本絕好拒絕幾據兵權其時國王尚維虛位鋤附大院君者有徒及國王年長總攬朝綱一二臣亦協贊之奪其權革一切弊政與日本尋舊好欲聯各國以維繫國事彼大院君遂於失權懷憾益無賴期於釀亂者久矣或謀火藥於王宮而放年者數次又以炸藥焚殺盡臣國王以事涉倫常不欲處之於法只囚其黨與黨之威之者醒矣於昨火秋果聚黨與刻白字事有告之者幸得收捕亂黨而亦不窮治彼大院君恃其處於不死之地期欲擧事而其誘惑衆心者曰斥邪也逐外交也悉知小民羣附之昨年之遊謀之舉欲分三號一號直擊王宮也一號殺一切異趣之朝臣也一號殺日人也今日之事即昨年之餘智大院君若在則人誰敢舉論外交聞今者亂黨先殺國王素信任之大臣繼入王宮國王及妃黨皆奔避而彼大院君乃劫殺王妃逼返太王妃國王則幸不見殺然幽閉不能與外親接朝臣涉外交者搜殺無遺人民皆奔避山谷國中一變今日若不亟亟籌處日人必大發難復生民塗炭宗社將覆彼大院君又必嚴拏嚴兵決計拒守而國內生靈不保國何以存亂何以熄乎遂議詰旦丁軍門乘威遠回津謁振帥面陳機宜因以上振帥稟付去略云前於二十五日由煙臺肅上一稟呈報起程日期諒塵鈞鑒旅於次日午後三點鐘展輪東渡二十七日晚駛抵漢江口月尾島下碇見日本兵船一艘已先於口內停泊時魚允中在超勇快船即傳請來舟令派人至近岸花島別將處探訪作亂確實情形尋據回報各節似事勢尚未十分吃緊聞於次早復接允中來信云更探本邦情形則國勢一翻有堪痛哭者創亂另有其人朝臣之涉於外交者殆無孑遺至仁川府使亦仰藥而死其他可知等語旋新任仁川府使遣派軍校及花島別將先後來舟筆談該別將等皆服縞素問答之際雖未敢直斥倡亂之人與其王妃及各大臣被害之實而其吞吐之言已有與允中函辭暗合者因復傳請允中來舟筆談則據稱頃復著人探訪略得大概初九日之事係國王生父興宣君李昰應率衆倡亂直入王京刼殺王妃逼歸太王妃國王雖未見廢已幽囚不與外朝相接搜殺大小文武之異趣而涉外交者殆盡人民率奔走山谷以避等因而日本參贊近藤真鋤來謁亦謂李昰應因兵作亂往見王妃進酖以弑現在大權獨攬極爲猖獗云云伏查本月二十一二等日朝鮮領選使金允植致津海關道周馥書函及筆談等件內稱昰應聯結匪黨圖危

宗社逆蹤久著茲復撼允中及該別將等與近藩宣繳之言則初九日之變其爲昰應借清君側之名以除國王羽翼徐以竊伺藩位無疑夫朝鮮國王李熙者爲中國○○大皇帝册封以爲該國主者也昰應乃敢恃私親之尊殺其王妃而幽囚之其肆無忌憚之心已可概見所不敢遽廢國王者徒以人心未定兵力未集故少遲徊耳設中國稍從觀望不爲急圖戡定則其害將有不可言者惟今之計莫如仰懇憲臺權衡獨斷一面出奏一面檄調陸軍六營即趁威遠湄雲泰安及招商局輪船之在津者東來乘迅雷之勢直取王京掩執逆首則該亂黨等布置未定防御未周摧枯拉朽當可逆計昨聞丁提督偕知約諭請如我用兵必先得其國王墨書或臣民公狀乃可顧其國王方在幽囚之中欲以寓書文咨呈令修覆書且復則內外隔絕出入難通欲另作一書致趙甯夏金宏集等令糾左袒臣民具一乞援公狀則甯夏等既存亡莫卜而現在昰應大權獨攬潛逆關防及城門內外譏察無不遍布私人脫事機漏泄不特速諸臣之死而使該逆黨等得以知風豫防則將來辦理必且益難得手故不揣冒昧亟請轉飭師進仁川南陽等口距王京雖僅百里而遍地皆山亂黨易於伏匿進兵之際必步步爲營節節遞進使後顧不至貽憂斯前驅乃能深入故兵數至少須以六營爲率如止六營不可卒調則請於就近無論何軍擇其可撥發者先派數營或各一營飭令即速前來先占海岸照顧後路各營來集乃可有路進取此外仍請函商總署飭調南洋兵船二三艘速進朝鮮兼壯聲威其各營所用子藥亦請飭軍械所分別撥運以資接濟所以爲是亟亟者一則恐亂黨日久蔓延驟難撲滅一則以日本花房義質及井上馨等不甘將率領兵船大集漢江設其時中國仍無舉動彼必以重兵先赴漢城自行查辦則朝鮮國內必至受其荼毒而此後日本定亂有功將挾迫朝鮮之殺中國相援例及或竟懷異屬國之心藩服將由此貳○國威亦因之小損事機之失有深可惜者然愚本擬趁船來津親承訓誨以花房義質等即日將至難留此相機因應致誤

之延宕以待我師且可續探國內詳細情形茲丁提督乘威遠回渡稟商適是不謬之言統當由其面陳所有朝鮮國事應否亟應濟師定亂情形譎變恐難陳不勝迫切待命之至至多營東來後建忠應仍留駐此彈壓抑當即行回津統候鈞示不敢遽再續稟未竟日本兵船一艘又至上載兵士多名計丁提督回津往返至速必須六日此間僅快船兩艘聲勢甚單恐花房來時竟存觀望乞飭吳提督即速東渡總之今日之事早一日則多收一日之功遲一日則重受一日之弊建忠爲藩邦計保全　國體起見故不憚言之過絮也　再稟者晚六點鐘新任仁川府使任榮鎬來舟筆談詢稱十年山野之人爲國太公起用者乃知該府使爲李昰應黨因諭令派人星夜至王京稟告執政令速派大員來此會議夫今之執政卽昰應也如肯派人必其心腹刻下王京消息不通得其心腹而來亦可微窺動靜而復藉詞待日本之詳啗以甘言示以寬處可令其弗疑則隨後辦理或亦較易得手也余以日本公使花房義質且至獨留漢江以待議有定而新任仁川府使至詢知乃初九日以後爲國太公所起用者令飛報執政速派心腹大員來商議事而日本兵艦名日進者復率一商船載兵七百餘名駛至晚詣冥上振帥至揚威宿二十九日晨四點鐘威遠鼓輪去十一點鐘日船名日進號駛入港口停泊十二點鐘魚允中來方與坐能樓少敘復見日本商船駛入未幾聞礮驗旗知花房至矣無何遣其通詞來起居余謂此亦該公使頗受虛驚少選登船問詢因飭鳴七礮十三礮禮之五點一刻往晤花房於其舟坐談良久三十日晨四點鐘遣揚威一艇各乘小輪至南陽測水據南陽金宏集花島以事來謁遂長跪至候命而進飭舢板赴濟岸近之八點鐘承宗參使來筆談旋去花房來答拜坐談移時花房去而允中復來借朝鮮官二人一爲校理金玉均一爲史館記注徐光範頃在日本聞國亂借花房歸觀者與談良久二點鐘趙金二使去其從裨官面有憂色屏左右密說甚長稱國家幣甚拮据日欲振興用近年來軍餉不敷且須與外國來往

故亂卒莠民緣以爲弊激而成亂初九日亂軍先殺宰相趙家毀破翌日仍向王宮咆哮以至著實閔謙鎬之中大院君聞變而赴難戢解散數日之間上自公卿下至象胥毀其家至於致命甚多初九日夕方亂軍之作也莠民謂可乘之作亂欲殺盡日人云故國家先爲秘匿於花房以爲準備避禍之計以是公使及隨率兵隊得以免禍惟路上遊歷人遇害亂軍闖花房過去追到仁川又殺幾人我國家當據自數不暇先備指示日人以開生路日人似無憾我國之理日前件接官尹成鎭見近藤眞鋤亦言顚末而渠亦稍有所知矣瀕行請往晤花房余別作洋文一緘遺譯交二使而致五點鐘復有日本商船載兵入口而前駐之衆美國兵艦名醫那哥者亦尾至其船主命副管駕來告謂於明晨修謁旋往倚舵樓見花房已登陸矣計二日間日兵起岸者已七八百名其營於濟物浦者約二百餘人進營仁川者約五百餘人夜九點二刻揚威小輪船歸鄧副管駕謂花陽木口僉使明日當復往細測云

七月初一日晨登舵樓見日泊小輪船曳帶舢板載兵登岸絡繹不絕九點鐘朝鮮行承政院左承旨尹用求以國王名帖赴寓並附其與宣大院君李昰應一刺旁綴蠅頭細字數行云賤齒六十三家住雲峴胡同子載冕年三十六曾爲翰林編修現任宗人府一品戶曹判書元孫三幼稚以名來分別答之用求大公主子與國王爲中表兄弟因與筆談數則旋得金宏集書謂昨晚十點鐘偕趙甯夏晤花房於仁川歸後甯夏則星使夜馳赴漢城矣十一點二刻美舶船主高登來謁詢知其外部聞日高有事電派以兵舶東來觀變兼勸日兵毋躁進因以其外部電諭見示且謂頃晤仁禮景範叩以此事顚末輒枝梧不答請見花房則答以俟返舶時即行知會亦茫無定期令人悶悶爰就余訪初九日之事余即舉所聞各節告之言至王妃慘死戚然不平曰果爾則吾當亟晤花房阻其躁進否則國王恐復不保余因教以本外部電諭之意剴切作書由仁禮速致仁川訂相見期則花房或可來也高登辭謝去歸舶發十五響禮余余命答礮如數一點二刻允中來略談尋去其通詞金姓者歸自王京道漢城民情惶懼牽走山谷遂市爲空適仁川見日兵四出執家攘雞閭閻騷擾而來蘇之望咸翹首○○王師焉五點鐘答拜高登於

其舟復以稟報該國水師提督暨函相示其間頗不滿於仁禮景範歸時復撥十五畝送余至舟接花房華洋文函各一一爲本國來信稱元山於六月十七日有朝鮮亂黨拆毀觀察使衙門日本租地戒嚴幸未殃及一以余昨晚函囑緩赴王京以待甯夏之返報書如約八點一刻復有日本巨艦名比叡者駛至於是日艦之在漢江者已六艘矣聲勢甚張往來舢板梭織港內喧譁達旦余惟兀坐舵樓靜守而已

初二日晨鄧副管駕來告昨自南陽復探驛其地水深岸近利泊兵艦因念日兵登陸後虛實動靜都所未悉爰以一緘抵花房令差弁假賫書名潛送偵探八點鐘永宗僉使迴到興宣君李昰應書稱漢城人心未定弗克跬步離以余方刱版招之也書辭卑遜深相結納十二點鐘日本海軍少將仁禮景範來拜中西語言均不解少坐即去聲十一響禮之亭午熱甚據威快艦以鐵葉製成艙位偪仄已極蒸鬱加以器艙留火如坐甑中寒暑表升至九十六度四點鐘偵探人還備述所見花房答書有明發漢城之語九點鐘趙金二使來自仁川謂花房入京意決挽留弗果袖出興宣君續致一書丙余速赴漢城借資鎮撫無圖把晤因與二使筆談良久其間稍涉嫌疑者二使悉隨手抹去別時囑飭南陽府使集薪以待蓋我軍六日且至猶慮萬鐘不欲繼令採樵也

初三日九點鐘允中來舟筆談允中曰本邦近因財政窘絀舉賦之臣綜覈不善軍餉屢朔未給月初頒餉之時倉吏以陳腐散給且不準斛數因與倉吏口角格殺倉吏數人倉堂執軍人致之法軍人以無罪橫挐訴之而不聽放釋彼軍因四處奔訴及到某人之廚彼乃投以一通文字乃入闕作梗殺閔哥乃殺倭人與外交之意也彼軍人及無賴乃敢行此彼若無指授何敢有此變乎王妃有內助之端故彼人入闕以亂軍脅之廹以飲藥允中在日船一晝夜知必坐梗乃已彼人狠戾不離國王之側人不敢以外務說及惟引用同黨睚眦必報死人日積於日入議和議戰終無定見惟激亂軍使之尋事彼人不去國必

亡乃已痛哭痛哭建忠接允中所云彼人某人謂大院君也十一點鐘小輪船自浦岸迎趙金二使至兇
款以飯飯後縱談累幅均彼拉坐而亂黨之迹益明一點鐘日船名清輝者又至於是日船之在漢江者
且七艘矣三點鐘偕二使赴美船高登燕禮有加九點鐘而駐津門日本理事官竹添進一郎以花房命
來舟晤談漏三下乃去竹添曰今次事件其初事情不明敝國人心動搖幸我廟堂察朝鮮開國未久外
交之事不能習熟猶我國二十年前情況不敢以兵革爭曲直原之公法欲妥愼結局但聞暴徒之餘燄
尙熾故以兵員充護衛乘坐軍艦而來弟亦承命來觀動靜以仁川情狀察之朝鮮政府亦似少悔禍舉
者故弟以明後日回國欲陳事情以安我政府之疑敢問何如忠曰初九日之亂其爲猖獗以致戕死王
妃荼毒重臣誅殺諸臣之有外交者今日亂勢雖平而死灰未熄辦理此事甚爲棘手係執政之人非出
自國王之命欲與執政辦理則執政之名不正欲與國王商議則國王不能自主不識花房星使此去漢
城先從何處下手至於亂黨滋事攻擊使館決非出自該國朝議想亦不辯自明竹添曰彼政府果以王
命爲名譏及此事則自我觀之猶是名正也若夫國情則政黨之爭而非開鎖之爭故苟得速結局係孫
繫其曲直亦似無不可忠曰所論極是貴國與朝鮮爲與國自不得議其內政但辦理此事似宜懲辦亂
首之攻擊使館者亟宜設法爲善後之計若亂黨不除善後終無善法在花房星使與朝鮮政府自宜以
速結爲妙而弟爲大局起見故汲汲焉以朝鮮朝政爲慮耳竹添曰敝國之意專在重交誼非乘人之亂
以謀掠奪者故所求於朝鮮者不過懲辦亂首亟設法以爲善後之計弟所切望者只有速結局耳若遷
延時日朝鮮亂民再有異動則我國不得已以兵革責其罪果然則與國之交絕而亞細亞全局與宏[illegible]
矣至求償損害及兵備之費則爲國所同不得不還之但敝國之出此非敢貪財也故欲從寬算之決不
以過當處之也至善後之策則竊恐當不出於公使館增及其管屬得遊內地各處以親其人民等項也朝

鮮之所以深惡外人者其原不過少見外人故多怪疑耳彼以疑我故我商民亦激之交怨交疑果然則歐洲諸國交通之日亦如此萬一不幸朝鮮暴徒有攻擊歐人之事則朝鮮之變更大故今日爲彼之謀似猶見外人尤爲先著忠曰朝鮮貧瘠實甚國帑空虛民生困乏將來此事結局償郵銀兩亦情理之常然索之過多恐朝鮮亦不堪命至於兵備之費弟則難贊一辭緣朝鮮賦出無多即使貴國實算以求不知朝鮮何日償了至內地游歷使朝民猶見外人此論甚塙但甫亂之後似不可行之太驟不識尊意云何竹添曰我國內人心甚憤故借此名以慰其心耳朝鮮之貧寠敝國知之熟矣決無不堪之事若使敝國果有貪利之意則責彼凌辱我國人之罪以求過當之償或求割取島嶼亦非難事然而我政府之無此心弟以百口保之抑朝鮮之於我常挾猜疑之心以爲今之日本猶是昔日之日本而必有奪我土地之心又有取我財寶之心故今日之事我政府務以公平處之忠曰既如來教則專以償給郵銀爲民足矣猶憶我國於雲南之役英人亦曾調集兵艦但結局之時惟以郵銀爲名耳且按之公法各國交爭亦有不給兵費者黑海之戰俄之求成也英法未曾索給兵備之費意大利與墺戰墺亦未嘗稍給兵費其戰而屈猶且不給兵備之費而況貴國以優待與國爲心所謂兵艦者爲保護與國起見若藉此有所需索弟恐以仁始者他國未必不笑其以利終也竹添曰請試略言敝國人心動搖之故也朝鮮人之來敝國者敝國待之極優客年朝鮮人毆殺我國民三名今年又有闖擊京城公使館至公使逃至仁川仁川府使欺之乘其眠襲我兵驟殺害數人矣故國人之唱征韓說者攘臂而起我政府鎮壓之借償金之名以慰國人之心非有他意也所謂軍費者海陸兵在內國亦給俸祿船艦亦各有經費以實算之固非多貲此等事亦係政略其實非自求償起見者至其郵銀亦決無道以難堪之巨貲以仁始以利終尚似未察敝國之情忠曰所謂以仁始以利終者乃謂外人妄擬之意耳至貴國民心初聞滋事之起自然激於

公憤假如執事將所探實情歸告政府謂亂黨起事不徒攻擊使館戕殺貴國人民而朝鮮臣民均受其禍並且辱及王妃國人聞之當亦渙然冰釋矣

初四日晨以夜來與竹添筆談大旨函告趙金二使令馳報王京旋念竹添即日回國因作書致蕊舫星使略敘起亂顛末並以其國貧瘠索款過鉅恐不堪命等語囑得間言於日廷十二點鐘飭超勇移椗南陽先是丁軍門歸請濟師余先與之約謂日兵由仁川登岸我軍當由南陽登岸以示區別且免驚輟故三十初一等日叠遣小輪船前往測探至是度禹廷率兵且至遣超勇先往停泊以待趙金二使亦遣隨員吳某偕往令促府使備軍需焉三點鐘答拜竹添進一䍐竹添謂頃得花房書謂昨次楊花津韓人勸止未聽已率師直趨漢城矣俟入京後續有書來無他繇故即將乘商舶還報政府少坐辭歸日艦聲礮十五響

初五日午前趙金二使與承旨尹用求來舟請偕往南陽並告花房入王京駐軍城內木覓山下因遣員刺舢板詣竹添行止得二函歸報一花房函謂久留仁川恐生他變故徑行前進已於初三日安抵漢城一竹添函謂花房抵漢城後已與韓吏議事韓吏奔走甚謹云一點鐘日本明治九號商舶展輪駛去揚威旋亦起椗行途中與趙金二使以筆於耳目亦克深談五點二刻駛抵南陽浦口以小輪船送二使暨諸人登陸飭弁與偕令探去岸道途遠近及有無間阻俟至夜深猶未返

初六日八點鐘小輪船歸知昨夕擱淺質明潮漲乃達岸趙金諸人露坐竟夕聞之歉然今日炎歊偪人煩鬱殊甚屈指禹廷之歸已逾七日濟師當可至徙倚舵樓手遠鏡時復西望晚八點鐘探路人還述自泊處至馬山浦約三十里自馬山浦至南洋約又四五十里附近諸岸亂山雜遝必抵馬山浦乃可登陸以達南陽府使令歸舶報余謂已備船隻馬匹糗糧伺候

初七日八點鐘瞭望者報有烟起立歧島外急登高瞭之見輪船五艘自西來兵弁皆相視色喜九點二刻首威遠次日新次泰安次鎮東次拱北銜尾而至先是振帥飭丁軍門及余赴朝鮮時即擬奏請〇〇欽差幫辦山東軍務吳筱軒軍門督師相機東渡至是見威遠前桅懸帥字旗知吳軍門已至即刺舢板往謁旋晤丁軍門詢知五船載兵二千尚有兩營乘南洋兵船繼至余亦略述近日情形尋讀振帥函札郎議進兵余以花房至王京已久不知所議何似擬先赴漢城筱帥率大軍隨後進發丁軍門以舟師部署未定弗克同行筱帥令右營管帶吳孝亭率隊以從四點鐘偕友人呂君秋樵駕小艇乘潮至馬山浦五點二刻望見舢板十餘滿載軍士以小輪船二艘曳之魚貫而來登岸已七點鐘矣孝亭謂曛黑難進郎駐浦口余偕友人策馬夜行須臾月落然炬以導每經山谷深林密箐中人影林立爲良爲莠均未可知余以王京事急勢難逗留徑行五十里十二點鐘抵南陽府署遇甯夏獨在謂宏集昨晚被命入京以國王令日引見花房宏集與辦日本交涉事宜故亟召還談至漏四下乃寢

初八日九點鐘右營至旋接李昰應函並將昨日花房所開七款及問答各節錄寄前來且謂花房限三日回答請速赴王京排解於是漢城之行愈亟矣因立請孝亭議事亭午始至商請進營水原府王京登日可至孝亭恐執不可盛氣而去余甚訝之遣人隨往偵視還報云其營兵弁以山行觸暑病者甚眾乃悟其因鬱生忿願隻身入漢城終恐爲人所輕慝筱帥且至乃姑待之午後與甯夏密談累幅均即扯去是夕仍宿南陽

初九日晨出館小步見道旁廳事一所額曰居城館款署金陵翁冕詢之通詞曰此明時冊使經行所止也回館甯夏來告王京送馬百七十匹牛車十乘至前備用乞因請筱帥派員點收八點鐘接筱帥書謂右營兵弁病滯另派後營管帶張仲明協戎率隊前來俾偕遄進無何仲明來見詢知隊伍已至擬更行

二十里進營九浉因與仲明約以全營紆緩請留槍隊二百名輕裝疾走期翌夕必抵漢城沿途軍食發價交地方官整備以待仲明應允去午後逕發帥不至留呈一函旋於四點鐘偕友人策馬就道行經九浉晤仲明見倪兒林立則槍隊已排定矣數語出帳復上馬疾馳二十五里水原守鄭箕世奉國王命迎謁道左又五里抵水原館通判鄭駿朝鮮官制通判位在府使上故其供較實整備及允中亦相繼至巫定報張協戎小隊已至郊外令即於隊地駐紮地方官列帳傳餐俄而右營亦至駐紮其隊迎闕謂爲國王行宮焉

初十日八點鐘仲明先發余少遲亦行出水原南門松爽立中闕馳道兩旁遠空濶目無雜前行二十里許接昰應昨午寄聞花房以北政府限滿諸回擬請日出京促於楊花津備舟以待其意蓋存挾綮云云爰囑留爰立遣快馬馳至津上覘花房行否北渡十一點鐘至果川國王及世子遣中使馳帖慰問留爰從中使詢知昰應經僱日人故激而出此少頃偵騎歸報行棧已渡漢江矣少憩復發過南大山山高數百丈亞上登陟汗雨浹背二十里至銅雀津篤文迎於渡口小舟數十艘絡繹被渡登岸後列隊導行道旁觀者以爲計逾萬入館南別宮昰應父子延余館次因相與周旋詢答花房留函亦知其參贊近藤眞鋤以病未發遂作書致近藤訂相見期國王及世子復以名來迓尼李祖淵趙準永先後至晚膳後復與昰應筆談甚歡九點鐘近藤報書謝疾甚不克來謁云

十一日晨昰應飭以將發楊花津爲辭且因余有仁川之行以其乘輿來館備川旋之需致後帥與西廷函函告以近事十一點二刻就道途中炎熱殊甚如焚龍上行五點鐘次梧里洞易輿而騎六點二刻至仁川與花房晤談花房曰本月初三日余率兵隊而至楊花津朝鮮政府派員至津口阻我入城余以城外議事不便逕行入城卽奏請國王訂引見期韓人又因固不從直至初七日始見國王進呈擬於七款且

請俟貴相議於三日內回復國王當派首相洪純穆爲議事全權大官乃至初八日接洪相來函謂復派余往勘山陵吉地須三四日後方可回京且云山陵爲朝鮮重事我國之欵當俟歸時再議夫國王明知議期三日當面派宗洪祖爲議事全權大官而初八日猝將所派之人差往地遠豈非自相矛盾且以其國中山陵爲重是明明以吾國之事爲輕矣彼既絕我商辦之路故余俟限滿即將此意奏明國王出京矣忠告國王究欲與貴公使議辦大小臣工亦同此意詎以有志未逮致成此局君謂朝鮮尚有政府乎猶憶前在舟中語君以朝鮮之勢必以能使國王自主爲先務國王一日不能自主他國即一日不可與之議事以主政者非執政之人也證之公法則土爾其埃及每有亂黨殺傷各國之人之事各國必俟其君能自主乃與訂議昨接君函謂欲候稍以朝鮮政府絕我商辦之路不得久留爲歉云云今我此來非爲朝鮮居間調停不過與君定明朝鮮事勢俾君免至錯認題目耳朝鮮國王現既不能自主而貴公使貿貿然與之議事無論所議不成即令已有成議他日國王復能自主則所議者仍屬空談且若於此時與之決裂則將來恐不獨朝鮮政府有所借口吾國此次以兵前來雖有懲辦亂黨貴國政府想亦諒知君倘不審可否亟與亂黨定議吾恐日後自此多事矣故吾不得不先爲言之八點鐘由畧問道馳抵花島約三十里許時已九點二刻矣府使尾至相與寒暄而別

十二日花房訪余於花島行館近藤於昨晚回至仁川亦借之來談相與促談良久十點鐘自花島啟行次梧里洞復易騎而與晚七點鐘馳回王京與丁軍門已挈習流軍百名於午後至館而吳筱帥亦統大軍渡銅雀津溯漢城而壘昱應爾余歸即來相訪因留之晚膳筆談十二紙而別復偕馬廷出城謁筱帥議機密四鼓歸館宿

十三日八點鐘允中甯夏先後至匯允中館內令甯夏先入慰王十二點鐘吳軍門來館約丁軍門及余

往拜是應於私第吳軍門儀衛甚盛請減從而往以示坦率及至是應率其子若孫迓門外入座談笑甚歡已復導觀其精舍數處陳設都麗而位置天然都無俗韻乃知此老胸中具有邱壑瀕行以吳軍門先施謂即呼轎報謁於是吳軍門出城止黃松亭軍門營內以其地距城較近也余偕禹廷趨南別宮禹廷遣習流軍四十名先至水原以待余作赫蹏書納允中袖內令潢寿持赴中營偕何營官赴王宮保護別遣張營官以軍士百人往守城門俾通消息其餘於城內梭巡備警部署既定偕丁軍門同赴黃營則健卒百人長夫十六人已結束待用矣是日微雨時止四點鐘是應率數十騎至入帳誘與筆談自申至酉累紙二十四幅環視侍者無一朝人知已均爲帳下所收則其時可行遂疾書以示曰君知朝鮮國王爲○○皇帝冊封乎曰知之曰王爲○○皇帝冊封則一切政令當自王出君六月九日之變擅竊大柄誅殺異己引用私人使○○皇帝冊封之王退而守府欺王實輕○○皇帝也罪當勿赦徒以於王有父子之親姑從寬假請速登輿至馬山浦乘兵輪赴天津聽○朝廷處置是應矍然四顧吳丁二軍門皆起出帳余亦掖是應出令登輿於時軍士兩行劍戟森列長夫舁輿俟是應以非己輿不肯入余納而進之健卒百人蜂擁而去丁軍門策馬以從吳軍門即馳行入城囑張何二營官戒嚴且探警信無何紅燈數十對集營外詢之接迓是應者也復收而繫之夜半探者回道城內無警遂作書致允中甯夏述事狀並定應舉行者六事請密呈國王是夜宿黃營雨聲達旦未止

十四日晨雨七點鐘至吳軍門營內略商以後事宜隨辭入城至黃軍門撥軍士六十名爲衛抵館而甯夏已至密陳國王感謝之意惟是應係國王生父終乞余善爲保護焉與議翦除亂黨事甯夏謂亂黨數千人悉隸兵籍多在城東枉尋利泰二里聚族以居其爲亂首無從廉得而蟠據二里跡同嘯聚朝鮮將校無敢深入其巢者亭午國王派定全權大官李裕元副官金宏集將赴仁川與花房議事先遣戶曹尚書金

炳國持條款來館請辦照錄日朝議定條約七款日本歷七月二十三日朝鮮歷六月初九日之變朝鮮兇徒侵襲日本公使館職事人員致多罹難朝鮮國所聘日本陸軍教師亦被慘害日本國爲重和好妥當議辦即約朝鮮國實行下開六款及別訂續約二款以表懲前善後之意於是兩國全權大臣記名蓋印以昭信憑第一自今期二十日朝鮮國捕獲兇徒嚴究渠魁從重懲辦日本國派員眼同究治若期內未能捕獲應由日本國辦理第二日本官胥遭害者由朝鮮國優禮瘞葬以厚其終事第三朝鮮國撥支五萬圓給與日本官胥遭害者遺族並負傷者以加體恤事第四因兇徒暴舉日本國所受損害及護衛公使水陸兵費內五十萬圓由朝鮮國填補每年支十萬圓待五箇年清完第五日本公使館置兵員若干備警事設置修繕兵營朝鮮國任之若朝鮮國兵民守律一年之後日本公使視做不要警備不妨撤去第六朝鮮國特派大官修國書以謝日本國事大日本國明治十五年八月三十日大朝鮮國開國四百九十一年七月日本國辦理公使花房義質朝鮮國全權大官李裕元朝鮮國全權副官金宏集照錄日朝議定續約二款朝鮮國與日本國爲益表親好便貿易茲訂定續約二款如左第一元山釜山仁川各港間行里程今後擴爲四方各五十里朝鮮里法期二年後自批準之日起算周歲爲一年更爲各百里自今期一年後以楊花鎮爲開市場事第二任聽日本國公使領事及其隨員眷從遊歷朝鮮內地各處事指定遊歷地方由禮曹給照地方官勘照護送右兩國全權大臣各據諭旨立約蓋印更請批准二個月內日本明治十五年九月朝鮮開國四百九十一年八月於日本東京交換余舉可許不可許與可變通辦理者爲之分別批答忠篤謙曰公使所開七條其間有不可許者有決不可許者有須變通者試爲分別言之第一條當許從以不限時日爲妙亂黨不獨傷及日人亦且戕害貴國王妃大臣若不嚴行查辦將國法之謂何第二條可許第三條可許卹款五萬圓分給十三人家屬尚不爲濫第四條當力與爭辯者必不得已可列入第三條卹款內於五萬圓外增添若干因以前次將內與竹添進一卹筆請示之第五條擴地開行無礙於事並貽國民心不靖宜限以數年後再爲舉行至咸興大邱開市則爲陸地通商決不可爲日開八關端楊花津雖爲漢江埠頭往以逼近王京若許以通商不識有無流弊第六條公使領事遊歷內地原屬公法惟六亂初定以後公使等欲往內地遊歷必先知會地方官方可第七條京內長置大隊萬不可許至該公使爲保身之計隨帶若干兵弁在館內駐紮尚無不可惟不宜列入款內至遣使至日廷懇問似亦無所不可惟宜與花房言明日廷亦當有國書由彼覺呈國王以懇卹王妃相臣之罪如是則彼此相憑乃於國體無礙蓋朝鮮既無駐日使臣特遞派人懇問亦不爲過此數條若能辦到倘國於情理無悖逢措辭之間宜以直捷了當爲妙可許者則立地許之不可許者則堅執不許國示以既有可恃不足深畏之意彼外屈於公義內怯於我國覆可不至始終決裂也令回呈國王先決可否然後交二使仿行金曰日間所教問有未明卹銀五萬圓而添以兵備之費宜若干忠曰日本兵艦原有常費陸兵亦有定餉調集來此不過稍加運費若與卹銀統算在內不過十萬圓足矣若貴國國帑可支則宜一齊交付以免日後生息之累若無力齊付則可攤作幾年僕想花房亦不至以全付相強也金曰楊花津開埠事可許乎忠曰若無大弊何妨許之仁川已開口岸楊花津亦不過銷仁川出入

之資其實非於仁川外另開一口況楊花津亦屬水路通商與已開口岸尚屬一例非若大邱咸興等地
復滋蔓通商之流弊也惟論事之解先可一概不許必不得已則可許楊花津通市而不給與棧之費
埠彼注意於我始非計誘以舟中與竹添進一筆談示之三點鐘上將軍李載冕來謂是應不歸轉由諭遣
之呼是應子身就道至是國王遣譯行裝從從登舟其獨子載元亦從往省親之致晉丁軍門爲之先容
因渤數行付之發上與柏振鄰稟函各一件寬傳稍云忠於十二日歸自仁川丁提督亦於是日率舟師
百人借彼師大軍馳至彼師軍城外丁提督入居別宮與忠互相計議以我軍分佈各處均有朝鮮官
員接待時與筆談人既紛多語雜慎稍延時日恐有漏泄且甘兵已譏出城使於此時舉事可無慮其
擾越非機所在斷難遲疑因擬翌午邀同彼師往拜是應俟其出城報謁即就軍中掩送登舟一面出示
宣布○中朝德意令軍民毋容驚擾即彼時亂黨稍有蠢動而首領既去脅從易解似不至或有巨變議
宗師竊夜出城將此意商之彼帥彼帥之意謂宜先修外交後除內亂忠當謂○朝廷爲朝鮮主持外交
者所以扶持國王也今日是應專權國王守府設於此與日人定議微論其議難定就令能定是助是應
非助國王也其宗禮殊甚今日之事宜先除內亂竊是彼師聞此乃始毅然允行於是次日午後忠與丁
提督皆先集城外無何是應來營發謁與筆談延至日暮乞令收其護從然後勸令就道討王京至南陽
海口相距百五十里途中懼有疎虞丁提督因自率小隊護送登舟忠以訪聞王京城東有居民數千均
係亂黨盤踞別營就近吞李惡黨互漸解散彼帥仍駐城外以資鎮壓顧惟是應得亂黨雖罪誠不赦
然究於國王有父子之親設竟繩之以法則國王將無以自處脫令仍居國中則亂萌又或由起冀若仍
照議將是應羈留中國令其省責以終則所幾恩義兩全已稟請振憲乞○奏請將是應安置中
國第反正以後其國王必爲圖振作冉遺之局微藉羣議與之持況日人狡詐多端要求無厭忠以非材

從事尙復罔所秉承深懼貽誤隕越伏望俯念時艱出而統轄匡朝鮮幸甚大局幸甚吳筱帥云自去月二十八日飛鶚由丁提督寄呈後次日日使花房義質亦至其輪艦先後來集者共有七艘我兵千數百人花房即擬進營漢城建忠設法延宕至初三日乃始入京建忠即欲相機而去而我軍未至隨從無人子身孤往徵特亂黨可慮且亦恐爲日人所輕乃仍留舟中密候並乘間羅探起釁情形大率均與前稟昭合初建忠欲誘昰應來舟謂花房勒兵入京蹤蹟詭祕甚者太公來仁川與議則其行可止於是昰應乃於三十日派趙甯夏金宏集馳至附舟稱內亂未定不得跬步離漢城請遣一二人前來勾當建忠遂爲排解云云甯夏等來舟相見謂初九日之變僅而得免刻下禍且未已願以性命相託遂其留花島不去凡筆談之稍有關繫者均即排去初五日移碇南陽海口趙金亦登舟以從南陽在仁川西百二十里以前與丁提督約我軍來渡故於其處登岸庶免與日兵糾轕故先期往待初七日筱帥及丁提督率師駛至接讀憲臺函札各件旋議進兵以花房入京已久不知辦理何似願請先往筱帥督大軍繼至丁提督部署舟師未克同行筱帥因派右營管帶吳總兵兆有與偕甫至南陽以軍士多病弗克前進而昰應方屢函敦促謂日使列款七條限期三日欲建忠遂往代籌筱帥聞之復改派後營張副將光前率隊趨至建忠遂簡槍隊二百名輕裝疾走於初十日行抵漢城則花房已以其政府限滿不答責其慢事先一日決裂而去昰應聞建忠且至並與其子訓練大將軍載冕遲於南別宮深相結納建忠亦參與周旋謂中國兵來專爲牽制日人別無他意昰應乃亦釋然不疑伏念朝鮮時事內患與外變並亟而外變之生既由於內患斯內患之去尤急於外變今日之計莫若爲朝鮮先除內患使其國王得以自主然後召日使告以前日之事皆亂黨所爲國王一無開罪茲仰〇〇上國之力事權反正願爲和好如初因以所請各條與之從容商権如此則名義既正事理亦順敢於次日一面函商筱帥進兵一面馳赴仁川將此意告知花

房令勿錯認題目惟至仁川後爲花房反復開陳雖決裂之意稍回而要挾之心猶甚擬請函商總署請將朝鮮致亂與中國代爲戡定緣由布告日本政府並泰西諸國之與朝鮮立約者俾羣曉然於前日之事非出國王之意彼雖過事誅求其政府或將爲於公議不至始終堅執至此後辦理能否應手尚難預知惟有勉竭駑駘相機因應既不敢激烈以傷友誼亦不敢詭隨以累藩封以期仰副憲臺委任之意於萬一而已八點鐘魚允中金允植以國王命鈔錄告示一紙來館爲是應辯誣蓋朝鮮素崇禮教於倫理尤極講求故自六月初九日之後是應入踞宮中國王至議并廢尚道以避而朝臣亦皆引鏡顧影惴惴焉若不終日卒無人敢以一旅請誅者故由勢力不足亦以骨肉之變非臣子所敢言者今者○○天討特申藩封再貿都人士皆蓄於心而不敢宣諸口即甯夏諸人密室筆談稍涉隱情若犯大戾必拉雜擢燒乃已是晨余於吳軍門營中見緐此示其間頗道是應劣跡即知於國王有礙顧以已列余銜未便力阻致涉立異遂示出而國王果遣魚金二人來辯蓋非徒顧念私恩亦將以掩飾耳目余因書示二人曰太公罪狀昭若日月不辯固無所加增即辯亦斷難末減宏惟○○聖朝以孝治天下議親議貴自有權衡斷不使爲人子者有不能自處之境君等亦以此意歸慰國王而已九點二刻金宏集來議日事語甚精密宏集擕之而去朝鮮談時務者以宏集爲翹楚李裕元則素黨是應以拒日人者派爲全權大官亦欲以拒日人者和日人使不得藉口以拒外交云

十五日晨慶軍會辦營務處袁慰亭至與密談勦除亂黨事請歸告吳軍門午後慰亭返云吳軍門如約慰亭即欲指揮一切余謂是應雖已就逮而其子載冕尚以訓練大臣握兵柄恐亂黨一聞捕治或更挙以爲亂宜先誘而繫之然後行事於是五點鐘馳書召載冕來南別宮議事載冕鑒於其父作書以母病辭令其黨李永肅覆余因謂永肅曰今之召載冕者亦欲相與設法爲太公寬免地耳載冕如爲其父

則至不然則止書片紙交永禧持去十點鐘金允植至余與尉慰亭促令入朝請國王手書來俾有把握允植去而裁晃亦來因別遣一宰令軍士露刃以守二點鐘允植袖國王致吳軍門與余公函至略謂亂黨所居多在枉尋利泰二里請速勒兵往討云云時曉字親兵後營張副將光前駐軍南別宮右遂令率隊出小東門會同右營吳總兵兆有正營何副將乘鰲同赴枉尋里合圍搜捕而利泰里則由慰亭回營請吳軍門另派別將掩執爲部署既定已三點鐘矣遂與友人兀坐帳中秉燭以待

十六日晨張副將回詢知枉尋里在小東門外半里許其地兩面依山中闢街衢瓦屋鱗次吳總戎勒兵分扼兩頭張副將入巢搜捕時天色漸明該亂黨見我軍掩至一半持械走登山巔一半出街前抗拒里中間有居民雜處未敢輕用礮火爲崑岡之炎僅以短兵格鬭張副將生獲一百三十餘人何副將後至亦獲二十餘人餘悉鼠竄以散利泰里則吳軍門自往掩執以地近營址已先期聞風遁颺僅獲二十餘人是役共獲百七十餘人悉送致軍門營內余念亂黨已散裁晃當無能爲遂温言釋之去隨促備馬出城晤吳軍門相與分別懲治四點鐘歸館數日來國王皆早晚兩次遣中使起居是日聞余歸特遣都承旨尹用求持帖慰勞

十七日晨李應浚歸自析津來謁請長途東馬闊闢已一閱月矣甯夏允中相繼至略談別去午後得宏集書知日朝款成卽夕鈐印閱所定各條金宏集來函云僕十五晚抵仁川夜見花房於船次辨論七款仍無成議傍晚還花島十六晚又與之竊日爭詰從終始要挾肆然不少顧乃促明午鈐印事到此地厚良明教八款竊正彼才擬歸舟中淨寫并不及錄呈另有鈔擬一紙鑒燭是幸第一十五日改以二十日另注曰日本派員眼同究治若期未捕獲應由日本國辦理我以此事大欠體面經回爭詰彼終不服第二第三仍本文不許之第四公使館所損物及兵費始不肯多少至今晚忽以五十萬圓限五年清完塡書故百般要減而不如蠢從之致結不可理說資不可堪賠償二字改以塡補第五開行以五十里二年後百里楊花津市據資不得已許之咸興大邱則決意不許之第六許之第七改以公使館置兵員若干營備數則當勢多少云另注曰朝鮮兵民守律一年以後更無可嘗則不妨撤去第八派使後日本亦當以國書慰問云雖尚無大失著而朝貧瘠花房勒費五十萬圓分年塡補未免重受其困

勒宏集將之仁川來館請辭余以此屬日朝之事我中國僅能隱與維持不便顯相干預妥爲述條剖決以去乃宏集等以內變甫平深懼外患復起遂至受其偪迫勉就條議中心耿耿抱咎靡已亦可見日人遇事生風以求逞欲直行同無賴焉五點鐘輕騎繞王宮相我軍部勒形勢同八顏有以微行可慮爲戒者晚八點鐘高永喜以宏集命自仁川歸見國王王命之來謁諭知日廷續派井上毅爲議官此次欵事多其主持云

十八日晨無事午後金允植來館筆談允植爲八顏汪鈍筆談一事輒不了了晚七點鐘允中以王命持節略來問手批答之允中去甯夏復來云已奉派爲大官宏集爲副官李祖淵爲從事官請附船至津門謁傅相上書言事並詣○京師進謝表無何宏集亦至謂甫自仁川歸與之筆談極道議欵時威偪情狀聞之恨恨忠筆談曰第一條花房言明如何辦理金曰其另注初以應自日本差役自處辦爲文僕謂差役自處辦亦礙我人眼目不如辦理含混以是改之忠曰彼可言明何法辦理實難辦向人及急辦若干人乎金曰此事未曾如此詳問忠曰兵備之設五十萬圓並如何結算執事可將竹添之言告之乎金曰僕在大臣之後不敢言言自斷五十萬誠是料外故先言我於藏空虛無可辦之力貲彼亦曰固知其然日後開礦續可辦此若不趁期摘兌彼自行採礦足此數後當還之此甚無理竹添所言雖不露破機將此舉不得撓受專爲維持亞細亞大局起見貲匯用欵可感今以賠償一事要挾是以仁始而以利終也因要減其數則彼又將教師及器械皆要延請于渠又曰後設電線渠國當任之又咸興大邱之事預約三件爲請而只減一十萬之數故答以如此要挾不如不減而仍後爲五十萬矣又將低國帑海之義及中國雲南之案爲言則彼亦以爲然而此事非爲利也實政府不能曉諭民人以致此變此次是罰款云其言無禮至此償不可堪忍曰日人覬覦貴國礦山久矣今此執事等至中國商見中堂亦祈爲作主以絕日人之望以立國之基金曰日人言我國自有財而不能用其礦誠可知今此不允其請誠爲向已乞大人作主延師開採故開採伊始自我償其數綽有裕矣且敝國歲貧每年節省或可辦十萬圓耳甯失每年十萬不願日人之任行開採也因訂於二十日晨由漢城啟行夜闌繕上傅相與振帥稟各一件稟傅相云自抵朝鮮漢城後所籌日高交涉事宜與諮送李昰應情形業經稟報在案丁汝昌於十三日戌刻率水軍數十名護送李昰應登程是夜陰雨泥濘沿途不準停息軍士等冒雨忍飢約百七十里於次午抵馬山浦將是應送至登瀛洲兵船安置維時日本兵船之泊仁川口者以次移碇來集因留海口部勒舟師期以

壯聲援而示牽制忠於十四日一面請朝鮮國王由其政府將願重修舊好之意函知花房隨派全權大官李裕元副官金宏集馳赴仁川會議一面查拿城東亂黨蓋王京隸兵籍者約近萬人半在杜尋利泰二里聚族而居世世為兵慢官虐民久成積習初朝鮮國王九齡嗣位是應以太公攝政十餘年閭臣民交怨嗣國王年長王妃閔氏亦累世勳舊其父兄欲輔國王收回大柄於是朝臣之同志者舉是應頻年惡跡交章彈劾遂致失政家居無何王妃父兄皆死於火國人均謂是應所為顧以其處不死之地國王亦姑為隱忍仍以王妃從兄閔顯要輔政是應乃以陳氏豆區之計陰結杜尋利泰二里諸軍士以為羽翼去年其次子載先與勳戚三五少年欲謀篡弒未發事泄庚死獄中用是積怨益深流毒愈甚遂有今年六月之事現雖是應就拘而其長子載冕新以訓練大將握兵柄恐亂黨一聞查拿或更奉以為亂爰於十五日晚間先將載冕誘拘別宮以水兵數十人守之然後部署一切是夜吳軍門派慶軍會辦營務處袁中書世凱來館密同料理而金允植亦以國王致吳軍門及忠書至請速派兵至該二里勦除亂黨俾歛器復整情辭之間頗極迫切爰令慶字親兵後營張副將光前率領全隊出小東門會同慶字左營吳總兵兆有慶字正營何副將乘鰲往捕往尋里亂黨其地兩面依山中列街衢瓦屋鱗次吳總兵率軍分扼兩頭張副將直入其巢時天色漸明該亂黨等突見我軍掩至一半持械走登山巔一半出街前死拒里中間有居民雜處不敢輕用礮火短兵巷戰兩時許張副將生擒一百三十餘人何副將以親兵輔之亦獲二十餘人其餘悉由屋後竄去我軍帶傷者二人當攢捕之時亂黨之勢窮力蹙將就獲者每以刃自剸其腹腸胃畢露其悍不畏死於此可見利泰里吳軍門自往掩執以地近營址已先期聞風遠颺僅獲二十餘人是役所獲者共一百七十餘人忠當至吳軍門營內會訊戮其首領及罪狀較着者十人其餘情有可原者概予釋放蓋以六月初九日之變其中不無脅從設所獲者不為分別輕重誅戮

諸法則此輩知罪皆不赦必彙而為走險之謀惟第戮其首領則凡脅從者咸知為法所不誅將安然解散以去而潰渙之禍可以不興亦潛消反測之意也雖亂黨數千僅戮此十人猶恐未足以示儆而○○天威震疊羣凶奔竄巢穴既覆嘯聚無方此後散處四方不難隨時緝捕而載是不安於位亦即於是日請釋兵柄方辦理間接奉振憲來函與抄示總署函稿所籌先後機宜與現在辦理情形節節脗合獨憶汝昌等甫至朝鮮亦即以生致昰應為先著故方汝昌回津時忠即借調停日本之說與昰應深相結納藉使釋疑迨陸軍既至忠先率小隊二百名直趨王京昰應請往城內南別宮其時頗有勸令勿入者忠以向日往此茲忽遲留城外彼必因疑生懼預為防備則辦理即難得手遂毅然入見復與謬為親近彼果深相傾信終以就逮而後乃得查拿亂黨不特朝鮮之宗社危而復安亦且日本之奸謀隱而難逞此皆仰賴○○皇上聲靈中堂威望與夫振憲之賞機立斷乃克收此寸效在事諸員不無著有微勞除陸軍應由吳軍門開單請奬外其水師於汝昌前乘威遠回津請師後仁川口內僅超勇揚威二快船而日本兵船乃有七艘該管駕等皆能相機酬答示以鎮靜使之不敢輕肆而登陸後護送昰應使元惡不至遁逃拘守棧艘俾亂黨無從推戴其後日艦移椗南陽各船又能隱示牽掣俾日兵不敢輕動而忠乃得與吳軍門捕治亂黨使日人始終未得攙越陸軍為其顯水師為其隱其勞亦足相當其可否擇尤酌保以示鼓勵之處已稟請振憲批示遵行矣

十九日晨閒吳軍門移軍東門策馬往視因告行為九點鐘回館檢點巾篋允中以王命稱示謝表暨咨總署與北洋大臣文稿午後國王世子並遣中使饋禮各四事固辭不獲乃受之於是朝鮮官來館送行者屨滿戶外

二十日晨國王遣承旨官賚帖送行訂續見期且謂趙金二使至津門務乞傳相上憲進諸前席親賜教

謝囑余爲之先容藉旋接津來函札十點鐘偕趙金諸君自南別宮啟行一點鐘次果川國王復遣中使起居七點鐘次水原以日中熱甚乘夜復行五十里至南陽行館時漏箭已四下矣

二十一日晨南陽行館作二書致吳軍門與花房公使尋發馬山浦午後抵埠潮落待渡復接津來函件乃昨由鎮海輪船賫至者內有張振帥手札錄譯署公函謂此役也如能生致李昰應則探驪得珠矣又錄傳相與我駐倭星使黎君蒓齋兩電亦皆以此役要領在制服李昰應則他皆迎刃而解云計此時是應當已抵津門矣四點鐘乘半潮刺小艇渡至鎮海命駛出口外薄威遠以登丁軍門舫晉謁道遲明起椗並安置朝鮮各官艙位

二十二日晨五點二刻起椗海天澄淨如行鏡中入夜風自舵旁來舟甚傾側

二十三日午前九點鐘駛抵之罘知傅相已於昨日十點鐘乘保大兵輪北上矣遂登岸拜方佑民觀察并晤仲兄相伯四點鐘登船舉椗回津恭錄八月十二十六〇〇諭旨兩道光緒八年八月十二日內閣奉上諭朝鮮爲我國大清屬國世守藩封素稱恭謹朝廷視同內服休戚相關前據張樹聲奏朝鮮國亂軍生變突於六月間圍逼王宮王妃被難大臣被戕日本使館亦被横害當諭令張樹聲調派水陸各軍前往援剿又以李鴻章假期屆滿召赴天津會同查辦旋經提督吳長慶丁汝昌道員馬建忠等率師東渡進抵該國都城拿獲亂黨一百數十人殄厥渠魁赦其脅從旬日之間禍亂悉平人心大定探訪該國輿論咸稱肇釁起兵丁索餉而激之使變者皆出自李昰應主謀經吳長慶等將其解送天津降旨交李鴻章張樹聲究明情由具奏李昰應當國王沖年專權虐民惡跡昭著迨致政後日深怨望上年即有伊子李載先謀逆情事此次亂軍初起先赴伊家申訴既不能正言禁止乃於事後擅攬庶務威福自由獨置亂黨於不問及李鴻章等遵旨詰訊猶復多方掩飾不肯吐實其爲黨惡首禍實屬百喙難逃論其積戚

震主謀危宗社之罪本應執法嚴懲惟念朝鮮國王於李昰應誼屬尊親若竟置之重典轉令該國王無以自處是用特沛恩施姑從寬減李昰應應著免其治罪安置直隸保定府地方永不准回國仍著直隸總督優給廩餼嚴其防閑以弭該國禍亂之端即以維該國王倫紀之變吳長慶所部官軍仍著暫留朝鮮彈壓該國善後事宜並著李鴻章等悉心商查用副朝廷酌法準情綏靖藩服至意欽此光緒八年八月十六日內閣奉○○上諭禮部奏接據朝鮮國王來咨轉奏各一摺並抄錄原咨呈覽該國此次亂軍之變經朝廷發兵戡定深知感激殊堪嘉尚至所稱中情震迫瀝懇天恩准令李昰應歸國一節李昰應以宗屬至親積威震主謀危宗社罪無可逭朝廷酌法准情姑從寬減前已明降諭旨擇地安置優給廩餼原屬格外施恩該國王顧念天倫係懷定省以李昰應年老多疾咨由禮部代奏乞恩詞意迫切自屬人子至情惟李昰應獲罪於該國宗社者甚大該國王既承先統應以宗社為重不能復顧一己之私所請將李昰應釋迴之處著毋庸議仍准其歲時派員省問以慰該國王思慕之情嗣後不得再行瀆請該部知道欽此謹案韓於光緒十一年八月間釋昰應還國

日本記游一卷雜記一卷

〔清〕佚名撰

《日本記游》一卷《雜記》一卷，撰者不詳。撰者於光緒六年（一八八〇）自滬遠游東洋，周歷日本東西二京。起三月二十六日，訖五月十一日，往還四十餘日，沿途見聞，皆逐日登記。後附《雜記》一卷，略敘日本國地理、經濟、法律、官制、行伍、器械、文藝、物産及通商貿易等。據《鐵香室叢刻》本影印。

日本記游

附雜記

戊戌春二月

宋輝漢署

河陽李氏鋟香室本

日本記游

亡俗氏

光緒六年庚辰往游東洋三月二十六日癸巳申刻自滬登舟船名秃格薩約陵魯譯名高沙丸係日本人三菱公司商船管船之船主司理機器各執事仍用西人船長約三十丈三枝桅鐵底暗輪單烟筒中艙飯廳長八丈寬一丈六尺四面粉飾塗金帷幔桌套地毯俱極華麗上等客房在飯廳兩旁計十八間每間寬廣六尺餘可住二三人房內燈鏡面盆香皂手巾溺器俱全臥榻分上下兩層墊褥蓋毡軟厚故西客皆不携行李但嫌榻稍窄耳每日早六點鐘晚四點鐘點心兩次又早八點鐘午十二點鐘晚六點鐘飯三餐與洋人圍坐而食水果蜜餞糕餅雜陳每桌有菜單一紙早晚味品不同聽客自點然皆西國烹調終難適口下等客僅飯三餐鹹菜一碟而已與上等客相去懸殊上艙華客祇余一人泰西男婦趁舟者則有十餘俱手不釋卷可見西洋各國男女無不讀書艙面玻璃房兩間爲上等客看書起坐之處船中侍崽浙粤東洋人皆有更有女僕專爲西人眷屬服役者余住第五號房艙伺應者定海人張姓極爲殷勤以余食味不能適口每餐必備燒火腿炙雞羊肉雞子之類以進更隨時送茶點水果至房抵岸時給以洋三元船價上等客自滬至横濱英洋五十五元下等客二十元余自滬寫

往回船票便宜九折且可至中途埠頭上岸隨便躭延多日遇後來公司船到即乘之赴他口不再取值也

二十七日甲午早八點鐘開輪出吳淞口行近銅板沙因霧停輪半時許夜中仍霧北風横捲船略顛簸刻刻鳴汽筒以行防來船之相撞也

二十八日乙未濛霧如雨舟行稍緩終日無所見

二十九日丙申晴卯刻見長崎外羣山名五島巳初抵長崎港海程一千七百餘里計行二十五時舟人云若無濛霧十八時可到矣港爲一大海島長約三里便於泊船港口有造船厰港盡處正對港口有一舊式砲臺聞有戍兵五百名巳正登岸至

泰記號午餐後乘人力車號友郭子蔚導游各梵宮及花園博覽院登萬壽山見全崎在目居民數千家屋宇鱗比是處爲長崎縣治我中國有領事官在焉領事爲余雲眉中翰名瑞廣東人文案任謙齋名致和江蘇宜興人繙譯梁錦堂廣東人租住港邊洋房爲衙署其上首洋房一所門内有三四千斤重礮數門小車礮一門舊式圓礮彈數堆聞此爲美國粮臺存儲礮火等件以備洋面設有事故便於接濟云按日本自漢時已與中國通使曾受漢魏之封唐時即有人至彼通商故今長崎有地名曰唐館然只長崎一港本朝咸豐以前銅商之至日本採買銅觔者亦在長崎今華商貿易於此約有千數閩人居多有八閩三江各會館同治初年美國兵船至港日人拒之不得始允通商各國踵至又開神戸横濱箱館等處共八碼頭我華人亦隨洋商而往今之貿易繁盛首推横濱次神戸次長崎華商之在日本約共五六千人箱館一埠在日本之北境地處苦寒雖産海帶鰒魚海參等物而華洋商之在彼者寥寥數人他如新瀉夷港則風浪險惡各國商人無有至者又按日本乃合四大島而成國其形狹長通國輿地約長三千餘中國里（日本一里計中國六里六分）闊處約三百里狹處不過三十里分爲八道八十四國長崎港屬西海道肥前國此一道共有肥前肥後筑前筑後薩摩日向豐前豐後大隅等九國名曰九州神武開國即都於此後

始開拓而東逐蝦夷以有其地即今之東西京也明季倭寇亦即此九州人九州之中又以薩摩人爲最强前數年西鄉隆盛作亂即薩摩人而據此稱兵九州之外又有壹岐對馬二島距朝鮮最近海程不過百里此九州一大島與神戸之畿内各道中間隔海旱道不通長崎有博物院在萬壽山聖福寺左首山麓院分數所第一所瓷器爲多皆日本自造大盤徑四尺餘瓶高八尺繪畫雕刻亦頗可觀價亦不貴第二三四所各物雜陳如礦産石料農器樂器衣冠盔甲各樣禽鳥之皮毛中實以棉絨以假眼活潑如生云係英國人送來者上海格致書院内亦有此多種所設字畫則有宋徽宗白鷹趙子昂馬海剛峯史閣

部字他如中國筆墨東洋漆器布帛絲棉分類而設更有古衣冠二尺高坐身神像二十餘亦置兩行架上至此如入古刹然花園在博覽院之左倚山爲園面臨山澗地旣不大亦無曲折花更無多小屋三四處塑有男女人形如臺上演戲之狀園內有酒樓少婦小姑招人駐飲未之顧也回至泰記晚餐後亥初登舟亥正二刻開行

三十日丁酉申刻至長門下關峽停輪半時許有長門人男女二十餘輩來趁船昨晚自長崎有一閩客林守常者搭上艙至神戶始有此共語之人

四月初一日戊戌未正二刻抵神戶計行十八時自長崎至神戶一千五百餘里舟行峽中兩岸之山斷續不絕闊處海面數十里狹處數里故無大風浪然多暗礁此一程雖稱平穩但須熟習引水之人從前西洋船自長崎至神戶須繞正南過肥後薩摩再轉東北入紀伊口海程三千餘里風浪險惡後有東洋人教之自長崎過壹岐島響灘入長門下關由海峽行走計程僅一千五百餘里雖有暗礁皆置燈表輪舟可以夜行峽中山勢秀拔古木森森近神戶百數十里兩岸小山更多尤爲奇秀波平如鏡坐艙面觀之羣山拱闔而過眞如置身圖畫中申初上岸先至鼎泰洋布號號中派人至船上發行李德澄號東張掇芹先得上海號信當來約至伊處下榻住房洋樓式几淨窗明頗爲軒敞號友胡君小蘋名震浙甯人工書善醫詩亦清適神戶爲兵庫縣治我中國設有領事此埠卽在海邊略灣進內非如長崎之有港左右有早年石砌圓式小砲臺兩座神戶之內中國程七十里爲大阪府治由大阪一百三十里至西京俱有海汊火輪車可通本埠貿易不大皆轉運至大阪銷售火輪車日間載人夜間運貨

初二日己亥早小雨巳刻晴午餐後張掇芹胡小蘋約同至關山看温泉板屋之中砌石作池方徑六七尺水深一尺餘男女同浴於中誠爲陋俗旋游他箕山觀瀑布曲折而上里許山腰有瀑布高一丈八尺倒瀉而下居人依山作板屋賣茶以憩游

客坐對飛泉噴薄濕人衣袂此名雌瀑迴環更上半里餘山上復有瀑布一條高二丈是爲雄瀑滙爲一潭流下卽爲雌瀑上下茶棚甚多客過其門婦女皆招呼留飲環遊地球新錄謂半里一茶亭又謂瀑布數十丈爲日本山水最佳處誠不然也瀑布雄雌之名高下尺寸茶棚中有印賣圖說可閱山下茶棚前多有小水池中挿二三尺高通心細竹桿水由竹管上噴高出尺餘此卽西人所謂水法也

初三日庚子鼎泰號友朱季方與常熟衞鑄生名壽金來候鑄生工書法客游於此者午後與張掇芹胡小蘋同乘火輪車至大阪計程七十里行半箇時辰若非中間搭客御客停頓四次

兩刻工夫便到矣車價自神戸至大阪上等客每人一元中等六角下等三角車皆一式但坐位寬擠不同余往返皆坐中等車人極寥寥可以躺臥下等則並股挨肩人數恆滿車式約長一丈寬高各六尺餘四面玻璨窗可以開閉頭車安火爐機器後拖十餘車車皆四輪順鐵條軌道而行輪路之旁如有人站立車過時驟然視之面目糢糊不辨老少可爲速矣大阪府治亦通商碼頭商賈雲集街道縱横長者計二十里有一小石城但住兵而已此豐臣秀吉遺址也博覽會院所陳各件與長崎略同又游機器製造金銀銅錢局及像生院各街市酉刻至北新地酒樓晚餐脫履以入席地而坐中置火爐平底鍋炙雞鴨片作饌酒似中國紹興而味薄主人敬客客飲訖將杯於水盂一蘸以空杯還敬主人或送他客此洗盞更酌之意也是夜宿大阪同席有德興隆號東童明輝

初四日辛丑早飯後與胡小蘋同乘輪車至西京計程一百三十里行一時到中間有市鎮六處皆停車搭客中等車價每人八角下車處即換人力車至上京第三十一組河原町三條上下丸屋町松村屋客寓會浙江慈谿人馮澐號雪卿以工書客此午餐後同遊博覽會場是日以名妓遊會行人肩摩不能立足而出妓着大紅綉衣乘人力車間有綵旗導引未刻胡小蘋回神戸去申刻與馮雪卿同遊東山是夜宿松村屋客寓樓上室無桌椅地有絨毡坐臥皆於是而屋宇修潔無纖塵同寓有江甯人王治梅鄰寓有嘉興陳曼壽皆以工書善畫客遊於此中國人之寓日本西京者祇此馮王陳三人而已按西京爲日本國王舊都四面皆山並無城郭今國王明治二年始遷東京街道市面俱極繁盛但非通商碼頭凡游此者須在其設立博覽會之百日期內向神戸之兵庫縣或大阪府衙門討取執照先一日胡小蘋向兵庫縣令森岡昌純處賣來執照二紙每紙照費洋二角照內註某處人赴西京博覽會見物限期二十日出京如馮雪卿等在彼期滿又回至原處另换一張百日之內須五易其照自神戸乘火車至京及至京住寓皆須驗照無照者不賃車不留宿也博覽會場基甚廣所陳之物與長崎等中有稻桿長至五尺餘穗頭稻粒肥綻而多此爲可貴耳

初五日壬寅早與馮雪卿游博覽會及舊皇宫舊皇宫在博覽會場之旁地勢既小規模狹隘正殿名曰紫宸上覆以草據云此草最堅韌而經久宫室廟宇之外民間不准擅用殿旁即御苑所謂待月迎凉常御便殿俱在是足見其前此之儉樸後宫屋多坍塌現有工匠修理開溝苑中樹木梅花極爲蒼秀午後遊琵琶湖湖距西京三十餘里乘火車可至此爲西京名勝處然巨浸一灣羣山四遶絶無景緻可觀湖寬約數十里有對渡有火輪船二隻湖邊松樹一株高僅八九尺枝柯四出亭亭如

圓益東西南北各三十餘步此誠不多覯耳晚刻馮雪卿約至御料理便酌御料理者即酒樓之名侍酒勸餐皆以婦女不見男子之面

初六日癸卯早游華頂山登第一樓梵刹佛殿作八十一間形殿後房屋廻環數十間雕繪富麗盛於王宮言係國王游幸處又游清水寺寺在山腰樹木蒼翠有泉流出於山半故名清泉申初登輪車酉正回至神戶馮雪卿同行晚刻神戶領事廖樞仙來拜廖君名錫恩辛酉拔貢廣東惠州府博羅縣人坐談一時許據言無副領事有文案一人繙譯二人差役二名月俸三百兩房租銀四十兩賃屋而居

初七日甲辰巳刻至鼎泰號候鑄生並回拜廖樞仙又見其文案繙譯張君芝軒南海人馮君湘如番禺人楊硯池蘇州吳縣人午後游楠公墓社楠公者日本之忠臣兵敗以身殉國其子承父志復舉族勤王者也墓碣題曰嗚呼忠臣楠公之墓四圍花樹甚多游人雜沓廖樞仙具柬招飲辭

初八日乙巳倩人送上海新載生洋行東步邁司岱致神戶榮町四丁目日本人濱田彥之信濱田彥初在西人洋行學業曾往西洋十數年今在神戶業茶與步邁司岱相友信乃託為照應余之游踪者馮湘如來訪名昭偉坐談許久言早年日人犯臺灣伊來採聽各情

初九日丙午午後游鐵路洋場各街市晚刻張擬芹兄備筵相款同席有廖樞仙馮湘如楊硯池童明輝諸人

初十日丁未昨日巳有公司船到准備起程赴橫濱廖樞仙送點心橘子洋酒來酉刻擬芹諸人同送登舟船名玄海丸明輪較高沙丸稍大住其面上房艙窗內見海尤為爽適戌刻啟輪同船有甯波人張楚傳名錫榮在上海開龍飛馬車行者云因腿疾特赴東洋橫濱之外百里地名蟹殼南有溫泉浴之可以已疾

十一日戊申舟行大東洋申刻隱見北面羣山詢之為日本東海道尾張三河駿河各國境晚刻有美國人丁姓者來就語詢之乃京都同文館總教習丁韙良云奉總理衙門委往地球各國閱看各書院情形

十二日己酉寅正末刻抵橫濱海程一千五百餘里行十五時有半此埠亦在海邊與神戶略同碼頭左首有舊式土砲臺一座砲係露設有戍卒看守卯刻德澄號着人來接辰初登岸住其樓上房亦西式較神戶尤寬大號友孔振成周立人袁鏡甫袁玉振四人酉刻周袁二君導游野猫山花園芍藥正開色極燦爛矮屋四五所陳設幽雅花以白邊瑞香松蘭梅竹為多月季亦盛有洋花十餘種不知其名日本人盤紮松柏盆景最佳故雖極大松柏亦亭亭有致盆梅根粗圍二三尺更有半片嵯

峨形者根高一二尺上發嫩枝此正所謂梅椿也園左半山平地一片約一畝餘編小柏樹爲籬倣倪雲林所作蘇州獅子林山石之意曲折廻環俱爲巷道園丁婦女導客入遊轉折三十二灣至中央有隙地三四弓如獅子林中間建樓處復轉三十二灣由原門出蓋卽魚腹浦八陣圖式行入其中非有引導之人正恐如陸伯言之迷罔不得出也歸游夜市街衢燈燭輝煌地攤陳設百貨士女摩肩皆於此時購物逐日如是横濱爲神奈川縣境我中國貿遷於此者約三千餘人粵人爲多立有中華會館乃日本通商八口中最盛之區中國有理事官范君雨蕉駐此張楚傳請晚餐辭

十三日庚戌倩人送步邁司岱致此間洋行信亦託爲照應余之游踪者午後遊博覽會並無古物乃出賣磁漆綢布雜物之塲耳

十四日辛亥雨

十五日壬子號友袁鏡甫送余至東京並派廚夫葉五奎同往因飲食不同也巳初二刻上火車沿海而行計程七十里巳正二刻到寓南傳馬町伊東屋客寓前年馮雪卿在東京亦住此寓偶談及之似曾相識寓主人以予不慣席地久坐特備西式軟墊靠椅及書卓其情可感東京亦在沿海以海灘水淺重載大船不能收泊故通商埠頭設在横濱距東京數里海灘邊有礮臺四座每座相距約一里墊土築城潮退則臺在淤沙之上潮長則臺在水中早年與美國相拒時所築仿照西式臺內有兵藏藥房聞其自知此臺不能得力已將廢置另於横濱築臺午後偕袁鏡甫游德川氏歷代墳塋近接市廛地勢横闊屋後倚山自一代至十四代有數代同堂各龕者相距各百餘步殿宇挨列雖不甚高廣而雕鑿極爲精細四壁塗金覆以銅瓦殿柱有包玳瑁者不知造自何年工程堅固門內八九尺高銅石塔鐙不下數千墳在殿後或殿旁第六代之墳下砌巨石作八角形上立銅塔有門可以啟閉歷代之墳以此爲最墳地樹木陰翳合抱古柏高入雲霄皆數千年物也各殿俱有殿名宮名又有寺名曰增上寺按德川氏爲日本諸侯號曰大將軍世掌國政歷三百年國王徒擁虛位而已早年米利堅求通商德川氏以力難拒絕遽欲允之民情不服德川氏因之失據國王乘此奪其政並廢藤橋源平各諸侯收其采地歸公但給歲俸大權一歸於國曰維新之政令則非但不能拒絕遠人且極力效用西法國日以貧聚斂苛急民復謳思德川氏之深仁厚澤矣東京石城高八九尺無雉堞門樓但有空缺多處卽爲城門以通出入城濠寬深上建橋梁雖曰石城三重而外二重皆半圈作八字不交形非如環之無端也城內兵房甚多聞有兵三千六百名分住四隅國王住第三重城內曰皇居卽德川氏之舊

居前數年被火至今尚未修復博物院共有四處最盛者曰教育院入游者並不取資中分院落多所各物分類而置如天生植物類則五穀雜粮花果樹木動物類則自人至於飛潛中有人骨三具以銅絲紐接掛之如人立之狀內具一別無他異惟手指尖骨較尋常人長二寸腳趾尖骨長寸餘似是鳥爪之人不知出於何國獸類有羊大如牛角長二尺許熊羆虎豹小至鼠兔以及羽族飛鳥之皮皆實以棉嵌以眼珠栩栩欲活可異者長尾雞大與中國黑雄雞相等而尾長數尺有一大梟鳥兩耳聳起形狀可憎鱗介中魚類甚多有身如車輪口如酒杯齒如白米者有身小尺餘口巨如碗者最奇一魚身長約二尺粗如茶杯形似鰻魚口之前有一骨長出約一尺此骨之末又橫生一骨長約四五寸如丁字形魚之兩目生在此丁字一橫之兩頭據云西人亦未見過有大蟹一足之長約五六尺通長一丈餘設或肆其橫行吾人奚堪遇此獸之活者有熊猿之類禽之活者有孔雀雕鷲之類鱗之活者有二尺餘長之四足魚形似中國之土步魚灰色而有黑斑石類有礦產數千種又有各動物魚虫植物木葉等類皆變石而未變全之形工藝類中則錦綉綢緞絲綿絨布雕刻漆器與夫農家器具無一不備機器則有格致化學重學光學電音汽學等件皆分置各架其教育人寫字啞人代語等法俱有圖畫且有育人所寫之字張掛壁間此外並無奇異之物蓋非西洋賽珍集各國珍奇而聚於一處也可恨者有一會中架上置壞竹鴉片烟槍兩根破磁烟缸兩個中竪一挑烟棒烟盒烟竿數件壞銅水烟袋一枝破錢板一塊破舊箋紙燈籠一箇破帽零星各件俱極腌臢又於其所陳軍械刀鎗盔甲旗幟處置銹蝕鳥槍數桿破布九龍旂兩個中插裝火藥小竹筒十數根俱標識曰中國物閱之令人憤懣我中國連年赴美法各國賽奇會之物品西人且加誇獎豈無工藝珍貴之物以冠他邦乃獨以此爲形容雖鬼蜮之見不足較而其居心已顯然可見尚足與之論邦交哉

十六日癸丑王惕齋馮蓉塘來皆浙甯人在此貿易者未刻往拜我中國駐日公使何子莪侍講副使張魯生太守參贊黃公度大令英繙譯楊星垣俱會海外游踪未攜冠服本不欲投刺公門因朱寶珊觀詧託帶有致何公使之書神戶領事廖樞仙又先有信通知公署不得不一往也

十七日甲寅王惕齋來言伊有族兄王黍園現館廢藩源輝聲家專論詩文閒暇無事可以伴游已與言過囑渠今日來拜也余詢知其住處在淺草町今戶十四番地方先往拜之故侯源輝聲亦出見輝聲號桂閣爲日本世襲諸侯封地在西京高崎今王新政概廢藩封令各諸侯俱遷住東京所有采地全行歸公視其地之大小歲給俸金數千元至數萬元不等如願出仕

亦可桂閣年僅三十餘澹泊不仕以詩文自娛所住之屋臨水名曰墨江對岸櫻花十里春日景緻極佳室中皆名人字畫照中國式設有桌椅茗椀尊彝位置幽雅筆談半時許同游上野博物院至小西湖酒樓午餐清池一頃酒榭數家皆文人墨士詩酒奕棊之所酒後又偕游教授博物院酉刻回寓上野博物院又名美術會有絹本山水四大幅欵俱剝落莫辨古色蒼茫標識曰元人作又沈南蘋大條幅十餘翎毛鷄鹿花卉木石俱極生動他如宋徽宗白鴿仇十洲璇璣圖豳風圖文姬歸漢胡笳十八拍圖唐伯虎祝枝山仙女釣翁此外山水人物各件甚多皆中國名人之筆又有火焚阿房宮大幅不知何人所作尤爲出色動物類有大螺殼內有一蟹同生云彼此相依爲命聞浙江普陀山亦有此種其蟹類甚多有面上殼大如掌腹下蟹兇小如酒杯脚長寸許不知何以負殼而行距院數百步鐵柵內狗熊二頭長約四尺高二尺餘以齒嚙柵時作欲竄之狀今日何公使來拜出游未晤又接來字約明日晚餐

十八日乙卯張魯生副使楊星垣繙譯隨員陳訪仲來陳名衍範杭州人楷書極佳午後游城內賣物博覽會購瓷器零件數種酉刻何公使着馬車來迎赴宴同席爲張副使及參讚諸人

十九日丙辰午後與王惕齋馮蓉塘同至王子山看機器紡紗計錶機十二張第一張機將棉捲壓作二尺餘寬數十丈長薄片第二三番機兩張將捲成棉片遶於機後軸上機前有一軸上有極短密刺將棉片梳鬆粘出又有一錢片不住顫動將軸上粘出薄如淡雲之棉敲下從機頭攏聚過圓眼成大指粗極鬆棉條第四番一機將此鬆棉條三根併作一根略爲攏緊第五番機一張將棉條攏緊拉長機上挺子十六根第六番機一張又將攏緊棉條兩根併作一根成細繩形此機上挺子二十八根第七番機一張又將紡成細繩形之紗兩根併作一根而拉長成粗棉紗計挺子六十四根第八九十十一機四張每張挺子各一百四十二根皆係將第七番紡出之粗紗成爲細紗第十二番機一張將紡成之紗繞成大仔工已畢矣其機器不用蒸氣乃接引山水下注激輪如飛似水碓水磨之法惟久晴水源不旺則一日之工少差聞牽算每日可成紗三百磅工作少婦小女子十六人打包鬆花各事男子四五人修機器匠三人通計二十餘人女工接頭換軸手脚純熟絕不忙亂有此機器則一人之工可當數十人誠爲巧捷歸游淺草寺及左近茶園觀像生人物復紆大橋而回午後王桼園來出游未晤桼園名治本浙甯諸生也何公使着人送代購書籍地圖來源桂閣送詩來索和

二十日丁巳王惕齋馮蓉塘來約至西洋酒樓午餐後同至三田林姓家看機器造紙並觀其家藏字畫金石之類造紙法係

收買破爛雜色碎布用人工搜開扎碎洗淨和强水入鍋煑之復入機器桶以活流水漂洗即潔白如雪更用强水煑如漿由錢筒放入第一機器筒中桶內有竹編空心圓軸上蒙以紗外用長毡套之此軸輪轉不息其一面由布漿一過粘於氈上即成白紙傳於氊後長布套機器烘筒之上連過三筒紙已烘乾又接傳於砑輪上一過紙色即光亮砑輪之後即刀輪譬之紙須三尺寬即用三尺輪刀紙過此輪自然切斷落下只須一人以手接之銷於案上不須一分時工夫漿已成紙大小如一可以點數打包發客矣若須長紙但不切斷則千百丈亦不難也

二十一日戊午早至日本橋通一町茂兵衛須原屋書鋪購書

黃公度來未晤午後至源桂閣家稍坐同王黍園至猿若町戲樓觀劇又看東洋女子以脚作書穿錢敲火吸煙折紙各事其最者以尺餘短弓八九寸長小箭立靶約三丈外靶上懸三寸徑小銅鑼左足趾張弓右足趾搭箭箭到鑼鳴竟無虛發技亦巧矣戲園之屋彷彿中華但坐客之地皆以板隔作方槽每一槽內可席地而坐四人上下可容千餘人戲臺甚大優人但說白而不唱左首小樓坐彈絃者二人著大紅半臂偶或大聲喝唱三二句不知何辭不知何謂右首小樓內有數人擊鼓吹笛鳴小鉦亦無音節大約觀者專看伶人之扮演情形能肖能妙則喝釆齊聲不計曲詞腔調其所演之戲並非故事皆出新編全本可演一月編成先將戲名目錄情節扮演形狀分爲數十齣刻作小本出賣故坐觀者多手一本也

二十二日己未張魯生副使來約明日同往王子山看機器紡紗午後至上野美術博覽會教育博覽會一游申刻回寓有日本尾張國愛知縣人中村道太來投其友人名關根錄三郎號痴堂生近詩二册求題繙閱一過皆嫉世痛時之語日本自維新政出百事更張一切效法西洋改歲歷易冠裳甚欲廢六經而不用遺老逸民尚多敦古以崇漢學痴堂蓋逸民之賢者爰拈四絶以貽之晚刻又有駿河國靜岡縣人籐沼物來求賜教語極謙恭亦崇漢學而能文者錄近作數首示之

二十三日庚申午後至公署同張魯生副使至王子山看機器紡紗復至署晤何子莪公使後酉刻回寓晚刻籐沼物偕一北海道胆振國須田廉來執策求教

二十四日辛酉葉五奎回横濱去以王惕齋之姪王履安來照應一切午後何子莪公使來託帶朱寶翁及上海招商局文報委員王心餘各信并贈我日本全史等書申刻有日本九州地肥後人湯地文雄來見據言曾爲愛知縣七等官以詩呈政連日來呈詩求教者甚多俱略爲改竄而已

二十五日壬戌雨

二十六日癸亥着人各處辭行王黍園送點心一大盒來午飯

後同至王惕齋處看做白來火游芝山東照宮及山下花園又登愛宕山觀東京內外一目了然海內帆檣如在堂下又游昭忠祠花園傍晚回寓陳訪仲來未晤今日先寄書箱至橫濱晚游花市市設大路兩旁長約一里燈燭輝煌百花爭麗多有不識其名者時當中歷四月杪夏菊盛開聞至深秋菊花尤甚晚刻來求改詩者數人俱爲點定數字而去店主人言若再住數日則來者愈多矣

二十七日甲子起程回橫濱早有來談詩者告以起程匆匆未遑接語矣張魯生副使王惕齋來源桂閣又叠前韻詩來索和並送小團扇五柄申初一刻上火車申正一刻抵橫濱仍寓德

澄號樓上

二十八日乙丑午後游街市及中華會館

二十九日丙寅雨

三十日丁卯申刻往看西洋人與日本人賽馬張魯生副使自東京來日本人請看賽馬同晚餐後回東京去

五月初一日戊辰看賽馬游各花園

初二日己巳起程回華申刻王惕齋自東京來與袁鏡甫同送登舟船名東京丸大小與前坐玄海丸相等鋪陳亦極華麗住其第八號房艙酉正開行

初三日庚午戌刻行近神戸約二百里無數漁舟皆明燈火近視之乃以錢爲絡伸出船邊燒以木柴故亮光甚大據云鯈魚喜近燈火故於夜間捕之數十里海面如萬點繁星誠爲一大觀也夜半子正抵神戸計行十五時

初四日辛未天明時德澄號着人來接辰刻上岸午正與虞冠羣乘火車至大阪購珊瑚連看數家俱無合式者在火車房遇馮雪卿坐談一點鐘酉正回神戸至廖樞仙處稍坐德澄號晚餐十一點鐘登舟

初五日壬申寅正啓輪今日是端陽佳節茫茫巨浸中無可與親惟有時登舵樓以眺遠耳

初六日癸酉戌初抵長崎自神戸至此計行十九時半泊舟後

大雨

初七日甲戌卯刻泰記號友郭上治來接游踪所至每即有人相迓者以先得其號中電報也郭號子蔚鄞縣監生言昨船到港以大雨未能登舟旋與上岸同至富士屋酒樓小飲樓上額曰瓊江第一觀長崎全島俱在目中昨抵港時有俄羅斯兵艦尾隨進口鳴砲十三响港中先有一俄兵船亦鳴砲以接之頃見昨到之船桅上懸挂日本旗鳴砲二十一响日本砲臺旋換俄羅斯旂鳴砲如數以回敬之此所謂祝砲儀也回至泰記午飯未刻雨旋晴上街購零物晚餐後亥初回船

初八日乙亥寅刻啓輪天明後風雨交加風雨針亦驟降恐有

颶暴轉舵仍回長崎午初進港停泊船主旋上岸發電信通知上海緣公司船皆刻期按時而至今有躭延故行通知以免上海發船迎探電信之用大矣未刻狂風大作吼聲如雷設非折回則不知如何驚險風雨針之用不更大哉晚刻風稍息

初九日丙子雨天明開行逆風鼓輪船略顛簸心中已覺不適飲食少進

初十日丁丑舟行平穩戌刻見花腦山燈火四更後停輪泊銅板沙候潮

十一日戊寅天明開行辰刻進吳淞口巳刻抵上海是行也自滬往還四十餘日周歷日本東西二京雖不敢言壯游亦聊以擴眼界所見所聞有不能登記於逐日之下者分作雜記附後以資觀覽

黃梅宛立鼓校字

沔陽李世勛覆校

附雜記

亡名氏

按日本自神武開國一姓相承歷今二千五百餘年中間雖有權臣專國叛亂相尋終未易姓爲治法尚嚴峻民風極醕早年夜不閉戶路不拾遺畫地可以爲牢至今官司繫人仍用細繩無琅琅錢鎖近則鼠竊漸多間有剽刼矣官制有三院九省其太政院大臣及左右大臣如中國之宰相軍機亦有以親王而授斯職內閣隸於太政院此總持國政者大審院掌刑律內外理刑有司隸之元老院掌議事上下議員隸之九省曰宮內曰內務曰外務曰大藏曰司法曰文部曰工部曰陸軍曰海軍分司錢穀兵刑邦交工作皆秉成於太政院外建三府曰京都府即國王舊都之地曰東京府今王遷都之地曰大阪府距京都府一百三十里設縣三十五（前有八十餘縣今省）而縣不隸於府有事則直達內省府縣地方有設立裁判所審理詞訟縣官之下又有一等至九等屬官及十幾等出仕數十人各有月俸似卽書吏之流兵制陸軍有六鎮分駐東京仙臺名古屋大阪府廣島熊本京外共陸軍三萬餘人六鎮之職曰陸軍少將俱受成於陸軍省之陸軍中將及陸軍大將左大臣熾仁親王此陸軍數目也水師有提督二員分駐於相模薩摩二處明暗大小輪船二十四隻內有鐵甲者三隻二三百噸及百餘噸小船七隻兵四

千餘名水師則受成於海軍省統計通國水陸兵四萬有零東京駐兵三千六百名皆作西裝用後膛槍身佩長刀游嬉自得每當夕陽將墜則街衢躑躅營營扶得醉人歸眞是好整以暇今又行三丁抽二之法兄弟分居亦不能免民固不願强抽之亦恐無用也國政情形向來國王雖有不善臣下不敢諫奏縱所諫極是亦有應得之罪故偶有諫者皆先自裁而遞遺疏以效史魚之屍諫卽大官有誤屬官亦不敢言治民之官有誤百姓更不敢言如此政治而得綿延二千餘年此無他法令嚴厲臣尊君而民敬官終由於民風之厚今王國號明治卽位十三年明治以前稱爲富庶迨至通商以後羨泰西各國之富强百務更張效用西法易衣冠改歲歷下至飲食刀匕之瑣細無不倣之現在國中製造軍械局船廠織布紡紗洋錢洋紙硝礦强水自來火煤氣燈無不購買西洋機器自行倣造海道通商有三菱公司大小輪船三十餘隻火輪車路自神戶至西京自横濱至東京電線則水沉於海陸架於空千里軍情分時可達復用西法勤練軍士自以爲富强可以立待殊不知慕西法而無生財之道適足以自耗其財今自通商改用西法之後國用不繼不得不苛歛於民丁稅地稅關稅之外甚至茶棚地攤無不有稅百計搜羅一年所入五千餘萬元之多我中國十八省之地併地丁鹽關各稅統計歲入亦不過此數乃以僅當我中國一省之地徵歛如此之鉅民力其何以堪我中國之民涵濡

聖德輕徭薄賦日在

堯天雨露之中而不之知也國中現俱行用鈔票閭散在民間者共有四百餘兆（每一百萬元爲一兆）民間完賦亦以鈔票通國幾無現銀鈔票曾賤至六折西國各貨之來猶賴有歲出絲茶值銀一千餘萬與之相抵然入口貨與出口貨相較每歲仍虧數百萬兩憂時之士曾創立公會禁用西洋各物其如民皆好之而不能從西人見其各事皆效西法交相誇譽不知其正以此而致貧慕虛名而難收實效富强二字恐不易言也

日本人稱國王曰密楷度今王卽位已十三年有母后尚無王子其官制品秩惟親王稱一二三四品職穷則不稱品而曰位自正一位至從九位又有一等至十五等者太政大臣每月支俸八百元左右大臣六百元以次而降至縣屬八九等十餘等官每月僅十餘元耳取士則重世族諸侯之裔曰華族世祿之家曰仕族諸侯之家臣亦曰仕族今之立於朝者多有諸侯家臣卽今廢侯家居使用之人尚曰臣子若齊民中非有才學出衆者不能出仕自維新政出改用西法官民之中是非各半浮躁喜事輩見百度更新有輪舟大礮後膛槍以爲富强已著上年有武臣某者請與兵十萬人横行中國旋有西人駮之曰日本水陸之兵共僅四萬有餘從何而得十萬縱使添募足數而

二十餘艘兵船何能容此十萬之衆卽或多雇他船應用其軍餉又從何出通國傳爲笑談是其夜郎自大之情已可概見亦有明於事理者以與中國作難之爲非而選事人多犯臺之役是爲前鑒我中國豈可不爲之備哉

日本通國人民三千六百餘萬國中學校甚多兵農禮法格致算數技藝分類而設且有女學故船戶車夫婦人女子無不識字其書籍及日用之字皆中國書法但於每句之內雜以倭音數字文義顛倒多不可解讀其書但能須會其意耳若與中國人筆談或作詩文則不夾寫倭字亦惟多讀中國書通文理者能之非盡人所能也然人俱好學如游博覽會多懷鉛槧而往遇物登記更有輕年女子見圖畫中花鳥之佳者卽立而摹仿之頗能肖妙此爲可羨耳在其改政之初幾欲廢置漢學國中所有中國書籍皆賤價出賣又多爲中人購回如太平御覽一部價才十餘元近聞有令多延中國人教語言雖兵丁亦須學習此非慕我方音其用意或別有所在也

日本國庫現存銀一千二百萬兩上年曾請駐日各國公使看其庫儲意在炫耀有西人作論曰箱中銀之有無固不得知卽使眞實亦不過合我西國三百萬磅富商大賈一人私財尚不止此況一國乎日人閱之頗爲慚沮國中產米僅敷民食偶遇偏災恒慮不足上年因欠西債以米抵償上海申報中曾有日本米運至英國出售一則卽此事也運出之米既多價日昂貴現今米價每觔合寬永錢四十餘文民雖良懦不無怨咨當鈔票初行之際百姓稱便多願使用鈔價一元貴至一元二角人爭購之以其存攜皆便也故民財大半皆歸於公迨後公用不足又勒富家出銀易鈔今之所謂富戶者皆紙鈔而已

日本與西洋各國通商美利堅最先早年由日本至上海之輪船名曰萬昌公司乃美國人所設後始賣與日本人改名三菱公司如中國招商局買旗昌洋行公司之船也聞三菱公司連年虧折日本國家每年津貼銀二十萬兩中國人運貨乘船之水腳皆須付以現銀完稅亦然日本人則以鈔票火輪車神戶至西京二百里橫濱至東京七十里修築輪路所費已千餘萬兩現雖運貨乘人亦多折閱西京輪路現仍向滋賀縣開築已成三十餘里意欲開通直達東京余在西京遊琵琶湖曾乘輪車至此見中隔一山有人夫百餘名開挖山洞完工無期昨上海申報言又成一輪路國王欲自作記以志之恐非數十年不能告竣也

煤礦在長崎外高島此礦初爲西人購買價才十餘萬金出煤既多獲利甚厚與日本人分之日人犯臺時曾託此開礦之西人代向外國定購輪船三隻價銀三百餘萬兩先付若干迨後船到臺事已平無銀付價經手之西人大覺爲難不得已將此

煤礦作抵與賣船之人接挖數年仍獲厚利前年日人以銀數十萬將礦購回自行開採今運上海者即此礦之煤係中國人在彼購運其他處小礦尚多終不若此礦之煤好而且旺至金銀銅錢之礦雖俱開採但不能多耳

製造軍裝礮械局在東京小石川造船廠在橫濱賀長崎亦有大造船廠此數大廠不知費銀幾千萬兩製造銀錢局在大阪織布局在西京紡紗局在東京造紙局在東京有多處造煤氣鐙自來火廠在東西京及神戶造小木條擦火之自來火及硝礦強水各處有之又有所謂郵便局專為人寄信其價甚廉如東京本地寄信之法亦甚便捷街衢各處半里之間即豎一銕

筩箱行舖人家先向官局買信紙收存欲致信某處某人即以此紙書之寫明送至何處投入就近筩箱內每半个時辰局中有人來收信一次凡在附京一二十里之內頃即送到不取信力計費買紙錢五文耳又有一種書寫買賣田房文契借據等用之紙定價發舖轉賣民間立據必用此紙書寫設不用此官紙日後結訟到官不以為據且加之罰聚歛之法可謂搜括無遺惟食鹽一宗向無稅現有為之條陳收課者未知能行否電線局生意甚旺皆為行戶報米糧及鈔票時價客商多以米價作空盤為贏輸聞外縣及大市鎮皆有電線惜我中國獨無此耳

日本疆域之大日記下已略述之國中有火山故多溫泉有富士山最高山顛積雪終年不消其地近於北道箱館在橫濱之北曰北海道輪船行兩日夜可到地處苦寒八月飛雪近復設立開拓司跨海闢荒此荒島中尚有蝦夷數千人日加侵削將無噍類矣北海道外有一島蝦夷與日本人雜居去俄羅斯較近本為日人有之名曰樺太此島早年無主有謂係中國者誠不然也俄羅斯欲得此島而以附近之千島與日本易換樺太此五年前事也申報中有此一節云日本人謂俄之界石非釘於土乃載於車上隨處可以安置此日人不願之心已形於外無可如何耳但俄人據有此島始言欲為屯兵泊船之所繼言

流放罪人總之去中國近不可以不知之至朝鮮距日本咫尺日人心焉不忘此亦我中國事尤不可以不知也

日本山水秀麗參天合抱古木極多城市山林隨在皆可游玩西京四面皆山名園古剎處處皆是東京城外有東西叡山上野小西湖愛宕山各名勝每一登臨輒戀戀不忍去日人又善於點綴雖山徑紆迴亦平治整潔上下多設茶棚叡山則東西相對中間坦道歧分山顛山腳密樹濃陰之下俱設靠背長椅俾游人憩息花園尤多雖無亭臺之勝而幽雅宜人民居皆有樓而不甚高以國有火山恒多地震人家皆入門三數尺即庋尺餘高地板客至此脫屨而入或平屋或層樓皆於板上鋪席

席上施氈席地以坐主婦奉茶杯壺極小又一木提盒中有炭爐以淡巴菰短竹烟筒進客其坐乃以臀坐於兩脚根上古人所謂長跪者似即此入坐必磕頭至地客退亦然

民風儉樸崇信佛教早年自死牛馬亦不敢食三餐米飯惟啖醃蘿蔔或以生魚片拌醬醋或炙海蝦小魚悶雞蛋此外不知烹調亦未有輕宰鷄鴨者海味魚翅海參鰒魚之類皆售於中國本國無食者國中以鱉爲最貴之品鰻魚次之淡水魚以西京琵琶湖者爲最通國中無豢豕之家早年祇長崎一埠有華人售猪肉近則通商碼頭皆有猪牛肉國人亦習而效之喜食西饌牛肉而飲洋酒人掛一時辰表民風日見奢華男女皆曳木屐其屐但木底一片前穿一繩後無挽絆足趾曳之而行女子梳平髻不纏足不穿耳不用金銀簪飾亦無手釧但插龍眼核大珊瑚珠一顆玳瑁梳一把梳價色白而明亮者貴至五六十元云亦一時之嗜好女子有夫即染黑其齒生子即剃其眉殊不雅觀俗好潔男女日必一浴室內無纖塵尤喜花木極小天井之中無不蒔花種樹稍大則開池畜魚架以拳石比戶皆然街市亦復潔淨舖戶居民日必潑水兩次大小便皆有一定之處從無堆積垃圾污穢男婦嬉嬉無疾言怒色余小住月餘日游街市未有見詈罵鬭毆者一日閒談及之友人曰我輩住此十餘年亦未見過想君見慣反以不見爲怪耳又一友曰君見丐者否恐又以久不見此爲怪矣兩京各處妓女極多妓亦有稅日官筵宴多呼以賄觴名曰歌妓青藍衣者年稍長歌而不舞雛妓則著紅衣衣皆曳地尺餘舞時長袖翩翩霓裳羽衣或即如是其陋俗則男女皆不著褌圍以幅布尤陋者男女同浴叔伯兄妹爲婚夏日船戶車夫上下裸體以布一條自前兜至尻後逐逐往來不以爲恥此數者誠不免爲夷狄矣

日本男婦皆寬衣博袖男子將額上之髮剃至頂心如瓜瓣形而頂心挽一小髻明治新政服飾皆改西裝民間不能盡從以西裝衣褲革靴價皆昂貴故現在日人裝束種種不同有一仍其舊者此敦古守常之士與務農力穡之人此外浮浪輩則有翦髮而脚拖木屐者有革靴而不翦髮者有翦髮著靴而東服者有西服而不翦髮者譏之者曰東頭西脚西頭東脚不成東西女子則裝仍如昔聞王后與命婦皆已易服但未之見耳

日本歷法向同中國明治新政並歷法改之如西洋之不置閏新歷雖頒民皆不便以農圃樹蓺往昔俱按節序布種今則不知節序於何時故今之日本歷內仍有中法節令而民間歲時伏臘仍多循舊古人云法不甚敝不可輕改吾不知其二千餘年之歷法有何敝壞而輕改之也

日本向崇佛法次則曰大神而於天主教之禁最嚴乃自西人通商以來不數年間天主耶穌教堂徧處皆是入教之人甚多

恐再數十年通國之人非天主而即耶穌不復知有釋教論者謂東人之性好惡不常如早年忽喜畜兔一兔之價貴至數十圓忽喜金魚一魚之値數餅率之不久而皆厭棄之矣

日本雞犬甚少雞卵一枚售錢二十多從上海販去雞鳴犬吠相聞之語日本無之農人治田頗勤稻麥俱分行而種每一行之兩邊皆挖八九寸深溝即以溝土覆於稻麥之根溝內可以畜水如中國古時代田之法國中多山而少平壤故沿海山上多墾梯田平地田土質鬆有如中國北方沙地以馬耕者國中有馬而無驢騾多以牛負重致遠園蔬瓜豆略如中國惜其不知烹飪但知醃食大阪橘子頗佳勝於中國閩產者與江西南

豐蜜橘相似核少而絡甜也

早年日本男子皆佩雙刀中國呼爲倭刀有極好極貴者一刀之値數百金近以禁止佩帶所有好刀俱爲西人購去昔尚擊劍近亦禁止今尚有木劍竹槍相擊刺而賣藝者門前植杆懸丈餘花布旗大書勸進元三字進觀者給以二十文上海申報謂不逞之徒設立教戰會官不能禁實即此也工匠車夫多著印花布短衣各有字號更有於肘背刺天神鳥獸花紋者即斷髮文身之流亞現亦禁之又有於室中設大小弓矢或小火槍而以少婦招引遊人入內射擊以侔利亦非習武也

店鋪招牌皆書漢字但所書之字不知所賣何物望而知之者惟書鋪牛肉鋪則於門前高竿懸旗書官許宰牛四字猪肉鋪書唐法二字剃頭鋪曰理髮處散髮處西洋鉗髮所最可笑者有一剃店橫額大書曰斬頭處蓋其不知斬字之義耳

日人崇尚釋教死後不論男婦皆剃髮以桶殮之將人跪於桶內蓋如生人之坐也葬地不大亦不論風水每一梵利後園中葬墳無數皆有石碣子孫月常省墓必以水洗碑插鮮花爲供亦可爲孝思矣

中國人在彼欲娶婦者相定一女議明月給洋數元即以爲婦如帶回中國須具呈日官給照方准出口或男不願帶歸或女不願去國則將所生子女攜回聽婦另醮故中人之在彼而無子者多作還櫝留珠之謀也

日官決囚可以隨意處死早年朱益甫觀察在彼被竊箱籠兵庫縣獲犯擬大辟者三人向例須事主同視行刑時觀察已回中國在彼友人不肯往視少頃哄傳三犯僅戮其一因劊徒決不如法連砍數刀頸尚未斷故將餘二犯帶回改日以槍擊殺之夫以一竊案縱使逾貫而擬辟者至三人可見其用刑之峻所以民多畏法而醇良正所謂辟以止辟火烈而民畏也吾尤多其於客官被竊略不廻護而儘法以懲治之我中國辦理交涉之案如能不存軒輊一秉至公據理而論亦未嘗不可以服遠人何至多生齟齬也

日本原遵儒教其東京及長崎地方均有至聖先師孔子廟現由我駐日公使與領事官春秋致祭博覽會中亦有懸挂大成殿正位配位哲位各圖像中國言秦始皇命徐福將童男女五百人入海求仙福至海上仙不可得懼不敢歸因止此島以童男女配合生人是爲日本之祖此誠不然秦始皇至今才二千一百餘年而日本史記自神武開國歷今二千五百四十年計徐福至彼已在神武立國四百年之後今日本南海道紀伊國有徐福祠墓是君房之留住彼處事當不誣童男女之配合孳生日久年湮早與土人無異莫可究問即明末有浙江慈

谿朱姓避亂往彼今亦莫知其子孫惟文字之同或由於君房始迨至漢魏時則與中國通隋唐之世又數遣人入中國受學故可謂之書同文然國中書籍千百種中多夾以倭字文義顛倒不可句讀乾嘉間其山陽道有賴子成名襄者著有日本政紀日本外史等書中無倭字倭音議論亦復宏博著作之家當首屈一指今日本人呼之爲賴山陽者是也大阪府有天滿宮所祀之神曰菅原氏言爲世掌文教者如中國之文廟云

明治即位之初內大臣德川慶喜梗議不獻封地踞大阪府以叛久始歸順七年又有江藤新平之亂雖即剿平已多縻軍餉臺灣生番之役前太政大臣大久保主之實欲啟釁於中國後見我兵雲集始肯就撫聞其軍需實費一千零五十餘萬時同主臺事有陸軍大將西鄉隆盛者與大久保同爲薩摩人幼相友善長復同朝臺事既定隆盛議攻朝鮮大久保抑之隆盛辭職歸招集私黨以清君側減賦爲名據鹿兒島作亂屢敗官軍聲勢頗盛日廷恐力討之八閱月始定縻餉五千餘萬國用益不能支後年餘大久保卒爲人刺死議者皆以爲隆盛餘黨之所爲當日兵犯臺時日人以無故興戎恐至招禍皆惴惴生畏迨大久保至我京都就撫而回始舉國稱慶謂中國再四議和誇耀於各國公使之前即有西人繪中國衣冠者一人手持一大金錢高坐於上下跪一人作乞錢狀印爲新聞紙出賣日人多購閱之傳以爲笑日本今日之貧固由於改效西法亦半由於節次之軍需也

日本城市各處皆設有巡捕房名曰警察署巡捕多名按段稽查彈壓故無鬭毆滋事之人一日見對戶門前有男婦相紐結男子欲走婦人極力阻之而皆默不一語路人亦無立觀者久之男子臥地又來一婦人同拉進屋余不解其故詢之友人知男女爲夫婦男子酒醉婦人恐其出外滋事是以阻之若相詈喊則巡捕以犯規解送公署是以不敢聲張也於此可見立法之嚴民情之醕若在我中國早兩相交謫觀者如堵矣余嘗謂西洋巡捕之設實有益於地方惜我中國不能仿行果試辦之

即捐費於居民舖戶諒亦樂從但恐無此實心任事之人立法不善百弊叢生反爲民害也

日本山水最佳之處名曰日光山距東京一百餘中里上年美國前統領游歷日本曾至此處今我中國人之在日本出游者祇能於通商碼頭十里之內合中國六十六里遠處則雖請游歷之照日官亦不肯給云因日人至中國欲游內地中國官憲不准也西人之在彼請照遨遊則隨處可至且可自腹內陸路由西京直達東京惜我未能一覽其內地風景耳

日本書內所夾俄字祇四十七字四十七音我中人之久客於彼者亦但能知其大略據云不用漢書單用俄字婦女無不知之余以其四十七字對其夾雜漢字之書讀之終不能解自非專心習之不可耳

黄梅宛立敳校字

沔陽李世勛覆校

使東述略一卷雜記一卷

〔清〕何如璋撰

《使東述略》一卷《雜記》一卷，清何如璋撰。如璋（一八三八—一八九一）字子峨，廣東大埔人。同治七年（一八六八）進士，曾任福建船政大臣。光緒二年（一八七六）出使日本，爲首任駐日公使。書中記述清日互遣大使情形，以及沿途所經長崎、神户、大阪、東京、京都等地之風土民俗、新式郵政等。於日本明治維新之起因、經過，尤所措意。據《鐵香室叢刻》本影印。

使東述略

光緒戊戌春
宗輝漢題

河陽李氏
鏡香室本

使東述略

大埔何如璋子峩

國家聲教覃敷東際海西拓回藏北綏內外蒙古南極滇黔界
交趾復跨海郡縣台瓊凡朝鮮琉球安南暹羅緬甸之屬悉隸
藩服職貢獻泰西諸國慕中土殷富不憚遠涉重洋欵關求市
番舶之入粵澳者無歲無之道光時海禁大開
英法美結約通商自時厥後環地球之內麕至者十有餘國而
日本以同文之邦毗鄰東海亦復慕義尋盟各國因輪船轉輸
懋遷日衆遂遣使入都展
覲持節護商
朝廷以禮隆報聘有來無往非宜也且五大部洲風氣殊異不
有人焉以察之則政治得失民氣强弱與夫山川物產之險阨
盈虛末由知其曲折爰遣朝臣問與國乙亥秋郭侍郎嵩燾使
英其冬陳太常蘭彬使美丙子冬月如璋猥以疏陋小臣亦濫
假崇銜充使日本自惟譾劣如古之出疆專對樽俎折衝者已
無其才如今之覘國勢護商旅者又無其術夙夜惴惴惟不克
稱職是懼海程之險遠歸期之淹遲非所計也丁丑春副使張
公斯桂至都相約治裝以日本薩摩兵亂少緩行期七月壬戌
由軍機領到
勅書

國書二十一日甲戌偕張副使
陸辭八月四日丙戌出都赴通州走北運河北運河者潞水也合潮沙七渡通惠諸水南與衞會達直沽以入於海秋潦方盈檣艘如織柳條西北依依送人憶戊辰假歸亦經是道風景不殊是年七月日本始廢諸侯稱華族改封建爲郡縣越明年遣柳原前光來議脩好至辛未伊達宗城來我
朝始與之立條規訂稅則今十年矣庚寅抵津謁李伯相語使事頗詳使臣森有禮至自其國晤之行館述西鄉窮蹙薩亂將平之狀越八日戊戌乘招商輪船曉出直沽泛渤澥舟指東南風微不波水天一色遠攬北洋大勢錦奉東趨遼河入焉復盤

折回如左臂燕齊南帶黃河由利津入焉登萊逆隔爲右臂迴環巨浸中內拱神京邃若堂奥外屏朝鮮遠作藩籬日本界處東瀛孤懸西島自北都視之猶几案耳輪舟徑指旬日可達向何險遠足云乎覺志氣爲之一壯已亥舟次烟台港屬福山亦通商要口昔人經營遼左高麗大率由之東望旅順一葦可杭北接之罘爲秦皇漢武登眺之所嵯峒屹其南兵艦商船視爲標準港內有奇山故所城周二里遺址僅存詢之土人則洪武時設戍備寇者也言險要者幸勿忽諸庚子過成山渡黑水大洋成山榮城之盡境齊地自登萊以東數百里橫亘海中文登以西勢復側入盤離岸遠則海益深波黝如墨其勢然也從此

舟從南駛四望無垠迨海色稍清已近江南海州境矣十九舟抵上海入吳淞泊虹口登岸假寓租界界在城北舊時榛莽悉化街衢舟車塡溢貨物山積洋樓戲館酒寮茶肆夜燃煤氣燈光騰黃浦估客之犇波游人之寄迹百工技術之爭競馳逐塵擾風靡不可嚮邇噫何其侈也余往來南北嘗數數過焉氣象遞變商賈之虧折閉歇者往往而有聞歐亞各都會大抵如斯盛極而衰天道固然恐人力無以善其後耳上海互市爲各口冠貨價輸出入者歲逾億萬計然稽之稅關輸入恆倍於出漏卮不塞則日朘月削財用立匱民之窮詎國之福乎竊以爲生財之道不外開源節流煤鐵之利取之地者無盡也西北上浮

於人宜仿機器治溝洫闢荒蕪以盡地利洋布最爲輸入大宗亦宜依其法以織耕曠上不傷農事織洋布不害女紅源日開流日節取諸宮中家給而人足外國人無所牟利勢必廢然思返否則矯語高遠吐棄一切囿於近習者又欲窮力步趨以自耗其金幣奚可哉庚戌由海道赴金陵壬子抵江寧見沈幼丹制府商派兵船東渡制府乃命江南第五號海安兵輪船護送以海安嘗巡歷日本港道稍習也十月十九日庚子拜摺具報出洋日期並奏帶隨使人員癸卯日偕張副使登程同行爲參贊黃令遵憲正理事范丞錫朋副理事余舍人瓗及繙譯隨員沈貳尹鼎鐘沈牧文熒廖教習錫恩等十餘人共帶跟役二十

六名傍晚上海安兵船甲辰舟出吳淞傍崇明南岸而行鍼指
東南過銅沙乃放大洋崇明者大江門戶也上接海通下倚川
寶爲外海入江之路末兵必扼之區明初海寇迭犯崇明始設
守禦千戶益兵戍之今日海防不在寇盜應變無方立國者何
可一日弛其備乎傍晚見戢山花鳥馬鞍諸山舟轉正東兼北
一字風緊帆張眞有破浪如飛之概乙巳曉登舵樓望水作湛
碧色離揚子江口數百里矣北風橫捲波輪相搏如萬馬奔騰
殷雷震耳從者多嘔吐不敢起立丙午泛東洋大海水深黑較
過成山時色尤濃曉起觀日曈曈之景徑暘谷浴扶桑仰射雲
霞異采煥發出海漸高則萬頃鮫宮風迴瀾紫其精光不可逼

視矣下午始見遠山詢之舟人曰高島近視之則大者屹立海
中傍列三五如小星過高島舟東北行百里經五島南以相
距遠天黑莫辨丁未達長崎港港勢斜趨東南蜿蜒數十里如
游龍戲海盡處名野母崎北則羣島錯布大小五六山骨蒼秀
林木森然雨後嵐翠欲滴殘冬猶如春夏時沿島徐行恍入山
陰道中應接不暇古所謂三神山是耶抑非耶近內口有戍臺
停泊後施礮二十一聲桅換日章日本戍卽挂龍旗礮如其數
互相爲敬西人所謂覿礮儀也少頃泰西各兵艦均具儀如欵
賓然我船亦依次答之從宜從俗古人不廢記之以覘外邦之
制云下午各商人刺船來謁日譯官亦來稱縣令內海忠勝履

任甫三日事繁不克郊迎若幣車枉過乞示知當敬俟云因諭
以使者入境未遞
國書不便私見唯泊船添備煤水並察看我商人情形一二日
卽東駛爾明日登岸詣會館瞻禮天妃商人咸集詢之老者云
中土商此者已數百年畫地以居名唐館估貨大者糖棉小則
擇其所無者反購海物間以木板歸無他產也荷蘭船歲亦一
二至吾民流寓有歷數世長子孫者既莫辨主客矣近其國與
泰西結約商船絡繹我國居此者近千人貿易雖廣獲利甚微
榷關所入歲不過二十萬地多礦山煤產頗佳港有機器廠工
匠僅數十人以薩亂經費支絀之故俗好潔街衢均砌以石時

時掃滌民居多架木爲之開四面窗鋪地以板加莞席不設几
案客至席坐圍小爐瀹茗以紙捲淡巴菰相餉室雖小必留隙
地栽花種竹引水養魚間以山石點綴之頗有幽趣男女均寬
衣博袖足躡木屐頃改西制在上者衣服革履民不盡從也其
女子已嫁必薙眉黑齒以示別近弛其禁矣此島地勢狹長南
北五百餘里東西或二三十里至百餘里不等舊分九州以國
都在東曰西海道豐後筑後肥後勢若犄角立其中其北曰
豐前曰筑前稍折而西南曰肥前由水道去肥後爲近卽長崎
所隸也其南曰日向大隅西南曰薩摩琉球屹其南極北跨海
有壹岐對馬島則近朝鮮數十里矣聞自高麗乘舟來者皆言

水勢下駛順逆懸絶固知地脈由西而東次及南島次及中島次及北島故其都會所聚風氣所趨亦因之乎己酉同宮生遊北園園在西北山麓廣十餘畝周以竹籬依林枕溪翛然無塵時則霜菊就殘而寒梅著花横斜水次似故鄉風景徘徊者久之出園登北山歷石百餘級至諏訪社目力所窮巨海無盡衆峰離列皆在虛無縹渺之間殊使人飄飄然有淩雲氣循山而西謁孔子廟廟前紅杏森植引二水環之亦儗洙泗夫子未嘗浮海而殊方異俗千載下聞風興起教澤之所被何其遠哉是晚留飲會館席次譚島南亂事寇首西鄉隆盛者薩人也剛很好兵廢藩時以勤王功擢陸軍大將台番之役西鄉實主其謀

役罷議攻高麗執政抑之去官歸薩設私學招致羣不逞之徒今春以減賦鋤奸爲名倡亂鹿兒島九州騷然日本悉海陸師赴討閱八月始平其糜費幣至五千萬圓國主下令減租其事甚美庚戌出長崎經香燒島神島船向北行過松島東又經大島東北遠望五島諸山峭拔潑濤中鬱然爲碧芙蓉倒映海面午後經黑島舟北指兼東一字其内爲松浦郡外則平戶島肥前地也日入泊平戶港元至元中范文虎阿塔海帥舟師十萬以高麗爲鄉導渡海東伐克對馬壹岐乘勝進攻平壺遇風舟覆范文虎等棄其衆乘堅艦遁還考之地勢蓋此島云辛亥出後港向東北行西過壹岐島煙浪微茫望之不見午後泝元

界灘爲筑前地傍晚見南岸羣峰夭矯奔赴若健翮連翩飛翔大海間之引水人曰鵝蘇山自此以東悉豐前小倉郡境隨經六連島引島舟轉正東入長門海峽峽勢迴環狹處不逾十里峽外爲響灘以礁石森立風濤衝擊其聲澎湃而飛鳴故名西岸有燈台出入峽者視之爲的船過時台上升旗爲禮亦泰西之例渡峽至下關泊焉下關又稱赤馬關長門國地四山環繞波平似湖東岸市鎮頗繁庶自長崎至此海程約千里由關以東爲日本内海十一月朔壬子舟指東北出長峽經豐前司門越干珠滿珠二小島轉正東過本山岬泛周防海海面平闊百餘里望西岸豐後諸山爭奇競秀澄波倒影如讀荊關畫圖在

峽中正苦逼仄舟忽經此心目爲之豁然尋歷長島泝上關沿鶴島入疏黃灘轉柁東北薄暮抵松山泊三津濱是爲南海道伊豫地癸丑向東北行過御手洗島又北折過無月島又迤東過三大島洄瀾百里中嶠嶼紛紜大小數十詢之引水者莫能悉數有呼爲男氣女氣者稱名亦奇旋歷水島灘海復寬廣風微不波晚泊小豆島島隸讚岐郡亦南海道島中居民數十家耕水漁山自成村落因偕黃公度廖樞仙諸子登岸夕陽在山黃葉滿徑梯田露積畦薺霜餘樵牧晚歸見異邦人聚而相語惜不通其語言及旋舟棹燈光射水際矣北岸所歷爲安藝備前備中備後四郡屬山陽道山陽有賴子成襄者通漢學能文

章歿六十年矣曾見所著日本政紀外史及新策諸書議議宏博以布衣終老惜哉甲寅出小豆島東行歷播磨灘北岸爲山陽播磨境南阿波東南淡路則南海道境也二三百里間海復平闊淡路橫亘其前若戶扃焉東北陡角曰江崎對距明石僅數里山東海迴風濤險惡舟經此稍折而北過明石又折而東經和田岬入茅渟遂泊神戶自長崎至神戶水程不過三千餘里晝行夜泊遲之五日緣所經內海峽道灣曲且島嶼叢雜多暗礁天黑無月引水人不欲犯夜故也神戶舊攝津境更制後屬兵庫縣與大阪均屬通商要口少頃兵庫令差譯官中山繁松來謁請少駐行旌紓勞頓外務省屬官亦候於此余婉以謝

晚商人復來請駐神戶游大阪勾留數日神戶商人數百以居此日淺勢未聯屬議竊其要領允以明日乙卯午後余偕魯生及諸隨員上岸商人具儀仗騶從迎辭未獲已漢官威儀見所未見間有從西京大阪百十里來觀者西人亦讙攜婦子途爲之塞至肆舍兵庫令外務屬官咸在以主者商人先辭去旋答拜之迺夕沿岸張燈以千萬計東人每戶皆懸晝日旗兒童奔走亦多手執小旗蓋其國慶賀之禮東道之意殊拳拳可念也夜至丙歸舟就寢丙辰由鐵道赴大阪相距七十里四刻即至商人導由大阪城天滿宮各勝大阪舊隸攝津今改府屬畿內道土地沃衍山海奧區淀川南流貫其中溪橋交錯市坊填咽

紅塵四合烟雲相連一大都會也東北距京爲之屏蔽故曩時國西寇警必爭大阪亦形勢使然城小而堅石濠深闊鎮兵駐之豐臣秀吉遺址也秀吉奮迹人奴襲織田之業稱雄東海課列藩築城以自固乃暮齒驕盈不自量度欲抗衡上國暴十餘萬之師西爭高麗卒爲明兵所扼力絀勢窮國爲之弊身歿未久遂覆其宗兵猶火也不戢自焚秀吉之謂乎日本封建之代最重世族秀吉微時莫知其所自出及貴冒藤原氏位關西賜姓豐臣日本人咸稱豐公而不名蓋異之也其征關東時嘗過鎌倉撫將軍源賴朝像曰匹夫崛起唯君與我然君名家子不若秀吉之爲人奴也其自負如此西鄉之議征高麗蓋慕秀吉

然暗昧狂躁相去難以道里計執政擯之宜哉繼至天滿宮基宇宏麗詢其神曰菅原道眞世管學政者也滄海乘隔生斯上者不獲聞周孔之教擇邦之賢者爲師而崇祀之亦周禮祭於瞽宗之義歟晚宿於自由亭次早乘火車入西京程約八十里日本舊都爲畿內山城國境因計周秦以前東海羣島皆蝦夷所居中土人泛海東渡九州始有流寓迨徐君房來挈男女數千生聚蕃殖遂成都邑逐蝦夷立君長國於日向其傳國之器曰劍曰鏡曰璽稱君曰尊臣曰命曰將軍曰大夫皆周秦之制也其立教首重神祇則方士之遺規也爾後漸拓而西徙國橿原橿原者畿內大和境也唐德宗時復遷都大和之北曰平安

域平安爲今西京其東北邊爲陸奥唐時猶屬蝦夷數百年間芟芟驅除悉成郡國近復跨海闢荒島設開拓使治焉曰北海道詢之曰官島中蝦夷僅二千遲之又久無復噍類矣將所謂一盛一衰者物理之常耶抑轉移在人人所經營或有工有拙耶歷市坊涉華頂山登第一樓樓據山巔俯瞰全城歷歷在目西京以山爲城無門郭雉堞之制周環數十里氣象殊狹貧茂川縈帶之山水清麗民俗文柔喜服飾約飲饌其質樸不及九州視大阪之浮靡則遠過之隨下山詣日王舊宮守吏導入觀所謂紫宸殿者殿屏圖三代漢唐名臣各爲之贊中土流風遠矣哉循殿西行轉數折過曲廊涉後園落葉滿階鳴禽在樹水

喧石罅冷冷然如聞琴筑聲靜對片時塵慮俱息忽不知游迹之在王宮也宮之左畔爲后居日向暮不獲周覽遂趨出命小車至鐵道旁坐候時許乃乘火輪回神戸二鼓而至戊午舟擬東行以引水人未至停輪俟之午後游熊内村觀瀑布百丈崩崖懸流奔赴險風怒湍中澗松森竦玉龍交舞破壁欲飛倚磴注視覺寒氣砭人肌骨不可久立返步湊川訪楠公祠祀楠公名正成元明之際日本後醍醐帝憤足利橫逆命正成率兵攻伐戰於湊川兵敗身殉子欲從勉以討賊後醍醐南奔吉野足利入京擁立光明遂分南北其子正行等舉族勤王支持南朝殘局者殆五十年日本人譚義烈者必以楠公爲稱首明治初

修營祠祀加神號以表其忠知所務矣晚留餐商肆商人或爲余言輸出之貨絲茶皆往美國販歸内地及香港者唯木料米石與海物數種而已權稅歲約四五十萬海禁未開俗樸而用嗇更制後輸入殊鉅冠履衣服費尤不貲所行楮幣民深信之而西人不能載而去比年多事幣多憑虚以造大阪最富近聞其巨室囊篋大半紙幣矣已未出茅渟向西南行東岸爲河内和泉屬畿内道西仍淡路境午後抵由良瀨戸瀨戸譯言海峽峽中爲内海外即大洋時陰霾晝晦駭浪如山機輪震盪勢極危險且聞風雨鍼陡失常度慮有變遂折而西過地島入加大灣泊焉余自黄浦登舟出吳淞泛大海抵長崎歷關峽徑内洋

至神戸舟行數千里僥倖無恙習而安焉設非經此遂玩風濤而忘涉海之難也可乎晚雷雨交作濤聲如吼雖寄椗内港尚搖搖若懸旌旅緒惡劣竟夕不寐天向明暴雨始霽早出由良峽經紀伊海南望汪洋茫無際涯東紀伊西阿波均屬南海道風雨剛晴波浪尤惡舟行欹側從人多堅卧不敢起巳初舟人見巨魚露脊已長二丈有奇云向晚轉正東經大島泊於西澳對岸曰出雲崎由紀南側出圍護若屏亦泊舟佳處也辛酉出大島東行越紀伊歷遠州灘南面大洋北爲伊勢尾張三河遠江駿河各國境屬東海道日初入遠見數人抱一板滅沒洪濤中揭竿懸帛似求救者急放小舟拯之有頃載七人還其一僵

矣藥之不復蘇譯詢其狀則駿河人運米赴東京昨泛大海遭風覆舟七人者纔板隨波冀萬一之救今蒙垂援獲更生感深次骨計其時則泊船峽口之夕也風濤不測非盡可預防每一念及輒爲心悸傍晚海淨風徐駛輪東駛日夜逾七百里壬戌早經伊豆地勢自遠江北折爲駿河至伊豆復折而南盡處曰熊野岬岬之東南則橫根島神子元島屹立海中越此徑三原大島舟轉東北泝相模灘晚泊城島又稱鶴崎相模三浦郡極南島也今改屬神奈川縣矣逾島而北爲江戶內灣距橫濱僅百餘里癸亥日離城島歷觀音崎舟向北行入江戶內海西泊橫濱日本春日艦海軍佐磯邊包義來謁泰西各駐港兵官亦

來均視破如長崎儀午後大雨晚始霽神奈川縣令野村靖命譯人來曰外務省既備出張所爲行館謹糞除以待次日遣小輪船來迎余聞商人言中華會館湫隘不足以容擬往視之遂借魯生並范理事至縣署主人具酒辭固留酒罷至出張所館西式頗宏敞因謝其意並告以資糧服屨皆我自供定日移寓晚歸舟風浪大作輪船近泊時艱險異常舟子云內港往來小輪船之便捷不若大三板之平穩也此理非熟於航海者不知乙丑至中華會館諸商迎候如神戶橫濱爲日本通商大市口易繁盛榷稅所入歲逾百萬華商近三千人吳越之賈多權子母錢閩廣則米糖雜貨其殷富者多兼西商經紀喧嚣糾葛措

理頗難晚飲會館以雨阻次日下船駕三板候各國兵官登其舟軍練而法嚴船堅而礮利兵丁工匠各執其役器械時時修治雖閒暇如臨大敵無亂次者無嬉游者無不奉令上岸者竊以歐西大勢有如戰國俄猶秦也奥與德其燕趙也法與意其韓魏也英則今之齊楚也若土耳其波斯丹瑞荷比之倫直宋衛耳滕薛耳比年來會盟干戈殆無虛日故各國講武設防治攻守之具製電信以速文報造輪路以通餽運并心爭赴唯恐後時而又慮國用難繼也上下一心同力合作開礦製器通商惠工不憚遠涉重洋以邀利夫以我土地之廣人民之衆物產之饒有可爲之資値不可不爲之日若必拘成見務苟安謂海

外之爭無與我事不及此時求自强養士儲才整飭軍備肅吏治固人心務爲虛僞坐失事機殆非所以安海內制四方之術也子曰足食足兵民信之矣又曰人無遠慮必有近憂可勿念乎丁卯日晴黃參贊先赴東京見外務卿並具函通殷勤約相見東京距橫濱七十里有鐵道往返殊捷下午移行李偕出張所寓焉己巳往宮崎登伊勢山覽橫濱內港渡平沼橋北游高島石磴盤曲古松蔭其巔望南岸房總諸山晴嵐漾波襲人襟袂辛未偕副使入東京有屬官以馬車候於鐵道遂赴外務省晤正卿寺島宗則大輔鮫島尚信鈔

國書稱示之寺島以彼屆歲闌禮行在速一二日定期即以奉

聞癸酉外務省文來訂於二十四日賫
國書見日主至日侵晨仍由橫濱往至日本宮外下車寺島導
入趨小御所宮內卿式部頭誒焉少刻宮內卿入復出三卿者
即肅客入轉曲廊至偏殿日主西服免冠拱立殿中余前趨副
使後隨參贊賫
國書旁立使臣口宣誦詞畢參贊捧授
國書使臣捧遞日主挾冠引兩手敬受轉授宮內卿揣懷中紙
讀之音琅琅而不可了出入皆三鞠躬王答如禮退三卿者復
從出至小御所一茶登車去其禮簡略與泰西同日本前代儀
文尊卑懸絕其王皆深居高拱足不下堂上下否隔明治之初
參與大久保市藏上表有日請自今不飾邊幅從事於簡易後
用其議至易服色改儀制質勝於文矣王居亦隘所云偏殿者
長僅二丈廣丈餘中設一几無他物左右無侍者旁爲小園自
琉璃窗視之木石楚楚有致然亦一覽而盡初日王遷都以舊
幕爲宮制頗宏麗近燬於火薩摩兵亂未之修復此離宮也下
午拜大政官三條實美岩倉具視及議官大久保利通以下六
七人晚回橫濱甲戌兩次日往拜各國公使丁丑爲西歷元旦
偕各國公使趨日本宮慶賀英使駐日最久爲領班口致頌詞
先祝王王答之次祝后后亦答之進退皆三鞠躬如遞
國書儀亦西例也隨至寺島及柳原前光家柳原曾使我國者

也積日雨雪道濘難行殊勞憊十二月三日癸未始霽土人云
日本天氣時雨時晴數日必雨雨每以夜非夏令熟梅時節罕
連日陰雨者我來驟值之奇哉到橫濱來頻遣人東京擇館或
東或西或寬或仄或道遠或地卑均不如式且索值昂亦難遽
定故仍館橫濱浹旬中酬應紛紜答拜者趾相錯也東人來者
多自言修舊好之意西則以中華遣使爲創舉各握手問道途
詢風土意殷殷然壬辰照會外務省派理事分駐橫濱日本通
商人口我民流寓者橫濱爲多長崎次之神戶大阪又次之箱
館築地祗數十人新瀉夷港以險僻未有至者理事一官爲創
設章程稅則條規第舉其綱其他節目無章可循一時各口並
設轉慮紛歧又方言殊異文義支離中人罕通日文者即語言
亦非甚習故羅致繙譯通事頗難其人後別口而先橫濱亦事
勢不得不然者乎癸巳黃公度復往東京租館外務大書記官
宮本小一來論設理事及停換籍牌往復數百言因諭以將命
修好唯謹遵條規他非使臣所敢知也宮本唯唯而去晚公度
回云館在芝山爲月界僧院院外萬松森值無囂塵唯東式稍
湫隘耳然閱十餘家無逾此者已與定議明日寺僧當來署券
也丁酉赴外務省公謁大政官以下各長官咸集筵饌西式奏
樂亦仿歐洲日本雖僻處東隅漢唐遺風間有傳者一旦舉而
廢之初與米利堅通商時欲鎖港拒之後又乃仿其法之善者

下至節文度數之末日用飲食之細亦能其酷似風會所趨固有不免自主者乎越三日庚子招商局董事邀游鎌倉鎌倉爲大將軍舊幕日本安德養和元年源頼朝據之時宋孝宗之十七年也北條足利襲其迹雄鎭關東德川氏改城江戶即今東京也破曉偕生俯余山橫濱西行平谷中逾三十里乃至其地邊海一隅四山環繞地勢險阻無雄傑之氣詣所謂八幡宮者觀古器物頼朝之胄秀吉之刀信元之角弓家康之竹杖雜然其陳有銅鏡一具斑駁光采住僧云神功后物也后在三國曾使貢魏受文帝親魏日本王之封距今千有餘載矣復啟漆匣披故紙審之則後鳥羽賜源頼朝之勅筆勢飛動草法殊佳惜

文義顛倒難曉耳出宮逾數里有銅佛露坐山麓高數丈空其腹中容石像十數具旁啟小門鄉人頂禮者爲履交錯歸由驛道程稍紆過藤澤山梛山四大寺寺僧待客頗殷啜茗而別返橫濱近二鼓矣是日接外務省認存理事照會辛丑移寓東京芝山月界院院舍二所閒架與中土異四旁窗槅紙庭戶堂楷之別非略加改葺不堪住院後小園綠樹環植中亘斜坡開曲沼外距芝山數百武古松滿徑蒼翠萬重風起濤生與海浦驚潮山寺疎鐘相答雖居都市中大有林棲幽趣癸卯登芝山覽東京形勝東南抱裹海西北連沃野疊田川縈帶其東平原曠遠岡阜迴伏王居在中德川舊府也爲城三重壘以石中高而

外下城各周濠引玉川水灌之深濶通流鳧雁成羣孳息其中法禁嚴無敢弋者門設不關架橋梁以達內外市衢寬廣溝澮縱橫雖繁盛不及蘇滬而景象似之洵海東一大都也日本自神武創業一姓相承迄今二千餘載崇神之際別社邑課戶役開渠造船置將軍於四道漢武時通使自稱大夫降至魏晉音問勿絕通百濟受論語聖教始被東土隋唐以來屢遣人受學中國舊俗變矣遷平安後外戚藤原氏擅權公族源平二氏起而相軋國勢始衰頼朝之據鎌倉也位大將握重兵予奪自專國主幾擁虛位北條氏繼之陪臣執國者歷九世焉足利與北條滅織田氏豐臣氏迭起爭雄裂國土以封諸將德川氏撫有

關東襲舊迹以承其弊據江戶傳子孫者殆三百年方宮室之日卑也後醍醐憤將門驕橫思手除之楠氏仗義兵赴國難舉族捐糜而不克何其難也邇來二十年强鄰交逼大開互市憂時之士謂政令乖隔不足固邦本禦外侮倡議遵攘諸國浮浪羣起而和之橫行都下德川氏狼狽失據武權日微而一二幹濟之材遂得乘時以制其變强公室杜私門廢藩封改郡縣舉數百年積弊次第更而張之如反手然又何易也詎前者拙而後者工歟亦抑時事之轉移固自有其會也明治以還改革紛紜嘗按其圖籍訪其政俗其官制內設三院九省而外以府縣開拓使轄之三院者曰大政院有大臣議官佐王出治以達其

政於諸省曰大審院掌邦法者也內外裁判所隸之曰元老院掌邦議者也上下各議員隸之九省者曰宮內以掌王宮曰外務以理邦交曰內務以治邦事曰大藏以制邦用曰司法以明邦刑曰文部以綜邦教曰工部以阜邦材曰陸軍海軍以固邦防省置卿輔分其屬專其事而受成於大政官史館式部電信鐵道圖書農商等局皆分隸於諸省外建三府三十五縣北海道別設開拓長官其兵制王宮近衛外分爲六鎮曰東京城統三師分置武藏曰大阪城統三師分置攝津曰仙臺城統二師分置陸前曰名古屋城統二師分置尾張曰廣島城統二師分置安藝曰熊本城統二師分置肥後鎮六營四十常額三萬二

千八此陸軍也海軍之制第一提督府駐相模大津港第二提督府駐薩摩鹿兒港礮船十五號常額約四千八外則有警卒捕役分布市閭游徼巡緝屬之警視廳新仿德制行古者寓兵於農之法課丁抽練按期更替實力行之不數十年是全境皆兵也其學校都內所設曰師範曰開成曰理法曰測算曰海軍曰陸軍曰鑛山曰技藝曰農田商曰光曰化曰各國語曰女師範分門別戶節目繁多全國大學區七中小之區以萬數計學者至數十萬人其國計歲入五千餘萬金地租爲鉅關稅次之其他祿入有稅車船有稅牛馬有稅券紙雜器有稅暨鐵道電信各局製造所收入百方搜括纖悉不遺歲出之欵官吏月俸

自八百金至十二金不等加之以養兵僱役開拓營繕宮省府縣各經費度支恆苦匱乏其疆域分四大島而統以畿內及八道在西一大島曰西海道在西南一大島曰南海道中央一大島畿內居其中西北爲山陰道又西爲山陽道東爲東海道北爲北陸道又東北爲東山道又東北一大島曰北海道西京在畿內東京在東海道之武藏所謂二京也畿內五國曰山城攝津河內和泉太和東海道十五國曰伊賀伊勢志摩尾張三河遠江駿河伊豆甲斐相模武藏上總下總常陸安房東山道十三國曰近江美濃飛驒信濃上野下野岩代磐城羽前羽後陸前陸中陸奧北陸道七國曰若狹越前加賀越中越後能登佐

渡山陰道八國曰石見出雲伯耆因幡但馬丹波丹後隱岐山陽道八國曰長門周防安藝備後備中備前美作播磨南海道六國曰伊豫土佐阿波讚岐淡路紀伊西海道十一國曰大隅薩摩日向肥後豐後豐前筑後筑前肥前壹岐對馬海北道十國曰渡島後志膽振石狩日高渡島十勝釧路根室天監凡爲舊國者八十有三自西海北海二道以外其六道地形狹長如蹲浪巨鱷矯首橫卧掉尾而曝腮山陽山陰其首也南海其頷也隱岐別出望之爲鬣中亘周防一海若張口者南海所隸六國其紀伊在中大島東南兩島間淡路坿麗頷下若暴腮然畿內東海北陸其身平北陸之能登佐渡聳出脊上遙相聯絡有

如鼓翅東海則安房側跱伊豆橫伸又其足也要其腹心之地在武總故土壤腴沃地勢坦夷目是而東北極於陸奥蟺蜒怒掉之勢盡矣故東山道爲尾山陽之長門去西海一島最近其立國先在西海日向大隅實爲肇始漸拓而東至於江戶北海道一島榛莽未盡闢近復設開拓使以經營之此行島經其三唯未至北海是島形稍方盡北爲天監又島則千北庫頁各島矣南之渡島磬折而南趨與東山道之陸奥相迎葢地脈之斷而復續者也全國四周濱海大島外羣小島錯雜其間長三千餘里廣百里至三百餘里境內皆山山多火焰故常患地震產五金富材木無長江大川以通舟楫諸國中唯武總地稍坦沃

故論日本形勝者首稱關東居民三千餘萬漁水耕山差足自給其種類傳自中國流寓久風氣迴殊大抵男侗而女慧形細而質柔以材武稱者薩摩州外唯石見長門其他不及也務農桑拙商賈手技尙巧雕漆磁銅之作小而益工居處結搆齊蛊折奇零之宏整者殆地勢使之然乎近趨歐俗上自官府下及學校凡制度器物語言文字麡然以泰西爲式而遺老逸民不得志之士尙有敦故處譚漢學硜硜以舊俗自守者足矜已其國界東南面大平北海接俄與庫頁隔海相望西北近高麗由長崎至釜山僅二百里西距上海千餘里南至台灣二千里有奇土孤懸無所附著灣澳堪泊者在在而有自輪船行而重洋天險若涉川塗海禁開而巡港兵船近窺庭戶環視五大部洲唯中土壤地相接唇齒相依果能化畛域聯輔車則南台澎北肥薩首尾相應呼吸可通是由渤海以迄粵閩數千里門戶之間外加一屏蔽也余自八月五日出都泛渤澥抵吳淞往返金陵淹留滬上月餘日十月杪乘輪東渡歷日本內海外海冬至前五日乃至橫濱又遲之一月始移廣東京行館所過海程近萬里舟行十有八日海陸之所經耳目之所及風土政俗或察焉而未審或問焉而不詳或考之圖籍而不能盡合因就所知大略繫日而記之偶有所感閒紀之以詩以誌一時蹤迹若得失之林險夷之迹與夫天時人事之消息盈虛非參稽焉博考

焉目擊而身歷焉究難得其要領覽之歲月悉心以求庶幾窮原委洞情僞條別而詳誌之或足資覽者之考鏡乎是固使者之所有事也

黄梅宛立敳校字

沔陽李世勛覆校

附雜記

大埔何如璋子峩

丁丑七月奉到　國書如璋謹齎以行航海凡十數日皆無大
風行人安穩知海若亦奉護　天子威靈也
十月二十三日午始由吳淞口展輪羅針指東南申正見大戢
山針轉正東戌初過花鳥針指東兼一字北泛大洋海
自過花島後目之所極一望無際水初作淺碧色漸作蔚藍更
爲黝黑至二十五日申正艦長命舟師登桅遥望少頃云已見
高島蓋近日本境矣
初見高島相去倘百餘里至戌刻乃過焉針指東北由此達長
崎水程約三百里而已
二十六日巳刻到長崎初入口彎環回匝山皆古秀可愛松翠
萬株中有煙雲繚繞之殆即古之所謂神山者耶
泊舟少頃我舟挂日本旗放礮廿一聲云以敬其國君彼戍上
兵亦懸我龍旗放礮如數以敬我　大皇帝蓋西人水師通
行之儀所謂祝礮者
華商寓此者分三幫約七八百人亦間有勝朝遺臣後裔居此
已十數世者
二十七日余偕副使張公並諸隨員詣會館之　天后宫行香
漢官威儀東人見所未見觀者如堵

中人多以棉花白糖來南京生者彼尊我之辭生猶言先生也
永樂朝倭大將受明册封爲藩王立勘合互市故有此稱
東人喜爲園亭貧僅壁立者亦種花點綴離地尺許以板架屋
席其上客來脱履户外肅入跪坐圍鑪瀹茗以淡巴菰相餉
長崎女子已嫁則薙眉而黑其齒舉國舊俗皆然殊可怪而裝
束則古秀而文如覩仕女圖
中商多以海參鰒魚諸海錯歸土人參鰒皆生食龍蝦盈尺味
尤鮮美市頭充斥大率魚類也賣者以升斗計
長崎山中有園勝地也背山臨溪翛然無塵俗氣竹架中列小
花盆以百十計皆精雅園有酒家别客飲其中裙屐紛錯亦饒
風致
日本煙禁極嚴吸食販賣者均處重刑
循石級而上百餘步爲諏訪神社四顧形勢宛然在目
長崎山麓有　夫子廟堂門前徧植紅杏引溪水左右環之亦
稱洙泗凡有血氣莫不尊親不信然乎
距長崎百餘里有熊趾山山有徐福墓紀伊國亦有徐福祠日
本傳國重器三曰劍曰鏡曰璽皆秦制其立教首重敬神亦方
士法門
二十九日巳刻啟輪復行由長崎越長門入裏海海道曲折針
無定方初出口望對馬五島在若滅若沒中又西北則高麗矣

由長崎至平戶港約四百里因海多暗礁不敢夜行泊此四面皆山余乘小舟至岸漁樵數家民氣渾樸惜以黃昏不及登山也

三十日早出平戶港望羣山聯翩如翔禽舟人云鵝蘇山也海底多石水聲怒吼土人名爲響灘過灘則入長門矣

是晚泊下關一名赤馬關土人名爲小長崎山勢環拱泊舟佳處也此口未通商而市廛似頗繁庶登岸匆匆一觀尙未悉其形勝

十一月朔早行歷長門內海水波不興舟極安穩南北皆山古秀不及長崎而島嶼零星緜亘不斷極似吳越江行光景

午前所見山爲豐前豐后境向午海峽中斷午後所見南岸諸山爲伊豫境北岸則自長門周防以至安藝界晚泊南岸之松山內浦

初二日遵海而行島嶼星羅煙雲離合間亦有超越者人家多依山以居頗多松杉沙鳥風帆或遠或近足當卧游也

賴襄子成安藝人能詩文日本近刊其草曰山陽遺稿余見其所著日本政紀及外史文尤雅健

是日泊小豆島登岸閒步黃葉滿山與竹相間循隴而上梯田層接不斷晚稻始穫霜齏又青其風景皆酷似吾鄉也

初三日行北望播磨南望淡路海港漸狹潮勢愈橫有燈台獨立舟人言下有暗礁是江崎也對峙爲明石島越此近神戶矣

未刻到神戶口一名茅渟海港口南敞山嶺北峙番樓廛肆依山附隰約里許然東人所居皆仄隘通市以來氣象始爲之一變

初四日上岸東人有摩轂擊夾道歡迎每戶皆懸旗小兒嬉戲亦手執小旗意以致敬遠夕沿岸張燈千萬計其國主臨幸蓋用此禮商人云

初五日往游大阪大阪距神戶六十中里鐵道火輪四刻即至煙雲竹樹過眼如飛車走渡橋時聲如雷霆不能通語上下車處皆有房爲坐客憩止之所

大阪繁庶街衢如棋盤大小橋三百餘處淀川縈貫其中有石城表裏兩層石巨方或二三丈濠深莫測中有臺甚高遠望十餘里鎭兵駐之平秀吉之所築也

大阪有天滿宮極華麗祀菅原道眞日本先世名臣世管學政者也祠宇徧其國中安南行記稱其土人祀解縉亦其類歟

初六日乘火車往西京游覽故宮大阪府知事先以電信告守者已至老吏導入有曰紫宸殿者頗莊嚴其他稍殺俱暫頹廢矣

其殿壁畫古名臣有傳說姜子牙及漢唐諸臣像皆中人也西京爲其國王舊宮自今王遷都東京收復政權明治來所布令

甲曰維新服色亦易矣
宮中有御花園引水爲池水從石罅瀉入曰青龍瀑池上草樹
繁茂尤多蒼松遷都後除門前守吏外殆無人迹
華頂山有第一樓西京最高處也登而望之全城在目西京地
勢稍狹南連大阪襟內海其西則山陰山陽二道所謂關西十
六州也
歸過大阪歷神崎譯者云此地徧植桃花約四五里方春花時
燦爛如紅錦惜我行值冬日寒雪滿林未得一覩爾
初六日晚歸神戶次日游布引山亭閣林樹俱幽絕有瀑布二
土人名爲一雌一雄其雄二十餘丈驚彼噴雪亦殊可觀
神戶西南曰湊川舊有櫻井驛後醍醐南徙時其臣楠正成殉
節處也明治初於此立神社以表其忠
初八早由神戶啟輪東南行至由良瀨戶瀨戶者譯言峽也出
峽卽大洋是午天氣驟變風浪險惡不可行沿峽而西泊加大
島以避之
是晚雷雨交作風吹海立雖島內泊舟蓬索獵獵終夜有聲四
鼓後始正若行大海中不知顛簸如何矣
初九日出由良峽泛紀伊海舟向南行暴雨後風波猶惡舟中
多嘔吐者與內海所歷景象廻別
是晚泊大島島勢四面回環寄椗甚佳且天朗氣清無大風夜
臥始安枕云
初十日夜行約七百里十一日過駿河境北岸有山如盎一白
無際舟人曰富士山積雪蓋終年不消南島爲火山黑煙盤盤
聞夜中覩之有光倘海賦所謂燭龍者耶相距僅百里截然迥
殊亦異觀也
十一日晚泊城島島東北爲觀音崎崎之北卽江戶內海距橫
濱僅百餘里
西人初來互市在橫濱外口下田港嗣以地震地形改易不可
泊舟乃立約移神奈州市場開山塡海化灌莽爲肆廛矣
十二日午抵橫濱泊舟神奈川令遣人來云奉其外務省令備
出張所爲行館明日當駕馬車相迓也
近橫濱有伊勢山新建神宮祀其所謂天照大神者刻石其旁
紀維新之事頗詳字用篆隸體
十六日上岸暫寓出張所房爲西式頗寬敞階前古梅一株花
開爛漫紅豔如桃睹此始覺海外春意盎然
由伊勢山渡平沼橋海岸山巔有園依岩壑以點綴之結構甚
佳主人見遠客來瀹茗相餉湯作湛碧色味似龍井彼上品也
二十日赴東京計程七十里鑿山塡海以通鐵道中途阻水架
木橋里許近聽西人言易以鐵費三十餘萬金工亦勞矣
東京卽武藏州之江戶城舊爲將軍府地左扼下總安房右抱

駿河伊豆旁跨甲斐信濃中原沃衍最爲關東形勝

鎌倉郡在橫濱西三十里後鳥羽時源賴朝攻平氏而奪之置府其地德川以前大將軍率居于此余往游焉四山中狹不及江戶遠甚

電氣報以銅爲綫約徑分許用西人所鍊電氣或架木上或置水中引而伸之兩頭以機器繫之所傳之音傳綫以行雖千萬里頃刻即達

東人仿西法造紙廣收敗絮以機揉碎熬爛視其白而葺也復用水調勻由機出之機輪遞轉瀉漿成幅腐者新厚者薄濕者乾少頃即就堅緻如雪製造之巧眞化朽腐爲神奇矣

東人公私文報設局經理名曰郵便置櫃中衢任人投之定期彙收分寄無遺漏者所收資局中供用之餘皆入公

二十四日赴王宮呈遞　國書王免冠拱立敬受出入三鞠躬王答如禮其容甚肅而其禮甚簡

日本天氣數日必雨每雨即晴少終日者我來正値冬令乃一雨連三四日人以爲少見因念晉旱不禁有憾于造物云

二十八日爲日本及泰西各國元旦隨到趨賀王右妃左交頸互答出入三鞠躬如遞　國書儀西俗然也

東人都市效西俗新歲插松竹葉于門如換桃符然村野習舊俗守舊歲尚不盡從也

余游上野東叡山山有神宮祀故將軍東照公宮前松柏環植寒翠蔽日野人持錢赴賽者踵相接也跪而合掌不知喃喃作何語

上野爲東京五公園之一園側有湖廣數十畝殘冬水涸土人名曰小西湖

日官宴客改用西式酒闌召伶人奏蘭陵王破陣樂及唐代太平舞二闋頗饒古趣蓋西京舊時樂工今比之廣陵散矣

十二月二十一日移寓東京芝山月界僧院院外萬松盤鬱風起濤生與山寺疏鐘相答都市中殊得山林之趣

旣來東京舍館駐節越十日爲我四年元旦　如璋以海外行人謹偕副使率隨員行慶賀禮瞻望　闕廷如在天上

黃梅宛立鼓校字

沔陽李世勛覆校

談瀛録四卷

〔清〕王之春撰

《談瀛録》四卷，清王之春撰。之春（一八四一—一九〇六）字爵棠，號椒生，湖南清泉（今衡陽）人。曾出使日、俄等國，官至安徽、廣西巡撫。著有《國朝柔遠記》、《使俄草》等。光緒五年（一八七九）奉命赴日本考察政治、風俗等，歷時一月，沿途見聞，俱載日記。此書凡《東游日記》、《東洋瑣記》二篇，附《日本輿圖》、《中國界連日本圖》圖説及詩三十餘首。於日本之政治、官制、兵制、風土、山川、田賦、宗教、曆法、文化等，均有記述。據中國國家圖書館藏清光緒六年刻本影印，内有近人李鈞鼐批注。

談瀛錄

四卷

光緒庚辰春仲
物於京口營造

談瀛錄序

光緒五年冬伊犂地未歸
朝廷方遣使入俄南洋大臣沈文肅公恐
夷情猾譎議或棲將為患思豫防計捍
東南以攖西北謂防俄必先防日日之國東
與俄鄰近其崇尚英俗諸事仿效益獷
悍慓狡託名互市寔則蠢蠢欲動往者
台灣之役琉球之取皆其自好為黷而
罔怵
王靈若俄侵軼而東必先從事於日日
折入於俄俄之將不可制否則連衡勾結驅
日人為之先以分我兵力俄從旁於後禍
叵測故欲防日而不先悉其形勢要害風
俗美惡政治得失則無由攻瑕擊隙以

一

制其死命而又震臨之以師旅則易啟爭端重
之以便宜則反招猜忌也思以一不動聲
色直探巢穴密訪周覽洞悉虛情於
胸臆者必也躬其選王爵棠觀察聞命
奮袂請行附輪船出入顛風駭浪中往
返三十餘日行程二萬數千里每至一處輒
與其國之士大夫交筆墨酬答最久遊

歷爭為之導而輸其款者不復畢達其
則購其圖籍以歸既歸改覈印譯挈領提
綱著談瀛錄四卷言簡而義賅俾日
國情形一繙閱而瞭如指掌固不徒翻補
山經遺拾海志已也余重為日人嘆焉日
為泰伯後夙遵文教今乃盡棄其學
而學泰西積習紛紛毀絕務為震張蹈舉

國之財力作無益以害有益因嬴千五七舟
車徵求無藝不足則稱貸於英人為數
二千萬有奇私借民間者幾倍之國濟
民貧群強中亂本之不存末將立折欲
不自速陵夷也得乎欲求為中國附庸
也得乎方今
聖天子懷遠招攜不忍勞師相襲取

前日人自化不典或依附俄人而張其焰將
來有事於東方者舉是編為指南知
神戶之廠邑不足恃則舟師可徑入也民
力民財之大匱則東西兩京可坐困蝦夷
一集直以鞭其踢倒耳彼俄人闞之亦
勤色相戒悍然自戢其異志固敵為發
轍之譬賭則談瀛錄所談誡防日以防

俄之秘鑰而服日以服俄之鑰鈐也若第
賞其紀載之詳與議論之精而詡詠
之洸榷安識作者之深意哉
光緒六年庚辰季秋月漁陽黎慶雲敘

此敘使日人見之不知若何絶倒　李鈞鼐記

沈文肅之防日未然固是老謀深算　又記

敘

國家代天子育萬彙常不極其威克仁義漸被優遊
化成無有内外蛾伏受命咸豐間蟊賊内訌洋船踵
至於是西北大小十餘國立約互市日本不通中土
垂三百年同治十年其使臣柳原前光等來請通商
既有成言越四載窺我臺灣怵威而退
皇帝嗣位特遣二品銜翰林院侍講何如璋等爲駐
日本大臣以固邦交而光緒四年其國突以兵破滅
琉球取爲郡縣又法西人作輪船戰具變易衣冠務
慓狡其民以逞其武力侈然爭雄列邦矣然地大不
敵中國二行省兵甲四出賦斂倍蓰民生愁煩莫有
固心俄人虎視臥榻之側負英責至銀二千餘萬歲
蠶入不能償毋毋亦惟國之顛覆是懼而奚爲多得
罪於
中朝王爵棠觀察奉江督沈文肅公奏派前往逾月
盡得其形勢險要風俗情狀歸爲談瀛錄四卷文贍
而事覈汪大淵之島夷志略黄衷之海語不能過也
異日從事東方者宜於是書有取焉爵棠歷兵間久

規畫遠大而亦不遺纖悉誠得操柄奮袂必能恢宏
建樹以彰
亘清綏攘之烈其撰述之不朽抑末也爵棠勉乎哉
光緒六年歲次庚辰仲夏月長沙王先謙益梧序

集錄中句奉題
大箸即請　莞正
神仙自昔說瀛洲（題日本雜事詩）到此無妨往跡搜（東京雜詠）大
局默持胥有竹（贈德川供使）佳山水處且句留（登大音寺）
本來心跡淨無塵（登大音寺）直把螺紋掌上陳（和梁煒煌）怪怪
奇奇難悉數（博物院）果然風景又從新（贈何仰雲）
輕圓石子本晶瑩（東京竹枝詞）礙道荊榛概剷平（橫濱留別）倭
國河山經壁畫（贈梁煒煌）雞林何止慕詩名（贈張魯生星使）
爭從藝圃鬪新奇（勸工場）坐對渾如畫裏時（東京雜詠）閱盡
山經海國志（遊瀑布山）我來不敢浪吟詩（筆塚）
庚辰仲夏月趙佑宸謹呈
天外樓船破浪回王郎卓犖果奇才文淵聚米眞形
繪太傅燃犀異境開妙筆寫將風土出他邦廣得見
聞來一編薈萃談瀛錄不顧尋常海客猜
潘志學愼初氏拜稿

序

禮男子生設桑弧蓬矢一所以昭丈夫四方之志不可謂不出戶庭遂占无咎也況班超投筆遠出玉關終軍請纓以繫南越古人壯略類事遐陬我

朝威靈震疊一道同風受萬國之共球萃塗山之玉帛聘問之使聯翩而賦皇華者幾於無遠弗届焉蓋中天運會所開初非秦皇漢武徒逞遠略者所可同年語也飯生幸際

清時得通仕籍萬卷有慚於徧讀九州未侈夫歷遊

篤於時如夏蟲之語冰拘於墟等井畦之測海聞見所囿識者譏焉侯官沈文肅公謹慎如諸葛精勤邁桓公抱厝火積薪之憂籌安內攘外之策節制兩江總辦南洋事務以日本之狡焉思啓奏委馳赴該部察其情形於是尋鞭石之遺蹤訪仙山之舊迹藉以新耳目而擴胸襟就所經遊編爲日記偶得韻語附於其後至其國之風土人情姑就所知一二瑣記統名之曰談瀛錄竊比於海客之倫非敢擬武靈之捉刀入秦文淵之聚米策蜀也

光緒六年庚辰孟春月上元後五日清泉王之春自序於京口軍次

不自序儘好自序則須言宜如此者適形其陋所謂瑣記者多襲黃公度日本雜事詩說其使俄草亦好鈔薛庸庵日記之春西書皆類佳若不掠他人以求博則益善耳　宜劉之　人輿地散編

丁酉十月記

談瀛錄目錄

談瀛錄卷一

清泉　王之春　爵棠箸

東遊日記

光緒己卯十月初旬奉兩江制府沈文肅公奏派馳赴日本游歷藉以考察其政治及其風俗之厚薄國勢之强弱十八日由鎮江防營搭輪先數日稟報起程蒙批答有深慮遠識必能驗諸實境之語

十九日抵上海劉吉六司馬邀遊未園園初爲徐雨之觀察所葺今已易主而規模如昔大約數畝編茆爲亭覆瓦爲臺有樓翼然有樹森然外以附皮杉木爲籬編成卍字梅花等式價廉工巧樸拙而饒古趣園中雜植花草竹木布置天然花尨吠客鸚鵡呼茶異羽奇葩點綴生趣累石爲山高盈丈許玲瓏曲折入者如遊武夷步步引人入勝中鑿一池廣可二畝輕鷗矯翼瘦鴨呼名遊魚噓沫於波縠浪紋間見人不驚可手而撫池中設有暗機園丁以手撥之池水從石罅中上噴如輕塵微雨機滿水停顧視草木居然雨後光景殆智者所設施也上海在吳淞江內三

十六里春秋屬吳後屬越旋入於楚相傳爲春申君封邑故又名春申江洋場在其城北自互市以來繁富甲天下峻宇雕牆櫛比鱗次高聳雲際笙唱徹宵車聲殷地類皆華麗綺縟之境囂且塵上求一清涼之境以滌塵心了不可得到此覺心脾爲之一清

抵滬

春申江上幾回遊雜處華夷戶更稠燈照五更城不夜濤來一綫水宜秋繁華漸染殊方習飢溺誰廑救世憂我慣乘槎誇海客前途遙計路悠悠

二十日晴浙甯余玉峯來寓詢及安徽董司馬創造機器船現將下水予前在省曾經奉沈制軍面諭就便估驗該船遂同往觀乘車至虹口察其船質頗堅結約長六丈餘寬不及二丈輪軸機括幾佔船身四之一說者謂不藉水氣火力縱能行走必不快捷然由是推廣而行之安知他日不有快捷之一日耶余嘗閱南史稱祖沖之造千里船純用機棙不藉煤火其巧妙與西國輪船無異至以千里命名則其迅捷

自不待言且楊幺之樓船激水其速莫比亦輪船之濫觴夫智者造物巧者述焉異巧絕能世不經見而步後塵者徒誇泰西之巧抑知中國固有先西人而爲之者耶諺云少所見多所怪見駱駝謂馬腫背獨不思武侯之流馬公輸之木鳶何以行于地上飛于空中自若也董君之造是船絕不倚傍他人成法縱難飛行絕迹當思精益求精務使泰西人見之知其聰明才力終出我中國之下也閱畢返寓已五點鐘戌初上東洋公司輪船同行者二人僕從三人先日

買定上艙票三張每張洋五十五元下艙票三張每張洋二十元均寫至橫濱口船爲明輪大桅二煙囪二船面開闊上艙爲客房寬廣七尺餘上下設榻二衾枕潔淨墊褥厚軟壁懸大鏡一玻璃燈一盥漱器及面巾香皂諸瑣物無不備具樓中艙爲飯廳有長棹八張每張可坐十餘人瓶供花卉香氣馥郁辰正早餐午正中餐酉正晚餐食物皆外洋風味每餐先二刻鳴鐘一次屆時再鳴則當齊集飯廳食時每棹置菜單一紙聽客自點惟酒須向買辦房另沽侍者

華夷各半服役勤謹下艙無房不獨役使無人卽盥面亦無熱水每日三餐用方廣八寸深一寸之木盒盛飯匕許鹹小菜些須析小方木長三寸許爲箸人各一器飯後數人共茶一壺此外須沸水瀹茗溫水盥面了不可得卽自帶熟菜點心亦無從蒸煮覩坐上艙客不獨有上下床之分直有天壤之別矣惟鴉片煙之禁綦嚴而防火患最密卽上艙客吸食水旱煙均須往前艙及外面平板站立客房及飯廳正艙各處除晚間一點燈外均不得攜一火種

二十一日晴早七點鐘展輪出吳淞口羅針指東南崇明銅沙一帶岸樹蕭疏古人所謂江山之外第見風颿沙鳥煙雲竹樹者庶幾近之午初見大蕺山針轉正東申正越花腦山舵轉東向兼北一字泛大東洋一帆風利眞有破浪如飛之勝按三沙始自唐武德中吳郡城東三百餘里江面忽涌二洲謂之東西二沙五代時謂之顧俊沙楊溥改爲崇明鎭宋天聖中續涌一洲姚劉二姓徙居之因名姚劉沙建中靖國初又涌一沙於西北相距五十餘里以三次涌成故又謂之三沙前明防海嘗以崇明與北岸之蓼角觜爲長江第一重門戶邇來輪船非水深不能駛入則防守要不在此江面旣廣幾二百里崇明居中扼塞分爲南北二水道崇明與通州之蒠角爲北水道皆平淺沙灘西自崇明之東南觜東至海中之佘山又東南自佘山東北至蒠角其間沙亘相屬以阻北水道之口中惟帆船可行火輪從無至者崇明與南匯之九團間爲南水道近又涌新沙自西北而東南亘百餘里名曰東沙同治初東沙上又出二小島於

是又分水道爲二北口雖深而口門當佘山之南迤邐沙淺輪船亦未通行南口置有鐙船以爲夜行標識兩旁仍多淺亘中通僅廣二三里入口者須西北過吳淞口至崇寶沙始出東沙險又東沙至狼福兩山間尤爲難行蓋大江至江陰靖江間狹處不過三里過此忽增廣至三十里水勢散緩致多停沙近今言江防者咸以江陰爲重地然明則江陰暗險實在狼山渡與東沙若於南匯之九團築礮臺爲第一重門戶扼寶山城與崇寶沙爲第二重門戶扼狼山渡

不録

爲第三重門戶並製鐵甲礮臺船以測沙渡移從擇要安置則雖火輪飆馳亦難飛渡矣

輪船出洋

電掣雷轟撼不休艨艟直趁水東流銀濤駛破風嘶馬鐵甲欲飛星犯牛大氣斡旋輪軸轉孤煙搖曳海天秋樓船本是吾家物再出扶桑試一遊

過花腦山有感

吳淞出口水蒼茫花腦山前夕照黃使者咸稱

張博望將軍誰是戚南塘西來大意非觀海東國殊風敢擅場我欲訪尋徐芾後二千年裏說滄桑

二十二日晴天曉觀日曈曈斜暘谷浴扶桑仰射雲霞異采出海漸高萬道金蛇風迴瀾紫不可逼視觀水初作淺碧色漸作蔚藍較過花腦尤黑辰後見遠山屹立海中舟人名曰高島近視其旁羣列三五如小星舟東北行又經五島將近日本境戌刻抵長崎港停輪港勢斜趨東南如游龍蜿蜒名野母崎北則羣嶼星錯大小以六七計山骨蒼蔚林木深秀殊可愛翫

大洋遣興

四顧甚茫然來程問幾千一舟輕似葉遠水亂浮煙放眼疑無地當頭只有天斗牛星在望何必說張騫

過黑水洋

萬馬千軍徹夜譁凭欄一望黑無涯風推水面排山勢舟撼濤頭噴雪花殘月溟濛天潑墨重

溟深黝客乘槎好憑雲海將胸盪此後吟詩氣自華

二十三日天陰登舵樓遙望山勢彎環回抱如行山陰道上並皆嵐翠欲滴有煙雲繚繞之態古之所謂三神山者殆即此是也辰後上岸至招商分局局事托廣裕隆代辦晤廣東潘鏡泉兄旋至恆昌啜粥一盂該店爲浙西王君所開屋宇修潔前有小園山茶欲開盆梅破萼有鳳尾蕉一本高六七尺許圍約四尺上結黃花花瓣密攢如雞冠每瓣中綴紅子如銀

杏大據云小兒出痘以此子繫髮內卽免驚風等險子內有仁研之成粉合小麥粉蒸食可耐饑七日說雖不經而古所謂鐵樹開花羣芳譜云鐵樹三十年一花則信然也（鳳尾蕉俗呼鐵樹）少頃鏡泉遣价邀食午餐畢旋偕遊長崎市閭中華之貿易於此者約千三百人畫地以居有會館名唐館估貨錫棉爲大宗餘則擇其所無者運往返購海鮮間以木板而已惜匆匆均未能一晤該處屋宇參差因地而高下曲折滿市車聲轔轔與得得之屐聲互答蓋東人無論晴雨足

皆着屐遊倦少憩於東人家脫履入門滿地徧布長席小童引導入樓四壁精潔無纖塵窗戶洞啓客至席坐瀹茗相餉雖地不甚大而引泉爲池依山樹木盆花砌草培植殊佳長崎舊俗女子已嫁必薙眉黑齒以示別近已弛其禁男女均寬衣博袖近惟在上者易西制氈服革履民猶未盡從之也小坐片時散步至正覺寺（卽大音寺）寺踞山巔高不知幾尋丈甃石爲級賈勇而登甫抵山門汗涔涔欲滴山間古木攫拏輪囷盤錯中土不常經見從山門遠望大殿尙有數百石級同遊者皆倦憊遂于酉初回船六點鐘卽開輪矣

登大音寺

濛濛曉日蕩金毬萬里重陽一望收徐氏村荒星月換（距長崎數十里有熊趾山山下有徐家村卽徐芾故趾）大音寺老古今秋幾文劇買長崎醉兩國遙分汉海流我自胸中有憂樂佳山水處且句留

海客瀛洲話此身本來心跡淨無塵千秋偉績羣推戚一榻延賓我憶陳（謂鏡泉上舍）雄劍慣隨杯

外影匡時偏老局中人輶軒採問從今事鴻爪留痕證夙因

二十四日微雨啓輪輕風徐颺水波不興蓋由長崎越長門入裏海兩岸山環一水縈帶非復大海之汪洋一片凭舵遠眺諸山忽斷忽續或圓如覆笠或削如筆尖或巉巖而歷亂或蒼翠而清奇恨不起宗少文而一一圖之以爲他日臥遊也未初抵鹿兒島停輪三點鐘該島監稅者來舟見余方據几作字索書數行余笑而與之欣然謝去窺其意若甚珍愛也者

鹿兒島云云在前条之者下本条開行上寫近正文

開行後舟行平穩無異長江晚間登樓閒步濤聲走風浪花噴雪時有漁舟上下燈火出沒於波濤間幾忘置身海外

泊鹿兒島不得登岸（鹿兒島係薩摩轄地各國通商只以小舟載貨撥入輪船無論何國人皆不得登岸）

一島孤懸壓水濱瘴煙蠻火自爲鄰入林豈用中原逐瀕海安知上國賓幻境蕉猶醒後覆泥痕草帶舊時勻分明不是桃源路何故旁人說問津

二十五日晴遵海而行島嶼星羅所見豐前豐後人家多依山以居午後洋面稍寬遠望山形隱約帆檣梭織申正經明石島下有暗礁酉初始抵神戶神戶舊攝津境更制後屬兵庫縣與大阪均屬通商要口自長崎至神戶水程近三千里峽勢灣環島嶼叢雜詢所稱神山奧區也躡屩舟登岸宿何仰雲處亦辦理招商分局者也仰雲在東日久於該處情形甚悉暢談至夜間乃寢（神戶口又名茅港海口）

二十六日晴辰刻梁煒煌來自大阪大阪府距神戶七十里昨晚仰雲以電信約之來遂於早飯後同坐火車往遊大阪煙雲屋樹過眼如飛約行四刻即至該處爲東瀛繁庶之區淀川縈貫設知府一旱道可通西京街如棋盤道亦宏敞居民約數十萬家河水發源於西京到此分派數十小河鐵木橋計八百餘轂擊肩摩相屬於道中有石城表裏濠溝深廣望樓高遠鎮兵駐紮爲豐城平秀吉之所建築歷二百餘年矣曩時寇警必爭大阪亦形勢使然也閒步至花圃山茶數百本種類莫名一體蘭葉寬二寸厚半分

許據云均來自中土而加以培護遂蘩密如許外有鳳蘭高八九尺圍圓丈許非僅爲目之所未見抑且耳之所未聞誠奇觀也別有一種蘭葉如花韡於盆外惜非開時不知其花作何狀至於松老成龍梧高棲鳳一花一木別有雅致遊賞半日命車遄歸則街中燃燭繁如密星而車聲轔轔如雷電震驚至旦不息上下車處均有潔淨大房爲坐客憩止之所是晚宿梁煒煌處何筠如兄以患清恙不獲一晤亦惆悵也

鳳蘭

羣花皆孫子蘭祖獨擅場楚騷歌九畹異品推衡湘東人善植種隆冬花亦芳梅壓千枝雪菊勝九秋霜牡丹盈拱把不愧花中王鳳蘭更出奇見之喜欲狂其高與簷齊葉潤而花黃顧名思厥義如願素心償鳳爲王國儀蘭爲王者香本來臭味合形迹兩相忘

贈梁煒煌何仰雲

到此停橈好問津果然交契又重新山舟品望超殊域水部風流邁等倫代步車如安步穩異鄉人似故鄉親莫嫌海外知音少極目天涯是比鄰

二十七日晴辰後偕梁煒煌同坐火車返神戶煒煌於路指點蒼山間有人煙孤矗處卽瀑布山惜火車不能停輪瞬息卽逝沿途田疇開墾麥秧初茁彌望青葱田塍皆白石砌成罫畫井分沃野平衍誠膏腴之府也考電氣報以銅爲綫約徑分許用西人所鍊溼電通行字碼或架木上或置水中引而伸之兩頭均有機器繫之所通之音傳綫以行雖千萬里頃刻卽達午後同舟六點鐘始開輪東駛

火車

車聲轆轆逐斜暉四面蒼茫入翠微良驥追風偏就範遊龍無翼亦能飛路如砥矢長繩亘山比煙雲轉眼非或挽或推都是拙由來達者在知機

電報

何須筆墨費心裁萬里傳聲一綫來山澤皆能通電氣往還原不借風催人功太巧天應忌字跡無多意已賅弱水三千飛渡便爲儂通信到蓬萊

二十八日晴舟行內洋出茅渟經良由瀨戶瀨戶譯言海峽也屬畿內道遙望南部諸島羣山糾紛漁艇賈舶上下出沒於波濤中惟見布颿遠颺時隱時現而已

二十九日晴舟東行經伊豆折而南過熊野岬再東南歷橫根島神子元島三元大島轉東北泝相模灘

觀音崎乃抵横濱行李上岸司關者傾箱倒匣查點綦嚴托辦理招商分局之羅朗卿代覓旅寓渠堅留下榻伊處供給豐隆是晚晤領事范君如蕉相與劇談東事甚悉按日本自明治六年始易服色朝會但以免冠爲禮冠或肘挾或手執其制皆狹長前後銳而中尖以白黑羽爲飾氈衣革履或壓金線於袖自肩至腰斜披以紅綠白綾文武臣竝佩劍有勳爵者佩寶星新年朝賀各公使並在列見客趨與前但一握手通殷勤入朝進退皆三鞠躬無拜跪禮蓋悉遵

西制故西人雖或非笑之而以其同制又未嘗不親而昵之然彼族士大夫家居猶無不易舊衣此亦可見人心之不盡從之也

泊横濱二首

摩蕩風雲久而今破浪來魚龍驚變化閶闔信宏恢萬頃波光闊千尋火樹開犬牙相表裏應望濟時才

濱海横前亘山形接半空樹青深淺色帆白往來風畫稿添新本浮蹤笑轉蓬東畿憑眺望背倚夕陽紅

十一月初一日晴乘火車往遊東京計程七十里鑿山塡海以通鐵路中途阻水架木橋里計共費金錢五十餘萬工亦頗勞距京數里許車即停輪換馬車歷遊城市人煙稠密街道寬宏日本通國以武藏上總爲坦沃舊時江戶本遠山集所居德川家康初起參河豐城秀吉語之曰江戶霸氣之所鍾子宜築城居於是家康遂徙焉德川氏還政參與大久保利通請遷都越明治元年遂東遷因幕府爲宮殿焉凡東

京府所轄之戶四十三萬六千餘傍晚至一處樹木扶疏路傍有牌止車遂下車步行約三數里山勢雙分中闢大道西山樹木陰翳禽鳥啁啾昔人詩亂入池中看不見聞歌始覺有人來若以池字易一林字舉狀此處殊確東山老木杈枒虬枝盤曲皆數百年以上物夕陽紅映樹影蕭條歸鳥尋巢千百成羣無異鴈行之列陣也按東京即武藏州之江戶城舊爲將軍府地最爲關東形勝山內有舊將軍故冢舊署擬往訪尋而暮色迷離樹林中疏磬晚鐘錚錚互答

錄

循途而歸得先所止車處雇另車出東京沿街然電氣燈數千百盞如兩行紅燭殆所謂夜夜元宵乃有如此火樹銀花之璀璨也十一點鐘始返横濱

東京婦人

高髻雲鬟大袖垂少年裙屐亦丰姿項前塗粉連胸流背後拖紳稱體宜可惜雙眉芟以盡日本舊俗女子已嫁必薙眉涅齒近雖弛禁猶有沿舊習者生憎皓齒涅而緇無襦無袴休嫌冷只爲心腸有熱時

東京女子

修眉皓齒髮如䰀猶是雲英未嫁身荳蔻含苞宜帶雨海棠爲屐距無塵金訶貼乳唐妃子羅襪淩波晉洛神不媿此邦爲日出勝他南國有佳人

初二日晴早起遠望房總諸山晴嵐漾波山風吹袂殊可愛人飯後訪舊識日友之麥布雅各晤面親密拳拳可念隨拉遊東畿全城窺其要領餘悉筆談按日本創國周秦通使於漢修貢於魏而賓服於李唐最篤且久其時雖亦自帝其國然以小事大喁喁然

不錄

嚮風慕義禮儀益虔常遣子弟入學中法用克涵濡聖化蓋緣是人文彬蔚視高句驪百濟新羅諸國爲殊絶矣五季衰亂日本之聘使始絶而彼亦内變飇起判分南北裂爲羣藩豪雄擅命波譎鼎沸者歴更七八百餘年其間若平氏源氏北條氏足利氏織田氏豐臣氏德川氏皆迭衰迭起倒執魁柄國主孱弱垂拱於上而已中國自元世誤用降將黷武喪師有明中葉内政圮壞奸民冒託倭幟寇掠沿海諸郡縣遂使彼益輕視華夏夜郎坐以自大中國亦務拒之如以堤捍水以墉禦風情誼乖睽一二商民往者又絶無一高識之流况僅我往而彼不一來也鼎革之際朱氏舜水東渡彼族學者奉爲宗師其翹楚已後亦無復有繼之者音問幾至隔絶明治維新修邦交之禮蓋自是始有圓衫屐齒來觀上國之光者余始得遇而識之也晚歸酣睡初醒擬作數絶

東京雜詠

居然半壁奠金甌到此無妨往蹟搜滅裂冠裳尙西律教人無奈起深愁

一衣帶水徑相通屏蔽東藩等附庸太息唐時
舊典物泱泱留有古齊風
東照宮前日易斜石燈璀璨樹槎枒山僧寂寞
門常閉幽鳥投林客憶家
何幸生涯水作田魚苗種遍幾經年珊瑚網得
眞堪重街市爭售海錯鮮
侵晨鍼表失常度（東洋天明較上海早一點鐘）滄海桑田轉
變多一樣嚴冬分冷暖天時如此奈人何
欲覓花磚索影無疏櫺帶水尙堪娛客來席地

先還跪瀹茗同圍小火爐
遶屋扶蘇半倚池小園邱壑路參差樓中謌舞
飛觴候坐對渾如畫裏時
一枝梅向客窗開有腳陽春海外回我欲按圖
訪遺事惜無人曉話頭來
初三日晴辰後仍乘火車往東京至公使衙門拜晤
何子峩張魯生兩星使蒙款宴甚殷以横濱至東京
火車往返費事留住署內并晤參贊黃君公度得讀
其日本雜事詩采錄風土甚詳是晚與兩星使暢談

至三點鐘始就寢

贈何子峩星使

瞻韓願遂到蓬萊東閣梅花一例開力障狂瀾
天有柱眼明弱水海爲杯彖占星使昭清漢氣
挾日廷震迅雷小國共球從此集和衷端賴出
羣才
久居清要證仙班高唱皇華出海關異域共欽
蘇屬國神洲重駐白香山能將文教開風氣直
以尊攘慰　聖顏衣上薔薇清露灑芳蹤他

日好追攀

贈張魯生星使

一曲皇華唱遠征手持龍節駐東瀛匡時有策
天河淨破浪成功海氣清回紇自應欽德望雞
林何止慕詩名乘槎事業君家慣可許人來步
後塵
戎馬書生是故吾浪浮一舸到東隅廿年未遂
乘風志萬里求觀益地圖敢托龍門稱後進甘
隨驥尾問前途相期指點迷津路遊徧郷嬛願

與俱

初四日何星使派委員張仲訪同遊淺草寺寺極宏敞距寺里許卽須下車植木爲柵柵內兩旁列肆百物齊備人語啁嘲與木屐聲聒耳互應寺門外有燈籠二高約二丈禮佛者入寺門以錢擲木櫝內合掌喃喃不知所誦何呪寺側另有關壯繆祠樓豎一橫匾題浩氣二字字高二尺蒼勁挺拔見係日本七歲童子所書未知信否繞寺而西行半里許有花圃曰淺草園園之大約有十畝竹籬茆舍境極清幽園外

有山巍然俯瞰杉松萬本翠襲衣裾夭矯如遊龍橫亘天末入園數武循簷而西有晚菊莊菊花數百種不獨存傲霜之枝而殘花未萎饒有東籬風味花大如缽本高於人卽非靖節閒情未有不愛此隱逸之品也折而之東小室數楹瑞香橘柚香櫞之屬皆以小盆植之高不盈尺禮所謂物以罕而見珍者也將入院門清香噴馥沁入心脾幽蘭數十盆花箭齊吐入室聞香徘徊不忍竟去少憩片時小童導入一亭山茶含葩半吐楊妃吐舌西子含顰與夫金盤銀盞

色子間一捻紅徧地錦之屬色色具備時遊行已久口渴思茶適當爐少婦捧盤匜而來跽進香茗如瓊漿玉液透過十二重樓渴者易爲飲誠然誠然遶園而東見紙糊木棚徧覆檐沿園丁逐一揭視則下皆土坑內寘珠蘭茉莉夜來香諸品蓋所以蔽風雨也其護養之者至矣宜其花之獨繁茂於中土哉

題參贊黃君公度日本襍事詩後

神仙自昔說瀛洲我亦乘槎泛斗牛安得慧人加累譯一從蠻語解啁啾

灑落丰儀黃叔度汪洋萬頃浩無涯懷中握有靈珠在寫出生花絕妙詞

八十三州詩版籍二千年後裂冠裳不憑周處編風土數典誰知祖已忘

自從長慶購雞林香爇隨園直到今他日新詩重譜出應看紙價貴兼金

初五日早微雨與日本大夫藤原氏談及初一日所遊之地知爲上野午後雨止命車復遊順道至東照寺寺建山巔四面蒼松喬木陰蔽天日中甃石級曲

錄

折盤旋兩旁皆豎石燈如廟中之香爐式身略小而高過之約數千盞近寺則以銅爲之古色斑駁望之如武仗森嚴繞寺之後而下石燈排列如前山有樹本爲草所擁覆者詢之知爲移植抵山之麓前有一湖榆柳環堤而植下設木櫈以備遊人憩息湖心有亭一葦之杭可以得達時日色含山暮煙凝紫歸鴉數點噪息林端忽聞水上發聲則水鳧野鶩起羣飛紛不知其幾千萬翼呼僕策車初月如眉疏燈照眼歸署已七點鐘矣

日本藤原大夫之敬索詩書此贈之

壯年書劍走江湖求友嚶聲到處呼地隔全憑誠意感文同不礙土音殊君儲重價求長慶我本輇才愧大蘇幸有知心逢海外相將攜手到蓬壺

初六日晴昨遊東照寺歸途車夫指蓍牙高矗處謂余曰此教育博物院也明日曷往觀乎余曰唯唯遂於辰飯後攜僕往遊距院里餘遥望有紅旂飄颺於半空者近前視之立石人一高近丈許下設一石池

中藏機械激水上噴水清如鏡可鑑人也院外有方井一深三丈餘方廣二丈內有熊羆各一上以粗鐵柱縱橫冒之阱中有小井可資其飲浴食物則自鐵柱隙中擲下熊羆皆高近丈毛黄黑色見人欲噬獰獰可怖遶阱而西即抵院門門者每人授竹籤一任其入內院宇宏廣分屋置器每屋設小木椅數張以爲學者之所坐息方者矩圓者規權衡斗量尋尺皆備其有神明於規矩繩尺之外者口所不能言筆所不能載皆有一式備人倣製泰西機器之屬若火車

火船織紝鍼縫等器均具體而微苟能一二尋繹其意不難別創一格以駕夫前人之上若斤斤於尺寸分杪間規倣之尚屬步人後塵不免泰西之齒冷也由院之右入後棟分屋五楹中間儲窺星鏡測天儀地球大小各數十具中之左爲置鱗介之屋蝦鬚粗於人臂蟹螯大於車輪龜殼可以爲牀魚骨可以支柱非目擊者幾疑所說之誕左之左爲蟲豸之類大者蜈蚣長丈螯蝎如羊倘生致之人幾不敢立近從屋右登樓左樓爲繪畫室丹青水墨鈎勒工細均妙

寫生以顯微鏡窺之高下大小不差杪黍樓之中楹懸銅人圖四正背左右各一穴絡分明範土爲人而剖其腹血肉狼籍淋漓其中臟腑經絡逐一位置另有小圖各肖其狀倘醫者于此細心研究於治病之道思過半矣右樓爲儲書之所錦函玉軸滿架牙籤任人繙閱半係該國典籍及泰西之書雖欲以裨實用而蔑棄聖教大畔其先崇尙漢學之心識者嗤其無足觀也從右樓下入院之右蜀錦齊紈杭紬湖縐以及外洋之呢絨羽段色色備具若者緊細若者稀

麤若者悅目而不堪久留若者適體而較爲耐久一一區別而詳載之以便入市購買不受人欺法亘善也縱覽竟日坐東洋人力車忍飢回寓

東洋車歎

前行無慱爾挽我坐有錢乘軒無錢負馱解一問誰爲此出自東洋可以代步不誤周行馳驅若馬我心憂傷解二豈無傖父逢彼之怒車夫上前謂公勿怒駟馬高車胡弗駕馭將就上車勿礙人路解三

談瀛錄卷二

清泉　王之春　爵棠著

東遊日記

初七日晴將入市購買古書東人邀觀其勸工場藉便市物細詢其故則該國購地百餘畝以爲勸工之所凡有奇技異能創製器具者許于此設肆貨賣故物之亘者難致者舉集其間價皆劃一雖使五尺童子適市莫之或欺於是駕車往觀至則百貨駢列類皆精巧新奇之物每物一種列爲一肆如金銀銅錫

鐵器竹木器磁器髹漆器各從其類每類不下數十百家非物之佳者不入場卽入場亦無過而問者鬬巧爭奇令人目炫意駭其設是場也欲使人各竭其智巧以爭勝所以獎其能而媿夫不能者斯其所以以勸工名乎尤足喜者中土書籍亦羣萃于此如四庫全書圖書集成佩文韻府等無不皆備更有中土終老窮經而未得一窺之書如易經註釋約三百餘種其他類是余嘗聞日本喜購中土書籍未之敢信觀此則人言眞不我欺又有兵學書凡海陸軍士有

官學校專以教帥兵者凡地之險要器之精良陣之分合兵之進退營壘之堅整手足之純熟一一有成書繪以圖貼以說一覽可知不啻聚米之為山也日本古無文字古語拾遺曰上古之事但口耳相傳自王仁齋論語千文來人始識字國史案云初教漢文時悉皆指象以名蓋其難矣然其時漢籍初來令王子大臣受學僅行於官府而至唐時表疏章奏皆有可觀即私著之書若唐開元時馬道手箱華嚴經音義私記以和訓附注其下尚無段字蓋日本學漢文

雖甚難而文祇一種王段博士接踵而來遣來中國受學諸生又皆敏慧之材故能自成文章斐然可觀至唐德宗朝僧空海欲民便於用乃借漢字伊呂波四十七字以附土音創為イロハ皆在支微歌麻二音點畫又簡易於書識侏儷錯雜遂別成一種日本文字髫齒女子絲是亦解塗鴉矣

勸工場

先庚先甲不愆期正是羣工列肆時誰向寶山收眾美爭從藝圃鬭新奇引人入勝依于法小道可觀自作師十萬金錢難買盡徘徊欲去眼迷離

初八日晴麥君約晤各東人初見若甚駭異既而與之筆談并有通曉漢語者相與談論甚洽日逐結羣來訪遂一一問其居處前往回拜無不祗候于門款接殷洽後晤一品川氏後裔留余午餐席間談及博物院渠謂此為教育博物院所以使學者即物窮理廣見聞增智慧甚於是乎賴即邉貴國所謂格物以致其知之教也若欲縱覽夫璆琳琅玕珍禽奇獸以

及同物異形遠方異種之屬則另有一博物院明日當同往一觀予是殷勤訂後約而歸

贈品川供使

扶桑國裏有遺賢往事洋洋道德川大局默持胸有竹新詩遙寄舌生蓮天涯知已渾疑夢海外才人卽是仙我比飛鴻歸去速慣留處處雪泥緣

和藤原大夫

呼朋挎襼到瀛洲也學飛觴互唱酬國比輔車

盟莫遺誼聯吾儕氣相投欲同祖逖三更起恨
不平原十日遊聒耳驪歌聲太促何時再唱大
刀頭
初九日晴辰後品川君來寓遂同往昨所言之博物
院至門渠出金片一授門者門者每人各送一籌以
憑入內抵二門司閽驗籌放行內有園園大數十畝
爲院十有幾其中歧途紛岔路旁植木牌牌畫手指
入者視牌手所指處迤邐而進初爲彝器院其傳國
之寶若鏡若劍及各國衣冠制度在焉尚有漢唐時

頒賜藏國王金印一蛇紐方寸文曰漢委奴國王云
筑前人掘土得之考後漢書云建武中元委奴國奉
朝貢衣物賀光武賜以印綬蓋卽此也其二爲金石
院金銀銅錫五金胥萃外有各國所出礦石若者爲
金銀苗若者爲銅鉛鐵錫苗皆書明礦土石凡數千
種玲瓏透澈皺瘦清奇或以堅固勝或以柔脆長
[illegible]陸離如洞天一品足令米顚下拜也空青石數十
顆中含人物魚蝦花草竹木皆寘玻璃匣中目可得
而望手不可得而玩也再入則制作院築隄造橋濬

河造舟車諸機器萃焉而隄形橋形舟式車式無不
悉備或以竹木作成或以泥土摶塑無不象形維肖
力田制藝者則耒耜鋤犂鑿鋸斧斤無物不備各國
之用不同卽各國之式互異一一詳註其上考工記
無此賅博也由制作院而西則有植物院百穀果實
瓜蓏加非茶茗之屬爲一院藥物爲二院木本草本
藤生蔓生畢具何者爲眞何者爲贋某種出何處某
種爲何名無不逐一記註以備考驗鱗介之院二鯤
鮞鯊帶鰣鰉鰷鯽大小咸具有翼而能飛者有足而

能走者有如人面有如犬形者爾雅未克盡舉其名
海經莫能悉窮其狀黿鼉龜鱉蝦蟹蚌螺之屬較敎
育博物院所見者尤大飛禽蟲豸之院二鳳鸞鷺鶯
吐綬山雞毛采燦焉雞尾有長二丈餘者蝙蝠之翼
大如車輪其餘奇形怪狀了不可以殫述非逐物籤
明幾無一可識其名矣走獸之院二角者吾知其爲
牛鬣者吾知其爲馬犬豕豺狼麋鹿吾知其爲犬豕
豺狼麋鹿麟獅虎豹猩猩刑天豸獬等獸昔則僅知
其名今皆目擊其狀猿狖有三十餘種大者逾人小

錄東人趣

者如鼠猙獰兇惡之狀森森欲攫人其餘各獸不惟其狀爲生平所未見卽其名亦生平所未聞其內爲珍寶院火齊木難珊瑚翡翠充實其中多皆希世之珍以玻璃匣鎖之任人平視院之外爲圍囿之東蓄熊羆各一狐狸麞兎列屋而居均以鐵柱爲窗豢養而馴擾之西囿則紅冠之鶴翠羽之鸞鷥鶩一雙飛鳴上下一物蔽窗而黑以手撥之振翼高飛審視則蝙蝠身大如羊若蓄之小屋將斂翼而不得舒展雞尾長丈餘始知先在院中所見之長尾雞非接續而

成之者也囿中有池一泓澄澈呼名之鴨或紅如渥丹或藍如潑翠均異種也巡視甫周而守院者以局門告循途而出惜悤悤一遊未及一一手筆記之以爲他日補註爾雅葩經張本殊屬恨事

博物院

君不見古有宋人重燕石珍藏緹巾用什襲又不見楚王門下獻璞玉無端兩刖卞和足大抵遇物不能名輕將美珠等魚目東人立法亦孔嘉民有異物獻公家羽毛鱗介金與石求徧山巔與水涯一室羅列相參伍怪怪奇奇難悉數嫏嬛來讀未見書婦豎亦得爭先睹中國本爲天地樞菁華獨萃之膏腴地道由來不愛寶散而不聚有若無博物志山海經獨留虛名與人聽吁嗟乎何不略亦如東人書其名而存其形

和品川君

客槎浮到海天東萍水因緣證雪鴻把酒頻呼鶯燕侶論交何慮馬牛風琴堪作伴聲相和筆可談心意已通對月飛觴須盡醉當筵一曲劍

光紅

初十日晴查日本有女學校亦教以西學乃明治九年國后出藏金命擇士族華族女百人延師教之又有幼稚園皆教四五歲小兒鳥獸草木日用器具或畫圖或塑形教之以名教之翦紙畫罫摶土偶摺疊方勝習字歌詩陳一切蹴踘秋千之類於放學時聽之游戲以獎誘其心節宣其氣坐立起止皆若以兵法部勒之泰西之教法也惜悤悤不及一往觀耳辰後辭二星使仍坐火車囘橫濱至停輪處遂閒步返

寓中途望有林木陰翳處循路而往至則梅花繞屋不僅三百株入門而西牡丹數百本芽茁如椿小盆梅花皆已破萼疏影橫斜暗香浮動使林處士見之當視爲孤山終老也未初抵寓羅朗卿出紙數十卷皆東人所託書者伸紙揮毫至十二點鐘甫畢兩腕如僵宿旅之醜不能自匿憶山舟學士有句云從今誓斫工倕指嬾作供官待客人辭雖謙而實傲也

十一日晴朗卿邀觀大銅佛馬車行二點鐘約三十餘里一路山水清幽樹木叢蔭遙望富士火燄諸山

歷歷可辨富士山即雪山雖炎夏積雪不消與火山相對銅佛身高三十九尺徑廣約十六丈有奇露處平臺趺首跂足始克望其肩背近前摩挲首僅平其膝下僧云神功皇后物也一千八百餘年矣昔周世宗毀銅佛鑄錢以濟民用曰使佛眞身猶當慈悲割捨倘日人倣之亦可使青蚨飛布藉富窮氓也日本屋宇器具皆精巧細緻而均以小見長惟此佛巍然獨大故往來東瀛者無不爭欲快睹也按日本所稱三山者富士山而外加賀白山越中立山而已水惟信濃河較長國中雖少高山大澤而林木邱壑大有佳處聞陸奧之松島丹後之天橋立安藝之宮島尤山幽雲秀懷奇抱穎惜未能蠟屐一遊耳遊畢返寓已日色昏黃矣

富士山 又名蓮峰高一萬三千尺

撐天形勢雪微茫月照瓊樓分外光似抱冰心行素位全無灰劫換紅羊千尋玉樹經秋冷五月梅花趁夏涼不染人間炎熱氣白蓮世界賞孤芳

火燄山 遙望之黑煙盤盤國中常患火災以板屋故也互室皆有土庫傅之以鐵

亂峰高聳出雲霄不戢自焚匪一朝雨露多恩煙未熄乾坤爲炭土常焦可憐卷石因君爍豈有中原畏爾燎獨逞炎威何所用雪山當面向難銷

十二日陰何子峩張魯生二星使由東京坐火車遠來送行遂同集于中華公所茗談半日兩公均以書劍地圖等見贈并候送江干良足感也午後登舟范羅二君同至輪舟三疊陽關依依餞送天涯海角萍

水相逢判襼一時盡簪何日江文通謂黯然魂銷者惟别而已往復斯詠益用惆悵中初開輪迴望諸峰縹緲猶留戀而不忍徑去

橫濱留别

高唱刀環第一聲隔宵按日數行程繙尋舊稿清詩債打破新愁戰酒兵愧乏文章傳海外幸留泥雪在蓬瀛從今收得豐城劍礙道荆榛概剷平

十三日晴大風舟行内洋亦覺簸蕩蚤起凭窗閒眺

忽見遠水旋波時隱時現注目凝睇者久之則一二巨魚露脊長二三丈有奇逐浪奔騰旋復飛出水面魚本潛物而忽飛躍識者謂今日風浪作惡即驗于此舟行敧側從人多堅臥不能起是晚微雨

臥浪

浪裏行舟太簸揚欲行傴僂等循牆希夷好道祗貪睡仲子居陳也絶糧炫出眼花開幻境嘔來心血吐詩腸縱然清吸一杯水故態猶如驚飲狂

十四日舟抵神户夕陽在山見異邦人倚岸聚而相話惜不克通其語言日本爲中土語言有三種曰吳音曰漢音曰支那音漢籍東行經生博士悉由口授是爲漢音唐宋之世彼族常遣髠徒衣緇戴笠雲遊吳越歸授其徒皆口傳經典是爲吳音中外通商以來英美之人稱中土音曰支那音其學者據我字典譯以彼文日本之通西字者復從其書以求華音亦沿其稱是爲支那音然彼士大夫之通漢學者雖時操漢吳二音大抵近閩浙之漳泉乍浦變而愈遠實

不可辨殊不知閩浙土音本異中原而東人乃誤以爲正音也夜暇將東京所見者誌之以詩脱稿就寢心緒殊煩悶也

東京竹枝詞

輕圓石子本晶瑩上襯輕沙貼地平處處清塵常沃水自來燈火到天明

閈閎高大究何曾門户如窗跣足登惟有小樓精以潔客來請上第三層

家家搆得小樓臺窗槅臨風四面開客到不妨

同席地杯盤跪捧獻茶來
怪他女僕解庖廚不管羅敷自有夫拍手呼來
如響應便宜官許雇人需
雲鬟螺髻鬪新妝風流也稱小蠻裝薙眉涅齒
相沿久道是人家已嫁娘
用夷變夏竟何如爲問東施效得無漫笑儂言
多鹵莽還期大事莫糊塗
步上歌樓賣酒家呼來小妓是蠻娃懷中抱得
纖腰鼓不用椎敲用手撾

明眸皓齒態嫣然不避生人入綺筵笑語相迎
嬾作答故持牙板弄三絃
臉波横處水盈盈稱體衣裳楚楚輕幾輩嬉遊
慣成隊覷人笑指南京生
白足娉婷踏踏謌衣香人影兩婆娑巫山可恨
無重譯言語難通可奈何
纖弓短箭坐登場左右奔趨是女郎中得雀屏
如擊鼓好將軼事話隋唐
全憑遊戲作生涯十二僚丸一局開弄玉人來
思弄玉等閑引上鳳凰臺
小車代步快如梭健僕無衣盡力拖若要中途
行緩緩須操倭語叫唆囉

十五日晴侵晨卽上岸至何仰雲處適梁煒煌亦來自大阪飯後雇車往觀瀑布初行十餘里緑槐夾道翠柳環隄彷彿春深風景抵麓下車緣山迤邐而上飛橋隱隱高接煙雲近覗則劈分雙峽峭壁崩崖俯瞰萬仞刳木而凹其中支以渡水藉水勢下趨以激輪輪動而軸轉用以舂米碾麥殊省人力近山人家

均引泉爲池水清如鏡瀑布一在山之陰一在山之陽故土人以雌雄分之遠聞水聲潺潺萬竅怒號震耳怵心如飄風疾雨之驟至寒氣砭人肌骨旣抵其處匹練懸空如玉龍數條蜿蜒天際人煙數十戶三五成村酒肆茶寮當壚均以少婦入室少憩開窗憑眺銀濤雪浪瀉玉噴珠取九天銀河置之于几席間作玩時雖葭琯潛飛而東西異地卽寒燠異時如吹鄒子之律黍谷業已回春緩帶輕裘殊有煖意解衣磅礴肆中以丹橘進連噉數枚味甘而微酸全橘無

錄

子亦異種也醍醐灌頂涼沁心脾

遊瀑布山

倭國險要推神戸礮臺重鎖門戸固依山傍水一萬家後市前朝若棊布南行數里瀑布山流泉直噴山腰間玉匣飛出兩龍白終古不息水潺潺我聞鄭公朝夕往來風又聞雷聲初起辨年豐閱盡山經海國志未聞瀑亦分雌雄瀑直瀉勢蒼莽山爲之鳴谷爲響白雲高擁丈人峰玉柱倒持仙人掌雌瀑先隱而後見蒼翠叢

中懸白練一幅疑拖湘妃裙寒光如抽龍泉劍在山泉水本來清陰陽二氣妙合成切莫流到人間成巨浪終宵撼作不平聲我來此處俗慮空一聲長嘯谷生風忽聞絲竹之聲飛到耳幽人只在此山中山徑縈紆如螺旋無數亭臺聳翼然簷牙屋角引流泉千聲水碓斗寒煙人影在山夕陽暮歸時不是來時路伊誰喚此作可別戸倭人呼神戸爲可別我卻徘徊不忍去

和梁煒煌茂才

全局安危繫一身壯年書劍走風塵久將海島胸中蘊直把螺紋掌上陳馬援籌邊工聚米繞朝贈策豈無人一編何異百朋錫承以東洋石臆說見示上三生證夙因

煒煌頻頻索詩疊前韻贈之

江湖猶是廟廊身瀟灑胸襟不染塵倭國河山經擘畫交情膠漆感雷陳南塘而後誰名將東道于今有主人八月乘槎消息近他年鴻爪認前因

十六日晴乘火車經大阪至西京日本舊都爲畿內山城國境因記周秦以前東海羣島皆蝦夷所居中人泛海東渡九州始有流寓迨徐君房來挈男女數千生聚蕃殖遂成都會故說者謂日人本中土苗裔即日人寛文中作日本通鑑亦謂周吳泰伯後乃源光國駁之曰謂爲泰伯後是以我爲附庸也遂削之至賴襄之作日本政紀并徐君房來亦屏而不書夫源氏謂有不知闕疑可也若君房之東渡明明載之三國志及後漢書又何必諱乎西京以山爲城無城

郭雉堞之制周環數十里氣象殊狹山水之奇為生平足跡所初歷昔年奔走南北數省嘗謂桂林山水甲天下到此頗覺所見之隘惜輪舟約于未初開行不克周覽悤悤返駕計往返四五點鐘所行已三百餘里矣午間返至仰雲處神戸領事廖君樞星邀飲未往而輪舟改于晚間開輪至十點鐘始回舟舟中望明石礮臺月影濛濛霜風刺骨瞬息過去殊未甚明了也

過大阪府

何止人煙十萬家海隅風景亦繁華平鋪沙石街心闊追論陰晴展齒譁火樹著花城不夜謌樓賣笑客為家虹橋九百憑誰信遮莫同儕笑我誇

十七日早天陰辰後歷長門平戸島入平戸後港元至元中范文虎阿塔海帥舟師渡海東伐克對馬壹岐乘勝進攻平壺遇風舟覆考之地勢蓋卽此島也羣山聯翩彤雲密布登樓四望煙雨溟濛詩曰如彼雨雪先集維霰少頃玉龍交戰敗鱗殘甲滿天飛矣

十八日半陰半晴巳刻至鹿兒島輪泊約四點鐘啟行後重見諸山競秀澄波倒影如讀荆關畫圖在峽中似覺逼仄舟忽經此心目為之豁然

舟中感作

流水抽刀斷乘風萬里行愁深嗤海淺身重訝舟輕世路險何仄波濤撼不平扣舷發長嘯狂惹蟄龍驚

十九日微雨日中雨止申初舟泊長崎仍至廣裕隆晤潘鏡泉兄閱申報驚悉沈制軍于十一月初六日

大星殞地不禁失聲長慟

哭幼丹制軍

三年供役杭金戈腰劍從新屬我磨航海自嫌諳事少問心殊覺負公多未將實境輸邊策春前報起程蒙有深慮遠識探諸實境之批轉向征途唱輓歌天不憖遺悲此老憑誰隻手挽頹波

及人恩澤久濡涵功德長留不朽三國步艱難臣易老知音寥落我何堪先憂後樂心彌苦盡瘁匪躬節乃甘噩耗遙聞放聲哭隨潮血淚到

江南

二十日天陰鏡泉邀遊者園園廣十餘畝依山枕溪周以竹籬頗饒野趣出園登北山至諏訪社登覽極目巨海無盡殊使人有凌雲之槪惜心緒憛恅不及一吟詠也旋至觀音寺山下見石碑一上鐫筆塚二字筆勢挺拔道旁多懸畫帘隨風蕩漾殊有畫意日本自天武以來因用浮屠宗恉禁食獸肉非餌病不得嘗一臠然不能卒禁也屠人輒隱其名而賣之曰藥食復曰山鯨所懸望子畫牡丹者豕肉也畫丹楓

落葉者鹿肉也足徵事之拂人情者非其道之至者也一旦槪從簡棄而以强制其情佛教之積弱蓋由此也徐松龕曰慧光照於震旦而淨土轉滋他族宜哉酉初回舟

筆塚

東人未必善文辭漢字倭音總兩歧畢竟阿誰題筆塚我來不敢浪吟詩

二十一日微雪狂風陡作舟已開輪行數十里風大浪高不能出口仍回輪返泊長崎

冒雪開輪出洋因風返舟

冒雪衝風巨艦飛安危消息界幾希輕將一舵潛回捩迅激雙輪又折歸細數郵程思地縮從知人事莫天違茫茫物理參消息動靜都能驗化機

二十二日風略息開輪行至綠水洋風復大作申酉間機輪震盪駭浪如銀山聳拔冒空而來高從煙囪上過船旁窗板玻璃有損壞者上中兩艙俱進浪勢極危險西人聞風雨鍼陡失常度慮有變全船皆驚

竟夕不能成寐頻年航海入津數次未有此番風浪之惡卽詢之同舟諸人有自美國舊金山回者亦云此等颶風從來未見也余來自吳淞泛洋歷長崎經內峽至神戶橫濱行萬餘里均無恙設非經此遂玩風濤而忘涉海之險矣

出長崎口遇風

海中一島形如環峰列屏幛水潺湲東瀛古有神仙窟長崎疑是圓嶠山長崎出口浪連天千軍萬馬聲喧闐鐵艦浮沈輕於葉千尋浪裏搖

孤煙風聲不息長鯨吼驚起蒼龍水上鬬敗鱗殘甲徧海飛（時方雨雪）鼓成巨浪如山阜海中波濤惡如此轟轟雷聲撼不已羣山萬壑欲上船一船如何載得起同人匍匐蟹爬沙雖不加餐出必哇天氣冥冥海脈脈舟子不願水爲家我本生平誇志氣到此不免蒙頭睡忽聞雙輪訇砰訇如斗壯膽幾欲碎四顧卻在茫茫裏前途尚有二千里癡心轉恨造物窮不多生山多生水山行本是險阻多誰知水行更坎坷安危存亡爭呼吸縮地無方可奈何回思飲啄皆由天參破此理便坦然我涉洪濤仗忠信不會學仙也算仙

二十三日風稍息午間驚魂甫定尚搖搖如懸旌開窗遠眺海與天連了無邊際甫經出險對此猶覺心悸幸海氣溫煦如在春仲時節同人約登舵樓閒眺因與縱論時事竊謂東人今方包藏禍心狡焉思逞寖忘唇齒之義豈知吳蜀連和魏不敢逞斯義惟孔明與子敬知之公瑾輩尚不能及也況倭人乎

二十四日晴過崇明銅沙一帶風景猶昨不覺驚定而喜午前舟抵滬上晚間附坐江輪船于次日回抵鎮江防營是行也歷時一月有餘往返一萬餘里雖未全窺東瀛形勝而情僞則亦間有所得夫以我中朝人民之衆土地之廣物產之饒礦藏之富即歐洲大小諸邦皆莫之與京豈藐茲日本所能頡頏哉特人事有所未盡坐使强鄰環伺世變日亟彼族既昧輔車之義而生心曾不思螳螂捕蟬有黃雀之伺其後也在彼方自以爲得計竊謂西人制勝之術屢變益精舟車則變而爲火琯風輪矣驛遞則變而爲電信矣槍礮則藥彈相聯前膛變而爲後膛矣戰艦則由兵輪而鐵甲且變而爲水中行駛矣水雷則變而爲魚雷矣火藥則變而爲無煙矣窺敵則變而用氣毬矣照夜則變而用電鐙矣專門名家之學方且潛心於格致且殫其智力以施之於實用今日本雖陰謀祕計思以肆淩上國搆怨同洲抑知以蜻洲三島蕞爾拳石强自亢厲適以著其驕而增其悍也亦猶御者盡馬之力而顛覆可立而待耳竊意彼如搆

釁不於臺澎必於朝鮮臺防不具論請略詳朝鮮之地利附之於左朝鮮全國內分八道京畿道之南爲忠清道道會曰忠州統郡五曰清風温陽臨川甯趣天安其地南與全羅慶尙相接犬牙交錯東爲江原道西爲渤海西境之南與全羅道相接處爲舒川浦庇仁鎭元山島斜北對之羣山島斜南對之至要隘也北有端山島與京畿道南陽縣水原鎭相對中隔一水亦宜設防咸鏡平安道之南黃海京畿忠清三道之西是爲江原道道會曰江陵統府三曰襄陽淮

陽鐵谷郡四曰通川高城陽根平海論其要害聿有三浦首曰高城浦旁爲通川高城二郡由此而西約百里曰建谷平海依海爲郡其海口名越公浦亦要害地江原道之東南爲慶尙道東爲日本海南爲大東洋海即黃海其由東折南南則與日本對馬島相直而爲高麗海峽明時平秀吉之亂即由於此道會曰慶州統府六曰金海昌原密陽善山安東甯海郡七曰蔚州永州陜州熊州梁山清道咸陽其海口則自越公浦與江原道分境而下盈德次之柳等浦又次之若甘浦包伊浦西生浦豆浦釜山浦皆沿海要口釜山與仁川元山今爲通商公地設防可略其西南爲全羅道道會曰全州統郡三曰南原雲巖古阜海口自沃溝與忠清分界而順推之次扶安縣次茂長縣其形勢內則虛巖郡外則黑山島重兵扼險斯爲最要今者高麗亦已積弱矣

朝廷欲固東藩其可不於斯亟加之意遣重臣以代爲區畫乎因縱論而泚筆及之初不自計其詞之贅也已

談瀛錄卷二終

談瀛錄卷三

清泉　王之春　爵棠著

東洋瑣記上

日本史述開闢原始　史稱天地未判之時有神在高天原曰天御中主尊次曰高皇產靈尊次曰神皇產靈尊三神爲造化之始神次曰可美葦牙彥舅尊次曰天常立尊二神亦稱獨化次有物如浮脂生於空中因此化生曰國常立尊次曰豐斟渟尊二神亦獨化之神次曰埿土煑尊次曰沙土煑尊次曰角樴尊次曰活樴尊次曰大戶之道尊次曰大苫邊尊次曰面足尊次曰惶根尊次曰伊奘諾尊次曰伊奘册尊八神爲耦生之神自國常立尊至諾册二神七世是謂天神七代諾册二尊以天瓊矛下探滄溟鋒鏑凝結成磤馭盧島因名國柱下居成夫婦先以淡路洲爲胞旋生八大洲餘島皆潮沫所凝者此與泰西人創世記稱耶和華手造天地萬物七日而成同一誕妄之譚不足辯也史又曰諾册二尊見脊令相交始知婚媾是爲初皇生大日靈尊素盞烏尊及國土

諸神大日靈尊御高天原光華明彩號曰天照太神素盞烏尊鬚髯八握勇悍害物太神避之入天石窟幽居修己從諸神議謫居新羅後神悔過到出雲國簸川上得奇稻田姬爲妻十七傳至大己貴神一名大國主神經營國土諭國人曰父母可敬妻子可愛定醫藥禁厭之法天照太神以素盞烏尊子天穗耳尊爲嗣天穗耳尊生天津彥彥火瓊瓊杵尊太神將使統治中州敕天兒屋命諸神爲輔賜之八咫鏡曰此豐葦原千五百秋之瑞穗國吾子孫永世可王之地也平之安之執中勿失汝視此鏡猶我寶祚之隆當與天壤無窮瓊瓊杵尊遂到日向高千穗岑營宮生彥火火出見尊亦居西州宮五百歲生彥波瀲武鸕草葺不合尊生神日本磐余彥尊是爲神武天皇又曰瓊瓊杵尊有山幸與兄火闌易海幸獲潮滿瓊潮涸瓊二神女有孕告瓊瓊杵尊生子勿往視不聽竊窺之有臥龍盤兒驚躍入海產室葺以鸕羽茅草未及覆甍故號鸕鷀草葺不合尊尊生神武此等敘述亦荒渺難稽按水戶藩源光國大日本史水戶藩

臣青山延光日本紀事本末及賴襄日本政紀諸編紀神武以前事爲神代史既事涉茫昧即所稱神武天皇至崇神天皇中更九代迺無一事如循蜚疏仡之世其爲後來追擬即名號亦有增飾無疑又若寬文中日本通鑑謂爲周吳太伯後古聖賢帝王苗裔散在夷狄者史氏多有源光國駁之至賴山陽日本政紀并徐芇亦屏而不書竊謂中土人浮海東渡流寓彼境日久蕃育亦事理所有山海經記羲和之國有女子名羲和浴日於甘淵歸藏啟筮曰空桑之蒼

蒼八極之既張乃有羲和是主日月職出入以爲晦明又曰瞻彼上天一晦一明有夫羲和之子出於暘谷古史記黃帝之臣羲和占日虞書記羲仲宅嵎夷曰暘谷傳稱羲氏和氏世爲歷官暘谷取日出之義爲羲仲測候之地與和仲昧谷取日入義同今泰西歷法厥初亦傳來自東土則彼或和仲之遺而此爲羲仲之宅支庶析居荒野是未可知況古者青州越海後分營州三韓壤地相接故日本亦稱韓中倭後漢書言倭在韓東南海島自武帝滅朝鮮通漢者三

十餘國此時諒益通中國文字後自惡倭奴之名改號日本其取暘谷之義更無疑特中外屢經喪亂載籍多闕難於考信耳至所謂神代史或不免擴拾方士所附會是亦置之存而不論論而不議之列而已今姑錄其所記於此亦以知詖辭之所蔽而取其近而似有可徵之世紀以備攷

日本世紀　日本各史稱其君皆曰天皇準以名從主人之例既非自我尊之亦無庸自我削之但詞涉尢贅而編取簡要非爲彼任筆削之事也今錄其所

譔世次於後紀稱崇神 名御間城入彥五十瓊始校戶口造舟船通水利遣將軍於四道平定遠方督課男女國內安豐 垂仁 名活目入彥五十狹茅始禁殉死作土偶代之 景行 名大足彥忍代別身長丈餘史嘗稱其武功 成務 名稚足彥國內無事人民殷富 足仲彥 成務從子率兵與熊襲戰歿於香椎其后名氣長足姬居攝將諸軍征新羅結兩髻作男裝禱於天神渡海征新羅鼓聲震天新羅主出降 應神 名譽田別王仁初傳論語次子菟道稚郎與世子大鷦鷯讓位三年遂自殺以成其志鷦鷯乃得立 仁德 名大鷦鷯登高見炊煙瘠自節嗇刑指二十餘載 履仲 名去來穗別始設史官 反正 名瑞齒別 允恭 名雄朝始定姓氏 安康 名穴穗爲眉輪王所弒 雄畧 名大泊瀨幼武殺市邊皇子奪吉備田狹妻人稱不道末年始稍改易 清甯 名白髮遣臣巡察風俗親錄囚徒 顯宗 名來目稚子 仁賢 名大腳 武

烈名小泊瀨稚鷦鷯好刑名臨視修刑羣稱不肖繼體名男大迹勸農桑舉廉節舉五經博士於
百濟安閑名句大兄國頗殷富宣化名檜隈高田修屯倉積穀備荒欽明名天國排開廣
廷怒新羅滅任那使內臣率舟師抵百濟共伐新羅始興佛教敏達名譯語田嘗召使臣於百濟諮
復任那許蘇我馬子拜佛曰勿惑他人用明名橘豐日在位二年馬子肆橫及泊瀨部遂殺守屋
建營諸寺日主惡之馬子乃使東漢駒弒之既不自安遂殺駒以解廄戶世子性佞佛黨馬子
曾莫之問遣兵屯築紫遣使新羅復立任那推古名豐飯炊屋媛爲女皇登極之始廄戶世子攝
政建四大寺興隆佛教定冠位十二階憲法十七條始遣小野妹子率學生高向元理等使隋命諸臣著
緝習樂遺命薄葬頗能憂恤百姓惜不能討馬子以正典型舒明名田邨敏達子始使貢唐初定
斗升斤兩皇極名寶皇敏達曾孫女攷古爲政百姓稱之至德名蘇我入鹿嗣父蝦夷爲大臣

談瀛錄　卷三　五

謀遂世子中大兄及中臣鎌子蘇我倉山田石川麻呂相謀誅之蝦夷悉焚圖書珍寶自殺自仁
德至此凡二十一世三百三十二年其初國勢尚立
中失駕馭叛服無常及後佛教流傳政綱遂益廢弛
暨中大兄有功讓位叔父輕皇子立年號曰孝德名輕
皇子性頗慈儉日晏忘食立中大兄爲世子始置左右大臣及內臣懸鐘設匱以求善言定禮法制冠服
悉循唐制世號修明齊明世子中大兄母輕皇子卒中大兄讓之重祚頗著武功惜過窮土木率兵
伐蝦夷歿於朝倉天智名中大兄齊明卒素服稱制六年明習治體務從質樸治法頗多可採復
在位十年卒宏文名大友中大兄子有文武材其叔父大海人皇子舉兵叛軍敗而死天武
卽大海人皇子簒立通曉天文遁甲建占星臺鑄銀錢定服色制律式造新字四十四卷特統皇后

天智女名鸕野讚良嗣立後崇尙儒術始置女官賜女內親王號傳位其孫珂瑠自稱太上天皇文
武名珂瑠性頗仁惠始定笞法禁游手博戲元明名珂閑太后天智之女分諸郡司治功殿最爲
三等以孫幼讓位珂瑠之姊冰高內親王元正名冰高頗納諫言盡心民瀷右大臣藤原不比等修
律令定婦女服制三女主號稱共主聖武名美麻斯珂瑠子陸奧蝦夷反遣將討平之醉心佛法造
七層堂置國分寺自稱三寶奴僧元昉蠱惑其母出入內道場醜行無忌以致藤原廣嗣憤恚謀反國人
始患痘瘡孝謙名阿倍好佛無度屢幸東太寺會僧讓位天武之孫大炊王純仁卽大炊王
時母后猶專政寵藤原仲麻呂爲紫薇內相賜姓名惠美押勝尋寵僧道鏡押勝謀叛伏誅道鏡爲大臣
禪師純仁見廢純仁嘗令國司每年交替三年檢校治績敕嚴備安祿山黠諸道船三百九十四兵四萬
七千習騎射陣法孝謙再祝髮乃再臨朝高野卽大炊王子道鏡爲大政大臣禪師令文武官拜賀

談瀛錄　卷三　六

尋授法王位在正一位上將議禪讓遣和氣清麻呂等受神語清麻呂奏神語君臣分定道鏡何得覬覦
神器道鏡怒更其姓名曰別部穢麻呂屢興力役刑法峻急自孝德至此傳十一
世一百二十五年紀綱寖弛日本號稱衰亂及光仁
繼起始稍清明光仁名白壁天智之孫初官納言縱酒自晦及卽位首貶僧道鏡召
還和氣清麻呂定常平倉賜位賤賣私稻者桓武名山部承之遷國山城宇多埋土偶人於東山
鎭護之詔禁私立寺捨田及葬儀踰等命諸學士學漢音置勸學田須新令四十五條平城名安
殿好學勤政敕諸王五位以上子弟皆入太學分業教習禪位神野嵯峨名神野藤原仲成奉安殿
走東國神野誅仲成不問其餘敕皇女有智子內親王祈與安殿輯睦絕僧尼無行者時僧空海創道場
於高野山曰金剛峯寺佛教轉行倡盛淳和名大伴安殿弟安殿禪位曰朕視太弟猶子也立安

殿第二子爲皇太子會太學諸生於紫宸殿討論經史著爲令既卒遺命荼毗散灰大原野仁明名正良頗好經義自講尙書釋奠先聖朝母后頗盡禮敬惟貶小野篁廢太子恆貞甚爲不合文德名道康盡心民事勸種惠民不輕肆赦畧達治體清和名惟仁以閏十月小爲大移冬至在朔發大赦令百官表賀遂開盧飾之風藤原良田攝政相臣由是專柄年未三十遂禪位貞明陽成名貞明創弉學院嬉戲無度至令宮人緣木而梏殺之藤原基經誘其遜位於正良之子名時康者遇事必先關白基經不久卽卒宇多名定省在位四年事皆諮稟基經基經死始親庶務寵任菅原道眞通使中國故寬平政理有上古之風焉增設弩師討新羅賊圖殷周以來名臣於紫宸殿武功文治由是燦然可觀醍醐名敦仁勵精圖治哀矜百姓書漢唐君臣言行於殿壁怒契丹阿保機滅渤郤其使延喜之世民頗樂業聽藤原時平之譖謫菅原道眞見三清善行上意見十二條不用世頗惜之朱雀

名寬明嘗曰政如張琴大絃急則小絃絕頗尙寬仁時高麗滅新羅因郤其使平將門反敕平貞盛等討平之國內頗靖旋遜位其弟村上名成明性寬恕課試醫學生給弉學院年官天曆之治頗善冷泉名憲平患瘋邁源繁延之變遜位其弟圓融名守平受藤原兼通之制不能有爲復讓其弟師貞花山名師貞初用藤原義懷藤原惟成頗肅紀綱尋肆淫泆悲女御怟子之死祝髮入花山寺爲僧世甚譏之一條名懷仁頗恤民苦三條名居貞冷泉之子藤原道長專政廷臣員緣紀綱日弛赤染衛門著榮物華語蓋有慨於此後一條名敦成一條之子薩摩民平忠常作亂弟敦良立後朱雀名敦良受制藤原賴通宋商至但馬朝士奪我財物行同寇盜後冷泉名親仁安倍賴時貞任父子作亂經六年始滅後三條名尊仁親仁之弟痛抑藤原氏賴通教通惴惴歛迹置紀錄定絹布法估價法斗升法紀綱稍振島國翕然自光仁至此凡

三百年漸逋中學權臣雖間專擅而文敎以興固亦未可厚非也白河名貞仁政由己出頗有後三主之風而愛憎任意不遵舊典禪位善仁掘河名善仁貞仁仍聽政院中四十餘年嘗曰天下不如意者惟鴨河水雙陸采山法師而已過信佛法好女色治以不振善仁頗勤政而遇事不能親裁清原武衡作亂源義家討之因會食設勇怯兩列閱三年乃平鳥羽名宗仁立延歷興福二寺崇極壯麗國內多僧寺僧徒作亂貞仁遜位後聽政院中二十八年好修容儀多內寵紀綱不振遂釀保元之亂白河名法皇立顯仁親王爲嗣尋卽使之禪位崇德卽顯仁親王爲鳥羽所迫不久禪位近衛崇德之弟名體仁積鬱病卒後白河名雅仁近衛之弟保元元年流崇德上皇藉平源盛源義朝等力清盛殺叔義朝並弒其父國以大亂日本自崇德禪位後尙聽政院中擁立五主

禍難相尋者三十餘年本實先撥何枝葉相扶之足云二條名守貞短於孝道納近衛之妻大爲世譏按日本是時源平爭隙藤原信賴與源義朝反叛平亂後刑殺甚慘日主號六條天皇名順仁年甫三歲以叔父爲太子甫六歲在位三年未冠卽稱太上皇彼童昏亂至此高倉名憲仁頗盡仁孝喜愠不形於色仕丁亦尉目爲風流會尋以憂死安德名言仁三歲卽位以仁王爲將下令東國討平氏源賴朝源義仲起兵清盛死平氏挾言仁西奔源義經尾擊之初戰一谷再戰壇浦皆敗之言仁赴海死後鳥羽名尊成言仁之弟卽位年甫五歲未傳劍璽時義經得罪其兄賴朝而逃亡賴朝奏請諸國置守護莊園置地頭所在逮捕是時源賴朝奏請加賦稅

充兵糧兵馬之權頓歸源氏是爲征夷大將軍自是日主擁虛器如弁髦尊成頗好武技善弓馬憤主權凌替陰抱恢復之志始置西面配北面造刀劍親淬之以賜武人作歌寓意志業不就遂遭播遷蓋自貞仁以下大勢積重不可挽也抑亦其朝廷之士大半僉壬一人孤立於上無與匡扶故也然則正學之倡明所以扶翊君臣綱紀者顧可不亟亟修明也哉土御門名爲仁立甫四歲源賴朝死北條時政執權賴家實朝相踵爲將軍時政殺賴家源氏衰時政死子義時代執權爲仁性尚慈仁爲後鳥羽所迫讓位其弟頗無怨色居閑惟詠歌自娛而已順德

名守成爲仁弟和田義盛作亂僧公曉殺將軍實朝仲恭名懷成四歲受禪承久三年尊成討北條氏不利北條氏流尊成爲仁守成三上皇而懷成亦見廢時東師十九萬人父行留子子行留父義時上言曰聞陛下喜戰謹差長男泰時次男朝時率十九萬人赴戰以供天覽猶不厭意臣且更率二十萬人自將繼之其無君之狀如此而北條遂自此七世執權自白河至此凡一百五十五年如掘河高倉土御門頗稱季世良主惜政柄已移遂不克有爲耳後掘河名茂仁憲仁孫寬仁好學北條泰時頒式目五十條頗順人情僧親鸞倡一向宗僧道元倡曹洞宗佛教寖熾四條名秀仁幼沖嬉戲無復可言後

嵯峨名邦仁爲仁子溫恭愛物泰時卒孫經時執權泰時謙厚不欲登顯爵故政頗清理禪位後二子相踵踐阼聽政院中殆三十年欲使龜山承統立後宇多居東宮北條貞時建議立伏見爲後宇多太子遂定後深草龜山二統迭承朝威益絀後深草名久仁四歲卽位北條氏奏請立五攝家名爲尊上實分朝權尋禪位其弟恆仁實非出己意惟性頗孝友每侍後嵯峨晏遊承意不違經時卒時賴爲執政北條氏威名日盛龜山名恆仁天姿英發禪位後聽政院中十餘年時賴卒時宗爲執權後宇多名世仁敵敏好學不置嬪御宮幃清肅時北條時宗卒貞時執權殺外祖父泰盛北條氏始衰繼統者曰伏見名熙仁久仁子後伏見名允仁熙仁子後二條名邦治後宇多之子皆爲北條氏所立伏見時有賊爲賴入宮自殺源義世起兵討北條貞時不克後伏見時日本五上皇並立可謂五洲稀有之事至後二

條時貞時罷師時執權無復能爲花園名富仁熙仁之子但好禪理爲僧慧元營妙心寺師時卒基時代之卒高時代之北條氏寖衰至後醍醐時舉族遂伏刑誅自後掘河至此一百十二年兵馬之權常在鎌倉自時政至高時九世凡一百五十四年後醍醐名尊治資性英邁志圖恢復首復記錄所親聽訟獄日與儒臣討論漢學有護良親王藤原藤房諸臣輔翼避北條高時難奔笠置高時別立光嚴爲日主以抗之尊治用南正成爲將笠置陷爲賊所迫奔隱歧得兒島高德名和長年還奔舟上山尋足利高氏歸順新田義貞攻鎌倉滅北條氏始復位惜寵高氏賜之偏諱議賞軍功遷延不決多私宮闈倡伎造褚幣好興作不聽藤房之諫島國囂然復思武人之治聽尊氏之讒殺護良親王尊氏凶行無忌誣陷新田義貞而鹽谷高貞赤松則村等南正成名和長年皆戰沒尊氏長驅入犯立尊仁親王尊治南奔尊良親王

自殺義貞亦戰沒尊氏爲大將軍尊治僅保赤野遺命恢復按劍而卒後村上名義良頼宗良親王源親房楠正行新田義興諸人輔佐足利尊氏及弟直義子義詮赤松則祐等叛服不常義良以恢復爲志親蹈艱危控禦勁敵三十年長慶名寛成新田義宗戰死楠正義降敵菊池武光挾懷良親王起兵謀復筑紫不利北軍援正義來戰於湯淺族死者百有餘人北軍之勢遂自此益盛日主權日替後龜山名熙成菊池武朝與大利義宏戰其族百餘人死之楠氏族據金剛山者皆亡遂許義滿請和以父子之禮禪位於幹仁嗣立日後小松自後醍醐南奔至此凡五十七年化朝光嚴爲熙仁之子中間傳位光明崇光後光嚴後圓融後小松凡六主日本國內始歸一統後小松名幹仁足利義滿罷子義持爲將軍義滿執政四十一年罷三管領四職營北山金閣極壯麗

遣使朝貢前明書辭甚恭順成祖封之爲日本國王奉表稱謝稱光名躬仁鎌倉管領足利持氏爲上杉氏憲所逐上杉氏始强花園名彥仁義教爲將軍遣使朝貢前明內官雷春等報之賜錢五十萬緡宗貞盛與朝鮮約互市每歲船五十艘額外遣船謂之特送交易不絕足利持氏結城市朝作亂誅死赤松滿祐殺義教亦伏誅義勝爲將軍又死仍稱臣於前明後土御門名成仁應仁之亂起細川勝元與山名持豐爭戰不休義政罷義熙爲將軍仍遣使朝貢於明義政起銀閣寺集古器名畫設茗宴島國靡然義政義熙相繼死義植義澄繼爲將軍宣義植伐昌山氏不克出走周防二杉定政殺其執事太田資長北條長氏取小田原城是時日本衰弱已極義熙頗好學在軍中講春秋左傳前關白藤原兼良略通與故僧一休肖栢解吟詩而已成仁之卒黑戸資料不給

遷延至四十餘日始葬前明若有偉人剗而創之俾郡縣內屬可也萌孽不札遂尋斧柯惜哉後栢原名勝仁國內大亂長尾爲景弒其主上杉房義領赳後香西元近弒其主細川政元並伏誅大內義興助義植大舉入國義澄義植尋病死義晴爲將軍鰕夷亂蠣崎光討而平之因徙國治松前後奈良名知仁用度不給大內義隆獻金助之稍足自立義輝爲將軍有名無實武田信元上杉謙信各據一方相爭戰齋藤利政逐其主土岐賴藝陶晴賢弒其主大內義隆津久見美作弒其主大友鑑三好之康弒其主細川持隆羣雄割據州郡者不可勝紀葡萄牙舶至多褹島遂傳天主教日本人始知用鳥銃正親町名方仁毛利元就獻資助大禮尋討陶氏降尼子義久稱霸十州松永久秀弒義輝而義榮義昭相踵爲將軍織田信長興於美濃義昭爲其所幽足利氏遂亡自後小松至柏原一

百三十四年日本寖衰其臣則自尊氏至義昭十三世二百三十五年除朝貢前明藉舒內亂餘無一足觀者信長平定近郊代將軍出令蠲地子錢弛徭役置所司代徙治安土山定關東法制十五條規模頗闊惜寵明智光秀竟爲其所弒光秀殘忍委母於敵豐臣秀吉起自奴隸精於行陣誅光秀奏請爲關白日本貴官若中國之宰相置五奉行與德川家康和遂乃威振島國矣後陽成名周仁秀吉與島津義久降之威權益盛遂滅北條氏是時朝鮮王李昖湎於酒秀吉欲入寇中國以朝鮮導元兵來

伐為名八道交侵朝鮮內潰王奔平壤復奔義州秀吉遂入王京剽府庫王復奔愛州萬厤二十年遣使告急朝議救之前軍失利兵部尚書石星議遣人探之嘉興無賴子沈惟敬應募往尋以李如松為東征提督襲平壤大捷斬級千二百餘皆焚溺死行長遁還龍山官軍乘勝輕進敗於碧蹄館已而封貢之議起石星實主之為其所紿乃再議東征以邢玠總督薊遼楊鎬駐天津日本酋請正攻南原守將楊元棄城遁官軍退守王京麻貴攻尉山垂克而遽收軍官

軍尋大潰死者萬餘時劉綎以川兵至約行長為好會行長以五十騎來綎伏兵欲擒之行長遁去無何秀吉死諸酋引兵還劉綎等邀擊之頗有斬獲諸酋悉遁去以捷聞論功有差惟敬以通倭棄市德川家康遂與朝鮮議和云後水尾名政仁好種花信佛法家康定文臣法五章國式十七章武員式十三章定江戶及縣邑制度亡豐臣氏停豐國廟號尋家光相繼為將軍國內無事阿媽港酋至長崎互市英吉利人至平戶交易西班牙安南並來互市藤原肅始倡宋儒程朱之學門人林信盛仕幕府為大學頭儒學始盛明正名興子家光始置大小老職大目附寺社奉行遣使五畿七道巡察後光明名紹仁性畏雷敕賜宮號於日光廟每歲納幣以為恆例家光死家綱為將軍

紹仁憤主威之替板倉重宗諫以居腹謝將軍之説紹仁欲見其狀家綱聞之頗懼又欲建孔子廟復太學寮不果患痘暴卒後西天名良仁踐阼後災異頻仍自謂失德所致乃避位於凝花洞讀書寫字優遊卒歲明人朱之瑜避地之日本德川光國聘為賓師江戶城火死者十萬八千人靈元名識仁家綱定制各官不過馬三騎槍七條庶民不得佩刀著絹鑿新溝於緝芝命游士夜作終夜執役者給三日傭錢鰕夷酋釋仙與松前秦廣交戰逾年始平之自明正至靈元四主皆兄弟相及日本之儒學漸著東山名朝仁災變屢臻民心不靖朝仁以為菲德所致遂讓位綱吉任將軍嘗下令傷狗者死殺狗者梟首禁優僮舞女出入內苑營孔子廟於神田赤穗遺臣大石良雄等四十七人殺吉良義英復亡主讐幕府用儒士物茂卿議賜良雄死中御門名慶仁家宣為將軍臨死赦羣臣獲罪屏居家繼嗣為將軍從新井君美議蕃船近海岸者斬其人

火其船日人近蕃舶者逐捕之家繼死吉宗為將軍西南大饑餓死者十六萬九千五百餘人櫻町名昭仁求蕃藷於薩摩種之諸島新井君美始開荷蘭學敦書繼之又求甘蔗於中國種之錫產甚饒沃桃園名遐仁宗吉死家重任將軍吉宗作律九十章頗稱中治加賀作亂逆酋大槻內藏允侍女淺尾處竹刑鋸刑餘十二人處斬丹波人竹內式部出入諸酋家講論武技家重逐之禁錮大納言藤原公續等十七人家重死家治任將軍後櫻町名智子昭仁之女垂簾臨朝俄羅人始至阿波後桃園名英子遐仁之子江戶大火西南大風六年薩摩大隅地大震櫻島被焚人畜多死者孝格名兼仁朝仁之孫頗聰明及讓位不肯薙髮改服色日我日本人何倣西國裝束為家治死家齊任將軍鰕夷亂家齊令置豫備倉每秩萬石積粟五十石減舶商額始置醫館令學問所設考試科依人送伊勢漂民抵鰕夷約互市尋遣其臣勒薩諾德送仙臺漂民遂用兵擇捉柯太諸處英吉利船泊長崎掠

掠街市奉行松平康英欲出兵擊之失機不果自屠而死仁孝名惠仁始復諡法西海大風破民舍五萬餘死萬餘人江戸大火延燒十萬九千戸焚斃一千九百餘人英吉利抄掠寶島家齊始布攘夷之令用德川齊昭言復松前奉行惠仁在位三十四年孝明名統仁紀元宏化在位五年米利堅人北德祿來約互市改元嘉永二年英吉利人兵攻下田五年俄羅斯船至下田六年美利堅人伯爾理帥兵艦抵浦賀脅請互市家慶始築礮臺於高輪召德川齊昭參大議家慶死家定任將軍許各貿作大艦及齎火器入江戸俄水師提督布田定至長崎議正鰕夷疆界安政元年伯爾理復至申前議德川齊昭建白美利堅人可伐十議不聽許泊下田箱館長崎三港因處士久間修理吉田寅二等俄人攻北鰕夷入攝海二年江戸地大震死傷十餘萬人三年設蕃書調所置外國事務局江戸大風死傷十餘萬人五年家定上美國書乞允不報老中掘田正牧與美人假定條約德川慶恕慶篤慶喜慶永建言廢條約專倡

攘夷之論家定死家茂任將軍井引直弼爲大老擅權譴太閤鷹司政通內大臣三條實萬並削髮執橋本左內賴三樹等五十七人檻致江戸斬之萬延元年家茂遣使美國通好水戸人佐野光明黑澤忠三齊藤厚德有邨兼清蓮田廉等十七人刺井伊直弼於櫻田文久元年俄人泊對馬島要約互市處士襲英公使館殺英人三名二年何本弍越智通宏等要安藤信正於坂下傷之家茂奉敕起慶喜爲後見慶永爲總裁職緩諸郡會同之期令妻孥就國復下令攘夷徵兵八十餘郡同時入保家茂造軍艦募民編步騎礮三兵三年處士抗議促攘夷兵敗統仁奔男山狩賜節刀於家茂家茂稱疾不起乃授慶喜慶喜窮蹙亦稱疾下祠處士怒議親征請爲先鋒家茂奏以五月初十日爲攘夷期初十日長人礮擊美艦七月薩人與英人戰敗績毛利氏堺町衛兵中納言三條實美以下七卿脫走長門令削其官爵九月松本謙三郎藤本鐵石等推中山忠光爲帥舉兵太和幕府令諸郡討平之忠光走長門十月平野國臣楠木八郎等推澤宣嘉爲帥據但馬幕府討平之宣嘉脫走元治元年慶喜罷後見水戸藩諸臣分黨七月長軍入東京敗走家茂令征長幽有棲川熾仁親王以下七十餘人二年六月東軍厭長防八月海陸並進戰不克退兵是月家茂死於大阪城十二月慶喜爲將軍是月統仁卒

維新政紀　今日本主明治元年正月慶喜大舉侵東京拜仁和寺嘉彰親王征討大將軍賜錦旗討之賊軍潰走令削慶喜以下官爵尋拜有棲川熾仁親王征東大總督授錦旗節刀二月置總裁神祇內國外國軍防會計刑法制度八局以二條城爲大政官代總裁庶政既知夷不可攘日主乃親臨會諸臣誓

日萬機決於公論曰上下一心經綸曰文武一途使庶民各遂其志曰一洗舊習悉從公道曰求智識於境內誓畢策問開鰕夷議尋梓行大政官日誌大總督自東海道先鋒橋本實梁副總督柳原前光入江戸收其城宥慶喜死一等屏居水戸閏四月廢三職八局置議政行政神祇會計軍務外國刑法七官設官九等二年正月敕諭百官大勵廉節毋營私利罷警蹕喝道儀二月置集議院徵諸藩士爲議員撤諸道關廢礫焙二刑許發兌新聞紙三月置待詔院民

部省日主至東京遂駐馬五月設電綫立府藩縣一致之制以舊藩主充知藩事廢公卿諸侯之稱一為華族其臣隸為士族七月置神祇官太政官及民部大藏兵部刑法官內外務六省分敕奏判三等廢東京以外諸府並為縣改蝦夷為北海道分十一國十二月廢中下大夫上士等官悉為士族廢祿制給稟米三年正月定諸旗章九月許齊民稱姓氏十月置工部省十二月收諸國寺社領地定親王賜姓制定海軍服制頒新律綱領四年正月定官吏寓頓倡律

二月徵薩長土三國兵為親兵使華族悉隸東京以機器制金銀各幣三月定武官禮式用軍服四月許庶民乘馬遣外務卿伊達宗城來中國定通商條約五月遣參議副島種臣於波西葉圖議柯太疆界七月廢藩為縣廢諸官省改太政官制八月定官制等級分官等為十五置太政大臣左右大臣參議三職列諸省長官上廢穢多非人之稱令國內民散髮脫刀隨意十月令右大臣岩倉具視為大使參議木戶孝允大久保利通工部大輔伊藤博文等為副使聘

問歐美各國十一月頒縣治條例及事務章程五年正月頒出板條例三月廢親兵置近衛兵頒敕奏官罪犯官條例四月置教導職頒教憲三條許僧徒食肉娶妻五月日主西巡六月設郵便局七月定學制分學區八月置裁判所創銀行九月作鐵路自東京至橫濱十月禁買賣人口解放倡伎十一月改厤法十二月三日為明治六年一月一日以神武即位之年為紀元因置紀元節自神武元年至明治六年共二千五百三十三年尋頒徵兵令六年一月改置鎮

臺營所廣置公園廢五節以紀元節天長節為祝日二月改父祖被殴律禁復讐三月敕許與外人婚日主斷髮太妃王妃落黛六月頒日主照相於府縣定證印稅法發行印紙七月定耕地稅徵地價頒市坑法九月大使岩倉具視等還十月參議西鄉隆盛副島種臣等罷十二月稅華士族祿許士族以下奉還祿賞七年一月大藏卿大隈重信上地租計米千百五十八萬八千六百石金百三十萬零九百圓海關其他諸稅半之三月設女子師範學校六月設北海

道屯田憲兵制七月賜百官避暑暇廢證券印紙規則頒印稅規則十一月許士族還納百石以上家祿賞典賞八年二月定奴婢車馬及酒麴稅四月廢左右院置元老院大審院六月始開地方官議會頒讒謗律新聞條例八月改定出板條例九月朝鮮江華島民礮擊日本兵艦十一月割柯太全島與俄羅斯柯太土人徙北海道者千餘人九年一月詔參議黑田清隆議官井上馨使朝鮮定修好條規四月定官吏懲戒例六月日主至奧羽定道路等級頒地方官

任期例九月改府縣裁判所置地方裁判所十月熊本山口賊起旋即撲滅十年一月減地租六分之一減諸侯省定額金日主還至京三月頒放釋條例鹿兒島賊起西鄉隆盛桐野利秋等爲之渠魁官軍與戰至八月始平死傷數萬人十一年五月日本民殺大久保利通八月日主至北陸諸國十一月還十二年七月我

大清遣使侍讀何如璋等駐其國自是遂交通聘問焉

天文分野　日本國起緯綫三十度止四十三度起偏東十三度止二十九度地形狹長形如蜻蜓其間小島錯雜大島外包長約四千餘里廣百里至三四百里不等截長牽方以英吉利里數計之（英人以我中國三里三分為一米）有十五萬六千六百零四方里全國瀕海分四大島九道八十三國戶八百萬口三千三百萬餘今按日本經緯各度雖如上所云然洲外諸島有遠出其限者如小笠原之北已逾緯綫二十六度其東經綫亦過三度至樺太千島則更在緯綫北五十四

度經綫東十一度之外近夷琉球強入版圖其地在緯綫北五十四度經綫東十一度之外蓋日本立國實大小島嶼之依賴其間或遠或近不一其地祇就其大者要者測之餘可不煩表誌蓋其度數之不勻有如此云

時令　江都無冰嚴寒凝水面一半日即解通國多雨尤多大風如居木室風作則顛搖鼓動如泛一葉之舟於汪洋巨浸中爲之心悸東海道地氣頗溫和函嶺以西春冬多風其東陸路亦然東山道則霜雪

早降岩代而北冰雪凝結至春不消兩羽之間風力尤甚時有傾房拔木者北陸道亦多風雪冬日寒暑表下至冰點之五六度夏日未有過九十度者緣其地逾温帶十數度故也山陰道冬來積雪常至五尺餘而南海道則終歲炎熱非山深處不能積雪夏日薰蒸人多喘息惟夜間必有涼風故觸暑者較少西海道與南海相似迤南諸國酷熱尤甚轉至北海道則又寒威凜冽東北極邊之處非盛夏時無衣單者入冬大雪封門必至明年三月雪消花放行人始可

往來八道中祇畿内山陽二道氣候温和餘則偏南偏北每不得其平云

厤法　日本自欽明十四年由百濟遣厤博士來始行夏時後襲用元嘉厤復用儀鳳厤復用大衍厤長慶宣明厤長慶宣明厤行之最久凡八百餘年至貞享元年始改用元授時厤雖設專官而所業不精僅賀氏傳其家學第從朝鮮琉球沿用我法而已西法既行以我法置閏每逢閏年頒官祿計國用不便復於明治六年改行西厤以三百六十五日爲一年三五七八十十二皆三十一日二月止二十八日餘則三十日不置閏月而有閏日約計四年一閏閏則二月加一日蓋歲實三百六十五日其小餘爲二五六三六一二故四年必置閏也其紀日用七政以日月水火木金土爲序而繫之曰月曜火曜云亦用休沐日於日曜日給暇與西法禮拜日同當中法之房虛昴星四宿値日也

全國疆域　立國至今疆域如舊神武至太和登山望曰美哉國乎其如蜻蜓之點水乎故日本又名蜻

蜓洲史言海上有三神山風引不得至山海經注又言蓬萊在海中上有仙人宮闕稗官家言稱圓嶠方壺多長生之草不死之藥宮室皆以金銀爲之均屬子虛之譚蓋緣燕齊方士知徐芾東來蹤跡遂借以肆其欺罔實則卽今日本地也全國四面瀕海所轄之地除琉球不計外統分四島一爲長崎延袤以至鹿兒島薩摩島一爲神戸旱道由火車以達其西京由西京以達其東京約程一千餘里一爲南部之阿波國與神戸對峙中隔內洋一爲箱館東南面太平

洋北海與俄界毘連島中多山山多火燄故常患地震統計面積得二萬二千九百二十方里舊分一綫七道明治之初攘滅鰕夷乃更爲八此外小島若小笠原隱岐對馬千島四者尚可郡縣其餘密若緐星小如拳石無關輕重可弗紀載傳言倭在東海其國百餘今閱彼史王居之外畿內一道僅分五國南海道六國北海道七國山陰山陽各八國西海道九國北海道十一國東海道最多亦衹十五國益以壹歧對馬二島國小笠原樺太二坿國總計尚止八十六

國近雖夷琉球爲充繩縣尚不得謂其爲坿國也若夫府縣郡之制則府以王居巖邑通都大城而立縣因政事便宜而劃郡以地理田畝利便而分大小統轄無定在也如東京府轄武藏五國而三國屬於鄰國大阪府轄攝津七國京都府轄山城八國而丹波三國乃跨兩道縣之分雖多一國爲一縣然亦有一國分二縣數縣者一縣合二三國者郡之境視縣爲小每國必有十數若二三郡者不多見也郡之屬有所謂村者每郡數亦不等以境地甚小隨意區劃無容心焉故三府六十縣三十一郡之下至有村七萬一千二百一十六之多也

東京　德川氏舊府也宋孝宗十七年（日本安德養和元年）日本源賴朝據鎌倉爲大將軍舊幕北條足利襲其迹雄鎮關東者數百年德川氏改城江戶（即今東京）因平秀吉之所策也其地形勝東南抱裏海西北連沃野墨田川縈帶其東平原曠邈岡巒迴複王居在其中央爲城三重甃以巨石中高而外下近仿西制門雖設而不關城外各周以濠引玉川水灌注其中深濶通

流架橋數處以通內外街衢寬敞溝澮縱橫景象與蘇滬彷彿惟緐盛稍不逮耳所轄之戶凡四十三萬五千七百餘

西京　神武起日向建都橿原即畿內太和境後遷徙不一多在太和（日本讀大倭太和音爲耶馬臺故魏志稱耶馬臺國以日本爲號自孝德時始）至桓武移都平安城爲今西京立國千餘年矣明治二年乃遷東京惟日主西巡偶一駐宿而已地無垣郭雉堞以山爲城周環數十里賀茂川瀠貫其中有日主故宮其紫宸殿殿屏今猶存圖畫三代漢

唐名臣遺像

長崎　島形圓而凹方廣數百里朝鮮峙其西北隔海遥峙中隔對馬一島琉球在其南小島錯列其北曰豐前筑前其東曰日向豐後口門狹隘中有小島孤聳中央如羅星然由長崎以至鹿兒島與薩摩錯壤犄角海口較長崎稍寬以國都在其東故命名曰西海道昔聞自朝鮮來者皆言水勢下駛順逆懸絶固知地脈本自西而東故其都會所聚風氣所趨亦遂因之由吳淞至此計程二千里其地有中華會館

祀天妃神中土商於此者已數百年有歷累代長子孫者然衣冠猶循華制近因其國與泰西結約商船絡繹華商居此者僅千餘人

神戶　舊攝津境更制後屬兵庫縣由長崎至此陸路近二千里水程不過三千餘里山東海迴風濤險惡海中有淡路島屬南海道境横亙當前如扃戶牖東北陸角曰江崎與明石相夾峙舟行必由和田岬入茅港經此故明石爲險要必爭之地然由外洋徑往横濱則此處亦屬虛設島形袤長千有餘里陸路至大阪七十里乘火車四刻即達由大阪又八十里至其舊都西京聞由西京以達東京今尚未有火車路須行十餘日乃可至華商居此者約二千人

大阪　舊隸攝津境今改府屬畿內道土地腴沃淀川南貫爲山海奧區溪橋横午坊市殷闐戶口緐盛於斯爲最爲旱道入京之咽喉賴以屏蔽西南故該國昔年冠起必先爭此地亦形勢使然也城小而堅石濠深濶有鎮兵據守豐臣秀吉之遺築也

横濱　屬神奈川縣在江戶內海地形浩蕩無以制

敵由旱道至東京計程八十餘里乘火車一點鐘即至是處爲日本通商大口貿易緐盛榷關所入歲約百萬華商寓此者亦二千餘人吳越諸賈多權子母閩廣則米錫雜貨亦有中華會館由神戶至此計程二千七百餘里

南部　島形如蛺蝶高知爲之腹而阿波伊豫似兩翼翕張在神戶之南與周防備後備前等處對峙以非通商之口舟行至此少有停泊者

箱館　爲通商之地在東京之東北方廣約千餘里

每歲魚鰕海鮮出口約値銀八九百萬兩逾海而北有小長島與俄之西界毘連俄之垂涎久矣一旦有事日人救援殊有鞭長莫及之勢故日人不遽與我連兵者懼俄人之乘其後也

北海道　北海一道舊屬松前侯明治二年割分十一國初令諸藩分任墾闢後專設開拓使治之山林藪澤上腴之奧區其民不喜耕種日惟腰弓弭箭驅狐狸捕鯨魚文身蓬首穴居血食而混沌未鑿易受約束近始稍有讀書者

險要　全國四島統以畿內及八道在西一大島曰西海道在西南一大島突出海中曰南海道中央一大島畿內居其中西北爲山陰道又西爲山陽道東爲東海道北爲北陸道又東北爲東山道西京在畿內東京在東海道之武藏所謂二京也六道相爲聯屬無有間隔又東北一大島曰北海道爲鰕夷故地畿內五國曰山城攝津河內和泉太和東海道十五國曰伊賀伊勢志摩尾張三河遠江駿河伊豆甲斐相模武藏上總下總常陸安房東山道十三國曰近江美濃飛驒信濃上野下野岩代磐城羽前羽後陸前陸中陸奥北陸道七國曰若狹越前加賀越中越後能登佐渡山陰道八國曰石見出雲伯耆因幡但馬丹波丹後隱岐山陽道八國曰長門周防安藝備後備中備前美作播磨南海道六國曰伊豫土佐阿波讃岐淡路紀伊西海道十一國曰大隅薩摩日向肥後豐後豐前筑後筑前肥前壹岐對馬北海道十國曰渡島後志膽振石狩日高渡島十勝釧路根室天鹽凡爲舊國八十有三西海北海二道外其六道

地形狹長如巨鯨跋浪而橫飛山陽山陰爲首南海爲頷東海北陸爲身東山道則其尾也全部無險可阨所恃惟海自輪船往來飇馳天險遂失互市既開巡港戰艦近窺庭戶惟神戶進口有明石礮臺與舞子礮臺對峙兩處水道狹窄爲神戶大阪之咽喉頗爲險要而明石礮臺因山掘成中通一竅耶以洩煙藥數發而後煙燄迷目咫尺莫辨舞子礮臺用石砌成礮門十五已就廢壞竝無礮位神戶雖有礮臺兩座礮位過小地勢顯露雖能擊人而亦易受人之擊

橫濱至東京陸路僅八十餘里無險可阨水路則輪舟可徑達其品川距外城約三十餘里有礮臺五座而在水中央藥彈一切須由小舟運送殊易斷其接濟攻其必救古人之成算也將來如有事日本一由上海徑至長崎一由天津徑取橫濱一由高麗攻其北海而屯臺澎以重兵使之居中策應庶有濟乎

戶口　合日本之四島九道八十三州計之共煙戶冊八百萬餘丁口男女共三千三百萬有奇

禮制　朝會皆大禮服近改西制見客趨而前握手通殷勤入朝進退惟三鞠躬而已無所謂拜跪儀也有三大節曰新年曰天長十一月三日曰紀元二月十一日相傳為神武即位紀元之日尤重之百官皆大禮服詣宮朝賀放祝礮一百一聲人家皆懸日旗伸慶賀又學西法有大喪則半懸國旗以告哀他國亦如之以示弔葬日放礮如其官等級如一等官二十一礮二等十四礮會葬皆大禮服如吉禮無三年之喪丁艱亦不解任以喪重輕給假日多寡喪家名刺以黑為緣

樂制　日本自唐時遣使來中國習典章制度故唐

時樂章今猶有存者黃公度參使常見之云蘭陵王破陣舞者戴假面具上場有發揚蹈厲之概太平樂者四人對舞皆緋衣佩金魚袋俯仰揖讓渢渢乎雅音也高似孫唐樂曲譜明皇三十四曲立部八曲一太平安舞二太平樂三破陣樂高注曰太平並周隋遺音攷隋書蘭陵王入陣必戴假面具因為蘭陵王破陣舞則破陣蓋齊制也日本有此二曲當是得之於唐又云樂作時伶人十數輩披裲襠衣跪坐席外旁列樂器先擊鼓鼓停舞者四人出笙簧管籥諸樂雜作一人吹笛抑揚抗墜極和緩之致舞止樂亦止此外歌樂甚多如安世樂王昭君想夫憐採桑泛龍舟玉樹後庭花秦王破陣樂慶雲樂甘州傾杯樂夜半樂長慶子萬歲樂春鶯囀北庭樂河水清五常樂裹頭樂武昌樂應天樂越天樂孔子琴操柳花苑喜春鶯赤白桃李花未央宮樂海青樂平蠻樂拾翠樂千秋樂蘇合香輪臺六朝樂劍器渾脫打毬樂還鄉樂拔頭蘇芳菲皆有之然傳其譜不傳其辭而以樂器出之祇用五調不用四十八調存其髣髴而已曲名亦多傳誤白苎誤白野張胡子誤朝小子景德誤鷄德烏曰誤烏向蘇幕遮誤莫者又有金麐澀河烏

亦唐樂之遺音也　猿樂以男子服巾幗爲歌舞始自北條氏盛行於室町氏及豐太閤親自學之其後王公大人皆丹朱坋身自等優伶　日本琵琶最工亦貴者親自執業有藤原朝臣貞敏學琵琶於唐人劉二郎二郎妻以女贈以紫檀紫藤琵琶各一面歸爲其國重器　三絃上下通行皆用象牙撥撥如斧形唐人謂曹綱運撥如風即其遺法　琴箏雲和簫笛管笙皆備琴則間有之物徂徠時尚有隋人作猗蘭操舊譜與明代所傳絶異　三絃琴不用彈撥以

左指按之右指冠決捺而成音清穆殊有意致日本樂器皆彷漢制惟此長明無名抄元元集所稱六絃乃其所自製者

戲劇　俗喜觀優場屋之大可容千餘人每一齣止張幕護之綽板亂敲場下施轉輪裝束於内輪轉則徹幕復出上場矣亦演古事樂器上三絃笛子鉦鼓優人有舞無歌別有伶人述其所演事如宋時之平話聲哀而怨與優人侔色揣稱形容惟妙惟肖其名曰芝居因舊舞於興福寺生芝之地故緣以爲名耳

賞勳　日本無五等之爵而有勳號曰勳一等勳二等時時賜金又仿泰西寶星例頒給印章亦畫日有旭日重光章旭日單光章菊爲王章官舍行幕皆圖繪之

田賦　民無私田計明治七年租稅定額全國有米一千二百八十三萬七千餘石後易米以錢計八年收楮幣五千一百五十萬五千餘圓十年因亂減租計收楮幣三千五百五十三萬八千餘圓考日本初仿唐代班田之制取諸民者僅二十之一延喜天麻

後豪強兼并制遂大壞鎌倉以來迭因軍興加賦後不復減及豐臣秀吉繼起亟正經界平租稅然古者每段三百六十步爲一畝後裁減爲三百步而收稅如故賦於是益重計取十四謂之四公六民德川氏因之世官益多用益絀大率皆取民之半甚者或六公四民七公三民民憊極矣明治初諸侯悉去國籍奉田歸公亦用古法諸國公田皆隨鄉土估價質租凡值百者收三分然值百之息歲不過十是十分而已取三雖經明治十年正月一日復減租爲二分五

然較之我國家四十而取一則彼族之民猶覺困不堪命矣

雜稅　無物不稅彷佛惠卿手實之法國計歲入五千餘萬金地租爲鉅關稅次之其他車船有稅牛馬有稅煙酒有稅（明治十年酒稅煙草稅共收銀錢二百七十三萬六千三百十圓）券紙雜器有稅（由紙幣局刷造精紙曰證券印紙凡民間買賣租賃借貸之事皆購此紙書之不用者訟於官官不理）百方搜括纖悉不遺歲出之款官吏月俸外養兵僱役開拓營繕宮省府縣各經費度支恒苦匱乏

國債　共借民間私債三千餘萬圓借英債二千餘萬圓初議按年拍還聞見在僅能付還官利不能拍還本銀云

談瀛錄卷四

東洋瑣記下

清泉　王之春　爵棠著

兵制　日本陸軍向分七省各以少將領之無事之時額兵五萬六千五百六十一名義勇九萬五千九百十一名民團九萬七千七百六十二名十年以前兵士皆依古制維新後彷德國軍制舊卒倔强不從頗事凶横日主設法復招當兵皆不肯出近設新例凡日本通國之人皆令當兵分爲四種第一種係常

設之兵第二種係預備徵調之兵第三種亦係預備徵調用承第二種之乏第四種係駐守本國地方之兵操練一年始當兵復操練三年充常設兵第一種以三年爲期期滿改第二種兵以四年爲期期滿改第三種兵以五年爲期期滿入第四種以十一年爲期最緊要者係第一種兵餘雖隸兵籍不若第一種之操勞也每人自充第一種兵爲始共當兵二十三年十七歲當兵至四十歲爲止第二第三種兵每年尚須操練第四種兵則竝不操演遇有戰爭然後聽

候調遣選兵之法擇國中得勝兵者皆編入伍惟羸病發疾及身長不滿西尺四尺十一寸半者免弟兄二人免一人此外如僧人塾師儒士醫生及文員皆不令充兵營制每一大營分三小營每營分三旅每旅分四隊每隊兵共一百九十二名以一大員統之士官二十七員佐之無戰事時有二千三百四十七人內有數十人供辦理吻用炊爨及運送軍械之役出戰時可增調至二千八百八十人其戎服均仿德製此步兵大概情形也馬兵八營仿法國裝束用櫻

色布爲衣每營一百五十九人開仗時可增至一百八十六人礮隊二十四營分隸各營每營三百零六人馬八十六匹巨礮八尊當開仗時可增礮手十名巨礮二門其礮係仿意大利式樣在大阪局中自行製造合計馬隊一千四百八十八人礮隊七千三百四十四人此爲兵礮兵大概情形也至軍器局中所用機器均由英美兩國購置每日可成後膛連環槍一百枝其各局並營中所用西員近已日少一日此製造大概情形也海軍計已有兵船八艘曰吉野艦

曰太和艦曰武藏艦曰高雄艦曰千代田艦曰筑紫艦曰鳥海艦曰八重山艦太和艦於光緒元年由神戶小野濱船塢製造鐵骨木皮容積一千墩一千二百二十匹馬力船中士官以上三十人下士以下諸卒二百十九人武藏艦亦光緒元年神戶小野濱船塢製造船質馬力及船中人數與太和艦同高雄艦船中士官以上三十三人下士以下諸卒二百三十人千代田艦於同治二年由武藏石川島船塢製造爲繫泊練習之用容積一千一百零四墩二千一百

匹馬力船上五寸四分徑礮四門士官以上七人下士以下諸卒二百三十五人筑紫艦係本年由英國購置船身係鋼質容積五百七十二墩二千八百八十七匹馬力長英度二百零九尺十一寸闊三十五尺一寸入水十五尺一寸一點鐘行十七海里船上置十寸徑礮二門五寸徑礮四門拾乞開目礮四門士官以上二十九人下士以下諸卒一百六十七人餘艦未經詳攷惟八重山爲郵船此外有輪船數艘皆郵船會社所置有事可借爲運送軍士及器械米

糧之用此海軍大槪情形也竝錄之以見其畧

六鎭　日本維新之政惟武備爲最大端明治元年相度全國地勢分置鎭臺六所每鎭又別置軍營數所分營各處其畧如左　第一鎭統師二少將領之駐節東京武藏城管轄府一爲東京府今縣五爲神奈川靜岡千葉茨城新潟舊國六爲琦玉神谷山梨杤木長野相川共出賦七百三十七萬石其下置軍營於東京領以大佐中佐分轄東京府新潟及千葉之佐倉等處又置分營於小田原領以小佐分轄足

柄之小田原山梨之甲府茨城之水戸新潟之高田杤木之高崎靜巷及木更津宇都宮等處此外更於東京之江戸神奈川之橫濱新潟之海口別備礮兵一營以上兵丁平時七千一百四十人戰時可得一萬三百七十人　第二鎭統師二少將領之駐節宮城縣仙臺城管轄今縣六爲宮城福島青森岩手秋田山形舊國五爲水澤磐前若松置賜鶴岡共出賦四百二十二萬石其下置軍營於仙萬領以大佐中佐分轄仙臺青森等處又置分營於福島領以小佐

分轄福島水澤若松秋田山形及岩手之盛岡等處此外更於函館海口別備礮兵一營以上兵丁平時共四千四百六十人戰時可得六千五百四十人　第三鎭統師二少將領之駐節愛知縣名古屋城管轄今縣三爲愛知岐阜石川舊國三爲濱松筑摩斯川共出賦四百八十二萬石其下置軍營於名古屋城領以大佐中佐分轄名古屋及石川之金澤等處又置分營於豊橋領以小佐分轄豊橋岐阜筑摩及敦賀所屬之七尾福井等處以上兵丁平時共四千

二百六十人戰時可得六千二百九十人　第四鎭統師三少將領之駐節大阪城管轄今府二爲京都府大阪府今縣九爲兵庫滋賀三重飭磨鳥取北條岡山堺縣和歌山舊國四爲奈艮敦賀度會豊岡共出賦六百二十九萬石其下置軍營於大阪領以大佐中佐分轄兵庫及滋賀之大津敦賀之姬路等處又置分營於兵庫領以小佐分轄兵庫和歌山岡山鳥取豊岡及三重之大津京都府等處此外又於兵庫海口別備礮兵一營以上兵丁平時共六千七百

人戰時可得九千八百二十人　第五鎭統師二少將領之駐節廣島管轄今縣八爲廣島小田島根濱田山口高知愛媛香川舊國一爲名東共出賦四百四萬石其下置軍營於廣島領以大佐中佐分轄廣島及香川之丸色等處又置分營於松江領以小佐分轄島根之松江名東之德島愛媛之宇和內須崎浦及濱田山口高知等處外更於山口之下關海口別備礮兵一營以上兵丁平時共四千三百四十人戰時可得六千三百九十人　第六鎭統師二少將

領之駐節白川熊本城管轄今縣八爲白川宮崎大分福岡長崎三潴佐賀鹿兒島舊國一爲小倉共出賦四百四十八萬石其下置軍營於熊本領以大佐中佐分轄熊本小倉等處又置分營於千歲領以小佐分轄千歲福岡長崎鹿兒島及宮崎之飫肥對馬等處此外更於長崎鹿兒島海口別備礮兵一營以上兵丁平時共四千七百十人戰時可得六千九百四十八人　右六鎭總計四十營內爲騎兵三大隊步兵十四聯隊礮兵十八小隊工兵十小隊輜重兵六隊海口礮兵九隊共六十隊其他護日京者爲近衛兵拔各鎭之武藝嫻熟品行端重者充之以五年爲期別軍帽用黃帶惟此軍帽用紅帶戰時別爲騎兵一大隊步兵二聯隊礮兵二小隊工兵一小隊輜重兵一隊合共三千八百八十八人平時專衛王城及宮殿各門不應他徵又北海道開拓使屬有屯兵一千六百七十二人且耕且練惟開拓使之號令是從有徵調亦不出境　水軍亦分二支第一海軍提督駐節於足柄之相模滋賀之大津港等處第二海軍提

督駐節於鹿兒島之薩摩及鹿兒島等處額兵止四千以之阨守尙懼不敷也　水陸之外別有警視廳屬之警卒捕役各丁亦以兵法馭之其人於兵間課丁內挑取專司各府縣巡緝邏察之事無常額亦無兼責此其大略也

官制　日本自隋唐通中國後畧仿華制設官分職載在典章其執政者爲大將軍政無大小必關白而後行所謂天皇者僅虛擁尊號垂拱仰成而已總計官凡九位自一位至八位皆有正位從位之目四位

以下又有正位上正位下從位上從位下之目至第九位則別之曰初位有太初位少初位之目各國皆置一守猶昔時中國之有太守焉而其權尤重於今之督撫明治四年革除大將軍位號厲精圖治與民更始於是改正朔易服色而官制亦爲之一變秩凡十五等三等以上爲敕任七等以上爲奏任八等以下爲判任三者名爲等內官以門第資格爲限此外吏置四等官爲等外吏惟選聰明英俊之士用之其署則內官有三院九省二十六寮一司一廳一府一

局外官有一藩一使三府六十縣三院以太政院爲本官諸省爲分官寮司爲支官其餘分課之官皆名爲局三院之長爲大臣參議九省之長爲卿寮司之長爲頭爲正外則府縣之長爲知事爲令又襲琉球爲藩改名冲繩縣設官專管[illegible]南二部其王降爲一等官徙京畿以上文武各據所領之職異其冠服以分其品位之等差所支月俸自八百金遞減至十二金而止三院者國王親臨裁決大政之處凡中左右三院中院亦曰本院本院爲太政院掌邦政有太政

大臣左右參議三者以輔翊國家其屬一寮掌祭祀禮典等事謂之式部寮左院爲元老院亦曰議事院掌邦議以左大臣兼領凡國有大事皆於是院議之上下各議員隸焉右院爲大審院掌邦法以右大臣兼領凡國政有利病胥於是院議之內外裁判屬焉九省一曰宮內省掌王宮中之事兼理親王家政二曰內務省掌國中政刑之事所屬有勸業警保戶籍驛遞土木地理六寮及警視一廳三曰外務省掌與外邦交際之事四曰文部省掌學制學校之事所屬

有社寺名局主教導教局病院及諸神社寺各院宗旨神官僧尼諸務五曰大藏省掌金幣粟米出納之事所屬有造幣租稅紙幣統計檢查出納國債紀錄八寮六曰司法省掌斷獄聽訟之事所屬明法一寮七曰工部省掌百工之事所屬有礦山鐵道燈臺電綫製作六寮八曰陸軍省掌陸軍徵兵守備兵器之事所屬兵學一寮九曰海軍省掌海軍海防募兵及軍械船礮航海之事所屬有主船軍醫水路兵學三寮及武庫一司提督一府外官八道惟北海道別設

開拓使一員掌北海一道及樺太全島兼理守衛之事餘七道及畿內止設立府縣以治其人民而受成於三院而已

刑律　日本古無律法使司祝告神害稼穡汙齋殿爲天罪姦淫蠱毒爲國罪皆請於神祓除之輕去髮爪重徵贖物今尙傳有中臣禊詞且有探湯入泥鑊中煮沸使訟者手探之以董正虛實是皆方士法門也至推古乃作憲法履中朝有黥刑懲役之制神功朝又制爲火刑至崇俊二年更制爲梟刑其後改而

爲笞杖徒流死五等職官獲罪則有免官除名律謂之閏刑老幼婦女廢疾準收贖總其名曰大寶律較從寬矣然其間偪塞閉門蟄居改易切腹之類依然奇慘萬狀明治元年乃除火罪鋸挽各苛刑三年十二月定新律綱領十一年廢梟首刑今則逐漸減輕制爲十有四等一曰死刑絞首致死二曰無期徒刑發遣遠島服役婦女則留內地懲役場服役役滿二十五年始除免三曰有期徒刑懲役同上惟滿二十年卽除免四曰無期流刑懲役同上滿二十五年始

除免五曰有期流刑懲役同上滿二十年卽除免六曰重懲役禁重獄中滿十五年除免七曰輕懲役禁輕獄中滿十年除免八曰重禁役服役內地九年至十一年九曰輕禁役留禁錮場服役期六年以上十曰重禁錮留禁錮場服役五年以下十一曰輕禁錮期遞減十二曰罰金視所犯之罪納金贖之十三曰拘留由一日至十日十四曰科料罰銀五分至一圓然法多未備判官上事每日吟味其事情難以判結云云吟味公牘中語謂審度也近又由司法省譔民

法刑法二書專用法蘭西律尙未頒行其府縣止理民事而刑訟專司於裁判所直隸司法省焉

漢學　日人物徂徠云昔在邃古吾東方之國冥冥乎罔知覺有王仁氏而後民始識字有吉備氏而後經藝始傳有菅原氏而後文史可誦有惺窩氏而後人人知稱天語聖四君子者雖世尸祝乎學宮可也竊考日本之學源於魏盛於唐中衰於宋復興於明自藤原肅（字斂夫號惺窩播磨人）始爲程朱之學師之者凡百五十人尤著者曰林信勝（一名忠字子信號羅山西京人）林春勝（信勝

子一名恕字之道號鵝峯林信篤春勝子一名戇字直民號鳳岡林衡本巖村城主嗣林氏爲信篤六世孫字德詮號述齋木下貞幹字直夫號錦里西京人新井君美字在中號白石江戶人室直清字師里號鳩巢江戶人柴野邦彥字彥輔號栗山讚岐人那波觚字道圓號活所播磨人山崎嘉字敬義號闇齋西京人淺見安正字絅齋近江人德川光國字子龍號常山水戶藩主安積覺字子光號澹泊齋世仕水戶藩貝原篤信字子誠號益軒世仕筑前藩中井積善字刊慶號竹山大阪人佐藤坦字大道號惟一齋江戶人尾藤孝肇字志尹號二洲伊豫人古賀樸字純風號精里世仕佐賀藩古賀煜字樸子號侗庵賴襄字子成號山陽外史安藝人爲陽明之學者六人江原字惟命號藤樹近江人熊澤伯繼

字了介號蕃山西京人又有伊藤維楨字源佐號仁齋西京人不甚喜宋儒而講學自樹一幟其徒七十人尤者曰伊藤長允維楨子字元藏號東涯物茂卿荻生氏名雙松以字行號徂徠江戶人之學近伊藤而指斥宋儒過之其徒六十餘人尤者曰太宰純字德夫號春臺信濃人服部元喬字子遷號南部西京人龜井魯字道載號南冥筑前人帆足萬里字鵬卿號愚亭世仕日出城主更有考據家喜治漢唐注疏共六十人尤者曰細井德民字世馨號平洲尾張人中井積德字處寂號履軒大阪人藤田一正字子定號幽谷水戶人藤田彪一正子字斌卿號東湖會澤安字伯民號正志齋水戶人松崎復字明復號慊堂肥後

人安井衡字仲平號息軒世仕飫肥城主鹽谷世宏字毅侯號宕陰江戶人按日本史言大寶元年文武帝幸學始行釋奠禮及清和帝詔新修釋奠式於五畿七道當時之學校可云盛矣保元以降區宇雲擾士大夫皆從事金革惟浮屠氏始習文其間斯文不墜於地皆賴儒僧武門主柄髡徒橫行吾道微矣德川氏興投戈講藝彬彬極盛朱之瑜字魯嶼日本稱舜水先生浙江餘姚縣貢生明亡走交趾數來日本遂家焉水戶源光國執弟子禮甚恭年八十餘卒源氏爲題其墓曰明徵士從其志也舜水善理學一時靡然向風鄭芝龍客臺灣曾寄書舜水欲乞師圖復明亡國遺臣眞能不食周粟者也客水戶復繪其

式爲建學宮諸藩效之規模一如中土聞會津尤閎敞在東京者德川常憲書大成殿字於上鳥革翬飛頗稱莊肅時藤原肅倡爲洙泗之學繼之者林信勝藤氏始爲僧後歸於儒信勝初讀書僧院有老和尚欲强度之不可然是時儒者猶別立名目禿其顱不列儒林信勝之孫信篤慨然以人道卽儒道不可斥爲制外請於德川常憲許種髮敘官爲大學頭世始知有儒史記之曰此元祿四年正月十四日事三百年來文教大興德川將軍拔用林氏父子爲之倡也

緣是讀書明大義者衆始知權門專柄之非源光國作日本史意欲尊王顧身屬懿親未敢倡言後有布衣高山彥九郎蒲生秀實者始著論欲廢藩尊王攘夷之議起倡一和百幕府嚴捕之身膏蕭斧者難屈指數卒賴以成功實漢學之力也無負於國奈何竟欲廢之斯文在茲神武崇神在天之靈其默相之矣明治二年源氏蒲生氏高山氏皆遣使祭其冢且賜其子孫米宜哉

著述　日本之以經義著者如山井鼎之七經孟子

考文著於四庫尚矣五經總義類目中頗稱許之芸臺相國校勘五經所稱足利本卽此是也此外如論語解四書古義伊藤維楨著論語徵大學解中庸解物茂卿著論語古訓太宰純著大學新疏周易廣義論語廣義新井君美著學庸解論語鄉黨翼解中江原著朱易衍義孟子要略孝經刊誤坿考山崎嘉著易詩書儀禮戴記春秋語孟繹解皆川愿著九經談太田元貞著七經雕題中井積德著冢注四書冢田虎著論語大疏孟子精蘊周易象義太田敦著四書輯疏安部井聚著論語語由述志龜井魯著論語輯說左傳輯繹安井衡著其以史學著者如大日本史水戶藩源

光國著日本紀事本末水戶藩臣青山延光著日本政紀賴襄著·日本外史紀執政大將軍故日外史亦賴襄著職官山陵志蒲生氏著惟日本史祇有紀傳無表卽志亦兵刑二篇而已聞源氏草創十志曰神祇曰佛事曰天文曰輿地曰職官曰食貨曰氏族曰輿服併兵刑而十未及脫稿今存史館中二百餘年迄無繼起而卒其業者良由紀載多闕故未易編輯成書也此外則物茂卿之徂徠集賴襄之山陽文詩國人無不知其名者其餘如白石詩稿新井君美著蛻巖文集梁田邦美著南海集祇園瑜著玉山詩集玉

山遺稿秋山儀著黃葉夕陽村舍詩稿管晉帥著星巖集梁孟緯著詩聖堂集大窪天民著晚晴堂集柏木昶著五山堂詩話菊池五山著著略錄之以見一斑備他日東遊者用以採風焉

學校　日本近設學校甚盛隸文部省惟專以西學教人英吉利法蘭西德意志語學學校隨處皆有故多有通曉西語者東京大學生徒凡百餘人分法理文三部法學則英吉利法律法蘭西法律日本今古法律理學有化學重學光學氣學算學礦學畫學天文學地理學機器學動物學植物學文學有史學漢

文學英文學以四年卒業隨年而分等級所讀皆切實有用之書卒業則遣往各國曰海外留學生日本唐時遣使中國每有留學生一切規模皆亦趨亦步今於泰西亦然東京又有中學師範學校卒業則許爲人師教之之法凡分七級有性理學天文學地學史學數學文學商賈學分年受業循第七級而至一級由淺入深其書籍皆歸實用其課程皆有定則月許給假數日日給假數時同方同業一人可教數十人師逸而功倍蓋善法也逸書則除皇侃論語疏鄭注孝經外其

他皆中土所有者歐陽公日本刀歌云徐芾行時書未焚逸書百編今尙存令嚴不許傳中國舉世無人識古文先王大典藏蠻貊蒼波浩蕩無通津是皆文人好奇之過無庸辯也

佛敎　佛法東渡始自欽明時蘇我馬子首信之推古日益崇尙至聖武自稱三寶奴後祝髮爲沙彌勝滿是爲日主披薙之始至花山信右大臣兼家之言夜潛出宮至花山元慶寺削髮其後禪位者多半爲僧上至公卿下至庶民非營塔廟不列人數又令七道諸國建寺各用其國正稅費幾十分之五一寺度僧歲三四百人舉國恆禿首過半多家蓄妻子口啖腥膻甚至羣聚爲盜竊鑄錢貨刼關白之第入太政大臣家掠財物奪莊園且率徒黨發山陵入宮殿刼乘輿暴亂淫縱五洲所未有也維新後僧徒田產多沒入官明治六年下令僧徒許食酒肉娶妻妾其勢遂頓衰替矣

氏族　日人之通稱者或名或字或別號往往多至十數不可究詰命名多父子相襲義獻五之隨地皆

是古者世官以官爲姓當允恭時旣極紛淆乃正氏族令冒亂者探湯以分曲直天智制定氏上猶宗子也天武因之分姓爲八品使有升降自藤橘源平興而一姓專政古氏上遂亡自足利興而贅壻冒姓足利氏時俗好武多養異姓以固黨又恐絕血屬遂妻以女以奉先祀後侯國無子而思襲繼遂踵成風俗國內餘子多以男嫁人而無子將擇後者必先議幣多少而後定妻死或繼室以妹有司議爲人後者爲之子妻妹卽其妹是兄妹爲婚也不可或又謂女夫謂之壻所生謂之子今旣并於一人之身於姊謂之壻於妹謂之子何分歧爲紛紛聚訟殊可笑人卽欲尋其宗派而莫由蒲平君平精於譜學亟欲釐正草氏族志而未成今之著姓多

學唐人稱郡望因地爲氏若參議大隈寺島黒田西鄉川邨皆是也此外新僻之姓畧録如左曰北脅曰股野曰目黒曰手洗曰手塚曰田麥股曰夏目曰肝付曰班目曰埜間口曰橋爪曰池尻曰腹卷曰一色曰是枝曰有動曰猪野曰生駒曰犬飼曰鳥尾曰豬子曰小鳥遊曰鹿伏兎曰牛窪曰狗曰魚角曰鵜飼曰玉蟲曰草薙曰矢土曰纐纈曰孕石曰印具曰二瓶曰酒匂曰玉乃曰兒玉曰妻木曰哥枕曰夫婦木曰可兒曰妹尾曰神鞭曰九鬼曰越鬼曰甲乙女曰

右乙女曰稻葉曰望月曰小花曰四十佳曰五十嵐曰十八女曰四月朔日曰七寸五分曰萬里姊小路

室廬　宮室之制古名足一騰宮樹一柱中央以叉字形木結束之名冰木屋上作鴟尾名堅魚覆茅於上而已神廟猶用之今制聞始自韓人室皆離地尺許以木爲板藉以莞蓆入室則脱屨戸外韈而登席近或易席以茵著革履者亦登堂矣無門戸窗牖以紙爲屏下承以槽隨意開闔四面皆然宜夏而不宜冬中人之家大率湫隘多茅衣而木瓦舊藩巨室則曲廊洞房畸零而繚曲室中必有閣以庋物有牀第以列器玩陳書畫留席地以半掩以紙屏架爲小閣以半縣挂玩物葢緣古人牀第之製而卽仍其名楹柱皆以木畧無雕漆晝常揜閉而夜不扃鑰寢席無定向展屏風張幄幙則寢矣每日必灑掃拂拭潔無纖塵喜園亭雖貧家而花木竹石位置亦殊幽雅

錢幣　銀錢莫詳所自來史言始見顯宗朝天武三年對馬出白金十二年有廢銀錢用銅錢之令持統八年始設鑄錢司元明和同元年銅錢始有文曰和同開珎聖武天平感寶元年陸奥貢黄金四年始鑄

金錢源義政上表明成祖稱臣國土瘠民貧銅錢散失公私索然請賜錢成祖頒以永樂錢五十萬貫復由商舶鄭國運來遂通行國中以一文當四文用近世寛永復鑄鐵錢凡鑄錢皆不以易代更其式有圓有橢圓有渾圓有方有長方多無孔無輪郭重或數兩縱橫六七寸小則二三分輕數銖而已今所用者尚有寛永文久又有天保以一當百明治四年金銀銅三貨幷鑄式皆精好六年復造紙幣當墨西哥銀錢一枚者曰金一圓又有半圓二十錢十錢者描畫

龍鳳中有明治通寶字惜礦產不多創用紙幣國中驟增數十百萬圓賴以富强然新鑄金銀多爲西人攫去國中富室所藏大半皆紙幣矣

風俗　日本先世風俗荒陋無可紀載隋唐始通中國王居宮室皆華麗小民板屋鋪茵席而無桌椅學術工藝昔同中土今多歧異矣性情則東海道之人多疏通敏慧其間屬甲斐者强而險屬東京者俠而浮屬常陸者武而固惟上下兩總頗多良善東山道之人雖曰樸厚而信濃上野之間每見武頑岩代以

西北更覺蠢强殆亦北方之强與北陸道之人除在加賀者多固執外餘盡純良與山陰道之温順而近俠山陽道之巽懦而多文謂爲善類要亦不誣耳此外惟南海道稍爲温厚所屬阿波讃岐更覺寬大雖土佐之風涉於武健要不害其爲良善若夫西海道之剛暴狠戾北海道之强悍椎魯除薩摩大隅肥前肥後箱館五屬外彼國亦以亂民待之未易治也改革以來神佛兩教剷除幾盡天主之道信奉多人匪特衣食之微而已雖朝廷遺老鄉曲逸民與夫不得不得志之徒猶有敦古處談漢學硜硜自守思以矯衆衆亦訕笑之不謂然也

新年兒童亦放風箏或束羽爲飛燕以板拍之清明有千秋拋墮之戲六月十三日爲牛王神勝會骨董珍玩陳列滿街七月西京有盆踊戲中元各家夜然鐙不閉戶佛殿墓門尤盛東京兩國橋煙火所萃之地畫船簫鼓遊人如蟻翦紙縛鐙鳧水面謂之鷗鐙九月晦日迎送大明神長崎兒童作唐人裝束擊鼓唱采茶歌每月十八爲拜觀音日作祇園會　新年

亦插松枝竹葉於門設龍蝦肖其體祝老人康彊又用烏薪呼爲住言安居於是插葉於橙曰讓葉橙音同代代謂子孫世有讓德也西麻歲首皆在我長至後十日

女子新嫁以五綵縷結髻著新屐入婿家姊妹兄弟送之嫁妝數器多髹漆描金者大家嫁女易衣凡十三色先白最後黑黑衣畢則出門矣　女子皆膚如凝脂髮如漆宮妝皆被髮垂肩民家多古妝束七八歲時了髻雙垂最爲可人長耳不環手不釧髻不花

足不弓鞋皆以紅珊瑚爲簪出則攜蝙蝠繖帶寬咫尺圍腰二三匝復倒捲而直垂之若襁負者衣褏闊尺許襟廣微露胸肩脊亦不盡掩傅粉如面然三國志所謂丹朱坋身者是也近亦多效西裝者矣

生子每別築產室曰生衙得男喜呼人爲假父年十五時假父爲之魁頭紒髮日本風土記所載尙有桑弧蓬矢以射四方之遺亦假父主其事初生逢五月製旂如鯉高插門楣以祝多子或曰取鯉登龍門意

有喪舊多用火葬木棺直立如佛龕令死者趺坐外

飾以紙書南無阿彌陀佛六字或南無妙法蓮華經七字葬日前列紙旛二三十亦書前六字七字如棺和撒錢而行曰買路錢編竹爲化人城主人多屨草屨會葬者易草屨入城出易屨歸喪家初用白衣白巾葬易綵服而歸其習神教者則自斂至反哭皆以神官主持葬日神官冠紗韈而登席中立拍掌（日本拜神皆拍掌數聲）復喃喃誦祝文喪子旁立不親祭亦不哭泣會葬之客手執花前供鞠躬進退而已掃墓則濯碑以水折花枝插其旁無祭禮遇忌日百年如一日往往有以數十周百周招客者

俗多用女僕侍有司媒者書其門曰官許雇人需數字詢其由則舊藩時諸侯入朝呼以司浣濯供灑掃亦或侍寢相沿成風又以婉孌善事人故士大夫家多用女僕卽寓居之華人亦均喜購之又有女子名曰外婦又曰權妻計月輸租以贍其家朝秦暮楚任人去留生子則留以爲妾或留子去母賣酒賣茶者皆以少女當壚任人調笑了不爲怪戰國策所謂不嫁則然而嫁過畢者也娼妓爲公賣淫官以其賤業

重賦其稅每人月輸金三圓爲之驗疾爲之追捕嚴禁私賣淫者使壟斷其利所居屋曰貸座敷外懸燈曰官許不由官許爲私賣淫夜去明來人謂之地獄女又藝妓曰貓家奴曰牛西人妾曰羅紗牝妻曰山神小兒曰餓鬼女曰阿魔野店露肆垂足攫食者曰矢大臣皆鄉曲鄙俚之談

坐起皆席地兩膝據地伸腰危坐而以足承尻後趺坐蹲踞箕踞皆爲不恭敬客之禮坐必設褥舊有敷重疊席敷重筵席者亦猶行古之道也

俗好遊玩春秋佳日攜酒插花展聲裙影粧東如古畫圖中人尤喜園林貧家亦花木竹石位置幽雅余每至各東人家門雖設而常關行其庭若闃然無人也者客至則出寒具或呼酒漿出妻子䟫獻盤盞雅意殷殷筆談半日不聞人聲呼童煮茗則拍手即至其嗜酒喜歌舞誠有如魏志漢書所言大率簪珥之資過於飯蔬遊宴之費多於居室親朋雅集皆相戒勿大嚼少毀羹得餘則以竹筐攜歸家中以遺妻子亦有木筐作二三層遊山甚便取攜

浴池最多而男女同浴性皆好潔故每日必入浴池男女混雜相去不盈咫尺司空見慣了無慚色現雖下令禁止而習俗相沿已久積重之勢殊難驟返

士大夫以上舊皆佩雙刀長短各一出門橫插腰間登席則執於手就坐則置於旁山海經所言倭國衣冠帶劍艮不誣也然好事輕生一語睚眦輒拔刀殺人亦時時自殺今禁帶刀而刺客俠士猶所時有太史公稱俠以武亂禁日本爲甚

男女贈答之詞淫思古意殊有子夜讀曲之遺有諺語云信州好蕎麥情郎好顏色不食麥猶可遲郎愁煞我蓋信州産麪色白勝雪世所珍貴故以爲喻也

善於植樹合抱之木動輒移植多有花時移來花後徙去者土人移居則幷其花木竹石一一移植布置如舊務農桑拙商賈手技尙巧雕漆磁銅各工小而益精居處結構喜曲折奇零四壁板片窗格除廟宇外無一磚牆屋者殆地勢使之然也

街道甚修潔曰某區曰某町曰幾番皆書明於門楣上高官大府則以三寸木板懸楣上曰從幾位曰正

某位又有翠瓦玲瓏雲起門外柱立燈塔夜則燃燈邏者時時環門巡察皆日人所居之屋簷瓦上皆範成日字即燈籠亦有一日字官府所屬皆有病院以養病者花木竹石陳列雅潔萃醫於中以調治之甚善法也不治之疾往往送太醫院剖視驗其受病之源亦西法也

富家大族皆用地衣聘妍鬬麗每從數萬里購辦機器軍械不惜重價近趨歐俗上自宮府下及通商口岸凡制度衣服飲食皆效西人即各色美酒亦購之

異地故雖不食鴉片而每歲流出金錢歲以千萬計朝野之窮實緣於此

衣服　貴賤之服舊則分別懸絕朝會錦衣繡衮明時王志堅有倭錦袍歌中有云青鸞紫鳳恍惚似水底鮫人親自繰言其華美也故家世族以花草禽獸等於袖端及背心繪之以爲徽幟而識姓氏近則更易冠裳中西莫辨矣

衣冠昔則皆唐制度男女均不著褌裹有圍裙彷彿古時之裳禮所謂中單漢書所謂中裙也深藏不見

足舞者迴旋時或一露按五大部洲惟日本不著褌聞者笑怪查袴卽褌古今皆無襠有襠起自漢昭帝時上官宮人傳稱宮人使令皆爲窮袴註窮袴前後皆有襠不能交通是爲有襠之袴所緣起

襪前分歧爲二戟一戟容拇指一戟容衆指致虛闊襪組稱太眞作鴛鴦並頭蓮錦袴襪名曰藕覆疑卽此式

屐有如丌字者兩齒甚高有作反凹者織蒲爲茸履皆無牆而有梁梁作人字形以布練或紉蒲繫於頭必兩指夾持用力方能行走故襪亦必分兩歧

僕御皆別爲徽族鳥獸花草刺畫其身光怪陸離不可逼視明治初年下令禁之乃止近馭馬車者皆剪髮著西服意氣揚揚若自得也

物產　其土宜稻九州所產時有輸入粤東者又有旱稻近印度苦旱移植頗宜厥種粳者三糯者五性喜腴沃瘠土墝田則宜加培厚分苗插秧深耕易耨法與他種同擇地以英國寒暑鍼二十度以上爲宜播種於穀雨立夏間其收穫也早在九月遲則十月

若六七十度熱則春種夏收歲可再熟其地多雨雖暑及百度可無傷否則卑溼處久旱亦不至枯槁凡三百步地歲穫一石四五斗大熟可得一石七八斗粳作飯糯造餅皆宜

製絲或用機器又有一法以手挽輪力不如水火而便於指爪每四五繭能成一絲西人喜其細多購之製絲皆以女工

產茶以山城國爲最佳綠湯者惟美利堅人喜購之近年有西商延中人製紅茶味薄遠不及中土所產

製日多價賤日本出口之貨茶最爲大宗歲可得銀四百萬圓美人購之十七八穀雨前後所采名頭春大暑前後所采曰尾春皆運來橫濱再裝出口次則硝磺銅運至中國者亦不少近海多產鯊魚漁者折翅乾之販賣中土以爲海錯上品東人無食之者海鼠卽海參刳其腸蓄之以瓶東人以爲極品中人至彼未敢輕染一指其餘海物如鰒魚鱿魚乾鰐海帶運來中土極多箱館一島每年約出銀八九百萬橫濱神戸長崎不與焉東菰較粵西所產爲尤香嫩

蘿蔔大者幾及數十斤重小亦十數斤甘蔗因購我中國之糖出口之銀不少聞現於琉球開闢荒土廣行種植復議入口糖稅每百圓加抽三十圓蓋欲使華商裹足用奪我利權也

煤礦肥前諸郡大小三百二十九所肥後天章郡六所甲斐都留郡二所常陸多賀郡四所美濃可兒郡一所銅山河邊郡四所太和吉野郡三所攝津河郡一所飛驒吉城郡三所下野安蘇郡一所岩代會津郡一所陸前五造郡一所越前大野郡十所越後蒲原郡八所開掘之法用泰西機器爲之甚便也

造紙不用竹用構用楮之法同於中土更有用芫花蕘花瑞香花者皆薄靭而潔白實上品也蔡倫用魚網敗絮造紙中人久失傳今西人乃用之余聞凡草根木皮能熬成汁漿者皆可造紙當不誣也

後漢書謂其無虎豹牛馬羊鵲今有牛有馬而無虎豹開港之初見白兎詫爲異物或不吝數十百金購之以毳毛爲衣珍愛備至近從北直購羊千頭豢蓄之然補牢既晚未知能繁滋否也

雜技　初學書者皆懸腕執筆作二三寸大字點畫波撇頗留古法行草亦佳碑之古者有大和尚法隆寺金堂佛背銘釋迦佛像銘那須國造碑多賀城碑皆彷彿六朝人手筆昔南海商人自日本還得其國王之弟與寂照書自稱野人若愚章草之妙近世罕覯余與該部人士晤交雖多通曉漢學者而均非善書之人曾於一處見日人某所書一聯云榮華不到修身地廉恥能拘識字人筆勢放縱殆是後來之秀畫法來自中土初摹唐宋院體後分數家有土佐家

藤原經隆土佐人五雜俎言倭畫無皴法但以筆細畫縈迴環繞細如毫髮卽指此也有雪舟家僧等揚號雪舟遊於明始傳北宋一派有狩野家狩野元信最爲盛國朝吳山沈南蘋始以南北合法相授受有邊華山椿家山椿得惲氏眞本於是傳沒骨法近人晴湖粤原氏花蹊跡見氏名瀧諸女史皆得法於江稼圃蘇人來遊長崎沙門鐵翁等學之而遙師鄭板橋畫法又一變

圍棋多高手亦用十九行三百六十一子惟行棋不用棋雖法差異耳

河洛壬遁龜著星相方伎舊有流傳日人如役小角安信晴明皆以術著名惟青烏之說未有習者

佛教盛時醫術亦寄於僧後乃有儒而醫者舊用宋和劑局方有曲直瀨正慶始習丹溪東垣之學至名護屋丹水後藤艮山再倡復古專宗仲景上溯靈素今有淺田宗伯著醫書三十餘種江戶人松井操獻隋揚上善素問注於大使乃書庫寫本惜既缺數卷然此注中土久佚四庫目所收始唐王砅此視砅尤古可貴也

史言日本武尊征東夷泛海相模風濤大作寵姬橘媛投海暴風遂止凱旋過碓日嶺東望懷橘媛歎曰吾嬬已矣後人因號東陲爲吾媛國及崩葬白鳥從陵出目爲白鳥陵今有祠

楠正成者南朝殉難之臣日本比之文文山岳少保源光國題其碑曰嗚呼忠臣楠子之墓墓在湊川有櫻花數百樹手澤所留重於大璧尚有神鈴塑像能文者皆紀之

德川氏主政二百餘年深仁厚澤民不能忘還政以來父老過芝山東照宮多有焚香泣拜者舊藩士族維新後窮不自聊時時有盛衰今昔之慨

日本於前明入擾中原經胡戚二公大創之後不搆兵亦不入貢已三百餘年同治九年忽有使臣來上海議通商事十年至天津先後共正副使臣六人全權大臣從二位大藏卿藤原宗臣伊達氏同輔翼正四位行外務大丞兼文書正藤原前光柳原氏同參事正七從五位守刑部中判事兼外務權大丞源直道津田氏同參事正七位守文書權正鄭永甯隨行從六位守太學少丞平英張氏同外務大錄兼通大佑源忠道品川氏隨員八人後文書大佑葉重寬穎川氏文書權大

佑葉雅文穎川氏文書少佑藤原遠津久井氏外務權少錄藤原豐憲士子氏大藏省附屬源豐明小會根氏大藏省附屬橘成種滿川氏僕從十五人藤原想是複姓姓下均有朝臣二字惟一鄭二葉無之

朝命今合肥爵相宮太傅爲全權大臣調江蘇臬司應寶時來津隨辦甫議遣使往駐該部而旋有臺灣之役藉辭要挾幸內懾於兵威外怵於公論遂帖耳就款

土人郎蝦夷如臺灣生番之類蠢如鹿豕聲音狀貌

皆少與日人異日本稱爲毛人又呼曰倭奴疑即古所稱長鬚國日本開國在日向今則自西而東蓋逐蝦夷而居之神武崇神武尊神功中以力征而經營之中葉專設征夷大將軍以爲鎭撫唐時陸奧一道猶盡屬蝦夷近三百年蝦夷始徙而聚於奧東三島有口蝦夷奧蝦夷之稱維新後置北海道設官開拓其土聞蝦夷種類現祗存數千人島爲俄人所佔

山海經雖載倭國事而不詳晰歷代史志於該部之輿地風土亦未能考據典確惟籌海圖編較爲詳盡然所述薩摩事亦多影響附會宋濂集有日本曲十首昭代叢書有沙起雲日本雜詠詩而僅有長崎民風文亦淺陋朱竹垞所收吾妻鏡一部均有罣漏蓋其時海禁未開且無輪舶往來士大夫均以風濤險惡莫肯前赴其處故未能形諸紀載近見參贊黃君公度著有日本國志日本雜事詩數卷於政事之沿革年代之遞嬗與夫山川風土服飾技藝考證典確一一筆之他日付諸棗梨知必有爭先快睹者

新聞紙山陬海澨無所不至以達時務以公是非其

有非謗朝政及詆毀人過者輕則罰鍰重則監禁蓋倣西法之善者此外如電綫局郵便所火車等事莫不一一規倣西製長崎口與我通商已三百年每歲海舶以八九月至舊有唐人館多以糖棉花入口皆日用必需物書畫紙墨尤所欣慕近世文集朝始上木夕即渡海東西二京文學之士每得奇書則珍重篋藏誇示於人而贗鼎紛來麻沙爭購亦所不免修好以後得之較易非復當年之貴重矣

街市曰末知讀苔買基市店懸幌子居賣曰大間屋

販賣曰賣捌所賤賣曰大安賣零賣曰小間屋換銀錢曰兩替製衣曰仕立所酒曰銘酒銘蓋同名茶曰御茶御爲日本通用之字義若尊字又書函之外題名必用御字大約皆尊之之詞惟不知所昉也食物曰御料理妓寮曰席貸業栗曰九里和蘭薯曰八里半魚飯曰壽志屋飯店曰御茶漬雞子曰玉子草器曰荒物類以油煎魚鰕曰天夫羅和麪以肉曰鴨南蠻菜蔬曰八百屋煙筩曰喜食留醬曰味噌

小車形若箕體勢輕便卽上海所謂東洋車也上支小帷殊便展舒以一人挽之而行其疾如風竟能與兩馬之車爭先後凡牽車者日能走二三百里亦絕技也

樺太洲一名庫頁島西鄰俄屬南與日本北海道天鹽犬牙相銜費雅喀俄羅斯日本蝦夷人雜居其中初亦不知屬何國地俄使初來卽議畫疆界至明治八年十一月乃定歸於俄而舉千島屬日本樺太居民皆漁海獵山以自給山多椵松海多鮭鱒掘炭捕鯨之利尤厚聞白主太洞歲出昆布不知幾千萬石云

一切工匠皆自三韓來金工瓦工自崇神時織工自應神時木工土工自雄略時紙墨彩色工自推古時革工自仁賢時後有熟皮高麗者世司其業古大藏省管百濟手部手部掌雜縫職仍用百濟人爲之雄略紀有鞍部賢貴乃漢人也爲石工玉工不詳所自史稱垂仁時始作石棺有石作連賜姓爲石作大連公古事紀有八尺句璁五百津之御須麻流珠或以爲太古時天明玉所造是皆未可據筆工亦不詳所來姓氏錄云右京諸蕃有筆氏製十一種筆因賜姓

筆氏知亦漢人敎之也漢人韓人來居日本者謂之蕃別

日人均短小精悍見中國人則驚爲納矣使朶譯卽高長或曰阿千譯卽大也

雪泥鴻爪偶爾句留耳目未周采訪殊尠歸輪暇日拈筆記之或遊覽所親經或察問而未詳或考圖籍而不盡合或爲朋友所錄取一一採摭聊供談噱初不記何者爲某人所言何者爲某處所見欲以窮源委洞情僞條列而詳誌之姑俟諸異日茲之所存畧著一斑藉資一時之考證云耳

圖說

輿圖夥矣或侈說五洲或各分畛域究之誇廣大則道里之紆曲不能詳域方輿則犬牙之互錯不能晰去歲將之日本擬購圖數幅將以攷海道之所經由山川之所險隘攜之以資印證而迄不可得及抵日後購其國地圖數十紙詳細參攷則僅於該國之島海山川郡國縣名加詳而其與我海程毗連之處亦舉不一載豈故祕之不使人知耶抑繪圖者遊蹤均所未及耶輪舟往返形勢畧得其大凡歸而一一為歷繪之除日本全國地輿圖外更創為中國界連日本圖備他日從事於彼邦者知東海一隅實與我有輔車相依之勢質之當道謬蒙許可均謂其能得遠勢而索者紛然苦不暇給因付手民以坿於談瀛錄之後而日本之圖亦並列焉閱者倘因其外詳而內略遂疑重外而輕內則失繪是圖之本意也已

光緒庚辰孟春月清泉王之春坿識於京口營次

東槎聞見録 四卷

〔清〕陳家麟撰

《東槎聞見録》四卷，清陳家麟撰。家麟字軼士，六合（今屬江蘇南京）人。光緒時任清駐日公使徐承祖之隨員，於駐日期間稽核史書，廣徵日本報刊、報表、公文、史籍等，參以見聞，撰成是書，雖僅四卷，然分類甚細，記日本風俗地理、歷史沿革、物産經濟、政治兵制情形頗詳。據中國國家圖書館藏清光緒間排印本影印。

東查聞見錄

琺栝題

東槎聞見錄叙

光緒彊圉大淵獻
皇帝御宇十有三年雲龍應游歷試引
見後派偕顧刑部厚焜游歷之國凡六而以日本始擬仿奉
使高麗圖經作游歷某國圖經史家紀事體也再依編年體
作圖經餘記然聞黃君遵憲已著志而未見也道出上海姚
君文棟覩所箸志第三冊艘發又未遑讀徐君承禮王君肇
鋐皆有箸槀或未脫或未竟而陳子軼士以東槎聞見錄問
叙於雲龍方受讀客有言于雲龍曰有形勢無沿革有官礦
無民礦類此毋乃偏歟曰否否不聞不見則不一錄此漢學
家實事求是意也黃漱蘭先生爲軼士經師守厥家法此見
一端時也日本一以西法爲宗幾於盡棄所學或評六經爲
毒吁甚矣而守舊者又拘義牽文往往不識時務非徇即迂
迂則動輒得咎徇則中無所主獨日本云乎哉獨日本云乎
哉軼士不倚不矯充其所學精而益精行將以經爲史以交
爲防以閱歷消息爲控縱衡尺所謂通儒非歟雲龍始遊不
患無見無聞患無定識以見所見聞所聞也文不必已出惟
其是軼士其交勗之哉德清傅雲龍懋元叙於日本東京使
館時冬十月二十日

敘

我
朝與泰西通商以來罔有內外悉主悉臣實開千古未有之
局至同在亞細亞洲之日本則兩漢時已通中國
皇朝龍興遼瀋德威先懾暘谷扶桑三島睦鄰修好歷有年
所近復欵關求市和約疊修商舶絡繹
朝廷以國隸同洲書屬同文雖間齟齬恆優容之而閩廣商
賈設肆於長崎神戶大坂橫濱築地箱館新瀉夷港者接踵
麇至乃
簡使臣派參贊隨員以聯邦交復設理事以衞商務與泰西
一視同仁誠以柔遠必以能通始也顧入境必思問禁入國

必先問俗苟無專書似紀之則天時地利之宜風土人情之
異與夫古今之沿革時局之變遷無從瞭如指掌也六合陳
君軼士駐東三年漁獵典籍成東槎聞見錄四卷分六十部
都爲一集始光緒十二年十二月訖十三年九月凡十閱月
而書成藏諸篋笥星使徐孫麒觀察屬以活字版排印俾欲
先覩爲快者免鈔胥勞適傅懋元駕部偕焜奉
派游歷航海來東得覩是箸往者閱五臺徐松龕瀛環志畧
侯官林文忠海國圖志皆能舉外邦土俗考核精詳足爲采風
者之一助今喜彼書提其綱君書更詳其目也時懋元撰遊
歷日本圖經焜亦作日本內政考新政考晝疲車馬夕對簡
編方皇皇乎懼考据之失實也讀君書益滋悳已

光緒十三年歲次丁亥冬十月元和顧厚焜謹敘

敘

歲甲申明遠贊使之日本是冬六合陳子軼士亦隨軺而東始相識焉其明年軼士與余同假歸試得膺拔萃選又次年余因公走京師軼士亦回國應

廷試其間館舍舟車昕夕與共每與盱衡時局縱論古今以共勵所學而交契亦因之而深比及瓜期軼士手是卷將付梓示余索叙因慨然曰當今士夫守舊者衆語外事每格不相入舍是而求習知者乃皆志識淺陋畧通一語言一技藝之末遂自託洋務以炫人降而下者甚有飽食嬉遊於中外交涉之故漠不措意即問以一名一物之微亦鮮能對徒招外人之笑而已於戲斯三者烏足稱哉軼士有心人居東三年凡所聞見靡不筆而志之縱不欲以文字見而於日本政治風俗與夫今昔一切變更之不同固已了然心目而能權其輕重得失歸於一當者夫日本在亞細亞與我爲同文同洲之國宜同盟同心求其治軼士有得於此他日歸貢諸

朝出爲世用本其生平閱歷以任重致遠決異乎明遠所謂無足稱之三者軼士年力富盛銳於爲學一聞見錄耳何足以盡我軼士軼士知必有進乎此矣光緒丁亥冬日海鹽陳明遠敘於日本使廨

敘

中土郡縣皆有志統乎郡縣者曰行省有各省通志天下者直省郡縣之所積也

國家幅員之廣爲亞細亞洲冠乾隆八年二十九年先後

詔儒臣編

大清一統志

王者無外之規遠過漢唐顧星野山川亙千古不變者也疆域田賦戶口建置制度人物風俗諸大端歷數世而一變歷數十世而又一變沿革損益興廢盛衰之故各省通志各郡縣志詳載之一統志則薈萃之而挈其大綱儒者分而考之合而參之酌古準今以抒經世之謨猷非即以志書爲圖史哉而第謂覘一道同風之盛猶後也日本與我同洲立國二千餘年明治初年廢封建爲府三縣四十有四政治俗尚與其國往古異與中土亦異而郡縣之制與中土秦以後畧同邦之人舍其舊而新是謀以亞細亞而塗澤以歐羅巴世局之變遷或有不得不然者歟然吾觀維新以前享國久遠所以治其國者師周公仲尼之道乎抑不師周公仲尼之道乎則今所異於古者正此邦一大關鍵筆而識之以入全國志而沿革損益興廢盛衰之故俾後人可考鏡固此邦士大夫責也余於光緒十一年冬隨節使是邦公餘采風問俗求其全國志讀之弗得求其郡縣志讀之有得有弗得欲攬其全偏而不舉他如地理志職官志海陸兵制刑罰錄諸書散見於各家

著述求其都爲一書如源光國之作日本史上下兩千年瞭然可睹者卒莫之覯邦人之憾亦遊此邦者之憾也余嘗欲集同志數人纂日本通志一書以到此未兩年徵文考獻猶有未周載籍雖博半皆其國之方言文字非假以歲月繙譯不爲功逡巡者久之同邑陳君軼士往年同受知於長樂林錫三師之門先余一年來東今於三年得代時出其所輯東槎聞見錄付手民徵序於余余惟軼士此書與余欲纂日本通志之見或不同且名其書曰聞見錄則未聞未見者固不能無遺要其日積月累裒然成集實今之有心人也賢於余有志未逮多矣他日有才學識三長者欲纂日本通志起而爲之是書有裨於采擇者不少也然則余雖不敢目聞見錄與作

通志同功而謂即作通志之嚆矢亦奚不可時光緒十有三年孟冬之月徐致遠叙於日本東京使廨

東槎聞見錄

六合陳家麟輯

凡例

一是編分爲四卷始於光緒十二年十二月至十三年九月告成

一是編採譯日本地誌提要大八洲記山川疆域考畿內志日本帝國形勢總覽車船表物產志各名所圖繪牌銘遊記官署攷日本御系圖各將軍家譜日本政紀職官錄刑罰一覽志日本文粹國史紀事本末經籍訪古志圖書館目錄大日本史各家文集詩集皇國名醫傳貨幣沿革考賦稅全書銀行條例各鑛山出入表日本海陸兵制萬國

兵制燈臺表鐵道章程電線公報驛遞法令類聚通商稅則姓氏錄各道風土記偉人傳事實文編先哲叢談瓊浦通長崎古今集覽長崎聞見錄海外異傳臺灣紀事朱舜水文集元元倡和集張斐筆談先民傳耆舊得聞華夷變態歸化僧傳諸書

一帝統一門係從日本御系圖照錄其稱謂故仍從其舊

一地名人名多有杜造之字爲中國字典所未載者今悉仍之以見一方風氣

一日本一里計中國六里八零其里法六尺爲間六十間爲町三十六町爲里

一日本一貫計中國百兩一匁計中國一錢

一是編有已見他人日記及著述者則附注於下籍以徵信不敢掠人之美
一是編均就聞見者列入其未經聞見僅憑臆度者一概不錄
一凡關兩國交涉事件者一概不錄

總論

日本西界我國東對美利堅北連俄羅斯介居三大國間修睦鄰封知非易易考自兩漢時始通中國魏晉時得五經佛教於中土於是沙門之教盛行唐貞觀間嘗遣使來聘宋初遣僧奝然浮海貢方物太宗賜紫衣厚撫之故其史乘所載如官制文字各事咸仿中土其瞻仰中國望之如在天上中國亦因其殷勤通問間亦遣使答之迨元世祖西征而後航海東征十一年命經略忻都等以舟三百兵一萬五千人入其國敗其兵矢盡而還十八年（按日本弘治四年）又命范文虎阿塔海將兵十萬以戰船九百征日本至平戸島時北條時政督兵壹岐元兵據五龍山北條令部將草野七郎潛夜襲燒范舟二十艘元艦悉以鐵鎖之日將河野通泛輕舸殺元將王冠元范僞敗退守鷹島乘日兵不備揮舟師排進殲日兵數千人奪兵艦六百艘閏七月朔率師大舉遇風舟覆歸者三人以元之雄武滅國五十風起波興不克奏功天爲之也明時薩摩無賴寇勾通奸民汪直徐海等輩擾我沿海各省永樂十七年命戚繼光督師剿閩廣海寇屢戰皆捷斬擒殆盡倭患始息夫以日本自通中國共球時至初未聞西向一矢擾我邊陲迨元世祖肆厥雄心强以臣妾不從迫以兵力復於風覆十萬舟師而後不謀再舉自是日人始有輕藐中國之心昔日人賴襄嘗言元幸自一面來耳若各道皆來計將焉出此誠熟於兵家之言試觀德川末造俄舶入大坂旋入唐

太美舶入浦賀旋入下田英舶入箱館旋入長崎忽往忽來迄無定所致使首尾不能兼顧坐困求成今去其時又廿餘年矣所更革者若干事所講求者若干條立學校整鑛務開鐵道設銀行以及機器電線橋梁水道農務商務各事此利政也易服色廢漢學改刑罰（刑律近效泰西無笞杖名目故國中盜賊之事近亦屢見）造紙幣（廣造紙幣故民間大小交易俱無現鏹）加賦稅以及用人（凡曾赴外國及能外國語言者無論賢否皆用之故官其中流品殊雜）宮室（大小官署近皆改造洋房）飲食（亦仿西式）跳舞之屬此弊政也初年薩摩之亂用兵三載負債千萬至今未償近則自由各黨潛伏國中一有不防即思蠢動火器之利鐵甲之堅能自信乎利之能興弊之未去能自恃乎又况四面濱海其於我國尤有輔車相依之形東則香港一水七日達橫濱矣南則臺灣與鹿兒島相接西則由釜山則可逕至下關北則青森箱館相距亦近曠覽亞洲大局總以中日聯絡爲宜而乃臺灣之役既見於前琉球之師旋繼於後高麗長崎之變則又釁起於無端我

國家因其民情洶洶急於思亂愛深唇齒未興問罪之師故遣使通商猶冀終歸於好倘能不開釁隙戮力同心毋黷武窮兵自傷國本毋横征暴斂致失民心行見進可經略歐美各邦退亦屹然自立不敝是則日本之幸而實亞洲全局之掌也倘狡焉思逞在我則財豐地廣戰守皆宜固無所慮於日本也而竊恐眈眈於日本之側者當更有人也

東槎聞見錄目錄

六合陳家麟輯

東槎聞見錄卷一

六合陳家麟輯

經緯

本土四大島（九州四國中土北海道）南起北緯三十度五十八分四十五秒（九州佐多岬）北止北緯四十五度三十一分二十五秒（北海道宗谷岬）西起東經一百二十八度三十八分五秒（九州附近福江島大瀨埼）東止東經一百四十五度五十二分（北海道根室港納沙波岬）豆南諸島（大島至硫黃島）南起北緯二十四度四十六分（硫黃島中心）北止北緯三十四度四十七分十五秒（大島北西角千賀埼）西起東經一百三十八度四十九分十五秒（三本嶽南岩）東止東經約一百四十二度十四分（小笠原群島中東島）

州南諸島（自大隅海峽至八重山群島）南起約北緯二十四度三分（波照間島南）北至北緯三十度五十分（草垣島）西起東經約一百二十二度五十二分三十秒（與那國島西角伊禮美岬）東止東經一百三十一度六分（種子島東角蛭原埼）千島列島南起北緯四十三度四十六分四秒（國後島南西端泊瀉北濱）北至北緯約五十度五十五分（阿賴度島）西起東經一百四十五度三十一分四十五秒（國後島泊瀉）東止東經約一百五十六度三十五分（占守島東）

按日本全國經緯兩線實自東北伸延西南若渾言南北所止未免眉目不清茲特參海軍測量圖將經緯分爲四分以醒閱者之目其無實測處則加一約字以待考或不至差毫釐繆千里矣

歷算

日本欽明以前用大古歷自十四年百濟國遣博士來貢宗元嘉歷國中始識夏時後襲用之至文武時又用儀鳳歷（即唐之麟德歷）其後淳仁用大衍歷天安用五紀歷其行之最久者爲貞觀宣明歷計歷歲凡二百餘年後貞享改貞享歷寶歷改寶歷甲戌歷天保改天保壬寅歷其沿用我歷一如朝鮮琉球迨明治維新以我歷置閏頒官祿多西歷一月因於明治六年改西歷以節國用國中向雖設歷官然所業不精僅一賀氏傳其家學余觀日人著述中有謂海隅出日寅賓出日皆指日東而言又謂羲和之子出於暘谷以故其國素有精天象歷算之學者然其說殊誕矣

氣候

氣候宜先知熱潮之消長熱潮即黑潮也無論地球東西各國凡熱潮所達之地氣候必暖百穀豐饒日本於夏時赤道之下熱潮自九州之端沿本土東進北方寒潮與之相遇自津輕峽入日本海既而熱潮漸進入白令峽寒潮復于本位至三陸之東岸至東熱潮勢殺遂離海岸蓋南風起則熱潮進北風起則熱潮退是其大勢也若夫各地氣候小有異同者皆山海形勢使之然也（見與地志）

東海道諸國地氣溫和函嶺以西自冬至春海風強而函嶺以東則多陸風畿內諸國風少寒暄得宜東山道諸國霜露早降比之東海道殊覺料峭其岩代以北之地冬時氷雪凝積至春半即消融兩羽之地風力甚強動至徹屋（屋舍皆載石）北陸道諸國寒時寒溫儀下氷點五六度而熱時至九十度以上其國皆風強雪多山陰道諸國寒暑俱強與北陸西方之國相似冬時雪積三四尺以爲常山陽道諸國地氣中和風少與畿內似南海道諸國熯燠非高處不積雪夏時頗炎蒸至夜凉風洗熱西海道諸國熯多寒少冬時僅見雪其南方炎威特酷北海道諸國寒威凜烈非盛夏白晝無穿單衣者冬時大雪密封不能出戶至五六月雪始融化花木一時放花其地宜麥而不宜稻（摘錄地理志）

時刻

東京正午十二時

札幌午後零六分二十五秒

仙臺午後零四分二十八秒

函館午後零三分五十三秒

新潟午前十一時五十七分九秒

名古屋午前十一時四十八分二十八秒

京都午前十一時四十四分二秒

大坂午前十一時四十三分四秒

兵庫午前十一時四十一分四十四秒

廣島午前十一時三十分四十七秒

熊本午前十一時二十三分四十七秒

長崎午前十一時二十分二十七秒

那覇午前十一時十一分四十秒
清國北京午前十時二十六分五十六秒
英國倫敦午前三時二十分四十秒
獨國伯林午前三時五十八分三十二秒
佛國巴里午前二時五十分二十秒
澳國維也納午前三時四十六分八秒
佛國馬耳塞午前三時二分二十八秒
佛國里昂午前三時十六秒
伊國羅馬午前三時三十二分五十六秒
蘭國掩特坦午前三時三十二秒
白國比律悉午前二時五十八分二十四秒

土國君丁坦丁午前四時三十六分五十六秒
西班牙國馬德里午前二時二十六分八秒
丁國哥本哈牙午前三時二十一分二十秒
瑞國斯德哥爾摩午前三時五十三分十二秒
諾國基督亞尼亞午前三時二十四分五十二秒
葡國里斯本午前二時四分四十秒
露國聖彼得堡午前四時四十二分四十秒
米國費拉地費午後九時四十分十二秒
米國華盛頓午後九時三十二分四十八秒
米國紐約午後九時四十五分

疆域

四面皆海其西北對朝鮮曰日本海有樺太島在其北過尼哥勞斯海峽直接俄羅斯東境之千島其北羣島斷續亦連俄屬之堪察加地方東南則浩瀚無際曰太平洋西南即對琉球及我國臺灣諸島其西海中平列三大島北曰對馬島與朝鮮南境相值一夜可達中曰長崎土地較大外有五島天堂二門與浙之定海蘇之上海相峙南曰薩峒馬（即鹿兒島）與浙之溫台相值以我國里數計之長約三千三百餘里廣約四百餘里二百餘里不等

形勢

地形脩長自北方起至陸羽間奥峻始分數脈皆蜿蜒西走以東海東山北陸三道爲界信濃有淺間山甲斐駿河之間

有富士山挺立東海其分派南出者爲伊豆半島並聯南海羣島其北陸一派至加越爲白山立山迤邐至近江復分二支一由伊勢太和至吉野紀伊而趨一西去爲山陽山陰二道之界趨西海道經豐筑南折阿蘇霧島等數峰盤踞肥後日向遙連琉球羣島其山陽紀伊餘脉結爲淡路島連四國之雲邊石鎚諸山其淡路島以西即山陽四國之間峯巒棋布島嶼星羅是謂瀨戸其東曰明石峽東南口曰鳴門峽西北口曰下關峽至東海北陸二道之大川皆發源東山其東流者爲利根川北注者爲信濃川南趨者爲天龍川西向者爲木曾川其自近江湖發源者有淀川山陰道之江川四國之野吉川西海道之筑後川是皆海內之巨川及武藏之界

則平坦膏腴沃野千里者也（譯日本地誌提要）

山川（湖 瀑布 溫泉）

山最高者爲駿河富士山山巓猶留太古之雪（亦呼雪山）登而下瞰連山如波濤（高日本尺一萬四千一百七十七尺餘）爲日本第一高山其次則加賀白山亦高八千八百尺餘以外如飛彈乘鞍岳信濃淺間山下野黑髮山（卽日光山）及那須岳陸奥岩木山羽後鳥海山伯耆大山肥後阿蘇山後志後方羊蹄山之屬其不甚高而人亦知之者如常陸筑波山伊勢多度山河內二上岳近江三上山上野妙義山陸前金華山陸中宕鷲山越後米山因幡鷲峯山播摩書寫山讃岐八栗山薩摩開聞岳爲通衢所經故其名尤著耳（見地理志）

日本無大河獨利根川發於上野過下野下總常陸之境而朝東海（長日本七十里）千曲川發於信濃貫流越後（長十八里）此二河水源稍遠遇天雨時或小决未聞如黃河之爲大害其次遠江有天龍川岩代有阿武隈川陸中有北上川羽前有最上川石見有江川石狩有石狩川如武藏之隅田川駿河之富士川尾張美濃之木曾川山城攝津之淀川越中之神通川越後之阿賀川紀伊之紀川阿波之吉野川筑後之筑後川十勝之大津川又其次也（同上）

湖之尤大者爲近江之琵琶湖在東山道以形似琵琶得名一名淡海又稱鳰海亘十一郡日本第一大湖受八百八水流末爲勢多川注於山城周回日本里七十三里三十一町三十四間東西五里南北十里（皆日本里）風景淸美瀛船常往來焉其次有常陸霞浦岩代豬苗代羽後八郞瀉出雲宍道湖下總印旛沼等小湖甚多不暇僂指矣（同上）

洲內有海山十數座溫泉亦從而多就中伊豆相摸信濃三國上野下野以北之諸國及豐後肥後二國爲最多而善於療疾者伊豆熱海爲第一攝津之有馬上野之草津但馬之湯島伊豫之道後肥前之古湯等次之皆能奏奇效云（同上）

國中瀑布不下數十處以陸前伊豫爲多伊豫之都良白瀑長四十丈幅二十間觀音瀧瀑亦長三十六丈餘如日光山瀑華嚴高七十餘丈幅十五間裡見高二十三丈幅五間霧降高三十四尺幅十間餘皆有銀河瀉瓶之勢至大和之大臺瀑攝津布引瀑豐後之龍門瀑美濃養老瀑土佐之毘沙門瀑又嘖嘖在人口者也

沿海（灣港岬隅島峽）

灣最大者東海道有東京灣駿河灣伊勢灣東山道有松島灣陸奥灣畿內有大坂灣西海道有明冲灣鹿兒島灣北海道有箱館灣及瞻振根室灣（見日本地理志）

武藏之横濵港攝津之兵庫港大坂港肥前之長崎港越後之新瀉港渡島之函館港謂之六港皆海外商船之所集武藏之東京港伊豆之下田港駿河之淸水港志摩之鳥羽港陸前之石卷港陸奥之青森港越前之敦賀港能登之七尾港佐渡之小木港長門之下關港土佐之浦戶港薩摩之鹿兒

島港北見之宗谷港膽振之室蘭港亦買帆輻輳處也又琉球之那覇港樺太之白主港本非日地姑坿錄之同上

岬最險者上總有大東富津二岬一多岩礁一長暗洲皆舟人所畏其次下總有犬吠岬遠江有御前岬志摩有大王岬陸奥有尻矢龍飛二岬能登有珠洲岬紀伊有潮岬伊豫有佐田岬土佐有室戶足摺兩岬豐後有地藏岬日向有都井岬大隅有佐多岬日高有選藻岬北見有知床岬其餘小岬不復枚舉同上

隅之大者東海道有安房伊豆北陸道有能登西海道有肥前北海道有渡島其他海隅甚多同上

洲外島嶼極多其數約一千八百有餘伊豆有八島其東南有小笠原島南海道有淡路島大隅有種子屋久二島肥後有天草肥前有平戶及五島其北有壹岐對馬西北海有隱岐佐渡北海道有千島此尤著者也同上

海峽之樞要者紀伊阿波之間有紀伊峽淡路東與紀伊之間有友島峽北與播摩之間有岩屋峽西與阿波之間有鳴門峽伊豫豐後之間有豐後峽長門豐前之間有赤間關峽陸奥渡島之間有津輕峽北見樺太之間有知主峽同上

地峽者陸奥有北郡峽備中有藤戶峽肥前有諫早愛津二峽同上

航海里程

長崎至天津計中國日本里六百六十八里

長崎至上海計海里四百三十七里 日本里二百六里九町

長崎至香港計海里一千二百七十四里 日本里六百里零三十三町

長崎至安南柴棍計海里二千一百六十七里 日本里一千零二十七里三十五町

長崎至新嘉坡計海里二千七百八十一里 日本里一千三百十七里十七町

長崎至錫蘭計海里四千二百九十一里 日本里二千零二十九里十九町

長崎至亞剌比亞亞丁計海里六千四百二十五里 日本里三千零三十五里二十七町

長崎至埃及蘇士計海里七千六百三十三里 日本里三千六百五十二里十八町

長崎至伊太利那不兒計海里八千八百五十里 日本里四千二百二十六里十二町

長崎至佛國馬耳塞計海里九千三百四十六里 日本里四千四百六十里七町

長崎至獨國漢堡計海里一萬一千七百四十六里 日本里五千七百七十里三十一町

長崎至朝鮮釜山浦計海里百六十二里 日本里百七十九里五町

長崎至朝鮮仁川計海里四百五十八里 日本里二百十五里三十四町

長崎至朝鮮元山津計海里四百六十里 日本里二百四十四里二十四町

長崎至魯國浦潮斯德計海里六百五十五里 日本里三百八里二十町

橫濱至布哇計海里三千二百四十三里 日本里千五百二十九里十一町

橫濱至美國桑港計海里五千一百五十六里 日本里二千四百二十八里二十町

橫濱至美國華盛頓都城計海里七千七百九十二里 日本里三千四百七十九里

橫濱至英國倫敦都城計海里一萬五千五百七十二里 日本里五千四百六十三里

橫濱至西班牙計海里九千百二十四里 日本里四千六百八十五里

按日本里法每六尺爲一間每六十間爲一町每三十六町爲一里每一里計中國六里八零每一尺計中國一尺一寸零三七每一英海里合日本六千七十五尺半

以次遞加便可知大略矣

田地

田　二百六十四萬三千六百二十一町

畑　百八十八萬二千八百五十二町

郡村宅地　三十三萬三千三百七十六町

市街宅地　壹萬九千八百十町

山林原野　七百三十三萬四千五百七十六町

鹽田　六千六百九十町

鑛泉地　二町

池沼　六千七百四十七町

種雜地　四千六百八十五町

除皇居神宮山陵幣社官用各地及電線鐵道學校墳墓道路不計外實計千二百二十三萬二千三百五十九町

建置

畿內五國 山城 太和 河內 和泉 攝津

東海道十五國 伊賀 伊勢 志摩 尾張 三河 遠江 駿河 甲斐 伊豆 相模 武藏 安房 上總 下總 常陸

東山道十三國 近江 美濃 飛驒 信濃 上野 下野 岩代 陸前 陸中 陸奧 羽前 羽後 磐城

北陸道七國 若狹 越前 加賀 能登 越中 越後 佐渡

山陰道八國 丹波 丹後 但馬 因幡 伯耆 出雲 石見 隱岐

山陽道八國 播磨 美作 備前 備中 備後 安藝 周防 長門

南海道六國 紀伊 淡路 阿波 讚岐 土佐 伊豫

西海道十一國 筑前 筑後 豐前 豐後 肥前 肥後 日向 大隅 薩摩 壹岐 對馬

北海道十一國 渡島 後志 石狩 天鹽 北見 膽振 日高 十勝 釧路 根室 千島

凡九道 計八十四國

府治三

東京府 武藏　京都府 山城　大坂府 攝津

縣治四十四

神奈川 武藏　兵庫 攝津　長崎 肥前　新瀉 越後　函館 渡島　埼玉 武藏

羣馬 上野　千葉 下總　茨城 常陸　栃木 下野　三重 伊勢　愛知 尾張

靜岡 駿河　山梨 甲斐　滋賀 近江　岐阜 美濃　長野 信濃　福島 岩代

宮城 陸前　岩手 陸中　青森 陸奧　秋田 羽後　山形 羽前　石川 加賀

富山 越中　福井 越前　島根 出雲　鳥取 因幡　岡山 備前　廣島 安藝

山口 周防　和歌山 紀伊　德島 阿波　高知 土佐　愛媛 伊豫　福岡 筑前

大分 豐後　佐賀 肥前　熊本 肥後　鹿兒島 薩摩　札幌 石狩　根室 根室

沖繩 琉球　宮崎 日向

舊設縣志六十近因裁併改革僅存四十四縣琉球本非日本屬宮崎亦近所新增者地誌輿圖間歲不堪憑証此據明治二十年丁亥定制錄之

郡數

畿內道 五十五郡

東海道 一百二十九郡

東山道 一百三十二郡

北陸道 八十一郡

山陰道　三十三郡
山陽道　五十三郡
南海道　九十七郡
西海道　八十六郡
北海道　五十一郡
右九道共七百十七郡沖繩縣不計所謂郡者如中土鄉
間圖社也惟郡皆有名
附考全國面積及周圍里數
本州　周圍二千四百八十四里三八　面積一萬四千五百七十一方里一二
佐渡　周圍五十三里九零　面積五十六方里三三
隱岐　周圍七十五里九七　面積二十一方里六九

淡路　周圍四十里八八　面積三十一方里六九
四國　周圍六百七十五里七六　面積千百八十方里六七
九州　周圍千八百四十五里八一　面積二千六百十七方里五四
壹岐　周圍三十七里二五　面積八方里六三
對馬　周圍二百零六里二三　面積八方里六三
北海道本地　周圍六百五十里四八　面積五千零八十三方里八七
千島三十一島　周圍五百九十一里二四　面積千零十一方里四九
小笠原島十七島　周圍三十七里三六　面積四方里六五
以上均日本里總計周圍七千零十三里七一面積二萬
四千七百九十四方里五一
皇居
神武天皇　都大和橿原
成務天皇　都近江志賀
仲哀天皇　都長門豐原
應神天皇　都大和輕島
仁德天皇　都難波高津
履中天皇　都大和磐余
反正天皇　都河內丹比
允恭天皇　都大和飛鳥
孝德天皇　都難波長柄
齊明天皇　都大和後飛鳥
天智天皇　都近江大津

天武天皇　都大和飛鳥
桓武天皇　都山城平安城
後醍醐天皇　都大和吉野
後小松天皇　都山城平安城
明治帝　都武藏東京
戶數
華族二百三十戶士族五萬五千九百五十四戶平民百六
十六萬千八百三十六戶合計百七十一萬八千二十戶
人口
男千九百十五萬七千八百七十七人女千八百七十一萬
千百十人合計三千七百八十六萬八千九百八十七人

戶口數目均見明治十八年調製戶籍

神社、

古云國有大事在祀與戎誠以嚴祀敬神爲國典所不廢日本迄中古時佛教昌熾其以神道惑人者咸云神爲佛之化身或曰佛之本體驚世駭俗舉國若狂行之千百餘年依然未墜明治維新以後復規仿舊制大封神社於是設國幣社計百三十四府縣社計十八萬九千七百三十九境內無格社計九萬二千七百五十合計二十八萬二千六百二十三社又設神官及教導職計國幣社神官八百二十三人府縣社神官一萬三千九百三十九人教導職一萬四千六百六十八人其分類則有官幣大社官幣中社官幣小社及別格官幣社諸名目日人之佞佛如此殆有過於吳俗信鬼矣

寺院

自欽明十三年百濟國王聖明遣使獻佛像經卷來又有善那使主亦獻佛像來一時舉國崇尚佛教自天子以至庶人度僧尼營寺院樂此不疲大寺多至八萬八千三百七十有七自聖武自稱三寶奴後祝髮爲沙彌勝滿爲天皇披薙之始花山天皇出宮至花山元慶寺削髮禪位皇子其時藩鎭世祿相繼祝髮者不一其人皆出資建寺藉以息影未幾七道諸國亦復取國税以建寺院故舉國之民禿首過半其寺中常有僧兵數千百人不等規模閎敞儼類宮邸嘗起兵助逆犯順豪强兼并橫絕一時其教則有天台宗眞言宗淨土宗臨濟宗曹洞宗黃檗宗眞宗日蓮宗時宗融通念佛宗法相宗諸名目迨明治維新僧數漸減其田畝半皆入官而寺院之多仍有七萬二千十六處讀四百八十寺之詩不數南朝烟雨也遲明行市廛間喃喃念呪之聲不絕於耳施捨月米一如當年於以見習俗入人深且久也

附考各宗

天台宗開祖最澄師姓三津近江人生於神護景雲元年十二歲出家隨行表法師學能旁通經論延歷二十一年奉詔入中國數月歸二十三年復入中國謁國清寺道邃和尚習一心三觀受菩薩戒謁佛隴寺行滿座主授荊溪諸籍謁龍興寺順曉阿闍黎受三部灌頂經陀羅尼經謁翛然受達摩

一派牛頭山法二十四年歸國弘仁十三年六月四日卒年五十六貞觀八年勅賜傳教大師

眞言宗開祖空海姓佐伯讃岐人寶龜五年生師石淵勤操受虛空藏求聞持法遂得度受沙彌十戒又講三論空海初名教海後改如空及受具足戒改名空海延歷二十三年入中國從惠果阿闍黎受顯密兩部大法秘密印信從般若三載得華嚴六波羅密經及梵夾大同三年歸國義和二年三月二十一日卒年六十二延喜二年詔賜弘法大師

淨土宗開祖源空（又名法然）美作久米人父遺命爲僧就叔父觀覺入叡山從源光源光使之從皇圓阿闍黎空師事之剃髮受戒時年十五後遊黑谷從慈眼房叡空改名法然讀惠心

僧往生要集即爲淨土專念宗承元元年率徒弟輩居讚岐五年勅歸洛建歷二年正月卒年八十元祿十年勅贈圓光大師

臨濟宗開祖榮西姓賀陽備中人八歲出家十一歲師安養寺僧靜心十四歲削髮登叡山居三年受求聞持法能通台教仁安三年入中國登天台山得天台新章疏是年九月歸國文治三年又入中國游萬年寺謁黃龍八世嫡孫敞禪師參禪禪師開關鍵授法旨居六年建久二年正月歸國是時將軍賴家建建仁寺於京都振起本宗建保三年卒於相模國壽福寺時年七十五

曹洞宗開祖道元亞相通親子幼頴悟從横川公圓出家通三學貞應二年入中國謁天童如淨禪師授曹洞之書安貞元年歸國建永平寺於越前遂居焉建長五年九月卒於西京之西洞院年五十四明治十三年勅贈佛性傳東國承陽大師

黃檗宗開祖劉琦隱元皇明福建人父林姓遠遊失所在時元年二十即越南海普陀山祈觀世音尋父所在迨物色四方歸家而母亦沒其明年詣黃檗鑑源剃髮崇禎十年元爲檗山法嗣明亡元東渡來長崎入興福寺明曆元年復入筑紫崇福寺又居攝津普門寺萬治元年將軍家光延師引見盛稱德望居洛南宇治郡大和田創黃檗山萬福寺以山爲開基延寶元年[illegible]四月卒勅賜大光普照國師

眞宗開祖親鸞京師人藤原有範子也九歲入青蓮院隨慈鎭師出家學天台教相二十九歲謁黑谷源空歸淨土專念宗改名綽空一日夢六角堂觀世音現僧形口誦四句文曰行者空報設女犯我成玉女自被犯一生之間能莊嚴臨終引導生極樂鸞以爲奇適前太政大臣兼家請以其女妻鸞鸞固辭空誦夢中四語諭之鸞始從兼家女改名善心又稱善信源空事流傳越後甚廣實承元元年也後五年取道東北布施教化二十五年後仍名親鸞貞元元年歸洛弘長二年卒年九十明治十一年勅贈見眞大師

日蓮宗開祖日蓮姓三國安房人十二歲師事淸澄山道善僧英㚑超邁夙擅才名後登叡山入定心院削髮受戒奮然有普濟衆生之志常以念佛無間禪天魔眞言亡國律國賊十四字演說街頭力詆他宗時北條時賴執權聞之大怒捕流伊豆居三年赦歸鎌倉日蓮不屈復毆諸宗時賴捕之擬斬後減一等流佐渡國文永二年赦婦（歸）往甲斐開身延山弘安五年十月卒於武藏池上宗仲家年六十一

時宗以空也上人爲大祖以一遍上人爲開祖遍姓河野字知眞伊豫人曾見二妾嫉妬頓發菩提心入繼教寺出家登叡山受戒學台教文治三年從西山聖達受他力本願宗十一年改名知眞坊登熊野山大悟行住坐臥口不絕念佛忽一夜有老僧入夢曰一切衆生須聞六字既有佛名必生佛種女宜教化之乃授七言四句遍遵其言巡教諸國正應二

年八月卒於攝津觀音寺年五十一、按時宗僧多蓄髮有妻者其髮不結及肩
融通念佛宗開祖良忍尾張人也十二歲登叡山剃髮受戒受台教於良賀嘉保二年入永緣室又從永覓受密灌兼通音曲能究淨土法音仙室妙曲等一日有異人來言曰願以融通念佛功德别設一宗天承二年二月卒年六十一勅贈
聖應大師
法相宗元興寺沙門僧道昭爲開祖昭於白雉四年入中國從元弉三藏授相宗章疏齊明帝四年知通知達復入中國從玄弉三藏受無性衆生之義又從慈恩學唯識歸朝後大弘相宗及義淵歸自中國其宗益盛按義淵姓岡連大和高市郡人其父祈生子於觀世音前一夕聞戶外小兒啼出見籬畔有包子一開視即兒也天智天皇聞之召養宮中與皇子共飲食後出家學唯識入中國見智周授法訣已而歸國大宏其宗神龜五年十月卒義淵弟子有行基道慈玄昉良辨宣教隆尊等皆能繼厥宗云

橋梁
通國橋梁甚夥有石橋木橋甎橋鐵橋諸名目其最大者如山城三條橋長五十八間五條橋六十五間淀大橋百三十八間宇治橋八十四間伏見豐後橋百三間又武藏永代橋百十間新大橋百十四間兩國橋九十六間大川橋七十六間千住橋六十間餘又浪花天神橋百七間天滿橋百十間難波橋百二十八間又東海道勢田橋九十六間矢矧近名矢作橋一百八間吉田橋百二十間皆臥若長虹以外尙多不勝枚舉

車數
一馬車千七百六十六
一人力車我國人呼東洋車十六萬六千六百五十九
一荷物車四十一萬七千五百三十四

船數
一西洋蒸汽船三百九十
一西洋風帆船四百十九
一日本貨船一萬五千四百十九
一觧魚船及海川小廻船四十六萬二千四十五

物產
國中有金銀銅鐵鉛煤各鑛所出木料多松杉檜柏樅槐樟

櫃之屬花木則山櫻海棠梅桃竹菊紫薇夜合木蘭辛夷牡丹菖蒲芍藥薔薇紫陽杜鵑紫藤楊柳牽牛石楠木瓜芰荷等果實則橘柚柑橙梨棗杏李榛栗石榴枇杷林檎葡萄西瓜甜瓜等布穀則絲麻綿花及稻黍菽麥豆米蕎麥等走獸則猿兎豺狼狐狸猴鹿而無虎豹犀象間有之亦皆自外國來者家畜之獸更有牛馬豕羊猫狗等飛禽則鴛鴦孔雀白鷴鸞鶴鳶鸛鴻鴈鴉燕鶥雀雞鴨鷺梟雉鴿等魚貝則鯨魚江豚鰊鱟比目鬂子華臍海鷂大口鱒鯊鮭鱘鱸鯉鯽鰻及龍蝦螃蟹蛛蟶蠣蛤蚌等其餘海菜如海參鰒鰻鰹節海苔野菜如葱韭之類甚多至植物用物更有珊瑚珍珠玳瑁及玳瑁器具水晶石炭硫磺寶石瑪瑙鷳𪃃茶葉烟草人參昆布乾烏賊香

蕈螺鈿器干絲鼠縮緬鴈皮紙自來火樟腦銅器刀劍扇團扇印色之屬衣料有錦繡羅綾布帛紗絹及各種染色飲食有酒醬沙糖鹽油等居室有筵席瓦甎屏風紙障等器具有農具武具工具及漆器陶器什器等雜品有筆墨硯諸色其他書畫雕鏤之屬藝術者指不勝屈

物產附考

北海道轄地多產人參山脉自北而南其發脉之源從中俄來者故參亦銷中土更有杉木板雜樹二者亦爲中土交易大宗所產珊瑚有紅白黃各色大者恒六七尺人爭購之不若我國堅潤光澤耳見日本述略

山嶺雖多而宜種稻因山爲田梯級而上不憂荒旱少連陰苦雨一雨即晴山項之水層級下潤不勞農力古所謂瑞穗國者殆即是歟同上

國中各礦皆用機器挖取亦有僱泰西人爲匠首者聞所產之煤不如臺灣磁州所產之銅不如越南呂宋同上

茶以山城爲最佳美利堅人購之歐羅巴人不欲也近有西商延中人製紅茶味薄不如我產日本出口以茶爲大宗歲可得洋四百萬元近亦歲有所減其穀雨以前名曰頭春大暑以後名曰尾春皆運來橫濱再裝出口見日本雜事詩註

信州產麪色白勝雪世所珍貴有諺語曰信州好蕎麥情郎好顏色不食猶可云遲郎愁煞我同上

造紙皆棉料潔白而堅然無大幅至大者縱橫不逾二尺更有用莞花蕘花瑞香花以爲質者其尤者薄潔光滑乃蕘花所製名曰雁皮而價值極昂以摹碑帖誠爲上品今更仿西法用器機以敗絮爲之與洋紙無異見日本述畧

沿海產鯨魚捕之者常千數百人鳴金擊鼓以爲號令嚴明整肅如臨大敵得其一恒數千萬斤飛赴各國售賣鮮不獲利同上

產鯊魚析翅曝乾海參曰海鼠鰒魚遊魚海苔昆布皆售與中土歲入金錢數百萬日人不知如何食法同上

九州濱海多產蚌蛛而大村尤夥居民於潮退後入海求之嚴冬食信石少許酌者以酒代之得蚌剖食有剖千萬而不得一者有剖一而得三五至數十粒者其小大並不在蚌之

新與老也同上

所產水族異怪不可方物蟹有五色大可二三觔其式扁左右皆尖角殼色大都無異常覆其臍則青藍紅綠光怪離奇魚類多不識其名有蛇婆魚有黑魚四足而小於鯢有馬鞭魚似鱔而長其吻有琵琶魚大腹小頭四刬在項如琵琶之轉柱有人而魚形圓而具眼耳口鼻皆肖形以爲名更有魚虎形圓而有毛似蝟翻車魚狀如提皷而有兩翼他如魚身似葫蘆而手足具焉長可數尺色紅有斑如圈似火蛇鍊之狀形如釜蓋者不可勝數令人畏怖我國商於是者多不嗜之同上

縮緬甚佳中土謂之野鷄葛輕靈柔輭紋細愛人同上

錦繪亦極華彩三國志所著倭錦是也史言雄畧十四年吳人遣漢織吳織女工來（今布店仍名吳服太物類蓋此遺也）始有織西京所出錦最佳杜陽雜編曾稱女王國有明霞錦光耀芬馥五色相間其美豔可想見矣（同上）

紙扇一名聚頭扇實始於日本以竹劄爲七根或十三根長僅四五寸寬三指便於取攜宋時由高麗流入中國東坡謂高麗白松扇展之廣尺許合之止兩指又皇宋類苑云熙甯間遊相國寺見賣日本扇者琴漆柄以鴉青紙如餅揲爲旋風扇淡粉畫平遠山水筆勢精妙及成祖時源道義稱臣以之充貢成祖遍賜羣臣並仿其製而中國大行蓋中土凡製一物時翻花樣愈製愈精日益華麗日本陳陳相因永無變異故視我國紙扇恒寶貴焉（同上）

從前雞之抱卵聽其自生蓋取雞子去其骸者使母雞以翼覆之日滿雛出今於泰西中土效養育樹藝各法譯書著說設局以教人始知火烤一法可以助其母之粥粥耳（同上）

通國不重寶石珠玉之類而三島之山不第恒河沙數五金皆產玉藏於璞不知淹沒幾許連城也（同上）

北海道天臨接壤有庫頁島又曰樺太洲西鄰於俄日本蝦夷與俄羅斯人攙雜相處不知屬於何國明治八年日俄畫界以庫頁島歸俄俄以舊屬千島歸日本其樺太一洲以漁獵爲生多椴松鯨鰐並產海帶極稱富庶而千島未聞有利益云（同上）

居民煑海爲鹽置沙田數百畝以沙圍方池如井欄狀汲海水貯其中使從沙濾過清泥汁入釜燉之即成白鹽（同上）

漆硯產南海道清輕如落葉甚便取攜爲高松漆工象谷所造亦其國名產

名勝

福濟寺在長崎縣治北石穀山下其寺基本村主氏宅址正保年有道人覺晦者結庵居此奉祀聖母往來商船祈禱必應至慶安三年有僧戒琬者東來留錫於此名此寺曰分紫山福濟寺緣僧戒琬本明泉州紫雲山僧以分紫名者蓋不忘本也三年檀越陳道隆率泉南父老捐金改建此寺爲長崎第一勝境觀遠山吞碧海氣象萬千寺前有石如鼓腹鐫花木鳥獸於上旁有支院名曰桑蓮居永聖院舊有四景曰具瞻草亭下方鐘聲江干漁火烟雨歸帆

長崎鎮東北三里有烽火山舊名斧山疊巘峭拔高二百十餘仞西南俯瞰天塹千里一目盡收寬永中始置烽堠於此上有一峰即爲烽臺外寇若至則舉烽火視於諸方因改今名山之野曠名曰華蓴南有一峯通一線路名曰狗走其處松石最佳鎮臺牛氏嘗題十景曰染筆孤松飲澗龜石廻麓鳴瀧積谷清風罨畫奇巒潮汐飛帆漁樵交市崎江湧月碧峯夕映高台雪鑑

日光山即黑髮山爲日本第一名勝地其山上多諸侯陵寢古柏蒼松陰蔽天日山中有十二景寺宇崇隆形頗壯麗階

級均百數十層入寺者洵非一蹴所能幾國中好事者來此皆有詩記或另作游草刊刻示人其山距京都凡我國三百餘里近通火車竟日可達余屢欲躡屐一遊以不通語言又苦無伴故至今未果

東京以名勝聞者木下川之松日暮里之桐龜井戶之藤小西湖之柳堀切之菖蒲蒲田之梅花目黑之牡丹瀧川之丹楓向島之櫻花皆艮辰美景遊屐雜沓之處

國中梅花以月瀨爲第一月瀨在東海道山邊郡齋藤拙堂著有月瀨紀勝若干卷

瀞溪在南海道水流無聲其色紺碧艶緑土人呼爲度呂言水瀞不動也夾岸奇巖層出千姿萬態不可殫述巖上古木茂樾蔽翳曦影如壺中洞裏天然其巖蟲者如壁之削圓者如釜之覆横者如屏牆之環蹲者如虎豹層者如樓閣縫裂爲紋大者如冰裂細者如縠縐或陂陁或平衍可步可攀有巖洞窈窕似神仙之居有屹立水中爲蓬壺之容者盤亘攢列如此者凡八町緑苔野草點綴其間俯視仰觀爲之應接不暇

耶馬溪在西海道其山岩嶸重疊有圓者有尖者有凸者有罅者有連者有斷者有層堆者有繚繞如垣者有聳拔如筍者高低大小體殊萬狀水亦縈廻激湍挾浪翻濤過柿板山亦從水屈曲每十餘町一折每折爲別境其中殆如前後無路入于重圍中如此者數回每一回山色水態種種自別使

人回顧不厭雖使善畫者如吳道子畫嘉陵山水恐亦非一紙所能盡也

山陽道都濃郡有五橋排列名錦帶橋俗呼爲五龍橋智者創物自出機杼計五橋連架長百二十五間左右兩橋疊巨石代柱圍八九間高四間前後有稜角以殺水勢如是者凡四橋棟不用大木連接小材以鐵箍之數百小材爲一棟棟凡五條又有横材維持之形如算盤其上横板爲橋幅一丈半每一橋長二十間餘中間三橋不用柱彎如偃月以別於左右可稱奇構

古蹟

長崎戶暐山東北丹組溪路之右有葯師岩其形突兀望之若胡盧高廣一十餘丈世傳葯師佛現身於此凡有求必應今岩面刻有藥師像

長崎雷公岡側柿樹太郎之上有旻德墩寬永中明商人何旻德嘗鑄假金官捕得之戮於此墩後人因以爲名

後谷在長崎八氣山西幽曠深邃長三里許至健山下而盡中有古木一株朽腐成竅上下貫通中可容二三人趺幹深葉俗傳此木甚靈異若折幹泄枝必爲之祟

燒香島在長崎深堀邑前廣袤二十三里中有護摩崕崕下有寺我國東渡者多寓於此旁有古井相傳係空海大師所鑿至今往往見異島多生天南星

源賴政官從三位埋骨處距西京三十里許治承年間源賴

政討平相國清盛不克戰於宇治兵敗自刎其臣渡邊唱奉其首來葬於此即今之源賴政埋骨處古河侯爲建專祠崇血食賴政事雖不成而徽其同族賴朝並舉義旗終得克戡平氏平源興廢實基於此首倡之功亦偉矣哉（見蒹華館詩錄）

紀鴻臺在下總國南岸爲遊日光河路必經之道天文年間里見義宏與北條氏康政父子戰處是役也義宏敗績自是北條氏兵威益雄於關中距今三百五十餘年矣然遺跡固可考也（同上）

鎌倉距横濱三十里爲大將軍舊幕養和六年源賴朝據之時宋仁宗十七年也北條足利襲其迹雄鎭關東八幡宮內悉藏古器賴朝之冑秀吉之刀信元之角弓家康之竹杖雜

然具陳有銅鏡一具斑駁光采相傳爲神功后物漆匣內藏故紙爲後鳥羽賜源賴朝之勅筆勢飛動草法殊佳出宮數里有銅佛露坐山麓高數丈空其腹中容石像數十具回首當年不勝物換星移之感（摘錄何公使如璋使東述略）

楠正成墓在兵庫縣湊川墓上有碑一方上書嗚呼忠臣楠子之墓八大字知爲源光國所題其外植櫻花數百樹手澤所留重於大璧尙有神鈴塑像能文者皆有以紀之

湯津上村（在東山道）有那須國造墓墓旁有祠其墓上碑高四尺有蓋如笠俗呼是祠爲笠石祠以御影石作之數經模榻石面如新然其字頗小極難讀此碑文武天皇大寶前所建至今丁亥千八十六年考貞享四年水戶義公遺儒臣佐佐宗

純撿視始知爲國造墳元祿初新鑄鏡瘞之更築造碑亭以置守戶碑文爲韓人所撰後用唐武后永昌紀元年號宗純及長久保元珠新井君美鈴木石橋數家皆有考證聞有病者來此祈禱亦著靈應今土人不知爲國造碑但呼曰笠石神知相沿久矣

足利學校在橡木縣屬其舊有卌凡一町四方環以小隍中有大槻樹數十章維新後皆剪伐今植桐木遺址半改爲小學校旁有孔廟廟四間而方有回廊廟門四腳名曰杏壇中藏聖像其兩楹有小野篁遺像不知何許人是處本有書庫維新後頹廢書亦散佚其書爲三四百年前物今之存者皆可寶貴者也

北陸道眞法寺有苔梅幹大數十圍根分爲三苔封盈樹斑駁陸離虬枝扶踈相傳爲順德天皇手植之物

北陸道九谷地方在山代東數里山下有陶器窰土人取山中土至此爲陶器即世所稱九谷窰者

北陸道足羽郡有新田公戰死遺蹟萬治三年國主松平光通立豐碑上書新田某戰死所距二三町有小橋土人呼爲回馬橋又有一水相傳洗公首處呼爲赤川明歷中土人穿地又得一鐵兜其兜有元應元年八月造及銘辭則此地爲公死所固無疑矣

東海道愛智郡內有天守閣閣拓地凡廿五間基壘皆石爲壁高丈餘架以五層閣自初層至上頭凡十七間初層廣二

十間横少減之二層亦同三層以上稍減五層闊九間横亦稍減柱徑尺餘其大者二尺俗所謂八棟造者葺以銅瓦甍頭鎮以金鯱往年嘗陳之東京及西洋博覧會者閣下基石鐫加藤肥後守字每層設二階梯折而登至上層開軒四顧不僅烟火萬家矣

東海道不破郡有不破關遺址關爲日本三關之一兩阜相逼地頗狹隘比之雄冰函嶺幾如培塿關址有戶長官舍下有關址碑尾人秦鼎所撰其東即爲關原古所謂不破野亦謂之青野北行二町原野中有甃石爲壇廣四五間有一柴門謂即德川將軍戰捷撿西將首級地

徐福墓在熊野新宮舊城東田隴中有二樟樹極老碑面題

秦徐福之墓五字南龍公所建王代一覽云徐福來東在孝靈帝六年正史無所見不知其何據也距墓二三町田間又有小壠七相傳爲徐福從者墳又距此東數里有徐村爲徐福東來繫船處又聞往年有穿福墓得銅器者其人歸即病熱大恐復埋之福所齎來鞍轡今藏熊野社神庫福墓北有一孤峯呼爲蓬萊山其旁有福祠今已頹圮

三國嶺在西海道大野郡明治十年薩人拒官軍於此

鹿兒島郡有西鄉隆盛等百餘人墓纍纍相屬墓前有祠堂堂旁有墓戶隆盛墓題西鄉隆盛墓五字其左右則桐野篠原別府逸見諸人墓各題姓名隆盛碑高四尺許趺石最大長丈許幅四尺許後面用二石配之其他諸人趺石稍小碑大則同

西海道下毛郡有羅漢寺石山峙立鑿巖安五百羅漢像無他異也

山陽道閑谷地方有學校一所其學校東有孔廟又其東有芳烈公祠曰閑谷神社二廟雖不宏壯而結構堅緻各有廟門孔廟西有講堂方二十間圓柱皆用欅木光澤可鑑經營後二百年不少傾圮講堂西有塾舍數宇及教官屋舍講堂南一小庵廣纔十間爲芳烈公少時讀書處

近江國唐崎社前有靈松一株高凡十五間餘周圍三丈七尺餘東西四十間南北四十八間計松枝三百八十餘本頗著靈應有病者禱之即愈聞此松洵爲千年前之物云

皇宮

新皇宮（在江戶城內即德川氏舊幕府）

離宮

赤坂離宮

青山離宮

濱離（亦名延遼館）

東京官署攷

宮內省（在赤坂離宮中）

外務省（在外櫻田霞關）

內務省（在神田橋內大手町壹町目）

大藏省（同上）

陸軍省（在有樂町壹町目）

海軍省（在赤坂區葵町一番地）

文部省（在神田橋內大手町壹町目）

工部省（在虎門外溜地葵町）

司法省（在麴町區有樂町）

元老院（在麴町區祝田町）

警視廳（在數寄橋內）

東京府廳

農商務省（在麴町區大手町二丁目）

遞信省（在京橋區木挽町八丁目）

大審院（在麴町區有樂町）

東槎聞見錄卷二

六合陳家麟輯

皇統

上古有天神七世地神五世天照大神者地神第一世也自天照大神傳五世至神武天皇由神武天皇元年至今明治二十年歷二千五百四十七年凡百二十一傳一姓相承國祚最久其繼承之法以傳世爲正間有傳弟傳孫者又有國后承帝位者推古（敏達帝后）持統（天武帝后）皇極（舒明帝后）是又有女裔承帝位者元明元正孝謙明正後櫻町是定嗣之法不一或國后命或群臣議或有遺詔或卜筮之或推皇親之長有名望者史冊昭然歷歷可考由神武至齊明稱踐阼由天智以下或踐阼或即位二者並稱讓位自繼體天王始後之效此者五十八帝或疾病或衰老或皇子已長或災害頻仍自後宇多帝以來權臣北條足利兩氏專權往往有此遜位乃迫於不得已史載陽成帝有疾避位花山帝密脫宮禁削髮仲恭帝爲後鳥羽順德二帝舉事不果而遜位是更有廢位如淳仁爲孝謙所廢光嚴爲後醍醐所廢崇光爲村上所廢載之史乘直言不諱今考其世系如左

第一世 神武天皇（名神日本磐余彥火火出見尊彥波瀲武鸕鷀草葺不合尊子在位七十六年）

第二世 綏靖天皇（名神渟名川耳尊神武天皇子在位三十三年）

第三世 安寧天皇（名磯城津彥玉手見尊綏靖天皇子在位三十八年）

第四世 懿德天皇（名大日本彥耜友尊安寧天皇子在位三十四年）

第五世　孝昭天皇　名觀松彥香殖稻尊懿德天皇子在位八十三年

第六世　孝安天皇　名日本足彥國押八尊孝照天皇子在位百九年

第七世　孝靈天皇　名大日本根子彥太瓊尊孝安天皇子在位七十六年

第八世　孝元天皇　名大日本根子彥國牽尊孝靈天皇子在位五十七年

第九世　開化天皇　名稚日本根子彥大日日尊孝元天皇子在位六十年

第十世　崇神天皇　名御間城入彥五十瓊殖尊開化天皇子在位六十八年

第十一世　垂仁天皇　名活目入彥五十狹茅尊崇神天皇子在位九十九年

第十二世　景行天皇　名大帶彥忍代別尊垂仁天皇子在位六十年

第十三世　成務天皇　名稚足彥尊景行天皇子在位六十年

第十四世　仲哀天皇　名足仲彥尊景行天皇孫成務天皇姪在位五年

第十五世　應神天皇　名譽田別尊仲哀天皇子在位四十一年

第十六世　仁德天皇　名大鷦鷯尊應神天皇子在位八十七年

第十七世　履仲天皇　名火兄去來穗別尊仁德天皇子在位六年

第十八世　反正天皇　名蝮瑞齒別尊履仲天皇弟在位六年

第十九世　允恭天皇　名雄朝津間稚子宿禰尊反正天皇弟在位四十二年

第二十世　安康天皇　名穴穗尊允恭天皇子在位三年

第二十一世　雄略天皇　名大泊瀨幼武尊安康天皇弟在位二十三年

第二十二世　清寧天皇　名白髮武廣國押稚日本根子尊雄略天皇子在位五年

第二十三世　顯宗天皇　名弘計尊履仲天皇孫仁賢天皇弟在位三年

第二十四世　仁賢天皇　名億計尊顯宗天皇兄在位十一年

第二十五世　武烈天皇　名小泊瀨稚鷦鷯尊仁賢天皇子在位八年

第二十六世　繼體天皇　名男大迹尊應仁天皇五世孫在位二十九年

第二十七世　安閑天皇　名廣國押武金日尊繼體天皇子在位二年

第二十八世　宣化天皇　名武小廣國押盾尊安閑天皇弟在位四年

第二十九世　欽明天皇　名天國排開廣庭尊繼體天皇子安閑天皇弟在位三十三年

第三十世　敏達天皇　名渟名倉太珠敷尊欽明天皇子在位十四年

第三十一世　用明天皇　名橘豐日尊敏達天皇弟在位二年

第三十二世　崇峻天皇　名泊瀨部若雀尊用明天皇帝在位五年

第三十三世　推古天皇女帝　名豊御食炊屋姬天皇崇峻天皇姊在位三十六年

第三十四世　舒明天皇　名息長足日廣額天皇敏達天皇孫在位十三年

第三十五世　皇極天皇女帝　名天豐財重日足姬天皇舒明天皇女在位三年

第三十六世　孝德天皇　名天萬豐日天皇極天皇弟在位三年

第三十七世　齊明天皇　皇極天皇重祚在位七年

第三十八世　天智天皇　名天命開別天皇舒明天皇子在位十年

第三十九世　弘文天皇　名大友皇子天智天皇子旋崩

第四十世　天武天皇　名天渟中原瀛眞人天皇天智天皇弟在位十五年

第四十一世　持統天皇女帝　名高天原廣野姬天皇弘文天皇姊天武天皇后在位十一年

第四十二世　文武天皇　名天之眞宗豐祖父天皇天武天皇后在位十一年

第四十三世　元明天皇女帝　名日本根子津御代豐國成姬天皇持統天皇妹草壁皇子妃在位七年

第四十四世　元正天皇女帝　名日根子高瑞淨足姬天皇文武天皇妹在位九年

第四十五世　聖武天皇　名天璽國押開豐櫻彥天皇文武天皇子在位二十五年

第四十六世　孝謙天皇女帝　名阿信璽武天皇女在位十年

第四十七世　湻仁天皇　名大炊天武天皇孫在位六年

第四十八世　稱德天皇女帝　名高野天皇孝謙天皇重祚在位五年

第四十九世 光仁天皇 名天宗高紹天皇天智天皇孫在位十二年
第五十世 桓武天皇 名日本根子皇統彌照天皇光仁天皇子在位二十四年
第五十一世 平城天皇 名日本根子天推國高彦天皇桓武天皇子在位四年
第五十二世 嵯峨天皇 名神野平城天皇弟在位十四年
第五十三世 湻和天皇 名日本根子天高讓彌遠天皇嵯峨天皇弟在位十四年
第五十四世 仁明天皇 名日本根子天璽豐聰天皇嵯峨天皇子在位十七年
第五十五世 文德天皇 名道康仁明天皇子在位八年
第五十六世 清和天皇 名惟仁文德天皇子在位十八年
第五十七世 陽成天皇 名貞明淸和天皇子在位八年
第五十八世 光孝天皇 名時康文德天皇弟在位三年
第五十九世 宇多天皇 名定省光孝天皇子在位十年
第六十世 醍醐天皇 名敦仁宇多天皇子在位三十三年
第六十一世 朱雀天皇 名寬明醍醐天皇子在位十六年
第六十二世 村上天皇 名成明朱雀天皇弟在位二十年
第六十三世 冷泉天皇 名憲平村上天皇子在位二年
第六十四世 圓融天皇 名守平冷泉天皇弟在位十五年
第六十五世 花山天皇 名師會冷泉天皇子在位二年
第六十六世 一條天皇 名懷仁圓融天皇子在位二十五年
第六十七世 三條天皇 名居貞花山天皇弟在位五年
第六十八世 後一條天皇 名敦成一條天皇子在位二十年
第六十九世 後朱雀天皇 名敦良後一條天皇弟在位九年
第七十世 後冷泉天皇 名親仁後朱雀天皇子在位二十三年

第七十一世 後三條天皇 名尊仁後冷泉天皇弟在位四年
第七十二世 白河天皇 名貞仁後三條天皇子在位十四年
第七十三世 堀河天皇 名善仁白河天皇子在位二十一年
第七十四世 鳥羽天皇 名宗仁堀河天皇子在位十六年
第七十五世 崇德天皇 名顯仁鳥羽天皇子在位十八年
第七十六世 近衛天皇 名體仁崇德天皇弟在位十四年
第七十七世 後白河天皇 名雅仁近衛天皇兄在位三年
第七十八世 二條天皇 名守仁後白河天皇子在位七年
第七十九世 六條天皇 名順仁二條天皇子在位三年
第八十世 高倉天皇 名憲仁六條天皇弟在位十二年
第八十一世 安德天皇 名言仁高倉天皇子在位五年
第八十二世 後鳥羽天皇 名尊成安德天皇弟在位十五年
第八十三世 土御門天皇 名爲仁後鳥羽天皇子在位十二年
第八十四世 順德天皇 名守成土御門天皇弟在位十一年
等八十五世 仲恭天皇 名懷成順德天皇子在位四月
第八十六世 後堀河天皇 名茂仁高倉天皇孫在位十一年
第八十七世 四條天皇 名秀仁後堀河天皇子在位十年
第八十八世 後嵯峨天皇 名邦仁土御門天皇子在位四年
第八十九世 後深草天皇 名久仁後嵯峨天皇子在位十三年
第九十世 龜山天皇 名恒仁後深草天皇弟在位十五年
第九十一世 後宇多天皇 名世仁龜山天皇子在位十三年
第九十二世 伏見天皇 名熙仁後深草天皇子在位十一年

第九十三世 後伏見天皇 名濟仁伏見天皇子在位三年

第九十四世 後二條天皇 名邦仁後宇多天皇子在位六年

第九十五世 花園天皇 名富仁後伏見天皇弟在位十年

第九十六世 後醍醐天皇 名尊治後二條天皇弟在位二十一年

第九十七世 後村上天皇 名義良後醍醐天皇子在位二十九年

第九十八世 後龜山天皇 名熙成後村上天皇子在位二十四年

北朝 光嚴天皇 名量仁後伏見天皇子在位二年

北朝 光明天皇 名豐仁光嚴天皇弟在位十一年

北朝 崇光天皇 名興仁光嚴天皇子在位三年

北朝 後光嚴天皇 名彌仁崇光天皇弟在位二十年

北朝 後圓融天皇 名緒仁後光嚴天皇子在位十一年

第九十九世 後小松天皇 名幹仁後圓融天皇子在位三十年

第一百世 稱光天皇 名實仁後小松天皇子在位十六年

第一百一世 後花園天皇 名彥仁崇光天皇孫在位三十六年

第一百二世 後土御門天皇 名成仁後花園天皇子在位三十六年

第一百三世 後柏原天皇 名勝仁後土御門天皇子在位二十六年

第一百四世 後奈良天皇 名知仁後柏原天皇子在位二十一年

第一百五世 正親町天皇 名方仁後奈良天皇子在位二十九年

第一百六世 後陽成天皇 名周仁正親町天皇孫在位二十五年

第一百七世 後水尾天皇 名政仁後陽成天皇子在位十八年

第一百八世 明正天皇女帝 名興子後水尾天皇皇女在位十四年

第一百九世 後光明天皇 名紹仁明正天皇弟在位十二年

第一百十世 後西院天皇 名良仁後光明天皇弟在位八年

第一百十一世 靈元天皇 名識仁後西院天皇弟在位二十四年

第一百十二世 東山天皇 名朝仁靈元天皇子在位二十二年

第一百十三世 中御門天皇 名慶仁東山天皇子在位二十六年

第一百十四世 櫻町天皇 名昭仁中御門天皇子在位十二年

第一百十五世 桃園天皇 名遐仁櫻町天皇子在位十五年

第一百十六世 後櫻町天皇女帝 名智子桃園天皇姊在位八年

第一百十七世 後桃園天皇 名英仁桃園天皇子在位九年

第一百十八世 光格天皇 名兼仁東山天皇孫在位三十七年

第一百十九世 仁孝天皇 名惠仁光格天皇子在位二十九年

第一百二十世 孝明天皇 名統仁仁孝天皇子在位二十一年

第一百二十一世 明治帝 各睦仁孝明天皇子

親王

親王中稱伏見宮桂宮有栖川宮閑院宮爲四親王數百年間世襲之其有削髮爲僧者則謂之門跡另建行宮如仁和寺宮大覺寺宮妙法院宮聖護院宮照高院宮靑蓮院宮勸修寺宮梶井宮曼珠院宮毘沙門宮圓滿院宮之類是明治元年更革舊制改行宮之稱復封親王更賜宮號有伏見宮桂宮有栖川宮閑院宮小松宮北白川宮山階宮久邇宮華頂宮梨本宮其餘王裔皆賜姓爲華族明治十四年日皇以小松宮有勳勞特列之爲皇族云

將軍世系

自建久三年源頼朝任征夷大將軍至慶應三年德川慶喜辭征夷大將軍凡六百七十六年國君徒擁虛器政柄下逮權門源平公族作倆於前繼其後者爲北條氏世爲陪臣執國命者九世飛揚跋扈名震一時屢廢國主民至今惡之自足利織田豐臣及乎德川公室日卑外侮沓至於是處士橫議創尊攘之論將軍之統遂亡（德川氏亡在同治七年）今據鎌倉將軍家譜京都將軍家譜織田豐臣德川諸氏家譜備考世系亦以見興廢盛衰之不常云

源頼朝　左馬頭義朝第二子建久三年任將軍正治元年卒

頼家　頼朝長子建仁二年任將軍元久元年爲北條時政所追自殺

實朝　頼朝第二子建久三年任將軍承久元年爲姪公曉所弑

藤原頼經　攝政道家第三子嘉祿二年任將軍仁治二年傳將軍職於子頼嗣

頼嗣　頼經長子寛元二年任將軍建長四年爲北條時頼所廢

宗尊親王　後嵯峨天皇子建長四年任將軍文永十一年卒

惟康王　宗尊親王子文永三年任將軍正應二年爲北條貞時所廢

久明親王　後深草天皇第三子正應二年任將軍延慶元年爲北條貞時所廢

守邦親王　久明親王子延慶元年任將軍元弘三年卒

護良親王　後醍醐天皇第四子元弘三年任將軍建武二年爲足利直義所弑

成良親王　後醍醐天皇第六子建武元年任將軍延元三年卒

足利尊氏　貞氏子延元三年任征夷大將軍正平十三年卒

義詮　尊氏子正平三年任將軍二十二年卒

義滿　義詮子正平二十三年任將軍應永元年卒

義持　義滿子應永元年任將軍正長元年卒

義量　義持子應永三十年任將軍三十二年卒

義教　義滿第三子永享元年任將軍嘉吉元年爲赤松滿祐所弑

義勝　義教子嘉吉二年任將軍三年落馬死

義政　義教第二子文安六年任將軍延德二年卒

義尙　義政子文明五年任將軍延德元年卒

義植　義政孫義視子延德二年任將軍大永三年卒

義澄　義教孫政知長子明應三年任將軍永正八年卒

義晴　義澄長子大永元年任將軍天文十九年卒

義輝　義晴長子天文十六年任將軍永祿八年爲三好松永等所弑

義榮　義澄孫義維長子永祿十一年任將軍旋卒

義昭　義晴第二子永祿十一年任將軍慶長二年卒

織田信長　信秀第二子天正五年任內大臣十年爲明智光秀所弑

豐臣秀吉　天正十三年任內大臣十四年任太政大臣慶長三年卒

秀次　秀吉姪天正十九年任關白文祿四年自殺於高野山

秀頼　秀吉子慶長元年任內大臣元和元年滅亡

德川家康　慶忠長子慶長八年任征夷大將軍右大臣元和二年卒

秀忠　家康第三子慶長十年任將軍寬永九年卒

家光　秀忠長子元和八年任將軍慶安四年卒

家綱　家光長子慶安四年任將軍延寶八年卒

綱吉　家光第四子延寶八年任將軍寶永六年卒

家宣　家光孫綱重長子寶永六年任將軍正德二年卒

華族

家繼（家宣第三子正德三年任將軍享保元年卒）

吉宗（光貞第四子享保元年任將軍寶歷元年卒）

家重（吉宗長子延享二年任將軍寶歷十五年卒）

家治（家重長子寶歷十五年任將軍天明六年卒）

家齊（治濟長子天明七年任將軍天保十二年卒）

家慶（家齊第二子天保八年任將軍嘉永六年卒）

家定（家慶第四子嘉永六年任將軍安政五年卒）

家茂（齊順子安政五年任將軍慶應二年卒）

慶喜（齊昭第七子慶應二年任將軍旋辭職而將軍廢）

華族合計男女三千二百六十三人按明治二年六月十七

曰朝廷廢諸侯公卿列爲華族分三種一曰皇別（皇統之別業也）二曰神別（神代之系也）三曰外別（外國之系）計皇別三十有四神別二十有五外別五皆可考宗祖之所自出其世祿俸較昔時僅存二十之一明治九年有代穀以金之令十七年定封爵五等曰公曰侯曰伯曰子曰男以別等差此今昔不同情形也據明治十七年內務調查人員錄考之幷述其大略如此

士族

士族合計男女百九十四萬五千六百三十八人明治二年六月廢封建之時盡以列藩家臣改爲士族其後散處各府縣凡在官者額定祿制供職如常維新以來如薩摩長門以勳績入官者亦曰士族據明治十九年職官錄考之益信士族較昔爲多云

歷史

史載神武天皇平定海內即位大和之橿原至三十餘世皇極天皇之時蘇我蝦夷父子蔑皇家弄王權於是天皇子中大兄與藤原鎌足謀誅之復神武之績是爲天智天皇歷十餘世至文德天皇藤原氏勢威甚熾數世後政歸掌中保元平治以來平氏漸興藤原氏與王家皆衰及源賴朝亡平氏開霸府於鎌倉政權全歸武門嗣北條氏以陪臣執國政從而亡矣後醍醐天皇之時募勤王之師討滅北條氏國政復歸王家未幾足利尊氏擧兵反立後深草天皇之裔爲北朝後醍醐天皇南幸大和據吉野爲南朝更數十年南北合

一政權在足利氏又十餘世政令不行諸侯並起爲戰國織田氏與代足利氏功業未遂中道而亡豐臣氏興蕩平海內僅傳二世德川氏續之統治天下二百五十餘年歸政王家於是王家復親政（摘錄日本各史）

政治

上古之政君能納諫臣克効忠民情敦龐風俗純樸古稱君子之國謂有三代以後遺風故置國造縣主以治其國累代相承數十世如一日其國事出自太政府諸侯封建罔不率從至中古仿唐制設文武百官置守介造軍團政治一變宋孝宗時源平北條足利諸氏相繼竊柄飛揚跋扈振耀一時視國君猶守府甚且劫其君以爲護符東播西遷流離無定

老成謀國者於是有另立一君之舉棼棼泯泯分南北朝者四五十年豐臣氏敗德川氏推尊王室興利除弊海內策乂安者二百五十餘年嗣德川氏歸政王家政出維新國號明治屏廢羣藩復設群縣立官省院備海陸軍更遣使臣前赴歐洲各國歸述西法之善於是改正朔易服色更法律通國爲之一變人情洶洶致召薩摩之亂用兵三載國幾不支明治四年令海內軍民髡髮窄袖年節從西例又下一令曰不願者聽惟在官者必懔遵由是遵者爲開化黨不遵者爲守舊黨復置電線以通消息建鐵道以便往來開銀行以裕利源立關稅以充軍實廠局則有機器以精製造都邑則有郵便以達文函雖國債負至一億四千五百四十萬餘而其毅然自立之心未嘗稍懈斯固風氣使然抑亦可徵時變矣

官制

上古封建號爲國造奉方職者一百四十有四後廢國造置國司猶變封建爲郡縣也然尙有官而無階推古十一年定官位十二階如大禮小禮大義小義以名爲別天智三年改二十六階如大紫小紫大錦小錦以制爲別至天武十四年又更爵位號凡四十八階後復改制官名位號易以位記（天武多仿唐制）如親王自一品至四品諸王羣臣自一位至九位位有正從通爲三十等天智十年始置太政大臣左大臣右大臣自武門柄政復爲封建太政官勢同虛設明治維新以來去太政官廢彈正臺（即臺諫）設元老院議事（國有大事開院議之府縣亦選議員議地方事每年開議一二次由元老院上聞天子蓋仿西法上下議政之意）其分職曰內閣曰內務曰外務曰大藏曰陸軍曰海軍曰司法曰文部曰農商務曰遞信（明治十九年新設）曰元老院更有警視廳置府三置縣四十有四

一內閣則有總理大臣內閣顧問秘書官書記官奏任判任官一等至十等復有記錄會計官報統計修史賞勳各局及會計撿查院

一宮內省則有宮內大臣次官式部職書記官秘書官大膳職內藏主殿圖書內匠主馬諸陵各寮御料侍醫華族各局奏任判任官如前又有顧問官及女官一等至十七等

一外務省則有外務大臣次官秘書官參事官奏任判任官如前復有通商取調繙譯記錄會計各局

一大藏省則有大藏大臣次官秘書官參事官奏任判任官如前復有總務主稅關稅主計出納國債金庫預金銀行記錄會計各局并鑛務局造幣局印刷局

一陸軍省則有陸軍大臣次官秘書官奏任判任官如前復有砲兵會計醫務各局

一海軍省則有海軍大臣次官秘書官奏任判任官如前復有軍務艦政會計各局

一司法省則有司法大臣次官秘書官參事官奏任判任官如前復有總務民事刑事會計各局及大審院高等

法院外府縣則有控訴院治安始審各裁判所及輕重罪裁判所

一文部省則有文部大臣次官秘書官參事官奏任判任官如前復有帝國大學法科大學文科大學理科大學職工大學及各學校長

一農商務省則有農商大臣次官秘書官參事官奏任判任官如前復有總務農務商務工務水産山林地質鑛山會計各局

一遞信省則有遞信大臣次官秘書官參事官奏任判任官如前復有總務會計驛遞郵便鐵道電信各局

一元老院則有議長副長議官及書記官

一警視廳則有總監副總監參事官奏任判任官如前復有書記會計各局

一通國現置府三置縣四十有四其府縣官皆曰知事

刑罰

上古未有刑律犯罪者償謂之解除罪重者逐放謀爲不軌者殺謂之死刑死刑有時贖之爲赦又有黥刑懲役（履中紀）沒官（顯宗紀元年）降官（允恭紀二年）左遷（允恭紀二十四年）火刑（神功紀元年）梟刑（崇峻紀二年）等名目皆不可爲後世法推古帝時設十七憲法定笞杖徒流死五等職官則設官當免所居官免官除名諸律謂之閏刑又爲老疾婦幼設收贖法皆據唐律酌量是謂大寶律其後間有變革然數百年來悉以此爲標準自文治至慶長代笞杖以禁獄代徒刑以追放流死二刑依舊設梟首與磔罪爲極刑又有罪三族者又閏刑有召籠勅勘解官除籍召禁過怠改易所職永不可召仕召放所領等罪名又庶人閏刑有剃半髮捺火印闕所過料等罪名法律於是幾備仁安年中有殺繼父母者截其足治承中强盜截右手曝之武田信虎投罪人於釜中織田信長以大鋸斷杉谷善住房豐臣秀吉以山路監家族逆磔曝之一時刑法之酷皆彼武夫所爲至德川氏開府江戶大改刑律定敲追放遠島死四名目而以敲分輕重二等追放中則有輕追放中追放重追放之別死有斬罪火罪獄門鋸挽等又閏刑有引廻入墨晒闕所四律又有非人手下遠國非人手下諸名士族閏刑有逼

塞閉門蟄居改易切腹等律婦女有剃髮爲奴諸律明治元年除火罪鋸挽各苛刑闕所入墨諸酷法三年十二月定新律綱領以笞杖徒流死五者爲正刑士族閏刑設謹愼閉門禁錮邊戍自裁諸律知廉恥者廢爲庶人六年五月復改刑律廢笞杖徒流代以懲役又廢士族閏刑代以禁錮其他改革甚多十二年廢梟首刑十三年改刑律即今所行刑律是觀於廢斬爲絞之類益可知今之刑律非昔時比也爰據名稱而備載之

第一條死刑（絞首致死）

第二條無期徒刑（發遣遠島服役婦女留內地懲役塲服役滿二十五年免除）

第三條有期徒刑（同上滿二十年免除）

第四條無期流刑同上滿二十五年免除
第五條有期流刑同上滿二十年免除
第六條重懲役重禁獄十五年期滿免除
第七條輕懲役輕禁獄十年期滿免除
第八條重禁役內地服役刑期九年以上十一年以下
第九條輕禁役同上刑期六年以上八年以下
第十條重禁錮刑期五年以下留禁錮場服役
第十一條輕禁錮遞減一等
第十二條罰金視所犯之罪罰金贖之
第十三條拘留刑期一日以上十日以下
第十四條科料自五錢起至一元九十五錢止

附考各種裁判所
一治安裁判所即違禁罪裁判所專管地方違罪事件
一始審裁判所即輕罪裁判所專管地方輕罪事件
一控訴裁判所專管地方輕罪控訴事件
一重罪裁判所專管地方重罪控訴事件
一大審院專管各裁判所輕重罪控訴事件
一高等法院專管皇室皇族輕重各罪並勅任官及關國事犯者

學校

史言大寶元年文武帝謁學始釋奠禮定大學之制置頭一人助一人允一人少允一人大屬一人博士一人助教一人律學博士二人明法生十人文章生二十人得業生十人學生四百人音博士二人書博士二人算博士二人算生三十人使部二十人直丁二人國博士一人學生大國五十人上國四十人中國三十人下國二十人大學取五位以上及東西史部子爲之若八位以上子弟情願者聽國學生取郡司子弟爲之大學生式部補國學生國司補並取年十三以下十六以下聰頴者爲之及清和帝詔新修釋奠式於五畿七道一時學校既設文教昌明弘仁九年文章生藤原衞對策及第時年十八時人比之漢賈誼藤原常嗣方遊大學闇誦文選文章生藤原諸成亦闇誦文選學中稱爲三傑是時朝廷尙騈體之文故學生皆用力文選云見國史紀事本末天長四年文章博士都腹赤上言請以後大學生不拘三品

以上子孫曰大學者倘才之處養賢之地也天下之俊皆來海內之英並萃游夏之徒原非卿相之子楊馬之輩出自寒素之門高才貴冑未必盡鍾一人且王者用人惟才是貴朝爲厮養夕登公卿區區生徒何拘門第又文章生中置俊士五人秀才二人至于後年更有勅旨雖非良家聽補俊士則良家之子還居下例立號雖異課試斯同徒增節目無益政途又據令有秀才進士二科課試之法難易不同所以本置文章得業生二人隨才學之淺深分二科之貢擧今專曰秀才生恐應科者稀矣請俊士永停廢秀才生復舊號依天平格從之見日本文粹
應和六年夏六月召學生藤原公方等試七言十韻於弓場

殿（見日本紀略）武門專政以來僧徒橫行吾道遂微德川氏與投戈講藝彬彬稱盛朱舜水客水戶復繪式爲建學宮諸藩效之規模一如中土會津尤閎廠聞德川常憲書大成殿宇鳥革翬飛奐輪俱美年來西學大行各藩文廟改官署廢棄者半一二漢學之士潦倒不得志猶硜硜抱遺編守祭器可哀也已（見日本雜事詩注）

通商開埠以來學校大行通國多至三萬千七百九十二所教員九萬六千八百三十三人男女生徒三百三十二萬九千九百七十七人分門別類節目繁多曰師範曰開成曰理法曰測算曰海軍曰陸軍曰鑛山曰技藝曰農商曰醫曰光

曰化曰各國語言曰女師範更有公立私立之大學校中學校小學校等更僕難數原其法皆取效泰西小兒五七歲時入小學讀伊呂波字四年卒業授證書入中學校或外國語言學校聽人自便語學每日只一二時餘時則有法律氣學重學光學化學鑛學算學畫學天文地理植物機器各學及史學英漢文學擇性之近者學之五年卒業授證書入師範學校其願赴東京大學校者聽五年卒業給證書許爲學校師如願往各國者則曰海外留學生以備各國使館之選近文部省刊有學校章程除月給數日假（即禮拜日）日給數時假其餘課程皆有定則至女子亦於五七歲入小學讀書識字並學描花刺繡各事凡草木花卉鳥獸蟲魚及日用器皿皆令

剪紙捏土藉開知識暇時置絨毬鞦韆使其運動以活其機卒業有願學各國語言及各種氣學光學者聽明治九年日后集華族女子百人特設女師範學校學成給證書令爲女師聞卒業時日后臨其地命婦拜其門誠極一時榮寵矣語云無人不學無地無學無事無學日本有焉特不知名果副實否耶

幼學館如我國之義學然無論貧富幼童凡六歲至十四歲皆可入學其館或一縣一館或一鋪一館或一村一館或數鋪數村共設一館其款費皆由地方公捐

中書院分一等二等其一等中書院課程則有萬國公法醫學機器學文學格致學農學商務鑛學電學等至二等課程

則無一定云大書院亦名國學其學有五一專習萬國公法一專習醫學一專習機器一專習文學一專習格致之學

文字（附語言）

日本向無漢文自唐德宗時有僧空海者借漢字偏旁創爲伊呂波四十七字喁嗻侏離參以土音爲日本文以便民用或全以四十七字成文或兼用漢字參錯其間廣行於世全用伊呂波者以假漢字偏旁名爲假字小兒啓蒙後能通假字卽可看書寫信婦女亦無不通者有謂上古即有假字亦有謂出自佛經皆無考然四十七字中變化亦多音有清有濁又有次清音之分其濁音悉於字之去聲處加二點次清音則加一圈用之

四十七字
イロハニホヘトチリヌルヲワカヨタレソツネナラム
ウヰノオクヤマケフコエテアサキユメミシヱヒモセ
ス
濁音
ガギグゲゴザジズゼゾダヂヅデドバビブベボ
次清音
パピプペポ
清音之外增附五字
ンヿヒヰー
字典中未見之字

辻 衢字
込 籠字
迪 倒底之謂
適 嘆美之詞
俤 面影之謂
偖 然字
掟 政府憲令也
扨 然字
抔 等字日本文有彼抔蓋卽彼等之謂
拵 做字
拤 用必行事也

働 動字
嘸 虛辭猶實也嘸好卽實好
噴 在他處談人話之意
宍 肉字
椙 杉字
梶 柁字
杣 雜木
榊 献神之木
枠 階級之謂
杤 橡字
樫

椛 楓字
籾 粟字
粂 無意義間用之名字
糀 麴字
峠 嶺字
閂 門之鉄棒
麿 幼童男子之稱
聢 確字
躮 兒字
躵 恐字
躾 禮字

軈 顛字且等之意
鰯 海鰮
鱈 大口魚名
鮱 鯔魚
畠
鎹 即有兩脚鐵釘狀如冂用以接釘裂隙者
讀漢文皆顛倒錯亂必實字居前虛字居後故日人於漢文
祇通實字不通虛字國史案云初教漢文悉指象以名蓋實
字可指虛字無可指所以顛倒錯亂也國中向亦有古字彷
我國鐘鼎鳥篆蟲書之類然未能融會貫通自百濟王仁齎
論語千字文後人始識漢字云見日本述略

中國唐宋時日本遣使來華常以緇流故名山大刹雲遊行
僧絡繹而至從師授經歸傳其徒謂之吳音故至今釋者誦
經梵音與華人彷彿至中國留學經生博士亦皆口授謂之
漢音中國商於日本者三百年中一歲一至閩浙之人爲多
所操土語日人誤爲正音習象胥之學者多從其言今之能
漢語者衣缽相傳殊多舛誤日本各有方言大略相同惟北
海一道異於通國然官場與市井相殊懸絕以農工商賈之
語與士大夫言未有不啞然笑者蓋譯日本之文難通日本
之語亦難同上

書籍

王仁之獻論語十卷千字文一卷在應神天皇十六年春二
月即中國魏文帝時也其前年百濟遣阿直岐貢良馬阿直
岐有文學天皇問阿直岐曰汝國博士有賢於汝者乎曰有
王仁者一國之秀也於是命徵王仁自王仁來、朝獻書是爲
中國書籍入日本之始見國史紀事本末
大寶元年春二月丁已釋奠帝定大學之制凡經周易尚書
周禮儀禮禮記毛詩春秋左傳各爲一經孝經論語令學者
兼習之教授正業周易鄭玄王弼註尙書孔安國鄭玄註三
禮毛詩鄭玄註左傳服虔杜預註孝經孔安國鄭玄註論語
鄭玄何晏註是日本講求中國經籍自大寶元年始同上
天平七年遣唐留學生吉備眞備還自唐獻唐禮一百三卷
大衍歷經一卷大衍歷立成十二卷眞備在唐十八年研覽

經史該涉衆藝留學生播名我國者眞備朝衡二人而已天
皇授正六位下拜大學助阿備內親王師之受禮記漢書令
學生悉從之習五經三史明法算術音韻籀篆六道其後定
爲四道謂紀傳明經明法算道也同上
景雲三年太宰府言本府人物殷繁子弟之徒執經者衆現
府庫但蓄五經未有三史伏乞給三史各一本傳之管內以
興學業勅賜史記兩漢書三國志晉書各一部同上
從前書籍凡至其國必令王子大臣受學由士族推至儒林
無不深思玩讀故遴選明敏高材子弟以爲唐留學生間亦
有我國博士東渡指授一切其時文章政治頗見休明源平
迭興海內紛爭四百餘載斯文幾墜幸一二僧儒維持其際

故末淪亡德川氏主政尊崇儒士偃武修文有林信勝力爭
儒釋之分而後國人始知儒史二百餘年文教之興實賴林
氏輩身爲之倡明治維新西學大行文教寖衰學校新置書
籍皆購自泰西除本國史籍輿志外僅我國廿一史朱子綱
目三國志前後漢書唐宋八大家文等五經四書新進幾不
知爲何物宿學者儒不勝今昔盛衰之感

通國舊藩士族最喜藏書凡我國經史子集無一不備予於
光緒丁亥偕黃巖王君子裳海鹽陳君哲甫同邑徐君少芝
會稽陶君杏南介宮島栗香赴舊藩侯米澤上杉氏家觀舊
藏宋本三史其宋槧本史記百三十卷分九十冊每半葉十
行行二十八字注二十至二十三字不等目錄後有安成郡

彭寅翁栞於崇道精舍十二字宋槧本漢書一百二十卷有
建安劉元起刊於家塾之敬室木記目錄後有云後漢之書
向者板行抵牾尤多披閱之際不無遺恨近得京蜀善本參
校謄寫的無舛誤刻梓以傳天下學士伏幸詳鑒慶元戊午
良月劉元起父謹識板縫載梓人名氏每半頁十行行十九
字餘與經籍訪古志所載同文字有靈流傳海外涉數千里
而一見之亦大快事也

予在友人處曾見有手鈔本太平御覽一千卷計分訂一百
十四本卷首題太平御覽卷第一翰林院學士承旨正奉大
夫守工部尚書知制誥上柱國隴西縣開國伯食邑七百戶
賜紫金魚袋臣李昉等奉勅纂並有某某氏藏書記印一方

字迹模糊不復考證每半板十三行行二十二字兹徵匡恒
敬慎殷等字闕筆卷尾有慶元五年七月朝請大夫路轉運
判官兼提舉學事蒲叔獻謹書字又有前閬州縣尉雙流李
廷允跋聞楓山官庫藏有眞宋槧本內有闕逸後人鈔補之
惜未見也

國朝刻本冊府元龜一千卷目錄二本分訂二百九十八本
共三百本每板十行每行二十字卷首有崇禎壬午長至月
匡山黃國崎題序西極文翔題序康熙壬子秋桂元姪九錫
百拜敬跋等字

文苑英華一千卷目錄一本分訂九十九本共一百本每板
十行每行二十二字卷首有隆慶元年季夏穀日賜進士中

議大夫贊治尹奉勅福建巡撫地方兼督軍務都察院右僉
都御史蜀漢塗澤民撰序又有姚江胡維新叙

書經輯錄纂注五冊爲鄱陽董鼎輯錄予見有日本翻刻本
首有蔡沈序文一篇又有鄱陽董鼎序

書集傳纂疏六冊新安陳櫟疏亦有日本翻刻本首卷題書
集傳序四字序後有嘉定已巳三月既望武夷蔡沈序其第
三頁有陳櫟跋後載泰定四年丁卯正月後學新安陳櫟謹
書等字

平山堂圖志十卷日本翻刻本首卷有趙之壁序後題時在
乾隆乙酉七月既望天水趙之壁序於揚州官署等字其目
錄後首行書宸翰兩字次行有兩淮都轉鹽運使司鹽運使

世襲一等子臣趙之壁恭錄二十二字其第一第二兩卷所繪名勝圖記刻畫精緻三四五六七八九卷載藝文詩賦記序銘等第十卷舉詩畫方言軼事異聞各類總爲一卷是書聞揚州兵燹後已無此板今海外尚有流傳是書幸賴以不墜云

逸書

考我國逸書流傳海外者甚夥予初至日本時以爲徐福東渡在祖龍焚書以前經籍紛陳洵所謂嫏嬛福地歐陽文忠刀歌有云徐福行時書未焚逸書百篇今尚存令嚴不許傳中國舉世無人識古文先王大典藏蠻貊蒼波浩蕩無通津今既蒞此則當旁搜典籍廣輯遺聞藉潤眼界適前星使遵

義黎公古佚叢書之刻告成海嶠隨軺覩玆瑰寶大爲暢慰按日人藤佐世曾著有見在書目一書迄今百年散佚無考是年澀江全善森立之二君復有經籍訪古志之輯予既深慰素心校閱一過海東羣籍半萃於斯是書業經徐星使代爲刊行忽忽三年惜未盡窺眞面然目所已見及確有可據者尚堪記憶其古本而非佚者一概不登願質世之留心古籍者

經部

論語義疏十卷　舊鈔本　容安書院藏　曾刻入古佚叢書

是書每半面九行行二十字注文雙行此本字體奇古當是應永間鈔本舊爲市野光彥今歸容安書院

光彥手跋曰古鈔本論語義疏十卷審其筆蹟係應永前後間謄寫寬延中根本伯修刻義疏倣邢昺本其變亂舊章可深痛惜劖而去之皇氏之舊可復矣予欲從事於謄寫老而不能書以告世之善讀者文化十四年歲次丁丑夏六月望日江戶市野光彥謹識

按梁皇侃論語義疏十卷在南宋時已佚

國朝雍正初年日本山井鼎等作七經孟子考文自稱其國足利學中有此書寫本始知海外尚有流傳至乾隆時新安鮑氏購得之刋入知不足齋叢書中爲此書復入中華之始經浙江巡撫採進

四庫隨已著錄比來日本訪其足利學所藏寫本乃與鮑

本體例絕不相類文字亦間有異同因復博詢耆儒始知隋唐舊傳惟存寫本一部山井鼎作考文時尚無副本其後有根遜志者始將此書授梓然仿邢昺疏變更體制並以己意增刪文字非復皇氏之舊鮑所據者即此刻本盧抱經序稱其扶微舉墜之意懇懇欲大其傳不爲一邦之私秘而不知其淆亂舊章已盡失廬山眞面也竊按皇氏此疏採引衛瓘等十三家之說漢晉經學託以綿一綫之傳宋國史志已稱其博極群言補諸書之未備爲後學所宗況六朝經書傳於今者幾無完帙獨賴此疏巋然爲靈光之存乃僞本流傳百有餘年而眞本猶晦藏於滄溟五千里之外近來日本崇尚西學蔑棄漢籍誠有如服元喬

所云足利之藏不可保今而不傳後世恐復散失者一髮千鈞危亦甚矣同人姚君文棟欲爲借鈔刊刻流傳函達總署

近由總署咨請徐星使商由外務省轉囑該校雇人代鈔因該校向章書籍不准外借鈔成後必詳加讐校計年內當可竢事此一舉也蓋非惟皇氏功臣抑亦鮑氏之缺陷也已

急就篇一卷　已刻入古佚叢書

此篇有數本一玉烟堂法帖所收本所存僅三之一乃影摸石本者極爲善本也一顏師古注本凡三十二章無齊國山陽二章王應麟作補注以付後一宋太宗定本凡三

十四章有齊國山陽二章見王應麟所引王氏以爲二章並爲後漢人所續也一高野大師眞蹟本爲讚州普道寺藏凡三十三章有齊國一章與顏本或多合其爲摹唐本審矣而有齊國章全存則可知太宗所据亦係唐本也一皇本凡三十三章無焦滅胡一章即吳皇象所書宋時石刻猶完王應麟引以校同異者

幽蘭調一卷　影寫唐人書本　實素堂藏　已刻入古佚叢書

褾背題　諧丘公傳蓋琴譜十一卷也首有小序稱碣石調幽蘭序一名倚蘭原本京師某氏所藏界長七寸八分幅六分每行二十一二字書法遒勁字字飛動行間細楷亦妙絕審是李唐人眞蹟蓋昔時樂家傳藏秘卷雖非完帙實爲罕覯之書攷現在書目樂家類載雜琴譜或亦此類

玉篇糸部　舊鈔卷子本　石山寺藏　已刻入古佚叢書

現存第二拾七卷糸部第四百二十五至索部第四百三十一凡七部四百二十二字爲一卷每行長七寸强字數不定卷末有梵字及訓釋數行又石山寺經藏墨印我朝康熙中張士俊翻刻宋板玉篇天保甲午昌平學重雕行世固爲希世之珍然已非唐孫强增字之舊卷首題云大廣益會玉篇一部幷序凡三十卷而合爲上中下三卷朱彜尊所謂釋慧力撰象文道士趙利正撰解義至宋陳彭年吳銳邱雍輩又重修之於是廣益者衆而玉篇又非顧

氏之舊此本之傳當在孫强增字以前眞爲顧氏原帙也

韻鏡一卷　享祿戊子覆宋本　已到刻入古佚叢書

首有嘉泰三年麟之序末題韻鑑序例終次本文自內轉第一至第四十三識語後有慶元丁巳重刊木記卷末有享祿戊子淸原朝臣宣賢跋

史部

歷代帝王紹運圖一卷　舊板覆宋本　容安書院藏

宋諸葛深撰首有熙甯九年會稽鄉貢進士虞云序述友人諸葛深編集之概略自三皇而下歷代帝王名氏所出德都輿作在位壽終皆列舉之編而爲圖終五代末又附宋遼元金年紀三張乃後人所增每半板九行或十行字

數不定界長六寸二分幅四寸一分四周雙邊殷匡敬貞恒等字闕筆欄上標記皇朝年紀蓋翻雕時所附也册皮記瓢庵二字又有彭叔朱印册皮及卷首有善慧軒墨印序後記雙樀善慧軒五字首尾並有周仙朱印同邑徐君少芝據此本影寫之擬將有明一代續成付梓云

史畧六卷 宋槧本 昌平學藏 己刻入古佚叢書

宋高似孫撰首有寶慶元年自序每半板十行行二十字界長六寸六分幅四寸六分按四庫全書總目載高似孫著子畧四卷而不言別有史畧蓋我土久亡佚耳此書辭簡約而考據精覈多載逸書實爲讀史家不可少之秘本云

安南志畧十九卷 國朝人鈔本 羽倉用九藏

元黎崱撰此本繕寫精好點校詳密攷題跋校語爲嘉慶中黃蕘圃不烈從五硯樓本所傳鈔標記題籤亦係蕘圃眞蹟册上題云黎崱安南志畧存十九卷從五硯樓藏胡茨村抄本錢少詹假讀手校本傳錄求古居藏卷首有士禮居精校書籍印記

大唐陰陽書零本二卷 天文十一年鈔本 寶素堂藏

現存卅二卅三兩卷末記借修理大夫安部有春本書寫天文十一年閏三月廿六日清侍從三位入道宗尤又記嘉歷二年丁卯書寫此書兩卷以陰陽頭兼歷博士從五位下賀茂保憲朝臣本所傳也每半葉七行字數不等界長七寸七分幅六寸一分

百川學海一百十卷 宋槧本 求古樓藏

首有左圭自序及標目每半板十二行行二十字界長五寸八分幅四寸二分左右雙邊貞徵殷匡完恒敦桓等字闕筆每卷首題名越花谷慈恩禪寺公用十字是爲原本至明弘治十四年華理刻本首有錢福序目錄先後間有不同則已非左氏舊本按明史藝文志載無此書天祿琳瑯之目亦失載知宋本不傳我土也固已久矣

玉燭寶典十二卷 貞和四年鈔本 楓山官庫藏 已刻入古佚叢書

隋著作郎杜臺卿撰缺第九一卷每冊末有貞和四年某月某日校合畢面山叟記五卷末有嘉保三年六月七日書寫并校畢舊跋按此書元明諸家書目不載則我土早

亡佚耳

琱玉集零本二卷 舊鈔卷子本 尾張眞福寺藏 已刻入古佚叢書

原十五卷現存十二十四兩卷首題琱玉集卷第幾次行列書篇目界長七寸一分幅六分弱十四卷末記云用紙一十六張天平十九年歲在丁亥三月寫文字遒勁似唐初人筆蹟眞罕覯之寶笈也但此書未詳撰人名氏其目僅見現在書目及通志藝文畧知其佚已久所引各書如蔡琰別傳語林史記晉抄王智深宋書帝王世記近多不傳亦得藉此以存梗概簡斷篇殘甚宜寶貴

姓解三卷 北宋槧本 懷仙樓藏 已刻入古佚叢書

首有自序末記大宋景祐二年上祀圓丘後五日自序序

後接題目每卷首題姓解卷第幾次行署鴈門邵思纂敬殷匡肩弘恒六字皆闕筆每半板十行行十七字注雙行二十五六字界長七寸二分幅五寸左右雙邊是書逸亡已久爲元明諸家書目所未載引用各書加何氏姓苑三輔決錄山公集姓書陳留風俗傳潁川棗氏文士傳春秋公子譜世本郭泰傳別傳王僧孺百家譜祖氏家傳呂靜韻譜孝子傳買執英賢傳皆世久失傳賴此以存梗概也

一切經音義百卷

唐西明寺翻經沙門慧琳撰此書宋藏不收我土久佚由高麗流傳日本元文丁巳獅谷白蓮社彫刻行世

續一切經音義十卷

遼燕京崇仁寺沙門希麟集此書高麗所藏延享丙寅高野山北室院彫刻行世

按唐釋慧琳一切經音義一百卷見於宋高僧傳所謂大藏音義者也宋元以來釋藏本皆增刊行元應音義而無此書故阮文達公四庫未收提要以爲今已不傳予來日本晤老儒森立之始知高麗國所刻藏經此書實在其中日本元文丁巳年獅谷白蓮社重刊單行又有遼釋希麟續一切經音義十卷亦宋元藏所未收其延享丙寅年復經高野山北室院重刊兩書之版至今俱存因訪寺僧商令刷印年來運入中華漸亦傳播後晤老僧澈定復知高麗原刻兩經音義現儲芝山增上寺中乃其將軍豐臣秀吉入寇朝鮮所得邀予次往觀板式寬長字大於錢書法全撫歐陽詢豐臣秀吉寇朝鮮時八道胥遭蹂躪經籍焚燬無遺其携歸日本者只此一部海外更無第二本矣白蓮社北室院翻刻本縮小又多謬誤好古者每以爲憾黎星使嘗欲影照高麗原本摸刻上梓會卸任不果此書如用西法影照可以寄遠摸刻亦曠代一逢之盛舉元應音義雖經莊虛庵錢獻之孫淵如諸家校刻終不如朝鮮本之精須三種合刻始爲完璧也

冥報記三卷 舊鈔卷子本　三緣山某院

卷首題冥報記卷上吏部尚書唐臨撰次有序文論當時報累年報子孫報現報生報得報之別上卷始隋釋信行終揚州嚴恭中卷始隋大業中客僧終邵師弁下卷始後魏崔浩終武德中姓韋皆載其冥報事蹟界長七寸六分幅七分每行十六七字至十九字不記鈔寫時月審是四百年許前書本也卷首二張缺以高山寺本補完此書爲李唐舊本考諸家書目絕不登載知隱晦固已久矣

二李唱和詩集一卷 北宋槧本　崇蘭館藏

宋李昉李至唱和作首尾缺逸體例不可攷每半板十二行行十九字至二十字疎密不整界長六寸五分幅四寸六分左右雙邊玄敬殷等皆闕筆板式雅古其爲北宋原刊無疑此書之傳絕少世鮮知之者矣

杜工部草堂詩箋四十卷 宋槧元修本 海保氏傳經廬藏 已刻入古佚叢書

無序及跋文卷首題臨川黃鶴集注建安蔡夢弼校正或題嘉興魯訔編次建安蔡夢弼會箋各卷題目亦不一第一卷題黃氏集千家注杜工部詩史補遺或題草堂杜工部詩冠集注增修等字或單題杜工部詩每板十二行行二十字注二十六字界長六寸五分幅四寸五分玄徵貞匡愼敦樹等字闕筆格外標記卷數頁數板式大小廣狹不一補刊亦多按劉氏批點本附錄中載蔡夢弼艸堂詩箋序此本不載豈偶逸者與

杜詩補遺十卷詩話二卷年譜一卷 已刻入古佚叢書

翰林學士集零本一卷 舊鈔卷子本 尾張國眞福寺藏

現存第二卷一軸簡端缺撰人名氏不可攷前有目錄卷中所載詩凡六十首詩序一首以許敬宗詩爲最多卷末隔一行題集卷第二側注詩一二字每行字數不整界長七寸幅六分筆力遒勁審其字體當是延喜以前人所謄寫者是書諸家書目不載知佚亡已久零圭碎璧最宜寶惜不必問作者爲何人也

謝幼槃文集十卷 宋槧本 求古樓藏

首有呂本中行書序及紹興壬申苗昌言題詞趙士鵬等官銜五名每半板十行行十八字界長六寸五分幅四寸五分居易錄載宋謝薖幼槃竹友集十卷詩七卷雜文三卷謝方伯在杭手鈔本另有跋云幼槃詩文不傳於世此本從內府借鈔也

文選集注零本三卷 舊鈔卷子本 賜蘆文庫藏

現存第五十六第百十五第百十六合三卷每卷題文選卷幾下記梁昭明太子撰及集注界長七寸三分幅九分每行十一字注十三四字筆蹟沈着墨光如漆紙帶黃色質極堅厚披覽之際古香襲人知爲七百年前舊物也是書集注未詳何人考原本似分爲一百二十卷逸亡己久未敢臆度也

文館詞林零本十卷 弘仁十四年鈔卷子本 已刻入古佚叢書

現存百五十八首缺 四百五十二 四百五十三 四百五十九 六百六十二 六百六十四 六百六十八 六百九十一首缺 六

百九十五 六百九十九凡十卷卷首題文館詞林卷第四百五十二碑卅二百官廿二次行署中書令太子賓客監修國史弘文館學士上柱國高陽郡開國公臣許敬宗等奉　撰次行題將軍二載目錄界長六寸七分幅七分每行字數不整筆力沈遒卷末記云校書殿寫弘仁十四年歲次癸卯二月爲冷然院書按唐會要云顯慶三年十月二日許敬宗修文館詞林一千卷上之是書在宋初聞已失傳宋時日本僧奝然入中國曾述是書近日孫星衍續古文苑阮文達四庫未收書提要皆援引之知我國尙有零本耳

醫部

黄帝內經太素三十卷　缺第一第四第七第十六第十八第二十第二十一凡七卷　傳寫仁和三年舊鈔本

唐通直郎守太子文學楊上善奉勑撰注每卷末記仁平文壽保元仁安等年月有云以家本移點校合了憲基有云移點了丹波賴基舊爲卷軸界行高七寸五分強弱每行十四五字至十六七字不等是書蓋久無傳本也

新修本草二十卷　卷子本　影寫舊鈔　存第四第五第十二十三十四十五十七十八十九二十凡十卷　聿修堂藏

唐司空上柱國英國公臣素等奉勑脩次第十五卷末載顯慶四年各官銜官次記天平三年歲次辛未七月十七日書生田邊每行十六七字注文二十五六字是書自宋以後不傳蓋我國佚亡久矣

黄帝內經明堂十三卷　存第一卷　卷子本　影寫舊鈔本　寶素堂藏

唐通直郎守太子文學臣楊上善奉勑撰注界行高四寸二分弱是書僅存第一卷末有永仁中丹波長高題識五條今撿其體手太陰一經自肺藏形象以至經行腧穴纖悉具載更有注文解腧穴名義及主治病證極爲精實係千金外臺等所不有唐代醫書傳世者少殘珍斷璧亦自寶貴也

王翰林集注黄帝八十一難經五卷　慶安五年刊本

此本未見原本蓋明板翻刻者其板罹祝融災今世罕有林天瀑祭酒活字擺印收入佚存叢書中而阮文達四庫未收書提要舉有其本寬政中醫官千田子敬亦有重刊其功不可沒矣

傷寒百問經絡圖九卷　元槧本　聿脩堂藏

每半板十一行行二十字界長五寸五分幅三寸九分此本不記刊行年月然紙刻精朗實元代鋟本之佳者

大宋新修太平聖惠方一百卷目錄一卷　宋槧本有缺補鈔　尾張藩藏

每半頁高七寸五分幅五寸十三行行二十五六字第一百卷末云福建路轉運司今將國子監太平聖惠方一部一百卷二十六冊計三千五百三十九板對證內有用藥分兩及脫漏差悞共有一萬餘字各已修改開板並無訛舛於本司公使庫印行紹興十七年四月日次有邵大寍宋藻陳犨黄訒范寅秩馬　官銜六行按此書實南宋槧本現存五十卷補鈔五十卷我國書目未見著錄者知全帙已早佚亡也

傳家秘寶脈證口訣並方三卷　鈔本缺上卷及下治雜病方　京師伊良子光通千之堂藏

宋孫用和集每半行高五寸五六分幅三寸七分十三行廿四字無界行按用和爲宋名醫其所論著皆確言名方醫林中不可缺之瓌寶我土失傳賴是本以存之亦幸矣哉

楊氏家藏二十卷　宋槧本　楓山秘府藏

首載淳熙五年三月自序末載淳熙乙巳延璽跋每半板高七寸幅五寸強左右雙邊按秘府又有元板卷九至十四補寫序後有阮仲猷刊於種德堂木記是書四庫提要稱今未見益宜珍重也

經效產寶三卷 宋槧本 存誠藥室藏首二頁舊人補鈔

唐節度隨軍昝殷撰集每半板高六寸一分幅四寸二分十二行行十八字是書不記刊行年月審其板式知爲南宋本無疑也

經學

日人之講宋學始於藤原惺窩而林羅山繼之其講漢學則始於伊藤仁齋而物徂徠繼之惜著解經之書恒不多見近從日人龜谷行處搜得解經家十八人所著解經書五十餘種用登書目藉廣流傳他日經解續編或可借資考鏡也姓氏附後

經學家

伊藤維楨 字原佐號仁齋 平安人 撰

論語古義　四卷

孟子古義　四卷

語孟字義　二卷

大學定本　一卷

中庸發揮　一卷

周易古義　一卷

伊藤長允 字原藏號東厓伊藤維楨子 撰

春秋胡傳辨疑語　中庸發揮標釋

孟子義標注　經史博論

周易經傳通解　十卷

物雙松 字茂卿號徂徠 三河荻生人 撰

大學解　一卷

中庸解　一卷

論語徵　十卷

度量考　二卷

辨道　一卷

辨名　二卷

絕句解　三卷

周易解　六卷

太宰春臺撰

論語古訓　五卷

論語古訓外傳　十卷

詩書古傳　三十四卷

周易反正　十二卷

易道撥亂　一卷

宇野明霞撰

左傳考　三卷

論語考　六卷

片山兼山撰

論語一貫　五卷

龜井昭陽撰

左傳讀考 未刊行

中井履軒撰

七經雕題 左傳雕題已有刻本餘未刊行

七經逢原 未刊行
大學雜議 未刊行
皆川淇園撰
論語繹解 十卷
孟子繹解 十四卷
詩經繹解
書經繹解
周易繹解 六卷
易原 一卷 未刊行
易學開物 一卷 未刊行
名疇 六卷

學庸繹解 二卷
儀禮繹解 八卷 未刊行
龜田鵬齋撰
善身堂一家言二卷
大學私衡 一卷
朝川善庵撰
古文孝經私記定本三卷
眞勢中州撰
復古周易 未刊行
左國易一家言三卷
範圍圖説一卷

葛因是撰
大學辨錦一卷
中庸辨錦一卷
岡龍洲撰
詩經毛傳補義十卷
孟子解七卷
左傳觿十卷
書經二典解二卷
太田錦城撰
周易象義十卷 未刊行
繫辭詳説六卷 未刊行

孟子精蘊四卷 未刊行
九經談四卷
三緯微管編一卷 未刊行
大序十謬一卷 未刊行
學庸原解六卷
仁説三書二卷
梅本增多原四卷 未刊行
學説示要一卷 未刊行
壁經辨正十二卷 未刊行
安井息軒撰
論語集説

左傳輯釋
海保漁邨撰
周易古占法二卷
孟子補注二卷
周易校勘記舉正一卷 未刊行
吉田篁墩撰
論語集解考異四卷
東條一堂撰
增攷孝經鄭氏解補正一卷
大槻清崇 字士廣仙臺人 撰
孟子約解 卷

唐公愷 字鴻佐江戶人 撰
論語折衷 卷
孝經攷觀 卷

史學

從前日本正史傳世者僅六部迨後開府鎌倉復修東鑑一書專紀時事一國之史畧備南北分爭日尋干戈未遑修史故足利氏歷傳十三世而繼東鑑後者竟無一書織田豐臣兩家非不欲脩缺典特戰爭而後記載每缺而不全曁源光國興憂正史之缺於是特修大日本史一書起自神武終于明德敘次一百代上下二千載闡幽微顯原始要終義例之嚴實爲日東著述中僅傳之作今則修史有館典冊紛羅除正史外尙有雜史數百種其書其人未能一一備錄甚爲憾事然膾炙人口者又不得不略述焉爰記姓字書目於後

史學家
舍人親王撰
日本書紀三十卷
藤原冬嗣撰
日本後紀二十卷
鴨祐之撰
日本逸史四十卷
考異一卷
菅原道眞撰

續日本紀
類聚國史六十八卷目錄一卷
藤原良房撰
續日本後紀
藤原基經撰
文德實錄十卷
藤原時平撰
三代實錄五十卷
釋皇圓撰
扶桑略記三十卷
北畠親房撰

神皇正統記六卷
成島讓撰
南山史
林恕撰
本朝通鑑
續本朝通鑑
林慤撰
國史實錄
德川光國撰亦名源光國
大日本史二百三十卷
松崎祐之撰

史徵
歷史徵
釋日初撰
日本春秋
青山延于撰
皇朝史略十二卷續五卷
青山延光字伯卿水府人撰
國史紀事本末七十四卷
野史纂略五卷
巖垣松苗撰
國史略

賴襄撰
日本政記賴復補
大日本史贊藪五卷
林信勝撰
本朝編年錄十卷
飯田忠彥撰
大日本野史二百九十一卷
山宮維信撰
八朝記聞
源照矩撰
十三朝紀聞

山縣禎撰
國史纂論
小西准冲撰
大日本編年史二十卷
鵜飼信之撰
本朝編年小史十卷

古文

日本自推古帝時通聘隋唐始有文字其時淡海小野篁江諸子已能和聲以鳴國家之盛越千餘年至天正元祿古文之學盛行惺窩開之於先道春鵞峰相繼於後迨仁齋徂徠之徒東西樹幟鼓唱一時由是家競懷鉛人爭握槧寬政時

栗山二洲諸先生出文章之能事畢矣近時國中論古文者每推物茂卿賴子成爲巨擘余觀友人石川鴻齋所選日本八大家文其中著述亦頗可覽然擬以韓柳歐蘇殊爲失當維新後崇尙西學諸家刊本半皆簡斷篇殘文教之衰日甚一日余比來是土拾遺訂墜時具深心惜書目無存未能舉載耳附錄數家願質世之續日東古文者

古文家

菅原道眞撰

菅家文章十二卷附菅家後草一卷

藤原明衡撰

本朝文粹二十一卷

藤原季綱撰

本朝續文粹十三卷

藤原肅撰

惺窩文集七卷

文章達德錄綱領

林信勝撰

羅山先生文集五十四卷

林恕撰

鵞峯林學士文集百五卷

物茂卿撰

徂徠集二十卷

源世昭撰

日本文鈔

佐藤坦字大道號一齋江都人撰

愛日樓文集三卷

賴襄撰

賴山陽文稿

山陽遺稿四卷

安積信號艮齋東奥人撰

艮齋文畧四卷

齋藤謙字有終號拙堂伊勢人撰

拙堂文集四卷

鹽谷世弘撰

宕陰存稿六卷

安井衡撰

息軒遺稿

林長孺撰

鶴梁文鈔四卷附續編二卷

藤田彪撰

東湖先生遺文

東湖先生遺稿

蒲生君平撰

蒲生君平遺稿

大內承裕撰

熊耳先生文集八卷

柴野邦彥撰

栗山文集三卷

服部元喬撰

南郭先生文集四十卷

小畑行簡撰

詩山文草二卷

釋宜竹撰

翰林葫蘆集六卷

按日本以古文名者幾及百家之多其卓然可傳者實亦

寥寥無幾學者凡有著作不計工拙皆刋刻行世風氣使然殊不足怪然文之膾炙人口者此外有性靈集七卷性靈集鈔十七卷梅花無盡藏二卷空華文集十卷葫蘆詩文集十三卷林氏東明集十五卷京華集十三卷璚華集卷數未詳翰林五鳳集十五卷向陽集二十七卷梅洞集十二卷讀耕集三十一卷鳳岡集六十七卷春臺文集二十七卷省庵遺集十二卷鳩巢文集三十一卷龍草廬集二十一卷靜寄軒集十三卷岳東陽文稿八卷諸家姓氏未悉其詳錄而存之亦以見文字流傳固有幸有不幸云

詩學

儒者好詩而從不爲詩至大友世子侍宴始爲之延喜天歷間詩教大行始學中唐繼則蘇陸近效王漁洋袁隨園張船山諸家自士夫以至僧儒最喜酬倡信手拈用平仄倒置其先哲名家刋集行世於音律二字亦無斟酌殊欠諧美憶自物徂徠提唱古學一時言詩者悉以滄溟爲宗高華典重乍讀之亦殊可喜然其弊也連篇累牘無非天地江湖浮雲白日又未始不取厭於人考文政間有文政十七家集天保間有天保三十六家集其後有嘉永二十五家絕句文久二十六家絕句等凡此諸人皆刋有全集就中以菅茶山紅葉夕陽村舍詩集梁川星巖星巖集爲最光緒九年德清俞曲園先生有東瀛詩選之輯自元和寬永歷即明萬歷天啓至今垂三百年共得五百餘人集詩四千餘首釐爲四十卷又就諸家選本

中得五百餘首訂爲補遺四卷殫心搜採蔚爲巨觀近已紙貴瀛東共相傳播至閨秀之以詩名者數百年來亦採有三十餘人惟近時梁川星巖妻紅瀾江馬元齡姊細香龜井道載女少琴三名媛其所吟咏皆清新俊逸各擅一長惜詩選未爲採入甚是憾事予涖日三年間亦稍事倡和近東京以詩名者如小野長愿大沼厚向山榮龜谷行諸名流其所著半刋刻行世日東詩集繁多不勝枚舉僅登數家以示嘗鼎一臠云

詩學家

菅晉帥字禮卿號茶山備後人撰

黃葉夕陽村舍詩八卷

梁川緯字公圖美濃人撰
星巖集五卷
纈天集一卷
附玉池吟社詩
物雙松撰
徂徠先生集三十卷
山梨治憲字元度駿河人撰
稻川詩草七卷
龍公美字君玉一字子明號草廬伏水人撰
草廬集三十五卷
高野惟馨字子式號東野東都人撰

蘭亭詩集十卷
梁田邦美字景鸞號蛻巖武藏人撰
蛻巖集四卷
谷友信字文卿號藍水東都人撰
藍水詩草六卷
賴惟柔字千祺號杏坪安藝人撰
春草堂詩鈔八卷
廣瀨建字子基號淡窗豐後人撰
遠思樓詩鈔初編二卷二編二卷
菊地保定字士固紀伊人撰
琴溪山房詩六卷

中島規字景寬平安人撰
棕隱詩集六卷
金帚集六卷
水流雲在集二卷
賴襄字子成人著
山陽詩鈔八卷
佐久間永世字定夫號象山南總人撰
象山先生詩鈔二卷
安積信撰
艮齋詩略一卷
小野長愿字侗翁淡海人撰

湖山樓十種共十六卷
廣瀨謙字吉甫號旭窗又號梅墩撰
梅墩詩鈔十二卷
菊池桐孫字無絃號五山讚岐人撰
五山堂詩稿　卷
齋藤謙撰
月瀨記勝　卷
後藤機字世張號春草美濃人撰
松陰餘事　卷
福田思恭字儉夫肥前人撰
渭水詩鈔十卷

荻原承字公寵號綠野上毛人撰

石桂堂集二卷

長允字甫梁豐後人撰

梅外詩鈔二卷

大沼厚字子壽號枕山江戶人撰

枕山詩鈔三卷

鷲津宣光字重光號毅堂尾張人撰

遷喬書屋集　卷

大槻清崇撰

磐溪詩鈔四卷二編二卷

岡本迪字吉甫淡海人撰

黃石齋詩集上下共四卷

橋本甯字靜甫　人撰

蓉塘詩鈔二卷

長茨號三洲　人撰

三洲詩草一卷

釋慈周撰

六如庵詩鈔六卷二編六卷遺編三卷

釋元政撰

元元倡和集二卷

稱心病課一卷

聖凰倡和一卷

釋琴齋撰

松蔭詩集一卷

釋大典撰

北禪詩草六卷北禪遺草八卷

釋玄蘇撰

仙巢稿三卷

閨秀紅瀾撰

紅瀾小集　卷

醫學

國中本無醫學自允恭時新羅遣醫士金武來國始知漢醫雄畧時百濟使王有陵陀潘量豐攜醫書來國始識醫書後

丹波和氣二氏習其業世為名醫丹波氏出於漢靈帝五世孫曰阿知王又有善那使主為吳王照淵孫於欽明時攜醫書及佛像來花山帝時丹波雅忠醫名達遐邇高麗王后有疾遣使來延辭不往有扁鵲不入雞林之雲語慶元以來名醫輩出惜無載筆之士附諸簡編足利氏與海內鼎沸醫家僅奉宋局方等固陋自安時有翠竹氏出專宗我國李朱之法參以恆德雲林諸家治效甚神羣焉何慕醫道一變嗣後艮山秀庵東洞諸子倡復古之說痛除舊習已窺長沙閫奧然懲創太過失之武斷醫道又一變天明寬政之際京師如若楓亭台州東郭諸名流江戶如若我藍溪櫟蔭兩先生折衷今古無所偏執一洗從前陋習醫道又一變至寬文中黑川道祐著本朝醫考後平安源元幹又撰報恩抄學者

始得依據近世美濃淺田宗伯醫最著名爲維新後第一名醫著醫書數十種予曾見醫宗心得脈理探原臨陣梯航三書甚中竅要其所著皇國名醫傳三卷上自慶元下迄寬政彙二百年近事集百餘人實錄纂爲一編中言醫事甚備惜近倘西法多用藥水外症悉以刀圭從事置前法於不問通都大邑之中欲求如丹水後藤艮山專師之儒而兼醫者蓋百不獲一矣可慨也

醫學家

丹波康賴撰

康賴本草二十七卷

醫心方

丹波元簡撰

醫賸三卷

傷寒論輯義七卷

觀聚方要補十卷

素問識　卷

醫方挈領　卷

梶原性全撰

頓醫鈔

萬安方

丹波元堅撰

傷寒論述義四卷

金匱要略述義三卷

藥治通義十二卷

丹波康賴撰

康賴本草二十七卷

本草藥名備考和訓鈔七卷

貝原篤信撰

貝原養生訓八卷

大和本草二十卷

黑川道祐撰

本朝醫考三卷

奈須恒德撰

本朝醫談一卷

宇津木益夫撰

古訓醫傳二十五卷

片倉元周撰

傷寒啓微三卷

黴厲新書二卷

產科發蒙六卷

青囊瑣探二卷

靜儉堂治驗三卷

小野蘭山撰

本草綱目啓蒙四十八卷

重修本草綱目啓蒙三十六卷
廣參説一卷
耋筵小牘一卷
十品考一卷
中莖謙撰
傷寒論正解八卷
岡本爲竹撰
和劑局方發揮諺解六卷
十四經絡發揮和語鈔六卷
淺田宗伯撰
皇國名醫傳三卷

醫宗心得　卷
脉理探原　卷
臨陣梯航　卷
以上各書俱刊刻行世其國內所著醫書幾不下數百餘種未經目見一概不登閱者幸弗以掛漏笑之

東槎聞見錄卷三

六合陳家麟輯

貨幣

日本鑄造貨幣始于天武天皇白鳳三年對馬島貢白銀持統天皇五年置鑄錢司旋又廢之元明天皇和銅元年鑄造銅錢廢銀錢桓武天皇延歷九年又置鑄錢司鑄造之物凡十餘種中古以降兵亂相踵紀綱大弛不治貨幣久矣元龜年間天下分裂英雄割據諸侯私造金曰小判及各種貨幣然未能流通全國又有砂金板金不便攜帶故不足供軍國用及豐臣氏執政始鑄造金貨大判五兩判小判半兩判二分判銀五兩判丁銀等然其制度不一固未盡善德川執政

在慶長六年始設銀坐大改貨幣制度鑄造判金丁銀豆板等行之各道民多稱便貨幣蓋至是大備矣觀其逐年鑄造自慶長至元祿凡九十餘年間其鑄造金貨小判壹分判之數計一千四百七十二萬七千五十五兩其鑄造銀貨丁銀豆板銀之額不下百二十萬貫目（每百兩爲一貫目）當時政府未明理財之道加以銅鑛未開銅錢缺乏商賈坐困金銀價減銅價日長故外國人爭買金銀或富豪家藏金銀于庫中是以元祿年間寶貨大缺先是寬永十八年以來除淸國和蘭之船來泊長崎准其通商此外一概嚴禁然貨幣外出仍不異前日者何也蓋其國人性情浮動俗好新奇凡品物來自外國皆爭相購買寶貨之缺實因乎此元祿八年政府下令改鑄

金銀大更舊制是爲貨制變更第一回其改鑄貨幣輕重如前然品質粗惡天下患之政府旋又下令停慶長金貨其有藏古金者宜獻之官以新金易之民弗聽於是幣政大困寶永二年政府又下令許新古金並用越明年又下令改鑄貨幣以新金換古金是爲貨制變更第二回其貨色較第一回更粗世人益厭之寶永五年更鑄寶永通寶以一當十民多不便越一年廢之寶永七年又改鑄貨幣是爲貨制變更第三回而寶永銀色較前更粗惡又作乾字金者雖比元祿金質稍佳而分量不及考貨幣逐年粗惡之由皆因政府好奢國用不足屢改鑄貨幣製造惡品以應急用當時大小諸侯傚政府所爲日極奢侈新起邸館金帛玉食費財孔多然諸

侯無改鑄金銀之權遂發銀票施於封內所謂藩札是也幕府之專權也百十餘年間三變貨政又使諸侯作銀票此事實始于元祿寶永之間寶永之末德川家宣將軍深知貨幣紊亂納新井君美之議正德四年遂改鑄之此金色傚慶長舊制是爲貨制變更第四回家宣薨家繼將軍嗣立又薨德川吉宗將軍執政整理綱紀有經濟天下之志改鑄金銀其貨色出慶長上所謂享保金銀是也是爲貨制變更第五回四回五回之舉世皆稱善然不能行之久遠元文元年改鑄貨幣其貨色低劣縮小所謂元文金是是爲貨制變更第六回在昔四回五回之舉善則善矣然原金缺乏不能續鑄商買恒私秘之安永元年改鑄二朱銀文政中改鑄小判一分

判丁銀豆板等又創鑄眞文二分判銀色皆不佳七年創鑄一朱銀改鑄二朱銀十一年更鑄草文二分判十二年更創鑄一朱銀是爲貨制變更第七回天保三年鑄造二朱金八年鑄造五兩判一分銀又改鑄小判一分判金貨丁銀板銀等色質較前益不見佳是爲貨制變更第八回考舊記內載天保十四年癸卯八月十七日盤查國中通寶所有五兩判天保判一分判一朱金天保大判一分銀共六種合計一千五百一十五萬三千八百零二兩此外古金銀存于世者計金貨九百五十三萬八千九百八十五兩銀貨二百五十一萬八千五百九十七兩丁銀板銀二十三萬七百九十五貫四百目計天保貨制行于世者二十年安政初年又變是爲貨

制變更第九回六年又變嗣嘉永元年美國使船來江戶於是該國急講武備各欵需費除改鑄貨幣之外殊無妙策安政元年以舊銀貨鑄一朱銀次年又下以新金銀換古金銀之令購索古金銀乃價值不平民不應命是時政府適與各國訂約將開港通商故復有改鑄金銀之舉色質既惡市價無常流弊之深日甚一日政府患之又新鑄一分銀其銀色與洋銀等世稱之爲弗銀然屢變屢更均未得當皆由各藩諸侯發行銀票所致明治元年幕府還政權而貨幣之制又變撿查大藏省所報明治元年通貨成數計舊金貨六千四百萬兩舊銀貨五千萬兩銅錢六千貫文（即六百萬千）銀票（各藩侯所發）三千萬元維新以後效法泰西君民皆形不足設造幣寮製造

紙幣又設鑄錢局製造銀洋自百圓五十圓十圓五圓至二圓一圓降而至於半圓曰五十錢二百文曰二十錢一百文曰十錢皆紙幣爲之其零星用度仍以紅銅鑄小洋蚨式當五曰半錢當十曰十錢當二十曰二十錢二十年正月上令廢十錢易以銀洋皆描龍於上面書明治某年等字作爲批補考從前鑄錢之制不一其式有圓有橢圓有渾圓有方有長方皆無輪郭重或數兩縱橫六七寸小則二三分輕數銖而已今所用者尚有寬永文久天保現天保一當八諸名目遍行都邑

負泰西債一千餘萬之鉅國內債三億餘萬其各海關煤礦徵收現鏹聞僅敷充作利息嗚呼殆哉

國債

新債一千五十九萬一千二百七十五元

舊債七百九十萬三百二十九元

紙幣劵一千四百六十九萬五千九百五十元

家祿公債證書一萬六千四百八十六萬二千五百三十五元

寺社祿公債證書九萬四千八百二十五元

工程債一千七十六萬三百五十元

火車債二千萬元

洋債七百五十二萬二千二百三十二元

平南債一千萬元

按日本內債利息七釐者十之五其餘則四釐至一分不等洋債借自英國息自七釐至九釐不等實計國債二萬四千五百四十二萬七千三百二十九元聞大藏省現僅存日洋五十萬元近則海防軍艦事事皆歛之於民無慼乎百姓不足君孰與足也其外疆中乾也宜矣

賦稅

日本賦稅之制代不相同中古時仿照唐制取於民者二十分之一迨羣雄幷爭兵馬錢糧厚歛其際其中雖有承平之世然亦不復減除考食貨志豐臣氏柄政時正經界平稅歛以三百六十步爲一段者截爲三百步收稅如舊計取於民者十之四謂之四公六民德川柄政世祿多國用愈浩取民者半甚至六公四民七公三民民無蓋藏困憊已極明治維新廢封建爲郡縣制皆復古然所取猶十分之三從前徵糧皆納米石明治八年改徵米折爲錢統收幣金五千一百五十萬五千九百六十七圓其國中烟酒二稅較他物爲尤重檢明治十年烟酒稅公報計實徵得洋二百七十三萬六千三百十元十五年政府擴充海陸二軍各稅又復增稅現隸其國者幾乎無事不稅無地不稅無業不稅即下至娼妓諸人每月必稅三四元違者禁止此亦足見國政之苛也惟居民食鹽一概不稅蓋其國四面濱海責海瀘沙隨處皆有此又不同於我國者也爰附攷各稅名目於後

地租稅

田賦稅

海關稅
鑛山稅
北海道諸產物稅
造酒稅
醬麴營業稅
烟草稅
證劵印稅 民間往來交易賃貸各據必購此證劵書以爲憑
郵便稅 此郵便紙上書數目不等凡郵便貼有此紙者無論內地外國均可通行即所謂人頭紙也
民事訴訟用印紙稅
代言免許料稅 免許如我國執照然凡有免許字者皆係官所許代言即我國代書也
船稅

車稅
會社稅 會社如我國公司然通國公司甚多故各皆有稅
銃獵稅
牛馬賣買免許稅
藥稅
度量衡稅
醬油稅
菓子稅
版權免許稅
電報料稅
醫師免許稅

產婆免許稅
地方稅
雜稅
區町村費稅
專賣免許料稅
各種免許稅
銀行

日本銀行之設始於明治五年十一月五日官定國立銀行條例九年八月一日復行釐正至是爭相開設者竟至一百五十餘家然各銀行散處一隅同業者未能互相聯絡故金貨銀幣時有壅滯之憂於是政府摹倣歐洲各國之制設一

銀行於中央使各小銀行隸屬之名曰日本銀行流通貨財以便商賈其後日商又復稟明政府在橫濱設一行專供貿易往來兌換等事數年以來商業之興實因乎此其國立銀行條例甚夥未暇譯錄茲摘其條例目次如左

第一條至十六條
上載創立銀行方法創立憑據銀行定欵開業諭帖及選用銀行人員等方法
第十七條至二十七條
上載銀行資本限額國債公債證書銀行票子及豫備支應等事
第二十八條至四十四條

上載股分銀額資金交收股分消耗股分簿記股分賣買資金增減等事
第四十五條至五十一條
上載製造票子票子種類票子用法兌換所在及票子燒毀等事
第五十二條至六十一條
上載銀行本務賣買公債證書借欵銀額利息限制銀行票子及禁以股分票爲抵押之物幷存金準備等事
第六十二條至六十六條
上載銀行字號招牌銀行印章銀行發票及所有物品辦事時刻等事

第六十七條至七十八條
上載股分主會議臨時會議查撿簿冊查撿方法以及諸報告等事
第七十九條至八十條
上載利益金分勻方法及貯蓄金等事
第八十一條至八十二條
上載銀行爲官衙收存官金又與外國銀行不可聯合等事
第八十三條至八十七條
上載銀行人員規則及各員責任等事
第八十八條至九十一條

上載假做或捕換各票及銀行發票及國立銀行票子等事
第九十二條至百三條
上載銀行票不能應支時辨法及官命他人接辨該銀行之法及沿收公債證書幷銀票兌換等事
第百四條至百八條
上載銀行倒閉後銀行票子開支等事
第百九條至百十條
上載銀行訴訟案件又銀行罰欵等事
第百十一條
上載銀行稅則

第百十二條
上載條例改正廢止事

鑛山

一佐渡產金二十二貫三百十夊銀九百四十四貫百五十六夊銅壹萬四千三百六十貫
一但馬生野產金十一貫百九十二夊銀四百五貫八百六十夊銅二千六百十六貫
一羽後阿仁產金六百十一貫銀百五十一貫二百九十八夊銅八萬二千三百七十三貫鉛三萬五千九百十六貫
一羽後院內產金百九十六貫九十五夊銀四百七十三貫五十三夊

一陸中小坂產金二百六十七貫五百十五匁銀九百九十五貫五百十一匁銅二萬三千百五十四貫

一安藝廣島產鐵百四十四萬五百三十一貫

一筑後三池產石炭四千四百六十一萬九千三百六十一貫

一石狩幌內產石炭四百六十五萬五百七十六貫

一羽前油戶產石炭百九十萬四千七百九十二貫

以上皆係官鑛通共每年產金十二萬九百六十二圓銀六十三萬九百四十六圓銅二十五萬五百六十四圓鉛一萬二百六十一圓鐵七萬二千一圓石炭三十三萬三千四百九十九圓另民鑛大小千餘處名目繁多不勝枚

舉計每年產金八萬八千八百七十八圓銀四十七萬二百七十八圓銅二百四十三萬千七百十三圓鉛二萬八千七十五圓錫一萬三千四百二十二圓鐵十八萬石炭二百三萬六千六百三十八圓石油十萬六千六百六十八圓硫黃十四萬四百二十一圓陶土屬二萬千七百五十二圓

兵制

日本自上古以迄中古俱封建之制是以侯伯各置將師養士卒給世祿文武一致按德川昭武氏所載修史館寫本載寬文中全國兵數凡五十四萬六千五百十六人內有馬上兵鎗兵旗兵鐵砲兵工兵諸名目皆以武備爲常職其時國中稱之爲武門武士明治維新幕府還政權於是徵兵著爲令自明治六年至十九年改易者再三其十九年徵兵令云凡國中男子自十七歲至四十歲皆服兵役不准覓代其兵役分數種王宮近衛外則有陸軍常備海軍常備國民兵役常備兵又分現役豫備役二種現役以年二十者服役三年爲豫備豫備役服役四年爲國民兵國民兵役以十七歲至四十歲者服之其陸軍現役兵每歲撿壯丁就其身材藝能職業或步兵或騎兵或砲兵或工兵輜重兵及雜卒職工之屬皆以抽籤法定之其海軍現役兵則以沿海島嶼之人充當或爲水兵爲火兵爲職工亦定以抽籤法又海軍志願兵徵募規則海軍兵士不拘前法雖年未滿二十如願請爲兵士者亦許之或

年齡已滿十七歲以上二十七歲以下在公立學校府縣學校嘗受卒業證書其自備衣食營用服役一年者亦得免豫備兵者如遇戰爭事變招入隊伍其平時無事衹演習技術而已至後備兵則於招常備兵役招之其法與常備同國民兵者如後備兵不足招補之其有老幼廢疾者一概免除又兄弟同時應募者除一人又役中死沒及出戰蒙傷疾病凡兄弟在役者除又戶主年六十以上一子者除又在學校受卒業證書及現爲教員者除又在官立大學校官立學校之本科生徒者除又爲海陸軍生徒及海軍夫工身幹不滿定尺者又因病未能服役者爲脩學業又在外國及曾犯刑者又審判未決及在官縣學校已學一年未滿六年課程者爲猶

豫兵其徵兵區有軍管師管府縣管三名目從軍管者歸軍管徵兵區從師管者歸師管徵兵區從府縣管者歸府縣徵兵區至步兵之屬鎮臺者以師管區役徵之餘兵以軍管區役徵之違令者按罪有罰以上均據徵兵令考之其陸軍海軍兵制時有增易今將十九年定設額數詳錄於左

陸軍近衞兵步兵四大隊騎兵一中隊砲兵一大隊工兵一中隊

合計三千七百四十六人

鎮臺六軍

第一軍東京鎮駐武藏分置三師

一東京二佐倉三高崎東京營所三曰小田原曰靜岡曰

甲府計本臺野砲兵一大隊步兵三大隊工兵一大隊山砲兵一大隊騎兵一大隊輜重兵一中隊共三千六百二十三人佐倉營所三曰木更津曰水戶曰宇都宮計步兵三大隊二千二百三十九人高崎營所三曰新瀉曰高田曰新發田計步兵三大隊二千二百四十五人合計八千百七人

第二軍仙臺鎮駐陸前分置二師

一仙臺二青森仙臺營所三曰水澤曰福島曰若松計本臺步兵三大隊工兵一中隊山砲兵一大隊輜重兵一小隊共二千九拾三人青森營所三曰秋田曰盛岡曰山形計步兵三大隊千七百四十八人函館砲兵海岸隊八十八人合計三千九百二十九人

第三軍名古屋鎮駐尾張分置二師

一名古屋二金澤名古屋營所三曰岐阜曰豐橋曰松本計本臺步兵三大隊工兵一中隊山砲兵一大隊輜重兵一小隊共二千五百七十五人金澤營所二曰七尾曰福井計步兵三大隊二千二百十九人合計四千七百八十四人

第四軍大坂鎮駐攝津分置三師

一大坂二大津三姬路大坂營所三曰和歌山曰兵庫曰西京計本臺步兵三大隊野砲兵一大隊山砲兵一大隊工兵一大隊輜重兵一小隊共三千百六十八人大津營

所二曰敦賀曰津計步兵三大隊二千二百二十七人姬路營所三曰岡山曰鳥取曰豐岡計步兵三大隊共二千二百四人合計七千五百九十九人

第五軍廣島鎮駐安藝分置二師

一廣島二丸龜廣島營所三曰松江曰濱田曰山口計本臺步兵三大隊山砲兵一大隊工兵一中隊輜重兵一小隊共二千五百七十九人丸龜營所三曰德島曰須崎港曰宇和島計步兵三大隊二千二百五十二人合計四千八百三十一人

第六軍熊本鎮駐肥後分置二師

一熊本二小倉熊本營所四曰鹿兒島曰飫肥曰千歲曰

琉球計本臺步兵三大隊山砲兵一大隊工兵一大隊野砲兵一大隊輜重兵一小隊共三千百九十五人小倉營所三曰長崎曰福岡曰對馬計步兵三大隊二千二百三十四人合計五千四百二十九人

按日本諸兵編制之法步兵以百三十六名爲一中隊五百六十五名爲一大隊以千七百七名爲一聯隊而一大隊出自四中隊一聯隊出自三大隊砲兵則不論野砲山砲皆以百二名爲一中隊以二百十名爲一大隊合野砲二大隊山砲一大隊爲一聯隊騎兵則以百三十二名爲一中隊以二百九十七名爲一大隊工兵輜重兵亦編制爲中隊大隊又以步兵二聯隊爲一旅團附以騎兵砲兵

輜重兵等以上俱平時之制戰時步兵一大隊則增爲八百三十二名騎砲工輜重諸兵亦各有增數統計陸軍步兵十六聯隊四十六大隊三萬三千百八十五人騎兵一大隊一中隊四百九十人砲兵十大隊海岸隊二千八百八十三人工兵三大隊四中隊千二百七十一人輜重兵一中隊五小隊五百九十六人合計六十大隊六中隊五小隊三萬八千四百二十五人又士官學校生徒四百三十一人教導團生徒千四百四十人憲兵千四百五十三人電信隊百十五人諸工生徒五十人屯田兵四百七十五人除豫備兵後備兵國民軍有事入營不計外其在營者總共陸軍員數實計四萬二千三百八十九人

海軍

提督府二所

第一提督府駐相摸三浦郡大津村

第二提督府駐薩摩鹿兒島郡鹿兒島

海軍兵隊

海軍提督府共貳千一百四十人內長官二十六人上官一百七十七人下官三百五十二人水火工夫一千五百八十五人海軍本部水兵共一千六百十人內長官十人上官一百十二人砲隊三百八十四人銃隊九百四十七人樂隊六十六人鼓隊九十一人合計參千七百五十七人

海軍軍艦

二等鐵甲　浪速艦　英廠新造

二等鐵甲　高千穗艦　英廠新造

二等鐵甲　扶桑艦　英廠舊造

三等鐵甲　金剛艦　英廠舊造

三等鐵甲　比叡艦　英廠舊造

三等鐵甲　東艦　法廠造購美舊船近漸朽壞

五等鐵甲　龍驤艦　英廠造

三等鐵骨木皮　葛城艦

三等鋼鐵　筑紫艦　英廠造

三等航海練習　淺間艦　法廠造

三等繫泊練習富士山艦美廠造
三等筑波艦
四等常備日進艦和蘭廠造
四等常備天城艦本國橫須賀廠造
四等常備清輝艦本國橫須賀廠造
四等御召迅鯨艦本國橫須賀廠造
四等修覆春日艦英廠造
四等海門艦本國橫須賀廠造
五等常備磐城艦本國橫須賀廠造
五等常備鳳翔艦英廠造
五等常備孟春艦英廠造
五等常備第二丁卯艦英廠造
五等常備雷電艦英廠造
六等繫泊練習千代田形艦
七等豫備石川艦本國石川島廠造
七等豫備蒼龍艦本國橫須賀廠造
大和艦本國小野濱造
武藏艦
高雄艦
愛宕艦
摩耶艦
鳥海艦本國石川島造

赤城艦本國橫須賀廠造
新增第一海防嚴島艦在法廠造
新增第二海防松島艦在法廠造
新增第三海防橋立艦在橫須賀造
新增第一報知八重山艦在橫須賀造
新增第二報知千島艦在計畫中
新增風帆練習滿珠艦在小野造船所造
新增風帆練習干珠艦在小野造船所造

以上各軍艦所載士官水手人等俱無定數撿明治十九年海軍人員表內載軍人軍屬合計七千三百五十四人其艦之長濶及馬力水力入水鐵甲等事備詳各國師船表及萬國兵制諸書國中鐵甲近已增至七艘浪速高千穗二艦係新購自英廠聞遠不及我國所購德廠各艦之固扶桑一艦仿土斐梯布侖德之製爲甲艦純式若金剛比叡以木質傅甲底包銅片乃有甲快船之說在今時已難適用龍驤東艦器惟求舊更無論已夫日本以蕞爾小邦崇尚西法其於海防一事近復極意講求計海軍經費每年額需三百數十萬元至添製砲臺購置戰艦不在此數國中府庫空虛已非一日而乃多方需索事事取給於民以田間有盡之脂膏供國內無窮之糜費倍征厚斂衆怨日深不數年間恐不虞外侮之乘先有內亂之作矣人情洶洶伊于胡底今之握重權以謀國者其亦知所本務

否也

砲臺

品川海六座

大坂天保山一座

兵庫港二座

長崎港六座

鹿兒島六座

箱館六座

右所載陸軍海軍兵制以及兵艦砲臺皆據明治十九年以前舊制考之近時如近長崎之佐世堡改設海軍砲臺一節按該地現甫興工兵數砲臺俱尚未定故未採入其

對馬島砲臺聞本年四月開工十月可成需工費八十三萬五千餘元安大砲十五門云

燈臺

一品川　在武藏國東京灣第二砲臺光達九里不動白色

一羽根田　在武藏國東京灣光達八里不動綠色

一本牧　在武藏國本牧光達十里不動赤色

一橫濱　在武藏國橫濱波止塲光達六里不動赤色

一觀音崎　在相摸國東京灣口光達十七里不動白色

一觀音崎副燈　在相模國東京灣口光達七里不動赤色

一劍崎　在相模國東京灣口光達十六里半螺旋白色

一城島　在相模國一島光達十里不動綠色

一野島崎　在安房國崎東光達十七里半不動白色

一神子元　在伊豆國下田港光達十九里半不動白色

一石室崎　在伊豆國極南地光達十里不動赤色

一御前崎　在遠江國極南地光達十九里半螺旋轉白色

一四日市　在伊勢國四日市港光達八里不動白色

一贄崎　在伊勢國津港光達六里不動白色

一菅島　在志摩國鳥羽港口光達十五里不動白色

一安乘崎　在志摩國的矢港口光達十六里螺旋白色

一樫野崎　在紀伊國大島東岬光達十七里半螺旋白色

一汐岬　在紀伊國極南光達二十里不動白色

一龍頭崎　在土佐國浦戶港口光達十里不動白色

一苫島　在紀伊國和泉海峽東光達十九里不動白色

一堺　在和泉國堺港光達十里不動綠色

一木津川　在攝津國大阪光達八里不動赤色

一天保山　在攝津國大阪砲臺光達十二里半不動白色

一神戶　在攝津國神戶港光達六里不動綠色

一和田岬　在攝津國和田岬光達十二里不動赤色

一江崎　在淡路國北岬光達十八里半不動白色

一鍋島　在讚岐國與島南端接小島光達十五里不動白色

一三津濱　在伊豫國北波止塲光達六里不動白色

一釣島　在伊豫國光達十七里不動白色
一部崎　在長門國北方下關海峽東口光達十七里不動白色
一六連島　在長門國下關海峽西口光達十五里不動白色
一博多　在筑前國博多港光達十一里不動白色
一白洲　在豐前國藍島西南光達十里不動赤色
一烏帽子島　在肥前壹岐兩國間孤島光達二十里不動白色
一佐多岬　在大隅國極南小島光達二十里半不動白色
一島原　在肥前國島原海光達六里不動白色
一鞍崎　在日向國大島南端光達二十四里閃光白色
一鹿兒島　在薩摩國鹿兒島港光達六里不動赤色
一角島　在長門國油谷港口光達十八里螺旋白色
一立石崎　在越前國敦賀灣口光達十五里不動白色
一祿岡崎　在能登國極北東地光達十八里不動白色
一伏木　在越中國伏木港光達十里不動白色
一新潟　在越後國信濃川南岸光達十里不動白色
一青森　在陸奥國青森港光達六里不動赤色
一函館　在渡島國函館港光達十里不動紅色
一葛登支岬　在渡島國函館港西方明滅白色
一納沙布崎　在根室國極東地光達十里不動白色

一辨天島　在根室國根室港光達六里不動赤色
一鷹島　在長崎國呼子港口光達八里不動白色
一大瀨崎　在長崎國五島極南一島光達二十三里旋轉白色
一伊王島　在長崎國長崎港口光達二十一里半不動白色
一蔭尾島　在長崎國光達八里不動赤色
一口津　在長崎國島原港口光達八里不動白色
一日和山　在後志國高島郡極東岬光達十五里不動白色
一宗谷岬　在北見國北端光達十七里閃光白色
一尻矢崎　在陸奥國津輕海峽光達十八里半不動白色
一金華山　在陸前國北上川口東岸光達十九里半不動白色
一石卷　在陸前國北上川口東岸光達六里不動白色
一犬吠崎　在下總國光達十九里旋轉白色

浮標

一川崎　在東京灣羽根田洲極南鐵造圓錐形高一丈
一神奈川　在横濱港北方鐵造圓錐形高一丈
一横濱　在横濱港南方鐵造圓錐形高一丈
一中根　在相模國横須賀灣口東方鐵造圓臺形高三尺

一富津　在東京灣富津洲西端鐵造圓錐形高一丈五尺

一現權洲　在尾張國知多郡半田灣內鐵造圓錐形高一丈

一平磯　在明石海峽東口北方鐵造圓錐形高一丈五尺

一鹿瀨　在內海播摩洋江崎燈臺鐵造圓錐形高一丈五尺

一神殿島　在內海大下瀨戶神殿島北方鐵造圓錐形高一丈

一本山　在長門國厚東郡極南鐵造圓錐形高一丈五尺

一中洲東　在下關海峽東方鐵造圓錐形高一丈

一中洲西　在下關海峽中洲西鐵造圓錐形高一丈

一金伏　在下關海峽金伏岩南鐵造圓錐形高一丈

一門司　在下關海峽門司灣內鐵造圓錐形高一丈

一大碯根　在下關海峽大碯根東南鐵造圓錐形高一丈二尺五寸

一藍島　在下關海峽藍島北鐵造圓錐形高一丈五尺五寸

按日本燈臺浮標之設始於明治二年正月閒至二十年正月共置燈臺五十九處浮標十六處其構造年月及至水面遠近淺深備載明治二十年燈臺局海路諸標

覽表玆將地位及光色形勢詳考附錄於右聊爲航海者之一助云

製造器具附

百工製造各物皆小於他國如几桌盆鏡茶具酒罇之類惟磁器中有其大無外者花瓶常高五七尺盤徑五六尺餘碗能蓄木一斗他國未之有也見日本述畧

史言雄畧十七年始命土師連造淸器淸器陶器也陶之佳品稱尾張瀨戶肥前今則盤金描花者稱加賀九谷頗輸入外國

足利氏時有伊勢五郎者曾至景德鎭專習青花年七十歸攜手造者歎曰五郎大夫所製七種香盒以畫愛蓮周茂叔像爲最佳紙薄聲磬幾類定汝最爲時寶見日本雜事詩注

髹漆之器最稱能品泥金灑金作雲烟山水花木鳥獸雖巧畫手亦復不如又有縹霞彩漆爛爛射人而意采飛動螺鈿之器雕嵌手微手拭之若無痕者七脩類稿謂諸製皆創自日本天順間楊倭漆最工效之然究不及同上

漆器大而佛龕几桌小而盃盒盤盂皆以五彩繪各物惟妙惟肖另嵌螺鈿於金上撫之無痕西人輸出者最多舊者人益寶之如寬政文政時物國人視之幾與夏鼎殷彝並重見日本述畧

玳帽小具亦稱精絕斑斕澤潤光怪陸離女飾之外有鏡架茶甌錶鍊扇骨等類同上

崇神間有瓦博士製瓦極精每片重可四十兩蓋屋有仰無

覆左邊翻捲作槽以套其右房屋無滲漏之虞同上

製絲多用機器更有不用水火而以手挽輪者極爲靈便所用皆係女工予見其室大如考棚女工并坐長櫈一條可坐二十五人所産絲色畧黄而硬不若中土潔白柔輭也同上

以布印花法亦良善所雕之板細而且深兼有用灰秘傳不傳他國之人非如中土印花必用石灰先蓋其地而後刷以他色刷成去灰始露本色蓋石灰姓烈最損布質且未能清楚潔淨也同上

洋傘洋燈以及荷蘭水自來火諸藝悉仿西法自造不必以金錢購之西人年來運出中土朝鮮者甚廣同上

造幣寮用精紙另造一種紙札曰證劵印捌民間往來交易

賃貸各據必購此紙書以爲憑不用者苟有糾葛訟官不理同上

百工技藝用具悉仿中土雖小變其式亦不離乎規矩間有製造參以西法則巧不可階惟製造蠟燭法殊可笑將油蠟入鼎融化俟半溫工人圍鐺而坐各執燭芯五隻以手蘸蠟摩之層疊敷陳雖巨至數斤者亦然其愚殊不可解同上

日本上古之劍既有天羽斬大葉刈韴靈之名所謂天叢雲劍乃爲傳國三器中之一中古之世始貴刀源氏之鬼斬平氏之小烏尤著名後鳥羽帝親自督造謂之御所鍛逮建武大亂兵革相踵名工輩出於是相模有正宗貞宗越中有義宏則重筑前有源左美濃有兼氏鑄野之良莫盛於此自

兵法改用鎗礮士夫又禁帶刀遂絕響矣見日本雜事詩注

按正宗相模國人姓岡崎好鍊刀壯走四方訪鍛師得數十人年八十歸神而明之遂成絕技舉世稱爲正宗刀價値數千金某侯好之得以試囚頭落無聲贗者極多老儒根本通明精相刀云正宗刀內堅外柔切鐵如泥而鋩刃不頓有金線有玉光有閃電有流星有迴瀾細觀乃得之其氣象溫潤而澤縝密而栗彼鋒鋩外露若不可逼視者僞也通明又言義宏刀似正宗而銳利過之正宗刀恒不可得得義宏亦可矣歐陽公詠日本刀歌有名爲屈伸刀者則告者過也刀鐶重者値數百金同上

國中近有旱田種稻一法皆恃井泉以爲水利其掘井用鐵

棒取泉用竹管法既新奇利亦溥徧此法行之聞不過四五十年恒爲他國所未有易云地中有水山下出泉無論何地俱有水脉中其脉則水噴激而上水之噴有自深二十町至五六十町不等者近年通國掘井實不出鐵棒一法以故置機器一具隨地可以掘井即隨地可資水利實爲農政一大利益日本石川縣人柚木周平繪有圖式並譯呈運用方法五條經徐欽憲咨呈總署奏准試辦誠以一器造成即可開掘多井費省利大實有便於國計民生惟此事不恃器而事恃人必能知水脉所經而後可言掘井否則以茫然無據之人與充是事迨不能奏效輒藉口於土質之大有不同噫嘻誤矣

機器鑄錢局在大坂府其廠內設有大瀛機一座印字機器十三座剪截機器一座捲機器三座截斷機器四座抽條機器六座此外尚有蒸瀛機闢轆轤機秤量機鋸屑自動機印字琢磨機圓形乾燥臺乾燥旋轉機硫酸水盤燒生爐燒生跡金剛砂製硯磨器硫酸稍砥車及皮條等物據該局長遠藤謹助云陸續添置計價銀約八萬六千兩其廠局房屋皆仿照洋式因廠樓上下可通設皮條計建設費銀九萬三千餘兩又內鎔銅爐日需煤八千磅鎔銅鉛爐內日需煤四千磅轉運大瀛機八十四馬力日需煤六千四百磅計每座印字機器每時一分成錢六十文每一點鐘成三千六百文每日自晨至晚計十點鐘每座可成錢三十六千文其以鋼模鑄成錢者分金銀銅三種樣式甚精緻云

造礮廠在大坂府上町其廠內專造礮隊所用各種銅礮余詣東京海軍省曾見新製之砲二座其上有大坂砲兵工廠明治十九年製字樣旁有彈子幾大於人詢其鐵管鋼箍皆云日人自製其鍊鋼之法云得自克虜伯至哈克開司快放砲刷次考夫魚雷及栗色餅葯云東京亦另設有廠以此觀之日人誠知精進云

有陸軍大佐村田經芳近製一種新式土鎗備本國常備後備各軍之用名曰村田銃於後膛火鎗而外另出心裁別參西法余詣東京小石川町砲兵廠親見試放其彈力較毛瑟鎗更遠且六能及一千七百碼之遠每十四秒可連發五鎗詢諸該廠機器工料等費據云每年需洋六十萬元可造鎗三萬桿每日可造彈三萬粒皆用機器觀其彈力能較西鎗尤遠故近年來國中少購西式洋鎗者於此見火器之講求也

橫須賀港造船所在港之南東隅設自慶應元年為我國同治四年先是舊幕府欲起船廠於此元治元年為我國同治三年十一月政府與駐劄橫濱佛國公使來翁曬袁司議之翌年聘該國技師來翁烏愛魯惟來港遂建廠焉按此港羣巒圍繞全灣風濤翕靜灣內修理船繫留場之外足供巨艘十餘隻安穩泊錨沿岸淺處設浮標十一個或示其淺處或供繫船及船渠之用其傍灣奧岬岸之南西則設船廠當設立之初雇佛人

四十餘名管理工業傳習技藝後日人技藝漸進漸次減之至明治十一年為我國光緒四年全罷佛人現今官吏以下工夫使役計二千八百餘員專管艦船機器製造修理等事統計廠內除官廳官舍黌舍醫局製圖外一曰船臺工場二曰填隙工場三曰船渠工場四曰製帆工場五曰製鋼工場六曰船具工場七曰鋸鉋工場八曰製檣工場九曰端船工場十曰滑車工場十一曰煉鐵工場十二曰撓鐵工場十三曰整飾工場十四曰製罐工場十五曰製管工場十六曰鑄造工場十七曰摸型工場十八曰旋盤工場十九曰鑪鑿工場二十曰組立工場二十一曰營繕工場二十二曰築造工場二十三曰船材儲蓄場二十四曰倉庫二十五曰火藥庫

長崎造船所在港西側之飽浦地方該處南一里之遙亦有船渠其最長處四百二十尺入口之幅八十九尺高潮之時閾上水深二十七尺又官許斜板修船處計軌道長五百五十尺臺車長二十尺朔望高潮時其前部水深十一尺後部水深十九尺而該軌道總設石上者足架一千六百噸船體

小野濱造船所在灣之西濱凡三百尺積八百噸之船皆得引入此處修理聞甚便利云

鐵道

一東京新橋至橫濱港延長十八英里（每英里合中國三里三）明治三年三月起工五年九月成停車場七曰新橋曰品川曰大

森曰川崎曰鶴見曰橫濱建設費二百八十四萬四千二百八十五元每一英里合十五萬八千零十六元

一神戶至大津共延長五十八英里明治三年七月起工七年五月成由神戶抵大坂六年十二月起工十年三月成由大坂抵西京十一年七月起工十三年七月成由西京抵大津停車場十八曰神戶曰三宮曰住吉曰西宮曰神崎曰大阪曰吹田曰茨木曰高槻曰山崎曰向日町曰稻荷曰山科曰大谷曰馬場曰石場曰大津建設費七百七十五萬零二百五十元每一英里合十三萬三千六百二十五元

一敦賀至大垣共延長四十九英里明治十二年十月起工十六年十一月成由敦賀抵長濱十五年六月起工十七年四月成由長濱抵大垣停車場十五曰敦賀曰疋田曰刀根曰柳瀨曰中鄉曰大本曰高月曰河毛曰大寺曰長濱曰上阪曰春照曰關原曰垂井曰大垣建設費三百二十二萬七千五百四十九元每一英里合六萬五千八百六十八元

一大垣至半田延長四十八英里明治十九年成停車場未詳建設費百六十三萬四千百七十二元每一英里合參萬四千零五十四元

一高崎至直江津延長三十八英里明治十八年成停車場未詳建設費百二十四萬八千百七十二元每一英里合

參萬四千六百七十一元

一大宮至宇都宮由宇都宮至白川共延長八十英里明治二十年日本鐵道會社所設計大宮至宇都宮停車場八曰大宮曰蓮田曰久喜曰栗橋曰中田曰古河曰小山曰石橋曰宇都宮其抵白川者未詳計建設費百六十一萬九千百二十元每一英里合二萬零二百三十九元

一上野至前橋延長六十八英里明治十五年五月起工十七年八月成停車場十五曰上野曰王子曰赤羽曰浦和曰大宮曰上尾曰桶川曰鴻巢曰吹上曰熊谷曰深谷曰本庄曰新町曰高崎曰前橋建設費未詳

一新橋至赤羽延長十六英里明治十五年起工十六年成

停車場八曰新橋曰品川曰目黑曰澁谷曰新宿曰目白
曰板橋曰赤羽建設費未詳
一北海道手宮至江別延長三十五英里明治十三年一月
起工十五年六月成停車場八曰手宮曰住吉曰朝里曰
錢函曰輕川曰琴似曰札幌曰江別建設費未詳
一江別至幌內延長二十一英里明治十五年六月起工十
一月成停車場四曰江別曰岩見澤曰幌內曰幌內太建
設費未詳
一橫濱至國府津明治二十年五月成停車場七曰橫濱曰
程谷曰戶塚曰藤澤曰平塚曰大磯曰國府津建設費里
數均未詳

右新橋神戶敦賀大垣高崎諸道皆官所設謂之政府
鐵道故建設費能得其詳近年日本鐵道會社之外又
各地人民招股架鐵道者不勝枚舉如山陽鐵道會社
九州鐵道會社兩毛鐵道會社之類通國鐵道之設聞
三年後可由橫濱逕達西京五年可達長崎日本向無
熟諳鐵道之人明治初年延聘西人充當是事當時薪
水各費俱多每一英里竟有多至十五萬以外者近則
邦人亦熟其技每英里二萬元餘即可竟功是亦能知
自勵矣因坿誌之

鐵道章程附譯

第一條　凡坐火輪車來往者須先納車價領票方可搭坐
否則一槪不准坐車
第二條　查點車票之時即當出票請驗收回車票時即應
交還如有查點時不肯請驗或收回時不肯交還者須由
該火輪車起行之車站（車站即停車處）起算令其補繳車價若中
途搭坐果有確憑者須由搭坐之站起算令其如數補繳
第三條　凡於車中搭坐者看其車中有無餘地方准搭坐
如業已購買車票惟因車中客滿不能盡數搭坐須擇其
欲往最遠者先令搭坐如有數人欲往之地相同則以車
票號頭爲序
第四條　不論何人不納車費欲坐車旅行或旅行不坐所
納車費之車而坐上等車或已過應下車之車站到遠處

車站不肯加錢冀圖倖免車費或先納到某站之車價火
輪車已至某站仍不肯下車以及此外無論用何等方法
希圖免納車價者均照定例懲辨
第五條　凡火輪車運動機器時不准出入車房又於不應
坐客之車禁止搭坐
第六條　凡有出痘之人或患容易沾染症者不准坐車如
確見有此等病人坐在車內即由局中官役令其下車退
坐鐵道界外
第七條　無論何人在站內例禁吃烟之處或在例禁吃烟
之車內不准吃烟又專爲婦人預備之車及房內等處不
許男人無故闖入如有違犯該禁該管官役即當諭止不肯

從者令其下車退出鐵道界外
第八條　無論何人在衆人同坐車內或車站鐵道場圍內酒醉行兇或有行不良事者即由官役令其退出車內及鐵道界外
第九條　無論何人如有妄將車站及鐵道界內所有標榜告示等類拔棄或行破壞又將火輪車番號牌私行摘去或吹滅車房燈火或將火車機器倉庫屋舍牆壁柵欄以及火輪車所屬之物件毀壞更換者均應照定例治罪
第十條　凡除管機器官役暨火夫之外未經官准者則不可擅坐火機器炭水車又車長暨管車官之外未經官准者不可擅坐運貨車以及非為坐客預備之車若犯該禁

不遵鐵道官役禁止者即令退出界外
第十一條　無論何人妄入車站或鐵道界內由鐵道官役令其即刻退出界外
第十二條　凡坐客行李以及隨帶物件須另照納脚價領取收條如無收條或有丟失損壞之處與官無涉又雖照納脚價領有收条至於賠補丟損壞之處官只賠償坐客自用之衣服即賠銀亦不得過五十元以上
第十三條　凡銀子銀票銀號所須銀票匯票收單交單定票憑票銀子收付單地契房契地圖書畫古玩金銀玉石鍍金雕刻細巧器具鐘表等以及衣服粧飾雜佩料貨磁器油器酒類鹽鹵紙絹布疋生熟絲等件欲託寄運者將

物件本質價目詳報官役須另行加納脚價即有丟失損壞由官包賠除此以外概不代價
第十四條　凡託載運牛馬暨各等牲口者由該本主或經手人須將該牲畜價目報明管載運之官役照常數加倍納價領取包賠憑單為據如不加倍納價又不領取包賠憑單設有丟失損壞雖牲畜價值昂貴官只賠償每一牛不出二十元每一馬不出五十元每一羊一豬不出五元一概不得多償
第十五條　不論何人在車內及鐵道界內圍場內均禁止放炮
第十六條　凡火藥硝磺石油及爆烈易燃等物禁止載運

由鐵道局出示頒告
第十七條　凡載運貨物交收之時須由貨主或押貨人詳具貨名斤數及貨主姓名開單交該經管官役
第十八條　凡火輪車載運貨物及牲畜各件遇有遺失傷損非出於鐵道官役疎忽者官府概不代償
第十九條　不論何人催繳貨物脚價不照納者將其貨物全分或幾分扣留若該貨物已經運至別處則俟有本人所屬之貨再送至本局之時將其扣留知照本人拍賣以抵脚價及各費用所餘銀貨仍交還本人領去或不如此辦理則逕請裁判所向本人追繳車價及各項費用
第二十條　不論何人不遵照章程者不准坐車及運送諸

貨物

第二十一條　此章程中如有變革增減當先時遍行布告

第二十二條　凡載運貨物應看車中有無餘地方能承辦

第二十三條　凡章程內載各事俱告知執法官請其裁定罰犯罪人之律至辨法之次第凡鐵道長及管鐵道人等均應遵照辨理

第二十四條　坐客並運送貨物雖隨時有變改其改章皆先二禮拜布告倘鐵道長管鐵道官役及管運送人等先時並無布告臨時可照下等運費令其發運載送

第二十五條　此章程由明治六年刊行

以上鐵道章程共二十五條以外有鐵道犯罪罰例十

二條其罰之至重者不出五十元輕亦不過數元另附運送貨物補則三十二條中詳運貨價脚甚備然亦時有增改茲因瑣瀆未暇悉登焉

電線

一明治五年成線條三十四里

一明治七年成線條千三百三十三里

一明治九年成線條二千二百十四里

一明治十一年成線條三千三百八十里

一明治十三年成線條四千四百八十四里

一明治十五年成線條五千五百二十三里

一明治十七年成線條六千九百十五里

合計日本里成線條貳萬叁千零六十三里按日本電線架之設始於明治二年橫濵辨天通燈臺寮本町裁判所繼之九月東京築地亦設數架其明年八月神戶大阪長崎逐漸興修近則凡各府縣無處無之其電信分局如東京木挽町葵町類不下千百處茲因瑣瀆未暇畢登至海線達外國者有我國上海美國舊金山暨俄羅斯琉球香港等處以上均據明治十八年電線公報考之愈推愈廣此後當更有增益云

郵便

日本向無郵政通商開埠以來知各國郵政之善明治二年設郵便官定立郵便事務章程及各局事務規則條例各若

干欵又復遣使前赴歐洲各國立萬國郵約以便彼此互相代送其一切章程亦隨各國互爲更易信資既徵且亦妥速查從前開辦時經費或有不敷近數年來國中遍設郵筒民知其便各國通行非特無須公欵且由此多一進項明治十九年其國王諭添設遞信大臣另建衙署使其專管郵遞公文私信各事其遞信名稱不一曰書留曰別配達曰飛信皆緊急之謂各街置郵筒令寄信者投信其中由郵便分局派人來收每日收信額有數次另有郵便總局總匯其事凡信重二錢者貼人頭紙二十錢無論國內何地皆可寄到出外國者稍加重則以次遞加如分兩過重紙頭未貼足者另有罰聞各國船皆以郵便爲大宗日本國中平時信無常數每

次船期均有百數十捆英國船到其由橫濱寄同我國上海等處者其信尤夥云

通商

日本從前通商其在亞細亞者祇我國新羅百濟朝鮮其在泰西者亦祇葡萄牙意大利英吉利荷蘭統而計之不過數國其時謂通商者指交聘貢獻諸事而尙未開互市之風考史載貿易之事始於孝謙天皇神護景雲二年賜錦帛於左右大臣大納言等使其易買新羅交關之物是爲亞細亞通商之始仁明天皇嘉祥二年唐宣宗時唐舶來泊於太宰府在筑前國迨醍醐天皇延喜三年國禁私買唐物我國唐時初來之物名日唐物近稱西洋物亦統日唐物當時律例內載有與外人私行交易者其罪以盜賊

論後奈良天皇天文十年葡萄牙人來於豐後神宮寺浦與國主大友宗麟互相立約是爲泰西通商之始後寬永十三年幕府因禁耶蘇教徒遂與歐洲及西南諸國復不相通惟荷蘭許以通商以有功於其國且借以探海外消息至我國朝鮮則通好如初嗣後孝明之世美利堅來請互市政府拒之越六年美利堅英吉利輪舟同至又四年美國遣水師提督丕禮統兵輪四艘來俄羅斯亦卹兵船繼至安政甲寅乙卯丙辰我國咸豐四五六年歲來侵擾以勢要盟始許泊舟供給缺乏繼至戊午夏與美利堅定約十四則秋與荷蘭英俄皆立盟約並指定通商口岸另立條欵彼此信守是時幕府德川氏秉政自審國小民弱非泰西諸國之敵謂與其辱國喪師莫若允其互市而世論沸騰力主尊王攘夷之說廢德川氏歸政王家迨至政出維新幾至夷不可攘於是變制度改法律易正朔各國始罷師行成爲互市之風於爲稱盛爰攷其開港年月及締盟各國如左

通商各港

橫濱　安政六年六月二日

長崎　安政六年六月二日

箱館　安政六年六月二日

神戶　慶應三年十二月七日

大坂　明治元年七月十五日

新瀉　明治元年十一月十九日

築地　年月待考

夷港　年月待考

通商立約各國

美利堅　萬延元年四月三日

荷蘭　安政七年二月九日

露西亞　安政六年七月十一日

英吉利　安政六年六月十二日

佛蘭西　安政六年八月二十六日

葡萄牙　文久二年三月十日

孛漏生　文久二年十二月十三日

瑞西　慶應元年五月十四日

白耳義　慶應三年八月十二日
伊大利　慶應三年九月六日
丁抹　慶應三年九月四日
西班牙　明治三年三月八日
瑞典那威　明治三年十一月八日
獨逸　明治二年正月十日
澳地利　明治四年十二月三日
布哇　明治四年七月四日
清　明治四年七月二十九日
白露　明治六年八月二十一日
朝鮮　明治九年八月二十四日

出口貨物種類

清國
麥　五十四萬千六百八十圓
乾鮑　二十九萬七千四百八十二圓
鰑　八十萬二千百四十七圓
煎海鼠　二十萬五千百六十六圓
椎茸及木菌類　三十三萬千八百十八圓
昆布類　三十四萬五千七百四十一圓
石炭　三十九萬千六百五十四圓
磁器陶器　十萬二千二百十八圓
銅　八十二萬二百七十八圓

人參　八萬六千九百四十九圓
樟腦　二十六萬九千三百六十二圓
硫酸
木蠟　十六萬三千三百八十一圓
板木　七萬七百四十七圓
漆器　十五萬千四百六十九圓
英吉利國
米　六十萬八百七十圓
茶
烟葉草　十二萬千九百四十三圓
磁器陶器　十六萬五千六百六十三圓

樟腦　十二萬六十九圓
魚油　八萬六百十三圓
木蠟　七萬二千六百三十六圓
生絲　二百二十八萬八千四百七十八圓
蠶綿殼蛹幷屑絲類　六十一萬四千六百七十七圓
日本紙　八萬二千四十六圓
鮑貝
漆器　十三萬五千百二圓
竹器　七萬四百五十七圓
屏風　五萬千二百四十七圓
佛蘭西國

磁器陶器　八萬千五十七圓
生絲　七百七十七萬九千五百十六圓
異綿殼蛹屑絲類　百四十三萬八千百七十八圓
日本紙　七萬千八百二十六圓
漆器　八萬千八十二圓

獨逸國
米　五萬七千五百十圓
漆器　五萬二千二百八十一圓

美利堅國
茶　五百九十四萬六百二十四圓
磁器陶器　十一萬八千三十六圓

樟腦　三十萬四百三十二圓
硫黃　七萬千百六十六圓
生絲　六百五萬千六百七十三圓
異絲殼蛹屑絲類　二十萬二百七十九圓
漆器　六萬六千五百四十七圓
扇子

伊大利國
蠶卵紙　八萬三千六百五十圓
扇子　六萬三千七百二圓

白露國
米　六萬三千百九十五圓

濠州
米　二十四萬三千七百五十三圓
木蠟　十二萬六千九百圓

印度
鑛銅熟銅滓銅　三十萬五千二百十五圓

朝鮮國
鑛銅熟銅滓銅　六十七萬七千七百七十圓
鉛　十五萬二千八十一圓
生金巾　五十三萬九千九百四十七圓
寒冷紗　三十三萬三千九百四十七圓

進口貨物種類

清國
豆　六萬六千三百五十九圓
赤白砂糖　四百三十七萬八千四百九十九圓
紅花　五萬七千六百二十七圓
熟皮類　七萬七千五百六十八圓
棉花　二十四萬七千五百五圓

英吉利國
石炭　六萬四千三百四十一圓
鉛塊　十二萬五千六百十圓
亞鉛　六萬二千二百十圓
生熟鐵　九十萬五千四百四圓

茶鉛　六萬三千六百五十二圓
木綿糸　四百六萬五千九百四十圓
金巾類　二百三萬二千六百九十八圓
雲齋木綿　十二萬三千八百四圓
汎木綿　七萬千六百十四圓
寒冷紗　十三萬七千二百一圓
羅紗　十二萬百四十四圓
綾吳呂
綿繻子　十五萬二千五十九圓
綿天鵞絨　二十四萬四千四百六十七圓
毛繻子　九十四萬八千百八十七圓

西洋紙　七萬八千七百五十四圓
蒸氣船
佛蘭西國
縮緬吳呂　百三十五萬六千八百七十一圓
獨逸國
生熟鐵　八萬八千二百九十九圓
羅紗　六萬八千五百四十七圓
縮緬吳呂　二十五萬四十二圓
美利堅國
石炭油　二百四十五萬六千二百六十圓
熟皮類　五萬六千六百五十二圓

鐘表類　十一萬八千二百十一圓
旋條銃　六萬三千百五十一圓
伊大利國
珊瑚類　十一萬七千六百三十二圓
印度
熟皮類　六萬九千四百三十六圓
木綿絲　二百九萬八千七百八十圓
鼈甲
朝鮮國
豆　二十九萬六千八百四十七圓
生牛皮　二十七萬四百九十五圓

綿布　七萬二千九百三十八圓
白耳義國
生熟鐵　九萬七千九百五十八圓
窗硝子　九萬五千六百三十六圓
瑞西國
鐘表類　十萬九千八百六十六圓

以上出進口各貨種類皆據明治十八年收稅數目查考其稅數年無一足近年輸入之錢竝不及輸出十分之五玆畧記之亦藉以見開港貿易之大畧云

東槎聞見錄卷四

六合陳家麟輯

姓氏

古者世官以官爲姓其後賜姓命氏自垂仁始以氏爲寵號者則自天武天皇始寵號既定故宏仁姓氏錄所載舊姓有千百氏迨諸藤專朝不舉他族舊族降爲皂隸矣源平迭興枝葉之蔓分宗立長割據國郡其長者猶古氏上氏上宗子也族人稱家子郎黨蔓衍國內數百年之藩大都藤橘源平四姓也自足利興贅壻冒姓時欲討宗派而不可得後有蒲生君平精譜學草氏族志亦未成稿致氏族卒難引據維新後特分華族士族以別齊民考其著姓皆因地爲氏如參議大隈寺

島西鄉川村之類是其他華族最著之姓如秋田安藤牧野青木織田渡邊水野島津淺野池田井上松井松平上杉德川本多九鬼石川五島稻垣生駒內田南部青山河邊田村山口足利板倉細川酒井黑田有馬岩倉前田內藤三條五條六條伊達鍋島加藤更有三字姓如小笠原蜂須賀德大寺之屬此外新僻之姓擇尤奇者錄之藉資聞見曰北脇曰手塚曰股野曰目黑曰手洗曰田麥股曰夏目曰肝付曰班目曰野間口曰橋爪曰腹卷曰有動曰一色曰是枝曰豬野曰鳥尾曰老馬曰犬飼曰豬子曰鹿伏兎曰小鳥遊曰牛窪曰魚角曰鵜飼曰玉蟲曰草薙曰矢土曰纐纈曰朶石曰印具曰二瓶曰酒匂曰玉乃曰兒玉曰妻木曰吾妻曰哥枕曰夫婦木曰可兒曰妹尾曰神鞭曰鬼越曰甲乙女曰左乙女曰宮小路曰四十住曰五十嵐曰十八女曰七寸五分曰四月朔日曰萬里姊小路曰自死獨縛曰井彊六斤

時令

歲有三大節爲朝賀期一新年二紀元節二月十一日爲神武天皇紀元之節三天長節十一月初三明治帝誕生之辰餘則祭祀數日如新嘗等祭屆期凡大小衙署海關各局廠皆停辦公事一日並懸國旗以伸慶賀見日本述略

新年插松竹於門以龍蝦肖形祝老人康健又用烏薪呼爲住言安居於是插葉於橙曰讓葉橙音同代謂世世子孫有讓德也同上

新年兒童亦放風箏或束羽爲飛燕以板拍之見東槎筆記

清明掃墓無祭品紙錢焚帛等禮惟以水灌碑折花枝供獻而已忌日必圖室至墓前灌石獻花蓋日本墳墓皆與居近無相距十里者東瀛三島到處皆山也見日本述略

三月三日爲上巳辰士大夫文人學士藉以游春攜行厨酒具作郊外踏青遊或歌或舞或吟咏賦詩殊極雅人之致同上

永和九年四月八日詔在清涼殿灌佛嗣後國中皆以是日爲佛浴日亦中土遺制也

五月初一至初五五日凡生子之家皆以紙製鯉魚高懸門外子多者懸魚亦多取鯉登龍門之意

端午舊有龍舟競渡之勝今從西例無聞焉西海道屬沿海

九州是日食角黍式圓而不銳酒具置蒲以應蒲觴之典浴池中以蒲艾羮湯沐浴謂免蟲毒之患見日本述畧

六月十三日爲牛王神勝會骨董珍玩陳列滿街同上

中元節家家燃燈夜不關門佛殿墓門燈徹夜光明東京兩國橋烟火所萃之地畫船簫鼓游人如蟻剪紙縛燈凫泛水面謂之鷗燈長崎更甚十三四五三夜各於塋墓設架竹木燃燈無算高低上下燦若列星直有火樹銀花之概摘録日本述畧

天平五年七月詔設盂蘭盆會著爲恒典相傳至今七月香花寶炬禮佛念經雖貧家人亦異平昔聞西京七月有盆踊戲亦盂蘭盆會之遺也同上

重九亦如上已縉紳先生文人學士登高作賦飲酒聯吟而已同上

九月晦日迎送大明神長崎兒童作唐人粧束擊鼓唱采茶歌同上

國中年月近更西式以三百六十五日爲一年不置閏紀日則以日月水火木金土七政爲序曰日曜曰月曜曰水躍曰火曜曰木曜曰金曜曰土曜以日曜日爲暇日即西人禮拜之期同上

人情

東海道人情疏通慧敏就中甲斐人强而險東京府人俠而浮二總人溫和常陸人武而固畿內人心匠精密就中京都府人約而雅大坂府人達而俗東山道人樸厚就中信濃上野人武而頑岩代以北朴直驍果所謂北方之强也惜懶惰性成不求治産北陸道人實直就中加賀以北人少固志越後人甚純良山陰道人溫順而狹固山陽道人巽順而文雅南海道人敦厚就中土佐人稍武健阿波讃岐人稍寬裕所謂南方之强也西海道人剛毅就中薩摩大隅人稍鷙悍肥後人稍悄直肥前人稍矜嚴諸道人情各異由往昔各大藩教養士民者不同也廢藩置縣而後漸有均一之勢北海道人在舘館者篤厚愛人迤北生土之人强健而愚魯殆教化未普及耳

風俗

上古風俗不詳及中古通中國宮室衣服凡百器物大抵模仿唐制居室高板簀以厚席鋪其上不設椅棹以坐爲禮衣服濶袖大襟上下一幅以布帛裁之男子剃額髮而結髮女子結髻戴笄櫛粧紅粉着長衣大帶明治初年宮室服飾禮節以及學術工藝技能改倣西洋習俗從而變化然薩摩地方以斷布爲帶二陸之民穿至窄之袴佐渡風俗男逸女勞駿河農夫一日四食筑肥女兒以鳳仙花染指皆古來習慣之小風俗他地所無至今猶不易也

所奉教門近以洋教爲第一儒教次之神佛教又次之摘録日本風俗署

起坐皆席地兩膝據地伸腰危坐而以足承尻後若趺坐蹲踞箕倨皆爲不恭坐必設褥敬客之禮舊有敷𣪍重席者有

君命則設几使者宣詔畢亦就地坐矣蓋古禮也（見東槎筆記）客來必出寒具或呼酒漿出妻子跪獻盞殷殷之意良可感也（同上）

烟具極小客來出小筐筐有抽屜旁置火爐三寸菸管外唾壺齒籤纖悉俱備行則插之腰間（同上）

有所受必高舉爲禮有所敬則俯身搓手而必摸拜（同上）

勸尊者酒酌而置杯於指尖以爲敬平等則置手心（同上）

男女相見禮教如一以兩手按膝鞠躬良久乃起立皆感謝親邇之詞如是者至再至三常於狹隘道途遇二人對面行禮路爲之阻如至其家男女迎送甚恭（見日本述畧）

行道之人男女相勸遇良辰佳節或祭神賽會諸勝事則女多於男未有不呼朋引類作汗漫遊者家中多留男子守之（同上）

俗好遊春秋佳日攜酒插花屐聲裙影裝束如古圖畫中人（見東槎筆記）

好浴溫泉有小疾不醫治恒就溫泉浴之道路不問遠近輒旬月不返云（同上）

國俗男女皆可同浴而人極愛潔無間寒暑必日作沂水之遊維新後間有浴堂分二池者然同在一室赤身相對毫無羞澀所謂司空見慣無須作態者近東京以木板隔之聞內地尚如舊云（同上）

浴堂擦背雖女池亦用男僕而男池供伺應者則又係女流大是奇事

婦女頗習勞苦辰起洒掃自門外以至內室一無遺漏門戶窗牖必遍爲拂拭潔無纖塵非官家世族從無婢僕操井臼司縫紉小康之家亦係自行擔水熙熙皞皞幾有不知帝力何有景象（同上）

男女混雜帷薄不脩者亦不恒見如訪其夫不值婦必殷勤酬客曲盡其禮相對讌談從無狎暱猶古風焉（同上）

盜賊固不多見而丐人亦少間有一二到門或遺之以錢或婉言却之從無疾言遽色即此一端可徵風古（同上）

通國少爭鬥事亦未聞室人交謫婦姑勃谿之聲行至警察署前見粘貼紙簽半係途拾財物送至捕房招人領認者民崇禮讓道不拾遺極羨慕之聞此風今亦變云（同上）

國中狐狸甚多人極敬之建祠立廟隨在皆然各村鎮市井以及人家花園必建小室日掇香花供奉如我國土地廟然（同上）

男子身材均極短小較我國人短二三寸以至五七寸不等女子未有不短四五寸者間有可與比肩然殊不多覯苟與西人並行無不仰其眉睫女子韶秀妖媚可人髮光黝可鑑不纏足穿耳雖嚴冬栗烈亦不襪着凌波或赤足着屐或着草履殊無瑟縮之狀（同上）

夏日女子恒露其上身居室狹者浴於路側絕不畏人男子則不着犢鼻以布包其前陰然身中必衣短衫殊不可解（同上）

女僕極多有司薦者以小木牌署其門首曰官許僱人所用

以司浣濯供洒埽善伺人意亦能侍寢工價甚廉相習成風兩不爲怪故人多喜用女僕（同上）

更有外婦名曰權妻月給租金三五圓以贍其家我國商於是者多置之性情和婉聽人去留生子亦可買爲妾或留子去母均無不可（同上）

富貴之家性喜薰香每夕必以之薰衾枕今沐浴櫛髮後復用泰西香水以除穢故襟袖間常多香氣云（同上）

俗好蓄犬多異種半雜以泰西之產矮足鬈毛如獅如虎予見有小者其狀如兎可以籠之袖中桀驁如獒者甚少能解人語作揖拜狀婦女常攜坐車中秋冬畏寒納諸懷內（同上）

俗喜觀優場屋可容千餘人每一齣止張幕護之綽板亂敲徹幕復出亦演古事小大陳列之物惟妙惟肖場下施轉輪裝束於內輪轉上場別有伶人述所演事如宋平話聲哀而怨場僅有三絃笛子鉦鼓諸器優人有舞無歌而摔情揣態聲色俱妙觀者每不知涕泣何從也（同上）

僕人御者從前別爲微族飛禽走獸草木蟲魚遍刺其身以青靛塗之即文身之遺夏日赤體光怪陸離望之可怖明治初年下令禁止今猶有見者語云斷髮文身今不文身而斷髮矣其所衣之衣別有花紋前後亦皆有字（同上）

眼鏡之風大行從前眸子眊者欲購一鏡以價值太昂每至中止今效西人所爲錘銅絲爲邊飾以五色玻璃價在百文以內是以男女大小皆喜戴之婦女姑不具論彼五尺童子出入學校之中或紅或碧三五成羣流光閃爍貿然而來殊令有道之士爲之長太息也（同上）

新聞紙名目甚多自東京以及通商各埠皆有之銷行極廣山陬海澨欲知時事者必購觀之婦女看者尤衆（同上）

道途之間見峩冠窄袖皮韡執棒者不問而知爲從事公門或奔競市肆非官即賈皆富貴中人此外則有西冠東履東冠西履或衣履皆東而獨西其冠或衣履從西而仍東其冠者上下不齊表裏各異舉國皆然即自視亦不知爲何許人（同上）

西人相見禮免冠執手日本古禮乃俯首折腰耳今見人先作免冠狀後復鞠躬東西相兼未免不衷一是（同上）

相見以手合手握之者再三謂之握手相遇於途未及下車馬者以手加額謂之抗手

負任在背以帶束腰爲襁日本婦女常約小兒於背外罩單衣以帶束腰間蓋即襁負之遺

國中本有舞樂自更西制跳舞之風盛行名曰茶會凡宴茶會者先期發柬或請諸私第或假座公所皆係晚會屆期自外至內燃火油煤氣電氣各燈光彩絢爛客至主人夫婦立於門行握手禮後詣內任其所之無主人招應齊集則跳舞諸人各攜紙牌一牌與牌對交相跳舞雖王公婦女能者亦無避忌其跳舞之法不一有自二人交相跳舞至數十人者均一男一女觀其形狀殊無男女之別另於他處設西洋酒

菜供客外間或亦燃放烟火一夕之費殊不貲矣

比戸以木爲壁故火患延燒每至千百餘家余初至日本時見沿街有木房一方外書火之番三字不解其意後詢日人謂即水龍所藏之處國中水龍甚夥一聞警鐘立即馳至近復置有火龍機器爇以煤火水即由地道中引入不假人力靈便異常故近時火患延燒不至如前之多云

屋舍

民間室皆離地尺許以木爲板藉以莞蓆入室則脫屨戸外襪而登席近或易席以茵穿革靴者許升堂矣見東槎筆記

中人之家大率湫隘多茅衣木瓦舊藩巨室則曲廊洞房畸零而潦曲每不知東西南北之何向室中必有閣以庋物有牀第以列器皿陳書畫楹柱皆以木而不雕漆晝常掩門而夜不扃鑰寢處無定所展屏風張帳幙則就寢矣每日必灑掃拂拭潔無纖塵同上

喜園亭貧家亦花木竹石位置幽雅行其庭闃然如無人者余嘗訪友筆談半日不聞人聲呼童啜茗拍手而已使人翛然有出塵之想同上

善於種樹合抱之樹動輒遷移多有花時移來花後徙去者士人移居遂幷其花木竹石一一布置如舊

無門戸窗牖以紙爲屏下承以槽隨意開闔四面皆然

士大夫家屋舍從不華麗雖小小結構而林木蔚秀令人神往另置土書庫一所凡有秘籍必珍藏其內以防火患云

屋內有井門首必懸一井字遇有火患皆可入門取水

自更西制宮室衙署以及小大工所皆照洋式建造民間則仍其舊雖世家大族亦無重樓深院大者用十一架九架梁棟後進與前進多連室中空諸所有惟設火爐鼎鐺茶具而已

門首懸小木牌一方書某某區若干町目若干番地平民某某或士族某某故訪友者不須問道云

宦官接見俱有衙署然亦有晤於私邸者其門首亦懸木牌書正幾位從幾位某某等字

街市

街道寬廠清潔無塵日必洒掃二次各家司其門前鋪戸皇衡對宇屋雖矮小而梁柱柵欄皆自然本色無彩畫朱漆之飾長晝無事小步市塵脩潔坦平俯仰無烟火之氣見日本述略

街市曰末知讀曰買基鋪店懸幌子居賣曰大問屋販賣曰賣捌所賤賣曰大安賣零賣曰小間屋

招牌以木板黑書幷不油漆有令人解者如書鋪曰和漢洋書藥鋪曰賣藥請營業烟鋪曰烟草小賣所醬油曰生醬油茶鋪曰御茶酒鋪曰銘酒同名針鋪曰漢傳御針銀行曰某某銀行照相曰寫眞處筆師曰筆師裝裱鋪曰裱具師補齒曰入齒師代書曰詞訟代言人做琺琅曰鑯細工所舊貨曰骨董彈唱佐酒曰藝妓有可解不可解者客寓曰諸府御定宿又曰旅人宿又曰御泊宿茶食補曰御菓子所紙鋪曰證

券印紙買捌所又曰諸紙帳面賣捌所女閭曰顧人宿有金人絕不解者襪鋪曰掛當股引御誂所成衣曰萬物仕立所傘鋪曰張換所錢店曰兩替屋帳簿曰福帳酒肆曰御料理又曰鷄鋤燒飯店曰御茶漬以油煎魚蝦曰天夫蘿和麪以肉曰鴨南蠻雞子曰玉子菜蔬曰八百屋栗曰九里和蘭薯曰八里半魚飯曰壽志屋魚餅曰蒲鉾烟筒曰喜世留醬曰味噌布店曰吳服太物類又曰西陣織物類雜貨行曰受請問屋又曰荷受問屋船行曰諸國萬問屋營業如是者指不勝屈詢之日人亦未能詳述其理然上多書官許或免許二字

天武四年崇尚浮屠教令非餌病不許食賣獸肉故隱其名曰藥食所懸幌子畫壯丹者豕肉畫丹楓落葉者鹿肉近則獸肉遍街市矣

箱館地極寒冷有藏冰處夏五六月由輪舟運往各處沿街賣之曰函館冰問屋

射所鋪紅氍毹於地縛綵爲棚中蒙以皮竹弓翎箭相去尋丈中者鏗然作聲雛姬環侍互拍其肩以爲笑樂蓋比之北里南瓦顏其場曰揚弓店見東槎筆記

娼妓爲公賣淫以其業賤重賦其稅每人月給金三圓爲之驗疾爲之追逋嚴禁私賣淫者使壟斷其利所居室曰貸座敷外懸華燈曰官許同上

不由官許爲私賣淫夜去明來人謂之地獄女又藝妓曰猫奴家奴曰牛西人妾曰羅紗牡妻曰山神小兒曰餓鬼女曰阿魔野店露肆垂足攫食者曰矢大臣皆里巷鄙俚之稱同上

業歌舞者稱藝妓侍酒筵頗矜莊樂器止用阮咸曲似梵音以牙撥絃又有細腰杖鼓以手撥之鼙鼓雙撾擊淵淵乎作金石聲舞者以扇爲節有折腰垂手諸態甚類唐宋問營妓士大夫聚飲輒呼之不爲怪也同上

鋪面極多而不須櫃臺木架只將貨物布置席上即家中婦女皆可買賣無庸延請夥伴尤不必有人看守民間少拐騙盜竊之事偶有售客見鋪中無人必高聲喚之良久無應者即另至別店從未有妄取一物者故開張市肆易於從事見日本述略

飲食

闔閭之家日必食魚細民以魚爲葷喜食生冷平常蔬菜大都竹笋蘿蔔豆腐蔓青數味而已生者醮之以鹽縱經火炒不過半熟而已同上

喜歌舞嗜酒良家女子自幼亦習三絃舞唱尋常飲食男女老幼團坐一席歡呼痛飲絃管爭鳴或歌或舞亦有猜六喝三之戲同上

食皆小盤方盈尺著兩板爲脚高八尺許見東槎筆記

每供肴酒主人必親手高舉置客前俯身槎手而退食具如古俎豆肴盡乾製無所用勺同上

酒味淡而性烈呼曰三甘嗜者極多同上

凡就事於外或於役於公離家較遠者飲食不便有小木匣高可七八寸寬稱之作二三層表裏皆漆或朱或黑謂之行厨朝起儲飯菜於內攜之以往臨時冷食亦有聚數十人之飯而挑送者行厨皆簽註姓名見日本述略

食烟自慶長十年始呼烟爲淡巴菰烟管極小大者不逾一尺小則不滿三寸頗稱靈便出門則另有烟包與烟管同插腰間包管等物嘗有價值數十金者同上

尋常至好亦不恒留酒飯間有戚友來自遠方沽酒待之雞卵魚蝦即爲盛設官場則延至酒肆食西洋大菜器用刀乂牛羊雞鴨概從西法好酒食者不論宴會之大小皆有不醉無歸之癖同上

案長尺餘方亦相似四角有足高三四寸多紅漆飾之就中可容五簋謂之食案進食者舉案齊眉藉示恭敬考梁鴻夫婦相莊之案殆即此也我國此制今已無存

服飾

男女皆圓領寬袖冬不衣裘下繫以裙而無犢鼻有事則加單袷於外其色多青藍棕色夏日皆白織有花紋如闌干水波之勢紅艷綠色小兒間或衣之同上

女子無金玉珠寶以飾其首富者用珊瑚珠十三粒繫於髻下搔頭或銅或銀亦以珊瑚珠一枚以界其中貧富有大小眞贋之別小梳一柄人所必簪以玳瑁爲最貴同上

髻有三種其一如必錠式上寬下狹中有布襯名曰島田一則囫圇一髻中形大如海壳名曰曲丸皆以地名又有橫臥項梁如蜂腰中斷兩端成圈者名曰蝴蝶髻三種均古雅可愛日人謂二千餘年從未更翻花樣疑即吾國上古式也同上

婦女腰繫大帶長可丈餘寬咫尺錦繡綺羅備極華艷腰圍二三匝兩端悉摺疊如襁負狀小家碧玉雖花布所爲亦必五色陸離炫人心目每帶可值數十金閨艷以有帶若干條衡貧富云同上

被式與衣式彷彿長九十寸有袖寢以覆於身更以其半覆足語所謂寢衣長一身有半是也同上

衣皆寬博交衽袖廣二尺口皆不緝特短袂以便作事帶總名衾男束大帶六尺長寬四寸以爲度圍腰四五轉而收其垂於兩脇烟包紙袋小刀梳篦之屬皆懷之故胸前襟帶緉起凸然其脇下不縫者惟幼童及僧衣爲然然僧別有斷衣如背心謂之斷首人見東槎筆記

衣無鈕交衽而束以帶男袖二尺女袖有三四尺者其長皆不過手指同上

冬衣曰棉入夏衣曰單春秋衣曰袷裡衣半截曰襦袢外罩曰羽織凡衣皆曲襟惟罩衣對襟下衣曰股引外罩曰褲同上

民家女子古裝束七八歲時了髻雙垂尤爲可人長耳不環手不馴足不弓鞋皆以珊瑚爲簪出則攜蝙蝠傘帶寬咫尺圍腰間二三匝復倒卷而直垂之若襁負者襟廣微露胸前

脊，亦不掩傅粉如面，殆三國志所謂丹朱坋身者耶（同上）

予見學校中女子多着褌，異而詢之，或云宮女皆然。考延喜式縫殿寮中有褌，意即此也（同上）

民間女子多不着褲裡，有圍裙，禮所謂中單，漢書所謂中裙是也（同上）

故家世族以花草禽獸等爲徽幟，繪其二於袖，或一或三於背，名曰紋（同上）

霜雪嚴寒不用裘貉，惟薄棉一二重。男子冠式如中土僧尼，便帽或布或氈，亦有皮者，皮則多係骨種羊或磨禿袖頭剩底絨者，更以薄氈絨布一方裹於項中以禦寒，殊不雅觀也（見日本述畧）

女子冬夏無異科頭跣足，行冰雪中亦不知冷，襁負其子裹於衣內，胸臂半露，雖凍膚色變，恒不覺焉（同上）

襪前分岐爲二，乂一容拇指，一容群指，必認明左右方可以着。日本雜事詩注：考襪亦爲古製，謂太眞作鴛鴦並頭蓮錦袴襪，名曰藕覆。履如丌字，兩齒甚高，又有作反凹形者。織蒲爲苴，皆無牆，有梁，梁作人字，以布緶或紉蒲繫於頭，必兩指間夾持用力乃能行，故襪必分岐也（同上）

僧服亦如中土，衣必緇色，雖嚴寒冰雪必罩紗衣於外，謂之袈裟。剃髮而不焚項，故無戒疤。起居如平人，無趺坐之例。明治六年令許僧娶妻妾，啖酒肉（同上）

山海經謂倭國衣冠帶劍，向例士大夫皆佩雙刀，一長一短，

出門則橫插腰間，入席執之於手，就位解置於旁。然好義輕生，有以恩義結之者，輒許死報，俠士刺客史冊甚多。今帶刀雖禁，而刺客仍不免，一語之嫌，恒殺人自殺。服西服者易刀爲棒矣（同上）

近仿泰西寶星例，凡有功於國者賞勳，號曰一等勳、二等勳，或給印章，以菊花爲王章，自紙幣以及衣飾帳幕皆圖繪之（同上）

朝賀從前亦行匍匐拜跪禮，今從西例，皆毡衣革靴，繡金線於肩背之上，以分品級，線多者官長。文武官佩劍，有勳爵者亦佩寶星。多佛蘭西式。登殿免冠鞠躬者三。鄰邦使臣元旦亦與其列，見則趨至握手，通殷勤焉（同上）

通國宴會等事有大禮服、燕尾服之別，燕尾服即便服，蓋取燕居之意

婚姻

大家嫁女臨行易衣凡十三色，先白最後黑，黑衣畢則出門矣（見東槎筆記）

女子新嫁以五色綵縷結髻，著新履入婿家，姊妹兄弟送之

嫁粧數器多髹漆描金者（同上）

嫁女無鼓吹鹵簿，各導亦不乘輿，其簡畧如此（同上）

男子授室無親迎，一切禮教親友來賀者留以酒食，環坐侯新婦到門，相將入席，各人拍掌到好，互相換杯遞酒，歌舞歡笑。既酣，送新人歸寢，亦嘗有賦詩催妝者（見日本述略）

史載國君多娶堂妹爲后故鄉僻小民娶堂姊妹爲婦者不可勝數聞今禁之

男子十六行冠禮從前亦極鄭重富貴之家設筵宴客親友雖遠亦必馳賀既冠即將髮管籠紮爲一管兩鬢中央薙去一尖長將三寸寬寸餘今開化者剪去其髮以效西人無冠禮之舉矣（見日本述略）

民間女子不擇配少時爲人服役或爲人權妻迨年長適人黑齒薙眉雖平時貌之姣麗者至此已類無鹽矣

喪葬

火葬始於文武天皇尊崇佛教效釋者之所爲自國君以至平民相沿成習今有喪多用木板爲棺直立高三尺如佛龕

然令死者趺坐於內外糊白紙書南無妙法蓮華經七字或南無阿彌陀佛六字於上前列紙旛自二對起至數十百對止視人之貧富分焉並有白紙燈籠以爲前導沿途撒錢曰買路錢苟用火葬即編竹爲化人城主人視客之多寡置草履會葬易草履入城出則仍着己履以歸喪家送葬白衣白巾襯紅衣於內歸時去其白者（見日本述畧）

信耶蘇天主教者則不同於平人死後自殮至葬皆以神父主持神父者教首也葬期神父着紗襪脫履登席中立拍掌日本拜神皆拍掌爲禮復喃喃誦祝文孝子旁立不祭亦不哭泣送葬者執花供獻鞠躬如常禮（同上）

國有大喪則下國旗以示哀他國官署兵船亦下半旗以示弔葬曰鳴砲如其官之等級如一等官鳴砲二十一通二等官十四通以下倣此按級減之（同上）

國中無三年喪丁艱亦不解任視喪之重輕給假日之多寡從西例也（同上）

喪家名刺以黑爲緣古制也

送葬日戚友以花爲禮二株四株不等如我國祭幛祭聯然送葬者名字書於上其前亦有銘旌上書某某之靈柩唐制也

祭祀 附考

國中歲有七祭日一月三日爲元始祭一月三十日爲孝明天皇祭三月二十一日爲春季皇靈祭四月三日爲神武天

皇祭九月二十三日爲秋季皇靈祭十月十七日爲神嘗祭十一月二十三日爲新嘗祭其一切儀制悉如三大節各衙門停辦公事一日

人物

日本武尊景行天皇子也有武畧西平熊襲東克蝦夷歸路經膽吹山中蛇毒而死

武內宿禰歷事景行仲哀神功應神仁德各朝參決政務深中機要日本之置大臣自宿禰始

坂上田村麿事桓武天皇討東夷有功又事嵯峨天皇任右大將

平貞盛天慶中平將門作亂關東殺貞盛父國香自稱平新

皇貞盛集兵討平之
藤原秀鄉下野人也初往見平將門察其輕躁不足以爲去
與貞盛合兵討平之
源頼光滿仲之子也以勇敢著
源義家善騎射與父頼義討陸奥豪族安倍貞任清原家衡
武衡等有前九年後三年之役尤稱於世
源爲朝以善射著
平淸盛保元之亂清盛有功平治之亂誅源義朝藤原信頼
由是威權益盛進大政大臣專擅海內武門執政實始於清
盛焉
平重盛爲清盛長子性篤厚愛人屢矯正父非罹疾早歿平

氏興衰實視此人焉
源義經爲頼朝弟英鋭果敢善用兵出奇計討平氏於西海
滅之後爲兄所忌遁走陸奥或云戰死於衣川或云遁於蝦
夷不詳所終
源頼朝爲義朝之子平治之亂義朝敗死頼朝就囚免死流
於伊豆後舉兵討平氏滅之自居鎌倉號令四方自是其朝
廷擁虛器大權歸霸府矣
北條平泰時爲北條義時子北條氏據外戚之親纂源氏霸
業承久之亂廢立國主叛亂極矣泰時謙恭持已孜孜盡心
察吏治民天下翕服擅權九世後始淪亡蓋泰時之遺澤入
人深也

護良親王爲後醍醐天皇子英鋭果毅自憤皇綱久頽北條
擅權密與天皇謀討之既而事露天皇遷隱岐護良遁逃備
嘗艱難後起兵討北條氏爲天下倡後醍醐天皇中興之業
護良之力爲多乃終遭足利尊氏等讒言囚於鎌倉土窖卒
爲足利直義所弑後醍醐帝中興之業從此墜矣
足利源尊氏原屬北條氏中途歸順後醍醐寵任之及北條
時行叛於鎌倉尊氏請討之而自據鎌倉叛入京師擁光明
院立爲北朝而後醍醐南幸吉野是爲南朝南北兩朝分統
爭戰五十餘年舉國大權歸足利氏矣
新田源義貞上野人也元弘三年起義兵討北條高時於鎌
倉誅之及足利尊氏叛於鎌倉義貞奉後醍醐天皇詔督軍

討之不利又戰於京師破尊氏及尊氏再舉入京官軍不利
義貞奉詔赴北陸道圖再舉路中流矢而卒義貞終始効忠
遭險不渝爲元弘諸將之冠
織田平信長足利氏末四海鼎沸羣雄割據方隅日尋干戈
大抵皆知爭戰而無底定之計惟信長奮起於尾張國主素
懷大畧征討四方幾有席捲全國之勢惜性情猜忌未能容
人後信長將征毛利氏獨率親近館於京師本能寺爲其臣
明智光秀所襲自縱火死
豐臣秀吉尾張農戶子也毋夢日入懷而生幼時流寓不得
志事信長爲奴稍進爲將性英毅能斷常參信長軍機又善
用兵獨出冠時及信長死興兵討賊誅之遂代信長號令四

方西征東討盡伏强藩足利以來邦內分裂幾二百載至此歸一統矣嘗起兵寇朝鮮兵結不解而卒日人之談英傑必推秀吉爲首

德川源家康爲參州岡崎城主性深沈有大畧秀吉卒子秀賴幼各藩爭雄邦勢將分裂家康大破列藩之兵於關原遂代豐臣氏號令四方制法度興文教典物大備德川氏統轄全國二百餘載民不知兵皆家康之力也

德川源家光爲家康孫豪邁善斷始德川氏握大權列藩猶懷覬覦及家光恩威並行列藩慴服霸業遂大定矣

德川源吉宗爲德川氏第八世將軍性明達善謀此時擧朝溺於宴安百度漸弛吉宗擧賢能興學校重儒臣治績復爛

然矣世傳爲德川中興之裔云

楠正成河內人元弘中應後醍醐之詔擧義兵討北條氏據千窟城及後醍醐天皇還京論中興之功正成爲冠及足利氏叛正成屢設奇計破之後獻計不用戰死於湊川今湊川有楠公墓

楠正行正成之子善繼父志勤王討足利氏戰死於河內四條畷地方

菊池武光爲肥後豪族武光英果善戰効忠之志終始不渝爲南朝名將第一人

細川賴之里居未詳當足利氏初號令四方諸侯偃蹇不服賴之輔足利義滿制法度施政令使民帖然服從足利氏一代典禮皆賴之助其成也

足利義滿性豪邁善斷屢誅强臣其先足利尊氏創業未半而歿義銓繼父業未成至義滿始合南北爲一蓋足利氏大業之定自義滿始也

大江元就爲安藝廣島城主性深沈善謀足利之季郡長紛爭幾不知有君元就獨異於衆雖併呑近鄰擴地至十三州而不忘忠愛之忱盡心民事其遺政固多可觀矣

北條早雲伊勢人杖策東遊據伊豆韮山後襲據小田原開北條氏五世之基英毅善用兵冠絶當時

北條氏康早雲孫也用兵有機謀大破上杉氏軍於川越併關東八州

武田源信玄甲斐國主也足利氏末列國分爭信玄逐父自立知人善任最富韜畧威震隣國民至今愛戴不忘云

上杉謙信越後國主也與氏康信玄同時以善用兵稱其行軍出沒不測精銳無當隣右皆望風而慴後欲攻平信長病發二日而卒

伊達政宗鷙悍善戰三十餘戰盡併近鄰眇一目世稱獨眼龍按伊達氏固陸奥豪族也

蒲生氏鄉幼英敏爲秀吉所器重屢當方面後遭讒毒死

小早川隆景爲大江元就三子也沈毅善謀好學禮儒其守筑前興庠序隆學校世稱有賢相之風

井伊直孝事德川家康善謀善斷其所部皆精銳無前服裝

尙赤以德川赤隊名於世

松平信綱事德川家光以機警稱世號多智信綱

松平定信事德川家齊舉賢用才各竭其器翕然稱賢相

藝事金石附

東髮小兒初學臨池即懸腕執筆作三四寸大字亦有筆力遒勁挺拔可觀者惜稍長即棄置之其草書重飛舞怪僻之體不循規矩作楷書疾走如飛只勉强成字千人一律其形彷彿幾無筆蹟可辨行書則間有佳者然名家絕少近時如長茨日下怖巖谷修等輩爲一時傑出者也

碑之古者有大和法隆寺金堂佛背銘釋迦佛像銘那須國造碑注謂碑中有永昌元年字然日本無永昌年號或是僞

用周武氏號或又謂永昌字形似朱鳥天武有朱鳥年號因歲久殘缺未可知也多賀城碑其規模彷彿六朝人新唐書云建中元年日本使者眞人興能來善書書史會要南海商人自日本還得國王弟與寂照書自稱野人若愚章草之妙亦能及中土蓋八法之傳舊矣聞延喜天曆間猶多能品云

畫法傳自中土初摹唐宋院體分數家有土佐家注藤原經隆土佐人五雜俎言倭畫無皴法但以筆細畫縈廻環繞細如毫髮即土佐一派也有雪舟者明季遊中土始傳北宗之派有狩野家狩野元信最有盛名

國朝吳中沈南蘋始以南北合法相授受有邊華山椿椿山得惲氏眞本於是又傳沒骨法近來晴湖奧原氏花蹊跡見氏名瀧諸史得法於江稼圃蘇人來遊長崎沙門鐵翁等學之而遙師鄭板橋畫法又一變花卉不喜著色而老氣橫秋若瀧和亭者則又畫中可屈一指者也

圍棋不用坐子算法迥異其他悉同以楸木爲枰置四足高約五寸便於席地棋子白者以牡蠣殼爲之黑者爲石櫻木爲奩極俊雅可愛每付價値洋四枚凡有圍棋處門首必懸一小牌上書連日圍棋仙集等字使過其門者可著手焉考圍棋之法傳自中土在日本神龜天平之際我

朝康熙乾隆時棋譜流傳日東者甚夥以黃月天徐星友諸人爲上品近時日人坊秀甫亦著有方圓新法棋譜惜未一見其棋之始入品爲初段至九段爲國手予友重野誠齋素精

於棋云此時國手誠不易易也

明治初有浪華女子曰國分邦子精棋法名噪縉紳間然棋名祇三段耳事見小山某春山樓文選中

漢書所謂格五酉陽雜俎名爲蹙融向不知所謂今東人行棋有布子成行得五者勝殆即此與

象棋與我國異枰橫直皆九格共四十子大概布置將帥之位二面列王將位相位金將銀將馬位飛馬車位箭砲位左曰飛車右曰角行兵卒九格皆有故多八子惟布置下一格其進攻防禦沒子有同有不同子以輕木爲之式方而長

星命之學舊以龜著爲卜今以周易卜之東京愛宕山下有卜易處予有事屢往占之頗著靈驗

方技

相撲　考人皇十一代垂仁天皇御宇（當漢哀帝時）有力士當麻蹶速與野見宿禰爭力野見氏撲踢當麻氏折其肋骨斃之天皇稱其力擢用武官是爲相撲之始今力士祟奉野見氏祠在東京本所間五十年前有谷風某者身長七尺餘重二百五十斤力對四十人後有九紋龍有小栁當吉更有生月鯨太身長九尺餘買物錢置屋瓦上而去在稠人中腰以上出人頭履大如茶盆近時無此巨人矣

獅子舞　布爲身皮爲頭絲爲尾剪綵相毛飾其外頭尾口眼皆活鍍金貼齒兩人居其中俯仰跳躍作馴狎歡騰狀按舊書音樂志後周武帝時造太平樂亦謂之五方獅子舞白樂天西涼妓云假面夷人弄獅子刻木爲頭絲爲尾金鍍眼睛銀貼齒奮迅毛衣擺雙耳即此舞也

踏板戲　横木爲梁高四尺餘復置板横之長丈二尺虛其兩端均立焉夷女二結束衣綵赤雙足各手一巾對立相視而歌歌未竟躍立兩端稍作低昂勢若水碓之起伏漸起漸高東者陡落而激之則西飛舞起三丈餘翩翩若輕燕之舞於空也西者陡落而激之則東者復起又如鷙鳥之直上穿雲也疊相起伏愈激愈疾幾若山雞舞鏡不能辨其孰彭孰形俄而勢漸衰機漸緩板末及安齊躍而下整衣而立終戲無蹈虛分寸者伎至此絶矣

流寓

徐福字君房秦人漢書載祖龍既滅六國求長生不死藥方士徐福謂東瀛有三島神仙居焉即所謂海上三山自請帶童男女三千東渡求丹遂不歸時孝靈七十二年按日本向皆覆姓單姓者徐福配合之童男女也其所居之村名徐家村今熊野熊指山下有徐福墓紀伊有徐夫子祠

鄭芝龍福建南安人慶長壬子來長崎幕府召見問以中國事命館長崎旋徙居平戸河內浦娶士人田川氏屢訪藩士家學雙刀技既而田川氏娠出遊千里濱時將分娩就濱內巨石誕生成功時寬永元年七月也土人今呼是石曰兒誕石芝龍留妻及兒居長崎稱平戸老一官屢往來中國後請妻兒渡海田川氏以成功弟幼不肯往數致書乃從嗣芝龍入海寇顏思齊黨顏死其黨歸芝龍收台灣仕明積功封平國公迨泉州爲

大清兵圍城陷民潰田川氏登樓自刎未得卒投水死芝龍保安平乞歸降（先是黄徵明等赴長崎乞援兵時朝議以海禁不許芝龍乃降）事見臺灣紀事及海外異傳

鄭成功初名森字大木小字福松芝龍長子七歲隨父歸中國稍長風儀秀整倜儻有大志讀書穎敏不治章句明主隆武一見偉之賜姓朱改今名拜御營中軍都督人稱國姓爺不名母封國夫人死泉州難成功諫父不聽且痛母死起兵糾衆得數千人自號忠孝伯招討大將軍永曆元年率兵畧沿海諸郡陷同安進侵泉州據厦門陷漳浦圍漳州六閱月

城中食盡死七十餘萬人援至圍解越三年攻克漳州就廈門立府分所部下設官分理永歷遣使拜成功爲延平郡王後成功不聽甘輝言敗走金陵甘輝死成功乘流出海還廈門又以其地單弱率兵攻臺灣招降其首遂復臺灣明亡成功惋憤得疾卒其子經（經或作錦）嗣出兵攻畧閩廣諸省病歿東甯（臺灣屬境）時年三十有二子克塽幼我水師提督施琅等擊滅臺灣來乞降時年十四援漢軍例封公我

聖祖仁皇帝三十九年令克塽歸葬祖父於南安並論諸臣曰成功者明之遺臣非吾亂臣賊子也克塽死爵除成功事蹟見本傳及延平王碑銘

朱之瑜字魯嶼號舜水浙江餘姚貢生明鼎革亡走安南輾

轉來日本萬治二年抵長崎時年六十日本人重之負笈來遊者衆稱爲舜水先生崇閩洛之學維持風化執弟子禮者多名士年八十三卒於水戸時日本天和二年源光國題其墓曰明徵士某某先生墓從素志也謚文恭著有舜水先生文集二十八卷按先生二男一女長大成次大咸皆先卒大成二子長毓仁次毓德延寶六年毓仁聞先生留日本來長崎省之未幾歸其後復來長崎餘事見先生文集先哲叢談碑陰紀事長崎古今集覽近世叢話諸書

陳元贇字義都號既白山人一字昇甫又稱昇庵浙之虎林人明萬曆十五年生因避國亂來日本徵至尾張見尾張名所圖會册萬治二年與名古屋僧元政最契生平所酬唱者彙爲元元倡和集行世又著昇庵詩話若干卷能嫻邦語兼善拳法日本之有拳技聞自元贇始事見先哲叢談余曾見其墨蹟內書自作題城樓詩數首字法瘦勁至今日人猶爭寶之云

戴笠字蔓公明浙江錢唐諸生博學能詩兼工隸篆崇禎中從番舶人遁跡東海削髮爲僧號獨立又號天外閒人著有焚餘草何有庵偶草天外老人集集中其自題云白髮綏綏踏海前若忘煢獨七旬年又閒中偶意云由來時事莫能量海國爲僧已十霜讀此可知梗概矣事蹟見瓊浦通及先哲叢談續編

張斐字非文初名宗升號霞池明浙江餘姚縣人其兄宗觀

字用賓號朗屋善樂府歌詩以王伯之畧自負與朱士稚馳名斐幼孤年十一遭國亂習舉業父執見而誡之從明遺老李一鱗學學問賅博不治章句善詩文工書磊落有奇節爲鄉里所推重斐既絕意進取慨然慕魯仲連之爲人周流天下自號客星山人生平喜作當時義士傳藉以寓意又不欲以儒自名與俠客大鐵錐之徒相善明室淪亡觸事悲慨嘗夜讀楚辭聲情激烈聞者隕涕貞享中與朱毓仁姚江等同來長崎時義公求奇士毓仁等以斐應之斐至崎作祭舜水先生文一篇時貞享三年也嘗與儒臣大串元善相浹洽斐作頌獻之惜國禁外交不能長留斐怏怏而去義公深惜之明年斐再來長崎作莽蒼園集文是歲義公年六十斐屬友

人湯來賀作壽序獻之著有張斐筆語一卷後莫知所終湯來賀前明兵部侍郎因明室淪覆蹈海來長崎作義公六十壽文一篇餘事未詳

劉某法號眞圓明江西浮梁縣人因中國流寇紛擾不圖仕進挾巨貲爲商往來長崎時明泰昌庚申年即日本元和六年也後建寺於長崎東明山麓名興福寺披薙其中一時九州之人多從之學我國閩浙諸商會有客死祭祀喪葬亦就是寺以爲公所通商後改爲三江會館三江者江南江西浙江也

陳明德字完我明浙江杭州府人業儒累試未第改業醫尤精小兒科日本慶安年中航海來長崎每投藥餌立見功效

崎人留居之不使歸棹後隸日本籍改姓名爲穎川入德嘗著心醫錄若干卷事蹟見先民傳長崎古今集覽及瓊浦通諸書今長崎華嶽山春德寺境內有唐醫陳明德碑銘爲日人安東省庵所撰云

何淸林上珍里居未詳皆明遺老延寶三年同來長崎後遂留於此所著載華夷變態中又日人大高季明芝山會稿有謝贈何林二老書各一篇

陸文齋浙江杭州府人元祿十六年（我康熙四十二年）來長崎業醫事蹟見瓊浦通

吳藏南江蘇蘇州府人享保四年（我康熙五十六年）來長崎業醫事蹟見瓊浦通

朱佩章朱子章朱來章皆福建汀州府人享保十年（我雍正三年）來長崎業醫事蹟見瓊浦通及清人問答諸書

魏九官之琰其子魏高魏貴從僕魏嘉於寬文十二年渡來（即我康熙十一年）延寶七年居長崎後隸日本籍改姓鉅鹿從僕改姓魏嘉五左衛門事蹟見瓊浦通

任元衡字遂庵里居事蹟及渡東年月均未詳

朱毓仁號天生舜水之孫延寶六年來長崎貞享二年復來事蹟見舜水先生文集及書舊得聞諸書

姚江延寶六年來長崎里居事蹟未詳

孟士式亞聖後裔明末來日本里居未詳見嚴島名所記

徐敬雲不詳爲何時人渡東年月亦不詳按長崎志載華嶽

山春德寺山上有唐通事東海氏徐敬雲墳墓瓊浦通載東海氏墓爲崎陽墳墓中第一大觀其後人隸籍日本世爲通事今改姓爲東海德右衛門云

吳五官任顯明福建龍溪縣人崇禎五年航海來長崎年二十七居四年娶日人小山角右衛門之女爲室遂留於此延寶六年正月卒時年七十有三子名傳次紀伊國名所圖會載有吳五官墓碑上書大明福建省龍溪縣新岱在住吳五官任顯墓等字又有吳五官小像其上有朝鮮李海溪題跋云

林鍾琦號隱元明福建福淸縣人當六歲時其父客遊於楚未遑攻讀九歲入學塾師謂其迥異凡兒因父久客未歸改

業耕樵藉以養母時人咸以孝稱比長決意不娶尋父三載歷豫章金陵各處杳無踪跡乃附香船至南海普陀山初登佛地已釋凡心嗣投潮音洞爲茶頭日供萬衆毫無難色越年一歸省爲後母故後乃從黃檗賜紫鑑源禪師披薙仍名隱元時二十有九日本承應三年（我順治十一年）長崎興福住持僧逸然來聘東渡考長崎志載有承應三年甲午唐僧隱元攜徒二十人來長崎抵東後延見日本國主寵異逾常乃發帑金于山城國內建立梵刹仍以黃檗山萬福禪寺爲名年八十二而卒事蹟載長崎古今集覽瓊浦通事實文編拾遺黃檗山萬福寺建立來由黃檗開山國師傳黃檗高傳之紀及隱元偈諸書

蔣興儔號心越明浙江金華府婺郡人也幼薙髮吳門報恩寺法名心越改號東皐雲游江浰閒謁顯孝文老人得法於天界盛禪師後居府城之永福院會有客赴東洋者乃同附商舶東渡長崎居興福寺時日本延寶五年也後應聘至水戶卒于元祿八年事見長崎古今集覽常山文集上野國志及墓誌銘其生平著述有東渡編年畧及東渡述志百韻又武藏風土記載有心越僧所作金澤八景詩八首

馮六　高壽覺　林公琰　陳冲一　林楚玉
歐陽雲臺　劉一水　陳潛明　陳九官　何毓楚
劉焜台　俞惟和　樊玉環　馬榮宇　徐敬雲
陸一官　王心渠　陳亦山　盧君玉　何海庵

張三峯　周辰官　薛性由　鄭崇明　揚一官
吳宗園　鄭次官　薛八官　江七官　陳一官
蔡三官　曾二官　吳泰官　黃二官

以上三十四人里居事蹟均不可考皆渡東後永居長崎而隸日本籍者其子孫世爲通事

僧覺海了然覺意皆寬永五年東渡長崎興福寺開山住持見長崎古今集覽

僧超然寬永六年東渡長崎崇福寺開山住持見長崎古今集覽

僧如定寬永九年東渡興福寺二世住持見長崎古今集覽

僧普定寬永十六年東渡崇福寺寺監明曆元年歸中國見

長崎古今集覽

僧逸然正保元年東渡興福寺三世住持見長崎古今集覽及長崎志

僧百拙正保三年東渡崇福寺二世住持見長崎古今集覽及長崎志

僧淨達正保三年東渡崇福寺寺監明曆元年歸中國見長崎古今集覽

僧蘊謙慶安元年東渡福濟寺中興開山住持見長崎古今集覽及長崎志

僧戒琬慶安二年東渡見長崎古今集覽

僧道者慶安四年東渡崇福寺三世住持萬治元年歸中國

見長崎古今集覽及長崎志

僧慧林初名獨知承應三年來日本萬福寺三世住持見長崎古今集覽

僧木庵明歷元年東渡住長崎福濟寺萬治三年入攝津普門寺寬文元年嗣萬福寺二世著有木庵禪師年譜一卷語錄六卷見長崎古今集覽及長崎志

僧慈岳明歷元年來日本福濟寺中興二世住持見長崎古今集覽及長崎志

僧澄一明歷元年來日本興福寺中興二世住持見長崎古今集覽及長崎志

僧即非明歷三年來日本崇福寺中興開山寬文三年登黃

檗山四年開創豐前小倉福聚寺八年歸住長崎見長崎古今集覽及長崎志後日僧明洞撰有即非禪師行狀一卷

僧悅山明歷三年渡東萬福寺七世住持見長崎古今集覽及長崎志

僧曉堂萬治三年來日本見長崎古今集覽

僧化林萬治三年來日本見長崎古今集覽

僧千獃萬治三年來日本崇福寺中興二世住持元祿八年萬福寺六世住持見長崎古今集覽及長崎志

僧高惠慧林弟子寬文元年東渡萬福寺五世住持見長崎古今集覽及近代名家著述目錄

僧東瀾延寶元年來日本福濟寺中興三世住持見長崎古今集覽及長崎志

僧雪堂延寶二年來日本居崇福寺後聘至伊豫松山見長崎古今集覽及長崎志

僧玉岡延寶二年東渡十九年監崇福寺見長崎古今集覽及長崎志

僧慧雲延寶五年東渡居興福寺後應聘至伊豫見長崎古今集覽及長崎志

僧悅峯貞享三年東渡興福寺三世住持寶永四年萬福寺八世住持見長崎古今集覽

僧靈源元祿六年東渡居崇福寺享保元年黃檗山九世繼席見長崎古今集覽

僧大衡元祿六年東渡崇福寺中興三世住持見長崎古今集覽

僧雷音初名子嚴元祿六年東渡興福寺四世住持見長崎古今集覽

僧獨文初名梅山元祿六年來日本福濟寺五世住持見長崎古今集覽

僧喝浪元祿七年東渡福濟寺四世住持見長崎古今集覽

僧別光寶永六年東渡崇福寺中興四世住持見長崎古今集覽

僧義勝寶永六年東渡崇福寺中興五世住持見長崎古今集覽

僧全嚴寶永七年東渡福濟寺六世住持見長崎古今集覽
僧旭如正德元年來日本興福寺五世住持享保二年繼嗣萬福寺見長崎古今集覽
僧道本享保四年來日本崇福寺中興六世住持見長崎古今集覽
僧果堂享保六年來日本興福寺六世住持享保七年嗣萬福寺十二世見長崎古今集覽
僧伯珣享保七年來日本崇福寺中興二世住持明和二年嗣萬福寺二十世見長崎古今集覽
僧大鵬享保七年來日本福濟寺中興七世住持延享元年嗣萬福寺十五世見長崎古今集覽

僧竺庵享保八年來日本興福寺七世住持享保十九年嗣萬福寺十三世見長崎古今集覽
以上各僧皆係來自我國其里居一切無從查考謹考其渡東年月及住持何寺籍以證各寺緣起焉

遊覽

抵長崎午後遊北園園在西北山麓廣十餘畝周以竹籬依林枕溪翛然無塵時則霜菊就殘寒梅著花大似故鄉風景爲之徘徊者久之（見使東述略）
出園登北山歷石百餘級至諏訪社目力所窮巨海無盡衆峰羅列在虛無縹渺之間（同上）
循山而西謁孔子廟廟前紅杏森値引二水環之亦稱洙泗夫子未嘗浮海而殊方異俗千載下聞風興起教澤之及人何遠也（同上）
泊平戸循麓而行夕陽紅處麥苗正青過民家有馬鈴薯欲購之給予値不受民風渾樸如入桃源（見日本雜事詩註）
泊小豆島島中居民數十家耕水漁山自成村落登岸時夕陽在山黃華滿徑梯田露積畦薺霜餘樵牧晚歸見異邦人聚而相語惜不通其語言（見使東述略）
泊神戸游態（熊）內村觀瀑布百丈崩崖懸流奔赴陰風怒湍中淵松森竦玉龍交舞破壁欲飛倚磴注視覺寒氣砭人肌骨不可久立返步湊川訪楠公祠社（同上）
由鐵道赴大坂計七十里游大坂城天滿宮各勝城小而堅

石濠深濶鎭兵駐之豐臣秀吉遺址也東北距京爲之屏蔽故曩時國西寇警必爭大坂亦形勢使然天滿宮基宇宏麗詢其神曰菅原道眞世管學政者也（同上）
次早乘火車入西京程約八十里日本舊都爲畿內山城國境歷市坊涉華頂山登第一樓樓據山巔俯瞰全城歷歷在目下山詣日王舊宮守吏導入觀所謂紫宸殿者殿屏圖三代漢唐名臣各爲之贊中土流風遠矣哉循殿西行轉數折過曲廊涉後園落葉滿階鳴禽在樹水喧石罅冷冷如聞琴筑聲靜對片時塵慮俱息忽不知遊迹之在王宮也宮之左畔爲后居日向暮不獲周覽遂趨出（同上）
抵橫濱往宮崎登伊勢山覽橫濱內港渡平沼橋北游高島

石磴盤曲古松蔭其巔望南岸房總諸山晴嵐漾波襲人襟袂同上

入東京登芝山覽東京形勝東南抱裏海西北連沃野墾田川縈帶其東平原曠野岡阜廻伏王居在中德川舊府也爲城三重掔以石中高外下城各周濠引玉川水灌之深濶通流鳧雁成羣孳息其中法禁嚴無敢弋者門設不關架橋梁以達內外市衢寬廣溝澮縱橫雖繁盛不及蘇滬而景象似之洵海東一大都會也同上

博物館在上野山巔入遊者至門外出金二十錢購紙片一至門司閽者驗片易籌放行內有園大數十畝中設自來水池一方歧途紛岔路旁植木旁畫手指入者視牌手所指處

迤邐而入有彝器院其傳國之寶及各國衣冠制度在焉尙有漢唐時頒賜該國衣物有金石院金銀銅錫五金胥萃外更有各國礦石羅列其中若者爲金銀苗若者爲銅鉛鐵煤苗皆標明礦石上其旁別置雛形礦山一二座石凡數十種玲瓏透澈皺瘦淸奇或以堅固勝或以柔脆長斑駁陸離如洞天一品足令米顚下拜也空青石數顆中含人物魚蝦花草竹木皆置玻璃匣中目得而望手不得而玩也有制作院築隄造橋濬河造舟諸機器萃焉而隄形橋形舟式車式無不悉備或以竹木作成或以泥土摶塑皆象形維肖力田制藝者則耒耜鋤犁鑿鋸斧斤無物不備各國之用不同即各國之式互異一一詳註其上考工記恐無此賅博也有植物院百穀菓實瓜蓏之屬爲一院藥物爲一院木本草本藤生蔓生何者爲眞何者爲贋某種出何處某種爲何名逐一記註以備考有鱗介院鯤鮞鯊帶鱘鰉鰷鯽大小咸具有翼而飛者有足而走者有如人面有如犬形者爾雅未盡舉其名山經亦難窮其狀蝦鬚粗於人臂蟹螯大於車輪龜殼可以爲床魚骨可以支柱非目擊者必謂所說之誕蛇則浸以藥水一如其生有飛禽院蟲豸院鳳鸞鷲鷟孔雀毛采燦焉雞尾長二丈餘蝙蝠之翼大如車輪蜻蝶蚊蠅狀亦各異蜈蚣長丈螯蝎如羊生致之人不敢近立餘則奇形怪狀非逐物籤名無一可識者有走獸院犬豕豺狼麋鹿麟獅虎豹刑天豸獬等獸昔僅知其名今目擊其狀猿狖三十餘種大者逾

人小者如鼠猙獰兇惡之狀森森攫人其餘各獸不惟狀爲生平所未見即名亦生平所未聞有珍寶院火齊木難珊瑚翡翠充實其中要皆希世之珍以玻璃匣鎖之任人平視有器具院凡刀劍盔甲琴鏡船輦磁器陶器古錢古硯之屬指不勝屈其我國錢則有自漢五銖至今時者更有蜀錦齊紈杭綢湖縐及外洋呢緞羽毛色色俱備若者緊細若者稀鬆若者悅目不堪久留若者適體較爲耐久一一區別而詳載之俾入市不受人欺法亦可謂善矣游畢仍執籌出摘錄使東述略

教育博物館在博物館西入其內院宇宏廣分屋置器每屋設小木椅數張爲學者憩息所方者矩圓者規權衡斗量尋尺皆備其有神明於規矩繩尺之外口所不能言筆所不能

載皆有一式備人放製泰西機器之屬若火車火船織紝鍼縫等器均具體而微苟能尋繹其意不難別創一格駕前人而上若斤斤於分抄尺寸間規仿之尙屬步人後塵不免泰西之齒冷也由院右入後棟分屋五楹儲窺星鏡測天儀及地球大小各數十具樓上爲繪畫室丹青水墨鈎勒工細均妙寫生以顯微鏡窺之高下大下不差抄黍樓之中楹懸銅人圖四正背左右各一穴絡分明範土爲人而剖其腹血肉狼籍淋漓其中臟腑經絡逐一位置另有小圖各肖其狀倘醫學於此細心研究於治病之道思過半矣右樓爲儲書之所錦函玉軸滿架牙籤任人翻閱半係該國典籍及泰西之書雖欲以裨實用而背棄聖教大畔其先崇漢學之心識者嗟其不足觀也（同上）

動物園在教育博物館南入門有小魚池數方沿洞而入流光蕩漾潛躍自如院外有囿囿東柵內蓄熊羆野豬各獸及乳虎三狐狸麞兔列屋而居均以鐵柱爲柵有人伺養囿西則紅冠之鶴翠羽之鸞以及鳶鶴鴞鵰鴛鴦各種另有族鷲鸑一雙飛鳴上下一物蔽窗而黑以手撥之振翼高飛審視則蝙蝠身大如羊若蓄之小屋將斂翼不得舒展孔雀開屛光彩耀人心目牛羊猴屬無物不備入其間者恒樂不知返之狀（同上）

東照宮同在上野山巔四面蒼松喬木陰蔽天日中甃石級曲折盤旋兩旁皆豎石燈如廟中香爐式身畧小而高過之

約數十盞近寺以銅爲之古色斑駁望之如儀仗森嚴寺後石燈排列一如前面（同上）

不忍池亦名小西湖在上野西偏沿池楡柳環堤置木凳數架備人遊憩池邊爲賽馬場周圍數百畝池心有堤可達池亭夏時荷蓋盈池清氣襲人極饒雅致每當日色含山暮烟凝紫歸鴉數點躁息林端忽聞水上發聲則水鳧野鷺驚起羣飛紛不知其幾千萬翼（同上）

淺草寺在淺草區寺極宏廠距寺半里即須下車置木爲柵柵內兩旁列肆百物齊備人語啁嘈與木屐聲聒耳互應寺門外有燈籠二高約二丈禮佛者入門以錢擲木櫝內合掌喃喃作拍手狀殿東有石佛一凡求病者先以手拭其病處復以手拭佛處頗著靈應寺側有關壯繆祠樓上豎横匾題浩氣二大字高二尺蒼勁挺拔下書七齡童子某某書未知確否繞寺西行有花圃曰淺草園園大數十畝竹籬茅舍境極清幽近亦設熊虎各種如動物園然園外有山巍然俯瞰杉松萬本翠襲衣裾夭矯如游龍橫亘天末園西有晚菊莊菊花數百種殘花未萎時大有東籬風味花大如缽本高於人即非靖節閑情亦未有不愛此者其西偏仍有水族園一處

每年九十月間日王延各國使臣以次諸人入赤坂宮看菊宮門外立巡捕四其門首爲內閣議事處皇居在旁各客由內閣通名刺始延入宮內屋宇不多林鬱蔚秀山水清幽遊

其中者如置身蓬萊巔上俄頃客齊集洋樂奏日王暨日后出各使以次通欵洽後日王導遊宮內及菊花布置各處菊皆罩以木棚籍蔽風雨菊約數百種色無一同內以一本四百餘頭者爲大觀花大如缽誠爲他處所無其隨日后之宮女皆鬟髮如雲垂於後如觀古仕女圖畫遊畢宴西洋酒殽始各辭散延遼館延看櫻花則在三四月間其儀制一如赤坂宮惟是館外面瀕海中架有虹橋數處海浦驚潮祇覺與鐵道火車聲相互應植櫻花數百樹如火如荼如霞如錦皆備極絢爛者也

丁亥閏四月海軍顧問官法人白敦海軍大尉櫻井邀往橫須賀閱造船廠早起乘火車赴橫濱由橫濱乘小汽船計一點鐘十餘分達橫須賀小憩白敦等導游各廠自鋸木機器以至鍊鐵機器計歷式十餘廠機器種類見製造皆以皮條鼓動次第閱視閱畢詣船塢所計廠外置船塢三皆縮入海港內是處最得形勢不似橫濱港之一望千里者從前各國請以此港通商政府不允蓋恐失要隘也惜是日大雨傾盆未及竟遊殊爲憾事

七月偕同人遊王子由署中乘人力車抵上野易火車計十三分達王子小憩酒肆名碇屋者肆外有河一道屋計三層下臨水面對岸松枝突兀楓葉橫斜泉石粼粼天然圖畫其外不數步爲鹿島紡織所廠主爲友人所識旋詣其主囑導游機器廠廠不甚大較大坂紡績會社不及二十分之一然

此以水力鼓盪機器不用煤火殊較捷便詢之廠主云日需棉花二十餘包廠內女工數十人各司所事自花以至成線皆機器爲之是亦極人巧矣是廠新設未及十年利益已獲不少此外仍有造紙廠一處因天色將暮未及往遊據云廠內一切如我國上海造紙公司然皆民間創設者也

雜載

長崎志載距鎮六里衡鹿峯東有溪溪源即潭廣徑僅可二三步其深莫測上有水出澎湃懸流直下入潭小瀑布也高十數仞水聲激盪有如車輪轆轆名之曰轟潭相傳有神龍潛於內靈異甚多逢旱魃土人奉幣帛投長竿如釣狀禱之不日即應或有馴水性二人欲窮其底入十餘尋始出即受瘟病閱月不瘳後二人病愈一則耳聾一則髮墮元祿中有一常州人遊歷至此適天晚假宿潭側時夜將半皎如白晝草木沙石悉見宛如畫景疑爲天明後復黑翌日向邑人道其所見復言曰余遊覽山川無間寒暑十二年矣未見有如斯之異云云

轟溪東有山綿亘其頂有巨岩如甑形土人因呼曰甑岩高可六七丈周圍二十五六丈西峙東側四方數百里在下望之上有一孔雲氣常覆蓋旁有一松枝悉東向飲香浦因岩得名其岩不可妄躋男子齋七日女子齋三七日始可上躋此岩土人相傳古有神人跳來二石一爲飯盛山岩一爲此岩又云神人製金盤銀盤各一千蓋於岩中爲郡之奇勝有

巨蛟常盤於此其旁松枝擡頭蛟則出遊於途不害民其蛟身如松皮民多踰之不動相傳亦爲神物

相傳中國藩屬以四大賢爲聖聖人德配天地中國祀之藩籬小邦不敢崇奉朝鮮以顏子爲聖琉球以孟子爲聖安南以曾子爲聖緬甸暹邏以子思爲聖日本以同文亦崇祀孔子近尙西法聖教將湮日本之失也（見日本述畧）

相傳日本向多王姓爲東晉王子晉後人後賜姓山田氏天南遯叟有笙鶴曾聞駐古仙之句（見衞華館詩錄）

上古之世無商賈惟以有易無紀元一千三百年始有貿易有地名海拓榴者爲市商交易薈萃之所今則商業大行立公司建會社創銀行築鐵室設茶場越都航海經營籌畫動

效西商獲利如歐州者蓋什一焉大有外疆中乾之勢（見日本述略）

農始上古豐受神乃司農之祖按蝦夷卽其舊種蓬居穴處捕射飛走以爲食徐福東渡帶童男女以及五穀籽種綢緞布匹之後而人知耕種矣（同上）

凡業耕者多以馬代牛勞以產少食多故如此（同上）

百匠多來自三韓石工玉工不詳其他如金工瓦工織工土工木工紙筆漆工縫工革工皆有可考姓氏錄謂有筆氏善製筆因賜姓焉（同上）

國內道路極其平坦如都邑鎭市咸以石板甃成可並行五馬卽窮鄉僻壤田坪歧途亦修築寬敞甚便車行無崎嶇險巇之患岡陵起伏之途砌有階級升降之人咸誦王道之坦坦焉（同上）

相傳宋仁宗時僧千光遊中土攜茶種歸樹之大行豐臣秀吉設茶博士官世祿三千石有以千金求其訣而莫得者茶室幽寂無人惟博士惟可入戰爭之時雖旌旗蔽日鼙鼓震天而茶室獨靜如太古蓋作密謀之所是以茶博士籍以竊柄鬻官無所不至室忌華而具忌新折匙破甌幾與鼎彝並重器必用古雅之物如苦窳斷瓢竹根木節枯芝老籐奇形怪狀搜求於窮巖邃谷之中茍得一異巧之件琢斲爲具獻之上游千金立致貧兒暴富矣而其具無一不小碗之大者如酒斝壺容水不能滿升鼎鐺鑪箸無不精潔愛人今東京

日枝山有星岡茶寮可見當年之舊制焉（同上）

狸奴與中土相同而無全尾有長三四寸或一二寸禿然如截而止者亦有尻後僅有榾柮之形而絕無尾者詢之日人亦不諗何故猫具虎形而項畧長缺其尾殊不雅觀（同上）

神田聖廟有書籍館皆我國秘書珍藏之處（同上）

日本自有王仁氏而後民始識字有吉備氏而後經藝始傳有菅原氏而後文史可誦有惺窩氏而後人人知稱天語聖四君子者雖尸祝乎學宮可也（同上）

國中以文風稱者安藝水戶肥前而水戶爲最代出名家雄武則推薩摩其人勇敢善鬬偶有小隙輒殺人自殺明治維新其國首倡尊王納土故勳臣居半長門武勇次之（同上）

蝦夷如我國臺灣生番穴居野處蓬首文身不服王化龤聚北海道屬舊有征夷大將軍今亦有讀書識字者（同上）

通國肆力漢學始於魏而盛於唐衰於宋元而復興於明季當宋元世數百年中海內紛擾割據爭雄士大夫無暇學問其末致泯滅者賴一二儒僧探討相傳以維持之及藤源迯始專尙伊呂之學逃釋歸儒嗣有林信勝以爲之繼時祇知佛而不知儒信勝之孫信篤慨然以儒道爲重請於德川常憲書許蓄髮叙官列爲大學頭而後國人始知儒史三百年文教之興皆德川氏拔用林氏父子爲之倡也（同上）

民間轎子如我國之檯盆然高不滿四尺長約三尺餘以一木扛其中乘轎者從旁門入席轎盤坐以兩人肩其兩端笨

拙異常維新後高車駟馬此轎恒不多覯然博物館猶有存者

通國遍設醫院由考取醫學者入院診治其院中費用或由公欵或由私捐無一定例與我國上海甯波厦門等處相同

日本有一疫症名虎列拉其症與霍亂同日人性喜食冰故易得此症亦易傳染甚有一日病千百人者聞此疫起時即派捕及撿疫官稽査有此症者帶入醫院恐傳染其家人家人亦不許探問治不以藥以洋水服之延日乃死痊者千不獲一死後病者衣飾付之一炬殊不可解據我國知醫者云此種人死非所死實治之不得法云

國人向不惜字道途汚穢之間往往抛棄婦女無知甚至以

之登厠學士文人亦不見愛惜殊爲可鄙

歌妓多攜三絃琴其有十三絃者不恒見也悉以牙片撥絃不煩十指（見蘅華館詩錄）

日妓粉盆脂盒悉藏身畔而屢以小鏡照容藉加塗飾此與嶺南滬北髣髴相似惟胭脂之外復以金點脣則不同（同上）

芳原爲日本東京叢花地亦名吉原與新柳二橋相鼎峙其東北向設門爲限止遊客入今闢通衢每當重樓向夕燈火星繁笙歌雷沸二分明月十里珠簾遊其間者有車如流水馬若游龍之勢色藝諸妓至晚皆靚粧炫服列坐門首屋中令遊客見悅者即留宿焉天南遯叟芳原新詠十二章有句云黃金安得高於屋買盡東京十萬花風月之美於此可想

見矣（同上）

人家鋪戶上或頭門必懸面具二小者如碗如盂大者如盆如箕歡欣喜笑如我國和合二聖劉海彌勒之形詢爲司財之神一名大黑一名惠美須相傳大黑得鼗鼓深山之中意有所需持柄搖之皆應念而得惠美須乃海濱漁人由是致富敵國云（見日本述畧）

鴉片之禁極嚴明治六年新律販賣者斬立決吸嗜者徒故民間咸知守法通商各口凡有夾帶鴉片者日人則依本國律處治外國人則送交該國理事官照約議罰該違禁人並遞回該國云（同上）

民間刑訟不由地方官審理有裁判所專司之有民事刑事

之分凡兩造興訟先赴始審裁判所陳訴判理不直則赴上等控訴裁判所陳訴所中監事判官各員隸司法省自效西法准兩造延請狀師互相辨駁云同上

府縣專理錢粮地丁捐輸出納各事其地方民情瑣事則由警察署總理其成同上

警察署即巡捕房城鄉市鎭皆有之警察者持棒梭巡計時輪換晝夜不絕一切章程均仿西例遇有火警則升高擊鐘以示衆知

東槎聞見錄卷第四終

国家出版基金项目
NATIONAL PUBLICATION FOUNDATION

海上絲綢之路文獻集成

總主編　陳支平　陳春聲

歷代史籍編

39

主編　范金民

海峽出版發行集團
THE STRAITS PUBLISHING & DISTRIBUTING GROUP
福建人民出版社

本册目次

東遊叢録四卷

〔清〕吴汝綸撰

《東遊叢録》四卷，清吴汝綸撰。汝綸（一八四〇—一九〇三）字摯父，一作摯甫，安徽桐城人。同治四年（一八六五）進士，授内閣中書，歷官直隸深州、冀州知州。光緒二十八年（一九〇二），清廷議設大學堂於京師，聘爲總教習，遂於是年五月赴日考察學制，以聞見所得，彙録成書。是書之撰，以外求新式教育爲宗旨。凡四卷，分文部所講第一、摘鈔日記第二、學校圖表第三、函札筆談第四，凡日本教育行政，學校衛生、管理、設備、沿革，各市學校之規模、預算、度支、日課，教育家談録及往來書札等，悉爲記載，以備採擇。據中國國家圖書館藏清光緒間排印本影印。

東遊叢録

吴汝綸著

東來三月考覽日本學制未能得其精奧今歸國擬先遍覽因集錄文部所請及遊覽日記為學校所贈圖表間附一二

以備採擇其教育家談
録學士大夫时惠書札兄教
亦難集入卷中有遺落者
不能悉載將付门徒使代呈
管學大臣云　吴汝綸記

大清光緒廿八年九月

東游叢錄目次

文部所講第一

附　歐美各國小學校學科課程

摘鈔日記第二

起五月十五日訖九月六日

學校圖表第三

三島博士衞生圖說

東京大學員數度支表

西京大學豫算表

東京高等商業學校日課表

東京府立中學校學則課程度支成績表

西京尋常中學校寄宿舍規則

東京府師範學校經費表

高等學校豫備科課程表

函札筆談第四

都二十八篇

東游叢錄一

文部所講

章宗祥吳振麟張奎等口譯吳汝綸筆受

教育行政

幼稚園未滿。亦可入尋常小學。緣幼稚園可入可不入。至小學則人人不可不入也。

尋常小學卒業後。高等小學。亦可入可不入。

高等小學二年卒業。可入中學校。及高等女學校。

高等學校。乃是豫備入大學。

大學年限。多者可住八年。

尋常小學。高等小學。其敎習均是師範學校造成。
由高等小學卒業後。在外用功。考取爲師範生。
中學校。高等女學校。其敎習是高等男女師範學校造成。中學校卒業。
可入專門學校。如欲學醫。入醫學校。醫學分二門。一醫學。一藥學。醫學
四年。藥學三年。如入外國語學校。四年卒業。豫科一年。正科三年。如學
美術。在五年中學卒業之後。不必入豫科。如中學未滿五年。則豫科一
年。正科三年。
農學工學卒業後。如欲求精。可爲大學農工學卒業生之助手。如無進
取之志。即卒業後可自由。

音樂學校雖中學未卒業亦可入。師範學校亦可入。尋常小學校卒業後。如欲學農。可入乙種農學校。如欲學小工。可入徒弟學校。六个月亦可卒業。久者可三年。如學商。可入乙種商學校。

實業補習學校。尋常小學未卒業亦可入。一面學農工商學。一面補習尋常小學之義務課程。

高等小學卒業後。可入甲種農商學校。及工學校。此三者即實業學校

以上教育制度

政治分三種。一立法。二司法。三行政。學制爲文部大臣行政機括。

教育法令分二種。一由内閣擬定。天皇許可。文部施行。一由天皇勅命。

文部施行。
全國學校通歸文部。凡三府四十三縣一道廳。並臺灣府。難以一規制治之。郡長町村長。皆有管理教育之責。
小學爲町村之義務。師範學校必府縣立。中學校高等女學校或縣或府管理。其郡町村亦可設立。
農工商三種學校最要。政府必欲其發達。郡市町村能設立聽之。不能設立者不强。
醫科及各高等專門學校。皆政府用國帑設立。府縣郡市町村能設立者聽之。

文部所講

學校有政府設立。有府縣郡市町村設立。皆歸文部。非一人所能綜理襄助大臣者。有總務長官一人。局長三人。局長下有參事官。有書記官。此外有視學官。有建築技師及小屬官。　總務長官。襄助文部大臣一切職務。外有官房長。爲文部大臣管理機要事件。其局長三人。一管專門學務專門學校高等學校大學校。一管普通學務尋常高等小學校中學校高等女學校師範學校。一管實業學校乙種農商學校徒弟學校甲種農商學校高等工業學校。參事官。管助定法令。凡教育有何問題。爲之決定。

秘書官。助官房長辦理機要。其下爲書記官。書記官歸三局。

視學官．查閱各學校之善否．

圖書審查官．檢定教科書之善否．

衛生主事．管理師生體中之健否．及學堂建築之合宜．　技師管造學

堂之圖式及工程．

他屬官各助其長．

總務局六課．　人事課．　文書課．　會計課．　圖書課．　建築課．　衛

生課．

總務局長所管十四事．　一管理官吏黜陟．　二管理公立學校教習

校長職員．　三教員免許．　四圖書干涉．　五建築修理　六高等教

育會相關事項。七教育衛生。八博覽會干涉事件。九文部省案卷接受發送。十統計報告事項。十一公文案卷編輯之事。十二文部省所有財產決算之事。十三監督會計。十四文部省所轄官中財產及物品相關之事。

專門局長所掌事務。一大學校高等學校。二專門學校。三各種學校相關事項。四海外留學生及派出海外教員相關事項。五圖書館博物館相關事項。六天文臺氣象臺測候所相關事項。七學術技藝奬勵調查相關事項。八測地學委員會及震災豫防調查會相關事項。九學士會院。十學術會。十一學位等類稱號普通學務局所管事務．一師範教育．二中學校．三小學幼稚園．四高等女學校．五盲啞學校．六以上學校相準各種學校．七教育博物館．八通俗教育及教育會．九學齡兒童就學．實業學務局所管事務．一工業學校．二農業．三商業．四公立私立商船學校．五徒弟學校實業補習．六以上學校準入各學校．七實業教育費國庫補助．八實業學校教習之養成．

以上文部職掌

教育方鍼．不可不定．日本有高等教育會六十餘人．凡教育有改置增減．皆經會員議定．然後施行．

學校衛生顧問九人。凡學校一切關係衛生之事。文部大臣必問此九人而後施行。

地方教育分二種。　有郡長町村長所管學校。由府縣監督。有府縣自立之學校。如師範學校高等女學校等。皆由府縣自行管理。

一縣學校。通歸視學官查考。一人不能獨任。別立視學二人助之。此二人非官。縣中書記官。往往兼內務部長。在視學官之上。於教育有應盡責務。

一郡教育。有郡書記。有視學。助郡長。　町村有助役一人。若二人。有書記。無定員。有學務委員。皆助町村長。凡學齡兒童。不入小學。入小學不欲滿年限者。督令照章辦理。

教育大意

稚園六歲已滿應入小學者不入小學仍留稚園雖至八歲亦可小學養成德性擴充知識使後有國民選擧之權又須體育後可充兵盡國民之義務

人人應入小學即町村不可不立小學如經費不足府縣可補助之小學不取學俸如町村貧窮可以少取必得文部許可然後取之

尋常小學不得不立高等小學則可立可不立近日本人人知學之有益亦無處不立高等小學例不取學俸如經費不足亦可少取國庫亦

可補助。

教科書先時均由文部省編定頒發。近來則由民間編輯。文部鑑定。其教法應因地制宜。文部鑑定之書不一種。何地應用何書。必由地方官與學校教員議定。然後取裁於文部。

小學教員。訓導。保姆。幼稚園師範學校所養成。師範學校之卒業生。能任教員與否。應由官長檢定。檢定之法。或由考試。或由教員及地方官薦舉。

學校既多。需用教員益衆。訓導之外。又有准訓導。可充教員。准訓導由師範學校之别科所養成。又有郡立准訓導之養成所。

教員檢定由郡長請之府縣其教員月俸至少者八圓多者七十五圓特別者至百圓

宅料由學校給予　曾充教員十五年年滿六十須給恩俸恩俸照月俸四分之一年未及六十因教育得病不能任事者亦給予恩俸

以上小學校

中學校以養成國民普通知識爲主高等小學校肄業二年便可入中學校中學卒業大概在十七歲時中學校或入或不入皆可自由

學徒與教習各有教科書教習書謂之書則

中學校長有考察教育之權中學教員有二種　一教諭一助教諭

教員須檢定考試。校長則無須此。要必教育學有得者充當。
教員有奏任待遇。有判任待遇。判任月俸自十五圓至一百圓。奏任年俸。自六百圓至二千圓。現時大都一千八百圓爲度。
校長亦奏任待遇。年俸與教員同等。大都一千七百圓。

以上中學校

高等女學校。與中學校相等。凡中等人家女子。多入此學校。課程乃普通知識。更加料理裁縫家事等。教習或男或女均可。月俸少於中學校。
高等小學教員得免許狀者。可教高等女學校中最低之一班女學生。
高等師範男生卒業者。亦可充高等女學教員。

以上高等女學校

師範學校．男十六歲女十四歲入學．不但教普通學．兼令研習教育學．可爲小學及幼稚園之師．

師範學校．必附屬小學校幼稚園．需費甚巨．郡町村無設立者．

師範教科書．應用何種．應達知文部大臣．待其許可．

校長奏任官．教諭等員．多是奏任待遇．助教諭多是判任待遇．　小學教員幼稚園保姆．府縣自定．

師範校長年俸．自六百圓至一千六百圓．或一千八百圓．教諭勅任待遇者．自六百圓至一千四百圓．判任待遇者．每月自廿圓至七十五圓．

助教諭自十五圓至卅五圓。

以上師範學校

高等師範學校。養成中學校高等女學校師範學校之教員。有豫科。有本科。豫科一年。本科三年。研究科一年二年不定。入高等師範學校者。年在十七以上。由中學校師範學校卒業生考選而入。

高等師範學校。必附屬中學校小學校。中學爲將來須作教員。小學則課程須知。　此學教科書。由文部定。

以上高等師範學校

醫科專門學校。由中學校卒業生考入。此學校文部所立。經費出自政府。府縣亦有設立此校者。名曰醫學校。經費由府縣籌備。專門生徒。每月出俸料二圓五角。府縣所立亦同。　教員俸給。同高等學校。

府縣所立醫學校。教員二種。一奏任待遇。一判任待遇。分教諭助教諭二種。教諭任命與中學校同。其俸給時有多於專門學校者。

府縣醫學校卒業生。無庸考試。不須免許狀。但得卒業憑據。即可行醫

藥學校全國止一所。私立者二三所。大學校中有藥學部。止有一人。因此學無利可圖也。將來自歐洲學歸。此業當更發達。

以上醫學

外國語學校。現學者。中國語。朝鮮。俄羅斯。法。德。英。西班牙。意大利。　學生出俸料。每月每名一圓五角。教師先用本國。不足。乃聘外國人任命俸給。均與高等學校同。

以上外國語學校

美術學校分二科。一豫科。一本科。　彫刻。（金木）　繪畫。（日本西洋）　卒業生。可當中學校高等女學校師範學校之教員。

教員俸給任命。與高等學校同。

以上美術學校

音樂學校。養成音樂教員。分師範專習二種。學俸料。或二圓。或一圓。

校長與教授奏任官.助教授判任官.俸給與高等學校同.現校長教授俸.不過二千五百圓.

以上音樂學校

高等女師範學校.四年卒業.入此學者.應由高等女學校卒業.年十六以上. 此學內附屬高等女學校小學校幼稚園.均爲實地研習資助.此學乃文部所立.校長用勅任官.或奏任官. 教員多種. 一教授.奏任官.年俸六百圓至二千五百圓. 二助教授.判任官.月俸十五圓至七十五圓. 三教諭.奏任官.年俸四百圓至一千二百圓. 四助教諭.判任官.月俸十五圓至七十五圓. 五訓導. 六保姆.均判任.月俸

均與助教諭同。

以上高等女師範學校

師範學校。高等師範學校。女子師範學校。此三學皆不收束脩。學徒衣服飲食居屋。均由學堂給予。學徒寄宿舍。有舍監管理。　卒業後。應在本學充教員。男十年。女五年。

大學校應由高等學校送入。中學校欲入高等學校。必先試驗入式者方准入高等。

高等學校。中央政府所立。經費出自政府。而收學生俸料每名每月二圓五角。教科書由校長定。其中高等課程。教習講授。學生筆受。所謂講義者也。

此校校長。或勅任。或奏任。教員二種。一教授。一助教授。教授奏任官。年俸自六百圓至二千五百圓。助教授判任官。月俸自十五圓至七十五圓。校長年俸自一千八百圓至三千圓。高等教員。由文部命定。不須考試。不須免許狀。高等生必應在學校寄宿舍。舍監奏任官。年俸自四百圓至一千二百圓。

以上高等學校

高等實業。亦專門之學。　一高等工業。全國二所。　二高等商業。全國二所。　商業卒業生。能充外交官。及領事。與大貿易。　三高等農林。全國一所。　卒業生可充教師。及技手。札幌農學校卒業生。可充農桑技師。

實業與大學校之分。譬如陸軍大學校卒業生乃大將。實業校卒業者。皆佐尉也。

實業學校無教科書。盡用講義。　課程皆須實地練習。如商業須演習商肆。銀行學須演習銀行。公司學須演習公司。有商品陳列館。考究各種標本。農學有農田試驗。林學有演習林。札幌農學校卒業與大學同。可任農學士。高等商業研究生。或一年或二年。卒業可任商學士。

凡高等實業學校。皆有圖書館。此校經費。均出中央政府。歸文部省統轄。學生每名每月應出學俸料。或二圓。或二圓二角。工業須出用品料每月一圓。

校長或勅任。或奏任。教員與校長俸給。與高等學校同。　尋常實業學校。府縣所立。經費府縣所籌備。學徒由高等小學校卒業者考入。教科或用書。或口授。　商業有商品陳列所。及演習室。農學有農田。有演習林。工業有工場。　教長及教諭任命方法。與中學校同。俸給亦同。　教習不須免許狀。由府縣聘請。　外有乙種商業農業學校。工業徒弟學校。生徒或尋常小學或高等小學。均可考入。教習俸給。少於實業學校。此校町村盡有。

以上實業學校

實業補習學校。由小學校卒業。其學業仍不足用。或高等小學仍未卒業。皆須補習課程。以本業餘暇習之。大氐晚工居多。亦不限時刻。教員係訓導助訓導。任命方法與小學同。

以上實業補習學校

大學校目的。以世界競爭優勝劣敗。不得不造就人才。不但造成官吏。且應創辦民間事業。

法科年限。東西二京不同。東京四年限滿任便肄業。西京則限八年。

大學校經費出自政府。學生所出俸料。亦每月二圓五角。工科學生。應出用品料每月一圓。

學生不由高等學校者。可由考試而入。

大學校有選科。可由中學校卒業生考入。

大學校無書。但有講義。此外應讀參考書。參考書皆是歐文。又不但參考書。須有各種實驗。如天文學有天文臺。博物學有博物館。植物園。人類學有各種標本。地震學有試驗地震器具。工科以繪圖爲主。化學以試驗爲重。工科有設立工場。以備研究。農科有林學一科。有森林場。以備實驗。動物亦歸農科。有獸醫。獸病院。

大學校有圖書館。凡參考之書盡備。

大學校卒業生。入大學院。在院自課。有不明者。問大學校教授。大學院五年卒業。有論文一篇。文部閱定合格。授博士。不作論者聽。但無授博士之望。

大學總長勅任官。俸有二種。一年俸四千圓。一三千五百圓。教授或勅任或奏任。俸給二種。一本俸。一講座俸。本俸八百圓至一千六百圓。講座四百圓至千二百圓。五年以上有功者。加俸五百圓。此教授大畧也。助教授奏任官。本俸三百圓至八百圓。講座二百圓至六百圓。無加俸。教授之外。別有講師。大學總長所聘請。

大學校有書記官。或一人或三人。係奏任官。俸給九百圓至二千圓。又有助書記官者。但名書記非官人數不定。係判任。月俸十五圓至七十五圓。東京無寄宿舍。西京有舍監。奏任官年俸七百圓至一千六百圓。

以上大學校

學校衛生

始於明治廿四年九月。三島君初開辦。　西洋衛生之學行於學校。從一千八百八十年起。　明治十二年。森有禮立體操。其後學生體氣漸壯。森有禮死後。體操又廢。學生又多疲弱。三島君建議謂體操爲教育根基。其時信者甚少。明治廿七八年。與中國開戰。雖幸勝。其實身體氣力。不如中國人。嗣後知體力爲最要。學校中不可不講衛生。於是全國始漸信三島君之說。廿八年開議院。始提出學校衛生調査費用。廿九年五月。學校衛生顧問。設於文部省。自是進步甚速。衛生機關布置之善。歐美各國均皆佩服。文部省研究各國衛生之學。各國所無。惟日本有之。西洋講求學校衛生之學者。聞日本文部之法。謂日本學校衛生之政。可爲吾歐美各國之先進國。　日本公立學校。有二萬八千餘。學校中有醫生者七千餘。學校醫數有三千七百餘。每年所得謝貲。有十二萬圓。　學校醫每年四月十月。兩次調査各學校學生體格强弱。申之文部省。學生數目。每年約五百萬。學校醫申報調査者。約一百萬。其調査之法、一檢察學生現時身體强弱、二比較現年與前年身體强弱、使文部加減學課、今各學校不能遍有學校醫者有二故、一學校經費不足、二醫員過少、十年之內、必將校校有醫、於教育有大益也

以上衛生沿革

井上毅爲文部大臣時、與三嶋君書云、見學生體氣甚劣、近視甚多、面色甚黄、以爲亡國之兆、謂國之存亡、不在外觀、在人民之强弱、明治維新時、上諭有云、求知識於四方、各國知識、無論如何貴價、我均必買、但不恃國民血肉、不足以貿易知識、吾輩不可不認定此宗旨、學校衛生、足以救學生血肉之病、並可救學生之知識、必應誘掖奬勸、足下身當

其責當力任此事、爲國自强、雖身爲犧牲、勿卹也、

學校衛生、不但保身體之無病、並須養之使壯、足以任事、現今以衛生爲教育根本、已成世界之公論、教育目的、當使學生爲眞善美人、非身强則心力不足、此練身者一也、衛生道得則體强、體强則心力足、治學機敏、足以增益財產、此富國者二也、身强則精神剛毅、能義勇奉公、此强兵者三也、

西洋各國學校中皆有衛生之學、而文部無學校衛生之官、獨日本文部省以學校衛生爲重、是以有衛生主事、有衛生顧問、

以上衛生實歷

一校地。二校舍。三寄宿舍。四校具。五圖書器械標本。校地相何等學校而定。文部省令校地須合本校規模。地宜乾燥。各家學童來往皆便。凡近於酒樓茶店妓寮之地不宜。近於喧囂之地不宜。危險之地皆不宜。小學校每人占地半坪。（每坪見方六尺）中學校每人占地一坪。體操場。尋常小學校每人一坪。高等每人一坪有半。假令校中有六百人。其運動場應得九百坪。遇運動時乃不局促。如校中止生徒二三十人。運動場至少須得一百坪。高等小學校。無論人數多少。運動場應得一百五十坪。中學校有兵式體操。其操應得二千坪。其地勢應如長弓形。假令地狹。亦一應千坪。高等女學校。運動場占地較少。文部省令。女校操場二種。一屋外。一屋内。皆應得適宜之地。其場應大於高等小學校。師範學校。男子一部。體操場應得三千坪以上。女子一部。與高等女學校同。約需一千坪以上。其校地最要者。宜得極清之水。

校舍。以教授管理衞生三事。配合各室適宜制度。　教室最要者三事。一採光。　二通氣。　三通煖氣。　採光應有直射光線。宜設採光窗。窗宜在學童坐地左側。窗之面積須得房室六分之一。又須有補助採光窗。緣一面光線不足用。必應右側有窗。又有通氣窗。採光方位。第一南方。第二西南方。第三東南方。第四西方。

教室面積．小學校每坪容四人每人得地九平方尺．每坪面積卅六平方尺．中學校每坪三人．每人得地十二坪平方尺．高等女學師範學校．並同中學校．室上頂棚．小學校高九尺以上．中學校等十尺以上．

寄宿舍．　自修室一人一坪．寢室一坪半．寢室兼自修室．應一坪七合五勺．頂棚高九尺以上．

以上學校設備

學校管理法

學校管理法與教育行政相表裏　校長視學官所掌皆教育行政之

事。學校管理法。乃學校纖悉法程。現今尚無良法。所用書。惟小學實踐管理法。（大橋雅雄編卅一年）小學校管理法。（和田豐編卅五年）令規適用學校管理法。（鈴木光愛編卅五年）新說學校管理法。（槇山榮次小山雄合著卅二年著）此數書最善。

管理分外部內部。　町村小學校管理外部者。爲町村長及學務委員。市立小學校。府縣知事管理外部。　市町村長職務。　一學校設備。（謂校地校舍校具等）市町村會決議規定法令等。　二教科加除。　三修業年限。　四補習科設廢。　五豫算經費決議後執行。　六督促學齡兒童就學。七編制學級。　學務委員職務。　一督促就學。　二家庭教育。　三免除就學義務。（如學童有病）裁決就學之猶豫。　四學校設備。　五豫算經費。

六授業料應取不應取。七學校基本財產。八教科目加除。九修業年限。十補習科設廢。十一私立小學校。可代公立之學與否。郡長府縣知事職務畧同。但大小有別。郡長職務。一定立町村小學地位。二本町村不能立學。合於他町村。謂之組合。三不能組合成學者。以學童依附他町村。府縣知事職務。一教員任免。二指定市立小學之位置。及立學應若干所。三審定應用之教科書。四定小學內設備纖細之細則。五懲戒學校長及教員過失。六與奪教員所得府縣之免許狀。七學期假期及教授時刻。

以上管理之外部

校長事務。一對外部之代表。二述教員進退意見於市町村長。三命校員分掌教務。四定教授時刻及各教員之擔任。五監督職員勤怠。六督促學童之曠功。七勸懲學童。八給予修業卒業之憑據。謂之證明書。九整理校舍校具。十查閲教員所教功課簿。十一每年二次檢查學徒身體。十二時時注意衛生。十三督飭清潔灑掃。每日逐細掃除。數日一大掃除。其教室內令學童自掃除。十四管理學童與家庭通信。立通信簿。十五整理諸表簿。學徒名籍簿。考查成績簿。兒童性行錄。備品目錄。檢查身體簿。學校醫視察簿。各種統計表。十七行令節祝賀式。授與卒業證書式。

以上事項。有各教員分任。校長總其成。　教員事務。　一擔任兒童教育。　二整理教室。　三輔佐教長分掌事務。其主要三事。　圖書。　器械。　表簿。　四稽查兒童到學。　五定每日所教功課。　六看護休息時遊戲。　七更番宿直。　學校醫職務。　一每月一次視察學校衛生事務。　二學生現有病端。速告校長。促其處置。　三每年二次行檢查學童身體之事。

以上管理之內部

小學有尋常高等。合在一校者。謂之尋常高等小學校。又公立私立外。有所謂代用小學校。代用者。私立小學校。代公立學校之用。私立學校入學時。須赴市町村役場證明。役場許可。然後可入。否則不許入。不許入私立之學。則必入公立之學。　學級編制。有所謂單級小學校。有所謂多級小學校。單級云者。如學徒卌人。並在一堂。每十人一班。此班學算學。則彼兩班自學寫字繪畫等不須作聲之事。彼班學國語。則此兩班亦自習不須作聲之事。乃一師分班教此卌人。皆經費支絀之辦法。多級則每班分一教習。不混在一室。

此二種外。又有所謂半日小學校者。分學童爲二部。上半日教一部。下半日再教一部。此校教習甚忙。

學童數目。尋常小學校。每班七十人以下。高等小學校。每班六十人以下。逾額別收。得增十人。小學校分十二班。學童同一學年。爲一學級。亦有二年三年並入第一年者。一學級即一班。

教員擔任。分科目擔任學級擔任二種。本國現制。學級擔任之外。別用專科教員。分任各科教務。如圖畫體操唱歌農業商工業英語裁縫等。皆有專科教員。

以上學級編制

小學校費用。市町村擔任。有授業料。（即學俸）歸市町村收入。學費概目。

一校地校舍維持費用。二職員俸給旅費。三消耗品及通信搬運諸費．

現今小學校費用．取之市町村稅．有天災時變．輙苦不給．必應蓄積基本財產．乃可支辨不匱．

學校費用．由市町村支給．如學中購物．應赴市町村役場領價．

以上小學校

小學校一切庶務．都歸教師兼理．中學校則有書記分管．書記大約三人．高等學校書記十人．大學校約卅人．

小學校無寄宿舍．中學校學徒寄宿舍中．故有舍監．大約三四人．由教師輪流充當．　文部省直轄學校．大約止一人．　文部所轄學校．書記以外。校長可僱人襄助辦事。不必待文部命令。

中學校。高等女學校。有父兄保證人會。每年三四次一會。會時校長教員與學生父兄及保證人講說校中教法。高等學校以上。則無此會。

中學校以上之學校。校中有校友會。皆學生自立。有學校教師等爲之監督。會時爲戶外遊戲。水中游泳競渡擊劍搏力運動諸事。或開場演說。及出報等事。

小學校教師。以學級擔任爲主。中學校教師。以學科擔任爲主。學生五級以上。學生每增一班。教師須增一人半。

以上中學高等學

大學校校長總管一切。其有重要事件。由評議會決議。評議會員。分科學長以外。各科又舉一教師爲之。如日本大學分六科。每科連學長。凡得二人。會員共十二人。校長爲議長。凡十三人。

分科學長總管一科之庶務。其一科中重要事件。由教授會決議。教授會員。即分科學長與教員等充當。

凡博士乃有學位。博士四等。　一大學卒業。入大學院五年。呈一文於大學校長。校長取中。乃爲博士。　二未入大學。能作文呈博士會。會中老博士賞拔。薦於文部大臣。許爲博士。　三作文呈文部大臣。文部大臣取中。亦可爲博士。　四大學校長推薦。亦可爲博士。　自博士會賞薦以外．校長文部大臣所取．必須經評議會論定．評議會又先以教授會公舉爲主．　博士會．至少須得七人．乃能立會．　大學校書記以上．有書記官．書記官與教授平等．

大學校附屬各種．　醫科有病院．　理科有天文臺．　有植物園．　水產臨海實驗所．　農科有演習林．演習林者．林學演習實驗之所．　以上五種．歸各科教授監督．　此外有圖書館．歸校長管理．用教授或助教授監督．由校長選派．

高等學校以下．學徒管束甚嚴．不到必查問保證．大學則無此．　高等學校以下．每年考試三次．大學每年止考一次．間有考三次者．尚有功課止講而不考者。大學師生講授習課皆比高等以下時刻爲少因欲騰出日力使自研究。

大學雖各分科此科學徒可往彼科聽講來往無禁。

學徒行止歸舍監管理助舍監者有書記二人。

以上大學校

露國大學中有若警察部防檢甚嚴。

英國大學必應寄宿不令學徒外宿若異國人可不寄宿獨逸國大學無寄宿舍其學生團力最固有種種社會會中聯絡不用學科但用貧富貴賤分類各國學徒冠服皆有殊異制度一望可知其何學獨逸學

徒冠服。各會自異其服制。　各國學制。無如獨逸之任令學徒自由者。大學中全無考驗。以其學程度已高。不須防檢故也。米國大學。略同英國。現頗采用獨逸制度。其學堂英獨參用。寄宿舍或有或無。近今英國風氣漸長。

佛國大學。於學徒操行。不甚注意。其自由之流弊頗深。

瑞典學徒。有鄉里會。會中往往有高官富賈捐助。多會館圖書館。其國雖小。教育最多名家。其小學校。每日有二時教習手工。故手工為歐洲之冠。又體操。視學時所費身力。用體操補益之。如用腦力之後。令其運動手足。用口舌之後。令其養息口舌。用目力之後。令其養目。其法甚多。

現時英國及歐洲他國皆採用瑞典體操。瑞典小學校待遇教師最善。其俸給出自政府。　瑞典口語與歐洲他國不通。故其教育皆用英文英語。雖取資於外國。而教育特爲發達。自成本國人才。

法國自拿波侖改革以後。學制一新。大學校全歸政府。經費出自政府。

英國大學經費。出自寄附金。寄附金者。私家捐輸之款也。英國大學之寄附金。多出自帝室。故經費充裕。而不受政府之裁制。　獨逸大學經費。政府與各藩各半。大學校長由教授中推選。不由文部任命。（英國亦然。）

米國無國立之大學。其十三洲。各洲有一大學校。洲學無勢力。因財皆有定限。不能拓充。其勢力大者。皆私立之大學校。緣米多巨富。富人

往往獨立一大學因復設立衆多之中小學財雄勢力大也

以上外國大學

佛米二國大學分學期學年試驗獨逸與法米不獨全不試驗講義聽畢即作爲卒業英國不分學期學年每年考驗二次第一次考取者進入一級第二次考取者又進一級三次四次盡然學徒不必循次應考有不考一二三次而徑應第四次之考驗者　伊大利略同佛國分學期學年此法有弊學徒平日並不用功臨考再行用功用功專爲考試其後仿照德國不分學期考試於卒業以前考其修業謂之修業試驗修業試驗與學期學年之試不同其法專考其所攻專門之業不似學

期學年之遍考各學。經修業試驗之後。可以考學位試驗。獨逸全無試驗。但有學位試驗。考與不考。各聽其便。不過不考者不得學位耳。佛國規定課目。均須熟讀。獨逸止須熟一課目。即可入大學。如法學科之學徒。亦可聽他科之課。英又不同佛獨。其學堂定無數試驗。試驗既遍。即爲卒業。其試驗之法。一次試驗可以遍驗數等。米國有隨意科。甲科學徒。可任意往學乙科之課。既學後。可考可不考。日本大學亦有隨意科。英國有特異者。學堂教師之外。每一學生。更有師傅一人。師傅比學生略高一等。此師傅非學生自覓。乃學堂代爲選派者。此師傅即無須別項學規約束。

英國試驗有二種。一卒業試驗。一名譽試驗。卒業試驗。科目少。題目易。及第有學位名譽試驗。科目多。題目難。及第所得學位最貴重。英人名之賽倪墺謂最優等也。日本即名之曰最優等。

以上外國大學試驗

佛國由學堂卒業。即可作官作教師作醫生。獨逸全與佛反。學堂卒業。不能即出身辦事。欲作官作教師行醫。皆別有試驗。英國醫學。欲行醫者。亦不徒憑卒業證書。須更行試驗。他種學。但有卒業證書。即可出而辦事。日本不一律。法科卒業生。欲爲官。須經高等文官試驗。欲作辯護士及裁判官之檢事。不必試驗。醫工各科。及爲學堂教師。皆不必考試。

佛國近來定一學位。名曰純正學術。凡學堂所定科目。皆經考驗者。

以上外國學位

外國學税極貴。種類亦多。有學料。授業料。試驗料。學位料。學位料最貴。以日本貨幣言之。約合銀幣二百圓。又有圖書費。教堂費。（此款止獨國有之）消耗品。獨逸一禮拜聽一時講義者。每年收學税五圓。聽廿時以上者。全年收一百圓。此外消耗品之費。一年亦在百圓以上。消耗品有等學科不用者。英國授業料每年每人一百五十圓。米國每年四百圓。貧家不能入大學。各國近章貧家學高者。不收其授業料。英米於貧生由學堂津貼。有一年津貼千圓者。亦有視試驗高下爲多寡者。有給與一年二年者。有給至卒業者。伊國因大學堂學徒過多。欲減少人數。於是加增授業料、日本初開學堂、生徒甚少、欲廣招徠、不但不收授業料、且給與學費、後學徒日多、乃裁去給費、收其授業料、漸又收其試驗料入學料、現今授業料、每年廿五圓、消耗品每年十圓、貧生每月可借給十圓以下、仍收其授業料、家道不貧、考得優等者、作爲特待生、不收授業料、

各國大學數目　獨廿二　奧十一　英十三　佛十五　伊廿二
露九　米二百餘有名者六十　日本二

以上各國學稅（即吾國所謂學俸）

佛國學堂、卒業生即可出身辦事、學堂功課、皆實驗應用、非研究精深

之詣。故學術無甚進步。他國人皆笑其大學堂不足當大學之稱。不過一實業學校而已。佛人近少高學。亦以此故。近年頗學獨逸。漸求精深。獨逸學問門類甚多。而所造甚精。所以獨人學問有名者甚多。但獨人亦有一弊。往往有不能通之學。不便行用。　英國大學。不過一高等普通學校。大學堂卒業生。出而應世。程度不足。英國教育。專重文藝。因卒業生將爲上等人。故文理最爲重要。大學堂考試。分三等。第一次考。先考文藝。　日本畧同佛國。學堂所教。皆係實用。預備出而問世。現今大學教習。多從歐洲學歸。知獨逸學精。皆改從獨國辦法。　米國亦畧如佛國。學堂均豫備實用。米國學士高者亦少。一由學問專取實用。一由教授時刻過多.教員無暇自加研究.米國教師.不但教學堂生徒.凡學堂中附屬之他項學堂亦皆由此教師兼教.近來專學獨國學術一進.

以上各國學風

伊大利八百年前初開大學.先從小學校起.　現在各國大學堂.與豫備學堂分開.　米國則大學與豫備學堂仍是合在一處.尚有別項學堂.均附屬大學校內.米國大學.止有文科理科.如法科醫科工科農科.均附在大學.程度甚低.不能作大學程度.近來講求漸精.漸求合大學程度.他國現今亦多仿米國.以豫備學堂附屬大學.　日本初開學堂.

豫備門附入大學。

以上大學堂附屬各學

教授法

各國學制。每國不同。若教授法。則各國都是一律。現所有書言教授者。不過小學校。今畧明各學校教法。　一學級編制法。　凡學徒程度同者。作爲一級。一級中學力不及者。歸入下一級。一級中人數過多。則教師不能遍教。大約卌人或五十人七十人爲一級。尋常小學校。可七十人一級。高等小學校。則六十人一級。中學校五十人一級。高等學校。則三四十人爲一級。一級中人數愈少愈佳。但每級人少。則教員須多。經費難籌。故勢不能過少。如外國語學校人人須讀書。常須與教師談論。人多殊不方便。此校廿五人爲一級。若教師但用講授。則人多不妨。雖一二百人爲一級可也。　二教授形式。　教授有三式。　一講論式　一問答式。　一示範式。　修身讀書地理歷史等。學生初無所知。全恃教師告諭。此宜用講論式。算學理科各種學。皆就學徒已知者。發明其未知之理。此宜用問答式。讀方即讀法習字圖畫唱歌裁縫女體操手工。皆技能一類。須教者先示形式。宜用示範式。　講論示範二式皆古法。謂之注入式。問答乃新法。謂之開發式。注入式用時刻甚少。學生不勞而得。又甚覺有趣。宜令其時時習復。但注入式。學生未經思索。不能獨立。故又須用開發式。開發式問難以啓其疑。非思索不能得。如外國語學。用問答式。可使時時練習。教師亦可藉知學徒學力所至。與性質如何。師生又不至隔膜。問答式甚費時刻。此二法皆有利有弊。必須兼之。取其利。去其弊。乃爲善教。　三教授程度。　教師須知學徒才力所至。因序誘進。不可使之仰企不及。講授時。就所已知。連類罕譬。以次深入。仍粗舉一隅。令其三反。　四教授時刻。　凡學科難者。宜於早晨教授。以學生晨間腦力充足。能任思索。難科不宜過久。又難易二科。宜調停分勻。教授各科。小學校。每科四十五分鐘。中學校以上五十分鐘。一科完了。須休息十分鐘。或十五分鐘。小學校幼孩始學。每科不過卅分鐘。體操之後。不可教寫字畫圖。因其用力之後。手宜戰動。不能自制。凡教唱歌。不宜妨害他人所習功課。

考察成績

小學校若用考試法。幼童爭競心盛。恐其因此致病。近來不用考試。由教師隨時記其各學分數。學年年終積算。以定及第落第。至名次前後。不依學問高下。但據身體高低爲次。所以泯其爭心。　中學校師範學校課目。教師平日知學僮學力所至者。不須考試。有不知其程度者。必應考試定之。

試驗之法。約分二種。一學期試驗。一年分三學期。每學期屆終（十二月三月六月）考之。一學年試驗。兼三學期之考驗而合計之。往往于第三期。並作一場考驗。其考法不定。有時一學期分幾次考驗。

高等女學校。照小學校辦法。亦無試驗。但如修身歷史地理理科家事。及關係教育之學科等。教師不能知其學力如何。則必須考試。

高等諸學校。學期學年之滿日。必應考試。高等專門及大學並同。

教科書。

小學校各科通有教科書。中學校師範學校高等女學校。除唱歌體操裁縫外。皆有教科書。高等學校。各種專門學校。大學校。均用講授。無教科書。中間亦有一二科有書者。有教科書各科。其教法用講論式。使學生靜聽後。再授以書文。現文部省所監定教科書。止小學中學師範及高等女學四種。餘無。

教授法大略如此。此是普通教育。中學以上專門學業。未備說也。專門學乃是各種技術。重在智育。小學中學重在德育。養成幼童德性。教師必應眞知學徒性質。此事甚難。須教師講求教育學心理學。乃能體會。又須講求論理學。凡人思想。多有自相矛盾者。論理學是教人遇思想時。避去矛盾。

學校設備

建學必須擇地。擇地必應寛敞。尤宜於衛生適宜。小學校必應使幼童來往皆便。風俗不美處。不可設學堂。地須清靜無危險。

設備略分三種。　一擇地。　二校舍。　三校具。　校舍必於授業管理。皆能便利。尤須便於衛生。房室取堅牢。不取華麗。

幼稚園通用平房。不用樓屋。幼稚上下。恐有跌失。　幼稚園房室有數端。　一保育室。　二游戲室。　三休養室。　四保姆室。　房外有游戲園。　幼稚園器具各種。　一練習五官思想之玩具。　二畫幅。　三練習手足氣力之玩具。四音樂玩具。五黑板。六几案椅凳。七鐘表。八寒暑表。九暖爐。

小學校舍。亦不用樓。應用之房。每一學級宜用一室。總教室之外。有特別教法。即須有特別教室。唱歌裁縫等事。皆須有特別教室。高等尋常小學校。有講堂。學堂外有體操場。形式以正方爲善。經費裕地基寬展。可造教師住宅。學堂所用物。皆教科儀器參考書籍及適用器具。中學校造法。略同小學。可造樓房。教室較小學爲多。學生須寄宿校中。必應有寄宿舍。其故有二。一因中學校不能多建。學生來者皆遠。一因學生嗜欲漸開。必應防閑檢束。寄宿舍約分七種。一自修室。二寢室。三舍監室。四食堂。五應接所。六盥浴所。七病室。校具比小學爲多。經費裕。地基寬展。可造校長教師各住宅。中學校有名簿二。一校長教師管事人名簿。一學生名簿。

高等女學校略同中學。

師範學校與中學不同者。有農業練習場。商業實習室。手工實習場。此三處皆特設。

工業學校。惟特置實驗器具爲異。餘同中學。

文部直轄之學校。其設備較公立學校爲大。

圖書館博物館之益

圖書館。聚本國外國古時今時各圖書。以備博覽參考。其益有二。一供專門學之研究。一廣普通學之見聞。專門之書價甚貴。學者無力購買。則考定有缺憾。有圖書館足以濟其用。凡聚書家往往藏自己應用之書。其不急用者便剏置不備。一時查檢無從索之。圖書館廣收博輯。無所不備。足以待學者之考索。專門書不借出館。普通書可聽人借出。

圖書館有官立。有公立。有私立。

圖書館建築法。與他建築不同。圖書日新不窮。隨時添置。則房室亦須添造。必基址寬大。可隨時加造。其造房之法。亦應預備隨時增改。其選擇地勢。宜據一城一町村之中。使學者可以四面而至。又須光綫合宜。

空氣流通。日本上野圖書館。四圍茂樹。於光綫殊爲不宜。庋置書册。宜避火灾。萬一遇火。宜使稍避火患。如此房之火。不至蔓延彼房。此皆建築時宜商定妙法。

圖書館有必不可少之房數種。　一書庫。　一閲覧室。宜分男女。　一檢書發書之室。　一閲覧新聞之室。　一委員平議室。　一事務室

藏書目録分二種。一備館中人檢查。一分各種學類。備閲書人檢查。

博物館畧同圖書館。類聚内外古今美術品日用品工藝品古文書博物標本蒐輯陳列。以供衆人縱覽。一以保存貴重物品。一以廣庶物實際知識。

上野博物館。名爲帝室博物館。屬宮內省。往時諸侯送呈各藩物產。現時華族貢進各家珍寶。均存此博物館中。　日本博物館有三。上野一也。西京二也。奈良三也　博物館陳列物品有二法。一法環列各品。游者繞行一周。可以遍覽。一法陳列各室。游者遍履其室。出入異道。各室皆在目中。

日本學校沿革

德川氏幕府。及諸藩各學校。士人數十萬。武事之外。文學亦盛。農工商子弟。亦師師就學。實維新後教育基礎。維新前百六十年。伊大利宣教師來。將軍命新井白石。從問地理風俗。著有西洋紀聞。後十餘年。將軍吉宗時。西學漸起。又廿餘年。靑木昆陽。始講習和蘭書。是後翻譯踵起。及露侵蝦夷。英船入長崎。於是始修露英兩國語學。維新前五十七年。江戶立翻譯局。譯地理書文辭書醫書之類。又十五年。譯物理書。又十三年。譯化學書。西洋科學益盛。於是幕府有防制西學之事。翻譯局所譯書。不肯傳出。私家所譯。必幕府認可。而後印行。然西書自是流行不絕也。維新前十五年。米人挾制立約。英佛露蘭普諸國相續立約。又二年。江戶立洋學所醫學所。尋長崎立語學校。習中國和蘭英佛露諸國語言。又十年。始遣生徒赴和蘭遊學。漸及露英佛。皆遣留學生。其後蘭學漸衰。英佛獨學漸盛。當時學生。後皆爲國致用。

維新以後。教育制度有旁助各事。兵制法律官制服章皆改從西法。學校之教易行。此要點也。

維新後勅文。有求知識於世界一語。爲後來教育根本。明治元年。天皇尙在西京。即將西京學習院改爲大學寮。長崎醫學校語學校。皆毀於兵。至是復興。自遷都江戶。又興復舊時之昌平校醫學所。開成所。其後昌平校廢。而醫學開成二所。即今東京大學校之基址也。元年九月。學令。勅建大學校。集天下人才。興文武之道。於是西京設皇學所漢學所。以教公卿在官者。及其子弟。立規條五則。其第五則。學徒入學。自八歲至卅歲爲定限。二年。皇學漢學二所並廢。而各學校均加入外國語學。先是官立學校。惟武士得入。明治二年。始令平民士農工賈皆可入官立之學校。開成所德川幕府晚年增入和蘭語學。至是并增英佛普教師。於是大坂立化學所。長崎醫學校。聘和蘭教師。授算學。化學。幾何學。物理學。東京昌平校。改爲大學校。定大學官制。未幾以醫學校爲大學東校。開成所爲大國南校。此二校不在大學中。自是各藩子第至東京大坂各處入學者漸多矣。明治三年二月。定學則六條。七月改正學制。退散前時學徒。選拔藩士有才學者。年十六以上廿以下。送入南校。謂之貢進生。又遣學徒至米佛二國留學。而東伏見親王亦至英國遊學。

即今所稱小松宮親王者也．凡海外留學生．歸大學管理．
明治四年七月．廢封藩．置府縣．舊時藩學．幷廢．是時大學亦廢．始立文
部省．統理全國學務．文部甫立．以二事爲重．一編教科書．一定教則．於
是貢進生之制廢止．是時學制紛更不定．旋立旋廢之學．甚多．不可勝
紀．惟政府前進之志趣．百折不變．是以屢敗屢興．
全國學制分七大區．北海道別爲一區．一大學區分卅二中區．八大區
共二百五十六中區．一中學區分二百十小區．全國共五萬三千七百
六十小區．一中區管理學事人十名至十三名．一小學區管理事人．察
度地方情形．人數多寡不定．管理學事人．專主勸立學勸入學之事．凡

學校不盡收學俸。俸不足者。地方助補之。地方無力。國家助補之。明治六年。國家助補費共卅萬。八年則七十萬。十年減爲五十六萬。至十四年。財政支絀。助補費僅給半年。民間以寄附金足成之。

明治五年。小學教科分上等下等。下等十五科。上等廿一科。其因地制宜。復增四科。　中學亦分上下二等。二等各廿科。　小學下等六歲入。至九歲止。上等十歲入。十三歲止。上下合在學八年。二等各分八級。每級習業六箇月。六年又改定。　是時大學四科。　理科。　法科。　文科。　醫科。　又遣留學生分赴英佛米就學。

明治六年。全國中公立小學七千九百九十五校。私立四千五百六十三校。教員二萬五千五百卌一人。生徒百十四萬五千八百二人。小學生徒授業料。每月每人五十錢。少者廿五錢。一家二人或三人以上入學。又得減少。明治十二年十三年。一再改定。說詳後條。

師範學校。明治五年五月始立。招集能充小學教習者爲學生。請米國人爲教師。六年宮城大坂。七年愛知廣島長崎新潟等處。各設師範學校。其餘各處。多設教員傳習所。以師範學校卒業生爲之教師。用速成法養成小學教員。明治十一年。公立小學校二萬五千三百九十四。私立一千一百九十。教員男六萬三千六百四十七人。女一千九百六十五人。生徒男百六十七萬九千八百八十七人。女六十萬一千八百四十九人。

明治十二年以前。文部歲頒學制。其時西學尚未能明。辦事諸臣專講西法。亦未深明西法與本國能否合宜。事體尚多隔閡。十二年。廢學制。改爲教育令。行之尚多弊病。十三年。又廢教育令而復學區之制。學區與前不同。由地方官自定。　小學校師範學校。皆定有畫一之規則。凡與普通教育有關者。皆定有規則。此普通教育第二次發達之原因也。　先是翻譯西人教科書。以授小學生徒。究竟西書與日本國俗不合。明治十四五年。文部大臣以儒教爲重。改定修身教科書。全與西法相反。其事亦未能久行。　明治十六七年。財政竭蹷。教育經費難籌。於是地方議欲減省教育之用。十八年。又改教育令。以節經費。十九年。政府大改革。教育又遂大變。盡廢前此之教育令。別立各學校令。　小學校大概以費省法良爲主。先是小學校所收授業料甚少。市町村助補甚多。十九年定令。全用學童授業料爲主。市町村助補甚少。但此法用之市町尙可行。至鄉村則多窒礙。先是小學校學級。每半年一級。十九年以後。改爲一年一級。先是教員未甚整齊。十九年以後。教員一新。學科必須完全。先是學費均由公給。其後學生日食及學費。由官籌給。衣服器用。仍須自備。十九年以後。一切改由公給。　是後修身科不用教科書。由教習口授。有用西洋哲學爲主者。有用西洋倫理學爲主者。有用儒教者。前此不講體學。十九年以後。體學漸興。

明治廿年。西學復盛。廿一年。又起保存舊學之議。其後西學益熾。并道德之說。均以西洋爲主。且欲以耶蘇之學。列入學堂。廿三年。天皇下諭。仍以儒教爲宗。中有啓發智能進公益廣世務重國憲等語。

自明治廿一年。公布市町村制度。小學校歸市町村設立。市町村制度一變。學校亦從之而變。廿三年。盡廢從前小學舊令。改立新令。定教員退隱料。及教員故後扶助妻帑料。改正師範學校規則。廿四五年。此令始通行。至明治卅三年。又改舊令。是後國民教育。始漸成就。

明治廿九年。定令教育年功加俸。年功者。年限已滿。仍復盡力教育也。其所加之俸。由國庫給發。至卅三年。於所加之數。稍有增減。現今全國學校加俸。統計用一百萬圓.

明治卅年.立地方視學官.至卅二年.廢地方視學.立道廳府縣視學官及視學.郡及島廳.皆置視學.自立視學官之後.小學進步益速.

明治卅年.廢師範學校令.立師範教育令.增加生徒額數.

此卅年中.日本小學校.改變最多.有始立未善.漸久改良者.有始時形勢甚合.後來形勢又換.即不能不改者.要皆改而益進.日就完美.是後學制日新.仍當時時改變.粗舉沿革大略.足備中國參考.

日本人始立小學時.自知根柢不及西人.所以崇拜西人之心最甚.小學校課目.盡取之西國.因歐化過甚.十三四年年間.漸起保守儒教之

論。是後新舊反覆。屢有變更。近則不但學術日進。即身體亦日就强健。明治十九年。小學校分尋常高等二種。尋常學科。修身。讀書。作文。習字。算術。體操。高等學科。修身。讀書。作文。習字。算術。地理。歷史。理科。圖畫。唱歌。體操。女子加裁縫。廿三年。高等學科地理歷史。分日本外國。明治卅三年。尋常小學校修業限四年。高等限二年。或三年四年。尋常小學校科目。修身。國語。算術。體操。依土地情況。加圖畫。唱歌。手工。一科。或數科。女子加裁縫。高等。修身。國語。算術。日本歷史。地理。理科。圖畫。唱歌。體操。女子加裁縫。高等二年限内可不習理科唱歌一科或二科。別加手工。三年限内仍可不習唱歌。別加農業商業手工一科。或數科。四年限内可加英語。

以上小學校

小學教育國民之教育也。無論士農工商。皆須先入小學。一國之文明野蠻。全自此分。中學校則教育中等以上之人。一國之文明勢力。全係中等以上之人之智能。

明治五年學制。定中學校科目。分上下二等。各地方尚無中學校。有一種似中學之學校。名爲變則學校。所教漢學數學英語。其下等中學校所定科。國語學。算術。習字。地學。史學。外國語學。窮理學。圖畫。古言學。幾何學。代數學。記簿法。博物學。化學。修身學。理學。國體學。政體大意。國勢學大意。奏樂。凡廿門。上等中學教科。國語學。習字。外國語學。窮理學。罫畫。古言學。幾何學。代數學。記簿學。化學。修身學。測量學。經濟學。重學大意。動物學。植物學。地質學。鑛山學。性理學大意。星學大意。凡廿門。學科雖多。然皆未能實行。明治十四年。文部省定中學校教則大綱。改定教法。十七年。增定中學校章條。是後中學校規模漸拓。而變則中學校。仍以經費不足。不能照文部所定章條辨理。不得名爲中學校。但名各種學校。是時全國中學校。能合文部定章者凡一百卅三。學十九年。大改學制。中學校分二等。一高等中學校。一尋常中學校。高等文部省管。學費出自國庫。或國庫給半。餘由地方籌欵。尋常由各府縣設立。學費由地方籌措。每縣約文部可助給一中學校。是時學校減少。通國止四十四校。　廿年。高等中學校設立五區。　廿四年。又改章程。地方殷富。多設中學校數處。瘠苦之地。亦須設中學校一區。　廿七年。定入學年齡十二歲以上。高等小學校卒業生。或他處從學與高等小學校第二年程度相等者。　是年定高等學校令。廢高等中學校。其尋常中學校。亦删去尋常二字。是時政務擴張．卅二年．定中學校令．學制．然煥一新．通國中學校凡二百餘區．

以上中學校

小學校往往男女同校．至高等普通教育時．男女年漸長．須各分教．明治五年．文部省立女學校於東西二京．其後漸有私立者．明治十一二年．地方新設女學數處．東京．大坂．神戸．長崎．横濱．此數處有外國人租界．耶蘇教會設立女學校．日本女子從學者甚多．其時女子高等教育．尙未發達也．

明治十六年．私立女學校．數目漸多．十八年．設立華族女學校．是時論

者欲一變從西人女子不受檢束欲長女權必應教育然內地女學校尚少女子多至租界入外國女學校女權張甚攻擊者益多於是女學又衰

明治十八九年至廿年摹仿西國之風甚熾其後保守國粹之論與與西學爲敵至廿二年倡女權及女子改良諸說一切收止議論浸平而實在女學更形發達廿六年女教益興女學校多新設置至廿八年文部省設立高等女學校定立章程教則是後公立女學校益多

明治卅二年定高等女學校令於是各地方遍立女學校校內章程一一整頓女學大盛近來中學校添設者少而高等女學校添設者多通

國學校數目約及百餘.

以上高等女學校

此上所講小學校中學校女子高等學校.皆普通教育.其實業學校.專門學校.以時日迫促.不及講說.別備說帖.幷近世教育概覽書.可參考得之.實業學校.前時尚未興.近始稍見發達.專門學校種類甚多.初時首先開辦者.惟醫學校.從前幕府及各藩.幷設醫學.有名醫家.亦復私設學堂.明治十年.各府縣亦設立醫學校.十六年.醫學定立通則.　私立學校.即所謂變則學校.中亦多醫學校.變則學校.雖不遵文部定章.固亦自有章程.其尤著者.爲慶應義塾.凡維新時唱

民權自由之説者。半從私立學校而來。其説有得有失。私立學校。與政府頗有關係。其中卒業生。往往議論不平。然大致爲有益於文明。政府不爲抑制也。

歐美各國小學校學科課程附

獨逸小學校

宗教。獨逸語。算術。圖畫。理科。唱歌。體操。女子則兼家事。

就學年限八年。

英國

就學年限自五歲迄十三歲爲八年有第四年學力者得以免除

幼稚園

一適宜之誦讀習字及數學　二日常事物　三手工　四圖畫　五唱歌　六體操

小學校必修科

一英語讀書作文習字文典　二算術　三圖畫男　四裁縫女　五歷史　六地理　七日常事物　八唱歌　九體操

小學校隨意科

代數　幾何　求積　重學　化學　物理學　動物　生理　衞生

植物。農業初步。園藝。航海術。拉丁語。佛語。威爾斯語。（地方學校）

獨逸語。簿記。速記。家事經濟。圖畫（男）。裁縫（女）。割烹。

洗濯。製乳。家政（女）。

園作。手工（男）。

年齡十歲以上。入二年以上公立小學校。修業年限四年者。謂之高等小學校。

佛國小學校教育課程

就學年限。自六歲迄十三歲。爲七年。

小學教育分四部

一幼年部．自五歲六歲迄七歲．一年．或二年．

二初等科．自七歲迄九歲．二年．

三中等科．自九歲迄十一歲．二年．

四高等科．自十一歲迄十三歲．二年．

教育分三種

一體育。二智育．三德育．

第一　體育．

幼年部

一衛生清潔之事．二遊戲．三手工．

初等科

同上.

中等科

一衛生清潔之事. 二遊戲及體操. 三兵式體操. 四手工.

高等科

同上.

第二　智育

幼年部

一誦讀. 二習字. 三佛語. 四歷史. 五地理. 六計算. 七圖案.

八理科博物初步．九唱歌．

初等科

一誦讀．二習字．三佛語．四歷史．五地理．六法制．七算術．八幾何學．九圖案．十理科博物初步．十一農業及園藝．十二唱歌．中等科高等科並同．

第三　德育

幼年部修身　初等科修身　中等科修身　高等科修身

米國小學校課程

修業年限．大率六年．各州不同．

一誦讀．　八年間．
二習字．　六年間．
三綴字．　自第四年迄第六年．
四文典．　自第一年迄第五年．
五拉丁佛德三國語中擇其一種　第八年．
六算術．　自第一年迄第六年．
七代數．　第七年第八年．
八地理．　第二年第三年第七年第八年．
九理科及衛生．　第八年．

十米國史。　第七年第八年。

十一米國憲法。　第八年。

十二級歷史及傳記。　第八年。

十三體育。　八年間。

十四唱歌。　八年間。

十五圖畫。　八年間。

十六手工或裁縫及割烹。　第七年及第八年。

右據千八百九十四年國民教育委員之所擬定也。

四十五

摘鈔日記

五月十五日到長崎。上陸見領事。遂赴高等中學校。醫學堂至客坐。少頃學長出導客。行過圖書館藥物室至第二教場。教場者講堂也。坐容生徒百人。一層高一層。教習坐後黑板。可推開以通藥室。室中人取藥與教習。以持教生徒考驗。中島謂講堂不可過高過低過大過小。務使師生相語。無反聲相亂。房頂與壁。用牙色。不可全白。過此講堂後至解剖標本室。所列百體。自胎兒至一肢一節。皆若生成者。後入學習所。有學徒用顯微鏡閱舌及腸中細肌肉。又一室。則講生理學。過之則診視血脈處。遂至第六教場。學徒之坐。則環列向師。餘如前室。學長導入病理解剖室。室中藏有多瓶。皆自病人體中取出各病處結形者。導者又入病蟲室。瓶中所列人體中諸蟲。有無病者之蟲。用顯微鏡。視其蟲粗如小指。又導入第五教場。其制略似第六教場。過之入視病室。瘋病室。倭人謂瘋病爲恐水病。室中養多兎。謂取瘋人身中血點兎身。則兎亦瘋。再取兎血點狗。則狗亦瘋。學長又導至婦科病室。見有一几分枝。云婦人卧其土。兩脛分據一枝。可視下體病。婦人羞面。以帳覆其上。導者又入驗藥室。所購藥物。别其良楛。中有吾國藥材。又至一室。爲製藥處。則化學家事也。别有一室。乃化學機器。其用略如船中機器。後至一室。藏瓶水可發火燒之。亦化學事云。學長導入生徒習業室。每室中容八人甚寬敞。臥皆在樓上。繼入餐室。學長別設一坐。學徒則同一几。如船中食案。其生徒居室凡三排。每排五十人。以時太迫。不及細閱。此凡學堂之所同要者。最後一室。則生徒初到者。在此室少候處也。歸下晡四鐘開船。

十七日抵神戶。赴松方船廠。松方領客遍閱各廠。初至機器室。觀磨鐵發電機。繼觀穿鐵機。繼觀造輪機。繼觀起重機。繼觀截鐵機。繼觀捲鐵機。繼觀裁製木材機。凡機皆不用煤。用電力水力空氣壓力。謂是新法。繼觀所造新船。乃爲吾國製者。此船成後。將爲朝鮮製船。并用新法製水雷。政府前試驗此廠與長崎廠所造雷。卒用此廠造者。繼觀船澳。謂船澳舊是旋泥．不能作功．政府及西人均謂不能成．松方堅持開辦．用幣一百七十萬．開深其旁地．安起水機．而閉澳之門戶．使澳中之水瀉入所穿旁地．而用起水機出其水於外．凡三點鐘．而澳中之水皆涸．遂得施功．功成．而國人外國人皆驚詫．謂出望外也．繼觀鍊鋼所．松方謂東亞尚無鍊鋼手段．西人亦不傳此法．此係工學博士等自悟新法．故此室向不令外人觀．廠工閱畢．還坐略談．松方謂日本學校多未善．其前遍學歐美各學．學徒分黨．各有爭心．而不相下．於是有不睦之弊．今則混化各國．成爲日本之學．然分類過多．學者泛博而不能精．又年限太久．及其出學．腦力已衰．皆是敝也．余問年限如何乃善．答以宜至廿一歲而止。其後用强壯之力辦事。亦是學也。免致爲學時多。辦事時少。又言彼國興學。專重智育。今有德之士殊少。勿再效之。松方名幸次郎。松方伯之第三子也。

十八日早六鐘。兵庫縣視學官小森慶助領至神戶小學校。校長芥川梅次郎導客閱視。學徒一千二百人。旋至商業學堂。校長有村彥九郎。教師徐東泰導觀商品標本室。陳列百貨。考其良楛價貴賤。旋至實業肄習室。則銀行關稅。英美中國各色貿易。皆通習之。生徒中有二人能中國語。又有二人爲中國人。其餘所習算術地理等。皆略同他學堂。出遇小雨。至女學堂。皆幼女。有織帶者。其裁縫室。則年較長。餘所學略同男學堂。此學中多女教習。又後至幼稚園。乳母等教稱兒唱歌。手舞足蹈。皆能整齊。兒皆歡樂爲之。其教百戲。則教師用小木爲型式。令小兒仿爲之。或爲屋。或爲滊車。或爲山。爲塔。爲橋梁。兒手有極速者。又有教繪畫室。吾國若仿行此。當不甚難。恐無諸乳母教師耳。閱畢。上火車。赴住吉。小森領至御影師範學堂。其校長松尾貞次郎。云是教育名家。今官從六位勳六等。導觀諸學舍。其格致學化學。皆由教習用儀器試驗。吾擬買此等儀器還國。但恐無師。而所購或非佳品。則不如得師。後由師代購之爲善。當寄書問管學。又至博物標本室。室中尤以鑛產爲要。其動物植物圖式綦詳。至補習室。皆曾爲教師。還學堂溫習。故所服衣非一色。校中附屬小學女學。見諸女用木刀體操。亦皆嫻熟整齊。至講堂中。有明治御像。所謂御影學校也。行至音樂室。人各一室。其樂器皆用西國琴。日本所製音樂。蓋皆師西法。至學徒修業室。每室八人。略如長崎醫學校。蓋學堂所同也。後遍歷餐室茶室浴室廚室。外有菜圃。皆學徒自種。其廚無廚工。亦學生輪值治庖。此學凡學徒四百人。附屬小學二千三百人。其室宇甚多。校長謂遊廊行遍合中國十五里。其構造時。用幣僅廿八萬。今常年經費凡六萬。閱畢。再赴火車。小森視學官於此別去。火車中食英餐。及抵大阪。則諸君結會歡迎者群來相見。會中備馬車。駕至森吉樓。小坐。遂赴造幣局。局長長谷川為治大藏省屬官。

金子彌平謂。如中國之三品官。內田公使有書。寄語長谷川相見。謂外務部有文移大藏。大藏飭知該局。屬令導閱。旋至一室。列日本歷代錢幣制度。中國歷代錢譜。幷歐米各國幣制。旋至驗金處。用試金石。後仍參用化學法驗之。復至化銀處。銀化爲水。又合他藥水。用機器搖之。銀沈瓶底。其浮水中有銀不淨。仍可搖而澄取之。至鍊銀處。蓋閱數手而成銀條。又閱數手而後乃成銀幣。繼至鍊金處。及製金錢處。其法視銀幣尤爲繁多。每至一室。局長親自開鎖。謂工人入內。不令自出。必由官親開鎖。然後放行。其出入必令易衣。以防偷漏。其造製銅錢之處。則未及閱視。長谷川氏謂。晚亦赴歡迎會。遂別去。赴砲工廠。其工廠提理陸軍少將楠瀨幸彥。內田公使亦有書與之。是日雨。下午益甚。楠瀨衣雨衣導游各工廠。金子爲譯言。吾輩隨行各廠。衣履盡濕。其製礮始自明治二年。其後屢改新式。每改鑄新式。則改製機器。以其有製造之學。吾國所不能也。楠瀨冒雨導行。吾輩皆甚感之。其鑄成新式礮。以卅七生爲最大。楠瀨導閱畢。仍請入其書室。各飲以酒。謂雨行沾濕。宜飲酒以解之。別後還寓。

十九日晨六鐘。小野德太郎。大阪府視學官也。來領至東區集英尋常小學校。校長成卿槐陰。教習後藤薰。導觀幼童體操唱歌等事。皆甚整齊。其教習有取之卒業生者。出赴幼稚園。小兒戲舞。保姆教習。相與領導。皆有行列。群兒歡甚。又至室中。觀小兒戲作河橋海關輪車等。又有假馬假船木洋鎗等使之游戲。其教習多取之高等卒業生。故頗通教育。旋至大阪府所立清水谷高等女學堂。觀群女體操。先舞木椎。繼排圓陣。已而四人八人。相與穿花戲舞。教師皆作樂侑歌。繼觀教室。教習爲講音樂之學。將別矣。校長謂學徒已治饌相待。勢不可辭。殽饌爲歐法。整潔可口。飯畢。齊至講堂。校長請余演說。以誘進之。別後已午後二鐘。此校長姓名則大村忠二郎也。本意尚擬閱師範學校、農學校。幷紡織工廠。閱後赴西京。爲時過促。中島勸勿往紡織工廠。因赴師範學校。校長導入木工室。旋至講堂。遍歷化學格致各標本室。生徒適皆體操。

觀其擊劍。及持洋鎗格鬬。中島謂擊劍古法。可學可不學。持洋鎗格鬬。則人人須學。又有兩人手格足抵。各盡氣力相持。謂之舞蹈。吾去歲爲東文學社名之爲蹶張室者也。此非勇夫不能。其操場則排成兵隊。演習洋鎗。與軍營無異。校長言中學堂卒業須充兵一年。師範卒業。止充兵四十二日。以其在學堂時早習兵事也。此學校附屬小學校。當師範生演鎗隊時。小學生徒。亦演體操。在操場者。分隊左右牽繩。以爭勝負。在室者皆幼男子。結隊教習。用音樂誘令歌舞。此校長未送名片。而別贈章程書。列名其間。先是農學校迭致電話。要令速往。至是遂赴之。校長送名片。遺失途間。别贈報告。中列其名。農學院陳列標本。各國穀蔬諸色盡在。又列蠶桑標本。考驗牛羊病勢。昆蟲形質。樹木病蟲等。皆甚精。其生徒皆赴田實習栽秧。又牛醫騸牛。用德國新法。用刀割取。割後用油藥淋破處。謂免土害。不須縫皮。凡動手止五分時。遍遊田間而別。自始出至此。視學小野先生皆陪遊。至此始別去。是日六鐘啓行。八鐘到西京。

廿日往拜西京府知事大森鐘一。據云大學堂文部所立。府縣立中學。村町立小學。中小學皆地方籌款。不仰國家經費。吾問地方如何籌款。答云。於國稅之外。或加二毫四毫。吾問貧瘠地不能出費奈何。答云。視其産業多寡。實數定之。不出則用壓力。然日本至今。無敢不出者。問何能得其多寡實數。答由公議酌定。不能大相遠。問地方加派。仍報明國家否。答由地方豫計來年用款。量出爲入。報政府。政府遣官覆核。核定。即照辦。問窮鄉不能立學奈何。答日本無不立學之町村。有山僻不便立者。坿入鄰學。不能坿者。遣教習往。專教之。談久始別。知事遣視學官陪往高等女學校。其規制畧似大阪所歷。割烹室。盥室。習儀室。分本國外國。病室。浴室。皆大阪所未遊者。中島夫人自此學出。今與其妹同領遊學生查視學堂。中島則領余等隨視學官校長等查視。閱畢。閱卒業生所留書畫册。遂歸寓。

廿一日與中島率生徒赴大學堂。總長法學博士木下廣次。熊本人。爲言此大學校始立五年。諸未齊備。前大學生徒。考法未善。吾今改之。向來年終考試。班中有一人不中者。全班皆留習一年。吾今但令不中者一人留習。其餘考取諸人。皆入第二年學級。又敎習與生徒。向不愜洽。緣敎習過示尊嚴。吾今專取款洽。使諸生樂相問難。此二事差勝舊章。開辦大學。最爲繁難。中多阻力。吾今工纔及半。君則始謀開工。君將來所歷之難。皆我所已試。倘有所疑問。願悉以相告等語。旋領觀傳電法。又光鏡。木作圖畫各室。謂大學必宜有機器局水道兩事。遂導觀機局三座。此學分四科。曰法學。曰醫學。曰工理學。工理學者。并工科理科爲一科也。曰文學。尚未設立。吾輩前在長崎。已查考醫學。因導觀工理等科。工以鑛工為主。中兼電化。導至工學教室。謂生徒末座太高。教習須時時仰首。於養腦有礙。此乃實測教室。學徒宜望見師几案所陳。非他講室之比也。導至木工圖畫室。謂凡製造必以圖畫為根。導至標本室。所陳機器車船等式。皆與眞者無異。吾請將此學校全式作一木式。寄回京城。工料價核實照付。木下云。不須付價。作為西京大學奉贈北京大學之物可也。吾欲問大學書目。木下云。大學無書。緣生徒皆已能自讀書。所講問者。皆各書中深微之理。若欲求書。不如購歐美各報。彼皆大學中講義也。吾問化學格致各儀器。木下云。宜先定教科。然後就各科應用之器購之。乃不妄費。其言皆極精核。別後歸寓。

廿二日赴盲啞學校。其啞可醫者。已能作中國語。視吾輩不能作日本語者。不知誰啞誰不啞也。其盲者能捫紙識字。有爲生理學者。有學音樂者。有體操者。其聾啞甚者。教師示以手勢。即知其事。能書畫。聞余至。皆作畫贈余。而盲者作日本詩一首相贈。此等教育。可以彌補天地之所憾矣。其餘學校請游觀者甚多。皆不能往。晚八點鐘。乘汽車赴東京。

盲啞院長曰島居嘉三郎。

廿五日赴大學堂。與總長理學博士山川健次郎一談。山川旋派理科大學長理學博士箕作佳吉。理科大學教授理學博士理學士小藤文次郎。理學博士理學士飯島魁。理科大學教授理學博士理學士神保小虎。與野田義夫同率領看視。先看法科。講堂容四百人坐位。講師座後。有板捲上房頂。其末端又向下捲。板用黄漆。滑而有光。謂講師發語。由此板逆折而落諸生座中。乃可遍聞。此聲學事也。房頂用牙色。壁用石灰。勿令過白。恐傷目精。此光學事也。地板下均有瓦斯管。冬令能通熱。此氣學事也。別一講堂。生徒坐位層累而上。愈後愈高。其房屋坐位高下之度。皆有定則。凡案與坐位相距高下。係依日本人身材爲度。中國人身高。則高下相距。宜別定矣。過圖書編輯所。入顯微室。有小鏡機在南。蔽室光使暗。以極小之物納鏡間。能令其形遍滿北壁。繼入圖書館。有書卌一萬三千餘部。中國日本書十七萬餘部。餘皆歐美書。繼入動物學列品室。箕作導觀之。備列各國山海所產奇物怪狀。入地質學列品室。觀鑛物。古生物。地層中生物化石。小藤飯嶋分導之。各爲解說。甚明顯。繼至物理實驗所。用顯微鏡觀鑛物中細質。皆五色斑爛。繼至動物解剖室。觀學者用機器解剖細微之物。至爲矛妙。十一點鐘還寓。山川勸中國開辦時。宜先小辦。漸漸拓充。又勸大學中必立醫學科。最爲國民要務。山川自明治九年在大學。至今十有六年矣。所贈醫學工學書皆英德文。

廿六日赴大學堂。閱視工科。教授工學博士工學士辰野金吾相見。遂與工學博士理學士高松豐吉導閱機械工學。應用化學。造船學。建築學。採鑛冶金學。土木工學。電氣工學。每導觀一學。則由其學科之教授導示。其人皆不通名刺。辰野高松而外。僅中村達太郎。眞野文二有名刺。眞野爲實業學務局總長。兼機械工學第一講座分擔。中村則建築學第一講座擔任。兼第三講座分擔。皆工學博士工學士也。其餘則皆不得其姓名。其機器有壓鐵機。有拉鐵機。有扭鐵機。試驗其拉鐵機。用英尺八寸。使九萬四千斤力之機器。牽引其上下兩端。能令八寸之鐵。拉長三寸八分三。過此則此鐵斷裂。機械工學科。有吾國學生三人。沈琨。張鍈緒。皆直隸人。高淑琦。浙江人。應用化學科有吾國學生一人。張奎。江蘇上海縣人。在大學堂學造軍器。教師謂。此諸人皆已卒業。皆願再留學一年。張奎即管學所札調三人之一也。教師謂此諸生所學。皆與日本人畧等。惟未入中學校。有浙江人陳幌者。曾在第一高等中學校卒業。今入大學。其學已甚高。陳幌廩貢生。工科閱畢。理科以昨未閱者尚多。諸教師仍在學相候。遂再往觀。歷實驗場。光學室。暗室。格致試驗教室。觀其使空氣成水法。還寓。下午四點鐘。拜文部大臣菊池君。菊池諄諄以體操相勗。又謂大學校現已放假。惟高等女子師範學校。及高等男子師範學校。尚未散。可先觀。又請觀各學校給予卒業文憑。謂無關教育要義。亦教育中一規制也。大學編輯所贈日本史料。日本古文書等。帝室制度調查局主事關謙之來拜。蓋昨與小村外部言。欲遍覽彼國制度。故小村遣來相見也。

廿七日赴高等女子師範學校。校長高嶺秀夫導觀各室。其教習多取之高等卒業生。其教窮民女子有一年二年與三四年之學級。幷教於一室者。年分一行。教此行以此業。教彼行又易彼業。校長謂余此教貧鄉不能多立學之法也。高等女學校專攻科皆有物理學化學。是日校長留飯於學堂。殽饌皆學生所辦。教授槇山榮次。南摩綱紀有名。刺南摩年八十。有自壽詩索和。旋至新聞報館。其機器一點鐘印二萬四千張。可謂極速矣。

廿八日赴高等師範學校。校長嘉納治五郎。外部派小村俊三郎伴客。

文部則派野田義夫。日日伴往各學。外部今日始有人相伴。其國待外國人。可謂盡禮。此學校爲森有禮所創。初止容百人。其後來學者寖多。添置屋宅。分在數處。此初時基址狹小之過也。學中習英文者甚多。一室習德文。無習俄文者。觀漢文教習講左傳。所講皆粗淺。此國漢文不復措意矣。至標本室。試解剖機。機爲教員邱淺治郎所自製。邱君理學博士。爲本校評議委員。觀化學室。教師用鏹水化鑛石。用藥水數種。分鑛產之爲金爲銀爲銅鐵鉛等。各以色別之。又試提金法。銅鐵雜者。以鐵絲入瓶中。銅隨鐵絲而出。銀銅雜者。以銅絲入瓶中。銀即隨銅絲而出。觀格致室。教師試驗磁氣。以鐵燒紅。持一鐵條按於紅鐵上。即有聲。

聲之大小．隨按力之大小而異．恐觀者不明．又取一物．橫懸長短鐵條．分爲六七層．以次漸短．謂擊鐵之聲．入於鐵中．不擊則聲復由鐵還出．鐵長則聲長．鐵短則聲短．能明此理．即知無線電之所以能傳．以電力有聲．傳於空中．惟人耳不能聞．此聲傳於空中．即成聲浪．電雖無線．聲浪已由此端傳於彼端．欲試其法．即用兩鐵片傳於磁鐵之兩旁．下通電線．電力傳於兩鐵片．此易知也．持一玻璃於兩鐵片之中．兩邊均無倚著．而電光入於瓶中．此無線傳電之驗也．此猶去電線相近者耳．置電機於東．置燈檠於西．電機發力於東．而燈光已明於西．相去甚遠．而電光已傳．此聲浪所傳也．持小筒吹於東．而西方之燈光．受其吹拂之力。雖面向南吹向東吹。而西方之燈光。皆受其吹拂而爲之高下。此聲浪所傳也。是日留飯於學堂。吾輩自給貲費。蓋學堂並無待客之費、故也。別後遊美術學校。觀塑像繪畫雕漆各術。

廿九日赴華族女學校。學監下田歌子。從四位。兼教皇女二人。謂之常宮周宮。其人深於教育學。此學校主辦廿餘年。頗以吾國女學爲意。其幹事爲正六位勳五等淺岡一。導觀各室。體操甚整齊。作字皆懸腕。下田留飯。飯後聞學徒彈箏。箏中國樂。今少知者。日本乃習之於女學校。吾甚愧赧。其歌詞皆下田自撰。尤難之難者也。

六月一日閱視大學醫學堂。教授醫學博士片山國嘉爲法醫名家。據云訴訟者多似被殺。解剖。則係病死。又或外似病死。解剖。則係被害。自醫學大明。裁判所甚得裨助。此吾國所急宜講求者。歷遊考驗毒物室。生理化學室。生理室。解剖標本室。皆他處所未見。小村邀至花園午餐。謂是外務部飭備者。飯後。醫生解剖病人左腹。於胃穿一孔。使納飲食。主持者神情閒暇。未幾而畢。旋閱病室。眼科解剖標本室。餘未及遍觀。出赴音樂學堂。觀卒業給憑禮。學堂在上野公園。音樂學之德國。而用日本詞調。甚可觀也。

三日閱農科大學校。校長松井直吉先來相候。旋導觀化學動物昆蟲學。於蠶學尤為精審。既取有病蟲之蠶。別置一處。又將蠶所生之蟲。考其有毒無毒。繼觀獸醫學。陳列標本極多。有自牛胃中取出大圓石如椀大者。又取牛身之病蟲。納之合生牛溫度之室養之。則蟲皆活不死。見診狗病者。狗皆帖耳受治。似若有知。繼觀田苗。各用木區分爲界試苗之肥瘠。繼觀林學。茂木蘩立。人行綠陰間。至其極密處。則兩人爲撥開翳障。乃能得路以雨不能竟遂乘輿歸校長在樟腦室相候。其前一室。燒木炭。兼取藥材六種。其製樟腦。不用樟木。但取樟葉爲之皆新法也。學長贈農學報告。皆西文。其森林學長查視閩省林木。爲圖至詳。其遠謀所注也。

四日閱工業學校卒業授文憑禮。因遍覽工業圖應用化學電氣化學色染機織陶業機械金工木工各室。而不暇詳詢。其職工徒弟學校。尤切吾國之用。蓋取百工子弟。各教以工業。不課其文學。但令技藝改良。此用最廣。其機織亦吾國所必宜效法者。

五日赴盲啞學校。所觀多西京已見之事。校長小西信八導客殷殷。與木下廣次相似。聞其在盲啞學校已卄餘年。啞生中有中國人。卷所畫花卉贈余。已而校長遍取各生畫相贈。其盲生能音樂。校長挈至講堂。彈箏歌唱。請余演說。後代諸生作答詞。用鉛板使盲生以機器刻入板上。別以紙印之。皆盲生所習隆起之字形。吾請其以日本字注其旁。詞意頗善。又觀盲生。用新法按摩治人疾病。此西京所無者。

六日閱常盤小學校。文部所管學校已閱竟。此乃市立者。畧觀幼稚園。尋常小學。高等小學。此學體操場去敎室太近。室中講授。室外喧譁。殊爲非宜。小學兵操甚整齊。旋赴女子美術學校。校長藤田文藏。校主佐藤志津。蓋即其規則所列之佐藤靜。醫學博士佐藤進之夫人也。此學經費。佐藤志津獨任其太半。舍監橫井玉子等。領觀繪畫刻繡裁縫音樂各術。并聚諸生於講堂。請余演說。冒雨歸。

七日赴大學校。觀卒業給憑儀式。是日明治天皇臨幸大學。立於位。諸生進見。再鞠躬。校長位在左側。諸生領憑於校長。退復位。鞠躬。再退三步。然後轉身還就其位。學校中有職事者。來觀禮者。各序立兩旁。皆肅穆。此次卒業生尤賢者十三人。天皇皆賜予金表。此學校中大禮也。

九日吾問花板垣維新以前學堂課本。據云四書五經史記漢書。吾國自八股盛行。無人能讀史漢。鄙論嘗謂六經四史不可廢。近日議興學者。亦絕不議及四史。蓋所謂史學者。記事跡而已。僕私心病之。今聞花板少佐此論。吾又爽然自失。恐吾所勤勤謀改革者。適得日本德川幕府時之舊蹟也。

十日閱富士見小學校。東京所公立者。其房屋甚狹隘。聞名人多出此學中。則教法善也。午後至弘文書院。嘉納爲吾國來學生所立者。房宇尚未竣工。外部侍郎珍田捨已。學校師矢津昌永。均來與坐。學徒雖未嫻熟.然本國無此堂也.出過同文書院.

十一日閲東京市立師範學校.此學附屬小學.師範生徒年限四年.實則三年半卒業.以半年爲小學教習.實試其師範之學.半年輒復易師.故小學每室必有一訓導.久教不更易.又學校中管理經費出入者.乃大藏省所遣教員一人經手.此法最善.

十二日閲東京第一中學校.校中諸生應考.不能細觀.觀博物學.教習解剖蝦蟇.及電學運機.分水中二氣.及分光爲七色諸法.光細分之得十一色.又有所謂佛氏暗光線者.本日陰雨無日.吾所見者三四色而已.

十三日閲東京府女子師範學校。此本男子師範學校。以地狹移他處。改爲女子師範學校。中附小學校。高等學校。其當級學科。不分年。自一年至四年生。皆一師教之。其師最難。然亦吾國所宜效也。女子師範生卒業前。亦以半年實驗教習小學之事。與男子師範學校同。

十四日閲東京共立女子職業學校。此校乃私立。貧家女子不能入官立學校者。入此學中。學成各藝。所得之利。以半歸學校。半與本生。其退學亦可自由。又可在家製成物事。交學校評隲高下。寄售得價。其課程以裁縫刺繡編物繪畫剪綵作花數者爲主。吾謂此吾國可推行者。

十七日訪伊澤修二。教育名家也。臺灣興學。伊澤之功。吾意中國創辦。

與臺灣始教略同。伊澤允將臺灣教育各書送我。
十九日閱陸軍幼年學校。此校中央地方兩等而合在一處。生徒業已放假。無可觀者。出至成城學校。遍閱中國留學諸生。各以數語勗之。
廿日閱仕官礮兵戶山三學校。仕官見講師授築城學。見授德文。見擊刺。用槍用刀。皆西法。見馬操。礮兵操。見授理學。論礮圍徑大小。藥力漲縮等。工兵畫圖。明土且崩。墻若干厚能支不能支之理。見擊刺。見體操。以手捋雙繩。如秋千。又有攀高木如盤槓者。皆絕技驚人。戶山爲初立之學。始以教老弁。今已改教初學。見體操。盤鐵槓。先單槓後雙槓。見軍樂。樂有　大清樂歌。有日本樂歌。見擊刺。歸寓。

廿一日閱近衛師團第四聯隊師團。按視兵士寢食處。閱體操擊刺排隊諸式。觀講師授兵卒軍中應知諸學。

廿五日赴巢鴨風病院。院長吳秀三芳溪所函招也。室內列風病人腦骨腦髓。及所作字畫器物。歷觀各男女病人。有圍棋者。有作音樂者。有怒罵狂走者。有歌唱者。有自稱皇帝或高官者。有裁縫若無病者。芳溪索詩爲賦一絕云。

卅日與小村俊三郎。携啓兒赴古城貞吉之招。席在靜養軒。主人八人。小村謂皆教育家。吾請各以一言相贈。古城貞吉勸勿廢經史百家之學。歐西諸國學堂。必以國學爲中堅。阪上忠之介勸不必關懷教本與教育方略之良否。但先使子弟强學。取範日本卅年前。阪本嘉治馬勸打破舊弊。岸田吟香亦勸掃除錮蔽。是第一著手。又言渠輩編譯西法教育。欲裨益中國學事。小林弘貞言教育之要在陶冶品性。杉原辨次郎言。如能同文通意。則於彼我文化大有便易。名鹽佐助無言。古城云。渠年少。不能爲君吐屬。小村俊三郎云。變法必先變俗。變法屬政事。變俗關教學。其大任在君身。握要也。古城謂移易風俗。聖賢猶難。五方交通。學有長短。如廢貴國之文學。則三千年之風俗無復存者。人則悉死。政則悉敗矣。是故英國有保守黨。以制西人之輕浮狂簡也。

七月六日。訪大隈伯。其人精爽。所論教育甚當。謂吾經史詩文之學。止宜用之大學專門。不宜用之普通教育。吾國書太繁多。當選定學堂教習之書。其學生查考之書則可自由。漢以後。學漸支離。當求復古。以周爲主。始立學。所定不能盡善。後可隨時改定。皆通識也。

十五日與岸田吟香往游築地活版製造所。其鑄字攢版印刷等事。皆與大坂朝日新聞報館略同。局內附小學堂。學徒成蹟。多可觀者。

十八日與服部宇之吉。約於文部官舍相見。遂定文部應講事目。

廿二日長尾槙太郎字雨田見過。談教育事甚詳明。謂日本初興學。取諸州縣貢進生。入大學豫備科。使學西學。其後中小學校既備。而後貢進生之制度始廢。今吾所欲推行者。即此貢進生之制也。

廿三日高島張輔來。高島謂中國之教育。有益於心。西國教育。有益於身。不可舍己從人。當取長補短。所言甚扼要。問西國所長。我當取者皆何等。高島言五事。一醫。二兵。三理化。四鑛學。五機械學。吾國士夫知學此五者。可以自立矣。

廿六日查閱日本銀行。其總辦山本君。談事入理。據云日本初欲理財政。不知何法。伊藤博文至美國。始知有銀行之事。歸而仿辦。各州立一官銀行。用美法也。久之。此諸銀行各邺其私。不能調劑公中緩急。於是遍考西國。以德國與白耳義之法最善。取而則效之。今立中央銀行。用德白二國法也。銀行之法。德視美爲善。美板而德活也。美國謹持章程。

雖市面變換。銀行不能變換。德國則銀行隨市面轉移。所以爲善。又言銀行總辦。宜用精於商賈之人。不宜用官。用官則情面多。最礙生理。國家銀行。政府主持。但政府常換人。銀行當守定章辦理。不可爲政府所移易。

廿八日中島錫胤來訪。爲言警務道路皆難妥辦。吾問何故。中島云此二事開辦。其弊甚多。不易去也。吾問何以去之。答曰此難預言。有此人行之無弊。而彼有弊者。有此地無弊。而他處有弊者。吾謂見弊即改何如。答曰是也。但察弊之人。須明瞭耳。

廿九日查視地質調查所。其地圖分黃紅青白色。以別礦產火山花崗石農田各質。其校長爲余言。日本與中國。古時連接無海。今日本地內得有象骨所變之石。象乃熱帶所產。隔海不能來也。今日本西至中國。海深僅百尺。其東則海深二万尺。足見西海先時爲陸地也。又東海海草多種。西海則種類甚少。亦其一證。其圖考。視石油深淺脈絡。極精審。其測繪諸器。多購自歐美。有一器。人用手持器繪刻。而器於彼端又自繪刻。較手刻者縮小一倍。或數倍。其標本所列各石。及金銀砂水精瑪瑙琥珀等。又有魚變石樹葉變石者。其分別土性。則爲農業而設。專考地面一丈深以內。其綮吾遼東半島地質。著爲書。列圖明之。有瓶貯金州土之未化分者。及其化分。則分爲八等。入化分室。見其土用暖水化爲泥。而別以藥水入之。轉爲黃水。繼以他藥入之。轉爲綠色。復以藥水去綠色。仍還其舊。以此等藥化分各性。其學經深奧。又有藥水分土中應缺何質。用何肥料補之。此西國農學之所以遠過吾國也。下午至印刷局。其規制最閎敞。而機器不如大阪每日新聞社之新。其局有衛生官。其局長後至。頗殷殷。又局中七百人。時時防火厄。每用二分鐘時。使七百人聞號聲。一齊奔出。爲避火避地震之態。既出。各依旗下。列陣不亂。其無事復入。各隨旗序入。秩然不失行列。此次演習以示余。此法學之德國。吾謂凡學堂公所。聚至千人。皆宜用此法也。

八月二日。查視電報郵便局。合二事於一局。局長導觀各室。其用人至千餘人執一事，勞佚均平，井井不亂，是其難也。午後往訪前文部大臣濱尾新，談教育甚久，多切要語。其言處万國交通時，非一國之學所能獨立，必兼各國之長，與之角勝，乃能與列强并立於世界。日本初時屢戰屢敗，自知不敵歐美，人人欲取彼長以會己短。又見內國權利寖爲外人侵奪，不講西學，不能收回，皆是事勢流激使然。初開辦時，學科甚少，而程度頗高。明治九年，大學堂始有卒業生，其所學視歐美留學卒業回國者不相上下。開辦之始，令各藩遣人來學，大藩三人，中藩二人，小藩一人，如其額當得七百人。其時來者甚少，各藩所遣不過百餘人，謂之貢進生。所聘教師，皆外國人，始至學習語言，能言然後受學。貢進生皆有根氐。成學甚易。今中國可仿辦也。日本用外國教師時。多不如法。如醫學用德國之書。而教師爲法國人。又以英語講授。自迂其途。中國宜改此弊。懸揣中國先宜設立醫科工科。二者皆實業。有速效。足使國人信向。吾兩國本有文明。今所增者。西國之文明。本國原有之文明。皆精神上事。西國之文明。皆制度上事。以吾精神。用彼制度。是用彼之長。而不爲彼所用。不似波斯埃及本無文教者比。今改西學。其舊有之善者。自可留而不改。至普通國民教育。不可置爲後圖。欲與列强爭長。但有專門學無益也。

三日查閲東京區裁判所。

四日查閱東京地方裁判所。此所多一豫審廳。蓋判事獨問訟者。然後定其曲直。訊之公庭也。下午查閱麥酒株式會社。其造酒機器。大率取之德國。

五日查閱控訴院大審院。大審院判事長谷川喬持示辦案一稿。自始至末。文牘視吾國尤多。惟不似吾案卷之重複耳。又言原辦罪輕。其後上控定罪。不能加重。如此案强盜殺人原審定爲無期徒刑。犯者不服。控至大審院。院中判犯者應入死罪。然以原定輕罪。不得改而從重。仍定爲無期徒刑云云。如此則用法寬縱。微倖者多矣。大審院檢事代理總長。爲言改律之意甚詳。仍約再見晤論。意甚殷殷也。

六日訪細田謙藏。與同過田中不二麿。途間車子傾跌。吾受傷。鼻出血。赴新地醫家洗治。田中爲論明治初年教育甚詳。細田爲記其語。遲日寄我。

七日晨查警視廳。其衛生學尤精要。午後往查慈惠病院。施醫貧人之所。其國皇后每年助銀七千圓。每年親臨一次。按視病者。

八日晨往視監獄。獄內潔靜。囚人衣赭。各治工業。所成之物。賣價歸國庫。其善者有賞。存候出獄時與之。幼年十六歲以下。立學堂教之。今衛生益精。在監千餘人。病者僅廿八人。其病院多空室。初入獄者。恐其有傳染之疾。先令在病院留羈五日。無病。然後入牢。牢中隙地皆種菜。囚所治也。在監重得過犯。別置一室。減其食。自七日以下。獄官導示畢。出視養育院。院分男女。其病者看護婦守視之。病重別置一室。天行瘡毒肺疾等。又別置焉。甚者送入避病院。嬰孩爲謀乳食及牛乳。院內有幼稚園。保姆教之。如學堂也。下午與小村同訪井上哲次郎。其言教育精神。在知實現理想之重要。理想在腦。能驅人使赴向上之域。有活潑之氣。若自國家言之。宜取東西文明之粹。打爲一塊。以立理想。

九日晨遊日本橋區警察署。見其所用書記甚多。其俸則甚少。月自十五圓至廿五圓。此蓋尙未善。在官之祿。不足自給其家。非法也。獨吾國吏胥全不給祿。爲更弊耳。下午至文部省聽講。

十日至文部省聽講。
十一日閲東京府。知事導觀各室。又出觀度量衡各器。午後文部省聽講。
十二日閲區役所。所長導觀各室。
十四日午後。文部省聽講。
十五日午後。文部省聽講。松村茂助講教育大意。已竟。至學校衛生局。其課長醫學博士三島通良。略示衛生儀器。第一器爲考查光度。其器爲一圓形。中開方。每一大方。縱橫五小方。前橫一長鏡。可低昂。開方器後有指南針。校準高下偏正。對光所入牕。即有日影射在開方器面。視光所占幾分。即知得光幾度。第二器爲顯微鏡。用以考查空氣中微生蟲。第三器爲一銅架。架上一横管。右有銅管下垂。別用一長形管。如蠟狀。塞其下端。納入下垂之銅管中。左有長形顯微鏡。列於横管之端。謂可考查室中光。應用若干蠟。如需用蠟十枚者。僅用九枚。則光力不足。於衛生有缺點也。第四器則考定學徒身長尺寸。製爲几櫈。高下遠近長短。有一不合。則學徒受其病。至學徒坐法偏正。皆有絕大關係。

十六日午後。文部聽講。歸與長尾槇太郎。及章仲和吳止欺訪副島種臣。副島甚款洽。其言學堂。謂初辦勿求備。當易行。其談鋒甚快利。喜稱吾舊史。

十七日午後。文部聽講。其講學校衛生者。三島通良。衛生之專家也。晚赴教育會學制研究會二社之招。其教育會。全國教育家盡在。爲日本最大之會。足以見其興學之盛也。

十八日午後。文部聽講學校管理法。講者野田義夫也。

十九日。訪外務省政務局山座圓次郎。山座論及留學生事。告以私費生有益於國。望外部愛惜保護。以振敝國新機。山座謂分別官私。乃中國當道之見。日本無此意。日本往時游學米國。亦不分官私。亦好與本國公使爲難。歸而與當道亦不合。此各國所有。但要學成而國家眞用耳。今日本待中國留學生加等。令其但學二年。便入大學。因本國學年太多學級太高係屬一敝故特改良本國學生前在米國只隨米生一例米不特爲日本優待也吾曰此可極感但聞日本大學校近均用歐文吾學生來學僅二年於貴國語尚難學好未能更學歐文不能聽講殊無可受益山座云此在學生自力今來本國留學者中國朝鮮印度朝鮮政府十餘月不寄學資諸生日赴使館寄食自不能一心勤學印度學生嚮學獨銳中國學生則心頗弛懈賢於朝鮮而不及印度也吾問印度學生英人送來乎抑印度自來乎山座云印度雖屬英國其下略似封建此其藩主自遣來學亦有私費生吾以中國縣難遍施國民教育意擬先取年廿內外聰穎子弟中國學已成者爲延西師教之公

學分科略少何如山座云此策極善本國初立學校由各藩貢進生徒謂之貢進生今外部大臣小村男爵其一也各國初開教育署皆如是吾問前遊文廟中坿博物館館中有暹羅送來學校圖究竟暹羅教育今何如山座云暹羅國王最明其子弟多送歐洲游學有子八十餘人身甚强健其國民愚劣不能開化其國用專倚中國寄居人中國無公使領事在彼雖暴歛無如之何近中國人立一會館延本國人爲顧問官稍有恃賴其國民爲下等中國人爲中等彼皆不欲教育其立學校殆專爲貴族設也晚赴經濟協會之招問財政七事

廿日孫多鈺兄弟來訪孫曾在美國中學校肄業二年據稱所居學堂

乃華盛頓公家立者。內分四科。一格致。二文學。三商務。四工藝。格致分十一科。一德文法文。二歷史。三地理。四算學。五普通物理學。六化學。七動物學。八植物學。九繪畫。十音樂。十一體操。每人止學四種。每日止學五時。其文學科。不用德法文。易以拉丁希臘文。餘同格致科。其小學八年卒業。中學大學皆四年卒業。午前訪加藤弘之。午後訪外部長官珍田捨巳。珍田詢及留學生事。吾請其官私學生。皆一律待遇。珍田言有不能盡同者。如教員學生。皆有定數。私費生或有不能遽收之時。吾謂此等。自不能相強。但官生可入。私費生亦請收入。如同文弘文等學。專教敝國生徒。當無學舍不容。師生額滿之弊。珍田言。自成城學校外。他學皆可入。但學生有與政府反對。或來歷不明之人。非有本籍地方官文書。礙難收入。吾謂成城亦自可收。前時吾學生九名請入參謀本部來函。亦止言公使不保。礙難照收。并非學中有不收章程也。至學生與政府反對。實無其事。若欲明其來歷。則近來學生會館有幹事。若五人保一人。決無他慮。且吾學生中私費皆有餘之家。開化之士。豈有學歸謀反者乎。此可請放心也。珍田又言。官私自是一律待遇。事勢有難晝一者。如學舍可容十人。自應先儘官生。後再收教私費生。吾謂此亦一定辦法。我所以兢兢論此者。緣吾國財政支絀。官生不能多送。私費生不用國家貲給。正當獎勸招徠。若一有沮滯。實於吾國維新有礙。所關甚鉅。珍田然之。然觀其意旨似不易辯明而信從也。
廿一日午前訪司法大臣清浦奎吾。清浦言日本維新之始。自開學校。
不如遣學生遊學歐美。學成歸國。政府破格大用。甚賴其力。此已成之
效。貴國亦宜仿辦。其言最爲切中。午後文部聽講。
廿二日晨與孫多森陰庭。多燚履平。多鈺章甫兄弟。同游高等商業學
校。校雖初立數年。未臻完備。然學者日多。規制日拓。其學首商業道德。
畧分私德公德。其公德尤我商家所少。午後文部聽講。晚與日戶君同
訪太田。坐上遇法學士關皆治。吾問法學書何者最佳。答云法家門類
甚多。書佳者亦甚多。今概言之。則大久保法學通論最善。吾問貴國近

專用德國法律乎。答言亦兼英國。但英書無次序。然中有佳者。德所未有。吾問法人拿破侖所定法書。聞最善。信乎。答曰在當時最善。今則難用。吾問貴國前用吾法律。今尚兼採乎。答曰親族一門。仍用中國法。吾問西法亦有與中法同者乎。曰多有。究竟孰善。答財産一門。中法最疏畧。西法最分明。吾問何國最善。答曰行政法德國最善。民法刑法英最善。外交法佛最善。

廿四日早遊東京府第一中學校。校長勝浦鞆雄留飯。爲言教育以中國字多難記爲言。吾告以近有人作省筆字。勝浦大奇之。以爲中國若果行此。普通教育進化必速也。吾謂日本中學功課多而時刻少。學徒無益。渠亦謂然。然亦無可如何。雖每七日止學一二時者。亦較勝不學。

午後文部聽講。

廿五日。早閲大橋圖書館。始大橋佐平曾創立博文館。又用資本金廿万圓。設博進社。明治卅三年。議開圖書館。出資金十万圓維持費二萬五千圓。甫經營而病死。其子曰新太郎。卒成其志。其閲覽室。分男女。樓上可容百六十八人。樓下閲新聞報及新刊雜誌者。可容百人。現藏和漢書三萬册。西書二千餘册。内國雜誌三千五百册。外國雜誌五百册。計三萬六千餘册。每日午前八時九時至午後四時五時開館。閲書者到門購求覽劵。乃得入。一次金三錢。若購十次金廿四錢。求閲新報者。

減半價.其所閱書.於券內注名.還過即蓋館中印章.出門時繳此券.其查檢書目.送書收書皆極速.章程甚善.余以尚書及姚氏漢書平點近著風土記三種.贈之.午後文部聽講.

廿六日.小病未出門.吾前鈔東京府第一中學校第五年級日課表.恐其遺失.附記於此.

曜	第一時	第二時	第三時	第四時	第五時	第六時
月	代數	史	三角	漢文	英語二	
火	英語二	理化	體操	博物	英語一	
水	英語三	修身	三角	史	國語	
木	漢文	理化	體操	地理	英語二	
金	英語二	史	國語	英語二	代數	
土	英語三	體操	理化	作文	幾何	

英語分三法教肄。故有一二三等字。第六時可爲曠功補習之用、

同文書院日課表　第一班

	第一時	第二時	第三時	第四時	第五時	第六時
月	英文	歷史	國語讀本	會話	英文	數學
火	歷史	日本文	理化	會話	代數	
水	代數	作東文	理化	會話	英文	數學
木	歷史	會話	代數	英文	地理	幾何
金	數學	歷史	理化	博物	英文	地理
土	幾何	作文	英文	理化	圖畫	

近又議改功課。大畧與前相等。其體操每日卅分鐘。不在此日課之內。

邢贊廷言。算學日本語。此學堂中進步皆緩。算學暑假時。別從一師

習之。一月中抵學堂五月之一倍半。學堂五月。僅習得半册。暑假學一月已盡一册又半。其相懸如此。英語現亦不在學堂中學習。晚間別在正則英語學校中學之。學堂五閱月。僅習英語書二册。正則學校三月爲一學期。期內能盡五册。亦遲速相懸甚遠。

廿七日。赴華族會館。應躬行會之招。遇青木少將。問兵制。青木爲言通國十三師團。每團平時八九千人。臨戰時一萬四五千人。一兵士平時除衣食住房外。每月給一圓半至二圓。臨戰時加倍。每月給三圓至四圓。兵分一等兵二等兵。又有上等兵。故給餉不同。每年國家費兵餉約三千萬。兵衣食費約每月十餘圓。其後備豫備兵。有事聽調。無事不給餉。青木又言中國留學生在成城學校者。每不受約束。陸軍以號令嚴明爲主。學堂之約束。即將來軍中之號令。不能受約束。便成無號令之軍矣。意欲退出幾人。以警其餘。余擬轉告諸生警戒之。

廿八日。午前。體育會卒業。招往觀藝。午後至文部聽講。

廿九日。晨與野田義夫往上野遊覽博物館。其歷史部考求古時物事。及名國風俗。最足開誘民智。其鑛物亦極富。有礦石中有象脛所變石。鯨魚所變石。尤奇偉。出觀動物園。鳥類多不知名。獸類有獅有象。又多儲各國異產。午後文部聽講。

卅日午後。文部聽講。

九月一日午後。文部聽講。

二日午後。文部聽講。

三日。訪菊池文相。菊池爲言見各國歷史。無不以造成爲國辦事之人爲急務。中國興學方針。當注意其國民教育。結成一國團體。亦不可緩。日本明治十年至廿年間。大學程度尚淺。於中國目前最爲合用。今日本在位辦事諸人。多是此十年所造成者。救急應用。非研窮學術之比。程度不必高。但要適於實用。醫科工科最宜先講。其成效著明。能令人信從。法科亦要。國無法學。不能治也。中學校日本固未盡善。現今各國學校。皆以德國爲師法。德之中學校。亦尚未完美。中國可緩辦中學校。

專重大學小學。各省不立大學校。可立專門學校。學徒卒業。即可出而辦事。不必更入京師大學堂。京師大學堂旁設一豫備學堂。考取十二三歲之學生教之。使爲入大學堂之階梯。小學與大學不相接屬。亦無妨礙。小學卒業。爲農爲商工。各任自由。大學由豫備學校升入。若必欲與小學相接。則豫備學校下。更設一豫備學校。相續遞升。俟學制漸備之後。再立中學校。最切實用。日本初辦學校。亦止大學小學。緣中學校本爲第三義也。菊池又言專門學校。宜令早出辦事。年限以廿一爲度。多則腦力爲學所累。大學校專研究學術。稍久至廿四五不妨。

五日午後。文部聽講。

六日午後。文部聽講。自八月廿九日至此。皆視學官野尻精一所講。普通學校粗畢。其專門學校大學校皆未講。以時日迫促不能終講。遂止於是。

學校圖表　三島博士衛生圖說

文部省總務局學校衛生課長

文部省學校衛生主事

文部省學校衛生顧問會議幹事

東京高等師範學校教授　學校衛生學

東京帝國大學醫科大學講師　學校衛生學

東京高等工業學校講師　工業衛生學

醫學博士醫學士三島通良述

體育｛教育上體育／國民體育｝强壯有爲之國民

體育之目的

一保健（又保壽）練磨身體養成天然之美長遂其健康保持增進併增加力量與忍耐之性質

二富國（又殖產）軀體四支從心君之所命而爲機敏巧妙之動作以從各種職事

三强兵　健康之體有剛毅精神能守規律協同一致義勇奉公以完天職

體育之方法

體操　普通兵式

遊戲　各種武技水泳遠步打毬角力等

衛生
- 公衆衛生（國家衛生）
  - 普通公衆衛生
  - 學校衛生
  - 工業衛生
  - 市街衛生
  - 車船衛生
  - 行旅衛生
  - 獸畜衛生
- 個人衛生（個人衛生）
  - 普通個人衛生（衣食宿等）
  - 小兒衛生
  - 婦人衛生

學校衛生學
- 生理學
- 衛生學
- 眼科學
- 兒科學
- 精神病學
- 心理學
- 地質學
- 氣象學
- 造家學

學校衛生學
- 校地選擇
- 校舍建築
- 教室構造
- 採光換氣
- 取煖方法
- 校具
- 學校病
- 學校醫
- 體育
- 授業休業

教育
- 體育
- 心育
  - 德育
  - 智育

學校衛生機關

中央

行政府

文部省總務局學校衛生課

課長　學校衛生主事

諮詢府

文部省學校衛生顧問會議

顧問九人　幹事一人

地方

行政

府縣第三課學務課

地方視學官　府縣視學　郡視學

技術

公立學校學校醫

文部省學校衛生課事務

一學校衛生之事

教育法令衛生之事項

教授管理等衛生之事項　選擇校地建築校舍衛生之事項

學校病理之事項

二學校醫之事

學校醫之資格委任職務等事項

三衛生統計之事

學校生徒教員身體檢查等事項

四學校衛生顧問會計之事

諮詢案之調製審查其他會議事項

學校衛生主事掌學校衛生上行政事務併學術上之研究

學校衛生行政之統系

文部大臣

總務長官

學校衛生主事　視學官

地方長官

視學官

學校

學校衛生智識之養成

高等師範學校學校衛生學教授

師範學校學校衛生學教授

學校醫之養成

東京帝國大學醫科大學國家醫學講習科學校衛生學教授

講習生資格醫學專門學校卒業者.及經試驗有同等學力之醫師.

各種衛生器械圖說附後

製炭酸定量器緣起

明治卅一年二月。文部省令第六號。學校醫職務規程第三條第一項。命學校醫當檢換氣之良否。其法先究教室之構造。及窗檽之面積。以測室內炭酸之定量。而檢之之法。以 Max von Pettenkofer. 爲最良。然可憾者。要複雜之器械及熟練之手段。普行甚難。予曩著學校衛生學。勸用 Wolpert. 之炭酸定量器。亦過雜駁。困於製作。別有 Lunge. 及 Zeckendorf. 之方法。製作簡易。試驗甚易。不費練習。得測定炭酸之定量。聊足慰吾曹之渴望。因命松本儀兵衛作之。以須同好之士。而附記其緣因焉。明治三十一年之秋。

醫學博士　三島通良誌

文部省學校衛生主事醫學博士三島通良先生撰定

◎Lunge氏炭酸定量器

本器使用方法書付

炭酸定量器

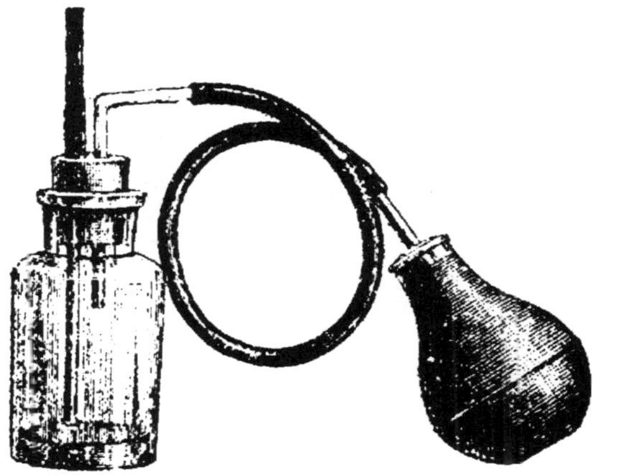

吸液管

壹組箱入

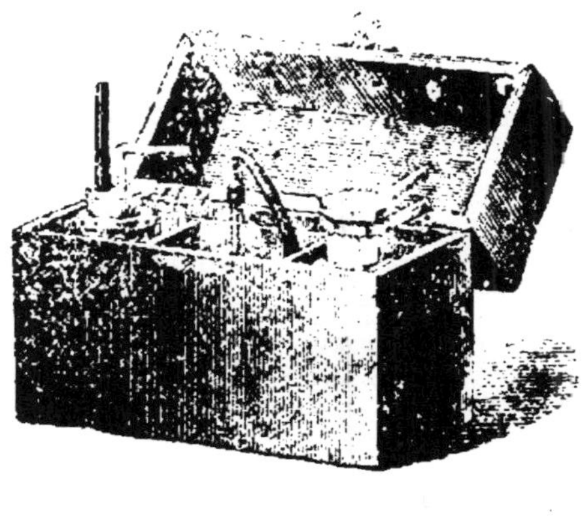

弊舖爰依三島先生之命製作本器。更經先生之檢定。加入詳細使用之法。販賣甚利。希學校醫并教員諸君。當以測定教室之換氣。保護生徒之健康焉。且劇場茶館其他衆人群集之所。皆必備者也。

（試驗藥二種付）（但凡千回分用）　壹具代價　金三圓六拾錢

此小包郵稅　百里內　金貳拾錢
　　　　　　百里外　金四拾錢

右試驗藥需用一函　金七拾錢

此小包郵稅　百里內　金八錢
　　　　　　百里外　金拾六錢

明治三十一年二月。依文部省令第六號學校醫職務規程第三條第六項檢查室內溫度之命。製正確適用之寒暖計。三島先生之所撰定經東京斯微鏡院之檢定發賣左方兩種。

◎室內寒暖計

壹個代價　金四拾錢

此小包郵稅　五個以下　百里內　金八錢
　　　　　　　　　　　百里外　金拾六錢
　　　　　　拾五個以下　百里內　金拾貳錢
　　　　　　　　　　　　百里外　金貳拾四錢

右教室內懸掛。常測室內溫度之用。

◎學校醫携帶用　寒暖計　壹個代價　金九拾錢

此小包郵稅　拾個以下　百里內　金八錢　百里外　金拾六錢

右三島學校衛生主事常携帶之寒暖計。納于棒狀筒。收入象皮。使携帶。不問室之內外。得測溫度。學校醫及教員諸君。必不可缺者也。

●文部省學校衛生主事三島通良先生撰定

學生生徒身體檢查器械一式　發賣元

東京市日本橋區本町三丁目十一番地

松本醫科器械店

凡檢查身體之事。欲得正當之成績。須用正當之方法與精密之器械。然從來器械無足供給者。所遺憾也。

弊舖聞斯道之高。懇請三島先生。受其指揮。去年以來。左記載諸器械之發賣。非常辱江湖之歡待。全國各地諸學校之用。既幾千組。而世間往往以類似之器械。廉價販賣。取弊舖商業之名譽。萬一售客眩于廉價。購買不精密粗製之物。致檢查之業不能正確。且不數年器械破損。却招大損。故弊舖商業之主義。在製品精良。未曾競爭價格。全國醫家諸君所確信也。今者製品益加改良。如體重計再從三島先生指揮。延本邦製作衡器之名工守谷定吉氏。製出發賣。希爲本邦學校衛生聊盡微衷。圖說詳左。

明治三十一年十月　松本醫科器械店　敬白

文部省學校衛生主事
高等師範學校教授　醫學博士　三島通良先生撰定

身體檢查器械

○體重計（第一圖）

壹百〇二 Killogramm. 掛　壹臺　金貳拾圓

本衡器。三島醫學士之指揮。改良製作。由本邦衡器製作之名工守谷定吉氏成之者也。本器特爲身體檢查之用。得意之點。具酒精水準器。裝置坐椅。減法馬之數。用逆槓杆爲二本。竿等比檢查上普通之衡器工省三分之二且加鋭敏云。

○身長計

（第二圖）甲　壹具　金七圓

（第三圖）乙　壹具　金壹圓

本器亦受三島博士之指揮。多賀章人氏之特製。「甲」木製得自在昇降及停止有簡便之測定裝置。「乙」布製。有把柄小板易以測定。頗簡便。

○Hutchinson.形肺量計（第四圖）　壹具　金八圓

○卷尺（胸圍及聽力檢査用）（第五圖）布製

本器度量正確。製作最堅牢。

全長二迷當　壹個　金四拾八錢

同　一迷當　壹個　金三拾錢

同　（第六圖）金屬覆裏

全長二邁當　壹個　金壹圓四拾五錢

同　一邁當　壹個　金九拾五錢

○獨逸Schnellen'sche.氏試視力表

壹部　金拾貳錢

本表眼科川上元次郎先生之編纂。加以親切之中心視力檢查法。

○耳鏡（第七圖）　壹具　金壹圓六拾五錢

有柄凹面反射鏡及Troltsch.氏收耳鏡收箱

醫科大學眼科學助教授
醫學士甲野棐先生撰定

○學校用檢眼Lense.（第八圖）

壹具　金七圓

右依三島博士之囑。特身體檢查之用。甲野學士多年經驗所撰定者也。用方簡易。示度正確。所不待言。

文部省學校衛生主事三島通良先生述

○學生生徒身體檢查心得

定價金拾錢　郵稅金貳錢

東京市日本橋區本町三丁目十二番地

鰯屋　松本器械店

學生生徒身體檢查器械之圖

文部省學校衛生主事三島通良先生撰定

第一圖（體重計）

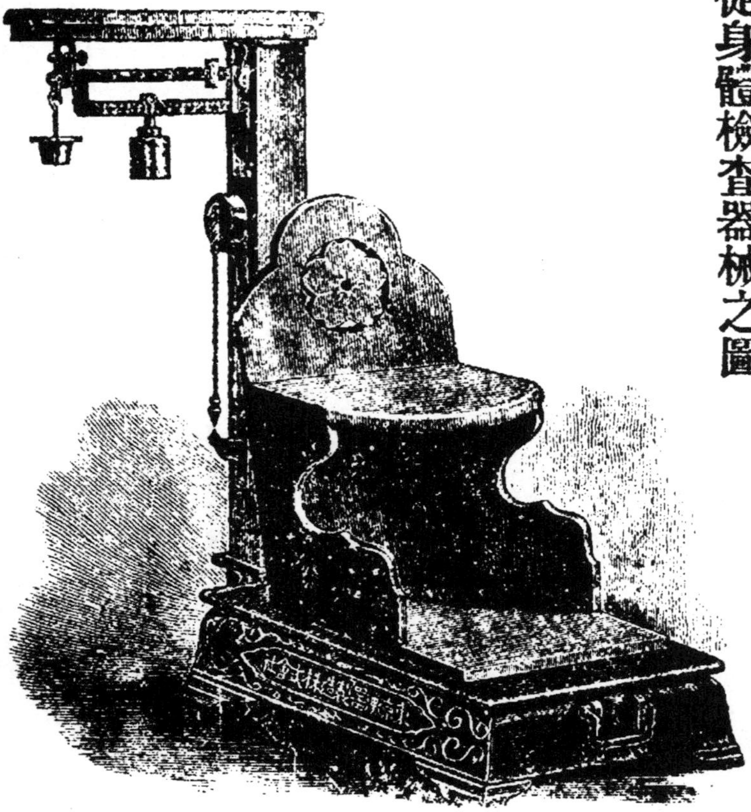

學校圖表

第二圖（身長計甲）

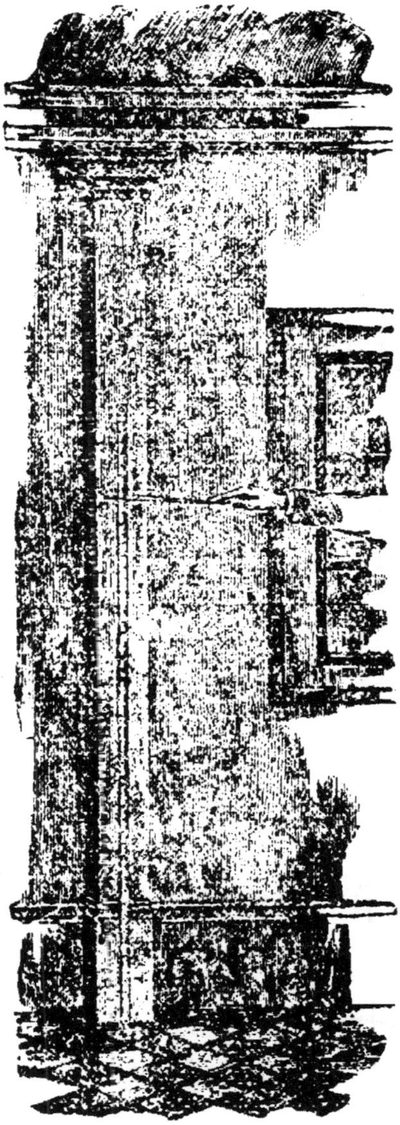

第三圖（身長計乙）

第四圖（Hutchinson 氏肺量計）

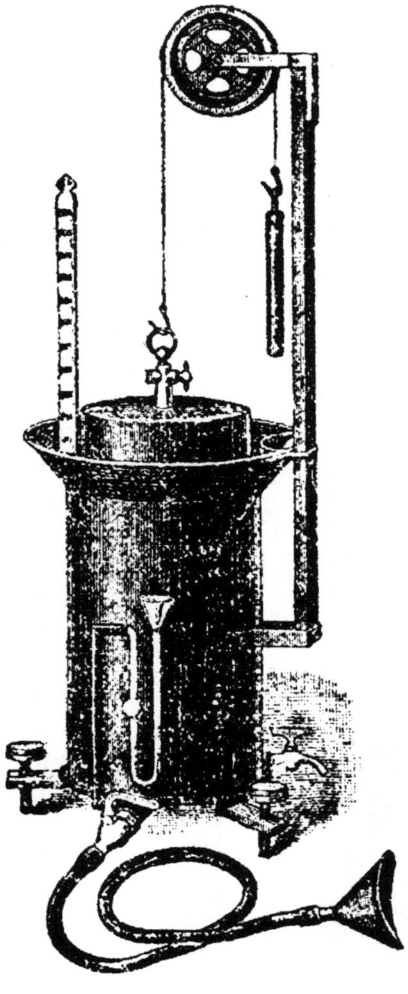

第五圖
（卷尺布製）

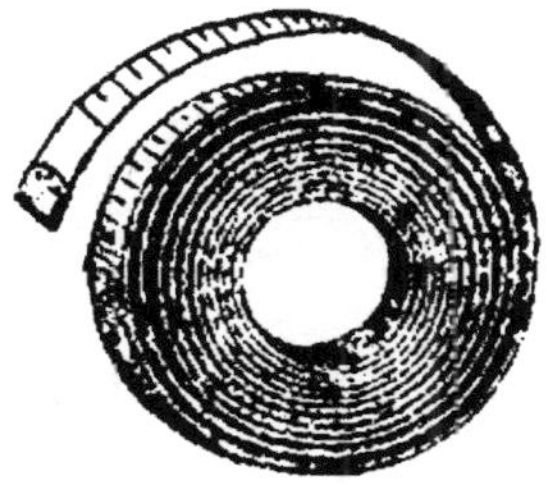

第七圖
（耳鏡）

第六圖
（卷尺金屬引込覆入）

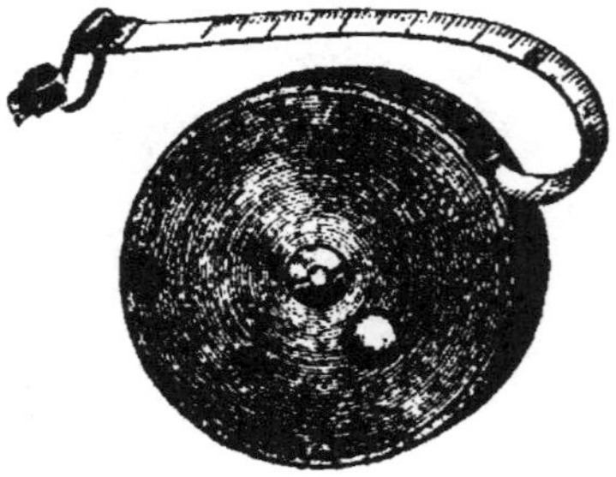

第八圖
（檢眼 Lense.）

東京帝國大學明治七年以降教員及學生生徒員數

	教授	助教授	講師	外國教師	外國講師	學生生徒
明治七年	｜	｜	｜	二〇	｜	二九一
同八年	｜	九	｜	一八	｜	二四九
同九年	二	八	一	一八	｜	二一七
同十年	四	三	二	一七	｜	二六六
同十一年	四	四	五	一六	｜	一五七
同十二年	五	二	七	一五	｜	一七七
同十三年	七	二	一一	一四	｜	一九一
同十四年	一九	二七	九	一六	｜	七三五
同十五年	三〇	三四	二七	一四	｜	三〇八
同十六年	三二	三九	三〇	一三	｜	三三六
同十七年	三六	三四	三九	一二	｜	三九三
同十八年	三八	二八	三六	一二	｜	五六八
同十九年	四五	二〇	一〇	一七	｜	五三〇
同二十年	五一	二五	一四	一七	四	七〇〇
同二十一年	六〇	二三	一三	一四	三	六八三

	教授	助教授	講師	外國教師	外國講師	學生生徒
明治二十二年	六五	二四	一七	一七	五	七二一
同二十三年	七三	四五	一七	一九	六	一、〇六一
同二十四年	七九	四二	二七	一九	四	一、〇三二
同二十五年	七七	四六	三三	一五	二	一、〇九七
同二十六年	六八	三五	三三	一八	三	一、二二二
同二十七年	七四	三六	三〇	一八	一	一、三〇三
同二十八年	七九	三七	二八	一五	一	一、四五七
同二十九年	八五	三七	三三	一五	三	一、六一四
同三十年	八三	四〇	四二	一五	一	二、〇二八
同三十一年	八四	四六	五四	一六	二	二、三〇七
同三十二年	八七	五八	六八	一四	三	二、四九一
同三十三年	九四	七九	六七	一五	二	二、六五五
同三十四年	一〇六	九〇	六九	一四	四	二、八五六
同三十五年	一〇九	九一	六一	一一	四	三、二二八

備考

一本表以東京開成學校（後爲東京大學法、理、文三學部）爲本。起明治七年至本年。每年之員數皆揭載之。

一明治十一年生徒之數驟減者。以是年分豫科生徒。爲豫備門。即豫備校是也。

一明治十四年員數頓增者。東京大學法、理、醫、文四學部合併之故也。

一明治十五年學生生徒數減者。醫學部豫科生徒移豫備門故也。

一明治十九年新設帝國大學。繼東京大學之四學部。及工部大學校之事業。故員數頓增。

一明治二十三年以新設農科大學員數增加。

一農科大學之實科等。速成科之生徒之數皆省之。

一明治八、九、十年無稱助教授者。或曰教授補。或曰助。故今從便揭之助教授之欄中。

東京帝國大學明治九年度以降歲入歲出額

（本表金額止記大數千圓未滿四出五入）

年度	歲入			歲出	備考
	政府支出金	收入金	歲入合計		
明治九年度	參拾參萬貳千圓	｜	｜	參拾參萬貳千圓	一本學收入金。明治二十三年官立學校及圖書館
同十年度	參拾貳萬六千圓	｜	｜	參拾貳萬六千圓	

	歲入			歲出	備考
	政府支出金	收入金	歲入合計		
明治十一年度	參拾貳萬貳千圓	—	—	參拾貳萬貳千圓	會計法施行以來。編入本學歲入豫算。其以前納付國庫。又爲雜費支消。又蓄積。成將來學校資本。或使用其一部分。或積置等。依當時之宜。變更其規程。其處理不一定。故迄明治二十二年之收入金不揭。
同十二年度	參拾八萬壹千圓	—	—	參拾八萬壹千圓	
同十三年度	四拾萬七千圓	—	—	四拾萬七千圓	
同十四年度	參拾六萬四千圓	—	—	參拾六萬四千圓	
同十五年度	參拾六萬四千圓	—	—	參拾六萬四千圓	
同十六年度	參拾五萬九千圓	—	—	參拾五萬九千圓	
同十七年度	參拾五萬九千圓	—	—	參拾五萬九千圓	
同十八年度	貳拾七萬圓	—	—	貳拾七萬圓	
同十九年度	參拾貳萬圓	—	—	參拾貳萬圓	
同二十年度	參拾壹萬五千圓	—	—	參拾壹萬五千圓	
同二十一年度	參拾壹萬五千圓	—	—	參拾壹萬五千圓	
同二十二年度	參拾六萬五千圓	—	—	參拾六萬五千圓	
同二十三年度	參拾七萬七千圓	九萬圓	四拾六萬七千圓	四拾貳萬五千圓	
同二十四年度	四拾壹萬七千圓	拾壹萬四千圓	五拾三萬壹千圓	五拾萬八千圓	
同二十五年度	四拾貳萬四千圓	拾壹萬九千圓	五拾四萬參千圓	五拾貳萬參千圓	
同二十六年度	四拾五萬九千圓	拾貳萬九千圓	五拾八萬八千圓	五拾參萬貳千圓	
同二十七年度	五拾壹萬壹千圓	拾四萬參千圓	六拾五萬四千圓	五拾六萬八千圓	

同　二十八年度	四拾九萬八千圓	拾五萬五千圓	六拾五萬參千圓	六拾四萬圓
同　二十九年度	五拾貳萬圓	拾壹萬圓	六拾參萬圓	六拾壹萬八千圓
同　三十年度	五拾八萬九千圓	拾五萬壹千圓	七拾四萬圓	七拾貳萬六千圓
同　三十一年度	六拾參萬六千圓	拾六萬五千圓	八拾萬壹千圓	七拾九萬壹千圓
同　三十二年度	六拾七萬五千圓	拾九萬四千圓	八拾六萬九千圓	八拾四萬六千圓
同　三十三年度	七拾八萬七千圓	拾八萬貳千圓	九拾六萬九千圓	九拾四萬九千圓
同　三十四年度	八拾壹萬壹千圓	貳拾萬六千圓	百壹萬七千圓	九拾八萬五千圓
同　三十五年度	八拾貳萬七千圓	貳拾六萬五千圓	百九萬貳千圓	百九萬貳千圓

一迄明治二十七年新營費（除本學收入之金支辨者）及設備費載文部省之豫算更編入本學之豫算明治二十八年以降備載文部省之豫算故此表明治二十八年以降其金額不詳但屬二十七年之新營費入二十八年凡廳七萬八千餘圓此廳數計入本行金額之内

本表明治九年至明治三十四年之歲入。各年之實收。及　年引渡之金。一一揭記其歲出。記各年之決算額。又明治三十五年歲入歲出豫算額。及前年度引渡金並揭記之。

東京帝國大學　（土地）

本表中　墨書土地之面積。而坪數以一坪爲限。（一坪方六尺）一坪以下之數畧之。以段計者以一段爲限。（一段三百坪）段以下之數畧之。朱書帳簿上之價格。非現時實價。且依地面地價。又買價及評價本表準記之。其金額限於圓位。圓以下畧之。又與前行同一數者。以「ク」畧號記之。（△印朱書）

	本部及五分科大學敷地	本部附屬地	理科大學附屬地	農科大學敷地	農科大學附屬地	以上計	農科大學演習林地
明治十九年度	△一〇〇、二一五坪 一二、〇五三圓	△一五〇坪 四五五圓	△四八、九三六坪 二二、二九二圓	—	—	△一四九、三〇一坪 三四、八〇〇圓	—
同二十年度	△九九、九七九坪 二二、〇二五圓	△〃〃	△〃〃	—	—	△一四九、〇六五坪 四四、七七二圓	—
同二十一年度	△〃〃	△〃〃	△五一、四三七坪 四二、三一七圓	—	—	△一五一、五六六坪 五四、七九七圓	—
同二十二年度	△〃〃	△〃〃	△〃〃	—	—	△〃〃	—
同二十三年度	△〃〃	△〃〃	△〃〃	△一六六、一八九坪 一〇、〇八三圓	△二〇、九三一坪 一二、二五八圓	△三三八、六八六坪 六六、一三八圓	—
同二十四年度	△〃〃	△〃〃	△〃〃	△〃〃	△〃〃	△〃〃	—
同二十五年度	△〃〃	△一、一一六坪 七八八圓	△〃〃	△〃〃	△〃〃	△三三九、六五二坪 六六、四七一圓	—
同二十六年度	△〃〃	△〃〃	△〃〃	△〃〃	△一〇、七七六坪 二〇、八二一圓	△三二九、四九九坪 八六、〇二四圓	—
同二十七年度	△〃〃	△〃〃	△〃〃	△〃〃	△〃〃	△〃〃	—
同二十八年度	△〃〃	△〃〃	△五四、三四六坪 四二、七六七圓	△〃〃	△〃〃	△三三二、四〇八坪 八六、四七四圓	△三三六、四段 八四圓
同二十九年度	△〃〃	△〃〃	△〃〃	△〃〃	△〃〃	△〃〃	△〃〃
同三十年度	△〃〃	△〃〃	△五八、六六四坪 四二、一六四圓	△一六九、七八四坪 一四、一二三圓	△〃〃	△三四〇、五三二坪 九〇、九一二圓	△二、一七三、三段 五五、一九一圓
同三十一年度	△〃〃	△〃〃	△〃〃	△〃〃	△〃〃	△〃〃	△二、一八〇、七段 五五、五六八圓

十三

同三十二年度	△〃〃	△〃〃	△〃〃	△〃〃	一四、四二三坪 △二四、九八九圓	三四五、九六六坪 △九五、〇八六圓	二五九七五、七段 △二二七、〇五九圓
同三十三年度	△〃〃	△〃〃	△〃〃	△〃〃	△〃〃	△〃〃	二五九六六、五段 △二二七、〇六一圓
同三十四年度	△〃〃	七、五四五坪 △二〇、〇七七圓	△〃〃	一七七、四〇一坪 △二四、五六〇圓	△〃〃	三五八、〇一二坪 △二二四、八一五圓	△〃〃

本表之坪數及段數，記其年度末之現數，故明治三十四年度記明治三十五年三月三十一日之現數。

東京帝國大學（建物）

本表中，壘書建屋坪數，坪以下之數四出五入。朱書建築費，圓位以下之數四出五入。又與前行同一數者以「〃」之略號記之。（△印朱書）

	本部及五分科大學敷地內建物	本部附屬地內建物	理科大學附屬地內建物	農科大學敷地內建物	農科大學附屬地內建物	以上計	農科大學演習林附屬建物
明治十九年度	一〇、四七二坪 △三七六、七二三圓	二、二二五坪 △四七、八三九圓	六五二坪 △二〇、九七四圓	—	—	一三、三四九坪 △四四五、五三六圓	—
同二十年度	一一、一五二坪 △三八七、六〇一圓	二、一三七坪 △四七、九八一圓	六五四坪 △二〇、九七九圓	—	—	一三、九四三坪 △四五六、五六一圓	—
同二十一年度	一五、三九〇坪 △七三六、九二〇圓	二、一四〇坪 △四八、二二二圓	九三〇坪 △二三、一〇二圓	—	—	一八、四六〇坪 △八〇七、一四四圓	—
同二十二年度	一五、四五九坪 △七三六、七六六圓	一、六三六坪 △三一、七七四圓	九四〇坪 △三一、一二五圓	—	—	一八、〇三五坪 △七九〇、六六五圓	—
同二十三年度	一〇、九一五坪 △七三九、二三四圓	一、三一八坪 △三一、七七七圓	九三二坪 △三三、八四六圓	五、六六七坪 △二六、三三三圓	—	一八、八三二坪 △八三二、一八〇圓	—
同二十四年度	一〇、九五一坪 △七三九、五四四圓	〃〃	△〃〃	五、七一一坪 △二八、二三四圓	—	一八、九一二坪 △八三三、四〇二圓	—

	本部及五分科大學敷地內建物	本部附屬地內建物	理科大學附屬地內建物	醫科大學敷地內建物	農科大學附屬地內建物	以上計	農科大學演習林附屬建物
明治二十五年度	一〇、四六九坪 △七二五、九八八圓	一、三二八坪 △三一、七七七圓	九三二坪 △二三、八四六圓	五、七〇一坪 △三八、二三四圓	―	一八、四三〇坪 △八一九、八四五圓	―
同　二十六年度	一〇、一八五坪 △七一三、六五三圓	〃〃	〃〃	〃〃	―	一八、一四六坪 △八〇七、五一〇圓	―
同　二十七年度	一〇、八四九坪 △八二三、一三三圓	一、三三四坪 △三二、一八八圓	九五四坪 △二五、七六三圓	〃〃	―	一八、八四八坪 △九一九、三一八圓	―
同　二十八年度	一〇、九六五坪 △八四五、四一六圓	一、三五四坪 △三三、六〇五圓	〃〃	〃〃	三三坪 △二五〇圓	一九、〇〇七坪 △九四二、二六八圓	―
同　二十九年度	一〇、九五一坪 △八四五、三四六圓	一、三六四坪 △三三、六五九圓	一、〇〇〇坪 △三〇、六一九圓	五、一八〇坪 △三四、八六八圓	〃〃	一八、五二八坪 △九四三、七四二圓	―
同　三十年度	一三、八七四坪 △二、〇三五、五四八圓	一、二〇六坪 △二六、五三三圓	一、〇四七坪 △三三、〇二六圓	〃〃	〃〃	二一、三四〇坪 △二、一二〇、三三四圓	―
同　三十一年度	一三、八七四坪 △二、〇七七、五三六圓	〃〃	〃〃	〃〃	〃〃	二一、三四〇坪 △二、一三三、二〇二圓	―
同　三十二年度	一三、八六二坪 △二、〇二七、三三二圓	一、二一六坪 △二六、六八七圓	一、〇四九坪 △三三、〇六四圓	五、九七二坪 △二一八、一七八圓	〃〃	二二、一三二坪 △二、二〇五、五二二圓	四八坪 △九八二圓
同　三十三年度	一三、八〇七坪 △二、〇五五、七八九圓	三二四坪 △五、三五三圓	一、〇六一坪 △三八、四七〇圓	六、〇一七坪 △二二〇、六〇八圓	〃〃	二一、二四二坪 △二、二九〇、四七〇圓	一一八坪 △一、四二三圓
同　三十四年度	一三、一七三坪 △二、〇三三、九三七圓	三三四坪 △五、六三四圓	一、二六九坪 △四三、一八九圓	六、〇三五坪 △二二一、〇一二圓	〃〃	二〇、八四四坪 △二、二〇三、〇三三圓	一五五坪 △二、一七三圓

本表坪數記各年度末之數故明治三十四年記明治三十五年三月三十一日之現數云

西京大學豫算表

本部	法科大學	醫科大學	醫院	理工科	計

學校圖表

西京大學本年豫算表

三十年度 經常					本部、理工科	三六、九七九
三十年度 臨時						三二、五〇〇
三十一年度 經常					本部、理工科	九三、三五一
三十一年度 臨時						二〇、〇〇〇
三十二年度 經常	二五、五一五	二〇、三三四	三七、五四一	五一、一二一	一二[illegible]、四一〇	二五五、九二一
三十二年度 臨時	〇	三〇、〇〇〇	三〇、〇〇〇	四〇、〇〇〇	四三[illegible]	一四三、五〇〇
三十三年度 經常	三二、六二〇	三五、四一一	六八、九九三	一〇〇、六七九	一二[illegible]、[illegible]三四	三六[illegible]、一三七
三十三年度 臨時	〇	〇	二〇、〇〇〇	三〇、〇〇〇	三[illegible]	八〇[illegible]
三十四年度 經常	三七、四四四	四四、〇二三	八六、八〇四	一二七、五二二	一三七、一一六	四三四、[illegible]七
三十四年度 臨時	〇	〇	〇	三、〇〇〇	四[illegible]	七[illegible]
三十五年度 經常	四六、二八五	五二、三一〇	九七、二〇八	一六三、八二一	一四九、六四九	五〇九、二[illegible]三
三十五年度 臨時	〇	〇	一二、〇〇〇	二八、〇〇〇	三[illegible]	七〇[illegible]

本部	
經常費	二八、四九四
臨時費	〇
計	二八、四[illegible]四

十五

	經常費	臨時費	計
圖書館	三、七五六	○	三、七五六
寄宿舍	四、○二八	○	四、○二八
瓦斯掛	三、六二五	○	三、六二五
煖房掛	三、一○八	○	三、一○八
電工掛	三、二七四	○	三、二七四
法科大學	五二、三一○	○	五二、三一○
醫科大學	九七、二○八	一二、○○○	一○九、二○八
醫院	一六三、八二一	二八、○○○	一九一、八二一
理工科大學	一四九、六四九	三○、○○○	一七九、六四九
計	五○九、二七三	七○、○○○	五七九、二七三

東京高等商業學校日課表

明治三十五年九月

學級	日／時	自八時至九時	自九時至十時	自十時至十一時	自十一時至十二時	自一時至二時	自二時至三時	自三時至四時

專攻部二年						專攻		
月	火	水	木	金	土	月	火	水
						英語	憲法	刑法
獨		民法	獨	商業經濟		商法并比較商法	商業經濟	同
商法并比較商法	行政法	同	商法并比較商法	同	國際法		國際法	商法并比較商法
同	同	獨	行政法	民法	同		同	同
獨、佛		獨、佛	英語	佛	商業經濟		佛	
銀行業指導		佛				銀行業指導		獨
同		佛				同		

部一年				商業教員養成所二年				
學級／時日	木	金	土	月	火	水	木	金
自八時至九時	商業經濟	憲法	商業經濟	鐵道	取引所	簿記	英語	
自九時至十時	同	民法		簿記	經濟學	商業文	同	商業實踐
自十時至十一時	獨	同	佛、獨	商法	商業算術	商業地理	同	經濟學
自十一時至十二時	佛	獨	佛、獨	同	商業歷史	經濟學	體操	體操
自一時至二時				商業實踐	商業道德	商業算術	簿記	商品學
自二時至三時				同	體操	英語	商業實踐	商業歷史
自三時至四時								授業法

	曜日	第一時	第二時	第三時	第四時	第五時	第六時	第七時
	土	商品學	商法	同	商業實踐			
本科三年（一）	月	商業實踐	商法	英語	同	簿記	獨、露、南北清	
	火	民法	商業實踐	同	同	國際法	商法	佛
	水	財政學	同	英語	商品學	商業歷史	商法	統計學
	木	經濟學	商法	商業實踐	同	國際法	獨、露、南北清、西	獨、西、南清、佛、
	金	英語	同	商業歷史	英語	商業歷史	露、西、北清	商品學
	土	商業實踐	同	經濟學	同			
本	月	商業實踐	商法	商品學	英語	簿記	獨、露、北清	商業歷史
	火	民法	商業實踐	同	同	國際法	商法	

科三年（二）　本科三

學級 時日	水	木	金	土	月	火	水	木
自八時至九時	財政學	經濟學	英語	商業實踐	商業實踐	民法	財政學	經濟學
自九時至十時	同	商法	商品學	同	商法	商業實踐	同	商法
自十時至十一時	英語	商業實踐	英語	經濟學	商業歷史	同	英語	商業實踐
自十一時至十二時	同	同	同	同	商品學	同	同	同
自一時至二時	商業歷史	國際法	商業歷史		簿記	國際法	商業歷史	國際法
自二時至三時	商法	佛、獨、西、南北清、露	露、西、北清、佛		獨、露、北清	商法	商法	佛、露、南北清、獨
自三時至四時	統計學	南清、獨、西	佛			商品學	統計學	佛、西、南清、獨

十七

年（三）		本科二年（一）						
金	土	月	火	水	木	金	土	月
英語	商業實踐	民法	取引所	回漕保險	英語	回漕保險	英語	民法
同	同	英語	經濟學	英語	商業算術	同	鐵道	英語
同	經濟學	商業算術	商品學	商業算術	民法	經濟學	體操	商業算術
同	同	商業地理	體操	經濟學	英語	商品學	簿記	商業地理
商業歴史		英語	獨、露、北清	體操	佛、獨、北清、露、西	商業地理		體操
佛、露、北清、西		佛	南清、露	南北清、西、獨	簿記			佛
				南清、佛、西				

本科二年(二)						本科二		
學級								
時／日	火	水	木	金	土	月	火	水
自八時至九時	取引所	回漕保險	體操	回漕保險	英語	民法	取引所	回漕保險
自九時至十時	經濟學	英語	商業算術	同	鐵道	商業算術	經濟學	商品學
自十時至十一時	商品學	商業算術	民法	經濟學	體操	體操	英語	英語
自十一時至十二時	英語	經濟學	英語	商品學	簿記	商業地理	同	經濟學
自一時至二時	獨、露、北清	英語	佛、獨、北清、露、西	商業地理		英語	獨、露、北清	體操
自二時至三時	南清、露	南北清、獨、西	簿記				佛、露、南清	獨、南北清、西
自三時至四時		佛、南清、西						南清、西

年（三）

木	商業算術	英語	民法	商品學	佛、獨、西、北清、露	簿記	
金	回漕保險	同	經濟學	商業算術	商業地理		佛
土	體操	鐵道	英語	簿記			

本科二年（四）

月	民法	商業算術	英語	商業地理	英語		
火	取引所	經濟學	英語	同	獨、露	佛、露、南清	
水	回漕保險	商品學	體操	經濟學		獨、北南清、西	南清、西
木	商業算術	英語	民法	商品學	佛、獨、西、北南清、露	簿記	
金	回漕保險	同	經濟學	商業算術	商業地理	體操	佛
土	體操	鐵道	英語	簿記			

學級	本科一年(一)						本	
時／日	月	火	水	木	金	土	月	火
自八時至九時	體操	商業算術	商業地理	民法	英語	民法	英語	商業算術
自九時至十時	經濟學	簿記	經濟學	同	商業算術	英語	經濟學	簿記
自十時至十一時	英語	經濟學	商品學	簿記	商品學	機械工學	英語	經濟學
自十一時至十二時	商業文	商業通論	體操	商業通論	經濟學	英語	同	商業通論
自一時至二時	佛、獨	商業道德	英語	英語	船舶		佛	商業道德
自二時至三時	獨	南清、獨	南清、佛、露	佛	體操		獨	南清、獨
自三時至四時	露、北清	北清	南清	北清、露	商業地理		露、北清	北清

科一年(二)

水	木	金	土
英語	民法	商業地理	民法
經濟學	同	商業算術	商業文
商品學	簿記	商品學	機械工學
英語	商業通論	經濟學	體操
體操	商業地理	船舶	
佛、南清、露	佛	英語	
南清	露、北清	體操	

本科一

月	火	水	木	金
體操	商業算術	英語	民法	體操
經濟學	簿記	經濟學	同	商業算術
英語	經濟學	商品學	簿記	商品學
同	商業通論	商業地理	商業通論	經濟學
獨	商業道德	英語	體操	船舶
佛	佛、南清、獨	南清、露	英語	商業地理
佛、露、北清	北清	南清	北清、露	

學級	年（三）	本科一年（四）						
時／日	土	月	火	水	木	金	土	月
自八時至九時	民法	英語	英語	英語	民法	商業文	民法	英語
自九時至十時	商業文	經濟學	商品學	經濟學	同	體操	商品學	經濟學
自十時至十一時	機械工學	簿記	經濟學	簿記	英語	商業算術	機械工學	簿記
自十一時至十二時	英語	商業地理	商業通論	商業算術	商業通論	經濟學	體操	英語
自一時至二時		英語	商業道德	獨	體操	英語		體操
自二時至三時		佛	佛、南淸	露、南淸	商業地理	船舶		商業地理
自三時至四時		佛、露、獨、北淸	獨、北淸	南淸	露、北淸			露、北淸、獨

本科一年（五）

火	水	木	金	土
商業地理	英語	民法	商業文	民法
商品學	經濟學	同	英語	商品學
經濟學	簿記	英語	商業算術	機械工學
商業通論	商業算術	商業通論	經濟學	體操
商業道德	獨	英語	體操	
南清	佛、南清、露	佛	船舶	
獨、北清	南清、佛	露、北清		

本科一

月	火	水	木
體操	英語	體操	民法
經濟學	商品學	經濟學	同
簿記	經濟學	簿記	英語
商業文	商業通論	商業算術	商業通論
商業地理	商業道德	獨	體操
英語	南清	南清、佛、露	佛
露、北清、獨	獨、北清	南清、佛	露、北清

學級	年（六）		豫科（一）					
時／日	金	土	月	火	水	木	金	土
自八時至九時	商業文	民法	數學	讀顆算	英語	應用化學	英語	英語
自九時至十時	英語	商品學	英語	應用物理	應用化學	書法	商業文	讀顆算
自十時至十一時	商業算術	機械工學	同	英語	英語	簿記	同	應用化學
自十一時至十二時	經濟學	英語	簿記	獨、佛、清	簿記	獨、清	數學	商業道德
自一時至二時	商業地理		佛、露	體操	露、佛	英語	獨、露、清	
自二時至三時	船舶		體操	法學通論	體操	同		
自三時至四時				同	應用物理			

豫科（二）

	月	火	水	木	金	土
一	數學	英語	算（羅語）	應用化學	算（羅語）	書法
二	英語	應用物理	應用化學	英語	英語	英語
三	同	體操	英語	簿記	同	應用化學
四	簿記	獨、佛	簿記	獨、佛、清	數學	商業道德
五	露	佛	佛、露	體操	獨、露、清	
六	商業文	法學通論	英語		體操	
七	同	同	應用物理			

豫

	月	火	水
一	應用化學	書法	應用化學
二	數學	英語	商業文
三	簿記	同	同
四	英語	獨	英語
五	露、清	佛	露、清
六	算（羅語）	法學通論	應用物理
七	體操	同	英語

科（三）				豫科（四）				
學級 日／時	木	金	土	月	火	水	木	金
自八時至九時	英語	數學	應用化學	應用化學	英語	應用化學	英語	數學
自九時至十時	簿記	簿記	英語	數學	體操	體操	簿記	簿記
自十時至十一時	應用物理	語類算	同	簿記	英語	語類算	應用物理	英語
自十一時至十二時	獨	英語	商業道德	獨、佛	同	獨	語類算	同
自一時至二時	佛	獨、露		露、濟	同	露、濟	書法	露
自二時至三時	體操	體操		英語	法學通論	應用物理	商業文	佛
自三時至四時		佛、濟		佛	同		同	濟、獨

豫科（五）

土	月	火	水	木	金	土	月	火
應用化學	簿記	應用化學	英語	數學	應用化學	英語	簿記	應用化學
英語	英語	英語	同	英語	英語	應用化學	英語	英語
體操	數學	商業文	體操	同	應用物理	書法	數學	體操
商業道德	獨、清	同	獨、佛、清	簿記	體操	商業道德	獨、佛、清	英語
	露	應用物理	露	諳顯算	露、佛		露	應用物理
	佛	法學通論	簿記	英語	諳顯算		英語	法學通論
	體操	同	清		獨		諳顯算	同

科（六）

學級 時 \ 日	水	木	金	土
自八時至九時		數學	應用化學	諸類算
自九時至十時	英語	商業文	英語	應用化學
自十時至十一時	體操	同	應用物理	英語
自十一時至十二時	獨、清	簿記	體操	商業道德
自一時至二時	露	英語	佛	
自二時至三時	簿記	書法	英語	
自三時至四時	清	佛	獨	

東京府立中學校學則

明治三十五年三月
東京府令第二十一號

第一條　休業日如左

一　祝日

一　大祭日

一　日曜日

一　學校創立紀念日

一　夏季休業　自七月二十一日至八月三十一日

一　冬季休業　自十二月二十五日至翌年一月七日

一　學年末休業　自三月二十五日至三月三十一日

第二條　學科。修身、國語及漢文、外國語、歷史、地理、數學、博物、物理及化學、法制及經濟、圖畫、唱歌、體操

外國語。在第一中學校。英語。獨語。依生徒之志望課其一。他學校專英語。唱歌第二中學校及第四中學校當分缺之。

第三條　各學年科目課程及其每週教授時數如別表。

第四條　各中學校置補習科。

補習科修業期間。自四月至七月凡四箇月。其每週教授時數。在二十四時以內。

補習科之科目。國語及漢文、外國語、數學。其他依校長承認切要之科目定之。

第五條　各學年課程修了。又全學科卒業。考學業成績定點。各學科目五點以上。總平均六點以上爲合格。試驗用國語及漢文、外國語、數學、圖畫、唱歌、體操亦有得不行者。

第六條　全學科卒業。授與第一號書式卒業證書。補習科修了者。授與第二號書式修業證書。
第七條　願入學者之數超過定額。儘先本府在籍者及全戶寄留者。
第八條　願入學者。以第三號書式入學願書呈學校長。
第九條　許入學者保證人。于學校長指定之日出校。以第四號書式誓約書呈學校長。
第十條　保證人。入學者之父母尊屬。或代之以行監督責者二人。內一人住居學校附近本府在籍者。若全戶寄留者。
保證人不盡其責任。學校長停止其生徒之出席。或變更保證人。
第十一條　欲退學者。詳具其事由。保證人連署上學校長。
第十二條　學校長。於教育上認爲重要之時。得加懲戒於生徒如左。
一　戒飭
一　謹愼
一　停學
第十三條　毀校物者現品若金員令賠償。
第十四條　授業料。第一中學校第三中學校及第四中學校一箇月金貳圓。第二中學校一個月金壹圓五拾錢。每月指定之日保證人納入府金庫。但全月不出校者。其月之授業料不徵收。

第十五條　授業料滯納之時停止其生徒之出席。

第十六條　入寄宿舍者保證人連署上學校長。

第十七條　前條入舍之生徒。欲退舍時。詳具其事由。保證人連署上學校長。

第十八條　學校長得定本則施行上必要之細則。

附則

第十九條　本則由明治三十五年四月一日施行。但本則施行時。現第二學年以上生徒。學科課程表別定之。

東京府立第一中學校學科課程及授業時間分配表

學年＼學科	修身 定分配時	修身	國語及漢文 定分配時	國語及漢文
第一年級	一	人倫道德要旨	七	講讀、文法、作文、習字、
第二年級	一	同上	七	同上
第三年級	一	同上	六（四、二）	四 講讀、文法、 二 作文
第四年級	一	同上	五（三、二）	同上
第五年級	一	同上	五（三、二）	同上

學科	時數	課程	時數	課程	時數	課程	時數	課程	時數	課程
外國語	六	綴字、讀方、譯解、書取、聽取、會話、習字	六	綴字、讀方、譯解、書取、聽取、會話、文法、作文、	七	讀方、解譯、書取、聽取、會話、文法、作文	八	同上	八	同上
歷史地理	三	一 本邦 二 本邦	三	二 本邦 一 亞細亞 太洋州	三	二 東洋歷史 一 歐羅巴	三	二 西洋歷史 一 亞弗利加 亞米利加	四	二 本邦史 一 西洋史 一 地文
數學	四	算術	四	二 算術 二 代數	六	四 代數 二 幾何	五	三 代數 二 幾何	五	二 代數 一 幾何 二 三角
博物	二	鑛物	二	同上	二	人身生理衞生法	一	動植物	一	鑛物地質
物理及化學							三	二 物理 一 化學	三	一 物理 二 化學
圖畫	一	自在畫	一	自在畫 用器畫	一	同上	一	自在畫 鉛筆畫 用器畫 投影畫		
唱歌	一	樂典大要 單音唱歌	一	單音唱歌						
體操	五	普通兵式	五	同上	四	同上	三	兵式	三	兵式
計	三〇		三〇		三〇		三〇		三〇	

東京府第一中學校補習科學科課程及教授時數表

學科	定時
國語及漢文	每週五時（國語三時 漢文二時）
英語	每週七時
代數	每週二時
幾何	每週一時
三角	每週一時
理化	每週二時
博物	每週一時
	總數十九時

東京府立第一中學校生徒細則

第一條　本校生徒。以立身報國爲主要之目的。平生以遵行校訓爲本分。

第二條　左方各項不可違犯。

一　喫烟及携帶喫烟用具。

二　不得尊長之認許。私讀新聞紙稗史小說之類。

三　尊長同伴之外。私入飲食店劇場等。

四　建物備品汚損。

五　汚損告示及教室日誌。

六　一定器物及場所之外、吐唾投紙片棄墨汁等。

七　置携帶品一定場所之外。

八　妄飲生水。

九　濫用飲料湯若洗手水。及開放活栓。

十　開門時前入校內。若終業時後留校內。

十一　不持符劵未終業時出門。

十二　不得許可私入教室、小使室、應接所、玄關、庭園等。

十三　放課時間。不得許可至生徒憩所運動場以外。但生徒憩所之北側東西之通道。以爲經界線。

十四　午食時間私出室外。

十五　用書用具等私行貸借。

十六　教室內被外套及帽。

十七　十一月十五日以前。三月二十日以後。校內被外套。

十八　吹口笛投石。其他危險喧嘩之所爲。

十九　鄙野陋劣之言行。

第三條　課業之始終。從喇叭點鐘之信號。時出告示訓令。就揭示場可以悉知。

第四條　每教室生徒爲一組。每組置三名之組長。居第一、第二、第五席。稱第一組長。第二組長。第三組長。

組長依左之方法定之。

一　記名投票。每組長一名候補者二名。由同組生徒中互選。就其中學校長指定者。

二　組長任期一學期間。不適任者者缺席二週日以上者。依前項法更定之。

組長掌務如左。

一　補佐教室主任。維持該組之秩序。保守良習。

二　傳長上之命令同組生。及代表同組生。以其意見申之于長上。

三　放課時監督同組生之行動。

四　組長一人。每週順番以指揮生徒。保管出缺簿。遲刻缺席者等記入教室日誌。淸潔教室之內外。整理備品。但當番組長缺席之時。次番之組長代理之。

第五條　服裝之規定如左。

一　着所定制服制帽。穿靴。左領附所定之級章。

二　服地冬期紺色。夏期鼠色。霜降。小倉織。

三　六月一日至九月三十日着夏服。餘用冬服。

四　組長附所定之袖章。

五　制服若靴有不能用之時。白其事由。但非有病氣。連算入休日不得過五日之外。

六　雨天着用甲掛。

七　代用制服。得用筒袖之和服着袴。但不得着用羽織。

八　不能用靴穿草履。着制服之時。靴以外不得着用。

九　制服若袴用帶者。限用革若細紐。

十　制帽不問服裝如何不得缺之。制帽之紐在前方。夏服覆以白布。
十一　有特別事情。不得依以上各項者。可白其旨乞許可。
第六條　生徒禮法如左。
一　敬禮先起敬意。取直立不動之姿勢。注目所禮之人。在最敬禮。體之上部傾向前方。兩手至膝。通常敬禮。體之上部少傾前方。
二　脫帽以右手摘其前庇。提之垂直。以内部對右股。
三　每朝檢查。及每時間始終。從當番組長號令。對教師行如式之敬禮。
四　後入教室者。對教師行敬禮。直立以待指示。
五　途中尊長來時。止其人六步前。脫帽行如式敬禮。待其答禮前進。
六　入尊長室。脫帽入室。對上位人行敬禮。又向在室人表敬意。
七　出尊長前。于其人六步前行敬禮。而後前進便宜之位置。事終退復舊位。更行敬禮。右轉靜退。
八　廊下或運動場出逢尊長。讓右方表敬意。
九　生徒相逢互施禮。
第七條　生徒常保左記之姿勢。

一　教室內聽講。上體勿屈。正對机。臀部置椅子後方。兩肩稍退後方。頭勿前傾。兩肘垂下。兩掌置股上。兩股水平。脛部直立。兩踵保自然之位置。

二　着席看書。執聽講之姿勢。兩手倚頸于机後端。兩手持書籍之下部。上部適度使文字識別。

三　筆記習字等。上體保聽講之姿勢。用紙置机上。左右肩均齊。

四　起立應答。在教室離椅子。正面對向教壇。直立不動。若持書籍。右手持之。左手直垂。凡向長上應答之時。對向其人常直立不動。若受授物件。左脇挾帽加左手。右手受授之。

五　起立讀書。保起立應答之姿勢。兩手持書籍之左右端。前端舉適當之高朗讀。

第八條　生徒從組長之指揮。同室生若干人。每週輪次當番。擔當左方事項。

一　窓戶開閉。湯水供給。教室附屬物保護整頓。

二　教室掃除。又有大掃除之定日。教室內外窓戶、黑板、机、帽掛等洒掃拂拭。

三　大掃除之日。放課後從當番組長之指揮。教室內外、窓戶、黑板、机、帽子掛等叮嚀洒掃。

第九條　檢查規則如左。

一　人員并服裝檢查。每朝始業時前十五分時。整列于所定之場所。受監督之檢查。

二　攜帶品檢查。從臨時之指示。各出攜帶品。受監督之檢查。

三　銃器檢查。指定之時日。銃器及屬具。淨拭整頓。受體操科敎員之檢査。

四　敎室檢査。敎室大掃除畢後。整理敎室備品。收拾掃具。受敎室主任之檢査。

五　身體檢查。從臨時之指示。就學校醫受身體之檢查。

第十條　生徒之諸願書。從左之規定呈敎室主任。

一　缺課早退。又和服及草履代用之時。當日朝檢査之節經。當番組長及監督白之。但在校中有病。及他故缺課早退翌日白之。

二　有遲到缺席者。當日若翌日白之。但發火演習修學旅行等。事前或當日白之。有病者附送醫師之診斷書。

三　凡缺席及用和服草履。記其日限。遲到缺課早退者記其所缺時刻。

四　關服裝之申訴。與他事申訴同。

五　身分更動及退學情事。直申敎室主任。

六　告病假者記入病症。于規定之外延至一週間者。添醫師之診斷書。

七　凡乞假文書。限一學期內。學期改則更報告。

八　諸願書記生徒之級組氏名。

九　諸願書用學校長之款。保證人一人調印。其保證人之印章。不得比生徒明細簿之印鑑相異。

十　此外生徒出學校文書。準前諸項。皆呈教室主任。

第十一條　生徒所有圖書、器具及外套等。分記其級、組、氏名。若物品紛失。直告教室主任若事務員。

第十二條　在校中有病。若生事故。缺課外出或欲早退。告教室主任。但方授業中。須先得教師之許可。

第十三條　左方事項可告監督。

一　校內所定之場所以外出入經過之事。

二　放課時間入教室之事。

三　借用教室之事。

四　生徒憩所有所揭示文字。

保證人心得

第一條　保證人。依本校生徒細則及本校訓示之旨。當贊助其實行。

第二條　生徒諸願書差出之時。當記名調印。

第三條　本校照會可直回答。召喚之時可直到來。

第四條　身分更動若改印之。時可直白。

第五條　他處旅行轉任。不能盡其責任。直更換保證人。連署申出。但其事故止一時者。豫定日數申出。可置代理人。

第六條　時々登校。視察生徒修學之狀況及學業之進否。

第七條　生徒若罹左記之傳染病。添醫師之診斷書速報。快復之時亦同。

天然痘●虎列剌●發疹窒扶斯●赤痢●實扶的利亞●格魯布●腸窒扶斯●猩紅熱●黑死病

第八條　左記諸病與前項傳染病亦同

水痘●痲疹●百日咳●間歇熱●流行性腦脊髓膜炎●丹毒●流行感冒●流行性耳下腺炎●回歸熱●格魯布性肺炎●淋巴腺腫●濾胞性扁桃腺炎●濾胞性大腸炎●狂水病●水癌●結核諸病●痳疾●黴毒性諸病●濕疹●頑癬●苔癬●疥癬●禿髮症●狠瘡●傳染性天疱瘡●傳染性膿胞疹●顆粒性結膜炎●膿漏性結膜炎●破傷風

第九條　生徒同居家族中有傳染病者。速報止出校。快復及消毒以後。得醫師之證明復之。

第十條　生徒之衣服、食物、入浴及就眠、讀書等。常宜注意介攝養。其衛生上障害惡習。如飲酒、喫烟、不潔之行、充分鑑査。更報其旨于學校。

●學友會規則摘要

第一條　本會與本校訓育之目的相準。圖會員心身之練達。振作志氣。厚交誼。以職員生徒組織。稱東京府立第一中學校學友會。

第二條　本會置武藝學藝運動三部。有要事時開茶話會。

第三條　本會經費。每年由職員中出金百四拾參圓。各生徒出金壹圓。但生徒于四月九月二次。于本校授業料納付之際。出金五拾錢。交本會會計理事。既納之金雖有事故不更還給。會員負擔規定之經費。不別出金。但游泳科之月謝不在此限。

第四條　本會會員必入武藝部修習武藝。

明治三十五年度歲出敎育費第一中學校費豫算書

款	項	目	節	豫算額	附記
敎育費				二六、九五九 九〇〇	
	第一中學校費			二六、九五九 九〇〇	
		俸給		二〇、五六八 〇〇〇	

學校圖表

	校長及教員給	一九、四四四	〇〇〇	
	書記給	一、一〇四	〇〇〇	
	雇員給	二〇	〇〇〇	
雜給		二、一三一	九二〇	
	薪水	四七五	〇〇〇	囑託教員薪水百貳拾圓、醫員薪水百圓、補習科教員薪水貳百五拾五圓
	諸傭給	一、〇七八	五〇〇	門候兼喇叭手貳百拾九圓、小使七百參拾圓、人夫百貳拾九圓五拾錢
	旅費	一五〇	四二〇	校長旅費貳拾圓五拾錢、教員旅費四拾五圓、書記旅費拾圓六拾錢、修學旅行費七拾四圓參拾貳錢
	惠與	四二八	〇〇〇	
退職給與金		四二	〇〇〇	
國庫納金		二〇五	四八〇	
校費		三、七三三	五〇〇	
	備品費	一、二〇〇	〇〇〇	
	消耗品費	一、三〇〇	〇〇〇	
	圖書及印刷費	三一〇	〇〇〇	圖書費貳百六拾圓、印刷費五拾圓

款	項	目	節	豫算額	附記
			通信運搬費	一二四〇〇〇	通信費百拾九圓、運搬費五圓
			食費	八七六〇〇	吏員食費參拾六圓五拾錢 給仕食費五拾壹圓拾錢
			雜費	七一一九〇〇	實驗料四百九拾九圓六拾五錢、來客料拾五圓、水料七拾四圓七拾五錢、儀式費五拾五圓、新聞費五拾貳圓五拾錢、車馬費拾五圓
		修繕費		二七九〇〇〇	體操器械修繕七拾九圓 小破修繕費貳百圓

明治三十五年度歲入雜收入豫算書（第一中學校）

款	項	目	節	豫算額	附記
雜收入				一八、〇九〇〇〇〇	
	授業料			一八、〇八〇〇〇〇	
		第一中學校收入		一八、〇八〇〇〇〇	本科生一人一箇月貳圓 八百八十人十一箇月分 補習科生一人一箇月貳圓 八十人三箇月分
	物品賣却價			一〇〇〇〇	
		不用品賣却價		一〇〇〇〇	糞尿入價

東京府立第一中學校明治三十　年度檢定成績表

考查判定	
第　年級　組	
教室主任印	
生徒氏名	
教室座次　番	
保證人檢閱印	第一學期
	第二學期
	平均成績

學科		第一學期	第二學期	學年	平均成績
修身					
國語及漢文	一				
	二				
	三				
	四				
外國語（英獨）	一				
	二				
	三				
歷史					
地理					
數學	算術				
	代數				
	幾何				
	三角				
博物					
物理及化學					
圖畫					
唱歌					
體操					
合計					
平均					
學力順次	學年級	中　人　番	中　人　番		中　人　番
	一教室	中　人　番	中　人　番		中　人　番

操行		
第一學期	第二學期	第三學期
等	等	等

體格			
第四月		第十月	
診定	同年齡者平均比較	診定	同年齡者平均比較
等	等	等	等

勤惰					
項目		第一學期	第二學期	第三學期	總計
出校日數					
缺席日數	有屆				
	無屆				
遲刻度數	有屆				
	無屆				
早退度數	有屆				
	無屆				
缺課度數	有屆				
	無屆				
犯則度數					
罰科					

備考

檢定成績由一等至五等以次表出各學科五等各學科平均四等以下為劣等

教室座次依身長為序學力順次者依其優劣

國語及漢文一國語講讀及文學史二漢文講讀三作文及文法四書法、聽法、談話、習字、外國語一發音、綴字、讀方、聽法、書法、習字、會話二譯解三文法及作文

東京府立中學校日誌欵式

明治　年　月分

第　年
級　組

教室日誌

教室主任

生徒席順姓名表

第一組長 一	二	第二組長 三	四	第三組長 五	六
七	八	九	十	十一	十二
十三	十四	十五	十六	十七	十八
十九	二十	二十一	二十二	二十三	二十四
二十五	二十六	二十七	二十八	二十九	三十
三十一	三十二	三十三	三十四	三十五	三十六
三十七	三十八	三十九	四十	四十一	四十二
四十三	四十四	四十五	四十六	四十七	四十八
四十九	五十	五十一	五十二	五十三	五十四
五十五	五十六	五十七	五十八	五十九	六十

教　　壇

教室掃除　月
曜日

明治　年　月　日生徒出缺表

教師於每日各時期生徒之出席缺席者或來遲者記入左方各符號

出席空白　缺席×　來遲者*

一	二	三	四	五	六
一 二 三					
四 五 六					
七	八	九	十	十一	十二
十三	十四	十五	十六	十七	十八
十九	二十	二十一	二十二	二十三	二十四
二十五	二十六	二十七	二十八	二十九	三十
三十一	三十二	三十三	三十四	三十五	三十六
三十七	三十八	三十九	四十	四十一	四十二
四十三	四十四	四十五	四十六	四十七	四十八

擅數

時間	教師	學科	教授
第一時			
第二時			
第三時			

生徒總數	遲刻者	
人	印鑑	
點檢人員	姓名	
	屆出	
人	姓名	
出席人員		
人	合計	人

明治三十五年度東京府立第一中學校時間表

學級＼時間＼曜日	月 一	月 二	月 三	月 四	月 五
五年甲	代數	歷史	三角	漢文	英二
五年乙	歷史	三角	代數	英二	漢文
五年丙	漢文	英二	歷史	代數	三角
四年甲	幾何	修身	國語	理化	博物
四年乙	博物	修身	幾何	國語	理化
四年丙	體操	修身	地理	幾何	英語
四年丁	英語	修身	體操	地理	幾何
三年甲	國語	幾何	漢文	體操	英一
三年乙	國語	體操	英一	幾何	漢文
三年丙	漢文	英一	幾何	英二	國語
三年丁	英一	國語	英二	漢文	幾何
二年甲	歷史	國語	英語	體操	唱歌
二年乙	唱歌	歷史	國語	體操	英語
二年丙	國語	英語	唱歌	算術	體操
二年丁	國語	算術	歷史	英語	體操
二年戊	英語	體操	算術	國語	歷史
一年甲	國語	體操	圖畫	算術	英語
一年乙	英語	圖畫	算術	國語	體操
一年丙	國語	算術	體操	英語	國語
丁一年	獨逸語	體操	國語	博物	圖畫
戊一年	國語	博物	體操	圖畫	獨逸語
[illegible]	國語	英語	漢文	三角	—
[illegible]	三角	漢文	國語	英語	—

要目	時間	教師	學科	教授要目
年　月　日　曜日				
	第四時			
	第五時			
	第六時			

缺課者	早退者	缺席者	摘要
人	人	人	

學校圖表

火 一	火 二	火 三	火 四	火 五
英二	理化	體操	博物	英一
博物	體操	英二	英一	理化
英一	英二	博物	體操	理化
代數	英語	英一	體操	地理
地理	體操	英一	代數	英語
國語	英語	代數	漢文	理化
漢文	代數	理化	國語	英語
代數	修身	英二	國語	歷史
歷史	修身	代數	英二	國語
國語	修身	體操	歷史	代數
體操	修身	歷史	代數	國語
代數	博物	體操	作文	圖畫
圖畫	英語	算術	博物	作文
英二	圖畫	體操	代數	博物
博物	體操	圖畫	漢文	代數
體操	博物	代數	圖畫	漢文
漢文	歷史	算術	英語	體操
歷史	漢文	體操	算術	英語
英語	算術	體操	漢文	歷史
算術	體操	獨逸語	歷史	漢文
漢文	習字	歷史	獨逸語	體操
國語	代數	英語	—	—
代數	英語	理化	—	—

水 一	水 二	水 三	水 四	水 五
英三	修身	三角	歷史	國語
國語	修身	英三	三角	歷史
三角	修身	歷史	國語	英三
幾何	漢文	歷史	理化	英語
英語	幾何	理化	歷史	漢文
英語	國語	英一	幾何	歷史
歷史	英一	幾何	國語	英語
圖畫	體操	幾何	作文	博物
體操	幾何	圖畫	博物	作文
博物	圖畫	英二	幾何	體操
幾何	博物	體操	圖畫	英二
英語	體操	國語	歷史	英二
英二	國語	歷史	體操	英語
歷史	體操	漢文	算術	國語
唱歌	英二	英語	體操	國語
國語	英語	英二	唱歌	體操
博物	唱歌	英語	體操	國語
英語	國語	唱歌	體操	博物
地理	英語	國語	習字	體操
獨逸語	算術	體操	地理	國語
國語	地理	體操	算術	獨逸語
英語	理化	國語	—	—
理化	英語	博物	—	—

木 一	木 二	木 三	木 四	木 五
漢文	理化	體操	博物	英二
英二	體操	理化	漢文	地理
地理	漢文	體操	英二	理化
體操	代數	英語	國語	英三
英三	英語	國語	體操	代數
體操	代數	英語	英語	理化
代數	英語	體操	理化	英語
國語	體操	英二	代數	英二
國語	體操	代數	英二	英二
英二	國語	作文	體操	代數
作文	代數	英二	體操	國語
博物	算術	漢文	英二	體操
漢文	英二	代數	體操	博物
英二	體操	歷史	博物	英語
英語	歷史	博物	體操	漢文
歷史	博物	漢文	英語	體操
地理	體操	修身	漢文	英語
體操	英語	修身	地理	漢文
漢文	博物	修身	英語	唱歌
獨逸語	唱歌	修身	算術	漢文
漢文	獨逸語	修身	唱歌	算術
幾何	英語	博物	—	—
英語	國語	英語	—	—

金 一	金 二	金 三	金 四	金 五
英二	歷史	國語	英三	代數
代數	英三	歷史	英二	國語
國語	英二	代數	歷史	英三
英語	歷史	作文	圖畫	理化
作文	英語	理化	歷史	圖畫
漢文	圖畫	歷史	理化	英三
圖畫	理化	英三	漢文	歷史
地理	體操	博物	代數	英二
英二	代數	地理	體操	博物
代數	博物	英二	地理	漢文
博物	英二	代數	漢文	地理
習字	國語	修身	算術	英語
地理	體操	修身	習字	國語
漢文	英語	修身	國語	地理
英語	修身	英二	算術	國語
英二	修身	國語	英語	算術
博物	算術	英語	國語	習字
國語	博物	習字	算術	英語
國語	英語	博物	體操	算術
算術	國語	獨逸語	體操	博物
獨逸語	體操	算術	博物	國語
代數	漢文	英語	—	—
英語	幾何	漢文	—	—

土 一	土 二	土 三	土 四	土 五
英二	體操	理化	作文	幾何
幾何	體操	作文	英二	理化
理化	體操	漢文	幾何	英二
代數	英語	體操	漢文	英語
英語	代數	體操	英語	漢文
英語	博物	體操	作文	代數
博物	英語	體操	代數	作文
歷史	漢文	英三	代數	英二
英三	英二	歷史	漢文	代數
代數	英三	英二	體操	歷史
英二	代數	體操	歷史	英三
代數	漢文	體操	英語	地理
體操	算術	漢文	英語	代數
英語	作文	代數	習字	體操
體操	地理	作文	代數	習字
習字	代數	地理	體操	作文
算術	作文	體操	英語	地理
作文	算術	英語	地理	體操
地理	體操	英語	算術	作文
獨逸語	地理	習字	作文	體操
作文	體操	地理	獨逸語	算術
英語	理化	英語	—	—
國語	英語	代數	—	—

三十一

東京府第一中學校概算

現在生徒數	七百八十八人
定員	八百人
學級數	二十一
明治三十五年度支出豫算額	貳萬七千圓
明治三十五年度收入豫算額	壹萬八千圓
創立年月日	明治十一年九月
卒業生人員	千七十五人

西京尋常中學校寄宿舍規則

第一章　總則

第一條　寄宿舍者。代父兄及保證人。薰陶保育生徒之處也。

第二條　寄宿舍薰陶保育生徒。受校長之指揮。舍監任之。

第三條　寄宿舍生徒。平常遵舍監之教訓。守舍則。自重其本分。服膺本校教育之趣旨。

第二章　入舍

第四條　欲入舍者。父兄若有保護之責者出頭。與舍監面談上。交左式之願書。

> 入舍願書
>
> 某今者願入貴寄宿舍願乞許諾謹與保證人連署奉聞
>
> 幾年生
>
> 年月日　誰某㊞
>
> 前書如蒙許可學資及其他關本人一切事件鄙人一切承當不致有誤
>
> 住所
>
> 保證人　誰某㊞
>
> 某學校長閣下

第五條　出父兄及保證人之所。不能進學之生徒。可命入舍。

第三章　組合

第六條　爲保舍內生徒之風紀・得遵守諸規則之便。立組合編制如左・

第一組　三年級以上

第二組　二年級生徒

第三組　一年級生徒

但由保育本人之便・有編入他組者・

第七條　各組合置左之役員・

組長　正副二人

室長　各室一人

第八條　組長及室長一學期間各奉其職・

第四章　役員職務

第九條　組合役員注意部下之風儀・遵守諸規則命令・常操公明正大之心・謹狎昵粗暴之言行・身爲之模範・協同一致以振刷舍中風氣・

第十條　組長掌左之事項・

一舍監不在之節可以代理・

一戒告獎勵諸組合員。
一管束組合之風紀。
一每月末。組員勤惰行狀。關組合之風紀。申告舍監。

第十一條　室長掌左之事項。
一部下之諸願書經番上達。
一學資金之交付。
一室內諸物品之整理。
一室內有事申告舍監。
一室內不時有發病者申告舍監。
一室員有病者及歸省等事。管理其物品。

第十二條　室長每組合一名。更番勤務。其勤務以土曜日晚餐後爲始。至次週土曜日止。

第十三條　更番所掌事項如左。
一由舍監之命以辨庶務。
一本組諸願書上達之事。及組合員有異動之時。申告舍監。

一學資金出納簿進達舍監。

一清潔檢査及其他諸檢査之準備。

一諸檢査之時與舍監隨行。

一食事前出食堂。爲食事檢査。

一整頓當番日誌。

第十四條　更番之序。以各組首室爲始。

第十五條　更番勤務者。於更番各室役務。

第十六條　當番中不許外出。

但有不得已事故。受舍監之許可。得以次番室長代理

第十七條　當番勤務者。常制服着袴。

第十八條　更番交代。諸事無遺漏以授次番。

第五章　室　內

第十九條　室內常主清潔。各自所有物品常整頓之。

第二十條　室內備附品。左記之外不許濫置。

但有不得已者。應受舍監之許可。

一机　　一脚　　一書箱　　三個以內

一教科書　　一教科用參考書

一文具

第二十一條　室內禁一切飲食喫烟。

但喫烟之習慣。必不能廢止者。應受舍監之許可。

第二十二條　通學生及外來人。不得誘入室內。

第二十三條　廢弃舊物。投舍內備附之籠中。不可散亂室內。

第二十四條　洋燈每日淨拭。點燈須注意。日夕點燈就寢前消燈。

第二十五條　洋燈火鉢等危險之物宜注意。

第二十六條　自習時間中遵左方諸項。

一靜肅勤勉常無惰容。

一他室並他席不得往來。若有疑質　當在自習時間之外。

一禁諷誦。

一放歌吟詠談笑等。凡妨他人之習業皆禁之。

第二十七條　起床就寢之時遵左方各項。

一靜謐安眠。常注意衞生。

一就寢後。禁往來他室及談話。

一聞起床之號音。整服裝納寢具。盥嗽掃除室內。

第七章　食　堂

第二十八條　入食堂者。制服着袴。正行儀以靜肅爲旨。

第二十九條　食事擊柝靜入食堂。勿違時刻。

擊柝後過三十分。不得舍監之許可。禁入食堂。

第三十條　食事重禮讓。列席有序。上席者先食。

但有不得已者告其旨于舍監。

第三十一條　各員就所定之席。不可侵他席。

第三十二條　食事中不可談話。若不良之飲食物。當番者申告舍監。

第三十三條　要湯茶之時。可自處辨。決不得使役他人。

第三十四條　疾病不能至食堂。得舍監之許可。於室內喫飯。

第八章　浴室

第三十五條　浴室自午後二時至午後六時。入浴先舍監組長等。

第三十六條　禁放歌談笑喧騷之行。

第三十七條　衣服置所定之處。不可散亂。

第三十八條　浴桶中不可使用洋鹼。

第九章　灑掃

第三十九條　灑掃。每朝室員更番擔當。要極清潔。

第四十條　每土曜日午後。組合員一同于舍內外行大掃除。
大掃除。整頓器物。拭柱壁廊下床板天井。繕障子之破損。坐席常於日光曬之。

第四十一條　舍監。於灑掃不清潔者。命更灑掃之。

第四十二條　室內塵埃。弃置一定之場所。

第四十三條　墨汁廢紙其他物品。禁投棄窓外。

第四十四條　衣服清潔。襦袢尤宜屢次洗濯。

第四十五條　靴及其他履物。丁嚀洗拭。整置所定之場所。

第十章　應接所

第四十六條　接他人之時。制服着袴。丁嚀應接。

第四十七條　非得舍監之許可。雖有急用。日沒後不許應接。

第十一章　檢查

第四十八條　檢查。別之爲人員檢査。淸潔檢査。臨時檢査。

第四十九條　人員檢査小別之。爲起床檢査。就寢檢查。臨時檢查。

一起床檢査。起床後行之。各組員待號音。開放室內。整列室中。受舍監之檢查。

一就寢檢査消燈前行之。其檢查之方法如前。

一臨時檢査。由校長之命令。及以舍監之意行之。

第五十條　淸潔檢査。每土曜日午後行之。檢査室內淸潔及物品整理之適否。

第五十一條　臨時檢査。校長親率舍監行之。檢查舍內風儀及室內整否等。

第五十二條　生徒所有物品。認爲分外者不許置舍內。

第十二章　臨時召集

第五十三條　聞臨時召集之號。直着制服。整頓文具寢具。集合一定之場所。

第五十四條　就寢後召集之際。受各當番之命。直起點燈。

第五十五條　當番。於一定之場所。點檢組合之人員。待其組合之集合。速整列受舍監之命。

第十三章　病室及患者

第五十六條　罹病者。于始業時間申告其旨。

第五十七條　罹病者。得舍監之許可。受醫師診察。

但由其病症。有令入病院及下宿。

第五十八條　職員若先導巡視病床。起坐敬禮。若不能坐。于臥床自表敬意。

第五十九條　爲疾病不能至應接所面接來訪之人。請舍監之指揮。

第六十條　不時發病申告其旨。請舍監之指揮。

第六十一條　療養中諸事從醫師之指揮。

第六十二條　同室員發病。特親切鄭重。以盡其意。

第十四章　外出外泊旅宿退舍

第六十三條　外出。每日放課後所定時間內得行之。

第六十四條　外出之際左項宜注意·

一　着本校所定制帽制服·正容儀·愼舉動·重生徒之本分·

二　外出之際·受門鑑于門衞·歸舍返之·

三　提出物品·校外記其品目·經舍監之捺印·交于門衞·

四　外出中發病·及不得已事故·夜中禁門之後·由保證詳記其事由·得證明書歸舍·

但遠隔之地·以面會人之證明代之亦可·

第六十五條　臨時外出·若所定時間內遠行之時·具其事由听舍監之許可·

第六十六條　由不得已事故·外泊旅宿及歸省者·與保證人連署以呈願書·

第六十七條　外出中罹病·迄當日午後九時·以醫師診斷書·與保證人連署申告·

第六十八條　疾病不能在舍·托保證人外泊·

第六十九條　外泊者·非舍監許可·不許入舍內·

第七十條　冬夏期休業中·限以時日·可以外泊·

第七十一條　有不得已事情·由保證人請·退舍以待許可·

第十七章　學資金

第七十二條　學資金悉交會計主任書。記平常不得私持金錢。

第七十三條　欲用學資。于出納定日之前一日記。所用物品並金額于通牒。呈室長審定。轉交當番組長。

第七十四條　出納定日所定之時間內。就會計主任書記。受取金額並通牒。

第七十五條　出納定日之外。臨時用者。申告舍監以受指揮。

第七十六條　通牒爲學資金出納之證。不可汚損紛失。

附幼年生（一年二年生）規則

第一條　幼年生不許外泊。

第二條　物品購求之節。在參拾錢以上者。記其錢數及所買物品。以告舍監。

第三條　不可出入三年以上生之寄宿舍。

第四條　學力薄弱者。舍監特命復習。

東京府師範學校經費表

○職　員

校長　一名

教諭　十九名
助教諭　三名
訓導　十六名
書記　四名
囑託教員　三名
學校醫　一名
助手　二名
計四十九名　休職者不計

○本校生徒

本科　二百六十六名　學級數　八
豫備科　七十一名　學級數　二
乙種講習科　四十七名　學級數　一
計三百八十四名

○附屬小學校兒童

尋常科　三百二名　學級數　七
高等科　二百三十四名　學級數　七
計五百三十六名
○經　費
東京府師範學校費　金五萬參千百七拾壹圓八拾四錢五厘
○生　徒　費
食費　生徒一名日額金拾五錢
夏期休業中不給
被服費　生徒一名年額金拾貳圓貳錢五厘
需用品費　生徒一名月額金四拾五錢
八月不給
修學旅行費　生徒一名年額金貳圓
以十日計一日金貳拾錢
生徒一名一年平均學資　金六拾七圓四拾貳錢五厘

東京府女子師範學校本年經費表

東京府女子師範學校經費豫算額

一金貳萬六千貳百五拾貳圓叁錢

一學級數　五學級　生徒數　百五十六名

附屬小學校

一學級數　（尋常科四學級 高等科四學級）　生徒數　（二百五名 百四十名）

東京府立第二高等女學校經費豫算額

一金五千貳百八拾八圓四拾八錢

一學級數　六學級　生徒數　二百五十六名

師範學校

教員　十一名　（男四名 女七名）

附屬小學校

教員　七名　（男四名 女三名）

高等女學校

東京市立常盤尋常高等小學校一覽表

（明治三十五年四月調）

教員　十三名　男四名　女九名

校名	常盤尋常高等小學校
創年月	明治六年三月一日
位置	日本橋區本石町一丁目十七十八十九番地
敷地	坪 九七一　附屬地 四七、六九
校舍構造	西洋風二階建木骨釣瓦總塗屋
建坪	三三一
延坪	六六二
教室 個數	一八
教室 坪數	二七九、二五

特別教室	個數	坪數
講堂 裁縫 理科	三	四七、六三　三三
職員室	一	二六、三五
應接室	一	七、五
附添人室	一	六
保育室 開誘	二	一四、五五
保育室 遊戯	一	一六
運動場		三七一

學級	男	女
尋常	四	四
高等	六	四
計	一〇	八
合計	一八	

職員

職名	訓導兼校長	訓導	准訓導	代用教員	保姆・事務掛	計
人員	男 一	男 一二　女 九	男 一　女 |	男 |　女 |	女 四　男 二	男 一六　女 一三
計	一	二一	一	|	二四	二九

資格	高等本科正教員	尋常本科正教員	本科准教員	專科正教員	代用教員	保姆
人員	男 一一　女 八	男 二　女 |	男 一　女 |	男 二　女 一	男 |　女 |	女 四
計	一九	二	一	三	|	四

在職年月	十五年以上	十年以上	五年以上	三年以上	一年以上	一年未滿
人員	男 二　女 〇	男 一　女 二	男 五　女 〇	男 〇　女 一	男 五　女 七	男 三　女 三
計	二	三	五	一	一二	六
年功加俸受領者	男 二　女 |	男 一　女 二	男 三　女 |	男 |　女 |	男 |　女 |	男 |　女 |

俸給						
訓導	五五	三〇　二七	二四　二二	二〇　一八	一六　一四	一三　一二
	一	一　一	三　三	一　八	三　三	一　〇
保姆	一六	一二　一〇	八			
	一	二　|	一　|			
事務掛	一四	一二				
	一	一				

兒童

定員	尋常	高等	幼稚	計
	五七四	五二二	一〇〇	一、一九六

現員

尋常	一學年	二學年	三學年	四學年	計
男	七二	七二	七二	七二	
女	七二	七〇	七二	七二	
計	一四四	一四二	一四四	一四四	五七四

高等	一學年	二學年	三學年	四學年	計
男	八二	六七	六〇	四七	
女	六〇	四六	四七	三四	
計	一四二	一一三	一〇七	八一	四五三
合計	二八六	二六五	二五一	二二五	一〇二七

幼稚	三歲	四歲	五歲	六歲
男	三	一三	二七	一五
女	四	一四	二五	一一
計	三六	二七	五二	一一二

卒業生

三十五年三月卒業	男	女	計
	三七	四七	八四

授業料

	月額	減額
尋常	二〇〇錢	
高等	八〇〇錢	三〇〇　五〇〇　六〇〇
幼稚	一、〇〇〇圓	—

日本橋區

摘要

學校數	市立	私立	代用私立
	八	一四	五

戶數	人口	學齡兒	就學兒
二四一〇三	一三三三二六	一三八一九	一二四七七

不就學數 猶豫數	免除數	其他	就學兒步合
一三三二	一〇	〇	〇、九〇三

本調查依三十三年度

經常費豫算

歲入

生因基本財產收入	授業料	保育料	雜收入	前々年度繰越	補充費	計
八三二、二〇〇	四九七四、二〇〇	二三四、〇〇〇	五七、五〇〇	一五九、二四〇	六四三五、〇〇〇	一二六九二、一四〇

歲出

給料	雜給	需用費	諸費	豫備	—	計
七二四八、〇〇〇	一四三九、二五〇	一〇六五、〇一〇	二八九八、三三八	四一、五四二	—	一二六九二、一四〇

沿革摘要

東京麴町區市立富士見尋常高等小學校略圖 明治三十二年十二月現狀

創立當時	創立	明治十年四月
	位置	富士見一、二十一
	敷地	九十八坪
	校舍	六十一坪
位置變更	位置變更	明治十八年九月富士見六、二
	敷地	七百五十坪
	校舍	二百十坪餘
	幼稚園創立	明治二十年九月
現在	校舍改築	明治二十七年三月四日
	幼稚園新築	明治三十年十二月
	敷地	千四百三十坪餘
	校舍	四百四十四坪

男子部	生徒	七〇四人	尋常四一一人 高等二九三人	
	訓導	一四人		
	部長	村田猛	勤續年數	九年八月
女子部	生徒	六六二人	尋常三六七人 高等二九五人	
	訓導	一三人		
	部長	望月美代	勤續年數	十年十月
幼稚部	幼稚	一五〇人	男七六人 女七四人	
	保姆	六人		
	部長	山下艶	勤續年數	十年七月
合計	生徒	一、五一六人		
	職員	三四人		

明治二十三年以後年末	二十三年	二十四年
生徒員數	八三五	九五八
同上生徒增減數	同上增九五	同上增一二三
同上卒業生員數	同上一八	同上三七

明治二十三年以後	二十三年	二十四年
授業料收入額	四、八四一・八〇〇	五、〇八九・五五〇
同上經費支出額	四、四九一・五六一	四、七五七・二一二

明治二十三年以後年末	生徒員數	同上生徒增減數	同上卒業生員數
二十五年	一、〇一六	增五八	五二
二十六年	一、〇六五	增四九	六一
二十七年	一、〇三六	減二九	六一
二十八年	一、二四一	增一〇五	六二
二十九年	一、二〇〇	增五九	三五
三十年	一、二七三	增七三	五三
三十一年	一、三〇四	增三一	八〇
三十二年	一、五一六	增六四	八二

明治二十三年以後	授業料收入額	同上	經費支出額
二十五年	五、四三〇・二〇〇	二十五年	四、九六六・六七三
二十六年	五、五五二・九五〇	二十六年	五、〇一六・五〇九
二十七年	五、七二七・八〇〇	二十七年	五、〇一二・六〇七
二十八年	五、九七七・八五〇	二十八年	四、九九一・九七一
二十九年	六、八五九・九〇〇	二十九年	五、三四〇・四二九
三十年	七、六六七・一九五	三十年	七、〇二六・五七八
三十一年	八、二〇六・九〇〇	三十一年	七、八二四・六六六
三十二年	八、七四九・三〇〇	三十二年	八、一〇二・三三四

兵庫縣御影師範學校職員表

學校長從六位勳六等　松尾貞次郎

一　教諭　十三名

一　助教諭　二名

一　訓導　二十名

一　其他教員　五名

一書記（內雇一名）　五名
一教諭俸給最高月八拾圓最低參拾五圓
一助教諭俸給最高月參拾圓最低貳拾圓
一訓導俸給最高月貳拾五圓最低拾七圓
一其他教員最高月六拾五圓最低參拾圓
一書記俸給最高月參拾圓最低拾五圓（但雇）

兵庫縣御影師範學校生徒表

一總員　三百九十七名
內譯
第一學年　六十六名
第二學年　七十五名
第三學年　百三十名
第四學年　百二十六名

附記　年齡最多者二十七歲・最少十六歲・就中十九、二十、二十一歲者最多・

兵庫縣御影師範學校經費表

一御影師範學校費	五九、二七七・七六七
俸給	一八、五三四・〇〇〇
教員給	一七、二七四・〇〇〇
書記給	一、二六〇・〇〇〇
雜給	二、八〇八・二一〇
薪水	六九六・〇〇〇
諸雇給	一、三三三・八〇〇
旅費	四五三・四一〇
恩賞	三二五・〇〇〇
退職給與金	一九八・一三三
國庫納金	一九九・三四〇

生徒諸費	二四、七五八・五六〇
食費	一八、〇八二・八〇〇
被服費	五、二三七・一六〇
雜費	一、四三八・六〇〇
校費	九、六七五・九四七
備品費	五、二八六・七八〇
文具費	三一・六五〇
消耗品費	二、〇八九・三二七
圖書印刷費	九七一・六五〇
通信運搬費	七六・八〇〇
被服費	一七九・五〇〇
火災保險料	八四〇・〇〇〇
雜費	九八・六〇〇
修繕費	三八〇・〇〇〇

附屬小學校費	二、七二三圓•五七七
雜給	二九○•二○○
校費	一、九九八•三七七
修繕費	二○○•○○○

東京盲啞學校概則

一　明治二十五年度豫算　圓以下略

歲入經常部	
第一項　政府支出金	一、一四一二圓
第二項　諸收入	四○二五
合計	一、五四三七
資金部歲入	
第一項　寄附金	一○○
第二項　財產賣却代	四二五○
合計	四三五○
資金部歲出	

歲出經常部	
第一項　俸給及諸給	七五一五圓
第二項　廳費	三一四三
第三項　修繕費	一○四四
第四項　死傷手當	一
第五項　賠償及訴訟費	二
第六項　諸收入過納戾	一
第七項　旅費	一四○
第八項　雜給及雜費	二二一一

第一項　財産購入代	四五二〇
合計	四五二〇

資金

資金	
第一　整理公債額面	三、三〇〇〇圓
第二　日本鐵道拂込高	四、〇四五〇
第三　中央金庫預	三六五二
合計	七、七一〇二

第九項　學生費	一三八〇
合計	一、五四三七

敷地及建物坪數

第一　敷地	六九三七坪
第二　本校舍	三〇七
第三　男子寄宿舍	三〇八
第四　女子寄宿舍	二三五
第五　官舍及門番所	六五
第六　鍼按實習場	一二
第七　物置	三六

二　每年末生徒數

調査年	盲生			啞生			總計
	男	女	合計	男	女	合計	
明治十三年	七	一	八	四	一	五	一三
十四年	一二	二	一四	八	一	九	二三
十五年	一三	四	一七	八	三	一一	二八

明治十六年	一四	四	一八	一〇	五	一五	三三
十七年	一三	五	一八	一四	五	一九	三七
十八年	一一	四	一五	一五	六	二一	三六
十九年	一〇	二	一二	一七	六	二三	三五
二十年	一三	一	一四	二一	一四	三五	四九
二十一年	一九	二	二一	二七	一三	四〇	六一
二十二年	二二	七	二九	三一	一三	四四	七二
二十三年	一八	五	二三	三三	一五	四八	七一
二十四年	二〇	四	二四	三〇	一八	四八	七二
二十五年	二六	六	三二	三六	二四	六〇	九二
二十六年	四〇	六	四六	四三	二二	六五	一一一
二十七年	三四	五	三九	三九	二三	六二	一〇一
二十八年	三七	六	四三	三五	二九	六四	一〇二
二十九年	三九	四	四三	四四	三七	八一	一二四
三十年	五三	八	六一	六〇	四三	一〇三	一六四
三十一年	六〇	九	六九	八〇	五九	一三九	二〇八
三十二年	五三	九	六二	九九	五七	一四八	二一〇
三十三年	五〇	八	五八	一〇二	六五	一六七	二三五
三十四年	五二	一〇	六二	一一八	七二	一八二	二四四

三　卒業生（明治三十四年末）

盲生		盲生				啞生	啞生				合計
尋常科	技藝科					尋常科	技藝科				
	彈琴	鍼按	按摩	西樂			圖畫	彫刻	指物	裁縫	
四二	一〇	四五	五	三		五五	三二	五	七	一四	二一六

四　盲生卒業後狀況（明治三十四年末調）

卒業後狀況＼卒業學科目	一 尋常科 鍼治 按摩	二 鍼治 按摩	三 尋常科	四 彈琴	五 按摩	六 尋常科 彈琴	七 彈琴 按摩	八 尋常科 彈琴 鍼治 按摩	九 尋常科 彈琴 Violin	十 鍼治 按摩 Violin	十一 尋常科 按摩	十二 Violin	合計
一 鍼按營業	一七	四								一			二二
二 教員	三	二	一			一							七
三 病院按摩	四	二											六
四 本校助手	二	一						一				一	五
五 琴師匠				二					一				三
六 鍼治專修			二										二
七 彈琴溫習						一	一						二

八	彈琴専修			一									一
九	病死	五	一	二	一	三		一				一	二
十	不詳				一	一							一四
合計		三一	一〇	六	四	四	二	二	一	一	一	一	六四

五　唖生卒業後狀況（明治三十四年末調）

卒業後狀況＼卒業學科目		一 尋常科	二 尋常科圖畫科	三 尋常科圖畫科裁縫科	四 尋常科圖畫科指物科	五 裁縫科	六 尋常科圖畫科彫刻科指物科	七 裁縫科	八 圖畫科裁縫科	九 尋常科彫刻科	合計
一	繪畫専修	七	四								一一
二	家事補助	一	一		一		一	一	一		六
三	農業	三	一	一							五
四	裁縫専習	二		三							五
五	家務	一		一				一			三
六	縫織	一		一			一				三
七	彫刻専修	二				一					三
八	本校助手		一			一					二
九	教員		一				一				二

學校圖表

		二〇	一四	八	五	四	三	三	一	一	五九
十	風琴製造	一				二					二
十一	寫眞				一	二					二
十二	蒔繪師		一								一
十三	印刻									一	一
十四	陶畫		一								一
十五	染物	一									一
十六	足袋		一								一
十七	靴工	一									一
十八	病氣			一							一
十九	死亡		二	一	一			一			五
二十	不詳		一		二						三
	合計	二〇	一四	八	五	四	三	三	一	一	五九

六　附記

內國學齡盲啞數及學齡兒一萬人

中盲啞比例　×印盲而啞者

學齡兒童中盲啞兒

明治三十四年三月末文部省物事年報抄
但改府縣名地方別於盲啞合數順又萬分比例一位以下四捨五入

府縣	盲 男	盲 女	盲 合計	盲 順數	盲 學齡兒一萬中比例	盲 比順	啞 男	啞 女	啞 合計	啞 順數	啞 學齡兒一萬中比例	啞 比順
新潟	一八四	一七九	三六三	1	一三	2	二〇四	一六六	三七〇	1	一三	3
兵庫	一三〇	一〇〇	二三〇	3	八	9	一七一	一二五	二九六	2	一一	7
	×一	×一	×二									
福岡	一一八	一三六	二五四	2	一一	3	一四三	一三〇	二七三	4	一二	4
鹿兒島	七七	一〇一	一七八	4	一〇	4	一六六	一二九	二九五	3	一七	1
宮城	七四	六〇	一三四	11	八	10	一三一	九八	二二九	5	一四	2
愛知	七三	八七	一六〇	6	六	21	一一三	八九	二〇二	7	七	28
埼玉	七一	六五	一三六	9	七	13	一二三	一〇八	二二九	6	一二	5
茨城	九八	七五	一七三	5	九	5	一〇八	七七	一八五	9	一〇	12
大阪	六八	八九	一五七	7	七	14	一〇四	八一	一八五	10	九	18
熊本	六八	六八	一三六	10	七	15	一〇三	八七	一九〇	8	一〇	13
三重	六四	四九	一一三	13	七	16	一〇〇	七一	一七一	12	一〇	14
	×三	×六	×九									
千葉	五七	五二	一〇九	15	五	28	一〇四	七〇	一七四	11	八	28
東京	六六	三八	一〇四	19	四	34	九八	五七	一五七	13	五	38
京都	五〇	四〇	九〇	22	六	21	九九	五六	一五五	14	一一	8
香川	七〇	八四	一五四	8	一四	1	四六	四〇	八六	36	八	24
富山	五七	四四	一〇一	20	七	17	七六	五八	一三四	17	一〇	15
廣島	六二	四四	一〇六	17	四	35	八四	四一	一二五	20	五	39

學校圖表

愛媛	六七	五一	一一八	17	八	11	五八	四九	一〇七	28	七	29
長野	三九	二七	六六	32	三	41	八二	七三	一五五	15	八	25
岐阜	五〇	五九	一〇九	16	七	18	五三	四九	一〇三	31	六	34
長崎	四八	三一	七九	24	六	23	七一	六一	一三二	18	一〇	16
岩手	五九	三四	九三	21	八	12	六五	四七	一一二	22	九	19
青森	六六	三九	一〇五	18	九	6	六四	三一	九五	32	八	26
和歌山	二八	三三	六一	33	六	24	七九	五一	一三〇	19	一二	5
岡山	三八	三七	七五	26	五	29	五五	五三	一〇八	26	七	30
栃木	四〇	三五	七五	27	五	30	七三	三三	一〇六	29	七	31
島根	三六	三三	六九	29	七	19	七一	四一	一一二	23	一一	9
滋賀	三一	二七	五八	35	五	31	六六	五〇	一一六	21	一〇	17
山形	六八	六三	一三一	12	九	7	九〇	五〇	一四〇	16	九	20
山口	三四	二四	五八	36	四	36	六三	四八	一一一	24	七	32
靜岡	二五	三六	六一	34	三	42	六三	四五	一〇八	27	五	40
石川	三八	三六	七四	28	六	25	四九	四四	九三	33	八	27
神奈川	二九	二四	五三	40	三	43	六七	三九	一〇六	30	七	53
佐賀	三〇	二八	五八	37	六	26	五三	五六	一〇九	25	一一	10
福島	三七	三〇	六七	30	三	44	五八	二九	八七	35	四	43
群馬	二九	二六	五五	39	四	37	五七	三三	九〇	34	六	35

宮崎	三二	三五	六七	31	九	8	四五	四〇	八五	37	一一	11
北海道	五二	三三	八五	23	五	32	四三	二二	六五	41	四	44
奈良	二六	一六	四二	43	五	33	四六	三六	八二	38	九	21
秋田	三二	一七	四九	41	四	38	四一	三一	七二	40	五	41
德島	三五	四一	七六	25	七	20	一五	二四	三九	45	四	45
大分	二三	一七	四〇	44	三	45	三八	三六	七四	39	六	36
高知	二五	三三	五八	38	六	27	二四	二三	四七	44	五	42
山梨	一四	一六	三〇	45	三	46	三二	二一	五三	43	六	37
福井	二三	二〇	四三	42	四	39	二一	一六	三七	46	四	43
鳥取	一二	一二	二四	46	四	47	四〇	一六	五六	42	九	22
沖繩	二	一	三	47	〇	47	一七	三	二〇	47	三	47
總計	二四五五×四	二二二五×七	四六八〇×一一		六		三五七〇	二六三五	六二〇五		八	

七　內國盲啞學校

（明治三十四年末）

開校順	校名	所屬	開校年
一	京都市盲啞院	市	明治一一
二	東京盲啞學校	官	同一三
三	高田訓矇學校	私	同二三

開校順	校名	所屬	開校年
九	東海訓盲院（掛川）	私	明治三一
一〇	長崎盲啞學校	私	同三一
一一	豐橋盲啞學校	私	同三三

四	横濱基教訓盲院	私	同	二五
五	岐阜聖公會訓盲院	私	同	二七
六	北盲學校（札幌）	私	同	二七
七	函館訓盲院	私	同	二七
八	福島訓盲學校	私	同	三二
一二	大阪盲啞學校	私	同	三三
一三	長野盲人學校	私	同	三三
一四	佐土原學校（鹿兒島縣）	私	同	三三
一五	臺南慈惠院教育部	廳	同	三三
一六	名古屋盲人學校	私	同	三四

八　外國盲啞痴比例

國名	調查年	人口一萬中					
		盲人		啞人		痴及狂人	
		比例順	一人數	比例順	一人數	比例順	一人數
獨逸	?	9	九	6	一〇	6	二三
北米合衆國	一八七〇	17	五	17	四	12	一六
佛蘭西	一八七二	10	八	13	六	5	二六
英吉利	一八七一	8	一〇	15	六	2	三一
伊太利	?	7	一〇	11	七	11	一七
澳地利	一八六九	16	六	7	一〇		?
西班牙	一八六〇	6	一一	12	七		?
匈牙利	一八七〇	5	一三	4	一三	9	二一

白耳義	一八五八	11	八	16	四	13	一四
瑞典	一八七〇	12	八	5	一〇	8	二三
和蘭	一八六九	18	四	18	三		?
瑞西	一八七〇	14	八	2	二五	4	二九
典抹	?	13	八	14	六	7	二三
亞爾然丁共和國	?	2	二〇	1	三八	1	四七
諾威	一八六五	3	一四	8	九	3	三一
西印度	一八七一	1	二三	10	八	15	一二
加奈陀	一八七一	5	六	9	八	10	一七
阿弗利加	一八七一	41	一三	3	一六	16	五
濠斯太利	一八七一	19	四	19	二	14	一三
平均			九		八		二三

九　外國盲啞學校（明治二十九年末）

國名＼校數	公立學校 盲學校	公立學校 盲啞學校	公立學校 啞學校	私立學校 盲學校	私立學校 盲啞學校	私立學校 啞學校	合計
獨逸	二三	一	七五	五		二一	一二四
北米合衆國	二三	一二	六〇			一九	一一四

佛蘭西	一	一	一三	一七	二	五四	八八
英吉利	一	一	三六	三四	一	七	八〇
伊太利			八	七		四三	五八
澳地利匈牙利	六		二〇	四		一〇	四〇
瑞西	一	一	四		一	一二	一九
露西亞	三		九	四		三	一九
西班牙	四	一		八	一		一四
瑞典	二		九	一			一二
白耳義		二		四		三	九
丁抹	一		三	二		二	八
加奈陀		五		一	一	一	七
諾威	一		五	一			七
和蘭				三		三	六
濠斯太利	一	二	二	一			六
亞弗利加		一		一		四	六
葡萄牙			二			一	三
支那(英人所說)				二		一	三
墨西其	一		一				二
印度(英人所說)						二	二

留馬尼亞			一				一
玖馬		一					一
亞爾然丁共和國			一				一
合計	六七	二八	二五五	九四	六	一八六	六三一

私立女子職業學校概則

一　創　立

明治十九年九月。同志者相謀。以適應女子職業及切要學科爲目的。立一女學校于東京市神田區錦町二丁目。曰私立女子職業學校。

二　目　的

適應女子職業及切要學科之講授。

三　位　置

東京市神田區一橋通町二十二番地。

四　敎　科

敎科分藝科及學科二種。藝科裁縫、編物附組系、刺繡、圖畫、造花之五科目。學科修身、國語、算術、家政、理科之五科目。

藝科依生徒之志望。擇修一二科目。學科通諸生徒授之。

藝科擇修二科目之生徒稱甲科生。其擇修一科目者稱乙科生。別置裁縫教員養成科及割烹科。

五　教授要目

科目	摘要	教員數	生徒數	卒業生數
裁縫科	和服各種、男女小兒洋服、婦人洋服、小衣袴等	二三	甲三六八 乙一三七	八九七
編物科	以毛糸、絹糸、及木綿糸等編帶襪、肩掛、帽子、小衣袴之屬	四	甲一三六 乙一	一六九
附組糸科	織紐、被紐、帶結其他各種組法			
刺繡科	半襟、服紗、額面、掛物等其他室内裝飾品人物、草木、花鳥、山水等模樣綵繡兼修圖畫	四	甲一四四 乙一一	三五三
圖畫科	以本邦繪畫爲主、圖案摻陶器畫及友禪畫法	二	甲四三 乙〇	五八
造花科	室内裝飾、婦人帽飾及一般花簪等製造、兼修植物學大意及圖畫	五	甲七七 乙一〇	一四九

造花科別科	近來造花需用甚、多計乏學資者之便利、以校費教之		一三	二一
學科	本校以藝科爲主、副之以修身、國語、算術、家政、理科五科、務取適於實用授之	七	四六〇	八〇六
割烹科	日常飲食物調理法及關食物調理之理論	二	七五	六五
裁縫教員養成科	使卒業後可爲教員者入學、教以裁縫、國語、算術、家政、教育等	一〇	一二	五〇
合計			一四八七	二五六七（從本內計有三七五者）
除兼任及暫修者之實數		五一	六六六	一、三二二

六　修業年限

修業年限甲科三年、乙科二年、裁縫教員養成科及割烹科各一年

七　入學程度

甲科生年齡十二年以上。終國民義務教育者、乙科生年齡十五年以上。略讀書者、裁縫教員養成生高等小學校卒業及有相當之學力者。割烹科入學之程度不一定

八　職員

理事	三名	
監事	二名	
商議員	十名	
校長	一名	
校長補	一名	
事務員	七名	內五名兼學科教員
教授囑託	十二名	
學科教員	五名	
藝科教員		
裁縫科	二十二名	
刺繡科	四名	
編物科	四名	
圖畫科	二名	

造花科　五名

割烹科　二名

九　寄宿舍

校內生徒七十餘名。設寄宿舍。置監督二名。當薰陶之責。現今寄宿者七十五名。

十　校舍

建坪

敎室　樓房　二百五十二坪（每坪見方六尺）

　　　平房　百十六坪

寄宿舍　樓房　七十二坪

　　　　平房　四十四坪餘

十一　財產

財產總額　四萬壹千五百五拾壹圓四拾七錢

歲入豫算總額　壹萬八千六百八拾圓

京都市學事一覽表（明治三十四年九月調查）

（本表中三三、一二末調者、三十三年十二月末日所調查、三三統計者三十三年度之統計也、其他倣此）

面積及廣袤（三三、一二末調）

	面積	廣袤 極東西	廣袤 極南北
上京	方里 一、一三	里 二、〇九	里 一、三〇
下京	、七三	一、〇〇	一、〇三
計	一、八六	二、一四	一、三四

戶數及人口（三三、一二末調）

	戶數	人口 男	人口 女
上京	二九、六一四	八六、八三六	八五、六九一
下京	三八、六四九	一〇一、八九九	九七、一七四
計	六八、二六三	一八八、七三五	一八二、八六五

學齡兒童（三三、統計）

	男	女	計
就學兒童	一八、六九九	一六、九七〇	三五、六六九
不就學兒童	一、四一九	一、九四六	三、三六五
計	二〇、一一八	一八、九一六	三九、〇三四
學齡百中就學	九二、九五	八九、七一	平均 九一、三八

小學校及學級（三四、四、一調）

	學校數 置補習科者	學校數 不置補習科者	學校數 計	學級數 正教科	學級數 補習科	學級數 計
尋常	六	四〇	四六	三五一	七	三五八
尋常高等	一	一三	一四	九九	一五	一一四
高等	三	二	五	九四	三	九七

小學校教員（三三統計）

		本科正教員	准教員	代用教員	專科教員	計
尋常	男	三〇六	二四	三八	—	三六八
尋常	女	九一	一七	二九	一四	一五一
高等	男	六八	四	三四	九	一一五
高等	女	四	—	三	一〇	一七

小學兒童（三三）

		正兒童數
尋常	男	一二、二八五
尋常	女	一一、三九〇
高等	男	二、六九二
高等	女	一、六一五

幼稚園及組數（三三統計）

園數	組數
一九	五九

幼稚園保姆（三三統計）

有資格者	無資格者	計
三一	三六	六七

幼稚園兒（三三）

園兒數 男	園兒數 女
九七一	七二六

校兒童（統計）

入學者數	卒業者數	補習科兒童數	補習科卒業者
三、九六一	二、三五〇	三五〇	一〇三
三、七七五	二、〇一八	五五〇	一七八
一、一五七	二七六	—	—
七三七	一五八	三四	一二

園兒（統計）

保育滿期者 男	保育滿期者 女
五〇〇	二四八

小學校教員俸給（三三統計）

俸給別人員

俸給	四拾五圓	四拾圓	參拾五圓	參拾圓	貳拾八圓
人員	一	三	九	二一	六
俸給	貳拾六圓	貳拾四圓	貳拾貳圓	貳拾圓	拾八圓
人員	一二五	二四	二八	六八	四一
俸給	拾六圓	拾五圓	拾四圓	拾參圓	拾貳圓
人員	四六	八二	六六	五八	二六
俸給	拾壹圓	拾圓	九圓	八圓	—
人員	二四	二六	六	六	—

俸給

			最多	最寡	平均
尋常	本正	男	四〇、〇〇〇	一一、〇〇〇	一八、二九四
尋常	本正	女	三〇、〇〇〇	一〇、〇〇〇	一三、三九六
尋常	准	男	一三、〇〇〇	八、〇〇〇	一〇、七〇八
尋常	准	女	一〇、〇〇〇	八、〇〇〇	九、一七六
尋常	專正	男	—	—	—
尋常	專正	女	一四、〇〇〇	九、〇〇〇	一一、〇〇〇
高等	本正	男	四五、〇〇〇	一六、〇〇〇	二三、四七一
高等	本正	女	三〇、〇〇〇	一四、〇〇〇	一五、五〇〇
高等	准	男	一五、〇〇〇	一二、〇〇〇	一三、七五〇
高等	准	女	—	—	—
高等	專正	男	二四、〇〇〇	一六、〇〇〇	一九、一一一
高等	專正	女	一四、[illegible]	一〇、〇〇〇	一一、九〇〇

學務委員（三三統計）

	名譽職委員	由教員加者	計
市學區	七	二	九
	一二〇	六〇	一八〇

學校醫（三三統計）

帝國大學醫學校等卒業者	有醫術開業免狀者	計
四七	一五	六二

實業學校（三四、五末調）

校名	學科及年限	生徒數	卒業生數	職員	委員
美術工藝學校	繪畫科四年	九二	本年度 九	校長 一	評議員 四
	圖案科同	三七	創立以來 一一二	教諭 九	商議員 四三
	彫刻科同	一二		助教諭 五	
	描金科同	八		其他 一五	
染織學校	本科三年	六四	本年度 二五	校長 |	評議員 七
	豫科二年	一四	創立以來 三四七	教諭 六	商議員 二四
	別科一年	二一		助教諭 二	
	專攻科一年	一〇		其他 七	
	復習科	二七			
商業學校	本科四年	三一四	本年度 七四	校長 一	評議員 五
	豫科二年	二五三	創立以來 七四二	教諭 二	商議員 一三
				助教諭 七	
				其他 五	
簡易商業學校	正科二年	三一九	本年度 一〇四	校長 一	評議員 五
	專修科一年	二二	創立以來 一	教諭 一	商議員 一三
				助教諭 八	
				其他	

盲啞院（三四、五、末調）

學科年限	盲尋常科 五年	啞尋常科 五年	按鍼術科 四年
生徒 男	二一	八三	一八
生徒 女	三	四三	九

學科年限	音曲科 五年	工藝圖畫科 五年	裁縫科 五年
生徒 男	四	九	六
生徒 女	一二	一	八

卒業生 本年	卒業生 創立以來	職員 院長	職員 教諭	職員 助教諭	職員 其他	商議員	協贊員
八	一七〇	一	五	—	二	一三	一五

學事關係職員（三四、六、一現在）

市役所 視學	市役所 書記	區役所 上京書記	區役所 下京書記
二	四	三	二

學區（三四、豫算）

支出	尋常高等小學校費	幼稚園費	學務委員費	會議費	計
俸給又報酬	二二九、六六四、五九六	九、五八六、八〇〇	一二、八二一、九二〇	一九九、六五〇	二五二、二七二、九六六
圖書器械費	九、七七四、七二六	五三〇、六六〇	—	—	一〇、三〇五、三八六
諸費	一八〇、四四二、九九三	三、七一〇、四二八	一三、三三五、〇四九	二、六三三、三七五	一九〇、八一一、九七四
計	三一九、八八二、三一五	一三、八二七、八八八	一六、〇五六、九六九	二、八三〇、九二五	三五二、九九八、〇九六
正員保姆俸給平均額	一七、九三六	九、七七六	—	—	—

費	
收入	
財產收入	四、八八四、九〇六
授業料	三〇、七九一、九五〇
保育料	五、八七四、〇〇〇
雜入	五二、一六五、三三七
市稅	二六〇、六八一、九九九
計	三五四、三九八、一九二

市教育費
(三四、豫算)

支出

	校長給	教員其他俸給	圖書器械費	諸費	計	教員俸給平均
高等小學校費	—	三九、八〇〇、六〇〇	六、二七二、〇五四	一四、〇五八、二九六	六〇、一三〇、九五〇	二三、〇〇〇
美術工藝學校費	一、〇〇〇、〇〇〇	一〇、九九一、二〇〇	三、二一四、七一〇	三、五二九、五二三	一七、七三五、四三三	二五、八五七
染織學校費	一、〇〇〇、〇〇〇	六、〇〇七、三五〇	一、八六九、五六〇	五、六六八、六五五	一四、五四五、五六五	三三、〇〇〇
商業學校費	一、二〇〇、〇〇〇	一六、五三三、六九〇	三、二一一、五四〇	五、九九一、八六六	二六、九三七、〇九六	三九、一五三
簡易商業學校費	—	四、四五四、九〇〇	九七四、六五〇	一、五四八、八八六	六、九七八、四三六	二五、八八〇
學事諸費	—	—	—	六〇〇、〇〇〇	六〇〇、〇〇〇	—
補助費	—	—	—	四、六二〇、〇〇〇	四、六二〇、〇〇〇	—
計	三、二〇〇、〇〇〇	七七、七七七、七〇〇	一五、五四二、五一四	三六、〇一七、二二六	一三〇、七三七、四三九	—

收入

	財產收入	授業料	國庫補助	雜入	市稅	計
高等小學校	二四七、八八五	三〇、〇〇八、〇〇〇	—	二〇六、二七〇	二九、六六八、七九五	六〇、一三〇、九五〇
美術工藝學校	—	—	四、〇〇〇、〇〇〇	八、六四〇	一三、六七六、七九三	一七、六八五、四三三
染織學校	—	—	四、〇〇〇、〇〇〇	一二七、八四〇	一〇、四一七、七二五	一四、五四五、五六五

入	商業學校	簡易商業學校	計
	—	—	二四七、八八五
	七、一五八、八〇〇	二、三四八、五〇〇	三九、五一五、三〇〇
	三、〇〇〇、〇〇〇	一、二〇〇、〇〇〇	一三、二〇〇、〇〇〇
	二六、一〇〇	一七、九一〇	三八六、七六〇
	一五、三八三、一五六	三、四一二、〇二六	七二、五五七、四九四
	二五、五六七、〇五六	六、九七八、四三六	一二四、九〇七、四三九

授業料（三四、豫算）

小學校	最多	最寡	平均
尋常	、二〇〇	、〇八〇	、一二五
二年高等	、五〇〇	、三〇〇	、四一一
四年高等	、五〇〇	、五〇〇	、五〇〇

實業學校	
商業學校　本科	一、二〇〇
商業學校　豫科	、八〇〇
簡易商業學校	、五〇〇

小學校教員年功加俸（三四、七、一現在）

	人員	加俸月額
依新令者	二三八	五九四、〇〇〇
依補助法第六條之規定者	二一	四一、五五〇
計	二五九	六五五、五五〇

小學校加設學科目

尋常	圖畫、唱歌、裁縫
高等	英語隨意科（限男子）

京都市教育資金	四一、三三一、二五〇

學區有財產
（三三、三統計）

學校基本財產 金額	學校基本財產 土地 坪數	學校基本財產 土地 價格	學校基本財產 建物 坪數	學校基本財產 建物 價格	圖書價
八五、四〇〇、七六四	七九二、〇〇	九八四、〇〇〇	六五、〇〇	六五〇、〇〇〇	一一、九一二、三六九

敷地 坪數	敷地 價格	附屬地 坪數	附屬地 價格	建物 坪數	建物 價格	器械器具價
四七、五二六、〇九	五〇四、六六六、一七〇	五、〇一六、五四	三五、二七五、六〇九	二〇、七〇三、九五	五三五、九一一、二四二	六五、八一七、四〇六

市有

	高等小學校	美術工藝學校
基本財產 金額	三六二、一一三	（同）三、五二八、六六〇
敷地 坪數	一三、一六〇、〇六	—
敷地 價格	七六、二九三、七四五	—
圖書價	一、七九八、五一〇	二、八三三、四七〇
器械器具價	三、一三三、一〇四	八、五四九、九五七

財產（統計、三三）

	染織學校	商業學校	簡易商業學校
同金額	二二〇、八二五		
敷地 坪數	—	三、二六六、〇〇	六八九、一六
敷地 價格	—	四八、九四七、〇六〇	一〇、三三七、四〇〇
圖書價	五七〇、七五五	一、二五三、七五六	四四、六九四
器械器具價	八、八三九、二八〇	六、四六七、九一四	五三七、六四四

盲啞院經費及財產（統計、三三）

經費

支出	
院長給	五四〇、〇〇〇
圖書器械器具	二九四、八四二
計	四、六五七、六三八
教員給其他給與	二、五五七、七五二
諸費	一、二六五、〇四五
教員不均給	一六、五〇〇

收入	
財產收入	二、五八一、九九四
補助金	七六七、〇〇〇
雜入	一七、二五〇
授業料	三九一、〇〇〇
寄附金	九〇六、〇〇〇
計	四、六六三、三四四

財產（統計、三三）

金額	土地 坪數	土地 價格	圖書及器械器具價
三三、〇三二、五四三	一、二五三、〇〇	一九、四〇六、〇〇〇	一、七四九、三四四

生徒授業料（三四、參照）

管內	二〇〇
管外	一、三〇〇

五十七

陸軍士官學校中清國學生前後期學科日課表

明治三十五年三月

四月 日	曜	學科 午前	學科 回數	補修學科 午前	補修學科 回數	應用作業 午後	應用作業 回數
一四	月	戰	三七				
一五	火	戰	三八			戰	六
一六	水	兵	二四				
一七	木	築	九	築	二		
一八	金	戰	三九			築	一
一九	土	築	一〇				
二〇	日						
二一	月	戰	四〇				
二二	火	築	一一			築	二
二三	水	兵	二五				
二四	木	戰	四一	戰	一〇		
二五	金	兵	二六			戰	七
二六	土	築	二三				
二七	日						
二八	月	兵	二七				

二九	三〇	五 一	二	三	四	五	六	七	八	九	一〇	一一	一二	一三	一四	一五	一六	一七
火	水	木	金	土	日	月	火	水	木	金	土	日	月	火	水	木	金	土
			前期試驗			戰	靖國神社大祭	戰	築	兵	築		戰	兵器見學	築	築	戰	兵
						四二		四三	一三	二八	一四		四四		一五	一六	四五	二九
									築							築		
									三							四		
										築							築	
										三							四	

六月

一八	日						
一九	月	戰	四六				
二〇	火	築	一七			戰	八
二一	水	戰	四七				
二二	木	兵	三〇	兵	六		
二三	金	築	一八			築	五
二四	土	築	一九				
二五	日						
二六	月	築	二〇				
二七	火	戰	四八			築	六
二八	水	兵	三一				
二九	木	築	二一	築	五		
三〇	金	戰	四九			戰	九
三一	土	兵	三三				
一	日						
二	月	戰	五〇				
三	火	築	二三			築	七
四	水	戰	五一				
五	木	築	二三	築	六		

月	六	七	八	九	一〇	一一	一二	一三	一四	一五
	金	土	日	月	火	水	木	金	土	日
	戰	兵		築	戰	兵	戰	築	兵	
	五二	三三		二四	五三	三四	五四	二五	三五	

戰

二

築	戰	築
八	一〇	九

備考

一、軍制學。含戰術學回數之中。

二、應用作業之時間充各學科應用習熟。及各科之補習試驗等。其場所于通常自習室。或講堂室外行之。

三、表中戰者戰術學、兵者兵器學、築者築城學、地者地形學之畧語也。

現行學校系統

帝國大學　大學院……大學分科　修業年限五年

法科 四年
醫科 四年
工科 三年
文科 三年
理科 三年
農科 三年

音樂學校 三年(豫科一年)
高等師範學校 三年(豫科一年)
女子高等師範學校 四年
高等學校 三年
醫學專門學校 四年
外國語學校 三年
美術學校 四年(豫科一年)
高等農業學校 本科四年(豫科二年)
高等商業學校 三年(豫科一年)
高等工業學校 三年

師範學校 四年
女子師範學校 三年
中學校 五年
高等女學校 五年……三年
實業學校 甲種三年(豫科二年)

高等小學校 四年
實業學校 乙種三年
徒弟學校 六箇月…四箇月亦須三年
實業補習學校

尋常小學校 四年
盲啞學校 五年
幼稚園 三年

六十

學校統系目次

文部省直轄學校

一、專門教育

東京帝國大學

法科

醫科　附屬醫院

工科

文科

理科　附屬植物園、天文臺

農科　（藥樹園、演習林）

附屬圖書館

第一高等學校

美術學校

音樂學校

外國語學校

實業教育

東京高等工業學校

東京高等商業學校

普通教育

東京高等師範學校

女子高等師範學校

盲啞學校

二、公立學校

東京府師範學校（府立）

東京府女子師範學校（府立）

東京府第一中學校（府立）

東京府第二高等女學校（府立）

常盤小學校
富士見小學校
附屬幼稚園
帝國圖書館
三・私立學校
早稻田專門學校
麻布中學校
（眞宗大學）
日本女子大學校
共立女子職業學校
四・宮内省所管
學習院
華族女學校
五・陸軍省所管

地方幼年學校
中央幼年學校
六・遞信省所管
商船學校
東京郵便電信學校
七・農商務省所管
水產講習所

重訂東游叢録

大日本帝國陸軍

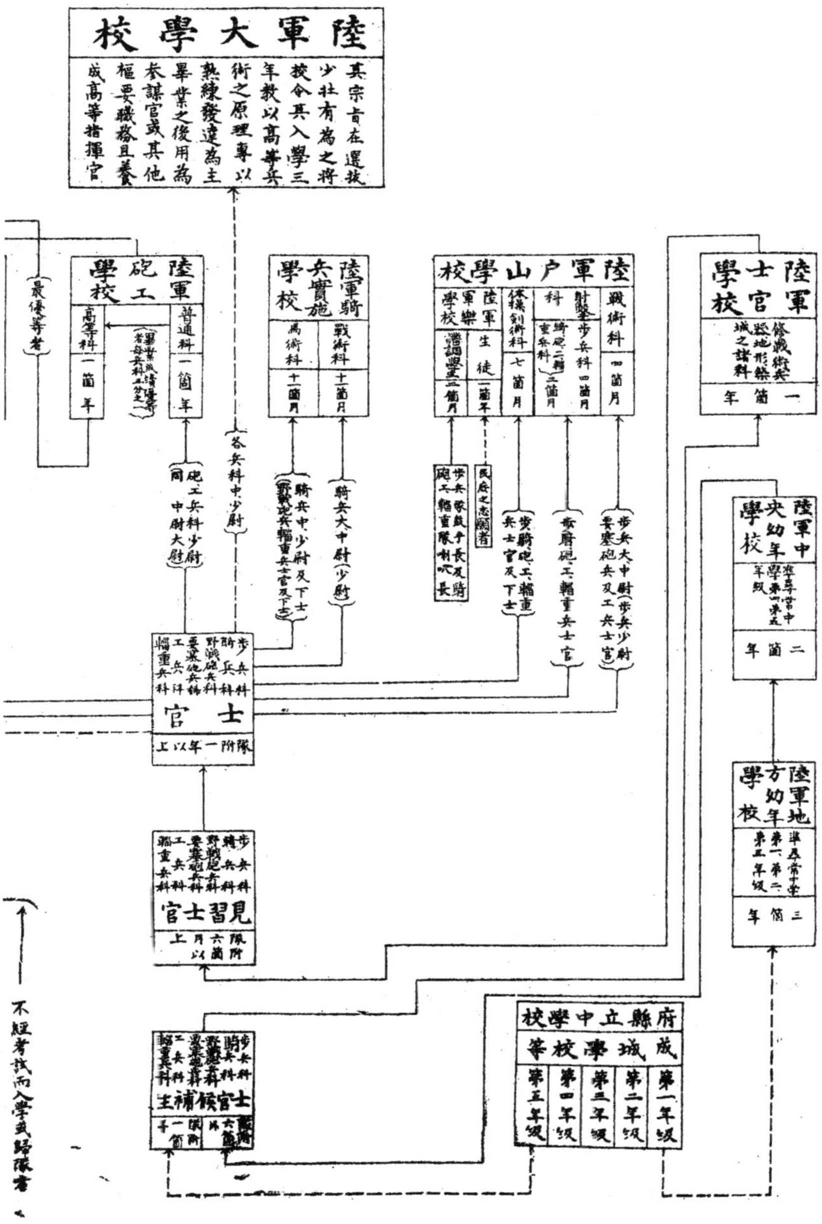
陸軍大學校
其宗旨在選拔少壯有為之將校令其入學三年教以高等兵術之原理專以熟練發達為主畢業之後用為參謀官或其他樞要職務且養成高等指揮官
陸軍砲工學校
普通科 一箇年
高等科 一箇年
最優等者
陸軍騎兵實施學校
戰術科 十一箇月
馬術科 十一箇月
陸軍戶山學校
陸軍士官學校
一箇年
陸軍中央幼年學校
二箇年
陸軍地方幼年學校
三箇年
士官
見習士官
士官候補生
府縣立中學校
成城學校等
第一年級
第二年級
第三年級
第四年級
第五年級

諸學校系統一覽表

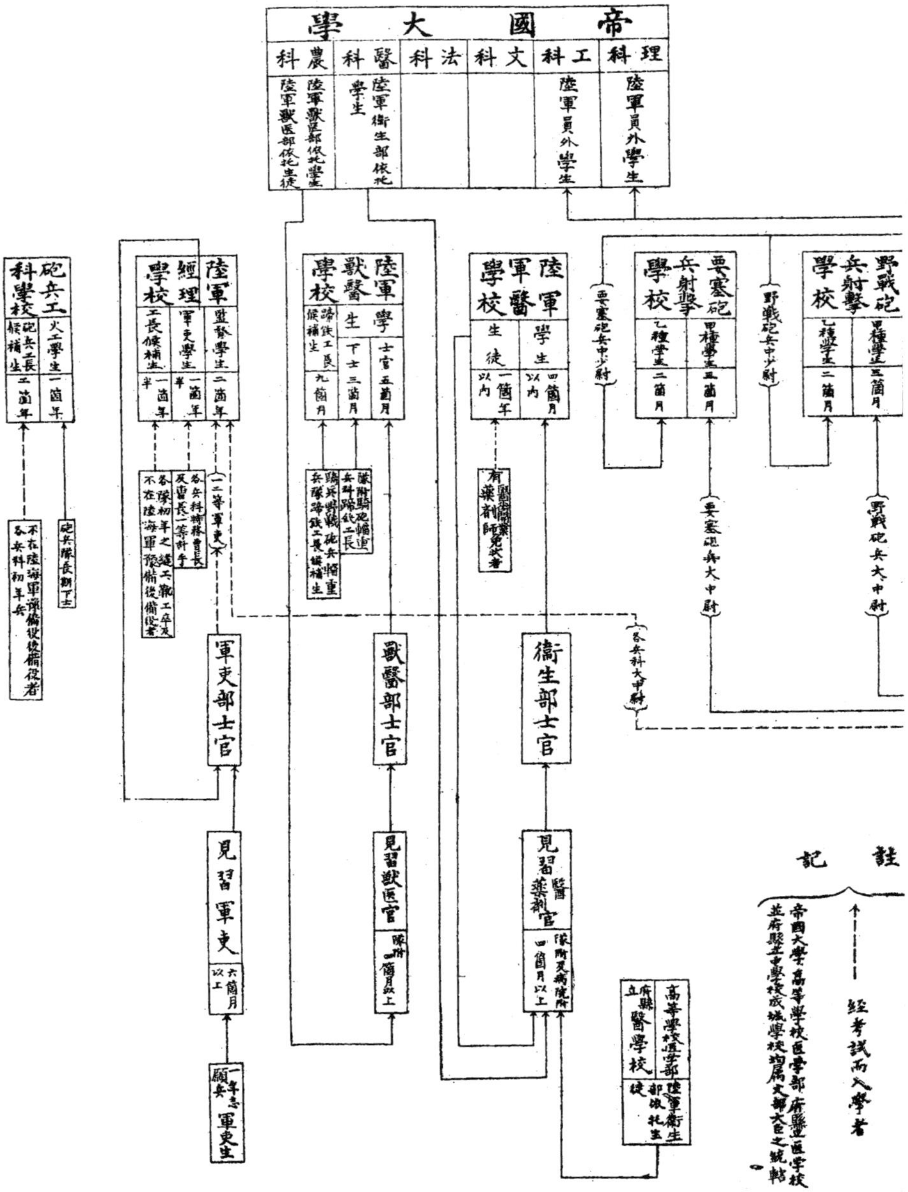
帝國大學
理科
工科
文科
法科
醫科
農科
陸軍員外學生
陸軍衛生部依托學生
陸軍獸醫部依托學生
陸軍獸醫部依托生徒
野戰砲兵射擊學校
甲種學生
乙種學生
要塞砲兵射擊學校
陸軍醫學校
學生
生徒
陸軍獸醫學校
學生
士官
下士
蹄鐵工長候補生
陸軍經理學校
砲兵工科學校
火工學生
砲兵工長候補生
野戰砲兵中少尉
要塞砲兵中少尉
野戰砲兵大中尉
要塞砲兵大中尉
各兵科大中尉
衛生部士官
獸醫部士官
軍吏部士官
見習軍吏
一年志願兵軍吏生
見習獸醫官
見習醫官
見習藥劑官
高等學校醫學部
府縣立醫學校
陸軍衛生部依托生徒
有藥劑師免狀者
砲兵隊長期下士
註記
經考試而入學者
帝國大學高等學校醫學部府縣立醫學校並府縣立中學校成城學校均屬文部大臣之號轄

學科課程表

第一　普通教育

甲　小學校（小學校令及小學校令實行規則參照）

尋常小學校修業年限四年。高等小學校修業年限二年、三年或四年。

尋常小學校之教科目。修身。國語。算術。體操。依土地之情況。加圖畫。唱歌。手工一科或數科。女兒加裁縫。所加科目爲隨意科。

高等小學校之教科目。修身。國語。算術。日本歷史。地理。理科。圖畫。唱歌。體操。女兒加裁縫。

修業年限二年之高等小學校。理科。唱歌。一科若二科闕之。又得加手工科。

修業年限三年以上之高等小學校，闕唱歌加農業、商業、手工、一科若數科。

修業年限四年高等小學校，得加英語。

附幼稚園

幼稚園保育幼兒，其條目，遊戲、唱歌、談話及手技。

東京盲啞學校

教科，尋常科、技藝科二種，各生徒兼修尋常科及技藝科中之一科若二科，若父兄望其專修尋常科，若認修技藝科中之某科者聽之。盲生尋常科，國語、算術、講談及體操，技藝科，音樂、鍼治及按摩。

啞生尋常科，讀方、習字、作文、算術、筆談及體操，技藝科，圖畫、彫刻、指物及裁縫授業時間。尋常科專修生一日五時。鍼治按摩專修生一日三時、其他都爲六時。

修業年限。按摩專修者三年。其他凡五年。

乙　中學校（中學校令及中學校令施行規則參照）

修業年限五年。但置一年以內之補習科。

年齡十二年以上。卒高等小學校第二學年課程及有同等之學力者。得以入學。

中學校之科目。修身。國語及漢文。外國語。歷史。地理。數學。博物。物理及化學。法制及經濟。圖畫。唱歌。體操。

外國語。英語。獨語及佛語。

法制及經濟。唱歌。得暫缺之。

於各學年各學科目每週教授時數如左表。

丙　高等女學校（高等女學校令及高等女學校令施行規則參照）

學科目＼學年	第一學年	第二學年	第三學年	第四學年	第五學年
修身	一	一	一	一	一
國語及漢文	七	七	七	六	六
外國語	七	七	七	七	六
歷史、地理	三	三	三	三	三
數學	三	三	五	五	四
博物	二	二	二		
物理及化學				四	四
法制及經濟					三
圖畫	一	一	一	一	
唱歌	一	一	一		
體操	三	三	三	三	三
計	二八	二八	三〇	三〇	三〇

修業年限四年。但依土地之狀況。得伸縮一年、或置二年以内之補習科。

高等女學校之科目。修身。國語。外國語。歷史。地理。數學。理科。圖畫。家事。裁縫。音樂。體操。但修業年限短縮之學校。缺外國語。

外國語。英語及佛語。

各學年各學科目之每週教授時數如左表。

課程表

學科目＼學年	第一學年	第二學年	第三學年	第四學年
修身	二	二	二	二
國語	六	六	五	五
外國語	三	三	三	三
歷史地理	三	三	二	三
數學	二	二	二	二
理科	二	二	二	一
圖畫	一	一	一	一

家事	裁縫	音樂	體操	教育	手藝	計
	四	二	三			二八
	四	二	三			二八
二	四	二	三			二八
二	四	二	三			二八

第二　師範教育（師範教育令參照）

甲　師範學校（師範學校令、師範學校學科及其程度參照）

師範學校男生徒之科目。修身。教育。國語。漢文。歷史。地理。數學。物理。化學。博物。習字。圖畫。音樂。體操。依土地之情況。加外國語。農業。商業。手工。中一科若數科。其加數科目者。依生徒之所長。就中課以一科。

師範學校女生徒之科目。修身。教育。國語。漢文。歷史。地理。數學。理科、家事、習字、圖畫、音樂、體操。

師範學校修業年限、男生徒四年、女生徒三年。

依土地之情況、師範學校置簡易科、豫備科、小學校教員講習科、幼稚園保姆講習科。

師範學校(男生徒)

學科目 ＼ 學年	第一學年	第二學年	第三學年	第四學年
修身	二	二	二	二
教育	二	二	三	一七
國語	四	二	二	
漢文		二	二	二
歷史	二	二	二	
地理	二	二	一	
數學	四	四	三	二
物理及化學	二	二	三	二

博物	習字	圖畫	音樂	體操	外國語	農業	商業	手工	計
四	二	二	一	六	(二)	(二)	(三)	(三)	三四
二	二	二	一	六	(三)	(三)	(三)	(三)	三四
二	一	二	二	六	(三)	(三)	(三)	(三)	三四
		一	二	三	(三)	(三)	(三)	(三)	三八

(女生徒)

學年＼科目	修身	教育	國語	漢文
第一學年	二	二	四	二
第二學年	二	二	三	二
第三學年	二	前半 四 後半 三二	三	二

歷史	二	二	二
地理	二	二	一
數學	四	五	二
理科	六	三	三
家事	二	六	六
習字	二	二	二
圖畫	二	二	二
音樂	二	二	二
體操	三	三	三
計	三四	三四	三四

乙　高等師範學校

豫科本科研究科三種。更分本科為四學部。修業年限。豫科一年。本科三年。研究科一年。

本科第一學部之科目。倫理。教育學。心理學。國語。漢文。英語。獨語。(或佛語)。歷史。哲學。言語學。生物學。生理學。體操。但隨意科加法制。

經濟。音樂。一科若二科。又國語漢文之生徒。不課外國語之全部。課外國語之生徒。不課國語漢文之全部云。

本科第二學部之科目。倫理。教育學。心理學。哲學。地理。歷史。法制。經濟。英語。生物學。體操。但隨意科目。加國語。漢文。獨語。音樂之一科若數科。

本科第三學部之科目。倫理。教育學。心理學。數學。物理學。化學。哲學。英語。圖畫。手工。體操。但隨意科目。加獨語。生物學。音樂之一科若數科。

本科第四學部之科目。倫理。教育學。心理學。植物學。動物學。生理學。礦物學。地學。農學。哲學。英語。圖畫。體操。但隨意科目。加化學。獨語。音樂之一科若數科。

研究科之科目。倫理學。教育學。教育制度。行政法。社會學。哲學。美學、實驗心理學、學校衛生、專科教育、兒童研究、教育演習、於研究科、擇修五科目以上、卒業令呈出論文、但教育演習不得缺之。

修業年限四年。

丙　女子高等師範學校

女子高等師範學校之學科、分文科、理科、技藝科。

文科之科目、倫理、教育學、國語、漢文、外國語、歷史、地理、家事、體操。

前項科目之外、習字、圖畫、音樂、爲隨意科。

理科之科目、倫理、教育學、國語、外國語、地學、數學、物理、化學、博物、家事、圖畫、體操。

前項科目之外、習字、音樂、爲隨意科。

技藝科之科目、倫理、教育學、國語、外國語、家事、習字、圖畫、體操。

前項科目之外、音樂、爲隨意科。

第三　專門教育

甲　高等學校(高等學校令及高等學校大學豫科學科規程參照)

高等學校、大學豫科、學科分爲第一部、第二部及第三部。第一部之學科、有志法科大學及文科大學者、第二部之學科、志工科大學、理科大學、理工科大學及農科大學者、第三部之學科志醫科大學者習之。

第一部之學科、倫理國語及漢文、外國語、歷史、論理及心理、法學通論、體操。

外國語、英語、獨語及佛語之中、選用二種。

第二部之學科、倫理、國語、外國語、數學、物理、化學、地質及鑛物、圖畫、體操。

第三部之學科、倫理、國語、外國語、拉丁語、數學、物理、化學、動物及植物、體操。

各部各學科之每週授業時數如左。

第一部

學年＼學科目	倫理	國語及漢文	英語	獨語	佛語	歷史	論理及心理	法學通論	經濟通論	體操	計
第一年		六	(九)	(九)	(九)	三				三	三〇
第二年		五	(九)	(九)	(九)	三	二			三	三一
第三年	一	四	(八)	(八)	(八)	三		二	(二)	三	二九 三一

備考

表中（ ）號選擇科目之時數，〔 〕號僅志文科大學者所課時數。

第二部

學年＼學科目	倫理	國語	英語	獨語或佛語	數學	物理	化學	地質及鑛物	圖畫	體操	計
第一年		三	八	八	五				四	三	三一
第二年			七	七	四	三	三		四	三	三一
第三年	一		四	四	六	三	五 實驗 二三	二	二	三	三〇

第三部

學科目 \ 學年	倫理	國語	獨逸語	英語或佛語	拉丁語	數學	物理	化學	動物及植物	體操	計
第一年		三	一三	三		三			四	三	二九
第二年			一三	三		二	三	三	實驗 三	三	三〇
第三年	一		一〇	三	二		六（講義三 實驗三）	六（講義三 實驗三）		三	三一

乙　帝國大學（帝國大學令、講座種類及其數參照）

法科大學

課程表

第一　本學設左方之二學科。

第一　法律學科

第二　政治學科

第二　法律學科授業科目如左。

憲法。民法。商法。民事訴訟法。破產法。刑法。刑事訴訟法。行政法。國際公法。國際私法。法制史。比較法制史。羅馬法。英吉利法。佛蘭西法。獨逸法。法理學。經濟學。

第三　政治學科授業科目如左。

憲法。經濟學。經濟學史。經濟史。財政學。統計學。國法學。政治學。政治史。行政法。國際公法。國際私法。法制史。比較法制史。法理學。民法。商法。刑法總論。

醫科大學

本學設左方之二學科。

第一　醫學科

第二　藥學科

醫學科之課程爲四週年。學生之階級亦分爲四。

藥學科之課程爲三週年。學生之階級亦分爲三。

醫學科

第一年

解剖學	第一期 第二、三期	每週十二時 每週六時
解剖學實習	第二期	每週十二時
組織學	第一期 第二期	每週二時
組織學實習	第三期	每週七時
生理學	一年間	每週六時

病理總論	第三期	每週五時
病理解剖學實習	時々	

第二年

解剖學實習	第一期	每週十二時
(胎生學)	第二期 第三期	每週二時
局處解剖學	第一期 第二期	每週二時
藥物學	一年間	每週三時
藥物學實習	第三期	每週(六時)
醫化學實習	第二期 第三期	每週(六時)
處方學	第二期	每週二時
病理總論	第一期	每週二時
病理解剖學	第一期 第二期	每週四時 每週六時

病理解剖學實習	第一、二期	時々
病理組織學實習	第二、三期	每週四時
診斷學	第二、三期	每週二時
外科總論	一年間	每週二時
婦人科學	第三期	每週六時
眼科學	第三期	每週二時
內科各論	一年間	每週三時
外科各論	第一、二期 第三期	每週二時 每週三時
第三年		
局所解剖學	第一、二期	每週二時
內科各論	一年間	每週三時
內科臨床講義	一年間	每週四時

內科外來患者臨床講義	一年間	每週六時
外科各論	第一、二期	每週二時
	第三期	每週三時
外科臨床講義	一年間	每週六時
外科外來患者臨床講義	一年間	每週六時
繃帶學實習	第三期	每週（四時）
產科學	第一期	每週五時
產科模型演習	第二期	每週六時
眼科學	第一期	每週一時
	第三期	每週二時
衛生學	第二期、第三期	每週二時
法醫學	第二期、第三期	每週二時

第四年

內科臨床講義	一年間	每週四時

內科外來患者臨床講義	一年間	每週六時
外科臨床講義	一年間	每週六時
外科外來患者臨床講義	一年間	每週四時
外科手術實習	第三期	每週三時
產科婦人科臨床講義	一年間	每週一時
產科婦人科外來患者臨床講義	一年間	每週（六時）
眼科學	第一期	每週一時
眼科臨床講義	一年間	每週一時
眼科外來患者臨床講義	第二期 第三期	每週六時
檢眼鏡實習	第一期	每週（六時）
皮膚病學黴毒學及皮膚病黴毒臨床講義	一年間	每週二時
精神病學及精神病臨床講義	一年間	每週二時

衛生學	第一期	每週二時
黴菌學實習	第三期	每週四時
法醫學	第一期	每週二時
小兒科臨床講義	一年間	每週一時
小兒科外來患者臨床講義	一年間	每週（六時）

備考

時間中加（　）號之學科，一級中分數組，使聽講適宜之學科也。

學科中加（　）號者，雖聽講而不舉行學年試驗者。

藥學科

第一年

製藥化學	一年間	每週三時
藥用植物學	一年間	每週二時

植物解剖學	第一期、第二期	每週二時、每週一時
分析術實習	第一期	每週卅五時
製藥化學實習	第二期、第三期	每週卅時
植物學實習並顯微鏡用法	第二期、第三期	每週五時
第二年		
生藥學	一年間	每週四時
裁判化學	第一期、第二期	每週三時、每週二時
衛生化學	第二期、第三期	每週二時、每週四時
植物分析法實習	第一期	每週十二時
生藥學實習	第一期、第二、三期	每週五時、每週卅四時
製藥化學實習	第一期	每週十八時
第三年		

有機體攷究法　第一、第二期　每週二時
調劑學　第一期　每週二時
裁判化學實習　第一期　每週二十時
衛生化學實習　第二期　每週二十時
調劑學實習　第一期　每週十八時　第二期　每週二十時
藥局方使用法實習　第三期　每週四十二時
卒業論文

工科大學

本學設左方之九學科。修業之期限各三年。

第一　土木工學科
第二　機械工學科
第三　造船學科

第四　造兵學科
第五　電氣工學科
第六　建築學科
第七　應用化學科
第八　火藥學科
第九　採鑛及冶金學科

土木工學科

第一年

數學　（第一期）（第二期）　每週三時
應用力學　（第一期）每週三時　（第二、三期）每週四時
熱機關　一年間　每週一時
機械製造法　一年間　每週一時半

建築材料	第一期	每週三時
製造冶金學	第一期 第二期	每週三時 每週二時
地質學	第二期 第三期	每週一時
石工學	第一、二期 第三期	每週二時 每週三時
橋梁	第三期	每週四時半
道路	第二期 第三期	每週二時 每週一時
測量	第一期 第二期	每週二時
計畫製圖及實習	第一、二期 第三期	每週十八時 每週二十時
第二年		
河海工學	第一期 第二期 第三期	每週三時 每週四時 每週五時
鐵道	一年間	每週三時
橋梁	第一期 第二期	每週三時半

衛生工學	第一期	每週四時半
	第二、三期	每週三時
水力學	第二期	每週一時
	第三期	每週二時
工藝經濟學	一年間	每週一時
計畫及製圖	第一、二期	每週二十一時
	第三期	每週二十二時
實地演習		
第三年		
河海工學	第一期	每週二時
市街鐵道	第一期	每週三時
水力機	第一期、第二期	每週一時
地震學	第一期	每週二時
	第二期	每週三時
土木行政法	第一期	每週三時
家屋構造	第一期、第二期	每週二時

測地學	第一期 第二期	每週二時
電氣工學大意	第一期 第二期	每週二時
計畫及製圖	第一期 第二期	每週二十時 每週二十七時
實地演習		
卒業計畫	第三期	

機械工學科

第一年

數學	第一期 第二期	每週三時
力學	一年間	每週一時
應用力學	第一期 第二期 第三期	每週三時 每週二時 每週一時
熱機關	一年間	每週二時
機械學	一年間	每週一時

水力學	第二期 第三期	每週一時 每週二時
機械製造法	一年間	每週一時半
造船學大意	△一年間	每週一時半
應用力學製圖及演習	一年間	每週二時
計畫製圖及實驗	○第一、二期 第三期	每週二十三時 每週二十六時
	▲第一期 第二期 第三期	每週二十二時 每週十四時 每週十七時
造船計畫及製圖	▲第二期 第三期	每週八時

第二年

蒸氣及熱力學	一年間	每週二時
機械幾何學及機械力學	一年間	每週一時
舶用機關	第一期 第二、三期	每週一時 每週二時
	△第二、三期	每週一時半
紡織	○第二期 第三期	每週一時

機關車	第二期	每週一時
	第三期	每週一時
造船學大意	第二期	每週二時
	第三期	每週二時
水力機	第一、二期	每週一時
	第二、三期	每週一時
電氣工學大意	第一期	每週二時
	第二期	每週二時
製造冶金學	第一期	每週三時
	第二、三期	每週二時
火兵及火藥	第三期	每週二時
家屋構造	第一期	每週二時
	第二期	每週二時
工藝經濟學	一年間	每週一時
計畫製圖及試驗	第一期	每週二十三時
	第二、三期	每週二十時
電氣工學實驗	第一期	每週二十五時
	第二期	每週二十二時
	第三期	每週二十時
實地演習	第三期	每週三時

第三年

特別講義	第三期	每週一時
實地演習	第一期 第二期	
卒業計畫及論文	第三期	

時間之上加△印者，專修船用機關學之機械工學科學生，加○印者，其他之機械工學科學生所課也。

造船學科

第一年

數學	第一期 第二期	每週三時
力學	一年間	每週一時
應用力學	第一期	每週三時
	第二期	每週二時
	第三期	每週一時
熱機關	一年間	每週二時

機械學	一年間	每週一時
機械製造法	一年間	每週一時半
製造冶金學	第一期 第二期	每週三時 每週二時
水力學	第二期 第三期	每週一時 每週二時
造船學	一年間	每週五時
應用力學製圖及演習	一年間	每週二時
計畫及製圖	第一、二期 第三期	每週八時 每週十三時
舶用機關計畫及製圖	一年間	每週八時

第二年

造船學	一年間	每週十時
蒸氣	第一期 第二期	每週一時
舶用機關	第一期 第二、三期	每週一時 每週二時半

水力機　第一期第二期　每週一時
火兵及火藥　第三期　每週二時
電氣工學大意　第一期第二期　每週二時
工藝經濟學　一年間　每週一時
計畫及製圖　第一期第二期第三期　每週二十時　每週十九時　每週二十一時
實地演習

第三年

造船學　第二期第三期　每週四時半　每週三時
計畫及製圖　第二期　每週三十時
實地演習　第一期
卒業計畫及論文　第三期

造兵學科

第一年

科目	期間	時數
數學	第一期 第二期	每週三時
力學	一年間	每週二時
應用力學	第一期	每週三時
	第二期	每週二時
	第三期	每週一時
熱機關	一年間	每週二時
機械學	一年間	每週一時
火藥學	一年間	每週二時
小銃及火砲	一年間	每週二時
水力學	第二期	每週一時
	第三期	每週二時
機械製造法	一年間	每週一時半
冶金學	一年間	每週二時
應用力學製圖及演習	一年間	每週二時

化學實驗	一年間	每週六時
機械製圖	第一、二期 第三期	每週十一時 每週十四時

第二年

砲外彈道學	第一期 第二期	每週二時
火藥學	一年間	每週二時
彈丸	第三期	每週二時
砲架及車輛	一年間	每週二時
水雷	第三期	每週二時
蒸氣	第一期 第二期	每週一時
電氣工學大意	第一期 第二期	每週二時
造船學大意	一年間	每週一時半
鐵冶金學	一年間	每週三時

水力機　第一期、第二期　每週一時

化學實驗　一年間　每週八時

計畫及製圖　第一、二期　每週十四時

第三期　每週十六時

實地演習

第三年

水雷　第二期　每週二時

製造冶金學　第二期　第三期　每週二時

特別講義　第二期　每週二時

射擊表編設　第二期　每週二時

計畫及製圖　第二期　每週二十七時

實地演習　第一期

卒業計畫及論文　第三期

電氣工學科

第一年

學科	期間	時數
數學	第一期、第二期	每週三時
力學	一年間	每週一時
應用力學	第一期	每週三時
	第二期	每週二時
	第三期	每週一時
熱機關	一年間	每週二時
水力學	第二期	每週一時
	第三期	每週二時
機械學	一年間	每週一時
電氣及磁氣	一年間	每週三時
電氣及磁氣測定法	第三期	每週二時
機械製圖	第一期、第二期	每週七時
化學實驗	第一期、第二期	每週六時

電氣及磁氣實驗	第一、二期 第三期	每週十時 每週二十五時

第二年

電信及電話	一年間	每週二時
電燈及電力	一年間	每週三時
發電機及電動機	一年間	每週三時
電氣及磁氣測定法	第一期 第二期	每週二時
電氣化學	第二期 第三期	每週二時
蒸氣	第一期 第二期	每週一時
水力機	第二期 第三期	每週一時
製造冶金學	第一期	每週三時
工藝經濟學	一年間	每週一時
計畫及製圖	第一、二期 第三期	每週七時 每週十時

電氣工學實驗　一年間　每週十五時

實地演習

第三年

特別講義　第三期　每週一時

實地演習　第一期　第二期

卒業論文　第三期

建築學科

第一年

數學　第一期　第二期　每週三時

熱機關　一年間　每週一時

應用力學　第一期　每週三時　第二期　每週二時　第三期　每週一時

測量　第一期　每週二時

地質學	第二期；第三期	每週一時
應用規矩	第二期；第三期	每週一時半
建築材料	第一期	每週三時
家屋構造	第一、二期；第三期	每週二時；每週三時
建築意匠	第三期	每週一時
建築歷史	第一期；第二、三期	每週二時；每週三時
日本建築	第一、二期；第三期	每週一時；每週二時半
配景法	第一期	每週一時
自在畫	一年間	每週三時
應用力學製圖及演習	一年間	每週二時
測量實習	第一期	每週四時
製圖及配景圖	第一期	每週九時

計畫及製圖	第二期 第三期	每週十七時

第二年

衛生工學	第一期 第二期 第三期	每週二時 每週三時半 每週一時半
裝飾法	第一期	每週一時半
日本建築	一年間	每週一時半
水力學	第二期 第三期	每週一時 每週二時
建築意匠	第一期 第二期 第三期	每週三時 每週二時 每週一時半
施工法	第二期 第三期	每週二時 每週一時半
建築條例	第二期 第三期	每週一時半
製造冶金學	第一期 第二、三期	每週三時 每週二時
美學	一年間	每週二時
自在畫	一年間	每週三時

裝飾畫　一年間　每週四時
計畫及製圖　第一期　每週十七時　第二期　每週十四時　第三期　每週十六時
實地演習

第三年

地震學　第一期　每週二時　第二期　每週三時
裝飾畫　第一期　每週六時　第二期　每週四時
自在畫　第一期　第二期　每週三時
計畫及製圖　第一期　第二期　每週二十五時
實地演習
卒業計畫　第三期

應用化學科

第一年

無機化學	第一期 第二期	每週三時
有機化學	第一期 第二期	每週三時
化學史	第三期	每週三時
製造化學	第二期 第三期	每週二時 每週五時
冶金學	一年間	每週二時
鑛物學	第一期	每週三時
熱機關	一年間	每週一時
機械學	一年間	每週一時
水力學	第二期 第三期	每週一時 每週二時
應用力學	一年間	每週一時
家屋構造	第一期 第二期	每週二時
化學分析實驗	第一期 第二期 第三期	每週二十一時 每週二十時 每週十三時

礦物識別	第二期 第三期	每週一時
計畫及製圖	第三期	每週八時

第二年

製造化學	一年間	每週九時
電氣化學	第二期 第三期	每週二時
冶金學	第一期 第二期	每週四時
電氣工學大意	第一期 第二期	每週二時
火藥學大意	一年間	每週一時
化學分析實驗	第一期	每週二十一時
工業分析實驗	第二期	每週十九時
製造化學實驗	第三期	每週十七時
計畫及製圖	第三期	每週八時

實地演習

第三年

製造化學	第一期、第二期	每週九時
製造冶金學	第一期	每週三時
	第二期	每週二時
試金術	第一期	每週二時
製造化學實驗	第一期	每週十三時
試金實習	第一期	每週四時
計畫及製圖	第一期	每週六時
實地演習		
研究及卒業論文	第二期、第三期	

火藥學科

第一年

數學	第一期 第二期	每週三時
力學	一年間	每週一時
應用力學	一年間	每週一時
機械學	一年間	每週一時
熱機關	一年間	每週一時
火藥學	一年間	每週二時
小銃及火砲	一年間	每週二時
無機化學	第一期 第二期	每週三時
有機化學	第一期 第二期	每週三時
製造化學	第二期 第三期	每週二時 每週五時
水力學	第二期 第三期	每週一時 每週二時
化學分析實驗	第一期 第二期 第三期	每週二十時 每週十七時 每週十四時

機械製圖	第三期	每週八時
第二年		
火藥學	一年間	每週二時
砲外彈道學	第一期、第二期	每週二時
彈丸	第三期	每週二時
砲架及車輛	一年間	每週二時
水雷	第三期	每週二時
製造化學	一年間	每週三時
電氣工學大意	第一期、第二期	每週二時
製造冶金學	第一期	每週三時
	第二、三期	每週二時
家屋構造	第一期、第二期	每週二時
化學分析實驗	第一期	每週十六時

工業分析實驗　第二期　每週十七時
製造化學實驗　第三期　每週十七時
計畫及製圖　第一、二期　每週五時
　　　　　　第三期　每週七時
實地演習

第三年

水雷　第二期　每週二時
特別講義　第二期　每週四時
製造化學實驗　第二期　每週十八時
計畫及製圖　第二期　每週八時
實地演習　第一期
卒業計畫及論文　第三期

採鑛及冶金學科

第一年

鑛物學	第一期	每週三時
地質學	第二期 第三期	每週二時
採鑛學	一年間	每週四時
冶金學	一年間	每週二時
測量	第一期	每週二時
鑛山測量	第二期 第三期	每週二時
家屋構造	第一期 第二期	每週二時
熱機關	一年間	每週一時
機械學	一年間	每週一時
應用力學	一年間	每週一時
鑛物及巖石識別	第二期 第三期	每週二時

化學分析實驗	一年間	每週九時
測量實習	一年間	每週四時
鑛山測量實習		
計畫及製圖	第一期 第二期 第三期	每週八時 每週七時 每週八時

第二年

冶金學	一年間	每週四時
鐵冶金學	一年間	每週三時
採鑛學	一年間	每週二時
選鑛學	一年間	每週二時
水力學	第二期 第三期	每週一時 每週二時
機械製造法	一年間	每週一時半
電氣工學大意	第一期 第二期	每週二時

試金術	第一期、第二期	每週二時
試金實習	一年間	每週四時
吹管分析	第一、二期 第三期	每週二時 每週三時
鑛物及巖石識別	第一期	每週二時
化學分析實驗	第一、二期 第三期	每週十三時 每週十五時
實地演習		

第三年

鑛床學	第二期、第三期	每週三時
製造冶金學	第二期、第三期	每週二時
鑛山法律	第二期、第三期	每週二時
冶金實驗	第二期	每週六時
工學實驗	第二期	每週三時

採鑛計畫　第二期　每週六時　第三期　每週九時
冶金計畫　第二期　每週六時　第三期　每週九時
鐵冶金計畫　第二期　每週六時　第三期　每週九時
實地演習　第一期
卒業論文　第一期　第二期

文科大學

本學設左方之九學科。修業年限各三年。

第一　哲學科
第二　國文學科
第三　漢學科
第四　國史科
第五　史學科

第六　言語學科
第七　英文學科
第八　獨逸文學科
第九　佛蘭西文學科

哲學科

第一年

哲學概論	第一期	每週四時
西洋哲學史	第二、三期	每週五時
論理學及認識論	一年間	每週三時
社會學	一年間	每週三時
東洋哲學(佛教哲學)	一年間	每週二時
英語*	一年間	每週三時

佛蘭西語*　一年間　每週三時

獨逸語*　一年間　每週三時

*印之三課目選二課習之

第二年

西洋哲學史　一年間　每週三時

東洋哲學史　一年間　每週二時

東洋哲學(支那哲學)　一年間　每週一時

論理學及認識論　一年間　每週三時

心理學　一年間　每週三時

心理學實驗　一年間　每週一回

倫理學　一年間　每週三時

英語*　一年間　每週三時

佛蘭西語*	一年間　每週三時
獨逸語*	一年間　每週三時

*印之三課目選二課目習之

第三年

哲學	一年間　每週二時
東洋哲學史	一年間　每週二時
東洋哲學(支那哲學)	一年間　每週二時
哲學演習	一年間　每週三時
美學	一年間　每週二時
教育學	一年間　每週二時
英語*	一年間　每週三時
佛蘭西語*	一年間　每週三時

獨逸語　　一年間　每週三時

＊印之三課目選二課目習之、

隨意科目

第一年

倫理學、心理學(概論)、漢文學、生理學、動物學、地質學、拉丁語、希臘語、梵語、

第二年

東洋哲學(佛教哲學)、宗教學、社會學、人類學、精神病學、梵語、拉丁語、希臘語、

第三年

倫理學、心理學、社會學、經濟學、國際公法、法理學、梵語、希臘語、

國文學科

第一年

國語學	一年間	每週三時
國文學	一年間	每週三時
漢文學	一年間	每週三時
哲學概論	第一期	每週四時
西洋哲學史	第二、三期	每週五時
聲音學	一年間	每週一時
英語*	一年間	每週三時
佛蘭西語*	一年間	每週三時
獨逸語*	一年間	每週三時

*印之三課目中選二課目習之

第二年

國語學	一年間	每週二時
國文學	一年間	每週二時
國文學史	一年間	每週二時
漢文學	一年間	每週三時
言語學	一年間	每週二時
國史	一年間	每週三時
東洋哲學(支那哲學)	一年間	每週二時
英語*	一年間	每週三時
佛蘭西語*	一年間	每週三時
獨逸語*	一年間	每週三時

*印之三課目中，選二課目習之。

第三年

國語學	一年間	每週二時
國文學	一年間	每週二時
國文學史	一年間	每週二時
漢文學	一年間	每週三時
美學	一年間	每週二時
美術史	一年間	每週二時
東洋哲學(佛教哲學)	一年間	每週二時
國史	一年間	每週三時
教育學	一年間	每週二時
英語*	一年間	每週三時
佛蘭西語*	一年間	每週三時
獨逸語*	一年間	每週三時

＊印之三課目中選一課目習之

隨意科目

第一年

國史·支那史·史學·法制史·心理學·拉丁語·希臘語·梵語·

第二年

支那史·史學·法制史·西洋文學史(近世)·社會學·宗教學·拉丁語·希臘語·梵語·支那語·東洋哲學(佛教哲學)·論理學及認識論·

第三年

西洋文學史(古代)·梵語·支那語·朝鮮語·伊太利語·露西亞語·倭奴語·倫理學·論理學及認識論·

漢學科

第一年

學科	期間		(經)	(史)	(文)
哲學概論	第一期	每週	四時	—	四時
	一年間	每週	—	二時	—
西洋哲學史	第二、三期	每週	五時	—	五時
東洋哲學史(支那哲學)	一年間	每週	六時	—	三時
史學研究法	一年間	每週	—	二時	—
支那史	一年間	每週	—	六時	—
支那法制史	一年間	每週	—	三時	—
年代學	一年間	每週	—	一時	—
支那語	一年間	每週	二時	二時	二時
漢文學	一年間	每週	二時	—	五時
聲音學	一年間	每週	—	—	一時
英語*	一年間	每週	三時	三時	三時
佛蘭西語*	一年間	每週	三時	三時	三時

獨逸語*	一年間	每週三時	三時	三時	

*印之三課目中選二課目習之。經者經學之專修者。史者史學之專修者。文者文學之專修者。以下仿此。

第二年

			(經)	(史)	(文)
東洋哲學史	一年間	每週	二時	二時	二時
東洋哲學(支那哲學)	一年間	每週	六時	二時	四時
支那史	一年間	每週	｜	六時	｜
支那法制史	一年間	每週	｜	二時	｜
史學	一年間	每週	｜	三時	｜
支那語	一年間	每週	｜	｜	二時
漢文學	一年間	每週	二時	二時	五時

心理學	一年間每週	三時(經)	—(史)	三時(文)
論理學及認識論	一年間每週	三時	—	—
英語*	一年間每週	三時	三時	三時
佛蘭西語*	一年間每週	三時	三時	三時
獨逸語*	一年間每週	三時	三時	三時

*印ノ三課目中選二課目習之。

第三年

東洋哲學史	一年間每週	二時(經)	二時(史)	二時(文)
東洋哲學(支那哲學)	一年間每週	六時	二時	二時
東洋哲學(佛教哲學)	一年間每週	二時	二時	—
支那史	一年間每週	二時	六時	二時
支那法制史	一年間每週	—	二時	—

科目	年限		（經）	（史）	（文）
支那語	一年間	每週	—	—	二時
漢文學	一年間	每週	—	—	五時
倫理學	一年間	每週	三時	—	—
美學	一年間	每週	—	—	二時
美術史	一年間	每週	—	—	二時
教育學	一年間	每週	二時	二時	二時
英語*	一年間	每週	三時	三時	三時
佛蘭西語	一年間	每週	三時	三時	三時
獨逸語*	一年間	每週	三時	三時	三時

*印之三課目中，經學及史學之專修者選二課目。文學之專修者選一課目習之。

隨意科目

第一年

國史、法制史、支那史、支那法制史、國文學、史學、地理學、心理學、
論理學及認識論、東洋哲學（支那哲學）、

第二年

西洋哲學史、比較法制史、人類學、東洋哲學（佛教哲學）、倫理學、
論理學及認識論、宗教學、社會學、國史、支那史、國文學、支那語、

第三年

國史、哲學、史學、社會學、心理學、宗教學、國文學、言語學、西洋文
學史、支那語、朝鮮語、梵語、露西亞語、

國史科

第一年

國史及地理　一年間　每週六時

法制史	第二、三期	每週二時
支那史及支那法制史	一年間	每週三時
史學研究法	一年間	每週二時
年代學	一年間	每週一時
古文書學	一年間	每週二時
哲學概論	一年間	每週二時
英語*	一年間	每週三時
佛蘭西語*	一年間	每週三時
獨逸語*	一年間	每週三時

* 印之三課目中選二課目習之。

第二年

國史及地理	一年間	每週六時

法制史	一年間	每週三時
支那史及支那法制史	一年間	每週三時
史學	一年間	每週三時
古文書學	一年間	每週一時
英語*	一年間	每週三時
佛蘭西語*	一年間	每週三時
獨逸語*	一年間	每週三時

*印之三課目中、選二課目習之。

第三年

國史	一年間	每週六時
法制史	一年間	每週三時
支那史及支那法制史	一年間	每週二時

史學　一年間　每週二時
教育學　一年間　每週二時
英語*　一年間　每週三時
佛蘭西語*　一年間　每週三時
獨逸語*　一年間　每週三時
*印之三課目中。選二課目習之。

隨意科目

第一年

國文學。漢文學。地理學。言語學。比較法制史。

第二年

國文學。漢文學。人類學。社會學。東洋哲學。宗教學。

第三年

美學・美術史・東洋哲學・經濟學・財政學・法理學・伊太利語・和蘭語・支那語・朝鮮語・啓奴語・

史學科

第一年

史學及地理學	一年間	每週七時
國史	一年間	每週三時
支那史及支那法制史	一年間	每週三時
古文書學	一年間	每週二時
年代學	一年間	每週一時
哲學概論	一年間	每週二時
英語*	一年間	每週三時
佛蘭西語*	一年間	每週三時

獨逸語*　一年間　每週三時

*印之三課目中選二課目習之

第二年

史學及地理　一年間　每週七時

國史　一年間　每週三時

支那史及支那法制史　一年間　每週三時

古文書學　一年間　每週一時

英語*　一年間　每週三時

佛蘭西語*　一年間　每週三時

獨逸語*　一年間　每週三時

*印之三課目中選二課目習之

第三年

史學及地理學	一年間	每週七時
國史	一年間	每週二時
支那史及支那法制史	一年間	每週二時
教育學	一年間	每週二時
英語*	一年間	每週三時
佛蘭西語*	一年間	每週三時
獨逸語*	一年間	每週三時

*印之三課目中選二課目習之。

隨意科目

三年間

國文學．漢文學．言語學．社會學．人類學．宗教學．經濟學．財政學．

國際公法．法理學．美學．東洋哲學．法制史．比較法制史．美術史．

伊太利語•和蘭語•露西亞語•朝鮮語•支那語•拉丁語•希臘語•梵語•

言語學科

第一年

言語學	一年間	每週二時
國語學	一年間	每週二時
拉丁語	一年間	每週三時
希臘語	一年間	每週二時
獨逸語	一年間	每週三時
佛蘭西語學	一年間	每週三時
人類學	一年間	每週三時
哲學概論	一年間	每週二時

第二年

言語學	一年間	每週一時
聲音學	一年間	每週一時
肉門司語及邱多尼克語比較文法	一年間	每週二時
國語學	一年間	每週二時
支那語	一年間	每週三時
羅甸語	一年間	每週三時
獨逸語	一年間	每週三時
梵語	一年間	每週二時

第三年

印度歐羅巴語比較文法	一年間	每週二時
言語學演習	一年間	每週二時

支那語　一年間　每週三時
朝鮮語　一年間　每週三時
羅甸語　一年間　每週三時
梵語　一年間　每週二時
教育學　一年間　每週二時

隨意科目(三年間)

論理學及認識論.心理學.史學.國史.支那史.社會學.東洋哲學.宗教學.國語學.英語.佛蘭西語.伊太利語.獨逸語.和蘭語.希臘語.露西亞語.倭奴語.馬來語.滿州語.國文學史.漢文學.西洋文學史.

英文學科

第一年

哲學概論	第一期	每週四時
西洋哲學史	第二、三期	每週五時
英語	一年間	每週九時
羅甸語	一年間	每週三時
獨逸語	一年間	每週三時
史學*	一年間	每週三時
佛蘭西語*	一年間	每週三時

*印之二課目中選一課目習之

第二年

東洋哲學史	一年間	每週二時
聲音學	一年間	每週一時
內門司語及邱多尼克語比較文法	一年間	每週二時

英語　一年間　每週九時
拉丁語　一年間　每週三時
獨逸語　一年間　每週三時
佛蘭西語　一年間　每週三時

第三年

英語　一年間　每週九時
美學　一年間　每週二時
美術史　一年間　每週二時
國文學*　一年間　每週三時
漢文學*　一年間　每週三時
羅甸語　一年間　每週三時
西洋文學史(近世)　一年間　每週二時

教育學　　一年間　每週二時

*印二者之中選一課目習之。

隨意科目(三年間)

史學。國史。支那史。論理學及認識論。心理學。社會學。人類學。言語學。印度歐羅巴語比較文法。國語學。希臘語。梵語。獨逸語。佛蘭西語。伊太利語。和蘭語。露西亞語。國文學。漢文學。西洋文學史(古代)

獨逸文學科

第一年

哲學概論	第一期	每週四時
西洋哲學史	第二、三期	每週五時
獨逸語	一年間	每週九時

拉丁語	一年間	每週三時
英語	一年間	每週三時
史學*	一年間	每週三時
佛蘭西語*	一年間	每週三時

*印二者之中選一課目習之。

第二年

東洋哲學史	一年間	每週二時
梵音學	一年間	每週一時
內門司語及耶多尼克語比較文法	一年間	每週二時
獨逸語	一年間	每週九時
羅甸語	一年間	每週三時
英語	一年間	每週三時

三十九

佛蘭西語	一年間	每週三時

第三年

獨逸語	一年間	每週九時
美學	一年間	每週二時
美術史	一年間	每週二時
國文學	一年間	每週三時
漢文學	一年間	每週三時
羅甸語	一年間	每週三時
西洋文學史(近世)	一年間	每週二時
教育學	一年間	每週一時

＊印二者之中選一課目習之。

隨意科目(三年間)

史學・國史・支那史・論理學及認識論・心理學・社會學・人類學・言語學・印度歐羅巴語比較文法・國語學・希臘語・梵語・英語・佛蘭西語・伊太利語・和蘭語・露西亞語・國文學・漢文學・西洋文學史（古代）・

佛蘭西文學科

第一年

哲學概論	第一期	每週四時
西洋哲學史	第二、三期	每週五時
佛蘭西語	一年間	每週九時
羅甸語	一年間	每週三時
史學*	一年間	每週三時
英語	一年間	每週三時

獨逸語*	一年間	每週三時
*印二者之中選一課目習之		
第二年		
東洋哲學史	一年間	每週二時
聲音學	一年間	每週一時
肉門司語及邱多尼克語比較文法	一年間	每週二時
佛蘭西語	一年間	每週九時
拉丁語	一年間	每週三時
英語	一年間	每週三時
獨逸語	一年間	每週三時
第三年		
佛蘭西語	一年間	每週九時

美學	一年間	每週二時
美術史	一年間	每週二時
國文學*	一年間	每週三時
漢文學*	一年間	每週三時
拉丁語	一年間	每週三時
西洋文學史(近世)	一年間	每週二時
教育學	一年間	每週二時

* 印二者之中選一課目課之。

隨意科目(三年間)

史學．國史．支那史．論理學及認識論．心理學．社會學．入類學．言語學．印度歐羅巴語比較文法．國語學．希臘語．梵語．英語．獨逸、語．伊太利語．和蘭語．露西亞語．國文學．漢文學．西洋哲學史(古代。

理科大學

本學設左方之八學科。修業期限各三年。

第一　數學科

第二　星學科

第三　理論物理學科

第四　實驗物理學科

第五　化學科

第六　動物學科

第七　植物學科

第八　地質學科

數學科

第一年

微分積分	第一期	每週六時
	第二、三期	每週五時
幾何學	第一期	每週四時
	第二、三期	每週二時
代數學初步	第三期	每週二時
最學及最小二乘法	一年間	每週三時
理論物理學初步	第二、三期	每週四時
理論物理學演習	第二、三期	每週一回
數學演習	一年間	每週二回午後

第二年

函數論	一年間	每週三時
幾何學	一年間	每週二時
部分微分方程式論	第一、二期	每週二時

代數學及整數論	第二、三期	每週四時
力學	一年間	每週三時
球函數(隨意)	第一期	每週二時
Potential.(隨意)	第二期	每週二時
物理學實驗	一年間	每週二回午後
第三年		
函數論	一年間	每週三時
幾何學	一年間	每週二時
代數學及整數論	第二、三期	每週四時
力學	一年間	每週三時
高等數學雜論(隨意)	第二、三期	每週二時
數學研究(隨意)	一年間	每週一回

星學科

第一年

微分積分	第一期 第二、三期	每週六時 每週五時
幾何學	第一期	每週四時
數學演習	一年間	每週二回
理論物理學初步	第二、三期	每週四時
理論物理學演習	第二、三期	每週一回
星學及最小二乘法	一年間	每週三時
物理學實驗	一年間	每週三回

第二年

球面星學	一年間	每週一時
實地星學	一年間	每週二時

星學實驗
力學
部分微分方程式論
函數論
光學
球函數論(隨意)
Potential.(隨意)
應用力學(隨意)
物理學實驗

第三年

力學
天體力學

一年間　每週三時
第一、二期　每週二時
一年間　每週三時
第一、二期　每週二時
第三期　每週三時
第一期　每週二時
第二期　每週二時
第二、三期　每週一時
一年間　每週三回
一年間　每週三時
一年間　每週三時

天體物理學　一年間　每週一時

星學實驗

函數論(隨意)

理論物理學科

第一年

微分積分　一年間　每週五時

演習　一年間　每週二回

幾何學　(第一期　每週四時)(第二、三期　每週二時)

力學　第二、三期　每週四時

演習　一年間　每週一回

天文學　一年間　每週三時

物理學實驗　一年間　每週三回

第二年

物理學	一年間	每週五時
力學	一年間	每週三時
微分方程式論 橢圓函數論	一年間	每週三時
Potential論	一年間	每週一時
球函數	一年間	每週一時
物理學實驗	一年間	每週三回
數理結晶學	一年間	每週一時
物理化學	一年間	每週三時

第三年

物理學	一年間	每週五時

力學	一年間	每週三時
函數論	一年間	每週三時
氣體論	第一期	每週二時
毛管作用論	第一期	每週一時
音論	第二、三期	每週一時
電磁光學論	第三期	每週二時
理論物理學演習	一年間	每週二回

實驗物理學科

第一年

微分積分	一年間	每週五時
演習	一年間	每週二回
幾何學	第一期	每週四時
	第二、三期	每週二時隨意

力學	第二、三期	每週四時
演習	一年間	每週一回
天文學	一年間	每週三時
物理學實驗	一年間	每週三回

第二年

物理學	一年間	每週五時
力學	第一期	每週三時
應用力學	第二、三期	每週三時
物理實驗法最小二乘法	第二、三期	每週二時
物理化學	一年間	每週三時
化學實驗	一年間	每週三回
球函數(隨意)	一年間	每週一時

第三年

物理學　一年間　每週五時
應用電氣學　一年間　每週三時
物理學實驗　一年間　每週四回
星學實驗　一年間　每週一回
物理星學　一年間　每週一時
地震學及潮地學（隨意）　一年間　每週一時

化學科

第一年

無機化學　一年間　每週三時
分析化學　第二、三期　每週三時
化學實驗

微分積分(隨意)	第一期 第二期	每週六時 每週五時
數學演習(隨意)	第一期 第二期	每週一回午後

第二年

物理學	一年間	每週三時
物理學實驗	一年間	每週二回午後
無機化學	一年間	每週三時
有機化學	第一、二期 第三期	每週三時 每週五時
應用化學	一年間	每週二時
化學實驗		

第三年

理論及物理化學	一年間	每週三時
應用化學	一年間	每週二時

化學平衡論	第三期	每週二時
化學實驗		

動植物學科

第一年

普通動物學	一年間	每週三時
骨骼學	第二期 第三期	每週一時
動物學實驗	一年間	每週十時
普通植物學	一年間	每週三時
植物識別及解剖實驗	一年間	每週十時
地質學	一年間	每週三時
生理化學及實驗	第一期	每週三時
鑛物及岩石實驗	第二期 第三期	每週二時

第二年

特別問題(隨意)	時々	每週二時
植物分類學	一年間	每週四時
植物解剖及生理實驗	一年間	每週十時
有脊動物比較解剖	一年間	每週三時
組織學及發生學實驗	一年間	每週十二時
生理學	一年間	每週三時
古生物學	一年間	每週二時
臨海實驗		

動物學科

第三年

特別問題	時々	每週二時

實地研究	第一期	每週二時
寄生動物學	第一期	每週二時
Bacteria.學實驗	第二期	每週二回午後
人類學	一年間	每週二時

植物學科

第三年

植物生理學	第一期	每週二時
植物學實驗	一年間	每週二十時以上
Bacteria.學實驗	第二期	每週二回午後

地質學科

第一年

地質學	一年間	每週三時

鑛物學	一年間	每週二時
岩石學	一年間	每週二時
普通動物學	一年間	每週三時
骨骼學	第二期第三期	每週一時
動物學實驗	一年間	每週四時
化學實驗	一年間	每週二回午後
岩石學實驗	一年間	每週二回午後
鑛物學實驗	一年間	每週二時
地質巡驗		

第二年

古生物學	一年間	每週二時
古生物學實驗	一年間	每週三時

晶像學	一年間	每週二時
晶像學實驗	一年間	每週二回午後
植物學	一年間	每週四時
植物學實驗	一年間	每週三時
物理學（隨意）	一年間	每週三時
地質學實驗		
地質巡驗		

第三年

地質學叢談	時々	
地質學及鑛物學研究		
鑛床學	第二期 第三期	每週三時
地震學（隨意）	第一期	每週二時

人類學(隨意)　一年間　每週二時

以上諸學科之外。理科大學。特爲分科大學學生、及工科大學土木工學科及建築學科學生等。開地震學之講義。爲文科大學史學科及言語學科學生等。開人類學之講義。

地震學　第一期　每週二時

人類學大意　一年間　每週二時

農科大學

本學設左方四學科。修業年限各三年。

第一　農學科

第二　農藝化學科

第三　林學科

第四　獸醫學科

農學科

第一年

科目	期間	時數
地質學	第一期、第二期	每週三時
土壤學	第三期	每週三時
氣象學	第二期、第三期	每週二時
植物生理學	第一期	每週五時
	第二期	每週四時
	第三期	每週二時
植物病理學	一年間	每週二時
動物生理學	一年間	每週三時
昆蟲學	一年間	每週三時
肥料	一年間	每週二時
農藝物理學	一年間	每週二時
經濟學	一年間	每週二時

植物學實驗	一年間	
動物學實驗	一年間	
農藝化學實驗	一年間	每週二回半日
農場實習	一年間	

第二年

作物	一年間	每週五時
土地改良論	第一期、第二期	每週二時
園藝學	第一、二期	每週四時
	第三期	每週三時
畜產學	一年間	每週三時
家畜飼養論	第一期、第二期	每週三時
酪農論	第三期	每週三時
養蠶論	一年間	每週二時

法學通論	一年間	每週二時
農業經濟	第三期	每週三時
植物學實驗	第一期 第二期	
動物學實驗	第一期 第二期	
農學實驗	一年間	

第三年

作物	第一期	每週三時
農產製造學	一年間	每週三時
農業經濟	第一期 第二期	每週二時 每週三時
獸醫學大意	第一期 第二期	每週三時
林學大意（隨意）	第一期 第二期	每週三時
養魚論（隨意）	第一期	每週四時

農政學　一年間　每週三時
財政學　一年間　每週二時
昆蟲生理（隨意）　第一第二期　每週二時
農學實驗　一年間
卒業論文　第三期

農藝化學科

第一年

有機化學　一年間　每週二時
分析化學　第一第二期　每週二時
地質學　第一第二期　每週三時
土壤學　第三期　每週三時
氣象學　第二第三期　每週二時

植物生理學	第一期 第二期 第三期	每週五時 每週四時 每週二時
動物生理學	一年間	每週三時
肥料	一年間	每週二時
農藝物理學	一年間	每週二時
經濟學(隨意)	一年間	每週二時
農藝化學實驗	一年間	

第二年

作物	一年間	每週五時
土地改良論	第一期 第二期	每週二時
生理化學	第一期 第二期	每週三時
醱酵化學	第三期	每週四時
家畜飼養論	第一期 第二期	每週三時

一三三

酪農論	第三期	每週三時
養蠶論(隨意)	一年間	每週二時
農業經濟	第三期	每週三時
農藝化學實驗	一年間	

第三年

化學原論	一年間	每週二時
作物	第一期	每週三時
農產製造學	一年間	每週三時
食物及嗜好品	第三期	每週三時
農業經濟	第一期	每週二時
	第二期	每週三時
農政學(隨意)	一年間	每週二時
農藝化學實驗	一年間	

卒業論文　第三期

林學科

第一年

森林數學　一年間　每週二時

地質學及土壤學　一年間　每週三時

氣象學　第二期第三期　每週二時

森林物理學　一年間　每週二時

最小二乘法及力學　第一期第二期　每週二時

森林植物學　一年間　每週二時

植物生理學　一年間　每週二時

森林動物學　一年間　每週三時

林學通論　一年間　每週二時

森林測量	一年間	每週二時
造林學	第三期	每週二時
經濟學	一年間	每週二時
植物學實驗	一年間	
動物學實驗	一年間	
森林測量實習	一年間	
造林學實習	第三期	
實地演習		
第二年		
森林數學	第一期	每週二時
樹病學	第一期	每週三時
森林化學	一年間	每週二時

森林利用學	一年間	每週二時
森林道路	第一期 第二期	每週二時
造林學	一年間	每週二時
森林保護學	第一期 第二期	每週二時
森林經理學	第二期 第三期	每週二時
森林管理	第一期 第二期	每週二時
法學通論	一年間	每週二時
森林法律學	第三期	每週三時
林政學	第三期	每週三時
財政學	一年間	每週二時
森林理水及砂防工	一年間	每週三時
林學通論	一年間	每週一時

森林化學實驗	第一期 第二期	
造林學實習	第三期	
森林道路實習	第三期	

第三年

森林利用學	第一期 第二期	每週三時
造林學	第一期 第二期	每週三時
森林經理學	第一期 第二期	每週二時
森林法律學	第一期 第二期	每週三時
林政學	第一期 第二期	每週三時
養魚論(隨意)	第一期 第二期	每週二時
農學大意(隨意)	第一期 第二期	每週二時
狩獵術(隨意)	第一期 第二期	每週二時

實地演習		
卒業論文	第三期	

獸醫學科

第一年

解剖學	第一期 第二、三期	每週七時 每週六時
生理學	一年間	每週六時
組織學	一年間	每週三時
病理通論	第二期 第三期	每週三時
外科手術學	第二期 第三期	每週三時
蹄鐵法	一年間	每週二時
解剖學實習	第一期 第二期	每週十二時
組織學實習	第三期	每週十時

蹄鐵法實習	第三期	每週四時

第二年

解剖學	第一期 第二期	每週四時 每週五時
生理學	第一期 第二期	每週二時
家畜飼養論	第一期 第二期	每週三時
酪農論	第三期	每週三時
病理通論	第一期	每週三時
藥物學	一年間	每週三時
外科學	一年間	每週四時
內科學	一年間	每週四時
病體解剖學	第三期	每週三時
寄生動物學	第三期	每週二時

蹄病論	第二期 第三期	每週二時
乳肉檢查法	第三期	每週二時
調劑法實習	第三期	每週六時
解剖學實習	第一期 第二期	每週十二時
外科手術實習	第一期 第二期	每週三時
蹄鐵法實習	第一期 第二期	每週四時
家畜病院實習及內外科診斷法	第三期	每週十二時

第三年

畜產學	一年間	每週三時
病體解剖學	第一期	每週三時
寄生動物學	第一期	每週三時
皮膚病論	第一期 第二期	每週一時

馬學	一年間	每週三時
動物疫論	第一期 第二三期	每週二時 每週三時
產科學	第一期 第二期	每週三時
眼科學	第一期 第二期	每週一時
衛生學	第一期 第二期 第三期	每週五時 每週四時 每週二時
胎生學	第一期 第二期	每週二時
獸醫警察法	第三期	每週三時
法醫學	第三期	每週三時
黴菌學	第二期 第三期	每週二時 每週三時
病體解剖學實習	第一期 第二期	臨時
病體組織學及黴菌學實習	第二期 第三期	每週三時
乳肉檢查法實習	第一期	每週四時

家畜病院實習及內外科診斷法　一年間　每週十二時

丙　醫學專門學校

本校置醫學科及藥學科。

醫學科之修業年限爲四學年。藥學科爲三學年。

醫學科藥學科之各學科課程及授業時數如左表。但在左表中。

醫學科。以倫理學。獨逸語。物理學。化學。體操。藥學科。以倫理學。獨逸語。鑛物學。物理學。體操。爲副科。

醫學科學科課程表

學年	學期	理論	實習	所所瘵剖學
第一學年	一學期	八		
	二學期	八		
	三學期	八		
第二學年	一學期	五		四
	二學期	五		
	三學期	三		
第三學年	一學期			
	二學期			
	三學期			
第四學年	一學期			
	二學期			
	三學期			

課程表

學年	學期	化學 理論及實驗	藥用植物學 理論	藥用植物學 實習及檢徵鏡用法	分析學 理論	分析學 實習	衛生化學 理論	衛生化學 實習	衛生化學 細菌學理論及實習	裁判化學 理論	裁判化學 實習	生藥學 理論	生藥學 實習	藥局方 日本藥局方外國藥局方要領	調劑學 理論	調劑學 實習
第一學年	一學期	六	二													
第一學年	二學期	六	二	二	三											
第一學年	三學期	九	六	五	三											
第二學年	一學期			三	三	九						六	二			
第二學年	二學期				三	九						三	四		三	二
第二學年	三學期					九	四	二						三		三
第三學年	一學期							六	一	二	二					三
第三學年	二學期							六	一	一	四					四
第三學年	三學期							六	一		四					

三七九

計	體操	物理學	讀物學	獨逸語	倫理學	藥品鑑定 實習	製藥化學 實習	製藥化學 理論
二八	三	三	三	一〇	一			
三〇	三	三		一〇	一			
三一	三			四	一			
三二				四				五
三三				四				五
三三				四		三		五
三五				六		三	一二	
三七				六		三	一二	
三八				六		九	一二	

丁　外國語學校

凡英語·佛語·獨語·露語·伊語·西語·清語·韓語·八學科·

各語學科課目及每週授業時數表

目　科	(英)(佛)(獨)語學科 第一年	第二年	第三年	(露)(伊)(西)語學科 第一年	第二年	第三年	(清)(韓)語學科 第一年	第二年	第三年

正科語學	副科語學 英語	副科語學 佛語	副科語學 獨語	國語	漢文	經濟學	國際法	教育學	官語學	體操	計
一八	(四)	(四)	(四)	(二)						三	二七
一八	(四)	(四)	(四)	(一)	(一)	(三)	(三)	(二)	(二)	三	二八
一八	(四)	(四)	(四)	(一)	(一)	(三)	(三)	(二)	(二)	三	二八
一八	(四)	(四)	(四)	(二)	(二)					三	二七
一八	(四)	(四)	(四)	(一)	(一)	(三)	(三)	(二)	(二)	三	二八
一八	(四)	(四)	(四)	(一)	(一)	(三)	(三)	(二)	(二)	三	二八
一八	四			三						三	二八
一八	四			二		(二)	(二)	(一)	(一)	三	二九
一八	四			二		(二)	(二)	(一)	(一)	三	二九

注意

一、正科語學第二年若第三年並各該國之歷史、地理及文學大要、教授之爲要。

二、表中加()印者得隨意選修。

戊　音樂學校

本校之學科。大別爲豫科。本科。研究科。師範科及選科。豫科之修業年限一學年。本科之修業年限三學年。研究科之修業年限二學年。

豫科之學科目。倫理。唱歌。Piano.。樂典。寫譜。國語。英語。體操。方舞。課外置漢文。

本科。分聲樂部。器樂部。樂歌部。其學科細目如左。

聲樂部　倫理。獨唱歌。諸重音唱歌。Piano. 又 Organ.。和聲學。樂典。音樂史。音響學。樂式一班。審美學。歌文。外國語。體操。方舞。

器樂部　倫理。器樂。諸重音唱歌。和聲學。樂典。音樂史。音響學。樂式一班。審美學。歌文。外國語。體操。方舞。

樂歌部　倫理、歌文、支那詩文、西洋詩文、歷史、諸重音唱歌、Piano、又 Organ、和聲學、樂典、樂式一班、音樂史、音響學、審美學、外國語、體操、方舞、

隨意科課教育學及教授法、課外學科置生理學、心理學、樂器構造法及調律法、

豫科之學科課程如左、

豫科學科課程

學科目	時間數
倫理	一
唱歌	八
Piano.	第一學期 六 第二、三學期 三
樂典	一
寫讀	第二、三學期 一
國語	四

英語（方國／譯換）	四
課外演文	二
	二
計　第一、二學期	二六
第三學期	二四
練習　第一、二學期	八
第三學期	一〇

有×印之科目。僅課女生徒者。

本科之學科課程如左。

本科學科課程

部名	學年＼學科目	倫理	聲樂　獨唱歌		聲樂　諸重音唱歌
聲樂部時間數	第一年	一	三	[illegible]四	五
	第二年	一	二	仝上四	五
	第三年	一	三	仝上四	五
器樂部時間數　Piano. Organ. 專門	第一年	一			五乃至三
	第二年	一			三
	第三年	一			三
器樂部時間數　他樂器專門	第一年	一			五乃至三
	第二年	一			三
	第三年	一			三
樂歌部時間數	第一年	一			三
	第二年	一			三
	三年	一			三

課程表

器樂														課外學科			
Piano. 又Organ.	Violin. 箏等	和聲學	樂典	歌文	支那詩文	西洋詩文	歷史	樂式一斑	音樂史	音響學	審美學	英語若獨、佛語	體操×方	生理學	心理學	樂器構造法	調律法
二 練習六			一	三					二	二		三	二	一	一	一	一
二 全上七		二		三					二			三	二	一	一	一	一
二 全上五		二		三				二			二	三	二	一	一	一	一
三 全上一四			一	三					二	二		三	二	一	一	一	一
三 全上一五		二		三					二			三	二	一	一	一	一
三 全上一三		二		三				二			二	三	二	一	一	一	一
三 全上四	三 練習八		一	三					二	二		三	二	一	一	一	一
	三 全上一五	二		三					二			三	二	一	一	一	一
	三 全上一三	二		三				二			二	三	二	一	一	一	一
二 練習七			一	七			二		二	二		五	二	一	一	一	一
二 全上八		二		七	二	三	二		二				二	一	一	一	一
二 全上六		二		七	二	三	二	二			二		二	一	一	一	一

計	二四（隔週一〇）	二三（仝上一一）	二五（仝上九）	二〇（仝上一四）	一九（仝上一五）	二一（仝上一三）	二二（仝上一二）	一九（仝上一五）	二一（仝上一三）	二七（仝上七）	二六（仝上八）	二八（仝上六）

有×印之科目。僅課女生徒。

隨意科。教育學及教授法二時間。實地授業若干時間。

研究科　爲專攻聲樂。器樂。作歌及作曲者設之。其學科課程如左。

研究科學科課程

部名	聲樂時間數		器樂時間數 Piano. Organ專門		器樂時間數 他樂器專門		作歌時間數		作曲時間數	
學科目＼學年	第一年	第二年	第一年	第二年	第一年	第二年	第一年	第二年	第一年	第二年
聲樂 獨唱歌	二 三									
聲樂 諸重音唱歌練習	二									
器樂 Piano. 又Organ.			三				二		三	
器樂 Violin. Viola.					三					
器樂 其他					一					

唱歌指揮法	三				
作曲	一	二	二	一	四
聽音	三	三	三		三
管絃樂指揮法		二	二		二
合奏練習		二	二		二
作歌				四	
西洋詩文				二	
歌文				四	
計	[illegible]	仝上 [illegible]	仝上 [illegible]	仝上 [illegible]	仝上 [illegible]

己　美術學校

本校置繪畫。圖按。彫刻。建築。美術工藝諸科。養成各科專門技術家及普通圖畫教員。但建築科暫缺之。各科之修業年限四年。入學之初。別一年間。履修豫備之課程。豫備課程及各科課程如左。

豫備課程

甲種（繪畫科、圖按科、漆工科、）

繪畫　每週二十八時

歷史　每週五時

美術史　每週二時

外國語　每週二時

體操　每週二時

乙種（彫刻科、彫金科、鍛金科、鑄金科、）

彫塑　每週十八時

繪畫　每週十時

歷史　每週五時

美術史　每週二時

外國語　每週二時

體操　每週二時

繪畫科（日本畫科、西洋畫科中一科、）

第一年

實習　每週三十三時

歷史及考古學　每週二時

美術及美術史　每週二時

美術解剖（僅西洋畫科、於實習時間內課之）　每週一時

遠近法（仝上）　每週一時

體操　每週二時

第二年

實習　每週三十五時

歷史及考古學　每週二時

美術解剖（僅西洋畫科、于實習時間內課之）　每週一時

遠近法（仝上）　每週一時

體操　每週二時

第三年

實習　每週三十八時

歷史及考古學　每週一時

美術解剖（僅日本畫科、于實習時間內課之）　每週一時

遠近法（仝上）　每週一時

第四年

實習　每週三十九時

用器畫法（欲爲教員者、于實習時間內課之）　每週六時

教育學（仝上）　每週二時

圖按科

第一年

實習　每週十六時

繪畫　每週十二時

歷史及考古學　每週二時

美學及美術史　每週二時

圖按法　每週二時

建築裝飾史　每週三時

體操　每週二時

第二年

實習　每週十四時

繪畫　每週十二時

歷史及考古學	每週二時
建築裝飾術	每週三時
物品製作大意	每週三時
用器畫法	每週三時
體操	每週二時

第三年

實習	每週二十六時
繪畫	每週十二時
歷史及考古學	每週一時

第四年

實習及卒業製作	每週三十九時
用器畫法（欲爲教員者于實習時間內課之）	每週六時

教育學（仝上）　每週二時

彫刻科

第一年

塑造　每週二十四時

實材製作（木彫、牙彫、石彫、鑄金擇其一學之）

繪畫　每週八時

歷史及考古學　每週二時

美學及美術史　每週二時

美術解剖　每週一時

體操　每週二時

第二年

塑造　每週三十四時

實材製作　每週二時
歷史及考古學　每週一時
美術解剖　每週二時
體操

第三年

塑造
實材製作　每週三十八時
歷史及考古學　每週一時

第四年

塑造
實材製作　每週三十九時
卒業製作

美術工藝科

彫金科

第一年

實習	每週二十時
繪畫及圖按	每週九時
歷史及考古學	每週二時
美學及美術史	每週二時
圖按法	每週二時
美術解剖	每週一時
金工史	每週一時
體操	每週二時

第二年

實習　每週二十四時
繪畫及圖按　每週九時
歷史及考古學　每週二時
應用化學　每週二時
體操　每週二時

第三年

實習　每週二十八時
繪畫及圖按　每週九時
歷史及考古學　每週一時
應用化學　每週一時

第四年

實習及卒業製作　每週三十九時

鍛金科

第一年

實習	每週二十時
繪畫及圖按	每週九時
歷史及考古學	每週二時
美學及美術史	每週二時
圖按法	每週二時
美術解剖	每週一時
金工史	每週一時
體操	每週二時

第二年

實習	每週二十四時

繪畫及圖按　每週九時
歷史及考古學　每週二時
應用化學　每週二時
體操　每週二時

第三年

實習　每週二十八時
繪畫及圖按　每週九時
歷史及考古學　每週一時
應用化學　每週一時

第四年

實習及卒業製作　每週三十九時

鑄金科

第一年

實習	每週二十時
繪畫及圖按	每週九時
歷史及考古學	每週二時
美學及美術史	每週二時
圖按法	每週二時
美術解剖	每週一時
金工史	每週一時
體操	每週二時

第二年

實習	每週二十四時
繪畫及圖按	每週九時

歷史及考古學　每週二時
應用化學　每週二時
體操　每週二時

第三年

實習　每週二十八時
繪畫及圖按　每週九時
歷史及考古學　每週一時
應用化學　每週一時

第四年

實習及卒業製作　每週三十九時

漆工科

第一年

實習	每週二十一時
繪畫及圖按	每週九時
歷史及考古學	每週二時
美學及美術史	每週二時
圖按法	每週二時
漆工史	每週一時
體操	每週二時

第二年

實習	每週二十四時
繪畫及圖按	每週九時
歷史及考古學	每週二時
應用化學	每週二時

體操　每週二時

第三年

實習　每週二十八時

繪畫及圖按　每週九時

歷史及考古學　每週一時

應用化學　每週一時

第四年

實習及卒業製作　每週三十九時

第四　實業教育（實業學校令參照）

甲　實業學校教員養成所

農業教員養成所之修業年限一年。

商業教員養成所之修業年限二年。

工業教員養成所之修業年限三年。
農業教員養成所之學科目。倫理。農業汎論。農藝化學。耕種。畜產。農業經濟。教育學。教授法。體操。
商業教員養成所之學科目。倫理。商業作文。商業算術。商業地理。商業歷史。簿記。商品經濟學。商業學。商法。商業實踐。英語。教育學。教授法。體操。
工業教員養成所。置本科及速成科。本科分金工科。木工科。染織科。窰業科。應用化學科。工業圖案科。速成科分金工科。木工科。染色科。機織科。陶器科。漆工科。但各學科之科目。在本科者揭之于左。在速成科者別定之。
金工科。木工科之科目。倫理。數學。物理學。圖畫。無機化學。應用重學。工場用具及製作法。工業經濟。工業衛生。英語。教育學。教授法。

體操、實習之外、在金工科、電氣工學大意、發動機機械製圖、水工科構造用材料、家具及建築流派、家屋構造、衛生建築、製圖及意匠。

染色科、窯業科、應用化學科科目、倫理、數學、物理學、化學、圖畫、一般應用化學、應用機械學、定性分析、定量分析、工業分析、機械製圖、工業經濟、工業衛生、英語、教育學、教授法、體操、實習之外、染織科、染色及配色、機織及意匠、窯業科、窯業品製造、應用化學科特別應用化學、電鑄及電鍍。

工業圖案科科目、倫理、數學、物理學、化學、圖畫、圖案、材料、機械製圖、工業經濟、工業衛生、英語、教育學、教授法、體操、實習。

實業教員養成所生徒、師範學校卒業者、得不課教育學。

乙　工業學校（工業學校規程參照）

工業學校。修業年限三年。但得一年以内之延長。
工業學校之學科目。修身。讀書。作文。數學。物理。化學。圖畫。體操。並關實業各學科及實習。但本項科目外。地理。歷史。博物。外國語。經濟。法規。簿記及其他科目。得便宜加設。
實業各學科科目。由左方所載各事項選擇。或便宜分合定之。
一土木科。測量。應用力學。河海工。道路。鐵道。橋梁。施工法。製圖等。
一金工科。應用力學。工場用具及製作法。製造用諸機械大意。發動機大意。製圖等。
一造船科。應用力學。工場用具及製作法。發動機大意。造船。製圖等。
一電氣科。應用力學。工場用具及製作法。發動機大意。電氣及磁氣。電氣工學。製圖等。

一水工科、應用力學、家屋構造、工場用及製作法、建築沿革、施工法、配景法、製圖及繪畫等。

一鑛業科、地質、採鑛、冶金、試金、應用力學、發動機大意、測量、製圖及抗內演習等。

一染織科、機織法、色染法、應用化學、應用機械學、分析、製圖及繪畫等。

一窰業科、窰業品製造、應用化學、應用機械學、分析、製圖及繪畫等。

一漆工科、漆器製造法、工藝史、繪畫、應用化學大意等。

一圖案繪畫科、配景法、解剖大意、工藝史、建築沿革大意、繪畫、應用化學大意、各種工藝品圖案等。

前項之外爲特種工業、得設便宜學科。

工業學校入學者之資格。年齡十四年以上。修業年限四年高等小學校卒業。或有同等以上之學力者。但外國語加于試驗科目之中。

工業學校。得附設豫科。

豫科之修業年限。二年以內。

豫科學科目。修身。讀書。習字。作文。算術。地理。歷史。理科。圖畫。體操。但得加外國語。

豫科入學之資格。于年齡十二年以上。學力高等小學二學年修了以上者定之。

丙　徒弟學校。（徒弟學校規程參照）

徒弟學校入學者之資格。年齡十二年以上。及尋常小學校卒業以上定之。

徒弟學校之教科目，修身，算術，幾何，物理，化學，圖畫及關職業諸教科目並實習。
徒弟學校之修業年限，六月以上，四年以下。

丁　農業學校（農業學校規程參照）

農業學校爲甲乙二種。
甲種農業學校修業年限三年，但得一年以內之延長。
甲種農業學校之學科目，修身，讀書，作文，數學，物理，化學，博物，經濟，體操並實業科目及實習，但本項科目之外，地理，歷史，外國語，法規，簿記，圖畫及其他科目得便宜加設。
關實業之科目，土壤，肥料，作物，園藝，農產製造，畜產，養蠶，病蟲害，氣候，林學大意，獸醫學大意，水產學大意等選擇習之，得又便宜分合定之。

甲種農業學校入學者之資格。年齡十四年以上。修業年限四年高等小學校卒業及有同等以上之學力者。但外國語于試驗科目加之。

乙種農業學校之修業年限三年以內。

乙種農業學校之學科目。修身。讀書。習字。作文。算術。理科。體操並實業科目及實習。但本項科目之外。地理。歷史。經濟。圖畫及其他科目得便宜加設。又依土地之情況。有縮短期日之要者。修身及實業科目之外。得缺一科若數科。

關實業科目。土壤。肥料。作物。農產製造。家畜。養蠶。病蟲害。氣候等撰擇習之。或便宜分合定之。

乙種農業學校入學者之資格。于年齡十二年以上。修業年限四年尋常小學校卒業者定之。

水產學校。本科修業年限三年。但依土地之情況。二年至五年以內得伸縮之。

水產學校本科學科目修身。國語。數學。地理。物理。化學。博物。圖畫。法規及慣習。經濟。體操。並實業學科科目及實習。但修身實業學科目及實習外。本項之學科目。得便宜闕之。

前項學科目之外歷史。外國語。簿記。唱歌及其他學科目得便宜加設。

實業各學科之科目。由左揭事項選擇。或便宜分合定之。

一撈魚科。水產學大意。撈魚論。水產動物。水產植物。航海術。運用術。氣象及海洋學。船舶衛生及救急療法等。

一製造科。水產學大意。製造論。水產動物。水產植物。細菌學大意。分析。機械學大意等。

本項科目之外。地理。歷史。經濟。圖畫。體操及其他科目便宜加設。又依土地之情况。須短縮期限者。修身及實業科目之外。一科若數科缺之。

甲乙兩種學校各學科實業科目。由左揭事項中選擇。或便宜分合定之。

一蠶業學校。蠶體解剖生理及病理。養蠶及製種。製絲。桑樹栽培。氣候。農學大意等。

一山林學校。造林及森林保護。森林利用。森林測量及土木。測樹術及林價算法。森林經理。氣候。農學大意等。

一獸醫學校。解剖及組織。生理。藥物及調劑法。蹄鐵法及締病論。內科。外科。寄生動物。畜產。衛生。獸疫。產科。剖檢法等。

戊　水產學校(水產學校規程參照)

水產學校、本科修業年限三年。但依土地之情況、二年至五年以內得伸縮之。

水產學校本科學科目修身、國語、數學、地理、物理、化學、博物、圖畫、法規及慣習、經濟、體操、並實業學科科目及實習。但修身、實業學科目及實習外、本項之學科目、得便宜闕之。

前項學科目之外、歷史、外國語、簿記、唱歌及其他學科目、得便宜加設。

實業各學科之科目、由左揭事項選擇、或便宜分合定之。

一撈魚科、水產學大意、撈魚論、水產動物、水產植物、航海術、運用術、氣象及海洋學、船舶衛生及救急療法等。

一製造科、水產學大意、製造論、水產動物、水產植物、細菌學大意、分析、機械學大意等。

一養殖科。水產學大意。養殖論。水產動物。水產植物。發生學大意等。撈魚。製造。養殖之三學科。併授二學科以上之科目。由前項學科目選擇。又便宜分合定之。

水產學校入學本科者資格。年齡十四年以上。修業年限四年高等小學校卒業。及有同等以上之學力者。

水產學校得置豫科。

豫科修業年限二年以内。

豫科教授時數每週三十時以内。

豫科學科目。修身。國語。算術。地理。歷史。理科。圖畫。體操。但得加外國語。唱歌。

豫科入學者之資格。于年齡十二年以上。學力高等小學校第二學年修了以上者定之。

己　商業學校（商業學校規程參照）

商業學校爲甲乙二種。

甲種商業學校修業年限三年。但得一年以內之延長。

甲種商業學校之學科目。修身。讀書。習字。作文。數學。地理。歷史。外國語。經濟。法規。簿記。商品。商事要項。商業實踐。體操。但本項科目之外。他之科目得便宜加設。

甲種商業學校入學者之資格。年齡十四年以上。學力修業年限四年高等小學校卒業及有同等以上之學力者。但外國語于試驗科目加之。

乙種商業學校之修業年限三年以內。

乙種商業學校學科目。修身。讀書。習字。作文。算術。地理。簿記。商事要項。體操。但本項科目之外。他科目便宜加設。

乙種商業學校入學者之資格。于年齡十年以上。修業年限四年尋常小學校卒業者定之。

甲種商業學校得附設豫科。

豫科修業年限。爲二年以內。

豫科學科目修身。讀書。習字。作文。算術。地理。歷史。外國語。理科。圖畫。體操。但本科加設理科及圖畫者缺之。

豫科入學者之資格。于年齡十二年以上學力高等小學校第二學年修了以上者定之。

庚　商船學校(商船學校規程參照)

商船學校分甲乙二種。

甲種商船學校修業年限爲三年以內。

甲種商船學校學科目修身。讀書。作文。數學。物理。地理。外國語。圖畫。體操。並實業各學科科目及實習。但本項科目外化學。法規及其他科目得便宜加設。

實業各學科科目。由左揭事項選擇。或便宜分合定之。

一航海科。運用術。航海術。機關術大意。海上氣象學大意。造船學大意等。

一機關科。機關術。機關製圖。力學。應用力學。電氣學大意等。

甲種商船學校入學者之資格。年齡十四年以上。修業年限四年高等小學校卒業。或有同等以上之學力者但外國語于試驗科目加之。

乙種商船學校之修業年限二年以內。

乙種商船學校之學科目。修身。讀書。習字。作文。數學。體操。並實業各學科之科目及實習。但本項科目外他科目得便宜加設。

實業各學科科目、由左揭事項選擇、或便宜分合定之。
一航海科、運用術大意、航海術大意、海上氣象學大意等。
一機關科、機關術大意、機械製圖、物理、化學等。
乙種商船學校入學者之資格、于年齡十年以上、學力修業年限四年尋常小學校卒業以上者定之。
甲種商船學校得附設豫科。
豫科修業年限二年以內。
豫科授業時數每週三十時以內。
豫科學科目、修身、讀書、習字、作文、算術、地理、歷史、理科、外國語、圖畫、體操。
豫科入學者之資格、于年齡十二年以上、學力高等小學校第二學年修了以上者定之。

辛　實業補習學校規程（實業補習學校規程參照）

實業補習學校入學者學力程度，于尋常小學校卒業以上者定之。

實業補習學校教科目修身、讀書、習字、算術及實業科目。但修身附帶讀書。

實業補習學校實業教科目，由左揭事項撰擇，或便宜分合定之。

一　工業地方、圖畫、模型、幾何、物理、化學、重學、工藝意匠、手工類。

二　商業地方、商業書信、商業算術、商品、商業地理、簿記、商業習慣及法令大畧、商業經濟、外國語之類。

三　農業地方、農業大意或耕耘、害蟲、肥料、土壤、排水、灌溉、農具、樹藝、家畜、養蠶、森林、農業帳簿、丈量之類。

前項之外水產、機織、刺繡，其他或職業便宜之科目定之。

實業補習學校修業年限三年以內。

實業補習學校。雖日曜日或夜間。得便宜設教授時間。

壬　東京高等工業學校

本校教科。染織科。窯業科。應用化學科。機械科。電氣科。工業圖案科六科。各教科專門科目之外。倫理。數學。物理學。化學。一般應用化學。應用機械學。（一般應用化學。應用機械學之二科目不課于機械科電氣機械分科。工業圖案科等。）圖畫。機械製圖。理化學實驗。（機械製圖。理化學實驗之二科目不課于工業圖案科）工業法規。（當分缺之）工業經濟。工業衛生。工業簿記。工場建築。英語。躰操。諸學科各教科生徒通其輕重難易與學力程度。于三學年間配置長短時間。

共通學科學科課程

科目	第一年	第二年	第三年
倫理	隔週一	隔週一	隔週一

數學

- 第一、代數、幾何、 五
- 第二
  - 代數、幾何、三角法（色窯、應、電化、圖） 五
  - 代數、幾何、三角法（織機） 五
  - 解析幾何（電機）
- 第三、
  - 三角法、（色窯、應、電化、圖） 二
  - 三角法、解析幾何（織機、電機） 五
- 第一微積分大意（機、電機） 四

物理學

- 普通物理 三
- 應用物理 二

化學

- 第一無機
  - （色、織窯、應、電化、） 五
  - （機、電機、圖） 四
- 第二
  - 無機、有機、（色、織窯、應、電化） 五
  - 無機、（機、電機、圖） 二
- 第三有機、（色、織窯、應、電化） 三
- 色染（色） 二

鑛物學

- 第二（窯、應、電化、） 二

一般應用化學

- 第一、燃料、窯業、（色窯、應、電化、） 三
- 第二、石炭瓦斯、硫酸（同　） 二
- 第三、Alkari（同　） 二

應用機械學

- 第一、力學、材料强弱、（織） 三
- 第二、機構、水力學、（同） 三
- 第三、發動機大意、（同） 三
- 第一力學、材料强弱（色、窯、應、電化、） 三
- 第二、機構、水力學、（同　） 三
- 第三、發動機大意　（同　） 三

圖畫

- 自在畫
  - 第一
    - （色、織窯、） 六
    - （應、機電化） 二
  - 第二
    - （色、織窯、） 五
    - （應、機、電化） 二
  - 第三
    - （色、織、窯） 三
    - （應、機、電化、） 二
- 用器畫
  - 第一
    - （色、織、窯、應、電化） 六
    - （機、電、機、） 八
  - 第二、三（色、織、窯、應、機、電機、電化、） 六
- 第一
  - （色、窯） 二
  - （織） 四
- 第二、三
  - （色、窯） 二
  - （織） 四
- 第一、二、三（色、機、窯、） 五

課程表

染織科色染分科學科課程

科目	第一年		第二年		第三年	
機械製圖	機械製圖法（色、織、窯、陶、電化）	三				
	機械部分設計（機、電機）	五				
理化學實驗	物理實驗 第三（色、織、窯、陶、機、電機、電化、）	三	物理實驗 第一、二（色、織、窯、陶、電化、）	三		
	化學定性分析 第三、（色）	一三	化學定量 第一、二（色）	一八		
	（機）	一〇	（窯、陶）	一七		
	（窯、電化）	一一	（電化）	一三		
	（陶）	一四				
工業法規之一斑						一
工業經濟						一
工業衛生						一
工業簿記					第一、二營造、工業簿記 第三、銅山 工場雜務	一
工場建築						一
英語		三		三		
體操	兵式	二	兵式	二	兵式 消防[illegible]	二

科目	第一年	第二年	第三年
色染		第一、纖維精練漂白及染劑 二 第二、浸染、 二 第三、浸染、捺染、 二	第一、二、三、浸染、捺染、 二
機械及組織	第一、二 織物組織 一	織物組織、機械用法 二	
織物整理			第一、二 一
工場實修及實驗	機織 第一 機織練習織物解剖 七 機織 第二 同上 八 色染	第三、綜絖組實驗、織物、解剖組織新案 二〇 第一、二 木棉、麻精練漂白、浸染 九	第一 毛及絹精練漂白浸染 一八 第二 捺染、整理 一八 第三 染色試驗實驗 二七

染織科機織分科學科課程

科目	第一年	第二年	第三年
應用力學		第二 機構其他 四	
機織及組織	第一、二 織物組織 一	織物組織機織用機械 二	第一、二 織物組織機織法、力織機 四 第三、[illegible] 二
色染		第一、纖維精練、漂白、捺染劑 二 第二、三 浸染 二	
織物整理			第一、二 一
紡績			第一、二 二
工場實修及實驗	機織 第一 機織練習、織物解剖 七 機織 第二 同上 八 色染	第三、（綜絖組實驗、織物解剖、組織新案） 一七 第一 精練、漂白、浸染 一〇 第二 浸染、捺染 四	第一、二、{Jacquard 裝置實修、全紋圖、織物解剖、力織機、綜絖實修} 一九 第三、全上 三〇

窯業科學科課程

科目	第一年		第二年		第三年	
應用地質學	第三	二				
窯業			陶磁器、玻璃、Cement	四	陶磁器、	一
工場實修	第一	八			第一、二	二二
及實驗	第二	七	第三	二〇	第三、	二八

應用化學科學科課程

科目	第一年		第二年		第三年	
製造用機械					第二 製紙、製鹽	三
					第三 製油、製粉等	二
冶金學					第二、三	二
特別應用化學			第一 顏料、製紙、澱粉	四	第一 樹脂、木材乾餾	四
			第二 油類、砂糖	四	第二 石油、製蠟	四
			第三 石油、釀造	四	第三 色素等	二
電氣化學			第一 總論、電鍍、	二		
			第二 電鍍、電爐、	二		
			第三、電氣 Alkari.	二		
工場實修	第一	一二			第一	二〇
及實驗	第二	一〇	第三	二〇	第二	一七
					第三	二五

八十一

機械科學科課程

科目	第一年		第二年		第三年	
工作法		三		一		
鐵鋼論					坩堝 Ressemer, Scamens Martin. 法等	一
應用力學	第三力學	三	第一{材料強弱 水力學 第二 機構其他	三 三 三		
電氣工學			第一、發電機發動機 第二、三、{發電機、發電機實驗 電力傳送等}	二 二		
製造用機械					第一、唧筒、水壓機、紡織、 第二、紡績、製紙 第三、製油、製鹽其他	四 三 二
發動機			第二、熱氣論、汽機 第三、{蒸機汽鍋、 水車瓦斯發動機等}	二 四 三	第一、二、發動機設計	四
工場實修及實驗	第一、木工、鑄造 第二、同上 第三、同上	八 一二 八	第一鍛工、仕上、錦工、工場用圖 第二 同上 第三 同上	一〇 一四 一六	第一{木工、鑄造、鍛工、仕上 及實驗、設計圖 第二{同上材料機械油Caesic 燃料汽關汽機水力等 第三 同上	二三 二四 二九

備考　第三年實修•依生徒之志望•左之三項中得專修一項•又得通習一項若三項•

(一)木工·鑄造·製鋼·(二)鍛工·鏇工·(三)製圖·

電氣科電氣機械分科學科課程

科目	第一年		第二年		第三年	
電氣磁氣	第二、三	三				
工作法		三		一		
應用力學	第三　力學	三	第一、（材料強弱）（水力學）	三三		
			第二、機構其他	四		
電氣工學			電氣應用一般	二	電信、電話、電燈、電力、傳送、電氣鐵道	五
			第二、支流電論　第三、發電機電動機等設計	三三	發電機、電動機等設計	二
發動機			第二、蒸汽船汽機	二		
			第三、（汽機汽罐）（水車瓦斯發動機等）	四三		
工場實修及實驗	機械第一	八	第一	六		二五
	機械第二	六	第二	五		
	機械第三	三	第三	一〇		
	電氣第二	三	第一	四		
	電氣第三	二	第二	五		
			第三	三		

電氣科電氣化學分科學科課程

科目	第一年	第二年	第三年
電氣磁氣	第二、三　三		
電氣工學		第一　發電機、電動機　二 第二、三（仝上、電燈、電力傳送等）　二	
冶金學			第一、二　二
特別應用化學		第一　染料　二 第二　油類　二 第三　石鹼　二	第一　製紙糖類　二 第二　製革　二
電氣化學		第一　總論電鍍　二 第二　電鍍電鑄　二 第三　電氣Alkari等　二	第一　電氣Alkari 電氣冶金　二 第二　電氣冶金　二
工場實修及實驗	電氣機械 電氣第一　一二 化學第二　七	第一、二　四 第三　四 第三　電鑄　一七	第一　電鑄電氣化學　二〇 第二　電氣化學電氣冶金　二〇 第三　同上　二九

備考　電鑄•電鍍•電氣象眼等專修者•於第三年割實修時間•課自在畫

工業圖案科學科課程

科目	第一年		第二年		第三年	
圖案法		二	有職故實 建築裝飾	一 一	同上 同上	一 一
工藝史		一		一		
應用解剖				一		
繪畫	第一、二 第三	七 九	第一、二 第三	八 九	第一、二 第三	一二 一一
用器畫	第一 第二 第三	四 五 六	第一 第二	四 三		
工場實修	第一 木工 第二 金工 第三 製版	四 四 四	第一 漆工 第二 窯業 第三 染織	六 六 八	特修製作	六
圖案實修	第一 第二 第三	三 四 六	第一 第二、三	九 一〇	第一、二 第三	一三 一四

癸　高等商業學校

本科修業年限。本科三年。豫科一年。

豫科及本科學科中。內外國語。英語。外。清。佛朗西。日耳曼。西班牙。伊太利。露西亞。韓。七國語選修一種。

豫科學科課程表

科目		學年 每週時間 一年
一	商業道德	一
二	書法	一
三	作文	二
四	數學	四
五	簿記	三
六	應用物理學	二
七	應用化學	三
八	法學通論	二
九	英語	九
一〇	佛、西、獨、伊、濮、露、韓語ノ內一語	三
一一	體操	三
時間合計		三三

本科學科課程表

學年 / 科目	第一年 每週時間	第二年 每週時間	第三年 每週時間
一 商業道德	一		
二 商業文	一	一	
三 商業算術	二	三	
四 商業地理	二	二	
五 商業歷史			三
六 簿記	二	二	一
七 機械工學	一		
八 商品學	二	二	
九 經濟學	三	二	一
一〇 財政學			二
一一 統計學			一
一二 民法	三	二	一
一三 商法			四
一四 國際法			二
一五 英語	六	六	六
一六 佛、西、獨、伊、清、露、韓語ノ內一語	三	三	三
一七 商業學	三	六	

一八　商業實踐			八
一九　體操	三	三	
時間合計	三二	三二	三二

第四　大學豫科學科規程

高等學校大學豫科學科規程

文部省令第十三號（明治三十三年八月四日）

第一條　高等學校大學豫科之學科、分第一部、第二部及第三部。

第一部學科、願入法科大學及文科大學者、第二部學科、入工科大學、理科大學、理工科大學及農科大學者、第三部學科、入醫科大學者入之

第二條　第一部學科、倫理、國語及漢文、外國語、歷史、論理及心

理．法學通論．體操．
前項學科之外．願入文科大學者．課經濟通論．
前二項學科中．願入文科大學哲學科者．缺論理及心理．課數學．物理．
外國語．英語獨語及佛語中選修二種．
第一項學科之外．願入法科大學者．以拉丁語爲隨意科．
第三條　第二部之學科．倫理．國語．外國語．數學．物理．化學．地質及鑛物．圖畫．體操．
前項學科之外．願入理科大學．動物學科．植物學科．地質學科．幷入農科大學者．課動物及植物．入工科大學及理工科大學
土木工學科．機械工學科．電氣工學科．採鑛及冶金學科．工科大學造船學科．建築學科．理科大學及理工科大學之數學科．

物理學科。理科大學之星學科并農科大學之農學科。農藝化學科。林學科者課測量。
外國語。英語外獨語佛語選修。但入工科大學及理工科大學電氣工學科。應用化學科。製造化學科。採鑛及冶金學科并入農科大學者必選獨語。
第一項學科之外。入理科大學之動物學科。植物學科。地質學科并農科大學之獸醫學科者以羅甸語爲隨意科
第四條　第三部學科。倫理。國語。外國語。羅甸語。數學。物理。化學。動物及植物。體操。
外國語。獨語之外。英語佛語修。
第五條　各部各學科每週授業時數如左。

第一部

學科＼學年	第一年	第二年	第三年
倫理			一
國語及漢文	六	五	四
英語	(九)	(九)	(八)
獨語	(九)	(九)	(八)
佛語	(九)	(九)	(八)
歷史	三	三	三
論理及心理		二	
法學通論			二
經濟通論			[二]
體操	三	三	三
計	三〇	一	二九 三一

備考　表中()號。選擇科目之時數。[]號僅入文科大學者所課之數也。

願入文科大學。哲學者。於第三年欲國語。其所課數學物理之時數如左。

學科＼學年	第一年	第二年	第三年
數學		二	
物理			二

以英語入學。願習法科大學之獨逸法佛蘭西法法律學科並文科大學之獨逸文學科。佛蘭西文學科者。外國語授業時數變更如左。

學科＼學年	第一年	第二年	第三年
英語	四	四	四
獨語或佛語	一四	一四	一二

入法科者所課拉丁語隨意科之授業時數如左。

學科＼學年	第一年	第二年	第三年

學年	拉丁語
第一年	
第二年	
第三年	一

第二部

學年＼學科	倫理	國語	英語	獨語或佛語	數學	物理	化學	地質及鑛物	圖畫	體操	計
第一年		三	八	八	五				四	三	三一
第二年			七	七	四	三	三		四	三	三一
第三年	一		四	四	六	三	五（講義三 實驗二）	二	二	三	三〇

於第三年願入理科大學之動物學科•植物學科•地質學科並農

科大學之農學科、農藝化學科、獸醫學科者缺數學入工科大學及理工科大學之土木工學科、機械工學科、工科大學之造船學科、建築學科、理科大學及理工科大學之數學科、物理學科及理科大學之星學科者缺化學之實驗理科大學各學科、理工科、大學之數學科、物理學科、純正化學科、及農科大學缺圖畫農科大學林學科缺英語。

願入理科大學動物學科、植物學科、地質學科並農科大學者、所課動物及植物之授業時數如左。

學年／學科	第一年	第二年	第三年
動物及植物			

工科大學及理工科大學之土木工學科、機械工學科、電氣工學科、採鑛及冶金學科、工科大學之造船學科、建築學科、理科大學

及理工科大學之數學科、物理學科、理科大學之星學科並農科大學之農學科、農藝化學科、林學科者、所課測量之授業時數如左。

學科＼學年	第一年	第二年	第三年
測量			三

入理科大學之動物學科、植物學科、地質學科並農科大學之獸醫學科者、所課拉丁語隨意科之授業時數如左。

學科＼學年	第一年	第二年	第三年
拉丁語			二

第三部

學科＼學年	第一年	第二年	第三年
倫理			一

學科	國語	獨語	英語或佛語	羅甸語	數學	物理	化學	動物及植物	體操	計
第一年	三	一三	三		三			四	三	二九
第二年		一三	三		二	三	三	實驗三	三	三〇
第三年		一〇	三	二		講義三 實驗三 六	講義三 實驗三 六		三	三一

以獨語入學者，外國語授業時數變更如左

學年／學科	獨語	英語或佛語
第一年	九	七
第二年	九	七
第三年	八	五

第六條　前條各學科，以足豫備生徒卒業後入分科大學各學

科之程度爲標準。

第七條　學校長受文部大臣之許可。願入分科大學某科者所課一學科若數學科。得不置其學校。

附　則

第八條　本令由明治三十三年九月一日施行。

第九條　本令施行之際。現修第二年。或第三年之課程者。迄其卒業。得受文部大臣之許可。依舊規程。若斟酌新舊之規程而教授之。

重訂東遊叢録

函札筆談

日戸勝郎來書

過日得見先生。喜慰無量。教育制度之觀察。宜緩緩精查。僕本日見敝邦文部大臣菊池。關清國教育有所談論。菊池之意見曰。今也清國教育之制度。仿吾國明治初年以後。明治十五六年以前之施設爲宜。方今之制度。在日本仍屢經進。況於清國現狀。其不適無論矣。清國教育下手之第一著。莫急於先起師範學校。以造各省小學校（國民教育）之教員。養成教員者。是教育上最先最大之急務也。北京大學者。於名義雖曰大學。其實際教課。應采吾國中學校以上高等學校以下之程度。其養成各地師範學校教員之專門科則別立之觀各國教育歷史無論何國其初皆自上級與下級相應而發達漸爲中間聯絡於一方圖小學校之普及於一方起大學從上下兩端漸及中學制度是其常也清國亦不能違此軌道云云文相之意方今之際敝國雖乏幹濟之材力然欲爲清國送良教員正在妙選未定又不日期應閣下之質問豫有所審慮碎心待面談吐胸中之見先生幸諒之滯京數月之間向後屢有互見之期事若有不便乞示知僕當努力辦也

前山陽高等女學校校長望月與三郎來書

嘗聞俄國之侵入於東邦而畧要地也必先建兵舍與寺院美國人極

之始移住於彼土也。必先設寺院與學堂。此一事可以見二國之叛國。
趣旨不相同。是故俄國雖有席卷四海併呑八荒之勢。其國礎不固。苟
一朝國威不振。則陳吳之徒接踵而起。邦家有累卵之危矣。美國則不
然。建國以來。雖僅百有餘年。人文開。藝術進。國勢日躋。而凌駕歐洲。既
爲其所畏敬。各國爭求其歡心。可謂盛矣。方今貴國對世界列强之道。
修兵禦侮之事。雖急。苟欲永持獨立。期隆昌。莫若固國礎。固國礎之道。
在於育英。育英之方法不一。大設學堂。雖謂良法。抑亦末也。欲獲人才。
須造良家庭。欲得良家庭。須造賢母。賢母養成之道。在教育女子而已。
故曰。國家百年之大計。在女子教育。無他。是教育之根本。而實鞏固國

礎之法也。第一世奈破侖之以百戰百勝之餘威。君臨佛國也。深思國家百年之長策。一日問之某貴夫人。夫人對曰。在造賢母。佛帝大悅。以爲獲我意。蓋帝之母。即賢明婦人。能令其子成人傑之名。奈破侖嘗語人曰。幼兒之命運。全關其母之智愚如何。可謂至言矣。夫人之教育。始於母之胎內。經家庭及學堂而達於社會。而其最受薰化時。爲在胎內及家庭之間。實如奈破侖言。幼兒將來之命運。於此際定焉。爲人母者之勢力。不亦偉哉。亭亭凌雲之樹。當其萌芽。一旦蒙微傷。尚且不全其生。至與雜木無所擇。在人亦然。幼時在母手之間。而不得其教育。宜乎駿兒不能伸其驥足。空伍駑馬而已。他日入學堂。雖使賢哲執教鞭而朽木不可雕。屈幹不可直。若是而望人才。猶緣木而求魚。教育之勞。不見寸功而止耳。反之賢母在家。子女受正教。則一旦入學堂之後。猶駿馬走坦途。達千里之遠。蓋非難也。偏見古來之偉人傑士。其母不賢明者鮮矣。賢若孟母。而後有亞聖。無華盛頓之母。爲有開闢美國之偉功耶。女子教育之要。如斯明明也。世之頑冥者。以之爲迂遠。徒盛男學堂。以欲養成人才。而入學堂者。其心不純。其知不明。屈幹朽木。何以得爲棟梁也。先生明敏。既看破此理。盡貴國百年之長策。可不以女子之教育爲急務也哉。

土屋弘來書

弔白吳君摯甫閣下、前月來視察敝邦普通教育制度、稱其進步、且怪僅僅三十餘年、達今日之域、烏乎見吾君之所怪、足以知吾君平生用意於教育之篤也、弟亦嘗從事於普通教育、畧知其梗槩、請試言之、蓋工業之所以速成、一在用器之利便、教育以文字為利器、文字之簡易利便者、莫若五十音圖、敝邦普通教育、以五十音圖為先、五十音之為用、宇宙百般之事、無不可寫者、而其為字僅五十、雖幼童可輙記之、以此施於初級教育、其進步之速、曾何足怪、至教育中等以上人、則漢文歐語、固不可不并用之、然是率皆中流以上之事、而人之位中流以上者、居百中之一、以教育百中之一之方、施之於九十九之衆人、其教育之難速成。不亦宜乎。故以簡易之器。導九十九之衆人。令邑里閭巷。無不學之子弟。則衆中未必無傑出之才。所謂凡民之俊秀者也。此輩進而服高等之學科。愈磨愈厲。他年成立。必有可觀者矣。是今日普通教育所以爲急務。而初級教育之所以不可不用簡要器具也。今足下若欲速奏其效。宜先采用敝邦五十音圖。況此本取於漢字。盡速用此至簡至便之物。若夫所課中等以上漢文。則高雅典實。用之金石。垂之不朽。其美固可以冠世界萬國矣。弟常云人有長幼。有貧富。故文字亦當從長幼貧富課之。以達其用。乃在幼童及貧人。則主用五十音。至中流以上。則用象形文字。是自然之勢。無足怪者。敝邦普通教育之所以綫就緒者。無他。惟由於善用此器。調和適其度而已。君卓識超衆。必有味於弟言。

日本體育會體操學校松井次郎兵衛來書

吾素一介之士。不及與聞天下之大計。然稍事儒學。嘗見淸國艱難。慨然有輔翼之志。而力不與志偕也。閣下之來我國也。吾每與校長高島先生談閣下重體育。心竊喜之。欣慕不能措也。今聞閣下之參觀於吾校。乃弗自揆。欲陳其所見。抑體育者。教育之基礎。富强之淵源。而天下之得失繫焉。吾疎陋。安得辨於此哉。然皆是吾黨分內之事。不得置諸度外也。熟察天下之形勢。大制小。强併弱。競爭激烈。日甚一日。是即進化之明路而生存之天則而已今也東洋之常壓伏於西洋而無能與之抗衡者是在國之大小邪則西洋未必大於東洋抑在人民之多寡邪則東洋未必寡於西洋而懸隔如此洵可謂東洋之一大患矣而我國則與淸韓相接恰如鼎足不可缺其一也缺其一則雖欲不傾頹不可得也然則如何而可曰三國一致各養其國力養國力則在養元氣養元氣之法則莫善於勸課體操矣夫身體者精神之所宿也古人曰活潑精神宿於强健之身體身體既健精神既旺則文敎可以興武備可以精殖產興業可以隆盛焉果然則富國强兵之策全存於玆況如中國之土廣而民衆乎且吾聞之中國自古其政則文武之法其敎則

孔孟之道。而國人至今墨守之。不復顧天下之大勢。徒拘虛文泥古法。故元氣消耗。亦不足怪而已矣。蓋吾輩尊信孔孟之道。而及入軍隊。而鍊身體也。心身調和。私慾自窒。進取之氣象。磅礴於軀體。處艱難而不撓。臨事變而不惑。能得以敏捷判斷。而爲活潑之動作。於是有所大悟。以謂完全教育。精神之修養。與身體之訓練。不可相離矣。今中國苟使國人知富强之所資源。而說體育之必要。徐立方法。孜孜經營而不已。則何微弱之足患焉。而向所謂古法者。變而爲有用。虛文者。化而爲文明。天下靡然嚮風。是猶大旱之得雨。豈非天命之所歸耶。然則凌歐羅米。以爲東洋之一强國。是吾所信而不疑也。閣下如賜覽觀。得以補闕下之所須萬一。幸甚幸甚。恐懼再拜。

西七月分熊本九州日日新聞　譯文

淸國今日之革新。非一局一部之修補。當由其根柢基礎。以希改進。譬病既入膏肓。終非外科手術之所能愈也。今玆吳先生爲教育視察之事。來遊我國。淸國之當道著眼百年之大勢。良可慶。雖然。先生之視察。置重於何等方面。誘引歡迎先生之諸人。將如何以贊助之。此吾輩不得不少有所說也。方今我國之教育。各部機關。整頓甚具。無少間然。先生有志振興教育。必就制度機關。詳察周到而可也。雖然。吾輩更望先生進而詳察轉運制度機關。無形之人心。何則。我國方今之教育。其源全在採取歐米之制度。以致今日之美備。而其所以不唯模仿。兼能鎔而化之者。則究由消化之力之强也。若消化之力猶弱。譬之胃臟失力。無論如何滋養良物。終不能容納。以收其効。然則鎔化歐米之制度。關於我國無形之人心。先生不可不察也。且清國非無學者。無人物也。非無學問。無實際有用之學問也。清國之憂在文弱。曾爲故井上文相之所喝破。先生若僅觀高遠之學問。著眼大學及其他高等教育之機關。吾輩竊慮其視察之方針。或失其當。積理義之研究。探深奥之哲學。於支那之學術。寧患其多。唯其不足者。則利用厚生之道。質而言之。所短者在實學也。方今物質文明之進步。滔滔然由生存競爭之方面。以擴張其勢力。尚欲以地水火風之四大。抗六十餘原質之分析。雖欲不衰微。不可得者。此清國學術之所最短也。是以先生由觀大學而觀小學。由觀文學美術之學校。而觀商業工藝之學校。由哲學宗教之方面。進而觀察理化格致之方面。此爲必要者。質而言之。以置重實用之教育。爲調查之方法手段而可也。清國千年來虛靈之學。既不勝其文弱之弊。將來可採用者。豈不在實用之學問乎。然觀我國三十年來之進步。物質之文明。先由歐米注入。而國民固有之粹美。與質健之精神。能活用之。以致今日之發達。此中關繫。最足爲清人研究之價値者也。何則。偏陷物質之進步。猶恐不能完全美備。於清國之學問物質之部分。最其所缺陷也。然人心不振。徒知求此至切之學術。其果能爲完全社會。以發達人心。而期進步。此猶不能無疑也。是以先生觀察教育制度機關之完備。更詳審我邦無形人心之何以完固。以與物質教育採用實施之資料。兩兩相須而無少過焉。此吾輩之所望於先生與其引導之諸人者也。

西七月分東京二一六新報　木村生　譯文

教育者。作一國之精神者。國家之眞際。實由教育以得而存焉者也。是以古來有爲之爲政者。皆莫不重之。於清國教育。在最重位置之。吳先生。此次來視察日本之教育。我邦豈可不歡迎先生。以爲榮乎。先生之來我邦視察其教育也其意必參考之以有所取聞先生前日與帝國大學總長山川氏相會之時山川氏勸先生曰貴國宜先仿我邦維新之當時循序獎厲醫學以爲開發國民之方法其言雖亦一理然在清國方今之情狀不必以獎厲醫學爲開發之第一義也何則我邦昔時醫者多暇日又知文字其中先覺數人就西醫有所學隨之得外國語由外國語得外國情事以至西人之文明輸入吾國非醫學之物爲我國之開發也醫學雖爲開發之先導實偶然之事耳吾徒固知貴國今日之狀態西人之醫術爲必要其可以增進生人之幸福固所深信不疑者雖然醫學者僅一科之學又爲藝術之事不可不知也且我邦爲

醫師者。爲日本開發之始。原非唯醫學之事。此等人物。皆開發之先覺者。能通政治經濟之事理。而兼擅醫術。實則有醫術以外之學。始得成日本開發之事也。且醫學者。不過一科之學。又爲個人之事。其中不存國家之觀念。未足以爲貴國全體開發完備之方法也。且夫中央之主權。不鞏固嚴立。威令不行。學術之進步不可期。開明亦必不易。又若僅致力於學術之進步。國家之威權不立。個人之智識。雖如何發達。於清國國家。不能賴以富强。反爲其政治之患耳。我邦維新之時。一方當開發之氣運。一方極意興起國家之觀念。民心統一。王權擴張。一方致力開發進步。又於他方專務統一國民。以故得儼然現出進步之日本國家與國民也。意貴邦雖守堯舜孔孟之道義。國家之觀念。殆若甚薄。貴邦之人民雖智巧。皆出於個人之爲。而以國家爲務之智識。則若甚少者。此貴邦之所最短也。我邦維新事業之成功。實在人民强於國家之觀念。以深敬王權之念爲基礎。由中央主權。得導日本之開明。先生若望貴國之大開明。學問藝術。雖非不至要。而此區區者。寧可置爲後圖。先致力養成國家之觀念而可也。古來支那人。（自注余不曰清人不曰元人亦不曰明人。）於世界之舞臺所成事業。如何偉大。試回顧之。以振興貴邦人飛躍之志。信非難事也。要之以民心之興起。與其統一。與中央主權之强固。在此數者爲目的。以教育其人民耳。編輯學校及學校以外可讀種種之書籍。盛養國家觀念及國民統一之思想。以爲貴邦之急務。次之始可言諸科之學術也。若教育不主於國家觀念。其盡力教育。必支離滅裂而已。先生觀察我邦之教育。非求其皮相而溯其眞源也。幸取我邦之所可取者取之。敢呈蕪言。

西七月分東京日本新聞

方今學制改革之議。於我國之現制。亦非可許。然自清國觀之猶歎美我之現制。以比較論之。則今之現制。猶爲較勝一籌也。然彼若直仿我現制以立教育。則大不可。何則。頒布一律學制。固不易言。若小學校。中學校。各種專門學校。大學院等之設立。固非無籌辦之資。無奈無輸出之機關。府縣郡市町村等自治之團體。固非一朝所可設立。又此等團體。非獨施行教育制度所當設立者也。吾以爲北京大學。固官學之制。當先爲官吏之養成所。以其卒業生代科舉出身之進士。科舉之制度。可以全廢。於全廢以前。當使大學多得卒業生。此事立教育之制度。殆第一之急務也。速成之學術技藝。我國雖已不用。而在淸國。最爲切要者。入新學之生徒。取熟於支那舊來之學問者。使入大學校五年若七年。以代殿試。學科以政治經濟法律等爲善。若理科若工科。終非可速成者。敎師不用本國人。一用外國人。外國語習之七年。大率可以習熟。而以此卒業生爲官吏。以爲改革之端緒。立全國一律之學制。施小中大學完全一貫之教育期之十年之後可也。

井上哲次郎筆談

問　久欲來親大教今日幸獲所願至爲榮寵。

答　不敢當不敢當貴國今日之急務以教育爲第一教育者不應時勢則無其效孔子之教大好然今日則見其未備先生以爲如何。

問　來此爲欲瞻仰貴國教育所見皆是外著之制度已足敬佩尚欲得公等誨示一問貴國教育之精神。

答　敝邦教育以融合調和東西洋之思想爲目的自然科學莫如西洋然唯取自然科學而無精神以牽之則將不堪其弊故以我精

神運用之。此我教育所由而立也。貴國亦要先講西洋自然科學。然無所謂哲學者。則教育之精神難立也。教育精神。畢竟在倫理。今日之倫理。非打東西之粹而爲一冶。不可。我邦學者所努力在此。

問　久聞執事精研哲學倫理學。願聞要領。

答　哲學倫理學之事。最要絮說。不能簡短述之也。然貴國古來之倫理雖大好。而在今日則有可補之者。是弟等所欲言也。

問　請言今日當補之事。

答　試舉其一二三。曰崇人格之觀念。曰重個人之權利。曰自由平等之精神。曰知實現理想之要。其他不遑屈指。今如理想。殊重要者也。

問　願問理想之重要。

答　理想一也。而有個人之理想。有國家之理想。個人之理想。則倫理之本源也。國家之理想。則國家隆盛之原因也。理想者。非取模範於過去。而期將來者也。欲駕過去一切文明而上之者也。非尚古之意也。逐新而進之意也。

問　逐新仍兼尚古乎。抑去古就新乎。

答　去古就新之意也。然非慢古。又非棄古。駕古而上。故不畏古也。如印度專尚古。欲一倣古。故遂不能如古。古今時勢已異。以今作古。

是所不可能也。印度文明。進寸退尺。良有以也。

問　君視敝國古時文明。與印度何若。今時尙有當用者乎。抑不可復用乎。

答　貴國古代文明。與印度同不可棄。是所以要研究也。弟亦欲研究之也。然使今日之國家及文物如古代。則斷所不敢取也。理想者。所描出于腦中之念也。偃于現在之情勢者也。吾人人類皆不完全者也。故欲進修以近于完全之域。是則理想也。國家亦非完全者。故欲今之國家之完全。是則理想也。理想不過腦中之念而有動人之勢力者也。多知古今之人物。而後拔其粹。打爲一治。以爲已之模範。欲使變而爲已。是則理想之謂。多知東西諸國之國家。而後拔其粹以大成之。是國家之理想也。故實現理想。則必有進步。又有活氣。古代文明固不足畏也。

問　腦中之念。若何而能動人。多知易。拔粹難。實現理想似亦倘易。有進步有活氣難。如何而可。

答　吾人人類要實現理想。以就進修之塗者也。進修而達向上之域。則有所滿足也。是應理性之要求故也。物質無精神。如死然。唯理想者。驅人而赴向上之域。是故有活氣也。若人之生命而無理想。則如水之滯而腐敗。無活氣故也。若有理想。則人生有目的。有當行之道。於是乎不能無活氣也。譬猶水自岩石之間迸出。流而淸冽也。理想者。人之至善者也。國家之至善者也。今使人至善。使國家至善。安可以無活氣乎。理想優於過去者。此也。

問　理想似知上事。赴向上之域。則是行上事。今敝國欲赴向上之域。當奈何。

答　國家離人則無有。人人相集成國家。故國家進步之本在人。即在使各自實現理想。是實教育精神所存也。若自國家而言之。打破從來倘古之風。而取東西文明之粹。打爲一冶。以立理想。則國家經營之方針。始可成耳。理想必動人者也。不動人不足以爲理想也。理想者。向上之域也。招人使來。人不應。則廢然而返。是失理想故也。已有理想。則感激奮起。不能已者也。然描出理想。必要學問經驗也。

問　學問經驗當奈何。

答　謂精神上之學問及教育也。如哲學倫理學心理學等。亦應大攻究也。

問　使國人各自實現理想。此是教育已成之效驗。應如何下手。乃能成此教育。亦應有方法。

答　自小學至大學。設倫理修身之科。改造將來之國民。則數十年其効必大顯.

問　敬聞命矣.

答　敝邦之學問以醫學兵學爲起點.然及精神上之學問大起.社會之情態俄然變動至成一瀉千里之勢.

問　精神上學問大起.當在何時.

答　明治十五六年之頃.進化論始入我邦.而精神上之問題始起.同時基督教傳來博愛平等之說亦行.因講究哲學.雖此後尚有世運之變.本于精神上之議論者爲多.

問　大教多有深趣.獲益匪淺.談紙欲盡携去.

西京儒員林正躬筆談

問　敎育之事。僕所求者貴國明治初年開辦之法。我公身親其事。正下走所側席求敎者也。何幸枉臨。喜極。

答　幸賜寛假。不勝欣抃。僕於西京一部維新之學政。知其概略。敢吐露其衷情。明治維新之始。以詔勅使府縣設立學校。京都府知事槇村氏。熱心謀之。其方法分市街爲六十學區。一區設一小學。其校舍有新築者。亦有假舊廬爲之者。傭家塾及村塾之師。以爲小學敎師。至郡村山邑亦然。故京都府爲日本小學之嚆矢。尋立女學校師範校。養成敎師。分遣各校。

問　其初辦時。市村六十學區同時幷擧乎。

答　市村胥吏。聞諭有即興辦者。有怠而不即從事者。屢召喚糾問之。其首擧者賞之。譽之他之怠者。亦遂設立。從明治四年著手至十年。山村海陬署徧。

問　此似責成市村自立。其經費亦爲籌措否。

答　經費市村自辦。市吏課税於每戶。與正税營業税學校税。幷徵收之。

問　貴國民間。亦不甚富。其不能出税者。奈何。

答　設立之際。需用巨費。故使其學區內豪商富紳。特募寄附金。而徵每戶之法．有大小之別．且有學兒之家特徵之．

問　學兒每名倘自出修金否．

答　皆自出修學料．而不過二三十錢．案十錢當洋銀一角

問　修學料蓋是筆墨書籍紙石板等．至於教師之俸．學生亦自出否．

答　修學料即教師之俸．至筆墨書冊．則各自買之．貧者學校吏員或給之．

問　教師之俸．每月二三十錢．不太少乎．

答　一校之生徒．多是八九百名．或六七百名．故集成巨額．倘不足．則以校費補之．

問　八九百名六七百名，則學堂建築之功甚費，其學區亦在西京城內人烟稠密之處，乃有許多學童，若在鄉市野村，則學童至數百名，必遣招數里數十里之家，乃能集合此學童，皆幼年，豈盡在學堂寄宿乎。

答　市街一學區大率千戶，皆稠密，甚便，至僻邑山間，則校舍皆狹小，故大村設數校，以便于就學，小學皆無寄宿舍，近日一二校有設寄宿舍，小童有遠隔數十里而來學者。

問　近時學制大備，辦理自易，在明治初年，學童寄宿，或幹事不能經營，或房屋不能適宜，當有種種困難之處，如何營辦。

答　吾邦學生皆能守教師監督之命明治初年生徒轉不似今日之淫暴。

問　明治初年學堂課程如何恐其時教師知西學者尙少如何立課。

答　明治初年學課屢變改不定然太要讀書算數地理歷史物理倫理之六科教師知西學者實尠然以英書和譯爲教科書。

問　明治初年西京已立大學堂否。

答　否立大學在于明治二十年後。

問　中學校何時立。

答　明治九年始立之。

問　今我國無中小學。京師已擬建大學堂。涉於躐等。下走擬將敝國學徒。年在二十內外者。考其漢學粗成。招令入學西學。如此可否。

答　尊意所在即可也。少年不知本邦之事體者。直從事于西學。往往誤其方向。

問　學徒年在二十內外。漢學粗成。令研西學。其課程似宜以中學校爲主。而初辦欲求簡易。如何定法。

答　中學課程。先以讀本（譯西洋讀本者有數種。）擇其善者授之。如物理化學。則以譯書授之。如方言則聘西人爲師。

問　聘西師是一定辦法。敝國外省立學。則尚不能盡用西人。貴國所

稱西洋讀本、其書幾種、請開示、

答　明治初年、多用巴禮氏讀本、近時用那志與那氏讀本、及斯邊左氏（案即斯賓塞）讀本等、僕未詳西學、故忘其名、

問　貴國中小學校所定課程、與歐米異同如何、

答　無大差、但就適於本邦者變更之、採長捨短、

長尾槇太郎筆談

問　此來欲取法貴國、設立西學、其課程過多、若益以漢文、則幼童無此腦力、若暫去漢文、則吾國國學、豈可廢弃、兼習不能、偏弃不可、束手無策、公何以敎之、

答

小子前年承乏文部。今教授於高等師範學校。教育制度課程。非偶無鄙見。然今時當路。皆知西學之爲急。而漢學則殆不省。蓋學徒腦力有限。姑擇其急者耳。然其弊則至忘己審彼。爲國家百年計。不能無疑。今貴國設西學。欲漢洋兩學兼修。患課程之繁。小中學高等學校（大學豫備校）課程。半漢文半西學。而晋入大學。則專修其專門學。則庶乎免偏弃之憂。小子雖不敏。若或有所便於尋求。犬馬奔命。所不辭也。

問

課程中半西半。僕以爲甚難合併西學。不求能記誦。止是講授而已。漢學則非倍誦遍習。不能牢記。不牢記。則讀如未讀。今若使學徒倍誦溫習。則一師不過能教五六學生。勢不能如西學之一堂六七十人。同班共受一學。此其難合併者。一也。西學門類已多。再加漢學。無此腦力。二也。至大學。則漢文僅止專門。專門則習之者少。其不亡如線。此求兩全。必將兩失。奈何奈何。至執事允爲尋求一切。感荷感荷。

答

學校之難設。非大中小皆具備。則難得完備。然新建制度。不可遽望完備。以漸就緒。爲得其宜。敝邦初建大學。命州縣徵貢進生。貢進生者。謂各州所貢進也。貢進生大抵成年以上。已在其鄉修得國學。（敝邦舊時國學。多爲漢學。）及遊京入大學豫備門。修西學。而後入大學就專門。以俟中小學校生徒之卒業而出。既得中小學校卒業生。而此制廢。凡新設法。過急則敗。要在使人東西更面而不自知也。貴國大學堂。先選擧人以上之人材而就學。待中小學之備。而徐制學則學課。於其統系聯絡。蓋得一貫乎。

問　貴國貢進生入大學豫備門。其所學課程如何。公能言其大略乎。敝國今日願仿此制。

答　重當拜候。

問　急盼見示教育沿革。

研經會筆談

問　高等學校組織如何.

答　大要分三部.一部爲法科文科.二部爲工科.三部爲醫科.三年課畢入大學.以國語漢文爲基.兼修英獨佛三國語.如工科醫科.別有實習.

問　人有言學西國語言甚費腦力.必數年乃成.成矣.尚非眞學.必別學一專門之學.乃爲本領.故此事甚難.若不學外國語言.得已翻之譯書.或用西師講授.使人通譯.以告學者.較易從事.公以爲何如.

答　吾國維新前.幕府開蕃書調查所者.使專門之士.譯之以弘布.維

新後十年間、亦如是、至十年以後、西學大盛、遂至如今日、今則以西人爲教官、使學生學之、然語原元殊、領會甚苦、其費腦力非少、如下走以高見爲當、然時勢無奈之何、

問　貴國前輩、似皆以漢學爲根柢、後進之士、則吐棄漢學、一奉西文、究竟人才後進與前輩風氣孰勝、

答　吾國前輩之奉西學者、以漢文爲根柢、加之以西學、是以多有爲之士、較人物古勝今劣、僕不知西學、然在工技之學、不可不資於西學、正德利用與厚生、學問之要、三言備之、東洋道德、西洋工技、合之始成、賢者當合并東西、陶鎔一冶、

問　正德利用厚生。實括東西學之六成。貴國維新以後。德育智育體育。三事并重。近來智育體育皆著成效。德育今與古孰若。

答　吾國古有武士道者。加以貴邦聖賢經傳。大有可觀。今西學傳來。混入西學分子。德育一貫。甚爲難事。貴邦亦恐不能免。

問　如何而後使德育之說。不至徒託空言。

答　大問不敢當。然以鯫生見之。道德莫尙大聖孔子。天定之日。必風靡東西矣。此後進之所當勉也。敝邦明治七八年之交。西說盛行。至婦女子亦唱民主說。幸得廻狂瀾於未倒。蓋欲取人之長。則其短亦不可不防。是必至之勢也。唯有力而後取捨無失。切望愼之。

高木政勝筆談

問　執事精於法學。曾研究敝國律書否。

答　僕嘗學佛國法律而已。餘則日本法律。

問　貴國新政之法律。與佛國殆亦畧同。

答　敝國法律。取基礎於獨逸。且參酌各國法律。故至異同之點。非就法文不能辨也。

問　貴國未改之法。似多取之敝國。

答　敝國有新律綱領。改定律例。此等法律。模倣貴國。

問　改定法律。何人主筆。其創議删改各條。今有元議書案可考否。

答　新律綱領。故江藤新平爲司法大臣時所創設。明治三四年頃也。改定律例。故大木喬任爲司法大臣時所作也。然至其元議書。未見。

問　君視已改之律。與未改時法律。利弊何如。能示其涯畧否。

答　未改之律。與已改之律。要有從嚴趨寬之差耳。

問　繁簡何如。

答　一廢拷問。二廢笞杖。三廢斬首。此外尚有他。

問　東亞俗習。與歐美不同。其禁令亦自有異。所效西人。能悉合於國俗乎。

答　不合國俗者不取也。唯其所取者。條理之一層耳。故至人事法律。敝國不模他國也。

問　貴國法律書若干卷。外國人可購買否。

答　敝國有數多法律。先擧其要者爲五。一憲法。二刑法。三刑事訴訟法。四民法。五民事訴訟法。

問　訴訟何以分民事刑事。

答　刑法公法也。護國家安寧秩序。民法私法也。護私人財産權利。

問　此亦西國制度乎。

答　然也。然。此區別有自然之理存焉。

問　僕以爲用刑之事。護國者少。護人身者多。

答　如貴教。然就人身言之。有公害。有私害。是以或護人身之事。而護國之事多矣。

問　今日外交事繁。既有護國之法。亦兼采萬國公法條件否。

答　國際之法律。專從萬國法律。然鄙見萬國國際法律。唯行於平和。而不行於亂時。至是殆不足恃也。悲夫。

問　用法無論寬嚴。以平爲主。今自優勝劣敗之說興。以强爲主。不復論是非。吾以爲列强爭競霸術。生民之禍。不知伊於胡底。有王者起。其將一反於平乎。

答　西歐人以利爲先。雖有法律。唯思互相呑噬耳。貴國與敝國朝鮮。此乃有仁義之教。愚以爲三國不同盟以制西歐之强慾。則生民無免其禍之時。

問　三國同盟善矣。三國之自爲交際。尤以不詐虞。不相欺陵。以圖私利。其交乃固。然後外侮可共禦也。鄙意以爲東亞三國。强不侵弱。此不貪彼國之利權。乃能彼此同心。

答　欲使三國同心。則莫如起德教。欲興德教。則莫如興佛教。僕學佛於此十餘年矣。深幸佛教。故偶涉及宗教贅語。幸恕焉。

問　德教之事。儒佛一也。無如立國者不信何。皆口稱盟好。心則欲剜人之肉。以補己身。同盟之國。有不寒心者乎。君以法家學佛。近於東餐西宿矣。能以佛法起化貴國。使皆爲佛土。亦鄰國所深願也。

答　僕不德。不敢當也。雖然。弘教之事。常以一身殆供犧牲以當之。

問　此志即能興教。

早川新次筆談

問　鄙意敝國始立學堂。尚無中小學根基。不得稱爲大學。貴國教育國民之說。敝國現尚未能處處立學。亦難普及。今但取二十餘十餘歲人中國學問已成者。使之入學。此等人智識粗具。於貴國小學所用教科。有不必贅告者。大概以中學校爲主。而增益本國之所無。則智育其要端也。故欲以理化鑛農工各學爲先。此諸學有必須專門教習者。由執事察核代聘。

答　先生意見。小生所贊同也。獨是於學堂所養成之人物。出學之後。於何方面。可致用乎。

問　此一最要問題。論學生出路。必應敝國先改官制。然後學校人才。皆以所學爲用。今官制未改。徒以舉人進士空名。不足羈絆英才。惟吾國物衆地大。新學既開。決不中止。則各處開設學堂最多。學生卒業。可到處爲師。以廣教育。即目前出路也。將來國家。亦必改制用人。但患無學耳。有學不患無用處也。

失名氏筆談

問　教育事尙未查清。君以爲宜如何訪問。

答　僕竊惟將敝邦教育之現態。欲直施行於貴國。抑難矣。物有順序。國情不同。先生之深慮。必已知之。故竊惟貴國教育改革之事。可以漸不可以急。急則反壞。尊意如何。

問　尊論極是。但事勢已迫。不宜遲誤。奈何。

答　如張絃。急則絕。但定大體之方針。漸次趨之耳。教育之事。永遠之大業。所宜深考也。

望月與三郎筆談

問　台端勸興女學。聞貴國十年前。女學尚未大行。後用何法鼓勵。遂有今日之盛。望示知。

答　愚按。欲策女子教育之良法。須參照者有三。一過去歷史。今日之教育。不可不與已往女子之教育連絡一貫。二現在狀態。今日之教育。要基於女子之現狀。鑑男子之程度。且照於文明諸邦之女子教育法。三未來之進步。當豫想國家將來之進步。幷世界文明之趨勢而立案。此外更有一事。則國家之觀念。即愛國心之涵養是也。蓋女子最富愛情。而其愛也。僅止於一身一家。而未有及國家者。以其闇于歷史。且不識列國對峙之形勢。故欲使女子養愛國之心。不可不待於教育之力也。受教育富愛國心之女子。他日爲人母。於其膝下撫育之子女。受其感化。其愛國必矣。天下養愛國之美。有過於家庭者哉。是故於女子教育。涵養國家觀念之方針。甚屬重要之事也。

問　貴國女學未愜心者何事。

答　小生以爲西學所最重者。在其精神。然方今流弊。偏重物質。是其所大遺憾也。

經濟答問　西九月廿六日經濟雜誌　法學博士田口卯吉　譯文

淸國吳先生。本月二十日臨經濟學協會之例會。問會員以六事。計會員諸君。當各以所見奉答。余則有請從隗始之意焉。

第一問大旨。謂清國之貨幣制度未善。然一旦改之。恐市面不安。即恐招市價之變亂也。故問日本國以金貨爲本位之初時。何以朝野相安。毫無阻礙之故。對。以上所問。余以爲於日本國實行金貨爲本位之初時。必非能免市面不安。無市價變亂之事也。何則。當時數年間。物價固非常騰貴也。然此騰貴之原因。一因金貨百圓之市價。當銀貨一百九十一二圓。定以二百圓爲本位。一因其後日本銀行。大增兌發券之故。若無此二者。改正貨幣制度。不至致市面之不安也。今於清國所稱爲本位者。爲兩。而無可以代表之貨幣。新鑄造之銀貨。其量與墨西哥銀同。號之爲元。是與我政府改兩爲圓正同。僅變更其本位之名稱而已。不至變亂市價。蓋先生之所可目覩也。假使淸國政府。此際新鑄一兩之金貨以之爲本位。而通用於市間。此金貨精密爲之。使有銀貨一兩之價値。則市價不爲動搖。猶發行一元之銀貨同耳。要之市價動搖。即所謂市面不安云者。因本位貨幣。含有之純分。變更而生。苟於此不變更之。僅變更其名稱。曰兩曰元者。或變更其金質。或用金。或用銀。其爲効一焉。而已。不至有所差異也。以余所聞淸國於巨額買賣。皆以銀塊交易。是無本位之貨幣也。余以爲淸國政府之主意。果欲以一元銀貨爲本位。宜速鑄造之。而改去銀塊交易之法。此當今之急務也。而先生下問之本旨似欲採用金貨爲本位之制。余敢斷以爲非其時機也。
第二問大旨謂日本以國幣（即兌換券。）發行之權。交與日本銀行。在清國則不易交與商人。然銀行固不可不設。（蓋即中央銀行之意。）應學日本用銀行財權歸商之起點。應如何辦理。　余以爲日本政府以發行兌換券之權利。交與日本銀行。此鑑英佛獨伯（蓋謂伯剌西爾即巴西也。）等之制度。所謂便利主義也。若清國以爲不便。政府自發行之亦無不可。現北米合衆國以大藏省發行紙幣。清國政府。亦可學之。然於政府發行紙幣。往往濫發致成不換紙幣之虞。故募股東於民間。設立銀行。交與兌換券發行之權利。爲完善之方法。各國行之。皆基於所實驗也。余願清國亦取鑑於是。設立銀行．唯總裁副總裁任免之法．政府可審其國情．設適當之規則．如獨逸政府．以中央銀行總裁列於內閣員．非必以財權歸之商人也．第三問大旨．以紙幣代用金銀．於淸國不能無弊．商民因而受累．如何民間始可信用．　蓋先生稔聞從來紙幣發行之弊害．而爲此言夫當紙幣新發行之時．及紙幣增發之時．其價格下落．經濟社會發大擾亂．不獨淸國爲然．歐米諸國亦有之．日本亦有之．然是不換紙幣之弊也．於兌換紙幣．不甚見此弊．何則．若增發之時．其價格下落．則可收回銀行．減縮其流通之數也．此制度於國家有非常之利益．請畧述其事情．日本銀行．兌換券流通之數．方今一億八千四百萬圓．其八千四百萬圓保存爲正貨準備其餘一億圓保存爲保證準備此保證準備由公債證書商標等而成有六朱之利一年生利六百萬圓若於日本僅以正貨爲媒介交易之時決不能生如此巨利故兌換制度不用無用之正貨以片紙代之買入公債證書商票其價甚廉其利則甚大也今試就淸國論之淸國之人口九倍日本其富五倍日本若行兌換制度紙幣流通之數至少當五倍日本約有六億五千萬兩之兌換券常流行於市間以其半之三億兩爲正貨準備以其餘三億五千萬兩爲保證準備而借用之是淸國政府坐得無償之利息也此固非一朝能達如此巨額之高度然不久遂此隆運固無可疑其裨益財政不煩喋喋

也。

第四問大旨日本雖以金貨爲本位。而實際通用之貨幣。則銀幣也。金貨本位之實何在。且日本銀行之兌換券。亦得通用於外國否　日本現時流通之銀貨。補助貨也。補助貨者。無其實價。而補助本位之金貨者也。譬如紙幣。其實質並無價格。然以與金幣交換。是爲價格。故五十錢銀貨一枚。與五十錢價值之銀塊。稱之銀貨之價格。較貴甚明。此非銀貨之價格。而爲本位金貨之價格故也。且日本銀行之兌換券。以爲金貨交換之證券。漸至外國。亦且通行。聞高麗及清國諸港。其受授皆無差異。然即英佛等中央銀行之兌換券。亦多不通行外國者。日本之兌換劵。亦多不能流通者。此與外國金銀貨幣。不能通用於清國內地。同一理也。

第五問大旨國庫出入不相償之際。當如何營辦。　此點不獨清國爲然。正日本之所苦也。雖歐洲諸國。亦常苦之。救之之術無他。唯省冗費耳。然熟察清國之現狀。民苦苛稅。而國庫所入甚少。是徵稅之方法未整。而吏員行姦。不能督之也。余以爲清國各省。起民會。使人民之代議士得發表其志意。必有制吏員貪婪之大力。所謂眞正財政之整理。不可不待代議政治之成也。

第六問大旨清國商工業之興起。當因如何之方法。　此在起學校。使子弟得專門之智識。固不可他求也。雖然。天下之商工。固不得盡於官立學校養成之。要不過示其模範而已。眞正之發達。不可不待商工之獨立。以研磨其技術。今夫商業。天下未有能敵淸國之商民者。唯於工則未有進。宜傭聘專門之技手。教育子弟。其將來之發達。正自非遠也。

余以接吳先生之諮詢爲榮。開陳卑見如此。唯余公務鞅掌。對如此重大之下問。不得遂十分調查之餘暇。幸勿咎其無禮焉。

筆談傍記

細田謙藏述

明治三十五年九月初七。淸國京師大學堂總教習吳摯甫先生。携京都市商業學校漢語教習孟君繁英往訪子爵田中公不二麻呂于礫川之第。諮詢明治初年教育制度與其辦理顛末。欲有所資益也。途次枉過。請與余俱。先是余介紹先生於男爵中島公錫胤。以前月抄相見。余亦陪焉。先生聞中島公言。田中公明治之初爲文部大輔。（大輔今稱總務長官。）精達學政。因請其介紹。田中公允諾。以故偕往。上午八點鐘出余寓。約以十點鐘至。公延見。坐定。余先代陳來意。公曰。久聆先生之名。即欲趨謁。養痾在鄙。不能如願。徒抱歉歉。日前接中島函囑。故今在宅拱候。且余夙留意貴國。望其一日進治安之域切矣。今蒙駕臨。何勝欣慰。鄙陋之見。恐未足以補所須。唯知無不言。言無不盡。是余之願也。矧當先生毀勤之求乎。蓋教育爲國家文明富强之基。治國之要。舍此無復他術。其所關係甚大。則先生之任綦重。私心欲吐露肝膽。盡言無隱。但事多繁。余所辦理。故多及余之經歷。勿以爲誇詡可也。是時余欲記二公問答之語。以備遺忘。謀之於公。公喜許之。與以筆翰及几。余隱几聽寫。所記述如左。下文曰吳者係吳先生。曰田者係田中公。從約也。

田曰。德川幕府建立大學。名曰聖堂。專課漢學。學生約五六名。教習數十員。至末年別設蕃書調所。調猶講究也。後改開成所。教授洋學。明治後招選諸藩俊秀子弟。號貢進生。以泰西語文爲功課。先由語入。以爲修文階梯。學語約五六年。爲畢業之期。日教習多而洋教習少。語言畢業。始進文字。修專門之學。則專用洋教習。亦約五六年畢業。

吳曰。然則兼修語文。需十餘年乎。

田曰。然。

吳曰。專門畢業生。充用何處。

田曰。或以充吏員。或以充他種學堂教習。或遴擢優秀。出洋遊學。以補在國所修之不足。是爲今海外留學生之權輿。

吳曰。遊學期限幾何。

田曰。各國學堂課程。異其難易。所修又異其深淺。不可一概。大約數年乃歸。又曰。別設醫學部。是爲今醫科大學之權輿。教習多延訂蘭英德等國人襲時學制。大抵如此。學政管轄之權。歸朝廷也。余以謂立國家變法自强之本。固取於泰西之學。泰西之學。固待於泰西之師。然求其備。非考察各國教育制度。取舍斟酌。折衷至當。不能措之裕如。乃以明治四年。奉欽命。携同通英法德等語文者數人。巡察歐美各國。曩日所派遊學生。亦往往來幇辦事務。一年有半而歸。彙輯考查各節。著成十數册。題曰理事功程。進呈。

吳曰。貴國皇上悉措之實地乎。

田曰。否。斟酌折衷。視其果能適否國情。然後循序逐漸行之。蓋國各異情勢。不可生吞活剝。

吳曰．行之始於何年．

田曰．余自海外歸在六年．由此時行之．先是創設文部省．統管教育之政．大木喬任爲卿．即今所稱大臣．及歸．大木轉他官．余拜大輔．兼顧卿職．酌行所查．莫不如意．

吳曰．閣下歸時．既有大中小學堂乎．

田曰．有．

吳曰．各種學堂教習．得無不敷用乎．

田曰．然．然多用洋教習．則多需費．於是開設師範學堂．養成教習．唯大學教習．仍混用洋教習．與日教習．

吳曰．中小學堂課程．分有幾科．

田曰．與今同．唯缺音樂體操兩科．兩科均延訂洋人．試辦數年．作成其適國情者．乃始開設講習所．養成敎習．其音樂講習所．爲今音樂學校之濫觴．

吳曰．開成所學生．由何種學堂招募．

田曰．取所謂貢進生．又挑募十七八歲子弟．由初步敎之．間有家塾修洋語者亦募入．

吳曰．貢進生如何區處．

田曰．待之同他生．不存形迹．

吳曰。貢進生與他生優劣如何。

田曰。貢進生。繫挑選各藩才性俊秀。深漢學者。故優於他生。

吳曰。貢進生年紀幾何。

田曰。二十左右。又曰。余至九年。再膺欽命。前往美國。觀察其教育。適有萬國大賽會。世界各國教育家。多來遊。開教育大會。因與諸人士相交。以教育辦法質疑禽問。所獲頗多。淹留八月。至明年歸。又輯所聞見。名曰賽會教育報告書。亦以進呈。

吳曰。教育章程。明治初年至今日。因革幾次。

田曰。細節更改。不可勝數。其大者初有學制。次有教育令。以至今制。而教育令則係余所草定．又曰各條章與理事功程報告書．今猶備存文部．可就觀．

吳曰．十年歸時．又行更革乎．

田曰．實行之．以建今日教育大本．今之教育．不過增修余之所建．余從事學務．前後十五年．至拜司法卿．（在十四年．）始解學政．又曰．歷遊歐美．聞各國學者之說多矣．至可施國內者極稀．酌量折衷之所以爲要也．

吳曰．各國教育辦法．何國最長．

田曰．各有長短．如小學之教．以美爲長．普次之．蘭瑞又次之．英又次之．

吳曰．大學何如．

田曰。歐洲長於美洲。而歐洲中德國最長。本邦學制多採於美國。而不取於德國者。當時情勢似美。德則進境太高。有未可企及者故也。及風氣益進。則兼採德法各國之制。蓋自卑登高。自邇行遠。理勢然也。

吳曰。小學之法制大備。約在何年。

田曰。在七八年之際。以開今日風氣。又曰。文部特設繙譯局。大譯洋文用之學堂。

吳曰。今大學堂課本。多用洋文原書。若譯而用之。豈不益利便。

田曰。用原書之利。有數端。爲課本爲數無多。譯而用之。不如原書省費。學問深理。譯而用之。不如原書得要。西學貴日新。新理續出。譯而用之不如原書有益進境。余遊俄國。視其課本。下級學堂。尚用譯文。大學獨用原書。聞彼曾一行繙譯。知不勝弊。遂作罷論。又曰。課本無論大小學堂。宜行酌量。如道德不取耶蘇。而取孔孟。固有之教。史書文學除不得已者。仍用國文。世或有心醉西學之極。欲廢絕國文專用洋文者。夫文字爲國之命脈。絕國之文字。即斷國之命脈也。欲其國不斃。得乎。可不懼哉。可不愼哉。又曰。女子童幼之教。美國最爲專長。蓋童幼固欲先入之善。女子又宜養賢妻賢母之基。此美國創業所以勃興也。余於七年設立女子師範學堂。與幼稚園。當時往往咎余。謂開女子驕傲之敝。然利弊交至。必不可免之勢。唯有去弊收利耳。

今女子之教。溥及海內。有蒸蒸日上之勢。豈非其效乎。又曰。教育貴普及。與其深而偏。寧淺而徧。教育收功。莫捷於此。本邦初取於美國小學之教。意實在此。不翅情勢相似已也。又曰。養偉器在大學。開民智在小學。

吳曰。高等學堂。歐美皆有之乎。

田曰。然。幼稚園爲入小學之階。小學爲入中學之階。中學爲高等學堂之階。高等學堂爲大學之階。不可不皆備。又曰。道德之教。貫通諸學而發申之。最爲至要。而其極歸。唯在忠君愛國。余之西遊。會德法行成。尙畧視其學政。乃知其所以勝敗。不在甲兵。而在教育也。法之教育。委靡不振。德則無論形上形下。皆能溥及。其民皆通法之語言文字。達其史書地理。而尤富於忠君愛國之心。以此當法。法之所以不能支持也。

吳曰。大中小學堂畢業期限。與歐美長短何如。

田曰。敝國長於歐美。歐美以國文修國學。敝國以洋文習洋學。所以長短相反。又曰。教育又貴統一。而貴國國勢與敝國不同。敝國文部號令。一律通行。貴國有十八行省。分任事權。恐難統一。部意如令督撫各自模倣敝國。設法建學。或可以庶幾歟。

吳曰。令督撫各自建學。費款可節。統一尚不可期。　是時余擱筆問曰。

京師大學堂畢業學生。派往各省。令督撫充用之。於其中小師範等學堂教習。似可統一。

吳曰。省學課程。尚卑。畢業學生學問較高。恐有扞格不行。畢業生亦不屑就。

余曰。聞大學堂將設師範科。師範科生。將用於何處。

吳曰。亦恐未適各省學教習。

余曰。師範科方屬創辦。養之令適教習可乎。

吳曰。各省自有意見。未必用大學堂師範生。

田曰。此或然矣。方今養成人才以外。恐無他法。

吳曰．鄙意欲以京師大學堂．養棟梁之才．令各省自設大學．用其畢業生充府州縣學教習．

田曰．然．不如多開大學．敝國初欲設七大學．以不可太急．故暫止東京一處．後增設京都大學．尚欲逐漸增益．

吳曰．貴國中學課程太繁．似不能深研應用．

田曰．然．不必多設．擇要課之可也．敝國當初辦理亦如此．大小學堂皆然．不唯中學．又云．凡有形之學易入．無形之學難入．自易進難．自淺進深可也．

吳曰．如醫學亦屬有形易入．我大學堂尚覺礙難．以解德學者極少也田曰。醫學不必依德學。用英法亦可。敝國亦初用英法。

吳曰。既過午。欲告辭。幸接晤教。獲益多矣。欣荷無似。遲日再謁。請益可乎。

田曰。意多而時少。未竭所欲言。他日駕臨。祈預賜示知。專誠拱候。

文部大臣菊池談片　章宗祥錄

今日貴國欲興教育。當先造就一種人材。能當教育之大任者。此爲根本之根本。今有良法美制。於此而行之者不得其人。則無以收效。凡事皆然。而教育尤甚。其次最重要者爲教員。教員者教育之母。日本初興教育時。亦苦無教員。後乃設種種養成之法。至今日僅得敷用。然尚不得謂餘裕。時時猶有缺乏之患。今貴國欲興教育。養成教員。決不可緩。

普通教育。固屬必要。然專門教育尤重。政治法律為治國之本。農工商為實業之基。醫科為人生壽命所關。理科雖若空虛。而實為各種科學所自出。均缺一不可者也。

貴國今日欲興專門教育。不在精求學理。在實際應用。大學校造成專門全材。非一朝一夕之事。此可俟他日徐圖之。日本當初興大學校時。亦僅一二科目。如醫科工科之類。專備應用。今日觀若完備。蓋亦積數十年之久。貴國今日所急者。在得應用之人材。故專門教育。期於足以爲今日致用而止。不必他求。

今欲造就應用人材。當思速成之法。凡人有爲之氣。正在青年。應用人材。將使之當今日之世變。故必短其年限。以養成其銳氣。

以上所言。乃一時救急之用。若爲久遠計。則應用人材之外。尚須造就一種專門全材。此種人材。於將來社會之進步改良。大有關係。故一面宜用速成之法。造就應用人材。一面即宜用循序漸進之法。以造就專門全材。

速成之法。據貴國今日行政區劃言之。京師宜立大學校。其下附豫備門。凡有中學卒業程度者。得入之。其未及中學卒業程度者。於豫備門

之下復設豫備門使入之各省宜各設專門學校入學程度如上卒業者即分往地方辦事不必再往大學校其系統當如下

大學—豫備—豫備

中學—小學

專門（卒業以廿一二歲爲度）

日本現今學校制度未必皆宜於貴國如高等學校大可省却僅設豫備門足矣（高等學校之名本無不可用茲所謂可省者言其實也）中學校最難各國教育發達其學大都爲大學校（或專門學校）其次即爲小學校至中學校則爲最後蓋中學校承上接下其適宜之程度最不易定

中學校之程度。果應如何。不惟日本尚無善法。即獨逸爲各國學校所師法。其中學校亦尚未完美。現今各國大教育家。尚不能定此問題。故爲貴國計。莫如視上級學校之程度。而特設豫備門以應之。最爲適宜。中學校可緩。

日本現今當局者。大都當時所造就之應用人材。當時日本注意應用。故辦事之人材輩出。再閱十年。即近今所造就之專門全材。當可出世。他日辦事。其學問優勝於前者。固不待言。然救一時之世變。則不能不讓之前人也。

大學總長山川談片

章宗祥錄

凡國家之所以存立。以統一爲第一要義。教育亦統一國家之一端。故欲謀國家之統一。當先謀教育之統一。

教育之必須統一者有三大端。(一)精神。(二)制度。(三)國語。

所謂精神教育者何。愛國心是也。凡欲統一一國之人心。必先懸定一目的。使人人咸趨於是。則教育易施。以愛國爲目的。而統一國民之精神。此爲最要。

其次爲制度。欲謀教育之統一。必設一定之機關以司之。即文部省是也。日本自明治四年設文部省。爾後政令始歸一律。教育之進步完備。皆原於此。

其次爲國語。國語似於教育無直接之關係。然語言者。所以代表思想。語言不齊。思想因此亦多窒礙。而教育之精神。亦必大受其影響。此事於他國無甚重要。以貴國今日之情形視之。則宜大加改良。而得一整齊劃一之道。則教育始易著手。

以上所論。爲興教育之緣起。至於辦法。開始不必求備。大學校宜先設速成科。請他國教師開講。別設譯人譯之。或有謂譯人不能通各種學問者。此語誠然。然除文學以外。各種學科。大都不外談理。談理之事。無有不可明者。且此本爲一時之急。非久計也。日本當初醫科大學開辦時。即照此辦法。一時卒業生數百人。大足爲世應用。此即速成科有益之證。

速成科外宜特設正科。此宜編定等級。定一完全學科。選取年少者。使由小學中學卒業。然後昇入。並宜使熟習外國語言文字。以備研究精深學問。蓋速成科取以應一時之急。正科爲他日久長之計。故宜相輔而行。不可偏廢。

中學校宜分二種。其一卒業後再入大學。或其他專門學校。其二卒業後。即就他業。此二種趨向不同。故教法課程亦宜不同。其第一種。宜注重外國語言文字。以爲研究專門學之根柢。其第二種。則不必習外國語言文字。而別宜加重應用科目。如算學等類。使即可出世。無所欠缺。

日本中學校無此二種。此其缺點也。

中學校科目。最爲一大問題。今日本所定者有十四門。或有倡科目太多之論者。然余不謂然。蓋中學校者。所以使人得普通之知識。普通云者。在多而不在精。以今日之科目視之。誠若過多。然試問諸科目中。果何者可以省去乎。歷史地理算學。及其他諸門。論者均知其不可減。無已。乃有謂理科（如物理博物等類）可删者。此大謬論。歐美各國普通學之精神。全在理科。使無理科。則僅歷史地理諸門。與東洋諸國舊時教育。毫無以異。且理科者。所以明日用事物之理。安有考求古今中外。如歷史地理等。知其不可廢。而日用事物之理。乃謂不足知者乎。故中學科目。余亦非不知其多。然使果有可減。於普通知識無碍。則余亦早從論者之說。否則。不如仍舊貫之爲得也。

前文部大臣濱尾新談片　張奎錄

吾日本三十年前之境遇。彷彿貴國今日之情形。斯時我邦志士。皆莫知日本之尚能獨立也。當此之時。外人有攻吾南方者。土人與戰。不利。追究其故。知吾之軍械不能及彼。於是潛心研究西洋礮火。稍得其秘。物理化學算學之入日本。即始於此時。

初。外人之來日本者。多逞亂暴。目無法紀。間有犯罪者。彼之公使領事。藉口日本法律之野蠻。而百計迴護。不使受約束。於是吾國民悲憤交集。思有以制之。乃設法科學校於東京。招聰明子弟入學。精究法理。蓄志使人無以藉口。此事至三年前。始得所願。改定律法。外國人來居者。皆受我國法約束。吾日本以七零八落之國。而得覩今日之榮盛。皆由於能求對峙各國之方法也。閣下來敝邦。視察教育制度。甚善。但歸國後。不可依敝國之制度而行。宜自出心裁。求一對峙各國之法。以爲制度。察天下之變遷。而隨時增改。否則無益也。

教育初興之際。經費必不充足。然可視經費之多少。而定教育之方針。如時當改革。可先辦專門教育。苟此時之經費不足。可先學專門學科中之緊要者辦之。但門類可少。而程度不可過低。因不如此不足以當改革之驅使也.

民氣未開而興教育.宜用開風氣之法.如工場之於工學.病院之於醫學等.凡國民易知其效驗者可多設.以誘起國民之信用.

國民教育之義務.分爲四段.一父兄有使子入學之義務.二市町村有設立小學校之義務.三府縣有養成小學教員之義務.四國家有養成教授小學教員者之義務.

教育初興之際.新舊衝突.不可不避.否則教育之進步甚遲.抑止之法.在漸而進.進而不急而已.

教育初興.人咸莫知西學之益.故多裹足不前.宜廣開進用之道.以獎

勵之。閣下近日縱覽各官衙工場。於此道諒必有心得。

帝國教育會會長辻新次氏談片　吳振麟錄

今日歐美各國。皆注重於國家主義。故各增殖國民。務使邑無廢校。人盡知書。此于軍事之影響。尤深切著明也。

國家之興亡强弱。係乎國民之智愚賢不肖。國民之智愚賢不肖。係乎國民教育之盛衰。各國注重乎此。誠知其要者矣。今日敝國朝野上下。亦莫不以此爲急務焉。

故尋常小學校者。人無論貧富。爲國民義務所必脩。地無論都鄙。爲布町村義務所必設。小學校之數日增月盛。師範學校卒業生不敷用矣。

雖別設教員養成所以補之終有不及之虞焉察貴國今日之情勢非急與國民教育尤不足以抗列國一旦各地方徧設學校其需用教授不知凡幾況如貴國幅員之大乎此不可不急籌者也

今日貴國專聘外國教習無論聘價太昂財力不給鄙人重有慮者教習非專門決不可也即係專門非熟知該國之歷史地理風俗人情尤不可也故英國之善於教授者聘往德國未必盡能適當也日本之善爲教授者聘往貴國亦難保其盡適也始基之不慎貽害於後學者匪淺日本明治初年迭受此種獘害願貴國勿復蹈此也

竊擬募集敝國師範生之卒業者。授以貴國歷史地理。並告以風俗人情。及通行之語言。此假敝國人士養成爲貴國教員者也。又招募貴國年少有爲之士。既通貴國學問者。授以淺近普通學。互換智識。兩塗並進。務期速成。限以一年。往復無已。遞傳遞廣。或足濟貴國教育一時之急乎。

貴族院議員伊澤脩二氏談片　吳振麟録

問　小民多愚昧。說之不動。明治維新以前。恐亦不免。當西學之感人也。究以何種爲先。

答　明治初年。頑固情狀。尚未悉化。惟人莫不重死生。譬如瘟疫也。漢醫治之有累月而不痊。西醫治之不經旬而即效。漢醫之不如西醫。昭昭然矣。於是習西醫者有人。因採集藥品而植物學不可不講。調劑藥水。而化學不可不明。解剖軀體而物理學不可不求。有連類而及之者矣。

人又莫不重利害。明治初年。有結神風黨於熊本者。皆守舊徒也。自誇其武勇。如神出鬼沒之足以驚人也。故名之曰神風黨。唱攘夷之說。既而屢戰屢敗。日本舊來兵學。以視泰西新學。良楛利鈍。自不可掩。於是研究泰西兵學者踵相接矣。因製造槍礮。務通機械學。製造彈藥。務通物理化學。命中適鵠。務精代數幾何測量等學。種種研究。而學術之發

明愈驗白矣

更有一事憶自與美國訂約後求互市者若英若法若俄莫不聯袂而來往來日盛交涉日多東西之情勢既殊彼此之法律互異大而國家與國家之交涉小而個人與個人之交接無不事事喫虧著著讓人勢既不能强彼以就我之法律况我之法律又不免被人訾議乎於是順天下之大勢察世界之公理採集各國法律取其長而捨其短頒爲定制一例遵行彼無所藉口我亦不至受損自是以來內外之勢力相抵民教不致相爭改法律之功成焉邇來講法律學者日精尤能問執人口彼白人之來我東土者無不就我日本國法律之範圍矣以上三者

之成績昭著。黨之頑固者觀之。亦若瞽者之發蒙。夢者之頓覺矣。爾後逐漸進步。逐漸改良。致有今日之情形也。

問　新舊之間。豈無衝突之患。調停之法如何。

答　我日本維新以來。新舊黨之衝突。大者凡若干事。小者凡若干事。惟新者定大志。結大力。批艱排險。百折不回。任舊者之如何抵抗。曾不顧之。卒之善者無不伸。不善者無不屈。此亦理之自然者也。所慮者立志不堅。定力不卓。一遇衝突。遂目眩神迷。所志不償。墮於中途。讀世界歷史國家當改革之初。往往有是。最可惜亦最宜慎者也。

貴族院議員伊澤脩二氏談片

吳振麟錄

伊澤氏問曰近日閲報稱遂閣下遍訪名家叩愛國心之說所聞必多以何者論議爲最愜尊意

答之曰愛國心之說却多往往說未透闢講養成之方亦有謂以忠孝爲主者我國今日學子未嘗不敎忠敎孝而愛國心未見勃然起也君教育學之研究已深諒有心得盍爲我言之

伊澤氏曰愛國心之問題甚大烏敢妄言旣承下問敢就生平閲歷之境得之所覺悟者言之愛國心之最足以奮起者莫過於常將敵人懸於前後左右之間昔西洋人嘗詆我日本土地之小之貧必爲人屬國爲人奴隸又極口誚我風俗人情之野蠻未嘗不深夜徬徨務思如何

而後不爲屬國。不爲奴隸。不爲野蠻。豈唯鄙人作如是想。吾之同胞。何人不作如是想。僕自鄙人美西負笈以歸。而愛國心增進之猛。不知幾什伯倍於疇昔者矣。

又曰貴國當多遣留學生出洋。無論英法德美及敝邦。皆能獲益。若官吏遊歷各國。亦無不受益。若得親貴出遊。歸而能進言於皇室。其効尤捷。頃見報紙載　上諭獎勵歐美留學生。未始非振貝子歸述之驗。向述鄙人自美洲遊學歸來。增進愛國心。不知若干倍。貴國之留學生。將來增進愛國心。當亦不知幾千百倍者。此無相異者也。雖然若留學生。若遊歷官員。限於人數。囿於經費。所謂增殖愛國心者。猶以不能普及全國爲憾。愛國心非普及全國則不可。欲普及全國。仍非假學校爲養成之機關則不可。養成之方法維何。第一爲現實之養成法。譬如普法之戰。法爲普敗。失地千里。後法國之小學校。授地圖時將所失之地方一一注以顏色。指謂學童曰。此何地也。法地也。爲普人所奪者。汝輩將來不取歸。非丈夫也。厥後法人果能報復。而取還其失地。此種教授法。最易觸動人之愛國心。在幼童時。天性爛然。尤觸動而不能已。今日本小學校中尙以元寇油繪圖。指示學童。有自西伯利亞歸者。言俄羅斯小學校中繪俄遊臬縣日本時爲日人館刺油繪圖授學童。(記者識)

養成愛國心之法。莫善於此矣。雖然此猶如急性葯。能使人驟起於一時者。尤宜進以緩性葯。使之浸潤而俱化。其法維何。則歷史之養成法是也。大凡起人民忠君愛國之心。宣布朝廷之德意。足以沁人心脾者。如敝邦則有教育勅語若干條。間嘗考　清朝龍興以來。種種　聖諭如順治康熙間之　上諭十六條。皆足爲教育勅語者。竊擬以此十六條爲經。羅列東西事實爲緯。編成教科書。授諸小學。或爲緩性葯之一助乎。

又曰欲養成國民愛國心。須有以統一之。統一維何。語言是也。語言之不一。公同之不便。團體之多碍。種種爲害。不可悉數。察貴國今日之時勢。統一語言。尤其亟亟者。

答統一語言。誠哉其急。然學堂中科目已嫌其多。復增一科。其如之何。

伊澤氏曰。甯棄他科而增國語。前世紀人猶不知國語之爲重。知其爲重者。猶今世紀之新發明。爲其足以助國體之凝結。增長愛國心也。就歐羅巴各國而論。今日愛國心之最强者。莫德意志若。然德意志本分多少小國。語言自不相同。斯時也。彼自彼。我自我。團體之不結。國勢之零落。歷史中猶歷歷如繪也。既而德王維廉起。知欲振國勢。非統一聯邦則不足以躋於盛壯。欲統一聯邦。非先一語言。則不足以鼓其同氣。方針既定。語言一致。國勢亦日臻强盛。歐羅巴各國中愛國心之薄弱。殆莫如墺大利匈牙利之共同國。全國國種不一。自然語言不齊。莫知改良之方。政治風俗。在在見參互錯綜之狀。甚至陸軍不受政府之駕馭。騷亂之舉。曷其有極。傍觀者時切杞憂。謂墺匈之恐不國也。此皆語言不統一之國。一則由不統一以致統一。其强盛有如德國。一則本不統一而不知改爲統一。其紊亂有如墺匈合國。成績攸分。似足爲貴邦前車之鑒矣。

答語言之急宜統一。誠深切著明矣。敝國知之者少。尙視爲不急之務。尤恐習之者大費時日也。

伊澤氏曰。苟使朝廷剴切誥誡。以示語言統一之急。著爲法令。誰不遵從。尊意大費時日一節。正不必慮。即如僕信州人。此阿多君（時席上此有人）薩摩人。卅年前對面不能通姓名。殆如貴國福建廣東人之見北京人也。然今日僕與阿多君語言已無少差異。敝國語言之最相懸殊者。推薩摩。

初建師範學校時。募薩摩人入學。俾其歸而改良語言。今年春僕曾遊薩摩。見學生之設立普通語研究會者。到處皆是。所謂普通語者。即東京語也。故現在薩摩人。殆無不曉東京語者。以本國人而學本國語。究不十分爲難。況乎今日學理之發明。啞者尚能敎之以操語言。況非啞者乎。惟不試行之爲患耳。苟其行之。假以歲月。其効顯著於齊魯閩粵之間。可操劵決也。

阿多君曰。昔琉球風俗語言。全然不同。及彼處設立小學校。凡學童六歲至九歲。必授以普通語言。是爲國語。故現在琉球之年老者。或不能盡解東京語言。其在年少之士。無不圓熟。此亦統一語言不難之一證也。

貴族院議員男爵加藤弘之氏談片　吳振麟錄

加藤氏曰。吾於貴國事。初未研究。故不甚了了。深恐言之未當。茲承辱臨。姑言我本邦開化之小史而已。日本文明之起源。萌蘖於三百年前。自美人叩關。啓發長崎。爲吾邦人動盪覺悟之基。蓋養全國之智識。究以普通學爲先。下走常研究於斯。尤以文學理學爲斷。文學所包甚廣。以歷史占大部分。喚醒癡人。鑑戒萬古。裨益後來。厥効匪尠。世人詆爲空文。決非碻論。理學則析造化之奧蘊。闢天地之秘藏。最足以析人之疑。亦最足以堅人之信。歐美各國之富强。未始非理學之所致也。以貴國三千年之文明。文學一事。由來爭長他國。於今加之提倡。以人人思想中本有之歷史。自不難反求即是。光耀前人。理學一事爲貴國人人頭腦中所未有。向所未有之物。而注之使入。自匪易事。且理學精妙。在歐美日進月盛。愈造其極。升堂而入室。徜徉戶外者。急起直追。何時方能及乎。與言及此。誰無難色。雖然亡羊補牢。或未爲晚。嘗讀貴國書籍中。巫醫並稱。巫者虛妄不經。醫者積種種學理以成之者。兩者天壤睽隔。烏得相提並論。此亦無理學思想之一證。苟稍解理學。鮮有不能辨別者也。故常人之宜知普通學。迫如水火菽粟之不容須臾緩也。

辻新次氏談片　吳振麟錄

維新之初。承德川幕府之末。教育之事。無所統屬。各藩得自由設立學校。至明治四年。始廢藩置縣。是年文部省亦設立。先是學制未定。各藩之外。學事大都由大學司之。至是乃統一於文部省。各藩所立學校全廢。由文部省頒發學制。規定學區。分爲三種。(一)大學區(二)中學區(三)小學區。創始之際。大學中學設立者甚少。最注重者。惟小學而已。小學經費。由各學區(即各町村)擔任之。而由文部省每年給補助金。自百万圓至七十万圓有餘。各學區所擔任之經費。並非因新立學校乃籌經費。即前此各藩所立學校之基本金也。當時各藩教育。固非必盛。然基本金則甚充足。文部省立。乃全收其所有而分配之。故當時經費之事。不甚爲難。一轉移之間而已。其不足者。仍由各町村即各學區擔任。著爲定例。今爲貴國計。當亦可用此法。現今興辦教育。誠爲創始之事。然貴國前此所有教育之費。僕雖不得其詳。即擧一二例言之。如試院科擧等費。決非少額。宜總計其所有。然後規定學區而分配之。雖不盡足。然大致當可支持。再由政府設法補助。不甚難矣。

右答經費事

創學之初。最難得者爲教員。東亞諸國。從古無專養教員之學校。大都以才學優等者充之。無所謂師範學校。師範學校惟歐美有之。日本自明治五年始依美人斯各所定。設立師範學校。專爲養成教員之用。誠以教員爲教育之母。欲興教育。非先造就教員不可。造就之法。創辦時。宜用官費。招有志者就學。年限務求其短。半年亦可。一年亦可。兩三年後始可稍求完全辦法。凡卒業者以官費。故必使之當義務教員。其年限視在學之長短爲率。不數年。小學教員當可充足矣。

右答教員事

凡興辦一事。爲其國本來所無者。新舊兩派之衝突必甚。此無法可免。日本之所以能至今日之情形者。亦幾經頓挫。然賴政府全力維持。故得以不墜。今貴國欲興教育。僕意政府宜大發號令。申明改革之宗旨。使全國震動。其反對甚者。則以政府之力壓抑之。不使得志。然後教育之事。始能著手。否則一起一覆。風波不定。將爲進路之大阻也。

右答新舊衝突之事

大槪如電問答

問教育之法。全用歐學。似盡棄漢文。亦未免過甚。敝國今開辦學堂。不能全廢本國舊學。但歐洲科學已多。再加本國舊學。學童無此腦力。若删減漢字。即與貴國無異。將來能漢文者亦少。若删減西學。若何删法。又漢學讀書。必須倍誦。緣經史文理過深。不如是不能成誦。殊無益處。若倍誦溫習。不能與西學同時并講。且恐欲求兩全。轉致兩失。如何而可。

答現在學制除小學外他學皆修漢文我國竟不能棄漢文也夫國史
以下皆由漢文傳之盡棄漢文前言往事何以究之只欲棄無用文字
耳歐學又只行之中學大學如小學不過授羅馬數字及橫文二十六
字雖曰學童腦力不堪其不堪者在科學複雜者耳設科目者宜深省
也至貴邦舊學其可棄者頗多如科學重八股却是徒費腦力明太祖
曾禁之聞貴朝　聖祖亦停之然而舊染積習用力駢儷所謂無益世
道人心者今而不廢恐不能新人智識也貴邦新設學堂宜斟酌內外
以定教科法學有大有小如鄉黌所授不用歐洲科學爲可試陳大畧
如左

德行第一　儒教爲本。自誠意正心訖修身齊家。而仁義忠信。皆對人可行者。方今與五方人交。此四者最須涵養。如習業法。口授心受。不必盡依典籍。

地理第二　不問内外。不論東西。舟車所通。品物所産。及風俗政刑。可指示輿圖。以存之記憶。著眼欲大。謀事欲審。此科宜少參取西法。

文章第三　不善文辭。不可述志傳意。

書數第四　字畫必正。運筆必捷。行草諸體。須兼習。世界萬有。不離數理。算數實諸學所基。但童蒙當用尋常算盤。

漢字删減。是余多年所志。明治五年。余奉職文部。實始爲之。當時大木伯爲文部卿夙有見于此辟余及田中義廉從事田中尋去余獨當之十閱月而成蓋漢字可充我用者千餘字及本國所造字若干皆收之但稿成日大木伯既轉官余亦尋罷去回顧既三十年自笑徒勞世謂漢字夥多不堪煩累然漢字一字爲一言言語與時變移文字從有死生是自然之理康熙字典所收十餘萬字細檢之今日所用止三四千他皆死不再蘇者何須新刪今夫轉用數千言顯出幾千萬語如是觀之漢字之功亦偉矣若西學刪法不可不大注意先生此語大强人意西學可採者算數物理醫療機工此四學宜全用如醫學貴邦目下急務一日不可忽之但法律經濟可供參照不必全依凡百般學術必須

倍誦溫習。豈獨經史。其有益無益。畢竟在採擇當否。其欲求兩全。轉致兩失之語。卓見確論。我國殆致兩失。貴邦必當求兩全也。

東京府中學校長勝浦鞆雄第一次來書

承貴囑擬定中學教課表有宜仰詢者。

一　小學年數幾何。

二　中學年數。與我邦制。均爲五學年乎。

三　去日蒙貴諭。新製省筆字四十九。毋十五。喉音。用諸小學。則貴國必需之文字。四五千字者。自入中學者。始教習之乎。果然則一學年三十五週中。以每週七時。即三百四十五時。充教習國語之時可也。五學年通爲一千二百二十五時。以此一千二百有餘時。應能得通曉必需之四千文字矣乎。貴見果何如。

四　中學教課中。設英語科否。

五　從貴論則似不設高等學校。直以中學爲入大學階梯者。果然則貴大學之課程。一用貴國語而不由外國之書乎。若由外國之書則中學應教習外國語。非增加學年。則不得以爲大學階梯。縮少學年。則子弟之學力不得不減。或以中學爲七學年乎。貴見何如。

此五件幸賜囘答

勝浦鞆雄第二次來書

擬定中學堂學科及每週教授時間配表

學科＼學年	一年級	二年級	三年級	四年級	五年級	五學年時數合計
修身	二時	二時	二時	二時	二時	十時
邦語邦文	八時	八時	七時	七時	七時	三十七時
外國語	六時	六時	六時	六時	六時	三十時
歷史	二時	二時	二時	二時	二時	十時
地理	二時	二時	二時	二時	一時	九時
數學	四時	四時	五時	五時	五時	二十三時
博物	二時	二時	二時	一時	一時	八時
物理化學	—	—	—	三時	四時	七時
圖畫	一時	一時	一時	一時	一時	五時
體操	三時	三時	三時	三時	三時	十五時
合計	三十時	三十時	三十時	三十二時	三十二時	百五十四時

修身　弊邦教習此課。每週用一時。說明平日實踐諸件。令解對家族。社會國家等義務。與所謂倫理學之一斑。貴邦則比弊邦事端稍多。本孔孟遺經。以教應用諸事。每週二時充之。若夫教授之方法。與定將來倫理之基本。今不必贅。

邦語邦文　貴邦語文所用字數。姑定爲四千字。自小學授之。以至中學。二年至三年。若五年。少修古代語文。加之習字作文之科。皆于此時數中課之。故通全學年。以三十七時充之。未知足否。且節略貴國所用字數。以開除繁就簡之路。此際亦宜考究。蓋方今之急務也。

外國語　自西人用汽電之力。以發明創造之功。五洲之交通如比鄰。將來世界列國之勢力。皆將用諸東亞之野。然則東洋之國民。欲立中等以上之地位。必不可不解外國語文。況於入大學堂而究西歐傳來之書乎。曩承貴諭。通外國語之要。不獨一英語。雖然人力有限。以一人之身。兼修數國之語文。固必不可。在一中學。而教授數國之語文。亦難實行。獨世界中流行最廣者爲英語。爲中等教育必需之科目。亦最急之務也。今一週中。割六時以充外國語教授之用。但志于大學堂醫科法科者。易以獨語。爲他日之豫備可也。倘若依貴諭。習外國語。專任學徒之所便。不獨國民志氣不能統一。抑恐不能應時局之必需。請幸再思。

歷史　敝邦學制。歷史地理之外。更有法制經濟一科。而今改之歷史一科一週八時。試擧各年級之要目如下。蓋一年級則教習古初以來至宋朝大要。二年級則明以後至　國朝龍興大略。（至東方諸國之略史則於其所關係條下便宜說明之。）在三年四年兩級。則授世界列國史之大要。待五年級智識稍進。而授之以　國朝之歷史與現行制度之大要。如此則亦可矣。惟修身邦語歷史地理之科。則於國民教養之道。皆可以發揮忠君愛國之精神者。其所關係決非鮮少也。

地理　此科比敝邦之制而時數加多者。欲爲他日入大學堂者。令解地質學之基礎也。其各年級之要目。一年級則教習內國之地理。二年級則內國之西北境。及亞細亞之大略。自三年級至四年級之前半。則世界地理之大要。自其後半。涉五年級。則教習地文地質之大要。然而自一年級至四年級教習之方法。則加意於人文地理。使學徒知世界列國之現勢。與本國於世界之資格。

數學　此科亦比敝邦時數稍加。因從貴諭。減去高等學堂。自中學堂直入大學堂爲準也。各年級之要目。一年級則算術。二三年級則代數及幾何。四年級則幾何及三角術。五年級則三角術及解析幾何之要是也。

博物　使學徒觀察天然之事物。以備普通之智識。解人類及動植諸物相關係者。舉其要目。則植物動物鑛物。及人體之構成。衛生之大要是也。

理化　使學徒觀自然之現象。以養普通之智識。知萬物相通之定律。及其所以與人生相關係者。其要目則物理化學之現象定律。及器械之構造作用。與元素化合物之大要是也。

圖畫　練磨精妙觀察之能力。啓發優美之觀念。其目有二。自在畫及用器畫是也。今所定者。比弊邦之制。時數亦稍如多。以此科關高等教育者頗大也。

體操　關身體諸部之發育.養壯快剛毅之精神.且使遵規律.尚協同
　　之習慣.其要目爲普通式及兵式二種.缺一不可.
右十科目.爲中學堂所課學科.今取各學科每週教習時數.與教習總
時數.以百分率算法.大約比較之.以示其畧.
凡修本國固有之學.爲修身邦語邦文.其教習時數.百分中約三十.
通世界各國之言語事情.應時局之必需者.爲外國語.其時數約十九.
通中外之變遷推移.與世界列國之大勢.併得地文地質之智識者.爲
歷史及地理.其時數約十二.
應會計測量諸般之務.且以定各種學術之根柢者.爲數學科.其時數

約十五。
通自然科學之大要者。爲博物物理化學。其時數約十。
養事物表象之能力。與優美之感情者。爲圖畫。其時數約三。
養剛健之身體與精神。且以得規律嚴正之習慣者。爲體操科。其時數約十。

右十科目中。數學博物物理化學四者。古來東方國人之未曾考究者。而今日之時局。萬不可忽者也。貴諭稱此種之學科爲西學。恐誤。是唯經西人之考究。以明于世耳。其理則天地固有之理。而世界萬國之所通有。決非西人之宜私者也。是故貴邦學堂教習之。則貴邦之學也。倘單稱之西學。則恐致貴邦人有疎斥此等學科之心。此事雖似末節。當學堂施設之初。最要考慮者也。

來書云。敝邦中學科目過多。故欲減去之。愚惟苟欲應世運之進步。以養中等以上之國民者。右十科目中。決不可缺其一。倘論其必需。則猶增加之亦可也。唯學徒之腦力有限。故寧俯就之以爲十科目耳。而至教習之程度及方法。則亦頗要斟酌加減之。以殺學徒之苦難。

來諭又云。學科每週唯用一時。似無實益。然凡人性之接受外物也。其浸潤之久。遂能形實質於其中。若彼一時暴收者。不啻所得之脆弱。未有能永遠繼續之者。況甲科所得之智識。與乙科所得之智識。復常相發明以映心性之中乎。故以別異數科目。排置于一週中。以使學徒得併進共達之便者。固爲必要之事。單曰一週一時。則雖如甚少。通算之一學年。則積爲三十餘時。其間所得成績。蓋亦有大可觀者。請諒之。

勝浦鞆雄第三次來書

再議定中學堂學科及每週時間配當表

學科＼學年	一年級	二年級	三年級	四年級	五年級	五年間總時數	百分比
修身	二時	二時	二時	二時	二時	十時	三十三、九
邦語文	九時	九時	九時	八時	八時	四十三時	
外國語	六、時	六時	六時	六時	六時	三十時	十九、二
歷史 地理	三時（二時 一時）	三時（二時 一時）	三時（二時 一時）	三時（二時 一時）	三時（二時 一時）	十時 五時	九、六

數學	四時	四時	五時	五時	五時	二十三時	十四、一
自然化學	二時	二時	四時	四時	五時	十六時	十、三
圖畫	一時	一時	一時	一時	一時	五時	二、三
體操	三時	三時	三時	三時	三時	十五時	九六
計	三十時	三十時	三十一時	三十二時	三十三時	一百五十六時	

昨呈中學堂學科及每週時數配置表。尋思貴邦學制。方屬觕始之際。故表中所揭。或嫌學科過多。且貴邦語文教習時數。亦恐或有不足。因更試別定。以資參照。其改定如左。

邦語邦文科。增至一週通計六時。

地理科。減至通計四時。

數學科減至通計一時.
博物物理化學三科合一.改稱自然化學.增至通計一時.
三學年級.一週時數.增至通計一時
改定時數如此.其所課要目.亦不免少有所更訂.而邦語邦文者.姑置不論.就他學科而言之.如左.
地理科止教天然地理.與人文地理之大要.地文地質移之自然化學中爲便.
在自然化學.則就事物之重要者.而教示其定律關係構造作用等.都以應日用實務爲主.擧其要目.則一年級爲植物.二年級爲

動物之大要。三年級。續前級所授。兼教人身生理及衛生之大要自四年級涉五年級。則爲化學物理之大要。且示礦物地質地文之概畧。

前書所擧百分率。亦稍事變更。故記之表中下欄。以便通覽。請以對比時數之輕重。

一週教習總時數。比之弊邦。則各年級皆稍加多。是無他。知貴邦人之體質健康。而能堪難事。有踰弊邦人者也。

東京大學教授法學博士高橋作衛來書

竊謂游歷他邦。觀其制度。宜採其長捨其短。取捨而得其中。各國人情風俗不同。習慣成風。不是之思。而漫採他邦之制。則枘鑿不容矣。今貴邦採他邦之制。宜體本國國風而決取捨。方能效績顯著。不致徒勞無效。辱承諮問。謹陳愚見七條。幸垂明察而決採擇。幸甚。

第一。宜定教育方針

一國興學。教導子弟。苟不定嚮往之目的。何以能舉事。徒驅全國幼年皆入學校。以爲畢乃事者。豈知教育之道哉。夫人有常心。則臨事不爲利慾所惑。有常識則能排艱難。能操藝術則建業奏績。富國潤身。蓋教育之目的。在兼備此三者。歐美諸國教育大家之說。皆曰常心與常識。不可不養之于素也。又曰格物致知之道。不可不講也。然察各國實情。

不免咸有所偏。英國教育方針。在養材幹。故不強以學術。任其自由。若中等以上之民。往往有不使幼兒入小學。自聘良保母以保育之長而使之入中學。造大學。不獨專心於技藝。且以健壯其身體。達其養材幹之主義爲。德法教育方針則異是。小學中學制度極嚴。其大學專修學術。其制與敝邦酷似。德人鮑爾森 Paulsen 著德逸大學論曰。究學理蘊奥。並講其適用之術。是德國大學之方針也。至英國則以養材幹爲第一義。若夫敝邦教育方針。未必一貫。識者以爲憾。如大學教育主義極模糊。其大學令曰。帝國大學者。研究學術。兼養有用之材。若以學術爲第一義。以養材爲第二義者。其實專以讀書修業爲急務。不復顧養材幹。教官與子弟相遇如路人。竊惟貴邦　康熙皇朝以來。多出碩儒。博覽强記。學士考證。孜孜矻矻殫全力於圖書之間。以終一世。學風如斯。而有爲之氣漸銷。貴邦之所憂。蓋不在乏學者而在乏材幹之士。宜一變學風。採英國方針。以養成材幹之士爲第一義也。

第二　宜以孔道爲學生修德之基。

英國大學皆設基督教會堂於黌內。康倍而其 Cambridge 二十餘黌。蛙克斯福而特 Oxford 二十餘黌。莫不皆然焉。一週一回必使學生入教會堂禮拜聽教。若夫篤志之徒。朝夕得入。蓋英國大學修德之法。依宗教也。歐美諸大學多採此制。徵之古史。中世歐洲騷亂多事。兵戰頻煩。

文學疲弊。斯時也。未有學者。獨僧侶能解古學。後騷亂漸平。天下思治。於是文學漸起。就僧侶而學者擔簦於道矣。昔之教會者。一變而爲學校。學徒漸多。教會增廣基址。遂成大學。自今日以溯第十二世紀。英國大學之源。實在教會。故今日英國諸大學長多選自僧官。歷史之由來如是。以宗教爲修德之基。固其所矣。然此制不得施於弊邦。弊邦學生。信教之觀念甚薄。大凡宗教以信爲基。苟無信便無宗教。故欲採宗教爲日本學生修德之基。不啻緣木求魚。惟我邦有一事卓出于萬邦。則我　皇統一系。萬葉德澤。浸入民心。四千万衆庶仰望　我皇如天如日。鳳詔一下。莫不遵從。是以本邦學生修德之基。一憑勅語爲依歸。竊謂貴邦有孔子教。此教至明至大。不落空遠。不陷奇怪。而旨深理玄。誠人生良訓也。孔子生于貴邦。爾來數千年。教旨漸入人心。信以爲世界無二之道。猶西人信西教。是實足採以爲貴邦學生修德之基。宜設大講堂於大學。聘碩儒演講。使學生集聞其說。猶如歐美諸大學。使學生每週一回入教室行禮拜也。雖然貴國今日士大夫亦莫不聲稱孔道。但所謂孔道者。不徒在口稱。尤重在躬行也。下走幼時在家庭受孔教。後游歐美諸國。親睹西教徒所爲。以彼例此。發大覺悟。竊案西教重實利。貴獨立自主。其弊往往陷於利己。譬如老者罹病。則爲子弟者聘醫師。傭婦女使之看護治療。固其宜也。耶教者曰。有金則能聘醫師傭婦女。其所賴一在金錢。長兄破産。弟則袖手傍觀。不爲之救濟。耶教者曰。彼破産自招其禍耳。夫死則其妻再醮。耶教者曰何足異。西教書中常載記長兄亡而其妻嫁次弟。次弟死嫁三弟。至五六弟而無嫌。要之西教之旨。在獨立自主。而不顧他。此心雖微。竟能致歐美今日之富强。而其誠不免陷於殘酷不仁也。若夫孔教則曰。父慈子孝。兄弟相愛。夫妻相和。其所主。在彼此相扶。其弊往往失獨立自主之精神。舜父不仁。然舜能事之。君子以爲孝。曰父雖不父。子則不可不子。殷紂暴戾。比干諫死。君子以爲忠。曰君雖不君。臣則不可不臣。蓋就舜與比干論之。則此二人者忠孝無比矣。然爲君父者若一逞其暴戾恣睢之氣。而假此教責忠與孝於臣子．復繼其辭曰．父雖不父．子則不可不子．君雖不君．臣則不可不臣．則是誤孔道之旨甚矣．而後世人士往往誤之．又爲長兄放縱破產．而責其弟曰．兄弟相扶古道也．爾宜助我．不計獨立直進．而顧待扶助．不扶助則詆以爲不仁．其心之卑屈陋劣．學孔道而誤者．其弊往往若此．今貴國振興學制．固宜以孔教爲養德之基．然若不研究孔道之眞諦．則道德之觀念未固．而獨立之確心已消．流弊所極．振國家之衰運則不足．害人道之進步則有餘．殊非鄙人崇拜孔道之旨也．

第三．　宜禁讀稗官小說談豪俠事蹟

天下一日不可無常識之人。若豪傑之士。實非所急。蓋其資天生。不教而能卓出。那破侖不成名于鄕學。比士馬克在猘聽鏗恩 Gottingen 受狂暴之名。現時英國査氏。抱不世出之才。而不學無藝。鄙人嘗游德國。過猘聽鏗恩。見一小廬于市外。陋屋陰苑。臨水傍堤。一見如牢獄。說者曰。是大學幽比公處。蓋比公在大學。事爭鬪亂校規。落拓不羈。往往爲狂態。是以大學放之於市外也。其少時若此。而能成大業如彼。全出其天資。今無比公之資。而學其素行。有害無益。大凡教育之目的。不在養豪傑。在養常識之士也。按貴國人士喜豪俠之譚。是以三國史。漢楚軍談。及傳記小說。多說豪俠不羈磊落。以爲多爲。讀之則快。而撥亂少年之心。決非少矣。古人曰浸潤之譖。膚受之訴。能傷君主之明。下走曰。豪傑任俠之譚。破世道人心甚大。爲徵之實事。敝邦子弟中道挫折者。多好任俠之譚。蓋是等子弟。出鄉關則歌曰。不能成志業則不再歸。其志極壯。然好爲異行。疎豪自喜。甚至抗上以爲剛。蔑長以爲强。眼無官憲。反理庇惡。而其中未必剛毅。慾情亂內。則流連荒亡。豪俠之譚。貽誤青年。其跡極明。蓋此等小說。能警醒懶惰半眠之徒。鼓舞猛進果敢之氣。以啓激成豪傑之機。然天生豪傑。百年而一二人而已。今望一二於千百。以誤一世之青年。非策之得者也。故曰。貴邦振興教政。宜嚴禁學生談豪俠之譚。

第四。宜禁學徒刻苦勉學消其銳氣。

泰西諸大學生。年齒二十四五。能卒其業。日本則否。二十七八歲。始卒大學。美國教育家曰。學生年過二十三四。則消其銳氣。Report of the Commissioner of Education of 1899. 鮑爾森曰。子弟在大學。乃其一生最樂之時。其期不可過長。二十乃至二十五。最爲適宜。按秦始皇嘗燒經書坑書生。暴則暴矣。然不足以爲憂。使書生苦讀萬卷之書。消少壯之年月。與其銳進氣象。是實爲可憂。日本大學。業繁課多。學生不堪其煩。近年學生英氣漸衰。有爲之才能減。誠爲可憂。今貴國起大學。宜以敝邦爲龜鑑。不蹈前車之轍也。

第五。宜省不急之科。

日本大學多不急之課。如法科大學。外交史與政治史重複。國際私法與民法法例及國際公法重複。國法學與憲法。行政法尤爲重複。今擬貴國大學法科宜置以下諸學科。一。政治學。二。法學通論。三。清國法制沿革。（自唐六典至明律綱領大清律令）四。歐美政治史。五。國際公法。六。法制沿革。七。財產法親族相續法。八。國法學。九。刑法論。十。經濟汎論。十一。經濟學歷史。十二。貨幣信用銀行論。十三。租稅論歲計豫算論。（如商法。訴訟法隨次加之。）

第六。宜設置合宿館養學生風習

大凡涵養學生良習育成一校美風無善於合宿館者蓬生麻中不扶自直案英國蛙克斯福而特竝康倍而其大學皆四十餘黌而今細檢其制度此四十餘黌其實學生合宿館也大黌宿學生三四百小黌宿五六十一學生領二室其一爲讀書接客其一爲更衣寢眠儼然成一家時時牽儔結侶談文論武猶如人家往來以學處世之法各黌又設數講堂教二三科目他黌亦然合爲數十科目各黌學生得隨意選擇入他黌而聽講義譬之猶數十家各設一教室或教文學或講道義各家子弟隨意入他家而聽教今此數十家名以一大學者就其內部觀之則非大學而爲學生合處之所耳此等合處之所各有其長或出大

詩人。或出大學者。或出碩德之士。且夫英人重有恒。不喜更易。若其父入甲黌。不喜使其子別入乙黌。故往往父子相繼同室。壁頭題字。窓底留痕。一一在目。使爲子者不啻親見父祖苦學之狀。若曰是家祖父講學處。兒何得不勉勵。是以校規極寬。而子弟自能不脫常規。良習愈熟。是實英國合宿館之卓絕于他邦也。蓋英國大學多經年所。次第進步以臻於盡善盡美。他邦新興大學。急欲承習此風。不可企及也。唯其合宿制度。則可採以爲各國大學之模範。敝邦大學。曾設寄宿舍。而今廢矣。識者以爲遺憾。唯高等學校有合宿所。組織甚佳。學長則示以主義數大端。其他細規。一任學生自定。即於學生中選舉幹事。輪流値換。全舍庶務與食事。學生皆自監督。是以事無大小。學生自負其責。治績極良。竊謂此制尤宜採以爲貴邦合宿館之模範焉。本邦高等學校設寄宿舍久。養學風質朴淳厚。其制甚佳。故言學風首推高等學校。然自教育系統上言之。則所謂高等學校者可以無須設置。卒業中學則直入大學足矣。

第七。宜講格物致知之學。

封建之制久行於敝邦。武士食祿。不耕而食。不織而衣。大凡殖產興業。委之農工商賈。士視金錢如糞土而不屑爲之計。蓋當時治亂無常。一朝有事。武人舉致其身。視生命猶鴻毛。加之德川氏專獎勵孔孟朱氏之學。童兒八九歲讀書。先自四書始。道義之學漸盛。而格物致知之學逐日衰落。中等以上之民。開口則曰天下國家。而不知天地爲圓坤輿長轉者比比然也。甚至不知分毫合爲錢兩數理之念全空者。竊惟貴邦人今日尚有此弊。蓋孔孟以來數千年人講道德文藝無形之學。次第振起。其美其妙或有駕歐美而上之者。所惜者格物數理之學。比之泰西。猶幼童之於巨人。萌蘗之于松柏也。敝邦深有猛悟。上下一心學泰西之學。究數理格物之藝術。貴邦現將大興學政。正宜及時補救。究心於格物致知之學焉。

化臣仁弟左右前接
手示恩意一一東遊叢録前悞行时如由三看
書排印未及細校昨入江左舟中檢閱誤處
甚多茲用朱筆改正又開單一一注明應改之
件爰交明書局請兩須寄到元書則未及
理改其中最誤者一條則細田謙藏所録田
中不二麻呂談片中記鄙言有先有不用郎
命一語僕當時實無此言乃是細田以意妄

記其所談乃學堂之事与　朝命全不相涉日
本人以文部省所定令為朝命遂將帝國之以
系師大學堂定令為朝命因妄加朝命二
字鄙人雖不肖何至在他國妄言若此、條
生面札草談卷第七十一頁第八行中。
不並非即此書他誤當是小節惟此條必應
改按應將未必用朝命句改為未必用大學堂
師範生之字並為函要并可將鄙人此書

札附印叅末緣三省重已將此誤本運
至上海備布各書坊照派傳已廣不及一
改換則不得不少一辯明也先炯說老剩多在
日本日記及詩文天隨此万々不可叢錄中
摘抄日記實緣此書爲考視學制即歸
國而乃不有所記述以塞責塗葉甚將日記
尋付印刷地是之說也詩文諸無能事不
足示人海內作者甚多豈可自暴己醜供人

英栢　又等費我半勿拊和光炯為望復以
府安否又以論去　十二月二日
又仍附北去令郎遣日來仍与小兒同居
書注拊及

以上南嘉平五日奉到
師門手諭書交郎京畫石遞　命照改此外有少
許誤詳具校勘札記中續印即續行於錄注
師侍張恭紀　受業張以南時客滬上

東遊叢録應修改各條列后

摘抄日記五十九頁第四行當注意下當點句

學校圖表第三卷邊欄外每頁應補學校圖表四字與前後一例

學校圖表第一篇首六行皆三島通良之官銜今三省堂所印分列六行閱者不知其何故應將此六行接連寫下與醫學博士醫學士三島通良述十二字一貫歸入後三行其前三行空白太多應將首行三島博士衛生圖説四字移至前三行改作大字如此三行宋版書往往有之

學校圖表第六頁圖表學校字下脫堅字
應補
學校圖表第八頁第八行附記其係因係誤為
係應改
學校圖表第五十九頁第二行前一日下當點句記所
用品物記字下不應點
學校圖表第八十四頁第二格第一行需用甚多其
字不應點多字下當點句
學科課程表五字上當增文部省所定五字首行
下當增東游叢錄四五字　此卷邊欄外應

補學科課程表五字

學科課程表百六十頁表後第二行丞其卒業

下不應點句

學科課程表百四十四頁第四行及抗內演習等

抗當改坑

學科課程表百七十二頁表後第三行變更左如

左如當改為如左

學科課程表百七十四頁表末缺三字應補

函札筆談首行末東游叢録四四當改為五

函札筆談第四十四頁第八行生民之福　福當改為

稿

函札筆談第四五頁第四行尤以不詐寘以字當改爲貴　此頁第六行此不會彼國此字下脱一國字右補

函札筆談第七十一頁第八行末必用雅命　報命二字應改爲大學堂師範生六字

目録第四頁附學校課程表應改爲學科　課程表第四　末添一函百七十七　六字

函札筆談第四四當爲五

右係　師門手稿未及呈正者録坿卷末以當刊誤

先生未竟之志以南泫然流涕而書之時癸卯八月也

圖書在版編目（CIP）數據

海上絲綢之路文獻集成. 歷代史籍編. 第一輯. 第四卷 / 范金民主編. --福州: 福建人民出版社，2023.8
ISBN 978-7-211-09079-2

Ⅰ. ①海… Ⅱ. ①范… Ⅲ. ①海上運輸-絲綢之路-史料-彙編 Ⅳ. ①K203

中國國家版本館CIP數據核字（2023）第072940號

審圖號 GS（2023）93號
本書有關內容和地圖僅代表作者個人觀點，不代表官方立場。

海上絲綢之路文獻集成·歷代史籍編（第一輯 第四卷）

主　　編　范金民
責任編輯　劉挺立
美術編輯　白　玫
出版發行　福建人民出版社
電　　話　0591-87533169（發行部）
電子郵箱　fjpph7221@126.com
地　　址　福建省福州市東水路 76 號
經　　銷　福建新華發行（集團）有限責任公司
印刷裝訂　上海盛通時代印刷有限公司
地　　址　上海市金山區廣業路 568 號
電　　話　021-37910000
開　　本　787 毫米 ×1092 毫米　1/16
印　　張　346.75
版　　次　2023 年 8 月第 1 版第 1 次印刷
書　　號　ISBN 978-7-211-09079-2
定　　價　4000.00 元（共 10 册）